中華大典

中華大典

醫藥衛生典

四川出版集團·巴蜀書社

中華大典·醫藥衛生典

藥學分典

《藥學分典》總目錄

藥學分典　五

藥物總部

目錄

毒草分部

水草分部

《藥物總部》提要

《藥物總部》是《藥學分典》中内容最龐大的一個總部，下列『部』與『分部』兩級經目。其中一級經目按藥物自然屬性分二十三個部。鑒於各部藥物内容相對獨立，為方便使用，本分典將本總部分八册，各自獨立成書。這八册在整個分典的位置及所屬各部名稱參見前《藥學分典》總目録。本總部藥物的編排順序與先行出版的《本草圖録總部》基本相同，僅少數藥物的位置有所調整。

本總部收載的動物藥中，不乏當今已列為重點保護的野生動物（如犀牛、虎、麋鹿等）。本分典為保存古代醫藥文獻而收載這些動物的有關史料，但反對將這些珍稀動物用作藥物。

本總部在緯目『綜述』及『雜録』下設專題名，即單味藥的正名。單味藥在本總部中為最小單元，其正名乃從該藥諸多名稱中遴選得來。正名之下諸書所出藥名雖有不同，但據其文字描述或藥圖（須參《本草圖録總部》）所示，均屬同一藥物。本總部共收載藥物四千三百零二種。各藥條下的主要内容有基原鑒别、生長地區與環境、采收時月、炮製、性味良毒、七情、功用主治、相關附方等。

由於本分典的編纂宗旨在於全面客觀地反映中國古代藥物學的豐富内容，因此必須尊重古代某些傳統分類法，以容納古代曾出現過某些特殊藥物。本此原則本總部設置了火、水、土、製釀、器用等部。其他部的設置大體按礦物、植物、動物為序，主要采用傳統分類名稱（如草部、菜部、果部、藤蔓部、木部、蟲部、魚部、獸部、人部等）。但在尊重古代傳統分類的同時，又再細化類别。例如藻菌、地衣苔蘚、蕨部屬於低等植物，今從古代『草部』分出。古代籠統的蟲、魚部，今則細分為蟲、介甲、蛇蜥、魚四個部，以盡量貼近動物進化分類序列。此外各部下的某些分部（如蟲部下的濕生分部、卵生分部、兩棲分部）乃爲兼顧傳統分類與現代分類而設。

本總部體現現代分類進展及中藥鑒別最新成果之處，主要是部或分部下的藥物排列方式。例如動植物類各部及分部下的藥物，一般都按現代分類法，將同科的動植物集中相鄰排列，並將包含常用藥居多的動植物科屬排在前面。例如『草部・山草分部』的緯目『綜述』之下，依次是甘草、黄耆、苦參（豆科）、人參、竹節參、珠兒參、三七、西洋參（五加科）、桔梗、沙參、薺苨、黨參（桔梗科）等。

本總部單味藥的確定，以藥物基原為主。同一基原的動植物，其藥用部分可有多種。例如桑的樹皮（桑白皮）、樹葉（桑葉）、果實（桑椹）等均可入藥。對此情況，按古代本草慣例，取其常用部位歸類。故桑雖列入木部，但不再把各藥用部位拆分，仍在桑條下表述其不同藥物部分的功用。又，鑒於本總部未設花部，因此某些花類藥往往據其植物屬性，分別散入草、木等部，或附在同基原常用藥用部位所屬部類之中，例如『梅花』權且附在『梅』（烏梅、白梅）之後。

本總部藥物基原的確定，主要依據文字描述與藥圖。在充分汲取國内外中藥鑒定的最新成果的基礎上，編纂人員又逐一對以往尚無研究的藥物進行考訂，采用『以形相從』的方法，盡力確定其科屬或近似的分類位置。對缺乏形態描述與圖形的藥物，則多采『以名相從』之法，將其排在名稱近似藥物之後。例如《滇南本草》中基原不明的白雲參、還元參、土人參、黄參等藥，均附列在人參之後。若名稱亦無相似者，則依據古本草『有名未用』舊例，將不明來源的藥物集中起來，排列在相關的部或分部之末，設經目『某部藥存疑』，或在緯目『雜錄』中予以表現。

本總部的文字編排及標記體例，除遵從大典總體要求外，針對本分典的特點，有如下需説明之處：《證類本草》一書的《神農本草經》《名醫别録》《藥對》三書文字雜糅在一起，原書采用『白大字』（大號陰文）表示《神農本草經》，『黑大字』（大號陽文）表示《名醫别録》文，『黑小字』（小號陽文）表示《藥對》文。對此類條文，本分典將『白大字』用五號黑體，『黑大字』用五號宋體表示，『黑小字』用小五號宋體，並在文獻出處後的六角符號『〔　〕』中，用同體、同號字標出各書名，以提示原本混排之三書文字的區别。又，《證類本草》除采用陰陽文、大小字之外，還用特定文字（如『今定』、『新補』等）及特殊符號（如墨蓋子）來表示文字出處。為適應《中華大典》體例，使讀者一目了然知其明確出處，本總部一律增補該書所引原書之名。另外，對少數本草書采用的特殊標記，本分典在不與大典統一標記衝突的前提下，用其他符號予以替代。例如《本草品彙精要》將藥品分為二十四項，每項名稱用黑魚尾括注。由於此標記與大典省略文字標記相同，故本分典將其改為白魚尾。

《藥物總部》之末，附『藥名索引』。進入索引的藥名僅限於藥物正名。

隰草分部

綜述

菊

宋・李昉《太平御覽》卷第九九六　菊　《爾雅》曰：菊，治蘠。今(人)〔之〕秋華菊也。　又《圖讚》曰：菊名日精，布華玄月，仙客是尋，薄採薄捋。　《禮記・月令》曰：季秋之月，菊有黃華。　《周書》曰：寒露之日，鴻鴈來賔。又五日，菊無黃華，無華土不稼穡。　《山海經》曰：女九之山，其草多菊。　《廣志》曰：菊有白菊。　《風俗通》曰：南陽酈縣有甘谷，谷中水甘美，云其山上大有菊，水從山上流下，得其滋液，谷中三十餘家，不復穿井，仰飲此水，上壽百二三十，其中百餘，七十、八十，名之為夭。司空王暢、太尉劉寬、太傅袁隗，為南陽太守，聞有此事，令酈縣月送水三十斛，用飲食澡浴，終然無益。　《抱朴子》曰：劉生丹法，用白菊花汁、蓮花汁、地血汁、樗汁，和丹蒸之，服一年，得五百歲。仙方所謂日精。　又曰：日精、更生、周盈皆一菊也。而根莖花實異名，或無効者，以由不得真菊。菊花與薏苡相似，直以甘苦別之耳，菊甘而薏苦。今所在真菊，但為少耳。　《神仙傳》曰：康風子服甘菊花、栢實散，得仙。　《博物志》曰：菊有二種，苗花如一，唯味小異，苦者不宜服。　崔寔《四民月令》曰：九月九日可採菊華。　盛弘之《荊州記》曰：酈縣北八里有菊水，其源悉芳，菊被崖，水甚甘馨。太尉胡廣，久患風羸，恒汲飲水，後疾遂瘳，年及百歲，非唯天壽，亦菊所延也。　《名山記》曰：道士朱孺子，吳末入玉笥山，服菊花，乘雲升天。　《本草經》曰：菊有筋菊，有白菊、黃菊，花一名節花，一名傅公，一名延年，一名白花，一名日精，一名更生，一名陰成，一名朱嬴，一名女菊。其菊有兩種，一種紫莖，氣香而味甘美，葉可作羹，為真菊。菊一種青莖而大，作蒿艾氣，味苦，不堪食，名薏，非真菊也。　《吳氏本草經》曰：菊華，一名女華，一名女室。　《淮南萬畢術》曰：以牡菊灰散池中，蛙盡死。

附：日・丹波康賴《醫心方》卷三〇　菊　《本草》云：味苦甘，平，無毒。主風頭，頭眩，腫痛，目欲脫，淚出，皮膚死肌，惡風濕痹痛，去來陶陶，胸中煩熱，安腸胃，利五藏，調四肢，久服輕身，延年耐老。　崔禹〔錫〕云：仙經以菊為妙藥，吳孺子三月三日生，生日常摘菊苗，蒸煮噉之。遇於青歸子，俱共游於芳壺，一云石臺，遂乘於紫雲，昇於青天。大補，成好，噉其花，頭不白，筋不瘈之。

唐・歐陽詢《藝文類聚》卷八一　菊　《爾雅》曰：菊，治蘠。　《山海經》曰：女几之山，其草多菊。　《禮記》曰：季秋之月，菊有黃華。　《楚辭》曰：朝飲木蘭之墜露兮，夕餐秋菊之落英。又曰：春蘭兮秋菊，長無絕兮終古。　《風俗通》曰：南陽酈縣有甘谷，谷水甘美，云其山有大菊，水從山上流下，得其滋液。谷中有三十餘家，不復穿井，悉飲此水，上壽百二三十，中百餘，下七八十者，名之大夭。菊華輕身益氣，故也。司空王暢、太尉劉寬、太尉袁隗，為南陽太守，聞有此事，令酈縣月送水二十斛，用之飲食，諸公多患風眩，皆得瘳。　崔寔《月令》曰：九月九日，可采菊花。　盛弘之《荊州記》曰：酈縣菊花水，太尉胡廣久患風羸，恒汲飲此水，後疾遂瘳，年近百歲。非惟天壽，亦菊延之。此菊甘美，廣後收此菊實播之，京師處處傳植。　《神仙傳》曰：康風子服甘菊花、柏實散得仙。　《抱朴子》曰：劉生丹法，用白菊花汁、(連)〔蓮〕汁，搜汁和丹，蒸之，服一年，壽五百歲。又曰：菊花與薏苡花相似，直以甘苦別之耳。菊甘而薏苦，諺所謂苦如薏者也。今所有貞菊，但為少耳。　晉成公綏《菊銘》曰：數在三九，時惟斯生。

頌　晉成公綏《菊頌》曰：先民有作詠茲秋菊，綠葉黃花，菲菲彧彧，芳踰蘭蕙，茂過松柏。其莖可玩，其葩可服，味之不已，松喬等福。　晉傅統妻《菊花頌》曰：英英麗草，稟氣靈和，春茂翠葉，秋曜金華，布濩高原，蔓衍陵阿，陽芳吐馥，載芬載葩，爰採爰拾，投之醇酒，御于王公，以介眉壽，服之延年，佩之黃考，文園賓客，乃用不朽。

《爾雅圖贊》曰：菊名曰精，布華玄月，仙客薄采，何憂華髮。

宋・唐慎微《證類本草》卷五玉石部下品〔宋・掌禹錫《嘉祐本草》〕　菊花水　味甘，溫，無毒。除風補衰，久服不老，令人好顏色，肥健，益陽道，溫中，去痼疾。出南陽酈縣北潭水，其源悉芳。菊生被崖，水爲菊味。盛弘之《荊州記》云：酈縣菊水，太尉胡廣，久患風羸，常汲飲此水，後疾遂瘳。此菊甘美，廣後收此菊實播之京師，處處傳植。《抱朴子》云：南陽酈縣山中，有甘谷水，所以甘者，谷上左右皆生甘菊，菊花墮其中，歷世彌久，故水味爲變。其臨此谷中居民，皆不穿井，悉食甘谷水，食無不壽考。故司空王暢、太尉劉寬、太傅袁隗皆爲南陽太守，每到官，常使酈縣月送甘谷水四十斛，以爲飲食。此諸公，多患風痺及眩冒，皆得愈。新補。

宋·唐慎微《證類本草》卷六草部上品〔《本經·别錄·藥對》〕　菊花　味苦、甘，平，無毒。**主風頭眩、腫痛，目欲脱，淚出，皮膚死肌，惡風濕痺，**療腰痛去來陶陶，除胸中煩熱，安腸胃，利五脉，調四肢。**久服利血氣，輕身，耐老，延年。一名節華，**一名日精，一名女節，一名女華，一名女莖，一名更生，一名周盈，一名傅延年，一名陰成。生雍州川澤及田野。正月採根，三月採葉，五月採莖，九月採花，十一月採實，皆陰乾。朮、枸杞根、桑根白皮爲之使。

〔梁·陶弘景《本草經集注》〕云：菊有兩種：一種莖紫，氣香而味甘，葉可作羹食者，爲真；一種青莖而大，作蒿艾氣，味苦不堪食者名苦薏，非真。其華正相似，唯以甘、苦别之爾。南陽酈縣最多，今近道處處有，取種之便得。又有白菊，莖、葉都相似，唯花白，五月取。亦主風眩，能令頭不白。《仙經》以菊爲妙用，但難多得，宜常服之爾。

〔宋·掌禹錫《嘉祐本草》〕按：《爾雅》云：鞠，治蘠。注：今之秋華菊。《藥性論》云：甘菊花，使。能治熱頭風旋倒地，腦骨疼痛，身上諸風令消散。陳藏器云：苦薏，味苦破血。婦人腹内宿血食之。又調中止洩。花如菊，莖似馬蘭，生澤畔，似菊，菊甘而薏苦。語曰：苦如薏是也。又云：白菊，味苦。染髭髮令黑，和巨勝、茯苓蜜丸，主風眩，變白，不老，益顔色。又《靈寶方》茯苓合爲丸以成，鍊松脂和，每服如雞子一丸，令人好顔色不老，主頭眩。生平澤，花紫白，五月花。《抱朴子·劉生丹法》：用白菊花汁和之。楊損之云：甘者入藥，苦者不任。日華子云：菊花，治四肢遊風，利血脉，心煩，胸膈壅悶，并癰毒，頭痛，作枕明目，葉亦明目，生熟並可食。菊有兩種：花大氣香，莖紫者爲甘菊；花小氣烈，莖青小者名野菊，味苦。然雖如此，園蔬内種肥沃後同一體。花上水，益色壯陽，治一切風，並無所忌。

〔宋·蘇頌《本草圖經》〕曰：菊花，生雍州川澤及田野，今處處有之，以南陽菊潭者爲佳。初春布地生細苗，夏茂、秋花、冬實。然菊之種類頗多，有紫莖而氣香，葉厚至柔嫩可食者，其花微小，味甚甘，此爲真。有青莖而大，葉細作蒿艾氣味苦者，華亦大，名苦薏，非真也。南陽菊亦有兩種：白菊，葉大似艾葉，莖青根細，花白蘂黄。其黄菊，葉似茼蒿，花蘂都黄。然今服餌家多用白者。南京又有一種開小花，花瓣下如小珠子，謂之珠子菊，云入藥亦佳。正月採根，三月採葉，五月採莖，九月採花，十一月採實，皆陰乾用。唐《天寶單方圖》載白菊云：味辛，平，無毒。元生南陽山谷及田野中，潁川人呼爲回蜂菊，汝南名蔡苦蒿，上黨及建安郡、順政郡並名羊歡草，河内名地薇蒿，諸郡皆有。其功主丈夫、婦人久患頭風眩悶，頭髮乾落，胸中痰結，每風發即頭旋，眼昏暗，不覺欲倒者，是其候也。先灸兩風池各二七壯，並服此白菊酒及丸，永差。其法：春末夏初收軟苗，陰乾，擣末。空腹取一方寸匕，和無灰酒服之，日再，漸加三方寸匕。若不欲飲酒者，但和羹、粥、汁服之亦得。秋八月合花收暴乾，切，取三大斤，以生絹囊盛貯三大斗酒中，經七日服之，日三，常令酒氣相續爲佳。今諸州亦有作菊花酒者，其法得於此乎？

〔宋·唐慎微《證類本草》〕《食療》云：甘菊，平。其葉正月採，可作羹；莖五月五日採；花九月九日採。並主頭風，目眩，淚出，去煩熱，利五藏。野生苦菊不堪用。《聖惠方》：治頭風頭旋。用九月九日菊花暴乾，取家糯米一斗蒸熟，用五兩菊花末，搜拌如常醞法，多用細麵麴爲。候酒熟即壓之去滓，每暖一小盞服。《外臺秘要》：治酒醉不醒。九月九日真菊花末，飲服方寸匕。《肘後方》：治丁腫垂死。菊葉一握，擣絞汁一升，入口即活，此神驗。冬用其根。《食醫心鏡》：甘菊，主頭風目眩，胸中洶洶，目淚出，風痺骨肉痛。切，作羹煮粥，并生食并得。《玉函方》：王子喬變白增年方：甘菊，三月上寅日採，名曰玉英；六月上寅日採，名曰容成；九月上寅日採，名曰金精；十二月上寅日採，名曰長生。長生者，根莖是也。四味并陰乾百日，取等分，以成日合擣千杵爲末，酒調下一錢匕。以蜜丸如桐子大，酒服七丸，一日三服。百日身輕潤澤；服之一年，髮白變黑；服之二年，齒落再生；服之三年，八十歲老人變爲兒童，神效。

宋·寇宗奭《本草衍義》卷六　菊花水　本條言南陽酈縣北潭水，其源悉芳。菊生被崖，水爲菊味，此説甚怪。且菊生於浮土上，根深者不過尺，百花之中，此特淺露，水泉莫非深遠而來。況菊根亦無香，其花當九月、十月間，止三兩旬中，焉得香入水也？若因花而香，其無花之月合如何也？殊不詳。水自有甘、淡、鹹、苦，焉知無有菊味者？嘗官於永、耀間，沿幹至洪門北山下古石渠中，泉水清澈。衆官酌而飲，其味與惠山泉水等，亦微香，世皆未知之。烹茶尤相宜。由是知泉脈如此，非緣浮土上所生菊能變泉味。博識之士，宜細詳之。

宋·寇宗奭《本草衍義》卷七　菊花　近世有二十餘種，惟單葉花小而黄緑，葉色深小而薄，應候而開者是也。《月令》所謂菊有黄花者也。又鄧州白菊，單葉者亦入藥，餘皆《醫經》不用。專治頭目風熱，今多收之作枕。

宋·鄭樵《通志》卷七五《昆蟲草木略》　菊花　曰日精，曰節華，曰女節，曰女華，曰女莖，曰更生，曰周盈，曰傅延年，曰陰成，曰治蘠。其白花者，潁川曰回峯，汝南曰茶苦蒿，河内曰地薇蒿，上黨曰羊歡草。

金·張元素《潔古珍珠囊》〔見元·杜思敬《濟生拔粹》卷五〕 甘菊花苦純陽。養目血。

宋·劉明之《圖經本草藥性總論》卷上 菊花 味苦、甘，平，無毒。主風頭頭眩腫痛，目欲脱，淚出，皮膚死肌，惡風濕痺，療腰痛去來陶陶，除胸中煩熱，安腸胃，利五脉，調四肢，久服利血氣。《藥性論》云：使。治身上諸風。陳藏器云：苦薏，味苦，破血。术、枸杞、桑白皮為之使。日華子云：作枕，明目。治四肢遊風，利血脉，心煩，胸膈壅悶。

宋·王介《履巉巖本草》卷中 甘菊花 味苦、甘，無毒。主頭風眩腫痛，目欲脱，淚出，皮膚死肌，惡風濕痹。治頭風頭旋，用九月九日菊花暴乾，取家糯米壹斗蒸熟。用五兩菊花末捜拌，如常醖法，多用細麪麯爲。候酒熟即壓之，去滓，每暖壹小盞服。

宋·張杲《醫説》卷八 真菊、野菊 蜀人多種菊，以苗可以菜，花可以藥，園圃悉能植之，闤闠中買為不可。郊野之人多採野菊供藥肆，頗有大誤。真菊延齡，野菊瀉人。如張華言：黄精益壽，鉤吻殺人。如此類也《牧豎閑談》。

元·王好古《湯液本草》卷四 菊花 苦而甘，寒，無毒。《心》云：去翳膜，明目。《珍》云：養目血。《藥性論》云：使。治身上諸風。日華子云：治四肢遊風，利血脈，心煩，胸膈壅悶。

元·吴瑞《日用本草》卷八 菊花 花大而香者爲甘菊，花小而黄者為黄菊，花小而氣烈者為野菊。味苦、甘，平，無毒。野菊去一切風，破血。主頭風，目眩欲脱，淚出，惡風濕痹。葉作羹，治四肢遊風。

元·朱震亨《本草衍義補遺》 〔鞠〕〔菊〕花 屬金而有土與水火。能補陰，須味甘者。若山野苦者，勿用，大傷胃氣。〇一種青莖而大，作蒿艾氣，味苦不堪啖者，名苦薏。丹溪所言苦者勿用語，曰苦如意是也。惟單葉花小而黄，味甘，應候開者佳。《月令》菊有黄花者也。

元·佚名氏《珍珠囊·諸品藥性主治指掌》〔見《醫要集覽》〕 甘菊花 味苦、甘，平，〔性微寒〕，無毒。可升可降，陰中陽也。其用有二：散八風上注之頭眩，止兩目欲脱之淚出。

元·徐彥純《本草發揮》卷一 甘菊花 潔古云：甘菊花味甘、苦，養目血。東垣云：甘菊花治頭風頭眩，明目。丹溪云：甘菊花屬金而有水與土，大能補陰。同是味甘，莖紫者苦。山野間味苦。莖青者勿用，大傷胃氣。謹戒之！

明·朱橚《救荒本草》卷上之後 菊花 一名節華，一名日精，一名女節，一名女華，一名女莖，一名更生，一名周盈，一名傅延年，一名陰成。生雍州川澤及鄧衡齊州田野，今處處有之。味苦、甘，性平，無毒。术、枸杞、桑根白皮為之使。救飢：取莖紫氣香而味甘者，採葉煠食，或作羹皆可。青莖而大、氣味作蒿苦者，不堪食，名苦薏，其花亦可煠食，或炒茶食。治病：文具《本草》草部條下。

明·蘭茂原撰，范洪等抄補《滇南本草圖説》卷一一 小白菊 氣味苦辛，平，無毒。主治：能明目而清頭風，久服可以頭無眩暈疼痛，目無瘴翳。兼除胸中煩熱，安腸胃，利五藏，調四肢。〇作枕，可以明目。

明·王綸《本草集要》卷二 菊花君 味苦甘，氣平，寒，無毒。桑白皮為之使。正月採根，三月採葉，五月採莖，九月採花，皆陰乾。味甘而花黄，應候開者入藥。野菊味苦者，名苦薏，大傷胃，不用。又白菊亦入藥。主風頭眩腫，痛目欲脱淚出，皮膚死肌，惡風濕痹，身上諸風，四肢遊風，腰痛去來陶陶，除胸中煩熱，安腸胃，明目，養目血，去翳膜。久服利血氣，輕身耐老延年。頭風眩，眼昏旋倒，取九月九日花二三斤，絹囊盛貯，入酒浸七日，服之，日三。又，用花釀酒，名菊酒。又，有用花作枕。俱治上病。酒醉不醒，應候花末，飲方寸匕。丁腫垂死，菊花一握，搗絞汁一升，入口即活。冬用其根。變白延年。三月上寅採苗，六月上寅採莖，九月上寅採花，十二月上寅採根，並陰乾百日，等分，以成日合搗千杵，為末，酒調一錢，或蜜丸梧桐子大，酒服七丸，日三服，久服效。

明·滕弘《神農本經會通》卷一 菊花 使也。术、枸杞根、桑根白皮為之使。正月採根，三月採葉，五月採莖，九月採花，十一月採實，皆陰乾。味甘，而花黄，應候開者入藥。野菊，味苦者名苦薏，大傷胃，不堪食。又白菊亦入藥。《局》云：去枝梗，焙乾。味苦、甘，氣平，無毒。《湯》云：苦而甘，寒。東云：可升可降，陰中陽也。散八風上注之頭眩，止兩目欲脱之淚出。又云：明目，清頭風。《珍》云：性寒。明目，治頭風，能養目血，去翳膜。《疌》云：主頭眩，去風除熱，安腸胃，治心痛，寬膈除痛，祛熱氣。

《本經》云：主風頭，頭眩，腫痛，目欲脫，淚出，皮膚死肌，惡風濕痺。療腰痛去來陶陶，除胸中煩熱，安腸胃，利五脉，調四肢，久服利血氣，輕身耐老延年。《藥性論》云：甘菊花，使。能治熱頭旋旋倒地，腦骨疼痛，身上諸風。日華子云：菊花治四肢遊風，利血脉，心煩，胸膈壅悶。并癰毒，頭痛。作枕，明目。葉亦明目，生熟並可食。《心》云：去翳膜，明目。《珍》云：養目血。丹溪云：屬金而有土與水，大能補陰。須味甘者，若山野苦者，勿用，大傷胃氣。一種青莖而大，作蒿艾氣，味苦，不堪食者，名苦薏。語曰：苦如薏是也。惟單葉，花小而黃，味甘，應候開者佳。《月令》菊有黃花是也。陳藏器云：苦薏，味苦。破血，婦人腹內宿血，食之。又調中，止洩。花如菊，菊甘而薏苦。又云：白菊，味苦。染髭髮令黑，和巨勝、茯苓蜜丸，主風眩變白不老，益顔色。劊云：甘菊甘除目疾，八風上注苦頭眩。目疼欲脫連頭痛，熱擁睛紅淚不乾。《局》云：菊花主治風頭眩，消散皮膚痺濕風。更療腦疼明耳目，又除煩熱在胸中。菊花，消散濕痺風，主頭眩，痛攪。

明·劉文泰《本草品彙精要》卷七

菊花無毒。叢生。

菊花出《神農本經》：**主風，頭眩腫痛，目欲脫，淚出，皮膚死肌，惡風，濕痺，久服利血氣，輕身，耐老，延年。**以上朱字《神農本經》。療腰痛，去來陶陶，除胸中煩熱，安腸胃，利五脈，調四肢。以上黑字名醫所錄。

【名】節花、日精、女節、傅延年、更生、周盈、女華、回蜂菊、陰成、玉英、女莖、蔡苦蒿、容成、金精、長生、地薇蒿、羊歡草。

【苗】《圖經》曰：初春布地生苗，夏繁茂，至深秋著花。然菊有兩種，莖紫、氣香而味甘，葉可作羹食者爲真；一種青莖而大，葉細作蒿艾氣，味苦不堪食者，名苦薏，非真也。葉正相似，惟以甘苦別之爾。南陽亦有兩種，白菊葉大似艾葉，莖青根細，花白蕊黃；其黃菊葉似茼蒿，花蕊都黃，然今服餌家多用白者。南京又有一種開小花，花瓣下有小珠子如實，謂之珠子菊。十一月採實，入藥亦佳。《衍義》曰：菊種不啻數十，惟單葉，花小而黃，葉深綠小薄，應候而開者，宜入藥用。《月令》所謂菊有黃花者是也。

【地】《圖經》曰：生雍州川澤及南陽山谷、田野中，南京、潁川、汝南、上黨、建安、順政郡、河內。今處處有之。【道地】南陽菊潭者佳。

【時】生：春生苗。採：正月根，三月葉，五月莖，九月花。【收】陰乾。

【用】花蕊甘美者爲好。【質】類旋覆花。【色】黃白。【味】甘。

【性】平，緩。【氣】氣之薄者，陽中之陰。【臭】香。【主】除風，明目。

【助】水，枸杞根，桑根白皮爲之使。【治】療：《藥性論》云：熱頭風旋倒地，腦骨疼痛，身上諸風。日華子云：四肢遊風，利血脈，心煩，胸膈壅悶，並癰毒，頭痛。《別錄》云：頭風，目眩，胸中洶洶，目淚出，風痹，骨肉痛，作枕療頭目風熱。○葉擣汁，療疔腫垂死，神效。補：日華子云：花上水飲之，益色壯陽。

【合治】白菊花三斤，以生絹囊盛貯，用酒三斗，經七日服之，日用三次。療丈夫、婦人久患頭風，眩悶，頭髮乾落，胸中痰結，發時即頭旋，眼昏暗，不覺欲倒者。○白菊合巨勝、茯苓蜜丸，主風眩，益顔色，變白不老。○甘菊花、葉、莖、根等分，以成日千杵爲末，合酒調下一錢，或合蜜丸如梧桐子大，酒服七丸，日三服之，能輕身潤澤，明目黑髭。○九月九日採菊花爲末，酒飲方寸匕，治酒醉不醒。

明·葉文齡《醫學統旨》卷八

菊花　氣平、寒，味苦、甘。無毒。可升可降，陰中陽也。桑白皮為使。味甘花黃白者入藥。野菊味苦，大傷胃，不堪用。治頭風頭眩，明目淚出，翳膜惡風，濕痺，身上諸風，四肢遊風腰痛；除胸中煩熱，安腸胃，養目血；久服延年。

明·許希周《藥性粗評》卷二

甘入菊花，明兩眸而免眩。

甘菊花，即家圃所種，其味甘與山野所生，其味苦者不同。一名女華，一名日精。春初宿根上抽葉，其葉味甘，可作羹食。又其莖紫色者為真。至八月後開花，九月而茂。此有數種，以黃與白為佳。江南處處有之，正月採根，三月採葉，五月採莖，九月採花，十一月採實，皆陰乾入藥。木枸杞根、桑根白皮為之使。餘說《本草》不載。味苦、甘，性平，無毒。主治頭目風眩，風腫目痛，皮膚濕痹，胸中煩熱，腰脊酸痛，四肢無力，明目驅風，生肌散血，安腸胃，利關節，久服駐顔色，變白不老。丹溪云：大能補陰。愚謂此亦上品仙藥也。

單方：變白增年：三月上寅日採葉，六月上寅日採莖，九月上寅日採花，十二月上寅日採根，四味並陰乾百日，次年三月間取等分，以成日合擣千杵為末，酒調下一錢匕，或以蜜丸如梧桐子大，每服七丸，酒下，一日三次服之，百日後身輕潤澤，一年髮白變黑，二年齒落更生，三年老人變為童兒。此據《玉函方》載王子喬之事有然者。雖未必盡然，要之補益則不可誣也。

驅風明目：凡患頭風目眩，血氣衰弱，髭髮焦枯，筋骨不利者，九月九日採白菊花連莖葉，如無白菊，黃者亦可，暴乾，剉碎，以二三斤，生絹袋盛之，入於三大斗酒中，浸經七日多，取數杯，溫服，日三次，常令酒氣相續為佳。如不遇秋，春末夏初採取軟苗，陰乾，臨用焙之，擣為細末，每取方寸匕，空腹以無灰酒半盞，溫過調服，日再，漸加至三方寸匕。或秋後更採花葉，照煎為之。亦有以作枕夜睡者，皆無不可。

酒醉不醒：九月九日菊花

為末，水送下方寸匕，妙。　丁腫將危：　菊葉一握，搗絞汁一升，入口即活。冬用其根。

明・鄭寧《藥性要略大全》卷五　甘菊花　東垣云：　散八風上注之頭眩，止兩目欲脱之淚出。　伊訓云：　去翳膜，明目，養目血。治身上諸風，治四肢遊風。利血脉，止心燥，胸膈滿悶。　《賦》云：　明目，清頭風，散濕痹。

菊花　《本經》云：　主頭風，頭眩腫痛，目欲脱，淚出，風濕痹及皮膚死肌，除胸中煩熱，安〔腸〕胃，調四肢。味甘者名甘菊，使也。治熱頭風旋倒地，腦骨痛，身上諸風冷，並能消散。味苦者名苦薏，云不堪入藥，但只破血。婦人腹內宿血，調中止洩。　味苦、甘，平，無毒。可升可降，陰中陽也。桑白皮為之使。味甘者入藥。又云：　氣寒味苦者，名苦薏。傷腎，勿用。九月採花，陰乾，去青蒂用。　取葉搗汁一升，可治疔腫，〔入口〕即活，再用別藥治之。冬月用根。　又云：　味甘、莖紫者佳。味苦、莖青者能傷胃氣。《經史證類》云：　南陽〔菊〕潭者為佳。春布種，生細苗。夏茂，秋花，冬結實。　舊本云：　南京有一種菊，開小花，花瓣下如小珠子，名為珠子菊，入藥亦佳。正月採根，三月採葉，五月採莖，十一月採實。皆陰乾用。　菊品極多，皆不結子。其結子者止三二種而已。

白菊花　治痘瘡入目，明目止淚。　味苦、甘，氣平，微寒，無毒。菉豆為之使。九月採花，陰乾，去蒂用。

明・賀岳《醫經大旨》卷一《本草要略》　甘菊　味苦、甘，平，無毒。能補陰氣。《衍義補遺》曰：　單葉花小而黃，味甘而應節開者佳；　其在山野而苦者曰苦薏，不可用。　此劑能明目，聰耳，治頭眩及胸中煩熱。　蓋數證皆由水不足，而風火上盛，故得補陰之劑，則水盛而火自熄矣，抑且腎竅通耳。目中黑睛屬腎，腎氣盛則竅通睛明，清氣升則頭目清，煩熱降，故能治夫數者之證也。

明・陳嘉謨《本草蒙筌》卷一　甘菊花　味甘、微苦，氣平、寒。屬土與金，有水火，可升可降，陰中陽也。無毒。種類顏色多品，應候黃小為良。《月令》云：　菊有黃花是也。餘色不入藥。　山野間，味苦莖青名苦薏，勿用；　苦薏花亦黃色，但氣薄味苦，入藥反損爾。　家園內味甘莖紫謂甘菊，堪收。苦者胃氣反傷，甘者陰血兼補。為使一味，宜桑白皮。毆頭風，止頭痛暈眩，清頭腦第一；　養眼血收眼淚瞖膜，明眼目無雙。共葛花煎湯，變老人皓白成烏；同地黃釀酒，解醉漢昏迷易醒。散濕痹，去皮膚死肌，安腸胃，除胸膈煩熱。利一身血氣，逐四肢遊風。腰痛陶陶，亦堪主治。久服弗已，輕身延年。搗根葉取汁頓嘗，夏秋採葉，冬春採根。救疔腫垂死即活。

謨按：　《月令》于桃、于桐，但言花而不言色，獨于菊曰黃花，取其得時之正，況當其候，田野山側盛開，滿眼皆黃花也。《月令》所取，不無意焉。入藥用黃，蓋本諸此。又考根、苗、花、葉，亦可共劑成方。三月上寅日採苗，六月上寅日採葉，九月上寅日採花，十二月上寅日採根。並陰乾百日，各等分稱勻。擇成日製之，搗千杵為末。用蜜煉熟，豆大丸成。酒服七丸，一日三服。百日身輕潤澤，一年髮白變烏，二年齒落更生，三年貌如童子。至賤之草，而有至大之功。特附其詳，以為老者益壽之一助爾。

明・方穀《本草纂要》卷七　菊花　味苦、甘，氣寒、平，無毒。利氣血之藥也。吾見利血而治目，利氣而治風。且如目欲脱內障而腫痛，淚欲流氣澁而不止，是皆血之不利也；　風行遍身，或痛或痒，或遊走不定，或頭風目痛，或八風上注，或熱壅睛紅而翳膜昏澁，是皆氣之不利也。惟菊花之苦寒，可以利氣血之輕清；　菊花之辛平，可以清氣血之重濁。然亦有甘苦之分焉，此善治者，則又不可不知。且如家菊味甘，野菊味苦，甘可以利氣血，苦所以損氣血。凡入藥用，宜甘而不宜苦也。近時以甘菊烹茶最美，尤可法也。

明・王文潔《太乙仙製本草藥性大全》卷一《本草精義》　甘菊花　一名節花，一名日精，一名女節，一名女華，一名女莖，一名更生，一名周盈，一名傅延年，一名陰成。生雍州川澤及田野。以南陽菊潭者爲佳。初春布地生細苗，夏茂，秋花，冬實。然菊之種類頗多，有紫莖而氣香，葉厚至柔嫩可食者，其花微小，味甚甘，此爲真；　有青莖而大葉，細作蒿艾，氣味苦者，花亦大，名苦薏，非真也。南陽菊亦有兩種，白菊葉大似艾葉，莖青，根細，花白，蘂黃；　其黃菊葉似茼蒿，花蘂都黃。然今服餌家，多用白者。古本云：　南京有一種開小花，花瓣下如小珠子，謂之珠子菊，云入藥亦佳。正月採根，二月採葉，五月採莖，九月採花，十二月採實，皆陰乾用。唐《天寶單方圖》載白菊云：　味辛平，無毒。原生南陽山谷及田野中。潁川人呼爲回蜂菊，汝南名茶苦蒿，上黨及建安郡、順政郡並名羊歡草，河內名地薇蒿。

明・王文潔《太乙仙製本草藥性大全》卷一《仙製藥性》　甘菊花君　味甘、微苦，氣平寒，屬土與金，有水火，可升可降，陰中陽也，無毒。术、枸杞根、桑白皮爲之使。　主治：　療風頭眩，腫痛，目欲脱，淚出，皮膚死肌，惡風濕痹。身上諸風，四肢遊風，腰痛去來陶陶，除胸中煩熱，安腸胃，明目，養目血，去翳膜。久服利血氣，輕身耐老延年。　補註：　頭風眩眼昏旋倒，取九月九日花二三斤，絹囊盛貯，入酒浸七日，服之日三。又用花釀酒，名菊酒。又有用花作枕，俱治上病。○酒醉不醒，應候花末，飲服方寸匕。○丁腫垂死，菊花一把，搗絞汁一升，入口即活，冬用其根。○變白延年，三月上寅採苗，六月上寅採葉，九月上寅採花，十二月上寅採根，並陰乾百日，等分以成日合，搗千杵爲末，酒調七錢。或蜜丸梧桐子大，酒服七丸，日三服，久服效。

明·皇甫嵩《本草發明》卷二　菊花上品之上，君。氣平。又云微寒，味苦、甘，無毒。屬金有水與土，可升可降，陰中陽也。　發明曰：　菊花甘寒，益血敺風，清頭目之的藥也。故《本草》主頭風眩痛，目欲脱，出泪，去翳膜，養血，此為專功。又治皮膚死肌，惡風濕痺，四肢游風。療腰痛，除胸中煩熱，安腸胃，利五脉，久服利血氣，輕身延年。又治身上諸風，此非益血袪風之效歟。○同地黄釀酒，能黑髮。作枕，治頭風，明目。葉亦明目。根、苗、花、葉可共劑成方。正月上寅日採根，三月上寅採苗，五月上寅採葉，九月上寅採花，十一月上寅採實。又云：　十二月上寅採根、莖，各陰乾百日，臘月（成）〔戌〕日製之，搗末丸，酒服，凡七丸，日三服，輕身益壽。用甘菊，家種味甘香，葉深緑，莖紫花黄小，候時開者良。野菊花小，莖青，味苦。又種，青莖大，葉細，作蒿艾氣，花大，俱不堪用。南陽白菊，葉大似艾，莖葉皆青，根細，花白蕋黄，味辛，主男婦久患頭風眩悶，收根苗花，治法頭眩門。

明·李時珍《本草綱目》卷一五草部·隰草類上　菊《本經》上品

〔釋名〕節華《本經》　女節《别録》　女華《别録》　女莖《别録》　日精《别録》　更生《别録》　傅延年《别録》　治蘠《爾雅》　金蕊《綱目》　陰成《别録》　周盈《别録》　時珍曰：　按陸佃《埤雅》云：　菊本作蘜，從鞠。鞠，窮也。《月令》：　九月，菊有黄華。華事至此而窮盡，故謂之蘜。節華之名，亦取其應節候也。崔寔《月令》云：　女節、女華，菊華之名也。治蘠、日精，菊根之名也。《抱朴子》云：　仙方所謂日精、更生、周盈，皆一菊而根莖花實之名異也。頌曰：　唐《天寶單方圖》載白菊云：　原生南陽山谷及田野中。潁川人呼爲回峰菊，汝南名荼苦蒿，上黨及建安郡、順政郡並名羊歡草，河内名地薇蒿。

〔集解〕《别録》曰：　菊花生雍州川澤及田野。正月採根，三月採葉，五月採莖，九月採花，十一月採實，皆陰乾。弘景曰：　菊有兩種：　一種莖紫氣香而味甘，葉可作羹食者，爲真菊，一種青莖而大，作蒿艾氣，味苦不堪食者，名苦薏，非真菊也。葉正相似，惟以甘苦别之。南陽酈縣最多，今近道處處有之，取種便得。又有白菊，莖葉都相似，惟花白，五月取之。《仙經》以菊爲妙用，但難多得，宜常服之。藏器曰：　白菊生平澤，五月花，紫白色。頌曰：　處處有之，以南陽菊潭者爲佳。初春布地生細苗，夏茂，秋花，冬實。然種類頗多。惟紫莖氣香，葉厚至柔者，嫩時可食，花微大，味甚甘者，爲真；　其莖青而大，葉細氣烈似蒿艾，花小味苦者，名苦薏，非真也。南陽菊亦有兩種：　白菊葉大如艾葉，莖青根細，花白蕊黄；　其黄菊葉似茼蒿，花蕊都黄。今服餌家多用白者。又有一種開小花，瓣下如小珠子，謂之珠子菊，云入藥亦佳。宗奭曰：　菊花近世有二十餘種。惟單葉花小而黄，緑葉色深小而薄，九月應候而開者是也。鄧州白菊單葉者，亦入藥。餘皆醫經不用。瑞曰：　花大而香者，爲甘菊；　花小而黄者，爲黄菊；　花小而氣惡者，爲野菊。時珍曰：　菊之品凡百種，宿根自生，莖葉花色，品品不同。宋人劉蒙泉、范至能、史正志皆有《菊譜》，亦不能盡收也。其莖有株蔓紫赤青緑之殊，其葉有大小厚薄尖秃之異，其花有千葉單葉、有心無心、有子無子、黄白紅紫、間色深淺、大小之别，其味有甘苦辛之辨，又有夏菊秋菊冬菊之分。大抵惟以單葉味甘者入藥，《菊譜》所載甘菊，鄧州黄、鄧州白者是矣。甘菊始生於山野，今則人皆栽植之。其花細碎，品不甚高。蕊如蜂窠，中有細子，亦可捺種。嫩葉及花皆可煠食。白菊花稍大，味不甚甘，亦秋月採之。菊之無子者，謂之牡菊。燒灰撒地中，能死蛙黽。説出《周禮》。

花　葉、根、莖、實並同　〔氣味〕苦，平，無毒。《别録》曰：　甘。損之曰：　甘者入藥，苦者不入藥。杲曰：　苦、甘，寒，可升可降，陰中微陽也。時珍曰：　《本經》言菊花味苦，《别録》言菊花味甘。諸家以甘者爲菊，苦者爲苦薏，惟取甘者入藥。謹按張華《博物志》言菊有兩種，苗花如一，惟味小異，苦者不中食。范至能《譜》序，言惟甘菊一種可食，仍入藥餌。其餘黄白二花，皆味苦，雖不可餌，皆可入藥。其治頭風，則白者尤良。據此二説，則是菊類自有甘苦二種，食品須用甘菊，入藥則諸菊皆可，但不得用野菊名苦薏者爾。故景焕《牧竪閒談》云：　真菊延齡，野菊泄人。正如黄精益壽、鈎吻殺人之意。之才曰：　术及枸杞根、桑根白皮、〔青葙葉〕爲之使。　〔主治〕諸風頭眩腫痛，目欲脱，淚出，皮膚死肌，惡風濕痹。久服利血氣，輕身耐老延年《本經》。療腰痛去來陶陶，除胸中煩熱，安腸胃，利五脈，調四肢。《别録》。陶陶，縱緩貌。治頭目風熱，風旋倒地，腦骨疼痛，身上一切游風令消散，利血脈，並無所忌甄權。作枕明目，葉亦明目，生熟並可食大明。養目血，去翳膜元素。主肝氣不足好古。

白菊　〔氣味〕苦、辛，平，無毒。　〔主治〕風眩，能令頭不白弘景。染髭髮令黑。和巨勝、茯苓蜜丸服之，去風眩，變白不老，益顔色藏器。

〔發明〕震亨曰：　黄菊花屬土與金，有水與火，能補陰血，故養目。時珍曰：　菊春生夏茂，秋花冬實，備受四氣，飽經露霜，葉枯不落，花槁不零，味兼甘苦，性禀平和。昔人謂其能除風熱，益肝補陰，蓋不知其得金水之精英尤多，能益金水二臟也。補水所以制火，益金所以平木，木平則風息，火降則熱除，用治諸風頭目，其旨深微。黄者入金水陰分，白者入金水陽分，紅者行婦人血分，皆可入藥，神而明之，存乎其人。其苗可蔬，葉可啜，花可餌，根實可藥，囊之可枕，釀之可飲，自本至末，罔不有功。宜乎前賢比之君子，神農列之上品，隱士採入酒斝，騷人餐其落英。費長房言九日飲菊酒，可以辟不祥。《神仙傳》言康風子、朱孺子皆以服菊花成仙。《荆州記》言胡廣久病風羸，飲菊潭水多壽。菊之貴重如此，是豈群芳可伍哉？鍾會《菊有五美贊》云：圓花高懸，準天極也。純黄不雜，后土色也。早植晚發，君子德也。冒霜吐穎，象貞質也。杯中體輕，神仙食也。《西京雜記》言：採菊花莖葉，雜秫米釀酒，至次年九月始熟，用之。

【附方】舊六，新十六。 服食甘菊：《玉函方》云：王子喬變白增年方，用甘菊，三月上寅日採苗，名曰玉英；六月上寅日採葉，名曰容成；九月上寅日採花，名曰金精；十二月上寅日採根莖，名曰長生。四味並陰乾，百日取等分，以成日合擣千杵爲末，每酒服一錢匕。或以蜜丸梧子大，酒服七丸，一日三服。百日，[身]輕潤[澤]；一年，髮白變黑；服之二年，齒落再生；五年，八十歲老翁變爲兒童也。孟詵云：正月採葉，五月五日採莖，九月九日採花。 服食白菊：《太清靈寶方》引：九月九日白菊花二斤，茯苓一斤，並擣羅爲末。每服二錢，温酒調下，日三服。或以煉過松脂和丸鷄子大，每服一丸。主頭眩，久服令人好顔色不老。藏器曰：《抱朴子》言劉生丹法，用白菊汁、蓮花汁、地血汁、樗汁，和丹蒸服也。 白菊花酒：《天寶單方》：治丈夫婦人久患頭風眩悶，頭髮乾落，胸中痰壅，每發即頭旋眼昏，不覺欲倒者，是其候也。先灸兩風池各二七壯，並服此酒及散，永瘥。其法：春末夏初，收白菊軟苗，陰乾擣末，空腹取一方寸匕，和無灰酒服之，日再服，漸加三方寸匕。若不飲酒者，但羹粥汁服，亦得。秋八月合花收暴乾，切取三大斤，以生絹袋盛，貯三大斗酒中，經七日服之，日三次，常令酒氣相續爲佳。蘇頌《圖經》。 風熱頭痛：菊花、石膏、川芎各三錢，爲末。每服一錢半，茶調下。《簡便方》。 膝風疼痛：菊花、陳艾葉作護膝，久則自除也。吴旻《扶壽方》。 癍痘入目：生翳障。用白菊花、穀精草、緑豆皮等分，爲末。每用一錢，以乾柿餅一枚，粟米泔一盞，同煮候泔盡，食柿，日食三枚。淺者五七日，遠者半月，見效。《仁齋直指方》。 病後生翳：白菊花、蟬蜕等分，爲散。每用二三錢，入蜜少許，水煎服。大人小兒皆宜，屢驗。《救急方》。 疔腫垂死：菊花一握，擣汁一升，入口即活，此神驗方也。冬月採根。《肘後方》。 女人陰腫：甘菊苗擣爛煎湯，先熏後洗。《危氏得效方》。 酒醉不醒：九月九日真菊花爲末，飲服方寸匕。《外臺秘要》。 眼目昏花：雙美丸：用甘菊花一斤，紅椒去目六兩，爲末，用新地黄汁和丸梧子大。每服五十丸，臨卧茶清下。《瑞竹堂方》。

花上水 【主治】益色壯陽，治一切風大明。

題明・薛己《本草約言》卷一《藥性本草》 菊花 味苦、甘，氣平，寒，無毒。陰中之陽，升也。散八風上注之頭眩，止兩目欲脱之淚出。〇入手厥陰、手少陰太陰經。〇野菊味苦，胃氣反傷；園菊味甘，陰血兼補。去梗酒洗，速達上行。〇能補陰。單葉花小而黄，味甘而應候開者入藥。野菊味苦者，名苦薏，大傷胃氣，不用。此劑能明目聰耳及胸中煩熱，蓋數症皆由水不足而風火上盛，故得補陰之劑則水盛而火自熄矣。抑且腎竅通耳，目中黑睛屬腎，腎氣盛則竅通睛明，清氣升則頭目清、煩熱降。《發明》云：菊花甘寒，益血敺風，清頭目之的藥也。

明・周履靖《茹草編》卷二 甘菊 采采黄花，生彼甘谷。露葉夏烹，寒英秋服。輔體延年，澄心朗目。攝生之家，無如此菊。 夏月采葉，和白糖搗為翠膏。秋月采花，火焙乾，烹湯代茶極妙。

明・佚名氏《醫方藥性・草藥便覽》 甘菊花 其性苦。明目。

明・梅得春《藥性會元》卷上 甘菊花 味甘、平，氣微寒，無毒。可升可降，陰中之陽也。桑白皮為使。 主散八風上注之頭眩，止兩目欲脱之淚出。散食消風，頭眩攪痛。又治胸中煩熱，能明目聰耳。補陰，安腸胃，養血，榮目，袪除遍身諸風，并四肢遊風，腰痛。目上翳膜，活皮膚死肌，利血氣，調四肢。久服延年。 凡使用園圃籬砌栽蓄、黄白色小花、味甘者佳。若山野味苦者，勿用，誤用傷人胃氣，不堪入藥。

明・杜文燮《藥鑒》卷二 甘菊 氣寒，味甘，無毒。補陰氣之要藥也。主明目聰耳，除胸中煩熱，又治頭眩頭痛，此數症者，皆由水不足，而風火上盛，得補陰之劑，則水盛而火自息矣。抑且腎竅通耳目，腎氣勝，則竅通精明。清氣升，則頭目爽快。此煩熱除，而眩痛止也。又變老人皓首成黑，同地黄釀酒。解醉漢昏迷易醒，共葛煎湯。利一身氣血，逐四肢遊風。然春夏取葉，夏季取枝，秋取花，冬取根，四時頻服，大有奇功。但黄菊不如白菊佳。白屬水，黄屬土也。野菊不可入藥，用之令人目昏。

明・穆世錫《食物輯要》卷三 甘菊苗 味甘、微苦，性涼，無毒。生熟可食。涼血明目，益肝氣，去翳膜。花味甘，性涼，無毒。安五臟，清頭目，去風熱，和血脉，散肌痹。

明・李中立《本草原始》卷一 菊花 始生雍州川澤及田野，今處處有之，以南陽菊潭者為佳。初春布地生細苗，夏茂，秋花，冬實。然菊之種類頗多，有紫莖而氣香，葉厚至柔嫩可食者，其花微小，味甚甘，此為真。故古方云甘菊花，即此也。其莖青而大，葉細，氣烈似蒿艾，花小味苦者，名苦薏，非真也。南陽菊亦有兩種：白菊葉大如艾葉，莖青根細，花白蕊黃；其黃菊葉似同蒿，花蕊都黃。今服餌家多用白者。又有一種，開小黃花，花瓣下如小珠子，謂之珠子菊，云入藥亦佳。按陸佃《埤雅》云：菊本作蘜，從鞠。鞠，窮也。今之秋華鞠也。鞠艸有華，至此而窮焉，故謂之蘜。予曰：菊，鞠也，必鞠養而後得稱佳菊，故名菊。《月令》九月菊有黃華是也。因應節候，故《本經》名節華。　菊花：氣味：甘、微苦，平，無毒。　主治：諸風頭眩腫痛，目欲脫，淚出，皮膚死肌，惡風濕痺。久服利血氣，輕身耐老延年。○療腰痛，去來陶陶。除胸中煩熱，安腸胃，利五脉，調四肢。○治頭目風熱，風旋倒地，腦骨疼痛，身上一切游風令消散，利血脉，並無所忌。○作枕明目，葉亦明目。生熟並可食。養目血，去翳膜。○主肝氣不足。

甘菊花，《本經》上品，色黃而味甘。【圖略】野菊花名苦薏，花小于甘菊而味苦。【圖略】苦者勿用。

白菊〔花〕：氣味：苦、辛，平，無毒。　主治：風眩，能令頭不白。○染髭髮令黑。和巨勝、茯苓，蜜丸服之，去風眩，變白不老，益顏色。

菊花，《本經》云：正月采根，三月采葉，五月采莖，九月采花，十一月采實。今人惟用花，故予惟畫花形。【圖略】白菊花形，蕊黃，葉如艾。

菊花，寒，可升可降，陰中微陽也。术及枸杞根、桑根白皮為之使。《救急方》：治病後生翳，白菊花、蟬蛻等分為散，每用二三錢，入蜜少許，水煎服。大人小兒皆宜，屢驗。菊花，使。　催花法：以馬糞浸水澆之，則速開花。凡花皆然。

明・張懋辰《本草便》卷一　菊花君　味苦、甘，氣平、寒，無毒。野菊味苦者名苦薏，大傷胃，不用。又白菊亦入藥。　主風頭眩腫痛，目欲脫，淚出，皮膚死肌，惡風濕痺，身上諸風，四肢遊風，腰痛，除胸中煩熱，安腸胃，明目去瞖膜，久服利血氣。

明・李中梓《藥性解》卷三　甘菊　味甘、微苦，性平，無毒，入肺、脾、肝、腎四經。能補陰氣，明目聰耳，清頭風及胸中煩熱，肌膚濕痹。枸杞根、桑白皮、蒼白术為使。　按：丹溪曰：菊花屬金，而有土與水，大能補陰。宜入肺肝等經，蓋煩熱諸症，皆由水不足而火炎，得此補陰，則水盛而火自息矣。須用味甘者佳，若苦者為苦薏，大傷胃氣，慎之。

明・繆希雍《本草經疏》卷六　菊花　味苦、甘，平，無毒。主風頭眩、腫痛，目欲脫，淚出，皮膚死肌，惡風濕痺，療腰痛去來陶陶，除胸中煩熱，安腸胃，利五脈，調四肢。久服利血氣，輕身耐老延年。

〔疏〕菊花發生於春，長養於夏，秀英於秋，而資味乎土。歷三時之氣，得天地之清，獨稟金精，專制風木，故為去風之要藥。苦可泄熱，甘能益血。甘可解毒，平則兼辛，故亦散結。苦入心、小腸，甘入脾胃，平辛走肝膽，兼入肺與大腸。其主風頭眩腫痛，目欲脫，淚出，皮膚死肌，惡風濕痺者，諸風掉眩皆屬肝木。風藥先入肝，肝開竅於目，風為陽邪，勢必走上，血虛則熱，熱則生風，風火相搏故也。腰痛去來陶陶者，乃血虛氣滯之候，苦以泄滯結，甘以益血脈，辛平以散虛熱也。其除胸中煩熱者，心主血，虛則病煩，陰虛則熱收於內，故熱在胸中。血益則陰生，陰生則煩止，苦辛能泄熱，故煩熱並解。安腸胃，利五脈，調四肢，利血氣者，即除熱祛風益血，入心、入脾、入肝之驗也。久服輕身耐老延年者，物久則力專，力專則氣化，化則變常。其釀酒延齡，和藥變白，皆服餌專氣之功，故亦為仙經所錄矣。生搗最治疔瘡，血線疔尤為要藥。疔者，風火之毒也，三、六、九、十二月，採葉、莖、花、根四物，並陰乾百日，等分搗末，酒調下錢許。又可蜜丸如桐子大，每七丸，日三服，皆酒吞。一年變白，二年齒生，三年返老。仙人王子喬方也。　〔主治參互〕甘菊花祛風要藥。風木通肝，肝開竅於目，故為明目之主。同地黃、黃檗、枸杞子、白蒺藜、五味子、山茱萸、當歸、羚羊角、羊肝，治肝腎俱虛目痛；加決明子、木賊草、穀精草、柴胡，可以去外翳。

同黃連、玄參、甘草、生地黃、荊芥穗、決明子、連翹、桔梗、柴胡、川芎、羌活、童便，可治風熱目痛。　君川芎、細辛、藁本、當歸、生熟地黃、天麥門冬、白芍藥、甘草、童便，治血虛頭痛。亦主頭眩暈因痰結而作者。無痰，藥不效。　與枸杞子相對，蜜丸久服，則終身無目疾，兼不中風及生疔疽。

連根生用為君，加紫花地丁、益母草、金銀花、半枝蓮、貝母、連翹、生地黃、栝樓根、白芷、白及、蒼耳子、夏枯草，可治疔瘡。甚者以蟾酥丸發汗。大便閉者，汗後以玉樞丹下之。如無玉樞丹，以大戟加蚤休、棗肉，丸服三錢，必下矣。忌甘草，犯之則死，為大戟也。

明・倪朱謨《本草彙言》卷三 菊花 味苦、甘、辛，氣溫，微寒。可升可降，陰中微陽。入手足太陽、陽明、少陽、太陰、少陰、厥陰一十二經。 陸氏《埤雅》云：菊本蘜，蘜，窮也。《月令・九月》：菊有黃華，華事至此而窮盡，故謂之菊。 蘇氏曰：生南陽山谷及田野間。宿根再發，初春發苗。清明前三日分種。喜向陽。葉、莖、花、根，種種不同。即《菊譜》所載，凡百餘種，亦不能盡收也。其莖有株、蔓、紫、赤、青、綠之殊，葉有大、小、厚、薄、尖、圓之流，花有大朵、小朵、千瓣、單瓣、有心、無心之異，色有黃、白、紅、紫、正間、深淺之別，味有甘、苦、辛、酸、蒿腥之辨，又有夏、秋、冬菊三時之分。取用其色不拘黃白，惟以單瓣味甘者入藥，即《菊譜》所載鄧州黃、鄧州白者是矣。始生山野，今則人家栽植之。其花細小單瓣，品不甚高，蕊如蜂窠。又一種開小花，瓣下如小珠子，入藥亦佳。正月采根，三月采葉，五月采莖，九月采花。修治：惟陰乾用。○菊類繁多，惟紫莖氣香，葉厚至柔，嫩時可食，花微大，味甚甘者爲真，隨可入藥。一種莖青肥大，葉似蒿艾，花小，味極苦澁，名爲苦薏。誤服泄人元氣，與甘菊花大不同也。

甘菊花：甄權祛風清熱，日華子養肝明目之藥也。葉振華稿此得天地清陰之氣，獨禀金精，專制風木，故爲去風要藥。觀夫風邪爲病，先入乎肝。肝開竅于目。又風爲陽邪，勢先走上。又熱甚則生風，風火相搏，爲頭風頭痛，眩暈懸旋，爲目睛澁障，畏風羞明；或腫痛難開，或珠脹欲脱，或胞沿浮痒，或淚流不止。菊能清風清熱，養血養肝，故頭目諸疾，所用必需者也。《本草》又謂解疔腫，去濕痹，散遊風丹毒。蓋疔腫丹毒，風火之毒也。遊風濕痹，濕熱之證也。菊花清陰純潔，得木體之柔，順受金制，木平風息，疔丹痺風之疾，自渙然消釋矣。若氣虛胃寒，食少泄瀉之病，宜少用之。與溫補之類同用，無傷也。

李時珍先生曰：菊花發生于春，長養于夏，秀英于秋，含章于冬，備受四氣，飽經露霜，葉枯不落，花槁不零。味甘兼苦，性禀平和。昔人謂其能除風熱，益肝補陰，蓋不知其得金水之精英尤多，能益金水二藏也。補水即所以制火，益金即所以平木。木平則風息，火降則熱除。用治諸風頭目，其旨深微。黃者入金水陰分，白者入金水陽分，紅者行婦人血分，皆可入藥。神而明之，存乎其人。其苗可蔬，葉可啜，花可餌，根實可藥，囊之可枕，釀之可飲，自本至末，罔不有功。宜乎前賢比之君子，神農列之上品也。 金靈昭先生曰：頭風者，本于風寒，入于腦髓也。蓋頭爲諸陽之會，其人素有痰火，風寒客之，則熱鬱而悶痛。雖有偏正之殊，不外痰火之證。菊花性禀秋清，火痰風鬱，匕劑自通。間有氣虛血虛者，耆、朮、歸、芎，一任加入。

集方：《方脉正宗》治風熱頭痛。用甘菊、川芎、荆芥、黃芩、薄荷、連翹、玄參、生地黃、柴胡、羌活、甘草各三錢爲末，每服一錢，茶調下。再飲童便一鍾更妙。○談氏方治血虛風熱，頭風頭痛、眩暈。用甘菊花三錢，當歸、天麥門冬、生熟地黃、川芎、防風、荆芥、天麻、藁本、白芍藥、白芷各減半。如有痰結而作者，本方加薑水浸半夏、膽星、白芥子各二錢。○《眼科約言》共方四首治目睛澁障羞明。用甘菊花、防風、木賊草、白芷、柴胡、草决明、穀精草。○治目睛腫痛難開、暴發者。用甘菊花、玉竹、防風、白芷、荆芥、薄荷、草决明、龍膽草、赤芍藥。○治目病珠脹欲脱。用甘菊花、玉竹、防風、荆芥、蟬蛻、白芷。○治淚流不止，胞沿作癢。用甘菊花、密蒙花、白芷、防風、荆芥、羌活。○王仁宇方治老人虛人，氣血兩虛，目睛昏暗不明。用甘菊花、牛膝、枸杞子、懷熟地、川椒、山茱萸、牡丹皮、澤瀉。○自明老人方治肝腎俱虛目痛。用甘菊花三錢，熟地黃、黃柏、枸杞子、白蒺藜、北五味子、山茱萸肉、當歸、白芍藥、羚羊角屑各二錢。如有翳障，本方加草决明、木賊草、穀精草、柴胡各一錢五分，水煎服，十劑效。或用十劑料作丸，每食後服三錢。白湯送亦可。○同前治風熱目痛。用甘菊花二錢，川黃連、玄參、甘草、生地黃、荆芥穗、草决明、連翹、柴胡、川芎、桔梗、蒼耳子、羌活各一錢，水煎服，沖童便半盞更妙。○《外科直指》治無名疔腫。用甘菊花一握，紫花蒂丁、半枝蓮、益母草、金銀花、夏枯草各二兩，搗汁，再以貝母、連翹、天花粉，共爲細末，用諸汁調服。如無生葉搗汁，隨用乾者，共九味煎服亦可。○婁可初方治四肢濕痹，痛難動履。用甘菊花、萆薢、枸杞、杜仲、白朮、薑黃、半枝蓮、獨活、當歸、秦艽、豨薟草各二兩，草烏八錢，酒炒。○《外科直指》治赤遊風丹毒。用甘菊花、防風、白芷、赤芍藥、綠豆、金銀花、半枝蓮各等分，水煎服。須用磁鋒砭去惡血爲妙。○治終身無目疾，兼不中風，及生疔疽。用甘菊花、枸杞子，相對蜜丸。每早服五錢，白湯過，久久有效。

明・應麐《食治廣要》卷三 甘菊 〔氣〕味：辛，平，無毒。主治：頭面風熱，明目，久服輕身，耐老延年。范至能序言，惟甘菊一種可食，仍入藥餌。其餘味苦不堪。按甘菊其花細碎，品不甚高。蘂如蜂窠，中有細子。

嫩葉及花皆可煠食，味苦者則是苦薏。故景煥《牧豎閑談》云：真菊延齡，野菊泄人。正如黃精益壽，鉤吻殺人之意同耳。

明·姚可成《食物本草》卷一八草部·隰草類 菊生雍州川澤及田野，今處處栽。地惟以南陽菊潭者為佳。初春布地生細苗，夏茂，秋花，冬實，然種類頗多，惟紫莖氣香，葉厚至柔者，嫩時可食，花微大，味甚甘者為真；其莖青而大，葉細，氣烈似蒿艾，花小味苦者，名苦薏，非真也。又有白菊，莖葉都相似。仙經以菊為妙用，宜常服之。○李時珍曰：菊之品，凡百種，宿根自生，莖葉花色，品品不同。宋人劉蒙泉輩，皆〔有〕《菊譜》，亦不能盡收也。其莖有株蔓、紫赤、青綠〔之殊〕，其葉有大小、厚薄、尖禿之異，其花有千葉單葉、有心無心、有子無子、黃白紅紫、間色深淺、大小之別，其味有甘苦辛之辨。又有夏菊、秋菊、冬菊之分。大抵惟以單葉味甘者，取以泡茶湯及入藥用。《菊譜》所載甘菊、鄧州黃、鄧州白者是矣。甘菊始生於山野，今則人皆栽植之。其花細碎，品不甚高，蕊如蜂窠，中有細子，亦可捺種。嫩葉及花皆可煠食。白菊花稍大，味不甚甘，亦秋月采之。菊之無子者，謂之牡菊。燒灰撒地中，能死鼃，亦物性相制也。

菊花、葉、根、莖、實　味甘，平，無毒。治諸風頭眩腫痛，目中淚出，皮膚死肌，惡風濕痹。久服利血氣，輕身耐老延年。療腰痛去來，除胸中煩熱，安腸胃，利五脉，調四肢。又治頭目風熱，風旋倒地，腦骨疼痛，身上一切游風。作枕，明目。生熟竝可食。養目血，去翳膜，主肝氣不足。

白菊　味苦、辛，平，無毒。治風眩，能令頭不白。染髭髮令黑，和巨勝、茯苓蜜丸服之，去風眩，變白不老，益顏色。○按：《博物志》言菊有兩種，苗花如一，〔惟味〕小異，苦者不中食。范至能《譜》序言，惟甘菊一種可食，仍入藥餌。其餘黃白二花皆味苦，雖不可餌，皆可入藥。其治頭風，則白者尤良。據此二說，則是菊類自有甘苦二種。食品須用甘菊，入藥則諸菊皆可。但不得用野菊名苦薏者爾。真菊延齡，野菊泄人，正如黃精益壽，鉤吻殺人之意。○李時珍曰：菊，春生夏茂，秋花冬實，飽經露霜，備受四氣。葉枯不落，花槁不零。味兼甘苦，性稟平和。昔人謂其能除風熱，益肝補陰，蓋不知其得金水之精英尤多，能益金水二臟也。補水所以制火，益金所以平木。木平則風息，火降則熱除，用治諸風頭目，其旨深微。黃者入金水陰分，白者入金水陽分，紅者行婦人血分，皆可入藥。神而明之，存乎其人。其苗可蔬，葉可啜，花可餌，根實可藥。囊之可枕，釀之可飲。自本至末，罔不有效。宜乎前賢比之君子，神農列之上品，隱士采入酒斝，騷人餐其落英。費長房言九日飲菊酒，可以辟不祥。《神仙傳》言康風子、朱孺子皆以服菊花成仙。《荊州記》言胡廣久病風羸，飲菊潭水多壽，菊之貴重如此，是豈群芳可伍〔哉〕？鍾會《菊有五美贊》云：圓花高懸，準天極也。純黃不雜，后土色也。冒霜吐穎，象貞質也。盃中體輕，神仙食也。○《西京雜記》言：采菊花莖葉，雜秫米釀酒，至次年九月始熟，用之。

附方：服食菊花，《玉函方》云：王子喬變白增年方，用甘菊，三月上寅日采苗，名曰玉英；六月上寅日采葉，名曰容成；九月上寅日采花，名曰金精；十二月上寅采根莖，名曰長生。四件竝陰乾百日，取等分，以成日合，擣千杵為末，每酒服一錢匕。或以煉熟蜜丸桐子大，酒服七丸，一日三服。百日輕潤，一年髮白變黑。服之二年，齒落再生。五年八十歲老人變為兒童也。服食白菊：《太清靈寶方》引：九月九日白菊花二斤，茯苓一斤，竝搗羅為末。每服二錢，溫酒調下，日三服；或以煉過松脂，和丸雞子大，每服一丸。久久令人不老延年。治痘瘡入目生翳。用白菊花、穀精草、綠豆皮，等分為末，每用一錢，以乾柿餅一枚，粟米泔一盞同煮，候泔盡食柿，日食三枚。淺者五七日，遠者半月見效。治飲酒過量，大醉不醒。九月九日真菊花為末，飲服方寸匕。治女人陰腫。用甘菊苗搗爛煎湯，先熏後洗。治疔腫惡瘡垂死之症。用菊花一握，搗汁一升，入口即活。此神驗方也。冬月采根用之。治膝風疼痛。用菊花、陳艾作護膝，久則自除也。治風熱頭痛。用菊花、石膏、川芎各三錢為末，每服一錢半，茶調下。

明·顧逢柏《分部本草妙用》卷一肝部·寒補　甘菊　苦，微寒，無毒。主治：頭目風熱，內障腫痛，一切遊風，明目養血，肝氣不足。按：菊味兼甘苦，性稟平和，備四時之佳氣，得金水之精英，所以能益金水，而清肝火也。補水則火自消，益金則木自制，風息火降，則熱自除。用治諸風頭目，清肝，其旨微哉。但黃者入金水陰分，白者入金水陽分，紅者行婦人血分，皆可入藥，神而明之，存乎其人。然以甘者為品之上，性無偏枯，入酒泡，俱為嘉美。野菊惟利消癰疔，味苦，不堪別用。

明·黃承昊《折肱漫録》卷三　菊花清香妙品，又能益血祛風，點茶釀酒俱快事。同地黃釀酒能黑髮，作枕治頭風明目。葉亦明目，香不減花，人不多用之何耶？

明·李中梓《醫宗必讀·本草徵要上》　甘菊花味甘，微寒，無毒。入肺、腎二經。枸杞、桑白皮為使，去蒂。　主胸中熱，去頭面風，死肌濕痹，目淚頭疼。獨稟金精，善制風木。高巔之上，惟風可到，故主用多在上部。目者，肝之竅也； 淚者，肝之熱也。宜其瘳矣。

明・鄭二陽《仁壽堂藥鏡》卷一〇下 菊花 陶隱居云： 菊花，南陽酈縣最多，惟色黃、味甘者佳。苦不入藥。 苦而甘寒，無毒。 《心》云： 去翳膜，明目。 《珍》云： 養目血。 《藥性論》云： 使。治身上諸風。 日華子云： 治四肢遊風，利血脉，心煩、胸膈壅悶。 東垣云： 甘菊花治頭風、頭眩，明目。 丹溪云： 甘菊花屬金而有水與土，大能補陰。須是味甘、莖紫者。若山野間味苦、莖青者勿用，大傷胃氣，謹戒之！其苗可蔬，葉可啜，花可餌，根實可藥，囊之可枕，釀之可飲。自本至末，罔不有功。《肘後方》： 治疔腫垂危，用菊葉一握，搗絞汁一升，入口即活。冬用根。 變老皓白成烏，同地黃釀酒解醉，昏迷易醒，共葛花煎湯。

明・蔣儀《藥鏡》卷三平部 甘菊 補水以降火，火降則熱除。益金以平木，木平則風息。故能利一身氣血，逐四肢游風。止淚淋而鎮乎煩熱頭眩，祛目翳而散乎膚濕風痺。地黃同釀，變老人皓首成淄，湯共葛根，解醉漢昏迷易醒。

明・李中梓《頤生微論》卷三 甘菊花 味甘，微寒，無毒。入肺、腎二經。枸杞、桑白皮為使。味甘而不苦者佳。去蒂。清頭面風熱，明目止淚，胸中熱氣，死肌濕脾。新補。 按： 甘菊花獨稟金精，善制風木，且氣性輕揚，故主用多在上部，同枸杞便能助腎矣。

明・張景岳《景岳全書》卷四八《本草正》 甘菊花 白菊花根善利水，搗汁和酒服之，大治癃閉。味甘、色黃者，能養血散風，去頭目風熱，眩暈疼痛，目中翳膜，及遍身遊風風疹。作枕明目，葉亦可用。 味苦者性涼，能解血中鬱熱，清頭目，去風熱眼目腫痛流淚。根葉辛香，能消癰毒，止疼痛。

明・賈九如《藥品化義》卷六肺藥 甘菊 屬陰中有陽有土與金水，體輕，色有白有黃，氣清香，味白者微苦，黃者苦重，性涼，能升能降，力清肺，性氣與味俱清，入肺肝心三經。 甘菊得秋氣之深，應候而開，受金正氣，秋金本白，故取白色者，其體輕，味微苦，性氣和平，至清之品。《經》曰： 治溫以清，凡病熱退，其氣尚溫，以此同桑皮理頭痛，除餘邪； 佐黃芪治眼昏，去翳障； 助沙參，療腸紅，止下血； 領石斛扁豆，明目聰耳，調達四肢。是以肺氣虛，須用白甘菊如黃色者，其味苦重清香氣散，主清肺火，凡頭風眩暈，鼻塞熱壅，肌膚濕痺，四肢遊風，肩背疼痛，皆由肺氣熱，以此清順肺金。且清金則肝木有制，又治暴赤眼腫，目痛淚出，是以清肺熱，須用黃甘菊。古來未悉此義，予姑訂之，以俟同志辨正。 菊種甚多，擇家種氣清香者良。陰乾，臨用去蒂梗。

明・盧之頤《本草乘雅半偈》帙一 菊花《本經》上品 氣味： 甘，平，無毒。 主治： 主風頭頭眩腫痛，目欲脫，淚出，皮膚死肌，惡風濕痹。久服利血氣，輕身耐老延年。 莖葉根實並同。

覈曰： 出川澤田野間，雍州南陽山谷者最勝。宿根再發，亦可子種。莖葉花實，種種不同。即《菊譜》所載： 龍腦、新羅、都勝、御愛、玉毬、玉鈴、金萬鈴、銀臺、棣棠、蜂鈴、鵝毛、金錢、夏金鈴、秋金鈴、酴醾、玉盆、夏萬鈴、秋萬鈴、繡毬、荔支、合蟬、垂絲粉紅、桃花順聖、淺紫紅二色、鄧州黃、鄧州白等，亦不能盡收也。莖有株蔓紫赤青綠之殊，葉有大小厚薄尖禿之異。花有千葉單瓣、有心無心、有子無子、黃白紅紫、淺色間色、大小之別。味有甘苦酸辛之辨。又有夏菊秋菊之分。唯以單葉味甘者入藥，即《菊譜》中名鄧州黃、鄧州白者是矣。其花細碎，品不甚高，蕋若蜂窠，中有細子。正月採根，三月採葉，五月採莖，九月採花，十一月採實。修治唯陰乾。朮、枸杞、桑根白皮為之使。無子者，謂之牡菊，燒灰撒地中，能死鼃黽，說出《周禮》。《風俗通》云： 酈縣有菊潭，飲其水者，皆得上壽。又吳末朱孺子，入玉笥山，飡菊英，乘雲上升。康生亦服甘菊而仙。終南五老洞碑，載漢永壽出墨菊，其色如墨，用其汁以書。背萌國有紫菊，謂之日精，一莖一蔓，延及數畝，味甘，食者永不飢渴。一種名薏者，莖青肥大，形似蒿艾，味綦苦澀，悞服則泄人氣，又不可不辨。

參曰： 飽霜不隕，草中松柏也。苗春花秋，色黃氣烈，秉秋金之制，以制為用，故字從菊，言在掌握間也。風頭頭眩、目欲脫、淚出，此肝木變眚，摧拉隕墜，能節制之，則無三者之病矣。皮膚死肌、惡風濕痹，二者風木失制，亢害所勝，菊得木體之柔，順受金制，自然木平風息也。芳香疎暢，故利氣。柔潤陰成，故利血。凡力之能持者則物輕，性之不媚者則耐久。更生延年，名實相副，夫奚疑。承迺制，則不亢。亢則害，無承制矣。從來以熱極似水者，引亢則害承迺制作證，自不知其背謬耳。能持物輕，不媚耐久，真堪警世。

明・李中梓《本草通玄》卷上 甘菊花 味甘，性平，入肺、腎兩經。

清頭目風熱，定風虛眩暈，利血脉，安腸胃，悦皮膚，止腰痛，翳膜遮睛，冷淚流溢，珍為要品。　菊花，屬金與水，惟其益金，故肝木得平而風自息；　惟其補水，故心火有制而熱自除。　甘美和平，得天地清純沖和之氣，是以服食家重之如寶玉也。　鍾會贊菊有五美云：　圓花高懸，準天極也。　純黃不雜，合土色也。　早植晚發，君子德也。　冒霜吐英，象貞質也。　味和體輕，神仙食也。　甘者功用弘多，苦者但可理癰。　白者入氣，赤者行血，神而明之，存乎其人耳。　忌火，去蒂，漿過曬乾，乘燥入磨。

清・顧元交《本草彙箋》卷三　甘菊花　菊歷四氣，得天地之清，冒霜吐穎，早植晚發，德類堅貞，乃秋深應候，方始舒榮，殆受金氣之正。　秋金本白，故取白花者，體輕味清，肺氣虛者宜之，主眼昏及翳膜，肝虛掉眩諸症。　若黃色者，氣香味重，肺熱者宜之，主頭風眩暈，鼻塞熱壅，暴赤眼腫，肌膚濕痺，四肢遊風，肩背疼痛等證。　此論近見於賈書，前人但云黃者入金水陰分，白者入金水陽分，分陰陽，故不如分虛實之説爲當。　賈子因其氣味之輕重清濁，以定能力，可謂方家之指南矣。

其紫莖氣香，葉厚至柔，花微大，單瓣，味甘者真。　其莖青而大，葉細，氣烈，似蒿艾，花小，味苦，名苦薏，不入藥。　菊本作蘜，窮也。　言花事至此而窮也。　別名傳延年，取久服耐老延年之義。　服食家，根、莖、花、葉俱按月採用之。　雙美丸治眼目昏花，用甘菊花一觔，紅椒去目六兩，爲末，新地黃汁和丸梧子大，每服五十丸，臥時茶清下。　與枸杞子等分，蜜丸，久服則終身無目疾，兼不中風及生疔疽。　連根生用爲君，加紫花地丁、益母草、金銀花、半枝蓮、貝母、連翹、生地黃、栝樓根、白芷、白及、蒼耳子、夏枯草，可治疔瘡。　凡疔毒甚者，以蟾酥發汗，大便閉者，汗後以玉樞丹下之，或以大戟加蚤休、棗肉丸三錢，亦下矣。　忌甘草，避大戟也。　治疔之法，不外乎此，并記。

清・穆石匏《本草洞詮》卷九　菊　《月令》：　九月菊有黃華，花事至此而窮盡，故謂之鞠。　黃菊味甘，白菊味苦辛，並氣平，無毒。　治諸風，頭眩腫痛，皮膚死肌，風濕痺，養目血，去翳膜，久服利血氣，安腸胃，輕身延年。　作枕明目，葉亦明目。　生熟並可食。　蓋菊春生夏茂，秋花冬實，兼備四氣，飽經霜露，葉枯不落，花槁不零，味兼甘苦，性稟平和。　昔人謂其能除風熱，益肝補陰，而未言其得金水之精英，尤多能益金水二臟也。　補水所以制火，益金所以平木，木平則風息，火降則熱除。　黃者入金水陰分，白者入金水陽分。　花苗根葉，皆可入藥，囊之可枕，釀之可飲，自本至末，罔不有功，宜乎前賢比之君子，《神農》列之上品。　費長房言：　九日飲菊酒，可辟不祥。《神仙傳》言：　唐風子、朱孺子皆以服菊花成僊。《荊州記》言：　飲菊潭水多壽。菊之貴重如此，是豈群芳可伍哉？　王子喬變白增年方用甘菊，三月上寅日採苗名玉英，六月上寅日采葉名容成，九月上寅日採花名金精，十二月上寅日采根莖名長生，並陰乾百日，各等分，以成日合搗千杵，為末，蜜丸，酒服日三，一年髮白變黑，二年齒落更生，五年老人變童也。　菊有兩種，花葉相似，惟以甘苦別之。　甘者為菊，苦者為薏，真菊延齡，野菊泄人。

清・丁其譽《壽世秘典》卷三　菊　菊有二種。一種莖紫，氣香而味甘，葉可作羹食者，為真菊。一種莖青而大，葉細氣烈似蒿艾，味苦不堪食者，名苦薏，非真菊也。葉正相似，惟以甘苦別之。李時珍曰：　菊之品，凡百種，宿根自生，其莖有株蔓、紫赤、青綠之殊；　其葉有大小、厚薄、尖秃之異；　其花有千葉，有單葉，有心無心，有子無子，黃白紅紫，深淺大小之別；　其味有甘苦辛之辨。又有夏菊、秋菊、冬菊之分。大抵惟以單葉、味甘者入藥。甘菊始生于山野，今則人皆栽植之。其花正黃，小如指，頂外尖，瓣內細萼，柄細而長，氣香而烈，葉似小金鈴而尖，更多椏淺，枝幹嫩則青，老則紫，中有細子，種之亦生苗。凡菊葉皆深綠而厚，味苦或生毛，惟此葉淡綠柔瑩，味微甘，香味俱勝。菊之無子者，謂之牡菊。燒灰撒地能死鼃黽，説出《周禮》。

氣味：　苦，平，無毒。治諸風頭眩腫痛，目欲脱，淚出，皮膚死肌，惡風濕痹。久服利血氣，輕身，耐老延年《本經》。養血目，去翳膜潔古《珍珠囊》。主肝氣不足。

發明李時珍曰：　《本經》言菊花味苦，《別錄》言菊花味甘。諸家以甘者為菊，苦者為苦薏，惟取甘者入藥。按張華《博物志》言菊有兩種，苗花如一，惟味小異，苦者不中食。范至能《譜》序言，惟甘菊可食，仍入藥餌，其餘黃、白二花，皆味苦，雖不可餌，皆可入藥，其治頭風，則白者尤良。據此二説則是。菊類自有甘、苦二種，食品須用甘菊，入藥則諸菊皆可，但不得用野菊，名苦薏者爾。景煥《牧豎閒談》云：　真菊延齡，野菊泄人。日華子云：　菊花作枕明目，葉亦明目，生熟皆可食。史正志《菊譜》序苗可以採，花可以藥，囊可以枕，釀可以飲。九月宜採，九日尤佳。《群芳譜》云：　醫工不識甘菊，往往掇盆盎中殘朵而用之，夫華盛者實衰，開殘者氣散，是尚可以為藥乎。菊味香烈，雖能燥濕祛風，亦能助火泄氣，宜酌而用之。變白延年之説，不可貪也。以菊作枕者，頭痛至不可救，德善譜有戒。繆希雍云：　菊花與枸杞子相對，蜜丸久服，則終身無目疾，兼不中風及生疔疽。〇苦薏，處處原野極多，與菊無異，但葉薄而多尖，花小而蕊多，如蜂窠狀，氣味苦辛慘烈，服之大傷胃氣，治癰腫疔毒，瘰癧眼癒。

清・劉雲密《本草述》卷九上 菊术及枸杞根、桑白皮為之使。 弘景曰： 菊有两種，一種莖紫，氣香而味甘，葉可作羹食者，為眞菊。一種青莖而大，作蒿艾氣，味苦，不堪食者，名苦薏。苦薏莖青肥大，氣似蒿艾，味苦辛慘烈。薏者，蓮心也，以味相似得名。非眞菊也。葉正相似，惟以甘苦別之。 宗奭曰： 菊花多種，惟單葉花小而黃，緑葉色深，小而薄，九月應候而開者是也。鄧州白菊，單葉者亦入藥，餘皆醫經不用。 瑞曰： 花大而香者，為甘菊花。小而黃者，為黃菊花。小而氣惡者，為野菊。 丹溪曰： 須是味甘莖紫者。若山野間味苦莖青者，勿用，大傷胃氣。謹戒之！

愚按： 時珍所取入藥者，亦云單葉味甘者。又云此種始生於山野，今則人皆栽植之。其花細碎，蕊如蜂窩，中有細子。據其所說，似有的據。不知野菊條下，仍有花小蕊多，狀如蜂窩者，是又何說也？ 自為矛盾，徒亂人意。朱丹溪，一代名醫，其取舍不違先哲所說。愚意但取應候而開者，《禮・月令》季秋之月，鞠有黃華是也。以味甘為主，更分別莖之紫青，氣之芬香，與作蒿艾氣者，乃為得之。

氣味： 苦，平，無毒。《別録》曰： 甘。 楊損之曰： 甘者入藥，苦者不入藥。 杲曰： 苦、甘，寒。可升可降，陰中微陽也。 愚謂據其功用，當是陽中有陰。

主治： 諸風頭眩腫痛，目欲脫，淚出《本經》。一切游風，能令消散。補陰，利血脈甄權。除胸中煩熱，利五脈，調四肢《別録》。養目血，去瞖膜潔古。

好古曰： 主肝氣不足。 丹溪曰： 黃菊花屬土與金，有水與火，大能補陰血，故養目。 時珍曰： 菊，春生夏茂，秋花冬實，備受四氣，飽經露霜。葉枯不落，花槁不零。味兼甘苦，性稟平和。昔人謂其能除風熱，益肝補陰，蓋不知其得金水之精英，尤多能益金水二臟也。補水所以制火，益金所以平木，木平則風息火降，則熱除。用治諸風頭目，其旨深。微黃者入金水陰分，白者入金水陽分，紅者行婦人血分，皆可入藥，神而明之，存乎其人。

希雍曰： 菊，發生於春，長養於夏，秀英於秋，而資味乎土，歷三時之氣，得天地之清獨，稟金精，專制風木，故為去風之要藥。

甘菊花，袪風要藥。風木通肝，肝開竅於目，故為明目之主。同地黃、黃蘗、枸杞子、白蒺藜、五味子、山茱萸、當歸、羚羊角、羊肝，治肝腎俱虛目痛。加決明子、木賊草、穀精草、柴胡，可以去外瞖。 同黃連、玄參、甘草、生地黃、荆芥穗、決明子、連翹、桔梗、柴胡、川芎、羌活、童便，可治風熱目痛。君川芎、細辛、藁本、當歸、生熟地黃、天麥門冬、白芍藥、甘草、童便，治血虛頭痛，亦主頭眩暈因痰結而作者，無痰藥不效。 與枸杞子相對，蜜丸久服，則終身無目疾。兼不中風，及生疔疽。

愚按： 甘菊花在繆氏謂歷三時之氣，得天地之清，獨稟金精者是矣。然華於秋，而實於冬。菊有有子者，有無子者。葉枯不落，花槁不零。盧氏所謂飽霜不隕，草中松柏者是矣。合而觀之，是秉金精，而兼水化，金水相涵，真益陰之上品也。然何以獨為風木之對待？ 蓋風木固欲盡之陰，而樂趨乎陽者也。有金水相涵者，可以育其將盡之陰，而靜其相求之陽，故不獨平肝，而且能益肝之不足。海藏之言不謬也。若然，其療頭目風熱厥功，僅止此歟？ 曰： 否。弘景所云，除胸中煩熱，利五脈，調四肢者，謂何？甄權所云，利血脈者，又謂何？ 其能利五脈，調四肢，總歸於利血脈一語。而血脈之所以能利，直由金水之相涵，以致其用也。夫心主脈，脈者，血之府也。 金水相涵，以致其用，則是肺陰下降入心，而合於腎脈之至肺者矣，是所謂毛脈合精也，是所謂火合於水而血生，血生而脈利矣。故胸中煩熱能除，而五脈能利矣。又何四肢之不能調乎？ 蓋四肢皆五脈之所流注也。若然，則對待風木一語，正以風木之臟，原屬血臟，實司周身之經絡，而經絡固《經》所謂內外之合也。得茲味能令大暢風升之用，而不病於風眚，則所益豈其微哉？ 此段極為中肯之論。繆氏謂甘菊花，合枸杞子蜜丸，久服之，可免中風之證，適與茲論互為發明也。 如所謂驅頭風明目，特其主治之首，及非謂益陰之功槩止此也。至於入藥，定以甘者，蓋益氣益血之味，不能離於甘，離於甘，則為陰陽偏至之氣，但可以療偏至之疾耳。

附方 白菊花酒，治丈夫婦人久患頭風眩悶，頭髮乾落，胸中痰壅，每發即頭旋眼昏，不覺欲倒者，是其候也。先灸兩風池各二七壯，并服此酒，乃散永瘥。其法春末夏初，收白菊軟苗，陰乾，擣末，空腹取一方寸匕，和無灰酒服之，日再服，漸加三方寸匕。若不飲酒者，但和羹粥汁服。亦得秋八月合花收，曝乾，切取三大斤，以生絹袋盛，貯三大斗酒中，經七日服之，日三次，常令酒氣相續為佳。 眼目昏花，用甘菊花一斤，紅椒去目六兩，為末，用新地黃汁和丸梧子大，每服五十丸，臨臥茶清下。

修治　正月采根，三月采葉，五月采莖，九月采花，十一月采實，皆陰乾用。

《王龜齡集》曰：甘菊黃而小者，能生精，童便浸一宿，曬乾為末。

白菊　氣味：苦、辛，平，無毒。　主治：染髭髮令黑，和巨勝、茯苓蜜丸服之，去風眩，變白不老，益顏色藏器。　陳藏器曰：白菊生平澤，五月花紫白色。　頌曰：今服餌家多用白者。　時珍曰：白菊花不甚甘。亦秋月采之。

清・郭章宜《本草匯》卷一一　甘菊花　苦、甘，微寒，可升可降，陰中微陽。入肺、心、肝、脾、胃、大小腸。散風熱上注之頭眩，止兩目欲脫之淚出。除胸中煩熱，敺膝風疼痛。養肝血，退翳膜。甘者，陰血兼補。苦者，胃氣反傷。《本經》治風頭眩腫，目脫淚出，皮膚死肌，惡風濕痺者。諸風掉眩，皆屬肝木。風藥先入肝，肝開竅于目，風為陽邪，勢必走上，血虛則熱，熱則生風，風火相搏故也。《別錄》治腰痛去來陶陶縱緩者，乃血虛氣滯之候。苦以泄滯結，甘以益血脉，又兼辛平，以散虛熱也。其除胸中煩熱者，心主血，虛則病煩。陰虛則熱收于內，故熱在胸中。血益則陰生，陰生則煩止。苦辛能泄熱，故煩熱並解。

按：菊花發生于春，長養于夏，秀英于秋，而資味乎土，歷三時之氣，得天地之清，獨禀金精，善制風木。高巔之上，惟風可到，故主用多在上部。昔人謂其能除風熱，益肝補陰，蓋不知其得金水之精英尤多，能益金水二臟也。惟其益金，故肝木得平，而風自息。惟其補水，故心火有制，而熱自除。同地黃、黃蘗、枸杞、白蒺藜、五味子、山萸、當歸、羚羊角、羊肝，治肝腎俱虛，目痛。加决明子、木賊、穀精、柴胡，可以去外膜。同黃連、玄參、甘草、生地、荊芥穗、决明子、連翹、桔梗、柴胡、川芎、羌活、童便，可治風熱目痛。與枸杞子相對蜜丸，久服則終身無目疾。如眼目昏花，甘菊一斤，紅椒去目六兩，為末，用新地黃汁和丸，臨臥茶下。疔腫垂死，菊花一握，搗汁，入口即活。冬月採根。

菊有二種，紫莖葉香而味甘者，陰血兼補。青莖而大，作蒿艾氣，味苦者，大傷胃氣。黃者入金水陰分，白者入金水陽分，治頭風。治頭風白者為最。紅者，行婦人血分。苦菊但可理癰。忌火，去蒂，漿過晒乾，乘燥入磨。花葉俱可作枕，明目。白朮、枸杞、桑白皮為之使。

清・尤乘《壽世青編》卷下　真菊、野菊　蜀人多種菊，以苗可以菜，花可以藥，園圃悉能植之。今人多採野菊供藥肆，頗有大誤。真菊延齡，野菊殺人。如張華言：黃精益壽，鉤吻殺人。形類相似之誤，有如此。

清・朱本中《飲食須知・菜類》　甘菊苗　味甘、微苦，性涼。生、熟可食。真菊延齡，野菊食之，傷胃瀉人。

清・何其言《養生食鑒》卷上　甘菊苗粵無甘菊，其黃菊功用頗同。　味甘，微苦，無毒，性涼。生熟可食。涼，明目，益肝氣，去翳膜。

花　味甘，性涼，無毒。安五臟，清頭，去風熱，和血脈，散肌痹。

清・蔣居祉《本草擇要綱目・寒性藥品》　甘菊花菊之品凡百種，自生莖葉花色，品品不同。惟單葉，花小而黃綠，葉色深小而薄，九月應候而開者是也。鄧州白菊，單葉者亦入藥。餘皆醫經不用。其莖有株蔓紫赤青綠之殊，其葉有大小厚薄尖禿之異，其花有千葉單葉，有心無心，有子無子，黃白紅紫，間色深淺，大小之別，其味有甘苦辛之辨。又有夏菊、秋菊、冬菊之分。大抵惟以單葉味甘者入藥。《菊譜》所載甘菊，鄧州黃、鄧州白者是也。

氣味：苦，平，無毒。又：苦、甘，寒。可升可降，陰中微陽也。黃者入金水陰分，白者入金水陽分，紅者行婦人血分。蓋其性屬土與金，有水與火。

主治：諸風頭眩腫痛，目欲脫淚出，皮膚死肌，惡風濕痹。久服利血氣，輕身耐老延年。補陰血而養目，益肝木，祛身上一切遊風，目脫淚出。蓋補水所以制火，益金所以平木。木平則風息，火降則熱除，故甘菊花多能益金、水二臟，此之謂也。味苦有爲苦薏，服之傷人目，損人胃氣，即野菊花也，色黃而小，心如蓮子，治癰腫疔毒瘰癧眼瘜。

清・閔鉞《本草詳節》卷二　甘菊花　【略】按：菊花屬金與水，能益金水二臟，補水所以制火，益金所以平木，木平則風息，火降則熱除。用治諸風頭目，其旨深微。黃者入金水陰分，白者入金水陽分，紅者行婦人血分。

清・王翃《握靈本草》卷三　甘菊處處有之。單葉、白色、味甘者良。黃色、單葉、味甘者亦可用。苦者名苦薏，不可用。忌火。　主治：甘菊，苦，平，無毒。主諸風頭眩腫痛，目欲脫，淚出，皮膚死肌，惡風濕痺。主肝氣不足。

清・汪昂《本草備要》卷一卷一　甘菊花宣，祛風熱，補肺腎，明目。　味兼甘、苦，性禀平和。備受四氣，四時之氣。飽經霜露，得金水之精居多，能益金、水二藏，肺腎。以制火而平木，肝。木平則風息，火降則熱除，故能養目血，去翳膜。與枸杞相對，蜜丸久服，永無目疾。治頭目風熱眩暈，散濕痹遊風。以單瓣味甘者入藥。花小味苦者，名苦薏，非真菊也。《牧豎閑談》云：真菊延齡，野菊瀉人。朮、枸杞、地骨皮爲使。黄者入陰分，白者入陽分，紫者入血分。可藥可餌，可釀可枕，仙經重之。

清・陳士鐸《本草新編》卷二　甘菊花　味甘、微苦，性微寒，可升可降，陰中陽也，無毒。入胃、肝二經。能除大熱，止頭痛暈眩，收眼淚翳膜，明目有神，黑鬚髭頗驗，亦散濕去痺，除煩解燥。但氣味輕清，功亦甚緩，必宜久服始效，不可責以近功。惟目痛驟用之，成功甚速，餘則俱迂緩始能取效也。近人多種菊而不知滋補之方，間有用之者，又止取作茶茗之需以為明目也。然而，甘菊花不但明目，可以大用之者，全在退陽明之胃火。蓋陽明內熱，必宜陰寒之藥以瀉之，如石膏、知母之類。然石膏過于太峻，未免太寒，以損胃氣。不若用甘菊花至一二兩，同元參、麥冬共濟之，既能平胃中之火，而不傷胃中之氣也。

或問：甘菊花治目最效，似乎肝經之專藥，而吾子獨云可退陽明之胃火，不識退陽明何等之火病耶？夫甘菊花，凡有胃火，俱可清之，而尤相宜者，痿病也。痿病，責在陽明，然而治陽明者，多用白虎湯，而石膏過於寒涼，恐傷胃氣。而痿病又多是陽明之虚熱，白虎湯又瀉實火之湯也，尤為不宜。不若用甘菊花一二兩，煎湯以代茶飲，既退陽明之火，而又補陽明之氣，久服而痿病自痊。甘菊花退陽明之火病。其在斯乎。

或問：甘菊花，人服之延齡益算，至百歲外仙去者，有之乎？抑好事者之言也？吾子既遇異人傳異術，必有所聞，幸勿自秘。曰：予實未聞也。或人固請，乃喟然嘆曰：吾今而後，不敢以異術為一人延齡益算之資也，敢不罄傳，與天下共之乎。夫菊得天地至清之氣，又後群卉而自芳，傲霜而香，挹露而葩，而花又最耐久，是草木之種，而欲與松柏同為後凋也，豈非長生之物乎。但世人不知服食之法，徒作茶飲之需，又不識何以修合，是棄神丹于草莽，可惜也。我今將異人所傳，備書于後，願人依方服食，入仙不難，豈獨延齡益算已哉。方名菊英仙丹。採家園黄菊花三觔，晒乾，入人參三兩、白朮六兩、黄芪十兩、乾桑椹十兩、熟地一觔、生地三兩、茯苓六兩、當歸一觔、遠志四兩、巴戟天一觔、枸杞子一觔、花椒三兩、山藥四兩、茯神四兩、菟絲子八兩、杜仲八兩，各為細末，蜜為丸，白滾水每日服五錢。三月之後，自然顔色光潤，精神健強，返老還童。可以久服，既無火盛之虞，又有添精之益，實可為娛老之方也，勿以鐸之輕傳，而易視之為無能。蓋菊英為仙人所採，實有服之而仙去者，非好事者之談，乃成仙之實籙也。

或疑甘菊花藥味平常，未必服之可以延齡。古人採食而仙去者，徒虚語耳。嗟乎！採菊英而仙去，吾不敢謂古必有是人。然菊英仙丹，實異人授鐸。吾覩其方中之配合得宜，既無燥熱之忌，實多滋益之良。服之即不能成仙，未必不可藉以難老也。

或疑甘菊花治目，杭人多半作茶飲，而目疾未見少者，是菊花非明目之藥，而菊英仙丹亦不可信之方矣。嗟乎！菊花明目，明虚人之目，而非明有病人之目也。有病之目，即可用菊花治，亦必與發散之藥同治，而不可單恃之以去風去火也。夫人之疾病不常，而人之慎疾各異。菊花之有益于人目者甚多，豈可因一二病目成于外感，而即疑菊花之非明目也。亦太拘矣。若菊英仙丹，純是生氣生精之神藥，非止明目已也。又烏可因杭城之病目，疑菊而併疑仙丹哉。

或疑真菊益齡，野菊泄人，有之乎？曰：有之。或曰：有之，而子何以不載也？夫菊有野種、家種之分，其實皆感金水之精英而生者也。但家種味甘，補多于瀉；野菊味苦，瀉多于補。欲益精以平肝，可用家菊。欲息風以制火，當用野菊。人因《本草》之書有泄人之語，竟棄野菊不用，亦未知野菊之妙。除陽明之焰，正不可用家菊也。

清・顧靖遠《顧氏醫鏡》卷七　甘菊花甘、苦，微寒。入肺肝腎三經。治頭目風熱，眩痛淚出。能益金水二藏，益金所以平木，木平則風自息，補水能去風除熱，而所以制火，火降則熱自除，故治頭眩頭痛、目痛淚出諸症。去身上遊風，皮膚死肌。治風先治血，血行風自滅，皮膚不營，則為不仁，祛風而能補陰血，則遊風愈，而死肌得活矣。除胸中煩熱，血虚則煩，陰虚則熱，收於內補陰益血，則煩熱並除。救垂死疔瘡。疔乃風火之毒，搗汁飲之即活。根葉亦俱良。獨稟金精，專制風木，為祛風除熱益血之要藥。與枸杞相對久服，終身無目疾、中風、疔瘡之患。作枕，大能明目。

清・李熙和《醫經允中》卷一七　菊花　朮、枸杞、地骨皮為使。味苦、甘，氣微寒，無毒。或升可降，陰中陽也。主治養目血，退翳膜，清頭目風熱，定風虚眩運。共乾葛煎湯，解醉漢沉酣易醒。同地黄釀酒，變老人皓白成烏。按：菊備四時之佳氣，得金水之精英，所以能益金水而清肝火也。補水則火自消，益金則木自制，風息火降則熱自除。故用治諸風頭目，清肝也。但黄者入金水陰分，白者入金水陽分，紅者行婦人血，皆以甘者為上。

根葉搗汁頓嘗，救疔瘡垂死即活。野菊惟消癰疔，味苦，不堪别用。

清·馮兆張《馮氏錦囊秘錄·雜症痘疹藥性主治合參》卷二 菊花生於春，長於夏，秀於秋，資乎土，得天地之清，獨稟金精，專制風木。味苦甘兼辛，氣平，無毒。○凡採須陰乾。若入補養藥，去心蒂，蜜酒拌，蒸晒乾用。若入去風熱劑中，生用。

菊花，敺頭風，止頭痛，眩暈，清頭腦第一。養眼血，收眼淚翳膜，明眼目無雙。散風淫濕痹，除皮膚死肌。利一身血氣，逐四肢遊風。療腰痛去來，退胸中煩熱。歷春夏秋三時，得天地之清芳，稟金精之正氣，故能平肝生水、降火明目也。且氣性輕揚，故主用多在上部。同枸杞便能助腎矣。以單瓣味甘者入藥，黄者入陰分，白者入陽分，可藥可餌，可釀可枕，《本經》列之上品。葉救垂死疔腫即活。

主治痘疹合參： 治痘熱毒入眼，專能明目去翳膜。同歸、地又能補眼血涼血矣。其青葉治諸疔危急者用之即愈； 以葉搗爛，入酒，絞汁，飲之，其渣敷於毒上，神效。

清·张璐《本經逢原》卷二 菊 黄者苦、甘，平，白者苦、辛，平，皆無毒。野生者名苦薏，可搗塗癰腫疔毒，服之傷人腦。《本經》主諸風頭眩腫痛，目欲脱淚出，皮膚死肌，惡風濕痹，久服利血氣，輕身耐老，延年。發明： 菊得金水之精英，補水以制火，益金以平木，為去風熱之要藥。故《本經》專主頭目風熱諸病，取其味甘氣清，有補陰養目之功。蓋益金則肝木平而風自息，補水則心火制而熱自除矣。其治惡風濕痹者，以其能清利血脈之邪，而痹濕得以開泄也。又黄者入金水陰分，白者入金水陽分，紫者入婦人血分。觀《金匱》侯氏黑散，《千金》秦艽散，俱用菊花為君，時珍所謂治諸頭目，其旨深矣。近有一種從番舶來，六月開花，但有正黄而無間色，豈特黄州獨瓣為異哉？

清·浦士貞《夕庵讀本草快編》卷二 菊《本經》、金蕊 菊本作蘜，窮也。《月令》： 九月，菊有黄花，花事至此而窮盡，故謂之蘜。其種百餘，入藥取單葉味甘者佳。景煥《牧豎閑談》云： 真菊延齡，野菊泄人。 菊乃春生夏茂，秋花冬實，備受四氣，飽經露霜，葉枯不凋，花槁不落。味兼甘苦，性稟和平，昔人謂其能除風熱，益肝補陰，蓋未詳其得金水之精，能益金水二藏，補水所以制火，益金所以平木，木平則風息，火降則熱除，頭目遊風固為要藥。且黄者入金水陰分，白者入金水陽分，紅者行婦人血分，其苗可蔬，其葉可啜，其花可餌，囊之可枕，釀之可飲。自本至末，罔不有功，宜乎前賢比之君子，神農列為上品，隱士采入酒斝，騷人餐其落英。胡廣飲菊潭而能長壽，九日飲菊酒而辟邪，貴重如此，豈群芳之伍哉？鍾會《黄菊贊》云： 圓花高懸，準天極也。純黄不雜，后土色也。早植晚發，君子德也。冒霜吐穎，象貞質也。盃中體輕，神仙食也。信夫！

清·張志聰、高世栻《本草崇原》卷上 菊花 氣味苦，平，無毒。主治諸風頭眩腫痛，目欲脱，淚出，皮膚死肌，惡風濕痹。久服利血氣，輕身，耐老延年。 菊花處處有之，以南陽菊潭者為佳，菊之種類不一，培植而花球大者，只供玩賞。生於山野田澤，開花不起樓子，色只黄白二種，名茶菊者，方可入藥，以味甘者為勝。古云： 甘菊延齡，苦菊泄人，不可不辨。《本經》氣味主治，概莖葉花實而言，今時只用花矣。 菊花《本經》名節華，以其應重陽節候而華也。《月令》云： 九月菊有黄花，莖葉味苦，花味兼甘，色有黄白，稟陽明秋金之氣化。主治諸風頭眩腫痛，稟金氣而制風也。目欲脱淚出，言風火上淫於目，痛極欲脱而淚出。菊稟秋金清肅之氣，能治風木之火熱也。皮膚死肌，惡風濕痹，言感惡風濕邪而成風濕之痹證，則為皮膚死肌。菊稟金氣，而治皮膚之風，兼得陽明土氣，而治肌肉之濕也。周身血氣，生於陽明胃府，故久服利血氣輕身，血氣利而輕身，則耐老延年。

清·劉漢基《藥性通考》卷五 甘菊花 味兼甘苦，性稟平和，備受四氣，冬苗春葉，夏蓝秋花，飽經霜露，得金水之精居多。能益金水二臟以制火，而平木，木平則風息，火降則熱除，故能養目血，去翳膜，與枸杞相對，蜜丸久服，永無目疾。又治頭目眩暈，風熱，散濕痺遊風。以草辨味，甘者入藥。花小味苦者，名苦薏，非真菊也。《牧豎閒談》云： 真菊延齡，野菊瀉人。白朮、枸杞、地骨皮為使。黄者入陰分，白者入陽分，紫者入血分，可藥可餌，可釀可枕，仙經重之。○或問： 菊花乃眼科之妙藥，能去風明目。世人每用白菊花，豈黄者無用乎？曰： 菊花雖有黄白，其性相同。黄者取中州之氣，能入脾經，清胃火，其功比白者更有大功也。世人獨取白菊者，乃不能深知藥性之人也。

清·姚球《本草經解要》卷二 甘菊花 氣平，味苦，無毒。主諸風頭眩腫痛，目欲脱淚出，皮膚死肌，惡風濕痹。久服利血氣，輕身耐老延年。 甘菊氣平，稟天秋平之金氣，入手太陰肺經。味苦無毒，得地南方之火味，入手少陰心經。氣味俱降，陰也。味苦清火，火抑金勝。發花於秋，其稟秋金之氣獨全，故為制風木之上藥也。諸風皆屬於肝，肝脈連目系，上出額，與督脈會於巔。肝風熾，則火炎上攻頭腦而眩，火盛則腫而痛，其主之者，味苦可以清火，氣平可以制木也。肝開竅於目，風熾火炎，則目脹欲脫，其主之者，制肝清火也。手少陰之正脈，上走喉嚨，出於面，合目內眦。心為火，火盛則心系急而淚出。其主之者，苦平可以降火也。皮膚乃肺之合，肌肉乃脾之合。木火刑肺金、脾土，則皮膚肌肉皆死。甘菊稟金氣，具火味，故平木清火而主皮膚死肌也。其主惡風濕痹者，風濕成痹，風統於肝。甘菊氣平有平肝之功，味苦有燥濕之力也。久服利血氣者，肺主氣，氣平益肺，所以有利於氣。心主血，味苦清心，所以有利於血。利於氣，氣充身自輕。利於血，血旺自耐老。氣血皆利，其延年也必矣。　製方：甘菊擣汁，治疔瘡。重九採花，末服，治酒醉不醒。同杞子丸服，終身無目疾瘡疽。同穀精草、菉荳皮等分末，治目翳。

清・周垣綜《頤生秘旨》卷八　菊花　益血毆風，清頭目之藥也。根苗花葉皆可服，安腸胃，利五臟，久服利血，輕身延年。

清・王子接《得宜本草・上品藥》　甘菊　味甘、微苦。入手太陰經。功專清頭目風火。得枸杞便能下行悅腎。

清・徐大椿《神農本草經百種錄》上品　菊花　味苦，平。主風，頭眩腫痛，目欲脫，淚出，芳香上達，又得秋金之氣，故能平肝風而益金水。皮膚死肌，清肺疎風。惡風濕痹。驅風散濕。久服，利血氣，輕身、耐老延年。菊花晚開晚落，花中之最壽者也，故其益人如此。　凡芳香之物，皆能治頭目肌表之疾。但香則無不辛燥者，惟菊得天地秋金清肅之氣，而不甚燥烈，故于頭目風火之疾，尤宜焉。

清・黃元御《玉楸藥解》卷一　甘菊花　味甘，氣平。入足厥陰肝經。清風止眩，明目去翳。清利頭目，治疼痛眩暈之證。庸工凡治頭目，無不用之，今古相承，不見其效。不知頭目眩暈由濕盛上逆，濁氣充塞，相火失根，升浮旋轉而成，愚妄以為頭風，而用發散之藥，此千試不靈之方也。

清・吳儀洛《本草從新》卷一　甘菊花〔宣，祛風熱，補肺腎，明目。〕　甘，苦，微寒。備受四氣，冬苗，春葉，夏蕊，秋花。飽經霜露，得金水之精，能益肺腎二臟，以制心火而平肝木。木平則風息，火降則熱除，故能養目血，去翳膜，與枸杞相對蜜丸久服，永無目疾。治目淚頭眩，散濕痺游風。家園所種，杭產者良。花小味苦者名苦薏，非真菊也。《牧豎閒談》〔景煥著《牧豎閒談》。〕云：真菊延齡，野菊瀉人。有黃、白二種，單瓣味甘者入藥。點茶、釀酒、作枕俱佳。白朮、枸杞、地骨為使。黃者入陰分，白者入陽分，可藥可餌，可釀可枕，仙經重之。　附：菊青葉　救垂危疔毒。以葉搗爛，入酒絞汁飲之，其渣敷於毒上神效。

清・汪紱《醫林纂要探源》卷二　甘菊花　甘，苦，辛，平。《菊譜》以花小色黃，外有平瓣，而中湧碎花者為甘菊，俗曰饅頭菊，又曰簪頭菊是。其他則黃、白、紅、紫，千瓣單瓣不一類。今所重鄧州白菊，要以黃為正，白者專入氣分，赤者專入血分也。昔又謂野菊瀉人為苦薏，真菊延年。愚謂分家菊、野菊，以得氣有厚薄耳，安得分真假。且菊終有辛耗之意，安在其能延年也。　得金氣為多，而清虛芳潔，蓋入肺而行肝氣，降逆氣，因得以下生腎水，上清頭目，去過斂之邪，補清潤之正也。主明目，目雖肝竅，睛屬腎水，水清則明，肝熱則昏，行肝之鬱，清水之源，是所以明目。清氣得以上升，而獨熱下降，則頭目眩暈可除。此以滋肝木之陰，以瀉肺金之濇也。然氣味甚輕，非有補養之效，即用以清頭目，亦未必可責之一撮之微也。

清・嚴潔等《得配本草》卷三　菊花苗、根、叶　朮、枸杞根、桑根白皮、青葙葉為之使。　甘，平。入手太陰，兼足少陽經血分。清金氣，平木火。一切胸中煩熱，血中鬱熱，四肢游風。肌膚濕痹，頭目眩暈者，俱無不治。　配石膏、川芎，治風熱頭疼。配杞子，蜜丸，治陰虛目疾。　白花，肺虛者宜之。黃花，肺熱者宜之。去心蒂，地骨皮煎汁拌蒸，日乾用。去風熱，生用。入補藥，酒拌蒸，日乾用。味苦者傷胃氣，勿用。　苗　搗爛，可熏洗女人陰腫。　根葉　配地丁、花粉，消癰毒疔瘡。根能清溲便。

題清・徐大椿《藥性切用》卷三　甘菊花　甘苦微寒。清鬱熱，兼益金水。平肝木，解熱熄風。為明目清頭，善解鬱熱之耑藥。菊葉搗汁，能拯疔毒垂危。

清・黃宮繡《本草求真》卷四　甘菊祛風養肺，滋腎明目。　甘菊耑入肝、肺、腎。生於春，長於夏，秀於秋，得天地之清芳。時珍曰：菊春生，夏茂，秋花，冬實。稟金精之正氣，其味辛，故能祛風而明目。其味甘，故能保肺以滋水。其味苦，故能解熱以除燥。凡風熱內熾而致眼目失養，翳膜遮睛，與頭痛眩運風浮濕痹等症，服此甘和輕劑。平木補金平木。制火，補水制火。養肺，肺養則木平。滋腎，腎滋則火制。俾木平則風熄，火降則熱除，而病無不愈矣。金水二臟藥。是以除目翳膜，有同枸杞相對蜜丸，久服永無目疾，以單瓣味甘者入藥。

景煥《牧豎閒談》云：真菊延齡，野菊泄人，正如黄精益壽，鉤吻殺人之意。黄入陰分，白入陽分，紫入血分，术及枸杞根、桑根白皮為使。

清・沈金鰲《要藥分劑》卷一　菊花　【略】鰲按：菊花并莖葉，打汁飲，可治疔瘡，以渣外敷紅線疔，尤為要藥。以疔瘡之生，由風火之毒也。《經疏》曾及此。

清・楊璿《傷寒溫疫條辨》卷六散劑類　甘菊花　味甘，性平，可升可降，陰中陽也。入肺、脾、肝、腎。以其味甘補陰血，故毆頭風眩暈，清腦第一，收眼淚翳膜，明目無雙，利一身血氣，逐四肢遊風。冬芽秋花，多得金水之化。冬春採根，夏秋採葉，疔腫垂死，取汁頓服立活。甘菊丸：治腎水枯竭，肺、肝侵傷，五藏俱損，瞳人倒背者。甘菊花四兩，枸杞子二兩，五味子二兩，肉蓯蓉一兩五錢，巴戟天一兩五錢，為末，煉蜜丸服。余謂加車前子七錢五分更妙。

清・羅國綱《羅氏會約醫鏡》卷一六草部　菊花味甘微辛，入肺腎二經。去蒂用。　備受四氣，冬苗，春葉，夏蕊，秋花。飽經霜露，能益金水二臟肺腎。金以平木肝也，水以制火心也。木平則風息，火降則熱除，故能養目收淚，去翳膜，與枸杞蜜丸服，永無目病。治頭風、頭痛、眩暈。風熱。性輕故能上巔。疔毒危急者，以葉搗爛，入酒絞汁服之，其滓敷於毒上，神效。多收花作枕，除頭風，保目。黄者入陰分，白者入陽分，紫者入血分。可藥、可餌、可釀。仙家重之。

清・陳修園《神農本草經讀》卷二上品　菊花　氣味苦，平，無毒。主諸風頭眩腫痛，目欲脫，淚出，皮膚死肌，惡風濕痹。久服利血氣，輕身耐老延年。　徐靈胎曰：凡芳香之物，皆能治頭目肌表之疾。但香則無不辛燥者，惟菊得天地秋金清肅之氣而不甚燥烈，故於頭目風火之疾尤宜焉。

清・趙學敏《本草綱目拾遺》卷七花部　茶菊城頭菊、金鈴菊、金箭頭、菊米、菊根。　茶菊較家菊朵小多心，有黄、白二色。杭州錢塘所屬良渚槍葬地方，鄉人多種菊為業，秋十月采取花，挑入城市以售。黄色者有高脚黄等名色，紫蒂者名紫蒂盤桓，白色千葉名千葉玉玲瓏，徽人茶鋪多買，焙乾作點茶用。

常中丞安《宦遊筆記》：鳳凰山產菊花，不甚大，蒂紫味甘，取以點茶絕佳。又浙省城頭一帶產菊，名城頭菊，皆生城上石縫中，至秋開花，花小於茶菊，香氣沁腹，點茶更佳，此則茶菊之野生者，味性不同。臨安山中所產一種野菊，名金鈴菊，花小如豆，與城頭菊彷彿，山人多采入藥鋪作野菊花用，實與野菊又不同，野菊食之瀉人，而鈴菊又不作瀉；野菊瓣疎，此則旁瓣密為別也。瀕湖《綱目》菊分家野，而此數種獨未言及。今杭俗以茶菊作餉遺客，為用最廣，予故不惜覼縷言之，兼補瀕湖所未備焉。

《百草鏡》云：甘菊即茶菊，出浙江、江西者佳，形細小而香。產於亳州者不可用，白而微臭。近日杭州筧橋、安徽池州、紹興新昌唐公市、湖北缺州皆產，入藥用，陰乾者去蒂，以白术、枸杞子、地骨皮為使，反河魨及無鱗魚。園菊花大，不入藥，止可裝枕去風，其根治疔腫却效。

《群方譜》：一名真菊，一名家菊，一名茶菊，花正黄，小如指頂，外尖瓣，內細萼，柄細而長，味甘而辛，氣香而烈，葉似小金鈴而尖，更多亞淺，氣味似薄荷，枝幹嫩則青，老則紫，實如葶藶而細，種之亦生苗，人家種以供蔬茹。凡菊葉皆深綠而厚味極苦，或有毛，惟此葉淡綠柔莖，味微甘，咀嚼香味俱勝，擷以作羹及泛茶，極有風致。

萬曆《嘉善縣志》：花黄梗紫為甘菊，最良。野菊叢生，花小性涼；家菊花大，氣弗聚矣。○黄茶菊以紫蒂為佳，明目去風，搜肝氣，治頭暈目眩，益血潤容，入血分。

《食物宜忌》：黄菊花即甘菊花，苦、微甘，性平，益肺腎，去風除熱，補血養目，清眩運頭風。○白茶菊，千葉者佳，通肺氣，止欬逆，清三焦鬱火，療肌熱，入氣分，其根治疔腫、喉疔、喉癬。○海甯出茶菊，名金井玉欄杆，其花心黄邊白，點茶絕佳。○《聖惠方》云：黄甘菊雖能燥溼祛風，亦能助火泄氣。

性平，專入陽分，治諸風頭眩，解酒毒疔腫。

撲打損傷：王阮亭《居易錄》云：四川提督吳英說，昔得撲打損傷祕方，雖重傷瀕死，但一絲未絕，灌下立甦。其方以十一月采野菊花，連枝葉陰乾，用時取一兩，加童便、無灰酒各一盌，同煎熱服。

紅絲疔：《立效驗方》：以白菊花葉，無白者，别菊亦可，冬月無葉取根，加雄黄錢許，蜒蚰二條，共搗極爛，從頭敷至絲盡處為止，用絹條裹緊，隔夜即清，真神方也。

城頭菊　朱排山《柑園小識》：杭城石罅生菊，枝葉極瘦小，九月開花如豆，香而且甘。雍正初，禁人採取，以充貢品，宮闈以作枕。城上之菊，既為野生而味甘，亦一異也。蘇頌《圖經》云：有一種開小小花瓣，下如珠子，謂之珠子菊，豈即此歟。　明目、去頭風、喉痹、癤毒、涼血。其枝葉鮮者，生搗罨疔瘡，并服其汁； 兼治蛇咬、瘰癧、梅瘡、眼瘜，煎洗天泡瘡亦效。

金鈴菊 《百草鏡》云： 采花乾之作枕，除頭風、目疾、內熱，洗風火眼，止熱瀉； 搗罨一切腫毒、諸蟲咬螫，有效。胃虛便滑，無實熱者忌用，以其苦寒傷胃能作瀉也。 《群方譜》載： 金鈴菊花小如鈴，其幹長與人等，凡菊葉皆五出，此葉獨尖長七出，花與葉層層相間，不獨生於枝頭，此乃家種金鈴菊，非野生金鈴菊也。然功用要亦彷彿。

金箭頭 馬伯州：《菊譜》： 花長而末銳，枝葉可茹，名金箭頭，又名風藥菊，專治頭風，較他菊十倍。

清・黃凱鈞《藥籠小品》 甘菊： 息肝風，解疔毒，凡因肝風上冒頭目，必需之品。炒黑用，瘡家勿炒。

清・章穆《調疾飲食辯》卷三 菊苗 《綱目》曰： 《爾雅》曰治蘠。《本經》曰節華。《抱朴子》曰周盈。《埤雅》曰： 本作蘜，窮也。《月令》： 九月，蘜有黃華，花事至此窮盡也。種甚多，劉蒙泉、史正志、范石湖皆有《菊譜》。范《譜》曰： 甘菊有鄧州黃、鄧州白。入藥、充蔬皆取此二色，餘不堪用。嫩苗、花葉，均可煠食。《博物志》曰： 苦者名薏，有毒，不可食。 按： 菊苗鹽醃、餹蜜餞，皆美過於諸蒿。且又能去頭目風熱，明目，調四肢，療濕痹。升而不僭，香而不竄，佳品也。

清・王龍《本草纂要稿・草部》 甘菊花 氣味苦寒。主頭痛眩暈，收淚明目。療腰疼利氣，散濕祛風。除胸膈之煩熱，逐游風於四肢。同地黃釀酒，變老人皓白成烏。與甘草煎湯，解醉漢昏迷不醒。

清・張德裕《本草正義》卷上 甘菊花 黃者甘，涼。能養血散風，去頭痛目熱，眩暈頭痛，目中翳膜，瘡疹遊風。其味苦者更涼，解血中鬱熱，眼目腫痛。菊之根葉，辛涼而香，可消癰毒，止疼痛。

清・楊時泰《本草述鉤元》卷九 菊 有兩種： 一種莖紫氣香而味甘，葉可作羹者，為真菊。一種莖青肥大，作蒿艾氣，其味苦辛慘烈不堪食者，為苦薏，以味似蓮子心得名。非真菊也。葉正相似，惟以甘、苦別之貞白。惟單瓣花小而黃，葉小而薄，色深綠，九月應候而開者為是，鄧州白菊單瓣者亦入藥，餘皆不用宗奭。

花味甘，氣香，性平，可升可降，陽中有陰。主肝氣不足。白朮、地骨皮、桑白皮為之使。治諸風頭眩腫痛，目欲脫，淚出《本經》。一切游風，能令消散，補陰利血脈權。除胸中煩熱，利五脈，調四肢《別錄》。養目血，去翳膜潔古。黃菊屬土與金，有水與火，大能補陰血，故養目丹溪。菊春生夏茂，秋花冬實，備受四氣，飽經霜露，葉枯不落，花槁不零，其用祛除風熱，益肝補陰，皆由得金水之精英尤多，能益金水二臟故也。補水所以制火，益金所以平木，木平則風息，火降則熱除矣瀕湖。黃者入金水陰分，白者入金水陽分，紅者行婦人血分，神而明之，皆可入藥又。菊花獨稟金精，專制風木，故為去風之要藥仲淳。同地黃、當歸、枸杞、蒺藜、五味、山萸、黃檗、羚羊角、羊肝，治肝腎俱虛目痛。加木賊、穀精、柴胡、決明子，可去外翳。同黃連、甘草、元參、桔梗、連翹、生地、柴胡、川芎、羌活、荊芥、決明子、童便，治風熱目痛。君川芎、細辛、藁本、當歸、生熟地、天麥冬、白芍、甘草、童便，治血虛頭痛，亦主眩暈，其因痰而作者，無痰藥不效。黃而小者，童便浸一宿，曬乾為末服，能生精。與枸杞子相對蜜丸，久服終身無目疾，兼不中風及生疔疽。眼目昏花，用甘菊花一斤，紅椒去目六兩，為末，用新地黃汁和丸梧子大，每服五十丸，臨臥茶清下。

論： 甘菊秉金精而兼水化，金水相涵，益陰之上品也，何以獨為風木之對待？ 蓋風木固欲盡之陰，而樂趨乎陽者也。有金水相涵者，育其將盡之陰，而靜其相求之陽，故不獨平肝，且能益肝之不足，其療頭目風熱，除胸中煩熱，利五脈，調四肢，總歸於利血脈一語，而血脈之所以利，直由金水相涵，以致其用耳。夫心主脈，脈為血府，金水相涵以致其用，則是肺陰下降入心，而合於腎脈之至肺者，所謂毛脈合精也，火合於水而血生，血生而脈利，又何四肢之不能調乎。然則對待風木一語，正以風臟、血臟，實司周身之經絡，而經絡固內外之合也。得茲味大暢風升之用，而不病於風眚，則所益豈其微哉。祛頭風，明目，特其首及，非謂益陰之功，概止此也。至入藥定以甘者，蓋益氣益血之味，不能離於甘，離於甘則為陰陽偏至之氣，但可以療偏至之疾耳。

辨治： 小而氣惡者為野菊，味苦莖青者，大傷胃氣，謹戒弗用。 正月采根，三月采葉，五月采莖，九月采花，十一月采實，皆陰乾用。

白菊： 生平澤。五月開花紫白色，花不甚甘，亦秋月采之藏器、瀕湖。今服餌家，多用白者頌。 氣味苦辛平。主去風眩，變白不老，益顏色。染髭髮令黑，和巨勝、茯苓，蜜丸服之。白菊花酒，治男婦久患頭風眩悶，頭髮乾落，胸中痰壅，每發即昏旋欲倒者。先灸兩風池各二七壯，并服此酒及散，永瘥。其法：春末夏初，收白菊軟苗，陰乾搗末，空腹取一方寸匕，和無灰酒服之，日再，漸加至三匕。不飲酒者，但和羹粥汁服亦得。秋八月合花收，曝乾，切取三斤，以生絹袋盛貯三大斗酒中，經七日服之，日三次，常令酒氣相續為佳。

清・葉桂《本草再新》卷二　甘菊花味甘、苦，性微寒，無毒。入肺、腎二經。清肺熱，行血，止欬嗽，化痰，滋腎水，清心火，治頭風頭暈，聰耳明目，解渴除煩。

清・吴其濬《植物名實圖考》卷一一　菊　《本經》上品。《爾雅》：鞠，治蘠。服食延齡。舊以生南陽者良。其小而氣香者為野菊，陳藏器以為苦薏。菊甘而薏苦，有小毒，傷胃氣。俚醫以治癰腫疔毒，與甘菊花主治懸殊。雩婁農曰：菊種至繁，而或者為真菊之說，獨以黄華為正色。夫三代以還，文質遞尚，夏元、商白、周赤，孰非正耶？《菊譜》多矣，蒔也若子，得一佳種，咳而名之，尊酒燕賞，亦謂與人無患無爭矣。而編者甚於鑽核，抑何吝耶？護其葉逾於護花，非霜殘綠瘁，不忍翦折，視萬花會之暴殄，獨為厚幸。議者以為古人東籬，與後世批黄判白異。然具忘言之妙，興晚節之思，今之菊猶古之菊。柳下見飴，可以養老；盗跖見飴，可以黏牡。飴，一也，而見者異也。玉樹朝新，金穀園滿。人則累物，物豈能累人。

清・趙其光《本草求原》卷三隰草部　甘菊花一名節華，應重陽節而華也。稟華於秋，飽霜不隕。莖、葉味苦，能降肺陰入心。花味甘，氣香平，無毒。稟金精而兼水化，故能滋肺腎之陰，以平肝火而生肝血，為祛風要藥。金能制木，肝血足則風熄。主諸風頭眩腫痛，凡香物皆治頭目肌表之疾，而性皆多燥。惟菊清肅不燥，故於頭目風火尤宜。目欲脱、淚出，肝主目，為陰經之盡，樂趨於陽。風火上淫，目痛欲脱而淚出，火降則熱除風熄。皮膚死肌，惡風濕痹，風濕痹於皮肉，不知痛癢。金氣走皮膚，甘香屬土，治肌肉。久服利血氣，肝藏血，司經絡肺陰入心，則毛脈合精而生血；血生則風升之用暢，而脈利肢調。輕身延年耐老，利血氣之效。療眼目昏花，同川椒為末，生地汁為丸，茶清下。免終身目疾，同杞子蜜丸久服，兼令不中風及生疔瘡。頭眩髮落，胸中痰壅，頭眩欲倒是。夏收白菊軟苗陰乾，為末酒服，或合花用，或和羹粥飲，日三次。去翳膜。膜亦因風而生。

菊花不論大小，以香甘者入藥。氣惡味苦者為野菊，名苦薏，傷胃，忌用。三月采葉，五月采莖，九月采花，皆陰乾用。黄者，入金水陰分；小者，童便浸，曬乾，更生精；白者，入金水陽分，去風、黑髮；紅者，入婦人血分。皆用甘者，蓋益氣、益血不離甘，離甘則為偏陰、偏陽之氣。

莖、葉並用，同甘草濃煎，最治五疔；楊梅瘡、血線疔尤宜，或加皮膠，有癘者加枯草。以諸疔皆肝經風火之毒也。

白菊花葉　辛、甘，平。清肺，平肝膽。治五疔、疳疔毒，同黄白花、甘草，用酒煎服，渣敷患處。癰疽惡瘡。根，敷馬嘴疔。同黄糖。

清・趙其光《本草求原》卷一五菜部　甘菊苗粵東無甘菊，惟黄菊功用頗同。初夏嫩苗葉，甘、微苦，涼。清肝膽熱，益肝氣，明目去翳。同花浸酒，加南棗、杞子更妙。治頭風眩暈欲倒。作羹煮粥亦可。宜初夏採苗陰乾用。花詳隰草部。

清・葉志詵《神農本草經贊》卷一　鞠華　味苦，平。主頭風眩腫，目痛欲脱淚出。皮膚死肌，惡風濕痹。久服利血氣，輕身耐老延年。一名節華。生川澤及田野。

女節女華，是生女几。采周四時，德包五美。自葉流根，抗莖敷蘂。飲雜芳醪，精調瓊靡。

崔實《月令》：女節女華，菊花之名。《山海經》：女几之山，其草多菊菜。名醫曰：正月采根，三月采葉，五月采莖，九月采花，十一月采實。鍾會贊：菊有五美。《西京雜記》：飲菊花酒，令人長壽。揚雄《反騷》：精瓊靡與秋菊兮。

清・文晟《新編六書》卷六《藥性摘錄》　甘菊　辛甘微苦，入肝胃腎。除風養肺，滋腎明目。凡風熱内熾，而致翳膜遮睛，與頭目眩暈，風浮濕腫等症，服此俱効。○以單瓣味苦者入藥。同枸杞蜜丸，久服無目疾。○黄入陰分，白入陽分，紫入血分。○真菊延齡，野菊泄人。

甘菊苗　甘苦，性涼。生熟皆可食。明目養肝，去翳膜。花詳藥部。

清・張仁錫《藥性蒙求・草部》　菊花錢半、三錢　菊花甘寒，除熱熄風。頭眩目赤，收淚殊功。味甘氣清，為去風熱之要藥。有補陰陽養目之功。蓋益金則肝木平，而風自熄。補水則心火制，而熱自除矣。○家園所種，杭產者良。有黄、白二種，黄入陰分，白入陽分。單瓣味甘者入藥。點茶、釀酒、作枕俱佳。○養目血，去翳膜。

菊葉錢半、廿片　菊葉苦平，花根莖同。頭目風熱，淚出奇功。救垂危疔毒。

清・王孟英《隨息居飲食譜・調和類》　甜菊花　甘，涼。清利頭目，養血息風，消疔腫。點茶、蒸露、釀酒皆佳。苦者勿用。餘如野薔薇、金銀花，功用略同，可類推也。　久患頭風或目疾時作，甘菊去蒂，裝枕用。　疔腫垂死，甘菊花一握，擣汁飲。　冬月取根用。　女人陰腫，甘菊花苗杵爛，煎湯，先熏後洗。

清・戴葆元《本草綱目易知錄》卷一　菊花　味兼甘苦，性稟平和。備受四氣，飽經霜露，得金水之精，能益金水二臟。以制火而平木，木平則風息，火降則熱除。故能養目血，去瞖膜，而主肝氣不足，治頭目風熱，風旋倒地，腦骨疼痛，淚出目欲脫，皮膚死肌，惡風濕痹。去身上一切遊風，療四肢腰疼，除胸中煩熱。作枕明目。【略】

葉：　擣汁服，明目，消風熱，解溫毒。治頭面熱腫，疔瘡惡瘡葆元。

清・黃光霽《本草衍句》　甘菊花　味兼甘苦，性稟和平。受四時之氣，得金水之精。益金平木，木平則風息。補水降火，火降則熱清。散頭痛之遊風，頭眩濕痺；　退目中之翳膜，目明血生。用敷疔毒，久服延齡。功耑治頭目風火，得枸杞便能下行悅腎。　風熱頭痛，菊花、石(羔)〔膏〕、川芎各三錢，為末，服一錢半，茶調下。　斑痘入目生翳障，用白菊花、穀精草、綠豆皮為末，用一錢，以乾柿餅一枚，粟米泔同煎，候米泔盡，食柿，日食三枚，淺者五七日，遠者半月見效。　女人陰腫，菊花苗搗爛，煎湯，先熏後洗。

清・陳其瑞《本草撮要》卷一　甘菊花　味兼甘苦，入手太陰經，功專清頭目風火。得枸杞便能下行悅腎。朮、杞、地骨皮為使。黃者入陰分，白者入陽分，紫者入血分。

清・李桂庭《藥性詩解》　賦得菊花能明目而清頭風。得清字六韻。李慶霖。

菊花何性力，氣味最甘平。目障登時爽，頭風立刻清。　衛營邪熱散，首耳痛眩更。制火平肝盛，添金益水盈。　春冬苗葉秀，秋夏蕊芳生。兩色惟黃白，經霜入藥成。　按：　甘菊花性平味甘，備受四氣，冬苗春葉，夏蕊秋花，飽經霜露，得金水之精，能益肺腎二臟，以制心火而平肝木，故能養目血，去翳膜，清利頭目，療風濕痺，治目淚頭眩。　菊類甚多，惟黃、白者入藥。黃者入陰分，白者入氣分。花小味苦，名苦薏，此野菊也。能破婦人宿血。古云：　甘菊延齡，野菊瀉人。　菊青葉，治垂危疔毒，搗亂入酒，絞汁飲之，其渣敷於毒上，神效。

清・鄭奮揚著，曹炳章注《增訂偽藥條辨》卷二　黃菊　即黃色之茶菊。較家菊朵小，心多而色紫。杭州錢塘所屬各鄉，多種菊為業，九十月取花挑入城市以售。有高脚黃等名色，味苦微甘，性平而香，去風除熱，明目疎肝，能清眩暈頭風。其浙省城頭一帶所產名城頭菊，皆野生城上石縫中，至秋開花，花小如茶菊，香氣沁脾，點茶更佳。聞有以本地園中所種之陶愛，一名滿天星偽充，形雖似而性不同，且少香味，又安能療病乎？　炳章按：　菊花種類甚雜，惟黃菊產杭州、海寧等處，味苦兼甜，香氣甚雅。有蒸、晒二種：蒸菊，將鮮菊入蒸籠內先蒸熇再晒，烘焙至燥，其色老黃，收藏朵瓣不散。晒菊，以鮮花烈日晒乾，其色嫩黃，朵鬆花瓣易散，皆道地。城頭菊，野生城牆陰處，色黃，朵較少，浙名野菊花，亦蒸晒為善，味苦性涼，香氣亦佳。以散風清火，解毒消瘡腫，凡生危險疔毒，用野菊搗汁一大碗飲之，可免毒氣攻心；以燥花作枕，永免頭風瘡癤。其他如滁菊、白菊，真贋關係，較黃菊猶重，為此再附辨之。

附：　滁菊　白菊　炳章按：　白滁菊，出安徽滁州者。其採法：　先剪枝，連花帶葉倒掛檐下，陰乾後，再摘花，故氣味更足。其花瓣細軟千層，花蕊小，嫩黃色，花蒂綠，尖小而平，氣芬芳，味先微苦後微甘，口含後香氣甚久不散，為最佳。出浙江德清縣者，花瓣闊而糙，蕊心微黃，蒂大柄，臍凹陷，氣味香而不濃，為略次。　又按：　白菊，河南出者為亳菊。蒂綠，千瓣細軟，無心蕊，氣清香，味苦微甘為佳。蘇州滸墅關出，為杜菊，色白味甘，又出單瓣亦佳。海寗出者，名白茶菊，色白瓣粗，心蕊黃，味甜，多茶葉店買，亦佳。江西南昌府出，名淮菊，朵小色白帶紅，味苦，氣濁，梗多，亦次。廈門出者曰洋菊，朵大而扁，心亦大，氣濁味甘，更次。

涼蒿菜

明・朱橚《救荒本草》卷上之前　涼蒿菜　又名甘菊芽。生密縣山野中。葉似菊花葉而細長尖艄音哨，又多花叉，開黃花。其葉味甘。　救飢：採葉煠熟，換水浸淘淨，油鹽調食。

藍菊

清・吳其濬《植物名實圖考》卷二七　藍菊　蒿莖菊葉，先菊開花，亦如千瓣菊，有紅、白、藍三色，種亦有粗細。以藍色為秋菊所無，故獨以藍著。其早者六月中開，故又呼六月菊。《花鏡》：　藍菊，翠藍黃心，似單葉菊，但葉尖長，邊如鋸齒，不與菊同。

山紅花

明・佚名氏《醫方藥性・草藥便覽》　山紅花　其性熱。散血止風。名曰小蘇。

野菊

明・李時珍《本草綱目》卷一五草部・隰草類上　野菊《拾遺》

〔釋名〕苦薏時珍曰：薏乃蓮子之心，此物味苦似之，故與之同名。　〔集解〕藏器曰：苦薏生澤畔，莖如馬蘭，花如菊。菊甘而薏苦，語曰苦如薏是也。時珍曰：苦薏處處原野極多，與菊無異，但葉薄小而多尖，花小而蕊多，如蜂窠狀，氣味苦辛慘烈。

根、葉、莖、花　〔氣味〕苦、辛，温，有小毒。震亨曰：野菊花，服之大傷胃氣。

〔主治〕調中止洩，破血，婦人腹内宿血宜之藏器。治癰腫疔毒，瘰癧眼瘜時珍。

〔附方〕新四　癰疽疔腫：一切無名腫毒。孫氏《集效方》：用野菊花連莖擣爛，酒煎熱服取汗，以渣傅之即愈。《衛生易簡方》用野菊花莖葉、蒼耳草各一握，共擣，入酒一碗，絞汁服，以渣傅之，取汗即愈。或六月六日採蒼耳葉，九月九日採野菊花，爲末，每酒服三錢，亦可。　天泡濕瘡：野菊花根、棗木，煎湯洗之。《醫學集成》。　瘰癧未破：野菊花根擣爛，煎酒服，以渣傅之自消，不消亦自破也。《瑞竹堂經驗方》。

明・倪朱謨《本草彙言》卷三　野菊花　名苦薏。　葉莖花根，味苦、辛，氣凉，有小毒。　薏乃蓮子之心，此藥味苦似之，故名。　藏器陳氏曰：苦薏生澤畔，處處原野山陬極多。莖如馬蘭，花如菊，但葉薄而多尖，花小而蕊多，如細蜂窠狀。味極苦辛，氣甚慘惡。

野菊花：破血疏肝，解疔散毒之藥也。主婦人腹内宿血，解天行火毒丹疔。擣汁和生酒服之，或取滓敷罯亦效。煮湯洗瘡疥，又能去風殺蟲。但性寒味劣，無故而飲，有損胃氣。非若甘菊花有益血脉、和腸胃之妙也。

治腸風下血。用野菊花二錢，黄耆、白芍藥、麥門冬、當歸、地榆各四錢，甘草、人參、白芷、北五味、黑荆芥各一錢，河水二大碗，煎七分，食前服。服六七劑，全愈。〇又方，治腸風。用野菊花六兩，曬乾炒成炭，懷熟地八兩，酒煮擣膏，炮薑四兩，蒼朮三兩，地榆二兩，北五味一兩，煉蜜爲丸梧桐子大，每服五錢。食前白湯送下。

明・張景岳《景岳全書》卷四八《本草正》　野菊花一名苦薏。　根、葉、莖、花皆可同用。味苦、辛。大能散火散氣，消癰毒疔腫瘰癧，眼目熱痛。亦破婦人瘀血。孫氏治癰毒方，用野菊連根葉擣爛酒煎，熱服取汗，以渣敷之。或同蒼耳擣汁，以熱酒衝服。冬月用乾者煎服，或為末酒服亦可。

清・蔣居祉《本草擇要綱目・溫性藥品》　野菊一名苦薏。生澤畔，莖如馬蘭，花如菊。菊甘而薏苦，處處原野極多，與菊無異，但葉薄而尖，多花，小而蕊多，如蜂窠狀。

根、葉、莖、花氣味：苦、辛，溫，有小毒。　主治：癰腫疔毒，瘰癧眼瘜。

清・王道純《本草品彙精要續集》卷二　野菊有小毒。　野菊出《拾遺》：主調中、止泄、破血、婦人腹内宿血宜之，治癰腫疔毒，瘰癧，眼瘜《本草綱目》。

〔名〕苦薏，李時珍曰：薏，乃蓮子之心，此物味苦似之，故與之同名。

〔地〕陳藏器曰：苦薏，生澤畔。李時珍曰：苦薏，處處原野極多。　〔質〕莖如馬蘭，花如菊，菊甘而薏苦。李時珍曰：苦薏與菊無異，但葉薄而多尖，花小而蕊多，如蜂窠狀。　〔味〕李時珍曰：苦，辛，慘烈。　〔性〕溫。

〔氣〕辛。　〔禁〕朱震亨曰：野菊花服之，大傷脾胃。　〔治〕一切無名腫毒。孫氏《集效方》：用野菊花連莖擣爛，酒煎熱服取汗，以渣傅之，即愈。〇《瑞竹堂經驗方》：瘰癧未破，野菊花根擣爛，煎酒服，以渣傅之，自消。不消，亦自破也。〇天泡濕瘡，野菊花、棗木煎湯洗之。　〔合治〕《衛生易簡方》：用野菊花莖葉，蒼耳草各一握，共擣，入酒一碗，絞汁服，以渣傅之，取汁即愈。或六月六日採蒼耳葉，九月九日採野菊花，爲末，每酒服三錢，亦可。

清・何諫《生草藥性備要》卷下　菊花葉　味甘，性寒。治疔、疳瘡，酒服，渣敷患處。又治癰疽、大毒瘡。其根搥，蜜敷馬嘴疔效。

清・嚴潔等《得配本草》卷三　苦薏即野菊。　辛、苦，溫，有小毒。能傷胃氣，只宜擣敷癰毒瘰癧。冬月用乾者。　連根帶葉擣汁，好酒衝服，散氣破血，并治癰腫疔毒。再以渣敷之。　花小，味苦。

清・黃宮繡《本草求真》卷四　野菊花散火氣消癰毒。　野菊花祟入肺肝。一名苦薏，為外科癰腫藥也。其味辛而且苦，大能散火散氣，故凡癰毒疔腫瘰癧眼目熱痛，婦人瘀血等症，無不得此則治，以辛能散氣，苦能散火者是也。是以《經驗方》治瘰癧未破，用根煎酒熱服。渣敷自消，孫氏治毒方用此，連根葉擣爛，煎酒熱服取汗。以渣敷貼，或用蒼耳同入，或作湯服，或為末酒調，自無不可《衛生簡易方》。但胃氣虛弱，切勿妄投。震亨曰：野菊花服之大傷胃氣。

清・趙學敏《本草綱目拾遺》卷七花部 菊米 處州出一種山中野菊，土人采其蕊乾之，如半粒菉豆大，甚香而輕圓黃亮。云敗毒散疔、去風清火，明目為第一。產遂昌縣石練山。

清・張德裕《本草正義》卷上 野菊花 苦辛，涼。大能散火散氣，消癰毒疔腫，眼目熱痛，破瘀血。其根、葉、莖、花俱可用。孫氏治癰疽，用根、葉、莖、花搗爛，酒煎，熱服取汗，渣敷患處甚良。

清・梁章鉅《浪跡叢談》卷八 治撲打損傷極效秘方：四川提督總兵官吳英說，昔得秘方，治撲打跌傷極效，雖重傷瀕死，但一絲未絕，灌下立甦。往在福建為副將時，軍中有二弁相鬥，皆重傷，其一則死矣，吳馳往視之，惟心頭氣尚微暖，亟命以藥灌入，覺胸間喀喀有聲，不移時，張目索食，翼日遂能起行。自後屢著神效。云其方以十一月採野菊花，連枝陰乾，用時，每野菊花一兩，加童便及無灰酒各一碗，同煎熱服而已。

清・文晟《新編六書》卷六《藥性摘錄》 野菊花 一名苦薏。辛而苦，入肺肝。散火氣，消癰毒。〇瘰癧未破，用根葉四兩，搗爛，煎酒熱服，以渣敷，自消。一切癰毒疔腫，皆可照此治之。〇但胃氣弱者，切勿妄投。

清・劉善述、劉士季《草木便方》卷一草部 苦薏 野菊花葉苦且辛，血疽疔瘍眼瘉珍。能破婦人宿血症，外科痟毒值千金。

滿天星

清・吳其濬《植物名實圖考》卷一二 滿天星 生水濱，處處有之。綠莖鋪地，花葉俱類旱蓮草，葉小而花密為異。俚醫以洗無名腫毒。按《救荒本草》耐驚菜一名蓮子草，以其花之蓇葖狀似小蓮蓬樣故名。生下濕地中，苗高一尺餘，莖紫赤色，對生莖叉，葉似小桃紅葉而長，梢間開細瓣白花而淡黃心。葉味苦。採苗葉煠熟，油鹽調食。核其形味即此。

清・吳其濬《植物名實圖考》卷二七 滿天星 野菊中之別種，密瓣無數，大於野菊；或謂黃菊不摘頭，則瓣小花多，然菊中自有一種千瓣小菊，雖摘頭亦如此。

山菊花

明・佚名氏《醫方藥性・草藥便覽》 山菊花 其性涼。能明目清心。

野白菊花

清・趙學敏《本草綱目拾遺》卷七《花部》 菊根 張介賓《本草正》云：白菊根善利水，搗汁和酒服之，大治癃閉。瘰癧未破：《醫學指南》：採野菊根搗爛，煎酒服，渣塗上自消，不消自破。

清・吳其濬《植物名實圖考》卷一五 野白菊花 處處平野有之。綠莖圓細，葉如鳳仙、劉寄奴，不對生。梢端開花，宛如野菊，白瓣黃心，大如五銖錢。俚醫云性涼，亦可煎洗無名腫毒。

菴蕳子

宋・李昉《太平御覽》卷第九九一 菴蕳 《本草經》曰：菴閭，味苦，微寒。生川谷。治風寒濕痺，身體諸痛，久服輕身不老。生雍州。《吳氏本草經》曰：菴閭，神農、雷公、桐君、岐伯：苦，小温，無毒。李氏：温。或生上黨。葉青厚，兩兩相當，七月花白，九月實黑。七月、九月、十月採。驢馬食仙去。

宋・唐慎微《證類本草》卷六草部上品〔《本經・別錄・藥對》〕 **菴**音淹**蕳**音閭**子** **味苦，微寒**、微温，無毒。**主五藏瘀血，腹中水氣，臚脹留熱，風寒濕痺，身體諸痛**，療心下堅，膈中寒熱，周痺，婦人月水不通，消食，明目。**久服輕身，延年不老**，駏音巨驉音虛食之神仙。生雍州川谷，亦生上黨及道邊。十月採實，陰乾。荆實、薏苡爲之使。

〔梁・陶弘景《本草經集注》〕云：狀如蒿艾之類，近道處處有。《仙經》亦時用之，人家種此辟蛇也。

〔宋・掌禹錫《嘉祐本草》〕按：《藥性論》云：菴蕳，使。味辛、苦。益氣，主男子陰痿不起，治心腹脹滿，能消瘀血。日華子云：治腰脚重痛，膀胱疼，明目及骨節煩痛，不下食。

〔宋・蘇頌《本草圖經》〕曰：菴蕳子，生雍州川谷及上黨道邊，今江淮亦有之。春生苗，葉如艾蒿，高二三尺。七月開花，八月結實，十月採，陰乾。今人通以九月採。江南人家多種此辟蛇。謹按：《本經》久服輕身延年不老。而古方書少有服食者，惟入諸雜治藥中。如《胡洽》療驚邪狸骨丸之類，皆大方中用之。孫思邈《千金翼》、韋宙《獨行方》主踠折瘀血，並單用菴蕳一物，煮汁服之，亦末服。今人治打撲損，亦多用此法，飲散皆通，其效最速。服食方不見用者。

〔宋・唐慎微《證類本草》〕《廣利方》：治諸瘀血不散變成癰，搗生菴蕳蒿，取汁一升服之。

宋・鄭樵《通志》卷七五《昆蟲草木略》 菴蕳 狀如蒿艾，駏驉食之仙。

宋・劉明之《圖經本草藥性總論》卷上 菴蕳子 味苦，微寒、微温，無毒毒。主五臟瘀血，腹中水氣臚脹畱熱，風寒濕痺，身體諸痛。療心下堅，膈中寒熱周痺，婦人月水不通，消食，明目。《藥性論》云：味辛、苦。益氣，主男子陰痿不起，治心腹脹滿，能消瘀血。日華子云：治腰脚重痛，膀胱疼，明目，及骨節痠痛，不下食。荊實、薏苡為之使。《千金翼》、韋宙《獨行方》主踠折瘀血，單用煮服之。今人亦打撲損多用此法。飲散皆通，其功最速。處處有之。

宋・王介《履巉巖本草》卷下　菴䕡子　味苦，微溫，無毒。主五藏瘀血，腹中水氣膨脹，風寒濕痹，身體諸痛。療心下堅，膈中寒，婦人經脉不通，消食，明目，久服輕身，延年不老。治久瘀血不散，變成癥癖，搗生菴䕡，取汁一升服之。

明・蘭茂原撰，范洪等抄補《滇南本草圖説》卷一〇　庵䕡子　氣味辛甘，平。主治：瘡癰大毒，楊梅結毒，痘疔流毒等症，其效如神。搗敷患處，亦最為有功。

明・王綸《本草集要》卷二　菴䕡子使　味苦，氣微寒，微溫，無毒。荊實為之使。陰乾，狀如蒿艾之類。主五臟瘀血，腹中水氣，腫脹留熱，風寒濕痹，身體諸痛，腰脚重，骨節煩疼。婦人月水不通，消食明目，久服輕身，延年不老。人家種此辟蛇。諸瘀血不散，變成癥，搗取生汁一升，服之。打撲損折瘀血，并單服，煮汁服之更妙。

明・滕弘《神農本經會通》卷一　菴䕡子　荊實、薏苡為之使。處處有，人家種此辟蛇。味苦，氣微寒、微溫，無毒。《本經》云：主五臟瘀血，腹中水氣臚脹，留熱，風寒濕痺，身體諸痛。療心下堅，膈中寒熱，周痺。婦人月水不通，消食，明目，久服輕身延年不老。《局》云：菴䕡子味苦微寒，瘀血能消水氣寬。久服輕身明眼目，風寒濕痺盡皆痊。菴䕡子，主風寒濕痺，水氣皆寬。

明・劉文泰《本草品彙精要》卷八　菴䕡子無毒。植生。

菴音淹**䕡**音閭**子**出《神農本經》：**主五臟瘀血，腹中水氣，臚脹，留熱，風寒濕痹，身體諸痛。久服輕身延年，不老。**以上朱字《神農本經》。療心下堅，膈中寒熱，周痹，婦人月水不通，消食，明目，駏音巨驉音墟食之神仙。以上黑字名醫所錄。

〖苗〗《圖經》曰：春生苗，葉如艾蒿，高二三尺，七月開花，八月結實，江南人家種此辟蛇。〖地〗《圖經》曰：出雍州川谷及上黨道邊，江淮亦有之。〖道地〗甯州、秦州。〖時〗生：春生苗。採：十月、九月取實。〖收〗陰乾。〖用〗子、葉。〖質〗類艾蒿。〖色〗青。〖味〗苦。〖性〗微寒，微溫，泄。〖氣〗味厚于氣，陰中之陽。〖臭〗香。〖主〗瘀血，囊濕。〖助〗荊實、薏苡仁爲之使。〖製〗爲末或煮汁。〖治〗療：《圖經》曰：踠折，瘀血，打撲損，煮汁服。《藥性論》云：男子陰痿不起，心腹脹滿，能消瘀血。日華子云：腰脚重痛，膀胱疼，骨節煩痛，不下食。陶隱居云：種之辟蛇。《別錄》云：諸瘀血不散，變成癥，搗汁服。補：《藥性論》云：益氣。日華子云：明目。

明・許希周《藥性粗評》卷三　結菴䕡而逊寒濕。

菴䕡子，俗名䕡蒿。南北川谷處處有之，多有種於園圃以辟蛇。十月採實，陰乾。荊實、薏苡為之使。味苦，性微寒，無毒。主治風寒濕痹，消水氣，散瘀血，久服輕身明目。

單方：瘀血：凡患打撲折傷，但內有瘀血不散者，取生菴䕡，搗汁絞取一碗，服之效。

明・陳嘉謨《本草蒙筌》卷二　菴䕡子　味苦，氣微寒、微溫。無毒。苗如蒿艾，處處叢生。十月採實陰乾，荊實薏苡為使。江南人家亦多種此，以辟蛇也。消食明目，益氣輕身。主女人經澁不通，扶男子陽痿不舉。消水氣作脹，散瘀血成癥。打撲折傷，風寒濕痹。腰膝重痛，骨節痠疼。多服獲効，全安，久服延年不老。

明・王文潔《太乙仙製本草藥性大全》卷一《本草精義》　菴䕡子　生雍州川谷及上黨道邊，今江淮亦有之。春生苗，葉如艾蒿，高二三尺。七月開花，八月結實，十月採實，陰乾。今人通以九月採。江南人家多種此辟蛇。

明・王文潔《太乙仙製本草藥性大全》卷一《仙製藥性》　菴䕡子使　味苦，氣微寒、微溫，無毒。荊實、薏苡爲之使。主治：消食明目，益氣輕身。主女人經澁不通，扶男子陽痿不舉。消水氣作脹，散瘀血成癥，打撲折傷，風寒濕痹，腰膝重痛，骨節痠疼，多服獲效，久服延年不老。主五臟瘀血，腹中腫脹，留熱，身體諸痛。江南人家種此辟蛇。諸瘀血不散，變成癥，搗取生汁一升服，或打頭損折瘀血，並用煮汁服之。補註：治諸損折腕積瘀血，用菴䕡子煮取汁服之。

明・皇甫嵩《本草發明》卷三　菴䕡子上品上，君。氣微寒、微溫，味苦，無毒。

發明曰：　菴䕡子，亦散風活血，而除濕為長。故《本草》主五臟腹中水氣，臚脹留熱，風寒濕痺，身體諸痛，腰脚重痛，膀胱痛，骨節煩疼，心下堅，膈中寒熱，周痺。又散瘀血，婦人月閉，消食，明目益氣，男子陽痿不起，久服輕身。其除濕兼散風活血可知矣。春生苗，葉如艾蒿，處處叢生。十月採實，陰乾。人家種此辟蛇。古方不見用此，《千金方》主踠折瘀血，單用此一味，煮汁服。（主）今人治打撲損亦用此法，飲散皆通，其效亦速。

明・李時珍《本草綱目》卷一五草部・隰草類上　庵䕡音淹閭。《本經》上品。

【釋名】覆閭時珍曰：　庵，草屋也。閭，里門也。此草乃蒿屬，老莖可以蓋覆菴閭，故以名之。《貞元廣利方》謂之庵䕡蒿云，又史注云：　庵廬，軍行宿室也。則閭似當作廬。

【集解】《別録》曰：　庵䕡子生雍州川谷，亦生上黨及道邊，十月採實陰乾。弘景曰：　狀如蒿艾之類，近道處處有之，《仙經》亦時用之，人家種此辟蛇也。頌曰：　今江淮亦有之。春生苗，葉如艾蒿，高二三尺。七月開花，八月結實，九月採實。時珍曰：　庵䕡葉不似艾，似菊葉而薄，多細丫，面背皆青。高者四五尺，其莖白色，如艾莖而粗。八九月開細花，淡黃色。結細實如艾實，中有細子，極易繁衍。藝花者以之接菊。

子　【氣味】苦，微寒，無毒。《別録》曰：　微温。普曰：　神農、雷公、桐君、岐伯：　苦，小温，無毒。李當之：　温。權曰：　辛，苦。時珍曰：　降也，陰中微陽，入足厥陰經血分。之才曰：　荆實、薏苡爲之使。　【主治】五臟瘀血，腹中水氣，臚脹留熱，風寒濕痹，身體諸痛。久服輕身延年不老《本經》。療心下堅，膈中寒熱，周痹，婦人月水不通，消食明目。駏驉食之神仙《別録》。益氣，主男子陰痿不起，治心腹脹滿甄權。腰脚重痛，膀胱痛，及骨節煩痛，不下食大明。擂酒飲，治閃挫腰痛，及婦人産後血氣痛時珍。　【發明】頌曰：　《本經》言久服輕身不老，而古方少有服食者，惟入諸雜治藥中，如胡洽治驚邪狸骨丸之類，大方中用之。孫思邈《千金翼》、韋宙《獨行方》，主踠折瘀血，並單用庵䕡煮汁服，亦可末服。今人治打撲多用此法，或飲或散，其效最速。時珍曰：　《吴普本草》及《名醫別録》，並言駏驉食庵䕡神仙，此亦謂其多壽爾。駏驉乃獸名，似騾而小，前足長，後足短，不能自食，每負蹷鼠爲之齧食。

【附方】舊一，新二。　瘀血不散：　變成癰腫。生庵䕡蒿搗汁一升，服之。《廣利方》。　月水不通：　婦人宿有風冷，留血積聚，月水不通。庵䕡子一升，桃仁二升，酒浸去皮尖，研勻入瓶内，以酒二斗浸，封五日後，每飲三合，日三服。《聖惠方》。　産後血痛：　庵䕡子一兩，水一升，童子小便二杯，煎飲。《瀕湖集簡方》。

明・梅得春《藥性會元》卷上　菴䕡子　味苦，微寒，微溫，有毒。荊實、薏苡為使。　主治五臟瘀血，腹中水氣，臚脹留熱，風寒濕痹，心下堅，膈中寒熱，周痹，婦人月水不通，消食明目，袪食。

明・繆希雍《本草經疏》卷六　菴䕡子　味苦，微寒、微溫，無毒。主五臟瘀血，腹中水氣，臚脹留熱，風寒濕痹，身體諸痛。療心下堅，膈中寒熱，周痹，婦人月水不通，消食，明目。久服輕身，延年不老。

【疏】菴䕡子得土之烈氣，而微感天之陰氣。味厚氣薄，故味苦，微寒、微溫，無毒。察其功用，必應兼辛。《藥性論》加辛是也。何者？苦以洩下，溫以開通，使非兼辛，胡能主五臟瘀血及腹中水氣、臚脹留熱、風寒濕痹、身體諸痛，療心下堅，膈中寒熱周痹，婦人月水不通，消食明目耶？正以其散中有補，補而能行，故列上經也。　【主治參互】同牛膝、茜草、白及，消腹癰，去留血。又主瘀血腹脹，俗呼為單腹脹，四肢不腫者，是其候也。善辟蛇。蛇著之即爛。　【簡誤】此行血散結之藥。婦人月事不以時至，審察未定者，不可輕用。瘀血病見之不審者，勿試。

明・顧逢柏《分部本草妙用》卷一肝部・寒瀉　菴䕡　苦，微寒，無毒。入肝經血分。荊實、薏苡為使。　主治：　五臟瘀血，跌打損傷，閃挫腰脇，骨蒸煩痛，濕痺寒熱，及婦人產後血氣痛。　按：　菴䕡，方中少用，惟孫思邈《千金方》載之，專治打撲閃損，瘀血滯痛之病，其效如神。不論久傷暫傷，炒末，糖拌，臨臥酒下。

明・盧之頤《本草乘雅半偈》帙三　菴䕡子《本經》上品　氣味：　苦，微寒，無毒。　主治：　主五藏瘀血，腹中水氣，臚脹留熱，風寒濕痹，身體諸痛。久服輕身，延年，不老

覈曰：　生雍州川谷，及上黨，近道亦有之。春生苗，高四五尺，莖色白，似艾莖而粗。葉色綠，似菊葉而薄。八月開花，淡黃色，結實亦如艾實，中有細子，極易繁衍。藝苑以之接菊。能耐霜雪，蒿屬也。葉老可以覆蓋，植之可以辟蛇。荊實、薏苡為之使。

紹隆王先生云：　藏真通于心，心藏血脈之氣也。藏真高于肺，以行營衛陰陽也。藏而不行者，菴䕡以行之；　行而不藏者，椶櫚以藏之。

參曰：　莊周云：　天下之水，莫大于海，止而不盈，尾閭泄之是也。五藏瘀血，腹中水氣臚脹留熱，風寒濕痹，此皆留止于中，不能展泄外出，菴䕡能使氣血展泄外出，唯展則展衆展，唯泄則泄衆泄，有以覆蓋軍行宿舍，易菴

為掩，蕳為廬，是反益其留止矣。蹊于掩藏而後發泄，則其出有根，如人蹊屋舍而達門戶也。故不出稱蕳，又安菴字卸，重行泄耳。

清·顧元交《本草彙箋》卷三　菴蕳子　《本經》列之上品。大抵破血逐瘀，及瘀血腹脹，風寒濕痺之用，以爲久服輕身，則未必也。瘀血腹脹，俗呼單腹脹，四肢不腫者是。

菴蕳葉似菊葉而薄，多細丫，面背皆青，高者四五尺，莖白色，如艾莖而粗，八九月開細花，淡黃色，結實如艾實，中有細子，極易繁衍，藝花者以之接菊。人家種此辟蛇，蛇着之即爛。　今人治打撲傷及踠折瘀血，惟單用菴蕳煮汁服。亦可末服，其效最速。

清·劉雲密《本草述》卷九下　菴蕳　時珍曰：菴蕳葉，蘇頌謂其如艾蒿，殊不然，葢似菊葉而薄，多細丫，而背皆青，高者四五尺，其莖白色，如艾莖而粗，八九月開細花，淡黃色，結細實如艾實，中有細子，極易繁衍。

子：氣味：苦，微寒，無毒。《別録》曰：微溫。普曰：神農、雷公、桐君、岐伯：苦，小溫，無毒。李當之：溫。權曰：辛、苦。時珍曰：降也，陰中微陽，入足厥陰經血分。

主治：五臟瘀血，腹中水氣，臚脹留熱，風寒濕痺，身體諸痛《本經》。療心下堅，隔中寒熱，周痺《別録》。心腹脹滿甄權。腰脚重痛，膀胱痛，骨節煩痛，不下食日華子。擂酒飲，治閃挫腰痛，並婦人產後血氣痛，及月水不通時珍。益氣，主男子陰痿不起甄權。

頌曰：孫思邈《千金方》、韋宙《獨行方》，主踠折瘀血，並單用。菴蕳煮汁服，亦可末服。今人治打撲多用，此法或飲或散，其效最速。

愚按：菴蕳子，據方書似槩以為行滯血之劑矣。然殊有不可槩者，葢血之由瘀而得暢，豈獨恃疏瀹以為功乎？即此味如時珍謂其為陰中微陽，則血中之主腦，固可思也。再繹甄權益氣之説，且云主男子陰痿不起者，是於療瘀血之義，豈不更為明悉，猶得漫以破瘀為言乎？即頌云今人用之治打撲，其效最速，亦已透其主治之端倪矣

清·郭章宜《本草匯》卷一一　菴蕳子　苦辛，微寒。《別録》：微溫。味厚氣薄，降也，陰中微陽，入足厥陰經血分。治腰脚重痛，療骨節煩疼。主女人經澀不通，扶男子陽痿不舉。理閃挫氣痛，益打撲折傷。

按：菴蕳子得土之烈氣，而微感天之陰氣以生，行血散結之藥也。然散中有補，補而能行，故《本經》列為上品。婦人月事不以時至，併瘀血病，見之不審者，不可輕試。善辟蛇，蛇着之即爛，故人家多種之以辟之也。

陰乾用。薏苡為之使。

清·汪昂《本草備要》卷二　菴蕳子瀉，行水，散血。　苦、辛，微寒。《別錄》微溫。入肝經血分。行水散血，散中有補。治陽痿經濇，腰膝骨節重痛，產後血氣作痛，閃剉折傷。撲打方多用之。能制蛇。見之則爛。　葉似菊而薄，莖似艾而粗。薏苡爲使。

清·王逊《藥性纂要》卷二　菴蕳　【略】東圃曰：予治足痿痺痛，用菴蕳子蒸酒飲，并同杞、膝、萸、地、麥冬、葳蕤等補陰養血藥，服之月餘而痊。《本經》言治身痺諸痛，《綱目》附方治產後血痛，於此可驗。

清·李熙和《醫經允中》卷一七　菴蕳　入肝血分。荊實、薏苡為使。苦，微寒，無毒。主治跌打損傷，閃挫腰脇骨節，瘀血滯痛之病，炒末糖拌，臨臥酒下。性善辟蛇，蛇着之即爛，故可種以辟蛇也。

清·馮兆張《馮氏錦囊秘錄·雜症痘疹藥性主治合參》卷三　菴蕳子得土之烈氣，微感天之陰氣，味厚氣薄。故味苦，微寒、微溫，無毒。

菴蕳子，消食明目，益氣輕身。止女人經澀不通，扶男人陽痿不舉。消水氣作脹，散瘀血成癥。打撲折傷，風寒濕痹，腰膝重痛，骨結疼痛。

清·汪紱《醫林纂要探源》卷二　菴蕳子　苦，辛，微寒。菴蕳，蒿也。莖葉似菊而薄，葉粗，莖秋間作碎紫花，結細子，附莖。　補肝堅腎，散熱行水。能強陽，續傷，治腰膝骨節重痛，又通經，治產後血氣痛，氣行則血從也。能制蛇。

清·嚴潔等《得配本草》卷三　菴蕳子　荊實、薏苡為之使。　苦、辛，微寒。入足厥陰經血分。散五臟鬱血，行腹中水氣。治閃挫跌撲，療骨節疼痛。產後血痛，童便煮。

清·趙學敏《本草綱目拾遺》卷三草部上　鷄鴨脚艾　《百草鏡》：葉細多歧，間有闊者，雜之蘴蕵，如鷄鴨脚然，故名。搓之作艾香。　治脚氣疝氣。

清·王龍《本草纂要稿·草部》　菴蕳　味苦、辛，性微寒。消食明目，益氣輕身。主女人陰澁不通，扶男子陽痿不舉。消水氣作脹，散瘀血成癥。跌撲折傷，風寒濕痺，腰膝重痛，骨節痠疼並宜施治。

清·楊時泰《本草述鉤元》卷九　庵蕳子　葉似菊而薄，多細丫，面背皆

青，高者四五尺，其莖白色如艾莖而粗，八九月開澹黃細花，結實如艾，中有細子，極易繁衍瀕湖。　味辛、苦，氣微寒，微溫。降也，陰中微陽。入足厥陰血分。治五臟瘀血，腹中水氣，臚脹留熱，風寒濕痹，身體諸痛，腰脚重痛，膀胱痛，骨節煩痛周痹，療心下堅，膈中寒熱，心腹脹滿不下食。益氣，主男子陰痿不起。擂酒飲，治閃挫腰痛，並婦人產後血氣痛及月水不通。踠折瘀血，《千金方》《獨行方》並單用菴䕡煮汁服，亦可末服，打撲多用此法，或飲或散，其效最速。

論：　菴䕡子，據方書似為行滯血之劑，然有不可概者，蓋血之由瘀而得暢，不徒以疏瀹為功，此味陰中微陽，甄權故主益氣而療陰痿，然則血中之主腦，固可思也。其療瘀血，猶得漫以破瘀為言乎。即治打撲效速，亦已透其端倪矣。

清・吳其濬《植物名實圖考》卷一一　菴䕡　《本經》上品。詳《圖經》。李時珍以為葉如菊葉者是。

雩婁農曰：《別錄》駏驉食菴䕡神仙，世不知駏驉，安知其神仙？比肩獸，其名曰蹷，為駏驉，嚙甘草，駏驉待蹷而食，坐獲遐齡，宜乎求長生者，覓方士，遊五嶽而採靈藥矣。《圖經》謂菴䕡惟入諸雜治藥中，治踒折瘀血。大抵蒿艾之類，供薪蒸者，不知世復有用者否？《本經》上藥，皆非奇異之品。詩人所採，觸目即是，而古今用舍，渺若霄壤，豈亦如鄉舉里選，經明行修，詩賦策論，因時遞變，有莫知其然而然耶？方其盛也，貴如麟角；及其衰也，賤如鼠璞。不與世推移而為貴賤，其藥籠中之參朮乎？朝為芙蓉花，暮作斷腸草，誰甘為草木之無知？

清・葉志詵《神農本草經贊》卷一　菴䕡子　味苦，微寒。主五藏瘀血，腹中水氣臚（張）〔脹〕，留熱風寒濕痹，身體諸痛。久服輕身延年不老。生川谷。

淩冬落實，材取充閭。菊疏葉薄，艾拾莖麤。毒辟荒虺，仙詫駏驉。宣通三氣，心安故廬。

名醫曰：十月采實。《左傳》：我落其實，而取其材。蘇軾詩：鬱葱佳氣夜充閭。李時珍曰：葉似菊葉而薄，莖如艾莖而麤。皮日休詩：疎菊臥烟莖。駱賓王啟：拾艾幽人。陶弘景曰：種此辟蛇。沈佺期詩：截荒虺。吳普曰：駏驉食之神仙。《黃帝內經》曰：風、寒、食三氣雜至，合而為痹。范成大詩：即境心安是故廬。

清・戴葆元《本草綱目易知錄》卷一　菴䕡子淹閭　辛、苦，微寒。入肝經血分。益氣散血，消食明目，散五臟瘀血，心下堅滿，膈中煩熱，腹中水氣，臚脹留熱，心腹脹滿。風寒濕痹，腰脚膀胱骨節諸痛。女子月經不調，男子陰痿不起。酒服治閃挫腰疼，產後血氣痛。

對廬

宋・唐慎微《證類本草》卷三〇有名未用・草木〔《別錄》〕　對廬　味苦，寒，無毒。主疥，諸久瘡不瘳，生死肌，除大熱，煮洗之。八月採，似菴䕡。

著

唐・歐陽詢《藝文類聚》卷八二　著　《逸禮》曰：天子之著九尺，諸侯七尺，大夫五尺，士三尺。著千歲三百莖者，先知也。《史記》曰：天下和平，著莖長一丈，其聚生百莖共根。今世取著八十莖，長八尺，即難得矣。得六十莖，長八尺，即可用。《洪範》五行曰：著之言，為耆也。百年一本，生百莖，此草木之壽，亦知吉凶者，聖人以問鬼神。《淮南子》曰：上有叢著，下有伏龜。

宋・李昉《太平御覽》卷第九九三　著實　《本草經》曰：著實，味苦、酸，平，無毒。主益氣，充肌膚，明目，聰慧先知，久服不飢不老輕身。生少室山谷。八月、九月採實，日乾。

宋・李昉《太平御覽》卷第九九七　著　《洪範五行傳》曰：著之為言耆也。百年一本生百莖，此草木之壽，知吉凶者也。聖人以問鬼神焉。《說文》曰：著，蒿屬也。生千歲三百莖，《易》以為數。天子著九尺，諸侯七尺，大夫五尺，士三尺。《史記》曰：天下和平，王道得，而著莖長大，其叢生者百莖其根。今世取八十莖，〔長八尺〕，即難得矣。六十莖，長六尺，即可用也。《淮南子》曰：上有叢著，下有神龜。《論衡》曰：著生七十歲生一莖，七百歲生十莖。神靈之物，故遲也。

宋・唐慎微《證類本草》卷六草部上品〔《本經・別錄》〕　**著實**　**味苦、酸，平，無毒。主益氣，充肌膚，明目，聰慧先知。久服不飢，不老，輕身。**生少室山谷。八月、九月採實，日乾。

〔唐・蘇敬《唐本草》〕注云：此草所在有之，以其莖為筮。陶誤用楮實為之。《本經》云味苦，楮實味甘，其楮實移在木部也。

〔宋・蘇頌《本草圖經》〕曰：蓍實，生少室山谷，今蔡州上蔡縣白龜祠傍，其生如蒿作叢，高五六尺，一本一二十莖，至多者三五十莖，生便條直，所以異於衆蒿也。秋後有花出於枝端，紅紫色，形如菊，八月、九月採其實，日乾入藥。今醫家亦稀用。其莖爲筮，以問鬼神知吉凶，故聖人贊之，謂之神物。《史記・龜策傳》曰：龜千歲，乃遊於蓮葉之上，蓍百莖共一根，又其所生，獸無虎狼，蟲無毒螫。徐廣注曰：劉向云：龜千歲而靈，蓍百年而一本生百莖。又褚先生云：蓍生滿百莖者，其下必有神龜守之，其上常有青雲覆之。《傳》曰：天下和平，王道得而蓍莖長丈，其叢生滿百莖。方今世取蓍者，不能中古法度，不能得滿百莖長丈者，取八十莖已上，蓍長八尺即難得也。人民好用卦者取滿六十莖以上，長滿六尺者，即可用矣。今蔡州所上者，皆不言如此。然則此類，其神物乎，故不常有也。

宋・鄭樵《通志》卷七五《昆蟲草木略》 蓍 如蒿，華如菊，生上蔡白龜祠傍，一叢之幹二三十，或四五十，高五六尺。褚先生云：蓍滿百莖者，其下有神龜守之，其上有青雲以覆之。傳曰：天下和平，王道得〔而〕蓍莖長丈，叢滿百〔莖〕。

明・王綸《本草集要》卷二 蓍實蓍草之實 味苦酸，氣平，無毒。八月、九月採，日乾。主益氣，充肌膚，明目，聰慧先知，久服不飢不老輕身。

明・劉文泰《本草品彙精要》卷八 蓍實無毒。叢生。

蓍實：主益氣，充肌膚，明目，聰慧，先知。久服不飢不老，輕身。《神農本經》。【苗】《圖經》曰：其生如蒿，作叢，高五六尺，一本一二十莖，至多者三五十莖，生便條直，所以異於衆蒿也。秋後有花出於枝端，紅紫色，形如菊。今醫家亦稀用。其莖爲筮，以問鬼神，知吉凶。故聖人贊之，謂之神物。《史記・龜策傳》曰：龜千歲乃游于蓮葉之上，蓍百莖共一根。又其所生，獸無虎狼，蟲無毒螫。劉向云：龜千年而靈，蓍百年而一本生百莖。又褚先生云：蓍生滿百莖、者，其下必有神龜守之，其上常有青雲覆之。《傳》曰：天下和平，王道得而蓍莖長丈，其叢生滿百莖。方今世取蓍者，不能中古法度，不能得滿百莖，長丈者，取八十莖以上，蓍長八尺，即難得也。好用卦者，取滿六十莖以上，長滿六尺者，即可用矣。今蔡州所生者，皆不言如此，然則此類其神物也，故不常有。【地】《圖經》曰：出少室山谷，今蔡州上蔡縣白龜祠傍。《唐本》注云：所在有之。【時】生：無時。採：八月、九月取實。【收】日乾。【用】實堅澤者爲好。【質】莖如藾蕭，實類粟米。【色】蒼黃。【味】苦，酸。【性】平，緩。【氣】味厚于氣，陰中之陽。【臭】香。【主】明目，益氣。【贋】楮實爲僞。

明・陳嘉謨《本草蒙筌》卷一 蓍實 味苦、酸，氣平。無毒。種生蔡州山谷，今河南上蔡縣。苗類青蒿作叢。多者三五十莖，高者六七尺許。莖莖條直，自異群蒿。花類菊花淡黃，亦同秋綻；實若楮實深赤，但不味甜。九月採收，曝乾待用。明目增智慧，益氣充肌膚。久服不飢，輕身耐老。謨按：劉向《說苑》云：天下和平，聖君在位。其種長丈，一根百莖。下必守以靈龜，上常罩有雲霧。滿山無毒螫，一方絕虎狼。莖採類鳳尾龍頭，卜筮通天根月窟。誠為神物，世所罕稀。今所生者不過出蔡州尋常而已，安能得絕妙之如是耶？

明・王文潔《太乙仙製本草藥性大全》卷一《本草精義》 蓍實 生少室山谷，今蔡州上蔡縣白龜祠傍，其生如蒿作叢，高五赤地五六尺，一本一二十莖，至多者三五十莖，生便條直，所以異於衆蒿也。秋後有花出於枝端，紅紫色，形如菊。八月、九月採實，日乾入藥，今醫家亦稀用。其莖爲筮，以問鬼神知吉凶，故聖人贊之，謂之神物。《史記・龜策傳》曰：龜千歲乃遊於蓮葉之上，蓍百莖而共一根。

明・王文潔《太乙仙製本草藥性大全》卷一《仙製藥性》 蓍實 味苦、酸，氣平，無毒。蓍草之實。主治：療益氣，充肌膚，明目，聰慧先知，久服不飢，不老，輕身。此草所在有之，以其莖爲筮，陶誤用楮實爲之。《本經》云味苦，楮實味甘，其楮實移在木部也。補註：按劉向《說苑》云：天下和平，聖君在位，其種長丈，一根百莖，下必守以靈龜，上常罩有雲霧，滿山無毒，一方絕虎狼，莖採類鳳尾龍頭，卜筮通天根月窟，誠爲神物，世所罕稀。今所生者，不過出葵州，尋常而已，安能得絕妙之如是耶？

明・皇甫嵩《本草發明》卷三 蓍實上品上，君。氣平，味甘、酸，無毒。發明曰：蓍草實，真神物也。主益氣血，充肌膚，明目聰慧先知，久服不肌不老輕身。《說苑》曰：聖君在位，天下和平。其種丈長，一根百莖，下守靈龜，上〔受〕雲氣。山無毒螫虎狼。用之卜筮，通天根月窟，誠為神物，真妙。難得，方罕用。今此不過出蔡州，尋常而已。

明・李時珍《本草綱目》卷一五草部・隰草類上 蓍音尸。《本經》上品。

【釋名】時珍曰：按班固《白虎通》載孔子云：蓍之爲言耆也。老人歷年多，更事久，事能盡知也。陸佃《埤雅》云：草之多壽者，故字從耆。《博物志》言：蓍千歲而三百莖，其本已老，故知吉凶。　〖集解〗《别録》曰：　蓍實生少室山谷，八月、九月採實，日乾。恭曰：　此草所在有之，其莖可爲筮。陶氏誤以楮實爲之。楮實味甘，此味苦，今正之。頌曰：　今蔡州上蔡縣白龜祠旁，其生如蒿作叢，高五六尺，一本一二十莖，至多者五十莖，生便條直，所以異於衆蒿也。秋後有花，出於枝端，紅紫色，形如菊花，結實如艾實。《史記・龜策傳》云：　龜千歲乃游於蓮葉之上。蓍百莖共一根。所生之處，獸無虎狼，蟲無毒螫。徐廣注云：　劉向言龜千歲而靈，蓍百年而一本生百莖也。褚先生云：　蓍滿百莖，其下必有神龜守之，其上常有青雲覆之。傳云：　天下和平，王道得而蓍莖長丈，其叢生滿百莖。方今取蓍者，八十莖已上，長八尺者，即已難得。但得滿六十莖以上，長六尺者，即可用矣。今蔡州所上，皆不言如此。則此類亦神物，故不常有也。時珍曰：　蓍乃蒿屬，神草也。故《易》曰：　蓍之德，圓而神。天子蓍長九尺，諸侯七尺，大夫五尺，士三尺。張華《博物志》言：　以末大於本者爲主，次蒿，次荆，皆以月望浴之。然則無蓍揲卦，亦可以荆、蒿代之矣。

實　〖氣味〗苦、酸，平，無毒。　〖主治〗益氣充肌膚，明目聰慧先知。久服不飢不老輕身《本經》。

葉　〖主治〗痞疾時珍。

〖附方〗新一　腹中痞塊：　蓍葉、獨蒜、穿山甲末、食鹽，同以好醋搗成餅，量痞大小貼之，兩炷香爲度。其痞化爲膿血，從大便出。劉松石《保壽堂方》。

明・姚可成《食物本草》卷一八草部・隰草類　蓍生少室山谷。今蔡州上蔡縣白龜祠旁，其生如蒿作叢，高五六尺，一本一二十莖，至多者五十莖，生便條直，所以異於衆蒿也。秋後有花，出於枝端，紅紫花，形如菊花。結實如艾實。《史記・龜策傳》云：　龜千歲，乃游於蓮葉之上。蓍百莖，共一根。所生之處，獸無虎狼，蟲無毒螫。下有神龜守之，上有雲氣覆之。天下和平，王道得而蓍莖長丈，故曰蓍乃神草也。是以占易者取之。　味苦、酸，平，無毒。主痞疾，益氣充肌膚，明目，聰慧先知，久服不飢不老輕身。

附方：　治癖塊。用蓍葉、獨蒜、穿山甲末，同鹽醋擣成餅，量癖大小貼之，兩炷香為度。其癖化為血水，從大便瀉出。

明・盧之頤《本草乘雅半偈》帙一　蓍實《本經》上品。　氣味：　苦、酸，平，無毒。　主治：　主益氣，充肌膚明目，聰慧先知，久服不飢，不老延年。

覈曰：　生少室山谷，及蔡縣白龜祠旁。春時宿根再發，端直無枝，末大于本，一本一二十莖，或四五十莖，經百歲者，莖亦百，莖雖多，總一本也。秋後花出莖端，紅紫色；　實褐色，如艾實。《呂氏春秋》云：　蓍滿百莖，所在之處，獸無虎狼，蟲無蛇螫，其下便有神龜守之，其上常有青雲覆之。《傳》云：　天下和平，王道得而蓍莖長丈。又云：　天子蓍長九尺，諸侯七尺，大夫五尺，士庶三尺，設有僭用，便失靈異。《埤雅》云：　此神草也。亦草中之多壽者也。故蓍從耆。近取諸身，遠取諸物。

參曰：　悉一根抽發，原具生生變化之數，而末大于本，所謂知來者逆也。明目者，字從目，即默識精明，條分縷析之徵也。聰慧先知者，字從老，即更事久，盡知之徵也。氣味苦酸平，得木火升出之機，故益氣熏膚充肌、根繁餘百，行地無疆，故不飢不老。《神物考》云：　蓍，天所生之神物也。其法始于伏羲，今唯文王孔子墓間生之。其莖長丈，一年長寸，百年長丈，自丈後，則不長矣。其叢滿百數，止百莖，無多寡也。覆以紫雲，守以靈龜，祥瑞之物，氣類之感耳。《爾雅翼》云：　聖人幽贊于神明而生蓍。蓍，草也。初不待聖人而生，蓋通天之道，窮物之理，備物致用，以為天下利，故能擇物之神者用之。《易》曰：　蓍之德，圓而神，卦之德，方以智。又云：　神以知來，智以藏往，其孰能與此。

清・顧元交《本草彙箋》卷三　蓍草　蓍，神草也。藥中罕用，以其爲靈異之品，故録存之。葉專治痞，其實有益氣充飢，明目聰慧之功。《博物志》言：　蓍，千歲而三百莖，其本已老，故知吉凶。褚先生云：　蓍滿百莖，其下即有靈龜守之，常有青雲覆其上。傳云：　天下和平，蓍莖長丈。　治腹中痞塊，蓍葉、獨蒜、穿山甲，末，食鹽，同以好醋，搗成餅，量痞大小，貼之，兩炷香爲度，其痞化爲膿血，從大便出。

清・馮兆張《馮氏錦囊秘錄・雜症痘疹藥性主治合參》卷三　蓍實明目增智慧，益氣充肌膚。久服不飢，輕身耐老。

清・徐大椿《神農本草經百種錄》上品　蓍實　味苦，平。主益氣，充肌膚，得天地之和氣以生，故亦能益人之正氣而強健也。明目，聰慧先知。蓍草神物，揲之能前知。蓋得天地之靈氣以生，故亦能益人之神明也。久服，不飢，不老輕身。氣足神全，故有此效。　此因其物之所能以益人之能也。昔聖人幽贊于神明而生蓍，此草中之神物也。服之則補人之神，自能聰慧前知矣，肉食者鄙，不益信夫。

題清・徐大椿《藥性切用》卷三　蓍實　苦酸性平，益氣充飢，久服不餓。

蓍葉同獨蒜甲片、食鹽、米醋，搗餅貼癖兩炷香，癖可化血從便出。

清・吴其濬《植物名實圖考》卷一一　蓍　《本經》上品。《白虎通》謂：　天子蓍長九尺。《史記》謂：　長丈者百莖，不可得，得六尺者六十莖用之。此神物也。八尺以上之蓍，誠不可得。而《家語》有婦人刈蓍薪而亡蓍簪者。《老子》以蓍艾為席。《下泉》之詩，浸蓍與蕭稂同，則蓍亦非奇卉矣。《唐本草》注亦云：處處有之。宋《圖經》始云出上蔡。明楊埙《蓍草臺記》：臺畔二十頃皆產蓍。洪武中，禁民樵採，厥後臺荒地侵，汝太守重修之。《上蔡縣志》：舊時生蓍草臺廟圈，圈廢，今生曠野，唯《陳州志》物產：蓍，羲陵者佳。余豫人也，一舟過陳州，再驅上蔡，皆未得登故墟而攬靈荈。陳之人斷蓍尺餘，以通饋問，而曲阜之蓍，時時見於筮者，此外蓋無聞焉。天地靈秀之氣，今古如一，古今人不相及，此亦不然之論，何獨至於物而惑之？鳳凰麒麟在郊藪，龜龍在宮沼，漢儒以為大順之世。鳳鳥不至，河不出圖，聖人憂之。議者謂矰繳密，機械深，則德禽仁獸見機而遠徙，是誠然矣！然吾謂三代後，疆埸日闢，山林日薙，城郭日盈，民生日擠。毒螫猛鷙者，匿其爪牙，而不敢以攫噬。蓬莠藜蒿，化為腴田。雖有不世出之物，覽德輝而下之，將盡巢於阿閣，而游於苑囿乎？余觀黔、滇之山，以鳳至而名者有之矣。九苞之羽，歸昌之音，其是非不得知。而百鳥伏而萬民聳，其不為山人習見無疑矣。荒徼之池，有豢龍焉，逃而獲之。滇之湫，金鱗游漾，時復一見。可致之祥，何獨遇於遐陬？毋亦林箐深渺，種人不至，飛者、走者、遊者，得為藏身之固耶？滇東楊林驛有《啞泉碑》，禁人渴不得飲，謂孔鶴之所翔集。今過之，無有矣。城西有陟山，《滇本草》謂是生不死之藥。斧斤所瘡痍，牛羊所踐履，孟夏之月，草木不長。然則蓍之不多見者，其野火殄燔，蕭艾同燼耶？平原豐草，蒯彼菅茅，世無知者，老棄榛蕪耶？十室之邑，必有忠信；五步之內，必有芳草。余故不能已於披採。

清・葉志詵《神農本草經贊》卷一　蓍實　味苦，平。主益氣，充肌膚，明目，聰慧先知。久服不飢不老，輕身。生山谷。

草之耆壽，端植靈着。神圓龜守，奇表雲垂。是名大慧，可以前知。青逾艾實，榮逮秋期。

《埤雅》：草之多壽者，故字從耆。《唐書・傳》：馮定端凝若植。《論衡》：猶靈蓍神龜。《易》：蓍之德，圓而神。《史記・傳》：蓍生滿百莖者，下必有神龜守之，其上常有青雲覆之。康子玉賦：覆青雲以表奇。杜甫賦：九天之雲下垂。李鼎《偶談》：是名大慧。《中庸》：可以前知。蘇頌曰：秋後有花。結實如艾實。《詩》：秋以為期。

紅珠大鋸草

清・趙學敏《本草綱目拾遺》卷四草部中　紅珠大鋸草　治臌脹黃疸。王安卿《采藥志》：大鋸草敗毒，消腫，清火。

咸蝦花

清・何諫《生草藥性備要》卷下　咸蝦花　治小兒邪病，如發冷不退，暗帶身上，即效。

一支蒿

清・劉善述、劉士季《草木便方》卷一草部　一支蒿　益志根辛消臟毒，疔瘡瘰癧風濕除。筋骨冷痹通關節，蛇犬刀傷生肌肉。

艾

唐・歐陽詢《藝文類聚》卷八二　艾　《爾雅》曰：艾，冰臺也。《毛詩》曰：彼采艾兮，一日不見，如三歲兮。《莊子》曰：越王子搜逃乎丹穴，越國無君，求王子搜不得，從之丹穴不肯出，越人薰之以艾。崔寔《月令》曰：三月可採艾。《博物志》曰：削冰令圓以向日，以艾於後，承其影得火。《孟子》曰：七年之病，求三年之艾。《楚辭》曰：蕭艾於篋笥，謂蕙芷而不香。又曰：扈服艾以盈腰兮，謂幽蘭其不可佩。又曰：何昔日之芳草兮，今直為此艾也。《漢武內傳》曰：西王母神仙，次藥有靈叢艾。

賦　孔璠之《艾賦》曰：良藥弗達，妙針莫宣，奇艾急病，靡身挺煙，治匪君臣，得用神火。振淹固於一爛，氣絕息乎無假。淳建投而招祟，鉗椒檮而貽禍，伊茲艾之淑粹，仍索質於中野。嗟乎！貞灰與邪燼迭御，芳煙與苦蘭競薰。是以艾正而賤，蘭妖而珍。故言堯則桀對舉，蘭則艾因。

贊　孔璠之《艾贊》曰：論藹靈艾，蔚彼脩坂，混區羣卉，理深用遠。

宋・李昉《太平御覽》卷第九九七　艾　《爾雅》曰：艾，冰臺。今艾蒿也。《孟子》曰：七年之病，求三年之艾。《漢武帝內傳》曰：削冰令正圓，舉以向日，以艾於後，承其影得火。《師曠占》曰：歲疫病，草先生病。草者，艾也。崔寔《四民月令》曰：三月可採艾。

宋・唐慎微《證類本草》卷九草部中品〔《別錄》〕艾葉　味苦，微溫，無毒。主灸百病。可作煎，止下痢，吐血，下部䘌瘡，婦人漏血，利陰氣，生肌肉，辟風寒，使人有子。一名冰臺，一名醫草。生田野。三月三日採，暴乾。作煎勿令見風。

〔梁・陶弘景《本草經集注》〕云：擣葉以灸百病，亦止傷血，汁又殺蚘蟲。苦酒煎葉,療癬甚良。

〔唐・蘇敬《唐本草》〕注云:　《别録》云:　艾,生寒熟熱。主下血,衄血,膿血痢。水煮及丸散任用。

〔宋・掌禹錫《嘉祐本草》〕按:　《藥性論》云:　艾葉,使。能止崩血,安胎,止腹痛。醋煎作煎,治癬,止赤白痢及五藏痔瀉血。煎葉,主吐血。實,主明目,療一切鬼氣。初生,取作乾菜,食之。又除鬼氣。炒艾作餛飩,吞三五枚,以飯壓之良。長服止冷痢。又心腹惡氣,取葉擣汁飲。又擣末和乾薑末爲丸,一服三十丸,飯壓,日再服。治一切冷氣,鬼邪毒氣,最去惡氣。孟詵云:　艾實與乾薑爲末,蜜丸,消一切冷氣。田野人尤與相當。日華子云:　止霍亂轉筋,治心痛,鼻洪,并帶下及患痢人後分寒熱急痛。和蠟并訶子燒熏,神驗。艾實,暖,無毒。壯陽,助水藏腰膝,及暖子宫。

〔宋・蘇頌《本草圖經》〕曰:　艾葉,舊不著所出州土,但云生田野,今處處有之,以複道者爲佳,云此種灸百病尤勝。初春布地生苗,莖類蒿而葉背白,以苗短者爲佳。三月三日、五月五日,採葉,暴乾。經陳久方可用。俗間亦生擣葉取汁飲,止心腹惡氣。古方亦用熟艾搨金瘡。又中風掣痛,不仁不隨。並以乾艾斛許,揉團之,内瓦甑中,並下塞諸孔,獨留一目,以痛處著甑目下,燒艾一時久知矣。又治癩,取乾艾隨多少以浸麴,釀酒如常法,飲之,覺痹即差。近世亦有單服艾者,或用蒸木瓜丸之,或作湯,空腹飲之,甚補虚羸。然亦有毒,其毒發,則熱氣衝上,狂躁不能禁,至攻眼,有瘡出血者,誠不可妄服也。

〔宋・唐慎微《證類本草》〕《食療》云:　乾者并煎者,金瘡,崩中,霍亂,止胎漏。春初採,爲乾餅子,入生薑煎服,止瀉痢。三月三日可採作煎,甚治冷。若患冷氣,取熟艾麪裹作餛飩,可大如彈許。又治百惡氣。取其子,和乾薑擣作末,蜜丸如梧子大。空心三十丸服,以飯三五匙壓之,日再服。其鬼神速走出,頗消一切冷血。田野之人與此方相宜也。又,産後瀉血不止。取乾艾葉半兩炙熟,老生薑半兩,濃煎湯,一服便止。妙。《外臺秘要》:　治霍亂吐下不止。艾一把,水三升,煮取一升,頓服。又方:　治諸骨哽。生艾蒿數升,水、酒共一斗,煮取四升,稍稍飲之良。《肘後方》:　鬼擊之病,得之無漸,卒著人如刀刺狀,胸脇腹内㽲刺切痛,不可抑按,或即吐血,鼻中出血,下血。一名鬼排。以熟艾如雞子三枚,水五升,煎取二升,頓服之。又方:　治卒心痛。白熟艾成熟者一升,以水三升,煮取一升,去滓,頓服。若爲客氣所中者,當吐蟲物。又方:　治傷寒及時氣溫病,頭痛壯熱,脉盛。乾艾葉三升,以水一斗,煮取一升,去滓,頓服,取汗。又方:　治病人齒無色,舌上白,或喜睡,不知痛痒處,或下痢,急治下部。不曉此者,但攻其上,不以爲意,下部生蟲,食其肛,爛見五藏,便死。燒艾於管中,熏下部,令煙入,更入少雄黄良。《葛氏方》:　治蚘蟲,或心如刺,口吐清水。擣生艾取汁,宿勿食,但取肥香脯一方寸片先喫,令蟲聞香,然後即飲一升,當下蚘。又方:　姙娠卒胎動不安,或但腰痛,或胎轉搶心,或下血不止。艾葉一雞子大,以酒四升煮取二升,分爲二服,良。《經驗方》:　治喉痹。青艾和莖葉一握,用醋擣傅痹上,若冬月,取乾艾亦得。李臣傳。又方:　王峽州傳野雞痔病方,用槐柳湯洗,便以艾灸其上七壯,以知爲度。王及郎中充西川安撫判官,乘騾入洛谷,數日而痔,病因是大作,如胡苽貫於腸頭,其熱如煻煨火,至一驛,僵仆,無計。有主郵者云:　須灸即差。及命所使爲槐柳湯熱洗苽上。因用艾灸三五壯,忽覺一道熱氣盛入腸中,因大轉,瀉鮮血穢物一時出,至楚痛,瀉後遂失胡苽所在。孫真人:　糞後有血。濃煎艾葉、生薑汁,三合服。《斗門方》:　治火眼。用艾燒令煙起,以椀蓋之,候煙上椀成煤取下,用溫水調化洗火眼,即差。更入黄連甚妙。又方:　治癲癇。用艾於陰囊下穀道正門當中間,隨年歲灸之。《勝金方》:　治中風口喎。以葦筒子長五寸,一頭刺於耳内,四面以麪密封塞不透風,一頭以艾灸之七壯。患右灸左,患左灸右。耳痛亦灸得。初虞世:　治婦人崩中連日不止。熟艾雞子大,阿膠炒爲末半兩,乾薑一錢剉,右以水五盞,先煮艾、薑,至二盞半,入膠消搨,溫分三服,空腹服,一日盡。《兵部手集》:　治發背,頭未成瘡及諸熱腫。以濕紙搨上,先乾處是熱氣衝上,欲作瘡子,便灸之。如先疼痛,灸即不痛,即以痛爲度。錢相公《篋中方》:　治誤吞錢。取艾蒿一把,細剉,用水五升,煎取一升,頓服便下。《傷寒類要》:　治婦人姙娠七月,若傷寒壯熱,赤班變爲黑班,溺血。用艾葉如雞子大,酒三升,煮取一升半,分爲二服。又方:　䘌蟲蝕下部。以泥作罌,以竹筒如指大,一頭坐罌缸中,一頭内下部孔中,以雞子大艾一團燒之,以泥作罌口吹之,常令艾煙熏下部,强人可益久,良。《子母秘録》:　胎動上迫心痛。取艾葉如雞子大,以頭醋四升,煎取二升,分溫服。又方:　治倒産子死腹中。艾葉半斤,酒四升,煮取一升服。又方:　小兒黄爛瘡,燒艾葉灰傅上。《荆楚歲時記》:　端午,四民踏百草,採艾以爲人,懸之戶上,禳毒氣。又宗士炳之孫,常以端午日雞未鳴時,採似人者,縛用灸,有驗。

宋・寇宗奭《本草衍義》卷一〇　艾葉　乾擣,篩去青滓,取白,入石硫黄,爲硫黄艾,灸家用。得米粉少許,可擣爲末,入服食藥。入硫黄别有法。

宋・鄭樵《通志》卷七五《昆蟲草木略》　《爾雅》曰:　艾,冰臺。

金・張元素《潔古珍珠囊》〔見元・杜思敬《濟生拔粹》卷五〕　艾葉苦陰中之陽。溫胃。

宋・劉明之《圖經本草藥性總論》卷上　艾葉　味甘,微溫,無毒。主灸百病。可作煎,止下痢,吐血,下部䘌瘡,婦人漏血,利陰氣,生肌肉,辟風寒,使人有子。《藥性論》云:　使。能止崩血,安胎,止腹痛,止赤白痢,五臟痔瀉血。煎葉,主吐血。實,主明目。日華子云:　止霍亂轉筋,治心痛,鼻洪并帶下，及患痢人後分寒熱急痛。實，暖，無毒。壯陽，助水臟腰膝，及暖子宮。一云：生寒熟熱。汁，殺蚘蟲。

宋·王介《履巉巖本草》卷下　野艾　味苦，微溫，無毒。治咽喉閉痛熱壅，飲食有妨者，每用野艾，搗汁灌漱，大有神效。

元·王好古《湯液本草》卷四　艾葉　氣温，味苦，陰中之陽，無毒。

《本草》云：止下痢吐血，下部䘌瘡，辟風寒，令人有子。灸百病。重午日，日未出時，不語採。《心》云：溫胃。

元·徐彥純《本草發揮》卷二　艾葉　潔古云：艾葉苦，陰中之陽，溫胃。丹溪云：艾屬火而行水，生寒熟溫。生搗汁服可止血。《本草》止言其溫，不言其熱。其性入火炙，則氣下行；入藥服，則氣上行。世人喜溫今婦人欲子者，率多服之，及其毒發，何嘗歸咎於艾？惜哉！予考《圖經》而默有感於其中也，故云。

明·蘭茂《滇南本草》卷中　艾葉　性溫，味苦。治安胎，止吐血，紅崩下血，赤白帶，下元虛冷。附方：治大腸下血在糞前。艾葉，煎湯服，最效。附案：昔一人吐血不止，用艾根煨湯，點童便服之，即愈。

明·王綸《本草集要》卷二　艾葉使　味苦，氣微溫。陰中之陽。無毒。三月三日、五月五日採，陳久者良。亦生搗汁用，又作煎。勿見風。　主灸百病。可作煎，止下痢赤白，吐血衄血，瀉血，婦人漏血，安胎，止腹痛，辟風寒，暖子宮，使人有子。除心腹惡氣，一切鬼氣，利陰氣，生肌肉。療五臟痔，下部䘌瘡。汁殺蚘蟲。醋煎作煎，治癬良。〇實，主明目，壯陽助陰，治鬼氣。　治百惡鬼氣，取實，和乾薑杵為末，蜜丸如桐子大，空心服三十丸，以飯壓之，日再服。又熟艾如雞子大三枚，水五升，煎取二升，頓服亦可。病人齒無色，舌上白，喜睡，不知痛癢處，或下痢，此䘌蟲食下部也。急治之。以竹筒一頭納下部孔中，一頭燒艾，令煙入，更入少雄黃良。

明·滕弘《神農本經會通》卷一　艾葉　使也。以苗短者為佳。三月三日、五月五日採葉，暴乾。經陳久方可用。日未出時，不語，採。　味苦，氣微溫，無毒。《湯》云：氣溫，味苦。陰中之陽。東云：溫。崩漏安胎，醫紅痢。《珍》云：溫胃。《疌》云：暖陰，治䘌瘡，下痢吐血，並崩漏，止霍，除心痛，安胎有子，及轉筋。

《本經》云：主灸百病。可作煎，止下痢吐血，下部䘌瘡，婦人漏血，利陰氣，生肌肉，辟風寒，使人有子。三月三日採，暴乾，作煎，勿令見風。陶云：擣葉，以灸百病，亦止傷血。汁，又殺蚘蟲。苦酒煎葉，療癬甚良。《別録》云：艾，生寒熟熱。主下血衄血，膿血痢，水煮及丸散任用。《藥性論》云：艾葉，使。能止崩血，安胎，止腹痛，醋煎。作煎，治癬，止赤白痢，五臟痔，瀉血。煎葉，主吐血，初生取作乾菜食之，又除鬼氣。炒艾作餛飩，吞三五枚，以飯壓之，良。長服止冷痢。又心腹惡氣，取葉，擣汁飲。又擣末，和乾薑末為丸，一服三十丸，飯壓。治一切冷氣，鬼邪毒氣，最去惡氣。實，主明目。孟詵云：艾實與乾薑為末，蜜丸，消一切冷氣。日華子云：止霍亂轉筋，治心痛鼻洪，并帶下。患痢人後分寒熱急痛，和蠟并訶子燒熏，神驗。艾實，暖，無毒。壯陽，助水臟腰膝，及暖子宮。《圖經》云：生擣葉，取汁飲，止心腹惡氣。古方用熟艾搨金瘡，及中風掣痛，不仁不隨。亦有單服艾者，或用蒸木瓜丸之，或作湯空腹飲之，甚補虛羸。艾亦有毒，其毒發則熱氣衝上，狂躁不能禁，至攻眼。有瘡出血者，誠不可妄服也。《食療》云：乾者并煎者，金瘡，崩中，霍亂，止胎漏。春初採，為乾餅子，入生薑煎服，止瀉痢。《心》云：溫胃。劊云：艾葉生寒熟則溫，灸除百病可延生。溫中暖胃和肝氣，調血能令下吐平。《局》云：艾葉依稀偏野田，灸除百病炷為丸。安胎漏血偏宜熟，下痢嘔紅可用生。艾葉，可生可熟，漏血，安胎，嘔吐，衄紅，還可止。

明·劉文泰《本草品彙精要》卷一一　艾葉無毒：叢生。

艾葉：主灸百病，可作煎，止下痢，吐血，下部䘌瘡，婦人漏血，利陰氣，生肌肉，辟風寒，使人有子。名醫所錄。【名】冰臺、醫草。【苗】《圖經》曰：初春布地生苗，莖類蒿而葉背白，甚香。灸百病尤勝用之，以苗短者爲佳。【地】《圖經》曰：生田野，今處處有之。【道地】蘄州、明州。【時】生：春生苗。採：三月三日、五月五日取葉。【收】暴乾，作煎勿令見風。【用】葉、實。【質】類菊葉而背白有毛。【色】青白。【味】苦。【性】微溫，泄。【氣】味厚于氣，陰中之陽。【臭】香。【主】灸百病，止崩血。【製】去枝梗，揉如絮用。【治】療：《圖經》曰：生，搗汁，止心腹惡氣。熟用，搨金瘡及中風掣痛，不仁不隨。陶隱居云：止傷血，並殺蛔蟲。《唐本》注云：主下血及膿血痢。《藥性論》云：止崩血，安胎，除腹痛。〇實，主明目，並一切鬼氣。日華子云：葉，止霍亂轉筋，並心痛，鼻洪及帶下。《湯液本草》云：溫胃。《別錄》云：治傷寒時氣，溫病，頭痛，壯熱，脈盛，煮服。　補：《圖經》曰：補虛羸。日華子云：實壯陽，助水臟，強腰膝，暖子宮。　〔合治〕合醋煎，療癬及赤白痢下，並臟痔瀉血。○實合乾薑末，蜜丸如梧桐子大，服，療一切冷氣，鬼邪毒氣，最去惡氣。

明・葉文齡《醫學統旨》卷八　艾葉　氣微溫，味苦。陰中之陽。無毒。端午日採，陳久者良。生寒熟溫。搗汁可止血。　治崩血漏血，安胎，止腹痛帶下，暖子宮，使人有子；　灸百病，除一切惡氣，利陰氣；　生肌肉，療五臟痔，下部䘌瘡；　汁殺蚘蟲；　醋煎搽癬良。

明・許希周《藥性粗評》卷二　疾隱一方，輕燒艾葉。

艾葉，一名醫草。初春生苗布地，莖高四五尺，類蒿而葉青白色，至秋開碎花，結子。江南坡岸處處有之，以蘄州者勝。三月三日或五月五日採葉，暴〔乾〕。以葉短者為佳。孟子曰：猶七年之病，求三年之艾。朱子曰乾久益善是也。亦有宜生用者，如作灸用，須取陳者，焙過，搗爛，篩取細末，方可作炷，入藥不拘。所使并所畏惡，《本草》不載。　味苦，性生寒、熟溫，無毒。　主灸百病，凡疾在經絡、筋骨、臟腑募俞者，灸而退之，熱毒可拔，冷氣可溫也。作湯服可以溫胃，安胎止漏。生搗汁服，可以止血除痢及嘔紅。丹溪云：其性入火灸則氣下行，入湯服則氣上行。

單方：　卒心痛：熟艾葉一把，水三升，煮取一升，去滓，頓服。若為客氣所中者，服後當吐蟲物。　糞後紅：濃煎艾湯，入生薑汁，三合，服之。　胎動上迫促心：以艾葉一拳大，酒四升，煎取二升，分溫服。　產後血下不止：取乾艾葉半兩，炙熟，同老生薑半兩，水三升，濃煎一升，一服便止。　霍亂：艾葉一把，水三升，煎取一升，頓服。

癲癇：用熟艾作炷，於陰囊下穀道正門當中，隨年數多寡，灸之便差。

明・鄭寧《藥性要略大全》卷四　艾葉　《經》云：主灸百病。可作煎，止下痢膿血、吐血、衄血。下部䘌瘡，婦人崩漏血，〔利〕陰氣，生肌肉，避風寒，止崩安胎。治腹痛，痔血，暖子(人)宮，壯陽，使人有子。生用則寒，熟用則溫。　丹溪云：熟用以灸火，其性下行；用以服食，其性上行。《珠囊》云：治崩漏，安胎，暖子宮而醫紅痢。　味苦，性微溫，無毒。三月三及端午日收者良。若用灸火，陳久者良。孟子云：猶七年之病，求三年之艾。愈久愈效。有生搗汁服者，或入湯煎者，隨病施治。蘄州者佳。

明・陳嘉謨《本草蒙筌》卷三　艾葉　味苦，氣生寒熟溫。陰中之陽。無毒。各處田野有，以複道者為佳；　初春布地生，與草蒿狀頗類。但葉背白，風動微香。每端午朝，天明多採。或懸戶資禳疫癘，或藏家防治病邪。煎服宜新鮮，氣則上達；　灸火宜陳久，氣仍下行。揉碎入四物湯，安胎漏腹痛；　搗汁攙四生飲，止吐衄唾紅。艾附丸同香附末醋糊丸。開鬱結，調月經，溫暖子宮，使孕早結。薑艾丸同乾薑末蜜丸。毆冷氣，去惡氣，逐鬼邪氣，免證久纏。和研細雄黃，熏下部䘌疰濕痹及疥癬神効。和蠟片、訶子，熏痢後寒熱急痛並帶漏殊功。作炷灸諸經穴不差，鑿竅拔風濕毒尤驗。實取入藥，令人有娠。助水臟壯陽，暖腰膝明目。　又九牛草，產筠州山。屬湖廣。葉圓長，背白有芒，莖獨植，高二尺許。氣香似艾，採亦端陽。治諸般風勞，止遍身疼痛。

謨按：艾葉，《本經》及諸註釋悉云：生于田野，類蒿，複道者為佳，未嘗以州土拘也。世俗反指此為野艾，至賤視之。端午節臨，僅採懸戶，辟疫而已。其治病症，遍求蘄州所產獨莖、圓葉、背白、有芒者，稱為艾之精英。儻有收藏，不吝價買。彼處仕宦，亦每採此。兩京送人，重紙包封，以示珍貴。名益傳遠，四方盡聞。今以形狀考之，九牛草者即此。人多不識，並以艾呼。《經》註明云：氣雖艾香，實非艾種。醫用作炷，以灸風濕痹疼、癆熱積聚。嘗獲効者，亦因辛竄可以通利關竅而已。謂之全勝真艾，未必能然。大抵人之常情，貴遠賤近。泥于習俗，膠固不移。縱有《本經》之文，諸家之註，何嘗著一目視，以為真偽之別耶？噫！可勝嘆哉！可勝嘆哉！

明・王文潔《太乙仙製本草藥性大全》卷一《本草精義》　艾葉　艾葉舊不著所出州土，但云生田野，今處處有之，以複道者爲佳。云此種灸百病尤勝。初春布地生苗，莖類蒿，而葉背白，以苗短者爲佳。三月三日、五月五日採葉曝乾，經陳久方可用。俗間亦生搗葉，取汁飲，止心腹惡氣。古方亦用熟艾搨金瘡。

明・王文潔《太乙仙製本草藥性大全》卷一《仙製藥性・草部》　艾葉

使：　味苦，氣微溫，生寒，熟溫，陰中之陽，無毒。　主治：主灸百病，亦可煎湯煎服，宜新鮮，氣則上達；　灸火，宜陳久，氣乃下行。揉碎入四物湯，安胎漏腹痛。搗汁攙四生飲，止吐衄唾紅。艾附丸同香附末醋糊丸。開鬱結，調月經，溫暖子宮，使孕早結。薑艾丸同乾薑末蜜丸。毆冷氣，去惡氣，逐鬼邪氣，免證久纏。和研細雄黃，熏下部䘌疰、濕痹及疥癬神效。和蠟片、訶子熏痢後寒熱急痛並帶漏殊功。作炷灸諸經穴不差，鑿竅拔風濕毒尤驗。實：取入藥，令人有娠，助水臟，壯陽，暖腰膝，明目。補註：治百惡鬼氣，取實和乾薑，杵爲末，蜜丸梧桐子大，空心服三十丸，以飯壓之，日再服。又熟艾如雞子大，三枚，水五升，煎取二升，頓服亦可。○病人齒無色，舌上白，喜睡，不知痛癢處，或下痢，此䘌蟲食下部也，急治之。以竹筒一頭納下部孔中，一頭燒艾，令烟入，更入少雄黄良。○治霍亂吐下不止，艾一把，水三升，煮取一升，頓服。治諸骨鯁，生艾蒿數升，水酒共一斗，煮取四升，稍稍飲之良。○治卒心痛，白熟艾成熟者一升，以水三升，煮取一升，去滓頓服。若爲客氣所中者，當吐蟲物。○治傷寒及時氣溫病，頭痛壯熱，脉盛，乾艾葉三升，以水一斗，煮取一升，去滓頓服，取汗。○治蚘蟲或心如刺，口吐清水，擣生艾，取汁，宿勿食，但取肥香蒲一方片先喫，令蟲聞香，然後即飲一升，當下蚘。○治喉痹，青艾和莖葉一握，用醋擣，傅痹上，若冬月取乾艾，亦得。李亞傳。○糞後有血膿，煎艾葉，與生薑汁三合服之。○治倒產，子死腹中，艾葉半斤，酒四升，煮取一升服。○胎動上迫心痛，取艾葉如雞子大，以好醋四升，煎取二升，分溫服之。

明・皇甫嵩《本草發明》卷三

艾葉中品下，臣。氣溫，味苦，無毒。又云生寒，〔熟〕溫。發明曰：艾葉性走竄，能溫臟府經絡，通利關竅，灸諸經穴病為專，入藥次之。故《本草》主灸百病。作湯，止下痢，吐血，下䘌瘡，婦人漏血，利陰氣，生肌肉，辟風寒。揉入四物湯，安胎漏腹痛。同香附醋煮和丸，開鬱調經，調子宮有子。同乾薑蜜丸，毆冷氣惡氣邪氣。擣汁攙四生飲，止吐衄唾紅。和研細雄黄，熏下部䘌疰濕痺及疥癬。又云：止霍亂轉筋，和蠟片、訶子，熏痢後寒熱急痛，并帶漏，鑿竅拔風濕毒尤驗。○艾實，壯陽，助水藏，暖子宮。○煎服宜新鮮，則氣上達。灸火宜陳久，氣乃下行。按：《本經》及註釋云：艾生野田，惟複道者佳。苗莖類蒿，葉背白，苗短者勝。世俗反指為野艾，必求蘄州所產，莖圓，葉背白，有毛者，形狀類九牛草，人多以艾精稱之。《經》明註云氣雖艾香，實非艾種，用灸風濕痺痛癆瘵積聚，取其通利關竅而已，未必全真。

明・李時珍《本草綱目》卷一五草部・隰草類上

艾《別録》中品

〔釋名〕冰臺《爾雅》 醫草《別録》 黄草《埤雅》 艾蒿時珍曰：王安石《字説》云：艾可乂疾，久而彌善，故字從乂。陸佃《埤雅》云：《博物志》言削冰令圓，舉而嚮日，以艾承其影則得火。則艾名冰臺，其以此乎？醫家用灸百病，故曰灸草。一灼謂之一壯，以壯人爲法也。

〔集解〕《別録》曰：艾葉生田野，三月三日採，暴乾。頌曰：處處有之，以複道及四明者爲佳，云此種灸百病尤勝。初春布地生苗，莖類蒿，葉背白，以苗短者爲良。三月三日，五月五日，採葉暴乾，陳久方可用。時珍曰：艾葉，《本草》不著土產，但云生田野。宋時以湯陰複道者爲佳，四明者圖形。近代惟湯陰者謂之北艾，四明者謂之海艾。自成化以來，則以蘄州者爲勝，用充方物，天下重之，謂之蘄艾。相傳他處艾灸酒罎不能透，蘄艾一灸則直透徹，爲異也。此草多生山原。二月宿根生苗成叢，其莖直生，白色，高四五尺。其葉四布，狀如蒿，分爲五尖，椏上復有小尖，面青背白，有茸而柔厚。七八月葉間出穗如車前穗，細花，結實纍纍盈枝，中有細子，霜後始枯。皆以五月五日連莖刈取，暴乾收葉。先君月池子諱言聞，嘗著《蘄艾傳》一卷。有讚云：產於山陽，採以端午。治病灸疾，功非小補。又宗懍《荊楚歲時記》云：五月五日雞未鳴時，採艾似人形者攬而取之，收以灸病甚驗。是日採艾爲人，懸於户上，可禳毒氣。其莖乾之，染麻油引火點灸炷，滋潤灸瘡，至愈不疼。亦可代蓍策，及作燭心。

葉 〔修治〕宗奭曰：艾葉乾擣，去青滓，取白，入石硫黄末少許，謂之硫黄艾，灸家用之。得米粉少許，可擣爲末，入服食藥用。時珍曰：凡用艾葉，須用陳久者，治令細軟，謂之熟艾。若生艾灸火，則傷人肌脈。故孟子云：七年之病，求三年之艾。揀取净葉，揚去塵屑，入石臼內木杵擣熟，羅去渣滓，取白者再擣，至柔爛如綿爲度。用時焙燥，則灸火得力。入婦人丸散，須以熟艾，用醋煮乾，擣成餅子，烘乾再擣爲末用。或以糯糊和作餅，及酒炒者，皆不佳。洪氏《容齋隨筆》云：艾難著力，若入白茯苓三五片同碾，即時可作細末，亦一異也。

〔氣味〕苦，微温，無毒。恭曰：生寒，熟熱。元素曰：苦温，陰中之陽。時珍曰：苦而辛，生温熟熱，可昇可降，陽也。入足太陰、厥陰、少陰之經。苦酒、香附爲之使。

〔主治〕灸百病。可作煎，止吐血下痢，下部䘌瘡，婦人漏血，利陰氣，生肌肉，辟風寒，使人有子。作煎勿令見風《別録》。擣汁服，止傷血，殺蛔蟲弘景。主衄血下血，膿血痢，水煮及丸散任用蘇恭。止崩血、腸痔血，搨金瘡，止腹痛，安胎。苦酒作煎，治癬甚良。擣汁飲，治心腹一切冷氣鬼氣甄權。治帶下，止霍亂轉筋，痢後寒熱大明。治帶脈爲病，腹脹滿，腰溶溶如坐水中好古。温中逐冷除濕時珍。

〔發明〕詵曰：春月採嫩艾作菜食，或和麵作餛飩如彈子，吞三五枚，以飯壓之，治一切鬼惡氣，長服止冷痢。又以嫩艾作乾餅子，用生薑煎服，止瀉痢及產後瀉血，甚妙。頌曰：近世有單服艾者，或用蒸木瓜和丸，或作湯空腹飲，甚補虛羸；然亦有毒發則熱氣衝上，狂躁不能禁，至攻眼有瘡出血者，誠不可妄服也。震亨曰：婦人無子，多由血少不能攝精，俗醫謂子宮虛冷，投以辛熱，或服艾葉。不知艾性至熱，入火灸則氣下行，入藥服則氣上行。《本草》止言其温，不言其熱。世人喜温，率多服之，久久毒發，何嘗歸咎於艾哉！予考蘇頌

《圖經》而因默有感焉。時珍曰：艾葉生則微苦太辛，熟則微辛太苦，生温熟熱，純陽也。可以取太陽真火，可以回垂絶元陽。服之則走三陰，而逐一切寒濕，轉肅殺之氣爲融和。灸之則透諸經，而治百種病邪，起沉痾之人爲康泰，其功亦大矣。蘇恭言其生寒，蘇頌言其有毒。一則見其能止諸血，一則見其熱氣上衝，遂謂其性寒有毒，誤矣。蓋不知血隨氣而行，氣行則血散，熱因久服致火上衝之故爾。夫藥以治病，中病則止。若素有虚寒痼冷，婦人濕鬱帶漏之人，以艾和歸、附諸藥治其病，夫何不可？而乃妄意求嗣，服艾不輟，助以辛熱，藥性久偏，致使火躁，是誰之咎歟，於艾何尤？艾附丸治心腹少腹諸痛，調女人諸病，頗有深功。膠艾湯治虚痢，乃妊娠産後下血，尤著奇效。老人丹田氣弱，臍腹畏冷者，以熟艾入布袋兜其臍腹，妙不可言。寒濕脚氣，亦宜以此夾入襪内。

【附方】舊二十四，新二十七。傷寒時氣：温疫頭痛，壯熱脈盛，以乾艾葉三升，水一斗，煮一升，頓服取汗。《肘後方》。妊娠傷寒：壯熱，赤斑變爲黑斑，溺血。用艾葉如鷄子大，酒三升，煮二升半，分爲二服。《傷寒類要》。妊娠風寒：卒中，不省人事，狀如中風。用熟艾三兩，米醋炒極熱，以絹包熨臍下，良久即甦。《婦人良方》。中風口喎：以葦筒長五寸，一頭刺入耳内，四面以麵密封，不透風，一頭以艾灸之七壯。患右灸左，患左灸右。《勝金方》。中風口噤：熟艾灸承漿一穴，頰車二穴，各五壯。《千金方》。中風掣痛：不仁不隨。並以乾艾斛許，揉團納瓦甑中，並下塞諸孔，獨留一目，以痛處着甑目，而燒艾熏之，一時即知矣。《肘後方》。舌縮口噤：以生艾搗傅之。乾艾浸濕亦可。《聖濟録》。咽喉腫痛：《醫方大成》用嫩艾搗汁，細咽之。《經驗方》用青艾和莖葉一握，同醋搗爛，傅於喉上。冬月取乾艾亦得。李臣所傳方也。癲癇諸風：熟艾於陰囊下穀道正門當中間，隨年歲灸之。《斗門方》。鬼擊中惡：卒然着人，如刀刺狀，胸脇腹内疞刺切痛不可按，或即吐血、鼻中出血、下血，一名鬼排。以熟艾如鷄子大三枚，水五升，煎二升，頓服。《肘後方》。小兒臍風：撮口。艾葉燒灰填臍中，以帛縛定，效。或隔蒜灸之，候口中有艾氣立愈。《簡便方》。狐惑蟲䘌：病人齒無色，舌上白，或喜睡，不知痛癢處，或下痢，宜急治下部。不曉此者，但攻其上，而下部生蟲，食其肛，爛見五臟，便死也。燒艾於管中，熏下部令煙入，或少加雄黄更妙。罌中燒煙亦可。《肘後方》。頭風久痛：蘄艾揉爲丸，時時嗅之，以黄水出爲度。《青囊雜纂》。頭風面瘡：癢出黄水。艾二兩，醋一升，砂鍋煎取汁，每薄紙上貼之，一日二三上。《御藥院方》。心腹惡氣：艾葉搗汁飲之。《藥性論》。脾胃冷痛：白艾末，沸湯服二錢。《衛生易簡方》。蛔蟲心痛：如刺，口吐清水。白熟艾一升，水三升，煮一升服，吐蟲出。或取生艾搗汁，五更食香脯一片，乃飲一升，當下蟲出。《肘後方》。口吐清水：乾蘄艾煎湯啜之。《怪證奇方》。霍亂吐下：不止。以艾一把，水三升，煮一升，頓服。《外臺秘要》。老小白痢：艾薑丸：用陳北艾四兩，乾薑炮三兩，爲末，醋煮倉米糊丸梧子大。每服七十丸，空心米飲下，甚有奇效。《永類方》。諸痢久下：艾葉、陳皮等分，煎湯服之，亦可爲末，酒煮爛飯和丸，每鹽湯下二三十丸。《聖濟總録》。暴泄不止：陳艾一把，生薑一塊，水煎熱服。《生生編》。糞後下血：艾葉、生薑煎濃汁，服三合。《千金方》。野鷄痔病：先以槐柳湯洗過，以艾灸上七壯，取效。郎中王及乘騾入西川，數日病痔大作，如胡瓜貫於腸頭，其熱如火，忽至僵仆，無計。有主郵者云：須灸即瘥。乃用上法灸三五壯，忽覺一道熱氣入腸中，因大轉瀉，血穢併出，瀉後遂失胡瓜所在矣。《經驗良方》。妊娠下血：張仲景曰：婦人有漏下者，有半産後下血不絶者，有妊娠下血者，並宜膠艾湯主之。阿膠二兩，艾葉三兩，芎藭、甘草各二兩，當歸、地黄各三兩，芍藥四兩，水五升，清酒三升，煮取三升，乃納膠令消盡，每温酒一升，日三服。《金匱要略》。妊娠胎動：或腰痛，或搶心，或下血不止，或倒産子死腹中。艾葉一鷄子大，酒四升，煮二升，分二服。《肘後方》。胎動迫心：作痛。艾葉鷄子大，以頭醋四升，煎二升，分温服。《子母秘録》。婦人崩中：連日不止，熟艾鷄子大，阿膠炒爲末半兩，乾薑一錢，水五盞，先煮艾薑至二盞半，傾出，入膠烊化，分三服，一日服盡。初虞世《古今録驗》。産後瀉血：不止。乾艾葉半兩，炙熟老生薑半兩，濃煎湯，一服立妙。孟詵《食療本草》。産後腹痛：欲死，因感寒起者。陳蘄艾二斤，焙乾，搗鋪臍上，以絹覆住，熨斗熨之，待口中艾氣出，則痛自止矣。楊誠《經驗方》。忽然吐血：一二口，或心衄，或内崩。熟艾三團，水五升，煮二升服。一方：燒灰水服二錢。《千金方》。鼻血不止：艾灰吹之，亦可以艾葉煎服。《聖惠方》。盗汗不止：熟艾二錢，白茯神三錢，烏梅三個，水一鍾，煎八分，臨卧温服。通妙真人方。火眼腫痛：以艾燒煙起，用碗覆之，候煙盡，碗上刮煤下，以温水調化洗眼，即瘥。更入黄連尤佳。《斗門方》。面上皯䵳：艾灰、桑灰各三升，以水淋汁，再淋至三遍，以五色布納於中，同煎，令可丸時，每以少許傅之，自爛脱，甚妙。《外臺秘要》。婦人面瘡：名粉花瘡。以定粉五錢，菜子油調泥碗内，用艾一二團，燒煙熏之，候煙盡，覆地上一夜，取出調搽，永無瘢痕，亦易生肉。談埜翁《試驗方》。身面疣目：艾火灸三壯即除。《聖惠方》。鵝掌風病：蘄艾真者四五兩，水四五碗，煮五六滚，入大口瓶内盛之，用麻布二層縛之，將手心放瓶上熏之，如冷再熱，如神。陸氏《積德堂方》。疥瘡熏法：熟蘄艾一兩，木鱉子三錢，雄黄二錢，硫黄一錢，爲末，揉入艾中，分作四條。每以一條安陰陽瓦中，置被裏烘熏，後服通聖散。《醫方摘要》。小兒疳瘡：艾葉一兩，水一升，煮取四合服。《備急方》。小兒爛瘡：艾葉燒灰傅之，良。《子母秘録》。臁瘡口冷：不合。熟艾燒煙熏之。《經驗方》。白癩風瘡：乾艾隨多少，以浸麴釀酒如常法，日飲之，覺痹即瘥。《肘後方》。　疔瘡腫毒：　艾蒿一擔燒灰，於竹筒中淋取汁，以一二合，和石灰如糊。先以針刺瘡至痛，乃點藥三遍，其根自拔。玉山韓光以此治人神驗。貞觀初，衢州徐使君訪得此方。予用治三十餘人，得效。孫真人《千金方》。　癰疽發背初起：　未成，及諸熱腫。以濕紙搨上，先乾處是頭，着艾灸之。不論壯數，痛者灸至不痛，不痛者灸至痛乃止。其毒即散，不散亦免内攻，神方也。李絳《兵部手集》。　咽喉骨鯁：　用生艾蒿數升，水、酒共一斗，煮四升，細細飲之，當下。《外臺秘要》。　誤吞銅錢：　艾蒿一把，水五升，煎一升，頓服便下。錢相公《篋中方》。　諸蟲蛇傷：　艾灸數壯甚良。《集簡方》。　風蟲牙痛：　化蠟少許，攤紙上，鋪艾，以箸卷成筒，燒煙，隨左右熏鼻，吸煙令滿口，呵氣，即疼止腫消。靳季謙病此月餘，一試即愈。《普濟方》。

實　〖氣味〗苦、辛，暖，無毒。　〖主治〗明目，療一切鬼氣甄權。　壯陽，助水臟腰膝，及暖子宮大明。　〖發明〗詵曰：　艾子和乾薑等分，爲末，蜜丸梧子大。空心每服三〔十〕丸，以飯三五匙壓之，日再服。治百惡氣，其鬼神速走出。田野之人，與此甚相宜也。

題明・薛己《本草約言》卷一《藥性本草》　艾葉　味苦，生則氣微寒，熟則氣微溫，陰中之陽，無毒。可升可降。生則止諸血之溢泄，熟則溫五内之濕寒。辟惡氣，除腹痛而有效；　固胎氣，治胎漏而能安。療䘌瘡于下部，灸百病之靈丹。入足厥陰肝，溫足太陰脾。　《發明》云：　灸諸經穴病為專，入藥次之。病人齒無色，舌上白，喜睡，不知痛痒處，或下痢，此䘌蟲食下部也，急治之，以竹筒一頭納下部孔中，一頭燒艾令烟入，更少入雄黄良。

明・梅得春《藥性會元》卷上　艾葉　味苦、溫，氣微熱。陰中之陽。無毒。端午日採，用陳久者佳。生寒，熟溫。生搗汁，可止血。　主治崩血、漏血，暖子宮而痢紅，安胎，止腹痛，嘔吐，衄紅。生者治下痢，嘔血取用之。熟者治漏血，可為丸用，以灸百病，除一切惡氣，利陰氣，生肌肉，療五臟瘡，下部䘌瘡，辟寒，令人有子。汁：　殺蚘蟲。醋煎搽癬良。丹溪云：　艾至熱，入火灸則下行，入藥服則上行，多服致咎，慎之。

明・李中立《本草原始》卷二　艾　處處有之。初春布地生苗，莖類蒿而葉背白，以複道者為佳。三月三日，五月五日采葉，暴乾。按：　王安石《字說》云：　艾可乂疾，久而彌善。故字從乂。醫家用灸百病，故一名灸草。《別錄》名醫草。　艾葉　氣味：　苦，微溫，無毒。　主治：　灸百病。可作煎，止吐血下痢，下部䘌瘡，婦人漏血，利陰氣，生肌肉，辟風寒，使人有子。作煎，勿令見風。○搗汁服，止傷血，蚘蟲。○主衄血下血，膿血痢，水煮及丸散任用。○止崩血，腸痔血，搨金瘡，止腹痛，安胎。苦酒作煎，治癬甚良。搗汁飲，治心腹一切冷氣鬼氣。○治帶下，止霍亂轉筋，痢後寒熱。○治帶脉為病，腹脹滿，腰溶溶如坐水中。

艾，《別錄》中品。【圖略】五月五日采，不拘州土，苗短者善。自成化以來，則以蘄州者為勝，謂之蘄艾，天下重之。　修治：　艾葉須用陳久者。治令細軟，謂之熟艾。若生艾灸火，傷人肌脉。故孟子云：　七年之病。求三年之艾。凡用擇久蓄者，揀取淨葉，揚去塵屑，入石臼内搗熟，去滓，取白者，再搗至柔爛如綿為度。用時焙燥，則灸火得力。入婦人丸散，須以熟艾，用醋煮乾，搗成餅子，烘乾，再搗末，方得法。

生溫，熟熱，可升可降，陽也。入足太陰、厥陰、少陰經。苦酒、香附為之使。

《兵部手集》：　治發背，頭未成瘡，及諸熱腫，以濕紙搨上，先乾處是熱氣衝上，欲作瘡子，便灸之；　如先疼痛，灸即不痛，即以痛為度。　小兒黄爛瘡，燒艾葉灰傅之。　艾葉，使。

明・羅周彦《醫宗粹言》卷四　製艾葉法　用糯米濃飲揉艾葉成餅，晒乾，或瓦炕乾，一研成粉。欵冬花、佛耳草製同上。

明・張懋辰《本草便》卷一　艾葉　氣溫，味苦，陰中之陽，無毒。　主灸百病，辟風寒；　令人有子；　主下痢、吐血，下部䘌瘡。

明・李中梓《藥性解》卷四　艾葉　味苦，性微溫，無毒，入肝、脾二經，主灸百病，溫中理氣，開鬱調經，安胎種子，止崩漏，除久痢，辟鬼邪，定霍亂，生搗汁，理吐衄血。　按：　艾葉溫能令肝脾疏暢，而無壅瘀之患。夫人之一身，惟茲氣血兩端，今土木既調，則榮衛和而百病自却矣。至於溫中等效，又舉其偏長耳。煎服者宜新鮮，灸火者宜陳久。生用則寒，熟用則熱。

明・繆希雍《本草經疏》卷九　艾葉　味苦，微溫，無毒。主灸百病。可作煎，止下痢，吐血，下部䘌瘡，婦人漏血。利陰氣，生肌肉，辟風寒，使人有子。作煎勿令見風。弘景：　搗汁止傷血，殺蚘蟲。蘇恭：　止衄血，下血，膿血痢，主崩血，金瘡，安胎。苦酒作煎治癬。大明：　治婦人帶下，霍亂轉筋。

〖疏〗艾葉禀天地之陽氣以生，故味苦微溫，熟則大熱。可升可降，其氣芳烈，純陽之草也，故無毒。入足太陰、厥陰、少陰三經。燒則熱氣内注，通筋入骨，故灸百病。性能通竅，辟惡殺鬼精，故止鬼擊吐血。芳烈之氣必燥，故主下部䘌瘡。其治婦人漏血，利陰氣，生肌肉者，皆以之導引涼血補血藥為用者也。使人有子，蓋指氣血兩虛之人，風寒乘虛入子宮不孕者設也。辟風寒，其性辛溫也。搗汁服止傷血者，生寒而兼辛散也。殺蚘蟲者，辛而苦也。主衄血者，傷寒邪熱，鬱而不汗則發衄也。風邪入大腸則下血，濕熱傷脾胃則下痢膿血。煮則上升，故亦止崩漏也。理金瘡，血熱則行也。胎為風寒之氣所犯則不安，風寒散則胎自安也。苦酒作煎治癬甚良者，殺蟲之功也。治婦人帶下，溫中除濕而升也。止霍亂轉筋者，因寒而得也。為治白帶之要藥，調經之妙品，故婦人方多須之。〖主治參互〗艾葉能灸百病，陳久者良。　入紅鉛蒸臍，補陽虛，溫脾胃。　治婦人月事不調，血少無熱證者，同香附醋浸，入四物湯加阿膠、枳殼，神效。《金匱要略》婦人有漏下者，有半產後下血不絕者，有妊娠下血者，竝以膠艾湯主之。阿膠二兩，艾葉三兩，芎藭、甘草各二兩，當歸、地黃各三兩，芍藥四兩，水五升，清酒五升，煮取三升，內膠令消盡。每溫酒一升，日三服。

妊娠、產後、血虛人作痢下血，用膠艾湯。蘄艾、阿膠、白芍藥、人參、橘皮、甘草。胎前加黃芩，產後入當歸。　燒煙入管中，熏狐惑蟲䘌良。　非時不正之氣傷人，發為頭痛壯熱，因於寒者，用乾艾葉三升，水一斗，煮取一升，頓服，取汗，出《肘後方》。　《婦人良方》治妊娠風寒卒中，不省人事，狀如中風。用熟艾三兩，米醋和炒極熱，以絹包熨臍下，良久即解。　蚘蟲咬或心痛如刺，口吐清水。白熟艾一升，水三升，煮取一升服，吐蟲出。或取生艾搗汁，五更先食香脯一片，乃飲一升，當下蟲出。　鵝掌風，用蘄艾五兩，水四五碗，煮五六滾，入大口瓶，覆以麻布二層，熏掌心，如冷，頓熱再熏，如神。　發背初起，急灸瘡頭。不痛灸至痛，痛灸至不痛，奪命神方也。縱潰，毒氣外洩，不致內攻矣。若未潰，瘡頭用濕紙貼上，看先乾處是也，即於此灸。　臁瘡年久，口冷不合者，用艾煙熏之。　〖簡誤〗艾性純陽，善辟風寒濕氣及非時邪氣。然性氣芳烈而燥熱，凡婦人胎動不安，由於熱而不由於寒，妊娠下利膿血由於暑濕，腸胃熱甚而非單濕為病，崩中由於血虛內熱，經事先期由於血熱，吐血不由於鬼擊中惡，霍亂轉筋不由於寒邪，而由於脾胃虛弱停滯，或傷暑所致，不孕由於血虛而不由於風寒入子宮，法竝忌之。

明·倪朱謨《本草彙言》卷三　艾葉　味苦，氣溫，無毒。可升可降，陰中之陽。入足太陰、少陰、厥陰經。　李時珍先生曰：艾可乂疾，久而彌善，故字從乂。削冰令圓，舉而向日，以艾承其影，則得火，凡醫家用此草灸百病。所在處處皆有，或生山原，或生田野。二月宿根生苗，其莖直上，高四五尺。其葉四布，狀如蒿，分爲五尖。椏上復有小尖，面青背白，有茸而柔。七八月葉間出穗，如車前穗。細花結實，累累盈枝。中有細子，霜後始枯。采時以湯陰複道及寧波者佳。自明成化以來，則以蘄州者爲勝。又以陳久者更良。五月五日，連莖刈取，暴乾，揀摘淨葉，揚去塵屑，入石臼內，木杵搗熟，羅去渣滓，再搗如綿，則炙火得力。如入丸散，將茯苓作片同碾，即時可作細末，亦一異也。

艾葉：暖血溫經，李行氣開鬱之藥也。集主婦人血氣久冷，肚腹作痛，或子宮虛寒，胎孕不育；或寒氣內襲，胎動不安；或濕熱內留，白帶淋瀝，腰脊痠疼；或男子風鬱大腸，下痢膿血，及腸風便血諸證。又燒則熱氣內行，通筋入骨，走脉流經，故灸百病，開關竅，醒一切沉痼、伏匿內閉諸疾。若氣血痰飲，積聚爲病，哮喘逆氣，骨蒸痞結，癱瘓癰疽，瘰癧結核等疾，灸之立起沉痾。若入服食丸散湯飲中，溫中除濕，調經脉，壯子宮，故婦人方中多加用之。揉碎入四物湯，安胎漏腹痛。搗汁和四生飲，止嘔血吐血衄血也。日華子又謂能利陰氣，保胎娠，須以之導引。涼血補血藥爲宜。然性氣雖芳香，烈而燥熱，凡婦人胎動不安，由于熱而不由于寒者；淋帶由于氣虛內熱，而不由于濕熱者；肚腹疼痛由于烟火石藥，炙煿酒醪，積熱傷腸胃，而不由于寒冷者；嘔吐衄血，由于心肺暴熱妄行，不由于陽鬱陰乘而致者；年久不孕，由于精虛血燥血熱血少，不由于風寒入子宮者，咸戒用之。

繆仲淳先生曰：艾葉生涼熟熱，其氣芳烈，性能開達竅戶，辟除陰厲鬼邪，純陽之草也。可以取太陽真火，可以回垂絕元陽。服之則走三陰而逐一切寒濕冷氣，轉閉藏肅殺之氣爲融和。灸之則透諸經而治百種病邪，起沉伏之疾，其功大矣。老人丹田氣弱，臍腹畏冷者，入布囊，裹其臍腹，及寒濕脚氣，亦須夾入襪內用之。夫用藥以治病，中病即止。于婦人內寒血冷，及病腹中疼痛，帶漏諸疾，以艾附丸或歸艾、耆艾、朮艾諸方，夫何不宜？若服久不輟，辛熱過偏，致使燥熱之毒，攻發爲病，速以綠豆粥食之即解。

集方：《簡便方》治婦人血氣寒冷，四肢少熱，胎孕不育。用蘄艾一斤，杵如綿，揚去塵末幷梗，酒煮一週時。川芎、白朮、當歸身、香附醋煮，各四兩，共爲末，煉蜜丸。每早服三錢。○陳氏方治藏氣虚冷，胎動不安。用艾葉、製法如前。砂仁殼、當歸、白朮、川芎、阿膠各一兩，甘草五錢，分作十劑服。○同前治婦人白帶淋瀝。用艾葉六兩，製法如前。白朮、蒼朮各三兩，俱米泔浸，曬乾炒，當歸身酒炒二兩，砂仁一兩，共爲末，每早服三錢，白湯調下。○《方脉正宗》治男子腸風臟毒，大便下血。用艾葉八兩，製法如前。蒼朮四兩，米泔浸炒，懷熟地六兩，酒蒸搗膏，南五味子二兩炒，共爲丸，每早服三錢，白湯下。○《金匱要略》治妊娠下血。仲景曰：婦人有漏下者，有半産後下血不絶者，有妊娠下血者，幷宜膠艾湯主之。艾葉、製法如前。阿膠、熟地、當歸各三兩，川芎、甘草各一兩，白芍藥四兩，分作十劑，每劑加阿膠，俟藥熟投入，烊化服。○《肘後方》治妊娠胎動不安，或腰痛下墜，或胎上搶心，或下血不止，或横生倒産，或子死腹中，用艾葉一兩，製法如前。當歸、川芎、益母葉各五錢，水煎。少加清酒半盞服。○《千金方》治産後瀉血不止。用乾艾葉一兩，製法如前。炮薑炭一兩，水煎，一服立止。○楊誠方治産後腹痛欲死。用陳艾葉一兩，製法如前。水煎服。再用一斤，熱酒拌濕，鋪臍上，以布裹住，用熨斗火熨之。待口中艾氣出，痛自止矣。幷治中風卒病。○《兵部手集》治背發諸毒，幷各處生毒，或一切無頭熱腫。用艾葉製法如前。作炷，于腫痛處灸。輕者，七炷九炷，重者百十炷。不痛者灸之痛，痛者灸之不痛，其毒即消。不消亦免内攻。此神方也。○《醫方大成》治咽喉腫痛。以嫩艾搗汁，細嚥之，或再以渣和米醋，敷喉上。冬月以乾艾葉煎汁飲亦可。○《簡便方》治小兒臍風撮口。以艾葉一兩，燒灰填臍中，以帛縛定，效。○《青囊雜集》治頭風久痛。以陳艾揉爲丸，時時嗅之。以黄水出爲度。○《肘後方》中惡鬼擊，卒然着人，胸脇腹内，切痛如刀刺，不可按。或吐血，或下血，或鼻中出血。以陳艾三兩，水洗淨，甘草五錢，水五升，煎二升，徐徐服。○《肘後方》治蛔蟲攻心作痛，口吐清水；或脾胃受冷作痛。用陳艾燒存性爲末，白湯調服數分。○《斗門方》治火眼腫痛。以陳艾一兩，燒烟起，以碗覆之。候烟盡，取碗上煤，白湯調散，洗眼即瘥。○陸氏方治鵝掌風癬。用陳艾四兩，水四碗，煮十餘滾，連艾幷湯入瓶内，用麻布二層縛瓶口，將手心放瓶口上熏之。如湯冷再熱，如神。○《談氏方》治婦人面瘡，名粉花瘡。以定粉五錢，菜子油調，塗碗内，用艾一二團，燒烟熏之。候烟盡，覆地上一夜，取出調搽，永無瘢痕，亦易生肉。○《外臺秘要方》治面上皯黯，用艾灰、桑灰各半升，以水五碗淋汁，再淋至三遍，煎令稠糊。每以簪脚點少許傅之。自爛脱落甚妙。○《直指方》治癰疽年久，瘡口冷滯不合。用陳艾煎湯頻洗，自斂。○《集簡方》治諸蛇蟲咬傷。用艾灸數壯自解。○《普濟方》治風蟲牙痛。用黄蠟少許攤紙上，鋪艾以筯捲成筒，燒烟，隨左右熏鼻，令烟滿口，呵氣，即疼止腫消。○治遍身風麻。風麻是氣虚，宜灸，用蘄艾、黄耆、白朮、陳皮、半夏、天麻、人參各二兩，茯苓、熟地黄、當歸各四兩，枸杞子六兩，俱炒燥，浸酒飲。○治遍身風木。風木是濕痰死血，宜鍼。用蘄艾、白朮、當歸、川芎、半夏、天麻、紅花、桃仁、蘇木、蒼朮各二兩，白芥子、殭蠶、牡丹皮各一兩，俱炒燥，草烏三錢，炒焦黄，浸酒飲。○治遍身麻痹，不能屈伸，謂之不仁。是氣血兩虚，受風濕也。用蘄艾、人參、黄耆、白朮、防風、蒼朮、當歸、熟地黄、枸杞子、川芎、秦艽各二兩，俱炒燥，土鱉蟲二十個，浸酒飲。

明・姚可成《食物本草》卷一八草部・隰草類 艾生田野間。處處有之。以複道及四明者為佳。初春布地生苗，莖類蒿，葉背白，以苗短者為良。灸百病尤勝。近以蘄州者為佳，用充方物，天下重之，謂之蘄艾。相傳他處艾灸酒罈不能〔透，蘄〕艾一透則直徹内外，為異也。此草多生〔山原〕。二月宿根生苗成叢，其莖直生，白色，高四五尺。其葉四布，狀如蒿，分為五尖，椏上復有小尖，面青背白，有茸而柔厚。七八月，葉間出穗如車前穗。細花結實，累累盈枝，中有細子，霜後始枯。皆以五月五日連莖刈取，暴乾收葉。李月池贊云：産於山陽，采以端午。治病灸疾，功非小補。《荊楚歲時記》云：五月五日雞未鳴時，采艾似人形者，收以灸病，甚驗。是日采艾為虎，懸戶上，謂之艾虎。懸門以辟邪氣。

艾，味苦，微溫，無毒。主灸百病。可作煎。主吐血下痢，下部䘌瘡，婦人漏血，利陰氣，生肌肉，辟風寒，使人有子。作煎勿令見風。○孟詵曰：春月采嫩艾作菜食，或和麪作餛飩如彈子大，吞三五枚，以飯壓之，治一切鬼惡氣。長服止冷痢。又以嫩艾作乾餅子，用生薑煎服，止瀉痢及産後瀉血，甚妙。

明・顧逢柏《分部本草妙用》卷六兼經部・溫瀉 艾 苦，熱，無毒。入足太陰、厥陰、少陰經。香附為使。 主治：灸百病，溫中逐冷，除濕，止吐衄下等血。心腹寒氣，血痢腸痔，安胎，治帶脉為病。 艾為純陽之性，能取太陽真火，回垂絶之元陽。走三陰而逐寒濕，轉肅殺而為融和。用灸則透諸經而治百病，起沉疴而勝藥餌，有莫大之功焉。然不可輕服，令人熱逆狂燥，血火奔上，反成不測，第中病而已，用者詳之。

明・李中梓《醫宗必讀・本草徵要上》 艾葉味苦，微溫，無毒。入肺、脾、肝、腎四經。苦酒、香附為使。 安胎氣，暖子宮，止血痢，理腸風。灸除百病，吐衄崩中。陳久者良。辛可利竅，苦可疏通，故氣血交理，而婦科帶下調經多需之。按：艾性純陽香燥，凡有血燥生熱者禁與。

明・鄭二陽《仁壽堂藥鏡》卷一〇下 艾葉：蘄州者良。潔古云：艾葉：苦。陰中之陽。溫胃，主灸百病，逐寒濕，治吐血衄血，下痢赤白，婦人漏血，安胎止腹痛。久服致火上衝，中病即止。丹溪云：艾屬火而有水。生寒、熟溫。生搗汁服，可止血。《本草》止言其溫，不言其熱。其性入火灸則氣下行，入藥服則氣上行。世人喜溫，今婦人欲子者，率多服之。及其毒發，何嘗歸咎於艾？惜哉！予考《圖經》而默有感於其中也。故云取陳久者，入木臼內搗熟，羅其滓，取白者再搗，至柔軟如綿用。《荊楚歲時記》：端午，四方百姓採艾〔葉〕，懸置戶中，辟毒疫。午時收採，乾存。治灸發背、癰疽諸症。

明・蔣儀《藥鏡》卷一溫部 艾葉 能溫中，開鬱氣。治帶下，兼濕除，而又安肝脾。止久痢，能使子宮虛寒者受胎。和氣血，除漏崩，且令月事寒愆者漸准。用其寒，則生取搗汁，而理吐衄與血傷。用其熱，則熟投醋炒，而熨風寒于懷娠。

明・李中梓《頤生微論》卷三 艾葉 味辛、苦，性微溫，無毒。入脾、肺、肝、腎四經。苦酒、香附為使。陳久者良。安胎，暖子宮，止血痢，理腸風，吐衄、崩中，灸百病。新補。 按：艾辛可利竅，苦可疏通，故氣血交理，胎產多需之。

明・張景岳《景岳全書》卷四八《本草正》 艾 味微苦，氣辛。生用微溫，熟用微熱。能通十二經，而尤為肝、脾、腎之藥。善於溫中逐冷，除濕，行血中之氣，氣中之滯。凡婦人血氣寒滯者，最宜用之。故能安胎，止心腹痛，治帶下血崩，暖腰膝，止吐血，下痢，辟風寒，寒濕瘴瘧，霍亂轉筋，及一切冷氣，鬼氣。殺蚘蟲，并下部䘌瘡。或生用搗汁，或熟用煎湯，或用灸百病，或炒熱敷熨，可通經絡。或袋盛包裹，可溫臍膝表裏。生熟俱有所宜。

明・盧之頤《本草乘雅半偈》帙八 艾葉《別錄》中品 氣味：苦，微溫，無毒。 主治：主灸百病。作煎，止吐血下利，下部䘌瘡，婦人漏血，利陰氣，生肌肉，辟風寒，使人有子。作煎，勿令見風。

覈曰：生山谷田野間，蘄州者最貴，四明者亦佳。春時宿根再發，布地生苗，如蒿作叢，莖直上，高四五尺。葉四布，具五尖九尖者勝，椏上復有小尖，面青背白。八月葉間復出穗，細花結實，纍纍盈枝，中有細子，霜後始枯，蓍草類也。修治：揀摘淨葉，揚去塵屑，入石臼內，木杵搗熟，羅去渣滓，再搗如綿，則灸火得力；如入丸散，將茯苓作片同碾，即時可作細末，亦一異也。苦酒、香附為之使。蘄州貢艾葉，葉九尖，長盈五七寸，厚約一分許，豈唯力勝，堪稱美艾。

參曰：蓍艾同類，但分老少耳。五十曰艾，千百曰蓍。艾即少艾，有生息、止息二義。霜後始枯，所謂大勞已艾，言其止也；望春再發，所謂更歷美艾，言其生也。蓍則更歷年久，氣味和平；艾則方生銳氣，氣味宣發。灸百病者，陷下則灸之，火鬱則發之也。冰臺用以為灼，謂之一壯。所陳諸證，悉屬火鬱于下，而無散大之令，及陰氣承陽，致血衄妄行也。生肌肉者，艾以氣勝。使有子者，亦生息之義也。勿令見風，恐氣散耳。

明・李中梓《本草通玄》卷上 艾葉 辛苦而溫，通行十二經。溫中氣，祛寒濕，定吐衄，理下痢，安胎氣，除腹痛，止崩帶，辟鬼邪，殺諸蟲。灼灸百病，大著奇功。 艾性溫暖，有徹上徹下之功，服之以祛寒濕，可轉肅殺為陽和，灸之以通經絡，可起沉疴為康泰，其用最普，其功最巨。蘇頌訛云：不可妄服，此必燥熱者，久服故耳。今人謬執斯言，沒其神用，何以異於因噎而廢食耶！老弱虛人，下元畏冷，以熟艾兜其臍腹，妙不可言。 生用則涼，熟用則熱。

清・顧元交《本草彙箋》卷三 艾葉 生則微苦大辛，熟則微辛大苦，生溫熟熱。可以取太陽真火，可以回垂絕元陽。服之則走三陰，而逐寒濕，轉肅殺之氣爲融和。灸之則透諸經，而祛病邪，起沉病之人爲康泰。但今人不辨藥性，每用入婦人方中，爲調經種子之要品，不知月事不調，惟後期血少無熱症者乃可用，若先期用之，反增沸熱。云使人有子者，指氣血兩虛之人，風寒乘虛入子宮不孕者設也，不知婦人無子，多繇血少，不能攝精，俗醫謂子宮虛冷，投以辛熱。艾性至熱，入火灸則氣下行，入藥服則氣上行。《本草》止言其溫，不言其熱。世人喜溫，率多服之，久久毒發，何嘗歸咎于艾哉？

用艾必取陳久者，所謂七年之痢，求三年之艾。須揀取淨葉，揚去塵屑，入石臼木杵搗，羅去滓，取白者再搗，至柔爛如綿，用時焙燥，則灸火得力。入婦人丸散，須以熟艾醋煮，乾搗成餅，烘乾，再搗成末。或以糯糊和作餅，及酒炒者，皆不佳。蓋醋者，製其性，酒則更益其熖矣。前此不著土產，自成化以來，則以蘄州爲勝。用充方物，相傳他處艾灸酒壜不能透，蘄艾則直透徹爲異。

凡人患內傷虛勞等症，一概于三伏時灸，不計壯數。不知肺俞、風門二穴，切近華蓋，本因火乘金位而咳，再以艾火燔灼，金欲不傷得乎？又況三伏正火旺金衰之候也。此論發于汪石山，可以開千古之迷。乃愚人又有無病而灸者，謂防生病于未然。此又惑之甚者也。夫一穴受灸，則一處肌肉爲之堅硬，血氣至此則凝滯不能行。昔有病跛者，邪在足少陽分，自外踝以上，循經灸者數穴。一醫爲鍼，臨泣將欲接氣過其病所，纔至灸瘢，止而不行，始知灸火之壞人經絡也。或有急症，欲通其氣，則無及矣。邪客經絡，爲其所苦，灸之不得已也。無病而灸，何益於事？此亦汪石山論。

凡灸腫毒，以蒜搗爛，鋪患上，艾火灸之，以知痛甚爲效。蓋知痛處方爲好肉，方能拔毒通竅，使內毒有路而外達也。然有禁灸數種，不可不知。如頭爲諸陽之首，純陽無陰，凡生瘡毒，俱屬亢陽熱極所致，再加艾灸，使毒氣熾甚，反加大腫難治。面生疔瘡亦然。又腎俞一穴，在內腰脊傍，爲內腎命根，此穴發瘡，多因房勞素虧，腎水枯竭而成，再以火爍其源，必致內外乾涸，多成黑陷，昏悶而死。又有元氣素虛，瘡不(掀)〔焮〕腫，其人必體倦□□，脈必浮散空虛，數而不鼓，此內無真氣抵當火氣，如再灸之，必致昏憒不救。俗云艾火不傷人，此語誤人不淺。

清·穆石匏《本草洞詮》卷九　艾　可乂疾，久而彌善，故字從乂。《博物志》言：削冰令圓，舉而向日，以艾承其影則得火，艾名冰臺，其以此乎？《本草》不著土產，自成化以來，以蘄州者為勝，用充方物。相傳艾炙酒罈不能透，蘄艾一炙則透徹，為異也。艾，味苦，性微溫，無毒。入足三陰經。主溫中，逐冷除濕，治帶脉為病，腹脹痛，腰溶溶如坐水中，止霍亂轉筋，痢後寒熱，婦人漏血，安胎，利陰氣，辟風寒，使人有子。蓋艾葉生寒熟熱，純陽也。可以取太陽真火，可以回垂絕元陽，服之則走三陰，而逐一切寒濕，轉肅殺之氣為融和，灸之則透諸經，而治百種病邪，起沉疴之人為康泰，其為功亦大矣。蘇頌謂有單服艾者，甚補虛羸。發則熱氣衝上，狂躁不禁，至攻眼有出血者。朱丹溪謂婦人無子，多由血少，不能攝精，俗謂子宮虛冷，或服艾葉。不知艾性至熱，入火灸則氣下行，入藥服則氣上行，久則毒發也。夫藥以治病，中病即止，若素有虛寒痼冷，及濕鬱帶漏之人，以艾和歸、附諸藥，夫何不宜？而服艾不輟，辛熱久偏，致使火躁，於艾何尤？老人丹田氣弱，臍腹畏冷者，以熟艾入布袋，兜其臍腹，妙不可言。寒濕脚氣，亦夾入襪內用之。苦酒作煎治癬甚良。李月池著《蘄艾傳》贊曰：產于山陽，采以端午，治病灸疾，功非小補。《容齋隨筆》云：艾難著力，以白茯苓同碾，即成細末也。

清·劉雲密《本草述》卷九上　艾　《仙製本草》曰：按艾葉，《本經》及諸註釋悉云生於田野，類蒿。複道者為佳。未嘗以州土拘也，世俗反指此為野艾，偏求蘄州所產。獨莖圓葉，背白有芒者，稱為艾之精英。今以形狀考之，九牛草者，即此也。人都不識，並以為艾。《經》註明云：氣雖艾香，實非艾種。醫用作炷，以灸風溼痺疼，癆熱種聚，嘗獲效者，亦因辛竄，可以通利關竅而已。

葉：氣味：苦，微溫，無毒。潔古曰：苦，溫。陰中之陽。時珍曰：苦而辛，生溫熟熱，可升可降，陽也，入足太陰、厥陰、少陰之經。

諸《本草》主治：溫下元，利陰滯，開結達氣，逐冷敺溼，利肝滯冷氣作痛，治血病吐衄血痢，療女子虛漏溼帶。利陰中之氣，能暖子宮使孕，並妊娠漏血，產後下血不止。用灸百病，其熱氣內注，通筋入骨。方書主治：霍亂，舌衄吐血，洩血下血，癇，泄瀉滯下，目痛目淚。霍亂證，有烏梅散中有熟艾，蓋治霍亂後之痢不止，冷汗出，腹脇脹者，非治霍亂也。癇證，有葶藶苦酒湯，其論治云：凡病發項強直視，不省人事，此乃肝經有熱也。泄瀉有白术湯，此治風冷入中，泄痢不止，脈虛細者。滯下有蒲黃散，云治血痢。目痛有點眼金華水，治肝臟有熱、血脈壅滯者也。目淚有羌活散，治目風冷淚久不瘥者。以上皆艾葉之所對待也。其治血證固多，在《本草》已悉，不再贅也。時珍曰：艾葉生則微苦，太辛，熟則微辛，太苦，生溫熟熱，純陽也。可以取太陽眞火，可以回垂絕元陽，服之則走三陰，而逐一切寒溼，轉肅殺之氣為融和。灸之則透諸經，而治百種病邪，起沉疴之人為康泰，其功亦大矣。但本宜於虛寒痼冷，及女子之溼鬱帶漏者，以此和之，歸附諸藥，罔不著效。然亦中病即止，若久服致燥，而歸咎於艾，於艾何尤？艾附丸治心腹少腹諸痛，調女人諸病，頗有深功。膠艾湯治虛痢，及妊娠產後下血，尤著奇效。老人丹田氣弱，臍腹畏冷者，以熟艾入布袋，兜其臍腹，妙不可言。寒溼脚氣，亦宜以此夾入襪內。

王文潔曰：揉碎，入四物湯，安胎漏腹痛。搗汁，攙四生飲，止吐衄唾紅。艾附丸開鬱調經，能暖子宮使孕。薑艾丸溫中除溼，一切冷氣可毆。作炷灸諸經穴不差，鑿竅拔風溼毒尤驗。金閶風曰：艾葉是暖子宮，溫下元之品。今人不分寒熱，而槩用之，何哉？又曰：女子經行先期，血熱也。艾葉乃溫下元之藥，非先期所宜。而少加於寒涼之中者，即復卦之義。亦有不必用者，在自酌之。希雍曰：艾葉稟天地之陽氣以生，故味苦，微溫熟則大熱，可升可降，其氣芳烈，純陽之草也，故無毒。入足太陰、厥陰、少陰三經。

艾葉能灸百病，陳久者良。　入紅鉛，蒸臍，補陽虛，溫脾胃。　治婦人月事不調，血少血熱證者，同香附醋浸，入四物湯，加阿膠、枳殼，神效。　發背初起，急灸瘡頭，不痛灸至痛，痛灸至不痛，奪命神方也。縱潰毒氣外洩，不至內攻矣。若未潰瘡頭，用濕紙貼上，看先乾處是也，即於此灸。　瘡疥熏法：熟蘄艾一兩，木鼈子三錢，雄黃二錢，硫黃一錢，為末，揉入艾中，分作四條，每以一條，安陰陽瓦中，置被裏烘熏，後服通聖散。　治火眼，用艾燒令烟起，以碗蓋之，候烟上碗成煤，取下，用水調化，洗或點，更入黃連尤妙。

愚按：艾之性，類知其為純陽，用之奏功，亦止知其在是而已。然未能精察物理也。艾，一名冰臺，見於《爾雅》。時珍曰：《博物志》言削冰令圓，舉而向日，以艾承其影則得火，則艾名冰臺，其以此乎。丹溪曰：艾，屬火而有水。即斯繹之，是艾雖純陽之性，乃本於陰，而畢暢其陽之氣者也。故《別録》謂主婦人漏血，利陰氣。而金氏謂為暖子宮，溫下元之品也。夫子宮固本於下元，陰中生陽，陽在陰中而暢其氣，然後陰血乃生，即漏下乃固。又即其灸百病者，先哲曰：作炷灸諸經穴不差，鑿竅夫經穴之所行所留者，脈中之營血也。而鑿竅之不差，乃陰中之陽氣，遇陰之為結為蝕者，而即能利之以完陰也。若然，則此為丸散，固宜於血病，然唯宜於寒濕之血病，而燥熱之血病，乃正相反。蓋從陰中達陽，還以育陰。從陰中達陽，還以育陰，只此是艾之功用。若槩謂之純陽而已，何以他味之純陽者，不與此同其功用耶？不謂陽盛而更僭之，陰微而耗之也。若然，則女子血虛不孕，投六味地黃丸而入艾與香附者，將毋重耗其陰歟。曰陰虛不能生血，固宜補陰，然不鼓動其陰中之陽，則陰亦不生不化也。至於胎漏腹痛，屬元陽虛，因之下陷，血乃不固，投四物湯而舍艾，豈中的之劑乎？如此類是皆因虛化寒，因寒動濕之血病，非病於燥熱者也。因虛生寒，在《經》曰氣虛者，寒也。其因寒動濕者，蓋陰中之陽虛，則氣不能化，而鬱為濕也。蓋熱之氣固就燥，寒之氣固就濕，水火之應如此。若然，如吐衄諸證，何為用之？將毋更僭其陽歟？曰：盧氏謂屬陰氣承陽，而血妄行者，其義是也。然猶有未盡者，即如四生丸之治吐血，兼用此於寒涼中，使陰血有主，得以歸經，豈非先哲製方妙諦歟？又如產後虛痢，亦有用之入寒涼劑者，其義更可見矣。總不欲傷其陰中之真陽也。金氏曰：古方調經多用艾，殊不知唯下元虛冷，而血隨氣降者宜之，其意固防其上僭耳。但古方之療崩漏，乃姙娠下血，皆合阿膠投之，以阿膠入手太陰，為氣中之陰，艾葉入脾肝腎三經，為血中之陽，有升有降，合用以調和氣血，於調和氣血之中，而即有以固脫也。又如用醋煮者，亦斂而歸陰之義。故知所以用之，則此味之生溫熟熱，皆可奏效矣。安得懲噎而廢食乎？

附血證論治畧：大凡失血而上行者，皆本於陰不能為陽之守也。《經》曰：陰為陽之守者，以陽原出陰中也。故陽上行，而陰即與之俱上矣。苐身半以下，地氣主之，是陰為主，而陽生焉。身半以上，天氣主之，是陽為主，而陰宅焉。陽中宅陰，是即陽上行，而陰與之俱上者也。蓋陰陽原不能相離也。如陰中之陽虛，則陰無以化，而病於氣之化原矣。陽中之陰虛，則陽無以化，而病於血之化原矣。病於氣之化原，則陰為死陰，病於血之化原，則陽為孤陽。孤陽者，無陰以為之守，能動而不能靜也。死陰者，無陽以使之化，能靜而不能動也。如陽有陰以為之守，是則陰之靜者趨下，而陽亦即與之俱下，乃安其靜，順之化。否則，陽不得陰以為依，而孤陽止有動而無靜，更有升而無降，即引陰所化之血而上逆矣，是所謂失血而上行者，皆本於陰，不能為陽守之義也。若然，是則療斯證者，唯滋陰而俾陽降，其如是之治為最先乎？曰：猶有可商者，如值孤陽鼓焰之際，即欲益陰以冀血之便能歸經也，則未必當厄。或曰：然則以抑陽而使之降，可收前茅之功乎？曰亦不能徒恃此也。不聞苦寒之能亡陰乎？陰傷則不能化陽而血病，若苦寒則陽傷，而不能化陰，是亦血之化原微也，故曰亡陰。夫茲證多因陰虛，而孤陽乃不能降。然即以陽亢而陰氣愈不能化，試以王宇泰先生肯堂所云，參之其謂血濇血溢諸證云云，往往獲中。且云血既妄行，迷失故道，不去蓄利瘀，則以妄為常，曷以禦之。若然，是則可以奏前茅之功，而後區別以為治者，是治血證第一義也。謂血上溢諸證，其始率用桃仁、大黃行之，以折其鋭氣，而後分別所傷以精治之，乃得取效多也。或曰既云分別以治，得毋執一陰為陽守之義，似難以為準歟。詎知血證之所因不一，如櫻寧生滑壽伯仁氏云：血證皆有所挾，或挾風，或挾溼，或挾氣，又有因藥石而發者，然其本皆熱也。即此數語，不得以悟於其本，皆熱者通於陰，不能為陽守之義乎？如所謂或風溼諸挾，固非治本之義也。明者宜熟審之。方書每言血之逆而上者，其治難。順而下者，其治易。然未能悉其所以然也。殊不知逆而上者，其治多屬化陰降陽。順而下者，其治類屬補陽育陰。二者固區以別矣，豈得漫以難易為言乎哉？按溲血有虛實二因，此主因虛宜於補者而言也。下血證亦指久不愈，而色痿黃，漸成虛憊，下元衰弱，宜於大補之劑者而言也。非槩論二證之治也。

附方　中風口噤，熱艾灸承漿一穴，頰車二穴，各五壯。　中風掣痛，不仁不隨，並以乾艾斛許，揉團，納瓦甑中，並不塞諸孔，獨留一目，以痛處著甑目，而燒艾熏之。　癲癇諸風，熟艾於陰囊下穀道，正門當中間，隨年歲灸之。　頭風久痛，蘄艾揉為丸，時時嗅之，以黃水出為度。　妊娠胎動，或腰痛，或搶心，或下血不止，或倒產，子死腹中，艾葉一雞子大，酒四升，煮二升，分二服。

胎動，迫心作痛，艾葉雞子大，以頭醋四升，煎二升，分溫服。

治吐衄血熱妄行，生荷葉、生艾葉、側柏葉、生地黃，各等分，搗爛，丸如雞子大，每一丸，用水二鍾，煎一鐘，去渣服。

婦人或漏下，或半產後下血不絕，或妊娠下血，並宜用膠艾湯，阿膠二兩，艾葉三兩，芎藭、甘草各二兩，當歸、地黃各三兩，芍藥四兩，水五升，清酒五升，煮取三升，乃納膠令消盡，每溫酒一升，日三服。

希雍曰：艾性純陽，善辟風寒溼氣，及非時邪氣。然性氣芳烈而燥熱，凡婦人胎動不安，由於熱而不由於寒；妊娠下痢膿血，由於暑溼腸胃熱甚，而非單溼為病；崩中由於血虛內熱；經事先期由於血熱；不孕由於血虛，而不由於風寒入子宮，法並忌之。

修治　生者治血痢，止嘔血，取汁用之。熟者治漏血。煎劑宜新鮮，氣則上達。灸火宜陳久，氣乃下行。時珍曰：凡用艾葉，須用陳久者，治令細軟，謂之熟艾。若生艾灸火，則傷人肌脈。故孟子云：七年之病，求三年之艾，揀取淨葉，揚去塵屑，入石臼內，木杵搗熟，羅去渣滓，取白者再搗，至柔爛如綿為度。用時焙燥，則灸火得力。入婦人丸散，須以熟艾，用醋煮乾，搗成餅子，烘乾，再搗為末，用或以糯糊和作餅。及酒炒者皆不佳。洪氏《容齋隨筆》云：艾難著力，若入白茯苓三五片同碾，即時可作細末，亦一異也。

清・郭章宜《本草匯》卷一一　艾葉　苦辛，氣溫，時珍云：生溫熟熱。可升可降，陽也。元素曰：陰中之陽。入足厥陰、太陰、少陰經。溫中氣，祛寒濕。除腹痛，理下痢。安胎氣，治崩帶。辟鬼邪，殺諸蟲。療䘌瘡于下部，病人齒無色，舌上白，或喜睡，不知痛痒，或下痢，宜急治下部。不曉此者，但攻其上，而下部生蟲，食其肛爛，見五藏便死也。燒艾于管中，熏下部，令烟入，或少加雄黃更妙。散發背于初先。未成熱腫，以濕紙搨上，先乾處是頭，著艾灸之，不論壯數，痛者灸至不痛，不痛者灸至痛，其毒即散。不散亦免內攻也。鵞掌風病，熏之即愈。真蘄艾四兩，煑五六滾，入大口瓶內盛之，用麻布二層縛上，將手心放上熏之，冷再易，神効。膁瘡疥癩，熏傅皆良。作炷灸諸經之穴，百病藉之而即祥。

按：艾葉，生則微苦大辛，熟則微辛大苦。善辟風寒濕氣，及非時邪氣。芳烈燥熱，純陽之劑也。可以取太陽真火，可以回垂絕元陽。服之則走三陰而逐寒濕，轉肅殺為融和。煎服宜新鮮，氣則上達。灸火宜陳久，氣乃下行。灸之則透諸經而治百病，起沉疴為康泰，其功亦甚大矣。但其性辛熱有毒，僅可施于暫時耳。若以溫暖作常服之，反致熱火上衝，狂躁不禁矣。丹溪云：婦人無子，多由血少不能攝精耳。世謂子宮虛冷，投以辛熱，不知艾性，入火灸則氣下行，入藥則氣上行，豈可以此妄服，致久毒發也。如素有虛寒痼冷，婦人濕鬱滯漏之人，以艾和歸、附諸藥治之，夫何不可？老弱虛人，下元畏冷者，以熟艾兜其臍腹，妙不可言。寒濕脚氣，亦宜以此夾入襪內。大抵多功于外治之物也。火眼腫痛者，以艾燒煙，用盌蓋之，刮煤，以溫水調化洗之，入黃連更妙。

蘄州產者，獨莖圓葉，背有白芒，稱為艾之精英。揀取淨葉，揚去塵屑，入石臼杵搗熟，去渣滓，搗至如綿細軟，謂之熟艾。若生艾灸火，則傷人肌脈。用時焙燥，則灸火得力。若入丸散，須用醋煑，乾搗成餅子，烘乾，再搗為末，入白茯苓三五片同碾，即可作細末，或大米三五合亦好。苦酒、香附為之使。

清・蔣居祉《本草擇要綱目・溫性藥品》 艾 氣味：微溫，無毒。可升可降，陽也。入足太陰、厥陰、少陰三經。 主治：灸百病，利陰氣，生肌肉，辟風寒，止腹痛安胎，婦人帶下，逐冷除濕。入火灸則氣下行，入藥服則氣上行。艾附丸治心腹、小腹諸痛，調女人諸病。膠艾湯治虛痢及妊娠產後下血。老人丹田氣弱，臍腹畏冷者，以熟艾入布袋兜其臍腹。寒濕脚氣，以此夾入襪內，俱有奇功。或言其辛熱，久服火生，不知妄意求嗣之人，以辛熱過劑，投以艾料，不謂諸藥太辛，歸咎於艾，夫豈艾之為罪耶。

清・閔鉞《本草詳節》卷二 艾葉 【略】按：艾葉生溫熟熱，可取太陽真火，可回垂絶元陽。服之則走三陰，而逐一切寒濕。灸之則透諸經，而治百種病邪。艾附丸治心腹、少腹諸痛，調女人諸痛。膠艾湯治虛痢及妊娠產後下血，均有奇功。但諸病不由風寒者，忌之。

清・王翃《握靈本草》卷三 艾蘄州者良。生用則涼，熟用則熱。 主治：艾，苦，微溫，無毒。主灸百病。作煎，止吐血下痢，溫中除濕，安胎，治帶脈為病。作煎，治癖甚良。

清・汪昂《本草備要》卷二 艾葉宣，理氣血；燥，逐寒濕。 苦、辛。生溫、熟熱。純陽之性，能回垂絶之元陽。通十二經，走三陰，太、少、厥。理氣血，逐寒濕，暖子宮，止諸血，溫中開鬱，調經安胎。胎動腰痛下血，膠艾湯良，阿膠、艾葉煎服。亦治虛痢。治吐衄崩帶，治帶要藥。腹痛冷痢，霍亂轉筋，皆理氣血、逐寒濕之效。殺蚘，治癖。醋煎。外科有用乾艾作湯，投白礬二三錢洗瘡，然後敷藥者。蓋人血氣冷，必假艾力以佐陽，而艾性又能殺蟲也。以之灸音九。火，能透諸經而治百病。血熱爲病者禁用。灸火則氣下行，入藥則熱上衝，不可過劑。丹田氣弱，臍腹冷者，以熟艾裝袋，兜臍腹甚妙。寒濕脚氣，亦宜以此夾入襪內。 陳者良。揉搗如綿，謂之熟艾，灸火用。婦人丸散，醋煮搗餅，再爲末用。入茯苓數片同研，則易細。煎服宜鮮者，苦酒醋也、香附爲使。艾附丸，調婦人諸病。宋時重湯陰艾，自明成化來，則以蘄州艾爲勝。云灸酒罎，一灸便透。《蒙筌》、《發明》，并以野艾爲真，蘄艾雖香，實非艾種。

清・吳楚《寶命真詮》卷三 艾葉 【略】安胎氣，暖子宮，理腸風，止血痢，溫中氣，祛寒濕，除腹痛。止吐衄崩帶，灸除百病，辟鬼殺蟲。○生用則涼，熟用則熱。【略】血燥生熱者禁用。

清・陳士鐸《本草新編》卷三 艾葉 味苦，氣溫，陰中之陽，無毒。世人俱以蘄艾為佳。殊不知野艾佳于蘄艾。蓋蘄艾乃九牛草也，似艾而非艾，唯香過于艾，而功用殊不若野艾。入脾、腎、肺三經。祛寒氣而逐濕痹，安疼痛而暖關元。胎漏可止，胎動可寧，月經可調，子宮可孕，且灸經穴，可愈百病，無如世人舍近而求遠，舍賤而求貴，為可嘆耳。

或問：艾葉，取野而不取蘄，前人已論之，但未言野艾之何以佳于蘄艾耳？夫蘄艾佈種而生者，野艾則天然自長于野者也，得天地至陽之氣，故能逐鬼而辟邪，祛寒而散濕，其功實勝于蘄艾，奈何舍此而取彼哉。

清・李熙和《醫經允中》卷二〇 艾 入足太陰、厥陰、少陰經。香附為使。 苦，熱，無毒。主治灸百病，逐冷除濕，心腹寒氣，安胎，治帶脉為病，兼薰鵝掌風，并下部蝕瘡更効。純陽之性，能取太陽之火，回垂絶之元陽，走三陰而逐寒濕，轉肅殺而為陽和。用灸則透諸經，而治百病，有莫大之功。如老弱虛人，下元畏冷，以熟艾兆其臍腹；寒濕脚氣，以此為護膝亦可。然其性辛熱有毒，宜于外用，不可輕服，令人熱燥，血火上奔，致成不測，用者慎之。

清・馮兆張《馮氏錦囊秘錄・雜症痘疹藥性主治合參》卷三 艾葉稟天地之陽氣以生，故味苦，微溫。其氣芳烈，純陽之草也。無毒。入足太陰、厥陰、少陰三經。生寒而兼辛散，熟則大熱。火炎則氣內注，通筋入骨。煮服則上升，故止崩漏安胎，且為調經治帶，溫中除濕辟惡，女科之要藥。

艾葉，祛寒濕，溫中，除腹痛，保孕，殺蟲，療䘌瘡。作炷灸百病，熨臍腹冷疼，辟諸疫鬼氣。同香附醋糊丸，名艾附丸，開鬱結，調月經，溫暖子宮，使孕早結。同乾薑末蜜丸，名薑艾丸，敺冷氣惡氣，逐鬼邪氣，火灼氣下行。入藥氣上行，若陰虛血燥者，大非所宜。

清・张璐《本經逢原》卷二 艾 苦、辛，溫，無毒。蘄州者為勝。 發明：艾性純陽，故可以取太陽真火，可以回垂絶元陽，服之則走肝、脾、腎三陰，而逐一切寒濕，轉肅殺之氣為融和。生用則性溫，炒熟則大熱，用以灸火則透諸經而治百病。蘇頌言其有毒，誤矣。夫用藥以治病，中病則止。若素有虛寒痼冷，婦人濕鬱帶漏之病，以艾和歸、附諸藥治之，夫何不可？艾附丸調經而溫子宮，兼主心腹諸痛。膠艾湯治虛痢，及胎妊產後下血。雷火鍼同丁香、麝臍熨寒痹攣痛。若老人臍腹畏冷及寒濕脚氣，以熟艾入布兜之。惟陰虛火旺，血燥生熱，及宿有失血病者為禁。有人患風瘙癮疹，不時焮發，以絹裹，擦之即消。亦取其辛散升發之力。

清·浦士貞《夕庵讀本草快編》卷二 艾《別錄》、冰臺 王安石《字說》云：艾可乂疾，久而彌善，故字從乂。《博物志》云：削冰令圓，舉而向日，以艾承其影則得火，故稱冰臺。洪容齋《隨筆》云：艾難用力，若與白茯苓同碾，即時成粉，亦一異也。 艾葉生則微苦太辛，熟則微辛太苦，生溫熟熱，純陽之體，可以焠取太陽真火，可以回垂絕元陽。服之則走足三陰而逐一切寒濕，轉肅殺之氣為融和；灸之則透諸經而治百種病邪，起沉痾之人為康泰。功亦大矣。但近世諸醫不分婦人虛實，一說無嗣，便云子宮虛寒，必以此品併辛熱投之，或効或不効，並無定見。殊不知艾性炙火則氣下行，入藥則氣反從上，久久致生熱病，為禍不淺。必須佐輔之良，方可馳馭。古方有艾附丸治心腹少腹諸痛，調女人崩帶諸疾，頗有深功。又有膠艾湯，療久泄虛痢及妊娠產後下血，為効最著。可謂得立方之準繩者矣。若老弱虛人，臍腹畏冷，或寒濕脚氣，筋脉攣縮者，作襪作袋裹之最良。方士獻宣廟龍虎衣，即此意也。

清·王子接《得宜本草·中品藥》 艾葉 味苦。入奇經。功專暖子宮，殺蟲䘌。得香附治少腹痛，得阿膠治產後下血，得雄黃治狐惑蟲䘌。

清·黃元御《長沙藥解》卷二 艾葉 味苦辛，氣溫。入足厥陰肝經。燥濕除寒，溫經止血。《金匱》柏葉湯方在柏葉用之治吐血不止。膠艾湯方在阿膠用之治胞阻漏血，以其溫經而止血也。 血生於肝，斂於肺，升於脾，降於胃，行於經絡，而統於中氣。中氣旺，則肝脾左升而不下泄，肺胃右降而不上溢。中氣虛敗，肺胃逆升，則上流於口鼻。肝脾下陷，則下脫於便溺。蓋血以陰質而含陽氣，其性溫暖而孕君火，溫則流行而條暢，寒則凝瘀而梗澀。瘀而不行，則為癥瘕；瘀而未結，則經脈莫容，勢必外脫。肺胃之陽，虛則逆流而不降。肝脾之陽，虛則陷泄而不升。肺胃之逆，非無上熱。肝脾之陷，非無下熱。而究其根原，全緣於中下之濕寒。艾葉和煦通暢，逐濕除寒，暖補血海，而調經絡。瘀澀既開，循環如舊。是以善於止血而治瘡瘍。其諸主治，止吐衄、便尿、胎產、崩帶淋瀝、痔漏、刀箭、跌損諸血，治發背、癰疽、疔毒、疳瘡、臁瘡、風癩、疥癬諸瘡，除咽喉、牙齒、眼目、心腹諸痛。滅皯黵，落贅疣，調胎孕，掃蟲䘌。

清·吳儀洛《本草從新》卷一 艾葉〔宣理氣血，燥逐寒熱。〕 苦，辛。生溫熟熱，純陽之性。能回垂絕之元陽，通十二經，走三陰太、少、厥。理氣血，逐寒濕，暖子宮，止諸血，溫中開鬱，調經安胎。胎動腰痛下血，膠艾湯良。膠艾煎服亦治血痢。治吐衄崩帶，治帶要藥。腹痛冷痢，血痢，霍亂轉筋。殺蚘治癬。醋煎服。外科有用乾艾作湯，投白礬二三錢，洗瘡，然後敷藥。蓋人氣血冷，必假艾力以佐陽，而艾性又能殺蟲也。以之灸火，能透諸經而除百病。丹田氣弱，臍腹冷者，以熟艾裝袋兜臍腹甚妙。寒濕脚氣亦宜，以此夾入襪內。純陽香燥，凡血燥生熱者禁與灸火。亦大傷陰血，虛者宜慎。陳久者良。揉搗如綿謂之熟艾，灸火用。婦人丸散，醋煮搗餅，再為末用。入茯苓數片同研則易細。煎服宜鮮者。醋、香附為使。艾附丸調婦人諸病。宋時重湯陰艾，自明成化以來則以蘄州艾為勝。云灸酒罎，一灸便透。《蒙筌》、《發明》并以野艾為真蘄艾，雖香，實非艾種。今人多以蓬蒿偽蘄艾。

清·汪紱《醫林纂要探源》卷二 艾 苦，溫。家艾也。古以湯陰淇水上者為良。得火之正性，堅腎固命門，養陽逐陰。莖喬，味苦，性熱，是火之正也。故以承冰下，斂日之光，可取火於日，其固火之源，可知性陽而行於少陰、太陰、厥陰之經。守在下部，能暖子宮，調經血，安胎孕，治崩漏，療冷痢。燥脾土，養胃氣，溫中去寒。苦以燥濕，脾健而胃能化氣，猶竈火之溫，乃以熟物也。治腹中冷痛，去脾胃之沉寒，亦治霍亂，所謂寒淫於內，治以苦熱者。安正辟邪。火德之照臨也。能殺蛔，療癬疥。用以灸火，治百病。古人多用針灸，火氣所達，氣血自調，邪淫自散。今人治寒病及癰疽，猶有用灸者，但古法具在，人失其傳耳。《素問》《靈樞》《明堂圖》周身經穴甚詳，不敢用者，恐審穴不確。穴亦有禁灸者。○灸火用陳久者為良。 蘄艾： 功用同。亦艾也。但葉多刻缺，深歧如指，氣更香。出蘄州。或以為野艾，則不然。野艾，蓬蒿也，辛而不苦，可蒸茹。

清·嚴潔等《得配本草》卷三 艾 苦酒、香附為之使。 辛、苦，溫。走足三陰，通十二經，兼入奇經脈絡。理氣血，辟諸疫。搜僻處接應之蟲，除寒濕不時之痢。 得生薑，治男女下血。得乾薑，驅冷氣。得烏梅，治盜汗。熱在陰分而汗者，不宜用。配香附，理氣以治腹痛。佐阿膠，安胎，兼治虛痢。虛熱而胎不安者，不宜用。 搗汁飲，治一切冷氣鬼氣。燒灰，吹鼻血不止。 產蘄州者為勝。 可灸百病，可入煎丸。酒製助其焰，醋炒制其燥火。灸下行，入藥上行。煎服宜鮮，灸火宜陳，久搗至柔爛如綿，焙燥用。 產後血虛生熱，陰虛火動血燥者，禁用。久服多服，熱氣上衝，並發內毒。

題清·徐大椿《藥性切用》卷三 蘄艾葉 味苦大辛，生溫熟熱。入三陰而祛寒，理血止痛，調經，為暖子宮耑藥。灸火，通十二經陽氣，治寒濕痺痛。野艾，但能灸火，不入湯劑。

清・黃宮繡《本草求真》卷四　艾葉除沉寒痼冷，回陽氣將絕。　艾葉耑入肝脾，兼入腎。辛苦性溫，其氣芳烈純陽，故可用以取火，服之則走肝脾與腎，能除沉寒痼冷。凡一切病因寒濕而見血衄崩帶，腹痛冷痢，霍亂轉筋，胎動腰痛，氣鬱經水不調，子宮虛冷，蟲動瘡疥者。諸症俱就寒濕論。服之立能見效，故治亦就寒濕起見。若其陽氣將絕之候，灸之即能回陽，且能通諸經以治百病。百病亦就寒濕論。汪昂曰：艾用火灸則氣下，入藥則熱氣上衝。故古方有同阿膠以治虛痢，及胎前後下血，同香附製丸，以調經血而溫子宮，兼除心腹諸痛，同乾薑以蜜為丸，以除冷惡鬼邪諸氣。亦寒濕陰氣。同白礬為末，以治瘡疥。又以熟艾布兜，以治寒濕脚氣及老人臍腹畏冷，用絹裹以擦風瘙癮疹，皆取辛溫則散之義。若使症非寒濕，而用是藥燥烈以治，其失匪輕。每見今人安胎，不審寒熱虛實，輒用艾葉以投，殊為荒謬。是以書載氣虛血熱者禁用。包盡多少病症。取蘄州艾陳者良。揉搗如綿，謂之熟艾，灸火用。婦人丸散，醋煮搗餅，再為末用，煎服生用。生用則溫，熟用則熱。苦酒、香附為使。

清・羅國綱《羅氏會約醫鏡》卷一六草部　艾葉味苦，氣辛，微溫，入肺、脾、肝、腎四經。苦酒、香附為使。陳久者良。　生用微溫，熟用掌中揉如綿者謂熟艾。微熱。其性純陽，能通十二經脉。善理女人氣血寒滯，溫中開鬱，調月經，暖子宮，使孕早結，辛溫之用。安胎止漏。胎動、腰痛下血，四物湯加阿膠、艾葉。治崩帶要藥，療腹痛、冷痢、霍亂、轉筋，皆理氣血，逐寒濕之功。殺蚘，治癬醋煎搽，下部䘌瘡苦溫燥濕及一切冷氣為患。或搗汁，或煎湯，或揉熟灸火，用灸艾火，痛則易之，勿至傷皮起泡，總以多灸數十壯，連日灸為妙。能透諸經而治諸毒百病。或炒熱敷熨，可通經絡。臍腹冷痛，寒濕脚氣，以熟艾裝袋、裝襪溫之，甚效。若血熱生燥者忌之。婦人欲為丸散，去筋醋煮，搗餅焙乾，入茯苓數片再研為末，易細。

清・黃凱鈞《藥籠小品》　艾葉　苦辛，生溫熟熱，純陽之性，能回垂絕之元陽，通十二經，理氣血，逐寒濕，溫中開鬱，調經安胎，陳久者良。揉搗如綿，謂之熟艾，灸火用。凡血燥有火禁。

清・王龍《本草纂要稿・草部》　艾葉　氣味辛溫。開欝調經，暖子宮使孕。祛邪逐穢，除(腹)〔濕〕安胎。止吐血吐紅，愈心疼止痢。拔風濕，驅冷氣。煎服宜新，氣則上達。灸火宜陳，氣則下行。

清・吳鋼《類經證治本草・足少陰腎臟藥類》　蘄艾　【略】誠齋曰：療一切蛇蟲傷，先以針刺去黑血，用獨蒜搗貼傷處，以艾炷灸之不痛乃止，立差。陳者良。揉去筋膜如綿，為熟艾，灸艾火用之。

清・張德裕《本草正義》卷上　艾葉　苦辛，溫。通行十二經，尤為肝、脾、腎藥。善逐寒濕，行血中之氣，氣中之滯，婦人血氣寒滯者，最宜。暖腰膝，止吐血，辟風寒寒濕，一切冷氣，心痛腹疼。亦能安胎固漏。若陰虛吐血，及忌溫燥而動者，不可用。

清・楊時泰《本草述鉤元》卷九　艾　野生類蒿，複道者為佳，勿拘州土。蘄產獨莖圓葉，背白有芒者，以形狀考之，乃九牛草也，人都不識，並詡為艾之精英。顧《經》註明云：九牛草氣雖艾香，實非艾種。醫用作炷，以灸風濕痹疼癆熱積聚，嘗獲效者，亦因辛竄可以通利關竅而已《仙製本草》。

味苦而辛，氣溫芳烈。陰中之陽，生溫熟熱，可升可降，純陽之草也。入足太陰、厥陰、少陰經。主溫下元，利陰滯，開結達氣，逐冷祛濕，利肝滯冷氣作痛。治血病吐衄血痢，療女子虛漏濕帶，暖子宮使孕，並妊娠漏血，產後下血不止。用灸百病，其熱氣內注，通筋入骨。方書治霍亂，烏梅散中有熟艾，蓋治霍亂後痢不止，冷汗出，腹脇脹者。癇證，葶藶苦酒湯論治云：凡病發項強直視，不省人事，此肝經有熱也。泄瀉，白术湯治風冷入中，泄利不止，脈虛細者。目痛，點眼金華水，治肝臟有熱，血脈壅滯者。目淚。羌活散治目風冷淚久不瘥者。艾葉可取太陽真火，能回垂絕元陽，服之則走三陰，逐寒濕，轉肅殺為融和，灸之則透諸經，治百病，起沉疴為康泰，其功大矣。但惟虛寒痼冷及濕鬱帶漏者，以此和之，中病即止，是以歸附諸藥，罔不著效。若久服致燥，而歸咎於艾，於艾何尤瀕湖。艾乃溫下元之藥，非經行先期所宜聞風。少加艾葉於寒涼藥中，即復卦之義，然亦有不必用者，非調經所可概施也又。艾附丸，治心腹少腹諸痛，開鬱調經，能暖子宮使孕。薑艾丸，溫中除濕，祛一切冷氣。膠艾湯，治虛痢及妊娠產後下血，尤著奇效。老人丹田氣弱，臍腹畏冷者，以熟艾入布袋，兜其臍腹，妙不可言。寒濕脚氣，亦宜以此夾入襪內。作炷，灸諸經穴，不差鑿竅，拔風濕毒尤驗。以上瀕湖。入紅鉛蒸臍補陽虛，溫脾胃。婦人月事不調，血少無熱證者，同香附、醋浸，入四物湯加阿膠、枳殼，神效。發背初起，急灸瘡頭，不痛灸至痛，痛灸至不痛，奪命神方也。縱潰，毒氣外洩，不至內攻矣。若未潰瘡頭，用濕紙貼上，看先乾處，即於此灸。熏疥瘡法：熟艾一兩，木鼈子三錢，雄黃二錢，硫黃一錢，為末，揉入艾中，分作四條，每以一條安陰陽瓦中，置被裏烘熏，後服通聖散。火眼，用艾燒令煙起，以碗蓋之，候煙上碗成煤，取下水調，或洗或點，更入黃連尤妙。中風口噤，熟艾灸承漿一穴，頰車二穴，各五壯。中風掣痛，不仁不隨，並以乾艾斛許，揉團納瓦甑中，塞諸孔隙，獨留一目，以痛處着甑目，燒艾熏之。癲癇諸風，取熟艾於陰囊穀道中間，隨年歲灸之。頭風久痛，揉艾為丸，時時嗅之，以黃水出為度。妊娠胎動，或腰痛，或搶心，或下血不止，或倒產子死腹中。艾葉雞子大，酒四升，煮二升，分二服。胎動迫心作痛，艾葉雞子大，以頭醋四升，煎二升，分溫服。吐衄血熱妄行，生荷葉、生艾葉、側柏葉、生地黃各等分，搗爛，丸如蛋大，每丸用水二杯，煎一杯，去渣服。婦人漏下，或半產後下血不絕，或妊娠下血，並宜膠艾四物湯。阿膠二兩，艾葉三兩，川芎、甘草各二兩，當歸、地黃各三兩，芍藥四兩，水、酒各五升，煮取三升，納膠令消盡，每溫服一升，日二服。

論：艾葉生則微苦、大辛，熟則微辛、大苦，生溫熟熱，純陽也。第艾一名冰臺，《博物志》言削冰令圓，舉而向日，以艾承其影，則得火。丹溪曰：艾屬火而有水。即斯繹之，是艾雖純陽之性，乃本於陰而畢暢其陽之氣者也。夫陽在陰中而暢其氣，然後陰血乃生，即漏下乃固。然則艾之用，惟宜於寒濕之血病，而燥熱之血病，正屬相反，蓋從陰中達陽，還以育陰。此纔是艾之功用。若概謂之純陽，何以他味純陽，不與此同其功用耶。不謂於陽盛而更僭之，陰微而更耗之也。大凡陰虛不能生血，固宜補陰，然不鼓動其陰中之陽，則陰亦不生不化。至於胎漏腹痛，元陽下陷，血乃不固，是皆因虛化寒，因寒動濕之血病。夫因虛生寒，經固曰氣虛者寒矣，其因寒動濕者，以陰中陽虛，氣不能化而鬱為濕也。蓋熱之氣固就燥，寒之氣固就濕，水火之應如此，如是等證，苟用四物而舍艾，豈中的之劑乎。若四生丸之治吐血，兼投艾葉於寒涼中，使陰血有主而得以歸經。又治產後虛痢，亦有入艾於寒涼者，總不欲傷其陰中之真陽也。古方調經，多用艾，與療崩漏及妊娠下血，皆合阿膠投之。以阿膠入手太陰，為氣中之陰，艾葉入肝脾腎三經，為血中之陽，有升有降，合和以調氣血，而即以固脫也。用醋煮者，亦斂而歸陰之義，故知所以用之，則此味生溫熟熱，皆可奏效矣。

附血證論治：凡失血而上行者，皆陰不能為陽之守也。陰為陽守者，以陽原出於陰中也，故陽上行而陰即與之俱上矣。第身半以下，陰為主而陽生焉；身半以上，陽為主而陰宅焉。陽中宅陰，是即陽上行而陰與之俱上者。如陰中陽虛，則陰無以化，而病於血之化原矣。氣之化原病，則陰為死陰，死陰者無陽以使之化，能靜而不能動也。血之化原病，則陽為孤陽，孤陽者無陰以為之守，能動而不能靜也。如陽有陰以為之守，則陰之靜者趨下，而陽亦與之俱下，乃安其靜，順之化，否則陽不得陰以為依，而孤陽止有動而無靜，有升而無降，且引陰所化之血而上逆矣。然則療斯證者，惟用清甘滋陰，而俾陽降乎？或必苦寒抑陽，而使之降乎？不知苦寒反能亡陰，蓋陰傷則不能化陽而血病，若苦寒則陽傷而不能化陰，是亦血之化原微也。且血既妄行，迷失故道，不為之去其蓄，以利其瘀，曷以禦之。滑氏云：血證皆有所挾，或挾風，或挾濕，或挾氣，又有因藥石而發者，雖非治本之義，然當區別以奏前茅之功也。諸血上溢，其始率用桃仁、大黃行之，以折其銳氣，而後分別所傷以治之，得效乃多。大抵治血之逆而上者，多屬化陰降陽，治血之順而下者，類屬補陽育陰，二者固區以別矣。方書用艾以治溲血下血，夫溲血有虛實二因，此主宜於補者而言，下血亦指久不愈而痿黃虛憊，下元衰弱者而言，非概論二證之治也。

性氣燥熱，凡胎動不由於寒，下痢非單濕為病，崩中經縮不孕不由於風寒入子宮，法並忌之仲淳。

修治：生者，取汁用，治血痢，止嘔血。熟者，治漏血。入婦人丸散，須用醋煮乾，搗成餅子，烘乾，再搗為末。其以糯糊和作餅及酒炒者，皆不佳。煎劑宜新鮮，氣則上達；灸火宜陳久，氣乃下行。用陳久艾葉，治令細軟，謂之熟艾。若生艾灸火，則傷人肌脈。其法：揀取淨葉，揚去塵屑，入石臼內，木杵搗熟，羅去渣，取白者再搗，至柔爛如綿為度，用時焙燥，則灸火得力瀕湖。艾難着力，若入白茯苓三五片同研，即時可作細末，亦一異也洪容齋。

清·葉桂《本草再新》卷二 艾葉味甘、苦，性溫熱，無毒。入心、腎二經。治心腎寒冷，暖腰腿酸疼，調經開鬱，理氣行血，治霍亂嘔吐，去寒暖胃，能安胎，能墮胎，治產後驚風，小兒臍瘡。

清·吳其濬《植物名實圖考》卷一一 艾 《別錄》中品。《爾雅》：艾，冰臺。古人以灸百病，其治滯下諸證，亦入煎用之。今以蘄州產者良。

雩婁農曰：民非水火不生活，非獨饔飧也。人秉五常之性，水內景而發於液，火外景而聚於目。世徒知水泛則燥之，火揚則潤之，而不思涌溢者其源必塞；猋發者，其根必虛。聖人以疏防命水官，以出入均火政。後世鑽燧之法湮，而掌火無官。醫者治病以湯，而習砭灸者亦尠。《素問》曰：

北方者，天地所閉藏之域也，藏寒生滿，病宜艾炳。注謂：北方陰寒獨盛，陽氣閉藏，灸之能通，接元陽於至陰之下。《經》曰：陷下則灸之，蓋火鬱而不能發，則必違其炎上之性。物以類聚，用外火引內火，故陷者能升。子罕之救火，徹小屋、表火道，亦慮其遏而熾，猶之壅而潰也。凡發背及諸熱腫、諸風冷痰，皆可灸。風冷者，溫以驅之；毒熱者，暖而導之。故治民及治病，務求其通，而不可稍迫，其理一也。《孟子》曰：凡有四端於我者，若火之始然，泉之始達。雖設譬之辭，而人之性情心術，實則本諸水火五事，以配五行，則貌言專與水火為儷，然木者，水之子而火之母；金者，水所生而火所制；土者，火所洩而水所恃。水火得其宜，則性情和平，百病不生，而天機活潑，曰恭，曰從，曰明，曰聰，曰睿，無乖戾之拂其本性矣。《易》之書，廣大悉備，而終以既濟未濟。然則，天地萬物，水火得則為和甘時節，水火不相得則為災眚瘥癘。醫者知用水而不知用火，非所見之偏耶？

清・趙其光《本草求原》卷三隰草部 艾葉 生，辛勝於苦，氣溫；熟，熱苦勝於辛。無毒。《博物志》言：削冰令圓，舉而向日，以艾承其影，則得火，故艾名冰臺。是陰中之陽，水中之火。凡陰血中陽虛，不能化濕，鬱為血病，得之則陽達陰化而增生。與純陽耗陰者不同。故溫下元、逐冷濕以開陰滯，肝冷腹痛，子宮冷不孕，有艾附丸。經不調、陽虛下陷而胎動，漏血腹痛，血崩，產後下血，四物加之，以益陽固陰。及霍亂後下痢，腹脹而汗出、風冷入中泄痢，白朮湯有艾。陰氣承陽而吐衄固用之，即血熱吐血、四生丸用之。血虛不孕，同香附、童便煮入六味丸。經行先期、血少經不調，醋浸煮，同阿膠、枳殼入四物，以斂陽歸陰。產後血虛、下痢、下血，蒲黃散用之。妊娠下血、崩漏屬陰虛者，四物加阿膠以益肺陰，加艾以濕肝、脾、腎之陽，升降氣血以和之。皆於補陰及寒涼劑中加之，是欲陰得陽為主，不令陰寒傷陽，而後陰化以完陰也。又肝熱血滯目痛，燒艾，煙出以碗蓋之，取碗中煤和黃連水化洗或點之。風冷目淚，羌活散用之。肝熱癇病，葶藶苦酒湯。及熏疥瘡，木鱉三錢，雄黃二錢，硫黃一錢，入艾絨中，安陰陽瓦內，置被裏烘熏。皆達鬱之用也。又熟艾治丹田畏冷，入布袋包臍。寒濕脚氣。夾入襪內。作炷，灸風濕痹疼、勞熱、陰疽初起。辛竄，開利關竅之功。

不拘州土，生田野，類蒿，複道者佳。俗稱甜艾為上，火艾次之，今人皆尚祈艾，考之經注：(祈)〔蘄〕州艾，葉背白，有芒，實九牛草耳，非艾種。

治血痢、吐血，宜生用取汁；入丸散，宜熟艾醋煮乾，搗成餅，烘乾，再研末，入些茯苓同研則易碎。作炷，以陳久為良，新則傷肌脈。中風口噤，灸承漿一穴，頰車二穴，各五壯。中風掣痛，不仁不隨，並以大嘴瓶燒艾，嘴向痛處熏之。癲癇諸風，於陰囊下、穀道正門當中間，隨年歲灸之。頭風久痛，揉艾為丸。常嗅之，以黃水出為度。妊娠胎動，或腰痛，或搶心，或下血，或倒產、子死腹中，酒煮艾飲。胎動腹痛，醋煎艾服。

清・文晟《新編六書》卷六《藥性摘錄》 艾葉 辛苦，性溫。氣芳烈，入肝脾，兼入腎。能除沉寒涸冷，起陽氣將絕。○凡因寒濕而見血衄崩滯，腹痛冷痢，霍亂轉筋，胎動腰痛，氣欝，經水不調，子宮虛冷，蟲動瘡疥，服之俱能立効，以其因於寒濕也。○若氣虛血熱者，切禁。○同乾薑蜜丸，除冷惡鬼邪諸氣。○同阿膠，治虛痢及胎前後下血。○若陽氣將絕，灸之可回陽。○症非寒濕，忌用。陳者良。

清・張仁錫《藥性蒙求・草部》 艾葉五分、八分 艾葉溫平，祛邪逐穢。止血安胎，腹疼即愈。苦、辛，生溫熟熱。純陽之性，能回垂絕之元陽。通十二經，逐寒濕。陳者良。煎服宜鮮者。以野艾為真。一云：(蘄)〔蘄〕州者勝。

清・劉善述、劉士季《草木便方》卷一草部 艾蒿 艾葉苦辛溫理血，調經安胎崩帶捷。霍亂轉筋除冷痢，殺蚘塗癬傷血滅。

清・戴葆元《本草綱目易知錄》卷一草部 艾葉 苦、辛，生溫熟熱。純陽之性，能回垂絕之元陽，通十二經，服之則走三陰而逐一切寒濕。主心腹冷氣鬼氣，理氣血，暖子宮，溫中逐冷，開鬱止血。調經安胎，治吐衄下血。腹痛冷痢，霍亂轉筋。腸痔金瘡，殺蚘治癬，下部䘌瘡。婦人血漏，崩中帶下。又主帶脈為病，腹脹滿，腰溶溶如坐水中。以之灸火能透諸經而治百病。血熱病者禁用。陳者良。

清・黃光霽《本草衍句》 艾葉 熟熱生溫，苦辛氣味。能回垂絕之元陽，可轉肅殺為和氣。理血氣而走三陰，透諸經而灸百疾。開鬱調經，溫中逐濕。暖子宮而安胎，陰虛血燥者非宜。止腹痛之冷痢。帶脈為病，帶脈為病，腹脹滿，腰溶溶如坐水中。下部䘌食。入奇經，功耑暖子宮，殺蟲䘌。得香附治少腹痛，得阿膠治產後下血，得雄黃治狐惑蟲䘌。狐惑蟲䘌病人齒無色，舌上白，或喜睡，不知痛痒處，或下痢，宜急治下部。不知此者但攻其上，而下部生蟲食肛，爛見五臟便死也。燒艾於管中，薰下部，令烟入，或少加雄黃更妙。罌粟燒烟亦可。

清・陳其瑞《本草撮要》卷一　艾葉　味苦，入足厥陰經，功專暖子宮，殺蟲蠶。得香附治少腹痛，得阿膠治產後下血，得雄黃治狐惑症。腦漏鼻出黃汁，以艾絨裝在煙筒内吸食數日即愈。丹田氣弱臍腹冷者，以熟艾裝袋兜臍上效。寒濕脚氣夾入襪内佳。入茯苓數片同研則易細。香附為使，血熱者忌。

清・李桂庭《藥性詩解》　賦得艾葉治崩漏安胎。得安字。李慶霖。　艾葉宜陳久，其功大而寬。血崩猶可止，胎漏更能安。　按：艾葉味苦而辛，生溫熟熱，秉純陽之性，能回虛萎之元陽。理氣血，逐寒濕，暖子宮，止崩衄，溫中開鬱，調經安胎。純陽香燥，大傷陰榮。凡血虛生熱及血燥有熱者，均宜慎之。用以揉搗如綿，則為熟艾。

前題田春芳　艾葉辛溫苦，功惟理氣寒。漏崩皆可治，胎孕並能安。

野艾蒿

明・朱橚《救荒本草》卷上之前　野艾蒿　生田野中。苗葉類艾而細，又多花叉。葉有艾香，味苦。　救飢：採葉煠熟，水淘去苦味，油鹽調食。

清・吳其濬《植物名實圖考》卷一二　野艾蒿　【略】按：此蒿與大蓬蒿相類，而莖葉白似艾。

蘄棍

清・吳其濬《植物名實圖考》卷一〇　蘄棍　一名豆艾，生建昌。高不及尺，圓莖長葉，白毛如粉。葉厚而柔，兩兩下垂，惟直紋兩三縷，亦不甚露。土醫以治腫毒，去風熱。

柳葉蒿

清・吳其濬《植物名實圖考》卷一二　柳葉蒿　莖長二尺許，色青心實，不類蒿，葉面青背白，長而狹，有尖齒，頂端葉單似柳，以下葉漸分三歧，或四歧，味清香似艾。生嶽麓山。秋開花如粟。與他蒿同。

樓臺草

明・蘭茂撰，清・管暄校補《滇南本草》卷上　樓臺草　又名玉容草。味酸、甘，性熱，無毒。此草生陡山中，形似艾葉，軟枝，獨苗上。有蝙蝠食而化松鼠，此草有變化之能。老年服之，面如少壯。主治一切筋骨痿軟，脫陽脫陰，夜多盜汗，婦人血崩即效，接骨即好，及跌打損傷如神。取葉燒灰，治一切小兒黑豆及頂陷，服之神效。梗治絞腸沙肚疼，或陰症，研末，酒服三錢，如神效。

毛艾仔

明・佚名氏《醫方藥性・草藥便覽》　毛艾仔　其性苦。治利證，去住。

小艾仔

明・佚名氏《醫方藥性・草藥便覽》　小艾仔　其性苦。治痢後熱住。

千年艾

明・李時珍《本草綱目》卷一五草部・隰草類上　千年艾《綱目》

【集解】時珍曰：千年艾出武當太和山中。小莖高尺許，其根如蓬蒿，其葉長寸餘，無尖椏，面青背白。秋開黃花，如野菊而小，結實如青珠丹顆之狀。三伏日採葉暴乾。葉不似艾，而作艾香，搓之即碎，不似艾葉成茸也。羽流以充方物。

葉　【氣味】辛、微苦，溫，無毒。　【主治】男子虛寒，婦人血氣諸痛，水煎服之時珍。

清・王道純《本草品彙精要續集》卷二　千年艾無毒。　主男子虛寒、婦人血氣、諸痛，水煎服之《本草綱目》。　【地】李時珍曰：千年艾，出武當太和山中。　【苗】小莖，高尺許，其根如蓬蒿，其葉長寸餘，無尖椏，秋開黃花如野菊而小，結實如青珠丹顆之狀。　【時】三伏日採葉暴乾。　【色】面青背白。　【質】葉不似艾而作艾香，搓之即碎，不似艾葉成茸。　【味】微苦。　【性】溫。　【氣】辛。

清・吳其濬《植物名實圖考》卷一四　千年艾　《本草綱目》：千年艾出武當太和山中。小莖高尺許，其根如蓬蒿，其葉長寸餘，無尖椏，面青背白，秋開黃花如野菊而小，結實如青珠丹顆之狀。三伏日采葉，暴乾。葉不似艾而作艾香，搓之即碎，不似艾葉成茸也。羽流以充方物。葉，氣味辛、微苦，溫，無毒。主治男子虛寒，婦人血氣諸痛。水煎服之。

按《南越筆記》，洋艾本不甚高，宜種盆盎，綠葉茸茸如車蓋，可療疾，兼却火災，當即此草。而俗間以廣中所植皆呼為洋，作記者仍其陋習，殆未深考。今京師多蓄於暖室，經冬不凋，尚呼為蘄艾。

夏臺

宋・唐慎微《證類本草》卷三〇有名未用・草木〔《別錄》〕　夏臺　味甘，主百疾，濟絕氣。

〔梁・陶弘景《本草經集注》〕云：此藥乃爾神奇，而不復識用，可恨也。

明・李時珍《本草綱目》卷一五草部・隰草類上　夏臺《別録》有名未用

曰：味甘，主百疾，濟絶氣。弘景曰：此藥神奇乃爾，不復識用，可恨也。時珍曰：艾名冰臺，此名夏臺，艾灸百病能回絶氣，此主百病濟絶氣，恐是一物重出也，故附於艾後。

九牛草

宋・唐慎微《證類本草》卷三〇外草類〔宋・蘇頌《本草圖經》〕　九牛草　生筠州山崗上。味微苦，有小毒。解風勞，治身體痛。二月生苗，獨莖，高一尺，葉似艾葉，圓而長，背有白毛，面青。五月採。與甘草同煎服，不入衆〔藥〕用。

明・劉文泰《本草品彙精要》卷四一　九牛草有小毒。　植生。

九牛草：與甘草同煎服，解風勞，治身體痛，不入衆藥用。出《圖經》。

〔苗〕《圖經》曰：二月生苗，獨莖，高一尺，葉似艾葉，圓而長，面青，背有白毛。〔地〕《圖經》曰：生筠州山岡上。〔時〕生：二月生苗。採：五月取莖葉。〔用〕莖、葉。〔色〕青。〔味〕微苦。〔性〕洩。〔氣〕味厚於氣，陰也。

明・王文潔《太乙仙製本草藥性大全》卷一《本草精義》　九牛草　産湖廣筠州山。葉圓長，背白有芒，莖獨植，高二尺許。氣香似艾，採亦端陽。治諸般風勞，止遍身疼痛。又按：艾葉，《本經》及諸註釋悉云：生於田野，類蒿，複道者爲佳，未嘗以州土拘也，世俗反指此爲野艾，遍求蘄州所産獨莖，圓葉，背白有芒者，稱爲艾之精英，儻有收藏，不吝價買。今以形狀考之，九牛草者，即此也，人多不識，並以爲艾。《經》註明云：氣雖艾香，實非艾種。醫用作炷，以灸風濕痹疼，癆熱積聚，嘗獲效者，亦因辛竄，可以通利關竅而已。

明・李時珍《本草綱目》卷一五草部・隰草類上　九牛草宋《圖經》

〔集解〕頌曰：生筠州山岡上。二月生苗，獨莖，高一尺。葉似艾葉，圓而長，背有白毛，面青。五月採苗用。時珍曰：陳嘉謨《本草蒙筌》以此爲蘄艾，謬矣。

苗〔氣味〕微苦，有小毒。〔主治〕解風勞，治身體痛。與甘草同煎服，不入衆藥用（蘇頌）〔時珍〕。

清・吴其濬《植物名實圖考》卷一四　九牛草　李時珍斥《蒙筌》以為蘄艾之誤，甚確。余至瑞州訪之未得。《滇本草》有九牛草，味苦，性寒。走肝經筋骨疼，通經絡，破血，散瘰癧，攻癰疽紅腫。又治跌打損傷。治症相類。未知即此草否也。仍分圖之。

紫香蒿

明・朱橚《救荒本草》卷上之前　紫香蒿　生中牟平野中。苗高一二尺，莖方，紫色。葉似邪蒿葉而背白。又似野胡蘿蔔葉微短。莖葉稍間結小青子，比灰菜子又小。其葉味苦。救飢：採葉煠熟，水浸去苦味，油鹽調食。

清・吴其濬《植物名實圖考》卷一二　紫香蒿　**【略】**按此蒿江西平隰亦間有之。紫莖亭亭，凡蒿初發莖青，漸老則紫；此蒿初生莖即紫，與他蒿不類；其葉亦似青蒿。宋《圖經》陰地厥，生鄧州順陽縣内鄉山谷。味甘、苦，微寒，無毒。主療腫毒風熱。葉似青蒿，莖青紫色，花作小穗微黄，根似細辛。七月采根苗用。核其形狀正合。

邪蒿

明・朱橚《救荒本草》卷下之後　邪蒿　生田園中，今處處有之。苗高尺餘，似青蒿細軟，葉又似葫蘿蔔葉微細，而多花叉，莖葉稠密，梢間開小碎瓣黄花。苗葉味辛，性溫、平，無毒。救飢：採苗葉煠熟，水浸淘淨，油鹽調食。生食微動風氣。作羹食良。不可同胡荽音雖食，令人汗臭氣。治病：文具《本草》菜部條下。

茵蔯蒿

宋・李昉《太平御覽》卷第九九三　因塵　《爾雅》曰：因塵塵，馬生也。《本草經》曰：因蒿，味苦。治風濕寒熱邪氣，結黄疸，久服輕身，益氣耐老。生太山。《吴氏本草》曰：因塵，神農、岐伯、雷公：苦，無毒。黄帝：辛，無毒。生田中。葉如藍，十一月採。

宋・唐慎微《證類本草》卷七草部上品〔《本經・別録》〕　**茵蔯蒿**　**味苦，平**、微寒，無毒。**主風濕，寒熱，邪氣，熱結，黄疸**，通身發黄，小便不利，除頭熱，去伏瘕。**久服輕身，益氣耐老**，面白悦，長年。白兔食之仙。生太山及丘陵坡岸上。五月及立秋採，陰乾。

〔梁・陶弘景《本草經集注》〕云：今處處有，似蓬蒿而葉緊細，莖，冬不死，春又生。惟入療黄疸用。《仙經》云：白蒿，白兔食之仙。而今茵蔯乃云此，恐是誤爾。

〔宋・馬志《開寶本草》〕按：陳藏器《本草》云：茵蔯本功外，通關節，去滯熱，傷寒用之。雖蒿類，苗細經冬不死，更因舊苗而生，故名因陳，後加蒿字也。今又詳此非菜中茵陳也。

〔宋・掌禹錫《嘉祐本草》〕按：《蜀本圖經》云：葉似青蒿而背白，今所在皆有，採苗陰乾。《藥性論》云：茵陳蒿，使。味苦、辛，有小毒。治眼目通身黄，小便赤。日華子云：石茵陳，味苦，涼，無毒。治天行時疾熱狂，頭痛頭旋，風眼疼，瘴瘧，女人癥瘕，并閃損乏絕。又名茵陳蒿、山茵陳。本出和州及南山，嶺上皆有。

〔宋・蘇頌《本草圖經》〕曰：茵陳蒿，生泰山及丘陵坡岸上，今近道皆有之，而不及泰山者佳。春初生苗，高三五寸，似蓬蒿而葉緊細，無花實，秋後葉枯，莖幹經冬不死，至春更因舊苗而生新葉，故名茵陳蒿。五月、七月採莖葉陰乾，今謂之山茵陳。江寧府又有一種茵陳，葉大根麄，黄白色，至夏有花實。階州有一種名白蒿，亦似青蒿而背白，本土皆通入藥用之。今南方醫人用山茵陳，乃有數種。或著其說云：山茵陳，京下及北地用者，如艾蒿，葉細而背白，其氣亦如艾，味苦，乾則色黑。江南所用，莖葉都似家茵陳而大，高三四尺，氣極芬香，味甘、辛，俗又名龍腦薄荷。吳中所用，乃石香葇也，葉至細，色黄，味辛，甚香烈，性溫。誤作解脾藥服之，大令人煩。以本草論之，但有茵陳蒿，而無山茵陳。《本草注》云：茵陳蒿葉似蓬蒿而緊細。今京下北地用爲山茵陳者是也。大體世方用山茵陳療腦痛，解傷寒發汗，行肢節滯氣，化痰利膈，治勞倦最要。詳本草正經，惟療黄疸，利小便，與世方都不應。今試取京下所用山茵陳，爲解肌發汗藥，灼然少效；江南山茵陳，療傷寒腦痛絶勝。此見諸醫議論，謂家茵陳亦能解肌下膈，去胸中煩。方家少用，但可研作飲服之。本草所無，自出俗方。茵陳蒿復當别是一物，主療自異，不得爲山茵陳，此說亦未可據。但以功較之，則江南者爲勝；以經言之，則非本草所出。醫方所用，且可計較功效，本草之義，更當考論爾。

〔宋・唐慎微《證類本草》〕《雷公》云：凡使，須用葉有八角者，採得陰乾，去根細剉用，勿令犯火。《千金方》：治遍身風痒，生瘡疥。茵陳不計多少，煮濃汁洗之，立差。《食醫心鏡》：茵陳，主除大熱，黄疸，傷寒頭痛，風熱瘴癘，利小便。切煮羹，生食之亦宜人。

宋・寇宗奭《本草衍義》卷八　茵陳蒿　張仲景治傷寒，熱甚發黄者，身面悉黄，用之極效。又一僧因傷寒後發汗不徹，有留熱，身面皆黄，多熱，期年不愈。醫作食黄治之，治不對，病不去。問之，食不減。尋與此藥，服五日，病減三分之一，十日減三分之二，二十日病悉去。方用山茵陳、山梔子各三分，秦艽、升麻各四錢，末之。每用三錢，水四合，煎及二合，去滓，食後溫服，以知爲度。然此藥以茵陳蒿爲本，故書之。

宋・鄭樵《通志》卷七五《昆蟲草木略》　茵陳蒿　南人所用者似香薷，北人所用者似青蒿，即白蒿也。南北所用俱有山茵陳之名，同名異實。又有石香葇，亦名山茵陳，而香薷亦名茵陳，四種足相紊也。

金・張元素《潔古珍珠囊》〔見元・杜思敬《濟生拔粹》卷五〕　茵陳蒿苦甘。陰中微陽。治傷寒，散黄。

宋・劉明之《圖經本草藥性總論》卷上　茵陳蒿　味苦、甘，微寒，無毒。主風濕寒熱邪氣，熱結黄疸，通身發黄，小便不利，除頭熱，去癥瘕。《藥性論》云：使。味苦、辛。治眼目。日華子云：治天行時疾熱狂，頭痛風眼疼，瘴瘧，女人癥瘕，并閃損。一云：山茵陳療腦痛，解傷寒發汗，行肢節滯氣，化痰利膈，治勞倦。家茵陳亦能解肌，下膈去煩。

宋・王介《履巉巖本草》卷中　山茵陳　味苦，平，微寒，無毒。主風濕寒熱，邪氣熱結，黄疸，通身發黄，小便不利。除頭熱，去伏瘕。久服輕身，益〔氣〕耐老。治遍身風癢，生瘡疥，茵陳不計多少，煮濃汁，洗之立差。

元・王好古《湯液本草》卷四　茵陳蒿　氣微寒，味苦，平，陰中微陽，無毒。　入足太陽經。《象》云：除煩熱，主風濕熱邪結於内。去枝、梗，用葉。《本草》云：主風濕寒熱，邪氣熱結，黄疸，通身發黄，小便不利，除頭熱，去伏瘕。入足太陽。仲景茵陳梔子大黄湯，治濕熱也。梔子蘗皮湯，治燥熱也。如苗澇則濕黄，苗旱則燥黄，濕則瀉之，燥則潤之可也。此二藥治陽黄也。韓祇和、李思訓治陰黄，茵陳附子湯，大抵以茵陳為君主，佐以大黄、附子，各隨其寒熱。《珍》云：治傷寒發黄。

元・徐彦純《本草發揮》卷一　茵陳蒿　成聊攝云：小熱之氣，涼以和之。大熱之氣，寒以取之。茵陳、梔子之苦寒，以逐胃燥。海藏云：入足陽明經。仲景茵陳梔子大黄湯，治濕黄也。梔子蘗皮湯，治燥黄也。如苗澇則濕黄，苗旱則燥黄。濕則瀉之，燥則潤之可也。此二藥治陽黄也。韓祇和、李思訓治陰黄茵陳附子湯，大抵以茵陳為君主，佐以大黄、附子，各隨寒熱也。東垣云：茵陳味甘，陰中微陽，治傷寒發黄。

明・蘭茂撰，清・管暄校補《滇南本草》卷中　金鐘茵陳：性寒，微苦。利小便，療胃中濕熱，或眼人發黄，或週身黄腫，消水腫。服後忌豆。

明・王綸《本草集要》卷二　茵陳蒿使　味苦辛，氣平，微寒。陰中微陽。無毒。入足太陽經。五月及立秋採，乾。　主風濕寒熱邪氣，熱結黄疸，通身發黃，小便不利。解傷寒煩熱，頭熱腦痛。行滯氣，化痰利膈。久服輕身，益氣耐老。　仲景治濕熱陽黃，茵陳梔子大黃湯。陰黃，茵陳附子湯。大抵以此藥為主，各隨寒熱，而佐以他藥。

明・滕弘《神農本經會通》卷一　茵陳蒿　使也。五月及立秋採，陰乾。用葉，去枝梗。　味苦，氣平，微寒，無毒。《湯》云：　氣微寒，味苦，平。陰中微陽。入足太陽經。東云：　治黃疸，利水。《𧻓》云：　利水，除黃去熱，及溫瘴，明目，解煩，伐痰，及頭疼。《珍》云：　治發黃。

《本經》云：　主風濕寒熱，邪氣熱結，黃疸，通身發黃，小便不利，除頭熱。去伏瘕，久服輕身，益氣耐老，面白悅，長年。白兔食之仙。伍月及立秋採，陰乾。陳藏器云：　茵蔯，本功外，通關節，去滯熱，傷寒用之。《藥性論》云：　茵陳蒿，使。味苦、辛，有小毒。治眼目通身黃，小便赤。日華子云：　石茵蔯，味苦，涼，無毒。治天行時疾，熱狂，頭痛頭旋，風眼疼，瘴瘧，女人癥瘕，并閃損乏絕。《圖經》云：　山茵蔯，療腦，解傷寒，發汗，行肢節滯氣，化痰利膈，治勞倦。又治傷寒腦痛，絕勝家茵蔯。亦能解肌，下膈，去胸中煩。仲景茵蔯梔子大黃湯，治濕熱也。梔子栢皮湯，治燥熱也。如苗澇則濕黃，苗旱則燥黃，濕則燥之，燥則潤之可也。此二藥治陽黃也。韓祇和、李思訓治陰黃，茵蔯附子湯。大抵以茵蔯為君主，佐以大黃、附子，各隨其寒熱也。《珍》云：　治傷寒發黃。《象》云：　除煩熱，主風濕熱邪結寸內。去枝梗，用葉。《集》云：　解傷煩熱，頭熱腦痛，行滯氣，化痰利膈。《衍義》曰：　仲景治傷寒熱甚發黃者，身面悉黃，用之有効。又一僧，因傷寒後發汗不澈，有留熱，朞年不愈。醫作食黃治之，病不去。問之食不減，尋與此藥，服十日，病悉去。方用山茵蔯、梔子各三分，秦艽、升麻各四錢，每用三錢，水四合，煎半，去滓，食後溫服，以知為度。然此藥以茵蔯為本。《局》云：　茵蔯蒿苦除邪熱，時氣天行最有功。主治通身黃疸病，秖緣能使小便通。茵蔯蒿，主時氣發黃，漩難可利。

明・劉文泰《本草品彙精要》卷九　茵陳蒿無毒。　植生。

茵陳蒿出《神農本經》：　**主風濕，寒熱邪氣，熱結黃疸。久服輕身，益氣，耐老。**以上朱字《神農本經》。　通身發黃，小便不利，除頭熱，去伏瘕，面白悅，長年。白兔食之仙。以上黑字名醫所錄。　〖名〗山茵陳。　〖苗〗《圖經》曰：　春初生苗，高五七寸，似蓬蒿而葉緊細，無花實。秋後葉枯莖乾，經冬不死，至春仍因舊苗而生新葉，故名茵陳蒿，今謂之山茵陳也。江甯府一種，葉大根粗，黄白色，至夏有花實；　階州一種名白蒿，亦似青蒿而背白，本土皆通入藥用之，惟京下北地用爲山茵陳者最佳也。　〖地〗《圖經》曰：　生泰山丘陵坡岸及階州、和州，江南北地皆有之。〖道地〗江寧府、絳州。　〖時〗生：　春初生苗。採：　五月、七月、立秋取。　〖收〗陰乾。　〖用〗莖、葉。　〖質〗類蓬蒿而葉緊細。　〖色〗青。　〖味〗苦。　〖性〗平，微寒，泄。　〖氣〗氣薄味厚，陰中微陽。　〖臭〗香。　〖主〗黃疸濕熱。　〖行〗足太陽經。　〖製〗《雷公》云：　用葉八角者細剉，勿犯火。　〖治〗療：　《圖經》曰：　除腦痛，解傷寒，發汗，行肢節滯氣，化痰利膈及勞倦最要。亦解肌下膈，去腦中煩。《藥性論》云：　療眼目通身黃，小便赤。日華子云：　療天行時疾，熱狂，頭痛，頭旋，風眼疼，瘴瘧，女人癥瘕，並閃損乏絕。陳藏器云：　通關節，去滯熱傷寒。孫真人云：　煮汁洗，療遍身風癢，生瘡疥。　〖合治〗合山梔子、秦艽、升麻，治傷寒後發汗不徹，有留熱，身面皆黃，多熱，期年不愈者。○合梔子、大黃，除濕熱，合梔子、柏皮除燥熱，俱治陽黃。○合附子，治陰黃。

明・葉文齡《醫學統旨》卷八　茵蔯蒿　氣平，微寒，味苦、辛。陰中微陽。無毒。入足太陽經。　治風濕寒熱邪氣，熱結黃疸，通身發黃，小便不利，解傷寒煩熱，頭熱腦痛；　行滯氣，化痰利膈。

明・許希周《藥性粗評》卷一　逐胃燥於茵陳。

茵陳，蒿名也。自為一種，春初生苗，高三五寸，似蓬蒿而葉緊細，有八角，背白，無花實，秋後葉枯，而莖幹則經冬不死，至春復因舊莖生新葉，故名。南北原野阪岸處處有之，以絳州及江寧府者為勝。五月、七月採莖葉，陰乾，勿令見火。凡用焙過，其餘《本草》不載。味苦、辛，性微寒，無毒。入足陽明胃經。主治傷寒發熱，發黃黃疸，頭痛頭旋，內熱煩燥，瘴瘧涼膈，利小便。成聊攝云：　茵陳、梔子之苦，以逐胃燥。又治傷寒發黃，仲景五苓散用茵陳者，治燥黃也；　三物湯用茵陳者，治濕黃也。

單方：　遍身風癢：　茵陳不拘多少，煎濃湯洗之。　發熱身黃：　凡患傷寒發熱，小便不利，身目俱黃者，皆可以茵陳作羹食之。

明・鄭寧《藥性要略大全》卷五　茵陳使　《賦》曰：　主黃疸而利水。《十書》云：　主風濕邪結于內，明目。　《經》云：　清小便，通關節，去滯熱頭熱，伏瘕。治傷寒身痛，能發汗。除傷寒後發黃，行肢節滯氣。　伊訓云：治風濕寒熱，遍身發黃，小便不利，除煩熱。仲景云：茵陳梔子大黃湯治濕熱，梔子柏皮湯治燥熱。味苦、辛，氣平、微寒，無毒。入足太陽膀胱經。三月採，陰乾用。江南有山茵陳，絕勝。

明・陳嘉謨《本草蒙筌》卷二 茵陳蒿 味苦、辛，氣平，微寒。陰中微陽。無毒。隨處俱產，泰山者良。葉細青蒿雖同，葉背白色却異。秋後葉落，莖梗不凋。至春復發舊枝，故因名茵陳蒿也。所行經絡，惟足太陽。專治疸症發黃，入劑使為君主。佐梔子、附子，分陽熱、陰寒。陽黃熱多，有濕有燥。濕黃加梔子大黃湯服，燥黃加梔子橘皮湯煎。如苗澇則濕黃，苗旱則燥黃。濕則瀉之，燥則潤之意也。陰黃寒多，只有一證，須加附子，共劑成功。解傷寒大熱，仍除退瘴瘧。風熱悉逐，行滯止痛，寬膈化痰。久服輕身，益氣耐老。

明・王文潔《太乙仙製本草藥性大全》卷一《本草精義・草部》 茵陳蒿 生太山及丘陵坡岸上。今近道皆有之，而不及太山者佳。春初生苗，高三五寸，似蓬蒿，而葉緊細，無花實，秋後葉枯，莖簳經冬不死，至春更因舊苗而生新葉，故名茵陳蒿。五月、七月採莖葉，陰乾。今謂之山茵陳，江寧府又有一種茵陳，葉大根麄，黃白色，至夏有花實；階州有一種名白蒿，亦似青蒿而背白，本土皆通入藥用之。今南方醫人用山茵陳，乃有數種，或著其說云，京下及北地用者葉細，青蒿雖同，葉背白色却異，大抵以此葉爲主，各隨寒熱而佐以他藥。

明・王文潔《太乙仙製本草藥性大全》卷一《仙製藥性》 茵陳蒿使 味苦、辛，氣平微寒，陰中微陽，無毒。入足太陽經。主治：專治疸症、發黃，入劑仗爲君主。佐梔子、附子，分陽熱、陰寒。陽黃熱多，有濕有燥。濕黃加梔子大黃湯服，燥黃加梔子(橘)〔蘗〕皮湯煎。如苗澇則濕黃，苗旱則燥黃。濕則瀉之，燥則潤之，意也。陰黃寒多，只有一證，須加附子，共劑成功，解傷寒大熱，仍除退瘴瘧，風熱悉逐，行滯止痛，寬膈化痰。久服輕身、益氣、耐老，面白悅，長年，白兔食之仙。補註：遍身風痒生瘡疥，不計多少，煎濃汁洗之立差。〇大熱黃疸，傷寒頭痛，風熱瘴瘧，利小便，切，煮羹。生食之亦宜人。〇傷寒熱甚發黃者，身面悉黃，用之極效。又一僧因傷寒發汗不徹有留熱，面身皆黃多熱，期年不愈，醫作食黃，治之不對，病不去，問之食不減。尋此藥服五日病減三分之一，十日減三分之二，二十日病悉去。方用山茵陳、山梔子各三分，秦艽、升麻各四錢，爲散，每用三錢，水四合，煎及二合，去滓，食後溫服，以差爲度。然此藥以茵陳蒿爲本，故書之。太乙曰：凡使須用葉，有八角者採得陰乾，去根，細剉，用勿令犯火。

明・皇甫嵩《本草發明》卷二 茵陳蒿上品下，君。氣平，味苦。《藥性》云：苦辛，微寒，無毒。陰中微陽，入足太陽經。發明曰：此雖主風濕寒熱，然除濕清熱之用多。《本草》治黃疸身黃，小便秘，去伏瘕，行肢節滯氣，是除濕也。又治邪氣熱結，除頭熱，療傷寒熱甚發黃，時疾狂熱，是清熱也。清濕熱也。濕熱清，則風滅而寒邪亦逐。惟入足太陽經，專利水道，治黃入劑，仗之為君，佐藥分陽熱陰寒，陽黃有濕有燥，濕黃加梔子、大黃，燥黃加梔子、蘗皮，此仲景法也。陰黃寒多，用茵陳、附子，此韓祗和、李思訓方也。要之治寒少，而屬濕熱為多也。似蒿葉，緊細，莖幹經冬不死，至春因舊生新，故名茵陳。

明・李時珍《本草綱目》卷一五草部・隰草類上 茵陳蒿《本經》上品

【釋名】藏器曰：此雖蒿類，經冬不死，更因舊苗而生，故名因陳，後加蒿字耳。時珍曰：按張揖《廣雅》及《吴普本草》並作因塵，不知何義。

【集解】《别録》曰：茵陳生太山及丘陵坡岸上，五月及立秋採，陰乾。弘景曰：今處處有之，似蓬蒿而葉緊細。秋後莖枯，經冬不死，至春又生。韓保昇曰：葉似青蒿而背白。大明曰：茵陳出和州及南山嶺上，一名石茵陳。頌曰：近道皆有之，不及太山者佳。春初生苗，高三五寸，似蓬蒿而葉緊細，無花實，五月、七月採莖葉陰乾，今謂之山茵陳。江寧府一種茵陳，葉大根粗，黃白色，至夏有花實。階州一種白蒿，(一)〔亦〕似青蒿而背白，本土皆以爲茵陳入藥。今南方醫人用山茵陳，乃有數種。或著其說云：山茵陳，汴京及北地用者，如艾蒿，葉細而背白，其氣亦如艾，味苦，乾則色黑。江南所用者，莖葉都似家茵陳而大，高三四尺，氣極芬香，味甘辛，俗又名龍腦薄荷。吴中所用，乃石香葇也，葉至細，色黃味辛，甚香烈，性溫。若誤作解脾藥服，大令人煩。以《本草》論之，但有茵陳蒿，無山茵陳。注云：葉似蓬蒿而緊細。今汴京北地所用山茵陳是也。大體世方用山茵陳療體痛，解傷寒發汗，行肢節滯氣，化痰利膈，治勞倦最要。詳《本草》正經，惟療黃疸，利小便，與世方都不應。今試取汴京所用山茵陳爲解肌發汗藥，灼然少效；江南山茵陳療傷寒腦痛絕勝。比見諸醫議論，謂家茵陳亦能解肌下隔，去胸中煩。方家少用，但可研作飲服之。《本草》所無，自出俗方。茵陳蒿當別是一物，主療自異，不得爲山茵陳也。此説亦未可據。但以功較之，則江南者爲勝；以《經》言之，則非《本草》所出。醫方所用，更當考論爾。斅曰：凡使須用葉有八角者，陰乾，去根細剉，勿令犯火。時珍曰：茵陳昔人多蒔爲蔬，故入藥用山茵陳，所以别家茵陳也。洪舜俞《老圃賦》云酣糟紫薑之掌，沐醯青陳之絲，是也。今淮揚人，二月二日猶採野茵陳苗，和粉麪作茵陳餅食之。後人各據方土所傳，遂致淆亂。今山茵陳二月生苗，其莖如艾。其葉如淡色青蒿而背白，葉歧緊細而扁整。九月開細花黄色，結實大如艾子，花實並與庵藺花實相似，亦有無花實者。

莖葉　〔氣味〕苦，平，微寒，無毒。普曰：神農、岐伯、雷公：苦，無毒。黄帝：辛，無毒。權曰：苦、辛，有小毒。大明曰：石茵陳苦，凉，無毒。伏硇砂。張元素曰：苦、甘，陰中微陽。入足太陽經。　〔主治〕風濕寒熱邪氣，熱結黄疸。久服輕身益氣耐老。面白悦，長年。白兔食之仙《本經》。治通身發黄，小便不利，除頭熱，去伏瘕《别録》。通關節，去滯熱，傷寒用之藏器。石茵陳：治天行時疾熱狂，頭痛頭旋，風眼疼，瘴瘧。女人癥瘕，並閃損乏絶大明。〔發明〕弘景曰：《仙經》云：白蒿，白兔食之仙。而今茵陳乃云此，恐是誤耳。宗奭曰：張仲景治傷寒熱甚發黄，身面悉黄者，用之極效。一僧因傷寒後發汗不徹，有留熱，面身皆黄，多熱，期年不愈。醫作食〔黄〕治不對，而食不減。予與此藥，服五日病減三分之一，十日減三分之二，二十日病悉去。方用山茵陳、山梔子各三分，秦艽、升麻各四錢，爲散。每用三錢，水四合，煎二合，去滓，食後温服，以知爲度。此藥以山茵陳爲本，故書之。王好古曰：張仲景茵陳梔子大黄湯，治濕熱也。梔子蘗皮湯，治燥熱也。如苗澇則濕黄，苗旱則燥黄。濕則瀉之，燥則潤之可也。此二藥治陽黄也。韓祇和、李思訓治陰黄，用茵陳附子湯。大抵以茵陳爲君主，而佐以大黄、附子，各隨其寒熱也。

〔附方〕舊二，新六。　茵陳羹：除大熱黄疸，傷寒頭痛，風熱瘴瘧，利小便。以茵陳細切，煮羹食之。生食亦宜。《食醫心鏡》。　遍身風癢：生瘡疥。用茵陳煮濃汁洗之，立瘥。《千金方》。　癧瘍風病：茵陳蒿兩握，水一斗五升，煮取七升。先以皂莢湯洗，次以此湯洗之，冷更作。隔日一洗，不然恐痛也。崔行功《纂要》。　風疾攣急：茵陳蒿一斤，秫米一石，麴三斤，和勻，如常法釀酒服之。《聖濟總録》。　癎黄如金：好眠吐涎。茵陳蒿、白鮮皮等分，水二鍾煎服，日二服。《三十六黄方》。　遍身黄疸：茵陳蒿一把，同生薑一塊，搗爛，於胸前四肢，日日擦之。　男子酒疸：用茵陳蒿四根，梔子七個，大田螺一個，連殼搗爛，以百沸白酒一大盞，衝汁飲之，秘方也。　眼熱赤腫：山茵陳、車前子等分。煎湯調茶調散，服數服。《直指方》。

題明·薛己《本草約言》卷一《藥性本草》　茵陳蒿　味苦、微辛，氣平，微寒，無毒。陰中微陽，可升可降，入足太陽經。通腠理，主黄疸佛熱于肌表。利小便，主黄疸結熱于腹中。因其上下分消之妙，故有專治濕熱之功。〇惟入足太陽經，專利水道治黄。遍身風癢瘡疥，不計多少，煎濃汁洗之立差。〇此雖主風濕寒熱，然除濕清熱之用多。

明·梅得春《藥性會元》卷上　茵陳蒿　味苦，平，氣微寒。陰中微陽。無毒。入足太陽膀胱經。　凡使，須用葉有八角者，採得陰乾，去根細剉。凡採，五月五日起至秋中，取似蓬蒿者。勿令經火氣。　主治黄疸而利水，攻時氣而發黄。凝滯可導，便秘可通。療風寒濕熱，邪氣結熱，遍身發黄。解傷寒煩熱，頭熱腦痛，行滯氣，化痰利膈，去伏瘕，治淋濁。

明·杜文燮《藥鑒》卷二　茵陳　氣微寒，味苦、辛，陰中微陽，入足太陽經藥也。治風濕寒熱黄疸，及遍身發黄，小便不利。仲景茵陳梔子大黄湯治濕黄也，梔子栢皮湯治燥黄也，此二藥治陽黄也。又能治陰黄者，因茵陳附子湯，大都以茵陳為君，兼佐以大黄、附子，各隨寒熱用之。

明·王肯堂《傷寒證治準繩》卷八　茵蔯蒿　氣微寒，味苦辛，無毒。陰中微陽，入足太陽經。除煩熱，主風濕，寒熱邪氣，熱結黄疸，通身發黄，小便不利。寇：張仲景治傷寒熱甚發黄，身面悉黄者，用之極效。一僧因傷寒後發汗不徹，有留熱，面身皆黄，多熱，期年不愈。醫作食〔黄〕，治不對，而食不減。予與此藥，服五日病，減三分之一，十日減三分之二，二十日病悉去。方用山茵蔯、山梔子各三分，秦艽、升麻各四錢，為散，每用三錢，水四合，煎二合，去滓，食後温服，以知為度。此藥以山茵蔯為本，故書之。海：仲景茵蔯梔子大黄湯，治濕熱也。梔子蘗皮湯，治燥熱也。如苗澇則濕黄，旱則燥黄，濕則瀉之，燥則潤之可也。此二藥治陽黄也。韓祇和、李思訓治陰黄，用茵蔯附子湯。大抵以茵蔯為君主，而佐以大黄、附子，各隨其寒熱也。去枝用葉，手搓碎用。

明·李中立《本草原始》卷一　茵陳蒿　始生太山及丘陵坡岸上，今近道有之。似蓬蒿而葉緊細，無花實。莖蘚經冬不死，至春更因舊莖而生新葉，故謂之茵陳蒿。　氣味：苦，平、微寒，無毒。　主治：風濕寒熱邪氣，熱結黄疸。久服輕身，益氣耐老，面白悦，長年。治小便不利，除頭熱，去伏瘕。通關節，傷寒用之。治時疫熱狂，頭痛風眼，瘴瘧，閃損。

《本經》上品。【圖略】春生苗，其莖如艾葉，如淡色青蒿，而背白多歧。亦有有花實者。　三月采收，晒乾。　凡用茵陳〔蒿〕，要連枯莖者方真。入藥去莖并根，細剉。　陰中微陽，入足太陽經。伏硇砂。　《千金方》：治遍身風痒瘡疥，用茵陳蒿煮濃汁，洗之立瘥。　茵陳蒿，使。

明·張懋辰《本草便》卷一　茵陳蒿使　味苦、辛，氣平，微寒，陰中微陽，無毒。入足太陽經。　主風濕寒熱邪氣，熱結黄疸，通身發黄，小便不利，解傷寒煩熱，頭熱腦痛，行滯氣，化痰利膈。

明·李中梓《藥性解》卷四　茵陳蒿　味苦，性微寒，無毒，入膀胱經。主傷寒大熱，黄疸便赤。治眼目，行滯氣，能發汗，去風濕。去根用，犯火無功。　按：茵陳耑理溲便，本為膀胱之劑，又何以治疸？蓋疸之為病，脾受傷也，而脾之所惡，濕乘土也，得茵陳以利水，則濕去土安，而疸自愈矣！疸分陰寒陽熱二種，陽疸熱多，有濕有燥，同梔子用，一治濕疸。同梔子（橘）〔蘖〕皮，治燥疸。陰疸寒多，只有一症，同附子治之。

明·繆希雍《本草經疏》卷七　茵蔯蒿　味苦，平，微寒，無毒。主風濕寒熱邪氣，熱結黄疸，通身發黄，小便不利，除頭熱，去伏瘕。久服輕身，益氣，耐老，面白悦，長年。

〖疏〗茵蔯蒿感天地苦寒之氣，而兼得春之生氣以生者也。其味苦，平，微寒，無毒，故主風濕寒熱邪氣，熱結黄疸，通身發黄，小便不利及頭熱，皆濕熱在陽明、太陰所生病也。苦寒能燥濕除熱，濕熱去則諸證自退矣。去伏瘕，及久服輕身，益氣耐老，面白悦，長年，未有修事者。日華子云：石茵蔯味苦，凉，無毒。即山茵蔯也。入足陽明、太陰，足太陽三經。除濕散熱結之要藥也。〖主治參互〗茵蔯性苦寒，能除一切濕熱。五疸雖各有其因，然同為濕熱所成。故得黄連、乾葛、黄蘗、苜蓿、五味子，治酒疸如神。得二术、茯苓、澤瀉、車前子、木通、橘皮、神麴、紅麴、麥門冬，治穀疸。同生地黄、仙人對坐草、石斛、木瓜、牛膝、黄蘗，治疸因酒色而得，病名女勞疸。　仲景茵蔯湯治穀疸，寒熱不食，食即頭眩，心胸不安。茵蔯六兩，梔子十四枚，大黄二兩，以水一斗，先煮茵蔯，減六升，内二味，煮取三升，去滓，分溫三服，小便當利，尿如皂角汁狀，色正赤，一宿腹減，黄從小便去也。　又茵蔯五苓散，總治諸疸。〖簡誤〗蓄血發黄者，禁用。

明·倪朱謨《本草彙言》卷三　茵陳蒿　味苦、辛，氣寒，無毒。陰中微陽。入足太陽、陽明、太陰經。　陶隱居曰：茵陳生太山及丘陵坡岸上。今在處皆有，不及太山者佳。冬初莖枯，至初春又生，故名茵陳。苗高七八寸，似蓬蒿而葉緊細。九月作花結實，與菴䕡花實相似。亦有無花無實者。修治：以五七月葉有八角者，采莖陰乾，去根用。〇又江寧府一種茵陳，葉大根粗，至夏作花，色黄白，結實如艾子。又和州及南山峻嶺石中出一種石茵陳。今江南山石中亦有。療傷寒腦痛絶勝。今諸醫議論，謂家茵陳亦能解肌下隔，去胸中熱煩。再詳本草正經，但以功較之，則亦稱江南者爲勝。療黄疸、利小便更最也。　李時珍先生曰：茵陳，昔人多蒔爲蔬，故入藥用，家茵陳所以別山茵陳也。今淮揚亦有野茵陳，其莖如艾，其葉如青蒿，淡色而背白。葉歧緊細而匾。九月開細花，色黄，結實亦如艾子。

茵陳：《本經》清黄疸，《別錄》利小便，爲黄家君主之藥也。姚斐士治風濕寒熱邪氣，熱結黄疸，小便不利，關節不通。藏器又傷寒熱甚發黄者，每多用之。他如伏瘕水脹，及太陰裏邪，瘴瘧寒熱等疾，統屬濕熱者，無不相宜。但苦寒沉降，能清熱利濕，濕熱去則諸證自退矣。中病即已，若過用，不免有伐脾損氣之弊。

邵繩山先生曰：按黄疸之病，多起于飲食勞倦，致傷脾土。脾土不能運化，濕熱内鬱，無由發泄，流于皮肉，遍于四肢，黄色如染。淡黄易愈，深黄難愈，焦黄者死。凡抑鬱不得志之人，多生此病。雖云濕熱，不可純用寒凉，必佐之以辛甘、溫散，君之以滲泄，則濕易除，熱易解，其病自愈。若純用凉藥，重傷脾土，濕熱反甚，變爲水腫腹脹者，多有之矣。　沈則施先生曰：茵陳芬芳疏利，味苦善行。邪在内者出，結者散，故去濕熱、退黄疸也。然疸證雖有五種之分，同爲濕熱所成。《仲景方》有茵陳梔子大黄湯，治濕熱也；茵陳梔子柏皮湯，治燥熱也。如苗澇則濕黄，苗旱則燥黄。濕則瀉之，燥則潤之之意也。又有陰寒發黄，用茵陳附子湯；蓄血發黄，用茵陳桃仁湯。隨證和入可也。

集方：同防風、羌活，治疸黄；　兼風，同蒼朮、厚朴、澤瀉；　治疸黄兼濕，同生薑、白豆仁；　治疸黄兼寒，同川黄連、龍膽草、滑石；　治疸黄兼熱，又同陳皮、菊花、乾薑；　治傷酒發黄，同檳榔、枳實、山查、麥芽。治小兒食積發黄，隨證加用可也。〇《斗門方》治遍身黄疸。用茵陳一把，生薑五錢，搗爛，水煎服。以渣于胸背四肢日日擦之。〇同前治壯人酒疸。用茵陳四兩，山梔子七個，大田螺一個，連殼俱搗爛取汁，以百沸白酒一大盞，沖汁飲之。〇《直指方》治眼熱赤腫。用茵陳草、車前子各等分，水煎，内服外洗。〇同前治穀疸。用茵陳、蒼朮、白朮、澤瀉、車前、神麯、紅麯、麥門冬各等分，水煎服。〇同前治酒色過度，成女勞疸者。用茵陳、石斛、木瓜、牛膝、黄蘗、熟地黄。〇王氏《正言》又五苓散加茵陳、車前，總治諸疸。〇治濕熱發黄。用茵陳、梔子、赤茯苓、蒼朮、黄連、厚朴各一錢，滑石二錢，乾薑五分，燈心三十根，水煎服。身發熱，加柴胡一錢二分；有宿食，加枳實、蘿蔔子各一錢；大便閉結，加大黃一錢。

明・應廑《食治廣要》卷三　茵蔯蒿　氣味：苦，平，微寒，無毒。主治：邪氣熱結黃疸，通身發黃，小便不利。昔人多蒔為蔬，亦入藥用。洪舜俞《老圃賦》云酣糟紫薑之掌，沐醯青蔯之絲是也。今淮揚人二月二日猶採野茵蔯苗，和粉麪作餅餌。亦方士之相傳耳。

明・姚可成《食物本草》卷一七草部・隰草類　茵蔯蒿處處有之。似蓬蒿而葉緊細，秋後莖枯，經冬不死，至春又生，昔人多蒔為蔬。洪舜俞《老圃賦》云酣糟紫薑之掌，沐醯青蔯之絲是也。今淮揚人二月二日猶采茵蔯苗和粉麪，作茵蔯餅食之。　茵蔯蒿，味苦，平，無毒。主風溼寒熱邪氣，熱結黃疸。久服輕身益氣耐老，面白悅，長年。白兔食之仙。治通身發黃，小便不利，除熱去伏瘕，通關節，去滯熱傷寒用之。

附方：　茵蔯羹：　治大熱黃疸，以茵蔯細切，煮羹食之。

明・顧逢柏《分部本草妙用》卷五腎部・寒瀉　茵陳　苦，平、微寒，無毒。入足太陽膀胱經。　主治：　風濕熱結，黃疸要藥。利小便，去伏瘕，傷寒留熱，發黃。　按：　仲景茵陳梔子大黃湯，治濕熱也。梔子、蘗皮，治燥熱也。如苗，潦則濕黃，旱則燥黃。濕宜瀉，燥宜潤。此藥治陽黃也。若陰黃，則用茵陳附子湯，各隨寒熱，總以山茵陳為君。

明・李中梓《醫宗必讀・本草徵要上》　茵陳味苦，寒，無毒。入膀胱經。理黃疸而除濕熱，佐五苓而利小腸。　茵陳去濕熱，獨宜於五疸，然亦須五苓之類佐助成功。按：　用茵陳者，中病即已；若過用之，元氣受賊。

明・鄭二陽《仁壽堂藥鏡》卷一〇上　茵蔯蒿葉落莖梗不凋，至春復發舊枝，故名。　陶隱居云：　今處處有。　茵蔯五月採。用葉有八角者佳。　氣微寒，味苦，平。　陰中微陽。　無毒。　入足太陽經。　《象》云：　除煩熱，主風濕熱邪結於內。　去枝梗，用葉。　《本草》云：　治風濕寒熱，邪氣熱結，黃疸通身發黃，小便不利，除頭熱，去伏瘕。　入足太陽。　仲景云：　茵蔯梔子大黃湯，治濕熱也。　梔子蘗皮湯，治燥熱也。　如苗澇則濕黃，苗旱則燥黃。　濕則瀉之，燥則潤之可也。　此二藥治陽黃也。　韓祇和、李思訓治陰黃，茵蔯附子湯。　大抵以茵蔯為君主，佐以大黃、附子，各隨其寒熱也。　《珍》云：　治傷寒發黃。　日華子云：　茵蔯治熱狂頭痛，天行時疾，風熱瘴癘。

明・蔣儀《藥鏡》卷三平部　茵陳蒿　專理溲便，膀胱對劑。蓋疸因脾濕，而脾惡濕，乘水瀉則濕消，濕消則土厚，而疸自愈矣。山茵陳亦能除濕，結熱尤清。蓄血發黃，非其所宜。

明・李中梓《頤生微論》卷三　茵陳　味苦，性寒，無毒。入膀胱經。主濕熱黃疸，利小腸。新補。　按：　茵陳雖去濕熱，須五苓之類佐助成功，中病即已。若過用之，元氣受賊。

明・張景岳《景岳全書》卷四八《本草正》　茵陳　味苦、微辛，氣微寒。陰中微陽，入足太陽經。用此者，用其利濕逐熱，故能通關節，解熱滯，療天行時疾，熱狂頭痛，利小水。專治黃疸，宜佐梔子。黃而濕者多腫，再加滲利。黃而燥者乾澁，再加涼潤。只有陰黃一證，因以中寒不運，此非所宜。

明・賈九如《藥品化義》卷一二濕藥　茵陳　微辛，亦能除濕，性味俱輕，從上導下，利水清熱，專治黃疸。

明・盧之頤《本草乘雅半偈》帙二　茵陳蒿《本經》上品　氣味：　苦，平，無毒。　主治：　主風濕寒熱邪氣，熱結黃疸。久服輕身，益氣耐老。面白悅，長年。白兔食之仙。

覈曰：　生太山，及丘陵坡岸上，所在亦有，不及太山者佳。春生苗，似蓬蒿而葉緊細。九月作花，結實與菴䕡花實相似。亦有無花無實者，秋後莖枯，經冬不死，至春舊苗復生。修治：　用葉有八角者，陰乾，去根，細剉，勿令犯火。伏硇砂。

先人云：　諸邪成熱，入中為疸，必從腠理脈絡而內薄之。陳絲如腠如理，如脈如絡，芬芳踈利，味苦健行，則入者出，結者散矣。又云：　誠山廚之清供，脾土之生陽者也。

參曰：　甲子季春，經山陰道中，遠矚籬落間，宛若綠氣蒸出，就之叢生似藻，纖柔青整，訊之土人，即茵陳蒿也。始釋君蒿悽愴，沐醯青蔯之絲之義。藏器謂其因舊苗而發，因名茵陳。《內經》云：　春三月，此謂發陳，大相脗合。故因者，仍也，托也；　陳者，故也，有也，木德之始也。言仍托故有，以宣木德之始，雖與蘩蕭蔚莪，至秋老成，同為蒿屬，不若此芳香宣發之能因陳致新耳。寒熱邪氣，交結于中，不能宣發，則鬱黴成黃，此陳也。茵陳宣發發陳，外入之邪外出，陳去而新生矣。輕身面悅白者，久服則新新非故。益氣者，即益新新宣發之氣耳。

明・李中梓《本草通玄》卷上　茵陳蒿　足太陽藥也。　治發黃，袪濕熱，利小便，通關節。　按：　發黃有陰陽二種，茵陳，同梔子、黃蘗以治陽黃，同附子、乾薑以治陰黃。總之茵陳為君，隨佐使之寒熱，而理黃症之陰陽也。古法用茵陳同生薑搗爛，於胸前、四肢，日日擦之。

清・顧元交《本草彙箋》卷三　茵陳蒿　茵陳利水清熱，從上導下，爲疸病之主藥。疸有濕疸、酒疸、穀疸、女勞疸及瘀血發黃，所因不同，唯各從其義類之藥，君茵陳以治之。唯傷寒熱甚發黃，又有濕燥之別，如苗之澇則濕黃，旱則燥黃也。濕則瀉之，茵陳梔子大黃湯；　燥則潤之，則用梔子蘗皮湯。此二者又皆治陽黃也。更有陰黃，則用茵陳附子湯。大抵以茵陳爲君，佐以大黃、附子，各隨其寒熱也。　茵陳雖蒿類，經冬不死，更因舊苗而生，故名茵陳。

清・穆石匏《本草洞詮》卷九　茵蔯蒿　經冬不凋，更因舊苗而生，故名。氣味苦辛平，無毒。一云微寒，有小毒。治風濕寒熱，邪氣熱結，黃疸，小便不利，通關節，久服輕身耐老。傷寒熱甚發黃者用之，仲景茵蔯巵子大黃湯治濕熱也，巵子蘗皮湯治躁熱也。如苗澇則濕黃，苗旱則燥黃，濕則瀉之，燥則潤之，此二藥治陽黃也。　韓祇和、李思訓治陰黃用茵蔯附子湯。大抵以茵蔯為主，而佐以大黃、附子，各隨其寒熱也。《本經》謂白兔食之仙，是亦仙草之一矣。

清・劉雲密《本草述》卷九上　茵陳蒿　藏器曰：　此雖蒿類，經冬不死，更因舊苗而生，故名因陳，後加蒿字耳。　按茵陳，二月生苗，其莖如艾，其葉如淡色青蒿而背白，葉歧，緊細而扁整，此即蘇頌所謂汴京及北地所用之山茵陳也。乃因《本草》無山茵陳，止有茵陳蒿，人遂疑為兩種，不知《本草》註云：　葉似蓬蒿而緊細。又韓保昇曰：　葉似青蒿而背白，是寧有兩種乎？　時珍釋其誤曰：　茵陳，昔人多蒔為蔬，故入藥用山茵陳，所以別家茵陳也。

洪舜俞《老圃賦》云酣糟紫薑之掌，沐醢青陳之絲，是也。今淮揚人二月二日，猶采野茵陳苗，和粉麪作茵陳餅食之。後人各據方土，所傳遂致淆亂。得時珍此說，可以釋其疑矣。但頌說山茵陳不結實，而時珍謂亦有實如艾子，與無實者為一種，而有少異耳。

莖葉：　氣味：　苦，平，微寒，無毒。　普曰：　神農、岐伯、雷公：　苦，無毒。黃帝：　辛，無毒。　權曰：　苦、辛，有小毒。　潔古曰：　苦、甘，陰中微陽，入足太陽經。

主治：　風溼寒熱，邪氣熱結，黃疸《本經》。小便不利《別録》。通關節，去滯熱藏器。治時疾熱狂，頭痛頭旋風眼日華子。海藏曰：　張仲景茵陳梔子大黃湯，治溼熱也。梔子檗皮湯，治燥熱也。如苗澇則溼黃，苗旱則燥黃，溼則瀉之，燥則潤之，可也。此二藥治陽黃也。韓祇和、李思訓治陰黃用茵陳附子湯，大抵以茵陳為君主，而佐以大黃、附子，各隨其寒熱也。

盧復曰：　諸邪成熱入中為疸，必從腠理脈絡而內薄之，蔯絲如腠如理，如脈如絡，芬芳疎利，味苦健行則入者出，結者散矣。　之頤曰：　藏器謂其因舊苗而發，因名茵陳。《內經》云：　春三月，此謂發陳，大相脗合。故因者，仍也，托也。陳者，故也，有也，木德之始也。言仍托，故有以宣木德之始，雖與蘩蕭蔚莪，至秋老成，同為蒿屬。不若此芳香宣發之能，因陳致新耳。　希雍曰：　茵陳蒿感天地苦寒之味，而兼得春之生氣以生者也，其味苦，平，微寒，無毒。入足陽明、太陰、足太陽三經。除溼散熱結之要藥也。

茵陳，性苦，寒，能除一切溼熱，五疸。雖各有其因，然同為溼熱所成，故得黃連、乾葛、黃檗、苜蓿、五味子，治酒疸如神。　得二朮、茯苓、澤瀉、車前子、木通、橘皮、神麴、紅麴、麥門冬，治穀疸。　同生地黃、仙人對坐草、石斛、木瓜、牛膝、黃檗，治疸因酒色而得，病名女勞疸。　又茵陳五苓散，總治諸疸。

愚按：　茵陳，方書槩以為除溼熱，如治黃疸是也。第如茵陳湯，既用大黃行溼熱矣。而必以茵陳為君者，何哉？　蓋黃疸專屬中土，土之主在木也。土屬溼，而還病於溼。茵陳秋後莖枯，經冬不死，至春又生根，水德之所養，而宣水德之用，土之用又在水也。由木以達水，由水之達以善土之用，正此味發陳致新，其功有如是也。與他味之逐溼熱者殊，而滲利為功者尤難匹矣。先哲曰：　脾病色黃，土氣化溼，非溼毒何能發黃？　故黃證有溼氣勝則如熏黃而晦，熱氣勝則如橘黃而明。溼固蒸熱，熱亦聚溼，皆從中土之溼毒以為本，所以茵陳皆宜也。雖然如《本經》所云，風溼寒熱，邪氣熱結黃疸，海藏謂隨陽黃陰黃皆用之，而又云內感傷寒，因勞役飲食失宜，變寒病生黃，非外感而得，只用理中、大小建中足矣，茵陳不必用。將無內傷證俱不得用歟？曰：是不可槩論也。試思人身溼熱之病居多，如七情，如房勞，如酒食違宜，如勞役過度，致傷其中氣，累及元氣，而遂致脾陰大損，不能為胃行其津液者，何可量數。先哲曰：若論此證所因，外則風寒暑濕，內則喜怒憂驚，酒食房勞，三因悉備，世醫獨嚴於《傷寒論》中，何哉？故愚悉此以補《本草》之漏。第有因如是之損傷，以病黃疸者，亦有因如是之損傷，而不能調養以成虛勞者，雖亦有發黃，而實則區以別矣。海藏所謂不必用者，當是此類耳。至黃疸證，丹溪曰發黃如盦麴相似，但溼熱有微甚，及兼熱，兼寒，瘀血所因不同。抑溼熱之微甚，何以明之？蓋傷其中氣以累元氣，則脾陰已受傷，故病於溼，溼漸化熱，熱則脾陰之傷愈甚，而胃陽愈困，更不能行其津液矣。至此溼滋熱，熱益滋溼，先哲謂黃為溼疸，為單陽而無陰，此陽邪即溼邪之所鬱而壅也。黃與疸合，則脾腎交病矣。先哲曰小便不利為裏實，宜利小便，或下之。蓋腎固水臟也。又曰：無汗為表實，宜發汗，或吐之，吐中有汗，總是達溼，小水與汗無二也。又曰：小便赤澀為溼熱盛，滲溼清熱。若小便清白，屬虛證。合而參之，是小便不利，及赤澀者，乃溼兼熱而甚者也。《經》曰：脾脈搏堅而長，其色黃當病少氣，腎脈搏堅而長，其色黃而赤者，當病折腰。色黃赤，指小水也。蓋脾之眞氣衰，則無以為水之主，而溼邪壅水，不得土氣以行其化，而陽邪壅，眞陰虛，二者交病，此《經》所謂精氣奪，則虛也。邪氣更湊於精氣之虛，其浸淫以為患者，詎可量乎？此證始於胃，次及脾，更次及腎，固有淺深，是所謂自微而甚者也。邪盛則實，如之何，其可補乎？是茵陳湯、茵陳五苓散之的對。蓋茵陳能達水化，以行木用，而救脾者也。然則內傷雖原屬虛證，至標急則舍本而治標矣。先哲又云：久病則脾胃受傷，已非旦夕氣血虛弱，必用補劑，俾正氣盛，則邪氣退，庶可收功，不可過用涼劑，強通小便，恐腎水枯竭，久而面黑黃色，不可治也。又云：然有元氣素弱，避滲利之害，過服滋補，以致溼熱愈增者，則又不可拘於久病調補之例也。如斯反覆叮寧，是固從標而思救本，更從本而思治標，其治猶難執一，是所謂溼兼熱者，謂其非外感，而舍茵陳，固未可也。如海藏所說，惟虛而寒者，乃為對待之治，不用是亦可矣。然有勞役傷氣已甚，而或因口食冷物，或久雨體脆感其氣，致寒溼相合以發黃者，薑、附、草蔻、白朮等藥投之，何以亦用茵陳？緣不足之正氣，為有餘之邪所乘也，不能不藉之以化溼。所謂陰黃亦用，是溼證兼寒者也。唯是先哲曰：男子黃，小便自利，當與虛勞。又曰：諸疸小便色白，不可除熱者，無熱也。若有虛寒證，當作虛勞治之。夫既曰無熱，而又無寒溼證，是非黃疸明矣。卻有虛寒證，《經》曰氣虛者，寒也。如以黃疸治，不幾大誤乎？故曰：當與虛勞。虛勞證，即先哲所謂脚弱，心忪，口淡，耳鳴，微寒發熱，氣急，小便白濁諸證。亦曰當作虛勞而治，以養榮湯者也。惟此等證，投以茵陳，反為虛虛，如之何其可也？故知茲物之投於外感之陽黃、陰黃皆宜，於內傷之溼熱者宜。先哲曰：諸疸，小便赤黃色者，為溼熱於內傷之寒溼合者不宜。蓋內傷之寒溼，是溼為陽氣不足之所化，不可以有餘之治法化之也。唯補陽，如水附湯可矣，眞無所須於茵陳也。抑黃病原屬中土，乃潔古言茵陳入足太陽者，何也？蓋足太陽固屬水腑，然《經》曰巨陽者，諸陽之屬也。又曰：三焦者，太陽、少陰之所將，能宣巨陽之水化，以布三焦之氣化，故入足太陽，而達中土之溼化。此義本自親切也。

附方　風疾攣急，茵陳蒿一斤，秫米一石，麴三斤，和勻，如常法釀酒，服之。　茵陳酒治風疾者，正為其宜木德之用也。　希雍曰：蓄血發黃者，禁用。

修治　須用葉有八角者，采得陰乾，去根，細剉用。勿令犯火。

清・郭章宜《本草匯》卷一一　茵陳蒿　味苦微寒，陰中微陽，入足太陽經。通腠理，主黃疸佛熱于肌表，利小便，主傷寒結熱于腹中，因上下分消之妙，故有專治濕熱之功。

按：茵陳專理溲便，本為膀胱之劑，又何以治疸？蓋疸之為病，脾受傷也。而脾之所惡，濕乘土也。得茵陳以利水，則濕去土安，而疸自愈。然亦須五苓之類，佐助成功。用之者，中病即已，過用則元氣受賊矣。第發黃有陰陽二種，茵陳同梔子、黃蘗，以治陽黃。同乾薑、附子，以治陰黃。總之，茵陳為君，隨佐使之寒熱，而理黃症之陰陽也。仲景茵陳梔子大黃湯，治濕熱也。梔子蘗皮湯，治燥熱也。二藥俱治陽黃。李思訓用茵陳附子湯，治陰黃也。各隨寒熱佐使可耳。古方用茵陳同生薑搗爛，于胸前四肢日日擦之，則黃退矣。疥瘡煎汁洗之，立愈。

清・蔣居祉《本草擇要綱目・寒性藥品》　茵蔯蒿　氣味：苦，平，微寒，無毒。陰中微陽。入足太陽經，又入足陽明經。主治：風濕結熱，通關節，去伏瘕，通身發黄成疸，小便不利。故茵陳梔子大黄湯治濕黄，梔子栢皮湯治燥黄，為陽黄之要藥。茵蔯附子湯治陰黄，為陰分之通劑。各隨寒熱而君主之也。

清·王翃《握靈本草》卷三　茵蔯蒿出泰山者良。　主治：茵蔯蒿，苦，平，微寒，無毒。主風濕寒熱，邪氣熱結黄疸。　發明：茵蔯蒿　陰中微陽，入足太陽經。

清·汪昂《本草備要》卷二　茵陳通，利濕熱，治諸黄。　苦燥濕，寒勝熱。入足太陽膀胱經。發汗利水，以泄太陰、陽明脾、胃之濕熱。爲治黄疸之君藥。脾胃有濕熱則發黄，黄者，脾之色也。熱甚者，身如橘色，汗如柏汁。亦有寒濕發黄，身熏黄而色暗。大抵治以茵陳爲主，陽黄加大黄、梔子，陰黄加附子、乾薑，各隨寒熱治之。又治傷寒時疾，狂熱瘴瘧，頭痛頭旋，女人瘕疝。皆濕熱爲病。

清·吴楚《寶命真詮》卷三　茵陳　【略】理黄疸而驅濕熱，佐五苓而利小腸。

清·陳士鐸《本草新編》卷三　茵陳　味苦、辛，氣平、微寒，陰中微陽，無毒。入足太陽、少陽之經。專治癉症發黄，非黄症，斷不可用。果是真黄病，可用之為君。但黄症亦不同，有陰黄、陽黄，有熱黄，有濕黄、寒黄、燥黄，有血黄、氣黄之殊，不可不辨。世人一見發黄，全不分別，俱用茵陳，而無引經之品，共相佐使，所以有效、有不效也，謹細陳之。陰黄之病，其濕不甚，黄色亦不深，下身黄，而上身不黄者也，夜間反覺不安，欲小便而反澁，日間小便反利，轉覺安寧。治法宜用茵陳為君，而佐之茯苓、澤瀉、薏苡仁之類，或加之五苓散亦妙。茵陳可用至三錢至五錢，不可越五錢之外，連服數劑，黄可盡退也。陽黄之病，其濕亦不大甚，但黄色如金，上身眼目盡黄，而下身反不黄者是也，日間小便艱澁，或痛或不痛，夜則安然自利。治法宜用茵陳為君，而佐之升麻、桔梗、茯苓、天花粉、麻黄、黄芩之類，數服即愈，而茵陳必須多加五六錢也。熱黄之病，口必大渴，然多飲反覺不快，一身上下俱黄，眼目反覺色淡，小便時急數疼痛，其溺必如黄汗，蓋熱結于膀胱而不得出耳。法亦用茵陳為君，大約必須五錢為止，而佐之龍膽草、炒梔子、芍藥、茯苓、猪苓、澤瀉之類，則火熱瀉而黄亦愈也。寒黄之病，一見水，則大吐不已，畏寒怕冷，腹中時疼，手按之始安，一身上下亦黄，眼目自白，小便清長，而夜間尤利，蓋寒結于膀胱，命門無火以通之，則水氣流入于脾，而脾又寒虚，乃滲走于皮毛而為黄，其黄色必如秋葵之色者也。雖亦用茵陳為君，但止可用至一錢，切戒多用，必須佐之白术、茯苓、山藥、芡實、薏仁，少用附子數分，以溫補其命門之火，不須十劑，則全愈矣。濕黄之病，全是水濕之氣也，雖黄症俱是水濕，而濕黄之水濕更甚，一身上下、眼目、手足盡黄，俱身必浮腫，按之如泥，亦用茵陳四五錢，加入升麻、甘遂、牽牛、車前、澤瀉之類，少升其氣，使水盡從大、小便出，一劑水濕減去大半，而黄盡退矣，斷不可服三劑。蓋牽牛、甘遂性悍，多服恐傷人元氣耳。燥黄之病，全非水濕，其外現之症，不過胸前之皮肉少黄，而一身上下、眼目不黄，此肺金燥極，黄發于胸前，乃假象也。然既已發黄，茵陳亦不可全然不用，可用七八分，加入麥冬、梔子、芍藥、陳皮、天門冬、元參、天花粉、白芥子之類，久服自愈，肺經不燥，而胸黄自除也。血黄之症，上下一身、眼目俱黄，身必發熱，胸必煩悶，腹必疼痛，此血瘀于腹中胸下，故變為發黄，傷寒症中，最多此病，論理可遵仲景夫子之方，照症分治。而余亦酌定一方，以便世之採用：茵陳為君，加丹皮、牛膝、當歸、梔子、川芎、大黄之品，一服而疼痛煩悶除，其黄必漸愈。苟或服藥，仍然悶痛，必須加入水蛭一錢，其瘀血始解，而發黄盡退也。氣黄之病，身不發熱，亦無飽悶煩燥之狀，但頭面發黄如淡金之色，飲食知味少，若行動，便覺氣怯不能動履，小便不數，大便反燥，然亦不結，此氣虚不能運化水濕之氣，以成黄病者也。可用茵陳一二錢，加入人參、白术、黄芪、茯苓、車前子，大劑煎飲，自然氣旺，而黄色全消矣。吾言至此，雖不敢謂黄症，治法全備，然分病既清，用藥無悮，要不能越此範圍。願人當臨症之時，細察而分治之可耳。

或問：子論黄病，實發天地之奇，黄病豈盡于此乎？曰：更有一種，身不黄，而手足反黄者，此濕熱壅閉于中焦，乃脾胃之虚，不能化水也。亦用茵陳加白术、茯苓、陳皮、甘草、白芥子、枳殼、檳榔、白芍之類治之，則水漸利而黄漸去。倘身黄，而手足反不黄者，乃不治之症也。

清·顧靖遠《顧氏醫鏡》卷七　茵陳苦，寒。入脾胃膀胱三經。　善去濕熱，總治諸疸。黄疸雖各有所因，然同為濕熱所成。　蓄血發黄者，非此所宜。

清·李熙和《醫經允中》卷一九　茵陳　入足太陽膀胱經。　苦，平，微寒，無毒。主治風濕熱結黄疸要藥，利小便，傷寒留熱發黄。按：茵陳專理溲便，膀胱本藥，何以治疸？蓋疸之為病，脾受傷，而脾之所惡濕，中土得茵陳以利水，則濕去土安，而疸愈矣。亦有潦旱之劑，潦則濕黄，旱則燥黄，濕宜瀉，旱宜潤，總以茵陳為君，察症辨色，佐之可也。中病則已，過服元氣受傷。

清・馮兆張《馮氏錦囊秘錄・雜症痘疹藥性主治合參》卷二　茵蔯蒿感天地苦寒之味，兼得春之生氣以生者也。其味苦平，微寒，無毒。茵蔯蒿，專治黄疸，須分陰黄、陽黄。陽黄熱多，有濕有燥，濕則佐以梔子、大黄，燥則佐以梔子、（橘）〔蘗〕皮。陰黄只屬寒多，須附子共劑。總行滯氣，解煩熱，化痰利濕之要藥。入陽明、太陰，去濕除熱，散結利水之神劑也。過用損傷元氣。

主治痘疹合參：擇陳久者佳，主去濕除熱，散結利水，化痰行滯。凡夏月瘡疹熱甚，小便不利者宜用。如痘子搔癢，可為熏藥，亦以其能去濕熱也。

清・张璐《本經逢原》卷二　茵蔯蒿　苦，平，微寒，無毒。《本經》主風濕寒熱邪氣，熱結黄疸。　發明：茵蔯有二種：一種葉細如青蒿者，名綿茵蔯，專於利水，為濕熱黄癉要藥。一種生子如鈴者，名山茵蔯，又名角蒿，其味辛苦小毒，專於殺蟲，治口齒瘡絶勝，並入足太陽。《本經》主風濕寒熱，熱結黄癉，濕伏陽明所生之病，皆指綿茵蔯而言。仲景茵蔯蒿湯以之為君，治濕熱發黄。梔子蘗皮湯以之為佐，治燥熱發黄。如苗澇則濕黄，旱則燥黄。其麻黄連軺赤小豆湯以之為使，治瘀熱在裏而身黄，此三方分治陽黄也。其治陰黄則有茵蔯附子湯，各隨燥濕寒熱而為主治。按茵蔯專走氣分而利濕熱，若蓄血發黄，非此能治也。《外臺》治齒齦宣露，《千金》治口瘡齒蝕，並用燒灰塗之，有汁吐去，一宿即效。而殺蟲方中，一味煎湯，内服外洗，皆用角蒿，專取逐濕化熱之功也。

清・浦士貞《夕庵讀本草快編》卷二　茵蔯蒿《本經》　此雖蒿類，經冬不死，還從舊苗而生，故名。茵蔯昔人多蒔為蔬，入藥取山茵蔯為佳。洪聖俞《老圃賦》云酣糟紫薑之掌，沐醯青蔯之絲是也。　茵蔯苦甘，陰中微陽，入足太陽。而為黄疸發黄之要藥，兼治天行狂熱，頭痛風濕。故仲景有茵蔯大黄湯治濕熱，梔子蘗皮湯治燥熱。譬之苗澇則濕黄，苗旱則燥黄，蓋濕宜瀉，燥宜潤也，二者皆痊陽分之黄。如韓祇和茵蔯附子湯則療陰分之黄矣。三方也，皆以茵蔯為君，佐以大黄、附子，是各隨症變通也。

清・張志聰、高世栻《本草崇原》卷上　茵陳蒿　氣味苦，平，微寒，無毒。主治風濕寒熱邪氣，熱結黄疸。久服輕身益氣，耐老，面白悅，長年。白兔食之仙。　茵陳蒿始出太山及丘陵坡岸上，今處處有之，不若太山者佳。苗似蓬蒿，其葉緊細，臭香如艾，秋後莖枯，終冬不死，至春因舊根而復生，故名茵陳。一種開花結實者，名鈴兒茵陳。無花實者，名毛茵陳，入藥以無花實者為勝。《經》云：春三月，此為發陳，茵陳因舊苗而春生，蓋因冬令水寒之氣，而具陽春生發之機。主治風濕寒熱邪氣，得生陽之氣，則外邪自散也。熱結黄疸，得水寒之氣，則内熱自除也。久服則生陽上升，故輕身益氣耐老。因陳而生新，故面白悅，長年。兔乃純陰之物，喜陽春之氣，故白兔食之而成仙。

清・劉漢基《藥性通考》卷五　茵陳蒿　味苦，氣寒，無毒。入足太陽膀胱經。去水濕，發汗利水。泄太陰、陽明之濕熱，治疸黄之君藥。脾胃有濕熱則發黄，黄者，脾之色也，熱甚者身如橘色，汗如栢汁。亦有寒濕發黄，身薰黄而色暗。大抵治以茵陳為主，陽黄加大黄、梔子；　陰黄加附子、乾薑，各隨寒熱治之。又治傷寒時疾，狂熱瘴瘧，頭痛頭旋，女人瘕疝之病。○然茵陳單用力薄，不能取盛。凡有黄疸之症，用茵陳一兩，猪苓一兩，赤茯苓一兩，膽草一兩，澤瀉五錢，甘草三錢，同煎服之，則黄症全消矣。茵陳之妙如此，要在乎人之善用也。

清・姚球《本草經解要》卷二　茵陳　氣平、微寒，味苦，無毒。主風濕寒熱，邪氣熱結，黄疸。久服輕身，益氣耐老，面白悅，長年。　茵陳氣平微寒，稟天秋平冬寒金水之氣，入手太陰肺經、足太陽寒水膀胱經。味苦無毒，得地南方之火味，入手少陰心經。氣味俱降，陰也。風為陽邪，濕為陰邪，風濕在太陽，陽邪發熱，陰邪發寒也。其主之者，氣寒清熱，味苦燥濕也。心為君火，火鬱太陰，則肺不能通調水道，下輸膀胱，而熱與濕結矣。太陰乃濕土之經，所以蒸土色於皮毛，而成黄疸也。其主之者，苦平可以清心肺，微寒可以解濕熱也。久服則燥勝，所以身輕。平寒清肺，肺主氣，所以益氣。心主血，味苦清心，心清則血充華面，所以耐老而面白可悅也。心為十二官之主，心安十二官皆安，所以長年也。　製方：　茵陳同川連、乾葛、黄柏、苡仁、北味，治酒疸。同二术、茯苓、澤瀉、車前、木通、陳皮、神麯、紅麯，治穀疸。同生地、石斛、木瓜、牛膝、黄柏，治女勞疸。

清・王子接《得宜本草・上品藥》　茵陳　味苦。入足太陽、陽明、太陰經。主治風濕寒熱。得山梔療熱黄，得附子治陰黄，得車前治眼目濕熱赤腫。

清・黃元御《長沙藥解》卷四　茵陳蒿　味苦，微寒。入足太陰脾、足太陽膀胱經。利水道而泄濕淫，消瘀熱而退黃疸。《傷寒》茵陳蒿湯，茵陳蒿六兩，梔子十四枚，劈，大黃二兩。治太陰病，身黃，腹滿，小便不利者。以己土濕陷，木鬱熱生，濕熱傳于膀胱，水竅不開，淫溢經絡，鬱蒸而發黃色。茵陳利水而除濕，梔子、大黃泄熱而消瘀也。《金匱》茵陳五苓散，茵陳蒿末十分，五苓散五分。治病黃疸。茵陳行經而泄濕，五苓利水而開癖也。　茵陳通達經絡，滲泄膀胱，性專去濕，故治發黃。並浴瘡疥瘙癢之疾。

清・吳儀洛《本草從新》卷一　茵陳〔通，利濕熱，治諸黃。〕　苦燥濕，寒勝熱，入足太陽經膀胱。發汗利水，泄太陰、陽明之濕熱脾胃。為治黃疸之君藥。脾胃有濕熱則發黃，黃者脾之色。身如橘色，汗如檗汁而色明者熱多，熏黃而色暗者濕多，須五苓之類佐助成功。又治傷寒時疾，狂熱瘴瘧，頭痛頭旋，女人瘕疝。皆濕熱為病。　按：黃疸須分陰黃陽黃，陽黃宜茵陳，陰黃宜溫補，若用茵陳，多致不救。

清・汪紱《醫林纂要探源》卷二　茵陳蒿　苦，寒。有似青蒿，枝葉茸茸，但色黃綠不芬者；有似菊葉而薄小，作黃花如鈴下垂，曰倒掛金鈴者。二種皆因舊根而生新苗，故名。得土之生氣，堅腎，燥脾濕，去鬱解熱。色微黃，花亦黃，是有得於土之氣而行濕以去其鬱熱也。苦能燥脾土之濕，濕不積則不鬱而成熱。主治黃疸，泄太陰、陽明濕熱，而通之太陽水道。守在下部，亦治時熱瘴瘧。

清・嚴潔等《得配本草》卷三　茵陳蒿　伏硇砂。　苦，微寒。入足太陽、太陰經氣分。利水燥濕。治瘴瘧，療疝瘕。得附子、乾薑，治陰黃。　得白鮮皮，治痼黃如金。配秫米、麥麴釀酒，治攣急。佐大黃、梔子，治濕熱。佐桃仁，治血黃。佐蒼朮、厚朴，治濕黃。佐枳實、山楂，治食積發黃。佐知母、黃柏，治火黃。佐車前子、木通，治黃而小便不利。　去根用。　勿犯火。

熱甚發黃，無濕氣，二者禁用。

題清・徐大椿《藥性切用》卷三　茵陳蒿　性味苦寒，入足太陽兼入足太陰、陽明。耑利濕熱，為黃疸君藥。

清・黃宫繡《本草求真》卷五　茵陳治太陽、陽明濕熱。　茵陳耑入膀胱、胃。味苦微寒，諸書皆言濕熱伏於陽明胃。用此以入太陽膀胱發汗利水。俾太陽、陽明濕熱之邪，盡得於藥而解矣！且治傷寒時疾狂熱，瘴瘧、頭痛、頭旋，女人疝瘕，亦是濕熱為病。但黃原有陰陽寒熱之分，陽黃者由熱蘊於脾土，如苗值於大旱，則苗必燥而黃，是苗因燥而黃者也。太澇則苗必濕而黃，是苗因濕而黃者也。熱為陽，寒為陰，故黃亦以陰陽分之。陽黃身如橘色，汗如柏汁；寒黃黃而色晦，當細辨別。是以仲景立有茵陳蒿湯、梔子蘗皮湯、麻黃連翹赤小豆湯，以治陽黃之症。又立茵陳附子湯，以治陰黃之症。茵陳治黃通劑，在人審其所因而酌治耳。若蓄血發黃，則治不在茵陳之列，以茵陳本屬氣分藥也，於血則不能治矣。茵陳本有二種，葉細而青蒿者可用，若生子如鈴，則為山茵陳矣，耑於殺蟲，及治口瘡。

清・楊璿《傷寒溫疫條辨》卷六寒劑類　茵蔯蒿　味苦，性寒。入脾、胃、膀胱。利濕清熱，專治疸黃，佐用梔子。黃而濕多腫，再加滲利；　黃而燥乾澁，再加涼潤。惟陰黃一證不治。黃疸、穀疸、酒疸、黃汗疸、女勞疸。亦有畜血發黃，不盡脾胃濕熱。女勞疸必屬腎虛，酌用四物、茜、紫、六味、知、栢壯其水，四君培其氣，隨證加利濕清熱藥自效。痰火濕熱瀉痢固宜，寒熱痎瘧發黃尤效。仲景茵蔯蒿湯。

清・羅國綱《羅氏會約醫鏡》卷一六草部　茵陳味苦，性寒，入膀胱經。燥濕苦也，除熱寒也，瀉脾胃濕熱。佐五苓，為治疸黃之主藥。黃者脾之色，由濕熱而成，須分陰陽。陽黃多熱，佐以梔子、大黃，陰黃多寒，佐以附子、乾薑。療天行時疾熱狂，苦寒之功。利水，散結，化痰燥濕。若過用，損傷元氣。

清・陳修園《神農本草經讀》卷二上品　茵陳　氣味苦，平，微寒，無毒。主風濕寒熱邪氣，熱結黃疸。久服輕身，益氣，耐老，面白悅，長年。白兔食之成仙。　張隱庵曰：《經》云春三月，此為發陳。茵陳因舊苗而春生，蓋因冬令寒水之氣，而具陽春生發之機。主治風濕寒熱邪氣，得生陽之氣，則外邪自散也。結熱黃疸，得水寒之氣，則內熱自除也。久服則生陽上升，故輕身益氣耐老。因陳而生新，故面白悅，長年。兔乃純陰之物，喜食陽春之氣，故白兔食之成仙。

清・趙學敏《本草綱目拾遺》正誤　茵蔯乃蒿屬，昔人多種以為蔬。《本經》所載主風濕寒熱，熱結黃癉，濕伏陽明所生之病，皆指綿茵蔯而言，其葉細於青蒿者是也。乾之色作淡清白色，今人呼為羊毛茵陳者是也。其性專于利水，故為黃癉濕熱要藥。一種生子如鈴者，名山茵蔯，即角蒿。其味辛苦有小毒，專於殺蟲，治口齒瘡尤妙。今人呼為鈴兒茵蔯，藥肆中俱有之。此不可以不辨而概誤用之也。瀕湖茵蔯下集解條所載，亦是羊毛茵蔯，而以角蒿另列，故自卓識。而於發明下却未及指出，俗以角蒿為茵蔯並用。若言其時尚未有山茵蔯一種相混，何《直指方》治眼熱赤腫即用山茵蔯者，偏又引入茵蔯條耶？至角蒿下集解中，瀕湖亦無一語言其苗葉形狀者，或尚未知此即山茵蔯也。

清・王學權《重慶堂隨筆》卷下　茵陳　乃蒿屬，昔人多種以為蔬。《本經》所載主風濕寒熱，熱結黃疸，濕伏陽明所生之病，皆指綿茵陳而言，其葉細於青蒿者是也。乾之色作淡青白色，今人呼為羊毛茵陳者是也。其性專利水，故為黃疸濕熱要藥。一種生子如鈴者，名山茵陳，即角蒿，其味辛苦有小毒，專於殺蟲，治口齒瘡尤妙，今人呼為鈴兒茵陳。藥肆中俱有之，此不可以不辨而概誤用之也。《綱目》以茵陳、角蒿分別，故是卓識，而未能指出俗以角蒿為茵陳，且將山茵陳治眼熱赤腫方引入茵陳條下，至角蒿下亦無一語言其苗葉形狀者，或尚未知此即山茵陳耶？

清・黃凱鈞《藥籠小品》　茵陳　入膀胱，發汗利水，泄脾胃濕熱，為治陽黃之主藥。若陰黃宜溫補，用茵陳大謬。

清・王龍《本草纂要稿・草部》　茵陳蒿　氣味苦辛而寒。治淋秘，能驅風散濕。利小便，消黃疸如金。除障瘧，解傷寒。行滯止痛，寬膈化痰。入足太陽經。

清・張德裕《本草正義》卷上　茵陳　苦，涼。入膀胱。用其利濕逐熱，通小便。專治黃疸，佐以梔子。若黃而濕者多腫，宜加滲利。黃而燥者乾澁，宜加涼潤。至陰黃一證，以中虛寒濕所致者勿宜，或佐以溫。濕熱瀉痢，亦宜用之。

清・楊時泰《本草述鉤元》卷九　茵陳蒿　入藥用山茵陳，家蒔者力薄。二月生苗，其莖如艾葉，如淡色青蒿而背白，有歧，緊細而扁整。此雖蒿類，經冬不死，更因舊苗而生，故名茵陳。

莖葉味苦、辛、甘，氣微寒。陰中微陽。入足陽明、太陰、太陽經。主風濕寒熱邪氣，熱結黃疸《本經》。小便不利，通關節，去滯熱，治時疾熱狂頭痛，頭旋風眼諸本草。性味苦寒，為除濕散熱結之要藥仲淳。茵陳因舊苗而發春令，故云發陳也。蘩蕭蔚莪，同為蒿屬，不若此草芳香宣發，獨能因陳以致新子由。疸證有濕熱，有燥熱，譬之於苗，澇則濕黃，旱則燥黃，濕則瀉之，燥則潤之，此陽黃也。又有陰黃。大抵皆以茵陳為主，而佐治各隨其寒熱也海藏。茵陳五苓散，總治諸疸。得黃連、黃蘗、乾葛、苜蓿、五味子，治酒疸。得二术、茯苓、澤瀉、車前、木通、橘皮、神麴、紅麴、麥冬，治穀疸。同生地、仙人對坐草、石斛、木瓜、牛膝、黃蘗，治女勞疸。風疾攣急，茵陳一斤，秫米一石，麴三斤和匀，如常法釀酒，服之。

論：茵陳秋後莖枯，經冬不死，至春又生，根水德之所養，而宣木德之用，土之主在木，其用在水，由木以達水，由水木之達以善土之用，發陳致新，與他味之逐濕熱者殊，而滲利為功者尤難相匹。盧氏謂諸邪成熱入中為疸，必從腠理脈絡而內薄之，蔯絲如腠如理，如脈如絡，芬芳疎利，味苦健行，則入者出結者散矣。黃證濕氣勝則如熏黃而晦，熱氣勝則如橘黃而明，濕固蒸熱，熱亦聚濕，皆從中土之濕毒以為本，所以茵陳皆宜。海藏謂陽黃、陰黃皆用之。又云：內傷變黃，只用理中、建中，茵陳不必用。試思人身濕熱之病居多，如七情房勞，酒食違宜，勞役過度，傷其中氣，以累元氣，致脾陰大損，不能為胃行其津液者，何可勝數。第有因如是之損傷，以病黃疸者，亦有損傷而不能調養，以成虛勞者，虛勞雖亦有發黃，實則區以別矣。海藏所云不必用，當是此類。至於黃證，黃為濕，疸為單陽而無陰，此陽邪即濕邪之所鬱而壅者。濕邪有微甚及兼熱兼寒瘀血之所因不同，其初七情房勞，酒食勞役，傷其中氣，以累元氣，脾陰受傷，故病於濕。濕漸化熱，熱則脾陰之傷愈甚，而胃陽愈困，更不能行其津液矣。至此濕滋熱，熱益滋濕，黃與疸合，黃為濕疸，為單陽而無陰。則脾腎交病矣。先哲曰：小便不利為裏實，宜利小便，或下之。無汗為表實，宜發汗或吐之。小便赤濇為濕熱盛，惟小便清白定屬虛，先哲言男子黃，小便自利，當與虛勞脚弱，心忪口淡耳鳴，微寒發熱，氣急便濁諸證，均治以養榮湯。投以茵陳，反為虛虛。然則小便不利及赤濇者，乃濕兼熱甚，因脾之真氣衰，無以為水之主，而濕邪壅，水不得土氣以行其化，而陽邪壅，真陰虛，二者交病，大都始於胃，次及脾，更次及腎，自微而甚，皆茵陳之對治，緣茵陳能達水化，以行木用而救脾也。至於內傷，原屬虛證，果至標急，則雖虛而舍本以治標。若久病脾胃受傷，氣血虛弱，必須補助正氣，俾邪氣漸退，不可過用涼劑，強通小便，恐腎水枯竭，久而面色黑黃，不可治也。又有元氣素弱，避滲利之害，過服滋補，以致濕熱愈增者，則又不可拘於久病調補之例。更有勞役傷氣已甚，復因口食冷物，或久雨，體脆感其氣，致寒濕相合以發黃者，此種投薑、附、术、蔻，不得不藉茵陳以化濕，所謂陰黃也。總之，茲物之投於外感之陽黃、陰黃皆宜，於內傷之濕熱亦宜。小便當黃赤。惟於內傷之寒濕合者不宜。小便清白而自利。蓋內傷寒濕，為陽氣不足之所化，宜投朮、附，不可以有餘之治法化之也。抑黃病原屬中土，潔古乃言茵陳入足太陽，何也？曰：巨陽者諸陽之屬也，又三焦者足太陽少陰之所將，能宣巨陽水化，則能達中土之濕化矣。

修治：采得葉有八角者，陰乾，去根，細剉，弗令犯火。

清·王世鍾《家藏蒙筌》卷一五《本草》 茵蔯 味苦，微寒。陰中微陽。苦能燥濕，寒能勝熱。入足太陽經。通利濕熱，專治黃疸。利小便，通關節黃。仲景治傷寒熱甚發黃，身面悉黃者，用之極效。一僧因傷寒後發汗不徹，有留熱，面身皆黃，多熱，期年不愈。醫作食治不對，而食不減。與此藥服五日，病減三分之一，十日減三分之二，三十病悉去。方用茵蔯、梔子各三錢，秦艽、升麻各四錢，為散，每用三錢，水煎服。但黃疸症宜分陰黃、陽黃，如陽黃宜佐以梔子之類，陰黃宜加以附子之屬。若陰黃，(中)中寒不運而虛弱者，可用八味地黃之類，而茵蔯又非其所宜也。貴在因機達變，不得拘泥膠執。○治遍身風痒瘡疥，用茵蔯煎濃，洗之立瘥。

清·葉桂《本草再新》卷二 茵陳 味苦，性寒，無毒。入肝、腎二經。瀉火平肝，化痰止欬，發汗利濕，消腫，療瘡火諸毒。

清·吳其濬《植物名實圖考》卷一一 茵陳蒿 《本經》上品。宋《圖經》列敘數種，訖無定論。今以《蜀本草》注，葉似青蒿而背白，中州俗呼茵陳者當之。江南所用，或石香葇，或大葉薄荷，皆非蒿類。

雩婁農曰：因陳，昔醫皆謂因陳根而生，故名。日南多暑，冬草不死，北地之蒿，凍塗如滌。其陳根不拔者，唯此耳。循名責實，何庸聚訟？杜詩：茵陳春藕香。吾鄉亦摘其嫩芽食之，諺曰：四月茵陳五月蒿。言至五月則老不中噉。《爾雅》：蘩之皤，秋為蒿。此草春為茵陳，盛夏則蒿矣。其功著於去濕，而醫者無的識。河魚腹疾，奈何？夫百草以蒿類最繁，而為用亦眾。嘗之為藥，茹之為蔬。其臭也，焚以為薰。其明也，燎以為燭。蓋天之生物，必隨處而各足。聖人制物，必盡材而無遺。居陸者取給於陸，居澤者取給於澤，居山者取給於山，民生不見難得之貨，俯仰有資，不待他求，故民氣樸僿，重地著而賤遷移。其懋遷者不過山人足魚、水人足木而已；雖有大賈駔儈，不敢以奇異剝民衣食之資。先王重本抑末，其制如此，非待重租稅以困之也。後世貴野鶩而賤家雞，凡日用之具，來愈遠則愈貴。乳酪之俗而嗜越醞，氈毳之鄉而服吳綿，其桑麻魚稻之區，則又反之。一闤之市，必備南北之珍；萬家之邑，必具蕃舶之貨；商賈僦五致一，而取贏十倍。由此觀之，民安得不靡，而戶安得不貧哉？夫取蕭祭脂，非不為誠也，今則旃檀沉速矣。束緼請火，非不為明也，今則川蠟、胡麻矣。所有者視如糞土，所無者視如金玉，何其輕重倒置耶？雖然《管子》之言輕重也，官山府海，重其國之所輕，以輕鄰國之所重，其富強亦一時計耳。厥後山之林木，衡鹿守之；藪之薪蒸，虞候守之；澤之萑蒲，舟鮫守之；海之鹽蜃，祈望守之。擅百姓之利以為利，而民利失；又縻其國之所利，以易鄰國之利，而其國之利亦失。一輕一重，衡適為動；一重一輕，衡適為平。聖人以耕稼治天下，霸者以商賈治其國。孟子尊王賤霸，其以此歟？

清·趙其光《本草求原》卷三隰草部 茵陳蒿 《經》云：春三月，此為發陳。茵陳秋後莖枯，終冬不死，春因舊苗而復生。故名茵陳。氣平，入胃。微寒，入腎。味苦、微辛，香如艾，能疏利健行。其絲如腠理，如脈絡，是因冬令水寒之氣，具陽春發達之機，使土中之水由木而達。凡諸邪成熱，從腠理脈絡而內薄中土以為黃疸者，皆散而出之。主治風濕寒熱邪氣，春陽生發之氣能散，辛又主散。熱結黃疸，得水寒之氣則內熱除，如熏黃而晦，合梔子、大黃瀉腸胃之濕熱，以治陽明之裏。如橘黃而明，合梔子、柏皮清心胸之熱，以治陽明之表。二方皆治陽黃。又治寒濕陰黃，理中湯加之。便溏之濕勝為黃，加入五苓散。少陽之癉黃，加入小柴胡。及酒疸，同酒炒黃連、黃柏、乾葛、五味、砂仁。碎後入水，心下懊痛，足腫，尿赤是。又田螺煮酒食。穀疸，因傷食而得，同二朮、苓、澤、車、通、橘、麴、紅麴、麥冬。女勞黃疸，房勞後入水，致身目黃，額黑，小腹滿急，大便溏黑，發熱惡寒。同生地、川瓜、石斛、牛膝、黃柏，又飲花粉汁，並以豬膏煎發至枯，去渣服。勞疸，因勞而得。同膽草、梔仁、豬膽汁為丸，麥飲下。食疸，同膽草、苦參，牛膽汁為丸，傷酒酒下，餘以薑湯、麥芽湯、山楂湯任下。風疾攣急，同秫米、酒麴釀酒飲。通關節，利小便，除濕熱，治時疾熱狂，頭痛、頭旋，風眼，久服輕身益氣耐老，皆生陽上升，水化行土化達之功。令面白悅，茵陳生新故也。所治皆外感之陽黃、陰黃與內傷濕熱之症，若陽虛虛勞、寒濕痿黃及蓄血發黃勿用。

葉緊細，有八角，背白，香如艾；采，陰乾用，勿犯火。以無花實，名毛茵陳者佳；有花實者，名鈴兒茵陳，少效。

清·葉志詵《神農本草經贊》卷一 因陳 味苦，平。主風濕寒熱，邪氣熱結黃疸。久服輕身，益氣耐老。生邱陵阪岸上。

生生不息，陳陳相因。冬藏根蟄，春度萌伸。葉覔八角，餅薦三晨。疴蠲黃濕，耳食仙𩞍。

《易》：生生之謂易。《禮》：流而不息。《漢書·志》：陳陳相因。陳藏器曰：此雖蒿類，經冬不死，更因舊苗而生，故名因陳。雷斆論：凡使，須用葉有八角者。李時珍曰：淮揚人二月三日采因陳苗，和粉作餅食之。《史記·年表》：此與以耳食無異。名醫曰：白兔食之仙。

清·文晟《新編六書》卷六《藥性摘錄》 茵陳 苦，微寒。入膀胱胃。發汗利水，除濕熱。〇治傷寒時疾狂熱，瘴瘧頭痛頭旋。〇女人疝瘕，且為黃疸要藥。然陽黃，則仲景立有茵陳蒿湯、梔子蘗皮湯。〇陰黃，則立有茵陳附子湯。須辨其色之明晦而用之。〇惟蓄血發黃，則不當用茵陳等氣分之藥耳。〇葉細而青蒿者，可用。〇生子如鈴者，為山茵陳。㟁於殺蟲，及治口瘡。

清·張仁錫《藥性蒙求·草部》 茵陳錢半、二錢 茵陳味苦，退疸除黃。滲濕泄熱，陽證為良。苦燥而寒，入足太陽經。發汗利水，以泄太陰、陽明之濕熱，為治黃疸之君藥。陽黃宜之。陰黃宜溫，不宜用。

清·屠道和《本草匯纂》卷二瀉濕 茵陳 專入膀胱、胃。苦平，微寒，無毒。治太陽、陽明濕熱，為治黃疸君藥。治天行時疾熱狂，頭痛頭旋，風眼疼痛，瘴瘧熱結，除頭熱，通關節，去伏瘕，治通身發黃，小便不利。婦人癥瘕。按：黃有寒熱陰陽之分，寒則黃而色晦，熱則身如橘色，汗如柏油。陽則如苗值大旱，由燥而枯者。陰則如苗值大澇，由濕而黃者。陽黃宜茵陳，陰黃宜溫補，若妄用茵陳，多致不救。茵陳有二種，葉細而青蒿者，可用。若生子如鈴，則為山茵陳，㟁於殺蟲及治口瘡。

清·戴葆元《本草綱目易知錄》卷一 茵陳蒿 苦燥濕，寒勝熱，入足太陽經。發汗利水，以瀉太陰、陽明之濕熱，為疸黃之君藥。治風濕寒熱，邪氣熱結，通身發黃，小便不利。除煩熱，去伏瘕，通關節，去滯熱。療天行時疾，熱狂痢瘧，頭痛頭旋，風眼赤腫，女人癥瘕，閃損乏絕。

清·黃光霽《本草衍句》 茵陳蒿 苦燥濕，寒勝熱。泄脾胃之濕熱，利水化痰；入太陽之膀胱，通關散滯。時疾熱狂，膽黃熱結發黃，分別陰陽，此藥各隨寒熱。主治風濕寒熱，得山梔療熱黃，得附子治陰黃，得車前治濕熱眼目赤腫。

一僧因傷寒後發汗不徹，有留熱，面身皆黃多熱，期年不愈。予用山茵陳、山梔子各三錢，秦艽、升麻各四錢，為散，煎服三錢，二十日病愈。

清·陳其瑞《本草撮要》卷一 茵陳 味苦，入足太陽、陽明、太陰經，功專去風濕寒熱。得山梔療熱黃，得附子治陰黃，得車前治眼目濕熱赤腫。凡濕熱為病，推為上品。浸酒服，可以去濕。

清·仲昴庭《本草崇原集說》卷一 茵陳蒿 【略】仲氏曰：茵陳列上品，可久服。上品一百二十五種，各有所主。故久服各有所驗，或單用，或配味，或作湯液，或入丸散，服之或以年月計，或以旬日計，皆久也。若傷寒六氣相感，須克期奏效，一二劑中病即止，何久之可言。

骨蓬

附：日·丹波康賴《醫心方》卷三〇 骨蓬 崔禹〔錫〕云：味鹹，大冷，無毒，主黃疸，消渴。

邪蒿

明·姚可成《食物本草》卷首王西樓《救荒野譜》 斜蒿食莖葉。三四月生。小者一科俱可用，大者摘嫩頭。於湯中略過，晒乾。臨食再用湯泡，油鹽拌食。白食亦可。

斜蒿復斜蒿，采采臨春郊。終日不盈把，悵望登東皋。欲進不能進，風日寒瀟瀟。

明·周履靖《茹草編》卷一 斜蒿 斜楊斜柳，斜掩簾櫳。斜塘上，採採斜蒿，斜雨斜風。歸來斜抱孤琴，晚日霽斜紅。三四月生，小者一窠俱可用，大者摘嫩頭，用湯略焯過，晒乾，臨食再用湯泡，油鹽拌食，白食亦可。

燕子不來香

明·姚可成《食物本草》卷首王西樓《救荒野譜》 燕子不來香食莖葉。蚤春采，可熟食。燕來時，則腥臭不堪，故名。 燕子不來香，燕子來時便不香。我願今年燕不來，常與吾民充餱糧。

明·周履靖《茹草編》卷一 燕子不來香 新蒲正短，舊壘猶空。繡箔珠簾，面面風黏。天芳草碧，玉茸茸越。呢喃聲香，曉摘芳叢。昭陽殿裏，姤綠嫌紅，無奈香消一盼中。 初春採，水洗去根，香油炒食。燕來時則腥臭，不堪食，故名。

青蒿

宋·李昉《太平御覽》卷第九九七　青蒿　《詩疏義》曰：蒿，青蒿也。荆豫汝陰，皆謂之菣。　《神仙服食經》曰：十一月採彭勃。彭勃，白蒿也。兔食之，壽八百歲。

蒿　《爾雅》曰：蘩，皤蒿。郭璞注：〔白〕蒿也。蒿，菣也。郭璞注曰：今人採青蒿，香中炙啗者，為菣也。菣，袪刀切。蔚，牡菣。無子者。　又曰：蘩之醜，秋為蒿。醜，類也。春時各有種名，至秋老成，皆通呼為蒿。　《爾雅疏》、陸璣《毛詩疏義》曰：采蘩。《爾雅》曰：皤，蒿也。凡艾色白為皤，今白蒿是也。春生，秋乃香美，可生食，又可蒸，一名遊胡。北海人謂之旁勃。　又曰：匪莪伊蔚。蔚，牡蒿牡菣也。似蒿。三月始生，七月花，花似胡麻花而紫赤。八月為角，角似小豆角，鋭而長，一名馬新蒿。

宋·沈括《夢溪筆談》卷二六《藥議》　蒿之類至多，如青蒿一類，自有兩種，有黄色者，有青色者，《本草》謂之青蒿，亦恐有別也。陝西綏銀之間有青蒿，在蒿叢之間時有一兩株，迥然青色，土人謂之香蒿，莖葉與常蒿悉同，但常蒿色緑，而此蒿色青翠，一如松檜之色至深。餘蒿並黄，此蒿獨青，氣稍芬芳，恐古人所用，以此為勝。

宋·唐慎微《證類本草》卷一〇草部下品〔《本經·別録》〕　草蒿　**味苦，寒，**無毒。**主疥瘙痂痒惡瘡，殺蝨，留熱在骨節間，明目。一名青蒿，一名方潰。**生華陰川澤。

〔梁·陶弘景《本草經集注》〕云：處處有之。即今青蒿。人亦取雜香菜食之。

〔唐·蘇敬《唐本草》〕注云：此蒿生挼傅金瘡，大止血生肉，止疼痛，良。

〔宋·馬志《開寶本草》〕按：陳藏器《本草》：蒿，主鬼氣尸疰伏連，婦人血氣，腹内滿及冷熱久痢。秋冬用子，春夏用苗，並搗絞汁服。亦暴乾爲末，小便中服。如覺冷，用酒煮。又燒爲灰，紙八九重淋取汁，和石灰去息肉、黶子。

〔宋·掌禹錫《嘉祐本草》〕按：《蜀本圖經》云：葉似茵蔯蒿而背不白，高四尺許。四月、五月採苗，日乾。江東人呼爲犱蒿，爲其臭似犱，北人呼爲青蒿。《爾雅》云：蒿，菣。釋曰：蒿，一名菣。《詩·小雅》云：食野之蒿。陸璣云：青蒿也。荆、豫之間，汝南、汝陰皆云菣。孫炎云：荆楚之間謂蒿爲菣。郭云：今人呼青蒿香中炙啖者爲菣，是也。日華子云：青蒿，補中益氣，輕身補勞，駐顏色，長毛髮，髮黑不老，兼去蒜髮，心痛，熱黄。生搗汁服并傅之。瀉痢，飯飲調末五錢匕。燒灰和石灰煎，治惡毒瘡，并莖亦用。又云：子，味甘，冷，無毒。明目，開胃。炒用治勞，壯健人。小便浸用治惡瘡疥癬風瘮，殺蝨煎洗。又云：臭蒿子，涼，無毒。治勞，下氣開胃，止盜汗及邪氣鬼毒。又名草蒿。

〔宋·蘇頌《本草圖經》〕曰：草蒿，即青蒿也。生華陰川澤，今處處有之。春生苗，葉極細嫩，時人亦取雜諸香菜食之。至夏，高三五尺。秋後開細淡黄花，花下便結子，如粟米大，八九月間採子，陰乾。根、莖、子、葉並入藥用，乾者炙作飲香尤佳。青蒿亦名方潰。凡使子勿使葉，使根勿使莖，四者若同，反以成疾。得童子便浸之，良。治骨蒸熱勞爲最。古方多單用者。葛氏治金刃初傷，取生青蒿搗傅上，以帛裹創，血止即愈。崔元亮《海上方》：療骨蒸鬼氣，取童子小便五大斗澄過，青蒿五斗，八九月揀帶子者最好，細剉，二物相和，内好大釜中，以猛火煎取三大斗，去滓，淨洗，釜令乾，再瀉汁安釜中，以微火煎可二大斗，即取猪膽十枚相和，煎一大斗半，除火待冷，以新甆器盛。每欲服時，取甘草二三兩熟炙，搗末，以煎和，搗一千杵爲丸，空腹粥飲下二十丸，漸增至三十丸止。

〔宋·唐慎微《證類本草》〕雷公云：凡使，唯中爲妙，到膝即仰，到腰即俛。使子勿使葉，使根勿使莖，四件若同使，飜然成痼疾。採得葉不計多少，用七歲兒童七個溺，浸七日七夜後，漉出，曬乾用之。《食療》云：青蒿，寒。益氣長髮，能輕身補中，不老明目，煞風毒。搗傅瘡上，止血生肉。最早，春便生，色白者是。自然香醋淹爲菹，益人。治骨蒸，以小便漬一兩宿，乾，末爲丸，甚去熱勞。又，鬼氣，取子爲末，酒服之方寸匕，差。燒灰淋汁，和石灰煎，治惡瘡瘢靨。《百一方》：治蜂螫人。嚼青蒿傅瘡上，即差。《斗門方》：治丈夫、婦人勞瘦。青蒿細剉，水三斗，童子小便五升同煎，取二升半，去滓，入器中煎成膏，丸如梧桐子大，空心，臨卧以溫酒吞下二十丸。

宋·寇宗奭《本草衍義》卷一一　草蒿　今青蒿也。在處有之，得春最早，人剔以爲蔬，根赤葉香。今人謂之青蒿，亦有所別也。但一類之中，又取其青〔色〕者。陝西綏銀之間有青蒿。在蒿叢之間，時有一兩窠，迥然青色，土人謂之爲香蒿。莖、葉與常蒿一同，但常蒿色淡青，此蒿色深青，猶青，故氣芬芳。恐古人所用以深青者爲勝，不然，諸蒿何嘗不青。

宋·鄭樵《通志》卷七五《昆蟲草木略》　草蒿　曰方潰，曰菣。江東曰犱蒿，即青蒿也。《爾雅》云：蒿，菣。

宋·劉明之《圖經本草藥性總論》卷上　草蒿　味苦，寒，無毒。主疥瘙痂痒惡瘡，殺虱，留熱在骨節間，明目。《唐本》注：生挼，傅金瘡，大止血，生肉，止疼痛良也。陳藏器云：主鬼氣尸疰伏連，婦人血氣腹内滿，及冷熱久痢。秋冬用子，春夏用苗。並搗汁服，亦暴乾為末，小便中服。如覺冷，用酒煮。又燒為灰，紙八九重，淋汁，和石灰，去息肉黶子。日華子云：補中益氣，輕身補勞，駐顏色，去心痛熱黃，生搗汁服，并傅之。瀉痢，飯飲調末服之。和石灰煎，治惡毒瘡，并莖亦用。又云：子，味甘，冷，無毒。明目開胃，炒用。治勞壯健人，小便浸用。治惡瘡疥癬風瘮，殺虱，煎洗。又云：臭蒿子，涼，無毒。治勞，下氣開胃，止盜汗，及邪氣鬼毒。又名青蒿。《圖經》：凡使子勿使葉，使根勿使莖，四者若同，反以成疾。得童子小便浸之良。治骨蒸熱勞為最，古方多單用者。生萃陰川澤，今處處有之。葉嫩時，人亦取，雜諸香菜食之。

宋·王介《履巉巖本草》卷上　青蒿　一名三庚草。味苦，寒，無毒。治疥瘙痂痒惡瘡，殺蟲，留熱在骨節間，明目。於三伏內，每遇庚日，日未出時採摘一握，掛於宅庭，可以辟邪氣。一名草蒿，一名方潰。春初嫩時亦可作菜食，絞汁服，血衄極驗。

宋·王介《履巉巖本草》卷中　草蒿　乃青蒿也。味苦，寒，無毒。主疥癩惡瘡，殺蟲。補中益氣，輕身補勞，駐顏色，長毛髮，髮黑不老，兼去蒜髮。心痛，擣汁服。瀉痢，飯飲調末服。如惡瘡疥癩風瘮，煎湯洗之，能殺蟲。治丈夫婦人勞瘦：青蒿細剉，每服三大錢，水一盞，童子小便半盞，煎至八分服。

宋·陳衍《寶慶本草折衷》卷一〇　草蒿苗、子通用。○又汁在內。　一名青蒿，一名犼蒿，一名臭蒿，一名香蒿，一名方潰，一名菣。○犼，音忍切。生華陰川澤及汝南屬豫州。○及汝陰，荊楚、江東、陝西、綏銀間。今處處有之。○臨海山者，俗號蕪蒿，此種尤勝。○八、九月採，陰乾。或春夏採苗，秋冬採子。

味苦，甘，寒，無毒。○主疥瘙，殺蝨，留熱在骨節間，明目。○《唐本》註云：生挼，傅金瘡，止血，生肉，止疼。○陳藏器云：主婦人血氣，腹滿及冷熱久痢。又取汁和石灰，去息肉黶子。○日華子云：補中益氣，駐顏長毛髮，去心痛，熱黃，生搗汁服。并燒灰和石灰煎，治惡毒瘡。○又云：子，開胃炒用，治瘡癬風瘮，煎汁。○又云：下氣，止盜汗，邪氣鬼毒。○《圖經》曰：苗葉極細，結子如粟米。凡使子，勿使葉；使根，勿使莖。四者若同，反以成疾。童子小便浸，治骨蒸熱勞為最。○寇氏曰：蒿香，以深青者為勝。

續說云：青蒿雖曰根、莖、子、葉並可入藥，不若其子為佳也。善治骨蒸熱勞，宜作以補劑服之，熱退即止，謹勿過服也。沈存中嘗論青蒿有兩種，有黃色者，有青色者。陝西青蒿叢生，迥然青翠如松花，至秋猶青而芬芳，此論新者耳，久則色變，殆難辨焉。

元·尚從善《本草元命苞》卷五　草蒿　即青蒿。無毒，味苦，寒。主疥瘙痂痒惡瘡，長毛髮，駐顏不老。殺蝨，除鬼氣尸疰伏連。補中，治冷熱久痢弗效，除留熱在骨節之間，調血氣於臍腹之內。傅金瘡，止血生肌。療勞熱骨蒸為最。實味甘，冷，無毒。明目輕身，開胃。生華陰川澤，今處處有之。葉似茵陳，其皆不白，秋後開花，細淡黃色，花下結實，如粟米。八月採子，宜陰乾。寔、葉、根、莖俱入藥用。又云：一方燒灰淋汁，和石灰為膏，去息肉黶子。

明·蘭茂原撰，范洪等抄補《滇南本草圖說》卷三　青蒿　形似蒿，開黃花，生子如粟米大。氣味苦，寒，無毒。主治：疥癩痂痒惡瘡，殺虱。治留熱在骨節間，明目，鬼氣尸疰伏留，婦人血腹內滿，及冷熱久痢。秋冬用子，春夏用苗。補中益氣，輕身補勞。駐顏色，毛髮令黑，不老。亦治瘧疾，止金瘡痛。

明·蘭茂撰，清·管暄校補《滇南本草》卷下　青蒿　性寒，味苦。入脾胃。去濕熱，治痰火嘈雜，消痰，上清頭目，痰火眩暈頭暈，利小便，涼血，止大腸風熱下血，退五種癆熱，發燒怕冷。少年氣盛者吃之，有進飲食之功，令人善餓。痰氣盛者，寬中下氣，倒飽心〔嘈〕，體虛者忌之。

附方：治五種虛癆發熱，青蒿用根一錢，地骨皮一錢，柴胡一錢，炒。鱉甲一錢，炙，石斛一錢，引用清明柳一錢，煨，點童便服。

補註：此方藥性寒涼，祇可治標，不可治本。但五癆者，必於虧損氣血，水火偏盛不濟之由。《經》曰：陰虛則發熱。陽在外，為陰之衛；陰在內，為陽之守。精神外馳，淫慾無節，陰氣耗散，陽氣無附，遂至浮散於肌表之間，故有惡熱也。治者當以滋陰降火治之，陰陽合而血氣固守，水火濟而骨蒸自退。

補註：滋陰降火湯，秦歸二錢，杭芍一錢，熟地二錢，淮生地二錢，地骨皮二錢，知母二錢，浙冬二錢，淮山藥二錢，白茯苓二錢，黑元參二錢，銀柴胡二錢，粉丹皮二錢，引用蓮子十個，去心，煨，點童便服。

又單方：　治大腸下血，熱者宜用，青蒿根單劑煎服。

明・蘭茂《滇南本草》〔叢本〕卷中　青蒿　味苦，性寒。入脾胃。去濕消痰，治痰火嘈雜，上清頭目眩暈。利小便，涼血，止大便下血。通五積勞熱，發燒怕冷。少年氣盛者，食有進飲食之功，令人善餓。痰氣盛，寬中下氣，倒飽心慒，虛者忌之。單方：　治五種虛勞。青蒿、二錢，用根。地骨皮二錢、鱉甲、一錢，炒。石斛一錢、柴胡根，一錢，炒。引清明楊柳，煨，服點童便。註補：　滋陰降火湯，秦歸二錢、淮山藥二錢、杭芍一錢、熟地二錢、粉丹皮一錢、浙冬二錢、生地二錢、黑元參二錢、知母二錢、白茯苓二錢，引蓮子十個，點童便服。單方：　治大腸下血，胃與大腸熱者，宜青蒿根，單味煎服。痰火風熱，嘈雜頭暈，倒飽心嘈，單味服。

明・王綸《本草集要》卷三　草蒿即青蒿　味苦，氣寒，無毒。四月、五月採苗，日乾。根、莖、花、葉並入藥，四者勿同用，春夏用苗，秋冬用子。　主疥瘙癢惡瘡，殺蝨。生挼，傅金瘡止血，生肉止痛。又主鬼氣尸疰伏連，婦人血氣腹內滿，及冷熱久痢，止瀉開胃，明目，黑毛髮。治勞瘦，留熱在骨節間，童便浸之良。心痛熱黃，生搗汁服，并傅之。瀉痢，飯飲調末五錢，或入生薑煎濃汁服。骨蒸勞熱，細剉，入童便浸，大釜中煎半，去滓，再以微火煎成膏，丸如梧桐子大，空心既卧，酒下二十丸。鬼氣，取子為末，酒服方寸匕。惡瘡臭肉。燒灰淋汁，和石灰煎。

明・滕弘《神農本經會通》卷一　草蒿　即青蒿也。四五月採苗，日乾。八九月採子，陰乾。根、莖、子、葉並入藥用。四者若同，反以成疾。童子小便浸之良。又云：　採葉不計多少，用七歲童子溺浸七日夜後，漉出晒乾用之。春夏用苗，秋冬用子。　味苦，氣寒，無毒。一云：　子，味甘，冷，無毒。《本經》云：　主疥瘙，痂痒惡瘡，殺蝨，留熱在骨節間，明目。《唐本》注云：　生挼，傅金瘡，大止血，生肉，止疼痛良。陳藏器云：　主鬼氣尸疰伏連，婦人血氣，腹內滿，及冷熱久痢。秋冬用子，春夏用苗。並搗絞汁服。亦暴乾為末，小便中服。如覺冷，用酒煮。又燒為灰，紙八九重，淋取汁，和石灰，去息肉黶子。日華子云：　補中益氣，輕身補勞，駐顏色，長毛髮，髮黑不老，兼去蒜髮，心痛熱黃，生搗汁服，并傅之。瀉痢，飯飲調末五錢匙。燒灰，和石灰煎，治惡毒瘡，并莖亦用。又云：　子，味甘，冷，無毒。明目，開胃，炒用。治勞壯，健人小便浸用，治惡瘡疥癬風瘮，殺蝨，煎洗。又云：　臭蒿子，涼，無毒。治勞下氣，開胃，止盜汗，及邪氣鬼毒。《圖經》云：　得童子小便浸之良。治骨蒸熱為最，古方多單用者。又《海上方》療骨蒸鬼氣，取童子小便五大斗，澄過，青蒿五斗，八九月採，帶子者最好，細剉，二物相和，內好大釜中，以猛火煎取三大斗，去滓，淨洗釜，令乾，再瀉汁，安釜中，以微火煎，可二大斗，取猪膽十枚相和，煎一大斗半，除火，待冷，以新甆器盛，每欲服時，取甘草二三兩，熟炙，搗末，以煎和搗一千杵，為丸，空腹粥飲下二十丸，漸增至三十丸止。又治金刃初傷，取生青蒿搗傅上，以帛裹創，血止即愈。《食療》云：　青蒿，寒。益氣長髮，輕身補中不老，明目，煞風毒。搗傅瘡上，止血生肉。又治骨蒸，以小便漬一兩宿，乾末為丸，甚去熱勞。又鬼氣，取子為末，酒服之方寸匕，差。燒灰淋汁，和石灰煎，治惡瘡瘢黶。《斗門方》：　治丈夫婦人勞瘦，青蒿細剉，水三斗，童子小便五升，同煎，取二升半，去滓，入器中，煎成膏，丸如梧子大，空心臨卧温酒下二十丸。《局》云：　草蒿一本作青蒿，能療骨蒸更補勞。風瘮洗瘡除疥蝨，秋冬用子夏春苗。草蒿，一本作青蒿。去骨蒸勞熱。

明・劉文泰《本草品彙精要》卷一三　草蒿無毒　植生。

草蒿：　主疥瘙，痂癢，惡瘡，殺虱，留熱在骨節間，明目。《神農本經》。

〔名〕青蒿、方潰、犼蒿、菣、蒿菣。　〔苗〕《圖經》曰：　春生苗，葉極細，嫩時人亦取雜諸香菜食之。至夏，葉似茵陳蒿而背不白，莖高四五尺，秋後開細淡黃花，花下便結子如粟米大。《詩・小雅》云：　食野之蒿。陸璣云：　青蒿是也。　〔地〕《圖經》曰：　出華陰川澤，今處處有之。〔道地〕汝陰、荊豫、楚州。　〔時〕生：　春生苗。採：　八月、九月取。　〔收〕暴乾。　〔用〕根、莖、子、葉。　〔質〕類野艾而葉背不白。　〔色〕青白。　〔味〕苦。　〔性〕寒，泄。　〔氣〕味厚于氣，陰也。　〔臭〕香。　〔主〕骨蒸，邪熱。　〔製〕《雷公》云：　凡採葉，不計多少，用七歲兒童小便浸七日七夜後，漉出，曬乾用。

〔治〕療：　《圖經》曰：　療金刃所傷，生搗傅上，以綿裹之，血止即愈。《唐本》注云：　生挼，傅金瘡；　生肉，止疼痛。日華子云：　去蒜髮，心痛，熱黃，生搗汁服，並傅之。〇子炒用，開胃。童便浸，治勞，壯健人。及煎湯，洗惡瘡，疥癬，風瘮。〇臭蒿子，下氣，開胃，止盜汗，及邪氣，鬼毒。《別録》云：　蜂螫人，嚼傅瘡上，瘥。補：　日華子云：　補中益氣，輕身，補勞，駐顏色，長毛髮，令髮黑，不老。　〔合治〕暴乾爲末，合小便服，如覺冷，合酒煮服，療鬼氣尸疰伏連，婦人血氣，腹內滿，及冷熱久痢。秋冬用子，春夏用苗。

或單搗絞汁服亦可。○燒灰用紙八九重，淋取汁，合石灰點息肉，惡瘡，去瘢黶。○作末合飯飲，調服五錢匕，療瀉痢。○八九月採帶子者五升，細剉，合澄過童子小便五斗，共內大釜中，以猛火煎取三斗，去滓，淨洗釜，令乾，再瀉汁安釜中以微火煎，可二斗，取豬膽十枚，相和，煎一斗半，除火待冷，以瓷器盛。每欲服時，取甘草二三兩，炙搗末，以蒿煎，和搗一千杵，爲丸如梧子大，空腹粥飲下二十丸，漸增至三十丸，療骨蒸鬼氣，及丈夫、婦人勞瘦。〔禁〕《雷公》云：使子勿使葉，使葉勿使莖。四者若同用，反成痼疾。

明・俞弁《續醫說》卷一○ 苦蒿草 山東有一人家，共爨五百餘口，二百餘年不染瘟疫瘴氣。其家每歲以三伏日清晨採取苦蒿頭一束，陰乾，冬至日搗羅為細末，至除夜用蜜調和，從少至老，每人服一匕，終身不染一切毒病。此亦古人屠蘇之法。余聞此說于杭州士人俞冕云。

明・姚可成《食物本草》卷首王西樓《救荒野譜》 青蒿兒食莖葉。即茵陳蒿。春月采之，炊食。時俗二月二日，和粉麪作餅食之是也。 青蒿兒，纔發穎，二月二日春猶冷，家家競作茵陳餅。茵陳療病還療飢，借問采蒿知不知。

明・葉文齡《醫學統旨》卷八 青蒿 氣寒，味苦。無毒。童便浸之良。治骨蒸勞熱，鬼氣屍疰冷熱，久痢，止瀉，開胃明目，黑毛髮，心痛熱黃，疥瘙痂痒惡瘡。

明・許希周《藥性粗評》卷三 蒿草排瘧癆之陣。

青蒿，《本草》謂之草蒿。其莖可為燭心者。葉似茵陳蒿，而背不白。江南山阪處處有之。春夏採莖葉，秋冬採子根。凡使子勿使葉，使根勿使莖，不相能也。得童子小便浸良。味苦、甘，性寒，無毒。主治骨蒸癆瘵，久瘧不差，寒熱往來，通身發黃，小便不利，瘡疥風痒，涼膈益氣，宣利五臟。古方截瘧有青蒿丸云。

單方：骨蒸：青蒿葉不拘多少，童子小便浸二日，候乾，搗末，米湯丸如梧子大，每日溫酒送下二三十丸，日三服，佳。

明・鄭寧《藥性要略大全》卷六 青蒿即蒿草。 除骨蒸勞熱，明目。攪汁服。若生捋，傅金瘡，止血止痛，生肌。 味苦，氣寒，無毒。處處有之。根、苗、子、葉皆入藥。各自使之，用子勿用葉，用枝勿用根。四者若同用，反能致病。得童便浸，良。亦可煎水，洗瘡，除疥虱疥痒。亦作雜香菜食之。

明・陳嘉謨《本草蒙筌》卷二 草蒿即青蒿。 味苦，氣寒。無毒。山谷川澤，隨處有生。葉實根莖並堪入藥，春夏採用莖葉為宜。入童便熬膏，退骨蒸勞熱。生搗爛絞汁，卻心痛熱黃。瘜肉腫癰，燒灰淋濃湯點；洩痢鬼氣，研末調米飲吞。秋冬用之，取根與實。實須炒過，根乃咀成。愈風瘮疥瘙，止虛煩盜汗。開胃明目，辟邪殺蟲。○白蒿即蓬蒿別名，似青蒿而葉麄，上有白毛錯澀。補中氣，去濕黃，長毛髮殊効。○邪蒿似青蒿細軟，利腸胃，通血脉，續不足有功。○牡蒿葉長齊頭，一名齊頭蒿。充皮膚血脉滿盛。○角蒿花罷作角，主口齒疳䘌惡瘡。○䕡蒿比小薊略殊，下氣破血。○茼蒿與黃菊近似，安心養脾。○又馬先蒿，類茺蔚葉。俗呼虎麻茺蔚，亦理風濕癩瘍。

謨按：諺云三月茵陳四月蒿，人每誦之。只疑兩藥一種，因分老嫩而異名也。殊不知葉雖近蔗似，種却不同。草蒿葉背面俱青，且結花實；茵陳葉面青背白，花實全無。況遇寒冬，尤大差異。茵陳莖幹不凋，至春復舊幹上發葉，因幹陳老，故名茵陳。草蒿莖幹俱凋，至春再從根下起苗，如草重出，乃名草蒿。發舊幹者三月可採，產新苗者四月纔成。是指採從先後為云，非以苗分老嫩為說也。

明・王文潔《太乙仙製本草藥性大全》卷二《本草精義》 草蒿 一名青蒿，一名方潰，又名犼蒿，又名蒿葭，一名葭，一名菣。生華陰川澤，今處處有之。春生苗，葉極細嫩時，人亦取雜諸香菜食之。至夏高四五尺，秋後開細淡黃花，花下結子如粟米大。八九月間採子陰乾，根、莖、子、葉並入藥用。乾者炙作飲，香尤佳。青蒿亦名方潰。凡使子勿使葉，使根勿使莖，四者若同，反者成疾。得童便浸之良。

明・王文潔《太乙仙製本草藥性大全》卷二《仙製藥性》 草蒿即青蒿。 味苦，氣寒，無毒。 主治：入童便熬膏，退骨蒸勞熱。生搗爛絞汁，却心痛熱黃。瘜肉腫癰，燒灰淋濃湯點。洩痢鬼氣，研末調米飲吞。秋冬用之，取根與實，實須炒過，根乃咀成。愈風瘮疥瘙，止虛煩盜汗。開胃，明目，辟邪殺蟲。 補註：心痛熱黃，生搗汁服，滓傅之。○瀉痢，飯飲調服五錢，或入生薑煎汁服。○骨蒸勞熱，細剉入童便浸大釜中，煎半，去滓，再以微火煎成膏丸如梧子大，空心既臥，酒下二十丸。○鬼氣取子爲末，酒服方寸。○惡瘡息肉，燒灰淋汁，和石灰煎湯洗之。○蜂螫人，嚼傅瘡上即差。○瘢面，莖燒灰淋，和石灰煎汁點之。 太乙曰：凡使唯中爲妙，到膝即仰，到腰即俛。使子勿使葉，使根勿使莖，四件若同使，翻然成痼疾。採得葉不計多少，用七歲兒童童便溺浸七日七夜後，漉出晒乾。

明·皇甫嵩《本草發明》卷三　草蒿上品下，佐使。氣寒，味苦，無毒。一名青蒿。諸蒿中惟青、白蒿為最。　發明曰：　青蒿苦寒，除血分骨間熱。故《本草》主留熱在骨節間，止虚煩盜汗，明目。治疥瘙痂痒惡瘡，殺蝨，煎洗。入童便，搗葉取汁，煎膏，治骨蒸勞熱。又云：　補中益氣，補勞，長毛髮。生搗絞汁，卻心痛熱黄。燒灰，和石灰煎，治惡毒瘡及瘜肉癰腫，燒灰淋濃湯，點。洩痢鬼疰，研末，調米飲服。凡使子勿使葉，使根勿使莖，四者共用使，反成痼疾。常蒿色淡青，此蒿色深青。

明·李時珍《本草綱目》卷一五草部·隰草類上　青蒿《本經》下品

【釋名】草蒿《本經》　方潰《本經》　菣音牽，去聲。　犼蒿《蜀本》　香蒿《衍義》保昇曰：　草蒿，江東人呼爲犼蒿，爲其氣息似犼也。北人呼爲青蒿。《爾雅》云：　蒿，菣也。孫炎注云：　荆楚之間，謂蒿爲菣。郭璞注云：　今人呼青蒿香中炙啖者爲菣，是也。時珍曰：　《晏子》云：　蒿，草之高者也。按《爾雅》諸蒿，獨菣得單稱爲蒿，豈以諸蒿葉背皆白，而此蒿獨青，異於諸蒿故耶。

【集解】《别録》曰：　青蒿生華陰川澤。弘景曰：　處處有之，即今青蒿，人亦取雜香菜食之。保昇曰：　嫩時醋淹爲葅，自然香。葉似茵陳蒿而背不白，高四尺許。四月、五月採，日乾入藥。《詩》云：　呦呦鹿鳴，食野之蒿。即此蒿也。頌曰：　青蒿春生苗，葉極細，可食。至夏高四五尺。秋後開細淡黄花，花下便結子，如粟米大，八九月採子陰乾。根莖子葉並入藥用，乾炙作飲香尤佳。宗奭曰：　青蒿得春最早，人剔以爲蔬，根赤葉香。沈括《夢溪筆談》云青蒿一類，自有二種：　一種黄色，一種青色。《本草》謂之青蒿，亦有所别也。陝西銀綏之間，蒿叢中時有一兩窠迥然青色者，土人謂之香蒿。莖葉與常蒿一同，但常蒿色淡青，此蒿深青，如松檜之色，至深秋餘蒿並黄，此蒿猶青，其氣芬芳。恐古人所用，以深青者爲勝。不然，諸蒿何嘗不青？　時珍曰：　青蒿二月生苗，莖粗如指而肥軟，莖葉色並深青。其葉微似茵陳，而面背俱青。其根白硬。七八月開細黄花頗香。結實大如麻子，中有細子。

【修治】斅曰：　凡使，惟中爲妙，到膝即仰，到腰即俯。使子勿使葉，使根勿使莖，四件若同使，翻然成痼疾。採得葉，用七歲兒七個溺，浸七日七夜，漉出曬乾。

葉、莖、根、子　【氣味】苦，寒，無毒。時珍曰：　伏硫黄。　【主治】疥瘙痂癢惡瘡，殺蝨，治留熱在骨節間，明目《本經》。鬼氣尸疰伏留，婦人血氣，腹内滿，及冷熱久痢。秋冬用子，春夏用苗，並搗汁服。亦暴乾爲末，小便入酒和服藏器。補中益氣，輕身補勞，駐顔色，長毛髮，令黑不老，兼去蒜髮，殺風毒。心痛熱黄，生搗汁服，並貼之大明。治瘧疾寒熱時珍。生搗傅金瘡，止血止疼良蘇恭。燒灰隔紙淋汁，和石灰煎，治惡瘡瘜肉黶瘢孟詵。

【發明】頌曰：　青蒿治骨蒸熱勞爲最，古方單用之。時珍曰：　青蒿得春木少陽之氣最早，故所主之證，皆少陽、厥陰血分之病也。按《月令通纂》言伏内庚日，採青蒿懸於門庭内，可辟邪氣。陰乾爲末，冬至、元旦各服二錢亦良。觀此，則青蒿之治鬼疰伏尸，蓋亦有所伏也。

【附方】舊四，新十三。　男婦勞瘦：　青蒿細剉，水三升，童子小便五升，同煎取一升半。去滓入器中煎成膏，丸如梧子大。每空心及卧時，温酒吞下二十丸。《斗門方》。　虚勞寒熱：　肢體倦疼，不拘男婦。八九月青蒿成實時採之，去枝梗，以童子小便浸三日，曬乾爲末。每服二錢，烏梅一個，煎湯服。《靈苑方》。　骨蒸鬼氣：　童子小便五大斗澄清，青蒿五斗，八九月揀帶子者最好，細剉相和，納大釜中，以猛火煎取三大斗，去滓，溉釜令净，再以微火煎可二大斗，入猪膽一枚，同煎一大斗半，去火待冷，以瓷器盛之。每欲服時，取甘草二三兩，炙熟爲末，以煎和搗千杵爲丸。空腹粥飲下二十丸，漸增至三十丸止。崔元亮《海上方》。　骨蒸煩熱：　青蒿一握，猪膽汁一枚，杏仁四十個，去皮尖炒，以童子小便一大盞，煎五分，空心温服。《十便良方》。　虚勞盜汗：　煩熱口乾。用青蒿一斤，取汁熬膏，入人參末、麥門冬末各一兩，熬至可丸，丸如梧子大，每食後米飲服二十丸，名青蒿煎。《聖濟總録》。　瘧疾寒熱：　《肘後方》用青蒿一握，水二升，搗汁服之。《仁存方》用五月五日天未明時採青蒿陰乾四兩，桂心一兩，爲末。未發前，酒服二錢。《經驗方》用端午日採青蒿葉陰乾，桂心等分，爲末。每服一錢，先寒用熱酒，先熱用冷酒，發日五更服之。切忌發物。　温瘧痰甚：　但熱不寒。用青蒿二兩，童子小便浸焙，黄丹半兩，爲末。每服二錢，白湯調下。《仁存方》。　赤白痢下：　五月五日採青蒿、艾葉等分，同豆豉搗作餅，日乾，名蒿豉丹。每用一餅，以水一盞半煎服。《聖濟總録》。　鼻中衄血：　青蒿搗汁服之，並塞鼻中，極驗。《衛生易簡方》。　酒痔便血：　青蒿用葉不用莖，用莖不用葉，爲末。糞前冷水，糞後水酒調服。《永類鈐方》。　金瘡撲損：　《肘後方》用青蒿搗封之，血止則愈。一方：　用青蒿、麻葉、石灰等分，五月五日搗和曬乾。臨時爲末，搽之。《〔聖惠方〕》。　牙齒腫痛：　青蒿一握，煎水漱之。《濟急方》。　毒蜂螫人：　嚼青蒿封之即安。《肘後方》。　耳出濃汁：　青蒿末，綿裹納耳中。《聖惠方》。　鼻中息肉：　青蒿灰、石灰等分，淋汁熬膏點之。《聖濟總録》。

子　【氣味】甘，冷，無毒。　【主治】明目開胃，炒用。治勞瘦，壯健人小便浸用之。治惡瘡疥癬風疹，煎水洗之大明。治鬼氣，爲末酒服方寸匕孟詵。功同葉時珍。

【附方】新一　積熱眼澀：　三月三日或五月五日，採青蒿花或子，陰乾爲末，每井華水空心服二錢。久服明目，可夜看書，名青金散。《十便良方》。

明・周履靖《茹草編》卷一　青蒿兒　百花春正香，草色映疎雨，青蒿宛宛長。吳中美風俗，相過羅酒漿。看花復飲酒，為樂須青陽。不見蒿里下，淒淒空斷腸。　即茵陳蒿。春月採之，和麪作為餅，炊食之，時俗二月二日取。

明・梅得春《藥性會元》卷上　青蒿　味苦，氣寒，無毒。　凡使，惟中為妙，到膝即仰，到腰即俛，用子勿用葉，用根勿用莖，若四件並用，反致痼疾。　主治：骨蒸勞熱，鬼氣屍疰，冷熱久痢，止瀉開胃，明目，黑毛髮，心痛熱黃，疥瘙(茄)〔痂〕痒，惡瘡殺蟲，留熱在骨節間。　製法：取葉不拘多少，用童便浸七日，夜換，晒乾用。

明・李中立《本草原始》卷三　青蒿　《本經》原名草蒿。蒿，草之高者也。始生華陰川澤，今處處有之。春生苗，葉極細軟。至夏高四五尺，秋後開細淡黃花，花下便結子如粟米大，八九月採根、莖、子、葉，並入藥用。此蒿獨青，異於諸蒿，故名青蒿。　青蒿：氣味：苦，寒，無毒。　主治：疥瘙痂痒惡瘡，殺蝨。治留熱在骨節間，明目，鬼氣尸疰伏留。婦人血氣腹内滿及冷熱久痢。秋冬用子，春夏用苗，並擣汁服。亦暴乾為末，小便入酒和服。〇補中益氣，輕身，補勞，駐顔色，長毛髮令黑，不老，兼去蒜髮。殺風毒，心痛熱黃，生擣汁服，并貼之。〇治瘧疾寒熱。〇生擣傅金瘡，止血止疼良。〇燒灰隔紙淋汁，和石灰煎，治惡瘡瘜肉黶瘢。

青蒿，《本經》下品。【圖略】葉似茵陳，面背俱青。　雷公云：凡使，惟中為妙，到膝即仰，到腰即俛。使子勿使葉，使根勿使莖，四件若同使，翻然成痼疾。采得葉用，七歲兒七箇溺浸七日七夜，漉出晒乾。

青蒿，伏硫黃。　《百一方》：治蜂螫人，嚼青蒿傅患處，即差。

明・張懋辰《本草便》卷一　青蒿　味苦，氣寒，無毒。　主惡瘡，殺蝨，金瘡止血，生肉止痛。

明・李中梓《藥性解》卷四　青蒿　味苦，性寒，無毒，入心經。主骨蒸勞熱，虛煩盜汗，明目殺蟲。童便浸七宿，晒乾用。　按：青蒿苦入心，故瀉丙丁以理諸疾。

明・繆希雍《本草經疏》卷一〇　草蒿　味苦，寒，無毒。主疥瘙痂痒惡瘡，殺蝨，留熱在骨節間，明目。一名青蒿。

〔疏〕草蒿，青蒿也。稟天地芬烈之氣以生，故其味苦，其氣寒而芬芳，其性無毒。疥瘙痂痒惡瘡，皆由於血熱所致。留熱在骨節間者，是熱伏於陰分也。肝胃無熱則目明，苦能泄熱，苦能殺蟲，寒能退熱，熱去則血分平和，陰氣日長，前證自除，故悉主之也。諸苦寒藥多與胃氣不宜，惟青蒿之氣芬芳可人，香氣先入脾，故獨宜於血虛有熱之人，以其不犯胃氣故爾。是以蓐勞虛熱，非此不除矣。　〖主治參互〗青蒿得鼈甲、地黃、牛膝、枸杞、麥門冬、五味子，除一切産後虛熱，寒熱淹延不解。亦治一切虛勞寒熱，陰虛五心煩熱，腎水真陰不足，以致骨蒸勞熱，此為要藥。　陶隱居謂其生挼傅金瘡，大止血，生肉，止疼痛，以帛裹之。　陳藏器謂其主鬼氣尸疰伏留，婦人血氣腹内滿及冷熱久痢。秋冬用子，春夏用苗。　日華子謂其能補中益氣，輕身補勞，駐顔色，長毛髮，髮黑不老，心痛熱黃，生擣汁服。《百一方》治蜂螫人，嚼青蒿傅瘡上，即瘥。　《斗門方》治男婦勞瘦，用青蒿細剉，水三升，童便五升，同煎，取一升半，去滓，入器中煎成膏，丸如梧子大。每空心及臨臥，溫酒吞二十丸。　《靈苑方》治虛勞寒熱，肢體倦疼，不拘男婦。八九月青蒿成實時採之，去枝梗，以童便浸三日，晒乾為末。每服二錢，烏梅一箇，煎湯服。　崔元亮《海上方》治骨蒸鬼氣：用童便五大(升)〔斗〕澄清，青蒿五斗，八九月採，帶子者最好，細剉相和，納大釜中，以猛火煎取三大斗，去滓，溉釜令淨，再以微火煎可二大斗，入猪膽一枚，同煎一大斗半，去火待冷，以磁器盛之。每欲服時，取甘草二三兩，炙熟為末，以煎和擣千杵為丸。空腹粥飲下二十丸，漸增至三十丸止。《十便良方》治骨蒸煩熱：用青蒿一握，猪膽汁一枚，杏仁四十個去皮尖炒，以童溺一大盞，煎五分，空心溫服。　《聖濟總錄》治虛勞盜汗，煩熱口乾。用青蒿一斤，取汁熬膏，入沙參末，麥冬末各一兩，同熬至可丸，丸如梧子大，每食後米飲服二十丸，名青蒿煎。　《肘後方》治瘧疾寒熱，用青蒿一握，水二升，擣汁服之。　《仁存方》治溫瘧痰盛，但熱不寒。用青蒿二兩，童便浸焙，黃丹半兩，為末。每服二錢，白湯調下。　《衛生易簡方》治鼻衄，青蒿擣汁服之，并塞鼻中，極驗。　《永類鈐方》治酒痔便血，青蒿用葉不用莖，用莖不用葉，為末。血從糞前冷水調，糞後溫酒調服。《濟急方》治牙齒腫痛，青蒿一握，煎漱之。　《聖惠方》治耳中出膿，青蒿為末，綿裹納耳中。　〖簡誤〗産後氣虛，内寒作瀉及飲食停滯泄瀉者，勿用。凡産後脾胃薄弱，忌與當歸、地黃同用。

明·倪朱謨《本草彙言》卷三　青蒿　味苦，氣寒，無毒。乃少陽、厥陰血分藥也。　李時珍先生曰：　青蒿生華陰川澤，所在有之。得春最早，望春便發。莖如指肥，葉極纖細，色幷青翠，似茵陳蒿而背不白。至夏漸高，五六尺許。秋深開細淡黄花，花下結子如粟米。莖柔韌，根白硬。苗、葉、花、實，幷芬芳，功力亦相若也。嫩時醋淹爲葅，香凉可口。　沈氏《筆譚》云：　青蒿一類，自有二種。一黄色、一青色。青者入藥，即《農經》所指青蒿，亦有所別。陝西銀綏間，見青蒿叢中，時有一兩窠迥然特青，如松檜，翠碧可觀。至秋諸蒿轉黄，此蒿翠碧更倍。古人取深青者爲勝，此獨得蒿力之專精者也。不然諸蒿何嘗不青？但青而色淡耳。　雷公云：　凡使惟中爲妙。到膝即仰，到腰即俛。使子勿使葉，使根勿使莖。四件若同使，翻然成痼疾。修事：　其葉或莖實，七歲兒七個溺，浸七晝夜，取出曬乾用。

青蒿：　日華子清熱凉血，《本經》退骨蒸勞熱之藥也。陳月坡此藥得初春少陽之氣以生，去肝膽腎經伏熱，故明目消疥，退骨節間内蒸留熱。熱去則血分和平，陰氣日長，故勞熱骨蒸專主之也。大抵諸苦寒藥多與胃氣不宜，惟青蒿芬芳清潔，氣先襲脾，故獨宜于血虚有熱之人，以其不損胃氣故爾。是以蓐勞虚熱，非此不除。又《陳氏方》治傳尸鬼疰，瘧痢寒熱，齒痛，皆本少陽木鬱火鬱之病，以此芳潔苦寒之藥，用相宜耳。若專于真陰内損，營氣衰竭成勞者，當與大滋養藥同劑方善。倘勞熱之人，有胃虚不食泄瀉者，産後氣虚内寒作瀉者，咸宜戒之。

陳廷采先生曰：　諺云三月茵陳四月蒿。人每誦之，疑是兩藥一種，因分老嫩而異名也。殊不知葉雖近似，種却不同。青蒿葉背、面俱青，且結花實；　茵陳葉面青背白，花實全無。況遇寒冬，尤大差異。茵陳莖榦不凋，至春舊榦上復發葉，因榦陳老，故名茵陳。青蒿莖榦俱凋，至春再從根下發苗，如草重出。發舊榦者，三月可采；　産新苗者，四月纔成。是指採從先後爲云，非以苗分老嫩爲説也。《綱目·發明》云：　青蒿得春木少陽之氣最早，故所主之證，皆少陽、厥陰血分之病也。故治骨蒸熱勞爲最。古方每單用之。

集方：　《方脉正宗》治一切虚勞寒熱，陰虚五心煩熱，腎水真陰不足，以致骨蒸勞熱者，幷除産後一切虚熱寒熱淹延不解。用青蒿葉、鱉甲、生熟地黄、牛膝、枸杞、麥門冬、北五味子各等分，水煎服。〇《斗門方》治時眼赤腫。用青蒿葉、防風、連翹、甘草、荆芥各等分，水煎服。〇《外科良方》治瘡疥瘙癢，皮膚一切風疹。用青蒿爲末，每服三錢，白湯調服。再取葉煮湯頻洗。〇治男婦勞熱肌瘦。用青蒿葉細切一斤，水三十碗，童便五十碗，同煎。取十碗去渣，入砂鍋内煎成膏，每早服五茶匙，白湯調送。〇《靈苑方》治虚勞寒熱，肢體倦怠煩疼，不拘男婦。用青蒿成實時采之，取葉，以童便浸三日，曝乾爲末，每服三錢。烏梅一個煎湯服。〇陳氏方治虚勞盜汗，煩熱口乾。用青蒿二斤取汁，入沙參、麥門冬各四兩同煎，將稠，濾去沙參、麥門冬，將汁熬稠糊，收貯磁器内。每早晚各服數茶匙，白湯調送。〇《仁存方》治温瘧痰盛，但熱不寒。用青蒿四兩、童便浸，焙爲末，每服三錢，白湯調下。〇《聖濟錄》治暑毒熱痢。用青蒿葉一兩，甘草一錢，水煎服。〇《救急方》治齒牙腫痛。用青蒿葉煎湯汩漱。〇《衛生易簡方》治鼻衄。用青蒿搗汁飲之，將渣塞鼻中極驗。〇《永類方》治酒痔便血。用青蒿葉爲末，每服三錢。糞前血，白湯調；糞後血，白酒調服。俱食前。〇《肘後方》治毒蜂螫人。嚼青蒿葉敷上即瘥。〇同前治金瘡撲損出血。用青蒿搗敷之。一方用青蒿葉、陳石灰，共搗千下，曬乾爲末。臨撲損出血者，敷之即止。〇《聖濟方》治鼻中息肉。用青蒿灰、石灰各等分，淋汁熬膏，點之即落。

青蒿子：　味甘，氣寒，無毒。陰乾，研成細末，空心每服二錢，白湯調服。治積熱眼澁。久服明目，可夜看書，幷治虚勞瘦弱。

黄花蒿：　俗名臭蒿。與青蒿相似。色綠帶淡黄，氣腥臭，不可食。人家采以罨醬黄、酒麯者是也。味辛、苦，氣寒，無毒。煮汁治小兒風寒驚熱有驗。其子味性與黄蒿同，但下氣消痰脹，更殊捷爾。

白蒿：　味辛，氣平，無毒。生中山川澤。先諸草發生，葉似細艾，粗于青蒿。上有白毛錯澁。從初生到秋，白于衆蒿。主風寒濕氣成痺、成脹、成疸、成痢、成膈噎、成癩瘡諸疾，幷解河豚魚毒。神農列白蒿于上品，有功無損，而古今醫家不知用，惜哉！

周氏曰：　白蒿香美可食。今人以白蒿誤指爲茵陳，但苗葉相似，實非也。〇李氏言白蒿有水陸二種，本草所用，蓋取水生者，故曰生中山川澤，不曰山谷平地也。二種形狀相似，但陸生辛薰，不及水生者香美爾。《詩》云：呦呦鹿鳴，食野之蘋，食野之蒿。蘋即蒿之初生水中，青色白莖鮮嫩時也。蒿即蘋之長大，至秋老成衰萎時也。鹿食九種解毒之草，白蒿其一也。《詩》

云：于以采蘩，于沼于沚。《左傳》云：蘋蘩薀藻之菜，可以薦于鬼神，羞于王公。并指水生白蒿而言。則《爾雅》之皤蒿爲白蒿無疑矣。劉氏禹錫曰：白蒿即蓬蒿，可以爲蔬。生挼醋淹爲菹，食之益人。曝乾釀酒，治瘻痹脚氣及惡瘡癩疾、遍體頭面俱生者，爲末，白湯調服一二錢。治濕熱脹滿，搗汁可退黄疸，并熱厥心痛，赤白痢疾。熬膏煉蜜收，可治膈噎。

蒿類繁多，難以盡收。除青蒿、黄蒿、白蒿外，又有角蒿、廩蒿、馬矢蒿、牡蒿、邪蒿諸種類。本書所選，只取青、黄、白三蒿，其餘無所要用，姑删去之。

續補集方：治中暑。用青蒿嫩葉搗爛，手撚成丸，黄豆大，新汲水吞下數丸立愈。

明・姚可成《食物本草》卷一七草部・隰草類 青蒿處處有之。高四尺許，嫩時醋淹為菹，甚香美。《詩》云呦呦鹿鳴，食野之蒿是也。蘇頌曰：青蒿春生苗葉極細，可食。至夏高四五尺。秋後開細淡黄花，花下便結子如粟米大。莖葉炙乾作飲，香氣尤佳。寇宗奭曰：青蒿得春最蚤，人剔以為蔬，極美。

青蒿，味苦，寒，無毒。主疥瘙痂痒惡瘡，殺(蝨)〔虱〕，留熱在骨節間，明目，鬼氣尸疰伏留，婦人血氣，腹内滿及冷熱久痢。秋冬用子，春夏用苗，竝搗汁服。亦暴乾為末，小便入酒和服。補中益氣輕身，補勞駐顏色，長毛髮，令黑不老，兼去蒜髮，殺風毒。心痛熱黄，生搗汁服，并貼之。又治瘧疾寒熱。生搗敷金瘡，止血止疼。燒灰，隔紙淋汁，和石灰煎，治惡瘡、瘜肉、黶疤。〇按《月令通纂》言：伏内庚日，取青蒿懸於門庭内，可辟邪氣，陰乾為末。冬至、元旦，各服二錢，良。

子　味甘，冷，無毒。主明目開胃，炒用。治勞瘦，壯健人小便浸用之。治惡瘡、疥癬、風瘮，煎水洗之。治鬼氣，為末，酒服方寸匕。

附方：治男婦虛勞。青蒿細剉，水三升，童便五升，同煎一升，去滓，慢火熬成膏子，每日空心白湯點服三匙。又方，八九月青蒿成實時采之，去枝梗，以童便浸三日，晒乾為末，每用烏梅湯服二錢。治虛勞盜汗，骨蒸煩熱。用青蒿一斤，取汁熬膏，入人參末、麥門冬末各一兩，熬至可丸，丸如梧子大，每食後，米飲服二十丸，名青蒿煎。治毒蜂螫人，嚼青蒿塗之即安。

明・李中梓《醫宗必讀・本草徵要上》 青蒿味苦，寒，無毒。入肝、腎二經。童便浸一宿，曝。去骨間伏熱，殺鬼疰傳屍。苦寒之藥，多與胃家不利，惟青蒿芬芳襲脾，宜於血虛有熱之人，取其不犯沖和之氣耳。按：寒而洩瀉者，仍當避之。

明・鄭二陽《仁壽堂藥鏡》卷一〇下 青蒿〔草〕即苦草。陶隱居云：青蒿，今處處有之。古人用深青者為勝。不然，諸蒿何嘗不青？ 味苦，氣寒，無毒。根、莖、子、葉，四者並皆入藥。不可同用。 主骨蒸勞熱，除心痛、熱黄，及疥瘙痂痒，惡瘡。《詩・小雅》云：食野之蒿。陸璣曰：即青蒿也。

明・蔣儀《藥鏡》卷四寒部 青蒿　入心以泄丙丁，故主骨蒸勞熱，瘟瘧濃痰。入脾以去伏熱，故主陰虛盜汗，酒痔便血。得補陰諸藥，產後虛熱清寧。得童溺烏梅，勞怯倦疼爽快。嚼傅金瘡蜂螫，止痛消紅。揉塞鼻衄耳膿，血停流止。

明・張景岳《景岳全書》卷四八《本草正》 青蒿　味苦、微辛，性寒。陰中有陽，降中有散。主肝腎三焦血分之病，療陰火伏留骨節，故善治骨蒸勞熱，尸疰鬼氣，降火滋陰，潤顏色，長毛髮。治瘧疾寒熱，殺蟲毒，及惡瘡濕疥。生搗可傅金瘡，止血止痛。

明・盧之頤《本草乘雅半偈》帙六 青蒿《本經》中品　氣味：苦，寒，無毒。　主治：主疥瘙痂癢惡瘡，殺蝨，治留熱在骨節間，明目。

覈曰：生華陰川澤，所在有之。得春最早，望春便發。莖如指肥，葉極纖細，色並青翠，似茵蔯蒿而背不白。至夏漸高五六尺許，秋深開細淡黄花，花下結子如粟米，莖柔韌，根白硬，苗葉花實，並芬芳特勝，功力亦相若也。《筆談》云：青蒿一類，自有二種：一黄色，一青色。青者入藥，即《本經》所指青蒿，亦有所別。陝西銀綏間，見青蒿叢中，時有一兩窠，迥然特青，如松檜，翠碧可觀。至秋餘蒿轉黄，此蒿翠碧更倍，古人取深青者為勝，恐即此蒿，獨得蒿力之專精者也。不然，諸蒿何嘗不青，但青而色淡。雷公云：凡使，惟中為妙，到膝即仰，到腰即俛。使子勿使葉，使根勿使莖，四件若同使，翻然成痼疾。修事：其葉，或莖實，用七歲兒七個溺，浸七日七夜，取出，晒乾用。

叅曰：蒿青而高，纖柔整密，望春便發，少陽膽藥，發陳致新之宣劑也。其味苦，已出乎陽，其氣寒，未離乎陰，陰中之陽，陽中之樞象也。蓋少陽膽主骨，故對待骨節間留熱，若皮膚分理間，疥瘙痂癢惡瘡，亦屬留熱所致，皆陳也。宣發發陳，陳發則新至矣。主明目者，以肝膽開竅于目，不唯發陳，且拂塵矣。君子蒿目，其斯之謂歟。

明·李中梓《本草通玄》卷上　青蒿　苦，寒，入肝經血分。　主真陰不足，伏熱骨蒸，生搗傅金瘡，止血止痛。殺鬼氣尸疰，理久瘧久痢。　按：青蒿得春獨早，其發生在群草之先，故治少陽、厥陰諸症，獨著奇功。然性頗陰寒，胃虛者不敢投也。　童便浸一日夜，曬乾。

清·顧元交《本草彙箋》卷三　青蒿　芬芳襲脾，其去骨間伏熱，宜於血虛之人，取其不犯沖和之氣，較之他品，苦寒之藥，多與胃家不利者差勝也。《詩》云：呦呦鹿鳴，食野之蒿。即此物也。其得春木少陽之氣最早，故所主之症，皆少陽厥陰血分之病。

青蒿莖葉色並深青，葉背面皆青，所以異于諸蒿。至深秋諸蒿並黃，此蒿猶青也。童便浸三日，漉出，晒乾。用子弗用葉，用根勿用莖，子、葉、根、莖不宜同用。

清·穆石匏《本草洞詮》卷九　青蒿　凡蒿皆青，蒿叢中有一兩窠，迥然青色者，別蒿淡青，此蒿深青，至秋餘蒿並黃，此蒿猶青，謂之青蒿，其氣芬芳，土人謂之香蒿。葉莖根子並苦寒，無毒。入少陽、厥陰血分。明目殺蟲，治留熱在骨節間，心痛熱黃，鬼氣尸疰。古方單用之，治骨蒸熱勞為最。蓋青蒿得春木少陽之氣最早，故所主之證，皆少陽、厥陰血分之病也。雷斅云：使子弗使葉，使根弗使莖，四件若同使，翻然成痼疾。采得用七歲兒七箇溺，浸七日七夜，漉出曝乾用。《月令通纂》言：伏內庚日，采青蒿懸庭內，可辟邪氣，冬至、元旦各服二錢，亦良。

清·劉雲密《本草述》卷九上　青蒿　所在有之。得春最早，望春便發，莖如指而肥，葉極纖細，色並青翠，似茵陳蒿而背不白，至夏漸高五六尺許，秋深開細淡黃花，花下結子如粟米，莖柔韌，根白硬，苗葉花實並芬芳，特勝功力，亦相若也。莖葉根子，氣味苦，寒，無毒。

諸本草主治：骨蒸癆熱及瘧疾寒熱、虛勞盜汗，療熱黃，生搗汁服之。治留熱在骨節間，明目，療風毒心痛，鼻衄。生搗，傅金瘡，止血止疼。

頌曰：青蒿治骨蒸勞熱為最，古力單用之。　時珍曰：青蒿得春木少陽之氣最早，故所主之證，皆少陽、厥陰血分之病也。　之頤曰：其味苦，已出乎陽，其氣寒，未離乎陰，陰中之陽，陽中之樞象也。　《類明》曰：骨蒸是陰血衰少，陽氣陷入陰中，而為蒸蒸之熱也。諸經血熱，亦陽勝陰也。青蒿為補陰退熱之妙劑，人每忽之而不用，惜哉！　希雍曰：青蒿味苦氣寒，然稟天地芬烈之氣以生，故諸苦寒藥多與胃氣不宜，惟青蒿之氣芬芳，其香氣先入脾，不犯胃氣，獨宜於血虛有熱者也。是以蓐勞虛熱，非此不除。

青蒿得鼈甲、地黃、牛膝、枸杞、麥門冬、五味子，除一切產後虛熱寒熱，淹延不解。亦治一切虛勞寒熱，陰虛五心煩熱，腎水眞陰不足，以致骨蒸勞熱為要藥。

愚按：苦寒之味能除熱而不能益陰。甘寒之味能益血而不能退熱。如青蒿既苦寒矣，乃其望春而發也，得少陽春升之氣，有從陰引陽以出之義焉。胡氏所謂骨蒸之熱，緣陰血衰少，致陽氣陷入陰中。之頤所謂青蒿為陰中之陽，陽中之樞象者，皆不謬也。且其氣芬芳，合於土中之資生。夫化液而生血者，脾也。既以苦寒除熱矣，更從陰引陽以出，則陰得所養。況芬芳之氣，快入於生血之地，以化有眞陰乎？此能致肝之用於脾，更達脾之化於肝。繆氏所謂最宜於血虛有熱者，而日華子《本草》更謂其補勞，良不誤也。雖然，能治血中虛熱，在他味亦不少，何以熱之淫於外者，獨茲味有專功耶？曰：是固清血分之熱。然更由氣分以致之，較與他味異耳。蓋其苦寒清熱，而本風升與芬香之氣以入脾，脾氣能達，而後脾陰乃化，故其由內至外者，即脾為胃行氣於三陰三陽之義，又何肌表膚腠之不必達乎？即如虛勞盜汗，骨節留血，瘧證寒熱，以及熱黃鼻衄，惡瘡金瘡等，治無不相宜者，豈非其不徒以苦寒除熱，而更有從陰引陽，從陽生陰之功也歟。抑更謂療風毒心痛者，謂何？曰：血與風本同原而出者也。風為出地之陽，陽本乘陰以出，故達於上，則以血為化原，以血即眞陰之化醇也。血之能病乎風，即虛而滯者猶然，況其因虛以成熱乎？先哲曰：血熱流迸，風入腸胃，矧心固主血，而不病乎？血熱不散，即為風毒矣。

附方　草還丹治陰虛骨蒸奇驗，用草蒿一斗五升，童便三斗，文武火熬，約童便減半，去蒿，熬至一升，入豬膽七箇，甘草收和，為丸梧子大，每服五十丸。　虛勞盜汗，煩熱口乾，用青蒿一斤，取汁熬膏，入沙參末、麥冬末各一兩，同熬至可丸，丸如梧子大，每食後米飲服二十丸，名青蒿煎。　瘧疾寒熱，端午日采青蒿葉，陰乾，桂心等分，為末，每服一錢，先寒用熱酒，先熱用冷酒，發熱五更服之，切忌發物。　溫瘧痰甚，但熱不寒，用青蒿二兩，童便浸焙，黄丹半兩，為末，每服二錢，白湯調下。

希雍曰：産後氣虚，内寒作瀉，及飲食停滯泄瀉者，勿用。凡瀉後脾胃薄弱，忌與當歸、地黄同用。

修治　葉細而香，取表裏俱青者。寇氏曰：古人所用，當以深青者為勝。不然，諸蒿何嘗不青。宜四月、五月並莖采之，日乾。至秋則受金氣矣。治下焦而陰虚骨熱，用童便製。治上焦血分結熱，生擣汁服之。使子勿使葉，使根勿使莖，秋冬使子，春夏用苗。秋冬用之，取根與實，實須炒過，根乃咀成。實須炒者，緣結子於深秋，得金氣厚，恐傷少陽春生之氣也。

陳嘉謨曰：按諺云三月茵陳四月蒿，人每誦之，只疑兩藥一種，因分老嫩而異名也。殊不如葉雖近似，種却不同。草蒿葉背面俱青，且結花實。茵陳葉面青背白，花實全無。況遇寒冬，尤大差異。茵陳莖幹不凋，至春復舊幹上發葉，因幹陳老，故名茵陳。草蒿莖幹俱凋，至春再從根下起苗，如草重出，乃名草蒿。發舊幹者，三月可采。產新苗者，四月纔成，是以采從先後為云，非以苗分老嫩為説也。

清・郭章宜《本草匯》卷一一　青蒿　味苦，氣寒，入足少陰、厥陰經。主真陰不足，伏熱骨蒸，殺鬼疰傳尸，久瘧久痢。《本經》治疥瘙痂癢，皆由于血熱所致。留熱在骨間者，是伏熱于陰分也。肝胃無熱則目明，苦能泄熱，苦能殺蟲，寒能退熱，熱去則血分平和，陰氣日長，前證自愈。

按：青蒿得春獨早，其發生在羣草之先，故治少陽、厥陰血分之證，獨著奇功。雖能治骨蒸勞熱，然性頗陰寒，胃虚者不可投也。止宜于血虚有熱之人耳。

用葉，童便浸一日夜，晒乾用。根、莖、子、葉不可同使，同使則翻成痼疾。伏硫黄。

清・蔣居祉《本草擇要綱目・寒性藥品》　青蒿葉莖根子　氣味：苦，寒，無毒。使子勿使葉，使根勿使莖，四件若同使，翻然成痼疾。得春木少陽之氣最早，故所主之症，皆少陽、厥陰血分之病。　主治：補中益氣，疥瘙痂痒。治留熱在骨節間，瘧疾寒熱往來。生擣汁，傅金瘡止血止疼。灰淋汁，和石灰，療惡毒瘡效。

清・王翃《握靈本草》卷四　青蒿處處有之。童便浸一日夜，晒乾。　主治：青蒿，苦，寒，無毒。主留熱在骨節間，補勞瘦，治瘧疾寒熱。傅金瘡，止血止疼。

清・王翃《握靈本草》補遺　青蒿　苦，寒，平，無毒。治留熱在骨節間，寒熱瘧，鬼疰。

清・汪昂《本草備要》卷二　青蒿瀉熱，補勞。　苦，寒。得春木少陽之令最早，二月生苗。故入少陽、厥陰膽肝血分。治骨蒸勞熱，童便擣葉，取汁熬膏。蓐勞虚熱，凡苦寒之藥，多傷胃氣。惟青蒿芬香入脾，獨宜于血虚有熱之人，以其不犯胃氣也。風毒熱黄，久瘧久痢，瘙疥惡瘡，鬼氣尸疰，時珍曰：《月令通纂》言伏内庚日，采蒿懸門庭，可辟邪。冬至、元旦，各服二錢亦良，則青蒿之治鬼疰，蓋亦有所伏也。　補中明目。

童便浸葉用，熬膏亦良。使子勿使葉，使根勿使莖。

清・吴楚《寶命真詮》卷三　青蒿　【略】去骨蒸伏熱，殺鬼疰傳屍。生擣敷金瘡，止血止痛。蒿得春獨早，發生在群草之先，故治少陽、厥陰諸證。且芬芳襲脾，宜於血虚有熱之人，取其不犯沖和之氣耳。〇性陰寒，胃虚洩瀉者當避之。

清・陳士鐸《本草新編》卷三　青蒿　味苦，氣寒，無毒。入胃、肝、心、腎四經。專解骨蒸勞熱，尤能瀉暑熱之火，愈風瘙癢，止虚煩盜汗，開胃，安心痛，明目辟邪，善養脾氣，此藥最佳。蓋青蒿瀉火熱，又不耗傷氣血，用之以佐氣血之藥，大建奇功。可君可臣，而又可佐使，無往不宜也。但必須多用。因其體既輕，而性兼補陰，少用轉不得力。夫人身最嫌火盛，而瀉火之藥動必傷陰，欲其瀉火而不損陰者，原無多味，烏可置青蒿于無用之地耶。人身不離陰陽，火一盛則陰不生，而陽不長，陰陽既不生長，勢必陰陽不交而身病矣。倘不平其火，而徒補其陽，則火盛而陽益旺；不平其火，而徒補其陰，則火爍而陰愈衰。故毋論補陰補陽，總以平火為先務。然火又宜養，而不宜平。火過旺，則陰陽不生；過衰，則陰陽亦不長。必寓補于平之中，而後陽得之而安，陰得之而泰也。青蒿平火而又補水，此陰陽所以兩宜之也。

或問：青蒿退暑則有之，退虚熱則未也，何以見之以其有臭氣，必然散氣故耳。是未知青蒿者也。青蒿生于大道之旁，當夏日之炎蒸，而色更青翠，其得至陰之氣者多矣。況氣臭入腎，青蒿為補陰之藥無疑，而疑其不能退虚熱乎。夫陽藥補陽，陰藥補陰。青蒿既得至陰之氣，其非陽藥可知。既非陽藥，而謂不能退虚熱也，此則所不信也。

或疑青蒿至賤，而吾子譬之如神，真所謂臭腐而出神奇矣。顧青蒿何嘗臭腐哉。以青蒿為臭者，薄之之辭也。余嘗行田野間，往往有一種蘭氣親人，覔之，知氣從青蒿中出，是青蒿氣香，而非臭也。且其氣能辟蠅，凡几案間有青蒿者，蠅不集也，夫蠅逐腐，畏青蒿而不集，其非腐也可知。惜其叢生至多，人皆賤之，倘或為鮮產之物，吾不知若何珍之矣。青蒿實有至神之功，以臭腐輕之，悮矣。

或問：青蒿退陰火至速，何以前人並未用之，而吾子盛稱其功效，亦有所試而云然乎？曰：青蒿退骨蒸癆熱，前人既言之，寧得不用之，何必余試而後信青蒿之退陰火、退骨中之火也。然不獨退骨中之火，即肌膚之火，未嘗不共瀉之也。故陰虛而又感邪者，最宜用耳。

或問：陰虛火盛者，用沙參、地骨皮，自是正法，今先生言青蒿退陰火，則用青蒿，可不必又用沙參、地骨皮矣？曰：是又不然。青蒿最宜〔與〕沙參、地骨皮共用，則瀉陰火更捷。青蒿能引骨中之火行于皮膚，而沙參、地骨皮只能涼骨中之火，而不能外泄也。

清・顧靖遠《顧氏醫鏡》卷七　青蒿苦，寒。入肝腎二經。童便浸一宿，晒乾。去骨蒸勞熱，殺鬼疰傳尸。芳能避邪，苦能殺蟲也。脾胃虛弱者，仍當避之。

清・李熙和《醫經允中》卷二〇　青蒿　入肝腎二經。苦，寒，無毒。主治退骨蒸勞熱，殺鬼疰傳尸，止虛煩熱黃。性甚陰寒，胃虛少服。附：白蒿即蓬蒿，補中氣，治濕黃，長毛髮殊功。

清・馮兆張《馮氏錦囊秘錄・雜症痘疹藥性主治合參》卷三　青蒿稟天地芬烈之氣以生。味苦，氣寒，芬芳，無毒。苦能泄熱殺蟲，寒能退熱，除陰分伏熱。故治蓐癆虛熱，男婦勞瘦骨蒸。凡苦寒多傷胃氣，惟青蒿之芳氣入脾，與胃無犯，且能清利脾家濕熱耳。但中氣虛寒泄瀉者勿用。若熬膏，神治蓐癆虛熱，以童便搗葉，取汁煎膏。

青蒿即草蒿，係神麯中所用者。入童便熬膏，退骨蒸癆熱。生搗爛絞汁，卻心痛熱黃。瘜肉腫癰，燒灰淋濃湯點。洩利鬼氣，研末調米飲吞。愈風瘮疥瘙，止虛煩盜汗，開胃明目，辟邪殺蟲。善理血虛有熱，專除鬼疰傳屍。

身中鬼氣，引接外邪，遊走皮膚，洞穿藏府，每發刺痛，變動不常者，為飛尸；附骨入肉，攻鑿血脉，見尸聞哭便作者，為遁尸；淫躍四末，不知痛之所在，每發恍惚，得風雪便作者，為風尸；纏結藏府，沖引心脇，每發絞切，遇寒冷便作者，為沉尸；舉身沉重，精神錯雜，嘗覺昏廢，每節氣大發者，為尸疰。時珍曰：《月令通纂》言伏內庚日，采青蒿懸門庭，可辟邪，冬至、元旦各服二錢亦良。則青蒿之治鬼疰，蓋亦有所本也。

按：凡苦寒之藥，多傷胃氣，惟青蒿芬香入脾，獨宜於血虛有熱之人，以其不傷胃氣故也。但無補益之功，必兼氣血藥而用之，方有濟也。

清・张璐《本經逢原》卷二　青蒿　苦，寒，無毒。莖紫者真。根莖子葉不可並用，恐成痼疾。葉主濕熱，子治骨蒸，俱宜童便製用。《本經》主疥瘙痂痒惡瘡，殺蟲，留熱在骨節間，明目。發明：青蒿亦有二種，一種發於早春，葉青如綿茵蔯，專瀉丙丁之火，能利水道，與綿茵蔯之性不甚相遠。一種盛於夏秋，微黃如地膚子，專司甲乙之令，為少陽、厥陰血分之藥。故莖紫者為良，其治骨蒸勞熱，有殺蟲之功，而不傷伐骨節中陽和之氣者，以其得春升之令最早也，此與角蒿之性大都相類。又能明目，善清在上之虛熱。燒灰淋汁，和石灰點治惡瘡息肉黶瘢。蘇恭生搗敷金瘡。《經驗方》和桂心治寒瘧，但性偏苦寒，脾胃虛寒泄瀉者勿服。

清・浦士貞《夕庵讀本草快編》卷二　青蒿《本經》、香蒿　蒿，草之高者也。諸蒿葉白，此蒿青而香，故名。青蒿屬木，氣味苦寒，得少陽之氣最早，故入足少陽、厥陰二經血分。凡男婦瘧疾，寒熱骨蒸，勞瘵血氣腹滿，熱伏骨節間者，皆肝家之怫鬱也；惡氣尸疰，盜汗虛勞，亦膽經之客熱也，用之得神。但苦寒之藥必妨于胃，惟此品芳香襲脾，不犯沖和之氣，特稱貴也。《月令》言：伏內庚日采蒿，懸門可以辟惡，收至元旦煎服迪吉。推此二說，則殺蟲祛鬼，別有靈矣。若其子，甘冷，炒之則開胃明目，便浸則治勞充肌，特表出之。

清・張志聰、高世栻《本草崇原》卷中　青蒿　氣味苦，寒，無毒。主治疥瘙痂癢惡瘡，殺虱，治留熱在骨節間，明目。《綱目》誤注下品，今改正。青蒿處處有之，春生苗葉，極細可食。至夏高四五尺，秋後開細淡黃花頗香，結實如麻子。凡蒿葉皆淡青，此蒿獨深青，如松檜之色，深秋餘蒿並黃，此蒿猶青，其氣芬芳，其根白色，春夏用苗葉，秋冬用子根。寇氏曰：青蒿得春最早。

青蒿春生苗葉，色青根白，氣味苦寒，蓋受金水之精，而得春生之氣。主治疥瘙痂癢惡瘡者，氣味苦寒，苦殺蟲而寒清熱也。又曰：殺虱者，言不但治疥瘙，而且殺虱也。又曰：治留熱在骨節間者，主不但治痂癢惡瘡，且治留熱在骨節間也。稟金水之精，得春生之氣，故明目。

清・何諫《生草藥性備要》卷上　青蒿　味苦，性寒。治小兒食積，洗疥癩亦妙。

清・劉漢基《藥性通考》卷六　青蒿　味苦，寒。得春木少陽之令最早，二月生苗，故入少陽、厥陰血分膽肝二經。治骨蒸勞熱，童便，搗葉取汁，熬膏更妙。能治虛勞發熱，風毒熱黃，久瘧久痢，瘙疥惡瘡，鬼氣尸疰，補中明目。凡苦寒之藥，多傷胃氣，惟青蒿芬香入脾，獨宜於血虛有熱之人，以其不犯胃氣也。

清・周垣綜《頤生秘旨》卷八　蒿草　除血分骨蒸之藥也。亦能殺蟲清熱，即所以為補也。凡使子勿使葉，使根勿使莖，四者共使，反成痼疾。

清・王子接《得宜本草・下品藥》　青蒿　味苦。主治骨蒸勞熱。得鱉甲治溫瘧。

清・黃元御《玉楸藥解》卷一　青蒿　味苦，氣寒。入足厥陰肝經。清肝退熱，泄濕除蒸。治骨蒸熱勞，平疥瘡瘙癢，惡瘡久痢，去男子蒜髮，止金瘡血流，醫一切濕熱之證。淋汁合和石灰，消諸瘀肉。

清・吳儀洛《本草從新》卷一　青蒿〔瀉熱，理勞，清暑。〕　苦，寒。得春木少陽之令最早，二月生苗。故入少陽、厥陰血分肝、膽。治勞瘦骨蒸，能除骨髓之熱，用童便浸，搗汁熬膏。蓐勞虛熱，久瘧久痢，虛煩盜汗，能除陰分伏熱。風毒熱黃，瘙疥惡瘡，鬼氣尸疰。身中鬼氣，接引外邪，有游走皮膚，洞穿臟腑，每發刺痛，變動不常者為飛尸。附骨入肉，攻鑿血脈，見尸聞哭便作者為遁尸。淫躍四末，不知痛之所在，每發恍惚，得風雪便作者為風尸。纏結臟腑，衝引心脇，每發絞切，遇寒冷便作者為沉尸。舉身沉重，精神錯雜，嘗覺昏廢，每節氣大發者為尸疰。時珍曰：《月令通纂》言：伏内庚日，采青蒿懸門庭，可闢邪；冬至、元旦各服二錢亦良。則青蒿之治鬼疰，蓋亦有所伏也。明目，清暑闢穢。凡苦寒藥多與胃家不利，唯青蒿芬芳襲脾，宜於血虛有熱之人，以其不犯冲和之氣爾。寒而泄瀉者仍當避之。使子勿使葉，使根勿使莖。熬膏良。

清・汪紱《醫林纂要探源》卷二　青蒿　苦，寒。喬莖直，上碎葉茸茸如綠絲，花實附莖葉間，亦細碎。得木之生氣，堅腎，靖相火，滋陰調陽。色正青，生最早，性寒而氣自芬暢，是木之生於陰，而從容以達於陽也。行厥陰、少陽之經，以清血中之濕熱。守在下部，治骨蒸勞熱，蓐勞虛熱，黃疸，及凡鬱火不舒之證。能明目。安正辟邪。辟蚤蝨，治惡瘡，除尸氣鬼疰。子、根、葉同功。童便浸，搗莖葉，取汁熬膏良。古人云用子勿使葉，用根勿使莖，用莖勿使根及子，不知何故。泡湯，亦解熱渴。

清・嚴潔等《得配本草》卷三　青蒿　伏硫黃。苦、微辛，微寒。入手少陰、足少陽厥陰經血分。其氣芬香，與胃獨宜。治婦人血氣腹滿，退陰火伏留。搗敷金瘡、尸疰鬼氣。得豆豉，治赤白痢。配桂心，治寒熱瘧。配赤檉柳，祛時行邪熱。佐鱉甲，治溫瘧。但熱不寒為溫瘧。佐人參，治虛汗。入滋補藥，治骨蒸虛勞。和童便搗汁熬膏。使子勿使葉，使根勿使莖。治骨蒸，取子童便製。治痢去濕熱，用葉，或搗汁更妙。

題清・徐大椿《藥性切用》卷三　青蒿葉　苦寒芬芳，得春生之氣最早，入少陽、厥陰，除煩清暑，退熱除蒸，為勞熱暑熱耑藥。梗兼和胃。

清・黃宫繡《本草求真》卷七　青蒿隰草三百四十，清肝、腎、三焦陰火伏留骨節。

青蒿耑入肝、腎、三焦。性禀芬芳。味甘微辛，氣寒無毒，陰中有陽，降中有升，能入肝腎三焦血分，以療陰火伏留骨節，故凡骨蒸勞熱，及風毒熱黃，久瘧久痢，瘙癢惡瘡，鬼氣屍疰等症，當須服此。時珍曰：《月令通纂》言伏内庚日，采蒿懸門庭，可辟邪。冬至元日，各服三錢亦良，則青蒿之治鬼疰，蓋亦有所伏也。以其苦有泄熱殺蟲之能，陰有退熱除蒸之用。辛有升發舒脾之功，而又於胃中氣不犯，以其得春升之令最早也。其形有類山茵陳，又能清上虛熱，以治目疾。且燒灰淋汁，點治惡瘡瘜肉黶瘢，生搗可敷金瘡，止血止痛，但性偏寒不溫，雖曰於胃不犯，亦止就其血虛有熱，服之得宜而言。若使脾胃素虛，及見泄瀉，則於此終屬有忌矣。童便浸葉用，熬膏良。使子勿使葉，使根勿使莖。

清・楊璿《傷寒溫疫條辨》卷六寒劑類　青蒿　味微苦，性微寒，氣清香。童便熬膏，退骨蒸勞嗽，治虛勞之聖藥也。世以茵蔯蒿代之，大混。鼻中息肉，用青蒿灰、石灰等分，淋汁熬膏點之甚效。

清・羅國綱《羅氏會約醫鏡》卷一六草部　青蒿味苦微寒，入肝、膽、腎、三焦四經。童便浸一夜，曝乾用。禀天地少陽之氣以生，二月生苗。故入少陽膽肝血分；除陰分伏熱，故治骨蒸勞熱、童便浸葉，搗汁熬膏更良。蓐勞產後勞虛熱，芬香入脾，涼血而不傷胃。殺鬼疰傳尸。伏内庚日采蒿懸門庭，可避邪鬼。冬至、元旦各服二錢良。

按：青蒿苦寒，善治血虛發熱，若寒而泄瀉者，仍當避之。

清・王學權《重慶堂隨筆》卷下　《本經》草蒿即今之青蒿，以莖紫者良。專解濕熱而氣芳香，故為濕溫、疫癘妙藥。又清肝膽血分之伏熱，故為女子淋帶、小兒癇痙疳𧏾神劑。本草未言，特為發之。惟味甚苦，胃氣虛弱者須回護也。

清・黄凱鈞《藥籠小品》 青蒿 二月生苗，得春氣最早，故入肝膽血分，治骨蒸虚熱，久瘧盜汗，清暑辟穢。青蒿性雖苦寒，然芬香醒脾，血虚有熱者最宜。

清・章穆《調疾飲食辯》卷三 青蒿 《本經》名方潰，又名草蒿。《爾雅》曰：蒿，菣。孫注曰：荊、楚之間呼蒿為菣。又曰：蔚，牡菣。郭注曰：無子為蔚。《詩・蓼莪》曰：匪莪伊蔚。《蜀本草》曰：《鹿鳴》章食野之蒿者，即此。嫩時醋醃為葅，頗香美。《綱目》曰：諸蒿葉背白，此獨青，故名。《衍義》曰：陝西銀綏間，蒿叢中一兩莖獨深青，謂之香蒿。深秋衆黄，此猶如故，恐古人所用在此。性能退骨蒸勞熱，虚勞盜汗。凡久熱不愈，及屢愈屢發者，作蔬常食，或熬膏服，皆良。《本經》亦云治留熱在骨節間，不知何故列為下品也。

清・王龍《本草纂要稿・草部》 青蒿 氣味苦寒。退骨蒸勞熱，却心痛熱黄。愈疥瘙風疹，止盜汗虚煩。開胃明目，辟邪殺蟲。

清・張德裕《本草正義》卷上 青蒿 甘苦，香，涼。善解暑熱，清肝、腎、三焦血分之火伏留骨節，故能治骨蒸勞熱，熱邪瘧疾，亦能滋陰降火。

清・楊時泰《本草述鉤元》卷九 青蒿 所在有之。望春便發，莖如指而肥，葉極纖細，似茵陳而背不白，至夏漸高五六尺許，秋深開細淡黄花，結子如粟米，莖柔靱，根白硬，苗葉花實並香，功力亦相若也。青蒿、茵陳人疑兩藥一種，因老嫩異名。不知葉雖近似，種却不同。青蒿葉背面俱青，且結花實，茵陳葉面青背白，花實全無。茵陳莖幹不凋，幹上發葉，青蒿莖幹俱凋，至春苗起根下，發舊幹者二月可采，産新苗者四月纔成，是以三月茵陳四月蒿，非以苗分老嫩為説也嘉謨。

莖葉根子氣味苦寒。主治骨蒸勞熱，瘧疾寒熱，虚勞盜汗，留熱在骨節間，明目，療風毒心痛，鼻衄，生擣傅金瘡，止血止疼，取汁服，治熱黄。得春木少陽之氣最早，故所主皆少陽、厥陰血分病瀕湖。其味苦，已出乎陽，其氣寒，未離乎陰，陰中之陽，陽中之樞象也子由。凡陽氣陷入陰中而蒸骨熱，用青蒿補陰退熱，最為妙劑《類明》。諸苦寒藥，多與胃氣不宜，惟青蒿稟天地芳烈之氣以生，香先入脾，不犯胃氣，獨宜於血虚有熱者，是以蓐勞虚熱，非此不除仲淳。得鼈甲、地黄、牛膝、枸杞、麥冬、五味，除一切産後虚熱及寒熱淹延不解，亦治一切虚勞寒熱，五心煩熱，骨蒸勞熱。草還丹，治陰虚骨蒸奇驗，用青蒿一斗五升，童便三斗，文武火熬，約童便減半，去蒿，熬至一升，入豬膽七箇，甘草收和為丸梧子大，每服五十丸。青蒿煎，治虚勞盜汗，煩熱口乾，青蒿一斤，取汁熬膏，入沙參、麥冬末各一兩，同熬至可丸，丸如梧子，每食後，米飲服二十丸。瘧疾寒熱，端午日采青蒿葉陰乾，桂心等分，為末，每服一錢，先寒用熱酒，先熱用冷酒，發日五更服之。切忌發物。溫瘧痰甚，但熱不寒，青蒿二兩，童便浸焙，黄丹半兩，為末，每服二錢，白湯調下。

論：凡苦寒之味，能除熱而不能益陰。甘寒之味，能益血而不能洩熱。青蒿既苦寒矣，乃其望春而發，得少陽春升之氣，有從陰引陽以出之義焉。盧子由謂為陰中之陽，陽中之樞象不謬也。且其氣芬芳，快入於生血之地，以化有真陰，是能致肝之用於脾，更達脾之化於肝，而最宜於血虚有熱者。夫治血中虚熱，他味不少，何以熱之淫於外者，兹味獨有專功？以其清血分之熱，更由氣分以致之，本風升芳氣以入脾，脾氣能達而後脾陰乃化。其由内至外者，即脾為胃行氣於陰陽之義。從陰引陽，即從陽生陰，不徒以苦寒除熱為功也。至於風毒心痛，乃血因虚以成熱，熱迸不散，即為風毒而上病於主血之心，此味總以治血虚有熱者對化之矣。

凡産後脾胃薄弱，忌與當歸、地黄同用。又凡氣虚内寒作瀉及飲食停滯泄瀉者，弗用。

辨治：葉細而香，取表裏俱青者，以深青者為勝。宜四五月並莖采之，日乾，至秋則受金氣矣。治上焦血分結熱，生擣汁服。治下焦陰虚骨熱，用童便製。使子弗使葉，使根弗使莖，春夏用莖葉，秋冬用根實，實須炒過，緣其得金氣厚，恐傷少陽春生之氣也。

清・鄒澍《本經續疏》卷六 草蒿 【略】疥瘙本濕熱為病，至結痂而癢，則濕已化燥矣。惡瘡本濕病也，而至生蟲則已濕迸流瀉，燥遂在内矣。瘡既劫濕之具，疥復生蟲之槖，則主疥瘙痂癢、惡瘡者，不遂為治燥熱之劑乎？然苦寒之物，治濕熱者有之，如芩連是也。兹獨苦寒而治燥熱，則以其芳香。説者謂芳香實能助燥，烏能治燥，是不明陽明燥金所以繼太陰濕土之故耳。濕浮於外，内本已燥，加以清飆蕩滌，餘暑倏消，則外浮者亦散，遂純乎為燥，是誠在轉瞬間。不然，别氣相續，必漸致，此何獨緊相承踵相接耶？即以芳香論，在春夏時芳香之物應時生長者不一，然其氣皆發揚，而兹獨斂肅，是其為由夏屆秋，由濕轉燥，而留有遺熱在內者之的劑矣。即驗其立秋已後，定節節生蟲，既已生蟲，仍不妨開花結子，其蟲又不齧梗致敗，不蠹節潰出，但自循梗而下，入土化他物。故凡取蟲有過時即無，亦可見此是夏間陽氣遺留在內所化合之，於治留熱在骨節間，豈不符哉？

清・王世鍾《家藏蒙筌》卷一五《本草》 青蒿 味苦，性寒。陰中有陽，降中有散。得春木少陽之令最早，故入少陽、厥陰血分。治骨蒸勞熱，風毒熱黃，久瘧久痢，瘙疥惡瘡，鬼氣尸疰。降火殺蟲，童便浸搗。使子勿使葉，使葉勿使莖。若生搗，可傅金瘡，止血止痛。按：凡苦寒之藥，多傷胃氣。惟青蒿芬香入脾，宜於血虛有熱者，以其不傷胃氣故也。但無補益之功，宜兼氣血藥而用之，方有濟也。

清・葉桂《本草再新》卷二 青蒿味苦，性寒，無毒。入肝、腎二經。治肝熱肝邪，理血分，止盜汗，解煩渴，清涼解暑，療瘧痢，瘡癰諸毒。青蒿性本熱，因其能制火解暑，為性寒。瘧痢寒火濕熱伏於脾肺肝，瀉則為痢，發戰發冷則為瘧。蒿性熱，故能除寒濕；又性寒，故能去火熱。

清・吳其濬《植物名實圖考》卷一一 青蒿 《本經》下品。與黃花蒿無異。《夢溪筆談》以色深青為別。李時珍云：青蒿結實大如麻子，中有細子。湖南園圃中極多，結實如茺實大。北地頗少。

清・趙其光《本草求原》卷三隰草部 青蒿 氣寒，屬陰。味苦，巳出於陽。無毒。葉青、細而香，入脾。望春早生，是具水之精得少陽生升之氣，能從陰引陽以出，達肝快脾，以化液生血，為補陰退熱之妙品。與苦寒除熱傷胃及甘寒益血不能退熱者異。主疥瘙痂癢惡瘡，皆風熱之淫於外者得風升之氣。又香能入脾，以行氣於三陰三陽，則脾陰化而肌腠之病愈。殺虱，治留熱在骨節間，腎陰虛，血少，則陽陷陰中，骨內蒸蒸作熱。同童便熬濃，去渣熬成膏，入豬膽、甘草末為丸。虛勞盜汗，煩熱口乾，熬膏，同沙參、麥冬末為丸，米飲下。諸經血熱，血虛有熱，蓐勞虛熱，化液生血者脾也，脾氣行則血生熱除。明目，益水達肝之功。療風毒心痛，肝藏血主風，血與風本同元，血滯或血虛而成熱，則血熱不散，即為風毒，所謂血熱流進，風入腸胃，而主血之心亦病。瘧疾寒熱，端午采葉陰乾，同桂等分為末，先寒熱酒，先熱冷酒，五更下。單熱多痰溫瘧，童便浸焙，入黃丹一半，白湯下二錢。鼻衄熱黃，生搗服汁。生搗敷金瘡，止血止痛。

葉細而香，春生苗，至夏則高五六尺，凡蒿葉淡青，秋即黃。惟此獨深青，秋不黃，開細淡黃花，結子如麻，花實俱香。春夏用苗、葉，秋冬用子、根，須炒過，以受金氣厚，恐傷少陽生氣也。治上焦陰虛，童便製；治上焦血分熱結，宜生搗汁服。

按：苦寒直入心包。暑傷包絡，猝倒心痛欲死，同參、連、神、薷、朮、藿、半夏。暑熱發紫斑，身大熱，將發狂，同連、升、二冬、荊芥、元參。暑月濕霍亂，同薷、朮、苓、陳、砂仁。產婦暑濕吐瀉，同參、芎、歸、桂。皆重用之，多效。

清・葉志詵《神農本草經贊》卷三 草蒿 味苦，寒。主疥搔痂痒，惡創，殺蝨，留熱在骨間，明目。一名青蒿，一名方潰。生川澤。

氣早春陽，三秋餘力。松檜香鄰，蓬藜群植。美咏鹿鳴，臭含狃息。庚伏元辰，懸庭充食。

李時珍曰：青蒿得春木少陽之氣最早。《夢溪筆談》：此蒿深青如松檜之色，深秋餘蒿並黃，此蒿猶青。《禮》：藜莠蓬蒿並興。《詩》：呦呦鹿鳴，食野之蒿。韓保昇曰：其氣息似狃臭，故名狃蒿。《月令通纂》：伏內庚日，采青蒿懸於門庭辟邪，冬至、元旦為末服，亦良。

清・文晟《新編六書》卷六《藥性摘錄》 青蒿 味苦微辛，氣寒。性稟芬芳，清肝腎三焦陰火伏留骨節。○治骨蒸勞熱，及風毒熱黃，久瘧久痢，瘙癢惡瘡，鬼氣屍疰蠱毒等症。○燒灰淋汁，點治惡瘡惡肉黶班。○生搗，可敷金瘡。○惟脾胃素虛及泄瀉者，勿服。○童便浸葉用。○使子，勿使葉；使根，勿使莖。

清・張仁錫《藥性蒙求・草部》 青蒿葉子錢半、二錢 青蒿苦寒，骨蒸勞熱。盜汗虛煩，清暑辟穢。入肺、肝血分。凡苦寒藥多傷胃，惟青蒿芬芳，入脾不犯冲和之氣，獨宜血虛有熱之人。張路玉云：莖紫者真。根、莖、子、葉不可并用，恐成痼疾。葉，主濕(氣)熱；子，治骨蒸。宜童便製用。

清・劉善述、劉士季《草木便方》卷一草部 松蒿 青蒿苦寒治風毒，骨蒸勞熱久瘧服。補中明目療久痢，惡瘡鬼氣尸疰除。

清・劉善述、劉士季《草木便方》卷一草部 苦蒿 野蒿苦寒名甜蒿，勞傷痰血止血高。金瘡損傷去瘀妙，狗咬蛇傷退潮燒。

清・戴葆元《本草綱目易知錄》卷一草部 青蒿 苦，寒。得春木少陽之氣最早，故入少陽、厥陰血分。補中益氣，明目殺蝨。治骨蒸勞熱，蓐勞虛熱，風毒心痛，熱黃鼻衄，瘧疾寒熱，冷熱久痢。瘙疥惡瘡，鬼氣尸疰。婦人血氣腹滿。生擣，傅金瘡，止血止痛。燒灰淋汁，治惡瘡瘜肉黶瘢。

清・黄光霽《本草衍句》 青蒿 得春木之陽氣，入肝膽於血經。所主皆少陽、厥陰血分之病也。理血虚而有熱，除骨蒸之勞形。苦能殺蟲，風毒疥瘡息肉；寒可泄熱，身黄瘧疾鬼驚。凡苦寒傷胃，惟青蒿芬芳入脾，不犯胃氣。但寒而泄者，非宜。主治骨蒸勞熱，得鱉甲治溫瘧。

清・陳其瑞《本草撮要》卷一 青蒿 味苦，寒，入手足少陽、厥陰經，功專清熱。得地骨皮治骨蒸勞熱，蓐勞虚熱，最穩且效。得鱉甲治溫瘧。

清・周學海《讀醫隨筆》卷五 青蒿 苦微辛，微寒，清而能散，入肝膽，清濕熱，開結氣，宣氣之滯于血分者。凡芳香而寒者，皆能疏化濕盛氣壅之濁熱，及血滯氣虚之鬱熱，不宜血虚氣亢之燥熱也。即茵蔯、夏枯、苦梗、柴胡、秦艽之屬，皆是。

清・周巖《本草思辨錄》卷二 青蒿 青蒿有二種，一黄色，一青色。生苗於二月，其深青者，更異於常蒿，至深秋猶碧，其氣芳香疏達，與柴胡相仿佛，非少陽藥而何，所以柴胡治瘧，青蒿亦治瘧也。

青蒿芳香疏達則能升，開花結子於七八月，得金氣多則能降，升與降互為牽制，故升降皆不得逞而力微，但其主留熱在骨節間，則更有至理焉。青蒿至立秋後便節節生蟲，既生蟲，仍開花結子，其蟲不嚙梗不潰出，循梗而下，入土化他物，若青蒿之力有以抑之者然，是則以治勞熱骨蒸，可謂恰如其當矣。

白蒿

唐・孫思邈《千金要方》卷二六《食治・菜蔬》 白蒿 味苦、辛，平，無毒。養五藏，補中益氣，長毛髮。久食不死，白兔食之仙。

宋・唐慎微《證類本草》卷六草部上品〔《本經・別錄》〕 **白蒿 味甘，平，**無毒。**主五藏邪氣，風寒濕痹，補中益氣，長毛髮令黑，療心懸，少食常飢。久服輕身，耳目聰明，不老。**生中山川澤。二月採。

〔梁・陶弘景《本草經集注》〕云：蒿類甚多，而俗中不聞呼白蒿者，方藥家既不用，皆無復識之，所主療既殊佳，應更加研訪。服食七禽散云：白兔食之，仙。與前菴藺子同法爾。

〔唐・蘇敬《唐本草》〕注云：《爾雅》蘩音煩皤音婆蒿，即白蒿也。此蒿葉麁於青蒿，從初生至枯，白於衆蒿，欲似細艾者，所在有之也。

〔宋・馬志《開寶本草》〕按：別本注云：葉似艾，葉上有白毛麁澁，俗呼爲蓬蒿。

〔宋・掌禹錫《嘉祐本草》〕按：《爾雅》疏云：蓬蒿可以爲菹，故《詩》箋云：以豆薦蘩菹。陸璣云：凡艾，白色爲皤蒿。今白蒿，春始生，及秋香美，可生食，又可蒸。一名游胡，北海人謂之旁勃，故《大戴禮・夏小正傳》曰：蘩，游胡。游胡，旁勃也。《孟詵》云：白蒿，寒。春初此蒿前諸草生。擣汁去熱黄及心痛。其葉生挼，醋淹之爲菹，甚益人。又，葉乾爲末，夏日暴水痢，以米飲和一匙，空腹服之。子，主鬼氣，末和酒服之良。又，燒淋灰煎，治淋瀝疾。

〔宋・蘇頌《本草圖經》〕曰：白蒿，蓬蒿也。生中山川澤，今所在有之。春初最先諸草而生，似青蒿而葉麁，上有白毛錯澁，從初生至枯，白於衆蒿，頗似細艾。二月採。此《爾雅》所謂蘩音煩皤音婆蒿是也。疏云：蓬蒿，可以爲菹。故《詩》箋云：以豆薦蘩菹。陸璣云：凡艾，白色爲皤蒿。今白蒿。春始生，及秋香美，可生食，又可蒸。一名游胡，北海人謂之旁勃，故《大戴禮・夏小正》云：蘩，游胡。游胡，旁勃也。此草古人以爲菹。唐孟詵亦云：生挼醋食。今人但食蔞蒿，不復食此。或疑此蒿即蔞蒿。而孟詵又別著蔞蒿條，所説不同，明是二物，乃知古今食品之異也。又今階州以白蒿爲茵蔯蒿，苗、葉亦相似，然以入藥，恐不可用也。按：蒿類亦多。《爾雅》云：蘩之醜，秋爲蒿。言春時各有種名，至秋老成，皆通呼爲蒿也。中品有馬先蒿，云生南陽川澤，葉如益母草，花紅白，八、九月有實，俗謂之虎麻，亦名馬新蒿。《詩・小雅》所謂匪莪伊蔚是也。陸璣云：蔚，牡蒿。牡蒿，牡菣愆刃切也。三月始生，七月華，似胡麻花而紫赤，八月爲角，角似小豆角鋭而長，一名馬新蒿。郭璞注《爾雅》：蔚，牡菣。謂無子者。而陸云有子，二説小異。今當用有子者爲正。下品又有角蒿，云葉似白蒿，花如瞿麥，紅赤可愛，子似王不留行，黑色作角，七、八月採。又有茵蔯蒿、草蒿，下自有條。白蒿、馬新蒿，古方治癩疾多用之。《深師方》云：取白艾蒿十束如升大，煮取汁，以麴及米一如釀酒法，候熟，稍稍飲之。但是惡疾遍體，面目有瘡者，皆可飲之。又取馬新蒿擣末，服方寸匕，日三。如更赤起，服之一年，都差平復。角蒿，醫方鮮有用者。

宋・鄭樵《通志》卷七五《昆蟲草木略》 白蒿 即茵蔯蒿，白兔食之仙。

明・朱橚《救荒本草》卷上之前 白蒿 生荒野中。苗高二三尺，葉如細絲，似初生松針，色微青白，梢似艾香。味微辣。救飢：採嫩苗葉煠熟，換水浸淘淨，油鹽調食。

明・劉文泰《本草品彙精要》卷八 白蒿無毒。植生。

白蒿：主五臟邪氣，風寒濕痹，補中益氣，長毛髮令黑。療心懸，少食常飢。久服輕身，耳目聰明，不老。《神農本經》。〔名〕蓬蒿、繁游、胡旁勃、游胡、旁勃、蘩音煩皤音婆蒿。〔苗〕《圖經》曰：春初最先諸草而生，似青蒿而葉粗，上有白毛錯澀。從初生至枯，白於衆蒿，頗似細艾，至秋香美可生食。《爾雅》所謂蘩，皤蒿，即此是也。【地】《圖經》曰：生中山川澤，今所在有之。【時】生：春初生苗。採：二月、七月取。【收】陰乾。【用】苗葉白色者爲好，子亦可用。【質】類青蒿。【色】白。【味】甘。【性】平，緩。【氣】氣厚于味，陽中之陰。【臭】香。【主】補中益氣，風寒濕痹。【製】去根土，或生擣汁，或燒淋灰汁。【治】療：孟詵云：汁，去熱黄，心痛。〇灰淋汁，止淋瀝。補：孟詵云：葉爲葅，益人。【合治】葉乾爲末，合米飲調一匙，空腹服之，療夏日暴水痢。〇子爲末，合酒調服，主鬼氣。〇白艾蒿十束如升大，煮取汁，合麴及米，一如釀酒法，候熟稍稍飲之，治惡疾遍體，面目有瘡。【贋】蔞蒿爲僞。

明·王文潔《太乙仙製本草藥性大全》卷二《本草精義》 白蒿 一名蓬蒿，一名皤蒿，一名游胡，一名旁勃，古名蒝，唐又名蔞蒿，《爾雅》名蘩皤蒿，生中山川澤，今所在有之。春初最先諸草而生，似青蒿而葉粗，上有白毛錯澁，從初生至枯，白於衆蒿，頗似細艾，所在皆有之，可以爲茹，亦可以薦蘩葅。凡艾白色者爲皤蒿。今白蒿春始生，及秋香美可食生，又可蒸，二月採此。

明·王文潔《太乙仙製本草藥性大全》卷二《仙製藥性》 白蒿 味甘，氣平，無毒。主治：主五臟邪氣，祛風寒濕痹，能補中益氣，善去濕退黃。長毛髮鬚眉令黑，療心懸少食常飢。久服輕身不老，耳目聰明。七禽散云：白兎食之仙。補註：去熱黃心痛，用生擣絞服。〇其葉生挼，醋淹爲葅，甚益人。〇葉乾爲末，夏月暴水痢，以米飲調一匙，空心服。子：主鬼氣，爲末，酒調服。〇淋瀝疾，燒灰淋汁煎服效。

明·皇甫嵩《本草發明》卷三 白蒿，上品上，君。甘，平，無毒。主五臟邪氣，風寒濕痺，補中益氣，長毛髮黑，療心懸，少食常飢，久服輕身，耳目聰明。春初最先諸草而生，似青蒿，葉粗澁，白毛，初生至枯白于眾蒿，似艾細。蒿類多，不聞識白蒿者，方家亦不知用，惜哉。

明·李時珍《本草綱目》卷一五草部·隰草類上 白蒿《本經》上品

【釋名】蘩《爾雅》 由胡《爾雅》 蔞蒿《食療》 蔏音商 時珍曰：白蒿有水陸二種，《爾雅》通謂之蘩，以其易蘩衍也。曰：蘩，皤蒿。即今陸生艾蒿也，辛薰不美。曰：蘩，由胡，即今水生蔞蒿也，辛香而美。曰：蘩之醜，秋爲蒿。則通指水陸二種而言，謂其春時各有種名，至秋老則皆呼爲蒿矣。曰蘙，曰蕭，曰(荻)〔萩〕，皆老蒿之通名，象秋氣肅賴之氣。

【集解】《別録》曰：白蒿生中山川澤，二月採。弘景曰：蒿類甚多，而俗中不聞呼白蒿者。方藥家既不用，皆無復識之。恭曰：《爾雅》皤蒿，即白蒿也，所在有之。葉頗似細艾，上有白毛錯澀，粗於青蒿。從初生至秋，白於衆蒿。禹錫曰：蓬蒿可以爲茹。故《詩》箋云，以豆薦蘩葅也。陸璣《詩疏》云：凡艾白色爲皤〔蒿〕。今白蒿先諸草發生，香美可食，生蒸皆宜。頌曰：此草古人以爲葅。今人但食蔞蒿，不復食此。或疑白蒿即蔞蒿，而孟詵《食療》又別著蔞蒿條，所説不同，明是二物，乃知古今食品之異也。又今階州以白蒿爲茵陳，其苗葉亦相似，然以入藥，恐不可用也。時珍曰：白蒿處處有之，有水陸二種。《本草》所用，蓋取水生者，故曰生中山川澤，不曰山谷平地也。二種形狀相似，但陸生辛薰，不及水生者香美爾。《詩》云：呦呦鹿鳴，食野之苹。苹即陸生皤蒿，俗呼艾蒿是矣。鹿食九種解毒之草，白蒿其一也。《詩》云：于以採蘩，于沼于沚。《左傳》云：蘋蘩蘊藻之菜，可以薦于鬼神，羞于王公。並指水生白蒿而言，則《本草》白蒿之爲蔞蒿無疑矣。鄭樵《通志》謂苹爲蔞蒿，非矣。鹿乃山獸，蔞乃水蒿。陸璣《詩疏》謂苹爲牛尾蒿，亦非矣。牛尾蒿色青不白，細葉直上，狀如牛尾也。蔞蒿生陂澤中，二月發苗，葉似嫩艾而歧細，面青背白。其莖或赤或白，其根白脆。採其根莖，生熟葅曝皆可食，蓋嘉蔬也。景差《大招》云：吴酸蒿蔞不沾薄。謂吴人善調酸，瀹蔞蒿爲虀，不沾不薄而甘美，此正指水生者也。

苗根 【氣味】甘，平，無毒。思邈曰：辛，平。時珍曰：發瘡疥。【主治】五臟邪氣，風寒濕痺，補中益氣，長毛髮令黑，療心懸，少食常飢。久服輕身，耳目聰明不老《本經》。生挼，醋淹爲葅食，甚益人。擣汁服，去熱黄及心痛。曝爲末，米飲空心服一匙，治夏月暴水痢。燒灰淋汁煎，治淋瀝疾孟詵。利膈開胃，殺河豚魚毒時珍。【發明】弘景曰：服食家七禽散云，白兔食白蒿仙，與菴藺同法耳。時珍曰：《本經》列白蒿於上品，有功無毒，而古今方家不知用，豈不得服之之訣歟？

【附方】舊一 惡瘡癩疾：但是惡疾遍體，面目有瘡者，皆可服之。用白艾蒿十束如升大，煮取汁，以麴及米一如釀酒法，候熟稍服之。《梅師方》。

子 氣味缺。【主治】鬼氣。爲末，酒服之，良孟詵。

明·姚可成《食物本草》卷一七《草部·隰草類》 白蒿一名蘩，一名蔞蒿。《爾雅》謂之皤蒿，即白蒿也。所在有之。葉頗似細艾，上有白毛錯澀，粗於青蒿。從初生至秋，白於眾蒿。劉禹錫曰：蓬蒿可以為茹。故《詩》箋云以豆薦蘩葅也。陸(機)〔璣〕《詩疏》云：凡艾白色為皤，今白蒿先諸草發生，香美可食，生、蒸皆宜。蘇頌曰：此草古人以為葅。今人但食蔞蒿，不復食此。或疑白蒿即蔞蒿，而孟詵《食療》又別著蔞蒿條，所説不同，明是二物，乃知古今食品之異也。〇李時珍曰：白蒿處處有之，有水、陸二種，形狀相似，但陸生辛熏，不〔及〕水生者香美爾。《詩》云：呦呦鹿鳴，食野之苹。〔鹿〕食九種解毒之草，白蒿乃其一也。

白蒿，味甘，平，無毒。主五臟邪氣，風寒溼痹，補中益氣，長毛髮令黑，療心懸。少食常飢，久服輕身，耳目聰明，不老。生挼醋淹為菹食，甚益人。擣汁服，去熱黃及心痛。曝為末，米飲空心服一匙，治夏月暴水痢，燒灰淋汁煎，治淋瀝疾，利膈開胃，殺河豚魚毒。又治遍體惡瘡癩疾，以十束如升大，煮取汁，以麴及米，一如釀酒法，候熟服之。

清·穆石匏《本草洞詮》卷九 白蒿 鹿食九種解毒之草，白蒿其一也。有水陸二種，陸生者辛薰，不及水生者香美。《詩》云：呦呦鹿鳴，食野之苹。苹，即陸生皤蒿，俗稱艾蒿是也。《詩》云：于以采繁，于沼于沚。《左傳》云：蘋蘩蘊藻之菜，可以薦於鬼神，羞于王公。並指水生白蒿也。氣味甘辛平，無毒。補中益氣，利膈開胃，治五臟邪氣，風寒濕痺，久服輕身不老。《本經》列白蒿于上品，有功無毒，而方家罕用，何與？

清·章穆《調疾飲食辯》卷三 白蒿 《爾雅》曰：蘩，皤蒿。又名由胡。《食療本草》曰：蔞蒿，一曰蔏，一曰藾，一曰蕭。吾鄉呼籬蒿。葉如細艾，氣亦似之，有白毛。故古詩云：同心託蕭艾，一器戒薰蕕。《詩疏》曰：先眾草而生。香美可食，生熟皆宜。《綱目》曰：陸生薰辛，不及水生者香美。《詩·鹿鳴》食野之苹，陸蒿也。于以采蘩，于沼于沚。《左傳》蘋蘩蘊藻，皆水蒿也。性能溫中，開胃下氣，利膈，解河豚魚毒。然辛溫香竄，耗氣昏神，助火動風，發毒，皆所不免。凡中氣虛弱，及素有內熱，風損、血疾人均不宜食。痘後、癰疽、瘡疥，及天行熱病後，雖已全愈，未滿半年者，食之即發。而《本經》收為上品，云補中益氣，療心懸善飢，此物正令人嘈雜易飢，何相反若是。或者《本經》白蒿別是一物，諸家之訓皆誤，亦未可知。蓋皤即白也，《爾雅》既曰：蘩，皤蒿。又曰：苹，藾蕭。是明明二種，不得合為一物。且蒿之類不一，《爾雅》曰：蘩之醜，秋為蒿。郭注曰：春時各有種類，至秋通呼為蒿。考《唐書》德宗御經筵，問辛臣曰：呦呦鹿鳴，食野之苹。苹是何草？楊珏以藾蕭對。帝曰：《詩疏》云葉圓花白，似非藾蕭。恐《詩疏》所云，即《本經》之白蒿。存之以俟博識。

清·吴其濬《植物名實圖考》卷一一 白蒿 《本經》上品。陸璣《詩疏》以蘩為白蒿。《唐本草》以為大蓬蒿，葉上有白毛錯澀者是。李時珍以蔞蒿為即白蒿，不知《詩疏》言刈其蔞，釋狀甚詳，分明兩種。《圖經》亦辨之。

清·吴其濬《植物名實圖考》卷一二 白蒿 【略】按此白蒿是細葉者，與野同蒿相類，而莖黑褐色，葉如絲，青白相間，稍長則軟弱紛披。蓋初發則青老則白，因陳根而生，不至秋即枯，或即以為山茵陳。宋《圖經》云：階州以白蒿當茵陳，其所謂白蒿，乃《唐本草》大蓬蒿，非此蒿也。

清·葉志詵《神農本草經贊》卷一 白蒿 味甘，平。主五藏邪氣，風寒濕痹，補中益氣，長毛髮令黑。療心（縣）〔懸〕，少食常飢。久服輕身，耳目聰明，不老。生山澤。

留青還白，匪莪伊蒿。秋飈瑟瑟，寒水迢迢。蓼零露湑，薦雜溪毛。吴酸調瀹，清羨吾饕。

蘇恭曰：白蒿所在有之，粗於青蒿，至秋白於眾蒿。《武帝內傳》：還白留青。《詩》：匪莪伊蒿。顏延之詩：飈冬未至。楊炯賦：風蕭蕭兮瑟瑟。沈約詩：開襟濯寒水。蘇軾詩：迢迢澗水隨人急。《詩》：零露湑兮。《左傳》：澗谿沼沚之毛，蘋蘩蘊藻之菜，可薦於鬼神。《大招》注蒿蔞：吴人善調酸，瀹為齏。許有孚詩：或羨吾饕是清福。

清·田綿淮《本草省常·菜性類》 蘩 即沼沚中白蒿也。一名由胡。性平。除腹中邪氣，殺河豚毒。久食令人毛髮黑。

清·戴葆元《本草綱目易知錄》卷三 白蒿蘩蔞蒿。 甘，平。補中益氣，利膈開胃。治五臟邪氣，風寒濕痹。療心懸少食常飢。長毛髮，令黑不白。解河豚魚毒。生挼，醋淹菹食益人。擣汁服，去熱黃及心痛。曝，末，米飲，空心服，治夏月暴水痢。燒灰淋汁，煎，治淋瀝疾。【略】附《纂要》云：蔞蒿，甘、苦、辛，溫。開胃行水。生湖澤旁，長數寸，莖根脆，采為菜，香脆美。葆按：是此移入菜部并附驗。治發背初起者，生擣傅，乾即易。并酒煎服，立消。屢驗。〇惡瘡癩疾，及惡疾遍體，面目有瘡者，皆可服之。蔞蒿十斤，煮汁，以麴糯米，一如釀酒法，候熟飲之，效。

野同蒿

明·朱橚《救荒本草》卷上之前 野同蒿 生荒野中。苗高二三尺，莖紫赤色，葉似白蒿，色微青黃，又似初生松針而茸音戎細。味苦。 救飢：採嫩苗葉煠熟，換水浸，淘淨，油鹽調食。

清·吴其濬《植物名實圖考》卷一二 野同蒿 【略】按野同蒿即蓬蒿，陸璣《詩疏》：藻一種，莖大如釵股，葉如蓬蒿，謂之聚藻，此蒿莖葉青綠一色，而葉細如絲，正與水藻相似。湖南亦謂之青蒿，云功用勝於似黃蒿之青蒿。李時珍以同蒿菜為蓬蒿，殊誤。

蓬草子

唐・歐陽詢《藝文類聚》卷八二　蓬　《毛詩》曰：彼茁者蓬。又曰：首如飛蓬。《蕪城賦》：蔌蔌風威，孤蓬自振，驚沙坐飛。《列子》曰：見百歲髑髏，搴蓬而指之。

曾子曰：蓬生麻中，不扶自直。白沙在泥，與之皆黑。《商君書》曰：今夫飛蓬飄風而行千里。乘風之勢也。《禮》曰：桑弧蓬矢。《莊子》曰：斥鴳翺翔蓬蒿之間。《古詩》：轉蓬離本根，飄之畏長風。又曰：孤蓬轉霜根。《離騷》曰：蓬艾親人御于茅兮。魯哀公失國走齊，公問焉曰：子之年甚少矣，道至于此乎？吾少之時，多愛我者，吾體不親，人多諫者，吾忘不能用。是內無弼，外無輔，輔弼無人，諂諛甚衆，譬之猶秋蓬也。孤其根本，䆫其枝葉。《尚書大傳》曰：子夏作壤室，編蓬戶，彈琴瑟，其中以歌先王之風。《淮南子》曰：見飛蓬轉，而知為車。《三輔决錄》曰：張仲蔚，平陵人也。與同郡魏景卿，俱隱身不仕，所居蓬蒿沒人。

宋・唐慎微《證類本草》卷二六米穀部下品〔唐・陳藏器《本草拾遺》〕

蓬草子　作飯食之，無異粇米，儉年食之也。

明・李時珍《本草綱目》卷二三穀部・稷粟類　蓬草子《拾遺》

【集解】時珍曰：陳藏器《本草》載蓬草子，不具形狀。珍按蓬類不一：有彫蓬，即菰草也，見菰米下；有黍蓬，即青科也；又有黃蓬草、飛蓬草。不識陳氏所指果何蓬也？以理推之，非黃蓬即青科爾。黃蓬草生湖澤中，葉如菰蒲，秋月結實成穗，子細如彫胡米。饑年人採食之，須浸洗曝舂，乃不苦澀。青科西南夷人種之，葉如茭黍，秋月結實成穗，有子如赤黍而細，其稃甚薄，曝舂炊食。又粟類有七稜青科、八稜青科，麥類有青稞、黃稞，皆非此類，乃物異名同也。其飛蓬乃藜蒿之類，末大本小，風易拔之，故號飛蓬。子如灰藋菜子，亦可濟荒。又《魏略》云：鮑出遇饑歲，採蓬實，日得數斗，爲母作食。《西京雜記》云：宮中正月上辰，出池邊盥濯，食蓬餌，以祓邪氣。此皆不知所採乃何蓬也？大抵三種蓬子，亦不甚相遠。

子　【氣味】酸，澀，平，無毒。【主治】作飯食之，益飢，無異粳米藏器。

明・穆世錫《食物輯要》卷二　蓬草子米　味酸、澀，平，無毒。亦堪作飯，能益飢。

明・姚可成《食物本草》卷五穀部・稷粟類　蓬草子有黃蓬，有黍蓬。黍蓬，即青科。【略】

蓬草子米，味酸、澀，平，無毒。作飯食之，益飢，無異粳米。乃儉年物也。

明・施永圖《本草醫旨・食物類》卷二　蓬草米　味：酸，平，無毒。作飯食之，無異秔米，蓋儉年物也。

題清・徐大椿《藥性切用》卷六　蓬草子　酸濇性平，作飯充飢，與米無異。

清・章穆《調疾飲食辯》卷二　黃蓬飯　有二種，《爾雅》曰：齧，凋蓬；薦，黍蓬。其蔓細而糾結，有如亂髮，故髮之未櫛者曰蓬首。又輕虛風易拔之，隨風飛去，故《詩》曰首如飛蓬。吾鄉謂為黃坯。荒年澤居，人采以為食。味極苦澀，故能除熱，不免敗胃。《拾遺》乃謂作飯無異粳米，必不然矣。病人勿食。

清・陳其瑞《本草撮要》卷五　蓬草子　味酸濇平，入手足太陰、陽明經，功專療飢，作飯食不飢，無異粳米。

蔞蒿

明・朱橚《救荒本草》卷上之前　藺蒿　田野中處處有之。苗高二尺餘，莖蘚似艾，其葉細長鋸齒，葉㧋音布莖而生。味微苦，性微溫。救飢：採嫩苗葉煠熟，水浸淘淨，油鹽調食。

明・盧和、汪穎《食物本草》卷二　蔞蒿　味甘辛。生水澤中，葉侣艾，青白色，長數寸，食之香脆而美。葉可為茹。一種莪蒿，亦美菜；一種邪蒿，作羹臛佳。

明・姚可成《食物本草》卷首王西樓《救荒野譜》　蔞蒿食莖葉。春采苗葉，熟食。夏秋莖可作虀，(心)〔也〕可入茶。采蔞蒿，采枝采葉還采苗。我獨采根賣城郭，城裏人家半凋落。

明・周履靖《茹草編》卷一　蔞蒿　江濱女兒晴踏歌，雲融水暖春微和。蔞蒿茸茸青可摘，若處偏少若處多。姊採葉，娣採心，叮嚀莫向水邊行，濡裙濺襪阿母嗔。　春採苗葉，炒食。夏秋莖可作虀，心可點茶。

明・穆世錫《食物輯要》卷三　蔞蒿　味甘、辛，平，無毒。解河豚毒，開胃利膈，去風熱濕痹，長鬚髮，治心懸少食，發黃暴痢。生用醋淹，為葅頗佳。有瘡疥者勿食。

明・施永圖《本草醫旨・食物類》卷二　蔞蒿多生江邊。　味：甘，辛。生水澤中，葉似艾，青白色，長數寸，食之香脆而美，葉可為茹。又一種曰我蒿，曰邪蒿。作羹臛，俱絕佳。

清・何其言《養生食鑒》卷上　蔞蒿生水澤中，葉似艾，青白色，長數寸，食之香脆而美，葉可為茹。　味甘，辛，平，無毒。解河豚毒，開胃利膈，去風熱濕痹，長鬚髮，治心懸。多食發黃暴痢。生用醋醃，為菹頗佳。有瘡疥者，勿食。

清・汪紱《醫林纂要探源》卷二　蔞蒿　甘，苦，辛，溫。似白蒿而莖肥脆。生湖澤旁，長數寸，時採為菜，香脆而美。開胃行水。以在澤旁也。

清・李文培《食物小錄》卷上　蘆蒿　辛，有毒。開爽胃氣，令人能食。凡病人及生瘡疥者勿食，多食損目。

清・吴其濬《植物名實圖考》卷一二　蔞蒿　《詩經》：言刈其蔞。陸璣《疏》：蔞，蔞蒿也。其葉似艾，白色，長數寸，高丈餘。好生水邊及澤中。正月根芽生，旁莖正白，生食之，香而脆美，其葉又可蒸為茹。

按蔞蒿，古今皆食之，水陸俱生，俗傳能解河豚毒。《救荒本草》謂之蔄蒿。洞庭湖瀕，根長尺餘，居民掘而煮食之，儉歲恃以為糧。與蔞蒿滿地，河豚欲上，風景同而滋味異矣。

清・文晟《新編六書》卷六《藥性摘錄》　蔞蒿　甘辛，平。解河豚毒，開胃利膈，去風熱濕痹。多食發黃，暴痢。有瘡疥者，忌之。

清・吴汝紀《每日食物却病考》卷上　蔞蒿　味甘、辛。生水澤，葉似艾，青白色，食之香美，可作茹。

薺蒿

附：日・丹波康賴《醫心方》卷三〇　薺蒿菜　《七卷經》云：冷，食之無損益。崔禹〔錫〕云：食之明目。味鹹，溫，無毒。主開胸府，狀似艾草而香，作羹食之，益人。

黄花蒿

明・李時珍《本草綱目》卷一五草部・隰草類上　黄花蒿《綱目》

【釋名】臭蒿　【集解】大明曰：臭蒿，一名草蒿。時珍曰：香蒿、臭蒿，通可名草蒿。此蒿與青蒿相似，但此蒿色綠帶淡黃，氣辛臭不可食，人家採以罨醬黄酒麴者是也。

葉　【氣味】辛、苦，涼，無毒。　【主治】小兒風寒驚熱時珍。

子　【氣味】辛，涼，無毒。　【主治】治勞，下氣開胃，止盜汗及邪氣鬼毒大明。

清・王道純《本草品彙精要續集》卷二　黄花蒿無毒。　主小兒風寒驚熱《本草綱目》。　【名】臭蒿。大明曰：臭蒿，一名草蒿。　【質】李時珍曰：香蒿、臭蒿，通名草蒿，與青蒿相似。　【色】此蒿色綠帶淡黃。　【味】苦。　【性】涼。　【氣】辛。　【臭】辛臭不可食，人家採以罨醬黄酒麴者是也。子，無毒，主勞，下氣，開胃，止盜汗及邪氣鬼毒大明。　【性】涼。　【氣】辛。

清・吴其濬《植物名實圖考》卷一一　黄花蒿　俗呼臭蒿，以覆醬豉。《本草綱目》始收入藥。

兔耳一支箭

清・趙學敏《本草綱目拾遺》卷五草部下　兔耳一支箭獨葉一支鎗、金邊兔耳、兔耳酸。　生陰山脚下，立夏時發苗，葉布地生，類兔耳形，葉厚，邊有黄毛軟刺，莖背俱有黄毛，寒露時抽心，高五寸許，上有倒刺而軟，即花也。每枝只一花，故名一枝箭。入藥用棉裹煎，恐有毛戟射肺，令人咳。

《百草鏡》：兔耳一枝箭，葉如橄欖形，邊有鍼刺，只七八葉，貼地生，八月抽莖，高近尺許，花如柏穗而有萌刺，莖葉有毛，七月採。有小鹿銜、銀茶匙、忍冬草、月下紅等名。　汪連仕云：兔耳箭初生苗，名金茶匙。入血分，止吐血，治肺癰，王安《采藥方》：葉底紅者，名金茶匙。性寒味苦，行血涼血，入肺經，清肺火。治吐血勞傷，調血最效，為怯弱要藥。肺癰肺痿，黄疸心疼，跌打風氣傷力，欬嗽咯血腫毒。

腸癰肺癰縮脚癰：《慈航活人書》：用白石楠葉嫩腦十二個，兔耳草二兩，好酒煎服，肺癰二服，腸癰縮脚癰一服，即愈。　骨蒸勞怯：吴普仁方：用兔耳一枝箭蒸鷄服。

獨葉一枝鎗　生深山，四五月間土人採得，入市貨之。長二三寸，一莖二梗，一梗一葉，葉如兔耳，又似箭頭，一梗細尖，如新抽竹萌，故名。《百草鏡》：獨葉一枝鎗，生山原，清明時發苗，穀雨後死，長二三寸，一葉一花，葉如橄欖，花似錐鑽。　味甘淡，功用與一枝箭同。○朱煨齋《任城日記》：諸毒蟲咬，以獨葉一枝鎗草生擦之，即愈。

金邊兔耳　形如兔耳草，貼地生葉，上面淡綠，下面微白，有筋脈，緣邊黄毛，茸茸作金色。初生時葉梢捲，如兔耳形，沙土山上最多。　味甘淡，治虚勞吐血。

兔耳酸　汪連仕《草藥方》：即穿地鈴，治跌打損傷。

牛尾蒿

明·蘭茂原撰，范洪等抄補《滇南本草圖說》卷七　野蒿　味苦，平。塞鼻止血，破血散血，血瘤、血鼠、血風等症，最良。

清·吳其濬《植物名實圖考》卷一二　牛尾蒿　《詩經》：取蕭祭脂。陸璣《疏》：蕭，荻。今人所謂荻蒿者是也。或云牛尾蒿似白蒿，白葉，莖麄，科生，多者數十莖，可作燭，有香氣，故祭祀以脂爇之為香。許慎以為艾蒿，非也。《郊特牲》云：既奠然後爇蕭合馨香是也。

按《爾雅》：蕭，荻。郭注即蒿。蓋牛尾蒿，初生時與蔞蒿同，唯一莖旁生橫枝，秋時枝上發短葉，横斜欹舞，如短尾隨風，故俗呼以狀名之。其莖直硬，與蔞蒿同為燭桿之用。李時珍以《陸疏》苹為牛尾蒿，與今本不同。鄭漁仲以牛尾蒿為青葙子，大誤。

《爾雅正義》：苹，藾蕭。注：今藾蒿也。初生亦可食。《正義》：此別蒿之類也。苹一名藾蕭，《小雅》云：呦呦鹿鳴，食野之苹。鄭箋以為藾蕭，疏引陸璣《疏》云：葉青白色，莖似蓍而輕脆，始生時可生食，又可蒸食。按藾蕭為蒿之別種，俗呼為牛尾蒿，或以為即今白蒿，非也。又蕭荻，注：即蒿，《正義·詩疏》引李巡云：萩，一名蕭。《天官·甸師》云：祭祀共蕭茅。杜子春以為蕭，香蒿也。後鄭謂《詩》所云：取蕭祭脂，《郊特牲》云蕭合黍稷，臭陽達於牆屋，故既薦然後焫蕭為馨香者，是蕭之謂也。又鄭注：《郊特牲》云蕭，薌蒿也，染以脂，合黍稷燒之。《生民》詩疏云：宗廟之祭，以香蒿合黍稷，燒此香蒿，以合其馨香之氣。是蕭為蒿之香者也。萩，監本誤作荻；《唐石經》作萩；《釋文》：萩，音秋，今改正。案《春官·鬱人》疏引王度記云：士以蕭，庶人以艾。《白虎通義》亦引之。是蕭與艾，定為二物也。蕭、艾皆香草，而《離騷》云：何昔日之芳草，今直為此蕭艾也。蓋蕭可以爇，艾可以灸，古之長育群材者，芳草各有其用；而采蕭、采艾，亦各以其時。今不辨其為芳草，而與蕭、艾並見燒薙，故騷人歎之。說《楚辭》者不達其意，以蕭、艾為惡草，誤矣。《管子·地員篇》云：芹下於蕭，蕭下於薜。辨庶草者，固各有其等差也。

《說文解字注》：蕭，艾蒿也。《大雅》：取蕭祭脂。《郊特牲》：焫蕭合馨香。故毛公曰：蕭所以共祭祀。鄭君曰：蕭，薌蒿也。陸璣曰：今人所謂萩蒿也，或曰牛尾蒿。許慎以為艾蒿，非也。按陸語非是，此物蒿類而似艾，一名艾蒿。許非謂艾為蕭也。齊高帝云：蕭即艾也，乃為誤耳。又按《曹風》傳曰：蕭，蒿也。此統言之。諸家云薌蒿、艾蒿者。析言之。從草、肅聲，蘇雕切，古音在三部，音修，亦與肅同音，通用。甸師共肅茅，杜子春讀肅為蕭。蕭牆、蕭斧皆訓肅，萩蕭也。從草、秋聲，七由切，三部。古多以萩為楸，如《左氏傳》伐雍門之萩，《史》《漢》河濟之間千樹萩是也。

牡蒿

宋·唐慎微《證類本草》卷三〇有名未用〔《別錄》〕　牡蒿　味苦，溫，無毒。主充肌膚，益氣，令人暴肥，不可久服，血脉滿盛。生田野。五月、八月採。

〔梁·陶弘景《本草經集注》〕云：方藥不復用。

〔唐·蘇敬《唐本草》〕注云：齊頭蒿也，所在有之。葉似防風，細薄無光澤。

明·朱橚《救荒本草》卷上之前　水辣菜　生水邊下濕地中，苗高一尺餘，莖圓，葉似雞兒腸，葉頭微齊短。又似馬蘭頭，葉亦更齊短，其葉㧌莖生。梢間出穗如黃蒿穗。其葉味辣。救飢：採嫩苗葉煠熟，換水淘去辣氣，油鹽調食。生食亦可。

明·王文潔《太乙仙製本草藥性大全》卷二《本草精義》　蔚牡蒿　一名牡菣。舊本俱不載所出處，今在處有之。三月始生莖葉，似蒿，七月花似胡麻色而紫赤，八月爲角，角似小豆角鋭而長。郭註《爾雅》蔚牡，謂無子，陸之有子，今嘗用子者爲正。

明·王文潔《太乙仙製本草藥性大全》卷二《仙製藥性》　蔚牡蒿　味氣俱未著，無毒。主治：主皮膚之痒，治血脉滿盛。

明·皇甫嵩《本草發明》卷三　牡蒿葉長齊頭，葉紫赤，八月為角，似荳角，鋭長，名齊頭蒿。能光皮膚，令人暴肥。勿久服，血脉滿盛。

明·李時珍《本草綱目》卷一五草部·隰草類上　牡蒿《別録》下品

【釋名】齊頭蒿時珍曰：《爾雅》：蔚，牡菣。蒿之無子者。則牡之名以此也。諸蒿葉皆尖，此蒿葉獨奓而禿，故有齊頭之名。

【集解】《別録》曰：牡蒿生田野，五月、八月採。弘景曰：方藥不復用。恭曰：齊頭蒿也，所在有之。葉似防風，細薄而無光澤。時珍曰：齊頭蒿三四月生苗，其葉扁而本狹，末奓有禿歧。嫩時可茹。鹿食九草，此其一也。秋開細黃花，結實大如車前實，而内子微細不可見，故人以爲無子也。

苗　〔氣味〕苦，微甘，温，無毒。　〔主治〕充肌膚，益氣，令人暴肥。不可久服，血脈滿盛《別録》。擂汁服，治陰腫時珍。

〔附方〕新一　瘧疾寒熱：　齊頭蒿根、滴滴金根各一把，擂生酒一鍾，未發前服。以滓傅寸口，男左女右，二日便止。《海上名方》。

明·姚可成《食物本草》卷一七草部·隰草類　牡蒿三四月生苗，其葉扁而本狹末奓有禿歧。所在田野有之，嫩時人采以為茹。鹿食九草，此其一也。秋開細黄花，結實大如車前實，而内子微細不可見，人或以為無子也。

牡蒿，味苦、微甘，溫，無毒。主充肌膚，益氣，令人暴肥，不可久服，血脉滿盛。

清·吴其濬《植物名實圖考》卷一四　牡蒿　《別録》下品。《爾雅》：蔚，牡蒿。陸璣《詩疏》以為即馬新蒿。《本經》《別録》分為二物。《唐本草》注以為齊頭蒿。李時珍所述形狀正似《救荒本草》之水辣菜。今澤瀕亦有之，微作蒿氣，姑存之。

清·吴其濬《植物名實圖考》卷五　水辣菜　《救荒本草》。按：此草江西、湖南河瀕亦有之。作蒿氣，與《唐本草》注齊頭蒿相類，殆即一草，詳牡蒿下。

清·劉善述、劉士季《草木便方》卷一草部　齊蒿　齊頭蒿苦甘寒平，能治久瘧陰腫靈。滋陰血分除虚熱，令人暴肥久不榮。

鐵桿蒿

明·朱橚《救荒本草》卷上之前　鐵桿蒿　生田野中。苗莖高二三尺，葉似獨掃葉，微肥短，又似蔔蓄葉而短小，分生莖叉。梢間開淡紫花，黄心。葉味苦。　救飢：　採葉煠熟，淘去苦味，油鹽調食。

一枝蒿

清·趙學敏《本草綱目拾遺》卷五草部下　一枝蒿　紹郡府佐李秉文，久客西陲，言巴里坤出一種藥，名一枝蒿。生深山中，無枝葉，一枝茁(土)〔上〕，氣味如蒿。四月間，牧馬卒驅馬入山，收草攜歸，煎膏以售遠客，有販至蘭州貨賣者。　活血解毒，去一切積滯，沈痼陰寒等疾，驅風理怯。

珍珠一枝蒿

明·蘭茂撰，清·管暄校補《滇南本草》卷中　珍珠一顆蒿　性寒，味苦。利小便，瀉膀胱積熱，除五淋，治便濁。發散瘡毒。　附方：　治五淋初起。又治小便不通，極驗。一顆蒿，水煨，點水酒服。

明·蘭茂《滇南本草》〔叢本〕卷下　珍珠一枝蒿　味苦，性寒。利小便，瀉膀胱積熱，除五淋，治便濁，發散瘡毒。　單方：　五淋初起便濁，單劑水煨，點水酒服。

劉寄奴

宋·唐慎微《證類本草》卷一一草部下品〔唐·蘇敬《唐本草》〕　劉寄奴草　味苦，溫。主破血下脹。多服令人痢，生江南。

〔唐·蘇敬《唐本草》〕注云：　莖似艾蒿，長三四尺，葉似蘭草尖長，子似稗而細，一莖上有數穗，葉互生。

〔宋·馬志《開寶本草》〕按：　別本注云：　昔人將此草療金瘡，止血，爲要藥。産後餘疾，下血止痛，極效。《唐本》先附。

〔宋·掌禹錫《嘉祐本草》〕按：　《蜀本圖經》云：　葉似菊，高四五尺，花白，實黄白作穗，蒿之類也。今出越州。夏收苗，日乾之。日華子云：　劉寄奴　無毒。治心腹痛，下氣，水脹血氣，通婦人經脉癥結，止霍亂水瀉。又名劉寄奴。六、七、八月採。

〔宋·蘇頌《本草圖經》〕曰：　劉寄奴草，生江南，今河中府、孟州、漢中亦有之。春生苗，莖似艾蒿，上有四稜，高三二尺已來。葉青似柳，四月開碎小黄白花，形如瓦松，七月結實似黍而細，一莖上有數穗，互生，根淡紫色似萵苣。六月、七月採，苗、花、子通用也。

〔宋·唐慎微《證類本草》〕雷公云：　採得後去莖、葉，只用實。凡使，先以布拭上薄殼皮令淨，拌酒蒸，從巳至申出，暴乾用之。《經驗方》：　治湯火瘡至妙。劉寄奴擣末，先以糯米漿，雞翎掃湯著處，後摻藥末在上，並不痛，亦無痕。大凡湯著處，先用鹽末摻之，護肉不壞，然後藥末傅之。

宋·鄭樵《通志》卷七五《昆蟲草木略》　劉寄奴，曰金寄奴，即烏藤菜，故江東人云烏藤菜。劉寄奴，因宋武帝而得名。帝微時伐荻新洲，遇大蛇，射之。明日往，見群兒擣藥，問之，乃曰：　我王為劉寄奴所射，今擣此藥傅之。帝呵之，群兒忽不見，遂收其藥還，以傅金瘡，無不愈者。帝姓劉，小名寄奴。江南人姓劉者或呼為金，是以又有金寄奴之名。

宋·劉明之《圖經本草藥性總論》卷上　劉寄奴草　味苦，溫。主破血下脹，多服令人痢。日華子云：　無毒。治心腹痛，下氣水脹血氣，通婦人經脈癥結，止霍亂水瀉。別本云：　療金瘡止血為要藥。産後餘疾，下血止痛極効。《經驗方》治湯火瘡，至妙，擣末，先以糯米漿雞翎掃湯着處，後滲藥末傳在上，並不痛，亦無痕，大凡着處先用鹽末摻之，護肉不壞，然後藥末傅之。

宋・王介《履巉巖本草》卷中 劉寄奴 性溫，無毒。治心肚作疼，不以多少，曬乾爲細末，每服三大錢，水一盞，煎至八分，放溫服。

宋・張杲《醫説》卷七 湯火瘡 劉寄奴為末，先以糯米漿雞翎掃傷着處，後摻藥末在上，並不痛，亦無痕。大凡湯着，急以鹽末摻之，護肉不壞，然後用藥傅之，至妙《本事方》。

宋・陳衍《寶慶本草折衷》卷一一 劉寄奴草苗、花、子通用。 一名劉寄奴，一名金寄奴。生江南及漢中，孟、越、滁州，河中府。○六、七、八月採苗、花、子，暴乾。 味苦，溫，無毒。○主破血下脹，多服令人痢。○別本註云：療金瘡止血為要。按南朝宋高祖劉裕，小字寄奴，因鬼遺此藥，高祖收之，用傅金瘡最驗，故以人而名其藥也。產後餘疾，下血止痛。○日華子云：治心腹痛，通經脉癥結。○《圖經》曰：苗莖似艾蒿，葉似柳，開碎小黄白花，結實似黍而細。○《經驗方》：治湯火瘡。劉寄奴擣末，先以糯米漿雞翎，掃湯著處，摻藥在上，不痛無痕。凡湯著處，先用鹽，護肉不壞，然後藥末傅之。

明・朱橚《救荒本草》卷上之前 野山薑 《本草》名劉寄奴。生江南，其越州、滁州皆有之。今中牟南沙崗間亦有之。莖似艾蒿，長二三尺餘，葉似菊葉而瘦細；又似野艾蒿葉，亦瘦細。開花白色，結實黄白色，作細筒子蒴兒，蓋蒿之類也。其子似稗而細。苗葉味苦，性溫，無毒。 救飢：採嫩葉煠熟，水浸，淘去苦味，油鹽調食。 治病：文具《本草》草部劉寄奴條下。

明・王綸《本草集要》卷二 劉寄奴草 味苦，氣溫，無毒。 主破血，產後餘疾下血，止痛極效。治心腹痛，下氣水脹。

明・滕弘《神農本經會通》卷一 劉寄奴 又名金寄奴。莖似艾蒿，葉似蘭草，子似稗而細。六七八月採，苗、花、子通用。《局》云：酒蒸晒。一云：去莖葉，只用實。 味苦，氣溫，無毒。東云：散血，療湯火、金瘡。《疌》云：治心痛，水脹，兼腸痛，又治刀傷。主通經破血，療湯火，產後瘀疼。

《本經》云：主破血，下脹。多服令人痢。別注云：療金瘡止血為要藥。產後餘疾，下血止痛極効。日華子云：金寄奴，無毒。治心腹痛，下氣，水脹，血氣，通婦人經脉，癥結，止霍亂水瀉。《經驗方》治湯火瘡至妙，先以糯米漿，鷄翎掃湯著處，後糝寄奴末在上，並不痛，亦無痕。大凡湯著處，先用鹽末糝之，護肉不壞，然後藥末傅之。《局》云：劉寄奴溫能破血，婦人經閉最能行。并醫湯火金瘡妙，多服令人痢疾生。劉寄奴，破血行經，金瘡最妙。

明・劉文泰《本草品彙精要》卷一四 劉寄奴無毒。 植生。

劉寄奴草：主破血，下脹。名醫所錄。 【名】金寄奴。 【苗】《圖經》曰：春生苗，莖似艾蒿，上有四棱，高三二尺以來，葉青似柳，四月開碎小黄白花，形如瓦松，七月結實，似黍而細，一莖上有數穗互生，根淡紫色似萵苣。其苗、花、子入藥亦通用也。 【地】《圖經》曰：生江南，今河中府、孟州、漢中及越州皆有之。 【道地】滁州。 【時】生：春生苗。採：六月、七月取苗，八月取實。 【收】日乾。 【用】苗、花、子。 【質】類艾蒿而有穗。 【色】青綠。 【味】苦。 【性】溫，泄。 【氣】味厚于氣，陰中之陽。 【主】心腹痛，通經脈。 【製】《雷公》云：凡使，實先以布拭上薄殼皮令淨，拌酒蒸，從巳至申，出，暴乾用之。 【治】療：日華子云：除心腹痛，下氣，水脹，血氣，通婦人經脈，癥結，止霍亂水瀉。《別錄》云：療金瘡，止血，產後餘疾，下血，止痛。又爲末，治湯火瘡，先以糯米漿掃湯著處，後摻末在上，並不痛亦無痕大，凡湯著處，先用鹽末摻之，護肉不壞，然後用藥傅之至妙。 【禁】多服令人痢。

明・許希周《藥性粗評》卷二 安血證於金湯，劉寄奴自彰全節。

劉寄奴，俗名六月雪也。莖似蒿，四稜，紫色，高四五尺，葉似竹稍大而尖長，五六月開碎白花，一莖上有數穗，七月結實似黍，互生根，淡紫色，似萵苣。江南山谷處處有之。六七月採苗花子，暴乾通用。亦有單用子者，以布挼去皮殼令淨，酒拌蒸過，暴乾收貯。世傳劉裕小名寄奴，常用此以療金瘡，故名。餘說《本草》不載。 味苦，性溫，無毒。主治心腹氣痛水脹，霍亂水瀉，婦女經脉癥結，及湯火刀斧所傷，破血平腫，最為有功。然不可多服，令人成痢。

單方：湯火燒瘡：取寄奴擣為細末，先以糯米漿雞翎掃上後，以藥末摻之，並不痛，亦無痕迹。大凡湯火着處，急用鹽末摻之，護肉不壞，然後以藥治之。 刀斧傷血：取寄奴搗爛，封之，妙。

明・鄭寧《藥性要略大全》卷七 劉寄奴 散血，療湯火金瘡之毒止。○治產後餘疾，下血止痛，極效。療金瘡為要藥。又云破血。 味苦，氣溫，無毒。劉裕小名寄奴，未及帝時，以此草治金瘡得效，因名焉。多食令人痢。

○極治脱肛。

明・陳嘉謨《本草蒙筌》卷三 劉寄奴草 味苦，氣溫。無毒。山側道傍，春暖即產。凡用入藥，隨時採收。下氣止心腹急疼，下血卻產後餘疾。消焮腫癰毒，滅湯火熱瘡。子研泡熱水下咽，腸瀉無度者即已。原因劉裕小名寄奴，用此以治金瘡獲効，竟指名曰劉寄奴草也。

明・王文潔《太乙仙製本草藥性大全》卷一《本草精義》 劉寄奴 生江南，今河中府、孟州、漢中亦有之。春生苗，莖似艾蒿，上有四枝，高三二尺，葉青似柳，四月開碎小黃白花，形如尾松。七月結實，似黍而細，一莖上有數穗互生。根淡紫色，似蒿苣。六月、七月採，苗、花、子通用也。又云：葉似菊，高四五尺，花白，實黃白作穗，蒿之類也。

明・王文潔《太乙仙製本草藥性大全》卷一《仙製藥性》 劉寄奴草 味苦，氣溫，無毒。主治：下氣，止心腹急疼，下血，却產後餘疾，消焮腫癰毒，滅湯火熱瘡。子研泡熱水下咽，腸瀉無度者即已。原因劉裕小名寄奴，用此以治金瘡獲效，竟指名曰劉寄奴草也。補註：治湯火瘡至妙，劉寄奴擣末，先以糯米漿，鷄翎掃湯着處，後摻藥末在上，並不痛，亦無痕。大凡湯着處，先用鹽末摻之，其肉不壞，然後藥末傅之。太乙曰：採得後去莖葉，只用實，凡使先以布拭上着殼皮，令净，拌酒蒸，從巳至申，取出，曝乾用之。

明・皇甫嵩《本草發明》卷三 劉寄奴中品下，臣。氣溫，味苦。 發明曰：劉寄奴，活血行氣之藥。故《本草》主破血，下血下氣，止心腹急痛，通經脉，散癥結，卻產後餘疾，消焮腫癰毒，滅湯火瘡。多服令人痢。○子，研，泡熱水下咽，腸瀉無度者即已。因劉裕小名寄奴，用此治金瘡見效，竟名曰劉寄奴草也。

明・李時珍《本草綱目》卷一五草部・隰草類上 劉寄奴草《唐本草》

【釋名】金寄奴大明 烏藤菜《綱目》 時珍曰：按李延壽《南史》云：宋高祖劉裕，小字寄奴。微時伐荻新洲，遇一大蛇，射之。明日往，聞杵臼聲。尋之，見童子數人皆青衣，於榛林中擣藥。問其故。答曰：我主爲劉寄奴所射，今合藥傅之。裕曰：神何不殺之？曰：寄奴，王者，不可殺也。裕叱之，童子皆散，乃收藥而反，每遇金瘡傅之即愈。人因稱此草爲劉寄奴草。鄭樵《通志》云：江南人因漢時謂劉爲卯金刀，乃呼劉爲金。是以又有金寄奴之名。江東人謂之烏藤菜云。

【集解】恭曰：劉寄奴草生江南。莖似艾蒿，長三四尺，葉似山蘭草而尖長，一莖直上有穗，葉互生，其子似稗而細。保昇曰：今出越州，蒿之類也。高四五尺，葉似菊，其花白色，其實黃白色作穗，夏月收苗乾之。頌曰：今河中府、孟州、漢中、滁州亦有之。春生苗，莖似艾蒿，上有四稜，高二三尺以來。葉青似柳，四月開碎小黃白花，形如瓦松，七月結實似黍而細，根淡紫色似萵苣。六月、七月採苗及花子通用。時珍曰：劉寄奴一莖直上。葉似蒼朮，尖長糙澀，面深背淡。九月莖端分開數枝，一枝攢簇十朵小花，白瓣黃蕊，如小菊花狀。花罷有白絮，如苦蕒花之絮。其子細長，亦如苦蕒子。所云實如黍稗者，似與此不同，其葉亦非蒿類。

子苗同。【修治】斅曰：凡採得，去莖葉，只用實。以布拭去薄殼令净，拌酒蒸，從巳至申，暴乾用。時珍曰：莖、葉、花、子皆可用。【氣味】苦，温，無毒。【主治】破血下脹。多服令人下痢蘇恭。下血止痛，治產後餘疾，止金瘡血，極效《别録》。心腹痛，下氣，水脹血氣，通婦人經脈癥結，止霍亂水瀉大明。小兒尿血，新者研末服時珍。

【附方】舊一，新七。大小便血：劉寄奴爲末，茶調空心服二錢，即止。《集簡方》。折傷瘀血：在腹内者。劉寄奴、骨碎補、延胡索各一兩，水二升，煎七合，入酒及童子小便各一合，頓温服之。《千金方》。血氣脹滿：劉寄奴穗實爲末，每服三錢，酒煎服。不可過多，令人吐利。此破血之仙藥也。《衛生易簡方》。霍亂成痢：劉寄奴草煎汁飲。《聖濟總録》。湯火傷灼：劉寄奴擣末，先以糯米漿鷄翎掃上，後乃摻末。並不痛，亦無痕，大驗之方。凡湯火傷，先以鹽末摻之，護肉不壞，後乃摻藥爲妙。《本事方》。風入瘡口：腫痛。劉寄奴爲末，摻之即止。《聖惠方》。小兒夜啼：劉寄奴半兩，地龍炒一分，甘草一寸，水煎，灌少許。《聖濟總録》。赤白下痢：陰陽交帶，不問赤白。劉寄奴、烏梅、白薑等分，水煎服。赤加梅，白加薑。艾元英《如宜方》。

明・佚名氏《醫方藥性・草藥便覽》 劉寄奴 其性苦。散諸惡，生肌肉。名六月雪。

明・梅得春《藥性會元》卷上 劉寄奴 味苦，氣溫，無毒。去莖葉，用實。主破血行經，療湯火金瘡之毒，下脹氣。多服冷，令人壽。因劉裕乳名寄奴，常將此草療金瘡效，因名之。

明・李中立《本草原始》卷三 劉寄奴草 始生江南，今河中府、孟州、漢中亦有之。春生苗，莖似艾蒿，上有四稜，高三二尺已來，葉青似柳。四月開碎小黃白花。七月結實，似稗而細。一莖上有數穗互生。根淡紫色似萵苣。六月、七月采苗及花子，通用。按李延壽《南史》云：宋高祖劉裕，小字寄奴，微時伐荻新州，遇一大蛇，射之。明日往，聞杵臼聲。尋之，見童子數人，皆青衣，於榛林中搗藥。問其故，答曰：我主為劉寄奴所射，今合藥傅之。裕曰：神何不殺之？曰：寄奴，王者，不可殺也。裕叱之，童子皆散，乃收藥而反。每遇金瘡，傅之即愈。人因稱此草為劉寄奴草。氣味：苦，溫，無毒。主治：破血下脹。多服令人痢。○下血止痛，治產後餘疾。止金瘡血極效。○心腹痛，下氣，水脹血氣，通婦人經脉癥結，止霍亂水瀉。○小便尿血，新者研末服。

劉寄奴草，《唐本草》。【圖略】市賣乾劉寄奴草形。修治：莖葉花實並可用。酒洗，蒸之，晒乾用。

《經驗方》：治湯火瘡至妙。劉寄奴擣末，先以糯米漿，雞翎掃湯著處，後摻藥末在上，並不痛，亦無痕。大凡湯著處，先用鹽末摻之，護肉不壞，然後藥末傅之。《聖惠方》：治風入瘡口腫痛，劉寄奴草為末，摻之即止。

明·張懋辰《本草便》卷一　劉寄奴草　味苦，氣溫，無毒。主破血，產後餘疾，下血；治心腹痛，下氣水脹。

明·李中梓《藥性解》卷四　劉寄奴草　味苦，性溫，無毒，入心、肺二經。主下氣，除癥破血通經，療霍亂水瀉，止金瘡出血，湯火所傷，亦堪搗傅，酒蒸曝用。按：寄奴之苦，宜歸心臟，而溫暖之性，又與脾部相宜，故兩入之。蓋心實主血，脾實裹血，所以耑療血症，《唐本》云：多服令人利，亦以其宣泄耳。

明·繆希雍《本草經疏》卷一一　劉寄奴草　味苦，溫，無毒。主破血下脹。多服令人痢。

〖疏〗劉寄奴草，其味苦，其氣溫，揉之有香氣，故應兼辛。苦能降下，辛溫通行，血得熱則行，故能主破血下脹。然善走之性，又在血分，故多服則令人痢矣。昔人謂為金瘡要藥，又治產後餘疾，下血止痛者，正以其行血迅速故也。〖主治參互〗《集簡方》治大小便血，劉寄奴為末，茶調空心服二錢，即止。《千金方》治折傷，瘀血在腹內者。劉寄奴、骨碎補、延胡索各一兩，水二升，煎七合，入酒及童子小便各一合，頓溫服。《本事方》治湯火灼傷，劉寄奴搗末，先以糯米漿雞翎掃上，後乃摻末。竝不痛，亦無痕，大驗。此方凡湯火傷，先以鹽末摻之，護肉不壞，後乃摻藥為妙。《聖惠方》治風入瘡口，腫痛。劉寄奴為末，摻之即止。〖簡誤〗劉寄奴草，通行走散之性，專入血分，病人氣血虛，脾胃弱，易作泄者，勿服。

明·倪朱謨《本草彙言》卷三　劉寄奴草　味苦，氣溫，無毒。　蔡氏曰：劉寄奴草，出河中、孟州、漢中、滁州、江南越州，山側高崖道傍，所在皆有。春暖即生苗，高二三尺。一莖直上，葉似蒼朮葉，尖長糙澁，面青背白。九月莖端歧分數枝，每枝攢簇小花十數朵，蕊黃瓣白，宛如秋菊。經數日，花心拆裂，白絮如苦買花之絮，隨結子細長，亦如苦買之子。修治：揀去莖葉，只用子，粗布拭去薄殼，酒拌蒸用。　李氏曰：莖、葉、花、子，性類相同，皆可用。又按《南史》云：宋高祖劉氏，小字寄奴，在軍中療金瘡最驗，軍人遂以此呼之，故名。

劉寄奴：消血脹，止血痛，日華子活血破血之藥也。沈稿其性溫散善走，流行血脉，故《別錄》主撲損折傷，血凝脹痛，金瘡血出不止，婦人血癥血結，及產後血證餘疾，用此可下血止痛，正以其行血迅速故也。但行散之性，專入血分。如病人氣血兩虛，與脾胃薄弱易作泄者勿用。　沈則施先生曰：此藥古方罕用，《元本草》始附隰草部。其葉揉之有香氣，乃破血之仙藥。爲末酒和服數錢，治跌撲打傷極效。不可過多，令人吐利。

集方：《千金方》治血氣脹滿，或杖打，或蹼磕，或從高下墮，血污心胸，遍身上下內外作痛者。用劉寄奴爲末，每服三錢，酒調服。○同前治金瘡出血不止。用劉寄奴爲末，內服、外敷效。○同上治折傷瘀血在腹內者。用劉寄奴、骨碎補、延胡索各一兩，水二升，煎七合，和好酒及童便各一合，溫服。○楊氏《產寶》治婦人血癥血結。用劉寄奴爲末，每食前一錢，酒調服，漸漸化解。并治產後一切腐敗留血爲病。○《本事方》治湯火灼傷。先用食鹽末摻之，護肉不壞，後以劉寄奴爲末，雞子清調塗。不痛不爛，亦無痕，大效。○《集簡方》治大小便血。用劉寄奴爲末，茶調，空心服二錢即止。○《聖惠方》治風入瘡口腫痛。用劉寄奴爲末，摻之即止。

治筋骨疼痛，甚如夾板狀，痛不可忽。用劉寄奴草五錢煎湯，將騾子修下蹄爪，燒灰存性，研末，劉寄奴湯調服三錢，服後飲熱酒半鍾，不過三五服愈。

神仙化痞膏：專貼一切積聚痞塊如神。用劉寄奴草四兩曬乾，當歸、川芎、白芷、黃柏、建黃連、蘇木、川烏各二兩，肉桂、丁香、巴豆肉、草烏各一兩，大黃、蜈蚣、穿山甲各三兩，白花蛇一條，桃枝、柳枝各三十寸，右剉細，以香油二斤，浸五七日，桑柴慢火熬黑色，去渣放冷，濾淨澄清，取一斤半，再入鍋內，桑柴火熬至油滾，陸續下飛過黃丹炒燥三兩，蜜陀僧研細末一兩，仍慢火熬至沸止，再下黃蠟八兩，熬至滴水成珠，方離火。待微冷，下後細藥：乳香、沒藥各一兩，硇砂一錢五分，麝香、輕粉各二錢，血竭五錢，阿魏五錢，右七味，共爲末，陸續入膏內，不住手攪勻，以冷爲度。用桑皮油紙攤膏，貼患上，時時以炭火烤熱手磨熨之。

明・顧逢柏《分部本草妙用》卷八雜藥部　劉寄奴　苦，溫，無毒。主治：破血下脹，下血止痛，治產後餘疾，止金瘡血極効。水脹，通經癥結，止霍亂水瀉，小兒尿血。

明・蔣儀《藥鏡》卷一温部　劉寄奴　治心腹之刺痛，而下氣固速。破經產之瘀血，而金瘡最神。骨碎補、延胡索同煎，治折傷血積，空心時末二錢，茶下。治大小便紅瘡腫，因于進風，摻末最妙。湯火所傷肌風，搗傅偏佳。

明・張景岳《景岳全書》卷四八《本草正》　劉寄奴　味苦，性溫。能破瘀血，活新血，通婦人經脉，產後餘血，損傷瘀血，下氣，止心腹痛，及小便去血，俱可為散，或茶或酒調服。搗敷金瘡出血不止，其效尤捷。用治湯火傷大效，但為末摻之。

明・盧之頤《本草乘雅半偈》帙九　劉寄奴草《唐本草》　氣味：苦，溫，無毒。主治：主破血，下脹，止痛，治產乳餘疾，止金瘡出血極効。

覈曰：出河中、孟州、漢中、滁州、江南、越州，所在亦有。春生苗，高二三尺。一莖直上，葉似蒼术葉，尖長糙澀，面青背白。九月莖端歧分蕤穗，每蕤攢簇小花十數朵，黃包白瓣，宛如秋菊，經三四日，花心拆裂如絮。隨結實，絮實都如苦蕒也。修事：揀去莖葉，只用子。粗布拭去薄殼，酒拌蒸，從巳至申，暴乾用。

條曰：劉寄奴，古方罕用。《唐本草》始附隰草部。按李延壽《南史》，載宋高祖劉氏，小字寄奴，少未遇，伐荻新州，見大蛇，射中遂返。次朝再往，聞榛林中作杵臼聲。尋之，有青衣童子，擁衆搗藥。訊其故。曰：我主為劉寄奴所中，搗此以療之。曰：胡不見殺。曰：寄奴，王者，不可殺也。叱之盡散。遂收其藥。每塗金瘡輒愈。因稱此草為劉寄奴。鄭樵《通志》云：江南人，因漢時謂劉為卯金刀，乃呼劉為金。又稱此草為金寄奴。《字說》云：劉，誅殺也；寄，附託也；奴，執事也。顧主治證形，似悉假血氣，附託以為執事者。功能剖裂而入破之，即所以誅殺之矣。命名之義，或取諸此。

清・顧元交《本草彙箋》卷三　劉寄奴草　劉寄奴爲金瘡聖藥，則知其有通婦人經脈與散癥瘕之功。然辛溫走散之性，專入血分，多服則令人洩痢。

《圖說》不一，姑準于李時珍。其云春生一莖直上，葉似蒼术，尖長糙澀，面深背淡，九月莖端分開數枝，一枝攢簇十朵小花，白瓣黃蕋，如小菊花狀，花罷有白絮，如苦買花之絮，其子細長，亦如苦買子，江東人呼爲烏藤菜。《南史》載宋高祖劉裕，小字寄奴。微時伐荻新州，遇一大蛇，射之。明日往，聞杵臼聲，覓之見童子數人，皆青衣，于榛林中搗藥。問故。答曰：我主爲劉寄奴所傷，今合藥敷之。裕曰：神何不殺之？曰：寄奴，王者，不可殺也。裕叱之，童子皆散。廼收藥而返，每傅金瘡則愈，因呼爲劉寄奴草。

清・穆石匏《本草洞詮》卷九　劉寄奴　《南史》：劉裕，小字寄奴，遇一大蛇，射之，明日往聞杵臼聲，尋之，見童子數人，於榛林中搗藥，問其故，答曰：我主為劉寄奴所射，今合藥傅之。裕叱之，童子皆散，取藥而反。每遇金瘡，傅之即愈。人因稱此草為劉寄奴也。氣味辛溫，無毒。破血止痛，治產後餘疾，止金瘡血極効。多服令人下痢。

清・劉雲密《本草述》卷九上　劉寄奴草即前五代宋高祖劉裕小字也。此草繫此名者，詳見李延壽《南史》。　覈曰：出河中、孟州、漢中、滁州、江南越州所在有之。春生苗，高二三尺，一莖直上，葉以蒼术葉，尖長糙澀，面青背白，九月莖端歧分蕤穗，每蕤攢簇小花十數朵，黃包白瓣，宛如秋菊，經三四日花心拆裂如絮，隨結實，絮實都如苦蕒也。

子：氣味：苦，溫，無毒。　時珍曰：莖、實、花、子皆可用。

主治：下血脹止痛，大小便血，折傷瘀血，下氣水脹，通婦人經脈癥結，治產後餘疾。大都治血氣脹滿，為破血之補劑也。止金瘡血極效。　苐蘇恭云：久服令人下痢。　希雍曰：劉寄奴草，其味苦，其氣溫，揉之有香氣，故應兼辛苦，能降下。辛溫通行血，得熱則行，故能主破血下脹。然善走之性，又在血分，故多服則令人痢矣。昔人謂為金瘡要藥，又治產後餘疾，下血止痛者，正以其行血迅速故也。

愚按：劉寄奴草，類以為與他味之快瘀血者等耳。第閲方書，有療臂痛之琥珀散，固用此味，且云主治掣重傷筋，以致臂痛者，即此条之。是則茲味固快瘀血，然究其所治之瘀，乃由於傷筋之瘀也。即此一證推之，則凡病於傷損以為瘀者，固不止此一證也。又孫眞人思邈《千金方》，治折傷瘀血在腹内者，即寄奴與骨碎補、延胡索同用，不可以專繹其補傷損之義歟。更如《別録》、《本草》云止金瘡極驗，不尤可取之為左券歟。又《集簡方》治大小便血，及《聖濟總録》療霍亂成痢，如斯二證，是茲味奏功，昭然補血氣之虚損而成瘀者也。如先哲所謂直破血之補藥，豈非能悉精義，適先得我心乎哉？如漫同快瘀者，以為論治，則失之鹵莽矣。

附方　大小便血，劉寄奴為末，茶調，空心服二錢，即止。　血氣脹滿，劉寄奴穗實為末，每服三錢，酒煎服。不可過多，令人吐利。此破血之仙藥也。　霍亂成痢，劉寄奴草煎汁飲。

希雍曰：劉寄奴草，通行走散之性，專入血分。病人氣血虚，脾胃弱，易作泄者，勿服。

清・郭章宜《本草匯》卷一一　劉寄奴　味苦，氣溫，入手少陰、足太陰經。下氣止心腹急疼，下血卻產後餘疾。通經佐破血之方，散鬱輔辛香之劑。

按：劉寄奴，破血之仙劑也。其性善走，專入血分。味苦歸心，而溫暖之性，又與脾部相宜，故兩入。蓋心主血，脾裹血，所以專療血證也。《唐本草》云多服令人利，亦以其氣宣泄耳。病人氣血虚，脾胃弱，易作泄者，勿服。

莖葉花子皆可用，酒蒸晒乾。

清・蔣居祉《本草擇要綱目・溫性藥品》　劉寄奴凡採得去莖葉，只用實，以布拭去薄殼令淨，拌酒蒸，從巳至申，暴乾用。　氣味：苦，溫，無毒。　主治：破血下脹，多服令人下痢，下血止痛。治產後餘疾，止金瘡血極效。心腹痛，下氣，水脹血氣，通婦人經脈癥結，止霍亂水瀉，小兒尿血。新者，研末服。

清・王翃《握靈本草》補遺　劉寄奴生江南。葉似艾蒿。宋高祖劉裕小名。苦，溫，無毒。每遇金瘡，傅之即愈。

清・汪昂《本草備要》卷二　劉寄奴草瀉，破血，止血。　苦，溫。破血通經，除癥下脹，止金瘡血。多服令人吐利。　一莖直上，葉尖長糙澀，花白蕊黃，如小菊花，有白絮如苦蕒絮，子細長，亦似苦蕒子。莖、葉、花、子皆可用。劉裕，小字寄奴。微時曾射一蛇。明日，見童子林中搗藥，問之，答曰：吾王爲劉寄奴所傷，合藥敷之。裕曰：王何不殺之？童曰：寄奴，王者，不可殺也。叱之不見，乃收藥回。每遇金瘡，敷之立愈。

清・陳士鐸《本草新編》卷三　劉寄奴　味苦，氣溫，無毒。入心、脾、膀胱之經。下氣，止心腹急疼，下血消腫，解癰毒，滅湯火熱瘡，併治金瘡。本草諸書，言其能却產後餘疾，則悮之甚者也。寄奴性善走迅，入膀胱，專能逐水。凡白濁之症，用數錢，同車前〔子〕、茯苓利水之藥服之，立時通快，是走而不守。可知產後氣血大虧，即有瘀血，豈可用此迅逐之乎？夫走而不守之藥，何以能止金瘡之血。蓋寄奴非能止血，能逐血也。血欲出外，寄奴逐之，血不敢外出矣。此反治之道也。

或問：劉寄奴，以治金瘡得名，而子謂非治金瘡之藥，非好異乎？夫寄奴逐血以止血，與治金瘡之説，兩無妨也。然而以之治金瘡，未見捷效，以之治白濁，實獲神功。吾疑劉寄奴當日治金瘡，或別有他藥，未必不借此惑世，英雄欺人，不可全信也。

清・顧靖遠《顧氏醫鏡》卷七　劉寄奴苦，溫。　能破血下脹，敷金瘡出血。速走之性，又在血分，多服則令人痢。

清・李熙和《醫經允中》卷二一　劉寄奴　入手少陰、足太陰。　苦，溫，無毒。主治破血下血，止金瘡血，敷湯火傷，小兒尿血。病人氣虚胃弱者弗宜服。

清・馮兆張《馮氏錦囊秘錄・雜症痘疹藥性主治合參》卷三　劉寄奴味苦、辛，微溫。苦能降下，辛溫通行，故主破血下脹。然善走之性又在血分，故多服則令人痢。昔人為金瘡要藥，又治產後餘疾。下血止痛者，正以其行血迅速也。凡病人氣血兩虛，脾胃衰弱作泄者，勿服。火灼湯傷，先以鹽末摻之，護肉不壞，後以寄奴細末摻上，或以糯米漿雞翎掃上，後摻是藥，不痛且無痕，大驗。

劉寄奴草，下氣，止心腹急疼；下血，卻產後餘疾。消焮腫癰毒，治湯火熱瘡。子，研泡熱水，下咽，腸瀉無度者即已。

清・張璐《本經逢原》卷二　劉寄奴　苦，溫，無毒。發明：劉寄奴破血下脹，又能止血。故產後餘疾及金瘡血，大小便血皆用之。《千金方》治折傷瘀血，用劉寄奴、骨碎補、延胡索水煎，加童便服。《集簡方》治大小便血，劉寄奴末空心茶清調服。《衛生易簡方》治血氣脹滿，劉寄奴紅酒煎服。時珍治小兒尿血，取劉寄奴研末服效。《丹方》治大便血用劉寄奴半兩，臘茶一錢，烏梅半枚，煎服即效。但性走散，不可過服，令人吐利。

清・何諫《生草藥性備要》卷上　鴨脚艾　味苦，性溫，無毒。消血通經，療霍亂水瀉，止疳瘡血出，湯火傷，治心氣痛，水脹，又治大小便血。又名劉寄奴。梗方，《本草》載之甚詳。

清・黄元御《玉楸藥解》卷一　劉寄奴　味苦，微溫。入足厥陰肝經。滑血行瘀，化癥破結。善行瘀血，凡經期產後，湯火跌撲血瘀諸證俱瘳。止便溺失血，金瘡不收口並捷。

清・吴儀洛《本草從新》卷一　劉寄奴〔瀉，破血止血。〕苦，溫。破血通經，除癥下脹，止金瘡血。一莖直上，葉尖長糙澀，花白蕊黄，如小菊花，有白絮如苦蕒絮，子細長，亦似苦蕒子。莖、葉、花、子皆可用。

清・汪紱《醫林纂要探源》卷二　劉寄奴　苦，溫。一莖直上，上抱小葉，貼根叢葉如苦蕒而糙澀，杪作花如菊，花白蕊黄，花謝飛絮，亦如苦蕒，子作黑秕，均可用。堅腎瀉心，破血通瘀，止金瘡血。藥以宋武帝劉裕得名，此事不知果否。其氣能令人吐，或有治血之功耳。

清・嚴潔等《得配本草》卷三　劉寄奴子　苦，溫。入心脾二經血分。下氣破血。消癰腫毒，治湯火傷。配茶清，治大小便血。配烏梅、白薑，治下痢赤白。并治陰陽交帶，不問赤白，如赤加烏梅，白加薑。湯火傷者，先以鹽摻之，後摻寄奴末。子　研，以熱水泡之，治腸瀉無度，下咽即止。　脾虚作瀉者禁用。多服令人泄瀉。

題清・徐大椿《藥性切用》卷三　劉寄奴　性味苦溫，破血通經，除脹止血。莖葉花子皆可用。多服令人吐利。

清・黄宫繡《本草求真》卷八　劉寄奴活血通瘀。　劉寄奴耑入肝。因何而有是名，據書載是劉裕小字寄奴，曾射一蛇，目見童子搗藥，問之，答為寄奴所傷，被裕罵而收藥，每遇金瘡敷之，即愈。故以寄奴是名。但此雖非屬真，而藥味苦微溫，多能破瘀通經，除癥下脹，及止金瘡血出，大小便血，湯火傷毒，緣血之在人身，本貴通活，滯而不行，則血益滯而不出。而癥瘕脹滿愈甚，行而不止，則血亦滯而不收，而使血出益甚。寄奴總為破血之品，故能使滯者破而即通，而通者破而即收也！抉盡破血止血實義。古書止言治功，而不詳繹其義，殊覺疎漏，但性多走泄，不可過服，令人吐利不止。莖、葉、花、子皆可用。

附：琉球・吴繼志《質問本草》外篇卷二　瑞香草劉寄奴一種。　生原野，春生苗，夏開花著子。　瑞香草。壬寅，潘貞蔚、石家辰。　江西省名喚七層蘭，敝地俗名茵藤，載在《綱目》。甲辰，戴道光、戴昌蘭。

附：琉球・吴繼志《質問本草》内篇卷三　劉寄奴　春生苗，高四五尺，秋開花作穗。　此一種係是中國之劉寄奴，俗名六月霜也。其生苗開花，俱與方書頗合。莖葉花子俱可通用，第嘗其氣味莫辨，恐亦地土各別。要體書酌用，庶不至悮。壬寅，陳文錦、李興成、盧亨春。

清・羅國綱《羅氏會約醫鏡》卷一六草部　劉寄奴草味苦辛，溫，入血分。苦能降，辛溫能行。主破血下脹，通經除癥。治產後餘血、小便血淋、損傷瘀血。行瘀迅速，用為散，或茶或酒調服。搗敷金瘡出血不止，療湯火傷。凡湯火傷，先以鹽末厚鋪，則護肉不壞，次以糯米漿調寄奴末，雞翎掃上，不痛且無痕，大效。

按：氣血兩虚，脾胃虚泄者勿服。

清・張德裕《本草正義》卷上　劉寄奴血品失列補附　苦，溫。破血活血，通婦人經脉，療損傷瘀血。搗敷可治金瘡血出不止。若湯火傷，為末，摻之甚效。

清・楊時泰《本草述鉤元》卷九　劉寄奴　寄奴，劉裕小字，此草得名，詳見《南史》。出河中、孟州、漢中、滁州、江南越州皆有之。苗高二三尺，一莖直上，其葉尖長糙澀，面青背白，九月莖端分蕤成穗，每蕤攢簇十數小花，黄包白瓣，宛如秋菊，經數日，花心拆裂如絮，隨結實覈。莖實花子皆可用瀕湖。

味苦，氣溫。主下血脹，止痛，及大小便血，折傷瘀血，下氣，療水脹，通婦人經脈癥結，治產後餘疾，止金瘡血極效。以其行血迅速故也。大都治血氣脹滿，為破血之補劑。揉之有香氣，故應兼辛，苦能降下，辛溫通行。血得熱則行，故主破血下脹仲淳。入琥珀散，治挈重傷筋，以致臂痛。同骨碎補、延胡，治折傷瘀血在腹内。大小便血，劉寄奴為末，茶調，空心服二錢，即止。血氣脹滿，劉寄奴穗實為末，每服三錢，酒煎服，不可過多。霍亂成痢，劉寄奴草煎汁飲。

論：劉寄奴補血氣之虚損而成瘀者，故先哲直謂破血之補藥，如止同快瘀以論治，則失之鹵莽矣。

通行走散之性，專入血分。久服令人下痢，病人胃弱易瀉者，勿服仲淳。

清・葉桂《本草再新》卷二 劉寄奴味苦，性溫，無毒。入肝、腎二經。破血通經，除癥下脹，止金瘡血。

清・吳其濬《植物名實圖考》卷一四 劉寄奴 《南史》載宋高祖射蛇事，故名劉寄奴。《唐本草》始著錄。所述形狀與《本草綱目》微相類。今江西、湖南，人皆識之。《蜀本草》：葉似菊花白色，與《救荒本草》野生薑一名劉寄奴相類，蓋别一種，即菊葉蒿也。南方草藥治損傷有效者，多呼劉寄奴，别無他名，皆附於後。

劉寄奴又一種。 劉寄奴即野生薑。《蜀本草》以為劉寄奴。葉如菊，排生，莖花俱如蒿，而花色白，結黄白小蒴，俗呼菊葉蒿。

清・趙其光《本草求原》卷三隰草部 劉寄奴 氣溫而香，入肝脾。味苦，入心。無毒。主傷損成瘀，溫能通，苦能下，香能補損。傷筋臂痛，筋傷成瘀，有琥珀散。折傷成瘀，同骨碎補、延胡索？大小便血，為末茶調，空心下。霍亂成痢，取汁飲。以上二症，亦氣血虚損而成瘀者。血氣脹滿，取穗實為末，酒煎。經脈癥結，產後餘疾，皆瘀成於傷損後者。止金瘡血，為破血之補藥，多服令人痢。脾虚易泄者勿服。又治水瀉、水脹、湯水傷、心氣痛、疳瘡血出。 葉、莖、花、子並用。

清・文晟《新編六書》卷六《藥性摘錄》 劉寄奴 苦，微溫。入肝。活血通瘀，通經除癥，下脹，並治大小便血。〇止金瘡血出。〇搗，敷湯火傷毒。〇但性多走泄，勿過服，令人吐血不止。〇莖、葉、花、子，皆可用。

清・張仁錫《藥性蒙求・草部》 劉寄奴錢半 劉寄奴溫，破瘀通經。金瘡出血，下氣除癥。苦，溫。風入瘡口腫痛，為末，摻之即止。〇多服令人吐利。

清・劉善述、劉士季《草木便方》卷一草部 劉寄奴 魚(秋)〔鰍〕串根苦辛溫，破血氣脹通血經。除癥消積瘍核利，湯火金瘡犬傷珍。

清・戴葆元《本草綱目易知錄》卷一 劉寄奴莖葉花子。 苦，溫。破血化癥，止痛下脹，治心腹痛，下逆氣，水脹，血氣，通婦人經脈癥結，止霍亂水瀉，產後餘疾，小兒尿血，止金瘡血，極效。多服，令人下痢。

清・陳其瑞《本草撮要》卷一 劉寄奴草 味甘，溫，入足厥陰經，功專活血通經，除癥下脹，金瘡要藥。得骨碎補、延胡索治折傷瘀血在腹内。大小便血，為末，茶調服即止。風入瘡口腫痛，為末摻之即止。多服令人吐利。

牛蒡

附：日・丹波康賴《醫心方》卷三〇 牛蒡 《本草》云：惡實，一名牛蒡，一名鼠黏草。味辛，平。主明目，補中，中風面腫，消渴。蘇敬注云：根，主牙齒痛，脚緩弱。癰疽，欬嗽，疝瘕積血。

宋・唐慎微《證類本草》卷九草部中品〔《别錄》〕 惡實 味辛，平。主明目，補中，除風傷。根、莖療傷寒寒熱汗出，中風面腫，消渴熱中，逐水。久服輕身耐老。生魯山平澤。

〔梁・陶弘景《本草經集注》〕云：方藥不復用。

〔唐・蘇敬《唐本草》〕注云：魯山在鄧州東北。其草、葉大如芋，子殼似栗狀，實細長如茺蔚子。根主牙齒疼痛，勞瘧，脚緩弱，風毒癰疽，欬嗽傷肺，肺壅，疝瘕，積血，主諸風癥瘕，冷氣。吞一枚，出癰疽頭。《别録》名牛蒡。一名鼠黏草。

〔宋・馬志《開寶本草》〕按：《陳藏器本草》云：惡實根，蒸，暴乾，不爾，令人欲吐。浸酒去風，又主惡瘡。子名鼠黏，上有芒，能綴鼠。味苦，主風毒腫，諸瘻。根可作茹食之，葉亦搗傅杖瘡，不膿，辟風。

〔宋・掌禹錫《嘉祐本草》〕按：《藥性論》云：牛蒡亦可單用，味甘，無毒。能主面目煩悶，四肢不健，通十二經脉，洗五藏惡氣。可常作菜食之，令人身輕。子研末，投酒中浸三日，每日服三二盞，任性飲多少，除諸風，去丹石毒，主明目，利腰脚。又食前吞三枚，熟挼下，散諸結節，筋骨煩熱毒。又根細切如豆，麪拌作飯食之，消脹壅。又莖、葉煮汁釀酒良。又取汁夏月多浴，去皮間習習如蟲行風，洗了慎風少時。又能搨一切腫毒。用根、葉入少許鹽花擣。

〔宋・蘇頌《本草圖經》〕曰：惡實，即牛蒡子也，生魯山平澤，今處處有之。葉如芋而長。實似葡萄核而褐色，外殼如栗梂，小而多刺。鼠過之則綴惹不可脱，故謂之鼠粘子，亦如羊負來之比。根有極大者，作菜茹尤益人。秋後採子入藥用。根、葉亦可生擣，入少鹽花，以搨腫毒。又冬月採根蒸暴之入藥。劉禹錫《傳信方》：療暴中風，用緊細牛蒡根，取時須避風，以竹刀或荆刀刮去土，用生布拭了，擣絞取汁一大升，和灼然好蜜四大合，溫分爲兩服，每服相去五六里。初服得汗，汗出便差。此方得之岳鄂鄭中丞。鄭頃年至潁陽，因食一頓熱肉，便中暴風，外甥盧氏爲潁陽尉，有此方，當時便服得汗，隨差，神效。又《篋中方》：風頭及腦掣痛不可禁者，摩膏主之。取牛蒡莖葉，擣取濃汁二升，合無灰酒一升，鹽花一匙，頭煻火煎，令稠成膏，以摩痛處，風毒散自止。亦主時行頭痛，摩時須極力令作熱，乃速效。冬月無苗，用根代之，亦可。

〔宋・唐慎微《證類本草》〕雷公云：凡使，採之淨揀，勿令有雜子，然後用酒拌蒸，待上有薄白霜重出，却用布拭上，然後焙乾。別擣如粉用。《食療》云：根，作脯食之良。熱毒腫，擣根及葉封之。杖瘡、金瘡，取葉貼之，永不畏風。又，癱緩及丹石風毒，石熱發毒。明耳目，利腰膝，則取其子末之，投酒中浸經三日，每日飲三兩盞，隨性多少。欲散支節筋骨煩熱毒，則食前取子三七粒，熟挼吞之，十服後甚良。細切根如小豆大，拌麵作飰煮食，尤良。又，皮毛間習習如蟲行，煮根汁浴之，夏浴慎風。却入其子炒過，末之如茶，煎三匕，通利小便。《聖惠方》：治時氣餘熱不退，煩躁發渴，四肢無力，不能飲食。用根擣絞取汁，不計時候，服一小盞，效。《外臺秘要》：治喉痹。牛蒡子六分，馬藺子八分，擣爲散。每空心暖水服方寸匕，漸加至一匕半，日再服。《經驗方》：治風熱閉塞咽喉，遍身浮腫。以牛蒡子一合，半生半熟杵爲末，熱酒調下一錢匕，立差。孫真人《食忌》：主天行。以生牛蒡根，擣取汁五大合，空腹分爲兩服。服訖，取桑葉一大把炙令黃，水一升，煮取五合，去滓頓服，暖覆取汗，無葉用枝。《食醫心鏡》：治熱攻心煩躁恍惚。以牛蒡〔子〕根搗汁一升，食後分爲三服良。《斗門方》：治頭面忽腫，熱毒風內攻，或手足頭面赤腫，觸着痛。用牛蒡子根，一名蝙蝠刺，洗淨爛研，酒煎成膏，攤在紙上，貼腫處。仍熱酒調下一服，腫止痛減。王氏《博濟》：治瘡疱將出。以牛蒡子炒令熟，杵爲末，每服一錢，入荆芥二穗，水一盞同煎至七分，放溫服。如瘡瘮已出，更服亦妙。初虞世：治皮膚風熱，遍身生癮瘮。牛蒡子、浮萍等分，以薄荷湯調下二錢，日二服。

宋・寇宗奭《本草衍義》卷一〇　惡實　是子也，今謂之牛蒡。未去萼時，又謂之鼠粘子，根謂之牛菜。疏風壅，涎唾多，咽膈不利。微炒，同入荆芥穗各一兩，甘草炙半兩，併爲末。食後、夜卧湯點二錢服，當緩取效。子在萼中，萼上有細鉤，多至百十，謂之芒則誤矣。根長一二尺，麤如拇指，煮爛爲菜。

金・張元素《潔古珍珠囊》〔見元・杜思敬《濟生拔粹》卷五〕　黍粘子辛純陽。潤肺散氣，主風毒腫，利咽膈。

宋・王介《履巉巖本草》卷下　牛蒡　一名惡實。味辛，平。主明目，補中，除風傷。根莖療傷寒〔寒〕熱汗出，中風面腫，消渴。久服輕身耐老。根作脯，食之良。熱毒腫，搗根及葉傳之。金瘡諸瘡，取葉貼之。

元・王好古《湯液本草》卷三　鼠黏子　氣平，味辛，辛溫。《象》云：主風毒腫，利咽膈。吞一枚，可出癰疽瘡頭。《珍》云：潤肺散氣。

元・李雲陽《用藥十八辨》〔見《秘傳痘疹玉髓》卷二〕　牛蒡子　一名鼠粘子，一名大力子。鼠粘子能解陽明之毒。李氏用于九日之後痘，至九日毒已表暴于外，何賴于彼？錢氏用于十三日之期，未審其若何意。痘不問其多寡，見形遂宜投，服多者可以解其毒，少者尤速收其效。苟痘及澄漿聚膿之際，毒已散矣，何以服為？　評曰：三四期逢覓鼠粘，膿漿澄聚便須捐。陽明梟毒須宜此，焦紫疔癍第一先。

元・吳瑞《日用本草》卷七　牛蒡根　子可入藥。味辛、甘，平，無毒。作脯蒸食之，不爾令人吐。嫩葉可為茹。主傷寒汗出，熱風面腫牙疼，脚緩弱。搗葉傳諸熱腫、金杖瘡。

元・朱震亨《本草衍義補遺》　牛蒡子　一名惡實。潔古云：主風腫毒，利咽膈。吞一粒，可出癰疽頭。《主治秘訣》云：辛，溫。潤肺散氣。搗碎用之。東垣云：味辛，平，甘，溫。主明目補中，及皮膚風，通十二經。○其未去萼時，又(為)〔謂〕之鼠粘子。根謂之牛菜，作菜茹尤益人。

元・佚名氏《珍珠囊・諸品藥性主治指掌》〔見《醫要集覽》〕　鼠黏子　味辛，平，〔性微寒〕，無毒。降也，陽也。其用有四：主風濕癮疹盈肌，退風熱咽喉不利，散諸腫瘡瘍之毒，利凝滯腰膝之氣。

元・徐彥純《本草發揮》卷二　牛蒡子一名惡實。　潔古云：主風腫毒，利咽膈。吞一粒，可出瘡疽頭。《主治秘訣》云：辛溫。潤肺散氣，搗碎用之。　東垣云：惡實味辛，平，甘，溫。主明目，補中，除風及皮膚風，通十二經。

明・朱橚《救荒本草》卷上之後　牛蒡子　《本草》名惡實。未去萼名鼠粘子。俗名夜叉頭，根謂之牛菜。生魯山平澤，今處處有之。苗高二三尺，葉如芋葉，長大而澁，花淡紫色，實似葡萄而褐色，外殼如栗梂而小，多刺，鼠過之則綴惹不可脫，故名。殼中有子如半麥粒而匾小，根長尺餘，麄如拇指，其色灰黲。味苦，性平。一云味甘，無毒。　救飢：採苗葉煠熟，水浸去邪氣，淘洗淨，油鹽調食。及取根水浸洗淨，煮熟食之。久食甚益人，身輕耐老。　治病：文具《本草》草部惡實條下。

明・王綸《本草集要》卷三　惡實即牛蒡子，又名鼠粘子。　味辛苦，氣平。秋後採子，酒拌蒸用。冬採根，蒸，曝乾，不爾令人吐。　主明目，利腰膝，療風毒腫瘡瘮，喉痹風熱痰壅，咽膈不利，牙齒疼痛，頭面浮腫。蠶一枚，可出癰瘡頭。○根亦主風毒，癰疽惡瘡。浸酒，去風。根莖生搗汁，和酒服，療傷寒寒熱，汗出中風，面腫。搗根及葉，入鹽少許，封熱毒腫；傅杖瘡金瘡，永不畏風。取汁，夏月多浴，去皮膚習習如蟲行風。癱緩，及丹石毒、風毒，明目，利腰脚。取子末之，投酒中，浸二日，每日飲一二盞，隨性多少。風熱閉塞咽喉，遍身浮腫，取子一合，半生半熟，杵末，熱酒調下一錢，差。瘡皰將出，炒子，令杵為末，每服一錢，荊芥二穗，水煎七分，溫服，如瘡瘮已出，更服亦妙。皮膚風熱，遍身生癮瘮。取子，與浮萍等分，為末，薄荷湯調一錢，日二服。

明・滕弘《神農本經會通》卷一　惡實　即牛蒡子。又，子名鼠黏。秋後採子，酒拌蒸用。冬採根，蒸，暴乾。不爾，令人吐。

味辛，氣平。《湯》云：辛，溫。東云：降也，陽也。主風濕癮瘮盈肌，退風熱咽喉不利，散諸種瘡瘍之毒，利凝滯腰膝之氣。又云：踈風壅之痰。《建》云：主風濕，退風熱盈肌癮瘮之毒，消瘡瘍，利咽膈、腰膝凝滯之氣。《珍》云：補中，明目，通十二經，去諸風在內及皮膚。

《本草》云：主明目，補中，除風傷。根莖，療傷寒寒熱汗出，中風面腫，消渴熱中，逐水，久服輕身耐老。《唐注》云：根，主牙齒疼痛，勞瘧，脚緩弱，風毒癰疽，欬嗽傷肺，肺壅，疝瘕積血。主諸風癥瘕，冷氣。吞一枚，出癰疽頭。陳藏器云：惡實根，蒸，暴乾。不爾，令人吐。浸酒去風，又主惡瘡。子，名鼠黏，上有芒，能綴鼠。味苦，主風毒腫，諸瘻。葉，搗傅杖瘡，不膿，辟風。《藥性論》云：牛蒡，亦可單用。味甘，無毒。主面目煩悶，四肢不健，通十二經脉，洗五臟惡氣。可常作菜食之，令人身輕。子，研末，投酒中，浸三日，任性飲多少，除諸風，去丹石毒，明目，利腰膝。又食前吞三枚，熟挼下，散諸結節骨煩熱毒。又根細切，如豆麪拌作飲食之，消脹壅。又莖葉取汁，夏月多浴，去皮間習習如蟲行風，洗了避風少時。又搨切腫毒，用根葉，入少許鹽花擣。《食療》云：熱毒腫，擣根及葉封之。杖瘡、金瘡，取葉貼之，永不畏風。丹溪云：牛蒡子，一名惡實。潔古云：主風腫毒，利咽膈。吞一粒，可出癰疽頭。《主治秘訣》云：辛，溫。潤肺，散氣，擣碎用。東垣云：味辛，平，甘，溫。主明目，補中。皮膚風，通十二經。其去萼時，又謂之鼠粘子。根，謂之牛菜，作菜茹尤益人。《集》云：療遍身癮瘮，喉痺，風熱痰壅，咽膈不利。《珍》云：潤肺散氣。劊云：鼠粘子辛消瘍毒，盈肌癮瘮主風濕。退諸風熱咽不通，利凝滯氣入腰膝。《局》云：惡實元來即鼠黏，補中明目療風纏。腫瘡解毒除消渴，手足筋攣可末根。牛蒡，又名鼠粘。解風纏，宣痘毒。

明・劉文泰《本草品彙精要》卷一一　鼠黏子無毒。植生。

鼠黏子：主明目，補中，除風傷。○根莖，療傷寒，寒熱汗出，中風，面腫，消渴，熱中，逐水。久服輕身耐老。名醫所錄。【名】牛蒡子、惡實。根：蝙蝠刺、牛菜。【苗】《圖經》曰：葉如芋而長，實似葡萄核而褐色，外殼如栗梂，小而多刺，鼠過之則綴，惹之不可脫，故謂鼠黏子，亦如羊負來之義也。根有極大者，作菜茹益人。《衍義》曰：惡實是子也，今謂之牛蒡子。在萼中、萼上有細鉤，多至百十，未去萼時，又謂之鼠黏子。根長一二尺，粗如拇指，謂之牛菜，本爲一物，而根實之名不同耳。【地】《圖經》曰：生魯山平澤，今處處有之。【道地】蜀州。【時】生：春生葉，夏結實。採：秋後取子，冬月取根。【收】暴乾。【用】根、實、莖。【質】實類柏子而匾。【色】黑褐。【味】辛。【性】平，散。【氣】氣之薄者，陽中之陰。【臭】香。【主】咽喉痛，瘡瘍毒。【行】通十二經脈。【製】《雷公》云：用子淨揀，勿令有雜子。凡用，以酒拌蒸，待上有白霜，拭去，焙乾，別搗如粉，入藥。○用根，以竹刀或荊刀刮去皮土，蒸，暴之。【治】療：《唐本》注云：子，除諸風，癥瘕，冷氣，吞一枚可出癰疽頭。○根，主牙齒疼痛，勞瘧，脚緩弱，風毒，癰疽，欬嗽，傷肺，肺癰，疝瘕，積血。《藥性論》云：根，主面目煩悶，四肢不健，通十二經脈，洗五臟惡氣。陳藏器云：子，消風毒腫，諸瘻。○葉，搗傅，杖瘡不膿，辟風。《湯液本草》云：子，利咽膈，潤肺，散氣。《別錄》云：子，散肢節筋骨煩熱毒。○根，搗汁療時氣，餘熱不退，煩躁，發渴，四肢無力，不能飲食。○莖葉取汁，夏月多浴，去皮間習習如蟲行風，洗了，慎風少時。並消一切腫毒。補：《藥性論》云：根作菜食，令人身輕。【合治】子末浸酒，任性服多少，除諸風，明目，利腰脚。○合馬藺子，療喉痹。○合荊芥穗等分，療瘡疱將出，如瘡疹已出，服之亦妙。○合浮萍、薄荷等分，療皮膚風熱遍身，生癮疹。○合荊芥、炙甘草，療風壅痰涎，多唾，咽膈不利。○根，搗汁合蜜服，療中暴風。○莖葉搗取濃汁，合無灰酒、鹽花，煻火煎成膏，摩療風頭及腦掣痛不可禁者，亦主時行頭痛。【禁】用根，須蒸暴乾，不爾令人吐。【解】丹石毒。

明・葉文齡《醫學統旨》卷八　牛蒡子　氣平，味辛、苦。無毒。微炒，搗碎用。

治喉痺風熱痰壅，咽膈不利，明目利腰膝；療風毒腫瘡疹，牙齒疼痛，頭面浮腫，除皮膚風，通十二經。吞一粒，可出瘡疽頭。

明・許希周《藥性粗評》卷一　牛蒡子通各經以除風。根葉附。

牛蒡子，一名惡實，一名鼠黏子。葉大如芋而長，高二三尺，夏開花結實，作殼如栗梂，小而多刺，鼠過之則黏惹不脫，故名。內實如葡萄核而褐色，葉至冬而枯，其根俗謂之牛菜，長一二尺，可作茹，莖葉根實皆入藥。江南平澤處處有之，以川蜀者為勝。秋採實，酒拌蒸過，冬採根，亦如前蒸過，暴乾收貯。味辛、甘，性平、微溫，無毒。主治傷寒時疫，發熱煩渴，風邪冷氣，手足攣搐，頭面浮腫，皮膚麻痒，骨節酸疼，咳嗽肺癰，疝瘕積血，喉風癰腫，潤肺散熱，補中明目，健四肢，洗五臟惡氣，通十二經脉，補益頗多。

單方：出癰腫頭：取牛蒡子一枚在手，挼熟吞之，其癰癤根頭自出。　封金杖瘡：凡被金瘡杖瘡，即以牛蒡葉封之，不畏風，且易瘥。

明・鄭寧《藥性要略大全》卷四　牛蒡子一名鼠黏子，一名惡實子。　療風濕癮疹盈肌，退風熱咽喉不利。散諸腫瘡瘍之毒，利凝滯腰膝之氣。《湯液》云：解風纏，明眼目，消瘡瘍，宣腫毒及手足筋攣。《經》云：去風，治惡瘡及四肢不健，明目，補中，除風傷。　陳藏器云：味苦。治腫毒，諸瘻，風毒癰疽，齒痛，咳嗽。潤肺散氣，消痰癰。　易老云：味甘，無毒。通十二經脉，洗五臟惡氣。　東垣云：主散氣，消腫毒，利咽膈，潤肺，順氣補中，明目，治皮膚風，通十二經。　味辛，氣平、溫。　七潭云：味初苦而後辛。氣猛烈，無毒。今處處有之。秋採結實者良。炒香，微研入藥。

明・陳嘉謨《本草蒙筌》卷二　惡實即牛蒡子。　味辛、苦，氣平。無毒。原產鄧州，屬河南。今生各處。葉如茵芋，葉長大；實似葡萄，核褐黃。殼類栗稗，小而多刺。鼠過之則綴惹不落，故又名曰鼠粘子也。秋後採取，製宜酒蒸。止牙齒蝕疼，散面目浮腫。退風熱咽喉不利，及腰膝風凝；敺風濕癮瘮盈肌，併瘡瘍毒盛。生吞一粒，即出瘡頭。明目補中，潤肺散氣。

明・王文潔《太乙仙製本草藥性大全》卷二《本草精義》　惡實　一名牛蒡子，一名鼠黏子。生魯山平澤，今處處有之。葉如芋而長，實似葡萄核而褐色，外殼如栗梂，小而多刺，鼠過之則綴惹不可脫，故謂之鼠黏子，亦如羊負來之根有極大者，作菜茹尤益人。秋後採子入藥。用根葉亦可生搗，入少鹽花以搨腫毒。又冬月採根，蒸之入藥。

明・王文潔《太乙仙製本草藥性大全》卷二《仙製藥性》　惡實即牛蒡子。

味辛、苦，氣平，無毒。　主治：止牙齒蝕疼，攻面目浮腫。退風熱，咽喉不利及腰膝風凝；敺風濕癮瘮盈肌，併瘡瘍毒盛。生吞一粒即止瘡頭。明目補中，潤肺散氣。　補註：治喉痹，用六分，同馬藺子八分，搗末，空心暖水服方寸匙，漸加至一匙半，日再，差。○頭面忽腫，熱毒風內攻，或手足頭面未腫，用根，以井花水洗淨，研成膏，(開)〔攤〕於紙上，貼腫處，仍熱酒調下一服，腫止痛減。○瘡疱將出，以炒熟杵末，每服一錢，入荊芥二穗，同煎至七分，溫服。如瘡瘮已出，連服亦妙。皮膚風熱，遍身生癮瘮，用與浮萍等分，以薄荷湯調下二錢，日二服。○熱毒腫，搗根葉封之。金瘡、杖瘡取葉貼之，永不畏風。又癱緩及丹石風毒、石熱發毒。明耳目，利腰膝，則取其子末之，投酒中浸三日，每日飲三兩盞，隨性多少。欲散支節筋骨煩熱毒，則食前取子三七粒，熟挼吞之，十服後甚良。細切根如小豆大，拌麪作飦，煮食尤良。　太乙曰：凡使採之净揀勿令有葉子，然後用酒拌蒸，待上有薄白霜重出，却用布拭上，然後焙乾，別搗如粉用之。　根：亦主風毒惡瘡，浸酒去風，根莖生搗汁，和酒服。療傷寒寒熱，汗出中風，面腫，搗根葉，入鹽少許，封熱毒腫。傅杖瘡、金瘡，永不畏風。取汁，夏月多浴，去皮膚習習如蟲行。　補註：時氣餘熱不退，煩燥發渴，四肢無力，不能飲食。用根搗絞取汁，不計時候服一小盞，效。○治天行，以根生搗取汁五合，空腹分兩服，服訖取桑葉一大把，炙令黃，水一升，煮取五合，去滓，頓服，暖覆取汗，無葉用枝。○熱攻心煩燥、恍惚，以根搗汁一升，食後分爲三服良。暴中風，用緊細牛蒡根，取時須避風，以竹刀或荊刀刮去土，用生布拭了，搗絞取汁一大升，和灼然好蜜四大合，溫分爲兩服，每服相去五六里，初服得汗，汗出即差。○風頭及腦掣痛，不可禁者，摩膏主之：　用莖葉搗濃汁二升，合無灰酒一升，鹽花一匙頭，煻火煎令調成膏，以摩痛處，風毒散自止。亦主時行頭痛，摩時須極力令作熱乃速效。冬月無苗，用根代之亦可。

明・皇甫嵩《本草發明》卷三　惡實中品下，臣。氣平，味辛，溫，無毒。即牛蒡子，一名鼠粘子。　發明曰：　惡實辛平，潤肺散氣，解毒，盡之矣。《本草》主風毒腫，諸瘻，除風傷，明目補中。又云：　散面目浮腫，止牙蝕疼，退風熱咽喉不利，咳嗽傷肺壅，腰膝凝滯風濕癮瘮，肺併瘡(煬)〔瘍〕毒。　時方用解痘毒。註云：　吞一枚即出癰疽頭。其散氣解毒可知矣。○根莖療傷寒寒熱汗出，中風面腫，消渴熱中，逐水。又云：　主惡瘡，須浸酒，去風須用蒸曝，不然令人欲吐。其子研末，投酒中浸三日，每日服二三盞，除諸風，去丹石毒，明目，利腰脚。又食前吞二三枚，熟挼下，散諸結節，筋骨煩熱毒。○擣根葉，入鹽花少許，傳一功腫毒。○頭風及腦掣痛不可禁者，取莖葉擣汁，合好酒，入鹽花，煻火煎成膏，極力摩頭痛，令作熱效。無葉，根代之。

明·李時珍《本草綱目》卷一五草部·隰草類上

惡實《別録》中品

【釋名】鼠粘《別録》 牛蒡《別録》 大力子《綱目》 蒡翁菜《綱目》 便牽牛《綱目》 蝙蝠刺時珍曰：其實狀惡而多刺鉤，故名。其根葉皆可食，人呼爲牛菜，術人隱之，呼爲大力也。俚人謂之便牽牛。河南人呼爲夜叉頭。頌曰：實殼多刺，鼠過之則綴惹不可脱，故謂之鼠粘子，亦如羊負來之比。【集解】《別録》曰：惡實生魯山平澤。恭曰：魯山在鄧州東北。此草葉大如芋，子殼似粟狀，實細長如茺蔚子。頌曰：惡實即牛蒡子也，處處有之。葉大如芋葉而長。實似葡萄核而褐色，外殼似栗梂，而小如指頭，多刺。根有極大者，作菜茹益人。秋後採子入藥。時珍曰：牛蒡古人種子，以肥壤栽之。剪苗汋淘爲蔬，取根煮曝爲脯，云甚益人，今人亦罕食之。三月生苗，起莖高者三四尺。四月開花成叢，淡紫色。結實如楓梂而小，萼上細刺百十攢簇之，一梂有子數十顆。其根大者如臂，長者近尺，其色灰黪。七月採子，十月採根。

子 【修治】斅曰：凡用揀净，以酒拌蒸，待有白霜重出，以布拭去，焙乾擣粉用。

【氣味】辛，平，無毒。藏器曰：苦。元素曰：辛，温，陽中之陰，升也。杲曰：辛平，陽也，降也。【主治】明目補中，除風傷《別録》。風毒腫，諸瘻藏器。研末浸酒，每日服二三盞，除諸風，去丹石毒，利腰脚。又食前熟挼三枚吞之，散諸結節筋骨煩熱毒甄權。吞一枚，出癰疽頭蘇恭。炒研煎飲，通利小便孟詵。潤肺散氣，利咽膈，去皮膚風，通十二經元素。消斑疹毒時珍。【發明】杲曰：鼠粘子其用有四：治風濕癮疹，咽喉風熱，散諸腫瘡瘍之毒，利凝滯腰膝之氣，是也。

【附方】舊五，新十一。 風水身腫：欲裂。鼠粘子二兩，炒研爲末。每温水服二錢，日三服。《聖惠方》。 風熱浮腫：咽喉閉塞。牛蒡子一合，半生半熟，爲末，熱酒服一寸匕。《經驗方》。 痰厥頭痛：牛蒡子炒、旋覆花等分，爲末，臘茶清服一錢，日二服。《聖惠方》。 頭痛連睛：鼠粘子、石膏等分，爲末，茶清調服。《醫方摘要》。 咽膈不利：疏風壅涎唾。牛蒡子微炒，荆芥穗一兩，炙甘草半兩，爲末。食後湯服二錢，當緩緩取效。寇氏《本草衍義》。 懸癰喉痛：風熱上搏也。惡實炒、甘草生等分，水煎含咽，名啓關散。《普濟方》。 喉痹腫痛：牛蒡子六分，馬藺子六分，爲散。每空心温水服方寸匕，日再服。仍以牛蒡子三兩，鹽二兩，研勻，炒熱包熨喉外。《廣濟方》。 咽喉痘疹：牛蒡子二錢，桔梗一錢半，粉甘草節七分，水煎服。《痘疹要訣》。 風熱癮疹：牛蒡子炒，浮萍等分，以薄荷湯服二錢，日二服。初虞(氏)〔世〕《古今録驗》。 風齲牙痛：鼠粘子炒，煎水含，嗽吐之。《延年方》。 小兒痘瘡：時出不快，壯熱狂躁，咽膈壅塞，大便秘澀，小兒咽喉腫不利。若大便利者，勿服。牛蒡子炒一錢二分，荆芥穗二分，甘草節四分，水一盞，同煎至七分，温服。已出亦可服。名必勝散。《和劑局方》。 婦人吹乳：鼠粘二錢，麝香少許，温酒細吞下。《袖珍方》。 便癰腫痛：鼠粘子二錢，炒研末，入蜜一匙，朴硝一匙，空心温酒服。《袖珍方》。 蛇蝎蠱毒：大力子，煮汁服。《衛生易簡方》。 水蠱腹大：惡實微炒一兩，爲末，麵糊丸梧子大，每米飲下十丸。《張文仲方》。 歷節腫痛：風熱攻手指，赤腫麻木，甚則攻肩背兩膝，遇暑熱則大便秘。牛蒡子三兩，新豆豉炒、羌活各一兩，爲末。每服二錢，白湯下。《本事方》。

根、莖 【氣味】苦，寒，無毒。權曰：甘，平。藏器曰：根須蒸熟暴乾用。不爾，令人欲吐。 【主治】傷寒寒熱汗出，中風面腫，消渴熱中，逐水。久服輕身耐老《別録》。根主牙齒痛，勞瘧諸風，脚緩弱風毒，癰疽，咳嗽傷肺，肺壅疝瘕，冷氣積血蘇恭。根浸酒服，去風及惡瘡。和葉擣碎，傅杖瘡金瘡，永不畏風藏器。主面目煩悶，四肢不健，通十二經脈，洗五臟惡氣。可常作菜食，令人身輕甄權。切根拌豆、麪作飯食，消脹壅。莖葉煮汁作浴湯，去皮間習習如蟲行。又入鹽花生擣，搨一切腫毒孟詵。

【發明】頌曰：根作脯食甚良。莖葉宜煮汁釀酒服。冬月採根，蒸暴入藥。劉禹錫《傳信方》：療暴中風，用緊細牛蒡根，取時避風，以竹刀或荆刀刮去土，生布拭了，擣絞取汁一大升，和好蜜四大合，温分兩服，得汗出便瘥。此方得之岳鄂鄭中丞。鄭因食熱肉一頓，便中暴風。外甥盧氏爲潁陽令，有此方。服，當時便瘥。

【附方】舊五，新一十六。 時氣餘熱：不退，煩躁發渴，四肢無力，不能飲食。用牛蒡根擣汁，服一小盞，效。《聖惠方》。 天行時疾：生牛蒡根擣汁五合，空腹分爲二服。服訖，取桑葉一把，炙黄，以水一升，煮取五合，頓服取汗，無葉用枝。孫真人《食忌》。 熱攻心煩：恍惚。以牛蒡根擣汁一升，食後分爲二服。《食醫心鏡》。 傷寒搐搦：汗後覆蓋不密，致腰背手足搐搦者，牛蒡根散主之。牛蒡根十條，麻黄、牛膝、天南星各六錢剉，於盆內研細，好酒一升同研，以新布絞取汁。以炭火半秤燒一地坑令赤，掃净，傾藥汁入坑內，再燒令黑色，取出於乳鉢內細研。每服一錢，温酒下，日三服。○朱肱《活人書》。 一切風疾：十年、二十年者，牛蒡根一升，生地黄、枸杞子、牛膝各三升，用袋盛藥，浸無灰酒三升內，每任意飲之。《外臺秘要》。 老人中風：口目瞤動，煩悶不安。牛蒡根切一升，去皮曬乾，杵爲麪，白米四合淘净，和作餺飥，豉汁中煮，加葱椒五味，空心食之。恒服極效。《壽親養老書》。 老人風濕：久痹，筋攣骨痛。服此壯腎，潤皮毛，益氣力。牛蒡根一升切，生地黃一升切，大豆二升炒，以絹袋盛，浸一斗酒中，五六日，任性空心温服二三盞，日二服。《集驗方》。　頭面忽腫：熱毒風氣内攻，或連手足赤腫，觸着痛者，牛蒡子根，一名蝙蝠刺，洗浄研爛，酒煎成膏，絹攤貼腫處。仍以熱酒服一二匙，腫消痛減。《斗門方》。　頭風掣痛：不可禁者，摩膏主之。取牛蒡莖葉，搗取濃汁二升，無灰酒一升，鹽花一匙頭，糠火煎稠成膏，以摩痛處，風毒自散。摩時須極力令熱，乃效。冬月用根。《篋中方》。　頭風白屑：牛蒡葉搗汁，熬稠塗之。至明，皂莢水洗去。《聖惠方》。　喉中熱腫：鼠粘根一升，水五升，煎一升，分三服。《延年方》。　小兒咽腫：牛蒡根搗汁，細咽之。《普濟方》。　熱毒牙痛：熱毒風攻頭面，齒齦腫痛不可忍。牛蒡根一斤搗汁，入鹽花一錢，銀器中熬成膏。每用塗齒齦下，重者不過三度瘥。《聖惠方》。　項下癭疾：鼠粘子根一升，水三升，煮取一升半，分三服。或爲末，蜜丸常服之。《救急方》。耳卒腫痛：牛蒡根切，絞汁二升，銀鍋内熬膏塗之。《聖濟總録》。　小便不通：臍腹急痛。牛蒡葉汁、生地黃汁二合，和勻，入蜜二合。每服一合，入水半盞，煎三五沸，調滑石末一錢服。《聖濟總録》。　癧子腫毒：鼠粘子葉貼之。《千金方》。　石瘻出膿：堅實寒熱。鼠粘子葉爲末，和鷄子白封之。《外臺秘要》。　諸瘡腫毒：牛蒡根三莖洗，煮爛搗汁，入米煮粥，食一碗，甚良。《普濟方》。　積年惡瘡：反花瘡、漏瘡不瘥者，牛蒡根搗，和臘月猪脂，日日封之。《千金方》。　月水不通：結成癥塊，腹肋脹大，欲死。牛蒡根二斤剉，蒸三遍，以生絹袋盛之，以酒二斗浸五日，每食前温服一盞。《普濟方》

題明・薛己《本草約言》卷一《藥性本草》　牛蒡子　味辛，氣平，無毒。陽也，升也。散結熱而消瘡毒，和咽膈而流風壅。咳嗽傷肺，肺壅。　牛蒡子辛平潤肺，散氣解毒盡之。一名惡實，又名鼠粘子。須搗碎用之。

明・周履靖《茹草編》卷二　牛蒡根　山有靈藥，牛蒡之子。粒粒可飧，凝神堅髓。饔餐繼之，君子樂只。　湯焯過，鹽醃食之。

明・梅得春《藥性會元》卷上　牛蒡子　味辛，氣平。無毒。一名惡實。未去莩，人呼為鼠粘子。根謂之牛菜，作茹尤益人。又名大力子。　主治風濕癮疹盈肌，咽喉不利，散諸腫瘡瘍之毒，利凝滯腰膝之氣；　療喉痹，風熱，痰壅，牙疼，解風纏頭目浮腫，消疽毒，明目，補中潤肺，散氣，手足拘攣，傷寒寒熱汗出，中風消渴熱中；　逐水，去皮膚風，通十二經。吞一粒可出癰疽頭。　製法：凡使，炒研用。

明・杜文燮《藥鑒》卷二　牛蒡子　氣寒，味苦、辛，無毒。苦能解毒退熱，而利咽喉之痛，並甘桔為妙。辛能達表潤肌，而散瘡瘍之腫，同解毒尤良。合氣與味，又治腰膝凝滯之血。若痘出不快者，即用麻黃、桔梗汁煮之，則痘不時起發矣。

明・李中立《本草原始》卷二　惡實　生魯山平澤，今處處有之。葉如芋而長大，實似巨勝而褐色，其殼狀惡而多刺鉤，故名惡實。鼠過之，則綴惹不可脱，故一名鼠粘子。其根葉可飼牛，故《別録》名牛蒡子。術人隱之，呼為大力子也。　惡實：氣味：辛，平，無毒。　主治：明目補中，除風傷。○風毒腫，諸瘻。○研末浸酒，每日服三二盞，除諸風，去丹石毒，利腰脚。又食前熟挼三枚吞之，散諸結節，筋骨煩熱毒。○吞一枚，出癰疽頭。○炒研煎飲，通利小便。○潤肺散氣，利咽膈，去皮膚風，通十二經。○消斑疹毒。

惡實，《別録》中品。【圖略】即牛蒡子。秋末採。

修治：惡實酒拌炒，焙乾，擣粉用。

《痘疹要訣》：治咽喉痘疹，惡實二錢，桔梗錢半，甘草節七分，水煎服。

明・張懋辰《本草便》卷一　牛蒡子又名鼠黏子。　味辛、苦，氣平。　主明目，利腰膝，療風毒腫瘡瘮，喉痹，風熱痰壅，咽膈不利，齒痛面腫。吞一枚，可出癰瘡頭。

明・李中梓《藥性解》卷四　牛蒡子　味辛，性溫，無毒，入十二經。主風濕癮疹盈肌，咽喉風熱不利，諸腫瘡瘍之症，腰膝凝滯之氣。潤肺止嗽，散氣消痰。酒拌蒸，待有白霜出，拭去，焙乾搗用，一名惡實，一名鼠黏子。按：《主治秘訣》及東垣皆云，牛蒡子辛溫，故能入十二經而通散也。潔古云：吞一枚可出癰疽頭，亦表其辛散之功爾。本草言其性平，誤矣！

明・繆希雍《本草經疏》卷九　惡實　味辛，平。主明目，補中，除風傷。

〔疏〕惡實至秋而成，得天地清涼之氣。本經辛平，藏器兼苦。升多於降，陽也。入手太陰、足陽明經。為散風、除熱、解毒之要藥。辛能散結，苦能洩熱，熱結散則臟氣清明，故明目而補中。風之所傷，衛氣必壅，壅則發熱，辛涼解散則表氣和，風無所留矣，故除風傷。藏器主風毒腫，諸瘻。元素主潤肺散結氣，利咽膈，去皮膚風，通十二經者，悉此意耳。故用以治癮瘮、痘瘡，尤獲奇驗。　〔主治參互〕同赤檉木，為瘮家要藥。　同浮萍等分為末，治風熱癮瘮，薄荷湯下，每服二錢，日進二服。　同紫草、犀角、生地黃，治天行痘瘡，血熱乾枯不得出，有神。　《痘瘮要訣》治咽喉痘瘡，牛蒡子二錢，桔梗一錢五分，粉草節七分，水煎服。《和劑局方》治痘瘡出不快，時壯熱狂躁，咽膈壅塞，大便秘澀，小兒咽腫不利：牛蒡子炒一錢二分，荊芥穗二分，甘草四分，水煎，溫服。已出亦可服。名必勝散。若大便利者，勿用。《延年方》治風齲牙疼，單用一味煎湯，含漱吐去。《袖珍方》治便癰腫痛，用牛蒡子二錢，炒研，入蜜一匙，朴消一匙，空心溫酒服。劉禹錫《傳信方》療暴中風，用緊細牛蒡子根，取時避風，以竹刀或荊刀刮去土，用生布拭了，搗絞取汁一大升，和蜜四大合，溫分二服，得汗出，便瘥。

【簡誤】惡實性冷而滑利，痘瘡家惟宜於血熱便閉之證。若氣虛色白，大便自利或泄瀉者，慎勿服之。痧瘮不忌泄瀉，故用之無妨。癰疽已潰，非便閉，不宜服。

明・倪朱謨《本草彙言》卷三　惡實即牛蒡子。　味辛、苦，氣寒，無毒。陽中之陰，可升可降。入手太陰、足陽明經。

李時珍先生曰：惡實，其狀惡而多刺鉤，故名。其根葉苗汋淘爲蔬，或取根煮曝爲脯，食之可充飢，且益人。其殼多刺，鼠過之，則綴惹不可脫，故謂之鼠粘子。此草處處有之。三月生苗，高三四尺。葉如芋而長，四月開花作叢，淡紫色，實如楓毬而小。萼上細刺，百十攢簇，其毬作子數十粒，色黑褐。秋後采取。好着人衣也。

惡實：甄氏散風解熱，李時珍透疹毒之藥也。張仰垣稿 味苦性潤。苦能泄熱，潤能散結。《別錄》方：主明目，除風。藏器方：主風毒斑熱。《元素方》：主潤肺止咳，散結氣，利咽喉，開毛竅，去皮膚風，通行十二經。《甄氏方》：定煩熱，去傷寒鬱熱不解。《錢氏方》：治斑疹時毒等證。總是拔引鬱毒，凡風火痰氣內結，不能透達者，此藥宣利發揚，故今人用以發隱疹痘瘖，開咽喉諸疾，尤獲奇驗。但性冷而滑，用于痘瘡家，惟宜血熱便閉之證。若氣虛色白，大便瀉利者，慎勿輕投。又瘖疹不忌泄瀉，故始終用之無虞。

盧不遠先生曰：此以承制之品，宣助肝木。則凡病從風生，或因風寒薄鬱，乃成痓者，取之捷如影響。設形層之外，與上部者，功力尤勝。

集方：《方脉正宗》方共九首治頭痛連睛，幷目昏澁不明。用牛蒡子、蒼耳子、甘菊花各三錢，水煎服。○治風腫斑毒作癢。用牛蒡子、玄參、殭蠶、薄荷各五錢，爲末，每服三錢。白湯調服。○治風火內閉，痰鬱作嗽。用牛蒡子、桔梗、前胡、薄荷、防風、桑皮、杏仁各二錢，甘草五分，水煎服。○治咽喉腫閉不利。用牛蒡子三錢、桔梗一錢，甘草七分，荊芥五錢，水煎服。○治傷寒邪鬱不解，延引多日。用牛蒡子二錢，柴胡、防風、黑梔子、連翹各一錢，葱頭二莖，水煎服。○治斑疹時毒及痄腮腫痛。用牛蒡子、柴胡、連翹、川貝母、荊芥各二錢，水煎服。○治痘瘖不起發。用牛蒡子、桔梗、甘草、蟬蛻、殭蠶、黃芩、玄參、羌活各等分，水煎服。○單治瘖疹不起透。用牛蒡子研細五錢，檉柳煎湯，調下立透。○治天行痘瘡，血熱乾枯不出者。用牛蒡子三錢，犀角、紫草、生地黃各二錢，水煎服有神。○《本事方》共三首治歷節風痛，攻走手足，甚則肩背臂膝，攻鑿疼痛。用牛蒡子五兩爲末，每用三錢，白湯調下。○治暴中風。用牛蒡子根，取時避風，以竹刀刮去土，搗爛絞汁一升，和煉蜜四合，溫分二服，得汗出便瘥。○治熱毒風氣內攻，頭面忽腫，或連手足赤腫，觸摸即痛者。用牛蒡子根洗淨，研爛成膏，絹攤貼腫處，再以白湯調服二三錢，即腫消痛減。

明・姚可成《食物本草・救荒野譜補遺・草類》　惡實食苗葉。處處有之。三月生苗，剪汋食之，可濟飢。

惡實何遲遲，貧家爨絕炊。阿翁疲敝霜摧草，阿姑殘喘如懸絲。良人征戍玉關外，妾身獨力難支持。早起甑空囊若洗，且將惡實聊充飢。

明・姚可成《食物本草》卷一七草部・隰草類卷十七　惡實古人種子，以肥壤栽。剪苗溝淘為蔬，取根煮曝為脯，云甚益人，今人亦罕食之。三月生苗，起莖高者三四尺。四月開花成叢，淡紫色，結實如楓梂而小，萼上細刺百十攢簇之，一梂有子數十顆。其根大者如臂，長者近尺，其色灰黲。七月采子，十月采根。

惡實，味苦，寒，無毒。主傷寒寒熱汗出，中風面腫，消渴熱中，逐水。久服輕身耐老。齒痛勞瘧，諳風脚緩弱，風毒癰疽，欬嗽傷肺，肺壅疝瘕，冷氣積血。浸酒服去風及惡瘡。和葉擣碎，傅杖瘡、金瘡，永不畏風。又治〔面〕目煩悶，四肢不健，通十二經脉，洗五臟惡氣，可常作菜食，令人身輕。切根，拌豆、麪作飯食，消脹壅。莖葉煮汁作湯浴，去皮間習習如蟲行。又入鹽花生擣，搨一切腫毒。根作脯食甚良。莖葉宜煮汁釀酒服。

子　明目補中，除風傷，風毒腫，諸瘻。研末浸酒服，每日進二三盞，除諸風，去丹石毒，利腰脚。又食前熟挼三枚吞之，散諸結節筋骨煩熱毒。吞一枚，出癰疽頭。炒研煎飲，通利小便，潤肺散氣，利咽膈，去皮膚風，通十二經，消斑疹毒。

附方：治浮腫身有風水，皮膚欲裂。鼠粘子二兩，炒研為末，每溫水服二錢，日三。治痰厥頭痛。牛蒡子炒，旋覆花等分為末，茶清下一錢，日二服。治頭目相連大痛。鼠粘子、石膏等分為末，茶清調下。治咽喉懸癰症。鼠粘子炒過，甘艸生用，二件等分，水煎含嚥，名啟關散。治喉痹腫痛。牛蒡子六分，馬藺子六分為末，每空心溫水服方寸匕，日再服。仍以牛蒡子三兩，鹽二兩，研勻炒熱，包熨喉外。治婦人乳癰。鼠粘二錢，麝香少許，溫酒細吞下。治水鼓腹如甕大。鼠粘子一兩，微炒為末，麪糊丸梧子大，每米飲下十丸。治積年惡瘡，反花瘡，漏瘡不瘥者。牛蒡根搗，和臘月猪脂，日日封之。治月水不通，脹痛欲死。牛蒡根蒸三遍，浸酒飲之。

明·顧逢柏《分部本草妙用》卷七兼經部·性平 鼠粘子 辛，平，無毒。酒拌蒸熟，焙搗用。通十二經。主治：去熱毒，風毒癮疹，咽喉，潤肺散氣，消班疹毒。治風濕瘡瘍，利腰膝凝滯。前主治，俱鼠粘實長也。但以之治痘，未發則能發之，太多則能解毒。漿到不可復用，初出時之妙藥也。

明·李中梓《醫宗必讀·本草徵要上》 牛蒡子味辛，平，無毒。入肺經。酒炒研。宣肺氣，理痘瘆，清咽喉，散癰腫。一名鼠粘子，一名惡實。開毛竅，除熱毒，為痘瘆要藥。按：牛蒡子性冷而滑，惟血熱便閉者宜之，否則忌用。

明·鄭二陽《仁壽堂藥鏡》卷一〇下 鼠黏子 隱居云：牛蒡子：無毒。牛好食其根，故名。氣平，味辛，辛、溫。牛蒡子：一名惡實。潔古云：主風腫毒，利咽膈，吞一粒，可出癰疽頭。《主治秘訣》云：辛、溫，潤肺散氣，搗碎用之。東垣云：味辛，平，甘溫。主明目、補中，及皮膚風。通十二經。葉及根：主尿血黃疸，瘧、痢，搗汁和酒服。張仲景療傷寒寒熱，汗出中風，面腫。能治痘毒。

明·蔣儀《藥鏡》卷一溫部 鼠粘子 消痘疹之毒，而胎中淫火能降。利咽痛之喉，而膈上風痰可去。宣腰膝凝滯之血，有達表潤肌之勛。桔梗、麻黃取汁煑服，天花遲發，眉睫奏功。

明·張景岳《景岳全書》卷四八《本草正》 鼠粘子一名牛蒡子，一名大力子。味苦、辛。降中有升。治風毒班疹諸瘻，散瘡瘍腫毒喉痹，及腰膝凝寒痹滯之氣，以其善走十二經，而解中有散也。

明·賈九如《藥品化義》卷九火藥 牛蒡子 屬陰中有微陽，體小肉微潤，色肉白衣青，氣和，味肉苦帶微辛，性寒，能升能降，力解熱毒，性氣薄而味厚，入肝肺二經。牛蒡子味苦能清火，帶辛能疏風。主治上部風痰，面目浮腫，咽喉不利，諸毒熱壅，馬刀瘰癧，頸項痰核，血熱，痘，時行疹子，皮膚癮疹。凡肺經鬱火、肺經風熱，悉宜用此。略炒搗碎用，別名鼠粘，又名惡實。

明·盧之頤《本草乘雅半偈》帙一一 惡實《別錄》中品 氣味：辛，平，無毒。主治：明目，補中，除風傷。

覈曰：惡實，一名鼠粘，一名大力，一名牛蒡，一名蝙蝠刺。處處有之。三月生苗，高三四尺，葉如芋而長。四月開花作叢，淡紫色。實如楓梂而小，萼上細刺，百十攢簇，一梂作子數十粒，色黑褐，好着人衣也。

条曰：惡音烏，非遏也。《禮器》云：晉人將有事于河，必先有事于惡池。《說文》云：惡池漚夷，并州川也。實者充滿，緣彼充滿，獨遠實也。一名大力，牛蒡者以此。先人《博議》云：此秉風大動搖之用，故抽水土之力獨勝。味辛氣平，為風木廼制為用矣。則凡病從風生，或因風寒薄鬱乃成痓者，取之捷如影響。設屬形層之外與上部者，功力尤勝。又云：此以承制之品，宣助肝木，便無太過之失，厥受和平之益矣。

明·李中梓《本草通玄》卷上 牛蒡子 即鼠粘子。辛，溫，入肺。達肺氣，利咽喉，去皮膚風，消癍瘆毒，出癰疽頭。牛蒡，本入肺理風之劑，兼利腰膝凝滯者，一則金為水母，上則清肅下輸，或謂兼入腎者，非其升浮之用也。

清·顧元交《本草彙箋》卷三 鼠粘子 亦除熱散風，解毒之要藥。故主潤肺，散結氣，利咽膈，去風毒，通十二經。痘瘡家唯宜血熱便閉之症，痧疹不忌洩瀉，故用之無妨。癰疽已潰，非便閉者，亦不宜服。鼠粘子，猶云羊負來也。本名惡實，別名牛蒡子。

清·穆石匏《本草洞詮》卷九 惡實 其實狀惡而多刺鉤，故名。一名鼠粘，一名牛蒡，皆此意也。氣味辛苦平，一云溫，無毒。治風濕癮瘆，咽喉風熱，散諸腫毒，利腰膝滯氣。吞一枚出癰疽頭。

清·劉雲密《本草述》卷九上 惡實即牛蒡子。一名鼠粘子，一名大力子。《仙製本草》曰：各處皆生。葉如茵芋，葉長大，實似葡萄，核褐黃，殼類栗梂。音求，長貌。小而多刺。時珍曰：三月生苗，起莖高者三四尺，四月開花成叢，淡紫色，結實如楓梂而小，萼上細刺，百十攢簇之，一梂有子數十顆，其根大者如臂，長者近尺，其色灰黲。七月采子，十月采根。

子：氣味：辛，平，無毒。 藏器曰：苦。 潔古曰：辛，溫。陽中之陰，升也。 杲曰：辛，平。陽也，降也。能曰：陽中之陰，降也。

諸本草主治：明目，補中，除風傷，喉痺，風熱痰壅，咽膈不利，頭面浮腫，治風毒腫諸瘻，散諸結節，筋骨煩熱毒，消斑疹毒。療咳嗽傷肺，肺壅，腰膝凝滯，潤肺散氣，通十二經。 方書主治：中風頭痛，痛痺攣，眩暈目痛，外障內障，脾病，耳鼻咽喉舌痔。

杲曰：鼠粘子，其用有四，治風溼癮疹，咽喉風熱，散諸腫瘡瘍之毒，利凝滯腰膝之氣，是也。《類明》曰：牛蒡子雖通十二經，然其味辛，辛，金化也，故行肺為多。潔古言其潤肺散氣，辛所以潤也，亦以散也，是與他寒劑之除熱者不同。蓋風腫之毒，須用潤之散之，未可直任寒劑。故東垣云：消散腫毒，須鼠粘子，須半生半熟，以解表裏。 希雍曰：惡實至秋而成，得天地清涼之氣。《本經》言辛平，藏器兼苦，升多於降，陽也，入手太陰、足陽明經。為散風除熱，解毒之要藥。 同赤檉木，為疹家要藥。 同浮萍等分，為末，治風熱癮疹，薄荷湯下，每服二錢，日進二服。 同紫草、犀角、生地黃，治天行痘瘡，血熱乾枯不得出，有神。

愚按：牛蒡子，蓋以為散風熱矣。但《本經》所云除風傷者，先言明目補中，於義何居？夫肝開竅於目，而中氣與風升之氣無二也。若在下者，陰中之陽不升，是謂風虛。而中氣病在上者，陽中之陰不降，是謂風淫，而中氣亦病。夫陰中之陽不升，病在陽不足，而下鬱為風，是宜達陽為主，不宜寒涼助陰者也。陽中之陰不降，病在陰不足，而上壅為風，是宜裕陰為主，不宜辛溫助陽者也。若茲味者，既非寒涼，亦非辛溫，雖非益陰，而能為陰致其用。雖非益陽，而能為陽裕其化。東垣謂其辛平而降者是也。夫風升之氣，中氣與三焦元氣一也。如風不病於虛，并不病於淫，謂非補中氣之的劑歟。抑其功，何以能如是也？即其三月生苗，四月開花，至七月方采其子，豈非醞釀木火之氣，以歸於金水，乃克告成功哉？夫人身之氣昌，大於木火，而終始於金水者，即其味辛濃而差短，苦淡而差長，又豈非由天而降地，即以降為散，更即以散為補者乎？雖然據諸本草有謂其散風毒腫諸瘻者，有謂其散諸結節筋骨煩熱毒者，有謂其出癰疽頭者，似乎主風淫之治為多也。更閱方書，如治目痛有菊花散，治肝腎風毒，氣上衝眼痛者，此風淫也。又槐子丸治肝虛風邪所攻致目偏視者，是風淫風虛，俱得用之而咸宜也。是何所取材耶？曰：真陽原出於陰中，陽之有餘而為風淫者，固以裕陰而靜之，非取其勝者以相制也。故陽之不足，而為風虛者，亦還以裕陰而充之。蓋化原之義，固如斯耳。且不止此也，即如咽喉之牛蒡子丸，治內熱毒攻，生瘡腫痛。又利膈湯之治，屬虛煩上壅，脾肺有熱，咽喉生瘡者，相提而取證之，是則為實為虛，皆病於熱，則茲味之咸宜，豈曰不然？但虛實攸分，而主輔之味，大有酌量耳。抑其通十二經者，何居？曰：此金木相媾之玄機也。人身十二經脈，皆上循咽喉，故唯肺氣周於一身，乃能通十二經。且肺為陽中之少陰，茲味告成於金，而味辛氣平，乃合乎肺，此木火之氣，有陽中之陰以馭之，此木之所以得媾於金，而風氣乃平者也。所以此味不獨擅咽喉之治，而乃以理咽喉為首功者，以其主本在肺也。其主本在肺者，以風木之化，其病在肝也。觀其首主明目，則其義了然，肝原開竅於目也。即如所云風腫毒者，豈非風之結滯其正氣，而血亦為之結且壅，以病於腫毒乎？所云筋骨煩熱毒者，皆此之為厲也。如方書所主治諸證，豈止治風而遺血，更若痛痺攣證，尤可尋繹耳。明於斯義，則茲味所治之各證，乃得一以貫之矣。

附方 風水身腫欲裂，鼠粘子二兩，炒研為末，每溫水服二錢，日三服。 風熱浮腫，咽喉閉塞，牛蒡子一合，半生半熟，為末，熱酒服一方寸匕。 痰厥頭痛，牛蒡子炒，旋覆花等分，為末，臘茶清服一錢，日二服。 咽膈不利，疏風壅涎唾，牛蒡子微炒，荆芥穗一兩，炙甘草半兩，為末，食後湯服二錢，當緩緩取效。 懸癰喉痛，風熱上摶也，惡實炒，甘草生，等分，水煎，含咽，名啓關散。 喉痹腫痛，牛蒡子六分，馬藺子六分，為散，每空心溫水服方寸匕，日再服，仍以牛蒡子三兩，鹽二兩，研勻，炒熱，包熨喉外。 便癰腫痛，鼠粘子二錢，炒研末，入蜜一匙，朴消一匙，空心溫酒服。 歷節腫痛風熱攻，手指赤腫麻木，甚則攻肩背、兩膝，遇暑熱則大便秘，牛蒡子三兩，新豆豉炒，羌活各一兩，為末，每服二錢，白湯下。

希雍曰：惡實，性冷而滑利，痘瘡家惟宜於血熱便閉之證。若氣虛色白，大便自利，或泄瀉者，慎勿服之。痧疹不忌泄瀉，故用之無妨。癰疽已潰，非便閉不宜服。

修治　以酒淘去沙土，又掠去浮面者不用，取沉重者曬乾，瓦器上微炒，研細用。

愚按：　茲味先哲多謂辛平，且有云辛溫者，而繆氏乃以為性冷滑利，何也？余以此利血中之風熱誠捷，第腹作微痛，更少服溫劑，同火酒散之乃止。若然，則茲味為性冷，當亦不妄也。皇甫氏云：服此須酒浸三日乃可，是不惟取其入血，并移其性冷者，在酒三日之浸也，勝於微炒用之多矣。凡用，以酒浸三日，微焙乾。

清・郭章宜《本草匯》卷一一　牛蒡子即鼠黏子，又名惡實。　味苦、辛，溫，陽中之陰，升也。杲曰：降也。入手太陰、足陽明經。散熱結而消瘡毒，利咽膈而疏風壅。毆風濕癮瘮盈肌，除腰膝風凝不利。《別錄》言其主明目補中除風傷者，辛能散結，苦能洩熱也。熱結散，則臟氣清和，故明目而補中。風之所傷，衛氣必壅，壅則發熱，辛平涼解散，則表氣和，風無所留矣。

按：　牛蒡子至秋而成，得天地清涼之氣，為散風除熱解毒之要藥。本入肺理風之劑，兼利腰膝凝滯者，一則金為水母，一則清肅下輸。或謂其兼入腎者，非其升浮之用也。然性冷而滑，痘瘡家惟宜于血熱便閉之症。若氣虛色白，大便自利或泄瀉者，勿用。癰疽已潰，非便閉，勿服。

凡用，揀淨，以酒拌蒸，待有白霜，以布拭去，焙乾擣粉用。

清・蔣居祉《本草擇要綱目・平性藥品》　鼠黏子　氣味：　辛，平，無毒。陽中之陰，升也。　主治：　其用有四：　治風溫癮瘮，咽喉風熱，散諸癰瘡瘍之毒，利凝滯腰膝之氣。

清・王翃《握靈本草》卷四　牛蒡子一名鼠粘子，又名大力子。處處有之。酒拌蒸，焙乾，研粉用。　主治：　牛蒡子，辛，平，無毒。主明目，補中，潤肺散氣，利咽膈，去風，消斑瘮毒。

清・汪昂《本草備要》卷二　牛蒡子一名鼠粘子，一名惡實。瀉熱，解毒。　辛，平。潤肺解熱，散結除風，利咽膈，理痰嗽，消斑瘮，利二便，行十二經，散諸腫瘡瘍之毒，利腰膝凝滯之氣。性冷而滑利，痘症虛寒泄瀉者忌服。　實如葡萄而褐色，酒拌蒸，待有霜，拭去用。根苦寒。竹刀刮淨，絞汁，蜜和服，治中風，汗出乃愈。擣和猪脂，貼瘡腫及反花瘡。肉反出如花狀。

清・吴楚《寶命真詮》卷三　牛蒡子　【略】宣肺氣，清咽喉，散癰腫，理痘瘮。開毛竅，除熱毒，為痘瘮之要藥。　性冷而滑，血熱便閉者宜之，否則忌用。

清・顧靖遠《顧氏醫鏡》卷七　牛蒡子辛，平。入肺胃二經。酒炒，研。　散風熱，利咽膈。風熱上搏，則為咽痛，為痰壅，咽膈不利，辛涼解散而自安。　斑瘮痧痘必需，開毛竅，除熱毒，故所必需。　腫毒癰疽莫缺。以其能散諸種瘡瘍之毒。　散風除熱解毒之要藥，性冷而滑洩瀉者忌用。

清・李熙和《醫經允中》卷二〇　鼠粘子　一名牛蒡子，一名惡實。酒拌蒸熟，焙，擣用。通十二經。　辛，平，無毒。主治退風熱，咽喉不利，毆風濕癮瘮盈肌，消斑瘮毒并瘡瘍毒。牛蒡散風除熱，解毒之藥，以之治痘，未發則能發，初起用之，亦能解毒。漿到不可用矣。

清・馮兆張《馮氏錦囊秘錄・雜症痘瘮藥性主治合參》卷二　牛蒡子至秋而成，得天地清涼之氣，故味辛苦，平，無毒。辛能散結，苦能洩熱，入手太陰，足陽明經。乃散風清熱，解毒清利咽喉之聖藥。痧症始末之必需，血熱痘瘮之要品。但性冷而滑利，氣虛泄瀉者，切忌勿服。○臨用炒燥研碎，則不出氣。若牙疼用牛蒡子，生研碎，綿裹，噙患處，漱去苦水即愈。

牛蒡子，主潤肺散氣，牙齒蝕疼，面目浮腫，退風熱咽痛及風濕癮瘮，毒成瘡瘍，辛能散結，苦能洩熱，為痘瘮利咽喉，解陽明，消癰腫，散風除熱，清裏解毒之要藥。

主治痘瘮合參：　潤肺金而退風熱，利咽膈而散諸腫。治喉痛，散結氣。發痘涼血，助藥行漿。解陽明熱毒。凡痘紅紫，熱盛便閉者最宜。但通肌滑竅，多服則內動中氣，外致表虛。如病後氣血虛弱，用之反致耗散真元。若出不快而泄瀉者，尤忌之。癰疽已潰者勿服。

清・张璐《本經逢原》卷二　惡實又名鼠粘子、牛蒡子、大力子，皆別名也。　辛，平，無毒。　發明：　鼠粘子，肺經藥也。治風濕癮瘮，咽喉風熱。散諸腫瘡瘍之毒，痘瘮之仙藥也。痘不起發，用此為末，刺雄雞冠血和酒釀調，胡荽湯下神效。瘡瘍毒盛，生研用之，即出瘡頭。酒炒上行，能通十二經，去皮膚風，消癍瘮毒。惟氣虛色白，大便利者不宜。

清・浦士貞《夕庵讀本草快編》卷二　惡實《別錄》、鼠粘、牛蒡　其實狀惡而多刺鈎，其殼多刺，鼠過之則綴惹不得脫，牛喜食之，故有三名。　牛蒡子辛平而苦，陽中之陰，升也，為手太陰之藥。故能宣肺氣理痘瘮，散咽喉之風熱，化鼠瘻之結核，利腰膝凝滯之氣，除瘡瘍熱壅之毒，明目驅風又其次也。若云根莖，則味兼苦寒，善能逐水而消面腫，解煩熱而止消渴，咳嗽傷肺，勞瘧脚弱，並宜用之。且浸酒治風能通十二經脉，煎湯浴體療皮間習習虫行。今人但知用子，而忘其本，可不惜乎？

清·劉漢基《藥性通考》卷五　牛蒡子　味辛，氣平，無毒。潤肺解熱，散結除風，利咽膈，理痰嗽，消斑疹，利二便，行十二經。散諸腫瘡瘍之毒，利腰膝凝滯之氣。實如蒲萄而褐色，酒拌蒸，待有霜拭去。用根苦寒，竹刀刮淨，絞汁，蜜和服，治中風汗出乃愈。根搗爛，和猪脂油貼瘡毒及反花瘡神效。然性冷而滑利，痘症、虚寒泄瀉者忌用。

清·姚球《本草經解要》卷二　牛蒡子　氣平，味辛，無毒。主明目，補中，除風傷。一名惡實。酒蒸拭淨，焙。　牛蒡子氣平，稟天秋平之金氣。味甘無毒，得地西方之金味，入手太陰肺經。氣味降多於升，陰也。牛蒡氣平清熱，味辛散鬱，鬱熱清則目得血而能視矣，所以明目。中者，陰之守也。人身陰陽，求之升降。牛蒡辛平清肺，肺氣下降則陰生，所以補中也。風傷於衛，衛附皮毛。皮毛者，肺之合也。辛平疎肺，則皮毛解散，所以除風傷也。

製方：　牛蒡同紫草、犀角、生地，治痘血熱不出。同桔梗、甘草，治風熱咽痛。

清·王子接《得宜本草·中品藥》　牛蒡子　味辛。功專消肺風，利咽（鬲）〔膈〕。得荊芥治咽喉不利，得生甘草治懸壅喉痛，得甘、桔治咽喉痘疹，得薄荷治風熱癮疹。

清·黄元御《玉楸藥解》卷一　牛蒡子　味苦，氣平。入手太陰肺經。清風泄濕，消腫敗毒。牛蒡子發散風濕，清利咽喉；表癮疹，鬱蒸泄；　氣臌水脹，歷節腫痛之證。庸工習用小兒疹病。

清·吴儀洛《本草從新》卷一　惡實〔瀉熱解毒。〕一名牛蒡子，一名鼠黏子。辛苦而寒。瀉熱散結除風，宣宣肺氣，消咽喉，理痰嗽。治痘證，消斑疹，利二便，行十二經，散諸腫瘡瘍之毒，利腰膝凝滯之氣。性冷而滑，唯血熱便閉者宜之，否則禁用。痘證虚寒泄瀉者切勿妄投。實如葡萄而褐色。酒拌蒸，待有霜，拭去用。根苦寒。竹刀刮淨，絞汁，蜜和服，治中風，汗出乃愈。搗和猪脂，貼瘡腫及反花瘡。肉反出如花狀。

清·汪紱《醫林纂要探源》卷二　牛蒡子　辛，寒。大幹似木，大葉似桑，實如葡萄，褐色有毛。一名惡實，一名鼠粘子。俗曰餓死囊中草。　功專瀉肺，散結去濇，去皮膚之風熱。利咽膈，治喉痛，止咳嗽，除痰退斑疹，亦統治諸瘡腫，兼通利二便。以辛潤而性滑也。酒拌，待有霜，拭淨用。　根：　苦，寒。可傳瘡腫。豬脂搗傳。又搗汁飲，可治中風。

清·嚴潔等《得配本草》卷三　惡實一名大力子，一名牛蒡子，一名鼠粘子。根。　辛，平。入手太陰經。降肺氣而不燥，祛滯氣以利腰。療瘡瘍，以其解熱之功。消風毒，以其辛散之力。　得旋覆花，治痰厥頭痛。配荊芥、桔梗、甘草，治咽喉痘疹。配薄荷、浮萍，治風熱癮疹。配羌活，治歷節腫痛。配蔞仁，治時疫積熱。佐生石膏，治頭痛連睛。牙痛，生研綿裹噙患處，去黄水即愈。　酒蒸去霜用，炒熟亦可。　泄瀉，痘症虚寒，氣血虚弱，三者禁用。

根　苦，寒。入手太陰經。治天行時症熱煩，一切風疾惡瘡，止咳嗽，療齒痛。　得生地、杞子、牛膝，袋盛浸酒，治十年風疾。絞汁和蜜溫服，治中風。和豬脂搗，貼積年惡瘡及反花瘡。　竹刀刮淨，蒸熟曝乾用。不爾令人欲吐。　禁忌與子同。

題清·徐大椿《藥性切用》卷三　大力子　一名惡實，一名牛蒡子，一名鼠粘子。辛苦微寒，入肺而疎風散結，瀉熱清咽，消斑疹，利二便。腸滑者忌。亦有土炒用者。

清·黄宫繡《本草求真》卷八　牛蒡子清肺風熱。　牛蒡子耑入肺。又名惡實，又名鼠粘子。辛苦冷滑。今人止言解毒。凡遇瘡瘍癰腫痘疹等症，無不用此投治，然尤未繹其義。凡人毒氣之結，多緣外感風寒，營氣不從，逆於肉裏，故生癰毒。牛蒡味辛且苦，既能降氣下行，復能散風除熱。深得表裏兩解之義。是以感受風邪熱毒，而見面目浮腫，咳嗽痰壅，咽間腫痛，瘡瘍斑疹，及一切臭毒痧閉，痘瘡紫黑，便閉等症，無不藉此表解裏清。但性冷滑利，多服則中氣有損，且更令表益虚矣。至於脾虚泄瀉，為尤忌焉。實如葡萄而褐色，酒拌蒸，待有霜，拭去用。

清·沈金鰲《要藥分劑》卷六　牛蒡子　【略】鰲按：　牛蒡子功耑發散，故為斑疹必用之劑。

清·楊璿《傷寒溫疫條辨》卷六寒劑類　牛蒡子酒蒸。　味苦，氣平，性寒。入十二經絡。主風濕癮疹盈肌，退風熱咽喉不利，散瘰癧瘡瘍諸腫之毒，利手足腰膝凝滯之氣。潤肺止嗽，降氣消痰。其性通散。溫酒調末，每服二錢，祛齒牙蟲疼，消面目浮腫。

清·羅國綱《羅氏會約醫鏡》卷一六草部　牛蒡子味辛苦，入肺胃二經。酒炒研。辛能散結，苦能洩熱，潤肺金而退風熱。解咽痛瘡腫，治斑疹、諸瘻風熱，療痘紅紫、熱盛便結。若出不快而泄瀉者，癰疽已潰者，均忌用。按：牛蒡子性寒而滑，虛寒者勿服。

清・黃凱鈞《藥籠小品》 牛蒡子即鼠粘子。 辛苦，寒，瀉熱散結，宣達肺氣，清咽喉，消痧疹，行十二經，散諸瘡腫毒。

清・王龍《本草纂要稿・草部》 惡實即牛蒡子。 氣味辛苦而平。止牙齒蝕痛，散面目浮腫。退風熱咽喉不利，及腰膝風凝。驅風熱癮疹盈肌，併瘡瘍毒盛。生吞一粒，即出瘡頭。明目補中，潤肺散氣。

清・張德裕《本草正義》卷上 牛蒡子一名大力，一名鼠粘。 苦辛，涼。善走而散。治風毒斑疹，散瘡瘍腫毒，喉痹。若痘瘡有毒火，宜散解者，當急用之。虛寒勿用。

清・楊時泰《本草述鉤元》卷九 惡實 即牛蒡子，又名鼠粘子、大力子。所在有之。三月生苗，起莖高三四尺，四月開淡紫花成叢，結實如楓梂而小，萼上細刺，百十攢之，一梂數十子，其根灰黲，大者如臂。七月采子，十月采根瀕湖。

子 氣味辛平兼苦，陽中之陰，降也。入手太陰、足陽明經。潤肺散氣，通十二經，明目補中。除風傷喉痹，風熱痰壅，咽膈不利，頭面浮腫。治風濕癮疹，風毒腫瘻。散諸結節筋骨煩熱毒，消斑疹毒，療欬嗽傷肺肺壅，利腰膝凝滯。方書治中風頭痛，痛痹攣暈，目痛內外障，耳鼻舌痔。牛蒡味辛，金化，行肺為多，辛所以散，亦所以潤也。與他寒劑之治熱者不同，蓋風腫之毒，治須潤之散之，未可直任寒劑《類明》。消散腫毒，須半生半熟。用以解表裏東垣。利血中之風熱殊捷，第腹作微痛，須少服溫劑同火酒散之。牛蒡至秋而成，得天地清涼之氣，其治散風除熱而解毒仲淳。同赤檉木為疹家要藥。同浮萍等分為末，治風熱癮疹，薄荷湯下，每服二錢，日二服。同紫草、犀角、生地，治天行痘瘡，血熱乾枯不得出，有神。風熱身腫欲裂，牛蒡子二兩，炒研為末，每溫水服二錢，日三服。風熱浮腫，咽喉閉塞，牛蒡子一合，半生半炒為末，熱酒服一方寸匕。痰厥頭痛，牛蒡子炒、旋覆花等分為末，臘茶清服一錢，日二服。咽膈不利，疏風壅涎唾，牛蒡子微炒，荊芥穗一兩，炙甘草半兩，為末，食後湯服二錢，當緩緩取效。懸癰喉痛，風熱上摶也，牛蒡炒、甘草等分，水煎含嚥，名啟關散。喉痹腫痛，牛蒡子六分，馬藺子六分，為散，每空心溫水服方寸匕，日再服，仍以牛蒡子三兩，鹽二兩，研勻炒熱，包熨喉外。便癰腫痛，牛蒡子二錢炒研，入蜜一匙，朴消一匙，空心溫酒服。風熱攻手指歷節，赤腫麻木，甚則攻肩背兩膝皆痛，遇暑熱則大便秘。用牛蒡子三兩炒、新豆豉、羌活各一兩，為末，每服二錢，白湯下。

論：牛蒡春季生苗，初夏開花，七月采子，醞釀木火之氣，以告成功於金，故其味辛濃差短，苦淡差長，殆由天氣而降地，即以降為散，更即以散為補者。《本經》謂其除風傷，卻先言明目補中，何也？夫肝開竅於目，而中氣與風升之氣無二，若在下者，陰中之陽不升，是謂風虛，而中氣病。在上者，陽中之陰不降，是謂風淫，而中氣亦病。陰中之陽不升，病在陽不足，而下鬱為風，宜以達陽為主，不宜寒涼助陰也。陽中之陰不降，病在陰不足，而上壅為風，宜以裕陰為主，不宜辛溫助陽也。茲味雖非寒涼益陰，卻能為陰致其用，雖非辛溫益陽，又能為陽裕其化，東垣謂辛平而降者是也。如風不病於虛，並不病於淫，謂非補中之劑歟。據諸本草，似主風淫之治為多，而風虛亦用之。蓋真陽原出於陰中，陽之有餘而為風淫者，固以裕陰而靜之，非取其相勝以相制也。故陽之不足而為風虛者，亦還以裕陰而充之，化原之義固如斯耳。且為實如喉症之牛蒡丸，治內熱毒攻，生瘡腫痛。為虛，如利膈湯治虛煩上壅，脾肺有熱，咽喉生瘡。皆病於熱，則茲味皆宜，但酌虛實以分主輔之味而已。抑其能通十二經者，乃金木相媾之元機也。人身十二經脈，皆上循咽喉，惟肺氣周於一身，乃能通之，且肺為陽中之少陰，茲味告成於金，味辛氣平有合乎肺，俾木火之氣得陽中之陰以馭之，此木之所以得媾於金而風氣平也。又此味不獨擅咽喉之治，而理咽喉似為首功者，以其主在肺也。其主在肺者，以風木之化，其病在肝也。觀《本經》首言明目，則其義了然，至所云風腫毒乃風之結滯其正氣，而血亦為之結且壅，以病於腫毒者，即所云筋骨煩熱毒，皆此為厲也。豈止治風而遺血耶。

繆氏：性冷而滑利，痘瘡家惟血熱便閉者宜之。若氣虛色白，自利泄瀉者，勿服。痧疹不忌，泄瀉用之無妨。癰疽已潰，非便閉，不宜服。

修治：用酒淘去沙土，又掠去浮面者，取沉重者，曬乾，瓦器微炒，研細入藥。須酒浸三日乃可，不惟取其入血，并移其性冷，勝於微炒用之。

清・鄒澍《本經續疏》卷四 惡實 【略】惡實明目以象形也。其象形奈何？則以其殼象目之胞，胞上有刺，象目之睫。然則謂補中除風傷何也？

夫以惡實明目，正為其能補中除風傷耳。風氣通於肝，風傷即肝傷，肝傷則中無所疏洩而亦傷，中傷斯上注之氣不精，而目之明減矣。惡實以木氣盛時生苗起莖，以初交火令，開花紫色，不正似肝家升發之氣，挾血上注為精明乎？在水穀之氣，其升發精微也，亦賴以清濁攸分而不混，是中之受益固已多矣。能不謂因除風傷而補中，因補中而目明乎？雖然，此皆風傷已後，陰陽乖錯情景也，不審知風傷當時形狀，何以見目之不明，中之不足由風傷乎？夫風傷時形狀非他，即下文根莖之所主是已，傷寒寒熱汗出，內風與外邪相搏，兩不相下也。中風面腫，內風不受外風也。消渴熱中逐水，內風外風相拒難解，遂化熱而致水漲也。此非皆本身風氣受傷之源耶。味辛者擅通，氣平者擅降。況是開花結實後，氣已退藏於密，將為他日生發之基者，其能不使內風受驅逐外風之傷，而使外風遂無所應，不能內侵以為傷，又何疑矣？後世不用根莖，惟取其實以治若此等證，於理雖亦有可通者，但欲述是物之所以然，不得不如是界域分明耳。

清・葉桂《本草再新》卷二 惡實子味苦，性寒，無毒。入肺經。瀉熱散結，除風，宣肺氣，清咽喉，理痰嗽，治痘證，消斑疹，利二便。

清・吴其濬《植物名實圖考》卷一一 惡實 《別錄》中品。即牛蒡子。《救荒本草》謂之牛菜，俗呼夜叉頭，根葉皆可煮食。今為斑瘮要藥，蓋除風傷之功。

雩婁農曰：牛蒡子多刺，而獨以惡名，何也？初生葉大如芋，形固可駭；莖尤肥，宜能果腹；醫者蓄其實為良藥，竟體皆有功於人，而蒙不韙之名。名顧可憑乎？牛之名，誠不得與騶虞騏驥伍，而為用亦大矣。劉表帳下牛重八百斤，殺而享士，無異常牛。龐其形而枵其實，為人所輕，得名亦倖矣哉？

清・趙其光《本草求原》卷三隰草部 牛蒡子一名惡實，一名鼠粘，又名大力子。《別錄》氣平，味辛，無毒。氣味皆金，主降，以裕肺經之陰。主明目，肝木風升之病，平清熱，以孅肝；辛降陰，以除壅，則金光而明。補中，除風傷。中者陰之守，中氣與風升之氣無二。上焦之陰不降，則陰上壅為風淫，而中氣病；下焦之陽不升，則衛氣鬱為風虛，而中氣亦病。辛平降肺陰下行，而皮毛之合自然通達。是以降為補，即以降為疏散者也。故風淫熱病，風虛陽衰皆治。散結消腫，理痰嗽，除痹攣、筋骨煩熱、瘡瘍諸毒、內外諸障，消斑疹，皆風淫壅閉，而血氣癡結於上下。潤肺利咽，通十二經。人身十二經脈，皆上循咽膈。惟肺氣周於一身，乃能通行十二經而開咽膈。《類明》曰：風毒之腫，忌用寒劑，止宜辛潤。蓋指此也。性冷而滑，風虛、風淫，血中有熱者最宜，氣虛瀉泄勿服，惟痧疹不忌泄，故用之。服之腹痛，溫劑加火酒可制。

實，如葡萄而褐色，酒浸三日，去其冷滑。焙乾用。消毒腫須半生半熟，以解表裏。

根，苦寒，竹刀刮淨絞汁，蜜和服，治中風，汗出乃愈。搗和豬脂，則瘡腫及反花瘡。肉反出如花狀。

同浮萍末，薄荷湯下，治風熱瘾疹。同紫草、犀角、生地，治痘血熱乾枯不出。獨為末，水下，治風水，身腫欲裂。同覆花研，茶清下，治痰厥頭痛。同桔、甘，防風熱咽痛；兼涎唾，加荊芥。同朴硝、蜜和酒下，治便癰腫痛。同新豆豉、炒羌活研，白湯下，治歷節腫痛，手指麻木，背膝攻痛。

清・文晟《新編六書》卷六《藥性摘錄》 牛蒡子 一名鼠〔粘〕子。辛苦，冷滑。清肺經風熱。○凡感受風邪熱毒，而見面目浮腫，咳嗽痰壅，咽間腫痛，癰腫瘡瘍，斑疹及痧閉便閉，痘瘡紫黑等症，用此表解裏清。○然多服則損中氣，脾虛泄瀉尤忌。○酒拌蒸，或炒用。

清・張仁錫《藥性蒙求・草部》 鼠粘子錢半、三錢 鼠粘子辛，行經散毒。瀉熱除風，疹癍初服。一名惡實，一名牛蒡子，又名大力子。辛苦而寒。瀉熱散結，除風宣肺，清咽喉，消癍疹，行十二經，散諸瘡瘍之毒。○酒拌蒸。

清・劉善述、劉士季《草木便方》卷一草部 大力子 牛蒡根葉苦微寒，惡瘡腫毒消嗽痰。瘧疝瘩氣牙腮痛，□痓杖打精血痊。瘾疹風熱咽喉腫，身面瘙癢洗莫〔延〕。

清・戴葆元《本草綱目易知錄》卷一 牛蒡子鼠粘、惡實。辛，平。補中明目，潤肺散氣，解熱毒諸結，利咽膈風痰，消斑瘮毒，通利小便，利腰脚氣。主皮膚風，通十二經，治風熱瘾瘮，咽腫喉痹。去風毒腫諸瘻，散諸節筋骨煩熱毒。解服丹石毒。【略】

根、莖、葉：苦，寒。去風逐水，治傷寒寒熱，汗出中風，頭面目暴腫，消渴熱中，牙疼脚弱，勞瘧癰疽，咳嗽傷肺，疝瘕積血，通十二經脈，洗五臟惡氣。酒浸服，祛風毒惡瘡。作菜食，令身健。拌豆豉飯食，消脹壅。煎洗，去皮間習習如蟲行。和葉擣，傅金瘡杖瘡。入鹽擣，搨一切腫毒。同鳳仙花莖葉，和油熬膏貼，更良。葆按：方詳《驗方新編》，名陽和膏，貼諸腫毒，惟小兒熱癤更良。

清・黄光霽《本草衍句》 牛蒡子又名大力子，又名鼠黏子。 辛能散結除風，苦堪洩熱潤肺。風濕癮疹，牙痛喉痺。消頭面之浮腫，咳嗽生痰。去皮膚之熱風，咽膈不利。散諸腫瘡瘍之毒，利凝滯腰膝之氣。功耑消肺風，利咽膈。得荊芥治咽喉不利，得生甘草治懸癰喉痛，得甘、桔治咽喉痘疹，得薄荷治風熱癮疹。瘛節腫痛，風熱攻手指赤腫麻木，甚即攻肩背兩膝，遇暑熱則大便閉，牛蒡子三兩，新豆豉炒、羌活各一兩，為末服，白湯下。

清・陳其瑞《本草撮要》卷一 牛蒡子 味辛，入手太陰經，功專消肺風，利咽膈，得荊芥治咽喉不利，得生草治懸癰喉痛，得甘桔治咽喉痘疹，得薄荷治風熱癮疹，搗和猪脂貼瘡腫及反花瘡。性冷而滑利，虚寒泄瀉者忌服。一名鼠粘子，一名惡實。

紫菀

宋・李昉《太平御覽》卷第九九三 紫(苑)〔菀〕 《遊名山志》曰：石室，紫(苑)〔菀〕。《吴氏本草經》曰：紫(苑)〔菀〕，一名青苑。

宋・唐慎微《證類本草》卷八草部中品〔《本經・别錄・藥對》〕 **紫菀** **味苦**、辛，**溫**，無毒。**主欬逆上氣，胸中寒熱結氣，去蠱毒，痿蹷，安五藏**，療欬唾膿血，止喘悸，五勞體虚，補不足，小兒驚癇。一名紫蒨，一名青菀。生房陵山谷及真定、邯鄲。二月、三月採根，陰乾。欵冬爲之使，惡天雄、瞿麥、雷丸、遠志，畏茵蔯蒿。

〔梁・陶弘景《本草經集注》〕云： 近道處處有，生布地，花亦紫，本有白毛，根甚柔細。有白者名白菀，不復用。

〔唐・蘇敬《唐本草》〕注云： 白菀即女菀也，療體與紫菀同，無紫菀時亦用白菀。陶云不復用，或是未悉。

〔宋・掌禹錫《嘉祐本草》〕按： 《藥性論》云： 紫菀，臣，味苦，平。能治尸疰，補虚，下氣及胸脇逆氣，治百邪鬼魅，勞氣虚熱。日華子云： 調中及肺痿吐血，消痰止渴，潤肌膚，添骨髓。形似重臺，根作節，紫色，潤軟者佳。

〔宋・蘇頌《本草圖經》〕曰： 紫菀，生房陵山谷及真定、邯鄲，今耀、成、泗、壽、台、孟州，興國軍皆有之。三月内布地生苗葉，其葉三四相連，五月、六月内開黄、紫、白花，結黑子。本有白毛，根甚柔細。二月、三月内取根陰乾用。又有一種白者名白菀。蘇恭云：白菀即女菀也，療體並同，無紫菀時，亦可通用。女菀下自有條，今人亦稀用。《古今傳信方》用之最要，近醫療久嗽不差，此方甚佳。紫菀去蘆頭、欵冬花各一兩，百部半兩，三物搗羅爲散，每服三錢匕。生薑三片，烏梅一個，同煎湯調下，食後、欲卧各一服。

〔宋・唐慎微《證類本草》〕《唐本餘》： 治氣喘，陰痿。《雷公》云： 凡使，先去鬚，有白如練色者，號曰羊鬚草，自然不同。採得後，去頭土了，用東流水淘洗令淨，用蜜浸一宿，至明於火上焙乾用。凡修一兩，用蜜二分。《千金方》： 治婦人卒不得小便。紫菀末，以井花水服三撮，便通。小便血，服五撮，立止。《斗門方》： 治纏喉風，喉閉飲食不通欲死者。用返魂草根一莖，淨洗内入喉中，待取惡涎出即差。神效。更以馬牙消津嚥之，即絶根本。一名紫菀，又南中呼爲液牽牛是也。

宋・寇宗奭《本草衍義》卷九 紫(苑)〔菀〕 用根。其根柔細，紫色，益肺氣，《經》具言之。《唐本》注言無紫(苑)〔菀〕時，亦用白菀。白菀即女菀也。今本草無白菀之名，蓋唐修本草時已刪去。

宋・劉明之《圖經本草藥性總論》卷上 紫菀 味苦、辛，溫，無毒。主欬逆上氣，胸中寒熱結氣，去蟲毒，痿蹷，安五臟，療欬唾膿血，止喘悸。五勞體虚，補不足，小兒驚癇。《藥性論》云：臣。能治尸疰，補虚下氣，及胸脇逆氣，治百邪鬼魅，勞氣虚熱。日華子云： 調中，及肺痿吐血，消痰止渴，潤肌膚，添骨髓。欵冬花為之使。惡天雄、瞿麥、雷丸、遠志。畏茵蔯蒿。

明・蘭茂撰，清・管暄校補《滇南本草》卷中 紫(苑)〔菀〕 性溫，味苦、辛。苦走心，心主血，止血養血。辛走肺，多功於肺。治咳嗽痰氣喘促，補肺陰虚癆嗽，咳嗽，衄血咳血，陰虚痰上帶血絲。 附方： 治陰虚咳嗽，痰上帶血，氣促發熱之症。紫(苑)〔菀〕二錢，知母一錢，黄柏五分，陳皮二錢，不用引，水煎服。

明・蘭茂《滇南本草》〔叢本〕卷中 紫菀 單方： 治陰虚咳嗽，痰上帶血，喘急氣促，五心發熱等症。知母一錢、紫菀二錢、焦黄栢五錢、陳皮一錢，不用引。

明・王綸《本草集要》卷二 紫(苑)〔菀〕臣 味苦辛，氣溫，無毒。款冬為之使。惡天雄、瞿麥、雷丸、遠志，畏茵陳。陰乾，蜜水浸一宿，焙乾。去蘆頭。 主咳逆上氣，胸中寒熱結氣，去蠱毒，痿蹷，安五臟，益肺氣。療肺痿咳唾膿血，消痰止喘悸。五勞體虚，補不足，小兒驚癇。 久嗽不差，款冬花各一兩，百部半兩，為末，每服三錢匕，生薑三片，烏梅一個，煎湯調，食後欲卧各一服，效。

明・滕弘《神農本經會通》卷一 紫(苑)〔菀〕 臣也。潤軟者佳。一種白菀，即女菀也。療體並同，無時亦可通用。二三月採根，陰乾。用去蘆頭。

一云：蜜水浸一宿，焙乾。欵冬為之使。惡天雄、瞿麥、雷丸、遠志，畏茵蔯蒿。《局》云：淨洗，去土，微炒。白菀不入藥。味苦、辛，氣溫，無毒。東云：治嗽。《疌》云：除欬逆并寒熱，療吐膿血，治結胸，止喘悸，小兒驚癇。

《本經》云：主欬逆上氣，胸中寒熱結氣，去蠱毒，痿蹷，安五臟，療欬唾膿血，止喘悸，五勞體虛，補不足，小兒驚癇。《藥性論》云：臣。味苦，平。治尸疰，補虛，下氣，及胸脇逆氣，治百邪鬼魅，勞氣虛熱。日華子云：調中，及肺痿吐血，消痰，止渴，潤肌膚，添骨髓。《圖經》云：《傳信方》用之最要，療久嗽不差，此方甚佳。紫菀去蘆頭、欵冬花各一兩，百部半兩，為末，每服三錢匙，生薑三片，烏梅一箇，同煎湯調下，食後、欲臥各一服。劊云：紫菀苦辛除欬逆，熱寒胸結氣皆消。療唾膿血止喘悸，嬰稚驚癇亦可調。《局》云：紫菀苦溫安五臟，主通結氣滯胸中。補虛止渴消痰喘，久嗽能除唾血膿。紫菀，化痰，定喘，欬唾有紅涎。

明・劉文泰《本草品彙精要》卷一〇 紫菀無毒。 植生。

紫菀出《神農本經》：**主欬逆上氣，胸中寒熱，結氣，去蠱毒，痰蹷，安五臟。**以上朱字《神農本經》。療欬唾膿血，止喘悸，五勞體虛，補不足，小兒驚癇。以上黑字名醫所錄。【名】紫蒨、青菀、夜牽牛。【苗】《圖經》曰：三月布地生苗葉，其葉三四相連。五月、六月開黃紫白花，結黑子，本有白毛，根甚柔細。【地】《圖經》曰：生房陵山谷及真定、邯鄲，今耀、成、泗、壽、台、孟州，興國軍皆有之。【時】生：春生苗。採：二月、三月取根。【收】陰乾。【用】根潤軟者爲佳。【質】類重臺根作節而有茸。【色】紫。【味】苦，辛。【性】溫，散。【氣】氣厚味薄，陽中之陰。【臭】香。【主】氣喘，欬嗽。【助】款冬花爲之使。【反】畏茵陳蒿，惡天雄、瞿麥、雷丸、遠志。【製】《雷公》云：凡使，去頭土，用東流水洗淨，以蜜浸一宿，至明於火上焙乾用。【治】療：《藥性論》云：除尸疰及胸脇逆氣，百邪，鬼魅。日華子云：調中，及肺痿吐血，消痰，止渴，勞氣，虛熱。補：《藥性論》云：補虛。日華子云：潤肌膚，添骨髓。《衍義》曰：益肺氣。【合治】合款冬花、百部爲散，生薑、烏梅煎服，療久嗽不瘥。

明・盧和、汪穎《食物本草》卷一菜類 紫(苑)〔菀〕 味苦辛，溫，無毒。主咳嗽，寒熱結氣，去蠱毒痿蹷，安五臟，療咳唾膿血，補虛勞，消痰止渴，潤肌膚，添骨髓。連根葉採之，醋浸，入少鹽，收藏待用。其味辛香甚佳，號名仙菜，性怕鹽，多則腐也。

明・葉文齡《醫學統旨》卷八 紫(苑)〔菀〕 氣溫，味苦、辛。無毒。欵冬為之使；惡天雄、瞿麥、雷丸、遠志；畏茵蔯。蜜水浸一宿，焙乾；去蘆。治欬逆上氣，久嗽，胸中寒熱結氣。去蠱毒痿蹷，安五臟，益肺氣，肺痿欬唾膿血，消痰止喘悸，五勞體虛，補不足。

明・許希周《藥性粗評》卷二 口吐紅涎歸紫菀。

紫菀，一名紫蒨，一名返魂草。二月內生苗布地，其葉三四相連，五六月開黃紫白花，結黑子，本有白毛，根甚柔細，似重臺，根紫色。生江北州郡山谷，今江南近道亦有之。二三月採根，陰乾。欵冬花為之使，惡天雄、瞿麥、雷丸、遠志，畏茵陳蒿。凡用去蘆頭，洗淨，蜜浸一宿，焙乾。味苦、辛，性溫，無毒。主治欬逆上氣，吐血怔悸，虛癆痰喘，久嗽肺痿，胸中結氣，清膈止渴，潤肌膚，添骨髓，通小便，安五臟。

單方：小便血：男婦小便不通，及或出血者，紫菀根末，以井花水調下三撮，其溺自通，而血亦止。纏喉風：凡患喉風，飲食不通欲死者，返魂草根一條，淨洗，內入喉中，惡涎出而立愈，乃去其藥。

明・鄭寧《藥性要略大全》卷六 紫(苑)〔菀〕臣 安五臟，益肺，療肺痿咳嗽，吐膿咳血。補虛，止渴，通結氣。伊訓云：主咳逆上氣，胸中寒熱結氣。去蠱毒，痿蹷，止喘悸。補虛癆，驚癇。東垣云：調中，治肺痿吐血，清痰止渴，潤肌膚，添骨髓。味苦、辛，氣平、溫，無毒。欵冬花為之使。惡澤瀉、菌桂、雷丸、遠志、茵陳。採取陰乾。雷公云：蜜水浸一宿，烘乾，去蘆用。

明・陳嘉謨《本草蒙筌》卷二 紫菀 味苦、辛，氣溫。無毒。近道多生，真定郡名，屬北真隸。獨勝。根甚柔細，春初採收。水洗淨去頭，蜜浸宿焙用。忌雷丸、遠志，惡瞿麥、天雄。畏茵陳蒿，使欵冬蕊。主欬逆痰喘，肺痰吐膿。治小兒驚癇，寒熱結氣。虛勞不足能補，蠱毒痿蹷堪敺。仍佐百部欵冬，研末薑梅湯下。共治久嗽，立建神功。欵冬蕊各一兩，百部五錢為末，每服三錢。生薑烏梅湯送下，食後及臨臥時各一服。〇女菀氣味同，漢中郡名，屬陝西。川谷產。一名白菀，惟畏鹵鹹。紫菀缺時，用此可代。亦主驚癇寒熱氣喘，又止霍亂瀉痢腸鳴。除肺傷欬勤，去膀胱支滿。

明・方穀《本草纂要》卷二 紫(苑)〔菀〕 味苦、辛，氣溫，無毒。主欬逆上氣，胸中結氣，肺經虛氣，喘促痰氣，小兒驚氣。凡熱客心肺之症，有動血痰之嗽，非此不能治之者也。然而，此劑雖爲治嗽之藥，而與他劑不同。蓋此藥能行氣養血，治嗽之中，有益於血痰之症，善用者，苟於血家之藥，而兼佐之可也。

明·王文潔《太乙仙製本草藥性大全》卷一《本草精義》 紫(苑)〔菀〕

一名紫蒨，一名青苑。生房陵山谷及真定、邯鄲，今耀、成、泗壽、台、孟州，興國軍皆有之。三月內布地生苗葉，其葉三四相連，五月、六月內開黃紫白花，結黑子。今有白毛根，甚柔細，二月、三月內採根用，水洗净，去頭，蜜浸宿，焙用。忌雷丸、遠志，惡瞿麥、天雄，畏茵陳蒿。又有一種白者，名白苑。蘇恭云：白苑，即女苑也。療體並同。

明·王文潔《太乙仙製本草藥性大全》卷一《仙製藥性》 紫(苑)〔菀〕臣

味苦、辛，氣溫，無毒。欵冬爲之使。主治：主欬逆痰喘，肺痿吐膿；治小兒驚癇，寒熱結氣。安五臟益肺，止咳血，止渴，通結氣，添骨髓，調中，清痰止喘，潤肌膚。虛勞不足能補，蠱毒痿蹷堪驅。仍佐百部、欵冬研末，薑梅湯下，共治久嗽，立建神功。補註：久嗽，紫(苑)〔菀〕、欵冬蕋各一兩，百部五錢，爲末，每服三錢，生薑、烏梅湯送下，食後及臨卧。○婦人卒不得小便，爲末，以井花水服三撮便通；小便血，服五撮立止。○纏喉風，喉閉飲食不通欲死者，用返魂草根一莖，净洗，內入喉中，待取惡涎出，即差，神效。更以馬牙消津嚥之，即絕根本。一名紫(苑)〔菀〕，又南中呼爲夜牽牛是也。太乙曰：凡使先去髭，有白如練色者，號曰羊鬚草，自然不同。採得後去頭土了，用東流水淘洗，令净，用蜜浸一宿至明，於火上焙乾用，凡脩一兩，用蜜二分。

明·皇甫嵩《本草發明》卷三 紫(苑)〔菀〕中品上，臣。氣溫，味苦、辛，無毒。

發明曰：紫(苑)〔菀〕，清肺潤肺之要藥。故《本草》主欬逆上氣，咳唾膿血，(瘻)止喘，治癆嗽為專。療胸中寒熱結氣，去蠱肺毒，止心悸，小兒驚癇，大人痿蹷，去百邪，勞氣虛熱，乃由辛散氣，而苦泄火清肺之用也。又補五勞體虛，安五臟，調中止渴，潤肌添髓，乃溫補潤肺之功也。單方治久嗽，見欵咳門。欵冬花為使。惡天雄、瞿麥、雷丸、遠志。畏茵蔯。凡用去鬚。中白練色者，名羊鬚草，去土，東流水洗淨，蜜炙，火焙用。

明·李時珍《本草綱目》卷一六草部·隰草類下 紫菀《本經》中品

〔釋名〕青菀《別録》 紫蒨《別録》 返魂草《綱目》 夜牽牛 時珍曰：其根色紫而柔宛，故名。許慎《説文》作茈菀。《斗門方》謂之返魂草。

〔集解〕《別録》曰：紫菀生漢中、房陵山谷及真定、邯鄲。二月、三月采根，陰乾。弘景曰：近道處處有之。其生布地，花紫色，本有白毛，根甚柔細。有白者名白菀，不復用。大明曰：形似重臺，根作節，紫色潤軟者佳。頌曰：今耀、成、泗、壽、台、孟、興國諸州皆有之。三月內布地生苗，其葉二四相連，五月、六月內開黃白紫花，結黑子。餘如陶説。恭曰：白菀，即女菀也。療體與紫菀相同，無紫菀時亦用之。穎曰：紫菀連根葉采之，醋浸，入少鹽收藏，作菜辛香，號名仙菜。鹽不宜，多則腐也。時珍曰：按陳自明云：紫菀以牢山所出根如北細辛者爲良，沂兗以東皆有之。今人多以車前、旋覆根赤土染過僞之。紫菀肺病要藥，肺本自亡津液，又服走津液藥，爲害滋甚，不可不慎。

根 〔修治〕斆曰：凡使先去鬚。有白如練色者，號曰羊鬚草，自然不同。去頭及土，用東流水洗净，以蜜浸一宿，至明於火上焙乾用。一兩用蜜二分。 〔氣味〕苦，溫，無毒。《別録》曰：辛。權曰：苦，平。之才曰：款冬爲之使，惡天雄、瞿麥、藁本、雷丸、遠志，畏茵蔯。 〔主治〕欬逆上氣，胸中寒熱結氣，去蠱毒痿蹷，安五臟《本經》。療欬唾膿血，止喘悸，五勞體虛，補不足，小兒驚癇《別録》。治尸疰，補虛下氣，勞氣虛熱，百邪鬼魅甄權。調中，消痰止渴，潤肌膚，添骨髓大明。益肺氣，主息賁好古。

〔附方〕舊三，新四。肺傷欬嗽：紫菀五錢，水一盞，煎七分，温服。日三次。《衛生易簡方》。久嗽不瘥：紫菀、款冬花各一兩，百部半兩，搗羅爲末。每服三錢，薑三片，烏梅一箇，煎湯調下，日二，甚佳。《圖經本草》。小兒欬嗽：聲不出者。紫菀末、杏仁等分，入蜜同研，丸芡子大。每服一丸，五味子湯化下。《全幼心鑒》。吐血欬嗽：吐血後欬者。紫菀、五味炒爲末，蜜丸芡子大，每含化一丸。《指南方》。產後下血：紫菀末，水服五撮。《聖惠方》。纏喉風痹：不通欲死者。用返魂草根一莖，洗净納入喉中，待取惡涎出即瘥，神效。更以馬牙硝津嚥之，即絕根本。一名紫菀，南人呼爲夜牽牛。《斗門方》。婦人小便：卒不得出者。紫菀爲末，井華水服三撮，即通。小便血者，服五撮立止。《千金方》。

題明·薛己《本草約言》卷一《藥性本草》 紫(苑)〔菀〕 味辛，氣溫，無毒。陽中之陰，可升可降。肺病欬嗽，痰涎肺痿，欬唾膿血。入胸膈快而不燥，利肺氣散而能泄。江云：治嗽消痰，必須酒洗。○《發明》云：清肺潤肺之要藥也。其咳逆肺痿云云，乃辛散氣而苦泄火，清肺之用也。其調中止渴，潤肌添髓，乃溫補潤肺之功也。

明・梅得春《藥性會元》卷上　紫菀　味苦、辛，氣溫。無毒。欵冬花為使。惡天雄、瞿麥、雷丸、遠志。畏茵陳。凡使去蘆，蜜水浸一宿，焙乾用。主治嗽化痰定喘，止唾紅痰，補虛止渴，安五臟，通結氣滯於胸中，療欬逆上氣，久嗽痰中見紅。殺蚘毒，益肺氣，去胸中寒熱。又治肺痿，咳唾膿血，止悸，五勞體虛，補不足，定小兒驚癇。

明・李中立《本草原始》卷二　紫菀　生房陵山谷及真定、邯鄲，今耀、成、泗、壽、台、孟、興國諸州皆有之。三月內布地生苗葉，其葉三四相連，五月、六月內開黄紫白花，結黑子。本有白毛，其根色紫而柔宛，故名紫菀。氣味：　苦，溫，無毒。　主治：　欬逆上氣，胸中寒熱結氣，去蠱毒痿躄，安五藏。療欬唾膿血，止喘悸，五勞體虛，小兒驚癇。治尸疰，補虛下氣，勞氣虛熱，百邪鬼魅。調中，消痰止渴，潤肌膚，添骨髓。益肺氣，主息賁。

紫菀，《本經》中品。【圖略】二月、三月采根，陰乾。　修治：　紫菀，去頭及土，用東流水洗淨，以蜜浸一宿至明，放火上焙乾用。一兩用蜜二分。《别錄》曰：　辛。之才曰：　款冬為之使，惡天雄、瞿麥、藁本、雷丸、遠志，畏茵陳。《千金方》：　治婦人卒不得小便，紫菀末，以井花水服三撮便通，小便血，服五撮立止。　紫菀，臣。

明・張懋辰《本草便》卷一　紫菀臣　味苦、辛，氣溫，無毒。惡天雄、瞿麥、雷丸、遠志，畏茵陳。　主欬逆上氣，胸中寒熱結氣，去蠱毒痿躄，安五臟，益肺氣，療肺痿，欬唾膿血，消痰止喘悸，五勞體虛，補不足，小兒驚癇。

明・盧復《芷園臆草題藥》　菀　即古欝字，故治欝結，當在五色取色紫味苦者，以治胸中之寒熱結氣。胸中，肺之部分也。肺中有火，内鬱而為喘咳。肺熱葉焦，外發而為痿躄，所以致五藏不安。用其色以行肺之用，用其氣以散肺之結，用其味以順火之性，而助肺之降下，謂肺專主諸氣膹欝故也。倘無結氣而用之，未免亡走肺之津液矣。色白味辛者，蘇恭謂之女菀，主腸中病。《肘後》《千金》治面黑令白方，服十日，大便黑，廿一日面全白。《醫錄》載任女欝久，面漸黑，服之竟白。蓋面屬陽明經脉所榮，腸中有陳欝，以致面黑。菀結去則面轉白。此亦治肺欝之驗，以色以味，其力專入肺之部分也。乃若驚癇寒熱，恐當用青菀。久寒，有膀胱支滿，恐當用黑菀。飲酒夜食發病，恐當用黄菀。各以其色相從也。其以女名菀，恐亦有雌雄之別，未必竟是白色者矣。紫菀有治女人小便卒不得出，細思此中有欝義，亦可作肺氣欝不能降下解之。若識女菀，用之還精。

明・李中梓《藥性解》卷三　紫菀　味苦、辛，性溫，無毒，入心、肺二經。主咳逆上氣，痰喘吐衄，補虛勞，安五臟。水洗淨，蜜炙用，欵冬為使，惡天雄、瞿麥、雷丸、遠志，畏茵陳蒿，紫色潤軟者佳。按：　紫菀苦能入心，而泄上炎之火；　辛能入肺，而散結滯之氣。行氣養血，耑治血痰，為血癆要藥。

明・繆希雍《本草經疏》卷八　紫菀　味苦、辛，溫，無毒。主欬逆上氣，胸中寒熱結氣，去蠱毒，痿躄，安五藏，療欬唾膿血，止喘悸，五勞體虛，補不足，小兒驚癇。款冬為之使。惡瞿麥、雷丸、遠志。畏茵陳蒿。

【疏】紫菀感春夏之氣化，而兼得地中之金性，故味苦溫。《别錄》兼辛、無毒。入手太陰，兼入足陽明。苦以泄之，辛以散之，溫以行之。辛先入肺，肺主諸氣，故主欬逆上氣，胸中寒熱結氣。去蠱毒，亦辛之力也。痿躄者，陽明之濕熱熏蒸於肺，則肺熱而津液不能下滴，傷其氣化，以困水之上源，故為痿躄也。肺為五臟之華蓋，而主諸氣，肺安則能朝百脈，散精布液於各臟，故云安五臟也。療欬逆吐膿血，止喘悸者，散肺家之邪也。能安五臟，故治五勞及體虛不足。小兒驚癇，亦虛而有熱故也，熱散則驚癇自止矣。得蜜蒸焙良。　【主治參互】《古今傳信方》治久嗽，紫菀、款冬花各一兩，百部半兩，為末作散。每服三錢，生薑三片，烏梅一枚，同煎湯下，食後、臨臥各一服。　入噙化丸，治陰虛欬嗽。《千金方》治婦人卒不得小便，紫菀末，以井花水服三撮，便通。小便血，服五撮便止。　《斗門方》治纏喉風喉閉，飲食不通欲死者，返魂草根一莖，洗淨，納入喉中，取惡涎出即瘥，神效。更以馬牙硝津嚥之，即絕。根一名紫菀，南人呼為夜牽牛。《全幼心鑒》治小兒欬嗽聲不出者，紫菀末、杏仁泥等分，入蜜同研，丸芡實大，每服一丸，五味子湯化下。　【簡誤】觀其能開喉痹，取惡涎，則辛散之功烈矣。而其性溫，肺病欬逆喘嗽，皆陰虛肺熱證也，不宜專用及多用，即用亦須與天門冬、百部、麥冬、桑白皮苦寒之藥參用，則無害。

明・倪朱謨《本草彙言》卷四　紫菀　味苦，氣溫，無毒。入手太陰，兼入足陽明經。　蘇氏曰：　紫菀，生漢中房陵山谷及真定、邯鄲。今近道亦有。三四月，布地生苗，其葉二四相連。五六月，開黄白紫花。本有白毛，結黑子。根極柔潤，色紫有節，宛如蕤纓之下垂也。又白色者，名女菀，治療相同。按：陳自明云：紫菀以牢山所出，根如北細辛者爲良。沂兗以東亦有之。今人多以車前、旋覆根，以赤土拌染僞充，不可不辨。修治：去鬚頭及土，水洗淨，曝乾用。

紫菀：順肺氣，散鬱結，朱丹溪止勞嗽之藥也。蘇水門稿其色紫，其性潤，其味苦辛。故《本草》主欬逆上氣，胸中寒熱《本經》結氣。欬逆，肺病也。胸中，肺部也。肺中有火，清氣爲熱所結，內鬱而爲欬喘，痰涎膿血之證，外發而爲《本經》痿躄、體軟、脊强之證，皆屬火傷金鬱之病也。如《別錄》治小兒驚癇，大人虛損，老人血枯氣燥，大便不通，悉能治之。總解金鬱之用也。觀《斗門方》謂能開喉痺，取惡涎，則行散之功烈矣。而其氣溫，如肺病欬逆喘嗽，皆陰虛肺熱證也，又不宜專用及多用。即用之，亦須與天麥門冬、生熟地黃諸寒潤藥共劑方善。

李士材先生曰：紫以色名，菀以功名。菀，鬱也。解肺金之鬱也。又味苦兼辛，苦能下達，辛可清金，故吐血保肺，收爲上品。雖入至高，善于下趨，使氣化及于州都，小便自利，人所不知。

集方：《易簡方》治肺傷風寒，氣閉咳嗽。用紫菀、前胡、杏仁各三錢，生薑三片，葱頭三箇。水煎服。○《醫學大全》共四方治陰虛勞嗽，用紫菀、款冬花各一兩，川貝母、百部各五錢。共爲末，作散。每服三錢。北五味五粒，泡湯送下，或蜜丸噙化亦可。○治虛勞咳嗽，胸脹氣逆，寒熱諸證。用紫菀、銀柴胡、北沙參各三錢，麥門冬五錢，水煎日服一劑，漸效。○治虛勞肺癰膿血，聲音不亮。用紫菀、百合、麥門冬、懷熟地各四兩。煎膏服。○治虛勞肺痿，漸至四肢痿躄者。用紫菀八兩，百合、麥門冬、懷熟地、葳蕤、於白朮各四兩，爲丸。食前服三錢。漸效。○《全幼心鑒》治小兒咳嗽聲不出者。用紫菀、杏仁等分，爲末，煉蜜丸，如芡實大。每服一丸。北五味子三粒，泡湯化下。○繆氏方治小兒驚癇。用紫菀煎湯，調抱龍丸，立效。○《聖惠方》治產後下血。用紫菀末，水煎服。○《千金方》治婦人小便卒不得出者。用紫菀爲末三錢，白湯調服即通。又小便出血，服五錢，立止。○《斗門方》治纏喉風閉不通，欲死。用紫菀一莖，洗淨，納入喉中，待取惡涎出，立瘥。更以馬牙硝五分，用津唾嚥下，即除根。

《續補方》：治婦人手足麻痹不仁，是七情六鬱滯經絡也。用紫菀四錢，紫蘇、陳皮、香附、烏藥、川芎各一錢，白朮、半夏、當歸、葳蕤各二錢，桂枝、紅花、甘草各七分，黑棗三個，水煎服。○治婦人癲疾，歌唱無時，踰墻走屋，不避親疎，是七情六鬱紫結所致，乃瘀血凝痰，迷于心包絡也。用紫菀三錢，柴胡、半夏、膽星、蘇木、桃仁各二錢，白芥子、白朮、當歸、川芎、生地黃、酸棗仁各一錢五分，水煎服。臨服時調辰砂末三分。

明・姚可成《食物本草》卷一八草部・隰草類 紫菀近道處處有之。其生布地，花紫色，本有白毛。根甚柔細有白者，名白菀。連根葉取之，醋浸，入少鹽收藏作菜，辛香，號名仙菜。鹽不宜多，多則腐也。 紫菀，味苦，溫，無毒。治欬逆上氣，胸中寒熱結氣。去蠱毒痿蹶，安五臟。療欬唾膿血，止喘悸，五勞體虛，補不足，小兒驚癇。治尸疰，補虛下氣，勞氣虛熱，百邪魅惡鬼。調中消痰止渴，潤肌膚，添骨髓，益肺氣，主息賁。

明・顧逢柏《分部本草妙用》卷四肺部・溫瀉 紫（苑）〔菀〕 苦，溫，無毒。 款冬為使，惡天雄、瞿麥、藁本、雷丸，畏茵陳。 主治：欬逆上氣，胸中寒熱結氣，唾膿血，止肺氣，消痰止渴，主息賁。 按：紫（苑）〔菀〕為痰嗽要藥。如肺亡津液，服之反走元神，為害滋甚。

明・李中梓《醫宗必讀・本草徵要上》 紫菀味苦、辛，溫，無毒，款冬花為使。惡遠志，畏茵蔯。洗淨，蜜水炒。 主痰喘上氣，屍疰癆傷，欬吐膿血，通利小腸。苦能下達，辛可益金，故吐血保肺，收為上品。雖入至高，善於下趨，使氣化及於州都，小便自利，人所不知。按：紫菀辛溫，暫用之品，陰虛肺熱者，不宜專用多用，須地黃、門冬共之。

明・鄭二陽《仁壽堂藥鏡》卷一〇下 紫菀 《本草》云：紫菀以欵冬為之使，惡天雄、瞿麥、雷丸、遠志，畏茵陳蒿。 味苦、辛，性平，無毒。入肺經。去頭洗淨，蜜水焙。 《經》曰：欬逆上氣，安五臟。 隱居曰：欬吐膿血，止喘，補虛，小兒驚癇。 甄權曰：屍疰虛勞，百邪鬼魅。 大明曰：消痰止渴。 好古曰：主息賁。 按：紫菀以牢山所出，根如北細辛者良。沂、兗以東皆有之。今多以車前、旋覆根，赤土染過偽之。不知紫菀為肺家要藥，肺本自亡津液，偽者反走津液，為害滋甚。謹之！

明・蔣儀《藥鏡》卷三平部 紫菀 苦入心而泄痰火，辛入肺而散滯氣。所以肺痿立瘳，膿血不從口出也。同馬牙硝以噙嚥，開纏風之閉喉。同天麥冬以臥嘗，劫久年之血嗽。色白味辛者，謂之女菀，治女人小便卒不得出，亦主腸中積病，以致面黑者。蓋面屬陽明經脉所榮。逐腸中之陳鬱，面色自開，此亦治肺鬱之一證也。乃若驚癇寒熱，當用青菀。膀胱久寒而支滿，當用黑菀。飲酒夜食而發病，當用黃菀。各以其色相從焉。

明・李中梓《頤生微論》卷三　紫菀　味苦、辛，性微溫，無毒。入肺經。洗去沙土，蜜潤微焙。主欬逆喘嗽，虛勞多痰，煩渴，吐膿血。按：苦能下達，辛可益金，故吐血虛勞，收為上品。入至高之藏，使氣化及于州都，小便自利。人所不知，性滑不宜多用久用。

明・張景岳《景岳全書》卷四八《本草正》　紫（苑）〔菀〕　味苦、平，微辛。辛能入肺，苦能降氣，故治欬嗽上氣痰喘。惟肺實氣壅，或火邪刑金而致欬唾膿血者，乃可用之。若以勞傷肺腎，水虧金燥而欬喘失血者，則非所宜。觀陶氏《別錄》謂其補不足，治五勞體虛，其亦言之過也。

明・賈九如《藥品化義》卷六肺藥　紫（苑）〔菀〕　屬陽中有微陰，體潤，色粉紫，氣和，味甘帶苦，性涼云溫非，能升能降，力清肺血，性氣清而味略厚，入肺心肝胃腎五（輕）〔經〕。　紫（苑）〔菀〕味甘而帶苦，性涼而體潤，恰合肺部血分。主治肺焦葉舉，久嗽痰中帶血，及肺痿痰喘，消渴，使肺竅有清涼沛澤之功。因其色紫類肝，用入肝經，凡勞熱不足，肝之表病也；　蓄熱結氣，肝之裏病也；　吐血衄血，肝之逆上也；　便血溺血，肝之妄下也，無不奏效。因其體潤，善能滋腎，蓋腎主二便，以此潤大便燥結，利小便短赤，開發陰陽，宣通壅滯，大有神功。同生地麥冬，入心寧神養血。同丹皮赤芍，入胃清熱涼血。其桑皮色白，為肺中氣藥；　紫（苑）〔菀〕色紫，肺中血藥，宜別而用。去泥土。鬚中有白色者，揀出用。

明・施永圖《本草醫旨・食物類》卷二　紫（苑）〔菀〕藥中多用。　味：苦、辛，溫，無毒。主咳嗽，寒熱結氣，去蠱毒痿躄，安五臟，療欬唾膿血，補虛勞，消痰止渴，潤肌膚，添骨髓。連根葉採之，醋浸，少入鹽，收藏待用。其味辛香，甚佳，號名仙菜。性怕鹽，多則腐也。

明・盧之頤《本草乘雅半偈》帙五　紫菀《本經》中品　氣味：苦，溫，無毒。　主治：主欬逆上氣，胸中寒熱結氣，去蠱毒、痿躄，安五藏。

覈曰：出漢中、房陵山谷，及真定、邯鄲，近道亦有。三四月布地生苗，其葉二四相連，五六月開黃白紫花，根極柔潤，色紫作節，宛若蕤纓之下垂也。白色者，即女菀，一名白菀。今人多以車前及旋覆根，赤土染過偽充，不可不慎。修事：去鬚、頭及土，東流水洗淨，蜜浸一宿，至明，拴火上焙乾。欵冬花為之使。惡天雄、瞿麥、藁本、雷丸、遠志，畏茵蔯。

先人云：《詩》曰菀彼柔桑，蓋言茂也，故治鬱結。當有五色，取色紫、味苦者，以治胸中寒熱結氣。胸中，肺部也。肺中有火，外發而為痿躄，內鬱而為欬喘，及肺熱葉焦，致五藏不安者。用其色以行肺用，用其氣以散肺結，用其味以順火性。倘無結氣而用之，過洩肺氣矣。

条曰：菀，鬱也。解肺金鬱以成名也。胸為肺部，寒熱氣結在中，致蠱毒，藏不安。上見欬逆，下見痿躄，菀從結心。解即分散，表解便利為外徵。《經》云：金鬱則泄之，解表利小水也。觀息奔，及小便卒不得出，其義自見。設中虛，或肺金體衰者，宜斟酌投之。赤火刑金，紫則水火合璧，故轉行金用，火金水三緣交會，同一支派矣。然太陰開，結則闔，非含火大種子者，亦不轉闔仍開耳。解從結心，如表解為上為下之分散；　便利為下為內之分散；　息奔為上為外之分散；　小便卒不得出，為下為內之結象也。當虛其實，毋虛其虛。

明・李中梓《本草通玄》卷上　紫菀　辛、甘，微溫，肺家藥也。益肺調中，消痰定喘，止血療欬。解渴，潤肌，補虛辟鬼。紫菀，辛而不燥，潤而不寒，補而不滯，誠哉金玉君子。然非獨用，多用，不能速效。小便不通及溺血者，服一兩，立效。　去鬚洗淨，微火焙之。

清・顧元交《本草彙箋》卷三　紫（苑）〔菀〕　苦能入心，而泄上炎之火。辛能入肺，而散結滯之氣。主治肺焦葉舉，久嗽，痰中見血，及肺痿痰喘消渴，使肺竅有清涼潤澤之功。其色紫同乎肝，用入肝經，凡勞熱不足，肝之表病也；　蓄熱結氣，肝之裏病也；　吐血、衄血，肝之逆上也；　便血、溺血，肝之妄下也；　無不奏效。其體潤，滋於腎，腎主二便，故主潤大便燥結，利小便短赤，開發陰陽，宣通壅澀，大有神功。同生地、麥冬入心，以寧神而養血。同丹皮、赤芍入胃，以清熱而涼血。然則紫（苑）〔菀〕之爲用博矣。此論獨暢于賈九如。

桑皮色白，爲肺中氣藥。紫（苑）〔菀〕色紫，爲肺中血藥，故肺癆痰血爲專治。李時珍云：肺本自亡津液，又服走津之劑，爲害更滋，亦宜酌用。

凡纏喉風喉閉，飲食不通欲死者，返魂草根一莖，洗淨，納入喉中，取惡涎出即瘥。更以馬牙硝，津嚥之即全瘳。返魂草即紫（苑）〔菀〕，南人呼爲夜牽牛。繇此觀之，則紫（苑）〔菀〕辛散之功烈矣。而其性溫，凡肺病欬逆喘嗽之由於陰虛肺熱者，自宜酌用。亦須與天門冬、百部、麥冬、桑皮苦寒之藥參用則無害。　久嗽不瘥者，以紫(苑)〔菀〕、款冬花各一兩，百部半兩，搗羅爲末，每服三錢，薑三片，烏梅一枚，煎湯調下，食後臨卧各一服。

清·穆石匏《本草洞詮》卷九　紫菀　其根色紫而柔宛，故名。味苦氣溫，一云平，無毒。調中消痰，止渴，安五臟，治欬逆上氣，胸中寒熱結氣，小兒驚癇，去蠱毒痿躄，止息賁。根如北細辛者良。市中多以車前、旋覆根，赤土染過偽之，與紫菀功用相反，不可不慎。

清·劉雲密《本草述》卷九下　紫菀款冬為之使。惡天雄、瞿麥、藁本、雷丸、遠志。畏茵陳。　時珍曰：其根色紫而柔宛，故名。　日華子曰：形似重臺，根作節，紫色，潤軟者佳。　頌曰：三月內布地生苗，其葉二四相連，五月、六月內開黃白紫花，結黑子，其根柔細。《別録》曰：二三月采根，陰乾。

根：　氣味：苦，溫，無毒。《別録》曰：辛。　權曰：苦，平。

諸本草主治：咳逆上氣，胸中寒熱結氣，去痿躄，安五臟，療咳唾膿血，止喘悸消痰，治肺傷咳嗽，勞氣虛熱，補虛下氣，主息賁，兼治喉痺。方書多用紫菀茸，曰茸，知非根也。何以《本草》遺之？

時珍曰：治手太陰血分藥也。為肺病要劑。　中梓曰：紫菀苦能下達，辛可益金，故吐血虛勞，收為上品。入至高之藏使氣化。及於州都，小便自利人所不知，性滑不宜多用久用。使小便自利，正合治手太陰血分之義。故虛勞證，宜培腎元，更宜調脾胃。醫類知之，殊不知心肺之合，以行其氣化，先為氣血生化之地，肺氣傷則心包絡之血不生，心血不生，則肺之陰氣不能由陽中以降，故紫菀為療虛勞上品，中梓亦少知此道矣。觀其下治小便不通及淋濁證，則知此味益血化以助氣化，更由氣化而暢血化。

復曰：菀，即古鬱字，故治鬱結，當有五色，取色紫味苦者，以治胸中之寒熱結氣。胸中，肺之部分也。肺中有火內鬱，而為咳喘，肺熱葉焦，外發而為痿躄，所以致五臟不安。用其色以行肺之用，用其氣以散肺之結，用其味以順火之性，而助肺之降下，謂肺專主諸氣膹鬱故也。倘無結氣而用之，未免亡走肺之津液矣。　之頤曰：赤火刑金，紫則水火合璧，故轉行金用，火金水三緣交會，同一支派矣。然太陰開結則闔，非含火大種子者，亦不轉闔仍開耳。　希雍曰：紫菀，感春夏之氣化，而兼得地中之金性，故味苦溫，《別録》兼辛，無毒，入手太陰，兼入足陽明。

治久嗽，紫菀、款冬花各一兩，百部半兩，為散，每服三錢，生薑三片，烏梅一枚，同煎，湯下，食後臨卧各一服。　吐血咳嗽，吐血後咳者，紫菀、五味炒，為末，蜜丸芡子大，每含化一丸。　纏喉風，喉閉，飲食不通者，紫菀根一莖，洗淨，納喉中，取惡涎出即瘥，神效。更以馬牙消津咽之，即絕根。纏喉風因血泣則化風，風火相煽而直上於喉也。此味於斯證，乃為的對，玩後論自明。

愚按：紫菀根，醫類知其為肺經要藥耳，然未嘗深究於火為金用之義也。蓋少火為元氣，心為火土，原與金肺不相刑者也。《經》曰：宗氣積於胸中，出於喉嚨，以貫心脈而行呼吸，是非金火合德，而氣乃行乎。夫胸中固肺所治，是肺為氣主矣。然必貫心脈以行呼吸者，緣心固脈之主，脈乃血之舍，由離中有坎，火出於水，而氣乃生水，至於火而氣乃化，氣化則血生，是元氣呼吸之本，下根於腎，而上主於心也。若使火不為金用，則肺氣虛，更火不合於金，而刑於金，則虛甚，故輕則咳逆上氣，胸中寒熱結氣，重則喘咳，或咳唾膿血，或肺熱葉焦，發為痿躄，且有虛而成勞者矣。紫菀根，色紫質柔，其味苦勝而先辛劣，而後合於色紫，豈非火為金用，而乃為益肺之要劑乎？抑所謂寒熱結氣，及咳唾膿血，在此味能治者，云何？曰夫胸中，即膻中，所謂心包絡主血也。在先哲曰血泣則寒熱，然血之泣者，固陰氣微而營之母氣不足也。至於咳唾膿血，雖曰肺主氣為咳，腎主液為唾，腎脈上入肺，循喉嚨，挾舌本，其支者從肺出，絡心注胸中，肺固以腎為本矣。然水必合於火，而氣乃化。心包絡之血，乃氣化也。如斯證者，是亦心包絡之真陰損，而氣化有傷，致火不能為金之用，而反以刑金也。蓋肺司氣，合於心包絡之血，乃為陽中之少陰，而氣乃和，營衛乃得行。如紫菀本火為金用之氣化，而能和肺陰氣，此即包絡之血所以化，而散寒熱結氣，並能瘳咳唾膿血者也。抑痿躄當屬何因？何以茲味亦能療之？曰：《內經》云五臟因肺熱葉焦，發為痿躄。又曰：肺者，臟之長也，心之蓋也。有所亡失，所求不得，則發肺鳴，鳴則肺熱葉焦。又有曰血者，神氣也。《經》舉所求，不得一端。以類推其煩心耗血，皆能致肺之陰氣消，而肺葉焦舉也。《經》又云：悲則心系急。肺布葉舉，而上焦不通，營衛不散，熱氣在中，故氣消矣。是不可證肺之熱而葉焦者，皆有於心歟。然則肺主氣，而能行營衛，治陰陽豈徒恃肺有八葉，葉中有二十四空行列分布，以行諸臟之氣哉？蓋亦謂心主其下，有心包絡之生血，不致因熱鬱蒸，令陽中之陰，上與清虛之肺合，故得行其營衛，以治陰陽耳。知此則紫菀之所以安五臟，療痿躄者，固的火為金用之氣化矣。抑海藏所云：益肺氣，主息賁者，謂何？曰：繆氏云息賁因肺氣虚，痰熱壅結所致。此味本於和肺陰氣，而暢以火為金用之氣化，則熱散而痰消，痰熱散而氣降，何上逆者之不下，而息賁之不瘳乎？又謂治肺傷久嗽者，云何？曰：先哲有云臟氣不能布營衛，行津液，反拂鬱而為熱，致結聚涎沫濁唾而為咳，以此參之，是蓋由肺不得合於心包絡之真陰，其氣已虚，故致鬱熱結痰為咳，至久咳不已，則肺氣愈虚，而鬱熱愈甚，此所謂久嗽成勞，甄權所云，勞氣虚熱也。虚甚成勞，則忌苦寒，唯如茲味，致火為金用之氣化，而善用補益，乃為得當耳。雖然，茲味所主治有上之熱壅，而心包絡之陰傷者，則宜清熱為主，有下之真陰受傷，而相火併於心包絡者，則宜益陰為主。若肺之陰氣不足，而陽氣益微者，則宜補虚為主。乃俾茲味投之，不致罔功也。或曰：俱云於肺最切，更以包絡為言，毋乃大創歟。曰時珍謂為肺經血分藥者，誠有所見。況茲味療血證，已頻見於方書矣。《内經》固曰毛脈合精，行氣於府，而胸中即膻中，膻中即心包絡之所居，為心之護衛也。胸中皆肺所治，又何疑之有哉？

按：此味與麥冬皆虚勞吐血咳嗽要藥。然二味實宜相佐為功，以其皆由心而致於肺，能使肺陰下降，可滋真元，而益虚勞也。試參二味所宜虚勞，未有不泣乎血者，有紫菀之和血散結氣，然後潤劑可以復脈通心。

附方　久嗽不瘥，紫菀、款冬花各一兩，百部半兩，搗羅為末，每服三錢，薑三片，烏梅一個，煎湯調下，日二，甚佳。　吐血後咳者，紫菀、五味炒，為末，蜜丸芡子大，每含化一丸。

希雍曰：觀其能開喉痺，取惡涎，則瀉而散者，烈矣。若咳逆喘嗽屬陰虚者，不宜專用及多用，即用亦須與天冬、百部、麥冬、桑白皮苦寒之藥參用，則無害。

修治　去蘆，蜜水浸一宿，焙乾用。　今人多以車前、旋覆根，赤土染過偽之。誤用大耗津液，以病肺。

清・郭章宜《本草匯》卷一一　紫菀　苦、辛，微溫，陽中之陰，可升可降，入手太陰，兼入足陽明。主痰喘上氣，療欬吐膿血。調中益肺，解渴潤肌。

按：紫菀辛而不燥，潤而不寒，補而不滯，誠哉金玉君子也。其能治欬逆肺痿者，乃辛散氣而苦泄火，清肺之用也。而調中止渴，潤肌添髓，乃溫補潤肺之功也。苦能下達，辛可益金，故吐血保肺，收為上品。雖入至高，善于下達，使氣化及于州都，小便自利，人所不知。然其性辛溫，亦暫用之品也。如肺病欬逆喘嗽，皆陰虚肺熱之證，不宜專用多用，即用亦須與天、麥冬、百部、地黄、桑皮苦寒之藥參用。

去頭鬚，洗淨，每一兩蜂蜜二分，焙用。治嗽消痰，必須酒洗。款冬為之使。惡瞿麥、藁本、遠志。畏茵陳。

清・何其言《養生食鑒》卷上　紫(苑)〔菀〕　味苦、辛，性溫，無毒。主咳嗽，寒熱結氣，去蠱毒痿蹷，安五臟，療咳嗽膿血，補虚勞，消痰止渴，潤肌膚，添骨髓。連根、葉採之，醋浸，入少鹽，收藏待用。其味辛香，號名仙菜，性怕鹽，多則腐也。

清・蔣居祉《本草擇要綱目・溫性藥品》　紫菀凡使先去鬚。有白如練色者，號白羊鬚草，自然不同。去頭及土，用東流水洗淨，以蜜浸一宿，至明拴火上焙乾用，一兩用蜜二分。　氣味：苦，溫，無毒。　主治：欬逆上氣，胸中寒熱結氣，至蠱毒痿躄，安五臟。療欬吐膿血，止喘悸，五勞體虚，補不足，小兒驚癇，治尸疰，補虚下氣，勞氣虚熱，百邪鬼魅。調中消痰，止渴潤肌膚，添骨髓，益脈氣，主息賁。　惡：天雄、瞿麥、藁本、雷丸、遠志。畏：茵陳。

清・王翃《握靈本草》卷四　紫菀，生漢中。近道亦有。節紫色潤，柔軟者佳。今人多以車前、旋覆根赤土染偽之。無紫菀，則白菀亦用，不如紫者。　主治：紫菀苦，溫，無毒。主欬逆上氣，胸中寒熱結氣，療欬唾膿血，止喘悸。　發明：紫菀為肺家要藥，益肺調中，消痰定喘，如肺無津液，正宜服此。

清・汪昂《本草備要》卷一　紫菀音淵，上聲。亦音鬱。潤肺，瀉火。　辛溫潤肺，苦溫下氣。補虚調中，消痰止渴。治寒熱結氣，咳逆上氣，咳吐膿血，專治血痰，爲血勞聖藥。肺經虚熱，小兒驚癇，亦虚而有熱。能開喉痹，取惡涎。然辛散性滑，不宜多用獨用。《本草匯》云：苦能達下，辛可益金，故吐血保肺，收爲上劑。雖入至高，善于達下，使氣化及于州都，小便自利，人所不知。州都，膀胱也。李士材曰：辛而不燥，潤而不寒，補而不滯，誠金玉君子，非多用獨用，不能速效。根作節、紫色潤軟者良。人多以車前、旋覆根僞之，誤服誤人。去頭、鬚，蜜水浸，焙用。款冬爲使，惡天雄、瞿麥、藁本、遠志，畏茵蔯。白者名女菀。時珍曰：紫入血分，白入氣分。

清・陳士鐸《本草新編》卷二　紫菀　味苦、辛，溫，無毒。入手太陰，兼入足陽明。主欬逆上氣，胸中寒熱結氣，去蠱毒，療咳唾膿血，止喘悸、五勞體虚，治久嗽。然亦止可為佐使，而不可單用以取效。

或問：繆仲醇云：觀紫菀能開喉痹，取惡涎，則辛散之功烈矣。然而又云：其性溫，肺病欬逆喘嗽，皆陰虚肺熱症也，不宜多用等語，似乎紫菀並不可以治嗽也。曰：紫菀舍治嗽之外，原無多奇功。治纏喉風、喉閉者，正取其治肺經欬逆、陰虚肺熱也，而仲醇以此相戒，何哉。夫喉閉，未有非下寒上熱之症也。紫菀性溫，而又兼辛散，從其火熱之性而解之，乃從治之法，治之最巧者也。仲(仁)〔醇〕最講陰虚火動之旨，何獨于紫菀而昧之，此鐸所不解也。

或謂紫菀治肺之熱，而性溫而辛散，從火熱之性而解之是矣。然而肺經最惡熱，以熱攻熱，必傷肺矣。吾恐邪去而肺傷也。曰：久嗽則肺必寒，以溫治寒，則肺且受益，何傷之有。

清·顧靖遠《顧氏醫鏡》卷七 紫(苑)〔菀〕辛、苦，溫。入肺經。蜜水焙。療肺病咳嗽，苦能下氣，辛能散邪。治胸中結氣。亦辛之力。辛溫暫用之品。陰虚肺熱者，不宜專用多用，須與二冬、桑皮共之。

清·李熙和《醫經允中》卷一八 紫(苑)〔菀〕 欵冬為使。惡天雄、遠志。畏茵陳。苦，溫，無毒。主治欬逆上氣，吐血，肺痿吐膿，止嗽消痰。然肺亡津液服之，大走元神，為害益甚。

清·馮兆張《馮氏錦囊秘錄·雜症痘疹藥性主治合參》卷二 紫(苑)〔菀〕感春夏之氣化，兼得地中之金性，故味苦辛，溫，無毒，入手太陰，兼入足陽明。苦以泄之，辛以散之，溫以行之。辛先入肺，故治肺逆諸症。〇清水洗去土，切片，蜜蒸焙。

紫(苑)〔菀〕，蜜蒸焙，使欵冬。主咳逆痰喘，肺痿吐膿，消痰止渴，喘嗽膿血。屍疰勞傷，通利小腸，能開喉痹。小兒驚癇，寒熱結氣，虚勞不足。能去蠱毒，痿蹶堪毆。仍佐百部、欵冬研末，生薑烏梅湯下，共治久嗽，立建神功。百部五錢、欵冬花、紫(苑)〔菀〕各一兩，為末，每服三錢，生薑烏梅湯食後臨睡各一服。

按：紫(苑)〔菀〕，苦溫下氣，辛溫潤肺。故吐血虚勞，收為上品。雖入至高之臟，然又能下趨，使氣化及於州都，小便自利，人所不知。但性滑，不宜久用；且性辛溫，陰虚肺熱者不宜單用，須地黄、門冬共之。

清·张璐《本經逢原》卷二 紫菀白者名女菀 苦、辛，微溫，無毒。或酒洗，或蜜水炒用。

《本經》主欬逆上氣，胸中寒熱結氣，去蠱毒痿躄，安五藏。女菀治風寒洗洗，霍亂泄利，腸鳴上下無常處，驚癇，寒熱百病。

發明：紫菀，肺經血分之藥。《本經》止欬咳逆上氣，胸中寒熱結氣，取性疏利肺經血氣也。去蠱毒痿躄者，以其辛苦微溫，能散結降氣，蠱毒自不能留。痿躄由肺熱葉焦，紫菀專通肺氣，使熱從溲便去耳。《别録》療欬唾膿血。大明消痰止渴，皆滋肺經血氣之效。《金匱》澤漆湯用以治欬而脈沉者，欬屬肺，脈沉則血分之病也。亦治下痢肺痛，與紫參同功。其性辛而不燥，潤而不寒，補而不滯，善調五勞體虚，止嗽定喘，療驚悸，吐衄諸血。又能通調水道，故溺澀便血單服一兩即效。然大泄肺氣，陰虚肺熱乾欬禁用，以其性專溫散而無培養之力也。〇白者曰女菀，大泄肺氣。《本經》主風寒洗洗，霍亂泄利，腸鳴上下無常處，驚癇寒熱百病，一皆氣分受傷之病。《肘後方》治人面黑令白，方用女菀三分，鉛丹一分為末，醋漿服一刀圭，日進三服，十日大便黑，二十一日面白，便止。過用則太白矣。《千金方》用酒服，男十日，女二十日，黑色皆從大便去。三十歲後不可服，以肺氣漸減，不可復洩也。

清·浦士貞《夕庵讀本草快編》卷二 紫菀《本經》、紫蒨 其色紫，其根柔宛，故名。

紫菀辛苦而溫，柔軟之體，宜為潤肺之藥也。故能療咳嗽喘逆，唾血虚勞，小兒驚癇，大人鬼疰，蓋取其苦能下氣，辛能益金，安五臟而調中，消痰而化息賁也。且其性雖入至高，而柔能下趨，使上焦氣化，及于州都則小便自利，而心火得寧，不亢而為害，故保金劑中列為上品者，宜矣。王海藏紫菀散輔佐群藥，扶土生金，為勞瘵之要劑。

清·張志聰、高世栻《本草崇原》卷中 紫菀 氣味苦，溫，無毒。主治咳逆上氣，胸中寒熱結氣，去蠱毒，痿躄，安五臟。

紫菀之根紫色，而其質柔宛，故名紫菀。近道處處有之，三四月布地生苗，本有白毛，其葉二四相連，五六月開黄白紫花，結黑子。其根細而白者，白菀，即女菀也。紫，黑赤之間色也。黑赤，水火之色也。紫菀氣味苦溫，稟火氣也。其質陰柔，稟水氣也。主治咳逆上氣者，啟太陽寒水之氣，從皮毛而合肺也。治胸中寒熱結氣者，助少陰火熱之氣，通利三焦而上達也。蠱毒在腹屬土，火能生土，故去蠱毒。痿躄在筋，屬木，水能生木，故去痿躄。水火者，陰陽之徵兆也。水火交，則陰陽合，故安五臟。

清·劉漢基《藥性通考》卷六 紫菀 味苦、辛，氣溫。下氣潤肺，補虚調中，消痰止渴，治寒熱結氣，欬逆上氣，咳吐膿血，專治血痰，為血勞聖藥，肺經虚熱，小兒驚癇。又能開喉痺，取惡涎。然辛散性滑，不宜多用。獨用去頭鬚，蜜水浸焙用。款冬為使，惡天雄、瞿麥、藁本、遠志，畏陳皮。白者為女菀。時珍曰：紫入血分，白入氣分。根有節，紫色、潤軟者良。人多以車前、旋覆根偽之，誤服誤人。《本草》云：苦能達下，辛可益金。故吐血保肺，收為上劑。雖入至高，善於達下，使氣化及於州都，小便自利，人所不知。辛而不燥，潤而不寒，補而不滯，誠金玉君子，非多用獨用不能速效。

清・姚球《本草經解要》卷一 紫菀 蜜蒸。 氣溫，味苦，無毒。主欬逆上氣，胸中寒熱結氣，去蠱毒，痿躄，安五藏。 紫菀氣溫，稟天春升之木氣，入手厥陰心包絡經。味苦無毒，得地南方之火味，入手少陰心經。氣升味降，陰也。心為君火，火刑肺金，則欬逆上氣矣。紫菀入心，味苦清火，所以主之也。心包絡手厥陰脈起於胸中，手厥陰之筋，其支者入腋散胸中。厥陰主散寒熱結氣者，厥陰有或寒或熱之氣結也。結而不散，厥陰病矣。紫菀氣溫，可以散寒，味苦可以散熱也。蠱毒者，濕熱之毒化蟲成蠱也。味苦無毒，洩而殺蟲，所以主之也。痿躄者，肺受濕熱薰蒸，不能行清肅之令，心氣熱下，脈厥而上，上實下虚，樞折挈脛，縱不任地，而生痿躄也。味苦入心，清熱降氣，故主痿躄也。心為君主，十二官之宰，五藏之主也，味苦益心，心安，五藏皆安也。 製方：紫菀五錢煎，治肺傷欬嗽。紫菀、款冬各一兩，百部五錢，末，薑、烏梅煎湯調服三錢，治久欬嗽。同杏仁等分蜜丸，五味湯化服，治小兒欬嗽。同五味丸含化，治吐血痰欬。為末，水服三撮，治女人卒不小便及小便血。

清・周垣綜《頤生秘旨》卷八 紫（苑）〔菀〕 清肺潤肺之藥也。五勞喘嗽，體虚欬逆上氣，皆辛苦散氣之效也。

清・王子接《得宜本草・中品藥》 紫菀 味苦、辛。入手太陰經。得欵冬、百部、烏梅治久嗽，得白前、半夏、大戟治水氣喘逆。

清・黄元御《長沙藥解》卷三 紫菀 味苦辛，入手太陰肺經。降氣逆而止咳，平息賁而止喘。 《金匱》射干麻黄湯方在射干用之治咳而上氣，以其清肺而降逆也。 紫菀清金潤肺，止咳定喘，而兼善斂血，勞嗽吐血之證，因於肺逆而不斂，肺氣清降，則血自斂矣。其他主治，開喉痺，通小便，定喘促，破息賁，止吐血，住便血，療肺癰，行膿血，皆清金降逆之方也。

清・吴儀洛《本草從新》卷一 紫菀潤肺下氣。 辛溫潤肺，苦溫下氣，化痰止渴。治寒熱結氣，咳逆上氣，咳吐膿血，專治血痰，為血勞聖藥。肺經虚熱，小兒驚癇。亦虚而有熱。能開喉痺，取惡涎，又能通利小腸。《本草滙》云：苦能達下，辛可益金。故吐血保肺，收為上劑。雖入至高，善於達下，使氣化及於州都，小便自利。辛散性滑，暫用之品。陰虚肺熱者不宜專用多用，須地黄、麥冬共之。 根作節，紫色潤軟者良。今人多以車前、旋覆根偽之。白者名女菀。時珍曰：紫入血分，白入氣分。去頭鬚，蜜水浸、焙。款冬為使。惡天雄、瞿麥、藁本、遠志。畏茵陳。

清・汪紱《醫林纂要探源》卷二 紫菀 辛，苦，溫。每枝三葉，中幹直上，頂作小花，根直下而多節，根尾有鬚色紫。以輭潤者為良。補肝之升發，瀉肺之清燥，不當斂而斂者，即肺之清邪也。躋陽氣於陰中，舒鬱熱於膈上，治上焦之血，去心包之鬱。色紫入肝，而氣上行有節，故能散肺中之熱鬱寒鬱，主治嗽吐膿血，邪去則血安而氣降矣。能開喉痺，吐惡涎。喉痺者，二陰二陽結也。亦治小兒驚癇。驚癇，亦膽及心包病也。人知其治肺病，不知其實肝藥，亦失之矣。去頭鬚，蜜水浸焙。

清・嚴潔等《得配本草》卷三 紫菀 款冬為之使。畏茵陳。惡天雄、瞿麥、藁本、雷丸、遠志。 苦、辛，平、微溫。入手太陰、少陰經血分。泄上炎之火，散結滯之氣。治痰血，利小便，開喉痹，退驚癇。氣痛諸症悉退。配生地、麥冬，入心以寧神。配丹皮、白芍，入胃以清熱。配款冬、百部、烏梅，治久嗽。配白前、半夏，治水氣。 去頭鬚，洗淨，蜜水浸，焙乾用。 肺氣結滯，鬱而為熱，致肺葉焦枯，久嗽不止，用紫菀散之，則肺竅通而鬱熱自除。若陰虚肺液乾枯，服散氣走液之劑，為害不淺。人何以此為癆嗽之聖藥，不究其源而妄用之，致陰受其害而不之知也。若滋陰重劑內，加紫菀四五分以通其滯，亦可。

題清・徐大椿《藥性切用》卷三 紫菀茸 苦辛溫潤，入肺而化氣開結，理虚嗽，止血，為治血痰喘藥。陰虚肺熱不宜多用獨用。亦可鹽水或蜜水炒用。白者名女菀，功用相近，但入氣分為異。

清・黄宫繡《本草求真》卷六 紫菀瀉肺血熱。 紫菀喘入肺。辛苦而溫，色赤，雖入至高之臟，仍兼下降。故書載入肺金血分，辛入肺，赤入血。能治虚癆咳嗽，驚悸吐衄諸血。又能通調水道，苦可下降。以治溺濇便血，用此上下皆宜。且此辛而不燥，潤而不滯。李士材比為金玉君子，非多用獨用不能速效。於肺實為有益，然疎泄性多，培養力少，與桑白皮、杏仁同為一類。但桑白皮、杏仁則瀉肺經氣分，此則專瀉血經氣分也，故肺虛乾咳禁用。乾咳類多血虛，不宜再瀉。紫色潤軟者良。人多以車前、旋覆花亂之。其藥雖分上中與下，然下踈泄尤甚。蜜炒用欵冬為使，白者名女菀，入氣分，大泄肺氣。《肘後方》用此三分，鉛丹一分，並酸漿服一刀圭，日進三服。至二十一日，能令面黑轉白，過服不宜，去頭鬚，蜜水炒用，欵冬為使，惡天雄、瞿麥、藁本、遠志。畏茵陳。

清・楊璿《傷寒溫疫條辨》卷六潤劑類 紫菀蜜炙。 味苦辛，性溫。入心、肺。主咳逆上氣，喘嗽膿血，補虛調中，消痰瀉熱，開喉痹之惡涎，療小兒之驚癇，散結下氣，善利小便，專治血痰，為血勞聖藥。海藏紫菀湯治肺傷氣極勞熱久嗽，吐痰吐血，肺癰肺痿。紫菀二錢，阿膠、知母、貝母一錢，人參、雲苓、甘草、桔梗五分，五味子十二粒。便溏加蓮子一錢，一方有欵冬。

清・羅國綱《羅氏會約醫鏡》卷一六草部 紫菀味苦辛，溫，入肺經血分。款冬花為使。洗淨，蜜水蒸，焙用。白者名女菀，入肺經氣分。 辛溫潤肺，苦溫下氣，補虛調中，消痰止渴。治痰喘上氣、欬吐膿血，辛溫入肺。能開喉痹辛也、小兒驚癇虛熱。 按： 紫菀其性辛溫，惟肺實氣滯、鬱火刑金而致欬唾膿血者，乃可用之。若勞傷肺腎，水虧金燥，而咳喘失血，則非所宜，當細辨之。

清・陳修園《神農本草經讀》卷三中品 紫菀 氣味苦，溫，無毒。主咳逆上氣，胸中寒熱結氣，去蠱毒，痿躄，安五臟。 張隱庵曰： 紫者，黑赤之間色也； 黑赤，水火之色也。紫菀氣味苦溫，稟火氣也； 其質陰柔，稟水氣也。主治咳逆上氣者，啟太陽寒水之氣從皮毛而合肺也。治胸中寒熱結氣者，助少陰火熱之氣，通利三焦而上達也。蠱毒在腹屬土，火能生土，故去蠱毒。痿躄在筋屬木，水能生木，故去痿躄。水火者，陰陽之徵兆也，水火交則陰陽合，故安五臟。

清・黃凱鈞《藥籠小品》 紫菀 辛苦，溫，治痰逆上氣，能開喉痹，取惡涎。陰虛肺熱者不宜專用，須地黃、麥冬共之。

清・王龍《本草纂要稿・草部》 紫(苑)〔菀〕 氣味苦平而溫。主咳逆痰喘，療肺痿吐膿。治小兒驚癇，寒熱結氣。虛勞不足能補，蠱毒痿躄堪驅。仍佐百部、欵冬，共治久嗽不止。

清・張九思《審病定經》卷上 再按： 紫(苑)〔菀〕辛甘微溫，肺家藥也。益肺調中，消痰定喘。紫(苑)〔菀〕辛而不燥，潤而不寒，補而不滯，誠哉，金玉君子。然非獨用多用，不能速効。小便不通及溺血者，服一兩立効。此為隔二治之法也。

清・張德裕《本草正義》卷下 紫(苑)〔菀〕 苦辛，平。入肺。苦能降，治咳嗽痰喘，肺寔氣壅。辛能散，療風邪傷肺，欬吐膿血。《本草》言其治勞傷欬血，誤也。

清・楊時泰《本草述鉤元》卷九 紫菀 其根色紫而柔宛，故名。三月內布地生苗，其葉二四相連，五六月開黃白紫花，結黑子。二三月采根，陰乾用。

根茸味苦、微辛，氣溫。入手太陰血分，兼入足陽明經。欵冬為之使。惡天雄、遠志、瞿麥、藁本、雷丸，畏茵陳。苦下達，辛益金，主咳逆上氣，胸中寒熱結氣，咳唾膿血，療息賁，止喘悸，消痰渴，去痿躄，安五臟，治肺傷咳嗽，勞氣虛熱。吐血虛勞，收為上品。入至高之臟，使氣化及於州都，滑利小便，兼治喉痹。按： 虛勞宜培腎元，調脾胃，醫類知之。殊不知心肺之合以行其氣化，先為氣血生化之地。肺氣傷則包絡之血不生，心血不生，則肺之陰氣不能由陽中以降。故紫菀為療虛勞上品，觀其下治淋濁，則知此味益血化以助氣化，更由氣化而暢血化矣。菀古鬱字，取其色紫味苦者，以治肺中有火內鬱而為結氣。蓋用其色以行肺之用，用其氣以散肺之結，用其味以順火之性，而助肺之降下，謂肺專主諸氣膹鬱故也。倘無結氣而用之，未免亡走肺家津液矣不遠。赤火刑金，紫則水火互交，轉行金用子由。感春夏之氣化，而兼得地中之金性，故氣味苦溫兼辛仲淳。久嗽，紫菀、疑冬花各一兩，百部半兩，為散，每服三錢，生薑三片，烏梅一枚，同煎湯下，食後、臨臥各一服。吐血後欬者，紫菀、五味炒為末，蜜丸芡子大，每含化一丸。纏喉風不通飲食，紫菀根一莖，洗淨納喉中，取惡涎出即瘥，神效。更以馬牙消津咽之，即絕根。按： 此證因血泣化風，風火相煽而直上於喉，此味故為的對。

論： 用紫菀當深究於火為金用之義。人身少火為元氣，心為火主，原與金肺不相刑者也。《經》曰： 宗氣積於胸中，出於喉嚨以貫心脈而行呼吸，是非金火合德而氣乃行乎。夫肺為氣主，必貫心脈以行呼吸者，緣離中有坎，火出於水而氣乃生，水至於火而氣乃化，氣化則血生，是元氣呼吸之本，下根於腎而上主於心也。使火不為金用，則肺氣虛，火不合於金而刑於金，則虛甚，輕則欬逆上氣，胸中寒熱結氣，重則喘欬，或欬唾膿血，或葉焦發痿，且有虛而成勞者矣。紫菀根色紫質柔，其味苦勝而先，辛劣而後，合於色紫，正火為金用，乃為益肺之要劑也。其能治寒熱結氣欬唾膿血者，以血泣則寒熱，血之泣固陰氣微而營之母氣不足也。至於欬唾膿血，亦由心包絡之真陰損，而氣化有傷，肺固以腎為本，然水必合於火而氣乃化，心包絡之血，乃氣化也。致火不能為金之用，而反以刑金也。蓋肺司氣，合於心包絡之血，乃為陽中之少陰，而氣以和，營衛以行。紫菀本火為金用之氣化，而和肺陰氣，此即包絡之血所以化，而散寒熱結氣，並能療欬唾膿血者也。抑何以更治痿躄？《經》曰：肺者心之蓋也，有所亡失，所求不得，則發肺鳴，鳴則肺熱葉焦。《經》舉所求不得一端，以類推其煩心耗血，皆能消肺陰氣而致葉焦舉。又云：悲則心系急，肺布葉舉，而上焦不通，營衛不散，熱氣在中，故氣消矣。是不可證肺之熱而葉焦者，皆由於心歟。然則肺之主氣而行營衛陰陽者，豈徒恃有八葉及二十四空，行列分布，以行諸臟之氣哉？蓋亦謂心主其下有包絡之生血，不致因熱鬱蒸，令陽中之陰上與清虛之肺合，故得行其營衛，以治陰陽耳。知此則紫菀之所以安五臟，療痿躄者，固的係火為金用之氣化矣。海藏言其主息賁者謂何？蓋息賁因肺氣虛，痰熱壅結所致，此味和肺陰氣，而暢以火為金用之氣化，則熱散而痰消，痰熱散而氣降，何上逆者之不下乎。其又治肺傷久嗽者，緣肺不得合於包絡之真陰，遂怫鬱而為熱，致結聚涎沫濁唾而為欬，欬久不已，則肺氣愈虛，鬱熱愈甚。甄權所云勞氣虛熱。斯時苦寒既在所忌，惟茲味致火為金用之氣化，而善用補益，乃為得宜，然又必審其所主，而以茲味輔之。有上之熱壅而包絡之陰傷者，則主以清熱。有下之真陰受傷而相火併於包絡者，則主以益陰。若肺陰不足，而陽氣益微，則又宜主以補虛也。紫菀治病，於肺最切，茲更以包絡為言，正合於走肺經血分之義。《經》曰：毛肺合脈心合精，行氣於府。而胸中即膻中，膻中即心包絡所居，為心之護衛者，胸中皆肺所治，又何疑之有哉。紫菀、麥冬二味，宜相佐為功，以其皆由心而致於肺，使肺陰下降，可滋真元而益虛勞也。蓋虛勞未有不泣乎血者，有紫菀之和血散結，然後潤劑可以復脈通心。

能開喉痹，取惡涎，則散而瀉者烈矣。倘無結氣而用之，未免亡走肺之津液，是以欬逆喘嗽屬陰虛者，不宜專久多用，即用亦須與天麥冬、百部、桑皮等參用仲淳。

辨治：今人多以車前、旋覆根，赤土染過偽充，誤用大耗津液病肺。去蘆，蜜水浸一宿，焙乾用。

清・葉桂《本草再新》卷二 紫菀味辛，性溫，無毒。入肺、腎二經。潤肺下氣，化痰止渴，治寒熱結氣，欬逆上氣，欬吐膿血，肺經虛寒，小兒驚癇，又能通利小便。

清・吴其濬《植物名實圖考》卷一一 紫菀《本經》中品。江西建昌謂之闢公鬚，肖其根形。初生鋪地，秋抽方紫莖，開紫花，微似丹參。俚醫治嗽猶用之。

清・趙其光《本草求原》卷三隰草部 紫菀 其色紫，水火之合色也。氣溫，入肝。味苦、辛，苦入心而達下，辛入肺而能通。且其質陰柔，得水氣能潤。無毒。能啟太陽水氣從皮毛而合肺，肝升水氣於上也。即能降肺陰入心以生血，而心火不致於刑金。金水合，則益血化以助氣化；火金合，則由氣化以暢血化。《本經》主咳逆上氣，肺脈貫心以行呼吸，毛脈合精，肺自肅降。胸中寒熱結氣，胸中心肺之部，血泣而火鬱，則結而寒熱；氣化血暢，則三焦通利。去蠱毒，水火通利，則脾土運行。痿躄，是肺熱葉焦，水不生木，而筋失養之病。安五臟，水火交則陰陽合。益肺氣。火為金用以行其氣化。療咳唾膿血，血暢則不泣於肺而咳，泣於腎而唾。消痰，熱散氣降之效。勞氣虛熱，熱結久，則肺傷成勞。利小便，淋濁，氣降之故。小兒驚癇，亦虛中挾熱痰所致。喉痹，亦血澀鬱成之風火耳。取一莖納喉中，取出惡涎，更以馬牙硝津咽之愈。

心勞而火鬱於肺，則不能降陰生血而血泣；心血泣而不生，則肺陰更不能由陽以降。此味和合金、水、木、火之氣，用其色可潤燥，用其氣可通滯，用其味可順火而益金，故為陰虛、虛勞、血澀之上品。希雍乃以其能取惡涎，疑其辛散亡走肺津，則又何以解於治癆瘵哉？但虛勞而無血澀氣結者不可多用、獨用，宜與二冬、桑白、百部同用。劉潛江曰：虛勞多因泣血而成，紫菀和血散結，寸冬復脈通心，兩者皆由心血以致肺陰下降而滋真元，皆虛勞之要藥。

去頭鬚，蜜水浸焙用。根作節，色紫、潤軟者良。人多以車前、旋覆根、赤土染偽之，大耗肺津。白者名女菀，入氣不入血。方書多用紫菀茸，曰茸，知非根也，而《本草》並未之及。款冬為使。惡天雄、瞿麥、藁本、遠志。畏茵陳。

同款冬、百部末、生薑、烏梅湯下，治久嗽。同五味丸含，治吐血後咳。

清・葉志詵《神農本草經贊》卷二 紫菀 味苦，溫。主欬逆上氣，胸中

之頤曰：金非水不闔，非火不開。水火俱為金用，開闔神矣。

寒熱結氣，去蠱毒，痿蹷，安五藏。生山谷。

有菀其特，上氣夷瘳。紫深節潤，白賁毛柔。山疏春暮，水注東流。羊鬚練色，漫易牽牛。

《詩》：有菀其特。《靈樞經》曰：風寒舍於肺，發欬上氣。《詩》：靡有夷瘳。日華子曰：根作節紫色，潤軟為佳。陶弘景曰：本有白毛，根甚柔細。名醫曰：三月采根，陰乾。雷斆論曰：凡使，用東流水洗淨，有白如練色者名羊鬚草，自然不同。《孟子》：以羊易之。李時珍曰：一名夜牽牛。

清・文晟《新編六書》卷六《藥性摘錄》　紫(苑)〔菀〕　辛苦，性溫。瀉肺血熱，治虛癆咳嗽，驚悸，吐衄。去頭鬚用。餘詳藥部瀉熱。

清・文晟《新編六書》卷六《藥性摘錄》　紫(苑)〔菀〕　辛苦而溫，瀉肺血熱。○治虛癆咳嗽，驚悸吐衄諸症。又能通調水道，以治溺濇便血。○惟肺虛乾咳禁用。○去頭鬚，蜜水炒用。○惡天雄、瞿麥、藁本、遠志，畏茵陳。○白者名女菀，入氣分。大瀉肺氣，過服不宜。

清・張仁錫《藥性蒙求・草部》　紫(苑)〔菀〕錢半　紫(苑)〔菀〕苦辛，嗽痰喘氣。肺痿吐膿，寒熱並濟。去頭鬚，蜜水浸，焙。辛溫潤肺，苦溫下氣。治肺經虛熱。陰虛肺熱者，不宜專用多用，必須地黃、麥冬共之。

清・劉善述、劉士季《草木便方》卷一草部　銀柴胡　涼去瘀血，解肌除煩清邪熱。利氣化痰治熱嗽，熱毒湯火塗消滅。根色白。

清・戴葆元《本草綱目易知錄》卷一　紫菀　辛溫潤肺，苦溫下氣。調中補虛，消痰止渴，益肺氣。主息賁，止喘悸，潤肌膚。治胸中寒熱結氣，欬逆上氣，欬唾膿血，肺經虛熱，小兒驚癇。去蠱毒，痿躄，尸疰鬼魅。能開喉痹，取惡涎，為纏喉風要藥。

清・黃光霽《本草衍句》　紫(苑)〔菀〕　苦能下氣，辛可益金。不滯而補，不寒而潤。補虛調中，雖入至高之臟。消痰止渴，兼有下趨之分。咳逆上氣，肺痿吐膿。能使水道通調，溺濇尿血可除。久嗽吐衄，痿躄息賁。為肺經血分，喘治血痰血勞聖藥。得欵冬花、百部、烏梅治久嗽，得白前、半夏、大戟治水氣喘逆。

婦人小便卒不得出者，紫(苑)〔菀〕為末，井華水服三撮，即通。小便血者，服五撮立止。

清・陳其瑞《本草撮要》卷一　紫菀　味苦辛，入手太陰經，功專療咳逆上氣。得款冬、百部、烏梅治久咳，得白前、半夏、大戟治水氣喘逆。蜜水浸焙用。款冬為使。惡天雄、瞿麥、藁本、遠志，畏茵陳。白者名女菀。

清・鄭奮揚著，曹炳章注《增訂偽藥條辨》卷二　紫菀　偽名次紫菀，又名硬蘆紫菀，服之往往愈見咳逆氣結，其害無窮。按紫菀近道處處雖有出產，然色紫味苦，質極柔宛。若此種硬蘆，形質既殊，性味自劣。聞又有以車前及旋覆根，赤土染過混充者，更奚堪入藥乎？　炳章按：紫菀，鳳陽府、亳州龍王廟四鄉出者，鬚根粗軟糯，色紫紅，硬梗少者佳。河南懷慶府出，枝略細軟糯亦可用。湖北出者，性硬根細，泥屑重者次。偽者浙江尚少，因價賤，出貨亦多故耳。

野粉團兒

明・朱橚《救荒本草》卷上之前　野粉團兒　生田野中。苗高一二尺，莖似鐵桿音杆蒿，莖葉似獨掃葉而小，上下稀疎，枝頭分叉，開淡白花，黃心。味甜辣。　救飢：採嫩苗葉煠熟，水浸淘淨，油鹽調食。

六月菊

明・朱橚《救荒本草》卷上之前　六月菊　生祥符西田野中。苗高一二尺，莖似鐵桿音杆蒿，莖葉似雞兒腸葉，但長而澁，又似馬蘭頭葉而硬短。梢葉間開淡紫花。葉味微酸澁。　救飢：採葉煠熟，水浸去邪味，油鹽調食。

金盞菜

明・鮑山《野菜博錄》卷一　金盞菜　一名地冬瓜菜。生田野中。苗高二三尺，莖初微赤，有線路。葉似綿柳葉微厚，抪莖生，莖葉稠密。開花紫色，黃心。其葉味甘，微鹹。　食法：採苗葉煠熟，水淘淨，油鹽調食。

鬼針草

宋・唐慎微《證類本草》卷一〇草部下品〔唐・陳藏器《本草拾遺》〕　鬼釵草　味苦，平，無毒。主蛇及蜘蛛咬。杵碎傅之。亦杵絞汁服。生池畔。葉有椏，方莖，子作釵脚，着人衣如針，北人呼爲鬼針。

明・李時珍《本草綱目》卷一六草部・隰草類下　鬼針草《拾遺》

【集解】藏器曰：生池畔，方莖，葉有椏，子作釵脚，著人衣如針。北人謂之鬼針，南人謂之鬼釵。

【氣味】苦，平，無毒。　【主治】蜘蛛、蛇咬，杵汁服，併傅藏器。塗蠍蠆傷時珍。

〔附方〕新一　割甲傷肉：不愈。鬼針草苗、鼠粘子根擣汁，和臘猪脂塗。《千金》。

清·吴其濬《植物名實圖考》卷一四　鬼鍼草　《本草拾遺》始著録。秋時莖端有鍼四出，刺人衣。今北地猶謂之鬼鍼。

黄花霧

清·何諫《生草藥性備要》卷上　黄花霧　洗疥癩，解毒瘡，止癢埋口。對面葉，花黄色。春夏秀，秋冬枯。

水蘇子

明·朱橚《救荒本草》卷上之前　水蘇子　生下濕地。莖淡紫色，對生，莖叉葉亦對生，其葉似地瓜葉而窄，邊有花鋸齒，三叉尖，葉下兩傍又有小叉，葉梢開花深黄色。其葉味辛。　救飢：採苗葉煠熟，油鹽調食。

鐵筅帚

清·趙學敏《本草綱目拾遺》卷五草部下　鐵筅箒　山間多有之，緑莖而方。上有紫綫紋，葉似紫頂龍芽，微有白毛，七月開小黄花，結實似筅箒形，能刺人手，故又名千條鍼。　《百草鏡》：芒種時開花成簇。　《種福堂方》：鐵筅箒即石見穿。《綱目》馬蘭子亦名鐵筅箒，其葉似薤，根如刷箒，與此全别。　《草寶》云：鐵筅箒葉似紫頂龍芽，而無毛為别，七月開小黄花，結實類筅箒。能刺人手，故名。黄疸用此草，乾者一兩，白酒煎服，四五劑即愈。

治風痹、血崩、黄疸、吐血、跌撲、鬼箭風如神。擣敷肩癰鶴膝風，鮮者連根葉，如秋冬根老，取葉汁加飛麪調匀包紮，煎湯浴瘡疥，立愈。　治風痹鶴膝等風。〇茅昆來效方：鐵筅箒三兩，龍眼肉半觔，酒煮飲。　又方：鐵筅箒，白毛藤，地蘇木，龍芽草，蒼耳草各一兩，酒煎服五劑。

風痹藥酒：《救生苦海》云：并治跌打瘋腫，鐵筅箒，八角金盤根，白毛藤、蘇木、絡石藤各一兩，酒浸十日用。　跌打傷：金居士《選要方》：用鐵筅箒三兩，酒煎服。　鬲症：蔣雲山傳方：石打穿草，按月取草頭一個，如三月三個，四月四個，以月分為多寡之數，搗汁，同人乳羊乳汁攪匀服，立效。　面上斑靨：朱子和方：取鐵筅箒地上自落下葉并子，煎湯澄清，洗面三四次，其斑自消。　鶴膝風：《種福堂方》：石見穿草，用根梗俱紅色者佳，連枝俱用，如秋冬根梗俱老，止用葉半分，俱要當日取新鮮者，隔宿勿用，同鐵筅箒草一分，加飛麪少許同打，紮膝眼内。

狼把草

宋·唐慎微《證類本草》卷一〇草部下品〔唐·陳藏器《本草拾遺》〕　狼杷草　秋穗子並染皂，黑人鬢髮，令人不老。生山道傍。

〔宋·蘇頌《本草圖經》〕曰：狼杷草，主療丈夫血痢，不療婦人。若患積年疳痢即用其根，俗間頻服有效。患血痢者，取草二斤擣絞取汁一小升，内白麪半雞子許和之，調令匀，空腹頓服之。極重者不過三服。若無生者，但收取苗陰乾，擣爲散。患痢者取散一方寸匕，和蜜水半盞服之。

〔宋·掌禹錫《嘉祐本草》〕按：狼杷草，出近世，古方未見其用者。雖陳藏器嘗言其黑人鬢髮，令不老。生道傍。然未甚詳悉。太宗皇帝御書，記其主療甚爲精至，謹用書于《本草圖經》外類篇首云。

宋·唐慎微《證類本草》卷六草部上品〔唐·陳藏器《本草拾遺》〕　郎耶草　味苦，平，無毒。主赤白久痢，小兒大腹痞滿，丹毒，寒熱。取根、莖服，煮之。生山澤間，三四尺，葉作雁齒，如鬼針苗。

明·李時珍《本草綱目》卷一六草部·隰草類下　狼把草宋《開寶》。校正：併入《拾遺》郎耶草。

〔釋名〕郎耶草時珍曰：此即陳藏器《本草》郎耶草也。閩人呼爺爲郎罷，則狼把當作郎罷乃通。又方士言此草即鼠尾草，功用亦近之，但無的據耳。　〔集解〕藏器曰：狼把草生山道旁，與秋穗子並可染皂。又曰：郎耶草生山澤間，高三四尺，葉作鴈齒，如鬼針苗。鬼針，即鬼釵也。其葉有椏，如釵脚狀。禹錫曰：狼把草出近道，古方未見用者，惟陳藏器言之而不詳。文宗(黄)〔皇〕帝御書記其主療血痢，甚爲精至。謹用書于《本草圖經》外類篇首。

〔氣味〕苦，平，無毒。　〔主治〕黑人髮，令人不老。又云：郎耶草：主赤白久痢，小兒大腹痞滿，丹毒寒熱。取根莖煮汁服藏器。　狼把草：主丈夫血痢，不療婦人。根：治積年疳痢。取草二斤，搗絞取汁一小升，納白麪半雞子許，和匀。空腹頓服。極重者，不過三服。或收苗陰乾，擣末，蜜水半盞，服一方寸匕《圖經》。可染鬚髮，治積年癬，天陰即痒，搔出黄水者，搗末摻之時珍。

清·吴其濬《植物名實圖考》卷一四　狼杷草　宋《開寶》始著録，療血痢至精。《爾雅》：欔，烏階。注：烏杷也，子連著，狀如杷，可以染皂。疏：今俗謂之狼杷是也。李時珍併入《拾遺》郎耶亦可，但欔杷注釋甚晰，改杷為罷，出於臆斷，亦近輕侮。

金盞草

宋・唐慎微《證類本草》卷三〇外草類〔宋・蘇頌《本草圖經》〕　杏葉草生常州。味酸，無毒。主腸痔下血久不差者。一名金盞草。蔓生籬下，葉葉相對，秋後有子，如雞頭實，其中變生一小蟲子，脱而能行，中夏採花用。

明・朱橚《救荒本草》卷上之前　金盞兒花　人家園圃中多種。苗高四五寸，葉似初生萵苣葉，比萵苣葉狹窄而厚，抪音布莖生葉，莖端開金黄色盞子樣花。其葉味酸。　救飢：採苗葉煠熟，水浸去酸味，淘淨，油鹽調食。

明・劉文泰《本草品彙精要》卷四一　杏葉草無毒。　蔓生。

杏葉草：主腸痔下血，久不瘥者。出《圖經》。　〔名〕金盞草。　〔苗〕《圖經》曰：蔓生籬下，葉葉相對，秋後有子，如雞頭實，其中變生一小蟲子，脱而能行。　〔地〕《圖經》曰：生常州。　〔時〕生：春生苗。採：中夏取花。　〔收〕暴乾。　〔用〕花。　〔味〕酸。　〔性〕寒。　〔氣〕味厚於氣，陰也。

明・李時珍《本草綱目》卷一六草部・隰草類下　金盞草《救荒》。校正：併入宋《圖經》杏葉草。

〔釋名〕杏葉草《圖經》　長春花時珍曰：金盞，其花形也。長春，言耐久也。

〔集解〕頌曰：杏葉草，一名金盞草，生常州。蔓延籬下。葉葉相對。秋後有子如雞頭實，其中變生一小蟲，脱而能行。中夏采花。周定王曰：金盞兒花，苗高四五寸。葉似初生萵苣葉，厚而狹，抱莖而生。莖柔脆。莖頭開花，大如指頭，金黄色，狀如盞子，四時不絶。其葉味酸，煠熟水浸過，油鹽拌食。時珍曰：夏月結實，在萼内，宛如尺蠖蟲數枚蟠屈之狀，故蘇氏言其化蟲，實非蟲也。

〔氣味〕酸，寒，無毒。　〔主治〕腸痔下血久不止。蘇頌。

明・姚可成《食物本草・救荒野譜補遺・草類》　金盞兒食葉。生常州。蔓延籬下，花黄如金，采葉汋食之。　金盞兒，黄燦燦，當年曾把供瑤案。一派韶光瞥眼過，今朝昨日事如何。事如何，翻局了，昔時金盞成虚杳。綺麗華靡一日銷，化作青青資餓殍。

明・姚可成《食物本草》卷一八草部・隰草類　金盞草一名杏葉草，一名長春花。蘇軾曰：金盞草，生常州。蔓延籬下，葉葉相對。秋後有子如雞頭實。其中變生一蟲，脱而能行。中夏采花。周（憲）〔定〕王《救荒本草》云：金盞兒花，苗高四五寸，葉似初生萵苣葉，厚而狹，抱莖而生。莖柔脆，莖頭開花，大如指頭，金黄色，狀如盞子，四時不絶。其葉味酸，煠熟水浸過，油鹽拌食，可以療飢。〇李時珍曰：夏月結實在萼内，宛如尺蠖蟲數枚蟠屈之狀，故蘇氏言其化蟲，實非蟲也。

金盞草，味酸，寒，無毒。治腸痔下血久不止。

清・王道純《本草品彙精要續集》卷二　金盞草無毒。　金盞草《救荒本草》：主腸痔下血久不止《名醫别錄》。　〔名〕杏葉草、長春花。李時珍曰：金盞，其花形也；長春，言耐久也。　〔地〕蘇頌曰：杏葉草，一名金盞草。生常州，蔓延籬下，葉葉相對，秋後有子如雞頭實，其中變生一小蟲，脱而能行。　〔時〕中夏採花，四時不絶。　〔質〕周憲王曰：金盞兒花，苗高四五寸，葉似初生萵苣，葉厚而狹，抱莖而生，莖柔脆，莖頭開花大如指頭。〔色〕金黄色。　〔收〕李時珍曰：夏月結實在萼内，宛如尺蠖蟲數枚蟠屈之狀，故蘇氏言其化蟲，實非蟲也。　〔味〕酸。　其葉酸，煠熟，水浸過，油鹽拌食。　〔性〕寒。

清・嚴潔等《得配本草》卷三　長春花即金盞草。　酸，寒。入足陽明經。專治腸痔下血不止。

清・吴其濬《植物名實圖考》卷一二　金盞草　【略】按：宋《圖經》杏葉草一名金盞草，生常州。蔓延籬下，葉葉相對；秋後有子如雞頭實，其中變生一小蟲，脱而能行。中夏採花。李時珍以為即金盞花。夏月結實在萼内，宛如尺蠖蟲數枚蟠屈之狀。故蘇氏言其化蟲，實非蟲云。但此草之實不似雞頭，其葉如萵苣，不應有杏葉之名，未敢併入。

清・吴其濬《植物名實圖考》卷二〇　杏葉草　《圖經》。按圖非近時金盞花。

金盞菜

明・朱橚《救荒本草》卷上之前　金盞菜　一名地冬瓜菜。生田野中。苗高二三尺，莖初微赤而有線路，葉似綿柳葉微厚，抪莖而生，莖葉稠密，開花紫色，黄心。其葉味甘、微鹹。　救飢：採苗葉煠熟，水淘淨，油鹽調食。

飛廉

宋・唐慎微《證類本草》卷七草部上品〔《本經・别錄・藥對》〕　**飛廉**　**味苦，平，**無毒。**主骨節熱，脛重酸疼，**頭眩頂重，皮間邪風如蜂螫針刺，魚子細起，熱瘡癰疽痔，濕痹，止風邪欬嗽，下乳汁。**久服令人身輕，**益氣，明目，不老，可煮可乾。一名漏蘆，一名天薺，一名伏猪，**一名飛輕，**一名伏兔，一名飛雉，一名木禾。生河内川澤。正月採根，七月、八月採花，陰乾。得烏頭良，惡麻黃。

〔梁·陶弘景《本草經集注》〕云：處處有，極似苦芙，烏老切。惟葉下附莖，輕有皮起似箭羽，葉又多刻缺，花紫色。俗方殆無用，而道家服其枝莖，可得長生，又入神枕方。今既別有漏蘆，則非此別名爾。

〔唐·蘇敬《唐本草》〕注云：此有兩種：一是陶證，生平澤中者；其生山崗上者，葉頗相似，而無踈缺，且多毛，莖亦無羽，根直下，更無傍枝，生則肉白皮黑，中有黑脉，日乾則黑如玄參。用葉莖及根，療疳蝕，殺蟲，與平澤者俱有驗。今俗以馬薊以苦芙爲漏蘆，並非是也。

〔宋·掌禹錫《嘉祐本草》〕按：《蜀本圖經》云：葉似苦芙，莖似軟羽，紫花，子毛白。今所在平澤皆有，五月、六月採，日乾。《藥性論》云：飛廉，使，味苦、鹹，有毒。主留血。蕭炳云：小兒疳痢，爲散，以漿水下之，大效。

〔宋·唐慎微《證類本草》〕《雷公》云：凡使，勿用赤脂蔓，與飛廉形狀相似，只赤脂蔓見酒色便如血色，可表之。凡修事，先刮去麁皮了，杵，用苦酒拌之一夜，至明漉出，日乾，細杵用之。《千金翼》：治疳䘌食口齒及下部。飛廉蒿燒灰擣篩，以兩錢匕著痛處，甚痛忍之；若不痛，非疳也。下部蟲如馬尾大，相纏出無數。十日差，二十日平復。

宋·鄭樵《通志》卷七五《昆蟲草木略》 飛廉 曰漏蘆，曰天薺，曰伏豬，曰飛輕，曰伏兔，曰飛雉，曰木禾。似苦芙，而葉下附，莖有皮起，似箭羽刻缺。

明·劉文泰《本草品彙精要》卷九《草部》 飛廉無毒。植生。

飛廉出《神農本經》：**主骨節熱，脛重酸疼，久服令人身輕。**以上朱字《神農本經》。頭眩頂重，皮間邪風如蜂螫針刺，魚子細起，熱瘡，癰疽，痔，濕痹，止風邪，欬嗽，下乳汁，益氣，明目，不老。以上黑字名醫所錄。【名】天薺、飛輕、伏豬、木禾、飛雉、伏兔。【苗】《蜀本圖經》曰：葉似苦芙，莖似軟羽，葉多刻缺，花紫色，子白有毛。《唐本》注云：一種生山崗上者，葉頗相似而無疏缺，且多毛，莖亦無羽，根直下，更無傍枝，生則肉白皮黑，中有黑脈，乾則黑如玄參，用莖葉及根，與《圖經》所云者俱有驗也。【地】《圖經》曰：河内川澤，今處處有之。【時】生：春生苗。採：正月取根，七月、八月取花。【收】陰乾。【用】葉、莖、花、根。【質】類漏蘆。【色】黑。【味】苦。【性】平，泄。【氣】味厚于氣，陰中之陽。【臭】腥。【主】疳蝕，殺蟲。【助】得烏頭良。【反】惡麻黃。【製】《雷公》云：去粗皮了，杵，用苦酒拌之一夜，至明漉出，日乾，細杵用。【合治】爲散合漿水下之，治小兒疳痢。【治】療：《藥性論》云：主留血。【贗】赤脂蔓爲僞。

明·王文潔《太乙仙製本草藥性大全》卷二《本草精義》 飛廉 一名漏蘆，一名天薺，一名伏猪，一名飛鞋，一名伏兎，一名飛雉，一名术禾。生河内川澤，今在處有之。苗葉似苦芙，莖似輕羽，紫花，子毛白；又云惟葉下附莖，輕有皮起，似箭羽，葉又多缺刻，花紫色，七八月採花陰乾用。惡麻黃。唐註云：此有兩種，一是陶注生平澤中者；其生山崗上者，葉頗相似而無踈缺，且多毛，莖亦無羽，根直下，更無傍枝，生則肉白皮黑，中有黑脉，日乾則黑如玄參。用葉莖及根，療疳蝕、殺蟲，與平澤者俱有驗。今俗以馬薊、以苦芙爲漏蘆，並非之也。

明·王文潔《太乙仙製本草藥性大全》卷二《仙製藥性》 飛廉使 味苦，氣平，無毒。得烏頭良。主治：主骨節發熱，治脛重痠疼。止風邪咳嗽有準，療頭眩頂重如拈，祛皮間邪風如蜂螫針刺。散惡瘡癰疽，而痔瘻安痊。乳汁即下，濕痹立蠲。久服輕身益氣，明目延年。補註：疳䘌蝕口齒及下部，取蒿燒灰搗篩，以兩錢着痛處，甚痛忍之，若不痛，非疳也。下部蟲如馬尾大，相纏出無數，十日差，二十日平復。〇小兒疳痢，用搗末，以漿水下之效。太乙曰：凡使勿用赤脂蔓，與飛廉形狀相似，只赤脂蔓見酒色便如血色，可表之。凡脩事，先刮去麁皮了，杵，用苦酒拌之一夜至明，漉出，日乾細杵用之。

明·李時珍《本草綱目》卷一五草部·隰草類上 飛廉《本經》上品

【釋名】漏盧《別録》 木禾《別録》 飛雉同上 飛輕同 伏兔同 伏猪同 天薺同 時珍曰：飛廉，神禽之名也。其狀鹿身豹文，雀頭蛇尾，有角，能致風氣。此草附莖有皮如箭羽，復療風邪，故有飛廉、飛雉、飛輕諸名。

【集解】《別録》曰：飛廉生河内川澤，正月採根，七月、八月採花，陰乾。弘景曰：處處有之。極似苦芙，惟葉多刻缺，葉下附莖，輕有皮起似箭羽，其花紫色。俗方殆無用，而道家服其枝莖，可得長生，又入神枕方。今既別有漏盧，則此漏盧乃別名爾。恭曰：此有兩種：一種生平澤中，是陶氏所説者。一種生山岡上者，葉頗相似，而無刻缺，且多毛，其莖亦無羽，其根直下，更無旁枝，生則肉白皮黑，中有黑脈，日乾則黑如玄參。用莖葉及根，療疳蝕殺蟲，與平澤者俱有驗。今俗以馬薊似苦芙者爲漏盧，並非是也。保昇曰：葉似苦芙，莖似軟羽，花紫色，子毛白。所在平澤皆有，五月、六月採，日乾。斅曰：凡使勿用赤脂蔓，與飛廉形狀相似，只赤脂蔓見酒則色便如血，以此可表識之。頌曰：今秦州所圖漏盧，花似單葉寒菊，紫色，五七枝同一幹。海州所圖漏盧，花紫碧色，如單葉蓮花，花萼下及根旁有白茸裹之，根黑色，如蔓菁而細，又類葱本，與陶蘇所説飛廉相近，然彼但謂之漏盧。今醫家罕有用飛廉者，不能的識。時珍曰：飛廉亦蒿類也。蘇頌《圖經》疑海州所圖之漏盧是飛廉。沈存中《筆談》亦言飛廉根如牛蒡而綿頭。古方漏盧散下云，用有白茸者。則是有白茸者乃飛廉無疑矣。今考二物氣味功用俱不相遠，似可通用，豈或一類有數種，而古今名稱各處不同乎。

根及花　【修治】斆曰：凡用根，先刮去粗皮，杵細，以苦酒(伴)〔拌〕一夜，漉出，日乾細杵用。

【氣味】苦，平，無毒。權曰：苦、鹹，有毒。之才曰：得烏頭良，惡麻黄。

【主治】骨節熱，脛重酸疼。久服令人身輕《本經》。頭眩頂重，皮間邪風，如蜂螫針刺，魚子細起，熱瘡癰疽痔，濕痹，止風邪咳嗽，下乳汁。久服益氣明目不老，可煮可乾用《別録》。主留血，療疳蝕，殺蟲蘇恭。小兒疳痢，爲散，水漿服，大效蕭炳。治頭風旋運時珍。

【發明】時珍曰：葛洪《抱朴子》書言飛廉單服可輕身延壽。又言服飛廉煎，可遠涉疾行，力數倍於常。《本經》《別録》所列亦是良藥，而後人不知用，何哉。

【附方】舊一　疳䘌蝕口：及下部。用飛廉蒿燒灰搗篩，以兩錢匕著痛處。甚痛，則忍之；若不痛，非疳也。下部蟲如馬尾大，相纏出無數。十日瘥，二十日平復。《千金翼方》。

清・葉志詵《神農本草經贊》卷一　飛廉　味苦，平。主骨節熱，脛重酸疼。久服令人身輕。一名飛輕。生川澤。

取象神禽，飛走名夥。箭羽輕颺，綿茸旁裹。葉刻殘稜，毛浮碎顆。頓洗清涼，百骸安妥。

李時珍曰：飛廉，神禽之名，能致風氣。名醫曰：一名飛雉，一名伏兔，一名伏豬。陶弘景曰：莖輕有皮似箭羽，葉多刻缺。《夢溪筆談》：根如牛蒡而綿，頭有白茸。韓保昇曰：花紫色，子毛白。蘇軾詩：清涼洗煩煎。

天名精

宋・唐慎微《證類本草》卷三〇有名未用・草木〔《別錄》〕　埊音地松　味辛，無毒。主眩痹。

宋・唐慎微《證類本草》卷一一草部下品〔唐・蘇敬《唐本草》〕　鶴蝨　味苦，平，有小毒。主蚘、蟯蟲。用之爲散，以肥肉臛汁服方寸匕。亦丸散中用。生西戎。

〔唐・蘇敬《唐本草》〕注云：子似蓬蒿子而細，合葉、莖用之。胡名鵠蝨。

〔宋・馬志《開寶本草》〕按：別本注云：心痛。以淡醋和半匕，服之立差。出波斯者爲勝，今上黨亦有。力勢薄於波斯者。《唐本》先附。

〔宋・掌禹錫《嘉祐本草》〕按：日華子云：涼，無毒。殺五藏蟲，止瘧，及傅惡瘡上。

〔宋・蘇頌《本草圖經》〕曰：鶴蝨，生西戎，今江淮、衡湘間皆有之。春生苗，葉皺似紫蘇，大而尖長，不光。莖高二尺許。七月生黄白花，似菊。八月結實，子極尖細，乾即黄黑色。採無時。南人呼其葉爲火杴。謹按豨薟音杴，即火杴是也。雖花實相類，而別是一物，不可雜用也。殺蟲方中，此爲最要。《古今録驗》療蚘咬心痛。取鶴蝨十兩，擣篩蜜和，丸如梧子，以蜜湯空腹吞四十丸，日增至五十丸。慎酒、肉。韋雲患心痛，十年不差，於雜方內見，合服便愈。李絳《兵部手集方》治小兒蚘蟲嚙心腹痛，亦單用鶴蝨細研，以肥猪肉汁下。五歲一服二分，蟲出便止，餘以意增減。

〔宋・唐慎微《證類本草》〕《外臺秘要》：延年治蚘蟲，吐水心痛。鶴蝨三兩爲末蜜丸。平旦漿水服二十丸。《千金方》：治蟲咬心痛。鶴蝨一兩爲末，空心溫醋下，蟲當出。《沈存中筆談》：地松即天名精。鶴蝨是實。

宋・唐慎微《證類本草》卷一一草部下品〔宋・馬志《開寶本草》〕　地菘　味鹹。主金瘡止血，解惡蟲蛇螫毒。挼以傅之。生人家及路傍陰處，所在有之。高二三寸，葉似菘葉而小。今附。

〔宋・掌禹錫《嘉祐本草》〕按：《本經》草部上品天名精。唐注云：南人名爲地菘。又尋所主功狀，與此正同，及據陳藏器解紛合陶、蘇二説，亦以天名精爲地菘。則今此條不當重出。雖陳藏器《拾遺》別立地菘條，此乃藏器自成一書，務多條目爾。《解紛》《拾遺》亦自差互。後人即不當仍其謬而重有新附也。今補注立例，無所刊削，故且存而注之。

〔宋・唐慎微《證類本草》〕陳藏器：似天門冬苗，出江南。《外臺秘要》：治惡瘡。擣地菘汁服之，日三四服，差。《聖惠方》：治風毒瘰癧赤腫。地菘搗傅瘰癧上，乾易之。

宋・沈括《夢溪筆談》卷二六《藥議》　地菘即天名精也。世人既不識天名精，又妄認地菘為火蘞。《本草》又出鶴蝨一條，都成紛亂。今按地菘即天名精，蓋其葉似菘，又似名精名精即蔓精也，故有二名，鶴蝨即其實也。世間有單服火蘞法，乃是服地菘耳，不當用火蘞。火蘞《本草》名豨薟，即是豬膏苗，後人不識，亦重復出之。

宋・唐慎微《證類本草》卷七草部上品〔《本經・別錄・藥對》〕　天名精　味甘，寒，無毒。主瘀血，血瘕欲死，下血，止血，利小便，除小蟲，去痹，除

胸中結熱，止煩渴，逐水大吐下。**久服輕身，耐老。一名麥句薑，一名蝦蟇藍，一名豕首，**一名天門精，一名玉門精。一名彘顱，一名蟾蜍蘭，一名覲。生平原川澤，五月採。垣衣爲之使。

〔梁・陶弘景《本草經集注》〕云：此即今人呼爲豨音喜薟音杴，亦名豨首。夏月擣汁服之，以除熱病。味至苦，而云甘，恐或非是。

〔唐・蘇敬《唐本草》〕注云：鹿活草是也。《别録》一名天蔓菁，南人名爲地菘，味甘、辛，故有薑稱；狀如藍，故名蝦蟇藍，香氣似蘭，故名蟾蜍蘭。主破血，生肌，止渴，利小便，殺三蟲，除諸毒腫，丁瘡，瘻痔，金瘡内射。身痒，癮瘮不止者，揩之立已，其豨薟苦而臭，名精乃辛而香，全不相類也。

〔宋・掌禹錫《嘉祐本草》〕按：《蜀本圖經》云：地菘也。《小品方》名天蕪菁，一名天蔓菁，聲並相近。夏秋抽條，頗似薄荷，花紫白色，味辛而香，其葉似山南菘菜。《爾雅》云：菺薽，豕首。釋曰：藥名也。一名麥句薑。郭云：江東豨首，可以煼蠶蛹者。《三蒼》云：煼，熬也。《藥性論》云：麥句薑，使，味辛。治瘡，止血及鼻衄不止。陳藏器云：天名精，《本經》一名麥句薑。蘇云：鹿活草也。《别録》云：一名天蔓菁，南人呼爲地菘，與蔓菁相似，故有此名。《爾雅》云：大鞠，蘧麥。注云：麥句薑，蘧麥，即今之瞿麥，然終非麥句薑，《爾雅》注錯如此。陶公注鈎樟條云：有一草，似狼牙，氣辛臭，名爲地菘，人呼爲劉燼草，主金瘡，言劉燼昔曾用之。《異苑》云：青州劉燼，宋元嘉中，射一麞，剖五藏，以此草塞之，蹶然而起。燼怪，而拔草便倒，如此三度。燼密録此草種之，主折傷多愈，因以名焉。既有活鹿之名，雅與麞事相會。陶、蘇兩說俱是。地菘，功狀既同，定非二物。

〔宋・蘇頌《本草圖經》〕曰：天名精，生平原川澤，今江湖間皆有之。夏秋抽條，頗如薄荷，花紫白色，葉如菘菜而小，故南人謂之地菘。香氣似蘭，故名蟾蠩蘭。狀如藍，故名蝦蟇藍。其味甘、辛故名麥句薑，一名豕首。《爾雅》所謂菺音列薽音真，豕首是也。江東人用此煼音炒蠶蛹。五月採此草。既名地菘，下品又有地菘條。

宋・王繼先《紹興本草》卷七 天名精 紹興校定：天名精，出產、主治瘀血，已載《本經》，但不云採何為用。又諸家注說互有異同，致後人疑惑。今考注文擣汁服餌，止說苗葉及花而不言根形，足知採莖葉為用。以其除結熱止煩渴，故《本經》云味甘、寒，無毒者是也。然在諸方亦稀用之。又云：南人名為地菘。竊詳下品自有地菘，性味、主療與天名精不同，其非一種明矣。

宋・鄭樵《通志》卷七五《昆蟲草木略》 天名精 曰麥句薑，曰蝦蟇藍，曰豕首，曰天門精，曰彘顱，曰蟾蜍蘭，曰覲，曰菺薽，曰豨首，曰天蔓精，曰鹿活草，曰劉燼草。《爾雅》云：菺薽，豕首。俗曰豨薟，又云火杴，又云地菘。《異苑》云：宋元嘉中，青州劉燼射中一麞，既剖五藏，以此草塞之，蹶然而起，去之則仆，如此者三，是以知其治折傷，故其草得劉燼之名。

宋・劉明之《圖經本草藥性總論》卷上 天名精 味甘，寒，無毒。主瘀血血瘕欲死，下血止血，利小便，除小蟲，去痺，除胸中結熱，止煩渴，逐水大吐下。《藥性論》云：使。味辛。治瘡，止血及鼻衄。一云：主破血，生肌止渴，利小便，殺三蟲，除諸毒腫，下瘡瘻痔，金瘡内射，身痒癮瘮。垣衣為之使。

鶴蝨 味苦，平，有小毒。主蚘蟲，用之為散，以肥肉臛汁，服方寸匕。别本注云：主心痛，以淡醋和半錢匕，服之立差。出波斯者為勝。日華子云：涼，無毒。殺五臟蟲，止瘧，及傅惡瘡。韋雲患心痛十年不差，於雜方内見，合服之便愈。

宋・王介《履巉巖本草》卷上 地菘 味鹹，寒，無毒。主金瘡，止血。解惡蟲蛇螫毒，挼以傅之。治風毒瘰癧赤腫。用地菘擣傅瘰癧上，乾，易之。

皺面草 性溫。善醫吐血疾。不以多少，爲細末，每服一二錢，用茆花泡湯調服，不以時候。

宋・陳衍《寶慶本草折衷》卷一一 鶴蝨 一名鵠蝨。○張松及艾氏皆云即地菘實也。生西戎，及上黨、波斯、江淮、衡湘、成、滁州。○八月結實，採無時。味苦，平，涼，有小毒。○主蛔蟯蟲，為散，以肥肉臛汁服。○《唐本》註云：似蓬蒿子而細。○别本註云：心痛，以淡醋和半匕服。出波斯者勝。○日華子云：殺五藏蟲，止瘧，傅惡瘡。○《圖經》曰：結實極尖細，乾即黃黑色。按豨薟雖花實相類而别是一物，不可雜用也。○《外臺秘要》：治蛔蟲吐水、心痛。鶴蝨為末，蜜丸，平旦漿水服。

續說云：《是齋方》治齒疼，用鶴蝨壹枚，指塞齒中，又各以鶴蝨煎醋漱口，其痛可定。因詳此方，僅治蟲蛀之齒爾，若風疼血出而疼，及腎虛而痛者，施此恐未能效也。

地菘音從。汁在内。○上品元有天名精，此地菘自是一種，且各具生□□異耳。一名地松音從。見沈公云。○又有□松，其坐□地，字雖同音，乃别類也。一名皺面草見《續說》。○陳抃方用者名蚵蚾草，一名皺面草。○蚵蚾，音見車前子條背。出江南，今所在路傍陰處有之。〇又云：生平原、川澤及江湖間有之。〇又云：五月採。〇又云：垣衣為使。味鹹、甘、辛，寒，無毒。兼用天名精云。〇主金瘡，止血，解惡蟲蛇螫毒。挼傅之。高二三寸，似菘葉而小。〇《圖經》曰：葉皺，似紫蘇。分鶴虱條。〇《外臺秘要》：治惡瘡，擣地菘汁服，日三四。〇《聖惠方》：治風毒瘰癧赤腫。地菘擣傅，乾，易之。〇沈存中云：地松音從，即天名精、鶴蝨是。亦分鶴虱條。

續說云：《爾雅》疏釋諸書謂地菘與天明精為一物也，審矣。《唐本》註立論尤切。今纂《外臺》、《聖惠》及諸名方，祗用地菘，遂因之，以著此條。抑又觀《楊氏家藏方》治骨鯁神效膏用地松，註云：一名皺面草。而陳抃《濟世方》治纏喉風，救生元單用蚵蚾草，亦註云一名皺面草。然蚵蚾即蟾蜍也。天明精號蟾蜍蘭，故地菘號蚵蚾草耳。地菘嫩時苗皺葉皺，故有皺面之稱。及至老，則苗高結實，其實為鶴蝨矣。

明・蘭茂原撰，范洪等抄補《滇南本草圖說》卷一〇 天門精：一名天名精。解見《本草》。稟天地清淑之氣，故味甘而辛，氣寒，無毒。耑療傷折金瘡，拔腫毒，疔癰采癒。能下氣，瘀血。除血瘕，利小便，逐積水，除結熱。止渴煩，追小蟲。去濕痹，逐痰涎，止吐血。敷治蛇螫毒諸傷。噙於口內，可療纏喉風。外科第一仙方。

明・王綸《本草集要》卷二 天名精使 一(明)〔名〕麥句薑。味甘，氣寒，無毒。垣衣為之使。五月採。主瘀血血癥欲死，下血止血，利小便，治金瘡折傷，久服輕身耐老。

明・王綸《本草集要》卷三 鶴虱 味苦，氣平，有小毒。主蚘、蟯蟲(蛟)〔咬〕，心腹痛，用之為散，以肥肉臛汁，服方寸匙。亦丸散中用治殺蟲最要。

明・滕弘《神農本經會通》卷一 天名精 垣衣為之使。一名麥句薑，一名蝦蟆藍。味甘，氣寒，無毒。

《本經》云：主瘀血，血瘕欲死，止血痢，小便，除小蟲，去痺，除胸中結熱，止煩渴，逐水，大吐下。久服輕身耐老。《局》云：天名精本出平原，瘀血癥瘕破令寬。更療金瘡攻瘻痔，消除煩渴利漩難。

鶴蝨 七月開黃花似菊，八月結實，子極堅細，乾即黃黑色，採無時。合莖葉用之。〔味苦，氣平，有小毒。一云涼，無毒。〕

《本經》云：主蚘、蟯蟲。用之為散，以肥肉臛汁服方寸匙。亦丸散中用。別本注云：心痛，以淡醋和半錢匙，服立差。日華子云：涼，無毒。殺五臟蟲，止瘧，及傅惡瘡。《圖經》云：療蚘咬心痛，取鶴蝨十兩，搗末，蜜和丸梧子大，以蜜湯空腹吞四十丸，日增至五十丸，忌酒肉。又治患心痛十年不差，於雜方內見，合服便愈。又治小兒蚘蟲齧，心腹痛。亦單服，鶴蝨細研，以肥猪肉下，五歲一服二分，蟲出便止。餘以意增減。《局》云：鶴蝨苦平微有毒，火杴草即是其苗。蚘蟲咬嚙心疼痛，為末湯和淡醋調。鶴蝨，殺三蟲。

明・劉文泰《本草品彙精要》卷九 天名精 植生。

天名精出《神農本經》：**主瘀血，血瘕欲死，下血，止血，利小便，除小蟲，去痹，除胸中結熱，止煩渴。久服輕身，耐老。**以上朱字《神農本經》。逐水，大吐下。以上黑字名醫所錄。〔名〕天門精、麥句薑、蔕薟、地菘、天蔓菁、鹿活草、豕首、彘顱、天蕪菁、蟾蜍藍、豨首、覲、玉門精、蝦蟆藍、劉燼草、大鞠蓫麥、茢音列薽音真。〔苗〕《圖經》曰：夏秋抽條，頗似薄荷。花紫白色，南人謂之地菘，香氣似蘭，故名蟾蜍蘭。狀如藍，故名蝦蟆藍。其味甘辛，故名麥句薑。一名豕首，《爾雅》所謂茢薽，豕首是也。江東人用此以煼音炒蠶蛹。按下品又有地菘條，云所主功狀與此正同，及據陳藏器《解紛》，合陶、蘇二說，亦以天名精爲地菘，則此條不當重出。雖陳藏器《拾遺》別立地菘條，此乃陳藏器自成一書，務多條目爾。《解紛》、《拾遺》亦自差互，後人即不當仍其謬而重有新附也。今刪去地菘條。〔地〕《圖經》曰：生平原川澤，江湖間皆有之。〔時〕生：春生苗。採：五月取。〔收〕暴乾。〔用〕莖、葉。〔質〕類薄荷。〔色〕青綠。〔味〕甘，辛。〔性〕寒，緩。〔氣〕氣之薄者，陽中之陰。〔臭〕香。〔主〕清熱消毒。〔助〕垣衣、地黃爲之使。〔治〕療：《唐本》注云：破血生肌，止渴，利小便，殺三蟲，除諸毒腫，疔瘡，瘻痔，金瘡內射，身癢，癮疹不止，揩之立已。《藥性論》云：治瘡，止血及鼻衄不止。

明・劉文泰《本草品彙精要》卷一四 鶴虱有小毒。植生。

鶴虱：主蛔蟯蟲，用之爲散，以肥肉臛汁服方寸匕，亦丸散中用。名醫所錄。〔名〕鵠虱。〔苗〕《圖經》曰：春生苗，葉皺似紫蘇，大而尖長不光，莖高二尺許，七月開黃白花，似菊，八月結實子，極尖細，乾即黃黑色，南人呼其葉爲火杴，火杴即豨薟也。雖花葉相類，而別是一物，不可雜用之。《唐本》注云：子似蓬蒿子而細，合葉莖用之，胡名鵠虱也。〔地〕《圖經》曰：生西戎，今江、淮、衡、湘間皆有之。《唐本》注云：出波斯爲勝，今上黨亦有。〔道地〕滁州、成州。〔時〕生：春生苗。採：不拘時取子。〔收〕陰乾。〔用〕子、葉、莖。〔質〕類蓬蒿子而細。〔色〕黄黑。〔味〕苦。〔性〕平，泄。〔氣〕味厚于氣，陰中之陽。〔主〕殺蟲。〔治〕療：日華子云：殺五臟蟲，止瘧及傅惡瘡上。〔合治〕爲末和淡醋服半匕，治心痛，立瘥。〇取十兩擣篩，蜜和丸如梧子大，以蜜湯空腹吞四十丸，日增至五十丸，療蛔咬心痛服之，忌酒肉。〇細研以肥豬肉汁下，治小兒蛔蟲齧心腹痛，五歲一服二分，蟲出便止，餘以意增減。

明・許希周《藥性粗評》卷三　蚘蟲逢鶴虱，俯首無辭。

鶴虱，春生苗，葉皺似紫蘇，大而尖長，不光，莖高一尺許，七月生黄白花，似菊，八月結實，子極尖細，乾即黄黑色。江南原野堤岸處處有之。採無時，陰乾，凡用，子與莖葉同用。餘說《本草》不載。味苦，性平，有小毒。主治蚘蟲上行，攻心作痛。凡心腹有蟲者，皆可用之。

單方：蚘蟲攻心：以鶴虱為末，醋調服一錢匕，自下；或用蜜丸梧子大，用蜜湯送下三十丸，不下再服；或以肥肉臛汁調末服之，亦可。

明・鄭寧《藥性要略大全》卷六　鶴虱　殺三蟲，及蛔蟲咬心痛。止瘧及傅惡瘡，解砒毒。味苦，平，有毒。用肉汁送下。雷公云：忌酒肉，用蜜湯送下。

明・鄭寧《藥性要略大全》卷七　天明精使　主瘀血血瘕欲死，下血，止血痢，利小便，除小蟲，去痹。易老云：去胸中客熱，止煩渴。味辛，性寒，無毒。似豨薟。豨薟苦而臭，明精辛而香。

明・陳嘉謨《本草蒙筌》卷二　天名精　味甘、辛，氣寒。無毒。各處江湖俱生，平原川澤尤盛。與薄荷同狀，逢夏秋抽條。花開紫白相兼，葉似菘菜而小。《本經》別款地菘，即此是也。五月采曝，一種數名。辛味似薑，有麥句薑之號；香氣如蘭，有蟾蜍蘭之稱。仍謂蝦蟆藍，因藍狀頗類。又呼天蔓菁，為蔓菁略同。《別說》載名天門精，《爾雅》載名葝蘸，豕首。昔劉憶曾拔塞剖獐而蹶起，晉劉憶射一獐，剖除臟腑，拔此草塞腹內，獐蹶而起。憶怪，而去草便倒，如此三度。後世復相傳云活鹿草，亦名劉憶草。名之疊出如許之多，苟弗考詳，寧無疑惑。單用垣衣為使，專療折傷金瘡。拔腫毒惡疔，下瘀血血瘕。利小便以逐積水，除結熱而止渴煩。追小蟲，去濕痹。亦堪久服，而老輕身。

謨按：一種數名者甚多，名各有因者誠少。此名疊出，咸載所因。但既稱活獐之功，當亦著濟人之效。歷考古傳方劑並無用之，各省明醫絕無識者。有用之藥，不得濟用當時，徒列多名。正所謂雖多，亦奚以為也。

明・陳嘉謨《本草蒙筌》卷三　鶴蝨　味苦，氣平。有小毒。平原曠野俱有，莖圓一二尺高。葉皺大彷彿紫蘇，花白黄儼若甘菊。八月結子，粒細而尖。任收研散為丸，大能殺蟲追毒。蚘蟯蟲咬心腹卒痛者，肥肉汁調下即安；砒霜毒吞腸胃未裂者，濃藍汁送下立吐。

明・王文潔《太乙仙製本草藥性大全》卷一《本草精義》　天名精　一名天蕪菁，一名天蔓菁精，一名麥句薑，一名蝦蟇藍，一名豕首，一名天門精，一名玉門精，一名彘顱，一名蟾蜍蘭，一名覲。生平原川澤，今江湖間皆有之。夏秋抽條，頗如薄荷花，紫白色，葉如菘菜而小，故南人謂之地菘。香氣似蘭，故名蟾蜍蘭；狀如藍，故名蝦蟆藍；其味甘辛，故名麥句薑；一名豕首，《爾雅》所謂葝音列蘸音真，豕首是也。江東人用此煼音炒蠶蛹。五月採此草，既名地菘。下品又有地菘條。

明・王文潔《太乙仙製本草藥性大全》卷二《本草精義》　鶴蝨　生西戎，今江、淮、衡、湘間皆有之。春生苗，葉皺似紫蘇，大而尖長，不光，莖高二尺許，七月生黄白花似菊，八月結實，子極尖細，乾即黄黑色，採無時。南人呼其葉爲火杴。按：豨薟即火杴也，雖花實相類，而別是一物，不可雜用也。

地菘：地菘即天名精苗也。生平原川澤，今江湖間皆有之。夏秋抽條，頗似薄荷，花紫白色，又云黄白色。葉如菘而小甚，南人謂之地菘。香氣似蘭，故名蟾蜍蘭。陳藏器云：根似天門冬，即天名精也。

明・王文潔《太乙仙製本草藥性大全》卷一《仙製藥性》　天名精使　味甘，氣寒，無毒。垣衣爲之使。主治：專療折傷，金瘡，拔腫毒惡疔，下瘀血血瘕。利小便以逐積水，除結熱而止渴煩。追小蟲，去濕痹，散胸中結熱，大吐下。亦堪久服，耐老輕身。補註：按：一種數名者甚多，各有因者誠少，此名叠出，咸載所因。但既稱活麞之功，當亦著濟人之效。歷考古傳方劑，並無用之，各省明醫絕無識者，有用之藥，不得劑用當時，徒列多名。正所謂雖多，亦奚以爲也。

明・王文潔《太乙仙製本草藥性大全》卷二《仙製藥性》 鶴虱 味苦，氣平，有小毒。 主治： 蚘蟯蟲咬心腹卒痛者，肥肉汁調下即安。砒霜毒呑腸胃未裂者，濃藍汁送下即吐。 補註： 蚘咬心痛，用十兩，搗末，蜜〔和丸如〕梧子大，空心蜜湯下四十丸，增至五十丸。○蚘蟲嚙心腹痛，用細研，空心肥猪肉汁下，五歲一服二分。○治蚘蟲吐水，心痛，用三兩，爲末，蜜丸，空心漿水服三十丸。○蟲咬心痛，用一兩，爲末，空心溫醋服，蟲自出。 太乙曰： 凡使用猪肉汁下。又云忌酒肉，用蜜湯送下。 地菘： 味鹹，無毒。 主治： 主金瘡止血極效，解惡蟲咬嚙神功。蛇螫毒挼以傳之，瘰癧腫毒搽之必散。 功狀與天名精正同。 補註： 惡瘡搗汁服之，日三四服立差。○風毒瘰癧赤腫，搗爛傅瘰癧上，乾易之。

明・皇甫嵩《本草發明》卷三 天明精上品下，君。氣寒，味甘、辛，無毒。味帶辛，似薑。云麥句薑。香氣如蘭，又名蝦蟇蘭。 發明曰： 天明精，除熱散結，利水，故主瘀血，血瘕欲死，去痺，除胸中熱結煩渴，止血，利小便，去小蟲，逐水，大吐下。久服輕身耐老，抑推陳致新之說歟。又破血，生肌，拔腫毒惡疔，瘻痔金瘡內射，身痒癮疹不止者，揩之立已。除熱散結可知矣。狀似薄荷，夏秋抽條，花紫白相兼，五月採。垣衣為之使。

鶴虱下品下，佐使。氣平，味苦，有小毒。一云味辛。 發明曰： 鶴虱殺蟲追毒，故本草主蚘蟯蟲咬，心腹卒痛，用為散，肥肉汁調下即安。及傅惡瘡。忌酒肉。中砒毒，腸胃未裂者，濃藍汁下，立吐出。莖葉似紫蘓，花黃白如甘菊，子粒細尖，取研散為丸。

明・李時珍《本草綱目》卷一五草部・隰草類上 天名精《本經》上品。 校正時珍曰： 據蘇、沈二説，併入《唐本》鶴蝨、《開寶》地菘、《別録》有名未用埊松。

〔釋名〕天蔓菁《別録》 天門精《別録》 地菘《唐本》 埊松《別録》。埊與地同。 玉門精《別録》 麥句薑《本經》 蟾蜍蘭《別録》 蛤蟆藍《本經》 蚵蚾草《綱目》 豕首《本經》 彘顱《別録》 活鹿草《異苑》 劉憰草憰音胡革反。 皺面草《綱目》 母猪芥《綱目》 實名鶴蝨。根名杜牛膝。恭曰： 天名精，即活鹿草也。《別録》一名天蔓菁，南人名爲地菘，葉與蔓菁、菘菜相類，故有此名。其味甘辛，故有薑稱。狀如藍，而蝦蟆好居其下，故名蝦蟆藍。香氣似蘭，故又名蟾蜍蘭。時珍曰： 天名精乃天蔓菁之訛也。其氣如豕彘，故有豕首、彘顱之名。昔人謂之活鹿草，俗人因其氣臊，訛爲狐狸臊者，是也。《爾雅》云： 茢薽，豕首也。郭璞注云： 江東呼爲豨首，可以炒蠶蛹食。藏器曰： 郭璞注《爾雅》蘧麥，云即麥句薑者，非也。陶公注釣樟條云： 有一草似狼牙，氣辛臭，名爲地菘，人呼爲劉憰草，主金瘡。按《異苑》云： 宋元嘉中，青州劉憰射一麞，剖五臟以此草塞之，蹶然而起。憰怪而拔草，便倒，如此三度。憰因密録此草種之，主折傷，愈多人，因以名之。既有活鹿之名，雅與麞事相合。陶、蘇俱説是地菘，定非二物。

〔正誤〕弘景曰： 天名精即今之豨薟，亦名豨首。夏月杵汁服之，除熱病。味至苦而云甘，或非是也。恭曰： 豨首苦而臭，名精辛而香，全不相類也。禹錫曰： 蘇恭云： 天名精南人名地菘。陳藏器《本草》《解紛》，亦言天名精爲地菘。《開寶本草》不當重出地菘條，例宜刊削。時珍曰： 按沈括《筆談》云： 世人既不識天名精，又妄認地菘爲火杴，《本草》又出鶴蝨一條，都成紛亂。不知地菘即天名精，其葉似菘，又似蔓菁，故有二名，鶴蝨即其實也。又《別録》有名未用埊松，即此地菘，亦係誤出，今並正之，合而爲一。

〔集解〕《別録》曰： 天名精生平原川澤，五月採。保昇曰： 地菘也。《小品方》名天蔓菁，又名天蕪菁。葉似山南菘菜，夏秋抽條，頗似薄荷，花紫白色，味辛而香。志曰： 地菘所在皆有，生人家及路旁陰處，高二三寸，葉似菘葉而小。又曰： 鶴蝨，出波斯者爲勝。今上黨亦有，力勢薄於波斯者。恭曰： 鶴蝨生西戎，子似蓬蒿子而細，合莖葉用之。頌曰： 天名精，江湖間皆有之，狀如韓保昇所説。又曰： 鶴蝨，江淮衡湘皆有之。春生苗，葉皺紫蘇，大而尖長，不光。莖高二尺許。七月生黃白花，似菊。八月結實，子極尖細，乾即黃黑色。南人呼其葉爲火杴。按火杴即豨薟，雖花實相類，而別是一物，不可雜用。時珍曰： 天名精嫩苗綠色，似皺葉菘芥，微有狐氣。淘浄煠之，亦可食。長則起莖，開小黃花，如小野菊花。結實如同蒿，子亦相似，最粘人衣，狐氣尤甚。炒熟則香，故諸家皆云辛而香，亦巴人食負蠜，南人食山柰之意爾。其根白色，如短牛膝。此物最賤，而《唐本草》言鶴蝨出西戎，《宋本草》言出波斯者何哉？ 蓋當時人不知用之，惟西戎、波斯始知入藥，且土産所宜故爾。亦苜蓿云出西域，而不知中國飼馬者即是也。詳見豨薟下。

葉根同 〔氣味〕甘，寒，無毒。《別録》曰： 埊松： 辛，無毒。時珍曰： 微辛，甘，有小毒。生汁吐人。之才曰： 垣衣、地黃爲之使。 〔主治〕瘀血血瘕欲死，下血止血，利小便，久服輕身耐老《本經》。除小蟲，去痹，除胸中結熱，止煩渴，逐水，大吐下《別録》。破血生肌，止鼻衄，殺三蟲，除諸毒腫，丁瘡瘻痔，金瘡內射，身癢癮疹不止者，揩之立已《唐本》。地菘主金瘡，止血，解惡蟲蛇螫毒，挼以傳之《開寶》。吐痰止瘧，治牙痛口緊喉痹時珍。埊松主眩痹《別録》有名未用。

〔發明〕時珍曰： 天名精，並根苗而言也。地菘、埊松，皆言其苗葉也。鶴蝨，言其子也。其功大抵只是吐痰止血殺蟲解毒，故擂汁服之能止痰瘧，漱之止牙疼，挼之傅蛇咬，亦治猪瘟病也。按孫天仁《集效方》云：凡男婦乳蛾喉嚨腫痛，及小兒急慢驚風，牙關緊急，不省人事者，以鶴虱草，一名皺面草，一名母猪芥，一名杜牛膝，取根洗净搗爛，入好酒絞汁灌之，良久即甦。仍以渣傅項下，或醋調搽亦妙。朱端章《集驗方》云：余被檄任淮西幕府時，牙疼大作。一刀鑷人以草藥一捻，湯泡少時，以手蘸湯挹痛處即定。因求其方，用之治人多效，乃皺面地菘草也，俗人訛爲地葱。沈存中《筆談》專辯地菘，其子名鶴虱，正此物也。《錢季誠方》：用鶴虱一枚，擢置齒中。高監方：以鶴虱煎米醋漱口，或用防風、鶴虱煎水噙漱，仍研草塞痛處，皆有效也。

【附方】舊二，新九。　男女吐血：皺面草即地菘，曬乾爲末。每服一二錢，以茅花泡湯調服，日二次。《衛生易簡》。　咽喉腫塞：《傷寒蘊要》：治痰涎壅滯，喉腫水不可下者，地菘一名鶴虱草，連根葉搗汁，鵝翎掃入，去痰最妙。○《聖濟總録》用(土)[杜]牛膝、鼓錘草，同搗汁灌之。不得下者，灌鼻得吐爲妙。○又方：(土)[杜]牛膝春夏用莖，秋冬用根，一把，青礬半兩，同研，點患處，令吐膿血痰沫，即愈。　纏喉風腫：蚵蚾草，即皺面草，細研，以生蜜和丸彈子大，每噙一二丸即愈。乾者爲末，蜜丸亦可。名救生丸。《經效濟世方》。　諸骨骾咽：地菘、馬鞭草各一握，去根，白梅肉一個，白礬一錢，搗作彈丸，綿裹含咽，其骨自軟而下也。《普濟方》。　風毒瘰癧：赤腫。地菘搗傅，乾即易之。《聖惠方》。　疔瘡腫毒：鶴虱草葉，浮酒糟，同搗傅之，立效。孫氏《集效方》。　發背初起：地菘杵汁一升，日再服，瘥乃止。《傷寒類要》。　惡瘡腫毒：地菘搗汁，日服三四次。《外臺秘要》。　惡蛇咬傷：地菘搗傅之。《易簡方》。

鶴虱《唐本草》　【氣味】苦，辛，有小毒。大明曰：凉，無毒。　【主治】蛔蟯蟲。爲散，以肥肉臛汁服方寸匕，亦入丸散用《唐本》。蟲心痛。以淡醋和半匕服，立瘥《開寶》。殺五臟蟲，止瘧，傅惡瘡大明。　【發明】頌曰：鶴虱，殺蟲方中爲最要藥。初虞世《古今録驗方》：療蛔咬心痛，取鶴虱十兩，搗篩蜜丸梧子大，以蜜湯空腹吞四五十丸。忌酒肉。韋雲患心痛十年不瘥，於雜方内[見]，合服之便愈。李絳《兵部手集》方，治小兒蛔蟲嚙心腹痛，亦單用鶴虱研末，以肥猪肉汁下之。五歲一服二分，蟲出即止也。

【附方】新一　大腸蟲出：不斷，斷之復生，行坐不得。鶴虱末，水調半兩服，自愈。《怪疾奇方》。

明・佚名氏《醫方藥性・草藥便覽》　合虱花：其性熱。洗風，去喉風之腫。

明・梅得春《藥性會元》卷上　麥句薑　味甘，寒，無毒。垣衣為使。主治瘀血血瘕欲死，下血，止血，利小便，除小蟲，去痹，除胸中結熱，止煩渴，逐水，大吐下。久服輕身耐老。

鶴虱　味辛，平，有小毒。　主蚘蟯蟲用之，為散，以肥肉臛汁服方寸匕。亦丸、散中用。生西戎。

明・李中立《本草原始》卷三　鶴虱　始生西戎，今江淮、衡、湘間皆有之。春生苗，葉皺似紫蘇，大而尖長，不光，莖高二尺許，七月生黄白花似菊，八月結實，子極尖細。乾即黄黑色，採無時。形類鶴虱，故名。　氣味：苦，平，有小毒。　主治：蚘蟯蟲，用之為散，以肥肉臛汁，服方寸匕，亦丸散中用。○殺五藏蟲，止瘧，及傅惡瘡。○治蟲咬，心痛。

鶴虱，《別錄》下品。【圖略】撮數百粒置掌中，勢如動者真。

心痛，鶴虱為末，以淡醋和半匕，服之立差。　日華子云：凉，無毒。

明・繆希雍《本草經疏》卷七　天名精　味甘，寒，無毒。主瘀血，血瘕欲死，下血，止血，利小便，除小蟲，去痹，除胸中結熱，止煩渴，逐水，大吐下。久服輕身耐老。垣衣為之使。

【疏】天名精稟天地清陰之氣，故味甘辛，氣寒而無毒。陰入血，甘亦入血，辛能散結，寒能除熱，故主瘀血，血瘕欲死，下血，止血。小便不利，由於內熱，除熱則小便自利也。小蟲者，濕熱所生也，辛寒能散濕袪熱，則小蟲自除也。除痹者，去濕之功也。除胸中結熱，止煩渴，袪熱散結益陰之功也。逐水者，濕熱散，則水自消也。《唐本》注云：即鹿活草也。《別錄》一名天蔓精。南人呼為地菘。非鶴蝨，亦非豨薟，乃荔枝草也。為消痔瘡之聖藥。味甘辛，故有薑稱。其主破血，生肌，利小便，殺三蟲，除諸毒腫，疔瘡瘻痔，金瘡內射，身癢癮疹不止者，指之立已，涼血除熱散結之力也。

【簡誤】脾胃寒薄，性不喜食冷，易泄，無渴者，勿服。

明・姚可成《食物本草》卷一八草部・隰草類　天名精　江湖間皆有之。葉似山南菘菜，夏秋抽條，頗似薄荷。花紫白色，味辛而香。○李時珍曰：天名精，嫩苗綠色，似皺葉菘芥，微有狐氣，淘浸煠之亦可食。長則起莖，開小黄花，如野菊花。結實如同蒿子，最粘人衣。狐氣尤甚，炒熟則香。實名鶴虱，生波斯國者尤佳。

天名精葉、根　味甘，寒，無毒。治瘀血血瘕欲死，下血止血痢。利小便，除小蟲，去痹，除胸中結熱，止煩渴，逐水，大吐下。破血生肌，止鼻衄，殺三蟲，除諸毒腫，疔瘡瘻痔，金瘡內射，身癢癮疹不已者，指之立止。○按《異苑》云，宋元嘉中，青州劉憘射一麞，剖五臟，以此草塞之，蹶然而起。憘怪而拔草，便倒，如此三度。憸因覓此草種之，愈金瘡折傷甚多。

實名鶴虱。　味苦、辛，有小毒。為散，以肥肉汁服方寸匕，殺蚘蟲。

附方：　治男女吐血不止。用天名精，一名皺面艸，一名地菘，晒乾為末，每服一二錢，以茅花泡湯調下，日二次。　治咽喉腫塞，痰涎壅滯，水不可下者。用鶴虱艸，即天名精，連根葉搗汁，鵝翎掃入，去痰即愈。〇又方，用杜牛膝，春夏用莖，秋冬用根一把，青礬半兩同研，點患處，令吐膿血痰沫即愈。杜牛膝即天名精。　治纏喉風。用皺面艸，細研，以生蜜和丸彈子大，每噙化一二丸即愈。　治骨鯁。用天名精、馬鞭艸各一握去根，白梅肉一个，白礬一錢，搗作彈丸，綿裹含嚥，其骨自軟而下也。白梅，即以鹽淹成白霜梅。　治疔瘡。用天名精葉、浮酒糟同搗傅之，立效。　治發背。初起即用天名精搗汁一升，日再服，瘥乃止。　治惡虵咬傷，用天名精搗傅之。　治大腸蟲出不斷，斷之復生，行坐不得。鶴虱末水調半兩服，自愈。

明・李中梓《醫宗必讀・本草徵要上》　天名精味甘、辛，寒，無毒。入肺經。地黃為使。下瘀血，除結熱，定吐衄，逐痰涎，消癰毒，止咽痛，殺疥蟲，揩膚癢。可吐痰治瘧，塗蟲螫蛇傷。根名土牛膝，功用相同。子名鶴虱，專掌殺蟲。一名蝦蟆藍，一名活鹿草，外科要藥。生搗汁服，令人大吐大下，亦能止牙疼。按：脾胃寒薄，不渴易泄者勿用。

明・蔣儀《藥鏡》卷四寒部　天名精　辛能散結，且去濕焉。寒能除熱，兼涼血焉。瘀紅頓解，便水旋通。止煩渴也胸次開，指癮瘮也瘙癢止。消痔瘡推為聖藥，平喉蛾信有神功。

清・顧元交《本草彙箋》卷三　天名精　稟清陰之氣，甘辛而寒。陰入血，甘亦入血，故主瘀血、血瘕諸症，而辛以破之。蟲者，濕熱所生，辛以散濕，寒以除熱，故殺蟲也。除痺逐水，皆其去濕之能耳。

實名鶴蝨，爲殺蟲要藥，故名鶴蝨。草狀如藍，而蝦蟇好居其下，故又有蝦蟇藍、蟾蜍蘭之名。其謂之活鹿草者，相傳宋元嘉中，青州劉憸射一麞，剖五臟，以此草塞之，蹶然而起。憸怪而拔草，(更)〔便〕倒，如是三度。憸因以此草治金瘡有驗，活鹿之名，雅與麞事相合，故又有劉憸草之名。根名杜牛膝。

凡男婦乳蛾喉腫，及小兒急慢驚風，牙關緊閉，不省人事者，以鶴蝨草根洗淨，搗爛，入好酒絞汁，灌之，良久即甦；仍以渣傅項下，或醋調搽亦可。取根葉擂汁服，能止痰瘧，漱之止牙疼，挼之傅蛇咬。　凡小兒蟲嚙心腹痛，惟用鶴蝨一味，研末，以肥猪肉臛汁，服方寸匕，蟲出即止。亦入丸散用。　諸骨鯁咽，以皺面草、馬鞭草各一握，去根，白梅肉一枚、白礬一錢，搗作彈丸，綿裹含嚥，其骨自軟而下。　皺面草，即天名精。

清・劉雲密《本草述》卷九下　天名精　方藥用之，一名蚵蚾草，又名皺面草。根名杜牛膝，子名鶴虱。天名精者，併根苗而言也。　時珍曰：天名精嫩苗綠色，似皺葉菘芥，微有狐氣，淘淨煠之，亦可食。長則起莖，開小黃花，如小野菊花，結實如同蒿子，亦相似，最粘人衣。狐氣尤甚，炒熟則香，故諸家皆云辛而香。亦巴人食負蠜，南人食山柰之義爾。其根白色，如短牛膝。

一名地菘，與豨薟易混，詳辨於豨薟條。按：菘，即俗所謂白菜。　豨薟草葉，反面葉上筋三條，毛多軟。　天名精葉，反面筋多毛少，帶硬些。

葉根同：　氣味：　甘，寒，無毒。《別録》云：辛。　時珍曰：微辛甘，有小毒。生汁吐人。

主治：　除胸中結熱，去痺《別録》。治瘀血，血瘕欲死，下血，止血痢、小便《本經》。吐痰止瘧時珍。殺三蟲，傅諸腫毒《唐本》。最療口緊喉痺，治牙痛時珍。　時珍曰：大抵此種根苗葉，只是吐痰止血，殺蟲解毒。故擂汁服之，能止痰瘧，漱之止牙疼，挼之傅蛇咬。亦治豬瘟病也。按孫天仁《集效方》云：凡男婦乳蛾，喉嚨腫痛，及小兒急慢驚風，牙關緊急，不省人事者，以皺面草，一名杜牛膝，取根洗淨，搗爛，入好酒絞汁，灌之，良久即甦，仍以渣傅項下，或醋調搽亦妙。

附方　咽喉腫塞，《傷寒蘊要》治痰涎壅滯，喉腫，水不可下者，地菘，一名鶴虱草，連根葉搗汁，鵝翎掃入，去痰最妙。　纏喉風腫，蚵蚾草細研，以生蜜和丸彈子大，每噙一二丸，即愈。乾者為末，蜜丸亦可。　惡瘡腫毒，地菘搗汁，日服三四次。

愚按：天名精，其味辛苦甘俱有，苦勝於辛，辛又勝於甘。苦下泄，辛橫散，辛苦合於甘，則入血而逐熱散結，故行血之劑亦多。若茲味似以能除胸中結熱為主，蓋痰乃熱之所聚毒，乃痰熱之所壅風，乃痰聚熱壅之所化，病此數者，皆病乎血，且或凝或溢之不一，投此味得其能行能止，而胥益也。

鶴虱　氣味：苦，辛，有小毒。　日華子曰：涼，無毒。　殺蟲方中為最要藥。

清・郭章宜《本草匯》卷一一　天名精即土牛膝。　味辛、甘，寒，小毒。下瘀血，除熱結。逐痰涎，消癰毒。身癢癮瘮揩之立已，蟲蛇螫毒挼傅為良。咽喉腫塞，連根葉而搗掃。纏喉風腫，以生蜜和丸噙。《本經》除小蟲者，濕熱之故也。辛能散，而寒除熱，濕熱去，則小蟲除矣。

按：天名精，合根苗而言也。根名土牛膝，功用相同。除熱散結，殺蟲解毒，消痔瘡之聖藥。孫天仁《集効方》：凡患乳蛾喉嚨腫痛，及小兒急慢驚風，牙關緊急，不省人事者，搗根酒服，仍以渣醋傅項下。脾胃寒薄，易泄無渴者，勿服。

五月採，陰乾用。地黃為之使。

鶴虱　苦，辛，氣涼，小毒。殺五藏之蟲，止蚘咬心痛。

按：鶴虱，即天名精之子也。形如鶴虱，殺蟲方中為最要藥。兼止瘧，傅惡瘡，故李絳《手集方》治小兒蚘蟲，嚙心腹痛，亦單用此研末，以肥猪肉汁下之，五歲一服二分，蟲出即止也。中砒霜毒，腸胃未裂者，濃煎汁，送下，立〔吐〕。〔乾即〕黄黑色，微炒用。

清・王翃《握靈本草》補遺　杜牛膝江湖間皆有之。即天名精根。一云：即活鹿草。　甘，寒，無毒。主下血瘕，止血，殺蟲，解毒。

清・汪昂《本草備要》卷二　鶴蝨瀉，殺蟲。　苦、辛，有小毒。殺五藏蟲，治蛔嚙腹痛。面白唇紅，時發時止者，爲蟲痛，肥肉汁調末服。　沈存中《筆記》曰：是杜牛膝子。或曰非也，別是一種。最粘人衣。有狐氣，炒熱則香。

清・王逊《藥性纂要》卷二　鶴虱　【略】東圃曰：鶴虱草之子也。其草高尺餘，踈莖對節，色青而有毛，葉面青黑而背淡，尖而成扇，分椏，有鋸齒，初夏開細白花，如胡蘿蔔花，葉亦相似，四月枝頭結子成簇，有毛，宛似蟲虱之狀，五月子莖皆枯，則可收矣。採草藥者能識，生藥肆中不市賣也。其莖葉則未枯時，亦可用。

味苦、辛，氣寒，有小毒。為殺蟲要藥。古方化蟲丸用之。又單用療蚘咬心痛，取十兩，搗末，蜜丸梧子大，以蜜湯空腹吞四五十丸，忌酒肉。韋雲患心痛，十年不瘥，服之便愈。小兒蛔蟲嚙心腹痛，亦單用研末，以肥猪肉汁下之。五歲一服二分，蟲出即止。治怪疾奇方，大腸出蟲不斷，斷之復生，行坐不得，鶴虱末水調服至半兩自愈。

清・李熙和《醫經允中》卷二一　天名精　一名地菘，即荔枝草。入肺經。　甘，寒，微毒。主治纏喉風腫，除諸惡毒疔瘡，痔瘡，下瘀血，散結熱，吐風痰。亦治小兒牙關緊閉，急慢驚風。擦牙疼即止痛。根名土牛膝，功用相同。子名鶴虱，為殺蟲追毒要藥。中砒霜毒，腸胃未裂者，濃煎汁飲下立止。但脾胃虛寒易泄者弗用。

清・馮兆張《馮氏錦囊秘錄・雜症痘疹藥性主治合參》卷三　天名精禀天地清陰之氣，故味甘辛，氣寒而無毒。

天名精，又名地菘，又名麥薑，又名蟾蜍蘭，又名蝦蟆藍，又名天蔓菁，又名天門精，又名活鹿草，又名劉儘草。專療傷折金瘡，拔腫毒惡疔，下瘀血血瘕。利小便以逐積水，除熱結而止渴煩。追小蟲，去濕痹，逐痰涎，定吐衄。敷治蛇蟲螫毒，噙療纏喉風腫。根名土牛膝，功用相同。子名鶴虱，任合丸散，大能殺蟲追毒，蚘蟯蟲咬，心腹卒痛者，肥肉汁調下即安。砒霜毒吞，腸胃未裂者，濃齏汁送下立吐。

清・张璐《本經逢原》卷二　天名精《本經》名蝦蟆藍，一名地菘，子名鶴蝨。　甘，寒，無毒。《本經》主瘀血血瘕欲死，下血止血，利小便。　發明：天名精功專散血，有破宿生新之功，故《本經》言下血止血，又能涌吐風痰，殺蟲解毒。擂汁服之，能止痰瘧，漱之止牙疼，搗之敷蛇傷，煎服除淫穢邪毒，從小便泄出。凡乳蛾喉嚨腫痛，及小兒急慢驚風，牙關緊急，不省人事者，搗絞和酒灌之。咽喉腫塞，痰涎壅滯，搗汁鵝翎掃入，去痰立效。亦治豬瘟。

鶴蝨　苦，平，無毒。　發明：鶴蝨入厥陰肝經，善調逆氣，能治一身痰凝氣滯，殺蟲方中最要藥。《錄驗方》療蛔攻心痛，一味丸服。小兒蟲痛亦單用鶴蝨研末，肥肉汁服，其蟲自下。藥肆每以胡蘿蔔子代充，不可不辨。

清・張志聰、高世栻《本草崇原》卷上　天名精　氣味甘，寒，無毒。主治瘀血，血瘕欲死，下血，止血，利小便。久服輕身耐老。　天名精合根苗花實而言也，根名土牛膝，苗名活鹿草。實名鶴虱。所以名活鹿者，《異苑》云：宋元嘉中青州劉儘射一鹿，剖五藏，以此草塞之，蹶然而起。儘怪而拔草，便倒，如此三度，儘因密錄此草種之，治折傷，愈多人，因以名之。始出平原川澤，今江湖間皆有之，路旁陰濕處甚多。春生苗，高二三尺，葉如紫蘇葉而尖長，七月開黄白花，如小野菊，結實如茼蒿子，最黏人衣，狐氣尤甚。炒熟則香，因名鶴虱，俗名鬼虱，其根黃白色，如牛膝而稍短，故名土牛膝。鹿乃純陽之獸，得此天名精而復活，蓋稟水天之氣而多陰精，故能治純陽之鹿。主治瘀血血瘕欲死，得水天之精氣。陰中有陽，陽中有陰，故瘀久成瘕之積血，至欲死而可治，亦死而能生之義也。又曰：下血、止血者，申明所以能治瘀血血瘕欲死，以其能下積血，而復止新血也。水精之氣，上合於天，則小便自利。久服則精氣足，故輕身耐老。

鶴虱附　氣味苦、辛，有小毒。主治蛔蟯蟲。《唐本草》附。　鶴虱得天日之精氣在上，故主殺陰類之蛔蟯。

土牛膝附　又名杜牛膝。氣味苦，寒，主治吐血，牙痛，咽喉腫塞，諸骨骾咽。《新增》附。　天者陽也，下通水精，水者陰也，陰柔在下，故根名土牛膝。陽剛在上，故苗名活鹿，子名鶴虱，於命名之中，便有陰陽之義。

清・劉漢基《藥性通考》卷六　鶴虱　味苦、辛，有小毒。殺五臟蟲，治蚘，齒腹痛，面白唇紅，時發時止者，為蟲痛，肥肉汁調末服。其子最粘人衣，有狐氣，炒熟用則香。

清・吴儀洛《本草從新》卷二　天名精（瀉熱吐痰，破血解毒。）一名地松，一名活鹿草，一名蝦蟆藍。　辛甘而寒。能破血，一婦產後口渴氣喘，面赤有斑，大便泄，小便閉，用行血利水藥不效，用天名精根、葉濃煎膏飲，下血一桶，小便通而愈。能止血，吐痰除熱，解毒殺蟲。治乳蛾喉痺，砂淋血淋，《良方》（《蘇沈良方》）云：濃煎加乳、麝小許神效。小兒牙關緊閉，急慢驚風。不省人事者，絞汁入好酒灌之即蘇。以醋拌渣敷項下。服汁吐瘧痰，喉蛾及驚風，服之，亦取其吐痰。漱汁止牙痛，搗敷蛇蟲螫毒。根名杜牛膝，功用相同。色白如短牛膝。煎湯洗痔，渣塞患處良。地黃為使。

附：　鶴虱（瀉，殺蟲。）　苦，辛。殺五臟蟲，治蚘咬腹痛。面白唇紅，時發時止為蟲痛，肥肉汁調末服。即天名精子，最粘人衣。有狐氣，炒熟則香。

清・汪紱《醫林纂要探源》卷二　鶴蝨　苦，辛，溫。苗葉似天名精，抽莖，作實如蛇牀子，沈括《筆談》謂即土牛膝子，非也。功用略同蛇牀子。今惟用以治蟲殺蛔，然功亦能溫下部，但氣狐臭，有小毒。子好粘人衣。

清・嚴潔等《得配本草》卷三　天名精一名皺面草，一名活鹿草，一名蝦蟆藍。垣衣、地黃為之使。　甘、辛，寒。破血瘕，瀉邪熱，吐痰瘧，開喉閉，止牙疼，敷瘡癰。搗汁，和豬肉汁，治蟲痛。搗汁獨服，吐痰瘧。　配酒糟，搗和敷疔瘡。入青礬少許，點喉腫。　搗生汁用，令人吐。

鶴虱即天名精子。　辛、苦，涼，有小毒。治蟲咬心腹攻痛之要藥，止瘧疾，消痰氣。　搗末，拌淡醋，治蟲痛攻心。搗末，和肥肉汁，治蟲痛。　怪症：大腸蟲出不斷，斷之復生，行坐不得。用鶴虱末五錢，水調服之。

題清・徐大椿《藥性切用》卷四　天明精　一名地菘，一名活鹿草，一名蝦蟆藍。辛甘性寒，能除熱吐痰，破血解毒。根名杜牛膝，功用相同。鶴蝨，即天明精子。性味苦寒，殺蟲，治蛇，為蚘咬腹痛耑藥。

清・黃宮繡《本草求真》卷八　鶴虱入肝除瘀，凝滯殺蟲。　鶴虱耑入肝。氣味苦平。即杜牛膝子。功專入肝除逆。故凡一身痰凝氣滯，得此苦以疎泄，則痰氣頓解，而蟲自無安身之地矣。況蟲得苦則伏，如小兒蚘囓腹痛，用以鶴虱研末，納於肥肉汁中投服，其蟲自下。蟲痛面白唇紅，時作時止。非其蟲因苦逐，曷克有是，但藥肆每以胡蘿蔔子代充，不可不辨。《千金方》曰，人腹生蟲，大率有九，一曰伏蟲，長四分，為群蟲之主；二曰蚘蟲，長一尺，生發多，則貫心而殺人；三曰白蟲，即寸蟲，長一寸，子孫相生，其母轉大，長至四五丈，亦能殺人；四曰肉蟲，狀如爛杏，令人煩滿；五曰肺蟲，狀如蠶，令人咳嗽；六曰胃蟲，狀如蝦蟆，令人嘔吐胃逆喜噦；七曰弱蟲，又名膈中，狀如瓜瓣，令人多唾；八曰赤蟲，狀如生肉，令人長鳴；九曰蟯蟲，形極微細，有如菜蟲，居於廣腸之間，多則為痔，劇則為癩，因人瘡痍，即生癰疽癬瘻，瘑疥齲蟲，無所不為。

清・羅國綱《羅氏會約醫鏡》卷一六草部　天名精味甘辛，寒，入肺經。根名杜牛膝，同功。　辛能破血，寒能止血。治吐衄、痰熱、乳蛾、喉痹、小兒牙緊、急慢驚風。痰熱血熱之患。解毒殺蟲，砂淋血淋，方載本門。下瘀血血癥破血。而血虧體弱者忌用。

鶴虱：　味苦辛，有小毒。大能殺五臟蟲，凡蚘、蟯蟲嚙腹痛。面白唇紅，時發時止為蟲痛，肥肉汁調末服。是天名精子，炒熟則香，研末，任合丸散用。

清・黃凱鈞《藥籠小品》　天名精一名地菘。　辛甘，寒，能破血，吐痰涎，解毒殺蟲，治乳蛾喉痹，小兒急驚，不省人事，絞汁入好酒灌之即醒。服汁能吐瘧痰。　根名杜牛膝，功用相同。　子名鶴虱，殺蟲治蚘咬腹痛。

清・張德裕《本草正義》卷下　鶴虱　苦，涼，平，有小毒。殺一切諸蟲。

清・楊時泰《本草述鉤元》卷九　天名精　即皺面草，一名蚵蚾草，根名杜牛膝，子名鶴蝨，併根苗而言，則為天名精。　嫩苗綠色，似皺葉菘芥，微有狐氣，長則起莖，開小黃花如野菊，結實如同蒿，子亦相似，最粘人衣，狐氣尤甚，炒熟則香，其根白色，如短牛膝。一名地菘，菘即白菜。與豨薟易混，但豨薟草反面葉筋三條，毛多而軟；天名精葉反面筋多，毛少而帶硬，為異。

葉根苗同。味苦、微辛、微甘，氣寒。有小毒，生汁吐人。除胸中結熱，去痹，下血止血，治瘀血血瘕欲死，利小便。擂汁服之，吐痰止瘧，殺三蟲。挼之傅諸腫毒及蛇咬，亦治猪瘟病，最療口緊喉痹。取汁漱之，止牙痛諸本草。凡男婦乳蛾腫痛，小兒急慢驚風，牙關緊急，不省人事者，取皺面草連根即杜牛膝，洗淨搗爛，入好酒，絞汁灌之，良久即甦，仍以渣傅項下，或醋調搽亦可。咽喉腫塞，痰涎壅滯，水不可下者，地菘連根葉搗汁，鵝翎掃入，去痰最妙。纏喉風腫，蚵蚾草細研，生蜜和丸彈子大，每噙一二丸即愈，乾者為末蜜丸亦可。惡瘡腫毒，地菘搗汁，日服三四次。

論：天名精味苦勝於辛，辛又勝於甘，苦下泄，辛橫散，辛苦合於甘，則入血而逐熱散結，故其用似以能除胸中結熱為主，蓋痰乃熱之所聚，毒乃痰熱之所壅，風乃痰聚熱壅之所化，數者皆病乎血，而或凝或溢，投此則能行能止而胥益也。

鶴蝨：氣味苦辛涼，有小毒。殺蟲方中，最為要藥。

清・葉桂《本草再新》卷三　天名精味辛、甘，性寒，無毒。入肺經。　能破血，能止血，殺蟲，治乳蛾喉痺，砂淋血淋。

清・吴其濬《植物名實圖考》卷一一　天名精　《本經》上品。《異苑》載劉儘活鹿事，故有活鹿草、劉儘草諸名。《爾雅》：蘧麥。注：麥句薑。《本草拾遺》非之。又菧藪，豕首。注《本草》曰彘顱。陶隱居以為即豨薟。《夢溪筆談》以鶴蝨、地菘，皆天名精。而《蜀本草》云：地菘抽條如薄荷，與宋《圖經》鶴蝨小異。今天名精形狀俱如宋《圖經》所述。

雩婁農曰：天名精，子極臭而刺人衣，南方冬不落盡而新荄生矣，園丁惡之。諸家皆云子名鶴蝨。湘中土醫有用鶴蝨者，余取視之，乃野胡蘿蔔子。蓋其花白如鶴羽，而子如蝨，故有是名。天名精子名此，則所未解。《救荒本草》僅以野胡蘿蔔根可救飢，而湘南以入藥裹，然則即以鶴蝨名之亦宜。

清・趙其光《本草求原》卷三隰草部　鶴虱　苦，平，有小毒。降心肺，調逆氣，治痰凝氣滯，殺蟲、蛔攻心痛。面白唇紅，時發時止者，為蟲痛，肥肉汁調末服。其葉名天名精，又名皺面草，又名活鹿草、蝦蟆藍。辛、甘，寒。根名杜牛膝，俱除熱結瘀血、吐痰、止瘧、殺蟲、消腫、解毒、止牙痛，治蛇咬、豬瘟、喉痹、急慢驚、入酒搗汁灌。沙淋、血淋。

清・葉志詵《神農本草經贊》卷一　天名精　味甘，寒。主瘀血血瘕欲死，下血止血，利小便。久服輕身耐老。一名麥句薑，一名蝦蟆藍，一名豕首。生川澤。

豕首彘顱，義難研括。氣厭狐臊，功稱鹿活。面皺非吹，衣黏不脫。通化瘀痂，長嬴采掇。

《爾雅》：菧藪，豕首。名醫曰：一名彘顱。五月采。陶弘景序：研括煩省。李時珍曰：嫩苗綠色，似皺葉菘芥，微有狐氣。一名皺面草。結實如蒿子，狐氣最黏人衣。蘇恭曰：即活鹿草也。《爾雅》：夏為長嬴。

清・文晟《新編六書》卷六《藥性摘錄》　鶴虱　苦，平。入肝。逐瘀導痰，泄滯殺蟲。

清・屠道和《本草匯纂》卷三殺蟲　鶴虱　耑入肝。氣味辛平。入肝，除痰殺蟲。治蚘齩腹痛，殺五臟蟲，止瘧，傅惡瘡。凡一身痰凝氣滯，得此苦以疎泄，則痰氣頓解，而蟲自無安身之地矣。蟲心痛，以淡醋和半匕服，立瘥。除蚘蟯蟲，為散，以肥肉臛汁服方寸匕，亦入丸散用。蟲痛則面白脣紅，時作時止。即天名精子，最粘人衣，有狐氣，炒熟則香。但藥肆每以胡蘿蔔子代充，為可不辨。

清・戴葆元《本草綱目易知錄》卷一　天名精地菘、杜牛膝。　莖葉根，甘、寒。吐痰，止瘧，破血，生肌，逐水，大吐下。挼傅，止金瘡血。去痹，除小蟲，止煩渴，利小便，止鼻衄，殺三蟲。治胸中結熱，血瘕下血，驚風口噤，喉痹牙疼，除諸毒腫，痔漏疔瘡。揩癮瘮身痒，解惡蟲蛇螫毒。能下胎，妊婦忌。療猪瘟病。【略】

鶴虱天名精子：苦、辛，有小毒。止瘧，傅惡瘡，殺五臟蟲。治蚘蟯蟲病，為末，以肥肉臛汁服。蚘蟲心痛，為末，醋服一錢，或蜜丸，空腹蜜水服。

清・陳其瑞《本草撮要》卷一　天名精　味甘，寒，微毒，入手足陽明、厥陰經，功專破血，治砂淋血淋。得乳麝少許共為末，吹治乳蛾喉痹。若小兒急慢驚風，牙關緊閉，絞汁入好酒灌之即醒。以渣用醋拌敷項下神效。根名杜牛膝，男女吐血，晒乾為末，茅花湯調服一錢，蟲痛以肥肉汁調服。子名鶴蝨，大腸蟲出不斷，斷之復生，行坐不得，炒研為末，水調服半兩許即愈。以之煎湯洗痔。渣敷患處，或擣敷蛇蟲螫毒尤良。地黄為使。一名地菘，一名活鹿草，一名蝦蟆藍。

清·仲昴庭《本草崇原集説》卷一　天名精　【略】仲氏曰：各本草謂天名精治乳蛾喉痹，小兒急慢，服汁吐瘧痰似矣。然病有病因，藥有藥性，二者無他，亦以聖經為本而已，知本則疑似之交，可以立辨。否則乳蛾等患，其病因偶合天名精，只算僥幸，設差一黍，弊即隨之，若侶山堂各種書籍，皆教人務本也。本立而道生，故無弊。

蚵蚾菜

明·朱橚《救荒本草》卷上之前　蚵蚾菜音軻婆。生密縣山野中。科苗高二三尺許，葉似連翹葉微長，又似金銀花葉而尖，紋皺却少，邊有小鋸齒，開粉紫花，黄心。葉味甜。救飢：採嫩苗葉煠熟，水浸淘洗淨，油鹽調食。

杓兒菜

明·朱橚《救荒本草》卷上之後　杓兒菜　生密縣山野中。苗高一二尺，葉類狗掉尾葉而窄頗長，黑綠色，微有毛澁，又似耐驚菜葉而小軟薄，梢葉更小，開碎瓣淡黄白花。其葉味苦。救飢：採葉煠熟，水浸去苦味，淘洗淨，油鹽調食。

明·蘭茂撰，清·管暄校補《滇南本草》卷中　芸香草一名挖耳〔草〕，又名毛葉草。性寒，味苦微辛。陰中陽也，可升可降。瀉諸經實熱客熱，解肌表風寒，清咽喉熱毒腫痛，風火牙痛，乳蛾乍腮，排膿潰散，傷風頭痛，虛癆骨蒸，小兒驚風發搐，角弓反張。

附方：治男婦一切癆熱，午後怕冷，夜間發熱煩渴，五更出汗始涼。芸香草二錢，地骨皮二錢，八仙草一錢，銀柴胡一錢，生地一錢，丹皮一錢，元參一錢，薄荷五分，水煎，點童便服。癆嗽加百部、百合、麥冬；飲食無味加淮山藥、蓮子、白茯苓；水瀉加白术；室女經閉，婦人經閉，加蘇木、紅花。又方：治傷風頭疼發熱，芸香草一錢，蘇葉一分，白芷三分，川芎一錢，薑皮為引，煎湯服。又方：治小兒外乳蛾乍腮，紅腫疼痛熱核。芸香草二錢，白頭翁一錢，赤芍一錢，水煎，點酒服。又方：治陽明實(大)〔火〕，牙根腫痛，風火蟲牙。芸香草三錢，花椒十五枚，煎湯，頻頻漱口，或點酒服，或噙牙上。又方：治癰疽紅腫，有膿者潰，無膿者散。芸香草不拘多少，煎水，點水酒服。又方：治小兒急驚，角弓反張，發搐，手足蹬搖。芸香草水煎，點水酒服；或加硃砂一分，蚯蚓二條，點水酒服。

補註：慢驚不宜服此藥，慢驚乃脾氣不足，無風可去，無痰可清，忌服。

明·蘭茂《滇南本草》〔叢本〕卷上　雲香草一名地耳草，一名毛葉草。味苦、微辛，性寒。陰中之陽也，可升可降。瀉諸經寔火客熱，解肌表風寒，發汗。消咽喉腫，消風火牙根腫痛，散乳蛾乍腮紅腫，攻瘡癰排膿。有膿者出頭，無膿者消散。治傷風頭疼發熱，退虛勞無汗骨蒸。治小兒驚風發搐，即熱驚角弓反張。註補：雲香草大寒，脾胃虛弱者禁忌，胃寒者忌用，悞用令人不思飲食，嘔吐。

附方：治男婦一切勞(燒)〔熱〕，午後怕冷作寒，夜間發熱煩渴，五更汗出方涼，肢體酸耎，精神短少，飲食無味。雲香草二錢、地骨皮二錢、八仙草一錢、黄芩一錢、銀柴胡二錢、生地黄一錢、牡丹皮一錢、薄荷五分，引水酒、童便服。勞咳加百合、百部、麥冬。不思飲食，加蓮子、淮藥、白茯苓。如瀉，加白术、山藥。室女、婦人虛勞經閉，加蘇木、紅花，引水酒服。附方：治傷風頭疼發熱，雲香草、蘇葉、白芷、川芎，點童便服。附方：治小兒外乳蛾，乍腮紅腫疼痛，熱核結硬，發熱煩渴。雲香草、白頭翁、赤芍，點水酒服。附方：治陽明經寔火，牙根腫脹疼痛，風火蟲牙疼痛，雲香草，引點花椒十粒，煎湯漱口，效。或點燒酒服。用根噙上牙。附方：治熱毒癰疽，紅腫疼痛，有膿者出頭，無膿者消散。雲香草，引點水酒服。附方：治小兒發熱生驚，角弓反張，急驚發搐，手足搖蹬。雲香草，引水酒一滴。註補：此方治小兒熱驚良效，加硃砂二分、細蛐蟮二條、藥同調服。若小兒慢驚則不宜服，慢驚乃脾虛不足之症，無風可去，無痰可清，禁忌此藥。

明·鮑山《野菜博録》卷二　杓兒菜　生山野中。苗高一二尺，葉似狗筋蔓葉窄長，黑綠色，微有毛澁，稍葉更小。稍間開碎瓣淡黄白花。葉味苦。

食法：採葉煠熟，水浸去苦味，淘淨，油鹽調食。

清·劉善述、劉士季《草木便方》卷一草部　牛兒草　牛牛草辛辟鬼邪，小兒眼合推頭額。胸脹積痛消腫毒，風寒喉痹包即滅。金挖耳。

合媽雲香草

明·蘭茂撰，清·管暄校補《滇南本草》卷中　蛤蟆芸香草　性大寒，微若。瀉六經實熱，退男女諸般虛熱癆熱，有汗骨蒸煩熱，子午潮熱。

附方：治男婦老幼虛熱癆傷，諸藥不效，芸香草三錢，煎湯，點童便服。

明・蘭茂《滇南本草》〔叢本〕卷上 合媽雲香草，味苦，性大寒。瀉六經客熱，退男婦諸般虛熱勞熱。治有汗骨蒸煩熱，退子午潮熱。單方：治童男幼女虛熱，諸藥不退者，服之良效。產後數月，發熱不退涼者效。合媽雲香草三錢，引用童便點服。

倮玀雲香

明・蘭茂撰，清・管暄校補《滇南本草》卷中 倮玀芸香草 性微寒，微苦。在表症清六經實火，解表邪，發汗甚速。消乳蛾，乍腮硬腫。攻瘡瘍紅腫，清散出頭，有膿者潰破，無膿者紅腫退散。並退男婦癆熱。附方：治腋汗狐臭，將新鮮挖芸香草挾腋下，臭汗自止。

明・蘭茂《滇南本草》〔叢本〕卷上 玀玀雲香草，味苦，性寒。在表症治六經寔火，解表邪，發散甚速。消乳娥，乍腮勁腫，攻瘡毒紅腫。有濃者出頭，潰濫無濃者，紅腫消散。退男婦勞燒，治男婦體氣夾汗狐臭。將玀玀雲香草新鮮取來，令人挾于腋下，臭汗自出矣。註補：玀玀雲香草，與毛葉雲香草根葉一同，葉微黃色，鼻間有香草香味，毛葉雲香草無香草香味。

金宆耳

清・吳其濬《植物名實圖考》卷一五 金宆耳 產湖南長沙山坡。高二尺餘，獨莖褐紫，參差生葉，葉如鳳仙花，葉面青背白，微齒，秋開黃花如寒菊下垂，旁莖弱欹，故有是名。俚醫云性涼，能除瘴氣。按《黔書》有黃花根，能除蠱瘴，氣味或相近。

紅藍花

宋・唐慎微《證類本草》卷九草部中品〔宋・馬志《開寶本草》〕 紅藍花 味辛，溫，無毒。主產後血運口噤，腹內惡血不盡絞痛，胎死腹中，並酒煮服。亦主蠱毒下血。堪作燕脂。其苗生擣碎，傅遊腫。其子吞數顆，主天行瘡子不出。其燕脂，主小兒聤耳，滴耳中。生梁、漢及西域。一名黃藍。《博物志》云：黃藍，張騫所得。今倉魏地亦種之。今附。

〔宋・蘇頌《本草圖經》〕曰：紅藍花，即紅花也。生梁漢及西域，今處處有之。人家場圃所種，冬而布子於熟地，至春生苗，夏乃有花。下作梂彙，多刺，花蘂出梂上。圃人承露採之，採已復出，至盡而罷。梂中結實，白顆如小豆大。其花暴乾，以染真紅及作燕脂，主產後血病爲勝，其實亦同，葉頗似藍。故有藍名，又名黃藍。《博物志》云：張騫所得也。張仲景治六十二種風，兼腹內血氣刺痛。用紅花一大兩，分爲四分，以酒一大升，煎强半，頓服之。不止，再服。又一方：用紅藍子一升，擣碎，以無灰酒一大升八合，拌了暴令乾，重擣，篩，蜜丸如桐子大，空腹酒下四十丸。《貞元廣利方》：治女子中風，血熱煩渴者。以紅藍子五大合，微熬擣碎，旦日取半大匙，以水一升，煎取七合，去滓，細細呷之。又崔元亮《海上方》：治喉痹，壅塞不通者。取紅藍花擣，絞取汁一小升服之，以差爲度。如冬月無濕花，可浸乾者濃絞取汁，如前服之，極驗。但咽喉塞，服之皆差。亦療婦人產運絕者。

〔宋・唐慎微《證類本草》〕《唐本》注云：治口噤不語，血結，產後諸疾。堪染紅。《外臺秘要》：治一切腫方：以紅花熟爛，擣取汁服之，不過再三服便差，服之多少，量腫大小而進之。《簡要濟衆》：產後血暈，心悶氣絕。紅花一兩，擣爲末，分作兩服，酒二中盞，煎取一盞併服。如口噤，斡開灌之。《子母秘録》同。《産寶》：療產後中風，煩渴。紅花子五合，微熬研碎，以一匙水一升，煎取七合，徐徐呷之。《近效方》：治血暈絕不識人，煩悶者。紅花三兩，新者佳，無灰酒半升，童子小便半升，煮取一大盞，去滓，候冷，頓服之，新汲水煮之亦良。

宋・鄭樵《通志》卷七五《昆蟲草木略》 紅藍 亦曰黃藍。

金・張元素《潔古珍珠囊》〔見元・杜思敬《濟生拔粹》卷五〕 紅藍花 苦，陰中微陽。入心養血。又治血運惡血不盡絞痛。

宋・劉明之《圖經本草藥性總論》卷上 紅藍花 味辛，溫，無毒。主產後血暈口噤，腹內惡血不盡絞痛，胎死腹中，並酒煮服。亦主蠱毒下血。堪作燕脂，主小兒聤耳。《海上方》：治喉痺壅塞不通，取汁服之，極驗。但咽喉塞，服皆効。治婦人產暈絕者，張仲景治六十二種風，兼腹內血氣刺痛。《廣利方》：治女子中風，血熱煩渴。

宋・王介《履巉巖本草》卷上 紅花 味辛，溫，無毒。主產後血運，〔口〕噤，腹內惡血不盡，絞痛；胎死腹中，並酒煮服，亦主蠱毒下血。堪作胭脂。主小兒瘡疹不出。治產後血運，心(閃)〔悶〕氣絕，用紅花一兩，擣爲末，分作兩服。酒二盞，煎至一盞，併服之。

元・王好古《湯液本草》卷三 紅藍花 氣溫，味辛。辛而甘，溫苦，陰中之陽。無毒。《象》云：治產後口噤血暈，腹內惡血不盡，絞痛。破留血，神效。搓碎用。《心》云：和血，與當歸同用。《珍》云：入心養血。謂苦為陰中之陽，故入心。《本草》云：主產後血暈，胎死腹中，並酒煮服。亦主蠱毒下血。其苗，生搗傅遊腫。其子，吞數粒，主天行瘡子不出。

其胭脂，主小兒聤耳，滴耳中。仲景治六十二種風，兼腹中血氣刺痛，用紅花一大兩，分為四分，酒一大升，煎強半，頓服之。

元·朱震亨《本草衍義補遺》　紅藍花　破留血，養血。多用則破血，少用則養血。○《本草》云：產後血運口噤，腹內惡血，胎死腹中，並酒煮服。又，其子吞數顆，主天行瘡子不出，又其臙脂，治小兒聤耳，滴耳中妙。

元·佚名氏《珍珠囊·諸品藥性主治指掌》〔見《醫要集覽》〕　紅花　味辛，性溫，無毒。陽也。其用有四：逐腹中惡血而補血虛之虛，除產後敗血而止血暈之暈。

元·徐彥純《本草發揮》卷二　紅藍花　潔古云：破留血神驗。入心養血。謂其苦溫，為陰中之陽，故入心。東垣云：紅花和血，與當歸同用。丹溪云：破留血，養心血。多用則破血，少用則養血。

明·朱橚《救荒本草》卷上之前　紅花菜　《本草》名紅藍花，一名黃藍。出梁漢及西域，倉魏亦種之，今處處有之。苗高二尺許，莖葉有刺，似刺薊葉而潤澤，窊五化切面，稍結梂彙音求胃，亦多刺，開紅花，蘂出梂上。圃人採之，採已復出，至盡而罷，梂中結實，白顆如小豆大，其花暴乾，以染真紅及作胭脂，花味辛，性溫，無毒。葉味甘。救飢：採嫩葉煠熟，油鹽調食。子可笮音乍作油用。治病：文具《本草》草部紅藍花條下。

明·蘭茂原撰，范洪等抄補《滇南本草圖說》卷九　紅藍花　稟火與土之氣，故味苦辛，溫，無毒。陰中之陽，入心肝二經血分之藥。《本草》亦謂之紅藍花。藍葉，紅花，滇中處處有之。主治：胎死腹中，凡產難者，服之易生。兼止血暈，誠胎產仙丹，女科要藥也。治小兒口噤，化痘斑，涼血熱，稀痘疹。多用則入心養血，並入心肝二經，行血治血而潤燥也。產天祝者，葉似莧菜。產滇者，葉圓。入藥神妙，須細辨之。

明·王綸《本草集要》卷二　紅藍花　味辛甘苦，氣溫。陰中之陽。無毒。堪作臙脂及染真紅。主產後血暈口噤，腹內惡血不盡絞痛，胎死腹中，並酒煮服。又主蠱毒，下血。多用則破血，少用則入心養血和血，與當歸同功。○苗，生搗，傅遊腫。○子，吞數粒，主天行瘡子不出。○臙脂，主小兒聤耳，滴耳中。喉痹塞不通，搗濕花，絞汁一小升，細服之差，為一度。無濕花，浸乾者，如前法，極驗。一切腫，搗取汁服之，不過再三服，量腫大小，而多少服之。女子中風，血熱煩渴，兼血氣刺痛，取子一升，杵碎，酒拌晒乾，重杵為〔末〕，煉蜜（水）〔丸〕如桐子大，空腹酒服四十丸。

明·滕弘《神農本經會通》卷一　紅藍花　即紅花。堪作燕脂，其花暴乾，以染真紅。味辛，氣溫，無毒。《湯》云：辛而甘，溫，苦，陰中之陽。東云：陽也。逐腹中惡血，而補血虛之血；除產後敗血，而止血暈之血。又云：治產後惡血，通經。《珍》云：和血，當歸同入心，能養血，又治產後血暈并心悶。《走》云：主養血，除惡血，補虛少血，止腹痛，產後敗血血暈。《本經》云：主產後血運口噤，腹內惡血不盡絞痛，胎死腹中，並酒煮服。亦主蠱毒下血。堪作臙脂。其苗生擣碎，傅遊腫。其子吞數顆，主天行瘡子不出。其臙脂，主小兒聤耳，滴耳中。《圖經》云：主產後血病為勝，其實亦同。仲景治六十二種風，兼腹中血氣刺痛，用紅花一大兩，分為四分，以酒一大升，煎強半，頓服之。又一方：用紅藍子一升，擣碎，以無灰酒一大升八合，拌了，暴令乾，重擣簁，蜜丸如桐子大，空腹酒下四十丸。《廣利方》治女子中風，血熱煩渴者，以紅藍子五大合，微熬擣碎，旦日取半大匙，以水一升，煎取七合，去滓，細細嚥之。又《海上方》：治喉痹壅塞不通者，取紅藍花，搗絞取汁一小升，服之，以差為度。如冬月無濕花，可浸乾者，濃絞取汁，如前服之，極驗，但咽喉塞，服之皆差。亦療婦人產運絕者。《象》云：治產後口噤血暈，腹內惡血不盡絞痛，破留血神効。搓碎用。《心》云：和血，與當歸同用。《珍》云：入心養血，謂苦為陰中之陽，故入心。丹溪云：破留血，養血。多用則破血，少用則養血。餘同《本草》。劊云：紅花辛溫能養血，腹停惡血又能除。止產敗血血之暈，主虛少血血之虛。《局》云：紅藍花本能行血，產後昏迷用最宜。苦用胭脂功又別，小兒停耳却能醫。紅花，本能行血。

明·劉文泰《本草品彙精要》卷一一　紅藍花無毒。植生。

紅藍花：主產後血暈，口噤，腹內惡血不盡絞痛，胎死腹中，並酒煮服。亦主蠱毒下血，堪作胭脂。○苗，生搗碎，傅遊腫。○子，吞數顆，主天行瘡子不出。○胭脂，主小兒聤耳，滴耳中。名醫所錄。

〖名〗紅花、黃藍。

〖苗〗《圖經》曰：此即紅花也。今處處場圃中，冬月布子於熟地，至春生苗，狀如大薊，莖端作梂彙，多刺，五六月花蕊出梂上。圃人乘露採之，採已，復出，至盡而罷。梂中結實，白顆如小豆大，其花可以染真紅，但葉頗似藍，故有藍名耳。《博物志》云：此種乃張騫使西域所得也。

〖地〗《圖經》曰：

出梁漢及西域，今倉魏亦種之。〔道地〕鎮江。　〔時〕生：　春生苗。採：五六月取花。　〔收〕暴乾。　〔用〕花、實。　〔質〕類小薊蕊。　〔色〕紅。〔味〕辛，甘，苦。　〔性〕溫，散。　〔氣〕氣厚于味，陽中之陰。　〔臭〕香。〔主〕破血。　〔治〕療：《圖經》曰：　花絞汁服，主婦人產暈欲絕者，並產後血病及喉痹，壅塞不通。〇子，主女子中風，血熱，煩渴。《唐本》注云：花，主口噤不語，血結，產後諸疾。《別錄》云：　花，療一切腫。〇子，療產後中風，煩渴。　〔合治〕以二錢半合酒一大升，煎強半頓服，療六十二種風，兼腹內血氣刺痛。〇五錢爲末，合酒二中盞，煎取一盞，並服。　如口噤，斡開灌之，治產後血暈，心悶氣絕。〇新者三兩合無灰酒、童便各半升，煮一大盞，冷服，療血暈絕不識人，煩悶者。

明・葉文齡《醫學統旨》卷八　紅花　氣溫，味辛、甘、苦。陰中之陽。無毒。　治產後血暈口噤，腹內惡血不盡絞痛，胎死腹中，并酒煮服之。又主蠱毒下血。　多用則破血，少用則入心養血和血，與當歸同功。〇苗主搗傅遊腫。〇子吞數粒，主天行瘡子不出。　臙脂治小兒停耳，滴耳中。

明・許希周《藥性粗評》卷二　藍花一捻之紅，破滯留於產後。

紅藍花，即染絳紅花也，一名黃藍。《博物志》以為張騫使西域所得。冬布子於熟地，至春生苗，葉似藍，夏開花似菊，紅黃色，下作梂彙多刺，花蘂出梂上。本生梁漢及西域，今南北園圃處處有之。夏開盛時承露採之，〔採〕已復出，至盡而罷，梂中結實，白顆如小豆大，其花採獲，暴乾，藝人以染真紅及作臙脂。所使並所畏惡，《本草》不載。　味苦、辛，性溫，無毒。　入手少陰心經。　主治產後血暈，口噤，惡露不盡，腹內絞痛，胎死腹中，中蠱下血，六十二種風腫，婦女一切血氣諸病，大抵破血行血養血之功居多。東垣云：　紅花和血，與當歸同用。　丹溪云：　破留血，養新血，多用則破血，少用則養血。

單方：　產後血暈：　凡產後中風煩渴，及血暈口噤不識人者，紅花三兩，無灰酒半升，童子小便半升，相合，煮取一大盞，去滓，候溫頓服之，新汲水煮之，亦良。　天行痘瘡：　凡種痘不出者，取紅藍子吞數枚，便出。

明・鄭寧《藥性要略大全》卷五　紅花一名紅藍花。　通經，破血，逐腹中惡血，補血虛之血，除產後敗血。　止血暈口噤，消癥瘕，破宿血如有神。《湯液》云：　療腹中血氣刺痛，治產後惡露未盡，絞痛。　入心和血養血。　與當歸同用良。〇蓋多用則破血，少用則引藥入血分而生血也。　味辛、甘、苦，氣溫，無毒。　陰中陽也。　可染紅。　北人取其子榨油燃燈併食用。　其葉似藍，故名紅藍花。

明・賀岳《醫經大旨》卷一《本草要略》　紅花　《衍義補遺》曰：　多用則能破血，少用則能養血，味辛性溫故也。　辛溫則血調和，故少用能養血，過於辛溫則血走散，故多用能破血。　此產後血暈口噤，腹內惡血，胎死腹中，並酒煮服。　又通經藥中宜服之。　東垣曰補血虛，蓋兼補血藥用之，斯行血養血，而有補血之功也。《本草》言其止產後敗血者，血既已敗，用此行而敗血，有何止血之意也？

明・陳嘉謨《本草蒙筌》卷三　紅藍花　味辛、甘、苦，氣溫。　陰中之陽。無毒。　各鄉俱蒔，五月旋收。　因葉似藍，故此為譽。　堪染顏色，可作臙脂。欲留日曝乾，入藥手揉碎。　惟入血分，專治女科。　下胎死腹中，為未生聖藥。療口噤血暈，誠已產僊丹。　多用則破血通經，酒煮方妙；　少用則入心養血，水煎卻宜。　喉痹噎塞不通，搗取生汁旋嚥。　天行痘瘡難出，研細子末酒吞。苗搗敷遊毒殊功，臙脂滴聤耳立効。

明・方穀《本草纂要》卷二　紅花　味辛、甘、苦，氣溫，陰中之陽，無毒。和血破血之藥也。　主產後百症，或煩或暈；　或惡露搶心，臍腹絞痛；　或胎衣不下，子死腹中；　或瀝漿難生，而蹊躝不下，是皆產後等症，非紅花不能破血以治之也。　又若老人虛人，脾結而大便不行，或跌撲損傷而氣血瘀積，或經閉不通而寒熱交作，或瘡毒腫脹而潰痛難安，或月水不調而過期紫黑，是皆血氣不和之症，非紅花不能調血以治也。　大抵此劑得酒則能和血而養血，得歸芎則能和血而生血，得蘇木則能和血而破血，得稜朮則能破血而行血，得地榆則能斂血而生血，得薑桂則能行血而散血，乃血家之要藥也。　凡用須酒洗之。

明・王文潔《太乙仙製本草藥性大全》卷一《本草精義》　紅藍花　即紅花也。　一名黃藍。　生梁漢及西域，在處有之。　人家場圃所種，冬而布子於熟地，至春生苗，夏乃有花，下作梂彙，多刺，花蘂出梂上，圃人乘露採之，採已復出，至盡而罷，梂中結實白，顆如小豆大。　其花曝乾，以染真紅及作臙脂，主產後血病爲勝。　其實亦同，葉頗似藍，故有藍名。　張仲景治六十二種風，兼腹內血氣刺痛，用此花一大兩，分爲四分，以酒一大升，煎鍾半頓服之，不止再服，效。

明・王文潔《太乙仙製本草藥性大全》卷一《仙製藥性》 紅藍花 味辛、甘、苦，氣溫，陰中之陽，無毒。 主治：惟入血分，專治女科，主產後惡血不盡，血氣絞痛，療腹中癥瘕，蠱毒，破血補虛。下胎死腹中，爲未生聖藥。療口噤血暈，誠已產僊丹。多用則破血通經，酒煮方妙；少用則入心養血，水煎却宜。喉痹噎塞不通，搗取生汁，旋嚥。天行痘瘡難出，研細子末，酒吞。苗，搗敷遊毒殊功，作臙脂滴聤耳立效。陰中之陽，〔無〕毒。 補註：治女子中風，血熱煩渴者，以紅藍子半斤，微熬，搗碎，旦日取大匙，以水一升，煎取七合，去滓，細細嚥之。治喉痹壅塞不通者，取花搗絞取汁一小升服之，以差爲度。如冬月無濕花，可浸乾者，濃絞取汁服之極驗。治一切腫方，以花熟爛，搗取汁服之，量腫大小而進之便差。〇治產後血暈，心悶氣絕，紅花一兩，搗爲末，分作兩服，酒二大盞，煎取一盞併服，如口噤，斡開灌之。《子母秘録》同。〇治血暈絕，不識人，煩悶者，紅花三兩，新者佳，無灰酒半升，童便半升，煮取一大盞，去滓，候冷頓服之，新汲水煮之亦良。

明・皇甫嵩《本草發明》卷二 紅藍花中品之下，臣。氣溫，味辛，一云辛而甘苦，無毒。陰中之陽也。名紅花。 發明曰：紅花辛溫，血中之氣藥也，主於行血。故《本草》主產後血暈口噤，腹內惡血阻絞痛，胎死腹中，破留血，並宜酒煮。亦主蠱毒，下血。多用破血，以其過于辛溫，則血走散。少用能養血，以辛溫則血調和也。仲景治六十二種風，兼腹中血氣刺痛，用紅花酒煎服，蓋以血活則風滅，而氣亦行故耳。然行血為專，若補血虛，須兼補血藥用為佐使，斯和血養血而有補血之功也。〇其苗生擣，敷游腫毒。其子吞數粒，主天行痘癢不出。作胭脂，治聤耳立效。

明・李時珍《本草綱目》卷一五草部・隰草類上 紅藍花宋《開寶》

〔釋名〕紅花《開寶》 黃藍頌曰：其花紅色，葉頗似藍，故有藍名。 〔集解〕志曰：紅藍花即紅花也，生梁漢及西域。《博物志》云：張騫得種於西域。今魏地亦種之。頌曰：今處處有之。人家場圃所種，冬月布子於熟地，至春生苗，夏乃有花。花下作梂彙多刺，花出梂上。圃人乘露採之，採已復出，至盡而罷。梂中結實，白顆如小豆大。其花暴乾，以染真紅，又作胭脂。 時珍曰：紅花二月、八月、十二月皆可以下種，雨後布子，如種麻法。初生嫩葉、苗亦可食。其葉如小薊葉。至五月開花，如大薊花而紅色。侵晨採花搗熟，以水淘，布袋絞去黃汁又搗，以酸粟米泔清又淘，又絞袋去汁，以青蒿覆一宿，曬乾，或捏成薄餅，陰乾收之。入藥搓碎用。其子五月收採，淘净搗碎煎汁，入醋拌蔬食，極肥美。又可爲車脂及燭。

花 〔氣味〕辛，温，無毒。元素曰：入心養血，謂其苦温，陰中之陽，故入心。佐當歸，生新血。好古曰：辛而甘苦温，肝經血分藥也。入酒良。 〔主治〕產後血運口噤，腹內惡血不盡絞痛，胎死腹中，並酒煮服。亦主蠱毒《開寶》。 多用破留血，少用養血震亨。 活血潤燥，止痛散腫，通經時珍。

〔發明〕時珍曰：血生於心包，藏於肝，屬於衝任。紅花汁與之同類，故能行男子血脈，通女子經水。多則行血，少則養血。按《養痾漫筆》云：新昌徐氏婦，病產運已死，但胸膈微熱。有名醫陸氏曰：血悶也。得紅花數十斤，乃可活。遂亟購得，以大鍋煮湯，盛三桶於窗格之下，舁婦寢其上熏之，湯冷再加。有頃指動，半日乃蘇。按此亦得唐許胤宗以黃耆湯熏柳太后風病之法也。

〔附方〕舊五，新三。 六十二種風：張仲景治六十二種風。兼腹內血氣刺痛。用紅花一大兩，分爲四分，以酒一大升，煎鍾半，頓服之。不止再服。《圖經本草》。 一切腫疾：紅花熟搗取汁服，不過三服便瘥。《外臺秘要》。 喉痹壅塞：不通者。紅藍花搗，絞取汁一小升服之，以瘥爲度。如冬月無生花，以乾者浸濕絞汁煎服，極驗。《廣利方》。 熱病胎死：紅花酒煮汁，飲二三盞。熊氏《補遺》。 胎衣不下：方同上。《楊氏產乳》。 產後血運：心悶氣絕。紅花一兩，爲末，分作二服，酒二盞，煎一盞，連服。如口噤，斡開灌之。或入小便尤妙。《子母〔秘〕録》。 聤耳出水：紅藍花三錢半，枯礬五錢，爲末，以綿杖繳净吹之。無花則用枝葉。一方去礬。《聖惠方》。 噎膈拒食：端午採頭次紅花，無灰酒拌，焙乾，血竭瓜子樣者，等分爲末，無灰酒一盞，隔湯頓熱，徐咽。初服二分，次日四分，三日五分。楊起《簡便方》。

子 〔主治〕天行瘡痘，水吞數顆《開寶》。功與花同蘇頌。

〔附方〕舊二，新一。 血氣刺痛：紅藍子一升，搗碎，以無灰酒一大升拌子，暴乾，重搗篩，蜜丸梧子大，空心酒下四十丸。張仲景方。 瘡疽不出：紅花子、紫草茸各半兩，蟬蛻二錢半，水酒鍾半，煎減半，量大小加減服。龐安常《傷寒論》。 女子中風：血熱煩渴。以紅藍子五合，熬搗，旦日取半大匙，以水一升，煎取七合，去渣細細咽之。《貞元廣利方》。

苗 〔主治〕生搗，塗游腫《開寶》。

題明・薛己《本草約言》卷一《藥性本草》 紅花 味辛、苦，氣溫，無毒。陽中之陰，可升可降。逐腹中惡血，而補血虛之虛。除產後敗血，而止血暈之暈。多用則能破血，少用入心養血，與當歸同功。一名紅藍花。入足厥陰、手少陰經。〇辛溫則血調和，故少用能養血。過于辛溫，則血走散，故多用能破血。此產後血暈口噤，腹內惡血，胎死腹中，並酒煮服。又通經藥中宜服之，然行血為專。 東垣曰：補血虛，蓋兼補血藥用之，斯行血養血，而有補血之功也。《本草》言其止產後敗血者，血既已敗，用此而行敗血，有何止血之意也？ 《發明》云：紅花辛溫，血中之氣藥也，主于行血。

明·梅得春《藥性會元》卷上 紅花 味甘、辛，性溫。陽也。無毒。一名紅藍花。 主逐腹中惡血而補血虛之血，除產後敗血而止血暈之暈，血積絞痛，腹内胎死，產婦血暈，昏迷口噤，並酒煮服。又能通經行血，月期過縮，蠱毒下血。用多則破血，用少則養血和血，與當歸同功。 子： 吞數粒，主天行痘瘡不出。色染胭脂，治小兒耳聤，滴汁耳中，效。

明·杜文燮《藥鑒》卷二 紅花 氣溫，味辛。可升可降，陽也。惟入血分，專治女科，下胎死腹中，為未生聖藥。療口噤血暈，誠已產仙丹。多用破血，少用養血。大都辛溫則能和血，故少用養血。若過於辛溫，則血又走散，故多用破血。此通經藥中宜用之，必須酒煮。東垣以為補血虛者，為其兼血藥用之，斯能行血養血，而有補血之功也。苗，搗敷遊毒殊功。 臙脂，滴聤耳立效。

明·李中立《本草原始》卷二 紅藍花 即紅花也。始生梁漢及西域。花生時，但作黃色茸茸，故一名黃藍。《博物志》云：黃藍，張騫所得。今處處有之，人家場圃所種。冬而布子於熟地，春生苗，葉如小薊，夏乃有花。花下作梂彙，多刺，花蘂出梂上。圃人承露采之，采已復出，至盡而罷。梂中結實，白顆如小豆大。其花暴乾，以染真紅及作臙脂，主產後血病為勝。其實亦同。花紅色，葉頗似藍，故名紅藍花，俗呼紅花。 花： 氣味： 辛，溫，無毒。 主治： 產後血運，口噤，腹内惡血不盡，絞痛，胎死腹中，並酒煮服。亦主蠱毒。○多用破留血，少用養血。○活血潤燥，止痛散腫，通經。○葉，生擣碎，傅遊腫。○子，吞數顆，主天行瘡子不出。

紅藍花，宋《開寶》。**【圖略】**葉有刺，花紅，子白。

元素曰： 苦，溫，陰中之陽，入心。佐當歸生新血。好古曰： 肝經血分藥也，入酒良。 崔元亮《海上方》： 治喉痹壅塞不通者，取紅藍花，擣絞取汁一小升服之，以差為度。如冬月無濕花，可浸乾者，濃絞取汁如前，服之極驗。亦療婦人產暈絕者。

明·張懋辰《本草便》卷一 紅花 味辛、甘、苦，氣溫，陰中之陽，無毒。主產後血暈，口噤，腹内惡血不盡，絞痛，胎死腹中，竝酒煮服。又主蠱毒，下血。多用則破血，少用則入心養血和血，與當歸同功。

明·李中梓《藥性解》卷三 紅花 味辛，性溫，無毒，入心、肝二經。逐腹中惡血，而補血虛。除產後敗血，而止血暈。療跌撲損傷，瘡毒腫脹，老人血少便結，女子經閉不行，催生下胎衣及死胎。酒漬用，其苗生擣敷腫毒，其子吞數粒，主天行痘瘡不出。 按： 紅花下行血海，宜入足厥陰而逐血。潔古云： 苦溫為陰中之陽，故又入手少陰而補血，然長於行血，欲其補血須少用，或佐補劑。

明·繆希雍《本草經疏》卷九 紅藍花 味辛，溫，無毒。主產後血暈口噤，腹内惡血不盡絞痛，胎死腹中，竝酒煮服。亦主蠱毒下血。堪作燕脂。其苗生擣碎，傅遊腫。其子吞數顆，主天行瘡子不出。其燕脂，主小兒聤耳，滴耳中。

〖疏〗紅藍花稟土與火之氣，潔古、海藏皆兼甘苦溫。陰中之陽，故入心。海藏以為肝經血分藥也。入酒良，乃行血之要藥。其主產後血暈口噤者，緣惡血不下，逆上衝心，故神昏而暈及口噤。入心、入肝，使惡血下行，則暈與口噤自止。腹内絞痛，由於惡血不盡，胎死腹中，非行血活血則不下。瘀行則血活，故能止絞痛，下死胎也。凡蠱藥之毒必傷血分，此藥能行血，血活則毒可解。子主天行瘡子者，痘瘡因血分有毒，血行則毒散，故主之也。小兒聤耳亦血凝也，血散則耳腫自消矣。 〖主治參互〗熱病胎死腹中，新汲水濃煮紅藍花汁，和童便熱飲之，立瘥。胞衣不下，產後血暈，竝同此法，無不立效。 同延胡索、當歸、生地黄、牛膝、赤芍藥、益母草、川芎，或丸，或煎，治經阻少腹作痛及結塊，良。 其子： 主天行痘瘡血熱有功，宜同生犀角、紫草、生地黄用。 燕脂： 其汁所造也。痘瘡初發時，以之抹眼眶及眼角，可免瘡子入眼。 同薄荷、金絲荷葉汁，入礬末少許，滴入耳中，治聤耳。 同冰片、真珠細末，治痘毒及痘疔，剔破，令人吮出惡血，抹入瘡眼中良。 〖簡誤〗紅藍花本行血藥也，血暈解，留滯行，即止。過用能使血行不止而斃，世人所不知者。

明·倪朱謨《本草彙言》卷三 紅藍花 味辛、苦、甘，氣寒平，無毒。陰中之陽。爲手少陰、足厥陰經血分藥也。 蘇氏曰： 紅花色紅，葉似藍，故有紅藍花之名。 李時珍曰： 生西域及梁漢間。人家場圃所種。二月、八月、十二月皆可下種，雨後布子于熟地。春生苗，脆嫩可食。二月作葉，形如小薊。五月開花，色深紅，如大薊花。花下作毬，彙生多刺，花出毬上。圃人乘露采之，采已復出，至盡而罷。毬中結實，白顆如小豆。搗煎其汁，入醋拌蔬，極鮮美。蒸熟搗油，亦可爲燭。其花曝乾搗熟，以水淘，布袋絞去黄汁，又搗又絞，去黄汁盡，可染緋紅，上供御服。入藥用花，未經搗絞取汁者，揉碎用。

紅花：破血行血，陳藎齋和血調血之藥也。周士和稿主胎産百病，因血爲患，或血煩血暈，神昏不語，或惡露搶心，臍腹絞痛，或瀝漿難生，蹊蹻不下，或胞衣不落，子死腹中。是皆臨産諸證，非紅花不能治。若産後血暈，口噤指搦，或邪入血室，譫語發狂，或血悶内脹，僵仆如死，是皆産後諸證，非紅花不能定。又如經閉不通而寒熱交作，或過期腹痛而紫黑淋漓，或跌撲損傷而氣血瘀積，或瘡瘍痛癢而腫潰不安，是皆氣血不和之證，非紅花不能調。蓋血之爲物，生化于脾，總統于心，藏納于肝，宣布于肺，施泄于腎，分屬任衝，灌溉一身。紅花汁與之同類，故能活男子血脉，行女人經水。又少用則養血，多用必行血也。但性本行血，如血暈已定，留滯既行，即止後服。過用能使血行不止，毋忽也。

劉默齋先生云：新昌一婦，病産暈已死，但胸膈微熱。有醫陸氏曰：此血悶也。速購紅花數十斤乃可活。以大鍋煮湯，盛三桶于窗格之下。舁婦寢其上薰之，湯冷再加。有頃指動，半日乃甦。按此方亦得唐許胤宗以黄耆湯薰柳太后風病之法也。

潘鄧林先生曰：紅花行血活血，入産科，人所共知之也。而傷寒家有發熱表汗不出者，營虚血燥不能行汗也。用紅花一二錢入解表藥中，行血助汗最妙，人所未知。

集方：《女科萃言》方共九首治血煩血暈，神昏不語。用紅花一兩，當歸五錢，川芎三錢，水五碗，煎二碗，徐徐服。〇治産後惡露搶心，臍腹絞痛，或經阻不行，少腹作痛，并成結塊，亦良。用紅花、玄胡索、當歸、牛膝、川芎、益母葉、五靈脂、木香，或丸或煎皆可。〇治臨産瀝漿難生，或胞衣不落，或子死腹中。用紅花二兩，當歸、川芎各三錢，水煎服。如行死胎，本方加芒硝五錢即下。〇治熱病胎死腹中。用紅花三兩煎汁，和童便乘熱飲之，立效。或胞衣不下，産後血暈，并用此法極驗。〇治産後血暈，口噤指搦如風狀。用紅花二兩，黑荊芥一兩，當歸身八錢，川芎三錢，水煎服，和童便亦妙。〇治傷寒初起，經水適來或適斷，因而病寒熱譫語，如見鬼狀，名曰熱入血室。用紅花、牡丹皮，加入四物湯中飲之，效。〇治血悶閉内脹，僵仆如死。用紅花二兩，草烏五錢酒炒黄，當歸、川芎、五靈脂各一兩，水煎溫和，徐徐灌之。〇治經水閉結不行，寒熱晡熱。用紅花一兩，柴胡、黄芩、丹皮、香附、生地、當歸各三錢，川芎一錢。如咳嗽，加麥門冬、天花粉、知母各一錢五分，水煎服。〇治經水過期方來，腹中痛，血色紫黑，淋漓不斷。用紅花、牡丹皮、玄胡索、五靈脂、生地、白芍、當歸、川芎、香附。内熱加黄連、知母。〇《圖經本草》治六十二種風證。用紅花一味，三錢，水煎，日服一盞，一月見效。

紅花子：治天行痘瘡，血熱不能起發。用數十粒研爛，和生犀角、真紫草、生地黄，同煎服。

明・姚可成《食物本草》卷一七草部・隰草類　紅藍花即紅花也。生梁漢及西域。《博物志》云張騫得種於西域。今魏地亦種之。蘇頌曰：今處處有之。人家場圃所種，冬月布子熟地，至春生苗，夏乃有花。花下作毬彙，多刺，花出毬上。圃人乘露采之，采已復出，至盡而罷。毬中結實，白顆如小豆大。其花暴乾，以染真紅，又作臙脂。〇李時珍曰：紅花二月、八月、十二月皆可以下種。雨後種子如種麻法。初生嫩葉苗亦可食。其葉如小薊葉。至五月開花，如大薊花而紅色。侵晨采花搗熟，以水淘，布袋絞去黄汁又搗，以酸粟米泔清又淘，又絞袋去汁，以青蒿覆一宿，晒乾，或捏成薄餅，陰乾收用。其子五月收采，淘淨搗碎煎汁，入鹽醋椒料拌作蔬食，極其肥美。

紅藍花，味辛，溫，無毒。治産後血暈口噤，腹内惡血不盡，絞痛，胎死腹中，竝酒煮服。亦主蠱毒，多用破留血，少用養血，活血潤燥，止痛散腫通經。

《養痾漫筆》云：新昌徐氏婦産運已死，但胸膈微熱，有名醫陸氏曰：血悶也，得紅花數十斤乃可活，遂亟購得，以大鍋煮湯，盛三桶於牕格之下，舁婦寢其上，熏之，湯冷再加。有頃指動，半日乃甦。按此亦得唐許胤宗以黄耆湯熏柳太后病風之法也。

子　治天行瘡痘，水吞數顆，功與花同。

苗　生擣塗遊腫。

明・顧逢柏《分部本草妙用》卷二心部・温補　紅花　辛，溫，無毒。主治：産後血運，惡血絞痛，胎死，蠱毒。活血潤燥，止痛散腫。按：紅花色紅，又血分中藥。血生于心，藏于肝，屬于衝任，雖心經藥，而血分皆通焉。故能通血脉，行經水。多用則破血，少用則養血安神。可主不眠，功捷于別味補心藥也，故首錄之。

明・李中梓《醫宗必讀・本草徵要上》 紅花味辛，溫，無毒。入心、肝二經。酒噴，微焙。 產後血暈急需，胎死腹中必用。時珍曰：活血潤燥，行血之要藥也。按：紅花過用，使人血行不止，人所未知。

明・鄭二陽《仁壽堂藥鏡》卷一〇下 紅藍花 生梁漢及西域。今處處有之。 氣溫，味辛，辛而甘溫，苦。陰中之陽，無毒。《象》云：治產後口噤血暈，腹內惡血不盡，絞痛，破留血神效。搓碎用。少用則入心養血。《心》云：和血，與當歸同用。《珍》云：入心養血。謂苦溫為陰中之陽，故入心。《本草》云：主產後血暈，胎死腹中，並酒煮服。亦主蠱毒下血。其苗生搗，傅遊腫。其子吞數粒，主天行瘡子不出。其胭脂主小兒聤耳，滴耳中。仲景治六十二種風，兼腹中血氣刺痛，用紅花一大兩，分為四分，酒一大升，煎強半，頓服之，散腫。按：血生於心，藏於肝，屬於衝任。紅花與之同色，故主用同類相親也。多則行血，少則養血。

明・蔣儀《藥鏡》卷一溫部 紅花 通行滯血于周身，必須多服。資養寸心之新血，在乎少嘗。下胎死于腹中，產前聖藥。療口噤而血運，既產仙丹。搗苗梗敷遊毒殊功，夾臙脂滴聤耳猝效。

明・李中梓《頤生微論》卷三 紅花 味辛，性溫，無毒。入心、肝二經。酒噴微焙。主活血止痛，產後血暈。按：紅花色赤，宜為血症所需。多則行血，少則養血。然力薄不能獨自成功，須歸地同行為妙。

明・張景岳《景岳全書》卷四八《本草正》 紅花 味甘、微苦、微辛，氣微涼，陰中微陽。惟入血脈，多用女科。少用可活血引經，多用能破血通瘀。可下死胎，亦療血暈，達痘瘡血熱難出，散斑疹血滯不消。潤燥活血止痛，通經，亦消腫毒。

明・賈九如《藥品化義》卷二血藥 紅花 屬陽，體輕，色紅，氣膻，味辛微苦，性溫，能升能降，力少用補多用散，性氣薄而味濃，入心肝二經。紅花色紅類血，味辛性溫，善通利經脈，為血中氣藥，能瀉而又能補，各有妙義。若多用三四錢，則過於辛溫，使血走散。同蘇木逐瘀血，合肉桂通經閉，佐歸芎治遍身或胸腹血氣刺痛，此其行導而活血也。若少用七八分，取其味辛以疏肝氣，色赤以助血海，大補血虛，此其調暢而和血也。若止用二三分，取其色赤入心以配心血，又借辛味解散心經邪火，令血調和，此其滋養而生血也。分兩多寡之義，豈淺鮮哉。

明・盧之頤《本草乘雅半偈》帙九 紅蘭花 氣味：辛，溫，無毒。主治：主產後血暈，口禁，腹內惡血不盡，絞痛，胎死腹中，酒煎服。主蠱毒。多用破留血，少用養新血《開寶》。

覈曰：出漢、梁，及西域。今人家圃種矣。冬月雨後，布子於熟地，至春生苗，脆嫩可食。二月作葉色青綠，形如小薊。五月開花，色深紅，形如大薊。花下作梂，彙生多刺，花出梂上，乘露采之，采已復出，至盡而罷。梂中結實如橘核，搗煎其汁，入醋拌蔬，極肥而美。修治：搗揉片刻，入水再揉，用布袋絞去黃汁，又搗，更以酸粟米泔，淘絞令乾，用青蒿覆一宿，陰乾收之。

洎夫藍 氣味：甘，平，無毒。主治：主心憂鬱積，氣悶不散，活血。久服令人心喜，治驚悸。

覈曰：出西番，回回國、天花國。即番紅花也。元時入食饌用。張騫得種即此，今地性異，則形質亦異矣。

条曰：大薊與續斷同類，續斷生西川，大薊生南地，形質功用，因方土而有差別。同類也，而功用別；此非別中異，乃同中異耳。西方金位，入通于肺，肺主氣，續主益氣，以續經脈筋骨，藏真高于肺，以行營衛陰陽也。南方火位，入通于心，心藏血，薊主益血，以續經脈肉理，藏真通于心，心藏血脈之氣也。顧續有繼義，致新推陳；薊有解義，推陳致新。小薊與大薊同種，小主益精保血，功惟致新。紅蘭花兼氣與血，推陳致新，氣主噓之，血主濡之故爾。洎夫藍偏通心藏，以續營氣，致新推陳，故主心憂鬱積，氣悶不散，以及驚悸，久服令人心喜。

明・李中梓《本草通玄》卷上 紅花 辛，溫，入心與肝血分藥也。活血通經，去瘀散腫。產後血暈，胎死腹中，並宜用之。多用破血，少用養血。酒噴，微焙。

清・顧元交《本草彙箋》卷三 紅花 功能活血潤燥，止痛散腫通經。而震亨迺云多用則破血，少用則養血，豈以其得流行，各安其位，故謂之養血耶。然其治血暈，解留滯，血行即已，過用能使血行不止而斃。

本名紅藍花，燕脂其汁所造，《古今注》燕脂起自紂，以紅藍花汁染粉而成，飾女面者，產燕地，故曰燕脂。痘瘡初發時，以抹眼眶及眼角，可免瘡入眼。

清·穆石匏《本草洞詮》卷九 紅花 辛，溫，無毒。主活血潤燥，止痛散腫，治產後血運，口噤，腹內惡血不盡，絞痛，胎死腹中。蓋血生於心，藏於肝，屬於衝任。紅花汁與之同類，故能行男子血脈，女子經水。少用則養血，多用則行血也。《養疴慢筆》云：一婦產運已死，胸膈微熱。有名醫曰：血悶也，得紅花數十斤可活。遂亟購得，煮湯，盛三桶於牕格之下，舁婦寢其上，熏之，湯冷再加，有頃指動，半日乃甦。

清·張志聰《侶山堂類辯》卷下 紅花 紅花色赤多汁，生血行血之品也。陶隱居主治胎產血暈，惡血不盡絞痛，胎死腹中。《金匱》方紅蘭花酒，治婦人六十二種風。又能主治痃瘧。臨川先生曰：治風先治血，血行風自滅。蓋風乃陽邪，血為陰液，此對待之法也。花梂莖葉，且多毛刺，具堅金之象，故能勝制風木。夫男女血氣相同，仲祖單治婦人六十二種風者，良有以也。蓋婦人有餘于氣，不足于血，所不足者，乃衝任之血，散于皮膚肌腠之間，充膚熱肉，生毫毛，男子上唇口而生髭鬚，女子月事以時下，故多不足也。花性上行，花開散蔓，主皮膚間散血，能資婦人之不足，故主治婦人之風。蓋血虛則皮毛之腠理不密，而易于受風也。此血主妊娠，故專治胎產惡血。《靈樞經》云：飲酒者，衛氣先行皮膚，故用酒煎以助藥性。瘧邪亦伏于募原之腠理間，故能引其外出。夫血有行于經脉中者，有散于皮膚外者，而所主之藥，亦有不同，如當歸、地黃、茜草之類，主養脉內之血者也，紅蘭花主生脉外之血者也。川芎、芍藥、丹皮、紅麯之類，又外內之兼劑也。學者能體認先聖用藥之深心，思過半矣。

清·劉雲密《本草述》卷九上 紅藍花即紅花。 氣味：辛，溫，無毒。紅花先甘次苦，苦後有辛，甘勝於苦辛，又大勝於甘，故《本草》止言辛溫。潔古曰：苦，溫，入心。好古曰：辛而甘苦，溫。肝經血分藥也。入酒良。

主治：產後血暈口噤，腹內惡血不盡，絞痛，胎死腹中，並酒煮服。亦主蠱毒《開寶》。多用破留血，少用養血震亨。活血潤燥，止痛散腫，通經時珍。

潔古曰：入心養血，謂其苦溫，陰中之陽，故入心，佐當歸生新血。丹溪曰：多用則破血，少用則養血。《衍義》云：辛溫則血調和，故少用則能入心養血。過於辛溫，則血走散，故多用則能破血。時珍曰：血生於心包，藏於肝，屬於衝任。紅花汁與之同類，故能行男子血脈，通女子經水。多則行血，少則養血。按《養疴漫筆》云：新昌徐氏婦病產暈已死，但胸膈微熱，有名醫陸氏曰：血悶也。得紅花數十斤，乃可活。遂亟購得，以大鍋煮湯，盛三桶於窻格之下，舁婦寢其上，熏之，湯冷再加。有頃指動，半日乃蘇。按此，亦得唐許胤宗以黃芪湯熏柳太后風病之法也。希雍曰：紅藍花稟土與火之氣，潔古、海藏皆兼甘苦溫，陰中之陽，故入心。海藏以為肝經血分藥也，入酒良，乃行血之要藥。

熱病胎死腹中，新汲水濃煮紅藍花汁，和童便熱飲之，立瘥。胞衣不下，產後血暈，並同此法，無不立效。同延胡索、當歸、生地黃、牛膝、赤芍藥、益母草、川芎，或丸或煎，治經阻少腹作痛及結塊，良。

希雍曰：紅藍花本行血藥也，血暈，解留滯行即止，過用能使血行不止而斃，世人所不知者。

愚按：紅花開於盛夏，其色正紅，是皆火也。其氣固溫，其味辛甘發散為陽，而歸於苦，苦又火味，的為入心之藥也。《衍義》所說於少用多用之義當矣。第心主血，而脈者，血之府，如投之得宜，如所謂潤燥通經，活血散腫者，豈欺我哉？時珍云：其行男子血脈，通女子經水，更於少用多用有精詣。蓋血脈欲行不欲壅，故曰養血。然血脈行矣，而更行之，豈不大為害耶？此繆氏所謂過用，能使血行而不止者，此也。并附二方，以思其功。

喉痹壅塞不通者，紅藍花搗絞，取汁一小升，服之，以瘥為度。如冬月無生花，以乾者浸溼，絞汁煎服，極驗。噎膈拒食，端午采頭次紅花，無灰酒拌，焙乾，血竭瓜子樣者，等分為末，無灰酒一盞，隔湯頓熱，徐咽初服二分，次日四分，三日五分。

修治 破血酒煮，養血水煎。

清·郭章宜《本草匯》卷一一 紅花 辛、甘、苦，溫，陰中之陽，入手少陰、足厥陰經。逐腹中惡血，而補血虛之虛。除產後敗血，而止血暈之暈。少用養血，多用破血。能瀉能補，各隨所施。《開寶》主產後血暈與口噤者，緣惡血不下，逆上衝心入肝，故神暈而昏噤，使惡血下行，則暈噤自止。主蠱毒者，凡從桃仁、大黃而能破血于滑數實，佐當歸、熟地而能補血于濇數虛。毒藥必傷血分，此能行血，血活則毒可解。

按：紅花活血潤燥，行血之要藥也。血生于心，包藏于肝，屬于衝任。紅花汁與之同類，故能行男子血脉，通女子經水。其味辛溫，故少用能養血，過于辛溫，則血走散，故多用則行血不止。同延胡、當歸、生地、牛膝、赤芍、益母、川芎，治經阻少腹痛。產運血悶而死，心頭微熱者，以紅花數斤，煑湯，盛三桶于𥦗格之下，以婦寢其上熏之，可甦。酒噴，微焙。

清·蔣居祉《本草擇要綱目·寒性藥品》 紅藍花 氣味 辛，溫，無毒。主治：產後血運口噤，腹內惡血不盡絞痛，胎死腹中。多用破留血，少用養血。潤燥止痛，散腫通經。凡血生於心包，藏於肝，屬於衝任，紅花與之同類，故能行男子血脈，通女子經水。其性苦溫，為陰中之陽，故入心。佐當歸生新血，又辛而甘，為肝經血分之藥。

清·王翃《握靈本草》卷四 紅花處處有之。凡使，酒噴，微焙。 主治：紅花，辛，溫，無毒。多用破留血，少用養血。

清·汪昂《本草備要》卷二 紅花古名紅藍花。通，行血，潤燥。 辛、苦、甘，溫。入肝經而破瘀血，活血，瘀行則血活。有熱結于中，暴吐紫黑血者，吐出為好。吐未盡，加桃仁、紅花行之。大抵鮮血宜止，瘀血宜行。 潤燥，消腫止痛。凡血熱血瘀，則作腫作痛。治經閉便難，血運口噤，胎死腹中，非活血行血不能下。痘瘡血熱，《本草》不言治痘。喉痹不通。又能入心經，生新血。須兼補血藥為佐使。 俗用染紅，併作胭脂。胭脂活血解毒。痘疔挑破，以油胭脂傅之良。 少用養血，多則行血，過用能使血行不止而斃。血生于心包，藏于肝，屬于衝、任。紅花汁與相類，故治血病。有產婦血悶而死，名醫陸氏以紅花數十斤煑湯，寢婦于上而熏之，湯冷再加，半日而蘇。《金匱》有紅藍花酒，云治婦人六十二種風。

清·顧靖遠《顧氏醫鏡》卷七 紅花辛，溫。入心肝二經。酒噴，微焙。 行男子血脉，通女子經水。少用則養血，多用則破血。 產後血暈急需，胎死腹中必用。活血潤燥，為行血之要藥。過用，使人血行不止而斃，可弗慎歟。孕婦亦禁。

清·李熙和《醫經允中》卷一七 紅花 辛，溫，無毒。主治產後血運，惡血絞痛，活血潤燥，催生散腫。血生于心，藏于肝，屬于衝任。雖心經藥而血分皆通焉，故能通血脉，行經水，下死胎。多用則破血，少用則養血。子治天行痘瘡苗，搗塗遊腫。

清·馮兆張《馮氏錦囊秘錄·雜症痘疹藥性主治合參》卷二 紅藍花稟土與火之氣，故味苦辛，溫，無毒。陰中之陽也。入心、肝二經血分之藥。紅藍花，治胎死腹中，為未生要藥。療口噤血暈，誠已產仙丹。化痘斑血熱痘疹。凡多用則破血通經，酒煮方妙。少用則入心養血，水煎為安。入心、肝二經，為行血活血潤燥之藥也。同當歸則生血，佐肉桂則散瘀。配治既異，而功用有兩途矣。產後勿宜過用，多用，以使血行不止而斃，慎哉！

主治痘疹合參： 治痘血熱血凝不行，污血化成斑點，用此行滯，有去舊生新之妙。凡多用則行血破血，少用則活血歸經，入心養血和血，與當歸同功。然大抵活血之功多，而養血之力少也。子吞數粒，能不染天行痘瘡。凡瘡色紅紫之血熱也，宜紅花酒浸，晒乾用。如瘡子黑陷者，用子酒浸晒乾，慢火微炒研用。胭脂即紅花汁成之，痘將出時，以此塗眼四圍，痘不入目，兼能活血，故解疔毒最良。

清·张璐《本經逢原》卷二 紅藍花即紅花。 辛，溫，無毒。 發明：血生於心包，藏於肝，屬於衝任，紅花汁與之同類。故能行男子血脈，通婦人經水，活血，解痘毒，散赤腫。產後血暈及胎死腹中，並宜和童便服之。少則養血，多則行血，過用使人血行不止，且性兼上行，不可不知。亦主蠱毒下血，堪作臙脂，治小兒聤耳，解痘疔毒腫。產後血悶，以紅花十觔煮湯盛桶，置於橫格之下，舁婦寢上薰之，湯冷再加，半日乃甦。

清·浦士貞《夕庵讀本草快編》卷二 紅藍花宋《開寶》、紅花 花色大紅以藍，故名。汁可染衣及作臙脂。 紅花辛溫而苦，陰中之陽，為血分之要藥。夫血生于心包絡，藏于肝，屬于衝任，紅藍與之同類，善能調男子血脉，通婦人經水，多則行，少則和也。凡積血腹痛，產間危篤，珍為上劑。按名醫陸治新昌徐婦產運已絕，但胸膈微熱，遂用紅藍廿觔，濃煎置桶，舁婦熏之，半日而甦。此乃唐許胤宗熏柳太后之法。故醫貴在圓機也。又仲景治十二種風，亦皆用之，蓋謂肝平則血和，木達而風息矣。旨哉！

清·劉漢基《藥性通考》卷五 紅花古名紅藍花。 味苦、甘，氣溫。入肝經而破瘀血，活血，瘀血行則血活，潤燥消腫止痛。治經閉便難，血運口噤，胎死腹中，非活血行血不能下。痘瘡血熱，喉痺不通。又能入心經，生新血，須兼補血藥為佐使。俗用染紅，併作胭脂。活血解毒，痘疔挑破，以油、胭脂點之良。少用養血，多則行血，過用則血行不止而死矣。然血生於心包，藏於肝，屬於衝任，紅花汁與血相類，故治血病耳。

清·姚球《本草經解要》卷二 紅花 氣溫，味辛，無毒。主產後血暈口噤，腹内惡血不盡絞痛，胎死腹中，並酒煮服。亦主蠱毒。紅花氣溫，稟天春和之木氣，入足厥陰肝經。味辛無毒，得地西方之金味，入手太陰肺經。氣味俱升，陽也。肝為藏血之臟，生生之經，產後血暈口噤者，產後則肝血不藏，肝枯則風熾，所以血暈而口噤也。治風先治血，血行風自滅。紅花辛溫潤血，所以主之。腹内惡血不盡絞痛，胎死腹中，皆血寒不行，不能養肝之故。紅花辛溫活血暢肝，所以主之也。並酒煎服者，藉酒活血潤血之力也。亦主蠱毒者，辛溫則散，而毒可解也。製方：紅花煎汁和童便服，治胞衣不下，產後血暈。同當歸、生地、牛膝、白芍、益母、川芎、延胡索，治產後惡血不盡。

清·王子接《得宜本草·中品藥》 紅花 味辛。入手少陰經。功專活血消腫。得去風藥治六十二種風。

清·黄元御《長沙藥解》卷二 紅藍花 味辛，入足厥陰肝經。專行血瘀，最止腹痛。《金匱》紅藍花酒，紅藍花一兩，酒一升，煎減半，分服。治婦人諸風，腹中血氣刺痛。肝主藏血，木鬱風動，肝血枯燥，鬱克己土，則生疼痛。紅藍花行血而破瘀，黄酒溫經而散滯也。紅藍花活血行瘀，潤燥止痛，最能疏木而清風。其諸主治，通經脈，消浮腫，下胎衣，開喉閉，甦血暈，吹聤耳。

清·吴儀洛《本草從新》卷一 紅花〔通，行血潤燥。〕古名紅藍花。辛，苦，甘，溫。入肝經而破瘀血，活血瘀行則血活。有熱於中，暴吐紫黑血者，吐出為好。吐未盡，加桃仁、紅花行之。大抵鮮血宜止，瘀血宜行。潤燥，消腫止痛。凡血熱血瘀則作腫作痛。治經閉便難，腫死腹中，非活血行血不能下。產後血運口噤，有產婦血悶而死，名醫陸氏以紅花數十斤煮湯，寢婦於上而熏之，湯冷再加，半日而蘇。《金匱》〔張仲景《金匱要略》。〕有紅藍花酒，治婦人六十二種風證。喉痺不通，痘瘡血滯。過用能使血行不止而斃。酒噴微焙。胭脂，活血，解痘毒，敷痘疔。挑破，以油胭脂敷之。

清·汪紱《醫林纂要探源》卷二 紅藍花 辛，苦，甘，溫。莖枝喬上，葉對節生，花長瓣細碎，如菊而成毬，實似麻仁。補肝行血，瀉心去瘀。色赤入血分，去瘀血，生新血。治痘瘡血燥，喉痺咽腫，通經，利水，血逆血暈，能下死胎。不可過用。

清·嚴潔等《得配本草》卷三 紅花子 得酒良。辛、甘、苦，溫。入手少陰、足厥陰經血分。破瘀血，行新血，散腫止痛。血行痛自止。配當歸，活血。配肉桂，散瘀。破血，多用，酒煮。養血，少用，水煮。產後勿宜過用，使血行不止而死。子 吞數粒，使痘瘡不染。痘子黑陷者，用子酒浸曬乾，微炒研用。胭脂即紅花汁所造。甘，平。活血。痘將出時，以此塗眼四圍，痘不入目。兼解疔毒。配蛤粉，敷乳頭裂破。

題清·徐大椿《藥性切用》卷三 紅花 古名紅藍花。辛苦甘溫，入肝治血，少用活血(多用)和血，多用破血行血。子散血結。葉塗癰腫。

清·黄宫繡《本草求真》卷七 紅花涼血通瘀。 紅花專入心胞、肝。辛苦而溫，色紅入血，為通瘀活血要劑。血之下而清者，營虚有熱，血之下而濁者，熱與濕蒸，血色鮮者屬火發，血色黑者屬血燥極，血與泄物並下者，屬有積。或因脉絡受傷，血從尿出者，屬陰虚火動。或因房勞過度，營血妄行，血色黑黯，面色枯白，尺脉沉遲者，屬下元虚寒。陽虚陰走，嘔吐而見血色紫凝者，屬熱甚銷鑠，故見稠濁。熱甚水化，故血見黑而紫。血從汗者屬火，喜傷心，喜則氣散，故血隨氣以行。血在糞前者為近血，其血由於大腸。血在糞後者為遠血，其血自於肺胃。由氣虚腸薄，故血滲入而下出也。血自口鼻上出，為陽盛陰衰，有升無降。蓄血生於心包，藏於肝，屬於衝任。一有外邪内侵，則血滯而不行，紅花汁與血類，故凡血燥而見喉痹不通。痘瘡不起，肌膚腫痛。因血熱血瘀，作腫作痛。經閉便難，經閉本有血滯血枯之分，但此止就血滯論。血暈口噤，子死腹中，治當用此通活。時珍曰：紅花汁與之同類，故能行男子血脉，女子經水，多則行血，少則養血。按《養疴漫筆》云：新昌徐氏婦病產暈已死，但胸膈微熱，有名醫陸氏曰：血悶也，得紅花數十觔乃可活，遂亟購得，以大鍋煮湯，盛二桶於窗格之下，舁婦寢其上薰之，湯冷再加，少傾指動，半日乃蘇。但用不宜過多，少用則合當歸能生，多用則血能行，過用則能使血下行不止而斃。胭脂係紅花染出，可治小兒聤耳。紅藍花三錢半，枯礬五錢，為末，以綿杖繳淨吹之，無花則用枝葉，一方去礬。並解痘瘡毒腫。胭脂即紅花染出。有痘瘡挑破，以油胭脂敷之良。

清·沈金鰲《要藥分劑》卷三 紅花 【略】又有番紅花，俗名藏紅花，以出西番藏中，故名。主心憂鬱積氣悶不散，活血，久服令人心喜，又治驚悸。

鰲按：番紅花能令人心喜，及治驚悸，皆由能養心血也。禁忌：《經疏》曰：紅花本行血藥，血暈解，留滯行即止。過用能使血行不止而斃，世人所不知者。

清·楊璿《傷寒溫疫條辨》卷六消劑類 紅花酒炒。 味甘、微苦，氣微寒。陰中微陽，唯入血脉，尤宜女科。少則和血行經，多則破血通瘀。瘀行則血活，熱結於中，吐紫黑血者，吐出為妙。吐未盡，加桃仁、紅花以行之。大抵鮮血宜止，瘀血宜行也，能下死胎，亦療血暈，達痘瘡血熱難出，散斑疹血滯不清。《金匱》紅藍花酒云：治婦人三十二種風。子能解消渴。與麥門冬同煎更妙。

清・羅國綱《羅氏會約醫鏡》卷一六草部　紅花　味甘，微苦微辛，入心、肝二經血分。潤燥行血酒炒行血之要藥也。少用可活血，同當歸則生血。多用能破血，佐肉桂則散瘀。瘀行則血活，紫黑血吐盡為好，吐未盡，加桃仁、紅花以行之。大抵鮮血宜止，瘀血宜行。下死胎，療產後血暈，止用三四分。達痘瘡及血熱難出。治經閉行血，消腫痛。凡血熱血瘀則作腫作痛。按：紅花性多行血，若過用，能使血行不止而斃。

清・陳修園《神農本草經讀》附録　紅花　氣味辛，溫，無毒。主產後血暈口噤，腹内惡血不盡絞痛，胎死腹中，並酒煮服。亦主蠱毒《開寶》。

清・趙學敏《本草綱目拾遺》卷六木部　紅花茶　出粵西。似紅花嫩苗為之，土人製以贈客。宋鄒道鄉有詩。消膈滯宿食，辟烟嵐瘴氣。

清・黄凱鈞《藥籠小品》　紅花　入肝經，破瘀活血，潤燥消腫止痛，治經閉難產，痘瘡血滯。過用能使血妄行。酒潤焙。

清・王龍《本草纂要稿・草部》　紅花　味甘苦而辛，性溫，無毒。下腹中死胎，療血暈口噤。多用則破血通經，少用則入心養血。專治女科。

清・吴鋼《類經證治本草・足厥陰肝臟藥類》　紅花　【略】誠齋曰：少入補心血藥中，又能生心血。

清・張德裕《本草正義》卷上　紅花　微苦甘，涼，入血分。少用活血，多用破血。達痘瘡血熱難出，散斑疹血滯不消，亦能下死胎。

清・楊時泰《本草述鉤元》卷九　紅藍花　即紅花。　味甘苦而辛，氣溫。陰中之陽。入心養血，又為肝經血分藥。入酒良。多用破留血，少用養血，其功活血潤燥，止痛散腫，並主通經。治產後血暈口噤，腹内惡血不盡絞痛，胎死腹中。並酒煮服。亦主蠱毒。佐當歸，生新血潔古。血生於心包，藏於肝，屬於衝任，紅花汁與之同類，故能行血脈，通經水瀕湖。辛溫則血調和，過於辛溫則血走散，故少用多用有殊《衍義》。產暈已死，但胸膈微熱，此為血悶。用紅花數十斤，大鍋煮湯，盛三桶於窗格之下，舁婦寢其上熏之，冷則再加，有頃指動，半日乃蘇《養疴漫筆》。熱病胎死腹中，新汲水濃煎紅花汁，和童便熱飲之，立瘥。胞衣不下，產後血暈，並皆立效。同延胡、當歸、生地、牛膝、赤芍、川芎、益母草，或丸或煎，治經阻少腹作痛及結塊。喉痹壅塞不通者，紅花搗絞汁一小升服之，以瘥為度。如無生花，乾者浸濕絞汁煎服，極驗。噎膈拒食，端午采頭次紅花，酒拌焙乾，血竭瓜子樣者。等分為末，無灰酒一盞，隔湯頓熱，徐咽，初服二分，次日四分，三日五分。

論：紅花開於盛夏，其色正紅，火也。其氣溫，其味辛甘，發散為陽而歸於苦，苦又火味，的為入心之藥。如投之得宜，則潤燥通經，活血散腫，是其功也。諸家於多用少用，分破養，蓋血脈欲行不欲壅，然既已行矣，而更行之，豈不反害耶，固非一物而補瀉忽異也。

凡服紅花，但令血暈解，留滯行，即止。若過多，能使血行不止而斃，世所不知仲淳。

修治：養血水煎，破血酒煮。

清・葉桂《本草再新》卷二　紅花味苦、辛，性溫，無毒。入肝、腎二經。　治血分多用破血，少用生血。利水消腫，治經閉血暈，安生胎，墮死胎。按紅花專入血分，其性溫而急，故多用破血，少用方能生血。

清・吴其濬《植物名實圖考》卷一四　紅花　《漢書》作紅藍花，種以為業。《開寶本草》始著錄。今為治血要藥。《救荒本草》：葉可煠食。出西藏者為藏紅花，即《本草綱目》番紅花。

雩婁農曰：紅藍，湖南多藝之。洛陽賈販於吳越，歲獲數十萬緡，其利與棉花侔。故俗諺有紅白花以染物，其直同於所染。然歷久不渝，紅既正色，又不為燥濕寒暑變節，有士君子之行，顧價必善，或歲不登則益貴。江以南煮蘇方木浸之以為樸，而潤色以紅藍，色近紫有耀，價貶易售，其殆士之乏其實，而鶩其名以自衒者，然風日炎曝，雨黴沾濕，輒斑駮點涴，失其所耀，婦稚皆賤之。有其始不能要其終，求與黑黃蒼藍為伍而不可得，非所謂的然而日亡者歟？故君子著誠而祛僞。

清・趙其光《本草求原》卷三隰草部　紅花　色紅，象血。氣溫入肝，味甘入脾。辛辛甘發散為陽。而終歸於苦，屬火歸心。為肝心衝任血分之藥，無毒。少用，入心養血，佐當歸，生新血。行血脈，血脈欲行不欲壅。活血潤燥；多用則破血。辛溫走散太過。通經、破結塊，同四物、延胡、牛膝、母草。治產後血暈口噤，惡血腹痛，胎死腹中，胎衣不下，酒煮，或加童便熱飲。止痛散腫，瘀行則腫痛止。喉痹壅塞，搗汁，或浸濕絞汁煎服。噎膈拒食。端午采頭〔次〕花，酒拌焙，同血竭，純酒徐咽。亦主蠱毒。破血，酒煮，熱者加童便；養血，水煎。

古有徐婦產暈已死，胸膈微熱。陸名醫曰：血悶也。以紅花數十斤煮湯，盛三桶於窗格之下，置婦其上熏之，湯冷再加，半日乃甦。此得唐許氏以黄芪湯熏柳太后風病之法也。

清・文晟《新編六書》卷六《藥性摘錄》 紅花 辛苦而溫，入心包肝。涼血通瘀。〇凡因血燥而見喉痹不通，瘡痘不起，肌膚腫痛，經閉便難，血暈口噤，子死腹中，治當用此。〇但少用則合當歸能生血，多用則恐血行不止。〇胭脂灰三錢半，合枯礬四錢，研末，治聤耳，以綿杖繳淨，吹四五分，效。

清・張仁錫《藥性蒙求・草部》 紅花子五分、一錢 紅花辛溫，能消瘀結。多則通經，少則養血。酒噴，微焙。子，功與花同。

清・屠道和《本草匯纂》卷二涼血 紅花 耑入肝，兼入心胞。辛、苦、甘，溫，無毒。色紅入血，為通瘀活血要劑。潤燥消腫，止痛通經。治喉痺不通，痘瘡血滯，產後血運口噤，腹內惡血不淨，胎死腹中，經閉便難，肌膚疼痛。胭脂，係紅花染出，解痘毒，敷痘疔，並治小兒聤耳。用紅花三錢半，枯礬五錢，為末，以綿杖繳淨，吹之。時珍曰：紅花汁與血同類，故能行男子血脈、女子經水。但少則生血，多則行血，過多則行血不止，恐致危斃。經閉有血枯、血滯之分，此惟血滯者宜之。血下而清者，營虛有熱；血下而濁者，熱與濕蒸。血色鮮者屬火發，血色黑者屬血燥極。血與瀉物並下者，屬有積，或因脈絡受傷。血從尿出者，屬陰虛火動，或因房勞過度，營血妄行。血色黑黯，面色枯白，尺脈沉遲者，屬下元虛寒，陽虛陰走。嘔吐而見血色紫凝者，屬熱甚銷鑠，故見稠濁。熱甚水化，故血見黑紫。血從汗出者，屬火，喜傷心，喜則氣散，故血隨氣以行。血在糞前者為近血，其血由於大腸；血在糞後者為遠血，其血由於肺胃，由氣虛腸薄，故血滲而下出也。血自口鼻上出，為陽盛陰衰，有升無降。

清・戴葆元《本草綱目易知錄》卷一 紅花 辛，溫。入肝經血分。活血潤燥，止痛散腫，通經。治經閉便難，產後血運口噤，腹內惡血不盡，絞痛，胎死腹中，胞衣不下。酒服，又能入心包，行男子血脈，通女人經水。少用則養血，多用則破留血。亦主蠱毒。葆按：近因《備要》載：過用，能使血行不止而斃，所病女科者，畏如毒物，使醫用而支吾誹謗，查《綱目》無此句，其所破者，留血也。夫留者，積滯之謂也，則《備要》云過者，必數兩上，非比數錢許也，故誌之，以解病醫群疑。

清・黃光霽《本草衍句》 紅花辛，溫。入心肝二經，活血潤燥。主血暈口噤，胎死腹中。腫消兮痛止，瘀散兮經通。凡血分作腫作痛。多則破血殊驗，少則養血有功。功耑活血消腫，得去風藥治六十二種風。

清・陳其瑞《本草撮要》卷一 紅花 味辛，入手少陰經，功專活血消腫。得去風藥治六十二種風，得補益藥生新血，作胭脂活血解毒。痘疔挑破，以油胭脂敷之良。過服血行不止。

清・鄭奮揚著，曹炳章注《增訂偽藥條辨》卷二 紅花 偽名洋紅花。形雖似而色不清，不知何物偽充。按紅花即紅藍花，生梁漢及西域，今處處有之，人家場圃多種。花如大薊，色甚清紅，氣味辛溫，功能活血潤燥，止痛散腫，通經化瘀。易備之藥，亦至難信，有真方，無真藥，良可慨已。 炳章按：紅花三四月出新。河南歸德州出者，名散紅花，尚佳。亳州出者，亦名散紅花，略次。浙江寧波出者，名杜紅花，亦佳。皆紅黃色。山東出者，名大散花，次之。孟河出者更次。河南懷慶出者，名懷紅花，略次。湖南產者亦佳。陝西產者名西紅花，較次。日本出者，色淡黃，味薄，名洋紅花，又有片紅花，色鮮紅，別是一種紅花。鮮搗壓成薄片，晒乾，大紅染坊作染真紅用者多。河川出者，名結子花，其色紅紫者佳。宴州出者，為大結子花，此亦大紅染坊店所用。結子花，偽者以蘇木研末，用麵糊搗透，做成粒子，甚次，不如用杜紅花之為妥。又有西藏紅花一種，花絲長，色黃兼微紅，性潮潤，氣微香，入口沁人心肺，效力甚強，為紅花中之極品。

土紅花

清・趙學敏《本草綱目拾遺》卷四草部中 土紅花 《福建續志》：土紅花大者高七八尺，葉如枇杷而小，無毛，秋生白花如粟米粒，生福州及南恩州山野中。 福州生者作細藤，似芙蓉，上青下白，根如葛頭。入藥薄切，用米泔浸一宿，更用清水浸一宿，搗服。

石胡荽

宋・唐慎微《證類本草》卷二七《菜部上品》〔宋・掌禹錫《嘉祐本草》〕 石胡荽 寒，無毒。通鼻氣，利九竅，吐風痰。不任食，亦去翳，熟挼內鼻中，翳自落。俗名鵝不食草。

宋・王繼先《紹興本草》卷一二 石胡荽 紹興校定：石胡荽亦胡荽之類。但產于石邊，乃野生之物。《本經》雖具性及主治，然未聞諸方驗據矣。

宋・陳衍《寶慶本草折衷》卷一九　石胡荽　一名鵝不食草。　寒，無毒。〇通鼻，利九竅，吐風痰，不任食。亦去瞖，挼内鼻中，瞖自落。續説云：《是齋方》治牙疼風蚛，眼目暴赤，頭腦昏痛，以此草懷乾研末，先滿口含水，隨病左右，用末㗜入鼻中。或佐以川芎、全蝎。

明・劉文泰《本草品彙精要》卷三八　石胡荽無毒。　植生。

石胡荽：通鼻氣，利九竅，吐風痰。不任食，亦去瞖，熟挼内鼻中，瞖自落。名醫所録。　【名】鵝不食草。　【苗】謹按：石胡荽，春生苗葉，莖圓而中空，折之有白汁，節間生葉，青緑色，其花細白，至夏作叢而開，子葉與胡荽無異，此草鵝皆不食，故名鵝不食草。人採入藥，欲辨之，必以飼鵝，鵝不食者爲真，鵝誤食之則死也。　【地】生田野，及水岸間皆有之。　【時】生：春生苗。採：秋取。　【收】陰乾。　【用】莖、葉。　【色】青緑。　【味】辛。　【性】寒。　【氣】氣之薄者，陽中之陰。　【臭】香。

明・王文潔《太乙仙製本草藥性大全》卷五《本草精義》　石胡荽　一名鵝不食草，又名碎米草。其苗布地旋滿，葉細而似碎米，開花如栗，白色，人呼爲□子草。收採無時。

明・王文潔《太乙仙製本草藥性大全》卷五《仙製藥性》　石胡荽　味辛，氣寒，無毒。　主治：通鼻氣而神效，利九竅而極靈。吐風痰任食，去目瞖熟挼，納鼻中而自落。

明・李時珍《本草綱目》卷二〇草部・石草類　石胡荽《四聲本草》。校正：自菜部移入此。

【釋名】天胡荽《綱目》　野園荽同　鵝不食草《食性》　鷄腸草詳見下名。

【集解】時珍曰：石胡荽，生石縫及陰濕處小草也。高二三寸，冬月生苗，細莖小葉，形狀宛如嫩胡荽。其氣辛薰不堪食，鵝亦不食之。夏開細花，黄色，結細子。極易繁衍，僻地則鋪滿也。案孫思邈《千金方》云：一種小草，生近水渠中濕處，狀類胡荽，名天胡荽，亦名鷄腸草。即此草也。與繁縷之鷄腸，名同物異。

【氣味】辛，寒，無毒。時珍曰：辛，温。汁制砒石、雄黄。　【主治】通鼻氣，利九竅，吐風痰病。去目瞖，挼塞鼻中，瞖膜自落。藏器。療痔病。詵。解毒，明目，散目赤腫雲瞖，耳聾頭痛腦痠，治痰瘧齁船，鼻窒不通，塞鼻瘜自落，又散瘡腫時珍。

【發明】時珍曰：鵝不食草，氣温而升，味辛而散，陽也，能通於天。頭與肺皆天也，故能上達頭腦，而治頂痛目病，通鼻氣而落瘜肉；内達肺經，而治齁船痰瘧，散瘡腫。其除瞖之功，尤顯神妙。人謂陳藏器《本草》惟務廣博，鄙俚之言也。若此藥之類，表出殊功，可謂務博已乎。案倪維德《原機啓微集》云：治目瞖㗜鼻碧雲散，用鵝不食草解毒爲君，青黛去熱爲佐，川芎(之)[大]辛破留除邪爲使，升透之藥也。大抵如開鍋蓋法，常欲邪毒不閉，令有出路。然力小而鋭，宜常㗜以聚其力。凡目中諸病，皆可用之。生挼更神。王璽《集要詩》云：赤眼之餘瞖忽生，草中鵝不食爲名。塞於鼻内頻頻换，三日之間復舊明。

【附方】新(七)[十]。　寒痰齁喘：野園荽研汁，和酒服，即住。《集簡方》。　㗜鼻去瞖：碧雲散：治目赤腫脹，羞明昏闇，隱澀疼痛，眵淚風痒，鼻塞頭痛腦痠，外瞖扳睛諸病。鵝不食草曬乾二錢，青黛、川芎各一錢，爲細末。噙水一口，每以米許㗜入鼻内，淚出爲度。一方：去青黛。倪氏《啓微集》。　貼目取瞖：鵝不食草搗汁熬膏一兩，爐甘石火煅童便淬三次三錢，上等瓷器末一錢半，熊膽二錢，硇砂少許，爲極細末，和作膏。貼在瞖上，一夜取下。用黄連、黄蘗煎湯洗净，看如有，再貼。孫天仁《集效方》。　塞(耳)[鼻]治瞖詩，見發明。　牙疼㗜鼻：鵝不食草綿裹懷乾爲末。含水一口，隨左右㗜之。亦可挼塞。《聖濟録》。　一切腫毒：野園荽一把，穿山甲燒存性七分，當歸尾三錢，擂爛，入酒一碗，絞汁服。以渣傅之。《集簡方》。　濕毒脛瘡：磚縫中生出野園荽，夏月採取，曬收爲末。每以五錢，汞粉五分，桐油調作隔紙膏，周圍縫定。以茶洗净，縛上膏藥，黄水出，五六日愈。此吴竹卿方也。《簡便方》。　脾寒瘧疾：石胡荽一把，杵汁半碗，入酒半碗和服，甚效。《集簡方》。　痔瘡腫痛：石胡荽搗，貼之。同上。

明・吴文炳《藥性全備食物本草》卷一　石胡荽一名鵝不食草，又名碎米草。味辛，氣寒，無毒。通鼻氣，利九竅，吐風痰；去目瞖，熟挼納鼻中而自落。

明・倪朱謨《本草彙言》卷七　石胡荽　味辛，氣溫，無毒。其性雄烈，升也，陽也。李氏曰：石胡荽，南北諸處皆生。生石縫間及陰濕地，小草也，高一二寸。冬月生苗，細莖小葉，其狀宛如嫩胡荽。其氣辛薰，人不堪食，鵝亦不食之。夏開細花黄色，結細子，極易繁衍。僻地生此，當鋪滿地面也。又一種小草，狀類石胡荽，又名天胡荽，生近水渠中濕處，又名雞腸草，亦即此草也。

石胡荽：藺炳利九竅、通鼻氣之藥也。閔效軒稿其味辛烈，其氣辛薰，其性升散，能通肺經，上達頭腦，故《孟氏方》主齁船痰喘，氣閉不通，鼻塞鼻痔，脹悶不利。又去目中瞖障，并頭中寒邪，頭風腦痛諸疾，皆取辛升溫散之功也。如開鍋蓋法，常欲邪毒不閉，令有出路。然氣雄而烈，力小而鋭，宜㗜氣以聚其力，故目病暴赤時眼，翳膜障礙，取此塞鼻，嗜其氣即愈，亦仙方也。

集方：《集簡方》治寒痰齁喘。用野園石胡荽，研汁，和白酒服，即住。○瀕湖方治鼻中生息肉。用石胡荽揉爛，塞鼻中，一日即消。○倪氏《啓微》方治目生翳障，目赤腫脹，羞明昏暗，隱澀疼痛，眵淚作癢，鼻塞頭痛腦酸，外翳扳睛諸病。用石胡荽草曬乾二錢，川芎一錢，爲細末。噙水一口，每以如米粒少許，嗜入鼻內，泪出爲度。○滑集之方治中寒冷之邪，頭風頭痛。用石胡荽陰乾揉爛，綿裹塞鼻，隨左右嗜之，含水一口。此方亦可止牙痛。○張通宇傳治一切腫毒。用石胡荽一把，搗爛絞汁半碗，和酒半碗，加穿山甲一錢，燒存性，當歸尾三錢炒，俱爲末。調入藥汁內服之，以渣敷患處。○《簡便方》治濕毒臁瘡。用石胡荽一把，曬乾爲末。每以五錢，用真鉛粉三錢，桐油調作隔紙膏，量瘡大小攤貼。先以溫茶洗淨瘡，縛上膏藥，即有黄水出，五六日漸愈。○《集簡方》治脾寒瘧疾。用石胡荽一把，杵汁半盞，入熱酒半盞，和服，甚效。

明·顧逢柏《分部本草妙用》卷四肺部·寒瀉　石胡荽即鵝不食草。辛，寒，無毒。制砒石、雄黄。　主治：通鼻氣，利九竅，吐風痰，去目瞖，耳聾，頭痛腦酸。治痰瘧鼻塞，又治瘡腫。　按：鵝不食草，氣溫而升，味辛而散，上通頭腦而治巔痛目病，即達乎肺而通鼻塞。落瘜肉，治痰瘧，散瘡腫，除瞖尤妙。《啟微》云：目瞖嗜鼻碧雲（散）用此，加青黛、川芎、升麻，達上解熱如神。

清·顧元交《本草彙箋》卷四　石胡荽　能上達頭腦，而治頂痛。通鼻氣，而落瘜肉。散目腫，而去雲翳。入肺經，而治齁船痰瘧。《原機啓微》治目翳，用船鼻碧雲散，以鵝不食草爲君，青黛佐，川芎使，皆升透之劑。大抵如開鍋蓋法，常欲邪毒不閉，令有出路。然力小而鋭，宜常嗜以聚其力。凡目中諸病，皆可用之。　鵝不食者，其氣辛薰之甚也。

清·穆石匏《本草洞詮》卷一〇　石胡荽　生石縫及陰濕處，小草也。其氣辛薰，不堪食，鵝亦不食之，故名鵝不食草。氣味辛寒，一云溫，無毒。通鼻，去目翳，利九竅，吐風痰，解毒，療頭痛腦酸，痰瘧齁船，瘡腫。蓋其氣溫而升，味辛而散，能上達頭腦，而治頂痛，目病，通鼻氣而落瘜肉，内達肺經而治痰瘧，散瘡腫。倪維德有嗜鼻碧雲散治目翳，以鵝不食草解毒為君，青黛去熱為佐，川芎之辛破結散邪為使，升透之藥也。如開鍋蓋法，常欲邪毒不閉，令有出路，然力小而鋭，宜常嗜，以聚其力。凡目中諸病，皆可用之。

清·劉雲密《本草述》卷一三　石胡荽一名野園荽、鵝不食草。　時珍曰：石胡荽生石縫及陰溼處。小草也，高二三寸，冬月生苗，細莖小葉，形狀宛如嫩胡荽。即俗所呼荽也。其氣辛薰，不堪食，鵝亦不食之，夏開細花黄色。

氣味：辛，寒，無毒。　時珍曰：辛，溫。

主治：通鼻氣，利九竅，能解毒，明目，散目赤腫雲瞖。挼塞鼻中，瞖膜自落。散頭痛腦酸，治痰瘧齁船。齁，吼，平聲。船，音呷，齁船，鼻息也。鼻窒不通，塞鼻，瘜自落。又散瘡腫。

時珍曰：鵝不食草氣溫而升，味辛而散陽也。能通於天頭與肺，皆天也，故能上達頭腦，而治頂痛目病，通鼻氣而落瘜肉，内達肺經而治齁船痰瘧，散瘡腫，其除瞖之功尤顯神妙。按倪惟德《啟微集》云：治目瞖嗜鼻用此味，大抵如開鍋蓋法，常欲邪毒不閉，令有出路也。然力小而鋭，宜常嗜以聚其力。生挼挼，同音那，兩手相切摩也更神。

愚按：石胡荽多生陰溼地，又以冬生苗，於夏吐華，非所謂稟陰之畢收，而達於陽之極暢乎？《經》曰：通天者，生之本，不謂小草，能自地氣而通天。其辛熏不堪食者，正此味所稟之異，故舉寒熱鬱氣，乃致胥達如此。

附方　碧雲散治目赤腫脹，羞明昏暗，隱濇疼痛，眵泪風癢，鼻塞頭痛腦酸，外瞖扳睛諸病，鵝不食草曬乾二錢，青黛、川芎各一錢，為細末，噙水一口，每以米許嗜入，鼻内泪出為度。　倪維德《啟微集》云：碧雲散用鵝不食草解毒為君，青黛去熱為佐，川芎之辛破留除邪為使，升透之藥也。

清·郭章宜《本草匯》卷一二　石胡荽即野園荽。　辛，溫，升也，陽也，入手太陰經。通鼻氣，利九竅。去目翳赤瞳，治頭痛腦酸。敺寒痰，落瘜肉。

按：石胡荽，即鵞不食草也。氣溫而升，味辛而散，能上達頭腦，而治頂痛目病。内達肺經，而治齁船痰瘧。塞之鼻中，能落目中翳膜。是升透之藥也。生挼用之更神。詩云：赤眼之餘翳忽生，草中鵞不食為名。塞于鼻内頻頻換，三日之間復舊明。

生石縫及陰濕處。其氣辛熏，夏開細花，黄色，俗云雞腸草，即此是也。汁制砒石、雄黄。

清·李熙和《醫經允中》卷一八　石胡荽　即鵝兒不食草。制砒石、雄黄。　辛，寒，無毒。主治通鼻塞，吐風痰，去目瞖、耳聾，頭痛腦酸。其氣溫而升，味辛而散，上升頭腦而治巔痛目病，內達乎肺而通鼻塞，落瘜肉，治痰瘧，散瘡腫，除翳尤妙。碧雲散治目翳，嗆鼻，加川芎、青黛、升麻，上達解風熱如神。

清・张璐《本經逢原》卷二　石胡荽即天胡荽，俗名鵝不食草，又名雞腸草。辛，溫，無毒。汁制砒石、雄黃。　發明：鵝不食草氣溫而升，味辛而散，故能透達巔頂。人但知其嗆鼻通而落瘜肉，不知其治頭痛之功最捷，而除翳之功更奇，挼塞鼻中，翳膜自落，故碧雲散用以取嚏，則濁氣宣通而翳自除，是昔人以開鍋蓋法喻之。

清・浦士貞《夕庵讀本草快編》卷三　石胡荽《四聲》、鵝不食草　生石縫及陰濕處，嫩細繁衍如胡荽之初生，其氣辛薰，鵝亦不敢食，故名。　鵝不食草氣溫而散，陽也，能通於天，頭與肺皆天也，故能上達頭腦而治頂痛目病，通鼻氣而落瘜肉。內達肺經而治齁齁痰瘧，散瘡腫而療大腸之痔，其除翳之功尤顯神妙。人譏陳藏器《本草》惟務廣博，卒多鄙俚。若此之類，表出殊功，可謂鄙淺徒博已乎？按倪維德《原機啟微》治目翳嗆鼻碧雲散，用以為君，佐以川芎、青黛使邪毒升透之如開鍋蓋，令其毒邪有所出路，庶不鬱滯。凡目中諸病，皆可用之。王璽《集要詩》云：赤眼之餘翳忽生，草中鵝不食為名。塞於鼻內頻頻換，三日之間復舊明。句雖俚，而義則括矣。

清・何諫《生草藥性備要》卷下　鵝不食　味腥，性寒。理跌打折骨，止痛，消腫，消熱，去痘後眼膜。五月五日午時擇之陰乾，醫諸般眼疾，配入藥用。

清・汪紱《醫林纂要探源》卷二　地芫荽　辛，苦，溫。布地生。似芫荽而小，氣甚烈。一名鵝不食草。通鬱去寒，可截瘧止痢。搗汁和酒服。〇以乾末嗆鼻，可發嚏，去寒鬱。

清・嚴潔等《得配本草》卷四　石胡荽一名鵝不食草。　制砒石、雄黃。辛，溫。入手太陰經氣分。利九竅，吐風痰，除痰瘧，散痧疹，利二便，拔腫毒，落瘜肉，治金瘡。　配穿山甲、歸尾，搗敷一切腫毒。佐青黛、川芎，嗆鼻，治目中星障。酒拌蒸，齊痘瘡。　酒煎噴，除頭面外，凡遍身及衣帳噴之，辟惡除穢。　氣虛胃弱者禁用。

清・莫樹蕃《草藥圖經》　滿天星　又名楊戳刀，又名沙飛草，又名地胡椒，又名大救駕，真名鵞不食草。　治眼科，能治跌打損傷通用。此藥夏至生，寒露焦枯。

清・楊時泰《本草述鉤元》卷一三　石胡荽　一名鵝不食草。生石縫及陰濕處，高二三寸，細莖小葉，宛如嫩蒝荽，氣辛，不堪食，鵝亦不食之。冬月生苗，夏開細花黃色瀕湖。　味辛氣薰。入手太陰經。通鼻氣，落鼻瘜，利九竅，能解毒散瘡腫，明目，散目赤腫雲翳。挼塞鼻中，翳膜自落。散頭痛腦酸，治痰瘧齁齁。氣溫而升，味辛而散，陽也，能通於天。頭與肺，皆天也。治目翳嗆鼻，用此味，大抵如開鍋蓋法，常欲邪毒不閉，令有出路也。然力小而銳，宜常嗆，以聚其力，生挼音那，兩手相切摩也。更神瀕湖。　碧雲散，治目赤腫脹羞明，昏暗隱澀，疼痛眵淚，風癢鼻塞，頭痛腦酸，外翳扳睛諸病，石胡荽曬乾二錢，青黛、川芎各一錢，為細末，噙水一口，每以米許嗆入鼻內，淚出為度。

論：石胡荽多生陰濕地，冬月苗，夏月華，稟陰之收，而達於陽之極暢，故能通地氣於天，其辛薰不堪食，正即所稟之異，舉寒熱鬱氣而胥達者也。

清・吴其濬《植物名實圖考》卷一六　石胡荽　《四聲本草》收之，即鵝不食草。詳《本草綱目》以治目翳，研末嗅之。《簡易草藥》有滿天星、沙飛草、地胡椒、大救駕諸名，亦治跌打損傷。或云能治痧症，蓋取其辛能開竅。

清・趙其光《本草求原》卷三隰草部　鵝不食即胡荽。　淡、辛，腥，寒。端午取，陰乾。治風火赤眼，同川連嗆鼻。諸目疾，及痘後眼膜，理跌打折骨，止痛消腫。又見水石草部。

清・趙其光《本草求原》卷五水石草部　鵝不食草一名雞腸草，又名石胡荽。生陰濕地。溫升，辛散。稟至陰而達至陽。能透巔利竅，故通鼻氣，落瘜肉，治頭風，散腫除翳以明目。俱用之搐鼻取嚏，使濁氣宣通，而瘜與翳自除。碧雲散加青黛去熱，川芎破留邪，特其佐使耳。搐鼻時必先口含清水乃可。又散瘡腫。辛重，不堪食。

清・劉善述、劉士季《草木便方》卷一草部　鷄腸草　野蒝荽辛寒利竅，目赤雲翳耳聾要。吐利風痰頭腦痛，鼻痓瘜瘧瘡腫炒。鵝不食草。

清・戴葆元《本草綱目易知錄》卷二　鵝不食草石胡荽、野園荽。　氣溫而升，味辛而散，故能上達腦頂而治頭痛、耳聾、目腫雲翳。塞鼻，通鼻氣而化息肉鼻窒。內服，達肺經而治痰瘧齁齁。療痔病，散瘡腫，利九竅，吐風痰。挼塞鼻中，翳膜自落。然力小而銳，宜常嗆塞，以聚其力。亦可用止牙疼。

薊

附：日・丹波康賴《醫心方》卷三〇　薊菜　《本草》云：　味甘，溫。主養精保血。陶〔弘〕景注云：　大薊是虎薊，小薊是貓薊。蘇敬注云：　大小薊欲相似，功力有殊。《拾遺》云：　破宿血，止新血，暴下血、血利，驚瘡，出血嘔血等，取汁溫服。又金瘡，又蜘蛛、蛇、蠍咬毒，服之佳。崔禹〔錫〕云：　食之養精神，令人肥健，主女子赤白沃，安胎，止吐血。孟詵云：　葉，亦堪煮羹，食甚除熱風氣。又金創血不止，挼葉封之即止。

宋・唐慎微《證類本草》卷三〇外草類〔宋・蘇頌《本草圖經》〕　雞項草　生福州。葉如紅花，葉上有刺，青色，亦名千針草。根似小蘿蔔，枝條直上，三、四月苗上生紫花，八月葉凋。十月採根，洗，焙乾，碾羅爲散，服，治下血。

宋・唐慎微《證類本草》卷九草部中品〔《別錄》〕　大小薊根　味甘，溫，主養精保血。大薊主女子赤白沃，安胎，止吐血，衄鼻，令人肥健。五月採。

〔梁・陶弘景《本草經集注》〕云：　大薊是虎薊，小薊是貓薊，葉並多刺相似。田野甚多，方藥不復用，是賤之故。大薊根甚療血，亦有毒。

〔唐・蘇敬《唐本草》〕注云：　大、小薊，葉欲相似，功力有殊，並無毒，亦非虎、貓薊也。大薊生山谷，根療癰腫，小薊生平澤，俱能破血，小薊不能消腫也。

〔宋・馬志《開寶本草》〕按：　陳藏器《本草》云：　小薊破宿血，止新血，暴下血，血痢，驚瘡出血，嘔血等，絞取汁溫服。作煎和糖，合金瘡，及蜘蛛、蛇、蠍毒，服之亦佳。

〔宋・掌禹錫《嘉祐本草》〕按《藥性論》云：　大薊亦可單用，味苦，平。止崩中血下。生取根擣，絞汁，服半升許，多立定。日華子云：　小薊根，涼，無毒。治熱毒風，并胸膈煩悶，開胃下食，退熱，補虛損。苗，去煩熱，生研汁服。小薊力微，只可退熱，不似大薊能補養下氣。又云：　大薊葉，涼。治腸癰，腹藏瘀血，血運，撲損，可生研，酒并小便任服。惡瘡疥癬，鹽研罨傅。又名刺薊、山牛蒡。

〔宋・蘇頌《本草圖經》〕曰：　小薊根，《本經》不著所出州土，今處處有之。俗名青刺薊。苗高尺餘，葉多刺，心中出花頭，如紅藍花而青紫色，北人呼爲千針草。當二月苗初生二三寸時，并根作茹，食之甚美。四月採苗，九月採根，並陰乾入藥，亦生擣根絞汁飲，以止吐血，衄血，下血，皆驗。大薊根，苗，與此相似，但肥大耳。而功力有殊，破血之外，亦療癰腫。小薊專主血疾。

〔宋・唐慎微《證類本草》〕陳藏器云：　薊門以薊爲名，北方者勝也。《食療》云：　小薊根，主養氣。取生根、葉，擣取自然汁，服一盞立佳。又，取葉煮食之，除風熱。根主崩中。又，女子月候傷過，擣汁半升服之。金瘡血不止，挼葉封之。夏月熱，煩悶不止，擣葉取汁半升，服之立差。《聖惠方》：　治心熱吐血，口乾。用刺薊葉及根，擣絞取汁，每服一小盞，頓服。又方：　乳石發動，壅熱心悶，吐血。以生刺薊擣取汁，每服三合，入蜜少許，攪勻服之。《外臺秘要》：　治鼻窒塞不通。小薊一把，水二升，煮取一升，去滓分服。曾有人陰冷，漸漸冷氣入，陰囊腫滿，恐死，夜疼悶不得眠。煮大薊根汁服，立差。《梅師方》：　治卒吐血及瀉鮮血。取小薊葉擣絞取汁，溫服。《簡要濟衆》：　治九竅出血。以刺薊一握絞取汁，以酒半盞調和，頓服之。如無清汁，只擣乾者爲末，冷水調三錢匕。又方：　治小兒浸淫瘡，疼痛不可忍，發寒熱。刺薊末，新水調傅瘡上，乾即易之。

宋・寇宗奭《本草衍義》卷一〇　大、小薊　皆相似，花如髻。但大薊高三二尺，葉皺；小薊高一尺許，葉不皺，以此爲異。小薊，山野人取爲蔬，甚適用。雖有微芒，亦不能害人。

宋・鄭樵《通志》卷七五《昆蟲草木略》　薊　曰虎薊，曰刺薊，曰山牛蒡。《爾雅》：　蘩，狗毒。蘩，即薊也。又有一種小薊曰貓薊，曰青刺薊，北方曰千針草，以其莖葉多刺故也。華如紅藍華而青紫色，多生於燕地，故曰薊門。

宋・劉明之《圖經本草藥性總論》卷上　大小薊根　味甘，溫。主養精保血。大薊，主女子赤白沃，安胎，主吐血鼻衄。《藥性論》云：　大薊，可單用。味苦，平。止崩中血下，生取根絞汁服，立定。日華子云：　小薊根，涼，無毒。治熱毒風，并胸膈煩悶，開胃下食，退熱補虛損。苗，去煩熱。生研汁服，小薊力微，只可退熱，不似大薊，能補養下氣。

宋・王介《履巉巖本草》卷下　山刺芥〔草〕　有大熱，大毒。多入爐火等藥，能服水銀，硫黃毒。

宋・王介《履巉巖本草》卷上　牛鼻衢草　性溫，有毒。治吐血及妄行，曝乾爲細末，入射香少許，用小筒兒吹藥入兩鼻內，立差。

明・朱橚《救荒本草》卷上之前　大薊　舊不著所出州土，云生山谷中。今鄭州山野間亦有之。苗高三四尺，莖五稜，葉似大花苦苣菜葉，莖葉俱多刺，其葉多皺，葉中心開淡紫花。味苦，性平，無毒，根有毒。　救飢：　採嫩苗葉煠熟，水淘去苦味，油鹽調食。　治病：　文具《本草》草部大、小薊條下。

明・蘭茂原撰，范洪等抄補《滇南本草圖説》卷四 大薊 高尺餘，二月生苗，開紅藍花，有刺，處處有之。俗呼為青刺薊。氣味甘溫，無毒。主治：女子赤白沃，安胎。止吐血鼻衄，令人肥。○搗汁，止崩中漏下，立瘥。葉，治腸癰，腹臓瘀血，作暈撲損。生研酒下，或童便亦可。又治惡瘡疥癬，同鹽研，罯之。

明・蘭茂撰，清・管暄校補《滇南本草》卷中 大薊俗名雞脚刺。小薊葉嫩色黃。 性溫，味辛。入肝脾腎三經。消瘀血，生新血，止吐血鼻血，治小兒尿血，婦人紅崩下血。生補諸經之血，消瘡毒，散瘰癧結核，瘡癰久不收口者，生肌排膿。

附方：治婦人、室女遇經行日，發動怒氣，有血滲流入脾經，血分水分受病，兩足發腫，作脹麻木，腿上起核紅紫，或起紅紫班痕。大薊三錢，香附一錢，灸。黃芩二錢，大腹皮一錢，威靈仙二錢，水煎，點水酒服。 又方：治婦人紅崩下漏，白帶不止，良效。大薊五錢，土艾葉五錢，白雞冠花子二錢，木耳二錢，炒黑黃柏五分；如白帶，去黃柏。用水酒煨服。 又方：治婦人乾血癆，成肝癆，惡寒發熱，頭疼，形體消瘦，精神短少。新鮮大薊一兩，黃牛肉四兩，共入礶內煮爛，天明吃後復熱睡，數服即愈。勿用鹽。 又方：治婦人生結核於項後，成栗子瘡，潰爛出膿，久不收口者。用獨根大薊，不拘多少，或煮水牛肉，或猪肉，或單用，煨點水酒服，不止半月，收口全愈。外用：新鮮者搗爛，入胎髮灰、兒茶、血蝎同拌，敷瘡口，生肌，立效。 又方：治男子尿血，血淋下血，痛不可忍者。大薊三錢，蒲公英一錢，猪鬃毛二錢，柳枝二錢，鼻涕珠根三錢，水煨，點水酒服。

明・蘭茂《滇南本草》〔叢本〕卷中 大(計)〔薊〕一名雞脚刺。小薊梗葉黃花。 入肝、脾、腎三經。味苦，微甜，性溫。消瘀生新，(上)〔止〕吐血鼻血，小便尿血，婦人新崩之血。補諸經之血。消瘡毒，散瘰癧結核，久不能收口。單方：行經動怒，有血滲入脾經，血分水分受病，兩脚腫脹麻木，腿上起紅紫斑。香附一錢、大薊三錢、大腹皮一錢、黃芩二錢、威靈仙二錢，水酒點，臥時服。單方：治婦人紅崩下血不止，白帶良效。大薊五錢、土艾葉三錢、白雞冠花子二錢、木耳二錢、炒黃柏，五錢，白帶不用。引水酒服。單方：治婦人乾血癆，惡寒發熱，頭疼，形體消瘦，精神短少。大薊一兩、水牛肉四兩，天明吃畢後臥，忌鹽。單方：治男子尿血，疼痛不忍者效。大薊三錢、蒲公英二錢、猪棕草一錢、鼻涕珠根三錢、柳樹根二錢，點水酒服。單方：結核于項左右，紅腫潰濫。用獨根大薊，點水酒服。半月外用胎髮燒灰，血(結)〔蝎〕、兒茶厭之。

明・王綸《本草集要》卷二 大、小薊根 味甘苦，氣溫。又云：涼。五月採，陰乾。 主養精保血。大薊主女子赤白沃，安胎，止吐血、衄血、下血。療癰腫惡瘡，生研，酒并小便任服。又鹽研，窨傅。小薊專主血疾。

明・滕弘《神農本經會通》卷一 大、小薊根 五月採，陰乾。《衍義》曰：皆相似，花如髻。但大薊高三二尺，葉皺。小薊高一尺許，葉不皺。以此為異。小薊山野人共取為蔬，甚通用。雖有微芒，亦不能害人。 味甘，氣溫。一云苦，平。一云：涼，俱無毒。

《本經》云：主養精保血。大薊主女子赤白沃，安胎，止吐血衄鼻，令人肥健。《唐本》注云：大、小薊葉相似，功力有殊，並無毒，亦非虎貓薊也。大薊生山谷，根療癰腫。小薊生平澤，俱能破血。小薊不能消腫也。陳藏器云：小薊破宿血，止新血，暴下血，血痢，驚瘡出血，嘔血等，絞取汁，溫服。作煎和糖，合金瘡，及蜘蛛、蛇蠍毒，服之亦佳。《藥性論》云：大薊亦可單用，味苦，平。止崩中血下，生取根，搗絞汁服半升許，多立定。日華子云：小薊根，涼，無毒。治熱毒風，并胸膈煩悶，開胃下食，退熱，補虛損。苗，去煩熱，生研汁服。小薊力微，只可退熱，不似大薊能補養下氣。又云：大薊葉涼，治腸癰，腹臟瘀血，血運撲損，可生研，酒并小便任服。惡瘡疥癬，鹽研罯傅。《圖經》云：小薊，亦生搗根，絞汁飲，以止吐血衄血下血，皆驗。大薊根苗，與此相似，但肥大耳，而功力有殊，破血之外，亦療癰腫。小薊專主血疾。《局》云：薊根大者治崩中，吐衄能除更療癥。小薊養精仍保血，熱風研汁有奇功。大薊功同小薊，治癰腫，血崩，吐衄。

明・劉文泰《本草品彙精要》卷一一 大薊無毒。 植生。

大薊：主女子赤白沃，安胎，止吐血，衄鼻，令人肥健。名醫所錄。

【名】刺薊、山牛蒡。 【苗】《衍義》曰：大小薊皆相似，花如髻，但大薊高三四尺，葉皺。小薊高一二尺許，葉不皺，以此爲異。 謹按：《本經》大小薊混名同條。然大薊生山谷，而小薊生平澤。二薊莖葉相似，比小薊但肥大耳。以功力言之，則有殊也。二物皆能破血，大薊破血之外亦療癰腫，而小薊專主血疾，不能消癰腫也。 【地】《圖經》曰：舊不著所出州土，今處處有之。〔道地〕薊州山谷。〔時〕生：二月生苗。採：四月取苗，九月取根。〔收〕陰乾。〔用〕根、苗、花、葉。〔質〕類紅藍花。〔色〕青。〔味〕苦。〔性〕平，泄。〔氣〕味厚氣薄，陰中之陽。〔臭〕香。〔主〕諸血瘡腫。〔製〕剉碎用。〔治〕療：《圖經》曰：消癰腫。《藥性論》云：止崩中下血。《別錄》云：根，煮汁服，治陰冷，漸漸冷氣入陰囊，腫滿，夜疼悶不得眠。補：日華子云：滋養，下氣。〔合治〕葉汁合酒並小便，療腸癰，腹臟瘀血，血暈撲損。○合鹽研窨傅，惡瘡疥癬。〔忌〕犯鐵器。

小薊無毒。植生。小薊根，主養精，保血。名醫所錄。〔名〕青刺薊、千針草。〔苗〕《圖經》曰：苗高一二尺許，葉多刺，心中出花，頭如紅藍花而青紫色，北人呼爲千針草。初生二三寸時，並根作茹食之，甚美。然小薊力微，只可退熱，不似大薊能補養下氣也。《衍義》曰：山野人取爲蔬，甚適用，雖有微芒，亦不能害人。〔地〕《圖經》曰：舊不著所出州土，今處處有之。陶隱居云：田野甚多。《唐本》注云：生平澤。《別錄》云：北地者爲勝。〔道地〕冀州。〔時〕生：二月生苗，五月開花。採：四月取苗，九月取根。〔收〕陰乾。〔用〕根、苗、葉。〔質〕類紅藍花而短小。〔色〕青。〔味〕甘。〔性〕溫，緩。〔氣〕氣之厚者，陽也。〔臭〕香。〔主〕諸血。〔製〕剉碎用。〔治〕療：《圖經》曰：根汁止吐血、衄血、下血。《唐本》注云：破血。日華子云：根，除熱毒風並胸膈煩悶，開胃下食，退熱。○苗，生研汁服，去煩熱。陳藏器云：破宿血，止新血，暴下血，血崩，金瘡出血等。小薊絞取汁溫服。《別錄》云：作菜煮食之，除風熱。○根，主崩中，又女子月候傷過。○葉，主封金瘡血不止，取汁服；療夏月熱，煩悶不止，並心熱吐血，又鼻窒塞不通。補：日華子云：根，益虛損。〔合治〕作煎和糖，合金瘡及蜘蛛、蛇、蠍毒。○搗汁合蜜少許，療乳石發動，壅熱心悶，吐血。○搗汁合酒服，或末以水調服三錢，治九竅出血。〔忌〕犯鐵器。

明·劉文泰《本草品彙精要》卷四一《本草圖經本經外草類》 雞項草　植生。

雞項草：治下血。出《圖經》。〔名〕千鍼草。〔苗〕《圖經》曰：葉如紅花，葉上有刺，青色，亦名千鍼草。根似小蘿蔔，枝條直上，三四月苗上生紫花，八月葉凋。〔地〕《圖經》曰：生福州。〔時〕生：春夏生苗。採：十月取。〔用〕根。〔製〕取根洗淨，焙乾，碾羅爲散服。

明·葉文齡《醫學統旨》卷八 大小薊根　氣微溫，味甘、苦。無毒。大薊治女子赤白淋，安胎，止吐衄下血，癰腫惡瘡，生研，酒并小便任服。小薊治吐衄、尿血、血淋、血崩，煩熱，金瘡血不止。二薊主養精保血。

明·許希周《藥性粗評》卷三 大薊與小薊同功，血調內損。

大薊，葉皺帶刺者是也。俗名山牛蒡。好生山谷，其葉可作茹。南北處處有之，根葉俱可入藥。五月採葉，九月採根，暴乾。陳藏器云：薊門以薊為名，以北方者勝也。味甘，性溫，無毒。一云有小毒。主治吐血衄血，腸癰瘀血，撲損血暈，惡瘡腫毒，疥癬，婦人崩漏，產後血證，安胎，養血保精，久服令人肥健。

小薊，葉不皺，而帶刺者是也。俗名青刺薊。好生平野，南北處處有之，採用俱與上同。性味同上。主治積熱瘀血，下血、血崩、吐血，蛇蟲咬毒。開胃下食，退熱保血。二薊大略同功，但小薊不能消腫，以是為差。

單方：諸血：凡患前項諸色血證，不拘大小二薊，取根搗汁，絞服半盞許，便差。

明·許希周《藥性粗評》卷三 草來雞項瀉腸風。

雞項草，一名千針草。葉如紅花，葉上有刺，青色，根似小蘿蔔，枝條直上，三四月苗上開紫花，八月葉凋。出福州等郡。十月採根，焙乾。性味《本草》不載。主治腸風下血，搗為細末，酒調下一錢匕。

明·鄭寧《藥性要略大全》卷七 大小薊　止諸血胎漏，血崩，吐衄。保精，治癰腫。味甘、苦，氣溫、平，無毒。又云涼。可單用。五月採，陰乾。

小薊根：味甘，溫。又云：涼，無毒。又云：辛，平。可單用，止崩中血下。《湯液》云：破宿血，止新血暴下及血痢，金瘡出血、嘔血等症，並取根杵汁溫服。大小薊葉相似，功力有異，並無毒。大薊生山谷，根療癰腫；小薊生於平澤，或麥地中。二薊俱能破血，小薊不能消腫。

明·陳嘉謨《本草蒙筌》卷三 大小薊　味甘、苦，氣溫。一云氣涼。無毒。雖係兩種，氣味不殊。隨處田野俱生，北平今改順天。出者力勝。蓋薊門以薊取名，則可徵矣。凡資治病，五月採根。大薊高三四尺餘，葉多青刺而皺。花開如髻，赤若紅藍，北人因之，呼為千針草也。破血捷，消腫奇。吐衄唾咯立除，沃漏崩中即止。去蜘蛛蠍子咬毒，平焮突痛甚，癰疽，並搗爛絞濃汁半甌，攙童便或醇酒飲下。小薊苗高尺許，花亦如前，但葉略差，有刺不皺。僅理血疾，不治外科。

明・王文潔《太乙仙製本草藥性大全》卷一《本草精義》　大小薊　葉皆相似，功力有殊，雖係兩種，氣味則一。隨處田野俱生，北方出者力勝。蓋薊門以薊取名，則可徵矣。凡資治病，五月採根。

大薊：高三尺餘，葉多青刺而皺，花開如髻，亦若紅藍，北人因之呼爲千針草也。小薊：苗高尺許，花亦如前，但葉略差，有刺，不皺，當有苗初生二三寸時，並根作茹食之，甚美。四月採苗，九月採根，並陰乾入藥。根可生擣汁，止吐血、衄血、下血皆驗。

明・王文潔《太乙仙製本草藥性大全》卷一《仙製藥性》　大、小薊　味甘、苦，氣溫，一云氣凉，無毒。主治：主養精保血。

大薊：破血捷，消腫奇，吐衄唾咯立除，沃漏崩中即止。主女子赤白帶下，活血安胎，療癰腫，金瘡出血，嘔血。又去蜘蛛、蠍子咬毒，平焮突痛甚，癰疽，並搗爛絞濃汁半甌，攙童便或醇酒飲下。小薊：僅理血疾，不治外科。補註：小薊根主養氣，取生根葉擣取自然汁，服一盞立佳。只取葉煮食之，除風熱。根，主崩中。女子月候傷過，擣汁半斤服之。○金瘡血不止，挼葉封之。○夏月熱煩悶不止，擣葉取汁半斤，服之立差。○治心熱吐血、口乾，用刺薊葉及根，擣絞取汁，每服二小盞，頓服。○乳石發動，壅熱心悶，吐血，以生刺薊擣取汁，每服二合，入蜜少許，攪勻服之。○治鼻窒塞不通，小薊一把，水二升，煮取一升，去滓，分服。曾有人陰冷，漸漸冷氣入陰囊，腫滿恐死，夜疼悶不得眠，煮大薊根汁，服之立差。○治卒吐血及瀉鮮血，取小薊葉擣絞取汁，溫服。治九竅出血，以刺薊一握，絞取汁，以酒半盞，調和頓服之。如無清汁，只擣乾者爲末，冷水調三錢服。○治小兒浸淫瘡，疼痛不可忍，發寒熱，刺薊末，新水調，傅瘡上，乾即易之。

明・皇甫嵩《本草發明》卷三　大小薊中品下，臣。氣溫，味甘，無毒。註云：小薊根凉，大薊葉凉，味苦。　發明曰：二薊氣味相似，功力稍殊。其根甘溫，俱主保血養精。大薊主吐衄血，女子赤白濁，安胎，令人肥健。根，療血，亦療癰，又止崩中血下。生取根，搗汁服。小薊，破宿血，止新血，血暴下，血崩，金瘡出血、嘔血等，絞汁服。又云：力微，只可治熱毒風，退熱。不如大薊能補養下氣，其破血，理血疾，與大薊同，但不能消癰。大薊葉凉，治腸癰，腹藏瘀血，血暈撲損，生研，酒并小便任服。大薊高三四尺，葉多青刺而皺。小薊苗高尺許，花相同，但葉有刺不皺，生甘平，故以薊取名。四月採苗，九月採根，陰乾用。

明・李時珍《本草綱目》卷一五草部・隰草類上　大薊、小薊《別録》中品

【釋名】虎薊弘景　馬薊范汪　猫薊弘景　刺薊日華　山牛蒡日華　雞項草《圖經》　千針草《圖經》　野紅花《綱目》　弘景曰：大薊是虎薊，小薊是猫薊，葉並多刺，相似。田野甚多，方藥少用。時珍曰：薊猶髻也，其花如髻也。曰虎、曰猫，因其苗狀猙獰也。曰馬者，大也。牛蒡，因其根似牛蒡根也。雞項，因其莖似雞之項也。千針、紅花，皆其花狀也。鄭樵《通志》謂《爾雅》之蘩曰狗毒者即此，未知是否。藏器曰：薊門以多薊得名，當以北方者爲勝也。

【集解】《別録》曰：大、小薊，五月採。恭曰：大、小薊葉雖相似，功力有殊。大薊生山谷，根療癰腫；小薊生平澤，不能消腫，而俱能破血。頌曰：小薊處處有之，俗名青刺薊。二月生苗，二三寸時，並根作菜，茹食甚美。四月高尺餘，多刺，心中出花，頭如紅藍花而青紫色，北人呼爲千針草。四月採苗，九月採根，並陰乾用。大薊苗根與此相似，但肥大爾。宗奭曰：大、小薊皆相似，花如髻。但大薊高三四尺，葉皺；小薊高一尺許，葉不皺，以此爲異。作菜雖有微芒，不害人。

大薊根同葉。【氣味】甘，溫，無毒。弘景曰：有毒。權曰：苦，平。大明曰：葉凉。【主治】女子赤白沃，安胎，止吐血鼻衄，令人肥健《別録》。搗根絞汁服半升，主崩中血下立瘥甄權。葉：治腸癰，腹臟瘀血，作運撲損，生研，酒並小便任服。又惡瘡疥癬，同鹽研罯之大明。

小薊根苗同。【氣味】甘，溫，無毒。大明曰：凉。【主治】養精保血《別録》。破宿血，生新血，暴下血，血崩，金瘡出血，嘔血等，絞取汁溫服。作煎和糖，合金瘡，及蜘蛛蛇蠍毒，服之亦佳藏器。治熱毒風，並胸膈煩悶，開胃下食，退熱，補虛損。○苗：去煩熱，生研汁服。並大明。作菜食，除風熱。夏月熱煩不止，搗汁半升服，立瘥孟詵。

【發明】大明曰：小薊力微，只可退熱，不似大薊能健養下氣也。恭曰：大、小薊皆能破血。但大薊兼療癰腫，而小薊專主血，不能消腫也。

【附方】舊五，新九。心熱吐血：口乾。用刺薊葉及根，搗絞取汁，每頓服二小盞。《聖惠方》。舌硬出血：不止。刺薊搗汁，和酒服。乾者爲末，冷水服。《普濟方》。九竅出血：方同上。《簡要濟衆》。卒瀉鮮血：小薊葉搗汁，溫服一升。《梅師方》。崩中下血：大小薊根一升，酒一斗，漬五宿，任飲。亦可酒煎服，或生搗汁溫服。○又方：小薊莖葉洗切，研汁一盞，入生地黄汁一盞，白术半兩，煎減半，溫服。《千金方》。墮胎下血：小薊根葉、益母草五兩，水三大碗，煮汁一碗，再煎至一盞，分二服，一日服盡。《聖濟總録》。金瘡出血：不止。小薊苗搗爛塗之。孟詵《食療本草》。小便熱淋：馬薊根搗汁服。《聖惠方》。鼻塞不通：小薊一把，水二升，煮取一

升，分服。《外臺秘要方》。　小兒浸淫：　瘡痛不可忍，發寒熱者。刺薊葉新水調傅瘡上，乾即易之。《簡要濟衆方》。　癬瘡作癢：　刺薊葉搗汁服之。《千金方》。　婦人陰癢：　小薊煮湯，日洗三次。《廣濟方》。　諸瘻不合：　虎薊根、猫薊根、酸刺根、枳根、杜衡各一把，斑蝥三分，炒爲末，蜜丸棗大，日一服，並以小丸納瘡中。《肘後方》。　丁瘡惡腫：　千針草四兩，乳香一兩，明礬五錢，爲末。酒服二錢，出汗爲度。《普濟方》。

題明·薛己《本草約言》卷一《藥性本草》　大小薊　能養精安孕，止吐衄血崩。

明·梅得春《藥性會元》卷上　大小薊　味甘、苦，氣溫。有毒。一云無毒。　大薊：　治女子赤白淋，安胎，止吐衄，癰腫惡瘡。生研，酒并滾童便服。　小薊：　治吐衄、尿血、血淋、血崩，煩熱，金瘡血不止。　二薊養精保血。大薊又療癰腫。

明·李中立《本草原始》卷二　大薊、小薊　小薊處處有之，俗名青刺薊。二月生苗，二三寸時，併根作菜茹，食甚美。四月高尺餘，多刺，心中出花頭，如紅藍花而青紫色，北人呼為千針草。四月采苗，九月采根，並陰乾用。大薊與此相似，但肥大爾。《本草綱目》曰：　薊，猶髻也，其花如髻也。大薊根葉：　氣味：　甘，溫，無毒。　主治：　女子赤白沃，安胎，止吐血鼻衄，令人肥健。〇擣根絞汁，服半升，主崩中下血立瘥。〇葉治腸癰，腹臟瘀血，作運撲損，生研，酒并小便任服。又惡瘡疥癬，同鹽研罯之。　小薊根苗：　氣味：　甘，溫，無毒。　主治：　養精保血。〇破宿血，生新血，暴下血、血崩，金瘡出血，嘔血等，絞取汁溫服，作煎和糖，合金瘡及蜘蛛蛇蠍毒，服之亦佳。〇治熱毒風，并胸膈煩悶，開胃下食，退熱，補虛損。〇苗去煩熱，生研汁服。〇作菜食，除風熱，夏月熱煩不止，擣汁半升服，立瘥。

大薊、小薊，《別錄》中品。【圖略】大薊高三四尺，葉皺。　小薊高尺許，葉不皺。葉俱有刺。

大小薊皆能破血，但大薊兼療癰腫，而小薊專主血，不能消腫。　《梅師方》：　治卒瀉鮮血，小薊根葉搗汁，溫服一升。　《外臺秘要》：　治陰冷，漸漸冷氣入陰囊，腫滿恐死，夜疼悶不得眠，煮大薊根汁服，立瘥。　陳藏器曰：　薊門以多薊得名，當以北方者為勝也。

明·張懋辰《本草便》卷一　大小薊根　味甘、苦，氣溫，又云涼。　主養精保血。大薊主女子赤白沃，安胎，止吐血、衄血、下血、療癰腫惡瘡。小薊專主血疾。

明·趙南星《上醫本草》卷三　刺兒菜　一名大薊，一名小(蘇)〔薊〕，一名青刺薊。恭曰：　大小薊雖相似，功力有殊。大薊生山谷，根療癰腫；　小薊生平澤，不能消腫，而俱能破血。小薊處處有之，俗名青刺薊。二月生苗二三寸時，併根作菜茹食，甚美。四月高尺餘，多刺，心中出花頭，如紅藍花而青紫色。四月采苗，九月采根，並陰乾用。大薊苗根花與此相似，但肥大，高三四尺。葉皺，小薊葉不皺，以此為異。作菜雖有微芒，不害人。　大薊根、葉同。　甘，溫，無毒。主治：　女子赤白沃，安胎，止吐血，鼻衄，令人肥健。　小薊根、苗同。　甘，溫，無毒。主治：　熱毒風并胸膈煩悶，開胃下食，退熱，補虛損，養精保血，破宿血，生新血。暴下血血崩，金瘡出血，嘔血等，絞取汁溫服。作煎和糖，合金瘡，及蜘蛛蛇蠍毒服之亦佳。　苗去煩熱，生研汁服。作菜食，除風熱。夏月熱煩不止，搗汁半升，服立瘥。

附方　崩中下血：　擣大薊根，絞汁，服半升，立瘥。　腸癰：　腹臟瘀血，作暈撲損，用大薊葉生研，酒并小便任服。　惡瘡疥癬：　用大薊葉同鹽研，罯之。　小便熱淋：　大薊根擣汁服。　心熱吐血口乾：　用刺薊葉及根，搗絞取汁，每頓服二小盞。　九竅出血：　刺薊搗汁，和酒服。乾者為末，冷水服。　舌硬出血：　方同上。　卒瀉鮮血：　小薊葉擣汁，溫服一升。　墮胎下血：　小薊根葉、益母草五兩，水三大盌，煮汁一盌，再煎至一盞，分二服，一日服盡。　鼻塞不通：　小薊一把，水二升，煮取一升，分服。

明·繆希雍《本草經疏》卷九　大、小薊　根味甘，溫。　主養精保血。大薊主女子赤白沃，安胎，止吐血衄。令人肥健。

〔疏〕大薊根稟土之沖氣，兼得天之陽氣，故味甘氣溫而無毒。日華子：　涼，當是微寒。陶云有毒，誤也。女子赤白沃，血熱所致也。胎因熱則不安。血熱妄行，溢出上竅則吐衄。大薊根最能涼血，血熱解則諸證自愈矣。其性涼而能行，行而帶補。補血涼血則榮氣和，榮氣和故令肥健也。

〔主治參互〕大薊葉得地榆、茜草、牛膝、金銀花，治腸癰、腹癰、少腹癰。生搗絞汁，入前四味濃汁，和童便飲，良。　得炒蒲黃、椶皮灰，調汁半升，治崩中下血立瘥。　又治瘀血作暈，跌撲損傷作痛，俱生取汁，入酒并童便服。　又治惡瘡疥癬，同鹽搗罯之。　《藥性論》云：　大薊亦可單用，味苦平，止崩中下血。生取根搗絞汁服半升許，立瘥。　日華子云：　大薊葉，涼，治腸癰，腹藏瘀血，血暈，撲損，可生研，酒并小便任服。惡瘡疥癬，鹽研罨傅。又名刺薊，山牛蒡。小薊根苗，氣味甘溫，微寒，無毒。其所稟與大薊皆同，得土中沖陽之氣，而兼得乎春氣者也。故主養精保血。精屬陰，氣血之所生也。甘溫益血而除大熱，故能養精而保血也。陳藏器云：破宿血，生新血，暴下血，血崩出血，嘔血等，絞取汁，作煎，和沙糖，合金瘡及蜘蛛蛇蝎毒，服之亦佳。日華子云：小薊根，涼，無毒，治熱毒風，并胸膈煩悶，開胃下食，退熱，補虛損。苗：去煩熱，生研汁服。小薊力微，只可退熱，不似大薊能補養下氣。《食療》云：小薊根主養氣，取生根葉搗取自然汁，服一盞亦佳。又取葉煮食之，除風熱。根：主崩中，又女子月候傷過，搗汁半升服之。金瘡血不止，挼葉封之。夏月熱煩悶不止，搗葉取汁半升服，立瘥。《聖惠方》治心熱吐血口乾，用刺薊葉及搗絞取汁，每服一小盞，頓服。又方：乳石發動，壅熱心悶吐血。以生刺薊搗取汁，每服三合，入蜜少許，攪勻服之。《外臺秘要》治鼻塞不通，小薊一把，水二升，煮取一升，去滓分服。《梅師方》治卒吐血及瀉鮮血，取小薊葉搗汁，溫服。《簡要濟眾》治九竅出血，以刺薊一握，絞取汁，以酒半盞，調和頓服。如無鮮汁，只擣乾者為末，冷水調三錢。又方：治小兒浸淫瘡，痛不可忍，發寒熱。刺薊末，新水調傅瘡上，乾即易之。［簡誤］大小薊性下行，以其能下氣，故主崩衄多效。惟不利於胃弱泄瀉，及血虛極，脾胃弱，不思飲食之證。

明·倪朱謨《本草彙言》卷三 大薊 味甘、微苦，氣寒，無毒。陳氏曰：薊門猶多，以薊得名，當以北方薊州者爲勝。大薊生山谷，即虎薊也。二月生苗，高二三尺，葉皺多軟刺，中心出花，其花如髻，色赤微青，若紅藍花。

大薊：朱丹溪涼血止血之藥也。瞿秉元稿《本草》主吐血衄血。凡血熱妄行，溢出上竅，用此立止。因其性涼故也。但涼而利，止血而又能行瘀，故外科方以此消癰腫可知矣。前人謂爲安胎、《別錄》令人肥健，蓋不知何所取義云。

集方：方氏方治吐血衄血，崩中下血。用大薊一握，搗絞取汁，服半升，立止。〇《外科方》治腸癰、肚腹癰、內疽諸證。用大薊根葉、地榆、牛膝、金銀花，俱生搗絞汁，和熱酒服良。如無生鮮者，以乾葉煎飲亦可。〇《千金方》治崩中下血。用大薊根葉搗汁半升，和炒蒲黃、棕皮灰各五錢，調汁服。〇孟氏《本草》治跌撲損傷，瘀血作痛。用大薊汁和熱酒飲。

明·姚可成《食物本草》卷一七草部·隰草類 大薊、小薊蘇頌曰：大小薊處處有之。二月生苗，二三寸時，併根作菜茹食，甚美。四月高尺餘，多刺，心中出花頭，如紅藍花而青紫色。寇宗奭曰：大小薊皆相似，花如髻，但大薊高三四尺，葉皺；小薊高尺許，葉不皺，以此為辨別耳。作菜雖有微芒，不害人。

大、小薊，味甘，溫，無毒。作菜食，除風熱，治女子赤白沃，安胎，止吐血鼻衄，令人肥健。擣根絞汁服半升，主崩中血下，立瘥。

附方：治金瘡出血不止。小薊苗搗爛塗之，即止。治崩中下血。大小薊根一升，酒一斗，浸五日，任飲。亦可酒煎服，或生搗汁，溫服。

明·顧逢柏《分部本草妙用》卷六兼經部·溫瀉 大薊小薊 甘，溫，微毒。

主治：大薊治女子赤白沃，安胎，止吐鼻衄血。絞汁服，主崩中下血立瘥。〇葉，治腸癰，腹藏瘀血，疥癬。小薊，養精保血，破宿血，生新血，暴下血，血崩，治熱毒，退熱，補虛。夏月熱煩，服汁立〔瘥〕。按：大小薊皆能補血，大薊健胃下氣，而兼治癰腫。小薊力微，止可退熱，治血而已。

明·李中梓《醫宗必讀·本草徵要上》 大薊、小薊味甘，溫，無毒。入心、肝二經。

崩中吐衄，瘀血停留。二薊性味主療皆同，但大薊兼主癰疽也。

按：二薊破血之外無他長，不能益人。

明·蔣儀《藥鏡》卷三平部 大小薊 涼血且行，下氣兼補，故女子赤白沃，血熱及吐衄者，皆可療也。根葉生搗其汁，童便并入酒中，腸癰臟毒，如水救火，跌撲血運，亦可治者。大薊功多，小薊功遜。

明·盧之頤《本草乘雅半偈》帙九 大薊《別錄》下品。氣味：甘，溫，無毒。

主治：主女子赤白沃，安胎，止吐血鼻衄，令人肥健。覈曰：生山谷，即虎薊也。二月生苗，高二三尺，葉皺，中心出花，其花如髻。

小薊《別錄》下品 氣味：甘，溫，無毒。主治：主養精保血。覈曰：生平澤，處處有之，即貓薊也，俗名青刺薊。二月生苗，僅一二寸，作菜甚美。四月發高尺餘而多刺，中心出花如髻，亦如紅蘭花，色青紫，與大薊根苗相似，但不若大薊之肥大耳。

明·李中梓《本草通玄》卷上 大薊、小薊根 甘，溫，入脾、肝二經。破宿血，生新血，安胎氣，止崩漏，定吐衄。大小薊，皆〔能〕破血，但大薊力雄健，能消癰；小薊力微，只可退熱，不能消癰也。　酒洗，〔或〕童便拌，微炒。

清・顧元交《本草彙箋》卷三　大薊小薊　二薊之功，皆能涼血破血。但大薊兼療癰腫，小薊專主行血，不能消腫。大薊根葉同用，小薊根苗同用。二薊葉並多刺相似，花如髻，青紫色。北人呼爲千針草。大薊高三四尺，葉皺。小薊高尺許，葉不皺。

清・劉雲密《本草述》卷九上　大薊、小薊俗呼為茨芥。弘景曰：大薊、小薊，其葉並多刺，故又名曰刺薊。　宗奭曰：大小薊皆相似，花如髻，但大薊高三四尺，葉皺。小薊高一尺許，葉不皺。以此為異。　大薊生山谷，小薊生平澤，即南方平原，大小皆產之。然大薊亦生高阜處，不與小薊同，即此亦當有別處。且大薊之味，甘後微有苦，小薊則止有甘耳。不可不審。

大薊根，葉同，氣味甘，溫，無毒。　權曰：苦，平。　日華子曰：葉涼。　主治：女子赤白沃，安胎《別録》。療崩中血下甄權。一切鼻衄吐血，令人肥健《別録》。葉治腸癰，腹臟瘀血作暈，撲損，生研，酒并小便任服日華子。

小薊根，苗同，氣味甘，溫，無毒。　日華子曰：涼。　主治：暴下血，血崩，嘔血，金瘡出血等證藏器。養精保血《別録》。治熱毒風，并胸膈煩悶，開胃下食，退熱日華子。　苗去煩熱，生研汁服日華子。

日華子曰：小薊力微，只可退熱，不似大薊，能健養下氣也。　恭曰：大小薊皆能破血，但大薊兼療癰腫，而小薊專主血，不能消腫也。　希雍曰：大小薊根稟土之沖氣，兼得天之陽氣，故味甘，氣溫，而無毒。日華子：涼。當是微寒，其性涼而能行，行而帶補。

愚按：大小薊，類以為血藥固然，第如桃仁、紅花，皆言其行血破滯，而此味則曰止吐血鼻衄，並女子崩中血下，似乎功在止血也。夫行血者，猶曰不可槩求之。血至於妄行，是或激之，或壅之，豈得止就血以求止塞？如防川而必潰哉。如先哲謂小薊退熱，而大薊能健養下氣。愚按諸方用小薊退熱者良，然唯是大薊，或熱或虛，皆隨所治之味而用之。是繆氏所謂涼而能行，行而帶補者，當於大薊較勝也。夫退熱，固以止血而下氣，更是止血妙理。蓋氣之不下者，多由於陰之不降，以致陽亢而不下也。氣下則血歸經矣。抑此亦氣為血先之義歟。曰：是猶有異。《經》曰：雲霧不精，則白露不降。又曰：地氣上為雲。若然，是則地氣上際，而天氣合之，絪緼變化，乃謂雲霧精也。陰陽合而後雨澤降，是所謂下氣。療血之義，不得如粗工止以陰生於陽為言，至病乎陽亢，而猶事益陽者也。然則薊能益陰歟。曰：昔哲謂大薊兼療癰腫，《經》曰營氣不從，逆於肉理，乃生癰腫。然則大薊之健養下氣者，乃營氣也。觀《別録》言其令人肥健，形體為陰，即斯語而陰氣不益歟。然則有云治血證，宜降氣，不宜破氣者，亦合於斯歟。曰破氣豈可？然是亦非降氣之說，雖曰氣降則火降，然恃降氣之劑，以降火療血，豈為中的？若大薊亦止以降為功，彼下行之血，不益劇乎？而何以並能療之耶？雖然大小薊花亦如紅藍花，但色青紫，若猶止就血以治，何以不用花，而但用根，或並用葉？此其不止血，而令血止者，固可熟思也矣。

按大薊根葉在《別録》皆曰甘溫，唯日華子謂葉涼。小薊根苗《別録》皆曰甘溫，而日華子皆曰涼。然則用以退熱，小薊根苗皆可，大薊治虛而有熱者，須根兼葉用。大薊在《別録》言令人肥健，小薊言養精保血，是小薊退熱療血，而有保血之益，不同於能行血，而不能保者。若大薊補養令人肥健，是能由中充外，不僅止於保血，所謂力更勝者也。夫涼血者多滯，而此乃能行之，又不以降火為行，是從下氣以為行也。即小薊根在《食療本草》，亦謂其養氣，但力劣於大薊耳。以故行血者無補，而此乃能保之，特大薊健養之力，勝於保血者耳。是所謂不就血以為止者也。若然，則豈非至賤之物，而有至貴之用哉？附錄數方，以類推其用。

治心熱吐血口乾，用刺薊搗絞，取汁一小盞，頓服《聖惠方》。　心臟有熱，舌上出血如涌泉，小薊根同升麻、茜根、艾葉、寒水石，水煎，入生地黃，一二沸，溫服升麻湯。　食啖辛熱，傷肺嘔吐血，名為肺疽，大薊根同犀角、升麻、桑白皮、蒲黃、杏仁、炙草、桔梗，煎服大薊散。　下焦結熱，尿血成淋，小薊根同生地、滑石、通草、蒲黃、藕節、淡竹葉、當歸、山梔、炙草，同煎服小薊飲子。　崩漏不止，大小薊根、白茅根，酒煮服《濟陰綱目》。　以上皆治其熱者也。

氣虛血溢，或吐或嘔，或咯或衄，同人參、當歸、熟地、川芎、蒲黃、烏梅肉，水煎服必勝散。　血虛，或嗽血唾血，大薊同阿膠、卷柏、生地、熟地、雞蘇葉、五味、栢仁、茯苓、百部、遠志、人參、麥冬、防風、山藥，煉蜜丸，小麥、麥冬湯吞大阿膠丸。　以上治氣血之虚者也。

墮胎下血，小薊根葉、益母草五兩，水二大盌，煮汁一盌，再煎至一圭，分二服，一日服盡《聖濟總録》。　此治墮胎傷血於内者也。

腸癰腹癰，小腹癰，大薊葉生搗絞汁，同地榆、茜草、牛膝、金銀花，四味濃汁，和童便飲之良。　此治瘍病血於内外者也。

希雍曰：　薊性能下氣，故主崩衄多效。惟不利於胃弱泄瀉，及血虚極，脾胃弱，不思飲食之證。

修治　五月采葉，九月采根，洗淨陰乾，微焙。亦可生搗汁服。　又云：　消腫搗汁，止血燒灰存性。

清・郭章宜《本草匯》卷一一　大薊　苦甘，氣溫，一云涼。入手少陰、足太陰、厥陰經。主吐血鼻衄，療崩中血下。

按：　大薊稟土之冲氣，兼得天之陽氣，最能凉血解熱。雖破血下行，乃行而帶補者也。其力雄，能健養下氣，故腸癰腫疥俱可消融。胃弱洩泄，及血虚不思飲食者，皆不利也。

酒洗，或童便拌，微炒。

小薊　苦，甘，氣溫，一云涼。入手少陰、足太陰、厥陰經。破宿血，生新血。下血、血崩、熱淋皆治，嘔血、出血、煩悶皆毆。

按：　二薊性味主療皆同，破血之外亦無他長，亦不益人。但大薊兼療癰疽，而小薊只可退熱，不能消腫也。

製同大薊。

清・蔣居祉《本草擇要綱目・溫性藥品》　大薊根　氣味：　甘，溫，無毒。又曰：　有毒。　主治：　女子赤白沃，安胎。止吐血鼻衄，令人肥健。擣根絞汁，服半升，主崩中血下立瘥。葉治腸癰，腹臟瘀血，作運撲損，生研，酒并小便任服。又惡瘡疥癬，同鹽研罯之。

小薊根　氣味：　甘，溫，無毒。　主治：　養精保血，破宿血，生新血，暴下血，血崩，金瘡出血嘔血等，絞取汁溫服。作煎和糖，合金瘡及蜘蛛蛇蝎毒服之亦佳。治熱毒風，并胸膈煩悶，開胃下食，退熱補虚損，苗去煩熱，生研汁服。作菜食，除風熱，夏月熱煩不止，擣汁半升，服之瘥。小薊力微，只可退熱，不似大薊能健養下氣也。大小薊皆能破血，但大薊兼療癰腫，而小薊專主血，不能消腫也。

清・王翃《握靈本草》卷四　大薊、小薊出北平者力勝，今處處有之。俗名野紅花。大薊高三四尺，小薊高一尺。酒洗，或童便拌，微焙。　主治：　大薊、小薊，並甘，溫，無毒。大薊主養精保血，止熱，補虚損。小薊止血退熱，能健養下氣也。

清・汪昂《本草備要》卷二　大、小薊瀉，凉血。　甘，溫。大明曰凉。皆能破血下氣，行而帶補。治吐衄腸癰，女子赤白沃，安胎。凉血之功。小薊力微，能破瘀生新，保精養血，退熱補虚，不能如大薊之消癰毒。丹溪曰：　小薊治下焦結熱血淋。《本事方》：　一人冷氣入陰囊，腫滿疼痛，煎大薊汁服，立瘥。　兩薊相似，花如髻。大薊莖高而葉皺，小薊莖低而葉不皺。皆用根。

清・陳士鐸《本草新編》卷三　大薊、小薊　大、小薊：　味甘、苦，氣凉，無毒。入肺、脾二經。破血止血甚奇，消腫安崩亦效，去毒亦神，但用于初起之血症，大獲奇功，而不能治久傷之血症也。蓋性過于凉，非胃所喜，可以降火，而不可以培土故耳。

或問：　大、小薊，皆是止血聖藥，一時急症，用鮮最佳。倘無鮮者，乾者亦可用乎？　夫鮮者難遽得，勢必用乾者矣。但必須將大、小薊用水先煎取汁，然後煎補血、生血、止血之藥，同飲纔妙，不比鮮者，搗汁即可用也。

或問：　大、小薊同是血分之品，畢竟何勝？　二者較優劣。　大薊不若小薊之佳。小薊用一兩者，大薊必須加五錢，其功用實未嘗殊也。

或問：　大、小二薊，北人以之治吐血多功，南人用之往往鮮效，何也？　蓋二薊過于寒凉，北人秉性剛強，非患熱症，不易吐血；　南人柔弱，不必犯熱，即能吐血也，故宜北而不宜于南。然而，北人不因熱而致吐血者，服之未必相宜；　南人偶因熱而致吐血者，服之未必不相宜也。

或問：　大、小薊，即分大小，畢竟功效亦別，豈盡同而無異乎？　曰：　同者止血，異者止熱也。大薊止熱，而小薊則力不勝。故遇熱症，不妨用大薊一二錢，使熱退而不動血耳。

清・李熙和《醫經允中》卷二〇　大薊、小薊　入心脾二經。甘，溫，無毒。主治止吐血衄血。絞汁服，治崩中下血。葉治腸癰腫毒，腹臟瘀血；　去蜘蛛、蝎子咬毒。小薊退熱，破宿血，擣汁塗小兒遊火甚効。

清・馮兆張《馮氏錦囊秘錄・雜症痘疹藥性主治合參》卷二　大小薊稟土之冲氣，兼得天之春陽之氣，故味甘，氣溫。一云微寒，無毒。所稟即同，主治相近，專主凉血行血補血，而為養精保血、吐衄崩中之要藥。

大小薊，又名千針草。氣味甘溫，養精保血。吐衄唾咯立除，沃漏崩中即止。又能破血消腫，去蜘、蠍咬毒，平焮痛重，〔癰〕疽，並搗爛絞濃汁半甌，摻童便或醇酒飲下。但小薊力微，只可退熱涼血，不似大薊能補養下氣也。且僅理血疾，不治外科。若脾胃虛弱，泄瀉不思飲食及血氣虛寒者勿用。

主治痘疹合參： 止吐衄下血及婦人痘疹，經血妄行者，最宜。

清·張璐《本經逢原》卷二 大薊、小薊 花，甘，溫。根，微涼。無毒。

發明： 大薊、小薊皆能破血，大薊根主女子赤白沃下，止吐血鼻衄，涼而能行，行而帶補，兼療癰腫。小薊根專於破血，不能消腫，有破宿生新之功，吐血血崩之用，但其力微，只可退熱，不似大薊能破瘀散毒也。《丹方》治吐血不止，用小薊、山楂、生地一服即止，止中寓瀉，劫劑中之良法。近世醫師咸用其花，總取散血之義。然其性皆下行，故脾胃虛弱，泄瀉少食者忌用。

清·浦士貞《夕庵讀本草快編》卷二 大薊、小薊《別錄》、虎薊、貓薊 薊猶髻也，其花如髻，曰虎，曰貓者，苗狀猙獰也。 二薊甘，涼，苦，平，無毒。根葉同用，功亦相倣。皆能破宿血而生新血，止吐衄而療崩帶。大者力厚，善排腸癰而消惡瘡，治女子赤白沃而安胎，取其健養下氣也。小者力微，專退熱毒而除胸膈煩悶，開胃下食，更有益精補損之妙。故古方治血有小薊飲子，及葛可久十灰散中並用之。餘可類推矣。

清·王子接《得宜本草·中品藥》 大小薊 味甘，溫。大薊功專破血，小薊功專消腫。

清·黃元御《玉楸藥解》卷一 大薊 味苦，微溫。入足厥陰肝經。回失紅，行瘀血。亦行瘀血而斂新血，吐衄崩漏，癰疽跌打，及腸癰血積，金瘡蠱毒蠱毒俱治。小薊性同而力猶薄，不能瘳癰消腫，但破血耳。

清·吳儀洛《本草從新》卷一 大小薊〔瀉，涼血破血。〕 甘，苦，涼。皆能破血退熱。治吐衄腸癰。小薊力微，能破瘀生新，不能如大薊之消癰毒。丹溪曰： 小薊治下焦之熱結血淋。《本事方》一人冷氣入陰囊，腫滿疼痛，煎大薊汁服立瘥。兩薊相似，花如髻，大薊莖高而葉皺，小薊莖低而葉不皺。皆用根。

清·汪紱《醫林纂要探源》卷二 大薊 甘，苦，寒。葉叢生，如苦蕒而多刻缺，莖葉皆有細刺，故俗名牛觸嘴。抽莖直上，小葉抱莖，頂開花作翕頭，色紫，狀如鼓椎，又名鼓椎，老則飛絮，亦如苦蕒，根下結塊如朮。堅腎水，去血熱，泄逆氣。治腸風腸癰，及婦人赤白沃，亦治吐衄，能安胎。 小薊： 苦，甘，寒。小葉，小紫花，亦翕頭，根長直。功用同。力微。

清·嚴潔等《得配本草》卷三 大薊 甘，涼。破血，退熱，消癰。除沃漏崩中，去蜘蠍咬毒。得酒，治九竅出血。配小薊，治崩中。血瘀則妄行。小薊葉 涼血。婦人痘疹，月經妄行者，最宜。 葉 療癰腫。大薊葉消腫，小薊葉行血。 搗汁，入童便和酒飲。

題清·徐大椿《藥性切用》卷三 大、小薊 甘苦性涼，俱能涼血散瘀。但小薊力微，不能如大薊之能消癰毒。

清·黃宮繡《本草求真》卷七 大、小薊破血逐瘀。 大、小薊耑入肝。雖書載屬甘溫，可以養精保血《別錄》。然究精之養，血之保，則又賴於血榮一身，周流無滯。若使血瘀不消，而致見有吐衄唾咯崩漏之症，與血積不行，而致見有癰疼腫痛之病，則精血先已不治，安有保養之説乎？ 用此氣味溫和，溫不致燥，行不過散，瘀滯得溫則消，瘀塊得行斯活，惡露既淨，自有生新之能，癰腫潛消，自有固益之妙。保養之說，義由此起，豈真具有補益之力哉？恭曰： 大小薊皆能破血。但小薊力微，不如大薊力迅，小薊只可退熱涼血，若大薊則於退熱之中，猶於氣不甚傷也。恭曰： 大薊葉療癰腫，而小薊專主血，不能消癰也。 能理血疾，不治外科。若脾胃虛寒，飲食不思，泄瀉不止者，切勿妄服。兩薊相似，花如髻，大薊莖粗而葉皺，小薊莖低而葉不皺，皆用莖。

附： 琉球·吳繼志《質問本草》外篇卷三 雞牳刺薊 辛丑清舶漂到，採此種問之。 雞姆刺。陳宜春。

清·羅國綱《羅氏會約醫鏡》卷一六草部 大薊、小薊味甘溫，入心肝二經。涼血，行血，補血。治吐血，衄血，唾咯諸血，沃漏崩中，安胎，涼血之效。及婦人痘疹，經血妄行。但小薊力微，能破瘀生新，退熱補虛，不能及大薊之消癰腫也。 按： 二薊理血之外無他長，不能益人。大薊莖高葉皺，小薊莖低葉不皺，皆用根。

清·黃凱鈞《藥籠小品》 大小薊 甘苦，涼，皆能破血退熱，治吐血衄血腸癰。小薊只能破瘀生新，不如大薊之消癰毒。

清·王龍《本草纂要稿·草部》 大小薊 氣味甘苦而溫。破血積，能消癰腫。治吐衄，兼止崩漏。小者僅理血疾，不治外科。

清·莫樹蕃《草藥圖經》 野紅花 即大薊、小薊。五月采葉。雖相似，功力各殊。大薊生山谷，根療癰腫。小薊生平澤，俱能破血。紅花千針皆相似。大薊高三四尺，葉皺。小薊高一尺許，葉不皺，以此為異。甘溫，無毒。大薊根治女子赤白帶，安胎，止吐血。擣根絞汁，服半升，止崩中血下立瘥。葉治腸癰。　小薊根，養精保血，破宿血，生新血，血崩，金瘡出血。苗去煩(熟)〔熱〕，生研汁服，治小便(熟)〔熱〕淋。

清·吳鋼《類經證治本草·足厥陰肝臟藥類》　薊根　【略】誠齋曰：小薊治霍亂，取吐效。解夏月煩熱，並療蜘蛛蛇蠚、蟲咬毒。

清·楊時泰《本草述鉤元》卷九　大薊、小薊　俗呼茨芥，其葉多刺，又名刺薊。二薊相似，花如髻，但大薊高三四尺，葉皺。小薊高尺許，葉不皺耳。大薊生山谷及平原高阜處，小薊生平澤，即此亦當有別。且大薊味甘後微有苦，小薊止有甘，不可不審。

大薊根葉同：　氣味甘溫，苦平。其葉涼。主女子赤白沃，安胎，療崩中血下，一切鼻衄吐血，令人肥健。葉治腸癰，腹臟瘀血作暈，撲損。生研，入酒并童便任服。

小薊根苗同：　氣味甘溫。日華曰涼。主治暴下血，血崩嘔血，金瘡出血等證，養精保血，治熱毒風，并胸膈煩悶，開胃下食退熱。苗去煩熱，生研汁服。

小薊力微，只可退熱，不似大薊能健養下氣也日華。大小薊皆能破血，但大薊兼療癰腫，而小薊不能恭。大小薊根，稟土之沖氣。日華云涼，當是微寒。其性涼而能行，行而帶補，大薊較勝仲淳。心熱吐血口乾，用刺薊葉搗絞取汁一小盞頓服。心上有熱，舌上出血如涌泉，小薊根同升麻、茜根、艾葉、寒水石，水煎，入生地，一二沸溫服。食啖辛熱，傷肺嘔吐血，名為肺疽，大薊根同犀角、升麻、桑皮、蒲黃、杏仁、炙草、桔梗煎服。下焦結熱，尿血成淋，小薊根同生地、滑石、通草、蒲黃、藕節、淡竹葉、當歸、山梔、炙草同煎服。崩漏不止，大小薊根、白茅根，酒煮服。以上方皆治其熱者。

氣虛血溢，或吐或嘔，或咯或衄，同人參、熟地、當歸、川芎、蒲黃、烏梅肉，水煎服。血虛或嗽血唾血，大薊同阿膠、卷柏、生地、熟地、茯苓、雞蘇葉、五味、柏仁、人參、麥冬、遠志、百部、防風、山藥，煉蜜丸，小麥、麥冬湯吞。以上治氣血之虛者。　墮胎下血，小薊根葉、益母草五兩，水二大盌，煮汁一盌，再煎至一圭，分二服，一日服盡。此治墮下傷血於內者。　腸癰腹癰小腹癰，大薊葉生搗絞汁，同地榆、茜草、牛膝、銀花四味濃汁，和童便飲之，此治癰瘍病血於內外者。

論：　桃仁、紅花皆言行血破滯，而大小薊能止吐衄崩下，似乎功在止血也。夫行血者，猶不可概求之血，況於血之妄行，是或激或壅，豈徒就血以求止塞，如防川而必潰哉。先哲謂小薊退熱，大薊能健養下氣，按諸方用小薊退熱者良然，惟大薊或熱或虛，皆隨所治之味而用之，是繆氏所謂涼而能行，行而帶補者，當於大薊較勝也。夫退熱固以止血，而下氣更是止血妙理。蓋氣之不下者，多由於陰之不降以致陽亢也，氣下則血歸經矣。此非特氣為血先之義，《經》曰雲霧不清則白露不降，又曰地氣上為雲，然則地氣上際，而天氣合之，絪緼變化，而雨澤乃降，方是下氣療血之義。彼粗工止謂陽能生陰，至病乎陽亢，而猶事益陽，可哂也。然則薊能益陰歟？曰：　觀大薊兼療癰腫，癰腫固營氣逆於肉理而生，是則大薊所謂健養下氣者，乃營氣也，即《別錄》所言令人肥健者，形體為陰也。或曰：　治血證宜降氣，不宜破氣，大薊固合於斯歟？曰：　非也。氣降雖即火降，然恃降氣之劑以降火療血，豈為中的？使大薊而止以降為功，彼下行之血不益劇乎，何以反能療之？然則此味之不止血而令血止者，固可熟思矣。不用花，但用根，或並用葉，可參。大薊根葉，在《別錄》皆曰甘溫，惟日華謂其葉涼。小薊根苗，《別錄》皆曰甘溫，而日華皆曰涼，然則用以退熱，小薊根苗皆可。大薊治虛而有熱者，須根兼葉用，《別錄》言大薊令人肥健，小薊保血養精，是小薊退熱療血而有保血之益，不同於行血而不能保者，若大薊補養令人肥健，是更能由中充外，所謂其力更勝也。凡涼血者多滯，惟此乃能行之，又不以降火為行，蓋從下氣以為行也。行血者無補，惟此乃能保之，特大薊健養之力勝於保血，是又不就血以為止也。豈非至賤之物，而有至貴之用哉。

二薊性能下氣，故主崩衄多效。惟不利於胃弱泄瀉，及血虛已極，飲食不思之證仲淳。

修治：　五月采葉，九月采根，洗淨陰乾，微焙，亦可生搗汁服。消腫，搗汁用。止血，燒灰存性用。

清·葉桂《本草再新》卷二　大薊味甘、苦，性涼，無毒。入脾、肺二經。化痰破血，退熱，治吐衄腸癰，能破瘀生新。　小薊　並能清肝火，開肝鬱。

清·吳其濬《植物名實圖考》卷一一　小薊　《別錄》中品。《救荒本草》謂之刺薊菜，北人謂之千鍼草，與紅藍花相類而青紫色，葉為茹甚美。

大薊　《別錄》中品。性與小薊同，葉大多皺。《救荒本草》：葉可煠食，根有毒。醫書相承，多以續斷為即大薊根。今江西、南贛產者根較肥。土醫呼為土人參，或以欺人，其即鄭樵所云南續斷耶。

雩婁農曰：薊以氏州，其山原皆薊也。刺森森，踐之則迷陽，觸之則蜂蠆。顧其嫩葉，汋食之甚美。老則揉為茸以引火，夜行之車繩之，星星列於途也。性去濕，宜血劑。滇南生者，高出人上。瘵瘠者餌根比參耆焉。貌猙獰而質和淑，下堂執手，射雉始笑，不聆其言，覩其技，惡乎知之？

清・趙其光《本草求原》卷三隰草部　大薊、小薊　花皆如紅花，略紫青，二者根、葉俱苦甘，氣平，不用花。得土之沖氣，能升能降，能破血又能止血。故皆治吐、衄、崩下血，止金瘡血；又治瘀血作暈，撲損。生研，酒並童便服。但大薊則以甘先升陰於上，後以苦降陽於下，使亢陽不致上逆，則氣下而血自歸經，營氣下也。是行而兼補，無論或熱或虛，皆可從主劑用之。故令人肥健，陰氣充則形體豐。消瘍癰、癰腫，營氣行，則不逆於肌理。止女子赤白沃。

小薊則甘平勝，不甚苦，專以退熱去煩，使火清而血歸經，是保血在於涼血，不能如大薊之由中充外。故心熱吐血口乾，擣汁飲。心熱舌衄如湧泉，同升麻、茜根、寒水石、艾葉煎，入生地汁服。食辛熱傷肺，嘔吐血，同桑白、蒲黃、犀、升、杏、甘、桔。崩漏不止，同大薊根、白茅根酒煎。墮胎下血。同母草煎。此皆治其熱者，兼墮傷血於內者也。故又治熱毒風，並胸膈煩熱，開胃下食，養精。夫涼血者多滯，而此則能行；行血者無補，而此又保血，特不能如大薊之補耳。所以氣虛吐衄，同參、地、芎、歸、烏梅、蒲黃。血虛嗽唾血，同二地、參、冬、淮、遠、五味、柏仁、防風、阿膠、卷柏、雞蘇、茯苓、百部為丸，小麥湯下。腸癰、腹癰、小腹痛，同地榆、茜草、牛膝、銀花，俱搗汁和童便飲。皆用大薊根。但血虛極，脾胃弱亦忌。劉潛江曰：賤物而有至貴之用，宜審用之。

葉俱多刺。大薊生山谷，高三四尺，葉皺。小薊生平澤，高尺許，無皺。五月采葉，九月采根。陰乾微焙，或搗汁服。消腫，搗汁；止血，燒灰存性。

清・文晟《新編六書》卷六《藥性摘錄》　大小薊　氣味溫和，入肝破血逐瘀。〇治吐衄咯血唾血，崩漏，癰疼腫痛，並活惡露。〇脾胃虛寒少食者，勿妄服。

清・張仁錫《藥性蒙求・草部》　大、小二薊錢半、二錢　大小二薊，皆能破血。小者力微，生新退熱。甘、苦，涼。皆用根。沈金鰲曰：皆入肝經。大薊為涼血消腫，小薊則益血除熱。又治下焦結熱血淋，大薊兼主癰疽。

清・屠道和《本草匯纂》卷二溫血　大小薊　耑入肝。甘，溫，無毒。皆能破血退熱，治吐衄腸癰。但小薊力微，不如大薊力迅之消癰腫。大薊止吐血衄血，女子赤白沃，安胎。搗根絞汁服半升，主崩中血下立瘥。葉治腸癰，腹臟瘀血，作運撲損，生研，或酒、或童便，任服。又惡瘡疥癬，同鹽研署之。小薊養精保血，破宿血，生新血。暴下血，血崩，金瘡出血，嘔血等症，絞取汁溫服，作煎和糖。合金瘡，解蜘蛛、蛇、蠍毒。治熱毒風，並胸膈煩悶，開胃下食，退熱，補虛損。

清・劉善述、劉士季《草木便方》卷一草部　惡鷄婆　野紅花溫補勞傷，崩淋吐衄調中湯。通經破瘀活生血，跌打損傷是妙方。惡鷄婆，野紅花，大小二薊。二種同性。

清・戴葆元《本草綱目易知錄》卷一　大薊　根，甘，溫。治女子赤白沃，安胎，令人肥健。擣汁服，止吐血鼻衄，崩中血下。葉，治腸癰，腹臟瘀血，作運及撲損，擣研，酒和，童便服之。仝鹽擣，署惡瘡疥癬。

小薊　根，甘，溫。養精保血，破宿血，生新血，開胃下食，退熱，補虛損，治熱毒風，胸膈煩悶，止嘔血，下血，血崩，金瘡出血，絞汁溫服。蜘蛛蛇蠍咬毒，服之亦佳。苗，生研汁服，去煩熱。作菜食，除風熱。夏月熱煩不止，擣汁服二盞，即瘥。〇大薊、小薊皆能破血，但大薊兼消癰腫，而小薊專主血，不能消癰腫也。

清・陳其瑞《本草撮要》卷一　大小薊　味甘，溫，入足厥陰經。大薊功專破血，小薊專於消腫。冷氣入陰囊腫滿瘀痛，煎大薊一服立瘥。崩漏不止，大小薊根、白茅根酒煎服，神效。

清・李桂庭《藥性詩解》　賦得大小薊除諸血之鮮。得除字。王德潤。

二薊專醫血，消癰亦治疽。漏崩皆有效，吐衄並堪除。

按：大薊性平味苦，小薊性涼無毒。治瘀血，止吐衄，療癰疽，止新血。女子赤白帶症，崩漏諸疾。又主金瘡出血，療蜘蛛、蛇、蠍之毒。二薊俱能破血，但小薊力微，能破瘀生新，不能如大薊之消癰毒也。二薊相似，大薊莖高而葉皺，小薊莖低葉不皺，以此為異。功力有殊，大薊破血之外，亦療癰腫。小薊專主血疾。一名刺薊地丁，即大薊也。

附：琉球・吳繼志《質問本草》外篇卷三　白花生牳刺白花薊　辛丑清舶漂到，採此種問之。　白花生姆刺。陳宜春。

大苦薺

明・佚名氏《醫方藥性・草藥便覽》　大苦薺　其性苦。散婦之惡血，壯胎內之群紅。

小薊

明・朱橚《救荒本草》卷上之前　刺薊菜　《本草》名小薊，俗名青刺薊。北人呼為千針草。出冀州，生平澤中，今處處有之。苗高尺餘，葉似苦苣葉，莖葉俱有刺，而葉不皺，葉中心出花頭，如紅藍花而青紫色。性凉，無毒。一云味甘，性溫。　救飢：採嫩苗葉煠熟，水浸淘淨，油鹽調食甚美。除風熱。　治病：文具《本草》草部大、小薊條下。

明・蘭茂原撰，范洪等抄補《滇南本草圖說》卷四　小薊　二月生苗，高二三寸許，開紅藍花，有刺，俗呼為雞脚刺。處處有之。氣味甘溫，無毒。根，養精保血。○破宿血，生新血。暴下血，金瘡，或血崩，搗汁服之，立瘥。○作菜食，除風熱，夏月煩熱不止，取汁服之可解。

明・倪朱謨《本草彙言》卷三　小薊　味甘、微苦，氣寒，無毒。　蘇氏曰：小薊生平澤，處處有之。即猫刺也。又名青刺薊。二月生苗，僅一二寸，并根作蔬食甚美。四月即高尺餘而多刺。中心出花如髻，亦如紅藍花，色青紫。與大薊根苗相似，但不若大薊之肥大耳。　寇氏曰：大小薊形狀相似，但大薊高三四尺，葉皺；小薊僅高一尺，葉不皺，以此爲異。作菜雖有微芒，不害人咽喉。二薊取用，三月采苗，九月采根，俱曬乾用。

小薊：凉血止血，丹溪保新血，去陳血之藥也。瞿秉元故《陳氏方》主暴下血、嘔血、衄血、崩血、金瘡出血不止等證。又治胸膈煩悶，虛損內熱，及胃閉不食等疾，諸因血熱爲眚者，絞汁溫服立瘥。按大小二薊，性寒下行，以其能下氣，故主崩衄熱血多效。惟不利于氣虛、血虛，及脾胃虛泄瀉、飲食不思之證。

沈則施先生曰：按二薊治血、止血之外，無他長，不能益人。如前人云養精保血，補虛開胃之説，不可依從。

集方：《聖惠方》治心熱吐血，口乾。用小薊葉并根搗汁，每溫服一小盞。○《梅師方》治卒瀉鮮血不止。用小薊根葉搗汁，以酒半和溫服。如無鮮者，以乾葉爲末，人參湯調服二三錢。○《聖惠方》治小便熱淋下血。用小薊根葉搗汁，和生白酒服一二盞。○繆氏方治乳石發毒壅熱，心悶吐血。以生小薊根葉搗汁，每服三合，入煉蜜三五匙，攪勻服之。○《簡要濟衆》治九竅出血。以小薊根葉搗絞汁一二盞，以酒半和溫服。如無鮮汁，搗乾者爲末，白湯調服三錢。○孟氏《本草》治金瘡出血不止。取小薊苗、葉、根搗爛，敷上即止。

續補方：治下疳。用新鮮小薊、新鮮地骨皮各五兩，煎濃汁浸之。不三四日即愈。○治氣實火盛之人，吐血、衄血、咳血、咯血、唾血，并皆治之。用大薊或小薊，并取苗葉一把，生地黄一兩，黄芩三錢，甘草、牡丹皮、犀角屑各一錢，燈心一團，水二碗，煎一碗服。

清・趙學敏《本草綱目拾遺》卷八諸蔬部　刺兒菜

《西北遊記》：即內地之紫花地丁，俗呼刺兒菜。葉如柳，有刺毛，夏開紫花，生平地者起莖，生溝壑者起蔓，內地在有之。生口外沙漠者，花開於夏至後，大如蒜頭，色紫可愛，人多採食之。暮春萌芽之際，挖其根，狀如大枝人參，色較微白，巨者如蘆菔，烹調適口，誠塞外鮮品。然乾其根，帶回內地入藥，其清火之功，勝於金銀花。解毒之用，更捷於山茨菇，一物而兼二物之用如此。　清火疎風豁痰，解一切疔瘡癰疽腫毒如神。

苦蒿尖

明・蘭茂撰，清・管暄校補《滇南本草》卷下　苦蒿尖用細葉者。　性溫，味苦、辛。凡尿遺不止，良效。　附方：治尿遺症。細葉苦蒿尖，搗爛擠汁，點酒服。但愈後不可多服，恐收斂太甚，轉生他病。宜另服補氣血之藥。

大一支箭

明・蘭茂原撰，范洪等抄補《滇南本草圖說》卷四　大一枝箭　性寒，味甘、苦。陰也。滋陰潤肺，止肺中結熱，五勞可療。消瘡毒而利便，洗瘡神奇。

明・蘭茂撰，清・管暄校補《滇南本草》卷中　大一枝箭　性微寒，味甘微苦。陰也。滋陰潤肺，止肺熱咳嗽，陰虛癆熱不退。解瘡毒。利小便，止咳血。

附方： 治癆熱咳嗽帶血。大一枝箭五錢，續斷三錢，花粉二錢，石膏五分，共為末，每服二錢，滾水調，略蓋片時，溫服。

明・蘭茂《滇南本草》〔叢本〕卷上 大一支箭 味甘，微苦，性微寒。陰也。滋陽潤肺，止肺熱咳嗽，除虛勞發燒。攻瘡毒，利小便。止咳血，治勞熱咳嗽，痰帶血絲，或咳血發熱，小兒咳血效。大一支箭、續斷、花粉、石膏，共為末，每服二錢，入碗內滾水冲，碗內以鍾蓋注後，微溫服。

還陽參

明・蘭茂原撰，范洪等抄補《滇南本草圖說》卷三 還陽參 性溫，味甘，平，無毒。主治： 諸虛百損，五勞七傷，氣血衰敗，頭暈耳鳴，怔忡等症。亦治婦人任督不交，白濁帶下，其應如響。火症忌用。內有白漿，類似遠志，不可錯誤認採。枝葉敷癰疽亦效。

明・蘭茂撰，清・管暄校補《滇南本草》卷中 還陽參一名天竺參，又名萬丈深，又名竹葉青，又名獨花蒲公英。 性溫平，味甘。治諸虛百損，五癆七傷，血氣衰敗，頭暈耳鳴，心慌怔忡，婦人白帶漏下，損傷任督二脉。但肺熱者忌用，若悮用，令人咳血，或咳嗽帶血，或鼻血，或煩燥不安。

附方： 治內傷衝（妊）〔任〕，下元虛冷，久不受胎。還陽參四兩，烏骨雞一隻，去腸。入參於雞腹內，水煮熟，去皮油，晒乾，其骨用新瓦焙黃色，並肉共為末，煉蜜為丸桐子大，每早服二錢，白湯下； 或為末，亦服二錢； 如即用，取參三五錢，煨雞、牛肉，或猪肚亦可。

明・蘭茂《滇南本草》〔叢本〕卷上 還陽參一名天竹參，一名萬丈深，一名竹葉青、獨花蒲公英。 味甘，平，性大溫。治諸虛百損，五勞七傷，氣血衰敗，頭暈耳鳴，心慌怔忡。婦人白帶漏下，肝腎虛弱，任督二脉損傷。如肺熱者忌用，吃之令人咳血，痰上帶血絲，或出鼻血煩熱。還陽參四兩、烏骨雞，一隻，去腸，將參入腹內，煮濫。去皮，將肉晒乾，骨用新瓦焙黃色，肉骨共為細末，或用蜜為丸，或為末，每服二錢，滾水下。若忌用煨雞肉，猪肉、牛肉俱可，每次用參三錢。單方： 治諸虛百損，五種勞症，虛勞蓐勞，白帶漏下，頭暈耳鳴，心慌怔忡。婦人內傷任督，下元虛寒，不能受胎者用。

魚眼草

明・蘭茂撰，清・管暄校補《滇南本草》卷中 魚眼草 性寒，味苦。治小兒臟腑積熱，小兒瀉綠水者，搗汁，乳炖服。或搗汁，點水酒服。截瘧神效。 補註： 小兒乳結，日安夜哭，蓋因腹痛，（窩）〔屙〕綠屎之故。

紫背草

清・何諫《生草藥性備要》卷上 紫背地丁 敷瘡，涼血、消腫、去毒。地丁名，有黃、白、紫色三種。

清・何諫《生草藥性備要》卷上 紫背草 味淡，性溫。和氣、消黃，治痾紅痢。炒食。能敷惡瘡，止痛散毒。其根，煲肉食，可醫痰火。若裝假打傷，用葉敷之，其內即變紫黑痕。一名東風葉。

清・吴其濬《植物名實圖考》卷九 紫背草 生南贛山坡。形全似蒲公英而紫莖，近根葉叉微稀，背俱紫，梢端秋深開紫花，似禿女頭花，不全放，老亦飛絮，功用同蒲公英。

燈盞花

明・蘭茂撰，清・管暄校補《滇南本草》卷中 燈盞花 性寒，味苦。治小兒膿耳，搗汁，滴入耳內。

斑骨相思

清・何諫《生草藥性備要》卷上 石辣 味辛，性溫。祛風散血，止血消瘡，去瘀生新。一名千里急，一名澤蘭。

清・何諫《生草藥性備要》卷上 班骨相思 味甘，性平。治跌打傷，壯筋骨，補足脛，煲水洗亦可。一名土牛膝，又名多鬚公，又名六月霜。馬食者最良。

清・趙其光《本草求原》卷一山草部 斑骨相思即六月霜、土牛膝、白鬚公、多鬚公。 甘，平。壯筋骨，健腰膝，理跌打。馬食良。

漏蘆

宋・李昉《太平御覽》卷第九九一 漏盧 《本草經》曰： 漏盧，一名野蘭。

宋・沈括《夢溪筆談》卷二六《藥議》 今方家所用漏蘆乃飛廉也。飛廉一名漏蘆，苗似箬葉，根如牛蒡、綿頭者是也，採時用根。今閩中所用漏蘆，莖如油麻，高六七寸，秋深枯黑如漆，採時用苗，《本草》自有條，正謂之漏蘆。

宋・唐慎微《證類本草》卷七草部上品〔《本經・別錄》〕 **漏蘆** **味苦、**鹹，**寒、**大寒，無毒。**主皮膚熱，惡瘡，疽痔，濕痹，下乳汁，**止遺溺，熱氣瘡癢，如麻豆，可作浴湯。**久服輕身益氣，耳目聰明，不老延年。一名野蘭。**生喬山山谷。八月採根，陰乾。

〔梁・陶弘景《本草經集注》〕云：喬山應是黄帝所葬處，乃在上郡。今出近道亦有，療諸瘻疥，此久服甚益人，而服食方罕用之。今市人皆取苗用之。俗中取根，名鹿驪力支切根，苦酒摩，以療瘡疥。

〔唐・蘇敬《唐本草》〕注云：此藥俗名莢蒿，莖葉似白蒿，花黄，生莢長似細麻，如筯許，有四五瓣，七月、八月後皆黑，異於衆草蒿之類也。常用其莖、葉及子，未見用根。其鹿驪，山南謂之木藜蘆，有毒，非漏蘆也。

〔宋・馬志《開寶本草》〕按：别本注云：漏蘆，莖筯大，高四五尺，子房似油麻房而小。江東人取其苗用，勝於根。江寧及上黨者佳。陶注云：根名鹿驪，《唐注》云：山南人名木藜蘆，皆非也。漏蘆自别爾。

〔宋・掌禹錫《嘉祐本草》〕按：《蜀本圖經》云：葉似角蒿，今曹、兖州下濕地最多。六月、七月採莖，日乾之，黑於衆草。《藥性論》云：漏蘆，君。能治身上熱毒風，生惡瘡，皮肌瘙痒，癮瘮。陳藏器云：按漏蘆，南人用苗，北土多用根。樹生如茱萸，樹高二三尺。有毒，殺蟲。山人洗瘡疥用之。日華子云：連翹爲使。治小兒壯熱，通小腸，泄精，尿血，風赤眼，乳癰，發背，瘰癧，腸風，排膿，補血。治撲損，續筋骨，傅金瘡，止血長肉，通經脉。花、苗並同用，俗呼爲鬼油麻，形并氣味似乾牛蒡，頭上有白花子。

〔宋・蘇頌《本草圖經》〕曰：漏蘆，生喬山山谷，今京東州郡及秦、海州皆有之。舊説莖葉似白蒿，有莢，花黄，生莢端，莖若筯大，其子作房，類油麻房而小，七、八月後皆黑，異於衆草。今諸郡所圖上，惟單州者差相類，沂州者花葉頗似牡丹。秦州者花似單葉寒菊，紫色，五七枝同一簳上。海州者花紫碧，如單葉蓮花，花萼下及根傍有白茸裹之，根黑色如蔓菁而細，又類葱本，淮甸人呼爲老翁花。三州所生，花雖别而葉頗相類，但秦、海州者，葉更作鋸齒狀耳。一物而殊類若此，醫家何所適從，當依舊説，以單州出者爲勝，六月、七月採莖苗，日乾，八月採根，陰乾，南方用苗，北土多用根。又此下有飛廉條云：生河内川澤，一名漏蘆，與苦芙烏老切相類，惟葉下附莖，有皮起似箭羽，又多刻缺，花紫色，生平澤。又有一種生山崗上，葉頗相似而無疏缺，且多毛，莖亦無羽，根直下更傍枝生，則肉白皮黑，中有黑脉，日乾則黑如玄參。《經》云：七月、八月採花陰乾用。蘇恭云：用莖葉及療疳蝕殺蟲有驗。據此所説，與秦州、海州所謂漏蘆者，花葉及根頗相近，然彼人但謂之漏蘆，今醫家罕有用飛廉者。既未的識，故不復分别，但附其説於下。

〔宋・唐慎微《證類本草》〕《雷公》云：凡使，勿用獨漏，緣似漏蘆，只是味苦、酸，誤服令人吐不止，須細驗。夫使漏蘆，細剉，拌生甘草相對蒸，從巳至申，去甘草淨揀用。《聖惠方》：治小兒無辜疳，肚脹或時瀉痢，冷熱不調。以漏蘆一兩，杵爲散。每服以猪肝一兩，散子一錢匕，鹽少許，以水煮熟，空心頓服。《外臺秘要》：治蚘蟲，漏蘆杵，以餅臛和方寸匕，服之。

宋・鄭樵《通志》卷七五《昆蟲草木略》 漏蘆 曰野蘭，而飛廉曰漏蘆，亦能相紊。

宋・劉明之《圖經本草藥性總論》卷上 漏蘆 味苦、鹹，寒，大寒，無毒。主皮膚熱，惡瘡疽痔濕痺，下乳汁，止遺溺，熱氣瘡癢。《藥性論》云：君。能治身上熱毒風，生惡瘡，皮肌瘙痒癮瘮。日華子云：連翹為之使。治小兒壯熱，通小腸泄精尿血，風赤眼，乳癰發背瘰癧，腸風排膿，補血，治撲損，續筋骨，傅金瘡，止血長肉，通經脉。

宋・張杲《醫説》卷一〇 治惡瘡 南豐市民嚴黄七，兩足生瘡，臭穢潰爛，衆皆驅斥，不容迹出。貨角器於村野，而旅邸又不容，至京潛投宿於五夫人祠，下夜半，遭黄衣吏訶逐曰：何人敢以腐穢脚觸污此間？謝曰：不幸纏惡疾，無處見容，冒死來此。紛拏。次，夫人抗聲令勿逐，且呼使前，曰：吾授汝妙方，用漏藍子一枚，生乾為末，入膩粉少許，井水調塗，當效。嚴拜謝，依而治之，果愈。《類編》同上。

元・朱震亨《本草衍義補遺》 漏蘆 東垣云：是足陽明本經藥。○大寒，無毒。主皮膚熱，惡瘡疽。通小腸，治泄精尿血，乳癰及下乳汁。俗名莢蒿是也。

元・徐彦純《本草發揮》卷二 漏蘆 東垣云：足陽明本經藥。

明・朱橚《救荒本草》卷上之前 漏蘆 一名野蘭，俗名莢蒿。根名鹿驪根，俗呼為鬼油麻。生喬山山谷及秦州、海州、單州、曹、兖州。今鈞州、新鄭沙崗間亦有之。苗葉就地叢生，葉似山芥菜葉而大，又多花叉，亦似白屈菜葉，又似大蓬蒿葉，及似風花菜脚葉而大，葉中攛葶，上開紅白花。根苗味苦、鹹，性寒、大寒，無毒。連翹為之使。救飢：採葉煠熟，水浸淘去苦味，油鹽調食。治病：文具《本草》草部條下。

明・蘭茂撰，清・管暄校補《滇南本草》卷下 漏蘆：一名蘆葱，又名萱草，又名宜男花，又名金針菜。性寒，味甘平。治乳結紅腫硬痛，乳汁不通，乳癰乳岩，攻癰瘡。滇中產者，其性補陰血，止腰疼，治崩漏，止大腸下血。

附方：治男婦腰痛。漏蘆根果十五個，猪腰子一個，以上二味，水煎服三次。又單方：治大腸下血，諸藥不效者，用此良。漏蘆果十個，茶花五分，赤地榆三錢，象牙末一錢，以上四味，水煎，服三次。

明・蘭茂《滇南本草》〔叢本〕卷下 漏蘆 單方：治男婦腰疼，漏蘆根十五個、猪腰子一個，煎服三次立效。單方：治大腸下血，諸藥不效，漏蘆一個、茶花五分、地榆二錢，象牙末煎服。

明・王綸《本草集要》卷二 漏蘆君 味苦鹹，氣寒，無毒。主皮膚熱，惡瘡疽痔，乳癰濕痹，下乳汁，止遺溺，泄精尿血，腸風。治撲損，續筋骨，傅金瘡止血長肉。久服輕身益氣，耳目聰明，不老延年。

明・滕弘《神農本經會通》卷一 漏蘆 君也。連翹為使。八月採根，陰乾。《局》云：細剉，拌甘草炒，去甘草用。凡使勿用獨漏，緣似漏蘆，但味苦酸可別耳。味苦、鹹，氣寒、大寒，無毒。《東》云：主傷損，下乳，排膿，續筋骨，通血去熱，兼治腸風。

《本經》云：主皮膚熱，惡瘡疽痔，濕痺，下乳汁，止遺溺。熱氣瘡癢如麻豆，可作浴湯。久服輕身益氣，耳目聰明，不老延年。《藥性論》云：漏蘆，君。治身上熱毒風，生惡瘡，皮膚瘙痒癮疹。陳藏器云：漏蘆，南人用苗，北人多用根。有毒。殺蟲，洗疥瘡用之。日華子云：連翹為使。治小兒壯熱，通小腸，洩精尿血，風赤眼，乳癰發背，瘰癧，腸風排膿，補血，治撲損，續筋骨，傅金瘡，止血長肉，通經脉。花、苗並同用。丹溪云：東垣云是足陽明本經藥。主皮膚熱，惡瘡疽，通小腸，泄精尿血，乳癰，及下乳汁。俗名英蒿是也。《局》云：漏蘆專主通行乳，亦有醫瘡療眼功。理損續筋除熱毒，并消瘰癧與腸風。漏蘆，行乳汁，消瘰癧，腸風。

明・劉文泰《本草品彙精要》卷九 漏蘆無毒。陳藏器云有毒。植生。

漏蘆出《神農本經》：**主皮膚熱，惡瘡，疽痔，濕痹，下乳汁。久服輕身益氣，耳目聰明，不老延年。**以上朱字《神農本經》。止遺溺，熱氣瘡癢如麻豆，可作浴湯。以上黑字名醫所錄。

〔名〕野蘭、老翁花、莢蒿。〔苗〕《圖經》曰：莖葉似白蒿，有莢，花黃生莢端，莖若筋大，其子作房，類油麻房而小，七八月後皆黑，異於衆草。今諸郡所圖上，惟單州者差相類。沂州者，花葉頗似牡丹。秦州者，花似單葉寒菊，紫色，五七枝同一幹上。海州者，花紫碧，如單葉蓮花。花萼下及根傍有白茸裹之，根黑色如蔓菁而細，又類葱本，淮甸人呼爲老翁花，三州所生花雖別，而葉頗相類，但秦、海州者，葉更作鋸齒狀爾。一物而殊類若此，醫家何所適從，當依舊說，以單州者爲勝。〔地〕《圖經》云：生喬山山谷，今京東州郡及秦州、海州、沂州皆有之。《蜀本圖經》曰：曹、兖州下濕地最多。〔道地〕江寧及上黨者佳，單州出者爲勝。〔時〕生：春生苗。採：八月取根。〔收〕日乾。〔用〕南人用苗，北人用根。〔色〕黑。〔味〕苦，鹹。〔性〕大寒，泄。〔氣〕氣薄味厚，陰也。〔臭〕腥。〔主〕瘡瘍，下乳汁。〔助〕連翹爲之使。〔製〕《雷公》云：去蘆，以甘草同蒸，從巳至申，去甘草用。〔治〕療：陶隱居云：除諸瘻，瘡疥。《藥性論》云：治身上熱毒風，生惡瘡，皮肌瘙癢，癮疹。陳藏器云：殺蟲，洗瘡疥用之。〔合治〕合連翹爲使，治小兒壯熱，通小腸，泄精，尿血，風赤眼，乳癰，發背，瘰癧，腸風，排膿，補血，並撲損，續筋骨，傅金瘡，止血，長肉，通經脈。○杵爲散，以一錢匕，合豬肝一兩，鹽少許，水煮熟，空心頓服，治小兒無辜疳，肚脹，或時瀉痢，冷熱不調。○根合苦酒摩，療瘡疥。〔贗〕木藜蘆、漏爲偽。

明・許希周《藥性粗評》卷二 漏蘆通乳汁，績並王瓜。

漏蘆，俗名莢蒿，一名鬼油麻。莖葉似白蒿，有莢，高四五尺，六七月莢端開黃花，莖如筋大，其子作房，似油麻房而小，八月後皆黑，異於眾草。生秦海單沂諸州山谷，根莖俱可入藥。六七月採莖，七八月採根，陰乾，拌甘草蒸過，去甘草收貯。連翹為之使。餘說《本草》不載。味苦、鹹，性大寒，無毒。入足陽明胃經。主治皮膚壯熱，乳癰發背，瘰癧腸風，痔漏惡瘡腫毒，尿血，赤眼，撲損金瘡，排膿散血，長肉，通經下乳，利小腸，消皮膚風癢。

王瓜，一名土瓜。《月令》所謂四月王瓜生者是也。葉似栝樓，圓無叉缺，有刺如毛，五月開黃花，花下結子如彈丸，纍纍相連，生青熟赤，肉白，內子如螳螂頭，其根似葛，細而多粉，謂之土瓜根。好生田野平澤及人家牆垣間，南北處處有之。三月採根，陰乾。一種亦名黃瓜，大如肘，長七八寸者，止可為茹而已，與此不同。餘說《本草》不載。味苦，性寒，無毒。主治邪熱結熱，消渴內痹，月閉瘀血，鼠瘻癰腫，酒黃痰咳，小便黃數，排膿散血，通經潤肺，下乳汁，清大小腸。大略二藥其功相似。

單方：小兒疳痢：凡小兒冷熱不調，或瀉或痢者，漏蘆一兩，杵為末，每服一錢，用猪肝一兩，擦末其上，并鹽少許，煮熟，空心與食之。婦人乳閉：以土瓜根為末，每服一錢，溫酒調下，再服。

明・鄭寧《藥性要略大全》卷六 漏蘆君 主皮膚熱，惡瘡疽痔，濕痹，下乳汁，止遺溺。東垣云：治身熱毒風惡瘡，皮膚瘙痒癮疹。連翹為之使。治小兒壯熱，通小腸，療洩精、尿血，風赤眼，乳癰，發背，瘰癧腸風，排膿，補血。治跌損，續骨節，傅金瘡，止血生肌。　木藜蘆有毒，非漏蘆也。其性味亦不同藜蘆。苦、辛，有毒。漏蘆味苦、鹹，性大寒，無毒。

明・陳嘉謨《本草蒙筌》卷一　漏蘆　味苦、鹹，氣寒。無毒。一名野蘭，莖若筋大。葉似白蒿有莢，花綻莢端色黃。子結類油蔴作房，根生如蔓菁細黑。單州屬山西。出者為勝，八月採根陰乾。製度如儀，違錯弗効。咀成薄片，相對甘草而蒸，從巳至申，檢淨甘草纔用。出《雷公炮炙》。連翹為使，行足陽明。治身體風熱惡瘡，去皮肌瘙痒癮疹。主乳癰發背，理痔瘻腸風。補血排膿，生肌長肉。引經脉，下乳汁，續筋骨，療折傷。止遺溺泄精，除風眼濕痹。匪專煎飲，亦作浴湯。久服益氣輕身，耳目聰明不老。

明・王文潔《太乙仙製本草藥性大全》卷一《本草精義》　漏蘆　一名野蘭。生喬山山谷，今京東州郡及秦海州皆有之。舊說莖葉似白蒿有英，花黃生莢端，莖若筋大。其子作房，類油麻房而小，根生如蔓菁，七八月後皆黑，異於衆草。今諸郡所圖上，惟單州者爲勝，爲真。

明・王文潔《太乙仙製本草藥性大全》卷一《仙製藥性》　漏蘆君　味苦、鹹，氣寒，無毒。連翹爲使。行足陽明。　主治：　治身體風熱惡瘡，去皮肌瘙痒癮疹。主乳癰發背，理痔瘻腸風，補血排膿，生肌長肉。引經脉，下乳汁，續筋骨，療折傷。止遺溺泄精，除風眼濕痹。治小兒壯熱，通小腸，尿血，風赤眼，瘡疽，瘰癧。治跌損，止血，傅瘡匪專。煎飲，亦作浴湯。久服益氣輕身，耳目聰明不老。　補註：　治小兒無辜疳肚脹，或時瀉痢，冷熱不調，以漏蘆一兩，杵爲散，每服以猪肝一兩，散子一錢匕，鹽少許，以水煮熟，空心頓服。治蚘蟲，漏蘆杵，以餅臛和方寸匕服之。　太乙曰：　凡使勿用獨漏，緣似漏蘆，只是味苦、酸，誤服之令人吐不止，須細驗。夫使漏蘆，細剉，拌生甘草，相對而蒸，從巳至申，去甘草，净揀用。

明・皇甫嵩《本草發明》卷三　漏蘆上品下，君。氣寒，味苦、鹹，無毒。連翹為使。行足陽明經。有獨蘆似之，但味甘、苦、酸，誤服令吐不止，須細驗之。　發明曰：　漏蘆苦寒，治風熱，活血滋陰。故《本草》主皮膚熱惡瘡疽、瘡瘍如麻豆，可作浴湯。乳癰發背排膿，補血，撲損續筋骨傷，止金瘡紅。又治小兒壯熱，通小腸泄精尿血，通經脉。療風赤眼。久服輕身，益氣，耳目聰明。葉似白蒿，莖若筋大，根如蔓菁，花黃色，生莢端，子結細蔴。凡用，剉生甘草相對蒸半日，去甘草用之。

明・李時珍《本草綱目》卷一五草部・隰草類上　漏盧《本經》上品

【釋名】野蘭《本經》　莢蒿蘇恭　鬼油麻日華　時珍曰：屋之西北黑處謂之漏。凡物黑色謂之盧。此草秋後即黑，異於衆草，故有漏盧之稱。《唐韵》作蘆。其莢如麻，故俗呼爲鬼油麻云。

【集解】《別録》曰：漏盧生喬山山谷，八月採根，陰乾。弘景曰：喬山應是黃帝所葬處，乃在上郡，(及)〔今〕出近道。市人取苗用之。俗中取根名鹿驪根，苦酒摩以療瘡疥。恭曰：此藥俗名莢蒿，莖葉似白蒿，花黃，生莢，長似細麻之莢，大如箸許，有四五瓣，七八月後皆黑，異於衆草，蒿之類也。常用其莖葉及子，未見用根。其鹿驪，山南謂之木藜蘆，有毒，非漏盧也。今人以馬薊似苦芙者爲漏盧，亦非也。志曰：別本言漏盧莖大如箸，高四五尺，子房似油麻房而小。江東人取其苗用，勝於根。江寧及上黨者佳。陶云鹿驪，蘇云木藜蘆，皆非也。漏盧自別。藏器曰：南人用苗，北土用根，乃樹生，如茱萸樹，高二三尺，有毒殺蟲，山人以洗瘡疥。保昇曰：葉似角蒿，今曹、兖州下濕處最多。六月、七月採莖，日乾，黑於衆草。大明曰：花苗並可用。頌曰：今汴東州郡及秦、海州皆有之。舊説莖葉似白蒿，花黃有莢，莖若箸大，房類油麻而小。今諸郡所圖上，惟單州者差相類。沂州者花葉頗似牡丹。秦州者花似單葉寒菊，紫色，五七枝同一幹。海州者花紫碧，如單葉蓮花，花萼下及根旁有白茸裹之，根如蔓菁而細，又類葱本，黑色，淮甸人呼爲老翁花。三州所生花雖別，而葉頗相類，但秦、海州者葉更作鋸齒狀。一物而殊類如此，醫家何所適從？當依舊説，以單州出者爲勝。又《本草》飛廉一名漏盧，云與苦芙相類，其根生則肉白皮黑，乾則黑如玄參，七八月採花陰乾用。所説與秦州、海州所圖漏盧花葉及根頗相近，然彼人但名漏盧，不曰飛廉也。斆曰：一種真似漏盧，只是味苦酸，誤服令人吐不止。時珍曰：按沈存中《筆談》云：今方家所用漏盧乃飛廉也。飛廉一名漏盧，苗似苦芙，根如牛蒡綿頭者是也。採時用根。今閩中所謂漏盧，莖如油麻，高六七尺，秋深枯黑如漆，採時用苗，乃真漏盧也。餘見飛廉下。

根苗　【修治】斆曰：凡採得漏盧，細剉，以生甘草相對拌蒸之，從巳至申，揀出曬乾用。

【氣味】鹹，寒，無毒。《別録》曰：大寒。藏器曰：有毒。杲曰：無毒。足陽明本經藥也。之才曰：連翹爲之使。

【主治】皮膚熱毒，惡瘡疽痔，濕痹，下乳汁。久服輕身益氣，耳目聰明，不老延年《本經》。止遺溺，熱氣瘡癢如麻豆，可作浴湯《別録》。通小腸，泄精尿血，腸風，風赤眼，小兒壯熱，撲損，續筋骨，乳癰瘰癧金瘡，止血排膿，補血長肉，通經脈大明。

【發明】弘景曰：此藥久服甚益人，而服食方罕見用之。近道出者，惟療瘻疥耳，市人皆取苗用。時珍曰：漏盧下乳汁，消熱毒，排膿止血，生肌殺蟲。故東垣以爲手足陽明藥，而古方治癰疽發背，以漏盧湯爲首稱也。龐安常《傷寒論》治癰疽及預解時行痘疹熱，用漏盧葉，云無則以山梔子代之。亦取其寒能解熱，蓋不知其能入陽明之故也。

〔附方〕舊二，新六。　腹中蛔蟲：　漏盧爲末，以餅臛和方寸匕，服之。《外臺秘要》。　小兒無辜：　疳病肚脹，或時泄痢，冷熱不調。以漏盧一兩，杵爲散。每服一錢，以猪肝一兩，入鹽少許，同煮熟，空心頓食之。《聖惠方》。　冷勞泄痢：　漏盧一兩，艾葉炒四兩，爲末。米醋三升，入藥末一半，同熬成膏，入後末和丸梧子大，每温水下三十丸。《聖濟總録》。　産後帶下：　方同上。　乳汁不下：　乃氣脈壅塞也。又治經絡凝滯，乳内脹痛，邪畜成癰，服之自然内消。漏盧二兩半，蛇蜕十條炙焦，瓜蔞十個燒存性，爲末。每服二錢，温酒調下，良久以熱羹湯投之，以通爲度。《和劑方》。　歷節風痛：　筋脈拘攣。古聖散：　用漏盧麩炒半兩，地龍去土炒半兩，爲末，生薑二兩取汁，入蜜三兩，同煎三五沸，入好酒五合，盛之。每以三杯，調末一錢，温服。《聖濟總録》。　一切癰疽：　發背，初發二日，但有熱證，便宜服漏盧湯，退毒下膿，乃是宣熱拔毒之劑，熱退即住服。漏盧用有白茸者、連翹、生黄耆、沉香各一兩，生粉草半兩，大黄微炒一兩，爲細末。每服二錢，薑棗湯調下。李迅《癰疽集驗方》。　白禿頭瘡：　五月收漏盧草，燒灰，猪膏和塗之。《聖濟總録》。

明・梅得春《藥性會元》卷上　漏蘆　味苦、鹹，性大寒，無毒。俗呼莢蒿，一名野蘭。入足陽明胃本經藥。　主治皮膚熱，惡瘡疽痔，治濕痹。下乳汁，止遺溺。熱氣瘡痒如麻豆行，可作湯浴。通小腸，泄精尿血；療乳癰，益氣，聰耳明目。

明・李中立《本草原始》卷一　漏蘆　生喬山山谷，今京東州郡及秦、海州皆有之。舊説莖葉似白蒿，花黄白莢，莖若箸大，房類油麻而小，故蘇恭名莢蒿，日華子名鬼油麻。今諸郡所圖上，惟單州者差相類。沂州者，花葉頗似牡丹。秦州者，花似單葉寒菊，紫色，五七枝同一莖。海州者，花紫碧，如單葉蓮花，花蕚下及根旁有白茸裹之，根黑色如蔓菁而細，又類葱本，淮甸人呼為老翁花。三州所生雖別，而葉頗相類，但秦、海州者，葉更作鋸齒狀耳。一物而殊類若此，醫家何所適從？當依舊説，以單州出者為勝。六月、七月采莖苗，日乾。八月采根，陰乾。古人多用苗，今人多用根。盧，黑色也，此草秋後皆黑，異於衆草。然高岡雖有，而川澤漏下之地最多，故名漏蘆。氣味：　鹹，寒，無毒。　主治：　皮膚熱毒，惡瘡疽痔，濕痹，下乳汁。久服輕身益氣，耳目聰明，不老延年。○止遺溺。熱氣瘡痒如麻豆，可作浴湯。○通小腸，泄精尿血，腸風，風赤眼，小兒壯熱，撲損續筋骨，乳癰瘰癧，金瘡止血，排膿，補血長〔肌〕肉，通經脉。

漏蘆，《本經》上品。【圖略】根形，皮黑如玄參，肉白，近蘆頭有白茸。前言根傍有白茸裹之，根黑色如蔓菁而細者，即此也。今市通鬻之，醫通用之。予無見使苗者，故畫根以示人。

按：　飛廉根如牛蒡而綿頭，古方漏蘆散下云用有白茸者則是。有白茸者乃飛廉無疑矣。今考二物，氣味功用俱不相遠，似可通用。或者一類有數種，古今名稱各處不同乎？

修治：　漏蘆細剉，拌生甘草對蒸熟，揀去甘草，晒乾任用。

漏蘆，足陽明本經藥也。連翹為之使。　《外臺秘要》：　治蚘蟲，漏蘆為末，以餅臛和方寸匕，服之。　漏蘆，君。

明・繆希雍《本草經疏》卷七　漏蘆　味苦、鹹，寒、大寒，無毒。主皮膚熱，惡瘡疽痔，濕痹，下乳汁，止遺溺，熱氣瘡癢如麻豆，可作浴湯。久服輕身益氣，耳目聰明，不老延年。

〔疏〕漏蘆得地味之苦鹹，稟天氣之大寒，故無毒。苦能下洩，鹹能輭堅，寒能除熱。入足陽明、少陽、太陽，手太陰、陽明。寒而通利之藥也，故主皮膚熱，惡瘡疽痔，濕痹，下乳汁。《别録》又主止遺溺，熱氣瘡癢如麻豆，可作浴湯。又《本經》久服輕身益氣，耳目聰明，不老延年者，蓋亦通指熱散病除，則臟腑自安，精神自倍，而臻乎壽考也。　〔主治參互〕漏蘆同貝母、連翹、甘草、金銀花、橘葉、鼠糞、白芷、山豆根、山茨菇、夏枯草，治乳巖、乳癰。　同連翹、生甘菊、紫花地丁、貝母、金銀花、甘草、夏枯草，治發背，瘰癧，排膿止痛。　同黄耆、人參，排膿長肉。加狗蹄、猪蹄汁，能下乳。〔簡誤〕妊娠禁用。瘡瘍陰證，平塌不起發者，真氣虚也，法當内塞。漏蘆苦寒，非所宜設。

明・倪朱謨《本草彙言》卷三　漏盧　味苦、鹹，氣寒，無毒。入足太陽、陽明、少陽，手太陰、陽明經。　蘇氏曰：　漏盧出汴東州郡及秦海州皆有之。舊説莖葉似白蒿，花色黄有莢，莖若筯大，結子作房。類油麻而小。根生如蔓菁而細。山西單州出者爲勝。八月采莖陰乾，黑于衆草。南方常用莖苗，北方常用根。　沈存中云：　今方家所用漏盧，乃飛廉也。苗似苦芺，根如牛蒡，綿頭者是也。采時用根。今閩中所謂漏盧，莖如油麻，高四五尺。秋深枯黑如漆。采時用苗，乃真漏盧也。又按諸郡所云，惟單州者差相類。沂州者花葉頗似牡丹。秦州者花似單葉菊，花紫色，五七枝同一榦。海州者花紫碧色，如單葉蓮花，花蕚下及根旁有白茸裹之，根如蔓菁而細，又類葱，黑色。三州所生，花雖别而葉頗相類。但秦海州又葉作鋸齒狀。一物而殊類如此。又《本草》飛廉，一名漏盧，與苦芙相類，其根生則皮黑肉白，乾即黑如玄參。六七月采花陰乾用。所説與秦州、海州所圖漏盧，花葉及根頗相近。然彼人但名漏盧，不曰飛廉也。

漏盧：去風熱，《别錄》解瘡疾，《衍義》寒而通利之藥也。魏景山稿苦鹹屬陰，性惟凉散。故《本草》主皮膚瘙癢，隱瘮風毒，惡瘡，及乳癰發背，痔毒腸風諸證。能理血排膿，引經脉，利筋骨，行藏府。而古方以漏盧湯爲癰瘍科初起洩毒之首劑也。又宋人治癰疽，并預解時行熱毒痘疹。今但知其寒能解熱之義，蓋不知其能入陽明之故也。設患人胃寒不食并泄瀉者，瘡瘍陰證，平塌不起發者，有妊娠者，俱禁用之。

集方：《外科準繩》治皮膚瘙癢，隱瘮風毒，瘡疥。用漏盧、荆芥、白鮮皮、浮萍、牛膝、當歸、蘄蛇、枸杞子各一兩，甘草六錢，苦參二兩，浸酒蒸飲。○《集驗方》已下共七方治癰疽發背，一切腫毒初起，及時行熱毒，赤腫丹痃。用漏盧、連翹、白斂、枳殼、升麻、甘草、麻黄、朴硝各一兩，大黄八錢，共爲末，每服三錢，白湯調服，取利爲度。發背初起二三日，但有裏實熱證，便宜服此。退毒下膿，乃是宣熱拔毒之劑，熱減即住服。○同前治癰疽排膿，長肉生肌。用漏盧、人參各五錢，黄耆二兩。○治時行痘疹，預防染患。用漏盧五錢，綠豆、白芍藥各二錢，甘草三錢，俱微炒黄，研末。每服一二錢，白湯調服。○治乳汁不下。用漏盧一兩，同猪蹄、狗蹄煮汁飲，立通。○治乳癰紅腫，初起立消。用漏盧一兩，甘草五錢，水煎服。○治肥實婦人乳汁不下，乃氣脉壅塞也。或經絡凝滯，乳内脹痛，邪蓄成癰，服之自然内消。用漏盧五錢，蛇蛻一條，炙焦，共爲末，瓜蔞一個，和皮搗極爛，總和一處。先取一半，熱酒調服，以利爲度。○治瘰癧，排膿、止痛、生肌。用漏盧、連翹、紫花地丁、貝母、金銀花、甘草、夏枯草各等分，水煎服。○《聖濟錄》治歷節風痛，筋脉拘攣，痛如虎咬，身難展動。用漏盧五錢，地龍二條去土炒，共爲末，生薑五錢取汁，生蜜三錢，水二碗，共煎滚。取漏盧、地龍末各一錢，調服。○《聖惠方》治小兒無辜疳病，肚脹，或時泄利，冷熱不調。以漏盧一兩炒爲末，每用一錢，以猪肝一兩，入鹽少許同煮熟，空心頓食之。

明・蔣儀《藥鏡》卷四寒部　漏蘆　主通利，其性也，故能下乳汁，行血排膿，瘰癧醫，腸風鮮。耑散熱，其力也，故能祛惡瘡，疽痔濕痺，生嫩肌，長新肉。

明・張景岳《景岳全書》卷四八《本草正》　漏蘆　味微鹹，性寒，有小毒。主熱毒惡瘡，瘰癧乳癰痔漏，排膿長肉，止金瘡血出。亦下乳汁，通經脉，消赤眼，利小便，止尿血腸風，淋瀝遺溺，及小兒壯熱。療跌撲損傷，可續筋骨。

清・顧元交《本草彙箋》卷三　漏蘆　苦寒之品。其功能下乳汁，消熱毒，排膿止血，生肌殺蟲。古方治癰疽發背，以漏蘆湯爲首劑。蓋苦主下泄，寒主除熱，又其味帶鹹，能軟堅也。凡解時行痘疹熱，用漏蘆葉。如無，以山梔子代之。今藥中用根苗，乃枯黑如漆者。

清・郭章宜《本草匯》卷一一　漏蘆　味苦、鹹，寒，足陽明本經藥也，兼入足少陽、太陽、手太陰、陽明經。治身體風熱惡瘡，去皮肌瘙癢癮瘮。主乳癰發背，理痔漏腸風。止血排膿，生肌長肉。引經脉，下乳汁。續筋骨，療折傷。止遺溺泄精，除風眼濕痺。匪專煎飲，亦作浴湯。

按：漏盧甚益人，而服食方罕見用之。古方治癰疽發背，以漏盧湯為首稱。龐安常《傷寒論》治癰疽，及預解時行痘疹熱，用漏盧葉，若無則以山梔子代之，亦取其寒能解熱，蓋不知其能入陽明之故也。

產單州者屬山西為勝。以生甘草相對拌蒸，晒乾用。連翹為之使。

清・蔣居祉《本草擇要綱目・寒性藥品》　漏蘆　氣味：鹹，寒，有毒。足陽明本經之藥。主治：下乳汁，消熱毒，排膿止血生肌，殺蟲。療乳癰瘰癧，行痘疹熱。古方治癰疽發，以漏蘆湯，尤其功之首稱也。

清・汪昂《本草備要》卷二　漏蘆瀉熱，解毒。鹹軟堅，苦下泄，寒勝熱。入胃、大腸，通肺、小腸。散熱解毒，通經下乳，排膿止血，生肌殺蟲。治遺精尿血，癰疽發背，古方以漏盧湯爲稱首。及預解時行痘疹毒。取其寒勝熱，又能入陽明故也。出閩中。莖如油麻，枯黑如漆者真。甘草拌蒸。連翹爲使。

清・李熙和《醫經允中》卷二〇　漏蘆　胃經本藥，兼入膽、膀胱、大腸經。鹹，寒，無毒。主治乳癰發背，痔漏腸風，肌發癮瘮，風熱惡瘡，止血排膿，生肌長肉。

清・馮兆張《馮氏錦囊秘錄・雜症痘疹藥性主治合參》卷三　漏蘆得地味之苦鹹，稟天氣之大寒，故無毒。苦能下洩，鹹能軟堅，寒能除熱。入足陽明少陽太陽、手太陰陽明。寒而通利之藥也。

漏蘆，治身體風熱惡瘡，皮肌瘙癢隱疹，乳癰發背，痔瘻腸風，補血排膿，生肌長肉。引經脉，下乳汁，續筋骨，療折傷。止遺溺泄精，除風眼濕痺。非獨煎飲，堪作浴湯。但婦人妊娠及瘡瘍陰證，平塌不起者禁用。

清·张璐《本經逢原》卷二 漏蘆《本經》名野蘭。 苦、鹹，寒，有毒。《本經》主皮膚熱毒，惡瘡，疽痔，漏痺，下乳汁。 發明： 漏蘆苦寒解毒，乃足陽明經藥。《本經》治熱毒惡瘡，下乳汁，以其能利竅也。為消毒、排膿、殺蟲要藥。古方治癰疽發背，以漏蘆湯為首稱。蓋鹹能軟堅，寒能解毒。故服之必大便作瀉，使邪從下而出也。昔人治嬰兒瘡毒，令母服此，使藥性從乳中過之，每致乳子利下白沫，大損元氣，故氣虛及瘡瘍不起發者，咸非所宜，而妊婦尤為切禁。

清·黃元御《玉楸藥解》卷一 漏蘆 味鹹，微寒。入足少陰腎、足厥陰肝經。利水秘精，涼血敗毒。鹹寒利水泄濕，清肝退熱。治失溺遺精，淋血便紅，眼痛目赤，背疽乳癰，痔瘻瘰癧，白禿金瘡，歷節帶下，泄利。治一切蟲傷跌打，惡瘡毒腫，排膿止血，服浴皆善。下乳汁最捷。

清·吳儀洛《本草從新》卷一 漏蘆（瀉熱解毒。） 苦下泄，鹹軟堅，寒勝熱。入胃、大腸，通肺、小腸。散熱解毒，通經下乳，排膿止血，生肌殺蟲。治遺精尿血，癰疽發背。古方以漏蘆湯為首稱。 出閩中。莖如油麻，枯黑如漆者真。甘草拌蒸，連翹為使。

清·汪紱《醫林纂要探源》卷二 漏蘆 苦，鹹，寒。枝莖皆三葉，花圓大，尖瓣有托，如石榴，根莖枯如麻梗，色黑。出閩中。 瀉火解熱，輭堅殺毒。治癰疽發背，排膿活血，止痛生肌。又能通經下乳，治遺精溺血。

清·嚴潔等《得配本草》卷三 漏蘆 連翹為之使。 鹹，寒。入手足陽明經。散熱毒，治穀賊，通經下乳，排膿止痛，解痘殺蟲。 配生薑、地龍，治歷節風痛。 莖如油麻，枯黑如漆者真。甘草拌蒸。 氣虛者禁用。

題清·徐大椿《藥性切用》卷三 漏蘆 性味苦鹹，軟堅消瘻，瀉熱解毒，為外科耑藥。

清·黃宮繡《本草求真》卷八 漏蘆解胃府熱毒，並通乳汁。 漏蘆耑入胃。味苦而鹹，氣寒有毒。凡苦則下泄，鹹則軟堅，寒則勝熱。漏蘆氣味俱備，其性耑入陽明胃經。故凡癰疽背發，乳汁不通，及預解時行痘毒者，咸須仗此以解毒邪，俾邪盡從便出而解矣！諸症非盡熱毒而起，不得妄用。 然書又云，遺精尿血能止，亦因毒解熱除自止之意，非因漏蘆寓有收濇之力也。但氣虛瘡瘍不起，及孕婦有病者切忌。出閩中，莖如油麻，枯黑如漆者真。甘草拌連翹為使。

清·羅國綱《羅氏會約醫鏡》卷一六草部 漏蘆味鹹苦，性寒，入肺、胃、大腸、小腸四經。 鹹軟堅，苦下泄，寒勝熱。治一切風熱惡瘡、癰疽、痔瘻等毒，排膿生肌苦寒，通經，下乳，療折傷，續筋骨，止遺溺泄精，及預解時行痘疹毒。以寒勝熱，又能入陽明也。 若孕婦與陰證瘡瘍平塌下陷者，禁用。出閩中，莖如油麻，枯黑如漆者真。

清·王龍《本草纂要稿·草部》 漏蘆 氣味苦鹹而寒。治身體風熱惡瘡，去皮膚瘙痒癮疹。主乳癰發背，理痔漏腸風。補血排膿，生肌長肉。引經脉，能下乳汁。續筋骨，尤療折傷。止遺溺泄精，除風眼濕痺。

清·張德裕《本草正義》卷下 漏蘆 鹹，寒，有小毒。治熱毒惡瘡，瘰癧乳癰痔漏，亦能通經下乳。

清·葉桂《本草再新》卷二 漏蘆味苦、鹹，性寒，無毒。入肝、肺、腎三經。 散熱解毒，通經下乳，排膿止血，生肌殺蟲，治遺精尿血，癰疽發背。

清·吳其濬《植物名實圖考》卷一一 漏蘆 《本經》上品。宋《圖經》有數種，今從《救荒本草》。

清·葉志詵《神農本草經贊》卷一 漏蘆 味苦，鹹，寒。主皮膚熱，惡創疽痔濕痺，下乳汁。久服輕身益氣，耳目聰明，不老延年。一名野蘭。生山谷。

侯紀白藏，稱奇守黑。麻莢支分，角蒿盈尺。寒浸菊華，秋澄蓮碧。突兀喬山，上清靈宅。

《爾雅》： 秋為白藏。李時珍曰： 秋後即黑，異於眾草。白居易賦： 守其黑所以稱奇。蘇恭曰： 七八月後皆黑，異於眾草，葉似角蒿，生莢，長似細麻之莢。蘇頌曰： 秦州者花似單葉寒菊，海州者花紫碧，如單葉蓮花。名醫曰： 生喬山。陶弘景曰： 黃帝所葬處。《雲笈七籤》： 上清靈宅。

清·張仁錫《藥性蒙求·草部》 漏蘆八分、錢半 漏蘆苦寒，散熱解毒。止血軟堅，殺蟲功速。苦、鹹，寒。入肺、胃、大小腸四經。又能通經下乳，排膿止血，生肌。

清・戴葆元《本草綱目易知錄》卷一 漏蘆 鹹，寒。入手足陽明經。通小腸，下乳汁，通經脈，消熱毒，排膿止血，生肌殺蟲。治皮膚熱毒，發背疽痔，乳癰瘰癧，濕痹熱痒。遺溺洩精，腸風尿血，風熱赤眼，小兒壯熱。金瘡撲損，能續筋骨及預解時行痘疹熱。

清・陳其瑞《本草撮要》卷一 漏蘆 味鹹苦，寒，入手足太陰經，功專散熱解毒，通經下乳，排膿止血，生肌殺蟲。治遺精尿血，癰疽發背及痘疹毒。甘草拌蒸。連翹為使。

清・周巖《本草思辨錄》卷二 漏蘆 亦蒿類。而青蒿治疥瘡痂癢，熱在骨節間；此治濕痹之惡瘡，熱在肌膚。青蒿芳香苦寒，合濕熱而並除之，故宜於由濕轉燥之瘡。漏蘆色黑鹹寒，熱散於肌表而濕使下滲，故宜於濕壅熱熾之瘡。古方治發背以漏蘆湯為稱首者，背為太陽寒水部分，漏蘆鹹寒而有白茸，正與相合。且熱退即住服，明乎越境之不過問也。漏蘆下乳汁，是下熱結而不下之乳汁，能消乳內脹痛，非下乳汁之通劑也。

鱧腸

宋・唐慎微《證類本草》卷九草部中品〔唐・蘇敬《唐本草》〕 鱧腸 味甘，酸，平，無毒。主血痢。針灸瘡發，洪血不可止者，傅之立已。汁塗髮眉，生速而繁。生下濕地。

〔唐・蘇敬《唐本草》〕注云：苗似旋覆，一名蓮子草，所在坑渠間有之。

〔宋・馬志《開寶本草》〕按：別本注云：二月、八月採，陰乾。《唐本》先附。

〔宋・掌禹錫《嘉祐本草》〕按：蕭炳云：作膏點鼻中，添腦。日華子云：排膿止血，通小腸，長鬚髮，傅一切瘡并蠶瘑。

〔宋・蘇頌《本草圖經》〕曰：鱧腸，即蓮子草也。舊不載所出州郡，但云生下濕地，今處處有之，南方尤多。此有二種：一種葉似柳而光澤，莖似馬齒莧，高一二尺許，花細而白，其實若小蓮房。蘇恭云：苗似旋復者是也，一種苗梗枯瘦，頗似蓮花而黃色，實亦作房而圓，南人謂之連翹者。二種摘其苗皆有汁出，須臾而黑，故多作烏髭髮藥用之，俗謂之旱蓮子。三月、八月採，陰乾。亦謂之金陵草。見孫思邈《千金・月令》云：益髭髮，變白爲黑。金陵草煎方：金陵草一秤，六月以後收採，揀擇無泥土者，不用洗，須青嫩不雜黃葉乃堪，爛擣研，新布絞取汁，又以紗絹濾令滓盡，內通油器鉢盛之，日中煎五日。又取生薑一斤絞汁，白蜜一斤，合和，日中煎，以柳木篦攪勿停手，令勻調。又置日中煎之，令如稀餳，爲藥成矣。每旦日及午後各服一匙，以溫酒一盞化下。如欲作丸，日中再煎，令可丸，大如梧子，依前法酒服三十丸。及時多合製爲佳。其效甚速。

宋・鄭樵《通志》卷七五《昆蟲草木略》 鱧腸 曰蓮子草，曰旱蓮子，曰金陵草。生園圃，葉似柳，莖似馬齒莧。其連翹亦曰旱蓮，植於庭院，其花可愛，非鱧腸也。

宋・劉明之《圖經本草藥性總論》卷上 鱧腸 味甘、酸，平，無毒。主血痢，針灸瘡，發洪血不可止者，傅之立愈。汁，塗髮眉，生速而繁。生下濕地。日華子云：排膿止血，通小腸，長鬢髮，傅一切瘡并蠶瘑。俗謂之旱蓮子。

宋・王介《履巉巖本草》卷下 黃旱蓮 味甘、酸，平，無毒。主血痢，鍼灸瘡發，洪血不可止者，傅之立差。用汁塗髮眉，生速而繁。又能排膿止血。通小腸，傅一切瘡幷蠶瘑。一呼爲鱧腸。

宋・王介《履巉巖本草》卷下 紫旱蓮 性溫，有毒。多入瘡癬等藥。爐火藥亦用，大能服水銀、硫黃毒。

宋・王介《履巉巖本草》卷中 白旱蓮 性凉，無毒。治腿脚生瘡，不以多少爲細末，每用少許，冷水調傅患處。

明・蘭茂撰，清・管暄校補《滇南本草》卷下 旱蓮草 一名蓮草。性寒，味鹹。固齒烏鬚，腎虛齒疼，焙，為末，搽牙齦上，痛立止。洗九種痔瘡。

明・王綸《本草集要》卷二 鱧腸即旱蓮子草。味甘酸，氣平，無毒。陰乾。主血痢，針灸瘡發，洪血不可止者，傅之立已。汁，塗髮眉，生速而繁，作烏髭藥用之。

明・滕弘《神農本經會通》卷一 鱧腸 即蓮子草也。俗謂之旱蓮子。二八月採，陰乾。亦謂之金陵草。味甘、酸，氣平，無毒。

《本經》云：主血痢，針灸瘡，發洪血不可止者，傅之立已。汁塗髮眉，生速而繁。日華子云：排膿，止血，通小腸，長鬢髮。傅一切瘡，并蠶瘑。《圖經》云：孫思邈《千金月令》云：益髭髮，變白為黑。金陵草煎方用之。

明・劉文泰《本草品彙精要》卷一二 鱧腸無毒。植生。

鱧腸：主血痢，針灸瘡發，洪血不可止者，傅之立已。汁，塗髮眉，生速而繁。名醫所錄。【名】蓮子草、旱蓮子、金陵草。【苗】《圖經》曰：葉似柳而光澤，莖似馬齒莧，高一二尺，花細而白，其實若小蓮房。蘇恭云：以其苗似旋覆者是也。一種苗更枯瘦，頗似蓮花而黃色，實亦作房而圓，摘其苗皆有汁出，須臾即黑，故取此以烏髭髮也。【地】《圖經》曰：生下濕地，及在坑渠間亦有之，南方尤多。〖道地〗滁州。〖時〗生：春生苗。採：三月、八月取莖、葉。〖收〗陰乾。〖用〗莖、葉。〖質〗類旋覆。〖色〗青。〖味〗甘，酸。〖性〗平，緩。〖氣〗氣之薄者，陽中之陰。〖臭〗朽。〖主〗烏髭髮，排膿，止血。〖製〗孫真人云：揀選無泥土者，不宜水洗，剉碎用。〖治〗療：日華子云：通小腸，長鬚髮，傅一切瘡並蠶瘑。蕭炳云：作膏點鼻中，添腦。

明·鄭寧《藥性要略大全》卷七　旱蓮草　治血痢，針灸瘡發，洪血不止，敷之立效。療金瘡止血。汁：塗鬚髮眉，生速而繁，排膿止血，通小腸，花細而白，其實若小蓮房。苗似旋覆。摘其苗、實，皆有汁出，須臾而黑，故可作為烏鬚藥。味甘、酸，氣平，無毒。〇一金陵草，一名(鯉)〔鱧〕腸草，一名住血草。

明·陳嘉謨《本草蒙筌》卷三　旱蓮草一名鱧腸。　味甘，酸，氣平。無毒。濕地多生，苗若旋覆。花細而白色，實圓而作房。摘斷枝莖，汁出漸黑。或煎酒服，或熬膏敷。染白髮回烏，止赤痢變糞。鬚眉稀少，可望生速而繁。火瘡發紅，能使流血立已。

明·王文潔《太乙仙製本草藥性大全》卷一《本草精義》　鱧腸　一名旱蓮草，一名金陵草。舊不載所出州郡，但云生下濕地，今處處有之，南方尤多。此有二種，一種葉似柳而光澤，莖似馬齒莧，高一二尺許，花細而白，其實若小蓮房，蘇恭云：苗似旋覆者是也；一種苗梗枯瘦，頗似蓮花而黃色，實亦作房而圓，南人謂之連翹者。二種折其苗皆有汁出，須臾而黑，故多作烏髭髮藥用之，俗謂之旱蓮子。三月、八月採，陰乾。

明·王文潔《太乙仙製本草藥性大全》卷一《仙製藥性》　鱧腸　味甘、酸，氣平，無毒。　主治：療金瘡，止血排膿，通小腸，立長鬚眉，染白髮回烏，止赤痢見糞。髮眉稀少可望生速而繁，火瘡發紅能使流血立已。　補註：益髭髮，變白爲黑。金陵草煎方：金陵草一秤，六月以後收採，揀擇無泥土者，不用洗，須青嫩不雜黃葉乃堪，爛擣研，新布絞取汁，又以紗絹濾，令滓盡，內通油器鉢盛之，日中煎五日。又取生薑一斤絞汁，白蜜一斤，合和，日中煎，以柳木篦攪，勿停手，令勻調，又置日中煎之，令如稀餳，爲藥成矣。每旦日及午後各服一匙，以溫酒一盞化下。如欲作丸，日中再煎，令可丸大如梧子，依前法酒服三十丸。及時多合製爲佳，其效甚速。

明·皇甫嵩《本草發明》卷三　(鯉)〔鱧〕腸中品下。氣平，味甘、酸，無毒。即旱蓮草。　發明曰：(鯉)〔鱧〕腸，血分中收斂之藥。故《本草》主血痢，針灸火瘡發洪，血流不止，敷之立已。汁，塗髮能黑，可望速生鬚而繁。又云：排膿止血，通小腸。或煎酒服，或熬膏敷，烏鬚固齒藥中多用之。濕地多生，摘斷枝莖，汁出漸黑。

明·李時珍《本草綱目》卷一六草部·隰草類下　鱧腸《唐本草》

〖釋名〗蓮子草《唐本》　旱蓮草《圖經》　金陵草《圖經》　墨煙草《綱目》　墨頭草《綱目》　墨菜《綱目》　猢孫頭《必用》　猪牙草　時珍曰：鱧，烏魚也，其腸亦烏。此草柔莖，斷之有墨汁出，故名，俗呼墨菜是也。細實頗如蓮房狀，故得蓮名。〖集解〗恭曰：鱧腸生下濕地，所在坑渠間多有。苗似旋覆。二月、八月采，陰乾。頌曰：處處有之，南方尤多。此有二種：一種葉似柳而光澤，莖似馬齒莧，高一二尺，開花細而白，其實若小蓮房，蘇恭謂似旋覆者是也；一種苗梗枯瘦，頗似蓮花而黃色，實亦作房而圓，南人謂之連翹者。二種折其苗皆有汁出，須臾而黑，俗謂之旱蓮子，亦謂之金陵草。時珍曰：旱蓮有二種：一種苗似旋覆而花白細者，是鱧腸；一種花黃紫而結房如蓮房者，乃是小連翹也。爐火家亦用之。見連翹條。

草〖氣味〗甘、酸，平，無毒。〖主治〗血痢。鍼灸瘡發，洪血不可止者，傅之立已。汁塗眉髮，生速而繁《唐本》。烏髭髮，益腎陰時珍。止血排膿，通小腸，傅一切瘡並蠶瘑大明。膏點鼻中，添腦蕭炳。

〖附方〗舊一，新九。　金陵煎：益髭髮，變白爲黑。金陵草一秤，六月以後收采，揀青嫩無泥土者。不用洗，摘去黃葉，爛擣，新布絞取汁，以紗絹濾過，入通油器鉢盛之，日中煎五日。又取生薑一斤絞汁，白蜜一斤合和，日中煎。以柳木篦攪勿停手，待如稀餳，藥乃成矣。每日及午後各服一匙，以溫酒一盞化下。如欲作丸，日中再煎，令可丸，大如梧子，每服三十丸。及時多合爲佳，其效甚速。孫真人《千金月令方》。　烏鬚固齒：《攝生妙用方》：七月取旱蓮草連根一斤，用無灰酒洗净，青鹽四兩，淹三宿，同汁入油鍋中，炒存性，研末。日用擦牙，連津嚥之。〇又法：旱蓮取汁，同鹽煉乾，研末擦牙。〇《奉親養老書》旱蓮散：烏髭固牙。溫尉云：納合相公用此方，年七十鬚髮不白，懇求始得，後遇張經，始傳分兩也。旱蓮草一兩半，麻枯餅三兩，升麻、青鹽各三兩半，訶子連核二十個，皂角三挺，月蠶沙二兩，爲末，薄醋麪糊丸彈子大。晒乾入泥瓶中，火煨令烟出存性，取出研末，日用揩牙。　偏正頭痛：鱧腸草汁滴鼻中。《聖濟總録》。　一切眼疾：翳膜遮障，凉腦，治頭痛，能生髮。五月五日平旦合之。蓮子草一握，藍葉一握，油一斤，同浸，密封四十九日。每卧時，以鐵匙點藥摩頂上四十九遍，久久甚佳。《聖濟總録》。　繫臂截瘧：旱蓮草搥爛，男左女右，置寸口上，以古文錢壓定，帛繫住，良久起小泡，謂之天灸。其瘧即止，甚效。王執中《資生經》。　小便溺血：　金陵草一名墨頭草、車前草各等分，杵取自然汁。每空心服三盃，愈乃止。《醫學正傳》。　腸風臟毒：　下血不止。旱蓮子草，瓦上焙，研末。每服二錢，米飲下。《家藏經驗方》。　痔漏瘡發：　旱蓮草一把，連根鬚洗净，用石臼擂如泥，以極熱酒一盞衝入，取汁飲之，滓傅患處，重者不過三服即安。太僕少卿王鳴鳳患此，策杖方能移步，服之得瘥。累治有驗。劉松石《保壽堂方》。　疔瘡惡腫：　五月五日收旱蓮草陰乾，仍露一夜收。遇疾時嚼一葉貼上，外以消毒膏護之，二三日疔脱。《聖濟總録》。　風牙疼痛：　猢猻頭草，入鹽少許，于掌心揉擦即止。《集玄方》。

明・佚名氏《醫方藥性・草藥便覽》　蓮蓬草　其性凉。止血而通水道。

明・李中立《本草原始》卷二　鱧腸　即蓮子草也。生下濕地，所在坑渠間多有。苗似旋覆，開花細而白，其實若小蓮房，俗謂之旱蓮草。鱧，烏魚也，其腸亦烏。此草莖斷之有墨汁出，故名鱧腸。　鱧腸：　氣味：　甘、酸，平，無毒。　主治：　血痢。鍼灸瘡發，洪血不可止者，傅之立已。汁塗髮眉，生速而繁。○烏髭髮，益腎陰。止血排膿，通小腸，傅一切瘡并蠶瘑。○膏點鼻中，添腦。

旱蓮草，《唐本草》。【圖略】　一名墨煙草，一名黑菜。六月采，揀青嫩無泥土者，不用洗，摘去黄葉用。

明・羅周彦《醫宗粹言》卷四　製旱蓮椹子膏　四月桑椹黑熟，先採旱蓮不拘多少，用大者去根莖葉，洗淨晒乾，用磁罇微撒鹽醃半日，晒乾，入甑内蒸熟，曝乾搗末，或三五升，然後取桑椹汁和之，作餅曝乾，再研細末，每晨用酒調三錢，空心服，大固精神，滋陰補腎，黑鬚髮尤効。若修補丸，任意加入。

明・張懋辰《本草便》卷一　旱蓮草　味甘、酸，氣平，無毒。　主血痢止血，汁塗髮眉，生速而繁，作烏鬚藥用之。

明・盧復《芷園臆草題藥》　鱧腸　又名旱蓮草。莖最柔，斷即有汁，須臾如墨。能止血，可塗眉髮，生速而繁。點鼻中，添腦，定頭疼。其色力能入腎而益陰精也。嘗見促織鬪久，恐其齒傷，用此餵之則強。因之以治人，用力大嚼，齒疼者頗捷。

明・繆希雍《本草經疏》卷九　鱧腸　味甘、酸，平，無毒。主血痢，鍼灸瘡發，洪血不可止者，傅之立已。汁塗髮眉，生速而繁。

【疏】鱧腸正禀北方坎水之氣，故其汁玄黑，其味甘酸平而無毒，純陰之草也。入腎，入肝，亦入胃與大小腸。善涼血，鬚髮白者，血熱也；　齒不固者，腎虚有熱也。涼血益血，則鬚髮變白而齒亦因之而固矣。故古今變白之草，當以兹為勝。本經主血痢及鍼灸瘡發，洪血不可止者，傅之立已。塗眉髮生速而繁。蕭炳又謂能止血，排膿，通小腸，傅一切瘡。膏點鼻中添腦者，蓋以血痢由於血分為濕熱所傷，鍼灸瘡發，洪血不止，亦緣病人素有血熱，及加艾火，則益熾矣，血涼則不出。榮血熱壅則生膿，涼血則自散。小腸屬丙火，有熱則不通。榮血熱解，則一切瘡自愈。腦為髓之海，熱則消，火能消物故也。鼻竅通氣於腦，故以膏點鼻中，使腦中熱散，無邪剝蝕，則腦自益之矣。數者，何非涼血益血之功也。【主治參互】孫真人《千金月令方》有金陵煎，能益髭鬚，變白為黑。金陵草一秤，六月後收，揀青嫩無泥土者，不用洗，抹淨，摘去黄葉，爛搗，新布絞取汁，以紗絹濾過，入通油器缽盛之，日中煎五日。又取生薑一斤絞汁，白蜜一斤合和，日中煎，以柳木勿停手攪，待如稀餳，藥乃成矣。每早及午後各服一匙，以溫酒一盞化下。如欲作丸，日中再煎，令可丸，每服三十丸，及時多合為佳。《攝生眾妙》用方：　取旱蓮草根一斤，用無灰酒洗淨，青鹽四兩，淹三宿，同汁入油鍋中炒存性，研末。日用擦牙，連津嚥之，能烏鬚固齒。又方：　旱蓮一兩半，麻枯餅三兩，升麻、青鹽各三兩半，訶子連核二十箇，皂角三挺，晚蠶沙二兩炒，為末，薄醋麫糊丸彈子大，曬乾，入泥瓶中火煅，令煙出存性，取出研末，日用指牙。　又方：　取汁滴鼻中，治偏正頭痛。　同藍葉各一握，油一斤，入浸，密封四十九日，每臥時以鐵匙點一切眼疾，翳膜遮障，涼腦，再摩頂上四十九遍，久久甚佳，亦治頭痛，能生髮。　同車前草等分，杵取汁，每空心服三杯，治小便溺血。　獨用瓦上焙研，每米飲下二錢，治腸風臟毒，下血不止。　獨用搗汁，衝極熱酒飲，治痔漏瘡發，外即以滓傅患處，重者不過三服。　同鹽少許，揉擦掌心，治風牙疼痛。

【簡誤】鱧腸性冷陰寒之質，雖善涼血，不益脾胃。病人雖有血熱，一見脾胃虚敗，飲食難消及易溏薄作泄者，勿輕與服。《孫真人方》用薑汁和劑，蓋防其冷而不利於腸胃故也。不用薑汁、椒紅相兼修事，服之者，必腹痛作泄。宜詳審之。

明・倪朱謨《本草彙言》卷四　鱧腸　味甘、酸，氣平，無毒。純陰之草也。入腎、肝、胃、大小腸五經。　李時珍曰：鱧，烏魚也。其腸黑，此草柔莖，斷之有墨汁出，故名。生江南下濕地，所在坑渠間多有。苗似旋覆。此有二種，一種葉似柳而光澤，莖似馬齒莧，高一二尺，開花細白，其實若小蓮房。一種苗梗枯瘦，頗似蓮花而黃色，實亦作房而圓，南人謂連翹。二種折其苗，皆有墨汁出，須臾而黑，俗謂之旱蓮草。八月采，陰乾用。

旱蓮草：《唐本草》凉血解毒，時珍固齒烏鬚髮之藥也。程君安稿蓋鬚髮易白者，血虛有熱也。齒牙不固者，腎虛有熱也。此藥純陰凉血，則鬚髮變白爲黑，而齒亦因之而固矣。故古今黑汁之草，當以此爲勝。若前人之治血痢，止針灸瘡中發洪血，解一切瘡疹痛痒，除頭風頭痛，去目疾翳障，治腸風下血，定風熱牙疼之數者，何非凉血止血之功也。但陰寒之性，沉降之質，雖善凉血，不益脾胃。一見脾胃虛弱，飲食少進，及腸胃溏薄不實者，雖共溫辛補養藥，亦勿輕與服。

集方：《攝生方》治鬚髮早白。七月中，取旱蓮草連根一觔，酒洗淨，青鹽四兩，淹三日，同汁入鍋中，炒焦如炭，存性，研末。日用擦牙，連津嚥之。○《方脉正宗》治飲食甘肥炙煿過度，成血痢病。用旱蓮草一握，切碎，川黃連二錢，白芍藥五錢，水煎服。○郭子千方治針灸瘡中出血不止。用旱蓮草搗爛敷之，立止。○《聖濟錄》治一切疔腫癰疽惡瘡。用旱蓮草一觔，連根洗淨，搗爛取汁，以熱酒一碗，和飲。渣敷患處，不過三服乃安。○同前治頭風頭痛，不拘偏正。用旱蓮草，搗汁滴鼻中，或飲汁亦可。○同前治一切眼疾，翳膜遮障，幷頭風頭痛。用鮮旱蓮草一把，澤蘭葉一把，水洗淨，略乾，俱搗汁，入淨磁瓶內密封，埋土中一尺，計五十日取出。每臥時，以骨簪挑少許，點兩眦，摩頂上四十九遍。久久自效。○嘉氏抄方治腸風藏毒下血。用旱蓮草，水洗淨，用薑汁、酒浸一宿，晒乾爲末。每早服二錢，米湯下。○《醫學正傳》治小便下血。用旱蓮草、車前草各等分，搗汁，空心服三盞。自愈。○《集玄方》治風熱牙疼。用旱蓮草數莖，入鹽一匙，于掌心揉擦即止。或云煎湯嗽口亦可。

治烏鬚神方：　取鱧腸草，採鮮者五十觔，搗汁，浸真女貞實、馬料黑豆各一斗，浸七日，濾出晒一日，再浸再晒，以鱧腸草汁盡，上甑蒸一日，再晒乾，少洒陳酒微濕，再蒸再晒，計九次，微炒燥，磨爲末，拌生薑自然汁八兩，好川椒，去閉口及蒂者爲末，五兩，和勻。煉蜜丸梧桐子大。每早晚用五錢，食後酒送下。

治一切齒病。用鱧腸草，炒焦黑成炭，研末，見證配後藥擦之：　如齒痛牽引頭腦，配石膏、細辛、芽茶末。如齒痛怕風，配乾薑、藁本末。如齒痛有蟲，配乾薑、細辛、花椒末。如齒痛兼牙齦出血條者，配人參末，或千年古石灰末。配人參可嚥，配石灰末擦齒，不可嚥，用白湯汨漱吐之。如齒痛成牙疳，配硼砂、黃連、枯礬末。如齒痛動搖不堅，無力嚼食物者，配補骨脂、沒石子、青鹽末，已上所配諸藥，俱爲細末，和鱧腸草末擦之。

明・黃承昊《折肱漫録》卷七　旱蓮草　一名鱧腸，俗名凉筒。以醫促織者。斷其梗，少頃其口即黑者是，最能烏鬚。予表兄卜戩父太守，有人傳與一方，單用此草搗汁熬膏，蜜收貯之磁瓶，日日以酒服之，久服鬚髮不白。卜戩父守而服之，六十外，鬚果不白，但皮肉亦漸黑，且不利于脾，故予知而不服烏鬚。

明・蔣儀《藥鏡》卷三平部　鱧腸　能凉血，濕熱之赤痢醫。能補精，腎虛之齒痛療。汁塗眉髮生速而繁，膏點鼻中停疼益腦。灸針發痓，傅之立平。脾胃虛糜，誤吞成瀉。青嫩車前等分，杵汁煎溫，候餓時而頻呷，小便紅溺徐收。單令瓦上焙研，酒液米湯，和微末而使吞，痔漏腸風兼治。

明・盧之頤《本草乘雅半偈》帙一一　鱧腸《唐本草》　氣味：甘、酸，平，無毒。　主治：血痢。鍼灸瘡發，洪血不可止者，傅之立已。汁塗眉髮，生速而繁。

覈曰：鱧腸，所在有之，南方下濕地尤多。苗似旋覆，莖似馬〔齒〕莧，葉似楊柳，花細白，作實似小蓮房，色青碧。一種苗梗枯瘦，似小蓮花，色正黃，實亦作房，且圓，南人謂之小連翹。二種折其苗，並有汁出，須臾遂黑，俗謂之旱蓮，又謂之金陵草。

条曰：鱧，玄鱧，體色青玄，俗呼黑鱧。首具七星，隨斗指而向之，神轉不迴之謂乎。美在腸，形相肖也。蓋腸，暢也。通暢胃氣，為水穀道，心肺府，大小腸也。《經》云：肝主色，自入為青，入腎為黑。《爾雅翼》云：青出于藍。《月令》云：刈藍以染重玄，則又玄出于青矣，為腎之心藥肝藥，肝之腎藥心藥，心之肝藥腎藥也。故鱧腸產南而色玄，則凡毛髮鬚眉，色變于色者，使之各色其色耳。《經》云：腎之合骨也，其榮髮也，其主脾也；肺之合皮也，其榮毛也，其主心也。又為肺之脾藥腎藥，心藥肝藥矣。故鱧腸白華在秋，稟庚金之化，色味迺充，氣平味甘，亦即土大舒和之用。又為脾之腎藥心藥，肝藥肺藥也。此以五星互呈，故得形藏敵應，為心肝脾胃，爪生髮長，筋轉脈搖，彌膚緻腠，誠駐形形物耳。若主血痢，正胃失通暢，致穀道不泌不分。蓋鱧至難死，自非連鮍者比。至主鍼灸瘡發，洪血不止，鱧腸脈勝而通心，色勝而通肝，則脈有所主，血有所藏，心主腎也，肝主肺也，水火既濟矣，木金互交矣。膚受者捷如影響，況餌食者乎。

清・顧元交《本草彙箋》卷三　鱧腸草　鱧腸稟北方坎水之氣，其汁玄黑，其味甘酸，純陰之草也。入腎入肝，亦入胃與大小腸。善涼血，鬚髮白者，血熱也。齒不固者，腎虛有熱也。涼血益血，則白者變黑，而齒得堅矣。故《唐本草》云：汁塗眉髮，生速而繁。其主血痢，及鍼灸瘡發，洪血不止者，血痢由於血分爲濕熱所傷，鍼灸由病人素有血熱，加艾火而益熾也。主排膿及通小腸者，榮血熱壅則生膿，小腸屬丙火，有熱則不通也。膏點鼻中添腦者，腦爲髓海，熱則消火，能消物也。之數者，固皆賴其涼血之功。但凡脾胃虛弱，及易溏薄作泄者，不宜輕服。故孫真人烏髭方，佐薑汁以防其冷。

鱧，烏魚也，其腸亦烏。此草柔莖，斷之有墨汁出，故名鱧腸，亦名墨菜。細實頗似蓮房狀，故俗呼旱蓮草，又名金陵草。故真人方名金陵煎。痔漏瘡疾，用旱蓮草一握，連根鬚洗淨，石臼擂如泥，以極熱酒一盞，衝入，取汁飲之，滓傅患處，重者不過三服。予師蘗菴患內痔腸血脫肛，服此得愈。其位下高座離鈎，亦患前症，服之輒效。又古方腸風臟毒，下血不止者，用此瓦上焙研末，每服二錢，米飲下。又小便溺血者，用此合車前草等分，杵取自然汁，每空心服三盃，愈乃止。

清・穆石匏《本草洞詮》卷九　鱧腸　鱧，烏魚也，其腸亦烏，此草內有墨汁，故名。狀如蓮房，故一名旱蓮草。味甘鹹，氣平，無毒。治血痢，鍼灸瘡發，洪血不止者，傅之立已。汁塗眉髮生速而繁。《千金方》有金陵煎，益髭鬚，變白為黑，用此草煎濃汁，入薑汁、白蜜和之，溫酒調服，蓋能益腎養陰故也。

清・劉雲密《本草述》卷九下　鱧腸一名旱蓮草，金陵草。　生下濕地，處處有之，南方尤多。有二種，一種苗似旋覆，而花白細者，是鱧腸。一種花黃紫，而結房如蓮房者，乃是小連翹也。二種折其苗，皆有汁出，須臾而黑。

草：　氣味：　甘、酸，平，無毒。

主治：　益腎陰，烏髭髮時珍。治血痢《唐本》。通小腸日華子。療溺血及腎虛，變為勞淋方書。傅瘡止血，排膿日華子。

希雍曰：　鱧腸，正稟北方坎水之氣，故其汁玄黑，其味甘酸，平而無毒，純陰之草也。入腎入肝，亦入胃與大小腸。善涼血。鬚髮白者，血熱也。齒不固者，腎虛有熱也。涼血益血，則鬚髮變白，而齒亦因之而固矣。故古今變白之草，當以茲為勝。其主治血痢，通小腸者，腎主二便，肝亦司小便，此味既入腎與肝而益陰，其何不療，至傅瘡能止血排膿，亦以涼血，能去榮氣壅熱之故也。

附方　孫真人《千金月令方》有金陵煎，能益髭髮變白為黑，金陵草一秤，六月後收，揀青嫩無泥土者不用，洗抹淨，摘去黃葉，爛搗，新布絞取汁，以紗絹濾過，入通油器鉢盛之，日中煎五日，又取生薑一斤，絞汁，白蜜一斤，合和，日中煎，以柳木勿停手攪，待如稀餳，藥乃成矣。每早及午後各服一匙，以溫酒一盞化下。如欲作丸，日中再煎，令可丸，每服三十丸，及時多合為佳。

烏鬚擦牙方，取旱蓮草洗淨晾乾，以青鹽為末，將草鋪於磁鉢內，一層鹽，一層草，醃一七，瀝草曬乾，有餘汁，又以草拌上，又曬，以汁盡為度。入銀磁器內，微火焙乾，為末。又取童子頭髮，入鍋內炒成珠，為末。又取骨碎補，以竹刀去皮毛，切薄片，曬乾，石碾為末，每早蓮草末一兩，以髮灰五錢，骨碎補末三錢，合為牙散，日每頻擦，自驗。同車前草等分，杵取汁，每空心服三盃，治小便溺血。

獨用：　焙研，每米飲下二錢，治腸風臟毒下血不止。

又用搗汁，衝極熱酒飲。治痔漏瘡發外，即以滓傅患處，重者不過三服。

愚按：　鱧腸草，多生下溼地，折其莖而汁出黑色。誠所稟於天者，坎水之正氣，而成於地之至陰也。如是固為益腎陰，涼血熱之味矣。夫血乃真陰之化醇，如茲味陰氣純而厚，且化為汁，以合於人身真陰，其受氣取汁而變化者，又當有同氣相求之變化焉。其治大腸血痢，小便溺血，瘡瘍止血，排膿，胥此義也。且用之烏髭髮有奇功，蓋任之真陰盛，得以上交於督之真陽，則上之陽得合於下之陰，為髮為髭，俱藉益於陰氣耳。鱧腸草，即烏髭髮，是為能益血，而治痢及溺血等證，又似能止血，何以如是，其胥有功也？蓋總因於見母氣耳。夫血之益者易明，如此者乃戀母氣而歸元，緣血為天一之水所化也。第孫真人《千金方》取此汁煎之多次，而必於日中，則以血本於陰，而成於陽也，其微義固可思矣。《經》云：人年四十，而陰氣自半，起居衰；五十體重，耳目不聰明；六十陰氣大衰，九竅不利。即此論之，則耳目諸竅之極於上者，皆陰氣之所貫，而髭髮又可知矣。真陰為血化原，而血又為陰氣之化原，猶道家所謂氣盛則精盈，精盈則氣盛也。能使陰盛而血化，血化而陰足，則在下在上，陽俱藉陰為守以效其用矣。此任督交會，而陽不孤行之玄機也。如繆氏泛謂血熱，則鬚髮為白，彼年逾壯而俱白者，豈盡由血熱乎？試觀腎虛而變勞淋，結濇不利，於黃芪湯中用之，是亦取其涼血熱乎？雖然，百味先至於胃，而後行之各經，謂其純陰不益胃者良然。然細繹孫真人修事，采以六月，煎於日中者五，又合薑汁、白蜜同煎於日中者又五，豈非至陰，必藉至陽之氣，乃得行其生化乎？其不止用火製者，以凡火不能勝真陰也，此義固可思矣。

先哲曰：鬚屬少陽，髮腎水，精不上升，白似灰。膽榮在鬚，腎華在髮，精氣上升，則鬚潤而黑。六八以後，精華不能上升，秋冬令行，金削肺枯，以致鬚髮焦槁如灰白色。養生者宜預服補精血藥以防之，染掠亦非上策。巢元方氏《病源論》云：足少陽膽之經也，其榮在鬚。足少陰腎之經也，其華在髮。衝任之脈，為古三經之海，謂之血海，其別絡上脣口，若血盛則榮於頭髮，故鬚髮美。若血氣衰弱，經脈虛竭，不能榮潤，故鬚髮禿落。

又曰：烏鬚亦必因證用藥，若不顧臟腑，專務鬚髮，而妄投丸散，則剖腹而藏珠也。

近方書有滋腎烏鬚一方，於藥味大有酌量，附錄之。

旱蓮丸：旱蓮汁，用汁曬半斤，生薑三斤，取汁，曬半斤，生地黃二斤，酒泡，取汁曬半斤，細辛三兩，破故紙一斤，麪炒，杜仲半斤，炒，五加皮酒浸半斤，赤茯苓去皮一斤，乳汁浸半斤，枸杞子四兩，川芎四兩，沒藥二兩，為末，核桃仁去皮半斤，棗肉同和，為丸梧子大，每服五十丸，黃酒送下。

希雍曰：鱧腸性冷，陰寒之質，雖善涼血，不益脾胃，病人雖有血熱，一見脾胃虛敗，飲食難消，及易溏薄作泄者，勿輕與服。孫真人方用薑汁和劑，蓋防其冷而不利於腸胃故也。不用薑汁、椒紅相兼，修事服之者，必腹痛作泄。宜詳審之。

清・王翃《握靈本草》卷四 旱蓮草一名金陵草。所在下濕地有之。 主治：旱蓮草，甘、酸，平，無毒。主烏鬚髮，益腎陰，止血排膿。

清・汪昂《本草備要》卷二 旱蓮草一名鱧腸，又名金陵草。補腎。 甘、鹹，汁黑。補腎止血，黑髮烏髭。《千金》云：當及時多收，其效甚速。《經疏》云：性涼不益脾胃，故《千金方》金陵煎丸，用薑汁和劑。 苗如旋覆，實似蓮房，斷之有汁，須臾而黑。熬膏良。

清・陳士鐸《本草新編》卷四 旱蓮草 一名鱧腸。味甘、酸，氣平，無毒。入腎。能烏鬚髩，止赤痢，治火瘡。雖能烏鬚髩，然不與補腎之藥同施，未見取效之捷。煎膏染鬚髩，亦必同倍子、明礬為佳。世人動欲變白，而不知其道，毋怪其不效也。夫鬚髮之早白也，雖由于腎水之乾燥，亦由于任督之空虛。任督之脉上通于唇口之間，下入于腰臍之內。腎虛而任督未虛者，老年髮白而鬚不白。中年髮未白，而鬚先白者，任督之虛也。欲使已白者重變為烏，必補任督，而更補腎也。然而補任督之藥無多，仍宜補腎以生任督。蓋任督原通于腎，故補腎而任督之氣自生。旱蓮草止能入腎，而不能入任督，又何能上通唇口哉？所以必宜與補腎之藥同施，方有濟耳。

或疑旱蓮草入腎，故能變白。今既不能入任督，何能變白哉？然而變白之藥，仍不外旱蓮草也。是入腎者，其說正，而入任督者，其說非矣。吾子謂其入腎，而不入任督，何也？夫旱蓮草之不通任督也，非私說也，予實聞之岐天師之訓迪也。謂旱蓮草性寒，而任督則喜溫而不喜寒，故能清腎中之火，以解其焦枯，而不能暖任督之髓，以滋其潤澤也。

清・顧靖遠《顧氏醫鏡》卷七 旱蓮草甘、酸，冷。入肝腎二經。 益陰涼血，黑髮烏鬚。血熱則鬚髮易白，又其汁黑，故為變白之上藥。 止溺血而治赤痢，醫痔痛而療腸風。皆益陰涼血之功。 灸瘡血出，敷之即已。血涼則止。 頭風腦漏，滴鼻可安。鼻竅通氣於腦，故搗汁滴入，使熱解而愈。 陰寒冷藥，不宜腸胃，便溏食少者，戒用。至苦大寒傷胃，無大熱者勿用。

清・李熙和《醫經允中》卷一九 旱蓮草 甘、鹹，無毒。補腎止血，黑髮烏鬚，固齒。取汁熬膏良。治腸風下血，每服焙末三錢，酒調服愈。

清・馮兆張《馮氏錦囊秘錄・雜症痘疹藥性主治合參》卷三 旱蓮草一名鱧腸，又名金陵草。稟北方坎水之氣，故汁玄黑，其味甘酸，平而無毒，純陰之草也。入腎入肝，亦入胃與大小腸。善涼血，鬚鬢白者用之即黑，針灸瘡血不止者傳之立已，齒不固者，擦之能安，皆涼血益血之驗也。

旱蓮草，染白髮回烏，止赤痢變糞。鬚眉稀少，可望速生而繁。火瘡發紅，能使流血立已。但性冷陰寒之質，雖善涼血，不益脾胃。若不同薑汁、椒紅相兼修服者，必腹痛作瀉。《攝生眾妙方》：取旱蓮草根一觔，無灰酒淨洗，青鹽四兩，醃三宿，同汁入油鍋中，炒存性，砂末，日用擦牙，連津嚥之，能烏髮固齒。

清·张璐《本經逢原》卷二 鱧腸草一名金陵草，即旱蓮草。 甘、酸，平，無毒。 發明：鱧腸草，腎經血分藥，灸瘡發洪血不可止者，傅之立已。汁塗眉髮，生速而繁，皆益腎養血之驗，故烏鬚髮方用之。《千金方》有金陵煎能益髭鬚變白為黑也，單用熬膏，治大便下血。腎主二便，但脾胃虛、大便易瀉者勿服。

清·何諫《生草藥性備要》卷下 旱蓮草 味甜、鹹，性寒。治跌打傷，理酒頂，化痰，殺[疒滋]，止癢，乾水，烏鬚。吐血成盆，和童便、徽墨舂汁，藕節湯開服。

清·何諫《生草藥性備要》卷上 白花草 專攻散毒，去瘀生新。

清·王子接《得宜本草·下品藥》 旱蓮草 味甘、酸。烏髭髮，益腎陰。得青鹽能固齒，得車前治溺血。

清·黃元御《玉楸藥解》卷一 旱蓮草 味甘、酸。入足少陰腎、足厥陰肝經。益肝腎，烏鬚髮。汁黑如墨，得少陰水色。入肝滋血，黑髮烏鬚。止一切失血，敷各種瘡毒。汁塗眉髮，其生速繁。

清·吳儀洛《本草從新》卷一 鱧腸（補腎。）即旱蓮草，又名金陵草。 甘酸而寒。汁黑補腎，黑髮烏鬚，赤痢變（煤）〔糞〕，止血，針灸瘡血不止者敷之亦妙。固齒，擦牙。功善益血涼血。當及時多收，其效甚速。純陰之質，不益脾胃，若不同薑汁、椒紅相兼修服者，恐腹痛作瀉。苗如旋覆，實似蓮房，斷之有汁須臾而黑。熬膏良。

清·汪紱《醫林纂要探源》卷二 旱蓮草 苦，鹹，溫。生莧菜地中，葉似竹而糙，高二三寸，花白瓣碎有托，結實如蓮蓬，小如豆，內子細如沙，莖斷之有黑汁。補心血，瀉心火，濟水火，交心腎。能止血，黑鬚髮。黑汁入腎，交心腎也。昔人夏至收之，冬至又收女貞子，煉蜜合之，名二至丸。方意甚妙。

清·嚴潔等《得配本草》卷三 旱蓮草即鱧腸。一名金陵草。 甘，酸，涼。入足少陰經血分。涼血滋陰。療臟毒，退腎熱。灸瘡發洪血不止者，敷之立已。血涼，諸病皆除。 得車前，治溺血。得川連，治熱痢。佐綠豆，治熱脹。入熱酒，治痔瘻。用汁沖。 利水，童便煮。恐妨胃，薑汁蒸。研末服，治臟毒。 胃弱便溏，腎氣虛寒者，禁用。

題清·徐大椿《藥性切用》卷三 旱蓮草 一名鱧腸，又名金陵草。甘鹹微寒，汁黑入腎，益陰涼血功勝。脾虛作瀉，腎虛腹痛，均忌。

清·黃宮繡《本草求真》卷七 旱蓮草入肝腎涼血。 旱蓮草耑入肝腎。即書所云鱧腸草、金陵草者是也。味甘而酸，性平色黑，功耑入肝入腎，為止血涼血要劑。是以血痢煎膏用之，其血即止，鬚白汁塗，變白為黑，火瘡發紅，其紅即退。齒牙動搖，擦之即固。合冬青子，名二至丸，以補肝腎。但性陰寒，雖善涼血，不益脾胃經疏。若不同以薑汁、椒紅相兼修服者，必腹痛作瀉，苗如旋覆，實似蓮房，斷之有汁，須臾而黑，熬膏良。

清·羅國綱《羅氏會約醫鏡》卷一六草部 旱蓮草俗名墨斗菜。味甘鹹而平，入腎肝二經。汁出即黑，純陰之品。 性涼。滋陰以汁黑也。止血涼也，烏鬚髮，堅牙齒。汁黑補腎。 但陰寒壞胃。宜薑汁、椒紅同用，否則必腹痛作瀉。

清·黃凱鈞《藥籠小品》 旱蓮草即醴腸。 止牙宣出血，搗汁收入食鹽，擦牙能固齒，微有益腎之功。

清·王龍《本草纂要稿·草部》 旱蓮草 味甘、酸，性平，無毒。染白髮回烏，止赤痢變糞。髭鬚生少，生速而繁。火瘡發紅，能使流血立止。

清·吳鋼《類經證治本草·足少陰腎臟藥類》 旱蓮草 【略】誠齋曰：性寒而涼血，攻七而補三，如虛寒吐血及寒血為病，不可服。

清·楊時泰《本草述鉤元》卷九 鱧腸 又名旱蓮草、金陵草。下濕地處處有之。苗似旋覆，而花白細者，鱧腸也。一種花黃紫，結房如蓮者，乃小連翹也。二種折其苗，皆有汁出，須臾而黑。

草： 氣味甘酸平，純陰之草也。入腎入肝，亦入胃與大小腸。益腎陰，烏髭髮，治血痢，通小腸，療溺血，及腎虛變為勞淋，傅瘡止血排膿。正稟北方坎水之氣，故其汁元黑，古今變白之草，當以茲為勝仲淳。腎主二便，肝亦司小便，此味入腎與肝而益陰，故治血痢通小腸又。善涼血，能去榮氣壅熱，故傅瘡止血排膿又。 金陵煎，能益髭髮，變白為黑。金陵草一秤，六月後收，揀青嫩無泥土者，不用洗，抹淨，摘去黃葉，爛搗，新布絞取汁，以紗絹濾過，入通油器缽盛之，日中煎五日，又取生薑一斤，絞汁，白蜜一斤，合和，日中煎，以柳木勿停手攪，待如稀餳，藥乃成矣，每早及午後，各服一匙，溫酒化下，如欲作丸，日中再煎，令可丸，每服三十丸，及時多合為佳《千金》。 烏鬚擦牙方，取旱蓮草洗淨，晾乾，研青鹽為末，將草鋪於磁缽內，一層鹽，一層草，醃一七，瀝草曬乾，有餘汁，再拌再曬，汁盡為度，入銀磁器內，微火焙乾為末，又取童子頭髮炒成珠為末，骨碎補竹刀去皮毛切薄片曬乾石碾為末，每旱蓮末一兩，以髮灰五錢，骨碎補末三錢，合為牙散，日每頻擦自驗。 溺血，同車前草等分，杵取汁，每空心服三盃。 獨用焙研，每米飲下二錢，治腸風，臟毒下血不止。 又用搗汁，衝極熱酒飲，治痔漏瘡發，外即以渣敷患處，重者不過三服。 滋腎烏鬚，旱蓮丸。 旱蓮草用汁曬半斤，生薑三斤取汁曬半斤，生地二斤酒泡取汁曬半斤，細辛三兩，破故紙一斤，麩炒杜仲半斤，炒五加皮酒浸半斤，赤苓一斤乳汁浸半斤，枸杞子四兩，川芎四兩，沒藥二兩，為末，核桃仁去皮半斤，棗肉同和為丸梧子大，每服五十丸，黃酒送下。

論： 旱蓮多生下濕地，折其莖，出汁黑色，所稟陰氣純而且厚，又化為汁，以合於人身真陰，其於受氣取汁而變化者，當有同氣相求之妙焉。 所治血痢溺血等證，似能止血，而烏髭髮有奇功，則能益血，止益咸宜，總因於見母氣耳。血戀母氣而歸元，緣其為天一之水所化也。 夫真陰為血化原，而血又為陰氣之化原，猶道家所謂氣盛則精盈，精盈則氣盛也。《經》言人年四十而陰氣自半，起居已衰，五十體重，耳目不聰明，六十陰氣大衰，九竅不利。 然則耳目諸竅之極於上者，皆陰氣之所貫，而髭髮又可知矣。 能使陰盛而血化，血化而陰足，則在下在上，陽俱藉陰為守以效其用，此任督交會，而陽不孤行之元機也。 如但謂血熱則鬚髮白，彼年逾壯而俱白者，豈盡由血熱乎？ 且彼黃耆湯治腎虛勞淋結澀不利，亦豈取以涼血熱乎？ 惟百味先至於胃，而後行之各經，純陰之味，多不益胃，繹《千金》修事，采以六月，煎於日中者五，又合薑汁、白蜜煎於日中者五，洵以至陰，必藉至陽乃得行其生化，其不止用火製者，凡火不能勝真陰故也。 又鬚屬少陽，髮屬腎，膽榮在鬚，腎華在髮，精氣上升，則鬚潤而黑，六八以後，升令少，降令多，以致鬚髮焦槁如灰白色，養生者宜預服補精血藥以防之，染掠亦非上策。 又烏鬚亦必因證用藥，若不顧臟腑，專務鬚髮，而妄投丸散，則猶剖腹而藏珠也。

鯉腸陰寒性冷，雖善涼血，不益脾胃，病人脾胃虛敗及易溏瀉者，勿輕與服。 不用薑汁、椒紅相兼修事者，服之必腹痛作泄，宜詳審之仲淳。

修治： 取汁用薑汁和劑，日中煎熬。 此《千金》法。

清・鄒澍《本經續疏》卷四 鱧腸 【略】黑固水色，水卻不黑。 其有黑者，東海著黑水之洋，則水之極窪，不更他處也。《禹貢》雍州黑水，則水之極僻，不通他流，處黑，殆引水使歸之壑，不更移徙之窟歟。 說者謂天本蒼蒼而目之為元，則以其幽遠不可窮。 然則極下者黑，極高者亦黑。 是黑者，陰陽之廓而不可踰越已。 旱蓮質本不黑，即其汁亦何嘗黑，乃出之俄頃遽亦為黑，此則方纔踰越，遂止不行之驗也。 故其所主之證，只長鬚眉一端，已可證其以黑護血為甚固，以血澤黑為速也。 而血液之妄出，若吐、若衄、若金瘡，均中無黑者，惟下利則有如汙泥如敗醬，皆緣色黑之物潰，血液遂隨之以出。 況鍼灸瘡痂必黑，至發而洪血，必黑者已破，是可見黑敗而汁不固者，須以汁出而能變黑者止之。 血屬水，而載火以行。 黑非能止水，乃以拒火者也。 以黑物止血，須識此義。 而用旱蓮，則當以血中見黑為準。

清・葉桂《本草再新》卷二 旱蓮草味甘，性平，無毒。入腎經。 補腎止血，黑髮烏鬚。

清・吳其濬《植物名實圖考》卷一四 鱧腸 《唐本草》始著錄。 即旱蓮草。 李時珍謂有兩種： 白花者為鱧腸，黃紫花而結房如蓮房者，為小連翹。《救荒本草》： 蓮子草結實如蓮房，即此。

清・趙其光《本草求原》卷三隰草部 旱蓮草即金陵草，又名鱧腸。 甘、酸，平，汁黑，補腎血。 烏鬚，膽血上榮。 烏髮，腎血上榮。 治血痢、溺血、血本於陰，成於陽。血足則上交於陽，故補血，又能止血。 吐血成盆，取汁，同京墨、童便熬膏，藕節湯下。 酒頂、蛇傷、跌打、酒痰、殺瘊止癢、乾水、消小腸氣，取汁燉酒服。 勞淋，敷瘡止血排膿，血足則壅熱化。 固齒，通小腸，腎主骨、齒、二便。 灸瘡出血。敷之。 但性涼，不益脾胃，宜和薑汁、蜜熬膏用。 絞汁熬更佳。 曬半乾，用青鹽醃曬，以鹽汁盡為度。

焙為末，每一兩加髮灰五錢，碎補三錢擦牙，固齒又黑髮。 同車前，治溺血。 單焙為末，米飲下，治腸風、臟毒、下血。 取汁、熱酒下，治內痔，敷外痔瘻。

清・文晟《新編六書》卷六《藥性摘錄》 旱蓮草 即鱧腸草。 一名金陵草。味甘而酸，入肝腎。止血涼血，治血痢，煎膏用之，即止。鬚白，以汁塗，變為黑。○火瘡發紅，汁塗即退。○齒牙動搖，擦之即固。○合冬青子，名二至丸，以補肝腎。○不益脾胃，若不同薑汁、椒紅修服，必腹痛作瀉。

清・張仁錫《藥性蒙求・草部》 旱蓮草錢半 旱蓮甘酸，益陰涼血。擦牙固齒，脾虛勿雜。甘酸而寒。汁黑補腎，黑髮烏鬚，涼血止血。得青鹽能固齒。

清・劉善述、劉士季《草木便方》卷一草部 旱蓮草 墨斗草甘味兼鹹，補腎諸血止不難。產後血暈酒服止，刀斧金瘡塗安痊。

清・戴葆元《本草綱目易知錄》卷一 旱蓮草 甘、酸。汁黑，益腎陰，通小腸，止血排膿，烏髭固齒。傅疔瘡及一切瘡。擣汁，塗眉髮，出速而繁。灸瘡血出不已，傅之立止。膏點鼻中，添腦。

清・黃光霽《本草衍句》 旱蓮草甘、酸，平。 補心血，瀉火心。濟水火，交心腎。烏鬚止血，添腦益陰。膏點鼻中添腦。 昔人有二至丸，夏至收旱蓮草，冬至收女貞子，蜜丸，服甚佳。

清・陳其瑞《本草撮要》卷一 旱蓮草 味甘酸，入足少陰、厥陰經，功專烏髭髮，益腎陰。得青鹽固齒，得車前治溺血。性寒，若不同薑汁、椒紅相兼修服，恐腹痛作瀉。偏正頭風，用汁滴鼻中良，獨用焙研，每晨米飲下二錢。治腸風臟毒下血不止，用搗汁，衝極熱黃酒飲之。治痔漏瘡發，外即以渣敷患處，重者不過三服神效。一名鯉腸，一名金陵草。

鐵烏鈴

清・趙學敏《本草綱目拾遺》卷五草部下 鐵烏鈴 《采藥書》：又名鐵鈴草。其本色黑，葉梗極堅實如鐵，其汁黑，可烏鬚。 主治楊梅惡瘡，風氣癱瘓，損折筋骨，俱煎酒服汪連仕方。

苦地膽

明・蘭茂撰，清・管暄校補《滇南本草》卷中 苦龍膽草一名地膽草。 性大寒，味苦。治咽喉疼痛，洗疥瘡腫毒。 附方： 治腎囊風瘙癢，或破流水，又名繡球風。苦龍膽草、經霜桃葉、蜂房、藜蘆、千張紙，共為細末，芝麻油調搽。

明・蘭茂《滇南本草》〔叢本〕卷下 苦龍膽草 洗癩瘡腫毒。單方： 治腎囊有風，瘙痒，或破流黃水。又名綉球風。苦龍膽草、蜂房、藜蘆、千張紙、經霜桃葉，共為細末，麻油調搽。

清・何諫《生草藥性備要》卷上 苦地膽 味辛，性平。散瘡、涼血，消毒、去痰，理鼠咬、蛇傷，亦能止血。其根，仝白荳、片糖煲水飲，治中暑熱盛。牙痛，煲酒含。一名土柴胡。

清・趙學敏《本草綱目拾遺》卷四草部中 苦地膽 出粵西。 葉可貼熱毒瘡。

清・趙其光《本草求原》卷三隰草部 苦地膽即天芥菜。 苦、辛，平。涼血、清毒、散瘡、理蛇鼠傷、去痰。根解暑熱，同扁豆、片糖煎。治牙痛。煎含。

佩蘭

宋・李昉《太平御覽》卷九八三 蘭香 《抱朴子》曰：人鼻無不樂香，故流黃欝金、芝蘭蘇合、玄膳索膠、江籬揭車、春蕙秋蘭，價同瓊瑤，而海上之女，逐酷臭之夫。 《本草經》曰：草蘭，一名水香。久服益氣輕身，不老。

附：日・丹波康賴《醫心方》卷三〇 蘭蔄草 崔禹〔錫〕云：食之辛香，冷，平，無毒。主利水道，辟不祥，不老，通神明。

唐・歐陽詢《藝文類聚》卷八一 蘭 《說文》曰：蘭，香草也。《易》曰：同心之言，其臭如蘭。《禮記》曰：婦人或賜之茝蘭，則受獻諸舅姑。《左傳》曰：鄭文公有賤妾曰：燕姞夢天使與己蘭，曰：余為伯儵，余而祖也，以是為而子，以蘭為國香，人服媚之。文公與之蘭而御之，辭曰：妾不才，幸而有子，將不信，敢徵蘭乎？ 公曰：諾。生穆公，名之曰蘭。《家語》曰：芝蘭生於深林，不以無人而不芳。君子修道立德，不為困窮而改節。《文子》曰：日月欲明，浮雲蓋之。叢蘭修發，秋風敗之。又曰：蘭芷不為莫服而不芳，君子行道不為莫知而遽止。《離騷》曰：既滋蘭之九畹兮。又曰：紉秋蘭以為佩。又曰：秋蘭兮蘼蕪，羅生兮堂下，綠葉兮紫莖，芳菲兮襲予，秋蘭兮青青，綠葉兮紫莖。《孫卿子》曰：民之好我，芬若椒蘭。《琴操》曰：猗蘭操者，孔子所作也。孔子聘諸侯莫能仕，自衛反魯，隱谷之中，見香蘭獨秀，喟然歎曰：夫蘭當為王者香，今乃獨茂，與衆草為伍，乃止車援琴鼓之自傷，不逢時託辭於香蘭云。《蜀志》曰：先主殺張裕，諸葛亮救之。先主曰：芳蘭當門，不得不鋤。《語林》曰：謝太傅問諸子姪，曰：子姪何預人事，而政欲使其佳？ 諸人莫有言者。車騎答曰：譬如芝蘭玉樹，欲使生於階庭。

宋・唐慎微《證類本草》卷七草部上品〔《本經・別錄》〕 **蘭草** **味辛，**

平，無毒。**主利水道，殺蠱毒，辟不祥，**除胸中痰癖。**久服益氣，輕身，不老，通神明。一名水香。**生太吴池澤。四月、五月採。

〔梁・陶弘景《本草經集注》〕云：方藥、俗人並不復識用。太吴，即應是吴國爾，太伯所居，故呼大吴。今東間有煎澤草，名蘭香，亦或是此也，生濕地。李云：是今人所種，似都梁香草。

〔唐・蘇敬《唐本草》〕注云：此是蘭澤香草也。八月花白，人間多種之以飾庭池，溪水澗傍往往亦有。陶云不識，又言煎澤草，或稱李云都梁香近之，終非的識也。

〔宋・馬志《開寶本草》〕按：別本注云：葉似馬蘭，故名蘭草，俗呼爲鷰尾香。時人皆煮水以浴，療風。故又名香水蘭。陶云煎澤草，唐注云蘭澤香，並非也。

〔宋・掌禹錫《嘉祐本草》〕按：《蜀本圖經》云：葉似澤蘭，尖長有歧，花紅白色而香，生下濕地。陳藏器云：蘭草與澤蘭，二物同名。陶公竟不能知，蘇亦强有分別。按：蘭草本功外，主惡氣，香澤可作膏塗髮。生澤畔，葉光潤，根小紫，五月、六月採陰乾，婦人和油澤頭，故云蘭澤。李云都梁是也。蘇注蘭草云：八月花白，人多種於庭池，此即澤蘭，非蘭草也。澤蘭葉尖，微有毛，不光潤，方莖紫節，初採微辛，乾亦辛，入產後補虚用之。已別出中品之下。蘇乃將澤蘭注於蘭草之中，殊誤也。《廣志》云：都梁香出淮南，亦名煎澤草，盛弘之《荊州記》曰：都梁縣有山，山下有水清淺，其中生蘭草，因名爲都梁，亦因山爲號也。

元・徐彦純《本草發揮》卷二　蘭葉　東垣云：蘭葉，味辛，平。其氣清香，生津止渴，益氣，潤肌肉。《内經》云：消渴治之以蘭，是也。消渴證，非此不能除。膽癉必用。丹溪云：蘭，稟金水之清氣，而似有火。人知其花香之可貴，而不知為用之方。葢其葉能散久積陳爵之氣甚有力，入藥煎者用之，東垣方中嘗用矣。

明・王綸《本草集要》卷二　蘭草　味辛甘，氣平，寒，無毒。《衍義》云：即春秋開花之蘭香，入藥煎用。主利水道，殺蟲毒，辟不祥。除胸中痰癖，久服益氣輕身，不老通神。消諸痹，散久積陳鬱之氣甚力。其氣清香，生津止渴，消渴證非此不除，膽痹必用。

明・滕弘《神農本經會通》卷一　蘭葉　即蘭草。四五月採。味辛，氣平，無毒。

《本經》云：主利水道，殺蠱，辟不祥，除胸中痰癖。久服益氣，輕身不老，通神明。丹溪云：稟金水之清氣而似有火，蓋其葉能散久積陳欝之氣甚有力。入藥煎煮用之，東垣方嘗用。又云：味甘，性寒。其氣清香。生津止渴，益氣，潤肌。《内經》云消諸痺，治之以蘭，是也。消渴證，非此不除。膽痺必用。即今人栽植座右，花開滿室盡香。《衍義》云：即春秋開花之蘭香。丹溪云：與《唐本》注不同，陳藏器云：不合，更考之。

明・劉文泰《本草品彙精要》卷九《草部》　蘭草無毒。叢生。

蘭草出《神農本經》。**主利水道，殺蠱毒，辟不祥。久服益氣輕身，不老，通神明。**以上朱字《神農本經》。除胸中痰癖。以上黑字名醫所錄。〔名〕水香、鷰尾香、香水蘭。〔苗〕《衍義》曰：葉如麥門冬而闊且韌，長及一二尺，四時常青，花黄，中間瓣上有細紫點。其春芳者爲春蘭，色深；秋芳者爲秋蘭，色淡。秋蘭稍難得。二蘭移植小檻中，置座右，花開時滿室盡香，與他花香又別。唐白樂天有種蘭不種艾之詩，正謂此蘭矣。〔地〕《圖經》曰：生大吴池澤，今江陵、鼎、澧州山谷陰濕地之間亦有。〔時〕生：春生苗。採：四月、五月取。〔收〕陰乾。〔用〕葉、花。〔色〕青。〔味〕辛。〔性〕平，散。〔氣〕氣之薄者，陽中之陰。〔臭〕香。〔主〕痰癖，惡氣。〔治〕療：《唐本》注云：煮水浴療風。陳藏器云：主惡氣，香澤可作膏，塗髮。

明・葉文齡《醫學統旨》卷八　蘭葉　氣清香，味辛，平。無毒。治消渴證非此不能除。膽痺必用，生津止渴，益氣潤肌肉。《内經》云消渴治之以蘭是也。

明・李時珍《本草綱目》卷一四草部・芳草類　蘭草《本經》上品

〔釋名〕蕑音閑　水香《本經》　香水蘭《開寶》　女蘭《綱目》　香草《綱目》　燕尾香《開寶》　大澤蘭《炮炙論》　蘭澤草弘景　煎澤草《唐本》　省頭草《綱目》　都梁香李當之　孩兒菊《綱目》　千金草　志曰：葉似馬蘭，故名蘭草。其葉有歧，俗呼燕尾香。時人煮水以浴，〔療〕風，故又名香水蘭。藏器曰：蘭草生澤畔，婦人和油澤頭，故云蘭澤。盛弘之《荊州記》云：都梁有山，下有水清淺，其中生蘭草，因名都梁香。時珍曰：都梁即今之武岡州也，又臨淮盱眙縣亦有都梁山，產此香。蘭乃香草，能辟不祥。陸璣《詩疏》言：鄭俗，三月男女秉蕑於水際，以自祓除。蓋蘭以闌之，蕑以閒之。其義一也。《淮南子》云：男子種蘭，美而不芳。則蘭須女子種之，女蘭之名，或因乎此。其葉似菊，女子、小兒喜佩之，則女蘭、孩菊之名，又或以此也。唐瑶《經驗方》言：江南人家種之，夏月採置髮中，令頭不膩，故名省頭草。其説正合煎澤之義。古人蘭蕙皆稱香草，如零陵香草、都梁香草。後人省之，通呼爲香草爾。近世但知蘭花，不知蘭草。惟虚谷方回考訂，極言古之蘭草即今之千金草，俗名孩兒菊者，其説可據。詳下正誤。

〔集解〕《別録》曰：蘭

草生太吴池澤，四月、五月採。弘景曰：方藥俗人並不識用。太吴應是吴國太伯所居，故呼太吴。今東門有煎澤草，名蘭香，或是此也。李當之云：是今人所種都梁香草也。澤蘭亦名都梁香。恭曰：蘭即蘭澤香草也。圓莖紫蕚，八月花白。俗名蘭香，煮以洗浴。生溪澗水旁，人間亦多種之，以飾庭池。陶所引煎澤草，都梁香者是也，而不能的識。保昇曰：生下濕地，葉似澤蘭，尖長有歧，花紅白色而香。藏器曰：蘭草、澤蘭異物同名，陶不能知，蘇亦浪别。蘭草生澤畔，葉光潤，根小紫，五月、六月採，陰乾，即都梁香也。澤蘭葉尖微有毛，不光潤，莖方節紫，初採微辛，乾之亦辛。蘇云八月花白者，即澤蘭也。以注蘭草，殊誤矣。時珍曰：蘭草、澤蘭一類二種也。俱生水旁下濕處。二月宿根生苗成叢，紫莖素枝，赤節緑葉，葉對節生，有細齒。但以莖圓節長，而葉光有歧者，爲蘭草；莖微方，節短而葉有毛者，爲澤蘭。嫩時並可挼而佩之，八九月後漸老，高者三四尺，開花成穗，如鷄蘇花，紅白色，中有細子。雷斅《炮炙論》所謂大澤蘭，即蘭草也；小澤蘭，即澤蘭也。《禮記》佩帨蘭茝，《楚辭》紉秋蘭以爲佩，《西京雜記》載漢時池苑種蘭以降神，或雜粉藏衣書中辟蠹者，皆此二蘭也。今吴人蒔之，呼爲香草，夏月刈取，以酒油灑製，纏作把子，貨爲頭澤佩帶，與《别録》所出太吴之文正相符合。諸家不知二蘭乃一物二種，但功用有氣血之分，故無定指，惟寇氏、朱氏之誤尤甚，故考正於下。或云家蒔者爲蘭草，野生者爲蘭澤，亦通。

〔正誤〕寇宗奭曰：蘭草諸家之説異同，乃未的識，故無定論。今江陵、鼎、澧州山谷之間頗有之，山外平田即無，多生陰地幽谷，葉如麥門冬而闊，且韌，長及一二尺，四時常青，花黃緑色，中間瓣上有細紫點。春芳者爲春蘭，色深；秋芳者爲秋蘭，色淡。開時滿室盡香，與他花香又别。朱震亨曰：蘭葉禀金水之氣而似有火，人知其花香之貴，而不知其葉有藥方。蓋其葉能散久積陳鬱之氣甚有力，即今之栽置座右者。時珍曰：二氏所説，乃近世所謂蘭花，非古之蘭草也。蘭有數種，蘭草、澤蘭生水旁，山蘭即蘭草之生山中者。蘭花亦生山中，與三蘭迥别。蘭花生近處者，葉如麥門冬而春花；生福建者，葉如萱茅而秋花。黃山谷所謂一幹一花爲蘭，一幹數花爲蕙者，蓋因不識蘭草、蕙草，遂以蘭花强生分别也。蘭草與澤蘭同類。故陸璣言蘭似澤蘭，但廣而長節。《離騷》言其緑葉紫莖素枝，可紉可佩可藉可膏可浴。《鄭詩》言士女秉蕳。應劭《風俗通》言尚書奏事，懷香握蘭。《禮記》言諸侯贄薰，大夫贄蘭。《漢書》言蘭以自香燒也。若夫蘭花，有葉無枝，可玩而不可紉佩藉浴秉握膏焚。故朱子《離騷辨證》言古之香草必花葉俱香，而燥濕不變，故可刈佩。今之蘭蕙，但花香而葉乃無氣，質弱易萎，不可刈佩，必非古人所指甚明。古之蘭似澤蘭，而蕙即今之零陵香。今之似茅而花有兩種者，不知何時誤也？熊太古《冀越集》言世俗之蘭，生於深山窮谷，决非古時水澤之蘭也。陳遯齋《閑覽》言楚騷之蘭，或以爲都梁香，或以爲澤蘭，或以爲猗蘭，當以澤蘭爲正。今人所種如麥門冬者，名幽蘭，非真蘭也。故陳止齋著《盜蘭説》以譏之。方虚谷《訂蘭説》言古之蘭草，即今之千金草，俗名孩兒菊者。今之所謂蘭，其葉如茅而嫩者，根名土續斷，因花馥郁，故得蘭名也。楊升庵云：世以如蒲萱者爲蘭，九畹之受誣久矣。又吴草廬有《蘭説》甚詳，云蘭爲醫經上品之藥，有枝有莖，草之植者也。今所謂蘭，無枝無莖。因黃山谷稱之，世遂謬指爲《離騷》之蘭。寇氏《本草》亦溺於俗，反疑舊説爲非。夫醫經爲實用，豈可誤哉？今之蘭，果可利水殺蠱而除痰癖乎？其種盛於閩，朱子乃閩人，豈不識其土産而反辨析如此？世俗至今猶以非蘭爲蘭，何其惑之難解也？嗚呼！觀諸儒之明析如此，則寇、朱二氏之誤可知，而醫家用蘭草者當不復疑矣。

葉　〔修治〕見澤蘭下。　〔氣味〕辛，平，無毒。杲曰：甘，寒。　〔主治〕利水道，殺蠱毒，辟不祥。久服益氣輕身不老，通神明《本經》。除胸中痰癖《别録》。生血，調氣，養營雷斅。其氣清香，生津止渴，潤肌肉，治消渴膽癉李杲。煮水，浴風病馬志。消癰腫，調月經。煎水，解中牛馬毒時珍。主惡氣，香澤可作膏塗髮藏器。

〔發明〕時珍曰：按《素問》云：五味入口，藏於脾胃，以行其精氣。津液在脾，令人口甘，此肥美所發也。其氣上溢，轉爲消渴。治之以蘭，除陳氣也。王冰注云：辛能發散故也。李東垣治消渴生津飲，用蘭葉，蓋本於此，詳見澤蘭下。又此草浸油塗髮，去風垢，令香潤。《史記》所謂羅襦襟解，微聞香澤者是也。崔寔《四時月令》作香澤法：用清油浸蘭香、藿香、鷄舌香、苜蓿葉四種，以新綿裹，浸胡麻油，和猪脂納銅鐺中，沸定，下少許青蒿，以綿幕瓶，鐺嘴瀉出，瓶收用之。

〔附方〕新一　食牛馬毒：殺人者。省頭草連根葉煎水服，即消。唐瑶《經驗方》。

明·張懋辰《本草便》卷一　蘭草　味辛、甘，氣平、寒，無毒。主利水道，消諸痹渴證，此非不除。膽痹多用。

明·李中梓《藥性解》卷四　蘭葉　味甘，性寒，無毒，入肺經。止渴生津，益氣散鬱。按：丹溪云：蘭葉禀金水之精，故入肺臟。昔東垣方中嘗用之，《經》曰消諸痺治之以蘭是也，今屢驗之。

明·繆希雍《本草經疏》卷七　蘭草　味辛，平，無毒。主利水道，殺蠱毒，辟不祥，除胸中痰癖。久服益氣，輕身不老，通神明。

〔疏〕蘭草禀天地清芬之氣以生，故其味辛氣平無毒。入手太陰、足陽明經。肺主氣，肺氣鬱結則上竅閉，而下竅不通。胃主納水穀，胃氣鬱滯，是水穀不以時化，而為痰癖。蠱毒、不祥之氣，亦胃中受病。辛平能散結滯，芬芳能除穢惡，則上來諸證自瘳。大都開胃除惡，清肺消痰，散鬱結之聖藥也。久服等語，亦言其效之極功。　〔主治參互〕同藿香、枇杷葉、石斛、竹茹、橘紅，開胃氣之神品。加入沉水香、鬱金、白豆蔻、真蘇子、蘆根汁，下氣開鬱，治噎膈之將成者。同栝樓根、麥冬、黃連、竹葉、蘆根汁，治消渴。

明・倪朱謨《本草彙言》卷二　蘭草　味苦、辛，性平，無毒。入手足太陰經。又名孩兒菊。

藏器陳氏曰：蘭草、澤蘭，一類二種也。俱生水澤旁下濕地。南北江浙皆有。二月宿根生苗成叢，綠而微紫，莖微方，節短而葉有毛者爲澤蘭，非蘭草也。若莖微圓，節長、葉對節生，面光而邊有歧者，是蘭草，非澤蘭也。蘭草高三四尺，八九月後漸老，枝頭成穗，作花紅白色，如雞蘇花。久之花瓣轉白絨，裂如毬，毬中有子一粒，絨著子上，色黑，味苦，臭香氣烈。《禮記》佩帨蘭茝，《楚辭》紉秋蘭以爲佩，《西京雜記》藏衣書中辟蠹，皆此二蘭也。

李時珍曰：《離騷》言其綠葉、紫莖、素枝，可紉、可佩、可藉、可膏、可浴。《鄭詩》言秉蘭，《風俗通》言尚書奏事，懷香握蘭。《禮記》言諸侯贄薰，大夫贄蘭。《漢書》言蘭以香自燒也。非若江浙之幽蘭，葉如麥冬而春花；福閩之蕙蘭，葉如菅茅而秋花者也。如幽蘭、蕙蘭，有葉無枝，可玩而不可紉佩。如若秉、握、藉、浴、膏、焚，何所得耶？古之蘭草，必花葉俱香而燥濕不變，故可刈佩。今之幽蘭、蕙蘭，但花香而葉乃無氣，質弱易萎，不可刈佩，必非古人所用甚明。古之蘭，係蘭草、澤蘭。今之蘭，是幽蘭、蕙蘭，而似麥冬、似菅茅者，明矣！熊太古言：世俗之蘭，生于深山窮谷，决非古時水澤之蘭也。

蘭草：芳香馥郁，開鬱行氣，繆仲醇利水道之藥也。周志含稿《本草》謂殺蠱氣，辟不祥，除胸中痰癖等證，實取其苦辛以散結滯，芳香以除穢惡，行氣通竅，清肺消痰者也。又東垣氏謂能生津液，止消渴，潤肌肉，養營氣，皆取辟邪氣以全真氣故也。又按《素問》云：五味入口，藏于脾胃，以行其清氣。津液在脾，令人口甘，此肥美所發也。設其氣不能上溢，轉爲消渴，治之以蘭，除陳氣也。陳氣既除，新液自生，何消渴、痰癖、蠱氣之病有焉？今人不恒用之，實缺典也。

集方：張三丰方，已下共五首治蠱氣。用孩兒菊莖葉，搗汁一鍾，生白酒，清辰送。〇治天時瘟疫癘氣。用孩兒菊，取葉塞鼻，穢氣不染。〇治胸中痰癖成積。用孩兒菊，取葉日乾，每早煮湯代茶飲。〇治胃氣不開。用孩兒菊葉日乾，藿香、枇杷葉、石斛、竹茹、橘紅，各等分，水煮服。〇治噎膈將成，能下氣開鬱。用孩兒菊葉、白豆蔻、真欝金、真蘇子、蘆根，共煮汁，磨沉香數分，每日飲之愈。〇《聖惠方》治消渴不止。用孩兒菊、天花粉、川黃連、麥門冬、竹葉，煮湯，和蘆根汁服。〇《唐瑤方》治食牛馬肉毒，能殺人。速用孩兒菊，連莖葉根，水淨，煮湯服即解。〇十仙靈應散：治男子陰濕陽痿，每逢不舉。用孩兒菊一兩，黑附子、蛇床子、紫稍花、水菖蒲、白芷、海螵蛸、木鱉子、丁香各二錢，樟腦一錢五分，共爲末，每用五錢，水五碗，煎三碗，溫洗陰囊幷濕處。日洗二次，留水溫洗，多洗更好。〇治鼻不聞香臭。用孩兒菊曬乾，羌活、獨活、升麻、白芷、防風各一錢，黃耆、川芎、白朮、人參、當歸各二錢，甘草、川椒各六分，加黑棗三個，水煎服。〇鼻淵者，膽移熱于腦。本方加辛夷、薄荷、連翹，去人參。

明・李中梓《醫宗必讀・本草徵要上》　蘭葉味辛，平，無毒。入肺經。蘭花禀天地清芬之氣，入西方以蠱毒不詳，胸中痰癖，止渴利水，開胃解鬱。蘭花禀天地清芬之氣，入西方以清辛金，頗有殊功。今人不恒用之，亦缺典也。產閩中者，力勝江浙諸種。

明・鄭二陽《仁壽堂藥鏡》卷一〇下　蘭葉　《本草》云：蘭葉無毒。辟不祥，通神明。東垣云：蘭葉：味辛，平。其氣清香，生津止渴，益氣潤肌肉。《內經》云：消渴治之以蘭是也。消渴證非此不能除。膽癉必用。丹溪云：蘭禀金水之清氣而似有火。人知其花香之可貴，而不知為用之方。蓋其葉能散久積陳鬱之氣，甚有力。入藥煎者用之。東垣方中嘗用矣。

明・蔣儀《藥鏡》卷四寒部　蘭草　和血也兼利水道，止痛也且殺蠱毒。解消病之渴，掃膽癉之熱。與夫胸滿痰癖，陳積鬱氣，無不結者使開，滯者使散也。

明・盧之頤《本草乘雅半偈》帙三　蘭草《本經》上品　氣味：辛，平，無毒。

主治：主利水道，殺蠱毒，辟不祥。久服益氣，輕身，不老，通神明。

覈曰：蘭草，香草也。別名都梁香、千金草，即孩兒菊、醒頭草也。《禮記》佩帨蘭茝。《楚辭》紉秋蘭以為佩。《西京雜記》載漢時池苑，種蘭以降神，或雜粉藏書衣中，主辟蠹者，皆此蘭也。出太吳池畔，及溪澗水旁下濕地。《荊州記》云都梁有山，下有水，清淺之中，生蘭草。《詩疏》云鄭俗，三月男女秉蕳于水際，以自祓除者是也。二月宿根再發，紫莖素枝，赤節綠葉，葉對節生，光澤有歧，嫩時可，可佩。八九月漸老，枝頭成穗，作花紅白，狀似雞蘇，久之花瓣轉白，絨裂如毬，毬中有子一粒，絨着子上，色黑，味苦，臭香氣烈，即千金花也。一種山蘭，即蘭草之生山中者，莖葉花實都同，但山澤有分，功用亦異。與澤蘭同類異種，故蘭草名大澤蘭，澤蘭名小澤蘭，二種皆生水旁。但澤蘭莖方節短，葉上有澹毛，氣味俱疏淡，功用則迴別矣。近世之所謂蘭，非古之所謂蘭草。蘭生山谷，葉如麥冬而稍長，四季長青，不畏霜雪，迎春開花，花出根底，一幹一朵，亦有一幹數朵者，小蘭也。若生閩、廣，葉似萱茅而稍短，四季長青，畏霜雪，及春風。入夏開花，花出根底，一幹數朵，亦有一幹一朵者，秋蘭也。朱子《離騷辨證》云：古之香草，花葉俱香，燥濕不變，今之蘭類，花萼雖香，乾則腐臭，葉又不香，不識何時以幽蘭誤蘭草也。方虛谷《訂蘭說》云：古之所謂蘭，即今之孩兒菊、千金草。今之所謂蘭，其葉如茅，根名土續斷，花萼馥郁，故得蘭名。楊升菴云：世以〔如〕蒲萱者為蘭，九畹之受誣久矣。吳草廬《蘭說》云：蘭草有枝有莖，草之植者也。幽蘭無枝無莖，草之芳者也。因山谷稱之，置之座右，世遂謬指為離騷所稱之蘭以此。

粲曰：臭香，味辛，氣化中藥也。故主益氣，利水道。《經》云：膀胱者，州都之官，津液藏焉，氣化則能出矣。故蘭，闌也，汎闌流離也。又蘭，闌也。闌辟不祥也。主殺蠱毒，通神明，令輕身不老也。花即千金花，苗即千金草，以花煮酒，臭類木香，苦甚黃連。用治滯痢，獲效頗捷，正闌辟不祥，利水道，宣氣四達之功耳。

清・顧元交《本草彙箋》卷二 蘭草 即《素問》所云治之以蘭，是也。按《素問》云：五味入口，藏於脾胃，以行其精氣。津液在脾，令人口甘，此肥美所發也。其氣上溢，轉爲消渴，治之以蘭，除陳氣也。李東垣治消渴，生津飲用蘭葉，蓋本於此。大都開胃除惡，清肺消痰，散鬱結之藥。繆仲淳云：蘭草同栝樓根、麥冬、黃連、竹葉、蘆根汁，則治消渴。同藿香、枇杷葉、石斛、竹茹、橘紅，爲開胃氣之神品。加入沉香、鬱金、白豆蔻、真蕤子、蘆根汁，下氣開鬱，治噎膈之將成者。

清・穆石匏《本草洞詮》卷八 蘭草 蘭，乃香草，能辟不祥。陸璣言：秉蕳於水際，以自祓除。蓋蘭以闌之，蕳以閒之，其義一也。近世但知蘭花，不知蘭草。黃山谷謂一幹一花為蘭，一幹數花為蕙。寇宗奭謂：春芳者為春蘭，秋芳者為秋蘭。朱丹溪謂：人知其花香之貴，而不知其葉能散久積陳鬱之氣。三家之說，皆以非蘭為蘭矣。夫蘭草、澤蘭，一類二種，三月宿根，生苗成叢，紫莖素枝，赤節綠葉，葉對節生，有細齒，但莖圓節長而葉光者為蘭草，莖微方節短而葉有毛者為澤蘭。嫩時並可採而佩之，八、九月後漸老，開花成穗如雞蘇花，女子小兒喜佩之，俗呼孩兒菊，采置髮中，令頭不膩，亦呼醒頭草。《禮記》佩悦蘭茝。諸侯贄薰，大夫贄蘭。《楚辭》紉秋蘭以為佩。應邵《風俗通》言：尚書奏事，懷香握蘭。《西京雜記》載：池苑種蘭以降神，或雜粉藏衣書中以辟蠹。《漢書》言：蘭以香自燒也。今之所謂蘭者，有葉無枝，可玩而不可紉，不可佩，不可握，不可焚也。朱子言古之香草，必花葉俱香，而燥濕不變，故可刈佩。今之蘭蕙，但花香而葉乃無氣，質弱易萎，不可刈佩，因花馥郁，故得蘭名。故陳止齋著《盜蘭說》以譏之。楊升庵謂世以如蒲萱者為蘭，九畹之受誣久矣。蘭草氣味辛甘平，一云寒，無毒。主益氣養營，生津止渴，潤肌肉，治消渴膽癉，除癖，利水道，殺蠱毒，久服益氣輕身，通神明。煮水浴風病，浸油塗髮去風垢，令香潤。《史記》所謂羅襦襟解，微聞香澤是也。按《素問》云：五味入口，藏於脾胃，以行其精氣。津液在脾，令人口甘，此肥美所發也。其氣上溢，轉為消渴。治之以蘭除陳氣也。王太僕註云：辛能發散故也。東垣治消渴生津飲用蘭葉，蓋本於此。

清・劉雲密《本草述》卷八下 蘭草、澤蘭合考 覈曰。蘭草，香草也。別名都梁香，千金草，即孩兒菊，醒頭草也。出太湖池澤，及溪澗水旁下溼地。《荊州記》云：都梁有山，下有水清淺，其中生蘭草。李時珍曰：即今之武岡州，又臨淮盱眙縣亦有，都梁山產此香蘭。二月宿根再發，紫莖素枝，赤節綠葉，葉對節生，光澤，有歧嫩時，可挼可佩，八九月漸老，枝頭成穗，作花紅白，狀似雞蘇，久之花瓣轉白，絨裂如毬，毬中有子一粒，絨著子上，色黑，味苦，臭香氣烈，即千金花也。蘭草與澤蘭同類異種，但以莖圓節長而葉光，有歧者為蘭草。莖微方，節短而葉有毛者，為澤蘭。氣味俱疏淡，而功用則迴別也。其氣味功用，分列於左。時珍曰：近世所謂蘭花，非古之蘭草也。蘭草在《離騷》言其綠葉紫莖素枝，可紉可佩可藉可膏可浴。若夫蘭花，有葉無枝，可玩而不可紉佩，藉浴秉握膏焚，故朱子《離騷辨證》言，古之香草，必花葉俱香，而燥溼不變，故可刈佩。今之蘭蕙，但花香而葉乃無氣，質弱易萎，不可刈佩，必非古人所指，固甚明也。更吳草廬《蘭說》云：蘭草有枝有莖，草之植者也。幽蘭無枝無莖，草之芳者也。數語分辨，拯其簡明。而世乃謬指近世蘭花，為《離騷》所稱之蘭，即宗奭、丹溪亦溺於俗誤，豈因其微而不及致察有如是歟？夫《醫經》為實用，豈得襲誤，而不一正之歟？

蘭草 葉：氣味：辛，平，無毒。杲曰：甘，寒。

諸本草主治：利水道《本經》。除胸中痰癖《別録》。其氣清香，生津止渴李杲。調氣養營雷斆。治消渴膽癉李杲。煮水浴風病馬志。久服益氣輕身《本經》。　方書主治：消癉齒疾。

時珍曰：按《素問》云：五味入口，藏於脾胃，以行其精氣，津液在脾，令人口甘，此肥美所發也。其氣上溢，轉為消渴。治之以蘭，除陳氣也。李東垣治消渴，生津飲用蘭葉，蓋本於此。又此草浸油塗髮，去風垢，令香潤。　之頤曰：臭香味辛，氣化中藥也。故主益氣，利水道。《經》云：膀胱者，州都之官，津液藏焉，氣化則能出矣。不止葉也，以花煮酒，臭類木香，苦甚黄連，用治滯痢，獲效頗捷。　希雍曰：蘭草，稟天地清芬之氣以生，故其味辛，氣平，無毒。入手太陰、足陽明經。肺主氣，肺氣鬱結，則上竅閉，而下竅不通。胃主納水穀，胃氣鬱滯，則水穀不以時化，而為痰癖。此草辛平，能散結滯，更佐以芬芳之氣，故諸證自除。大都開胃除惡，清肺消痰，散鬱結之聖藥也。

同藿香、枇杷葉、石斛、竹茹、橘紅，開胃氣之神品。　加入沉水香、鬱金、白豆蔻、真蘇子、蘆根汁，下氣開鬱，治噎膈之將成者。　同栝樓根、麥冬、黄連、竹葉、蘆根汁，治消渴。

澤蘭　葉：氣味：苦，微溫，無毒。《別録》曰：甘。　普曰：神農、黄帝、岐伯、桐君：酸，無毒。李當之：小溫。　權曰：苦、辛。　之才曰：防己為之使。

主治：養血氣，破宿血，利關節，通九竅，消身面水腫，並癰腫，及頭風目痛，女子頻產，血氣衰冷成瘵羸瘦，及產後諸病，並治婦人血瀝腰痛。

時珍曰：澤蘭氣香而溫，味辛而散，陰中之陽，足太陰、厥陰經藥也。脾喜芳香，肝宜辛散，脾氣舒，則三焦通利，而正氣和，肝鬱散，則營衛流行，而病邪解。蘇頌云：為女子方中所急用，良不謬也。　中梓曰：澤蘭補而不滯，行而不峻，為產科要藥。　希雍曰：澤蘭感土澤之氣，故味苦甘而入血，兼得乎春氣，故微溫而無毒。桐君兼酸，故入足厥陰、太陰經。苦能洩熱，甘能和血，酸能入肝，溫通營血，行而帶補，婦人方中最為急用。古人治婦人澤蘭丸甚多。

澤蘭得炒黑豆、炮乾薑、當歸、芎藭、乾地黄、牛膝、益母草、赤芍藥、蒲黄、五靈脂，治產後惡露不盡，少腹作痛，俗名兒枕痛。寒月加桂。多火及內熱虛勞人去桂，加童便。去五靈脂，加人參、鼈甲、香附、麥門冬，治產後諸虛百病。肺熱者，去人參。

凡婦女月候不通，結塊發熱者，澤蘭一束，搗爛，酒浸溫飲之，日二三次，當通。　產後水腫，血虛浮腫，澤蘭、防己，等分為末，每服二錢，醋酒下。

方書治水腫腎沉膀胱浮者，一方有澤蘭，餘味澤瀉、茯苓、豬苓、白术、木通、燈草、通草、牡蠣、滑石、附子、葶藶、瞿麥、車前子、防己。

總論：時珍曰：蘭草、澤蘭，一物二種。但功用有氣血之分，蘭草走氣道，故能利水道，除痰癖，殺蠱辟惡，而為消渴良藥。澤蘭走血分，故能治水腫，塗癰毒，破瘀血，消癥瘕，而為婦人要藥。雖是一類，而功用稍殊，正如赤白茯苓、芍藥，補瀉皆不同也。

愚按：蘭草、澤蘭，時珍分氣血之治是矣。第《本經》於蘭草，謂其久服益氣，而甄權《本草》於澤蘭，云產後腹痛，頻產血氣衰冷成瘵瘦羸，而時珍絕未發明，得毋以茲二種，猶與他利氣血之味，可得泛泛例視乎？是則物理之未易窮有如是也，業斯道者，其可鹵莽乎？

清・郭章宜《本草匯》卷一〇　蘭葉　辛、平、甘，寒，陰中之陽，入手太陰、足陽明經，亦入足太陰、厥陰經。生津止渴，開胃解鬱。潤肌肉，治消渴。調月經，養營氣。《本經》主利水道，蘭草走氣道，故能利水消渴。除胸中痰癖，殺蠱毒，不祥之氣者，蓋肺主氣，肺氣鬱結，則上竅閉，而下竅不通。胃主納水穀，胃氣鬱滯，則水穀不以時化，而為痰癖蠱毒不祥之氣。辛平能散結滯，芬芳能除穢惡，則上證自除。

按：蘭葉禀金水清芬之氣，而似有火，獨走氣道，入西方以清辛金，不獨開胃清肺消痰，善能散積久陳鬱之結氣。今人但賞花香，不知用葉，亦缺典耳。況藥味載《內經》甚少，而蘭獨擅名，所謂治之以蘭，除陳氣是也。故東垣方中每常用之。與藿香、枇杷葉、石斛、竹茹、橘紅，開胃氣之神品。入沉香、鬱金、白蔻、蘇子、蘆根汁，下氣開鬱，治噎膈之將成者。

產閩中者，力勝江浙諸種。

清・郭章宜《本草匯》補遺　蘭草即省頭草。　味辛、甘，寒。利水道，浴風垢。除胸中痰癖，調血氣養營。消渴膽癉可治，癰腫惡氣堪祛。

按：蘭草與澤蘭，同類而種有殊。俱生水旁下濕之地，但以莖圓節長而葉光有歧者，為蘭草。雷斆所謂大澤蘭是也。能生血調氣，與榮合。莖微方，節短而葉有毛者，為澤蘭。《炮炙論》所謂小澤蘭是也。能破血，通久積。可利水殺蠱而除痰癖，善解食牛馬之毒，為醫經上品之藥。世俗所種，葉如麥門冬者，謂之幽蘭。葉如菅茅者，謂之建蘭。生于深山窮谷，非古時水澤之蘭也。當與蘭葉、澤蘭條參看。

清·王翃《握靈本草》卷三　蘭草生都梁，今南中亦有之。蘭草、澤蘭，一類二種。紫莖素枝，赤節，緑葉，葉對節生，有細齒，但以莖圓節長，而葉光有岐者，為蘭草。莖略方，節短而葉有毛者，為澤蘭，吳人總謂之醒頭草。風乾用。　主治：　蘭草，辛，平，無毒。　主利水道，生津止渴。

清·顧靖遠《顧氏醫鏡》卷七　蘭葉辛、甘，微寒。入肺胃二經。解牛馬肉毒。止消渴必用，芳香清潤，生津止渴。散鬱氣最良。辛芳，故能散結開鬱。開胃稱神，芳香而不燥也。利水頗效。肺氣鬱結，則上竅閉而下竅不通，清肺開鬱，水道自利。除胸中痰癖，胃氣鬱滯，則水穀不能以時化，而為痰癖也。消癰腫蠱毒。散結清胃之功。

清·张璐《本經逢原》卷二　蘭香　辛，溫，無毒。菜部移此。瀕湖《綱目》芳草部有蘭草，菜部有蘭香，名曰羅勒，種類不同，因攷正之。按：　蘭有三種：　一種曰蘭草，其氣濃濁，即今之省頭草也。一種曰蘭香，植之庭砌，二十步內即聞香，俗名香草，以子能去目瞖，故又名瞖子草。一種名羅勒，莖葉較蘭香稍粗大，形雖極類，而氣葷濁，以嫩時可食，僅入菜部，不堪入藥。

《本經》利水道，殺蟲毒，辟不祥。久服益氣，輕身不老，通神明。　發明：　蘭氣芳香，能辟疫毒惡氣。楚人以之為佩。又能辟汗濕之氣，故又名辟汗香。入手足太陰、陽明，力能調中消食，去惡氣，治啘嘔脾癉。口中時時溢出甜水者，非此不除。按：　蘭性芳香辛溫，專走氣道，故能利水調肝和脾，其功倍於藿香。善調嘔逆，散積久陳鬱之氣。《素問》云：　五味入口藏於胃，以行其津氣，津液在脾，令人口甘，此肥美所發也。其氣上溢，轉為消渴，治之以蘭，除陳氣也。東垣治消渴生津，飲用蘭葉，蓋本於此。又治牙疼、口臭，有神功丸，亦用蘭香。云如無，以藿香代之。近世誤認幽蘭為蘭香者，大可噴飯。觀《本經》利水，殺蟲毒，辟不祥之治，豈幽蘭能之乎？　古方治癘風，蘭香散取其散肺胃中之濕熱、蟲毒也。《普濟方》治反胃，蘭香和甘蔗汁服之。錢氏治小兒鼻疳赤爛，蘭葉燒灰二錢，銅緑半錢，輕粉二錢，為末，日傅三次即愈。〇子治目瞖及塵物入目，以三五顆內目中，少頃其子濕脹，與物俱出。又主暴得赤眼，後生瞖膜，用蘭香子一粒入眦內，閉目少頃，連膜俱出。蓋此子得濕即脹，故能染惹眵淚浮膜爾，然目中不可著一塵，而此可納三五顆亦不妨礙。又小兒食肥甘口臭齒黑，名曰崩砂。漸至齦爛，名曰潰槽。又或出血，名曰息露。重則齒落，名曰腐根。用蘭香子末、輕粉各一錢，蜜陀僧煅赤，醋淬，研末，半兩和勻，每以少許傅齒及齦上，內服甘露飲，立效。時珍曰：　蘭香須三月棗葉生時種之乃生，否則不生。常以魚腥水、泥溝水、冷泥水澆之，則香而茂，不宜糞水，著糞則萎。其子大如蚤而褐色不光，七月收之，種時防蟻，濕則有脂浮脹，須以桴炭末掩之。

清·浦士貞《夕庵讀本草快編》卷二　蘭草《本經》、蕑　附：　澤蘭、馬蘭

蘭草、澤蘭一類二種，或生水旁，或生山澤，莖圓節長而葉光有歧者為蘭草，今俗呼省頭草是也；　莖方節紫而葉毛者為澤蘭，即今藥中用者是也。二者嫩時俱可挼而佩之，八九月漸老，開花成穗，紅白色，中有細子。故《禮記》佩帨蘭茝，《楚辭》紉秋蘭以為佩。或(染)〔雜〕粉藏衣書中，能辟蠹，皆此二種也。今訛傳為蘭花，非矣！　夫蘭花種類頗多，生于深山幽谷，葉似麥冬而長潤，四時常青，花黃緑色，中心瓣上有細紫點。春芳者為春蘭，地皆有之；　秋花者為秋蘭，產于福建黃山谷。所謂一幹一花為蘭，一幹數花為蕙，可玩而不可佩，未見入藥。《離騷》言其緑葉、紫莖、素枝，可紉、可佩、可膏、可藉、可浴。《鄭風》言士女秉蕑。應劭《風俗通》言：　尚書奏事，懷香握蘭。《禮記》言：　諸侯贄薰，大夫贄蘭。則知指前二種非蘭花，明矣。朱紫陽《離騷辨證》云：　古之香草，必花葉俱香而燥濕不變，故可刈佩。今之蘭、蕙，但花香而葉乃無氣，質弱易萎，不堪挼佩。故陳止齋有《盜蘭說》，方虛谷有《訂蘭說》，甚詳。楊升菴又云：　世以蒲萱者為蘭，九畹之受誣久矣！　嗚呼！　觀諸儒之明析如此，則寇朱二氏之誤，豈不判然哉？　若馬蘭，葉似蘭而小，花似菊而紫，田間澤畔並皆有之。南人采其嫩者灼焙作蔬或作饅餡，藥中亦用，故并附之。　蘭本氣香而溫，味辛而散，陰中之陽，足太陰、厥陰藥也。蓋脾喜芳香，甘宜辛散，脾氣舒則三焦通利而正氣和，肝鬱散則榮衛流行而病邪解。但蘭草走氣道，故能利水、辟惡、袪痰癖、殺蠱毒，兼為消渴之神劑。按《素問》云：　五味入口，藏于脾胃，以行其精氣。津液在脾，令人口甘，此肥美所致。其氣上溢，轉為消渴，治之以蘭，除陳氣也。而李東垣治消渴，生津液用之，蓋本此爾！　又可浸油塗髮，《史記》所謂羅襦襟解，微聞香澤是

也。若澤蘭則走血分，治水腫，消瘀血，破癥瘕，塗癰毒，而為婦人之要藥，善調氣生血也。故大明言：吐血衄血，頭目風痛，並皆用之。得非謂血隨氣轉乎。至于馬蘭，雖是別種，其性辛平，能入陽明血分，而腹痛諸血，中毒痰核，用之亦效。

清・王子接《得宜本草・上品藥》　佩蘭葉　味辛。入陽明、太陰經。治消渴膽癉，津液凝滯有餘之邪。

清・汪紱《醫林纂要探源》卷二　蘭草　苦，辛，甘，寒。莖高葉繁，紫莖素枝，赤節綠葉，葉光澤有歧，對節生，方採時不香，挼輭稍乾，則芳香耐久。今之都梁香也，俗名辟汗草。頂作紫花似蘇荏，曰孩兒菊而不似菊。泄肺逆，瀉心火，和中利水，破鬱舒脾。氣香能解陳鬱，味辛行水，苦燥濕也。《內經》以治數食甘肥(傳)〔轉〕為消渴之證。自寇宗奭、朱丹溪、李士材考之不詳，惑於黃山谷一幹一花，香有餘為蘭；一幹數花，香不足為蕙之說，遂以《本經》之蘭草為山蘭，而指今之幽蘭花當之。前人辨之雖詳，近猶有循其誤且為之說者。抑思幽蘭花雖有香，葉則全無氣味，以為能清肺開胃，消痰利水，解鬱調經，於義類無所取。今人重建蘭花，因并及葉，強附醫經，多見其惑。然《本經》列蘭草上品，別澤蘭中品者，則以其非蘭而類於蘭，非家園種蒔而野生澤中，故別之，猶馬蘭、蝦蟆蘭云耳。古人採蘭，佩蘭，浴蘭，皆貴蘭草，澤蘭殆非所重也。

清・嚴潔等《得配本草》卷二　蘭草　一名省頭草，一名孩兒菊，亦名香草。辛，平。入手足太陰、足陽明經氣分。除陳氣，肥甘積滯不化之氣。止消渴，利水道，消痰癖，療膽疸，辟惡氣，散癰腫，調月經，解中牛馬蠱毒。蘭草、澤蘭，一類二種，俱生水旁下濕處。紫莖、素枝、赤節、綠葉，葉對節生，有細齒，但以莖圓節長，葉光有歧者為蘭草。莖微方，節短，葉有毛者為澤蘭。嫩時并可采而佩之。胃氣虛者禁用。

清・沈金鰲《要藥分劑》卷一　蘭草　即省頭草，一名都梁香。【略】鰲按：《內經》消渴治之以蘭，除陳氣也。蓋消渴由邪熱鬱結于胃，蘭能除陳氣，可知蘭草固以盪滌為功，肅清腸胃者也。今人不知，而用山蘭，繆甚！《本經》治蠱毒不祥之氣，亦胃中受病也。

附：琉球・吳繼志《質問本草》內篇卷三　蘭草　生原野，春生苗，高三四尺，秋開花。係是蘭草，即澤蘭一類二種之草也。第花葉與澤蘭無異，驗其莖圓，與澤蘭之方莖者稍差。壬寅，陳文錦、李興成、盧亨春。

清・羅國綱《羅氏會約醫鏡》卷一六草部　蘭葉　味辛平，無毒，入肺經。開胃清肺，散鬱消痰，肺氣結，辛平散之；胃痰癖，芳香除之。利水止渴，肺氣清也。生津潤膚。火不尅金之效。按：蘭清芳，能清辛金，建產為上，江浙次之，但今不恒用耳。

清・趙學敏《本草綱目拾遺》卷七花部　千金花　此即千金草花。千金草，即《本經》蘭草，今所呼孩兒菊、省頭草是也。二月宿根再發，紫莖素枝，赤節綠葉，對節生，光澤有歧，嫩時可挼可佩，八九月漸老，枝頭成穗，作花紅白狀，似雞蘇，久之花瓣轉白，絨裂如毬，毬中有子一粒，絨著子上，色黑味苦，臭香氣裂，即千金花也。瀕湖《綱目》僅載其葉之用。

《本草乘雅》云：以千金花煮酒，臭類木香，苦甚黃連，用治滯痢，獲效頗捷。予故采其說入花部，以補所未備，花氣香、味苦，浸酒治滯下，以其能闢辟不祥，利水道，宣氣四達之功耳《乘雅》。

清・趙學敏《本草綱目拾遺》卷五草部下　奶酣草　俗名奶孩兒。處處人家種之，葉尖大如指甲，有枝梗。夏月開細紫花成簇，結子亦細，今人種於盆內，婦人暑月採之插髮，可辟膩脜。

芳香辟惡，去臭氣，辛溫和中，止霍亂吐瀉，行氣活血。發瘧者，塞鼻，能令寒熱漸輕。

清・楊時泰《本草述鉤元》卷八　蘭　蘭草、澤蘭合攷：蘭草，香草也，非今世蘭蕙花。別名都梁香，都梁有山，即今武岡州，又盱眙縣亦有都梁山，皆產此。又名千金草，即孩兒菊、醒頭草也。出溪澗水旁下濕地。二月宿根再發，紫莖素枝，赤節綠葉，葉對節生，光澤有歧，八九月枝頭成穗，作花紅白似雞蘇，久之轉白，絨裂如毬，毬中有子，絨着子上，色黑味苦，臭香氣烈，即千金花也。蘭草與澤蘭同類異種，但以莖圓節長而葉光有歧者為蘭草，莖微方節短，而葉有毛者為澤蘭，氣味俱疎淡，而功用則迥別覈。

蘭草葉氣味辛平，東垣曰甘寒。其氣清香。入手太陰、足陽明經。主治利水道，除胸中痰癖，生津止渴，治消渴膽痹，調氣養營，久服益氣輕身。煮水浴風病，浸油塗髮，去風垢令香潤。方書治齒疾。《素問》云：五味入口，藏於脾胃，以行其精氣，津液在脾，令人口甘，此肥美所發也。其氣上溢，轉為消渴，治之以蘭，除陳氣也。東垣治消渴生津飲，用蘭葉本於此瀕湖。臭香味辛，氣化中藥也，故主益氣利水道之頤。肺氣鬱結，則上竅閉而下竅不通，胃氣鬱滯，則水穀不以時化而為痰癖，此草辛平芬芳，能散結滯，大都開胃除惡，清肺消痰，為散鬱結之聖藥仲淳。以花煮酒，臭類木香，苦甚黃連，用治滯痢，獲效頗捷之頤。同藿香、枇杷葉、石斛、竹茹、橘紅，為開胃氣之神品。加入沉香、鬱金、白蔻、蘇子、蘆根汁，下氣開鬱，治噎膈之將成者。同栝蔞根、麥冬、黃連、竹葉、蘆根汁，治消渴。

清・葉桂《本草再新》卷一　佩蘭葉味苦、辛，性微涼，無毒。入心、肝、肺三經。開心益智，燥肺舒肝，理氣化痰，活脈絡，利關節，治癰疽瘤痰。

清・吴其濬《植物名實圖考》卷二五　蘭草　《本經》上品。《詩經》：方秉蕑兮。《陸疏》即蘭，香草也。古人謂蘭多曰澤蘭。李時珍集諸家之説，以為一類二種，極確。今依其說，以有歧者為蘭，無歧者為澤蘭。宋人踵梁時以似茅之燕草為蕙，聚訟紛紛，不知草木同名甚多，總以見用於人為貴。此草竟體芬芳，與澤蘭同功並用。湖南俚人有受風病寒者，摘葉煎服即愈。香能去穢，辛可散鬱，較之甌蘭諸品，為益孰多？彼一莖一花、數花者，露珠一乾，清香頓歇，茅葉肉根，都無氣味，歸之群芳，以悦目鼻。

雩婁農曰：夫暴得大名不祥。人固有之，物亦宜然。蘭於《農經》，不為靈藥，溱洧秉蕑，士女贈謔之野卉耳。燕姞錫夢，寵以國香。聖人猗蘭之操，忠臣畹蘭之託，厥後文人，賦之詠之，比以君子，儷以美人，赫赫之名，眾萼莫能景其光，群榮不能企其影矣。夫盛名之下，實多冒竊，孩兒菊曰馬蘭，以其花紫葉歧而竊之；天名精曰蟾蜍蘭，以其葉長幹疎而竊之。形骸彷佛，臭味參差，易位者非同華泉之取飲，正座者不如床前之捉刀，其竊之也庸何傷，不知何時有山間牛咳之草，俗謂草蘭為牛咳花，以牛食其葉也。甌東魚魷之花，徒以異馥，篡此香名。涪翁倡為一花為蘭、數花為蕙之說。後人領其新異，競為標題，蜩螗羹沸。唯澤蘭一種，尚容於養性採藥之客，而真蘭之名，假而不歸，夫非蘭之名著，而蘭之實遂湮沒而不彰哉！謂之不祥，蘭亦何辭？朱子《詩注》，兩蘭瞭列；《楚辭辨證》，曲為疏剔。一賢之論，不敵舉世之紛，良可悼矣！當為王者香，乃與眾草伍，蘭不逢時，與人何異？余嘗取唐以前之述蘭者而紀之，嵇侍中詩：麗蕊濃繁；陳子昂詩：朱蕤冒紫莖。蘭之花繁蕊密如此，今之蘭有之乎？謝康樂詩：清露灑蘭藻。許渾詩：露曉紅蘭重。今蘭葉如薤，涓滴難留，若謂花跗之露，則何灑何重？蘇頲詩：御杯蘭薦葉。今之蘭葉豈堪薦酒？又詩人多言蘭池，今之蘭乃畏濕。《本草》亦載蘭湯，今之蘭豈能浴？紫蘭、紅蘭，蘭之色也。今蘭紅紫，乃非常品。蘭橘、蘭椒，蘭之味也，今蘭咀嚼，殊無微馨，抑與蘭爭名者唯桂耳。絕域猺峒，價重如金，中華之金粟、丹黃者，豈真桂耶？嗚呼！造物最忌者名，草猶如此，人何以任？昔呂大防作《辨蘭亭記》云：蜀有草如蘐，紫莖黃葉，謂之石蟬，而楚人皆以為蘭，蘭蟬聲近之誤。宋景文《益部方物略記》：石蟬苕長二三尺，葉如菖蒲，紫萼五出，與蟬甚類。宋公博物，不以為蘭。然則今之蘭，其蜀之石蟬耶？冒他名而自失其名。石蟬有知，豈肯呼牛牛應、呼馬馬應耶？呂公乃著辨以為識真蘭。昔有不狂之人入狂國者，爭以不狂為狂，今以真蘭入盜蘭之叢，固當以不真為真。

清・趙其光《本草求原》卷二芳草部　蘭香　植之庭砌，二十步內即聞香，俗名香草，又名辟汗香，佩之能辟汗濕氣。其子能去目翳，故名翳子草。芳香，辛，溫，入肺、脾、胃、大腸，專走氣道，故利水，肺氣化則能出。調肝和脾消食，殺蟲毒，辟惡氣不祥。辛香以散肺胃之鬱，則陰鬱之氣皆消。止嘔逆，功倍藿香。脾癉，肥甘留於脾，則口出甜水也。消渴，《經》曰數食肥甘，轉為消渴，治之以蘭，除陳氣也。故東垣生津飲用之。牙疼口臭，神功丸用之。無，以藿香代之。除痰癖，津液行則痰不生。治癘風，散肺胃濕熱、蟲毒也。止反胃，和蔗汁飲。小兒鼻疳赤爛，葉燒灰二錢，銅綠五分，輕粉少許研敷。久服益氣。

《綱目》菜部有蘭香，名曰羅勒，其莖葉較蘭香稍粗大，形雖極類，而暈濁，以嫩時可食，僅入菜部，不堪入藥。與此不同。

其子，治目翳及塵物入目。以三五粒入目中，殊無防礙；少頃，其子濕脹，與物並出。主暴赤眼後生翳膜，以一粒入眦內，片時連膜俱出。小兒食肥甘口臭齒黑，名曰崩砂。漸至出血齒落齦爛。名曰潰槽。以子末、輕粉各一錢，陀僧醋淬五錢，研勻敷之，內服甘露飲，立效。

須三月棗生葉時種之乃生，常以魚腥水、泥溝水、冷泥水澆之，則香而茂；着糞水則萎。其子大如蚤，而褐色不光，七月收之。種時防蟻，濕則有脂浮脹，須以浮炭末掩之。

清・葉志詵《神農本草經贊》卷一　蘭草　味辛，平。主利水道，殺蠱毒，辟不祥。久服益氣輕身，不老，通神明。一名水香。生池澤。

沅湘紉珮，溱洧蕑裾。斜拋燕翦，初浴雞蘇。福祥雲集，毒蠱風除。千金良是，九畹息誣。

《九歌》：浩浩沅湘。《離騷》：紉秋蘭以為珮。《詩疏》秉蕑，即蘭香草。梁簡文帝詩：湔裾出樂游。馬志曰：其葉有歧，俗呼燕尾香。李時珍曰：開花成穗，如雞蘇，花紅白色。梁簡文帝序：雲集霧會。《唐書・傳》贊：霆掃風除。方回說：古之蘭草，即今之千金草。陸游詩洛陽二頃言良是。楊慎曰：世以如蒲萱者為蘭，九畹之受誣久矣。

清・張仁錫《藥性蒙求・草部》 佩蘭省頭草廿片、錢半 佩蘭辛平，清香除穢。利水生津，消痰解結。入肺、胃二經。省頭草同功，一名都草。〇沈金鰲曰：《內經》消渴治之以蘭，除陳氣也。蓋消渴由于邪逆鬱結於胃，蘭能除陳氣。可知蘭草以蕩滌為功，肅清腸胃者也。今人不知，而用山蘭，謬甚。〇徐靈胎曰：建蘭治胃中陳腐之氣頗效。〇汪機曰：蘭草，一類二種。蘭草走氣分，故能利水道，除痰辟惡，而為消渴良藥，即省頭草是也。澤蘭走血分，除癥破瘀，為婦人要藥。二者不同。

清・戴葆元《本草綱目易知錄》卷一 蘭草省頭草、孩兒菊。 色青味辛，其氣清香。調肝舒脾，通利三焦，生血養營，調氣散鬱，止渴生津，通神明，潤肌肉，利水道，調月經，除胸中痰癖，滌腸胃壅垢，大能醒脾進食，為治消渴脾癉要藥。殺蠱毒，消癰腫，辟不祥惡穢，可作膏，塗髮，良。食牛馬肉毒殺人者，省頭草連根葉煎水服，即消。〇葆按：蘭草，其葉似菊，高不滿尺，蒔之最易繁盛，江右人植花缸內，或園地。長夏，女人取鮮者插髮內，省頭避汗，解髮臭，俗名避汗草。醫不考究，用者故補之。又按：脾癉症，口甘是也。《經》言因喜食甘肥所致。《素問》云：五味入口，藏於脾胃，以行其精氣，津液在脾，令人口甘，其氣上溢，轉為消渴，治之以蘭草，除陳氣也。陳氣者，即甘肥釀成陳腐之氣也。

清・黃光霽《本草衍句》 蘭草 辛平開胃，芬芳清肺。利水除痰，《本經》利水道，除痰癖，辟惡氣。生津益氣。為消渴之聖藥，散久積之陳鬱。口膽甘癉，津液凝滯。《內經》云：口甘膽癉，津液在脾，令人口甘，此肥美之所發也。其氣上溢，轉為消渴。治之以蘭，除陳氣也。

清・陳其瑞《本草撮要》卷一 佩蘭 味辛，入陽明、太陰經，功專消渴，散結滯，清肺消痰，為婦科要藥。產後水腫血虛浮腫，防己等分為末，每服二錢，醋酒下神效。防己為使。

麻伯

宋・唐慎微《證類本草》卷三〇有名未用・草木〔《別錄》〕 麻伯 味酸，無毒。主益氣，出汗。一名君莒，一名衍草，一名道止，一名自死。生平陵，如蘭，葉黑厚白裹莖，實赤黑。九月採根。

天雄草

宋・唐慎微《證類本草》卷三〇有名未用・草木〔《別錄》〕 天雄草 味甘，溫，無毒。主益氣，陰痿。生山澤中，狀如蘭，實如大豆，赤色。

相烏

宋・唐慎微《證類本草》卷三〇有名未用・草木〔《別錄》〕 相烏 味苦。主陰痿。一名烏葵。如蘭香，赤莖，生山陽。五月十五日採，陰乾。

益奶草

宋・唐慎微《證類本草》卷六草部上品〔唐・陳藏器《本草拾遺》〕 益奶草 味苦，平，無毒。主五野雞病（痔也），脫肛，止血。炙令香，浸酒服之。生永嘉山谷。葉如澤蘭，莖赤，高二三尺也。

明・皇甫嵩《本草發明》卷三 益奶草 類澤蘭，葉如澤蘭，莖赤，高二三尺。味苦平。主脫肛，止血。仍去痔，又續斷乳神效。炙香，酒浸服。生永嘉山谷，須細認之。

紅梗草

明・蘭茂原撰，范洪等抄補《滇南本草圖說》卷九 澤蘭 一名紅梗草。生有水處。綠葉紅梗，高二三寸許，軟枝。感土澤之氣，故味苦甘，而入血分。兼得春氣，故微溫，無毒。主治：身面四肢濕氣腫，破瘀血，去癥瘕，散頭風，行血。

明・蘭茂《滇南本草》〔叢本〕卷中 澤藍一名紅〔便〕〔梗〕草。 味苦、鹹，性寒。入肝腎二經。行血破瘀，並攻癰疽瘡毒，排膿，跌打損傷，一切瘀血，且用以通經。

白頭婆

清・吴其濬《植物名實圖考》卷一三 尋骨風 贛南沙田中有之。叢生，青黑莖，葉前尖後團，疎紋，面青背白，結實如粟穗，綠苞白茸。或呼為尋骨風，未知所用。

清・吴其濬《植物名實圖考》卷一五 白頭婆 生長沙山坡間。細莖直上，高二三尺，長葉對生，疎紋微齒，上下葉相距甚疎。梢頭發葶，開小長白花，攢簇稠密，一望如雪，故有白頭之名。性涼。

清・劉善述、劉士季《草木便方》卷一草部 土升麻 升麻苦辛發表升，瀉痢崩帶脫肛君。頭目風熱痘疹妙，肺痿膿血藥毒清。

獨脚蓮

附：琉球・吴繼志《質問本草》外篇卷三　嶂垂佛甲草一種　辛丑清舶漂到，採此種問之。　嶂垂。陳宜春。

附：琉球・吴繼志《質問本草》外篇卷三　獨脚蓮橐吾　辛丑清舶漂到，拈此種問之。　獨脚蓮。陳宜春。　癸卯清舶漂到，又問之。　獨脚蓮。徐瞻泰。　甲辰清舶漂到，又問之。　獨脚蓮。吴永都。　俗名獨脚蓮。外科用此葉，敷無名腫毒，加鹽數粒，或米醋少許，搗爛敷之，亦多見效。癸卯，周天章、李旭。

急急救

清・吴其濬《植物名實圖考》卷九　急急救　江西山坡有之。根鬚黄柔，一莖一葉，葉莖嫩綠，似初生蜀葵葉，無歧而尖，深齒如鋸，面背皆有細毛。土醫以根同紅棗浸酒，通骨節，達四肢。

急急救又一種。　生廬山者，葉如馬蹄而大，根粗如大指，餘同。

一枝香

明・蘭茂撰，清・管暄校補《滇南本草》卷中　小一枝箭即白頭翁。　性溫，味苦。攻散瘰癧，諸瘡毒，止大小腸血。治膀胱偏墜氣痛，乳蛾乍腮。附方：　治小兒肺胃火熱，乳蛾乍腮。小一枝箭二錢，連翹二錢，赤芍一錢，點水酒煎服。

明・蘭茂《滇南本草》〔叢本〕卷上　小一支箭一名白頭翁。　味苦，性溫。攻散瘡毒，治小兒頭禿瘡，消散瘰癧結核。利小便，止尿血，解大腸血，利熱毒。止膀胱偏墜氣腫，療乳蛾乍腮紅腫。奇方：　治小兒肺胃火熱，乳蛾乍腮紅腫疼痛，發熱頭痛。白頭翁一錢、連〔蕎〕〔翹〕二錢、赤芍一錢，引點水酒服。

清・吴其濬《植物名實圖考》卷九　一枝香　生廣信。鋪地生，葉如桂葉而柔厚，面光綠背淡，有白毛。　根鬚長三四寸，赭色。土人以治小兒食積。

清・劉善述、劉士季《草木便方》卷一草部　毛耳風　毛耳風熱主治血，祛風解毒筋骨熱。久嗽風痰面目腫，行氣活血勞痞滅。

金鎖匙

明・佚名氏《醫方藥性・草藥便覽》　金鎖匙　其性涼。治喉風。其花名鶴虱，去燒。

鼠麴

宋・唐愼微《證類本草》卷三〇有名未用・草木〔《别録》〕　鼠耳　味酸，無毒。主痹寒，寒熱，止欬。一名無心。生田中下地，厚葉，肥莖。

宋・唐愼微《證類本草》卷一一草部下品〔宋・掌禹錫《嘉祐本草》〕　鼠麴草　味甘，平，無毒。調中益氣，止洩除痰，壓時氣，去熱嗽。雜米粉作糗，食之甜美。生平崗熟地，高尺餘，葉有白毛，黄花。《荆楚歲時記》云：三月三日取鼠麴汁，蜜和爲粉，謂之龍舌料，以壓時氣。山南人呼爲香茅，取花雜櫸皮染褐，至破猶鮮。江西人呼爲鼠耳草。新補。見陳藏器、日華子。

宋・王介《履巉巖本草》卷上　黄花白艾　性溫平。無毒。大治脾胃作疼，每用爲細末，每服一二錢，沸湯調服，不以時候。

宋・陳衍《寶慶本草折衷》卷一一　新增佛耳草　或云浙西多有之。味澀，平，無毒。〇治咳嗽不已，喘促氣短，痰涎上盛，倒頭不得。集張松說。

元・王好古《湯液本草》卷四　佛耳草　氣熱，味酸。《象》云：治寒嗽及痰，除肺中寒，大升肺氣，少用。款冬花為使。過食損目。

元・徐彦純《本草發揮》卷二　佛耳草　東垣云：佛耳草酸，熱。治寒嗽及痰涎，除肺中寒，大升肺氣。少用。欵冬花為使。過食則損目。

明・蘭茂撰，清・管暄校補《滇南本草》卷上　黄花子　上品仙菜。味甘，酸，無毒。生荒野中。大葉黄子，子上黑點，開黄花，可作菜食。治一切陰虚火盛，脱陰脱陽之症，神效。同五味鹽炒焦，下飯久吃，令人白胖。此乃上品仙菜也，服之延年益壽。

明・滕弘《神農本經會通》卷一　佛耳草　味酸，氣熱。《象》云：治寒嗽及痰，除肺中寒，大升肺氣，少用欵冬花為使。過食損目。

明・劉文泰《本草品彙精要》卷一三　佛耳草無毒。　叢生。

佛耳草：　治寒嗽及痰，除肺中寒，大升肺氣。今補。　〔苗〕謹按：此草春生苗，高尺餘，莖葉頗類旋覆而遍有白毛，折之有綿如艾且柔韌，莖端分歧，著小黄花，十數作朵，瓣極茸細。今醫家治寒嗽多用之。由其能升肺氣而散寒邪故也。　〔地〕江南多有。　〔時〕生：　春生苗。採：　夏秋取。〔收〕陰乾。　〔用〕莖、葉、花。　〔色〕花黄葉綠。　〔味〕辛。　〔性〕熱。〔氣〕氣之厚者，陽也。　〔臭〕朽。　〔助〕少用款冬花爲使。　〔製〕剉碎用。

〖治〗療：治形寒飲冷痰嗽，經久不瘥者，煎湯細細咽之，效。〖合治〗治風入肺，久嗽不愈，用佛耳草同鵝管石、雄黃、款冬花爲末，以雞子清刷紙捲藥末作筒，燒煙口銜吸之。又方用佛耳草同南星、鬱金、鵝管石、款冬花爲末，和薑、艾置舌上，以藥艾于薑上灸之，取煙入喉中。〖禁〗過食損目。

明·劉文泰《本草品彙精要》卷一五 鼠麴草無毒。植生。

鼠麴草：主調中益氣，止泄，除痰，壓時氣，去熱嗽。名醫所錄。〖名〗香茅、鼠耳草。〖苗〗《圖經》曰：春生苗，高尺餘，葉有白毛，開黃花。採之，以雜米粉作糗，食之甜美。山南人呼爲香茅，取花雜櫸皮染褐，至破猶鮮，江西人呼爲鼠耳草也。〖地〗《圖經》曰：生江西山南平岡熟地。〖時〗生：春生苗。採：三月三日取。〖收〗日乾。〖用〗花、實。〖色〗青綠。〖味〗甘。〖性〗平，緩。〖氣〗氣之薄者，陽中之陰。〖臭〗香。〖合治〗《荊楚歲時記》云：三月三日取汁，蜜和爲粉，謂之龍舌料，以壓時氣。

明·姚可成《食物本草》卷首王西樓《救荒野譜》 猫耳朵食葉。正二月采，搗爛和粉麪作餅，蒸食。 猫耳朵，聽我歌，今年水患傷田禾。倉廩虛兮鼠棄窠，猫兮猫兮將奈何。

明·許希周《藥性粗評》卷一 草名佛耳，忍聽寒嗽之聲。

佛耳草，味酸、微辛，性熱，無毒。入手太陰肺經。主治寒嗽痰涎，除肺寒，大升肺氣。東垣云：少用，疑冬花為使，過服則損目。丹溪云：燈籠草寒，治熱痰；佛耳草熱，治寒嗽。

明·鄭寧《藥性要略大全》卷四 佛耳草 東垣云：治寒嗽、鬼嗽及痰。除肺中寒，大升肺氣。少用。欵冬花為使。過食損目。 味酸，性熱。有小毒。

明·陳嘉謨《本草蒙筌》卷三 佛耳草 味酸，氣熱。無毒。郊原野坂，處處有之。春生苗尺餘，夏開花黃色。葉與馬齒莧類，細小微有白毛。俗呼黃蒿，人每收採。搗爛和米粉作粿，柔韌音軟而香美可嘗。藥劑凡資，曝乾纔用。以欵冬為使，治寒嗽及痰。尤去肺寒，大升肺氣。切勿過服，損目失明。

明·王文潔《太乙仙製本草藥性大全》卷二《本草精義》 佛耳草 郊原野坂，處處有之。春生苗尺餘，夏開花，黃色，葉與馬齒莧類，細小，微有白毛，俗呼黃蒿。人每收採搗爛和米粉作粿，柔韌音軟而香美，可嘗。藥劑凡資，曝乾纔用。

明·王文潔《太乙仙製本草藥性大全》卷二《本草精義》 鼠麴草 山南人呼香茅，江右人呼鼠耳草。生平岡熟地。苗高尺餘，葉似馬齒莧，上有白毛，開黃花如朵，採無時。

明·王文潔《太乙仙製本草藥性大全》卷二《仙製藥性》 佛耳草 味酸，氣熱，無毒。 主治：治寒嗽、鬼嗽反疾，除肺中寒，而又升肺氣。勿過服，損目失明。

鼠麴草 味甘，氣平，無毒。 主治：調中益氣神方，止洩除痰妙藥。壓時氣尤奇，去熱嗽如掃。 補註：《荊楚歲時記》云：三月三日取汁，蜜和爲料，謂之龍舌料，以壓時氣。〇用莖葉搗爲泥，以雜米粉作糗，食之甜美。〇取花雜櫸皮染褐，至破猶鮮。

明·皇甫嵩《本草發明》卷三 佛耳草氣熱，味酸，無毒。春生苗，夏開黃花，葉細小，類馬齒莧，有白毛。 發明曰：此熱能溫肺寒，故《本草》主寒嗽及痰，除肺中寒。欵冬花為使。大升肺氣，過服損目。採搗爛，和粉作粿，香軟可嘗。入藥晒乾用。

鼠麯草下品下，佐使。味甘，平，無毒。新米粉作糗，食之甘美。 發明曰：此能補中除熱，故調中益氣，止洩除痰，壓時氣，去熱嗽。葉有白毛，花黃，三月三日取汁，蜜和為粉，名龍舌，厭時氣。花與櫸皮染褐，至破色猶鮮。

明·李時珍《本草綱目》卷一六草部·隰草類下 鼠麴草〔《日華》。〕校正：併入有名未用鼠耳，及東垣《藥類法象》佛耳草。

〖釋名〗米麴《綱目》 鼠耳《別録》 佛耳草《法象》 無心草《別録》 香茅《拾遺》 黃蒿《會編》 茸母 時珍曰：麴言其花黃如麴色。又可和米粉食也。鼠耳言其葉形如鼠耳，又有白毛蒙茸似之，故北人呼爲茸母。佛耳，則鼠耳之訛也。今淮人呼爲毛耳朵，則香茅之茅，似當作毛。按段成式《雜俎》云：蚍蜉酒草，鼠耳也，一名無心草。豈蚍蜉食此，故有是名耶。

〖集解〗《別録》曰：鼠耳一名無心，生田中下地，厚葉肥莖。藏器曰：鼠麴草，生平崗熟地，高尺餘，葉有白毛，黃花。《荊楚歲時記》云：三月三日，取鼠麴汁，蜜和爲粉，謂之龍舌料，以壓時氣。料，音板，米餅也。山南人呼爲香茅。取花雜櫸皮染褐，至破猶鮮。江西人呼爲鼠耳草也。汪機曰：佛耳草，徽人謂之黃蒿。二三月苗長尺許，葉似馬齒莧而細，有微白毛，花黃。土人采莖葉和米粉，搗作粑果食。時珍曰：《日華本草》鼠麴，即《別録》鼠耳也。唐宋諸家不知，乃退鼠耳入有名未用中。李杲《藥類法象》用佛耳草，亦不知其即鼠耳也。原野間甚多。二月生苗，莖葉柔軟，葉長寸許，白茸如鼠耳之毛。開小黃花成穗，結細子。楚人呼爲米麴，北人呼爲茸母。故邵桂子《甕天語》云：北方寒食，采茸母草和粉食。宋徽宗詩茸母初生認禁煙者是也。

【氣味】甘，平，無毒。《別録》曰：鼠耳：酸，無毒。杲曰：佛耳草：酸，性熱，欵冬花爲之使。宜少食之，過則損目。

【主治】鼠耳：主痹寒寒熱，止欬《別録》。
鼠麴：調中益氣，止洩除痰，壓時氣，去熱嗽。雜米粉作糗食，甜美《日華》。
佛耳：治寒嗽及痰，除肺中寒，大升肺氣李杲。

【發明】震亨曰：治寒痰嗽，宜用佛耳草；熱痰嗽，宜用燈籠草。時珍曰：《別録》云治寒熱止欬，東垣云治寒嗽，言其標也。《日華》云治熱嗽，言其本也。大抵寒嗽，多是火鬱於內而寒覆於外也。按陳氏《經驗方》云：三奇散：治一切欬嗽，不問久近晝夜無時。用佛耳草五十文，欵冬花二百文，熟地黃二兩，焙研末。每用二錢，於爐中燒之，以筒吸煙嚥下，有涎吐去。予家一僕久病此，醫治不效。偶在沅州得一婢，用此法，兩服而愈也。

題明・薛己《本草約言》卷一《藥性本草》 佛耳草 消痰涎而咳嗽可止，升肺氣而寒邪就溫。《發明》云：氣熱味酸，入手太陰經。熱能溫肺寒，故主寒嗽及痰。除肺中寒，大升肺氣。宜少用，過服損目。欵冬花為使。

明・周履靖《茹草編》卷一 猫耳禿 山厨野鼠肥如拳，甃盆倒甕驚秋眠。牀頭宿醞醉餘瀝，濡毛啣尾相垂涎。我家狸奴懶成癖，魚羹飽後蹲青氊。有尾不肯掉，有耳耐昔昔。怒來割向籬門外，雨滴泥融化春碧。酒酣耳熱歌嗚嗚，鼠跡縱橫任狼藉。 正二月採取，洗淨搗爛，和米粉或麵作餅蒸食。

明・李中梓《藥性解》卷四 佛耳草 味酸，性熱，有小毒，入肺經。主肺中有寒，及痰嗽勞嗽，欵冬花為使。 按：佛耳耑入太陰，大升肺氣。宜少用之，過食損目，以性熱有小毒也。

明・姚可成《食物本草》卷一八草部・隰草類 鼠麴草生平〔崗熟地，高尺〕餘，葉有白毛，黃花。《荊楚歲時記》云：三月三日，取鼠麴汁，蜜和為粉，謂之龍舌料，以壓時氣。料，音板，米餅也。山南人呼為香茅。取花雜櫸皮染褐，至破猶鮮。江西人呼為鼠耳草也。汪機曰：鼠耳草，二三月苗長尺許，葉似馬齒莧而細，有肥白毛，花黃。土人採莖葉和米粉搗作粑果食。○李時珍曰：鼠耳，原野間甚多，二月生苗，莖葉柔軟。葉長寸許，白叢如鼠耳之毛。開小黃花成穗，結細子。楚人呼為米麴，北人呼為茸母。故邵桂子《甕天語》云：北方寒食，采茸母草和粉食之，以祛時令不正之氣。宋徽宗詩茸母初生認禁煙者是也。

鼠麴草，味甘，平，無毒。治寒痹寒熱，止欬。調中益氣，止洩除痰，壓時氣，去熱嗽。雜米粉作糗食，甜美。○按《陳氏經驗方》云：三奇散：治一切欬嗽，不問久近，無時。用佛耳草五十文，款冬花二百文，熟地黃二兩，焙研末，每用二錢，於爐中燒之。以筒吸煙嚥下，有涎吐去。予家一僕久病此，醫治不效，偶在沅州得一婢，用此法，兩服而愈也。

明・蔣儀《藥鏡》卷二熱部 佛耳草 下痰作喘，能祛肺脹。止哮發嗽，大（敕）〔散〕金寒。

明・張景岳《景岳全書》卷四八《本草正・草部》 佛耳草一名鼠麴耳。味微酸，性溫。大溫肺氣，止寒嗽，散痰氣，解風寒寒熱，亦止泄瀉。鋪艾捲作烟筒，用薰久嗽尤效。

明・盧之頤《本草乘雅半偈》帙九 鼠耳《別錄》下品 氣味：甘、酸，平，無毒。 主治：主痹寒，寒熱，止喘欬，療耳聾，明目。

覈曰：鼠耳，即茸母、黃蒿、香茅、米麴、無心草、綿絮頭、鼠麴草也。生平崗田間熟地。二月生苗，高尺餘，莖肥葉厚，柔軟如綿，表裏白毛，茸蒙如鼠耳。搗汁蜜和為粉，香美可口，謂之龍舌料，以壓時氣。北方寒食亦用之，功勝白茅。宋高宗詩云：茸母初生認禁煙。自看茸母北方去，誰識上皇南渡來，若道當時臣有禮，禁煙今日未曾開。三月成穗，作花碎小，黃綠如麴，雜櫸染衣，雖敝猶鮮。《月令》云：衣鞠黃衣之色。四月結子如粟，楚人呼為米麴。修事：采苗葉陰乾，花實亦可用，欵冬花為之使。

叅曰：十二子為鼠，性多疑而竊視聽，出穴每不果，故持兩端者曰首鼠。耳者肺之候，腎之竅也。轉視聽以爲視聽矣。故主腎不司竅為聾，或精不貫瞳為瞽，或痹閉不通為痹寒，或肺先是動為喘欬，或後所生為寒熱。蓋所生是動，肺高腎下，猶持兩端，間甚不果，不獨以形肖，併稱功用矣。先為是動，是動者，氣先病也。後為所生，所生者，血後病也。肺高象天，腎下象水，間則乍輕，甚則乍重。

清・穆石匏《本草洞詮》卷九 鼠麴草 言其花黃如麴色，又可和粉食也。一名佛耳草，其葉形如鼠耳，訛為佛耳也。味甘酸，氣平，一云熱，無毒。治寒熱，止欬。東垣云：治寒嗽，言其標也。日華云：治熱嗽，言其本也。大抵寒嗽多是火鬱於內，而寒覆於外也。《經驗方》有三奇散，治一切咳嗽，不問久近，晝夜無時，用佛耳草五十文，欵冬花二百文，熟地黃二兩，焙研末，每用二錢，於爐中燒之，以筒吸烟，嚥下，有涎吐去。李瀕湖用治一婢，兩服而愈。

清・劉雲密《本草述》卷九下　鼠麴草一名佛耳草，一名鼠耳。款冬花為之使。

時珍曰：原野間甚多。二月生苗，莖葉柔軟，葉長寸許，白茸如鼠耳之毛，二月開小黄花成穗，四月結細子如粟。

氣味：甘，平，無毒。《别録》曰：鼠耳酸，無毒。東垣曰：佛耳草酸，性熱。宜少食之，過則損目。

主治：痺寒《别録》。寒嗽及痰，除肺中寒，大升肺氣李杲。日華子曰：調中益氣，止洩。丹溪曰：治寒痰嗽，宜用佛耳草。熱痰嗽，宜用燈籠草。

愚按：酸漿於仲夏以後吐華，且結子深紅，其稟大火之令可知。第生於川澤，而成於寒水之氣化，水以火為用，其味得苦，故暢其寒化以清熱，并用其苦味以燥溼，此由氣分而至血分，由清熱以滌溼者也。即各本草謂其治熱煩，療黄病，利水道，似與大黄及三黄之治溼熱，皆有不同。而方書用之者鮮，何哉？至如丹溪謂治熱嗽有痰者，屬酸漿草。而佛耳草治寒痰咳嗽，一寒一熱，各有攸宜之治也。第佛耳在《本草》謂其甘平，而弘景、東垣皆曰酸，且云性熱者，正以其生苗吐華，皆於春而得木火之氣以除寒也。然則東垣、丹溪治寒嗽之説，不為無據矣。乃時珍因日華子有止熱嗽一語，更強作解。不知《别録》所云除痺寒者，遂不足憑乎？再詳日華子謂調中益氣，正合於東垣大升肺氣之義，是非稟本火之氣而能升肺氣，能調中益氣乎？又即治久嗽，二方皆同款冬，而或主以熟地，或等分於人參、白礬、甘草，二方一見《綱目》本條，一見《準繩・嗽證》。固以嗽之久者自虚，或補陰，或益陽，其義本於《内經》，《經》曰氣虚者，寒也，如是則是物謂其除寒乎？除熱乎？可以不費辭説矣。

修治　曝乾用。

清・蔣居祉《本草擇要綱目・平性藥品》　鼠麴草一名佛耳草。　氣味：甘，平，無毒。　主治：主痹寒寒熱，止欬，調中益氣，止洩除痰，壓時氣，去熱嗽。雜米粉作糗食，甜美。寒嗽及痰，除肺中寒，大升肺氣。治寒痰嗽，宜用佛耳草。熱痰嗽，宜用燈籠草。寒嗽言其標也，熱嗽言其本也。大抵寒嗽多是火鬱于内，而寒覆于外也。

清・馮兆張《馮氏錦囊秘録・雜症痘疹藥性主治合參》卷三　佛耳草俗呼黄蒿。人每採搗，和米粉作粿，柔軟香美。入藥晒乾，以欵冬為使。治寒嗽及痰，尤去肺寒，大升肺氣。切勿過服，損目失明。

清・張璐《本經逢原》卷二　鼠麴草即鼠耳草，又名佛耳草。　甘，平，無毒。　發明：《别錄》：鼠耳主寒痹、寒熱欬嗽。東垣：佛耳治寒嗽及痰，除肺中寒，大升肺氣。《日華》云：大抵寒嗽多是火鬱於内，寒覆於外，故佛耳、欵冬為之必用。《宣明》透膈散治寒鬱肺絡之嗽，用佛耳、欵冬、鍾乳、雄黄為末並於爐中燒，以筒吸烟嚥下，有涎即吐去，屢效。

清・汪紱《醫林纂要探源》卷二　鼠麯　甘，溫。黄蒿也。色白花黄，布地如盤花，葉皆白絲如緜，以搗和米粉作粿食，輭韌而美。有大葉白花而高者，亦名香茅，花甚香，可置枕中辟惡，而味不可食。有貼地生而小者，曰地錦。補肺消痰，治喘，以色白入肺，味甘淡補肺，如白緜而溫，能固氣而勝寒，故消寒痰，治喘。○地錦能補肺，去寒熱，治吐衄，溫下部，續筋脈，暖命門。

題清・徐大椿《藥性切用》卷三　鼠麯草　即佛耳草。性味甘平，除痰止嗽。雜米粉作糗，食之甜美，荒年可以充飢。

附：琉球・吳繼志《質問本草》外篇卷三　水菊鼠麴草　辛丑清舶漂到，拈此種問之。　水菊。陳宣春。

清・趙學敏《本草綱目拾遺》卷五草部下　綿絮頭草

一名金沸草，一名地蓮，俗呼黄花子草。生郊野，立春後發苗，葉多白毛，似綿絮。至立夏開黄花，一莖直上，花成簇，處處山坂有之。鄉人初春採其葉，揉粉作餣食，清香堅韌，最適口。此草形小，布地生葉，似慎火而薄，摘之有白絲，色青白，本小如翦刀草。

按：《綱目》有鼠麴，俗名毛耳朵。葉有白茸，又名茸母，宋徽宗詩：茸母初生認禁烟。即此。蟻食此草即醉，故又名蚍蜉酒草。然其功用亦止載其能治寒熱欬嗽，去肺寒，大升肺氣而已。今别補其功用。

味酸性熱，多食損目，治囊風溼癢，煎湯洗，愈兒疳，梅瘡下疳，同甘草煎洗。

清・王龍《本草纂要稿・草部》　金沸草　味甘、酸，性溫，無毒。消痰唾如膠漆，去胸脇如痞堅。理膀胱，水濕並逐。治痰嗽，寒熱兼除。療頭風，明眼目。尤善鎮驚，多服損氣。亦名旋覆花。

清・楊時泰《本草述鉤元》卷九　鼠麴草　一名佛耳草，一名鼠耳。原野甚多。二月生苗，莖葉柔軟，葉長寸許，白茸如鼠耳之毛，三月開小黄花，成穗，四月結細子，如粟瀕湖。　味甘、酸，氣平，性熱。欵冬花為之使。主治痹寒，除肺寒嗽及痰，大升肺氣，調中益氣，止瀉諸本草。　酸熱，宜少食之，過則損目東垣。

總論：酸漿生於川澤，仲夏後吐華，結子深紅，蓋稟大火之令，而成於寒水之氣化者，夫水以火為用，其味得苦，故暢其寒化以清熱，並用其苦味以燥濕，此由氣分而至血分，由清熱以滌濕之劑也。佛耳草生苗吐花，皆於春得木火之氣以除寒，故東垣謂其大升肺氣，而日華且有調中益氣之說。《經》曰：氣虚者寒也。是物宜之。

清・吴其濬《植物名實圖考》卷一四　鼠麯草　《本草拾遺》始著録。李時珍以為即《別録》鼠耳，《藥對》佛耳草，《酉陽雜俎》蚍蜉酒，鼠耳也，即此。今江西、湖南皆呼為水蟻草，或即蚍蜉酒之意，煎餅猶用之。

雩婁農曰：鼠麯染糯作餈，色深緑，湘中春時粥於市。五溪峒中尤重之，清明時必採製，以祀其先，名之曰青。其意以為親沒後，又復見春草青青矣。嗚呼！雨露既濡，君子履之，必有怵惕之心。彼雖蠻獠，其報本追遠有異性乎？宋徽宗有詩曰：（鼠）〔茸〕（耳）〔母〕初生認禁煙。寒食賜火，戚里尋春。《清明上河圖》中一段美景，不知南渡後遥憶帝京景物，猶有廟貌如故，鍾簴不移之念否？

清・張仁錫《藥性蒙求・草部》　佛耳草錢半　佛耳草甘，性平升肺。止嗽除痰，兼醫寒熱。即鼠麴草。○東垣云：治寒嗽者，言其標也。日華云：治熱嗽者，言其本也。大抵寒嗽多火鬱於内，寒束於外也。雜米粉作糗，食甜美，荒年當糧最佳。

清・戴葆元《本草綱目易知録》卷一　鼠麴草米麴、鼠耳。　甘，平。調中益氣，止瀉除痰。壓時氣，去熱嗽。除肺中寒，大升肺氣，亦治寒嗽。雜米粉作糗食，甜美。過多食，損目。葆按：江右名水麴，我婺名菓花，二月生苗寸許，柔軟，白茸如鼠耳毛，寒食節前采煮，擣和米粉作饅食，甚爽口。

巘蕊頭

明・周履靖《茹草編》卷一　巘蕊頭　巘上山萬重，巘下水千尺。長松落寒翠，日暮風颯颯。菟絲無根茯苓盡，巖頭有蕊秋雲白。栖巘飲谷有顔色，夜誦蕊珠養魂魄。　三月採嫩頭，湯焯過，和粉作餅。一名佛耳草。

花蒿

明・朱橚《救荒本草》卷上之後　花蒿　生荒野中。苗葉就地叢生，葉長三四寸，四散分垂，葉似獨掃葉而長硬，其頭頗齊，微有毛澁。味微辛。救飢：採葉煠熟，水浸淘淨，油鹽調食。

天水蟻草

清・吴其濬《植物名實圖考》卷一五　天水蟻草　生湖南平野。荊湘間呼鼠麴草為水蟻草，蓋與《酉陽雜俎》以鼠麴為蚍蜉酒同義。此草葉有白毛，極似鼠麴，而莖硬如蒿，亦微作蒿氣，高二尺許。俚醫以為補筋骨之藥。

毛女兒菜

明・朱橚《救荒本草》卷上之後　毛女兒菜　生南陽府馬鞍山中。苗高一尺許，葉似綿絮菜葉而微尖，又似兔兒尾葉而小，莖葉皆有白毛，梢間開淡黄花，如大黍粒，十數顆攢成一穗。味甘酸。　救飢：採苗葉煠熟，水浸淘淨，油鹽調食。或拌米麵蒸食亦可。

清・何諫《生草藥性備要》卷上　清明草　洗瘙疥，洗爛頭痒，止痒。此藥（生）〔止〕於清明時有，過節後則無，多生在滋潤溪澗之所。

附：琉球・吴繼志《質問本草》外篇卷三　天青地白毛女兒菜。　辛丑清舶漂到，採此種問之。　天青地白。陳宜春。

苦花子

清・趙學敏《本草綱目拾遺》卷五草部下　苦花子　一名毛連子，又名小葉金雞舌，又名苦花椒。入藥梗葉並用。　治疔瘡瘴毒蛇傷，熱腹痛，熱喉風，並效。擣汁擂水，夏冷服，冬溫服。

菊葉三七

宋・王介《履巉巖本草》卷中　紫背紅内消　性涼，無毒。治一切瘡癤腫毒。每用不以多少，爛擣敷貼患處。

腫見消　味澀，有微毒。治狗咬，癰腫瘡毒。每用苗葉，爛擣貼瘡。

明・蘭茂原撰，范洪等抄補《滇南本草圖説》卷一〇　土三七　味甘、微苦，無毒。入足、手陽明經，兼入血分。○根大而肥。主治：止血散血，功效最神。箭（辦）〔刃〕杖撲，跌打損傷，包敷患處，即可痊愈。

明・蘭茂撰，清・管暄校補《滇南本草》卷上　土三七　味苦。治跌打損傷。生用破血，炙用補血。

清・何諫《生草藥性備要》卷上　紫背金鎖匙　味辛，性平。專門治跌打腫痛之首藥。

清・汪紱《醫林纂要探源》卷二　土三七　甘，苦，寒。莖葉似苦蕒，分枝繁衍，葉多刻缺而尖，莖有赤稜，秋作黃花，其中蘂如金絲盤紐可愛，但不香，根大如牛蒡而輭，味甘多苦少。功用同。

附：琉球・吳繼志《質問本草》內篇卷二　賽三七　生苗高四五尺，秋開花，作絮。　艾葉、落得打，花挺高苗，根黑似漆，味苦微辛。跌打血暈氣閉，取汁和酒服之，疏通氣血，驗如奔馬。土名賽三七。愚按：花似蒲公英，折斷有白汁，但公英葉皆塌地，花苗三四寸，極高者尺許，無歧。消乳癰聖藥，散瘰癧之靈丹。美名黃花地丁草是也。壬寅，陸澍。

清・趙學敏《本草綱目拾遺》卷四草部中　見腫消　一名土三七、乳香草。越人曰奶草。初生苗葉，面青背紫，葉似羊角菜多歧，秋開小黃花如菊，垂絲可愛。根似芋魁，人家多種之。按：《綱目》有見腫消，云其葉似桑，治癰腫狗咬，當別是一種。《採藥錄》：見腫消，生溪澗中，葉有三角，枝梗皆青，根亦青色，形如菖蒲。根性涼，治諸瘡毒，行周身活血，追風散氣，此又一種。名同物異。

《草寶》云：治跌打損傷，消腫散瘀要藥。《百草鏡》云：治乳癰腫毒，金瘡止血，杖丹棒瘡，喉癬雙蛾，欬嗽，急慢驚風。《延綠堂方》：土三七，春夏用葉，秋冬用根，搗汁一鍾，用水酒漿和勻灌入，自效。楊瘌毛入肉作痛：《秘方集驗》：土三七，亦名金不換，用其葉搗爛立塗，即止。

清・莫樹蕃《草藥圖經》　散血草　即和血丹，土名三七。能破血去瘀，散血消腫，通治五勞七傷，跌打損傷。春出秋枯。

清・吳其濬《植物名實圖考》卷九　土三七　《本草綱目》李時珍曰：近傳一種草，春生苗，夏高三四尺，葉似菊艾而勁厚，有歧尖，莖有赤稜，夏秋開花，花蕊如金絲，盤紐可愛，而氣不香。花乾則吐絮，如苦蕒絮，根葉味甘，治金瘡折傷出血，及上下血病甚效。云是三七，而根大如牛蒡根，與南中來者不類，恐是劉寄奴之屬，甚易繁衍。

按土三七亦有數種，治血衄跌損有速效者，皆以三七名之。此草今處處種之盆中。俚醫以葉面青背紫，隱其名曰天青地紅。凡微傷，但折其葉裹之即愈。《辰谿縣志》：澤蘭一名土三七，一名葉下紅。根葉，傅金瘡折傷之要藥，非本草所云澤蘭也。《簡易草藥》：散血草即和血丹，土名三七，能破血去瘀，散血消腫，通治五勞七傷，跌打損傷，春出秋枯，其形狀功用，盡於此矣。

清・劉善述、劉士季《草木便方》卷一草部　破血丹　破血丹溫活血靈，內傷積血痞塊行。心腹疼痛血氣滯，續筋接骨氣血榮。

清・徐士鑾《醫方叢話》卷四　三七草附列所治各病。　青鬱可玩，其根係止血聖藥。有活種閩廣帶回者，近地亦有此種。葉如野蒿，花黃而小，極易生。鮮者採葉搗爛，跌打破碎者，按上立止血疼，過二三日即愈，又不潰爛，真神草也。收葉，乾作末，亦可治吐血，衄血上衝者，皆宜。佐以治藥服之，其功效備開於後。　治刀斧箭傷，血出不止者，嚼少許，罨上即止。　治婦人血崩，看年遠近，研一二錢，白酒調服，服後四物湯加三七五分煎服。　治吐血用一錢或五分，自嚼，米湯下。或用人參五分煎服。　治腸風下血，用四物湯加三七五分，煎服，或空心用五分，調酒服。　治杖瘡淤血，用一二錢，嚼爛，罨在破上，再服一二錢，免血攻心。　治產後血湧，用一二錢，研細，水調服，即止。　治跌打青腫不消者，用一錢，嚼細，敷患處，即愈。　治害眼十分重者，用少許，水磨，調點眼眶內，即消。　治赤白痢疾，用一二錢，為末，米泔水調服。　治虎、狼、蛇咬，用一二錢，為末，酒調服，嚼少許，更塗患處。　治受下蠱毒，先吃少許，毒即追出。

向日葵

清・汪紱《醫林纂要探源》卷二　嚮日葵　甘，鹹，寒，滑。戎葵子也。莖高丈餘，葉圓有尖，花黃，大者如盤，實攢生盤中，色黑似西瓜子而肥，其中仁灰白色。去瘀，行濕解熱，亦能滑胎。花嚮日，又名嚮東蓮。然性亦屬水，正如月之受日光以為光耳。

清・趙學敏《本草綱目拾遺》卷八諸蔬部　鬼骷髏　汪連仕云：乃殘老之向日葵。其子性烈，通氣透膿，合麝香、急性子搗爛為膏，貼臍，能落胎。敏按：冬日桃園中有樹上乾枯殘桃，亦名鬼骷髏，與此名同物異。

清・吳其濬《植物名實圖考》卷二九　丈菊　《群芳譜》：丈菊一名迎陽花。莖長丈餘，幹堅粗如竹，葉類麻多直生，雖有傍枝，只生一花，大如盤盂，單瓣色黃，心皆作窠如蜂房狀，至秋漸紫黑而堅。取其子種之，甚易生。花有毒，能墮胎云。

按此花向陽，俗間遂通呼向日葵。其子可炒食，微香，多食頭暈。滇、黔與南瓜子、西瓜子同售於市。

清・戴葆元《本草綱目易知錄》卷一　嚮日葵　甘，寒，滑。去瘀滲濕，解熱滑胎。《纂要》云：名戎葵子也。莖高葉圓，花黃大如盤，實攢生盤內。葆按：《綱目》此即黃蜀葵，非戎葵也，戎葵名蜀葵，無黃字，又名吳葵，其花有深紅、淺紅、紫黑、白色，而此花是黃花，俗種埂塝邊。其子攢盤內，鄉人取炒食，供果，述此以俟博考。

泥胡菜

明・朱橚《救荒本草》卷上之前　泥胡菜　生田野中。苗高一二尺，莖梗繁多，葉似水芥菜葉，頗大，花叉甚深，又似風花菜葉，却比短小，葉中擴葶，分生莖叉。梢間開淡紫花，似刺薊花。苗葉味辣。　救飢：採嫩苗葉煠熟，水浸淘淨，油鹽調食。

明・蘭茂撰，清・管暄校補《滇南本草》卷中　苦馬菜一名羊奶菜。性大寒，味苦。純陰之性，故向陰處生。治血熱妄行，止一切血症，咳嗽吐血，大腸下血，女子逆經倒血。消痰癭瘤，消咽喉結氣，化痰毒，洗瘡毒。

附案：昔一男子吐血，咳嗽痰帶血，發熱惡寒，肢體酸疼，自汗盜汗，飲食無味，咳嗽吐痰，淡如瑪瑙紅白，形樣似膿。隨後遇一醫，授以此方。後救多人，良效。苦馬菜搗汁一小杯，全秦歸三錢，淮熟地三錢，杭芍一錢，淮生地一錢五分，粉丹皮一錢，黑元參一錢，川貝母一錢，陳皮一錢，白茯苓一錢五分，天門冬二錢，浙冬二錢，百合一錢，甘草一錢，不用引，水煎服。

補註：人身之血，猶地中水也。水性就下，故下流運行不息，發榮臟腑，貫通經絡。血為營氣，為衛，晝夜循環運行不息。心生血，脾統血，肝藏血，腎納血。臟得血能津，腑得血能潤，目得血能視，舌得血能言，手得血能握，足得血能步。血隨氣行，氣逆則血逆矣。若氣血偏勝而成痰，勞傷火動，皆令失血。陽盛陰虛，火載血上，錯經妄行，則為逆也。陽有餘，氣盛者，則升血出上竅，自口鼻而出也。陽不足，則陷血出下竅，自小便而出也。先吐血，後見痰，或痰上帶血絲者，是陰虛火動，治以滋陰降火。先見痰，後見血，痰上帶紫黑血者，如瑪瑙紅白形者，是肺胃積熱也，治以清熱化痰，涼血。有鮮血者，是新血也，宜止之。紫黑成塊者，瘀血也，宜消去之。色淡微黃者，是白血，此症見之，是危症也。鼻血者，衄血出於肝，因肝火熱極。咳血出於肺，因傷風，肺有餘痰，陰虛肺癆，咳血出肺也。咯血出於胃。咯出血屑成塊也。腎虛不納血，嘔血出於脾胃。唾血出於腎，鮮血隨唾而出也。溺血、尿血，出於小腸熱極故也。

明・蘭茂《滇南本草》〔叢本〕卷中　苦馬菜　味苦，性大寒。純陽之物，得向陽之處，則生血涼血。治熱妄行，止一切血症，吐血、咯血、咳血、衄血、大腸下血，女子逆經倒血。消痰，消癭瘤，消咽喉結氣，化痰毒，洗瘡毒。昔一女子吐血咳血，咳嗽吐痰，又如瑪瑙紅白，形樣似膿。一醫授以此方，後救數十人，其功良效，真乃奇方。苦馬菜，搗汁一小鍾。全歸三錢、懷熟地二錢、杭芎一錢、懷生地一錢五分、粉丹皮一錢、陳皮一錢、川貝母一錢、黑元參一錢、白茯苓一錢、天門冬三錢、浙麥冬二錢、白合一錢、甘草五分，不用引。忌魚、羊、煎炒。

註補：人身之血，猶地中之水也。水行就下，故下流運行不息。滋養臟腑，貫注經絡。血為榮，氣為衛，榮衛晝夜循環，運行不息。心生血，脾統血，肝藏血，腎納血。臟得血能津，腑得血能潤，目得血能視，口得血能言，手得血能握，足得血能步。血隨氣行，氣逆而血逆矣。若氣偏勝而疾，有勞傷火動，皆令失血。陽勝陰虛，火載血上，錯經妄行，則為逆矣。陽有餘，氣盛則升，血出上竅，口鼻而出也。陽不足，氣虛則陷，血出下竅，大小便而出也。先吐血，後見疾者，或痰出代血絲者，陰虛火盛，治以滋陰降火。先見痰，後見血，痰上帶紫黑血者，如瑪瑙紅白者，是肺胃積熱也，治以清肺化痰，涼血之法。鮮血者，新血也，宜止之。紫黑成塊者，瘀血也，宜消去之。色淡微黃者，是白血，此症見之，是名危症也。鼻血名血衄，出于肺，名肺火熱急也。咳血出于肺，因傷風，肺有熱痰。陰虛肺勞，咳血，作虛治。咯血出于胃，咯出血屑成塊也。腎虛不納血，嘔出于脾，吐出于脾胃，唾而出也。溺血尿血，出于小腸熱積也。

附：琉球・吳繼志《質問本草》外篇卷二　苦馬草泥胡菜　生原野，春生苗，高二三尺，秋開花。　俗名苦馬草，性寒，外科用，煎湯洗大腸痔漏。　牛插鼻土藥，性溫，散寒。用梗葉，煎湯服。壬寅，潘貞甲辰，戴道光、戴昌蘭。蔚、石家辰。

山柳菊

清・何諫《生草藥性備要》卷上　九里明　味劫，苦，性平，微寒，無毒。治疳疔，消熱毒，治小兒胎毒、黃膿白泡，敷毒瘡。搗汁和猪膽熬膏，擦腐爛患瘡，生肌去腐，為瘡藥之綱領也。

清・吴其濬《植物名實圖考》卷九 山柳菊 一名九里明，一名黄花母。南贛山中皆有之。叢生，細葉似石竹葉，緑莖有節。秋開黄花如菊，心亦黄。土醫以洗腫毒，不可食。

山白芷

清・何諫《生草藥性備要》卷下 山白芷 味辛，性平。祛風痰，散熱毒，治哮喘。莖、葉、梗俱有毛。一名毛老虎，一名土白芷。

水朝陽草

明・蘭茂撰，清・管暄校補《滇南本草》卷上 水朝陽草 味甘、辛，無毒。生水内。似鼓錘草，包葉，初生子，花朝陽，葉尖長大，梗紫緑綿軟，獨苗。採取煮硫磺成汞，研粉紅色，為丸，不論百病，服此硫磺丸神效。一名萬寶丹，一名純陽丹。此丹救一切百病，藥到病安，其效如神。

清・吴其濬《植物名實圖考》卷一七 水朝陽草 生雲南海邊。獨莖柔緑，葉如金鳳花葉而肥短，細紋密齒。梢端開花，黄瓣如千層菊，大如小杯。繁心孕實，密葉承跗，掩映蓼浦，欹側金盆澤畔，縟絢不亞江南菰蘆中矣。《滇本草》：味甘、辛，無毒，性熱。似鼓錘草包葉而生花，子朝陽生，故名。採煮靈砂成丹，名純陽丹。救一切病，其效如神云。

旋覆花

宋・李昉《太平御覽》卷第九九一 旋復 《爾雅》曰：蕧，盜庚。旋復，似菊。

《本草經》曰：旋復花，一名金沸草。

宋・唐慎微《證類本草》卷一〇草部下品〔《本經・別録》〕 **旋覆花** **味鹹**、甘，**溫**、微冷利，有小毒。**主結氣脇下滿，驚悸，除水，去五藏間寒熱，補中下氣**，消胸上痰結，唾如膠漆，心脇痰水，膀胱留飲，風氣濕痹，皮間死肉，目中眵音嗤䁾音蔑，利大腸，通血脉，益色澤。一名戴椹，**一名金沸草，一名盛椹。**其根主風濕。生平澤川谷。五月採花，日乾，二十日成。

〔梁・陶弘景《本草經集注》〕云：出近道下濕地，似菊花而大。又别有旋葍根，出河南，來北國亦有，形似芎藭，惟合旋葍膏用之，餘無所入，非此旋復花根也。

〔唐・蘇敬《唐本草》〕注云：旋覆根在中品。陶云：苗似薑，根似高良薑而細，此是山薑，證不是旋覆根。今復道從北國來，似芎藭，芎藭與高良薑全無髣髴爾。

〔宋・掌禹錫《嘉祐本草》〕按：《蜀本圖經》云：旋復花，葉似水蘇，花黄如菊。今所在皆有，六月至九月採花。《藥性論》云：旋復花，使，味甘，無毒。主肋脇氣下，寒熱水腫，主治膀胱宿水，去逐大腹，開胃，止嘔逆不下食。《爾雅》云：蕧，盜庚。注：旋復，似菊。疏：蕧，一名盜庚也。蕭炳云：旋，平聲。復，用花。葍，音福。旋，徐願反。用根。日華子云：無毒。明目，治頭風，通血脉。葉止金瘡血。

〔宋・蘇頌《本草圖經》〕曰：旋復花，生平澤川谷，今所在有之。二月已後生苗，多近水傍，大似紅藍而無刺，長一二尺已來，葉如柳，莖細。六月開花如菊花，小銅錢大，深黄色。上黨田野人呼爲金錢花，七月、八月採花。暴乾，二十日成。今近都人家園圃所蒔金錢花，花、葉並如上説，極易繁盛，恐即此旋復也。張仲景治傷寒汗下後，心下痞堅，噫氣不除，有七物旋復代赭湯；雜治婦人，有三物旋復湯。胡洽有除痰飲在兩脇脹滿等，旋復花丸，用之尤多。

〔宋・唐慎微《證類本草》〕雷公云：凡採得後，去裹花蘂殼皮并蒂子，取花蘂蒸，從巳至午，曒乾用。《外臺秘要》：救急續斷筋法：取旋復花草根，淨洗土，搗，量瘡大小傅之。日一二易，以差爲度。又方：破斫筋斷者。以旋復根搗汁瀝瘡中，仍用滓封瘡上，十五日，即斷筋便續。此方出蘇景中家獠奴用，效。《經驗後方》：治中風及壅滯。以旋復花洗塵令淨，搗末，煉蜜丸如桐子大。夜卧以茶湯下五丸至七丸、十丸。《梅師方》：治金瘡止血，搗旋復花苗傅瘡上。

宋・寇宗奭《本草衍義》卷一一 旋覆花 葉如大菊，又如艾蒿。八九月有花 大如梧桐子，花淡黄緑，繁茂，圓而覆下，亦一異也。其香過於菊，行痰水，去頭目風。其味甘、苦、辛，亦走散之藥也。其旋花，四月、五月有花，别一種，非此花也。第八卷已具〔之〕。

宋・鄭樵《通志》卷七五《昆蟲草木略》 旋覆花，曰金沸草，曰戴椹，曰盛椹，曰盜庚。《爾雅》：蕧，盜庚。似菊，俗呼金錢花。

宋・劉明之《圖經本草藥性總論》卷上 旋覆花 味鹹、甘，溫、微溫、冷利，有小毒。主結氣脇下滿，驚悸，除水，去五臟間寒熱，補中下氣，消胸上痰結，唾如膠漆，心脇痰水，膀胱畱飲，風氣濕痺，皮間死肉。利大腸，通血脈。《藥性論》云：使。味甘，無毒。主肋脇氣，下寒熱水腫，開胃止嘔逆，不下食。日華子云：明目，治頭風，通血脈。葉，止金瘡血。

宋・張杲《醫説》卷六 旋覆根汁能續筋 筋斷復續者，取旋覆根絞取汁，以筋相對，取汁塗而封之，即相續如故。蜀兒如逃走，多刻筋。以此續之，百不失一。

宋・陳衍《寶慶本草折衷》卷一〇 旋復一作覆。花附草。 一名金沸草。一名金玫花，一名覆，一名盜庚，一名戴椹，一名盛椹。生上黨平澤川谷及隨州，今所在下濕地、水傍及山□□有之。○五、六、七、八、九月採花，日乾。

味鹹、甘、苦、辛，微溫，有小毒。○主結氣，脇下滿，除水，去五藏間寒熱，下氣，消痰結唾如膠漆，風氣濕痹，目中眵音嗤瞙音蔑，利大腸，通血脉。○日華子云：明目，治頭風。○《圖經》曰：開花如菊花，小銅錢大。○寇氏曰：花淡黃，亦走散之藥也。其旋花其條刪訖別一種，非此花也。附：葉。○止金瘡血。

元·王好古《湯液本草》卷四　旋覆花　氣溫，味鹹、甘，冷利，有小毒。《本草》云：主補中下氣，消堅軟痞，消胸中痰結，吐如膠漆。臍下膀胱留飲。利大腸，通血脈。發汗吐下後，心下痞，噫氣不除者，宜此。仲景治傷寒汗下後，心下痞堅，噫氣不除，旋覆代赭湯。胡洽治痰飲，兩脇脹滿，旋覆花丸，用之尤佳。

元·尚從善《本草元命苞》卷五　旋覆花　為使。味醎、甘，微溫，冷利，有小毒。又曰金沸草。葉似水蘇，花如黃菊。行痰水，去頭目之風。開結氣，為走散之劑。逐膀胱留飲，散風寒氣痺。消胸上痰結，唾如膠漆。去目中眵瞙，皮間死肌，破脇下硬滿。除噫氣無休，去大腹水腫。調寒熱，補中，利大腸，通血脈，止嘔逆不下食。生平澤川谷，今所在有之。五月內採花，暴乾二十日，方可入藥。

元·朱震亨《本草衍義補遺·新增補》　旋覆花　甘，微冷利，有小毒。主結氣，脇下滿，消胸上痰結，唾如膠漆。一名金沸草也。《衍義》云：行痰水，去頭目風。亦走散之藥，病人涉虛者，不宜多服，利大腸。戒之。

元·徐彥純《本草發揮》卷二　旋覆花　成聊攝云：硬則氣堅，鹹味可以耎之。旋覆之鹹，以耎痞硬。　海藏云：發汗吐下後，心下痞堅，噫氣不除者，宜此。仲景治傷寒汗下後，心下痞堅，噫氣不除，旋覆代赭湯。胡洽治痰飲，兩脇脹滿，旋覆花丸用之尤妙。

明·朱橚《救荒本草》卷上之前　旋覆花　一名戴椹，一名金沸草，一名盛椹。上黨田野人呼為金錢花。《爾雅》云：覆，盜庚。出隨州，生平澤川谷，今處處有之。苗多近水傍，初生大如紅花葉而無刺，苗長二三尺已來，葉似柳葉稍寬大，莖細如蒿蘚，開花似菊花，如銅錢大，深黃色。花味鹹、甘，性溫，微冷利，有小毒。葉味苦，性涼。　救飢：採葉煠熟，水浸去苦味，淘淨，油鹽調食。　治病：文具《本草》草部條下。

明·蘭茂撰，清·管暄校補《滇南本草》卷下　旋覆花　性微溫，味苦鹹，有小毒。祛頭目諸風寒邪，止太陽陽明頭疼，行陽明乳汁不通，乳岩乳癰紅腫疼痛，暴赤火眼，目疾疼痛。祛風明目，隱澁羞明怕日。傷風寒熱咳嗽，老痰如膠。走經絡，止面寒腹疼，利小便，單腹脹。治風(大)〔火〕牙根腫痛。

附方：治頭風疼。旋覆花一錢，白菊一錢，川芎一錢，細辛一錢，黃芩一錢，羌活一錢，引用生薑，水煎服。　又方：治乳岩乳癰，吹乳腫疼。旋覆一錢，蒲公黃一錢，甘草節八分，白芷一錢，青皮一錢，水酒為引，水煎服。　又方：治暴赤火眼。旋覆、枳殼、白菊、黃連、白蒺藜，水煎服之。　又方：治傷風熱咳嗽。旋覆、杏仁、陳皮、知母、前胡、荊芥穗，引用燈心草，水煎服。　又方：治面寒疼。旋覆根、水牛肉，水酒為引，煎服。　又方：治單腹脹。旋覆、鯉魚，將魚腸去淨，藥入魚內，煎服，小便利，腫脹即消。　又方：治風火牙疼，二三月採旋覆花，為末，搽牙根，去痰涎，疼立止。

明·王綸《本草集要》卷三　旋覆花使。　味鹹甘，氣溫。一云：冷利，有小毒。六七月採花，日乾，二十日成。花如菊，深黃色，呼為金錢花。　主結氣痰飲，脇下滿，驚悸，除水，利大腸，去五臟間寒熱，補中下氣。治頭風，明目，消胸上痰結，唾如膠漆。病人稍涉虛者，不宜多服。傷寒汗下後，心下痞堅，噫氣不除者，宜此。根，主濕；　葉，主傅金瘡止血。

明·滕弘《神農本經會通》卷一　旋復花　使也。一名金沸草。六月開花如菊，深黃色，野人呼為金錢花。六七月採，陰乾。《局》云：蒸過用。

味鹹、甘，氣溫，微溫，冷利，有小毒。《湯》云同。東云：明目，治頭風，消痰嗽壅。《疌》云：除嗽。苗，治金瘡，止血。根，續斷筋，被斫。

《本經》云：主結氣，脇下滿，驚悸，除水，去五臟間寒熱，補中，下氣，消胸上痰結，唾如膠漆，心脇痰水，膀胱留飲，風氣濕痺，皮間死肉，目中眵瞙，利大腸，通血脉，益色澤。一名金沸草。五月採花，日乾，二十日成。其根，主風濕。《藥性論》云：旋復花，使。味甘，無毒。主肋脇氣，下寒熱，水腫。主治膀胱宿水，去逐大腹，開胃，止痛逆不下食。日華子云：無毒。明目，治頭風，通血脈。葉，止金瘡血。《圖經》云：仲景治傷寒汗下後，心下痞堅，噫氣不除，有七物旋復代赭湯。又治婦人，有三物旋復湯。胡洽有除痰飲，在兩脇脹滿等，旋復花丸，收効尤多。丹溪云：甘，微冷利，有小毒。主結氣，脇下滿，消胸上痰結，唾如膠漆。《衍義》云：行痰水，去頭目風。亦走散之藥，病人稍涉虛者，不宜多服，利大腸，戒之。《衍義》云：葉大如菊，又如艾蒿。七八九月有花，大如梧桐子，花淡黃綠，繁茂，貟而覆下，亦一異也。其香過於菊。其旋花，四五月有花，別是一種，非此花也。《湯》云：發汗吐下後，心下痞，噫氣不除者，宜此。《局》云：旋覆一名金沸草，消痰下氣必須求。更能止嘔除風濕，並逐膀胱宿水留。旋復花，草名金沸。痰嗽之鋒。

明・劉文泰《本草品彙精要》卷一三　旋覆花有小毒。　植生。

旋覆花出《神農本經》：**主結氣，脇下滿，驚悸，除水，去五臟間寒熱，補中，下氣。**以上朱字《神農本經》。消胸上痰結，唾如膠漆，心脇痰水，膀胱留飲，風氣濕痹，皮間死肉，目中眵音嗤䁾音蔑，利大腸，通血脈，益色澤。○根，主風濕。以上黑字名醫所錄。　【名】戴椹、金沸草、盛椹、盜庚。　【苗】《圖經》曰：二月後生苗，多近水傍，大似紅藍而無刺，長一二尺，葉如水蘇。六月開花，如菊花，小銅錢大，深黃色，上黨田野人呼爲金錢花。今近人家園圃所蒔金錢花，花葉並如上說，極易繁盛，即此旋覆也。　【地】《圖經》曰：生平澤川谷，今所在有之。【道地】隨州、河南。　【時】生：二月生苗。採：七月、八月取花。　【收】暴乾。　【用】花。　【質】類野菊花。　【色】黃。【味】鹹，甘。　【性】溫，軟，緩。　【氣】氣厚味薄，陽中之陰。　【臭】香。【主】消結痰，逐水腫。　【製】《雷公》云：凡採得後，去裏花蕊殼皮並蒂子，花蕊蒸，從巳至午，曬乾用。　【治】療：《藥性論》云：療肋脇氣，下寒熱，水腫，逐大腹，開胃，止嘔逆不下食。日華子云：明目，治頭風，通血脈。○葉，止金瘡血。《衍義》曰：行痰水，去頭風。《別錄》云：根，搗汁瀝，治破斫筋斷瘡，仍用滓封瘡上，十五日其斷筋便續，效。　【合治】洗塵去淨，搗末合蜜爲丸，如梧子大，夜臥時以茶清下五丸至七丸、十丸，療中風及壅滯。

明・葉文齡《醫學統旨》卷八　旋覆花　氣溫，味鹹、甘。有小毒。花如菊，深黃色，呼為金錢花。　治結氣痰飲脇下滿，驚悸頭風，明目，消胸上痰結，唾如膠漆。除水利大腸，去五臟間寒熱，傷寒汗下後，心下痞堅，噫氣。虛者不宜多服。葉傅金瘡止血。

明・許希周《藥性粗評》卷二　花開旋覆，堪折痞鞕。

旋覆花，一名金沸草。《爾雅》謂之盜庚。春初生苗，繁茂，葉如大菊，又如艾蒿，高二三尺，八月後開黃花似菊，如銅錢大，其香過於菊，亦似金錢花，以其盤旋下覆，故名。好生平澤近水之處，江南處處有之，土人謂之野菊者是也。此與上品中旋花不同，彼用根，此用花。秋末採花，日乾二十日而成，或蒸過，方曒亦可。所使并所畏惡，《本草》未載。味鹹、甘，性微溫，有小毒。其氣冷利下行。主治風氣濕痹，咳嗽痰結，胸脇痞滿，皮間死肉，目中眵䁾，補中下氣，軟堅逐水，利大腸，通血脉。海藏云：汗吐下後，心下痞鞕，噫氣不除者宜此。故仲景治傷寒汗下後，心下痞堅，噫氣不除，以旋覆代赭湯。胡洽治痰飲，兩脇脹滿，旋覆花丸，用之尤妙。又按：《活人指掌賦》有咳嗽生痰，宜行金沸草之句，可見其功非區區佐使者矣。

單方：　斷筋復續：凡被刀斧所傷，筋已破斷者，取旋覆花根，洗淨搗爛，先瀝汁於口上，次以渣封之，數日其筋復續，日三四易之，但以平復為度。按：此出《外臺秘要》與上品旋花條下，《救急方》同，恐用根之說，當以旋花為正，特誤兩著耳。然考《梅師方》，治金瘡止血，搗旋覆花苗傅之，又似其類一揆。　中風痰壅：取花洗淨，焙乾，搗為細末，煉蜜為丸如梧桐子大，夜臥每服五丸至十丸，茶湯送下。

明・鄭寧《藥性要略大全》卷五　旋覆花一名金沸草，一名滴滴金。　補中下氣，消堅軟痞，消胸中痰結，涕唾稠粘，臍下膀胱留飲，利大腸，通血脉，汗下後心下痞，噫氣不除者宜此。　《金匱》云：治風濕痹，皮中死肌，目中多眵䁾，去面黑子，悅顏色，散兩脇氣脹，寒熱水腫，及膀胱宿水。開胃止痛進食。　《珠囊》云：明目，治頭風，消痰壅咳嗽，及風濕，止嘔逆不食。　味甘、微鹹，氣溫，無毒。一云冷利，有小毒。六七月採花，日乾。其花如菊，深黃色，俗呼為野金錢。　根：味辛。主腹中寒熱邪氣，利小便。

明・陳嘉謨《本草蒙筌》卷三　旋覆花　味鹹、甘，氣溫。無毒。一云冷利，有小毒。叢生深谷中，又名金沸草。顏色深黃如菊，人又呼金錢花。七月採收，曝乾入藥。治頭風明目，逐水濕通便。去心滿噫氣痞堅，消胸結痰唾膠漆。驚悸亦止，寒熱兼除。倘病者稍涉虛羸，防損氣，不宜多服。葉理金瘡止血，根主風濕續筋。

明・王文潔《太乙仙製本草藥性大全》卷二《本草精義》　旋覆花　一名戴椹，一名盛椹，一名金沸草，一名金錢花。生平澤川谷，今所在有之。二月已後生苗，多近水傍，似紅藍而無刺，長一二尺已來，葉如柳，莖細，六月開花如菊花，小銅錢大，深黃色。上黨田野人呼爲金錢花。七八月採花曝乾，一十日成。今近者人家園圃所蒔金錢花，花葉並如上說，極易繁盛，恐即此旋覆也。

明・王文潔《太乙仙製本草藥性大全》卷二《仙製藥性》 旋覆花使 味鹹、甘，氣溫，無毒。一云冷利，有小毒。 主治：下氣補中，開胃進食，下膀胱留飲宿水，利大腸，通血心膨。治頭痛，明目，逐水濕，通便。去心滿噫氣、痞堅，消胸結痰，唾膠漆。驚悸亦止，寒熱兼除。除皮中死肌，去目內眵膜。倘病者，稍涉虛羸，防損氣不宜多服。 葉：理金瘡，止血。 根：主風濕，續筋。 補註：被砍筋斷者，以根杵汁，瀝瘡中，仍用滓封瘡上半月日，斷筋便續。○中風及壅滯，用花洗凈，研末，煉蜜爲丸如梧子大，夜卧以茶湯下五丸至七丸、十丸。○金瘡止血，搗花苗，敷瘡上即愈。 太乙曰：凡採得後，去裹花葉殼皮并蒂子，花葉蒸從，巳至午，晒乾用。

明・皇甫嵩《本草發明》卷三 旋覆花下品上，佐使。氣溫，味鹹、甘，無毒。一云冷利，有小毒。 發明曰：此消痰導飲，散利之劑。故《本草》主結氣，消膈痰結如膠，膠下滿膀胱留飲，風氣濕痺，皮間死肌，五藏寒熱，下氣，通大腸血脉。其消痰導飲，散結利氣可知矣。一云除驚悸者，以去心下水飲，心神自定也。又治目中翳曦，頭風，畢竟痰飲結滯而生風熱，此能散之，頭目自清也。丹溪云：走散之藥，若病涉氣虛，防損氣，不宜多服。○仲景治傷寒汗下後，心下痞堅，噫氣，旋覆代赭湯。胡洽治痰飲兩脇脹滿，旋覆花丸用之佳。其散結導痰結徵矣。○根，主風濕，續筋。葉，理金瘡，止血。又名金沸草。黃如菊，呼金錢花。

明・李時珍《本草綱目》卷一五草部・隰草類上 旋覆花《本經》下品

【釋名】金沸草《本經》 金錢花《綱目》 滴滴金《綱目》 盜庚《爾雅》 夏菊《綱目》 戴椹《別録》 宗奭曰：花緣繁茂，圓而覆下，故曰旋覆。時珍曰：諸名皆因花狀而命也。《爾雅》云：蕧，盜庚也。蓋庚者金也，謂其夏開黃花，盜竊金氣也。《酉陽雜俎》云：金錢花一名毗尸沙，自梁武帝時始進入中國。

【集解】《別録》曰：旋覆生平澤川谷。五月採花，日乾，二十日成。弘景曰：出近道下濕地，似菊花而大。別有旋葍根，出河南，北國亦有，形似芎藭，惟合旋葍膏用之，餘無所用，非此旋覆花根也。保昇曰：葉似水蘇，花黃如菊，六月至九月采花。頌曰：今所在皆有。二月以後生苗，多近水旁，大似紅藍而無刺，長一二尺以來，葉如柳，莖細。六月開花如菊花，小銅錢大，深黃色。上黨田野人呼爲金錢花，七八月採花。今近道人家園圃所蒔金錢花，花葉並同，極易繁盛，恐即旋覆也。宗奭曰：旋覆葉如大菊，又如艾蒿。秋開花大如梧桐子，花淡黃色，其香過於菊。別有旋花，乃鼓子花，非此花也。見本條。時珍曰：花狀如金錢菊。水澤邊生者，花小瓣單；人家栽者，花大蕊簇，蓋壤瘠使然。其根細白。俗傳露水滴下即生，故易繁，蓋亦不然。

花 【修治】斅曰：採得花，去蕊並殼皮及蒂子，蒸之，從巳至午，曬乾用。

【氣味】鹹，溫，有小毒。《別録》曰：甘，微溫，冷利。權曰：甘，無毒。大明曰：無毒。宗奭曰：苦、甘、辛。

【主治】結氣脇下滿，驚悸，除水，去五臟間寒熱，補中下氣《本經》。消胸上痰結，唾如膠漆，心胸痰水，膀胱留飲，風氣濕痹，皮間死肉，目中眵曦，利大腸，通血脈，益色澤《別録》。主水腫，逐大腹，開胃，止嘔逆不下食《甄權》。行痰水，去頭目風宗奭。消堅軟痞，治噫氣好古。

【發明】頌曰：張仲景治傷寒汗下後心下痞堅，噫氣不除，有七物旋覆代赭湯；雜治婦人，有三物旋覆湯。胡洽居士治痰飲在兩脇脹滿，有旋覆花丸，用之尤多。成無己曰：鞕則氣堅，旋覆之鹹，以軟痞堅也。震亨曰：寇宗奭言其行痰水去頭目風，亦走散之藥。病人涉虛者，不宜多服，冷利大腸，宜戒之。時珍曰：旋覆乃手太陰肺、手陽明大腸藥也。所治諸病，其功只在行水下氣通血脈爾。李衛公言嗅其花能損目。唐慎微《本草》誤以爲旋花根，方收附此下，今改正之。

【附方】舊一，新三。 中風壅滯：旋覆花，洗凈焙研，煉蜜丸梧子大。夜卧以茶湯下五丸至七丸、十丸。《經驗方》。 半產漏下：虛寒相搏，其脈弦芤。旋覆花湯：用旋覆花三兩，葱十四莖，新絳少許，水三升，煮一升，頓服。《金匱要略》。 月蝕耳瘡：旋覆花燒研，羊脂和塗之。《集簡方》。 小兒眉癬：小兒眉毛眼睫因癬退不生。用野油花即旋覆花、赤箭即天麻苗、防風等分，爲末。洗凈，以油調塗之。《總微論》。

葉 【主治】傅金瘡，止血大明。治疔瘡腫毒時珍。

根 【主治】風濕《別録》。

題明・薛己《本草約言》卷一《藥性本草》 旋覆花一名金沸草。 味鹹、甘，氣溫，有小毒。陰中之陽，可升可降，入手太陰陽明、足太陰厥陰經。去頭面之風邪，散胸中之氣結。膈上痰逆能消，膀胱水畜能折。深黃色，呼為金錢花。此消痰導飲散利之劑，故《本草》主結氣，消膈上痰結如膠，膀胱留飲，風氣濕痹云云。其消痰導飲、散結利氣可知矣。病人稍涉虛者，不宜多服，利大腸故也。傷寒汗下後，心下痞堅，噫氣不除者宜此。

明・梅得春《藥性會元》卷上 旋覆花 味鹹、甘，氣溫、微冷利。有小毒。一名金沸草。 主明目，治頭風而消痰嗽壅，通膀胱水，去風濕，止嘔，散結氣，脇下滿，消胸上痰結，唾如稠膠，並心脇痰，以定驚悸。除水，去五臟寒熱，補中下氣，膀胱留飲，風氣濕痹，皮間死肉，目中翳曦，利大腸，通血脉。其根治風濕。《衍義》云：行痰水，去頭目風，亦走散之藥。病人氣虚者，不宜多服，利大腸。戒之。

明・王肯堂《傷寒證治準繩》卷八《藥性》 旋覆花 氣溫，味鹹甘，有小毒。主結氣脇下滿，除水，去五藏間寒熱，消胸上痰結，唾如膠漆，消堅軟痞，治噫氣，通血脉。頌：仲景治傷寒汗下後，心下痞堅，噫氣不除，有七物旋覆代赭湯，雜治婦人有三物旋覆湯，胡洽居士治痰飲在兩脇脹滿，有旋覆花丸，用之尤多。成：鞕則氣堅，旋覆之鹹以軟痞堅也。

明・李中立《本草原始》卷三 旋覆花 始生平澤川谷，今所在有之。二月已後生苗，多近水傍，高一二尺已來。葉如柳，莖細。六月開花如菊花，小銅錢大，深黄色，俗呼六月菊。《本草綱目》名夏菊。上黨田野人呼為金錢花。《本經》載名金沸草。皆因花狀而名也。《爾雅》云：蕧，盜庚也。蓋庚者，金也，謂其夏開黄花，盜竊金氣也。宗奭曰：花緣繁茂，圓而覆下，故曰旋覆花。 氣味：鹹，溫，有小毒。 主治：結氣脇下滿，驚悸，除水，去五臟間寒熱，補中下氣。○消胸上痰結，唾如膠漆，心胸痰水，膀胱留飲，風氣濕痹，皮間死肉，目中眵曦，利大腸，通血脉，益色澤。○主水腫，逐大腹，開胃，止嘔逆不下食。行痰水，去頭目風。

【圖略】修治：旋覆花，去裹花蘂殼皮并蒂子，蒸之，曬乾任用。

《別録》曰：甘，微溫，冷利。大明曰：無毒。《經驗方》：治中風壅滯，旋覆花洗淨焙研，煉蜜丸梧桐子大，夜臥以茶湯下五丸至七丸、十丸。

明・張懋辰《本草便》卷一 旋覆花使 味鹹，甘，氣溫，一云冷利，有小毒。 主結氣，痰飲，脇下滿，驚悸，去五臟間寒熱。治頭風明目，消胸上痰結。

明・李中梓《藥性解》卷三 旋覆花 味鹹，甘，性溫，有小毒，入肺、肝、大腸、膀胱四經。主結氣風氣，脇下滿，膈上痰如膠漆，利大腸，逐水濕。

按：旋覆花耑理風氣水濕，而肝主風，脾主氣，膀胱大腸主水濕，故均入之。丹溪曰：走散之藥，病人涉虚者，不宜多服。

明・繆希雍《本草經疏》卷一〇 旋覆花 味鹹，甘，溫，微溫，冷利，有小毒。主結氣脇下滿，驚悸，除水，去五藏間寒熱，補中下氣。消胸上痰結，唾如膠漆，心脇痰水，膀胱留飲，風氣濕痹，皮間死肌，目中眵曦，利大腸，通血脈，益色澤。一名金沸草。五月採花，日乾。

【疏】旋覆花，《別錄》、甄權、日華子、寇宗奭，皆無毒。宗奭又加苦辛。而曰冷利，其稟冬之氣而生者乎？故其味首係之以鹹，潤下作鹹，鹹能軟堅。《別錄》加甘，甘能緩中，微溫，溫能通行，故主結氣脇下滿。心脾伏飲則病驚悸，飲消則復常矣。除水去五臟間寒熱，及消胸上痰結，唾如膠漆，心脇痰水，膀胱留飲，風氣濕痹，皮間死肌，目中眵曦，利大腸者，皆軟堅、冷利、潤下、消痰飲、除水之功也。其曰補中下氣者，以甘能緩中，鹹能潤下故也。通血脈，益色澤者，蓋指飲消則脾健，健則能運行，脾裏血又統血故也。【主治參互】仲景治傷寒汗下後，心下痞堅，噫氣不除，有七物旋覆代赭湯。成無己曰：鞕則氣堅，旋覆之鹹以軟痞堅也。《金匱要略》治半產漏下，虚寒相搏，其脈弦芤，旋覆花湯，用旋覆花三兩，葱十四莖，新絳少許，水三升，煮一升，頓服。胡洽治痰飲在兩脇，脹滿，有旋覆花丸。《總微論》治小兒眉癬，自眉毛眼睫，因癬退不生。用野油花即旋覆花、赤箭即天麻苗、防風，等分為末，洗淨。以油調塗之。【簡誤】丹溪謂為走散之藥，病人涉虚者，不宜多服。冷利，大腸虚寒人禁用。

明・倪朱謨《本草彙言》卷三 旋覆花 味苦，微鹹，氣溫，無毒。一云有小毒。可升可降。乃手太陰肺、手陽明大腸藥。方氏曰：旋覆花圓而覆下，故名。生平澤川谷及近道濕地，所在皆有。二月生苗，長一二尺。莖柔細，似紅蘭而無刺。葉如大菊及小蘇、蒿艾之類。六月開深黄色花，亦如菊，香亦如菊，故別名夏菊。根細而白，極易繁衍。生水澤邊者，花小瓣單。人家栽植者，花大蕊簇。蓋土地肥瘠使然。修治：去蕊蒂及殼皮用。

旋覆花：消痰逐水，寇氏利氣下行之藥也。白尚之稿 主心肺結氣，脇下虚滿，胸中結痰，痞堅噫氣，或心脾伏飲，膀胱留飲、宿水等證。大抵此劑味鹹以軟堅散痞硬，性利以下氣行痰水，實消伐之藥也。《本草》有定驚悸、補中之說。竊思痰閉心胞脾絡之間，往往令人病驚。旋覆破痰逐飲，痰飲去則胞絡清淨而無礙，五志自寧，驚悸安矣。又飲消則脾健，脾健則能運行飲食，中氣自受其益而補養矣。然行痰水，下結氣，是其專功。病人涉虚者，不宜多服。冷利大腸，虚寒人禁用。

女醫童玉峰先生曰：若熱痰，則多煩熱；濕痰，則多倦怠軟弱；風痰，則多癱瘓奇證；驚痰，則多心痛癲疾；冷痰，則多骨痹痿疾；飲痰，則多脇痛、臂痛；食積痰，則多癖塊痞滿。其爲病狀，種種變見。用旋覆花，虛實寒熱，隨證加入，無不應手獲效。

李時珍先生曰：仲景治傷寒汗下後，心下痞堅，噫氣不降，用旋覆代赭湯。胡洽居士治痰飲，兩脇脹滿，用旋覆花丸，皆破堅也。

集方：《方脉正宗》共四首治諸濕腫，痰脹水脹。以五苓散加旋覆花最妙。氣實者加葶藶子一二錢。○治風濕痰飲上攻，頭目眩脹眵曦。用旋覆花、天麻、甘菊花各等分爲末，每晚服二錢，白湯下。○治中風後，痰涎壅滯，結如膠漆。用旋覆花洗淨焙研爲末，煉蜜丸梧子大，每臥時以茶湯下三十丸。○治小便不行，因痰飲留閉者。用旋覆花一握，搗汁，和生白酒服下立通。

明·顧逢柏《分部本草妙用》卷四肺部·温瀉　旋覆花　鹹，溫，有小毒。入手太陰，并入大腸經。藥晒乾用。　主治：結氣脇滿，行水，去五臟寒熱。傷寒汗下後，心下痞堅，噫氣。消胸痰風氣，濕痺，利大腸，通血脉，消堅軟痞，開胃止吐。　葉，治瘡毒，止血。根，治風濕。花，能損目。　仲景治汗下後，心下痞堅噫氣，用七物旋覆代赭湯，鞕則氣堅，鹹以軟之也。胡洽治痰飲在兩脇脹滿，用旋覆丸，其功在行水消痰，通血。一去頭目風。然不無走散之性，虛人少服之。

明·李中梓《醫宗必讀·本草徵要上》　旋覆花味鹹、甘，微溫，無毒。入肺、大腸二經。去蒂，焙。　老痰堅硬，結氣留飲，風氣濕痹，利腸通脈。一名金沸草。鹹能軟堅，故能祛老痰結積，風濕燥結之療。溫能解散，鹹可潤下也。按：丹溪云：走散之藥，虛者不宜多服。冷利大腸，虛寒人禁之。

明·鄭二陽《仁壽堂藥鏡》卷一〇下　旋覆花　《圖經》云：旋覆花生平澤川谷。　氣微溫，味鹹、甘，冷利，有小毒。　《本草》云：主補中下氣，消堅軟痞，消胸中痰結，唾如膠漆，臍下膀胱留飲，利大腸，通血脉，發汗吐下後心下痞，噫氣不除者，宜此。　仲景治傷寒汗下後心下痞堅、噫氣不除，旋覆代赭湯。　胡洽治痰飲兩脇脹滿，旋覆花丸，用之尤佳。　一名金沸草也。《衍義》云：行痰水，去頭目風。亦走散之藥，病人涉虛者，不宜多服，利大腸。戒之！　日華子云：旋覆花：明目去眵曦。

明·蔣儀《藥鏡》卷一温部　旋覆花　專理風氣水濕，而解胸脇之結痰。亦治心下痞堅，而愈目中之眵曦。

明·張景岳《景岳全書》卷四八《本草正》　旋覆花　味苦、甘、微辛。陰也，降也，乃手太陰肺經、手陽明大腸經藥。開結氣，降痰涎，通水道，消腫滿，凡氣壅濕熱者宜之。但其性在走散，故凡見大腸不實，及氣虛陽衰之人，皆所忌用。

明·盧之頤《本草乘雅半偈》帙七　旋覆花《本經》下品　氣味：鹹，溫，有小毒。　主治：主結氣，脇下滿，驚悸，除水，去五藏間寒熱，補中，下氣。

覈曰：所在有之，生平澤川谷，及下濕地。二月生苗，長一二尺，莖柔細，似紅蘭而無刺。葉如大菊，及水蘇、蒿艾輩。花亦如菊，六月開黃金色，香亦勝菊，故別名夏菊、盜庚、滴滴金、金錢花也。根細而白，極易繁衍。修事：去蕋并殼皮及蒂子，蒸之，從巳至午，熬乾用。

条曰：旋者周旋，旌旗之指麾；覆者伏兵，奉旌旗之指麾者也。故主氣無師帥，則摶結不行，致形層之脇，滿閉從闔矣。若驚惶悸動，即君主位次，有失奠安，并可定神藏往來之寒熱，與主決瀆水液之向道，設非補中氣司命，安能使諸氣下伏從令乎？顧氣味鹹溫，亦可為營血之師帥，鹹能走血，溫行經隧故也。

明·李中梓《本草通玄》卷上　旋覆花　酸、甘，微溫，入肺與大腸二經。通血脉，消結痰，祛痞堅，除水腫，散風濕，開胃氣，止嘔逆。　旋覆之功甚多，然不越乎通血，下氣，行水而已。但是走散之品，非虛衰者所宜也。　去皮及蒂，洗淨微焙。

清·顧元交《本草彙箋》卷三　旋覆花　旋覆花味鹹，軟堅，能消胸上結痰，唾如膠漆，心脇痰水，膀胱留飲，并去五臟間寒熱，而長於逐散。　主驚悸者，心脾伏飲，則病驚悸也。大腸冷利，虛寒者忌之。

一名金沸草，俗呼滴滴金。《爾雅》謂盜庚，謂其夏開黃花，盜竊金氣，故所主治，祇在手太陰、陽明二經。

清·穆石匏《本草洞詮》卷九　旋覆花　花綠繁茂，圓而覆下，故名旋覆。一名盜庚，一名夏菊，以夏開黃花，盜竊金氣也。氣味鹹甘溫，有小毒。入手太陰、陽明經。開胃，止嘔逆，消結氣，胸上痰結，唾如膠漆，去五臟間寒熱，風氣濕痺，利大腸。蓋鞕則氣堅，旋覆之鹹以軟痞堅，所主諸證，皆取其行水下氣，通血脈而已，亦走散之藥也。

清·劉雲密《本草述》卷九上　旋覆花　二月生苗，長一二尺，莖柔細，似紅蘭而無刺，葉如大菊及水蘇、蒿艾輩，花亦如菊，六月開，黄金色，香亦勝菊。

氣味：鹹，溫，有小毒。《别録》曰：甘，微溫，冷利。　權曰：甘，無毒。　宗奭曰：苦，甘，辛。

諸本草主治：結氣，除水，消胸中痰結，吐如膠漆，治噫氣，利上焦，痰水脇滿，治水腫及膀胱留飲，利大腸，通血脈，治風氣溼痺，去頭目風。　方書主治：水腫痰飲咳嗽，頭痛瘛瘲眩暈，黄疸，目疾，亦多用之。

時珍曰：旋覆，乃手太陰肺、手陽明大腸藥也。所治諸病，其功只在行水下氣，通血脈爾。　嵩曰：此消痰導飲，散結利氣之味。其云除驚悸者，以去心下水飲，心神自定也。又治目中瞖䁾，頭風，畢竟痰飲結滯而生風熱，此能散之，頭目自清也。　希雍曰：旋覆花，《别録》，甄權，日華子，寇宗奭，皆無毒。宗奭又加苦辛，而曰冷利。其禀冬之氣而生者乎？故其味首係之，以鹹潤下作鹹，鹹能軟堅。《别録》加甘，甘能緩中。微溫，溫能通行。

仲景治傷寒汗下後，心下痞堅，噫氣不除，有七物旋覆代赭湯。　《金匱要畧》治半産漏下，虚寒相搏，其脈弦芤，旋覆花湯用旋覆花三兩，葱十四莖，新絳少許，水三升，煮一升，頓服。　胡洽治痰飲在兩脇脹滿，有旋覆花丸。

愚按：旋覆花之味鹹，鹹乃水化。此種多生下溼地，多近水旁。繆氏疑其秉冬氣而生，蓋謂其為水氣之化也。然用者在花，花開於六月，正如菊花黄色者，故諸書謂為金沸草，金錢花，滴滴金者，以其色黄也。又曰盜庚。曰夏菊者，以菊之吐華在秋，固稟金氣，而茲之吐華與菊不異。亦猶是金氣之所化，謂其為夏菊，更謂其盜竊金氣也。《經》曰：地氣上而生水液，此種秉水氣之化，上際於金氣之用，猶人身腎氣至於肺之義。然苗生於二月，花開於六月，其金氣布化，乃在火土正旺之時，是有可參者也。夫人身之氣，固水所生，金水相涵，則水之源裕，而氣生人身之液，又為氣所化，金火相合，則氣之用全而液化，此《本經》首言主治結氣，正謂其能散液中之結氣，不類於泛泛破結氣之味也。水歸金，金歸火，乃得水化氣，氣化液，液化血，是茲物功用之異處，非可以逐痰下水，與他味槩論也。　夫水穀之精微化液者，又為宗氣之所化，而宗氣之歸膻中者，即火之靈。又以用金而眞火烹煉其液，又能化血，此所謂主治結氣，即其能通血脈者也。夫痰飲，皆根於溼，水土合德以立地，不有金火合德以為運化，則水積不行。先哲云：水盛與血混雜，則不滋榮氣之運，或不化液而不從。衛氣之用，聚於經脈以為病。即此語繹之，則所云主治結氣，除水，而通血脈者，固了然矣。所謂風氣溼痺，即血脈之所結，則風氣不化，風氣之所病，則溼痺以成，是固相因者也。所云利大腸者，肺與大腸，皆一氣之所貫。所云除膀胱留飲者，即散精於肺，通調水道，下輸膀胱之義。至丹溪謂此味一於走散，義似近之，而未必盡然。至言其為冷利，則所未曉，彼春月為風寒所傷，咳嗽聲重，頭疼者，用金沸草散。又《金匱》治半産漏下，虚寒相搏者用之，是皆冷利之劑所能治乎哉？

大抵此味兼治風，次兼治風寒，而風熱亦兼治之，唯視其主劑如何耳。

希雍曰：丹溪謂為走散之藥，病人涉虚者，不宜多服。

修治　去梗葉，蒸熟，曬乾入藥。

清·郭章宜《本草匯》卷一一　旋覆花即金沸草。　鹹，甘，微溫，小毒，陰中之陽，可升可降，入手太陰、陽明，足太陰、厥陰經。去頭目之風邪，散胸中之結氣。膈上膠痰能消，硬則氣堅，旋覆之鹹，以軟痞堅。　膀胱水畜能折。消堅軟痞，散濕除痺。

按：旋覆花，乃消痰導利之劑也。其功只在行水，下氣，通血脉耳。但是走散之品，非虚衰者所宜，冷利及大腸虚寒人禁用。惟傷寒汗下後，心下痞堅，噫氣不除者，宜此。方書言其能祛老痰結積者，鹹能軟堅也。葉消疔腫，根治風濕。

去皮及蒂，洗淨微焙。

清·蔣居祉《本草擇要綱目·寒性藥品》　旋覆花　氣味：鹹，溫，有小毒。入手太陰肺、手陽明大腸經。　主治：其功只在行水下氣，通血脈而已。若病人涉虚者，此則走散太甚，不宜用之，恐冷利大腸也。治傷寒汗下後，心下痞堅，噫氣不除，有七物旋覆代赭湯。治婦人，有三物旋覆湯。治痰飲在兩脇脹滿，有旋覆花丸。皆通泄之義也，用者詳審之。

清·王翃《握靈本草》卷四　旋覆花生近道下濕處。即金沸草。如小錢大，深黄色。凡使，去皮及蒂，洗淨微焙。　主治：旋覆花，鹹，溫，有小毒。主結氣脇下滿，驚悸。除水，消胸上痰結，唾如膠漆，胸中痰水，膀胱留飲。主水腫大腹，止嘔逆，軟痞，治噫氣。

清·汪昂《本草備要》卷一　旋覆花一名金沸草。瀉，下氣消痰。　鹹能軟堅，苦、辛能下氣行水，溫能通血脉。入肺、大腸經。消痰結堅痞，唾如膠漆，噫氣不除，噫，於介切，俗作噯。胸中氣不暢，故噯以通之，屬不足。亦有挾痰、挾火者，屬有餘。仲景治汗吐下後，痞鞭噫氣，有代赭旋覆湯。大腹水腫，去頭目風。然走散之藥，冷利大腸，虚者慎用。類金錢菊。去皮、蒂、蕊、殼，蒸用。根能續筋。筋斷者，搗汁滴傷處，滓敷其上，半月不開，筋自續矣。

清・吴楚《寶命真詮》卷三　旋覆花　【略】主老痰堅硬，結氣留飲，驅風濕，利腸通脉，止嘔逆，下氣。

清・陳士鐸《本草新編》卷三　旋覆花　味鹹、甘，氣溫，無毒。一云：冷利，有小毒。悮也。入心、肝、大小腸。治頭風，明目，逐水濕通便，去心滿、噫氣、痞堅，消胸結痰涎，定驚怪，止寒熱。此物有旋轉乾坤之力，凡氣逆者，可使之重安，但止可一用，而不可再試。至于虚弱之人，尤不宜輕用〔也〕。

或問：旋覆花治氣逆甚神，為傷寒要藥，但不識可于傷寒之外，而亦治之乎？夫氣逆之症，不止傷寒，旋覆花之治氣逆，尤于傷寒之外見奇。但傷寒氣逆，不必加入人參，而雜症門中之氣逆，非人參不能奏功，必須共用耳。

或問：旋覆花不可獨用見奇，有之乎？旋覆花固不可獨用也，得代赭石，則能收旋轉之功。凡逆氣而不能旋轉者，必須用之，下喉而氣即轉矣。二者不止能轉氣，而且能安氣，亦必須人參尤奇。

或問：旋覆花謂是走散之藥，然乎？夫旋覆善轉氣，非走氣也，故氣逆者，得之而順。豈氣順者，反用之而散乎。

清・顧靖遠《顧氏醫鏡》卷七　旋覆花一名金沸草。鹹，寒。入肺大腸二經。去蒂，焙。煎成，須絹濾清服之。治膠痰，鹹能軟堅。去留飲。鹹能潤下。除噫氣，性能下氣。利大腸。昔人言其去頭目風，行水治腫。亦走散之藥，虚者不宜多服。

清・李熙和《醫經允中》卷一八　旋覆花　即金沸草。晒乾用。入手太陰、陽明二經。鹹，溫，有小毒。主治頭風結氣，脇滿行水，消堅軟痞。葉治瘡毒，止血。根治風濕，且善續筋。花能損目，其功在于行水消痰，通血利氣。性善走散滑腸，虚人禁服。

清・馮兆張《馮氏錦囊秘錄・雜症痘疹藥性主治合參》卷三　旋覆花一名金沸草。五月採花，晒乾。稟冬之氣以生，故味鹹甘，溫。一云苦辛，冷利，有小毒。鹹能潤下軟堅，辛溫能通行破結。

旋覆花，逐濕，治頭風明目。凡心脾伏飲，脇下脹滿，胸上痰結，唾如膠漆，風氣濕痹，皮間死肌。消痰飲，除宿水，利大腸膀胱。但氣走洩，且性冷利，病人衰弱及大腸虚寒者忌之。

清・张璐《本經逢原》卷二　旋覆花《本經》名金沸草。鹹，甘，溫，小毒。

《本經》主結氣脇下滿，驚悸，除水，去五藏間寒熱，補中下氣。發明：旋覆花升而能降，肺與大腸藥也。其功在於開結下氣，行水消痰，治驚悸，袪痞堅，除寒熱，散風濕，開胃氣，止嘔逆，除噫氣。故肺中伏飲寒嗽宜之。仲景治傷寒汗下後，心下痞堅，噫氣不除，有旋覆代赭石湯。《金匱》半產漏下，有旋覆花湯。胡洽治痰飲在兩脇脹滿，有旋覆花湯。皆取其能下氣也。但性專溫散，故陰虚勞嗽，風熱燥欬，不可誤用，用之嗽必愈甚。《本經》言補中下氣者，甘能緩中，鹹能潤下，痰氣下而中氣安，脇下滿結，寒熱驚悸，水氣皆除矣。

清・浦士貞《夕庵讀本草快編》卷二　旋覆花《本經》、金沸草、盗庚　花圓覆下，故曰旋，夏開黄花，故有金沸、盗庚之名。旋覆鹹甘微溫，乃手太陰、手陽明藥也。故能軟痞除噫，逐水通血，消胸膈膠漆之痰，化股間留飲而滿，結氣驚悸，濕痺水腫者神効。蓋以其溫能解散，故可燥風濕而祛飲痺；鹹可軟堅，故善逐結氣而滌頑痰。病在肺與大腸者宜之。按仲景治傷寒汗下後心下痞堅而噫者，有旋覆代赭湯；胡洽治痰飲在兩脇脹而滿者，有旋覆丸。成無己曰：鞕則氣堅，旋覆之鹹以軟痞堅也。雖然，終為走散之藥，病虚腸滑者當忌。

清・張志聰、高世栻《本草崇原》卷下　旋覆花　氣味鹹，溫，有小毒。主治結氣，脇下滿，驚悸，除水，去五臟間寒熱，補中，下氣。旋覆花，《本經》名金沸草，《爾雅》名盗庚，近道皆有，多生水邊及下濕地。二月以後生苗，長一二尺，莖柔細，葉似柳，六月至七八月開花，狀如金錢菊，淺黄色，中心細白茸作叢，花圓而覆下，故名旋覆。相傳葉上露水滴地即生，故繁茂。花名旋覆者，花圓而覆下也。草名金沸者，得水露之精，清肺金之熱沸也。又名盗庚者，開黄花白茸，於長夏金伏之時，盗竊庚金之氣也。氣味鹹溫，有小毒。蓋稟太陽之氣化，夫太陽之氣，從胸脇以出入，故主治胸中結氣，脇下脹滿，太陽不能合心主之神氣以外出，則驚。寒水之氣動於中，則悸。旋覆花能旋轉於外而覆冒於下，故治驚悸。太陽為諸陽主氣，氣化則水行，故除水。五臟如五運之在地，天氣旋覆於地中，則五臟之寒熱自去矣。去五臟間寒熱，故能補中。治結氣、脇滿、驚悸、除水，故能下氣也

清·何諫《生草藥性備要》卷上　滴滴金　味苦，性寒。一門去毒。

清·姚球《本草經解要》卷二　旋覆花　氣溫，味鹹，有小毒。主結氣，脇下滿，驚悸，除水，去五藏間寒熱，補中，下氣。　旋覆氣溫，稟天春和之木氣，入足厥陰肝經。味鹹有小毒，得地北方陰慘之水味，入足少陰腎經。氣味降多於升，陰也。溫能散結，鹹能耎堅，故主結氣，脇下滿也。水氣乘心則驚悸，鹹溫下水，所以并主驚悸也。去五藏間寒熱者，五藏藏陰者也。痰蓄五藏，則陰不藏而寒熱矣。鹹溫可以消痰，所以去寒熱也。補中者，中為脾胃，水行痰消，則中宮脾胃受補也。下氣者，鹹性潤下也。因有小毒，所以服之必煩也。　製方：　旋覆同人參、半夏、代赭石、甘草、生薑、大棗，治傷寒汗下後，心下痞堅，噫氣不除。

清·周垣綜《頤生秘旨》卷八　旋覆花　消痰散利之藥也。咳嗽喘急，眩暈驚悸，皆痰飲留滯所為，以此投之甚當。病涉氣虛，防損真氣。

清·王子接《得宜本草·下品藥》　旋覆花　味鹹，溫。主治結氣嘔逆。得代赭石、半夏，治噫氣。得葱、新絳，治半產漏下。

清·徐大椿《神農本草經百種錄》下品　旋覆花　味鹹，溫。主結氣脇下滿，驚悸，除中上二焦結閉之疾。除水，鹹能潤下。去五藏間寒熱，五藏留結不通所生之寒熱。補中下氣，開氣下達，皆鹹降之功。　此以味為治，凡草木之味，鹹者絶少。鹹皆治下，鹹而能治上焦者尤少。惟此味鹹而治上，為上中二焦之藥。鹹能耎堅，故凡上中二焦凝滯堅結之疾，皆能除之。〇凡體輕氣芳之藥，往往能消寒熱，蓋寒熱之疾無不因郁遏而成。《内經》云：　火鬱則發之。輕芬之體能發散，故寒熱除也。

清·黄元御《長沙藥解》卷三　旋覆花　味鹹，入手太陰肺、足陽明胃經。行凝澀而斷血漏，滌瘀濁而下氣逆。　《金匱》旋覆花湯，旋覆花三兩，葱白十四莖，新絳少許，煎頓服。治婦人半産漏下。旋覆行血脈之瘀，葱白通經氣之滯，新絳止崩而除漏也。　《傷寒》旋覆代赭石湯，旋覆花三兩，半夏半升，代赭石一兩，人參二兩，甘草二兩，大棗十二枚，生薑五兩。治傷寒汗吐下後，表證已解，心下痞鞕，氣不除者。以土虚胃逆，碕甲木下行之路，胃口痞塞，濁氣不降。參、甘、大棗，補其中脘。半夏、薑、赭，降其逆氣。旋覆花行其瘀濁也。旋覆花通血脈而行瘀澀，能除漏滴，清氣道而下痰飲，善止噦噫。其諸主治：逐痰飲，止嘔逆，消滿結，軟痞鞕，通血脈，消水腫。

清·吴儀洛《本草從新》卷一　旋覆花〔瀉，下氣消痰。〕一名金沸草。　苦辛能下氣行水，鹹能軟堅，微溫能通血脈。入肺、大腸經。消痰結堅痞，唾如膠漆，噫氣不除，噫，於介切。俗作噯，胸中氣不暢，故噯以通之，屬不足。亦有挾痰挾火者，屬有餘。仲景治汗吐下後痞鞕噫氣者，有代赭旋覆湯。大腹水腫，風氣濕痺。走散之藥，冷利大腸，虚人禁之。根能續筋。筋斷者搗汁滴傷處，渣敷其上，半月不開，筋自續矣。類金錢菊。去皮、蒂、蕊殼，蒸用。入煎劑須用絹包好。有細毛，恐射肺令人嗽。

清·汪紱《醫林纂要探源》卷二　旋覆花　鹹苦，微辛，溫。莖葉略似金銀花，花亦似而紅，形如小盆，午開子落。補心，通血脈。泄肺，降逆氣。午開花，含陽氣而升於極上。色赤入心，散心之鬱血頑痰。子刻花落，順陰氣而降覆於下，味苦降泄，降肺之逆氣水氣，故治結痰痞氣噫逆水腫之隔於胸中者。虚人慎用。能泄氣也。取半開花，去蒂下皮殼，已落者不用。　根：　能續筋。搗汁滴傷處，傅以渣，半月勿動，斷筋自續，以其能接續陽也。〇一名金沸草。

清·嚴潔等《得配本草》卷三　旋覆花一名金沸草。　苦、辛，溫。入手太陰、陽明經氣分。降心脾伏飲，去五臟寒熱，除脇下氣滿，破膈痰如漆。止嘔逆，平驚悸。痰水去也。　配地葱、新絳，治半產漏下。配赭石、半夏，治噫氣痞硬。　去皮蒂蕊殼，蒸用。入藥須絹包煎，恐妨肺而反嗽。　氣虛，大腸冷利，陰虛燥咳，三者禁用。

題清·徐大椿《藥性切用》卷三　旋覆花　苦辛鹹平，入肺、大腸經。下氣定喘，軟堅化痰，為疎理風氣水濕喘藥。（蜜）〔密〕絹包。虛人酌用。　根能續筋。

清·黄宫繡《本草求真》卷七　旋覆花下肺氣，消痰結。　旋覆花喘入肺、大腸。即《本經》所名金沸草者是也。其性雖兼辛溫，凡陰虛勞嗽，風熱燥欬，不可誤用，用之其嗽必甚，究之味苦而鹹，性主下降。凡心脾伏飲，脇下脹滿，胸上痰結，唾如膠漆，風氣濕痹，皮間死肉，服之即能有效，更能續筋敷傷。筋斷，搗汁滴傷處，以滓敷上，半月即愈。　時珍曰：　凡藤蔓之屬，象人之筋，所以多治筋病。旋覆花藤細如筋，可啖，故能續筋敷傷。　是以仲景之治傷寒汗下後，心下痞堅，

噫氣不除，有旋覆代赭石湯。噫氣即噯氣也。《經》曰：五氣所病，心為噫。又曰：寒氣客於胃，厥逆從下上散，復出於胃，故為噫。噫氣多屬胃氣虛弱，三焦失職，清無所歸，濁無所降，然亦有痰、有火、有食，仲景立此方以治傷寒汗下後胃虛。內用人參、甘草以扶正，薑棗以和中，旋覆花旋轉陰中阻格之陽升而上達，赭石使戀陽留滯之陰降而下行，然後參、甘、大棗，可收補虛之功，生薑、半夏可奏開痞之效。

並《金匱》半産漏下，有旋覆花湯。胡洽治痰飲在兩脇脹滿，有旋覆花湯。皆取苦能下氣故耳。惟其性專主下，故書皆載病衰弱大腸虛寒者切忌，以其不禁再下故也。五月五日採花晒乾，去皮、蒂、蕊、殼用。

清·楊璿《傷寒溫疫條辨》卷六消劑類　旋覆花即金沸草。　味甘鹹，性溫。入肺、肝、大腸、膀胱。主結氣、風氣、脇下氣，膈上痰如膠漆，下氣，利大腸，逐水濕。丹溪曰：走散之藥，虛者少服。金沸草散加杏仁、五味子，下氣降痰，治諸咳嗽皆驗。

清·羅國綱《羅氏會約醫鏡》卷一六草部　旋覆花一名金沸草，味鹹甘，微溫，入肺、大腸二經。　鹹能潤下軟堅，辛溫能通行破結，化痰結堅痞、留飲辛溫、噫氣，俗作噯。胸中氣不暢，故噯以通之，屬不足；亦有挾痰挾火者，屬有餘，須憑脉證辨之。利濕痹，潤大腸，消水腫。辛能下氣行水。然走散之藥，冷利大腸，虛寒人禁之。

清·陳修園《神農本草經讀》卷四下品　旋覆花　氣味鹹，溫，有小毒。主結氣，脇下滿，驚悸，除水，去五臟間寒熱，補中益氣。

陳修園曰：旋覆花氣溫，禀風氣而主散。味鹹，得水味潤下而軟堅。味勝於氣，故以味為主。唯其軟堅，故結氣，脇下滿等症，皆能已之。唯其潤下，故停水驚悸及五臟鬱滯而生寒熱等症，皆能已之。藉鹹降之力，上者下之，水氣行，痰氣消，而中氣自然受補矣。《本經》名金沸草。《爾雅》名盜庚。七、八月開花，如金錢菊。相傳葉上露水滴地即生。

清·王學權《重慶堂隨筆》卷下　旋覆花　今人但用以降逆，而《本經》云補中下氣，何也？蓋升降之權，在於中氣，氣之不應升而升者謂之逆，反逆為順謂之下，其能反逆為順者，則賴中樞之旋轉，能使中樞旋轉，詎非補中之力乎？觀其色可知矣。余謂旋者，轉旋中氣之能復者，氣下為順之象，命名之義以此。

〔王孟英〕刊：近閱鄒氏《疏證》引《群芳譜》，言旋覆花頭露滴入土中，即生新根，可見其生機之旋相升降矣。表之曰補中下氣，乃聖人體物入微處。薛一瓢案中亦云旋覆有斡旋中氣之能，與吾曾王父之論合。世人謂其瀉氣，不敢施於虛體，豈不悖哉！

清·黃凱鈞《藥籠小品》　旋覆花　苦辛，能下氣行水，鹹能軟堅，入肺大腸，通血脈，消痰結，同代赭石治噫氣頻頻。然走散之藥，虛人禁之。入煎劑須絹包，或瀝清。有細毛着肺令人嗽。

清·張德裕《本草正義》卷上　旋覆花一名金沸草。　苦辛，涼降。入肺、大腸。開結氣，降痰涎，通水道，消腫滿。凡濕熱氣壅者，宜之。性在走散，大便不實，及氣虛陽虛，皆大忌。

清·楊時泰《本草述鉤元》卷九　旋覆花　即金沸草，又名金錢花、滴滴金。二月生苗，長一二尺，莖柔細，似紅蘭而無刺，葉如大菊及水蘇蒿艾輩，六月開金黃色花，亦如菊，香亦勝菊。

味鹹、甘，氣溫。寇氏言苦辛。入手太陰肺、手陽明大腸經。治結氣，除水，消胸中痰結，吐如膠漆，又治噫氣，利上焦痰水脇滿，療水腫及膀胱留飲，此即散精於肺，通調水道，下輸膀胱之義。利大腸，與肺一氣所貫。通血脈，治風氣濕痹，血脈之所結，則風氣不化，風氣病則濕痹以成。去頭目風。方書治欬嗽頭痛，瘛瘲眩暈，黃疸，目疾亦多用之。此消痰導飲散結利氣之味，其云除驚悸者，以去心下水飲，心神自定也。又痰飲結滯而生風熱，此能散之，故治目中瞖䁖及頭風嵩。禀冬氣而生，故其味首係之以鹹，鹹能軟堅，微溫故能通行仲淳。傷寒汗下後，心下痞堅，噫氣不除，有旋覆代赭湯。《金匱》治半産漏下，虛寒相搏，其脈弦芤，用旋覆花三兩，葱十四莖，新絳少許，水三升，煮一升，頓服。胡洽治痰飲在兩脇脹滿，有旋覆花丸。

論：旋覆花多生下濕地，其味鹹，繆氏疑其秉冬氣而生，蓋以為水氣之化，然用者在花，花開六月，香色與菊不異，猶是金氣之所藴，故一名夏菊，且曰盜庚也。《經》曰：地氣上而生水液。此物禀水氣之化，上際於金氣之用，猶人身腎氣至肺之義，第其華以六月，則金氣之布化乃在火土正旺時，是可參也。夫人身之氣，固水所生，金水相涵，則水之原裕而氣生。人身之液又為氣所化，金火相合，則氣之用全而液化。《本經》首主結氣，正謂其能散液中之結氣也。水歸金，金歸火，乃得水化氣，氣化液，液化血，是茲物功用之異處，非他味之逐痰下水者可比。夫水穀精微之化液，皆宗氣之用，而宗氣之歸膻中者，即火之靈。又以真火用金而烹煉其液，及能化血，此其主治結氣，即其能通血脈者也。夫痰飲皆根於濕，水土合德以立地，不有金火合德以為運化，則水積不行。先哲云：水盛與血混雜，則不滋營氣之運，或不化液而不從衛氣之用，聚於經脈以為病。即此語繹之，則所云主治結氣除水而通血脈者，固了然矣。大抵此味兼治風，次治風寒，而風熱亦兼治之，惟視其主劑何如耳。

丹溪謂為走散之藥，病人涉虛者，不宜多服仲淳。

修治：去梗葉，蒸熟，曬乾入藥。

清·葉桂《本草再新》卷二 旋覆花味苦、辛，性微寒，無毒。入肺、腎二經。下氣利水，行血養血，化痰破癥，明目去風。

清·吳其濬《植物名實圖考》卷一一 旋覆花 《本經》下品。《爾雅》：蕧，盜庚。注：旋覆似菊。《救荒本草》：葉可煠食。俗呼滴滴金。

雩婁農曰：蕧，盜庚。釋者以為未秋有黃華，為盜金氣。《列子》有言：人之於天地四時孰非盜，而況於小草？雖然造物者，亦何嘗不時露其所藏，以待人之善盜哉？水方盛而麋角解也，眾草芳而鶗鴂鳴也，月暈而礎潤也，霜降而鶴警也，鸑鷟來而周興也，白蛇死而漢代也，封羊無血而亡於高梁也，投龜大詬而辱於乾谿也，肥遺見而兵也，畢方至而火也，海鳧為東晉之徵也，鶂鴣為南宋之漸也，燈花之集行人也，目瞤之得酒食也，大之見於天地山川，細之見於蚑行喙息，造物者亦何時不示人以知所盜哉？然而庸人之情，未飢則思食，未寒則思衣，菽水則慕列鼎，布帛則願文繡，蓬戶甕牖則祈廣廈洞房，下澤欵段則羡駟馬八騶，子孫足則冀錫爵擔圭，富貴極則求方丈蓬萊。蓋無時而不蘄為盜。而造物乃或慨而使之盜，或吝而拒之盜。其或使、或拒者，非造物之有異於盜，而盜者之不能窺造物也。善為盜者，智察於未然，明燭於無形。商之善盜也，人棄而我取；農之善盜也，脩防而豬水；工之善盜也，入山而度木；士之善盜也，謀道而獲祿。方其盜也，無知其為盜也；知其為盜，則不足以言盜。蟻未雨而為垤，鳥未陰而徹土，豹未霧而惜其毛，駝未風而埋其鼻。鷙鳥將搏，必匿其影；文狸將捕，必伏其身。無形之盜，雖天地萬物扃鐍固閉，不能防善視者之伺其隙，大力者之負而趨，而不然者，則清晝攫金之士耳。古之為政者，星隕日珥，以伺於天；河滎石移，以伺於地，童謠市言，以伺於人；多麋有蜮，以伺於物。兢兢業業，惟恐造物諄諄命之，而忽焉無以應也。於是金穰木康，盜於天而可富矣；土宜物生，盜於地而可富矣；足晝足夜，盜於人而可富矣；不胎不夭，盜於物而可富矣。是故欲取姑與者，使人不覺其為盜；多與少取者，使人樂於其為盜。與與取均者，使人不敢不聽其為盜；有取而無與者，將悖入悖出，使人不能聽其終於為盜。使人不覺其為盜者，老莊之學是也；使人樂於其為盜者，官禮之法是也；使人不敢不聽其盜者，輕重之法是也；使人不能聽其終盜者，孔僅、桑宏羊之屬是也。若乃置天變人言於不顧者，是猶未嘗問計於盜；而掩目塞耳，匍匐而入五都之市，貿貿然遇物而摸索之，雖遺簪墮珥，尚未可得，況能探囊胠篋乎？昔有受欺以隱身草者，持以為盜。吏執而紡之，盡褫其衣；既無所盜，而卒以予盜。若而人者，即造物亦無如其不善盜何？

清·趙其光《本草求原》卷三隰草部 旋覆花一名金沸草，又名盜庚。《本經》氣溫，味鹹，有小毒。得水木之氣味，葉上露滴地，而生於水旁。六月開花如金菊，故名夏菊，又名盜庚，其言當火土正旺之時，能盜竊金氣，使金水相涵以生氣，金水相涵以化液，而水飲不留也。主結氣，水歸金，金歸火，則水化氣、氣化液，而液中之結氣自除，不僅鹹軟堅、溫散結之泛泛也。脇下滿，肝得溫而散精之故。驚悸，去心下水則神安。除水，去五臟間寒熱，痰飲鬱滯於五臟，則不能稟氣於肺以藏陰而生寒熱。補中下氣，鹹降潤下，則水消痰行，中氣自然受補。吐痰如膠漆，軟堅之力。噫氣，噫氣屬不足，亦有挾痰、挾火者，木水氣之化，上際金氣以下降，則吐納自靈。上焦及膀胱留飲、水腫，肺氣通調，下輸膀胱故也。利大腸，肺與大腸一氣所貫。通血脈，水得金氣化液，液得火氣化血。水盛氣結，則液不化，而聚於經脈，榮血自結。風氣濕痹，血脈結，則風不化，而濕益留。頭目風，溫亦兼散，故風寒風熱可隨主劑而佐之。頭眩目暈，痰飲結於上而生風熱，散之降之，頭目自清。虛人勿服。走散故也。

同參、甘、薑、棗、半夏、代赭，治傷寒汗下後心下痞堅，噫氣不除。用三兩，同葱十四條，新絳少許，治半產漏下，虛寒相搏，脈弦而芤。其根能續筋。搗汁連渣敷之，半月不開，筋斷者自續。去梗、葉，蒸曬用。

清·葉志詵《神農本草經贊》卷三 旋覆花 味鹹，溫。主結氣，脇下滿，驚悸，除水，去五藏間寒熱，補中下氣。一名金沸草，一名戴椹。生川谷。

菊黃柳綠，善盜庚先。旋回羅疊，覆下錢圓。金垂滴滴，水近濺濺。香芬鼻觀，目忌延緣。

蘇頌曰：葉似柳根細，六月開花如菊，深黃色。《爾雅》：蕧，盜庚。

李時珍曰： 庚者，金也。夏開黃花，盜竊金氣也。寇宗奭曰： 花圓而覆下，故名旋覆。《群芳譜》： 一名疊羅金。李時珍曰： 花形如金錢菊，水澤邊生，俗傳露水滴下即生，故名滴滴金。趙孟頫詩： 妙香清鼻觀。《酉陽雜俎》： 李衛公言，嗅其花能損目。《莊子》： 延緣葦間。

清・文晟《新編六書》卷六《藥性摘錄》 旋覆花 即金沸草。味苦而鹹，平肺氣，消痰結。○治心脾伏飲，脇下脹膈，胸上痰結，唾如膠漆，及傷寒痞堅，噫氣不除，風虛濕痹，皮間死肉，皆有効。○外能續筋敷傷，搗汁滴傷處，以滓敷之，半月即効。○惟病體衰弱，大腸虛寒者，忌服。

清・張仁錫《藥性蒙求・草部》 旋覆花錢半 旋覆花辛，消痰止嗽。血脈能通，其功立奏。苦辛能下氣行水，鹹能軟堅，微溫能通血脈。入肺、大腸經。消痰結堅痞，唾如膠漆，噫氣不除，風氣濕痹。一名金沸草。絹包用，有細毛，恐射肺，令人嗽。

清・戴葆元《本草綱目易知錄》卷一 旋覆花金沸草。 鹹能軟堅，苦辛能下氣行水，溫能通血脈，入肺、大腸經。開胃止嘔，消堅軟痞，除水氣，利大腸，化胸上痰結，唾如膠漆，心胸痰水，脇下結氣，止嘔逆。治噫氣，膀胱留飲，風氣濕痹，皮間死肉，目中眵淚，大腹水腫，去頭目風。然性走散，虛者慎用，多服，冷利大腸。葆按： 其花有毛，妨喉引咳，凡服者，須用布濾，或另布包，仝煎。

清・黃光霽《本草衍句》 旋覆花 鹹以軟堅，苦能下氣。逐水通脈，大腹水腫，通血脈。行腸入肺。去膀胱之留飲，通利大腸； 消胸脇之結痰，吐如膠漆。開胃止嘔，痞堅噫氣。冷利大腸，虛人當避。丹溪曰： 走散之藥，冷利大腸，虛寒者戒之。主治結氣嘔逆，得代赭石、半夏治噫氣，得葱白、新(降)〔絳〕，治半產漏下。

清・陳其瑞《本草撮要》卷一 旋覆花 味鹹甘，溫，入手太陰、陽明經，功專散結氣。得代赭石、半夏治噫氣，得葱、新絳治半產漏下。大腸虛者慎用。根能續筋，筋斷者搗汁滴傷處，滓敷其下，半月不開，筋自續。又名金沸草。

清・仲昴庭《本草崇原集説》卷下 旋覆花 【略】治結氣脇滿驚悸，除水，故能下氣也。〔批〕作湯絹包，防毛粘肺增咳。【略】〔批〕旋覆花主治之理，《崇原》備矣。《經讀》復為淺説，使人人可以共知。

九鼎連環草

清・趙學敏《本草綱目拾遺》卷四草部中 九鼎連環草 一名九葉雲頭艾。三月生苗，係子出，高二三尺，葉似艾菊，香亦近之，霜後枯。産口外、五臺山二處。近有人帶種，各處可植。八九月間，起穗結蕊，類野菊蕊，但不開花結實，其實如野菊花心。《百草鏡》： 春月發苗，葉類艾菊，香亦近之。八月時無花而實，實先起疙瘩，逐漸長大，內包十餘子，子細長小，葉乾之甚香。黃梅時，須不時焙曬，否則易黴，黴則無用。性溫，通行氣血，治風痹有效。

風痹：《百草鏡》： 用九鼎連環草乾者二兩，核桃肉三兩，搗爛，當歸一兩五錢，黃酒浸，隔水煮用。

苦菜

清・吳其濬《植物名實圖考》卷三 苦菜 《本經》上品。《釋草小記》考述極詳。鋪地生葉，數十為簇，開黃花甚小，花罷為絮，所謂荼也。根細有鬚，味極苦。北地野菜中之先茁者，亦采食之。至苣蕒生而此菜不復入筠籃矣。《救荒本草》謂苦苣有花葉、光葉二種，驗之信然。今併圖之。但《嘉祐本草》分苦苣、苦蕒二種。《救荒本草》所云苦苣似即苦蕒，其所圖苦蕒，梢葉如鴉嘴形，俗名老鸛菜，自別一種。大抵苦蕒花小而繁； 苦苣俗呼苣蕒，花稀而大，正同蒲公英花。園圃所種，皆苣蕒。《嘉祐本草》之家苦蕒，恐以葉之花、光分別，未見人家有種苦蕒者。野菜相似極多，而稱名以地而異，僅見一二種強為附麗，終無當於古所云爾。

雩婁農曰： 余少時以暮春入都門，始茹苦蕒，和以蔗餹，其苦猶強於甘，徒以其性能抑熱強嚙之，非佳饍也。河以南無食之者，無論江湖本草及小學家，辨別良苦，然孰是提挑菜之槩，而烹炊其之釜者乎？ 西北春遲，四月中新荑纖纖，挺露積沙中者，如老人短髮，歷歷可數。齠齔男女，坐地以指掘其根芽，就而咀嚼之。葉稍舒則挈以歸，雜糠覈煮為飯，或剉以飼雞豕，無寸青，尺綠委於踐履者，故無一物不為之名。程徵君瑤圃有言曰： 簡策陳言，其在人口中者，雖經數千百年，有非兵燹所能劫，易姓改物所能變者。此言誠然。然唯西北語質，其聲音輕重，尚可以古韻求之耳，太行、中條以南，土沃候暖，萌達句出，率不過旬日，即苕發穎豎，蒙茸於蓬蒿藜莠中，幾荒蕪而不可治。自非曠土隙壤，無不芟夷殆盡，尚有能盡名其物者乎？ 余嘗以苦蕒詢之開封人，或以為燕兒苗，然則《救荒本草》所云苦苣者，乃以本草之名名之，非俗語如是也。昔有令治獄，獄成以付吏，吏為定爰書，令視之，詫曰： 此非昔所鞫獄辭也。吏出袖中舊牘以進，曰： 凡治獄必改易其辭如舊牘，始與律比。令熟思良久，曰：汝言是也，若並其人名而易之，則與舊案無一字不比矣。然則，本草、小學諸書，所謂某草即古某草者，無亦有如今之治獄，欲併易其人名以比於舊牘者乎？

剪刀股

明・朱橚《救荒本草》卷上之前　剪刀股音古。生田野中，處處有之。就地作小科苗，葉似嫩苦苣葉而細小，色頗似藍，亦有白汁，莖叉梢間開淡黄花。葉味苦。救飢：採苗葉煠熟，水浸淘去苦味，油鹽調食。

明・姚可成《食物本草》卷首王西樓《救荒野譜》　剪刀股食莖葉。春采，生食，兼可作虀。剪刀股，剪何益？剪得今年地皮赤。東家羅綺西家綾，今年不聞剪刀聲。

明・周履靖《茹草編》卷一　剪刀股　剪刀股，剪却薜荔成野服。不向豪家剪綺羅，自甘澹泊栖茅屋。綺羅不耐秋風吹，雲度長空滅何速？并州之刀不爾如，愛爾常傍羣芳綠。二三月採取，生食，或可作虀。

馬蘭

宋・唐慎微《證類本草》卷九草部中品〔宋・掌禹錫《嘉祐本草》〕　馬蘭味辛，平，無毒。主破宿血，養新血，合金瘡，斷血痢，蠱毒，解酒疸，止鼻衄，吐血及諸菌毒。生擣傅蛇咬。生澤傍，如澤蘭氣臭，《楚詞》以惡草喻惡人。北人見其花，呼爲紫菊，以其花似菊而紫也。又山蘭，生山側，似劉寄奴，葉無椏，不對生，花心微黄赤，亦大破血，下俚人多用之。新補見陳藏器及日華子。

〔宋・唐慎微《證類本草》〕《圖經》：文具澤蘭條下。

宋・鄭樵《通志》卷七五《昆蟲草木略》　馬蘭　生澤傍，如澤蘭，氣臭。《楚辭》所喻惡草，即此也。

宋・王介《履巉巖本草》卷上　馬蘭草　味辛，平，無毒。主破宿血，養新血，解酒疸，止鼻衄，合金瘡，斷血痢及諸蠱毒。生擣，傅蛇傷，亦搗擦之。一呼爲紫菊，一呼爲堦前菊。

元・吴瑞《日用本草》卷七　馬蘭菜　味辛，平，無毒。主破宿血，養新血，合金瘡，止血痢、吐血、衄血。

明・朱橚《救荒本草》卷上之前　馬蘭頭　《本草》名馬蘭。舊不著所出州土，但云生澤傍。如澤蘭。北人見其花呼為紫菊，以其花似菊而紫也。苗高一二尺，莖亦紫色，葉似薄荷葉，邊皆鋸齒；又似地瓜兒葉微大。味辛，性平，無毒。又有山蘭生山側，似劉寄奴葉，無椏，不對生，花心微黄赤。救飢：採嫩苗葉煠熟，新汲水浸去辛味，淘洗淨，油鹽調食。治病：文具《本草》草部條下。

明・朱橚《救荒本草》卷上之前　雞兒腸　生中牟田野中。苗高一二尺，莖黑紫色，葉似薄荷葉微小，邊有稀鋸齒，又似六月菊，梢葉間開細瓣淡粉紫花，黄心。葉味微辣。救飢：採葉煠熟，換水淘去辣味，油鹽調食。

明・劉文泰《本草品彙精要》卷一二　馬蘭無毒。附山蘭。植生。

馬蘭：主破宿血，養新血，合金瘡，斷血痢，蠱毒，解酒疸，止鼻衄，吐血，及諸菌毒。生搗傅蛇咬人，山蘭亦大破血。名醫所錄。【名】紫菊。【苗】《圖經》曰：如澤蘭，氣臭。《楚詞》以惡草喻惡人。北人見其花呼爲紫菊，以其花似菊而紫也。又山蘭生山側，似劉寄奴，葉無椏，不對生，花心微黄赤，亦大破血，里人多用之。【地】《圖經》曰：生水澤傍。【時】生：春生苗。採：夏秋取。【收】陰乾。【用】莖、葉。【質】類澤蘭。【色】花紫，葉綠。【味】辛。【性】平，散。【氣】氣之薄者，陽中之陰。【臭】臭。【主】調血，解毒。

明・盧和、汪穎《食物本草》卷二　馬蘭　味辛，溫。生水澤，採為菜茹。根治嘔血，擂汁飲之立止。

明・許希周《藥性粗評》卷一　馬蘭花溫下部而上疝。

馬蘭花，其子名蠡實，一名射草，《月令》謂之荔，註謂之馬薤。其葉似薤，故名。亦似蒲而小。生平澤，故俗謂之旱蒲。三月開紫碧花，五月結實，作角子如蔴大而赤色，有稜，根細而長，黄色，俗人取以為刷。南北川澤處處有之，而以冀州者為勝。三月採花，五月採實，并陰乾，入藥同功。味甘，性平、溫，無毒。主治風寒濕痹，胃中伏熱，咽喉腫塞，心下煩滿，婦人血氣崩中帶下，經水不止，斷痢止瀉，溫下部，消疝氣，堅筋骨，利大小便，散癰癤、蛇蟲諸毒。

單方：面鼻酒皶：馬蘭花搗末，不時傅之。中蠱內壞：凡中蠱毒下血如雞肝，內壞待死者，取馬蘭根為末，水服方寸匕，隨吐而出，無事。

明・鄭寧《藥性要略大全》卷六　馬蘭　破宿血，養新血，合金瘡，斷血痢，蠱毒，解酒疸，止鼻衄吐血，及諸菌毒。欲呼為紫菊，以其花似也。其苗可作蔬食。味辛，平，氣微溫，無毒。

明・王文潔《太乙仙製本草藥性大全》卷二《本草精義》 馬蘭　舊不著所出州土，今在處有之，生澤傍。如澤蘭，氣臭，《楚詞》以惡草喻惡人。北人呼爲紫菊，以其花似菊而紫也。

明・王文潔《太乙仙製本草藥性大全》卷二《仙製藥性》 馬蘭　味辛，氣平，無毒。主治：破宿血而養新血，止吐血而住鼻洪。合金瘡斷血奇，解酒疸蠱毒神。用生搗傅蛇咬，煮治諸菌毒。

明・皇甫嵩《本草發明》卷三《草部下》 馬蘭中品下，臣。氣平，味辛，無毒。發明曰：馬蘭，活血涼血，故《本草》主破宿血，養新血，斷血痢，止鼻衄吐血，合金瘡，解蠱毒，酒疸，諸菌毒。生搗，傅蛇咬。生澤旁。似澤蘭，氣臭。《楚辭》以惡草喻惡人，北人呼為紫菊，以其花似菊而紫色也。

明・李時珍《本草綱目》卷一四草部・芳草類 馬蘭日華

【釋名】紫菊時珍曰：其葉似蘭而大，其花似菊而紫，故名。俗稱物之大者爲馬也。

【集解】藏器曰：馬蘭生澤旁，如澤蘭而氣臭，《楚辭》以惡草喻惡人，北人見其花呼爲紫菊，以其似單瓣菊花而紫也。又有山蘭，生山側，似劉寄奴，葉無椏，不對生，花心微黄赤，亦大破血，皆可用。時珍曰：馬蘭，湖澤卑濕處甚多，二月生苗，赤莖白根，長葉有刻齒，狀似澤蘭，但不香爾。南人多採汋曬乾爲蔬及饅餡。入夏高二三尺，開紫花，花罷有細子。《楚辭》無馬蘭之名，陳氏指爲惡草，何據？

根葉　【氣味】辛，平，無毒。　【主治】破宿血，養新血，止鼻衄吐血。合金瘡，斷血痢，解酒疸及諸菌毒、蠱毒。生搗，塗蛇咬大明。主諸瘧及腹中急痛，痔瘡時珍。

【發明】時珍曰：馬蘭辛平，能入陽明血分，故治血與澤蘭同功。近人用治痔漏云有效，春夏取生，秋冬取乾者，不用鹽醋，白水煮食，並飲其汁。或以酒煮焙研，糊丸，米飲日日服之。仍用煎水入鹽少許，日日熏洗之。《醫學集成》云：治痔用馬蘭根，搗傅片時，看肉平即去之。稍遲，恐肉反出也。

【附方】新六　諸瘧寒熱：赤脚馬蘭搗汁，入水少許，發日早服。或入少糖亦可。《聖濟總録》。　絞腸沙痛：馬蘭根葉，細嚼咽汁，立安。《壽域神方》。　打傷出血：竹節草即馬蘭，同旱蓮草、松香、皂子葉即柜子葉，冬用皮，爲末，搽入刀口。《摘玄方》。　喉痹口緊：用地白根即馬蘭根，或葉搗汁，入米醋少許，滴鼻孔中，或灌喉中，取痰自開。《孫一松試效方》。　水腫尿澀：馬蘭菜一虎口，黑豆、小麥各一撮，酒、水各一鍾，煎一鍾，食前温服以利小水，四五日愈。《楊起簡便方》。　纏蛇丹毒：馬蘭、甘草擂醋搽之。《濟急方》。

明・穆世錫《食物輯要》卷三《菜品類》 馬蘭菜　味辛，性微溫，無毒。消痰涎，解熱毒，治乳蛾。淹藏作茹亦良。

明・姚可成《食物本草・救荒野譜補遺・草類》 馬蘭食苗葉。生湖澤卑濕處，赤莖白根，長葉有刻齒狀。二月生苗，汋食，可濟荒。　馬蘭草，生卑濕，饑年粟麥收無粒，私租官稅交煎急。馬蘭采得當飢糧，徬徨母子相携泣。

明・姚可成《食物本草》卷首王西樓《救荒野譜》 馬攔頭食葉。二三月叢生，熟食。又可作虀。　馬攔頭，攔路生，我為拔之容馬行。只恐救荒人出城，騎馬直到破柴荊。

明・周履靖《茹草編》卷一 馬欄頭　馬欄頭，君莫行，春山萋迷春水深。玉羈金鞚驕欲裂，狂嘶蹀躞難為情。誰家採桑女，勒轡時盈盈。時盈盈，不相親，不如歸對山妻坐，一壺淡酒百囀鶯。二三月中生採取，滌去土，香油、鹽、椒炒食，又可作虀。

明・姚可成《食物本草》卷一九草部・芳草類 馬蘭湖澤卑溼處甚多。二月生苗，赤莖，白根，長葉有刻齒狀，似澤〔蘭而〕不香爾。南人多采汋晒乾為蔬及饅餡。入夏高二三尺，開紫花，花罷有細子。

馬蘭根葉　味辛，平，無毒。主破宿血，養新血，止鼻衄、吐血，合金瘡，斷血痢，解酒疸及諸菌毒、蠱毒。生擣，塗蛇咬。主諸瘧及腹中急痛，痔瘡。〇李時珍曰：馬蘭，辛、平，能入陽明血分，故治血，與澤蘭同功。近人用治痔漏，云有效。春夏取生、秋冬取乾者，不用鹽醋，白水煮食，并飲其汁。或以酒煮〔焙〕研，糊丸，米飲日日服之。仍用煎水，入鹽少許，日日燻洗之。《醫學集成》云：治痔，用馬蘭根擣傅片時，看肉平，即去之；稍遲，恐肉反出也。

明・顧逢柏《分部本草妙用》卷八雜藥部 馬蘭　辛，平，無毒。主治：破宿血，養新血，止鼻衄吐血，合金瘡，斷血痢，解酒疸。擣塗蛇咬。諸瘧，腹痛痔瘡。　按：馬蘭入陽明血分，故治血。與澤蘭同功。今人俱用以治痔漏，擣塗，肉平則去之，遲則肉反出也。

明・施永圖《本草醫旨・食物類》卷二 馬蘭　味：辛，溫。生水澤中，採為菜茹。根治嘔血，擂汁飲之立止。

清・顧元交《本草彙箋》卷二 馬蘭　馬蘭辛平，入陽明血分，故治血，與澤蘭同功。

此即今澤旁田畔所生之馬蘭也。南人多采汋晒爲蔬，及爲饅餡。近人用以治痔漏有效。春夏取生，秋冬取乾者，不用鹽、醋，白水煮食，并飲其汁。或以酒煮，焙乾，糊丸，米飲日服之。仍用煎水，入鹽少許，熏洗。《醫學集成》云：治痔用馬蘭根擣傅，片時看肉平即去之，稍遲恐肉反出。絞腸沙痛，馬蘭根葉細嚼，嚥汁立安。喉痺口緊，用馬蘭根或葉擣汁，入米醋少許，滴鼻孔中，或灌喉中，取痰自開。此急救之神方也。予數用之，無不驗。纏蛇丹毒，馬蘭、丹草擂醋搽之。

清・郭章宜《本草匯》卷一〇　馬蘭　味辛，氣平，入陽明血分。破宿血，養新血。斷血痢，解酒疸。療諸菌蠱毒，治絞腸沙痛。除水腫尿澀，消痔瘡丹毒。治痔用馬蘭根，擣傅片時，看肉平即去，稍遲恐肉反出也。

按：馬蘭為治血分之藥，與澤蘭同功。近人用治痔漏，云有効。或生或乾，不用鹽醋，白水煮食，并飲其汁。或以酒煮，焙研糊丸，米飲日服。仍用水煎，入鹽少許，日薰洗之。

清・朱本中《飲食須知・菜類》　馬蘭　味辛，性微溫。淹藏作茹甚良。

清・何其言《養生食鑒》卷上　馬蘭菜其葉似蘭而大，其花似菊而紫，一名紫菊。　味辛，性微溫，無毒。消痰涎，解熱毒。根能破宿血，養新血，止鼻衄吐血，解酒疸，反諸菌毒。醃藏作茹，亦良。

清・李熙和《醫經允中》卷二一　馬蘭　入陽明血分。　辛，平，無毒。主治破宿血，養新血，止鼻衄吐血，合金瘡。搗塗蛇咬、痔瘡。《匯》云：治痔以馬蘭根搗敷，片時看肉平即去，稍遲恐肉突出也。喉痺腫痛，馬蘭根搗汁，入米醋滴入喉中，其痰自開。

清・馮兆張《馮氏錦囊秘録・雜症痘疹藥性主治合參》卷二　馬蘭味辛，氣平。入陽明血分。

馬蘭，破宿血，養新血，斷血痢，解酒疸。療諸菌蠱毒，治絞腸沙痛。除水腫尿澀，消產瘡丹毒。

清・张璐《本經逢原》卷二　馬蘭　辛，平，無毒。赤莖者良。　發明：馬蘭入陽明血分，與澤蘭功用相近。故能破宿生新。丹方治婦人淋濁、痔漏有效。喉痹腫痛以馬蘭根葉搗汁，入米醋滴鼻孔或灌喉中，取痰自開。絞腸痧腹痛，以馬蘭細嚼，嚥汁立安。水腫溺濇，馬蘭一握，黑豆、小麥各一撮，酒水煎服效。蛇傷擂汁和醋搽之。皆取散血解毒也。

清・黄元御《玉楸藥解》卷一　馬蘭　味辛，氣平。入手太陰肺、足厥陰肝經。止血破瘀，消疸除瘧，調營養血，破舊生新。治吐衄瘧痢，消酒疸水腫腹病，腸痧喉痹口緊。療金瘡折損，解蠱毒蛇傷，菌毒痔瘡。

清・吴儀洛《本草從新》卷一　馬蘭涼血。　辛，涼。入陽明血分。與澤蘭同功，治鼻衄，痔瘡。

清・汪紱《醫林纂要探源》卷二　馬蘭　甘，苦，溫。亦蒿類。葉如澤蘭，花如菊，色青紺，故曰馬蘭菊。春月採食，甚香美。　補腎命，除寒濕，暖子宮。苦堅腎去濕。色黑能入腎，婦人以煮雄雞食之，能令有子。殺疳䘌。苦殺蟲，治小兒疳積。

題清・徐大椿《藥性切用》卷三　馬蘭根葉　性味辛涼，瀉熱解毒，為陽明血分之藥。

清・李文培《食物小録》卷上　馬蘭菜　辛、苦，微寒，有小毒。行氣活血。多食壅氣。

附：琉球・吴繼志《質問本草》外篇卷二　蟛蜞菊馬蘭　春生苗，秋開花，高一二尺。　俗名蟛蜞菊。甲辰，潘貞蔚、石家辰。　俗名蟛蜞菊，搗汁塗黄水瘡，及無名火毒。甲辰，孫景山。　敝地呼作蟛蜞菊，用葉，仝冬蜜搗匀，敷陽症無名腫毒，未潰者能散，已潰膿者難消。甲辰，戴道光、戴昌蘭。　觀其花葉，俗名蟛蜞菊。　搗汁，塗濕瘡水瘡，及無名火毒。甲辰，陳文錦。　名馬蘭，俗名蟛蜞菊，載在《綱目》芳草類。乙巳，徐子靈。

清・吴其濬《植物名實圖考》卷二五　馬蘭　日華子始著録。今皆以為野蔬，葉與花似野菊。陳藏器謂葉如澤蘭而臭，頗涉附會。此草處處有之，並無別名，究不得其名馬蘭之義。李時珍備列諸方，竊恐有馬蘭之訛。蓋北人呼馬練如馬蘭也。

《野菜贊》云：馬蘭丹多澤生，葉如菊而尖長，左右齒各五，花亦如菊而單瓣，青色。鹽湯汋過，乾藏蒸食；又可作饅餡。生擣治蛇咬。馬蘭不馨，名列香草，蛇菌或中，利用生擣。大哉帝德，鼓腹告飽；虺毒不逢，行吟用老。

清・文晟《新編六書》卷六《藥性摘録》　馬蘭菜　辛，微溫。消痰涎，解熱毒，破宿血，養新血，止鼻衄吐血，解酒疸及諸菌毒。淹藏作乳，亦良。

清・張仁錫《藥性蒙求・草部》　馬蘭廿片　馬蘭嫩葉，入胃清涼。痔瘡鼻衄，止血為良。入陽明血分。涼血。味辛，涼。與澤蘭同功。

清・王孟英《隨息居飲食譜・蔬食類》 馬蘭 甘、辛，涼。清血熱，析酲，解毒，療痔殺蟲。嫩者可茹、可葅、可餡，蔬中佳品，諸病可餐。

清・戴葆元《本草綱目易知錄》卷一 馬蘭 根葉，辛，平。入陽明經血分，故治血病，與澤蘭同功。破宿血，養新血，合金瘡，斷血痢，解酒疸。治瘧疾寒熱，腹中急痛，消痔瘡聖藥。止鼻衄吐，小兒羸瘦發熱葆元。解諸菌毒，蠱毒，生擣，塗蛇咬。【略】葆按：山人名馬蘭芹，治小兒羸瘦發熱，用之屢效。

清・吴汝紀《每日食物却病考》卷上 馬蘭 味辛，溫，無毒。生水澤原野，甚多，採嫩苗，可作菜茹。破宿血，養新血，止衄血、吐血，解酒疸。治痔，用其根搗傳，肉平即去之，久則肉反出也。嘔血，擂汁飲之即止。

毛連菜

明・朱橚《救荒本草》卷上之前 毛連菜 一名常十八。生田野中。苗初搨地生，後攛莖叉，高二尺許，葉似刺薊葉而長大，梢尖，其葉邊褗音堰曲皺，上有澁毛，梢間開銀褐花。味微苦。 救飢：採葉煠熟，水浸淘淨，油鹽調食。

毛白菜

清・吴其濬《植物名實圖考》卷一二 毛白菜 江西、湖南多有之。初生鋪地如芥菜，長葉深齒。白毛茸茸。夏間抽莖，抱莖生葉，攢附而上。梢間發小枝，開淡紫花，全似馬蘭稍大。俚醫以根、葉同肉煮服，治吐血。

按《救荒本草》：毛連菜，一名常十八，生田野中。苗初塌地生，後攛莖叉，高二尺許，葉似刺薊葉而長大稍尖，其葉邊褗曲皺，上有澀毛，梢間開銀褐花。味微苦。採葉煠熟，水浸淘洗，油鹽調食。形狀極肖。又《天祿識餘》草花中有名長十八者，元葛邏祿廼賢《塞上曲》云：雙鬟小女玉娟娟，自捲氈簾出帳前，忽見一枝長十八，折來簪在帽簷邊。下注曰：長十八，草花名。余至塞外，果有是花，未知即此否？

山馬蘭

清・趙學敏《本草綱目拾遺》卷四草部中 山馬蘭 《甌江志》：別名一枝香。按《綱目》馬蘭下集解註云：又有山蘭，生山側，似劉寄奴，葉無椏，不對生，花心微黄赤，大補血，而不言其有治痰開塞之功。《百草鏡》：山馬蘭治疔極效，故又名疔見怕。其蔓延到處，節上生根，故又名鬼仙橋。皆俗見隨義而呼也。

治風痰喉閉驚風，傅疔定痛，搗汁塗小兒蛇瘋，煎湯洗痔腫疥癢《百草鏡》。 風痰喉閉：《永嘉縣志》：山馬蘭取根搗碎，用人乳浸，男病用哺女婦人乳，女病用哺男婦人乳。浸少頃，令病人仰臥櫈上，將頭倒垂，將乳汁男左女右滴入鼻中，候喉中有痰涎壅塞，即轉身垂頭開口，任痰自流，痰完病愈。但此藥入鼻後，病人不許有聲，一作痰即止。 小兒驚風，牙關緊閉，煎汁灌入喉中，即愈。 鎖喉風，頭面頸項俱腫，飲食不下。《傳信方》：白馬蘭搗爛，井花水取濃汁，白酒漿均調，下喉立效。 小兒頸項腿肋縫中潰爛：《養生經驗方》：以馬蘭汁調六一散搽之，即愈。〇馬蘭搗為膏，能治大人兩腿赤腫流火，或溼熱伏於經絡，皮面上不紅不腫，其痛異常，病人只叫腿熱，他人按之極冷，此謂伏氣之病，用此膏搽之，立愈。 流注：顧錦州傳方，采山馬蘭煮熟，麻油醬油作蔬拌食，半月自消。

野馬蘭 《百草鏡》云：馬蘭氣香可作蔬，此種係野生者，其氣臭不可食。三月發苗，莖赤而粗，秋開白花，成簇細碎，三月采。因其功能涼血，與馬蘭同，故名。莖葉根俱入藥。 性寒涼血，治溼熱，蛇吸，小兒瘋瘡。

獨脚馬蘭

清・趙學敏《本草綱目拾遺》卷四草部中 獨脚馬蘭 《李氏草秘》：此草生河澤邊，葉如柳，對葉圓梗。 治發背諸腫毒熱癤，搗汁一杯，入酒二杯服之，未成膿者即消，有膿者即出，重極者服半盌或一盌，再劑，渣罨。

蟛蜞菊

清・何諫《生草藥性備要》卷上 蟛蜞花 散瘡消熱、咄膿穿瘡並壢痔效。其根能脱牙。其花白者，治跌打、散瘀血，亦治苦傷。一名馬蘭草，一名路邊菊。

清・趙其光《本草求原》卷三隰草部 蟛蜞菊 甘、淡，微寒。清熱、消瘡、穿腫、吸膿、治痔壢。根能脱牙，散血，治苦傷。一名馬蘭草。

窩螺薺

明・姚可成《食物本草》卷首王西樓《救荒野譜》 窩螺薺食葉。正二月采之，熟食。 窩螺薺，如螺髻，生水邊，照華麗。去年郎家田不收，挑菜女兒不上頭，出門忽見窩螺羞。或云此種即吴鄉東地之名盤蜞青是也。

明・周履靖《茹草編》卷一 窩螺薺 一窩青髮翥鳳盤，龍年來消爍，為愁濃。高陽社裏顛毛，偏稱秋容。螺冠新製學山翁，草色花香堪共。正二月採之，去根洗淨，香油、鹽炒食之。

龍嗆口

清・劉善述、劉士季《草木便方》卷一草部　龍嗆口　小山蘿蔔苦解毒，散熱清火利筋骨。中惡羊疔同嘉用，蛇傷起炮搗即塗。

苦芺

宋・唐慎微《證類本草》卷一一草部下品〔《別録》〕　苦芺音襖。微寒。主面目，通身漆瘡。

〔梁・陶弘景《本草經集注》〕云：處處有之。傖士莖切人取莖生食之。五月五日採，暴乾。燒作灰以療金瘡，甚驗。

《唐本》注：今人以爲漏蘆，非也。

〔宋・掌禹錫《嘉祐本草》〕按：《蜀本圖經》有云：子若猫蓟。莖圓無刺。五月採苗，堪生噉，所在下濕地有之。《藥性論》云：苦芺草亦可單用，味苦，無毒。日華子云：冷，治丹毒。

〔宋・唐慎微《證類本草》〕《食療》云：苦芺，微寒。生食治漆瘡。五月五日採，暴乾。作灰傅面目、通身漆瘡，不堪多食爾。

元・吴瑞《日用本草》卷七　苦芺音襖。村人搗去汁，和米為食，色青，久留不敗。味苦，微寒，無毒。主面目通身漆瘡，金瘡，丹毒。

明・劉文泰《本草品彙精要》卷一五草部　苦芺無毒。植生。苦芺音襖。主面目通身漆瘡。名醫所録。【苗】《蜀本圖經》云：子若猫蓟，莖圓無刺，其苗五月採之，堪以生啖，而今人以爲漏蘆，非也。【地】《蜀本圖經》云：生所在下濕地。陶隱居云：處處有之。【時】生：春生苗。採：五月五日取莖。【收】暴乾。【用】莖。【色】綠。【味】苦。【性】微寒，泄。【氣】氣薄味厚，陰也。【主】漆瘡丹毒。【製】燒灰或生用。【治】療：陶隱居云：燒作灰，傅金瘡。《食療》云：生食，治漆瘡，或燒灰，傅患處。【禁】不堪多食。

明・盧和、汪穎《食物本草》卷一菜類　苦芺　味苦，寒。主面目遍身漆瘡并丹毒。生山谷下濕處，浙東人清明節爭取嫩者生食，以為一年不生瘡疥。又煎湯洗痔瘡，甚驗。

明・王文潔《太乙仙製本草藥性大全》卷二《仙製藥性》　苦芺音襖。味苦，氣微寒，無毒。主治：傅面目通身漆瘡如神，塗丹毒金瘡下氣奇功。補註：金瘡，取曝乾燒作灰，摻之效。〇疥瘡，取搗絞汁傅之良。《食療》云：苦芺微寒，主食治漆瘡。五月五日採，暴乾作灰，傅面目通身漆瘡。不堪多食爾。

明・李時珍《本草綱目》卷一五草部・隰草類上　苦芺音襖。《别録》下品。

【釋名】鉤芺《爾雅》　苦板　時珍曰：凡物穉曰芺，此物嫩時可食，故以名之。

【集解】弘景曰：苦芺處處有之，傖人取莖生食之。保昇曰：所在下濕地有之，莖圓無刺，可生啖，子若猫蓟。五月五日採苗，暴乾。恭曰：今人以爲漏盧，非也。時珍曰：《爾雅》鉤芺，即此苦芺也。芺大如拇指，中空，莖頭有臺似蓟，初生可食。許慎《説文》言江南人食之下氣。今浙東人清明節採其嫩苗食之，云一年不生瘡疥。亦搗汁和米爲食，其色清，久留不敗。《造化指南》云：苦板大者名苦藉，葉如地黄，味苦，初生有白毛，入夏抽莖有毛，開白花甚繁，結細實。其無花實者，名地膽草，汁苦如膽也。處處濕地有之。入爐火家用。

苗　【氣味】苦，微寒，無毒。【主治】面目通身漆瘡。燒灰傅之，亦可生食《别録》。燒灰療金瘡，甚驗弘景。治丹毒大明。煎湯洗痔，甚驗汪穎。下氣解熱時珍。

明・姚可成《食物本草》卷一七草部・隰草類　苦芺音襖。大如拇指，中空，莖頭有臺似蓟，初生可食。《説文》言江南人食之下氣，今浙東人清明節采其嫩苗食之，云一年不生瘡疥諸疾。亦搗汁和米粉為餅餌食，其色青翠，久留不敗也。苦芺，味苦，微寒，無毒。主面目通身漆瘡，燒灰傅之，亦可生食。燒灰療金瘡。又治丹毒。煎湯洗痔，甚驗。下氣解熱。

明・施永圖《本草醫旨・食物類》卷二　苦芺　味：苦，寒。主面目遍身漆瘡，并丹毒。生山谷下濕處，浙東人清明節爭取嫩者生食，以為一年不生瘡疥。又煎湯洗痔瘡，甚驗。〇村人搗去汁，和米為食，色青，久留不敗。

清・何其言《養生食鑒》卷上　苦芺音伏，生山谷下濕處。味苦，性寒，無毒。下氣解熱，治頭面遍身漆瘡并丹毒。浙東人清明節爭取嫩者生食，以為一年不生瘡疥。又煎水洗痔瘡，甚效。

清・汪紱《醫林纂要探源》卷二　苦板　苦，寒。似蘿蔔菜而小，微紅，有毛，花作蓊頭飛絮。解暑去熱。醃乾為黑鹽虀，藏肉食不壞。

清・吴其濬《植物名實圖考》卷一四　苦芺　《別録》下品。李時珍以為《爾雅》鉤芺即此。今江西有一種野苦菜，南安謂之地膽草，與李説符。

清・文晟《新編六書》卷六《藥性摘録》 苦芺 苦，寒。下氣解熱，治漆瘡及丹毒。浙東，清明取嫩者，生食。又煎水洗痔瘡，甚効。

清・戴葆元《本草綱目易知録》卷三 苦板 苦，寒。解暑去熱。《纂要》云：苦板，醃乾，作鹽菜不壞。形似萊菔菜而小，微有毛，花作薊頭飛絮。

鹿耳翎

清・何諫《生草藥性備要》卷下 鹿耳草 敷瘡聖藥。〔一〕名鹿耳苓。

清・趙其光《本草求原》卷三隰草部 鹿耳翎 花如星，葉香，梗起領。甘、辛，平。解毒生肌，消腫拔毒，去結毒，理蛇傷爛，敷瘡妙品。

臭靈丹

明・蘭茂撰，清・管暄校補《滇南本草》卷下 臭靈丹一名獅子草。 性溫，味苦、辛，有毒。陰中陽也。治風熱積毒，臟腑不合，通行十二經絡，發散瘡癰。五臟不合，積熱成毒，生癰瘡。六腑不合，積熱成毒，生疽節瘡。積熱注於血分肌肉，成疥癩瘡。多食牛馬肉，積熱成毒，重生癰疽(節)〔癤〕，輕生血風癬瘡。吃則令人胸膈嘈雜，心犯作呃，皮膚發癢，煩熱不甯。一切風熱毒瘡，服之良效。採得陰乾，為末，每一錢，滚水點燒酒服。 又方：治小兒痘後痘毒不收口，用臭靈丹葉貼之。 截瘧，用臭靈丹尖七個，搗汁，點燒酒服。

清・吴其濬《植物名實圖考》卷一一 飛廉 《本經》上品。《夢溪筆談》以為方家所用，漏蘆即飛廉。《本草綱目》以《圖經》漏蘆花萼下及根旁有白茸為飛廉，二物蓋一種云。

雩婁農曰： 今醫家罕用飛廉者，不能的識。宋《圖經》已云然。然則後之醫者，並其名而不知宜矣。余至滇，見土人習用治寒熱毒瘡，以臭靈丹為要藥，園圃中多有之，就而審視，乃飛廉也。陶隱居云： 極似苦芺，多刻缺，葉下附莖，輕有皮起似箭羽，其花紫色。《蜀本草》： 葉似苦芺，莖似軟羽，花紫，子毛白，所在皆有。今滇中所產，獨莖高三四尺，葉似商陸葉，粗糙多齒，齒長如針，莖旁生羽，宛如古方鼎棱角所鑄翅羽形。飛廉獸有羽善走，鑄鼎多肖其形。此草有輭羽，刻缺齟齬，似飛廉，故名。梢端葉際開花，正如小薊，色深紫而柔，刺不甚放展。按之陶、韓諸説無不畢肖。即《圖經》謂秦州漏蘆，花似單葉寒菊，紫色，五七枝同一幹，亦彷佛似之。其蘇恭云： 生山岡者，葉相似，而無缺多毛，莖赤無羽，自又一種。若《圖經》海州漏蘆如單葉蓮花，紫碧色，殆即《救荒本草》所圖漏蘆。《滇本草》雖別名臭靈丹，而主治與《本草》《別録》同而加詳。又別出漏蘆一物，大理、昆明皆產，主治與《本草》亦相表裏，而形狀與《圖經》各種微異，亦別圖之。余既喜見諸醫所未見，又以此草本生河內，乃中原棄而不用，邊陲種人藉手袪患物，固有屈於彼而伸於此者，與士之知己不知己何異？ 特著其本名，而附《滇本草》於注，以資採訂，他時持以還吾里，按圖索之，必有得焉。嗚呼！ 嘗草之功，聖愚同性； 夫婦所知，聖人有所不知。道大無遺，無謂言小。

稻槎菜

清・吴其濬《植物名實圖考》卷六 稻槎菜 生稻田中，以穫稻而生，故名。似蒲公英葉，又似花芥菜葉，鋪地繁密，春時抽小葶開花，如蒲公英而小，無藥，鄉人茹之。

雩婁農曰： 江湖間多野蔬，而地卑濕蘊孳生蛆。又虺蜴所徑實，故挑菜者有戒心焉。稻槎菜生於稻之腐餘，其性當與穀精草比。吾鄉人喜食之。《救荒本草》所列皆山野中物，採録亦弗及。每憶其黄花緑莖，繡塍鋪隴，覺千村打稻之聲，猶在耳畔。

望江南

清・吴其濬《植物名實圖考》卷二七 望江南 生分宜山麓、田塍。叢生，一莖一葉，葉如蓖麻而大，多花叉，深鋸齒，糙緑有微毛； 抽葶發叉，開黄花如長瓣細菊花； 緑蒂長半寸許，如萬壽菊。野花大朵，此為碩豔。

山芍藥

清・吴其濬《植物名實圖考》卷九 山芍藥 生建昌。叢生，緑莖，高三四尺。大葉如馬蹄而尖甚長，深齒粗紋，面深緑，背淡青，秋深開紫花，瓣尖如鍼，端有鬚，緑跗如刺，密攢而上。土醫以根、葉治風寒。

大母藥

清・趙學敏《本草綱目拾遺》卷四草部中 大母藥 《四川通志》： 出雪山石塊上，有雌雄二種，出必雙出，補元氣，益髓脈，功同人葠。

雪蓮花

清・紀昀《閲微草堂筆記》上卷三 塞外有雪蓮，生崇山積雪中，狀如今之洋菊，名以蓮耳。其生必雙，雄者差大，雌者小，然不並生，亦不同根，相去必一兩丈。見其一，再覓其一，無不得者。蓋如菟絲、茯苓，一氣所化，氣相屬也。凡望見此花，默往採之則獲。如指以相告，則縮入雪中，杳無痕迹，即劚雪求之亦不獲。草木有知，理不可解。土人曰：山神惜之。其或然歟。此花生極寒之地，而性極熱。蓋二氣有偏勝無偏絶，積陰外凝，則純陽内結。坎卦以一陽陷二陰之中，剝復二卦以一陽居五陰之上下，是其象也。然浸酒為補劑，多血熱妄行。或用合媚藥，其禍尤烈。蓋天地之陰陽均調，萬物乃生。人身之陰陽均調，百脈乃和。故《素問》曰：亢則害，承乃制。自丹溪立陽常有餘，陰常不足之説，醫家失其本旨，往往以苦寒伐生氣。張介賓輩矯枉過直，遂偏於補陽，而參耆桂附，流弊亦至於殺人。是未知易道扶陽，而乾之上九，亦戒以亢龍有悔也。嗜慾日盛，羸弱者多，温補之劑易見小效，堅信者遂眾。

清·趙學敏《本草綱目拾遺》卷七花部　雪荷花雪芝、雪裹花。　產伊犁西北及金川等處大寒之地，積雪春夏不散，雪中有草，類荷花，獨莖亭亭，雪間可愛。戊戌春，予於史太守處親見之，較荷花略細，其瓣薄而狹長，可三四寸，絶似筆頭，云浸酒則色微紅，彼處土人服之，為助陽要藥。《憶舊遊詩話》：雪蓮花，千年不化元，雪深處有之，形似蓮花，高可丈許，取以釀酒，倍增春色，蓋陰極而陽生之意耳，亦產巴里坤等處。

《西北域記》：雪蓮產積雪中，一莖並蒂，浸酒色碧，性熱，人稱其功同仙茅、枸杞，而不知其禍乃同砒鴆也，蝦蟆比蓮尤甚。予甥屠澗南自哈密回，帶有雪荷花，因訪其功效。據言其地有天山，冬夏積雪，雪中有蓮，以產天山峰頂者為第一，然不可得，山腰次之。其生也有雌雄，土人採乾之，成對以市。性大熱，能補陰益陽，老人陽絶者，浸酒服，能令八十者皆有子。

性大熱，治一切寒症。此物產於極冷之地，乃陰極陽生故也。

朱排山《柑園小識》：雪蓮生西藏，藏中積雪不消，暮春初夏，生於雪中，狀如雞冠，花葉逼肖，花高尺許，雌雄相並而生，雌者花圓，雄者花尖，色深紅，性大熱，能除冷疾，助陽道，豪家爭致之，以治房中之藥。《灤陽銷夏錄》：塞外有雪蓮，生崇山積雪中，狀如今之洋菊，名以蓮耳。其生必雙，雄者差大，雌者小，然不並生，亦不同根，相去必一兩丈，見其一再覓其一，無不得者，蓋如菟絲、茯苓，一氣所化，氣相屬也。凡望見此花，默往採之則獲，如指以相告，則縮入雪中，杳無痕迹，即劚雪求之，亦不獲。草木有知，理不可解，土人曰：山神惜之，其或然歟。此生寒極之地而性熱，二氣有偏勝，無偏絶，積陰外凝，而純陽内結，坎卦以一陽陷二陰之中，剝復二卦以一陽居五陰之上下，是其象也。然浸酒為補劑，多血熱妄行；或用合媚藥，其禍尤烈。蓋天地陰陽均調，萬物乃生，人身之陰陽均調，百脈乃和，故《素問》曰：亢則害，承乃制。自丹溪立陽常有餘，陰常不足之説，醫家失其本旨，往往以苦寒伐生氣。張介賓輩矯枉過直，遂偏於補陽，而參、耆、桂、附流弊，亦至於殺人，是未知易道扶陽，而乾之上九，亦戒以亢陽有悔也。嗜慾日盛，羸弱者多。温補之劑，易見小效，堅信者遂眾。故余謂偏伐陽者，韓非刑名之學；偏補陽者，商鞅富強之術，初用皆有功，積重不返，其損傷根本則一也。雪蓮之功不補患，亦此理矣。

治痘不起發及悶瘖悶痘，止用一瓣，入煎藥中，立效，屢試皆驗陳海曙云。

雪芝　《南中紀聞》：衡岳間有之，乃冰霰所結，歲久蒸積而成。產陰崖絶壁間，晶瑩如玉，懸挂峻坂，非攀蘿捫級，不可擷取。　療肺疾，降火清心。

雪裹花【略】

鴉葱

明·朱橚《救荒本草》卷上之前　鴉葱　生田野中，板葉尖長，搨地面生，葉似初生萵秫葉而小；又似初生大藍葉，細窄而尖。其葉邊皆曲皺，葉中攛葶，上結小蓇葖，後出白英。味微辛。　救飢：採苗葉煠熟，油鹽調食。

紫背石葵

清·何諫《生草藥性備要》卷下　紫背天蠶　味淡，性寒。祛痰妙藥。理跌打，治蛇傷。一名去痰草。

清·趙其光《本草求原》卷三隰草部　紫背石葵即去痰草。　甘、淡，平。消痰，燉雞食。治風痰、風癱、骨痛、跌打閃折、蛇傷，敷諸瘡。

狗舌草

宋·唐慎微《證類本草》卷一一草部下品〔唐·蘇敬《唐本草》〕　狗舌草　味苦，寒，有小毒。主蠱疥瘙瘡，殺小蟲。

〔唐·蘇敬《唐本草》〕注云：葉似車前，無文理，抽莖，花黃白細，叢生渠塹濕地。

〔宋·馬志《開寶本草》〕按别本注云：疥瘙風瘡，並皆有蟲。爲末，和塗之即差。四月、五月採莖，暴乾。《唐本》先附。

明・劉文泰《本草品彙精要》卷一五　狗舌草有小毒。　叢生。

狗舌草：　主蟲疥瘙瘡，殺小蟲。名醫所錄。　〔苗〕《唐本》注云：　葉似車前，無文理，抽莖，花開黃白而細。　〔地〕《唐本》注云：　生渠塹濕地。　〔時〕生：　春生苗。　採：　四月、五月取。　〔收〕暴乾。　〔用〕莖。　〔色〕青綠。　〔味〕苦。　〔性〕寒，泄。　〔氣〕氣薄味厚，陰也。

明・王文潔《太乙仙製本草藥性大全》卷二《本草精義》　狗舌草　生渠塹濕地。　苗細叢，葉似車前而無紋理，抽莖，花黃白。　四月、五月採莖，曝乾用。

明・王文潔《太乙仙製本草藥性大全》卷二《仙製藥性》　狗舌草　味苦，氣寒，有小毒。　主治：　主蟲疥瘙瘡絕妙，殺小蟲風瘡殊功。　補註：　疥瘙風瘡并蟲，取爲末，和塗之立差。

明・李時珍《本草綱目》卷一六草部・隰草類下　狗舌草《唐本草》

〔集解〕恭曰：　狗舌〔草〕生渠塹濕地，叢生。　葉似車前而無文理，抽莖開花，黃白色。　四月、五月采莖，暴乾。

〔氣味〕苦，寒，有小毒。　〔主治〕蟲疥瘙瘡，殺小蟲。　爲末和塗之，即瘥蘇恭。

清・吴其濬《植物名實圖考》卷一三　金瓜草　南昌平隰有之。　鋪地抱葉，似初生車前，糙澀無紋。

按《唐本草》：　狗舌草生渠塹濕地，似車前而無文理，抽莖開花黃白色，疑即此。《圖經》不具，故不併入。

清・吴其濬《植物名實圖考》卷一四　狗舌草　《唐本草》始著録。　有小毒。　塗瘡殺蟲。　按圖多相肖，而無的識，存原圖以備考。

紫背天癸

明・蘭茂撰，清・管暄校補《滇南本草》卷上　紫背天葵草　味辛，有小毒。　形似蒲公英，綠葉紫背。　採取晒乾，搗爛為末，敷大惡瘡神效。　若虛，服之汗出不止，不知人事，速用綠豆、甘草解之。　此草煑水銀變成鐵，然再煑以汞草，即成銀矣。　俗呼紫背鹿含草。

清・汪紱《醫林纂要探源》卷二　紫背天葵　酸，鹹，寒。　生陰地石砌。　弱莖，葉五出而尖，聚莖端，圓布如葵，背深紫，故有斯名。　實小草也。　瀉肝膽腎命〔門〕相火之邪，解一切熱毒，金石藥毒。　雷斅每用以炮製毒藥，能制丹汞之毒。　定小兒驚悸，治吐血衄血，塗火瘡熱毒。

清・趙學敏《本草綱目拾遺》卷四草部中　千年老鼠屎　紫背天葵根也。《百草鏡》云：　二月發苗，葉如三角酸，向陰者紫背為佳，其根如鼠屎，外黑内白，三月開花細白，結角亦細，四月枯。　按：　東壁《綱目》菟葵下注云：　即紫背天葵。　於主治只言其苗，不及其根之用，今為補之。　出金華諸暨深山石罅間者，根大而佳。　春生夏枯，秋冬罕有。

性涼清熱，治癰疽腫毒，疔瘡癧痺，跌撲瘋犬傷，七種疝氣，痔瘡勞傷《百草鏡》。

癧痺傅藥：　《醫宗彙編》：　用紫背天葵子，每歲用一粒，同鯽魚搗爛，傅之立消。　瘰癧：　《救生苦海》：　用千年老鼠屎搗碎，同好酒入瓶煮一炷香，隔三日，隨意飲醉，蓋被取汗，數次自效。　《黄賓江傳》：　天葵丸，專治瘰癧。　紫背天葵一兩五錢、海藻、海帶、昆布、貝母、桔梗各一兩，海螵蛸五錢，共為細末，酒糊丸，如梧桐子大，每服七十丸，食後溫酒下，此方用桔梗開提諸氣，貝母消毒化痰，海藻、昆布以軟堅核，治瘰癧之聖藥也。

諸疝初起：　《經驗集》：　凡疝初起，必發寒熱疼痛，欲成囊癰者，用荔枝核十四枚，小茴香二錢，紫背天葵四兩，蒸白酒二罎，頻服即愈。

清・吴其濬《植物名實圖考》卷二三　紫背天葵　《滇本草》：　味辛，有毒。　形似蒲公英，綠葉紫背，為末敷大惡瘡，神效。　人悮服，汗出不止，速飲菉豆、甘草即解。

按此草昆明寺院亦間植之。　横根叢莖，長葉深齒，正似鳳仙花葉，面綠背紫，與初生蒲公英微肖耳。　夏開黃花，細如金線，與土三七花同，蓋一類也。

鹿含草

明・蘭茂原撰，范洪等抄補《滇南本草圖說》卷三　鹿含草　葉團，面綠背紫，高尺餘。　走足少陰，添精補髓，延年益壽。　採葉治筋骨疼痛，痰火，可佳。　氣味甘平，無毒。

明・蘭茂撰，清・管暄校補《滇南本草》卷上　鹿含草：　上品仙草。　味甘美，無毒。　生山中。　葉似蘆葱，上開小黃花一枝，枝梗極軟。　狐狸食之而成仙，鹿食之而媾還陽，人食之亦成仙也。

千里光

宋・唐慎微《證類本草》卷六草部上品〔唐・陳藏器《本草拾遺》〕 千里及 味苦，平，小毒。主天下疫氣，結黃，瘧瘴，蠱毒。煮服之吐下，亦搗傅瘡，蟲、蛇、犬等咬處。藤生，道旁籬落間有之，葉細厚，宣、湖間有之。

宋・唐慎微《證類本草》卷三〇外草類〔宋・蘇頌《本草圖經》〕 千里光 生筠州淺山及路傍。味苦、甘，寒，無毒。葉似菊葉而長，枝蘚圓而青，背有毛，春生苗，秋生莖葉，有花黃色，不結實。花無用。彼土人多與甘草煮作飲服，退熱明目，不入衆藥用。

宋・唐慎微《證類本草》卷三〇外草類〔宋・蘇頌《本草圖經》〕 千里急 生天台山中。春生苗，秋有花。彼土人并其花、葉採入藥用。治眼有效。

宋・劉明之《圖經本草藥性總論》卷上 千里及 味苦，平，小毒。主天下疫氣結黃，瘧瘴蠱毒。煮服之，汁下。亦搗傅瘡蟲蛇犬等咬處。藤生，道傍籬落間有之。葉細厚。宣湖間有之。

宋・王介《履巉巖本草》卷上 黃花草 性溫，有毒。入瘡癬等藥。入爐火藥用，大能服水銀、硫黃毒。

宋・王介《履巉巖本草》卷上 眼明草 一名千里光。味苦，寒，無毒。善能退熱明目。每用剉碎，取三錢重，入甘草少許，水一大盞，煎至七分，去滓溫服。

明・蘭茂撰，清・管暄校補《滇南本草》卷中 九里光 性寒，味苦。洗疥癩癬瘡，去皮膚風熱。

明・蘭茂《滇南本草》〔叢本〕卷下 九里光，味苦，性寒。洗疥癩癬瘡，去皮膚風熱。

明・劉文泰《本草品彙精要》卷四一 千里光無毒。 蔓生。

千里光： 與甘草煮作飲服，主退熱，明目，不入衆藥用。出《圖經》。

〔苗〕《圖經》曰： 春生苗，秋取莖葉。其葉似橘葉而長，背有毛，枝榦圓而青，花黃色，不結實，花無用。〔地〕《圖經》曰： 生筠州淺山及路傍。〔時〕生： 春生苗。採： 秋取莖葉。〔用〕莖及葉。〔色〕青綠。〔味〕苦，甘。〔性〕寒。〔氣〕氣薄味厚，陰中之陽。

明・劉文泰《本草品彙精要》卷四一 千里急 植生。

千里急： 治眼有效。出《圖經》。

〔苗〕《圖經》曰： 春生苗，秋開花。〔地〕《圖經》曰： 生天台山中。〔時〕生： 春生苗。採： 秋取花葉。〔用〕花及葉。

明・李時珍《本草綱目》卷一八草部・蔓草類 千里及《拾遺》。校正： 併入《圖經》千里光。

〔集解〕藏器曰： 千里及，藤生道旁籬落間，葉細而厚。宣湖間有之。頌曰： 千里急，生天台山中。春生苗，秋有花。土人采花葉入服藥。又筠州有千里光，生淺山及路旁。葉似菊而長，背有毛。枝幹圓而青。春生苗，秋有黃花，不結實。采莖葉入眼藥，名黃花演。蓋一物也。

〔氣味〕苦，平，有小毒。頌曰： 苦、甘，寒，無毒。 〔主治〕天下疫氣結黃，瘴瘧蠱毒，煮汁服，取吐下。亦搗傅蛇犬咬藏器。同甘草煮汁飲，退熱明目，不入衆藥蘇頌。同小青煎服，治赤痢腹痛時珍。

〔附方〕新一 爛弦風眼： 九里光草，以笥殼葉包，煨熟，捻汁滴入目中。《經驗良方》。

明・倪朱謨《本草彙言》卷七 千里及 味苦，氣寒，有小毒。又名千里光。

蘇氏曰： 千里及，藤生，天台山中及杭越山谷道旁，附樹木籬落間。今宣、湖間亦有之。春生苗葉，細而厚。秋作花，淺黃色。土人采花葉，入藥用。 蘇氏曰： 又筠州千里光，生山谷路旁。葉似菊而長，背有毛，枝幹圓而青。春生苗，秋作花，黃色，不結實。采莖葉入藥用，名黃花演，蓋一物也。

千里及： 藏器解疫熱，清疸瘧之藥也。蘇水門稿主南北疫氣，黃疸瘴瘧，赤白痢疾，幷解蠱毒。煮汁，取吐下，諸證即平。又搗爛敷百蟲及毒蛇惡犬咬傷。此藥寒平清利，雖無補益，治一切熱毒諸疾，咸需用之。但獨行單用，不入衆藥共劑也。

集方： 已下俱見《經驗良方》治天行疫熱，瘴癧黃疸，熱瘧熱痢時疾。用千里及一握，水煎飲，立效。〇治百蟲咬傷，幷毒蛇惡犬咬傷。用千里及，新鮮者搗敷，其毒即解。〇治爛弦風眼。用新鮮千里及，以笋殼葉包，火煨熟，滴入目中。

清・趙學敏《本草綱目拾遺》卷三草部上 千里光 一名九里明。一名黃花草。《綱目》附見千里及下。按： 千里光為外科聖藥，俗諺云： 有人識得千里光，全家一世不生瘡。《綱目》不載，入外科用。《百草鏡》云： 此草生山土，立夏後生苗，一莖直上，高數尺，葉類菊，不對生。《圖經》

云：　千里光生淺山及路旁，葉似菊而長，背有毛，枝榦圓而青。春生苗，秋有黃花，不結實，采莖葉入眼藥，名黃花演。

治目不清，去紅絲白障，迎風流淚《百草鏡》。　明目，去星障，煎湯浴瘡瘍，合膏點赤眼，貼楊梅瘡。狗咬，以千里膏摻粉霜貼之。治蛇傷。治四塊鵝掌風。　王三才《醫便》：　用千里光草一握，蒼耳草一中握，朝東牆頭草一小握，共入瓶內，水煎百沸，以手少擦麝香，向瓶熏之，仍用絹帛繫臂上，勿令走風，三次即愈。千里光即金釵草是也。　治時疫赤鼻，聤耳火眼，諸瘡癧腫毒破爛，及鵝掌風，合千里光膏點赤眼，貼楊梅瘡，加狗油熬粉霜尤妙王安《采藥方》。

清·吴其濬《植物名實圖考》卷二〇　千里及　《本草拾遺》始著錄。《圖經》千里光、千里及，形狀如一。李時珍并之，良是。其黃花演，花同葉異，則非一種。今俚醫用以治目，呼為九里明。

雩婁農曰：　藥物異地則異名，而千里光之名起嶺嶠，下豫章，逾彭蠡、洞庭，達於夜郎牂牁，無弗同者。聞名而知其必有功於目已。其花黃如菊，盛於秋，得金氣，殆菊之別子耶？　花老為絮，則與蒲公英又類族也。滇醫以洗瘡毒，蓋以此。吾覩其物而愧不能為光明燭也，雖有良藥，其如余何？　乃作詩曰：　登臨滇海，亦既覩止。悠悠極目，思在千里。左眄千里，洞庭始波。滔滔江漢，舟楫若何？　右睇千里，一線瀾滄。赤髮金齒，逖矣窮荒。前望千里，九嶷蒼梧。愁雲曷極，海波天吳。後顧千里，金沙岷江。東流不息，去矣吴艭。玉京何在，三萬六千。白雲間之，眾星醉天。露冷之柏，霜隕之桑。安得神瞳，窺彼帝鄉。英光瀣逝，與爾實族。且信人言，以拭吾目。

清·趙其光《本草求原》卷三隰草部　九里明　苦，平，微寒，無毒。消一切熱毒、胎毒、瘡毒、黃膿白泡，搗汁和豬膽汁搽。生肌去腐，治疳疔痔，為瘍醫之綱領。一名金花草。

清·劉善述、劉士季《草木便方》卷一草部　九嶺光　千里光苦殺蟲毒，疫氣瘴瘧火疔除。赤痢腹痛退目熱，蛇犬傷服搗汁塗。

大小毛香　大小毛香根微涼，能安五臟利二腸。發汗解肌消痰咳，跌損瘀血牙痛良。二種同性。

黃花草

明·蘭茂原撰，范洪等抄補《滇南本草圖說》卷六　黃花草　生田邊，串枝，開黃花，結黑小子。味苦，性寒。主治：　熱結火症，日夜燒不退，五經血燥，煎服立愈。

蝦鬚草

清·吴其濬《植物名實圖考》卷一五　蝦鬚草　生陰濕地，處處有之。細莖淡赭色，柔弱不能植立；　葉似萹蓄而薄，色亦淡綠，梢葉更細；　葉間莖端出小枝，開三瓣淡粉紅花，瓣大如粟。性涼。

豨薟

宋·唐慎微《證類本草》卷一一草部下品〔唐·蘇敬《唐本草》〕　豨音喜薟音杴　味苦，寒，有小毒。主熱䘌，煩滿不能食。生擣汁，服三四合，多則令人吐。

〔唐·蘇敬《唐本草》〕注云：　葉似酸漿而狹長，花黃白色。一名火薟。田野皆識之。

〔宋·馬志《開寶本草》〕按：　別本注云：　三月、四月採苗葉。暴乾。《唐本》先附。

〔宋·掌禹錫《嘉祐本草》〕按：　《蜀本圖經》云：　高二尺許，子青黃，夏採葉用，所在下濕地有之。

〔宋·蘇頌《本草圖經》〕曰：　豨薟，俗呼火杴草。《本經》不著所出州郡，今處處有之。春生苗，葉似芥菜而狹長，文麄。莖高二三尺。秋初有花如菊。秋末結實，頗似鶴蝨。夏採葉，暴乾用。近世多有單服者，云甚益元氣。蜀人服之法：　五月五日、六月六日、九月九日採其葉，去根、莖、花、實，淨洗，暴乾。入甑中，層層灑酒與蜜，蒸之又暴，如此九過則已。氣味極香美，熬擣篩蜜丸，服之。云治肝腎風氣，四肢麻痹，骨間疼，腰膝無力者，亦能行大腸氣。諸州所說，皆云性寒，有小寒，與《本經》意同。惟文州、高郵軍云性熱，無毒。服之補虛，安五藏，生毛髮，兼主風濕瘡，肌肉頑痹，婦人久冷，尤宜服用之。去麄莖，留枝、葉、花、實，蒸暴。兩説不同，豈單用葉乃寒而有毒；　并枝、花、實則熱而無毒乎？　抑係土地所產而然邪？

〔宋·唐慎微《證類本草》〕成訥云：　江陵府節度使，進豨薟丸方：　臣有弟訢，年三十一，中風，床枕五年，百醫不差。有道人鍾針者，因覩此患曰：　可餌豨薟丸必愈。其藥多生沃壤，高三尺許，節葉相對，其葉當夏五月已來收，每去地五寸剪刈，以溫水洗泥土，摘其葉及枝頭。凡九蒸九暴，不必大燥，但取蒸為度。仍熬擣為末，丸如桐子大，空心溫酒〔服〕或米飲下二三十丸。服至二千丸，所患忽加，不得憂慮，是藥攻之力。服至四千丸，必得復故。五千丸，當復丁壯。臣依法修合，與訢服，果如其言。鍾針又言：　此藥與本草所述功效相異，蓋出處盛在江東，彼土人呼猪為豨，呼臭為薟氣，緣此藥如猪薟氣，故以為名。

但經蒸暴，薟氣自泯，每當服後，須喫飯三五匙壓之。五月五日採者佳。奉宣付醫院詳録。張詠云：　知益州進豨薟丸表：　臣因換龍興觀，掘得一碑，内說修養氣術，并藥方二件。依方差人訪問採覓，其草頗有異，金稜銀線，素根紫荄，對節而生，蜀號火杴。莖、葉頗同蒼耳。誰知至賤之中，乃有殊常之效。臣自喫至百服，眼目輕明。即至千服，髭鬢烏黑，筋力(校)〔輕〕健，效驗多端。臣本州有都押衙羅守一，曾因中風墜馬，失音不語。臣與十服，其病立痊。又和尚智嚴，年七十，忽患偏風，口眼喎邪，時時吐涎。臣與十服，亦便得差。今合一百劑，差職員史元奏進。

宋・唐慎微《證類本草》卷一一草部下品〔唐・蘇敬《唐本草》〕　猪膏苺音每。　味辛、苦，平，無毒。主金瘡，止痛，斷血生肉，除諸惡瘡，消浮腫。擣封之，湯漬散傅並良。

〔唐・蘇敬《唐本草》〕注云：　葉似蒼耳，莖圓有毛。生下濕地，所在皆有。一名虎膏，一名狗膏。生平澤。

〔宋・馬志《開寶本草》〕按：　別本注云：　又療虎及狗咬瘡，至良。《唐本》先附。

〔宋・掌禹錫《嘉祐本草》〕按：　《蜀本圖經》云：　葉似蒼耳，兩枝相對，莖、葉俱有毛，黃白色。五月、六月採苗，日乾之。陳藏器云：　豬膏草，有小毒。主久瘧痰癊。生擣，絞汁服，得吐出痰。亦碎傅蜘蛛咬、蟲蠶咬、蠼螋溺瘡，似荏葉有毛。蘇云無毒，誤耳。

宋・鄭樵《通志》卷七五《昆蟲草木略》　猪膏苺　曰虎膏，曰狗膏，亦曰豨薟。能亂天名精。

宋・王介《履巉巖本草》卷中　火杴草　一味苦，寒，有小毒。主熱䘌，煩滿不能食。生擣汁服三四合，多則令人吐。一名猪(獫)〔薟〕草。採葉，九蒸九暴，收之。醫軟癱風疾，筋脉緩弱，爲末，酒調服，立效。

宋・張杲《醫說》卷三　豨薟丸　江陵府節度使進豨薟元方，臣有弟訢年三十一，中風床枕五年，百醫不差。有道人鍾針者，因覩此患，可餌豨薟元必愈。其藥多生沃壤，五月間收洗，去土，摘其葉及枝頭，九蒸九曝，不必太燥，但取蒸為度，杵為末，煉蜜元梧子大，空心溫酒、米飲下二三十元，所患忽加，不得憂，至四十服，必復如故，五十服，當丁壯。奉宣付醫院詳録。又知益州張詠進表云：　臣因換龍興觀，掘得一碑，内說修養氣術并藥二件，依方差人訪問採覓，其草頗有異，金稜紫線，素根紫荄，對節而生，蜀號火杴，莖葉頗同蒼耳。誰知至賤之中，乃有殊常之效。臣自喫至百服，眼目輕明。即至千服，鬚髮烏黑，筋力輕健，效驗多端。臣本州有都押衙羅守一曾因中風墜馬，失音不語，臣與十服，其病立痊。又和尚智嚴，年七十患偏風，口眼喎斜，時時吐涎，臣與七服，亦便瘥。今合一百劑，差職員史元奏進同上。

宋・陳衍《寶慶本草折衷》卷一〇　豨音喜薟音杴。汁續附。　一名火杴草，一名火杴。生江東。及文、海州，高郵軍。今處處沃壤及下濕地有之。〇三、四月及五月五日、六月六日、九月九日，採葉，暴乾。〇陳曄云：　七八月採者不若九月氣足也。〇陳曄又云：　忌白馬肉，或以蒟蒻及豆腐為白馬肉也。

味苦、辛，平見續說，有小毒。〇主熱䘌，煩滿不食。〇《圖經》曰：　葉似芥葉而狹長、文麤。近世多有單服，甚益元氣。服之法：　入甑中層層灑酒，與蜜蒸之，又暴，如此九過，擣篩蜜丸。治肝腎風氣，四肢麻痹，骨疼，腰膝無力。亦能行大腸氣，補虛，安五藏，生毛髮，主風濕瘡，肌肉頑痹，婦人久冷。〇成訥奏狀：　節葉相對，江東土人呼猪為豨，呼臭為薟氣，緣此藥如猪薟氣，故以為名。但經蒸暴，薟氣自泯。〇張詠奏表：　其草金棱銀線，素根紫荄，莖葉頗同蒼耳，常服眼明髭烏。有曾因中風不語，口眼喎邪，時時吐涎，服亦得差。

續說云：　《圖經》辨豨薟寒熱之性未甚明也，惟《蘇沈方》謂豨薟即豬膏苺音每，刪訖。其性平，因推此條主治，其平無疑矣。成訥、張詠，歷叙顯效以奏，而於治風之說，特為詳最。近世用以治脚氣者，乃多愈。亦有生擣真汁，消壅散熱者，多則叁合，少即壹貳合，過飲則吐人。或用此汁吊痰者，宜加謹焉。

元・尚從善《本草元命苞》卷五　豨薟　其味苦，性寒，有小毒。俗名火薟草。能醫肝腎風，腰膝軟無力麻痺，骨間疼。補虛，安五臟。除濕，療中風。五月五日採取葉，去根莖。九月九，六月六，皆可。淨洗除塵土，晒乾，入甑中頻灑酒與蜜，如是凡九蒸，氣味極香美。篩擣蜜丸，成劑如桐子大，空心溫酒吞，其或米飲下，服之當至誠。三五十丸，服至二千丸已上，方可獲效。輕身，長毛髮，明目，極有功。久服益元氣，常餌筋力雄，真神僊之妙劑，保壽命以無窮。

明・朱橚《救荒本草》卷上之前　豨薟音杴　俗名粘糊菜。俗又呼火杴草。舊不著所出州郡，今處處有之。苗高三四尺，金稜銀線，素根紫(稭)〔荄〕，莖叉對節而生，莖葉脉類蒼耳，莖葉紋脈豎直，稍葉間開花深黃色。又有一種，苗葉似芥葉而尖狹，開花如菊，結實頗似鶴虱，科苗味苦，性寒，有小毒。救飢：採嫩苗葉煠熟，水浸去苦味，淘洗淨，油鹽調食。治病：文具《本草》草部條下。

明・蘭茂撰，清・管暄校補《滇南本草》卷下 豨薟草 性微溫，味苦，有小毒。治諸風風濕症，內無六經形症，外見半身不遂，口眼歪斜，痰氣壅盛，手足麻木，痿痺不仁，筋骨疼痛，濕氣流痰，癱瘓痿軟，風濕痰火，赤白癜風，鬚眉脫落等症。根，治婦人白帶。

附：豨薟膏方，豨薟草不拘多少，搗汁，入沙鍋內熬成膏，日晒乾，夜露，九次後入藥。全秦歸、熟地、甘草，共為末，入豨薟膏內，煉蜜為丸，每服三錢，水酒溫服。論：豨薟草有小毒，用甘草和中解毒，用當歸、熟地補血養血，先治血，末治風寒治血，血靜風自滅。

附方：治婦人白帶症，年少濕痰下注，用之效。老弱勿用。玉泉丹，治男婦老幼咳嗽氣喘，吐咯黃(瘦)〔痰〕，白沫口涎。豨薟草不拘多少，水酒拌之，九蒸九露，為末，煉蜜為丸，每服三錢，白滾水送下。

明・王綸《本草集要》卷三 豨薟 味苦，氣寒，有小毒。四、五、六月採葉，暴乾。主熱匶，煩滿不能食，生擣汁，服三四合，多則令人唾。五月五日採葉及枝頭，灑酒與蜜水，九蒸九曝，仍熬擣為末，蜜丸如梧桐子大，空心溫酒或米飲下二三十丸，多服久服，治中風偏麻痹，骨間疼，腰膝無力。

明・滕弘《神農本經會通》卷一 豨薟 夏採葉，暴乾用。又云五六九月採，九蒸九晒，丸服。一云五月五日採者佳。味甘，氣寒，有小毒。《本經》云：主熱匶，煩滿，不能食，生擣服三四合，多則令人吐。《圖經》云：近世多有單服者，云甚益元氣。蜀人服之法：五月五日、六月六日、九月九日採其葉，去根莖花實，淨洗，暴乾，入甑中，層層洒酒與蜜，蒸之，又暴，如此九過則已，氣味極香美，熬搗篩，蜜丸服之，云治肝腎風氣，四肢麻痺，骨間疼，腰膝無力者，亦能行大腸氣。惟文州、高郵軍云性熱，無毒。服之補虛，安五臟，生毛髮，兼主風濕瘡，肌肉頑痺，婦人久冷尤宜服用之。去粗莖，留枝葉花實，蒸暴。兩說不同，豈單葉乃寒而有毒，并枝花實則熱而無毒乎？抑係土地所產而然邪。《局》云：《本草》豨薟即火枕，誰知至賤有奇能。知州張詠嘗經進，濕痺諸風盡絕根。豨薟，除濕痺諸風。

明・劉文泰《本草品彙精要》卷一四 豨薟有小毒。植生。

豨音喜薟音歛：主熱匶，煩滿不能食，生搗汁服三四合，多則令人吐。名醫所錄。

〔名〕火薟、火枕草。〔苗〕《圖經》曰：春生苗，葉似芥菜而狹長，文粗，莖高三四尺，秋初花開黃白色如菊，秋末結實，頗似鶴虱。諸州所說皆云性寒，有小毒。與《本經》意同，惟文州、高郵軍云性熱，無毒。兩說不同，蓋係土地所產而然也。〔地〕《圖經》曰：本經不著所出州土，今處處有之。〔道地〕海州、文州、高郵軍。〔時〕生：春生苗。採：三月、四月、五月五日、六月六日取苗葉，九月九日取花實。〔收〕暴乾。〔用〕苗、葉、枝、花、實。〔質〕葉似芥而狹長。〔色〕黃白。〔味〕苦。〔性〕寒，泄。〔氣〕味厚于氣，陰也。〔臭〕香。〔主〕諸風。〔製〕《圖經》曰：淨洗入甑中，層層灑酒，與蜜蒸之，又暴，如此九過用。〔治〕療：《圖經》曰：去肝腎風氣，四肢麻痹，骨間疼，腰膝無力，亦能行大腸氣，及風濕瘡，肌肉頑痹，婦人久冷。《別錄》云：治中風，失音不語，口眼喎斜，時吐涎沫。補：《圖經》曰：補虛，安五臟，生毛髮。《別錄》云：明眼目，烏髭髮，壯筋力。〔合治〕五月五日採，去地五寸者，摘枝葉，九蒸九暴，爲末，丸如桐子大，合酒或米飲下二三十丸，治久患中風者，多服，效。

明・劉文泰《本草品彙精要》卷一四 豬膏莓無毒。植生。

豬膏莓音每：主金瘡，止痛，斷血，生肉，除諸惡瘡，消浮腫。搗封之，湯漬，散傅並良。名醫所錄。

〔名〕虎膏、狗膏。〔苗〕《蜀本》注云：葉似蒼耳而莖圓，兩枝相對，莖葉俱有毛，黃白色。〔地〕《唐本》注云：生平澤下濕地，所在皆有。〔時〕生：春生苗。採：五月、六月取苗。〔收〕日乾。〔用〕苗。〔質〕類蒼耳。〔色〕黃白。〔味〕辛，苦。〔性〕平，泄。〔氣〕氣之薄者，陽中之陰。〔主〕惡瘡。〔治〕療：陳藏器云：主久瘧痰癊，生搗絞汁服，得吐出痰，效。亦碎傅蜘蛛及蟲蠶咬，並蠼螋溺瘡。《別錄》云：療虎及狗咬瘡，至良。

明・俞弁《續醫說》卷一〇 豨薟草 俗呼火枕草。春生苗，葉似芥而狹長，莖高二三尺，秋初有花如菊，秋末結實，頗似鶴虱。夏採葉，晒乾用。單服甚益元氣，治風疾甚良。

明・許希周《藥性粗評》卷三 掃濕痹於豨薟。

豨薟草，一名火枕草。春生苗，葉似芥葉而狹長，對節而上，文麄，莖高二三尺，秋初有花如菊，秋末結實，頗似鶴虱，青黃色。好生濕地，江南處處有之。五月五日或六月六日採枝葉，蒸過暴乾。餘說《本草》不載。味苦，性寒，有小毒。主治風濕，手足攣痹，口眼喎斜，腰膝疼軟，補虛，安五藏，長毛髮。昔張詠知益州，曾經奏進為風濕之劑，有誰知至賤之中，乃有殊常之效之句。

單方：風濕諸疾：凡患本文所載諸疾，以豨薟草枝葉一斤許，或半斤，依時採者，蒸過暴乾，又焙過，擣篩為末，煉蜜丸如梧桐子大，每服二三十丸，空心溫酒或米湯送下，服後吃飯數口壓之，服至二千餘丸，其疾忽然少加，勿懼，自後大愈，顏容增美，筋力益健，其效不可具述。

明·鄭寧《藥性要略大全》卷七 豨薟草一名火杴草。掃濕痹諸風，治肝腎風氣，四肢麻痹，骨疼，腰膝無力。亦能行大腸氣。葉入藥佩之，敺瘧。味苦，氣寒，有小毒。頗似鶴虱。葉似芥菜而狹長，紋粗，莖高，花黃白。諸本藥性皆同，止一本言性熱、無毒。

明·陳嘉謨《本草蒙筌》卷三 豨薟 味苦，氣寒。有小毒。一云氣熱。無毒。沃壤多生，平澤亦有。氣作猪臭，故名豨薟。此草多生江東，其處語言呼猪為豨，呼臭為薟，因其氣類，故此名之。五六七月採收，五月五日、六月六日、七月七日，並宜收採。枝葉花實俱用。惟去麄莖。蜜酒層層和灑，九蒸九曝完全。細末研成，蜜丸豆大。蚤起空腹吞服，酒下多寡隨宜。療暴中風邪，口眼喎斜者立効；治久滲濕痹，腰脚痠痛者殊功。擣生汁服之，主熱䘌，煩滿。服多則吐，惟少為宜。

謨按：此草處處俱生，視之多有異狀。金稜銀線，素根紫荄。對節生枝，方梗圓葉。如式修製，服誠益人。百服則耳目聰明，千服則鬚髮烏黑。追風逐濕，猶作泛閑。古方每竭賛揚，深功難盡著述。可見至賤之類，却有殊常之能。醫者不可因賤而不收，病家亦勿謂賤而不製服也。

明·王文潔《太乙仙製本草藥性大全》卷二《本草精義》 猪膏 一名虎膏，一名狗膏。生平澤下濕地，所在皆有。葉似蒼耳，又似荏葉，兩枝相對，莖葉俱有毛，黃白色。五月、六月採苗，日乾用之。

明·王文潔《太乙仙製本草藥性大全》卷二《本草精義》 豨薟 俗呼火杴草。《本經》不著所出州郡，今處處有之。春生苗，葉似芥菜而狹長，文粗，莖高二三尺，秋初有花如菊，秋末結實，頗似鶴蝨，夏採葉暴乾用。近世多有單自服者，云甚益元氣。蜀人服之法：五月五日、六月六日、九月九日採其葉，去根莖花實，净洗曝乾，入甑中，層層洒酒與蜜，蒸之，又曝，如此九遍則已，氣味極香美，熬擣篩，蜜丸服之，云治肝腎風氣，四肢麻痹，骨間疼，腰膝無力者，亦能行大腸氣。諸州所說皆云性寒，有小毒，與《本經》意同。惟文州、高郵軍云性熱，無毒，服之補益，安五藏，生毛髮，兼主風濕瘡，肌肉頑寒，婦人久冷尤宜服用之。去粗根，留枝葉花實，蒸曝。兩說不同，豈單用葉乃寒而有毒，并枝花實則熱而無毒乎？抑係土地所產而然耶？

明·王文潔《太乙仙製本草藥性大全》卷二《仙製藥性》 猪膏莓 味辛、苦，氣平，無毒。主治：主金瘡止痛如神，用斷血生肉大效。久瘧吐痰仙方，諸般咬毒立散。消浮腫良，祛惡瘡效。補註：久瘧痰䕃，取生擣絞汁服，得吐痰妙。〇蜘蛛、蠶咬，蠼螋溺，杵汁傅效。〇虎、狗咬，用之亦良。

明·王文潔《太乙仙製本草藥性大全》卷二《仙製藥性》 豨薟 味苦，氣寒，有小毒。一云氣熱，無毒。主治：療暴中風邪，口眼喎斜者立效。治久滲濕痹，腰脚痠痛者殊功。擣注汁服之，主熱䘌，煩滿。服多則吐，惟少爲宜。補註：江陵府節度使進豨薟丸方：臣有弟訢年三十一，中風床被五年，有醫不差。有道人鍾針者，因見此患曰：可餌豨薟丸必愈。其藥多生沃壤，高三尺許，節葉相對，其葉當夏五月已來收，每去地五寸剪刈，以溫水洗泥土，摘其葉及枝頭，凡九蒸九曝，不必太燥，但取蒸爲度，仍熬擣爲末，丸如梧子大，空心溫酒或米飲下二三十丸，服至二千丸，所患忽加，不得憂慮，是藥攻之力，服至四千丸，必得復故，五千丸當復丁壯。臣依法脩合，與訢服，果如其言。鍾針又言：此藥與《本草》所述功效相異，蓋出處盛在江東，彼土人呼猪爲豨，呼臭爲薟氣，緣此藥如猪薟氣，故以爲名。但經蒸曝，薟氣自泯，每當服後，須吃飯三五匙壓之。五月五日採者佳。奉宣付醫院詳録之。按：此草處處俱生，視之多有異狀，金稜銀線，素根紫荄，對節生枝，方梗圓葉。如式脩製，服誠益人，百服則耳目聰明，千服則鬚髮烏黑，追風逐濕猶作泛閑。古方每竭讚揚，深功難盡，著述可見。至賤之類，却有殊常之能，醫者不可因賤而不收，病家亦勿謂賤而不製服也。

明·皇甫嵩《本草發明》卷三 豨薟下品下，佐使。氣寒，味苦，有小毒。 發明曰：豨薟苦寒，除風濕熱妙藥。故《圖經》與世用方修製丸，主中風邪，口眼喎斜，久濕痺，腰脚痠疼。但《本經》辯主熱䘌，煩滿不能食，生擣汁，服三四合，多服令人吐。此草金稜銀線，〔素〕根紫荄，對節生枝，〔方〕梗圓葉，五月五、六月六、七月七日採葉，洗晒乾，入甑中，層層洒酒和蜜，九蒸九晒，氣味香美，細末，蜜丸服，治肝腎風氣，四肢麻痺，骨間疼，腰膝無力，亦能行大腸氣。諸州皆云性寒，與《本經》意同，惟文州、高郵軍言性熱，無毒，補虛，安五臟，生毛髮，兼主風濕。愚按前說為長，且今時用之，追風逐濕熱多效，而謂之能溫補，恐未然。抑或生用，則性苦寒，而惟除熱。酒蜜蒸煉，氣味稍溫甘美，除風濕中兼補益，不致發吐耳。

明・李時珍《本草綱目》卷一五草部・隰草類上　豨薟音喜枚。○《唐本》。

校正併入《唐本》猪膏母。

【釋名】希仙《綱目》　火杴草《唐本》　猪膏母《唐本》　虎膏《唐本》　狗膏《唐本》　粘糊菜《救荒》　時珍曰：《韻書》楚人呼猪爲豨，呼草之氣味辛毒爲薟。此草氣臭如猪而味薟螫，故謂之豨薟。猪膏、虎膏、狗膏，皆因其氣，以及治虎狗傷也。火杴當作虎薟，俗音訛爾，近人復訛豨薟爲希仙矣。《救荒本草》言其嫩苗煠熟，浸去苦味，油鹽調食，故俗謂之粘糊菜。

【集解】恭曰：豨薟，田野皆(食)〔識〕之，一名火杴。葉似酸漿而狹長，花黄白色。三月、四月採苗葉暴乾。又曰：猪膏母，生平澤下濕地，所在皆有。一名虎膏，一名狗膏。葉似蒼耳，莖圓有毛。頌曰：豨薟處處有之。春生苗，葉似芥葉而狹長，文粗。莖高二三尺。秋初有花如菊。〔秋末〕結實，頗似鶴虱。夏採葉，暴乾用。藏器曰：猪膏草，葉似荏有毛。保昇曰：猪膏葉似蒼耳，兩枝相對，莖葉俱有毛，黄白色，五月、六月採苗，日乾。時珍曰：按蘇恭《唐本草》謂豨薟似酸漿，猪膏母似蒼耳，列爲二種。而成訥《進豨薟丸表》，言此藥與《本草》所述相異，多生沃壤，高三尺許，節葉相對。張詠《豨薟丸表》言此草金稜銀綫，素莖紫荄，對節而生，蜀號火杴，莖葉頗同蒼耳。又按沈括《筆談》云：世人妄認地菘爲火杴。有單服火杴法者，乃是地菘，不當用火杴。火杴乃《本草》名猪膏母者，後人不識，重復出條也。按此數説各異，而今人風痹多用豨薟丸，將何適從耶？時珍嘗聚諸草訂視，則猪膏草素莖有直稜，兼有斑點，葉似蒼耳而微長，似地菘而稍薄，對節而生，莖葉皆有細毛。肥壤一株分枝數十。八九月開小花，深黄色，中有長子如同蒿子，外萼有細刺粘人。地菘則青莖，圓而無稜，無斑無毛，葉皺似菘芥，亦不對節。觀此則似與成張二氏所説相合。今河南陳州採豨薟充方物，其狀亦是猪膏草，則沈氏謂豨薟即猪膏母者，其説無疑矣。蘇恭所謂似酸漿者，乃龍葵，非豨薟，蓋誤認爾。但沈氏言世間單服火杴，乃是地菘，不當用猪膏母，似與成張之説相反。今按豨薟、猪膏母條，並無治風之説。惟《本經》地菘條，有去痹除熱，久服輕身耐老之語，則治風似當用地菘。然成張進御之方，必無虛謬之理。或者二草皆有治風之功乎？而今服猪膏母之豨薟者，復往往有效。其地菘不見有服之者。則豨薟之爲猪膏，尤不必疑矣。

豨薟　【氣味】苦，寒，有小毒。又曰：猪膏母，辛、苦，平，無毒。藏器曰：有小毒。蘇恭曰：猪膏無毒，誤矣。

【主治】豨薟：治熱䘌，煩滿不能食。生搗汁三合服，多則令人吐。又曰：猪膏母主金瘡止痛，斷血生肉，除諸惡瘡，消浮腫。搗封之，湯漬散傅並良蘇恭。主久瘧痰陰，搗汁服取吐。搗傅虎傷、狗咬、蜘蛛咬、蠶咬、蠼螋溺瘡藏器。治肝腎風氣，四肢麻痹，骨痛膝弱，風濕諸瘡時珍。

【發明】頌曰：蜀人單服豨薟法：五月五日、六月六日、九月九日，採葉，去根莖花實，净洗暴乾。入甑中，層層灑酒與蜜蒸之，又暴。如此九過，則氣味極香美。熬搗篩末，蜜丸服之。云甚益元氣，治肝腎風氣，四肢麻痹，骨間冷，腰膝無力者，亦能行大腸氣。諸州所説，皆云性寒有小毒，與《唐本》同。惟文州及高郵州云：性熱無毒。服之補益，安五臟，生毛髮，兼主風濕瘡，肌肉頑痹，婦人久冷尤宜用。須去粗莖，留枝葉花實蒸暴。兩説不同。豈單用葉則寒而有毒，並枝花實則熱而無毒乎？抑土地所産不同而然歟。時珍曰：生搗汁服則令人吐，故云有小毒。九蒸九暴則補人去痹，故云無毒。生則性寒，熟則性溫，云熱者非也。慎微曰：按江陵府節度使成訥《進豨薟丸方表》略云：臣有弟訢，年二十一中風，伏枕五年，百醫不瘥。有道人鍾針因睹此患，曰：可餌豨薟丸必愈。其草多生沃壤，高三尺許，節葉相對。當夏五月以來收之，每去地五寸剪刈，以温水洗去泥土，摘葉及枝頭。凡九蒸九暴，不必太燥，但以取足爲度。仍熬搗爲末，煉蜜丸如梧子大，空心温酒或米飲下二三十丸。服至二千丸，所患愈加，不得憂慮，是藥攻之力。服至四千丸，必得復〔故〕。至五千丸，當復丁壯。臣依法修合，令訢服之，果如其言。服後須吃飯三五匙壓之。五月五日採者佳。奉勑宣付醫院詳録。又知益州張詠《進豨薟丸表》略云：切以餐石飲水，可作充腸之饌；餌松含柏，亦成救病之功。是以療飢者不在於羞珍，愈病者何煩於異術？倘獲濟時之藥，輒陳鄙物之形。不恥管窺，輒干天聽。臣因換龍興觀，掘得一碑，內説修養氣術，並藥方二件。依方差人訪問採覓，其草頗有異，金稜銀綫，素莖紫荄，對節而生。蜀號火杴，莖葉頗同蒼耳。不費登高歷險，每常求少獲多。急採非難，廣收甚易。倘勤久服，旋見神功。誰知至賤之中，乃有殊常之效。臣自吃至百服，眼目清明。即至千服，髭鬢烏黑，筋力輕健，效驗多端。臣本州有都押衙羅守一，曾因中風墜馬，失音不語，臣與十服，其病立痊。又和尚智嚴，年七十，忽患偏風，口眼喎斜，時時吐涎，臣與十服，亦便得痊。今合一百劑，差職員史元奏進。

【附方】新五　風寒泄瀉：火杴丸治風氣行於腸胃，泄瀉。火杴草爲末，醋糊丸梧子大。每三十丸，白湯下。《聖濟總録》。　癰疽腫毒：一切惡瘡。豨薟草端午採者一兩，乳香一兩，白礬燒半兩，爲末。每服二錢，熱酒調下。毒重者連進三服，得汗妙。《乾坤秘韞》。　發背丁瘡：豨薟草、五葉草即五爪龍、野紅花即小薊、大蒜等分，擂爛，入熱酒一碗，絞汁服，得汗立效。《乾坤生意》。　丁瘡腫毒：端午採豨薟草，日乾爲末。每服半兩，熱酒調下。汗出即愈，極有效驗。《集簡方》。　反胃吐食：火杴草焙爲末，蜜丸梧子大，每沸湯下五十丸。《百一選方》。

明・梅得春《藥性會元》卷上　豨薟草　味苦、鹹，有小毒。一名火薟。

採苗葉，暴乾，九蒸九晒，蜜丸。久服輕身延年，消痰活血，治左癱右瘓，效不可言。四十外即常服之說。　主治熱䘌煩滿不能食。生搗汁，服三四合，多則令人吐。

明・李中立《本草原始》卷三　豨薟　處處有之。春生苗，葉似蒼耳，兩枝相對，莖圓有毛。秋開小花，深黄色，中有子如同蒿子，外萼有細刺。五月、六月採葉，日乾。此草多生江東，彼土人呼豬為豨，呼臭為薟，因其氣類，故以為名。《唐本草》名豬膏母，名虎膏，名狗膏，皆因其氣似，及治虎狗傷也。《救荒本草》名粘糊菜，因其嫩苗可食也。俗呼火枕草。　氣味：苦，寒，有小毒。　主治：熱䘌煩滿不能食，生搗汁三合服，多服令人吐。○主金瘡止痛，斷血生肉，除惡瘡，消浮腫，搗封之，湯漬、散傅並良。○主久瘧痰癊，搗汁服，取吐。搗傅虎傷狗咬、蜘蛛咬、蠶咬、蠼螋溺瘡。○治肝腎風氣，四肢麻痹，骨痛膝弱，風濕諸瘡。

豨薟，《唐本草》。【圖略】諸説皆云性寒，有小毒。惟文州及高郵州云性熱，無毒，服之補益，安五臟，生毛髮，兼主風濕瘡，肌肉頑痹。婦人久冷尤宜用。枝葉對生，金稜銀線，素根紫荄。五月五日、六月六日、七月七日、九月九日採葉。

按：　江陵府節度使成訥進豨薟丸方：　臣有弟（訮）〔訢〕，年三十一，中風伏枕五年，百醫不差。有道人鍾針者，因覩此患，曰：　可餌豨薟丸，必愈。其藥多生沃壤，高三尺許，節葉相對。其葉當夏五月已來收，每去地五寸翦刈，以溫水洗泥土，摘其葉及枝頭，九蒸九暴，不必大燥，但取足為度。仍熬擣為末，丸如桐子大，空心溫酒或米飲下二三十丸。服至二千丸，所患忽加，不得憂慮，是藥攻之力。服至四千丸，必得復故，五千丸當復丁壯。臣依法修合，與（訮）〔訢〕服，果如其言。鍾針又言，服後須喫飯三五匙壓之。五月五日採者佳。奉宣付醫院詳録。

明・張懋辰《本草便》卷一　豨薟　味苦，氣寒，有小毒。　主熱䘌，煩滿不能食。生擣汁服三四合，多則令人唾。洒酒與蜜水拌，九蒸九曝，治中風偏麻痹，骨間疼，腰膝無力。

明・李中梓《藥性解》卷四　豨薟　味苦，性溫，有小毒，入肝、腎二經。補元氣，祛風濕，強筋骨，長眉髮，烏鬚鬢，明耳目。得酒良，九月九日採者佳。　按：　豨薟功驗如右，宜職厥陰、少陰二經。高郵軍謂其性溫，當矣！本草言其性寒，與主用相違，不亦誤乎？　久服大能補益，故張詠進御表云：　金稜銀線，素根紫荄，誰知至賤之中，乃伏殊常之品，臣服百劑，耳目聰明，漸服滿歲，鬚髭再黑。羅守一墜馬中風不語，十服即痊。僧智嚴七十，口眼喎斜，數服頓愈。若張益州者，可謂識其用矣！　宜去根，連莖葉細剉，搗爛取汁，熬煉成膏，以甘草、熟地煎膏，煉蜜三味收之，出火毒，酒調服，功尠不可具述。所謂有小毒者，以生用令人吐也。今既經製度，則毒去而功全矣。

明・繆希雍《本草經疏》卷一一　豨薟　味苦，寒，有小毒。　主熱䘌，煩滿不能食，生搗汁服三四合，多則令人吐。

〖疏〗豨薟，陽草也。感少陽生發之氣以生，故其味苦寒，不應有毒。乃入血分祛風除濕，兼活血之要藥也。　濕熱盛則生䘌，濕則煩滿不能食。　春生之藥，本合風化，風能勝濕，苦寒除熱，故主之也。《經》曰：　地之濕氣，感則害人皮肉筋脈。故蘇頌治肝腎風氣，四肢麻痹，骨間疼痛，腰膝無力，及行大腸氣。成訥用以療中風。張詠用以輕身駐顔。效已著於曩代，功復見於今時。妙在走而不洩，香可開脾，邪去身安，功力斯倍矣。　〖主治參互〗豨薟，如法脩事：　一斤，入漆葉四兩，亦以蜜酒潤過，九蒸九曬，蜜和，丸如梧子大。每五錢，空心飢時白湯吞，日三服。治紫雲風、爛麻風，有神。　江陵府節度使成訥《進豨薟丸方表》略云：　臣有弟訢，年三十一，中風伏枕五年，百醫不差。有道人鍾針者，因覩此患曰：　可餌豨薟丸，必愈。其藥多生沃壤，高三尺許，節葉相對。其葉當夏五月已來收。每去地五寸翦刈，以溫水洗去泥土，摘其葉及枝頭。凡九蒸九曝，不必太燥，但取蒸足數為度。仍熬搗為末，煉蜜丸如梧子，空心溫酒或米飲下二三十丸。服至二千丸，所患愈加，不得憂慮，是藥攻之力。服至四千丸必得復故，五千丸當復丁壯。臣依法脩合，令訢服之，果如其言。鍾針又言：　此藥與本草所述功效相異。蓋出處盛在江東，彼土人呼猪薟，緣此藥如猪薟氣，故以為名。但經蒸曝，薟氣自泯。每當服後，須喫飯三五匙壓之。五月五日采者佳。奉敕宣付醫院詳録。　知益州張詠《進豨薟丸表》略云：　此草金稜銀線，素應是赤字。莖紫荄，對節而生。蜀號火枕。莖葉頗同蒼耳。誰知至賤之中，乃有殊常之效。臣自喫至百服，眼目清明，積至千服，髭鬢烏黑，筋力輕健，效驗多端。臣本州有都押衙羅守一，曾因中風墜馬，失音不語。臣與十服，其病立痊。又和尚智嚴，年七十，忽患偏風，口眼喎斜，時時吐涎。臣與十服，亦便得瘥。今合一百劑，差職員史元奏進。〔簡誤〕凡病人患四肢麻痹，骨間疼，腰膝無力，由於脾腎兩虛，陰血不足，不因風濕所中而得者，不宜服之。予少年時晤金壇令公劉蓉川，論及此藥。劉太夫人平居常服，在金壇令隸卒取此草，太夫人見之輒曰非是。乃知張益公表中所云金稜銀線、素莖紫荄，與吳地所產者有異。物隨土變，固其性也。

明・倪朱謨《本草彙言》卷三 豨薟草　味苦，氣溫，有小毒，入手足少陽經。

俞氏曰：《韻書》楚人呼猪爲豨，呼草之氣味辛惡者爲薟。此草氣臭如猪，而味腥惡如螫，故謂之豨薟。多生沃壤，所在有之。春盡生苗，節葉相對，高三尺許。葉似蒼耳而微長，又似地菘而稍薄。金棱銀綫，素莖紫荄，莖葉皆有細毛。肥壤一株，分枝數十。八九月開小花，深黃色。結實如蒿子，外萼有細刺，粘人衣。采時以五月五日、六月六日、七月七日、九月九日。刈剪去地三寸，以水洗淨泥土，摘葉及枝頭，用酒潤，以九蒸九曝爲良。蒸曝經久，濕潤無毒，薟氣自泯，香美可食。非若生時腥薟可惡也。

豨薟草：時珍祛風濕，活滯血之藥也。李秋江稿故祛風藥，每推首用。《唐本草》療中風口眼歪斜，四肢麻木，筋骨拘攣，或濕痹腰脚痠疼，及腸風藏血等證。此乃春升之藥，得少陽風木之令。風能勝濕，故上件諸病悉主之也。但性味走泄，疏散獨專，補養稍遜。凡患四肢麻痹，骨間疼痛，腰膝無力，由于脾腎兩虛，陰血不足，不因風濕而得者，不宜服也。

沈則施先生曰：按方書言成訥《進豨薟丸方表》云：有弟(訮)〔訢〕，年三十一歲，中風伏枕五年，百醫不瘥。有道人鍾某者，因睹此患，令服豨薟草一味，取嫩枝葉九十斤，酒浸九日，上甑蒸一次，曬一次，計蒸曬各九次。或曬或焙乾，搗爲末，煉蜜丸如梧桐子大，空心用溫酒或米湯下百餘丸。至四千丸，所患愈加，勿得疑慮，是藥攻之故。服至八千丸，必得復舊。服至萬丸，當復强壯。依法修製，令(訮)〔訢〕服之，果如其言。鍾某又言：此藥與本草所述功效相異，每當服後，須吃飯六七匙壓之。又益州張氏豨薟丸方云：吃至百服，眼目清明。積至千服，髭鬚烏黑，筋力輕健，效驗奇異。一人中風墜馬，失音不語。與十服，其病立瘥。又一老僧，年七十，忽患偏風，口眼喎邪，時時吐涎。與十服，亦便得瘥，誠仙方也。

集方：《方脉正宗》治中風口眼喎斜，手足不隨，語言蹇澁，口角流涎，筋骨攣强，腰脚無力等證。用豨薟酒浸，蒸曬九次，取三斤，配蘄蛇二條，人參、黃耆、枸杞子、川萆薢、於白朮、當歸身各八兩，蒼耳子、川芎、威靈仙、半夏麯各四兩。以上諸藥，俱用酒拌炒，沉香二兩，不見火，共十三味，俱爲細末，煉蜜丸如梧桐子大，每早晚各服三錢，白湯送下。○同前腸風下血。用豨薟葉酒蒸，爲末，煉蜜丸，每服三錢，白湯下。○《乾坤生意》治發背疔瘡，一切癰疽腫毒。用新鮮豨薟葉一二兩，小薊、大蒜各一兩。搗爛，入熱酒一碗，絞汁服。得汗立解。

李士材先生曰：古方云豨薟能宣能補，故風家珍之。本草相傳，功用甚奇。然近世服之，經年罕效。意者製法未盡善歟？風氣有分別歟？藥産非道地歟？亦以見執方者之失也。愚按此藥長于理風濕，畢竟是祛邪之品，恃之爲補，吾未敢信也。

明・姚可成《食物本草・救荒野譜補遺・草類》 莃薟食葉。周定王《救荒本艸》名粘糊菜。處處有之。春生苗葉，採其嫩者汋去苦味，鹽拌食之。

艸莃薟，生丘原，食之可以度饑年。嗟哉今歲收無田，廚絕爨兮突無煙。終朝采得帶霞餐，采不盈筐還自嫌，何慮咀茹滋味薟。

明・姚可成《食物本草》卷一七草部・隰草類 豨薟處處有之。春生苗葉，似芥葉而狹長，文粗。莖高二三尺。秋初有花如菊，結實頗似鶴虱。《救荒本草》言：採其嫩苗，汋去苦味，煠熟鹽拌食之。

豨薟，味苦，寒，有小毒。治熱䘌煩滿不能食，生搗汁三合服，多則令人吐。又主金瘡，止痛，斷血生肉，除諸惡瘡，消浮腫，搗封之，湯漬散傅竝良。治久瘧痰癊，搗汁服取吐。搗傅虎傷、狗咬、蜘蛛咬、蠶咬、蠼螋溺瘡。治肝腎風氣，四肢麻痹，骨痛膝弱，風溼諸瘡。○蘇頌曰：蜀人單服豨薟法：五月五日，六月六日，九月九日，采葉去根莖花實，淨洗曝乾，入甑中層層洒酒，與蜜蒸之，又曝。如此九過，則氣味極香美。熬搗篩末，蜜丸服之，甚益元氣。治肝腎風氣，四肢麻痹，骨間冷，腰膝無力之病甚效。○江陵府節度使成訥《進豨薟丸方表》略云：成有弟訢，年二十一，中風伏枕五年，百醫不瘥。有道人鍾(銘)〔針〕，因覩此患，曰：可餌豨薟丸，必愈。其草多生沃壤，高三尺許，節葉相對。當夏五月以來收之，每去地五寸剪刈，以溫水洗去泥土，摘葉及枝頭。凡九蒸九曝，不必太燥，但以取足為〔度，仍〕熬搗為末，煉蜜丸如梧子大，空心溫酒或米飲下二三十丸。服至二千丸，所患愈加，不得憂慮，是藥攻之力。服至四千丸，必得復〔故〕。至五千丸，當復丁〔壯〕。臣〔佐〕〔依〕法修治，令訢服之，果如其言。服後須喫飯〔三五匙〕壓之。五月五日采者佳。奉勑宣〔付醫〕院〔詳錄。又知益州張詠〕《進豨薟丸表》略云：切〔以餐石飲水，可作充腸〕之饌；餌松含柏，亦成救病之功。是以療飢者不在於羞珍，愈病者何煩於異〔品〕〔術〕。倘獲濟時〔之藥〕，輒陳鄙物之形。不恥管窺，輒干天聽。臣因修建龍興觀，掘得一碑，內說脩養氣術，并藥方二件。依方差人訪問，采覓其草，頗有奇異。金稜銀線，素莖紫荄，對節而生，蜀號火杴。莖葉頗同蒼耳。不費登高歷險，每常求少獲多。急采非難，廣收甚易。倘能久服，旋見神功。誰知至賤之中，乃有殊常之效。臣自喫至百服，眼目清明。既至千服，髭鬚烏黑，效驗多端。臣本州有都押衙羅守一，曾因中風墜馬，失音不語，臣與十服，其病立瘥。又和尚智嚴，年七十，忽患偏風，口眼喎斜，時時吐涎。臣與十服，亦便得瘥。今謹修合一百劑，差職貢史元奏進。

附方：　治疔瘡腫毒。端午采豨薟艸日乾為末，每用半兩，熱酒調下，汗出即愈。○又方：　豨薟艸端午采者一兩，乳香一兩，白礬燒半兩為末。每服二錢，熱酒調下。毒重者連進三服，得汗妙。　治膈氣。豨薟艸焙為末，蜜丸桐子大。每五十丸。

明·顧逢柏《分部本草妙用》卷八雜藥部　豨薟　苦，寒，有小毒。主治：　肝腎風氣，四肢麻痺，骨痛膝弱，風濕諸瘡。搗敷諸蛇蟲咬毒。　製豨薟法：　五月五日，六月六日，九月九日，采藥入甑，層層灑酒與蜜，蒸之，曬乾，蒸曬九遍，為末，丸服。專治麻痺風濕，益下元，強筋骨之玅藥也。

明·黄承昊《折肱漫録》卷三　予常閱《本草》，成都節度張益州《進豨薟丸表》頌其功用之妙，不可殫述。及閱繆慕臺《本草經疏》，言凡病人患麻痺，骨節疼痛，腰膝無力，由於脾腎兩虛，陰血不足，非因風濕所中而得者，不宜服此。予深服其言。蓋豨薟之性輕揚而香，治風治濕，信有神功，斷非補益之藥，若悞信而久服，必損神氣。

向讀《本草》豨莃薟丸之妙，久服可以輕身延年。予初患指麻，人咸謂宜服此丸。予以為雖祛風，而無傷元氣，製之與補劑兼服。然心疑之，天下無祛風而不傷元氣之理。友人徐顯甫在燕亦患指麻，單服前丸一月餘，精神大減，步履俱艱，遂改服補藥一月餘，步履始得如故。乃知此藥亦是耗損元氣之物，《本草》之言未足信也。

明·李中梓《醫宗必讀·本草徵要上》　豨薟味苦，寒，有小毒。入肝、腎二經。　肢節不利，肌體麻痹，脚膝軟疼，纏綿風氣。能宣能補，故風家珍之。本草相傳功用甚奇，然近世服之，經年罕效。意者製法未盡善歟？風氣有分別歟？藥產非道地歟？亦以見執方者之失也。按：　豨薟長於理風濕，畢竟是祛邪之品，恃之為補，吾未敢信也。

明·蔣儀《藥鏡》卷一温部　豨薟　補元祛濕，明目烏鬚。展風痺麻木之不仁，助脚膝痠疼之無力。熱䘌煩滿，偏枯不遂，皆最效也。單用一味，蒸晒如法，蜜丸酒下，神玅無雙。《本經》云：　脾腎兩虛，陰血不足，病不因于外來者，不可縱餌。

明·張景岳《景岳全書》卷四八《本草正》　豨薟　味苦，氣微寒，有小毒。此物氣味頗峻，善逐風濕諸毒。用蜜酒層層和灑，九蒸九曝，蜜丸，空心酒吞，多寡隨宜。善治中風，口眼歪邪，除濕痹腰脚痠痛麻木。生者酒煎，逐破傷風危急如神。散撒麻疔惡毒，惡瘡浮腫，虎傷狗咬，蜘蛛蟲毒，或搗爛封之，或煎湯，或散敷並良。其掃蕩功力若此，似於元氣虛者非利。

明·盧之頤《本草乘雅半偈》帙一一　豨薟《唐本草》　氣味：　苦，寒，有小毒。　主治：　熱䘌，煩滿不能食。擣汁主金瘡止痛，續血生肌，除諸惡瘡，消浮腫。

覈曰：　豨薟，所在有之。春盡作苗，莖有直稜，間作班點。葉似枲耳，微長，又似地松，稍薄。對節生葉，（花）〔莖〕葉皆毛。肥壤者，一株分枝數十。八九月作小花，深黄色。實如蒿子，外萼有刺，喜粘人也。修治：　採葉洗淨暴乾，入甑中，每層酒潤蜜洒，疊滿，封固甑口，蒸一時許，取出，暴乾。如前法，蒸暴九次，則氣味香美。

条曰：　楚人呼彘為豨，呼嗅為薟。蓋腎畜彘，腎臭腐，為腎藏之體藥也。其味苦，其氣寒，其性潤下，又為腎藏之用藥也。對待熱為䘌眚，若蟄蟲之壞我戶耳。《經》云：　腎虛者，心懸若病飢，煩滿不能食，灸之則強食生肉。又云：　腎虛脛腫寒逆，實則骨氣以精，是故駐形者，其始淫氣于腎，散精于骨，以次淫散，乃得筋柔肌生，血榮毛美耳。若風氣通于肝，致筋膜弛痿，此以氣病形，亦以形病氣，輔肝之母，即所以補腎之形，形全則神俱，五形若一矣。

明・李中梓《本草通玄》卷上　豨薟　苦，寒，入肝。　主風氣麻痺，骨痛膝弱，風濕諸瘡。　按：　豨薟苦寒之品，且有毒，令人吐，以為生寒熟溫，理或有之。　以為生瀉熟補，未敢盡信，豈有苦寒搜風之劑，一經蒸煮，便有補益之功耶？　世俗見慎微《本草》譽之太過，遂誤認為風家至寶。　余少時亦信之，及恪誠修事，久用無功，始知方書未可盡憑也。　古人所謂補者，亦以邪風去則正氣昌，非謂其本性能補耳。　酒蜜潤蒸。

清・顧元交《本草彙箋》卷三　豨薟　入血分，祛風除濕，兼活血之藥也。　服食久之，能治肝腎風氣，四肢麻痺，骨間疼痛，腰膝無力諸症。　要非急效之劑，前人張詡過當耳。　況仲繆簡誤謂如前諸症，不因風濕，而由於脾胃兩虛，陰血不足者，不宜過服，則所謂走而洩者，亦未確也。

清・穆石匏《本草洞詮》卷九　豨薟　楚人呼豬為豨，草之氣味辛毒為薟，此草氣如豬而味薟螫，故名豨薟。　氣味苦辛寒，一云平，有小毒。　治肝腎風氣，四肢麻痺，骨痛膝弱，風濕諸瘡，傳虎傷，狗咬，蜘蛛咬，蠶咬，蠼螋溺瘡。　蜀人單服豨薟法：　五月五日、六月六日、九月九日采葉，去根莖花實，洗暴入甑內，層層灑酒與蜜蒸之，又暴，如此九遍，則氣味極香美，蜜丸服之。甚益元氣，治四肢麻痺，腰膝無力。　諸州產者皆性寒，惟文州、高郵州者性熱。　須去莖，留枝葉花實蒸暴，豈葉則寒，而枝花實則熱乎？　抑地產不同耶？　蓋生搗汁服則令人吐，九蒸九暴則補人去痺，是生則性寒，熟則性溫也。　成訥《進豨薟丸方表》略云：　臣有弟（訮）〔訢〕，中風伏枕五年，百醫不瘥。　有道人鍾針曰：　可餌豨薟丸。　其草多生沃壤，高三尺許，節葉相對，當夏月以來收之，每去地五寸剪刈，溫水洗去泥，摘葉及枝，九蒸九曝，不必太燥，但以取足為度，仍搗為末，蜜丸如梧子大，空心服後，須喫飯三五匙壓之，至二千丸，所患愈加，不得憂慮，是藥攻之力，至四千丸必復，至五千丸當復丁壯。　臣依法修合，令（訮）〔訢〕服之，果如其言。　奉敕宣付醫院詳錄。　張詠《進豨薟丸方表》略云：　切以餐石飲水，可作充腸之饌，餌松食栢，亦成救病之功。　是以療飢不在羞珍，愈病何須異術。　倘獲濟時之藥，猶如升鼎之丹。臣掘得一碑，內說修養氣術，并藥方二件，依方訪采，金稜銀線，素莖紫荄，對節而生，莖葉頗同蒼耳，不費登高歷險，每常求少獲多，急采非難，廣收甚易，倘勤久服，旋見神功。　誰知至賤之中，乃有殊常之効。　臣自喫至百服，眼目清明，即至千服，髭鬚烏黑，筋力輕健，效驗多端。　本州有押衙羅守一，中風墜馬，失音不語，臣與十服，其病立瘥。　和尚智嚴，年七十餘，忽患偏風，口眼喎斜，時時吐涎。　臣與十服，亦便得瘥。　今合百劑，差貢奏進。　按《唐本草》謂豨薟似酸漿，豬膏母似蒼耳，列為二種。　而成訥《表》與《本草》所述有異，張詠亦謂頗同蒼耳。　河南陳州采豨薟充方物，其狀亦是豬膏草，則蘇恭所謂似酸漿者，乃地菘，非豨薟也。　今按豨薟、豬膏母條，並無治風之說，惟《本經》地菘條有去痺除熱，久服輕身耐老之文，則治風似當用地菘矣。　然成、張進御之方，必無虛謬之理，或者二草皆有治風之功乎？　而今服豬膏母之豨薟者，復往往有效。

清・劉雲密《本草述》卷九上　豨薟薟音軒，讀為僉者，誤，竹頭乃音僉，此草如豬薟氣，故以為名。　時珍曰：　沈存中《筆談》云：　世人多認地菘為火杴音軒者，沈所謂地菘，即天名精，謂火杴即豬膏母，又即豬薟也。　珍常聚諸草訂視，則豬膏草素莖，有直稜，兼有斑點，葉似蒼耳而微長，似地菘而稍薄，對節而生，莖葉皆有細毛，肥壤一株分枝數十，八九月開小花，深黃色，中有長子，如同蒿子，外萼有細刺，粘人。　地菘則青莖，圓而無稜，無斑無毛，葉皺似菘芥，亦不對節。　觀此，則似與成張二氏所說相合。　按成訥所說，高三尺許，節葉相對。張詠所說，金稜銀線，素莖紫荄，對節而生，莖葉頗同蒼耳，故瀕湖言其相合，第是處皆產，隨地稍異，准取素莖，有稜而不圓，節葉皆相對，莖葉皆有細毛耳。　今河南陳州采豨薟充方物，其狀亦皆豬膏草。　則沈氏謂豨薟，即豬膏母者，其說無疑矣。二草之辨，即反面葉亦異，詳天名精條。

氣味：　苦，寒，有小毒。　又曰：　豬膏母辛苦，平，無毒。　時珍曰：生搗汁服，則令人吐，故云有小毒。　九蒸九曝，則補人，去痺，故云無毒。　生則性寒，熟則性溫。　有云熱者，非也。

主治：　生用治熱䘌，音匿，小蟲也。煩滿不能食，除諸惡瘡，消毒腫。　又久瘧痰癊，音印，心病。　搗汁服，取吐。　蒸曝用之，甚益元氣。　治肝腎風氣，四肢麻痺，骨痛膝弱，并偏風口喎，時時吐涎。

頌曰：　蜀人單服豨薟法：　五月五日，六月六日，九月九日，采葉，去根、莖、花、實，淨洗，曝乾，入甑中，層層灑酒，與蜜蒸之。　又曝，如此九過，則氣味極香美，熬搗篩末，蜜丸服之。　云甚益元氣，治肝腎風氣。　按：　此味固屬療風要藥，第蘇頌云：　甚益元氣，治肝腎風氣，是頌所謂治肝腎風氣者，本於能大益元氣，而云然也。　時珍乃止以去肝腎風氣為言，除却益元氣，殊為夢夢。　四肢麻痺，骨間冷，腰膝無力者，亦能行大腸氣。　希雍曰：　豨薟，陽草也。感少陽生發之氣以生，故其味苦寒，不應有毒，乃入血分，祛風除溼，兼活血之要藥也。修治如法，則走而不洩，香可開脾，治風之功斯倍矣。　中梓曰：　去根，連莖葉細剉，搗爛，取汁熬煉成膏，以甘草、熟地煎膏，煉蜜，三味收之，出火毒，酒調服，功難具述。云有小毒者，以生用令人吐也。既經製度，則毒去而功全矣。此說有理。但未經試驗，恐入地黃，又能滯耳。

愚按：　豨薟之用，在《本草》止言其治熱䘌煩滿，并除諸惡瘡，消毒腫而已，乃功在治風，見於成訥、張詠之《進豨薟丸表》，而後世服之者，往往奇驗，豈其功有迴殊？昔人初不察歟，曰非然也。蓋豨薟生平澤下溼地，《本草》宜言其氣寒也，其味先苦後辛，辛甚微，夫苦本於寒，則所謂諸苦涌泄者，固就至陰之分，而致其用矣。但涌泄二義，猶吐洩也。在苦寒諸味，豈盡令人吐洩哉？不過言其在陰分中熱鬱，能令其上下通耳。故苦又能燥者，陰分熱鬱，則成溼鬱，通則溼燥矣。且能堅者，陰分溼熱則耎，溼去則氣堅矣。黃柏治腎痿，正此義。黃柏入腎血分，梔子入心血分。先哲謂苦寒均能除溼熱，然在血分者，茲味似有專功也。先哲云：　臊氣湊肝。臊者，先哲謂為犬豕膏臭也。肝為血臟，是物直湊肝臟，而效其涌泄，殊於入氣分之苦寒者，故癰疽腫毒，并金瘡止痛，皆奏效也。觀其治惡瘡腫毒，皆以汗出而愈，不可以思其於血分有專功歟。是則於治風無當乎？曰：　血與風是二是一，謂其祛風為最，亦即在是，觀其能治熱䘌蟲，又可知矣。但未經烹煉，此時珍所謂生用則寒也。至蒸曝既久，在活血祛風之性未改，而溫養之力更加，則功效更殊，此時珍所謂熟則溫，蘇頌所謂蒸曝如法，則甚益元氣云云也。蓋六淫七情致血凝而氣滯者，則熱鬱而風生，不獨血虛之能化風也。然推以新，故相因之化，血滯之久則虛，虛則風溼矣。此活血祛風，更有溫養之力，則寒乃得溫，若還得和。藥有苦溫者，若氣之寒者溫，則味之苦者自和。況九蒸九曝之後，雖味仍苦，而最後有微甘乎？氣不徒行而能益血，不徒活而能生，氣固不生於寒，而生於溫也。血固活於氣之通，而尤化於氣之和也。即如地黃生用則宣血，蒸曝久則益腎氣而生血，其理固不殊耳。況其修治合宜，又誠於希雍所謂走而不洩，香可開脾者，謂至賤之中，乃有殊常之效，豈不然哉？雖然，即先哲諸說而叅驗於實效，唯蘇頌甚益元氣一語中的。余年已八十，每服滋陰益陽丸劑，不謂無功。第有大便燥，小水赤之患，最後製此丸專服之，未匝月而滋陰益陽之獲驗，覺倍於從前丸劑，且大便小水俱無所苦，則以此思功，功可知已。或曰：　此藥之功，竟不獲治中風之危篤者，云何？曰：　時賢有云，豨薟製如法，大益氣血，四肢不遂，大有功。又曰：　古方愈風湯、四白丹，藥多辛散，恐非類中所宜，半身不遂，病久補氣血，化痰藥外，更常服豨薟丸佳。又云：　口眼喎勢緩者，豨薟尤佳。合而叅之，則此味止宜於半身不遂，口眼喎邪證，似不能療中藏奄忽之證也。蓋中藏證，是陰不能御陽，風火相煽，致陰已離陽，所謂升降息，而氣立孤危者也。至是而索益元氣之劑，以求生於萬一，毋亦後時而無濟於存亡之數乎？固不得責其效於茲藥也。

附方　按先哲曰：　癰疽必出於臟腑乖變，關竅不得宣通而然也。豨薟之生者，大能導熱，活血疏滯，故療癰疽腫毒類生用，如反胃則焙用，亦不取其生用矣。　癰疽腫毒，一切惡瘡，豨薟草端午采者一兩，乳香一兩，白礬燒半兩，為末，每服二錢，熱酒調下。毒重者連進三服，得汗妙。疔瘡腫毒，端午采豨薟草，日乾，為末，每服半兩，熱酒調下，汗出即愈。　反胃吐食，火杴草，焙為末，蜜丸梧子大，每沸湯下五十丸。　希雍簡誤殊謬，今正之。凡患四肢麻痹，骨間疼，腰膝無力，由於外因風溼者，生用，不宜熟。若內因屬肝腎兩虛，陰血不足者，九製用，不宜生。

附九製豨薟起癱瘓方：　單采豨薟草十斤，洗淨陰乾，為末，羅取淨細麪聽製，頭一次用葱六兩，切碎，川烏六兩，切碎，先將藥末以蜜、酒拌勻，如樣粉，放甑中，然後以生葱、烏頭切碎，鋪藥上，蒸一炷香，取起，曬大半乾。二次用生薑六兩，草烏去皮尖六兩，切碎，如前蒸法。三次用米泔製過蒼朮片六兩，威靈仙六兩，切碎，蒸如法。四次用羌活六兩，獨活六兩，洗淨切碎，蒸如前法。五次用五加皮六兩，薏苡仁六兩，俱切碎，蒸法如前。六次用川牛膝六兩，桔梗六兩，切碎，蒸法如前。七次用懷地黃六兩，川當歸六兩，切碎，蒸法如前。八次用防風六兩，川續斷六兩，切碎，蒸如前法。九次用天麻六兩，石斛六兩，切碎，蒸法如前。蒸完九次，以煉蜜打糊，拌藥入臼中，搗千餘杵，丸如梧子大，曬乾，每日空心好淡酒，或鹽調滾水下五六十丸，久自愈。

修治　生平澤下溼地，所在皆有。春生苗葉，秋初開花，秋末結實，於夏五月五日采者佳。每去地五寸剪刈，以溫水洗去泥土，摘葉及枝頭，曝乾，九蒸九曬，如蘇頌前法，石器搗為末，煉蜜為丸，空心酒下。　其所云用蜜酒灑之，是入甑中時，要灑得勻，鋪一層，灑一層，乃得勻也。須知此味忌鐵。觀其所用，止葉及頭上枝，則此下皆不用，而實又可知，實結於秋末，則氣收矣。且采之者多以夏，皆取其暢氣活血，乃可蒸曝九次，俾其合宜耳。

清·郭章宜《本草匯》卷一一　豨薟　味苦，氣寒，主用與性寒相違，高郵軍謂其性溫，疑當。小毒。入足厥陰、少陰經。主肢節不利，肌體麻痺。療脚膝軟疼，纏綿風氣。補元氣，祛風濕。長眉髮，烏鬚鬢。蘇恭治熱䘌煩滿，不能食者，濕熱盛則生䘌，濕則煩滿不能食，春生之藥，本合風化，風能勝濕，苦寒除熱，故主之也。

按：豨薟，陽草也。感少陽生發之氣以生，雖能祛風除濕活血，然有毒，令人吐。以為生寒熟溫，理或有之，以為生瀉熟補，未敢盡信，豈有苦寒搜風之劑，一經蒸煮，便有補益之功耶？世俗見慎微《本草》，傳其功用甚効。然近世服之經年罕驗，意者製法未盡善歟？風氣有分別歟？藥產非道地歟？亦以見執方者之一失也。古人所謂補者，亦以邪去則正氣昌，非謂其本性能補耳。若病人患四肢麻痺，骨間疼痛，腰膝無力，由于脾腎兩虛，陰血不足，不因風濕所中而得者，不宜服之。

多生于江東，其處語言呼猪為豨，呼臭為薟，因其氣作猪臭而名之。五、六、七月採收，蜜酒層層和洒，九蒸九晒用。

清·王翃《握靈本草》卷四　豨薟處處有之。去根莖花實，單用葉。五月五日採者尤佳。生則性寒，熟則性溫。酒、蜜潤蒸。　主治：豨薟，辛、苦，平，無毒。治肝腎風氣，四肢麻痺，骨痛膝弱，風濕諸瘡。

清·汪昂《本草備要》卷一　豨薟草宣，去風濕。　苦、辛。生寒，熟溫。治肝腎風氣，四肢麻痹，筋骨冷痛，腰膝無力，風濕瘡瘍。若痹痛由脾腎兩虛，陰血不足，不由風濕而得者，忌服。風藥能燥血。　江東人呼猪爲豨，其草似猪薟臭，故名。唐成訥有《進豨薟表》。宋張詠《進豨薟表》云：其草金棱銀綫，素莖紫荄，對節而生，頗同蒼耳。臣喫百服，眼目清明。即至千服，鬚髮烏黑，筋力輕健，效驗多端。以五月五日、六月六日、七月七日、九月九日採者尤佳。去粗莖，留枝葉花實，酒拌蒸曬九次，蜜丸，甚益元氣。豨薟辛苦氣寒，故必蒸曬九次，加以酒蜜，則苦寒之陰濁盡去，而清香之美味見矣。數不至九，陰濁未盡，則不能透骨搜風而却病也。　搗汁熬膏，以甘草、生地煎膏，煉蜜三味收之，酒調服尤妙。

清·吳楚《寶命真詮》卷三　豨薟　【略】《本草》相傳功用甚奇，謂其能宣能補，故風家珍之。然苦寒之品，蒸煮豈便補益，畢竟是搜風祛邪之劑，即所謂補者，亦以邪風去，則正氣昌，非謂其本性能補耳。

清·王遜《藥性纂要》卷二　豨薟　【略】東圃曰：豨薟，疎經絡中之風濕，邪實者可以作丸單服。有人云服之心嘈，若氣血虛而兼有風者，宜合四物、人參、何首烏同用。觀其生搗汁服能吐，即湧泄發越之意。若無風而類中者，不可用也。

清·陳士鐸《本草新編》卷四　豨薟　味苦，氣寒，有小毒。一云：性熱，無毒者非。入腎。療暴中風邪，口眼喎斜，治久滲濕痹，腰脚酸痛，主熱䘌煩滿。然散人真氣，最不宜服，不宜用而入之，茲編者何也？蓋腎經之藥，藥品中最少，腎犯風邪濕氣，又最難治，姑存之，以治腎中風濕之病。不知何故古人盡稱此方，近人亦多樂用之，且有贊其百服則耳目聰明，千服則鬚髮烏黑，追風逐濕。猶作泛閑等語，此真殺人之語也。余客閩，有一貴人卒然中風，余切其脉，絕無浮象，甚細微欲絕。余曰：此真氣虛絕將脫之症。急用參、芪、歸、术、熟地、山茱、麥冬、五味之藥，大劑投之，一劑而神思清，再劑而語音出。余咎其平日之縱慾也。貴人曰：余已絕慾數年矣，尚恐欠健，日服補劑，病乃中風。而先生絕不治風，竟用大補氣血、填益精髓之品，以救吾命，此僕所不解也。余問所用是何補藥。曰：客有勸余服豨薟丸者，服之已一年矣。余曰：是矣。豨薟耗人真氣，豈可常服？曰：然。余服之，久不見功效，心竊疑之，今聞先生〔之〕教，乃恍然大悟，瓶中餘藥，呼兒盡棄之。恪遵吾方而全愈。嗟乎！貴人幸遇吾，得不死。此吾之所親治而知，豨薟之殺人也。而余所不及，見聞者不甚多乎？雖然，豨薟亦非能殺人，不善用之，多致殺人耳。而善用之若何。中風之症，必問其腰間素有水濕之癖否。有水濕之癖，又必問其腎囊之乾濕若何。腎中有風，其人必然腰痛而重；腎中有濕，其人必然囊破而癢。即用豨薟，亦必與人參、白术大劑共用，又何至悮殺人乎。至于濕痹腰脚痠疼之症，又必加入薏仁、茯苓、黃芪、芡實同施，始萬全也。

或問：豨薟為舉世嘉尚，而先生棄之至此乎。夫豨薟未嘗無功，余慮人悮認補味，而常用之耳。風濕入腎者最難治，存豨薟而不删去者，正備妙用耳。不然，防己可祛腎內之風濕，存防己何必復取豨薟，正以豨薟功用勝于防己，其耗散精血，亦遜于防己。所以，存防己而仍存豨薟。蓋防己治腎內之風濕，止可一用以出奇，不可再用以貽害。若豨薟則不妨一用，而至于再用，但不可久用耳。

清・李熙和《醫經允中》卷二一 稀薟 入肝、腎二經。 苦，寒，有小毒。主治肝腎風氣，四肢麻痺，風濕諸瘡。製稀薟法：五月五日，六月六日，九月九日采藥入甑，層層灑酒與蜜，蒸之晒乾九遍，為末丸服，專治麻痺風濕，益下元，強筋骨之藥也。按：稀薟為苦寒之品，且有毒，令人吐，其傷胃可知。或云甚益元氣，無此理也。世俗認為風藥至寶，朝夕餌服，殊不知湊理一疎，則風邪愈入矣。凡脾腎兩虛，陰血不足者弗宜用。

清・馮兆張《馮氏錦囊秘錄・雜症痘疹藥性主治合參》卷三 豨薟草感少陽生發之氣以生，故味苦，寒，無毒。專入肝，腎二經。生則寒，熟則溫也，乃血分祛風除濕活血之要藥。《經》曰：地之濕氣感則害人皮肉筋脉。苦能去濕，寒能除熱，所以祛濕熱，除風氣，四肢麻痹，骨間疼痛，腰膝無力，中風等症也。妙在走而不洩，香可開脾，邪去身安，輕身駐顔。〇其草，節、葉相對，五月五日，六月六日，九月九日，採來溫水洗去泥土，摘其葉及枝頭花實，蜜酒潤過，九蒸九晒，不必太燥，但取蒸足數為度，仍熬搗為末，煉蜜丸如梧子大，中風口眼喎斜之症，空心溫酒，或米飲下二三十丸，服後病若愈加，不必憂慮，是藥攻之力也。服至四千丸，必得全愈，至五千丸，精力倍加，甚益元氣，唐成訥、宋張詠竝表進於朝，極言其效。

豨薟草，治肝腎風氣，四肢麻痹，筋骨冷痛，風濕瘡瘍。暴中風邪，口眼喎斜。久滲濕痹，腰脚酸痛，長眉髮，烏髭鬢。追風逐濕，除蠶痹門之聖藥。但味苦氣寒而薟臭，必蒸晒九次，加以酒蜜，則苦寒之陰濁盡去，而清香之美味見矣。蒸晒不至九數，則陰濁尚在，不能透骨驅風而却病也。

清・张璐《本經逢原》卷二 豨薟 辛、苦，寒，小毒。採葉陰乾入甑中，層層灑酒與蜜，九蒸九晒用。 發明：豨薟苦寒，略兼微辛，故有小毒，為祛風除濕而兼活血之要藥。豨薟丸治風濕，四肢麻痹，骨節冷痛，腰膝無力甚效。但脾腎兩虛，陰血不足，而腰膝無力，骨痛麻痹者，大非所宜。時珍曰：生搗汁服則令人吐，故云有小毒。九蒸九晒則去風痹，故云無毒。或云甚益元氣，不稽之言也。生者搗服能吐風痰，其能傷胃可知。

清・浦士貞《夕庵讀本草快編》卷二一 豨薟《唐本草》、火杴 《韻書》楚人呼猪為豨，呼草之辛惡者為薟。 豨薟生則性寒，熟則性溫，生令人吐，故曰有毒。酒蜜蒸曝，香美可餐，能宣能補，緩肝益腎之藥也。凡風濕麻痺，骨間疼疼，手足癱瘓，腰膝痿弱者宜之。按：張詠《進丸表》略云：餐石（煉冰）〔飲水〕，可作充腸之饌。餌松含栢，亦成救病之功。是以療飢不在珍羞，愈病何煩異術？誰知最賤之中，乃有殊常之効。久服則補益藏府，潤澤皮毛，髭鬚反黑，筋力勁強，良可徵矣！

清・何諫《生草藥性備要》卷上 猪薟草 味辛，性溫。祛風濕，壯筋骨，烏鬚明目。洗痔瘡、洗疳去腫。一名假紫蘇，一名樂馬衣。葉青，有毛。其頭浸酒，祛風、去濕。

清・黄元御《玉楸藥解》卷一 豨薟草 味苦，氣寒。入足厥陰肝經。止麻木，伸拘攣，通利關節，驅逐風濕，瘡瘍壅腫，服塗皆善。研末熱酒服，治疔瘡腫毒，汗出則愈。不可治中風。

清・吴儀洛《本草從新》卷一 豨薟草〔宣，去風。〕 苦，辛。生寒熟溫。治纏綿風氣，四肢麻痹，筋骨冷痛，腰漆無力，风濕瘡瘍，長於理風濕。畢竟是燥血之品，恃之為補非是。本草相傳功用甚奇，近世服之，經年罕效，意者製法未盡善歟？風氣有分別歟？藥産非地産歟？亦以見執方者之失也。江東人呼猪為豨，其草似猪薟臭，故名。以五月五日、六月六日、七月七日採者尤佳。去粗莖，留枝、葉、花、實。酒拌蒸曬九次，蜜丸。豨薟辛苦氣寒，必蒸曬九次，加以酒蜜則苦寒之陰濁盡去，而清香之美味見矣。數不至九，陰濁未盡，不能透骨搜風而却病也。搗汗熬膏，以生地、甘草煎膏，煉蜜三味收之。酒調尤妙。

清・汪紱《醫林纂要探源》卷二 豨薟草 苦，辛，寒。一名火杴草，一名老虔婆，一名黃豬母。莖方根紫，葉對節，頗似蒼耳與蘇，嫩苗可茹，有豬腥氣，故名。薟惡味螫口也。開小黃花，圓聚。堅骨，行肝燥脾，去熱，主治濕痺風痺。生下濕而味苦辛，莖紫花黃，入肝脾，自應有治風濕痺之功。豬性好塗泥，其氣息亦或能去濕也。酒拌，九蒸晒，煉蜜為丸，或搗汁熬膏用之。唐成訥、宋張詠皆盛稱其功。然氣味非純善，稱之者，或不無過譽也。

清・嚴潔等《得配本草》卷三 豨薟草 苦、辛，有小毒。生寒，熟溫。入足厥陰經血分。專治風濕四肢麻痹，筋骨疼痛，腰膝軟弱。 蜜、酒拌蒸，曬九次用。或搗汁熬膏，加生地、甘草、白蜜收之，酒調下。生搗汁服，令人吐。 陰血不足、脾腎兩虛，二者禁用。

題清・徐大椿《藥性切用》卷三 豨薟草 味苦微辛，生寒熟溫。入肝胃而透骨搜風，理濕除痺。酒拌蒸晒九次，（密）〔蜜〕丸。亦可入煎。多服燥血。

清・黄宮繡《本草求真》卷四 豨薟草散肝經風濕。 豨薟草耑入肝。味苦而辛，性寒不溫。故書載須蒸晒至九，數窮於九。加以酒蜜同制，則濁陰之氣可除，而清香之氣始見。是以主治亦止宜於肝腎風濕，而見四肢麻木，筋骨冷痛，腰膝無力，風濕瘡瘍等症。以其苦能燥濕，寒能除熱，辛能散風故也。若使並非風濕，而見腰膝無力等症，則又屬於血虛而不可用辛散之味矣。然熟用猶可，其性不甚傷正。若生用不製，則又令人作泄，不可不知。以五月五、六月六、七月七、八月八、九月九採者尤佳。至云服能益氣，止是風濕既除之驗，宋張詠表進輕身之說，亦是渾同膚廓之語，非實詮也。宋張詠《進豨薟表》云，其草金棱銀線，素莖紫荄，對節而生，頗同蒼耳。臣喫百服，眼目清明，積至千服，鬚髮烏黑，筋力輕健，效驗多端。去粗莖，留枝葉花實，酒拌蒸晒九次，蜜丸，搗汁熬膏，煉蜜三味收之，加以酒治，始可投服。

清・羅國綱《羅氏會約醫鏡》卷一六草部 豨薟草味苦寒，入肝腎二經。能宣能補，善理風濕。治肢節不利、肌體麻痹、口眼歪斜、腰脚痿痛，并散惡毒瘡腫。悉除風濕之功。生者酒煎，療破傷風如神。生寒、熟溫。以五月五日、六月六日採者尤佳，去粗莖，留枝葉花實，酒拌，蒸晒九次，蜜丸。若痹痛屬腎虛血虧，不由風濕者忌服。

清・黄凱鈞《藥籠小品》 豨薟草 苦辛，生寒熟溫，治纏綿風氣，四肢麻痹。長於理風濕，未免燥血，亦可搗汁熬膏。

清・王龍《本草纂要稿・草部》 豨薟 氣味苦寒。一云氣熱。療暑中風邪，喎斜口眼。治久滲寒濕，腰脚痠疼。驅煩滿熱蟨，主鬚髮黑烏。耳目尤聰，風濕更逐。

清・莫樹蕃《草藥圖經》 筋骨草 即豨薟草。凡平澤下濕地皆有之。一名虎膏，一名狗膏。葉似蒼耳，莖圓有毛。三月四月采苗葉，暴乾。秋初有花如菊，結實頗似鶴虱，霜後枯。氣味苦寒，有小毒。治煩滿不能食，生搗汁三合服。多食則令人吐。又治金瘡止痛，斷血生肉。除諸惡瘡，消浮腫，搗封之，湯漬散傅最良。又治久瘧，又治虎傷狗咬，及蜘蛛蠶咬，蠼螋溺瘡，治肝腎風氣，四肢麻痺，骨痛膝弱，風濕諸瘡。

清・張德裕《本草正義》卷上 豨薟草 苦，涼，有小毒。治中風，口眼歪斜，除濕痹腰脚疼痛，尤療破傷風危急，善逐風濕。虛者酌之。

清・楊時泰《本草述鉤元》卷九 豨薟 又名火枚草，即猪膏母也。所在有之，今河南陳州，采充方物。此草素莖有稜而不圓，兼有斑點，高三尺許，葉對節生，似蒼耳而微長，又似地菘而稍薄，莖葉皆有細毛，八九月開小花，深黄色，中有長子如同蒿，外萼有細刺粘人。采於五月五日者佳。采之以夏，取其暢氣活血，隨加蒸曝，俾之合宜。

味辛、苦，氣平，寒，有小毒。氣臊湊肝，功專血分。生則性寒，搗汁服，令人吐，故有小毒。熟則性溫無毒，九蒸九曝，能去痹補人。生用，治熱蟨煩滿不能食，除諸惡瘡，消毒腫。搗汁服，吐久瘧痰癊。心病也。蒸曝用之，甚益元氣，治肝腎風氣，四肢麻痹，骨痛膝痛，并偏風口喎，時時吐涎。感少陽生發之氣以生，故為陽草，入血分，祛風除濕兼活血之要藥也。修治如法，則走而不洩，香可開脾，治風之功斯倍仲淳。單服豨薟法：五月五日、六月六日、九月九日，采葉去根、莖、花、實，淨洗曬乾，入甑中層層灑酒與蜜蒸之，又曬，如此九過，氣味極香美，熬搗篩末，蜜丸服之，甚益元氣，治肝腎風氣，四肢麻痹，骨間冷，腰膝無力，亦能行大腸氣頌。去根連莖葉細剉，搗爛取汁，熬煉成膏，以甘草、熟地膏、煉蜜三味收之，出火毒，酒調服，功難具述土材。按：此法毒去而功全，但未試驗，恐入地黄，又能滯耳。癰疽腫毒，一切惡瘡，豨薟草端午采者。一兩，乳香一兩，白礬燒半兩，為末，每服二錢，熱酒調下，毒重者連進三服，得汗妙。疔瘡腫毒，端午采豨薟草，日乾為末，每服半兩，熱酒調下，汗出即愈。按：癰腫必由臟腑乖變，關竅不得宣通而然，此物生者大能導熱活血疎滯，故主療如上。反胃吐食，豨薟草焙為末，蜜丸梧子大，每沸湯下五十丸。凡患四肢麻痹，骨間疼，腰膝無力，由於外因風濕者，生用，不宜熟。若內因屬肝腎兩虛，陰血不足者，九製用，不宜生。九製豨薟起癱瘓方，單采豨薟草十斤，洗淨，陰乾為末，羅取淨細麪聽製。一次用生葱、川烏各六兩，先將藥末蜜、酒拌匀，放甑中，後以葱、烏切碎鋪藥上，蒸一炷香，取起，曬大半乾。二次用生薑、草烏去皮尖各六兩，切碎，如前蒸法。三次用泔製茅术、威靈仙各六兩，切碎，蒸如法。四次用羌、獨活各六兩，洗淨切碎，蒸法如前。五次用五加皮、薏仁各六兩，俱切碎，蒸法如前。六次用川牛膝、桔梗各六兩，切碎，蒸如前法。七次用地黄、當歸各六兩，切碎，蒸如前法。八次用防風、川斷各六兩，切碎，蒸如前法。九次用天麻、石斛各六兩，切碎，蒸如前法。蒸完，以煉蜜拌藥，入石臼中，搗丸如梧子大，曬乾，每日空心好淡酒，或鹽開水，下五六十丸，久自愈。

論：　豨薟生平澤下濕地，其氣宜寒，其味先苦後辛，辛甚微。夫苦本於寒，則所謂諸苦涌泄者，固就至陰之分而致其用矣，涌泄猶言吐泄，苦寒諸味，豈盡令人吐洩哉，不過言其能宣陰分中熱鬱耳，故苦又能燥者，陰分熱鬱則成濕，鬱通則濕燥矣。且又能堅者，陰分濕熱則耎，濕去則氣堅矣，大約苦寒均能除濕熱，而濕熱之在血分者，茲味似有專功。先哲云：　豨薟臊氣，直湊肝臟，而效其涌泄，故治一切癰疽瘡腫，皆以汗出而愈，不可思其於血分有專功歟。血與風是二是一，謂其祛風而治熱䘌，亦即在是。此未經烹鍊而生用則寒者也。至蒸曝既久，則活血祛風之性未改，而溫養之力更加，甚益元氣。蓋六淫七情，致滯氣血，則熱鬱而風生，血滯之久則虛，虛則風淫，此物氣不徒行而能益，血不徒活而能生，氣固不生於寒而生於溫也，血固活於氣之通，而尤化於氣之和也。如地黃生用則宣血，蒸曬久則益腎氣而生血，其理不殊。走而不泄，香可開脾，所以甚益元氣耳。至其治風，止宜於半身不遂、口眼喎斜之證，不能療中臟奄忽之證也。中臟乃陰不能馭陽，風火相煽，致陰已離陽，所謂升降息而氣立孤危者。

修治：　所用止葉及頭上枝，此下皆不用，而實又可知，以實結於秋末，則氣收也。每去地五寸翦刈，溫水洗去泥土，摘葉及枝頭，曬乾，九蒸九曬，入甑時用蜜、酒灑之，鋪一層，灑一層，乃得勻也。此味忌鐵石器，搗為末用之。

清·葉桂《本草再新》卷二　豨薟草味苦、辛，性寒，無毒。入心、脾二經。治纏綿風氣，四肢痳痺，筋骨冷痛，腰膝無力，風濕瘡瘍。

清·吴其濬《植物名實圖考》卷一一　豨薟　陶隱居釋天名精以為即豨薟，《唐本草》始著録。成訥、張詠皆有《進豨薟表》。《救荒本草》謂之粘糊菜，葉可煠食，李時珍辨别二種極細，今取以對校，良是。蓋一類二種，皆長於去濕，今俗醫亦不甚别，故陶隱居合為一也。

雩婁農曰：　李時珍以豨薟、天名精互校，可謂詳矣。但二物形狀都不甚類，豨薟花時，莖跗有膩黏人手，故有猪膏母之名。《救荒本草》謂之粘糊菜亦以此。氣亦不如天名精之臭。金棱銀線，素根紫荄，極力形繪。山谷有一夕風雨，花藥都盡，惟有豨薟一叢，濯濯得意，戲題殆種之，以備煮藥掘根也。成張二《表》，此藥始著。然宋以來言服食者，不多及之，豈信者尠歟？

清·趙其光《本草求原》卷三隰草部　豨薟草　苦辛，有豬膏氣，其臭臊，入肝血分。生則寒而湧吐。治熱蟲、煩滿、瘧痰，搗汁服，取吐。一切惡瘡腫毒。五六月采關竅不通之故，苦泄熱，辛達血疏滯。同乳香、枯礬、白礬為末，酒調，得汗即愈。葉及嫩枝，秋則氣收。酒、蜜拌，九次蒸曬，則溫養元氣，活血祛風，苦味減而變微甘，則活血祛風之性未改，而溫和有加，氣生於溫和，活血於氣通，且變香，而開脾透骨搜風之力斯倍。四肢麻痹，筋骨冷痛，腰膝無力，時時吐涎，口眼喎斜，半身不遂，因六淫、七情血凝氣滯。熱鬱而生風者，生用；　因肝腎陰虛，血滯生風者，熟用。勢緩者，單服，重則補氣血化痰之中加入此味，極效。癱瘓。陰乾為末十斤，一次以川烏、葱，二次以生薑、草烏，三次以炮蒼、靈仙，四次以羌活、獨活，五次以加皮、苡米，六次以牛膝、桔梗，七次以生地、當歸，八次以防風、續斷，九次以天麻、石斛，每味俱六兩，切碎鋪末而蒸曬，九蒸足，蜜為丸，好酒或鹽湯下五六十九，須忌鐵器。明目、洗痔、消疳、消腫、去瘀痛、理跌打、反胃吐食，焙為末服。除濕軟，熱鬱則成濕而軟，鬱通則濕燥而堅。行大腸氣，滋陰益陽。昔有八十老人，大便燥、尿赤，常服滋陰益陽藥，有功而不瘥，製服此，匝月而愈。搗汁熬膏，以甘草、生地煎膏，煉蜜三味收之，酒調服尤佳。此物得少陽生氣而生，不應有毒。書言其小毒者，以生令人吐耳，法製則不吐而功全。

清·文晟《新編六書》卷六《藥性摘録》　豨薟草　苦辛，性寒。散肝經風虛。〇凡肝腎風濕，而見四肢麻木，筋骨冷痛，腰膝無力，風濕瘡瘍等症，皆可投治。若各症並非風濕，而又屬於血虛者，勿用。〇去粗莖，留枝葉，酒拌蒸曬九次，蜜丸。〇搗汁熬膏，煉蜜，二味收之，加以酒治，始可服。

清·張仁錫《藥性蒙求·草部》　豨薟草二錢、三錢　豨薟味苦，去風袪濕。筋骨冷疼，麻痺須入。苦辛，生寒熟溫。長於理風濕。惟酒拌蒸晒九次，蜜製為丸，能益元氣。若非九次，陰濁未盡，則不能透骨搜風也。

清·劉善述、劉士季《草木便方》卷一草部　猪薟草　大肥猪苗辛苦溫，四肢麻痹疼骨筋。腰膝風濕瘡瘍洗，肝脾腎虛陰血生。

清·戴葆元《本草綱目易知録》卷一　豨薟　苦、辛。生則性寒，擣汁服，令人吐。能截瘧，治久瘧，痰癊，熱䘌，煩滿不能食。蒸曝，性則溫，安五臟，生毛髮，治肝腎風氣，四肢麻痹，骨痛膝弱，風濕諸瘡。生擣，傅虎傷，狗咬，蜘蛛、蠶咬，蠼螋溺瘡。金瘡斷血，止痛生肉，除諸惡瘡，消浮腫，擣封湯漬，並良。【略】中風不遂，豨薟，蒸曝九次，蜜丸服。葆按：　治詹某，年五旬，外由粵歸家，患手足癱瘓，先以祛風活絡，接補氣血藥，精神較健，手足稍舒，未全愈。予曰：　此風乘虛入絡，宜用藥酒緩圖，鮮豨薟一斤，鮮五加皮八兩，仝曝蒸九次，當歸、牛膝、續斷各二兩，紅花片子、薑黄各一兩，共末，蜜丸梧子大，每早晚溫酒送下五十丸，未終劑，而病愈。

清・黄光霽《本草衍句》 豨薟草 熟熱生寒，追風逐濕。治麻痺於四肢，主肝腎之風氣。腰脚疲軟，骨筋痛痺。

清・陳其瑞《本草撮要》卷一 豨薟草 味苦，入足厥陰經，功專止麻木。生寒熟溫。治肝腎風氣，四肢麻痹。骨冷腰痛，膝痛無力。若非由風濕而得者忌服。研末熱酒服，治疔瘡腫毒。

土豨薟

清・吴其濬《植物名實圖考》卷一五 土豨薟 生南昌園圃中。紅莖對葉，葉如鳳仙花葉而無齒，梢端葉際發細葶，柔嫩如絲。開黄花如寒菊，緑跗如蠅足抱之。土人或即以代豨薟。

羊屎柴

明・李時珍《本草綱目》卷一五草部・隰草類上 羊屎柴時珍曰：按《乾坤生意》云：一名牛屎柴，生山野中。葉類鶴蝨，四月開白花。其葉主癰疽發背，搗傅之。冬月用根。可以毒魚。

明・李時珍《本草綱目》卷二一草部・有名未用 羊屎柴時珍曰：一名牛屎柴。生山野。葉類鶴蝨。四月開白花，亦有紅花者。結子如羊屎狀，名鐵草子。根可毒魚。夏用苗葉，冬用根。主癰疽發背。搗爛傅之，能合瘡口，散膿血。乾者爲末，漿水調傅。又治下血如傾水，取生根一斤，生白酒二斗，煮一斗，空心隨量飲。

清・王道純《本草品彙精要續集》卷二 羊屎柴《本草綱目》 【名】一名牛屎柴。 【地】生山野。 【苗】葉類鶴虱，四月開白花，亦有紅花者，結子如羊屎狀，名鐵草子根，可毒魚。 【時】四月開花，夏用苗葉，冬用根。【治】癰疽發背，搗爛傅之，能合瘡口，散膿血。乾者爲末，漿水調傅。〇又治下血如傾水，取生根一片，生白酒二斗，煮一斗，空心隨量飲。

類鼻

宋・唐慎微《證類本草》卷三〇《有名未用・草木》〔《別録》〕 類鼻 味酸，溫，無毒。主痿痹，一名類重。生田中高地，葉如天名精，美根。五月採。

〔宋・掌禹錫《嘉祐本草》〕按：《蜀本》云：可煮以洗病。

明・李時珍《本草綱目》卷一五草部・隰草類上 類鼻《別録》有名未用曰：味酸，溫，無毒。主痿痹。生田中高地。葉如天名精，美根，五月採。時珍曰：此似豬膏草也。古今名謂或不同，故附於此。

金耳爬

明・佚名氏《醫方藥性・草藥便覽》 金耳爬 其性涼。治飛痒，去毒，解熱。

一枝黄花

清・吴其濬《植物名實圖考》卷九 一枝黄花 江西山坡極多。獨莖直上，高尺許，間有歧出者。葉如柳葉而寬。秋開黄花，如單瓣寒菊而小，花枝俱發，茸密無隙，望之如穗。土人以洗腫毒。

清・劉善述、劉士季《草木便方》卷一草部 金茈胡 金柴胡苦散表熱，能清肺金火毒滅。潮熱骨蒸能解散，湯火灼傷功效捷。根色黄。

兔兒傘

明・朱橚《救荒本草》卷上之後 兔兒傘 生滎陽搭兒山荒野中。其苗高二三尺許，每科初生一莖，莖端生葉，一層有七八葉，每葉分作四叉，排生如傘蓋狀，故以為名。後於葉間攛生莖叉，上開淡紅白花，根似牛膝而踈短，味苦微辛。 救飢：採嫩葉煠熟，換水浸，淘去苦味，油鹽調食。

萬壽菊

清・吴其濬《植物名實圖考》卷二七 萬壽菊 《花鏡》：萬壽菊不從根發，春間下子。花開黄金色，繁而且久，性極喜肥。 按萬壽菊有二種：小者色豔，日照有光，如倭段；大者名臭芙蓉，皆有臭氣。

女菀

宋・李昉《太平御覽》卷第九九一 女菀 《吴氏本草》曰：女菀，一名白菀，一名織女菀。 《廣雅》曰：女腹，女菀也。

宋・唐慎微《證類本草》卷九草部中品〔《本經・別録・藥對》〕 女菀 **味辛**，**溫**，無毒。**主風寒洗洗，霍亂洩痢，腸鳴上下無常處，驚癇，寒熱百疾。**療肺傷欬逆出汗，久寒在膀胱支滿，飲酒夜食發病。一名白菀，一名織女菀，一名茆音柳。生漢中川谷或山陽。正月、二月採，陰乾。畏鹵鹹。

〔梁・陶弘景《本草經集注》〕云：比來醫方都無復用之。市人亦少有，便是欲絕。別復有白菀似紫菀，非此之別名也。

〔唐・蘇敬《唐本草》〕注云：白菀即女菀，更無別者，有名未用中浪出一條。無紫菀時亦用之，功效相似也。

〔宋・掌禹錫《嘉祐本草》〕今據：有名未用中無白菀者，蓋唐修《本草》時删去爾。

宋·寇宗奭《本草衍義》卷一〇　女菀　一名白菀。或者謂爲二物，非也。唐刪去白菀之條，甚合宜。陶能言，不能指說性狀。餘從《經》中所說甚明，今直取《經》。

明·劉文泰《本草品彙精要》卷一二　女菀無毒。　叢生。

女菀出《神農本經》：**主風寒洗洗，霍亂，洩痢，腸鳴上下無常處，驚癇，寒熱百疾。**以上朱字《神農本經》。療肺傷欬逆，出汗，久寒在膀胱支滿，飲酒夜食發病。以上黑字名醫所錄。　〔名〕白菀、織女菀、茆音柳。　〔苗〕《唐本》注云：此即白菀也。苗葉與紫菀相類，但根白爾。其療體並同，無紫菀時亦可通用也。　〔地〕《別錄》云：生漢中川谷或山陽。　〔時〕生：春生苗。採：正月、二月取根。　〔收〕陰乾。　〔用〕根。　〔質〕類細辛而白。　〔色〕白。　〔味〕辛。　〔性〕溫，散。　〔氣〕氣之厚者，陽也。　〔臭〕香。　〔主〕欬嗽。　〔反〕畏鹵鹹。

明·王文潔《太乙仙製本草藥性大全》卷二《本草精義》　女菀　一名白菀，一名織女菀，一名菀。生漢中川谷或山陽，苗似紫菀，正月、二月採，陰乾。畏滷鹹。

明·王文潔《太乙仙製本草藥性大全》卷一《仙製藥性》　女菀　氣味同，漢中郡名川谷産，一名白苑，惟畏鹵鹹。紫（苑）〔菀〕缺時，用此可代。亦主驚癇，寒熱，氣喘。又止霍亂、腸鳴、瀉痢，除肺傷嗽勤，去膀胱支滿。

明·王文潔《太乙仙製本草藥性大全》卷二《仙製藥性》　女菀　味辛，氣溫，無毒。　主治：治風寒，洗洗寒熱。止霍亂、洩痢、腸鳴。療肺傷咳逆奇效。治驚癇百病如神。寒在膀胱支滿，飲酒夜食忌之，誠恐發病，出汗尤奇。

明·李時珍《本草綱目》卷一六草部·隰草類下　女菀《本經》中品

〔釋名〕白菀《別録》　織女菀《別録》　女復《廣雅》　茆音柳。　時珍曰：其根似女體柔婉，故名。

〔集解〕《別録》曰：女菀生漢中山谷或山陽。正月、二月采，陰乾。　弘景曰：比來醫方無復用之。復有白菀似紫菀，恐非此也。　恭曰：白菀即女菀，有名未用重出一條，故陶説疑之。功與紫菀相似。　宗奭曰：女菀即白菀，非二物也。唐修《本草》删去白菀，甚合宜。時珍曰：白菀，即紫菀之色白者也。雷斅言，紫菀白如練色者，名羊鬚草，恐即此物也。

根　〔氣味〕辛，温，無毒。之才曰：畏鹵鹹。　〔主治〕風寒洗洗，霍亂洩痢，腸鳴上下無常處，驚癇寒熱百疾《本經》。療肺傷欬逆出汗，久寒在膀胱支滿，飲酒夜食發病《別録》。

〔發明〕時珍曰：按葛洪《肘後方》載治人面黑令白方：用真女菀三分，鉛丹一分，爲末，醋漿服一刀圭，日三服。十日大便黑，十八日面如漆，二十一日全白便止，過此太白矣。年三十後不可服。忌五辛。孫思邈《千金方》用酒服，男十日，女二十日，黑色皆從大便出也。又《名醫録》云：宋興國時，有女任氏色美，聘進士王公輔，不遂意，鬱久面色漸黑，母家求醫。一道人用女真散，酒下二錢，一日二服。數日面皃微白，一月如故。懇求其方，則用黃丹、女菀二物等分爾。據此，則葛氏之方，已試有驗者矣。然則紫菀治手太陰血分，白菀手太陰氣分藥也。肺熱則面紫黑，肺清則面白。三十歲以後則肺氣漸減，不可復泄，故云不可服之也。

明·盧之頤《本草乘雅半偈》帙五　女菀《本經》中品　氣味：辛，溫，無毒。　主治：主風寒洗洗，霍亂，洩痢，腸鳴，上下無常處，驚癇，寒熱百疾。

覈曰：女菀，即白菀。與紫菀同類，紫白雖異，生成則一也。畏鹵鹹。

条曰：白菀與紫菀功用似同而異，紫主寒熱氣結在中，致病上中及下；白主風寒寒熱，氣結在樞，亦病上中及下，兼見內外開闔之象，故上下無嘗，內外不定。菀從結樞，解即分散，則嘔逆自開，洩痢自闔，驚癇自平，寒熱自除矣。併偏于從樞解表，從樞利小水也。雖非金鬱，設舍假洩金鬱之法，亦難以從樞分解耳。

清·穆石匏《本草洞詮》卷九　女菀　即紫菀之色白者也。味苦，氣溫，無毒。治風寒洗洗，霍亂洩痢，腸鳴，上下無常處，驚癇寒熱。功與紫菀亦相彷彿。《肘後方》治人面黑令白，用真女菀三分，鉛丹一分，為末，醋漿服一刀圭，日三服，十日大便黑，十八日面如漆，二十一日全白，便止，過此太白矣。年三十後不可服。蓋紫菀入手太陰血分，白菀入手太陰氣分，肺熱則面黑，肺清則面白，三十歲後肺氣漸減，不可更瀉也。

清·汪紱《醫林纂要探源》卷二　女菀　苦，溫，微辛。如紫菀而小白。專入氣分，順氣已欬。菀，鬱也，可去鬱也。

清·吴其濬《植物名實圖考》卷一一　女菀　《本經》中品。《唐本草》注以為即白菀，功用與紫菀相似，今湖南嶽麓多有之。

清·葉志詵《神農本草經贊》卷二　女菀　味辛，溫。主風洗洗霍亂，洩利腸鳴，上下無常處，驚癇寒熱百疾。生川谷或山陽。

負陰尚白，集菀嘘枯。金清肺潔，玉潤膚腴。名題織女，形易妝嫫。五辛味濁，遠屏沾濡。

《老子》：負陰而抱陽。《禮》：殷人尚白。名醫曰：一名白菀，一名織女菀。《國語》：人皆集於菀，己獨集於枯。《後漢書・傳》：孔公緒嘘枯吹生。《搜神記》：金清則義。《南史・傳》：劉遵内含玉潤。《肘後方》：治人面黑令白，忌五辛。手太陰氣分藥也，肺熱，則面紫黑。肺清，則面白。白居易詩：妝嫫徒費黛。《晉書・志》：我志沾濡。

款冬花

宋・李昉《太平御覽》卷第九九二　欵冬　《爾雅》曰：菟奚，顆凍也。郭璞注曰：欵冬生水中，華紫赤。凍，音東。《述征記》曰：洛水至歲末凝厲，則欵冬生曾氷之中。《本草經》曰：欵冬，一名橐吾，一名顆冬，一名虎鬚，一名菟奚。味辛，温。傅咸《欵冬賦》曰：余曾逐禽，登于北山，于時仲冬之月也，氷凌盈谷，積雪被崖，顧見欵冬，煒然始敷。華艷春暉，既麗且殊，以堅氷為膏壤，吸霜雪以自濡，非天然之真貴，曷能彌寒暑而不渝。

唐・歐陽詢《藝文類聚》卷八一　欵冬　《本草經》曰：欵冬，一名顆冬，一名菟爰。生常山。《爾雅》曰：菟爰、顆冬，生水中，莖紫赤。范子曰：欵冬花出三輔。吴氏曰：欵冬，十二月花黄白。《述征記》曰：洛水至歲凝厲，則欵冬花茂悅層冰之中。

賦　晉傅咸《欵冬花賦》曰：惟茲奇卉，欵冬而生，原厥物之載，育稟淳粹之至精，用能託體固陰，利此堅貞。惡朱紫之相奪，患居衆之易傾，在萬物之並作，故韜華而弗逞逮，皆死以枯槁，獨保質而全形。

贊　晉郭璞《欵冬贊》曰：吹萬不同，陽煦陰蒸。欵冬之生，擢穎堅冰。物體所安，焉知渙凝。

宋・唐慎微《證類本草》卷九草部中品〔《本經・别録・藥對》〕　款冬花　**味辛**、甘，**温**，無毒。**主欬逆上氣，善喘，喉痺，諸驚癇，寒熱邪氣**，消渴，喘息呼吸。**一名橐吾，一名顆凍，一名虎鬚，一名菟奚**，一名氏冬。生常山山谷及上黨水傍。十一月採花，陰乾。杏人爲之使，得紫(苑)〔菀〕良，惡皂莢、消石、玄參，畏貝母、辛夷、麻黄、黄耆、黄芩、黄連、青葙。

〔梁・陶弘景《本草經集注》〕云：第一出河北，其形如宿蓴未舒者佳，其腹裏有絲。次出高麗百濟，其花乃似大菊花。次亦出蜀北部宕昌，而並不如。其冬月在冰下生，十二月、正月旦取之。

〔唐・蘇敬《唐本草》〕注云：今出雍州南山溪水及華州山谷澗間。葉似葵而大，叢生，花出根下。

〔宋・掌禹錫《嘉祐本草》〕按：《爾雅》云：菟奚，顆凍。釋曰：藥草也。郭云：款凍也，紫赤，華生(水)〔冰〕中。《藥性論》云：款冬花，君。主療肺氣心促急，熱乏勞欬，連連不絶，涕唾稠粘，治肺痿，肺癰吐膿。日華子云：潤心肺，益五藏，除煩，補勞劣，消痰止嗽，肺痿吐血，心虚驚悸，洗肝明目及中風等疾。十一十二月雪中出花。

〔宋・蘇頌《本草圖經》〕曰：款冬花，出常山山谷及上黨水傍，今關中亦有之。根紫色，莖青紫，葉似萆薢。十二月開黄花，青紫萼，去土一二寸，初出如菊花萼，通直而肥實無子。則陶隱居所謂出高麗百濟者，近此類也。又有紅花者，葉如荷而斗直，大者容一升，小者容數合，俗呼爲蜂斗葉，又名水斗葉。則唐注所謂大如葵而叢生者，是也。十一月採花，陰乾。或云花生於冰下，正月旦採之。郭璞注《爾雅》顆凍云：紫赤，花生水中。冰、水字近，疑一有誤。而傅咸《款冬賦》序曰：余曾逐禽，登于北山，于時仲冬之月也，冰凌盈谷，積雪被崖，顧見款冬煒然，始敷華豔，當是生於冰下爲正也。《本經》主欬逆，古今方用之，爲治嗽之最。崔知悌療久嗽熏法：每旦取款冬花如雞子許，少蜜拌花使潤，内一升鐵鐺中，又用一瓦椀鑽一孔，孔内安一小竹筒，筆管亦得，其筒稍長，作椀鐺相合，及插筒處皆麪埿之，勿令漏氣。鐺下著炭，少時，款冬煙自從筒出，則口含筒吸取煙嚥之。如胸中少悶，須舉頭，即將指頭捻筒頭，勿使漏煙氣，吸煙使盡止。凡如是，五日一爲之。待至六日則飽食羊肉餺飥一頓，永差。

〔宋・唐慎微《證類本草》〕雷公云：凡採得，須去向裏裏花蘂殼，并向裏實如粟零殼者，并枝、葉用，以甘草水浸一宿，却取款冬花、葉相伴裛一夜，臨用時即乾曒，去兩件拌者葉了用。

宋・寇宗奭《本草衍義》卷一〇　欵冬花　百草中惟此不顧冰雪最先春也。世又謂之鑽凍。雖在冰雪之下，至時亦生芽。春時，人或採以代蔬，入藥須微見花者良。如已芬芳，則都無力也。今人又多使如筯頭者，恐未有花爾。有人病嗽多日，或教以然欵冬花三兩枚，於無風處，以筆管吸其煙，滿口則嚥之，數日效。

宋・鄭樵《通志》卷七五《昆蟲草木略》　欵冬　曰橐吾，曰顆東，曰虎須，曰菟奚，曰氏冬。藥家用，花如枇杷，舊云花冬月在冰下生，緣此花傍莖近根生，故在冰下。《爾雅》以顆東為顆凍，注又以欵冬作欵凍。

金・張元素《潔古珍珠囊》〔見元・杜思敬《濟生拔粹》卷五〕　欵冬花辛

甘　純陽。溫脾止嗽。

宋・劉明之《圖經本草藥性總論》卷上　欸冬花　味辛、甘，溫，無毒。主欬逆上氣，善喘喉痺，諸驚癇寒熱，消渴喘息呼吸。《藥性論》云：　君。主肺氣，心促急熱，乏勞欬連連不絕，涕唾稠黏，治肺癰吐膿。日華子云：　潤心肺，益五臟，除煩補勞劣，消痰止嗽，肺痿吐血，心虛驚悸，洗肝明目，及中風。杏仁為之使。得紫菀良。惡皂莢、芒硝、玄參。畏貝母、辛夷、麻黃、黃耆、黃芩、黃連、青葙。

元・王好古《湯液本草》卷四　款冬花　氣温，味甘、辛，純陽，無毒。《珍》云：　溫肺止嗽。《本草》云：　主欬逆上氣，善喘，喉痹，諸驚癇寒熱邪氣，消渴，喘息呼吸。杏仁為之使，得紫菀，良。惡皂莢、硝石、玄參。畏貝母、辛夷、麻黃、黃芪、黃芩、黃連、青葙。《藥性論》云：　君。主療肺氣，心促急，熱乏，勞欬連連不絕，涕唾稠黏，肺痿，肺癰吐膿。日華子云：　潤心肺，益五臟，除煩，補勞劣，消痰止嗽。肺痿吐血，心虛驚悸。《衍義》云：　有人病嗽多日，或教以燃款冬花三兩枚，於無風處，以筆管吸其煙，滿口則嚥之，數日效。《時習》云：　仲景射干湯用之。

元・朱震亨《本草衍義補遺・新增補》　款冬花　氣溫，味甘、辛。溫肺止嗽。《本草》主咳逆上氣，喘急呼吸。杏仁為之使。日華子消痰止嗽，肺痿肺癰吐血，心虛驚悸。《衍義》云：　有人病嗽多日，或教以燒欸花兩三枚，於無風處，以筆管吸其煙，滿口則嚥，數日效。

元・徐彥純《本草發揮》卷二　欸冬花　東垣云：　味辛、甘，純陽。溫肺止嗽，治肺痿勞嗽，消渴喘息。

明・朱橚《救荒本草》卷上之前　欸冬花　一名槖音托吾，一名顆東，一名虎鬚，一名菟奚，一名氐冬。生常山山谷及上黨水傍，關中、蜀北、宕音蕩昌、泰州、雄州皆有。今鈞州密縣山谷間亦有之。莖青微帶紫色，葉似葵葉，甚大而叢生，又似石葫蘆，葉頗團，開黃花，根紫色。《圖經》云葉如荷而斗直，大者容一升，小者容數合，俗呼為蜂斗，葉又名水斗葉。此物不避冰雪，最先春前生，雪中出花，世謂之鑽凍。又云有葉似萆薢，開黃花，青紫萼，去土一二寸，初出如菊花萼，通直而肥，實無子。陶隱居所謂出高麗百濟者，近此類也。其葉味苦，花味辛甘，性溫無毒。杏仁為之使，得紫(苑)〔菀〕良；惡皂莢、消石、玄參；畏貝母、辛夷、麻黃、黃芩、黃連、青葙。救飢：採嫩葉煠熟，水浸，淘去苦味，油鹽調食。治病：文具《本草》草部條下。

明・王綸《本草集要》卷二　款冬花君　味辛甘，氣溫，無毒。杏仁為之使。得紫(苑)〔菀〕良。惡消石、玄參，畏貝母、辛夷、麻黃、黃耆、黃芩、黃連、青葙。百草中惟此不顧冰雪，最先春也。採花陰乾，微開花未舒者良。主咳逆上氣，善喘息，呼吸連連不絕，涕唾稠粘。潤心肺，消痰止嗽，治肺痿肺癰吐膿血，心虛驚悸。洗肝明目，喉痺，諸驚癇，寒熱邪氣，除煩補勞劣。古今治嗽之最。取花於無風處，(蜜)〔密〕器燒，用筆管吸其煙，滿口則咽之，數日效。

明・滕弘《神農本經會通》卷一　欸冬花　君也。杏仁為之使。得紫菀良。惡皂莢、消石、玄參，畏貝母、辛夷、麻黃、黃耆、黃芩、黃連、青葙。百草中惟此不怕冰雪，最先春也。十一十二月雪中開黃花，採花陰乾，如宿蕁未舒者佳。　味辛、甘，氣溫，無毒。《湯》云：　純陽。東云：　潤肺，去痰嗽，定喘。《逮》云：　治肺癰并欬逆，理肺消痰，主驚癇，治喉痺。洗肝明目，兼潤心胸。《珍》云：　治肺痿，溫肺，并勞嗽，消渴喘息。《本經》云：　主欬逆上氣，善喘，喉痺，諸驚癇，寒熱邪氣，消渴，喘息呼吸。十一月採花，陰乾。《藥性論》云：　欸冬花，君。主療肺氣，心促急，熱乏勞欬，連連不絕，涕唾稠粘。治肺痿肺癰吐膿。日華子云：　潤心肺，益五臟，除煩，補勞劣，消痰止嗽，肺痿吐血，心虛驚悸。洗肝明目，及中風等疾。丹溪云：　溫肺止嗽。珍云：　溫肺止嗽。《時習》云：　仲景射干湯用之。《本草》云：　主欬逆上氣，喘息呼吸，杏仁為之使。日華子云：　消痰止嗽，肺痿肺癰吐血，心虛驚悸。《衍義》云：　有人病嗽多日，或教以燃欸冬三兩枝於無風處，以筆管吸其煙，滿口則嚥，數日効。《局》云：　欸冬花在雪中生，定喘消痰更治驚。勞欬肺癰為要藥，洗肝可使目還明。欸冬花，洗肝明目，勞嗽尤宜。

明・劉文泰《本草品彙精要》卷一一　款冬花無毒。　叢生。

款冬花出《神農本經》：　**主欬逆上氣，善喘，喉痹，諸驚癇，寒熱邪氣。**以上朱字《神農本經》。消渴，喘息，呼吸。以上黑字名醫所錄。【名】槖吾、顆凍、虎鬚、菟奚、氐冬、鑽凍。【苗】《圖經》曰：　根紫色，莖青葉紫，似萆薢，十二月開黃花，青紫萼，去土一二寸，初出如菊花，萼通直而肥實無子。即陶隱居所謂出高麗、百濟者，近此類也。又有紅花者，葉如荷，而斗直大者，容一升，小者容數合，俗呼爲蜂斗，葉又名水斗葉。即唐注所謂大如葵而叢生者是也。《衍義》曰：百草中，惟此不顧冰雪最先春也。世又謂之鑽凍，雖在冰雪之下，至時亦生芽，春時人或採以代蔬。入藥，須微見花者良，如已芬芳則都無力也。今人又多使如箸頭者，恐未有花耳。【地】《圖經》曰：出常山山谷及上黨水傍，今關中亦有之。《唐本》注云：雍州，南山溪水，華州山谷澗間。【道地】晉州、潞州、耀州、秦州。【時】生：春生苗。採：十一月取花。【收】陰乾。【用】花。【質】類枇杷花未舒者。【色】赤紫。【味】辛，甘。【性】溫，散。【氣】氣之厚者，陽也。【臭】香。【主】溫肺，止嗽。【助】杏仁爲之使，得紫菀良。【反】畏貝母、辛夷、麻黄、黄耆、黄芩、黄連、青葙，惡皂莢、硝石、玄參。【製】《雷公》云：凡採得，須去向裏裹花蕊殼並向裏實如粟零殼者，並枝葉用，以甘草水浸一宿，卻，取款冬花葉相拌裛一夜，臨用時去兩件拌者，曬乾用。【治】療：《藥性論》云：清肺氣，心促急，熱乏勞欬，連連不絕，涕唾稠粘，肺癰吐膿。日華子云：潤心肺，除煩，消痰，肺痿，吐血，心虛，驚悸，洗肝明目，及中風等疾。《衍義》曰：有人病嗽多日，或教以燃款冬花三兩枚於無風處，以筆管吸其煙滿口則咽之，數日效。補：日華子云：益五臟，補勞劣。

明・葉文齡《醫學統旨》卷八 欵冬花　氣溫，味辛、甘。無毒。杏仁為之使；得紫(苑)〔菀〕良；惡消石、玄參；畏貝母、辛夷、麻黃、黃芪、黃芩、黃連、青葙。百草中惟此不顧冰雪，最先春也。治肺痿勞嗽，消渴喘息，潤心肺，消痰氣；洗肝明目，心虛驚悸；肺癰吐膿血，除煩補勞力。古今治嗽之最要者也。

明・許希周《藥性粗評》卷三 欵冬裨肺氣之清。

欵冬花，一名虎鬚，一名兔奚。《爾雅》謂之顆凍。郭璞註謂之欵凍。此草先春而生，雖冰雪不畏，因謂之欵冬。葉似葵而大，亦似萆薢，莖青紫色，叢生，高七八寸，十二月開黃花似菊，青紫蕚，多出根下，根紫色。生常山及上黨水傍，今近道亦有之。花初出□連花葉採之，陰乾，去向裏裹花蓝殼，并向裏實如粟零殼者，臨用以甘草水浸過。杏仁為之使，得紫(苑)〔菀〕良，惡皂莢、消石、玄參，畏貝母、辛夷、麻黃、黃芪、黃芩、黃連、青葙子。味辛、甘，性溫，無毒。入手太陰肺經。主治寒熱邪氣，消渴喘息，欬逆上氣，驚癇喉痹，肺痿肺癰，涕唾稠粘，吐血中風，癆劣虛弱，洗肝明目，除煩止嗽，潤心清膈，益五臟。《圖經》曰：欵冬花主欬逆。古今方用之為治嗽之最。

單方：久嗽：欵冬花二三枝，於新風處燃之，用筆管吸其烟，滿口嚥之，復吸，以烟盡為度，如此者不過三四日，差。

明・鄭寧《藥性要略大全》卷五 欵冬花君。一名氐冬花。治肺氣促急勞嗽，連連不絕，涕唾粘。治肺痿肺癰，吐膿血，潤心肺，益五臟，除煩勞，消痰止嗽，心虛驚悸，洗肝明目，中風等症。亦治喘息喉痹。《珠囊》云：潤肺，去痰嗽，定喘。治肺勞嗽，消渴。味辛、甘，氣溫，無毒。杏仁為之使。得紫(苑)〔菀〕良。惡硝石、皂莢、玄參。畏貝母、辛荑、麻黃、黃芪、黃芩、黃連、青葙。微見蕊、未舒花者良。

明・陳嘉謨《本草蒙筌》卷二 欵冬蕊　味辛、甘，氣溫。陽也。無毒。生常山縣名，屬浙江。山谷，及上黨註前水傍。葉大成叢似葵，花出根下如菊。百草中惟此不顧冰雪，最先春者也。原呼鑽凍，今名欵冬。擇未舒嫩蕊採收，去向外裹花零殼。甘草湯浸一宿，待乾揉碎纔煎。惡硝石、皂莢、玄參，畏麻黃、辛夷、貝母，仍畏四味芩連耆葙。黃芩、黃連、黃耆、青葙。使杏仁，宜紫菀。治肺癰膿血腥臭，止肺欬痰唾稠粘。潤肺瀉火邪，下氣定喘促。卻心虛驚悸，去邪熱驚癇。補劣除煩，洗肝明目。又毆久嗽，燒煙吸之。

明・方穀《本草纂要》卷七 欵冬花　味辛、甘，氣溫，無毒，主治欬逆，肺氣不下，驚悸心氣不足，喘息連續不已，呼吸涕唾稠粘。然又考之洗肝明目，非此不能；喉閉肺痰，非此不清；消痰止嗽，非此不可；定煩止血，非此不除。故爲心肺之要藥也。大抵冬花生於陰而成於陽，入陰經而治陽臟，乃陰陽和平之劑，心肺氣血之藥也。

明・王文潔《太乙仙製本草藥性大全》卷一《本草精義》 欵冬花　一名橐吾，一名顆凍，一名虎鬚，一名菟奚，一名氐冬。出常山山谷及上黨水傍，今關中亦有之。根紫色，莖青紫，葉似萆薢，成叢，大者似葵，花出根下如菊，黃色，青紫蕚，十一二月雪中開花，百草惟此不顧冰雪，最先春者也。原呼鑽凍，今名欵冬。擇未舒嫩蓝採收，去向外裹花零殼，甘草湯浸一宿，待乾，揉碎纔煎。惡硝石、皂莢、玄參，畏麻黃、辛夷、貝母，仍畏黃芩、黃連、黃耆、青葙子。陶隱居所謂出高麗、百濟者，近此類也。又有紅花者，葉如荷而斗直，大者容一升，小者容數合，俗呼爲蜂斗葉，又名水斗葉，則唐注所謂大如葵而叢生者是也。或云採花於冰下，正月旦採。

明・王文潔《太乙仙製本草藥性大全》卷一《仙製藥性》 欵冬花君　味辛、甘，氣溫，陽也，無毒。杏仁爲之使。得紫(苑)〔菀〕良。主治：治勞嗽連連不絕，補勞劣喉痹，消痰。主肺癰膿血腥臭，止肺欬痰唾稠粘，潤肺瀉火邪下氣，定喘促，却心虛驚悸，去邪熱驚癇。補劣除煩，洗肝明目。又驅久嗽，燒煙吸之。　補註：　久嗽熏法：　每旦取花如雞子許，少蜜拌花使潤，內一升鐵鐺中，又用一瓦椀，鑽一孔，孔內安一小竹筒，筆管亦得，其筒稍長，作椀鐺相合，及插筒處皆麪涅之，勿令漏氣，鐺下著炭，少時欵冬煙自從筒出，則口含筒吸取煙，嚥之，如胸中少悶，須舉頭，即將指頭捻筒頭，勿使漏煙氣，及煙使盡止。凡如是五口一爲之，待至六日，則飽食羊肉餺飥一頓，永差。　太乙曰：　凡採得，須去向裏裹花蘂殼，并向裏實如粟零殼者，并枝葉用，以甘草水浸一宿，却取欵冬葉相拌，裛一夜，臨用時即乾曬去兩件拌者葉了用。

明・皇甫嵩《本草發明》卷三　欵冬花中品下，臣。氣溫，味辛、甘。純陽。無毒。　發明曰：　欵冬花，溫肺止嗽之用為專。故《本草》主咳逆上氣善喘，喉痺，諸驚癇寒熱邪氣，消渴，喘息呼吸，皆肺虛挾火使然也。註云：　此潤心肺，益五臟，除煩，補勞劣，消痰止嗽，心虛驚悸。療肺氣促急，熱之勞欬，不絕涕唾稠粘，肺癰肺痿吐膿血，其溫肺止嗽之功見矣。又云：　洗肝明目，得非助肺以平肝氣歟。杏仁為之使。得紫花良。惡皂莢、硝石、玄參。畏貝母、辛夷、麻黄、黄芪、芩、連、青葙子。凡用只用光蓝，微見花者良。

明・李時珍《本草綱目》卷一六草部・隰草類下　欵冬花《本經》中品

【釋名】欵凍郭璞　顆凍《爾雅》　氐冬《別録》　鑽凍《衍義》　菟奚《爾雅》　橐吾《本經》　虎鬚《本經》時珍曰：　按《述征記》云：　洛水至歲末凝厲時，欵冬生于草冰之中，則顆凍之名以此而得。後人訛爲欵冬，乃欵凍爾。欵者至也，至冬而花也。宗奭曰：　百草中，惟此不顧冰雪，最先春也，故世謂之鑽凍。雖在冰雪之下，至時亦生芽，春時人采以代蔬。入藥須微見花者良。如已芬芳，則都無氣力。今人多使如筯頭者，恐未有花也。

【集解】《別録》曰：　欵冬生常山山谷及上黨水旁，十一月采花陰乾。弘景曰：　第一出河北，其形如宿蓴未舒者佳，其腹裏有絲。次出高麗百濟，其花乃似大菊花。次亦出蜀北部宕昌，而並不如。其冬月在冰下生，十二月、正月旦取之。恭曰：　今出雍州南山溪水，及華州山谷澗間。葉似葵而大，叢生，花出根下。頌曰：　今關中亦有之。根紫色，葉似萆薢，十二月開黄花，青紫萼，去土一二寸，初出如菊花萼，通直而肥實無子。則陶氏所謂出高麗百濟者，近此類也。又有紅花者，葉如荷而斗直，大者容一升，小者容數合，俗呼爲蜂斗葉，又名水斗葉。則蘇氏所謂大如葵而叢生者，是也。傅咸《欵冬賦》序云：　予曾逐禽，登於北山，於時仲冬之月，冰凌盈谷，積雪被厓，顧見欵冬煒然，始敷華艷。是也。

【修治】斅曰：　凡采得，須去向裏裹花蕊殼，並向裏實如粟零殼者。并枝葉，以甘草水浸一宿，却取欵冬葉相拌裛一夜，晒乾去葉用。

【氣味】辛，温，無毒。《別録》曰：　甘。好古曰：　純陽，入手太陰經。之才曰：　杏仁爲之使，得紫菀良，惡皂莢、消石、玄參，畏貝母、辛夷、麻黄、黄耆、黄芩、（連翹）〔黄連〕、青葙。

【主治】欬逆上氣善喘，喉痹，諸驚癇寒熱邪氣《本經》。消渴，喘息呼吸《別録》。療肺氣心促急，熱〔乏〕勞欬，連連不絶，涕唾稠粘，肺痿肺癰，吐膿血甄權。潤心肺，益五臟，除煩消痰，洗肝明目及中風等疾大明。

【發明】頌曰：　《本經》主欬逆，古方用爲温肺治嗽之最。崔知悌療久欬熏法：　每旦取欵冬花如雞子許，少蜜拌花使潤，納一升鐵鐺中。又用一瓦盌鑽一孔，孔內安一小筆管，以麪泥縫，勿令漏氣。鐺下着炭火，少時煙從筒出，以口含吸，嚥之。如胸中少悶，須舉頭，即將指頭按住筒口，勿使漏，至煙盡乃止。如是五日一爲之。待至六日，飽食羊肉餺飥一頓，永瘥。宗奭曰：　有人病嗽多日，或教然欵冬花三兩，於無風處以筆管吸其煙，滿口則嚥之，數日果效。

【附方】新二　痰嗽帶血：　欵冬花、百合蒸焙，等分爲末。蜜丸龍眼大，每卧時嚼一丸，薑湯下。《濟生方》。　口中疳瘡：　欵冬花、黄連等分，爲細末，用唾津調成餅子。先以蛇牀子煎湯漱口，乃以餅子傅之，少頃確住，其瘡立消也。楊誠《經驗方》。

題明・薛己《本草約言》卷一《藥性本草》　欵冬花　味辛、甘，氣溫，無毒。陽也，可升可降。療肺經之癰痿及氣逆之喘嗽。　江云：　除痰止嗽。〇《發明》云：　溫肺止嗽之用為專。〇凡使，用甘草湯浸一宿，待乾揉碎煎。微見花未舒者佳。杏仁為之使。得紫（苑）〔菀〕良，然所惡所畏居多，止可專與人參、麥門冬、百合，補肺藥中則有功，若與黄連、黄芩、貝母、麻黄，瀉心肺之藥同用則非也。故沈氏欵花膏內，止同人參、甘、桔耳。

明・梅得春《藥性會元》卷上　欵冬花　味辛、甘，氣溫。無毒。杏仁為使，得紫（苑）〔菀〕良。惡皂莢、消石、玄參。畏貝母、辛夷、麻黄、黄芪、黄芩、青葙子。此花於百花中，獨不懼冰雪，最先春也。　主潤肺消痰，止嗽定喘，洗肝明目，療咳逆上氣，喘息呼吸，肺痿肺癰，唾膿血，心虛驚悸，除煩，補勞力，治消渴喉痹，古今治嗽之要藥也。《衍義》云：　有人病嗽者多日，或教以燒欵冬花三兩根，于無風處以筆管吸其煙滿口，愈。

明・李中立《本草原始》卷二　款冬花　始出常山山谷及上黨水傍，今關中亦有之。根紫色，葉似萆薢。十二月開黄花，青紫萼，去土一二寸，初出如菊花萼，通直而肥實，無子。則陶隱居所謂出高麗、百濟者，近此類也。又有紅花者，葉如荷而斗直，大者容一升，小者容數合，俗呼為蜂斗葉，又名水斗葉。則唐注所謂大如葵而叢生者是也。百草中惟此不顧冰雪，最先春者也，故世謂之鑽凍。款者，至也。至冬而花，故名款冬花。　氣味：辛，溫，無毒。　主治：欬逆上氣善喘，喉痹，諸驚癇，寒熱邪氣。○消渴，喘息呼吸。療肺氣心促急熱，勞欬連連不絕，涕唾稠粘，肺痿，肺癰吐膿血，潤心肺，益五藏，除煩，消痰，洗肝明目，及中風等疾。

款冬花，《本經》中品。【圖略】花腹中有絲次。正月旦采花。　修治：款冬花有黃紫二品，入藥擇未舒嫩蕋，去枝梗用。

好古曰：純陽，入太陰經。之才曰：杏仁為之使。得紫菀良，惡皂莢、消石、玄參，畏貝母、辛夷、麻黃、黃耆、黃芩、連翹、青葙子。　楊誠《經驗方》：治口中疳瘡，款冬花、黃連等分，為細末，用唾津調成餅子，先以蛇床子煎湯漱口，乃以餅子傅之，少頃確住，其瘡立消。

款冬花，君。

明・張懋辰《本草便》卷一　欵冬花君　味辛、甘，氣溫，無毒。得紫菀良。惡消石、玄參，畏貝母、辛夷、麻黃、黃耆、黃芩、黃連、青葙。百草中惟此不顧冰雪，最先春也。

主欬逆上氣，善喘息，呼吸連連不絕，涕唾稠粘，潤心肺，消痰止嗽，治肺痿肺癰吐膿血，心虛驚悸，洗肝明目，喉痹，諸驚癇，寒熱邪氣，除煩，補勞劣。

明・盧復《芷園臆草題藥》　欵冬花　不顧冰雪，先春開敷。得腎之體，先肝之用。出肺之邪氣，非肺之專藥也。其所以治咳喘喉痹者，蓋使肺病有出路，從腎順流而去也。大概咳必因寒，寒為冬氣，而肺受為逆。欵花不唯使其逆氣而得順時之序，猶能化寒冽，且為先春之榮矣。此物也，唯堪理氣化之逆，如脉傷之咳，大非其類。倘驚癎後胎受寒熱在腎藏者，亦頗相宜。《別錄》下有喘息呼吸四字連用，要人善形容其病狀耳，讀者識之。

明・李中梓《藥性解》卷三　款冬花　味苦、辛，性溫，無毒，入心、肺二經。主中風喉痹，肺痿肺癰，潤心肺，止咳嗽，除痰喘，定驚悸，洗肝明目。杏仁為使，得紫菀良。惡皂莢、硝石、玄參，畏貝母、辛夷、麻黃、黃芪、黃芩、黃連、青葙。　按：欵冬辛甘發散為陽，故入心肺，以理痰嗽等症，畏惡甚多，用者審之。

明・鮑山《野菜博錄》卷一　欵冬花　一名槖吾，一名顆東，一名虎鬚，一名菟奚，一名氐冬。莖青，微帶紫色。葉似葵葉大，叢生，又似石葫蘆葉。開黃花，根紫色。葉味苦，花味辛甘，性溫，無毒。　食法：嫩葉煠熟，水浸淘去苦味，油鹽調食。

明・繆希雍《本草經疏》卷九　欵冬花　味辛、甘，溫，無毒。主咳逆上氣，善喘，喉痹，諸驚癇，寒熱邪氣，消渴，喘息呼吸。

〔疏〕欵冬花得天地陰寒之氣，而兼稟乎金水之性，故淩冰雪而獨秀。其味辛、甘，溫而無毒，陰中含陽，降也。辛能散而能潤，甘能緩而能和，溫則通行不滯，善能降下。咳逆上氣，善喘，喉痹，諸驚癇，寒熱邪氣，消渴，喘息呼吸，一皆氣升火炎之病也。氣降則火自降，氣降則陽交於陰。水火既濟，既濟則火不上炎，氣不逆升，肺不受邪，得清肅之常道，而諸證自退矣。杏仁為之使，得紫菀良。〔主治參互〕欵冬花雖畏貝母，然得貝母、桑根白皮、紫菀、枇杷葉、栝樓根、百部、天麥門冬、杏仁，治喘逆及咳嗽反良，物有相制故也。如半夏畏生薑，得之則制其毒而愈能奏效也。得麻黃、杏仁、桑根白皮、甘草，治風寒鬱實熱於上焦肺分作喘，其效甚速。一味燒煙吸之，治喘嗽。具如《本草注》中所載。《濟生方》痰嗽帶血，欵冬花、百合蒸焙，等分為末，蜜丸龍眼大。每臥時嚼一丸，薄荷湯下。欵冬花，古今方用之為治嗽要藥，以其辛溫，散而能降，於肺無迕，無分寒熱虛實，皆可施用，故無簡誤。

明・倪朱謨《本草彙言》卷四　款冬花　味甘、辛，氣溫，無毒。陰中有陽，降也，入手太陰經。　蘇氏曰：款冬花，出關中及雍州、南溪水、華州山谷水澗間。多叢生，葉似葵葉而大，又如荷葉而斗直，大可容升，小可容數合。冬月積雪中，開花紅色。一種去土一二寸，出萼如菊，色青紫，通直而肥，開黃色花，花在莖下也。雷氏曰：十一月採花陰乾，須取微見花者。如已開泛，則無氣力。揀去向裏裹花蕊殼，併向裏實如(栗)〔粟〕零殼及枝葉。傅咸云：予于仲冬之月登北山，冰凌盈谷，積雪深厓，見款冬煒然華艷，寒秀可目。是也。

款冬花：溫肺潤肺，清肺斂肺，李東垣調肺補肺之藥也。茹日江稿故《本草》主欬逆上氣，喘嗽喉痹，寒熱邪氣諸證。以其辛溫而潤，散而能降，補而能收，爲治嗽要藥。于肺無忤，無分寒熱虛實，皆可施用。又得生薑、前胡、白豆仁，可溫肺寒。○得天麥門冬、知母、玄參，可潤肺燥。得黃芩、桑白皮、薄荷葉，可清肺熱。得人參、麥門冬、北五味子，可斂肺脫。得蘇葉、桔梗、陳皮、杏仁，可調肺逆。得黃耆、人參、甘草，可補肺虛。得葶藶、麻黃、桑白皮，可泄肺實。得百合、茯苓、甘草、枇杷葉，可保肺急。得前胡、防風、杏仁、葱白，可退肺中寒熱邪氣。得生熟地黄、天麥門冬、知母、貝母，可療肺中痰血咳嗽。爲調肺之總司，治嗽之良劑也。

繆仲淳先生曰：款冬花，其味辛甘，溫而無毒。陰中含陽，散也、降也。辛能散而能潤，甘能緩而能和，溫則通行不滯，善能降下。欬逆上氣，喘嗽喉痹，寒熱邪氣，消渴喘息呼吸諸病，一皆氣升火炎之勢也。氣降則火自降，氣降則陽交于陰，水火既濟，既濟則火不上炎，氣不逆升，肺不受邪，得清肅之常道，而諸證自退矣。李士材先生曰：雪積冰堅，款花偏艷，想見其純陽之禀，故其主用，皆辛溫開豁也。却不助火，可以嗽方久任。

集方：《養生方》治痰嗽帶血。用款冬花、百合各等分，焙燥，爲極細末。煉蜜丸如龍眼大。每臥時嚼一丸，薄荷湯下。

久嗽噙化丸：用款冬花蕊、甘草、百部、川貝母、桑白皮、天花粉、玄參、紫菀各二兩，俱用蜜水拌炒，北五味、陳皮、桔梗各一兩，龍膽、薄荷葉三兩，俱微炒，共爲細末，真柿霜四兩，另研，麥門冬、天門冬，俱去心各三兩，酒煮搗膏，和入前末子內，再加煉蜜丸，如彈子大。每日不拘早晚，不時噙化，隨津液嚥下，臨臥更佳。

《海上方》治咽喉諸證，腫痛生瘡者，閉塞者，紅腫結核脹痛者，閉塞不能言語者，結蛾水漿難食者，俱是風熱痰氣爲患。只用款冬花五錢，土牛膝三錢，射干二錢，水煎服。先用米醋噙口中汩漱，咯拔涎痰，後服此藥即消。

明・姚可成《食物本草》卷一八草部・隰草類 款冬花生常山山谷及上黨水傍，今關中、雍州、華州澗間。葉似葵而大，根紫色。十二月開黄花，青紫萼，去土一二寸，初出如菊花萼，通直而肥實無子。百草中惟此不顧冰雪，最先春也。雖在冰雪中，至時亦生芽。春時人采以代蔬，香美，極可口。

款冬花，味辛，溫，無毒。治欬逆上氣，善喘喉痹，諸驚癇寒熱邪氣，消渴，喘息呼吸。療肺氣心促急，熱勞欬，連連不絕，涕唾稠粘，肺痿肺癰，吐膿血。潤心肺，〔益〕五臟，除煩消痰，洗肝明目及中風等疾。

附方：〔治〕久欬不瘥，崔知悌熏法：每旦取款冬花一兩，以〔少〕蜜拌潤，入小鍋中，用碗蓋覆，碗底鑽一孔，孔內〔安〕一小筆管，以濕麪泥封孔邊隙縫，勿令漏氣。鍋中着炭火，少時煙從筒出，以口含吸嚥之。如胸中少悶，須舉頭，即將指頭按住筒口，勿使漏洩，至煙盡乃止。如是五日。至第六日，飽食羊肉餺飥一頓，永瘥。有人病嗽多日，或教燃款冬花三兩，於無風處以筆管吸其煙，滿口則嚥之，數日果效。

治欬嗽痰血。款冬花、百合蒸焙，等分為末，蜜丸龍眼大，每臥時嚼一丸，薑湯下。

明・顧逢柏《分部本草妙用》卷四肺部・温補 款冬花 辛，溫，無毒。杏仁為使，得紫(苑)〔菀〕良，惡玄參，畏貝母、麻黄、黄芪、黄芩、連翹、青葙子。主治：欬逆上氣，善喘，寒熱邪氣。療肺氣，心促急，熱勞連欬，肺痿肺癰。除煩熱，消痰。洗肝明目及中風等症。按：款冬花為溫肺治嗽之良，勝于紫(苑)〔菀〕。古方以之燒煙，口吸嚥之，頻吸神效。

明・李中梓《醫宗必讀・本草徵要上》 欵冬花味辛，性溫，無毒。入肺經。杏仁為使，惡玄參，畏貝母、辛夷、麻黄、黄耆、連翹、甘草、黄芩。蜜水炒。化痰則喘嗽無憂，清肺則癰痿有賴。雪積冰堅，欵花偏豔，想見其純陽之禀，故其主用皆辛溫開豁也。却不助火，可以久任。

明・鄭二陽《仁壽堂藥鏡》卷一〇下 欵冬花 《本草》云：欵冬花，生上黨水傍。氣溫，味甘、辛，純陽，無毒。入肺經。《珍》云：溫肺止嗽。《本草》云：主欬逆上氣，善喘，喉痹，諸驚癇，寒熱邪氣，消渴，喘息呼吸。杏仁為之使，得紫菀良，惡皂莢、硝石、玄參，畏貝母、辛夷、麻黄、黄耆、黄芩、黄連、青葙。《藥性論》云：君。主療肺氣，心促急，熱乏勞咳，連連不絕，涕唾稠黏，肺痿、肺癰吐膿。日華子云：潤心肺，益五臟，除煩，補勞劣，消痰止嗽，肺痿吐血，心虛驚悸，消痰。按：《欵冬賦》序云：冰淩盈谷，雪積披厓，顧見欵冬，煒然華豔。故好古以為純陽，則其主用，皆辛溫開豁之力也。東垣云：佛耳草，酸、熱。治寒嗽及痰涎，除肺中寒，大升肺氣，少用欵冬花為使，過食則損目。

明・蔣儀《藥鏡》卷一温部 款冬花 辛散而心肺潤，甘緩而咳嗽和。肺痿靈丹，痰喘上劑。兼明雙目，更治心驚。識者稱其得腎之體，先肝之用，出肺之邪。蓋取木氣之精靈，而造木天于未發，菁英于木，蘊火必隆，木則助肝，火能剋肺，縱非肺家之耑藥，而關肺最切，是以咳必因寒，寒為冬氣，肺受之為咳逆者，惟款冬為能治之。

明・李中梓《頤生微論》卷三 欵冬花 味辛，性溫，無毒。入肺經。杏仁為使。惡皂莢、硝石、玄參，畏貝母、辛夷、麻黄、黄芪、黄芩、黄連、青葙。

含英而不吐者良。去蒂，蜜水微焙。主欬逆上氣，喘急喉痺，消渴，肺癰肺痿，除煩化痰。

按：《欵冬賦》云：冰淩溢谷，雪積披崖，顧見欵冬，煒然華豔。想見其純陽之稟。故其主用，皆辛溫開豁之力也。世多以枇杷花偽之，故功無效耳。溫而不助火，可以久任。

明・張景岳《景岳全書》卷四八《本草正》 欵冬花 味微甘，微辛而溫，其氣浮，陽也。入手太陰經。能溫肺氣，故療欬嗽，及肺癰肺痿欬唾膿血。寇宗奭曰：有人病嗽多日，或教以燃欵冬花三兩於無風處，以筆管吸其煙，滿口則嚥之，數日果效。

明・賈九如《藥品化義》卷六肺藥 款冬花 屬陰中有陽云純陽非，體輕，色粉紅，氣香，味微苦略辛云甘非，性平云溫非，能升，力寧嗽，性氣與味俱輕清，入肺經。冬花用蕊，蕊乃發生之品，含蓄未放，生於冬而耐寒，得一陽初動之氣，開發生機，且喜其味苦主降，氣香主散，一物而兩用兼備，故用入肺部，順肺中之氣，又清肺中之血，專治咳逆上氣，煩熱喘促，痰涎稠粘，涕唾腥臭，為諸證之要劑，如久嗽肺虛，尤不可缺。取紫花者良，去蒂根用。

明・盧之頤《本草乘雅半偈》帙四 欵冬花《本經》中品 氣味：辛，溫，無毒。主治：主咳逆上氣，善喘，喉痹，諸驚癇寒熱邪氣。

覈曰：出關中，及雍州、南山、溪水、華州，山谷水澗間。多叢生，葉似葵葉而大，不顧冰雪，先春而花，去土一二寸，出萼如菊，色青紫，通直而肥，開時花黃色，花在根下也。一種花紅者，葉如荷而斗直，大可容升，俗呼蜂斗。修事：須取微見花者，如已芬芳，則無氣力。揀去向裏裹花蕋殼，併向裏實如(栗)〔粟〕零殼，及枝葉，以甘草水浸一宿，却取欵冬葉相拌，蒸一夜，晒乾，去葉用。杏仁為之使，得紫菀良。惡皂莢、消石、玄參。畏貝母、辛夷、麻黃、黃耆、黃芩、連翹、青葙。

条曰：以堅冰為膏壤，吸霜雪以自濡，此水裏陽生，宜當入腎，腎之心藥也。故出肺腎之邪，先肝心之用，與縕藉幽深者不相侔也。驚癇邪氣，伏匿于中，對待治之，發越盡淨。若欬逆上氣，善喘喉痹，因腎苦燥，及形寒飲冷，秋傷于濕者始宜，或火熱刑金，或肺氣焦滿，恐益消鑠毀傷矣。

明・李中梓《本草通玄》卷上 欵冬花 辛而微溫，肺經藥也。潤肺消痰，止欬定喘，清喉痺，理肺痿肺癰。古人治久欬，欵冬花一兩，蜂蜜拌潤，入茶壺中，以麵固其蓋，勿令漏氣。壺下着炭火，待煙從壺口出，口含吸嚥，煙盡乃止，數日必效。按：傅咸《欵冬(花)賦》云：冰淩盈谷，雪積披崖，顧見欵冬(花)，煒然華豔，則純陽之性可知。雖具辛溫，却不燥熱，故能輕揚，上達至高之府，贊相傅而奏功勳也。蜜水拌，微火炒。

清・顧元交《本草彙箋》卷三 款冬花 款冬花偏艷於雪消冰堅之候，想見其純陽之性，故用辛溫開豁，化痰清肺也。且不助火，可以久任。此須用蕋，蕋乃發生之品，含蓄未放，得一陽初動之氣，開發生機。或微見花，亦猶可用。如已芬芳，則都無氣氳。須去蒂、梗、外殼，及向裏實如粟零殼。甘草水浸晒用。傅咸《賦》序云：予曾逐禽登于北山，於時仲冬之月，冰淩盈谷，積雪被崖，顧見款冬煒然，始敷華艷。然則俗訛以枇杷花爲款冬，固非矣。款冬花畏貝母、黃芩，嗽家往往同用，想亦無礙。古方療久咳熏法，每旦取款冬花，揀淨，少蜜拌潤，納鐺中，留一小孔，勿令漏氣，下着炭火，以筒含吸其煙。如胸中少悶，須舉頭將指按住孔，勿使漏，煙盡乃止。如是數次，即瘥。

清・穆石匏《本草洞詮》卷九 欵冬花 欵者，至也。至冬而花，百草中惟此不畏冰雪，最先春也。入藥須微見花者良。如已芬芳，反無氣力。味辛甘，氣溫，無毒。治咳逆上氣，潤心肺，益五臟，除煩消痰，明目。崔知悌療久咳熏法：每旦取欵冬花如雞子許，少蜜拌花使潤，納鐵鐺中，用瓦盌鑽一孔，孔內安小管，以麵糊縫，鐺下着炭火，少時烟從筒出，以口含吸，嚥之，如舉頭即按住筒口，勿使漏，待烟盡乃止。熏至六日，飽食羊肉餺飥一頓，永瘥也。

清・張志聰《侶山堂類辯》卷下 欵冬花 氣味辛溫，生于關中及雍州山谷溪水間，冬時發條，結蕋于冰雪中，故名欵冬。西北氣寒，冰雪至夏不消，欵冬辛溫，可為大熱者矣。土人謂之看燈花。又曰：敲冰取欵冬。謂在正月前半月採之，如過元宵燈節，花即大放矣。此陰中之陽升也，如形寒飲冷，肺氣虛寒作喘者宜之；若陰火上炎，肺葉焦滿，恐益銷爍毀傷矣。

清・劉雲密《本草述》卷九下 款冬花杏仁為之使，得紫菀良。 覈曰：出關中及雍州南山溪水，華州山谷水澗間。多叢生，葉似葵葉而大，不顧冰雪，先春而花，去土一二寸出萼，如菊色，青紫，通直而肥，開時花黃色，花在根下也。一種花紅者，葉如荷而斗直，大可容升，俗呼蜂斗。

氣味：辛，溫，無毒。《別録》曰：甘。好古曰：純陽，入手太陰經。

主治：咳逆上氣《本經》。喘息呼吸《別録》。心促急熱。勞咳連連不絕。涕唾稠粘，肺痿肺癰，吐膿血甄權。潤心肺，益五臟，除煩，消痰，洗肝明目日華子。《本經》又言其治諸驚癇，寒熱邪氣。方書多主咳嗽之治，次喘證，又次嗽血。其痰飲、痞證亦用之。

宗奭曰：昔人病嗽多日，或教燃款冬花三兩，於無風處以筆管吸其烟，滿口則咽之，數日果效。中梓曰：按《款冬賦》云：水凌盈谷，雪積披崖，顧見款冬，煒然華艷。想見其純陽之稟也。雖溫而不助火，可以久任。之頤曰：以堅冰為膏壤，吸霜雪以自濡，此水裏陽生，宜當入腎，腎之心藥也。故出肺腎之邪，先肝心之用，與緼藉幽深者不相侔也。驚癇邪氣，伏匿於中，對待治之，發越盡淨。但世多以枇杷花偽充之，故不能徵其功效耳。希雍曰：款冬花得天地陰寒之氣，而兼稟乎金水之性，故凌冰雪而獨秀。其味辛甘，溫而無毒，陰中含陽，降也。辛能散而能潤，甘能緩而能和，溫則通行不滯，善能降下。《本經》主治咳逆上氣，善喘，而古今方用之為治嗽要藥，以其辛溫散而能降，於肺無迕也，無分寒熱虛實，皆可施用。若咳逆上氣，善喘喉痺，因腎苦燥，及形寒飲冷，秋傷於溼者始宜，或火熱刑金，或肺氣焦滿，恐益消爍毀傷矣。

款冬花雖畏貝母，然得貝母、桑根白皮、紫菀、枇杷葉、栝樓根、百部、天麥門冬、杏仁，治喘逆及咳嗽反良，物有相制故也。如半夏畏生薑，得之則制其毒，而愈能奏效也。得麻黄、杏仁、桑根白皮、甘草，治風寒鬱實熱於上焦肺分作喘，其效甚速。

愚按：款冬不顧冰雪，先春而花，花在根下，類以為純陽者，為其犯霜雪而華也。繆氏獨謂其陰中含陽，盧氏更謂其水裏陽生，二說可謂能察物理。但言其應入腎者，誤也。夫腎氣原至肺，此為陰中之陽，上際於天，而肺為陽中之陰，下極於地。《經》曰：至陰虛，天氣絕。此理萬物由之。茲物之犯霜雪而華者，謂非稟於至陰，而止可謂□純陽乎？就其花在根下者，以參物理，是其陽生陰中之化象，不俟展轉而直透者也。借此陰中生陽之氣化，有如茲味以對待天氣之陽，不能化陰而亢者，是何以故？蓋由於天氣之陽，不得於陰以和，故為亢陽而不能化陰也。夫一陰一陽之謂道，非有二陰陽也。第在地則陰為主而生陽，在天則陽為主而化陰，本其迭為君，以司氣化。然陽之能化陰者，即根於陰之能生陽也。故即以陽所生之元，轉而對待之，俾陽返其所自始，而乃達於下，是以《本經》首主咳逆上氣善喘，《別録》治喘息呼吸，甄權療肺氣心促急，正所謂陽隨於陰以降者，豈得指為純陽，以稽其功哉？愚謂茲味主治，皆屬元氣虛乏之為病，當合甄權熱勞咳以言證合，日華子潤心肺，益五臟以言功。蓋所謂熱勞，即虛中之熱，而氣溫味辛，有甘且辛勝於甘，陽和以暢，似當與紫(苑)〔菀〕合奏，療虛熱勞咳之績也。又如《本經》治諸驚癇，寒熱邪氣，亦本陰陽合化之氣，以化消戾氣，蓋驚癇之證，類屬陽不依陰之故耳。此種在先哲少有發明，如繆氏所說，謂其得氣之陰寒，而兼稟金水之性，故凌冰雪而獨秀，可謂獨詣。然似謂其專治熱，故不盡録。在盧氏云不可治火刑金者，與繆氏正相反，亦非中的之論也。總之，茲味為導陽中之陰氣以下，彷彿於引氣歸元。然實引陰陽合同而化之，元氣以歸肺，致得陽隨陰降，不可謂其獨能治熱，亦不可謂其不能治熱也。試觀諸方，用寒藥治嗽，與用溫藥治嗽者皆取之，則其義可知。更有散肺結，及收肺耗之劑，舉不之外，豈非在陰陽之氣奏功，謂為治嗽要藥也，信哉！

附方　痰嗽帶血，款冬花、百合，蒸焙，等分，為末，蜜丸龍眼大，每臥時嚼一丸，薄荷湯下。口中疳瘡，款冬花、黄連等分，為細末，用唾津調成餅子，先以蛇牀子煎湯嗽口，乃以餅子傅之，少頃，掐住其瘡，立消也。

修治　花未舒者良。去梗蒂，甘草水浸一時，曬乾用。

清・郭章宜《本草匯》卷一一

款冬花　甘、辛，微溫，純陽，《款冬賦》：雪積水堅，款花偏艷。想見其純陽之品也。可升可降，入手太陰經。清喉痹，治肺癰。能潤肺消痰，止勞欬連連不絕。療肺氣心促，除喘息涕唾稠粘。

按：款冬得天地陰寒之氣，而兼稟乎金水之性，故凌冰雪而獨秀。先春開敷，得腎之體。先肝之用，雖具辛溫，却不燥熱。其品輕揚，上達至高之府，贊相傅而奏功。所以古方用為溫肺治嗽之最。然能出肺之邪，而非肺之專藥也。其所以治咳喘喉痺者，蓋使肺病有出路，從腎順流而去也。大段咳必因寒，寒為冬氣，而肺受為逆，款花不惟使其逆氣得順時之序，尤能化寒冽，且為先春之榮矣。此物也唯堪理氣化之逆，如脉傷之咳，大非其類。倘驚癇從胎受，寒熱在腎藏者，亦頗相宜。崔知悌療久嗽熏法，每旦以款冬一兩，蜂蜜拌潤，入茶壺中，以麪固其蓋，勿令漏氣，壺下着炭火，待烟從口出，口含吸嚥，烟盡乃止，數日必効。然所惡所畏甚多，止可專與人參、麥冬、百合補肺藥中則有効。世多以枇杷蕋僞之，焉得有功？

產常山，屬浙江。上黨冀州西南水傍，擇未舒嫩蕋，去向外裏殼，甘草水浸一宿，晒乾用。杏仁為之使。得紫菀良。惡皁莢、消石、玄參。畏貝母、辛夷、麻黄、黄耆、黄芩、連翹、青葙。然雖畏貝母，得此反良，物有相制故也。如半夏畏生薑，得之則制其毒，而愈能奏功也。

清・蔣居祉《本草擇要綱目・溫性藥品》 款冬花 氣味 辛，溫，無毒。

主治： 欬逆上氣，善喘喉痹，諸驚癇寒邪邪氣，消渴，喘息呼吸。療肺氣心促急，熱勞欬連連不絶，涕唾稠粘，肺痿肺癰吐膿血，潤心肺，益五臟。除煩消痰，洗肝明目及中風等疾。《本經》主欬，古方用為溫肺治嗽之最。惡： 皁莢、消石、玄參。畏： 貝母、辛夷、麻黄、黄芪、黄芩、連翹、青葙。

清・王翃《握靈本草》卷四 款冬花出河北者第一，今出雍州。葉似葵，花出根下。今如筋頭者，未有花也。今人以枇杷花代之，以枇杷亦冬花故也。甘草水浸，晒乾用。

主治： 款冬花，辛，溫，無毒。主欬逆上氣，善喘，喉痹。【略】

清・汪昂《本草備要》卷一 款冬花潤肺，瀉熱，止嗽。 辛，溫，純陽。瀉熱潤肺，消痰除煩，定驚明目。治咳逆上氣，喘渴，肺虛挾火。喉痹，肺痿肺癰，咳吐膿血。爲治嗽要藥。燒烟以筒吸之亦良。百合、款冬等分蜜丸，名百花膏，治咳嗽痰血。凡陰虛勞嗽，通用款冬、紫菀、百部、百合、沙參、生地、麥冬、五味、知、柏、芩、芍。如內熱骨蒸，加丹皮、地骨。若嗽而復瀉者，爲肺移熱于大腸，藏府俱病； 嗽而發熱不止者，爲陰虛火炎，皆難治。寒熱虛實，皆可施用。《本草滙》曰郭佩蘭著《本草滙》。隆冬獨秀，先春開放。得腎之體，先肝之用，故爲溫肺理嗽之最。大抵欬必因寒，寒爲冬氣，入肺爲逆。肺惡寒。款冬非肺家專藥，乃使肺邪從腎順流而出也。

十一二月開花如黄菊，青紫萼，微見花，未舒者良。生河北、關中，世多以枇杷蕊僞之。揀淨花，甘草水浸一宿，暴用。得紫菀良。杏仁爲使，惡皂莢、硝石、玄參，畏黄耆、貝母、連翹、麻黄、青葙、辛夷。雖畏貝母，得之反良。

清・吴楚《寶命真詮》卷三 欵冬花 【略】潤肺消痰，止欬定喘，清喉痺，理肺痿肺癰。 雪積冰堅，欵花偏艷，想見其純陽之性。然雖具辛溫，却不燥熱，又不助火，故能輕揚上達至高之府。

清・陳士鐸《本草新編》卷二 欵冬花 味辛、甘而溫，陽也，無毒。善止肺欬，消痰唾稠粘，潤肺，瀉火邪，下氣定喘，安心驚膽怯，去邪熱，除煩躁，平肝明目。燒烟吸之，亦善止嗽，最善能止肺嗽肝欬。近人喜用紫菀，而不用欵冬者，殊不可解。紫菀雖亦止久嗽，而味苦傷胃，不若欵冬之味甘，清中有補也，余所以取欵冬，而棄紫菀耳。

或問： 欵冬花，清中有補，多用之以益肺、益肝、益心，可乎？曰： 欵冬花雖清中有補，而多用亦復不宜，蓋補少而清多也。夫欵冬花入心則安心，入肝則明目，入肺則止咳，是其補也。然入心，則又瀉心之火，多用則肝木過衰，反不生胃以健食矣； 入肝，則又瀉肝之氣，多用則肝木過凋，反不能生心以定神矣； 入肺，則又瀉肺之氣，多用則腎氣過寒，反不能生脾以化物矣。是欵冬花多用則傷，少用則益，又何必多用哉。

清・顧靖遠《顧氏醫鏡》卷七 欵冬花辛、甘，溫。入肺經。蜜水焙。 化痰則喘嗽無憂，又能降氣。潤肺則癰瘻有賴。辛故能潤。辛溫開豁而又能降下，並不助火。無分寒熱虛寔，皆可施用，為治嗽要藥。

清・李熙和《醫經允中》卷一八 欵冬花 杏仁為使。得紫(苑)〔菀〕良。惡玄參。畏貝母、麻黄、黄芪、黄芩、連翹、青葙子。 辛，溫，無毒。主治潤肺消痰，降氣定喘。療肺痿肺癰，寒嗽久嗽之要藥。右寸微小者可用； 盛者不可用也。

清・馮兆張《馮氏錦囊秘錄・雜症痘疹藥性主治合參》卷二 欵冬蕊得天陰寒之氣，兼稟乎金水之性，故淩冰雪而獨秀。其味辛甘，溫而無毒。陰中含陽，降也。辛能散而能潤，甘能緩而能和，緩則通行不滯，故善降下。善治欬逆上氣，咳嗽諸症無分寒熱虛實，皆可施用。

欵冬蕊，使杏仁、紫(苑)〔菀〕，治肺痿膿血腥臭，止肺咳唾稠粘，潤肺瀉火邪，下氣定喘促，却心虛驚悸，去邪熱驚癇，補羸劣，除煩，洗肝邪明目。更敺久嗽奇方，燒烟吸之亦妙。

按： 款冬，性稟純陽，故能淩冬華豔，所以主治皆辛溫開豁之力，妙在溫而不助火耳。務用含英而未吐者，去蒂，蜜水微焙，更得清潤之功。然世多以枇杷花偽之，物既殊，而功自異矣。

清・张璐《本經逢原》卷二 欵冬花 辛，溫，無毒。紫色有白絲者真。蜜水拌微炒。 《本經》欬逆上氣，善喘喉痹，諸驚癇，寒熱邪氣。 發明： 欵冬味辛入氣分，色紫歸血分，雖其性溫，却不燥血，故能輕揚上達。觀《本經》主治，一皆氣升火炎之病。古方用為溫肺、治咳嗽之要藥。潤肺消痰，止嗽定喘，喉痹喉瘖，肺痿肺癰，咸宜用之。有人病欬多日，或令燃欵冬花三兩，放無風處，以管吸其烟嚥之，數日果愈。嫠寡失合，陰虛勞嗽禁用，以其性溫也。

清・浦士貞《夕庵讀本草快編》卷二　款冬花、鑽凍　款，至也，至冬而花。傅咸序云：余曾逐禽，登于北山。時值仲冬，冰淩盈谷，雪積披崖，顧見款冬，煒然華豔。故有鑽凍之號，則知受風寒而成咳嗽者為宜。倘肺有實熱，所當戒也。　款冬辛溫，純陽之氣，入手太陰藥也。故主欬逆氣促，勞嗽帶紅，祛風散寒，除煩消渴。以其味辛而散，有開豁之功，性溫而和，無助火之患。夫痰化則嗽喘無虞，肺清則癰痿自愈，真潤丙益庚之良劑也。況欬嗽之症，受風寒者十居八九，以皮毛為肺之合，倘初感之時，失于表散，鬱而為熱，熱久而勞怯，癰痿成矣。故宜淩寒之性，發越積久之邪，又不傷肺，可重任也。

清・張志聰、高世栻《本草崇原》卷中　款冬花　氣味辛，溫，無毒。主治咳逆上氣，善喘喉痹，諸驚癇，寒熱邪氣。　款冬花出關中、雍州、華州山谷溪澗間，花開紅白，放紫萼於冰雪中。又名款凍。款，至也，謂至凍而花也。又名鑽凍，謂鑽冰取款冬也。十二月采蕊陰乾，其色紅白相兼，至燈節後，則毛萼大開，不堪入藥。　款冬生於水中，花開紅白，氣味辛溫，從陰出陽，蓋稟水中之生陽，而上通肺金之藥也。太陽寒水之氣，不從皮毛外交於肺，則咳逆上氣而善喘。款冬稟水氣而通肺，故可治也。厥陰、少陽木火之氣，結於喉中，則而喉痹。款冬得金水之氣，金能平木，水能制火，故可治也。驚癇寒熱邪氣為病，不止一端，故曰：諸驚癇寒熱邪氣。款冬稟太陽寒水之氣而上行外達，則陰陽水火之氣，自相交會，故可治也。

愚按：款冬氣味辛溫，從陰出陽，主治肺氣虛寒之咳喘，若肺火爆灼，肺氣焦滿者，不可用。《濟生方》中用百合、款冬二味為丸，名百花丸。治痰嗽帶血，服之有愈有不愈者，寒嗽相宜，火嗽不宜也。盧子由曰：款冬，《本經》主治咳逆上氣，善喘喉痹，因形寒飲冷，秋傷於濕者，宜之。如火熱刑金，或肺氣焦滿，恐益銷爍矣。

清・劉漢基《藥性通考》卷五　款冬花　味辛，氣溫，無毒，陽也。瀉熱潤肺，消痰定驚，明目，治咳逆上氣喘渴，喉痺，肺痿肺癰，咳吐膿血，為治咳要藥。寒熱虛實，皆可施用。十一二月開花如黃菊微見，花未舒者良。生河北，關中甚多。以枇杷花偽之，揀淨花，甘草水浸一宿，暴用。得紫菀良。杏仁為使，惡皂莢、硝石、玄參，畏黃耆、貝母、連翹、麻黃、青葙、辛夷。雖畏貝母，得之反良。世以百合、款冬等分，蜜丸，名百花膏，治咳嗽痰血甚效。凡陰虛勞嗽，多用冬花、紫菀、百部、百合、沙參、生地、麥冬、五味、知、柏、苓、芍。如內熱骨蒸，加丹皮、地骨皮。若嗽而復瀉者，為肺移熱於大腸，臟腑俱病，嗽而發熱不止者，為陰虛火痰，皆難治，必用八味地黃湯滋陰降火，方可取效也。

清・姚球《本草經解要》卷二　款冬花　氣溫，味辛，無毒。主欬逆上氣，善喘，喉痹，諸驚癇，寒熱邪氣。　款冬氣溫，稟天春和之木氣，入足厥陰肝經。味辛無毒，得地西方澤潤之金味，入手太陰肺經。氣味俱升，陽也。肺金主氣，氣逆則火乘金而欬逆上氣氣喘矣。其主之者，味辛潤肺，氣溫宣通，則肺金下降之令行而諸症平也。喉痹者，火結於喉而閉塞也。喉亦屬肺，款冬辛溫通肺，故并主喉痹也。諸驚癇寒熱邪氣者，驚有虛實之別，癇有五藏之分，其類不一，所以邪氣亦有寒熱之殊也。其主之者，以其邪雖有寒熱之殊，然皆厥陰肝木氣逆，火炎之症。款冬辛溫，溫能達肝，辛能降氣，氣降火平，邪氣退矣。　製方：款冬同麻黃、杏仁、桑皮、甘草，治寒鬱氣喘。同百合煎膏，名百花膏，治痰欬有血。

清・周垣綜《頤生秘旨》卷八　欵冬花　溫肺止嗽之藥也。取其助肺平肝之能，有刼奪之意。弗輕用。

清・王子接《得宜本草・中品藥》　欵冬花　味辛。入手太陰經。功專開痰止嗽。得白薇、貝母、百部治肺實鼻塞，得黃連傳口中疳瘡。

清・黃元御《長沙藥解》卷三　款冬花　味辛，氣溫。入手太陰肺經。降衝逆而止嗽喘，開痺塞而利咽喉。《金匱》射干麻黃湯方在射干用之治咳而上氣，喉中如水雞聲，以其開痺而止喘也。　款冬降逆破壅，寧嗽止喘，疏利咽喉，洗滌心肺，而兼長潤燥。肺逆則氣滯而津凝，故生煩躁。肺氣清降，濁瘀蕩掃，津液化生，煩燥自止。其他主治，除肺癰膿血，去痰涕膠粘，開咽喉喘阻，潤胸膈煩躁，皆去濁還清之力也。

清・吳儀洛《本草從新》卷一　款冬花〔潤肺，化痰止嗽。〕辛，溫。潤肺消痰，除煩定驚明目。治咳逆上氣喘渴，肺虛挾火。喉痺肺痿，肺癰，咳吐膿血，為治嗽要藥。燒烟，以筒吸之亦良。《本草匯》曰：隆冬獨秀，先春開敷，得腎之體，先肝之用，故為溫肺理嗽之最。大抵咳必因寒，寒為冬氣，入肺為逆，款冬非肺家專藥，乃使肺邪從腎順流而出也。款冬、百合等分，蜜丸，名百花膏，治咳嗽痰血。凡陰虛勞嗽，通用款冬、紫菀、百合、沙參、生地、麥冬、五味、苡仁。如內熱骨蒸，加丹皮、地骨。若嗽而復瀉者為肺熱移於大腸，臟腑俱病，嗽而發熱不止者為陰虛火炎，皆難治。十一二月開花如菊黃。雪積冰堅，款花偏艷。想見其純陽之禀，故其主用皆辛溫開豁也。却不助火，可以久任。微見花，未舒者良。生河北關中，世多以枇杷蕊偽之。揀淨花，甘草水浸一宿，曝用。得紫菀良。杏仁為使。惡皂角、玄參、硝石。畏辛夷、青葙、麻黃、連翹、黄耆、貝母。雖畏貝母，得之反良。

清·汪紱《醫林纂要探源》卷二 款冬花 辛，溫。細草茸茸，作花於山澗溪谷，隆冬冰雪中，黄如千瓣菊，花後更生大葉如苦蕒，取蕊尤良。甘草湯浸一宿，暴乾。行肝氣於肺金之中，以舒其閉斂之邪。能治咳逆氣喘，喉痺，肺痿咳血吐血，為除痰嗽要藥。兼能除煩定驚明目，以行陽氣，開陰鬱也。

清·嚴潔等《得配本草》卷三 款冬花 得紫菀良。杏仁為之使。畏貝母、麻黃、辛夷、黄芩、黄耆、連翹、青葙。惡玄參、皂莢、硝石。辛，溫。入手太陰經氣分。開痰止嗽，下氣除煩。卻喉痹，療肺痿。配白薇、貝母、百部，治鼻塞。配川連，敷口疳。燒烟以筒吸煙之，治久嗽。去蒂、梗、殼，甘草水浸一宿，日乾用。蜜水拌更潤。陰虛火動，肺氣虛咳，二者禁用。

題清·徐大椿《藥性切用》卷三 款冬花 性味辛溫，入肺而潤燥，化痰除煩，止欬，為肺虛欬嗽喘藥。去梗用花，虛甚蜜炙。

清·黃宮繡《本草求真》卷四 欵冬花疏肺泄寒，虛實寒熱通用。欵冬花喘入肺。按書既載辛溫純陽，又載瀉熱消痰除煩，定驚明目，治欬逆上氣喘渴，暨喉痹，肺痿、肺癰、咳吐膿血等症。其藥似屬兩歧，詎知所謂純陽者！因其氣味上達，入陽而不入陰的解。且經霜雪而秀，故謂其氣純陽，所謂能治咳逆者，因其咳因寒入，得此溫暖以為疎滯，則寒自順而下矣。溫能散寒。所謂能除熱痰而嗽者，亦是熱因寒入，痰因熱成，除寒而熱可清。除熱亦在除寒。除熱而寒自解。肺為清淨之府，不容物雜，一有外感，則氣逆而不伸；一有內傷，則肺燥而不潤。所以在喉則有如癢如梗，欬自外入者，宜辛宜溫，欬自內成者，宜滋宜補，故外宜於疏散，而收斂最忌，內則宜於滋養，而宣洩非宜，欵冬氣味辛溫，可以疎泄肺鬱，而水虧火嗽，則有宜於冬地。勞嗽骨蒸，則有宜於丹皮、地骨。所謂能治肺痿、肺癰、咳吐膿血者，亦是肺虛得此以為溫潤，故能服之即止。若使血因實致，則此斷屬難投，況此雖云純陽，於火更不克助，故辛溫之內，仍有和暖之意，是以書載可為寒熱虛實通用。生河北關中者良。世多以枇杷蕊偽。揀淨花，甘草水浸暴用，得紫菀良。杏仁為使。惡皂莢、硝石、玄參。畏黃耆、貝母、雖畏，得之反良。連翹、麻黃、青葙、辛夷。

清·沈金鰲《要藥分劑》卷一 款冬花 【略】鰲按：欬逆消渴喘急，皆火炎氣逆之病。款冬辛散而潤，甘緩而和，善能降下，氣降則火亦降，火降則陽交于陰，而水火既濟，水火濟則火不上炎，氣不逆升，于肺無忤，而諸患平矣。且性溫和，虛實寒熱皆可用，故無禁忌。

清·楊璿《傷寒溫疫條辨》卷六潤劑類 欵冬花甘草湯浸。味甘辛，性溫，陽也。入心、肺。主中風喉痹，治肺癰膿血腥臭，療肺咳痰唾稠粘，潤肺瀉火邪，下氣定喘促，敺久嗽。凡陰虛勞嗽，用欵冬花、紫菀、百合、沙參、生地、麥冬、五味、知、柏、芩、芍。如內熱骨蒸，加丹皮、地骨皮、青蒿皆宜。如嗽而復瀉，為藏府俱病，嗽而發熱不止，為陰虛火炎，皆難治。

清·許豫和《許氏幼科七種·怡堂散記》卷下 欵冬花 《本草備要》一書，由博返約，歸於正宗，為醫家便讀之書。其中可議者，惟欵冬花一味，隨諸家雜演成文，似非訒菴手筆。既曰辛溫純陽，則偏勝之藥也。又曰瀉熱潤肺，消痰除煩，豈有辛溫純陽之性，而能瀉熱除煩乎？至若定驚明目一句，尤屬支離，無從著落。藥為補偏救弊而設，斷無寒熱虛實皆可施用之理。予故急為指出，用者詳之。

欵冬花開於隆冬，感一陽之氣而生，蕊小色紅，氣微辛，能溫肺散寒，治肺寒咳嗽之藥也。肺熱嗽者忌用。東垣：佛耳草氣熱味酸，亦治寒嗽之藥，故用欵冬為之使。

附：琉球·吳繼志《質問本草》外篇卷三 野艀欵冬 辛丑之冬清舶漂到，採此種問之。野艀。鄭茂慶。

清·羅國綱《羅氏會約醫鏡》卷一六草部 款冬花味甘，性溫，入肺經。杏仁為使，惡元參，畏辛夷、麻黃、黃芪、甘草、黃芩、貝母。須知得貝母反良。蜜水炒。止咳嗽，療肺癰痿，解唾血清肺，消痰除煩瀉熱，治欬逆上氣、喘渴，肺虛夾火。為治嗽要藥。寒熱虛實，皆可施用。能使肺邪從腎順流而出也。十一二月開花未大舒者良。生河北關中，世多以枇杷蕊偽之。

清·陳修園《神農本草經讀》卷三中品　款冬花　氣味辛，溫，無毒。主咳逆上氣善喘，喉痹，諸驚癇，寒熱邪氣。　張隱庵曰：　款冬生於水中，花開紅白，氣味辛溫，從陰出陽，蓋稟水中之生陽，而上通肺金之藥也。太陽寒水之氣，不從皮毛外交於肺，則咳逆上氣而善喘，款冬稟水氣而通肺，故可治也。厥陰、少陽木火之氣結於喉中，則爲喉痹，款冬得金水之氣，金能平木，水能制火，故可治也。驚癇寒熱邪氣。為病不止一端，故曰諸驚癇寒熱邪氣。款冬稟太陽寒水之氣，而上行外達，則陰陽水火之氣自相交會，故可治也。

清·黄凱鈞《藥籠小品》　款冬花　辛溫潤肺，治欬逆上氣，喘渴喉痹，肺痿咳吐膿血，為治嗽要藥。十二月開花，當積雪堅冰，此花獨秀，稟純陽之性，故主辛溫開豁，却不助火，可以久任。

清·王龍《本草纂要稿·草部》　欵冬蓝　氣味甘辛而溫。治肺癰膿血腥臭，逐肺熱痰吐稠粘。潤肺瀉火邪，下氣定喘促。却心虚驚悸，去邪熱驚癇。補羸弱以除煩，洗肝邪而明目。

清·張德裕《本草正義》卷下　款冬花　辛甘而溫，陽也，入肺。溫肺氣，療欬嗽，治肺痿肺癰。

清·楊時泰《本草述鉤元》卷九　欵冬花　出關中雍、華谿澗間，叢生，似葵葉而大，不顧冰雪，先春而花，去土一二寸，出萼如菊，色青紫，通直而肥，開時色黄，花在根下也。世多以枇杷花偽充之，故其效不著士材。

味辛有甘，氣溫。散而能降，於肺無迕，入手太陰經。杏仁為之使。畏貝母。得紫菀良。主治欬逆上氣，喘息呼吸心促，急熱勞欬，連連不絕，涕唾稠粘，肺痿肺癰，吐膿血，潤心肺，益五臟，除煩消痰，洗肝明目，又治諸驚癇寒熱邪氣諸本草。方書痰飲痞證亦用之。病嗽多日，燃欵冬花三兩於無風處，以筆管吸其煙，滿口則嚥之，數日效宗奭。欵冬雖溫，而不助火，可以久任士材。以堅冰為膏壤，吸霜雪以自濡，此水裏陽生，腎之心藥也，故出肺腎之邪，先肝心之用，諸驚癇邪氣伏匿於中者，對待治之子由。欵冬花得天地陰寒之氣，而兼稟乎金水之性，故淩冰雪而獨秀，陰中含陽，降也。古今方用為治嗽要藥，無分寒熱虚實，皆可施仲淳。雖畏貝母，然得貝母、桑皮、紫菀、枇杷葉、栝蔞根、百部、天麥冬、杏仁，治喘逆及咳嗽反良，物有相制故也。得麻黄、杏仁、桑皮、甘草，治風寒鬱實熱於上焦肺分作喘，其效甚速。痰嗽帶血，欵冬花、百合蒸焙等分，為末，蜜丸龍眼大，每臥時嚼一丸，薄荷湯下。口中疳瘡，欵冬花、黄連等分，為細末，用唾津調成餅子，先以蛇牀子煎湯漱口，乃以薄餅傅之，少頃，掐住其瘡，立消。

論：　欵冬冒霜雪而花，花在根下，繆氏謂其陰中含陽，盧氏謂其水裏陽生，二說精確。人身腎氣至肺，為陰中之陽。《經》曰：　至陰虚，天氣絕。茲物稟於至陰，而可止謂為純陽乎。海藏謂為純陽。就其花在根下以參物理，是乃陽生陰中之化象，不俟展轉而直透者也。借此陰中生陽之氣化，以對待天氣之陽不能化陰。在地則陰為主而生陽，在天則陽為主而化陰。然陽之能化陰，即根於陰之能生陽，故以陽所自生之元陰，轉而引導之，俾陽返其所始，而遂達於下，是以所主欬逆上氣喘息呼吸心氣促急諸治，皆得見陽隨於陰以降之功也。大約欵冬主治，惟屬元氣虚乏之為病，當合甄權熱勞欬以言證，日華子潤心肺益五臟以言功，而與紫菀合奏虚熱勞欬之績。其又治驚癇寒熱邪氣者，亦本陰陽合化之氣以消戾氣，蓋驚癇之證類屬陽不依陰故耳。總之茲味能導陽中之陰氣以下，彷彿於引氣歸元，然實引陰陽合同而化之氣以歸肺，致得陽隨陰降，不可謂其獨能治熱，亦不可謂其不能治熱也。

修治：　花未舒者良，去梗蒂，甘草水浸一時，曬乾用。

清·葉桂《本草再新》卷二　欵冬花味辛，性温，無毒。入肺經。　潤肺氣，清肺熱，治欬嗽，定呵喘，止血止渴，治癰痿熱毒。

清·吴其濬《植物名實圖考》卷一一　款冬花　《本經》中品。《爾雅》：菟奚，顆涷。注：　款冬也。《圖經》列數種。《救荒本草》：　款冬葉似葵而大，開黄花，嫩葉可食。今江西、湖南亦有此草，俗呼八角烏，與《救荒本草》圖符，從之。

雩婁農曰：　款冬無實而華于冬。傅咸《賦》序云：　冰淩盈谷，積雪被崖，顧見款冬，煒然始（敷）〔艶〕。《述征記》云：　洛水凝厲，款冬茂悦。余走炎鄉，久睽墳裂。憶昔燕郊，風饕雪虐，曾未睹植堅冰為膏壤，而吸霜雪以自豪者。章江歲除，始睹其蓝，而詠物之作，輒以傲寒為諛。郭景純云：　吹萬不同，陽煦陰蒸，物體所安，焉知渙凝？　款冬耀穎，信有徵矣。火邱之谷，有鼠與木。雪山之淵，有蛆與蓮。陽以陰育，陰以陽全。陰極陽極，其氣則偏，偏而不返，所生乃反。曝之不殘，其性必寒；　斂之不卷，其性必暖。暖者陽和，寒者陰賊，閉雪窖、留陰山而全節者，陽和之外溢也。視太陽服硫磺而能敵者，陰賊之内熾也。麗江小雪山有蛆焉，大者如兔，味如乳酥，多食鼻衄而口瘖。其奔子蘭栗地坪，有珠葠焉，實產雪疆。苦燥而強，純陰之地，所誕乃陽。永昌南直緬甸，黑壤如灰，得火而煤，是有火把，花毒於蝪虺，束而燎之，其蘖不煨。又有相思草焉，是能為祟，遇婦則低，饋夫則制。陰勝於陽，故居陽地。無陰不生，所生乃陰。無陽不化，所化乃陽。宜化而化，宜生而生，道之至中；不生而生，不化而化，道之至大。物不窮極，不見道大；極而不極，復見道中。萬物迴薄，振蕩相轉，忽然為人，何足控摶？百卉困蠢，烏知其然？順四時而各有宜，毋輒惑其所偏。

清・趙其光《本草求原》卷三隰草部 款冬花 生水中，淩冬獨秀。氣溫，入肝。味辛甘，入肺胃。無毒。稟水中之生陽達陰，上通於肺。《本經》主咳逆上氣，善喘，上焦之陽隨陰以降，皆賴下焦之陰從陽以升。太陽寒水之氣，從毛皮外交於肺，則肺陽自化，陰下降。喉痹，厥陰少陽木火之氣結於喉中所致，得金水之合，金平木，水制火；且辛能潤，溫能通，甘能緩。諸驚癇寒熱邪氣。諸者，此病所致不止一端也。寒水之氣，上行外達，則陰陽合化，水火交會，而一切陽不依陰之戾氣悉除。潤肺止渴消痰，肺瘻肺癰，咳吐膿血，音瘂，勞熱，凡咳嗽不分寒熱虛實，皆可施用。辛中有甘，陽和以暢，是陰中含陽、陽達陰出之藥。彼以為純陽不可治熱，或曰獨可治熱，皆謬。但世多以枇杷蕊偽之。

花未舒者良。去梗、蒂，甘草水浸，曬用。杏仁為使，得紫菀、川貝良。同百合為丸或為膏，薄荷湯下，治痰嗽帶血。得川貝、桑白、紫菀、枇杷、花粉、百部、天冬、杏仁，通治喘咳。加生地、沙參，治陰虛勞嗽。陰火盛，加知、柏、芩、芍。骨蒸加丹皮、骨皮。兼瀉者，大腸亦病也；兼發熱者，陰火炎也，難治。款冬燒煙，以管吸之，治嗽良。同麻黃、杏仁、桑白、甘草，治風寒鬱於肺而咳。

清・葉志詵《神農本草經贊》卷二 款冬花 味辛，溫。主欬逆上氣，善喘，喉痹，諸驚癇，寒熱邪氣。一名橐吾，一名顆凍，一名虎鬚，一名兔奚。生山谷。

類形蓲茆，保質三冬。兔奚鑽凍，蜂斗能容。豐肥萼直，茂悅冰封。陰蒸陽煦，心似寒松。

陶弘景曰：其形如宿蒓。《詩疏》：茆，江東人謂之蓴。傅咸賦：獨保質而全形。李時珍曰：一名鑽凍。蘇頌曰：十二月開花，黃青紫萼，初出如菊花，通直而肥。又有紅花，葉如荷而斗直。大者容一升，小者容數合。俗呼蜂斗葉。《述征記》：洛水款冬華，茂悅層冰之中。郭璞贊：陽煦陰蒸。蘇軾詩：知君心似後雕松。

清・文晟《新編六書》卷六《藥性摘錄》 欵冬花 入肺，辛，溫，純陽。瀉熱消痰，疏肺泄寒，虛實邪熱通用。治欬逆上氣喘渴，暨喉痹，肺痿肺癰，欬唾膿血等症。○揀淨花，甘草水浸，爆用。得紫(苑)〔菀〕良。杏仁為使。○惡皂莢、硝石、元參，畏黃耆、連翹、麻黃、辛夷、青葙子。

清・張仁錫《藥性蒙求・草部》 欵冬花錢半 欵冬花溫，潤肺消痰。肺癰喘嗽，定驚除煩。治肺虛挾火之欬逆，上氣喘渴，喉痺，欬吐膿血，為治嗽要藥。○生河北關中，世多以枇杷花蘂偽之。

清・戴葆元《本草綱目易知錄》卷一 欵冬花 辛，溫。純陽，入手太陰經。潤心肺，益五臟。除煩消痰，洗肝明目。治欬逆上氣，善喘喉痹，驚癇寒熱，邪氣消渴。喘息呼吸，咳連不絕，涕唾稠粘，肺痿肺癰，咳吐膿血及中風等症。

清・黃光霽《本草衍句》 款冬花 辛甘微溫，瀉熱潤肺。定喘消痰，咳逆上氣。治肺瘻而吐膿血，邪熱癇驚；能明目而洗肝邪，中風喉痺。為治嗽之總司，不論寒熱虛實。功耑開痰止嗽。得白薇、貝母、百部治肺實鼻塞，得黃連治口中疳，得百合治痰嗽帶血有效。

清・陳其瑞《本草撮要》卷一 款冬花 味辛，入手太陰經，功專開痰止嗽。得白薇、貝母、百部治肺實鼻塞，得黃連敷口中疳瘡。揀淨花，甘草水浸一宿暴用。得紫菀良。杏仁為使。惡皂莢、硝石、玄參，畏黃耆、貝母、連翹、麻黃、青葙、辛夷。雖畏貝母，得之反良。

清・仲昴庭《本草崇原集說》卷中 款冬花 【略】仲氏曰：《崇原》釋藥性耳，而陰陽五行生化之理，舉在其中，以見小道從大道來，不是勉強牽合，款冬主治，上文說完，又恐後學誤會上文，因借百花丸及盧子由之言以明其用。

清・鄭奮揚著，曹炳章注《增訂偽藥條辨》卷二 款冬 款冬花為治嗽要藥。十一二月開花如黃菊，雪積冰堅之時，款花偏豔，想見其純陽之品，故一名款凍。生河北關中，微見花未舒放者良。近今市肆多以枇杷花蕊偽充，雖無大害，然性不同，則功自異耳。炳章按：冬花九月出新。山西太原出者，色紫紅無梗，為手瓣冬花，最佳。有梗者，曰上冬花，次之。梗多色黑紫者，曰中冬花，亦次。亳州出者更次。考冬花花瓣，色紅紫光潔，枇杷花色黃紫有茸毛，形態不同，最易鑒別。

蒼耳

唐·孫思邈《千金要方》卷二六《食治·菜蔬》 蒼耳子　味苦、甘，溫。葉：　味苦、辛，微寒，濇，有小毒。主風寒頭痛、風濕痹、四肢拘急攣痛，去惡肉死肌、膝痛、溪毒。久服益氣，耳目聰明，強志輕身。一名胡葈，一名地葵，一名葹，一名常思。蜀人名羊負來，秦名蒼耳，魏人名只刺。黃帝云：戴甲蒼耳，不可共猪肉食，害人。食甜粥，復以蒼耳甲下之，成走注，又患兩脇。立秋後忌食之。

宋·李昉《太平御覽》卷第九九八 胡枲　《爾雅》曰：卷耳，苓耳。《廣雅》云：枲耳也。亦云胡枲也。江東呼為常枲，或曰苓耳。形似鼠耳，藂生如盤。《廣雅》曰：一名枲耳。《詩義疏》曰：苓耳，葉青白，似胡荽，白華細莖，蔓生。可為茹，滑而少味。四月中生子，如婦人耳璫，謂之璫草。幽州謂之爵耳。《博物志》曰：洛中人有驅羊入蜀者，胡葸子着羊毛，（蜀）〔中國〕人取種，因名羊負來。

宋·唐慎微《證類本草》卷八草部中品〔《本經·別錄》〕 **葈**私以切**耳**　**實，味苦，甘，溫。**葉，味苦、辛，微寒，有小毒。**主風，頭寒痛，風濕周痹，四肢拘攣痛，惡肉死肌，**膝痛，溪毒。**久服益氣，耳目聰明，强志輕身。一名胡葈，一名地葵，**一名葹音施，一名常思。生安陸川谷及六安田野。實熟時採。

〔梁·陶弘景《本草經集注》〕云：此是常思菜，傖士行切人皆食之。以葉覆麥作黃衣者，一名羊負來，昔中國無此，言從外國逐羊毛中來，方用亦甚稀。

〔唐·蘇敬《唐本草》〕注云：蒼耳，三月已後，七月已前刈，日乾爲散。夏，水服；冬，酒服。主大風癲癇，頭風濕痹，毒在骨髓。日二服，丸服二十、三十丸；散服一二匕。服滿百日，病當出如瘑疥，或癢汁出，或斑駮甲錯皮起，後乃皮落，肌如凝脂，令人省睡，除諸毒螫，殺疳濕䘌。久服益氣，耳目聰明，輕身强志，主腰膝中風毒尤良。忌食猪肉、米泔。亦主猘狗毒。

〔宋·馬志《開寶本草》〕按：《陳藏器本草》云：葈耳，葉挼安舌下，令涎出，去目黃，好睡。子炒令香，擣去刺，使腹破，浸酒，去風，補益。又燒作灰，和臘月猪脂，封丁腫，出根。又甑中子七枚，燒作灰，投酒中飲之，勿令知，主嗜酒。葉煮服之，主狂狗咬。

〔宋·掌禹錫《嘉祐本草》〕按：《爾雅》云：菤耳，苓耳。注：《廣雅》云：葈耳也，亦云胡葈，江東呼爲常葈。或曰苓耳，形似鼠耳，叢生如盤。釋曰：《詩·周南》云：采采卷耳。陸璣《疏》云：葉青白色似胡荽，白華細莖，蔓生，可煮爲茹，滑而少味。四月中生子，如婦人耳璫，幽州人謂之爵耳。《藥性論》云：葈耳亦可單用。味甘，無毒。主肝家熱，明目。孟詵云：蒼耳，溫。主中風，傷寒頭痛。又，丁腫困重，生擣蒼耳根、葉和小兒尿，絞取汁，冷服一升，日三度，甚驗。日華子云：治一切風氣，填髓，暖腰脚，治瘰癧、疥癬及瘙痒，入藥炒用。

〔宋·蘇頌《本草圖經》〕曰：葈耳，生安陸川谷及六安田野，今處處有之。謹按：詩人謂之卷耳，《爾雅》謂之苓耳，《廣雅》謂之葈耳，皆以實得名也。陸璣《疏》云：葉青白似胡荽，白華細莖，蔓生，可煮爲茹，滑而少味。四月中生子，正如婦人耳璫，今或謂之耳璫草。鄭康成謂是白胡荽，幽州人呼爲爵耳。郭璞云：形似鼠耳，叢生如盤，今之所有，皆類此，但不作蔓生耳。或曰此物本生蜀中，其實多刺，因羊過之，毛中粘綴，遂至中國，故名羊負來。俗呼爲道人頭。實熟時採之，古今方書多單用，治丁腫困甚者，生擣根、葉，和小兒溺，絞取汁，令服一升，日三。又燒作灰，和臘月猪脂封上，須臾拔出根，愈。

〔宋·唐慎微《證類本草》〕《雷公》云：凡採得，去心，取黃精，用竹刀細切拌之，同蒸，從巳至亥，去黃精。取出，陰乾用。《食療》：拔丁腫根脚。又，治一切風，取嫩葉一石切，擣，和五升麥糵，團作塊。於蒿、艾中盛二十日，狀成麴。取米一斗，炊作飯。看冷暖，入蒼耳、麥糵、麴，作三大升釀之，封一十四日成熟。取此酒，空心暖服之，神驗。封此酒可兩重布，不得全密，密則溢出。又，不可和馬肉食。《聖惠方》：治婦人風瘙癮瘮，身痒不止。用蒼耳花、葉、子等分，擣羅爲末，豆淋，酒調服二錢匕。又方：治産後諸痢，神效。蒼耳葉，擣絞汁。溫服半中盞，日三四服。《外臺秘要》：療熱毒病攻手足，腫疼痛欲脫方：取蒼耳汁以漬之。又方：救急療齒風動痛。蒼耳一握，以漿水煮，入鹽含。《千金方》：當以五月五日午時附地刈取葈耳葉，洗曝燥，擣下篩。酒若漿水服方寸匕，日三夜三。散若吐逆，可蜜和爲丸，準計一方寸匕數也。風輕易治者，日再服。若身體有風處皆作粟肌出，或如麻豆粒，此爲風毒出也。可以針刺潰去之，皆黃汁出乃止。五月五日多取陰乾，著大瓮中，稍取用之，皆能辟惡。若欲省病著疾者使服之，令人無所畏。若時氣不和，舉家服之。若病胃脹滿，心悶發熱即服之。并殺三蟲，腸痔，能進食，一周年服之佳，七月七、九月九可採用。《千金翼》：治身體手足卒瘨腫，擣蒼耳傅之立效。春用心，冬用子。又方：治牙痛。以蒼耳子五升，水一斗，煮取五升。熱含之，疼即吐，吐後復含，不過三劑差。莖、葉亦得。又方：治一切丁腫。取蒼耳根、莖和葉燒作灰，以醋泔澱和如泥，塗上，乾即易。不過十餘度，即拔出其根。又方：治五痔方：蒼耳莖、葉，以五月五日採，乾爲末，以水服方寸匕，立效。《百一方》：治卒得惡瘡。以蒼耳、桃皮作屑，内瘡中，佳。孫真人《食忌》：蒼耳合猪肉食，害人。《食醫心鏡》：除一切風濕痹，四肢拘攣。蒼耳子三兩擣末，以水一升半，煎取七合，去滓呷。《斗門方》：治婦人血風攻腦，頭旋悶絶忽死，忽倒地不知人事者。用喝起草取其嫩心，不限多少，陰乾，爲末。以常酒服一大錢，不拘時候，其功大效。服之多連腦蓋，善通頂門，今蒼耳是也。《勝金方》：治毒蛇并射工、沙蝨等傷，眼黑口噤，手脚强直，毒攻腹内成塊，逡巡不救，宜用此方。蒼耳嫩葉一握，研取汁，溫酒和灌之，將滓厚罨所傷處。《楊氏産乳》：治誤吞錢。葈耳頭一把，以水一升，浸水中十餘度，飲水愈。

宋·鄭樵《通志》卷七五《昆蟲草木略》 葈耳 曰苓耳，曰羊負來，曰喝起草，曰白胡荽。江東曰常葈，幽州曰爵耳。《爾雅》：卷耳，苓耳。舊說即蒼耳也。其實似鼠耳而有澁刺，易黏人衣。中原本無此草，因羊自蜀來，其實帶毛而至，故有羊負來之名。然《詩》云采采卷耳，以其可茹也，即今卷菜，葉如連錢者是也。若蒼耳，但堪入藥，不可食。

宋·王介《履巉巖本草》卷下 蒼耳 一名佛耳。性涼。去風活血。治大風及諸風疾，不以多少，碾爲細末，用大風油爲元如梧桐子大，每服三十元至四十元，用荊芥茶送下，不拘時候服。

宋·張杲《醫說》卷八 枲耳補益 枲耳并根苗葉實，皆取濯去砂土，懸陰乾，淨掃地上燒為灰，湯淋取濃汁，泥連兩竈煉之，灰汁耗，即旋取傍釜中已袞灰汁益之，經一日夜，不絶火，乃旋得霜，乾甆瓶盛，每日早晚臨睡酒調一錢匕，補暖、去風，駐顔不可備言，尤治皮膚風，令人膚革滑淨，每洗面及浴，取少許如澡豆用尤佳。無所忌。昌圖之父從諫，宜州文學，家居於邕，服此十餘年，今七八十，紅潤輕健，蓋專得此藥也《良方》。

金·元好問《續夷堅志》卷二 背腦方二 治發背腦疽，一切惡瘡，初覺時採獨科蒼耳一根，連葉帶子細剉，不犯鐵器，用砂鍋熬水二大椀，熬及一半。瘡在上，飯後徐徐服之，吐出，候吐定再服，以盡為度；瘡在下，空心服，瘡自破出膿，更不潰引，瘡上別以膏藥敷之。此方京兆張伯玉家榜示傳人。

明·朱橚《救荒本草》卷上之後 蒼耳 《本草》名葈音徙耳。俗名道人頭，又名喝起草。一名胡葈，一名地葵，一名葹音詩，一名常思，一名羊負來。《詩》謂之卷耳。《爾雅》謂之苓耳。生安陸川谷及六安田野，今處處有之。葉青白，類粘糊菜葉，莖葉梢間結實，比桑椹短小而多刺，其實味苦、甘，性溫。葉味苦、辛，性微寒，有小毒。又云無毒。救飢：採嫩苗葉煠熟，換水浸去苦味，淘淨，油鹽調食。其子炒微黃，擣去皮，磨為麵作燒餅，蒸食亦可。或用子熬油點燈。治病：文具《本草》草部葈耳條下。

明·蘭茂原撰，范洪等抄補《滇南本草圖說》卷一〇 蒼耳 氣味甘苦，性溫。主治：上通腦頂，下行足膝。發汗，散風濕，外達皮膚。治頭痛目暗，齒痛鼻淵，肢痛痹痛。瘡科仙草，慎勿輕視。

明·王綸《本草集要》卷三 葈耳實一名蒼耳。味苦甘，氣溫。子熟時採，日乾用。忌食猪肉。入藥炒用。古今方書多單用。主風頭寒痛，風濕周痹，四肢拘攣痛，惡肉死肌，瘰癧，疥癬瘙癢。久服益氣，耳目聰明，强志輕身，填髓，暖腰脚。〇葉，味苦辛，微寒。治療同。

明·滕弘《神農本經會通》卷一 葈耳實 即蒼耳子實。熟時採。七月七、九月九可採，日乾用。忌食猪肉、米泔。入藥炒用，古今方書多單用。味苦、甘，氣溫。葉，味苦、辛，氣微寒，有小毒。東云：透腦止涕。

《本經》云：主風頭寒痛，風濕周痺，四肢拘攣痛，惡肉死肌，膝痛，溪毒。久服益氣，耳目聰明，强志輕身。《唐本》注云：蒼耳，三月已後、七月已前刈，日乾，為散，夏水服，冬酒服。主大風癲癎，頭風濕痺，毒在骨髓，除諸毒螫，殺疳濕䘌。主腰膝中風毒，主猘狗毒。陳藏器云：葈耳葉，挼安舌下，令涎出，去目黃浮腫。子，炒令香，擣去刺，使腹破，浸酒，去風補益。又燒作灰，和臘月猪脂，封丁腫出根。葉，煑服之，主狂狗咬。《藥性論》云：葈耳，亦可單用。味甘，無毒。主肝家熱，明目。孟詵云：蒼耳，溫。主中風，傷寒頭痛。又丁腫困重，生擣蒼耳根葉，和小兒尿絞取汁，服甚驗。日華子云：治一切風氣，填髓，暖腰脚，治瘰癧疥癬及瘙痒。入藥炒用。《局》云：葈耳實名蒼耳是，主除攣痺濕風寒。涼肝明目攻頭痛，單治諸風葉一般。蒼耳，即葈耳子，能明目，葉解風纏。

明·劉文泰《本草品彙精要》卷一〇 葈耳實有小毒。叢生。

葈私以切**耳實**出《神農本經》：**主風頭寒痛，風濕周痹，四肢拘攣痛，惡肉死肌。久服益氣，耳目聰明，强志，輕身。**以上朱字《神農本經》。漆痛，溪毒。以上黑字名醫所錄。

〔名〕胡葈、地葵、常思、蒼耳、苓耳、菤耳、常葈、爵耳、葹、羊負來、白葫荽、耳璫草、道人頭。

〔苗〕《圖經》曰：陸璣《疏》云：葉青

白似胡荽，白華細莖，叢生，可煮爲茹，滑而少味。四月中生子，正如婦人耳璫，今或謂之耳璫草。鄭康成謂是白胡荽，幽州人呼爵耳。郭璞云：葉似鼠耳，叢生如盤，今之所有皆類此，但不作蔓生耳。《詩》人謂之菤耳，《爾雅》謂之蒼耳，《廣雅》謂之葈耳，皆以實得名也。或曰此物本生蜀中，其實多刺，因羊過之，毛中粘綴，遂至中國，收者名羊負來，俗呼爲道人頭也。【地】《圖經》曰：出安陸川谷及江東、幽州、蜀中、六安田野，處處有之。【道地】滁州。【時】生：二月、三月。採：五月五日午時取葉，七月取實。【收】日乾。【用】實、葉。【質】類棗核而多刺，葉：如鼠耳。【色】黄褐。葉：青白。【味】苦，甘。葉：苦，辛。【性】溫，緩。葉：微寒，泄。【氣】氣厚味薄，陽中之陰。【臭】朽。【主】頭風，濕痹。【製】《雷公》云：凡採得，去心，取黄精切拌之，同蒸，從巳至亥，去黄精，取出，陰乾用。今炒香搗去刺。【治】療：《藥性論》云：除肝家熱，明目。日華子云：除一切風氣及瘰癧，疥癬，瘙癢。孟詵云：中風，傷寒頭痛。陳藏器云：葉挼安舌下，令涎出，去目黄，好睡。補：日華子云：填髓，暖腰脚。【合治】子炒香，搗去刺，使腹破，合酒浸，去風補益。○燒灰和臘月豬脂，封疔腫出根。○生搗根、葉，合小兒尿絞汁，冷服一升，治疔瘡困重。○花、葉、子等分，搗羅爲末，合豆淋酒調服二錢匕，療婦人風瘙癮疹，身癢不止。【忌】豬肉、米泔。

明・葉文齡《醫學統旨》卷八　蒼耳　氣溫，味苦、甘。無毒。忌食猪肉。入藥炒用。其葉治療同。　治諸風頭風寒痛，風濕周痺，四肢拘攣痛，惡肉死肌瘰癧，疥癬瘙痒。久服益氣，耳目聰明，強志輕身，填髓，暖腰脚。

明・許希周《藥性粗評》卷二　子生蒼耳風，排四目之明。

蒼耳子，葈耳實也，一名地葵，一名常思菜。其種原出外國，羊負之而來，故一名羊負來。《詩・國風》謂之卷耳，《爾雅》謂之蒼耳，《廣雅》謂之葈實。春生苗，莖青碧色，高二三尺，葉似鼠耳而大如掌，可作茹，夏開細白花，結子如羊矢大，有小刺，羊馬觸之，則粘其身不脫。江南田野處處有之。五月採葉，八九月採實，暴乾。凡用炒香，舂破，簸去刺屑，亦有不製用者。忌食猪肉。所使并所畏惡，《本草》不載。　味苦、甘，性溫，有小毒。　主治中風傷寒，風濕攣痹，四肢不遂，頭風眼霧，身癢牙疼，大風疥癩，疔瘡腫毒，痔漏膨悶，殺三蟲，散邪熱，涼肝明目，填髓暖腰脚，久服益氣輕身，耳目聰明。

莖葉，味苦、辛，性微寒，有小毒。亦主諸風疥癩。

單方：去風明目：用製過葈實，浸酒常服。　除癩殺蟲：凡熱毒入骨，變成癩瘑，疥癩痲風等證者，取莖葉日乾，剉搗成末，春夏水調，秋冬酒調，一二匕，每日三服，滿百日後，毒氣盡出，變為瘑疥，出汁而愈。　牙疼：以實五升，水一斗，煮取五升，熱含漱冷，吐之復含，不過三劑差。莖葉亦可。　痔痛：五月五日採莖葉，日乾為末，水服方寸匕，再服而愈。　手足瘨腫：身體手足無故瘨腫(掀)〔焮〕痛者，莖葉搗爛，和醋調敷，乾即易之，兩次而易。　蛇蟲螫傷：凡被毒蛇、射工、沙虱、狂狗、諸蟲所傷，以致眼黑口噤，手足強直者，取嫩葉一握，搗絞汁，溫調和灌之，仍以其渣厚敷所傷之處，立愈。

明・鄭寧《藥性要略大全》卷四　蒼耳子　主頭風寒痛，風濕周痹，四肢拘攣疼痛，惡肉死肌，膝痛，去大風顛癎。《珠囊》云：止透腦風及寒頭痛。　浸酒，去風；燒灰，傅疔腫。　味苦、甘，氣溫，無毒。子熟時採取，日乾。反猪肉。入藥炒令香，杵去刺。古方多單用。

蒼耳草　治風濕痹，疥癬瘙痒。最治血崩及姤精瘡。亦能發汗。　味辛，微寒，有小毒。採取日乾。或煎湯洗患處，去風。用水煎、酒煎服，隨症施治。

明・陳嘉謨《本草蒙筌》卷二　葈耳實　味苦、甘，氣溫。葉苦、辛，微寒。有小毒。本生蜀川，今發各處。一名蒼耳實。小刺多，羊過即粘綴毛中，故又名之曰羊負來也。秋採微炒入藥，最忌猪肉、米泔。散疥癬細瘡遍身瘙癢者立効，敺風濕周痹四肢攣急者殊功。止頭痛善通頂門，追風毒任在骨髓。殺疳蟲濕䘌，主惡肉死肌。益氣開聰明，強志暖腰膝。亦堪久服，明目輕身。根葉逢端午收藏，辟惡入病家無畏。汁攙小便同飲，去疔腫如神。挼按舌下流涎，治目黄好睡。若被犬咬，急服彌佳。痔發肛門，煎湯熏妙。

明・王文潔《太乙仙製本草藥性大全》卷二《本草精義》　蒼耳　一名葈耳，一名胡葈，一名地葵，一名葹，一名常思。生安陸川谷及陸安田野，今處處有之。謹按：詩人謂之卷耳，《爾雅》謂之蒼耳，《廣雅》謂之葈耳，皆以實得名也。陸(機)〔璣〕《疏》云：葉青白似胡荽，白華細莖，蔓生，可煮爲茹，滑而少味。四月中生子，正如婦人耳璫，今或謂之耳璫草。鄭康成謂是白胡荽，幽州人呼爲爵耳。郭璞云：形似鼠耳，叢生如盤。今之所有皆類此，但不作蔓生耳。或曰此物本生蜀中，其實多刺，因羊過之，毛中粘綴，達至中國，故名羊負來，俗呼爲道人頭。實熟時採之。古今方書多單用治丁腫甚者，生搗根葉，和小兒溺絞取汁，令服一升，日三。又燒作灰，和臘月猪脂封上，須臾拔出根愈。秋採，微炒入藥。最忌猪肉、米泔。

蒼耳酒：當以五月五日午時附地刈取葈耳葉，洗，曝乾，擣下篩，酒若漿水服方寸匕，日二夜三作。散若吐逆，可蜜和爲丸，準計一方寸匕數也。風輕易治者，日再服。若身體有風處，皆作粟肌出，或如麻豆粒，此爲風毒出也，可以針刺潰去之，皆黄汁出乃止。五月五日多取陰乾，着大甕中，稍取用之，皆能辟惡。若欲省病著病者，使服之，令人無所畏。若時氣不和，舉家服之。若病胃脹滿，心悶發熱，即服之。并殺三蟲，腸痔，能進食，一周年服之佳。七月七、九月九可採用之。

明・王文潔《太乙仙製本草藥性大全》卷二《仙製藥性》 蒼耳實即葈耳。味苦、甘，氣溫，無毒。主治：散疥癬細瘡，遍身瘙癢者立效；毆風濕周痹，四肢攣急者殊功。止頭痛善通頂門，追風毒任在骨髓。殺疳蟲濕䘌，主惡肉死肌。益氣，開聰明強志，暖腰膝亦甚。久服明目輕身。補註：治婦人風瘙癮癥，身痒不止，用蒼耳花、葉、子等分，擣羅爲末，豆淋酒調服二錢匕。治牙痛，以蒼耳子五升，水一斗，煮取五升，熱含之，冷即吐，吐後復含，不過三劑差，莖葉亦得。除一切風濕痹，四肢拘攣，蒼耳子三兩，擣末，以水一升半，煎取七合，去滓，呷。治身體手足卒瘨腫，擣蒼耳傅之立效，春用心，冬用子。太乙曰：凡採時去心，取黄精，用竹刀細切，拌之，同蒸，從巳至亥，去黄精，取出陰乾用。根葉：味辛，微寒，有小毒。逢端午收藏，辟惡，入病家無畏。主治：汁攙小便同飲，去疔腫如神。挼安舌下流涎，治目黄好睡。若被犬咬，急服彌佳。痔發肛門，煎湯熏妙。補註：治產後諸痢神效，蒼耳葉擣絞汁，溫服半中盞，日三四服救急。療齒風動痛，蒼耳一握，以漿水煮，入鹽含。治一切丁腫，取蒼耳根莖和葉，燒作灰，以醋泔漬，和如泥，塗上，乾即易，不過十餘度即拔出其根。治五痔方：蒼耳莖葉，以五月五日採，乾爲末，以水服方寸匕立效。治卒得惡瘡，以蒼耳、桃皮作屑，內瘡中佳。療熱毒病攻手足腫疼痛欲脫方：取蒼耳汁以浸之。治婦人血風攻腦，頭旋悶絕，忽死忽倒地，不知人事者，用喝起草取其嫩心，不限多少，陰乾爲末，以常酒服一大錢，不拘時候，其功大效。服之多連腦蓋，善通頂門，今蒼耳是也。治毒蛇并射工沙虱等傷，眼黑口噤，手脚強直，毒攻腹內成塊，逡巡不救，宜用此方：蒼耳嫩葉一握，研取汁，溫酒和灌之，將滓厚罨所傷處。治誤吞錢：葈耳頭一把，以水一升，浸水中十餘度，飲水即愈。太乙曰：凡採取日乾，或煎湯洗患處，去風用水煎藥、酒煎服，隨症施治。

明・皇甫嵩《本草發明》卷三 蒼耳實中品下，臣。名葈耳。氣溫，味苦、甘。葉微寒，味苦、辛，有小毒。發明曰：蒼耳實苦甘而溫，治血，祛風濕居多。葉，苦辛微寒，解熱毒瘡瘍爲最。故《本草》主風頭寒痛，風濕周痺，四肢拘攣痛，惡肉死肌疼痛，祛風濕活血可知。久服益氣，開聰明，強志輕身，即其効也。〇葉，散疥癬瘡，遍身瘙痒，溪毒，祛風濕毒在骨髓，殺疳蟲濕䘌。其解熱毒瘡瘍槩見矣。然雖有葉實之分，其解熱毒，祛風濕活血兼見矣。端午收根葉，入人家辟惡，取葉洗晒為末，蜜丸桐子大，治諸風風瘡癮疹、紫白癜風，每服十丸，日三服。若身體有風處或如麻豆粒，此為風毒出也，針刺黄水出乃止。忌食猪肉。米泔擣，攙小便同飲，去疔腫，治目黄。若犬咬，急服之。痔發肛門，煎湯薰之。婦人血風攻腦，頭旋倒，不知人事，取嫩心不拘多少，陰乾為末，酒服二錢。

明・李時珍《本草綱目》卷一五草部・隰草類上 枲耳《本經》中品

【釋名】胡枲《本經》 常思弘景 蒼耳《爾雅》 卷耳《詩經》 爵耳《詩疏》 猪耳《綱目》 耳璫《詩疏》 地葵《本經》 葹音施 羊負來弘景 道人頭《圖經》 進賢菜《記事珠》 喝起草《綱目》 野茄《綱目》 縑絲草頌曰：詩人謂之卷耳，《爾雅》謂之蒼耳，《廣雅》謂之葈耳，皆以實得名也。陸璣《詩疏》云：其實正如婦人耳璫，今或謂之耳璫草。鄭康成謂是白胡葈，幽州人呼爲爵耳。《博物志》云：洛中有人驅羊入蜀，胡枲子多刺，粘綴羊毛，遂至中國，故名羊負來。俗呼爲道人頭。弘景曰：傖人皆食之，謂之常思菜。以葉覆麥作黄衣者，方用甚稀。時珍曰：其葉形如枲麻，又如茄，故有枲耳及野茄諸名。其味滑如葵，故名地葵，與地膚同名。詩人思夫賦卷耳之章，故名常思菜。張揖《廣雅》作常，亦通。【集解】《別録》曰：枲耳生安陸川谷及六安田野，實熟時採。頌曰：今處處有之。陸氏《詩疏》云：其葉青白似胡荽，白華細莖，蔓生，可煮爲茹，滑而少味。四月中生子，正如婦人耳璫。郭璞云：形如鼠耳，叢生如盤。今之所有皆類此，但不作蔓生。時珍曰：按周（憲）〔定〕王《救荒本草》云：蒼耳葉青白，類粘糊菜葉。秋間結實，比桑椹短小而多刺。嫩苗煠熟，水浸淘拌食，可救飢。其子炒去皮，研爲面，可作燒餅食，亦可熬油點燈。

實 【修治】大明曰：入藥炒熟，搗去刺用，或酒拌蒸過用。【氣味】甘，温，有小毒。《別録》曰：苦。權曰：甘，無毒。恭曰：忌猪肉、馬肉、米泔，害人。【主治】風頭寒痛，風濕周痹，四肢拘攣痛，惡肉死肌，膝痛。久服益氣藏器。治肝熱，明目甄權。治一切風氣，填髓暖腰脚，治瘰癧疥瘡及瘙癢大明。炒香浸酒服，去風補益時珍。

【附方】舊三，新四。　久瘧不瘥：蒼耳子，或根莖亦可，焙研末，酒糊丸梧子大。每酒服三十丸，日二服。生者搗汁服亦可。《朱氏集驗方》。　大腹水腫：小便不利。蒼耳子灰、葶藶末等分。每服二錢，水下，日二服。《千金方》。　風濕攣痹：一切風氣。蒼耳子三兩，炒爲末，以水一升半，煎取七合，去滓呷之。《食醫心鏡》。　牙齒痛腫：蒼耳子五升，水一斗，煮取五升，熱含之。冷即吐去，吐後復含，不過一劑瘥。莖葉亦可，或入鹽少許。孫真人《千金翼》。　鼻淵流涕：蒼耳子即縑絲草子，炒研爲末，每白湯點服一二錢。《證治要訣》。　眼目昏暗：枲耳實一升，爲末，白米半升作粥，日食之。《普濟方》。　嗜酒不已：氈中蒼耳子七枚，燒灰投酒中飲之，即不嗜。陳藏器《本草》。

莖、葉　【修治】斅曰：凡採得去心，取黃精，以竹刀細切拌之，蒸從巳至亥時出，去黃精，陰乾用。

【氣味】苦，辛，微寒，有小毒。恭曰：忌猪肉、馬肉、米泔。伏硇砂。

【主治】溪毒《別録》。中風傷寒頭痛孟詵。大風癲癇，頭風濕痹，毒在骨髓，腰膝風毒。夏月採曝爲末，水服一二匕，冬月酒服。或爲丸，每服二三十丸，日三服，滿百日，病出如瘑疥，或〔癢〕汁出，或斑駁甲錯皮起，皮落則肌如凝脂。令人省睡，除諸毒螫，殺蟲疳濕䘌。久服益〔氣〕耳目聰明，輕身强志蘇恭。挼葉安舌下，出涎，去目黃好睡。燒灰和臘猪脂，封丁腫出根。煮酒服，主狂犬咬毒藏器。

【發明】時珍曰：蒼耳葉久服去風熱有效，最忌猪肉及風邪，犯之則遍身發出赤丹也。按《蘇沈良方》云：枲耳根、苗、葉、實，皆洗濯陰乾，燒灰湯淋，取濃汁，泥連兩竈煉之。灰汁耗，即旋取傍釜中熱灰湯益之。一日夜不絶火，乃旋得霜，乾瓷瓶收之。每日早晚酒服二錢，補暖去風駐顔，尤治皮膚風，令人膚革清浄。每澡沐入少許尤佳。宜州文學昌從諫服此十餘年，至七八十，紅潤輕健，皆此藥力也。《斗門方》云：婦人血風攻腦，頭旋悶絶，忽死倒地，不知人事者，用喝起草嫩心陰乾爲末，以酒服一大錢，其功甚效。此物善通頂門連腦蓋，即蒼耳也。

【附方】舊十二，新十六。　萬應膏：治一切癰疽發背，無頭惡瘡，腫毒疔癤，一切風癢，臁瘡杖瘡，牙疼喉痹。五月五日採蒼耳根葉數擔，洗浄曬萎細剉，以大鍋五口，入水煮爛，以篩濾去粗滓，布絹再濾。復入浄鍋，武火煎滚，文火熬稠，攪成膏，以新罐貯封。每以敷貼，即愈。牙疼即敷牙上，喉痹敷舌上或噙化，二三次即效。每日用酒服一匙，極有效。《集簡方》。　一切風毒：并殺三蟲腸痔，能進食。若病胃脹滿，心悶發熱，即宜服之。五月五日午時附地刈取枲耳葉，洗暴〔燥〕，搗下篩。每服方寸匕，酒或漿水下，日二夜三。若覺吐逆，則以蜜丸服，準計方寸匕數也。風輕者，日二服。若身體作粟或麻豆出，此爲風毒出也。可以針刺潰去黄汁，乃止。七月七、九月九，亦可採用。《〔千金方〕》。　一切風氣：蒼耳嫩葉一石切，和麥蘖五升作塊，於蒿艾中罯二十日成麴。取米一斗，炊作飯，看冷暖，入麴三升釀之，封二七日成熟。每空心暖服，神驗。封此酒可兩重布，不得令密，密則溢出。忌馬肉、猪肉。孟詵《食療(方)〔本〕草》。　諸風頭運：蒼耳葉曬乾爲末，每服一錢，酒調下，日三服。若吐，則以蜜丸梧子大，每服二十丸。十日全好矣。《楊氏經驗方》。　血風腦運：方見發明下。　毒攻手足：腫痛欲斷。蒼耳搗汁漬之，並以滓傅之，立效。春用心，冬用子。《千金翼》。　卒中水毒：初覺頭目微痛，惡寒，骨節强急，旦醒暮劇，手足逆冷，三日則蟲蝕下部，六七日膿潰，食至五臟，殺人也。搗常思草，絞汁服一二升，並以綿染，導其下部。《肘後方》。　毒蛇溪毒：沙蝨、射工等所傷，口噤眼黑，手足强直，毒攻腹內成塊，逡巡不救。蒼耳嫩苗一握，取汁，和酒温灌之，以滓厚傅傷處。《勝金方》。　疫病不染：五月五日午時多採蒼耳嫩葉，陰乾收之。臨時爲末，冷水服二錢，或水煎舉家皆服，能辟邪惡。《千金方》。　風瘙癮疹：身癢不止。用蒼耳莖、葉、子等分，爲末。每服二錢，豆淋酒調下。《聖惠方》。　面上黑斑：蒼耳葉焙爲末，食後米飲調服一錢，一月愈。《摘玄方》。　赤白汗斑：蒼耳嫩葉尖，和青鹽擂爛，五六月間擦之，五七次效。《摘玄方》。　大風癘疾：《袖珍方》用嫩蒼耳、荷葉等分，爲末。每服二錢，温酒下，日二服。○《乾坤生意》用蒼耳葉爲末，以大楓子油和丸梧子大。每服三四十丸，以茶湯下，日二服。○又方：五月五日或六月六日，五更帶露採蒼耳草，搗取汁，熬作錠子。取半斤鱧魚一尾，剖開不去肚腸，入藥一錠，綫縫，以酒二碗，慢火煮熟令吃，不過三五個魚即愈也。忌鹽一百日。　卒得惡瘡：蒼耳、桃皮作屑，納瘡中。《〔百一方〕》。　反花惡瘡：有肉如飯粒，破之血出，隨生反出。用蒼耳葉搗汁，服三合，並塗之，日二上。《聖濟總録》。　一切疔腫：詵曰：危困者，用蒼耳根葉搗，和小兒尿絞汁，冷服一升，日三服，拔根甚驗。○《養生方》用蒼耳根苗燒灰，和醋澱塗之，乾再上。不十次，即拔根出。○《邵真人方》：蒼耳根三兩半，烏梅肉五個，連鬚葱三根，酒二鍾，煎一鍾，熱服取汗。　齒風動痛：蒼耳一握，以漿水煮，入鹽含漱。《外臺秘要》。　纏喉風病：蒼耳根一把，老薑一塊，研汁，入酒服。《聖濟總録》。　赤目生瘡：作痛。道人頭末二兩，乳香一錢，每用一錢，燒煙嗜鼻。《聖濟總録》。　鼻衄不止：蒼耳莖葉搗汁一小盞服。《聖惠方》。　五痔下血：五月五日採蒼耳莖葉爲末，水服方寸匕甚效。《千金翼》。　赤白下痢：蒼耳草不拘多少洗浄，用水煮爛去渣，入蜜用武火熬成膏。每服一二匙，白湯下。《醫方摘玄》。　産後諸痢：蒼耳葉搗絞汁，温服半中盞，日三四服。《聖惠方》。　誤吞銅錢：蒼耳頭一把，以水一升，浸水中十餘度，飲水愈。《肘後方》。　花蜘蛛毒：咬人，與毒蛇無異。用野縑絲，即道人頭，搗汁一盞服，仍以渣傅之。《摘玄方》。

花　【主治】白癩頑癢時珍。

明・周履靖《茹草編》卷二　蒼耳葉　芝草無根，醴泉無源。蒼山鬱鬱，蒼耳蕃蕃。軒岐品登本草，方士服餌延年。那可仙家調六膳，何須禪悅愛精飧。寄言高臥林泉客，何用山中煮白石。　二三月取嫩葉枝梗，湯焯晒乾，香油、椒、鹽和食。

明・梅得春《藥性會元》卷上　蒼耳　味苦、甘，氣溫，無毒。其葉主治同。　主治諸風，頭風寒痛，風濕周痹，四肢拘攣痛，惡肉死肌，瘰癧，疥癬瘙痒。久服益氣，耳目聰明，強志輕身，填骨髓，暖腰脚。其葉最消食積，止透腦涕。子能明目。葉解風纏。　製法：入藥炒用。

明・李中立《本草原始》卷二　葈耳　始生安陸川谷及六安田野，今處處有之。謹按：詩人謂之卷耳，《爾雅》謂之蒼耳，幽州人呼為爵耳，皆以實得名也。其葉形如葈麻，故《本經》名葈耳。又如茄，故《本草綱目》名野茄。又如粘糊菜，可煮為茹，故弘景謂之常思菜。《記事珠》謂之進賢菜。陸(機)〔璣〕《詩疏》云：其實正如婦人耳璫，今或謂之耳璫草。《博物志》云：洛中有人驅羊入蜀，胡葈子多刺，粘綴羊毛，遂至中國，故一名羊負來。俗呼為道人頭。　葈耳：〔氣味〕：甘，溫，有小毒。　主治：風頭寒痛，風濕周痹，四肢拘攣痛，惡肉死肌，膝痛。久服益氣，耳目聰明，強志輕身。○治肝熱，明目。○治一切風氣，填髓，暖腰脚。治瘰癧疥瘡及瘙癢。○炒香浸酒服，去風補益。

葈耳即蒼耳，《本經》中品。【圖略】蒼黑色，有刺。又名葹，名地葵，名豬耳，名喝起草，名縑絲草。七八月收采。　修治：葈耳，炒熟，搗去刺用，或酒拌蒸過用。

《別錄》曰：苦。權曰：甘，無毒。恭曰：忌豬肉、馬肉、米泔，害人。《食醫心鏡》：除一切風濕痹，四肢拘攣，蒼耳子三兩，搗末，以水一升半，煎取七合，去滓呷。

明・張懋辰《本草便》卷一　葈耳實一名蒼耳。　味苦、甘，氣溫。忌食豬肉。　主風，頭寒痛，瘰癧，疥癬瘙痒，填髓，暖腰脚。

明・李中梓《藥性解》卷四　蒼耳子　味甘，性溫，有小毒，入肺經。主風寒濕痹，頭風腦漏，疔腫困重，疥癬瘙癢，血崩，大風癲癇，善能發汗。炒令香，杵去刺用，反豬肉，解狗毒。　按：蒼耳甘溫，故能走表，肺主皮毛，所以入之，肺主風邪，故治療如右。

明・繆希雍《本草經疏》卷八　葈耳實　味苦、甘，溫。葉：味苦、辛，微寒，有小毒。主風寒頭痛，風濕周痹，四肢拘攣痛，惡肉死肌，膝痛，溪毒。久服益氣，耳目聰明，強志輕身。

〔疏〕葈耳，蒼耳也。得土之沖氣，兼稟天之春氣，故味甘溫，而《別錄》益之以苦，當是無毒。葉味苦、辛，微寒，有小毒。苦以燥濕，甘以和血，溫則通暢。春氣發生而升，故主風寒頭痛，風濕周痹，四肢拘攣，惡肉死肌，膝痛，溪毒也。祛風療濕之藥。《食療》《聖惠》《千金》《外臺秘要》諸方，咸堪選用，亦無簡誤。

明・倪朱謨《本草彙言》卷三　葈耳實詩人謂之卷耳，《爾雅》謂之蒼耳，《廣雅》謂之葈耳。　味甘、微苦，氣溫，有小毒。　陶隱居曰：葈耳生安陸川谷及田野間，今所在有之。與麥互相爲候。古人謂麥黃種葈，葈黃種麥是也。細莖蔓生，高二三尺，有黑斑點。葉如葵，七八月開細白花，結實如婦人珥璫。外殼堅韌多刺，中有兩仁，宛如人腎。修治：炒黃，去外皮刺，取仁用。其莖葉可煮爲茹，滑而無味，鹽醋拌食尤佳。又嫩苗水洗淨，煠熟食，可救飢。其實炒磨去皮殼，其內仁可作餅食。又可熬油作燈。郭氏云：今一種叢生如盤，高三四尺，不作蔓生。其苗莖花實，與蔓生者亦異。

葈耳實：通巔頂，日華祛風濕之藥也。陸杏園稿主風寒、風濕三氣爲病。或頸項牽攣，四肢拘急，一切關節屈伸不利之證。故前人有久服益氣脉、補虛弱之功。上而散頭腦諸風，凡風寒頭痛，鼻塞腦漏，或血風眩暈，痰火懸旋；或目痛目腫，目障目昏；或耳癢耳疼，耳濕耳聾諸疾。下而利腰膝之濕，凡痿痹不用，麻木不仁，或疹疥，或血痔，或黃水膿濕諸瘡，或脚氣疝腫諸疾，咸宜用之。但甘能和血，苦能燥濕，溫能通暢，故上中下一身風濕衆病，不可缺也。

集方：《千金方》治疫病不染。五月五日午時，多采蒼耳莖、葉、子各等分，陰乾，臨時冷水調服三錢，或水煎，舉家皆服，能辟惡。○《摘玄方》治赤白下痢。用蒼耳不拘多少，洗淨，用水煮爛，去渣入蜜，用武火熬成膏，每服一二錢，白湯下。○《楊氏方》治諸風眩暈，或頭腦攻痛。用蒼耳仁三兩，天麻、白菊花各三錢。○《方脉正宗》共方十六首。治頸項牽痛。用蒼耳仁三兩，當歸淨身、白芍藥、懷熟地各三錢。○治四肢拘急。用蒼耳仁五兩，枸杞子，五加皮各五錢。○治鼻塞不利，香臭不聞。用蒼耳仁一兩，辛夷、石菖蒲各一錢。

如患楊梅結毒，不在此例。○治腦漏鼻淵，穢汁下流。用蒼耳仁二兩，白朮、石首魚腦骨，滋泥封裹，火煅，各二錢。○治赤目生瘡。用蒼耳實二兩，乳香五分，每用一錢，燒烟嗃鼻。○治目病經年，昏障腫痛。用蒼耳仁二兩，草决明、菟絲子各二錢。○治耳病痛癢濕爛，或腫或聾。用蒼耳仁二兩，香白芷二錢。○治腰膝痠疼，腿足麻痹。用蒼耳仁四兩，牛膝、虎骨、肉桂、白朮、當歸、萆薢各八錢。○治疥瘮瘡癢。用蒼耳仁二兩，白鮮皮、懷生地、防風、枸杞子各五錢。○治血痔痛脹下墜。用蒼耳仁三兩，地榆、升麻、牡丹皮、黄柏各一兩。○治脚氣腫痛，重墜難履。用蒼耳仁二兩，木瓜、五加皮、威靈仙、白朮、牛膝各四錢。○治疝氣攻痛，止發不常。用蒼耳仁二兩，胡盧巴、川楝子、青皮、橘核、枸杞子各一兩。○治一切疔腫危困者。用蒼耳根葉搗，和童便絞汁，冷服一升，拔根甚驗。○治反花惡瘡，有肉如飯粒，破之血出。用蒼耳葉搗汁，服三合，日二服。并用渣塗之。○治卒得惡瘡。用蒼耳仁研末敷之。○治毒攻手足，腫痛欲斷。用蒼耳子搗汁漬之，再以渣敷之立效。○以上諸方，或丸或散，隨病酌用。

《本草綱目》方云：治一切癰疽發背，無頭惡瘡，疔癤腫毒，一切風瘡、臁瘡、杖瘡，牙疼喉痹。五月五日取蒼耳根葉數擔，洗淨曬萎，細剉，以大鍋五口，入水煮爛，以篩濾去粗渣，布絹再濾，復入淨鍋，武火煎滚，文火熬稠，攪成膏。以新罐封貯。每以敷貼即愈。牙疼即敷牙上，喉痹敷舌上，或噙化二三匙，即效。癰疽惡毒，每日取酒服一匙，極效。

明・姚可成《食物本草・救荒野譜補遺・草類》　蒼耳艸食葉。處處有之。三月生苗，葉大，采汋食之。　蒼耳艸，如珥珠，挑菜女兒好孤恓。妾家今年絕穀種，珥珠賣盡典寒衣。

明・姚可成《食物本草》卷一七草部・隰草類　葈耳今處處有之。其葉青白似胡荽，白華細莖，柔條蔓生，可煮為茹，滑而少味。四月中生子，正如婦人耳璫。按周（憲）〔定〕王《救荒本草》云：蒼耳葉青白，類粘糊菜葉。秋間結實，比桑椹短小而多刺。嫩苗熯熟，水浸淘拌食，可救飢。其子炒去皮，研為麪，可為燒餅食，亦可熬油點燈。

葈耳，味苦、辛，微寒，有小毒。主中風傷寒頭痛，大風癲癇，頭風溼痹，毒在骨髓，腰膝風毒。夏月采曝為末，水服一二匕，冬月酒服。或為丸，每服二三十丸，日三服。滿百日，病出如瘑疥成汁出，或斑駁甲錯皮起，皮落則肌如凝脂。令人省睡，除諸毒螫，殺蟲疳溼蠹。久服益耳目聰明，輕身強志。挼葉安舌下，出涎，去目黄，好睡。燒灰，和臘猪脂封丁腫，出根。煮酒服，主狂犬咬毒。

實　味甘，溫，有小毒。治風頭寒痛，風溼周痹，四肢拘攣痛，惡肉死肌疼痛。久服益氣。治肝熱明目，一切風氣，填髓，暖脚，治瘰癧疥瘡。炒香浸酒服，去風補益。

附方：治毒蛇、沙虱、射工等所傷，口噤眼黑，手足強直，毒攻腹内成塊，逡巡不救。蒼耳嫩苗一握，取汁和酒溫灌之，以滓（屋）〔厚〕傅傷處。　治纏喉風病。蒼耳根一把，老薑一塊，研汁入酒服，立效。　治水腫小便不利。蒼耳子灰、葶藶末等分，每日水下二錢。　治腦漏，流出臭涕，名為鼻淵。蒼耳子炒研為末，每日白湯下二錢。

萬應膏：治一切癰疽發背，無名惡疔，臁瘡杖瘡，牙疼喉痹。五月五日采蒼耳根葉數擔，洗淨晒萎，細剉，以大鍋五口，入水煮爛，以篩濾去滓，布絹再濾。復入淨鍋，武火煎滚，文火熬稠攪成膏，以新罐貯封，每以敷貼即愈。牙疼即敷牙上，喉痹敷舌上或噙化，二三次即效。每日用酒服一匙，大效。

治大風癘疾。用嫩蒼耳、荷葉等分，為末，每服二錢，溫酒下。又方，用蒼耳葉為末，以大楓子油和丸梧子大，每服三四十丸，以茶湯下，日二服。又方，五月五日，或六月六日，五更帶露采蒼耳草，搗取汁，熬作錠子。取鱧魚一尾，即黑魚。須半斤重者，剖開不去腸，入藥一錠，線縫，以酒二椀，慢火煮熟令喫，不過三五个魚即愈也。忌鹽、醬一百日。

治一切大風風毒，殺三蟲。五月五日午時，附地刈取蒼耳葉，洗曝搗篩，每服方寸匕，酒下，日二夜三，若惡心，蜜丸桐子大，服五十丸，輕者日二服。若肌體作粟，或麻豆出，此為風毒出也，可以針刺潰，去黄汁乃止。七夕重九，俱可采用。

治一切風氣。蒼耳嫩葉一石，切碎，和麥蘖五升作塊，於蒿艾中罯二十日成麴。取米一斗，炊作飯，入麴三升釀之。封二七日，成熟，每空心暖服，大效。封此酒，可兩重布，勿令密，密則溢出，忌食猪肉。

治女人血虚，風邪攻腦，頭旋悶絕，忽死倒地，不知人事者。用蒼耳艸嫩心，陰乾為末，以酒服一錢，其功甚速。亦治男子諸風眩運。

治一切疔瘡惡瘡危困者。用蒼耳草根葉，搗和小兒尿絞汁，冷服一升，日三服，拔根甚驗。又方，用蒼耳根苗燒灰，和醋澱塗之，乾再上，不十次，即拔根出。又方，用蒼耳根三兩半，烏梅肉五个，連鬚葱三根，酒二鍾，煎一鍾，熱服取汗。

治花蜘蛛咬人，與毒蛇無異。用蒼耳艸搗汁一盞服，仍以滓傅之。治鼻中衄血。蒼耳莖葉搗汁一小盞服。治誤吞銅錢。蒼耳頭一把，以水一升，浸水中十餘度，飲水愈。治痔疾下血。五月五日采蒼耳莖葉為末，水服方寸匕，甚效。疫癘盛行時，舉家冷水服二錢，能辟邪惡，不沾染病。治翻花惡瘡，有肉如飯粒，破之血出，隨生反出。用蒼耳葉搗汁，服三合，并塗之，日二上。治赤白痢下。蒼耳艸不拘多少，洗淨，用水煮爛，去渣入蜜，用武火熬成膏，每服一二匙，白湯下。治産後痢疾。蒼耳葉搗絞汁，溫服半盞，日三四服，大效。治卒中水毒，初覺頭目微痛，惡寒骨節強急，日醒暮劇，手足逆冷，三日則蟲食下部，六七日膿潰，蝕至五臟，殺人也。搗蒼耳艸根葉，絞汁服一二升，并以綿染導其下部。治牙齒痛腫。蒼耳子五升，水一斗，煮取五升，熱含之，冷即吐去，吐後復含，不過一劑瘥。莖葉亦可。或入鹽少許。

明・顧逢柏《分部本草妙用》卷八雜藥部 蒼耳 甘溫，有小毒。忌猪、馬肉。

主治：風頭寒痛，風濕周痺，四肢拘攣痛，惡肉死肌，肝熱明目，一切風氣。填髓，暖腰脚。治瘰癧疥瘡瘙癢。炒香浸酒，去風補益。子、莖、葉同功。蒼耳根中之蟲，塗疔拔根，并狂犬咬毒。通頂門連腦，專治婦人血風攻腦，頭旋悶地。史國公方用之，取其驅風濕，而暖下元也。

明・蔣儀《藥鏡》卷一温部 蒼耳 上達頂腦，兼能發汗。子焙香而酒浸，頭風腦漏，風寒濕痺云平。未陰乾其嫩苗，血風攻腦，頭旋悶絕頓甦。

明・張景岳《景岳全書》卷四八《本草正》 蒼耳子一名羊負來。味苦、微甘。治頭風寒痛，風濕周痺，四肢拘攣。去風明目，養血，暖腰膝，及瘰癧瘡疥，亦治鼻淵。宜炒熟為末，白湯點眼一二錢，久之乃效。忌猪肉、馬肉。

明・盧之頤《本草乘雅半偈》帙四 枲耳實《本經》中品 氣味 甘，溫，有小毒。主治： 主風頭寒痛，風濕周痺，四肢拘攣痛，惡肉死肌，膝痛。久服益氣，耳目聰明，強志，輕身。

覈曰：所在有之，與麥互相為候，麥黃種枲，枲黃種麥也。莖高四五尺，有黑色斑點，葉如葵，四畔寬紐。七八月開細白花，結實如婦女珥璫，外殼堅韌，刺毛密布，中列兩仁，宛如人腎。修治：炒熟，去外刺，取仁，酒拌蒸，晒乾用。

參曰：枲耳，麻類也。《爾雅》名卷耳。取實如鼠耳，其色蒼蒼，復名蒼耳。雒下謂之胡荽，江東呼為嘗枲，以葉青白似胡荽，白花細莖可作茹，傖人皆食之，滑而少味，故幽冀謂之襢茹菜，又謂之嘗思菜也。《離騷》單名曰葹，以譬小人，服謂薋菉葹以盈室是矣。《博物》名羊負來，謂雒人入蜀，有枲耳着羊毛，蜀人種之，曰羊負來，故枲多叢刺，亦好着人衣也。《圖經》名道人頭。《綱目》名猪耳，又名喝起草。《記事珠》名地葵，又名進賢菜。名號雖多，總屬象形取義，今遵《本經》枲耳為正。蓋耳者聽之官，腎之竅，肺之司，故枲形似耳，實中兩仁似腎，殼皮堅韌，叢毛剛勁，從革作金之肺象也。固入肺腎，以腎為主，腎藏志，志者，腎之神也。志強竅斯開，竅開耳斯聽，耳聽聲斯入。若以肺為主，設腎不司竅，雖有其聲，不與耳接，非耳外聲，聲無所爾。益氣者，竅開氣斯益，設有氣無竅，亦填塞不輸，何繇宣布，亦可入肝，色蒼故也。入肝則肝得其用，肝以金為用耳。肝固開竅于目，而目之能視，腎所司也。即轉撥瞳人，需以利金。又可入脾，味甘故也。設土實不靈，遂致肌死，以及肢攣，敦土德用，自然反活回鮮。又可入心，氣溫故也。心用為水，水司液，心司血，血液充滿，乃得筋轉脈搖，故不獨五藏咸入，即筋骨肌肉，頭目腦髓，靡不周到。但致疾之因，風濕使然，風淫偏勝，剛以濟之，如痺于頭，則風頭寒痛；痺于百骸，則周痺；痺于四肢，則四肢拘攣痛；痺于肌肉，則肌肉死惡；痺于膝，則膝痛；痺于氣，則氣損；痺于耳，則耳聾；痺于目，則目盲；痺于志，則志頹；痺于身，則身重身木，罔覺有觸。種種變證，皆藉以濡潤宣達，交互承制者也。先從證所合因，後從所因合證。世但知治療瘡瘍，殊失靈異。備錄名相，用廣見聞。

清・顧元交《本草彙箋》卷三 蒼耳子 蒼耳甘溫，走表，故風寒濕痺者主之。根、苗、葉、實皆可用。

此即羊負來也，本名葈耳。《詩》云卷耳，傖人食之，謂之常思菜，故詩人思夫，賦卷耳之章。相傳洛中人驅羊入蜀，胡葈子多刺綴粘羊毛，遂至中國，今處處有之。《斗門方》治婦人血風上攻，頭旋悶絕，不知人事者，用喝起草嫩心，陰乾爲末，酒服一二錢，此物善通頂門連腦，即蒼耳也。凡諸風頭運者，俱以其葉晒乾，爲末，每酒調服一錢，日三服。若吐，則以蜜丸梧子大，每服二十丸，十日全瘳矣。

一切丁腫，用蒼耳根葉搗，和童便絞汁，冷服一升，日三服，拔根甚驗。或用根三兩半，和醋淀塗之，乾再上，不十次，即拔根出。或用根三兩半，烏梅肉五枚，連鬚葱三根，酒二鍾，煎一鍾，熱服取汗。又或用莖葉燒灰，和臘猪脂，封丁腫出根。　凡服蒼耳，最忌猪肉，犯之則通身發出赤丹。

清・穆石匏《本草洞詮》卷九　蒼耳　詩人謂之卷耳。實甘溫，莖葉苦辛，微寒，並有小毒。治一切風氣，填髓暖腰脚，治風濕周痺，瘰癧疥瘡。《蘇沈良方》云：　蒼耳根苗葉實，皆洗濯陰乾，燒灰湯淋，取濃汁，連兩竈煉之，灰汁耗，即取傍釜中熱灰湯益之，一日夜不絕火，乃得乾霜，甆瓶收之。每晨暮酒服二錢，補虛去風，駐顏，尤治皮膚風，令人膚革清淨。每澡沐入少許尤佳。《斗門方》云：　一婦人血風攻腦，頭旋倒地，用此草陰乾，為末，酒服一大錢，立効。此物善通頂門連腦也。《集簡方》有萬應膏，治一切癰疽疔瘡，腫毒杖瘡，牙疼喉痺，五月五日采蒼耳根葉數擔，熬成膏，每以敷貼即愈。蒼耳嫩苗拌食救飢。其子炒，去皮，可作餅食，亦可熬油點燈。

清・劉雲密《本草述》卷九上　葈耳葈音徙，一名蒼耳。《詩》所謂卷耳也。忌豬肉及米泔。　斅曰：　所在有之，與麥互相為候，麥黃種枲，枲黃種麥也。莖高四五尺，有黑色斑點，葉如葵，四畔寬紐，七八月開細白花，結實如婦人珥璫，外殼堅韌，刺毛密布，中列兩仁，宛如人腎。

子：　氣味：　甘，溫，有小毒。　《別録》曰：　苦。　權曰：　甘，無毒。

主治：　風頭寒痛，風溼周痹，四肢拘攣痛藏器。治一切風氣，填髓暖腰膝日華子。久服益氣藏器。炒香浸酒服，去風補益時珍。

附方　鼻淵流涕，蒼耳子炒研，為末，每白湯點服一二錢。

莖葉：　氣味：　苦、辛，微寒，有小毒。

主治：　大風癲癇，頭風溼痺，毒在骨髓，腰膝風毒。夏月采曝，為末，水服一二匕，冬月酒服，或為丸，每服二三十丸，日三服，滿百日病出如㾦疥成汁出，或斑駁駁，甲錯皮起，皮落則肌如凝脂蘇恭。　和臘豬脂，封疔腫出根藏器。

附方　《蘇沈良方》云：　葈耳，根、苗、葉、實皆洗濯陰乾，燒灰湯淋，取濃汁，泥連兩竈煉之，灰汁耗，即旋取傍釜中熱灰，湯益之一日夜，不絕火，乃旋得霜，乾甆瓶收之，每日早晚酒服二錢，補暖去風，駐顏，尤治皮膚風，令人膚革清靜。　諸風頭暈，蒼耳葉曬乾，為末，每服一錢，酒調下，日三服。若吐，則以蜜丸梧子大，每服二十丸。　婦人血風攻腦，頭旋悶絕，忽死倒地，不知人事者，用蒼耳草嫩心陰乾，為末，以酒服一大錢，其功甚效。是物善通頂門連腦。　萬應膏治一切癰疽發背，無頭惡瘡腫毒疔癤，一切風癢臁瘡，杖瘡，牙疼喉痺。五月五日采蒼耳根葉數擔，洗淨，曬萎，細剉，以大鍋五口，入水煮爛，以篩濾去粗滓，布絹再濾，復入淨鍋，武火煎滾，文火熬稠，攪成膏，以新罐貯封，每以敷貼即愈。牙疼即敷牙上，喉痹敷舌上，或噙化，二三服即效。每日用酒服一匙，極有效。　反花惡瘡，有肉如飯粒，破之血出，隨生反出，用蒼耳葉搗汁，服三合，并塗之，日二上。　一切疔腫危困者，用蒼耳根葉，搗和小兒尿，絞汁，冷服一升，日三服，拔根甚驗。

愚按：　蒼耳槩列於風劑，止以為療風耳。乃日華子何以云填髓？蘇恭何以言除骨髓之毒？《斗門方》又何以謂其善通頂門連腦乎？蓋此味能達至陰中之陽以靜風，難以風劑例視者也。其義云何？曰：《經》云腦者，髓之府。又云腦髓者，地氣之所生也。但骨髓雖為至陰之所化，而至陰之所以化精液為膏，俾滲骨空以補益腦髓者，則至陰中之陽也。髓固腎所生，非至陰中之陽，何能自地而至天，以補益腦乎？若陰中之陽不至於極巔，斯為風虛，更還病於風，此之能填髓，而通頂門連腦者，謂非能達至陰中之眞陽，以靜風不可。蒼耳靜風，謂其能達至陰中之眞陽者，即實暨葉。《本草》又言其治溼痺，而其義可明。原論極透。　蓋三陰不至於巔，而足太陽、足陽明乃入絡腦，故藏器首主風頭寒痛。蘇沈言其補暖，日華子云暖腰膝，而藏器又統云益氣也。則葈耳所療者固陽虛，而風虛不類於陰虛而風實者也。《經》曰：　通天者，生之本，此味似當以補風虛之味並論，而猶有不同者，在於獨能上通天氣耳。故上極於巔頂者，自下達於腰膝，內滲於骨髓者，自外徹於皮膚。凡陰中之陽，鬱而成溼為周痺，四肢拘攣，腰膝痛；　鬱而成熱為癰疽疔腫。一切惡瘡，皆本於不能通天氣以致之者也。而此味能療之，時珍所謂去風補益四字，足以盡之矣。　第實由苦而甘，苦微而甘勝，莖葉由苦而辛，辛不敵苦，似用之亦當有異也。

按：　時珍曰：　蒼耳藥，久服去風熱有效。張三錫曰：　膏粱厚味，飲酒無度，積熱生風，或偏身癮疹，頭癢白屑，生痰，氣促氣實人，宜防風通聖散宣之，或搜風順氣丸。久久涼血養血，蒼耳丸、苦參丸俱佳。舉上二說，並言風熱，是則蒼耳之用，以涼血，葉固勝於實，以實之氣味甘溫，而葉乃苦辛微寒也。第先哲言其補暖，暖腰膝，益氣而涼血之說，毋乃背馳乎？曰：能達陰中之眞陽，是先哲探其本以為言也。所謂涼血者，陽暢而不致鬱熱於陰中，是後學就治標而說也，曾何背乎？第知為療風，而不悉於治一切惡瘡者，謂何？蓋風臟即血臟，蒼耳之療風，即不離於血以奏功。緣眞陽之所附麗，本依陰以為用耳。《經》所謂榮氣不從數語，可以互證斯義矣。

蒼耳丸附：五月五日午時采蒼耳葉，洗淨曬乾，為末，煉蜜丸桐子大，每服四五十丸，日三服。若身體有風處，逐出如麻豆粒，或如粟，乃風毒出也。以針刺出黃水愈。七月七日，九月九日，亦可采用。

修治　子蒸用，或炒熟，搗去刺用。莖葉隨方用。

清・郭章宜《本草匯》卷一一　葈耳實即蒼耳子。　味苦、甘，溫，小毒。入手太陰經。治風頭寒痛，散風濕周痺。涼肝熱，善通頂門。追風毒，任在骨髓。掃疥癬細瘡，遍身瘙癢者立效。毆腰脚膝痛，四肢攣急者殊功。按：葈耳實，為祛風療濕之要藥，善通頂門連腦，一切風氣填髓腰膝風毒，炒香浸酒服之，甚補益也。最忌猪肉，若風邪犯之，則遍身發出赤丹矣。大風癘疾，用此同荷葉等分，為末，每服二錢，溫酒，日二服。《乾坤生意》：五月五日，或六月六日，五更帶露取蒼耳草，搗汁熬半斤，鱧魚一個，剖開，不去肚腸，入藥線縫，以酒二盌，慢火煑透令熟，不過三五尾即愈。忌鹽一百日。搗汁同小便飲，疔腫立去如神。煎湯熏痔亦妙。狂犬咬毒，急搗服佳。

炒熟，搗去刺，酒拌蒸用。忌猪、馬肉、米泔，害人。

清・蔣居祉《本草擇要綱目・溫性藥品》　蒼耳子入藥炒熟，搗去刺用。或酒拌，蒸過用。　氣味：甘，溫，有小毒。又曰：甘，無毒。　主治：風頭寒痛，風濕周痺，四肢拘攣痛，惡肉死肌，膝痛。久服益氣。治肝熱明目，治一切風氣，填髓，暖腰脚。治瘰癧瘡疥及瘙痒。炒香，浸酒服，去風補益。忌：猪肉、馬肉、米泔，害人。

清・汪昂《本草備要》卷一　蒼耳子一名葈耳，即《詩》卷耳。輕，發汗，散風濕。甘、苦，性溫。善發汗、散風濕，上通腦頂，下行足膝，外達皮膚。治頭痛目暗，齒痛鼻淵，肢攣痹痛，瘰癧瘡疥，採根葉熬，名萬應膏。遍身瘙癢。作浴湯佳。去刺，酒拌蒸。忌猪肉。《聖惠方》云：葉搗汁，治產後痢。

清・陳士鐸《本草新編》卷三　枲耳實即蒼耳子。　蒼耳子：味苦、甘，氣溫。葉苦、辛，微寒，俱有小毒。善解大麻風之毒，餘病禁用。各《本草》稱其功效，皆不足信也。蓋此物最利關節，凡邪物在臟腑者，服之無不外出。大麻風之毒，正苦其留于臟中，必借此以引出于皮毛。他病原非臟毒，何必借重。況枲耳子與葉，散盡真氣，烏可輕服哉。若大麻風，亦畏散其氣，然受毒甚熾，有病則病受之，尚不至十分盡耗，故用之無妨。然亦必入之活血、涼血之藥中始得，非單用一味可恃之而取效也。

或問：蒼耳子，他病亦有用處，如治汗斑之去風，脚膝之去濕，未嘗無效，而子止言其治大麻風，毋乃太過乎？非過也，蒼耳子實止可治大麻風，而不可治他病。如汗斑，細病也，何必用此以耗元氣。脚膝，下病也，何必用此升散。舍可用之藥，而求之不可用之草，此世用藥之好奇，非吾論之太過也。

清・李熙和《醫經允中》卷二一　蒼耳　即枲耳實。忌猪肉、馬肉。入肺經。子莖葉同功。　甘，溫，有小毒。主治風濕周痺，四肢拘攣痛，善通頂門連腦，治瘰癧疥瘡，遍身瘙癢。搗汁同小便飲，去疔腫如神。狂犬咬毒，急服彌佳。痔發肛門，煎湯薰洗。蒼耳蠹蟲燒存性，研末，油調塗疔，拔毒。或以麻油收貯，用一二枚搗敷。《匯》載大風厲疾，用此同荷葉等分為末，每服二錢，溫酒調，日二服。

清・馮兆張《馮氏錦囊秘錄・雜症痘疹藥性主治合參》卷三　葈耳實即蒼耳也。得土之沖氣，兼稟天之春氣，故味苦甘，溫，無毒。葉味苦辛，微寒，有小毒。

葈耳實，散疥癬細瘡，遍身搔癢者立效。毆風濕周痹，四肢攣急者殊功。止頭痛，善通頂門。追風毒，任在骨髓。殺疳蟲濕䘌，主惡肉死肌。搗汁飲，治疔腫如神。煎湯熏，療諸痔立效。益氣，開聰明，強志，暖腰膝。苦以燥濕，甘以和血，溫以通行，為驅風療濕之聖藥。六神麯以之配蒼龍，風本象也。

清・张璐《本經逢原》卷二　蒼耳古名葈耳。　實，甘，溫。葉，苦、辛，小毒。酒浸炒用，忌豬肉。　發明：蒼耳治頭風腦痛，風濕周痹，四肢拘攣，惡肉死肌，皮膚瘙癢，腳膝寒痛，久服亦能益氣。其葉久服去風濕有效。服蒼耳人最忌豬肉及風邪，觸犯則遍身發出赤丹也。婦人血風攻腦，頭旋悶絕，忽倒不知人事者，用蒼耳草嫩心陰乾為末，酒服甚效。此味善通頂門連腦,能走督脈也。

清・浦士貞《夕庵讀本草快編》卷二　葈耳《本經》、蒼耳、卷耳　《詩》因婦人思夫,故賦卷耳之章。《爾雅》謂之蒼耳,《廣雅》謂之葈耳,皆因其實似婦人耳璫也。　蒼耳甘溫,平肝之藥。故能散風明目,起攣除痺,暖腰膝,治瘰癧,祛風益氣,久服輕身。至于莖葉,能治大風癲癇,風毒入髓,腦風頭痛,以及目黃好睡者。故《蘇沈》以花苗根實燒灰淋汁,旋熬成膏,旦晚酒服,自然風息體和,顏色悅潤,膚若凝脂,耳目聰利矣。況此草能通頂達腦,凡婦人血風攻于髓海,頭旋悶絕者,服之立起。《內經》所謂在天為風,在地為木,在人為肝者耶。

清・張志聰、高世栻《本草崇原》卷中　蒼耳子　氣味甘,溫,有小毒。主治風頭寒痛,風濕周痹,四肢拘攣痛,惡肉死肌,膝痛。久服益氣。《詩》名卷耳。《本經》名葈耳。處處有之,七八月開細白花,結實如婦女珥璫,外殼堅韌,刺毛密布,生青熟黃,中列兩仁,其色黃白,嫩苗熟食可以救飢,其仁炒,去皮研為麵,可作燒餅食。　蒼耳,《本經》名葈耳,該莖葉而言也。今時用實,名蒼耳子,子內仁肉,氣味甘溫,外多毛刺,故有小毒,花白實黃,稟陽明燥金之氣。金能制風,故主治風頭寒痛,謂頭受風邪,為寒為痛也。燥能勝濕,故主治風濕周痹,四肢拘攣痛,謂風濕之邪,傷周身血脈而為痹,淫於四肢而為拘攣疼痛也。夫周痹,則周身血脈不和,周痹可治,則惡肉死肌,亦可治也。四肢拘攣痛可治,則膝痛亦可治也。久服則風濕外散,經脈流通,故益氣。

清・何諫《生草藥性備要》卷上　痴頭婆　味甘,性寒,無毒。炒蜆肉食,治疥癩,消風散毒。一名蒼耳子,一名羊蹄歸。有赤、白二種:　紅子消風,白子散毒。

清・劉漢基《藥性通考》卷五　蒼耳子　味甘、苦,性溫。善發汗,散風濕,上通老頂,下行脚膝,外達皮膚。又治頭痛目暗,齒痛鼻淵,肢攣痺痛,瘰癧瘡疥。採根葉熬膏,名萬應膏。遍身瘙癢,作浴湯佳。去刺,酒拌蒸。忌猪肉。各處俱產,皆可用。

清・王子接《得宜本草・中品藥》　蒼耳子　味甘、苦。主治風熱。得葶藶治水腫,小便閉。

清・黃元御《玉楸藥解》卷一　蒼耳子　味苦,微溫。入足厥陰肝經。散風濕拘攣。泄濕去風,治肢節攣痛,瘰癧疥癘,風瘙癮疹。葉主發散風濕。

清・吳儀洛《本草從新》卷二　葈耳〔輕,發汗,散風濕〕一名蒼耳,即《詩》卷耳。甘苦而溫。善發汗,散風濕,上通腦頂,下行足膝,外達皮膚。治頭痛目暗,齒痛鼻淵,肢攣痺痛,瘰癧瘡疥,《集簡方》〔瀕湖《集簡方》〕採根煎熬,名萬應膏。遍身瘙癢。作浴湯佳。散氣耗血,虛人勿服。去刺酒蒸。忌猪肉。

清・汪紱《醫林纂要探源》卷二　蒼耳子　甘,苦,溫。一名枲耳。葉初生如鼠耳,莖既高大,葉又略似麻枲,色蒼白,花紫五出,實如鼠矢,堅硬多刺,仁色白。不辛而能汗,以形用也。形多刺。燥濕除風,苦燥濕,汗則能祛風。上下內外,無所不達。上通腦頂,治頭痛鼻淵,目暗齒痛,下行足膝,治肢攣痺痛,外達皮毛,治瘰癧瘡疥,偏身風熱瘙癢。去刺,酒拌蒸。　根葉:　治同。作湯浴,去風潤燥。○忌豬肉、稷米。

清・嚴潔等《得配本草》卷三　蒼耳子即葈耳。根、莖、葉。　忌豬肉、馬肉、米泔。伏硇砂。　甘、苦,溫,有小毒。治風濕周痹,四肢攣痛,能善通頂腦,療頭風目暗,鼻淵息肉,瘰癧瘡疥。解溪毒,殺疳蟲。配葶藶子為末,治小便不利。　炒熟去刺用,或酒拌蒸過用。　根、莖、葉一名常思草,一名縑絲草。　忌豬肉、馬肉、米泔。伏硇砂。　苦、辛,微寒,有小毒。治諸風攻腦,頭暈悶絕,疔毒惡瘡,大風癘疾,及毒在骨髓,腰膝疼痛。解諸毒。　采得去心,取黃精以竹刀細切拌蒸,從巳至亥時,去黃精,陰乾用。五月五午時采取,熬膏,以新瓷罐貯封,貼一切疔癤無頭腫毒。　如牙疼,敷牙上。喉痺,敷舌上,或噙化一二匙〔亦佳〕。

題清・徐大椿《藥性切用》卷四　蒼耳子　一名葈耳。即《詩》卷耳。甘苦性溫,善於發汗,解散風濕,上通腦頂,下行足膝,外達皮膚。去刺,酒蒸。虛人忌之。

清・黃宮繡《本草求真》卷四　蒼耳子祛肝風,除脾濕,活血通氣。　蒼耳子耑入肝脾。　味苦而甘,氣溫無毒。凡人風濕內淫,氣血阻滯,肝受風則血阻,脾受濕則氣滯。則上而腦頂,下而足膝,內而骨髓,外而皮膚,靡不病症悉形,而致症見疥癬,通身周痹,四肢拘攣,骨節癱腫,頂巔風痛,疳蟲濕䘌,惡肉死肌,疔腫痔漏,腰重膝屈。按此苦能燥濕,溫能通活,為祛風療濕之聖藥。或作膏,如采根葉,根名萬應膏。或作湯浴,自然風除濕祛,血活氣行,而病即愈。但此通頂連腦,下達督脉,服此最忌猪肉,猪肉動風助濕。及風邪觸犯,則遍身發出赤丹,而致病益增甚耳。去刺,酒拌蒸用。

清・沈金鰲《要藥分劑》卷八　蒼耳子　【略】鰲按：　蒼耳即枲耳。治鼻淵鼻瘜，斷不可缺，能使清陽之氣上行巔頂也。

清・楊璿《傷寒溫疫條辨》卷六汗劑類　蒼耳子去刺，酒蒸。　味甘苦，氣溫，善發汗，散風濕，通腦頂，行足膝，達皮毛。治頭疼目暗，鼻淵肢攣，乳癰瘰癧瘙痒之證。蒼耳散：　治鼻淵。蒼耳子二錢，薄荷四錢，辛夷四錢，白芷八錢，為末，任調下。《內經》云：　中氣不足，九竅為之不利。治以補中為主，專用行散藥，恐不可救。《斗門方》云：　一婦人血風攻腦，頭旋悶絕倒地，不省人事，用喝起草為末，溫酒調服錢許，其功甚捷。此物善通頂門連腦，蓋即蒼耳也。

清・羅國綱《羅氏會約醫鏡》卷一六草部　蒼耳子味甘苦，性溫，入肝腎二經。去刺，酒拌蒸。　苦以燥濕，甘以和血，溫以通行，為驅風除濕之聖藥。治頭痛風寒，周痹濕也，明目養血，瘰癧、瘡疥、遍身瘙癢風濕。亦治鼻淵，炒熟為末，白湯服二錢，久之乃效。忌猪肉。　暖腰膝，療諸痔。煎湯熏洗。　按：　蒼耳性輕，善發汗，表虛者勿用。

清・趙學敏《本草綱目拾遺》卷四《草部中》　蒼耳子油　《物理小識》：出山東。　治瘋。

清・黃凱鈞《藥籠小品》　蒼耳子即《詩》卷耳。　甘苦，溫，善發汗，散風濕，上通腦頂，下行足膝，外達皮膚，治頭痛肢攣痹痛，偏身瘙癢。散氣耗血，虛人勿服。

清・王龍《本草纂要稿・草部》　蒼耳子　味甘、苦，性微寒，有小毒。散疥癬細瘡，遍身瘙痒。驅風濕周痹，四肢拘攣。通頂門，透腦涕。止追風毒，骨髓疲疼。止頭痛，殺疳䘌。主惡肉死肌，暖腰膝強志。

清・吳鋼《類經證治本草・手太陰肺臟藥類》　蒼耳　【略】梗中蟲：誠齋曰：　狀如小蠶，七八月取之。但看梗有大蛀眼者，以刀截去兩頭，線縛收之，經年不壞。能消惡丁發背，以二三條蓋膏藥中，立即消散，拔根屢驗。或取安茶鍾內，外以滾水盪之死，微晒乾，收用亦可。誠齋曰：　俗為狐狸騷也。

清・張德裕《本草正義》卷下　蒼耳子　苦，溫，微甘。治頭風寒痛，風濕周痺，四肢拘攣，瘡疥瘰癧。療鼻淵，炒熟為末，白湯〔服〕，可點眼疾。忌猪、馬肉。

清・楊時泰《本草述鉤元》卷九　葈耳　一名蒼耳，即卷耳也。所在有之。莖高四五尺，有黑斑點，葉如葵，四畔寬紐，七八月開細白花，結實如珥璫，外殼堅韌，刺毛密布，中列兩仁，宛如人腎。

蒼耳子：　味甘、苦，氣溫。主一切風氣，填髓暖腰膝。治風頭寒痛，風濕周痹，四肢拘攣痛，久服益氣。炒香浸酒服，去風補益瀕湖。鼻淵流涕，蒼耳子炒研末，每白湯點服一二錢。

蒼耳莖葉：　氣味苦辛，微寒，有小毒。善通頂門連腦，主治大風，癲癇，頭風濕痹，毒在骨髓。腰膝風毒，夏月采曝為末，水服一二匕，冬月酒服，或為丸，每服二三十丸，日三服，滿百日，病出如瘑疥成汁，或斑駁甲錯皮起，落則肌如凝脂恭。和臘猪脂，封疔腫，出根藏器。補暖去風駐顏，治皮膚風，令人膚革清靜。用蒼耳根苗葉實，洗濯陰乾，燒灰湯淋，取泥汁，連兩竈煉之，汁耗旋挹益之，周時不絕火，乃旋得霜，乾瓷瓶收之，每早晚酒服二錢。諸風頭暈，蒼耳葉曬乾為末，每服一錢，酒調下，日三服，若吐，則以蜜丸梧子大，每服二十丸。婦人血風攻腦，頭旋悶絕，倒地不省，用蒼耳草嫩心，陰乾為末，酒服一錢，甚效。萬應膏，治癰疽發背，腫毒疔瘡，無頭惡瘡，一切風癢臁瘡杖瘡，牙疼喉痹。五月五日采蒼耳根葉數擔，洗淨曬萎，細剉，以大鍋五口，入水煮爛，濾去粗渣，布絹再濾，復入淨鍋，武火煎滾，文火熬稠，攪成膏，新罐貯封，每以敷貼即愈。牙疼敷牙上，喉痹敷舌上，或噙化，二三服即效。每日用酒服一匙，極有效。翻花惡瘡，有肉如飯粒，破之血出，隨生反出，用蒼耳葉擣汁，服三合，并塗之，日二上。一切疔腫危困者，用蒼耳根葉擣，和小兒尿絞汁，冷服一升，日三服，拔根甚驗。蒼耳丸，端午日中采蒼耳葉洗淨，曬乾為末，煉蜜丸桐子大，每服四五十丸，日三服。若身體有風處，逐出如麻豆粒，或如粟，乃風毒出也，以鈹刺出黃水愈。七月七日，九月九日，亦可采用。

論：　蒼耳善通頂門連腦，故能除骨髓之毒。而日華又云填髓，蓋能達至陰中之陽以靜風，難以風劑例視者也。《經》云：　腦者，髓之府。又云：腦髓者，地氣之所生。但骨髓雖為至陰所化，而至陰之所以化液為膏，俾滲骨空以補腦髓者，則陰中之陽也。若陰中之陽，不至於極巔，斯為風虛，此之填髓而通頂門連腦，謂非達至陰中之真陽以靜風不可。即本草言其治濕痹，而義益可明。大抵所療諸證，皆屬陽虛而風虛，不類於陰虛而風實者。《經》曰：　通天者生之本。蒼耳似當與補風虛之味並論，而有不同者，在於能通天氣耳。以故上極於巔頂者，自下達於腰膝；內滲於骨髓者，自外徹於皮膚。凡陰中之陽鬱而成濕為周痹拘攣腰膝痛，鬱而成熱為癰疽疔腫惡瘡，悉能療之。瀕湖去風補益四字，足以盡之矣。第實由苦而甘，苦微甘勝，莖葉由苦而辛，辛不敵苦，似用之亦當有異也。用蒼耳以涼血，葉固勝於實，以實之氣味甘溫，而葉乃苦辛微寒也。涼血之說，似與暖補腰膝益氣相背，不知達陰中之真陽，是探其本以為言；而所謂涼血者，陽暢而不致熱鬱於陰中，乃就治標而言也。風臟即血臟，是以療風，不離血分以奏功，一切惡瘡，皆當奏效，緣真陽之所附麗本依陰以為用耳。

服蒼耳者，忌猪肉及米泔。

修治：用子，蒸過或炒熟，搗去刺。用莖葉隨方。

清·葉桂《本草再新》卷二　蒼耳子味甘、苦，性溫，無毒。入脾、肺二經。發汗，散風濕，治頭痛目痛，消腫，利濕，故能消腫散風，故能治頭目痛。治瘰癧。

清·吳其濬《植物名實圖考》卷一一　葈耳　《本經》中品。《詩經》卷耳。陸《疏》：一名苓耳，一名葈耳。今通呼為蒼耳。《救荒本草》：子可為麪、作餅、熬油。葉可煠食。王逸注《離騷》，以葹為葈耳。《酒經》謂之道人頭，以為麯藥。北地今尚熬子為油，氣清色綠，點燈宜目。

清·趙其光《本草求原》卷三隰草部　蒼耳子　氣溫，味苦、甘，無毒。能達陰中之真陽以上通天氣，主陽微而病風虛者。治頭痛，目暗，齒痛，鼻淵，為末，白湯下。皆天氣不明於上。肢攣，痹痛，陰中之陽鬱而成濕也。炒蜆肉食。消風，治疥癩，散毒瘡，又治癰疽，疔腫，陽鬱成熱，陽暢則熱化，此治其標也。填腦髓，暖腰膝，腦髓者，至陰之精液所生。然所以上入於巔頂、內滲骨空、下達腰膝者，陰中之陽也。陽氣通達則暖矣，此治其本也。遍身瘙癢。作湯浴。

炒，去刺，酒蒸用。忌豬肉。

莖、葉：微寒，苦、辛。清心生血以靜風。治大風，癲癇，頭風濕痹，風毒在腰膝，骨髓，婦人血風攻腦，頭旋倒地，為末酒調，久服，風出如疥痘，針刺之愈。癰疽疔腫，瘰癧疥瘡，皆天氣不通，鬱熱所致。熬成膏，童便下，再以豬脂封貼之。牙疼，敷牙上。喉痹，酒開含化。反花瘡，產後痢，搗汁飲。風臟即血臟，其能治風者，皆其奏功於血也。生肌。一名癡頭婆。

清·葉志詵《神農本草經贊》卷二　枲耳實　味甘，溫。主風頭寒痛，風濕周痹，四肢(句)〔拘〕攣痛，惡肉死肌。久服益氣，耳目聰明，強志輕身。一名胡枲，一名地葵。生川谷。

耳食長生，推求賤質。延蔓璫垂，結叢盤密。薄采頃筐，判離盈室。下筯忘飢，依稀奴橘。

《史記·年表》：此與以耳食無異。《晉書·傳》：求媒陽之美，談推沙礫之賤質。蘇軾記：藥至賤而為世要用，無若蒼耳長生藥也。《詩箋》：葛覃延蔓谷中。《詩疏》：今人謂之耳璫草。李嶠詩：忘憂自結叢。《廣雅》：枲耳叢生如盤。《詩》：采采卷耳，不盈頃筐。《離騷》：薋葹菉以盈室兮，判獨離而不服。李白詩：他筵不下筯，此席忘朝飢。杜甫詩：依稀橘奴迹。陸龜蒙詩：舊栽奴橘老。

清·文晟《新編六書》卷六《藥性摘錄》　蒼耳子　味苦而甘，氣溫。祛肝風，除脾濕，活血通氣。○治巔頂風痛，四肢拘攣，通身周痹，骨節癰腫，腰重膝屈。並疥癬疳蟲，濕䘌惡肉死肌，疔腫痔漏。○或采根葉，熬膏，或作湯，浴而服之者，最忌豬肉。○並深忌風邪觸犯。○去刺，酒拌蒸用。

清·張仁錫《藥性蒙求·草部》　蒼耳錢半　蒼耳甘溫，上通巔頂。風濕能祛，鼻淵頭痛。一名葈耳。甘苦而溫，入肺經。善發汗，散風濕，上通巔頂，下行足膝，外達皮膚，又行督脈，乃走散之品也。若鼻淵鼻瘜，斷不可缺，能使清揚之氣上行也。炒，搗用，或酒拌蒸。虛人不宜久服多服。○作浴湯，治遍身搔癢。

清·陸以湉《冷廬雜識》卷一　蒼耳子蟲　蒼耳子草，夏秋之交，陰雨後梗中霉爛生蟲，取就薰爐上烘乾，藏小竹筒內，隨身攜帶。【略】患疔毒者，以蟲研細末，置治疔膏藥上，貼之一宿，疔即拔出而愈。貼時須先以針微挑疔頭出水。余在台州，僕周錦種之盈畦，取蟲救人，屢著神效。比在杭郡學舍旁蒼耳草蟲甚多，以療疔毒，無不獲效。同邑友人鄭拙言學博鳳鏘，攜至開化，亦救治數人。彼地無蒼耳草，書來索種以傳。

清·劉善述、劉士季《草木便方》卷一草部　蒼耳葉　野茄苗葉溫苦辛，發散風濕頭目清。牙疼鼻淵肢痹痛，癰疽疔瘍塗服輕。卷耳，牛巴嘴。

清·戴葆元《本草綱目易知錄》卷一　蒼耳子　甘，溫。去風明目，善發汗，清肝熱，散風濕，暖腰脚，上通腦頂，下行足膝，外達皮膚。治頭痛目暗，齒痛鼻淵，風濕周痹，四肢拘攣，瘰癧瘡疥，惡肉死肌，遍身瘙痒。炒去刺用。忌猪馬肉、米泔。【略】

莖葉：苦，辛，微寒，有小毒。治風寒頭痛，大風癲癇，頭風濕痹，毒在骨髓，腰膝風毒，夏月采，曝末，酒服，或蜜丸服，滿百日，病根出，如瘑疥汁，或斑駁(駁)甲錯皮起，皮落則肌如凝脂。除諸毒螫，殺蟲疳濕䘌。挼葉，安舌下，出涎，去目黄，好眠。燒灰，和臘猪脂搗，封疔腫，出根。酒煮服，治狂犬咬毒。

清・黄光霽《本草衍句》　蒼耳子　甘苦而溫，善於發汗。上下內外，無所不達。至上通腦頂，頭鼻目齒。頭痛，鼻淵，目暗，齒痛。下行足膝拘攣痛痺，外達皮毛遍身瘙痒。疥癬細瘡。內在骨髓，隨風燥濕。治遍身瘖瘰作痒，以之浴身，薰洗數次，無不愈者。蒼耳子一兩，(稀)〔豨〕薟草一握，紫背浮萍半盌，蛇床子五錢，北防風五錢。

清・陳其瑞《本草撮要》卷一　蒼耳子　味甘苦，入足厥陰經，功專消腫開痹，泄濕去風。得葶藶治水腫。小便閉，遍身痒，以之煎浴良。忌猪肉。一名葈耳，即《詩》卷耳。葉擣汁服，治産後痢。

清・徐士鑾《醫方叢話》卷一　蒼耳子蟲　【略】謹攷《廣羣芳譜》葈耳，引《本草綱目》葈耳，一名蒼耳。蘇頌曰處處有之，其葉青白，似胡荽，白華細莖，四月中生子，正如婦人耳璫。又引東坡《雜記》，云藥至賤，而為世所要用，無若蒼耳者，但有地則產，其花、葉、根、實皆可食，主療風痺癱緩、癃瘧瘡癢，不可勝言，尤治瘻、金瘡。

清・李桂庭《藥性詩解》　賦得蒼耳子透腦涕止。得腦字。李慶霖。　蒼耳輕宣表，力最能通腦。風袪齒痛蠲，涕止頭疼好。

前題得風字。又。　止涕須蒼耳，除攣痺痛攻。清頭兼治目，透腦且驅風。　蒼耳子性味甘苦而溫，善發汗以逐風濕，除肢攣以通腦項，止涕清頭，治目宣痺，外達皮膚，下行足膝，并治瘰癧瘡疥。

前題田春芳　蒼耳本驅風，甘溫力不雄。清頭除涕下，透腦却疼攻。

按：　蒼耳，即卷耳也。性味甘溫而苦。雖屬發散，乃平緩之品。治頭痛目暗，齒痛鼻淵。

羊屎惹

明・佚名氏《醫方藥性・草藥便覽》　羊屎惹　其性溫。治小兒風邪。

番紅花

元・忽思慧《飲膳正要》卷三　咱夫蘭　味甘，平，無毒。主心憂鬱積，氣悶不散，久食令人心喜。即是回回地面紅花，未詳是否。

明・劉文泰《本草品彙精要》卷四一　撒馥蘭無毒。　植生。

撒馥蘭：　主寬胸膈，開胃進飲食。久服滋下元，悦顔色及治傷寒發狂。今補。

〔名〕番紅花。　〔苗〕謹按：　撒馥蘭，三月蒔種於陰處。其根如蒜，硬而有鬚，抽一莖高六七寸，上著五六葉，亦如蒜葉，細長，綠色。五月莖端開花五六朵，如紅藍花，初黄漸紅。六月結子，大如黍。花能療疾，彼土人最珍重。今亦入貢，合香多用之。　〔地〕出忽刺散，并怯里慢黑里撒馬兒罕。　〔時〕生：　三月生苗。採：　五月取花。　〔收〕暴乾。　〔用〕花。　〔質〕類紅藍花而長。　〔色〕紅。　〔味〕甘，微酸。　〔性〕平，溫。　〔氣〕氣厚味薄，陽中之陰。　〔臭〕香。　〔主〕散鬱調血。　〔製〕碾細用。　〔合治〕碾爛，合羊心、牛心或鹿心，用火炙令紅色，塗於心上。食之能治腰背、胸膈、頭項作疼，及(止)〔心〕弱人食之，亦能壯盛。

明・李時珍《本草綱目》卷一五草部・隰草類上　番紅花《綱目》

〔釋名〕洎夫藍《綱目》　撒法即　〔集解〕時珍曰：　番紅花出西番回回地面及天方國，即彼地紅藍花也。元時以入食饌用。按張華《博物志》言，張騫得紅藍花種於西域，則此即一種，或方域地氣稍有異耳。

〔氣味〕甘，平，無毒。　〔主治〕心憂鬱積，氣悶不散，活血。久服令人心喜。又治驚悸時珍。

〔附方〕新一　傷寒發狂：　驚怖恍惚。用撒法即二分，水一盞，浸一夕服之。天方國人所傳。王璽《醫林集要》。

明・姚可成《食物本草》卷一七草部・隰草類　番紅花李時珍曰：　番紅花出西番回回地面及天方國，即彼地紅藍花也。元時以入食饌用。按張華《博物志》言張騫得紅藍花種於西域，則此即一種。或方域地氣稍有異耳。　番紅花，味甘，平，無毒。治心憂鬱積，氣悶不散，活血。久服令人心喜。又治驚悸。

附方：　治傷寒發狂。用番紅花水煎，冷服之。

清・趙學敏《本草綱目拾遺》卷四草部中　藏紅花　出西藏，形如菊。乾之可治諸痞。試驗之法：　將一朵入滚水內，色如血，又入色亦然，可沖四次者真。《綱目》有番紅花，又大薊曰野紅花，皆與此別。

治各種痞結：　每服一朵，沖湯下，忌食油葷鹽，宜食淡粥。　治吐血：王士瑤云：　不論虚實何經所吐之血，只須用藏紅花。將無灰酒一盞，花一朵，入酒內，隔湯頓出汁服之，入口血即止，屢試皆效。

蠡實

宋・李昉《太平御覽》卷第九九一 蠡實華 《吳氏本草》曰：蠡實，一名劇草，一名三堅，一名劇荔華。

宋・李昉《太平御覽》卷第九九二 豕首 《爾雅》曰：茢音列薽音真，豕首。郭璞注曰：《本草經》曰彘盧，一名蟾蘭。今江東呼豨首。《本草經》曰：豕首，一名劇草，一名蠡實。

《吳氏本草》曰：一名澤藍，一名豕首。神農、黄帝：甘、辛，無毒。生宛句。五月採。

宋・唐慎微《證類本草》卷八草部中品〔《本經・別錄》〕 **蠡**音禮**實** **味甘，平**、溫，無毒。**主皮膚寒熱，胃中熱氣，風寒濕痹，堅筋骨，令人嗜食**，止心煩滿，利大小便，長肌膚肥大。**久服輕身。花、葉去白蟲**，療喉痹，多服令人溏洩。一名荔實，**一名劇草，一名三堅，一名豕首。**生河東川谷。五月採實，陰乾。

〔梁・陶弘景《本草經集注》〕云：方藥不復用，俗無識者。天名精亦名豕首也。

〔唐・蘇敬《唐本草》〕注云：此即馬藺子也。《月令》云：荔挺出。鄭注云：荔，馬薤也。《說文》云：荔，似蒲根，可爲刷。《通俗文》：一名馬藺。《本經》：一名荔實子。療金瘡血內流，癰腫等病，有效。

〔宋・掌禹錫《嘉祐本草》〕按：《蜀本》云：蠡實，寒。日華子云：馬藺，治婦人血氣煩悶，産後血運并經脉不止，崩中，帶下，消一切瘡癤腫毒，止鼻洪吐血，通小腸，消酒毒，治黄病，傅蛇蟲咬，殺蕈毒。亦可蔬菜食，莖、葉同用。

〔宋・蘇頌《本草圖經》〕曰：蠡實，馬藺子也，北人音訛呼爲馬楝子。生河東川谷，今陝西諸郡及鼎、澧州亦有之，近京尤多。葉似薤而長厚，三月開紫碧花，五月結實作角子，如麻大而赤色有稜，根細長，通黄色，人取以爲刷。三月採花，五月採實，並陰乾用。謹按《顏氏家訓》云：《月令》曰荔挺出。鄭康成云：荔挺，馬薤也。《易統驗玄圖》云：荔挺不出，則國多火災。《說文》云：荔似蒲而小，根可爲刷。《廣雅》云：馬薤，荔也。蔡邕、高誘皆云：荔以挺出，然則鄭以荔挺爲名，誤矣。此物河北平澤率生之，江東頗多，種於堦庭，但呼爲旱蒲，故不識馬薤。講禮者，乃以爲馬莧，且馬莧亦名豚耳，俗曰馬齒者是也。其花、實皆入藥。《列仙傳》：寇先生者，宋人也，好種荔，食其葩實焉。今山人亦單服其實，云大溫益下，甚有奇效。崔元亮治喉痹腫痛，取荔花、皮、根，共十二分，以水一升，煮取六合，去滓含之，細細嚥汁，差止。

〔宋・唐慎微《證類本草》〕《外臺秘要》：治睡死者。杵蠡實根一握，水絞取汁，稍稍嚥之，口噤灌之。又方：治喉痹，咽喉喘息不通，須臾欲絕，神驗。以根、葉二兩，水一升半，煮取一盞，去滓，細細喫，立通。《千金方》：治中蠱下血如雞肝出，其餘四藏悉壞，唯心未毀，或鼻破待死。取馬藺根末，水服方寸匕，隨吐則出，極神。此苗似葛蔓綠紫，生子似橘子。《肘後方》：治面及鼻病酒皶。以馬藺子花杵傅之，佳。張文仲：治水痢百病。以馬藺子，用六月六日麴熬令黄，各等分爲末，空心米飲服方寸匕。如無六月六日麴，用常麴或牛骨灰等分亦得。

宋・寇宗奭《本草衍義》卷九 蠡實 陶隱居云：方藥不復用，俗無識者。《本經》諸家所注不相應，若果是馬藺，則日華子不當更言亦可爲蔬菜食。蓋馬藺，其葉馬牛皆不食，爲纔出土葉已硬，況又無味，豈可更堪人食也。今不敢以蠡實爲馬藺子，更俟博識者。

宋・鄭樵《通志》卷七五《昆蟲草木略》 蠡實 曰荔實，曰劇草，曰三堅，曰豕首，曰馬薤，即馬藺子也。北人呼為馬楝子，江東呼為旱蒲，多植於階庭。《說文》云：荔似蒲而小，根可作刷。《月令》云：荔挺生。

明・滕弘《神農本經會通》卷一 蠡實 即馬藺子也。五月採實，陰乾。味甘，氣平，溫，無毒。一云寒。

《本經》云：主皮膚寒熱，胃中熱氣，風寒濕痺，堅筋骨，令人嗜食，止心煩滿，利大小便，長肌膚肥大，久服輕身。花葉去白蟲，療喉痺。多服令人溏洩。日華子云：馬藺，治婦人血氣煩悶，産後血運，并經脉不止，崩中帶下，消一切瘡癤腫毒，止鼻洪，通小腸，消酒毒，治黄病，傅蛇蟲咬。《局》云：蠡實一名為馬藺，去風寒濕痺周身。更除胃熱攻喉痺，血氣崩中治婦人。蠡實，即馬藺。去濕，醫崩。

明・劉文泰《本草品彙精要》卷一〇 蠡實無毒。 叢生。

蠡實出《神農本經》：**主皮膚寒熱，胃中熱氣，風寒濕痹，堅筋骨，令人嗜食，久服輕身。○花葉去白蟲。**以上朱字《神農本經》。止心煩滿，利大小便，長肌膚肥大。療喉痹。以上黑字名醫所錄。

〔名〕荔實、劇草、三堅、豕首、馬藺子、旱蒲、豚耳。

〔苗〕《圖經》曰：葉如薤而長厚，即馬藺子也。三月開紫碧花，五月結實，作角。子如麻大而赤色，有稜。根細長，通黄色，人多取以爲刷。

〔地〕《圖經》曰：生河東川谷，今陝西諸郡及鼎、澧州亦有之，近京尤多。〔道地〕冀州。

〔時〕生：春生苗。採：四月取花，五月取實。

〔收〕陰乾。

〔用〕花、實。

〔質〕類麻子而肥圓。

〔色〕赤黑。

〔味〕甘。

【性】溫,緩。【氣】氣之厚者,陽也。【臭】朽。【主】堅筋骨,利大小便。【製】搗末用。【治】療:《圖經》曰:治喉痹腫痛。《唐本》注云:止金瘡血內流,癰腫。日華子云:主婦人血氣煩悶,產後血暈,並經脈不止,崩中帶下,止鼻洪吐血,通小腸,消酒毒,治黃病,傅蛇蟲咬。《別錄》云:治鼻病酒皶。【合治】合乾薑、黃連各等分爲散,以煮熟湯,調服方寸匕,治水痢百起,冷熱痢良,服時忌豬肉、冷水。【禁】多服令人溏泄。

明・俞弁《續醫說》卷一〇 馬蓮花 北方田野人患胸腹脹者,取馬蓮花子,擊碎,涼水下,即泄數行而愈。此法可備途中,倉卒無藥者之一助云《水東日記》。

明・鄭寧《藥性要略大全》卷六 馬藺花一名馬薤,一名荔挺,即馬蓮草也。味甘、辛,氣平,溫,無毒。主皮膚寒熱,胃中熱氣,專治疝氣。

馬藺子根 療血崩,散風寒濕痹,除胃熱喉痹,治皮膚寒熱,胃中熱氣,風寒不仁,堅筋骨,令人嗜食。《象》云:治女人血氣煩悶,產後血運,崩中帶下,消一切瘡腫、酒毒,止衄血吐血,通小腸。易老云:止心煩,利小便,多服令人溏洩。味甘,平,氣溫、微寒,無毒。葉似蒲根,可為刷。即北方馬蓮草也。生近水澗之旁。

明・王文潔《太乙仙製本草藥性大全》卷二《本草精義》 蠡實 即馬藺子,北人呼爲馬楝子,一名荔實,一名劇草,一名三堅,一名豕首。生河東川谷,今陝西諸郡及鼎澧州亦有之,近京尤多。葉似薤而長厚,三月開紫碧花,五月結實,作角子如麻大而赤色,有稜,根細長,通黃色,人取以爲刷。三月採花,五月採實,並陰乾用。《月令》曰荔挺出。荔挺,馬薤也。《易統驗玄圖》云:荔挺不出,則國多火災。《說文》云:荔似蒲而小,根可爲刷。《廣雅》云:馬薤,荔也。蔡邕、高誘皆云:荔以挺出,然則鄭以荔挺爲名,誤矣!此物河北平澤率生之,江東頗多種於堦庭,但呼爲旱蒲,故不識馬薤,講禮者乃以爲馬莧,且馬莧亦名銀耳,俗曰馬齒者是也,其花實皆入藥。

明・王文潔《太乙仙製本草藥性大全》卷二《仙製藥性》 蠡實即馬藺子。味甘,氣平、溫、微寒,無毒。主治:主皮膚寒熱、胃熱,治心胸吐紅、鼻紅。癰腫金瘡立愈,風寒濕痹堪除。堅筋骨,令人嗜食,散煩滿,小便立通。療產後血暈,血氣煩悶,并經脉不止,帶下崩中。長肌膚肥大,消酒毒神功。補註:治水痢百病,以馬藺子,用六月六日麪熬令黃,各等分,爲末,空心米飲服方寸〔匕〕。如無六月六日麪,用常麪或牛骨灰等分亦得。〇治面及鼻病、酒皶,以馬藺子花杵傅之佳。〇又治水痢百病,以馬藺子、乾薑、黃連各等分,爲散,熟煮湯取一合,杵和二方寸〔匕〕,入腹即斷,冷熱皆治,常用神效,不得輕之。忌猪肉、冷水。

馬藺花:味甘、辛,氣平溫,無毒。主治:主皮膚寒熱,胃中熱氣。治偏墜疝氣,喉痹,殺蟲。補註:治偏墜疝氣不愈,馬藺花一兩,蘿蔔子同炒,川楝子一兩五錢,凈肉用橘核同炒,吴茱萸一兩,凈酒浸炒,木香二錢,不見火,右爲末,每服一二錢,用好酒調,空心服。〇喉痹腫痛,取荔花皮根,合二分,及水一升,煮取六合,去滓,含之,細細嚥汁差。

根葉:味甘平,氣溫、微寒,無毒。主治:破宿血而養新血,斷血痢而合金瘡。解酒疸、蠱毒,止吐血、鼻洪。喉閉咽痛立止,氣促喘息不通。補註:治睡死者,杵蠡實根一握,水絞取汁,稍稍嚥之,口噤灌之。〇治喉痹咽痛,喘息不通,須臾欲絕神驗。以根葉二兩,水一升半,熬取一盞,去滓,細細喫,立通。〇治中蠱下血如雞肝出,其餘四藏悉壞,唯心未壞,或鼻殘待死。取根煮水,服方寸〔匕〕,隨吐則愈,極神。此苗似葛蔓緑紫,生子似橘子。

明・皇甫嵩《本草發明》卷三 蠡實中品上,臣。氣溫,味甘,平,無毒。即馬藺子。一名馬藺,花實皆入藥用。發明曰:蠡實甘溫,益脾利水,故《本草》主皮膚寒熱,胃中熱氣,風寒濕蜱,止心煩滿,令人嗜食。堅筋骨,利大小便,長肌膚肥大。花葉去白蟲,療喉痺。多服令人溏洩。

明・李時珍《本草綱目》卷一五草部・隰草類上 蠡實《本經》中品

【釋名】荔實《別録》 馬藺子《唐本》 馬楝子《圖經》 馬薤《禮記注》 馬帚《爾雅》 鐵掃帚《救荒》 劇草《本經》 旱蒲《禮記》 豕首《本經》 三堅 弘景曰:方藥不用,俗無識者。惟天名精亦名豕首。恭曰:此即馬藺子也。《月令》:仲冬荔挺出。鄭玄注云:荔,馬薤也。《通俗文》云:一名馬藺。《本草》謂之荔實。頌曰:馬藺子,北人訛爲馬楝子。《廣雅》云:馬薤,荔也。高誘云:荔挺出,荔草挺出也。講《禮》者不識,呼爲荔挺,又作馬莧,並誤矣。馬莧亦名豚耳,即馬齒也。時珍曰:《爾雅》云:荓音瓶,馬帚也。此即荔草,謂其可爲馬刷,故名。今河南北人呼爲鐵掃帚,是矣。【集解】《別録》曰:蠡實生河東川谷,五月採實,陰乾。頌曰:今陝西諸郡及鼎、澧州亦有之,近汴尤多。葉似薤而長厚,三月開紫碧花,五月結實作角子,如麻大而赤色有稜,根細長,通黃色,人取以爲刷。三月開花，五月採實，並陰乾用。許慎《説文》云：荔似蒲而小，根可爲刷。高誘云：河北平澤率生之。江東頗多，種於階庭，但呼爲旱蒲，不知即馬薤也。時珍曰：蠡草生荒野中，就地叢生，一本二三十莖，苗高三四尺，葉中抽莖，開花結實。

【正誤】宗奭曰：蠡實，陶隱居言方藥不用，俗無識者。《本草》諸家所注不相應。若果是馬藺，則《日華子本草》不當更言可爲蔬菜。蓋馬藺葉出土已硬，又無味，馬牛皆不食，豈堪人食。今不敢以蠡實爲馬藺，更俟博識。時珍曰：《别録》蠡實亦名荔實，則蠡乃荔字之訛也。張揖《廣雅》云，荔又名馬藺，其説已明。又按周（憲）〔定〕王《救荒本草》言其嫩苗味苦，煠熟，换水浸去苦味，油鹽調食，則馬藺亦可作菜矣。寇氏但據陶説疑之，欠考矣。陶氏不識之藥多矣。今正其誤。

實【修治】時珍曰：凡入藥炒過用，治疝則以醋拌炒之。【氣味】甘，平，無毒。保昇曰：寒。頌曰：山人服之，云大温，甚有奇效。【主治】皮膚寒熱，胃中熱氣，風寒濕痹，堅筋骨，令人嗜食。久服輕身《本經》。止心煩滿，利大小便，長肌膚肥大《别録》。療金瘡血内流，癰腫，有效蘇恭。婦人血氣煩悶，産後血運，並經脈不止，崩中帶下，消一切瘡癤，止鼻衄吐血，通小腸，消酒毒，治黄病，殺蕈毒，傅蛇蟲咬大明。治小腹疝痛，腹内冷積，水痢諸病時珍。

【附方】舊二，新六。　諸冷極病：醫所不治者。馬藺子九升洗淨，空腹服一合，酒下，日三服。《千金方》。　寒疝諸疾：寒疝不能食，及腹内一切諸疾，消食肥肌。馬藺子一升，每日取一把，以面拌煮吞之，服盡愈。姚僧坦《集驗方》。　喉痹腫痛：《衛生易簡方》用蠡實一合，升麻五分，水一升，煎三合，入少蜜攪匀，細呷，大驗。○《聖惠方》用馬藺子二升，升麻一兩，爲末，蜜丸，水服一錢。又方：馬藺子八錢，牛蒡子六錢，爲末，空心温水服方寸匕。　水痢百病：張文仲《備急方》用馬藺子，以六月六日麪熬，各等分，爲末，空心米飲服方寸匕。如無六月六日麪，常麪亦可，牛骨灰亦可。○又方：馬藺子、乾薑、黄連各等分，爲散，熟湯服二方寸匕，入腹即斷也。冷熱皆治，常用神效，不得輕之。忌猪肉、冷水。　腸風下血：有疙瘩瘡，破者不治。馬藺子一斤，研破酒浸，夏三、冬七日，曬乾，何首烏半斤，雄黄、雌黄各四兩，爲末，以浸藥酒打糊丸梧子大。每服三十丸，温酒下，日三服，見效。《普濟方》。

花、（在）〔實〕及根、葉【主治】去白蟲《本經》。療喉痹，多服令人溏洩《别録》。主癰疽惡瘡時珍。【發明】頌曰：蠡草花實皆入藥。《列仙傳》云，寇先生，宋人，好種荔，食其葩實，是矣。時珍曰：按《葉水東日記》云：北方田野人患胸腹飽脹者，取馬楝花擂凉水服，即泄數行而愈。據此則多服令人泄之説有驗，而蠡實之爲馬藺更無疑矣。

【附方】舊三，新六。　睡死不寤：蠡實根一握，杵爛，以水絞汁，稍稍灌之。《外臺秘要》。　喉痹口噤：馬藺花二兩，蔓荆子一兩，爲末，温水服一錢。　喉痹腫痛：喘息欲死者。《外臺秘要》用馬藺根葉二兩，水一升半，煮一盞，細飲之，立瘥。○《聖惠方》用根搗汁三合，蜜一合，慢火熬成，徐徐咽之，日五七度。一方：單汁飲之，口噤者灌下。無生者，以刷煎汁。　沙石熱淋：馬藺花七枚燒，故筆頭二七枚燒，粟米一合炒，爲末。每服三錢，酒下，日二服。名通神散。　小便不通：馬藺花炒，茴香炒，葶藶炒，爲末，每酒服二錢。《十便良方》。　一切癰疽：發背惡瘡。用鐵掃帚，同松毛、牛膝，以水煎服。《乾坤生意》。　面上瘢黶：取鐵掃帚，地上自落葉並子，煎湯頻洗，數次自消。《壽域神方》。　面皰鼻皶：馬藺子花，杵傅之佳。《肘後方》。

明・梅得春《藥性會元》卷上　馬藺花　味辛、酸，性温，無毒。一名蠡實。非園中之李子。主治皮膚寒熱，風寒濕痹，胃熱喉痹；堅筋骨，止風去濕及心腹煩滿，利大小便；令人嗜食，長肌肥大。治喉痹，以蠡實花葉煎汁含，細嚥之。多服令人溏泄。

明・倪朱謨《本草彙言》卷三　蠡實即馬藺子。　味甘，氣寒平，無毒。《别録》曰：蠡實生河東川谷，今陝西諸郡及鼎、澧州亦有之。

蘇氏曰：近汴尤多。葉似薤而長厚。三月開紫碧花，五月結實作莢子，如麻大而赤色，有棱，陰乾用。根細長，黄色而通。人取以爲薦。按《救荒本草》言其嫩苗味苦，煠熟，清水浸去苦味，油醬調和食之，可代蔬。

蠡實：日華活血氣，《本經》去風寒濕痹之藥也。保心宇稿蘇氏曰：此藥甘寒平潤，止吐血鼻衄，血熱妄溢。消一切瘡癤癰腫。煮湯飲，或炒黄，酒吞一二合，良驗。又莖葉搗汁，汩喉，治喉痹腫痛垂死。又治大便不通，及小便砂石淋濁諸證。《外臺秘要》往往用之，屢奏奇效。

明・姚可成《食物本草・救荒野譜補遺・草類》　蠡實食葉。周定王《救荒本艸》名鐵掃帚。生陝西諸郡。其葉似薤，嫩時汋去苦味，油鹽調食。

蠡實艸，葉如薤，食之令人無損害。歉歲農桑兩不收，饔飧八口將誰賴。定王收入救荒書，惠及元元皆感戴。

明・姚可成《食物本草》卷一八草部・隰草類　蠡實生河東川谷。今陝西諸郡及鼎、澧州亦有之，近汴尤多。葉似薤而長厚，三月開紫碧花。五月結實作角子，如麻大而赤色有稜，周（憲）〔定〕王《救荒本草》言其嫩苗味苦，爗熟，换水浸去苦味，油鹽調食。

蠡實，味甘，平，無毒。治皮膚寒熱，胃中熱氣，風寒溼痹，堅筋骨，令人嗜食。久服輕身。止心煩滿，利大小便，長肌膚肥大。療金瘡血内流，癰腫，婦人血氣煩悶，產後血運，并經脉不止，崩中帶下，消一切瘡癤，止鼻衄吐血，通小腸，消酒毒，治黃病，殺蕈毒，傳蛇蟲咬。治小腹疝痛，腹内冷積，水痢諸病。花、葉主去白蟲，療喉痹。多服令人溏泄，主癰疽惡瘡。《列仙傳》云：寇先生，宋人，好種此草，食其葩實。

附方：治喉痹危症。用蠡實根及葉二兩，水一升半，煮一盞，細飲之，立瘥。或用搗汁三合，蜜一合，慢火熬成，徐徐點之，日五七度。

清・劉雲密《本草述》卷九下 馬蘭花子即蠡實。 愚按：馬藺花，即《本草》所謂蠡草花也。據《本草》蠡實根葉皆用，而方書於諸證主治，唯及於花，故止悉花之氣味功用，而不及實與根葉。

頌曰：今陝西諸郡，及鼎、澧州亦有之，近汴尤多。《别録》曰：生河東川谷。開紫碧花，五月結實，作角子，如麻大而赤色，有稜，根細長，通黃色，人取以為刷。花實采之，並陰乾用。 時珍曰：蠡草生荒野中，就地叢生，一本二三十莖，苗高三四尺，葉中抽莖，開花結實。

花：味甘、辛，氣平，溫，無毒。

諸本草主治：皮膚寒熱，胃中熱，療偏墜疝氣，喉痹，殺蟲。 方書主治：沙淋癩疝，及小腸氣。

附方 偏墜疝氣不愈，馬藺花二兩，蘿白子同炒，川楝子一兩五錢，淨内，用橘核同炒，吴茱萸一兩淨，酒浸炒，木香二錢，不見火，為末，每服一二錢，用好酒調，空心服。 喉痹腫痛，取荔花皮根合二分，及水一升，煮取六合，去滓，含之，細細咽汁差。 沙石熱淋，馬藺花七枚，燒，故筆頭二七枚，燒，粟米一合，炒為末，每服二錢，酒下，日二服，名通神散。

愚按：蠡草花、實、木、草，云俱入藥用，乃蠡實於方書諸證主治不槩見，而花則僅見於淋證及疝耳。豈是物專主下焦之陰以為功乎？即其花色紫碧，可以揣其所入，有合於陰中之陽也。唯是沙淋之治，多主於熱者，而疝證所治，有同溫劑，又似不專於治熱者，何為寒熱之異用如是乎？蓋先哲言其味甘辛，氣平，溫，無毒，是則此種得味之甘，可和於四味，受氣之平，可和於四氣，而甘中有辛，平中有溫，乃為和陰散結之善物乎？蘇頌謂蠡實，山人服之云大溫，甚有奇效，是非合於人身之少火，為陰中之陽乎？言實而花，亦可以類推矣。觀《本草》於花不言治疝，而以治疝歸實，乃方書治疝，盡主於花也。即茲不可以明於花實之通用乎？或曰本草多謂其療喉痹，是則專主下焦之陰，其義不無有戾歟。曰：夫喉痹一證，合於少陽相火者為甚，正屬下焦陰分，陰中之陽以為病也。唯是乃其的對，其又何戾之與有？但此種在市肆難覓，而李瀕湖所云生荒野中云云者，又安能定其的為蠡草否也？姑以俟之博物君子。

清・蔣居祉《本草擇要綱目・溫性藥品》 蠡實即馬藺子。凡入藥，炒過用。治疝則以醋拌炒之。 氣味：甘，平，無毒。 主治：皮膚寒熱，胃中熱氣，風寒濕痹，堅筋骨。令人嗜食，久服輕身。止心煩滿，利大小便，長肌膚肥大。療金瘡血内流癰腫有效。婦人血氣煩悶，產後血運，并經脈不止，崩中帶下。消一切瘡癤，止鼻衄吐血，通小腸，消酒毒，治黃病，殺蕈毒，傳蛇蟲咬。治小腹疝痛，腹内冷積水痢諸病。 花實及根葉主治：去白蟲，療喉痹。多服令人溏泄。主癰疽惡瘡。

清・汪昂《本草備要》卷二 馬藺子一名蠡實。瀉濕熱，解毒。 甘，平。治寒疝喉痹，癰腫瘡癤，婦人血氣煩悶，血運崩帶。利大小腸。久服令人瀉。叢生，葉似薤而長厚，結角子如麻大，赤色有稜。炒用。治疝用醋拌。根、葉同功。

清・李熙和《醫經允中》卷二一 馬藺子 一名蠡實。 甘，平。治喉痹，癰腫瘡癤，利大小腸。多服令人瀉。

清・汪紱《醫林纂要探源》卷二 馬藺子 甘，平，微鹹。一名蠡實。叢生，似薤葉而長厚，結角如麻角，子亦略似脂麻而赤色，有稜。醋炒用。破血輭堅，下可治疝，上治喉痹，治一切癰瘡毒腫，及婦人血氣煩悶，血暈崩帶，利大小腸。大約少陰、厥陰之藥。 根葉：同功。令人瀉。

清・嚴潔等《得配本草》卷三 馬藺子一名蠡實。 辛，平。入陽明經血分。瀉濕熱，消酒毒，治疝痛，祛冷積。得升麻，治喉痹。根、葉、汁俱可服。配乾薑、黃連，治水利。忌豬肉、冷水。取根、葉搗汁服，治絞腸痧。 冷疝，醋炒。瀉痢，酒炒。濕熱，童便炒。 燥熱者禁用。久服令人瀉。

題清・徐大椿《藥性切用》卷三 馬藺子 一名蠡實。性味甘溫，治寒疝冷積諸痛。

清・楊時泰《本草述鉤元》卷九 馬藺花 即蠡草花。其子即蠡實。《本草》蠡實根葉皆用，而方書證治惟及於花，故獨悉之。生河東川谷，今陝西諸郡，及鼎澧州亦有之，近汴尤多。就地叢生，一本二三十莖，高三四尺，葉似薤而長厚，葉中抽莖，三月開紫碧花，五月結實作角子如麻，而赤色有稜，根細長通黃色。

花味甘，辛，氣平溫。治皮膚寒熱，胃中熱，療偏墜疝氣，喉痹，殺蟲。方書治沙淋，㿗疝及小腸氣。

附方：偏墜疝氣不愈，馬藺花用蘿白子同炒二兩，川楝淨肉用橘核同炒一兩五錢，吴茱萸酒浸炒一兩，木香二錢，不見火為末，每服一二錢，好酒調，空心服。喉痹腫痛，取荔花皮根合二分，及水一升，煮取六合，去渣，含之，細細嚥汁瘥。沙石熱淋，通神散，馬藺花七枚燒，故筆頭二七枚燒，粟米一合炒，為末，每服二錢，酒下，日二服。

論：蠡草花實，其功專主於下焦之陰，即花色紫碧，可以揣其所入，有合於陰中之陽也。惟是治淋多於熱，而治疝有同於溫，寒熱之異同，何遽如是？蓋由其得味之甘，可和於四味，受氣之平，可和於四氣，而甘中有辛，平中有溫，乃為和陰散結之善物，蘇頌謂蠡實服之大溫，甚有奇效，非合於人身少火為陰中之陽者乎。言實而花可類推矣。或謂專主下焦之陰，何以療喉痹，不知喉痹一證，合於少陽相火者為甚，正屬下焦陰中之陽以為病也。

清・葉桂《本草再新》卷二 馬藺子味甘，性平，無毒。入脾、肺二經。 治寒痰喉痺，癰腫瘡癤，婦人血氣煩悶，血暈崩帶，利大小腸。

清・吴其濬《植物名實圖考》卷一一 蠡實 《本經》中品。宋《圖經》以為即馬藺，北人呼為馬楝子。又據《顏氏家訓》荔挺。鄭注：馬薤也。《說文》：荔似蒲而小，根可為刷。其說甚核。余曾以葉、實治喉痹，良驗。北地人今猶以其根為刷，柔韌細潔，用久不敝，凡裹角黍、縛花、接木，皆用其葉，亦便。

雩婁農曰：馬藺，賤草。而《月令》記之。豈非以西北苦寒，冒土最先歟？三之日，積雪欲消，青青叢芽，於輪蹄間者，非是物耶？其葉可繩，其實可藥，其根可刷。明吴寬詩：為箒或為拂，用之材亦良。根長者任之矣。又高岸崩時合用栽，則此草乃堪護隄捍水耶？《詩》有之：雖有絲麻，無棄菅蒯。

清・葉志詵《神農本草經贊》卷二 蠡實 味甘，平。主皮膚寒熱，胃中熱氣，風寒濕痹，堅筋骨，令人嗜食。久服輕身。花葉去白蟲。一名劇草，一名三堅，一名豕首。生川谷。

挺出荒郊，弗勞鋤墾。帚擁三堅，叢攢一本。倒薤參差，束蒲苯蕁。解異寒溫，事權益損。

蘇恭曰：《月令》荔挺出，即此。蘇軾詩：荒澀旋鋤墾。《爾雅》：荓，馬帚也。何遜《七召》：擁帚者繼足。李時珍曰：荒野中就地叢生，一本二三十莖。《廣雅》：馬薤荔也。庾肩吾序：參差倒薤。《說文》：荔似蒲而小。《詩》：不流束蒲。張衡賦：苯蕁蓬茸。韓保昇曰：性寒。蘇頌曰：大溫有奇效。《淮南子》：益損者，其王者之事與。

清・戴葆元《本草綱目易知錄》卷一 馬藺子蠡實 甘，平。堅筋骨，長肌膚，療黃疸，消酒毒。治風寒濕痹，皮膚寒熱，胃熱喉痹，心胸煩滿，小腹疝痛，腹內冷積，水痢腸紅。消一切瘡癤，利大小便。止吐衄崩帶，婦人血氣煩悶，經血不止，產後血運。止金瘡血。殺蕈毒，傅蛇蟲咬。

清・陳其瑞《本草撮要》卷一 馬(蘭)〔藺〕子 味苦，入足厥陰經血分，功專治寒疝喉痹，癰腫瘡癤，婦人血氣煩悶，血運崩帶，利大小腸。久服令人瀉。治痢用醋拌。一名蠡實。

荄蓃

明・朱橚《救荒本草》卷上之後 荄蓃根音冒嫂。俗名麵碌碡音祿讀。生水邊下濕地。其葉就地叢生，葉似蒲葉而肥短，葉背如劍脊樣，葉叢中間攛葶，上開淡粉紅花，俱皆六瓣，花頭攢開如傘蓋狀，結子如韭花蓇葖音骨突，其根如鷹爪黃連樣，色似墐泥色。味甘。救飢：採根揩去皴音逡毛，用水淘淨，蒸熟食。或晒乾炒熟食。或磨作麵蒸食皆可。

马叟根

明・佚名氏《醫方藥性・草藥便覽》 馬叟根 其性溫而能接骨，散血、生肉。

必似勒

宋・唐慎微《證類本草》卷八草部中品〔唐・陳藏器《本草拾遺》〕 必似勒 味辛，溫，無毒。主冷氣，胃閉不消食，心腹脹滿。生崑崙，似馬藺子。

角蒿

宋・唐慎微《證類本草》卷一一草部下品〔唐・蘇敬《唐本草》〕 角蒿 味辛、苦，平，有小毒。主甘濕䘌，諸惡瘡有蟲者。

〔唐・蘇敬《唐本草》〕注云：葉似白蒿，花如瞿麥，紅赤可愛，子似王不留行，黑色作角，七月、八月採。《唐本》先附。

〔宋・掌禹錫《嘉祐本草》〕按：《蜀本圖經》云：葉似蛇床、青蒿等。子角似蔓菁，實黑細，秋熟，所在皆有之。陳藏器云：藁蒿，味辛，溫，無毒。主破血下氣，煮食之，似小薊。生高崗。宿根先於白草。一名莪蒿。《爾雅》云：莪，蘿。注：藁蒿也。釋曰：《詩・小雅》云：菁菁者莪。陸璣云：莪蒿也，一名蘿蒿。生澤田漸洳處。葉似邪蒿而細科，生三月中。莖可食，又可蒸，香美，味頗似蔞蒿是也。

〔宋・唐慎微《證類本草》〕雷公云：凡使，勿用紅蒿并邪蒿，二味真似角蒿，只是上香角短。採得並於槐砧上細剉用之。《外臺秘要》：凡齒齗宣露多是疳。角蒿取灰，夜塗齗上。使慎，油膩、沙糖、乾棗切忌之。《千金方》：治口中瘡久不差，入胸中並生瘡。角蒿灰塗之一宿動，口中若有汁，吐之。《宮氣方》：治小兒口瘡。角蒿灰貼瘡，妙。

宋・寇宗奭《本草衍義》卷一二　角蒿　莖、葉如青蒿，開淡紅紫花，花大約徑三四分。花罷，結角子，長二寸許，微彎。苗與角治口齒絕勝。

明・朱橚《救荒本草》卷上之前　猪牙菜　《本草》名角蒿。一名莪蒿，一名蘿蒿，又名藁音廪蒿。舊云生高崗及澤田漸洳處多有。今在處有之，生田野中。苗高一二尺，莖葉如青蒿，葉似邪蒿葉而細，又似蛇床子葉頗壯，梢間開花紅赤色，鮮明可愛，花罷結角子，似蔓菁，角長二寸許，微彎，中有子黑色，似王不留行子。味辛、苦，性溫，無毒。一云：性平，有小毒。救飢：採嫩苗莖葉煠熟，水浸去苦味，淘淨，油鹽調食。治病：文具《本草》草部角蒿條下。

明・劉文泰《本草品彙精要》卷一四　角蒿有小毒，附藁蒿。叢生。

角蒿：主甘濕䘌，諸惡瘡有蟲者。名醫所錄。〔苗〕《唐本》注云：葉似蒿，花如瞿麥，紅赤可愛，子似王不留行，黑色作角。《衍義》曰：角蒿，莖葉如青蒿，開淡紅紫花，花大，約徑三四分，花罷結角子，長二寸許，微彎。陳藏器云：一種藁蒿味辛，溫，無毒，主破血下氣，煮食之，似小薊。生高岡，宿根，先於百草，一名莪蒿。《爾雅》云莪，蘿。注云：藁蒿也。《詩・小雅》云：菁菁者莪。陸璣云：莪蒿也。一名蘿蒿，生澤田漸洳如庶切，漸濕也。處，似邪蒿而細科，生三月中，莖香美可食，味頗似蔞蒿也。〔地〕《蜀本圖經》云：所在皆有之。〔時〕生：三月生苗。採：七月、八月取。〔收〕暴乾。〔用〕莖、葉。〔質〕類蒿而作角。〔色〕青。〔味〕辛，苦。〔性〕平，散。〔氣〕氣之薄者，陽中之陰。〔臭〕香。〔主〕口瘡。〔製〕《雷公》云：凡採得，並於槐砧上細剉用。〔治〕療：《衍義》曰：治口齒。《別錄》云：燒灰，療齒齦宣露，多是疳者，夜塗齦上，切忌油膩、沙糖、乾棗，及口中瘡久不瘥，入胸中並生瘡者，塗之一宿，口中若有汁，吐之，效。亦貼小兒口瘡，妙。〔贗〕紅蒿、邪蒿爲僞。

明・王文潔《太乙仙製本草藥性大全》卷二《本草精義》　角蒿　生田野山谷，今在處有之。其葉似白蒿，花似瞿麥紅赤可愛，子似王不留行，黑色作角，故有此名。《蜀本》云：葉似蛇床、青蒿等，子似蔓菁，實黑細，秋熟，七八月採取收用。

明・王文潔《太乙仙製本草藥性大全》卷二《仙製藥性》　角蒿　味辛、苦，氣平，有小毒。主治：主口齒疳䘌、濕䘌、諸惡瘡有蟲者。又治口中瘡。補註：齒齗宣露，多是疳，但取灰夜塗齗上，使戒油膩、沙糖，乾棗切忌之。○口中瘡久不差，入胸中，並生瘡，用燒灰塗之，一宿效，口中若有汁吐之。小兒口瘡，用灰貼瘡妙。太乙曰：凡使勿用紅蒿並邪蒿，二味真似角蒿，只是上香角短。採得並於槐砧上細剉用之。

明・皇甫嵩《本草發明》卷三　角蒿味辛、苦，有小毒。似白蒿，花如瞿麥，紅赤，子黑色，作角。主口齒疳蝕、諸惡瘡有蟲者。

明・李時珍《本草綱目》卷一五草部・隰草類上　角蒿《唐本草》

〔集解〕恭曰：角蒿似白蒿，花如瞿麥，紅赤可愛，子似王不留行，黑色作角，七月、八月採。保昇曰：葉似蛇牀、青蒿，子角似蔓菁，青黑而細，秋熟，所在皆有之。宗奭曰：莖葉如青蒿，開淡紅紫花，大約徑三四分。花罷結角，長二寸許，微彎。斅曰：凡使，勿用紅蒿並邪蒿，二味真似角蒿，只是此香而角短爾。採得，於槐砧上細剉用之。

〔氣味〕辛，苦，有小毒。〔主治〕乾濕䘌，諸惡瘡有蟲者《唐本》。治口齒瘡絕勝宗奭。

〔附方〕舊二，新一。齒齦宣露：多是疳也。角蒿燒灰，夜塗上。切忌油膩、沙糖、乾棗。《外臺秘要》。口瘡不瘥：入胸中並生者。不拘大人小兒，以角蒿灰塗之，有汁吐去，一宿效。《千金方》。月蝕耳瘡：用蒿灰摻之良。《集簡方》。

清・汪紱《醫林纂要探源》卷二　角蒿　辛，苦，寒。牡蒿也。一名蔚。葉似菊而薄小，花淡紅紫，結角微彎，長二寸許。行肝氣於脾，以舒蘊濕積熱。主治口瘡，除疳去蟲䘌。

繼母草

宋·唐慎微《證類本草》卷一〇草部下品〔唐·陳藏器《本草拾遺》〕 繼母草　主惡瘡。杵傅之。生塞北川原。有紫碧花，花有角，角上有刺，蒿之類也。亦名繼母藉。

抱娘蒿

宋·鄭樵《通志》卷七五《昆蟲草木略》 藘蒿　先於百草而生。《爾雅》云：莪　蘿。注云：藘蒿也。《小雅》云：菁菁者莪。陸璣云：莪，蒿也。一名蘿蒿。

莪　莪蒿也。一名蘿，故又謂之蘿蒿。《爾雅》云：莪，蘿。《詩》云：菁菁者莪。本草謂藘蒿。

明·姚可成《食物本草》卷首王西樓《救荒野譜》 抱孃蒿食葉。叢生，故名。二三月采之，熟食。

抱孃蒿，結根牢。解不散，如漆膠。君不見昨朝兒賣客船上，兒抱孃哭不肯放。

明·王文潔《太乙仙製本草藥性大全》卷二《本草精義》 藘蒿　一名莪，蒿。《爾雅》曰莪，蘿。一名蘿蒿。《小雅》云菁菁者莪。生澤田漸洳處，或生高崗，宿草生於百草，其葉似邪蒿而細科，生二三月中，莖可食，又可蒸，香美味頗似蔞蓍是也。《衍義》云：莖葉如青蒿，開淡紅紫花，花約徑三四分，花罷結角子，長二寸許，微彎曲如角。

明·王文潔《太乙仙製本草藥性大全》卷二《仙製藥性》 藘蒿　味辛，氣溫，無毒。　主治：主破血下氣，煮食之似小薊。

明·皇甫嵩《本草發明》卷三 藘蒿，味辛，溫。似小薊，生高〔崗〕，宿根先百草，一名莪蒿。下氣破血。

明·李時珍《本草綱目》卷一五草部·隰草類上 藘蒿《拾遺》

【釋名】莪蒿《爾雅》　蘿蒿同上　抱娘蒿　時珍曰：陸農師云：藘之爲言高也。莪，亦峨也。莪科高也。可以覆蠶，故謂之蘿。抱根叢生，故曰抱娘。【集解】時珍曰：藘蒿生高崗，似小薊，宿根先於百草。《爾雅》云莪，蘿，是也。《詩·小雅》云：菁菁者莪。陸璣注云：即莪蒿也。生澤國漸洳處。葉似斜蒿而細科，二月生。莖、葉可食，又可蒸，香美頗似蔞蒿。但味帶麻，不似蔞蒿甘香。

【氣味】辛，温，無毒。　【主治】破血下氣，煮食之藏器。

明·周履靖《茹草編》卷二 抱娘蒿　昔聞孝順竹，今得抱娘蒿。葉如總翠，根若纏綃。其有瞻雲未散，鬢雪欲消。春入彩衣之俎，秋傾倚杖之瓢。請收孟宗淚，何必抱寒稍。

明·姚可成《食物本草》卷一七草部·隰草類 藘蒿生高岡。似小薊，宿根，先於百草。生澤國沮洳處者，葉似斜蒿而細科。二月生莖葉，可食。又可蒸煮，極香。

藘蒿，味辛，溫，無毒。蒸煮食之，主破血下氣。

清·吳其濬《植物名實圖考》卷一四 莪蒿　《詩經》：菁菁者莪。《陸疏》：莪　蒿也。《爾雅》：莪，羅。郭注藘，蒿。《本草綱目》以為即抱娘蒿。《救荒本草》作抪娘蒿。葉碎，茸細如鍼，色黃綠。嫩則可食。與《陸疏》符合。《埤雅》以角蒿為藘蒿，殊為臆說。

茺蔚

宋·唐慎微《證類本草》卷六草部上品〔《本經·別錄》〕 **茺蔚子　味辛**，甘，**微溫**、微寒，無毒。**主明目益精**，除水氣，療血逆大熱，頭痛心煩。**久服輕身。莖：主癮疹**上音癮，下音診。**癢，可用浴湯。一名益母，一名益明，一名大札**，一名貞蔚。生海濱池澤。五月採。

〔梁·陶弘景《本草經集注》〕云：今處處有。葉如荏，方莖，子形細長，三稜。方用亦稀。

〔唐·蘇敬《唐本草》〕注云：擣茺蔚莖傅丁腫，服汁使丁腫毒內消。又下子死腹中，主產後血脹悶，諸雜毒腫、丹油等腫。取汁如豆滴耳中，主聤耳。中虺蛇毒傅之良。

〔宋·馬志《開寶本草》〕按：《陳藏器本草》云：此草，田野間人呼爲鬱臭草，本功外，苗、子入面藥，令人光澤。亦擣苗傅乳癰惡腫痛者。又擣苗絞汁服，主浮腫，下水，兼惡毒腫。又按：別本注云：其子狀如菥蓂子而稍麁大，微有陳氣，作煎及擣絞取汁服之，下死胎也。

〔宋·掌禹錫《嘉祐本草》〕按：《爾雅·釋草》注云：萑蓷，今茺蔚也。葉似荏，方莖，白華，華生節間。又名益母。疏引劉歆曰：萑，臭穢。臭穢即茺蔚也。日華子云：治產後血脹，苗、葉同功。乃益母草子也。節節生花如雞冠，子黑色，九月採。

〔宋·蘇頌《本草圖經》〕曰：茺蔚子，生海濱池澤，今處處有之。謹按《毛詩》云：中谷有蓷他回切。《爾雅》云：萑音佳蓷。郭璞云：今茺蔚也。葉似荏，方莖白華，華生節間。陸璣云：《韓詩》及《三蒼》皆云：蓷，益母也。故曾子見之感恩。劉歆亦謂：蓷，臭穢。臭穢即茺蔚也。今園圃及田野見者極多，形色皆如郭說，而苗葉上節節生花，實似雞冠子，黑色，莖作四方稜，五月採。又云：九月採實，醫方中稀見用實者。唐天后鍊益母草澤面法：五月五日採根苗具者，勿令著土，暴乾擣羅，以水和之，令極熟，團子如雞子大，再暴，仍作一鑪，四傍開竅，上下置火，安藥中央，大火燒一炊久，即去大火，留小火養之，勿令絕。經一復時出之，甆器中研治篩，再研三日，收之，使如澡豆法。《廣濟方》療小兒并疳痢困垂死者，取益母草煮食之，取足，差止，甚佳。韋丹治女子因熱病胎死腹中，擣此草并苗令熟，以少許暖水和，絞取汁，頓服，良。又主難產，擣取汁七大合煎半，頓服立下。無新者以乾者一大握〔把〕，水七合煎服。又名鬱臭草，又名苦低草。亦主馬嚙，細切此草和醋炒，傅之良。

〔宋・唐慎微《證類本草》〕《聖惠方》：治婦人勒乳痛成癰。益母爲末，水調塗乳上一宿，自差。生擣爛用之亦得。又方：治產後血不下。益母擣絞汁，每服一小盞，入酒一合，溫攪勻服。《外臺秘要》：治折傷内損有瘀血，每天陰則痛，兼治產婦諸疾神方：三月採益母草，一名負擔，一名夏枯草，洗擇令淨，於箔上攤暴令水乾，別用拔斷，可長五寸已來，勿用刀，即置鍋中，以水二碩以來，令草上水深二三寸，煎煮，候益母爛，水三分減二，漉出草，取五六斗汁，瀉入盆中，澄之半日已來，以綿濾取清汁，盆中滓澱盡棄之。其清汁於小釜中，慢火煎取一斗以來如稀餳。每取梨許大，暖酒和服之，日再服。以和羹粥並可。如遠行，不能稀煎去，即更煉可丸得。每服之，七日内則疼痛漸瘳，七日平復。或有產婦惡露不盡及血暈，一二服差。其藥治風，益心力，無忌。《肘後方》：治一切產後血病，并一切傷損。益母草不限多少，竹刀切，洗淨，銀器内鍊成膏，甆器内封之，並以酒服，内損亦服。孫真人治馬咬方：益母草細切，和醋炒，封之。《食醫心鏡》：治小兒疳痢，痔疾。以益母草葉煮粥食之，取汁飲之亦妙。《簡要濟衆》：新生小兒浴法：益母草五兩剉，水一斗，煎十沸，溫浴而不生瘡疥。《斗門方》：治癤子已破，用益母擣傅瘡，妙。《丹房鏡源》：燒益母灰，用麪湯溲，燒之徧，治面上風刺，亦制硫黄。《集驗方》：治婦人帶下赤白色。益母草花開時，採擣爲末。每服二錢，食前溫湯調下。《子母秘録》：治產後血暈，心氣絕。益母草研絞汁，服一盞，妙。又方：治小兒疳。益母草絞汁，稍稍服。

宋・寇宗奭《本草衍義》卷七 茺蔚子 葉至初春，亦可煮作菜食，淩冬不凋悴，唐武后九燒此灰，入緊面藥。九燒之義，已具冬灰條下。

宋・鄭樵《通志》卷七五《昆蟲草木略》 茺蔚 曰益母，曰益明，曰大札，曰貞蔚，曰萑，曰負檐，曰夏枯，曰鬱臭草，曰苦低草，曰蓷。葉似荏，方莖白華，《詩》所謂中谷有蓷也。

宋・劉明之《圖經本草藥性總論》卷上 茺蔚子 味辛、甘，微溫、微寒，無毒。主明目益精，除水氣，療血逆大熱，頭痛心煩。日華子云：治產後血脹，及治勒乳痛成癰。一云：治折傷瘀血，及小兒疳痢痔疾。莖主癮疹癢，可作湯浴。一名益母，一名益明。生海濱池澤，五月採。一云：擣莖，傅下腫。服汁，使下腫内消，又下子死腹中。

宋・王介《履巉巖本草》卷上 杜天麻 味辛，平，無毒。利腰膝，强筋力。主熱毒癰腫，擣莖并葉傅之。亦取子作飲煎服，去熱氣。

元・吴瑞《日用本草》卷六 茺蔚子 一名益母草，一名貞蔚，一名大札。味辛、甘，微寒，無毒。蒸令熟，烈日晒之，當口開，舂米食之，生食亦止渴潤肺。主補中益氣，通血脉，填精髓，除水氣，療血逆大熱，頭痛心煩。莖：主癮瘮，可作浴湯。擣傅疔腫，服汁使疔腫毒内消。〇下子死腹中，主產後血脹悶，諸雜毒腫、丹遊等腫。〇婦人勒乳痛成癰，益母為末，水調塗乳上一宿，自瘥。擣絞汁每服小盞，入酒一合溫服。

元・朱震亨《本草衍義補遺》 茺蔚子 即益母草。產前產後諸疾，行血養血。難產作膏服。〇此草即益母也。其苗擣取汁服，主浮腫下水。其子，入潔面藥，令人光澤。又《毛詩》云中谷有蓷，益母也。又云臭穢，臭穢即茺蔚也。

元・徐彦純《本草發揮》卷一 茺蔚子 一名益母。味辛、甘，微寒，無毒。主明目，益精。其莖主癮瘮痒，可作浴湯。治產後血脹。苗葉同功。丹溪云：益母草治產前產後諸疾，行血養血，難產。作膏服良。

明・朱橚《救荒本草》卷上之前 鬱臭苗 《本草》茺蔚子是也。一名益母，一名益明，一名大札，一名貞蔚。皆云蓷音推，益母也。亦謂蓷，臭穢。生海濱池澤，今田野處處有之。葉似荏子葉，又似艾葉而薄小，色青，莖方，節節開小白花，結子黑茶褐色，三稜，細長。味辛、甘，微溫；一云微寒，無毒。救飢：採苗葉煠熟，水浸淘淨，油鹽調食。治病：文具《本草》草部茺蔚子條下。

明・王綸《本草集要》卷二 茺蔚子即益母草。味辛甘，氣微溫，無毒。主明目，益精，除水氣，療血逆大熱，頭痛心煩。產前後諸疾，行血養血，難產。久服輕身。〇莖主癮瘮癢，可作湯浴。苗葉同功，擣傅丁腫乳癰。擣苗絞汁服，消丁腫，諸惡毒腫。子死腹中，產後血脹血暈，小兒疳痢。

明・滕弘《神農本經會通》卷一 茺蔚子 即益母草。莖五月採，子九月採。醫方中稀見用實者。味辛、甘，氣微溫，微寒，無毒。

《本經》云：主明目，益精，除水氣，療血逆，大熱頭痛，心煩，久服輕身。莖主癮疹癢，可作浴湯。《唐注》云：擣茺蔚莖，傅丁腫。服汁，使丁腫毒內消。又下子死腹中，主產後血脹悶，諸雜毒腫，丹油等腫。取汁如豆，滴耳中，主聤耳。中虺蛇毒，傅之良。陳藏器云：本功外，苗子入面藥，令人光澤。亦擣苗，傅乳癰惡腫痛者。又擣苗絞汁服，主浮腫下水，兼惡毒腫。日華子云：治產後血脹，苗葉同功。乃益母草子也，作節節生花，如雞冠子。黑色，九月採。《圖經》云：《廣濟方》療小兒疳痢，困垂死者，取益母草煮食之，取足差止。韋丹治女子因熱病胎死腹中，擣此草並苗，令熟，以少許暖水，和絞取汁，頓服良。又主難產，擣取汁七大合，煎半，頓服，立下。無新者，以乾者一大握，水七合，煎服。又名鬱臭草。亦主馬嚙，細切此草，和醋炒傅良。丹溪云：主產前後諸疾，行血養血，難產，作膏服。其苗擣取汁，主浮腫，下水。其子入緊面藥，令人光澤。《衍義》曰：九燒此灰，入緊面藥。九燒之義，已具冬灰條中。《局》云：茺蔚子能明眼目，益精更下死胎良。擣苗消腫塗癰毒，癮疹煎莖作浴湯。

明・劉文泰《本草品彙精要》卷七　茺蔚子無毒。　特生。

茺蔚子出《神農本經》：**主明目，益精，除水氣，久服輕身。○莖，主癮疹癢，可作浴湯。**以上朱字《神農本經》。子，療血逆，大熱，頭痛，心煩。以上黑字名醫所錄。

【名】萑臭穢、蓷、萑蓷、蓷。莖：益母、益明、大札、鬱臭草、苦低草、貞蔚、負擔、夏枯草。【苗】《圖經》曰：葉似荏葉，莖作四方棱，至夏節節開白花，實似雞冠，子黑色。陸璣云：《韓詩》及《三蒼》皆云：蓷，益母也。故曾子見之感恩。劉歆亦謂蓷，臭穢，即茺蔚是也。【地】《圖經》曰：生海濱池澤及園圃田野間，處處有之。【時】生：春生苗。採：五月取莖，九月取子。【收】暴乾。【用】子、莖。【質】類菥蓂子。【色】黑。【味】辛，甘。【性】微溫，緩，散。【氣】氣之薄者，陽也。【臭】臭。【主】子：明目，益精。葉：難產，浮腫。【製】《圖經》曰：唐天后煉益母草澤面法：五月五日採根苗具者，勿令著土，暴乾，擣羅，以水和之，令極熟，團之如雞子大，再暴。仍作爐，四傍開竅，上下置火，安藥中央，大火燒一炊，久即去大火，留小火養之，勿令絕。經一伏時出之，瓷器中研，治篩再研，三日收之，使如澡豆法。【治】療：陳藏器云：入面藥，令人光澤。○莖，傅乳癰，惡腫痛。服汁消浮腫，下水。《圖經》曰：莖，煮食，療小兒疳痢，沉困垂死者。飲汁，療女子因熱病胎死腹中及難產。《唐本》注云：莖，產後血脹悶，諸雜毒腫，丹遊等腫。擣傅疔腫並取汁服，使毒內消。及滴耳中，消聤耳。虺蛇毒，傅之良。《名醫別錄》云：莖葉汁，療產後血暈，心氣絕。【合治】莖煎膏合酒服，治折傷內損天陰則痛，及產婦惡露不盡，血暈諸疾。○燒灰，以麵湯溲燒之，遍除面上風刺。【忌】鐵器。

明・俞弁《續醫說》卷一〇　益母草　一名野天麻，一名茺蔚子。主治婦人胎前產後一切諸疾。四五月開紅紫花者宜入藥，白花者不用。其狀類夏枯草。丹溪《本草》云：夏枯無臭味，益母有臭味。明是兩種，俱生於春，但夏枯草不生子，交夏至則枯，蓋稟純陽之氣，得陰則枯，故曰夏枯草。益母後枯而結黑子。採藥者宜明白收用，庶不誤人。《外臺祕要》雖云名書，以益母草謂夏枯草，其亦謬矣。

明・許希周《藥性粗評》卷一　茺蔚、益母以多功。

茺蔚子，一名益母草，一名野天麻。《爾雅》名萑蓷。《國風》所謂中谷有蓷是也。春初生苗，高四五尺，莖方如麻，其葉每節相對而生，狀似荏，四五月亦於節間生花，紅紫色，亦有白色者，實細如雞冠子，黑色。江南田野處處有之。五月五日連根拔採，暴乾。入藥以去根，其莖葉花實並用。勿犯鐵器。所使並所畏惡，《本草》不載。味辛、甘，性微溫，無毒。主治婦人胎前產後血氣諸病，煩熱癮疹，行血養血，明目益精，大要婦女科尤不可缺，因名益母。

單方：產難：生擣絞汁半升，煎數十沸，待溫頓服，立下；如無生者，以乾者濃煎服亦可。產後血暈，血瘀作痛同此，和酒同服。　損傷：以一把去根，洗淨，擣碎，瓦器濃煎，去滓，再熬成膏，收貯封之，每取一二匙，溫酒調下，日三四次，效。　婦人赤白帶下：花開時採，暴擣為細末，每服二錢，食前溫湯調下。　小兒疳痢痔疾：取葉煮粥食之，絞汁飲之亦妙。　浴兒疥瘡：煎湯，待溫時或洗之。如新生浴兒，亦以此湯沐，不生疥。　治面風刺：燒灰淋汁，洗面。

明・鄭寧《藥性要略大全》卷五　益母草一名野天麻。　治女人經候不調，及胎前產後一切諸疾。此女科之要藥也。敷蛇咬毒，傅疔腫。服汁使疔腫內消。　日華子云：下死胎及產後百病。　味辛、甘、苦，氣平，無毒。有二種：白花者有毒，入爐火用；惟紫花者入藥。三月或端午日採取，陰乾。忌犯鐵。

茺蔚子　明目益精，療血逆頭痛、心煩，久服輕身。治產後血脹。多入眼科用。味甘、苦，氣平，無毒。即益母草子，俗呼為臭蔚。其莖葉同功。

《十書》云：味辛、甘，性微溫。又云微寒。

明·陳嘉謨《本草蒙筌》卷一 益母草一名茺蔚。 味辛、甘，氣微溫。無毒。方梗凹音坳面，對節生枝。葉如火麻，花開紫色。此草有二種，開白花者不入藥。川澤隨處俱有，端午連根拔收。風際陰乾，忌犯鐵器。單用最効，方載女科。或研羅細末，煉蜜為丸；或搗煎濃湯，熬成膏汁。總調胎產諸證，故加益母之名。去死胎，安生胎，行瘀血，生新血。治小兒疳痢，敷疔腫乳癰。汁滴耳中，又主聤耳。細剉醋炒，馬嚙堪敷。且制硫黃，尤解蛇毒。多服消腫下水，久服益精輕身。子味相同，亦理胎產，善除目瞖，易去心煩。

謨按：丹溪云：茺蔚子活血行氣，有補陰之功，故名益母。凡胎前產後，有所恃者血氣也。胎前無滯，產後無虛，以其行中有補也。

明·方穀《本草纂要》卷二 益母草 味辛、甘，氣微溫，無毒。乃行血養血之藥也。吾見婦人臨產之時，氣有不順，則迫血妄行，或逆於上，或崩於下，或橫生不順，或子死腹中，或胎衣不下，或惡露搶心，或血脹血暈，或瀝漿難生，或爲嘔噦惡心，或爲煩悶頭眩，是皆產後危急之症，惟益母草善能治之。又見瘡腫科，以之消諸惡毒及疔腫癰疽，以其行血養血之說也。眼科與之明目益睛，及治頭風眼痛，亦以養血和血之論也。大抵此劑行血而不傷新血，是以治血之功，大養血而不滯瘀血，是以和血之功多。誠爲血家之聖藥也。臨產當以童便酒煎，庶無前症，名爲益母，良有以哉。

明·王文潔《太乙仙製本草藥性大全》卷一《本草精義》 茺蔚子 一名益母，一名益明，一名大札，一名貞蔚。生海濱、池澤，今處處有之，園圃及田野生者極多。形細長，三稜，苗葉上節節生花，實似雞冠，子黑色，五月採。又云：九月採實。醫方中稀見用實者。

唐天后鍊益母草澤面法：五月五日採根苗具者，勿令著土，曝乾，搗羅，以水和之，令極熟，團之如雞子大，再曝，仍作一鑪，四傍開竅，上下置火，安藥中央，大火燒一炊久，即去大火，留小火養之，勿令絕，經一伏時出之，甆器中研細，篩，再研，三日收用，效，使如澡豆法。《廣濟方》。

益母草：一名負擔，一名夏枯草。三月採，洗擇令凈，於箔上攤，令水乾，別用捼斷，可長五寸，勿用刀，即置鍋中，以水二碩，令草上水深二三寸，煎煮候益母爛，水三分減二，漉出草，取五六㪷汁，瀉入盆中，澄之半日，以綿濾取清汁於小釜中，慢火煎取一㪷如稀餳，每取梨許大，暖酒和服之，日再服，以和羹粥並可。如遠行，不能稀煎去，即更煉爲丸，得每服之，七日內則疼痛漸瘳。

明·王文潔《太乙仙製本草藥性大全》卷一《仙製藥性》 茺蔚子 味辛、甘，氣微溫，無毒。又云：味甘、苦，氣平，無毒。即益母草子，俗呼爲臭蔚，之莖葉同功。《賦》云：明目益精，療血逆頭痛，心煩，久服輕身。治產後血脹。多入眼科用。主治：主明目益精，除水氣，療血逆，大熱頭痛，心煩。莖：主癮疹癢，可作湯浴。苗葉同功。搗傅丁腫乳癰，搗苗絞汁服，消丁腫、諸惡毒腫。子死腹中，產後血脹，血暈，小兒疳痢，久服益精輕身。草：名益母。補註：端午連根拔收，風際陰乾，忌犯鐵器。單用最效，方載女科。或研羅細末，煉蜜爲丸；或搗煎濃湯，熬成膏汁。總調胎產諸證，活血行氣，有補陰之功，故有益母之名。去死胎，安生胎，行瘀血，生新血。子：味相同，亦理胎前，善除目瞀，易去心煩。治小兒疳痢，敷疔腫乳癰；汁滴耳中，又主聤耳；細剉醋炒，馬嚙堪敷。且制硫黃，尤解蛇毒，多服消腫下水。治婦人勒乳爛成癰，益母爲末，水調塗乳上，一宿自差；生搗爛用之亦得；治產後血不下，益母搗絞汁，每服一小盞，入酒一合，溫攪勻服。○治馬咬方，益母草細切，和醋炒，封之。○治小兒疳痢、痔疾，以益母草葉煮粥食之，取汁飲之亦妙。○新生小兒浴法：用益母草五兩，剉，水一斗，煎十沸，溫浴，而不生瘡疥。治癤子已破，用益母草敷愈妙。○治婦人帶下赤白，益母草花開時採，搗爲末，每服二錢，食前溫湯調下。治產後血暈，心氣絕，益母草研絞汁，服一盞，妙。治小兒疳，益母草絞汁，稍稍服。

明·皇甫嵩《本草發明》卷二 茺蔚子上品之上，君。氣微溫、微寒，味辛、甘，無毒。一名益母草，又名益明，其別名更多。紫花者入藥。 發明曰：茺蔚子有活血行氣補陰之功，調胎產要藥也。故云益母主安胎，去死胎，行瘀血，生新血。婦人胎產，所恃者血氣也，胎前無滯，產後無虧，行中可補也。《本草》止云益精明目，除水氣，不及胎產，至諸註始言之，亦以活血行氣補陰故耳。今時俱用莖葉花，治胎產諸症，而不及餘症，未詳《本經》意也。○陳藏器云：搗苗絞汁服，主浮腫，下水氣，兼惡腫毒。其子作煎及搗汁服，下死胎。草苗子入面藥，令人光澤。又瘡癮疹癢，作浴湯。搗苗敷乳癰，惡腫痛效。其治產難單方，並見婦人門。五月五、七月七採向東陰處者，用左手中指挾住梗，一拔即起者妙。用作益母丸，姙娠五六月服，主生男，易産最驗。忌犯鐵器。宜避日光採得，陰乾用。

明·李時珍《本草綱目》卷一五草部·隰草類上

茺蔚《本經》上品

【釋名】益母《本經》　益明《本經》　貞蔚《別録》　蓷《爾雅》。音推。　野天麻《會編》　猪麻《綱目》　火枕《本經》　鬱臭草《圖經》　苦低草《圖經》　夏枯草《外臺》　土質汗《綱目》　時珍曰：此草及子皆充盛密蔚，故名茺蔚。其功宜於婦人及明目益精，故有益母之稱。其莖方類麻，故謂之野天麻。俗呼爲猪麻，猪喜食之也。夏至後即枯，故亦有夏枯之名。《近效方》謂之土質汗。林億云：質汗出西番，乃熱血合諸藥煎成，治金瘡折傷。益母亦可作煎，治折傷，故名爲土質汗也。禹錫曰：《爾雅》：萑，蓷。注云：今茺蔚也。又名益母。劉歆云：蓷，臭穢也。臭穢，即茺蔚也。陸璣云：蓷，益母也。故曾子見之感思。

【集解】《別録》曰：茺蔚生海濱池澤，五月採。弘景曰：今處處有之。葉如荏，方莖，子形細長，有三稜。方用亦稀。頌曰：今園圃及田野極多。郭璞注《爾雅》云：葉似荏，方莖白華，華生節間。節節生花，實似鷄冠子，黑色，莖作四方稜，五月採。又云九月採實。醫方稀有用實者。宗奭曰：茺蔚初春生時，亦可浸洗，淘去苦水，煮作菜食。凌冬不凋悴也。時珍曰：茺蔚近水濕處甚繁。春初生苗如嫩蒿，入夏長三四尺，莖方如黄麻莖。其葉如艾葉而背青，一梗三葉，葉有尖歧。寸許一節，節節生穗，叢簇抱莖。四五月間，穗内開小花，紅紫色，亦有微白色者。每萼内有細子四粒，粒大如茼蒿子，有三稜，褐色，藥肆往往以作巨勝子貨之。其草生時有臭氣，夏至後即枯，其根白色。蘇頌《圖經》謂其葉似荏，其子黑色，似鷄冠子，九月採實，寇宗奭《衍義》謂其凌冬不凋者，皆誤傳也。此草有白花、紫花二種，莖葉子穗皆一樣。但白者能入氣分，紅者能入血分，別而用之可也。按《閨閣事宜》云：白花者爲益母，紫花者爲野天麻。返魂丹注云：紫花者爲益母，白花者不是。陳藏器《本草》云：茺蔚生田野間，人呼爲鬱臭草。天麻生平澤，似馬鞭草，節節生紫花，花中有子，如青葙子。孫思邈《千金方》云：天麻草，莖如火麻，冬生苗，夏着赤花，如鼠尾花。此皆似以茺蔚、天麻爲二物，蓋不知其是一物二種。凡物花皆有赤白，如牡丹、芍藥、菊花之類是矣。又按郭璞《爾雅注》云：蓷，音推，即茺蔚，又名益母。葉似荏，白華，華生節間。又云：藬，音推，方莖，葉長而鋭，有穗，穗間有花紫縹色，可以爲飲，江東呼爲牛蘈。據此則是蓷、藬名本相同，但以花色分別之，其爲一物無疑矣。宋人重修《本草》，以天麻草誤注天麻，尤爲謬失。陳藏器《本草》又有蹔菜，云生江南陰地，似益母，方莖對節白花，主産後血病。此即茺蔚之白花者，故其功主血病亦相同。

子　【修治】時珍曰：凡用，微炒香，亦或蒸熟，烈日曝燥，舂簸去殻，取仁用。

【氣味】辛、甘，微温，無毒。《別録》曰：甘，微寒。時珍曰：甘、辛，温。灰制硫黄。

【主治】明目益精，除水氣，久服輕身《本經》。療血逆大熱，頭痛心煩《別録》。産後血脹大明。舂仁生食，補中益氣，通血脈，填精髓，止渴潤肺吴瑞。治風解熱，順氣活血，養肝益心，安魂定魄，調女人經脈，崩中帶下，産後胎前諸病。久服令人有子時珍。

【發明】震亨曰：茺蔚子活血行氣，有補陰之功，故名益母。凡胎前産後所恃者，血氣也。胎前無滯，産後無虚，以其行中有補也。時珍曰：茺蔚子味甘微辛，氣温，陰中之陽，手、足厥陰經藥也。白花者入氣分，紫花者入血分。治婦女經脈不調，胎産一切血氣諸病，妙品也，而醫方鮮知用。時珍常以之同四物、香附諸藥治人，獲效甚多。蓋包絡生血，肝藏血。此物能活血補陰，故能明目益精，調經，治女人諸病也。東垣李氏言瞳子散大者，禁用茺蔚子，爲其辛温主散，能助火也。當歸雖辛温，而兼苦甘，能和血，故不禁之。愚謂目得血而能視，茺蔚行血甚捷，瞳子散大，血不足也，故禁之，非助火也。血滯病目則宜之，故曰明目。

莖　大明曰：苗、葉、根同功。【氣味】藏器曰：寒。時珍曰：莖、葉：味辛、微苦。花：味微苦、甘。根：味甘。並無毒。《鏡源》曰：制硫黄、雌黄、砒石。【主治】癮疹，可作浴湯《本經》。擣汁服，主浮腫，下水，消惡毒疔腫、乳癰丹游等毒，並傅之。又服汁，主子死腹中，及産後血脹悶。滴汁入耳中，主聤耳。擣傅蛇虺毒蘇恭。入面藥，令人光澤，治粉刺藏器。活血破血，調經解毒，治胎漏産難，胎衣不下，血運血風血痛，崩中漏下，尿血瀉血，疳痢痔疾，打撲内損瘀血，大便小便不通時珍。　【發明】時珍曰：益母草之根、莖、花、葉、實，並皆入藥，可同用。若治手、足厥陰血分風熱，明目益精，調女人經脈，則單用茺蔚子爲良。若治腫毒瘡瘍，消水行血，婦人胎産諸病，則宜並用爲良。蓋其根莖花葉專於行，而子則行中有補故也。

【附方】舊十四，新七。　濟陰返魂丹：昝殷《産寶》曰：此方，乃吉安文江高師禹，備禮求於名醫所得者，其效神妙，活人甚多，能治婦人胎前産後諸疾危證。用野天麻，又名益母，又名火枕，又名負擔，即茺蔚子也。葉似艾葉，莖類火麻，方梗凹面，四五六月節節開花，紅紫色如蓼花，南北隨處皆有，白花者不是。於端午、小暑，或六月六日，花正開時，連根收採陰乾，用葉及花子。忌鐵器，以石器碾爲細末，煉蜜丸如彈子大，隨證嚼服用湯使。其根燒存性爲末，酒服，功與黑神散不相上下。其藥不限丸數，以病愈爲度。或丸如梧子大，每服五七十丸。又可擣汁濾净，熬膏服之。○胎前臍腹痛，或作聲者，米飲下。○胎前産後，臍腹刺痛，胎動不安，下血不止，當歸湯下。○産後，以童子小便化下一丸，能安魂定魄，血氣自然調順，諸病不生。又能破血痛，養脈息，調經絡，並温酒下。○胎衣不下，及横生不順，死胎不下，經日脹滿，心悶心痛，並用炒鹽湯下。○産後血運，眼黑血熱，口渴煩悶，如見鬼神，狂言不省人事，以童子小便和酒化下。○産後結成血塊，臍腹奔痛，時發寒熱，有冷汗，或面垢顔赤，五心煩熱，並用童子小便、酒下，或薄荷自然汁下。○産後惡露不盡，結滯刺痛，上冲心胸滿悶，童子小便、酒下。○産後瀉血水，以棗湯下。○産後痢疾，米湯下。○産後血崩漏下，糯米湯下。○産後赤白帶下，煎膠艾湯下。○月水不調，温酒下。○産後中風，牙關緊急，半身不遂，失音不語，童便、酒下。〇產後氣喘咳嗽，胸膈不利，惡心吐酸水，面目浮腫，兩脇疼痛，舉動失力，溫酒下。〇產後月內咳嗽，自汗發熱，久則變爲骨蒸，童便、酒下。〇產後鼻衄，舌黑口乾，童便酒下。〇產後兩太陽穴痛，呵欠，心忪氣短，羸瘦，不思飲食，血風身熱，手足頑麻，百節疼痛，並米飲化下。〇產後大小便不通，煩躁口苦者，薄荷湯下。〇婦人久無子息，溫酒下。

益母膏：《近效方》：治產婦諸疾，及折傷內損有瘀血，每天陰則痛，神方也。三月採益母草，一名負擔，一名夏枯草，連根葉莖花洗擇令浄，於箔上攤暴水乾，以竹刀切長五寸，勿用鐵刀，置於大鍋中，以水浸過二三寸，煎煮，候草爛水減三之二，漉去草，取汁約五六斗，入盆中澄半日，以綿濾去濁滓，以清汁入釜中，慢火煎取一斗，如稀餳狀，瓷瓶封收。每取梨大，暖酒和服，日再服。或和羹粥亦可。如遠行，即更煉至可丸收之。服至七日，則疼漸平復也。產婦惡露不盡及血運，一二服便瘥。其藥無忌。又能治風，益心力。《外臺秘要》。

女人難產：益母草搗汁七大合，煎減半，頓服立止。無新者，以乾者一大握，水七合，煎服。韋宙《獨行方》。

胎死腹中：益母草搗熟，以暖水少許，和絞取汁，頓服之。韋宙《獨行方》。

產後血運：心氣欲絕。益母草研汁，服一盞，絕妙。《子母秘録》。

產後血閉：不下者。益母草汁一小盞，入酒一合，溫服。《聖惠方》。

帶下赤白：益母草花開時採，搗爲末。每服二錢，食前溫湯下。《集驗方》。

小便尿血：益母草搗汁，服一升立瘥。此蘇澄方也。《外臺秘要》。

赤白雜痢：困重者。益母草日乾，陳鹽梅燒存性，等分爲末。每服三錢，白痢乾薑湯、赤痢甘草湯下。名二靈散。《衛生家寶方》。

小兒疳痢：垂死者。益母草嫩葉，同米煮粥食之，取足，以瘥爲度，甚佳。飲汁亦可。《廣利方》。

痔疾下血：益母草葉，搗汁飲之。《食醫心鏡》。

一切癰瘡：婦人妒乳乳癰，小兒頭瘡，及浸淫黃爛熱瘡，疥疽陰蝕。並用天麻草切五升，以水一斗半，煮一斗，分數次洗之以殺癢。《千金方》。

急慢疔瘡：《聖惠方》用益母草搗封之，仍絞五合服，即消。〇《醫方大成》：用益母草四月連花採之，燒存性。先以小尖刀十字劃開疔根，令血出。次繞根開破，捻出血，拭乾。以稻草心蘸藥捻入瘡口，令到底。良久當有紫血出，捻令血浄，再捻藥入，見紅血乃止。一日夜捻藥三五度。重者二日根爛出，輕者一日出。有瘡根脹起，即是根出，以針挑之。出後仍傅藥生肌易愈。忌風寒房室酒肉一切毒物。

癤毒已破：益母草搗敷甚妙。《斗門方》。

勒乳成癰：益母爲末，水調塗乳上，一宿自瘥。生搗亦得。《聖惠方》。

喉閉腫痛：益母草搗爛，新汲水一碗，絞濃汁頓飲，隨吐愈。冬月用根。《衛生易簡方》。

聤耳出汁：茺蔚莖葉汁滴之。《聖惠方》。

粉刺黑斑：《閨閣事宜》云：五月五日收帶根天麻紫花者，曬乾燒灰。以商陸根搗自然汁，加酸醋和搜灰作餅，炭火煅過收之。半年方用，入面藥，甚能潤肌。〇蘇頌曰：唐天后煉益母草澤面法：五月五日採根苗具者，勿令着土，暴乾搗羅，以麪水和成團，如鷄子大，再暴乾。仍作一爐，四旁開竅，上下置火，安藥中央。大火燒一炊久，即去大火，留小火養之，勿令火絕。經一伏時出之，瓷器中研治，篩再研，三日收用，如澡豆法，日用。一方：每十兩，加滑石一兩，胭脂一錢。

馬咬成瘡：苦低草，切細，和醋炒塗之。《孫真人方》。

新生小兒：益母草五兩，煎水浴之，不生瘡疥。《簡要濟衆》。

題明·薛己《本草約言》卷一《藥性本草》　益母草　味辛、甘，氣微溫，無毒。陽也，可升可降。主欲產胎滯而不行，療新產血滯而不利，行血活血而不傷。亦能養血。已產未產之良劑，通為治血之需，更有調氣之義。

按：日華子云：有活血行氣補陰之功，調胎產要藥也，故云益母。主安胎，去死胎，行瘀血，生新血。婦人胎產所恃者，血氣也，胎前無滯，產後無虧，行中有補也。入陰分六經，治女人經候不調及胎前產後一切諸疾之要藥也。端午連根收拔，風際陰乾。忌犯鐵器。單用最效，或研羅細末，煉蜜為丸。或搗煎濃湯，熬成膏汁，總調胎產諸症。

明·佚名氏《醫方藥性·草藥便覽》　大葉蒠　其性溫。治諸風，去熱。其仔茺蔚子。

益母草　其性溫。生新血，去瘀血，破氣。

明·梅得春《藥性會元》卷上　益母草　味辛，性微溫、微寒。無毒。即茺蔚子，又名野天麻。端午日採，陰乾。如作丸散，石臼、木杵搗之。主活血行氣，有補陰之妙。以其行中有補，故曰。胎前無滯，產後無虛。治橫生逆產、難產及安胎順氣。如久無子者，服之良。又主明目益精，除水，療血逆。產婦血暈大熱，頭痛心煩，久服輕身。此劑乃催生保產之聖藥也。

莖：治癮疹痒，可作湯浴。一名益明。

明·李中立《本草原始》卷一　茺蔚　始生海濱池澤，今處處有之，園圃及田野見者極多。春初生苗如嫩蒿，至夏高三四尺，莖方如黃麻，故俗呼野天麻。對節生枝，一枝三葉，節節生穗，叢簇抱莖。五六月間穗內開小花，紅紫色，亦有微白色者。每萼內有細子數粒，大如同蒿子，有三稜，蒼黑色。此草及子皆充盛密蔚，故名茺蔚。其功宜於婦人，故《本經》有益母之稱，俗呼益母草。

子：氣味辛、甘，微溫，無毒。　主治：明目益精，除水氣，久服輕身。〇療血逆大熱，頭痛心煩。〇產後血脹。〇春仁生食，補中益氣，通血脉，填精髓，止渴潤肺。　修治：茺蔚子，微炒香，日暴燥，舂簸去殼，取仁用。

茺蔚子，陰中之陽。手、足厥陰經藥也。白花者入氣分，紫花者入血分。

治婦女經脉不調，崩中帶下，胎前産後一切血氣諸病妙品也。

茺蔚，《本經》上品。【圖略】子淡黑色，一頭大，一頭小。

茺蔚根：味甘，花味微苦、甘，莖葉味辛、微苦，並無毒。　主治：癮瘮，可作浴湯。○擣汁服主浮腫，下水，消惡毒丁腫，乳癰丹遊等毒，并傅之。又服汁，主子死腹中及産後血脹悶。　滴汁入耳中，主聤耳，擣傅蛇虺毒。○入面藥令人光澤，治粉刺。　濟陰返魂丹：一名益母丸，治婦人胎前産後諸疾危證，其效神妙，活人甚多。　用益母草，葉似艾葉，莖類脂麻，方梗凹面，對節生枝，五六月節節開紅紫花者，端午、小暑或六月六日花正開時，連根收采陰乾，用葉及花子。忌鐵器，以石器搗為細末，煉蜜丸如彈子大，嚼服。或丸如梧桐子大，每服五七十丸。其藥不限丸數，以病愈為度。飲具于後：　胎前臍腹痛，或作聲者，米飲下。　胎前産後臍腹刺痛，胎動不安，下血不止，當歸湯下。　産後以童子小便化下一丸，能安魂定魄，血氣自然調順，諸病不生。又能破血痛，養脉息，調經絡，並溫酒下。　胎衣不下及橫生，死胎不下，經日脹滿，心悶心痛，並用炒鹽湯下。　産後血運眼黑，血熱口渴，煩悶如見鬼神，狂言，不省人事，以童子小便和酒化下。　産後結成血塊，臍腹奔痛，時發寒熱，有冷汗，或面垢顔赤，五心煩熱，並用童子小便、酒下，或薄荷湯下。　産後惡露不盡，結滯刺痛，上衝心胸滿悶，童子小便、酒下。　産後瀉血水，棗湯下。　産後痢疾，米湯下。　産後血崩漏下，糯米湯下。　産後赤白帶下，艾湯下。　月水不調，溫酒下。　産後中風，牙關緊急，半身不遂，失音不語，童便、酒下。　産後氣喘咳嗽，胸膈不利，惡心吐酸水，面目浮腫，兩脇疼痛，舉動失力，溫酒下。　産後咳嗽，自汗發熱，久則變為骨蒸，童便酒下。　産後鼻衄，舌黑口乾，童便酒下。　産後兩太陽穴痛，呵欠，心忪氣短，羸瘦，不思飲食，血風身熱，手足頑麻，百節疼痛，秦艽湯下。　産後大小便不通，煩燥口苦者，薄荷湯下。　婦人久無子息，溫酒下。

茺蔚制硫黄、雌黄、砒石。

明・張懋辰《本草便》卷一　茺蔚子即益母草。　味辛、甘，氣微溫，無毒。　主明目益精，除水氣，療血逆大熱，頭痛心煩，産前後諸疾，行血養血，難産。

明・李中梓《藥性解》卷三　益母草　味辛、甘，性微寒，無毒，入諸陰經。主行血養血，安胎利産，消浮腫惡毒疔瘡，治頭風血虛目疾，癮瘮發痒，堪作浴湯。子名茺蔚，益精明目，除水氣，療血逆大熱，頭痛心煩，下腹中死胎，理産後血脹。　按：益母本功治血，故入諸陰之經，行血而不傷新血，養血而不滯瘀血，所以為胎産聖藥。又能消瘡腫者，取其行血，而且辛甘發散也。

明・繆希雍《本草經疏》卷六　茺蔚子　味辛、甘，微溫、微寒，無毒。主明目益精，除水氣，療血逆，大熱頭痛心煩。久服輕身。莖：主癮瘮癢，可作浴湯。一名益母草。忌鐵。

〔疏〕茺蔚子稟地中之陽氣以生，兼感乎上天春夏之氣而成，亦陽草也。味辛甘，微溫微寒，無毒，入手、足厥陰經。為婦人胎産調經之要藥。此藥補而能行，辛散而兼潤者也。目者，肝之竅也。益肝行血，故明目益精。其氣純陽，辛走而不守，故除水氣。肝臟有火則血逆，肝涼則降而順矣。大熱頭痛心煩，皆血虛而熱之候也。清肝散熱和血，則頭疼心煩俱解。微溫微寒說，見人參條内。　〔主治參互〕午月五日采紫花益母草，搗汁，分貯瓷器内各少許，曬乾，剔取，和蜂蜜封固，加人參、琥珀、乳香、沒藥、血竭、沉香、丹砂、五靈脂，催生及胞衣不下，神效。兼産後血暈，瘀血薄心，惡露不行腹痛，少腹兒枕痛，調經治血閉經阻，經行作痛。　單用和童便服，能下死胎，及治熱入血室，發熱煩躁類傷寒。　君四物湯、杜仲、阿膠、真川續斷為丸，安胎止痛。　得生地黄、白芍藥、麥門冬、枇杷葉、青蒿子、五味子、阿膠，治血熱經行先期及胎漏下血。　同生甘菊、蒼耳草、金銀花、紫花地丁各一握，貝母、鼠黏子、白芷、殭蠶、白及、白斂、生甘草、連翹、生地黄各三錢，熬夏枯草汁，和藥同煎濃，頓飲之，消一切疔腫發背及無名腫毒。　〔簡誤〕益母草，辛甘為陽，故性善行走，能行血通經，血崩禁用。瞳子散大禁用。惟熱血欲貫瞳人者，與涼血藥同用則不忌。

明・倪朱謨《本草彙言》卷三　益母古名茺蔚。　味苦、甘、微辛，氣溫，無毒。　陰中之陽，手足厥陰經藥也。爲婦人産後血分之要劑，當以童便、酒煎。

李時珍先生曰：古方用實，今方用葉。蓋茺蔚專精在實，取充盛密蔚之義，其功宜于婦人胎産、眼目，故有益母之稱。　生江海湖濱地澤及園圃田野，近水濕處甚繁。　春初生苗如嫩蒿，入夏漸長至三四尺。　莖方有四棱，如黄麻莖。　葉有尖歧如艾葉。　莖有節寸許，節節生穗，叢簇抱莖。　四五月間穗內開小花，紅紫色。亦有白色者。每萼內有細子四粒，似蒿子，黑褐色，有三棱。藥肆往往作巨勝子貨之。其草生時有臭氣，夏至後莖葉皆枯，其根白色。雖有白花、紅紫花二種，莖葉子穗皆同。但白者入氣分，紫紅者入血分，別而用之可也。入藥取葉以酒拌蒸，曬乾用。取子微炒黄，舂簸去殼，取仁用。

益母草：　行血養血。行血而不傷新血，養血而不滯瘀血，李時珍誠爲血家之聖藥也。方吉人稿婦人臨產之時，氣有不順，而迫血妄行；或逆于上，或崩于下，或横生不順，或子死腹中，或胞衣不落，或惡露攻心，血脹血暈；或瀝漿難生，蹊澁不下；或嘔逆惡心，煩亂眩暈，是皆臨產危急之證。惟益母草統能治之。又瘡腫科以之消諸毒，解疔腫癰疽，以功能行血而解毒也。眼目科以之治血貫瞳人，及頭風眼痛，以功能行血而去風也。習俗以益母草有益于婦人，專一血分，故屢用之。然性善行走，能行血通經，消瘀逐滯甚捷。觀其治疔腫癰疽，眼病血障，則行血活血可知矣。產後諸疾因血滯、氣脉不和者，用之相宜。若執益母之名，施于胎前之證，血虚形怯，營陰不足者；肝虚血少，瞳人散大者；血脱血崩，陽竭陰走者。概而與之，未嘗不取咎也。

陳廷采先生曰：　益母草活血行氣，有補陰之功。凡胎前產後有所恃者，血氣也。胎前無滯，產後無虚，用此以其行中有補、補中有行，故有益母之稱。子名茺蔚，益肝膽，有明目之功；潤腎髓，有益精之力。利水實脾，調經順脉，功兼該矣。

紅娘婦《家寶方》云：　益母草苗、葉、莖、根、花、子，取全體總用。酒浸蒸曬乾，搗極爛，再碾爲末，煉蜜丸如彈子大。治胎前，安生胎，去死胎；治產後，行瘀血，生新血。又明目精，散水蓄，消丹疹，拔乳癰，止尿血，利小便，功全備矣。繆仲淳先生曰：　茺蔚草味陰而氣陽，輕潔之品。補而能行，辛散而兼潤者也。于婦人氣分血分諸病頗宜。

集方：　濟陰返魂丹：　治婦人胎前產後危急諸證。用益母草紅紫花者，端午小暑，或六月六日，或七月七日，連根收采，陰乾，以石器內碾爲細末，煉蜜丸如彈子大，隨證嚼服。用白湯送。其根燒存性，爲末酒服，功與黑神散等。其藥不限丸數，以病愈爲度。或丸如梧桐子大，每服百餘丸。又可搗汁濾淨，熬膏服之。○治胎前臍腹痛，或作聲者。米飲下。○治胎前產後，臍腹刺痛，胎動不安，下血不止。當歸湯下。○治產後，以童子小便化下一丸，能安魂定魄，血氣自然調順，諸病不生。又能破血痛，養脉息，調經絡，并溫酒下。○治死胎不下，及横生不順，胞衣不出，或經閉脹滿，心悶心痛，并用炒鹽湯下。○治產後血暈眼黑，血熱口渴煩悶，如見鬼神，狂言不省人事。以童子小便和酒化下。○治產後結成血塊，臍腹奔痛，時發寒熱，有冷汗，或面垢顏赤，五心煩熱，并用童便酒下。○治產後惡露不盡，結滯刺痛，上衝心胸滿悶。童便酒下。○治產後瀉血水。以棗湯下。○治產後痢疾。米湯下。○治產後血崩漏下。糯米湯下。○治產後赤白帶下。阿膠艾湯下。○治月水不調。溫酒下。○治產後中風，牙關緊急，半身不遂，失音不語。生薑湯下。○治產後氣喘咳嗽，胸膈不利，惡心吐酸水，面目浮腫，兩脇疼痛，舉動失力。溫酒下。○治產後月內咳嗽，自汗、發熱，久則變爲骨蒸。童便下。○治產後鼻衄，舌黑口乾。童便下。○治產後兩太陽穴痛，呵欠，心忪氣短，羸瘦不思飲食，血風身熱，手足頑麻，骨節疼痛。并米飲下。○治產後大小便不通，煩躁口苦者。薄荷湯下。○治婦人久無子息。溫酒下。

治產婦一切諸病，及折傷內損有瘀血，每天陰則痛，神方也。三月采益母草，連根、葉、莖、花，水洗令淨，于箔上攤暴水乾，以竹刀切，長五寸，勿用鐵刀。置于大鍋中，以水浸過二三寸。煎煮，候草爛，水減三之二，漉去草，取汁，約五六斗。入盆中澄半日，以綿濾去濁渣，以清汁入釜中，慢火煎取一斗，如稀餳狀。瓷瓶封收。每取數大匙，暖酒和服，日再服。或和羹粥亦可。服至七日，則疼漸平復也。產婦惡露不盡及血暈，一二服便瘥。其藥無忌，又能治風，益心力。

陳近泉《家寶方》治血熱經行先期，及胎漏下血。用益母草、生地黄、白芍藥、麥門冬、枇杷葉、青蒿子、五味子、阿膠。○治胎不安腹痛。用益母草、杜仲、阿膠、川續斷、當歸身、川芎、熟地、白芍藥各等分，爲丸服。○治臨產血崩不止。用益母草、當歸身、懷熟地各五錢，炮薑炭、人參各一兩。○治婦人經前經後感冒，頭痛發熱，譫語妄見，煩躁，類傷寒。此熱入血室證。用益母草、柴胡、半夏、當歸、丹皮、黄芩。○治胎死腹中，或胞衣不下。用益母草搗熟，以熟水少許，和絞取汁，頓服之。○治產後血閉血暈，心氣欲絕。用益母草搗汁，和熟水少許，灌服立甦。○治產後血暈，瘀血薄心，惡露不行，腹痛，少腹兒枕痛，兼催生及胞衣不下，并氣閉經阻，經行作痛。用人參、琥珀、乳香、沒藥、血竭、沉香、丹砂、五靈脂，各等分爲末。用益母草取汁拌，曬乾，三拌三曬爲度。加煉蜜搗成丸，如彈子大，用白湯化服。○《心鏡》治一切癰疽，幷婦人乳癰，急慢疔瘡，及小兒頭瘡，浸淫黄爛，及陰疽陰蝕。以益母草煎汁，患處淋洗，再以新鮮者絞汁，頻頻飲之，解毒消散。○《醫學大成》又方，治疔瘡。用益母草，四月連花采之，燒存性。先以小尖刀，十字劃開疔根，令血出。次繞根開破，捻出血，拭乾，以稻草心蘸藥，撚入瘡口，令到底。良久，當有紫血出。捻令血淨，再撚藥入，見紅血乃止。一日夜撚藥三五度。重者二日根爛出，輕者一日出。有瘡根脹起，即是根出，以針挑之。出後再敷生肌散，易愈。忌風寒、房室、酒肉、一切毒物。○同前治一切疔腫發背，及無名腫毒。益母草、蒼耳草、夏枯草、金銀花、紫花地丁各一握，鼠粘子、白芷、殭蠶、白及、白斂、甘草、連翹、生地各五錢，水十碗，煎去十分之七，取汁飲之。○《聖惠方》治勒乳成癰。用益母草爲末，水調塗乳上。一宿自瘥。搗汁飲亦得。○《碧潭集》治血風眼障，血污瞳人。用益母草、木賊草、蒼耳子、草决明、當歸尾、荊芥穗，水煎服。○徐孺人家抄治血風攻頭，頭痛、頭風，幷眼痛。用益母草、防風、羌活、天麻、蒼耳子、薄荷、連翹各等分，水煎服。○《廣利方》治小兒疳痢垂死者。用益母草嫩葉，同白米煮粥，食之甚佳，絞汁亦可。

明・姚可成《食物本草》卷一八草部・隰草類　益母草生海濱池澤。今處處有之，園圃及田野極多。春初生苗，如嫩蒿，便可浸洗，淘去苦水，煮作菜食。入夏長三四尺，莖方如黄麻莖，其葉如艾葉而背青。一梗三葉，葉有尖岐。寸許一節，節節生穗，叢簇抱莖。四五月間穗内開小花，紅紫色，亦有微白色者。每萼内有細子四粒，粒大如同蒿子，有三稜，褐色。按《閨閤事宜》云：　白花者為益母草，治婦人産後血病；　紫花者名返魂丹，功略次之。

益母草莖葉　味苦、微甘，寒，無毒。治癮瘮，可作浴湯。搗汁服，主浮腫下水。消惡毒疔腫，乳癰丹遊等毒，并傅之。又服汁，主子死腹中及産後血脹悶。滴汁入耳中，主聤耳。搗傅蛇虺毒，入面藥，令人光澤，治粉刺。活血破血，調經解毒。治胎漏産難，胎衣不下，血運血風血痛，崩中漏下，尿血瀉血，疳痢痔疾，打撲内損瘀血，大小便不通。

子　味辛、甘，微溫，無毒。主明目益精，除水氣。久服輕身，療血逆大熱，頭痛心煩，産後血脹。春仁生食，補中益氣，通血脉，填精髓，止渴潤肺。治風解熱，順氣活血，養肝益心，安魂定魄，調女人經脉，崩中帶下，産後胎前諸病。久服令人有子。

附方：　濟陰返魂丹：　治婦人胎前産後諸疾，一切危篤之症。於端午日采紫花益母草，連根莖花子陰乾；　或用鮮者，煎成膏子，隨症用湯調下。○胎前臍腹痛，米飲下。胎動不安，或下血不止，當歸湯下。○産後，童便調下二三匙，能安魂定魄，血氣自然調順，令諸病不生。○胎死腹及胞衣不出，或横生不順，竝用炒鹽湯下。○産後血運眼黑，血熱口渴，煩悶如見鬼神，狂言不省人事，以童便和酒化下。其惡露不盡，結血成塊刺疼，上衝心胸者，亦如之。○産後血崩漏下，糯米湯下。○産後赤白帶下，煎膠艾湯下。○産後泄瀉，棗湯下。○産後痢疾，米湯下。○産後中風，牙關緊急，半身不遂，失音不語，童便酒下。

治粉刺黑斑，《閨閤事宜》云：　五月五日收帶根天麻紫花者，晒乾燒灰，以商陸搗汁加醋，和搜灰作餅，炭火煆過。收之半年方用，入面藥，甚能潤肌。天麻即益母草。唐天后鍊益母草澤面法：　五月五日采根苗具者，〔勿令着〕土，暴乾。仍作一爐，四旁開竅，上下置火。將益母搗羅，以麪水和成團，如雞子大，安放爐火中央。大火燒一炊久，即去大火，留小火養之，勿令火絕。經一伏時出之，甆器中研，細篩再研，三日收用，如澡頭法。

明・顧逢柏《分部本草妙用》卷六兼經部・溫補　茺蔚即益母草。辛、甘，溫，無毒。入手、足厥陰二經血分。主治：　明目益精，血逆大熱，産後血脹，活血，養肝益心，安魄，調經，崩帶胎産，溫子宮聖藥。○莖煎湯，能治癮瘮。搗汁服，治浮腫下水，消疔腫，乳癰，丹遊等毒，及子死腹中。汁滴耳中，主聤耳。傅蛇虺毒，去面粉刺。入血分中，無病不效。按：　益母草、子，為婦科要藥。而醫家鮮用，不知心包生血，肝家藏血，益母能活血補陰，故能明目益精，調經，治諸症。予嘗用之，每見奇效。為胎前行滯，産後補虚之妙藥也。其莖葉花，專于行。而子則行中有補。白花者入氣分。又名蓷紫花者入血分，又名蘈，不可不知。

明・李中梓《醫宗必讀・本草徵要上》　茺蔚子味辛，微寒，無毒。入肝經。忌鐵。明目益精，行血除水。葉名益母，功用相當。補而能行，辛而能潤，為胎産要藥。按：　子與葉皆善行走，凡崩漏及瞳神散大者，禁用。

明・鄭二陽《仁壽堂藥鏡》卷一〇下　茺蔚子一名益母。隱居云：　茺蔚子，今處處有之。九月採。味辛、甘，微寒。無毒。主明目益精。其莖主癮疹痒，可作浴湯。治産後血脹，苗、葉同功。　丹溪云：益母草，治産前産後諸疾，行血養血。難産作膏服，良。苗、葉、莖、根、花、實，並皆入藥。陰乾用。活血行氣，有補陰之功，故名益母。凡婦人經脉不調，胎産一切血氣諸病，並皆治之。又絞汁服，主浮腫，下水，子死腹中，乳癰疔腫，蛇毒。《廣濟方》云：療小兒疳痢，茺蔚子末服之。　端午收，氣味花俱足。子：除目翳。葉：洗癮疹。

明·蔣儀《藥鏡》卷一温部　益母草　行血而新不傷，養血而瘀不滯。煎湯浴癮瘮，發癢自停。熱血貫瞳仁，涼藥濟用。童便與酒同煎，臨産用之必佳。子名茺蔚，明目益精，下腹中死孕，及止痛安胎。理産後血壅，并熱入血室，能清涼其肝火，故血逆者下行。雖辛散而潤滋，故水氣為除去。

明·張景岳《景岳全書》卷四八《本草正》　益母草子名茺蔚。　味微苦、微辛，微寒，性滑而利。善調女人胎産諸證，故有益母之號。能去死胎，滑生胎，活血涼血行血，故能治産難胎衣不下，子死腹中，及經脉不調，崩中漏下，尿血瀉血瘀血等證。然惟血熱血滯，及胎産艱澁者宜之。若血氣素虚兼寒，及滑陷不固者，皆非所宜，不得以其益母之名，謂婦人所必用也。蓋用其滑利之性則可，求其補益之功則未也。《本草》言其久服益精輕身，誠不足信。此外，如退浮腫，下水氣，及打撲瘀血，通大小便之類，皆以其能利也。若治疔腫乳癰，丹毒惡毒，則可搗汁飲之，其渣亦可敷貼。

子名茺蔚，功用略同。但子味微甘，稍溫，故能涼血補血，亦益陰氣，明目。

明·賈九如《藥品化義》卷三肝藥　益母草　屬陰中有陽，體乾，色青，氣和，味微苦略辛云甘非，性微涼云溫非，能升能降，力疏肝活血，性氣薄而味厚，入肝脾胞絡三經。　益母草味微苦略辛，入肝清熱疏散，專治胎前産後諸症，故名益母。凡胎前氣易滯，故惡阻而胎不安；産後血易凝，故血暈而腹痛。以此活血行氣而不推蕩，使血氣流通以除凝滯，大有益於陰分，故云有補陰之功。此非濡潤之物，體本枝葉，僅可通散，不可滋補，惟用之疏滯氣，即所以養真氣，用之行瘀血，即所以生新血耳。　種有不同，取紫花者良。五月間嫩時採之，陰乾取葉用。

明·盧之頤《本草乘雅半偈》帙三　茺蔚子《本經》上品。　氣味：辛、甘，微溫，無毒。　主治：主明目，益精，除水氣。久服輕身。

覈曰：茺蔚即益母。《爾雅》名萑、蓷。劉歆云：萑，臭穢也。臭穢，即茺蔚。陸璣云：蓷，益母也。益母，即茺蔚。故曾子見之而感思也。古用實，今用草。蓋茺蔚專精在實，取充盛密蔚之義。用草則舍密從踈矣。出海濱池澤，今園圃田野，近水濕處甚繁。二月生苗，如嫩蒿狀。入夏漸高至三四尺，莖四稜，如黄麻莖。葉尖歧如蓍艾葉。莖有節，節節生穗，叢簇抱莖。四五月間穗開小花，紅紫色，亦有白色者。每萼內有細子四粒，粒似蒿子，色黑褐，有三稜，藥肆中往往作巨勝子貨之。生時微臭，夏至後莖葉皆枯，根色白也。修治：微炒發香，或蒸熟，向日中暴乾，舂簸去殼取仁，伏湏，制砂，白花者良。

先人云：生成止在三春，具備肝木體用，誠生榮之物，益母之珍也。

条曰：生成在春，節穗森榮，實作三稜，合天三生木，得木體之全，具五行之相，大益肝膽者也。茺蔚之名，言能自上按下，從內徹外，豐美備足。何也？十一藏府，取決甲膽故爾。故主上明眼目，下輸水氣，內益精髓，外固形骸。益母者，胎從厥陰始結，産自少陽發伸，娠前娠後，靡不以肝膽為芻狗者。種種功力，悉以充肝之用，尉木之體，玩索解分，自得之矣。胎從厥陰始結，指巳亥作胎；産自少陽發伸，指寅申之甲拆。

明·李中梓《本草通玄》卷上　茺蔚　即益母草。心、肝二經血分藥也。活血破血，調經止痛，下水消腫，胎前産後一切諸症，皆不可缺。可浴癮瘮，擣傅蛇毒。　茺蔚子，功用略同，但葉則專主行血，子則行中有補，故廣嗣及明目藥中，多收之。然畢竟職專行血，故瞳神散大者，又在禁例。　微炒，舂去殼用。

清·顧元交《本草彙箋》卷三　茺蔚　茺蔚俗稱益母，入肝經，清熱疏散，爲胎産要藥。凡胎前氣易滯，故惡阻而胎不安；産後血易凝，故血暈而腹痛。以此活血行氣而不推蕩，使血氣流通以除凝滯。李時珍謂白花者入氣分，紫花者入血分，治婦女經脈不調，胎産一切血氣，諸病之神品。而醫方鮮知用。予常以之同四物、香附諸藥，治人獲效甚多。又主明目，釋名益明者。如血滯病目，或熱血欲貫瞳人，與涼血藥同用也。唯瞳人散大，屬血不足，不宜再行血矣。血症中崩漏亦禁用。其根、莖、花、葉，專於行血，唯子則行中帶補。

茺蔚春生夏枯，莖方，葉如艾葉而背青，一梗三葉，葉有尖歧，節節生穗，叢簇抱莖，穗開小花，紅紫色，亦有微白色者，每萼內有細子四粒。凡用子，微炒香，亦或蒸熟，烈日曝乾，舂簸去殼。凡於端午、小暑，或六月六日，花正開時，連根收採，陰乾用。葉及花、子，以石器碾爲細末，煉蜜丸如彈子大，隨症用湯使嚼服。亦可丸如梧子大，每服五七十丸，是名濟陰返魂丹。亦可搗汁，濾淨熬膏服之。其根燒存性，爲末，酒服，功與黑神散不相上下。

清·穆石鮑《本草洞詮》卷九　茺蔚葉、子。　此草及子皆充盛密蔚，故名茺蔚。其功宜於婦人，故名益母。夏至後枯，亦名夏枯。子辛甘，微溫，莖葉辛微苦，花微苦甘，根甘，並寒，無毒。入手足厥陰經。主明目益精，治風解熱，順氣活血，養肝益心，調女人經脈，胎産諸病，療大熱頭痛，除水氣，久服輕身。春仁生食，通血脈，填精髓，止渴潤肺。莖苗根葉擣汁服，消浮腫，惡毒疔腫，乳癰丹游等毒。白花者入氣分，紫花者入血分。若治手足厥陰風熱，明目益精，調經，則單用子為良。若治腫毒瘡瘍，消水行血，婦人胎産諸病，則宜並用為良。蓋其根莖花葉專於行，而子則行中有補也。昝殷《産寶》有濟陰返魂丹，治婦人胎産諸疾危證，云甚神妙，單用茺蔚一味，根葉花子碾為末，蜜丸，隨證用湯服之。東垣謂瞳子散大者，禁用茺蔚子，為其辛溫助火也。按目得血而能視，瞳子散大者，血不足也。茺蔚行血甚捷，故禁之，非助火也。血滯病目者則宜之。

清·劉雲密《本草述》卷九上　茺蔚一名益母草，野天麻，夏枯草。　覈曰：茺蔚，即益母。古用實，今用草。蓋茺蔚專精在實，取充盛密蔚之義，用草則舍密從疎矣。今園圃田野近水溼處甚繁。二月生苗如嫩蒿，入夏漸高，至三四尺，莖四稜如黃麻，莖葉尖，歧如蓍艾，葉莖有節，節節生穗，叢簇抱莖，四五月間穗開小花，紅紫色，亦有白色者，每萼內有細子四粒，粒似蒿子，色黑褐，有三稜。藥肆中往往作巨勝子貨之。生時微臭，夏至後莖葉皆枯，根色白也。

子　氣味：　辛，甘，微溫，無毒。　《別録》曰：　甘，微寒。　時珍曰：甘辛，溫。

主治：　益氣，通血脈，養肝明目。　調女子經脈，由於肝氣虚而滯者；並崩中帶下，由於肝氣有損者。

丹溪曰：　茺蔚子活血行氣，有補陰之功，故名益母。凡胎前産後，所恃者血氣也。胎前無滯，産後無虚，以其行中有補也。　時珍曰：　茺蔚子味甘微辛，氣溫，陰中之陽，手足厥陰經藥也。　白花者入氣分，紫花者入血分。治婦人經脈不調，胎産一切血氣諸病妙品也。《本經》首主明目，在方書亦止目病之治為多。然東垣李氏言瞳子散大者禁用，茺蔚子為其辛溫主散，能助火也。當歸雖辛溫，而兼苦甘，能和血，故不禁之。　愚謂目得血而能視，茺蔚行血甚捷，瞳子散大，血不足也，故禁之，非助火也。　血滯病目則宜之，故曰明目。

莖　日華子曰：　苗、葉、根同功。　氣味　藏器曰：　寒。

時珍曰：　莖、葉味辛微苦，花味微苦甘，根味甘，并無毒。

主治：　胎前胎動下血，及産難，産後胎衣不下，血脹、血暈、血風等證，搗汁服。　消疔腫、乳癰、丹遊等毒，併傅之。　並打撲內損瘀血，二便不通。

時珍曰：　益母草之根、莖、花、葉、實，並皆入藥，可同用。　若治手足厥陰血分風熱，明目益精，調女人經脈，則單用茺蔚子為良。　若治腫毒瘡瘍，消水行血，婦人胎産諸病，則宜並用為良。　蓋其根、莖、花、葉專於行，而子則行中有補故也。

總論　之頤曰：　生成在春節，穗森榮實，作三稜，合天三生木，得木體之全，具五行之相，大益肝膽者也。　茺蔚之名，言能自上按下，從內徹外，豐美備足，何也？　十一臟腑，取決甲膽，故爾故主上，明眼目，下輸水氣，內益精髓，外固形骸。　益母者，胎從厥陰始結，産自少陽發伸，娠前娠後靡不以肝膽為芻狗者，種種功力，悉以充肝之用。　蔚木之體，玩索解分，自得之矣。　此味如王宇泰先生《準繩·內科》，唯目病用之，不一而足，餘證不槩見也。至《準繩·女科》亦多用之。然亦唯女子虚勞，餘則皆胎産之治。若毒藥及跌撲傷胎，臨産之催生，而産後之血暈，血不下，是其所主治也。之頤胎從厥陰數語，的是精詣，似為茲味寫真。　希雍曰：茺蔚子稟地中之陽氣以生，兼感乎上天春夏之氣而成，亦陽草也。　味辛甘，微溫，微寒，無毒。　入手足厥陰經。　為婦人胎産調經之要藥。　此藥補而能行，辛散而兼潤者也。　午月五月采紫花益母草，搗汁，分貯瓷器內各少許，曬乾，剔取和蜂蜜封固，加入參、琥珀、乳香、沒藥、血竭、沉香、丹砂、五靈脂，催生及胞衣不下神效。　兼産後血暈，瘀血薄心，惡露不行，腹痛，少腹兒枕痛。調經，治血閉經阻，經行作痛。

單用和童便服，能下死胎，及治熱入血室發熱，煩燥類傷寒。　君四物湯、杜仲、阿膠、眞川續斷，為丸，安胎止痛。得生地黄、白芍藥、麥門冬、枇杷葉、青蒿子、五味子、阿膠，治血熱經行先期，及胎漏下血。同生甘菊、蒼耳草、金銀花、紫花地丁各一握，貝母、鼠黏子、白芷、殭蠶、白及、白斂、生甘草、連翹、生地黄，各三錢，熬夏枯草汁，和藥同煎濃，頓飲之，消一切疔腫發背，及無名腫毒。

愚按：茺蔚於春初生苗，入夏漸高至三四尺，其莖有節，節生穗，四五月間穗開小花，每萼内有細子四粒，夏至後莖葉皆枯，是則生成在春，而盛大結實於夏，逮夏至陰生便已歸根復命矣。所謂備肝木之體用，而茺蔚密蔚初不受收降之氣者，古人命名亦可思也。故入肝而效血分之用。謂補者，以其備肝木之體用，得全生氣之最先者也。謂補而有行者，以其木德充盛密蔚，初不受收降之氣也。然則東垣謂為辛溫主散，豈不然哉？其氣微溫，已得春升之用，而味又辛甘，辛甘固無降也，非辛溫主散之一證歟。第子則甘中兼辛，以補而行。莖葉甘辛而兼苦，苦以洩之，則行之功勝於補，故此味於女子胎前産後有大益者，當繹其得全於生長之氣，以為補中之行。如泛言其能活血益陰者，誤也。又當就其子與莖葉根，細晰其補行之微有差等，以為因證之投。如槩言其為補而行者，亦誤也。據《本經》於子首主明目益精，除水氣，於莖葉根僅主治癮疹，可作浴湯，則子之補勝於行，莖葉根之行勝於補者，不亦確然有同中之異乎哉？抑《本經》明目，固知茲味專精於厥陰之肝，而益精除水氣，屬何治義？蓋精固血所化也，正合氣盛則精盈一語，謂其氣之盛者，乃能化血歸精耳。其除水氣者，蓋氣盛則液化血，氣微則液化水，所謂水與血是二是一，職此之故也。先聖立言，豈欺我哉？

按此味與夏枯草同枯於夏，故其名亦同。但夏枯草較茺蔚之枯也早，一則以陽氣之極而枯，一則不受陰氣也而枯。況其氣味之辛甘溫，與苦寒者殊乎？一則裕出地之陽，故能生血，而致其陽於陰。一則達陰中之陽，故能化氣而致其陰於陽。

濟陰丹治女子胎前産後諸證，用茺蔚子草開花紅紫色者，白者不用。於花開時，連根收采，陰乾。用葉及花子。忌鐵器，以石器碾為細末，煉蜜丸如彈子大，隨證嚼服。用湯，使其根燒存性，為末，酒服，功與黑神散不相上下。其藥不限丸數，以病愈為度，或丸如梧子大，每服五七十丸。又可搗汁，濾淨熬膏服之。胎前臍腹痛，或作聲者，米飲下。胎前産後，臍腹刺痛，胎動不安，下血不止，當歸湯下。産後以童子小便化下一丸，能安魂定魄，血氣自然調順，諸病不生。又能破血痛，養脈息，調經絡，並溫酒下。胎衣不下，及横生不順，死胎不下，《經》曰：脹滿心悶心痛，並用炒鹽湯下。産後血暈，眼黑，血熱口渴，煩悶如見鬼神，狂言，不省人事，以童子小便和酒化下。産後結成血塊，臍腹奔痛，時發寒熱，有冷汗，或面垢顔赤，五心煩熱，並用童子小便酒下，或薄荷自然汁下。産後惡露不盡，結滯刺痛，上衝心胸滿悶，童子小便酒下。産後血崩漏下，糯米湯下。産後瀉血水，以棗湯下。産後痢疾，米湯下。産後赤白帶下，煎膠艾湯下。月水不調，溫酒下。産後中風，牙關緊急，半身不遂，失音不語，童便酒下。産後氣喘，咳嗽，胸膈不利，惡心吐酸水，面目浮腫，兩脇疼痛，舉動失力，溫酒下。産後月内咳嗽，自汗發熱，久則變為骨蒸，童便酒下。産後鼻衄，舌黑口乾，童便酒下。産後两太陽穴痛，呵欠，心忪氣短，羸瘦，不思飲食，血風身熱，手足頑麻，百節疼痛，並米飲化下。産後大小便不通，煩燥口苦者，薄荷湯下。婦人久無子息，溫酒下。

希雍曰：益母草辛甘為陽，故性善行走，能行血通經，血崩禁用。瞳子散大，禁用。惟熱血欲貫瞳人者，與涼血藥同用，則不忌。

修治　子，凡用微炒香，亦或蒸熟，烈日曝燥，舂簸去殼，取仁用。花、實、莖、葉，皆忌鐵器，以其入肝而畏金也。

清·郭章宜《本草匯》卷一一　茺蔚即益母草。甘辛，微溫，可升可降，陰中陽也。入手足厥陰經。主欲産胎滯而不行，療新産血滯而不利。行血活血而不傷，已産未産之良劑。通為治血之需，更有調氣之義。《本經》言其明目者，蓋包絡生血，肝藏血，目為肝之竅，此物能治血補陰，血滯病目，用此益肝行血而目明。若瞳神散大，血不足也，豈可用哉？又治血逆者，肝臟有火也。肝涼則降而順矣。《別錄》主大熱頭痛心煩者，皆血虚而熱之候也。清肝散熱和血，則頭疼心煩俱解。

按：茺蔚一品，有活血行氣補陰之功。白花者入氣分，紫花者入血分，為調胎産諸疾之要藥，故云益母。主安胎，去死胎，行瘀血，生新血。婦人所恃者，氣血也。胎前無滯，産後無虚，以其行中有補也。故時珍常以之同四物湯、香附諸藥，治人甚効。熱血欲貫瞳人者，可與涼血藥同用。若其莖葉花根，可浴癮瘮，擣傅蛇傷。蓋根莖花葉實，皆可同用。如治手足厥陰血分風熱，女人經脉，則單用子。若治胎毒瘡瘍，消水行血，婦人胎產諸病，則宜並用。蓋其根莖花葉專于行，而子則行中有補也。

子微炒，去殼，或蒸晒用。制硫黄、雌黄、砒石。

清・蔣居祉《本草擇要綱目・平性藥品》 茺蔚益母草子。 氣味：辛、甘，微寒，無毒。陰中微陽。入手足厥陰經。 主治：能活血行氣，有補陰之功，故能明目益精，調經殊功。東垣言瞳子散大者，禁用茺蔚子，意謂目得血而能視，茺蔚子行血甚捷，瞳子散大，則白不足，故禁之，非助火也。然血滯病目，此則宜之。

清・蔣居祉《本草擇要綱目・溫性藥品》 益母草根莖花葉 氣味：微苦、甘。俱可入藥同用。白花者入氣分，紫花者入血分。 主治：明目益精，調經益產，腫毒瘡瘍，胎漏產難，胎衣不下。但根莖花葉專於行血，而子則行中有補也。

清・閔鉞《本草詳節》卷一 益母子 【略】按：益母子，活血順氣，有補陰之功，故名益母。服此則胎前無滯，產後無虛，以其辛散兼潤，行中有補也。時珍曰：予以之同四物、香附諸藥，治女人諸病，獲效甚多。蓋包絡生血，肝藏血，此物能活血補陰，故益精調經也。東垣言：瞳子散大者禁用，為其辛溫主散，能助火也。當歸雖辛溫而兼苦甘，能和血，故不禁之。予謂目得血而能眎，茺蔚子行血甚捷，瞳子散大，血不足也，故禁之，非助火也。血滯病目則宜之，故曰明目。

清・王翃《握靈本草》卷四 茺蔚即益母。生海濱池澤。白花者良，紫花者為野天麻。 主治：茺蔚，辛、甘，微溫，無毒。主明目，益精，除水氣，活血養肝，主女人崩帶，產前產後諸病。

清・汪昂《本草備要》卷二 益母草一名茺蔚。通行瘀血，生新血。 辛、微苦，寒。入手足厥陰心包、肝。消水行血，去瘀生新，調經解毒。瘀血去則經調。治血風血運，血痛血淋，胎漏產難，崩中帶下。帶脉橫于腰間，病生于此，故名爲帶。赤屬血，白屬氣。氣虛者，補中益氣而兼升提。血虛者，養血滋陰而兼調氣。 爲經產良藥，消疔腫乳癰，亦取其散瘀解毒。通大小便。然辛散之藥，瞳子散大者忌服。益母子主治略同，調經益精，明目血滯病目者則宜之。活血，順氣逐風，氣行則血行，血活則風散。行中有補。治心煩頭痛，血虛而熱之候。胎產帶崩，令人有子。有補陰之功。時珍曰：益母根莖花葉實，皆可同用。若治瘡腫胎產，消水行血，則宜并用；若治血分風熱，明目調經，用子爲良。蓋根莖花葉專于行，子則行中有補也。《產寶》濟陰返魂丹，小暑、端午或六月六日，採益母莖葉花實，爲末蜜丸，治胎產百病。《近效方》搗汁熬膏亦良。 忌鐵。子微炒用。

清・陳士鐸《本草新編》卷二 益母草 味辛、甘，氣微溫，無毒。胎前、產後，皆可用之，去死胎最效，行瘀生新，亦能下乳。其名益母，有益于婦人不淺。然不佐之歸、芎、參、朮，單味未能取勝。前人言其胎前無滯，產後無虛，謂其行中有補也。但益母草實非補物，止能佐補藥以收功，故不宜多用。大約入諸補劑之中，以三錢為率，可從中再減，斷不可此外更增。

或問：益母草，以益母得名，宜其有益于產母。今人未產之前用之，猶曰治產母也，無孕之婦人雜然並進，益母之謂何？曰：益母草，實不止專益于產母。凡無產之婦，均能受益。蓋益母草治婦人之病，居十之七，治產母之病，反不過十之三。無產之婦，可以多用，而有產之婦，轉宜少用耳。

或疑益母草古今共譽，而吾子何獨有貶辭？曰：吾言益母草佐補藥以收功，正顯益母草之奇耳。何為貶辭哉？

或疑益母草，古人單用以收功，而吾子必言佐補以取效，何也？不知益母草單用以收功，不若佐補收功之更多而且捷。

清・顧靖遠《顧氏醫鏡》卷七 益母草辛、苦，微寒。入肝經。子名茺蔚子。治產後諸疾，以其活血破血，故跌撲瘀凝亦主之。救喉閉腫痛。搗爛，入新汲水一碗，絞汁頓飲，吐之即愈。以其能解毒，一切乳癰疔腫，亦飲之，並用敷之。性善行走，無瘀血者勿用。

清・李熙和《醫經允中》卷二〇 茺蔚 即益母草。入手足厥陰二經血分。制硫黄、砒石。 辛、甘，溫，無毒。主治產後血脹，養肝調經，安生胎，下死胎，行瘀血，生新血，溫子宮，止崩帶，為產難胎漏聖藥。且可浴癮瘮，搗敷蛇毒。又堪敷馬齒疔腫、乳癰。心包生血，肝藏血。益母能活血行氣，補陰，為胎前行滯，產後補虛之妙藥。其莖葉花專于行，而子則行中有補。白花者入氣分，名蓷；紫花者，入血分名蘈。不可不知。

清・馮兆張《馮氏錦囊秘錄・雜症痘疹藥性主治合參》卷二 益母草稟地中陽氣以生，感天春夏之氣而成。味辛、苦，微寒、微溫，無毒。入手足厥陰經。補而能行，辛散而兼潤者也。○午月五日收採，陰乾。如入行瘀去滯藥內，宜生用。如入調補安胎藥中，宜蜜酒拌蒸，晒乾焙用。

益母草，一名茺蔚。補而能行，辛而能潤，總調胎產諸症。去死胎，安主胎，行瘀血，生新血。主欲產胎滯而不行，療新血血滯而不利，行血活血而不傷。已產未產之良劑。通為治血之需，更有調氣之意。治小兒疳痢，敷疔腫乳癰。汁滴耳中，又治聤耳。醋調細末，堪為馬嗞。制硫磺，解蛇毒。多服消腫下水，久服益精輕身。子味相同，亦理胎產，善除目瞖，易去心痛。但茺蔚雖謂有活血行氣補陰之功，然用其滑利之性則可，求其補益之功尚未也。況既有行血除水走利之力，則益母不益子之義已寓於中，兼歸、芍、地黄則無損矣。凡崩漏，瞳神散大者，禁用。李時珍曰：益母草根莖花葉實皆可用，若治血分風熱，明目，調經，用子為良。若胎產瘡腫消水行血則可並用，蓋根莖花葉專於行，子則行中有補也。

清·张璐《本經逢原》卷二　茺蔚俗名益母。　辛、甘，微溫，無毒。忌犯鐵器。其子微炒香。蒸熟烈日曝燥，杵去殼用。　《本經》茺蔚子明目益精，除水氣。莖治癮疹，可作浴湯。　發明：　茺蔚入手少陰、足厥陰血分，活血行氣，有補陰之功。凡胎前產後所恃者，血氣也，胎前無滯，產後無虛，以其行中有補也。然所謂補者，是散其瘀而營血受蔭，非補養血氣之謂。《丹方》以益母之嫩葉陰乾，拌童便、陳酒九蒸九晒，入四物湯料為丸，治產後諸證。但功專行血，故崩漏下血，若脾胃不實，大腸不固者勿用，為其性下行也。近世治番痧，腹痛嘔逆，用以濃煎，少加生蜜，放溫恣飲，有效，取其能散惡血也。其子能明目，功專益精利水，水虧而瞳子收小者宜之。若火盛瞳子散大者切忌，為其辛散能助火邪也。白花者名鏨菜，嫩苗可食，故謂之菜。藏器主產後腹痛。今人治白帶用一味為末，服之大效。

清·浦士貞《夕庵讀本草快編》卷二　茺蔚《本經》、益母　莖、子充盛，故名。陸璣云：　蓷，益母也，曾子見而感思。　茺蔚子味甘微辛，氣溫無毒，陰中之陽，手足厥陰藥也。專能活血行氣，有補陰益元之功，故名益母。凡胎前產後所恃，血氣也，胎前無熱，產後無虛，以其行中有補，順氣平肝爾。瀕湖以四物香附和丸為調經總司，獲効甚普。又《本經》註其明目，東垣言瞳子散大者禁用，何哉？　蓋目得血而能視，茺蔚行血甚捷，若血滯病目者宜之，倘血衰火旺，神水散大者，豈可重虛之哉？　若花、莖、葉雖不及子，推瘀逐惡，反覺効捷。

清·張志聰、高世栻《本草崇原》卷上　茺蔚子　氣味辛甘，微溫，無毒。主明目，益精，除水氣。久服輕身。　茺蔚，《本經》名益母，又名益明。《爾雅》名蓷。今處處有之，近水濕處甚繁。春生苗如嫩蒿，入夏長三四尺，其莖方，其葉如艾，節節生穗，充盛蔚密，故名茺蔚。五月采穗，九月采子，每萼內有細子四粒，色黑褐。　茺蔚莖葉甘寒，子辛溫。《本經》辛甘微溫，概苗實而言也。　莖方子黑，喜生濕地，稟水土之氣化，明目益精，得水氣也。除水氣，土氣盛也。久服則精氣充尉，故輕身。　茺蔚莖、葉、花、穗　氣味甘寒，微苦辛。主治癮疹，可作浴湯。　《詩》言：　中谷有蓷，暵其乾矣。益母草得水濕之精，能耐旱暵，滋養皮膚，故主治癮疹，可作湯浴。茺蔚子明目益精而補腎，復除水氣以健脾，故有茺蔚之名。益母草清熱而解毒，涼血以安胎，故有益母之名。　李時珍曰：　茺蔚子治婦女經脈不調，胎產，一切血氣諸病妙品也。其根莖花葉實並皆入藥，可同用。若治手足厥陰血分風熱，明目，益精，調女人經脈，則單用茺蔚子為良。若治腫毒瘡瘍，消水行血，婦人胎產諸病，則宜並用為良。蓋其根莖花葉專於行，而子則行中有補故也。又曰：　莖葉味辛而苦，花味微苦甘，根味甘，並無毒。

清·何諫《生草藥性備要》卷下　益母艾　味辛，性溫、平，微寒。祛風邪，去瘀生新，敷跌打。梗方，葉對，花紅、白。紅者入血，白者入氣。熬膏，四製為丸，名曰益母丸，婦人胎產極效。四製者，加童便、米醋、黄酒、薑汁同浸也。又名益母草。

清·劉漢基《藥性通考》卷五　益母草　味辛，微苦，寒，無毒。入手足厥陰、心包、肝經。消水行血，去瘀生新，調經解結。又治血風血運，血痛血淋，胎漏產難，崩中帶下，為經產良藥。消疔腫乳癰，通大小便。然辛散之藥，瞳仁散大者忌服。益母草者，言其大有益於婦女者也。調經益精，明目活血，順氣逐風。氣行則血行，血活則風散，行中有補。治心煩頭痛，胎產，帶崩，久服令人有子。忌鐵。子微炒用。益母根、莖、花、葉、實皆可同用。若治瘡腫，胎產，消水行血，則宜並用。若治血分風熱，明目，調經，用子為良。蓋根、莖、花、葉專於行，子則行中有補也。小暑、端陽或六月六日採益母莖、葉、花、實，為末蜜丸，治胎產百病。或搗汁熬膏亦良。

清·姚球《本草經解要》卷二　益母花子　氣微溫，味辛、甘，無毒。主明目益精，除水氣。久服輕身。　益母氣微溫，稟天初春之木氣，入足厥陰肝經。味辛甘，無毒，得地金土之味，入手太陰肺經、足太陰脾經。氣味俱升，陽也。肝為藏血之藏，脾為統血之藏。辛甘益血，目得血則能視，所以明目。脾者，陰氣之原也。肺者，津液之原也。甘辛能潤，所以益精。脾者，為胃行津液者也。肺者，相傳之官，通調水道者也。辛甘益脾肺，則津液行而水道通，所以除水氣。久服益肝、脾、肺，肺主周身之氣，脾主周身之血，肝為生生之藏，以生氣血。氣血生，生長旺，自然身輕矣。　莖：　主瘾疹癢，所以可浴兒也。　製方：　益母子童便煎服，能下死胎。同川芎、歸身、白芍、生地、杜仲、阿膠、續斷丸，安胎止痛。同生地、白芍、麥冬、青蒿、五味、阿膠，治胎漏下血。

清・楊友敬《本草經解要附餘・考證》　益母草　根莖花葉俱入藥，濟陰返魂丹及益母膏皆全用也。《綱目》謂胎產諸疾並用為良。又謂根莖花葉專於行，而子則行中有補，此《解要》所以獨有取於花子也歟！

清・周垣綜《頤生秘旨》卷八　茺蔚子　活血行氣之藥也。本草只云益精明目，無一字及胎產，後人從活血補陰中揣摩以施胎產亦多效，故稱益母。或云胎前無滯，產後無虧，行中可補也。

清・王子接《得宜本草・上品藥》　益母草　味苦辛。入足厥陰經。活絡調經，功效甚捷。得炒黑山查，治產後惡露不行。

清・黃元御《玉楸藥解》卷一　益母草　味苦、辛，氣平。入足厥陰肝經。活血行經，破瘀通脈。胎產崩漏，癰疽瘕癥，跌打損傷悉效。調經行血，治一切血證。破瘀掃腐，下死胎，催胞衣，並醫各色瘡瘍。女子良藥。

清・吳儀洛《本草從新・草部》卷一　茺蔚〔通，行瘀血，生新血。〕即益母草。味辛，微苦，微寒。入手、足厥陰心包、肝。消水行血，去瘀生新，調經解毒。瘀血去則經調。治血風血運，血痛血淋，胎漏產難，崩中帶下。帶脈橫於腰間，病生於此，故名為帶。赤屬血，白屬氣。氣虛者，補中益氣而兼升提；血虛者，養血滋陰而兼調氣。消疔腫乳癰，亦取其散瘀解毒。通二便。其性辛散滑利，全無補益，勿以其有益。　附：　茺蔚子　調經明目，血滯病目者則宜之。活血順氣逐風。血活則氣行，血和則風散。治心煩頭痛。血熱所致。胎產崩帶。令人有子。凡婦人血滯血熱者，服之有子。時珍曰：益母根、莖、花、葉、實皆可同用。若治瘡腫，胎產，消水行血，則宜并用。若治血分風熱，明目，調經，用子為良。蓋根、莖、花、葉專於行，子則行中有補也。雖曰行中有補，終是滑利之品，非血滯血熱者勿與，瞳神散大均在忌例。微炒。忌鐵。

清・汪紱《醫林纂要探源》卷二　益母草　辛，微苦，寒。一名茺蔚，一名蓷。方莖直上，高者及丈，葉對節似麻，每枝三葉，碎花附節間，或紅或白。補肝和脾，燥濕行血。脾生血，肝藏血，脾濕則血不生，肝虛則血不藏，火熾則血妄行。此草色微紅，入肝專主血分，能去瘀生新，調經解熱，行任脈而安胎產，治胎漏產難，行帶脈而提氣血，治帶下崩中，為婦人經產良藥。又治疔腫乳癰。　子：　主治大同，更能益精明目，潤心除煩。又治血虛頭痛。

清・嚴潔等《得配本草》卷三　益母草即茺蔚。　制硫黃、雌黃、砒石。忌鐵。　辛、苦，平。入足厥陰經血分。行血而新血不傷，養血而瘀血不滯。利二便，治產後血脹，療血逆大熱，消乳癰，解蛇毒。　得山楂炭，治產後血不止。得陳鹽梅炭，止赤痢。入涼血藥，治熱血貫瞳人。佐當歸，去風熱。搗汁，滴聤耳。醋調，敷馬齧。白花入氣分，紅花入血分。或酒拌蒸，或蜜水炒。去瘀生用。　崩漏、瞳子散大，二者禁用。

茺蔚子即益母子。　制硫黃、砒石。　辛、甘，微溫。入足厥陰經血分。除風熱，明眼目，調經水，惟子為良。治瘡腫，消水氣，行鬱血，莖葉為良。或炒用，或蒸熟，烈日曬燥用。　禁用與益母草同。

題清・徐大椿《藥性切用》卷三　益母草　一名茺蔚。辛苦微寒，入手足厥陰。行血去瘀，為經產耑藥。無瘀勿用。　茺蔚子性味略同，更能調經活血，令人有子。微炒。　非血滯者不可用。

清・黃宮繡《本草求真》卷八　益母草入心包、肝。逐瘀。　益母草耑入心胞肝。　一名茺蔚，辛微苦寒，功能入肝、心胞絡。消水行血，去瘀生新，調經解毒，為胎前胎後要劑。是以無胎而見血淋、血閉、血崩、帶下血痛。帶下者，因病生於帶脉之意也。帶脉橫於腰間，凡病人下白，則為白帶，屬氣虛，宜補中益氣，下赤則為赤帶，屬血虛，宜養血滋陰而兼調氣。既胎而見胎漏，臨產而見難產，已產而見血暈、疔腫、乳癰等症，服此皆能去瘀生新。時珍曰：益母草根、莖、花、葉、實，並皆入藥。若治肝經風熱，明目益精調經，則用子。若治腫毒瘡瘍，消水行血，婦人胎產諸病，則宜並用為良。蓋因根、莖、花、葉專於行血，而子則行中有補也。蓋味辛則於風可散，血可活，味苦則於瘀可消，結可除，加以氣寒，則於熱可療，並能臨症酌施，則於母自有益耳。外此番沙腹痛嘔逆用此濃煎恣飲，亦取能散惡血。若其病非惡血，則非所宜。然氣味辛散，瞳子散大者，其切忌之。益母子主治略同，但行中有補，非若益母草，徒以消水行血為事也。小暑、端午及或六月六日採取良。濟陰返魂丹：六月六日採花葉實，為末蜜丸，治胎產百病。《近效方》搗汁熬膏良。忌銕。子微炒用。

清·楊璿《傷寒溫疫條辨》卷六寒劑類　益母草紫紅花者佳，白花不堪入藥，去老幹。　味辛苦，氣寒，性滑利。調婦人經胎產諸證，故有益母之名。安生胎，落死胎，生新血，行瘀血，消乳癰，散熱毒，除小兒疳痢，水煎五錢，入蜜和服。男婦下血，癮疹作痒，堪作浴湯，且善下水，又能消脹。《本草》又云：能益精輕身。按：血有瘀滯則胎不安，瘀去新生胎自安矣。故用其滑利之性則可，求其補益之功則未也。益精輕身之說，殆不足信，惟其氣輕不甚消耗，故宜於胎產。若虛寒者宜忌。

子名茺蔚，益精明目，行氣消瘀，療血脹血逆，心煩頭疼，但行中有補，較勝於草。益母草花子一斤，柔桑枝三斤，寸斷，慢火同煎濃汁，去柤熬膏，溫酒和服。益血明目，潤皮膚，活筋脉，去攣疼瘙痒，男婦皆宜，並治紫白癜風。

清·羅國綱《羅氏會約醫鏡》卷一六草部　益母草味辛甘，微寒微溫，入心包、肝二經。　補而能行，辛而能潤，總調胎產諸病。去死胎，安生胎，活血行血。治血風、血運、血淋、胎漏、崩中帶下，白帶屬氣虛，用補中益氣而兼補脾燥濕；赤帶屬血虛，用滋陰養血而兼調氣。調經，瘀血去則經調。化乳癰，散瘀解毒。退浮腫，下水氣，通二便。取其滑利。

按：性辛散，惟血熱、血滯及胎產艱澁者當用。若氣血素虛，寒而下陷者不宜，不得謂婦人所必用也。瞳子散大者，亦忌服。子名茺蔚，主治略同，但子味微甘稍溫，故能凉血補血，根莖花葉專於行，子則行中有補。令人有子，有補陰之功。明目。血滯病目者宜之。忌鐵。微炒用。

清·陳修園《神農本草經讀》卷二上品　益母草子　氣味辛，甘，微溫，無毒。主明目益精，除水氣。久服輕身延年。今人奉為女科專藥，往往誤事，且其獨具之長反掩。

清·王學權《重慶堂隨筆》卷下　益母草　專走血分，婦人以血為用，故有益母之名，非謂不治男子之病也。凡濕熱之邪入於血分，或血熱血瘀為病，皆可治之，今人但入女科，固矣。

清·黃凱鈞《藥籠小品》　益母草即茺蔚。　微苦，微寒，入心包、肝。行血去瘀生新，調經消疔腫乳癰。辛散滑利，益母之名，勿為誤之。茺蔚子功用相同，行中略補。

清·王龍《本草纂要稿·草部》　茺蔚子　味甘辛而溫。清煩熱而治胎虛，散目疾而除目翳。

益母草　味甘、辛，性溫，無毒。安生胎而生新血，下死胎而行瘀血。治小兒疳疾，敷疔腫癰疽。多服消腫下水，久服益氣輕身。

清·張德裕《本草正義》卷上　益母草　苦凉，性滑利。善調婦人胎產，去死胎，滑生胎，活血凉血，調經水，下胎衣。惟血熱血滯者宜之，若氣血虛寒，滑陷不固，皆非所宜。不得以益母之名疑其有補益也。

茺蔚子　甘，凉。能凉血補血，益陰明目。即益母草之子也。

清·楊時泰《本草述鉤元》卷九　茺蔚　即益母草，一名野天麻，亦名夏枯草。古用實，今用草，是物專精在實，取茺盛密蔚之義，用草則舍密從疎矣覈。生田野近水濕處。二月苗如嫩蒿，入夏漸高三四尺，莖四稜有節，節節生穗，葉尖歧如艾，四五月穗開紅紫小花，亦有白者，每萼內細子四粒，色黑褐，有三稜，生時微臭，夏至後莖葉皆枯，其根色白又。

茺蔚子：味微辛、甘，氣微溫、微寒。陰中之陽。手足厥陰經藥也。主治益氣通血脈，養肝明目，調女子經脈，由於肝氣虛而滯者。並崩中帶下。由於肝氣有損者。白花者入氣分，紫花者入血分，治婦女經脈不調，胎產一切血氣諸病瀕湖。活血行氣，有補陰之功。凡胎前產後所恃者，血氣也。胎前無滯，產後無虛，以其行中有補也丹溪。《本經》首主明目，方書亦止目病之治為多，但血滯目病則宜之，瞳子散大者禁用。目得血而能視，茺蔚子行血甚捷，瞳子散大，血不足也，故禁之，非如東垣助火之說。

茺蔚莖、根、花、葉：莖葉味辛、微苦，花味微苦、甘，根味甘。主胎前胎動下血及產難，產後胎衣不下，血脹血暈血風等證，並打撲內損瘀血，二便不通，搗汁服，並傅之，消疔腫乳癰丹遊等毒。其子補而能行，辛散而兼潤，凡治手足厥陰血分風熱，明目益精，調女人經脈，則單用子。其根莖花葉專於行，若治腫毒瘡瘍，消水行血，婦人胎產諸病，則宜並用。茺蔚實作三稜，合於天三生木，得木體之全，大益肝膽者也。十一臟取決於膽，茺蔚之用，自上按下，從內徹外，豐美備足，故主上明眼目，下輸水氣，內益精髓，外固形骸。益母者胎從厥陰始結，產自少陽發伸，娠前娠後，靡不恃肝膽為主持，種種功力，悉以充肝之用，蔚木之體爾子由。稟地中之陽氣，而兼感乎上天春夏之氣，亦陽草也仲淳。午月五日，采紫花益母草搗汁，分貯瓷器內，各少許，曬乾剔取，和蜂蜜封固，加人參、琥珀、乳香、沒藥、血竭、沉香、丹砂、五靈脂，主催生及胞衣不下神效，兼治產後血暈，瘀血薄心，惡露不行腹痛，少腹兒枕痛，又能調經，治血閉經阻，經行作痛。單用和童便服，能下死胎，及治熱入血室，發熱煩躁，類傷寒。同四物、阿膠、續斷、杜仲為丸，安胎止痛。得生地、白芍、麥冬、枇杷葉、青蒿子、五味子、阿膠，治血熱經行先期及胎漏下血。同生甘菊、蒼耳草、金銀花、紫地丁各一握，貝母、大力子、白芷、白及、白斂、殭蠶、生地、連翹、生甘草各三錢，熬夏枯草汁和藥，濃煎頓飲，消一切疔腫發背及無名腫毒。濟陰丹，治女子胎前產後諸證，取茺蔚開紅紫花者，連根收采陰乾，用葉及花、子，忌鐵器，石臼研為細末，煉蜜丸彈子大，隨證用湯使嚼服。其根燒存性為末，酒服，功與黑神散同。其藥不限丸數，以愈為度。又可搗汁濾淨，熬膏服之。胎前臍腹痛，或作聲者，米飲下。胎前產後臍腹刺痛，胎動不安，下血不止，當歸湯下。產後用童便化下一丸，能安魂定魄，調順血氣，諸病不生。又能破血痛，養脈息，調經絡，並溫酒下。胎衣不下，及橫生死胎，經日脹滿，心悶心痛，並用炒鹽湯下。產後血暈，眼黑血熱，口渴煩悶，如見鬼神，狂言不省人事，童便和酒化下。產後血結成塊，臍腹奔痛，寒熱冷汗，面垢顏赤，五心煩熱，並用童便、酒下，或薄荷自然汁下。產後惡露不盡，結滯刺痛，上衝心胸滿悶，童便、酒下。產後血崩漏下，糯米湯下。產後瀉血水，棗湯下。產後痢疾，米湯下。產後赤白帶下，膠艾湯下。產後中風，牙關緊急，半身不遂，失音不語，童便、酒下。產後氣喘咳嗽，胸膈不利，惡心吐酸，面目浮腫，兩脇疼痛，舉動失力，溫酒下。產後月內，咳嗽自汗發熱，久則變為骨蒸，童便、酒下。產後鼻衄舌黑口乾，童便、酒下。產後兩太陽穴痛，呵欠，心忪氣短，羸瘦，不思飲食，血風身熱，手足頑麻，百節疼痛，並米飲化下。產後大小便不通，煩躁口苦者，薄荷湯下。月水不調，溫酒下。久無子息，溫酒下。

論：茺蔚春生夏榮，其莖節節生穗，夏至後莖葉皆枯，是則生成在春，蕃秀在夏，迨陽盛陰生，便已歸根復命矣，所謂備肝木之體用，而茺盛密蔚，初不受降收之氣者，古人命名可思也。第子則甘中兼辛，以補而行。辛甘固無降也。莖葉甘辛而兼苦，苦以洩之，則行之功勝於苦。《本經》於子，首主明目，專精於肝。益精，氣盛則精盈。除水氣。氣盛則液化血。於莖葉根僅主癮疹作浴湯，則子之補勝於行，莖葉根之行勝於補，確然明矣。茺蔚與夏枯草同枯於夏，而夏枯草之枯也早，一則以陽氣之極而枯，一則不受陰氣而枯，況氣味之辛甘溫與苦寒有異乎。蓋茺蔚裕出地之陽，故能生血而致其陽於陰，夏枯草達陰中之陽，故能化氣而致其陰於陽也。

辛甘為陽，性善行走，血崩禁用。瞳子散大，禁用。惟熱血欲貫瞳人者，同涼血藥用則不忌仲淳。

修治：子微炒香，或蒸熟曬燥，春簸去殼，取仁用。花實莖葉，皆忌鐵器，以其入肝而畏金也。

清·鄒澍《本經續疏》卷一　茺蔚子　【略】火是氣之靈，水是氣之粹。氣和則火麗於水為精明，氣乖則水拂於火為水氣，水氣盛而精明衰，益精明正以除水氣，除水氣即以益精明。茺蔚子得水之餘化，而能會神聚精於火也。子是氣之精，莖是氣之道。氣盛則血順而流行，氣衰則血違而留滯，留滯於節而癮瘮癢，去癮瘮正以行氣血，行氣血即以除癮瘮。茺蔚之莖，得木之條達，而偏開花結實於節也。蓋嘗讀《易》而玩無節焉，節者，陰陽適均之分限，而在上者整，在上者微，此其取象也。節者，陽上出以化陰，而下者猶麤，上者愈精，此其義旨也。乃茺蔚者，開花結實，不上不下，適當其節，是子為遇陰陽之相值，以翕其和，莖為就陰陽之相續，以致其通，彼陰陽欲相續而不通，為癮瘮作癢，陰陽既相值而不和，為水泛目暗，得此何能不和且通耶？雖然，世之視茺蔚也，美厥名曰益母，任以職曰行瘀，行瘀是已血行。不止者又復資之。婦孺咸知，村野廣用，而實堪取效，乃《本經》絕無一言道及，豈古人之智不若今耶？曷不究夫《別録》乎？試觀盛夏蘊隆，日近如炙，土焦如渴，而水反盛漲，在人則津液消耗，而百脈反憤盈，是何故哉？以諸陰盡為陽所劫持也。不然，血既逆矣，烏得更為大熱而心煩頭痛，絕似外感之所為耶。婦人當胎產時，血亦已傷矣。而種種患害，復皆本於血，血既為逆，則一身所聚之水氣及津液、涕唾、便溺，何者不可從血以為患？益母者，不及盛暑已告收成，明明不與浮陽為伍，且當夏氣初動，隨即處處會精聚神於陰陽交屆之節，是益母行瘀，非行瘀也，取其未及盛滿，先留餘地也。益母止血，非止血也，取其不劫持陰氣，盡化為血也。由是言之，則莖葉所主，仍是其子除水之功，特通暢條達，令其行所當行，止所當止，奏效更長耳。

清·葉桂《本草再新》卷二　益母草味辛、苦，性微寒，無毒。入心、脾、腎三經。

消水行血，去瘀生新，調經解毒。治血風血暈，血痛血淋，破血，胎漏產難，崩中帶下，和血通氣，消疔腫乳癰，通二便。

清・吴其濬《植物名實圖考》卷一一 茺蔚 《本經》上品。《詩經》：中谷有蓷。《陸疏》：益母也。有白花、紅花，李時珍考辨甚晰。今南方濕地，春時生一種野脂麻，其葉與紅花益母葉如艾葉有杈歧者不類，俗名謂之白益母草，殆即《爾雅注》所謂葉如荏，白華，華生節間。《本草拾遺》：鏨菜生陰地。似益母者耶？

雩婁農曰：益母草，鄉人皆識之，而諸書乃多異同。紫花、白花，陸生、澤生，夏枯、夏花，彼此是非，各執其說。按中谷有蓷，舊說以為菴藺，陸元恪宗劉歆說，以為茺蔚。郭注《爾雅》主之。但萑蓷，注云：白華；注：藬，牛蘈。云華，紫縹色。李時珍即以此為益母紫花者，不知《詩》言采其蓫，鄭注以為即牛蘈，陸疏以為羊蹄，殊無茺蔚之說。然則以白華為益母者，其來久矣，紫花者為野天麻，固非有本之言；而返魂丹以紫花為益母，其方實出近世。余至滇南，時已歲暮，滿圃星星，則白花益母也，土人皆呼為夏枯草。其別一種。夏枯草則曰麥穗夏枯，然白花益母，高僅尺餘，莖葉俱瘦，至夏果枯；其紫花者，高大葉肥。湘中夏花，滇南則冬亦不枯，二物形狀雖近，然枯榮肥瘠，迥不相同。前人各執其說，未可全非。《本草》以為生池澤，《毛傳》云陸草，生谷中。余所見陸澤皆饒，未可執《本草》以駁《毛傳》。此草雖生池澤，然不生於水，傷水之說，乃格物之至者也。故知鬱臭、夏枯諸名，洵非誤載。近時益母膏，以京師天壇為著，其神妙活人，蓋時有之；而羊城之益母丸，救危婦而肉白骨者，功亦大矣。北方生者紫花尤壯，亦有橫枝。《救荒本草》：葉似荏，又似艾葉而薄小，開小白花。乃舊說之益母也。藥物興廢，莫測由來，今日而執白花之夏枯者，以為婦人胎產良劑，是幾訾醫師以昌羊引年而進豬苓矣，事有從俗，不可泥古。故曰禮時為大。

清・趙其光《本草求原》卷三隰草部 益母草 一名茺蔚，一名蓷，又名野天麻。 莖葉、花穗氣寒，味甘、微苦、辛，無毒。二月生近水田野，夏高三四尺，葉如艾，莖方，節節生穗，充盛蔚密，故名五月采穗，性極耐旱，《詩》云：中谷有蓷，嘆其乾矣。 得水濕之精，具辛竄之味，故滋養皮膚。主治癮疹，可作浴湯，又清熱涼血解毒。但專於行血，惟經脈內滯難產，胎衣不下，血脹血暈，瘀血薄心，惡露腹痛，血風、血閉經阻、經行作痛。俱宜端午采紫花的搗汁曬乾，和蜜、參、珀、乳、沒、血竭、沉香、丹砂、靈脂，宜之。 若胎產挾虛，心兼子用。今人泥益母之名，而專用草，往往誤事。

生搗汁服，消腫毒瘡瘍、五疔、乳癰、丹遊等，兼敷之。並打撲內瘀，二便不通。取汁和童便，下死胎，及熱入血室，發熱煩躁。同生地、冬、芍、枇杷、青蒿、五味、阿膠，治血熱胎漏，經行先期。同甘菊、蒼耳、銀花、紫地丁、川貝、蒡子、僵、及、斂、翹、甘、地、枯草，消一切疔腫發背，無名腫毒。

茺蔚子即益母草子。 春生苗，五月間穗開小花，每萼內有四小實。夏至後，莖葉皆枯，其子褐黑色，辛散兼潤。甘入脾。微溫，無毒。是稟水土之氣化，具春溫木德之全，充盛於夏，不受秋之降氣。故主升散，入肝膽血分，補而兼行，為胎前、產後要藥，以胎從厥陰始結，產自少陽發伸也。主明目，得水精而達肝，凡風熱血滯目病俱宜。 瞳子散大勿用。血不足也，此味行血甚捷故。 除水氣，土氣衰，則液化水；土氣盛，則液化血、血歸精。 益精，通血脈，養肝。凡肝氣虛而滯，致經脈不調，崩中帶下最宜。又安胎止痛，同四物、杜、續、阿膠。 久服輕身。精氣充蔚也。

五月開花結子時，連根、葉並采，采紅花的，白花不用。 陰乾，根煅為末，酒服，攻瘀下胞，落死胎，功同黑神散。葉、花、子，石器研細，忌鐵。 蜜丸，名濟陰丹，統治胎產諸症，婦久不孕、經不調，俱酒下。 胎前、產後臍腹刺痛，胎動下血，歸湯下。 胎作聲。米飲下。 產後童便化服，能安魂定魄，調血氣經絡，諸病不生。胎死脹滿，橫生、胎衣不下，炒鹽湯下。 產後諸症，如血暈見鬼、血結成塊、惡露沖心、胸滿悶及中風偏廢，牙關緊急，或月內咳嗽，自汗發熱，久成骨蒸，或鼻衄舌黑、口乾，俱童便酒下，或薄荷湯下。 喘嗽、胸膈不利、惡心吐酸水、面目浮腫、脇痛，酒下。 瀉血水，棗湯下。 血崩漏下，或兩太陽穴痛、氣短羸瘦少食、血風身熱、肢麻節痛，糯米湯下。 痢疾，米湯下。 赤白帶下，膠艾湯下。 二便不通，煩燥口苦。薄荷湯下。

按：茺蔚之充盛在花、子，若舍子用草，是舍密從疏矣。以草專行血，血崩忌之；子亦兼散血，故瞳子散大忌。惟熱血欲貫瞳仁者，與涼血藥同用。凡用子，微炒香，或蒸曬燥，舂簸去殼取仁。忌鐵者，以其入肝畏金也。

清・葉志詵《神農本草經贊》卷一 茺蔚子 味辛，微溫。主明目益精，除水氣，久服輕身。莖主癮瘮痒，可作浴湯。一名益母。一名大札。生池澤。

詩嘅有蓷，施於中谷。植茂春融，枯摧夏暵。括目益明，澡身具浴。用利坤貞，載生載育。

《詩注》：有蓷，蓷鵻也。即今益母草。《詩》：施于中谷。李時珍曰：春初生苗，夏至後即枯。其功宜於婦人。《易注》：坤貞之所利。《詩》：載生載育。

清·文晟《新編六書》卷六《藥性摘錄》 益母草 一名茺蔚。辛，微苦，寒。入心胞、肝。消水行血，逐瘀生新。○治無胎而見五淋血崩，帶下血痛。即胎而見胎漏，產難，產後血暈，及疔腫乳癰等症。○若瞳子散大者，勿服。○子，主治畧同。但行中有補。微炒用。○均忌服。

清·張仁錫《藥性蒙求·草部》 益母草茺蔚子。三錢。 益母草辛，女科之主。產後胎前，生新去瘀。味辛，微苦，微寒。入心包、肝經。消水行血，治血痛產難，調經通便。此全無補益，勿以有益母之名，而濫用之。○茺蔚子，調經明目，活血順氣，治胎產崩帶，令人有子。然雖行中有補，總是滑利之品，非血滯血熱勿與。微炒。

清·屠道和《本草匯纂》卷三下血 益母草 耑入心胞、肝。辛、苦，微寒，無毒。一名茺蔚。功能入肝、心胞絡。消水行血，去瘀生新，調經解毒，為胎前產後要劑。治風解熱，順氣活血，養肝益心，安魂定魄，止渴潤肺。療血逆大熱，頭痛心煩，血風血痛，血淋血閉，血崩帶下，胎漏產難，產後血脹血暈，疔腫乳癰等症。外此，番沙腹痛嘔吐，用此濃煎恣飲，亦取能散惡血。若其病非惡血，則非所宜。但氣味辛散滑利，全無補益，勿因其有益母之名，而濫用之。瞳神散大者，尤忌。子，主治略同。但行中有補，非若草之徒以消水行血為事也。雖曰行中有補，究是滑利之品，非血滯血熱者，勿與。瞳神散大亦忌。忌鐵。子，微炒用。時珍曰：益母根莖花葉實並皆入藥，若治肝經風熱，明目益精，調經，則用子。若治腫毒瘡瘍，消水行血，婦人胎產諸病，宜並用為良。蓋根莖花葉，專於行血，而子則行中有補也。帶下者，因病生於帶脈，蓋橫於腰間也。下白則為白帶，屬氣虛，宜補中益氣。下赤則為赤帶，屬血虛，宜養血滋陰，兼調氣。

清·劉善述、劉士季《草木便方》卷一草部 益明草 益母葉莖甘辛溫，惡瘡疔乳丹毒清。陰蝕崩漏痔痢妙，經產百病婦人珍。子名茺蔚。

清·戴葆元《本草綱目易知錄》卷一 益母草茺蔚。味辛、微苦，入手足厥陰血分。活血破血，調經解毒。治胎漏產難，胞衣不下，子死腹中。血風血痛，崩中漏下，尿血瀉血。疳痢痔疾，大小便不通。產後血運血脹。搗汁服，主浮腫，下水，消惡毒、乳癰、疔腫、丹遊等毒，服併傅。摘汁入耳，主聤耳。傅蛇虺傷。作浴湯，治癮瘮。入面藥，治粉刺，令光澤。制硫黃、雄黃、砒石。【略】

茺蔚子：辛，甘，微溫。亦入手足厥陰。明目益精，養肝益心，止渴潤肺，順氣活血，解除水氣，通血脈，填精髓，安魂魄。治血逆大熱，頭痛心煩，調女人經脈，崩中帶下，產後血脹。行中有補，為婦人經血，胎前產後，一切血氣諸病。久服，令人有子。然惟辛溫主散，瞳子散大者忌。

清·黃光霽《本草衍句》 益母草 辛可活血散風，苦能消瘀除結。入手足厥陰之經，調女人經脈之滯。無姙而血淋血秘，去惡生新；產難而血暈血風，消水行血。通為經產之需，便有調氣之別。活絡調經，功效甚捷。得黑山查治產後惡露不行。 茺蔚子：活血補陰，益精明目。順氣調經，行中有補。瞳子散大者忌用。

清·陳其瑞《本草撮要》卷一 益母草 味苦辛，入足厥陰經，功專治絡調經，功效甚捷。得炒黑山查治產後惡露不行。忌鐵。子微炒用，又名充蔚。吹乳成癰，以草為末，水調塗乳上一宿自消，生擣亦得。瞳子散大者忌用。

清·仲昴庭《本草崇原集說》卷一 茺蔚子 【略】仲氏曰：益母草主治在風，何《本經》獨無風字。然玩《本經》原文，及《崇原》清熱涼血等解，則修園就風立論，正非節外生枝，以視他書之雜收眾說，漫無折衷者，真不可同日語。

薇銜

宋·李昉《太平御覽》卷第九九一 薇蘅 《吳氏本草》曰：薇蘅，一名糜蘅，一名無顛，一名承膏，一名承醜，一名无心鬼。

宋·唐慎微《證類本草》卷七草部上品〔《本經·別錄·藥對》〕 薇銜 **味苦，平**、微寒，無毒。**主風濕痹歷節痛，驚癇吐舌，悸氣賊風，鼠瘻癰腫，暴癥，逐水，療痿蹷。久服輕身明目。一名麋銜**，一名承膏，一名承肌，一名無心，一名無顛。生漢中川澤及冤句、邯鄲。七月採莖、葉，陰乾。得秦皮良。

〔梁·陶弘景《本草經集注》〕云：俗用亦少。

〔唐·蘇敬《唐本草》〕注云：此草叢生，似茺蔚及白頭翁，其葉有毛，莖赤。療賊風大效。南人謂之吳風草，一名鹿銜草，言鹿有疾，銜此草差。又有大小二種，楚人猶謂大者爲大吳風草，小者爲小吳風草也。

〔宋·馬志《開寶本草》〕按：《陳藏器本草》云：婦人服之，絕産無子。

〔宋·掌禹錫《嘉祐本草》〕按：《蜀本圖經》云：葉似茺蔚，叢生，有毛，黄花，根赤黑也。

〔宋·唐慎微《證類本草》〕陳藏器云：一名無心草，非草無心者，南人名吳風草，方藥不用之。《素問》云：黄帝曰：有病者身熱解墮，汗出如浴，惡風少氣，此爲何病？岐伯曰：病名酒風。帝曰：治之奈何？岐伯曰：以澤瀉、术各十分，麋銜五分，合以三指撮，爲後飯。

宋·王繼先《紹興本草》卷七 薇銜 紹興校定：薇銜，一名麋銜，採莖葉為用。主療已載《本經》。《內經》説此物合澤瀉、术以治酒風。其性味當從《本經》為正。然近世方家亦稀用之。

宋·鄭樵《通志》卷七五《昆蟲草木略》 薇銜 曰承膏，曰承肌，曰無心，曰無顛，曰鹿銜，曰吳風草。葉似茺蔚，叢生有毛。

明·劉文泰《本草品彙精要》卷九《草部》 薇銜無毒：叢生。

薇銜出《神農本經》：**主風濕痹，歷節痛，驚癇吐舌，悸氣，賊風，鼠瘻，癰腫。**以上朱字《神農本經》。暴癥逐水，療痿蹶。久服輕身，明目。以上黑字名醫所録。

〖名〗麋銜、承膏、吳風草、無顛、無心、承肌、鹿銜草。〖苗〗《蜀本圖經》云：葉似茺蔚，叢生，有毛，黄花，根赤黑。《唐本》注云：此草似白頭翁，其葉有毛，莖赤。南人謂之吳風草，一名鹿銜草，言鹿有疾，銜之即瘥。又有大小二種，楚人謂大者爲大吳風草，小者爲小吳風草也。〖地〗《圖經》曰：生漢中川澤及冤句、邯鄲。〖時〗生：春生苗。採：七月取莖、葉。〖收〗陰乾。〖用〗莖、葉。〖質〗類茺蔚。〖色〗葉青，莖赤。〖味〗苦。〖性〗平，微寒，泄。〖氣〗氣薄味厚，陰中之陽。〖主〗除風濕，消癰腫。〖助〗得秦皮良。〖治〗療：《唐本》注云：祛賊風。〖合治〗以五分合澤瀉、术各十分，以三指撮，爲後飯，治酒風，身熱懈惰，汗出如浴，惡風少氣。〖禁〗婦人服之，絕産無子。

明·陳嘉謨《本草蒙筌》卷二 薇銜 味苦，氣平，微寒。無毒。《素問》名曰麋銜，南人謂之吳風草也。根莖赤黑，花開淺黄。葉叢生似茺蔚有毛，種兩般，分大小各唤，大者名大吳風草，小者名小吳風草。麋鹿有疾，銜此草差。《素問》之名，又因此出。産漢中川谷及冤句邯鄲。屬陝西。秋採莖葉陰乾，須得秦皮為使。主風淫濕痹致歷節痠疼，療吐瀉驚癇及鼠瘻癰腫。卻熱，除痿躄，逐水消暴癥。婦人服之，絕産無子。

謨按：《神農經》中藥之靈者，不計千百，何獨麋銜、矢醴並著《素問》擅名？滑氏《讀鈔》亦嘗論及，乃曰矢醴、麋銜治人疾也。豈誠二藥果有過乎諸藥之能，以致喋喋贊美之如是耶！蓋緣上古之人俗尚質朴，人所病者，多中實邪。二藥專攻，正與相對，用每輒効，故錄其名。中古以來，咸溺酒色，病之着體，虛損居多，藥宜補調，難行攻擊。由是鷄矢淬酒，無復下咽。麋銜之名，絕不聞耳。正孟子所謂彼一時，此一時故也。不然利前之藥，豈有不利於後乎？

明·王文潔《太乙仙製本草藥性大全》卷二《本草精義》 薇嘀 一名鹿嘀，一名麋嘀，一名承膏，一名承肌，一名無心，一名無顛，又名吳風草。生漢中川澤及冤句、邯鄲。此草叢生，似茺蔚及白頭翁，其葉有毛，莖赤黑，花開淺黄。種兩般，分大小各唤，大者名大吳風草，小者名小吳風草。麋鹿有疾，嘀此草差，《素問》之名又因此。秋採莖葉陰乾。

明·王文潔《太乙仙製本草藥性大全》卷二《仙製藥性》 薇銜 味苦，氣平，微寒，無毒。主治：主風淫濕痹，攻歷節痠疼，療吐瀉驚癇及鼠瘻癰腫。却熱，除痿躄，逐水消暴癥。婦人服之絕産無子。悸氣賊風有效，陰痿痰蹶治良。久服輕身，聰明耳目。補註：酒風，岐伯以澤瀉、术各十分，麋銜草五分，合以三指撮，爲後飯服。按：《神農經》中藥之靈者不計千百，何獨麋銜、矢醴並著《素問》擅名？滑氏《讀鈔》亦嘗論及，乃曰矢醴、麋銜，治人疾也。豈誠二藥果有過乎諸藥之能，以致喋喋讚美之若是耶？蓋緣上古之前，俗尚質朴，人所病者，多中實邪，二藥專攻，正與病對，用每輒效，故録其名。中古以來，咸溺酒色，病之着體虛損居多，藥宜補調，難行攻擊。由是鷄矢淬酒，無復下咽，麋銜之名絕不聞耳，正孟子所謂彼一時此一時故也。不然利前之藥，豈有不利於後乎？

明·皇甫嵩《本草發明》卷三 薇銜上品下，君。氣平、微寒，味苦，無毒。又名鹿啣。鹿病啣之差。 發明曰：薇銜，除風熱之劑。故《本草》主風濕痹，歷節痛，驚癇吐舌悸氣，賊風鼠瘻腫暴癥，逐水，療痿蹶。久服輕身明目，婦人服之絕產無子。根莖赤色，花淺黃，葉叢生，似茺蔚，七月採葉，陰乾。

明・李時珍《本草綱目》卷一五草部・隰草類上　薇銜薇音眉。《本經》上品。

【釋名】麋銜《本經》　鹿銜《唐本》　吳風草《唐本》　無心吳普　無顛吳普　承膏《别録》　承肌吳普　恭曰：南人謂之吳風草。一名鹿銜草，言鹿有疾，銜此草即瘥也。時珍曰：據蘇説，則薇銜、麋銜當作(麋)〔鹿〕銜也。鹿、麋一類也。按酈道元《水經注》云：魏興錫山多生薇銜草，有風不偃，無風獨摇。則吳風亦當作無風，乃通。藏器曰：一名無心草，非草之無心者，方藥少用。【集解】《别録》曰：薇銜生漢中川澤及冤句、邯鄲。七月採莖葉，陰乾。恭曰：此草叢生，似茺蔚及白頭翁，其葉有毛，赤莖。又有大小二種：楚人謂大者爲大吳風草，小者爲小吳風草。保昇曰：葉似茺蔚，叢生有毛，其花黃色，其根赤黑色。

莖葉【氣味】苦，平，無毒。《别録》曰：微寒。之才曰：得秦皮良。【主治】風濕痹，歷節痛，驚癇吐舌，悸氣賊風，鼠瘻癰腫《本經》。暴癥，逐水，療痿躄。久服輕身明目《别録》。婦人服之，絕產無子藏器。煎水，洗瘭疽甲疽惡瘡。時珍。出《外科精義》。

【發明】時珍曰：麋銜乃《素問》所用治風病自汗藥，而後世不知用之，誠缺略也。《素問》黃帝曰：有病身熱懈惰，汗出如浴，惡風少氣，此爲何病？岐伯曰：病名酒風。治之以澤瀉、术各三五分，麋銜五分，合以三指撮爲後飯。後飯者，先服藥也。

【附方】新二　年深惡瘡：無心草根、釣苓根、狼毒、白丁香各五錢，麝香一字，爲末摻之。〇又方：無心草根、乾薑各二錢，釣苓根三錢，爲末摻之。並《外科精義》。小兒破傷：風病，拘急口噤。没心草半兩，白附子炮二錢半，爲末。每服一字，薄荷酒灌下。《聖濟録》。

清・李熙和《醫經允中》卷二一　鹿啣草　苦，澀，溫，無毒。主治酒風身熱，懈惰汗出如浴，惡風少氣之病，以其能走胃與肝腎血分，而無留滯也。近世血症用之，溫補衝督之精血，而納氣歸腎耳。浸酒服之助陽有益。葉大而面綠背紫者為真。葉似茺蔚，叢生有毛者，吳風草也。《蒙筌》云：《素問》名曰麋啣，南人謂之吳風草，二物認為一種，謬矣！

吳風草　苦，平，微寒，無毒。主治風淫濕痹，歷節疼及鼠瘻癰腫，痿躄等症。婦人服之絕產無子。今人以為補助要藥而用之，悮也！

清・馮兆張《馮氏錦囊秘錄・雜症痘疹藥性主治合參》卷三　薇銜根　有兩股，大者名大吳風草，小者名小吳風草。秦皮為使。主風淫濕痹，致歷節疼痛。療吐瀉驚癇，及鼠瘻癰腫，卻熱，除痿蹶。逐水消暴癥。婦人服之，絕產無子。吐舌，悸氣，顛狂等症，竝祛。

清・张璐《本經逢原》卷二　薇銜　苦，澀，溫，無毒。《素問》謂之麋銜，《唐本》曰鹿銜，《千金》曰鹿藥草，言鹿有疾，銜此草即瘥也。其葉大而面綠背紫者為真。蘇恭言有大小二種。保昇言葉似茺蔚，叢生，有毛者，吳風草也。

《本經》主風濕痹，歷節痛，驚癇吐血，悸氣賊風，鼠瘻癰腫。　發明：鹿銜，《本經》專主風濕痹，歷節痛，《素問》同澤、术治酒風身熱懈惰，汗出如浴，惡風少氣之病，亦取其能除痹著血脈之風濕也。又治驚癇悸氣，吐咯諸血，以其能走胃與腎肝血分，專理血中邪濕，而無留滯之患。近世治吐血、咯血用之，以其能溫補衝督之精血也。陝人名為鹿胞草，言鹿食此，即能成胎。其性溫補下元可知。今吳興山中間亦產此。每於初夏，群鹿引子銜食乃去，洵為確真無疑。采得晒乾，一味浸酒最為有益。但性專助陽，力能走散陰精，故藏器云婦人服之絕產無子，良有見乎此也。其子名延壽果，味微澀而甘，惟秦地有之，不特有益於老人，而嬰兒先天不足者尤為上藥。惜乎，南方罕得也。

清・張志聰、高世栻《本草崇原》卷中　薇銜　氣味苦，平，無毒。主治風濕痹，歷節痛，驚癇，吐舌，悸氣，賊風，鼠瘻，癰腫。薇音眉。　薇銜生漢中川澤及冤句，邯鄲。叢生，葉似茺蔚。有毛赤莖。《本經》名麋銜，一名鹿銜，言麋鹿有疾，銜此草即瘥也。又名吳風草。李時珍曰：按酈道元《水經注》云：魏興、錫山多生薇銜草，有風不偃，無風獨搖，則吳風當作無風乃通。

按：《月令》五月鹿角解，十一月麋角解，是麋鹿有陰陽之分矣。此草稟少陰水火之氣，是以麋鹿咸宜，猶烏藥之治貓狗也。《素問》黃帝問曰：有病身熱懈惰，汗出如浴，惡風少氣，此為何病？岐伯曰：病名酒風，治之以澤瀉、术各三分，麋銜五分，合以三指撮，為後飯。後飯，先服藥也。此聖方也，而後世不知用之，誠缺典矣。

清・王子接《得宜本草・中品藥》　薇銜　即鹿銜草。味苦。主治風濕痹痛。得白附子療小兒風病，得狼毒、麝香、白丁香、釣苓根傅年深惡瘡。

清・嚴潔等《得配本草》卷三　薇銜即鹿銜草。　得秦皮良。　苦，微寒。入足陽明、厥陰、少陰經。治風濕痹痛癰腫。　配澤瀉、白术，治酒風自汗。身熱懈惰、汗出如浴、惡風少氣，病名酒風。配白附子末，薄荷湯下，療破傷風。

婦人服之，絕産無子。

題清・徐大椿《藥性切用》卷三　薇銜　一名鹿銜，南人名吳風草。味性苦平，理血中之濕，善治酒風濕痺，歷節諸痛。

清・吳其濬《植物名實圖考》卷一一　薇銜　《本經》上品。《唐本草》注謂之鹿銜草。言鹿有疾，銜此草即瘥。今鹿銜草，《安徽志》載之，治血病有殊功，而形狀與叢生似茺蔚者迥別。《本草拾遺》：一名無心草。今無心草，平野春時多有，形狀既與《唐本草》不符，與《圖經》無心草亦異。皆別圖繪之，未敢合併。蓋諸家圖說不晰，方藥少用，姑存其名而已。

清・葉志詵《神農本草經贊》卷一　薇銜　味苦，平。主風濕痹，歷節痛，驚癇吐舌，悸氣賊風，鼠瘻癰腫。一名糜銜。生川澤。

叢如茺蔚，瘥驗鹿銜。有無風動，大小條芟。心平驚悸，氣導和諴。撮量三指，後飯無儳。

蘇恭曰：此草叢生似茺蔚。一名鹿銜，鹿有疾銜此草即瘥。有大小二種。《水經注》：魏與錫山多生此草，有風不偃，無風獨搖。岐伯曰：病名酒風。麋銜五分，合以三指，撮為後飯。李時珍曰：後飯者，先服藥也。《禮》：無儳言。

清・張仁錫《藥性蒙求・草部》　薇御錢半　薇銜苦平，麻節疼痛。風濕痺痾，酒風亦用。一名麋銜，一名鹿銜。《素問》用治酒風證，身熱懈惰，汗出如浴，惡風少氣，用澤瀉、白朮、薇銜三味治之。

無心草

宋・唐慎微《證類本草》卷三〇外草類〔宋・蘇頌《本草圖經》〕　無心草　生商州及秦州。性溫，無毒。主積血，逐氣塊，益筋節，補虛損，潤顏色，療澼洩腹痛。三月開花，五月結實，六、七月採根、苗，陰乾用之。

明・劉文泰《本草品彙精要》卷四一　無心草無毒。　叢生。

無心草：主積血，逐氣塊，益筋節，補虛損，潤顏色，療澼洩，腹痛。出《圖經》。　〔地〕《圖經》曰：生商州、秦州。　〔時〕生：三月開花五月結實。採：六七月取根苗。　〔收〕陰乾。　〔用〕苗及根。　〔性〕溫。〔氣〕氣之厚者，陽也。

明・李時珍《本草綱目》卷一五草部・隰草類上　無心草宋《圖經》頌曰：生秦州及商州，鳳翔各縣皆出之。三月開花，五月結實，六七月採根苗，陰乾用。性温，無毒。主積血，逐氣塊，益筋節，補虛損，潤顏色，療澼洩腹痛。時珍曰：麋銜一名無心草，此草功用與之相近，其圖形亦相近，恐即一物也，故附之俟訪考焉。鼠耳草亦名無心，與此不同。

野芝麻

題清・徐大椿《藥性切用》卷三　白米飯草　一名糯米飯草。性味甘平，潤肺止嗽，益胃和中，可治勞傷。花力尤勝。

清・吳其濬《植物名實圖考》卷一五　野芝麻　臨江、九江山圃中極多。春時叢生，方莖四棱，棱青莖微紫；對節生葉，深齒細紋，略似麻葉；本平末尖，面青背淡，微有澀毛；繞節開花，色白，皆上矗，長幾半寸，上瓣下覆如勺，下瓣圓小雙歧，兩旁短缺，如禽張口；中森扁鬚，隨上瓣彎垂，如舌抵上齶，星星黑點，花萼尖絲，如針攢簇。葉莖味淡微辛，作芝麻氣而更膩。湖南圃中尤多，芟夷不盡。或即呼為白花益母草。

鏨菜

宋・唐慎微《證類本草》卷六草部上品〔唐・陳藏器《本草拾遺》〕　鏨菜　味辛，平，無毒。主破血，産後腹痛。煮汁服之。亦搗碎傅丁瘡。生江南國蔭地。似益母，方莖，對節，白花，花中甜汁，飲之如蜜。

明・李時珍《本草綱目》卷一五草部・隰草類上　鏨菜音慚。《拾遺》。

〔集解〕藏器曰：鏨菜生江南陰地，似益母，方莖對節，白花。時珍曰：此即益母之白花者，乃《爾雅》所謂蓷是也。其紫花者，《爾雅》所謂藬是也。蓷、藬皆同一音，乃一物二種。故此條亦主血病，與益母功同。郭璞獨指白花者爲益母，昝殷又謂白花者非益母，皆欠詳審。嫩苗可食，故謂之菜。寇宗奭言茺蔚嫩苗可煮食，正合此也。

苗　〔氣味〕辛，平，無毒。　〔主治〕破血，産後腹痛，煮汁服。藏器。

清・吳其濬《植物名實圖考》卷一四　鏨菜　《本草拾遺》始著錄。李時珍以其似益母草白花，遂以為白花益母草。然原書謂味甜有汁，則非益母一類，存原圖俟考。

野荆芥

清・劉善述、劉士季《草木便方》卷一草部　野荊芥　香茹辛溫解暑毒，利便清熱口臭服。腳氣水腫止嘔逆，霍亂轉筋熱濕除。

夏枯草

宋・唐慎微《證類本草》卷一一草部下品〔《本經・別錄・藥對》〕　夏枯草　味苦、辛，寒，無毒。主寒熱，瘰癧，鼠瘻，頭瘡，破癥，散癭結氣，腳腫濕

痹，輕身。一名夕句，一名乃東，一名燕面。生蜀郡川谷。四月採。土瓜爲之使。

〔唐・蘇敬《唐本草》〕注云：此草生平澤。葉似旋復，首春即生，四月穗出，其花紫白似丹參花，五月便枯。處處有之。

〔宋・蘇頌《本草圖經》〕曰：夏枯草，生蜀郡川谷，今河東、淮、浙州郡亦有之。冬至後生，葉似旋復。三月、四月開花，作穗紫白色，似丹參花，結子亦作穗。至五月枯，四月採。

〔宋・唐慎微《證類本草》〕《簡要濟衆》：治肝虚目眼疼，冷淚不止，筋脉痛及眼羞明怕日。補肝散：夏枯草半兩，香附子一兩，共爲末。每服一錢，臈茶調下。無時候服。

宋・寇宗奭《本草衍義》卷一二　夏枯草　今又謂之鬱臭。自秋便生，經冬不瘁。春開白花，中夏結子，遂枯。古方丸燒灰，合緊面藥。初生嫩時，作菜食之，須浸洗，淘去苦水，治瘰癧鼠漏。

宋・鄭樵《通志》卷七五《昆蟲草木略》　夏枯草　曰夕句，曰乃東，曰燕面。

宋・王介《履巉巖本草》卷中　夏枯草　味苦、辛，寒，無毒。主寒熱瘰癧，鼠瘻頭瘡，破氣散癭，除濕輕身。一名夕句，一名乃東，一名燕面。生蜀郡川谷。四月採。又治肝虚目睛疼，冷淚不止，筋脉痛，及眼羞明怕日。補肝散：夏枯草半兩，香附子末一兩，共爲末，服一錢，臘茶調。

宋・陳衍《寶慶本草折衷》卷一一　夏枯草灰在内。　一名夕句，一名乃東，一名燕面，一名鬱臭。生蜀郡川谷，及河東、淮浙、滁州。今處處平澤有之。○四月採。○土瓜為使。

味苦、辛，寒，無毒。○主寒熱，瘰癧，鼠瘻，頭瘡，破癥，散癭結氣，脚腫，濕痹。○《圖經》曰：冬至後生葉，似旋復，開花、結子作穗，至五月枯。○《簡要濟衆》：治肝虚，目睛疼，冷淚，筋脉痛，羞明怕日。夏枯草半兩，香附子壹兩，共為末，每服壹錢，蠟茶調下。○張松以貳物等分為末。○寇氏曰：古方燒灰，合緊面藥。嫩時作菜食。須浸洗，淘去苦水。

元・尚從善《本草元命苞》卷五　夏枯草　味苦、辛，寒性，無毒。王瓜為使。主寒熱瘰癧，鼠瘻頭瘡。療脚腫濕痺，破癥散癭。生蜀郡川谷，今淮、浙、河東。冬至後生葉如旋覆，三四月開花，似丹參，生子作穗，至夏便枯，四月收採。能補肝虚，睛目疼，冷淚不止，筋脈痛，怕日羞明。共香附子等分為末，煎臈茶清，每日調服。

元・朱震亨《本草衍義補遺》　夏枯草　無臭味，治瘰癧。臭草有臭味，方作潔面藥，即茺蔚是也。凡此兩物，俱生於春，但夏枯草先枯而無子。(蔚)〔鬱〕臭草後枯而結黑子。又云：有補養血脉之功。三月、四月開花，五月夏至時候復枯。蓋稟純陽之氣，得陰氣則枯也。○《本草》云：散癭結氣，脚腫濕痹。

元・徐彦純《本草發揮》卷二　夏枯草　丹溪云：夏枯草，無臭味，治瘰癧。鬱臭草，有臭味，方作緊面藥，即(充尉)〔茺蔚〕是也。明是兩物，俱生於春，但夏枯草先枯而無子，鬱臭草後枯而結黑子。又云：有補養厥陰血脉之功。三月、四月開花，五月夏至時候便枯。蓋稟純陽之氣，得陰氣則枯也。

明・朱橚《救荒本草》卷上之前　夏枯草　《本草》一名夕句，一名乃東，一名燕面。生蜀郡川谷及河、淮、浙、滁平澤。今祥符西田野中亦有之。苗高二三尺，其葉對節生，葉似旋覆葉而極長大，邊有細鋸齒，背白，上多氣脉紋路，葉端開花，作穗長二三寸許，其花紫白似丹參花。葉味苦、微辛，性寒，無毒。土瓜為之使。俗又謂之鬱臭苗，非是！救飢：採嫩葉煠熟，換水浸去苦味，油鹽調食。治病：文具《本草》草部條下。

明・蘭茂撰，清・管暄校補《滇南本草》卷中　夏枯草有白花夏枯，有益母夏枯。　性寒，味辛、微苦。入肝經。治肝熱，(際)〔除〕肝風暴赤火眼，目珠脹痛。外障可用，內障不可用。開肝鬱，行肝風，止牙齒疼痛。燒洗凍瘡。蓋因冬至發生，稟純陽之氣，至夏而枯，故名。

明・蘭茂《滇南本草》(叢本)卷上　夏枯草　味辛、微苦，性寒。入肝經。除肝熱，治肝風暴赤火眼，眼珠夜脹疼。外脹可用，內脹勿用。開肝鬱，行肝氣。單方：治牙疼，洗足上凍瘡。冬至先生葉，稟純陽之性，至夏枯乾，故名夏枯草。

明・王綸《本草集要》卷三　夏枯草　味苦辛，氣寒，無毒。稟經陽之氣，得陰氣則枯。王瓜為之使。四月採。　主寒熱瘰癧，鼠瘻頭瘡，破癥散癭結氣，脚腫濕痹，輕身。

明・滕弘《神農本經會通》卷一　夏枯草　王瓜為之使。三四月開紫白花，結子。四月採，五月枯。　味苦，辛，氣寒，無毒。

《本經》云：　主寒熱瘰癧，鼠瘻，頭瘡，破癥，散癭結氣，脚腫濕痺，輕身。《簡要》云：　治肝虚，目睛疼，冷淚不止，筋脉痛，及眼羞明怕日。　補肝散，夏枯草半兩，香附子一兩，為末，每一錢，臈茶調下，不計時候。　丹溪云：　有補養血脉之功。　蓋禀純陽之氣，得陰氣則枯也。　與臭草即茺蔚全別，明是兩物，俱生於春，但夏枯草先枯而無子，鬱臭草後枯而結黑子。《局》云：　夏枯草至夏來枯，醫治頭瘡不可無。　散癭破癥通結氣，鼠瘡瘰癧更能除。　夏枯草，治頭瘡，瘰癧癭瘤。

明·劉文泰《本草品彙精要》卷一五　夏枯草無毒。　植生。

夏枯草：　主寒熱，瘰癧，鼠瘻，頭瘡，破癥，散癭，結氣，脚腫，濕痺，輕身。《神農本經》。　〖名〗夕句，乃東，燕面，鬱臭。　〖苗〗《圖經》曰：　冬至後生，葉似旋覆，三月、四月開花作穗，紫白色，似丹參花，結子亦作穗，至五月枯。《衍義》曰：　今又謂之鬱臭，自秋便生，經冬不瘁，春開白花，中夏結子遂枯。　初生嫩時，須浸洗，淘去苦水，作菜食之。　〖地〗《圖經》曰：　生蜀郡川谷，今河東、淮、浙州郡亦有之。《唐本》注云：　生平澤，處處有之。〖時〗生：　冬至後生苗。　採：　四月取莖葉。　〖收〗日乾。　〖用〗莖、葉。〖質〗葉似旋覆而短。　〖色〗綠。　〖味〗苦，辛。　〖性〗寒，泄。　〖氣〗氣薄味厚，陰中之陽。　〖臭〗香。　〖主〗瘰癧，鼠瘻。　〖助〗土瓜爲之使。〖治〗療：　《衍義》曰：　燒灰，合緊面藥。　〖合治〗夏枯草半兩，合香附子一兩，共爲末，每服一錢匕，無時候用，臘茶調服，治肝虚目睛疼，冷淚不止，筋脈痛及眼羞明，怕日。

明·許希周《藥性粗評》卷二　夏來枯草時，尚利於外科。

夏枯草，一名夕句，一名鬱臭。冬至後生葉蓋地，狀似旋覆，高五六寸，三四月開花作穗，紫白色，似丹參花，結子亦作穗，經夏而枯，故名。江南平野處處有之。四月採莖葉，暴乾。土瓜為之使，餘說《本草》不載。　味苦、辛，性寒，無毒。　主治寒熱瘰癧，癭核結氣，頭瘡喉腫，濕痺脚氣，補肝明目，外科多宜用之。　愚少時見時疫喉腫盛行，先人採以救人，搗爛漬水，去渣，少加酒服之，已病者速愈，未病者不染，誠退腫要藥也。　丹溪云：　有補養厥陰血脉之功。

單方：　補肝明目：　肝虚目疼，冷淚不止及羞明怕日者，夏枯草半兩，香附子一兩，共為細末，每服一錢，臈茶調下，日二三服。

明·鄭寧《藥性要略大全》卷七　夏枯草　最治頭瘡，瘰癧癭瘤，及跌打瘡傷，散血生肌，破癥結，脚腫濕痺，輕身，止筋脉痛。　味苦、辛，氣寒，平，無毒。　土瓜為之使。　有紫白二種，白者不入藥，其紫花者良。　就生採，搗敷患處。　忌鐵。　夏至而枯，故名之。　一名四牛鬪草。　治肝虚目痛，用香附為君，佐以此物及苦茗良。

明·陳嘉謨《本草蒙筌》卷三　夏枯草　味苦、辛，氣寒。　無毒。　曠野平原，隨處俱有。　葉類旋覆，花似丹參。　冬至後發生，夏至時枯瘁，故謂夏枯草也。　四月收採，洗淨陰乾。　凡用拯疴，王瓜為使。　破癥堅癭瘤結氣，散瘰癧鼠瘻頭瘡。　寒熱堪毆，濕痺兼卻。

謨按：　夏枯草禀純陽之氣，得陰氣即枯，故逢夏至梗枯也。　丹溪有言：　善補養厥陰血脉之功，能治肝虚目疼、冷淚不止，羞明怕日，久視昏花。　用夏枯草五錢、香附子一兩，研細為散，茶調下咽，服之誠有神功。　惜乎！《本經》未之及也。

明·王文潔《太乙仙製本草藥性大全》卷二《本草精義》　夏枯草　一名夕句，一名乃東，一名燕面。　生蜀郡川谷，今河東、淮浙州郡亦有之。　冬至後生葉，似旋覆，三月、四月開花作穗，紫白色，似丹參花，結子亦作穗，五月枯，四月採。

明·王文潔《太乙仙製本草藥性大全》卷二《仙製藥性》　夏枯草　味苦，辛，氣寒，無毒。　主治：　破癥，堅癭瘤結氣，散瘰癧鼠瘻頭瘡。　寒熱堪祛，濕痺兼却。　久服輕身，能消脚腫。　補註：　治肝虚目眼疼，冷淚不止，筋脉痛及眼羞明怕日。　補肝散用半兩，入香附子一兩，同爲末，每服一錢，臈茶調下，不拘時候。

明·皇甫嵩《本草發明》卷三　夏枯草下品下，佐使。　氣寒，味苦、辛，無毒。　冬至生葉，夏結實，夏至即枯。　發明曰：　夏枯草禀陽氣，得陰氣即枯，能益陰，攻堅活血。　故主破癥堅，癭瘤結氣，散瘰癧鼠瘻，頭瘡。　主寒熱脚腫濕痺，輕身。　丹溪曰：　善補養厥陰血脉，治肝虚目痛，冷淚不止。　羞明，久之昏花，用夏枯草五錢，香附一兩，為散，茶調服，神效。　惜乎《本經》未之及。

明·李時珍《本草綱目》卷一五草部·隰草類上　夏枯草《本經》下品

〖釋名〗夕句《本經》　乃東《本經》　燕面《別録》　鐵色草　震亨曰：　此草夏至後即枯。　蓋禀純陽之氣，得陰氣則枯，故有是名。　〖集解〗《別録》曰：　夏枯草生蜀郡川谷，四月採。恭曰：處處有之，生平澤。冬至後生，葉似旋覆。三月、四月開花，作穗紫白色，似丹參花，結子亦作穗。五月便枯，四月採之。時珍曰：原野間甚多，苗高一二尺許，其莖微方。葉對節生，似旋覆葉而長大，有細齒，背白多紋。莖端作穗，長一二寸，穗中開淡紫小花，一穗有細子四粒。丹溪云無子，亦欠察矣。嫩苗瀹過，浸去苦味，油鹽拌之可食。

【正誤】宗奭曰：今謂之臭蘼。自秋便生，經冬不悴，春開白花，夏結子。震亨曰：臭蘼草有臭味，即茺蔚是也；夏枯草無臭味，明是兩物。俱生於春。夏枯先枯而無子，蘼臭後枯而結子。

莖葉　【氣味】苦、辛，寒，無毒。之才曰：土瓜爲之使。伏汞砂。　【主治】寒熱瘰癧，鼠瘻頭瘡，破癥，散癭結氣，脚腫濕痹，輕身《本經》。

【發明】震亨曰：《本草》言夏枯草大治瘰癧，散結氣。有補養厥陰血脈之功，而不言及。觀其退寒熱，虛者可使；若實者以行散之藥佐之，外以艾灸，亦漸取效。時珍曰：黎居士《易簡方》，夏枯草治目疼，用沙糖水浸一夜用，取其能解內熱、緩肝火也。樓全善云：夏枯草治目珠疼至夜則甚者，神效。或用苦寒藥點之反甚者，亦神效。蓋目珠連目本，即係也，屬厥陰之經。夜甚及點苦寒藥反甚者，夜與寒亦陰故也。夏枯稟純陽之氣，補厥陰血脈，故治此如神，以陽治陰也。一男子至夜目珠疼，連眉棱骨，及頭半邊腫痛。用黃連膏點之反甚，諸藥不效。灸厥陰、少陽，疼隨止，半日又作。月餘，以夏枯草二兩，香附二兩，甘草四錢，爲末。每服一錢半，清茶調服。下咽則疼減半，至四五服良愈矣。

【附方】舊一，新六。　明目補肝：肝虛目睛痛，冷淚不止，筋脈痛，羞明怕日。夏枯草半兩，香附子一兩，爲末。每服一錢，臘茶湯調下。《簡要濟衆》。　赤白帶下：夏枯草，花開時採，陰乾爲末。每服二錢，米飲下，食前。《徐氏家傳方》。　血崩不止：夏枯草爲末，每服方寸匕，米飲調下。《聖惠方》。　產後血運：心氣欲絶者。夏枯草搗絞汁服一盞，大妙。《徐氏家傳方》。　撲傷金瘡：夏枯草口嚼爛，署上即愈。《衛生易簡》。　汗斑白點：夏枯草煎濃汁，日日洗之。《乾坤生意》。　瘰癧馬刀：不問已潰未潰，或日久成漏。用夏枯草六兩，水二鍾，煎七分，食遠溫服。虛甚者，則煎汁熬膏服。並塗患處，兼以十全大補湯加香附、貝母、遠志尤善。此物生血，乃治瘰癧之聖藥也。其草易得，其功甚多。薛己《外科經驗方》。

題明・薛己《本草約言》卷一《藥性本草》　夏枯草　三四月開花，夏至時候即枯。蓋稟純陽之氣，得陰氣則枯也。入足陽明胃、厥陰肝。不特治瘰癧瘻瘤，散血破癥，生肌解毒，療脚腫輕身之品。

明・佚名氏《醫方藥性・草藥便覽》　夏枯草　其性涼。解毒，去飛瘍。名鬼拖傘。

明・梅得春《藥性會元》卷上　夏枯草　味苦、辛，氣寒，無毒。王瓜為使。

主治寒熱瘰癧，鼠瘻頭瘡，破癥，消癭瘤結核，脚腫濕痹，散結氣，有補厥陰肝經血脉之功。退寒熱，虛者可伏。若實者，用行散之藥佐之。

明・李中立《本草原始》卷三　夏枯草　始生蜀郡川谷，今河東、淮、浙州郡亦有之。冬至後生，葉似旋(復)〔覆〕。三月、四月開花作穗，紫白色，似丹參花。四月採。震亨曰：此草夏至後即枯，蓋稟純陽之氣，得陰氣即枯，故名夏枯草。　夏枯草：氣味：苦、辛，寒，無毒。　主治：寒熱瘰癧，鼠瘻頭瘡，破癥，散癭結氣，脚腫濕痹，輕身。

夏枯草，《本經》下品。**【圖略】**葉似旋覆。四月收採。

《衛生易簡方》：治撲傷金瘡，夏枯草口嚼爛，署上即愈。

明・張懋辰《本草便》卷一　夏枯草　味苦、辛，氣寒，無毒。稟純陽之氣，得陰氣則枯。　主寒熱瘰癧，鼠瘻，頭瘡，散癭結氣，脚腫。

明・李中梓《藥性解》卷四　夏枯草　味苦、辛，性寒，無毒，入肝經。主瘰癧瘻瘤，濕痺脚腫，肝虛目痛，冷泪羞明，散血破癥，生肌解毒，土瓜為使。

按：夏枯草三四月開花，是時正厥陰風木主令，其為肝經之藥明矣。丹溪曰：夏至即枯者，蓋稟純陽之氣，得陰氣則枯也。

明・繆希雍《本草經疏》卷一一　夏枯草　味苦、辛，寒，無毒。主寒熱，瘰癧，鼠瘻，頭瘡，破癥，散癭結氣，脚腫濕痹，輕身。土瓜為之使。

【疏】夏枯草得金水之氣，故其味苦辛，而性寒無毒。為治瘰癧、鼠瘻之要藥。入足厥陰、少陽經。丹溪謂其補厥陰肝家之血，又辛能散結，苦寒能下泄除熱，故治一切寒熱，及消瘰癧鼠瘻，破癥，散癭結氣。頭瘡皆由於熱，脚腫濕痹，無非濕熱所成，熱消結散濕去，則三證自除而身亦輕矣。

【主治參互】夏枯草得連翹、忍冬藤、貝母、玄參、薄荷、栝樓根、紫背天葵、蓖麻子仁、甘草，治一切瘰癧有效。　得蒲公草，治一切乳癰、乳巖，方具蒲公草條下。　單取數兩，水煮濃汁，入生甘菊、紫花地丁、忍冬藤、連翹、白及、白斂、甘草、生地黃、白芷、半枝蓮，消一切癰疽腫毒，止痛有神。此複方也。　《簡要濟眾方》治肝虛目睛疼，冷淚不止，血脈痛，羞明怕日。夏枯草半兩，香附子一兩，為末，每服一錢，茶調下。　《衍義》云：古方用以燒灰，合潔面藥。　初生嫩時作菜食之，須浸洗淘去苦水。　此草無毒，除治瘰癧鼠瘻，及散癭結氣，消癰腫乳毒之外，無別用，故不著簡誤。

明・倪朱謨《本草彙言》卷三 夏枯草 味苦、辛，氣寒，無毒。陰中之陽，可升可降。乃足厥陰、少陽經血分藥。《別錄》曰：夏枯草生蜀郡川谷，今所在皆有，原野平澤間甚多。冬至後生苗，漸高至一二尺許，莖微方，葉對節生，似旋覆葉而長大。邊有細齒而背白。三四月莖端作穗，長一二寸。穗中開淡紫碎花，似丹參花。結子亦作穗，一穗四子。五月便枯。宜四月收采用。丹溪翁言無子，亦欠察矣。其嫩苗瀹過，浸去苦味，油鹽拌之可食。

寇氏曰：茺蔚有臭味，自秋便生，經冬不悴。春開白花，夏結子。夏枯草無臭味，春末開淡紫花，夏結子。兩物俱生于春，俱枯于夏。但夏枯草更早枯一月矣。

夏枯草：凉血清肝，朱丹溪舒鬱散結之藥也。張少懷稿此藥得金水之體，少陽之氣，善治肝鬱血燥爲病。故前人主寒熱瘰癧，鼠瘻癭核，目疼瘡疹諸疾，及脚腫濕痹等證。但性味寒而苦辛，寒能除熱，苦能下泄，辛能散滯。專入肝膽二經，攻熱逐濕，則前證自除矣。除肝膽血鬱氣滯之病，成瘰癧濕痹等證之外，并無別用。久服亦損胃家，謂苦寒降散多也。

沈則施先生曰：夏枯草大治瘰癧，散結氣，有調養厥陰血脉之功。及觀其退寒熱，虚者以滋補藥和之，實者以行散之藥佐之，外以艾灸，亦漸取效。此平易簡要之言也。○一男子病目羞明，至夜目珠大痛，連眉稜骨及頭半邊痛且腫，灸厥陰、少陽二穴，痛隨止，半日痛又作。以夏枯草四兩，香附一兩，甘草五錢，共爲末。每用二錢，茶清調服，下咽則痛減半，至四五服全愈也。

繆仲淳先生曰：瘰癧鼠瘻，由肝鬱筋結之所生，寒熱毒氣之所成，留于脉中，着于肌肉。其本在藏，其末出于頸腋之間，久則内潰膿血，多成勞瘵。面黄少食，肌消骨立，不可爲矣。諸方用夏枯草配四物湯，宜早服、多服，屢獲效。

集方：《方脉正宗》治肝火血鬱成勞。用夏枯草，入逍遙散良。○《薛氏方》治瘰癧馬刀，不論已潰未潰，或日久成漏。用夏枯草六兩切細，酒浸蒸曬五次，爲末，配十全大補湯料，再加香附、貝母、遠志尤善。○《自明集》治肝虚目睛痛，或冷淚不止，或血脉纏睛，或羞明怕日。用夏枯草十兩，切細，酒浸蒸曬三次，配甘菊花、草决明各二兩，蜜蒙花三兩，枸杞子五兩，共爲末，煉蜜丸，早晚各食前服三錢。○《竇氏全書》治脚氣頻發，腫痛難履。以夏枯草酒浸一宿，曬乾炒，木瓜醋拌炒，各等分爲末，每早食前服三錢，白湯引。○同前乳癰初起。用夏枯草、蒲公英各等分，酒煎服。或作丸用亦可。○同上治一切癰疽腫毒。用夏枯草一斤，甘菊花、紫花地丁、忍冬藤、連翹、白及、甘草、生地、白芷各二兩，半枝蓮六兩，水大鍋，煎汁二次，總和熬膏。每服大匙五匙，白湯引，止痛消毒如神。

明・姚可成《食物本草》卷一七草部・隰草類 夏枯草此草夏至後即枯，蓋稟純陽之氣，得陰氣即枯，故有是名。處處有之，生平澤。冬至後生葉，似旋復。三月四月開花作穗，紫白色似丹參花，結子亦作穗。五月便枯，四月采之。○李時珍曰：原野間甚多。苗高一二尺許，其莖微方，葉對節生，邊有細齒。莖端作穗，長一二寸，穗中開淡紫小花，一穗有細子四粒。嫩苗瀹過，浸去苦味，油鹽拌之以作葅茹，極佳美。

夏枯草，味辛、苦，寒，無毒。治寒熱瘰癧，鼠瘻頭瘡，破癥，散癭結氣，脚腫溼痹，輕身。

附方：治瘰癧馬刀，不問已潰未潰，或日久成漏。用夏枯草六兩，水二鍾，煎七分，食遠溫服。虚甚者，煎汁熬膏服，并塗患處，兼以十全大補湯加香附、貝母、遠志尤善。此物生血，乃治瘰癧之聖藥也。其草易得，其功甚多。

治汗斑白點。夏枯草煎濃汁，日日洗之。治産後血運，心氣欲絕者。夏枯艸搗爛，絞汁服一大盞即甦。治女人崩漏不止。用夏枯艸日乾為末，每服方寸匕，米飲下。治女人赤白帶下。夏枯艸花開時采，陰乾為末，每服二錢，米飲下。治肝經虚，目睛痛，冷淚不止，羞明怕日。夏枯艸半兩，香附一(半)〔兩〕為末，每服一錢，臘茶湯下。治刀傷。夏枯艸嚼爛，罯上即愈。

明・顧逢柏《分部本草妙用》卷八雜藥部 夏枯草 土瓜為使，伏汞砂。

主治：寒熱，瘰癧鼠瘻，頭瘡，破癥散癭結氣，脚腫濕痺，治目痛。按：夏枯草為補養厥陰血脉之藥，故治瘰癧，散結氣有功。治目珠疼，至夜猶甚者神効。○方用枯草二兩，香附二兩，甘草四錢，為末，每服一錢，茶清調服，下咽則疼減半，四五服良愈。人以草藥賤之，未知其功若是美也。

明・李中梓《醫宗必讀・本草徵要上》 夏枯草味苦、辛，寒，無毒。入肝經。土瓜為使。

瘰癧鼠瘻，目痛羞明。辛能散結，苦能泄熱，獨走厥陰，明目治癧。按：夏枯草久用，亦傷胃家。

明・鄭二陽《仁壽堂藥鏡》卷一〇下 夏枯草 《經》云：夏枯草生蜀

中川谷。四月採。丹溪云：夏枯草無臭味，治瘰癧。鬱臭草有臭味，方作潔面藥。即茺蔚是也。明是兩物，俱生於春，但夏枯草先枯而無子，鬱臭草後枯而結黑子。又云：有補養厥陰血脉之功。三月、四月開花，五月夏至時候便枯。蓋稟純陽之氣，得陰氣則枯也。《簡要方》云：夏枯治肝虚目睛疼，冷淚不止，羞明怕日。

明·蔣儀《藥鏡》卷四寒部　夏枯草　散結而濕痺又消，故主癥瘿乳癰，鼠瘻瘰癧。除熱而肝血又補，故療肝虚目痛，冷淚羞明。蓋具氣稟純陽，而能補養厥陰，故治目珠夜疼，尤稱獨勝。

明·張景岳《景岳全書》卷四八《本草正》　夏枯草　味微苦、微辛。氣浮而升，陰中陽也。善解肝氣，養肝血，故能散結開鬱，大治瘰癧鼠瘻，乳癰瘿氣，并治頭瘡目疾。樓全善云：夏枯草治目珠痛至夜則甚者，神效。或用苦藥點眼反甚者，亦神效。一男子目珠痛至夜則重，用黃連點之更甚，諸藥不效，乃用夏枯草二兩、香附二兩、甘草四錢，為末，每服一錢半，清茶調服，下咽即疼減，至四五服，良愈也。

明·盧之頤《本草乘雅半偈》帙七　夏枯草《本經》下品　氣味：辛，寒，無毒。主治：主寒熱瘰癧鼠瘻，頭瘡，破癥，散瘿結氣，脚腫濕痺，輕身。

覈曰：出蜀郡川谷，所在亦有，生平澤原野間。冬至後生苗，漸高至一二尺許，莖微方。葉對節生，似旋覆葉而長大，邊有細齒而背白。三、四月莖端作穗，長一二寸，穗中開淡紫碎花，似丹參花，結子亦作穗，一穗四子。五月便枯，宜四月收采。土瓜為之使。伏汞砂。

条曰：冬至生，夏至枯，具三陽之正體，寒水之正化，故從內達外，自下徹上，以去寒熱氣結，及合濕成痹也。瘰癧者，皆鼠瘻寒熱毒氣留于脈而不去也。其本在于藏，其末出于頸腋之間，浮于脈中而未內，與着于肌肉，而外為膿血者易去也。治之奈何？請從其本，引其末，可使衰去，而絕其寒熱，審按其道以予之，徐往徐來以去之。決其死生，反其目視之，中有赤脈上下貫瞳子者，見一脈，一歲死；見一脈半，歲半死；見二脈，二歲死；見二脈半，二歲半死；見三脈，三歲而死；見赤脈不下貫瞳子者，可治也。若瘿則但浮于脈，癥則但着于藏，脚腫唯下，頭瘡唯上，雖非本末，統名寒熱病也。樓全善用治目珠疼，《簡要濟衆方》用治目睛痛，此得《靈樞》意旨。有赤脈貫瞳子者相宜，否則涉寒，非對待法也。具寒水之正化，可從在內之藏本；具三陽之正體，可從在外脈中之支末。瘰癧曰寒熱病者，以本于藏，其末出于頸腋之間，內外相從，故名寒熱，言鍼法也。浮脈着藏，唯上唯下，盡寒熱之變。

明·李中梓《本草通玄》卷上　夏枯草　苦、辛，微寒，獨入厥陰。消瘰癧，散結氣，止目珠痛。此草補養厥陰血脉，又能疏通結氣，目痛瘰癧，皆係肝症，故獨建神功。然久用亦防傷胃。與參、术同行，方可久服無弊。

清·顧元交《本草彙箋》卷三　夏枯草隰草之八

夏枯草入足厥陰、少陰二經，爲瘰癧鼠瘻之要藥。取其辛能散結，苦寒能下泄除熱也，謂其有補養厥陰血脈之功。《本經》未之言及。

又名鐵色草，單取數兩，水煮濃汁，入生甘菊、紫花地丁、忍冬藤、連翹、白芷、白及、白斂、甘草、生地黃、半枝蓮，消一切癰疽腫毒，止痛神效。凡目珠疼，至夜則甚者，用夏枯草、沙糖水浸一宿用，正以目珠連目本，即爲目系，屬厥陰肝經。夏枯草稟金水之氣，以解內熱，而緩肝火。

清·穆石匏《本草洞詮》卷九　夏枯草　此草夏至後即枯，蓋稟純陽之氣，得陰氣則枯也。氣味苦辛寒，無毒。治寒熱瘰瀝，鼠瘻，破癥散瘿，治脚腫濕痺。樓全善謂夏枯草治目疼，至夜則甚者，或點苦寒藥反甚者，神效。蓋目珠屬厥陰經，夜甚及點苦寒藥反甚者，夜與寒皆陰故也。夏枯稟純陽之氣，補厥陰血脈，故治此如神，以陽治陰也。一人病此，連眉稜骨及頭腫痛，以夏枯草二兩，香附二兩，甘草四錢，為末，每服錢半，清茶調服，下咽則疼減，四五服遂愈。

清·劉雲密《本草述》卷九上　夏枯草　生平澤，處處有之。冬至後生，三四月莖端作穗，長一二寸，穗中開淡紫碎花，似丹參花，結子亦作穗，一穗四子，五月便枯，宜四月收采。土瓜即王瓜。為之使。丹溪曰：寇氏誤以為茺蔚，不知茺蔚有臭味，而夏枯絕無。明是兩物，且兩物雖俱生於春，但夏枯先枯而無子，茺蔚後枯而有子。

莖葉，氣味苦辛，寒，無毒。

主治：寒熱瘰癧鼠瘻，破癥散瘿結氣，療頭瘡，喉腫脚腫溼痺，補肝明目。

丹溪曰：《本草》言夏枯草大治瘰癧，散結氣，有補義厥陰血脈之功，而不言及觀其退寒熱虚者可使，若實者以行散之藥佐之，外以艾灸，亦漸取效。

婁全善曰：夏枯草治目珠疼，至夜則甚者，神效。或用苦寒藥點之反甚者，亦神效。蓋目珠連目本，即係也，屬厥陰之經，夜甚及點苦寒藥反甚者，夜與寒亦陰故也。夏枯稟純陽之氣，補厥陰血脈，故治此如神，以陽治陰也。　之頤曰：冬至生，夏至枯，其三陽之正體，寒水之正化，故從内達外，自下徹上，以去寒熱氣結，及合溼成痺也。　希雍曰：夏枯草得金水之氣，故其味苦辛而性寒，無毒，入足厥陰、少陽經。

夏枯草得連翹、忍冬藤、貝母、玄參、薄荷、栝樓根、紫背天葵、蓖麻子仁、甘草，治一切瘰癧有效。　得蒲公草治一切乳癰乳巖。　單取數兩，水煮濃汁，入生甘菊、紫花地丁、忍冬藤、連翹、白及、白斂、甘草、生地黄、白芷、半枝蓮，消一切癰疽腫毒，止痛，有神，此複方也。《簡要濟衆》方：治肝虚目睛疼，冷淚不止，血脈痛，羞明怕日，夏枯草半兩，香附子一兩，為末，每服一錢，茶調下。　時疫喉腫盛行，搗爛漬水，去渣，少加酒服之，已病者速愈，未病者不染，誠退腫要藥也。

愚按：夏枯草以冬至後發生，夏至後枯瘁。朱丹溪先生謂稟純陽之氣，故遇陰而枯。近代婁全善輩亦祖其説，詎知其氣寒，其味苦辛，謂為陽是也。謂其純陽則猶未盡也。乃粗者又謂得金水之氣，故其味苦辛而性寒，不知何以解於遇陽而生，遇陰而枯也。就盧之頤所云，具三陽之正體，寒水之正化，庶幾近之。然於夏至而枯者，未能晰其微也。蓋陽在下，由陰而生，在上即由陰而化，陰在上，由陽而生，在下即由陽而化，如夏枯草，本於陰也，遇陽之生以生，迨飽歷陽氣，以至陽極，遇陰生遂枯者，非惡陰也。陽極將盡，徑趨陰以化也。如人身所病，陽盛而不得陰以化，則氣結而血亦結，此《本經》言其治寒熱瘰癧鼠瘻有專功，且破癥散癭結氣也。若然，是取陽之遇陰化矣。所云治目珠痛，如他苦寒之味，獨非陰乎？何以反甚，而又何以别乎？蓋此味即一物而具有陰遇陽生，陽遇陰化之妙，更妙於陽趨陰以化氣，得化而即能化血，不倫於以陰制陽者，反不能化血也。一儒醫治失血後不寐證，彷《經》所云，衛氣不得入於陰，宜用半夏湯之義。蓋半夏亦得一陰之氣而枯，猶是生於陽，成於陰者也。因半夏性燥，不宜於血證，代以夏枯草。患者飲之，而卧立至。即此思之，則豈非陽得陰以化，故陽入於陰中，俾卧至乎？雖然粗工謂兹物遇陰而枯矣，乃曰成於陰也，誰其是之。詎知陽之化於陰也，正以成其陽，其玄機有如是乎？有陰以成其陽，而陽之用不窮，故婁氏謂治目珠痛者，不以陰而以陽者是也。不知陽之得化於陰，乃氣化而後血化也。如諸方用之補肝明目，女子血崩，産後血暈，須當識此義也。知此可以破全善以陽治陰之誤矣。

附方　血崩不止，夏枯草為末，每服方寸匕，米飲調下。　産後血暈，心氣欲絶者，夏枯草搗絞汁，服一盞大妙。　瘰癧馬刀，不問已潰未潰，或日久，或漏，用夏枯草六兩，水二鍾，煎七分，食遠溫服。虚甚者，則煎汁熬膏服。并塗患處，兼以十全大補湯，加香附、貝母、遠志，尤善此味生血，乃治瘰癧之聖藥也。

修治　夏枯草用莖葉，味苦辛，苦勝於辛。莖之苦辛不及葉，似宜多用葉。

清・郭章宜《本草匯》卷一一　夏枯草　苦、辛，氣寒，獨入足厥陰經。破癥堅癭瘤結氣，散瘰癧鼠瘻頭瘡。療脚腫濕痺，止目珠羞痛。

按：夏枯草稟純陽之氣，夏至後得陰氣即枯，故名夏枯。大治瘰癧，散結氣，有補養厥陰血脉之功。又治目疼，以沙糖水浸一宿，取其能解内熱，緩肝火也。婁全善云：此草治目珠疼，至夜則甚者，神効。或用苦寒藥反甚者，亦神効。蓋目屬厥陰之經，夜甚，及點苦寒藥反甚者，夜與寒亦陰故也。夏枯草其性純陽，補厥陰血脉，故治此如神，以陽治陰也。除治前證之外，並無别用矣。然久用亦防傷胃。與參、术用，方可久服無弊。

土瓜為之使。伏汞砂。

清・蔣居祉《本草擇要綱目・寒性藥品》　夏枯草　氣味：苦、辛，寒，無毒。補養厥陰血脈之藥。　主治：寒熱瘰癧，鼠瘻頭瘡，破癥瘕，散癭結氣，脚腫濕痹，取其能解内熱、緩肝火也。

清・王翃《握靈本草》卷四　夏枯草原野間甚多。　主治：夏枯草，苦、辛，寒，無毒。主寒熱瘰癧結氣，脚腫濕痺。

清・汪昂《本草備要》卷一　夏枯草補陽，散結，消癭。　辛、苦，微寒，氣稟純陽。補肝血，緩肝火，解内熱，散結氣。治癭癧、濕痹，目珠夜痛。婁全善曰：目珠連目本，即目系也。夜痛及點苦寒藥更甚者，夜與寒皆陰也。夏枯氣稟純陽，補厥陰血脉，故治此如神，以陽治陰也。按：目白珠屬陽，故晝痛，點苦寒藥則效；黑珠屬陰，故夜痛，點苦寒藥反劇。　冬至生，夏至枯，故名。用莖葉。

清・陳士鐸《本草新編》卷三　夏枯草　味苦，氣溫。曰寒者，悮。入肺、脾、心三經。專散痰核鼠瘡，尤通心氣，頭目之火可祛，胸膈之痞可降。世人棄而不收，誰知為藥籠中必需之物乎。夫肺氣為邪所壅，則清肅之令不行，而痰即結于胸膈之間而不得散。倘早用夏枯草，同二陳湯煎服，何至痰核之生。心火炎上，則頭目腫痛，而痰即結于胸膈而成痞。早用夏枯草，入于芩、連、天花粉之內，何至頭痛目腫乎。蓋夏枯草直入心經，以通其氣，而芩、連、花粉之類，得以解炎上之火也。尤妙心火一平，引火下生脾土，則脾氣健旺，而痰更消亡，鼠瘡從何而生乎？《本草》止言其破癥堅、消寒熱、祛濕痹，尚未深知夏枯草也。

或問：夏枯草，近人亦知用之，但不能入之湯劑內也，今欲用之，不知多寡宜若何耳？夫夏枯草，陰藥也，陰藥宜多用以出奇，而不可少用以待變〔也〕。

清・顧靖遠《顧氏醫鏡》卷七 夏枯草辛、苦，寒。入肝經。治目痛羞明，有補養肝血，除熱之功。消瘰癧癰毒。辛能散結，苦寒能下洩除熱。久用亦傷胃氣。

清・李熙和《醫經允中》卷一七 夏枯草 土瓜為使。伏汞砂。入足厥陰經。苦、辛，氣寒，無毒。主治寒熱瘰癧，破癥瘿，散結氣，脚腫濕痹，目痛。治目珠疼：方用夏枯草二兩，香附二兩，甘草四錢，為末，每服一錢，茶清調服，下咽疼減。久服亦防傷胃。

清・馮兆張《馮氏錦囊秘錄・雜症痘疹藥性主治合參》卷二 夏枯草稟純陽之氣，故冬至生，夏至枯也。且得金水之氣，故味苦辛，性微寒，無毒。入足厥陰、少陽經。辛能散結，苦能洩熱。故治一切寒熱瘰癧，破癥散瘿，乳癰乳巖，及火鬱目珠痛極，怕日羞明之要藥。莖端作穗，開淡紫花，採陰乾用之。

夏枯草，味辛苦而性微寒，散結氣而解內熱。補肝血，緩肝火，破癥堅瘿瘤，散瘰癧鼠瘻，寒熱並治，濕痹兼却。更治目珠疼痛，至夜則甚者如神。此草稟純陽之性，夏至後得陰氣即枯，所以治厥陰火鬱之目疾，及鬱怒所成乳巖乳癰，併一切癰腫也。目皆白珠屬陽，故晝痛點苦寒藥則效。黑珠屬陰，故夜痛點苦寒藥反劇。夏枯草，氣稟純陽，補厥陰血脉，故治夜痛如神，以純陽之氣而勝濁陰，且散厥陰鬱火耳。

清・张璐《本經逢原》卷二 夏枯草 苦、辛，温，無毒。《本經》主寒熱瘰癧，鼠瘻，頭瘡，破癥，散瘿結氣，脚腫濕痹，輕身。 發明：夏枯草，《本經》專治寒熱瘰癧，有補養厥陰血脈之功。以辛能散結，苦能除熱，而癥結瘿氣散矣。言輕身者，脚腫濕痹愈，而無重著之患也。佐以香附、甘草，治目珠疼夜甚者，以其稟純陽之氣，而散陰中結滯之熱也。又能解內熱，緩肝火，從治之法，并治痘後餘毒，及肝熱目赤有效。久服亦防傷胃，以善走厥陰，助肝木之氣耳。

清・浦士貞《夕庵讀本草快編》卷二 夏枯草《本經》 此草稟純陽之氣，得夏至陰氣則枯，故名。夏枯苦辛，能補厥陰而滋血脉，故瘰癧結氣，脚腫濕痺，目疼寒熱，皆可立効，取其能散熱緩肝也。若産後血運，心氣欲絶者，搗汁服之亦良。按婁全善云：凡人目珠疼痛，至夜則劇，或以苦寒藥點之反甚者，乃厥陰之經受疾，夜與苦寒，皆屬陰故也。須用夏枯純陽之氣以補厥陰血脉之不足，所謂以陽治陰，無有不愈，況配香附以導血中之氣，佐以甘草，使以苦茗，益覺神矣。

清・張志聰、高世栻《本草崇原》卷下 夏枯草 氣味苦、辛，寒，無毒。主治寒熱，瘰癧鼠瘻，頭瘡，破癥瘕瘿結氣，脚腫，濕痹，輕身。頭，舊作頭，訛，今改正。

夏枯草，《本經》名夕句，又名乃東，處處原野平澤間甚多，冬至後生苗，葉對節生，似旋覆花葉，而有細齒，背白，苗高一二尺許，其莖微方，三四月莖端作穗，長一二寸，開花淡紫色，似丹參花，結子每一萼中有細子四粒，夏至後即枯。夏枯草稟金水之氣，故氣味苦辛寒，無毒。主治寒熱，瘰癧鼠瘻，頭瘡者，稟水氣而上清其火熱也。破癥瘕瘿結氣者，稟金氣而内削其堅積也。脚腫乃水氣不行於上，濕痹乃水氣不布於外。夏枯草感一陽而生，能使水氣上行環轉，故治脚氣濕痹，而且輕身。

清・何諫《生草藥性備要》卷上 夏枯草 味淡，性平。去痰，消膿，治瘰癧。清上補下，去眼膜，止痛。

清・姚球《本草經解要》卷二 夏枯草 氣寒，味苦、辛，無毒。主寒熱瘰癧，鼠瘻頭瘡，破癥，散瘿結氣，脚腫濕痹，輕身。 夏枯草氣寒，稟天冬寒之水氣，入足太陽膀胱寒水經。味苦辛，無毒，得地火金之味，入手少陰心經、手太陰肺經。遇火令而枯，稟金水之氣獨全，水制火，金平木，故專主少陽相火風木膽經之症。氣味輕清，少陽也。太陽主表，表邪外入，則太陽有病，而惡寒發熱矣。其主之者，味辛可以散表寒，味苦可以清熱也。瘰癧鼠瘻，皆少陽膽經風熱之毒。夏枯草稟金水之氣味，所以專入少陽，解風熱之毒也。頭乃太陽行經之地，膀胱濕熱，則生頭瘡。其主之者，氣寒清熱，味苦燥濕也。積聚而有形可徵，謂之癥，乃濕熱結氣也。味辛可以散結，味苦可以燥濕熱，所以主之也。癭亦少陽之症，其主之者，以夏枯草耑治少陽之症，而辛散之功也。濕邪傷下，脚腫濕痹，無非濕也。苦能燥濕，所以主之。且入肺與膀胱，而有祛濕之力。濕勝則身重，既有祛濕之功，所以又能輕身也。

製方：夏枯草末，治血崩不止及赤白帶下。夏枯草可代柴胡升發，可代甘菊清肝。同白茯、白术、黄柏，治濕熱。同連翹、金銀花、貝母、元參、薄荷、花粉、紫背天葵、甘草，治瘰癧有功效。用數兩煎湯，煮甘菊、紫花地丁、金銀花、連翹、白及、白斂、甘草、生地、白芷、半枝蓮，消一切腫毒甚神。

清・周垣綜《頤生秘旨》卷八　夏枯草　破癥瘕之藥也。《月令》靡草死，蓋指此也。生稟陽氣，得陰氣即枯，能益陰，攻堅活血。

清・王子接《得宜本草・下品藥》　夏枯草　味苦、辛。入足厥陰經。主治頭瘡瘰癧。得香附、甘草治目珠疼痛，得香附、貝母治馬刀。

清・徐大椿《神農本草經百種錄》下品　夏枯草　味苦、辛，寒。主寒熱，瘰癧鼠瘻，頭瘡，火氣所發。破癥散癭結氣，火氣所結。脚腫濕痹，濕熱之在下者。輕身。濕火退則身健也。

此以物稟之氣候為治，又一義也。凡物皆生于春，長于夏，惟此草至夏而枯。蓋其性稟純陰，得少陽之氣勃然興發，一交盛陽，陰氣將盡，即成熟枯槁。故凡盛陽留結之病，用此為治，亦即枯滅，此天地感應之妙理也。凡藥之以時候榮枯為治者，俱可類推。

清・黄元御《玉楸藥解》卷一　夏枯草　味苦、辛，氣寒。入足厥陰肝、足少陽膽經。涼營泄熱，散腫消堅。治瘰癧癭瘤，撲傷，血崩帶下，白點汗斑諸證。鮮者熬膏佳。

清・吴儀洛《本草從新》卷一卷一　夏枯草〔散結，消癭，明目。〕　辛，苦，微寒。緩肝火，解內熱，散結氣。治瘰癧鼠瘻，癭瘤癥堅，乳癰乳巖，目珠夜痛。夜痛及點甘寒藥反甚者，火為陰寒所鬱故爾，夏枯能散厥陰之鬱火。久用亦傷胃家。

清・汪紱《醫林纂要探源》卷二　夏枯草　辛，苦，微寒。叢生，葉似苦蕺而糙，花附莖端如麥穗，或紅或白。堅腎補肝，瀉心，行於東方，散結氣，除內熱。冬至生，入夏枯，陰方掩陽，則能達之。陽氣已盛，則氣亦盡，是以散結除熱，亦解暑，且治癭瘰濕痺諸疾。萃膽腎之氣，而能明目。

清・嚴潔等《得配本草》卷三　夏枯草　土瓜為之使。伏汞、砂。微辛、微苦，氣寒。入足厥陰經氣分。解陰中鬱結之熱，通血脈凝滯之氣。合香附、貝母，治頭瘡瘰癧。調茶清、香附、甘草，治目珠熱痛。土瓜水浸，焙燥用。治目痛，沙糖水浸，焙乾用。氣虚者禁用。

題清・徐大椿《藥性切用》卷三　夏(科)〔枯〕草　辛苦微寒，入厥陰而暖肝，解熱散結，消癭。久服亦能傷胃。

清・黄宫繡《本草求真》卷四　夏枯草散陰中結熱。　夏枯草耑入肝。辛苦微寒，按書所論治功，多言散結解熱，能治一切癭癧濕痹，目珠夜痛等症，似得以寒清熱之義矣。汪昂曰：按目珠屬陽，故晝痛點苦寒藥則效；黑珠屬陰，故夜痛點苦寒藥反劇。時珍曰：一男子至夜，目珠疼連眉棱骨痛及頭半邊腫痛，用黄連膏點之反甚，諸藥不效。灸厥陰少陽，疼隨止，半日又作，月餘，以夏枯草二兩，香附二兩，甘草四錢為末，每服一錢半，茶清調服。下咽則疼減半，至四五服，良愈矣！何書又言氣稟純陽，及補肝血，得毋自相矛盾乎？詎知氣雖寒而味則辛，凡結得辛則散，其氣雖寒猶溫，故云能以補血也！是以一切熱鬱肝經等症，得此治無不效，以其得藉解散之力耳。若屬內火，治不宜用。又藥何以枯名，以其冬生而夏枯也，莖葉同用。

清・楊璿《傷寒溫疫條辨》卷六寒劑類　夏枯草　味苦辛，性微寒。入肝經。主瘰癧癭瘤，療濕痹脚腫，肝虚目珠夜疼。夏枯草、香附等分，甘草減半，水煎服。兩眼冷淚羞明，散血破瘕，生肌解毒。按：夏枯草冬至生苗，三月開花，正厥陰風木主令，其為肝經之劑無疑矣。丹溪云夏至即枯者，蓋稟純陽之氣，得陰氣則枯也。

附：琉球・吴繼志《質問本草》内篇卷三　夏枯草　春生苗，拖地，三四月作穗開花。夏枯草，其莖微方，冬至後生葉，葉對節生，有細齒，三四月開花，作穗紫白色，五月便枯。載在《綱目》。甲辰，潘貞蔚、石家辰。夏枯草，一名鐵色草。此草夏至後即枯，蓋稟純陽之氣，得陰氣則枯，故名。氣味主治載在《本草綱目》。甲辰，孫景山。俗名夏枯草。載在《綱目》。甲辰，戴道光、戴昌蘭。觀其花葉，係中國之夏枯草，一名鐵色草。但夏枯草冬至生，夏至枯，蓋稟純陽之氣，得陰氣則枯，其氣味可照方書酌用。乙巳，陳文錦。夏枯草。癸卯，蔣嵩三。

清・羅國綱《羅氏會約醫鏡》卷一六草部　夏枯草味苦辛，性微寒，入肝經。稟純陽之氣，冬至生，夏至枯。補肝血，緩肝火。治瘰癧、癭瘤、鼠瘻，辛散結也。療目珠夜痛如神，目眥白珠屬陽，故晝痛，點涼藥則效；黑珠屬陰，點涼藥則劇，用夏枯草純陽之品而勝濁陰，且散厥陰鬱火，同香附各二兩，甘草四錢為末，茶調服，下咽即愈。及鬱怒所成乳巖乳癰，一切腫痛俱效。解內熱，散結氣。

按：夏枯草辛寒，久用亦損胃家。

清・陳修園《神農本草經讀》卷四下品　夏枯草　氣味苦、辛，寒。主寒熱，瘰癧，鼠瘻，頭瘡，破癥，散癭，結氣，腳腫，濕痹，輕身。

清・趙學敏《本草綱目拾遺》卷三草部上　白毛夏枯草　產丹陽縣者佳，葉梗同夏枯草，惟葉上有白毛，今杭城西湖鳳凰山甚多。　性寒味苦，專清肝火。

清・王學權《重慶堂隨筆》卷下　夏枯草　微辛而甘，故散結之中，兼有和陽養陰之功。失血後不寐者，服之即寐，其性可見矣。陳久者其味尤甘，入藥為勝。

清・黃凱鈞《藥籠小品》　夏枯草　苦，寒，散肝經鬱火，故治瘰癧鼠瘻《癭瘤癥堅》乳癰，目珠夜痛，此皆肝火為患也。久服亦傷胃。

清・王龍《本草纂要稿・草部》　夏枯草　味苦、辛，性寒，無毒。稟純陽之氣，得陰氣即枯。善補厥陰血脈，能補肝虛目疼。止冷淚不止，治怕日羞明。破癥瘕癭瘤結氣，散瘰癧鼠瘻頭瘡。濕痺堪却，寒熱兼除。

清・張德裕《本草正義》卷上　夏枯草　微苦辛，涼。善解肝氣，養肝血，能散結開鬱，尤治瘰癧鼠瘻，癭瘤乳癰，亦療目疾。

清・楊時泰《本草述鉤元》卷九　夏枯草　生平澤。三四月莖端作穗，長一二寸，穗中開淡紫花，結子亦作穗，五月便枯。宜四月收采。寇氏誤為茺蔚，不知茺蔚有臭味，而夏枯絕無，且夏枯先枯而無子，茺蔚後枯而有子，明是兩物丹溪。

莖葉味苦、辛，氣寒。入足厥陰、少陽經。土瓜即王瓜為之使。主治寒熱瘰癧鼠瘻，破癥散癭結氣，療頭瘡喉腫，腳腫濕痹，補肝明目。有補養厥陰血脈之功，其退寒熱，惟虛者可使丹溪。治目珠疼至夜則甚者極效，或用苦寒藥點之反甚者尤效，夫夜與寒皆陰，此草稟純陽之氣而遇陰以化，補養厥陰血脈，故如神取效也全善。冬至生，夏至枯，具三陽之正體，寒水之正化，故從內達外，自下徹上，以去寒熱氣結及合濕成痹也。得連翹、貝母、元參、薄荷，忍冬藤、栝蔞根、紫背天葵、蓖麻仁、甘草，治一切瘰癧有效。得蒲公英，治一切乳癰、乳巖。單取數兩，水煮濃汁，入生甘菊、紫地丁、忍冬藤、連翹、白及、白斂、甘草、生地、白芷、半枝蓮，消一切癰疽腫毒，止痛有神。肝虛目睛疼，冷淚不止，血脈痛，羞明怕日，夏枯草五錢，香附一兩，為末，每服一錢，茶調下。時疫喉腫盛行，搗爛漬水，去渣，少加酒服。已病者速愈，未病者不染，誠退腫要藥也。血崩不止，夏枯草為末，每服方寸匕，米飲調下。產後血暈，心氣欲絕者，夏枯草搗絞汁，服一大盞妙。瘰癧馬刀，不問潰與未潰，或日久，或成漏，用夏枯草六兩，水二鍾，煎七分，食遠溫服。虛甚者，煎汁熬膏服，并塗患處，兼以十全湯加香附、貝母、遠志尤善。此味生血，乃治瘰癧之聖藥也。

論：夏枯草以冬至後發生，夏至後枯瘁，其氣寒，其味苦辛，謂為陽是也，謂為純陽則猶未盡也。盧子由云：具三陽之正體，寒水之正化，庶幾近之而未晰其微也。蓋陽在下，由陰而生，在上即由陰而化。　陰在上，由陽而生，在下即由陽而化。夏枯草本於陰，遇陽之生以生，迨飽歷陽氣，以至陽極遇陰生遂枯者，非惡陰也，陽極將盡，徑趨陰以化也。如人身所病，陽盛而不得陰以化，則氣結，而血亦結。此味於瘰癧鼠瘻、癥癭結氣，破之有專功，可以思其微矣。夫陽遇陰化，則目珠痛之治，如他苦寒品味獨非陰乎，何以點之反甚，而夏枯草何以獨別？蓋此味一物，具有陰遇陽生，陽遇陰化之妙，更妙於陽氣趨陰以化，氣得化而即能化血，不等於以陰制陽者，反不能化血也。治失血後不寐，《經》言衛氣不得入於陰，宜用半夏湯，以半夏得一陰之氣而枯，猶是生於陽成於陰者，但其性燥，不宜於血證，代以夏枯草飲之，其臥立至。繹此豈非陽得陰以化，故陽入陰中而俾臥至乎。又茲物遇陰而枯，枯者告成之會，故曰成於陰。詎知陽之化於陰也，正以成其陽，有陰以成其陽，而陽之用不窮。故婁氏謂目珠痛之治，不以陰而以陽也。陽得化於陰，則氣化而後血化，諸方用以補肝明目，并治血暈血崩，須識此義。

修治：用葉莖。其味苦辛，苦勝於辛，但莖之苦辛不及葉，似宜多用葉。

清・鄒澍《本經續疏》卷六　夏枯草　【略】劉潛江曰：人身之陽，在上則化陰，在下則化於陰。人身之陰，在下則生陽，在上則生於陽。夏枯之種在地，陰也，而遇一陽則生苗焉。由是以漸挺莖發葉，結穗開花成實，皆為陽効其用矣。而遇一陰則枯瘁，猶不可謂陰在下能生陽，陽在上能化陰乎？結癥腳腫濕痹，皆陰陷於下不生陽也。瘰癧癭氣，鼠瘻頭瘡，皆陰極於上不化陰也，得此又烏能不愈乎？況有陰以成陽，則陽之用不窮；用陽以化陰，則陰之源遂裕。陽用窮則無以生血，陰源裕則有以化氣。故古人稱其治目珠疼，至夜輒甚，及點苦寒藥劇者。苦寒止能折傷，此並能化血也。又稱其治失血後不寐，仿半夏湯意，代以夏枯草。半夏僅能導陽入陰，此又能使陽從陰化也。後世擴充其旨，如用以補肝明目，治女子血崩，產後血暈，當識此義。

清·葉桂《本草再新》卷二 夏枯草味辛、苦，性微寒，無毒。入肝經。清肝火，解內熱，消乳腫，明目翳，定疼散氣，治瘰癧癥瘕。

清·吴其濬《植物名實圖考》卷一一 夏枯草 夏枯草，《本經》下品。《救荒本草》：葉可煠食，今鄉人皆識之。

雩婁農曰：《月令》孟夏靡草死。薺、葶藶之屬，誠靡矣。夏枯草，枝葉花實，擢聳自立，乃當長嬴；而早成以摯，獨名夏枯，其以此歟？《本草》一名夕句，前人多未繹其義。按物之西者皆為夕，日東則曰景夕，屋傾則曰室夕，而最晚者亦為夕，非時之謁曰夕，直宿之郎曰夕，皆此謂也。草之屈生者謂之句，《月令》曰句者畢出是也。此草得西方之氣而晚出，經歷雪霜不能直達其勁挺之姿，故曰句耳。余偉茲草，不與眾卉俱生，不與眾卉俱死，有特立之概。枯於暑而能祛暑，得嚴重之氣。乃為賦曰：苕黃籜零，乃蕃滋兮。苦霧悲泉，甘以怡兮。凍荄溫萼，貫四時兮。與麥為秋，避恢台兮。百英煒煌，獨沉寂兮。喜肅畏嬴，自忻戚兮。離景風而就不周，其不為詭激兮。非無懼無悶之儔，孰能敵兮？

清·趙其光《本草求原》卷三隰草部 夏枯草 冬至後發生，夏至後枯。氣寒，味苦辛，是具寒水之陰氣，遇陽而生，迨飽三陽之氣，即陽盡而趨陰以化，陽得陰化則血生。與苦寒制陽不能化血者殊。故凡陽盛於上不得陰化，致氣結而血亦結者宜之。主治寒熱，厥陰鬱結所致。瘰癧，同翹、貝、元、薄、瓜蔞、銀花、紫貝天葵、蓖麻、甘草。馬刀，不問已潰未潰，日久成漏，一味熬汁，燉成膏服並塗；虛甚，以十全大補，加貝、遠、香附。鼠瘻，皆肝膽陽結不化。破癥，散癭結氣，乳癰、乳巖，同蒲公英。消一切癰疽腫毒，煎濃汁，同紫地丁、半枝蓮、銀花、翹、及、蘞、甘、地、芷、菊。時疫頭痛喉腫，搗爛漬水去渣，加酒服。未病服之不染。脚腫濕痹，得三陽之化，自下徹上。肝虛睛痛，冷淚不止，血脈痛，羞明怕日，至夜尤甚，點苦寒藥更甚。見寒則陽愈結也。同香附研末，茶調下。失血後不寐，陽不入陰也。古方有半夏秫米湯治不寐。半夏亦遇一陰而枯；但性燥，血症不宜，故以此代之。血崩，為末，米飲調。產後血暈，心氣欲死，搗汁服。皆陽化歸陰而肝血生化之功。

葉之功勝於莖，為退腫消癧聖藥。

清·葉志詵《神農本草經贊》卷三 夏枯草 味苦、辛，寒。主瘰癧，鼠瘻，頭瘡，破癥散癭，結氣脚腫，濕痹輕身。一名夕句，一名乃東。生川谷。

方莖對節，鐵色非汙。三冬孳茂，九夏摧枯。理通陽復，氣感陰徂。臭鬱茺蔚，榮悴潛符。

李時珍曰：其莖微方，葉對節生。一名鐵色草。蘇恭曰：冬至後生葉，三四月開花作穗，五月便枯。梁元帝《纂要》：冬曰三冬，夏曰九夏。《晉書·志》：陽氣生而孳茂。柳宗元牒：力易摧枯。胡震亨曰：此草稟純陽之氣，得陰氣則枯。臭鬱草，即茺蔚也。兩物俱入夏即枯。夏枯先枯而無子，臭鬱後枯而結子。《五燈會元》：潛符蜜證。

清·文晟《新編六書》卷六《藥性摘錄》 夏枯草 辛苦，微寒。入肝。散陰中結熱，治一切瘰癧濕痹，目珠夜痛等症。散肝鬱。〇莖葉用同。

清·劉東孟傳《本草明覽》卷二 夏枯草 【略】按：夏枯草稟純陽之氣，得陰氣即枯，故遇夏至而枯也。丹溪謂：其有補養厥陰血脉之功，能治肝虛目疼，冷泪不止。惜乎《本經》未之及耳。

清·張仁錫《藥性蒙求·草部》 夏枯草三錢 夏枯草寒，瘰癧癭瘤。緩肝內熱，結氣能瘳。微辛而甘，故散結之中，有和陽養陰之功。失血後不寐者，服之即寐，其性可見矣。久者佳。治目珠夜痛神效。

清·屠道和《本草匯纂》卷二平散 夏枯草 耑入肝。辛、苦，微寒，無毒。散結消癭，明目，緩肝火，解內熱。治瘰癧，濕痺，目珠夜痛，頭瘡鼠瘻，破癥散癭，乳腫乳巖，脚痛。多服傷胃，如內有火亦忌。目白珠屬陽，故晝點苦寒藥則效。黑珠屬陰，故夜點苦寒藥反劇。一人至夜目珠疼，連眉稜骨痛及頭半邊腫痛，用黃連膏點之反甚，諸藥不效。灸厥陰、少陽，疼隨止。旋作，乃以夏枯草二兩，香附二兩，甘草四錢，為末，每服一錢半，茶清調服，下咽則疼減半，至四五服全愈矣。

清·劉善述、劉士季《草木便方》卷一草部 乃東草 夏枯草辛苦微寒，瘰癧癭瘤治不難。退熱消濕散經氣，目珠夜痛服安然。

清·戴葆元《本草綱目易知錄》卷一 夏枯草 辛、苦，微寒。氣稟純陽，補肝血，緩肝火，解內熱，散結氣。治寒熱瘰癧鼠瘻，頭瘡，濕痹脚腫，破癥散癭。療目珠夜痛。

清・黃光霽《本草衍句》　夏枯草苦，辛，寒。　性稟純陽，散結氣鬱熱之品。能解內熱，散肝經之鬱火。力緩肝火，補厥陰血脈之功。療目珠於夜痛，治瘰癧乳巖癰。主治頭瘡瘰癧。得香附、甘草治目珠疼痛，得香附、貝母治馬(力)〔刀〕。

瘰癧馬(力)〔刀〕，不問已潰未潰，或日久成漏，用夏枯草六兩，煎服，虛甚者即煎熬膏服，并塗患處，兼以十全大補湯，加香附、貝母、遠志尤善。此物生血，乃瘰癧之聖藥也。其草易得，其功甚多。

清・陳其瑞《本草撮要》卷一　夏枯草　味苦辛，入足厥陰經，功專治頭瘡瘰癧。得香附、甘草治目珠疼痛，得香附、貝母治馬刀，獨用治目珠夜痛。

清・仲昴庭《本草崇原集說》卷下　夏枯草　【略】仲氏曰：長夏暑濕交蒸，人之畏熱貪涼者，往往諸病雜出，所以士人夏月煮茗，每加夏枯草，禮失而求諸野，斯之謂與！

清・周巖《本草思辨錄》卷二　夏枯草　或謂稟純陽之氣，或謂稟純陰之性。以劉潛江陰在下能生陽，陽在上能化陰之說衡之，似乎劉說為長。但人身之陰陽，猶天地之陰陽，劉所謂陰在下，陽在上者，自指陰始生陽極盛而言，陽之生，陰之化，亦必指夏枯草而言。不知一陰生於下而草枯矣，何陽生之有？一陰生於下而草枯，其所感者在下之陰，非在上之陽，又何得謂陽在上而化陰？其理似精非精，仍不得據此為準。竊謂夏枯草生於一陽始生之時，當為陰退陽進、陰中透陽之物。迨交夏至，陰進而上，則陽退而下，此草透陽之生意，亦即至此而盡，惡得不枯。婁全善因其治目珠夜痛，點苦寒藥不效之證，遂反揣之以為稟純陽之氣。夫目珠夜痛，為陰中陽結之證。夏枯草若氣稟純陽，其於陰中之陽，必鉏鋙而難入。惟其為陰中透陽之物，以治陰中陽結之證，乃得如飢食渴飲，適償其欲。就是思之，尚有毫釐未合否耶。至洄溪謂性稟純陰，故一交盛陽，陰氣將盡，即成熟枯槁。竟以夏至陰生之時，為陰氣之將盡，疏失至此，尤令人不解矣。

麥穗夏枯草

明・蘭茂撰，清・管暄校補《滇南本草》卷中　麥夏枯一名鐵線夏枯。開紫花者，形如麥穗。　性微溫，味辛、微苦。入肝。祛肝風，行經絡，治口眼歪斜。行肝氣，開肝鬱，止筋骨疼痛，目珠痛，散瘰癧，週身結核。　附方：治口眼歪斜，或因惡風所吹，胃痰犯肝。夏枯草一錢，膽南星五分，防風一錢，釣鉤籐一錢，水煎，點水酒，臨卧時服。

明・蘭茂《滇南本草》〔叢本〕卷上　麥穗夏枯草開紫花者，形如麥穗。鐵線夏枯草。　味苦，微辛，性微溫。入肝經。去肝風，行經絡，治口眼歪斜。止筋骨疼，舒肝氣，開肝鬱。治目珠夜痛，消散瘰癧。手足周身節骨酸疼。附方：治嘴歪，或因惡風吹着，或因胃痰犯口眼歪斜。單用夏枯草一味，燒酒服應效。夏枯草三錢、膽南星五分、防風一錢、鉤籐草一錢，引點水酒，臥時服。

金瘡小草

宋・唐慎微《證類本草》卷一〇草部下品〔唐・陳藏器《本草拾遺》〕　金瘡小草　味甘，平，無毒。主金瘡，止血長肌，斷鼻中衄血。取葉挼碎傅之。又預知石灰杵爲丸，日乾，臨時刮傅。亦煮服，斷血瘀及卒下血。生江南落田野間下濕地，高一二寸許，如薺葉短，春夏間有淺紫花，長一粳米也。

清・吳儀洛《本草從新》卷一　雪裏青　苦，大寒。治咽喉急閉。搗汁灌之立效。一名過冬青。生田塍間。如天名精而小，葉布地生，無枝梗，四時不凋，雪天開小白花。

題清・徐大椿《藥性切用》卷三　雪裏青　味苦大寒，瀉熱解毒。搗汁灌咽喉，善開結閉。渣塗癰腫，能潰散。

清・趙學敏《本草綱目拾遺》卷五《草部下》　雪裏青荔枝草附。　一名土犀角，一名過冬青。生田塍間，葉如天名精而小，布地生，無枝梗，葉有細白毛，四時不彫，雪天開小白花，又荔枝草，亦名雪裏青。《百草鏡》云：雪天開小白花者，乃過冬青。三月起莖，花白成穗，如夏枯草有毛者，名雪裏青。

味苦大寒，瀉熱，治咽喉急閉，搗汁灌之，甚效。

王氏《驗方》云：能行上焦，治腫痛，散風火結滯。　欬血，雪裏青根，精豬肉切片，層層隔開，白酒淡煮至爛，食之。　肺痿，雪裏青擣汁，加蜜和勻，作二次服，每日服五七次，七日全愈。　齒痛，雪裏青擣汁，含痛處，再用酒和服少許。〇痔，雪裏青湯洗之。　吹喉，薄荷一兩，雪裏青五錢，加冰片三分為末，吹喉，或吹鼻孔，亦可。　肺癰，《集效方》：雪裏青搗汁，沖酒服之，立效。　黃雨巖云：危篤肺癰痿症，第一用雪裏青搗汁服，如吐尤妙。

治單雙蛾：木蓮蓬、雪裏青根葉，搗汁，米醋滾過，沖入前汁，含少許嚥之，吐出即愈。

清·葉桂《本草再新》卷二　雪裏青味苦，性大寒，有小毒。入肺經。　治咽喉急閉。清火開氣。

清·吴其濬《植物名實圖考》卷一五　見血青　生江西建昌平野。亦名白頭翁，初生鋪地，葉如白菜，長三四寸。深齒柔嫩，光潤無皺。中抽數葶，逐節開白花，頗似益母草，花蒂有毛茸茸。又頂梢花白，故有白頭翁之名。俚醫擣敷瘡毒。殆亦蜚菜之類。

紫背金盤草

宋·唐慎微《證類本草》卷三〇外草類〔宋·蘇頌《本草圖經》〕　紫背金盤草　生施州。苗高一尺已來，葉背紫，無花。根味辛、澀，性熱，無毒。採無時。土人單用此物，洗淨，去麁皮，焙乾，擣羅，溫酒調服半錢匕。治婦人血氣。能消胎氣，孕婦不可服。忌雞、魚、濕麪、羊血。

明·劉文泰《本草品彙精要》卷四一　紫背金盤草無毒。　植生。

紫背金盤草：療婦人血氣，能消胎氣。取根洗淨，去麤皮，焙乾，擣羅爲末，溫酒調服半錢匕，效。出《圖經》。〔苗〕《圖經》曰：苗高一尺以來，其葉背紫而無花。〔地〕《圖經》曰：生施州。〔時〕生：春生苗。採：無時取根。〔用〕根。〔味〕辛，澀。〔性〕熱。〔氣〕氣之厚者，陽也。〔禁〕孕婦不可服。〔忌〕雞、魚、濕麪、羊血。

明·李時珍《本草綱目》卷二〇草部·石草類　紫背金盤草宋《圖經》

〔集解〕頌曰：生施州。苗高一尺以來，葉背紫，無花。土人採根用。時珍曰：湖湘水石處皆有之，名金盤藤。似醋筒草而葉小，背微紫。軟莖引蔓似黄絲，搓之即斷，無汁可見。方士用以制汞。他處少有。○醋筒草：葉似木芙蓉而偏，莖空而脆，味酸，開白花。廣人以鹽醋淹食之。

〔氣味〕辛，澀，熱，無毒。〔主治〕婦人血氣痛，洗焙研末，酒服半錢。孕婦勿服，能消胎氣。忌雞、魚、羊血、濕麪。蘇頌。

清·吴其濬《植物名實圖考》卷一五　筋骨草　産南康平野。春時鋪地生葉如芥菜葉，面緑背紫，面上有白毛一縷，茸茸如刺；抽葶發小葉；花生葉際，相間開放；　葉紫花白，花如益母，遥望蓬蓬，白如積灰，亦呼為石灰菜。俚醫用之，養筋和血散寒，酒煎服，鄉人亦掘以飼豕。

清·吴其濬《植物名實圖考》卷一六　紫背金盤　宋《圖經》：　紫背金盤生施州。苗高一尺以來，葉背紫，無花。李時珍謂湖湘水石處有之。今湖南所産引紫蔓長尺餘，葉背紫，面緑有圓齒。土名破血丹。與《圖經》主治婦人血氣痛、能消胎氣相符。李時珍所云蔓似黄絲，恐非此種。

澤蘭

宋·李昉《太平御覽》卷第九九〇　澤蘭　《廣雅》曰：虎蘭，澤蘭也。《建康記》曰：建康出澤蘭。《本草經》曰：澤蘭，一名虎蘭，一名龍棗。味微溫，無毒。生地澤。治乳婦衄血。生汝南，又生大澤旁。《吴氏本草》曰：澤蘭，一名水香。神農、黄帝、岐伯、桐君：酸，無毒。李氏：溫。生下地水旁。葉如蘭，二月生，香，赤節，四葉相值支節間。三月三日採。

宋·唐慎微《證類本草》卷九草部中品〔宋·掌禹錫《嘉祐本草》〕　地笋　溫，無毒。利九竅，通血脉，排膿治血，止鼻洪吐血，産後心腹痛，一切血病，肥白人。産婦可作蔬菜食，甚佳。即澤蘭根也。新補出陳藏器及日華子。

宋·唐慎微《證類本草》卷九草部中品〔《本經·別録·藥對》〕　**澤蘭味苦、甘，微溫，無毒。主乳婦内衄，中風餘疾，大腹水腫，身面四肢浮腫，骨節中水，金瘡，癰腫瘡膿，**産後金瘡内塞。**一名虎蘭，一名龍棗，**一名虎蒲。生汝南諸大澤傍。三月三日採，陰乾。防己爲之使。

〔梁·陶弘景《本草經集注》〕云：今處處有，多生下濕地。葉微香，可煎油。或生澤傍，故名澤蘭，亦名都梁香，可作浴湯。人家多種之而葉小異。今山中又有一種甚相似，莖方，葉小强，不甚香。既云澤蘭又生澤傍，故山中者爲非，而藥家乃採用之。

〔唐·蘇敬《唐本草》〕注云：澤蘭，莖方，節紫色，葉似蘭草而不香，今京下用之者是。陶云都梁香，乃蘭草爾。俗名蘭香，煮以洗浴，亦生澤畔，人家種之，花白紫萼，莖圓，殊非澤蘭也。陶注：蘭草，復云名都梁香，並不深識也。

〔宋·掌禹錫《嘉祐本草》〕按：吴氏云：澤蘭，一名水香。神農、黄帝、岐伯、桐君：酸，無毒。季氏：溫。生下地水傍，葉如蘭，二月生香，赤節，四葉相值枝節間。《藥性論》云：澤蘭，使，味苦、辛。主産後腹痛，頻産血氣衰冷，成勞瘦羸，又治通身面目大腫。主婦人血瀝，腰痛。日華子：澤蘭，通九竅，利關脉，養血氣，破宿血，消癥瘕，産前産後百病，通小腸，長肉生肌，消撲損瘀血，治鼻洪吐血，頭風目痛，婦人勞瘦，丈夫面黄。四月、五月採，作纏把子。

〔宋·蘇頌《本草圖經》〕曰：澤蘭，生汝南諸大澤傍，今荆、徐、隨、壽、蜀、梧州、河中府皆有之。根紫黑色，如粟根。二月生苗，高二三尺，莖幹青紫色，作四稜。葉生相對，如薄荷，微香，七月開花，帶紫白色，萼通紫色，亦似薄荷花。三月採苗，陰乾。荆、湖、嶺南人家多種之。壽州出者，無花子。此與蘭草大抵相類，但蘭草生水傍，葉光潤，根小紫，五、六月盛；而澤蘭生水澤中及下濕地，葉尖，微有毛，不光潤，方莖紫節，七月、八月初採，微辛，此爲異耳。今婦人方中最急用也。又有一種馬蘭，生水澤傍，頗似澤蘭，而氣臭，味辛。亦主破血，補金創，斷下血。陳藏器以爲《楚詞》所喻惡草即是也。北人呼爲紫菊，以其花似菊也。又有一種山蘭，生山側，似劉寄奴，葉無椏，不對生，花心微黄赤。亦能破血，皆可用。

〔宋・唐慎微《證類本草》〕雷公云：凡使，須要别識雄雌，其形不同。大澤蘭形葉皆圓，根青黄，能生血調氣，與榮臺小澤蘭迥别，採得後，看葉上斑，根鬚尖，此藥能破血，通久積。凡修事，大小澤蘭須細剉之。用絹袋盛，懸於屋南畔角上，令乾用。《子母秘録》：治小兒蓐瘡，嚼澤蘭心封上。

宋・寇宗奭《本草衍義》卷一〇 澤蘭 按《補注》云：葉如蘭。今蘭葉如麥門冬，稍闊而長，及一二尺，無枝梗，殊不與澤蘭相似。澤蘭纔出土便分枝，梗葉如菊，但尖長。若取其香嗅，則稍相類。既謂之澤蘭，又曰生汝南大澤傍，則其種本别。如蘭之説誤矣。

宋・鄭樵《通志》卷七五《昆蟲草木略》 澤蘭 曰虎蘭，曰龍棗，曰虎蒲，曰水香，曰都梁香。如蘭而莖方，葉不潤。生於水中，故曰水香。《荆州記》都梁縣有山，山上有水清淺，其中生蘭草，因以為名。

宋・劉明之《圖經本草藥性總論》卷上 澤蘭 味苦、甘，微溫，無毒。主乳婦内衄，中風餘疾，大腹水腫，身面四肢浮腫，骨節中水，金瘡癰腫，產後金瘡内塞。《藥性論》云：使。味苦、辛。主產後腹痛，頻產血氣衰冷，成勞羸瘦。日華子云：通九竅，利關脈，養血氣，破宿血，消癥瘕，產前後百病，通小腸，長肉生肌，消撲損瘀血，治鼻洪吐血，頭風目痛，婦人勞瘦，丈夫面黄。

明・朱橚《救荒本草》卷下之後 地瓜兒苗 生田野中。苗高二尺餘，莖方四楞，葉似薄荷葉，微長大，又似澤蘭葉，抪莖而生。根名地瓜，形類甘露兒更長。味甘。 救飢：掘根洗淨，煠熟，油鹽調食。生醃食亦可。

明・蘭茂撰，清・管暄校補《滇南本草》卷中 澤蘭一名紅梗草。 性寒，味苦、微鹹。行肝脾二經。行血，破瘀血，治腹痛。攻瘡毒，排膿。行一切跌打損傷瘀血。婦人經閉，用之通行。

明・王綸《本草集要》卷三 澤蘭使 味苦甘辛，氣微溫，無毒。香草也。有枝梗，葉如菊而尖長，微香。防己為使。 主乳婦内衄，中風餘疾，大腹水腫，身面四肢浮腫，骨節中水。金瘡癰腫瘡膿，通九竅，利關脈。養血氣，治產前後百病。

明・滕弘《神農本經會通》卷一 地笋 即澤蘭根。 氣溫，無毒。

《本經》云：利九竅，通血脉，排膿，治血，止鼻洪吐血，產後心腹痛，一切血病，肥白人，產婦可作蔬菜食，甚佳。

明・滕弘《神農本經會通》卷一 澤蘭 使也。防己為之使。三月三日採，陰乾。莖方，節紫色，葉似蘭草而不香。人家種者，花白紫萼，莖貟，殊非澤蘭也。又云：莖幹青紫色，作四稜，葉生相對如薄荷，微香，花紫白色，萼亦紫，亦似薄荷花。三月採苗，陰乾。葉尖微有毛，不光潤，方莖紫節，七八月初採，此為異耳。《衍義》曰：葉如蘭，蘭葉似麥門冬，稍闊而長一二尺，無枝梗，不與澤蘭相似。澤蘭纔出土便分枝梗，葉如菊，但尖長。若取其香臭，則（梢）〔稍〕相類。又曰：生汝南大澤傍。則其種本别，如蘭之説誤矣。

味苦、甘，氣微寒，無毒。

《本經》云：主乳婦内衄，中風餘疾，大腹水腫，身面四肢浮腫，骨節中水，金瘡，癰腫瘡膿，產後金瘡，内塞。《藥性論》云：使。味苦、辛。主產後腹痛，頻產血氣衰冷，成勞瘦羸，治通身面目大腫，主婦人血瀝腰痛。日華子云：通九竅，利關脉，養血氣，破宿血，消瘕癥，產前產後百病，通小腸，長肉生肌，消撲損瘀血，治鼻洪吐血，頭風目痛，婦人勞瘦，丈夫面黄。《圖經》云：婦人方中最急用也。又有一種馬蘭，生水澤傍，頗似澤蘭，而氣臭氣辛。亦主破血，補金瘡，斷下血。《楚詞》所謂惡草是也。又有一種山蘭，生山側，似劉寄奴，葉無椏，不對生，花心微黄赤，亦破血，皆可用。雷公云：大澤蘭形葉皆貟，根青黄，能生血，調氣養榮，合小澤蘭迥别。採得後，香，葉上班，根須尖，此藥能破血，通久積。創云： 澤蘭甘苦能行血，癰腫瘡膿可内消。更治損傷并打撲，并除身面四肢浮。澤蘭，行損傷之血。

明・劉文泰《本草品彙精要》卷一一 澤蘭無毒。 植生。

澤蘭出《神農本經》： **主乳婦内衄，中風餘疾，大腹水腫，身面四肢浮腫，骨節中水，金瘡，癰腫，瘡膿。**以上朱字《神農本經》。 產後金瘡内塞。以上黑字名醫所録。

〔名〕虎蘭、龍棗、虎蒲、水香。 〔苗〕《圖經》曰： 根紫黑色，似粟根，二月生苗，高二三尺，莖幹青紫色，作四棱，葉生相對，如薄荷，微香，七月開花,帶紫白色,萼通紫色,亦似薄荷花。荊、湖、嶺南人家多種之,壽州出者無花子,與蘭草大抵相類。但蘭草生水傍,無枝幹,葉光潤,根小紫,而澤蘭生水澤中及下濕地,葉尖微有毛,不光潤,方莖,紫節。《雷公》云:使須分別。大澤蘭形葉圓,根青黃,生血調氣,與榮合。小者迴別。〖地〗《圖經》曰:生汝南諸大澤傍,今荊、隨、壽、蜀州,河中府皆有之。〖道地〗徐州、梧州。〖時〗生:春生苗。採:三月三日取莖、葉。〖收〗陰乾。〖用〗莖、葉。〖質〗狀如薄荷。〖色〗青紫。〖味〗苦,甘。〖性〗微溫,泄。〖氣〗氣厚味薄,陽中之陰。〖臭〗微香。〖主〗養血氣,去虛腫。〖助〗防己爲之使。〖製〗《雷公》云:凡修事,細剉以絹袋盛,懸于屋南畔角上,令乾用。〖治〗療:《藥性論》云:治產後肚腹痛,血氣衰冷成勞,瘦羸。又除通身面目大腫,並婦人血瀝,腰痛。日華子云:通九竅,利關脈,破宿血,消癥瘕,產前產後百病,通小腸,長肉生肌,消撲損瘀血,治鼻洪,吐血,頭風目痛,婦人勞瘦,丈夫面黃。《別錄》云:小兒褥瘡,嚼澤蘭心封上。

明·劉文泰《本草品彙精要》卷一二 地笋無毒。 叢生

地笋:利九竅,通血脈,排膿,治血,止鼻洪,吐血,產後心腹痛,一切血病,肥白人、產婦可作蔬菜食,甚佳。名醫所錄。〖苗〗《圖經》曰:地笋,乃澤蘭根也。苗高二三尺,莖幹青紫色,作四棱,葉生相對,如薄荷葉而有毛,七月開花紫白色,其根紫黑,如粟根。南人採其嫩而有節者,淹作茹,亦美。〖地〗《圖經》曰:生汝南諸大澤傍及下濕地,今荊、隨、壽、蜀州,河中府皆有之。〖道地〗徐州、梧州。〖時〗生:二月生苗。採:八月取根。〖收〗暴乾。〖用〗根。〖質〗類粟根。〖色〗紫黑。〖味〗甘。〖性〗溫。〖氣〗氣厚于味,陽中之陰。

明·俞弁《續醫說》卷一〇 澤蘭葉 澤蘭產于吳中,開白花,葉似火麻,其根名為地笋。能解班猫毒,婦人胎前產後一切諸病之聖藥《蘇州志》。

明·葉文齡《醫學統旨》卷八 澤蘭 氣微溫,味苦、甘。無毒。有枝梗葉如菊而尖長,微香;防己為使。治產前後百病,養血氣,調經脈,遍身浮腫,中風餘疾,婦人勞瘦怯弱。

明·許希周《藥性粗評》卷三 消腫羡澤蘭之甚速。

澤蘭,一名虎蘭,俗名省頭香,以置頭上髮無膩氣,故名。莖葉俱有香氣,二月生苗葉,似劉寄奴,高二三尺,好生水邊。南北沙洲處處有之。三月三日採莖葉,陰乾。味苦、甘,性微溫,無毒。主治水氣面浮,損傷血腫,癰毒金瘡,鼻衄,婦女血氣諸症,破血,通關脈,利九竅。

單方:腫傷:凡患打撲腫傷,血凝不散者,澤蘭一束,搗爛,酒漬溫飲之,復以渣封腫上,累試累驗。 血閉:凡婦女月候不通,結塊發熱者,同上搗澤蘭,酒浸服之,日二三次,當通。

明·許希周《藥性粗評》卷三 排膿多地笋之堪憑。

地笋,或曰澤蘭根也。今考功力與澤蘭無異,其根也無疑。味苦、甘,性微溫,無毒。主治鼻衄吐血,產後腹痛,排膿消腫,利九竅,通血脈,產婦採為蔬食甚佳。

單方:同上。

明·鄭寧《藥性要略大全》卷六 澤蘭 行傷損之血,消四肢之浮,排膿,攻癰腫,長肉生肌。陳藏器云:消撲損瘀血,止鼻衄、吐血,療頭風目痛,面黃,女人勞瘦。潔古云:通九竅,利脉,養血氣。《湯液》云:治通身面目浮腫,妊婦瀝血腰痛,產後腹痛,頻產血氣虛冷,成勞瘦羸。《金櫃》云:破宿血,消癥瘕,產前後百病,通小腸淋瀝。味苦、辛、甘,微溫,無毒。

明·陳嘉謨《本草蒙筌》卷三 澤蘭 味苦、甘。一云苦、辛,氣微溫。無毒。水澤多生,家園亦種。苗高二三尺許,紫節方莖。有四棱。葉尖對生有毛,但不光潤。八月花開白色,狀與薄荷花同。初採微辛,此為異耳。採收入藥,防己使,良。理胎產百病淹纏,女科須覓;消身面四肢浮腫,濕中宜求。破宿血去癥瘕殊功,行瘀血療撲損易効。散頭風目痛,追癰腫瘡膿。長肉生肌,利關通竅。○根色紫黑,地笋為名。與粟根相侔,凡血證俱治。女人產後,堪作菜蔬。○又種益奶草收,彷佛澤蘭葉類。莖色略異,細認纔知。果益奶續斷乳如神,仍去痔收脫肛最捷。炙令香燥,漬酒飲之。

明·寧源《食鑒本草》卷下 地笋 性溫、平,無毒。利九竅,通血脉,治吐血衄血,治產後心腹痛、一切血症。食之肥白人。

明·王文潔《太乙仙製本草藥性大全》卷一《本草精義》 澤蘭 非蘭草也。又云都梁香,今東吳間有之,水澤多生,家園亦種,苗高二三尺許,紫節方莖,葉尖對生有毛,但不光潤,八月花開白色,狀如薄荷花同,初採微辛,此爲異耳。採收入藥,《廣志》云都梁香,出淮南,亦名前澤草。【略】

明・王文潔《太乙仙製本草藥性大全》卷一《仙製藥性》　澤蘭　味苦、甘，一云苦、辛，氣微溫，無毒。防己爲之使。　主治：　理胎産百病淹纏，女科須覓；　消身面四肢浮腫，溫中宜求。破宿血，去癥瘕殊功；　行瘀血，療撲損易效。散頭風目痛，追癰腫瘡膿，長肉生肌，利關通竅。○根色紫黑，地笋爲名。與粟根相侔，凡血證俱治，女人産後堪作菜蔬。○又種益奶草，收，彷彿澤蘭葉類，莖色略異，細認纔知果益奶，續斷乳如神，仍去痔收脱肛最捷。炙令香燥，漬酒飲之。　補註：　惡氣，香澤可作膏塗髮。生澤畔，葉光潤，根小紫，五月、六月採，陰乾，婦人和油澤頭，故云蘭澤，李云都梁是也。

明・王文潔《太乙仙製本草藥性大全》卷二《仙製藥性》　地笋即澤蘭根也。　氣溫，無毒。　主治：　利九竅，通血脉而排膿，止吐血，住鼻洪而治血。産後心腹痛堪除，一切血病證立住。産婦作蔬食之甚佳。

明・皇甫嵩《本草發明》卷三　澤蘭中品下，臣。氣微溫，味苦、甘，無毒。一云苦、辛。　發明曰：　澤蘭調氣血，利關竅尤宜，女人胎産前後諸症要藥。故《本草》主乳婦內衄，中風餘疾，産後腹痛及血暈，頻産血氣衰冷，成勞羸瘦，血瀝腰痛。破宿血，去癥瘕，此為專攻。兼主大腹水腫，身體、面、四肢浮腫，骨節中水，追癰腫瘡膿，金瘡內塞，通小腸，長肉生肌，消跌撲瘀血，鼻血吐血，頭風目痛，其調氣血，利関脉，通竅之功槩見矣。生水澤家園，高二三尺，紫節，方莖有四稜，葉尖對生，有毛，不光潤，八月花開白色，狀類薄荷花，初採微辛，此真澤蘭也。大澤蘭形葉皆圓，根青黄，能生血調氣與榮合。小澤蘭，葉上斑，根鬚尖，破血，通久積，須別之。防己為使。

澤蘭根名地笋，紫色，性溫，無毒。凡血症俱治，利九竅，通血脉，排膿，止吐衄血，産後心腹痛。肥白人。産婦可作蔬菜佳。

明・李時珍《本草綱目》卷一四草部・芳草類　澤蘭《本經》中。品校正併入《嘉祐》地笋。

【釋名】水香吳普　都梁香弘景　虎蘭《本經》　虎蒲《別録》　龍棗《本經》　孩兒菊《綱目》　風藥《綱目》　根名地笋《嘉祐》　弘景曰：　生於澤旁，故名澤蘭，亦名都梁香。　時珍曰：　此草亦可爲香澤，不獨指其生澤旁也。齊安人呼爲風藥，《吳普本草》一名水香，陶氏云亦名都梁，今俗通呼爲孩兒菊，則其與蘭草爲一物二種，尤可證矣。其根可食，故曰地笋。

【集解】《別録》曰：　澤蘭生汝南諸大澤旁，三月三日採，陰乾。普曰：　生下地水旁，葉如蘭，二月生苗，赤節，四葉相值支節間。弘景曰：　今處處有之，多生下濕地，葉微香，可煎油及作浴湯，人家多種之，而葉小異。今山中又有一種甚相似，莖方，葉小强，不甚香。既云澤蘭，則山中者爲非，而藥家乃採用之。恭曰：　澤蘭莖方節紫，葉似蘭草而不甚香，今京下用者是也。陶説乃是蘭草，莖圓紫萼白花，殊非澤蘭也。頌曰：　今荆、徐、隨、壽、蜀、梧州，河中府皆有之。根紫黑色，如粟根。二月生苗，高二三尺。莖幹青紫色，作四稜。葉生相對，如薄荷，微香。七月開花，帶紫白色，萼通紫色，亦似薄荷花。三月採苗陰乾。荆湖嶺南人家多種之。壽州出者無花子。此與蘭草大抵相類。但蘭草生水旁，葉光潤，根小紫，五六月盛；　而澤蘭生水澤中及下濕地，葉尖，微有毛，不光潤，方莖紫節，七月八月初採微辛，此爲異爾。斆曰：　凡使須別雌雄。大澤蘭莖葉皆圓，根青黄，能生血調氣，與榮合。小澤蘭迥別，葉上斑，根頭尖，能破血，通久積。宗奭曰：　澤蘭出土便分枝梗，葉皆如菊，但尖長爾。吳普言葉似蘭，誤矣。今蘭葉如麥門冬，殊不相似。時珍曰：　吳普所説乃真澤蘭也。雷斆所説大澤蘭即蘭草也，小澤蘭即此澤蘭也。寇宗奭所説澤蘭則是，而破吳普之説則非，蓋由誤認蘭花爲蘭草也。詳見蘭草正誤下。

葉　【修治】斆曰：　凡用大小澤蘭，細剉，以絹袋盛，懸於屋南畔角上，令乾用。

【氣味】苦，微温，無毒。《別録》曰：　甘。普曰：　神農、黄帝、岐伯、桐君：　酸，無毒。李當之：　小温。權曰：　苦、辛。之才曰：　防己爲之使。　【主治】金瘡，癰腫瘡膿《本經》。産後金瘡內塞《別録》。産後腹痛，頻産血氣衰冷，成勞瘦羸，婦人血瀝腰痛甄權。産前産後百病。通九竅，利關節，養血氣，破宿血，消癥瘕，通小腸，長肌肉，消撲損瘀血，治鼻血吐血，頭風目痛，婦人勞瘦，丈夫面黄大明。

【發明】頌曰：　澤蘭，婦人方中最爲急用。古人治婦人澤蘭丸甚多。時珍曰：　蘭草、澤蘭氣香而温，味辛而散，陰中之陽，足太陰、厥陰經藥也。脾喜芳香，肝宜辛散。脾氣舒，則三焦通利而正氣和；　肝鬱散，則營衛流行而病邪解。蘭草走氣道，故能利水道，除痰癖，殺蠱辟惡，而爲消渴良藥；　澤蘭走血分，故能治水腫，塗癰毒，破瘀血，消癥瘕，而爲婦人要藥。雖是一類而功用稍殊，正如赤白茯苓、芍藥，補瀉皆不同也。雷斆言，雌者調氣生血，雄者破血通積，正合二蘭主治。大澤蘭之爲蘭草，尤可憑據。血生於氣，故曰調氣生血也。又《荀子》云澤芷以養鼻，謂澤蘭、白芷之氣，芳香通乎肺也。

【附方】舊一，新四。　産後水腫：　血虚浮腫。澤蘭、防己等分，爲末。每服二錢。醋湯下。張文仲《備急方》。　小兒蓐瘡：　嚼澤蘭心封之，良。《子母秘録》。　瘡腫初起：　澤蘭搗封之，良。《集簡方》。　損傷瘀腫：　方同上。　産後陰翻：　産後陰户燥熱，遂成翻花。澤蘭四兩，煎湯熏洗二三次，再入枯礬煎洗之，即安。《集簡方》。

地笋宋《嘉祐》　【氣味】甘、辛，温，無毒。　【主治】利九竅，通血脈，排膿治血藏器。止鼻洪吐血，産後心腹痛。産婦可作蔬菜食，佳大明。

子　〔主治〕婦人三十六疾。《千金方》承澤丸中用之。

題明・薛己《本草約言》卷一《藥性本草》　澤蘭葉　味苦、甘，氣微溫，無毒。陰中之陽，可升可降。消水氣，四肢之浮腫可療；行滯血，婦人之産後尤要。入手太陽小腸，通肝脾之血，産前後百病俱治。○澤蘭，調氣血，利關竅，尤宜女人，胎前産後諸症要藥。

明・梅得春《藥性會元》卷上　澤蘭　味苦、甘，微溫，無毒。防己為使。採掛屋南角令乾。　主治乳婦內衄，中風餘疾，大腹水腫，身面四肢浮腫，骨節中水，金瘡癰腫，産後金瘡，瘡膿內塞。凡用須要識別雌雄，其形不同。大澤蘭莖葉皆圓，根青黄，能生血調氣與榮合。小澤蘭迥別，採看葉上斑，根鬚尖，能破血通積久。　根名地筍。利竅，通血脉，排膿。治血上鼻紅，吐血，産後心腹痛，一切血痛。肥白人。産婦可作蔬菜食，甚佳。

明・李中立《本草原始》卷二　澤蘭　始生汝南諸大澤傍，今荊、徐、隨、壽，蜀、梧州、河中府皆有之。根紫黑色，如粟根。二月生苗，高二三尺。莖幹青紫色，作四稜。葉生相對，如薄荷微香。七月開花，帶紫白色，萼通紫色，亦似薄荷花。三月採苗，陰乾。因葉似蘭，生于澤旁，故名澤蘭。　澤蘭：　氣味：　苦，微溫，無毒。　主治：　金瘡癰腫瘡膿。○産後金瘡內塞。○産後腹痛，頻産血氣衰冷成勞，瘦羸，婦人血瀝腰痛。○産前産後百病，通九竅，利關節，養血氣，破宿血，消癥瘕，通小腸，長肌肉，消撲損瘀血。治鼻血、吐血，頭風目痛。婦人勞瘦，丈夫面黄。

澤蘭，《本經》中品。【圖略】三月三日采，陰乾。　修治：　澤蘭去莖取葉，細剉，盛絹袋，懸于屋南畔角上，令乾用。

澤蘭，防己為之使。　《集簡方》：　治産後陰戶燥熱，遂成翻花。澤蘭四兩，煎湯熏洗二三次，再入枯礬煎洗之，即安。　澤蘭，使。

明・張懋辰《本草便》卷一　澤蘭使　味苦、甘、辛，氣微溫，無毒。　主乳婦內衄，中風餘疾，金瘡癰腫，通九竅，利關脉，養血氣，治産前後百病。

明・李中梓《藥性解》卷四　澤蘭　味苦，性微溫，無毒，入小腸經。通肝脾之血，産前後百病皆治，通九竅，利關脉。又主頭風目痛，鼻紅吐血。治癰排膿，防己為之使。　按：　澤蘭能通利小腸，則肝脾無壅閼之患，故能通關竅以理血脉也。行血而無推蕩之患，養血而無膩滯之虞，所以為産科聖藥。凡癰瘡皆因血熱，故亦治之。

明・繆希雍《本草經疏》卷九　澤蘭　味苦、甘，微溫，無毒。主乳婦內衄，中風餘疾，大腹水腫，身面四肢浮腫，骨節中水，金瘡，癰腫瘡膿，産後金瘡內塞。防己為之使。根名地筍。

〔疏〕澤蘭感土澤之氣，故味苦甘而入血。兼得乎春氣，故微溫而無毒。桐君兼酸，故入足厥陰、太陰經。苦能洩熱，甘能和血，酸能入肝，溫通榮血，故又主癰腫瘡膿，及婦人吹乳、乳結，止衄血，并中風餘疾。佐以益脾土之藥，而用防己為之使，則主大腹水腫，身面四肢浮腫，骨節中水氣。日華子云：　澤蘭通九竅，利關脈，養血氣，破宿血，消癥瘕，産前産後百病。通小腸，長肉生肌，消撲損瘀血，治鼻洪吐血，頭風目痛，婦人勞瘦，丈夫面黄。又《藥性論》云：　澤蘭，使，味苦辛，主産後腹痛，頻産血氣衰冷成勞，瘦羸。又治通身面目大腫。主婦人血瀝腰痛。總其洩熱和血，行而帶補之能也。　〔主治參互〕澤蘭，婦人方中最為急用。古人治婦人，澤蘭丸甚多。　澤蘭得炒黑豆、炮乾薑、當歸、芎藭、乾地黄、牛膝、益母草、赤芍藥、蒲黄、五靈脂，治産後惡露不盡，少腹作痛，俗名兒枕痛。寒月加桂。多火及內熱虚勞人，去桂加童便。去五靈脂，加人參、鼈甲、香附、麥門冬，治産後諸虚百病。肺熱者去人參。　雷公云：　凡使須要別識雌雄，其形不同。大澤蘭莖葉皆圓，根青黄，能生血調氣，養榮氣，與小澤蘭迥別。採得後看葉上斑，根頭尖。此藥能破血通久積。凡修事大小澤蘭，須細剉之，用絹袋盛懸於屋南畔角上，令乾用。　《子母秘錄》治小兒蓐瘡，嚼澤蘭心封上。

澤蘭氣味和平，除婦人産後，他用甚稀，故無簡誤。

明・倪朱謨《本草彙言》卷二　澤蘭　味苦、甘，性溫，無毒。陰中之陽。入足厥陰、太陰經。又名都梁香。　《別録》曰：　澤蘭，生汝南諸大澤旁，故名。出土便分枝梗。荆南、嶺南、徐、隨、壽、蜀、梧州、河中、江浙等處皆有。二月生苗，高二三尺。莖方，節青紫色，作四稜，葉生相對，如菊葉而尖長，微有香。枝葉間微有白毛。七月作蕊，色純紫，作花色紫白。根色青紫，與蘭草同類異種，故蘭草爲大澤蘭，澤蘭名小澤蘭也。但蘭草生水旁，葉光潤，根小紫，五六月盛；而澤蘭生水澤中，及下濕地，葉尖微有毛，不光潤，方莖，紫節，此爲異耳。

陶氏曰：　多生濕地，葉微香，可煎油，潤髮及作浴湯。今山中有一種，甚相似，葉但不甚香。既云澤蘭，則山中出者爲非。市家多采出售，不可不辨。又壽州出者，微香而無花。

澤蘭：活血氣，通關節，日華消水腫之藥也。陳一齋稿治產後宿血積血而癥瘕積聚，或產後血阻而內衄上攻，或大腹水氣而面目虛腫，或水留骨節而痿痹不通，或肝鬱成勞而羸瘦虛怯，或脾滯面黃而舉動艱難。凡血氣留滯等證，用澤蘭推陳致新，不傷元氣，爲婦人方中要藥。李氏云：其氣香而溫，其味辛而散。脾喜芳香，肝喜辛散。脾氣舒，則三焦通利而正氣和；肝鬱散，則營衛流行而病邪解矣。總其洩熱和血，行而兼補之功也。〇蘭草走氣道，故能利水道，除痰癖，殺蠱辟惡，而爲消渴良藥；澤蘭走血分，故能消瘀血，去癥瘕，治水腫，而爲婦人珍方。一類二種，功用少殊。

繆仲淳先生曰：苦能泄熱，甘能和血。專入血分，攻擊稽留。其主水腫者，乃血病化爲水之水，非脾虛停濕之水也。若脾虛土敗成水腫者，寧敢輕投？〇根色紫黑，名爲地筍，與粟根相同。通血脉，利九竅，止產後腹痛。產婦可作蔬菜食之。婦科方中有澤蘭湯丸，用之甚多。除婦人產後，他用甚少。

沈則施先生曰：按古書云：二蘭須要辨識明白：大澤蘭即蘭草，名孩兒菊也。莖葉皆圓，根色青黃，能生血調氣，養營氣；小澤蘭即澤蘭，名都梁香也。莖方、葉斑、根尖，能破血通積。但二蘭形色有殊，用治迥別。

集方：張文仲《備急方》治產後水腫。用澤蘭葉、漢防己，等分爲末，每服二錢。醋湯下。〇《產寶方》治產後惡露不盡，少腹作痛，俗名兒枕。用澤蘭葉、炒黑豆、炒乾薑、當歸、川芎、熟地、牛膝、益母葉、五靈脂、蒲黃、香附等。冬寒加肉桂；如內熱虛勞人，去肉桂、五靈脂，加鱉甲膠、麥門冬、沙參；虛極，加人參、耆、朮。〇《子母秘錄》治小兒蓐瘡。用澤蘭搗爛敷之。〇《集簡方》治產後陰腫翻。用澤蘭葉四兩，煎湯熏洗，二三次即安。〇治心胃作痛，嘔吐發熱，胃脘有寒，痰食氣也。用澤蘭二錢，乾薑、良薑、官桂各一錢，蒼朮、木香、茴香、枳殼、砂仁、香附、玄胡各二錢，俱醋炒，加葱頭五個，水煎服。〇如心胃痛日久不止，痛甚加乳香、沒藥；四肢厥逆，脉沉伏，加製附子。〇如心胃痛日久不止，胃中有鬱熱也。本方去乾薑、良薑、木香，加黑山梔、川黃連、黃芩、甘草。〇如痛久連胸膈背脅，或有死血積滯，或吐血強止，內有蓄積，心胃作痛者，前方加當歸、桃仁數錢，韭菜汁一鍾和服。〇如有蟲積，前方加烏梅五個，花椒三錢。〇如痛久不愈，服辛熱藥過多，太陽結燥，宿垢不行者，前方去乾薑、良薑，加酒製大黃二錢。〇一人久患心胃痛，經年不愈。吳醫沈心田，用澤蘭、人參、製附子各一錢五分，黃連五分，烏梅二個，一服即止。

明·姚可成《食物本草》卷一九草部·芳草類 澤蘭處處有之，多生下溼地。葉微香，可煎油及作浴湯，人家多種之。莖方節紫。葉似蘭草而不甚香。根名地筍，產婦可作蔬食之。

澤蘭葉 味苦，微溫，無毒。治金瘡，癰腫瘡膿，產後金瘡內塞，產後腹痛，頻產血氣衰冷，成勞瘦羸。婦人血瀝腰痛，產前產後百病。通九竅，利關節，〔養血氣〕，破宿血，消癥瘕，通小腸，長肌肉，消撲損瘀血，〔治鼻〕血吐血，頭風目痛，婦人勞瘦，丈夫面黃。

根 名地筍。味甘、辛，溫，無毒。主利九竅，通血脉，排膿治血，止鼻洪吐血，產後心腹痛。產婦可作蔬菜食，佳。

子 治婦人三十六疾。

明·顧逢柏《分部本草妙用》卷六兼經部·溫瀉 澤蘭 苦，微溫，無毒。入足太陽、足厥陰二經。陰乾用。主治：癰腫瘡膿，產後腹痛，血氣衰冷成勞，血瀝腰痛，養血氣，破宿血，消癥瘕，及婦人一切產前後症。按：澤蘭氣香而溫，味辛而散。脾喜芳香，甘宜辛散，脾得舒而三焦通利，肝鬱散而榮衛流行。澤蘭草走氣分，則能除痰癖，殺蟲辟惡而消渴。澤蘭走血分，則能治水腫。塗癰毒，破瘀血，而消癥瘕，為婦科急用。

明·李中梓《醫宗必讀·本草徵要上》 澤蘭味苦、甘，微溫，無毒。入肝、脾二經。和血有消瘀之能，利水有消蠱之效。甘能和血。獨入血海，攻擊稽留。其主水腫者，乃血化為水之水，非脾虛停濕之水也。按：澤蘭行而帶補，氣味和平，無偏勝之憂。

明·鄭二陽《仁壽堂藥鏡》卷一〇下 澤蘭 《圖經》云：澤蘭生汝南諸大澤傍。今河中府皆有之。味苦，性微溫。無毒。入肺、脾二經。《經》曰：癰腫瘡膿。甄權曰：頻產成勞，血瀝腰痛。大明曰：主產前後百病，通九竅，利關節，養血氣，破宿血，消癥瘕，鼻血吐血，頭風目痛。按：脾喜芳香，肝宜卒散。脾氣舒則三焦通利而正氣和，肝鬱散則榮衛流行而病邪解。行血而不推蕩，補血而不膩滯，故為產科聖藥。日華子云：澤蘭消撲損瘀血。理治產百病淹纏，消濕中四肢、浮腫。

明·蔣儀《藥鏡》卷一溫部 澤蘭 芬芳而脾氣舒，三焦通利。辛溫而肝氣暢，榮衛流行。產後虛勞，賴之養血。胎前怯弱，用以調經。行血而不排推，養血而無膩滯，所以為產科聖藥。解頭風之目痛，疏肢體之浮腫，所以為血家良劑。

明·李中梓《頤生微論》卷三　澤蘭　味苦，性微溫，無毒。入肝、脾二經。養新血，破宿血，消癰腫瘡膿，產前後百病。按：澤蘭補而不滯，行而不峻，為產科要藥。

明·張景岳《景岳全書》卷四八《本草正》　澤蘭　味微苦、微辛。善清血和血，治吐血衄血，療婦人產前產後諸血不調，破宿血，除腹痛，清新血，利關節，通水道，除癥瘕，消撲損瘀血，并治金瘡癰腫瘡膿。用在清和，故為婦人要藥。

明·盧之頤《本草乘雅半偈》帙六　澤蘭《本經》中品　氣味：苦，微溫，無毒。　主治：主乳婦內衄，中風餘疾，大腹水氣，四肢浮腫，骨節中水，金瘡，癰腫瘡膿。

覈曰：所在有之，多生水中。二月生苗，莖方節赤，四葉相值，葉似蘭草，但不甚香，枝葉間微有白毛為異。七月作萼，色純紫，開時色紫白。根色青紫，與蘭草亦相類也。修治：細剉，以絹囊盛之，懸于屋之南畔角上，陰乾取用。

条曰：澤蘭生水中，乃水氣所聚，澄潔水體，宣通水用者也。故主乳婦內衄，大腹水腫四肢浮腫，骨節中水，及金瘡癰腫瘡膿，悉屬體失澄潔，用失宣通，其辟不祥，與中風餘疾，皆體用功力耳。

明·李中梓《本草通玄》卷上　澤蘭　苦而微溫，肝、脾藥也。　破瘀血，消癥癖，宣九竅，利關節，通小腸，治水腫，塗癰毒。按澤蘭芳香，悅脾可以快氣疏利，悅肝可以行血，流行營衛，暢達膚竅，遂為女科上劑。

清·顧元交《本草彙箋》卷二　澤蘭　行血而無推蕩之患，養血而無滯膩之虞，故婦人方中最爲急用。蘭草走氣分，故能利水道，除痰癖，殺蟲辟惡，爲消渴良劑。澤蘭走血分，故能治水腫，塗癰毒，破瘀血，消癥瘕，爲婦人要藥。一類而功用稍殊。

蘭草、澤蘭俱生水旁下濕處。二月宿根生苗成叢，紫莖素枝，赤節綠葉，葉對節生，有細齒。但以莖圓節長，葉光有歧者爲蘭草；莖微方，節短，葉有毛者，爲澤蘭。嫩時並可挼而佩之，八九月後漸老，高者三四尺，開花成穗如雞蘇，花紅白色，中有細子。舊說多以山蘭混之，山蘭有葉無枝。一幹一花爲蘭，一幹數花爲蕙。皆可玩而不可紉者也。

清·穆石匏《本草洞詮》卷八　澤蘭　氣味苦甘，微溫，無毒。入足太陰、厥陰經。通九竅，利關節，養血氣，消撲損瘀血，治頭風目痛，婦人勞瘦，丈夫面黃。蓋蘭草、澤蘭氣香而溫，味辛而散，脾喜芬香，肝宜辛散，脾氣舒，則三焦通利而正氣和，肝鬱散，則營衛流行而病邪解。蘭草走氣分，故利水道，除痰癖，殺蟲辟惡，而為消渴良藥。澤蘭走血分，故治水腫，塗癰毒，破瘀血而為婦人要藥。雖一類而用稍殊也。

清·郭章宜《本草匯》卷一〇　澤蘭　味甘、苦、辛，微溫。陰中之陽，可升可降。足太陰厥陰經藥也。理胎產百病淹纏，消身面四肢浮腫。破宿血去癥瘕殊功，行瘀血療撲損易効。散血瀝腰痛，療目痛頭風。

按：澤蘭感土澤之氣，獨入血海，攻擊稽留。其主水腫者，乃化血為水之水，非脾虛停濕之水也。澤蘭走血分，故能治水腫，破瘀血。行而帶補，氣味和平，可無偏勝之患。氣香而溫，味辛而散，故走入肝脾。脾喜芳香，脾氣舒則三焦通利而正氣和。肝宜辛散，肝欝散則營衛流行而病邪解。為女科之上劑也。凡產後陰戶燥熱，遂成翻花，用澤蘭四兩，煎湯薰洗二三次，再入枯礬煎洗，即安。

凡用須別雌雄，莖葉皆圓，根青黃者，能生血調氣。葉上有斑，根頭尖者，能破血，通久積。防己為之使。

清·蔣居祉《本草擇要綱目·溫性藥品》　澤蘭凡用大小澤蘭，細剉，以絹袋盛，懸于屋南畔角上，令乾用。　氣味：苦，微溫，無毒。　主治：金瘡癰腫瘡膿。蘭草、澤蘭氣香而溫，味辛而散，陰中之陽，足太陰、厥陰經藥也。脾喜芳香，肝宜辛散。脾氣舒，則三焦通利而正氣和。肝鬱散，則榮衛流行而病邪解。蘭草走氣道，故能利水道。除痰癖，殺蟲辟惡，而為消渴良藥。澤蘭走血分，故能治水腫，塗癰毒，破瘀血，消癥瘕，而為婦人要藥。雖是一類，而功用稍殊，正如赤白茯苓、芍藥，補瀉皆不同也。

清·閔鉞《本草詳節》卷二　澤蘭　【略】按：澤蘭、蘭草，氣香而溫，味辛而散。脾喜芳香，肝宜辛散，脾氣舒則三(雙)〔焦〕通利而正氣和，肝鬱散則榮衛流行而病邪解。蘭草走氣道，能散鬱積陳久之氣，故利水道，除痰癖，殺蟲辟惡，消渴膽癉，資為良藥。澤蘭走血分，故治水腫，塗癰毒，破瘀血，消癥瘕，而為婦人要藥。總是洩熱和血，行而帶補之能也。雖同一類，而功稍殊。

清·王翃《握靈本草》卷三　澤蘭生于澤旁，故名。一云：可為香澤。風乾用。主治：澤蘭，苦，微溫，無毒。主金瘡，癰腫瘡膿。產前產後血病，破宿血，治癥瘕。

清·汪昂《本草備要》卷二　澤蘭通，行血，消水。苦泄熱，甘和血，辛散鬱，香舒脾。入足太陰、厥陰脾、肝。通九竅，利關節，養血氣，長肌肉，破宿血，調月經，消癥瘕，散水腫。防己爲使。治產後血瀝腰痛，瘀行未盡。吐血鼻洪，目痛頭風，癰毒撲損。補而不滯，行而不峻，女科要藥。古方澤蘭丸甚多。時珍曰：蘭草、澤蘭，一類二種，俱生下濕。紫莖素枝，赤節綠葉，葉對節生，有細齒。但以莖圓節長、葉光有歧者爲蘭草；莖微方、節短，葉有毛者爲澤蘭。嫩時并可挼音那而佩之，《楚辭》所謂紉秋蘭以爲佩是也。朱文公《離騷辨證》云：必花葉俱香，燥濕不變，方可刈佩。今之蘭蕙，花雖香而葉無氣，質弱易萎，不可刈佩。吳人呼爲香草，俗名孩兒菊。夏日採，置髮中，則髮不膩，浸油塗髮，去垢香澤，故名澤蘭。蘭草走氣分，故能利水道，除痰癖，殺蠱辟惡，而爲消渴良藥。《經》曰：數食肥甘，傳爲消渴。治之以蘭，除陳氣也。澤蘭走血分，故能消水腫，塗癰毒，破瘀除癥，而爲婦人要藥。以爲今之山蘭者，誤矣！防己爲使。寇宗奭、朱丹溪并以蘭草爲山蘭之葉，李時珍考衆說以譏之。按別本云：蘭葉甘寒，清肺開胃，消痰利水，解鬱調經，閩產者力勝。閩產爲勝，則是建蘭矣。李士材云：蘭葉稟金水之氣，故入肺藏，東垣方中嘗用之，《內經》所謂治之以蘭，除陳氣者是也，余屢驗之。李時珍又謂東垣所用乃蘭草也。其集諸家之言曰：陳遯齋《閑覽》云楚《騷》之蘭，或以爲都梁香，或以爲澤蘭，或以爲猗蘭，當以澤蘭爲正。今之所種如麥門冬者名幽蘭，非真蘭也。故陳止齋著《盜蘭說》以譏之。既名幽蘭，正合《騷》經矣。方虛谷《訂蘭說》言古之蘭草即今之千金草，俗名孩兒菊者；今之所謂蘭，其葉如茅者，根名土續斷，因花馥鬱，故得蘭名。楊升庵云：世以如蒲、萱者爲蘭，九畹之受誣也久矣。升庵九種，多有未確，故陳文燭作《正楊》以辨之。又吳草廬有《蘭說》云：蘭爲醫經上品，有根有莖，草之植者也。今所謂蘭無枝無莖，因黃山谷稱之，世遂謬指爲《離騷》之蘭。寇氏《本草》溺于流俗，反疑舊說爲非。夫醫經爲實用，豈可誣哉？今之蘭果可以利水殺蠱而除痰癖乎？其種盛于閩，朱子閩人，豈不識其土產而辨析若此？世俗至今，猶以非蘭爲蘭，何其惑之甚也。昂按：朱子辨蘭，援《離騷》紉佩以爲證，竊謂紉佩亦騷人風致之詞耳。如所云飲木蘭之墜露、餐秋菊之落英，豈真露可飲而英可餐乎？又云製芰荷以爲衣、集芙蓉以爲裳，豈真芰荷可衣、芙蓉可裳乎？宋儒釋經執泥，恐未可爲定論也。第《騷》經既言秋蘭，則非春蘭明矣。《本經》既言澤蘭，則非山蘭明矣。是《離騷》之秋蘭，當屬《本經》之澤蘭無疑也。然《離騷》不常曰春蘭兮秋菊乎？不又曰結幽蘭而延佇乎？不又曰疏石蘭以爲芳乎？若秋蘭既屬之澤蘭，將所云春蘭、幽蘭、石蘭者，又不得爲山蘭，當是何等之蘭乎？且山蘭爲花中最上之品，古今評者，列之梅、菊之前，今反屈于孩兒菊之下，以爲盜襲其名，世間至賤之草，皆收入本草，獨山蘭清芬佳品，擯棄不錄，何其不幸若斯之甚也！本草殺蟲之藥最多，皆未必有驗，至于行水消痰，固山蘭之葉力所優爲者也。蓋李時珍、陳、方、吳、楊輩，皆泥定陳藏器，以澤蘭、蘭草爲一類二種，遂并《騷》經而疑之。崇澤蘭而黜山蘭，遂令蘭草無復有用之者。不思若以爲一類，則《本經》蘭草一條，已屬重出，何以《本經》蘭草反列之上品，而澤蘭止爲中品乎？況一入氣分，一入血分，迥然不同也。又《騷》經言蘭者凡五，除木蘭人所共識，其餘春蘭、秋蘭、幽蘭、石蘭，若皆以爲孩兒菊，是不特二種一類，且四種一類矣。而以爲九畹之受誣，豈理也哉！蓋《本經》言澤蘭，所以別乎山也；言蘭草，明用葉而不用其花也；《騷》經言秋蘭，所以別乎春也；言石蘭，所以別乎澤也。愚謂秋蘭當屬澤蘭，而春蘭、石蘭，定是山蘭。其曰幽蘭，則山蘭之別名，以其生于深山窮谷故也。澤蘭町畦賤品，幽字何可當也。寇氏、朱氏之論，又安可全非也？姑附愚說，以諮多識之士。

清·陳士鐸《本草新編》卷四　澤蘭　味苦、甘，曰辛，悞。氣微溫，無毒。入肝、脾二經。理胎產，消身面、四肢浮腫，破宿血，去癥瘕，行瘀血，療撲損，散頭風目痛，追癰腫瘡膿，長肉生肌，利關開竅。此係女科佳品，然亦佐使之藥也。《本草》稱其能治百病，未可為訓。

或問：澤蘭每每用之婦人，而不用于男子，豈亦有說乎？夫男女之病，本無分別，而藥味又何須分別。惟是女子善懷，一不得志，而閨中怨尤，無以解其鬱，鬱無聊之氣，而經血不行，行經作痛，千般怪病，後此生焉。澤蘭氣味平和，又善于解鬱，尤宜于婦人，故為婦科妙藥，非單宜婦人，而不宜于男子也。

或問：澤蘭，善于解鬱而世人未知，豈前人未嘗用之乎？曰：澤蘭解鬱，前人多用之，近人不知者，以其辨之不真耳。世以澤蘭為澤草，誰知澤蘭另是一種草藥，非蘭蕙馨香之葉也。生于楚地，無花，而葉似蘭，而根則宛如蘭也。蘭生于山，而澤蘭發生于水澤，故不曰蘭，而曰澤蘭。

清·顧靖遠《顧氏醫鏡》卷七 澤蘭甘、苦，微溫，入肝脾二經。和血有消瘀之能，甘能和血，獨入血海，攻擊稽留，故主產後百病。利水有消蠱之效。利水消蠱者，乃血化為水之水，非脾虛停濕之水也。行而帶補，服之無偏盛之憂。

清·李熙和《醫經允中》卷二〇 澤蘭 入足太陰、厥陰二經。陰乾用。苦，微溫，無毒。主治癰腫瘡膿，利關竅。療撲損，破宿血，產後腹痛，血氣衰冷成勞。按：澤蘭能通關竅，以理血脉，行血而無推蕩之患，養血而無膩滯之虞，為女科要藥。根名地笋，血症俱治，凡產後陰戶燥熱，遂成翻花，用澤蘭四兩，煎湯薰洗三四次，再入枯礬少許，煎洗即安。又種益奶草，葉似澤蘭，莖色略異，果益奶續，斷乳如神。仍治痔瘡脫肛最捷。

清·馮兆張《馮氏錦囊秘錄·雜症痘疹藥性主治合參》卷二 澤蘭感土澤之氣，故味苦甘而入血，兼得乎春氣，故微溫而無毒。為婦人產後百病，血瀝腰痛，血氣衰冷，成勞羸瘦，或身面浮腫洩熱，和血行而帶補之要藥。

澤蘭，理胎產百病淹纏，消身面四肢濕腫，破宿血，去癥瘕，行瘀血，療撲損。散頭風目痛，追癰腫瘡膿，長肉生肌。總皆行血和血，行中帶補之功也。

主治痘疹合參：婦人產後，惡露未盡者，痘中亦用之。感土澤之氣，入血海而消瘀，行中帶補，氣味平和。

清·张璐《本經逢原》卷二 澤蘭 苦，甘，微溫，無毒。取葉，酒洗用。

《本經》主金瘡，癰腫瘡膿。發明：澤蘭入足太陰、厥陰血分，專治產後血敗，流於腰股，拘攣疼痛，破宿血，消癥瘕，除水腫、身面四肢浮腫。《本經》主金瘡，癰腫瘡膿，皆取散血之功，為產科要藥。更以芎、歸、童便佐之，功效勝於益母。

清·張志聰、高世栻《本草崇原》卷中 澤蘭 氣味苦，微溫，無毒。主治金瘡，癰腫，瘡膿。澤蘭始出汝南諸大澤旁，今處處有之，多生水澤下濕地，葉似蘭草，故名澤蘭。莖方色青節紫，葉邊有鋸齒，兩兩對生，節間微香，枝葉間微有白毛，七月作萼色純紫，開花紫白色，其根紫黑色。澤蘭本於水，而得五運之氣，故主治三因之證。生於水澤，氣味苦溫，根萼紫黑，稟少陰水火之氣也。莖方葉香，微有白毛，邊如鋸齒，稟太陰土金之氣也。莖青節紫，葉生枝節間，其莖直上，稟厥陰之木氣也。主治金瘡癰腫瘡膿者，金瘡乃刀斧所傷，為不內外因之證，癰腫乃寒邪客於經絡，為外因之證，瘡膿乃心火盛而血脈虛，為內因之證。澤蘭稟五運而治三陰之證者如此。

清·劉漢基《藥性通考》卷一 澤蘭生於楚地，無花葉，似蘭，根則宛如蘭也。生於水澤，故名。【略】

清·王子接《得宜本草·中品藥》 澤蘭 味苦、辛。入足太陰、厥陰經。功專破血消瘕。得當歸能通經，得防己治產後水腫。

清·徐大椿《神農本草經百種錄》中品 澤蘭 味苦，微溫。主乳婦內衄，清陽明經絡濕熱之邪。中風餘疾，氣溫體輕，故能散餘風。大腹水腫，身面四肢浮腫，骨節中水，統治內外一切水病。金瘡，癰腫瘡膿。亦皆濕毒之疾。澤蘭生于水中，而芳香透達，節實莖虛，能于人經絡受濕之處分疎通利，無所隔礙。蓋其質陰而氣陽，故能行乎人身之陰，而發之于陽也。

清·黃元御《玉楸藥解》卷一 澤蘭 味苦，微溫。入足厥陰肝經。通經活血，破滯磨堅；胎產俱良，瘕癥頗善。止腰腹疼痛，消癰疽熱腫，跌打吐衄能瘳。辛溫香散，行血破瘀，經脈安胎，一切癰疽癥瘕，金瘡撲打，吐衄諸證皆醫。而氣味和平，不傷迅利，行經化結之良品也。

清·吳儀洛《本草從新》卷一 澤蘭〔通，行血，消水。〕苦泄熱，甘和血，辛散鬱，香舒脾，微溫行血。入足太陰、厥陰肝、脾。通九竅，利關節，破宿血，通月經，消癥瘕，散水腫。甘溫能和血行血，獨入血海，攻擊稽留。其消水腫者，乃血化為水之水，非脾虛停濕之水也。治產後血瀝腰痛，瘀行未盡。身面浮腫，吐血鼻洪，目痛頭風，癰毒撲損。性雖和緩，終是破血之品，無瘀者勿輕用。古方澤蘭丸甚多，近今稟賦漸薄，不可常用。時珍曰：蘭草、澤蘭，一類二種。俱生下濕，紫莖素枝，赤節綠葉，葉對節生，有細齒，但以莖圓節長，葉光有歧為蘭草；莖微方，節短，葉有毛為澤蘭。嫩時并可挼音那佩之，《楚辭》所謂紉秋蘭以為佩也。《離騷辨證》〔朱子有《離騷辨證》。〕云：必花葉俱香，燥濕不變，方可刈佩。今之蘭蕙，花雖香而葉無氣，質弱易萎，不可刈佩。澤蘭走血分，消水腫，塗癰毒，破瘀除癥，為婦人要藥。蘭草走氣分，利水道，除痰癖，殺蟲闢惡，為消渴良藥。《經》曰：數食肥甘，傳為消渴，治之以蘭，除陳氣也。東垣製蘭香飲子及生津甘露飲，并用蘭香，蓋本於此。俗呼省頭草、夏月採，置髮中則髮不〔[illegible]〕。蘭澤草、香草，浸油塗髮，去垢香澤，故名蘭澤，又名香草。以為山蘭誤矣。寇宗奭、朱丹溪并以蘭草為山蘭之葉。李時珍考眾說以譏之曰：遯齋〔陳遯齋《閑覽》。陳止齋有集。方虚谷有集。楊升庵有集。吴澄有《草廬集》。黄山谷有集。〕《閑覽》云：楚《騷》之蘭，或以為都梁香，或以為澤蘭，或以為猗蘭，當以澤蘭為正。今之所種如麥門冬者名幽蘭，非真蘭也。故陳止齋著《盜蘭説》以譏之。方虚谷《訂蘭説》言古之蘭草即今之千金草，俗名孩兒菊。今所謂蘭，其葉如茅者，根名土續斷，因花馥郁，故得蘭名。楊升庵云：世以如蒲萱者為蘭，九畹之受誣也久矣。又吴草廬有《蘭説》云：蘭為醫經上品，有枝有莖，草之植者也。今所謂蘭無枝無莖，因黄山谷稱之，世遂謬指為《離騷》之蘭。寇氏《本草》溺於流俗，反疑舊説為非。夫醫經為實用，豈可誣哉。今之蘭，果可以利水殺蠱而除痰癖乎？其種盛於閩，朱子閩人，豈不識其土産而辨析若此？世俗至今猶以非蘭為蘭，何其惑之甚也！洛按：時珍之辨蘭草，指實詳明，徵據鑿鑿，則蘭草為澤蘭之一類二種也，夫復何疑。汪氏力辨蘭草為山蘭葉，但并無實據，不過為臆度之見爾。

清・汪紱《醫林纂要探源》卷二　澤蘭　苦，辛，甘，寒。似蘭草，莖微方，節促，葉有毛，香亦不足。補肝瀉脾，和氣血，甘則和緩。利筋脈。辛則能行。主治婦人血分，調經去瘀。節促，所主下部。色紫，所主血分。能消癥結，散水腫，降血逆，為婦人要藥。又治癰毒。

清・嚴潔等《得配本草》卷二　澤蘭亦名孩兒菊。根名地笋。　防己為之使。　苦、辛，溫。入足厥陰，兼足太陰經血分。破宿血，去症瘕，兼除痰癖、蠱蟲，能療目痛癰腫。　配防己，治産後水腫。配當歸，治月水不利。　煎湯熏洗産後陰戶燥熱，遂成翻花。再加枯礬煎洗之即安。　根名地笋，主治同。　血虚枯秘者禁用。　怪症：鬼箭射傷，忽然疼痛，或遍身疼痛異常，名鬼箭風。用澤蘭一兩，桃仁三十粒，酒水各半煎服。

題清・徐大椿《藥性切用》卷三　澤蘭葉　味苦甘辛，氣香微溫，入足太陰、厥陰。泄熱行血，利竅消腫，為産科專藥。無瘀勿用。按澤蘭走血分，消水腫，是治血化為水之水藥。蘭香草，一類二種，走氣分，為消渴良藥。即數食肥甘，傳為消渴，治之以蘭，除陳氣也。

清・黄宫繡《本草求真》卷七　澤蘭蘭草入氣利水除痰，澤蘭入肝脾行水和血。

澤蘭耑入肝脾。　苦甘而辛，即今婦人採置髮中除垢者是也。玩書所論澤蘭，與《本經》蘭草同為一類，其生澤旁，紫莖素枝，赤節緑葉，對節生有細齒，但蘭草則莖圓節長，葉光有歧。澤蘭則莖微節方，短葉有毛之為異耳。二物並於嫩時皆可刈佩，以其花葉皆香，置於髮中，能以辟垢省頭，故雖呼為香草，俗則呼為孩兒菊。與於山蘭，其花雖香，而葉絕無氣者，迴不相同。時珍曰：蘭草、澤蘭一類二種，雖生水旁下濕處，但以莖圓節長，而葉光有歧者，為蘭草。莖微方節短，而葉有毛者為澤蘭。朱文公《離騷辨證》云：必花葉俱香，燥濕不變，方可刈佩。今之蘭蕙花雖香，而葉無氣，質弱易萎，不可刈佩。汪昂曰：《本經》既言澤蘭，則非山蘭明矣。是《離騷》之秋蘭，當屬《本經》之澤蘭無疑也。吴草廬曰：蘭為醫經上品之藥，有枝有莖，今所謂蘭無枝無莖，因黄山谷稱之，遂謬指為《離騷》之蘭耳。　蘭草莖圓葉光，其性專主入氣，雖書載有久服益氣，輕身不老膚語，然究止屬利水除痰，殺蠱辟惡，而為消渴良藥。即《內經》所謂數食肥甘，傳為消渴，治之以蘭，以除陳氣是也。東垣治消渴生津飲，用蘭葉，蓋本於此。又此草浸油塗髮，去風垢，令香潤，《史記》所謂羅襦襟解，微聞香澤者是也。　澤蘭莖方葉毛，雖書載有和血舒脾，長養肌肉之妙，然究皆屬入脾行水，入肝治血之味，是以九竅能通，關節能利，宿食能破，月經能調，癥瘕能消，水腫能散，産後血淋腰痛能止，吐血衄血，目痛風癱，癰毒撲損能治。時珍曰：蘭草、澤蘭，氣香而溫，味辛而散，陰中之陽，足太陰、厥陰經藥也。脾喜芳香，肝宜辛散，脾氣舒，則三焦通利而正氣和，肝鬱散，則營衛流行而病邪解。蘭草走氣道，澤蘭走血分，正如赤白茯苓、芍藥，補瀉皆不同也。　觀此則書所云舒脾和血，不過因其水消血除之意，豈真舒脾和血之味也乎？入補氣補血之味同投，則消中有補，不致損真，誠佳品也。防己為使。根名地笋。

清・楊璿《傷寒溫疫條辨》卷六消劑類　澤蘭葉　味甘苦，性微溫。入小腸，通肝、脾之血。治經胎産百病，通九竅，利關節，散頭風目疼，療吐血鼻紅，消癰癧排膿。按：澤蘭葉通利小腸，則脾、肝無壅閼之患，故透竅以理血脉，行血無推蕩之苦，養血無滯膩之虞，女科為聖藥，有自來矣。癰疽由血熱，故亦治之。澤蘭葉湯：治産後陰戶燥熱成翻花，名曰陰翻。先以澤蘭葉四兩煎湯熏洗三次，再加枯礬五錢煎洗之即安。又方：治産後水腫，澤蘭葉、防己等分為末，酒、醋調服二錢。

附：琉球・吴繼志《質問本草》內篇卷三　澤蘭　生濕地，苗高二三尺，夏開花。　澤蘭，味苦，微溫，足太陰、厥陰經藥。盛産水澤，春萌夏花，方莖，葉似佩蘭。得白及攻消癰腫，佐當歸立通經閉瘀血，噎脹非此莫除。根名地笋，醬可作鹺。壬寅，陸澍。

清・羅國綱《羅氏會約醫鏡》卷一六草部　澤蘭味苦、甘、辛，入肝脾二經。　苦泄熱，甘和血，辛散鬱，能入血分，行而帶補，為婦科要藥。治胎前産後諸血不調，破瘀血，理月經，化癥瘕，除腹痛，及産後血瀝腰痛，去瘀生新之效。散水腫，防己為使。療撲損、頭風目痛，血虚有熱。追癰腫瘡膿，長肉生肌。行血和血。氣味和平，諸病悉效，服之無偏勝之患。

清·趙學敏《本草綱目拾遺》正誤 蘭草有數種，瀕湖《綱目》雖有正誤，尚未明晰。其釋名亦多淆混，悉為註之。澤蘭，今人呼為奶孩兒者是也。此草方莖紫花，枝根皆香，人家多植之。婦女暑月以插髮，入藥入血分。省頭草葉細碎如瓦松，開黃花，氣微香，生江塘沙岸傍，暑月土人採之，入市貨賣。婦人亦市以插髮，云可除膩垢，未見有入藥用者。又有香草，葉如薄荷而小，香氣亦與薄荷迥別，五月六月間人家買以煎黃魚，云可殺腥代葱。此即所謂羅勒者是也。又有孩兒菊，葉如山馬蘭而長，近皆以此作澤蘭用，入藥云可治血。此四種皆香草，惟奶孩兒草香尤峻烈。瀕湖《綱目》蘭草釋名下概以省頭草、孩兒菊混立一類，殊欠分晰。至其集解所詳形狀，則又以孩兒菊為澤蘭，附方中則又認省頭草為蘭草，皆非確實也。又以羅勒入菜部，謂即蘭香。而張路玉《逢原》云：羅勒與蘭香各別。張係長洲人，其俗每食必用香草，其說自有據，當可從也。

清·黃凱鈞《藥籠小品》 澤蘭 苦辛，微溫，入肝脾兩經，通九竅，利關節，破宿血，通月經。無瘀者勿輕用。俗云即省頭草，非也。馬蘭草涼血止鼻衄。

清·王龍《本草纂要稿·草部》 澤蘭葉 味苦、甘、辛，性微溫，無毒。理胎產百病淹纏，消身面四肢浮腫。破宿食，能去癥瘕。行瘀血，尤療撲損。散頭面風疼，追癰腫瘡膿。長肉生肌，利關通竅。

清·吳鋼《類經證治本草·足厥陰肝臟藥類》 澤蘭 【略】誠齋曰：澤蘭多理血鬱，用之女人無不效，是女人血用事而多鬱，故為對症之藥。生水澤，莖方節短，葉有毛。

清·張德裕《本草正義》卷上 澤蘭 苦辛，平。善清血和血，破宿血，理新血，胎前產後諸血不調。亦能止吐血、衄血，為清和去瘀活血之品。

清·楊時泰《本草述鉤元》卷八 澤蘭 葉味苦、辛、甘、酸，氣微溫。陰中之陽。足太陰、厥陰經藥也。苦辛泄熱，甘能和血，酸能入肝，溫通營血，行而帶補，婦人方中最為急用。防己為之使。主治養血氣，破宿血，利關節，通九竅，消身面水腫，並癰腫及頭風目痛，女子頻產血氣衰冷，成癆羸瘦及血瀝腰痛產後諸病。氣香而溫，味辛而散，脾喜芳香，肝宜辛散，脾氣舒則三焦通利而正氣和，肝鬱散則營衛流行而病邪解，故為女子方中所急用瀕湖。補而不滯，行而不峻，為產科要藥。得炒黑豆、炮薑、芎、歸、地、芍、牛膝、蒲黃、五靈脂、益母草，治產後惡露不盡，少腹作痛。寒月加桂，多火及內熱虛勞人，去桂加童便。去五靈脂加人參、鼈甲、香附、麥冬，治產後諸虛百病。肺熱者去人參。月候不通，結塊發熱者，澤蘭一束，搗爛酒浸，溫飲之，日二三次，當通。產後水腫，血虛浮腫，澤蘭、防己等分，為末，每服二錢，醋、酒下。水腫腎沉膀胱浮者，同澤瀉、茯苓、豬苓、白术、木通、燈草、通草、牡蠣、滑石、附子、葶藶、瞿麥、車前、防己用。

總論：瀕湖言蘭草、澤蘭功用有氣血之分。蘭草走氣道，故能利水，除痰癖，殺蠱辟惡，而為消渴良藥。澤蘭走血分，故治水腫，塗癰毒，破瘀血，消癥瘕，而為婦人要藥。雖是一類，而功用稍殊，正如赤白茯苓、芍藥補瀉不同也。按：二藥分氣血之治是矣，第《本經》久服蘭草何以益氣，而甄權於澤蘭何以治頻產血氣衰冷成癆羸瘦，此義未經發明，猶未免與他味之利氣血者例視也。

清·鄒澍《本經續疏》卷四 澤蘭 【略】紫者，水火相間也。白者，氣也。赤者，血也。紫莖，素枝，赤節，明明水火相混於內，逼氣於外，有血為之阻也。誠如此者，阻於中則為大腹水腫，阻於外則為身面四肢浮腫，阻於軀體則為骨節中水。若澤蘭者，雖已如是，乃非特不閡其生全，且難禁其芳烈。而色綠光澤之葉相對以生，層出無已，復開花成實焉。可謂鍾生氣於血阻氣滯所成之水腫，使阻閡自阻閡，生發自生發，而水腫自能消解者，非耶！雖然，血何以阻氣，氣何以為血所阻，蓋氣傷而無以推行，夫血則血滯，血傷而無以滑澤。夫氣則氣阻，氣已阻矣，而血復隔閡之，幾何其不化水而成腫也。故乳婦內衄，中風餘疾，皆氣血竝傷之餘，復氣傷未至餒敗，血傷未至枯涸，則紛紛零亂之氣血，踞於流行之衢，橫於四達之隘，而血阻氣滯，氣阻血滯，實不足也。而已翻成有餘，既無從下，又不可補，捨象形之物，致生氣於其中，而誰恃哉？再徵之以金瘡，癰腫瘡膿，亦復何異？皆為其虛中有內塞之者耳。火衰則化水，火盛則化膿，曾無甚分別也。

清·葉桂《本草再新》卷一 澤蘭味苦，性微寒，無毒。入肝、脾二經。 通九竅，利骨節，破瘀血，生新血，血熱亦因氣逆，舒氣即行血也。和脾胃，治肝鬱，并治一切諸氣。產後腰腿酸痛，心氣不和，血行不暢，均能治之。

清·吳其濬《植物名實圖考》卷二三 地筍 生雲南山阜。根有橫紋如鬣，傍多細鬚，綠莖紅節，長葉深齒。

清·吴其濬《植物名實圖考》卷二五　澤蘭　《本經》中品。為婦科要藥。根名地笋，亦為金瘡腫毒良劑。《安徽志》：都梁山産澤蘭，故名都梁香云。

雩婁農曰：《淮南子》云，男子樹蘭而不芳。《藥録》亦專供帶下醫，豈賜蘭徵夢，遂永為女子之祥乎？士女秉蕑，祓除不祥，殆無異芣苢宜子耶？余過溱洧，秋蘭被坂，紫萼雜遝，如蒙絳雪，固知詩人紀實，不類賦客子虚，而鄰鄰周道，塵漲三尺，清露灑分，西風度馥，不以穢濁，減其臭味，其斯為幽芳歟？

清·吴其濬《植物名實圖考》卷五　地瓜兒苗　地瓜兒苗，詳《救荒本草》。方莖，葉似薄荷微長，根如甘露兒更長，味甘。江西田野中亦有之。

清·趙其光《本草求原》卷二芳草部　澤蘭　氣溫達肝以行營血，味甘和脾血，苦泄心熱，辛散肺鬱。無毒。養血，破血，調經，産後血敗、流於腰股，拘攣疼痛，搗汁酒浸，溫飲。頻産血氣衰，益肝肺以行營衛之功。以芎、歸、童便佐之，為産科要藥。功勝於益母。通九竅，利關節，長肌肉，芳香舒脾之功。消癥瘕，除水腫，面目四肢浮腫，同防己末，醋、酒下，治産後水腫，血虛浮腫。同己、苓、澤、朮、滑、蠣、車、藶、附子、木通、通草、瞿麥，治水腫腎沉，膀胱浮者。主金瘡，癰腫，瘡膿，散血之功。頭風目痛。辛溫散浮熱。補而不滯，行而不峻，故同黑豆炒四物、牛膝、母草、靈脂，治産後惡露作痛。冬月加桂，陰虛多火人加童便。産後百病，去五靈，加人參、鱉甲、香附、麥冬；肺滯，去參。一名千里急，又名石辣。祛風、去瘀、生新、止血。

按：澤蘭、蘭草一類二種，俱生濕地，紫莖素枝，赤節綠葉。葉，兩兩對生，邊有細齒。但以莖圓節長，葉光有歧，氣濃濁者為蘭草，即今之省頭草也。莖微方，節短，枝葉間有白毛者，為澤蘭。與今之蘭蕙不同，俗名孩兒菊，吴人呼為香草。夏月采置髮中，則髮不膩；浸油塗髮，去垢香澤，故名澤蘭。以其達肝血，故消腫破瘀；且生水中，莖虛而香，能疏利經絡骨節濕熱，故治水腫及乳婦內衄。亦陽明經絡濕熱也。蘭草氣寒，味辛甘，走氣分，利水除痰。汪訒庵曰：今之山蘭葉，行水消痰甚優。是生於濕地者，概屬澤蘭；生於山者，為蘭草。《本經》言澤蘭，所以別乎山也。然徐靈胎則甚言澤蘭治水濕之功，俟考。

清·葉志詵《神農本草經贊》卷二　澤蘭　味苦，微溫。主乳婦內衄，中風餘疾，大腹水腫，身面四肢浮腫，骨節中水，金創，癰腫，創膿。一名虎蘭，一名龍棗。生大澤傍。

猗猗蘭靄，秋發幽香。南陔葉並，九畹莖方。遺思紉佩，具浴燂湯。竊名蓀芷，引類都梁。

嵇康詩：猗猗蘭靄。蘇頌曰：七月開花紫白色。束皙詩：循彼南陔，言采其蘭。吴普曰：二月生苗，赤節，四葉相值。蘇恭曰：莖方節紫。《離騷》：紉秋蘭以為佩。又：余既滋蘭之九畹兮。《九歌》：浴蘭湯兮沐芳。又：折芳馨兮遺所思。《禮》：三日則燂湯請浴。《遯齋閒覽》：《楚辭》所詠之蘭，或以為猗蘭，或以為都梁香。當以澤蘭為正。楊慎序：人家盆植如蒲萱者，蘭之別種，曰蓀與芷耳。九畹之受誣，千載矣。《爾雅翼》：今之蘭草，都梁香也。

清·文晟《新編六書》卷六《藥性摘録》　澤蘭　苦甘而辛，入肝脾。行水和血，能開九竅，通關節，利宿食，調月經，破癥瘕，消水腫。○散産後血淋腰痛。○止吐血衄血。○治目痛，風癱癰毒，撲損。○入於補氣補血之劑則消中有補，不致損真氣。○蘭草，利水除痰，殺蠱辟惡，而為消渴之良藥。

清·張仁錫《藥性蒙求·草部》　澤蘭錢半　澤蘭味苦，産後血暈。肢體虛浮，打撲傷損。俗名孩兒菊。味苦，甘，微溫，入肝、脾二經。和血，有消瘀之能。利水，有消腫之效。○按澤蘭行而帶補，氣味和平，無偏勝之弊。得當歸能通經，得防己治産後水腫。○無瘀者勿輕用。

清·戴葆元《本草綱目易知録》卷一　澤蘭　氣香而溫，味辛而散，入足太陰厥陰血分。通九竅關節，養血氣肌肉，破宿血，調月經，消癥瘕，通小腸。治頭風目痛，面黄水腫，吐血鼻血。婦人勞瘦血瀝，腰疼頻産，血氣衰冷，羸瘦成勞，産後腹痛。金瘡內塞，血虛受風，惡寒發熱葆元，為婦人胎前産後要藥。消撲損瘀血，癰腫瘡膿。【略】

蘭花及葉：稟金水之氣，而似有火。其花乾者，煎服，治胸刺痛。其葉能散久積陳鬱之逆氣。葆集朱震亨蘭草注補之條辨，清宫湯用葉心，取去逆護心意。

清·黄光霽《本草衍句》　澤蘭辛，溫。散鬱舒脾，和肝泄熱。長肉生肌，調經養血。破宿瘀兮消癥瘕，通九竅兮利關節。血瀝腰疼，産後腹痛腰痛。陰戶燥熱。致週身之水腫，《本經》云：大腹水腫，身面四肢浮腫，骨節中水。徐云統治一切水病也。塗金瘡之攣癥，行而不峻，補而不滯。得當歸能通經，得防已治產後水腫。　產後陰翻，產後陰戶燥熱，遂成翻花。澤蘭四兩，煎湯薰洗二三次，再入枯礬煎洗，即安。

遍地香

清・莫樹蕃《草藥圖經》　遍地香　遍地香，南省土名，正名香花澤蘭。梗圓，有節。野生者良。移之家園生者，則成扁梗，即無用矣。

水棘針

明・朱橚《救荒本草》卷上之前　水棘針苗　又名山油子。生田野中。苗高一二尺，莖方四楞，對分莖叉，葉亦對生，其葉似荊葉而軟，鋸齒尖葉，莖葉紫綠，開小紫碧花。葉味辛辣，微甜性。　救飢：　採苗葉煠熟，水淘洗淨，油鹽調食。

風輪菜

明・朱橚《救荒本草》卷上之前　紫雲菜　生密縣付家衝山野中。苗高一二尺，莖方紫色，對節生叉，葉似山小菜葉頗長，㧊梗對生，葉頂及葉間開淡紫花。其葉味微苦。　救飢：　採嫩苗葉煠熟，水浸淘去苦味，油鹽調食。

明・朱橚《救荒本草》卷上之後　風輪菜　生密縣山野中。苗高二尺餘，方莖四楞，色淡綠，微白，葉似荏子葉而小，又似威靈仙葉微寬，邊有鋸齒，有叉，兩葉對生，而葉節間又生子，葉極小，四葉相攢對生，開淡粉紅花。其葉味苦。　救飢：　採葉煠熟，水浸去邪味，淘洗淨，油鹽調食。

剪刀草

宋・陳衍《寶慶本草折衷》卷二〇　類下剪刀草根附。　生江湖，及京東及密州近水河溝沙磧中。〇五、六、七月採莖、葉。附：　根，一名慈菰。一名白地栗，一名河鳧茨。〇正二月採。　味甘、微苦，寒，無毒。〇爛擣如泥，傅諸惡瘡腫，及小兒遊瘤，丹毒。〇以冷水調此草膏，化如糊，以雞羽掃上，腫便消退。葉如剪刀形，莖幹似嫩蒲，甚軟，色深青綠，開小白花。福州別有一種小異，亦治癰腫。

附：　根。〇味甘，無毒。煮熟甚甜，作果子常食。根大者如杏，小者如杏核，色白而瑩滑。

寶蓋草

明・蘭茂撰，清・管暄校補《滇南本草》卷中　接骨草一名蓮（台）〔臺〕夏枯，又名毛葉夏枯，又名燈籠草。　性微溫。行十二經絡。治筋骨痰火，手足不仁，周身遊風，瘰癧痰核。跌打損傷，腦漏鼻淵，包痰火紅腫。

附案：　一女子兩腿生核，形如桃李，紅腫結硬，接骨草三錢，水煎，點水酒服，後愈。至二年又發，加靈仙、防風、虎掌草，三服而愈。　又方：　治跌打損傷，足傷，紅腫不能履地。效方：　接骨草、苧麻根、大薊，用雞蛋清、蜂蜜，共擣爛，敷患〔處〕，一宿一換。若日久疼痛，加葱、薑再包。　又驗方：　治患痰火，手足紅腫疼痛，甚效。　接骨草五錢，雞脚刺根二錢，土黃連二錢，共擣爛，點燒酒，包患處，三次腫消痛止。後加蒼耳、白芷、川芎，去黃連、雞脚刺根，點水酒，煎服三次。此二方屢經證驗，惟新病可用，久病不可用。　又附案：　一人路遇狂風，口歪，半身不遂，用接骨草、防風、鈎籐、膽星，水煎，點水酒、燒酒各半，數服而愈。

明・蘭茂《滇南本草》〔叢本〕卷上　接骨草蓮臺夏枯草。　味苦，性溫。行十二經絡，筋骨痰火疼痛，手足麻木不仁。袪周身游走之風，散瘰癧，手足痰火核。治跌打損傷，接骨，止腦漏鼻淵效。包痰火紅腫疼痛。單方：　治一女子兩腿生核，形如桃李，紅腫硬痛，接骨草三錢，引點水酒服，五服後全愈。二年又發，加威靈仙、防風、虎掌草。單方：　吳姓，以此草治跌打損傷紅腫疼痛，不能落地。接骨草、（紵）〔苎〕麻根、蜂蜜、雞蛋清、大薊，共五味，擣爛，包患處，一宿一次，三次全愈。日久腫疼，加生薑、葱頭三科。治痰火，發時或手足紅腫疼痛。接骨草五錢，雞脚刺根三錢，土黃連二錢，共擣濫，點酒包敷疼處，三次腫消疼止。單方：　治腦漏疼痛，鼻流黃涕腥臭。接骨草三錢，增補加白芷、川芎、蒼耳子，引點水酒服。一人遇狂風吹着，口歪眼斜，半身麻木疼，用之神效。接骨草、防風、鈎籐、膽南星，引點水酒、燒酒服，良效。

清・吳其濬《植物名實圖考》卷一三　寶蓋草　生江西南昌陰濕地。一名珍珠蓮。春初即生；方莖色紫，葉如婆婆納葉微大，對生抱莖，圓齒深紋，逐層生長，就葉中團團開小粉紫花。土人採取煎酒，養筋活血，止遍身疼痛。

繡球防風

明・蘭茂原撰，范洪等抄補《滇南本草圖說》卷八　繡球防風　味苦淡平，無毒。主治：　楊梅結毒，癰疽發背，無名腫毒，洗癬瘡疥癩良。其子同地草菓為末，用黑羊肝煎湯，治小兒疳疾眼眦最效。

明・蘭茂撰，清・管暄校補《滇南本草》卷中　繡球防風　性微寒，味苦辛。入肝經。破滯結鬱氣，舒肝氣流結，破肝血，通經閉。祛風熱，明目退翳，小兒鵲盲眼，白翳青盲。殺肝蟲。肝虛者禁用。附方：治小兒疳疳攻眼，一切眼疾。繡球防風二錢，蛤粉三錢，煅，共為細末，每服五分，白羊肝三錢，竹刀破，入藥在肝內，麻紮，瓦罐內水煎服。

明・蘭茂《滇南本草》〔叢本〕卷上　繡球防風　味苦、辛，性微溫。入肝經。破肝家滯結鬱氣，舒肝氣流結，翳膜遮睛，治小兒雀眼，白翳青盲，殺肝蟲。但肝氣寔，有鬱結者可用，若肝虛者忌之。奇方：小兒疳疳攻眼，雀眼青盲，雀眼者，不有翳膜，只晚不見物。白翳遮睛。繡球防風一兩，蛤粉六錢，煅。共為末，每服五分，白羊肝三錢，竹刀破開羊肝，將藥入肝內，紵麻綁好，入瓦罐內煎，吃五服全愈。忌鹽。

血見愁

清・何諫《生草藥性備要》卷上　血見愁　味淡，性寒。涼血，解熱毒，去瘀生新，理壓傷，敷毒瘡，治蛇咬。消腸風下血，煲肉食。洗白泡爛瘡，治乳癰。一名血芙蓉。梗方，對葉。

牛膝

宋・李昉《太平御覽》卷第九九二　牛膝　《廣雅》曰：牛莖，牛膝也。《本草經》曰：牛膝，一名百倍。味苦、辛。生川谷。治傷寒濕痿痹，四支拘攣，膝痛不可屈伸，久服輕身(能)〔耐〕老。生河內。《建康記》曰：建康出牛膝。《吳氏本草》曰：牛膝，神農：甘。一經：酸。黃帝、扁鵲：甘。李氏：溫。雷公：酸，無毒。生河內，或臨邛。葉如夏藍，莖本赤。二月、八月採。

宋・唐慎微《證類本草》卷六草部上品〔《本經・別錄・藥對》〕　**牛膝**為君。**味苦、**酸，**平，**無毒。**主寒濕痿痹，四肢拘攣，膝痛不可屈伸，逐血氣，傷熱火爛，墮胎，**療傷中少氣，男子陰消，老人失溺，補中續絕，填骨髓，除腦中痛及腰脊痛，婦人月水不通，血結，益精，利陰氣，止髮白。**久服輕身耐老。一名百倍。**生河內川谷及臨朐。二月、八月、十月採根，陰乾。惡螢火、陸英、龜甲，畏白前。

〔梁・陶弘景《本草經集注》〕云：今出近道，蔡州者最良大、柔潤，其莖有節似牛膝，故以為名也。乃云有雌雄，雄者莖紫色而節大為勝爾。

〔唐・蘇敬《唐本草》〕注云：諸藥八月已前採者，皆日乾、火乾乃佳，不爾，餛爛黑黯。其十月已後至正月，乃可陰乾。

〔宋・掌禹錫《嘉祐本草》〕按：《藥性論》云：牛膝，臣，忌牛肉。能治陰痿，補腎填精，逐惡血流結，助十二經脉。病人虛羸，加而用之。日華子云：牛膝，治腰膝軟怯冷弱，破癥結，排膿止痛，產後心腹痛并血運，落死胎，壯陽。懷州者長白，近道蘇州者色紫。

〔宋・蘇頌《本草圖經》〕曰：牛膝，生河內川谷及臨朐，今江、淮、閩、粵、關中亦有之，然不及懷州者為真。春生苗，莖高二三尺，青紫色，有節如鶴膝，又如牛膝狀，以此名之。葉尖圓如匙，兩兩相對。於節上生花作穗，秋結實甚細。此有二種：莖紫節大者為雄；青細者為雌。二月、八月、十月採根，陰乾。根極長大而柔潤者佳。莖葉亦可單用。葛洪：治瘧久不斷者，取莖葉一把，切，以酒三升漬服，令微有酒氣，不即斷，更作，不過三劑止。唐崔元亮《海上方》：治瘧用水煮牛膝根，未發前服。今福州人單用土牛膝根，淨洗，切，焙乾，擣，下篩，酒煎，溫服，云治婦人血塊極效。

〔宋・唐慎微《證類本草》〕《雷公》云：凡使，去頭并塵土了，用黃精自然汁浸一宿，漉出，細剉，焙乾用之。《聖惠方》：治眼卒生珠管。牛膝并葉擣絞取汁，日三四度點之。又方：治氣濕痹腰膝痛。用牛膝葉一斤切，以米三合，於豉汁中相和，煮作粥，和鹽、醬，空腹食之。《外臺秘要》：治勞瘧積久不斷者。長生牛膝一握，切，以水六升，煮取二升，分二服，未發前服，臨發又一服。《千金方》：治婦人小戶嫁痛。牛膝五兩，酒三升，煮取一升半，去滓，分作三服。又方：治風瘙癮瘮。牛膝末酒服方寸匕，日三。并主骨疽、癩病及瘖瘟。《肘後方》：口中及舌上生瘡爛。取牛膝酒漬，含漸之，無酒者，空含亦佳。又方：治卒暴癥，腹中有如石刺，晝夜啼呼。牛膝二斤，以酒一斗漬，密封，熱灰火中溫令味出。服五合至一升，量力服之。又方：治齒痛，牛膝末着齒間含之。又方：凡痢下應先白後赤，若先赤後白為腸蠱。牛膝三兩擣碎，以酒一升漬，經一宿。每服飲一兩盃，日三服。又方：治小便不利，莖中痛欲死，兼治婦人血結腹堅痛。牛膝一大把并葉，不以多少，酒煮飲之，立愈。《經驗後方》：治消渴不止，下元虛損。牛膝五兩，細剉為末，生地黃汁五升浸，晝暴夜浸，汗盡為度，蜜丸梧桐子大，空心溫酒下三十丸。久服壯筋骨，駐顏色，黑髮，津液自完。《梅師方》：治竹木針在肉中不出。取生牛膝莖擣末，塗之即出。又方：治胞衣不出。牛膝八兩，葵子一兩，以水九升，煎取三升，分三服。又方：治金瘡。痛所，生牛膝擣傅瘡上，立差。《孫真人食忌》：治牙齒疼痛，燒牛膝根灰致牙齒間。又方：治卒得惡瘡，人不識者。以牛膝根擣傅之。

宋・寇宗奭《本草衍義》卷七　牛膝　今西京作畦種，有長三尺者最佳。

與菟蓉酒浸服，益腎。竹木刺入肉，嚼爛罨之，即出。

宋・鄭樵《通志》卷七五《昆蟲草木略》 牛膝之節如牛膝，故謂之牛膝。

宋・劉明之《圖經本草藥性總論》卷上 牛膝 君。味苦、酸，平，無毒。主寒濕痿痺，四肢拘攣，膝痛不屈伸，逐血氣，傷熱火爛，墮胎。療傷中少氣，男子陰消，老人失溺，補中續絕，填骨髓，除腦中痛及腰脊痛，婦人月水不通血結，益精，利陰氣。《藥性論》云：臣。忌牛肉。能治陰痿，補腎填精，逐惡血流結，助十二經脉。病人虛羸加用。日華子云：破癥結，排膿止痛，產後心腹痛并血暈，落死胎，壯陽。惡螢火、陸英、龜甲。畏白前。惟懷州者真。

元・朱震亨《本草衍義補遺》 牛膝 能引諸藥下行。凡用土牛膝，春夏用葉，秋冬用根，惟葉汁之效尤速。〇《本草》云：男子陰消，老人失溺，及寒濕痿痹，腰腿之疾，不可缺也。又，竹木刺入肉，塗之即出。

元・徐彥純《本草發揮》卷一 牛膝 味苦、酸，平，無毒。主寒濕痿痺，四肢拘攣，膝痛不可屈伸。墮胎。男子消陰，老人失溺，婦人月水不通，補腎填精，逐惡血留結，助十二經脉，壯陽。 潔古云：牛膝強筋。 丹溪云：牛膝之用，能引諸藥下至於足。凡用土牛膝，春夏用莖葉，秋冬用根，惟葉汁之効尤速。

明・朱橚《救荒本草》卷上之前 山莧菜 《本草》名牛膝，一名百倍，俗名脚斯蹬，又名對節菜。生河內川谷及臨朐，江淮、閩粵、關中、蘇州皆有之。然皆不及懷州者為真，蔡州者最長大柔潤。今鈞州山野中亦有之。苗高二尺已來，莖方，青紫色，其莖有節如鶴膝，又如牛膝狀，以此名之。葉似莧菜葉而長，頗尖艄音哨，葉皆對生，開花作穗，根味苦酸，性平無毒。葉味甘、微酸。惡螢火、陸英、龜甲。畏白前。 救飢：採苗葉煠熟，換水浸去酸味，淘淨，油鹽調食。 治病：文具《本草》草部牛膝條下。

明・蘭茂撰，清・管暄校補《滇南本草》卷中 牛膝一名鐵牛膝。綠片，有白絲者是。 性微溫，味酸、微辛。入肝。走經絡，止筋骨疼，強筋舒筋，止腰膝酸麻。破瘀墜胎，散結核，攻瘰癧，退癰疽疥癩，血風，牛皮癬，膿窠等症。

附方：治筋骨疼痛，腰膝酸，手足麻。牛膝二錢，杜仲二錢，鹽水炒。夏枯草一錢，香附一錢，童便製。故紙一錢，鹽水炒。核桃二個，用肉，搗爛。水煎，點黃酒服。又方：治瘰癧結核，疥癩，血風搔癢。牛膝、當歸、川芎、白芷、五味子、生地、皂角刺，以上每味一錢五分，用土茯苓二兩，煎湯二碗，入藥煎服，數服而愈。

明・王綸《本草集要》卷二 牛膝君 味苦酸，氣平，無毒。惡龜甲，畏白前。陰乾，長(太)〔大〕而柔潤者佳。酒洗用。忌牛肉。 主寒濕痿痹，四肢拘攣，不可屈伸。逐血氣，傷熱火爛，墮胎。久服輕身耐老。療傷中少氣，男子陰消，老人失溺，補中續絕，壯陽益精，填骨髓，止髮白，除腰脊痛。婦人月水不通，血結癥瘕，產後心腹痛，并血暈，活血生血，能引諸藥下行，腰腿之疾不可缺，病人虛羸，加而用之。 老瘧久不斷，取根一握，水六盞，煎三盞，作三服，未發前服，臨發又服。小便不利，莖中痛欲死，及婦人血結腹痛，取一大握，酒煮，飲之立愈。金瘡痛，及卒得惡瘡，不識，取生根搗傅之。竹木刺入肉。嚼爛，罨之即出。

明・滕弘《神農本經會通》卷一 牛膝 君也。惡龜甲，畏白前。二八十月採根，陰乾。有雌雄。雄者，莖紫色而節大為勝，長大而柔潤者佳。用之須酒洗。忌牛肉。 味苦酸，氣平，無毒。 東云：強足補陰，兼療腰痛。《衷》云：理拘攣，通血填髓，主傷損，治火，排膿，除寒濕，又墮胎。

《本經》云：主寒濕痿痺，四肢拘攣，腰痛不可屈伸，逐血氣傷熱，火爛，墮胎，療傷中少氣，男子陰消，老人失溺，補中續絕，填骨髓，除腦中痛及腰脊痛，婦人月水不通，血結，益精，利陰氣，止髮白，久服輕身耐老。《藥性論》云：牛膝，臣。忌牛肉。治陰痿，補腎填精，逐惡血流結，助十二經脉。病人虛羸，加而用之。日華子云：治腰膝軟，怯冷弱，破癥結，排膿止痛。產後心腹痛并血暈，落死胎，壯陽。《圖經》云：治老瘧久不斷者，取莖葉一把，切，酒漬服，不過三劑。《海上方》治瘧，用水煮牛膝根，未發前服。又單用土牛膝根，淨洗，切，焙乾，搗下篩，酒煎溫服。又治婦人血塊極効。丹溪云：能引諸藥下行。凡用土牛膝，春夏用葉，秋冬用根，惟葉之効尤速。又《本草》云：男子陰消，老人失溺，及寒濕痿痺，腰腿之疾不可缺也。又竹木刺入肉，塗之即出。《集》云：主瘕癥，產後心腹痛并血暈，活血生血。劍云：牛膝為君味苦酸，主除膝痛及拘攣。月經若閉能通利，精髓如虛可補填。即《局方》牛膝補虛攣膝痛，月經若閉亦能通。

明・劉文泰《本草品彙精要》卷七 牛膝無毒。 植生。

牛膝出《神農本經》：**主寒濕，痿痹，四肢拘攣，膝痛不可屈伸，逐血氣，傷熱火爛，墮胎。久服輕身耐老。**以上朱字《神農本經》。療傷中少氣，男子陰消，老人失溺，補中續絕，填骨髓，除腦中痛及腰脊痛，婦人月水不通，血結，益精，利陰氣，止髮白。以上黑字名醫所錄。【名】百倍。【苗】《圖經》曰：春生苗，莖高二三尺，青紫色，有節，如鶴膝及牛膝狀，故以名之。葉尖圓如匙，兩兩相對，於節上生花作穗。秋結實甚細。此有二種，莖紫節大者爲雄，青細者爲雌。根極長大而柔潤者佳。莖葉亦可單用。【地】《圖經》曰：生河内川谷及臨朐。今閩、粵、關中，江淮蔡州、蘇州亦有之。【道地】懷州者爲佳。【時】生：春生苗。採：二月、八月、十月取根。【收】陰乾。【用】根肥潤者爲好。【色】土褐。【味】苦，酸。【性】平，緩，收。【氣】氣之薄者，陽中之陰。【臭】腥。【主】填髓壯筋。【反】惡螢火、陸英、龜甲，畏白前。【製】《雷公》云：去蘆並土，以黄精自然汁浸一宿，漉出，焙乾，剉碎用或酒浸炒用。【治】療：《藥性論》云：陰痿，逐惡血，流結。日華子云：腰膝軟，怯冷弱，破癥結，排膿止痛，産後心腹痛並血暈，落死胎。補：《藥性論》云：益腎填精，助十二經脈。病人虚羸加用之。日華子云：壯陽。【合治】合酒煮飲，療小便不利，莖中痛欲死，兼婦人血結，腹堅痛。○爲末五兩，合生地黄汁五升，晝暴夜浸，汁乾爲度，蜜丸桐子大，每服五六十丸，空心溫酒下，治消渴不止，下元虚損。久服壯筋骨，駐顔色，黑髮，津液自生。○爲末合酒服方寸匕，日三。療風瘙、癮疹，並骨疽、癩病及痦瘟。【禁】妊娠不可服。【忌】牛肉。

明·葉文齡《醫學統旨》卷八　牛膝　氣平，味苦、酸。無毒。沉也，陰也。惡龜甲；畏白前。長大而柔潤者佳。酒洗用。忌牛肉。　治寒濕痿痹，四肢拘攣，膝痛，不可屈伸；　墮胎；　男子陰消，老人失溺，婦人月水不通；　補腎填精，逐惡血留結，助十二經脉，壯陽強精；　能引諸藥下至於足；　小便不利，莖中痛；　竹木刺入肉，嚼爛罨之即出。

明·許希周《藥性粗評》卷一　四體拘攣，宜解梏於牛膝。

牛膝，一名百倍。春生苗，高二三尺，其葉尖圓，兩兩相對，莖紫節大者為雄，青細者為雌，節上生花作穗，秋結實甚細，其節腫大如牛膝然，故名。江淮、閩越皆有之，以懷州者為上，其根長大而肥潤。二、八、十月採根，陰乾。凡用去蘆頭并塵土，酒浸一宿，撈出焙乾。惡螢火、陸英、龜甲，畏白前，忌牛肉。　味苦、酸，性平，無毒。　其氣下行，主治寒濕痿痹，手足拘攣，膝痛不可屈伸，男子陰消，老人失溺，婦人月水不通，補中益氣，行血填精，祛冷破癥，壯陽利腎，止髮白，下死胎，助十二經脉。　丹溪云：牛膝能引諸藥下至於足。凡用土牛膝，春夏用莖葉，秋冬用根，惟葉汁之效尤速。仲景則用莖。

單方：　瘧瘧：　凡患瘧疾日久不愈者，生牛膝一握，切，以水六升，煮取三升，分三服，未發前服二服，臨發時又一服，當愈。　暴癥：　凡腹中暴患癥塊如石，刺痛，晝夜啼呼者，牛膝二斤，酒一斗漬之，密封，置熱灰火邊煨，令味出發，任意，或五合，或一升服之，當消。　腰疼：　凡患濕氣麻痹，腰膝疼痛不利者，牛膝葉一斤，切，以米三合，於豉汁中相合煮作粥，和鹽醬空心服之。　齒痛：　用牛膝為末，著齒間患處含之，良久吐去，又含。　小便不利：　凡患莖中疼痛，小便不利者，牛膝并葉一大把，以酒煮服之，甚妙。　刺在肉中：　凡患竹木等刺在肉中，不得出者，取生牛膝并葉，搗末，令罨即出。　婦女諸癆：　凡婦女經血不調，腹内成塊，發熱成癆者，治法與小便不利同，或用土牛膝亦效。　男子虚損：　凡男子元陽虚損，顔容憔悴者，好牛膝五兩，焙剉為細，大生地黄汁五升浸之，晝暴夜浸，以汁乾為度，蜜丸如梧桐子大，每服三十丸，空心溫酒服下，久服滋陰補腎，壯元陽，駐容顔，黑髭髮，或同肉蓯蓉浸酒服之亦可。

明·鄭寧《藥性要略大全》卷三　牛膝君　補精，強足，療脚痛腰痛，破瘀血，下胎。　《經》云：　主寒濕痿痹，四肢拘攣，膝痛不能屈伸，續筋骨絕，封填骨髓，除腦中痛及腰脊痛，通女經，補腎，治陰痿，逐惡血，破癥瘕結，排膿止痛，補虚癆，助十二經脉。　味苦、甘、酸，性平，無毒。惡龜甲，畏白鮮皮。採根陰乾。長大柔潤者良。去蘆，酒洗用。忌食牛肉。

明·賀岳《醫經大旨》卷一《本草要略》　牛膝　引諸藥下行，酒浸炒用。性寒故也。

明·陳嘉謨《本草蒙筌》卷一　牛膝　味苦、酸，氣平。無毒。忌牛肉，畏白前。所惡之藥有三，螢火、陸英、龜甲。地産尚懷慶，註前。種類有雌雄。雌牛膝節細，莖青根短，堅脆無力；雄牛膝節大，莖紫根長，柔潤有功。秋後採根，曝乾待用。去蝕爛黑黯，選肥壯鮮明。因與牛膝同形，人故假此為譽。凡入藥劑，酒漬㕮咀。善理一身虚羸，能助十二經脉。主手足寒濕痿痹，大筋拘攣；　理膀胱氣化遲難，小便短少。補中續絕，益陰壯陽。填髓除腰膝痠疼，滑血滋鬚髮烏黑。竹木刺入肉，嚼爛厚罨；　老瘧久弗痊，單煎連服。卒得不識惡毒，搗生根敷上即差；　尿管澁痛幾危，煮濃酒飲下立愈。治女人血癥血瘕，月水行遲；　療産婦血暈血虚，兒枕痛甚。同麝香墮胎甚捷，牡牛膝一兩、麝香一錢，搗細，熔蠟搓成長條，插陰戶内即墮。引諸藥下走如奔。故凡病在腰腿胻踝之間，必兼用之而勿缺也。亦宜久服，耐老輕身。

明・方穀《本草纂要》卷二 牛膝 味苦、酸，氣平，無毒。入足少陰腎經之藥也。主寒濕痿痹，四肢拘攣，不可屈伸。或腎氣空虛而腰膝軟弱，或精氣不足而夢遺精滑，或下焦濕熱而脚氣腿腫，或產後去血而不時暈眩，或陰虛不足而精髓枯竭，是皆腎經不足之症，惟牛膝可以補之。又逐瘀血，通經脉，破癥瘕，除積聚，治乳癰，消腫毒，理內傷，續筋骨，是皆氣盛血實之症，惟牛膝可以破之。大抵牛膝之劑，川淮者補，土產者破。川淮者所稟太厚，肥而且長，土產者所稟淺薄短而且細。欲其補精益髓，當用川淮；欲其破血破氣，當用土產。二者之間，隨症用治。

明・王文潔《太乙仙製本草藥性大全》卷一《本草精義》 牛膝 一名百倍。河內川谷及臨朐，今江、淮、閩、粵、關中多有之，然不及懷州者爲真。春生苗，莖高二三尺，青紫色，有節如鶴膝，又如牛膝狀，以此名之。葉尖圓如匙，兩兩相對，於節上生花作穗，秋結實甚細。此有二種，莖紫節大者爲雄，青細者爲雌。二月、八月、十月採根陰乾，根極長大而柔潤者佳。莖葉亦可單用。惡螢火、陸英、龜甲。畏白鮮皮。採根陰乾，去蘆，酒洗用。忌食牛肉。

明・王文潔《太乙仙製本草藥性大全》卷一《仙製藥性》 牛膝君 味苦、酸，性平，無毒。《賦》云：補精強足，療脚痛，腰痛，破瘀血，下胎。主治：主寒濕痿痹，四肢拘攣，不可屈伸，逐血氣，傷熱火爛，墮胎。久服輕身耐老。療傷中少氣，男子陰消，老人失溺，補中續絕，壯陽益精，填骨髓，止髮白，除腰脊痛。婦人月水不通，血結癥瘕，產後心腹痛并血暈，活血生血。能引諸藥下行，腰腿之疾不可缺，病人虛羸加而用之。補註：老瘧久不斷，取根一握，水六盞，煎半，分作三服，未發前服，臨發又服。〇小便不利，莖中痛欲死，及婦人血結腹痛，取一大握，酒煮飲之，立愈。〇金瘡痛及卒得惡瘡不識，取生根搗傅之。〇竹木刺入肉，嚼爛塗之即出。〇治風瘙癮疹，牛膝末酒服方寸匕，日三。并主骨疽癩病及瘖瘟。〇治牙齒疼痛，燒根，以灰致牙齒。〇治眼卒生珠管，牛膝并葉搗絞取汁，日三四度點之。〇治口中及舌上生瘡爛，取根，酒浸，含漱之，無酒空含亦佳。〇治氣濕痹腰膝痛，用葉一斤切，以米三合與豉汁相和煮作粥，和鹽醬空腹食之效。太乙曰：凡使去頭並塵土了，用黄精自然汁浸一宿，漉出，細剉，焙乾用。

明・皇甫嵩《本草發明》卷二 牛膝上品之上，君。氣平，一云微寒，味苦、酸，無毒。發明曰：牛膝能引諸藥下行，而滋陰活血。故《本草》主寒濕痿痺，四肢拘攣不可屈伸，腰脊痛，月水閉，血結，墮胎，逐惡血及破癥結，排膿止痛，產後心腹痛必惡露阻，以其行下而活血。療傷中少氣，男子陰消，老人失溺，補中續絕，填髓益精，利陰，除腦中痛，久服止白髮，輕身，以能滋陰而下行活血也。陰虛血少，不能榮筋，腰腿痛疲軟之疾，斷不可缺。又療傷熱火爛，以性微寒而活血也。若脾虛，清氣下陷泄利及腿膝濕腫者，皆不可用。有云理膀胱氣化遲難及小便秘，陰中痛欲死，取一大握，酒煮飲之愈，亦行下活血之力歟。〇土牛膝根，淨洗切，焙乾，搗下篵，酒煎，溫服，治婦人血塊極效。惡龜甲。畏白前。忌牛肉。凡用去蘆，酒浸。

明・李時珍《本草綱目》卷一六草部・隰草類下 牛膝《本經》上品

【釋名】牛莖《廣雅》 百倍《本經》 山莧菜《救荒》 對節菜弘景曰：其莖有節，似牛膝，故以爲名。時珍曰：《本經》又名百倍，隱語也。言其滋補之功，如牛之多力也。其葉似莧，其節對生，故俗有山莧、對節之稱。

【集解】《別録》曰：牛膝生河內川谷及臨朐，二月、八月、十月采根，陰乾。普曰：葉如夏藍，莖本赤。弘景曰：今出近道蔡州者，最長大柔潤。其莖有節，莖紫節大者爲雄，青細者爲雌，以雄爲勝。大明曰：懷州者長白，蘇州者色紫。頌曰：今江淮、閩粵、關中亦有之，然不及懷慶者爲真。春生苗，莖高二三尺，青紫色，有節如鶴膝及牛膝頭。葉尖圓如匙，兩兩相對。於節上生花作穗，秋結實甚細。以根極長大至三尺而柔潤者爲佳。莖葉亦可單用。時珍曰：牛膝處處有之，謂之土牛膝，不堪服食。惟北土及川中人家栽蒔者爲良。秋間收子，至春種之。其苗方莖暴節，葉皆對生，頗似莧葉而長且尖艄。秋月開花，作穗結子，狀如小鼠負蟲，有濇毛，皆貼莖倒生。九月采取根，水中浸兩宿，挼去皮，裹紮暴乾，雖白直可貴，而挼去白汁入藥，不如留皮者力大也。嫩苗可作菜茹。

根 【修治】斅曰：凡使，去頭蘆，以黄精自然汁浸一宿，漉出，剉，焙乾用。時珍曰：今惟以酒浸入藥，欲下行則生用，滋補則焙用，或酒拌蒸過用。

【氣味】苦、酸，平，無毒。普曰：神農：甘。雷公：酸，無毒。李當之：温。之才曰：惡螢火、龜甲、陸英，畏白前，忌牛肉。

【主治】寒濕痿痹，四肢拘攣，膝痛不可屈伸，逐血氣，傷熱火爛，墮胎。久服輕身耐老《本經》。療傷中少氣，男子陰消，老人失溺，補中續絶，益精利陰氣，填骨髓，止髮白，除腦中痛及腰脊痛，婦人月水不通，血結《別録》。治陰痿，補腎，助十二經脉，逐惡血甄權。治腰膝軟怯冷弱，破癥結，排膿止痛，產後心腹痛並血運，落死胎大明。强筋，補肝臟風虛好古。

同蓯蓉浸酒服，益腎。竹木刺入肉，嚼爛罨之。即出宗奭。治久瘧寒熱，五淋尿血，莖中痛，下痢，喉痹口瘡齒痛，癰腫惡瘡傷折時珍。

【發明】權曰：病人虛羸者，加而用之。震亨曰：牛膝能引諸藥下行，筋骨痛風在下者，宜加用之。凡用土牛膝，春夏用葉，秋冬用根，惟葉汁效尤速。時珍曰：牛膝乃足厥陰、少陰之藥。所主之病，大抵得酒則能補肝腎，生用則能去惡血，二者而已。其治腰膝骨痛、足痿陰消、失溺久瘧、傷中少氣諸病，非取其補肝腎之功歟？其癥瘕心腹諸痛、癰腫惡瘡、金瘡折傷喉齒、淋痛尿血、經候胎産諸病，非取其去惡血之功歟？按陳日華《經驗方》云：方夷吾所編《集要方》，予刻之臨汀。後在鄂渚，得九江守王南强書云：老人久苦淋疾，百藥不效。偶見臨汀《集要方》中用牛膝者，服之而愈。又葉朝議親人患血淋，流下小便在盆内凝如蒟蒻，久而有變如鼠形，但無足爾，百治不效。一村醫用牛膝煎濃汁，日飲五服，名地髓湯。雖未即愈，而血色漸淡，久乃復舊。後十年病又作，服之又瘥。因檢本草，見《肘後方》治小便不利莖中痛欲死，用牛膝並葉，以酒煮服之。今再拈出，表其神功。又按楊士瀛《直指方》云：小便淋痛，或尿血，或沙石脹痛。用川牛膝一兩，水二盞，煎一盞，温服。一婦患此十年，服之得效。杜牛膝亦可，或入麝香、乳香尤良。

【附方】舊十三，新八。

勞瘧積久：不止者。長牛膝一握，生切，以水六升，煮二升，分三服。清早一服，未發前一服，臨發時一服。《外臺秘要》。

消渴不止：下元虛損，牛膝五兩爲末，生地黄汁五升浸之，日曝夜浸，汁盡爲度，蜜丸梧子大，每空心温酒下三十丸，久服壯筋骨，駐顔色，黑髮，津液自生。《經驗方》。

卒暴癥疾：腹中有如石刺，晝夜啼呼。牛膝二斤，以酒一斗漬之，密封，于灰火中温令味出。每服五合至一升，隨量飲。《肘後方》。

痢下腸蠱：凡痢下應先白後赤，若先赤後白爲腸蠱。牛膝二兩搗碎，以酒一升漬經一宿。每服一兩盃，日三服。《肘後方》。

婦人血塊：土牛膝根洗切，焙搗爲末，酒煎温服，極效。福州人單用之。《圖經本草》。

女人血病：萬病丸：治女人月經淋閉，月信不來，遶臍寒疝痛，及産後血氣不調，腹中結瘕癥不散諸病。牛膝酒浸一宿焙，乾漆炒令煙盡，各一兩，爲末，生地黄汁一升，入石器内，慢火熬至可丸，丸如梧子大。每服二丸，空心米飲下。《拔萃方》。

婦人陰痛：牛膝五兩，酒三升，煮取一升半，去滓，分三服。《千金方》。

生胎欲去：牛膝一握搗，以無灰酒一盞，煎七分，空心服。仍以獨根土牛膝塗麝香，插入牝户中。《婦人良方》。

胞衣不出：牛膝八兩，葵子一合，水九升，煎三升，分三服。《延年方》。

産後尿血：川牛膝水煎頻服。《熊氏補遺》。

喉痹乳蛾：新鮮牛膝根一握，艾葉七片，搗和人乳，取汁灌入鼻内，須臾痰涎從口鼻出，即愈。無艾亦可。○一方：牛膝搗汁，和陳酢灌之。

口舌瘡爛：牛膝浸酒含漱，亦可煎飲。《肘後方》。

牙齒疼痛：牛膝研末含漱。亦可燒灰。《千金方》。

折傷閃肭：杜牛膝搗罨之。《衛生易簡方》。

金瘡作痛：生牛膝搗敷，立止。《梅師方》。

卒得惡瘡：人不識者。牛膝根搗傅之。《千金方》。

癰癤已潰：用牛膝根略刮去皮，插入瘡口中，留半寸在外，以嫩橘葉及地錦草各一握，搗其上。牛膝能去惡血，二草温凉止痛，隨乾隨換，有十全之功也。陳日華《經驗方》。

風瘙癮疹：及痞癗。牛膝末，酒服方寸匕，日三服。《千金方》。

骨疽癩病：方同上。

莖葉　氣味缺。

【主治】寒濕痿痹，老瘧淋閟，諸瘡。功同根，春夏宜用之時珍。

【附方】舊三，新一。

氣濕痹痛：腰膝痛。用牛膝葉一斤切，以米三合，於豉汁中煮粥。和鹽醬空腹食之。《聖惠方》。

老瘧不斷：牛膝莖葉一把切，以酒三升漬服，令微有酒氣。不即斷，更作，不過三劑止。《肘後方》。

溪毒寒熱：東間有溪毒中人，似射工，但無物。初病惡寒發熱煩懊，骨節强痛。不急治，生蟲食臟殺人。用雄牛膝莖紫色節大者一把，以酒、水各一盃同搗，絞汁温飲，日三服。《肘後方》。

眼生珠管：牛膝并葉搗汁，日點三四次。《聖惠方》。

題明·薛己《本草約言》卷一《藥性本草》　牛膝　味苦、酸，氣平，無毒。陰也，降也，入足少陰腎。强陰氣而益精，活滯血而生血。治淋症結腫於陰莖，療痿痹拘攣於股節，引諸藥性能下行，治腰腿不宜缺用。《發明》云：牛膝能引諸藥下行而滋陰活血，若脾虛清氣下陷泄利及腿膝濕腫者皆不可用。有雌雄二樣，雌牛膝小，節細莖青，堅脆無力。雄牛膝大，莖紫根長，柔潤有(功)〔力〕。凡用去蘆，酒浸洗。忌龜甲，畏白鮮皮，忌食牛肉。

明·佚名氏《醫方藥性·草藥便覽》　紅牛(夕)〔膝〕　其性溫。治諸血之熱，去惡生新。　白牛(夕)〔膝〕　其性溫。去風，生津血。

明·梅得春《藥性會元》卷上　牛膝　為君，味苦、酸，氣平。降也，陰也。無毒。惡鱉甲，畏白前。　主補精强足，療脚疼，補虛攣膝痛，通月經，男子陰消，女人失溺，及寒濕痿痹，腰腿之疾不可缺也。小便不利，莖中澁痛，加而用之，女人亦然。四肢拘攣，不可屈伸，竹木刺入肉，嚼爛塗之即出。能逐惡血流結，傷熱火爛，墮胎，傷中少氣，補中，續絕傷，填骨髓，除腦中痛，及臍脊痛。壯陽强陰，添精利氣，止髮白，助十二經脉，能引諸藥下行至足。其牛膝膏，大損胃氣，不可多服，多則令人不食，宜量之。　凡使，用長大而潤者佳。去蘆，酒浸洗用。忌牛肉。

明·杜文燮《藥鑒》卷二　牛膝　氣平，味苦、酸，無毒。調補一身虛羸，能助十二經脉。主手足寒濕痿痹，大筋拘攣。理膀胱氣化遲難，小便短少。補中續絶，益陰壯陽。填髓，除腰膝酸疼。活血，滋鬚髮烏黑。竹木刺入肉，嚼爛厚罨。老瘧久弗痊，單煎連服。卒中不識惡毒，搗生根敷上即瘥。尿管澁痛幾危，煮濃酒飲下立愈。治婦人血癥血瘕，月水行遲。療産婦血暈血虚，兒枕痛甚。同麝香墮胎甚捷，引諸藥下走如奔。故凡病在腰腿胻踝之間，必兼用之而勿缺也。故凡咽喉腫閉，痰涎封結者，用明礬少許，同牛膝搗爛，取汁，令病者仰卧，滴入鼻中，男左女右，須臾痰涎湧出，效莫如之。孕婦深忌。若欲取胎，用雄土牛膝一兩，真麝香一錢，搗勻，溶蠟，搓成長條，插入陰戶，即能墮胎。

明·李中立《本草原始》卷一　牛膝　始生河内川谷及臨朐，今以懷慶者為良。春生苗，莖高二三尺，青紫色，有節如牛膝，葉頗似莧菜葉而長，且尖艄，兩兩相對。於節上生花作穗，秋結實甚細。根長二三尺，柔潤。有雌雄二種，雄者龐長，雌者細短。因莖似牛膝，故名牛膝。《廣雅》名牛莖。因葉似莧，嫩可茹，故《救荒本草》名山莧菜。　氣味：苦，酸，平，無毒。　主治：寒濕痿痹，四肢拘攣，膝痛不可屈伸。逐血氣，傷熱火爛，墮胎。久服輕身耐老。○療傷中少氣，男子陰消，老人失溺，補中續絶，益精利陰氣，填骨髓，止髮白，除腦中痛及腰脊痛。婦人月水不通，血結。○治陰痿，補腎，助十二經脉，逐惡血。○治腰膝軟怯冷弱，破癥結，排膿止痛。産後心腹痛并血運，落死胎。○強筋補肝臟風虚。○同蓯蓉浸酒服，益腎。竹木刺入肉，嚼爛罨之即出。○治久瘧寒熱，五淋尿血，莖中痛，下痢，喉痹，口瘡齒痛，癰腫惡瘡，傷折。

牛膝，《本經》上品。【圖略】九月末取根，水浸挼皮，暴乾。懷慶者佳。莖紫節大者為雄，莖青節細者為雌。根長大柔潤者為雄，根細小多歧者為雌。俱有肉色。　凡用牛膝，擇懷慶白亮、長及尺餘、無歧者最優。色紫、短細者下。色黑乾枯者乃土牛膝耳，不堪服食。　修治：牛膝去蘆頭，欲下行生用，滋補焙用，或酒拌蒸過用。

牛膝，足厥陰、少陰之藥。　惡螢火、龜甲，畏白前，忌牛肉。　《外臺秘要》：治勞瘧積久不止者，牛膝一握，生切，以水六升，煮二升，分三服，早晨一服，未發前一服，臨發時一服。　牛膝，君。

明·張懋辰《本草便》卷一　牛膝君　味苦、酸，氣平，無毒。惡龜甲，畏白前。酒洗。忌牛肉。　主寒濕痿痹，四肢拘攣不可屈伸，逐血氣傷熱火爛，墮胎，壯陽益精，填骨髓，止髮白，除腰脊痛；婦人月水不通，血結癥瘕，産後心腹痛並血暈，活血生血，能引諸藥下行，腰腿之疾不可缺，病人虚羸加而用之。

明·盧復《芷園臆草題藥》　牛膝　根柔潤，偏能一直生下，有至三尺者。象人身之足。莖紫、節大者為雄，青細者為雌。雄者力勝，其莖節似膝。名牛膝者，凡馬常立，馬病則卧；牛常卧，牛病則立。立之力在膝，故名牛膝。足(大)〔太〕陰經病，有強立一條之對症藥也。若膝之不能立，與能屈而不可伸者，恐在所忌矣。以其徑直下行，能逐血中之氣，原血榮脉中，氣衛脉外，各有道路而不得相溷。若血中有氣，如寒則能疼，熱則能腫，在子宫則能孕能瘕，在膀胱則淋，在喉則痹，在腸則痢，在募原挾暑則瘧，在腸胃外則癥結，在皮膚内則癮疹痞瘟之類之當下行者，用之百倍其功。

明·李中梓《藥性解》卷三　牛膝　味苦、酸，性平，無毒，入腎經。補精氣，利腰膝，填骨髓，除腦漏，祛寒濕，破血結，通月經，墮胎孕，理膀胱氣化遲難，陰中作痛欲死。去蘆，酒浸一宿用，惡龜甲、螢火、陸英，畏白前、白鮮皮，忌牛肉。　按：丹溪云：牛膝引諸藥下行，宜入足少陰經以理諸疾，婦人得之，應歸血海，故行血有功，脾虚氣陷及腿膝濕腫者，不宜用之。有二種，土牛膝所禀薄，故短而細，主破血氣。川牛膝所禀厚，故肥而長，主補精髓。竹木刺入肉，塗之可出。

明·繆希雍《本草經疏》卷六　牛膝君　味苦、酸，平，無毒。主寒濕痿痹，四肢拘攣，膝痛不可屈伸，逐血氣，傷熱火爛，墮胎。療傷中少氣，男子陰消，老人失溺。補中續絶，填骨髓，除腦中痛及腰脊痛，婦人月水不通，血結，益精，利陰氣，止髮白，久服輕身耐老。忌牛肉、牛乳。

〔疏〕牛膝，君，禀地中陽氣以生，氣則兼乎木火之化也，故其味苦酸平無毒。味厚氣薄，走而能補。性善下行，故入肝腎。主寒濕痿痹，四肢拘攣，膝痛不可屈伸者，肝脾腎虚，則寒濕之邪客之而成痹，及病四肢拘攣，膝痛不可屈伸。此藥既禀地中陽氣所生，又兼木火之化，其性走而下行，其能逐寒濕而除痹也必矣。蓋補肝則筋舒，下行則理膝，行血則痛止。逐血氣，猶云能通氣滯血凝也。詳藥性，氣當作痹。傷熱火爛，血焦枯之病也。血行而活，痛自止矣。入肝行血，故墮胎。傷中少氣，男子陰消，老人失溺者，皆腎不足之候也。腦為髓之海，腦不滿則空而痛。腰乃腎之腑，脊通髓於腦，腎虛髓少，則腰脊痛。血虛而熱則髮白，虛羸勞頓則傷絕。肝藏血，腎藏精，峻補肝腎，則血足而精滿，諸證自瘳矣。血行則月水自通，血結自散。久服輕身耐老，悉如上說，不復具疏。〔主治參互〕君朮、仙茅、木瓜、石斛、茯苓、石南葉、五加皮、萆薢、生地黃、黃耆、芍藥、虎骨、沉香、桂，治諸痹。同甘菊花、石斛、木瓜、何首烏、生地黃、虎骨、沉水香、人參、朮、黃耆、天門冬、麥門冬、杜仲、續斷、芍藥、橘皮、黃檗、桑寄生、白鮮皮，治一切痿痹，四肢拘攣，筋骨疼痛。君當歸、地黃，能下死胎。加朴硝，立下胞衣。君木瓜、石斛、萆薢、生地黃、黃檗、五加皮、骨碎補、續斷、金銀花、白及、芍藥、甘草、甘菊根、紫花地丁、茜草、連翹，治鶴膝風。根苗同用二三兩濃煎，調鼈甲末三錢，空心服，治瘧在陰分久不瘥者，三劑必已。胃虛者加人參兩許，橘皮去白五錢。君青蒿、生地黃、麥門冬、甘枸杞子，熬膏，治婦人血虛發熱，內熱口乾舌苦。治小便不利，莖中痛欲死，兼治婦人血結腹堅痛，鮮牛膝三四兩，白酒煎濃，服之立愈。金瘡作痛，生搗搏之立瘥。〔簡誤〕誤用傷胎，經閉未久，疑似有娠者勿用。上焦藥中勿入。血崩不止者忌之。

明・倪朱謨《本草彙言》卷四　牛膝　味苦微甘，氣寒，性滑，無毒。味厚氣薄，陰也，降也。入足三陰經，引諸藥下行甚捷。

《別錄》曰：牛膝，生河內川谷，及臨朐、江淮、閩、粤、川、陝等處。蔡州者，最長大柔潤，其莖有節，節大者爲勝。河北者，色白，然不及懷慶者爲妙。家栽蒔者爲良。冬初收子，至春種之。春生苗，方莖，高二三尺，紫色有節如鶴膝。葉皆對生，頗似莧而長，且尖艄。秋月節上開花成穗，結實如小鼠負蟲，有濇毛，貼莖倒生，根柔潤而細，一直生下，長者約二三尺。九月采根洗淨，日乾用。凡使，須去蘆頭，酒浸入藥。又蘇州者，色紫，與江浙並稱土牛膝。性寒，破血通經，利小便閉濁，淋瀝諸證。

牛膝：《別錄》健腰膝，壯筋脉，甄權活滯血之藥也。陳月坡稿其滋補筋脉之功，如牛之多力也。入厥陰、少陰二經，主風濕寒熱之邪，留滯血脈肢節之間，醞釀成熱，爲病痿痹拘攣，不可屈伸。《本經》腰膝軟弱，脚氣腫脹，或夢遺精滑，淋濁澀痛，時珍或產後惡血，留滯不行。《別錄》或瘧疾久發，血氣凝澀，時珍是皆足三陰，風濕寒熱之邪壅閉成痹之證，惟牛膝可以治之。又逐瘀血，通經脉，日華子落死胎，消癰腫，續折傷，散喉痹，止尿血淋脹，及男婦意念所動，積鬱成勞，時珍血敗精凝諸病。是皆足三陰氣滯血瘀之證，惟牛膝可以行之。大抵牛膝之劑，功在去風活血，故腰膝骨病，與痛風在下者，宜多用之。欲其補腎滋肝，必倍杞、朮、歸、地、山茱萸、鹿角膠可也。然悞用傷血墮胎，經閉未久，疑似有娠者勿用，上焦藥勿用，血崩不止者勿用，胃寒脾泄者勿用。

繆仲淳先生曰：牛膝，體燥性潤，獨理肝腎二經。肝爲血海而主筋，血海得潤則經脉通而攣急者解矣。又骨者，腎所主也；腰者，腎所府也；精者，腎所藏也；小便者，腎所司也。理腎，則衆疾咸安。淋濁澀痛之患除矣。有墮胎者，以其破血下行耳。

集方：以下九方見《方脉正宗》治腰脊軟弱疼痛，及一切痿痹，四肢拘攣，筋骨牽强不能屈伸。用牛膝一觔，白朮、仙茅、木瓜、石斛、石楠葉、五加皮、萆薢、生地黃、黃耆、白芍藥、虎骨、杜仲、續斷、黃柏、白鮮皮各四兩。酒浸蒸飲，或作小丸。每早服三錢，白湯送亦可。○治一身血脉壅滯，爲腫、爲脹、爲喘痛。用牛膝八兩，川貝母、薑製半夏各二兩，肉桂五錢。共爲末。每早晚各服三錢，白湯調送。○治風寒濕熱，四氣相合爲病，脚氣腫脹難履。用牛膝十兩，萆薢、蒼朮、石斛、木瓜各三兩，龍膽草一兩。分撮十劑，水煎，食前服。○治鶴膝風。用牛膝、木瓜、五加皮、骨碎補、金銀花、紫花地丁、黃柏、萆薢、甘菊根，水煎服。○治夢遺精滑淋濁，或莖中澀痛。用牛膝二兩，遠志、蓮肉、生地黃、甘草、滑石、牡蠣粉各五錢。共爲末。燈心湯調服。○治小便不利，莖中痛欲死，兼治婦人血結腹堅。用鮮牛膝三四兩，白酒煎濃服之，立愈。○治產後惡血留滯不行。用牛膝、紅花各一兩，乳香、沒藥、當歸尾、川芎、玄胡索、五靈脂各三錢，草烏二錢，酒洗，炒，水煎服。○治久瘧不愈。用牛膝、白朮、鼈甲、當歸、半夏各五錢，生薑五片，黑棗五箇。水煎服。○治婦女經水不通。用牛膝、當歸各四兩。爲末，煉蜜丸。食前白湯下五錢。○治胎死不下，或胞衣不出。用牛膝八兩，冬葵子一合，朴硝五錢，當歸尾一兩，水六升，煎二升。分三次服。○《薛氏外科》治熱毒癰腫，或卒得惡瘡，不辨識者。用新鮮土牛膝八兩，搗爛取汁，和生白酒飲，以渣敷毒處，可減大勢。○《易簡方》治跌打閃朒，折傷節骨。用牛膝、當歸尾各八兩，水煎，頻頻飲。可止痛消腫，續折。范弘遠方治喉痹乳蛾。用鮮牛膝根一握，艾葉七片，搗和人乳汁，灌入鼻內，須臾痰涎從口鼻出，即愈。〇《熊氏補遺方》治小便帶血。用牛膝四兩，生地二兩，水煎，頻頻服，立止。〇《千金方》治婦人陰痛。用牛膝五兩，酒三升，煎取一升，去渣，溫服。〇《婦人良方》治生胎欲去。用牛膝一握，搗以無灰酒二碗，煎八分，空心服。仍以獨根土牛膝塗麝香，插入牝戶中。〇《經驗方》治消渴不止，下元虛損。以牛膝五兩，生地黄五兩，水煎徐徐服。久服駐顏色，黑鬚髮，津液自生也。〇《梅師方》治金瘡作痛。用牛膝，生搗敷，立瘥。

海上方：　治眼科諸疾。用川牛膝五錢，蟬蜕、甘菊花各三錢，燈心二十根。水煎服。〇治暴發赤腫者、暴赤失明者、暴生翳膜者、暴發風淚者、暴發疼痛連及頭腦者、發熱惡寒嘔逆者。俱加荊芥、薄荷、白芷、前胡、羌活、防風、乾葛、黄芩、木賊、白蒺藜、葳蕤、甘草。內熱甚者，加石膏、黄連。大便秘結者，加酒煮大黄。如久病目昏冷淚，黑花視物，目珠痠痛，或勞傷目力，或色慾傷神，俱加生熟地黄、當歸、川芎、枸杞、知母、白朮、黄耆、甘草、白芍、葳蕤、麥冬。

明・姚可成《食物本草》卷一八草部・隰草類　牛膝生河內川谷。今江、淮、閩、越、關中亦有之，然不及懷慶者為佳。春生苗莖，高二三尺，青紫色，有節如鶴膝及牛膝。葉尖圓似匙，兩兩相對。於節上生花作穗，至秋結實甚細。以根極長大，至三尺而柔潤者為佳。〇李時珍曰：　處處有之，惟以川蜀人家栽種者為良。秋間收子，至春種之，嫩苗可作菜茹。

牛膝莖、葉　治寒溼痿痹，老瘧淋閟諸瘡，四肢拘攣，膝痛不可屈伸。逐血氣，傷熱火爛，墮胎。久服輕身耐老。療傷中少氣，男子陰消，老人失溺，補中續絶，益精利陰氣，填骨髓，止髮白，除腦中痛及腰脊痛，婦人月水不通血結。治陰痿，補腎，助十二經脉，逐惡血，治腰膝怯弱，破癥結，排膿止痛，產後心腹痛并血運，落死胎。強筋，補肝臟風虛。同蓯蓉浸酒服，益腎。竹木刺入肉，嚼爛罨之即出。治久瘧寒熱，五淋尿血莖中痛，下痢，喉痹口瘡，齒痛癰腫，惡瘡折傷。病人虛羸者，加而用之。

附方：　治胞衣不出。用牛膝八兩，葵子一合，水九升，煎三升，分三服。　治消渴不止，下元虛損。牛膝五兩為末，生地黄汁五升浸之，日曝夜浸，汁盡為度，蜜丸梧子大，每空心溫酒下三十丸。　治女人陰痛。牛膝五兩，酒三升，煮取一升半，去滓分三服。　去胎。用牛膝一握搗，以無灰酒一盞煎七分，空心服。仍以獨根土牛膝塗麝香，插入玉戶。　治喉痹乳蛾。新鮮牛膝根一握，艾葉七片，搗和人乳取汁，灌入鼻內，須臾痰涎從口鼻出即愈，無艾亦可。〇一方用牛膝搗汁，和陳醋灌之。　治〔折〕傷閃挫。用杜牛膝搗罨之。亦治無名惡瘡。　治小便血淋，用牛膝根煎濃汁，日飲五服即愈。昔葉朝議親人患血淋，流下小便在盆內，凝如凍膠，久而有變如鼠形，但無足爾，百治不效。一村醫傳得此方，服之雖未即愈，而血色漸淡，久乃復舊。後十年，病又作，服之又瘥。　治婦人腹中血塊作疼。土牛膝焙搗為末，酒煎溫服極效。福州人單用之。

明・顧逢柏《分部本草妙用》卷七兼經部・性平　牛膝　苦、酸，平，無毒。入肝腎二經。惡龜甲，畏白鮮皮，忌牛肉。川中長，肥潤者佳。酒浸用。

主治：　寒濕痿痺，膝痛拘攣，逐血氣。墮胎，男子陰消，女人失溺絶續。益精，填骨髓。除腦痛，腰脊痛，通經血結。排膿止痛，血運，落死胎。罨竹木刺入肉。強筋補肝，五淋尿血，莖中痛，下痢，口齒喉痺，癰腫折傷。

按：　牛膝能引諸藥下行，下半身筋骨痛風及虛人皆宜用之。酒浸則能補肝腎，生用則能去惡血。入補藥則補，佐行藥則行。其治腰膝骨痛，陰消失溺，久瘧傷中，少氣諸證，非補肝腎之功。與其癥瘕，心腹諸痛，癰腫，通經胎產，淋血諸證，非去惡血之功與。凡一切尿血淋疾，莖痛，或煎湯，或末，酒下絶妙。

明・李中梓《醫宗必讀・本草徵要上》　牛膝味苦、酸，平，無毒。入肝、腎二經。惡鱉甲，忌牛肉，酒蒸。　壯筋骨，利腰膝，除寒濕，解拘攣。益精強陰，通經墮胎。理膀胱氣化遲難，引諸藥下行甚捷。肝為血海而主筋，血海得補則經通，而攣急者解矣。骨者，腎所司也；腰者，腎之府也；精者，腎所藏也；小便者，腎所主也。補腎則眾疾咸安。墮胎者，以其破血下行耳。按：牛膝主用，多在腎肝下部，上焦藥中勿入。氣虛下陷，血崩不止者戒用。

明・鄭二陽《仁壽堂藥鏡》卷一〇下　牛膝　《經》云：牛膝生河內川谷，今江、淮、閩、粵、關中有之。高三尺，莖紫節大者為雄，青細者為雌。藥喜雄者。　味苦、酸，性平，無毒。　入肝、腎二經。惡螢火、龜甲、陸英，畏白前、白鮮皮，忌牛肉。產川中長三尺而肥潤者良。酒浸用。　《經》曰：主男子陰消，老人失溺。補中續絶，益精填骨髓，除腦痛、腰脊痛，月水不通。大明曰：　排膿止痛，血暈，落死胎。宗奭曰：罨竹木刺入肉。好古曰：強筋補肝。丹溪曰：牛膝能引諸藥下行。時珍曰：五淋尿血，莖中痛，下痢，喉痹，口瘡，齒痛，癰腫折傷。按：牛膝為陰，能降而不能升。脾虛下陷，因而腿膝濕腫或痛者，大非所宜。崔元亮云：牛膝根治瘧。《經驗方》：牛膝治消渴不止，下元虛損，胞衣不出。老瘧弗愈，單煎；尿管澁疼，酒煮；同麝香墮胎甚捷。引諸藥下足如奔。

明·蔣儀《藥鏡》卷三平部　牛膝：引血藥行于腰脚，減上盛而益下虛。引補藥入于腎肝，填髓虧而通經閉。葢補肝則筋舒血活，而痿痺之體屈伸。益腎則膀胱氣消，而牝中之痛和緩。得朴硝、歸、地立下胞衣，得加皮、碎補風除鶴膝。竹木刺肉，嚼爛多堆。老瘧久纏，單煎連服。卒中不識惡毒，搗生根敷上即瘥。尿管澁痛幾危，煑濃酒飲之立愈。婦人血癥血瘕，遲留月事，並有弘勳。産母血運血虛，兒枕痛疼，咸能奏績。他如痰封喉閉之症，同明礬少許，搗爛取汁，仰臥滴鼻，男左女右，須臾痰涎湧出。更有一法，雄土牛膝一兩，同真麝一錢，擣勻鎔蠟，搓成長條，插入陰戶，睫時墜胎。所不宜者，脾虛氣陷，腿膝濕腫，并能屈而不能伸立諸症也。

明·李中梓《頤生微論》卷三　牛膝　味苦、酸，性平，無毒。入腎、肝二經。惡龜甲，畏白前、白鮮皮，忌牛肉。産川中肥而長三尺餘者良。酒浸蒸用。壯筋骨，利腰膝，除腰脊痛，寒濕痿痺，強陰益精，通經墮胎，理膀胱氣化遲難，引諸藥下行甚捷，罨竹木刺入肉。按：牛膝為陰，能降而不能升，脾虛下陷，因而腿痛膝腫，大非所宜。

明·張景岳《景岳全書》卷四八《本草正》　牛膝　味苦、甘，氣微凉，性降而滑，陰也。忌牛肉。酒漬，吹咀。走十二經絡，助一身元氣。主手足血熱痿痺，血燥拘攣。通膀胱濇秘，大腸乾結。補髓填精，益陰活血。治腰膝酸疼，滋鬚髮枯白。其性下走如奔，故能通經閉，破血癥，引諸藥下降。同麝香用，墮胎尤速。凡藏寒便滑，下元不固者，當忌用之。

明·賈九如《藥品化義》卷七腎藥　牛膝　屬陰，體潤，色黄，氣和，味甘帶澀略苦，性凉，能沉，力滋陰活血，性氣與味俱厚濁，入腎肝二經。牛膝味甘能補，帶澀能斂，兼苦直下，用之入腎，葢腎主閉藏，澀精斂血，引諸藥下行。生用則宣，主治癃閉管澀，白濁莖痛，瘀血阻滯，癥瘕凝結，女人經閉，産後惡阻，取其活血下行之功也。酒製熟則補，主治四肢拘攣，腰膝腿痛，骨節流痛，瘧疾燥渴，濕熱痿痺，老年失溺，取其補血滋陰之功也。若瀉痢脾虛而腿膝酸疼，及孕婦，皆不宜用。取川産而肥潤長者佳，去蘆根用。

明·蕭京《軒岐救正論》卷三　牛膝　乃足厥陰經之藥，諸家本草歷稱其補肝腎、壯筋骨、益氣力之功。但賦性苦潤，專泄而不專收。力優于破瘀血，下生胎，消惡毒，利水通淋，在治實症者宜之。若云補，愚以為不然也。夫所謂壯筋骨，益氣力者，葢由風毒犯足，濕熱傷下，病從外得，因而痿軟，用此拔毒導濕，則筋骨復常。若肝血虛，腎精竭，而筋骨自痿，此病從内傷，即勤峻補，猶嫌不足，豈可用牛膝而益虛其虛乎？雖瀕湖有云：大都熟用則補肝腎，生用則破滯血。此語亦未見妥。唯丹溪産後忌之，義可見矣。

明·盧之頤《本草乘雅半偈》帙二　牛膝《本經》上品　氣味：苦，酸，平，無毒。主治：主寒濕痿痹，四肢拘攣，膝痛不可屈伸，逐血氣，傷熱，火爛，墮胎。久服輕身耐老。

覈曰：出河内川谷及臨朐，今江淮、閩越、關中亦有，不及懷慶者佳。深秋收子，初春排種其苗，方莖暴節，葉葉對生，頗似莧葉。六七月節上生花作穗，遂結實如小鼠負蟲，有濇毛，貼莖倒生。根柔潤而細，一直下生，長者約三五尺。九月採根，莖葉亦可單用。修治：去頭蘆，用黄精汁浸一宿，取出，剉細，焙乾。

参曰：讀牛膝經年不得其解，偶憶風馬牛不相及句，比類推之。牛喜風順，馬喜風逆，故知經隧從頭走足，其逆流而上，與不得順流而下者，當百倍其力，故一名百倍。更觀實若鼠負，根直下行，宛如甲拆，葢牛為土畜，在卦曰坤，從土解孚，以行脾用，是以禀土氣之平，兼木火之味，是主寒濕成痹，溜于肢節，醖釀成熱，遂致四肢拘攣，膝痛不可屈伸。《經》云：濕熱不攘，大筋軟短，小筋弛長，軟短為拘，弛長為痿。重言膝痛不可屈伸者，以濕傷在下，偏此更甚故爾。或痹于血，或痹于氣，併可逐而通之。如《別錄》之治胸中痛，腰脊痛，莖中痛，五淋癃閉，下痢喉痹，此正痹于氣。如癥瘕血結，惡血血暈，此正痹于血，咸成有餘之證形也。如傷中少氣，失溺絶陽，此亦痹于氣。如陰消陰痿，精涸水涸，及《金匱要略》之治血痹虛勞，此亦痹于血，咸成不足之證形也。如痎瘧之暑傷營舍，風并衛居，此則痹于血，復痹于氣，成虛實更作之證形也。葢痹者，失其流通之謂，若傷熱火爛之上炎，使其旋順乎下，若墮胎之就下，與得其平，以全甲力，此不循倫次，越甲拆之解孚，先抽乎乙之軋出耳。氣則形駐，故輕身耐老。纖細之質，徑直下生三四五尺，非百倍其力者，那能如是。蓋直者為經，合入經隧明矣。手足十二經，合兩手足，廿有四經矣。十二自上走下，十二自下走上，則牛膝合入自上走下十二經隧矣。痎瘧者，陰陽相移，上下交爭。牛膝妙用，使下者仍順乎下，則上者仍安乎上矣。牛，性順之物也。亦大力之物也。膝之為用，承上以接下，如坤之承乾，蓋順而健矣。此藥根下行，而能引伸，力之大而健可知。膝司承接，力怯而弗任，則不可屈伸。用體性之至順極健者療之，自無不濟。膝名既同，藥治最合。土用衰，則寒濕侵。惟乘氣旺者，能出涔濘，故痿痹以之。通理失。則四肢勿暢，惟居體下者，能致緩和，故拘攣以之。蓋人身下體屈伸之大者莫如膝。舉要而言，力効易見，若其順承天施，而氣得上行，不止及踵，而且至腕矣。逐血氣義，条語備妙，然詳味逐字，更糾有闢山驅水之力。熱因濕蒸，火為寒變，皆憤騰于上者也，非順德深至，曷能降伏哉。可身受田單之爇炬，自旋滅燕師之燹烽，即怒攻而順性未嘗失也。又其力能下持，非下走者。坤為子母牛，故胎可弗墮。順相因而極厚，載華嶽而不重，故身能輕，順守柔而永貞，比松柏之後凋，故老能耐。

明・李中梓《本草通玄》卷上　牛膝　苦、酸，腎、肝藥也。　補腎強陰，理腰脊膝脛之傷，補肝強筋，理血結拘攣之症。療淋家莖痛欲死，止久瘧寒熱不休，能落死胎，出竹木刺。　按：　五淋諸症，極難見效，惟牛膝一兩，入乳香少許，煎服，連進數劑，即安。　性主下行，且能滑竅，夢失遺精者，在所當禁，此千古秘奧也。　欲下行，則生用。　滋補則酒炒。

清・顧元交《本草彙箋》卷三　牛膝附土牛膝。　味厚氣薄，走而能補，性善下行，故爲足厥陰、少陰之藥。　大抵酒蒸則補肝腎，生用則去惡血。凡腰膝骨痛，足痿陰消，失溺久瘧，傷中少氣諸症，則取其補腎之力。　其癃閉管澀，白濁莖痛，瘀血阻滯，癥瘕凝結，女人經閉，產後惡阻，則取其活血行下。周慎齋云：　用川芎不得用牛膝，以其升降異宜。　又云：　用枸杞子、破故紙，不得用牛膝，亦以枸杞、故紙主升，而牛膝主降故耳。　又云：　牛膝能引諸藥至膝蓋。

土牛膝，豈即天名精耶？　所載形象，及性味功用，殆相同也。　但專主破血，不似川牛膝。　兼補精血，用土牛膝。　春夏用葉，秋冬用根，唯葉汁效尤速。　凡服牛膝，忌牛肉。　凡小便不利，莖中痛，或淋，或尿血，或砂石脹痛，用牛膝并葉，濃煎汁，日飲五服，名地髓湯。　土牛膝亦可。　或入麝香、乳香尤良。　金瘡作痛，生牛膝搗傅，立止。　眼生珠管，牛膝連葉搗汁，日點三四次，皆取其散血也。

清・穆石匏《本草洞詮》卷九　牛膝　一名百倍。　言其滋補之功，如牛之多力也。　氣味苦辛甘平，一云溫，無毒。　入足厥陰、少陰經。　生用則去惡血，得酒則補肝腎，治腰膝骨痛，足痿陰消，失溺，久瘧，傷中少氣諸病，皆取其補肝腎之功也。　治癥瘕心腹痛，癰腫惡瘡，金瘡折傷，喉齒淋痛，尿血諸病，皆取其去惡血之功也。　能引諸藥下行，凡痛風在下者，宜加用之。　一人患血淋，小便流盆內，凝久如鼠形，但無足爾，百治不効。　一村醫用牛膝根煎濃汁，日飲五服，血色漸淡，久乃復舊也。

清・劉雲密《本草述》卷九下　牛膝　弘景曰：　其莖有節，似牛膝，故以為名。　方書所謂暴節者是。　《別録》曰：　牛膝生河内川谷及臨朐，二月、八月、十月采根，陰乾。　頌曰：　今江淮閩粵關中亦有之，然不及懷慶者為真。　以根極長大，至三尺而柔潤者為佳。　時珍曰：　牛膝處處有之，謂之土牛膝，不堪服食。　惟北土及川中人家栽蒔者為良。　秋間收子，至春種之。　其苗方莖，暴節，葉皆對生，頗似莧葉而長，且尖艄。音哨，角鋭上也。　秋月開花，作穗結子，狀如小鼠負蟲，有濇毛，皆貼莖倒生。　九月末取根，根柔潤而細，一直下生，長者約三五尺，莖葉亦可單用。　中梓曰：　土牛膝所稟薄，故短而細，主破血氣。　川牛膝所稟厚，故肥而長，主補精髓。

根：　氣味：　苦、酸，平，無毒。　普曰：　神農：　甘。　雷公：　酸，無毒。　李當之：　溫。

主治：　通經脈，逐血氣，療寒溼痿痹，大筋拘攣，膝痛不可屈伸，及腰脊痛。　並五淋尿血，莖中痛，女子月水不通，逐惡血，產後腹痛血暈。　又主癰腫惡瘡傷折，更治陰分久瘧，理膀胱氣化遲難，小便祕，療傷中少气，男子陰消，老人失溺，腰膝軟怯冷弱，益腎強筋，利陰氣，補精氣。　好古曰：　強筋，補肝臟風虛。　時珍《本草綱目》載有喉痺下痢之治，似皆宜於土牛膝。　其方見後。

丹溪曰：　牛膝引諸藥下行，宜入足少陰經，以理諸疾。　婦人得之加用之。　凡用土牛膝，春夏用葉，秋冬用根，惟葉汁效尤速。　時珍曰：　牛膝乃足厥陰、少陰之藥。　所主之病，大抵得酒則能補肝腎，生用則能去惡血，二者而已。　其治腰膝骨痛，足痿陰消失溺，久瘧，傷中少氣諸病，非取其補肝腎之功歟。　其癥瘕心腹諸痛，癰腫惡瘡，金瘡折傷，喉齒淋痛，尿血經候，胎產諸病，非取其去惡血之功歟。　《類明》曰：　寒濕痿痺，多在身半已下，牛膝苦酸湧泄，為下行之劑。　嵩曰：　陰虛血少不能榮筋，腰腿痛痠軟之疾，斷不可缺。　楊士瀛《直指方》云：小便淋痛，或尿血，或沙石脹痛，用川牛膝一兩，水二盞，煎一盞，溫服。一婦患此十年，服之得效。土牛膝亦可，或入麝香、乳香尤良。　復曰：牛膝徑直下行，能逐血中之氣。原血榮脈中，氣衛脈外，各有道路，而不得相溷。若血中有氣，如寒則能疼，熱則能腫，在子宮則能孕能瘕，在膀胱則淋，在喉則痺，在腸則痢，在募原挾暑則瘧，在腸胃外則癥結，在皮膚內則癮疹痦癗之類，取當下行者，用之百倍其功。　按盧復說，大有意義，但所言血中有氣，以為諸病，然則血中無氣耶。措辭未免有戾，愚為達其理於總論中。

繆希雍曰：牛膝稟地中陽氣以生，氣則兼乎木火之化也。故其味苦、酸，平，無毒。味厚氣薄，走而能補，性善下行，故入肝腎。

君术、仙茅、木瓜、石斛、茯苓、石南葉、五加皮、萆薢、生地黃、黃耆、芍藥、虎骨、沉香、桂，治諸痺。　同甘菊花、石斛、木瓜、何首烏、生地黃、虎骨、沉水香、人參、朮、黃耆、天門冬、麥門冬、杜仲、續斷、芍藥、橘皮、黃蘗、桑寄生、白鮮皮，治一切痿痺，四肢拘攣，筋骨疼痛。　君當歸、地黃，能下死胎。加朴消，立下胞衣。　君木瓜、石斛、萆薢、生地黃、黃蘗、五加皮、骨碎補、續斷、金銀花、白及、芍藥、甘草、甘菊根、紫花地丁、茜草、連翹，治鶴膝風。根苗同用，二三兩，濃煎，調鼈甲末三錢，空心服，治瘧在陰分，久不瘥者，三劑必已。胃虛者加人參兩許，橘皮去白五錢。　君青蒿、生地黃、麥門冬、甘枸杞子，熬膏，治婦人血虛發熱，內熱口乾，舌苦。　治小便不利，莖中痛欲死，兼治婦人血結腹堅痛，鮮牛膝三四兩，並葉土者，亦可白酒煎濃，服之即愈。　金瘡作痛，生搗傅之，立瘥。

愚按：牛膝在《本經》謂其逐血氣，而《別録》更謂其療傷中少氣，續絕益精，利陰氣，填骨髓者，豈其相戾歟？如以為能逐血氣，即其療傷益陰之功，彼諸藥之宣血導氣者多矣，何以裨益無聞也？蓋其味苦，苦就下，人身半以下為地之陰，其入於至陰之腎無疑，其苦後有酸，其氣且溫，是又入於陰中少陽之肝也。然種其子於春時，歷夏而秋，乃開花作穗結實，故秋間收子，九月之杪，采根而用，是秉乎木之氣，而更宣暢於火，告成於金，以致其順下之用。順下者，水也。觀其根一直下生，長者約三五尺，不可想見哉？夫人身陰氣，本隨陽之升以達於上，然陽之奉上者，又隨陰降，而達於下。設上之陽微而不能降，則陽亢而不得周於下，即上之陽虛者亦然，將腎肝之真陰亦虧，而血乃泣，患乃生，唯此本木火之宣，成於金之降以歸水，而致其順下之用。牛膝告成於秋，若其味有辛，便是駐其氣於金，不成其順下之性矣。蓋非苦無以至地，非辛無以升天。在諸藥之味固然，惟不帶辛味，故直是藉金之全力，以達木火之氣於水中耳，緣金水固相生者也。　是其順下為功，原不離乎木火之化。　希雍所謂秉地中陽氣以生，而氣則兼乎木火之化者，即《本經》首言治寒溼為病，知其義不妄也。然在《本經》曰逐血氣，在盧復曰逐血中之氣，此義亦可參。夫營行脈中，衛行脈外，脈之內外，總是一氣，惟在脈中者精專曰營，在脈外者浮氣曰衛。浮氣固不能入脈，然衛氣充周，和調五臟，灑陳六腑，乃入於脈。是入脈者，即其氣之精專者也。然則脈中之營，不統於脈外之衛乎？故血中之氣病，乃衛弱而營虛，不能祛邪而氣著以為病耳。夫人身陰氣，本金水以奉木火於上陽氣本木火以達金水於下，而此味乃合於下達妙理，故非破血乃化血，亦非就血而化，乃就血中之氣而化，於下體痿痺拘攣，腰脊痛膝痛，又如五淋尿血，莖中痛，女子月水不通，此皆其的對。如癥瘕血結，惡血血暈，固亦由治腎肝之陰氣以及之，蓋血乃真陰之化醇也。曰所謂療傷益陰，即在是乎？詎知陰陽合同而生化者也，不生烏乎化，不化又何以生？此陰之能化即能生，陰之能生化，即為陽生化之地，有何傷中陰衰之不奏功乎？但不得以破血散氣之劑例視，致疑於主治之相戾也。抑足三陰從足走腹，而此之逐血氣，以順下者，其義謂何？曰：足三陽從頭走足，又即三陰生化之原，如《經》所謂寒溼痿痺等證，亦由於足三陽之氣不降，而此味秉木火之化，成於金水以順下，正合三陽下行之義。所謂逐血中之氣，蓋本此也。夫三陽之不下行者，亦本於水穀之氣，不能並宗氣以下，而衛氣先虧耳。不調衛氣，以為營氣之先，止導營中之氣，而言其順下有力，謂能通十二經脈也，可乎哉？

附方　喉痺乳蛾，新鮮牛膝根一握，艾葉七片，搗和，人乳取汁，灌入鼻內，須臾痰涎從口鼻出，即愈。無艾亦可。　痢下腸蠱，凡痢下應先白後赤，若先赤後白，為腸蠱。牛膝二兩，搗碎，以酒一升，漬經一宿，每服一兩盃，日三服。　婦人血塊，土牛膝根，洗切，焙搗為末，酒煎溫服，極效。　卒得惡瘡，人不識者，牛膝根搗傅之。　按：此四證，似皆宜於土牛膝者也。

《龜齡集》曰：川牛膝粗而黃者，能生精，酒浸十宿，焙乾為末。　希雍曰：誤用傷胎，經閉未久，疑似有娠者，勿用。上焦藥中勿入。血崩不止者，忌之。嵩曰：牛膝能降而不能升，若脾虚清氣下陷泄痢，及脾虚而腿痛膝腫，大非所宜。

修治　下行行血則生用，滋補則酒拌，蒸過用。

清・郭章宜《本草匯》卷一一　牛膝　味苦、酸，平，氣薄味厚，陰也，降也。入足少陰、厥陰經。補腎強陰，理腰脊膝脛之傷。强筋續絶，通血結癥瘕之證。療淋家莖痛欲死，止久瘧寒熱不休。治寒濕痿痺，療四肢拘攣。填骨髓，逐五淋。同麝香墮胎甚捷，偕葵子立下胞衣。

按：牛膝為陰，能降而不能升，故主用多在腎肝下部，上焦藥中勿入。然五淋諸證，極難見効，惟牛膝一兩，入乳香少許，煎服，連進數劑即安。下行能滑竅，夢失遺精者在所當禁。氣虚下陷，血崩不止者，戒用。若膝之不能立，與能屈而不可伸者，亦在所忌。

產懷慶。用長大柔潤者，酒浸拌蒸入藥。生用，行下去惡血，滋補。酒焙，補肝腎。惡龜甲。畏白前。忌牛肉。

清・蔣居祉《本草擇要綱目・平性藥品》　牛膝　氣味：苦、酸，平，無毒。乃足厥陰、少陰所主之藥。　主治：寒濕痿痹，四肢拘攣膝痛，不可屈伸，墮胎。男子陰消，老人失溺，婦人月水不通。補腎填精，逐惡血留結，助十二經脈，壯陽道。大抵得酒則能補腎肝，生用則能去惡血，最能引諸藥下至於足。又云：春夏用莖葉，秋冬用根，而葉汁之效尤速。

清・閔鉞《本草詳節》卷一　牛膝：【略】按　牛膝能引諸藥下行，筋骨痛風在下者，加用之。上焦藥中勿用。大抵得酒則能補肝腎，生用則能去惡血。其治腰膝骨痛，足痿陰消，失溺久瘧，傷中少氣諸病，是取其補肝腎也。其治癥瘕，心腹諸痛，癰腫惡瘡，金瘡折傷，喉齒，淋痛尿血，經候胎產諸病，是取其去惡血也。

清・王翃《握靈本草》卷四　牛膝川產及懷慶產者良。根長柔潤有力者佳。土牛膝亦可用。　主治：牛膝，苦、酸，平，無毒。主寒濕痿痺，四肢拘攣，膝痛，逐血氣，墮胎，補中續絶，强陽益精，利陰氣，填骨髓。助十二經脈，止腦痛、齒痛，喉痺，尿血莖痛，久瘧寒熱。　選方：小便淋澁，莖中痛欲死，或尿血脹痛，及婦人血結腹痛，牛膝煎濃汁，日飲四五服，水、酒俱可煎，病十年者亦愈。【略】鶴膝、風痛，牛膝、木瓜、石斛、萆薢、生地黄、黄檗、五加皮、骨碎補、續斷等，丸服。瘧在陰分，牛膝根苗用一二三兩，濃煎，調鱉甲末三錢，空心服，三劑必瘥。胃虛加人參。

清・汪昂《本草備要》卷一　牛膝補肝腎，瀉惡血。　苦、酸而平。足厥陰、少陰經藥。肝腎。能引諸藥下行。酒蒸則甘酸而溫，益肝腎，强筋骨。肝主筋，腎主骨。治腰膝骨痛，足痿筋攣，下行故理足，補肝則筋舒，血行則痛止。陰痿失溺，筋衰則陰痿，腎虚則失溺。久瘧下痢，傷中少氣。以上皆補肝腎之功。生用，則散惡血，破癥結。血行則結散。治心腹諸痛，淋痛尿血，熱蓄膀胱，溺澀而痛曰淋。氣淋便澀餘瀝，勞淋房勞即發，冷淋寒戰後溲，膏淋便出如膏，石淋精結成石，尿血即血淋也。色鮮者，心與小腸實熱；色瘀者，腎與膀胱虚冷。張子和曰：石淋乃肝經移熱于胞中，日久熬煎成石，非腎與小腸病也。大法治淋宜通氣、清心、平火、利濕。不宜用補，恐濕熱得補增劇也。牛膝，淋症要藥，血淋尤宜用之。杜牛膝亦可。杜牛膝見後。又有中氣不足致小便不利者，宜補中益氣，《經》所謂氣化則能出是也。忌用淋藥通之。經閉產難，下行之效。誤用墮胎。喉痹齒痛，引火下行。癰腫惡瘡，金瘡傷折，以上皆散惡血之功。出竹木刺。搗爛罨之即出，縱瘡口合，刺猶自出。然性下行而滑竅，夢遺失精及脾虛下陷，因而腿膝腫痛者禁用。　出西川及懷慶府，長大肥潤者良。下行生用，入滋補藥酒浸蒸。惡龜甲，畏白前，忌羊肉。

清・吴楚《寶命真詮》卷三　牛膝　【略】壯筋骨，利腰膝，除寒濕，解拘攣，補腎強陰，通經墮胎，理膀胱氣化遲難。療淋家莖痛欲死。牛膝一兩，入乳香少許，服數劑即安。止久瘧寒熱不休。出竹木刺，引諸藥下行甚捷。

清・陳士鐸《本草新編》卷一　牛膝　味甘、酸，氣平，無毒。蜀產者佳。善走十二經絡，寬筋骨，補中絕續，益陰壯陽，除腰膝酸疼，最能通尿管澁痛，引諸藥下走。近人多用此藥以治血癥血瘕，絕無一效，亦未取其功用而一思之也。夫血癥血瘕，乃脾經之病。牛膝能走于經絡之中，而不能走于腸腹之內。況癥瘕之結，痰包血也。牛膝乃陰分之藥，總能逐血而不能逐痰，此所以終歲而無效耳。至于血暈血虛，兒枕作痛，尤不宜輕用，而近人用之，往往變生不測，亦未悟用牛膝之悮也。牛膝善走而不善守，產暈，血虛之極也，無血以養心，所以生暈。不用歸芎以補血，反用牛膝以走血，不更下之石乎。雖兒枕作痛，似乎有瘀血在腹，然而產後氣血大虧，多有陰寒之變，萬一不是瘀血，而亦疑是兒枕之作痛，妄用牛膝以逐瘀，去生遠矣。故必手按之而痛甚者，始可少用牛膝于歸芎之內。否則勿輕用耳。

或問：牛膝最善墮胎，是非補劑，似產前均宜忌之。然前人間用于產

前，而胎安然不損者何耶？夫牛膝豈墮胎藥哉，乃補損藥也。凡有斷續者，尚可再接，豈未損者而反使之墮乎。古人有用牛膝，合之麝香之中，外治以墮胎，取其性走之意。然而墮胎實麝香之故，而非牛膝也。從未聞用牛膝內治而能墮胎者，但性既善走，在胎產亦不宜多用，而終不可謂牛膝是墮胎之物也。

或問：牛膝乃下部之藥，用之以補兩膝，往往未見功效，豈牛膝非健步之藥乎。夫牛膝治下部，前人言之未可盡非，但膝之堅實，非牛膝之可能獨健也。膝之所以健者，由于骨中之髓滿，髓空斯足弱矣。故欲膝之健者，必須補髓，然而髓之所以滿者，又由于腎水之足，腎水不足，則骨中之髓何由滿。故欲補骨中之髓者，又須補腎中之精也。雖牛膝亦補精之味，而終不能大補其精，則單用牛膝以治腎虛之膝，又何易奏效哉。

或問：牛膝健足之藥，近人見下部之病輒用之，而取效甚少，得毋止可健膝而不可健足耶？不知健膝即所以健足，而健膝不可徒健夫膝也。凡足之所以能步者，氣充之也。不補氣以運足，而徒用牛膝以健膝，膝且不能健，又何以健足哉。

或疑牛膝血分之藥，入氣分藥中轉易成功，其故何也？蓋牛膝性善走，氣亦善走，兩相合則氣無止遏，而血無凝滯，自然血易生而氣易旺，又安有不成功者哉。

或疑牛膝乃補中續絕之聖藥，何子反略而不談？曰：牛膝補中續絕，前人已言之矣，何必再論。惟是補中續絕，實別有說。蓋牛膝走而不守，能行血于斷續之間，而不能補血于斷續之內，必須用牛膝于補氣補血之中，而後能收其續絕之效。此補中續絕之義，實前人所未及也。

清・顧靖遠《顧氏醫鏡》卷七　牛膝苦、酸，平。入肝腎二經。　壯筋骨而理腰膝軟弱，峻補肝腎精血之功。治痺痛而解四肢拘攣。補血則筋舒，行血則痛止，正旺而邪自除矣。益精，止腰脊之痛。填髓，去腦中之疼。腰為腎之府，脊為腎之路，腦為髓之海，脊髓上通於腦，精髓不滿，則空而痛，補腎則咸安。能除久瘧，熱多則陰分傷。善療五淋。小腸有氣則小便脹，有血則淋，有熱則痛，故便淋或尿血，莖中痛甚者，用之取其性下行，逐惡血也。破癥結，更主通經墮胎。理折傷，又能消癰散腫。皆行血逐瘀之功。肝腎二經之藥，大抵酒蒸則能補精血，生用則能去惡血。善引諸藥下行，上焦藥中勿入。血崩不止者，切戒用之。

清・李熙和《醫經允中》卷二〇　牛膝　入肝腎二經。忌牛肉。惡鱉甲。　苦、酸，平，無毒。主治手足寒濕，痿痺膝痛拘攣，益精氣，填骨髓，理腰脊，療尿血，逐五淋，通血結。強筋續絕，益陰壯陽。罨竹木刺入肉即出。治尿管澀痛，幾危即安。和麝香墮胎甚捷，同冬葵立下胞衣。能引諸藥下行，入補藥則補，入行藥即行，故凡病在腰腿胻踝之間，必兼用之弗缺也。有脉浮散滿指者，投之即聚，世所未知。然性下行，且能利竅，故夢失遺精，氣虛下陷，血崩不止者不相宜也。

清・馮兆張《馮氏錦囊秘錄・雜症痘疹藥性主治合參》卷一　牛膝稟地中陽氣以生，氣則兼乎木火之化，故其味苦酸，平，無毒。味厚氣薄，走而能補，性善下行，專入肝腎。○宜長大肥潤者，去蘆。若入引火下趨藥中，宜生用。若入補藥中，宜酒拌蒸，晒乾用。

牛膝，理一身虛羸，助十二經脉，壯筋骨，利腰膝。足痿筋攣，陰痿失溺。散惡血而治心腹諸痛，催難產而理膏血諸淋。癰腫惡瘡，金瘡傷折，手足寒濕痿痺，大筋拘攣。膀胱氣化便難，小水短少。補中續絕，益陰壯陽填髓，除腰膝酸疼。單煎治老瘧弗愈，女人血癥血瘕，月水行遲；產婦血暈，血虛兒枕痛甚。同麝納陰戶，使胎即墜。夢遺若誤用，其病益增。引諸藥下走如奔，凡病在腰腿下部所必用，走而能補，強陰益精，肝腎之要藥。且能引火下趨，降濁澄清，故濁陰不降，腦中作痛，喉痹齒痛，虛火上浮，咳嗽不寧者並宜。若嚼爛罨之，能出竹木諸刺。然性能降而不能升，惟元氣下陷，血崩遺滑諸證，法當禁絕。

主治痘疹合參：　主四肢拘攣，屈伸不便，活血生血，引藥下行。且杜仲主下部氣分，牛膝主下部血分，故每相須為用。

按：　牛膝性專走下而滑竅，故夢遺精滑，脾虛下陷，禁之。

清・张璐《本經逢原》卷二　牛膝《本經》名百倍。　苦、酸，平，無毒。懷產者長而無傍鬚，水道澀滲者宜之。川產者細而微黑，精氣不固者宜之。忌牛肉。

《本經》主寒濕痿痹，四肢拘攣，膝痛不可屈伸，逐血氣，傷熱火爛，墜胎。

發明：　牛膝氣薄味厚，性沉降泄，乃足厥陰之藥。《本經》專主寒濕痿痹，四肢拘攣等病，不及補養下元之功，豈聖法有所未盡歟。丹溪言牛膝能引諸藥下行，筋骨痛風在下者宜加用之，其性雖下行走筋，然滑利之品，精氣不固者，終非所宜。得酒蒸則能養筋，生用則去惡血。其治腰膝痛不可屈伸足痿之病，非取其養血營筋之力歟。其治癰腫惡瘡、金瘡折傷、尿血淋痛、婦人經秘不通，非取其活血破瘀之力歟。《外臺》以生牛膝一味濃煎，治積久勞瘧。《肘後》以二觔浸酒治卒暴癥疾，延年。以之同葵子煎服，下胞衣。《衛生》以之搗罨折傷。《梅師》以之搗塗金瘡。《千金》以之搗敷毒腫。《集驗》以之通利溺閉。皆取其性滑利竅，消血解毒之功，雖強陰強筋，而氣虛下陷，大便易泄，夢泄遺精，妊娠崩漏，俱禁用。惟川產者，性味形質與續斷彷彿，庶無精滑之虞。蓋腎司閉藏，肝司疏泄，此味專司疏泄，而無固熱之功。世俗妄謂益腎，而培養下元藥中往往用之，與延盜入室何異。其土牛膝亦能解毒利竅，專治血鼓，一味濃煎，恣意服之。又鎖喉風諸治不效，以土牛膝和醋搗絞取汁，蘸雞翎探吐稠痰，不過二三次，神驗。

清・浦士貞《夕庵讀本草快編》卷二　牛膝《本經》　其莖有節似膝，譬其滋補之功如牛之多力也。　牛膝酸平，其性下行，乃足厥陰、少陰藥也。故得酒則能治腰膝骨痛，痿痹陰消，失溺久瘧，傷中少氣，蓋取其益腎平肝也。若生用則能破癥除瘕，心腹諸痛，癰瘍惡毒，金瘡折傷，淋痛尿血，經候胎產，蓋以其去惡榮筋也。夫肝為血海而主筋，血海受滋則經脉通而攣急者解矣。骨為腎所司，腰乃腎之府，腎既得補則精自固而小便有節矣。但性主下行，凡上部藥中斷不可用。故氣虛下陷，崩漏不止，及娠妊者，皆所當忌。

清・張志聰、高世栻《本草崇原》卷上　牛膝　氣味苦、酸，平，無毒。主寒濕痿痹，四肢拘攣，膝痛不可屈伸，逐血氣傷熱火爛，墮胎。久服輕身耐老。　牛膝《本經》名百倍。始出河內川谷及臨朐，今江淮閩粵關中皆有，然不及懷慶川中者佳。春生苗，枝節兩兩相對，故又名對節草，其根一本直下，長二三尺，以肥闊粗大者為上。　《本經》謂：百倍氣味苦酸，概根苗而言也。今時所用，乃根下之莖，味甘臭酸，其性微寒。《易》曰：乾為馬，坤為牛。牛之力在膝，取名牛膝者，稟太陰濕土之氣化，而能資養筋骨也。主治寒濕痿痹，言或因於寒，或因於濕，而成痿痹之證也。痿痹則四肢拘攣，四肢拘攣，則膝痛不可屈伸。牛膝稟濕土柔和之化，而資養筋骨，故能治之。血氣傷熱火爛，言血氣為熱所傷，則為火爛之證。牛膝味甘性寒，故可逐也。根下之莖，形如大筋，性唯下泄，故墮胎。久服則筋骨強健，故輕身耐老。

清・劉漢基《藥性通考》卷五　牛膝　味苦酸而平，入足厥陰、少陰經藥。能引諸藥下行。酒蒸則甘酸而溫，益肝腎，強筋骨。肝主筋，腎主骨，治腰膝骨痛，足痿筋攣，下行故理足，補肝則筋舒，血行則痛止。陰痿失溺，筋衰則陰痿，腎虛則失溺，久瘧下痢，傷中少氣，以上皆補肝腎之功。生用則散惡血，破癥結，血行則結散。又治心腹諸痛，淋痛尿血，熱結膀胱，溺濇而痛，白淋氣淋，便濇餘瀝，勞淋房勞，即發冷淋，寒戰後溲便出如膏；石淋精結成石，尿血即血淋也。色鮮者，心與小腸實熱。色瘀者，腎、膀胱虛冷。張子和曰：石淋乃肝經移熱於胞中，日久熬煎成石，非腎與小腸病也。大法治淋宜通氣，清心平火，利濕，不宜用補，恐濕熱得補增劇也。牛膝，淋症要藥，血淋尤宜用之。又有中氣不足，致小便不利者，宜補中益氣，《經》所謂化而能出是也，忌用淋藥通之。經閉難產，下行之效，悞用墮胎。喉痺齒痛，引火下行。癰腫惡瘡，金瘡折傷，以上皆散惡血之功。出竹木刺者，搗爛，抱之即出。然性下行而滑竅，夢遺失精及脾虛下陷，因而腿膝腫痛者，禁用。出西山及懷慶府，長大肥潤者良。下行生用，入滋補藥酒浸蒸。惡龜甲，畏白前，(胡)忌牛肉之類。

清・姚球《本草經解要》卷一　牛膝　氣平，味苦、酸，無毒。主寒濕痿痹，四肢拘攣，膝痛不可屈伸，逐血氣，傷熱火爛，墮胎。久服輕身耐老。　牛膝氣平，稟天秋降之金氣，入手太陰肺經。味苦酸，無毒，得地木火之味，入足厥陰肝經、手厥陰心包絡。氣味俱降，陰也。肺熱葉焦，發為痿痹，牛膝苦平清肺，肺氣清，則通調水道，寒濕下逐，營衛行而痿痹愈矣。濕熱不攘，則大筋耎短，而四肢拘攣，膝痛不可屈伸矣。牛膝苦酸，酸則舒筋，苦除濕熱，所以主之也。逐血氣者，苦平下洩，能逐氣滯血凝也。傷熱火爛者，熱湯傷、火傷瘡也。苦平清熱，酸能收斂，則痛止而瘡愈也。苦味伐生生之氣，酸滑傷厥陰之血，所以墮胎。久服則血脈流通無滯，所以輕身而耐老也。　製方：牛膝同生地，治下元虛。專用五兩，酒煎，治女人陰痛。同當歸、生地，下死胎。用三兩，同鱉甲三錢，治瘧在陰分，久不愈；胃虛加人參一兩、陳皮去白五錢。同青蒿、生地、麥冬、杞子，治血虛發熱。

清・周垣綜《頤生秘旨》卷八　牛膝　引諸藥下行，而滋陰活血之藥也。馬病則臥，牛病則立，立則力在膝，故曰牛膝。若陰虛血少，不能(藥)〔養〕筋，腰腿痠軟之疾，不可缺。倘脾虛清氣下陷，泄利，及腿膝濕腫者，又所當禁。

清・王子接《得宜本草・上品藥》　牛膝　味酸、苦。入足厥陰經。生用逐瘀，熟用強筋。得肉蓯蓉則益腎，得杜仲則補肝。

清・徐大椿《神農本草經百種錄》上品　牛膝　味苦、酸。此止言味而不言性，疑闕文也。後凡不言性者倣此。主寒濕痿痹，四肢拘攣，膝痛不可屈伸，皆舒筋行血之功。逐血氣，破瘀血也。傷熱火爛，清血熱也。墮胎。降血氣也。久服，輕身耐老。血和之功。　此乃以其形而知其性也。凡物之根皆横生，而牛膝獨直下，其長細而韌，酷似人筋，所以能舒筋通脈，下血降氣，為諸下達藥之先導也。筋屬肝，肝藏血，凡能舒筋之藥，俱能治血，故又為通利血脈之品。

清・黃元御《玉楸藥解》卷一　牛膝　味苦、酸，氣平。入足太陽膀胱、足厥陰肝經。利水開淋，破血通經。疏利水道，治小便淋濇疼痛，療膝脛瘻痹拘攣。女子經脈閉結，起男子宗筋軟縮。破堅癥老血，消毒腫惡瘡。木器刺傷，搗敷金瘡潰癰排膿，墮胎下衣，喉痹舌瘡，撲傷打損，癮疹風癩皆效。其性下行，肝脾鬱陷者勿用。

清・吳儀洛《本草從新》卷一　牛膝通，下行，補肝腎，散惡血。　苦酸而平。足厥陰、少陰經藥肝、腎，能引諸藥下行。酒蒸，甘酸而溫。益肝腎，強筋骨。肝主筋，腎主骨。治腰膝骨痛，足痿筋攣，陰痿，血行故痛止，下行故理足；補肝則舒筋，筋舒則陰強。久瘧。以上皆補肝腎之功。生用散惡血，破癥結。血行則結散。治心腹諸痛，淋痛尿血，熱蓄膀胱，便澀而痛曰淋。氣淋便澀餘瀝，勞淋房勞即發，冷淋寒戰後溲，膏淋便出如膏，石淋精結成石。血淋澀痛，尿血色鮮者，心與小腸實熱；色瘀者，腎與膀胱虚冷。子和曰：石淋乃肝經移熱於胞中，日久熬煎成石，非腎與小腸病也。大抵治淋宜通氣清心，平火利濕，不宜用補，恐濕熱得補增劇也。牛膝淋證要藥，血淋尤宜用之，杜牛膝亦可。又有中氣不足致小便不利者，宜補中益氣，《經》所謂氣化則能出也，忌用淋藥通之。經閉產難，下行之效，誤用墮胎。喉痹齒痛，引火下行。癰腫惡瘡，金瘡傷折。以上皆散惡血之功。出竹木刺。搗爛罨之即出。縱瘡口合，刺猶自出。有升無降，用以為導甚妙。主用皆在腎肝下部，上焦藥中勿入。夢遺滑精，血崩不止及氣虚下陷，因而腿膝腫痛者大忌。出懷慶府，長大肥潤者良。下行生用，入滋補藥酒浸蒸。惡鱉甲。畏白前。忌牛肉。

清・汪紱《醫林纂要探源》卷二　牛膝　苦，酸，甘，溫。莖葉赤似莧，根黄赤，亦似莧，而肥韌直長。出懷慶者肥潤，為佳。川產虛大而枯，只可用治癰疽之類。熟用，甘多酸少。補腎，苦堅。緩肝，甘緩。和筋，緩則筋和。堅腎，補則骨堅。守於下部。熟則守，酒蒸之。治腰膝骨疼，足痿筋攣，陰痿不起，失溺不知，久瘧下痢諸證。生用，酸多甘少。瀉肝，酸斂。收散，收心之散。去瘀破癥，導熱使下行。生則行，皆酸之為用，而色赤入血分也。治經閉癥瘕，滑胎催產，治心痛及淋痛尿血，以其去小腸火也。又治喉痺齒痛，以其導熱下行也。又治癰疽惡瘡，金傷損折，出竹木刺，則又皆去瘀直行之用也。腸滑者忌，遺精者忌。

清・嚴潔等《得配本草》卷三　懷牛膝　畏白前、白鮮皮。惡螢火、龜甲、陸英。忌牛肉。　苦、酸，平。入足厥陰、少陰經血分。益肝腎之精氣，破瘀血之癥結。治筋骨痿痹，久瘧下痢，淋痛尿血，并心腹諸痛。又能引火下行，并療喉痹齒痛。連葉搗汁，頻點眼生珠管。　得杜仲，補肝。得蓯蓉，益腎。配川斷肉，強腰膝。氣不滯則健。配車前子，理陽氣。　去蘆并泥砂。下行，生用。滋補，焙用，或黄精汁浸、酒拌蒸數十次用。破血敷金瘡，生用。引火下趨，童便炒。引諸藥至膝蓋，生熟俱可用。　失精，血崩，氣陷腿腫，臟寒便滑，中氣不足，小便自利，俱禁用。

題清・徐大椿《藥性切用》卷三　淮牛膝　苦酸性平，入足厥陰、少陰。炒用性溫，益肝腎，強筋骨，能引諸藥下行。生用利二便，散惡血。酒炒入肝，鹽水炒入腎。川產長於利濕。杜產名天明精，一名地菘。去瘀功勝。氣陷便泄精滑者，並忌。

清・沈金鰲《要藥分劑》卷四　牛膝　【略】鰲按：杜牛膝性專下走，毫無補益，肝腎二家虛弱者，不可輕投。

禁忌：《經疏》曰：誤用必傷胎，經閉未久，疑似有妊者，忌用。上焦藥中勿入，血崩不止亦忌。《備要》曰：性下行而滑竅，夢遺失精及脾虛下陷，因而腿膝腫痛者，禁用。

清・楊璿《傷寒溫疫條辨》卷六補劑類　牛膝川出者佳，懷次之。　味甘苦，氣微涼。性降而滑，陰也。酒蒸，補髓填精，益陰和血，療腰膝痠疼，滋鬚髮枯白。酒漬，走十二經絡，助一身元氣，主手足痿痹，血燥拘攣，通膀胱秘濇，大腸乾結。生用，其性下走如奔，破血癥，通血閉，引諸藥下行。治心腹諸疼，淋瀝尿血。墮胎極速，滑洩勿設。古方地髓湯：治尿血、血淋。牛膝一兩，水煎服。訒菴曰：熱畜膀胱，尿濇而疼曰淋。氣淋便濇餘淋，勞淋房勞即發，冷淋寒戰後溲，膏淋便出如膏，石淋肝經移熱於胞中，日久熬煎精結成石，非腎與小腸病也。色鮮，心與小腸實熱。色瘀，腎與膀胱濕熱。宜通氣清心，平火利濕，不宜用補，恐濕熱得補增劇也。牛膝，諸淋要藥，血淋尤宜。又有中氣不足，致小便淋瀝者，宜補中益氣。《經》云：氣化則能出是也，忌用淋藥。李時珍曰：虎杖根尤通五淋，破宿血。《本事方》：虎杖根二兩水煎，去渣，入乳香、麝香少許服。一婦人沙石淋已十三年，每漩痛楚不可忍，偶得此方服之，一夕而愈，此予眼見者。又《聖惠方》治月經不通，癥瘕腹大如甕，虛脹雷鳴，四肢沉重，氣短欲死。虎杖根一斤，剉碎，水十碗，浸一宿，煎取二碗，再入茜根汁二碗，牛膝汁二碗，同煎如餳，每用三錢，酒化沖服，日二夜一，宿血當下，男積亦治。

清・羅國綱《羅氏會約醫鏡》卷一六草部 懷牛膝味苦酸，平，入腎肝二經。酒蒸用能補，生用散血。強筋骨，利腰膝，解拘攣，肝為血海而主筋，腎主骨，肝腎得補，諸疾咸安。理下焦骨痛足痿，血行痛止。陰痿筋衰、失溺腎虛。生用破癥結，血行則結散。治淋痛尿血，化膀胱蓄熱。經閉難產，下行之效，誤用墜胎。出竹木刺，搗爛敷之，縱口合自出。療喉痹齒痛。引火下行。同麝搗納陰中，下胎甚速。按：牛膝性下行，上焦藥中勿入。且性滑，若夢遺失精，氣虛下陷血崩，因而腿膝腫痛者禁用。

川牛膝：去脚膝風濕，非補劑可用。

清・陳修園《神農本草經讀》卷一上品 牛膝 氣味苦、酸，平，無毒。主寒濕痿痹，四肢拘攣，膝痛不可屈伸，逐血氣，傷熱火爛，墮胎。久服輕身耐老。

陳修園曰：牛膝氣平，稟金氣而入肺；味苦，得火味而入心包；味酸，得木味而入肝。唯其入肺，則能通調水道而寒濕行，胃熱清而痿愈矣。唯其入肝，肝藏血而養筋，則拘攣可愈，膝亦不痛而能屈伸矣。唯其入心包，苦能泄實，則血因氣凝之病可逐也。苦能瀉火，則熱湯之傷與火傷之爛可完也。苦味本伐生生之氣，而又合以酸味，而遂大申其湧泄之權，則胎無不墮矣。久服輕身耐老者，又統言其流通血脈之功也。

清・黃凱鈞《藥籠小品》 牛膝 味酸，入肝腎並膝足，炒黑治虛火吐血，下降之藥。凡小便多與胎氣不固者忌用。

清・章穆《調疾飲食辯》卷三 牛膝苗 《本經》名百倍，《廣雅》名牛莖，《救荒本草》名山莧菜，又名對節草。《綱目》曰：所在有之。方莖腫節。葉似莧，對生。性專下行，壯筋骨，活血行血。凡痛風寒痹，腰膝疼痛無力，及婦人經血凝閉、癥瘕血塊，跌撲損傷，癰疽初起，均宜多食。《肘後方》治小便不利，莖中痛欲死，酒煮服。《直指方》治溺血，及五淋砂石，水煮服。又可外治折傷閃朒，出《易簡方》。金瘡作痛，出《梅師方》。卒得惡瘡不識何症，出《千金方》。並搗敷。又治胞衣不下：無苗用根，八兩，上諸方俱可用根。葵子一合，水煎，分三服。出《延年方》。又治乳蛾、喉痹，搗汁和陳醋飲。出《肘後方》。又治老瘧不止：酒煎濃汁，儘量服，不過三度必愈。同上。又治婦人陰痛，方同上。出《千金方》。又連根、葉搗酒擠汁，治猪瘟喉腫。出《得效方》。

清・王龍《本草纂要稿・草部》 牛膝 氣味酸苦而平。主手足寒濕痿痺，大筋拘攣。理膀胱氣化遲難，小便短少。補中續絕，益陰壯陽填髓。除腰膝疼痛，活血滋鬚髮黑烏。截老瘧弗痊，通尿管澀痛。治女人血癥血瘕，月水行遲。療產婦血暈血虛，兒枕痛甚。同麝香墮胎甚捷，引諸藥下走如奔。為胻腂之要藥，為下行之引經。

清・張德裕《本草正義》卷上 牛膝 甘苦，微涼。性降，善走十二經，治手足血熱痿痹，血燥拘攣，大腸燥結，小便秘澀，腰膝痠疼，益氣補精，涼血活血，以其下行如奔，故亦能通經去瘀，墮胎。引藥下趨，臟寒便滑，下虛不固，皆忌用。

清・楊時泰《本草述鉤元》卷九 牛膝 根直下生，其莖有節，似牛膝，故名。又稱暴節。二八十月采根，陰乾用。根長約三二尺者良。江、淮、閩、粵、關中皆有，不及懷慶生者，根極長大而柔潤也。土牛膝處處有之，不堪服食。惟北土及川中人家栽蒔者為良。土牛膝所稟薄，故短而細，主破血氣土材。春夏用葉，秋冬用根，惟葉汁效尤速。葉皆對生，似莧而長，且尖艄。川牛膝所稟厚，故肥而長，主補精髓士材。

味苦、酸，平。氣薄味厚，走而能補，性善下行。入足厥陰、少陰經。生者去惡血，得酒能補肝腎。生用通經脈，逐血氣，理膀胱氣化遲難，五淋尿血莖中痛，女子月水不通，癥瘕，心腹諸痛，產後腹痛血暈，又治傷熱火爛，癰腫惡瘡，金瘡折傷，喉痹腸蟲，力能墮胎。丹溪言婦人得之，應歸血海行血。酒蒸熟用，更主寒濕痿痹，四肢拘攣，膝痛不可屈伸，益腎強筋，理腰膝軟怯冷弱及腰脊痛，利陰氣，補精氣，療傷中少氣，男子陰消，老人失溺，愈陰分久瘧，補肝臟風虛。能引諸藥下行，凡筋骨痛風在下者，宜加用之丹溪。血少不能榮筋，腰腿痠軟及痛，斷不可缺嵩。川牛膝粗而黃者，能生精，酒浸十宿，焙乾用《龜齡集》。稟地中陽氣以生，其氣則兼乎木火之化也。故其味苦而酸平仲淳。君术、仙茅、木瓜、石斛、茯苓、石南葉、五加皮、萆薢、生地、黃芪、芍藥、虎骨、沉香、桂，治諸痹。同甘菊、石斛、木瓜、首烏、生地、虎骨、沉香、人參、术、黃芪、天麥冬、杜仲、續斷、芍藥、橘皮、黃檗、桑寄生、白鮮皮，治一切痿痹，四肢拘攣，筋骨疼痛。君當歸、地黃，能下死胎。加朴硝，立下胞衣。君木瓜、石斛、萆薢、生地、黃檗、五加皮、骨碎補、續斷、銀花、白及、芍藥、甘草、甘菊根、紫地丁、茜草、連翹，治鶴膝風。根苗同用，二三兩濃煎，調鼈甲末三錢，空心服，治瘧在陰分久不瘥者，三劑必已。胃虛加人參兩許，橘皮去白五錢。君青蒿、生地、麥冬、枸杞熬膏，治婦人血虛發熱，內熱口乾舌苦。小便不利，莖中痛欲死，鮮牛膝三四兩，土者亦可，並葉用。白酒煎濃，服之即愈，兼治婦人血結，腹堅痛。小便淋痛，或尿血，或沙石脹痛，用川牛膝一兩，水二盞，煎一盞，溫服。土牛膝亦可，或入麝香、乳香尤良。

附專用土牛膝方：喉痹乳蛾，鮮牛膝根一握，艾葉七片搗和人乳，取汁灌入鼻內，須臾痰涎從口鼻出即愈，無艾亦可。痢下腸蠱，痢應先白後赤，若先赤後白為腸蠱。土牛膝二兩搗碎，酒漬經宿，每服一兩盃，日三服。婦人血塊，土牛膝根洗切，焙搗為末，酒煎溫服，極效。猝得惡瘡，人不識者，土牛膝根搗敷之。

論：牛膝味苦，苦就下，入於至陰之腎無疑。苦後有酸，而氣復溫，是又陰中少陽之肝藥也。其子種於春時，歷夏秋而花實，秋間收子，九月杪始采其根，是秉木氣而宣暢於火，告成於金，以致其順下之用。順下者水也。觀其根一直下生，長者約三五尺，不可想見哉。夫人身陰氣，本隨陽以升，而陽之奉上者，又隨陰以達於下，設上之陽微而不能降，將腎肝之真陰亦虧，而血乃泣，患乃生。與陽亢而不得周於下者同。此味本木火之宣，成於金之降以歸水，而致其順下之用，是其順下，原不離乎木火之化，《本經》首治寒濕為病，義誠不妄也。假使告成於秋，而味固有辛，是其氣便駐於金，不成順下之性矣。惟不帶辛味，故直藉金之全力，以達木火之氣於水中耳。《本經》又謂其逐血氣，盧氏乃言逐血中之氣，於義何居？蓋營行脈中，衛行脈外。脈之內外，總是一氣。惟在脈中者，精專曰營；在脈外者，浮氣曰衛。浮氣固不能入脈，必衛氣充周，和調五臟，灑陳六腑，乃入於脈。是入脈者，即其氣之精專者也。然則脈中之營，不統於脈外之衛乎。故血中之氣病，乃衛弱不能祛邪，而氣着以為病耳。如寒則能疼，熱則能腫，在子宮則能孕能瘕，在膀胱則淋，在喉則痹，在腸則痢，在募原挾暑則瘧，在腸胃外則癥結，在皮膚內則癮疹、痞癗之類。牛膝本木火以達金水於下，非破血，乃化血，亦非就血而化，乃就血中之氣而化，故於痿痹拘攣，腰脊膝痛，又如五淋尿血莖中痛，月水不通，皆其的對。而癥瘕血結，惡血血暈，亦由治腎肝之陰氣以及之，蓋血乃真陰之化醇也。陰陽合同而生化者也。不生烏乎化，不化又何以生，此陰之能化，即能生，而陰能生化，又即為陽生化之地。牛膝療傷中陰衰，不得與破血散氣，致疑主治之相戾。抑足三陰從足走腹，而此之逐血氣以順下者，其義謂何？曰：足三陽從頭走足，乃三陰生化之原。凡寒濕痿痹等證，由於足三陽之氣不降，而此味秉木火之化，成於金水以順下，正合三陽下行之義，所謂逐血中之氣，蓋本此耳。夫三陽之不下行，亦本於水穀之氣不能並宗氣以下，而衛氣先虧耳，不調衛氣以為營氣之先，其能順下而通十二經脈乎。

繆氏：上焦藥中勿入。凡經閉未久疑似有娠者，勿用。脾虛清氣下陷而泄痢及脾虛而腿痛膝腫，大非所宜。嵩。

修治：行血，生用。入滋補藥，酒拌，蒸過用。

清・葉桂《本草再新》卷二　牛膝味酸，性平，無毒。入肝、腎二經。平肝強腎，舒筋骨，活血脈，治腰疼腿軟，經閉崩淋諸症。

清・吴其濬《植物名實圖考》卷一一　牛膝　《本經》上品。處處有之，以產懷慶、四川者入湯劑，餘皆謂之杜牛膝。《救荒本草》謂之山莧菜，苗葉可煠食，有紅、白二種。擣汁和鹽，治喉蛾。嚼爛罨竹木刺。俱神效。江西俚醫有用以打胎者，孕婦立斃，其下行猛峻如此。《廣西通志》謂之接骨草，治跌傷有速效云。

清・趙其光《本草求原》卷三隰草部　牛膝　氣平，屬秋，入肺。味苦、酸，屬火木，入心包肝。無毒。是秉木火之化，以升陰於上，仍歸金水以降陽於下，根直下生故也。使陰得陽宣而不滯，陽隨陰降而血不泣。故寒濕痿痹，入肺以通調水道，則足三陽下行，而濕熱寒溫皆除。四肢拘攣、膝痛不可屈伸。入肝活血養筋也。逐血氣，行血中氣，則血因氣凝之病可逐，非破血之比，以其入心包，苦能泄實也。傷熱火爛，苦能瀉火，故熱湯之傷、火傷之爛可完。墮胎，苦伐生生之氣，兼酸則湧泄而又下行，故胎墮。久服輕身耐老，統言其流通血脈之功。療傷中少氣，陰者中之守，以陽為化原，氣着為病，則陰傷氣少。益腎，利陰氣，增精髓，續絕，宣上順下以入於至陰之腎也。通經、通淋、止尿血、莖痛，產後腹痛，血暈，癰腫，傷折，陰分久瘧，尿秘失溺。

生用，去惡血。川產，酒浸焙，補肝腎。粗而黃者更生精。但性太下降，凡血虛、筋骨痛軟、脾虛下陷而泄痢、腿痛、膝腫、血崩切忌。

按：逐血中氣，如何營之精專在脈中、衛之浮氣行脈外而不入脈，然必衛氣充周，乃能調和臟腑而入於脈？脈之內外，總是一氣。衛弱而營不行，則血中之氣着而為病，由是寒則疼，熱則腫，而為癥瘕，為淋痢，為暑瘧、癮疹，陰分久瘧，根、苗同用，濃煎，調鱉甲末服，胃虚加陳皮、參。必得此上升而下行者，功乃捷。

懷慶、川產者，長大至三五尺，肥柔而潤，兼補精髓。一名百倍。

清・葉志詵《神農本草經贊》卷一 牛膝 味苦、酸。主寒濕痿痹，四肢拘攣，膝痛不可屈伸，逐血氣傷熱，火爛墮胎。久服輕身耐老。一名百倍。生川谷。

膝以形似，本赤莖方。枝枝相對，葉葉相當。四肢美暢，百倍堅強。功資注下，合散扶傷。

陶弘景曰：有節似膝，故以為名。吳普曰：葉如夏藍，本赤。李時珍曰：其苗方莖。蘇頌曰：節葉兩兩相對。古詩：枝枝相覆蓋。宋子侯詩：花花自相對，葉葉自相當。《易》：美在其中，而暢於四支。《史記・傳》：蔡澤百體堅強。《新論》：從高注下。《後漢書・傳》：劉陶合散扶傷。

清・劉東孟傳《本草明覽》卷一 牛膝 【略】按：五味之症，極難見效，惟牛膝一兩，入乳香少許，數劑即安。惟主下行，且能滑竅。凡夢失遺精，并气虚下陷，血崩不止者禁用。

清・張仁錫《藥性蒙求・草部》 牛膝杜牛膝。三錢。 牛膝味苦，除濕痿痺。壯骨強筋，破胎下瘀。苦酸而平，肝腎經藥。能引諸藥下行，故上焦藥中不入。酒蒸則甘酸而溫，益肝腎，強筋骨。而生用散惡血，破癥結，治淋痛，尿血。入腎有用鹽水炒。○出四川及懷慶府，長大肥潤者良。下行生(血)用。○張路玉云：懷產者長而無旁鬚。水道濇滲者用之甚宜。川產者細而微黑，精氣不固者宜之。得蓯蓉則益腎，得杜仲則補肝。○處處有之。謂之杜牛膝，性專下走，毫無補益。凡用，春夏用葉，秋冬用根，惟葉汁效尤速。○牛膝為淋症要藥，血淋尤宜。杜牛膝亦可。

清・劉善述、劉士季《草木便方》卷一草部 小牛膝 回陽草平度血草，腰膝損跌活血好。能療月瘕煎酒服，口嚼調塗惡犬咬。勞傷失血鼻衄用，去瘀生新稱至寶。

清・劉善述、劉士季《草木便方》卷一草部 對節草 牛膝根葉苦酸平，筋骨腰膝心腹疼。瘧痢淋血喉牙痛，惡瘡損折退翳靈。二種，紅白二分。

清・王燕昌《王氏醫存》卷一五 牛膝之害 脾溼泄瀉及胞溼尿濁，用牛膝則腫腿。下部有痰，用之則生瘤。中氣虚用之則下陷。於二便小腸有溼寒用之，則為濁為淫。有溼熱用之，則為淋瞖。有熱用之，則強中。孕婦服之則墮胎。皆因其性下行也。凡性之上行者可悟矣。

清・黃光霽《本草衍句》 懷牛膝苦、酸，平。 補肝益腎，能引諸藥下行。健骨強筋，可助十二經脈。除兩膝之痠痛，續絕補中。療四肢之拘攣，痛連腰脊。久瘧寒熱，陰痿失溺。至於墮胞胎而止產後之疼，逐瘀血而破心腹之積。喉閉齒痛，虚火上浮。莖痛五淋，小水短少。降濁澄清，直奔下極。生用逐瘀，熟用強筋。得肉蓯蓉則益腎，得杜仲則補肝。 小便淋痛，莖中痛欲死，或尿血，或砂石脹痛，用川牛膝一兩，煎服。喉痺乳娥，用鮮牛膝根一握，艾葉七片，搗和，人乳取汁，灌入鼻中，須臾痰涎從口鼻出，即愈。無艾亦可。胞衣不下，用牛膝八兩，葵子一合，煎服。

清・陳其瑞《本草撮要》卷一 牛膝 味酸苦，入足厥陰經，功專下達。生用逐瘀，熟用強筋。得肉蓯蓉益腎，得杜仲補肝。性下行滑竅，夢遺失精，及脾虚下陷，因而腿膝腫痛者禁用。下行生用，入滋補藥酒浸蒸。惡龜甲，畏白前，忌羊肉。墮胎。

清・鄭奮揚著，曹炳章注《增訂偽藥條辨》卷二 牛膝 偽名洋牛膝。與懷牛膝色不同，而性自異。按牛膝今時用根，味甘臭酸，其性微寒。惟懷慶及川中出者為真，根皆長大柔潤。近道雖有，謂之土牛膝，別有治法，古方尚不用之，況此種洋牛膝乎？ 炳章按：牛膝計有三種，功用各有專能。河南懷慶產者，曰懷牛膝，根長二三尺，肉肥色黃白，皮光潔，性糯，枝粗者佳。天津產者，皮黃粗糙，有軟刺不圓，性粳者次。四川產者，曰川牛膝，根莖粗，無蘆，色黃黑，枝粗軟糯者良，去頭梢用。浙江各地出者，曰杜牛膝，紫梗綠葉，對節而生，葉頗類莧，根細短，含有滑汁，治喉症能引吐惡痰毒痰，利小便。懷牛膝補筋健骨，滋肝腎之功，如牛之有力也，故名。川牛膝祛風利下焦濕。種類不同，效用亦異。

川牛膝

清・嚴潔等《得配本草》卷三 川牛膝 辛、酸、苦。入肝經。去風治痹。 配加皮，治風痛。

清·黃宮繡《本草求真》卷二　川牛膝引入下部經絡血分。　牛膝耑入肝腎。苦酸而平。按據諸書，雖載酒蒸溫補肝腎，強健筋骨，凡足痿筋攣，陰痿失溺，久瘧下痢，傷中少氣，治皆有效。又載生用則能活血，破瘀消腫，治痛通淋，引藥下行。淋屬熱，至其莖痛不可忍，手按熱如火爍，血出鮮紅不黯，淋出如砂如石，臍下妨悶，煩躁熱渴，六脉沉數有力。淋屬虛致，其莖多不見痛。即痛或喜手按，或於溺後纔痛，稍久則止，或登廁小便澁痛，大便牽痛，面色痿黃，飲食少思，語言懶怯，六脉虛浮無力。淋屬虛實兼致，其莖或見痛極，六脉弦數而按不甚有力，飲食少思而神不見昏倦，溺即滴點不斷，而出則無砂石膏血，脉即虛軟無力，而血反見鮮潤，腹即脹硬不消，而氣短結，牛膝雖淋症要藥，然亦須審虛實權衡，不可盡以牛膝治也。然味薄氣厚，性沉，炙滑，用於下部經絡血分舒氣則可。若使肺分氣薄，遺脫泄瀉，則又當知忌戒，不可因其氣虛而概用之。時珍曰：牛膝乃足厥陰少陰，所主之病，大抵得酒則能補肝腎，生用則能去惡血，二者而已。其治腰膝骨痛、足痿陰消、失溺久瘧、傷中少氣諸病，非取其補肝腎之功歟！其治癥瘕心腹諸痛、癰腫、惡瘡、金瘡折傷、喉齒淋痛、尿血、經候胎產諸病，非取其去惡血之功歟！出於川者性味形質雖與續斷相似，服之可無精滑之弊。然肝主司疎泄，腎主閉藏，此則疎泄獨具而鮮固蟄。書云益腎，殊覺未是。杜牛膝氣味更涼，嚼之味甘而不苦，主治多是解毒破血，瀉熱吐痰。如溺閉症見氣喘面赤有斑，用杜牛膝濃煎膏飲，下血一桶，小便通而愈，又不省人事，絞汁入好酒，灌之即甦。以醋拌渣敷項下，驚風痰瘧，服汁能吐痰涎，喉痹用杜牛膝搗汁，和米醋半盞，用雞翅毛蘸攪喉中以通其氣。　較之川牛膝，微覺有別。牛膝出西川及懷慶府，長大肥潤者良。下行生用，入滋補藥酒蒸，惡龜甲，畏白前，忌牛肉。

清·文晟《新編六書》卷六《藥性摘錄》　川牛膝　苦酸而平，入肝腎，引入下部經絡血分。生用則能活血破瘀，消腫止痛，通淋。〇酒拌蒸，則滋補肝腎，強筋健骨。凡足痿筋攣，陰痿失溺，久瘧下痢，皆有効。〇若肺分氣薄，遺脫泄瀉者，忌之。〇川產良，懷慶亦佳。〇惡龜甲，畏白前，忌牛肉。

清·戴葆元《本草綱目易知錄》卷一　川牛膝　苦酸而平，足厥陰、少陰經藥。能引諸藥下行。酒拌蒸，能調和氣血，益肝腎，強筋骨。生用逐惡血，破癥結，墜生胎，落死胎，助十二經脈。治寒濕痿痹，四肢拘攣，腰膝酸軟，不可屈伸，久瘧寒熱。除腦中痛及腰脊痛，五淋尿血，莖中作痛，喉痹乳蛾，口瘡齒痛，癰腫金瘡，折傷閃朒，止痛排膿，婦人經水不通，血結，產後心腹痛，血運。然性下行，而滑竅夢遺失精及脾虛下陷，因而腿膝腫痛者，禁用。川產良。忌牛肉。【略】

川懷牛膝　味甘微苦，體潤氣清，入足少陰、厥陰經。主傷中少氣，助十二經脈，補肝臟風虛。能調和氣血，養肝腎，利陰器，填骨髓，壯筋骨，起陰痿，強機關。治虛羸痿痹，腦痛脊疼，腰膝軟怯，足痿冷弱，男子陰消，老人失溺。酒蒸久服，輕身耐老。其性甘平，無滑竅墜胎之患，補劑宜之。忌牛肉。葆按：川牛膝色微紅，粗如拇指，氣溫味苦，故雖理血而破血，墜胎，滑竅。懷牛膝色黃，細如燈草，能和經脈而補血氣，產自懷慶，故名。《本草》未分，而近用者多，故補之。

倒扣草

清·趙其光《本草求原》卷一山草部　倒扣草即土常山。　苦，溫。止骨痛，治瘧疾、小腸氣痛。

土牛膝

宋·王介《履巉巖本草》卷下　杜牛膝　性烈，有毒。治傷折閃朒，細搗罨患處，甚效。婦人不可服，蓋能破血氣墮胎。

宋·張杲《醫說》卷五　砂石淋　鄞縣尉耿夢得妻苦砂石淋十三年，每溺時器中剝剝有聲，痛楚不堪說。命採苦杖根，俗呼為杜牛膝者，浄洗，碎之，凡一合，用水五盞，煎耗其四，而留其一，去滓，以麝、乳香末少許，研調服之，一夕愈《本事方》。

明·蘭茂撰，清·管暄校補《滇南本草》卷上　土牛(夕)〔膝〕　味酸。治疔瘡癰疽，敷患處。亦能打胎。仝猪肉煨食之，能明目。

明·蘭茂撰，清·管暄校補《滇南本草》卷中　紅牛膝一名杜牛膝，又名雞豚草。　性微寒，味酸、辛。陰也，降也。入肝脾二經，行十二經絡。治婦人逆經，當期惡寒，怯冷發熱，腹痛，胸脇氣脹，错經妄行，吐血衂血，咳痰帶血，此由陰虛火盛，虛火逼血，以致妄行。治宜滋陰降火。紅牛膝二錢，淮生地一錢，土丹皮八分，黑元參一錢，(只)〔枳〕殼一錢，苦馬菜二錢，延胡三錢，水煎，點水酒、童便服之。

又方：治紅崩初起，赤白帶下，小便淋漓，或急脹等症。紅牛膝三錢，清明楊柳二錢，土茯苓二錢，水煎，點水酒服。　又方：治乳蛾乍腮，牙根、咽喉腫痛，湯水難下，以及喉閉喉風等症。紅牛膝三錢，苦馬菜根二錢，白頭翁二錢，射干一錢，赤芍五分，甘草五錢，水煎服。　又方：治五淋，赤白便濁。紅牛膝一錢，木賊根二錢，秦艽一錢，八仙草一錢，甘草五分，水煎，點水酒服。

又方：治癰疽瘡癤，七天后服之，消腫潰硬。紅牛膝不拘多少，水煎，點水酒服。補熱，虛癆發熱症，重用紅牛膝退虛熱，服之身涼。有涼一二天，或七八天後復熱者，此皆危症，難治。

附案：昔有何姓婦人，七月內小產，用補氣藥過急，瘀血不盡，遂成尿血，腰疼痛，微發熱，煩渴，舌燥，肚腹微痛，小便時滴鮮血一二點。延醫調治，一治以血崩，一治以赤白帶下，切不見效。遂用紅牛膝方，三服燒退，下乾紫血一小塊後，遂痊癒。

明·蘭茂《滇南本草》〔叢本〕卷上 紅牛(夕)〔膝〕一名杜牛(夕)〔膝〕，一名雞豚草。

味酸、辛，性微寒。入脾肝二經。行十二經絡，行血，破瘀血血塊，涼血熱。療婦人月經閉滯，瘀血疼痛。產後婦人發熱寒熱蓐勞。治室女逆經妄行，衄血嘔血，紅崩，帶下赤白。尿急淋瀝，寒溫氣，筋骨疼。強筋舒筋。攻瘡毒，熱毒紅腫，乳蛾乍腮。治男子五淋，赤白便濁。孕婦忌用，破血墜胎。註補：紅牛(夕)〔膝〕，水酒為使，畏鹽。發熱忌鹽，不忌者熱不能退淨。治產婦七天內或傷風着氣，寒邪入于血分，頭疼怕冷，夜間發熱，口乾煩渴，胸隔飽脹，不思飲食，肺氣疼痛，瘀血不行，肚腸作痛，惡露不淨，蓐勞等症。紅牛(夕)〔膝〕、生地黃、丹皮、秦歸、玄參、地骨皮、銀柴胡、黃芩、白茯苓，引童便點服。治女子五種勞熱，月經不調，燒經咳血，或有過期短少，參差不調，白帶漏下，小便淋瀝等症。午後怯寒，熱後手足冰冷，先手心發熱，次夜間身體發熱，口乾煩渴，至天明出虛汗，汗後熱退，次早頭眩，耳鳴心慌，四肢酸耎，飲食無味，精神短少，五虛之症見矣。即用前方煨，加用之立效。煩渴加浙冬、淡竹葉。咳嗽加天冬、陳皮、百合。泄瀉加淮山藥、蓮米微炒。吼喘加杏仁、馬兜鈴、蘇子、蔞仁、陳皮。心慌不眠加棗仁、龍眼、栢子仁、遠志。頭痛眩，加荊芥穗。胸膈飽脹加神粬、砂仁、厚朴。引照前方，點童便服。治婦人室女經行月事之期，惡寒怕冷發熱，肚腹疼痛，胸膛腰肋氣脹，鼻血吐血，咳嗽痰上帶血，此由陰血虛，火勝火盛，逼血而錯經妄行，治宜滋陰降火，紅牛(夕)〔膝〕二錢、生地一錢、黑元參二錢、枳殼一錢、土丹皮八分、玄胡三錢、苦馬菜二錢，引童便、水酒服。治婦人紅崩初起，赤白帶下，尿急腹脹，小便淋瀝之症，紅牛(夕)〔膝〕三錢、清明楊柳二錢、土茯苓二錢，引點水酒服。治五淋膏淋，赤白便濁等症，紅牛(夕)〔膝〕二錢、木賊根二錢、秦艽一錢、甘草五錢、八仙草二錢，引點水酒服。

註補：燒經咳血論：夫男女秉天地之氣以生，有生之候，男則氣血調和，女則氣有餘，血不足也。婦人燒經咳血，經候不調，氣以行之，血以濡之，氣逆則血逆，遇月信時忿怒妬忌，鬱怒傷肝，肝為血海，肝主藏血，衝任之系，寄屬肝腎，衝任損傷，肝血失守，氣盛血逆，是調血海之波，不能流行以滯血。為病見症，每月信經期或有三天前，或五天前，如傷風形症，頭疼體困，怯寒怕冷，發熱煩渴，腰疼腹痛，胸膈、奶乳、腰肋、小肚氣脹，發熱，至三四天後，月信方行，其色淡黃，或有紫色，經行滯澀難行；或有散經，延綿八九日方斷止；月信後頭暈心慌，耳鳴自汗，五心手足煩熱，肢體酸耎，精神短少，飲食無味，七八日後精神復舊。次者月信過期方行，或三十五日行，或四十日方行，以後期數漸遠，病則重矣。又有月信閉滯不行，午後怕冷，形如瘧症，夜間發熱，口乾煩渴，飲食減少，勞熱咳嗽，腹中塊疾，或左或右，上攻心口疼痛，手足麻腫，以成危症。註補：紅牛(夕)〔膝〕載醫案應驗。奇方：有何姓婦人，于舊年小產，在七月間用藥急速，腹內有瘀血不淨，後成尿血症，腰痛發熱，口乾煩渴，舌燥，小肚微疼，小便滴二三點。何姓延醫調治。一醫以紅崩症治，不效。一醫以赤白帶治之，不效。後用紅牛(夕)〔膝〕，連服三劑，去紫黑瘀血，燒乾於腹內一小塊，小便永無血，全愈。註補：紅牛(夕)〔膝〕應驗方，於虛勞症、發熱症用。紅牛(夕)〔膝〕退虛熱發燒，服之身涼熱退安好。若有一二天後復熱發燒，五七天後發熱作燒，此即危症，難治。

明·姚可成《食物本草·救荒野譜補遺·草類》 山牛膝食葉。周定王《救荒本艸》謂之山莧菜。采苗汋食。

山牛膝，屈伸也自知勞逸。愁見東山明月出，調燮當年推丙吉。問渠何事喘聲悲，耕作極兮筋力疲。旱潦不調傷田畦，徒辛苦兮民仍飢。但願雨暘得其時，人畜竝受天之禧。

清·汪昂《本草備要》卷二 杜牛膝一名天名精，一名地菘。瀉熱，吐痰，破血，解毒。

甘，寒，微毒。能破血，一婦產後，口渴氣喘，面赤有斑，大便泄，小便秘。用行血利水藥不效，用杜牛膝濃煎膏飲，下血一桶，小便通而愈。能止血吐痰，除熱解毒殺蟲。治乳蛾喉痹，砂淋血淋，《良方》曰：濃煎，加乳、麝少許，神效。小兒牙關緊閉，急慢驚風。不省人事者，絞汁入好酒灌之即甦。以醋拌渣，傅項下。服汁，吐瘧痰。驚風服之，亦取其吐痰。漱汁，止牙痛。擣之，傅蛇、蟲螫毒。根白如短牛膝。地黃爲使。煎湯洗痔，渣塞患處良。

清·汪紱《醫林纂要探源》卷二 土牛膝 甘，寒，微酸。莖葉如牛膝，而花作五出，根短白。一名天名精。功專緩肝，去毒熱。肝緩則毒熱可去，故治喉痺血淋，小兒急慢驚風，又治積痰積血。搗傅蛇蟲毒。

清·嚴潔等《得配本草》卷三　土牛膝即天名精根。去風破血。春夏用葉，秋冬用根，葉汁尤速。

清·趙其光《本草求原》卷三隰草部　土牛膝　短而細，專破血氣。治小便淋痛，尿血，或沙石脹痛，不論川生、土生並效。濃煎，調乳香、麝香。喉痹、乳蛾，鮮者取汁，和人乳灌鼻，即痰涎從口鼻中出，加艾汁尤妙。痢下先赤後白，名腸蠱，酒搗便服。婦人血塊，尿秘莖痛欲死，酒煎，或為末酒調，連葉用更佳。無名惡瘡、金瘡。生搗敷。

耐驚菜

明·朱橚《救荒本草》卷上之前　耐驚菜　一名蓮子草。以其花之蓇葖狀似小蓮蓬樣，故名。生下濕地中。苗高一尺餘，莖紫赤色，對生莖叉，葉似小桃紅葉而長，梢間開細瓣白花而淡黃心。葉味苦。　救飢：採苗葉煠熟，油鹽調食。

清·何諫《生草藥性備要》卷上　節節花　散瘀、消毒、敷瘡甚妙。一名蝦鐮菜。

苦麻

明·鮑山《野菜博錄》卷一　苦麻　苗搨地叢生，葉似山莧菜葉，稍尖瘦。葉梢間開紫色長條花，花似鼠菊。性平，味寒，無毒。　食法：採嫩葉煠熟，淘去苦味，油鹽調食。

千日紅

清·吴其濬《植物名實圖考》卷二七　千日紅　《花鏡》：千日紅本高二三尺，莖淡紫色，枝葉婆娑。夏開深紫色花，千瓣細碎，圓整如球，生於枝杪，至冬葉雖萎而花不蔫。婦女採簪於鬢，最能耐久。略用淡礬水浸過，晾乾藏於盒，來年猶然鮮麗。子生瓣內，最細而黑，春間下種即生。喜肥。

青葙子

宋·唐慎微《證類本草》卷一〇草部下品〔《本經·別錄》〕　**青葙子**　**味苦，微寒**，無毒。**主邪氣，皮膚中熱，風瘙身痒，殺三蟲**，惡瘡疥蝨，痔蝕，下部䘌瘡。**子名草決明**，**療脣口青**。**一名草蒿，一名萋蒿**。生平谷道傍。三月採莖葉，陰乾。**五月、六月採子**。

〔梁·陶弘景《本草經集注》〕云：處處有。似麥柵花，其子甚細。後又有草蒿，別本亦作草藁。今即主療殊相類，形名又相似極多，足爲疑，而實兩種也。

〔唐·蘇敬《唐本草》〕注云：此草，苗高尺許，葉細軟，花紫白色，實作角，子黑而扁光，似莧實而大，生下濕地，四月、五月採。荆、襄人名爲崑崙草。搗汁單服，大療溫癘甘䘌。

〔宋·掌禹錫《嘉祐本草》〕按：《蜀本圖經》云：葉細軟長，亦爲蔓。今所在下濕地有。《藥性論》云：青葙子，一名草藁，味苦，平，無毒。能治肝藏熱毒衝眼，赤障青盲瞖腫，主惡瘡疥瘙，治下部蟲䘌瘡。蕭炳云：今主理眼，有青葙子丸。又有一種花黃，名陶珠術，苗相似。日華子云：治五藏邪氣，益腦髓，明耳目，鎮肝，堅筋骨，去風寒濕痹，苗止金瘡血。

〔宋·蘇頌《本草圖經》〕曰：青葙子，生平谷道傍，今江淮州郡近道亦有之。二月內生青苗，長三四尺。葉闊似柳細軟，莖似蒿，青紅色。六月、七月內生花，上紅下白。子黑光而扁，有似莨菪。根似蒿根而白，直下獨莖生根。六月、八月採子。又有一種花黃，名陶珠術，苗亦相似，恐不堪用之。

〔宋·唐慎微《證類本草》〕雷公云：凡用，勿使思蓂子并鼠細子，其二件真似青葙子，只是味不同。其思蓂子味跙，煎之有涎。凡用先燒鐵臼杵，單搗用之。《廣利方》：治鼻衄出血不止。以青葙子汁三合，灌鼻中。《三國志》云：《魏略》：初平中有青牛先生，常服青葙子，年如五六十者，人或識之，謂其已百歲有餘爾。

宋·寇宗奭《本草衍義》卷一一　青葙子　《經》中并不言治眼，《藥性論》始言之。能治肝臟熱毒衝眼、赤障、青盲。蕭炳亦云：理眼。日華子云：益腦髓，明耳目，鎮肝。今人多用之治眼，殊不與《經》意相當。

宋·鄭樵《通志》卷七五《昆蟲草木略》　青葙　曰草蒿，曰萋蒿，曰草藁。花似後庭花，實如莨菪子，俗呼牛尾蒿。其主療與決明子同，故亦有草決明之名。

宋·劉明之《圖經本草藥性總論》卷上　青葙子　味苦，微寒，無毒。主邪氣，皮膚中熱風瘙身痒，殺三蟲，惡瘡疥虱，痔蝕，下部䘌瘡。子名草決明。《藥性論》云：治肝臟熱毒衝眼，赤障青盲翳腫，主惡瘡疥瘙，治下部蟲䘌瘡。日華子云：治五臟邪氣，益腦髓，明耳目，鎮肝，堅筋骨，去風寒濕痹。苗，止金瘡血。所在有，似麥柵花，其子甚細。

宋·王介《履巉巖本草》卷上　草決明　一名青葙子，一名草蒿，一名萋蒿。味苦，微寒，無毒。主邪氣，皮膚中熱，風瘙身痒，殺三蟲，惡瘡疥蝨痔蝕。治肝藏熱毒衝眼，赤障青盲，(醫)〔翳〕腫，主惡瘡疥瘙。治鼻中出血不止，以草決明擣汁三合，灌鼻中。

宋・陳衍《寶慶本草折衷》卷一〇　青葙子汁在內。○苗、莖附。　一名草決明。一名草蒿，一名萋蒿，一名草藁，一名崑崙草。生江淮平谷及滁州。今處處道傍及下濕地有之。○四五六七八月採子。○附：苗、莖三月採，陰乾。

味苦，平，微寒，無毒。○主邪氣，皮膚熱風，下部䘌瘡。○《藥性論》云：治肝藏熱毒衝眼，赤障青盲，翳腫。○日華子云：益腦髓，明耳目，鎮肝，堅筋骨，去風寒濕痹。○《圖經》曰：子黑光扁，似莨菪。○《廣利方》：治鼻衄。以青葙子汁灌鼻中。

附：苗、莖。○止金瘡血。艾氏云：捋傅之。

元・尚從善《本草元命苞》卷五　青葙子　一名草蒿。味苦、平、微寒，無毒。主肝臟熱毒攻衝，治赤眼青盲瘴瞖。殺三蟲，惡瘡疥癬，除皮膚邪熱風瘙。去風寒濕痺，治下部䘌瘡，鎮肝經明目，益腦髓，除風。苗止金瘡血，子療脣口青。生平谷道傍，今江淮多有。葉如柳細，莖似蒿，青花，上紅下白，子黑光而扁，形如莨菪。根若蒿根，三月採莖葉，五月收子實。

明・蘭茂《滇南本草》〔叢本〕卷中　青葙子即雞冠子。　味甘、微苦，性微寒。入肝，明目。淚澀難開，白翳遮睛，花淩青翳，用之良效。

明・王綸《本草集要》卷二　青葙子　味苦，氣微寒，無毒。三月採莖葉，陰乾。五月、六月採子。　主邪氣，皮膚中熱，風瘙身癢，殺三(蟲)〔蟲〕，惡瘡疥虱，痔蝕，下部䘌瘡。○子名草決明，療唇口青，治肝臟熱毒衝眼，赤障青盲，翳腫，益腦髓，明耳目，鎮肝。

明・滕弘《神農本經會通》卷一　青葙子　子名草決明。三月採莖葉，陰乾。五六月採子。凡使勿用思蓂子，并鼠細子，二件相似，但味不同。思蓂子味跙，煎之有涎。一名萋蒿子。一云白鷄冠花子。　味苦，氣微寒，無毒。

《本經》云：主邪氣，皮膚中熱，風瘙身痒，殺三蟲，惡瘡疥蝨痔蝕，下部䘌瘡。子，名草決明，療脣口青。《藥性論》云：味苦，平，無毒。治肝臟熱毒衝眼赤障，青盲瞖腫。主惡瘡疥瘙，治下部蟲䘌瘡。日華子云：治五臟邪氣，益腦髓，明耳目，鎮肝，堅筋骨。去風寒濕痺。苗，止金瘡血。《衍義》曰：《經》中並不言治眼。《藥性論》云：理眼，今人多用之治眼。殊不與《經》意相當。日華子始言之。蕭炳亦云：理眼。今人多用之治眼。殊不與《經》意相當。《局》云：青葙子主皮膚熱，又治肝經熱上衝。明目去風除瘙痒，并攻瘡痔，殺三蟲。青葙子，開眼翳。

明・劉文泰《本草品彙精要》卷一三　青葙子無毒。　植生。

青葙子出《神農本經》：**主邪氣，皮膚中熱，風瘙身癢，殺三蟲，療唇口青。**以上朱字《神農本經》。惡瘡，疥虱痔蝕，下部䘌瘡。以上黑字名醫所錄。　〖名〗草蒿、萋蒿、草藁、昆侖草、草決明。　〖苗〗《圖經》曰：二月生苗，長三四尺。葉闊似柳，軟莖似蒿，青紅色，六七月開花，上紅下白，子黑光而匾，有似莨菪，根似蒿根而白，直下，獨莖生根。又有一種花黃，名陶珠術，苗亦相似，恐不堪用。《唐本》注云：此草苗高尺許，葉細軟，花紫白色，實作角，子黑而匾光，似莧實而大，四月、五月生下濕地，荊襄人名爲昆侖草。　〖地〗《圖經》曰：生江淮州郡平谷，道傍皆有之。〖道地〗滁州。　〖時〗生：二月生苗。採：三月取莖葉，六月、八月取子。　〖收〗陰乾。　〖用〗子。　〖質〗類雞冠花子。　〖色〗黑。　〖味〗苦。　〖性〗微寒，泄。　〖氣〗味厚于氣，陰也。　〖主〗惡瘡，疥瘙，目腫，盲翳。　〖製〗《雷公》云：凡用，先燒鐵臼杵，單擣用。　〖治〗療：《唐本》注云：苗，治溫癘，擣汁服。《藥性論》云：子，治肝臟熱毒衝眼，赤障，青盲，翳腫。日華子云：子，治五臟邪氣，鎮肝，堅筋骨，去風寒濕痹。苗，止金瘡血。《別錄》云：子汁，療鼻衄，出血不止，以三合灌鼻中，瘥。補：日華子云：益腦髓，明耳目。　〖贗〗思蓂子、鼠細子爲偽。

明・許希周《藥性粗評》卷三　瞳矇開鎖于青葙。

青葙子，白雞冠花子也。一名草蒿，一名崑崙草。二月內生青苗，一莖直上，長三四尺，葉闊似柳，軟莖似蒿，青紅色，六七月生花，上紅下白，子細如莧，黑光而扁。江南平原處處有之，土人五六月採其葉以為茹。八月採子，陰乾收貯。餘說《本草》不載。味苦，性微寒，無毒。主治邪氣遊風，皮膚燥癢，風熱上衝，眼目昏瞖，涼肝明目，殺三蟲，攻痔漏。

單方：鼻衄不止：以青葙子擣汁三合，灌鼻中。　眼瞖不明：凡患兩目昏澀，青盲赤障，皆肝經受熱也，用青葙子每服一錢，生地黃二錢，黃連三分，煎湯服之，日二三服，妙。

明・鄭寧《藥性要略大全》卷七　青葙子即野雞冠花子。　治皮膚中熱風瘙痒，殺三蟲，治瘡疥蝨痔。治五臟邪氣，治目疾。《經》云：益腦髓，明目聰耳。鎮肝，堅筋骨，去風寒濕痹。　味苦，氣寒、平，無毒。又云：花紫白，實作角子，黑而扁小，似莧實而大。○苗止金瘡。

明・陳嘉謨《本草蒙筌》卷二 青葙子　味苦，氣平，微寒。無毒。園圃俱有，江淮獨多。莖直似蒿青紅，葉大如柳柔軟。花上紅下白，形類鷄冠。即野鷄冠花純白者勝。子黑匾而光，粒同莧實。六月收取，多治眼科。去肝臟熱毒上衝，青盲瞖腫；除心經火邪暴發，赤障昏花。堅筋骨鎮肝，益腦髓聰耳。莖葉亦妙，春採陰乾。治風熱瘙癢於皮膚，療疥痔蟲䘌於下部。止金瘡去血，塞鼻衄來紅。

謨按：《本經》欵內載曰：子名草決明，意謂功專治眼，特假別名以美之，非真為決明子也。若以為然，則原揭諸簡端，何不直書而但曰青葙子乎？正猶沙參一名知母，龍眼一名益智，名同而實異也。且別條所載決明子藥，粒狀稍大，主治尤優。世醫弗明，或偏執一，不免得此失彼，大辜藥味之能矣。幸而此曰草決明，彼曰決明子。兩名雖一，上下字差略，此分別不同，讀者不可不識也。

明・王文潔《太乙仙製本草藥性大全》卷一《本草精義》 青葙子　一名草蒿，一名蓳蒿。生平谷道傍，今江淮州郡近道亦有之。二月內生青苗，長三四尺，葉闊似柳，軟莖似蒿，青紅色。六月、七月內生花，上紅下白，形類雞冠。子，黑光而扁，有似莨菪，粒同莧實，根似蒿根而白，直下，獨莖生根。六月、八月採子。又有一種花黃，名陶珠术，苗亦相似，恐不堪用之。

明・王文潔《太乙仙製本草藥性大全》卷一《仙製藥性》 青葙子　味苦，氣微寒，無毒。　主治：治眼科，去肝臟熱毒上衝，青盲瞖腫，除心經火邪暴發，赤障昏花，堅筋骨，鎮肝益腦髓，聰耳，治三蟲，惡瘡疥蟲生，痔蝕，下部䘌瘡。　莖葉：亦妙，春採陰乾。治風熱瘙癢於皮膚，療疥痔蟲䘌於下部，止金瘡去血，塞鼻衄來紅。　子：名草決明，療唇口青，治盲，肝臟熱毒衝眼赤障，明目鎮肝。　補註：治鼻衄出血不止，以青葙子汁三合，灌鼻中。○昔《三國志》云：《魏略》：初平中，有青牛先生常服青葙子，年如五六十者，人或識之，謂其已百歲有餘耳。○青葙子，《經》中並不言治眼，《藥性論》始言之能治肝臟熱毒衝眼、赤障、青盲。蕭炳亦云理眼。日華子云：益腦髓，明耳目鎮肝。今人多用治眼，殊不與《經》意相當！　太乙曰：凡用勿使思蓂子并鼠細子，其二件真似青葙子，只是味不同，其思蓂子味（粗）〔跙〕，煎之有涎。凡用先燒鐵臼杵，單擣用之。

明・皇甫嵩《本草發明》卷三 青葙子下品上，佐使。氣微寒，味苦，無毒。

發明曰：青葙子苦寒，除風濕熱之用。故《本草》主邪氣，皮膚中熱風身痒，殺三蟲，瘡疥蝨痔䘌瘡，此能除風濕熱也。《本經》並不言治眼，今眼科專用之，以其苦寒，去肝藏熱毒上衝，青盲翳腫，心經火邪暴發赤障昏花。又云：堅筋骨，益腦髓，聰耳。抑以苦寒滋陰，以益肝腎歟。一名草決明。非決明子也。狀直似蒿，葉大如柳，柔軟，花上紅紫下白，形似雞冠，子黑匾而光，云即野雞冠花，純白者勝。

明・李時珍《本草綱目》卷一五草部・隰草類上 天靈草。時珍曰：按《土宿真君本草》云：狀如鷄冠花，葉亦如之，折之有液如乳，生江湖荊南陂池間。五月取汁，可制雄、硫，煮雌煉砂。

明・李時珍《本草綱目》卷一五草部・隰草類上 青葙《本經》下品

〔釋名〕草蒿《本經》　萋蒿《本經》　崑崙草《唐本》　野鷄冠《綱目》　鷄冠莧《綱目》　子名草決明　《本經》時珍曰：青蒿名義未詳。胡麻葉亦名青蘘，此草又多生於胡麻地中，與之同名，豈以其相似而然耶？青蒿亦名草蒿，其功相似，而名亦相同，何哉？其子明目，與決明子同功，故有草決明之名。其花葉似鷄冠，嫩苗似莧，故謂之鷄冠莧。鄭樵《通志》言俗名牛尾蒿者，誤矣。

〔集解〕《別録》曰：青葙生平谷道旁。三月採莖葉，陰乾。五月六月採子。弘景曰：處處有之。似麥柵花，其子甚細。別有草蒿，或作草藁，主療殊相類，形名又相似，可疑，而實兩種也。恭曰：此草苗高尺餘，葉細軟，花紫白色，實作角，子黑而扁光，似莧實而大，生下濕地，四月、五月〔採〕，荆襄人名爲崑崙草。頌曰：今江淮州郡近道亦有之。二月生青苗，長三四尺。葉闊似柳而軟。莖似蒿，青紅色。六月、七月內生花，上紅下白。子黑光而扁，似莨菪。根亦似蒿根而白，直下獨莖生根。六月、八月採子。時珍曰：青葙生田野間，嫩苗似莧可食，長則高三四尺。苗葉花實與鷄冠花一樣無別。但鷄冠花穗或有大而扁或團者，此則梢間出花穗，尖長四五寸，狀如兔尾，水紅色，亦有黃白色者。子在穗中，與鷄冠子及莧子一樣難辨。蘇恭言其結角，誤矣。蕭炳言黃花者名陶朱術，與陳藏器所說不同。又有天靈草，亦此類也，並附於下。

莖葉　〔修治〕斅曰：凡用先燒鐵杵臼，乃擣用之。　〔氣味〕苦，微寒，無毒。　〔主治〕邪氣，皮膚中熱，風瘙身癢，殺三蟲《本經》。惡瘡疥蝨痔蝕，下部䘌瘡《別録》。擣汁服，大療温癘蘇恭。止金瘡血大明。

子　〔氣味〕苦，微寒，無毒。權曰：苦，平。　〔主治〕唇口青《本經》。治五臟邪氣，益腦髓，鎮肝，明耳目，堅筋骨，去風寒濕痹大明。治肝臟熱毒衝眼，赤障青盲翳腫，惡瘡疥瘡甄權。

【發明】炳曰：理眼，有青葙子丸。宗奭曰：青葙子，《經》中不言治眼，惟《藥性論》、日華子始言治肝明目。今人多用治眼，殊與《經》意不相當。時珍曰：青葙子治眼，與决明子、莧實同功。《本經》雖不言治眼，而云一名草决明，主唇口青，則其明目之功可知矣。目者肝之竅，唇口青者足厥陰經之證，古方除熱亦多用之，青葙子之爲厥陰藥，又可知矣。況用之治目，往往有驗，尤可徵。據《魏略》云：初平中有青牛先生，常服青葙子丸，年百餘歲，如五六十者。

【附方】舊一　鼻衄不止：眩冒欲死。青葙子汁三合，灌入鼻中。《貞元廣利方》。

明・佚名氏《醫方藥性・草藥便覽》　青葙子　其性溫。治睛瞑目，去翳。白雞冠花。

明・梅得春《藥性會元》卷上　青葙子　味苦，微寒，無毒。與思蓂子、鼠細子相仝，而味各別，煎之有涎是。　主治邪氣皮膚中熱，風瘙身痒，殺三蟲、惡瘡、疥蝨痔蝕，下部䘌瘡。子名草决明，一名草蒿。　採莖葉，陰乾。

明・李中立《本草原始》卷三　青葙子　始生平谷道旁，今江淮州郡近道亦有之。二月内生青苗，長三四尺，葉闊似柳而軟，莖似蒿，青紅色。六月、七月内生花，上紅下白。子黑光而扁，似莨菪子。六月、八月採子。《醫學入門》曰：葙，囊篋也。藥雖微而治眼之功大，青囊中不可缺也，故名青葙子。其花、葉似雞冠，故《綱目》名野雞冠。其子明目，與决明子同功，故《本經》名草决明。　子：氣味：苦，微寒，無毒。　主治：唇口青。○治五臟邪氣，益腦髓，鎮肝明目，堅筋骨，去風寒濕痹。○治肝臟熱毒衝眼，赤障青盲翳腫，惡瘡疥瘡。

青葙子，《本經》下品。【圖略】用子。即野雞冠。

《三國志》云：《魏略》：初平中，有青牛先生，常服青葙子，年如五六十歲者，人或識之，謂其已百歲有餘爾。

明・張懋辰《本草便》卷一　青葙子　味苦，氣微寒，無毒。　主邪氣，皮膚中熱，風瘙身痒，殺三蟲、惡瘡疥。子名草决明，療唇口青，治肝臟熱毒衝眼，赤障青盲，瞖腫，益腦髓，明耳目，鎮肝。

明・李中梓《藥性解》卷四　青葙子　味苦，性微寒，無毒，入心、肝二經。主邪氣，皮膚風熱濕癢，殺三蟲疥蟲，惡瘡痔蝕，下部䘌瘡。鎮肝藏，堅骨筋，益腦髓，明耳目。一名草蒿。　按：青葙子苦者丙丁之味也，青者甲乙之色也，故入心肝二經。《本經》並不言治眼，而《藥性論》及日華子皆言之，亦以苦寒之性，能清肝藏熱毒上衝耳。

明・姚可成《食物本草》卷一七草部・隰草類　青葙生田野間。嫩苗似莧，可食。長則高三四尺，苗葉花實與雞冠花一樣無別，但雞冠花穗或有大而扁、或團者，此則梢間出花，穗尖長四五寸，狀如兔尾，水紅色，亦有黃白色者。子在穗中，與雞冠子及莧子一樣，難辨。

青葙，味苦，微寒，無毒。治邪氣皮膚中熱，風瘙身痒，殺三蟲，惡瘡疥虱痔蝕，下部䘌瘡。擣汁服，大療溫癘。止金瘡血。

明・倪朱謨《本草彙言》卷三　青葙　味苦，微寒，無毒。入足厥陰肝經用藥。　寇氏曰：青葙出江淮州郡，近道亦有之。生平谷道旁及田野下濕處。其花葉似雞冠，嫩苗似莧，故謂之雞冠莧。二月抽青色苗，可食。漸長至三四尺，莖色青紅若蒿狀。葉闊似柳而軟。六七月生花，上紅下白，作實黑而匾，大于莧子而光。根似莨菪根而白，直下獨莖生根。近時指雞冠花子爲青葙子，誤矣！　李氏曰：青箱苗葉花實，與雞冠花一樣無別。但雞冠花穗，或有大而匾、或團者，此則稍間生，花穗尖長四五寸，狀如兔尾。水紅色。亦有黃白色者。子在穗中，與雞冠子及莧子一樣難辨。蘇氏言其結莢者非。

青葙：李時珍清解風熱之藥也。林山公稿青，東方木色也；葙，是草似木，其花紅白相映，可悅人目也。上古主邪氣皮膚中熱，以致風瘙身癢生蟲。《別錄》治惡瘡疥痔及下部一切䘌瘡，爲厥陰風藥。其子又治肝藏熱邪，眼目赤障，昏盲失明。

李時珍先生曰：青葙子，《經》言治唇口青，不言治目。惟《藥性論》有治肝明目之功。今人多用治眼，往往有驗。竊意目乃肝之竅，唇口青乃足厥陰之證，推而論之，除熱明目，爲厥陰藥可知矣。

明・張景岳《景岳全書》卷四八《本草正》　青葙子野雞冠子也。　味微苦，微寒。能清肝火血熱，故治赤眼，退赤障，消翳腫，鎮肝，明耳目。亦去風濕惡瘡疥癩。

明・盧之頤《本草乘雅半偈》帙七　青葙《本經》下品。　氣味：苦，微寒，無毒。　主治：主邪氣，皮膚中熱，風瘙身癢，殺三蟲。

覈曰：出江淮州郡，近道亦有之。生平谷道旁，及田野下濕處。二月抽青色苗，漸長至三四尺。莖色青紅若蒿狀，葉闊似柳而軟。六七月生花，上紅下白。作實有角，子黑而扁，大于莧實而光。根似莨菪根而白，直下獨莖生根，襄人呼為崑崙草。近時指雞冠子為青葙者，誤矣。修事：先燒鐵杵臼，乃搗用之。

条曰：青，東方色也。從生、從丹，木生火象也。葙，從相，相亦木相火行也。味苦氣寒，逆從以風為因，以熱為證，不能升出，賴宣揚横徧之令者相宜。顧皮膚部署，正木火升出授受之境耳，故主皮膚中，標見邪熱熱氣為因證，而作風瘙身癢，及伏匿身中，而作三蟲與痔蝕䘌痛者，皆木不授火，反乘脾土，致外見唇口青色者，亦相宜也。然則青葙功力，形氣咸調，条合諸家附列形證，自得之矣。不曰皮膚間，而曰皮膚中，即此可見木火授受之地。木生火象，木相火行。《内經》所謂神轉不迴乃得其機。言四時之序，順行之道也。如木不授火，反乘脾土，即所謂迴則不轉。乃失其機，言四時之序，逆行之次也。而授受之機，真莫之為而為，莫之致而至。

清·顧元交《本草彙箋》卷三　青葙子　治眼，與決明子、莧實同功。然《本經》未言治眼，而日華子始言治肝明目。今人用之，往往有驗，亦名草決明。主唇口青，則其明目之功，可以類推。蓋目爲肝竅，唇口青爲足厥陰經證。古方除熱亦多用之，其爲厥陰經藥無疑。

其花葉似雞冠，非雞冠子也。

清·穆石匏《本草洞詮》卷九　青葙子　治目與決明子同功，故有草決明之名。味苦，氣微寒，無毒。治肝臟熱毒衝眼，赤障青盲翳腫，惡瘡疥瘡。《本經》不言治目，但云主唇口青。然目者，肝之竅。唇口青者，足厥陰經之證。則其明目之功可知矣。

清·郭章宜《本草匯》卷一一　青葙子　即草決明。　味苦，微寒，入手少陰、足厥陰經。去肝臟熱毒上衝，青盲翳腫。除心經火邪暴發，赤障昏花。堅筋骨鎮肝，去風熱濕癢。

按：青葙子，苦者，丙丁之味也。青者，甲乙之色也。故入心肝二經。《本經》並不言治眼，而《藥性論》及日華子皆言之，亦以苦寒之性，能清肝藏熱毒上衝耳。

凡使，勿用思蓂子，并鼠細子，此二件真似青葙子，只是味不同。青葙花上紅下白，即野雞冠花，純白者勝。子黑匾而光，粒同莧實。思蓂子味苦，煎之有涎，用時先燒鐵杵臼，乃擣用之。陳嘉謨曰：《本經》款内載曰：子名草決明，意謂功專治眼，特假別名以美之，非真為草決明子也。若以為然，則原揭簡端，何不直書，而但曰青葙子乎？正猶沙參一名知母，龍眼一名益智，名同而實異也。且別條所載決明子藥，粒狀稍大，主治尤優。讀者弗明，或偏執一，不免得此失彼，大辜藥味之能矣。幸而此曰草決明，彼曰決明子，兩名雖一，上下字差，畧別異同，學者當辨。

清·汪昂《本草備要》卷二　青葙子　一名草決明。瀉肝，明目。　味苦，微寒。入厥陰肝。祛風熱，鎮肝明目。治青盲障翳，蟲疥惡瘡。瞳子散大者忌服。能助陽火。　類鷄冠而穗尖長。

清·吴楚《寶命真詮》卷三　青葙子味苦，氣平，微寒，無毒。入肝經。○即野雞冠花，純白者勝。　主肝熱上衝，青盲翳膜，除心經火邪暴發，赤障昏花，堅筋鎮肝，益腦聰耳。○莖葉止金瘡去血，塞鼻衄，治皮膚風熱瘙癢。

清·馮兆張《馮氏錦囊秘錄·雜症痘疹藥性主治合參》卷三　青葙子味苦，寒。入肝經。

青葙子，多治眼科，去肝臟熱毒上衝，青盲翳腫。除心經火邪暴發，赤障昏花。

清·张璐《本經逢原》卷二　青葙即雞冠花。　苦，微寒，無毒。《本經》主邪氣，皮膚中熱，風瘙身癢，殺三蟲。子治唇口青。　發明：青葙子治風熱目疾，與決明子同功。《本經》雖不言治目疾，而主唇口青，為足厥陰經藥。其明目之功可推，其治風瘙身癢、皮膚中熱，以能散厥陰經中血脈之風熱也。

清·張志聰、高世栻《本草崇原》卷下　青葙　氣味苦，微寒，無毒。主治邪氣，皮膚中熱，風瘙身癢，殺三蟲。子，氣味同，主治唇口青。　青葙處處有之，乃野雞冠也。子名草決明，花葉與雞冠無二，但雞冠花穗或團或大而扁，此則稍間出穗狀如兔尾，水紅色，亦有黃白色者，穗中細子黑而光亮，亦與雞冠子及莧子無異。　青葙開花結實於三秋，得秋金清肅之氣，故主清邪熱，去風瘙，殺三蟲。《辨脈篇》曰：唇口反青，四肢漐習者，此為肝絶也。青葙花開黃白，結黑子於深秋，得金水相生之化，以養肝木，故子治唇口青。肝氣得其生化，故今時又用以明目。

清·劉漢基《藥性通考》卷五　青葙子一名草決明。　味苦，微寒，入厥陰肝經。祛風熱，鎮肝明目，治青盲障翳，蟲疥惡瘡。瞳子散大者忌服，能助陽火。類鷄冠而穗尖長。

清・黄元御《玉楸藥解》卷一 青葙子 味苦，微寒。入足厥陰肝經。清肝泄熱，明目驅風。治眼病赤腫，紅瞖青盲。此庸工習用之藥。

清・吴儀洛《本草從新》卷一 草決明〔瀉肝明目。〕一名青葙子。 味苦，微寒。除風熱。治一切目疾，蟲疥惡瘡。能動陽火，瞳子散大者勿服。類鷄冠而穗尖長。

清・汪紱《醫林纂要探源》卷二 青葙子 苦，微寒。野雞冠花也。但穗尖長，子黑。堅腎水，去妄火，明目殺蟲。

清・嚴潔等《得配本草》卷三 青葙子一名草決明。 味苦，微寒。入手少陰、足厥陰經。清肝火之上衝，祛心經之邪熱。皮膚風濕，目中翳障，皆可施治。 瞳子散大者禁用。恐散陰氣。 怪症：眼見〔似有〕蟲飛，以手捉之則無，此肝經病也。用青葙子合元明粉、羌活、棗仁為末，水送下。

題清・徐大椿《藥性切用》卷三 青葙子 亦名草決明。味苦微寒，入厥陰而除風泄熱，耑治目疾。瞳子散大者忌。

清・黄宫繡《本草求真》卷六 青葙子瀉肝經風熱。 青葙子耑入肝。即雞冠花子者是也。《備要》又言即草決明，味苦微寒無毒，入足厥陰肝。凡人一身風癢，蟲疥得蝕，口唇色青，青盲翳腫，多緣熱盛風熾所致。亦有不盡風熱者，此則專就風熱言。書言服此目疾皆愈，唇青即散，三蟲皆殺，風癢即絶，無非因其血熱除，寒能勝熱。血脉和，而病自可愈耳，無他義也。但瞳子散大者切忌。以能助火。類雞冠而穗尖長，搗用。

附：琉球・吴繼志《質問本草》内篇卷三 青葙子 春生苗，高一二尺，夏作穗開花，結小細子。 雞冠莧，二月生苗，長三四尺，葉濶，似柳而軟，莖似蒿，青紅色，六月七月内生花，上紅下白，子黑光而扁。其苗葉花實，治婦人血崩症。同羊肉蒸熟，去藥服之甚効。載在《綱目》。甲辰，潘貞蔚、石家辰。 雞冠莧，花葉似雞冠，嫩苗似莧，故名。甲辰，孫景山。 俗名雞冠花，子名青葙子，俱載在《本草綱目》。甲辰，戴道光、戴昌蘭。 觀其形勢，乃中國之白雞冠，處處有之。但其花有紅、白、黄三色。其性用可於方書中尊酌。甲辰，陳文錦。

清・羅國綱《羅氏會約醫鏡》卷一六草部 青葙子一名草決明，野雞冠子也。味苦寒，入肝經。 治目青盲障翳、赤腫昏花，去肝風熱。去風熱，鎮肝明目。但瞳子散大者，忌服。能助陽火。

清・黄凱鈞《藥籠小品》 草決明即青葙子。 除風熱，治一切目疾。惟瞳子散大者忌。

清・王龍《本草纂要稿・草部》 青葙子 味苦，性寒。去熱毒上冲，青盲翳腫。除火邪暴發，赤障昏花。堅筋骨鎮肝，益腦髓聰耳。入肝經。

清・張德裕《本草正義》卷上 青葙子 苦，寒。清肝火，治赤眼，消障翳及風熱瘡癩。

清・鄒澍《本經續疏》卷六 青葙子 【略】青葙形象生長與青蒿頗同，特其收成較蚤，蓋當濕熱盡浮，内方轉燥之際，故其為用似同於青蒿，實戾於青蒿。夫邪之在人，原欲同氣相引，豈肯鬱鬱獨居，第阻隔既成，追攀莫及，則有遺留之患。若邪正在表，外熱方昌，則在内者孰不欲就我同岑，共商留去。斯所以俱患身癢，但視其一則疥已成痂，惟餘不盡；一則風方瘙擾，肌膚暨裂，瘙瘙同皮起也。已可測其或為留熱在骨節間，或為邪氣在皮膚中。留熱在骨節間，因斂肅而及，故就其斂肅而消之；邪氣在皮膚中，因散發而得，故就其散發而驅之。是青蒿助行秋令，青葙猶逞夏時，一采於秋末，一采於夏初。而就其長以足其勢，固已示人區別之方利導之旨矣。要而言之，邪氣皮膚中熱，係發汗證，以風瘙身癢，惡瘡疥蝨則不可發汗。所謂瘡家雖身疼痛，不可發汗，汗出則痓是也。蟲𧏾係可攻證，以邪氣皮膚中熱，則不可攻，所謂病人表未解者不可攻，攻之利遂不止而死是也。《活人書》云：𧏾病之候，齒無色，舌上白，甚者脣黑有瘡，其初得或如傷寒，或因傷寒所致，則此之脣口青，當即轉黑之機。而邪氣皮膚中熱，正合傷寒之候。《千金》有青葙子丸治傷寒後結熱，《活人》有雄黄鋭散治𧏾。統而觀之，則凡瘡癢而外候如傷寒者，為不可易之劑矣。

清・吴其濬《植物名實圖考》卷一一 青葙子 《本經》下品。即野雞冠，有赤、白各種。葉可作茹，勝於家雞冠葉。一名草決明，鄉人皆知以治目疾。

清・葉志詵《神農本草經贊》卷三 青葙子 味苦，微寒。主邪氣，皮膚中熱，風搔身痒，殺三蟲。子名草決明，療脣口青。一名草蒿，一名萋蒿。生平谷。

鄰接胡麻，葙蘘音詭。高聳雞冠，尖垂兔尾。雁過秋紅，桃霏夏紫。披決光明，昭昭覺視。

李時珍曰：此草多生於胡麻地中，胡麻葉亦名青蘘，音相近，豈以其相似而然耶？花葉似雞冠，苗似莧，故謂之雞冠莧。梢間出花，穗尖長，如鼠尾。又一種名雁來紅，其葉九月鮮紅，望之如花，故名。陳藏器曰：又一種名桃朱術，花紫，五月五日，婦人收子帶之，為夫所愛。《急就篇》：刃端可以披決。《淮南子》：覺視於昭昭之宇。

清・文晟《新編六書》卷六《藥性摘錄》 青葙子 即雞冠子。《備要》又言即草決明。味苦，微寒。瀉肝經風熱，治一身風癢蟲疥（得）〔瘡〕蝕，口唇色青，青盲翳瞳。○但瞳子散大者，切忌。

清・戴葆元《本草綱目易知錄》卷一 青葙子 味苦，微寒。入足厥陰藥。鎮肝明耳目，堅筋骨，益腦髓，理唇口青。去風寒濕痹，肝臟熱毒沖眼，赤障青盲翳腫，惡瘡疥瘡。

清・陳其瑞《本草撮要》卷一 青葙子 味苦，微寒，入厥陰經，功專祛風熱，鎮肝明目。治青盲障翳，蟲疥惡瘡。瞳子散大者忌服。一名草決明。

雞冠子

宋・唐慎微《證類本草》卷一一草部下品〔宋・掌禹錫《嘉祐本草》〕 雞冠子 涼，無毒。止腸風瀉血，赤白痢，婦人崩中帶下，入藥炒用。新補。見陳藏器、日華子。

宋・劉明之《圖經本草藥性總論》卷上 雞冠子 涼，無毒。止腸風瀉血，赤白痢，婦人崩中帶下。入藥炒用。

宋・陳衍《寶慶本草折衷》卷一一 雞冠子 涼，無毒。○止腸風瀉血，赤白痢，婦人崩中帶下，入藥炒用。

明・朱橚《救荒本草》卷上之前 雞冠菜 生田野中。苗高尺餘，葉似青莢菜葉而窄小；又似山菜葉而窄艄，梢間出穗似兔兒尾穗，却微細小；開粉紅花，結實如莧菜子。苗葉味苦。救飢：採苗葉煠熟，水浸淘去苦氣，油鹽調食。

明・蘭茂撰，清・管暄校補《滇南本草》卷下 雞冠花 性寒，味苦，微辛。止腸風下血，婦人崩中帶下。赤痢、紅崩用紅花，白者用白花。

青（箱）〔葙〕子即雞冠花子。 性寒，味甘、微苦。入肝經。明目，淚澁難開，白翳遮睛。花治青翳，用之良效。

明・蘭茂《滇南本草》〔叢本〕卷中 雞冠花 味苦，性寒。花有赤白，止腸風血熱，婦人紅崩帶下，赤痢下血，用紅花效。白痢下血，用白花效。

明・王綸《本草集要》卷二 雞冠子 氣涼，無毒。入藥炒用。 止腸風瀉血，赤白痢，婦人崩中帶下。

明・滕弘《神農本經會通》卷一 雞冠子 入藥炒用。今醫方皆用白者。 氣涼，無毒。《本經》云：止腸風瀉血，赤白痢，婦人崩中帶下。

明・劉文泰《本草品彙精要》卷一五 雞冠子無毒。 植生。

雞冠子：主腸風瀉血，赤白痢，婦人崩中帶下。名醫所錄。〔苗〕謹按：苗高三五尺，獨莖而匾，紅綠色，葉如蓼葉而長，至端漸小，花開莖巔，狀若雞冠，故謂之雞冠花也。其子細黑似車前子，但稜匾而有光澤爾。〔地〕處處有之。〔時〕生：春生苗。採：秋取子。〔收〕日乾。〔用〕子。〔色〕黑。〔性〕涼。〔氣〕氣之薄者，陽中之陰。〔主〕崩中，帶下。〔製〕炒，碾碎用。

明・鄭寧《藥性要略大全》卷七 雞冠花 止腸風瀉血、赤白痢，女人崩中帶下。 味辛，氣涼、平，無毒。有紅白二種炒，研入藥。

明・王文潔《太乙仙製本草藥性大全》卷二《本草精義》 鷄冠花 種園圃田野，清明時種之，坐種則矮，立種則與人齊。莖梗似油麻而圓，葉似麻稍小而長，且光滑。七八月開花成穗。用簸箕、扇子種則成片，可觀。有赤白二種，赤者可觀，白者入藥佳。九月、十月採收陰乾用。

明・王文潔《太乙仙製本草藥性大全》卷二《仙製藥性》 鷄冠花子 氣涼，無毒。 主治：止腸風瀉血、赤白痢如神。治婦人崩、赤白帶奇捷。

明・皇甫嵩《本草發明》卷三 雞冠子，性涼，無毒。 主止腸風瀉血，赤白痢，婦人崩中帶下。入藥用。

明・李時珍《本草綱目》卷一五草部・隰草類上 鷄冠宋《嘉祐》

〔釋名〕時珍曰：以花狀命名。 〔集解〕時珍曰：鷄冠處處有之。三月生苗，入夏高者五六尺，矬者纔數寸。其葉青柔，頗似白莧菜而窄，艄有赤脈。其莖赤色，或圓或扁，有筋起。六七月梢間開花，有紅、白、黃三色。其穗圓長而尖者，儼如青葙之穗；扁卷而平者，儼如雄鷄之冠。花大有圍一二尺者，層層卷出可愛。子在穗中，黑細光滑，與莧實一樣。其穗如秕麥狀。花最耐久，霜後始蔫。

苗 〔氣味〕甘，涼，無毒。 〔主治〕瘡痔及血病時珍。

子　〔氣味〕甘，涼，無毒。　〔主治〕止腸風瀉血，赤白痢藏器。　崩中帶下，入藥炒用大明。

花　氣味同上。　〔主治〕痔漏下血，赤白下痢，崩中赤白帶下，分赤白用時珍。

〔附方〕新十　吐血不止：　白鷄冠花，醋浸煮七次，爲末。每服二錢，熱酒下。《經驗方》。　結陰便血：　鷄冠花、椿根白皮等分，爲末，煉蜜丸梧子大。每服三十丸，黄耆湯下，日二服。《聖濟總録》。　糞後下血：　白鷄冠花並子炒，煎服。《聖惠方》。　五痔肛腫：　久不愈，變成瘻瘡。用鷄冠花、鳳眼草各一兩，水二碗，煎湯頻洗。《衛生寶鑒》。　下血脱肛：　白鷄冠花、防風等分，爲末，糊丸梧子大，空心米飲每服七十丸。一方：白鷄冠花炒、棕櫚灰、羌活一兩，爲末。每服二錢，米飲下。《永類鈐方》。　經水不止：紅鷄冠花一味，曬乾爲末。每服二錢，空心酒調下。忌魚腥、猪肉。孫氏《集效方》。　産後血痛：　白鷄冠花，酒煎服之。李樓《奇方》。　婦人白帶：　白鷄冠花曬乾爲末，每旦空心酒服三錢。赤帶用紅者。孫氏《集效方》。　白帶沙淋：　白鷄冠花、苦壺蘆等分，燒存性，空心火酒服之。《摘玄方》。　赤白下痢：　鷄冠花煎酒服。赤用紅，白用白。《集簡方》。

明·佚名氏《醫方藥性·草藥便覽》　鷄冠花　其性温。祛瘀血，生新。白花者，青葙子。

明·梅得春《藥性會元》卷上　雞冠子　涼，無毒。　主治腸風瀉血，赤白痢，婦人崩中帶下。入藥炒用。

明·李中立《本草原始》卷三　雞冠　處處有之。三月生苗，入夏高者五六尺，矮者數寸。其葉青柔，其莖或圓或扁，有筋起。六七月稍間開花，有紅白二種。其穗圓長而尖者，儼如青葙之穗；扁舒而平者，儼如雄鷄之冠。子在穗中，黑細光滑。因花狀命名鷄冠。　花：甘，涼，無毒。　主治：痔漏下血，赤白下痢，崩中帶下。分赤白用。　子：甘，涼，無毒。　主治：　止腸風瀉血，赤白痢，崩中帶下。入藥炒用。　苗：甘，涼，無毒。　主治：　瘡痔及血病。

鷄鶏，宋《嘉祐》。　葉經霜則紅。【圖略】

《孫氏集驗方》：　治婦人白帶，白鷄冠花晒乾為末，空心酒調服三錢；赤帶用紅鷄冠花。

明·張懋辰《本草便》卷一　雞冠子　氣涼，無毒。入藥炒用。　止腸風瀉血，赤白痢，婦人崩中帶下。

明·姚可成《食物本草·救荒野譜補遺·草類》　雞冠食葉。七月内采嫩葉，煮食之佳。

采雞冠，采雞冠，雞聲午唱無朝餐。人生遇此花應笑，笑爾顛連老難少，愁緒關情花豈知，風波滿眼誰能道。但求炳炳君王心，逃亡偏借光明照。

明·姚可成《食物本草》卷一八草部·隰草類　雞冠處處有之。三月生苗，入夏高者五六尺，矬者纔數寸。其葉青柔，頗似白莧菜。可以油鹽炒食，味亦滑，六七月梢間開花，有紅、白、黄三色。其穗圓長，其花宛如雞冠之狀，有圍大一二尺者，層層卷出可愛。子在穗中，黑細光滑，與莧實一樣。其穗如秕麥狀，花最耐久，霜後始凋。

雞冠苗葉　味甘，涼，無毒。治瘡痔及血病。

子　味甘，涼，無毒。　止腸風瀉血，赤白痢，崩中帶下。

花　治痔瘺下血，赤白下痢，崩中赤白帶下。分赤、白用。

附方：　治吐血。用白雞冠花醋浸煮七次，為末，每服二錢，熱酒下。

清·郭章宜《本草匯》卷一一　雞冠花　味甘，氣涼，止腸風瀉血，治赤白帶痢。沙淋白雞冠花、苦壺蘆等分，燒研，火酒空心服。　血痛皆去，脱肛白雞冠花炒，棕櫚灰、羌活一兩，為末，每服二錢，米飲下。　痔漏能除。

按：　雞冠，以花狀名之也。有紅、白、黄三色，而白者頗于血病有功，故婦人有淋帶血痛，併經水不止者，當以燒研服之。若結陰便症，用以同椿根白皮，等分為末丸，黄耆湯下，妙。　晒乾焙用。忌魚腥、猪肉。

清·李熙和《醫經允中》卷二一　雞冠　味甘，氣寒。　主止腸風瀉血，治赤白帶淋。

清·何諫《生草藥性備要》卷下　鷄冠花　白者可仝冬瓜皮洗痔瘡，最效。

清·黄元御《玉楸藥解》卷八　雞冠　味苦，微涼。入足厥陰肝經。清風退熱，止衄斂營。雞冠花止九竅失血、吐血、崩漏、淋痢，諸血皆止。並治帶淋之證。花與子同功。

清·吴儀洛《本草從新》卷一　雞冠花　甘，涼。治痔漏下血，赤白下痢，崩中，赤白帶下。分赤白用。子，治腸風瀉血，赤白痢，崩中帶下。炒用。苗，治瘡痔及血病。以花狀命名。

清・嚴潔等《得配本草》卷三　雞冠花　甘，涼。入血分。治痔瘻下血，赤白下痢，崩中帶下。得椿根白皮，治結陰便血。配防風，治下血脫肛。入苦酒，治吐血不止。煎黃酒，治帶下。分赤白，炒用。

題清・徐大椿《藥性切用》卷三　雞冠花　性味甘涼，耑去濕熱，治赤白下利，帶下崩中。子，治腸風。苗，塗瘡痔。與青葙子一類二種。

清・葉桂《本草再新》卷二　雞冠花味甘，性涼，有小毒。入腎經。　治痔漏下血，赤血下痢，崩中，赤白帶下。

清・吳其濬《植物名實圖考》卷一四　雞冠　《嘉祐本草》始著錄。俚醫亦多以治紅白痢，崩帶血症。其性極峻，虛弱者慎之。

清・趙其光《本草求原》卷三隰草部　雞冠花　腥淡而平。花有紅、白，分主紅、白痢。白者洗痔；同冬瓜皮。浸酒益顏。紅者止痔血、崩血，合用止赤、白帶。

清・張仁錫《藥性蒙求・草部》　鷄冠花子五分、苗一錢　鷄冠花涼，涼血入腸。崩漏赤帶，紅痢宜嘗。治痔漏下血。○子：炒用。治腸風赤白痢，崩中帶下。○苗：治痔瘡及血病。

清・劉善述、劉士季《草木便方》卷一草部　鷄冠花　鷄冠花甘紅白涼，崩帶痔痢腸風強。吐衂下血有功效，根苗花實色白良。分紅白用。

穟冠花

清・吳其濬《植物名實圖考》卷三〇　穟冠花　如雞冠之尖穟者。高六七尺，每葉發杈開花，秋時百穗俱垂，宛如纓珞。移植湖湘，亦易繁衍。惟旁莖大脆，經風輒折，必作架護持之，稍寒即瘁，不如雞冠耐久也。

半嬌紅

清・趙學敏《本草綱目拾遺》卷四草部中　半嬌紅　一名老鸛紅、水雞冠。立夏後生苗，一莖直上，莖紅葉尖，長而狹，八月結實，六角。五月采。治風痹跌撲，煮羊肝食，退目中紅障。

桃朱術

宋・唐慎微《證類本草》卷六草部上品〔唐・陳藏器《本草拾遺》〕　桃朱術　取子帶之，令婦人爲夫所愛。生園中，細如芹花，紫子作角，以鏡向旁敲之，則子自發，五月五日收之也。

雁來紅

明・李時珍《本草綱目》卷一五草部・隰草類上　雁來紅時珍曰：莖葉穗子並與鷄冠同。其葉九月鮮紅，望之如花，故名。吳人呼爲老少年。一種六月葉紅者，名十樣錦。

清・趙學敏《本草綱目拾遺》卷四草部中　雁來紅　一名老少年。無用入藥者，惟急救方有治腦漏法：用老少年煎湯熱薰鼻內，然後將湯服二三口，大妙。冬間用根。瀕湖《綱目》青葙下附雁來紅，亦無主治，《土宿真君本草》：雁來紅制汞。

膏子眼藥，去遠年星障。○《眼科要覽》：老少年，銀杏剖殼為君，官渣根大葉者佳。千里光，雄楊梅樹根皮為臣，煎成濃膏，量加製甘石冰片，又方加茶樹根皮。

《花鏡》：老少年其苗初出似莧，莖葉穗子，與雞冠無異，至深秋本高六七尺，則脚葉深紫，而頂葉大紅，鮮麗可愛，愈久愈妍如花，秋色之最佳者。又有一種少年老，則頂黃紅而脚葉綠，為別一種。枝頭亂葉叢生，有紅紫黃綠相兼雜出者，名十樣錦。一種根下葉綠，頂上葉純黃者，名雁來黃。

思蓂子

明・李時珍《本草綱目》卷一五草部・隰草類上　思蓂子斅曰：思蓂子、鼠細子，二件真似青葙子，只是味不同。思蓂子味跙，煎之有涎。

苧麻

宋・唐慎微《證類本草》卷一一草部下品〔《別錄》〕　苧根　寒。主小兒赤丹。其漬苧汁，療渴。

〔梁・陶弘景《本草經集注》〕云：即今績苧爾。又有山苧亦相似，可入用也。

〔唐・蘇敬《唐本草》〕注云：《別錄》云：根，安胎，貼熱丹毒腫有效。漚苧汁，主消渴也。

〔宋・馬志《開寶本草》〕按：陳藏器《本草》云：苧，破血，漬貯與產婦溫服之。將苧麻與產婦枕之，止血暈。產後腹痛，以苧安腹上則止，蠶咬人，毒入肉，取苧汁飲之。今以苧近蠶種，則蠶不生也。

〔宋・掌禹錫《嘉祐本草》〕按：《蜀本》注云：苗高丈已來，南人剝其皮爲布，二月、八月採。江左山南皆有之。《藥性論》云：苧麻根，使，味甘，平。主懷妊安胎。日華子云：味甘，滑冷，無毒。治心膈熱，漏胎下血，產前後心煩悶，天行熱疾，大渴大狂，服金石藥人心熱，罯毒箭蛇蟲咬。

〔宋・蘇頌《本草圖經》〕曰：　苧根，舊不載所出州土，今閩、蜀、江、浙多有之。其皮可以績布。苗高七八尺。葉如楮葉，面青背白，有短毛。夏秋間著細穗青花。其根黃白而輕虛，二月、八月採。又有一種山苧亦相似。謹按陸璣《草木疏》云：苧，一科數十莖，宿根在地中，至春自生，不須栽種。荆、揚間歲三刈，官令諸園種之，歲再刈，便剝取其皮，以竹刮其表，厚處自脱，得裏如筋者煮之，用緝。今江浙、閩中尚復如此。孕婦胎損方所須。又主白丹。濃煮水浴之，日三四差。韋宙療癰疽發背，初覺未成膿者。以苧根、葉熟擣傅上，日夜數易之，腫消則差矣。

〔宋・唐慎微《證類本草》〕《聖惠方》：　治妊娠胎動欲墜，腹痛不可忍者。用苧根二兩剉，銀五兩，酒一盞，水一大盞同煎，去滓。不計時候分溫作二服。《外臺秘要》：備急治白丹。苧根三斤，小豆四升，以水二三斗，煮以浴三四遍，浸洗妙。《肘後方》：丹者，惡毒之瘡，五色無常。苧根三升，水三斗煮浴。每日塗之。又方：　胎動不安，取苧根如足大指者一尺，㕮咀，以水五升，煮取三升，去滓服。《斗門方》：　治五種淋，用苧麻根兩莖打碎，以水一椀半，煎取半椀，頻服即通，大妙。《梅師方》：　治諸癰疽發背，或發乳房，初起微赤，不急治之即死。速消方：　擣苧根傅之，數易。又方：　治妊娠忽下黄汁如膠，或如小豆汁。苧根切二升，去黑皮，以銀一斤，水九升，煎取四升。每服入酒半升或一升煎藥，取一升，分作二服。

宋・寇宗奭《本草衍義》卷一二　苧根　如蕁麻。花如白楊而長，成穗生，每一朵，凡數十穗，青白色。

宋・鄭樵《通志》卷七五《昆蟲草木略》　苧，野生者曰薛。《爾雅》云：薛，山麻。

宋・王介《履巉巖本草》卷下　苧麻根　味甘，寒，無毒。主小兒赤丹。其漬苧汁療渴。治妊娠胎逼欲墮，腹痛不可忍者，用苧麻根二兩剉碎，用酒一中盞，水一大盞，同煎至一大盞，去滓溫服，不計時候。葉：　五月五日午時採摘，曬乾細碾爲末，用少許貼刀箭傷，大有神效。

宋・陳衍《寶慶本草折衷》卷一一　苧根使。汁及山苧在内。　一名苧麻根。○剝其莖皮績布者也。生江左，及山南、閩、蜀、江浙、荊、揚間，園種之。○縉雲云：　今所在有之。○二、八月採根。　味甘，滑，平，寒，無毒。○主小兒赤丹，其漬汁療渴。○陳藏器云：　產婦枕之，止血暈，產後腹痛，蠶咬人，取苧汁飲之。○《藥性論》云：　主懷妊安胎。○日華子云：　治心膈熱，漏胎下血，產前後心煩悶，天行熱疾，大狂，服金石藥心熱，罯毒箭，蛇蟲咬。

○《圖經》曰：　根黄白輕虛，又有山苧，亦相似。主白丹，濃煮水浴。○《斗門方》：　治五淋，用苧根兩莖打碎，以水壹碗半，煎取半碗，頻服。○《梅師方》：　治癰疽發背，發乳初起微赤，擣苧根傅，數易。續說云：　王文古治諸骨鯁，吐不出，嚥不去，食水不能下，取野苧根淨洗，爛研，家苧亦可用。挼成壹塊，如彈子大，隨所鯁之骨，煎湯含化，下嚥立效。如雞骨鯁，即以雞骨煎湯之類。

元・朱震亨《本草衍義補遺》　苧　屬水而有土與金。大補肺金而行滯血。方藥似未曾用，故表而出之。或惡其賤。○其根善能安胎。又：　汁療渴甚驗。

元・徐彥純《本草發揮》卷二　苧根　丹溪云：　苧根屬水而有土與金。大能補陰而行滯血。方藥中鮮用，故表而出之。安胎尤効。

明・朱橚《救荒本草》卷上之後　苧根　舊云閩、蜀、江、浙多有之。今許州人家田園中亦有種者，皮可績布。苗高七八尺，一科十數莖，葉如楮葉而不花叉，面青背白，上有短毛，又似蘇子葉，其葉間出細穗花，如白楊而長，每一朵凡十數穗，花青白色，子熟茶褐色。其根黄白色，如手指麁，宿根地中，至春自生，不須藏種。荊揚間一歲二三刈，剝其皮，以竹刀刮其表，厚處自脱，得裏如筋者煮之，用緝以苧。近蠶種之，則蠶不生。根味甘，性寒。救飢：　採根刮洗去皮，煮極熟，食之甜美。　治病：　文具《本草》草部條下。

明・王綸《本草集要》卷二　苧根使　味甘，氣寒。　主小兒赤丹，治諸癰疽發背，或發乳房，擣傅之。亦罯毒箭、蛇蟲咬。妊娠胎動不安，漏胎下血，產前後心煩滿悶，天行熱疾，大渴大狂，服金石藥人心熱，俱煎服之。○漬苧汁療，消渴。○苧麻，產婦枕之，止血暈。安臍上，止產後腹痛。蠶咬人毒，取汁飲之。今以苧近蠶，種則蠶不生。

明・滕弘《神農本經會通》卷一　苧根　使也。二八月採。　味甘，氣寒。一云味甘，平。一云味甘，滑，冷，無毒。《本經》云：　主小兒赤丹。其漬苧汁，療渴。《別録》云：　根，安胎。貼熱丹毒腫有効。漚苧汁，主消渴。陳藏器云：　苧，破血。漬苧，與產婦溫服之。將苧麻與產婦枕之，止血暈。產後腹痛，以苧安腹上則止。蠶咬人毒入肉，取苧汁飲之。今以苧近蠶種，則蠶不生。《藥性論》云：　使。味甘，平。

主懷姙安胎。日華子云：味甘，滑，冷，無毒。治心膈熱，漏胎下血，產前後心煩悶，天行熱病，大渴大狂，服金石藥人心熱。罯毒箭、蛇蟲咬。《圖經》云：白丹煑水浴之，日三四，差。韋宙療癰疽發背，初覺未成膿者，以苧根葉熟擣，傅上，日夜數易之，腫消則差。《纂要》云：苧根，燒存性，止血。《局》云：苧皮績布苧根良，補血安胎味可嘗。止渴須求漬苧汁，小兒丹毒亦根涼。苧根，涼小兒之丹毒，安護胎宮。

明·劉文泰《本草品彙精要》卷一四　苧根無毒。植生。

苧根：主小兒赤丹。○漬苧汁，療渴。名醫所錄。【苗】《圖經》曰：苗高七八尺，葉如楮葉，面青背白，有短毛，夏秋間著細穗，青花，其根黃白而輕虛。又有一種山苧，亦相似。按：陸璣云：苧，一科數十莖，宿根在地中，至春自生，不須栽種，荊揚間歲三刈，官令諸園種之，歲再刈，便剝取其皮，以竹刮其表，厚處自脫，得裏如筋者煮之，用緝。今江、浙、閩中尚如此。【地】《圖經》曰：舊本不載所出州土，今閩、蜀、江、浙、江左山南皆有之。【時】生：春生苗。採：二月、八月取根。【收】暴乾。【用】根、葉。【色】黃白。【味】甘。【性】寒，平，緩。【氣】氣之薄者，陽中之陰。【臭】朽。【主】安胎。【製】剉碎或搗汁用。【治】療：《圖經》曰：苧根葉，熟搗，傅療癰疽發背，初覺未成膿者，日夜數易之，腫消則瘥矣。《唐本》注云：根，貼熱丹毒腫。○漚苧汁，主消渴。日華子云：根，除心膈熱，漏胎下血，產前後心煩悶，天行熱疾，大渴大狂，服金石藥人心熱，罯毒箭，蛇蟲咬。陳藏器云：苧麻與產婦枕之，止血暈及產後腹痛，以苧安腹上則止。《別錄》云：根煮服，治五種淋疾。【合治】根二兩，合銀五兩，酒一盞，水一大盞同煎，去滓，不拘時候溫分二服，療妊娠胎動欲墮，腹痛不可忍者，及療妊娠忽下黃汁如膠或如小豆汁。【解】蠶咬人，毒入肉，飲苧汁解之。

明·許希周《藥性粗評》卷二　漏胎保蒂於苧根。

苧根，苧麻根也。春抽苗，一叢數莖，葉如楮，面青背白，有短毛，高可五六尺，夏秋間開細穗青花，其莖剝取其皮，刮去面上一層，便為麻，可緝為布。歲可三刈。其根黃白而輕虛，搗之如泥，夙根在地中，至春自生，不須栽種。江南園圃處處有之，亦有山生者，不堪作麻。二、八月採根，暴乾。所使并所畏惡，《本草》不載。味甘、滑，性寒，無毒。主治天行時疫，煩躁狂熱，癰疽發背，小兒赤白丹毒，婦人漏胎下血，產後血暈，安胎止淋，補血涼膈。丹溪云：苧根大能補陰而行滯血，安胎尤妙。

單方：胎動不安：苧根足拇指大者一尺許，剉，以水五升，煮取三升，去滓，服之妙。　腫毒初起：不拘癰腫發背，或發乳房，但覺初起，微赤未成禍者，取生苧根，搗爛傅之，數易，最妙。　丹毒：丹者，惡毒之瘡，五色無常，取苧根一二斤，洗去泥，微搗，水一大鍋，煮取滾湯，待溫浴之三四遍，妙。　五淋：五種淋澁，取苧根三四兩，搗碎，水一碗半，煎取半碗，頓服即通。

明·鄭寧《藥性要略大全》卷五　尤美葉　療諸毒癰腫。味甘、辛，氣平、微寒，有小毒。採葉陰乾，為末，入敷藥，不入湯丸。有二種，葉尖長，皆白。為末，見水有涎稠繆。

明·鄭寧《藥性要略大全》卷七　苧根使　消癰腫，治心膈熱，安胎及產前後煩悶，女人下血等症。《經史證類》云：治天行熱病，大渴狂燥，及服金石藥人心熱，罯毒箭、蛇蟲咬，發熱，丹毒腫。汁：主消渴，止產後血運腹痛及蠶咬人等症。味甘，平滑，氣微寒，無毒。

明·陳嘉謨《本草蒙筌》卷三　苧根　味甘，氣寒。無毒。鄉落地多種養，宿根春自發生。葉取飼池魚，面青背面；皮剝績暑布，一年三收。根輕虛白黃，採無時入藥。搗敷小兒赤遊丹毒，及諸癰疽發背乳房；煎療女人胎動不安，併產前後發熱煩悶。塞胎漏下血，罯箭毒蛇傷。時疫大渴狂呼，非此莫卻；金石服多燥熱，飲下立除。苧皮藏留，產婦堪用。作枕眠，止血暈。安臍上，去腹疼。漬苧汁嘗，大解消渴。蠶咬中毒，一飲即毆。故近蠶室種之，則蠶竟不產也。

明·王文潔《太乙仙製本草藥性大全》卷一《本草精義》　苧根　舊不載所出州土，今閩、蜀、江、浙多有之。其皮可以績布，苗高七八尺，葉如楮葉，面青背白，有短毛，夏秋間著細蕙、青花，其根黃而輕虛，二月、八月採。又有一種山苧亦相似。謹按陸璣《草木疏》云：苧一科數十莖，宿根正地中，至春自生，不須栽種，荊、揚間歲三刈，官令諸園種之，歲再刈，便剝取其皮，以竹刮其表，厚處自脫，得裏如筋者，煮之，用緝。

明·王文潔《太乙仙製本草藥性大全》卷一《仙製藥性》　苧根使　味甘，氣寒。主治：入藥搗敷小兒赤遊丹毒及諸癰疽發背乳房，煎療女人胎動不安併產前後發熱煩悶。塞胎漏下血，罯箭毒蛇傷。時疫大渴狂呼，非此莫却；金石服多燥熱，飲下立除。苧皮：藏留，產婦堪用，作枕眠，止血暈，安臍上，去腹疼。　潰苧汁：　嘗大解消渴。蠶咬中毒，一飲即毆，故近蠶室種之，則蠶竟不産也。　補註：　妊娠胎動欲墮，腹痛不可忍者，用根二兩剉，銀五兩，酒水各半，煎不拘時，作二服效。○治白丹，用根三斤，小豆四升，水二三斗，煮湯浴三、四遍，浸洗妙。丹者，惡毒之瘡，五色無常。根三升，水三斗，煮浴，每日塗之。如胎動不安，用根如足大指者一尺，細剉，水五升，煮三升，去滓服。○五種淋，用根兩莖，搗碎，水煎頓服，妙。○諸癰疽發背乳房，初起微赤，用根搗爛，同生酒糟敷之，立消。○妊娠忽下黄汁如膠，或如小豆汁，苧根切二升，去黑皮，以銀一斤，水九升，煎取四升，每服入酒半升，或一升，和藥汁一升，分作二服。

明・皇甫嵩《本草發明》卷三　苧根下品下。氣寒，味甘，無毒。　發明曰：苧根甘寒，解熱毒，潤煩燥。故主搗敷小兒赤遊丹毒，貼癰疽發背乳房。清苧汁療渴，解時疫狂熱，金石燥熱，消熱及産前後發熱煩悶，安胎，塞胎漏血。罯箭毒，蛇蠶咬中毒，飲之安。近蠶室種之，蠶不産。○苧皮藏産婦作枕眠，止血暈。安臍上，去腹中痛。

明・李時珍《本草綱目》卷一五草部・隰草類上　苧麻《别録》下品

【釋名】時珍曰：苧麻作紵，可以績紵，故謂之紵。凡麻絲之細者爲絟，粗者爲紵。陶弘景云：苧即今績苧麻是也。麻字從广，從林，音派，象屋下林麻之形。广音掩。【集解】頌曰：苧麻舊不著所出州土，今閩、蜀、江、浙多有之。剥其皮可以績布。苗高七八尺。葉如楮葉而無叉，面青背白，有短毛。夏秋間着細穗青花。其根黄白而輕虚，二月、八月採。按陸璣《草木疏》云：苧一科數十莖，宿根在土中，至春自生，不須栽種。荆揚間歲三刈，諸園種之歲再刈，便剥取其皮，以竹刮其表，厚處自脱，得裏如筋者煮之，用緝布。今江、浙、閩中尚復如此。宗奭曰：苧如蕁麻，花如白楊而長成穗，每一朵凡數十穗，青白色。時珍曰：苧，家苧也。又有山苧，野苧也。有紫苧，葉面紫；白苧，葉面青，其背皆白。可刮洗煮食救荒，味甘美。其子茶褐色，九月收之，二月可種。宿根亦自生。

根　【氣味】甘，寒，無毒。權曰：甘，平。大明曰：甘，滑，冷，無毒。【主治】安胎，貼熱丹毒《别録》。治心膈熱，漏胎下血，産前後心煩，天行熱疾，大渴大狂，服金石藥人心熱，罯毒箭蛇蟲咬大明。漚苧汁，止消渴。《别録》。

【發明】震亨曰：苧根大能補陰而行滯血，方藥或惡其賤，似未曾用也。藏器曰：苧性破血，將苧麻與産婦枕之，止血運。産後腹痛，以苧安腹上即止也。又蠶咬人毒入肉，取苧汁飲之。今人以(子)〔苧〕近蠶種，則蠶不生是矣。

【附方】舊四，新七。　痰哮咳嗽：　苧根煅存性，爲末，生豆腐蘸三五錢，食即效。未全可以肥猪肉二三片蘸食，甚妙。《醫學正傳》。　小便不通：《聖惠方》：用麻根、蛤粉半兩，爲末。每服二錢，空心新汲水下。○《摘玄方》：用苧根洗研，攤絹上，貼少腹連陰際，須臾即通。　小便血淋：　苧根煎湯頻服，大妙。亦治諸淋。《聖惠方》。　五種淋疾：　苧麻根兩莖，打碎，以水一碗半，煎半碗，頓服即通，大妙。《斗門方》。　妊娠胎動：　忽下黄汁如膠，或如小豆汁，腹痛不可忍者，苧根去黑皮切二升，銀一斤，水九升，煎四升。每服以水一升，入酒半升，煎一升，分作二服。一方不用銀。《梅師方》。　肛門腫痛：　生苧根搗爛，坐之良。《瀕湖集簡方》。　脱肛不收：　根搗爛，煎湯熏洗之。《聖惠方》。　癰疽發背：　初起未成者。苧根熟搗傅上，日夜數易，腫消則瘥。《圖經本草》。　五色丹毒：　苧根煮濃汁，日三浴之。《外臺秘要》。　鶏魚骨哽：　談野翁《試驗方》：用苧麻根搗汁，以匙挑灌之，立效。○《醫方大成》：用野苧麻根搗碎，丸如龍眼大，魚骨魚湯下，鶏骨鷄湯下。

葉　氣味同根。　【主治】金瘡傷折血出，瘀血時珍。

【發明】時珍曰：苧麻葉甚散血，五月五日收取，和石灰搗作團，曬乾收貯。遇有金瘡折損者，研末傅之，即時血止，且易痂也。按李仲南《永類方》云：凡諸傷瘀血不散者，五六月收野苧葉、蘇葉，擂爛，傅金瘡上。如瘀血在腹内，順流水絞汁服即通，血皆化水。以生猪血試之，可驗也。秋冬用乾葉亦可。

【附方】新三。　驟然水瀉：　日夜不止，欲死，不拘男婦。用五月五日採麻葉，陰乾爲末。每服二錢，冷水調下。勿吃熱物，令人悶倒，只吃冷物。小兒半錢。楊子建《護命方》。　冷痢白凍：　方同上。　蛇虺咬傷：　青麻嫩頭搗汁，和酒等分，服三盞。以渣傅之，毒從竅中出，以渣棄水中即不發。看傷處有竅是雄蛇，無竅是雌蛇，以針挑破傷處成竅，傅藥。《摘玄方》。

題明・薛己《本草約言》卷一《藥性本草》　苧根　味甘，氣大寒，無毒。陽中之陰，可升可降。除消渴之症，解病熱之屬。天行熱疾。安女人之胎動，傅小兒之丹毒。○苧屬水，而有土與金，大補肺金，而行滯血。其根善能安胎，汁療渴，解時疫甚驗。大抵苧根甘寒解熱毒，潤煩燥，故主傅小兒赤遊丹毒，并癰疽發背，或發乳旁，搗傅之俱驗。亦罯毒箭蛇蟲咬。罯，音掩，覆也。

明・周履靖《茹草編》卷一　苧頭　村女歌白苧，宛轉隨風揚。林花與水月，悠悠空斷腸。抛梭鳴杼動絡緯，臨窗織出雙鴛鴦。雙鴛鴦，相對浴，不如採摘供食案，猶勝千絲萬縷縈愁腸。　二三月採嫩頭，湯焯過，和米粉作餅。

明・梅得春《藥性會元》卷上　苧根　味甘，平，無毒。　主治小兒赤丹。其漬苧汁，療渴。根能安胎，治婦人下血，服金石藥心熱，可解毒，大能補金而行滯血。方藥鮮用，故表而出之。

明・張懋辰《本草便》卷一 苧根使 味甘，氣寒。 主小兒赤丹，癰疽發背，或發乳房，搗傅之。胎動下血，天行熱疾，解金石藥俱煎服之。

明・繆希雍《本草經疏》卷一一 苧根 寒，主小兒赤丹。其漬苧汁，療渴。

〔疏〕苧根得土之沖氣，而兼陰寒，故味甘氣寒而無毒。《別錄》專主小兒赤丹，為其寒能涼血也。漬苧汁療渴者，除熱之功也。日華子用以治心膈熱，漏胎下血，胎前產後心煩，天行熱疾，大渴發狂，及服金石藥人心熱，罯毒箭，蛇蟲咬，皆以其性寒，能解熱涼血故也。〔主治參互〕同生地黃汁，能涼血安胎。《聖惠方》治小便血淋，苧根煎湯頻服，大妙。亦治諸淋。《斗門方》治五種淋疾，苧根兩莖，打碎，以水一碗半，煎半碗，頓服即通。《梅師方》治妊娠胎動，忽下黃汁如膠，或如小豆汁，腹痛不可忍者：苧根去黑皮切二升，以銀一斤，水九升，煎四升。每服入酒半升或一升，分作二服。《聖惠方》同。《瀕湖集簡方》治肛門腫痛，生苧根搗爛，坐之良。《聖惠方》治脫肛不收，苧根搗爛，煎湯熏洗之。《外臺秘要》治五色丹毒，苧根煮濃汁，日三浴之。〔簡誤〕病人胃弱泄瀉者，勿服。諸病不由血熱者，亦不宜用。

明・倪朱謨《本草彙言》卷三 苧根 味甘，氣寒，無毒。 蘇氏曰：苧麻生閩、廣、江浙間。宿根不死，至春再發。一科數十莖，亦可分蒔。高七八尺，葉如楮無叉，面青背白，有短茸毛。夏秋間着細穗青花。其根黃白而輕虛。八九月采剝其皮，可以績布。諸處歲再刈，惟荆、揚間歲可三刈。取皮以竹刮其表，則厚處自脫。 李氏曰：苧麻，家苧也。又有山苧，野苧也。又有紫苧，葉面紫。白苧，葉面青，其背皆白。刮洗煮食，可收荒。味甘美，其子茶褐色。九月收之。二月可種。宿根亦自生。

苧根：《藥性論》涼血解毒之藥也。計日聞稿《別錄》專主小兒赤遊丹毒，大人癰疽背發，及一切無名毒腫，搗敷即解。又天行熱病，大渴發狂；或婦人胎藏蘊熱，漏胎下血；或氣、血、砂、膏、勞五種淋證；或服金石熱藥，性發煩悶等患。用此煎嘗，諸病立效。皆以其性寒涼血，解熱化毒故也。如病人胃弱泄瀉者勿服。諸病不由血熱者，亦不宜用。其葉與皮筋主治略同。

朱彥修先生曰：苧根大能養陰而活瘀血。方藥或惡其賤，似未曾用也。古方以苧麻產婦枕之，立定血暈；安腹上，立止腹痛，況服食乎？盧不遠先生曰：苧，質直而縷，如經如絡，故易長則氣勝，理順則血流。治胎捷于益母，世人未之識也。 李時珍先生曰：苧麻葉極散血。五月五日收取，和石灰搗作團，曬乾收貯。遇有金瘡跌傷撲傷，研末敷之，即時血止，且易痂也。又方，凡諸損傷，肉破血瘀不散者，五六月收野苧麻葉、真紫蘇葉，二味搗爛，敷上傷處。如有瘀血在腹內不散者，以二葉搗汁，和酒服即通，血皆化水也。

集方：治五色丹毒。苧根煮汁，日浴三次。或濃煎汁少許，飲之亦良。○《圖經本草》治癰疽腫毒，初起未成者。用苧根熟搗敷上，日夜數換。○《大氏方》治天行熱病，大渴狂妄。用苧根濃煎飲之。○《梅師方》治妊娠胎動不安，或漏血不止，或下黃水如膠，或如小豆汁、腹中痛者。用苧根去黑皮、切碎十兩，水煎稠，徐徐飲。○《斗門方》治五種淋證，莖中澁痛，或白淫白濁。用苧根搗爛，煎水飲立效。○《聖惠方》共三首治小便不通。用苧根搗爛，攤布上，貼少腹連陰際，須臾即通。○同前治小便淋血。用苧根煎湯頻服，大妙。幷治諸淋。○治肛脫不收。用苧根搗爛，煎湯薰洗。○林氏祖方治跌撲打傷，或從高失脚下墮，內傷瘀血者。用苧根或苧麻燒灰五錢，或一兩，熱湯或熱酒調服，瘀血立散。○楊子建方治夏月驟然水瀉，日夜不止，欲死。不拘男婦，用五月五日采苧麻葉，陰乾爲末，每服二錢。冷水調下。勿喫熱物，令人悶倒。小兒用五分。○治痢白凍，方同上。○《摘玄方》治蛇虺咬傷。用苧麻嫩頭搗汁二三盞，和酒下一半服。以渣敷咬處。毒從竅中出。看傷處有竅是雄蛇，無竅是雌蛇。以針挑破傷竅處，再敷紫金錠末。○治臨杖，預服藥。用苧麻皮燒灰存性，乳香、沒藥各五錢，胎髮圓一枚，微炒焦，黑犬對前脚上邊頂骨一副，火炙酒淬酥，五味俱研細末，煉蜜丸如彈子大。每丸重四錢，酒化下。杖後煎劑用苧麻皮二兩，大黃、桃仁、延胡索、肉桂、牡丹皮、紅花、紅麴各二錢，牛膝五錢，降香末二錢，甘草一錢，水酒各一大碗，煎八分服。

明・姚可成《食物本草・救荒野譜補遺・草類》 苧頭食葉。生閩、蜀、江、浙，今南直南陵多植之。可采嫩頭救飢。

采苧頭，當深秋。攜筐筥，來荒丘。途窮日暮衣單薄，天空露冷風颼颼。

明・姚可成《食物本草》卷一八《草部・隰草類》 苧麻生閩、蜀、江、浙。今直隸池州府南陵縣多植之。其他州郡雖有，但不多種耳。苗高七八尺，葉如楮葉而無叉，面青背白，有短毛。夏秋間着細穗青花。其根黄白而輕虛，二月八月采。按陸(機)〔璣〕《草木疏》云：苧一科數十莖，宿根在土中，至春自生，不須栽種。荊揚間歲三刈，諸園種之歲再刈，便剥取其皮，以竹刮其表，厚處自脱，得裏如筋者，煮之，用緝布。今江、浙、閩中尚復如此。〇李時珍曰：苧，家苧也；又有山苧，野苧也。皆可刮洗煮食救荒，或和米粉作餅餌之，味甚甘美。

苧麻，味甘，寒，無毒。主安胎，貼熱丹毒。治心膈熱，漏胎下血，產前後心煩，天行熱疾，大渴大狂，服金石藥人心熱。署毒箭、蛇蟲咬。

漚苧汁　止消渴，猫飲之生癩。以苧蔴作枕，與產婦枕之，止血運。產後腹痛，以苧安腹上即止也。又蠶咬人，毒入肉，取苧汁飲之。今人以(子)〔苧〕近蠶種，則蠶不生是矣。

附方：治痰哮欬嗽。苧根煅存性為末，生豆腐蘸三五錢，食之甚效。未全可，以肥猪肉二三片，蘸食甚妙。　治小便不通。用麻根、蛤粉半兩為末，每服二錢，空心新汲水下。　治脱肛不收。苧根搗爛煎湯，入靖桶坐之良。

明・盧之頤《本草乘雅半偈》帙一一　苧麻《别録》下品　氣味：甘，寒，無毒。　主治：安胎，胎熱丹毒。

覈曰：苧麻，閩、廣、江、浙多有。宿根不死，至春再發，一科數十莖，亦可分蒔。高七八尺，葉如楮，無叉，面青背白，有短茸毛。夏秋間細穗青花。剥其皮可以績布。荊揚間則三刈，取皮，以竹刮其表，厚處自脱。

条曰：門屏之間曰寧。《曲禮》云：天子當寧而立也。大戣謂之麻，天子賜伯子男樂，則以戣將之。功主安胎，顧名思義，則得之矣。先人云：質直而縷，如經如絡，故易生則氣勝，理潤則血流。安胎捷于益母，世諦未之識也。

清・顧元交《本草彙箋》卷三　苧根　苧根解熱涼血，而藏器謂能破血，震亨謂能行滯血。蓋不止於涼血矣。其主治心膈熱，漏胎下血，產前後心煩，天行熱疾，小兒赤丹等症，皆取其涼血也。其治金瘡折傷，及撲毆將斃，則全用其破血行滯之功能矣。

葉主散，故出瘀更捷。以五月五日收取，和石灰搗作團，晒乾收貯，以傅金瘡折傷，即時血止，且易痂也。如瘀血在腹內，順流水絞汁服之，血皆化水。以生豬血試之，可驗。秋冬用乾葉亦可。　肛門腫痛，以生苧根搗爛，坐之良。若以煎湯熏洗，亦治脱肛。　漬苧汁，可以療渴。

清・穆石匏《本草洞詮》卷九　苧麻　苧麻作紵，所以績布，故謂之苧。根甘寒，一云平，無毒。主安胎，治心膈熱，天行熱疾，大渴大狂，貼熱丹毒，署毒箭、蛇蟲咬。蓋苧根大能補陰，而行滯血。方藥或惡其賤，未曾用耳。將苧根與產婦枕之，止血運。產後腹痛，以苧安腹上即止，散血故也。五月五日收取，和石灰搗作團，曝乾收貯。遇金瘡折損者，研末傅之，即時血止，且易痂也。凡諸傷瘀血，服苧根汁，血皆化水。以生豬血試之，可驗。

清・劉雲密《本草述》卷九上　苧麻　根：氣味：甘，寒，無毒。　權曰：甘，平。　日華子曰：甘，滑，冷，無毒。

主治：小兒赤白丹青，女子安胎，及胎漏下血，產後血暈，治心膈熱，天行熱疾，大渴大狂，煎湯治血淋。

丹溪曰：苧根屬水而有土與金，大能補陰而行滯血。方藥中鮮用，故表而出之。安胎尤效。　藏器曰：苧性破血，將苧麻與產婦枕之，止血暈。產後腹痛，以苧安腹上，即止也。　希雍曰：苧根得土之沖氣，而兼陰寒，故味甘，氣寒，而無毒。《别録》專主小兒赤丹，為其寒能涼血也。

同生地黄汁，能涼血安胎。

附方　治小便血淋，苧根煎湯頻服，大妙。亦治諸淋。　治妊娠胎動，忽下黄汁如膠，或如小豆汁，腹痛不可忍者，苧根去黑皮，切二升，以銀一斤，水九升，煎四升，每服入酒半升或一升，分作二服。

葉：氣味同根。　時珍曰：苧麻葉甚散血。五月五日收取，和石灰搗作團，曬乾收貯。遇有金瘡折損者，研末傅之，即時止血，且易痂也。按李仲南《永類方》云：凡諸傷瘀血不散者，五六月收野苧葉、蘇葉，擂爛，傅金瘡上，如瘀血在腹內，順流水絞汁服，即通，血皆化水。以生豬血試之，可驗也。秋冬用乾葉亦可。

愚按：苧根之味甘，氣寒。丹溪謂其大補陰，而即能行滯血，是以補為行也。夫甘寒之藥能瀉火，此味止血淋，治丹毒，或入血分而瀉熱乎？但就其安胎、止漏血尤效，則補陰活血之功，又豈徒以瀉熱，與他味同論乎？夫寒水在泉為鹹化，乃兼有土金，是得乎辛甘之陽也。補陰之味，兼有陽者，乃得補也。其和血者，便在補陰而能行能止之故，可以思矣。即葉治冷痢白凍，則此味甘寒，當從別論，不為左券哉。

附方　冷痢白凍，不拘男婦，用五月五日采麻葉，陰乾，為末，每服二錢，冷水調下，勿喫熱物，令人悶倒，只喫冷物。小兒半錢。

清・郭章宜《本草匯》卷一一　苧根　甘滑，氣寒，陽中之陰，可升可降，塞胎漏下血，治心膈熱渴。時疫大渴狂叫，非此莫却。金石服多燥熱，飲下立除。搗貼小兒赤遊丹毒，敷調一切癰疽發背。

按：　苧根禀陰寒之氣，除熱之功居多，大能補陰而行滯血。其根善能安胎，潤燥解熱也。性破血，將苧皮與產婦枕之，止血運。產後腹痛，以苧安腹上即止。葉最散血，瘀血在腹，絞汁服通，血皆化水。以生猪血試之可驗。胃弱泄瀉者勿服。

清・王翃《握靈本草》補遺　苧麻根閩、蜀、江、浙多有之。　甘，寒，無毒。主安胎，清膈熱，大能補陰而行滯血。

清・汪昂《本草備要》卷二　苧根瀉熱，散瘀。　甘寒而滑。補陰破瘀，解熱潤燥。治天行熱疾，大渴大狂，胎動下血，諸淋血淋，搗貼赤游丹毒，癰疽發背，金瘡傷折，止血，易痂。鷄魚骨鯁。搗如龍眼。鷄骨，鷄湯下；魚骨，魚湯下。汁能化血爲水。　苧皮與產婦作枕，止血運；　安腹上，止產後腹痛。散瘀之功。　漚苧汁，療消渴。

清・李熙和《醫經允中》卷二一　苧根　甘，寒，無毒。主治：　塞胎漏下血，搗敷癰疽發背，并小兒赤遊丹毒。時疫大渴狂亂者，用之即止。葉散瘀血；　漬苧汁解蠶咬毒。

清・馮兆張《馮氏錦囊秘録・雜症痘疹藥性主治合參》卷三　苧根得土之沖氣，而兼陰寒，故味甘，氣寒，無毒。故治赤丹大渴，胎漏，皆涼血除熱之功也。

苧根，搗敷小兒赤遊丹毒及癰疽發背乳房。煎療婦人胎動不安，并產前後發熱煩悶，塞胎漏下血，罯箭毒。蛇傷時疫，大渴狂叫，非此莫却。金石服多燥熱，飲下立除。

清・张璐《本經逢原》卷二　苧蔴、黃蔴　甘，寒，無毒。　發明：　苧蔴專行滯血，產婦枕之治血暈。產後腹痛，以苧安腹上即止。漬苧水療熱渴，苧根治小兒赤丹。○其黃麻苦澀，專散陳久瘀血，取陳年者燒灰存性，酒調服之。絡蔴根燒灰治鎖喉風神效。

清・王子接《得宜本草・下品藥》　苧麻　味甘。主治漏胎。得建蓮、糯米能固胎元。

清・汪紱《醫林纂要探源》卷二　苎根　甘，鹹，寒，滑。含氣滋生。一歲三刈，而能復生，氣堅固也。補心清火，色微赤，入心，入血分。使三焦心包之火不妄不鬱，輭堅去瘀。安胎，治天行熱病，止渴，治狂除煩。下治諸淋，外傅赤遊丹毒，癰疽發背，金瘡折跌。又化骨鯁。以皮作產婦枕，能止血暈，安腹上，能止血母痛，汁能化血為水，皆甘鹹補心用血之功也。孕婦兩三月後，相火日盛，血益熱，胎多不安，苎根甘鹹入心，能布散其光明，而不為鬱熱，此安胎良藥也。○皮作布，宜於夏。猶葛也，根亦如葛，皆能養心，清肺散火。但葛色白，入氣分，散陽明之火。苎色赤，入血分，散厥陰之火，散火即以補心也。花：　作茹，清心，利腸胃，散瘀。葉間作穗成毬，色紅，即花也。可蒸食，至老而成子，則色青。

野苎根：　安胎尤效。

清・嚴潔等《得配本草》卷三　苧麻根　甘，寒。入足陽明、太陽經血分。治胎前產後心煩，天行熱病，兼利小便而通子戶，清淫慾之瘀熱。　配建蓮、糯米，固胎元。配白銀，治胎動腹痛不可忍。　根　甘，寒。入足厥陰經血分。瀉熱散瘀。　得蛤粉，通小便。　搗汁飲，治骨骾。并治蠶咬人毒入肉。

題清・徐大椿《藥性切用》卷三　苧蔴根　性味甘寒，破血解毒，止天行腹痛。搗汁用。軋蔴亦可煎湯，無根蔴亦可代。

清・羅國綱《羅氏會約醫鏡》卷一六草部　苧麻根味甘，氣寒而無毒。　補陰解熱，破瘀涼血。治時疫熱渴狂叫、胎動下血、諸淋血淋、寒能勝熱，涼血之功。赤遊丹毒、癰疽發背、金瘡折傷。內煎服，外搗貼。汁能化血為水。皮與產婦作枕，止血暈；　安腹上，止血氣痛。散瘀之功。服金石藥燥熱，飲下立除。

清・章穆《調疾飲食辯》卷一下　苧根皮葉汁　《綱目》曰：　苧可績紵，故名。種之歲可三刈，宿根自生。一種不須再種。亦有野生者。其根皮治心膈間熱，漏胎下血，體厚之人，孕中下血，宜用苧根水煎頻服，或和生地、黃芩尤佳。此血熱也。若平素體薄而胎漏，為衝任虛，當補其氣血，如耆、术、歸、地、阿膠、杜仲之類，勿誤用此。　產前後心煩，天行熱病，大煩大渴，誤服熱藥毒氣入心。令人瞀冒顛狂。又治血熱胎動。不論下血與否，出《日華本草》。又治小便血淋。出《聖惠方》。又通治諸般淋疾。出《斗門方》。並煮汁代茶頻飲之。又治癰疽發背，初起未成：苧根和醋搗極爛敷，日夜數易，腫消為度。出《圖經本草》。又治肛門熱腫，及臟熱脫肛，苧根搗爛坐之。出《瀕湖集簡方》。又治咽喉骨骾，百方不下：　苧根搗爛，搓丸如龍眼大，極力吞下，以湯送之。出《醫方大成》。苧麻可治喉痹乳蛾，燒煙，張口盡力吸入喉內，皮破血出立愈。又治風虛腰痛，新苧麻酒潤濕，甑內蒸之，乘熱緊束腰間並出《便用單方》。葉功專散血，行一切敗血。《綱目》曰：五月五日采，和石灰搗作團，遇金瘡跌撲血出者，刮末敷立止，且易結痂。《永類鈐方》曰：凡跌撲傷，瘀血在腹內，久不能行即死，苧葉、蘇葉擂爛，流水絞汁服不如酒，血皆化水而出。秋冬以根代之。又治熱痢赤白：陰乾為末，冷水服二錢，戒食熱物。出《護命方》。又治蛇咬，嫩葉搗汁和酒服，渣敷之出《摘元方》。

按：苧葉雖能破血，而性味甘平，故饑年可以代糧。凡有血疾，常用代茶，皆有益無損也。

清·王龍《本草纂要稿·草部》 苧根 氣味甘寒。安胎動，塞胎漏下血。療時疫，治大渴狂呼。罯箭毒蛇傷，解金石藥毒，治發背癰疽。

清·楊時泰《本草述鉤元》卷九 苧麻 根氣味甘寒。治小兒赤白丹毒，安胎，療胎漏下血，產後血暈，除心膈熱，天行熱疾大渴大狂，止血淋。苧根屬水而有土與金，大能補陰而行滯血，安胎尤效丹溪。苧性破血，將苧麻與產婦枕之，止血暈。產後腹痛，以苧安腹上即止藏器。得土之沖氣而兼陰寒，《別錄》專主小兒赤丹，為其涼血也仲淳。同生地汁服，涼血安胎。血淋，用苧根煎湯頻服大妙，亦治諸淋。妊娠胎動，忽下黃汁如膠，或如豆汁，腹痛不可忍者，苧根去黑皮切二升，白銀一斤，水九升，煎四升，每入好一半升，分二服。

苧葉氣味同根。苧麻葉甚散血。五月五日收取，和石灰搗作團，曬乾收貯。遇有金瘡折損者，研末傅之，即時止血，且易痂也瀕湖。凡諸傷瘀血不散者，五六月收野苧葉、蘇葉搗爛，傅金瘡上。如瘀在腹內，順流水絞汁服，即通，血皆化水，以生豬血試之可驗，秋冬用乾葉亦可。冷痢白凍，五月五日采麻葉，陰乾為末，每服二錢，小兒半錢，冷水調下。勿喫熱物，令人悶倒。只喫冷物。

論：苧根味甘氣寒，大能補陰而行滯血，是以補為行也。夫寒水在泉為鹹化，此味兼有土金，是得乎辛甘之陽也。補陰之味，兼有陽者，乃得補也。其和血即在補陰，而能行能止之故，可以思矣，更即葉治冷痢白凍，則此味甘寒，當從別論。

清·葉桂《本草再新》卷二 苧麻味甘，性微寒，無毒。入腎經。治小便不通，痰哮欬嗽，肛門腫痛，脫肛不收，療血淋。

清·吳其濬《植物名實圖考》卷一四 苧麻 《別錄》下品。陸璣《詩疏》：紵，亦麻也。《農政全書》謂紵從絲，非苧。北地寒不宜。考《救荒本草》苧根味甘，煮食甜美。許州田園亦有種者。蓋自淮而北，近時皆致力於棉花，禦寒時久，而禦暑時暫。絺綌之用，唯城市為殷，故種蒔者少耳。野苧極繁，芟除為難，不任績。山苧稍勁，花作長穗翹出，稍異。

雩婁農曰：徐元扈謂北方無苧。《詩》：可以漚紵。紵為絲，此誤也。苧，麻屬，故言漚；絲不可漚。菅、麻、苧，皆草，絲則非其類。江南安慶、寧國，池州山地多有苧，要以江西、湖南及閩、粵為盛。江西之撫州、建昌、寧都、廣信、贛州、南安、袁州苧最饒，緝纑織線，猶嘉湖之治絲。宜黃之機上白，市者鶩其名，然非佳品。寧都州俗，無不緝麻之家，敏者一日可績三四兩，鈍者亦兩以上。請織匠織成布，一機長者十餘丈，短者亦十丈以上，四五兩織成一丈布者為最細，次六七兩，次八九兩，則粗矣。夏布墟則安福鄉之會同集、仁義鄉之固厚集、懷德鄉之璜溪集，在城則軍山集。每月集期，土人商賈，雜遝如雲，計城鄉所產歲鬻數十萬緡，女紅之利普矣。《石城縣志》亦曰：石邑夏布，歲出數十萬疋，外貿吳、越、燕、亳間。贛州各邑皆業苧，閩賈於二月時放苧錢，夏秋收苧，歸而造布，然不如寧都布潔白細密。苧以瘦韌潔白為上，其黃者曰糙麻。婦功間日緝濯柔細，經時累月，織成一衣，曰女兒布。苧之精者無逾此。居人服之，商賈不可得也。湖南則瀏陽、湘鄉、攸縣、茶陵、醴陵皆麻鄉，往時巴陵、道州、武陵、郴州皆貢練紵，今則並瀏陽上供。亦栽肥地苧深四五尺，剝至三四次，擇避風處蒔之，夏有苧市，捆載以售。《溪蠻叢笑》云：漢傳載闌干，闌干獠言紵巾，有績治細白苧麻，以旬月而成，名娘子布。則亦女兒布之類。非僅獠俗也，苗人據矮機，席地而織，設虛場以麻布易所無也。《寰宇記》：宜州有都洛麻，狹幅布，今語曰多羅麻。《廣西志》：梧州出絡布，以絡麻織成，因名。並苧類也。《桂海虞衡志》：練子出兩江、川峒。大略似苧布，有花紋者謂之花練。彼人亦自貴重。《嶺外代答》：邕州左右江溪峒產苧麻，土人擇其細長者為練子，暑衣之輕涼離汗者也。花練一端長四丈，重數十錢，捲入之小竹筒，尚有餘地。以染真紅，尤易著色。厥價不廉，稍細者一匹數十緡也。粵之新會有細苧，蓋左思所謂筒中黄潤者。凡疊布必成筩，一筩十端。而葛之大者，率以兩端為一連，苧則一端為一連。他布則以六丈為端，四丈為疋，此其別也。《禹貢》曰：島夷卉服。傳曰：島夷，南海島上夷也；卉，草也；卉服，葛越也。葛越，南方之布，以葛為之，以其產於越，故曰葛越也。左思曰：蕉葛升越，弱於羅紈。《正義》曰：卉服，葛越，蕉竹之屬。越即苧麻也。漢徐氏女，贈其夫以越布，鄧后賜諸貴人白越是也。《漢書》云：粵地多果布之湊。韋昭曰：布，葛布也。顏師古曰：布謂諸雜細布。皆是也。其黄潤者，生苧也，細者為絟，粗者為苧，苧一作紵。《禹貢》曰：厥匪織貝。《傳》曰：織細紵也。疏曰：細紵，布也。其曰花練、曰縠纑、曰細都、曰弱析，皆其類。志稱蠻布纖蕉竹、苧麻、都落等，麻有青、黄、白、絡、火五種，黄、白曰苧，亦曰白緒；青絡曰麻；火曰火麻；都落即絡也。馬援在交阯，嘗衣都布單衣。都布者，絡布也。絡者，言麻之可經，可絡者也。其細者當暑服之，涼爽無油汗氣，練之柔熟如椿椒繭綢，可以禦冬。新興縣最盛，佔人率以綿布易之，其女紅治絡麻者十之九，治苧者十之三，治蕉十之一，紡蠶作繭者千之一而已。又有魚凍布，莞中女子以絲兼紵為之，柔滑而白若魚凍。謂紗羅多浣則黄，此布愈浣則愈白云。

清・趙其光《本草求原》卷三隰草部　苧麻根　甘寒而滑，無毒。得水土氣味，入心、腎、脾、胃。大補陰，甘故也。而行血滯，瀉熱，潤燥，治天行熱疾，大渴大狂，諸淋、血淋，獨用妙。赤白丹毒，涼血之功。胎動血熱而動，合生地用。胎漏尤效。去黑皮，同銀煎濃汁酒下，治妊娠胎動，漏下黄汁如膠，或如赤豆汁，腹痛難忍。痰哮，肛腫，脱肛。

苧葉：治冷痢白凍，五月五日采，陰乾為末，冷水下。忌食熱物，令人悶倒。散血，能化血為水，瘀在腹内，順流水絞汁，或煎服。癰疽發背，金瘡折損。和石灰杵爛，曬乾為末敷之，止血易痂。同蘇葉擂爛，敷金瘡亦妙。雞、魚骨鯁。搗如龍眼，雞骨，雞湯下；魚骨，魚湯下。

漚苧汁，治消渴。以苧麻作枕，止產婦血暈；安腹上，止產後腹痛。散瘀之功。

清・張仁錫《藥性蒙求・草部》　苧麻八分　苧麻甘寒，活血益陰。能療胎漏，小便可通。昔人以其皮與產婦作枕，止暈。置腹上，止腹痛。湯散中不可輕入。○苧麻根汁，一說補陰，一說化血為水，究不可輕用於胎前也。

清・劉善述、劉士季《草木便方》卷一草部　苧根葉　苧麻根皮甘寒平，丹毒發背諸血淋。安胎折損消骨鯁，葉塗金瘡妙如神。

清・戴葆元《本草綱目易知錄》卷一　苧麻　根，甘，寒。安胎，大能補陰而行滯血。治天行熱疾，大渴大狂，解心膈熱。漏胎下血，胎前產後。心煩作枕，止血運。安腹上，止腹痛。解服金石藥人心熱。罯毒箭蛇蟲咬，貼熱丹毒。漚苧汁飲，止消渴。

清・陳其瑞《本草撮要》卷一　苧根　味苦，入手足太陰經，功專涼血，止漏胎。得建蓮、糯米能固胎元。汁能化血為水。皮與產婦作枕止血暈，安腹上止產後腹痛。擣根貼赤遊丹毒癰疽發背，金瘡折傷，加龍膽同擣治雞骨鯁，雞湯下；魚鯁，魚湯下。同蛤粉各半兩為末，每服二錢，治小便不通。或但用根研末，攤絹上，貼少腹連陰際，須臾即通。脱肛以之熏洗亦佳。

一連條

清・吴其濬《植物名實圖考》卷九　一連條　生建昌。赤莖，長枝獨葉。葉如苧麻而尖長，面青背白，細紋微齒。土醫取幹葉，搗敷腫毒。

消風草

清・吴其濬《植物名實圖考》卷一三　消風草　南安、長沙平野多有之。綠莖有白毛，葉似麻葉有歧，紋極碎亂，面濃綠，背白有毛；葉間開長蒂小粉紅花；結圓實五瓣有點紋，微似麻子。

野苧麻

清・趙學敏《本草綱目拾遺》卷三草部上　野苧麻　《採藥志》：天青地白草，又名川綿葱，即野苧麻也。一名銀苧。又名天名精。生山土河塹旁，立春後生苗，長一二尺，葉圓而尖，面青背白，有麻紋，結子細碎。根擣之有滑涎，入藥用根，取鬆土者良，肥白無筋。按：此與地菘別。性涼，治諸毒，活血止血，功能發散止渴，安胎，塗小兒丹毒，通蠱脹，崩淋哮喘，白濁滑精，牙痛，喉閉骨鯁，疝氣，火丹癤毒，胡蜂毒蛇咬，發背疔瘡，跌撲損傷。

《救生苦海》：午日取野苧麻，陰乾曬燥，搓熟，取白絨收藏。夏月遇有金刃傷者，敷之即止血，且不作膿。《百草鏡》：跌撲，野苧根一兩，搗碎，好酒煎服，盡量飲醉。漆瘡紅腫，合紫霞膏，又為女科聖藥。痘毒，以野苧麻去皮搗敷。○癰疽發背，對口，一切無名腫毒，野苧麻搗汁，用無灰酒沖下，渣敷患處露頭，蓋被出汗，即出膿水痊愈。　跌打閃挫方：教師白宇亮傳： 大鯽魚一尾，獨核肥皂一個，胡椒七粒，黃梔子九個，老薑一片，葱頭三個，野苧麻根一段，乾麪一撮，香糟一團，紹酒隨數用，同前藥合搗如泥，炒熱敷患處，立愈。外用布包紮緊，次日青出即愈。 《救生苦海》： 治神鬼箭，用野苧麻、川南星同搗敷。 徐若甯云： 蛇虺咬，看傷處有竅是雄蛇，無竅是雌蛇，以鍼挑破傷處成竅，然後取野苧麻嫩頭，搗汁和酒服之，三盞，絞剩渣敷傷口，能令毒從竅中出，傷立愈。將渣棄水中，永不復發。

咬人狗

清·趙學敏《本草綱目拾遺》卷六木部 咬人狗刺暈 《臺灣府志》： 咬人狗，其木甚鬆，手掐之便長條迸起，可為火具。木高丈餘，葉長大似烟葉，有毛刺，刺人入毛孔甚癢，搔之發紅痛，一晝夜乃止。 治瘰癧《臺海使槎錄》。

附： 刺暈： 李氏《草秘》： 其樹形似烏柿，有刺，刺人即暈，故名。治癰腫定疼： 取樹腦葉入醬板鹽花，罨發背癰疽腫毒，痛甚者罨上即止痛，不問已未潰，罨至愈。

樓梯草

清·吳其濬《植物名實圖考》卷九 樓梯草 產南安。獨莖圓綠，高不盈尺，長葉略似枇杷葉，大齒尖梢，粗紋橫斜，面青背黃綠。土人採治風痛跌打損傷，煎酒服。

魚公草

清·吳其濬《植物名實圖考》卷一五 魚公草 江西、湖南有之。綠莖叢生，莖有細毛，附莖生葉，長如芍藥葉有斜齒，歷落如鋸。俚醫云性寒，一名青魚膽。能通肢節，止痛行血。

大錢麻

明·蘭茂原撰，范洪等抄補《滇南本草圖說》卷四 大錢麻錢作前。 性微溫，味苦、辛，平。主治： 肺經寒熱，咳嗽吐血，或風入於肺經，不能解者，用此祛風鎮痰最佳。所以滇中多用錢前麻尖，治小兒咳嗽，打風神效。

明·蘭茂撰，清·管暄校補《滇南本草》卷中 大錢麻： 一名梗麻。 性微寒，味苦微辛。祛皮膚風痒，吐痰消痰，下氣，止風傷肺氣咳嗽，散胃痰，發散瘡毒。俱用水煨，或取汁服。 附案： 一男子咳嗽，吐清痰涎，畏冷，夜間發熱，胸膈作脹，肢體酸軟。皆以虛癆治之，不效。一人授以此劑，神效。蓋風傷肺氣，痰火斂滯，以此祛風散痰，故效。

九股牛

明·蘭茂原撰，范洪等抄補《滇南本草圖說》卷九 九(股)〔牯〕牛 性微寒，味苦、辛。而有小九(股)〔牯〕牛、大九(股)〔牯〕牛之分。大者入藥，服之多令人吐。主治： 走肝經，通經絡，破血，散瘰癧結核，癰疽生於二肩，或在脊骨第七八九節上，或痣在肩井穴上，加苦連翹服之，紅硬者可出而漸愈，不紅硬者，其毒漸解而散，為外科者劑。

黃麻

清·吳其濬《植物名實圖考》卷二 黃麻 生南安，紫莖，尖葉長寸餘，與火麻絕異，結子不殊，土人績之。大麻，李時珍謂俗名黃麻。今北地無此名，或即此也。

假麻區

清·何諫《生草藥性備要》卷上 假蔴區 味淡，性寒。治小兒疳積，理傷寒漏底，煲水飲之立止。亦能清暑、敷瘡、散毒、消腫，大有止血之功。

續斷

宋·李昉《太平御覽》卷第九八九 續斷 《范子計然》曰： 續斷，出三輔。 《廣州記》曰： 鄣平縣出續斷。 《本草經》曰： 續斷，一名龍豆。味苦，微溫。生山谷。治傷寒，補不足，金瘡、癰傷、折跌，續筋骨，婦人乳難，崩中漏血，久服益力。生常山。 《吳氏本草》曰： 龍芻，一名龍多，一名龍鬚，一名續斷，一名龍木，一名草毒，一名龍華，一名懸菟。神農、李氏： 小寒。雷公、黃帝： 苦，無毒。扁鵲： 辛，無毒。生梁州。七月七日採。 《范汪方》曰： 續斷，即是馬薊，與小薊葉相似，但大於小薊耳。葉似旁翁菜葉，但小厚，兩邊有刺刺人，其華紫色。

宋·唐慎微《證類本草》卷七草部上品〔《本經》·別録·藥對〕 續斷 **味苦**、辛，**微溫**，無毒。**主傷寒，補不足，金瘡，癰傷，折跌，續筋骨，婦人乳難，**崩中漏血，金瘡血內漏，止痛生肌肉及踠傷，惡血，腰痛，關節緩急。**久服益氣力。一名龍豆，一名屬折，**一名接骨，一名南草，一名槐。生常山山谷。七月、八月採，陰乾。地黃爲之使，惡雷丸。

〔梁·陶弘景《本草經集注》〕云： 按《桐君藥録》云： 續斷生蔓延，葉細，莖如荏大，根本黃白有汁，七月、八月採根。今皆用莖葉，節節斷，皮黃皺，狀如雞脚者，又呼爲桑上寄生。恐皆非真。時人又有接骨樹，高丈餘許，葉似蒴音朔藋音濯。皮，主療金瘡，有此接骨名，疑或是。而廣州又有一藤名續斷，一名諾藤，斷其莖，器承其汁飲之，療虛損絕傷；用沐頭，又長髮。折枝插地即生，恐此又相類。李云是虎薊，與此大乖，而虎薊亦自療血爾。

〔唐・蘇敬《唐本草》〕注云：此藥所在山谷皆有。今俗用者，是葉似苧而莖方，根如大薊，黃白色。陶注者非也。

〔宋・掌禹錫《嘉祐本草》〕按：《蜀本圖經》云：葉似苧，莖方，兩葉對，花紅白色，根如大薊，一株有五六枝。《藥性論》云：續斷，君。主絕傷，去諸溫毒，能通宣經脉。日華子云：助氣，調血脉，補五勞七傷，破癥結瘀血，消腫毒，腸風，痔瘻，乳癰瘰癧，撲損，婦人產前後一切病，面黃虛腫，縮小便，止泄精，尿血，胎漏，子宮冷。又名大薊，山牛蒡。

〔宋・蘇頌《本草圖經》〕曰：續斷，生常山山谷，今陝西、河中、興元府，舒、越、晉州亦有之。三月已後生苗，莖四稜，似苧麻，葉亦類之，兩兩相對而生。四月開花，紅白色，似益母花。根如大薊，赤黃色，七月、八月採。謹按：《范汪方》云：續斷即是馬薊，與小薊菜相似，但大於小薊耳。葉似蒡翁菜而小厚，兩邊有刺，刺人，其花紫色，與今越州生者相類。而市之貨者，亦有數種，少能辨其麤良。醫人用之，但以節節斷，皮黃皺者爲真。

〔宋・唐慎微《證類本草》〕《雷公》云：凡使，勿用草茆根，緣真似續斷，若誤用服之，令人筋軟，採得後橫切剉之，又去向裏硬筋了，用酒浸一伏時，焙乾用。《外臺秘要》：治淋，取生續斷絞取汁服之，馬薊根是。《子母秘録》：治產後心悶，手足煩熱，猒猒氣欲絕，血暈，心頭硬，乍寒乍熱，增寒忍不禁。續斷皮一握，剉，以水三升，煎取一升，分三服，溫服。如人行三二里再服。無所忌。此藥救產後垂死。

宋・鄭樵《通志》卷七五《昆蟲草木略》 續斷 曰龍豆，曰屬折，曰接骨，曰南草，曰槐，曰大薊，曰馬薊。《蜀本圖經》云：莖方，葉似苧，花似益母，根如大薊。此北續斷也。范汪云：即馬薊也。與小薊相似，葉如蒡翁菜，兩邊有刺，花紫。會稽者正爾，此南續斷也。

宋・劉明之《圖經本草藥性總論》卷上 續斷 味苦、辛，微溫，無毒。主傷寒，補不足。金瘡癰，傷折跌，續筋骨。婦人乳難，崩中漏血，金瘡血內漏，止痛生肌肉，及踠傷惡血腰痛。《藥性論》云：君。主絕傷，去諸溫毒，能宣通經脉。日華子云：助氣調血脉，補五勞七傷，破癥結瘀血，消腫毒，腸風痔瘻，乳癰瘰癧，撲損，婦人產前後一切病，面黃虛腫，縮小便，止泄精尿血，胎漏子宮冷。地黃為之使。惡雷丸。

明・蘭茂原撰，范洪等抄補《滇南本草圖說》卷六 鼓錘草 獨苗對葉，苗上開花似錘。氣味苦淡，無毒。耑治一切無名腫毒，楊梅，天泡諸瘡，每服七劑一掃光，痊愈。忌用升藥。此症古來亦有，洗瘡即用此洗之，最良。

明・蘭茂撰，清・管暄校補《滇南本草》卷下 續斷 一名鼓(捶)〔槌〕草，又名和尚頭。性溫，味苦、微酸。入肝。補肝，強筋骨，走經絡，止經中酸痛。安胎，治婦人白帶，生新血，破瘀血，落死胎。止咳嗽咳血，治赤白便濁。昔一人面寒腹痛，堅硬，續斷三錢，燒酒半鐘，水半鍾，煎服。昔一人兩腿筋骨酸疼，服藥不效。用續斷五錢，醋半杯，炒乾，水煨，點水酒服。

明・蘭茂《滇南本草》〔叢本〕卷下 一人面寒酸疼堅硬，續斷三錢，燒酒一鍾，水一鍾，煎服效。一人兩腿足筋疼，日久服藥不效，得此方全好。續斷五錢，醋半鍾，水煎，點水酒服。

明・王綸《本草集要》卷二 續斷君 味苦辛，氣微溫，無毒。地黃為之使。惡雷丸。陰乾，節節斷，皮黃皺者為真。酒浸用。 主傷寒，補不足，調血脈，金瘡癰，傷折跌，續筋骨。婦人乳難，產前後一切病，崩中漏血尿血，金瘡血內漏，止痛生肌，及踠傷惡血腰痛，關節緩急。縮小便，止泄精，子宮冷，久服益氣力。

明・滕弘《神農本經會通》卷一 續斷 君也。地黃為之使。惡雷丸。七八月採，乾。陶云：採根。今皆用莖葉。但以節節斷，皮黃皺者為真。用須酒浸。 味苦、辛，氣微溫，無毒。東云：治崩漏，益筋強脚。

《本經》云：主傷寒，補不足，金瘡，癰傷折跌，續筋骨，婦人乳難，崩中漏血，金瘡血，內漏，止痛，生肌肉，及踠傷惡血，腰痛，關節緩急，久服益氣力。《藥性論》云：君。主絕傷，去諸溫毒，能通宣經脉。日華子云：助氣調血脉，補五勞七傷，破癥瘀血，消腫毒，腸風痔瘻，乳癰，瘰癧，撲損，婦人產前後一切病，面黃虛腫，縮小便，止泄精尿血，胎漏，子宮冷。《局》云：烟塵續斷除腰痛，主療勞傷破毒癰。又治金瘡并折跌，更安胎產與崩中。烟塵續斷，安胎產，療金瘡。

明・劉文泰《本草品彙精要》卷九 續斷無毒。 植生。

續斷出《神農本經》：**主傷寒，補不足，金瘡癰傷，折跌，續筋骨，婦人乳難。久服益氣力。**以上朱字《神農本經》。崩中漏血，金瘡，血內漏，止痛，生肌肉及踠傷，惡血，腰痛，關節緩急。以上黑字名醫所錄。〔名〕龍豆、屬折、接骨、南草、槐。〔苗〕《圖經》曰：三月已後生苗，幹四棱似苧麻，葉亦類之，兩兩相對而生。四月開花，紅白色，似益母花，根如大薊，赤黃色。按《范汪方》云：即是馬薊。與小薊菜相似，但大如小薊爾。葉似旁翁菜而小厚，兩邊有刺刺人，其花紫色，與今越州生者相類，今之市者亦有數種，人莫能辨。醫家用之，但以節節斷，皮黃皺者爲真也。〔地〕《圖經》曰：生常山山谷，今陝西、河中、興元府，舒、越、晉、絳州。〔道地〕蜀川者佳。〔時〕生：春生苗。採：七月、八月取根。〔收〕陰乾。〔用〕根脂潤，肥大者爲好。〔質〕類玄參而黃皺。〔色〕赤黃。〔味〕苦，辛。〔性〕微溫。〔氣〕氣厚于味，陽中之陰。〔臭〕香。〔主〕續筋骨。〔行〕足厥陰經。〔助〕地黃爲之使。〔反〕惡雷丸。〔製〕《雷公》云：去向裏硬筋了，酒浸一伏時，横切碎，焙乾用。〔治〕療：《藥性論》云：主絕傷，去諸溫毒，宣通經脈。日華子云：破癥結，瘀血，消毒腫，腸風，痔瘻，乳癰，瘰癧，撲損，婦人產前後一切病，面黃虛腫，縮小便，止泄精，尿血，胎漏，子宮冷。《別録》云：產後心悶，手足煩熱，厭厭氣欲絶，血暈，心頭硬，乍寒乍熱。補：日華子云：助氣調血，補五勞七傷。〔贗〕草茆根爲僞。

明・葉文齡《醫學統旨》卷八　續斷　氣微溫，味苦、辛。無毒。地黃為之使，惡雷丸。陰乾，節節斷，皮黃皺者為真。酒浸用。治五勞七傷，助氣調血，興陽道，止泄精，縮小便，止痛，關節緩急，傷折跌，續筋骨；金瘡癰毒，痔瘻，乳癰瘰癧；婦人產前後一切病，崩中漏血，尿血，子宮冷。

明・許希周《藥性粗評》卷三　骨損何憂於續斷。

續斷，一名接骨草。出陝西河中諸郡。但以節節斷，皮黃如焰起者真。八月採莖葉，陰乾。地黃為之使，惡雷丸。凡用酒浸，漉出焙乾。味苦、辛，性微溫，無毒。主治金瘡折跌，骨節損傷，腰痛癰腫，婦人崩漏，生肌止痛，續筋骨，益氣力，興陽道，陽痿方中多用之。

單方：淋證：取生續斷，搗絞汁服之。

明・鄭寧《藥性要略大全》卷三　續斷君　《經》云：主傷寒，補不足，治金瘡癰疽，傷折跌損。續筋骨。伊訓曰：治女人乳癰，崩中漏血，金瘡出血，止痛，生肌肉，及踠折惡血，腰痛，關節緩急。久服益氣力。東垣云：助氣，調血脈，補勞傷，止泄精，破癥結。女人產後諸病，漏胎，尿血，暖子宮。《珠囊》云：治崩漏，安胎，益筋強脚。味甘、辛，性溫，無毒。地黃為之使。惡雷丸。採取陰乾，節節斷，皮黃皺者為真。酒浸一宿，取出烘乾，去梗心用。葉似苧而莖方。

明・陳嘉謨《本草蒙筌》卷一　續斷　味苦、辛，氣微溫。無毒。陝蜀最盛，三月緫生。似苧麻葉，苗幹四稜。類大薊根，皮色黃赤。資之入藥，取根於秋。多有麄良，務擇精細。但認狀如雞脚者為上，節節斷，皮黃皺者方真。去向裏硬筋，以醇酒浸宿。烈日曝過，薄片咀成。惡雷丸，使熟苄。續筋骨，調血脉，專療跌撲折損；消腫毒，生肌肉，善理金瘡癰傷。乳癰瘰癧殊功，腸風痔瘻立効。縮小便頻數，固精滑夢遺。亦暖子宮，俾育妊孕。久服勿厭，氣力倍常。

明・方穀《本草纂要》卷二　續斷　味苦、辛，氣微溫，無毒。調氣和血之藥也。主內傷，補不足，調血脉，治金瘡，續筋骨，療腰痛，散諸血，縮小便，止夢泄，暖子宮，益關節，乃女人産前産後之要藥也。但臨産或難，內有所傷，必以續斷治之，正所謂斷者有所續也。故接骨之劑，亦以續斷爲先。內傷之症，又以續斷爲補。大凡所斷之血脉，非此劑不能善續以繼之也，故名之曰續斷。名以義起，期藥之謂乎。

明・王文潔《太乙仙製本草藥性大全》卷一《本草精義》　續斷　一名龍豆，一名屬折，一名接骨，一名南草，一名槐，又名大薊，一名山牛蒡。生常山山谷，今陝西、河中、興元府、舒、越、晉州亦有之。三月已後生苗，蘚四稜，似苧麻，葉亦類之，兩兩相對而生。四月開花，紅白色，似益母花，根如大薊，赤黃色。七八月採。謹按《范汪方》云：續斷即是馬薊，與小薊葉相似，但大於小薊耳。葉似旁翁菜而小厚，兩邊有刺刺人，其花紫色，與今越州生者相類。而市之貨者，亦有數種，少能辨其麄良。醫人用之，狀如雞脚者爲上，節節斷，皮黃皺者方真。

明・王文潔《太乙仙製本草藥性大全》卷一《仙製藥性》　續斷君　味苦、辛，氣微溫，無毒。地黃爲之使。主治：療傷寒，補不足，治金瘡癰疽，傷折跌損，續筋骨，消腫毒，生肌肉，瘰癧、腸風、痔瘻。治女人乳癰，崩中漏血。金瘡出血，止痛及腕折，惡血，腰痛，關節緩急。久服勿厭，氣力倍常。助氣調血脉，補勞傷，止泄精，夢遺，破癥結。女人產後諸病，暖子宮，俾育妊孕安胎，益筋強脚。補註：治淋，取生續斷絞取汁服之，馬薊根是。治產後心悶，手足煩熱，厭厭氣欲絶，血暈，心頭硬，乍寒乍熱，增寒忍不禁。續斷皮一握剉，以水三升，煎取一升，分三服，溫服，如人行二三里路，再服，無所忌，此藥救產後垂死。　太乙曰：凡使勿用草茆根，緣真似續斷，若誤用服之，令人筋軟。採得後橫切，剉之。又云：〔去〕向裏硬筋了，用酒浸一伏時，焙乾用。

明・皇甫嵩《本草發明》卷二　續斷上品之下，君。氣微溫，味苦、辛，無毒。狀如雞脚者為上。節上斷，皮黃破者方真。　發明曰：此活血養血，兼滋陰益氣之藥。《本草》主傷寒，補不足，金瘡癰，傷折趺，續筋骨，止痛生肌，踠傷惡血，腰痛，関節緩急。又云：助氣，調血脉，補勞傷，破癥結瘀血，癰腫，腸風痔漏，縮小便，止洩精尿血，婦人乳難，崩漏胎漏，子宮冷，產前後一切症。又去諸濕毒，宣通經脉。大略俱與《本經》合，其活血養血，滋陰益氣槩見矣。要之續補傷損血脉筋骨之用為專。地黃為之使。惡雷丸。酒浸，乾用。

明・李時珍《本草綱目》卷一五草部・隰草類上　續斷《本經》上品

〔釋名〕屬折《本經》　接骨《別録》　龍豆《本經》　南草《別録》時珍曰：續斷、屬折、接骨，皆以功命名也。

〔集解〕《別録》曰：續斷生常山山谷，七月、八月採，陰乾。　普曰：出梁州，七月七日採。　弘景曰：按《桐君藥録》云：續斷生蔓延，葉細莖如荏，大根本，黃白有汁，七月八月採根。今皆用莖葉節節斷，皮黃皺，狀如鷄脚者，又呼爲桑上寄生。時人又有接骨樹，高丈餘許，葉似蒴藋，皮主金瘡。廣州又有續斷藤，一名諸藤，斷其莖，以器承取汁飲，療虛損絶傷，用沐頭，長髮，折枝插地即生。恐皆非真。李當之云是虎薊，與此大乖，但虎薊亦療血。　恭曰：所在山谷皆有。今俗用者，葉似苧而莖方，根如大薊，黃白色。陶説非也。　頌曰：今陝西、河中、興元、舒、越、晉、絳諸州亦有之。三月以後生苗，幹四稜，似苧麻，葉兩兩相對而生。四月開花，紅白色，似益母花。根如大薊，赤黃色。謹按《范汪方》云：續斷即是馬薊，與小薊葉相似，但大於小薊爾。葉似旁翁菜而小厚，兩邊有刺，刺人，其花紫色，與今越州所圖者相類。而市之貨者，亦有數種，少能辨其粗良。醫人但以節節斷、皮黃皺者爲真。　斅曰：凡使，勿用草茅根，緣真相似，若誤服令人筋軟。　時珍曰：續斷之説不一。桐君言是蔓生，葉似荏。李當之、范汪並言是虎薊。日華子言是大薊，一名山牛蒡。蘇恭、蘇頌皆言葉似苧麻，根似大薊，而《名醫別録》復出大小薊條，頗難依據。但自漢以來，皆以大薊爲續斷，相承久矣。究其實，則二蘇所云，似與桐君相符，當以爲正。今人所用，以川中來，色赤而瘦，折之有烟塵起者爲良焉。鄭樵《通志》謂范汪所説者乃南續斷，不知何據？蓋以別川續斷耳。

根　〔修治〕斅曰：凡採得根，橫切剉之，又去向裏硬筋，以酒浸一伏時，焙乾，入藥用。

〔氣味〕苦，微温，無毒。《別録》曰：辛。　普曰：神農、雷公、黃帝、李當之：苦，無毒。扁鵲：辛，無毒。　之才曰：地黃爲之使，惡雷丸。

〔主治〕傷寒，補不足，金瘡癰瘍折跌，續筋骨，婦人乳難。久服益氣力《本經》。婦人崩中漏血，金瘡血內漏，止痛生肌肉，及踠傷惡血腰痛，關節緩急《別録》。去諸温毒，通宣血脈甄權。助氣，補五勞七傷，破癥結瘀血，消腫毒，腸風痔瘻，乳癰瘰癧，婦人產前後一切病，胎漏，子宮冷，面黃虛腫，縮小便，止泄精尿血大明。

〔發明〕時珍曰：宋張叔潛秘書知劍州時，其閣下病血痢。一醫用平胃散一兩，入川續斷末二錢半，每服二錢，水煎服即愈。紹興壬子，會稽時行痢疾，叔潛之子以方傳人，往往有驗。小兒痢服之皆效。

〔附方〕舊二，新二。

小便淋瀝：生續斷搗絞汁服，即馬薊根也。初虞世《古今録驗》。

妊娠胎動：兩三月墮，預宜服此。川續斷酒浸，杜仲薑汁炒去絲，各二兩，爲末，棗肉煮爛杵和丸梧子大。每服三十丸，米飲下。

產後諸疾：血運，心悶煩熱，厭厭氣欲絶，心頭硬，乍寒乍熱。續斷皮一握，水三升，煎二升，分三服。如人行一里，再服。無所忌。此藥救產後垂死。《子母秘録》。

打撲傷損：閃肭骨(接)〔節〕，用接骨草葉搗爛罨之，立效。《衛生易簡方》。

題明・薛己《本草約言》卷一《藥性本草》　續斷　入足少陰腎、太陽膀胱。主傷寒，補不足，益氣力，續筋骨，止痛生肌及踠折惡血腰痛，女人胎漏尿血及產後諸病，暖子宮。味甘、辛，性溫。地黃為之使，惡雷丸。《發明》云：此活血養血，兼滋陰補氣之藥。要之，續補傷損血脉筋骨之用為專。

明・梅得春《藥性會元》卷上　續斷　味苦、辛，氣微溫。無毒。地黃為使。惡雷丸。陰乾節節斷，皮黃皺，折之有煙塵者真。勿使草茆根，其形相似，誤服令人筋軟。　凡使用川中者佳，酒浸用。　主治崩漏，安胎，益筋強脚，療金瘡，續折傷逮不可遲。又治五勞七傷，助氣調血，興陽道，止瀉精，小便縮，腰膝痛，關節緩急，接筋骨，療癰毒、痔瘻、乳癰、瘰癧，補內漏，止痛、生肌及踠傷，添氣力。婦人胎前產後尿血、子宮冷，有效。

明・杜文燮《藥鑒》卷二　續斷　氣微溫，味辛，平，無毒。續筋骨，調血脉，能療跌撲損傷。消腫毒，生肌肉，會理金瘡癰傷。乳癰瘰癧殊功，腸風痔(痿)〔瘻〕立效。與女真實同用，縮小便頻數。與淮山藥同用，固精滑夢遺。猶暖子宮，能育姙孕。

明・李中立《本草原始》卷一　續斷　始生常山山谷，今陝西、河中、興元府，舒、越、晉州亦有之。三月已後生苗，葉似苧而莖方，兩葉〔相〕對，花紅白色。根如大薊，一株有五六枝。一種葉似旁翁菜而小厚，兩邊有刺刺人，其花紫色，與今越州生者相類。而市之貨者，亦有數種，少能辨其麁良。醫人用之，但以節節斷，皮黃皺者為真。功能續筋骨之斷折，故名續斷。《本經》名屬折，《別錄》名接骨。　氣味：苦，微溫，無毒。　主治：傷寒，補不足，金瘡癰瘍折跌，續筋骨，婦人乳難。久服益氣力。〇婦人崩中漏血，金瘡血內漏，止痛，生肌肉，及踠傷惡血，腰痛，關節緩急。〇去諸溫毒，通宣血脉。〇助氣，補五勞七傷，破癥結瘀血，消腫毒，腸風痔瘻，乳癰瘰癧，婦人產前後一切病，胎漏，子宮冷，面黃虛腫，縮小便，止泄精，尿血。

續斷，《本經》上品。【圖略】《本經》云：狀如雞脚，節節斷，皮黃皺者真也。　續斷，市之貨者，形類山玄參，色皂而瘦，折之有煙塵起者為良。　狀如雞脚，赤黃色，節節斷，皮多皺者，極少難得。　川續斷，皮微白，肉微皂，一根二三枝及五六枝。今人藥惟用川。　八月采根，陰乾。　修治：續斷，以酒浸一伏時，焙乾用。

地黃為之使，惡雷丸。

昔宋張叔潛秘書，知劍州時，其閣下病血痢，一醫用平胃散一兩，入川續斷末二錢半，每服二錢，水煎服即愈。紹興壬子，會稽時行痢疾，叔潛之子以方傳人，往往有驗，小兒痢疾服之皆效。

續斷，君。

明・張懋辰《本草便》卷一　續斷君　味苦、辛，氣微溫，無毒。惡雷丸。酒浸用。　主傷寒，補不足，調血脉，金瘡癰，傷折跌，續筋骨；　婦人乳難，產前後一切病，崩中漏血，止痛生肌；　治泄精，子宮冷。久服益氣力。

明・李中梓《藥性解》卷三　續斷　味苦、辛，性溫，無毒，入肝、腎二經。主傷寒不足，折傷金瘡諸癰腫，治漏尿血，益氣力，續筋骨，散諸血，暖子宮，療腰痛，縮小便，止夢泄，利關節，調血和血，生肌止痛。酒浸一宿，焙乾用。地黃為使，惡雷丸。　按：　腎主骨而藏精，肝主筋而藏血，續斷補精血而理筋骨，宜入此二經矣。　胎產之症，尤為要藥。

明・繆希雍《本草經疏》卷七　續斷　味苦、辛，微溫，無毒。　主傷寒，補不足，金瘡癰傷，折跌，續筋骨，婦人乳難，崩中漏血，金瘡血內漏，止痛生肌肉，及踠傷惡血，腰痛，關節緩急。久服益氣力。地黃為之使。

【疏】續斷得土金之氣，而兼稟乎天之陽氣以生。《本經》味苦微溫，《別錄》益之以辛。曾得蜀中者，嘗之，其味帶甘，應云味苦甘辛，微溫，無毒。使非味甘，焉能主傷中、補不足？　非辛焉能主金瘡癰傷，折跌，續筋骨，婦人乳難？　辛能潤，苦溫能散，甘能益血，故《別錄》又主崩中漏血，金瘡血內漏，止痛生肌肉，及踠傷、惡血、腰痛，關節緩急。《本經》久服益氣力，傷去血生之效也。入足厥陰、少陰，為治胎產，續絕傷，補不足，療金瘡，理腰腎之要藥。　莖方，葉似苧，相對生。　【主治參互】欲行血理傷，當以當歸、牛膝、肉桂、延胡索同用。　欲止血，補不足，療崩中，則與白膠、阿膠、地黃、麥門冬、杜仲、五味子、山茱萸、人參、枸杞子、黃耆同用。　欲安胎，則與涼血、補血、順氣藥同用。　欲療金瘡，則與金瘡藥同用。　【簡誤】禁與苦寒藥同用以治血病，及與大辛熱藥用於胎前。雷公云：草茆根，真似續斷，誤服之，令人筋輭。

明・倪朱謨《本草彙言》卷三　續斷　味苦、甘、辛，微溫，無毒。可升可降。入足厥陰、少陰經，理腰腎之要藥。　蘇氏曰：　續斷生陝西、河中、舒、越、晉、絳諸州，江南諸郡皆有之。三月生苗，幹有四棱，葉似苧麻，兩葉對生。四月開花，紅白色，似益母花。根如大薊，赤黃色。出川中者，味兼甘，更佳。色赤而瘦，折之有烟塵起者。無者爲南續斷，非川產也。功少不及。《藥錄》云：　喜延蔓，葉細，莖如荏，根黃白有汁。今用莖葉，節節斷，皮黃皺，如雞脚者。八月采根，橫切剉之。去向裏硬筋，酒洗，曬乾用。又一種草茅根，真似續斷，誤服令人筋軟，須辨之。

續斷：《人物考》補續血脉之藥也。陸平林稿總療婦人胎前產後一切諸病，故《本草》主內傷，補不足，續筋骨，調血脉，活關節，止腰痛，治金瘡，益子宮，安胎孕。又治崩中淋血，腸風下血，痔瘻留血，折傷瘀血諸疾。大抵所斷之血脉，非此不續；　所傷之筋骨，非此不養；　所滯之關節，非此不利；　所損之胎孕，非此不安。久服常服，能益氣力，有補傷、生血之效。補而不滯，行而不洩，故女科、外科取用恒多也。

盧子繇先生曰：　斷者續之，因名續斷。故枝莖根葉，宛如經脉骨節者也。是主續筋骨，連肉理，貫經脉，利乳難，散乳癰，續之功用大矣哉！

李時珍先生曰：　一人病血痢，一醫用平胃散一兩，入川續斷末三錢，每服二錢，水煎服。壬子會稽時行痢疾，疏方示人，往往有驗。嬰兒病痢，服之更效。

集方：《子母秘錄》治胎產一切諸病。用四物湯加續斷。○如欲止血，補不足，療崩中，當以白膠、阿膠、麥門冬、杜仲、五味子、山茱萸、人參、枸杞子、黃耆同用。○欲行血理傷，則與牛膝、肉桂、玄胡索、紅花同用。○欲安胎，則與白朮、杜仲、黃芩、生地、砂仁殼、廣陳皮同用。○治跌撲折傷，用川續斷、當歸各一兩，自然銅五錢，火煅酒淬，土鱉蟲三十個，火烘爲末，俱研細，紅麯打糊丸，如黍米大。每早午晚各服五分，溫酒送下。○治乳癰初起可消，久患可愈。用川續斷八兩酒浸炒，蒲公英四兩，日乾炒，俱爲末，每早晚各服三錢，白湯調下。○治乳汁不行。用川續斷五錢，當歸、川芎各一錢五分，麻黃、穿山甲火煅各二錢，天花粉三錢，水二大碗，煎八分，食後服。○治妊娠胎動欲墮。用川續斷四兩、川杜仲二兩，俱酒浸炒，共爲末，棗肉丸梧子大。每早晚各服三錢，當歸一錢，煎湯下。

明·顧逢柏《分部本草妙用》卷六兼經部·溫瀉　續斷　苦，溫，無毒。地黃為使，惡雷丸。折之有煙塵者良。　主治：傷寒，補不足，癰瘍，折跌續筋骨，婦人崩中漏血，止痢，生肌，腰痛，關節緩急，通宣血脉，破瘀血，消癰腫。治血痢，產前後病。泄精尿血。　續斷者，原以續筋骨而名也。主打撲傷損要藥。凡筋骨關節之疾，非此不靈。但張叔潛以之入平胃散，治血痢屢驗，想其散血而去壅滯也。

明·李中梓《醫宗必讀·本草徵要上》　續斷味苦，辛，微溫，無毒。入肝經。地黃為使，惡雷丸，酒浸焙。　補勞傷，續筋骨，破瘀結，利關節，縮小便，止遺洩。癰毒宜收，胎產莫缺。補而不滯，行而不洩，故外科、女科取用宏多也。按：雷公云：草茆根似續斷，誤服令人筋軟。

明·鄭二陽《仁壽堂藥鏡》卷一〇下　續斷　日華子云：續斷，生常山。今川中者為勝。通宣經脉，助氣調血，補五勞七傷。　味苦、辛，性溫，無毒。止腰痛安胎。　入肝、腎二經。　地黃為使。惡雷丸。川中色赤而瘦，折之有烟塵者良。酒浸，焙。　《經》曰：補不足，金瘡癰瘍，折跌，續筋骨，乳難。隱居曰：崩中漏血，止痛生肌。甄權曰：通血脉。大明曰：破癥瘀，消腫毒，腸風痔瘻，乳癰瘰癧，一切胎產病，子宮冷，面黃虛腫，縮小便，止泄精尿血。　按：續斷補而不滯，行而不泄，為女科要藥。但亂真者多，不可不辨。

明·蔣儀《藥鏡》卷一溫部　續斷　治勞傷精竭于陽道之痿，扶胎產血漏于子宮之寒。治腰疼能去風寒痺濕，續筋骨何愁跌撲損傷。血尿血崩，止之既勝。滯血死血，行之又良。乳癰瘰癧殊功，腸風痔瘻立效。與女貞同縮小便之頻數，與山藥並固精滑與夢遺。

明·李中梓《頤生微論》卷三　續斷　味苦、辛，性溫，無毒。入肝、腎二經。地黃為使。惡雷丸。產川中，色赤而瘦，折之有烟塵者良。酒浸焙。補勞傷，續筋骨，通血脉，利關節，縮小便，止遺泄，理崩帶。主一切腫毒，一切胎產病，暖子宮，去一切面黃虛腫。

按：續斷氣性中和，補而不滯，行而不洩。外科、女科需為上劑。但草茆根似續斷，悞服令人筋軟。

明·張景岳《景岳全書》卷四八《本草正》　續斷　川者色灰黑，尖瘦多蘆，形如雞脚，皮斷而皺者是。味苦而澁，苦重澁輕，氣微涼。他產者，味甘、微辛、澁少。用川者良。凡用此者，用其苦澁。其味苦而重，故能入血分，調血脉，消腫毒乳癰，瘰癧痔瘻，治金損跌傷，續筋骨血脉。其味澁，故能止吐血衄血，崩淋胎漏，便血尿血，調血痢，縮小便，止遺精帶濁。佐之以甘，如甘草、地黃、人參、山藥之類，其效尤捷。

明·賈九如《藥品化義》卷三肝藥　續斷　屬陰中有微陽，體根乾，色淡紫微黃鮮青，氣和，味苦（重）（中）帶辛，性涼云溫非，能升能降，力續筋調血，性氣輕而味清，入肝膽肺三經。　續斷苦養血脈，辛養皮毛，善理血脈傷損，接續筋骨斷折，故名續斷。外消乳癰瘰癧，內清痔漏腸紅，以其氣和味清，胎產調經最為穩當。且苦能堅腎，辛能潤腎，可療小便頻數，精滑夢遺，腰背酸疼，足膝無力，此皆腎經症也。若同紫（苑）〔菀〕用之，調血潤燥，治血枯便閉，大能宣通血氣而不走泄。　狀如雞脚，皮黃縐者佳。酒浸一宿曬乾用。

明·盧之頤《本草乘雅半偈》帙二　續斷《本經》上品　氣味：苦，微溫，無毒。　主治：主傷寒，補不足，金瘡癰傷，折跌，續筋骨，婦人乳難。久服益氣力。

覈曰：川蜀江南皆有，出川蜀者最良。蘇恭曰：所在山谷有之，俗用方莖，葉似苧，根似大薊，色黃白者。蘇頌曰：三月生苗，幹有四稜，葉似苧，兩兩對生。四月開花，紅白色，似益母花。根如大薊，赤黃色。《范汪方》云：即是馬薊，與小薊葉相似，但小于小薊。葉又似旁翁菜而小厚，兩邊有刺，刺人，花紫色。時珍曰：續斷其說不一，《別錄》復出大小薊，但自漢以來，皆以大薊為續斷，相承久矣。二蘇與梧君相符，當以為正。今人以紫色而瘦，折之有烟塵起者為良。無者即南續斷，有者即川續斷也。《藥錄》云：樂延蔓，葉細，莖如荏，根本黃白有汁，今用莖葉節節斷，皮黃皺，如雞脚者。斅曰：采得其根，橫切剉之，去向裏硬筋，酒浸一伏時，焙乾用。又云：草茆根，真似續斷，誤服令人筋軟。

先人云：繼絕開心，維榮是賴，雖鮮乾少異，而根華實同。

条曰：斷者續之，因名續斷。故枝莖根節，宛如經脈骨節也。是主續筋骨，連肉理，貫經脈，利乳難，補不足，益氣力，續之功用大矣哉。此以功用詮名，合大小薊、紅蘭花、洎夫藍，義意始備。

明・李中梓《本草通玄》卷上 續斷 苦而微溫，獨入肝家。助血氣，續筋骨，破瘀結，消腫毒，縮小便，止遺泄，理胎產崩帶及跌撲損傷。〔血〕痢，用平胃散五錢，入續斷一錢二分，煎服必效。以其既能行血，又能止血，宣中有補也。酒浸炒。

清・顧元交《本草彙箋》卷三 續斷 續筋骨而利關節，止夢泄而縮小便，乃肝腎二經之藥。

出蜀中者良。色赤而瘦，折之有煙塵者是。酒浸一宿，晒乾用。草茆根似續斷，誤服令人筋軟。

清・穆石匏《本草洞詮》卷九 續斷 一名屬折，一名接骨，皆以功命名也。氣味苦辛，微溫，無毒。補不足，續筋骨，婦人乳難，破癥結瘀血，消腫毒，腸風痔瘻，瘰癧，胎產前後一切病，縮小便，止泄精。宋張叔潛秘書，其內病血痢，一醫用平胃散一兩，入川續斷末二錢半，煎服二錢，即愈。以方傳人，往往有驗。以色赤而瘦，折之有烟塵起者為良。

清・劉雲密《本草述》卷九上 續斷 時珍曰：續斷之說不一，桐君言是蔓生，葉似荏；李當之、范汪並言是虎薊；日華子言是大薊，一名山牛蒡；蘇恭、蘇頌皆言葉似苧麻，根似大薊。而《名醫別録》復出大小薊條。頗難依據。但自漢以來，皆以大薊為續斷，相承久矣。究其實，則二蘇所云，似與桐君相符，當以為正。今人所用，以川中來，色赤而瘦，折之有烟塵起者為良焉。鄭樵《通志》謂范汪所說者，乃南續斷，不知何據，蓋以別川續斷耳。

根：氣味：苦，微溫，無毒。《別録》曰：辛。普曰：神農、雷公、黃帝、李當之：苦，無毒。扁鵲：辛，無毒。

主治：益陰氣，補不足，補五勞七傷，去諸溫毒，通宣血脈，利關機，緩急，療折傷，續筋骨，療崩中血漏，金瘡血內漏，癰瘍傷內潰，止痛生肌肉。治腰痛脚軟，與桑寄生同功。防女子胎墜，同杜仲奏效。產前胎漏，臨產乳難，產後血暈皆治。

海藏曰：補風虛。之頤曰：斷者續之，因名續斷。故枝、莖、根、節，宛如經脈骨節也，是主續筋骨，連肉理，貫經脈，利乳難，補不足，益氣力，續之功用大矣哉。又曰：大薊與續斷同類，續斷生西川，大薊生南地，形質功用因方土而有差別。西方金位，入通於肺，肺主氣，續主益氣，以續經脈筋骨。藏真高於肺，以行營衛陰陽也。南方火位，入通於心，心藏血，薊主益血，以續經脈肉理。藏真通於心，心藏血脈之氣也。顧續有繼義，致新推陳。薊有解義，推陳致新。以是又有別耳。希雍曰：續斷得土金之氣，而兼稟乎天之陽氣以生，《本經》味苦，微溫。《別録》益之以辛，曾得蜀中者嘗之，其味帶甘，應云味苦甘辛，微溫，無毒。使非味甘，焉能主傷中，補不足？非辛，焉能主金瘡癰，傷折跌，續筋骨，婦人乳難？辛能潤苦，溫能散，甘能益血，故《別録》又主崩中漏血，金瘡血內漏，止痛，生肌肉，及踠傷惡血，腰痛，關節緩急。《本經》久服益氣力，傷去血生之效也。入足厥陰、少陰，為治胎產，續絕傷，補不足，療金瘡，理腰腎之要藥。

欲行血，理傷，當以當歸、牛膝。欲止血，補不足，療崩中，則與白膠、阿膠、地黃、麥門冬、杜仲、五味子、山茱萸、人參、枸杞子、黃耆同用。欲安胎，則與涼血補血、順氣藥同用。欲療金瘡，則與金瘡藥同用。

愚按：續斷在昔相承謂即是大薊，而盧氏又言產於川者為續斷，南中產者是大薊，唯因其地以別形質功用。雖然據形質，薊與續斷其莖葉大有差別，時珍之致疑也良是。但據其功用，有相近者，是昔人謂即是大薊之故歟。在之頤亦因此而強作解歟。抑功用相近者，云何？曰：二味俱治血，俱不離於氣之功，似乎不遠也。但大薊本於陽中之陰氣化，原屬上而不離乎中。續斷本於陰中之陽氣化，原在下而亦根於中。還少丹，陽弱加續斷，則知補陰中之陽，再以海藏補風虛条之，其義愈明。此希雍所謂入足厥陰、少陰者是也。試舉數方言之，如續斷丹，治中風寒溼，筋攣骨痛者，筋骨非肝腎所主乎？又如續斷湯之治肝勞虛寒，脇痛脹滿，攣縮煩悶，眼昏等證。又如續斷丸治肝腎風虛氣弱，脚不可履地，腰脊疼痛等證。固皆言其治肝腎矣。其又有續斷丸，治風溼流注四肢浮腫，肌肉麻痹，是亦治肝腎之脾也。至如續斷散治骨蒸勞熱傳尸，瘦病潮熱煩燥，喘嗽氣急，身疼盜汗，兼治咳嗽吐膿血，是亦治肝腎之心肺也。即此類推，未有離於肝腎之治，而用此味者矣。試觀上溢之血，諸本草於續斷不言功，而唯崩中漏血，與大薊同者，其義不可思歟。是其投治大有區別，而可謂其功用之同歟？且薊性有涼，續斷止有微溫。微溫者，固陰中之陽氣，所以助氣補勞傷，宣血脈，利機關，續筋骨，連肉理者也。即槩以益陰二字目之，猶為不得其似也。然則不可以治熱乎？曰：所謂陰中之陽，固溫和之氣，可同於溫以治寒，亦可同於涼以宣熱，蓋此味之溫者非熱，而大薊涼者非寒也。故大薊補寓於行中，即行以為保。續斷行寓於補中，即補以為宣。大薊以行為補，故曰補寓於行中。續斷以補為行，故曰行寓於補中。一則於陽中保陰，即以和陽。一則於陰中舒陽，即以益陰。二物之別如此，豈可謂其原是一物，而止以地宜為別哉？至以續斷專於氣，大薊專於血，尤為浪語。但致新推陳，分別二味者，差有當耳。

又按：續斷之所治似乎有益於血，而《本經》首主治傷中補不足。又云：久服益氣力。日華子更首言助氣，次言補五勞七傷，醫槩襲氣為血帥之言，即此以論功，殊不如甄權所云，去諸溫毒，宣通血脈二語，為最要也。蓋此品之功在氣者，是屬陰中之氣，故能奏功於血，於血中之瘀即暢。唯由陰氣而暢血，乃能去諸溫毒，而消腫毒，乃得療金瘡之血內漏，并癰瘍之血內潰，甚而折跌損傷筋骨。更其奏功之地，蓋足三陰，腎肝脾是三陰之氣，乃營血之母氣也，而筋骨固屬肝腎，由血和而潤養之奏功親切，此續斷之所由得名也。然《本經》首言傷中者，蓋中氣即足三陰之脾，本元氣以上行，而仍下降者也。第人身之元氣，皆原於下，而際於上，豈茲味得陰氣之用，遂獨歸腎肝乎？則請以《經》義明之，《經》曰出地者陰中之陽，陽予之正，陰為之主，蓋其出地之初氣，故曰陰主之，是即有異於天表之陽氣矣。故以營氣之母，而療腎肝之疾，茲味應得如是其親切。前所云治諸上逆之血，不能等於下行，并崩漏證，固斯義耳，明於陰氣之主療，而後明於治痢之故，有如時珍所說，為不妄也。時珍述宋張叔潛知劍州，一醫療其閤下血痢，用平胃散一兩，入川續斷二錢半，每服二錢，水煎服，即愈。後叔潛子亦其方傳人，往往有騐。小兒痢服之效。

附方　續斷丹，續斷、萆薢酒浸、牛膝酒浸、乾木瓜、杜仲剉炒去絲。各二兩。為細末，以煉蜜和丸，每兩作四丸，每服一丸，細嚼，溫酒下，不拘時《準繩·攣攣類》。　續斷湯，川續斷酒浸、川芎、當歸，酒浸，去蘆。陳皮去白、半夏製、乾薑、炮，各一兩。肉桂不見火、炙甘草，各半兩。每服四錢，水一盞，薑五片，煎服無時《準繩·虛勞》。　續斷丸，思仙木、五兩，即杜仲。五加皮、防風、薏苡仁、羌活、川續斷，各三兩、萆薢四兩、生地黃五兩、牛膝酒浸三兩為末，好酒三升，化青鹽三兩，用木瓜半斤，去皮子，以鹽酒煮成膏，和杵丸如梧子大，每服三五十丸，空心食前，溫酒鹽湯任下《準繩·脚氣》。　又續斷丸，川續斷、當歸炒、萆薢、附子、防風、天麻，各一兩。乳香、沒藥，各半兩。川芎七錢半，為細末，煉蜜丸如梧子大，每服四十丸，空心用溫酒或米飲送下《準繩·著痺》。　續斷散，續斷、紫(苑)〔菀〕、桔梗、青竹茹、五味子，各三錢。生地、桑白皮，各五兩。甘草炙二兩、赤小豆半升，為粗末，每服三錢，入小麥五十粒，水煎，去渣，日三服《綱目·咳唾血》。

希雍曰：禁與苦寒藥同用以治血病及與大辛熱藥用於胎前。雷公云：草茆根，眞以續斷，誤用之令人筋軟。

修治　出川中，皺皮黃色，狀如雞脚，折之烟塵起者良。用酒浸一伏時，搥碎，去筋，焙乾用。

清·郭章宜《本草匯》卷一一　續斷　苦、辛，微溫，入足厥陰，兼入足少陰、太陰二經。補勞傷，續筋骨。破瘀結，利關節。宣血氣，理胎產。止腰痛，消腫毒。縮小便，治泄精。調血痢，暖子宮。

按：續斷活血養血，兼滋陰補氣，補而不滯，行而不洩，故外科、女科取用宏多。要之，續補傷損血脉筋骨之用為專。同當歸、牛膝、肉桂、延胡，則能行血。同阿膠、地黃、門冬、杜仲、五味、山萸、人參、枸杞、黃耆，則能止血補不足。與涼血補血順氣藥，則安胎。血痢以平胃散五錢，入續斷一錢二分，甚効。禁與苦寒藥同用。

陝蜀最盛，狀如雞脚者為上。節節斷，皮黃皺者方真。去裏硬筋，酒浸焙乾。草茆根絕似續斷，服之令人筋軟。地黃為之使。惡雷丸。

清·蔣居祉《本草擇要綱目·熱性藥品》　續斷　氣味：苦，微寒，無毒。

主治：傷寒，補不足。金瘡癰瘍折跌，續筋。婦人崩漏，子宮冷，腰痛，關節緩急。入平胃散，治痢尤效。

清・閔鉞《本草詳節》卷一　續斷【略】按：續斷能行血，又能止血，宜中有補。治血痢以平胃散五錢，續斷壹錢貳分，煎服必效。

清・王翃《握靈本草》卷四　續斷川産者良。今所在山谷皆有。生蔓延，今皆用莖，葉似小薊，色赤而瘦，折之有煙塵者真，否則為南續斷。酒浸，焙用。主治：續斷，苦，微溫，無毒。主傷寒，補不足，金瘡癰瘍。續筋骨，助血氣，補勞傷，破瘀結，消腫毒，縮小便，止遺泄。理胎産，崩帶，及跌撲傷。

清・汪昂《本草備要》卷二　續斷補肝腎，理筋骨。苦溫補腎，辛溫補肝。能宣通血脉而理筋骨。主傷中，補不足，《經疏》云：味甘故然。暖子宫，縮小便，破瘀血。治腰痛胎漏，懷妊瀝血。崩帶遺精，腸風血痢，《是齋方》：平胃散一兩，川續斷二錢半，每服二錢，米飲下，治時痢亦驗。癰痔腫毒。又主金瘡折跌，以功命名。止痛生肌。女科外科，需爲上劑。川産良。狀如鷄脚，皮黄皺，節節斷者真。去向裏硬筋，酒浸用。地黄爲使。

清・吴楚《寶命真詮》卷三　續斷【略】補勞傷，續筋骨，助血氣，破瘀結，利關節，縮小便，止遺洩，消腫毒。理胎産崩帶及跌撲損傷。【略】補而不滯，行而不洩，故外科、女科取用宏多。草茅根似續斷，悮服令人筋軟。

清・李世藻《元素集錦・本草發揮》　續斷　使熟地大能補益氣血，非止療折傷也。予至神丸用之甚效，且又能活血散血，婦人産後最宜。

清・陳士鐸《本草新編》卷二　續斷　味辛，氣微溫。無毒。善續筋骨，使斷者復續得名。亦調血脉，療折傷最神，治血症亦效。固精滑夢遺，暖子宫，補多于續，但不可多用耳。蓋續斷氣溫，多用則生熱，熱生則火熾矣。少用則溫而不熱，腎水反得之而漸生。陰生于陽之中也。他本謂其能愈乳癰、瘰癧，腸風痔瘻，豈有氣溫之藥，而能愈濕熱之病乎？恐非可信之論也。

或問：續斷能接筋骨，何以單用續斷，未見奏功，入之于生血活血藥中，反能奏效，何歟？曰：此正續斷之奇也。夫斷者不能復續，猶死者不能重生也，欲使斷者復續，必須使死者重生矣。筋骨至于斷，其中之血先死矣。續斷止能接筋骨之斷，不能使血之生也。用之于生血、活血之中，則血之死者既慶再生，而筋骨之斷者自慶再續。又何疑于單用之無功，而共用之甚效哉。

或疑續斷不宜用之于補藥之中，恐牽掣其手也。嗟乎！惟補可續，不補何續耶。

或疑續斷因補以接骨，則凡補之藥，皆可接骨矣。曰：單補又何能接續哉。惟續斷於補中接骨，則補即有生之義，生即有續之功也。

清・顧靖遠《顧氏醫鏡》卷七　續斷辛、苦，微溫。入肝腎二經。酒焙。補勞傷而續筋骨，理肝腎之功。破瘀結而利關節。通宣血脉之力也。益氣力，止腰痛。補腎之效。胎産必收，以其胎前能保，産後能行，且又止崩中漏血。外科亦宜。以其有消腫止痛生肌之功。補而不滯，行而不洩，故女科外科取用宏多。同歸、膝，元胡用，則行血理傷；同地、冬、枸杞、杜仲、五味、山萸、參、芪用，則止崩漏，補不足。草茅根似續斷，悮用令人筋軟。

清・李熙和《醫經允中》卷二〇　續斷　地黄為使。折之有烟塵者良。入足少陰、太陰、厥陰三經。苦，溫，無毒。主治補勞傷，續筋骨。治婦人崩中胎漏，止痛生肌，理胎産，止腰痛，利關節，通血脉，為跌打損傷要藥。

清・馮兆張《馮氏錦囊秘録・雜症痘疹藥性主治合參》卷二　續斷得土金之氣，兼稟乎天之陽氣以生。味苦，甘，辛，微溫，無毒。〇入血崩金瘡藥，宜生用。同熟地滋補藥，宜酒炒用。

續斷使熟地，續筋骨，主傷中，補不足，調血脉。專療跌撲折傷，消腫毒，生肌肉，善理金瘡癰毒，能止痛生肌。乳癰瘰癧殊功，腸風痔漏立效。縮小便頻數，固精滑夢遺。暖子宫，使妊孕，堪久服，氣力增。胎産崩帶，補勞續傷之要藥，崩中漏血之必需。身痢腰痛，關節緩急血分傷損諸疴。

主治痘疹合參：功效同前，宜節節斷，皮黄皺而折之有烟塵者佳。宜酒浸，晒乾用。入厥陰以養肝，入少陰以溫腎，入太陰以養血，活血養血，而兼滋陰補氣。補而不滯，行而不泄。苦能堅腎，辛能開腎，溫能行滯，誠佐助滋補氣血之要藥。

清・张璐《本經逢原》卷二　續斷《本經》名屬折，《別録》名接骨。苦，微溫，無毒。去根尾，酒炒用。《本經》主傷中補不足，金瘡癰瘍，折跌，續筋骨。婦人乳難，久服益氣力。發明：續斷入肝主續筋骨，為婦人胎産崩漏之首藥。又主帶脈為病，久服益氣力，利關節，治腰痛，暖子宫，療金瘡折傷，散癰腫瘀血，療婦人乳難。《本經》治傷中補不足等病，總取和血通經之義。又能止小便多，治遺泄。古方血痢用平胃散一兩，續斷三錢為末，每服三錢，水煎服即愈，寧無顧名思義之實乎。

清・浦士貞《夕庵讀本草快編》卷二　續斷《本經》、接骨　續斷、接骨，皆以功命名也。　續斷苦而微溫，平而無毒，考其所主之症，乃肝經藥也。故能補勞傷之不足，續筋骨之折傷，破瘀結而利關節，縮小便而止遺洩。婦人胎漏崩中，子宮虚冷，面色黄腫，并癰瘍潰爛，止痛生肌，並不可缺。蓋重其補而且疎，行而不泄，正厥陰所喜者也。宋張叔潛用平胃一兩，配續斷三錢，煎治血痢，無不立効。益見緩肝而脾自舒，土燥而腸自固矣。

清·張志聰、高世栻《本草崇原》卷上　續斷　氣味苦，微溫，無毒。主治傷寒，補不足，金瘡癰瘍，折跌，續筋骨，婦人乳難。久服益氣力。　續斷始出常山山谷，今所在山谷皆有，而以川蜀者為勝。三月生苗，四月開花紅白色，或紫色，似益母草花，根色赤黄，曬乾則黑。　續斷氣味苦溫，根色赤黄，曬乾微黑，折有煙塵，稟少陰陽明火土之氣化，而治經脈三因之證。主治傷寒者，經脈虚而寒邪侵入，為外因之證也。補不足者，調養經脈之不足，為裏虚内因之證也。金瘡者，金傷成瘡，為不内外因之證也。經脈受邪，為癰為瘍，亦外因也。折跌而筋骨欲續，亦不内外因也。婦人經脈不足而乳難，亦裏虚内因也。續斷稟火土之氣，而治經脈三因之證者如此。久服則火氣盛，故益氣。土氣盛，故益力也。

清·劉漢基《藥性通考》卷五　續斷　味苦，溫補腎，辛溫補肝。能宣通血脉而理筋骨，主傷中，補不足，暖子宫，縮小便，破瘀血，治腰痛胎漏，崩帶遺精，腸風血痢。用平胃散一兩，川續斷二錢半，每服二錢，米飲下，治時痢亦驗。癰痔腫毒，又主金瘡折傷，止痛生肌。女科、外科上劑。川產者良。狀如雞脚、皮黄節斷者真。去筋，酒浸用。地黄為使。必多用，少則無功。

清·姚球《本草經解要》卷一　續斷　氣微溫，味苦，無毒。主傷中，補不足，金瘡癰瘍，折跌續筋骨，婦人乳難。久服益氣力。酒炒用。　續斷氣微溫，稟天春升之木氣，入足厥陰肝經。味苦無毒，得地南方之火味，入手少陰心經。氣升味降，陽也。肝藏血，心主血。血者，營也，中之守也。血虚則中傷，續斷氣微溫，入肝。肝者，陽中之少陽，以生氣血者也，所以主傷中。補不足者，補肝經之不足也。金瘡癰瘍，皆傷血之症。氣溫益血，味苦清心，所以主之。折跌續筋骨者，氣微溫，能活血，血活則斷者續也。女人血不足則乳難，氣溫行血，血充乳自多也。肝者，罷極之本，以生氣血之藏也。氣微溫，達少陽之氣，所以益氣力也。　製方：　續斷一味，治產後諸症。同杜仲、棗肉丸，治胎不安。同北味、木瓜、炮薑、牛膝、丹皮、生地，治產後火升。

清·王子接《得宜本草·上品藥》　續斷　味苦。主治跌撲傷，續筋骨。得當歸治勞傷腰痛，得平胃散治血痢。葉名接骨草。

清·徐大椿《神農本草經百種錄》上品　續斷　味苦，微溫。主傷寒，苦溫能散寒。補不足，補傷損之不足。金瘡癰傷，折跌，續筋骨，肌肉筋骨有傷，皆能治之。婦人乳難。通滯之功。久服，益氣力。强筋骨也。　此以形為治。續斷有肉有筋，如人筋在肉中之象，而色帶紫黑，為肝腎之色，故能補續筋骨。又其性直下，故亦能降氣以達下焦也。

清·黄元御《玉楸藥解》卷一　續斷　味苦，微溫。入足厥陰肝經。行血破瘀，斂營補損。續斷行瘀血而斂新血，崩漏癥瘕，癰疽瘰癧，淋漓痔瘻，跌打金瘡，諸血能止能行，有回虚補損、接骨續筋之力。

清·吴儀洛《本草從新》卷一　續斷〔補肝腎，理筋骨。〕　苦，辛，微溫。補肝腎，通血脈，理筋骨，主勞傷，暖子宫，縮小便，止遺泄，破瘀血。治腰痛胎漏，懷妊瀝血。崩帶腸風血痢，平胃散一兩，用續斷二錢半，每服二錢，米飲下，治時痢甚效。癰痔腫毒。又主金瘡折跌，以功命名。止痛生肌。女科、外科，需為上劑。補而不滯，行而不泄，取用宏多。川產良，狀如鷄脚，皮黄皺，節節斷者真。草茅根形似續斷，誤服令人筋軟。　去向裏硬筋，酒浸。地黄為使。惡雷丸。

清·汪紱《醫林纂要探源》卷二　續斷　苦，辛，溫。獨莖，大葉，上乃分支，花如芙蓉而小，根皮黄，多節，碎縐密斷，如雞脚。去皮裏硬筋，酒浸用。　堅腎補肝，去傷續斷。主金瘡折損，止痛生肌，以形用，以功名也。能破瘀消癰，宿小便，暖子宫，治腰痛，止胎漏及崩帶，血痢腸風，遺精等證。則苦堅辛補之功也。

清·嚴潔等《得配本草》卷三　川續斷　地黄為之使。惡雷丸。　苦、辛，微溫、微澀。入足厥陰經氣分。通血脈，理筋骨，疏肝氣，利關節。一切崩漏，金瘡折跌，癰毒血痢等症，惟此治之，則血氣流暢而自瘳。　配杜仲，治漏胎。佐人參，扶脾氣。　去梗、筋，酒浸炒。入血崩金瘡藥，生用。　草茅根形相似，誤服令人筋軟。　初痢勿用。疏而兼補。怒氣鬱者禁用。性溫助火。

題清·徐大椿《藥性切用》卷三　川續斷　苦辛微溫，入肝腎而理傷，續筋通經，安胎。酒炒用。

清·黄宫繡《本草求真》卷二　續斷溫補肝腎，以散筋骨血氣凝滯。　續斷耑入肝腎。　因何以續為名，蓋緣其味苦，其性溫，能入腎經以補骨，又緣其味辛，能入肝經以補筋。辛能散風，風除而筋活。味兼甘，又入中州以補虛。甘味不多，補不甚耑。凡跌撲折傷癰腫，暨筋骨曲節血氣滯之處，服此即能消散。續斷力實消散。止痛生肌，且審其味濇，故能止血治漏，並縮小便固精安胎。下部血分寒滯者宜此。久服能氣力倍增。血氣不滯。筋斷復續，故曰續斷。實疏通疏通二字貼切。氣血筋骨第一藥也。第因氣薄而見精脫、胎動、溺血、失血等症，則又深忌，以性下行者故耳。功與地黃、牛膝、杜仲、巴戟相等。但有溫補細微之別，不可不知，川產者良，狀如雞脚，皮黃皺，節節斷者真。去裏硬筋，酒浸用，地黃為使。每見今人氣虛血脫，醫用牛膝、補骨脂、杜仲、續斷安胎，殊屬可駭。

清・楊璿《傷寒溫疫條辨》卷六濇劑類　川續斷酒浸。　川出者佳。味苦而濇，氣微涼。入肝、腎。他產者味甘、辛，苦少濇少，不效。其味苦而重，故調血脉，續筋骨，療跌撲折傷，消腫毒，生肌膚，理金瘡癰瘍，乳結瘰癧殊功，腸風痔漏立效；其味濇而收，故治腰疼，暖子宮，止胎漏崩中，調血痢，縮小便，固夢遺精滑。佐以人參、甘草、熟地、山藥之屬，其效尤捷。訒菴曰：貫墮胎者，受孕一兩月，川續斷酒浸，晒乾二兩，杜仲糯泔浸，炒斷絲，八兩，山藥六兩，煮糊丸，米飲送下。大補腎氣，托住胎元，何墮之有。血熱者又當別論。

清・羅國綱《羅氏會約醫鏡》卷一六草部　續斷味苦辛，微溫而澁。用川產節節斷，皮黃皺如雞脚，折之有烟塵者真。入肝、腎、脾三經。酒浸用。　滋陰益氣，養肝辛溫補腎苦溫，兼入脾經。養血活血，補勞傷甘也，理筋骨折傷，以功命名。消癰痔腫毒味苦，止上下一切血溢，縮小便，腸風血痢，遺精帶濁，胎漏味澁，暖子宮性溫。女科外科要藥。補而不滯，行而不泄，佐之以甘草、地黃之類，其效尤捷。

清・陳修園《神農本草經讀》卷一上品　續斷　氣味苦，微溫，無毒。主傷寒，補不足，金瘡癰瘍折跌，續筋骨，婦人乳難。久服益氣力。

參：此以形為治。續斷有肉有筋，如人筋在肉中之象。而色帶紫帶黑，為肝腎之象。氣味苦溫，為少陰、陽明火土之氣化。故寒傷於經絡而能散之，癰瘍結於經絡而能療之，折跌筋骨有傷，而能補不足，續其斷絕，以及婦人乳難，而能通其滯而為乳。久服益氣力者，亦能強筋骨之功也。

清・黃凱鈞《藥籠小品》　續斷　川產者佳。苦辛微溫，補肝腎，通血脈，理筋骨。主勞傷，止痛生肌，補而不滯，行而不泄，取用宏多。女科外科，需為上劑。

清・王龍《本草纂要稿・草部》　續斷　氣味苦辛而溫。續筋骨，療跌撲折傷。消腫毒，治乳癰瘰癧。腸風痔漏立效，小便頻數殊功。暖子宮，俾育妊孕。調血脉，長肉生肌。精滑夢遺並治，久服氣力倍常。

清・張德裕《本草正義》卷上　川續斷　苦，澁，微涼。入血分。止吐血衄血，崩淋胎漏，遺精帶濁，皆須以甘補藥助之。亦能消腫毒乳癰，續損傷筋骨。功鮮補益。

清・楊時泰《本草述鉤元》卷九　續斷　自漢以來，皆以大薊為續斷，至蘇恭、蘇頌並言根似大薊，葉似苧麻，而《別錄》復出大小薊條，究其實則二蘇所云當以為正。今用川產，色赤而瘦，折之有煙塵起者為良。

根味苦、甘、辛，氣微溫。入足厥陰、少陰經。主治益陰氣，補不足，補五勞七傷，去諸溫毒，通宣血脈，利關機緩急，療折傷，續筋骨，並踠傷惡血腰痛，治崩中血漏，金瘡血內漏，癰瘍傷內潰，止痛生肌肉。與桑寄生，治腰痛脚軟。同杜仲，防女子胎墜，產前胎漏，臨產乳難，並產後血暈。久服益氣力，傷去血生之效。補風虛海藏。得土金之氣，而兼稟乎天之陽氣以生，苦溫能散，甘能益血，辛能潤，故為胎產絕傷金瘡腰腎之要藥仲淳。枝莖根節，宛如經脈骨節，是主續筋骨，連肉理，貫經脈，利乳難，續之功用大矣哉子由。續與薊功用相近，第續有繼義，致新推陳，薊有解義，推陳致新，以是有別又。同當歸、牛膝、肉桂、延胡，行血理傷。同阿膠、白膠、杜仲、地黃、麥冬、人參、五味、山萸、枸杞、黃芪，療崩中止血，補不足。血痢，用平胃散一兩，入川續斷二錢半，每取二錢，水煎服，即愈。攣證，續斷丹，續斷、萆薢、牛膝、二味浸酒。木瓜、杜仲炒各二兩，為末，煉蜜丸，每兩作四丸，每服一丸，細嚼，溫酒下，不拘時。虛勞證，續斷湯，川斷、當歸身、俱酒浸。川芎、陳皮、製半夏、炮薑各一兩，肉桂、炙甘草各半兩，每服四錢，薑五片，煎服無時。脚氣，續斷丸，川斷、五加皮、薏仁、防風、羌活各三兩，杜仲五兩，萆薢四兩，生地五兩，牛膝酒浸三兩，為末，好酒三升化青鹽三兩用。煮木瓜半斤成膏，和丸梧子大，每服三五十丸，空心時，溫酒、鹽湯任下。又着痹，續斷丸，川斷、當歸、萆薢、附子、防風、天麻各一兩，乳香、沒藥各半兩，川芎七錢半，為末，煉蜜丸梧子大，每服四十丸，空心，用溫酒或米飲送下。欬唾血，續斷散，續斷、紫菀、桔梗、竹茹、五味子各三錢，生地、桑皮各五兩，炙甘草二兩，赤小豆半升，為粗末，每服三錢，入小麥五十粒，水煎，去渣，日三服。

論： 大薊與續斷莖葉有別，功用相近，但大薊本於陽中之陰，氣化原屬上，而不離乎中，續斷本於陰中之陽，氣化原在下，而亦根於中。還少丹，陽弱加續斷，則知能補陰中之陽，再以海藏補風虚參之，其義愈明。統閱成方，未有離肝腎之治而用續斷者，上溢之血，《本草》於續斷不言功。且薊性有涼，續斷止有微溫，微溫者固陰中之陽氣，所以助氣補勞傷，宣血脈，利機關，續筋骨，連肉理者也。然則不可以治熱乎？ 曰： 所謂陰中之陽，固溫和之氣，可同於溫劑以治寒，亦可同於涼劑以宣熱，蓋此味之溫者非熱，而大薊之涼亦非寒也。故大薊之補寓於行中，即行以為保，續斷之行寓於補中，即補以為宣。大薊以行為補，續斷以補為行。一則於陽中保陰以和陽，一則於陰中舒陽以益陰也。續斷所治，似乎有益於血，而《本經》首主傷中，又云久服益氣力，日華子更言助氣，醫者概襲氣為血帥之言，而不知此品之功在氣者，是屬陰中之氣，故能奏功於血也。甄氏去諸溫毒，宣通血脈，二語最要。惟由陰氣而暢血，乃能去諸溫毒，消腫毒療金瘡之血內漏，并癰瘍之血內潰，甚而折跌損傷筋骨皆能奏功，蓋足三陰之氣，乃營血之母氣，而筋骨屬肝腎，即由血和以潤養之，奏功親切，此續斷所由得名也。又中氣即足三陰之脾，本元氣以上行而仍下降者也。第人身元氣，皆原於下，而際於上，豈茲味得陰氣之用，遂獨歸腎肝乎。止以出地之初氣，殊異於天表之陽氣，以營氣之母，而療腎肝之疾，應如是其親切耳。明於陰氣之主療，而後明於用治血痢之故矣。

治血病，禁與苦寒藥同用，胎前禁與大辛熱藥同用。仲淳。

辨治： 川中來者，皮皺色黃，狀如雞脚，折之煙塵起者良。草茆根真似續斷，誤用之，令人筋軟雷公。酒浸一伏時，搥碎去筋，焙乾用。

清・葉桂《本草再新》卷二 續斷味苦、辛，性溫，無毒。入肝、腎二經。治肝益腎，利筋骨，止遺精，破瘀血，生新血，治腰腿酸痛，經閉產難。

清・吳其濬《植物名實圖考》卷一一 續斷 《本經》上品。詳《唐本草》注及宋《圖經》。今所用皆川中產。范汪以為即大薊根，恐誤。但大薊亦無馬薊之名，或別一種。諸說既異，圖列兩種，又無蔓生似苧、兩葉相當者。此藥習用，並非珍品，不識前人何以未能的識。川中所產，往往與本草刺戾，今滇中生一種續斷，極似芥菜，亦多刺，與大薊微類，梢端夏出一苞，黑刺如毬，大如千日紅花苞，開花白，宛如葱花，莖勁，經冬不折。土醫習用。滇蜀密邇，疑川中販者即此種，繪之備考，原圖俱別存。大薊既習見有圖，原圖亦不甚肖大薊也。

清・趙其光《本草求原》卷三隰草部 川續斷 此以形治。因其枝、莖、根、節有肉有筋，宛如經脈、筋骨；色又紫帶黑，專入肝主筋腎主骨。氣溫，宣達。味苦辛，潤而散。微甘，益血。無毒，是得心胃、火土之氣化，專補陰中之陽氣，以運達中焦。還少丹陽弱加之可悟。故能宣通經絡血脈而理筋骨。主傷寒，寒傷經絡能散。補不足，舒陰中陽和之氣，即以益陰。金瘡折跌，傷筋骨。續筋骨，氣行瘀散即續。癰瘍，溫活血，苦清熱，肌肉之病自消。婦人乳難，充血通滯之功。傷中。陰者中之守。肝腎陰虚則中亦傷。微溫以達肝腎之血，故治。久服益氣力。肝者罷極之本，益肝腎以強筋骨，則力健。又治崩中、蓋上逆之血，多屬陽中之陰病；下走之血，多屬陰中之陽病，故此治崩中而不及吐逆。胎墮、跌傷、惡血、諸瘟毒、腫痛，宣血脈，利機關，瘡瘍內潰，腰痛脚軟。足三陰之氣乃營血之母氣，苦溫兼甘，補足三陰之氣，於陰中舒陽暢血，故治症如此。腸風，血痢，時痢，以二錢半同平胃散一兩米飲下，每服二錢。妊娠漏血，皆陰氣不暢也。固膀胱，暖子宮，縮小便。

川產良，狀如雞脚，皮黃皺，折之煙起者真。酒浸，去硬筋，炒用。忌同苦寒治血症，同辛熱治胎前。

獨用，治產後諸症。同歸、桂、延胡、牛膝，行血理傷。同芪、參、杞、地、杜、萸、味、冬、鹿、阿膠，止血治崩。同涼血補血、順氣之味，安胎。同桑寄，治腰痛脚軟。同杜仲、棗肉丸，治胎動及胎漏、乳難、產後血暈。同地、丹、羌、味、川瓜、牛膝，治產後火升。同杜、瓜、牛膝、革薢，名續斷丹，治肝腎風寒濕痹、筋攣骨痛。同芎、歸、夏、陳、羌、桂、甘，名續斷湯，治肝勞虚寒、脇痛脹、拘攣煩悶。同杜、苡、薢、地、牛膝、防風、加皮、羌活，以木瓜煮酒成膏，加青鹽，名續斷膏，治肝腎風虚，脚弱腰痛。同歸、薢、芎、防、附子、天麻、乳、沒，名續斷丸，俱酒下，治肝腎及脾虚、風濕着痹。同地、甘、桔、味、桑白、竹茹、紫菀、赤豆、小麥，名續斷散，治肝腎病，及心肺骨蒸勞熱，盜汗煩燥，氣喘咳嗽膿血。

清・葉志詵《神農本草經贊》卷一 續斷 味苦，微溫。主傷寒，補不足，金創癰傷，折跌續筋骨，婦人乳難。久服益氣力。一名龍豆，一名屬折。生山谷。

斷者可續，責實循名。四稜莖直，相對葉生。紅參白膩，赤抱黃明。烟塵瘦折，露汁浮罌。

《禮疏》：一成而不可變，斷者不可復續也。《淮南子》：循名責實。蘇頌曰：苗幹四稜，葉兩兩相對而生，開花紅白色，根赤黃色。張翰詩：素質參紅。秦觀詞：輕紅膩白，申時行賦，初抱赤兮若傾。《墨經》：黃者曰黃明松品。李時珍曰：色赤而瘦，折之有烟塵者良。陶弘景曰：七月八月采，根有汁。《洞冥記》：露汁如珠。沈與求詩：出沒沙際如浮鷖。

清・文晟《新編六書》卷六《藥性摘錄》 續斷 味辛微苦，性溫。補肝溫腎，以散筋骨血氣凝滯。治跌撲折傷，癰腫，止痛生肌。補骨活筋，止血治漏，並縮小便，固精安胎。〇惟氣薄而見精脫，胎動溺血失血等症，忌之。川產良。去裏硬筋，酒浸用。地黃為使。

清・張仁錫《藥性蒙求・草部》 續斷二錢、三錢 續斷苦溫，接骨續筋。腰疼胎漏，且止遺精。苦、辛，微溫。補肝腎，通血脈，理筋骨，主勞傷，暖子宮。又主帶脈為病，治崩帶，女科、外科需為上劑。川產良。酒浸。

清・戴葆元《本草綱目易知錄》卷一 續斷 辛、苦，微溫。去諸溫毒，宣通血脈，助氣血，補勞傷，暖子宮，縮小便。破癥結瘀血，消瘰癧乳癰，腸風痔瘻。止洩精尿血。治婦人乳難，崩中漏血，胎前產後一切病，胎漏子宮冷，面黃虛腫。又主金瘡，癰瘡，折跌，續筋骨，及踠傷惡血腰疼，關節緩急，止痛生肌。為女科要藥，酒浸用。

清・黃光霽《本草衍句》 續斷 辛溫入肝以補筋，苦溫入腎以補骨。通血脈，理勞傷。主崩中，補不足。跌撲金瘡，筋斷復續。縮小便而固精，暖子宮與胎漏。血痢腰痛所必需，關節緩急之要藥。得當歸治勞傷腰痛，得平胃散治血痢。 妊娠胎動，兩三月墮，預宜服此。續斷酒浸，杜仲薑汁炒，為末，棗肉丸，米飲下。 產後諸疾，血暈心悶煩躁，厭厭氣欲絕，心頭硬，乍寒乍熱，續斷一握，煎服。此藥救產後垂死。

清・陳其瑞《本草撮要》卷一 續斷 味苦，入足厥陰經，功專治跌撲傷，續筋骨。得當歸治勞傷腰痛，得平胃散治血痢胎漏。酒浸用，地黃為使。又名接骨草。

山蘿蔔

明・朱橚《救荒本草》卷上之後 山蘿蔔 生山谷間，田野中亦有之。苗高五七寸，四散分生莖葉，其葉似菊葉而闊大，微有艾香，每莖五七葉排生如一大葉，梢間開紫花，根似野胡蘿蔔根而黲白色。味苦。 救飢：採根煠熟，水浸淘去苦味，油鹽調食。

蒺藜

宋・李昉《太平御覽》卷第九九七 蒺藜 《爾雅》曰：茨，蒺藜也。布地蔓生，細葉，子有三角，刺人。 《本草經》曰：蒺藜，一名行止，一名升推，一名傍通，一名休羽。

宋・唐慎微《證類本草》卷七草部上品〔《本經》・《別錄》・藥對〕 **蒺藜子** **味苦、辛，溫**、微寒，無毒。**主惡血，破癥結積聚，喉痹，乳難，**身體風痒，頭痛，欬逆傷肺，肺痿，止煩下氣。小兒頭瘡，癰腫陰癀，可作摩粉。其葉主風癢，可煮以浴。**久服長肌肉，明目，輕身。一名旁通，一名屈人，一名止行，一名豺羽，一名升推，**一名即棃，一名茨。生馮翊平澤或道傍。七月、八月採實，暴乾。烏頭爲之使。

〔梁・陶弘景《本草經集注》〕云：多生道上，而葉布地，子有刺，狀如菱而小。長安最饒，人行多著木屐。今軍家乃鑄鐵作之，以布敵路，亦呼蒺藜。《易》云：據于蒺藜。言其凶傷。《詩》云：牆有茨，不可掃也。以刺梗穢也。方用甚稀爾。

〔宋・馬志《開寶本草》〕按：別本注云：《本經》云溫，《別録》云寒。此藥性宣通，久服不冷而無壅熱，則其溫也。

〔宋・掌禹錫《嘉祐本草》〕按：《爾雅》云：茨，蒺藜。注：布地蔓生，細葉，子有三角刺人。《藥性論》云：白蒺藜子，君，味甘，有小毒。治諸風癧瘍，破宿血，療吐膿，主難產，去躁熱，不入湯用。日華子云：治賁豘，腎氣，肺氣，胸膈滿，催生并墮胎，益精，療腫毒及水藏冷，小便多，止遺瀝泄精，溺血。入藥不計丸散，並炒。去刺用。

〔宋・蘇頌《本草圖經》〕曰：蒺藜子，生馮翊平澤或道傍。七月、八月採實，暴乾。又冬採。黃白色，類軍家鐵蒺藜。此《詩》所謂牆有茨者。郭璞注《爾雅》云布地蔓生，細葉，子有三角刺人是也。又一種白蒺藜，今生同州沙苑，牧馬草地最多，而近道亦有之。綠葉細蔓，綿布沙上，七月開花，黃紫色，如豌豆花而小。九月結實，作莢子，便可採。其實味甘而微腥，褐綠色，與蠶種子相類而差大。又與馬薸子酷相類，但馬薸子微大，不堪入藥，須細辨之。今人多用。然古方云：蒺藜子皆用有刺者，治風明目最良。《神仙方》亦有單餌蒺藜，云不問黑白，但取堅實者，舂去刺用。兼主痔漏，陰汗及婦人發乳，帶下。葛洪：治卒中五尸，擣蒺藜子，蜜丸，服如胡豆二枚，日三，愈。

〔宋・唐慎微《證類本草》〕《雷公》云：凡使，採後淨揀，擇了蒸，從午至酉，出，日乾。於木臼中舂，令皮上刺盡，用酒拌再蒸，從午至酉，出，日乾用。《聖惠方》：治鼻塞多年，不聞香臭，水出不止。以蒺藜二握，當道車碾過，以水一大盞，煮取半盞。仰卧，先滿口含飯，以汁一合灌鼻中。不過再灌之，嚏出一兩個瘜肉，似赤蛹蟲，即差。《外臺秘要》：治急引腰脊痛。擣末蜜和丸，酒服如胡豆大二丸，日三服。又方：補肝散：治三十年失明。蒺藜子七月七日收，陰乾擣散。食後水服方寸匕。又方：治腫。蒺藜子一升熬令黄，擣篩，以麻油和如泥，炒令燋黑，以塗故布上，剪如腫大，勿開頭搨上。又方：治蚘蟲攻心如刺，吐清汁。七月七日採蒺藜子，陰乾作灰。先食服方寸匕，日三。又方：治一切丁腫。蒺藜子一升作灰，以釅酢和封頭上，如破，塗之佳。又方：《備急》小兒蠼螋瘡，繞身匝即死。以蒺藜擣葉傅之，無葉用子亦可。《千金方》：塗瘡腫。蒺藜蔓洗，三寸截之，以水五升，煮取二升，去滓，内銅器中，又煮取一升，内小器中，如稠糖下，取傅瘡腫上。又方：治遍身風痒，生瘡疥。以蒺藜子苗煮湯洗之，立差。《千金翼》同。《梅師方》：治難産礙胎在腹中，如已見兒，并胞衣不出，胎死。蒺藜子、貝母各四兩，爲末。米湯下一匙，相去四五里不下，再服。《孫真人食忌》：治白癜風。以白蒺藜子生擣爲末，作湯服之。《神仙秘旨》云：服蒺藜子一碩，當七八月熟時收，日乾，春去刺，然後杵爲末。每服二錢，新汲水調下，日三服，勿令中絕，斷穀長生。服之一年已後，冬不寒，夏不熱。服之二年，老者復少，髮白復黑，齒落重生。服之三年，身輕長生。

宋・寇宗奭《本草衍義》卷八　蒺藜　有兩等：一等杜蒺藜，即今之道傍布地而生，或生牆上，有小黄花，結芒刺，此正是牆有茨者。花收摘，蔭乾爲末，每服三二錢，飯後以溫酒調服，治白癜風。又一種白蒺藜，出同州沙苑牧馬處。黄紫花，作莢，結子如羊内腎。補腎藥，今人多用。風家惟用刺蒺藜。

宋・鄭樵《通志》卷七五《昆蟲草木略》　蒺藜　曰旁通，曰屈人，曰止行，曰犲羽，曰升推，曰即藜，曰茨。故《爾雅》謂茨，蒺藜。《詩》謂牆有茨也。其實有芒刺，行軍之家以鐵象之而布地焉。又有白蒺藜者，同名而異實。

宋・劉明之《圖經本草藥性總論》卷上　蒺藜子　味苦、辛，溫、微寒，無毒。主惡血，破癥結積聚，喉痺乳難，身體風痒，頭痛欬逆，傷肺肺痿，止煩下氣，小兒頭瘡，癰腫陰𤸷可作摩粉。其葉主風痒。《藥性論》云：君。味甘，有小毒。治諸風癧瘍，破宿血，療膿，主難産，去燥熱。日華子云：治賁豚腎氣，肺氣胸膈滿，催生，並墮胎。益精，療腫毒，及水臟冷，小便多，遺瀝泄精溺血。入藥不計丸散，並炒去刺用。烏頭為之使。

明・朱橚《救荒本草》卷上之後　蒺藜子　《本草》一名旁通，一名屈人，一名止行，一名犲音柴羽，一名升推，一名即藜，一名茨。生馮翊平澤或道傍，今處處有之。布地蔓生，細葉，開小黄花，結子有三角，刺人是也。味苦、辛，性溫、微寒，無毒。烏頭為之使。又有一種白蒺藜，出同州沙苑。開黄紫花，作莢子，結子狀如腰子樣，小如黍粒。補腎藥多用。味甘，有小毒。救飢：收子炒微黄，搗去刺，磨麵作燒餅，或蒸食皆可。治病：文具《本草》草部條下。

明・王綸《本草集要》卷二　蒺藜子君　味苦辛，氣溫，微寒，無毒。烏頭為之使。有黑、白二種，黑者有三角刺，不入湯藥，入丸散並炒用。主惡血，破癥結積聚，喉痹乳難。久服長肌肉，明目輕身。治身體風癢，頭痛咳逆，傷肺肺痿，小兒頭瘡，癰腫陰𤸷，止遺瀝，泄精溺血。治風明目最良。〇其葉主風癢，可煮以浴。白癜風。取白子，生搗為末，酒調服之。又收花，陰乾為末，每服二三錢，飯後溫酒調服。

明・滕弘《神農本經會通》卷一　蒺藜子　君也。烏頭為之使。子，有三角刺。有黑白二種，白者不入湯用。入藥不計丸散，並炒去刺用。七八月採實，暴乾。《局》云：春去刺，酒浸炒用。　味苦、辛，氣溫，微寒，無毒。一云味甘，有小毒。東云：療風瘡，明目。

《本經》云：主惡血，破癥結積聚，喉痺乳難，身體風癢，頭痛，欬逆傷肺，肺痿，止煩下氣，小兒頭瘡，癰腫陰𤸷。可作摩粉。久服長肌肉，明目，輕身。其葉主風癢，可煑以浴。《藥性論》云：白蒺藜子，君。味甘，有小毒。治諸風癧瘍，破宿血，療吐膿，主難産，去燥熱。不入湯用。日華子云：治賁独腎氣，肺氣胸膈滿，催生并墮胎，益精，療腫毒，及水臟冷，小便多，止遺瀝，泄精溺血。《圖經》云：馬薸子，酷相類，微大，不堪入藥，須細辨之。古方云：蒺藜子，皆用有刺者，治風明目最良。《神仙方》亦有單餌蒺藜，云不問黑白，但取堅實者，春去刺用。兼主痔漏，陰汗，及婦人發乳，帶下。《衍義》曰：有兩等，一等杜蒺藜，即今之道傍布地而生，或生墻上，有小黄花，結芒刺，此正是墻有茨者，花收摘，陰乾，為末，每服三二錢，飯後以溫酒調服，治白癜風。又有一種白蒺藜，出同沙苑牧馬處，黄紫花，作莢結子如羊内腎，補腎藥。今人多用。風家惟用刺蒺藜。《局》云：蒺藜味苦消癰腫，風癢陰疼作浴湯。破血催生除積聚，更攻頭痛治頭瘡。蒺藜，陰痛煎湯，頭痛煎酒。

明・劉文泰《本草品彙精要》卷八《草部》　蒺藜子無毒。　散生。

蒺藜子出《神農本經》：　**主惡血，破癥結積聚，喉痹，乳難，久服長肌肉，明目，輕身。**以上朱字《神農本經》。身體風癢，頭痛，欬逆傷肺，肺痿，止煩，下氣，小兒頭瘡，癰腫，陰㿉，可作摩粉，其葉主風癢，可煮以浴。以上黑字名醫所録。

【名】旁通、屈人、止行、犲羽、升推、茨。　【苗】《圖經》曰：　蔓生，細葉，布地，子有三角，刺人者是也。又一種白蒺藜無刺，緑葉，細蔓，綿布沙上，七月開花黄紫色，如豌豆花而小，九月結實，作莢子便可採。其實味甘而微腥，褐緑色，如蠶種子相類而差大，又與馬薸子酷相似，但馬薸子微大，不堪入藥，須細辨之。　【地】《圖經》曰：　蒺藜子，生馮翊平澤或道傍。沙苑蒺藜，生同州沙苑，牧馬草地最多。　【時】生：　二月、四月苗。採：　七八月取實。沙苑蒺藜：　九月取實。　【收】暴乾。　【用】子。　【質】蒺藜子：　狀類菱角而細小有刺。沙苑蒺藜：　形如蠶種子而大。　【色】白。　【味】苦、辛。　【性】溫，微寒。　【氣】氣厚于味，陽中之陰。　【臭】香。　【主】明目，去風。　【助】烏頭爲之使。　【製】《雷公》云：　凡使，採得後淨揀擇了，蒸，從午至酉，出，日乾，於木臼中舂，令皮上刺盡，用酒拌再蒸，從午至酉，出，日乾。　【治】療《圖經》曰：　祛風，明目，痔漏，陰汗，婦人發乳，帶下。日華子云：　奔豚，腎氣，肺氣，胸膈滿，催生。療腫毒及水臟冷，小便多，止遺瀝，溺血。《藥性論》云：　白蒺藜去諸風，癧瘍，破宿血，療吐膿，產難，去燥熱。補：　日華子云：　益精，止泄精。《衍義》曰：　沙苑者補腎。　【合治】合蜜爲丸，服如胡豆二枚，治卒中五尸，日三服，愈。　【禁】妊娠服之即墮胎。　【贋】馬薸子爲僞。

明・葉文齡《醫學統旨》卷八　蒺藜子　氣溫，微寒，味苦、辛。無毒。烏頭為之使。有二種，黑者不入藥。杜蒺藜即今之道傍布地生黄花，結芒刺；　沙苑蒺藜黄紫花，結子如羊內腎，最佳。　治身體風痒，頭痛，欬逆傷肺，肺痿喉痺，癰腫，牢牙固齒，止遺瀝泄精溺血；　療風明目最良；　小兒頭瘡，白癜風。惟沙苑者補腎固精。葉主風痒，可煮作湯。

明・許希周《藥性粗評》卷三　風瘡脱蒺藜之困。

蒺藜子，一名茨。《詩・衛風》謂牆有茨是也。生西北漢(翼)〔翊〕諸郡。七八月採實，暴乾，以肉白者佳。凡用木臼內舂去刺令盡，酒浸，炒過。　味苦、辛，性溫、微寒，無毒。主治癧瘍癰腫，瘡疥遍身風痒，腎氣奔豚，肺氣肺痿，泄精溺血，催生破血，補肝明目，宣通臟腑，服食家亦為仙品。

單方：　遍身風痒：　凡患瘡疥遍身風痒者，以蒺藜苗煮湯，遍身浴之，不過一二次即愈。　兩目失明：　補肝散治年久失明，蒺藜子七月七日收，陰乾，舂去刺，復搗為細末，每食後清水調下方寸匕，久當見效。　白癜風：　蒺藜子搗為末，每飯後溫酒調下二三錢，久當見效。　常服食：　《神仙秘旨》云：　服蒺藜子一碩，當七八月熟時收，日乾，舂去刺，然後杵為末，每服二錢，新汲水調下，日三服，勿令間斷，一年後冬不寒，夏不熱，二年後老者復少，髮白變黑，齒落重生，三年身輕，長生不老。

明・鄭寧《藥性要略大全》卷五　白蒺藜　伊訓云：　主惡血，破癥瘕積聚，喉痹，身體風痒，頭痛，咳逆，肺痿，止煩下氣。小兒頭瘡癰腫，陰潰，可作粉。　《珠囊》云：　治風瘡痒痛，明目。○朱氏云：　補肝。　陳藏器云：　味甘，有小毒。治諸風癧瘡，破宿血，療吐膿，治產難。去燥熱不止。　味苦、辛，性微溫，無毒。烏頭為之使。有黑白二種。不入湯煎，止入丸散。並炒過，微研去刺用。　葉：　主皮膚瘙痒，可作湯俗。久服長肌肉，明目輕身。

明・陳嘉謨《本草蒙筌》卷一　蒺藜子　味苦、辛，氣溫，微寒。無毒。多生同州沙苑屬河南，亦產近地道傍，牧馬草場，布地蔓出。《詩》云牆有茨者是焉。使宜烏頭，種分黑白。黑成顆粒，較馬薸子略殊；　此種多出沙苑。白多刺芒，比鐵蒺藜無異。此種亦生近地。黑僅合丸散，生取研成白。堪用煎湯，刺須炒去。破婦人癥結積聚，止男子遺溺泄精。催生落胎，止煩下氣。乳發帶下易劾，肺痿膿吐可瘳。療雙目赤疼，翳生不已；　治遍身白癜，瘙癢難當。除喉痹頭瘡，消痔瘻陰汗。久服堪斷穀食，輕身明目長生。葉煮浴湯，亦去風癢。

明・王文潔《太乙仙製本草藥性大全》卷一《本草精義》　蒺藜子　一名旁通，一名屈人，一名止行，一名犲羽，一名升推，一名蒺藜，一名茨。生馮翊平澤，或道傍生之。七月、八月採實，曝乾。又冬採，黄白色，類軍家鐵蒺藜。山種白蒺藜，今生同州，沙苑牧馬草地最多，而近道亦有之。緑葉細蔓，綿布沙上。七月開花，黄紫色，如豌豆花而小，九月結實作莢子，便可採其實。味甘而微腥，褐緑色，與蠶種子相類而差大，又與馬薸子酷相類，但馬薸子微大，不堪入藥，須細辨之。不問黑白，但取堅實者，舂去刺用。

明・王文潔《太乙仙製本草藥性大全》卷一《仙製藥性》　蒺藜子君　味

苦、辛，氣溫、微寒，無毒。烏藥爲之使。　主治：破婦人癥結積聚，止男子遺溺泄精。催生落胎，止煩下氣。發乳帶下易效，肺痿膿吐可瘳。療双目赤疼，翳生不已；治遍身白癜，瘙痒難當。除喉痹、頭瘡，消痔瘻、陰汗。久服堪斷穀食，輕身明目。葉煮湯浴亦去風痒。主惡血，乳難，頭痛，欬逆傷肺，小兒頭瘡癰腫，溺血。久服長生，長肌肉，輕身。　補註：治白癜風，取白子生搗爲末，酒調服之。又收花陰乾，爲末，每服二三錢，飯後溫酒調服。治急引腰脊痛，搗末，蜜和丸如胡豆大，〔每服〕二丸，酒調，日三服。〇補肝散：治三十年失明及蚘蟲攻心如刺，吐清汁，並七月七日採，陰乾，搗爲末，食後水服方寸匕。〇治腫，蒺藜子一升，熬令黃，搗篩，以麻油和如泥，炒令焦黑，以塗故布上，剪如腫大，勿開頭涾上。治一切丁腫，蒺藜子一升，作灰，以醋酢和封頭上，如破，塗之佳。〇《備急》：小兒蠼螋瘡，繞身匝即死，以蒺藜搗葉傅之，無葉用子亦可。〇塗瘡腫，蒺藜蔓洗，三寸截之，以水五升，煮取二升，去滓，內銅器中又煮取一升，內小器中〔煮〕如稀糖，下取瘡腫上。治遍身風痒，生瘡疥，以蒺藜子苗，煮湯洗立差。《千金翼》同。　太乙曰：凡使採後浄揀擇了蒸，從午至酉，出，日乾，於木臼中舂，令皮上刺盡，用酒拌，再蒸，從午至酉出，日乾用。

明・皇甫嵩《本草發明》卷二

白蒺藜上品之下，君。氣微寒，味苦、辛，無毒。此藥性宣通，久服不冷而無壅熱，則其溫也。　發明曰：此味辛溫，散結下氣，苦能降火滋陰。故《本草》主惡血，破癥積，喉痺乳難，身體風痒頭疼，欬傷肺及肺痿，止煩下氣，小兒頭癰腫，陰癀。其散結下氣可知矣。又治賁豚腎氣，益精，小便多，遺溺尿血，泄精陰汗痔漏，女人帶下，發乳催生。久服長肌，輕身明目不老。其降火滋陰又可知矣。烏頭為使。白者良。補腎藥用白，并治白癜風，用酒炒去刺。黑者成顆粒，宜合散。生取研成。古方中蒺藜子用有刺者，不論黑白，取堅實者，春去刺用。惟風家多用刺蒺藜。

明・李時珍《本草綱目》卷一六草部・隰草類下　蒺藜《本經》上品

〔釋名〕茨《爾雅》　旁通《本經》　屈人《本經》　止行《本經》　休羽《本經》　升推　弘景曰：多生道上及墻上。葉布地，子有刺，狀如蔆而小。長安最饒，人行多着木履。今軍家乃鑄鐵作之，以布敵路，名鐵蒺藜。《易》云：據于蒺藜。言其凶傷。《詩》云：墻有茨，不可掃也。以刺梗穢。方用甚稀。時珍曰：蒺，疾也；藜，利也；茨，刺也。其刺傷人，甚疾而利也。屈人、止行，皆因其傷人也。

〔集解〕《別録》曰：蒺藜子生馮翊平澤或道旁，七月、八月采實，暴乾。頌曰：冬月亦采之，黄白色。郭璞注《爾雅》云布地蔓生，細葉，子有三角，刺人，是也。又一種白蒺藜，今生同州沙苑，牧馬草地最多，而近道亦有之。緑葉細蔓，綿布沙上。七月開花黄紫色，如豌豆花而小，九月結實作莢，子便可采。其實味甘而微腥，褐緑色，與蠶種子相類而差大。又與馬薸子酷相類，但馬薸子微大，不堪入藥，須細辨之。宗奭曰：蒺藜有二等。一等杜蒺藜，即今之道旁布地而生者，開小黄花，結芒刺。一種白蒺藜，出同州沙苑牧馬處。子如羊内腎，大如黍粒，補腎藥今人多用。風家惟用刺蒺藜也。時珍曰：蒺藜葉如初生皂莢葉，整齊可愛。刺蒺藜狀如赤根菜子及細蔆，三角四刺，實有仁。其白蒺藜結莢長寸許，内子大如脂麻，狀如羊腎而帶緑色，今人謂之沙苑蒺藜。以此分別。

子　〔修治〕斅曰：凡使揀浄蒸之。從午至酉，日乾，木臼舂令刺盡，用酒拌再蒸，從午至酉，日乾用。大明曰：入藥不計丸散，並炒去刺用。

〔氣味〕苦，温，無毒。《別録》曰：辛，微温。權曰：甘，有小毒。志曰：其性宣通，久服不冷而無壅熱，當以性温爲是。之才曰：烏頭爲之使。

〔主治〕惡血，破癥積聚，喉痹乳難。久服長肌肉，明目輕身《本經》。身體風癢，頭痛，欬逆傷肺肺痿，止煩下氣。小兒頭瘡，癰腫陰癀，可作摩粉《別録》。治諸風癧瘍，療吐膿，去燥熱甄權。治奔豚腎氣，肺氣胸膈滿，催生墮胎，益精，療水藏冷，小便多，止遺瀝泄精溺血腫痛大明。痔漏陰汗，婦人發乳帶下蘇頌。治風祕及蚘蟲心腹痛時珍。

白蒺藜　〔氣味〕甘，温，無毒。　〔主治〕補腎，治腰痛泄精，虛損勞乏時珍。

〔發明〕頌曰：古方皆用有刺者，治風明目最良。神仙方亦有單服蒺藜法，云不問黑白，但取堅實者，春去刺用。時珍曰：古方補腎治風，皆用刺蒺藜。後世補腎多用沙苑蒺藜，或以熬膏和藥，恐其功亦不甚相遠也。刺蒺藜炒黄去刺，磨麪作餅，或蒸食，可以救荒。

〔附方〕舊九，新八。　服食法：蒺藜子一碩，七八月熟時收取，日乾，舂去刺，杵爲末。每服二錢，新汲水調下，日三服，勿令中絶，斷穀長生。服之一年以後，冬不寒，夏不熱。二年，老者復少，髮白復黑，齒落更生。服之三年，身輕長生。《神仙秘旨》。　腰脊引痛：蒺藜子搗末，蜜和丸胡豆大。酒服二丸，日三服。《外臺秘要》。　通身浮腫：杜蒺藜日日煎湯洗之。《聖惠方》。　卒中五尸：蒺藜子搗末，蜜丸胡豆大。每服二丸，日三服。《肘後方》。　大便風秘：蒺藜子炒一兩，猪牙皂莢去皮酥炙五錢，爲末。每服一錢，鹽茶湯下。《普濟方》。　月經不通：杜蒺藜、當歸等分，爲末，米飲每服三錢。《儒門事親》。　催生下衣：難産，胎在腹中，并包衣不下及胎死者。蒺藜子、貝母各四兩，爲末，米湯服三錢。少頃不下，再服。《梅師方》。　蚘蟲心痛：吐清水。七月七日采蒺藜子陰乾，〔燒作灰，先食服〕方寸匕，日三服。《外臺秘要》。　萬病積聚：　七八月收蒺藜子，水煮熟，曝乾，蜜丸梧子大。每酒服七丸，以知爲度。其汁煎如飴，服之。　三十年失明：　補肝散：　用蒺藜子七月七日收，陰乾搗散。食後水服方寸匕，日二。《外臺秘要》。

牙齒動揺：　疼痛及打動者。土蒺藜去角生研五錢，淡漿水半盌，蘸水入鹽温漱，甚效。或以根燒灰，貼牙即牢固也。《御藥院方》。　牙齒出血：　不止，動揺。白蒺藜末，旦旦擦之。《道藏經》。　打動牙疼：　蒺藜子或根爲末，日日揩之。《瑞竹堂方》。　鼻塞出水：　多年不聞香臭。蒺藜二握，當道車碾過，以水一大盞，煮取半盞。仰卧，先滿口含飯，以汁一合灌鼻中。不過再灌，嚔出一兩箇息肉，似赤蛹蟲，即愈。《聖惠方》。　面上瘢痕：　蒺藜子、山巵子各一合，爲末，醋和，夜塗旦洗。《救急方》。　白癜風疾：　白蒺藜子六兩，生搗爲末。每湯服二錢，日二服。一月絶根，服至半月，白處見紅點，神效。《孫真人食忌》。

一切丁腫：　蒺藜子一升，熬搗，以醋和封頭上，拔根。《外臺秘要》。

花　〔主治〕陰乾爲末。每温酒服二三錢，治白癜風宗奭。

苗　〔主治〕煮湯，洗疥癬風瘡作癢時珍。

〔附方〕舊二，新一。　鼻流清涕：　蒺藜苗二握，黄連二兩，水二升，煎一升，少少灌鼻中取嚔，不過再服。《聖惠方》。　諸瘡腫毒：　蒺藜蔓洗，三寸截之，〔取得一斗〕，以水五升，煮取二升，去滓，納銅器中，又煮取一升，納小器中，煮如飴狀，以塗腫處。《千金方》。

蠼螋尿瘡：　遶身匝即死。以蒺藜葉搗傅之。無葉用子。《備急方》。

明・梅得春《藥性會元》卷上　白蒺藜　味苦、辛，氣微寒。無毒。烏頭為使。色黑者不入藥，色白者佳。生北地道傍，開黄花，結芒刺。　主治風瘡而明目。陰痛，煎湯浴之。又治身體風痒，咳逆傷肺，肺痿，喉痺，癰腫，牢牙固齒，止遺瀝、泄精、溺血，小兒頭瘡。其實可作摩粉，止煩下氣，去白癜風。惟沙苑者補腎固精。

明・李中立《本草原始》卷一　蒺藜子　生馮翊平澤或道傍。布地蔓生。葉如初生皂莢葉，整齊可愛。子有刺，狀如菱而小。人過之，足不敢履。故《本經》一名屈人，一名止行。今軍家乃鑄鐵作之，以布敵路，名鐵蒺藜。《易》云：　據于蒺藜。言其凶傷。《詩》云：　墻有茨，不可掃也。以刺梗穢也。《綱目》云：　蒺，藜也；　藜，利也；　茨，刺也。其刺傷人，甚疾而利也，故名蒺藜。《爾雅》名茨。又一種白蒺藜，今生同州沙苑，牧馬草地最多，而近道亦有之。綠葉細蔓，綿布沙上，結莢長寸許，子大如黍，狀如羊腎而帶綠色，今人謂之沙苑蒺藜。　子：　氣味苦，温，無毒。　主治：　惡血，破癥結積聚，喉痺乳難。久服長肌肉，明目輕身。〇身體風痒，頭痛，欬逆傷肺，肺痿止煩，下氣。小兒頭瘡癰腫，陰㿉，可作摩粉。〇治諸風癧瘍，療吐膿，去燥熱。〇治奔豚腎氣，肺氣胸膈滿，催生墮胎，益精。療水藏冷，小便多，止遺瀝泄精，溺血腫痛。〇痔漏陰汗，婦人發乳帶下。

蒺藜子，君，《本經》上品。【圖略】　蒺藜子有刺，嫩青色，老黄白色。八月采實，暴乾，冬月亦采之。　修治：　春去刺，酒拌炒用。

蒺藜子，烏頭為之使。　《神仙秘旨》云：　服蒺藜子一碩，當七八月熟時收，日乾春去刺，然後杵為末，每服二錢，新汲水調下，日三服，勿令中絶，斷穀長生，服之一年已後，冬不寒，夏不熱，服之二年，老者復少，髮白復黑，齒落重生，服之三年，身輕長生。

白蒺藜　氣味甘，温，無毒。

主治：　補腎，治腰痛泄精，虛損勞乏。

白蒺藜，即沙苑蒺藜。【圖略】沙苑蒺藜，一種形如羊腎，綠色，如黍粒大；　一種一頭大一頭小，有鉤，青黄色。二者並堪主治。又一種形頗類羊腎，褐綠色，粒小如粟而圓者劣。　修治：　微炒入藥。

明・張懋辰《本草便》卷一　蒺藜子君　味苦、辛，氣温，微寒，無毒。主惡血，破癥結積聚，喉痺乳難；　治身體風痒，頭痛咳逆傷肺，肺痿；　小兒頭瘡癰腫，陰㿉；　止遺瀝泄精，溺血；　治風，明目最良。

明・盧復《芷園臆草題藥》　刺蒺梨　實成于秋，而外刺堅強，得金之堅固氣，為肝之用藥也。然肝雖有藏血之體，而血非可留之物。留則不虛，虛而血留，斯致疾矣。蒺，疾也。梨，利也。其性宜行快便，故治積聚乳難之症。沙苑蒺梨莖有密刺，結實成莢，嚼之如新茶香，不無分別。取象補腎，功力不相近也。

明・繆希雍《本草經疏》卷七　蒺藜子　味苦、辛，温、微寒，無毒。主惡血，破癥結積聚，喉痺，乳難，身體風痒，頭痛，咳逆傷肺、肺痿，止煩下氣，小兒頭瘡，癰腫陰㿉，可作摩粉。其葉主風癢，可煮以浴。久服長肌肉，明目，輕身。

〔疏〕蒺藜有兩種，一種同州沙苑白蒺藜，一種秦州刺蒺藜。白者感馬精所生，刺者感地中陽氣所生。《本經》苦温，《别錄》加辛及微寒，竝無毒。夫苦能泄，温能宣，辛主散，主潤。故刺蒺藜主惡血，破癥結積聚，喉痺，乳難，身體風癢，頭痛，欬逆，小兒頭瘡，癰腫，陰㿗。葉主風癢，可煮以浴。辛入肝，肝主風也。《藥性論》云：白蒺藜味甘，微腥。甘中必有辛，辛能潤，故主欬逆傷肺肺痿，止煩下氣，久服長肌肉，明目，輕身，以其入腎益精故也。專餌長年，效可責矣。單行雜療，主治良多，本草諸方咸堪選用。形如羊腎，圓而細，色如菉豆，嚼之作菉豆腥氣，為末煮之，則香同新茶者真。【主治參互】刺蒺藜同何首烏、豨薟葉、胡麻、地黃、木瓜、荊芥穗、天門冬、黃檗，治遍身風癢。同州白蒺藜得蓮鬚、山茱萸、五味子、蓮肉、覆盆子、魚膠、龍骨、白膠，能固精益腎，令人有子，兼主小便遺瀝。得甘菊花、甘枸杞子、決明子、女貞實、槐角子，能明目。《外臺秘要》：單服，能復明三十年目疾。【簡誤】同州蒺藜性能固精，命門火熾，陽道數舉，交媾精不得出者，勿服。

明·倪朱謨《本草彙言》卷四　刺蒺藜　味甘，微苦，氣溫，無毒。李氏曰：蒺，疾也。藜，利也。其刺傷人，甚疾而利也。此藥産于山東諸路及秦州，多生道旁。春時布地，蔓生細葉，入夏作碎小黃花，秋深結實，三角四刺，實有仁也。人行多着木屐。《易》云：據于蒺藜。言其凶傷。《詩》云：墻有茨，不可掃也。又有一種細蒺藜，生同州沙苑，牧馬草地上，亦作蔓生，莖間密布細刺，葉如初生皂莢葉，整齊可觀。七月開黃紫花，如豌豆花而小。九月結實作莢子，長寸許，内子如麻，碧綠色，狀如羊腎，嚼之若新茶香，頃則轉作豆腥氣。隔紙微炒，色香勝茗。微火煎煮，津液不竭者，乃真也。

沈則施曰：刺蒺藜與沙苑細蒺藜，名雖同而實二種，功用氣性亦異也。刺者，有稜刺，以蒺藜稱固宜。不知沙苑出而細者，形如羊腎，大如黍粒，無稜無刺，以蒺藜稱，何所取義而云然。今附録刺蒺藜下，以便分辨爾。

刺蒺藜：《別録》去風下氣，吳普行水化癥之藥也。魏景山稿其性宣通快便，能運能消，行肝脾滯氣，多服久服有去滯之功。《別録》主身體風癢，燥澀頑痹，一切眼目翳障等疾。甄氏方主筋結癧瘍，肺癰肺痿，欬逆膿血等疾。蘇氏方主水結浮腫，氣臌喘滿，疸黃脚氣等疾。李氏方主血結成癥，奔豚瘕疝，喉痹胸痹，乳難乳岩等疾。總而論之，《別録》所主者風，甄氏所主者氣，蘇氏所主者水，而李氏所主者，即取其化癥之意也。然四家之説，雖有不同，究其三角四稜，善于磨運，去滯生新，是其專成，故婦科方中，以此催生墮胎，良有以焉。但其性溫多燥，如陰虛不足，精、髓、血、津枯燥致疾者，俱禁用之。

集方：已下十二方俱出《龍潭家秘》。治身體風癢，燥澀頑痹。用刺蒺藜四兩，帶刺炒，磨爲末，胡麻仁二兩，湯泡去衣，搗如泥，葳蕤三兩，金銀花一兩，炒，磨爲末。四味煉蜜丸。早晚各服三錢，白湯下。○治眼疾翳障不明。用刺蒺藜四兩帶刺炒，葳蕤三兩炒，共爲散。每早服，食後三錢，白湯調服。○治瘰癧膿潰不乾。用刺蒺藜八兩，帶刺炒，牡丹皮三兩，炒，當歸身四兩，炒，共爲末。蜜丸，早晚用。○治肺癰肺痿，欬唾膿血腥穢。用刺蒺藜五兩，帶刺炒，百合、川貝母各一兩，炒。每早晚各服三錢，白湯調送。○治水結四體虛浮，或膨脹喘急。用刺蒺藜一觔，帶刺炒，葶藶子三兩，炒，白茯苓四兩，炒。共爲末，作散。每早午晚，一日三次，每次白湯調服三錢。○治黃疸。用刺蒺藜五兩，帶刺炒，茵陳草四兩，炒，俱爲末。每早晚各取五錢，水二碗，煎湯飲。○治一切脚氣，不問虛實寒熱。用刺蒺藜八兩，帶刺炒，木瓜五兩，炒。共爲末。每早服五錢，白湯調服。○治惡血積聚，或成癥瘕。用刺蒺藜一觔，帶刺炒，乾漆二兩，炒。俱爲末。水發爲丸，如菉豆大。每晚飯後臨睡服二錢，酒下。○治奔豚瘕疝。用刺蒺藜十兩，帶刺炒，小茴三兩，炒，乳香、沒藥各五錢，瓦上焙出汗。俱爲末。每服三錢，白湯調服。○治喉痹不通。用刺蒺藜四兩，帶刺磨爲粗末。煎湯徐徐飲之。○治胸痹，膈中脹悶不通，或作痛。用刺蒺藜一觔，帶刺炒，磨爲細末。每早午晚各服四錢，白湯調服。○治乳脹不行，或乳岩流癧，作塊腫痛。用刺蒺藜二三觔，帶刺炒，爲末。每早午晚不拘時，白湯作糊調服。○《梅師方》治難産或胞衣不下，或胎死在腹中。用刺蒺藜四兩，帶刺炒，五靈脂，水淘淨砂土二兩，川貝母二兩，共爲末。白湯調服三錢，未下再服。○姚平川方選治百病積聚。用刺蒺藜帶刺炒一觔，爲末，水發丸。早晚食前後服三錢。○《聖惠方》治鼻塞出水，或多年不聞香臭。取刺蒺藜二兩，研極細，水二大碗，煎取半碗。仰卧，先含飯滿口，以蒺藜湯一合，灌入鼻中，不通再灌，令嚏出息肉似赤蛹蟲狀，即愈。○《御藥院方》治齒牙動搖，或打磕（棚）〔碰〕傷者。用刺蒺藜，帶刺生研五錢，以鹽湯稀調，漱口甚效。或以根燒灰揩牙，即牢固也。○《外臺秘要》治一切疔毒腫痛。用刺蒺藜，帶刺研末熬膏，以醋和調，封頭上，拔根減毒。

明·姚可成《食物本草》卷一八草部·隰草類　蒺藜同州沙苑牧馬艸地最多，而近道亦有之。綠葉細蔓，七月開黃紫花，如豌豆花而小。九月結實作莢子，味甘而微腥。荒年可用，炒去刺，磨麪作餅，蒸食以救飢。

蒺藜，味甘，溫，無毒。主惡血，破癥瘕積聚，喉痹乳難，久服長肌肉，明目輕身。補腎，治腰痛泄精，虛損勞乏，婦人帶下。

花　陰乾為末，每溫酒服二三錢，治白癜風。

苗　煮湯洗疥癬，風瘡作痒。

附方：　服食法：　蒺藜子春去刺，為細末，每新汲水下二錢，日三服，勿令斷絕，辟穀長生。服之一年以後，冬不寒，夏不暑；　二年，老者復少，變白為黑，齒落更生；　三年，身輕羽化。　去瞖還晴：　七月七日，收蒺藜子陰乾為末，食後水服方寸匕，日二。

明・顧逢柏《分部本草妙用》卷六兼經部・溫補　蒺藜　苦，溫，無毒。烏頭為使。去刺，酒拌，蒸熟用。　主治：　惡血，破癥，喉痺乳癰，風癢瘡瘍。去燥熱，催生墮胎。暖小便，止遺瀝洩精，痔漏，長肌明目。　古方用蒺藜治風，明目補腎，每每單用。後世補腎用沙苑蒺藜，其功恐相似也。

明・李中梓《醫宗必讀・本草徵要上》　蒺藜味甘，溫，無毒。入腎經。酒炒去刺。

補腎止遺，消風勝濕。產沙苑者，強陰益精。沙苑蒺藜，市多偽者。狀〔如〕腎子，帶綠色，咬之作生豆氣者真。按：　沙苑蒺藜性能固精，若陽道數舉，媾精難出者勿服。

明・蔣儀《藥鏡》卷一溫部　刺蒺藜　散惡血也，破癥結也。喉痺乳難，頭瘡陰潰之妙藥也。葉治風癢，可煮湯而沐浴也。至如沙苑蒺藜，則又味甘微腥，以其入腎益精，故主長肌明目，而兼遺瀝。以其止煩下氣，故治欬逆傷肺，而及肺痿。

明・張景岳《景岳全書》卷四八《本草正》　白蒺藜　味苦、微辛、微甘，微涼。能破癥瘕結聚，止遺溺泄精，療肺痿肺癰，翳膜目赤，除喉痺、癬疥、痔瘻、癜風，通身濕爛惡瘡。乳巖帶下俱宜，催生止煩亦用。涼血養血，亦善補陰。用補宜炒熟去刺，用涼宜連刺生擣。去風解毒，白者最良。　沙苑蒺藜：　性亦大同。若用固精補腎，止遺瀝尿血，縮小便，止煩渴，去燥熱，則亦可用此。

明・徐樹丕《識小錄》卷三　四明公常服蒺藜，每日一兩，分三服，能明目固齒，壯筋黑髮，當時朝士無不服者。出沙苑者更佳，即茨也，一名休羽。

明・盧之頤《本草乘雅半偈》帙三　蒺藜《本經》上品　氣味：　苦，溫，無毒。　主治：　主惡血，破癥積聚，喉痹，乳難。久服長肌肉，明目，輕身。

覈曰：　出馮翊平澤，所在亦有，長安最饒。喜生道旁，春時布地，蔓生細葉，入夏作碎小黃花，秋深結實，狀似菱米，三角四刺，實有仁也。同州沙苑一種，生牧馬草地上，亦作蔓生，莖間密布細刺，葉如初生皂莢葉，整齊可愛，開花作莢，長寸許，內子如麻，碧綠色，狀似羊腎，嚼之若新茶香，頃則轉作豆腥氣。隔紙焙炒，色香勝茗。微火煎煮，津液不竭者乃真也。　修事：　刺蒺藜，揀淨蒸之，從午至酉，日乾，木臼舂令刺盡，再用酒拌蒸，從午至酉，日乾。用沙蒺藜，或熬膏，或酥炙，發香，研作末用。　刺蒺藜，烏頭為之使。

先人云：　刺蒺藜，成熟于秋，而外刺堅勁，得金之堅固氣，為肝之用藥明矣。然肝雖有藏血之體，而血非可留之物。留則不虛靈而汙惡，斯致疾矣。蒺，疾也。藜，利也。其性宣行快便，故治積聚乳難諸證。沙苑者莖有密刺，結實成莢，嚼之作新茶香，不無分別。取象補腎，功力不相近也。

条曰：　蒺之言疾，藜之言利。不唯具從革之金用，亦秉炎上之火用矣。何也？　銳利者金之用，迅疾者火之用。故兼火之氣與味，金之色與形，為七方之奇之急，十劑之通之宣也。是主喉痹乳難，與癥堅積聚，以及惡血之急閉，皆以柔乘剛，非所據而據之。匪此破敵，不易開通，以剛乘柔，有所據而據之矣。所謂急因急用，通因塞用者是也。更藉疾威，敷及下土，開發上焦，宣水穀味，熏膚充身澤毛，則肌肉長，百骸輕。其角銳利，用開盲瞽，特易易耳。李蘄陽以沙苑一種，附列《本經》之後，主治補腎之神藏，及腎之形藏，名雖同而形實異，功能亦迥別也。觀其莖布密刺，而亦成熟于秋，秉堅金之體與用者。但刺蒺藜銳利顯著，宣揚形藏之非所欲留；　沙蒺藜銳利斂藏，宣攝藏形之應所欲守為別異耳。急閉兩字要着眼，喉痹乳難，生死在呼吸間，豈容少待。

清・顧元交《本草彙箋》卷三　蒺藜　蒺藜有二種，沙苑蒺藜，腎家之補藥也。刺蒺藜，肝家之風藥也。謂其功不甚相遠，自不可解。

沙苑蒺藜大如脂麻，狀如羊腎，帶綠色，嚼之生豆氣者爲真，紙上焙用。刺蒺藜如菱角，白色者炒去刺用。眼疾必需。墻有茨，不可掃也，即此物。

清・穆石匏《本草洞詮》卷九　蒺藜　《爾雅》謂之茨。茨，刺也，其刺傷人，疾而利也。味苦辛，氣溫，無毒。治風，破惡血癥積，喉痺乳難，益精，療水藏冷，久服長肌肉，明目輕身。《神僊方》有單服蒺藜法，不問黑白，取堅實者，春去刺用。《易》言：　據于蒺藜。《詩》言：　牆有茨。皆貶詞也。而為

《神農》上品，入僊經服食補腎，治風磨積，其功多矣。古方皆用刺蒺藜，後世多用白蒺藜。出同州沙苑牧馬處，謂之沙苑蒺藜，其功不甚相遠。蓋風家宜用刺蒺藜，而補腎則沙苑者為優也。

清・劉雲密《本草述》卷九下　蒺藜子　蒺藜有二種，一種刺蒺藜，即今之道旁布地而生者。蔓生，細葉，入夏開小黄花，秋深結實，狀似菱米，三角四刺，實有仁也。一種白蒺藜，出同州沙苑，牧馬處亦作，蔓生，緑葉細蔓，綿布沙上，七月開花黄紫色，九月結實，莢長寸許，内子如麻，碧緑色，狀似羊腎，嚼之若新茶香，頃則轉作豆腥氣，隔紙焙炒，色香勝茗，微火煎煮，津液不竭者乃真也。

同州蒺藜，莖布密刺，是則白蒺藜。凡方書用之，云去刺者，定非同州所產也。同州蒺藜刺在莖，所用二種俱子也。故云云。

刺蒺藜　氣味：苦，溫，無毒。《別録》曰：辛，微溫。志曰：其性宣通，久服不冷，而無壅熱，當以性溫為是。

諸《本草》主治：下氣，去燥熱，療肺氣胸膈滿，治惡血，破癥聚，及喉痺乳難，治風祕，明目益精，療水臟冷，小便多，止遺溺泄精溺血。方書主治：中風，水氣脹滿，喘逆痰飲，大便不通，赤白濁，疝，耳鼻齒，至目方最多。

頌曰：古方皆用有刺者，治風明目最良。希雍曰：刺蒺藜，同何首烏、豨薟葉、胡麻、地黄、木瓜、荊芥穗、天門冬、黄蘗，治偏身風癢。

附方　大便風祕，蒺藜子炒一兩，豬牙皂莢去皮酥炙五錢，為末，每服一錢，鹽茶湯下。

愚按：刺蒺藜，用者亦類以為風劑，即如盧復所云。刺蒺藜其子成熟於秋，而外刺堅勁，得金之堅固氣，為肝之用藥明矣。若然，謂之非風劑不可，而謂其與辛散風劑例論，則不可也。蓋其稟金之形與色，而更兼乎火之氣與味，火為金之主，則其化而媾於風化之木金，為火之用，則血化而靜乎血臟之風，故《別録》謂下氣，日華子謂治肺氣，胸膈滿，而《本經》首言其治惡血，破癥聚等證也。大風木之陽，原乘於三焦之氣，而金以合於火者主之。風臟之血，原根於至陰之水，而金以為火用者化之，是則不謂之風劑不可。第《本經》首言其治惡血云云者，以肺之氣化在血，而是物結實於秋，固得金氣之專也。金氣專，而不得火為主以致用，則氣化不全火為主，而實不結於深秋以趨水，則血化不裕。金氣專，故孕水而化血，且金以火為主，故其氣化在血。是得全其氣化者，遂能裕其血化。蓋金以火為夫，水為子也。若然，則致其氣化於血者，即以行水化，故方書用之，治水氣腫滿，及痰飲熱結諸證，豈非氣化之在血者，是從陽透陰，而陰乃化，陰化則歸腎。《經》曰：腎者，陰中之至陰也。更如所謂上焦之陽，得陰降而隨之以下者，不即在是歟？夫人身氣血之病，每由於後天在上中焦，而後及於下，故下焦之氣血，虛而不固者，由於上之氣不能下周於氣海，而血並不得下歸於血海也。然本於上之血不化，而氣不下，則下即病於虛矣。天氣盛者，陽有餘，而肺陰虛也，故不能化血，而氣不下。此《經》所謂天氣盛，則地氣不足者是也。如氣下而血化，則天氣降，地氣升矣。如日華子《本草》謂此味療水臟冷，小便多，止遺溺泄精溺血，雖在方書不槩見，而理實有必然者也。試閲方書安腎丸，治腎與膀胱虛冷，下元衰憊，用化血及下氣諸劑，同於茲味以奏功，乃投溫補者，以接濟而歸腎，其所主治諸證，類與日華子同也。由此推之，凡上實下虛之證，即由下之陰虛，以致陽實於上者，亦當先治標，清上之痰熱，乃可補接真陰也。蓋其血化則氣下，氣下則熱散。氣虛者，即是可以代清熱之劑矣。後天真陰，生化之原，更在上中焦，故患於陰虛火炎，輒投若寒者誤，不止為其傷脾也。故統繹斯義，謂茲味以金媾於木而為氣，先木媾於金而為血，先不謂之風劑不可。然不以辛散為功也。試思治風祕證，不原於血化氣行，而止曰辛散可乎？將愈散而愈祕耳。

又按：刺蒺藜其色白，故古方用之，亦曰白蒺藜。而《本草》槩指白蒺藜，俱曰：即同州蒺藜。遂致混淆，如水氣脹滿，痰飲熱結，以理準之，定是刺蒺藜。此時珍謂古方補腎治風，皆用刺蒺藜也。

附方療目方甚多，俱見目證類。月經不通，蒺藜、當歸等分，為末，米飲，每服三錢。催生下衣，難產，胎在腹中，并胞衣不下，及死胎者，蒺藜子、貝母各四兩，為末，米湯服三錢，少頃不下，再服。萬病積聚，七八月收蒺藜子，水煮曝乾，蜜丸梧子大，每酒服七丸，以知為度。其汁煎如飴，服之。

白蒺藜　氣味：甘，溫，無毒。主治：補腎，治腰痛，泄精虛損勞乏時珍。

方書治瘻證用白蒺藜，似當。如《本草》所謂沙苑蒺藜，而治赤白濁一方，則二蒺藜同用矣。治耳，沙苑蒺藜有一方明目，唯刺蒺藜為多。

時珍曰：古方補腎治風，皆用刺蒺藜。後世補腎多用沙苑蒺藜，或以熬膏和藥。沙苑蒺藜，同黃芪、羌活、白附子，各等分，俱生用，名四生散。治男婦肝腎風毒上攻，眼赤癢痛，不時羞明多淚，下注脚膝生瘡，及偏身風癬，服藥不驗。居常多覺兩耳中癢。即此觀之，則白蒺藜正入肝腎而治風，不可謂治風專屬刺蒺藜也。　希雍曰：同州白蒺藜，得蓮鬚、山茱萸、五味子、蓮肉、覆盆子、魚膠、龍骨、白膠，能固精益腎，令人有子。兼主小便遺瀝。　得甘菊花、甘枸杞子、決明子、女貞實、槐角子，能明目。　腰脊引痛，蒺藜子擣末，蜜和丸胡豆大，酒服二丸，日三服。

愚按：同州蒺藜，專稟金氣之厚者也。其氣有腥。腥，肺所主也。用火微焙之即香，則益明矣。金氣厚，而味又甘，是金氣歸於土，則其氣下行，而入腎土，為氣交，且母趨子也。所以氣歸形，而形象腎也。唯腎之化原最厚，故直致於腎而補之，更能固精，不如刺蒺藜之先宣其氣化於上，而後乃達其氣化於下也。然則，此味益腎較為精專矣。

又按：刺蒺藜入肺與肝，沙苑蒺藜入肺與腎。刺蒺藜為風臟血劑，其治上者多。沙苑蒺藜為腎臟氣劑，其補下者專。

附方　聚精丸，黃魚鰾膠白淨者一斤，切碎，用蛤粉炒成珠，以無聲為度，沙苑蒺藜八兩，馬乳浸兩宿，隔湯蒸一炷香久，取起焙乾，為末，煉蜜丸如梧子大，每服八十丸，空心溫酒、白湯任下。忌食魚及牛肉。

希雍曰：同州蒺藜，性能固精。命門火熾，陽道數與交媾，精不得出者，勿服。

修治　刺蒺藜炒研去刺，為末。如入煎藥，臨時調服，不入湯煎。沙苑蒺藜，以如上所說者為真。即同州多偽者，或炒，或酒漿拌蒸，亦不入湯藥。

清・郭章宜《本草匯》卷一一　蒺藜　苦、辛、甘，溫，入手太陰、足厥陰少陰經。治皮膚風癢頭痛，療風秘月經不通。明眼目，去燥熱。催生墮胎，發乳療毒。

按：蒺藜有二種，一種同州沙苑白蒺藜，感馬精所生；一種秦州刺蒺藜，感地中陽氣所生。實成于秋，而外刺堅強，得金之堅固氣，為肝之用藥也。然肝雖有藏血之體，而血非可留之物，留則不虛靈而血惡，斯致疾矣。蒺藜，其性宣行快便，故積聚乳難之症皆治之。後世補腎，治腰痛泄精，虛損勞乏，多用沙苑蒺藜。二者功亦不甚相遠，然同州者性能固精，命門火熾，陽道易舉，交媾精不得出者，勿服。同蓮鬚、山萸、五味、蓮肉、覆盆子、魚膠、龍骨，能固精益腎。得甘菊、枸杞、決明、女貞，能明目。白癜風者，用白蒺藜六兩，生擣為末，每服二錢，日二服，一月絕根。服至半月，白處見紅，神効。

揀淨蒸之，日乾，木臼舂去刺，用酒拌，再蒸，或炒去刺亦可。烏頭為之使。同州綠色，嚼之有菉豆氣者良。此誠續嗣神丹，而本草不言，惜哉！

清・蔣居祉《本草擇要綱目・平性藥品》　蒺藜　氣味：苦，溫，無毒。主治：明目輕身，欬逆肺痿諸風癧瘍，補腎，治腰痛泄精，虛損勞乏。古方補腎治風，皆用白蒺藜。補腎益精，則用沙苑蒺藜。然究之其性宣通，久服不冷而無壅熱，腎水自得其天，功用俱同一也。白者炒研，去茨用。沙苑者，酒蒸，晒乾。

清・閔鉞《本草詳節》卷一　蒺藜　有二種，一種同州沙苑白蒺藜，形如羊腎，圓而細，色如菉豆，嚼之作豆腥氣，味甘氣溫。一種秦州刺蒺藜，布地而生，結芒刺。【略】　按：刺蒺藜感地中陽氣所生，入肝而主血主風，故治惡血諸疾。白蒺藜感馬精所生，入腎益精，故治欬逆諸証。亦各從其類也。

清・王翃《握靈本草》卷四　刺蒺藜葉有三角刺，人名杜蒺藜。處處有之。去刺用。

主治：刺蒺藜，苦，溫，無毒。主惡血癥瘕，喉痺，乳難，諸風瘡瘍。治奔豚氣，明目輕身。

清・汪昂《本草備要》卷二　蒺藜子平補肝腎。　苦溫補腎，辛溫瀉肺氣而散肝風，益精明目。肝以散爲補，凡補肝藥，皆能明目。治虛勞腰痛，遺精帶下，咳逆肺痿，乳閉癥瘕，痔漏陰癀，音頹。腎、肝、肺三經之病，催生墮胎。刺蒺藜主惡血，故能破癥下胎。　沙苑蒺藜：綠色似腎。故補腎。炒用。亦可代茶。刺蒺藜：三角有刺。去刺，酒拌蒸。風家宜刺蒺藜，補腎則沙苑者爲優。餘功略同。《瑞竹堂方》：齒牙打動者，蒺藜根燒灰傅之。

清・陳士鐸《本草新編》卷二　蒺藜子　味甘、辛，氣溫、微寒，無毒。沙苑者為上，白蒺藜次之，種類各異，而明目去風則一。但白蒺藜善破癥結，而沙苑蒺藜則不能也。沙苑蒺藜善止遺精遺溺，治白帶喉痹，消陰汗，而白蒺藜則不能也。今世專尚沙苑之種，棄白蒺藜不用，亦未知二種之各有功效也，余所以分別而並論之。

或問：蒺藜能催生墮胎，而先生略之，豈著本草者悮耶？夫蒺藜無毒之藥，何能落胎，謂其催生，而性又不速。然則從前本草，何所據而言之耶。見白蒺藜之多刺耳。凡刺多者，必有礙于進取，留而不進則有之，未聞荊棘之中，反行之而甚速者也。是蒺藜既不能催生，又何能墮胎哉。且沙苑蒺藜，乃解火之味，凡婦人墮胎，半由于胎氣之太熱，古人謂黄芩能安胎者，正取其寒而能去火也。況蒺藜微寒，不同于黄芩之大冷，而性又兼補，且能止精之滑，安有止精澁味，而反墮胎者乎。此傳聞者之悮，不足信也。

或問：蒺藜，以同州沙苑者為勝，近人以之治目，謂補而又明目也。先生又云與白蒺藜同為明目之藥，豈同州者非補，而白蒺藜反補耶？曰：二味各有功效，余上文已言之矣。而吾子又問，余更當暢談之。沙苑蒺藜，補多而瀉少；白蒺藜，瀉多而補亦多。沙苑蒺藜補肝腎而明目，乃補虚火之目，而不可補實邪之目也。補實邪之目，則目轉不明，而羞明生瘴之病來矣；白蒺藜補肝腎而明目，乃瀉實邪之目，而又可補虚火之目也。補虚火之目，則目更光明，瀉實邪之目則目更清爽。二者相較，用沙苑蒺藜以明目，反不若用白蒺藜之明目為佳，而無如近人之未知也。

清・李熙和《醫經允中》卷二〇　蒺藜　入肺肝腎三經。烏頭為使。去刺，酒拌蒸熟用。　苦溫，無毒。種分黑白，用各不同。黑僅合丸散，白堪用煎湯。黑療雙目赤疼，翳生不已；白治遍身白癜，瘙癢難當。黑補精益腎，止腰痛遺泄；白催生墮胎，破癥結消痰。功用既殊，不可不辨。後世種玉方中用沙苑蒺藜，果強陰有子，而本草不載，惜哉！

清・馮兆張《馮氏錦囊秘錄・雜症痘疹藥性主治合參》卷二　蒺藜子　蒺藜有二種：一種同州沙苑白蒺藜，一種秦州刺蒺藜。白者感馬精所生，刺者感地中陽氣所生。《本經》苦溫，《別錄》加辛及微寒，並無毒。〇宜炒，搗去刺用。

刺蒺藜，質輕色白，象金入肝。夫肝雖有藏血之體，而血非可留之物，留則不虚靈而血惡，斯致疾矣。蒺藜宣行快便，故主婦人癥結積聚能破，男子遺溺洩精能止，腎虚腰疼，傷中勞乏。催生落胎，除煩下氣。乳發帶下易效，肺痿膿血可瘳。療雙目赤痛，翳生不已。治遍身白癜，瘙癢難當。除喉痹頭疼，消痔陰汗。去惡血，長肌肉，明目輕身。多主肝經，以味苦溫辛香，可以宣散也。又種沙苑者，質細色綠，專入腎經，以性寒質實，可以強陰，故益精療腎之功更勝。

主治痘疹合參：擇白者，宜炒過，方搗去刺後，研細入藥。凡痘瘡瘙癢潰爛者，并痘後目患者，并宜。

清・张璐《本經逢原》卷二　白蒺藜　苦、辛，溫，無毒。酒浸焙焦，去刺研用。

《本經》主惡血，破癥結積聚，喉痹，乳難。久服長肌肉，明目，輕身。

發明：白蒺藜性升而散，入肝腎經，為治風明目要藥。風入少陰、厥陰經者，為嚮導。目病，為風木之邪，風盛則目病，風去則目明矣。《本經》專破惡血積聚，治喉痹，乳難，以苦能泄，溫能宣，辛能潤也。此言刺蒺藜之功用耳。其久服長肌肉，明目，輕身，以其入腎益精氣也。此則專主沙苑蒺藜而言。其治痰、消癰腫、搜腎藏風氣，又須刺者，為破敵之先鋒。《千金方》治白癜風，以一味為末，湯服二錢，日二服，服至半月，白處見紅點，至一月效。

沙苑蒺藜　甘，溫，無毒。產沙苑者，色微黑而形似羊腎。若色微綠，雖產秦中，非沙苑也。酒蒸搗用。藥肆中以一種野田開紅花之土蒺藜偽充，咬之亦生豆氣，但缺處有尖鉤，稍異耳。　發明：沙苑蒺藜產於潼關，得漠北之氣，性降而補，益腎，治腰痛，為泄精虚勞要藥，最能固精，故聚精丸用此，佐鰾膠大有殊功。以之點湯代茶，亦甚甘美益人。但腎與膀胱偏熱者禁用，以其性溫助火也。

清・浦士貞《夕庵讀本草快編》卷二　蒺藜《本經》、茨　其刺傷人，屈人行止。《易》云：據于蒺藜。《詩》云：墻有茨，不可埽也。長安生處，人多着木屐以禦之。軍伍中用鐵鑄作，布于敵路，謂之鐵蒺藜，蓋法此也。生沙苑者，其色綠，形如猪腎，咬之作生荳氣者為真。　蒺藜二種，產雖不同，氣味相徹，其性宣通，不冷不熱，最宜久服者也。如破癥瘕，療風痒，止煩渴，澁精瀝產，沙苑者勝。若補腰膝，通眼目，催生下胎，白者反良。大抵俱入肝腎二家，故風秘自瘳，虚勞兼治。然肝雖為藏血之體，血非可留之物，留則不虚靈，致斯疾矣。蒺者，疾也；藜者，利也，美其宣行快利也。若炒黄作餅，亦可救荒。

清・張志聰、高世栻《本草崇原》卷上　蒺藜　氣味苦，溫，無毒。主治惡血，破瘕癥積聚，喉痹，乳難。久服長肌肉，明目，輕身。　蒺藜始出馮翌平澤或道旁，今西北地多有。春時布地，蔓生細葉，入夏做碎小黄花，秋深結實，狀如菱米，三角四刺，其色黄白，實內有仁，此刺蒺藜也。《爾雅》名茨。《詩》言牆有茨者是也。又，同州沙苑一種，生於牧馬草地上，亦蔓生布地，莖間密布細刺，七月開花黄紫色，九月結實作莢，長寸許，內子如脂麻，綠色，狀如羊腎，味甘微腥，今人謂之沙苑蒺藜，即白蒺藜也。今市肆中以茨蒺藜為白蒺藜，白蒺藜為沙苑蒺藜，古今名稱互異，從俗可也。蒺藜子堅勁有刺，稟陽明之金氣，氣味苦溫，則屬於火。《經》云：兩火合併，故為陽明，是陽明稟火氣而屬金也。金能平木，故主治肝木所瘀之惡血，破腸胃郛郭之癥瘕積聚，陰陽交結之喉痹，陽明胃土之乳難，皆以其稟銳利之質而攻伐之力也。久服則陽明土氣盛，故長肌肉。金水相生，故明目。長肌肉，故輕身。其沙苑蒺藜一種，生於沙地，形如羊腎，主補腎益精，治腰痛虛損，小便遺瀝。所以然者，味甘帶腥，稟陽明土金之氣，土生金而金生水也。

清·劉漢基《藥性通考》卷六 蒺藜子 味辛、苦，氣溫而散也。補腎，瀉肺氣而散肝風，益精明目。肝以散為補，凡補肝藥，皆能明目。又治虛勞腰痛，遺精帶下，咳逆肺痿，乳閉癥瘕，痔漏陰㿗，肺、肝、腎三經之病。催生墮胎。刺蒺藜主惡血，故能破癥下胎。沙菀蒺藜，綠色，似腎，故補腎。炒用。亦可代茶。刺蒺藜，三角有刺。去刺，酒拌蒸用。

清·姚球《本草經解要》卷二 白蒺藜 氣溫，味苦，無毒。主惡血，破癥結積聚，喉痹，乳難。久服長肌肉，明目輕身。炒去刺。白蒺藜氣溫，稟天春和之木氣，入足厥陰肝經。味苦無毒，得地南方之火味，入手少陰心經。氣升味降，秉火氣而生，陽也。主惡血者，心主血，肝藏血。溫能行，苦能洩也。癥者，有形可徵也，有形之積聚，皆成於血。白蒺藜能破之者，以入心肝，而有苦溫氣味也。痹者，閉也。喉痹，火結於喉而閉塞不通也。溫能散火，苦可去結，故主喉痹。乳難，乳汁不通也。乳房屬肝，氣溫達肝，其乳自通。白蒺藜一名旱草，秉火氣而生，形如火而有刺，久服心火獨明，火能生土，則飲食倍而肌肉長。肝木條暢，肝開竅於目，故目明。木火通明，元陽舒暢，所以身輕也。製方：白蒺藜同歸身，治月經不通。同杞子、菟絲子，治肝虛。同五味、淫羊藿、杞子、海螵蛸，治肝虛陽痿。專為末服，治一切鬱症，明二三十年之目疾。

清·楊友敬《本草經解要附餘·考證》 蒺藜 《綱目》稱刺蒺藜，子有三角，所在有之，治風明目。其白蒺藜生同州沙苑，子光細微綠，補腎治腰痛。云今人稱刺者為白蒺藜，其關中產但稱沙苑蒺藜。《解要》白蒺藜，即《綱目》刺蒺藜也。吾鄉昔一老儒偶病目，服此乃大下不已，反致雙瞽。用者審之！

清·王子接《得宜本草·上品藥》 白蒺藜 味苦、辛。疾於通利，破血去風。得雞子油治偏枯神效，得貝母下死胎，得當歸通月事。沙蒺藜：味甘。入足少陰、少陽經。功專補腎。得魚鰾能聚精氣。

清·黃元御《玉楸藥解》卷一 蒺藜 味苦，微溫。入足少陰腎、足厥陰肝經。泄濕驅風，斂精縮溺。蒺藜子疏木驅風，治肝氣輸泄，精滑溺數，血淋白帶。白者與沙苑同性。

清·吳儀洛《本草從新》卷一 刺蒺藜〔疏肝瀉肺。〕 辛苦而溫。散肝風而瀉肺氣，勝濕破血，催生墮胎，通乳閉，消癥瘕。細審其質性，不過瀉氣破血之品，古方俱用以補腎何也？三角有刺，去刺，酒拌蒸。

清·汪紱《醫林纂要探源》卷二 白蒺藜 苦，辛，溫。細葉蔓生繁密，實三角如芰，刺甚銳。補肝祛風，刺尖銳，祛風之力甚勁悍。堅腎去濕，治虛勞腰痛，遺精帶濁。瀉肺泄逆，治風寒咳嗽，肺痿哮喘。通行上下。體輕，故兼能上行，亦通乳，催生墮胎。沙苑蒺藜：苦，鹹，平。出於沙苑，故名。細草蔓生，小花，作莢，中實如豆，形似腎，色青綠。堅腎水，瀉邪濕。治虛勞腰痛，帶濁遺精，去癥瘕痔瘻。明目。目以腎水養。

清·嚴潔等《得配本草》卷三 白蒺藜一名刺蒺藜。 苦、辛，溫。入足厥陰，兼入手太陰經氣分。去風濕，瀉肺氣。乳閉可通，癥瘕可療，陰㿗可消，帶下可止，並治一切咳逆、肺痿喉痹、明目腫毒等症，皆藉此辛散之力也。如菱角，白色。治風，黃酒拌蒸。清肺，雞子清炒。治目中赤脈，人乳拌蒸。通月水，當歸汁煮。肝虛、受孕，二者禁用。以破血故也。

題清·徐大椿《藥性切用》卷三 刺蒺藜 一名白蒺藜。辛苦微溫，入肝而疏肝明目，解散風邪。微炒，或人乳拌蒸用。沙苑蒺藜：性味苦溫，微濇，固精秘氣，補腎強腰，為腎虛竅滑，不勝酸澁耑藥。鹽水炒研用。

清·黃宮繡《本草求真》卷三 白蒺藜白蒺藜滋補肝腎，兼散風邪逐瘀。沙苑蒺藜益精強腎。 白蒺藜耑入肝腎，兼入肺。質輕色白，辛苦微溫。按據諸書，雖載溫能補腎，可治精遺溺失，暨腰疼勞傷等症，然總宣散肝經風邪。凡因風盛而見目赤腫翳，並遍身白癜、瘙癢難當者，服此治無不效。且此味辛入肺兼苦入腎，則凡癥瘕結聚，喉痹乳癰，暨胎產不下，服此力能破鬱宣結。蓋肝雖藏血之經，而血非可留之物，若竟認此作補，而不審兼苦泄辛散以明其治，其失靡輕，緣此可升質輕、可降味苦、可散味辛、可補微溫。故服涼劑，則宜連刺有刺生擣，用補劑則宜去刺，酒拌蒸。若沙苑蒺藜質細色綠似腎，功專入腎，故書載能益精強腎。風家用三角蒺藜，補腎用沙苑蒺藜。亦須炒用，但不辛香宣散耳。蒺藜根燒灰，能治齒動。

清・沈金鰲《要藥分劑》卷三　刺蒺藜　【略】鰲按：向來本草書蒺藜二種，性味功用皆渾言之。然其所主，實迥然各別。今特即《本經》以下諸說，分劃清楚，并沙蒺藜性溫補，今列入補劑中，而不與此相混。

清・沈金鰲《要藥分劑》卷四　沙蒺藜　【略】鰲按：沙蒺藜耑補腎虛，治腰痛及虛損勞乏，其功能大概不出此。

清・羅國綱《羅氏會約醫鏡》卷一六草部　刺蒺藜味苦，微辛微溫，入肺、脾、腎三經。酒炒，去刺。　治虛勞腰痛，遺尿泄精。苦溫補腎之功。瀉肺氣而散肝風，除目赤翳膜，肝以散為補，凡補肝藥皆能明目。療白癜瘙癢，破癥結積聚，辛以散之。療肺癰、乳巖、濕瘡。能消風解毒。妊婦忌用。

沙苑蒺藜：　綠色似腎，強陰益精，止遺瀝尿血，縮小便補腎。但興陽濇精，宜酌用之，不得自誤。市多偽者。狀似腎子，咬之作生豆氣者真。

清・黃凱鈞《藥籠小品》　刺蒺藜　苦，溫，平肝風，勝濕破血，古方用以補腎何也？　沙苑蒺藜：　產潼關者，入藥，補腎納氣，須從熟地、枸杞相輔為功，獨力無成也。鹽水炒。

清・王龍《本草纂要稿・草部》　白蒺藜　氣味苦辛而寒。破婦人癥結積聚，催生落胎。療男子遺溺泄精，止煩下氣。乳發帶下易效，肺痿吐膿可醫。雙目赤疼，翳生不已，遍身瘙痒難當。除喉痺頭瘡，消痔漏陰汗。　沙苑蒺藜：　滋胃明目，大有殊功。

清・張德裕《本草正義》卷上　白蒺藜　苦，微涼。破癥瘕結聚，止遺溺洩精，療肺痿肺癰，目赤障翳，喉痹，癬疥，通身濕熱惡瘡，亦能涼血養血。

清・楊時泰《本草述鉤元》卷九　蒺藜子　有二種：一種刺蒺藜，蔓生，細葉布地，入夏開小黃花，秋深結實，狀似菱米，三角四刺，實有仁也。一種白蒺藜，出同州沙苑牧馬處，綠葉細蔓，其刺在莖，綿布沙上，七月開黃紫花，九月結莢，長寸許，內子如麻，碧綠色，狀似羊腎，嚼之若新茶香，頃轉豆腥氣，隔紙焙炒，色香勝茗，微火煎煮，津液不竭者，乃真。

刺蒺藜：　味苦、辛，氣溫。入手太陰、足厥陰經。其性宣通，久服不冷而無壅熱志。主治下氣去燥熱，療肺氣胸膈滿，治惡血破癥聚，及喉痹乳難風秘，明目益精，療水臟冷，小便多，止遺溺泄精溺血諸本草。方書治中風水氣脹滿，喘逆痰飲，大便不通，赤白濁，疝，耳鼻齒病目方最多。治風明目，皆用有刺者頌。同首烏、豨薟、胡麻、地黃、天冬、黃蘗、木瓜、荊芥穗，治偏身風癢。大便風秘，刺蒺藜炒一兩，牙皂去皮酥炙五錢，為末，每服一錢，鹽茶湯下。月經不通，蒺藜、當歸等分，為末，米飲每服三錢。難產催生，并下胞衣及死胎，刺蒺藜、貝母各四兩，為末，米湯服三錢，少頃不下，再服。萬病積聚，七八月收刺蒺藜水煮，曬乾蜜丸梧子大，每酒服七丸，以知為度，其汁煎如飴服之。

論：　刺蒺藜成熟於秋，外刺堅勁，稟金之形與色，而更兼乎火之氣與味，為肝之用藥，雖為風劑，却與辛散風氣者不同。人身火為金之主，則氣化而媾於風化之木。金為火之用，則血化而靜乎血臟之風。刺蒺藜金火合稟，故《別錄》謂其下氣，日華子謂治肺氣胸膈滿，而《本經》首言治惡血破癥聚等證也。夫風木之陽，原乘於三焦之氣，而金以合於火者主之。風臟之血，原根於至陰之水，而金以為火用者化之。是則《本經》首言治惡血者，以肺之氣化在血，而是物結實於秋，固得金氣之專也。金氣專，而不得火為主以致用，則氣化不全；火為主而實不結於深秋以趨水，則血化不裕。惟全其氣化者，乃能裕其血化。金固以火為夫，水為子也。金氣專，故孕水而化血，且金以火為主，故其氣化在血。方書用治水氣腫滿及痰飲熱結諸證，非因氣化之在血者，從陽透陰而陰乃化，陰化則歸腎，所謂上焦之陽，得陰降而隨之以下者歟？夫人身氣血之病，每由於後天。在上中二焦，而後及於下。凡下焦之虛而不固者，緣上焦之氣不能下周於氣海，而血並不得下歸於血海，《經》所謂天氣盛則地氣不足是也。天氣盛者，陽有餘而肺陰虛也。故不能化血而氣不下，上之血不化而氣不下，則下即病於虛矣。如氣下而血化，則天氣降矣。此《日華本草》所以療水臟冷，小便多，而止遺溺泄精溺血也。是以安腎丸溫補下元衰憊，以治腎與膀胱虛冷，用化血下氣諸劑，必同茲味以接濟而歸腎。凡病由下之陰虛，以致陽實於上者，亦當先治其標，清上之痰熱，乃可補接真陰也。蓋血化則氣下，氣下則熱散。氣虛者，即是可以代清熱之劑矣。後天真陰生化之原更在上中二焦，故於陰虛火炎，輒投苦寒者最誤，不止為其傷脾也。統繹斯義，知茲味以金媾於木而為氣先，木媾於金而為血先，不謂之風劑不可，直謂之風劑而與辛散同功，則不可。試思蒺藜能治風秘，倘不原於血化氣行，而止曰辛散，不將愈散而愈秘乎。

修治：炒研去刺，為末，如入煎藥，臨時調服，不入湯煎。

白蒺藜：此沙苑蒺藜也。氣味甘溫。補腎，治腰痛泄精，虚損勞乏。方書治瘻證，赤白濁，二蒺藜同用。耳病。古方補腎治風，皆用刺蒺藜，後世補腎，多用沙苑蒺藜，或以熬膏和藥瀕湖。同黄芪、羌活、白附子各等分生用，名四生散，治男婦肝腎風毒上攻，眼赤癢痛，羞明多淚，下注脚膝生瘡，及偏身風癬，服藥不驗，居常多覺兩耳中癢者。觀此，則沙苑蒺藜正入肝腎而治風，不可謂治風專屬刺蒺藜也。得蓮鬚、山萸、五味、蓮肉、覆盆、魚膠、白膠、龍骨，能固精益腎，令人有子，兼主小便遺瀝。得甘菊、枸杞、女貞、槐角、決明子，能明目。腰脊引痛，蒺藜子搗末，蜜和丸胡豆大，酒服二丸，日三服。聚精丸，黄魚鰾膠一斤切，用蛤粉炒成珠，沙苑蒺藜八兩，馬乳浸兩宿，隔湯蒸一炷香，取起焙乾，為末，煉蜜丸梧子大，每服八十丸，空心溫酒、白湯任下，忌食魚及牛肉。

論：同州蒺藜，專稟金氣之厚，故其氣有腥。腥，肺所主也。其味甘，微焙之即香，是金氣歸於土，而下行入腎，以土為氣交，金母趨子，所以氣歸形，而形象腎也。惟腎之化原最厚，故直致於腎而補之固之，不如刺蒺藜之先宣其氣化於上，而後達其氣化於下也。然則此味益腎，較為精專矣。又刺蒺藜入肺與肝，沙苑蒺藜入肺與腎。刺蒺藜為風臟血劑，其治上者多。沙苑蒺藜為腎臟氣劑，其補下者專。

性能固精，凡命門火熾，陽道數興，交媾精不得出者，勿服仲淳。

修治：以如前所說為真，即同州亦多偽者，或炒，或酒漿拌蒸為末調服，不入湯藥。

清・鄒澍《本經續疏》卷一　蒺藜子　【略】蒺藜子鋒穎四出，堅鋭銛利，謂非象金不可。而其味苦，其氣溫，則又皆屬乎火，是之謂金與火遇，火在金中。夫金與火之接也，始則相守，繼則就鎔，終則交流。相守則金之蕪雜難消者消，就鎔則金之凝重不動者動，交流則火之炎上不下者下。凝重者動，謂之形隨性化；炎上者下，謂之性隨形化。其在人身，性本於氣，形充於血，兩者不咸，則有性與形違而為積聚喉痹者，有形與性違而為惡血癥結乳難者，得此交相化而適相成之物，又烏能不已耶？而《別録》又恐後人誤會《本經》用蒺藜泛治腹中惡血癥結積聚也，故其命意措辭，若謂就金言金，在上治上焉者。夫曰身體風癢，則癢必不在分肉筋骨，而在肌膚皮毛，固肺之合也。又況頭痛欬逆傷肺，肺瘻，皆火守於金之病，火與金本相仇，因相仇而致病，則以相守而生長之物，化病氣為生氣，猶不可謂極允帖之治乎！而後人識透此關，莫妙於大明，以此益精，療水藏冷，小便多，止遺瀝泄精溺血。夫火金相仇為病於上，但得其就鎔，下流則併化為水，且非冷水而為暖水，又何水藏精溺二道之不受益也。夫然故沙苑蒺藜之刺在莖而不在實，實形正似腎者，則金火之交鎔向下，竝在莖中，而實遂大擅益下之功於精溺二道更著良猷矣。

清・王世鍾《家藏蒙筌》卷一五《本草》　白蒺藜　味苦微辛，質輕色白，象金。入肝，散肝風，去惡血，破癥瘕積聚，止遺溺洩精。療肺瘻肺癰，翳膜目赤。除喉痺，癬疥瘰痔，癜風，遍身濕爛惡瘡，乳巖，帶下，俱宜。催生，止煩。亦用涼血養血，兼善補陰。用補宜炒，去刺。用涼宜連刺生搗，消風解毒。白者最良。〇沙苑蒺藜，性亦大同，若用固精補腎，止遺瀝尿血，縮小便，止煩渴，去燥熱，則亦可用此。

清・吴其濬《植物名實圖考》卷一一　蒺藜　《本經》上品。《爾雅》：茨，蒺藜。有刺蒺藜、沙苑蒺藜，形狀既殊，主治亦異。北方至多，車轍中皆有之。陶隱居云：長安最饒，人行多著木履。《晉書》：蜀諸將燒營遁走，出兵追之。關中多蒺藜，軍士著軟材平底木屐前行，蒺藜悉著屐，然後馬步得進，則此物盛於西北。今南方間有之，亦不甚茂。近時《臨證指南》一書用以開鬱，凡脇上、乳間横悶滯氣、痛脹難忍者，炒香入氣藥服之，極效。余屢試之，兼以治人，皆愈。蓋其氣香，可以通鬱；而體有刺横生，故能横行排盪，非他藥直達不留者可比。

清・趙其光《本草求原》卷三隰草部　白蒺藜即刺蒺藜。　苦泄心，溫宣肝，辛潤肺，透肺陰生血以養肝而熄風。肺孕水而合於心火，則陰化而生血；肝得血養風自熄，與辛散不同。主惡血，破癥結積聚，痔瘻、陰潰、喉痹、乳難、水氣腫滿、痰飲胸痞，化陰透陽則陰不滯，而熱不壅。搜腎臟風秘，腎與膀胱冷。陽結於上，陰益虛於下，先透陰以達陽，則陽隨陰降以歸腎，乃可接補真陰真陽。凡上實下虛者當知此義，先治其標，不可亂投苦寒。下氣血下氣亦下。明目，肝血足，則風邪不害空竅。赤白濁。古方補腎治風皆用刺蒺，以其化上焦之陰以歸腎也。後世乃用沙苑補腎。催生墮胎。

同首烏、豨薟、胡麻、生地、川地、荊穗、天冬、黄柏，治遍身風癢。同牙皂莢，去皮炙末，鹽茶下，治大便風秘。同歸末，米飲下，治經閉。單為末，酒服，治積聚。湯服一月，白癜轉紅效。

炒，去刺，酒蒸用。為末調服，少入湯劑。

清・葉志詵《神農本草經贊》卷一　蒺藜子　味苦，溫。主惡血，破癥結積聚，喉痹乳難。久服長肌肉，明目輕身。一名旁通，一名屈人，一名止行，一名豺羽，一名升推。生平澤或道旁。

屈人疾利，布地緣牆。據之破結，走且妨僵。林森豺羽，波颭菱芒。象形鐵鑄，渠答銛鋼。

李時珍曰：其刺傷人甚疾利也。陶弘景曰：多生道旁及牆頭，其葉布地，子有刺狀如菱。《易》：據於蒺藜。蘇軾碑：汗流籍湜走且僵。李子卿賦：戈矛林森。白居易詩：鏡動波颭菱。《爾雅翼》：銕蒺藜起於隋，謂之渠答。李觀文：銛鋼之利器。

清・文晟《新編六書》卷六《藥性摘錄》　白蒺藜　辛甘，微溫。入肝腎，兼入肺。散風逐瘀，凡因風盛而見目赤腫翳，及遍身白斑搔癢，服此有效。並治癥瘕結聚，喉痹乳癰，暨胎產不下。入涼劑生擣，補劑去刺蒸用。〇沙苑蒺藜，益精強腎。宜炒用。

清・張仁錫《藥性蒙求・草部》　蒺藜沙苑蒺藜。三錢。　蒺藜味苦，能治肝風。破瘀明目，瀉肺奇功。此刺蒺藜。辛苦而溫，性升而散，入肝腎經。張路玉云：為治風明目要藥。風入少陰、厥陰經者，為(响)〔嚮〕導。目病，為木之邪，風盛者目病，風去則目明矣。《本經》之專破惡血積聚。苦能泄，溫能宣，辛能潤也。此言刺蒺藜之功用耳。產同州府。去刺，酒拌蒸，或炒用。白則為佳。景岳云：微辛，微涼，微甘，亦用涼血。用補宜炒熟，去刺。用涼宜去刺，生搗。〇沙苑蒺藜產潼關，狀如腎子，帶綠色。味苦，性溫。補腎強陰，益精明目，治虛勞腰痛，遺精帶下。炒用。

清・戴葆元《本草綱目易知錄》卷一　刺蒺藜　辛、苦、甘，溫。皮厚色青，外刺而內仁白。散肝風，清肺氣，逐惡血，通月經，破癥積聚，去躁熱，解結毒，消浮腫，散諸風癧瘍。治頭風體痒，咳逆胸滿，肺痿吐膿，喉痹腰痛，目赤齒痛，奔豚風秘，蚘蟲心腹痛，疔癩白癜，痔漏陰癀，小兒頭瘡。下氣通乳，催生墜胎。炒去刺用。

沙苑蒺藜：產自同州沙苑。　味薄色青，形象似腎。故能補腎固精，潤肝明目，助陽痿，暖子宮。療吐膿，去躁熱。治腰脊引痛，目暗失明，遺溺洩精，淋濁溺血，咳逆傷肺，肺痿吐血，頭暈風眩，胸膈氣滿，痔漏陰汗，奔豚腎氣。女人赤白帶下，男子虛損勞乏，老人水臟冷，小便多，及肝腎虛，目失明，可常飲之。時珍曰：古方治風，多用刺蒺藜，後世補腎，多用沙苑蒺藜。葆按：二蒺藜，本草未分，雖時珍註述，亦未詳細達出，愚自臨證試驗，及審《綱目》明文，特為分列，以便省目。

清・黄光霽《本草衍句》　白蒺藜　辛散苦泄，疾於通利。宣行惡血，破癥積聚。散肝經之風目赤翳疼，除身體之癢乳癰喉痺。頭瘡陰潰，奔豚腎氣。催生墮胎，明目消痔。得鷄子油治偏枯神效，得貝母下死胎，得當歸通月事。治聾，用白蒺藜炒去刺，為末，蜜丸，空心服三錢。　沙苑蒺藜：質細色綠，耑入腎經。強陰補腎，腰痛遺精。得魚鰾能聚精氣。

清・陳其瑞《本草撮要》卷一　白蒺藜　味苦辛，入足少陰、厥陰經，功專通利破血去風。得雞子油治偏枯神效，得貝母下死胎，得當歸通月事。牙齒搖動者，以根燒灰塗之。　沙苑蒺藜：味辛甘，入足少陰經，功專補腎。得魚鰾能聚精氣，得菊花明目。若陽道數舉，媾精難出者勿服。炒用。

清・仲昴庭《本草崇原集説》卷一　蒺藜　【略】〔批〕《本經》只有刺蒺藜，沙苑者，別是一種，乃後人所增。士宗曰：此物微有腥氣，從腎達肝。

沙苑蒺藜

明・倪朱謨《本草彙言》卷四　沙苑蒺藜　味甘兼苦，色黑綠，形如羊腎，細如蠶子，與藁子酷相類。但馬藁子形非羊腎，稍粗大耳。須細辨之。

沙苑蒺藜：李時珍補腎澀精之藥也。陸平林集其氣清香，能養肝明目，潤澤瞳人。色黑象腎，能補腎固精，强陽有子。不烈不燥，兼止小便遺瀝，乃和平柔潤之劑也。

集方：梁石齋《課兒醫語》沙苑蒺藜，同蓮鬚、山茱萸、五味子、覆盆子、鹿角膠、龜膠、魚膠、枸杞子、熟地黄、決明子、白茯苓等輩，作膏丸服之，駐顔色，益氣力，明目疾，延年種子。〇治脾胃虛，飲食不消，濕熱成臌脹者。用沙蒺藜二兩，酒拌炒，真茅山蒼朮八兩，米泔水浸一日，晒乾炒，共研爲末。每服三錢，米湯調服。

明・李中梓《本草通玄》卷上　沙苑蒺藜　甘，溫，善走腎、肝二經。主補腎益精，止腰痛遺泄，種玉方中尊為奇品。　白蒺藜，別為一種，破血消痰，治風明目，亦能補腎。

清·王翃《握靈本草》卷四 沙苑蒺藜生同州沙苑，名白蒺藜。如羊内腎，大如黍粒，緑色，嚼之荳氣者真。 主治：沙苑蒺藜，甘，溫。善走肝腎，能治腰痛，泄精，虚損勞乏。

清·吴楚《寶命真詮》卷三 沙苑蒺藜 【略】補腎益精，强陰固洩，止腰痛。種玉方中，尊為奇品。 陽道數舉，媾精難出者勿服。

清·顧靖遠《顧氏醫鏡》卷七 沙苑蒺藜甘，溫。入腎經。炒。狀如腎子，帶緑色，咬之生豆氣者真，不入湯藥。 沙苑者强陰固精，功專補腎。有刺者炒去刺，研。明目治風。兼入肝矣。以肝開竅於目，又肝主風也。同首烏、胡麻、地黄、天冬，能治遍身風癢。 沙苑蒺藜，陽道數舉，媾精難出，勿服。

清·吴儀洛《本草從新》卷一 沙苑蒺藜〔補腎固精。〕 苦，溫。補腎强陰，益精明目。治虚勞腰痛，遺精帶下，痔漏陰㿉。性能固精，若陽道數舉，媾精難出者勿服。出潼關。狀如腎子，帶緑色。今肆中所賣俱是花草子，真者絕無。炒用。亦可代茶。

清·嚴潔等《得配本草》卷三 沙苑蒺藜 烏頭為之使。 甘，溫。入足少陰經氣分。固腎水之泄，暖少陰之精。其能去燥熱，治煩渴，療尿血，止餘瀝，皆得精之固而并效也。 得甘菊，除風熱。入魚膠，攝精髓。 入補劑，炒熟。入涼藥，生用。 嚼之有豆氣，大如芝麻，狀如羊腎，帶緑色者真。

媾精難出者禁用。

清·楊璿《傷寒溫疫條辨》卷六濇劑類沙苑蒺藜 辛，溫，瀉肺氣而散肝氣，苦溫補腎，治三經虚勞之證。

清·葉桂《本草再新》卷二 沙苑蒺藜味苦、辛，性溫，無毒。入心、腎二經。補腎强陰，益精明目，治虚勞腰痛，痔漏陰㿉。

刺蒺藜：味辛、苦，性溫，無毒。入肝、肺二經。 鎮肝風，瀉肺火，益氣化痰，散濕破血，消癰疽，散瘡毒。

清·吴鋼《類經證治本草·足厥陰肝臟藥類》 同蒺藜 【略】誠齋曰：治水濕痰為要藥。凡胸腹内有飲，行動如水響而有聲，服之必愈。凡水飲射肺而咳及腎虚不制水，泛濫上溢者，非此不能除也。產同州沙苑，牧馬地極多，近道亦有之。狀如腎，子帶緑色，咬作豆氣者真。微炒用。〇杜蒺藜：【略】誠齋曰：此三角刺蒺藜也。止可入發散破血，全不能補益人。炒去刺，酒拌蒸用。

清·趙其光《本草求原》卷三隰草部 沙苑蒺藜子。 氣腥屬金。而溫，味甘，炒之即香，能導肺氣歸脾下行直入於腎，形又象腎。白蒺，宣上而達下，為風臟血劑，治上功多。此則直入於下，為腎臟氣劑，補下功專。 補腎，治腰痛、泄精、虚損勞乏、肺痿、腎冷、尿多遺溺、明目、長肌肉，亦治肝腎風毒攻注。上攻則目赤癢痛，羞明多淚，耳癢；下注則脚膝生瘡及遍身風癢。愚疑此方仍用白蒺為是。 一味為丸酒服，治腰脊引痛。以馬乳浸蒸，同蛤粉炒魚鰾，補精。忌魚、牛肉。單服作茶，明目。其根燒灰用，敷牙齒動搖。

酒炒，或蒸。產潼關，色微黑者良。

清·鄭奮揚著，曹炳章注《增訂偽藥條辨》卷二 沙苑子 沙苑蒺藜，俗名北沙苑，苦溫補腎，强陰益精明目。產陝西潼關者真，狀如腎子，微帶緑色。今市中所賣，有用紅花草子偽充，貽害匪淺。 炳章按：沙蒺藜，七月出新。陝西潼關外出者，名潼蒺藜，色紅帶黑，形如腰子，飽綻性糯，味厚氣香，滾水泡之，有芳香氣者為最佳。亳州出者，曰亳蒺藜，細而且瘦，性粳，泡之無芳香者次。山東出者，名東蒺藜，色黄，粒扁，粗大，性更硬，最次。揚州出者，為荷花郎之子，徧地皆有，土名草蒺藜，即南方紅花草子之子，不入藥用。

胡豆

明·朱橚《救荒本草》卷下之前 胡豆 生田野間。其苗初搨地生，後分莖叉，葉似苜蓿葉而細，莖葉梢間開淡葱白褐花，結小角，有豆如䝁豆狀，味甜。 救飢：採取豆煮食，或磨麵食皆可。

清·吴其濬《植物名實圖考》卷二 胡豆 《救荒本草》録之。豆可煮食，亦可為麫。《本草拾遺》：胡豆子生田野間。米中往往有之。不述其形狀，當即此。

雩婁農曰：今胡豆野生，非古胡豆也。考《爾雅》：戎菽。注：今胡豆。《廣雅》《齊民要術》胡豆與大豆異類。《名醫别録》序例云：胡豆，今青斑豆，則是豆之有青斑者，大豆、飯豆中皆有之。蓋舊時胡麻、胡瓜，草木中多以胡名者，今皆異稱，胡麻既别為山西一種，而胡豆則田野旅生，誠不能定古之胡豆為今何豆也。《廣雅》胡豆，䜌䝄也。李時珍以豇豆角雙指為䜌䝄，《九穀考》以郭注胡豆或即今豌豆，亦本李説。夫䜌䝄，但以形聲臆度，而《廣雅》胡豆、豌豆兩釋，方言異字，彼此是非，蓋闕如也。《滇黔紀遊》謂太和戎菽，年前即采，土人謂之大莞豆，此即蠶豆。文人泚筆，動援古籍，可無論耳。

合明草

宋・唐慎微《證類本草》卷一一草部下品〔宋・掌禹錫《嘉祐本草》〕 合明草 味甘，寒，無毒。主暴熱淋，小便赤澁，小兒瘈病，明目，下水，止血痢，擣絞汁服。生下濕地，葉如四出，花向夜即葉合。新補。見陳藏器。

明・劉文泰《本草品彙精要》卷一五 合明草無毒。 植生。

合明草：主暴熱淋，小便赤澀，小兒瘛病，明目，下水，止血痢，搗絞汁服。名醫所錄。 【苗】《圖經》曰：葉如四出，花向夜即葉合。 【地】《圖經》曰：生下濕地。 【時】生：春生苗。採：夏秋取。 【收】日乾。 【用】莖、葉。 【色】綠。 【味】甘。 【性】寒，緩。 【氣】氣之薄者，陽中之陰。 【臭】朽。 【主】風熱，利竅。

明・王文潔《太乙仙製本草藥性大全》卷二《本草精義》 合明草 舊俱不載所出州土，今在處有之。生下濕地。葉如四出，花向夜即合。採無時。

明・王文潔《太乙仙製本草藥性大全》卷二《仙製藥性》 合明草 味甘，氣寒，無毒。 主治：主熱淋，小便赤澁殊功。治小兒瘈病、血痢奇異。明目良方，下水秘旨。 補註：下水、止血痢，採取搗碎絞汁，頓服妙。

清・趙學敏《本草綱目拾遺》卷四草部中 水茸角 華陀《中藏經》：狀如鬼腰帶竹，小窠子，生三四月，開黃花，葉如百合，六七月採，兩浙呼為合萌。 治吹奶：水茸角，不拘多少，新瓦上煅乾為末，臨臥酒調服二錢，次日即愈。已破者略出黃水，亦效。

清・吳其濬《植物名實圖考》卷一五 田皂角 江西、湖南坡阜多有之。叢生綠莖，葉如夜合樹葉，極小而密，亦能開合。夏開黃花如豆花，秋結角如菉豆，圓滿下垂。土人以其形如皂角樹故名。俚醫以為去風殺蟲之藥。

清・劉善述、劉士季《草木便方》卷一草部 水皂角 水皂角根甘性平，消利水腫止崩淋。除積利竅小腸氣，補益腎氣腰不疼。

茳芒

明・盧和、汪穎《食物本草》卷一菜類 決明菜 明目清心，去頭眩風。味甘，溫。苗高三二尺，春取為蔬。花、子可點茶，又堪入蜜煎。

明・李時珍《本草綱目》卷一六草部・隰草類下 茳芒 時珍曰：茳芒亦決明之一種，故俗猶稱獨占缸。說見前集解下。

明・姚可成《食物本草》卷一八草部・隰草類 茳芒陶弘景曰：決明葉如茳芒。生道旁，葉略小於決明。 味甘，平，無毒。火炙作飲，極香，除痰止渴，令人不睡，調中。隋稠禪師採作五色飲以進煬帝者是也。

附方：治多年昏瞶失明。決明子二升為末，每食後粥飲服方寸匕。治青盲雀目，不能視物。決明子一升，地膚子五兩為末，米飲丸梧子大，每米飲下二三十丸。 治肝血虛少，目睛昏暗。用決明子一升，蔓菁子二升，以酒五升煮，暴乾為末，每飲服二錢，溫水下，日二服。 治目赤腫痛。決明子炒研茶調，傅兩太陽穴，乾則易之，一夜即愈。亦治頭風作痛。 治發背初起。草決明、生甘艸水煎服。 治癬久不愈。決明子一兩，入水銀、輕粉少許，研不見星，擦破上藥立瘥，此東坡家藏方也。

清・汪紱《醫林纂要探源》卷二 (汪)〔茳〕芒、決明 功用同。莖相似，但葉疏小，莢短小，子圓小。

清・趙學敏《本草綱目拾遺》卷四草部中 金豆子 《百草鏡》：一名金花豹子，三月生苗，十月枯。雖豆類，却不起蔓。本高一二尺，分枝成叢。葉似槐而稍大，處暑時開黃花，五出磬口，蠟梅似之，結莢向上，類蔊䕸而短，長只二三寸，實似綠豆而扁，皮有紫斑，較綠豆稍大，味淡。

子：治疔癰如神。

葉：治腫毒。茅氏傳方：以葉曬研，醋和傅。留頭即消，或酒下二三錢。

按：傅澹菴《草花訣》：金豆子開黃花，子如綠豆，入滾茶，味清香，即草決明。周定王《救荒本草》：有山扁豆，即茳芒決明。味甘滑，可作酒麴，俗呼獨占缸，苗葉花子，皆可瀹茹，及點茶食，所載形狀，亦與金豆子同。而瀕湖《綱目》決明後附茳芒，云性平無毒，火炙作飲極香，除痰止渴，令人不睡，調中，隋稠禪師採作五色飲以進煬帝者是也。無治疔腫之說，故並存以備考。

決明子

宋・唐慎微《證類本草》卷七草部上品〔《本經・別錄・藥對》〕 **決明子** **味鹹**、苦、甘，平、微寒，無毒。**主青盲，目淫，膚赤，白膜，眼赤痛，淚出，**療脣口青。**久服益精光，輕身。**生龍門川澤。石決明生豫章。十月十日採，陰乾百日。著實爲之使，惡大麻子。

〔梁・陶弘景《本草經集注》〕云：龍門乃在長安北。今處處有。葉如茳芒，子形似馬蹄，呼爲馬蹄決明。用之當擣碎。又別有草決明，是萋音妻蒿子，在下品中也。

〔宋・掌禹錫《嘉祐本草》〕按：《唐本》云：石決明，是蚌蛤類，形似紫貝，附見別出在魚獸條中，皆主明目，故並有決明之名。俗方惟以療眼也，道術時須。《蜀本圖經》云：葉似苜蓿而闊大，夏花，秋生子作角，實似馬蹄，俗名馬蹄決明。今出廣州、桂州，十月採子，陰乾。《爾雅》云：薢茩，芙茪。釋曰：藥草，決明也。郭云：葉黃銳，赤華，實如山茱萸，或曰蔆也。關西謂之薢茩。《藥性論》云：決明，臣。利五藏，常可作菜食之。又除肝家熱，朝朝取一匙，挼令淨，空心吞之，百日見夜光。陳藏器云：茳芒，是江離子。芒字音吐，草也。似莞，生海邊，可爲席。又與決明葉不類。本草決明注又無，好事者更詳之。陶云：決明葉如茳芒。按：茳芒性平，無毒。火炙作飲極香，除痰止渴，令人不睡，調中。生道傍，葉小於決明。隋稠禪師作五色飲，以爲黃飲進，煬帝嘉之。日華子云：馬蹄決明，助肝氣，益精。水調末塗消腫毒。協太陽穴治頭痛。又貼腦心止鼻洪。作枕勝黑豆，治頭風，明目也。

〔宋・蘇頌《本草圖經》〕曰：決明子，生龍門川澤，今處處有之，人家園圃所蒔。夏初生苗，高三四尺許，根帶紫色。葉似苜蓿而大。七月有花，黃白色。其子作穗，如青菉豆而銳，十月十日採，陰乾百日。按《爾雅》薢茩，芙茪。釋曰：藥草，芙明也。郭璞注云：葉黃銳，赤華，實如山茱萸。關西謂之薢茩，與此種頗不類。又有一種馬蹄決明，葉如江豆，子形似馬蹄，故得此名。又萋蒿子亦謂之草決明，未知孰爲入藥者。然今醫家但用子如菉豆者。其石決明，是蚌蛤類，當在蟲獸部中。

〔宋・唐慎微《證類本草》〕《食療》云：平。葉，主明目，利五藏，食之甚良。子，主肝家熱毒氣，風眼赤淚，每日取一匙，挼去塵埃，空腹水吞之。百日後，夜見物光也。《外臺秘要》：治積年失明不識人。決明子二升杵散，食後以粥飲服方寸匕。《千金方》：治肝毒熱，取決明作菜食之。

宋・寇宗奭《本草衍義》卷八 決明子 苗高四五尺，春亦爲蔬。秋深結角，其子生角中如羊腎。今湖南、北人家園圃所種甚多，或在村野，或成段種。《蜀本圖經》言，葉似苜蓿而闊大，甚爲允當。

宋・鄭樵《通志》卷七五《昆蟲草木略》 決明 曰芙茪，曰：蔆，關西曰薢茩。故《爾雅》云：薢茩，芙茪。共有三種。其一則山決明也，相似而不可食。其二曰馬蹄決明，實似馬蹄，尤良。

宋・劉明之《圖經本草藥性總論》卷上 決明子 味鹹、苦、甘，平，微寒，無毒。主青盲，目淫膚，赤白膜，眼赤痛淚出，療脣口青。《藥性論》云：臣。利五臟，除肝家熱。日華子云：馬蹄決明助肝氣，益精水。調末，塗消腫毒，熁太陽穴，治頭痛。又貼腦心止鼻洪。作枕，勝黑豆治頭明目也。著實為之使。惡大麻子。

宋・王介《履巉巖本草》卷下 決明子 味鹹、苦、甘，微寒，無毒。主青盲白膜，眼赤痛淚出。療脣口青，久服益精光，輕身。治積年失明不識人，用決明子二升，杵散，食後以粥飲服。治肝毒熱，取決明葉作菜食之。

元・朱震亨《本草衍義補遺》 決明子 能解蛇毒。○貼腦，止鼻洪。作枕，勝黑豆。治頭痛，明目也。

明・王綸《本草集要》卷二 決明子臣 味鹹苦甘，氣平，微寒，無毒。著實為之使，惡大麻子。十月十日採，陰乾百日。主青盲目淫，膚赤白膜，眼赤痛淚出，除肝家熱。久服益精光，輕身。又解蛇毒。貼腦心，止鼻洪。日取一匙，挼令淨，空心吞之，百日見夜光。作枕，勝黑豆，治頭痛，明目。

明・滕弘《神農本經會通》卷一 決明子 著實為之使。惡大麻子。十月十日採，陰乾百日。又有草決明，是萋蒿子，在下品中。又有石決明，是蚌蛤類。皆主明目，并有決明之名。味鹹、苦、甘，氣平，微寒，無毒。東云：和肝氣，治眼疾。

《本經》云：主青盲目，淫膚，赤白膜，眼赤痛淚出。療脣口青，久服益精光，輕身。《藥性論》云：利五臟，常可作菜食之。又除肝家熱，朝朝取一匙，挼食淨，空心吞之，百日見夜光。日華子云：馬蹄決明，助肝氣，益精水。調末塗，消腫毒，熁太陽(宂)〔穴〕，治頭痛。又貼腦心，止鼻洪。作枕，勝黑豆，治頭明目也。《圖經》云：萋蒿子，亦謂之草決明，未知孰為入藥者。然今醫家但用子如菉豆者。其石決明是蚌蛤類，當在蟲獸部。丹溪云：能解蛇毒。《衍義》曰：苗高四五尺，春亦為蔬，秋深結角，其子生角中，如羊腎。今湖南北人家園圃所種甚多，或在村野成段種。《蜀本圖經》言葉似苜蓿而濶大，甚為允當。《局》云：決明能主肝家熱，明目驅風最有功。塗貼太陽除腦痛，鼻洪則貼腦心中。草決明，瀉肝熱，明目，驅風，兼貼鼻洪。

明・劉文泰《本草品彙精要》卷九《草部》 決明子無毒。植生。

決明子出《神農本經》：**主青盲，目淫，膚赤，白膜，眼赤痛，淚出。久服益精光，輕身。**以上朱字《神農本經》。療唇口青。以上黑字名醫所錄。【名】薢茩、芵茪。【苗】《圖經》曰：夏初生苗，高三四尺許，根帶紫色，葉似苜蓿而大，七月有花黄白色，其子作穗，如青緑豆而鋭。《爾雅》云：薢茩、芵茪。釋曰藥草，芵明也。郭璞注云：葉黄鋭赤華，實如山茱萸，或曰陵也。關西謂之薢茩，與此種頗不類。又有一種葉如江豆，子形似馬蹄，故謂之馬蹄決明也。

《衍義》曰：決明子，苗高四五尺，春亦爲蔬，秋深結角，其子生角，中如羊腎。今湖南北人家園圃所種甚多，或在村野，或成段種。《圖經》言：葉似苜蓿而闊大，甚爲允當。【地】《圖經》曰：生龍門川谷、廣州、桂州，今處處有之。【時】生：夏初生苗。採：十月十日取實。【收】陰乾百日。【用】子。【色】青碧。【味】鹹，苦，甘。【性】平，微寒，泄。【氣】氣厚味薄，陰中陽也。【臭】朽。【主】益肝明目。【助】蓍實爲之使。【反】惡大麻子。【治】療：《藥性論》云：利五臟，除肝家熱，服百日見夜光。日華子云：爲末，水調塗，消腫毒；熁大腸穴，療頭痛；貼腦心，止鼻洪；作枕勝黑豆，治頭痛，明目。補：日華子云：助肝氣，益精。【解】蛇毒。

明・許希周《藥性粗評》卷三 目熱成昏，草決明復昭洞鑒。草決明，言草，所以與石別也。江南園圃處處有之，出兩廣者更佳。生子結角，十月十日採實，陰乾。蓍實為之使，惡大麻子、石決明。味苦、鹹、甘，性平、微寒，無毒。主治目熱赤眼，青盲，昏澁眵淚，驅風明目，助肝益血，久服夜見物光。

單方：兩目失明：凡患目熱年久失明者，決明子二斗，杵末，食後以粥飲調下一二錢匕。風頭痃暈：以決明子一兩許，研，每用一錢，空心溫酒調下。

明・鄭寧《藥性要略大全》卷五 決明子一名草決明。瀉肺熱，明目毆風，兼治鼻衄。《湯液》云：主青盲，目淫，膚赤白膜，赤痛淚出，療唇口青。東垣云：除肝經熱。朱氏云：助肝氣，益精。味鹹、苦、甘，平，微寒，無毒。蓍實為之使。惡大楓子。

明・陳嘉謨《本草蒙筌》卷一 決明子 味鹹、苦、甘，氣平、微寒。無毒。川澤多生，苗高數尺。葉類苜蓿闊大，堪作菜蔬；子如菉豆鋭圓，可入藥劑。冬月採曝，搗碎纔煎。惡火麻，使蓍實。除肝熱尤和肝氣，收目淚且止目疼。誠為明目僊丹，故得決明美譽。仍止鼻衄，水調末急貼腦心；更益壽齡，蜜為丸空心吞服。治頭風須築枕臥，消腫毒亦調水敷。頭痛兼毆，蛇毒可解。第二卷青葙子欵後謨按，宜參看。

明・王文潔《太乙仙製本草藥性大全》卷一《本草精義》 決明子 此生龍門川澤，今處處有之，人家園圃所蒔。夏初生苗，高三四尺許，根蒂紫色，葉似苜蓿而大闊，高四五尺，七月有花黄白色，其子作穗如青菉豆而鋭。十月十日採，陰乾百日。按《爾雅》：薢茩，決光。釋曰：藥草，決明也。郭釋注：葉黄鋭赤華，實如山茱萸，關西謂之薢茩，與北種頗不類。又有一種馬蹄決明，葉如江豆子，形似馬蹄，故得此名。〔用子如〕菉豆者，惡大麻子。其石決明是蜯蛤類，當在蟲獸部中。

明・王文潔《太乙仙製本草藥性大全》卷一《仙製藥性・草部》 決明子 臣 味鹹、苦、甘，氣平微寒，無毒。蓍實爲之使。主治：除肝熱，尤和肝氣，收目淚，且止目疼，誠爲明目仙丹，故得決明美譽。仍止鼻衄，水調末，急貼腦心。更益壽齡，蜜爲丸，空心吞服。治頭風須作枕臥，消腫毒亦調水服。頭痛兼驅，蛇毒可解。主青盲目淫，膚赤白膜，眼赤痛，淚出，療唇口青。久服益精光，輕身。補註：莖葉主明目，利五臟，食之甚良。子主肝家熱毒氣，風眼赤淚，每日取一匙，挼去塵埃，空腹水吞之，百日後夜見物光也。治積年失明不識人，決明子二升，杵散，食後以粥飲服方寸匕。治肝毒熱，取決明作菜食之。

明・皇甫嵩《本草發明》卷二 決明子上品之下，君。氣平、微寒，味鹹、苦、甘，無毒。蓍實為使。惡大麻子。發明曰：此除肝熱，和肝氣，明目之要藥。故《本草》主盲，目淫膚赤白膜，眼赤痛，目泪，久服益睛光。其和肝明目可知矣。療唇青色，以屬肝也，助肝氣。又治鼻衄，水調末，貼腦心。築枕臥，除頭風。調水，敷腫毒。葉，主明目，利五藏。

明・李時珍《本草綱目》卷一六草部・隰草類下 決明《本經》上品

【釋名】時珍曰：此馬蹄決明也，以明目之功而名。又有草決明、石決明，皆同功者。草決明即青葙子，陶氏所謂萋蒿是也。【集解】《別録》曰：決明子生龍門川澤，十月十日采，陰乾百日。弘景曰：龍門在長安北。今處處有之。葉如茳芒。子形似馬蹄，呼爲馬蹄決明，用之當搗碎。又別有草決明，是萋蒿(草)〔子〕，在下品中。頌曰：今處處人家園圃所蒔，夏初生苗，高三四尺許。根帶紫色。葉似苜蓿而大。七月開黄花，結角。其子如青緑豆而鋭，十月采之。按《爾雅》：薢茩，决光。郭璞釋云：藥草，決明也。葉黄鋭，赤華，實如山茱萸。或曰陵也。關西謂之薢茩，音皆苟。其説與此種頗不類。又有一種馬蹄決明，葉如江豆，子形似馬蹄。宗奭曰：決明，苗高四五尺，春亦爲蔬。秋深結角，其子生角中如羊腎。今湖南北人家所種甚多。或在村野成段。《蜀本圖經》言葉似苜蓿而闊大者，甚爲允當。時珍曰：決明有二種：一種馬蹄決明，莖爲三四尺，葉大於苜蓿，而本小末奓，晝開夜合，兩兩相帖。秋開淡黄花五出，結角如初生細豇豆，長五六寸。角中子數十粒，參差相連，狀如馬蹄，青緑色，入眼目藥最良。一種茳芒決明，《救荒本草》所謂山扁豆是也。苗莖似馬蹄決明，但葉之本小末尖，正似槐葉，夜亦不合。秋開深黄花五出，結角大如小指，長二寸許。角中子成數列，狀如黄葵子而扁，其色褐，味甘滑。二種苗葉皆可作酒麴，俗呼爲獨占缸。但茳芒嫩苗及花與角子，皆可瀹茹及點茶食；而馬蹄決明苗角皆韌苦，不可食也。蘇頌言薢茩即決明，殊不類，恐別一物也。

子【氣味】鹹，平，無毒。《別録》曰：苦、甘，微寒。之才曰：蓍實爲之使，惡大麻子。

【主治】青盲，目淫膚，赤白膜，眼赤淚出。久服益精光，輕身《本經》。療唇口青《別録》。助肝氣，益精，以水調末塗，消腫毒。熁太陽穴，治頭痛。又貼腦心，止鼻洪。作枕，治頭風明目，甚於黑豆《日華》。治肝熱風眼赤淚，每旦取一匙挼净，空心吞之。百日後夜見物光甄權。益腎，解蛇毒震亨。○葉作菜食，利五臟明目，甚良甄權。

【發明】時珍曰：《相感志》言：圃中種決明，蛇不敢入。丹溪朱氏言決明解蛇毒，本於此也。王旻《山居録》言：春月種決明，葉生采食，其花陰乾亦可食。切忌泡茶，多食無不患風。按馬蹄決明苗角皆韌而苦，不宜於食。縱食之，有利五臟明目之功，何遂至于患風耶。又劉績《霏雪録》言：人家不可種決明，生子多跛。此迂儒誤聽之説也，不可信。

【附方】舊一，新七。積年失明：決明子二升爲末。每食後粥飲服方寸匕。《外臺秘要》。青盲雀目：決明一升，地膚子五兩，爲末。米飲丸梧子大，每米飲下二三十丸。《普濟方》。補肝明目：決明子一升，蔓菁子二升，以酒五升煮，暴乾爲末。每飲服二錢，温水下。日二服。《聖惠方》。目赤腫痛：決明子炒研，茶調傅兩太陽穴，乾則易之，一夜即愈。《醫方摘玄》。頭風熱痛：方同上。鼻衄不止：方見主治。癬瘡延蔓：決明子一兩爲末，入水銀、輕粉少許，研不見星，擦破上藥，立瘥，此東坡家藏方也。《奇效良方》。發背初起：草決明生用一升搗，生甘草一兩，水三升，煮一升，分二服。大抵血滯則生瘡，肝主藏血，決明和肝氣，不損元氣也。許學士《本事方》。

明·梅得春《藥性會元》卷上 草決明 味鹹、苦、甘，性微寒，無毒。主治目盲淫膚，眼中赤白膜，腫痛淚出，療唇青。久服益睛光，能和肝氣而明目，瀉肝熱祛風。解蛇毒。貼腦上，止鼻紅。裝枕內勝黑豆，能止頭痛而明目。

明·穆世錫《食物輯要》卷三 草決明 味甘，性凉，無毒。清心明目，治頭風眩運。春採為蔬。花、子皆堪點茶。

明·李中立《本草原始》卷一 決明子 始生龍門川澤，今處處有之。夏初生苗，高三四尺許。根帶紫色，葉似苜蓿而大，七月開花黄白色。其子作穗，如青緑豆而鋭。十月十日采子，陰乾。功主明目，故名決明子。氣味：鹹，平，無毒。《別錄》曰：苦、甘，微寒。主治：青盲，目淫，膚赤白膜，眼赤痛淚出。久服益精光，輕身。○療唇口青。○助肝氣，益精。以水調末，塗腫毒；熁太陽穴，治頭痛；又貼胸心，止鼻洪；作枕，治頭風，明目。○治肝熱風眼赤淚，每旦取一匙，挼淨，空心吞之，百日後夜見物光。益腎，解蛇毒。

決明子，《本經》上品。【圖略】褐色，緑豆大。修治：決明子，挼淨土塵，杵碎入藥。

蓍實為之使，惡大麻子。《外臺秘要》：治積年失明不識人，決明子二升，杵為末，每食後以粥飲服方寸匕。決明子，臣。

明·張懋辰《本草便》卷一 決明子臣 味鹹、苦、甘，氣平、微寒，無毒。惡大麻子。主青盲目淫，膚赤白膜，眼淚出。除肝家熱。久服益精光。又解蛇毒，貼腦心止鼻洪。

明·盧復《芷園臆草題藥》 決明葉 晝開夜合，兩兩相貼。其葉夜不合者，江芒也。人之眼目夜合，故治眼疾而因名決明。味醎走血，氣寒對治熱，故治青盲膚膜淚出之因熱傷血分者。倘係氣分及風寒而致目中諸症，非其宜矣。

明·李中梓《藥性解》卷四 決明子 味鹹、苦、甘，性平，無毒，入肝經。主青盲赤白翳膜，時有泪出，除肝熱，療頭風，研末塗腫毒，貼腦止鼻紅，蓍實為使，惡大麻子。按：決明耑入厥陰，以除風熱，故為眼科要藥。鼻紅腫毒，咸血熱也。宜其療矣。

明·繆希雍《本草經疏》卷七 決明子 味鹹、苦、甘，平，微寒，無毒。主青盲，目淫，膚赤白膜，眼赤痛淚出，療唇口青。多服益精光，輕身。

【疏】決明子得水土陰精之氣，而兼稟乎清陽者也。故其味鹹平。《別錄》益以苦甘，微寒而無毒。鹹得水氣，甘得土氣，苦可洩熱，平合胃氣，寒能益陰洩熱，足厥陰肝家正藥也。亦入膽腎。肝開竅於目，瞳子神光屬腎，故主青盲,目淫,膚赤白膜,眼赤痛淚出。《別録》兼療唇口青,《本經》久服益精光,輕身者,益陰洩熱,大補肝腎之氣所致也。亦可作枕,治頭風,明目。

【主治參互】得沙苑蒺藜、甘菊花、枸杞子、生地黃、女貞實、槐實、穀精草,補肝明目益精,除肝臟熱之要藥。得生地黃、甘菊花、荊芥、黃連、甘草、玄參、連翹、木通,治暴赤風眼淚痛。療目疾外無他用,故無簡誤。

明・倪朱謨《本草彙言》卷四 決明子 味鹹、苦,氣平,無毒。足厥陰肝經正藥也。又入膽腎二經。

李氏曰:決明子,能明目,故名。生龍門川澤,今處處有之,爲園圃所蒔。夏初生苗,高三四尺,本小末大,根微紫色。葉似苜蓿,晝開夜合,兩兩相貼。七月開花,淡黃五出。結莢如初生細豇豆,長二三寸,莢内結子,其色青碧,味苦韌,十數粒參差相連,狀如馬蹄,下大上鋭。十月收采。一種莖葉根形酷似,但本小末尖,葉不夜合者,名爲茳芒。《救荒本草》所謂山扁豆是也。花亦黃色,五出。結莢如小指,長一二寸,莢中子如黃葵子而扁,其色褐,味甘滑。二種苗、葉、花皆可瀹茹及點茶食。如入藥用,惟用馬蹄決明子爲佳。外又有一種草決明,葉黃鋭,赤華,結實如山茱萸,關中謂之薢茩。與此一種,實不類。

決明子:祛風散熱,甄權清肝明目之藥也。韋吉生稿肝開竅于目,因而清肝。故《本草》單主目疾,去赤障白膜,淚出青盲,擣爛水調,熁太陽穴,治頭風頭痛。又貼心胸,止吐血衄血。作枕,統治頭腦耳目,一切風熱諸病。又敷蛇咬,解蟒毒。其葉湯瀹作蔬食,利五藏,解一切蘊熱甚良。但味鹹走血,氣寒而散,治目疾因熱傷血分,致血液凝滯者,罔不相宜。倘屬氣分及風冷致目中諸證者,非所宜也。

王紹隆先生曰:決明子,禀陰精之體,具青陽之用,宜入肝腎。肝開竅于目,瞳子精,腎所司也。

集方:外臺秘方治肝虛目昏。用決明子、沙蒺藜、甘菊花,俱酒拌炒,槐實、穀精草、女貞實童便拌炒,各二兩,枸杞子鹽水洗炒,生地黃切片,薑水洗炒各六兩,共爲末。煉蜜丸梧子大。每早服三錢。○同前治暴赤風眼淚痛。用決明子、蔓荊子、甘菊、生地黃各二錢,荊芥、甘草、玄參、連翹、木通各一錢,水煎,食後服。○同前治積年失明。用決明子三升,磨爲末。每食後粥湯調三錢服。久有效。○《奇效良方》治癬瘡延蔓。用決明子一兩,爲末,入水銀二錢,研不見星,擦破上藥,立瘥。○《本事方》治發背諸癰毒初起。用決明子,生用一升,擣爛,生甘草一兩,水三升,煎一升,分二服。

茳芒,生道旁,葉如決明而小,性平,無毒,火炙作飲極香。能除痰止渴。

治一切頭風、頭痛。用決明子、蔓荊子、柴胡、防風、天麻、黃芩、當歸、川芎各一錢五分。肥人頭痛是濕痰,加半夏、白朮、茯苓、陳皮。瘦人頭痛是血虛痰火,加生熟地黃、白芍、葳蕤。惡心嘔吐,頭痛,是頭中風寒,加羌活、藁本、白芷。頭痛偏左者,屬風與血虛,倍防風、當歸,加生熟地黃。頭痛偏右者,屬痰與氣虛,倍天麻、決明子,加白朮、黃耆。頭旋眼黑惡心,兀兀欲吐,頭痛者,是痰厥頭痛,倍天麻、蔓荊子,加半夏、膽星、甘菊花、白附子。偏正頭痛者,是風邪上攻,倍防風、蔓荊子,加薄荷、荊芥、白芷、羌活。日重夜輕,見寒涼頭痛稍止者,是熱厥頭痛,倍柴胡、黃芩,加黃連、石膏、大黃、黑山梔。頸項强急者,是風痓頭痛,加桂枝、白芷。頭痛多起核塊者,是雷頭風痛,連目珠痛,發熱惡寒,狀如傷寒,加升麻、薄荷、羌活、細辛。○治耳鳴鼻塞,頭風頭痛,幷齒痛、目中出淚,用決明子、乳香、沒藥、川芎、雄黃、白芷、玄明粉各二錢,共爲細末。吹鼻孔中即止。

明・姚可成《食物本草》卷一八草部・隰草類 決明生龍門川澤,在長安,今處處有之。人家園圃亦蒔。夏初生苗,高三四尺許。根蔕紫色。葉似苜蓿而大,七月開黃花。結角,其子如青緑豆而鋭,十月采之。其苗可為蔬。○李時珍曰:決明有二種,一種馬蹄決明,莖高三四〔尺〕,葉大於苜蓿而本小末奓,晝開夜合,兩兩相帖。秋開淡黃花,五出。結角如初生細豇豆,長五六寸,角中子數十粒,參差相連,狀如馬蹄,青緑色,入眼目藥最良。一種茳芒決明,《救荒本草》所謂山扁豆是也。苗莖似馬蹄決明,但葉之本小末尖,正似槐葉,夜亦不合。秋開深黃花,五出。結角大如小指,長二寸許。角中子成數列,狀如黃葵子而扁,其色褐,味甘滑。二種苗葉皆可作酒麴,俗呼為獨占缸。但茳芒嫩苗及花與角子,皆可瀹茹及點茶食,而馬蹄決明苗、角皆不可食。

決明葉 作菜食,利五臟,明目甚良。《物類相感志》言:圃中種決明,蛇不敢入。

子 味鹹,平,無毒。治青盲目淫,膚赤白膜,眼赤淚出,久服益精光,輕身,助肝氣。以水調末,塗腫毒。(炊)〔熁〕太陽穴,治頭痛。又貼胸心,止鼻洪。作枕,治頭風明目,甚於黑豆。益腎。解蛇毒。每旦取一匙,挼淨空心吞之,百日後夜見物光。

明・顧逢柏《分部本草妙用》卷一肝部・寒瀉 草決明 苦,微寒,無毒。

主治:脣口青,益腦髓,鎮肝明目,去風寒濕痺,治肝臟熱毒,眼科諸症。○莖葉名青葙，殺瘡疥三蟲，膚癢諸瘡，止金瘡。按：《本草》云草決明治脣口青，獨不言治肝明目。時珍曰脣口青者，足厥陰經症也。藥惟言其明目，功可知矣。又有馬蹄決明、石決明二種，功治皆同馬蹄者，善治蛇毒。

明·李中梓《醫宗必讀·本草徵要上》 決明子味鹹，平，無毒。入肝經。青盲內障，翳膜遮睛，赤腫眶爛，淚出羞明。此馬蹄決明也。以決能明目，故得此名。另有草決明、石決明，與之同功，而各為一種。石決明獨與雲母石相反。

明·鄭二陽《仁壽堂藥鏡》卷一〇下 決明子 《本草》云：決明子，黃耆為之使，惡大麻子。今處處有之。 味鹹、苦，氣微寒，無毒。圃中種之，蛇不敢入。 主頭風目疾，青盲，赤白障翳，止鼻洪，除肝熱，久服益精光。為末水調貼顖門，止鼻衄。貼太陽，止頭疼。治頭風，作枕。敷腫毒，水調。

明·蔣儀《藥鏡》卷三平部 決明子 除肝熱目疼，療翳膜淚出。研糜塗腫毒，貼腦止鼻紅。穀精草與猪肝同蘸，痘餘目翳無憂。菊黃花與甘草並煎，怕熱羞明改炤。

明·張景岳《景岳全書》卷四八《本草正》 決明 味微苦、微甘，性平、微涼。力薄。治肝熱風眼，赤而多淚，及肝火目昏，可為佐使，惟多服久服，方可得效。或作枕用，治頭風，明目，其功勝於黑豆。

明·施永圖《本草醫旨·食物類》卷二 決明花黃，庭中可植。 明目清心，去頭眩風。味：甘，溫。苗高三二尺，春取為蔬。花與子可點茶，又堪入蜜餞。

明·盧之頤《本草乘雅半偈》帙三 決明子《本經》上品 氣味：鹹，平，無毒。主治：主青盲，目淫膚赤白膜，眼赤，淚出。久服益精光，輕身。

覈曰：生龍門川澤者良。今處處有之。為園圃所蒔。四月生苗，高三四尺。本小末大，葉似苜蓿，晝開夜合，兩兩相貼。七月開花，淡黃五出，結角如初生豇豆，長二三寸，角內列青碧子數十粒，參差相連，狀如馬蹄，下大上銳。一種本小末尖，葉不夜合者，茳芒也。蓍實為之使。惡大麻子。

紹隆王先生云：決明禀陰精之體，具青陽之用。宜入肝腎，肝開竅於目，瞳子精光，腎所司也。

先人題藥云：決明葉晝開夜合，兩兩相貼。其葉夜不合者，茳芒也。人之眼夜合，故治眼疾，因名決明。味鹹走血，氣寒待熱，故治青盲膚膜淚出，熱傷血分者相宜。倘屬氣分，及風寒致目中諸證者，非所宜矣。

条曰：夏仲生苗，秋仲結實，獨得呼出之機，儼具合張之相。味鹹走血，故治目中諸眚之因血液凝滯者，罔不有功。觀其子角銳利，分撥翳膜，想更特易。仲夏半夏生，蓋當夏之半，夏仲決明生，亦當夏之半。秋仲結實，又當秋之半矣。然則夏之能張，秋之能合，樞機使然耳。

明·李中梓《本草通玄》卷上 決明子 苦，寒，東方藥也。清肝家風熱，去目中翳膜，理赤眼淚出。炒熟，研細。

清·顧元交《本草彙箋》卷三 決明子 耑入厥陰經，以除風熱，故爲眼科正藥。凡青盲，赤白翳膜，流淚，皆治。兼療唇口青，蓋亦肝經病也。《相感志》言：圃中種決明，蛇不敢入。丹溪謂決明解蛇毒，本乎此。又有草決明、石決明，皆同明目。草決明，即青葙子。

清·穆石匏《本草洞詮》卷九 決明 以明目之功而名。與草決明、石決明皆同功者。味鹹甘，氣平，一云寒，無毒。治青盲目淫，膚赤白膜，療唇口青，久服益精光輕身。作枕治頭風明目。《相感志》言：圃中種決明，蛇不敢入。故又解蛇毒也。

清·劉雲密《本草述》卷九下 決明子 時珍曰：此馬蹄決明。又有草決明，即青葙子也。 嘉謨曰：青葙子，又曰草決明。亦以其能明目也。而用之者，遂冒為決明子，誤矣。蓋青葙莖直，如蒿苗葉，花實與雞冠花相類，子黑匾而光，粒同莧實。決明子葉似苜蓿而闊大，秋深結角，如初生細豇豆，其子生角中，狀如馬蹄，青綠色，故曰馬蹄決明。其粒狀稍大，而主治尤優，不可不細審也。

氣味：鹹，平，無毒。《別録》曰：苦、甘，微寒。 主治：青盲，目淫膚赤，白膜《本經》。助肝氣日華子。療肝熱風眼，赤淚。甄權療脣口青。《別録》。作枕，治頭風，明目甚於黑豆日華子。

嘉謨曰：除肝熱，尤和肝氣。收目淚，且止目疼。 希雍曰：決明子得水土陰精之氣，而兼禀乎清陽者也。故其味鹹，平。《別録》益以苦甘，微寒而無毒。鹹得水氣，甘得土氣，苦可洩熱，平合胃氣，寒能益陰洩熱，足厥陰肝家正藥也。亦入腎。肝膽開竅於目，瞳子神光屬腎，故其主治如是。

得沙苑蒺藜、甘菊花、枸杞子、生地黃、女貞實、槐實、穀精草，補肝明目益精，除肝臟熱之要藥。　得生地黃、甘菊花、荊芥、黃連、甘草、元參、連翹、木通，治暴赤風眼淚痛。

盧復曰：　決明味鹹，走血氣。　寒對治熱，故治青盲，膚膜淚出之因熱傷血分者。　倘係氣分及風寒而致目中諸證，非其宜矣。

愚按：　決明子，子在角中，子形如馬蹄。　青葙子，在穗中，子粒同莧實。　乃冒名決明，雖曰其治目同功，然青葙子味，《本經》止云苦，微寒，而決明子曰鹹，平。　在《別録》又曰苦、甘，微寒。　是固亦有別也。　況嘉謨謂其除肝熱，尤和肝氣，其主治優於青葙。　又先哲謂其和肝氣，不損元氣者，二說豈盡無據歟？　余治一十餘歲童子，素有目疾已愈。　又因衄血，久而腎肝虛火俱動，致目赤，左眼眥微痛，加減六味丸中入決明，不用青葙，而效甚速。

附方　生地、薑汁製一錢。　當歸、身四分，尾四分。　甘菊八分、丹皮、酒蒸，八分。　茯苓六分、決明子五分、柴胡五分、車前子、炒，五分。　玄參、酒拌蒸，六分。　便香附六分、石菖蒲六分炒，入煉蜜為丸如梧子大，每服一錢三分，加小鳳髓丹分半，空心鹽水吞。

清·郭章宜《本草匯》卷一一　決明子　味鹹，氣平，《別録》：　苦、甘，微寒。　入足厥陰經。　治肝家風熱，去目中翳膜。　理赤眼淚出，瘵眶爛青盲。

按：　決明子得水土陰精之氣，而兼稟乎清陽者也。　原是苦甘寒之藥，甘得土氣，苦可洩熱，平合胃氣，寒能益陰洩熱，東方正藥，亦入膽腎。　治青盲膚膜淚出之因熱傷血分者，倘係氣分及風寒而致目中諸症，非其宜矣。　作枕，治頭風明目。　得沙苑蒺藜、甘菊、枸杞、生地、女貞、槐實、穀精草，補肝明目。　得生地、甘菊、荊芥、黃連、甘草、玄參、連翹、木通，治暴眼赤痛。　又以決明炒研，茶調，傅兩太陽穴，乾則易之，一夜即愈。　治目疾之外，無他用矣。　別有一種石決明，草決明與之同功，而各為一種。

炒熟，研細。　惡大麻子。

清·朱本中《飲食須知·菜類》　草決明　味甘，性涼。　春採為蔬。　花、子皆堪點茶。

清·何其言《養生食鑒》卷上　草決明　味甘，性涼，無毒。　清心明目，治頭風眩暈。　春採為蔬，花、子皆堪點茶。

清·蔣居祉《本草擇要綱目·平性藥品》　草決明　氣味：　鹹，平，無毒。　主治：　青盲目淫，赤白膜翳，助肝益精。　解蛇毒，止鼻紅。　作枕治頭風，利五臟。

清·王翃《握靈本草》卷四　草決明處處園圃蒔之。　結角如初生細豇豆，角中子數十粒，參差相連，狀如馬蹄，青綠色。　入眼目藥最良。　主治：　草決明，鹹，平，無毒。　一云：　甘、苦，微寒。　主青盲，淫膚赤白膜，眼赤淚出。

清·汪昂《本草備要》卷二　決明子瀉肝，明目。　甘、苦、鹹，平。　入肝經，除風熱。　治一切目疾，故有決明之名。　又曰益腎精。　瞳子神光屬腎。　日華曰：　明目甚于黑豆，作枕治頭風。　狀如馬蹄，俗呼馬蹄決明。　搗碎煎。　惡大麻仁。

清·吳楚《寶命真詮》卷三　決明子味鹹，平，無毒。　入心胞絡、肝二經。　○此馬蹄決明也。　另有草決明、石決明二種，與之同功，故同名。　主青盲內障，翳膜遮睛，赤腫眶爛，淚出羞明，除肝熱，尤和肝氣，收目淚，且止目疼。

清·顧靖遠《顧氏醫鏡》卷七　決明子鹹，平。　入肝腎二經。　治青盲俗名青昏。　翳障，除赤腫淚流。　益陰除熱，決有明目之功。

清·李熙和《醫經允中》卷一七　草決明　即青葙子。　兼入心經。　苦，微寒，無毒。　主治肝臟熱毒，青盲瞖腫，除心火，暴發赤障昏花。　又有決明子，如菉荳銳圓，味鹹，氣平微寒，無毒。　治肝家風熱，去目中瞖膜，理赤腫淚出，瘵眶爛，青盲，頭痛可毆，蛇毒亦解。

清·馮兆張《馮氏錦囊秘錄·雜症痘疹藥性主治合參》卷二　決明子得水土陰精之氣，兼稟乎清陽者也，故其味鹹苦甘，平，微寒，無毒。　鹹得水氣，甘得土氣，苦可洩熱，平和胃氣，寒能益陰洩熱，足厥陰肝家正藥。　亦入膽、腎。　又可作枕，治頭風明目。

決明子，除肝熱，尤和肝氣。　收目淚，且止目疼，明目仙丹。　頭風兼毆。　得沙苑蒺藜、甘菊、枸杞、生地、女貞實、槐實、穀精草，補肝明目，益精之要藥，功力更優。

主治痘疹合參：　主青盲目淫，膚赤白膜，腫痛淚出，除肝家熱。

清·张璐《本經逢原》卷二　決明子　鹹，平，無毒。　《別録》云：　苦、甘，微寒，無毒，炒研用。　《本經》主青盲目淫，膚赤白膜，眼赤痛淚出，久服益精光，輕身。　發明：　《相感志》言，園中種決明，蛇不敢入。　丹溪言：　決明解蛇毒，本此入藥，明目。　《本經》治青盲目淫，眼赤淚出，取其苦寒清熱也。　以水調末塗腫毒，貼心止鼻衄，貼太陽穴治頭疼，作枕治頭風。　《別録》

瘰口青，是主肝經蓄熱之驗也。不宜久服，久服令人患風伐肝，搜風太過，反招風熱也。《本經》言久服益精光，輕身，是指目疾人肝熱內滯者而言。若脾虛血弱者，過用虛風內擾，在所必致耳。

清・浦士貞《夕庵讀本草快編》卷二 決明《本經》 此馬蹄決明也，言其功能明目，故名。若青葙子為草決明，海中出者為石決明，物雖三種，功用相近。顧名思義，不可忽也。 決明子鹹平無毒，治肝熱之良劑也。故療青盲目淫，赤白膜翳，兼主唇口青色。益腎益精，解蛇毒而消癰腫，止流淚而佐光明，熁太陽穴則治頭風，貼胸心而止鼻衄，作枕利腦風而明目。久服可遠視而輕身。質雖微細，功亦良爾。按《相感志》云：圃栽決明，蛇不敢入。丹溪以之治蛇，蓋本于此，不為無根矣。

清・張志聰、高世栻《本草崇原》卷上 決明子 氣味鹹，平，無毒。主治青盲，目淫、膚赤、白膜，眼赤淚出。久服益精光，輕身。 決明子處處有之，初夏生苗，莖高三四尺，葉如苜蓿，本小末大，晝開夜合，秋開淡黃花五出，結角如細豇豆，長二三寸，角中子數十粒，色青綠而光亮，狀如馬蹄，故名馬蹄決明，又別有草決明，乃青葙子也。 目者肝之竅，決明氣味鹹平，葉司開合，子色紫黑而光亮，稟太陽寒水之氣，而生厥陰之肝木，故主治青盲、目淫、膚赤。青盲則生白膜，膚赤乃眼膚之赤，目淫則多淚，故又曰： 白膜眼赤淚出也。久服則水精充溢，故益精光，輕身。

清・何諫《生草藥性備要》卷下 草決明 味甜，性寒。能治小兒五疳，又能明目，擦癬癩。一名狗屎豆。

清・劉漢基《藥性通考》卷五 決明子 味甘、苦、鹹，氣平，入肝經。除風濕，治一切目疾，故有決明之名。又曰益腎精，瞳子神光屬腎。日華曰：明目勝於黑豆。作枕治風。狀如馬蹄，俗呼馬蹄決明，搗碎煎。惡火麻仁。

清・王子接《得宜本草・下品藥》 草決明： 味苦。功專明目。得甘菊治熱毒赤眼。

清・徐大椿《神農本草經百種錄》上品 決明子 味鹹，平。主青盲，目淫膚赤白膜，眼赤痛，淚出。凡目病內外等證，無所不治。久服，益精光，不但能治目邪，而且能補目之精也，其鹹降清火之功。輕身。火清則體健也。 決明生于秋，得金氣之正。其色極黃，得金之色，其功專于明目，詳上扁青條內。 夫金之正色，白而非黃，但白為受色之地，乃無色之色耳。故凡物之屬金者，往往借土之色以為色，即五金亦以黃金為貴。子肖其母也，草木至秋，感金氣則黃落，故諸花實之中，凡色黃而耐久者，皆得金氣為多者也。

清・吳儀洛《本草從新》卷一 決明子〔瀉肝明目。〕 甘，苦，鹹，平。祛風熱。作枕能治頭風。 治青盲內障，翳膜遮睛，赤腫眶爛，淚出羞明。狀如馬蹄。以能明目，故名。搗碎煎。惡大麻仁。

清・汪紱《醫林纂要探源》卷二 馬蹄決明 甘，苦，鹹，平。莖長而弱，葉左右夾枝如槐。花黃，如鳥形，莢長細如菉豆，子(蜜)〔密〕砌十餘粒，似豆而形如馬蹄。緩肝急，堅腎精，瀉邪水，養心神，明目。連莖葉搗汁，可作酒麴，名獨占紅。亦辟蛇毒。

清・嚴潔等《得配本草》卷三 決明子即馬蹄決明。 著實為之使。惡大麻子。 甘，苦，微寒。入足厥陰經。除肝熱，和肝氣。凡因血熱，以致頭風、鼻衄、腫毒、目翳赤淚、唇口青色者，均得此而愈。 得生甘草，治發背初起。配地膚子，治青盲雀目。

題清・徐大椿《藥性切用》卷三 草決明 即馬蹄決明，一名決明子。甘苦鹹平，入肝，除風熱，退目翳，為明目(淬)〔粹〕光耑藥。葉作菜食，利五藏以明目。

清・黃宮繡《本草求真》卷三 決明子入肝驅風散熱，明目。 決明子耑入肝。氣稟清陽，味鹹苦甘，微寒無毒，能入肝經，除風散熱。凡人目淚不收，眼痛不止，多屬風熱內淫，以致血不上行，治當即為驅逐，按此苦能泄熱，鹹能軟堅，甘能補血，力薄氣浮，又能升散風邪，故為治目收淚止痛要藥。並可作枕以治頭風，但此服之太過，搜風至甚，反招風害。故必合以蒺藜、甘菊、枸杞、生地、女貞實、槐實、穀精草，相為補助，則功更勝。謂之決明，即是此意。狀如馬蹄，俗呼馬蹄決明。擣碎用，惡大麻仁。

附：琉球・吳繼志《質問本草》外篇卷二 決明決明一種。 春生苗，高三四尺，秋開花結角。 此一種，辨其花葉角子，係《綱目》中名決明也。處處皆有。生蒔頗異，細查集解中，惟宗奭、時珍二家所辨與貴圖甚合。求其性用，諒亦不差，祇恐風土各別，自宜酌用。壬寅，陳文錦。

清・羅國綱《羅氏會約醫鏡》卷一六草部 決明子味苦鹹，平，入肝經。治一切目疾。凡風熱眼赤多淚，及肝虛有火昏暗，可為佐使，惟多服乃效。作枕善治頭風。此馬蹄決明，另有草決明、石決明，與之同功，而各為一種。

清・趙學敏《本草綱目拾遺》卷四草部中 夜關門 葉如槐，夜即合，開黄花，仁和筧橋人多種之。俞曉園云：有草木二種：草本者良，木本者乃合歡也。能追風，取皮治肺癰不斂，熬膏貼毒，生肌收口。

按：《綱目》馬蹄決明，葉亦如槐，晝開夜合。其葉本小末奓，秋開黄色花，或即係決明。但《綱目》於決明子下亦不言疝氣，今並存之。

莢：治疝氣。

清・王龍《本草纂要稿・草部》　決明子　氣味甘苦而鹹。除肝熱，尤和肝氣。收目淚，且止目疼。誠為明目仙丹，故得決明美譽。調末貼腦心，能止鼻衄。蜜丸空心服，更延年壽。治頭風，消腫毒。頭毒兼驅，蛇毒可解。

清・張德裕《本草正義》卷上　草決明　微苦，涼。力薄。治肝熱風眼多淚，肝火目昏，亦治頭風。

清・楊時泰《本草述鉤元》卷九　決明子　此馬蹄決明。又有草決明，即青葙子也。以其亦能明目，用之者遂冒為決明子，誤矣。蓋青葙莖直如蒿，苗葉花實與雞冠相類，子在穗中，黑扁而光，粒同莧實。決明子葉似苜蓿而闊大，秋深結角，如初生細豇豆子，在角中狀如馬蹄，青綠色，故曰馬蹄決明。其顆粒稍大，而主治尤優，不可不審嘉謨。

味鹹平苦甘，氣微寒。足厥陰肝正藥，亦入腎經。除肝熱，和肝氣。主治青盲目淫，膚赤白膜，風眼赤淚，收目淚，且止目疼，療脣口青，作枕治頭風明目，甚於黑豆諸本草。得沙苑、甘菊、生地、女貞、枸杞、槐實、穀精草，補肝明目益精，除肝臟之熱。得生地、甘菊、荊芥、黄連、甘草、元參、連翹、木通，治暴赤風眼淚痛。

附案：一童子素有目疾，已愈，又因久衄，腎肝虛火俱動，致目赤，左眦微痛，用薑汁製生地一錢、歸身四分、歸尾四分、甘菊八分、酒蒸丹皮八分、茯苓六分、決明子五分、柴胡五分、車前子炒五分、酒蒸元參六分、童便製香附六分、石菖蒲炒六分，煉蜜丸梧子大，每服一錢三分半，加小鳳髓丹分半，空心鹽水吞，其效甚速。

論：決明子得水土陰精之氣，而兼稟乎清陽者也本仲淳。味鹹走血，氣寒對治熱，故治青盲膚膜淚出之因熱傷血分者本盧，不遠。嘉謨謂其除肝熱，尤和肝氣，主治優於青葙。先哲又謂其和肝氣，不損元氣，二說殆非無據。惟所療止屬熱傷血分，倘係氣分，及因風寒而致目病，便非所宜。

清・葉桂《本草再新》卷二　決明子味苦，性微寒，無毒。入肝經。除風熱，治青盲內障，翳膜遮睛，赤腫眶爛。

清・吳其濬《植物名實圖考》卷一一　決明　《本經》上品。《爾雅》：薢茩，芵光。注：芵明也。有茳芒、馬蹄二種。茳芒決明，《救荒本草》謂之山扁豆角，豆可食。馬蹄決明，《救荒本草》謂之望江南，葉可食。今京師花圃猶呼為望江南，栽蒔盆中也。杜老《秋雨嘆》一詩而決明入詩筒矣。東坡云：蜀人但食其花，潁州并食其葉。山谷亦云：縹葉資芼羹。則當列蔬譜。而北地少茶，多摘以為飲。《山居錄》謂久食無不中風者。李時珍以為不可信。余謂農皇定穀蔬品，皆取人可常食者。華實之毛，充腹者多矣，久則為患，故不植也。決明味苦、寒。調以五味，尚可相劑。若以泡茶，則袪風者即能引風。觀其同水銀、輕粉，能治癬瘡蔓延，則其力亦勁。《廣雅》謂之羊躑躅，恐有脫簡，不應有此誤也。

清・趙其光《本草求原》卷三隰草部　決明子　甘、入胃。苦、入心泄熱。鹹，入腎走血。平，入肺以平肝熱，和肝氣。《本經》治青盲白膜，指熱傷血一切之目疾。血足則水能照於內，即金能鑒火亦能照，不但肝得血能視也。風眼赤淚，是風因熱生，非風寒所宜。脣口青。作枕，治頭風。明目，功勝於黑豆、青葙。又消五疳，治癬，解熱毒。春采為蔬妙。

得沙苑、甘菊、杞、地、女貞、槐實、穀精，或六味丸去萸、淮，加歸、菊、柴、車、元參、香附，最益精，補肝，明目。得生地、甘菊、荊芥、川連、元參、連翹、木通，治風眼赤淚。

其子，形如馬蹄，杵碎煎。惡麻仁。

清・葉志詵《神農本草經贊》卷一　決明子　味鹹，平。主青盲，目淫膚赤白膜，眼赤痛淚出。久服益精光輕身。生川澤。

龍門嘉種，香霧盈畦。金錢無數，翠羽初齊。青披細角，綠印簇蹄。黑甜一枕，明決昏黳。

名醫曰：生龍門。黄庭堅詩：后皇富嘉種。吳寬詩：畦間香霧正氤氳。杜甫詩：著葉滿枝翠羽蓋，開花無數黄金錢。李時珍曰：結角如初生豉豆，角中子數十粒，參差相連，狀如馬蹏，青綠色，以明目之功而名。蘇軾詩：一枕黑甜餘。虞淳熙詩：午夜失昏黳。

清・文晟《新編六書》卷六《藥性摘錄》　決明子　鹹苦，微寒。入肝明目，散風熱，止淚止痛。○須合蒺藜、枸杞、菊花、生地、女貞、穀精草等用之。

〇惡麻仁。

清·文晟《新編六書》卷六《藥性摘錄》 草決明 甘，涼。清心明目，治頭風眩暈。春采為蔬。花、子皆可點茶。

清·張仁錫《藥性蒙求·草部》 決明子草決明。錢半。石決明。 決明子甘，能除風熱。翳膜遮睛，羞明淚出。甘、苦、鹹，平。祛風熱，治青盲內障，赤腫眶爛。狀如馬蹄，以能明目，故名。搗碎煎。〇另有草決明、石決明，與之同功，而各為一種。草決明一名青葙子，治風熱一切目疼，但性動陽火，瞳子散大者勿服。

清·佚名氏著，錢沛補《治痧全書》卷上 決明考 藥之名決明者，共有三種：曰石決明，曰草決明，曰決明。石決明別為一類。草決明即青葙子，高者三四尺，苗葉花實與雞冠花無異，但雞冠花穗或有大而扁及團者，此則稍間出花穗，尖長四五寸，狀如兔尾，水紅色，亦有黃白色者，子在穗中，與雞冠子及莧菜子一樣難辨。今人多以治眼，然《神農本經》實列之下品者也。決明有二種：一種馬蹄決明，莖高三四尺，葉大於苜蓿，而本小末奓，晝開夜合，兩兩相貼。秋開淡黃花五出，結角如初生細豇豆，長五六寸，角中子數十粒，參差相連，狀如馬蹄，青綠色，其苗角皆靭而苦，不宜於食。僧贊寧《物類相感志》言：圃中種決明，蛇不敢入。近人有補蛇傷者，輒以此物濃煎服之，并以渣罨於傷處，雖危在頃刻，其毒立消。入眼目藥尤良。此《神農本經》列之上品者也。一種茳芒決明，苗莖似馬蹄決明，但其葉本小末尖，正似槐葉，夜亦微合，秋開深黃花五出，結角大如小指，長二寸許，角中子成數列，狀如黃葵子而扁，其色褐，味甘滑，苗花角子皆可瀹茹及點茶食。近人以治蛇傷亦效，入眼目藥亦良，似不必與馬蹄過為區別也。又二種苗葉皆可作酒麯，故俗或呼為獨占缸。其功難盡述，故俗又呼為百藥王云。

清·戴葆元《本草綱目易知錄》卷一 決明子 甘、苦、鹹，平。助肝氣，益腎精。治肝熱風眼，眼赤淚出，白膜膚瞖，青盲雀目及一切目疾。療唇口青。研末，塗太陽穴，治頭痛。貼胸心，止鼻衄。作枕，治頭風，明目，勝於黑豆。研塗癰腫，解蛇毒，圃中種此，蛇不敢入。葉作菜食，利五臟，明目，甚良。

清·陳其瑞《本草撮要》卷一 決明子 味甘苦鹹，平，入足厥陰經，功專除風熱，治一切目疾。作枕治頭風，明目勝於黑豆。俗呼馬蹄決明。惡大麻仁。

鬼豆

宋·王介《履巉巖本草》卷中 鬼豆 性涼，無毒。大治瀉痢不止，裏急後重，曬乾爲末，每服壹錢至貳錢，甘草湯調服。

胡盧巴

宋·唐慎微《證類本草》卷一一草部下品〔宋·掌禹錫《嘉祐本草》〕 葫蘆巴 主元藏虚冷氣。得附子、硫黃，治腎虚冷，腹脇脹滿，面色青黑。得蘹香子、桃人，治膀胱氣甚效。出廣州并黔州。春生苗，夏結子，子作細莢，至秋採。今人多用嶺南者新定。

〔宋·掌禹錫《嘉祐本草》〕今據：廣州所供圖畫，收附草部下品之末，而或者云：葫蘆巴，蕃蘿蔔子也。當附蘆菔之次。此世俗相傳之謬，未知審的，不可依據，至如舊說蘇合香、師子屎，豈可附于獸部。又補骨脂，徐表《南州記》云：是韭子也，亦不附于菜部。今之所附，亦其比也。

〔宋·蘇頌《本草圖經》〕曰：葫蘆巴，生廣州，或云種出海南諸蕃，蓋其國蘆菔子也。舶客將種蒔於嶺外亦生，然不及蕃中來者真好，春生苗，夏結子，作莢，至秋採之。今醫方治元藏虚冷氣爲最要。然《本經》不著，唐以前方亦不見者，蓋是出甚近也。與附子、茴香、硫黃、桃人尤相宜，兼治膀胱冷氣。

宋·寇宗奭《本草衍義》卷一二 葫蘆巴 《本經》云：得蘹香子、桃仁治膀胱氣，甚效。嘗合，惟桃仁麩炒，各等分，半以酒糊丸，半爲散。每服五七十丸，空心食前鹽酒下。散以熱米飲調下，與丸子相間，空心服。日各一二服。

金·張元素《潔古珍珠囊》〔見元·杜思敬《濟生拔粹》卷五〕 葫蘆芭苦純陰。治元氣虚冷及腎虚冷。

元·王好古《湯液本草》卷四 胡蘆巴 苦，純陰。《珍》云：治元氣虚冷，及腎虚冷。《本草》云：得蘹香子、桃仁，治膀胱氣甚效。腹脇脹滿，面色青黑，此腎虚證也。

元·忽思慧《飲膳正要》卷三苦豆 味苦，溫，無毒。主元藏虚冷、腹脇脹滿，治膀胱疾。

元·尚從善《本草元命苞》卷五 葫蘆巴 主元臟虚寒，療腹脇脹滿。得附子、硫黃，治腎虚冷如神。共蘹香子、桃仁，療膀胱氣甚效。出廣州、黔州諸郡，惟海南諸蕃真好。春生苗，夏月結子，作細莢，至秋採之。

元·徐彥純《本草發揮》卷二 葫蘆巴 東垣云：味苦，純陽。治元藏虛寒，腎經虛冷，膀胱疝氣。

明·王綸《本草集要》卷三 葫蘆巴 味苦，氣溫。純陽。云是番蘆菔子。春生苗，夏結子，至秋採之。 主元臟虛冷氣最要。得附子、硫黃治腎虛冷，腹脇脹滿，面色青黑。得懷香子、桃仁，治膀胱氣甚效。

明·滕弘《神農本經會通》卷一 葫蘆巴 或云：番蘿蔔子。春生苗，夏結子，至秋採之。《局》云：微炒用。 味苦，氣溫，無毒。《湯》云：苦，純陽。東云：治虛冷疝氣。《恵》云：補元氣虛冷，治腸脇膨脹，面皮青黑，及除痰。《珍》云：治元臟虛寒，腎經冷，并膀胱疝氣。

《本經》云：主元臟虛冷氣。得附子、硫黃治腎虛冷，腹脇脹滿，面色青黑。得懷香子、桃人治膀胱氣甚効。《圖經》云：治元臟虛冷氣最要。又治膀胱冷氣。《珍》云：治元氣虛冷，及腎虛冷，腹脇脹滿，面色青黑。此腎虛(訂)〔證〕也。《局》云：胡蘆巴主元陽冷，硫附宜同補腎經。若得茴香桃核用，膀胱疝氣自安平。葫蘆巴，補元陽腎冷，蠲疝氣之癃。

明·劉文泰《本草品彙精要》卷一五 葫蘆巴無毒。 植生。

葫蘆巴：主元臟虛冷氣。名醫所錄。 〖名〗苦豆、望江南。 〖苗〗《圖經》曰：春生苗，莖高四五尺，葉葉對生如槐。夏開黃花，五出，隨作莢，如豌豆。其實似萊菔子而匾，採之以供茶食。人家庭院植之爲玩，謂之望江南。今市者俱嶺南所產入藥，然不及舶上來者爲真。《本經》不注，唐以前方書亦不見用，是蓋出之甚近也。《别錄》云：或云葫蘆巴，蕃蘿蔔子也。當附蘆菔之次，世俗相傳，未知審的。又補骨脂，徐表《南州記》云：是韭子也。亦不附於菜部，是相例也。 〖地〗《圖經》曰：出海南諸蕃，嶺南、廣州、黔州、河南。〖道地〗舶上者佳。 〖時〗生：春生苗。採：七月取。 〖收〗日乾。 〖用〗子。 〖質〗類萊菔子，有棱而匾。 〖色〗淡黃。 〖味〗苦。 〖性〗溫，泄。 〖氣〗氣厚于味，陽中之陰。 〖臭〗香。 〖主〗膀胱冷氣。 〖製〗研細用。 〖合治〗合附子、硫黃，治腎虛冷，腹脇脹滿，面色青黑。○合懷香子、桃仁，治膀胱冷氣甚效。惟桃仁麸炒各等分，半以酒糊丸，半以爲散，每服五七十丸，空心食前鹽酒任下散，以熱米飲調下，與丸子相間服之，日各一二服，瘥。 〖禁〗妊婦勿服，服之令兒矮。

明·許希周《藥性粗評》卷三 胡蘆巴入腎冷之家。

胡蘆巴，或云是番國蘿葡子也，未知是否。出海南諸番，今嶺南亦有之。凡用微炒，與附子、茴香、硫黃、桃仁相宜。味苦、甘，性溫，無毒。主治元臟腎經虛冷，膀胱疝氣。若與硫黃、附子同用，治腎經之劑也。與茴香、桃仁同用，治膀胱之劑也。陰證面色青黑，腹脇脹滿者，并宜用之。

單方：膀胱疝氣：桃仁以麸炒過，同胡蘆巴等分為末，以一半用酒糊丸如梧子大，以一半為散，每服先用五七十丸，食前鹽、酒送下，少頃復以其散，亦食前用熱米飲調下一錢匕，每每相間服之，日各一二，甚良。

明·鄭寧《藥性要略大全》卷三 胡蘆巴 治元氣虛冷及虛冷之疝氣。○得附子、硫黃，治腎虛冷；，得茴香、桃仁治膀胱冷氣。腹脇脹滿，面色青黑，此腎疝也。 味苦，氣溫。純陽，無毒。云是番蘿蔔子。春生苗，夏結子。至秋採之。

明·陳嘉謨《本草蒙筌》卷三 葫蘆巴 味苦、氣溫。純陽。無毒。《本經》云：乃番國蘿蔔子也。原本產諸胡地，今亦蒔於嶺南。春月生苗，夏間結子。子作細莢，至秋採收。得桃仁、大茴香，治膀胱疝氣効。三味麸炒，各等分，研末，半以酒糊丸，半為散，每用五七十丸，鹽湯下，散以熱米飲調下，與丸子相間，空心服，日各一二服，即効。得硫黃、黑附子，療腎臟虛冷佳。敺脹滿腹脇中，退青黃面頰上。

明·王文潔《太乙仙製本草藥性大全》卷二《本草精義》 胡蘆巴 生廣州，或云種出海南諸蕃，蓋其國(蘆)蘆菔子也。舶客將種蒔於嶺外亦生，然不及蕃中來者真好。春月生苗，夏間結子，作細莢，至秋採收。

明·王文潔《太乙仙製本草藥性大全》卷二《仙製藥性》 葫蘆巴 味苦，氣溫，純陽，無毒。《本經》云：乃番國蘿蔔子也。 主治：得桃仁、大茴香治膀胱疝氣效。三味麸炒，各等分，研末，半以酒糊丸，半爲散，每用五七十丸，鹽湯下，散以熱米飲調下，與丸子相間空心服，日各一二服，即效。 得硫黃、黑附子療腎臟虛冷佳。 敺脹滿腹脇中，退青黃面頰上。

明·李時珍《本草綱目》卷一五草部·隰草類上 胡盧巴宋《嘉祐》

〖釋名〗苦豆 〖集解〗禹錫曰：胡盧巴出廣州並黔州。春生苗，夏結子，子作細莢，至秋採。今人多用嶺南者。或云是番蘿蔔子，未審的否。頌曰：今出廣州。或云種出海南諸番，蓋其國蘆菔子也。舶客將種蒔於嶺外亦生，然不及番中來者真好。今醫家治元臟虛冷爲要藥，而唐已前方不見用，本草不著，蓋是近出也。

【修治】時珍曰：凡入藥，淘净，以酒浸一宿，曬乾，蒸熟或炒過用。

【氣味】苦，大温，無毒。杲曰：純陽。【主治】元臟虚冷氣。得附子、硫黄，治腎虚冷，腹脇脹滿，面色青黑。得蘹香子、桃仁，治膀胱氣甚效《嘉祐》。治冷氣疝瘕，寒濕脚氣，益右腎，暖丹田時珍。

【發明】宗奭曰：膀胱氣，用此合桃仁麸炒等分，爲末。半爲散，半以酒糊和丸梧子大。每服五七十丸，空心鹽酒下。其散以熱米(湯)〔飲〕下，與丸子相間，空心服。日各一二服。時珍曰：胡盧巴，右腎命門藥也。元陽不足，冷氣潛伏，不能歸元者，宜之。宋《惠民和劑局方》有胡盧巴丸，治大人小兒小腸奔豚偏墜，及小腹有形如卵，上下走痛，不可忍者。用胡盧巴八錢，茴香六錢，巴戟去心、川烏頭炮去皮各二錢，楝實去核四錢，吴茱萸五錢，並炒爲末，酒糊丸梧子大。每服十五丸，小兒五丸，鹽酒下。太醫薛己云：一人病寒疝，陰囊腫痛，服五苓諸藥不效，與此而平也。又張子和《儒門事親》云：有人病目不睹，思食苦豆，即胡盧巴，頻頻不缺。不周歲而目中微痛，如蟲行入眦，漸明而愈。按此亦因其益命門之功，所謂益火之原，以消陰翳是也。

【附方】新六。

小腸氣痛：胡盧巴炒研末，每服二錢，茴香酒下。《直指方》。

腎臟虚冷：腹脇脹滿。胡盧巴炒二兩，熟附子、硫黄各七錢五分，爲末，酒煮麪糊丸梧桐子大，每鹽湯下三四十丸。《聖濟總録》。

冷氣疝瘕：胡盧巴酒浸曬乾，蕎麥炒研麪，各四兩，小茴香一兩，爲末，酒糊丸梧子大。每服五十丸，空心鹽湯或鹽酒下。服至兩月，大便出白膿，則除根。方廣《心法附餘》。

陰㿉腫痛：偏墜，或小腸疝氣，下元虚冷，久不愈者，沉香内消丸主之。沉香、木香各半兩，胡盧巴酒浸炒，小茴香炒，各二兩，爲末，酒糊丸梧子大。每服五七十丸，鹽酒下。

氣攻頭痛：胡盧巴炒，三稜酒浸焙，各半兩，乾薑炮二錢半，爲末，薑湯或温酒每服二錢。《濟生方》。

寒濕脚氣：腿膝疼痛，行步無力。胡蘆巴酒浸一宿焙，破故紙炒香，各四兩，爲末。以木瓜切頂去瓤，安藥在内令滿，用頂合住簽定，爛蒸，搗丸梧子大。每服七十丸，空心温酒下。《楊氏家藏方》。

明・梅得春《藥性會元》卷上　葫蘆芭　味苦，大温，無毒。子結細莢。治虚冷疝氣，好補元陽。主腎冷疝癃偏墜。得桃仁、茴香，逐膀胱疝氣甚效。得硫黄、附子同用，耑補腎冷而虚。又主胸脇脹滿，面色青黑。

明・李中立《本草原始》卷三　胡盧巴　今出廣州，或云種出海南諸番，蓋其國蘆菔子也。舶客將種蒔於嶺外，亦生，然不及番中來者真好。春生苗，夏結子，作莢，至秋采。一名苦豆。　氣味：苦，大温，無毒。　主治：元臟虚冷氣。得附子、硫黄，治腎虚冷，腹脇脹滿，面色青黑。得蘹香子、桃仁，治膀胱氣甚效。○治冷氣疝瘕，寒濕脚氣。益右腎，暖丹田。

胡盧巴，宋《嘉祐》。【圖略】色紫者真，色綠者酒豆子也。　修治：水淘淨，以酒浸一宿，晒乾蒸熟，或炒過用。右腎命門藥。

《直指方》：治小腸氣痛，胡盧巴炒，研末，每服二錢，茴香酒下。

明・張懋辰《本草便》卷一　葫蘆巴：味苦，氣温，純陽。　主元臟虚冷氣最要。

明・李中梓《藥性解》卷三　葫蘆巴　味苦，性温，無毒，入腎、膀胱二經。得桃仁、大茴，療膀胱疝氣；得硫黄、黑附，理腎臟虚寒。　按：葫蘆巴雖入腎與膀胱，攷諸《本經》，無佐使不能獨成功也。

明・倪朱謨《本草彙言》卷三　胡盧巴　味苦，氣熱，無毒。爲足少陰與命門之藥也。　劉氏曰：胡盧巴，生海南諸番。今廣州、黔州亦有，不及舶上者佳。春生苗，夏結子，秋采莢，淘淨，酒浸，曬乾用。或云是番中蘿蔔子，未審的否。

胡盧巴：《嘉祐本草》壯元陽，補腎命之藥也。顧汝琳稿能斂互水火兩腎之元陽。故主元藏虚冷，命門火衰，不能生土，以致脾胃洞泄不禁，精冷自遺。又治寒疝沖心，及奔豚瘕癖，寒濕脚氣，諸陰冷證，無不奏功。因其益命門之力，所謂益火之原，以消陰翳是也。若腎藏有鬱火内熱者，還宜斟酌。

薛立齋先生曰：一人病目不睹物，一醫教服胡盧巴，頻頻不缺。不十月，而目中微痛，如蟲行，出大眦，漸明而愈。又一人病寒疝，陰囊腫痛。服五苓諸藥不效，與胡盧巴數服而平。　沈拜可先生曰：今醫家治元藏虚冷，冷氣潛伏，陽氣不能歸原者，以胡盧巴爲要藥，與人參、耆、朮、歸、地、桂、附、補骨脂、大茴香等輩，大有回天再造之功。老弱虚羸之人，宜日用之。

集方：李氏方共四首。　治脾胃虚寒，洞泄不止。用胡盧巴四兩，補骨脂三兩，白朮二兩，人參一兩，俱炒黄爲末，飴糖爲丸。每服三錢，湯酒任下。○治腎虚精冷自遺。用胡盧巴四兩，枸杞子三兩，配入六味地黄丸，每早服五錢，淡鹽湯下。○治寒疝沖心，及奔豚瘕癖，腹中挺痛。用胡盧巴、吴茱萸、川椒、萆薢、蒼朮各二兩，炒爲末。每服三錢。早晨白湯調下。○治偏墜腫痛，或小腸疝氣，下元虚冷者。用胡盧巴、小茴香，俱酒浸炒各二兩，沉香、木香各五錢，爲末，紅麯和酒打糊丸，每服二錢，白湯下。○楊氏方治寒濕脚氣，腿膝疼痛，行步無力。用胡盧巴酒浸一宿，焙，補骨脂炒香，各四兩，爲末，以木瓜一個，切頂去穰，放藥在内令滿，用頂蓋住簽定，蒸爛，搗丸如梧子大。每空心用百丸溫酒下。○《直指方》治小腸氣痛。用胡盧巴炒研末，每服二錢，茴香湯下。○同前治腎藏虛冷，腹脇脹滿。用胡盧巴炒二兩，熟附子、硫黄各七錢，爲末，酒和紅麯爲丸，梧桐子大，每早服百丸，白湯下。○《心法附餘》治冷氣疝瘕。用胡盧巴，酒浸曬乾，蕎麥炒，各四兩，小茴香二兩，共研爲末，紅麯糊爲丸，梧桐子大，每早服百餘丸，空心鹽酒送下。服至兩月，大便出白膿，則除根。

明・李中梓《醫宗必讀・本草徵要上》 葫蘆巴味苦，熱，無毒。入腎、膀胱二經。淘淨，酒焙。　元臟虛寒，膀胱疝氣。寒濕成疝，肝疾也。元臟暖則筋自和而疝愈，此腎肝同治，乙癸同源之理也。按：相火熾盛，陰血虧少者禁之。

明・鄭二陽《仁壽堂藥鏡》卷一〇下 胡蘆巴　《本草》云：胡蘆巴，出廣州。番蘿蔔子也。　東垣云：味苦，純陽。治元藏虛寒，腎經虛冷，膀胱疝。《本草》云：得茴香子、桃仁，治膀胱甚效。腹脇脹滿，面色青黑，此腎虛證也。

明・蔣儀《藥鏡》卷一溫部 胡蘆巴　達膀胱而冷逐，攻疝氣而痛消。若夫面色白而如錫箔之死樣者，腎蓄虛寒也，從參、附而改容。腹膨脹而若脬毬之吹氣者，陰氣下喧也，倚茴、桂而息警。

明・盧之頤《本草乘雅半偈》帙九 胡盧巴宋《嘉祐》　氣味：苦，大溫，無毒。　主治：主元藏虛冷氣。得附子、石硫黃，主腎虛冷，腹脇脹滿，面色青黑。得蘹香子、桃核仁，主膀胱氣甚効。

覈曰：胡盧巴，一名腎曹都護。生海南諸番，今廣州、黔州俱有，不及舶上者佳。春生苗，夏結實，秋採莢。淘淨，酒浸，晒乾，蒸熟，炒過用。

參曰：胡者斂互，盧者火器，巴者曲折三迴，閬白水流也。言能斂互水火兩腎之元陽，蓋以功力為名矣。故主元藏虛冷，命門火衰，不能斂互歸元者，對待治之。益右腎，即所以暖丹田也，若腎虛冷，面青黧黑，不唯火衰，更屬卒滅，必協附子、石硫黃，陽毒並行，廼克有濟。若膀胱氣上，秖須蘹香子、桃核仁之廻互引之，易于歸納耳。具《金匱》濟生以為體，必藉臣使之佐以為用，亦可並行，亦堪獨往。

明・李中梓《本草通玄》卷上 胡蘆巴　苦溫，純陽之品，補火之藥也。主元臟虛寒，疝瘕，寒濕，腹脇脹滿，脚氣。　胡蘆巴，乃海南番中所產蘿蔔子也。溫補下元，導火歸經，與肉桂同功。至宋時始出，故《圖經本草》未之及耳。　酒浸炒。

清・顧元交《本草彙箋》卷三 胡盧巴　右腎命門藥也。元陽不足，冷氣潛伏者宜之。

清・穆石匏《本草洞詮》卷九 胡盧巴　一名苦荳。味苦，氣大溫，無毒。益右腎，暖丹田，治冷氣疝瘕，寒濕脚氣。《和劑方》有胡盧巴丸。薛己云：一人病寒疝，陰囊腫痛，服五苓諸藥不効，與此而平。張子和云：有人病目不睹，思食苦豆，頻頻不缺，周歲而目中微痛如蟲行，漸明而愈。此亦因益命門之功，所謂益火之原，以消陰翳是也。

清・劉雲密《本草述》卷九上 胡盧巴一名苦豆。生廣州。或云種出海南諸番，蓋其國蘆菔子也。胡俗呼為蘆巴。　覈曰：胡盧巴，一名腎曹都護，生海南諸番。今廣州、黔州俱有，不及舶上者佳。春生苗，夏結子，子作細莢，至秋采。

氣味：苦，大溫，無毒。　東垣曰：純陽。　主治：元陽不足，腎臟虛冷，得硫黃、附子，治虛冷面色青黑，腹肋脹滿。得茴香、桃仁，治膀胱冷疝氣甚效。得補骨脂、肉豆蔻，治元臟虛寒易泄。得硫黃、茴香，治陽衰陰痿，冷痰壅上。

時珍曰：胡盧巴，命門藥也。元陽衰冷，氣潛伏不能歸元者宜之。《惠民和劑局方》胡盧巴丸，治大人小兒小腸奔豚偏墜，及小腹有形如卵，上下走痛甚者，用胡盧巴八錢，茴香六錢，巴戟去心、川烏頭炮去皮各二錢，楝實去核四錢，吳茱萸五錢並炒，為末，酒糊丸梧子大，每服十五丸，小兒五丸，鹽酒下。薛立齋云：一人病寒疝，陰囊腫痛，服五苓諸藥不效，與此而平。又張子和云：有人病目不覩，思食苦豆，頻頻不缺，不周歲而目中微痛，如蟲行入眥，漸明而愈。按此亦益命門之功，所謂益火之原，以消陰翳是也。之頤曰：胡盧巴能斂互水火兩腎之元陽，故主命門火衰，不能斂互歸元者，對待治之。若腎虛冷，面青黧黑，不唯火衰，更屬卒滅，必協附子、石硫黃，陽毒並行，廼克有濟。若膀胱氣上，衹須蘹香子、桃核仁之廼互引之，易於歸納耳。

愚按：胡盧巴之用，類知其為溫補元臟虛冷耳。即用之，亦止以溫補陽虛盡之耳。第方書中如療諸逆衝上，屬上盛下虛，又如眩暈，亦屬上盛下虛者，一用黑錫丹於大溫補中歸元，一用沉香磁石丸於溫補歸元中，而清虛風，乃二方內俱入胡盧巴，若茲味猶然取其歸元，則附、桂輩已任之而用，此不亦贅乎？蓋亦有以從水攝火，即從火溫水者，是斂互水火兩腎之元陽，如之頤一語，有微中也。蓋腎之眞陽出於水中，若徒以溫祛寒，如治下元虛冷諸證是矣。然条之歸元主治，必有召元陽於陰宅，即能於陰宅回陽者，以思其功也。蓋與辛熱之味不同，故止曰大溫。試閱茲味所主治，如頭痛腰痛，痿證遺精，虛勞寒疝，以至泄瀉，小便數，果屬於元陽之虛，皆取此以回虛冷，豈僅取其水火勝復之氣機哉？必明於火出水中之義，并曉然於水能斂火，以為交互之義，乃得投劑，乃能酌所宜以救其偏，勿夢夢然，辛熱逐隊而用，反致損其眞元也。試即補元陽諸方，茲味多與故紙同用，則亦可以条悟。蓋故紙有即水攝火，即火運水之功。愚於故紙條下，已粗悉其義矣。

愚按：患疝與小腸氣，膀胱氣，其證迥殊，今方書滚同論治，誤矣。在楝實條甚晰，當合条之。

又按：治寒疝，此味每與茴香同用，蓋調二腑之水火也。緣寒疝之病，亦未有離於二腑者，但病止於一腑，或為小腸，或為膀胱，則不可混以此味治之。所因有寒熱之不同耳，亦不可名之為疝也。

附方　寒溼脚氣，腿膝疼痛，行步無力，胡蘆巴酒浸一宿，焙，破故紙炒香，各四兩，為末，以木瓜切頂，去瓤，安藥在內，令滿，用頂合住，簽定，爛蒸，搗丸梧子大，每服七十丸，空心溫酒下。　冷氣疝瘕，胡蘆巴酒浸，曬乾，蕎麥研炒麪，各四兩，小茴香一兩，為末，酒糊丸梧子大，每服五十丸，空心鹽湯，或鹽酒下，服至兩月，大便出白膿，則除根。　陰㿉腫痛偏墜，或小腸疝氣，下元虛冷，久不愈者，沉香內消丸主之。沉香、木香各半兩，胡蘆巴酒浸，炒，小茴香炒，各二兩，為末，酒糊丸梧子大，每服五七十丸，鹽酒下。

修治　凡入藥淘淨，以酒浸一宿，曬乾蒸熟，或炒過用。

清·郭章宜《本草匯》卷一一　葫蘆巴　味苦，大溫，純陽之品，入足少陰太陽經。治元藏虛冷，療膀胱疝氣。寒濕成疝，肝疾也。元藏暖，則筋自和而症愈。此腎肝同治，乙癸同源之理也。消腹脇脹滿，理脚氣寒濕。益右腎，暖丹田。

按：葫蘆巴，乃海南山中所產蘿蔔子也。溫補下元，導火歸經，為右腎命門補火之藥。元陽不足，冷氣潛伏，不能歸元者宜之。奔豚偏墜，用以同大茴、巴戟、川烏、吳萸、楝實去核，丸服。若相火熾盛，陰血虧少者禁用。

淘淨，以酒浸一宿，晒乾蒸熟，或炒過用。

清·蔣居祉《本草擇要綱目·熱性藥品》　葫蘆巴一名苦豆。凡入藥淘淨，以酒浸一宿，晒乾，蒸熟，或炒過用。　氣味：苦，大溫，無毒。　主治：元臟虛冷氣。得附子、硫黄，治腎虛冷，腹脇脹滿，面色青黑。得蘹香子、桃仁治膀胱氣甚效。治冷氣疝瘕，寒濕脚氣。益右腎，暖丹田。

清·王翃《握靈本草》卷四　胡盧巴番國蘿蔔子也，舶客以其種蒔于嶺外，今出廣州。酒浸一宿，晒乾，或蒸，或炒用。　主治：胡盧巴，苦，大溫，無毒。主疝瘕，寒濕脚氣，益右腎，暖丹田。

清·汪昂《本草備要》卷二　胡盧巴燥，補腎命，除寒濕。　苦，溫，純陽。入右腎命門。暖丹田，壯元陽。治腎藏虛冷，陽氣不能歸元，同附子、硫黄。瘕疝冷氣，同茴香、巴戟、川烏、川楝、吳茱萸。寒濕脚氣。　出嶺南，番舶者良，云是番萊菔子。酒浸暴，或蒸，或炒。

清·李熙和《醫經允中》卷二〇　葫蘆巴　入腎、膀胱、命門三經。辛、苦，大溫，純陽無毒。主治膀胱疝氣，腹脇脹滿，益右腎，暖丹田，為命門補火之藥。陰血衰少者弗用。

清·馮兆張《馮氏錦囊秘錄·雜症痘疹藥性主治合參》卷三　葫蘆芭味苦，熱，無毒。入腎、膀胱二經。

葫蘆芭，得桃仁、大茴香，治膀胱疝氣，效。同硫黄、黑附子，療腎臟虛冷毆脹滿腹脇中，退青黄面頰上。相火熾盛，陰血虧少者禁之。佳。

清·张璐《本經逢原》卷二　胡蘆巴　苦，大溫，無毒。　發明：胡蘆巴乃海外胡蘿蔔子，聲音相近之譌耳。右腎命門藥也。元陽不足，冷氣潛伏不得歸元者宜之，小腸奔豚偏墜，及小腹有形如卵，上下走痛不可忍者，用胡蘆巴丸。腎氣不歸，上熱下寒，厥逆嘔吐者，用黑錫丹。皆與金鈴子一寒一熱同用，其導火歸元之功可知。

清·浦士貞《夕庵讀本草快編》卷二　胡盧巴宋《嘉祐》　即苦豆也。唐已前未見用于方藥。　苦豆，苦而大溫，純陽之氣，命門藥也。故元陽不足，冷氣潛伏，不能歸元者宜之。至于奔豚偏墜，寒濕脚氣，亦可兼用。若得附子、硫黄，治腎經虛冷，腹脇脹滿，面色青黑。得蘹香、桃仁則治疝瘕猶捷，取其苦能勝濕，溫能散寒。愚意為腎肝同治，乙癸同源之理也。又張子和治腎虛目昏，頻以此物投之，漸覺目中如虫行而愈。所謂益火之源以消陰翳，在醫者之通變矣。

清・劉漢基《藥性通考》卷六　胡盧巴　味苦，溫，純陽，入腎、命門。暖丹田，壯元陽，治腎藏虚冷，陽氣不能歸。同附子、硫黄用之，又能治瘕疝冷氣；同茴香、巴戟、川烏、川楝、吴萸用之，又治寒濕脚氣。出嶺南番者良。亦云是番萊菔子。用酒浸晒，或蒸或炒用，亦藥中之佳品也。

清・王子接《得宜本草・中品藥》　胡蘆巴　味苦，大溫。入命門之藥。主治元藏虚冷。得桃仁，治膀胱氣。得茴香、川楝，治奔豚偏墜。得蕎麥、茴香，治冷氣疝瘕。得補骨脂、木瓜，治寒濕脚氣。

清・黄元御《玉楸藥解》卷一　胡蘆巴　味苦、辛，氣溫。入足陽明胃、足少陰腎經。泄濕驅寒，破瘕消疝。胡蘆巴苦溫下行，治水土濕寒，腹脇滿脹，寒疝冷瘕，囊墜脚腫之證。

清・吴儀洛《本草從新》卷一　胡盧巴〔燥，補腎命，除寒濕。〕　苦溫純陽。入右腎、命門。暖丹田，壯元陽。治腎臟虚冷，陽氣不能歸元，同附子、硫黄。瘕疝冷氣，同茴香、巴戟、川烏、川楝、吴茱萸。寒濕脚氣。相火熾盛，陰血虧少者禁之。出嶺南。番舶者良，云是番萊菔子。淘淨，酒浸曝，或蒸或炒。

清・嚴潔等《得配本草》卷三　葫蘆巴　苦，大溫。入命門。壯丹田之元陽，除冷氣之潛伏。得茴香、川楝，治奔豚。寒熱氣。得蕎麥、茴香，治疝瘕。得破故紙、木瓜，治濕脚氣。配桃仁，治膀胱氣。酒蒸用，或炒熟用。

陰血不足者禁用。

題清・徐大椿《藥性切用》卷三　胡蘆巴　苦溫純陽，入腎命而主降，治疝，壯元陽，祛冷濕，為腎虚腹中冷痛之耑藥。炒研用。陰虚火炎者忌。

清・黄宫繡《本草求真》卷一　胡巴補火逐冷除疝。　胡蘆巴耑入命門。　苦溫純陽，亦能入腎補命，故書載暖丹田，壯元陽，治腎臟虚冷，並疝瘕冷氣，小腸偏墜，寒濕脚氣。時珍曰：胡蘆巴，右腎命門藥也。元陽不足，冷氣潛伏，不能歸元者宜之。宋《惠民和劑局方》有胡蘆巴丸，治大人小兒小腸奔豚偏墜，及小腹有形如卵，上下走痛不可忍者。用胡蘆巴八錢，茴香六錢，巴戟去心、川烏頭炮去皮各二錢，楝實去核四錢，吴茱萸五錢，並炒為末，酒糊丸，梧子大，每服十五丸，鹽酒下。功與仙茅、附子、硫黄恍惚相似，然其力則終遜於附子、硫黄，故補火仍須兼以附、硫、茴香、吴茱萸等藥同投，方能有效。係海外胡蘿子，因聲音相近故名，酒浸曝乾炒用。

清・楊璿《傷寒溫疫條辨》卷六補劑類　葫蘆巴　味苦，氣溫，純陽。《本草》云：番國蘿蔔子也。入右腎，暖丹田，壯元陽，敺脹滿腹脇中，退青黄面頰上。同硫黄、黑附子，療腎臟虚冷佳。三味等分為末，煉蜜丸，溫酒下。合桃仁、大茴香，治膀胱疝氣效。三味等分，麸炒為末。半以酒糊丸，鹽湯下，半以散，米飲調下，丸散相間，早晚服。長服補火滋水，健脾和胃延年。桃仁，胡桃仁也。

清・羅國綱《羅氏會約醫鏡》卷一六草部　胡蘆巴味苦，性熱，入腎、膀胱二經。出嶺南，是番地萊菔子。酒浸或蒸或炒用。　苦溫純陽，入右腎命門。治腎經虚冷，同附子、硫黄用。療膀胱疝氣。同大茴、巴戟、川楝、吴茱萸用。〇寒濕成疝，肝疾也，元臟暖則筋自和而疝愈。此肝腎同治，乙癸同源之理也。　按：胡蘆巴性陽，若相火熾而陰血虧者禁之。

清・黄凱鈞《藥籠小品》　葫蘆巴　出嶺南者佳。苦溫純陽，入右腎命門，同茴香、巴戟、川烏、川楝子、吴茱萸，治疝瘕冷氣，寒濕脚氣。酒炒。

清・王龍《本草纂要稿・草部》　葫蘆巴　氣味甘溫。補腎臟虚寒，療膀胱諸疝。退面頰之青黄，驅腹脇之膨脹。

清・張德裕《本草正義》卷上　胡蘆芭　苦，大溫。入命門。治臟寒，冷氣疝瘕，寒濕脚氣，暖丹田。

清・楊時泰《本草述鉤元》卷九　胡盧巴　一名苦豆。種出海南諸番，其國蘆菔子也。今廣州、黔州俱有，不及舶上者佳。春生苗，夏結子，至秋采。

味苦，氣大溫。純陽。命門藥也。主治元陽不足，腎臟虚冷。元陽衰冷，氣潛伏不能歸元者，宜之瀕湖。得硫黄、附子，治虚冷面色青黑，腹肋脹滿。得茴香、桃仁，治膀胱冷疝甚效。〔得〕骨脂、肉蔻，治虚寒易泄。得硫黄、茴香，治陰痿，冷痰壅上。胡盧巴丸，治小腸奔豚偏墜及小腹有形如卵，上下走痛者，胡盧巴八錢，茴香六錢，巴戟肉、川烏頭炮各二錢，川楝肉四錢，吴茱萸五錢，並炒為末，酒糊丸梧子大，每服十五丸，小兒五丸，鹽、酒下。寒疝陰囊腫痛，與此並效。有人目不睹，思食苦豆，頻頻不缺，不周歲而目中微痛，如蟲行入眦，漸明而愈，此益命門之功，所謂益火之原，以消陰翳也子和。寒濕脚氣，腿膝疼，行步無力，胡盧巴酒浸一宿焙，破故紙炒香，各四兩，為末，以木瓜切頂去瓤，安藥在內令滿，用頂合住，簽定，蒸爛搗丸梧子大，每服七十丸，空心溫酒下。冷氣疝瘕，胡盧巴酒浸曬乾，蕎麥炒研麪，各四兩，小茴香一兩，為末，酒糊丸梧子大，每服五十丸，空心鹽湯或鹽、酒下，服至兩月，大便出白膿，則除根。陰癩腫痛偏墜，或小腸疝氣，下元虛冷，久不愈者，沉香內消丸主之。沉香、木香各半兩，胡盧巴酒浸炒、小茴香炒，各二兩，為末，酒糊丸梧子大，每服五七十丸，鹽、酒下。

論：胡盧巴味苦大溫，從水攝火，即從火溫水，能斂互水火兩腎之元陽，參之歸元主治，必有召元陽於陰宅，即能於陰宅回陽者，與辛熱之味不同，故止曰大溫。閱所治頭痛腰痛，痿證遺精，虛勞寒疝，泄瀉小便數，皆屬元陽之虛，取此以回虛冷，必明於火出水中，并水能斂火以為交互之義，乃得投劑以救其偏，勿夢夢然辛熱逐隊而用，反致損其真元也。茲味恒與故紙同用，可以參悟。治寒疝與茴香同用，調二腑之水火也。蓋寒疝之病，未有離於二腑者。疝氣與小腸、膀胱二氣迴殊，不可滾同論治。若病止於一腑，或為小腸，或為膀胱，不可混以此味治之，以所因有寒熱之不同耳。盧子由云：凡命門火衰，不能斂互歸元者，取胡盧巴對待治之。若腎臟虛冷，至面青黧黑，必協附子、石硫黃並行，迺克有濟。若膀胱氣上，祇須茴香、桃仁之迴互引之，易於歸納耳。

修治：入藥淘淨，酒浸一宿，曬乾蒸熟，或炒過用。

清・葉桂《本草再新》卷二　胡盧巴味苦，性溫，無毒。入心、腎二經。暖丹田，壯元陽，治腎臟虛冷，陽氣不能歸元。瘕疝冷氣，寒濕脚氣。

清・吴其濬《植物名實圖考》卷一四　胡盧巴　《嘉祐本草》始著録。《圖經》云：生廣州。蓋番蘆菔子種之而生，不具形狀。

清・趙其光《本草求原》卷三隰草部　胡盧巴　氣大溫，味苦，能於水中攝火，召元陽於陰宅，命門火衰者得之，斂陽氣以歸元。溫能通陽，苦能入地，與故紙同是運火於水中，非同辛熱祛寒之比。故上盛下虛，如黑錫丹、沉香磁石丸，既有桂、附、硫黃以祛寒，仍用此以斂攝也。膀胱冷氣疝瘕，同蕎麥麵、小茴、胡桃丸，鹽、酒下。大便出白膿，除根，蓋得小茴、胡桃，尤易歸納。寒濕脚氣，酒浸，同故紙研，入木瓜內，封固蒸，搗爛為丸，酒下。陰癩腫痛偏墜，同沉香、木香、小茴酒糊丸，鹽、酒下。亦治小腸疝氣，下元虛冷。腎冷目昏。一味久服，至目如蟲行即愈，此消陰翳之功。又方，同小茴、巴戟、川烏、川楝、吴萸，治寒疝陰腫，及小腸奔豚偏墜，小腹有形如卵，上下走痛。

清・文晟《新編六書》卷六《藥性摘録》　葫蘆巴　苦，溫。純陽。入腎命門，補火逐冷，除疝瘕冷氣偏墜，寒溫脚氣。〇係海外胡蘿子，酒浸，曝乾，炒用。

出嶺南番舶者良，是番萊菔子也。酒浸曬，或蒸或炒。

清・張仁錫《藥性蒙求・草部》　胡蘆巴一錢、錢半　胡蘆巴溫，腎臟陽虛。能祛寒濕，疝痛皆除。苦，溫。純陽，入右腎命門。補丹田，壯元陽。或蒸，或炒。〇得茴香、川楝治奔豚偏墜，得補骨脂、木瓜治寒濕脚氣。

清・戴葆元《本草綱目易知録》卷一　胡蘆巴　辛，大溫。純陽。暖丹田，益右腎命門，治元陽不足，冷氣潛伏，不能歸元。得附子、硫黃，治腎臟虛冷，腹脇脹滿，面色青黑。得小茴、桃仁，治膀胱氣，甚效，及冷氣疝瘕，寒濕脚氣。酒浸炒用。

清・陳其瑞《本草撮要》卷一　葫蘆巴　味苦，大溫，入足陽明、少陰經，功專暖丹田。得桃仁治膀胱氣，得茴香、川楝治奔豚偏墜，得蕎麥、茴香治冷氣疝瘕，得補骨脂、木瓜治寒濕脚氣，得附子、硫黃治陽氣不能歸元。酒浸暴，或蒸或炒用。

狐狸尾

清・何諫《生草藥性備要》卷上　狐狸尾　治小兒五疳，又能洗痔瘡。

野狐酥

清・何諫《生草藥性備要》卷上　野狐酥　治小兒五疳神藥。

米布袋

明・姚可成《食物本草》卷首王西樓《救荒野譜》　碎米薺食葉。三月采，止可作齏。

碎米薺，如布穀，想為民飢天雨粟。官倉一月一開放，造物生生無盡藏。

明・周履靖《茹草編》卷二　碎米薺　螺冠鶴髮薜荔衣，山翁絕粒秋常飢。天公憐汝詩思苦，山下忽生碎米薺。秦人桃花遠難訪，安期火棗今何如。不如一盎脫粟飯，讀書常借茅檐暉。三月採之，止可作齏。

明・穆世錫《食物輯要》卷三　紅花菜　味甘，平，無毒。益人，和中氣，散瘀血。姙婦勿食。

清・朱本中《飲食須知・菜類》　紅花菜黃花菜　味甘，性平。妊婦忌食。黃花菜，味甘，性涼，一名萱花。

清・何其言《養生食鑒》卷上　紅花菜　味甘，性平，無毒。益人，和中氣，散瘀血。姙婦勿食。

牛塘利

明・姚可成《食物本草》卷首王西樓《救荒野譜》　牛塘利食莖葉。一名牛舌頭。二三月采，熟食。亦可做齏。

牛塘利，牛得濟。種艸有餘青，蓄水有餘味。年來水艸枯，勿變為荒薺。采采療人飢，更得牛塘利。

明・周履靖《茹草編》卷二　牛塘利　牛塘利，滿溪谷。牛行阡陌中，宛轉不可逐。呼兒鞭其背，涔蹄映眉目。草深牛肥兒喜驩，一筐自採溪邊綠。阿翁飽後牛歸來，抱兒潛向牛衣宿。　二三月採，滌去泥，椒、鹽、香油炒食，亦可作齏。

米布袋

明・朱橚《救荒本草》卷上之後　米布袋　生田野中。苗搨地生，葉似澤漆葉而窄，其葉順莖排坐，梢頭攢結三四角，中有子如黍粒大，微匾。味甜。　救飢：　採角及子，水淘洗淨，下鍋煮食。其嫩苗葉煠熟，油鹽調食亦可。

山扁豆

明・朱橚《救荒本草》卷下之前　山扁豆　生田野中。小科苗高一尺許，梢葉似蒺藜葉微大，根葉比苜蓿葉頗長，又似初生豌豆葉，開黃花，結小匾角兒。味甜。　救飢：　採嫩角煠食；　其豆熟時收，取豆煮食。

穿鎛豆

清・何諫《生草藥性備要》卷下　穿鎛豆　味悶，不宜食。一門解毒極妙。

望江南

明・朱橚《救荒本草》卷上之後　望江南　其花名茶花兒。人家園圃中多種。苗高貳尺許，莖微淡赤色，葉似槐葉而肥大，微尖，又似胡蒼耳葉，頗大，及似皂角葉，亦大。開五瓣金黃花，結角長三寸許。葉味微苦。　救飢：　採嫩苗葉煠熟，水浸，淘去苦味，油鹽調食。花可炒食，亦可煠食。治病：　今人多將其子作草決明子代用。

鳳皇花

清・吳其濬《植物名實圖考》卷三〇　鳳皇花　樹葉似槐，生於澳門之鳳皇山。開黃花，經年不歇，與葉相埒；深冬換葉時花少減，結角子如豇豆。今園林多植之，或云洋種也。

按《嶺南雜記》，金鳳花色如鳳，心吐黃絲，葉類槐。余在七星岩見之，從僧乞歸其子，種之不生。

黃花地丁

明・蘭茂原撰，范洪等抄補《滇南本草圖說》卷四　黃花地丁　性寒，苦，平。入太陰。主咳嗽吐痰定喘、肺痿等症。亦治諸瘡神良。

明・蘭茂撰，清・管暄校補《滇南本草》卷中　黃花地丁　性寒，味苦。入肺經。治癰疽瘡腫，消痰定喘，止咳嗽。

附方：　治年久咳嗽，痰喘氣阻，喉內如拽鋸之聲，不得安眠。黃花地丁二錢，蜜炒。響鈴草二錢，蜜炒。煎湯服之。

明・蘭茂《滇南本草》〔叢本〕卷上　黃花地丁　味苦，微辛，性寒。發散瘡癰，解瘡毒腫痛。入肺，消痰定喘止咳。單方：　治久遠咳嗽，痰喘氣粗，夜臥不寧用。黃花地丁、響鈴草，竹葉為引。

自消容

清・何諫《生草藥性備要》卷上　自消容　治腫脹，敷大惡瘡。根治傷痘。其子，自消子。

清・何諫《生草藥性備要》卷下　十字珍珠草　〔治小兒〕頭上生瘡仔成堆，痛癢難禁，煎水洗立效。生天婆究，研末開油搽，亦可。

清・趙其光《本草求原》卷三隰草部　自消容即十字珍珠草。　消瘡毒，專治小兒頭瘡成堆，煎水洗或為末，油開搽。並理癲婆疚。

響鈴草

明・蘭茂原撰，范洪等抄補《滇南本草圖說》卷三　響鈴草　生田野間，軟枝綠葉，葉下有一大葉，似豆狗形，內有細子，老黑色。氣味辛酸苦。主治：　石淋內結，亦止咳嗽吐痰，定喘降氣神奇。搗爛敷瘡最良。

明・蘭茂撰，清・管暄校補《滇南本草》卷中　響鈴草　性寒，味苦、微酸。入肺。斂肺氣，止咳消痰，定喘。

附方：　治火痰，或痰中帶血。響鈴草，蜜炙，水煎服。

明・蘭茂《滇南本草》〔叢本〕卷中　響鈴草　味苦、酸，性寒。入肺，斂肺氣，止咳嗽，消痰定喘。單方：　治久咳嗽，痰上代血。響鈴草，蜜炒，煎湯服效。

清・劉善述、劉士季《草木便方》卷一草部　沙蒺藜　響鈴草甘治崩淋，補中益氣療耳鳴。頭目昏眩消腫痛，瀉火清熱肝風平。子名沙蒺藜。

滇菟絲子

清・吳其濬《植物名實圖考》卷二三　滇菟絲子　滇菟絲細莖極柔，對葉如落花生葉微團。莖端開紫筩子花，雙朵並頭，旋結細子。

雞眼草

宋・王介《履巉巖本草》卷中　野鷄尾　性涼，無毒。治小便不通，冷淋證，不以多少，曒乾爲末，每壹錢至貳錢，空心食前用甘草湯調服。

明・朱橚《救荒本草》卷上之後　雞眼草　又名掐音恰不齊，以其葉用指甲掐之作劐音霍不齊，故名。生荒野中。搨地生，葉如雞眼大，似三葉酸漿葉而圓，又似小蟲兒臥草葉而大，結子小如粟粒，黑茶褐色。味微苦，氣味與槐相類，性溫。　救飢：採子搗取米，其米青色，先用冷水淘淨，却以滾水湯三五次，去水下鍋，或煮粥，或作炊飯食之，或磨麵作餅食。

清・趙學敏《本草綱目拾遺》卷五草部下　龍鬚草野席草、烏龍鬚。　一名叉雞草、綠袍草、鐵線草、鐵線筒、人字草。似扁蓄而小，細圓，與《綱目》石龍芻別。　《百草鏡》云：生山澤。穀雨後發苗，與野席草相類，但席草之葉直上，此草橫生布地，小滿時抽莖，開花青細。　《德勝堂傳方》：棒槌草，亦名丫雞草，治跌打。

汪連仕方：甌人以此織席，有石龍芻、草龍芻之名，後訛芻為鬚，土產者即叉雞草。又名鹿跑草，治一切瘡疥，至真織席龍鬚，其性溫和，散風火，大理溼熱。　治口咽諸毒，火症牙痛。

清・吳其濬《植物名實圖考》卷一二　雞眼草　【略】按江西田野中有之。土人呼為公母草，其葉皆斜紋，掐之輒復相勾連。或云中暑，搗取汁，涼水飲之即愈。

清・劉善述、劉士季《草木便方》卷一草部　人字草　對（又）〔叉〕草辛散瘀血，閃跌腰脇酒服滅。打痧吐血止疼痛，瘡傷潰爛生肌烈。班鳩窩。

山黧豆

明・朱橚《救荒本草》卷上之後　山黧豆　一名山豌豆。生密縣山野中。苗高尺許，其莖窊面劒脊，葉似竹葉而齊短，兩兩對生，開淡紫花，結小角兒，其豆匾如䝁豆。味甜。　救飢：採取角兒煮食，或打取豆食皆可。

清・吳其濬《植物名實圖考》卷一五　斑珠科　斑珠科生長沙平野。一叢數十莖，高尺餘，枝杈繁密，三葉攢生，極似雞眼草。俚醫以除火毒。

地角兒苗

明・朱橚《救荒本草》卷上之後　地角兒苗　一名地牛兒苗。生田野中。搨地生，一根就分數十莖，其莖甚稠，葉似胡豆葉微小，葉生莖面，每攢四葉對生作一處，莖傍另又生葶，梢頭開淡紫花，結角似連翹角而小，中有子，狀似䝁豆顆。味甘。　救飢：採嫩角生食，硬角煮熟，食豆。

清・吳其濬《植物名實圖考》卷一二　地角兒苗　【略】按此草江西平野亦有之，土人無識之者。

丁癸草

清・何諫《生草藥性備要》卷上　丁癸草　味甜，性溫。敷大瘡。其根煲酒，解熱毒，散癧疽，治疔疾。治牛馬疔，共蜜糖從敷；治馬嘴疔，調蜜敷。埋諸瘡口，用根存性為末，摻之即愈。亦治蛇傷。

清・趙其光《本草求原》卷一山草部　丁癸草　甘，平。消大瘡。根，解熱毒，散癧疽。煎酒飲。牙痛，敷馬嘴疔及牛馬生疔，同蜜搗。消蛇瘡，理蛇傷。存性摻之。理瘡口。

野胡蘿蔔

明・朱橚《救荒本草》卷上之後　野胡蘿蔔　生荒野中。苗葉似家胡蘿蔔，俱細小，葉間攛生莖叉，梢頭開小白花，眾花攢開如傘蓋狀，比蛇床子花頭又大，結子比蛇床子亦大，其根比家胡蘿蔔尤細小。味甘。　救飢：採根洗淨蒸食，生食亦可。

清・吳其濬《植物名實圖考》卷五　野胡蘿蔔　《救荒本草》。按此草處處有之，湖南俚醫呼為鶴蝨，與天名精同名。亦肖其花，白如鶴子，細如蝨耳。

清・劉善述、劉士季《草木便方》卷一草部　野胡蘿葡　鶴虱根甘治逆血，喉蛾痰痹解毒熱。急慢驚風血淋止，子痛蛇傷殺蟲滅。短牛（夕）〔膝〕，杜牛膝。

箬

明・李時珍《本草綱目》卷一五草部・隰草類上　箬《綱目》

【釋名】篛與箬同。　蘀葉　時珍曰：箬若竹而弱，故名。其生疏遼，故又謂之遼。〖集解〗時珍曰：箬生南方平澤。其根與莖皆似小竹，其節籜與葉皆似蘆荻，而葉之面青背淡，柔而韌，新舊相代，四時常青。南人取葉作笠，及裹茶鹽，包米粽，女人以襯鞋底。

葉〖氣味〗甘，寒，無毒。〖主治〗男女吐血、衄血、嘔血、咯血、下血。並燒存性，溫湯服一錢匕。又通小便，利肺氣喉痹，消癰腫時珍。

〖附方〗新一十二　一切眼疾：籠篛燒灰，淋汁洗之，久之自效。《經驗方》。　咽喉閉痛：蘘葉、燈心草燒灰等分，吹之，甚妙。《集簡方》。　耳忽作痛：或紅腫內脹。將經霜青箬露在外，將朽者燒存性，爲末。傅入耳中，其疼即止。楊起《簡便方》。　肺壅鼻衄：箬葉燒灰、白麵三錢，研勻，井花水服二錢。《聖濟總録》。　經血不止：箬葉灰、蠶紙灰等分，爲末。每服二錢，米飲下。《聖濟總録》。　腸風便血：茶簍內箬葉，燒存性。每服三匙，空心糯米湯下。或入麝香少許。王璆《百一選方》。　男婦血淋：亦治五淋。多年煮酒瓶頭箬葉，三五年至十年者尤佳。每用七個，燒存性，入麝香少許，陳米飲下，日三服。有人患此，二服愈。福建煮過夏月酒多有之。《百一選方》。　尿白如注：小腹氣痛。茶籠內箬葉燒存性，入麝香少許，米飲下。《經驗方》。　小便澀滯：不通。乾箬葉一兩燒灰，滑石半兩，爲末，每米飲服三錢。《普濟方》。　男婦轉脬：方同上。　吹奶乳癰：五月五日粽箬燒灰，酒服二錢，即散，累效。《濟急仙方》。　痘瘡倒靨：箬葉灰一錢，麝香少許，酒服。張德恭《痘疹便覽方》。

明·姚可成《食物本草》卷一八草部·隰草類　篛生南方平澤。其根與莖皆似小竹，其節籜與葉皆似蘆荻，而葉之面青背淡，柔而韌。新舊相代，四時常青。南人取葉包米作糉。

篛，味甘，寒，無毒。治吐血，衄血，嘔血，咯血，下血，竝燒存性，溫湯服一錢匕。又通小便，利肺氣喉痹，消癰腫。

蒲篛　味甘，微寒。主消渴，生噉之脆美。《詩》云維筍及蒲是也。

附方：　治咽喉閉痛。篛葉、燈艸燒灰，等分，吹之，甚妙。　治耳中作痛，或紅腫內脹。將經霜青篛露在外將朽者，燒存性為末，傅入耳中，其疼即止。　治小便不通。乾篛葉一兩，燒存性，滑石半兩為末，每米飲下三錢。

清·张璐《本經逢原》卷二　箬　甘，寒，無毒。發明：箬生小竹而葉最大，故可以之為笠。燒灰治吐衄、嘔咯及便溺諸血。又能通小便，利肺氣，散喉痹，消癰腫，每服不過一錢匕。又治痘瘡倒靨，以箬葉灰一錢匕，入麝香，酒調服之。乾箬蒂煎湯治胃熱呃逆。其性較柿蒂稍平。取灰以香油調，塗湯火傷甚良。

清·王道純《本草品彙精要續集》卷二　箬無毒。　主男女吐血，衄血，嘔血，咯血，下血，並燒存性，溫湯服一錢匕。又通小便，利肺氣，喉痹，消癰腫《本草綱目》。　〖名〗篛，亦與箬同。蘘葉：李時珍曰：箬，若竹而弱，故名。其生疏遼，故又謂之蘘。〖地〗箬，生南方平澤。〖苗〗其根與莖皆似小竹，其節籜與葉皆似蘆荻，而葉之面青背淡，柔而韌，新舊相代，四時常青。〖材〗南人取葉作笠，及裹茶鹽，包米粽，女人以襯鞋底。〖味〗甘。〖性〗寒。〖治〗一切眼疾，籠箬燒灰淋汁洗之，久之自效。○耳忽作痛，或紅腫內脹，將經霜青箬葉露在外將朽者燒存性爲末，傅入耳中，其疼即止。○吹奶乳癰，五月五日粽箬燒灰，酒服二錢，即散，累效。〖合治〗咽喉閉痛，蘘葉、燈心草燒灰，等分吹之，甚妙。○肺壅鼻衄，箬葉燒灰，白麵三錢研勻，井花水服二錢。○經水不止，箬葉灰、蠶紙灰等分爲末，每服二錢，米飲下。○腸風便血，茶簍內箬葉燒存性，每服三匙，空心糯米湯下。○男婦血淋，亦治五淋多年，煮酒瓶頭箬葉，三五年至十年者，尤佳。每箬七個，燒存性，入麝香少許，陳米飲下，日三服，有人患此，二服愈。○尿白如注，小腹氣痛，茶籠內箬葉，燒存性，入麝香少許，米飲下。○小便澀滯不通，乾箬葉一兩，燒灰，滑石半兩爲末，每米飲服三錢。○痘瘡倒靨，箬葉灰一錢，麝香少許，酒服。

清·嚴潔等《得配本草》卷三　青箬　甘，寒。入手太陰，兼入足厥陰經。清肺氣，利小便，止諸血。得糯米湯下，治腸風下血。燒炭。配滑石燒炭，治男婦轉脬。配蠶紙燒炭，治月水不止。配麵燒炭，治肺熱鼻衄。燒炭研末，入麝香少許，治小腹氣痛，尿白如注，兼治痘瘡倒靨。煎汁煮藥，清熱涼血。燒炭，止血。　肝寒者禁用。

題清·徐大椿《藥性切用》卷三　箬葉　性味甘溫，利肺氣，通小便。陳久者良。

清·吴其濬《植物名實圖考》卷一四　箬　古今以為笠蓬，亦呼為蘘。禦濕所亟。《本草綱目》始著錄。棄物有殊功，故備載諸方，以著無棄菅蒯之義。

雩婁農曰：箬之用廣矣，笠以禦雨，蓬以行舟，裹以避濕，摘以習書。《南史》：徐伯珍少孤貧，學書無紙，常以竹箭、箬葉、甘焦學書。葉如竹與蘆，而用勝於竹、蘆。乃字書皆未詳及。《說文》若訓擇菜，餘皆以箬訓竹、篛訓筍，唯詩家間有詠及耳。夫杜若既無定詁，若木乃涉荒渺，文人摭撦，如數家珍，而民間日用之物，忽焉不察，非所謂畫家喜畫鬼神而不畫犬耶？李時珍採以入藥，品其氣味，臚其治療，拔真才於灌莽，祓濯而薰盥之，脫堂阜於縲絏，握嚴蔑於庭階。得一知己，沉淪者亦良幸矣。吾前過章貢山中，捋之、擷之於蕪穢蒙密間，始識其全體。土人皆呼為遼葉。李時珍謂其葉疎遼故名。按字書藔樹葉疎也，則亦可作藔。吾謂凡物之遜遠者皆曰遼，火燎於原，其光遠也；窗疎曰寮，目朗曰瞭，其見遠也；山民曰獠，外之至矣。此草不生平原而遠依山澤，謂之曰遼，亦外之而已。夫物為人所外而有殊功，古所云破天荒者，非此類耶？華門室竇之人，而皆陵其上，其難為上矣。春秋世祿，恃以為獄，烏可為訓？

清・張仁錫《藥性蒙求・草部》 箬 味甘寒，能通肺氣。治血燒灰，血淋亦利。燒存性。冲。治諸血證，及五淋、血淋尤妙。療癰腫喉痺，目疾。

清・戴葆元《本草綱目易知錄》卷一 箬葉 甘，寒。通小便，利肺氣，開喉痹，消癰腫，止吐衄嘔血，咯血下血，吹奶乳癰，俱燒存性服。【略】咽喉閉痛，箬葉炭、燈心炭，等分吹之。葆驗：加龍腦少許。

蘆

宋・唐慎微《證類本草》卷九草部中品〔唐・陳藏器《本草拾遺》〕 江中採出蘆 蘆令夫婦和同。用之有法。此江中出波蘆也。

唐・歐陽詢《藝文類聚》卷八二 荻 《爾雅》曰：菼，薍也。似葦而小。《詩疏義》曰：薍，或謂之荻。至秋堅成，謂之萑也。焦贛《易林》剥之坤曰：從風縱火，荻芝俱死。《漢書》曰：董偃見寵館陶公主，安陵袁叔謂偃曰：顧成廟遠無宿宮，又有荻竹藉田，足下何不白主，獻長門園於上，此上所欲也。《抱朴子》曰：吳世有姚光者，有火術。吳主身臨試之，積荻數千束，光從其上，又以數千束荻累之，因猛風燔之，火盡，光端坐灰中，振衣而起。《晉中興書・徵祥說》曰：童謠云：官家養蘆，化成荻。蘆生不止，自成積。是時盧循竊據廣州，國未能討。因而用之，是官養之蘆也，荻猶敵也。《毛詩》曰：敦彼行葦，牛羊勿踐履。又曰：誰謂河廣，一葦杭之。又曰：有漼者淵，萑葦淠淠。又曰：毳衣如菼。又曰：八月萑葦。《禮記》曰：七月納材葦。《呂氏春秋》曰：季秋之月，命虞人材葦供國。《搜神記》曰：朽葦化蛬也。《異苑》曰：盧龍將攻京師，謠曰：十丈瓦屋，（盧）〔蘆〕作柱，薙作欄。郭璞奏曰：不宜禁荻地。《禮》云：名山大澤不封，蓋欲以民通財共利，不獨專之也。

詩 梁元帝《賦得春荻詩》曰：翠菼玉池前，遥映江南蓮。非秋無有毦，未燒不生煙。

詔 宋武帝詔曰：少府前歲所封諸洲蘆荻，可開以利民。

宋・沈括《夢溪筆談》卷三《補筆談》 藥中有用蘆根及葦子、葦葉者，蘆葦之類。凡有十數種多，蘆、葦、葭、菼、薍、萑、葸息理反、華之類，皆是也。名字錯亂，人莫能分。或謂蘆似葦而小，則薍，非葦也。今人云葭，一名華。郭璞云：薍似葦，是一物。按《爾雅》云菼、薍、葦、蘆，蓋一物也。名字雖多，會之則是兩種耳。今世俗只有蘆與荻兩名。按《詩疏》亦將葭、菼等衆名判為二物。曰：此物初生為菼，長大為薍，成則名為萑；初生爲葭，長大為蘆，成則名為葦。故先儒釋薍為萑，釋葭為葦。予今詳諸家所釋，葭、蘆、葦，皆蘆也。則菼、薍、萑是荻耳。《詩》云葭菼揭揭，則葭，蘆也；菼，荻也。又曰萑葦，則萑，荻也。葦，蘆也。連文言之，明非一物。又《詩》釋文云：薍，江東人呼之為烏蓲。今吳中烏蓲草乃荻屬也。則萑、薍為荻，明矣！然《召南》彼茁者葭，謂之初生可也。《秦風》曰：蒹葭蒼蒼，白露為霜。則散文言之，霜降之時亦得謂之葭，不必初生。若對文，須分大小之名耳。荻芽似竹筍，味甘脆可食，莖脆可曲如鉤，作馬鞭節。花嫩時紫，脆則白，如散絲，葉色重，狹長而白脊。一類小者，可用為曲薄，其餘唯堪供爨耳。蘆芽味稍甜，作蔬尤美。莖直，花穗生如狐尾，褐色，葉潤大而色淺，此堪作障席、筐筥，織壁覆屋，絞繩雜用，以其柔韌且直故也。今藥中所用蘆根、葦子、葦葉，以此證之，蘆、葦乃是一物，皆當用蘆，無用荻理。

宋・唐慎微《證類本草》卷一一草部下品〔《別錄》〕 蘆根 味甘，寒。主消渴，客熱，止小便利。

〔梁・陶弘景《本草經集注》〕云：當掘取甘辛者，其露出及浮水中者，並不堪用也。

〔唐・蘇敬《唐本草》〕注云：此草根，療嘔逆不下食，胃中熱，傷寒患者彌良。其花名蓬蕽音農，水煮汁服，主霍亂大善，用有驗也。

〔宋・掌禹錫《嘉祐本草》〕按：《藥性論》云：蘆根，使，無毒。能解大熱，開胃，治噎噦不止。日華子云：治寒熱，時疾，煩悶，妊孕人心熱，并瀉痢人渴。

〔宋・蘇頌《本草圖經》〕曰：蘆根，舊不載所出州土，今在處有之，生下濕陂澤中。其狀都似竹，而葉抱莖生，無枝。花白作穗若茅花。根亦若竹根而節踈。二月、八月採，日乾。用之當極取水底甘辛者，其露出及浮水中者，並不堪用。謹按《爾雅》謂：蘆根爲葭華。郭璞云：蘆，葦也，葦即蘆之成者，謂蒹爲薕與廉同，蒹似萑音桓而細長，高數尺，江東人呼爲薕。薍與荻同者，謂菼他敢切爲薍五患切。薍似葦而小中實，江東呼爲烏蓲音丘者，或謂之荻。荻至秋堅成，即謂之萑，其華皆名苕徒彫切，其萌筍皆名虇音綣。若然，所謂蘆葦，通一物也。所謂薕，今作蒹者是也。所謂菼，人以當薪爨者是也。今人罕能別蒹菼與蘆葦。又北人以葦與蘆爲二物。水傍下濕所生者皆名葦，其細不及指，人家池圃所植者爲蘆。其蘚差大，深碧色者，謂之碧蘆，亦難得。然則本草所用蘆，今北地謂葦者，皆可通用也。古方多單用。葛洪療嘔噦。切根水煮，頓服一升。《必效方》：以童子小便煮服，不過三升差。其蓬茸，主卒得霍亂，氣息危急者。取一把煮濃汁，頓服二升差。兼主魚蟹中毒，服之尤佳。其筍，味小苦，堪食。法如竹筍，但極冷耳。

〔宋・唐慎微《證類本草》〕《唐本餘》：生下濕地。莖、葉似竹，花若荻花，二月、八月採根，日乾用之。雷公云：凡使，須要逆水蘆。其根逆水生并黄泡肥厚者，味甘，採得後去節鬚并上赤黄了，細剉用。《聖惠方》：治食馬肉中毒，痒痛。蘆根五兩切，以水八升，煮取二升，分爲三服。《千金方》：治乾嘔噦，若手足厥冷。蘆根三斤濃煮汁，飲之。《肘後方》：食鱸魚肝、鯸鮧魚中毒。剉蘆根煮汁一二升，飲之。《梅師方》：食狗肉不消，心下堅，或䐜脹口乾，忽發熱妄語。煮蘆根飲之。《金匱玉函方》：治五噎心膈氣滯煩悶，吐逆不下食。蘆根五兩剉，以水三大盞，煮取二盞，去滓。不計時溫服。

宋・鄭樵《通志》卷七五《昆蟲草木略》 蘆 《爾雅》曰：葭，蘆。又曰：蒹，薕。又曰：菼，薍。蘆之大者曰葭，小者曰荻，蒹即荻也，可為簾箔，故曰蒹。其小而實者曰葦，菼即葦也。其萌曰虇。虇，蘆筍也。其榮曰芀。芀，蘆花也。故曰：葦醜芀。亦謂之葭，故曰葭華。

宋・王介《履巉巖本草》卷下 蘆花草 〔根〕性涼，無毒。入甘草一處煎服，治小便淋瀝，赤澁不通。

宋・陳衍《寶慶本草折衷》卷一一 蘆根使。葦在内。○筍附。 一名薕，一名薕薍。其蘚碧色者名碧蘆，乃葦類也。○薕與廉同，薍與荻同。生下濕陂澤中，今處處池圃植有之。○二、八月採水底根，日乾。其露出及浮者不堪。○附：筍，一名虇。○其花一名葭華，一名蓬蕽，一名蓬茸，一名苕。○虇，音綣；葭，音如。蕽，音農；苕，徒凋切。

味甘、辛，寒，無毒。○主消渴客熱。○《唐本》註云：療嘔逆胃熱，傷寒患者彌良。○《藥性論》云：解大熱，治噎噦。○日華子云：治寒熱時疾煩悶，妊孕人心熱，并瀉痢人渴。○《圖經》曰：狀都似竹。葉根莖生，無枝。花白作穗，名茅花。根若竹根而節踈。本草所用蘆，北地謂葦者，皆可通用也。

附：筍○味小苦，極冷。堪食如竹筍法。亦發病，凡服藥者當忌之。

元・王好古《湯液本草》卷四 葦葉 《液》云：同蘆，差大耳。

蘆根 氣寒，味甘。《本草》云：主消渴客熱，止小便。《金匱玉函》治五噎膈氣煩悶，吐逆不下食，蘆根五兩，剉，水三盞，煮二盞，去柤，服無時。

元・吳瑞《日用本草》卷七 蘆筍 味甘，寒，無毒。食蘆筍羹者，勿食巴豆藥。

主消渴客熱，止小便利，嘔逆不下食，妊婦時疾熱渴。

元・朱震亨《本草衍義補遺・新增補》 蘆根 氣寒，味甘。《本草》主消渴客熱，止小便。《金匱玉函》治五噎隔氣，煩悶吐逆，不下食。蘆根五兩，剉，水三盞，煮二盞，服無時，甚效。

元・徐彦純《本草發揮》卷二 蘆根 海藏云：《金匱玉函》方治五膈氣滯煩悶，吐逆不下食，蘆根五兩，剉，水三大斛，煮取二斛，去滓，溫服無時。

明・朱橚《救荒本草》卷上之後 蘆筍 其苗名葦子草。《本草》有蘆根。《爾雅》謂之葭華。上音佳，下是棰切。生下濕陂澤中。其狀都似竹，但差小，而葉抱莖生，無枝叉，花白作穗如茅花，根如竹根，亦差小而節踈，露出浮水者不堪用。味甘。一云甘、辛，性寒。 救飢：採嫩筍煠熟，油鹽調食。其根甘甜，亦可生咂食之。 治病：文具《本草》草部蘆根條下。

明・王綸《本草集要》卷二 蘆根使 味甘，氣寒。 主消渴客熱，止小便利。治寒熱時疾煩悶。妊孕人心熱，治嘔噦，不下食，胃中熱，水煮，頓服之良。解食魚蟹中毒。○其花名蓬茸，主卒霍亂危急者，取一把煮濃汁，頓服二升差。

明・滕弘《神農本經會通》卷一 蘆根 使也。二八月採，日乾。用之當取水底甘辛者，其露出及浮水中者，並不堪用。今北地謂葦者，皆可通用也。

味甘，氣寒。《湯》同。

《本經》云：主消渴客熱，止小便利。唐注云：療嘔逆不下食，胃中熱，傷寒患者彌良。其花名蓬蕽，水煑汁服，主霍亂大善，用驗。《藥性論》云：使，無毒。能解大熱，開胃，治噎噦不止。日華子云：治寒熱時疾煩悶，姙孕人心熱，并瀉痢人渴。《圖經》云：葛洪療嘔噦，切根，水煑，頓服。其花名蓬茸，主卒得霍亂，氣息危急者，取一把，煑濃汁，頓服二升，差。兼主魚蟹中毒，服之尤佳。其笋味小苦，堪食，法如竹笋，但極冷耳。丹溪云：《金匱玉函方》治五噎，心肺氣滯，煩悶吐逆，不下食，蘆根五兩，剉，以水三大盞，煑取二盞，去滓，不計時溫服。

明・劉文泰《本草品彙精要》卷一四 蘆根無毒。附蓬茸。叢生。

蘆根：主消渴，客熱，止小便利。名醫所錄。【名】蓬蕽花也。【苗】《圖經》曰：狀都似竹而無枝，其葉抱莖而生，花白若茅，作穗，根亦若竹而節疏闊。陶隱居云：入藥當掘取水底味甘辛者，其露出及浮水中者，並不堪用。抑考蘆、狄、蒹、葭同類，俱生水傍下濕地，今人罕別，人家園圃植者，亦謂之蘆，其幹差大，深碧色者曰碧蘆，亦難得。然則《本草》所用蘆，今北地謂之葦者，皆可通用也。【地】《圖經》曰：舊不載所出州土，今在處下濕陂澤中皆有之。【時】生：春生苗。採：二月、八月取根。【收】暴乾。【用】根。【色】青黃。【味】甘。【性】寒，緩。【氣】氣之薄者，陽中之陰。【臭】香。【主】胃熱，消渴。【製】《雷公》云：凡使，須要逆水蘆，其根逆水生，並黃泡肥厚味甘者，採得後去節鬚，並上赤黃子，細剉用。【治】療：《圖經》曰：根，水煮汁，頓服一升，止嘔噦。○蓬茸一把，煮濃汁，頓服二升，治卒得霍亂，氣息危急者。《唐本》注云：根，主嘔逆不下食，胃中熱，傷寒患者彌佳。○花，水煮汁服，主霍亂，大效。《藥性論》云：根，解大熱，開胃，治噎噦不止。日華子云：根，療寒熱時疾，煩悶，妊孕人心熱，並瀉痢人渴。《衍義》曰：根，水煎去滓，不拘時溫服，除五噎，心膈氣滯，煩悶，吐逆，不下食。《別錄》云：根三升，煮濃汁，治乾嘔噦，若手足厥冷及食狗肉不消，心下堅，或䐜脹，發熱妄語者，並效。【解】食牛馬肉中毒瘮痛，及食鱸魚肝、鯸鮐魚中毒，並煮根汁解之。兼主中魚蟹毒，服之尤佳。

明・葉文齡《醫學統旨》卷八 蘆根 氣寒，味甘。無毒。治消渴客熱，止小便，五噎膈氣，煩悶吐逆，不下食水，煮，頓服之良。解食魚蝌中毒。

明・許希周《藥性粗評》卷二 氣橫五膈，直透蘆根。

蘆根，荻與蒹葭之屬也。春生苗，莖似竹有節，葉抱而疎莖生，長尺餘，莖高丈餘，無枝，秋開白花，作穗如芒，根亦似竹而節踈。江淮洲澤處處有之，頗供柴薪之用。二、八月採根，以逆水入土并黃泡肥厚者良。其露出與浮水中者俱不堪用。採獲去鬚日乾。所使并所畏惡，《本草》不載。味甘，性寒，無毒。主治時疫熱病，煩渴瀉痢，霍亂嘔逆，膈氣不順，食不下胃，并食諸牛、馬、魚、蝌中毒，開胃通腸，解酒毒，止小便利。

單方：五噎氣滯：心膈煩悶，吐逆噎滯者，取根五兩，剉，以水三升，煮取二升，去滓，不拘時啜下。暴瀉症危：卒得霍亂水瀉，氣息危急者，取根一把，濃煎灌之。食肉中毒：但食諸肉中毒，（填）〔䐜〕腹不快者，取根濃煮，其湯服之。

明・鄭寧《藥性要略大全》卷七 蘆柴根使 主消渴客熱，止小便，治吐逆不下食，胸中熱，傷寒者彌良。解大熱，開胃，治噎，止嘔噦。治時氣煩悶，孕婦心熱，併瀉痢發渴。解河豚魚毒、蟹毒。專治噎膈、嘔噦、吐逆。味甘，性寒，無毒。當掘取土中逆水甘辛者。去節間鬚及赤黃皮，細剉，日乾。用生者尤妙。其露出土外浮水者，有毒勿用。蘆花茸：治霍亂。

明・陳嘉謨《本草蒙筌》卷三 蘆根 味甘，氣寒。無毒。洲渚多生，秋冬纔取。掘土擇甘美者有効，露出及浮水者損人。解酒毒退熱除煩，止嘔噦開胃下食。食魚蟹中毒即刼，懷胎孕發熱即敺。○花白名曰蓬茸，主卒霍亂危急。煮汁頓飲，霎時可安。

明・寧源《食鑒本草》卷下 蘆笋 味甘，寒，無毒。解河豚魚毒。治膈寒客熱，止渴，利小便，解諸魚之毒。根：療五噎膈氣，煩悶吐逆，不納飲食，日日濃煎湯飲之，效。

明・王文潔《太乙仙製本草藥性大全》卷一《本草精義》 蘆根 舊不載所出州土，今在處有之。生下濕陂澤中。其狀都似竹，而葉抱莖生，無枝，花白作穗若茅花，根〔亦若竹〕而節疎。二月、八月採，日乾。用之當極取水底甘辛者，其露出、其浮水中者並不堪用。《爾雅》謂蘆根爲葭華。郭璞云：蘆葦。或謂之荻，荻至秋堅成，即謂之萑，其華皆〔名〕苕徒雕切，其萌笋皆名虇。若然，所謂蘆葦通一物也，今作蒹者是也。所謂菼，人以當薪爨者是也。北人以葦與蘆爲二物，水傍下濕所生者，皆名葦，其細不及指。人家池圃所植者爲蘆。其蘚差大，深碧色者謂之碧蘆，亦難得。然則本草所用蘆，今北地謂葦者，皆可通用也。

明・王文潔《太乙仙製本草藥性大全》卷一《仙製藥性》 蘆根使 味甘，氣寒，無毒。主治：主消渴，止小便，瀉痢發渴，治吐逆，解大熱時氣傷寒，解酒毒，退熱除煩，止嘔噦，開胃下食。食魚蟹中毒即刼，懷胎孕發熱即驅。　花白名曰蓬耳，主卒霍亂危急，煮汁頓飲，霎時可安。　補註：治食馬肉中毒痒痛，用根五兩，切，以水八升，煮取二升，分爲三分。治乾嘔噦，若手足厥冷，以根三斤，濃煮汁飲之。○食鱸魚肝、鯸鮧魚中毒，剉根煮汁一二升飲之。○治食狗肉不消，心下堅或腹脹口乾，忽發熱妄語，煮根飲之。○治五噎，心膈氣滯，煩悶，吐逆不下食，蘆根五兩剉，以水三大盞，煮取二盞，去滓，不時溫服。　太乙曰：凡使須要逆水蘆，其根逆水生，并黃泡肥厚者，味甘，採得後去節鬚并土、赤黃皮了，細剉用。

明·皇甫嵩《本草發明》卷三

蘆根下品下。氣寒，味甘，無毒。秋冬取洲渚中掘土擇甘美者佳。露根與浮水者損人。　發明曰：蘆根甘寒，除陽明燥熱。故主消渴，客熱大熱，止小便利，嘔逆噎噦，開胃下食，解魚蠏毒。花，白，名蓬茸。主卒霍亂氣危急，煮汁頓飲可安。食犬肉不消，心下堅或腹痛口乾發熱妄語，食馬肉中毒痒痛，俱蘆根煮飲。五噎心膈氣滯，煩悶吐逆，不下食，用根煎汁，頓服之。○蘆筍，味小苦，性冷。

明·李時珍《本草綱目》卷一五草部·隰草類上

蘆《別錄》下品。校正併入《拾遺》江中採出蘆。

【釋名】葦音偉　葭音加　花名蓬蕽《唐本》　筍名虇音拳　時珍曰：按毛萇《詩疏》云：葦之初生曰葭，未秀曰蘆，長成曰葦。葦者，偉大也。蘆者，色盧黑也。葭者，嘉美也。

【集解】恭曰：蘆根生下濕地。莖葉似竹，花若荻花，名蓬蕽。二月八月採根，日乾用。頌曰：今在處有之，生下濕陂澤中。其狀都似竹，而葉抱莖生，無枝。花白作穗若茅花。根亦若竹根而節疏。其根取水底味甘辛者。其露出及浮水中者，並不堪用。按郭璞注《爾雅》云：葭即蘆也。葦即蘆之成者。菼，薍。似葦而小，中實，江東呼爲烏蓲，音丘。或謂之薍，即荻也。至秋堅成，即謂之萑，音桓。蒹似萑而細長，高數尺，江東謂之蒹。其花皆名芀，音調。其萌皆名虇，堪食如竹筍。若然，則蘆葦通爲一物也。所謂蒹，乃今作簾者是也。所謂菼者，今以當薪者是也。而人罕能別蒹菼與蘆葦也。又北人以葦與蘆爲二物。水旁下濕所生者皆名葦，其細不及指大。人家池圃所植者，皆名蘆。其幹差大，深碧色者，〔謂之碧蘆〕，亦難得。然則蘆葦皆可通用矣。　時珍曰：蘆有數種：其長丈許中空皮薄色白者，葭也，蘆也，葦也。短小於葦而中空皮厚色青蒼者，菼也，薍也，荻也，萑也。其最短小而中實者蒹也，(簾)〔薕〕也。皆以初生、已成得名。其身皆如竹，其葉皆長如箬葉，其根入藥，性味皆同。其未解葉者，古謂之紫(籜)〔蘀〕。　斅曰：蘆根須要逆水生，並黃泡肥厚者，去鬚節並赤黃皮用。

根　【氣味】甘，寒，無毒。　【主治】消渴客熱，止小便利《別録》。療反胃嘔逆不下食，胃中熱，傷寒內熱，彌良蘇恭。解大熱，開胃，治噎噦不止甄權。寒熱時疾煩悶，瀉痢人渴，孕婦心熱大明。

筍　【氣味】小苦，冷，無毒。寧原曰：忌巴豆。　【主治】膈間客熱，止渴，利小便，解河豚及諸魚蟹毒寧原。解諸肉毒時珍。

【發明】時珍曰：按《雷公炮炙論》序云：益食加觴，須煎蘆、朴。注云：用逆水蘆根並厚朴二味等分，煎湯服。蓋蘆根甘能益胃，寒能降火故也。

【附方】舊六，新六。　骨蒸肺痿：不能食者，蘇游蘆根飲主之。蘆根、麥門冬、地骨皮、生薑各十兩，橘皮、茯苓各五兩，水二斗，煮八升，去滓，分五服，取汗乃瘥。《外臺秘要》。　勞復食復：欲死。並以蘆根煮濃汁飲。《肘後方》。　嘔噦不止：厥逆者。蘆根三斤切，水煮濃汁，頻飲二升，必效。若以童子小便煮服，不過三升愈。《肘後方》。　五噎吐逆：心膈氣滯，煩悶不下食。蘆根五兩剉，以水三大盞，煮取二盞，去滓溫服。《金匱玉函方》。　反胃上氣：蘆根、茅根各二兩，水四升，煮二升，分服。《千金方》。　霍亂煩悶：蘆根三錢，麥門冬一錢，水煎服。《千金方》。　霍亂脹痛：蘆根一升，生薑一升，橘皮五兩，水八升，煎三升，分服。《太平聖惠方》。　食狗肉毒：心下堅，或腹脹口乾，忽發熱妄語。蘆根煮汁服。《梅師方》。　中馬肉毒：方同上。《聖惠》。　鯸鮧魚毒：方同上。《千金》。　食蟹中毒：方同上。《千金》。　中藥箭毒：方同上。《千金》。

莖、葉　【氣味】甘，寒，無毒。　【主治】霍亂嘔逆，肺癰煩熱，癰疽。燒灰淋汁，煎膏，蝕惡肉，去黑子時珍。　蘀治金瘡，生肉滅瘢徐之才。○江中採出蘆，令夫婦和同，用之有法藏器。

【發明】時珍曰：古方煎藥多用勞水及陳蘆火，取其水不强，火不盛也。蘆中空虛，故能入心肺，治上焦虛熱。

【附方】新六　霍亂煩渴：腹脹。蘆葉一握，水煎服。○又方：蘆葉五錢，糯米二錢半，竹茹一錢，水煎，入薑汁、蜜各半合，煎兩沸，時時呷之。《聖惠方》。　吐血不止：蘆荻外皮燒灰，勿令白，爲末，入蚌粉少許，研勻，麥門冬湯服一二錢。三服可救一人。《聖惠方》。　肺癰咳嗽：煩滿微熱，心胸甲錯。葦莖湯用葦莖切二升，水二斗，煮汁五升。入桃仁五十枚，薏苡仁、瓜瓣各半升，煮取二升，服。當吐出膿血而愈。張仲景《金匱玉函方》。　發背潰爛：陳蘆葉爲末，以葱椒湯洗淨，傅之神效。《乾坤秘韞》。　癰疽惡肉：白炭灰、白荻灰等分，煎膏塗之，蝕盡惡肉，以生肉膏貼之。亦去黑子。此藥只可留十日，久則不效。葛洪《肘後方》。　小兒禿瘡：以鹽湯洗淨，蒲葦灰傅之。《聖濟總録》。

蓬蕽　［氣味］甘，寒，無毒。　［主治］霍亂。水煮濃汁服，大驗蘇恭。煮汁服，解中魚蟹毒蘇頌。燒灰吹鼻，止衄血。亦入崩中藥時珍。

［附方］新二　乾霍亂病：心腹脹痛。蘆蓬茸一把，水煮濃汁，頓服二升。《小品方》。　諸般血病：水蘆花、紅花、槐花、白鷄冠花、茅花等分，水二鍾，煎一鍾服。萬表《積善堂方》。

明・佚名氏《醫方藥性・草藥便覽》　蘆花　其性涼。消食，止咳嗽。

明・梅得春《藥性會元》卷上　蘆根　味甘，氣寒，無毒。　凡使取根逆水生者并黄泡肥厚者，味甘，採得去節鬚并上赤黄了，細剉用。其花名蓬蕽。若露出及浮水中者，不堪用。　主治消渴客熱，止小便，五噎隔氣、煩悶吐逆不下食。水煎頓服之良，解食魚蟹中毒。又前患，取五兩剉，用水三鍾，煎至二鍾。無時服，甚效。

明・張懋辰《本草便》卷一　蘆根使　味甘，氣寒。　主消渴客熱，治嘔噦不下食，解食魚蠏中毒。　其花名蓬茸，主卒霍亂，煮濃汁，服二升差。

明・李中梓《藥性解》卷四　蘆根　味甘，性寒，無毒，入肺、胃二經。主消渴客熱，止小便利，治五噎膈氣，煩悶吐逆，以蘆根五兩，水三盞，煮一盞服，甚效。　按：蘆根主氣逆嘔噦，故入太陰陽明。消渴之症，亦以氣化不及州都故也。今得蘆根以理太陰，而津液之生必矣。

明・繆希雍《本草經疏》卷一一　蘆根　味甘，寒，無毒。主消渴，客熱，止小便利。逆水者良。蘇恭：療反胃嘔逆，不下食，胃中熱，傷食內熱。甄權：解大熱，開胃，治噎噦不止。大明：主時疾煩悶，瀉利人渴，孕婦心熱。

［疏］蘆根稟土之沖氣，而有水之陰氣，故味甘氣寒而無毒。消渴者，中焦有熱，則脾胃乾燥，津液不生而然也。甘能益胃和中，寒能除熱降火，熱解胃和，則津液流通而渴止矣。客熱者，邪熱也，甘寒除邪熱，則客熱自解。肺為水之上源，脾氣散精，上歸於肺，始能通調水道，下輸膀胱。腎為水臟而主二便，三家有熱，則小便頻數，甚至不能少忍，火性急速故也。肺腎脾三家之熱解，則小便復其常道矣。火升胃熱，則反胃嘔逆，不下食，及噎噦不止，傷寒時疾，熱甚則煩悶，下多亡陰，故瀉利人多渴。孕婦血不足則心熱。甘寒除熱安胃，亦能下氣，故悉主之也。　筍：亦能除熱，利小便，解河魨魚蟹毒。　［主治參互］逆水蘆根，得竹茹、枇杷葉、麥門冬、烏梅、木瓜，能止因熱嘔吐。　得竹茹、麥門冬、大青、青黛，能除傷寒熱病，煩悶嘔吐。《藥性論》云：蘆根能解大熱，開胃，治噎噦不止，皆由甘寒除熱之力也。《外臺秘要》治骨蒸肺痿不能食者，蘇遊蘆根飲主之。蘆根、麥門冬、地骨皮、生薑各十兩，橘皮、茯苓各五兩，水二斗，煮八升，去滓，分五服，取汗乃瘥。　《肘後方》治勞復、食復欲死，竝以蘆根煮濃汁飲。又方，治嘔噦不止、厥逆者，蘆根三斤切，水煮濃汁，頻飲二升，必效。若以童子小便煮服，不過三升愈。　《金匱玉函方》治五噎吐逆，心膈氣滯，煩悶不下食。蘆根五兩剉，以水三大盞，煎取二盞，溫服。　《千金方》治反胃上氣，蘆根、茅根各二兩，水四升，煮二升，分服。　《太平聖惠方》治霍亂煩悶，蘆根三兩，麥門冬一兩，煎服。　《梅師方》治食狗肉中毒，心下堅，或腹脹口乾，忽發熱妄語，蘆根煮汁服。又《聖惠方》治中馬肉毒，《千金方》治鯸鮧魚毒，并食蟹中毒。方俱同。　［簡誤］因寒霍亂作脹，因寒嘔吐，勿服。

明・顧逢柏《分部本草妙用》卷八雜藥部　蘆根　甘，寒，無毒。主治：消渴客熱，止小便利。療反胃嘔逆，胃熱，傷寒內熱彌良。孕婦心熱。筍，止渴，解河豚、諸魚肉毒。　按：蘆根，甘能益胃，寒能除火，故嘔吐者，根汁煎藥服之最效。

明・李中梓《醫宗必讀・本草徵要上》　蘆根味甘，寒，無毒。入胃經。噎膈反胃之司，消渴嘔逆之療。可清煩熱，能利小腸。獨入陽明，清熱下降，故主治如上。筍性更佳，解河魨毒。按：霍亂嘔吐，因於寒者勿服。

明・鄭二陽《仁壽堂藥鏡》卷一〇下　蘆根　隱居云：蘆根，掘取甘辛者。其露出及浮水中者，不堪用也。　氣寒，味甘。　《本草》云：主消渴客熱，止小便。《金匱玉函》治五噎膈氣，煩悶吐逆不下食，蘆根五兩，剉，水三盞，煮二盞，去渣，無時服。　葛洪云：蘆根無毒。解中魚蟹。

明・蔣儀《藥鏡》卷四寒部　蘆根　下噎隔之痰，清吐逆之火。三陽秘結，遂作靈丹。三消渴病，恃為神品。勞復食復，單煑汁濃。霍亂悶煩，麥冬同飲。至于蘆筍之為用也，除熱而利小水，極其所長。兼觧狗、馬、河魨毒矣。

明・盧之頤《本草乘雅半偈》帙一一　蘆根《別録》下品　氣味：甘，寒，無毒。　主治：消渴客熱，止小便利。

斅曰：所在有之，生下濕陂澤中。其狀似竹，葉抱莖生，無附傍枝。花白作穗若茅。根類竹而節疎。根行水底者，其味甘。露根水上者，不堪用也。

条曰：《詩疏》云：蘆初生曰葭，嘉美也。長成曰葦，偉大也。未秀曰蘆。蘆，黑也。蓋蘆曰黑，黑，水色也。臚，腹前也，假言驢力之在臚也。其氣寒，其味甘，對待熱蘊臚腹，大者膀胱氣，美失其中，致腎水失周，胸臆而消渴，獨沉膀胱而便利，與之各得其平。故水者，準也，稱物平施，則水流而不盈，行險而不失其正。

明·李中梓《本草通玄》卷上　蘆根　甘，寒，入胃。　主胃熱火逆，嘔吐噎噦，消渴瀉痢。　取肥者，去鬚節并赤黃皮。

清·顧元交《本草彙箋》卷三　蘆根附箬葉。　蘆根味甘，得土之沖氣，氣寒得水之陰氣，凡中焦有熱，則脾胃乾燥，津液不生，而有消渴之症。甘以益胃，寒以抑火，熱解胃和，則津液流通，而渴除矣。肺爲水之上源，脾土散精，上歸於肺，始能通調水道，氣化及于州都。腎爲水臟，主二竅，小便頻數，肺、腎、膀胱三家有熱也。以甘寒之品，除其客熱，而小便自復其常矣。火升胃熱，而有反胃嘔逆噎噦等症。傷寒時疾，熱甚煩悶。下多亡陰，致有瀉利之症。而人多渴，孕婦血不足，則亦成心熱之病。甘寒除熱安胃，亦能下氣，故悉主之。

蘆笋，亦治膈間客熱，止渴，利小便，解河魨、魚蟹之毒。其籜亦治金瘡，生肉滅瘢。

蘆有數種，長丈許，中空皮厚，色白者，葭也，蘆也，葦也。短小于葦，中空皮厚，色青蒼者，菼也，薍也，荻也，萑也。最短小，中實者，蒹也，簾也。其身皆如竹，葉皆長如箬，其根入藥，性味皆同。須取水底，甘辛。又須逆水生，并黃泡肥厚者。去鬚節并赤黃皮用。其露出及浮水中者，並不堪用。古方煎藥多用勞水及陳蘆火，取其水不強，火不盛也。蘆中空虛，故能入心肺，治上焦虛熱。

因熱嘔吐者，用逆水蘆根，同竹茹、枇杷葉、麥冬、烏梅、木瓜煎服。　吐血不止，用蘆荻外皮燒灰，勿令白，爲末，入蚌粉少許，研勻，麥冬煎湯，服一二錢，三服，可救一人。

另有一種名箬，似蘆荻，而葉面青，背淡，柔而韌，即南人取葉作笠，及裹茶裹糉之用者。其性亦甘寒，無毒。利肺氣，通小便，及凡男女吐衄，嘔咯血症，并下血，並燒存性，溫湯服一二匕，大效。

古方腸風下血，用茶簍內箬葉，燒存性，每服三匙，空心糯米湯下，或入麝香少許。尿白如注，小腹氣痛者，亦用前方。近有患便血者，以前方三服全愈，竟不復發。但箬灰先用沙糖調稠，或酒或滾水沖服，不入麝香。

男婦血淋，以多年煮酒瓶頭箬葉，三五年至十年者尤佳，每用七葉，燒存性，入麝少許，陳米飲下，日三服。有人患此，二服愈。亦治五淋。

吹奶乳癰，以五月五日糉箬燒灰，酒服二錢，即散，累效。但今南方裹糉箬，與作笠作茶簍者稍别，而所産亦有山澤之異，想其性固不殊耳。

清·穆石匏《本草洞詮》卷九　蘆　葦之初生曰葭，未秀曰蘆。蘆根莖葉並味甘，氣寒，無毒。治消渴客熱，療反胃，止小便利。蓋蘆中空，能入心肺，治上焦虛熱也。雷斅云：益食加觴，須煎蘆朴。注云：用逆水蘆根，并厚朴二味，等分，煎湯服。蓋蘆根甘能益胃，寒能降火故耳。古方煎藥，多用勞水、陳蘆，取水不強，火不盛也。

清·劉雲密《本草述》卷九上　蘆　時珍曰：蘆有數種，其長丈許，中空皮薄，色白者，葭也，蘆也，葦也。短小於葦而中空，皮厚色青蒼者，菼也，薍也，荻也，萑也。其最短小而中實者，蒹也，簾也。皆以初生已成得名，其身皆如竹，其葉皆長，如箬葉，其根入藥，性味皆同，其未解葉者，古謂之柴籜。

根：氣味：甘，寒，無毒。　主治：消渴客熱，療胃中熱，嘔逆不下食，寒熱時疾，煩悶瀉痢人渴，並止小便利，及孕婦心熱。

時珍曰：按《雷公炮炙論》序云：益食加觴，須煎蘆朴。注云：用逆水蘆根，并厚朴二味，等分，煎湯服。蓋蘆根甘能益胃，寒能降火故也。　希雍曰：蘆根，稟土之沖氣，而有水之陰氣，故味甘氣寒而無毒。甘能和胃，寒能除熱，且消痰下氣，開胃益食。

逆水蘆根，得竹茹、枇杷葉、麥門冬、烏梅、木瓜，能止因熱嘔吐。　得竹茹、麥門冬、大青、青黛，能除傷寒熱病，煩悶嘔吐。

愚按：蘆根之味甘而氣寒，故益胃而解熱。甘寒更能養陰，故治胃熱嘔逆者為聖藥也。其云止小便利者，蓋胃熱則脾氣不能散精，上歸於肺，使其通調水道，下輸膀胱，即就胃而歸之下，故小便頻數也。胃熱解，則脾能散精於肺，肺得司其通調下輸之令，而如常矣。其止渴者亦大槩此義。止渴者，當以脾為胃，行其津液之義求之。然骨蒸肺痿之能治也，云何？蓋胃之三脘，皆在任脈，此之甘寒除胃熱者，固能和胃之元陰，而脾陰達肺也，故能療斯證耳。若然，則陽得陰以化，而肺陰亦下降，如瀉痢人多渴者，下多亡陰也。孕婦心熱者，血不足也，宜胥能療之矣。是豈徒以解熱降火盡之哉？

附方　骨蒸肺痿，不能食者，蘇遊蘆根飲主之。蘆根、麥門冬、地骨皮、生薑，各十兩，橘皮、茯苓各五兩，水二斗，煮八升，去滓，分五服，取汗乃瘥。觀取汗乃瘥，必胃熱傷血，而血壅於關節，以為附蒸也。

嘔噦不止，厥逆者，蘆根三斤，切，水煮濃汁，頻飲二升，必效。若以童子小便煮服，不過三升愈。　反胃上氣，蘆根、茅根各二兩，水四升，煮二升分服。

希雍曰：　因寒霍亂作脹，因寒嘔吐，勿服。

修治　其根取水底，并黄泡肥厚味甘者良。露出及浮水中者，勿用。去鬚節并赤黄皮用。

清・郭章宜《本草匯》卷一一　蘆根　味甘，氣寒，入足陽明經。噎噦煩熱之司，嘔逆瀉痢之療。消渴利腸，益胃降火。《別録》主消渴者，中焦有熱，則脾胃乾燥，津液不生而然也。甘能益胃和中，寒能除熱除火，熱解胃和，則津液流通，而渴止矣。又利小便者，肺為水之上源，脾氣散津，上歸于肺，始能通調水道，下輸膀胱，腎為水臟，而主二便。三家有熱，則小便頻數，甚至不能少忍，火性急速故也。肺腎脾三家之熱解，則小便復其常道矣。

按：　蘆根禀水之陰氣，獨入陽明，清熱下降，胃熱火逆者宜之。必取水底者，其味甘辛。若浮在水中者，不堪用也。其中空虚，又能入心肺，治上焦虚熱。筍性更佳，解河魨毒。發背潰爛，以陳蘆葉為末，葱、椒湯洗淨，傅之神効。霍亂嘔吐因于寒者，勿服。

取肥者，去鬚并赤黄皮。

清・尤乘《食鑒本草・菜類》　蘆笋　治噎膈，解河豚毒。

清・王翃《握靈本草》卷四　蘆根去鬚節，并赤黄皮。　主治：　蘆根，甘，寒，無毒。主消渴客熱，止小便利，療反胃噎噦，傷寒內熱，孕婦心熱。

清・汪昂《本草備要》卷二　蘆根瀉熱，止嘔。　甘益胃，寒降火。治嘔噦反胃，胃熱火升，則嘔逆、食不下。《金匱》方：　蘆根煎服。消渴客熱，傷寒內熱，止小便數。肺爲水之上源，脾氣散精，上歸于肺，始能通調水道，下輸膀胱。腎爲水藏，而主二便。三經有熱，則小便數，甚至不能少忍，火性急速故也。蘆中空，故入心肺，清上焦熱，熱解則肺之氣化行，而小便復其常道矣。　解魚、蟹、河豚毒。　取逆水肥厚者，去鬚、節用。

清・顧靖遠《顧氏醫鏡》卷七　蘆根甘，寒。入胃經。擣碎。　治消渴嘔逆，除噎膈反胃。皆除熱降火之功。可清煩熱，能止便頻。熱甚則小便頻數，火性急速故也。　獨入陽明，清熱下降。筍性更佳，能解河豚毒。嘔吐因寒者，勿服。

清・李熙和《醫經允中》卷二一　蘆根　入胃經。　甘，寒，無毒。主治消渴，療反胃嘔逆，胃熱，孕婦心熱。笋止渴，解河豚、諸魚肉毒。花名蓬茸，卒霍亂危急，煮汁飲下即安。

清・馮兆張《馮氏錦囊秘録・雜症痘疹藥性主治合參》卷二　蘆根禀土之沖氣，有水之陰氣，故味甘，氣寒，無毒。甘能益胃和中，寒能除熱降火，所以專除胃熱。凡噎噦、嘔吐、煩渴、霍亂之屬於實熱者，並所必需。前症之屬於虚寒者，切勿誤用。

蘆根，掘土甘美者有效，露出水面者損人。解酒毒，退熱除煩，止嘔噦，開胃下食，清胃熱，止消渴。食魚蝦中毒即解，懷胎孕發熱能痊。花白名蓬茸，主卒霍亂危急，煮汁吞飲即安。

主治痘疹合參：　治痘初起，胃熱口臭，遶口四圍，痘密者最宜。脾胃虚寒者禁用。

清・张璐《本經逢原》卷二　蘆根笋名虇蘆，莖名葦莖，花名蓬蕽。　甘，寒，無毒。

發明：　蘆根甘寒，主消渴、胃中客熱。利小便，治噎噦，反胃嘔逆，不下食，妊娠心熱，時疫寒熱，煩悶。解河豚諸魚毒，其笋尤良。○葦莖中空，專於利竅，善治肺癰，吐膿血臭痰。○虇蘆治臍下堅癖，小便不利。○《千金》葦莖湯以之為君，服之熱毒從小便泄去最捷。蘆花煮汁治乾霍亂心腹脹痛，若燒存性，治吐衄諸血。

清・浦士貞《夕庵讀本草快編》卷二　蘆《別録》、葭、葦　《詩疏》云：　初生曰葭，未秀曰蘆，長成曰葦。葦者，偉大也。蘆者，色盧黑也。葭者，嘉美也。《詩》云：　蒹葭蒼蒼。　蘆根甘而且寒，潤肺開胃之藥也。耑蕩胸中之積熱而除嘔吐，解時疾之煩熱而止消渴，性亦純矣。且有下隕之功，兼利水之妙。雷公有云：益食加觴，須煎蘆朴。蓋謂逆水蘆根善于降火，薑炮紫朴溫可扶脾也。若其笋則苦而冷，用解河豚魚蟹以及諸肉之毒，未為無益，更有蘀治金瘡，蓬灰止鼻衄，不可忽爾。

清・王子接《得宜本草・下品藥》　蘆根　味甘，寒。主治消渴嘔逆。得麥冬治霍亂煩悶，得麥冬、骨皮、茯苓、橘紅、生薑治骨蒸肺痿。

清・黃元御《玉楸藥解》卷一　蘆根　味甘，性寒。入手太陰肺、足陽明胃經。降逆止嘔，清熱止煩。蘆根清降肺胃，消蕩鬱煩，生津止渴，除嘔下食。治噎噦懊憹之證。蘆笋清肺止渴，利水通淋，解魚肉、藥箭諸毒。蘆葉清肺止嘔，治背疽肺癰。灰汁煎膏，蝕瘀肉，去黑子。籜，治金瘡，滅痕。

清・吳儀洛《本草從新》卷一　蘆根〔瀉熱止嘔。〕　甘和胃，寒降火，治嘔噦反胃，胃熱火升則嘔逆，食不下。客熱消渴，傷寒煩熱。止小便數。肺為水之源，脾氣散精，上歸於肺，始能通調水道，下輸膀胱。腎為水臟而主二便。三經有熱，則小便數，甚至不能少忍，火性急速故也。蘆中空，清上焦，濕熱解則肺之氣化行，而小便復其常道矣。蘆笋，能解魚、蟹、河豚毒。反胃嘔吐由於寒者勿用。取逆水肥厚者，去鬚節。

清・汪紱《醫林纂要探源》卷二　蘆笋　甘，淡，寒。蘆之萌也。兼得水澤之氣，解魚蟲毒。最解河豚毒。魚，鱗蟲也，亦屬木，而生於水。河豚之性，稍觸則怒。怒，肝象也。蘆笋達陽氣於鬱陰之下，故能平其毒。快痘毒。　根：性味同。能滲濕，行水。味淡滲，且生水中。療肺癰。肺癰，相火侮金也。相火之氣宣，則不侮金矣。

清・嚴潔等《得配本草》卷三　葦莖即蘆幹。蘆根。　甘，寒。入手少陰、太陰經血分。行周身氣血，熱邪去，血氣自行。除上焦虛熱。佐竹茹、糯米、薑汁，治霍亂煩渴。佐桃仁、米仁、瓜瓣，治肺癰咳嗽。吐出膿血而愈。蘆幹外皮燒炭，入蚌粉少許，麥冬湯送下，治吐血不止。煎汁，去渣入藥服。蘆根　忌巴豆。　甘，寒。入足陽明經。退邪熱，下逆氣，止嘔噦，除煩渴，甘能益胃，寒能降火。療便數勞復。解魚鱉肉毒。　配竹茹、麥冬，治霍亂煩悶。熱除嘔自止。配地骨皮、麥冬、橘皮、生薑，治肺痿骨蒸。　逆水生，黃泡肥厚者良。去鬚、節、黃皮，搗汁用。出泥浮水中者，不可用。

題清・徐大椿《藥性切用》卷三　白蘆根　性味甘寒，入胃而降火止嘔。蘆笋能解魚蟹、河豚毒。嘔噦反胃由中寒者勿服。

清・黃宮繡《本草求真》卷六　蘆根瀉胃中熱嘔。　蘆根耑入肺胃，兼入心。治無他奇，惟清肺降火，是其所能。凡人胸中有熱，則火升上嘔，逆氣不下。脾肺熱起則消渴便數，甚至不能少忍。《金匱玉函》治心膈氣滯煩悶不下食，蘆根五兩剉，以水三大盞煮服。故必得此苦寒以治，則諸症悉除。汪昂曰：肺為水之上源，脾氣散精，上歸於肺，始能通調水道，下輸膀胱。腎為水臟而主二便，三經有熱，則小便數甚，至不能少忍，火性急速故也！蘆中空，故入心肺清上焦熱，熱解則肺之氣化行，而小便復其常道矣。且解鰕魚中毒、酒毒，然此止宜實熱，不宜虛寒。若誤用之，必致見害，取逆水土內甘美者效。若露出水面者，損人，去蘆節。

清・李文培《食物小錄》卷上　蘆筍　甘，寒，無毒。止渴，利小便，解諸毒。多食有損無益。

清・羅國綱《羅氏會約醫鏡》卷一六草部　蘆茅根味甘寒，無毒，入脾經。甘益胃，寒除火。治噎膈、反胃、消渴、嘔逆、皆胃熱之患。傷寒內熱，止小便頻數。亦有屬熱者。　按：性寒，以上諸證屬寒者，切勿誤用。根取土之中者，若露出水面者損人，笋性更佳。花白，名蓬茸，主霍亂危急，煮汁呑飲即安。

清・黃凱鈞《藥籠小品》　蘆根　清肺胃熱，痘疹痧瘄，可以煎湯代茶，取其甘寒退熱，不犯胃氣之良藥也。茅根清養肺氣，燥金咳嗆宜之。

清・章穆《調疾飲食辯》卷一下　蘆根汁　《綱目》曰：毛萇《詩疏》云：葦之初生曰葭，未秀曰蘆，長成曰葦。《圖經本草》曰：其莖都似竹，而葉抱莖生。《爾雅》注云：葭即蘆也；葦即蘆之長成者；菼，薍。似葦而小，江東呼為烏蓲。或謂之薍，即荻也。此非蕭荻之荻，《爾雅》邢疏曰：蕭荻乃牛尾蒿，即《郊特牲》所謂焫蕭合羶香者是也。至秋老又謂之萑。《左傳》：子太叔為政，盜取人於萑苻之澤。蒹似萑而細長，此亦荻類，《爾雅》曰蒹薕。其花皆名芀，《唐本草》曰：花名蓬蕽。其萌皆名虇，可食，如茭、筍。其根似竹根而節疏，入藥代茶，味甘平純正，為退熱除煩，止渴止嘔熱嘔之上藥，解一切魚、鼈、鰕、蟹肉毒之神丹。《肘後方》治熱病嘔噦：蘆根煎汁，頻飲勿輟。若以童子小便煎服，其效尤速。乾嘔為嘔，有物為吐，唐以前醫書從不混稱。至宋以後，始無區別。噦即呃逆也。《內經》、《難經》、《傷寒論》、《金匱》、《東陽》、《深師》、《千金》、《外臺》諸書，數千百見，皆稱噦不稱呃逆。金元時始創造呃逆之名，而以噦為乾嘔。此《肘後方》乃晉人葛稚川所著，其嘔、噦二字，當從前解。《金匱》治五噎吐逆，即上方。《千金方》治霍亂煩悶，蘆根、麥門冬煎湯常飲。又《肘後》治傷寒解後食復、勞復。《外臺》治骨蒸肺痿。《別錄》治消渴客熱。《唐本草》治傷寒內熱，腹中虛熱，不能下食。

《藥性本草》治大熱噎噦。此噦亦即是呃逆，不可誤作乾嘔。《日華本草》治時行熱病、煩渴、熱瀉、熱痢，孕中胎熱。《食鑒本草》治小便熱閉。《梅師方》治食肉中毒，不拘馬、牛、羊、犬、雞、雉，其症心下堅硬，腹脹、口乾、發熱、妄語、吐血、便血。《千金方》治食河豚，鮎、鱯、鰕、蟹等毒，並用蘆根煮汁，不計多少，頻飲之。此物味甘近補而不助邪，性涼善清而不傷胃，無病之人暑月常用代茶，暑熱、瘧、痢諸病，可以一概消除也。

蘆葉陳者研末，可治癰疽久爛，葱葉、花椒煎湯洗淨，以末摻之，甚效出《乾坤秘韞》。燒灰可治禿瘡，鹽湯洗淨摻之出《聖濟總錄》。同白炭灰，蘆灰十之八，炭灰十之二。開水淋汁，瓦罐煎，減十之八，可塗爛瘡，蝕惡肉。蝕盡然後用生肌藥。但其性猛厲，不可過用。出《肘後方》。花能破血，凡吐血、衄血、血崩，但色帶紫黑者，無不宜之。方用蘆花、槐花、白雞冠花、紅花、茅花一名芭茅，其葉能割人手。等分，水煎服。但蘆花、茅花開不同時，得一味倍其數即有效。出萬表《積善堂方》。

清·章穆《調疾飲食辯》卷三　蘆筍　《食鑒本草》曰：　消膈間客熱，同麥門冬、甘草煎汁多飲。利小便，解河豚及諸魚鼈毒。　按：　此物不能常得，蘆根可以代之。

清·王龍《本草纂要稿·草部》　蘆根　氣味甘寒。解酒毒，退熱除煩。止嘔噦，開胃下食。解魚蟹中毒，驅胎孕發熱。露出浮水者損人，掘土甘美者宜用。

清·楊時泰《本草述鉤元》卷九　蘆根　蘆有數種，其長丈許，中空皮薄色白者，葭也，蘆也，葦也。其短小於葦，而中空皮厚色青蒼者，菼也，薍也，荻也，萑也。其最短小而中實者，蒹也，蘼也。其身皆如竹，其葉皆長如箬，其根入藥，性味皆同，未解葉者，謂之紫蘀瀕湖。

氣味甘寒。通胃降逆之要藥。主消渴客熱，療胃中熱，嘔逆，不下食，寒熱時疾煩悶，瀉痢人口渴，並止小便利及孕婦心熱。稟土中之沖氣，而有水之陰氣，故甘能和胃，寒能除熱，且消痰下氣，開胃益食也仲淳。益食加觴，須煎蘆、朴雷公。用逆水蘆根，厚朴等分煎湯服。得竹茹、枇杷葉、木瓜、麥冬、烏梅，止因熱嘔吐。得竹茹、麥冬、大青、青黛，除傷寒熱病，煩悶嘔吐。骨蒸肺痿不能食者，蘆根飲主之，蘆根、麥冬、地骨皮、生薑各十兩，橘皮、茯苓各五兩，水二斗，煮八升，去渣，分五服，取汗乃瘥。按：　此必胃熱傷血而壅於關節，為附蒸，是以取汗。嘔噦不止厥逆者，蘆根三斤切，水煮濃汁，頻飲二升必效，入童便煮，不過三升愈。反胃上氣，蘆根、茅根各二兩，水四升，煮二升，分服。

論：　蘆根味甘氣寒，益胃養陰，故治胃熱嘔逆為聖藥。其能止小便利者，以胃熱則脾氣不能散精歸肺，使調水道，而後下輸，即就胃而歸之下，故小便頻數也。胃熱解，則脾能散精於肺，而通調下輸之令如常矣。其止渴亦大概此義，夫胃之三脘皆在任脈，此味和胃之陰，而脾陰達肺，故能療骨蒸肺痿。至陽得陰化，而肺陰下降，則瀉痢多渴及孕婦心熱，胥治之矣。

繆氏：　嘔吐作脹因寒者，弗服。

修治：　取水底并黄泡肥厚味甘者良。去鬚節并赤黄皮用，其露出及浮水中者勿服。

清·葉桂《本草再新》卷二　蘆根味甘、苦，性微寒，無毒。入肝、脾二經。平肝和胃，降火利水，止渴除煩。

清·吴其濬《植物名實圖考》卷一四　蘆　《別録》下品。《夢溪筆談》以為蘆、葦是一物，藥中宜用蘆，無用荻理，然今江南之荻，通呼為蘆，俗方殆無別也。毛晉《詩疏廣要》引證頗核，附以備考。

雩婁農曰：　強脆而心實者為荻，柔纖而中虚者為葦，澤國婦孺，瞭如菽麥。但南多荻北多葦。北人植葦於汚凹曰葦泊，掘其芽為蔬，曰葦笋；織其花為履，曰葦絮；緯之為簾，曰葦簿；縷之為藉，曰蘆席；以藩院，曰花障；以幕屋，曰仰棚。朽莖則以熇栗，新葉則以裹糉，提之為籠，圍之為囤，覆墻以禦雨，築基以避堿，皆蘆之功也。大江之南，是多荻洲，為柴、為炭，則竈窑所恃也。其灰可烺、可烘，為防、為築，則隄岸所亟也；其芽可食，可飼。幽燕以葦代竹，江湖以荻代薪，故北宜葦而南宜蘆，又葦喜止水，荻喜急流，弱強異性，固自不同。

清·趙其光《本草求原》卷三隰草部　蘆根　甘，開胃進食，同厚朴用。寒，降火消痰。治嘔噦反胃，胃火太升也。同烏梅、麥冬、竹茹、枇杷葉用。消渴、胃陰足，脾陰亦和，而散精於肺。傷寒內熱、時疾煩悶，合竹茹、麥冬、青黛。止小便數，脾陰達於肺，肺就胃而歸之下，乃得司其通調水道之常，自不致數急難忍。瀉痢亡陰而渴，脾為胃行其津液。孕婦心熱、骨蒸肺痿，胃熱則血傷，而壅於關節、心肺。合麥冬、地骨、生薑、茯苓、陳皮以取汗，則壅去，陽得陰化而下降。解魚蟹，河豚毒。　取逆水底下浮水面者無功。肥厚者，去鬚、節、皮用。

清・文晟《新編六書》卷六《藥性摘錄》 蘆根 苦，寒。清肺降火，瀉胃中熱滯。○治消渴便數，解蝦魚酒毒。○實熱相宜，虛熱不宜用。○取逆水土內甘美者効。若露出水面，損人。去蘆節用。

蘆筍 治噎膈，及煩悶不食。

清・張仁錫《藥性蒙求・草部》 蘆根葦莖。五錢、一兩。 蘆根甘寒，降火除煩。和胃止嘔，消渴能醫。去鬚節。取逆水肥厚者。○莖名葦莖，中空。專於利竅，治肺癰吐血，吐膿臭痰最妙。千金葦莖湯以之為君，服之熱毒從小便去最捷。

清・劉善述、劉士季《草木便方》卷一草部 蘆菰根 蘆根甘寒益脾胃，消渴利熱止嘔噦。反胃噎膈治便數，傷寒內熱服汁退。

清・田綿淮《本草省常・菜性類》 蘆筍 即葦芽，一名虇。性寒。清胸膈客熱，止渴利水，解諸魚肉毒。服巴豆者忌之。虇，音犬。

清・戴葆元《本草綱目易知錄》卷一 蘆根 甘益胃，寒降火，開胃氣，止噎噦。治反胃嘔逆不下食，胃中熱，傷寒內熱，寒熱時疾，消渴客熱，煩悶瀉痢。妊婦心熱，止小便利數。解魚蟹河豚毒。

清・黃光霽《本草衍句》 蘆根 甘能益胃，寒能降火。治嘔噦而食不下，退熱除煩。療時疾而清熱邪，安胎止渴。孕婦心熱，主治消渴嘔逆。得麥冬治霍亂煩悶，得麥冬、骨皮、茯苓、橘紅、生薑治骨蒸肺痿。 嘔噦不止、厥逆者，蘆根三斤，煎濃汁飲之必效。若以童便煎服，不過三斤愈。 反胃上氣，蘆根、〔茅根〕各二兩，水煎服。

清・陳其瑞《本草撮要》卷一 蘆根 味甘，寒，入手太陰、足陽明經，功專消渴去嘔逆。得麥冬治霍亂煩悶，得麥冬、骨皮、茯苓、陳皮、生薑治骨蒸肺痿。如獨用止小便，並解魚蟹、河豚毒。

麻藘

清・何其言《養生食鑒》卷上 蔴藘 味酸、滑，性寒，無毒。固表潤腸，解酒利便。胃寒洩瀉勿食，瘡患忌之。

龍常草

宋・唐慎微《證類本草》卷三〇有名未用・草木〔《別錄》〕 龍常草 味鹹，溫，無毒。主輕身，益陰氣，療痹寒濕。生河水傍，如龍芻，冬、夏生。

明・李時珍《本草綱目》卷一五草部・隰草類上 龍常草《別錄》有名未用

〔釋名〕粽心草時珍曰：俚俗五月採，繫角黍之心，呼爲粽心草是也。 〔集解〕《別錄》曰：生河水旁，狀如龍芻，冬夏生。時珍曰：按《爾雅》云：蓾，鼠莞也。鄭樵解爲龍芻。郭璞云：纖細似龍鬚，可爲席，蜀中出者好。恐即此龍常也。蓋是龍鬚之小者爾。故其功用亦相近云。

莖 〔氣味〕鹹，温，無毒。 〔主治〕輕身，益陰氣，療痹寒濕《別録》。

清・吳其濬《植物名實圖考》卷一四 龍常草 《別錄》有名未用。李時珍以為即粽心草，龍鬚之小者。

田藉草

清・劉善述、劉士季《草木便方》卷一草部 田藉草 藉草甘寒明耳目，調中潤肺消渴服。脚氣濕痹虛水腫，利水清便塗腫毒。

淡竹葉

清・管暄校補《滇南本草》卷上 毛竹葉 味甘、苦，無毒。生荒野間。形似竹葉，生一小枝，葉上有毛，俗呼淡竹葉。治婦人血虛發熱，大燒成癆，服之神效。亦能利大小便，熱疾成血淋。

明・李時珍《本草綱目》卷一六草部・隰草類下 淡竹葉《綱目》

〔釋名〕根名碎骨子。時珍曰：竹葉象形，碎骨言其下胎也。 〔集解〕時珍曰：處處原野有之。春生苗，高數寸，細莖緑葉，儼如竹米落地所生細竹之莖葉。其根一窠數十鬚，鬚上結子，與麥門冬一樣，但堅硬爾，隨時采之。八九月抽莖，結小長穗。俚人采其根苗，搗汁和米作酒麴，甚芳烈。

〔氣味〕甘，寒，無毒。 〔主治〕葉：去煩熱，利小便，清心。根：能墮胎催生時珍。

明・佚名氏《醫方藥性・草藥便覽》 淡竹葉 其性涼。止渴，退熱，寬胸。

明・倪朱謨《本草彙言》卷四 淡竹葉 味甘，氣寒，無毒。入手太陽經。根名碎骨子。 李氏曰：淡竹葉，所在田野俱有。春生苗，高數寸，莖小。葉緑如竹，宛如竹米落地所生，但柔嫩爲異耳。八九月作穗，細長，一窠數十鬚，鬚上結子如麥門冬根，而但堅硬，土人采其根苗，搗汁，造麯釀酒，甚芳冽也。名竹葉，象形。碎骨，言其下胎也。

淡竹葉：清心火，利小便，李時珍通淋閉之藥也。陳赤葵稿淡味，五藏無歸。但入太陽，利小便爲專用。有走無守。證因氣壯火鬱，小水不利，用無不宜。如陰虛清氣不化者，又不可用。根性極冷，善能墮胎催生，妊婦勿輕試也。

集方：李時珍方治小便不利，淋閉不通，因氣壯火勝者。用淡竹葉一兩，甘草一錢，木通、滑石各二錢，水煎服。○治小兒胎熱，母孕時多食炙煿之物，生下面赤眼閉，口中氣熱，焦啼燥熱。用淡竹葉、甘草、黑豆各三錢，燈心廿根，水一碗，濃煎三四分，頻頻少進。令乳母亦服。○治小兒胎寒，母孕時受寒，兒生下面色青白，四肢厥冷，大便青黑，口冷腹痛，身起寒慄。淡竹葉五分，燒灰，白朮、桂心、細辛、黃耆、甘草各一錢，俱研細末。每服一分，以乳汁調下。

明・姚可成《食物本草》卷一八草部・隰草類　淡竹葉處處原野有之。春生苗，高數寸，細莖綠葉，儼如竹米落地所生細竹之莖葉。其根一顆數十鬚，鬚上結子，與麥門冬一樣，但堅硬爾。隨時採之，八九月抽莖，結小長穗。俚人採其根苗搗汁，和米作酒麴，甚芳烈。

淡竹葉，味甘，寒，無毒。主煩熱，利小便，清心。

根　能墮胎催生。

明・顧逢柏《分部本草妙用》卷八雜藥部　淡竹葉　甘，寒，無毒。主治：煩熱，利小便，清心。根，能墮胎催生。

明・李中梓《醫宗必讀・本草徵要上》　淡竹葉味淡，寒，無毒。入小腸經。專通小便，兼解心煩。淡味五臟無歸，但入太陽，利小便，小便利則心火因之而清也。按：竹葉有走無守，不能益人。孕婦禁服。

明・盧之頤《本草乘雅半偈》帙一〇　淡竹葉《綱目》　氣味：甘，寒，無毒。

主治：葉主去煩熱，利小便，〔清心〕。根能墮胎，催生。

覈曰：所在田野俱有。春生苗，高數寸，莖小葉綠如竹，宛如竹米落地，所生形色，但柔嫩為異耳。八九月作穗細長，一窠數十鬚，鬚上結子，類麥門冬根而堅硬。里人采其根苗，搗汁造麴，釀酒，殊芳冽也。

条曰：淡非濃比，淊淡水盈貌也。對待急疾如火，肺熱葉焦，為煩熱，為癃閉，葉可走之，利之。根能墮胎催生，太陰肺主開，闔者闢之，急方洩劑也。

清・郭章宜《本草匯》卷一一　淡竹葉　味甘淡，寒，入手太陽經。葉去煩熱，專通小便。根能墮胎，孕婦禁服。

按：淡竹葉有走無守，不能益人。淡味，五藏無歸，但入太陽，利小便。小便利，則心火因之而清矣。

一窠數鬚，鬚上結子，採其根苗，搗和米作酒麯，甚芳烈。

清・蔣居祉《本草擇要綱目・寒性藥品》　淡竹葉　氣味：甘，寒，無毒。

主治：葉去煩熱，利小便，清心。根能墮胎催生。

清・王翃《握靈本草》卷四　淡竹葉處處原野有之，乃草本也。苞木中有淡竹。

主治：淡竹葉，甘，寒，無毒。去胃熱，利小便，清心。

清・张璐《本經逢原》卷二　淡竹葉　甘，寒，無毒。　發明：淡竹隰生嫩苗，葉綠花碧，根鬚結子，與竹絕然不同。性專淡滲下降，故能去煩熱，清心，利小便，根能墮胎催生。

清・王道純《本草品彙精要續集》卷二　淡竹葉無毒。　主葉去煩熱，利小便，清心。根能墮胎，催生《本草綱目》。【名】根，名碎骨子。【地】李時珍曰：處處原野有之。【時】春生苗，高數寸，八九月抽莖。【質】細莖綠葉，儼如竹米落地所生細竹之莖葉，其根一窠數十鬚，鬚上結子，與麥門冬一樣，但堅硬爾。【用】俚人採其根苗搗汁，和米作酒麴，甚芳烈。【味】甘。【性】寒。【禁】孕婦勿服。

清・何諫《生草藥性備要》卷上　淡竹葉　味甜、辛，淡，性寒。涼心暖脾，消痰止渴，除上焦火、風邪煩熱。治白濁，退熱、利小便，散痔瘡毒，明眼目，仝煲猪肉食。其子似麥冬。一名黃牛子。

清・王子接《得宜本草・中品藥》　淡竹葉　味甘，寒。功專清心。得麥冬去煩熱，利小便。

清・黃元御《玉楸藥解》卷二　淡竹葉　味甘，微寒。入足太陽膀胱經。利水去濕，泄熱除煩。淡竹葉甘寒滲利，疏通小便，清泄膀胱濕熱。

清・汪紱《醫林纂要探源》卷二　淡竹葉草　甘，淡，寒。貼地小草，葉如竹而薄，背有毛，莖細弱，作蔓。功同竹葉。并治小兒驚癇。甘以緩之，淡以安之，亦平相火之治也。

清・嚴潔等《得配本草》卷三　淡竹葉根名碎骨子。　甘、淡，寒。葉，去煩熱，利小便，清心。根，能墮胎、催生。　此非淡竹之葉，另是一種，近時藥店中所用俱是此草。其功用雖大同小異，然根能破血，娠婦忌用，不可不識。

題清・徐大椿《藥性切用》卷三　淡竹葉　甘淡微寒，利小便，除煩熱。

孕婦忌之。

附：琉球·吴繼志《質問本草》内篇卷三 淡竹 生樹陰，春生苗，夏作穗結子，高尺許。淡竹葉，春生苗，高數寸，細莖綠葉，儼如竹。米落地所生。細竹之莖葉，其根名碎骨子，言其能下胎也。一窠數十鬚，鬚上結子如麥門冬，俱堅硬爾。隨時採之。八九月抽莖，結小長穗。氣味主治，載在《本草綱目》。甲辰，孫景山。名為淡竹，載在《綱目》。甲辰，戴道光、戴昌蘭。觀其莖花葉，實中國之淡竹葉，根名碎骨子。竹葉，象形。碎骨，言其下胎也。處處有之，春生苗，高數寸，細莖綠葉，儼如竹。米落地所生。細竹之莖葉，其根一窠數十鬚，鬚上結子如麥門冬，但堅硬爾。隨時採之。八九月抽莖，結小長穗，俚人採其根苗，搗汁和米作酒麴，甚芳烈。乙巳，陳文錦。

清·葉桂《本草再新》卷二 淡竹葉味甘、淡，性寒，有微毒。入心、腎二經。清心火，利小便，除煩止渴。小兒痘毒，外症惡毒。

清·吴其濬《植物名實圖考》卷一四 淡竹葉 詳《本草綱目》。今江西、湖南原野多有之。考古方淡竹葉，《夢溪筆談》謂對苦竹而言；或又謂自有一種淡竹。唯李時珍以此草定為淡竹葉，又有竹頭草與此相類，《竹譜》亦謂可代淡竹葉。

清·張仁錫《藥性蒙求·草部》 淡竹葉廿片 淡竹葉淡，甘寒利水。心火能清，兼除煩熱。小便利則心火因之而清，故能兼除煩熱。有走無守，孕婦禁服。

清·劉善述、劉士季《草木便方》卷一草部 淡竹葉 淡竹葉甘寒消痰，煩熱止渴喘安然。嘔噦吐血嗽咳止，小兒驚癇風邪痓。

清·戴葆元《本草綱目易知錄》卷一 淡竹葉 甘，寒。清心，去煩熱，利小便。葆按：淡竹葉有兩種，其一即苗竹葉。而此生原野，高數寸，葉莖似細竹，其根一窠數十鬚，鬚上結子，形似麥冬而堅硬，根名碎骨子，墜胎。人采根苗取汁，和米作酒麯，甚芳烈。

竹葉青

清·吴其濬《植物名實圖考》卷一三 竹葉青 生江西瑞州。初生如葦茅，漸發長葉似茅而闊。面青，背微白，紋如竹葉，有間道而澀。性涼。土人亦以淡竹葉用之。

竹葉麥冬草

清·吴其濬《植物名實圖考》卷一五 竹葉麥冬草 生贛州、吉安荒田中。細莖拖地，短節小葉，似秋時小竹，梢開小紅白花成簇。余以十月後船行章江，霜草就枯，場圃濯濯，荒草中見有紅蕚新嬌，取視得此。後詢之建昌土醫，云可瀉心火，功同麥冬。東海之棗，妄言妄對，姑存其說。但小草淩冬，得霜而葩，或與秋菊同其喜涼畏炎之性。

藎草

宋·李昉《太平御覽》卷第九九一 藎余悋切 《本草經》曰：藎草，味苦。

宋·李昉《太平御覽》卷第九九七 王芻 《爾雅》曰：菉，王芻也。菉蓐也，今呼鴟脚莎。《吴氏本草》曰：王芻，一名黄草。神農、雷公：生太山山谷。治身熱邪氣，小兒身熱(氣)。

宋·唐慎微《證類本草》卷一一草部下品〔《本經·别錄》〕 藎音燼草 **味苦，平，無毒。主久欬上氣喘逆，久寒驚悸，痂疥白秃瘍氣，殺皮膚小蟲。**可以染黄作金色。生青衣川谷。九月、十月採。畏鼠婦。

〔梁·陶弘景《本草經集注》〕云：青衣在益州西。

〔唐·蘇敬《唐本草》〕注云：此草，葉似竹而細薄，莖亦圓小。生平澤溪澗之側，荆襄人煮以染黄，色極鮮好。洗瘡有效。俗名菉蓐草。《爾雅》云：所謂王芻者也。

〔宋·掌禹錫《嘉祐本草》〕按：《爾雅》疏云：菉，鹿蓐也。今呼鴟脚莎。《詩·衛風》云瞻彼淇澳，菉竹猗猗是也。《藥性論》云：藎草，使。治一切惡瘡。

宋·鄭樵《通志》卷七五《昆蟲草木略》 藎草 曰菉蓐，曰王蒭，曰鴟脚莎。《爾雅》曰：菉，王蒭。又曰：竹，萹蓄。《詩》云：綠竹猗猗。即此是也。今人謂之萹竹，葉似竹而細薄，荊襄人煮以染黄，極鮮麗，故《草經》云：可染黄，作金色。

明·劉文泰《本草品彙精要》卷一五《草部》 藎草無毒。叢生。

藎音燼草：主久欬上氣，喘逆，久寒，驚悸，痂疥，白秃，瘍氣，殺皮膚小蟲。《神農本經》。〖名〗綠蓐草、王芻、鴟脚沙、鹿蓐。〖苗〗《唐本》注云：此草葉似竹而細薄，莖亦圓小，生平澤溪澗之側。荊襄人煮以染黄作金色，極鮮彩。《詩·衛風》云瞻彼淇澳，綠竹猗猗是也。〖地〗《圖經》曰：生青衣川谷。《唐本》注云：生平澤溪澗之側。〖道地〗荊襄。〖時〗生：春生苗。採：九月、十月取。〖用〗莖、葉。〖質〗類竹而細小。〖色〗青綠。〖味〗苦。〖性〗平，泄。〖氣〗味厚于氣，陰中之陽。〖主〗殺蟲。

〔反〕畏鼠婦。〔治〕療：《唐本》注云：洗諸瘡。《藥性論》云：治一切惡瘡。

明・王文潔《太乙仙製本草藥性大全》卷二《本草精義》　藎草　一名黃草，俗名菉蓐草，又名菉鹿蓐，一名王芻，今呼鵖脚莎。生青衣川谷，平澤、溪澗。其苗葉似竹而細薄，莖亦圓小，即《詩》云瞻彼淇澳，菉竹猗猗是。荊襄人煮以染黃色極鮮好。九月、十月採。畏鼠婦。

明・王文潔《太乙仙製本草藥性大全》卷二《仙製藥性》　藎草使　味苦，氣平，無毒。　主治：　主久咳上氣喘逆，治痂疥白禿瘍氣。殺皮膚小蟲，療久寒驚悸。　補註：　一切惡瘡，取根莖煮汁，洗之效。

明・李時珍《本草綱目》卷一六草部・隰草類下　藎草音燼。《本經》下品。

〔釋名〕黃草吴普　菉竹《唐本》　綠蓐《唐本》　莀草《綱目》　盭草音戾　王芻《爾雅》　鵖脚莎　時珍曰：此草綠色，可染黃，故曰黃、曰綠也。莀、盭乃北人呼綠字音轉也。古者貢草入染人，故謂之王芻，而進忠者謂之藎臣也。《詩》云：終朝采綠，不盈一掬。許慎《說文》云：莀草可以染黃。《漢書》云：諸侯盭綬。晉灼注云：盭草出琅琊，似艾可染，因以名綬。皆謂此草也。禹錫曰：《爾雅》：菉，王芻。孫炎注云：即菉蓐草也。今呼爲鵖脚莎。《詩》云菉竹猗猗是也。〔集解〕《別録》曰：藎草生青衣川谷，九月、十月采，可以染作金色。普曰：生太山山谷。恭曰：青衣縣名，在益州西。今處處平澤溪澗側皆有。葉似竹而細薄，莖亦圓小。荆襄人煮以染黃，色極鮮好。俗名菉蓐草。

〔氣味〕苦，平，無毒。權曰：神農、雷公：苦。之才曰：畏鼠負。〔主治〕久欬上氣喘逆，久寒驚悸，痂疥白禿瘍氣，殺皮膚小蟲《本經》。治身熱邪氣，小兒身熱吴普。洗一切惡瘡，有效大明。

清・吴其濬《植物名實圖考》卷一一　藎草　《本經》下品。《唐本草》以為即《爾雅》菉，王芻。注：菉，蓐也。此即水中草之似竹者，醫者罕用。

清・葉志詵《神農本草經贊》卷三　藎草　味苦，平。主久欬，上氣喘逆，久寒驚悸，痂疥，白禿，瘍氣，殺皮膚小蟲。生川谷。

王芻貢草，忠藎名垂。掬盈綠采，染變金姿。服垂盭綬，谷訪青衣。莎呼鵖脚，竹誤猗猗。

《爾雅》：菉，王芻。李時珍曰：古者貢草入染人，故謂之王芻。而盡忠者，謂之藎臣也。《詩》終朝采綠，不盈一掬，即此。草本綠色，可染黃。名醫曰：染作金色。《漢書注》：諸侯盭綬，盭草似艾可染，因以名綬。蘇恭曰：生青衣川谷。青衣縣，在益州西。掌禹錫曰：即菉蓐草也，今呼為鵖脚莎。《詩》云菉竹猗猗是也。《資暇集》：綠竹，王芻也。今為辭賦，皆引猗猗，入竹事大誤。

看麥娘

明・姚可成《食物本草》卷首王西樓《救荒野譜》　看麥娘食莖葉。隨麥生隴上，因名。春采，熟食。

看麥娘，來何蚤！麥未登，人未飽。何當與爾還厥家，共噉糟糠暫相保。

明・周履靖《茹草編》卷二　看麥娘　看麥娘，桃李姿，囑爾看麥來何遲。飢鳥啄粒不肯去，麥芒刺手無人知。飯脫粟，飽鼓腹，妾家兒郎頗刺促，但莫多收滿十斛。　隨麥生隴上，故名。二三月採滌，油、鹽、椒、酒炒食。

鐵線草

明・蘭茂原撰，范洪等抄補《滇南本草圖說》卷九　銕線草　生田邊曠野間，軟枝，串地延蔓而生，桿細而赤，恰似銕線，故名銕線草。性溫，味酸、微甘。入厥陰，走筋骨，舒筋活絡，凡半身不遂，手足麻木，泡穀子酒，服之最良。搗爛，敷瘡可愈。

明・蘭茂撰，清・管暄校補《滇南本草》卷下　鐵線草：　性溫，味微甘、微酸。入肝。走經絡，強筋骨，舒經活絡，半身不遂，手足筋攣，痰火痿軟，筋骨酸痛。泡酒，用之良效。鐵線草用口嚼爛，敷久遠臁瘡，生肌；　敷刀傷，跌打損傷，止血收口。能接筋骨，良效。

明・蘭茂撰，清・管暄校補《滇南本草》卷下　鐵線草　性平，味甘、微苦，澀。筋骨疼，行經絡，半身不遂，手足筋攣，痰火痿軟，筋骨酸疼，泡酒用之，良效。

附方：　治筋骨疼痛，鐵線草、小白淑氣花晒乾、秦歸、牛膝、桂枝，共入礶內泡酒，文武火煮一炷香，埋土內一夜去火，次日取出，臨臥服三盃。又方：　鐵線草用口嚼，敷久遠臁瘡生肌。又刀傷，跌打損傷，止血收口，能接骨，良效。

補註：　鐵線草要(寄)〔穿〕過路去，或石頭縫內直長順石，直遍過石頭去更好。

清・莫樹蕃《草藥圖經》　塹頭草　即絆根草。扁者白根有鬚，可用。

圓者無用。味甜者可用，生水邊味淡者，不可用。寸節生根。治破皮，止血，能治跌打損傷通用。清明前後有之，十月即枯。

清・吴其濬《植物名實圖考》卷一五 絆根草 平野水澤皆有。俚醫謂之塹頭草。扁者、白根有鬚者、味甜者，可用；圓者、生水邊、味淡者，不可用。治跌打損傷，破皮止血，寸節生根。志書多以為即蔓草。《爾雅》：茜，蔓于。或即此。《本草衍義》謂即薰蕕之蕕，恐未的。

清・劉善述、劉士季《草木便方》卷一草部 鐵線草 鐵線草苦性微平，一切風疾用最靈。搗塗惡瘡腫毒退，風濕熱腫效如神。

蕕草

宋・唐慎微《證類本草》卷一一草部下品〔宋・掌禹錫嘉祐本草〕 蕕草 味甘，大寒，無毒。主濕痹，消水氣。合赤小豆煮食之，勿與鹽。主脚氣，頑痹，虛腫，小腹急，小便赤澁，擣葉傅毒腫。又絞取汁服之。主消渴。生水田中。似結縷，葉長，馬食之。《爾雅》云：蕕，蔓于。注云：生水中，江東人呼爲茜。《證俗》云：蕕，水草也。新補。見陳藏器。

宋・唐慎微《證類本草》卷三〇有名未用・草木〔《別錄》〕 馬唐 味甘，寒。主調中，明耳目。一名羊麻，一名羊粟。生下濕地，莖有節生根。五月採。

〔宋・掌禹錫《嘉祐本草》〕按：陳藏器云：生南土廢稻田中，節節有根，著土如結縷草，堪飼馬。云馬食如糖，故曰馬唐。煎取汁，明目，潤肺。《爾雅》云：馬唐，馬飯也。

宋・寇宗奭《本草衍義》卷一二 蕕草 《爾雅》曰：茜音猶，蔓于。《左傳》亦曰：一薰一蕕，十年尚猶有臭者。是此草。

宋・鄭樵《通志》卷七五《昆蟲草木略》 蕕草 曰軒于。《爾雅》云：蕕，蔓于。臭草也。生水中，江東人呼為茜。《證俗》云：蕕，水草也。

明・劉文泰《本草品彙精要》卷一五草部 蕕草無毒。 叢生。

蕕草：主濕痹，消水氣。合赤小豆煮食之，勿與鹽，主脚氣頑痹，虛腫，小腹急，小便赤澀，搗葉傅毒腫。又絞取汁服之，主消渴。名醫所錄。〔名〕蕕，蔓于。蕕音猶證、蕕。〔苗〕《圖經》曰：生水中，似結縷，葉長，馬多食之。《爾雅》云：蕕，蔓于，江東人呼爲蕕。《證俗》云：蕕，水草也。《左傳》亦曰：一薰一蕕，十年尚猶有臭者。是此草也。〔地〕《圖經》曰：生江東水田中。〔時〕生：春生苗。採：夏秋取葉。〔收〕暴乾。〔用〕葉。〔色〕綠。〔味〕甘。〔性〕大寒，緩。〔氣〕氣之薄者，陽中之陰。〔臭〕臭。〔主〕消水氣，傅腫毒。

明・王文潔《太乙仙製本草藥性大全》卷二《本草精義》 蕕草 一名蕕水草，又名蕕蔓于。生水中及水田中。苗如結縷，葉長，馬食尤妙。

明・王文潔《太乙仙製本草藥性大全》卷二《仙製藥性》 蕕草 味甘，氣大寒，無毒。主治：主濕痹、頑痹神功，消水氣、脚氣大效。小腹急虛腫即除，便赤澀消渴並療。補註：濕痹、水氣，取合赤小豆食之，勿與鹽。○腫毒，搗葉傅之效。○消渴，搗絞汁服之。

明・李時珍《本草綱目》卷一六草部・隰草類下 蕕《拾遺》。校正併入有名未用《別録》馬唐。

〔釋名〕馬唐《別録》 馬飯《別録》 羊麻《別録》 羊粟《別録》 蔓于《爾雅》 軒于。藏器曰：馬食之如糖如飯，故名馬唐、馬飯。時珍曰：羊亦食之，故曰羊麻、羊粟。其氣𤸫臭，故謂之蕕。蕕者𤸫也，朽木臭也。此草莖頗似蕙而臭。故《左傳》云，一薰一蕕，十年尚猶有臭，是也。孫升《談圃》以爲香薷者，誤矣。即《別録》馬唐也，今併爲一。

〔集解〕《別録》曰：馬唐生下濕地，莖有節生根，五月采。藏器曰：生南方廢稻田中，節上有根，着土如結縷草，堪飼馬。又曰：蕕生水田中，狀如結縷草而葉長，馬食之。

〔氣味〕甘，寒，無毒。藏器曰：大寒。〔主治〕馬唐：調中，明耳目《別録》。煎取汁，明目潤肺。又曰：蕕：消水氣濕痹，脚氣頑痹虛腫，小腹急，小便赤澀，並合赤小豆煮食，勿與鹽。絞汁服，止消渴。搗葉，傅毒腫藏器。

清・戴葆元《本草綱目易知録》卷一 蕕馬唐、羊粟。 甘，寒。調中潤肺，明耳目，消水氣，止消渴。治濕痹脚氣，頑痹虛腫，少腹急脹，小便赤澁，并合赤小豆煮食，勿與鹽。擣傅腫毒。藏器曰：生廢稻田中，節節有根，着土結縷。馬食如糖，名馬唐；羊食名羊粟。山人飼猪，名臭猪茶，人亦蒸食，葆按。

茜

清・吴其濬《植物名實圖考》卷一四 茜 《爾雅》：茜，蔓于。注：多生水中，一名軒于。《本草拾遺》：生水田中，狀如結縷草而長，馬食之。李時珍併入《別錄》有名未用之馬唐，又以為即薰蕕之蕕，恐未確。江西水茜草極多，作志者多以為即蔓草，按蔓亦非草名。

雩婁農曰：子產曰：吾臭味也，而敢有差池。《大學》曰如惡惡臭，臭必惡，而後屏，非與香對稱。周人尚臭，臭陰臭陽，灌用鬯臭，皆芳氣也。薰蕕有臭，後人以蕕為穢草，然則薰之臭亦穢耶？寇宗奭以《拾遺》之水蕕釋薰蕕，孫公《談圃》以香薷為莤，二說皆未知所本。然《談圃》說長。李時珍宗《衍義》而駁之，蓋未深考。

姜孟青草

明・周履靖《茹草編》卷一　姜孟青草　野田蔓草生茸茸，含滋濯秀搖春風。桑中有女美顏色，躊躕搔首來上宮。敦詩守禮不可犯，感以麗句精神通。縞衣綦服亦絕世，何必玉佩鳴玲瓏。太無賴，花開花落度年年，草色青青似裙帶。　二三月取之，水滌淨，搗汁，和米粉作青團，蒸食之。

畫眉草

清・吳其濬《植物名實圖考》卷一五　畫眉草　撫州山坡有之。如初生茅草，高三四寸，秋時抽葶，發小穗數十條，淡紫色，似蓼而小，殊有動搖之致。或云可治跌打損傷，亦名榧子草。

狗尾草

明・朱橚《救荒本草》卷上之後　野黍　生荒野中。科苗皆類家黍，而莖葉細弱，穗甚瘦小，黍粒亦極細小。味甜，性微溫。救飢：採子舂音沖去粗糠，或搗，或磨麵，蒸餻食甚甜。

明・蘭茂原撰，范洪等抄補《滇南本草圖說》卷四　野粟　似田中之粟不異，高尺餘。主治：補中益氣，五勞虛燒，神效。婦人乾血勞，服之亦效。

明・李時珍《本草綱目》卷一六草部・隰草類下　狗尾草《綱目》

【釋名】莠音酉　光明草《綱目》　阿羅漢草　時珍曰：莠草秀而不實，故字從秀。穗形象狗尾，故俗名狗尾。其莖治目痛，故方士稱爲光明草、阿羅漢草。【集解】時珍曰：原野垣墻多生之。苗葉似粟而小，其穗亦似粟，黃白色而無實。采莖筒盛，以治目病。惡莠之亂苗，即此也。

莖【主治】疣目，貫髮穿之，即乾滅也。凡赤眼拳毛倒睫者，翻轉目瞼，以一二莖蘸水戛去惡血，甚良時珍。

清・张璐《本經逢原》卷二　光明草即狗尾草。　發明：眼赤拳毛倒睫者，翻轉目瞼，以一二莖醮水，戛去惡血甚良。

清・王道純《本草品彙精要續集》卷二　狗尾草無毒。　狗尾草莖：主疣目，貫髮穿之，即乾滅也。凡赤眼，拳毛倒睫者，翻轉目瞼，以一二莖蘸水戛去惡血，甚良《本草綱目》。　【名】莠、光明草、阿羅漢草。　【苗】苗葉似粟而小，其穗亦似粟。　【地】李時珍曰：原野、垣牆多生之。　【用】李時珍曰：莠草，秀而不實，故字從秀。穗形象狗尾，故俗名狗尾草。　【主】其莖治目病。　【收】採莖，筒盛，以治目病。　【色】黃白色而無實，莠之亂苗即此也。

題清・徐大椿《藥性切用》卷三　狗尾草　一名光明草。性味辛寒，眼科拳毛倒睫，翻轉目瞼，以三莖蘸水，戛去惡血良。

清・趙學敏《本草綱目拾遺》卷五草部下　狗尾半支　《百草鏡》云：生頹垣牆側，人家荒圃中尤多，俗呼狗尾草。葉如茅，六月開花，形如狗尾，採取花莖下截陰乾用。《綱目》狗尾草下，止載穿疣目，去赤眼惡血，而不言別功用，故為補之。

治疔癰癬：面上生癬，取草數莖揉軟，不時搓之，即愈。風粟癮疹：狗尾草莖刮出瘀血，避風數次，自效。見杭集三方。羊毛痧：《家寶方》：一名羊毛痧，以狗尾草煎湯內服，外用銀鍼挑破紅瘰，用麻線擠出瘰中白絲如羊毛狀者，即愈，否則脹死。

清・吳其濬《植物名實圖考》卷二　野黍　生北方田野。《救荒本草》錄之。粒稀早穗，實熟易落。

雩婁農曰：余聞之野人曰，凡穀實皆有野生者，其苗短，其粒瘦，種之肥地則方苞穎栗，與田禾無異。然則鴻荒甫闢，誕降嘉種，亦唯荒穢於谿條塗泥之中，而未有區別。聖人出，嘗之而知其益於人也，於是茀之、萊之、藝之、役之，而為畎畝；動之、散之、潤之、暄之，而為墉櫛；溝之、澮之，以備灌溉；堰之、坊之，以禦浸潦。奏庶日艱食，豈一手一足之為烈哉？後世值水旱之祲，而始鰓鰓然，求自然之穀，以救孑遺。嗚呼！滌滌山川，野無青草，即生瓜籠稻，亦安可得？然自來饑饉薦臻之後，或旅生以蘇喘息，或歧穗以補困窮，蓋造物仁愛，未嘗一息或停。而氣數之厄，造物亦無如何。彼耐暵耐濕之種，固不乏矣，而田家五行，所占多驗，課問勤則徵應不爽，休咎之兆，龜筮有不及者。吾居鄉時，春雨足而夏澤屢愆，播種於田，所獲不能倍於種，盛暑中偶憩一農家，則場圃盡築，穜稑倉積矣。訊其故，則曰：稻種有六月棱者，早種速穫。其米糙而收薄。數年來，田家皆以夏暵失其業，吾及尺澤而耕，徂暑而熟，祈雨者芻龍柳圈，鼓鬩鬩於隴首，吾以其時僦閒民割吾禾於烈日中，雇錢少而稏秸且無損。所收雖約，然市無赤米，價方昂而未已，較之粒米狼戾，廢積不售，其贏殆倍蓰焉。噫！一上農之力，能與造物爭盈虛如此。然則為民上者，訪深明農事之人以為田畯，又博求多種，相陰陽寒暑之不齊而增損之，使民之趨時赴功如救火，追亡人而力祛其呰窳偷生之習，詎不足補救災祲於萬一哉！徐元扈曰：稗多收能水旱，宜擇佳種於下田種之，災年便可廣植，勝於流移捃拾。吾亦謂有田者，必預求能水旱之穀種，視地之高下各種數區，毋以收薄而鹵莽之，歲美俱美，歲惡必不俱惡，豈不愈於采稂莠而冀穭穀哉？然田家有能有不能者，則曰必先去其貪。

清·劉善述、劉士季《草木便方》卷一草部　光明草　狗尾草名號光明，淡平耑療目赤疼。拳毛倒睫翻眼瞼，莖水戛去惡血靈。

鼠尾草

宋·李昉《太平御覽》卷第九九五　鼠尾　《爾雅》曰：葝，鼠尾。孫炎曰：鼠尾可染皂也。葝，巨盈切。　《吳氏本草》曰：鼠尾，一名葝，一名山陵翹。治痢也。

宋·唐慎微《證類本草》卷一一草部下品〔《本經·別錄》〕　鼠尾草　味苦，微寒，無毒。主鼠瘻寒熱，下痢膿血不止。白花者主白下，赤花者主赤下。一名葝音勍，一名陵翹。生平澤中。四月採葉，七月採花，陰乾。

〔梁·陶弘景《本草經集注》〕云：田野甚多，人採作滋染皂。又用療下瘻，當濃煮取汁，今可丸服之，今人亦用作飲。

〔宋·掌禹錫《嘉祐本草》〕按：《蜀本圖經》云：所在下濕地有之。葉如蒿，莖端夏生四五穗，穗若車前，有赤、白二種花。七月採苗，日乾用之。《爾雅》云：葝，鼠尾。釋曰：可以染皂草也。一名鼠尾。陳藏器云：鼠尾草，平，主諸痢。煮汁服，亦末服，紫花，莖、葉堪染皂。一名烏草，又名水青也。

〔宋·蘇頌《本草圖經》〕曰：鼠尾草，舊不載所出州土，云生平澤中，今所在有之，惟黔中人採爲藥。苗如蒿，夏生，莖端作四五穗，穗若車前，花有赤白二色。《爾雅》謂葝，鼠尾。云可以染皂草也。四月採葉，七月採花，陰乾。古治痢多用之。姚氏云：濃煮汁如薄飴，飲五合，日三，赤下用赤花，白下用白花，差。

〔宋·唐慎微《證類本草》〕《聖惠方》：治久赤白痢不差，羸瘦。用鼠尾草擣爲末，每服一錢，不計時候，以粥飲調下。

宋·鄭樵《通志》卷七五《昆蟲草木略》　鼠尾草　曰葝，曰陵翹，曰烏草，曰水青。可以染皂。《爾雅》：葝，鼠尾。

宋·陳衍《寶慶本草折衷》卷一一　鼠尾草葉、花、苗通用。　一名鼠尾，一名葝，一名陵翹，一名烏草，一名水青。○又云：一名陵時。○葝，音勍。生黔中即黔州平澤，今所在田野及下濕地有之。○四月採葉，七月採花，並陰乾。七月又採苗，日乾。

味苦，平，微寒，無毒。○主鼠瘻寒熱，下痢膿血。白花者主白下，赤花者主赤下。○《圖經》曰：苗如蒿莖，端作四五穗，穗若車前。

明·朱橚《救荒本草》卷上之前　鼠菊　《本草》名鼠尾草，一名葝音勍，一名陵翹。出黔州及所在平澤有之。今鈞州新鄭崗野間亦有之。苗高一二尺，葉似菊花葉微小而肥厚，又似野艾蒿葉而脆，色淡綠，莖端作四五穗，穗似車前子穗而極疎細，開五瓣淡粉紫花，又有赤白二色花者。黔中者苗如蒿。《爾雅》謂葝。鼠尾可以染皂。味苦，性微寒，無毒。　救飢：採葉煠熟，換水浸去苦味，再以水淘令淨，油鹽調食。　治病：文具《本草》草部鼠尾草條下。

明·王綸《本草集要》卷二　鼠尾草　味苦，氣微寒，無毒。四月採葉，七月採花，陰乾。　主鼠瘻寒熱，下痢膿血不止。白花者主白下，赤花者主赤下，濃煮汁服，或為末，粥飲下。

明·劉文泰《本草品彙精要》卷一四　鼠尾草無毒。　植生。

鼠尾草：主鼠瘻，寒熱，下痢膿血不止。白花者，主白下；赤花者，主赤下。名醫所錄。　〔名〕葝音勍、陵翹、烏草、水青。　〔苗〕《圖經》曰：其苗夏生如蒿，莖端作四五穗，穗若車前，花有赤白二色。《爾雅》謂葝，鼠尾。云可以染皂草也。古治痢方多用之。　〔地〕《圖經》曰：舊不載所出州土，云生平澤中，今所在有之。〔道地〕黔州。　〔時〕生：春生苗。採：四月取葉，七月取花。　〔收〕陰乾。　〔用〕葉、花。　〔色〕葉青，花赤白。　〔味〕苦。　〔性〕微寒，泄。　〔氣〕味厚于氣，陰也。　〔臭〕香。　〔主〕下瘻，諸痢。　〔製〕剉搗爲末或煮汁用。

明·王文潔《太乙仙製本草藥性大全》卷一《本草精義》　鼠尾草　一名葝，一名陵翹。舊不載所出州土，云生平澤中，今所在有之，惟黔中人採爲藥。苗如蒿，夏生莖端作四五穗，穗若車前，花有赤白二色。《爾雅》謂葝，鼠尾。云可以染皂草也。四月採葉，七月採花，陰乾。

明・王文潔《太乙仙製本草藥性大全》卷一《仙製藥性》 鼠尾草 味苦，氣微寒，無毒。 主治： 主鼠瘻寒熱，下痢膿血不止。白花者主白下，赤花者主赤下膿。煮汁服，或爲末，粥飲下。 補註： 治久赤白痢不差，羸瘦，用鼠尾草搗爲末，每服一錢，不計時候，以粥飲調下。

明・皇甫嵩《本草發明》卷三 鼠尾草下品下，佐使。味苦，微寒，無毒。 發明曰： 主鼠瘻寒熱，下痢膿血不止。白花主白，赤花主赤下。生平澤，所在有之。苗如蒿，莖端生四五穗，若車前，花有赤白二種，葉堪染色。

明・李時珍《本草綱目》卷一六草部・隰草類下 鼠尾草《别録》下品

【釋名】葝音勍 山陵翹吴普 烏草《拾遺》 水青《拾遺》時珍曰： 鼠尾以穗形命名。《爾雅》云： 葝，鼠尾也。可以染皂，故名烏草，又曰水青。蘇頌《圖經》謂鼠尾一名陵時者，乃陵翹之誤也。 【集解】《别録》曰： 鼠尾生平澤中，四月采葉，七月采花，陰乾。弘景曰： 田野甚多，人采作滋染皂。保昇曰： 所在下濕地有之。惟黔中人采爲藥。葉如蒿，莖端夏生四五穗，穗若車前，花有赤白(二)種。藏器曰： 紫花，莖葉俱可染皂用。

花、葉 【氣味】苦，微寒。無毒。藏器曰： 平。 【主治】鼠瘻寒熱，下痢膿血不止。白花者主白下，赤花者主赤下《别録》。主瘧疾水蠱時珍。

【發明】弘景曰： 古方療痢多用之。當濃煮令可丸服之，或煎如飴服。今人亦用作飲，或末服亦得。日三服。

【附方】舊一，新三。 大腹水蠱： 方見馬鞭草下。 久痢休息： 時止時作。鼠尾草花搗末，飲服一錢。《聖惠方》。 下血連年： 鼠尾草、地榆二兩，水二升，煮一升，頓服。二十年者，不過再服。亦可爲末，飲服之。《千金方》。 反花惡瘡： 內生惡肉，如飯粒，破之血出，隨生反出于外。鼠尾草根切，同猪脂搗傅。《聖濟總録》。

清・吴其濬《植物名實圖考》卷一四 鼠尾草 《别錄》下品。《爾雅》： 葝，鼠尾。注： 可以染皂草也。《救荒本草》謂之鼠菊，葉可煠食，細核所繪形狀，與馬鞭草相仿佛。

鼠尾仔

明・佚名氏《醫方藥性・草藥便覽》 鼠尾仔 其性涼。治飛瘍。

燈心草

宋・唐慎微《證類本草》卷一一草部下品〔宋・馬志《開寶本草》〕 燈心草 味甘，寒，無毒。根及苗主五淋。生煮服之。生江南澤地，叢生。莖圓，細而長直。人將爲席，敗席煮服更良。今附。

〔宋・唐慎微《證類本草》〕《經驗方》： 治小兒夜啼。用燈心燒灰，塗乳上與喫。《勝金方》： 治破傷。多用燈心草爛嚼和唾貼之，用帛裹，血立止。又方： 治小蟲蟻入耳，挑不出者。以燈心浸油釣出蟲。

宋・寇宗奭《本草衍義》卷一二 燈心草 陝西亦有。蒸熟，乾則拆取中心穰然燈者，是謂之熟草；又有不蒸，但生乾剝取者，爲生草。入藥宜用生草。

金・張元素《潔古珍珠囊》〔見元・杜思敬《濟生拔粹》卷五〕 燈草甘純陽。利小便。

宋・劉明之《圖經本草藥性總論》卷上《草部下品之下》 燈心草 味甘，寒，無毒。根及苗主五淋，治小蟲蟻入耳不出。治小兒夜啼。又治破傷，嚼爛，貼，用帛裹，血立止。

宋・陳衍《寶慶本草折衷》卷一一 燈心草根苗敗席在內。○心中白穰附。生江南及陝西澤地。採根并苗。附： 心中白穰一名燈心，以苗暴乾拆取。

味甘，寒，無毒。○主五淋，生煮服。莖圓細而長直。人將為席。敗席煮服更良。 附： 心中白穰灰在內： 治破傷，多爛嚼和唾貼，用帛裹，血立止。又治小蟲蟻入耳。挑不出者，以燈心浸油釣出蟲。又治小兒夜啼，用燈心燒灰塗乳上與吃。○衆方用燈花塗乳飲兒者，須油點燈，收燈花可服。若別油點者，切勿服也。

續說云： 此草之心，滿皮而生。為可燃燈，故曰燈心也。艾原甫謂其能治心經之熱，亦以心通心之義。故今人多成條入藥以同煎，及各以煎湯而下藥也。然根苗敗席，尚可療病，則其中精華可知。或欲為末，以米飲蘸過焙燥，和藥碾之，即成細末矣。

元・尚從善《本草元命苞》卷五 燈心草 味甘，寒，無毒。根與苗治五淋不通。小兒夜啼，燒灰，塗乳上服。食蟻蟲入耳，浸油內釣之，即出。產江南澤地，莖圓細，叢生。

元・朱震亨《本草衍義補遺》 燈心 屬土火。燒為灰，取少許吹喉中，治急喉痹甚捷。○小兒夜啼，亦用燈心燒灰，塗乳上與喫。

元・徐彥純《本草發揮》卷二 燈心草 潔古云： 氣平，味甘。通陰竅，澀不利，利小便，除水腫，癃閉五淋。《主治秘訣》云： 辛甘，陽也。瀉肺。　丹溪云：　燈心草屬金火。燒為灰，取少許吹喉中，治急喉閉甚捷。

明・王綸《本草集要》卷三　燈心草即前龍芻重出。　根及苗主五淋，生煮服。苗可以為席，敗蓆煮服更良。○燈心燒灰存性，取少許吹喉中，治急喉痹甚犍。塗乳上，與小兒吃，治夜啼。

明・滕弘《神農本經會通》卷一　燈心草　或云：　即龍芻重出。　味甘，氣寒，無毒。

《本經》云：　根及苗主五淋，生煑服之。莖員細而長直，人將為席，敗席煑服更良。丹溪云：　屬土，火燒為灰，取少許吹喉中，治喉痺甚捷。《經驗方》治小兒夜啼，燒灰塗乳上，與喫。《勝金方》治破傷，多用燈心草爛嚼，和唾貼之，用帛裹，血止。又治小蟲蟻入耳，挑不出者，以燈心浸油，釣出蟲。《局》云：　燈心無毒味甘平，水煑根苗治五淋。兒子夜啼燒末服，破傷搗傅直千金。燈心，去尿，燒灰善止夜啼童。

明・劉文泰《本草品彙精要》卷一五　燈心草

燈心草根及苗：　主五淋，生煮服之。人將爲席，敗席煮服更良。名醫所錄。　〔苗〕《圖經》曰：　莖圓細而長直，土人亦將爲席。《衍義》曰：　陝西亦有。蒸熟，乾則折取中心穰然燈者，謂之熟草。又有不蒸但生乾剝取者，謂之生草，入藥宜用生者。　謹按：　燈心草蒔田澤中，圓細而長直，有幹無葉，南人夏秋間採之，剝皮以爲蓑衣，其心能然燈，故名燈心草。由其性味淡滲，故有利水之功，而《本經》乃言爲席，非也。其席草亦產江南，形比燈心草細而短，自是一種，實非此類也。若然席草亦可去皮而然燈乎。　〔地〕《圖經》曰：　生江南澤地。《衍義》曰：　陝西亦有之。　〔時〕生：　春生苗。採：　六月、七月取。　〔收〕暴乾。　〔用〕根及苗心。　〔質〕類席草，肥長而輕虛。〔色〕白。　〔味〕甘。　〔性〕寒，緩。　〔氣〕氣之薄者，陽中之陰。　〔臭〕朽。　〔主〕通心竅，利水道。　〔製〕剝去皮用。　〔治〕療：《別錄》云：　治小兒夜啼，以燈心燒灰塗乳上，與兒服之。又治破傷，多用燈心草爛嚼，和唾貼之，以帛裹血，立止。　〔合治〕燈心浸油，釣小蟲蟻入耳挑不出者。

明・葉文齡《醫學統旨》卷八　燈心草　氣微寒，味苦。無毒。　治心腹邪氣，小便不利淋閉，清心除熱；　燒灰取少許吹喉中，治急喉痺甚捷；　塗乳上與小兒吃，治夜啼。

明・鄭寧《藥性要略大全》卷五　燈心草一名石龍芻，一名龍鬚草。　主心腹邪氣，小便淋閉風濕。○極利水道，通五淋。　味甘、淡，氣寒、涼，無毒。即席草。

明・陳嘉謨《本草蒙筌》卷三　燈心草　味甘，氣寒。屬金與火。無毒。江南澤地叢生，苗莖圓細長直。多採蒸熟，向日曝乾。拆取中心白穰，用之燃燈照夜。此謂熟草，不入醫方。務求生剝者為良，揉碎煎湯液纔効。通陰竅，利小便。除癃閉成淋，消水濕作腫。缽擂乳香少入，油潤全無罐藏。冰片多加，分兩不耗。根採煎服，功力尤優。○燈花止小兒夜啼，亦能治大人喉痹。金瘡敷上，血禁肌生。

明・方穀《本草纂要》卷七　燈心草　味苦，氣微寒，無毒。主心腹邪氣，七情鬱熱，小便短少，氣結淋閉，煎湯飲之甚驗。又治心驚恍惚，喉痹夜啼，燒灰服之尤捷。此劑與木通所治雖同，但木通木類，其勢力最大，故通利九竅，直徹下行；　燈心草其性輕浮，故治心養氣，雖利不勝爲害。二者之間，察人虛實而用治，虛則與之燈心，實則與之木通，方妙。

明・王文潔《太乙仙製本草藥性大全》卷二《本草精義》　燈心草　即石龍芻，又名龍鬚草。陝西有，今在處有之，江南澤地叢生。苗莖圓細長直，多採蒸熟，向日曝乾，折取中心白穰用之。燃燈照夜，此謂熟草，不入藥方。務求生剝者爲良，揉碎煎湯液纔效。

明・王文潔《太乙仙製本草藥性大全》卷二《仙製藥性》　燈心草　味甘，氣寒，屬金與火，無毒。　主治：　通陰竅，利小便，除癃閉成淋，消水濕作腫。缽擂乳香少入，油潤全無；　罐藏冰片多加，分兩不耗。　根：　採煎服，功力尤優。　燈花：　止小兒夜啼，治大人喉痹。金瘡敷上，血禁肌生。

補註：　小兒夜啼，燒灰塗乳上與兒吃。○破傷，以口嚼爛和唾貼之，再用帛裹，血立止。○小蟲蟻入目挑不出者，以油浸，入目，釣出蟲。

明・皇甫嵩《本草發明》卷三　燈心草下品下，佐使。氣寒，味甘，無毒。　發明曰：　燈心草屬金與火，能利水清熱。故《本草》主五淋，通陰竅，利小便，消水腫。採根及苗，煎服之，功力更（擾）〔優〕。燈花，止小兒夜啼，乳上吃。治大人喉痺。敷金瘡，禁血生肌。又方：　破傷風，用燈心爛嚼，和唾貼，用帛裹，血立止。燈心取新剝者良。揉碎，煎湯液用。缽擂乳香，去油潤用之，拌冰片，藏之不耗。

明・李時珍《本草綱目》卷一五草部・隰草類上 燈心草宋《開寶》

【釋名】虎鬚草《綱目》 碧玉草《綱目》 【集解】志曰：燈心草生江南澤地，叢生，莖圓細而長直，人將爲席。宗奭曰：陝西亦有之。蒸熟待乾，折取中心白穰燃燈者，是謂熟草。又有不蒸者，但生乾剥取爲生草。入藥宜用生草。時珍曰：此即龍鬚之類，但龍鬚緊小而瓤實，此草稍粗而瓤虚白。吴人栽蒔之，取瓤爲燈炷，以草織席及蓑。他處野生者不多。外丹家以之伏硫、砂。《雷公炮炙論》序云：硇遇赤鬚，永留金鼎。注云：赤鬚亦呼虎鬚草，煮硇能住火。不知即此虎鬚否也。

莖及根 【修治】時珍曰：燈心難研，以粳米粉漿染過，曬乾研末，入水澄之，浮者是燈心也，曬乾用。 【氣味】甘，寒，無毒。元素曰：辛，甘，陽也。吴綬曰：淡，平。

【主治】五淋，生煮服之。敗席煮服，更良《開寶》。瀉肺，治陰竅澀不利，行水，除水腫癃閉元素。治急喉痹，燒灰吹之甚捷。燒灰塗乳上，飼小兒，止夜啼震亨。降心火，止血通氣，散腫止渴。燒灰入輕粉、麝香，治陰疳時珍。

【附方】舊一，新九。 破傷出血：燈心草嚼爛傅之，立止。《勝金方》。 衄血不止：燈心一兩，爲末，入丹砂一錢。米飲每服二錢。《聖濟總録》。 喉風痹塞：《瑞竹堂方》用燈心一握，陰陽瓦燒存性，又炒鹽一匙，每吹一捻，數次立愈。○一方：用燈心灰二錢，蓬砂末一錢，吹之。○一方：燈心、箬葉燒灰，等分，吹之。○《惠濟方》用燈心草、紅花燒灰，酒服一錢，即消。 痘瘡煩喘：小便不利者。燈心一把，鱉甲二兩，水一升半，煎六合，分二服。龐安常《傷寒論》。 夜不合眼：難睡。燈草煎湯代茶飲，即得睡。《集簡方》。 通利水道：白飛霞自製天一丸：用燈心十斤，米粉漿染，曬乾研末，入水澄去粉，取浮者曬乾，二兩五錢，赤白茯苓去皮共五兩，滑石水飛五兩，猪苓二兩，澤瀉三兩，人參一斤切片熬膏，合藥丸如龍眼大，朱砂爲衣。每用一丸，任病換引。大段小兒生理向上，本天一生水之妙，諸病以水道通利爲捷徑也。《韓氏醫通》。 濕熱黄疸：燈草根四兩，酒、水各半，入瓶内煮半日，露一夜，温服。《集玄方》。

題明・薛己《本草約言》卷一《藥性本草》 燈心 屬金與火，利水清熱。

明・梅得春《藥性會元》卷上 燈心草 味苦，氣微寒，無毒。 主治心腹邪氣，小便不利、淋閉，清心除煩。燒灰，取少許吹喉中，治急喉痹甚捷。塗乳上與小兒吮，止夜啼。

明・李中立《本草原始》卷三 燈心草 生江南澤地。叢生，莖圓細而長直。穰可燃燈，故名燈心草，俗呼燈草。 氣味：甘，寒，無毒。 主治：五淋，生煮服之。○瀉肺，治陰竅濇不利；行水，除水腫癃閉。○治急喉痹，燒灰吹之，甚捷。○降心火，止血，通氣散腫，止渴。

燈心，宋《開寶》。【圖略】宗奭曰：陝西亦有之。蒸熟待乾，折取中心白穰燃燈者，是謂熟草。又有不蒸者，但生乾剝取，為生草。入藥宜用生草。《經驗方》：治小兒夜啼，用燈心燒灰，塗乳上與喫。

明・張懋辰《本草便》卷一 燈心草 主五淋，利小水。燒灰存性，吹喉中，治急喉痹甚捷。塗乳上，與小兒吃，治夜啼。

明・李中梓《藥性解》卷四 燈心 味淡，性寒，無毒，入心、小腸二經。主胸腹邪氣，清心定驚，除熱利水，燒灰敷金瘡止血，療小兒夜啼，吹喉中治急喉痹甚捷。 按：燈心味淡，五臟無歸，耑入小腸利水。訣曰小腸受盛與心應，故又入心經。燒灰性涼，宜治療如右。

明・繆希雍《本草經疏》卷一一 燈心草 味甘，寒，無毒。根及苗主五淋，生煮服之，敗席煮服更良。入藥宜用生草。

【疏】燈心草，氣味甘寒，則無毒可知。入心、小腸藥也。其質輕通，其性寒，味甘淡，故能通利小腸，熱氣下行從小便出。小腸為心之腑，故亦除心經熱也。 【主治參互】燈心草以鹹滷浸透，入雞子殼中封固，煅存性，研細，加梁上倒掛塵，及青魚膽、明礬、銅青，點咽喉生乳蛾，有神效。《經驗方》治小兒夜啼，用燈心燒灰，塗乳上與喫。《勝金方》治破傷，多用燈心草爛嚼，和唾貼之，用帛裹，血立止。又方，治小蟲蟻入耳挑不出者，以燈心浸油釣出蟲。 【簡誤】性專通利，虚脱人不宜用。

明・倪朱謨《本草彙言》卷三 燈心草 味甘，氣寒，體輕無毒。入手少陰、太陰，足太陽、厥陰經。

寇氏曰：燈心草生江南澤地。他處雖有野生，但不多耳。叢生圓勁，與龍鬚草同類。龍鬚草莖小瓤實，燈心草莖肥瓤虚爲別也。土人選長大者蒸熟，待冷劈取白瓤爲炷。短細者惟堪織席。用皮作蓑，可爲雨具。修治入藥，取生劈者良。或飲、或膏、或末、或圓，各隨方製。若研末用，每用生劈白瓤，以米粉調煮稀薄，漿糊拌潤，一時曬燥，碾末，入水澄去漿粉，取浮起者，曬乾收用。拌乳香研，易于細而不潤，拌冰片藏，分兩不耗。

燈心草：通陰竅，張元素利小水之藥也。蔡心吾稿故《開寶》單治癃閉五淋諸疾。其味甘，其性寒，其體輕，乃清肅之品。善能通利小腸熱氣不行，從小便出。然小腸爲心之府，故亦能除心經熱也。又《張氏方》謂能消水腫，散喉痹，定驚悸，止小兒夜啼，療大人痰熱，皆取其輕凉清肅之性，以治熱鬱爲諸病，悉主用焉。但性專通利，凡虛脱之病，不宜多用。

盧不遠先生曰：外剛內柔，表青裏白，具乙木之氣，禀燥金之化。體浮用升，故善齊通竅穴，咸遍府藏，奇方之輕劑、通劑也。

皇甫雲洲先生曰：按小便之爲竅，水液瀦于膀胱而泄于小腸。熱則不通，冷則不禁，理之常也。亦有虛熱而遺瀝，氣虛而不通者，不可不知。如熱而不通，牛膝、車前、瞿麥、燈心草之類治之；冷則不禁，益智子、補骨脂、鹿茸、巴戟之類治之。如虛熱遺瀝，生地黄、地骨皮、黄耆、麥門冬、黄柏、知母之類治之。如氣虛不通，人參、白朮、黄耆、甘草、肉桂之類治之。善治者，宜審證按脉而用，又不可沾沾以燈心一物也。

集方：已下五方出《方脉正宗》治小水熱閉不通。用燈心草五錢，煎湯，頻頻飲之。〇治五淋癃閉。用燈心草一兩，麥門冬、甘草各五錢，濃煎飲。〇治水腫。用燈心草四兩，水煎服。〇治喉痹腫痛。用燈心草燒灰，和冰片一二釐，研細吹入喉內。〇治喉風痹塞。用燈心草一握，陰陽瓦燒存性，又加炒鹽一匙，每吹一捻，日數次，立愈。〇《勝金方》治破傷出血。用燈心草嚼爛敷之，立止。〇《集簡方》治無故夜不合眼。用燈心草煎湯代茶飲，即得睡。〇同前治濕熱黄疸。用燈草根四兩，酒水各半，入瓶煮半日，溫服。〇同前治小兒夜啼驚悸。用燈心草煎湯飲之。

續補方：治下疳蛀梗摻方：用燈心草一兩，燒灰，橄欖十五個，連核燒灰，共研勻細末，摻上即收。〇治一切口中苦、甘、辣、鹹、酸諸味爲病。以燈心草一握爲君，佐以五經清火藥治之。如口苦者心熱，加黄連、山梔；口甜者脾熱，加黄連、黄芩；口辣者肺熱，加桑白皮、地骨皮；口鹹者腎熱，加黄柏、知母；口酸而苦者肝膽有鬱火，加龍膽草、柴胡、青皮。配諸藥，俱佐燈心草，見證加煎漱口，徐徐嚥下。

明·顧逢柏《分部本草妙用》卷七兼經部·寒瀉 燈心 淡，寒，無毒。主治：五淋，瀉肺，治陰，清心火。喉痺，燒灰吹之眇。灰塗乳上，止小兒夜啼。灰入輕粉、麝香，治陰疳。凡諸熱症，不犯風邪者，加用之良。

明·李中梓《醫宗必讀·本草徵要上》 燈心味淡，平，無毒，入心、小腸二經。清心必用，利水偏宜。燒灰吹喉痹，塗乳治夜啼。粳粉漿之，晒乾為末，入水淘之，浮者是燈心。按：中寒小便不禁者忌。

明·鄭二陽《仁壽堂藥鏡》卷一〇上 燈心草 潔古云：氣平，味甘。通陰竅澁不利，利小便，除水腫、癃閉、五淋。《主治秘訣》云：辛、甘，陽也。瀉肺，燈心屬土，火燒為灰，取少許吹喉中，治急喉痹甚捷。小兒夜啼，亦用燈心燒灰，塗乳上與喫。燈心治諸蟲入耳，挑不出，以燈心浸油，釣出蟲。

人家點燈，俱煮過者。須求生者入藥為妙。罐藏冰片，多加燈草，分兩不耗。

明·蔣儀《藥鏡》卷四寒部 燈薪 奚事乎清心定驚者。療小兒之夜哭，請爇其灰。點喉痺與竪蛾，則封以煅。生煑根苗或敗蓆，總治五淋。爛嚼和唾，貼破傷，封糊流血。治療木通相似，輕浮少遜其功。

明·張景岳《景岳全書》卷四八《本草正》 燈心草 味淡，性平。能通水道澁結癃閉，治五淋，瀉肺熱，降心火，除水腫，止血，通陰氣，散腫止渴。但用敗蓆煮服更良。若治喉痹，宜燒燈草灰吹之。若治下疳瘡，亦用燒灰，加輕粉、麝香為末摻之。

明·賈九如《藥品化義》卷四心藥 燈心 屬陽有金與水，體虛而輕，色白，氣和，味淡，性平云寒非，能升能降，力淡滲，性氣與味俱輕清，入心肺小腸膀胱四經。燈心氣味俱輕，輕者上浮，專入心肺。性味俱淡，淡能利竅，使上部鬱熱下行，從小便而出，主治咳嗽咽痛，眼赤目昏，淋閉水腫，小水不利，暑熱便濁，小兒夜啼，皆清熱之功也。世疑輕淡之物，以為力薄而忽略之，不知輕可去實，淡主於滲，惟此能導心肺之熱自上順下，通調水道，下輸膀胱，其力獨勝。

明·盧之頤《本草乘雅半偈》帙一〇 燈心草宋《開寶》 氣味：甘，寒，無毒。主治：主五淋，敗席尤良。

覈曰：出江南，及陝西澤地，他處雖有野生，但不多耳。叢生圓勁，與龍鬚草同類，龍鬚草莖小瓤實，燈心草莖肥瓤虛為别也。土人選長大者，蒸熟待冷，劈取白瓤為炷，短細者唯堪織席，用皮作蓑，謂之夫需。質之柔脆，性之溫涼，各隨水土，以分優劣。修事：取生劈者良，或飲或膏，或末或圓，各從方製。若輾末使，每用生劈白瓤十斤，以米粉調煮稀薄漿水，拌潤一伏時，晒燥輾末，入水澄去漿粉，取浮起者，暴乾收用。

先人云：外剛內柔，表青裏白，具乙木之氣，禀燥金之化。體浮用升，故能齊通竅穴，咸徧府藏，奇方之輕劑通劑也。

条曰：草瓤用以然燈，與貞明不息之機矣。耎弱而滑，輕虛而浮，端直而長。象一陽之始生，自下而上，用行體至之發陳物也。顧肝之為用，疏洩前陰，不行焉，則為癃，為淋，為水腫。又肝之為用，從踵徹巔，不及焉，則為急喉痹，為兩脇肱滿；太過焉，則為眩冒，為目不夜合。此不循倫次而允升，一唯迅疾而自上，所謂浮沉則順之，反乎溫涼則逆也。木自火出，性緣物顯，用行體至，燈燈續明，柔以時升，積小以高大，廢固不行，緩則不及，急則太過矣。

明・李中梓《本草通玄》卷上　燈心　平淡，入太陽經。　利小便，除水腫，燒灰吹急喉痹。　傅陰疳，〔神效〕。

清・顧元交《本草彙箋》卷三　燈心草　質輕味淡，五臟無歸，專入小腸，利水，導上滲下，其力獨勝。小腸受盛，與心應，故又入心經，爲清心降火之品。周慎齋云：麥門冬引甘草瀉心經之火，有燈草取其清空，而麥冬、甘草得以降火下行也。故又云麥冬得燈心，則大瀉心火。如咳嗽咽痛，眼赤目昏，淋閉水腫，小水不利，暑熱便濁，小兒夜啼諸症，俱不可廢。而性耑通利，固不宜於虛脫之人。今有不辨虛實，動加燈草，以爲故套，殊爲可鄙。

此即簑草心，而可以燃燈者。云燈心者，蓋以爲燈之心也。或云應作燈薪，薪，即草薪之薪，亦通。

清・穆石鉋《本草洞詮》卷九　燈心　燈心草，氣味甘，寒，無毒。瀉肺，治陰竅澀不利，除水腫癃閉。治急喉痹，燒灰吹之甚捷。燒灰塗乳上，飼小兒，止夜啼。此草難研，以粳米粉漿染過，晒乾，研末，入水澄之，浮者是燈心也。

清・劉雲密《本草述》卷九下　燈心草　志曰：生江南澤地。叢生，莖圓細而長直，人織為席。

按此草產於姑蘇。詢之彼中老商，曰燈心草產陸地，其瓤虛白。席草出澤地，其瓤實。若然，則自古承誤者多矣。

氣味：甘，寒，無毒。潔古曰：辛甘，陽也。吳綬曰：淡，平。

主治：降心火通氣時珍。瀉肺。治陰竅澀不利元素。療五淋《開寶》。行水，除水腫癃閉元素。治急喉痹，燒灰吹之甚捷震亨。盧復曰：外剛內柔，表青裏白，其乙木之氣，稟燥金化，體浮用升，故能齊通竅穴，咸徧臟腑，奇方之輕劑通劑也。

希雍曰：燈心草入心，小腸藥也。其質輕通，其性寒，味甘淡，故能通利，小腸熱氣下行從小便出。小腸為心之腑，故亦除心經熱也。

附方　燈心草，以鹹滷浸透，入雞子殼中，封固，煅存性，研細，加梁上倒掛塵，及青魚膽，明礬，銅青，點咽喉生乳蛾，有神效。衄血不止，燈心一兩，為末，入丹砂一錢，米飲每服二錢。　喉風痹寒，用燈心灰二錢，蓬砂末一錢，吹之。

愚按：降心火，通氣，為此味專長。心火降，則肺氣下行而氣通，故曰瀉肺，心主血，火降氣通，則血和而水源暢矣。小腸以下水分穴，下合膀胱水腑，使氣化出焉。故主五淋，利陰竅。陰竅，肝所主也。肺氣降，則肝氣和，而陰竅利矣。其治喉痹最捷者，降心火，下肺氣，和血散氣之義也。第人知心屬火，而不知為水之元。蓋心主血，血即真陰之化醇，故化和而水元自暢。然非金為火用，則氣不化，而血亦不和，是物降心火，而令肺金得為之用，故其功如此。

修治　燈心難研，以粳米粉漿染過，曬乾，研末，入水澄之，浮者是燈心也。曬乾用。　燈草最難成灰，一燒即過，安能得灰？必緊紮作一把，令堅實，塞入罐內，固濟，煅之，罐紅為度，待冷取出，方有存性黑灰。

清・郭章宜《本草匯》卷一一　燈心　甘辛，淡，寒，陽也，入手少陰、太陽經。清心必用，夜不合眼，可用代茶。陰澀偏宜。治五淋，療黃疸。燒灰吹喉痹，塗乳治夜啼。

按：燈心屬金與火，能助水清熱，其味淡，五藏無歸，專入小腸利水。訣曰：小腸受盛與心應。故又入心經。燒灰性涼，入輕粉可治陰疳。衄血不止者，一兩為末，丹砂一錢，米飲服効。治乳蛾，以鹹滷浸透，入雞子殼中封固，煅存性，研細，加梁上倒掛塵，及青魚膽、明礬、銅青，點咽喉神妙。虛脫人，及中寒小便不禁者，勿服。

以粳米粉漿過，晒乾研末，入水淘之，浮者是燈心也。日乾用。

清・蔣居祉《本草擇要綱目・寒性藥品》　燈心草　氣味：甘，寒，無毒。陽也。　主治：瀉肺，治陰竅澀不利，行水，除喉風痹塞。燥灰塗乳上，飼小兒夜啼。以粳米粉漿染過，晒乾，研末，入水澄之，浮於水上者，是燈心也。降心火，通氣散腫，祛衄血不止。

清・王翃《握靈本草》卷四　燈心草生江南澤地。入藥宜生用，研末甚難，以米泔濕透，研末。入水浸之，浮者是燈心也。晒乾用。　主治：燈心草，甘，寒，無毒。治五淋，瀉肺行水，降心火，止血通氣，治急喉痹。

清・汪昂《本草備要》卷二 燈草輕，通，利水，清熱。 甘淡而寒。降心火，心能入心。清肺熱，利小腸，心與小腸相表裏，心火清則肺清，小腸亦清，而熱從小便出矣。通氣止血。治五淋水腫，燒灰吹喉痹，塗乳止夜啼。擦癬最良。縛成把，擦摩極癢時，蟲從草出，浮水可見，十餘次則能斷根。

清・吴楚《寶命真詮》卷三 燈心 【略】清心利水。燒灰吹喉痺，塗乳治夜啼。

清・陳士鐸《本草新編》卷四 燈心草 味〔辛〕、甘，氣寒，無毒。入心、小腸、膀胱經。通陰竅，利小便，除癃閉成淋，消水濕作腫。此物用之以引經，並非佐使之藥也。

或問：燈心能除心熱，而子不言者，何也？夫燈心能通心而入小腸，心與小腸為表裏，既通水道，則小便無壅滯之苦，小腸既通利，而心中之熱隨之下行，入于膀胱，從前陰而出矣。其實，燈心草不能除心中之熱也。

清・顧靖遠《顧氏醫鏡》卷七 燈心草淡，平。入心小腸二經。 清心必用，利水偏宜。小便不禁者，忌之。

清・李熙和《醫經允中》卷二〇 燈心 入手少陰、太陽。 淡寒，無毒。主治五淋，療黄疸，瀉肺清心火，利小便。喉痺燒灰吹之妙；灰塗乳上，止小兒夜啼；灰入輕粉、麝香，治陰疳。

清・馮兆張《馮氏錦囊秘錄・雜症痘疹藥性主治合參》卷二 燈心氣味甘，寒，無毒。以味甘淡，性寒，其質輕通，故能通利小腸，使心經蘊熱，從小便而出，為下焦伏熱五淋之聖藥也。然惟通利，故虚脱症及小便不禁者忌之。

燈心，務生剝者良。降心火，清肺熱，通陰竅，利小便，除癃閉成淋，消水濕作腫，輕清去濕除熱，故治痘症及上焦浮熱也。根採煎服，功力尤優，敗蓆煮服，其效更勝。燈花，止小兒夜啼，治大人喉痹，金瘡敷上，血禁肌生。

主治痘疹合參：根苗並主五淋，清心解熱，燒存性，止小兒夜啼。

清・张璐《本經逢原》卷二 燈心草 甘，寒，無毒。欲入丸劑，粳米粉漿磨之。

發明：燈心輕虚甘淡，故能瀉肺利水。治急喉痹，燒灰吹之。又燒灰塗乳上，飼小兒止夜啼。燒灰入輕粉、麝香治陰疳。

清・浦士貞《夕庵讀本草快編》卷二 燈心草宋《開寶》 虎鬚草 吳人栽蒔于澤地，剝瓤為燈炷，以殻織蓑。雷斅云：硇遇赤鬚，永留金鼎。注云：即虎鬚也。今末琥珀者必用之，想其伏硫砂可知矣。 燈草色白屬肺，中空象心，味淡而平，輕揚之品也。故能瀉肺而通氣，降心而清熱。凡五淋癃閉，水腫失血，得非金不能生水，膀胱之氣不舒乎？小兒夜啼，纏喉風痺，得非火氣上騰，少陰之氣怫欝乎？故宜用此以通以利。《内經》所謂淡以瀉之也。若小便自利，下焦氣虚者，不宜過與。

清・劉漢基《藥性通考》卷六 燈草 味甘，淡而寒。降心火，清肺熱，利小腸。心與小腸相表裏，心火清，則肺清，小腸亦清，而熱從小便出矣。又能通氣止血，治五淋水腫。燒灰吹喉痺；塗乳，止夜啼。擦癬最良，數次能斷根矣。

清・姚球《本草經解要》卷二 燈草 氣寒，味甘，無毒。主五淋，生煮服之。

燈草氣寒，稟天冬寒之水氣，入手太陽寒水小腸經、足太陽寒水膀胱經。味甘無毒，得地中正之土味，入足太陰脾經。氣味降多於升，陰也。心與小腸為表裏。小便者，心火之去路也。心火結於小腸、膀胱，則小便淋瀝矣。燈心生煮服之，氣寒清熱，味甘化氣，結者解而火下洩矣。 製方：燈心焙，同炒鹽，共末，吹喉痹。煎湯調燈花末塗乳，小兒吮之，止夜啼。

清・王子接《得宜本草・上品藥》 燈心草 味甘，寒。功專降心火，瀉肺熱。得辰砂治小兒夜啼，得紅花治喉風痺塞。

清・尤氏《尤氏喉科秘書》 製燈草灰法 務擇其白色者，先鋪在桌上，以清水噴濕，候心内潮潤，將竹管堅固不碎，兩頭厚薄相勻者，以水浸管内，以濕紅布團塞緊一頭，即將燈心塞入，以竹筯搥實，傾去水，如是逐漸塞滿，再用濕紅布塞實，入桴炭火煅之，觀其煙盡，及管内通紅，取出放潔淨平地上，須以水預噴濕地上，用碗覆之，待冷取起，剝去外面之灰，打開看，藥灰黑色，成團者佳。煅時勿令竹管爆碎，碎則無用。不可煅過，過則灰白。不可煅生，生則不成灰。此藥最輕，宜多備。

清・黄元御《玉楸藥解》卷一 燈心草 味淡，氣平。入足少陰腎經。利水通淋，泄濕開癃。燈心草利水滲濕，通小便淋濇。燒灰吹喉，散止鼻衄，並治破傷血流之證。

清・吴儀洛《本草從新》卷一 燈心〔輕，通，利水清心。〕 甘、淡，微寒。降心火，清肺熱，利小腸，心與小腸相為表裏，心火清則肺清，小腸亦清，而熱從小便出矣。通氣止血。治五淋水腫。燒灰吹喉痺，塗乳止夜啼。擦癬最良。縛成把，擦摩極癢時，蟲從草出，浮水可見，十餘次可以斷根。中寒小便不禁者勿服。

清·汪紱《醫林纂要探源》卷二　燈草　淡，寒。清肺金而滲濕，去妄火以寧心。無味，淡即其味。色白輕浮，入肺以滲濕行水。又心以入心。心，君火也，君火有主，則神明敷布而不熱。君火無主，則火氣拂鬱而不明。其受膏燃火，心之用血而生明也，故能甯心，心寧則妄熱不作矣。又形類腸，小腸，心之表也。淡滲濕，寒去熱，金生水，故入小腸，利小便。治疥癬。擦癬，則蟲俱著草上，浮水可見。亦以其去濕熱，且能出毒也。灰：能止血。吹喉痺。塗乳，止夜啼。黑能止血，且火性已過，是能滅火也。小兒夜啼，亦心火妄而不安於夜，故服此能止。凡驚癇不安，用藥皆當以為引。亦治淋，消水腫。

清·嚴潔等《得配本草》卷三　燈心草　甘、淡，寒。入手少陰經氣分。降心火，瀉肺熱，利小腸，退水腫。配麥冬，引心火下降。佐紅花，治喉風。佐鱉甲，治瘡痘煩喘。和丹砂，治衄血。煅炭和輕粉，治陰疳。煅炭，吹喉風閉塞。煅炭塗乳頭飲兒，止夜啼。心氣虛者禁用。多服、久服，令人目暗。燒炭法：用淡竹筒一個，將燈草築實，黃泥封口，火煅通紅，用濕草紙裹貯，不令出氣，候冷劈開，其中即成炭也。

題清·徐大椿《藥性切用》卷三　燈心　甘淡微寒，降心火而利小腸，兼清肺熱。燈草燒灰，吹喉痺，塗乳止夜啼。中寒，小便不禁者，勿服。

清·黃宮繡《本草求真》卷五　燈草瀉心火以消水。燈草耑入心。味淡而寒，體小氣微，諸書皆稱能降心火，以其心治心也。心火清則肺金肅。故書曰清肺。心與小腸相表裏，則熱盡從小便而出矣。且熱去而血亦寧，故能止血通淋，洵上焦伏熱五淋之聖藥也。五淋有氣、血、膏、勞、石之分。燒可治喉痹。一方：燈心灰二錢，蓬沙末一錢吹。一方：燈心箬葉燒灰吹。一方：燈心草、紅花，燒灰酒服。及以灰塗乳上，則兒飼不夜啼；縛把擦癬，則蟲從草出，浮水可見，且能斷根矣。氣虛小便不禁者，忌服。

清·楊璿《傷寒溫疫條辨》卷六消劑類　燈草　味淡，性寒。入心、小腸。通陰竅，利小水，除癃閉成淋，消水濕作腫，燒灰敷金瘡止血，療小兒夜啼，少加冰片，吹喉中治急喉痹，再加珠子煅研，其效更捷。鉢擂乳香少入，油潤全無礶藏。冰片多加，分兩不耗。

清·羅國綱《羅氏會約醫鏡》卷一六草部　燈芯味甘淡，性寒，入心、小腸二經。其質輕通，清肺熱降心火，心能入心。利小便，使心經蘊熱從小便而出，心與小腸相表裏，心火清則肺清，小腸亦清。為上焦伏熱，治五淋之聖藥。消濕腫，利水。除喉痹，燒燈草灰吹之。止小兒夜啼，燈芯燒灰塗乳頭，令咀之。療金瘡，燒灰敷之，血止肌生。除消渴，敗薦煮服，更勝。治下疳瘡。亦用燒灰，加輕粉、麝香為末摻之良。若虛脫證，小便不禁者忌之。

清·黃凱鈞《藥籠小品》　燈芯　淡滲，祛心火，清肺熱，利小腸，同竹卷心。稍加甘草，治心火咽痛如神。

清·王龍《本草纂要稿·草部》　燈心草　氣味甘寒。通陰竅，療癃閉成淋。利小便，消水氣作腫。燈花治小兒夜啼，療大人喉痺。金瘡敷上，血禁生肌。

清·張德裕《本草正義》卷上　燈草　淡，涼。通水道，利癃閉，治五淋，降心火。用敗席煎服，更妙。

清·楊時泰《本草述鉤元》卷九　燈心草　產姑蘇陸地。叢生，莖圓細而長直，其瓤虛白。氣味甘澹，平寒。入心、小腸二經，陽也。主降心火，通氣瀉肺，治陰竅不利，療五淋，行水除水腫、癃閉，急喉痹燒灰吹之即效。外剛內柔，表青裏白，具乙木之氣，稟燥金之化，體浮用升，故能齊通竅穴，咸徧臟腑，奇方之輕劑、通劑也不遠。其質輕通，甘澹性寒，能通利熱氣下行從小便出。小腸為心之腑，故亦除心熱也仲淳。以鹽滷浸透，入雞子殼中，封固，煅存性，研細，加梁上倒掛塵，及青魚膽、明礬、銅青，點乳蛾神效。喉風痹塞，燈心灰二錢，蓬砂末一錢，吹之。衄血不止，燈心一兩為末，入丹砂一錢，每米飲服二錢。論：降心火通氣，為燈心草專長，心火降則肺氣下行而氣通。心主血，火降氣通則血和，而水源暢矣。小腸以下水分穴，下合膀胱水腑，使氣化出焉，故主五淋，利陰竅。陰竅肝所主也，肺氣降則肝氣和，而陰竅利矣。其治喉痹最捷者，降心火，下肺氣，亦和血散氣之義也。人知心屬火，而不知為水之元，蓋血即真陰之化醇，其化和而水元自暢，然非金為火用，則氣不化而血亦不和，燈心降心火，而令肺金得為之用，故其功如此。修治：是物難研，以粳米粉漿染過，曬乾研末，入水澄之，浮者燈心也，曬乾用。又最難成灰，一燒即過，必緊紮作把，令堅實，塞入罐內，固濟煅之，罐紅為度，待冷取出，方有存性黑灰。

清·葉桂《本草再新》卷二　燈心味甘、淡，性寒，無毒。入心、肺二經。清心火，解肺熱，利腸分，通血脈，無熱則腸分利，無火則血脈通。消乳腫，治喉疼。

清·吳其濬《植物名實圖考》卷一四　燈心草　《開寶本草》始著錄。草以為席，瓤以為燈炷。江西澤畔極多，細莖綠潤，夏從莖傍開花如穗，長不及寸，微似莎草花。俚醫謂之水燈心，蓋野生者，性尤清涼。

清·趙其光《本草求原》卷三隰草部　燈心草　輕虛，甘淡而寒，無毒。清心火，降肺氣以利水。燒灰涼心，止血、去熱邪。主淋癃，利陰竅，肺氣降則肝氣和。喉痹，火氣下故，燒灰吹之。衄血，為末，同丹砂服。止小兒夜啼，塗乳飼之。陰疳。同輕粉、麝搽。止刀傷。

同梁上倒掛塵、青魚膽、白礬、銅青點咽喉乳蛾妙，同硼砂治喉風痹。成把擦癬，蟲從草出。

入丸散，以米粉漿曬研，入水澄之，浮者是也。或紮一把，鹵水浸透，入雞蛋殼，或罐內，塞實煅灰，乃可入丸散。

清·文晟《新編六書》卷六《藥性摘錄》　燈草　味淡而寒，體小氣微。瀉心火以利水，能止血通淋。〇惟尿多者忌服。〇燒灰，治喉痹。〇縛把擦癬，則蟲從草出。

清·張仁錫《藥性蒙求·草部》　燈草三束　燈草味甘，通利小水。癃閉成淋，肺心熱退。甘淡，微寒。降心火，清肺熱，利小腸，治五淋水腫。塗乳，止小兒夜啼。

清·劉善述、劉士季《草木便方》卷一草部　水燈心　水燈心涼清心熱，心火上炎薰蒸滅。利便通淋火下行，頭目昏眩牙痛絕。

清·劉善述、劉士季《草木便方》卷一草部　燈心草　燈草甘淡寒清熱，利腸止血心火滅。五淋水腫除煩燥，燈灰吹喉兒點哭。

清·戴葆元《本草綱目易知錄》卷一草部　燈心草　莖及根，甘，寒。降心火，瀉肺熱，通五淋，止血通氣，散腫，止渴行水，治陰竅不利，除水腫癃閉。燒灰，吹急喉痹甚捷。塗乳上，飼小兒，止夜啼。和輕粉、麝香為末，搽陰疳。【略】葆按：燈心亦難燒炭，以小竹筒盛燈心撮緊，泥裹，炭火燒，內自結成炭，取用。

清·黃光霽《本草衍句》　燈草甘，寒。　降心火，清肺熱。利小腸五淋水腫，開陰竅通氣止血。得辰砂治小兒夜啼，得紅花治喉風痺塞。　夜不合眼，難睡，燈草煎湯，代茶飲，得睡。

清·陳其瑞《本草撮要》卷一　燈草　味甘，寒，入足少陰經，功專降心火，瀉肺熱。得辰砂治小兒夜啼，得紅花治喉風喉痹。紮成把擦癬良，燒灰止血。小便不禁及中寒者忌。

天燈心

明·佚名氏《醫方藥性·草藥便覽》　天燈心　其性溫。解心熱，利小便，止渴。

石龍蒭

宋·李昉《太平御覽》卷第九九四　龍鬚　《山海經》曰：賈超之山，草多龍鬚。《廣志》曰：龍鬚，一名西王母簪。《水經》曰：自洮強南北三百里中，地草並是龍鬚，而無樵柴。周景式《廬山記》曰：石門峰石間多龍鬚草。《遊名山志》曰：龍鬚草唯東陽永嘉有。永嘉有縉雲堂，意者謂鼎湖攀龍鬚時，有墜落化而為草，故有龍鬚之稱。鄭緝之《東陽記》曰：仙姥巖間，不生蔓草，盡出龍鬚。《本草經》曰：西超山多龍循，龍鬚也。一名草續斷。

宋·唐慎微《證類本草》卷七草部上品〔《本經·別錄》〕　**石龍蒭**　**味苦，微寒**、微溫，無毒。**主心腹邪氣，小便不利，淋閉，風濕，鬼疰惡毒**，補內虛不足，痞滿，身無潤澤，出汗，除莖中熱痛，殺鬼疰惡毒氣。**久服補虛羸，輕身，耳目聰明，延年。一名龍鬚，一名草續斷，一名龍珠**，一名龍華，一名懸莞，一名草毒。九節多珠者良，生梁州山谷濕地。五月、七月採莖，暴乾。

〔梁·陶弘景《本草經集注》〕云：莖青細相連，實赤，今出近道水石處，似東陽龍鬚以作席者，但多節爾。

〔唐·蘇敬《唐本草》〕注云：《別録》云：一名方賓。主療蚘蟲及不消食爾。

〔宋·馬志《開寶本草》〕按：別本注云：《別録》云微溫，今之服用能除熱，蓋不溫也。

〔宋·掌禹錫《嘉祐本草》〕按：《蜀本圖經》云：莖如綖，叢生，俗名龍鬚草。今人以爲席者，所在有之。八月、九月採根，暴乾。陳藏器云：按龍鬚，作席彌敗有垢者，取方尺煮汁服之，主淋及小便卒不通。今出汾州，亦處處有之。

宋·王繼先《紹興本草》卷七　石龍芻　紹興校定：石龍芻，採莖入藥。其草柔軟細長，人或編之以為席者是也。《本經》所載主治雖衆，但今方家稀見入藥。《本經》微寒，復云微溫，據別注云：今服用除熱者，蓋不溫也。當作味苦、微寒、無毒是矣。

宋·鄭樵《通志》卷七五《昆蟲草木略》　石龍蒭　曰龍鬚，曰草續斷，曰龍朱，曰龍華，曰懸莞，曰草毒，曰方賓。《爾雅》所謂薕，鼠莞也。生被崖垂下，故得龍鬚之名。可以為席。

明·蘭茂撰，清·管暄校補《滇南本草》卷中　秧草根　性微寒，味甘，澁。入肝脾二經。涼血止血，治大腸下血，婦人紅崩白帶，散經連綿。利小便，治五淋白濁，消血腫。　附方：　治婦人紅崩下血，散經連綿，日久不止。秧草根二錢，管仲一錢，水煨，點水酒服。

明·王綸《本草集要》卷三　石龍蒭一名龍鬚。即今作席者。　味辛，氣微寒，無毒。五月、七月採莖，八月、九月採根。　主心腹邪氣，小便不利，淋閉，風濕，鬼疰惡毒。　療蚘蟲，除熱，久服補虚羸，輕身，耳目聰明，延年。

明·滕弘《神農本經會通》卷一　石龍蒭　俗名龍鬚草。今人以為席者。五七月採莖，八九月採根，暴乾。　味苦，氣微寒、溫，無毒。

《本經》云：　主心腹邪氣，小便不利，淋閉，風濕，鬼疰惡毒，補内虚不足，痞滿，身無潤澤，出汗，除莖中熱痛，殺鬼疰惡毒氣。久服補虚羸，輕身，耳目聰明，延年。九節，多味者良。《別録》云：　主療蚘蟲，又不消食。　陳藏器云：　龍鬚，作席彌敗有垢者，取方尺煑汁服之，主淋，及小便卒不通。

明·劉文泰《本草品彙精要》卷九　石龍蒭無毒。　叢生。

石龍蒭出《神農本經》：　**主心腹邪氣，小便不利，淋閉，風濕，鬼疰，惡毒。久服補虚羸，輕身，耳目聰明，延年。**以上朱字《神農本經》。補内虚不足，痞滿，身無潤澤，出汗，除莖中熱痛，殺鬼疰惡毒氣。以上黑字名醫所錄。　【名】龍鬚、龍華、草續斷、方賔、龍珠、懸莞、草毒。　【苗】陶隱居云：　莖青細相連，實赤。今出近道水石處，似東陽龍鬚以作席者，但多節爾。《蜀本圖經》云：　莖如綖，叢生，俗名龍鬚草，今人以爲薦者是也。　【地】《圖經》曰：　生梁州山谷濕地及汾州，今處處有之。　【時】生：　春生苗。採：　五月、七月取莖，八月、九月取根。　【收】暴乾。　【用】莖九節多味者爲好。　【質】類麻黄，多節而粗長。　【色】青。　【味】苦。　【性】微寒，微溫。　【氣】氣薄味厚，陰中之陽。　【臭】香。　【主】利水除熱。　【治】療：　《唐本》注云：　殺蛔蟲及能消食。　陳藏器云：　止淋及小便卒不通。

明·鄭寧《藥性要略大全》卷六　石龍芻一名龍鬚，即席上草也。與燈心草同種。　主心腹邪氣，小便不利，淋閉，風濕，補虚出汗，除莖中痛。　味苦、甘，平、微寒，無毒。易老云微溫，悮也。前燈心草條下有此。

明·陳嘉謨《本草蒙筌》卷二　石龍蒭　味苦，氣寒、微溫。無毒。生長山谷濕地，九節多味者良。又名龍鬚，織薦堪用。五月採莖日曝，九月採根陰乾。通小便不利熱淋，除内傷不足虚痞。殺鬼疰惡毒，去尿管澁疼。潤皮毛槁枯，卻心腹邪氣。久服延壽，明目輕身。○敗薦煎湯，治淋亦効。

明·王文潔《太乙仙製本草藥性大全》卷二《本草精義》　石龍蒭　一名龍鬚，一名草續斷，一名龍珠，一名龍華，一名懸莞，一名草毒，一名方賔。九節多味者良。生梁州山谷濕地，今汾州在處有之。莖如綖，叢生，俗名龍鬚草。陶云〔莖〕青細相連，實赤，七月、八月採根，曝乾收用。

明·王文潔《太乙仙製本草藥性大全》卷二《仙製藥性》　石龍蒭一名龍鬚，即今作薦者。　味苦，氣微寒，無毒。　主治：　通小便不利，熱淋；除内傷不足，虚痞。殺鬼疰惡毒，去尿管澁疼，潤皮毛稿枯，却心腹邪氣。久服補虚羸，延壽明目輕身。　敗薦：　煎湯治淋亦效，小便卒不通可治。

明·皇甫嵩《本草發明》卷三　石龍蒭上品下。氣微寒。溫，味苦，無毒。一名龍鬚。堪用織薦。九節多味者良。　發明曰：　石龍蒭，利水藏，養陰除熱。故《本草》主心腹邪氣，小便不利，淋閉，風濕，除莖中熱痛，殺鬼疰惡毒痞滿，身無潤澤，出汗。久服補内虚羸，明目聰耳，輕身。五、七、九月採莖，陰乾。

明·李時珍《本草綱目》卷一五草部·隰草類上　石龍芻《本經》上品

【釋名】龍鬚《本經》　龍修《山海經》　龍華《別録》　龍珠《本經》　懸莞《別録》　草續斷《本經》　縉雲草《綱目》　方賔《別録》　西王母簪　時珍曰：　刈草包束曰芻。此草生水石之處，可以刈束養馬，故謂之龍芻。《述異記》周穆王東海島中養八駿處，有草名龍芻，是矣。故古語云一束龍芻，化爲龍駒，亦孟子芻豢之義。龍鬚、王母簪，因形也。縉雲，縣名，屬今處州，仙都山産此草，因以名之。崔豹《古今注》云：　世言黄帝乘龍上天，群臣攀龍鬚墜地生草，名曰龍鬚者，謬也。江東以草織席，名西王母席，亦豈西王母騎虎而墮其鬚乎？

【集解】《別録》曰：　石龍芻生梁州山谷濕地，五月、七月採莖暴乾，以九節多珠者良。弘景曰：　莖青細相連，實赤，今出近道水石處，似東陽龍鬚以作席者，但多節爾。藏器曰：　今出汾州、沁州、石州，亦處處有之。保昇曰：　叢生，莖如綖，所在有之，俗名龍鬚草，可爲席，八月、九月採根暴乾。時珍曰：　龍鬚叢生，狀如粽心草及鳧茈，苗直上，夏月莖端開小穗花，結細實，並無枝葉。今吴人多栽蒔織席，他處自生者不多也。《本經》明言龍芻一名龍鬚，而陶弘景言龍芻似龍鬚但多節，似以爲二物者，非矣。

莖　【氣味】苦，微寒，無毒。《別録》曰：　微温。　【主治】心腹邪氣，小便不利淋閉，風濕鬼疰惡毒。久服補虚羸，輕身，耳目聰明，延年《本經》。補内虚不足，痞滿，身無潤澤，出汗，除莖中熱痛，療蛔蟲腫〔及〕不消食《別録》。

敗席　【主治】淋及小便卒不通，彌敗有垢者方尺者，煮汁服之藏器。

清·馮兆張《馮氏錦囊秘錄·雜症痘疹藥性主治合參》卷三　石龍芻　又名龍鬚。織席甚用。通小便不利，熱淋；除內傷不足，虛痞。殺鬼疰惡物，去尿管澀疼，潤皮毛枯槁，卻心腹邪氣。敗席煎湯，治淋亦效。

清·张璐《本經逢原》卷二　石龍芻一名龍鬚，即席草。　苦，微寒，無毒。《本經》主心腹邪氣，小便不利，淋閉，風濕，鬼疰。　發明：龍芻生水中，性專利水。《本經》所主心腹邪氣，亦是因水濕瀦積所致，其敗席治淋及小便不通。昔人用以煮服，莫若燒灰酒服更良。

清·張志聰、高世栻《本草崇原》卷上　石龍芻　氣味苦，微寒，無毒。主治心腹邪氣，小便不利，淋閉，風濕，鬼疰，惡毒。久服補虛羸，輕身，耳目聰明，延年。　石龍芻，一名龍鬚草，近道水石處皆有之，生於縉雲者佳，故又名縉雲草。苗叢生直上，並無枝葉，狀如棕心草。夏月莖端作小穗，開花結細實，赤色。吳人多栽蒔之以織席。　石龍芻氣味苦寒，生於水石間，得少陰水精之氣化，故以龍名。又，龍能行泄其水精也，主治心腹邪氣者，少陰水精之氣，上交於心，則心腹之邪氣可治也。小便不利，淋閉者，熱邪下注而病淋，濁氣不化而仍閉結，皆為小便不利。龍芻能啟水精之氣，上交於心，上下相交，則小便自利矣。又，少陰神氣外浮，則能去風濕。少陰神氣內藏，則能除鬼疰也。又曰：惡毒者，言鬼疰之病，皆惡毒所為，非癰毒也。久服則水火相濟，故能補虛羸而輕身。精神充足，故耳目聰明而延年。

清·嚴潔等《得配本草》卷三　龍鬚草即席草。　苦，微寒。入手少陰、太陽經氣分。除心腹邪氣，療莖中熱痛。敗席功用相同。

題清·徐大椿《藥性切用》卷三　石龍芻　即龍鬚草。味苦微寒，通淋止痛。敗蓆有垢者，功勝。

清·趙學敏《本草綱目拾遺》卷五草部下　野席草　生山澤水旁，較蓆草稍短細，亦名龍鬚草。清明後生苗，小滿時開花細小，根類竹根，黑色，入藥取根用。

止血崩，風氣疼痛，鶴膝風，夢遺，酒煎服，湯煎洗，出汗《草藥鑒》。利溼熱，治癃淋精濁，崩中溼痹，鼻衄痄腮，明目，疣痛，口咽諸毒，火症，鶴膝風《百草鏡》。瘰癧痰核王用予。鼻中不時出血，野蓆草根煎服《一盤珠》。齒牙疼痛，動搖欲落者。〇《仁惠方》用野蓆草根煎湯代茶服，一二日牙疼自止，永不再發，齒牙動搖者，亦堅固如石。

清·吳其濬《植物名實圖考》卷一一　石龍芻　《本經》上品。今龍鬚草，湖南、廣西植之田中，織席上供。《山海經》曰龍蓨，《別錄》龍常草，有名未用。李時珍以為即鼠莞，似龍鬚之小者，俗呼粽心草云。

雩婁農曰：龍鬚草生永州，或云廣西富川尤佳。其草長而無節，清而不寒。故為任土之貢。畺臣歲命席人審尚方制度作之，不過六領，物既少而直亦輕，非唯百姓無擾，即牧令亦無所預，豈比宏農得寶之歌，樂天賣炭之什，耗國儲而匱民力哉！竊疑《禹貢》厥篚厥貢，多郊祀武備之用。曰浮、曰逾，計其水陸，至詳至晐，獨於鉛松、怪石，僅為器飾。以登天府，致為後世石花所籍口，豈聖人獨不料其厲民哉？夫處黃屋作髹器，為神農、黃帝之言者猶或非之。若湯之獻令，周之爻閭，王會貢圖，垂耀奕禩，召康公乃作《旅獒》之誡，蓋已默燭白狼、白鹿，觀兵生玩，荒服不至之漸，故曰不寶遠物，則遠人格，其言深切著明矣。然聖人不盡斥貢珍、卻地圖，何也？天生一物，必畀一物之用，用其材而不時，與知其材而不用，皆曰暴天物。《考工記》曰：智者創物，巧者述之。百工之事，皆聖人所作。是以攻木、攻金、攻皮、設色、刮摩搏埴，無不曲盡其功致，而別其良苦。如是則天下無棄物，無棄物則無棄財。聖人盡物之性，即以足財之源，非不知玉杯象箸，日即於侈，然以天下之大利即天下之大弊。其始也，利勝於弊；其末也，弊勝於利。利不遠則弊不深。蓋百工者，治世不竭之府，而亂世之大蠹也。聖人知後世必有以峻宇雕墻亡者，而不能不為上棟下宇；知後世必有以甘酒嗜音亡者，而不能不為醴酪笙簧。以為後有聖君良相，必能推吾制作之精，黜奢崇儉，為疾用舒。而縱欲者，必貴異物，賤用物，故明著其禁曰：無為淫巧以蕩上心，興其源而杜其流，法如是足矣。否則上有茅茨土階，而下有罔水行舟，聖人其如之何？

清·葉志詵《神農本草經贊》卷一　石龍芻　味苦，微寒。主心腹邪氣，小便不利淋閉，風濕鬼注惡毒。久服補虛羸，輕身，耳目聰明，延年。一名龍鬚，一名草續斷，一名龍珠。生山谷。

芻束游龍，抽簪孰綰。直插梟茈，別清鼠莞。織席增涼，翦鬚補滿。九節多珠，洮嵹恒產。

《詩》：生芻一束。曹植賦：宛若游龍。王勃詩：隨興欲抽簪。李時珍曰：俗名西王母簪。狀如鳧芘，苗直上。《爾雅》：鼠莞，龍蒭之小者，功用相同。韓保昇曰：生莖如綖，可為席。陸雲詩：芳澣增涼。《唐書・傳》：李績疾，帝自翦鬚以和藥。名醫曰：補內不足，痞滿。以九節多珠者良。《水經注》：自洮彊三百里中，地草偏是龍鬚。《孟子》：無恆產而有恒心者。

地楊梅

宋・唐慎微《證類本草》卷六草部上品〔唐・陳藏器《本草拾遺》〕 地楊梅 味辛，平，無毒。主赤白痢。取莖、子煎服。生江東溫濕地。四五月有子似楊梅，苗如蘘草也。

清・吳其濬《植物名實圖考》卷一四 地楊梅 《本草拾遺》始著錄。云如莎草，有子似楊梅。今小草中有之。治痢亦同。按圖似即水濱水楊柳。與原說不肖。姑存之以備考。

地黃

宋・李昉《太平御覽》卷第九八九 地黃 《爾雅》曰：苄音戶，地黃。郭璞注曰：一名地髓。江東呼苄也。《抱朴子》曰：楚文子服地黃八年，視有光，(上)〔手〕車弩。《本草經》曰：地黃，一名地髓。治傷中，長肌肉。生咸陽。

宋・唐慎微《證類本草》卷六草部上品〔《本經・別錄・藥對》〕 乾地黃 味甘、苦，**寒**，無毒。**主折跌絕筋，傷中，逐血痹，填骨髓，長肌肉。作湯除寒熱，積聚，除痹。** 主男子五勞七傷，女子傷中，胞漏下血，破惡血，溺血，利大小腸，去胃中宿食，飽力斷絕，補五藏內傷不足，通血脈，益氣力，利耳目。**生者尤良。** 生地黃大寒。主婦人崩中血不止及產後血上薄心悶絕，傷身胎動下血，胎不落，墮墜踠折，瘀血，留血，衄鼻，吐血，皆擣飲之。**久服輕身不老。** 一名地髓，一名苄，一名芑。生咸陽川澤黃土地者佳。二月、八月採根，陰乾。得麥門冬、清酒良，惡貝母，畏蕪荑。

〔梁・陶弘景《本草經集注》〕云：咸陽，即長安也。生渭城者乃有子實，實如小麥，淮南七精散用之。中間以彭城乾地黃最好，次歷陽，今用江寧板橋者爲勝。作乾者有法，擣汁和蒸，殊用工意，而此直云陰乾，色味乃不相似，更恐以蒸作爲失乎？大貴時乃取牛膝、萎蕤作之，人不能別。《仙經》亦服食，要用其華，又善生根，亦主耳暴聾、重聽。乾者黏濕，作丸散用，須烈日暴之，既燥則斤兩大減，一斤纔得十兩散爾，用之宜加量也。

〔宋・馬志《開寶本草》〕按：《陳藏器本草》云：乾地黃，《本經》不言生乾及蒸乾。方家所用二物別，蒸乾即溫補，生乾則平宣，當依此以用之。

〔宋・掌禹錫《嘉祐本草》〕按：《爾雅》云：苄，地黃。注云：一名地髓，江東呼苄音怙。《藥性論》云：乾地黃，君。能補虛損，溫中下氣，通血脈。久服變白延年。治產後腹痛，主吐血不止。又云：生地黃，忌三白。味甘，平，無毒。解諸熱，破血，通利月水閉絕。不利水道，擣薄心腹，能消瘀血。病人虛而多熱，加而用之。蕭炳云：乾、生二種，皆黑鬚髮良藥。日華子云：乾地黃，助心膽氣，安魂定魄，治驚悸勞劣，心肺損，吐血鼻衄，婦人崩中血運，助筋骨，長志。日乾者平，火乾者溫，功用同前。又云：生者水浸驗，浮者名天黃，半浮半沈者名人黃，沈者名地黃，沈者力佳，半沈者次，浮者劣。煎忌鐵器。

〔宋・蘇頌《本草圖經》〕曰：地黃，生咸陽川澤黃土地者佳，今處處有之，以同州爲上。二月生葉，布地便出似車前，葉上有皺文而不光。高者及尺餘，低者三四寸。其花似油麻花而紅紫色，亦有黃花者。其實作房如連翹，子甚細而沙褐色。根如人手指，通黃色，麤細長短不常。二月、八月採根，蒸三二日，令爛，暴乾，謂之熟地黃。陰乾者是生地黃。種之甚易，根入土即生。一說：古稱種地黃宜黃土，今不然，大宜肥壤虛地，則根大而多汁。其法：以葦席圓編如車輪，徑丈餘，以壤土實葦席中爲壇。壇上又以葦席實土爲一級，比下壇徑減一尺。如此數級如浮屠也。乃以地黃根節多者寸斷之，蒔壇上，層層令滿，逐日以水灌之，令茂盛。至春秋分時，自上層取之，根皆長大而不斷折，不被斸傷故也。得根暴乾之。熟乾地黃最上出同州，光潤而甘美。南方不復識，但以生地黃草煙熏使乾黑，洗之煤盡仍白也。今乾之法，取肥地黃三二十斤淨洗，更以揀去細根及根節瘦短者，亦得二三十斤，擣絞取汁，投銀、銅器中，下肥地黃浸漉令浹，飯上蒸三四過，時時浸漉轉蒸訖，又暴使汁盡。其地黃當光黑如漆，味甘如飴糖，須甆器內收之，以其脂柔喜暴潤也。又醫家欲辨精粗，初採得以水浸，有浮者名天黃，不堪用；半沈者名人黃，爲次；其沈者名地黃，最佳也。《神仙方》：服食地黃，採取根淨洗，擣絞取汁，煎令小稠，內白蜜更煎，令可丸。晨朝酒送三十丸如梧子，日三。亦入青州棗肉同丸。又煎膏入乾根末丸服。又四月採其實，陰乾篩末，水服錢匕，其效皆等。其花名地髓花。《延年方》有單服二法。又治傷折金瘡，爲最要之藥。《肘後方》療踠折，四肢骨破碎及筋傷蹉跌，爛擣生地黃熬之，裹所傷處，以竹簡編夾之遍，急縛勿令轉動，一日一夕，可以十易，則差。崔元亮《海上方》治一切心痛，無問新久，以生地黃一味，隨人所食多少，擣絞取汁，搜麪作餺飥，或冷淘食，良久當利，出蟲長一尺許，頭似壁宮，後不復患矣。昔有人患此病，三年不差，深以爲恨，臨終戒其家人，吾死後，當剖去病本，果得蟲。置於竹節中，每所食皆飼之，因食地黃餺飥，亦與之，隨即壞爛，由此得方。劉禹錫《傳信方》亦紀其事云：正元十年，通事舍人崔抗女患心痛垂氣絕，遂作地黃冷淘食之，便吐一物，可方一寸已來，如蝦蟇狀，無目、足等，微似有口，蓋爲此物所食，自此遂愈，食冷淘，不用著鹽。

〔宋・唐慎微《證類本草》〕《雷公》云：　採生地黄去白皮，甆鍋上柳木甑蒸之，攤令氣歇，拌酒再蒸，又出令乾。勿令犯銅鐵器，令人腎消并白髭髮，男損榮，女損衛也。《食療》：　地黄，微寒。以少蜜煎，或浸食之，或煎湯，或入酒飲，並妙。生則寒，主齒痛，唾血，折傷。葉可以羹。《外臺秘要》：　張文仲治骨蒸方：　生地黄一升，搗取汁，三度搗絞汁盡，分再服。若利即減之，以身體涼爲度。《千金方》：　治牙齒根欲動脱。生地黄細剉，綿裹着齒上咂之，漬齒根，日三四，并蒸之，十日，大佳。《肘後方》：　治耳中常鳴。生地黄截塞耳，數易之，以差爲度。一云以紙裹微灰火中煨之用，良。《百一方》：　治姙娠漏胎。生地黄汁一升，漬酒四合，煮三五沸服之，不止又服。又方：　治猘犬咬人，搗地黄汁飲之并塗瘡口，百度止。《梅師方》：　治墮損筋骨，蹉跌骨碎破。搗生地黄熨熱，裹三日夜，數易。若血聚，以針決之。又方：　治吐血神效方：　生地黄汁一升二合，白膠香二兩，以甆器盛入甑蒸，令膠消服。又方：　治乳癰。搗生地黄汁傅之，熱即易之，無不見效也。《食醫心鏡》：　主勞瘦骨蒸，日晚寒熱，咳嗽唾血。生地黄汁二合煮白粥，臨熟入地黄汁攪令勻，空心食之。《博濟方》：　治一切癰腫未破，疼痛，令内消。以生地黄杵如泥，隨腫大小，攤於布上，摻木香末於中，又再攤地黄一重，貼於腫上，不過三五度。《孫兆方》：　治鼻衄及膈上盛熱。乾地黄、龍腦、薄荷等分爲末，冷水調下。《子母秘録》：　小兒患蠱毒痢。生地黄汁一升二合，分三四服，立效。《産寶》：　妊娠下血如月信，通恐胎漏方：　乾地黄、乾薑等分爲末，用酒調方寸匕。《抱朴子》：　楚文子服地黄八年，夜視有光，手上車弩。《淮南子》云：　地黄主屬骨。

宋・寇宗奭《本草衍義》卷七　地黄　葉如甘露子，花如脂麻花，但有細斑點，北人謂之牛奶子。花、莖有微細短白毛。《經》只言乾、生二種，不言熟者。如血虚勞熱，産後虚熱，老人中虚燥熱須地黄者，生與生乾，常慮太寒，如此之類，故後世改用熟者。蒸曝之法：　以細碎者洗出，研取汁，將纛地黄蒸出曝乾，投汁中，浸三二時，又曝，再蒸，如此再過爲勝，亦不必多。此等與乾、生二種，功治殊别。陶但云擣汁和蒸，殊用工意，不顯其法，不注治療，故須悉言耳。

宋・鄭樵《通志》卷七五《昆蟲草木略》　苄　曰芑，地黄也。

金・張元素《潔古珍珠囊》〔見元・杜思敬《濟生拔粹》卷五〕　生地黄甘寒　陰中微陽。涼血，補不足血，治頸已上。酒浸。惡貝母。蕪荑相反。

金・張元素《潔古珍珠囊》〔見元・杜思敬《濟生拔粹》卷五〕　熟地黄甘苦　陰中微陽。大補血虚不足，通血脉，益氣力。忌蘿蔔。

宋・劉明之《圖經本草藥性總論》卷上　乾地黄　味甘苦，寒，無毒。主折跌，絶筋傷中，逐血痺，填骨髓，長肌肉，作湯。除寒熱積聚，除痺。主男子五勞七傷，女子傷中胞漏下血，破惡血溺血，利大小腸，去胃中宿食，飽力斷絶，補五臟内傷不足，通血脉，益氣力，利耳目。《藥性論》云：　君。能補虚損，溫中下氣，通血脉，治産後腹痛。主吐血，久服延年。日華子云：　助心膽氣，安魂定魄，治驚悸，勞劣心肺損，鼻衄。婦人崩中血運。日乾者平，用火乾者溫，功用同。

生地黄　大寒。主婦人崩中血不止，及産後血上薄心，悶絶傷身，胎動下血，胎不落墮墜，踠折瘀血留血，衄鼻吐血，皆擣飲之。《藥性論》云：　忌三白。味平，無毒。解諸熱，破血，通利月水。日華子云：　生者水浸，驗浮者名天黄，半浮半沉者名人黄，沉者名地黄。沉者力佳，半沉者次，浮者劣。忌鐵器。得麥門冬、清酒良。惡貝母。畏蕪荑。二、八月採，陰乾。

宋・張杲《醫説》卷五　心痛食地黄麵　崔元亮《海上方》治一切心痛，無問久新，以生地黄一味，隨人所食多少，擣取汁，搜麵作餺飥，或作冷淘，良久當利出蟲長一尺許，頭似壁宫。後不復患。劉禹錫《傳信方》貞元十年，通事舍人崔抗女患心痛垂氣絶，遂作冷地黄淘食之，便吐一物，可方一寸以來，如蝦蟇狀，無目足等，微似有口，蓋為此物所食。自此頓愈。麵中忌用鹽《本事方》。

元・王好古《湯液本草》卷三　熟地黄　氣寒，味苦，陰中之陽。甘，微苦，味厚氣薄，陰中陽也。無毒。入手足少陰經、厥陰經。《象》云：　酒灑，蒸如烏金，假酒力則微溫，大補，血衰者須用之。善黑鬚髮。忌蘿蔔。《珍》云：　若治外、治上，酒製。《心》云：　生則性大寒而涼血，熟則性寒而消腎。《本草》云：　主折跌、絶筋、傷中，逐血痹，填骨髓，長肌肉。作湯，除寒熱積聚，除痹，主男子五勞七傷，女子傷中、胞漏下血，破惡血，溺血。利大小腸，去胃中宿食，飽力斷絶，補五臟内傷不足，通血脈，益氣力，利耳目。生者，尤良。得清酒、麥門冬，尤良。惡貝母。畏蕪荑。東垣云：　生地黄，治手足心熱，及心熱。入手足少陰、手足厥陰，能益腎水而治血。脈洪實者，宜此；若脈虛，則宜熟地黄。地黄假火力蒸九數，故能補腎中元氣。仲景制八味丸，以熟地黄為諸藥之首，天一所生之源也。湯液四物以治藏血之臟，亦以乾熟地黃為君者，癸乙同歸一治也。蒸搗不可犯鐵，若犯鐵，令人消腎。　陳藏器云：　蒸乾即溫補，生乾即平宣。　《機要》云：　熟地黃，臍下發痛者，腎經也，非地黃不能除。補腎益陰之劑，二宜丸加當歸為補髓。

生地黃　氣寒，味苦，陰中之陽。甘、苦，大寒，無毒。　入手太陽經、少陰經之劑。　《象》云：　涼血補血，補腎水真陰不足。此藥大寒，宜斟酌用之，恐損胃氣。　《珍》云：　生血涼血。　《本草》云：　主婦人崩中血不止，及產後血上薄心悶絕，傷身胎動下血，胎不落，墮墜踠折，瘀血留血，衄鼻吐血，皆搗飲之。　《液》云：　手少陰，又為手太陽之劑，故錢氏瀉丙與木通同用，以導赤也。諸經之血熱與他藥相隨，亦能治之，溺血便血亦治之，入四散例。　《心》云：　苦甘，陰中微陽，酒浸上行、外行。生血，涼血，去熱。　惡貝母。畏蕪荑。

元・朱震亨《本草衍義補遺・新增補》　熟地黃　氣寒，味苦。陰中之陽。入手足少陰、厥陰。一名芐，一名芑。大補血衰者須用之。又能填骨髓，長肌肉。男子五勞七傷，女子傷中胞漏下血。破惡血溺血。初採得，以水浸，有浮者名天黃，不堪用。半沉者，名人黃，為次。其沉者，名地黃，最佳也。其花即地髓花，可單服延年。凡蒸以木甑、砂鍋，不可犯鐵器，令人腎消，男子損榮，女損衛。〇生地黃大寒，治婦人崩中血不止，及產後血上薄心悶絕，胎動下血，胎不落，墮折傷，瘀血留血，衄血吐血，皆可搗飲之。病人虛而多熱者勿用，慎之。

元・佚名氏《珍珠囊・諸品藥性主治指掌》〔見《醫要集覽》〕　生地黃　味甘、苦，性寒，無毒。沉也，陰也。其用有四：　涼心火之血熱，瀉脾土之濕熱，止鼻中之衄熱，除五心之煩熱。

熟地黃　味甘、苦，性溫，無毒。沉也，陰也。其用有四：　活血氣，封填骨髓；　滋腎水，補益真陰；　傷寒後，脛股最痛；　新產後，臍腹難禁。

元・徐彥純《本草發揮》卷一　熟乾地黃　味甘、苦，日乾者平，火乾者溫，無毒。　潔古云：　熟地黃酒洒九蒸，假酒力則微溫。補血虛不足，虛損血衰之人須用。善黑鬚髮。忌萊菔。《主治秘訣》云：　性溫，味苦、甘，氣薄味厚，沉而降，陰也。其用有五：　益腎水真陰，一也；　和產後血氣，二也；　去腹臍急痛，三也；　養陰退陽，四也；　壯水之源，五也。治外治上，以酒浸之。　東垣云：　地黃生則性大寒而涼血，熟則性微溫而補腎。又云：　熟地黃、當歸身、牡丹皮，此三味諸經中和血，生血涼血。　海藏云：　生地黃，治手足心熱及骨蒸熱。入手足少陰、手足厥陰。能益腎水而涼血。其脉洪實者，宜用生地黃。若脉虛者，則宜熟地黃，假火力蒸九次，故能補腎中元氣。仲景制八味丸，以熟地黃為諸藥之首者，天一所生之源也。《湯液》四物湯，以治藏血之臟，亦以熟地黃為君者，癸乙同歸一治也。蒸擣不可犯鐵器，若犯之，令人腎消。　陳藏器云：　蒸乾則溫補，生乾則平宣。《機要》云：　熟地黃治臍下發熱者，腎經病也，非地黃不能除，補腎也。益陰之劑二宜丸，加當歸為補髓煎。

生地黃　味甘，平、大寒，無毒。主婦人崩中血不止。　潔古云：　生地黃性寒，味苦，涼血補血，補腎水真陰不足。治少陰心熱在內。此藥大寒，宜斟酌用之，恐損胃氣。《主治秘訣》云：　性寒味甘，氣薄味厚，沉而降，陰也。其用有三：　涼血，一也；　除皮膚燥，二也；　去諸濕澁，三也。又云：　陰中微陽，酒浸上行。　海藏云：　手少陰、手太陽之藥，故錢氏瀉丙與木通同用，以導赤也。諸經之血熱，與他藥相隨，亦能治之。溺血、便血，亦治之。

明・朱橚《救荒本草》卷上之後　地黃苗　俗名婆婆奶。一名地髓，一名芐音戶，一名芑音杞。生咸陽川澤，今處處有之。苗初搨地生，葉如山白菜葉而毛澁，葉面深青色，又似芥菜葉而不花叉，比芥菜葉頗厚，葉中攛葶，上有細毛，莖梢開筒子花，紅黃色，北人謂之牛奶子花。結實如小麥粒，根長四五寸，細如手指，皮赤黃色。味甘、苦，性寒，無毒。惡貝母。畏蕪荑。得麥門冬、清酒良。忌鐵器。　救飢：　採葉煮羹食，或搗絞根汁搜麵作餺飥及冷淘食之。或取根浸洗淨，九蒸九暴，任意服食，或煎以為煎食，久服輕身不老，變白延年。　治病：　文具《本草》草部條下。

明・王綸《本草集要》卷二　乾地黃君　味甘苦，氣寒。味厚氣薄，陰中之陽。無毒。得麥門冬、清酒良。惡貝母，畏蕪荑。陰乾，生者水浸驗，沉者名地黃，力佳。酒拌蒸九次，令黑爛者為熟，陰乾者為生。忌犯鐵器，令人腎消；　亦忌服萊菔，令人髮白。

主折跌絕筋，傷中，逐血痹，填骨髓，長肌肉。作湯，除寒熱積聚，除痹，久服輕身不老。《本經》不分生、熟，後人分用。　酒灑蒸熟，則微溫，入手足少陰經、厥陰經，大補，血衰須用之，滋腎陰，益氣力，利耳目，主血虛勞熱，老人中虛燥熱，男子五勞七傷，女子傷中，胞漏下血，破惡血、溺血，產後血虛，臍腹痛。〇生者尤良，大寒，入手太陽經、少陰經。涼血生血，補腎水真陰不足，瀉脾中濕熱及血熱，主婦人崩中不止及產後血上薄心，傷身胎動下血，胎不落。墮墜折傷瘀血，衄血吐血，皆搗飲之，患人虛而多熱加用之。　熟則補腎，生則涼血。（冒）〔胃〕寒者斟酌用之，恐損胃氣。有痰膈不利者，薑汁炒用之，恐泥膈也。○妊娠下血、漏胎。生者同炙乾薑等分為末，酒調方寸匕。

明·滕弘《神農本經會通》卷一

乾地黃　君也。得麥門冬、清酒良。惡貝母，畏蕪荑。初採得生者，以水浸，驗浮者名天黃，不堪用。半沉者，名人黃，為次。沉者，名地黃，最佳也。採生者，用木甑、砂鍋，酒拌蒸九次，令黑爛者為熟，陰乾者為生。忌犯鐵器，令人腎消，并白髭髮，男損榮，女損衛也。忌食蘿蔔，令人髮白。

味甘、苦，氣溫，無毒。《湯》云：氣寒，味苦，陰中之陽。甘，微苦，味厚氣薄，陰中陽也。東云：沉也，陰也。入手足少陰經、厥陰經。活血氣，封填骨髓。滋腎水，補益真陰。傷寒後脛骨最痛，新產後臍腹難禁。又云：補血，療虛損。《珍》云：益腎水，養陰退陽，和產血，臍腹急痛。《疌》云：性微寒。活血，消瘀除熱。

《本經》云：主折跌絕筋，傷中，逐血痺，填骨髓，長肌肉。作湯，除寒熱積聚，除痺，主男子五勞七傷，女子傷中，胞漏下血，破惡血溺血，利大小腸，去胃中宿食，飽力斷絕，補五臟內傷不足，通血脈，益氣力，利耳目，久服輕身不老。陳藏器云：乾地黃，《本經》不言生乾及蒸乾，方家所用二物，別蒸乾即溫補，生乾則平宣，當依此以用之。《藥性論》云：乾地黃，君。能補虛損，溫中下氣，通血脈，久服變白延年。治產後腹痛，主吐血不止。蕭炳云：乾生二種，皆黑鬚髮良藥。日華子云：乾地黃，助心膽氣，安魂定魄，治驚悸勞劣，心肺損，吐血鼻衄，婦人崩中血運，助筋骨，長志。日乾者平，火乾者溫。《圖經》云：其花名地髓，花單服延年。又治傷折、金瘡為最要之藥。《肘後方》療踠折，四肢骨破碎，及筋傷蹉跌。又治一切心痛，無問新久。《象》云：酒洒蒸如烏金，假酒力則微溫，大補，血衰者須用之。善黑鬚髮，忌蘿蔔。《珍》云：若治外、治上，酒製。《心》云：生則性大寒而涼血，熟則性寒而補腎。胃寒者，斟酌用之，恐損胃氣。有痰膈不利者，薑汁炒用之，恐泥膈也。滋腎水，主血虛勞熱，老人中虛燥熱。丹溪云：同。《機要》云：熟地黃，臍下發痛者，腎經也，非地黃不能補，補腎益陰之劑。二宜丸，加當歸，為補髓。東垣云：生地黃，治手足心熱，及心熱入手足少陰、手足厥陰。能益腎水而活血，脉洪實者宜此。若脉虛，則宜熟地黃，地黃假火力蒸九數，故能補腎中元氣。仲景製八味丸，以熟地黃為諸藥之首，天一所生之源也。《湯液》四物，以治藏血之藏，亦以乾熟地黃為君者，癸乙同歸一治也。搗蒸，不可犯鐵，令人腎消。剬云：熟地黃溫味甘苦，封填骨髓滋腎陰。療傷寒後脛股痛，除新產罷腹臍疼。《局》云：乾熟地黃能補血，崩中漏下用尤良。安魂定魄除驚悸，更治虛勞補內傷。熟地黃，能補血，更治虛勞焦躁。

生地黃　熟則溫補，生則平宣。　味甘、苦，氣大寒。《湯》云：氣寒，味苦，陰中之陽。入手太陽經、少陰經之劑。東云：沉也，陰也。涼心火之血熱，瀉脾土之濕熱，止鼻中之衄熱，除五心之煩熱。又云：宣血，醫眼瘡。《珍》云：治皮燥諸熱，生血涼血。上行外行，須以酒浸。《疌》云：勻經，破熱，墮產，療傷。

《本經》云：生者尤良。主婦人崩中血不止，及產後血上薄心悶絕，傷身胎動下血，胎不落，墮墜踠折，瘀血留血，衄鼻吐血，皆擣飲之。一名苄，一名芑。二八月採根，陰乾。《藥性論》云：生地黃，忌三白。味甘，平，無毒。解諸熱，破血，通利月水閉絕，（不）利水道，擣薄心腹，能清瘀血。病人虛而多熱，加而用之。《象》云：涼血補血，補腎水真陰不足。此藥大寒，宜斟酌用之，恐損胃氣。《珍》云：生血，涼血。《心》云：苦甘，陰中微陽。酒浸上行外行，生血涼血，去熱。惡貝母，畏蕪荑。丹溪云：病人虛而多熱者勿用，慎之。餘同。《液》云：手少陰，又為手少陽之劑，故錢氏瀉丙與木通同用，以導赤也。諸經之血熱，與他藥相隨，亦能治之。溺血便血亦治之，入四散例。剬云：生地黃寒甘苦味，瘀吐衄血皆搗飡。涼血瀉脾之濕熱，清心乃治五心煩。《局》云：地黃生者能行血，產後攻心大有功。吐衄折傷皆主療，月經閉絕亦能通。生地黃，能行血，兼止吐衄，折傷。

明·劉文泰《本草品彙精要》卷七

生地黃無毒。　植生。

生地黃：主婦人崩中血不止，及產後血上薄，心悶絕，傷身胎動，下血胎不落，墮墜，踠折，瘀血，留血，衄鼻，吐血，皆搗飲之。名醫所錄。

〔名〕地髓、苄音虎、芑。　〔苗〕《圖經》曰：二月生葉，布地似車前葉，上有皺紋而不光，高者尺餘，低者三四寸。其花似油麻花而紅紫色，亦有黃花者。其實作房如連翹，子甚細而沙褐色。其根色狀與南胡蘿蔔逼直，但粗細長短不一。日華子云：生者水浸，有浮者，名天黃，不堪用。半沉者，名人黃，爲次。其沉者，名地黃，最佳也。《衍義》曰：地黃，葉如甘露子，花如脂麻花，但有細斑點。北人謂之牛奶子花。其莖微細短促而有白毛者是也。〖地〗《圖經》曰：咸陽川澤及同州，今處處有之。陶隱居云：渭城、彭城、歷陽、江寧。〖道地〗今懷慶者爲勝。〖時〗生：春生葉。採：二月、八月取根。〖收〗陰乾。〖用〗根肥大者爲好。〖質〗類南胡蘿蔔而脆。〖色〗黃。〖味〗甘，苦。〖性〗大寒，泄。〖氣〗味厚氣薄，陰中之陽。〖臭〗香。〖主〗安心神，涼血熱。〖行〗手太陽經，少陰經。〖助〗得麥門冬、清酒良。〖反〗惡貝母，畏蕪荑。〖製〗酒浸上行，或搗汁用。〖治〗療：《藥性論》云：解諸熱，破血，通利月水閉絕，不利水道，搗薄心腹，能消瘀血，病人虛而多熱，加而用之。李杲云：涼心火之血熱，瀉脾土之濕熱，止鼻中之衄熱，除五心之煩熱。補：《湯液本草》云：生血，益腎水真陰不足。蕭炳云：黑鬚髮。〖合治〗與木通同用以導赤也。〖忌〗蘿蔔、葱白、韭白、薤白、銅鐵器。

熟地黃無毒。 **乾熟地黃**出《神農本經》：**主折跌絕筋，傷中，逐血痹，填骨髓，長肌肉，作湯除寒熱，積聚，除痹，久服輕身不老。**以上朱字《神農本經》。主男子五勞七傷，女子傷中，胞漏下血，破惡血，溺血，利大小腸，去胃中宿食，飽力斷絕，補五臟，內傷不足，通血脈，益氣力，利耳目。以上黑字名醫所錄。

〖名〗熟芐。〖苗〗謹按：苗葉文具生地黃條下，舊本製治混而不分，考其功用，隨其生熟，故表出之。然蒸暴者，謂之熟地黃。其製之法，以生地黃去皮，瓷鍋上柳木甑蒸之，攤曬令乾，拌酒再蒸，如此九度，謂之九蒸九暴，乃平易之法耳。及據《圖經》曰：八月取根，以水浸驗，其浮者名天黃，不堪用。半浮半沉者名人黃，爲次。惟沉水肥實者，名地黃，爲上。以水淨洗並去細而根節瘦短者，取二三十斤，暴乾。又以二三十斤搗取汁，置銀瓷器中，入地黃浸，令透。先於飯上蒸三四過，時時蒸暴，使汁盡爲度。其色黑如漆，味甘如飴，脂柔而潤澤。此法爲至精也。〖收〗瓷器藏之。〖用〗根肥大柔潤者爲好。〖質〗類乾黃精而細長。〖色〗黑。〖味〗甘。〖性〗寒，緩。〖氣〗味厚氣薄，陰中之陽。〖臭〗香。〖主〗補諸虛，益腎水。〖行〗手少陰經，厥陰經，足少陰經。〖助〗得麥門冬、清酒良。〖反〗惡貝母，畏蕪荑。〖治〗療：《藥性論》云：溫中下氣，通血脈，吐血不止。日華子云：止鼻衄，婦人崩中血暈。李杲云：傷寒後脛股最痛，新產後臍腹難禁。補：《藥性論》云：補虛損，久服變白，延年。日華子云：助心膽氣，安魂定魄，止驚悸，勞劣，心肺損，助筋骨，長志。李杲云：活血氣，封填骨髓，滋腎水，補益真陰。〖忌〗蘿蔔、葱白、韭白、薤白、銅鐵器。

明·葉文齡《醫學統旨》卷八

熟地黃　氣微溫，味甘、苦。無毒。沉而降，陰也。入手足少陰、厥陰經。得麥門冬、清酒良。惡貝母；畏蕪荑。水浸驗沉者方加酒拌，蒸九次。忌犯鐵器，令人腎消；亦忌食蘿蔔，令人髮白。熟則補腎，生則涼血。

治男子五勞七傷，女子傷中胞漏，下血及諸血妄行，產後血虛，臍腹急痛；大補血衰，填骨髓，續筋傷；除寒熱血痺，消積聚，滋腎水，益真陰，退勞熱，助氣力；老人中虛燥熱，黑鬚髮，安心神。中滿痰盛者禁用，恐泥膈滯痰也；如用薑汁炒亦可。

生地黃　氣大寒，味甘、苦。無毒。沉而降，陰也。入手太陽、少陰經。酒浸上行。

治婦人崩中不止及產後血上薄心，悶絕傷身，胎動下血，胎不落，墮墜損傷瘀血，衄血、便紅、咳血，虛勞骨熱，潤燥，瀉濕熱及血熱，牙腫痛，補腎水真陰不足。此藥大寒，胃虛有寒者斟酌用之，恐損胃氣。

明·許希周《藥性粗評》卷一

地黃，一名芐，一名芑。一名地髓。　生地黃，熟地黃，血家至寶。二月生葉，似車前，以葉布地，或以根寸斷蒔之亦生，葉上有皺文，面不光，高者尺餘，低者三四寸許，三四月開花似油蔴花，紅紫色，亦有黃花者，其實作房如連翹子，甚細沙，褐色，根如指大，麄細長短不常，好生黃土地，故名。出咸陽川澤，今以懷慶者為佳。二、八月採根，浸水中試之，浮者名天黃，不堪用，半沉者名人黃，吹之沉者名地黃，為上。蒸爛暴乾者為熟地黃，陰乾者為生地黃，亦名乾地黃也。蒸法：取生地黃不拘多寡，選出肥大者另放，其餘根節瘦短者，搗絞取汁，勿犯鐵器，投銅器中，乃入肥地黃在內浸令浹透，取出飯上蒸過，以飯熟為度，又浸又蒸，以汁盡為度，當光黑如漆，味甘如飴。市人有以草烟薰黑，洗之仍白者，假充也。凡用以竹刀切之，若犯鐵器，恐其消腎。又忌三白，入藥有以酒浸，有不用酒浸者。得麥門冬良，惡貝母，畏蕪荑。　生味甘、苦，性大寒，無毒。其氣下行，入手少陰心、厥陰包絡、太陽小腸、足少陰腎、厥陰肝經。主治心熱骨蒸，腎水真陰不足，婦人崩漏，產後瘀血，鼻衄吐血，安胎，涼血生血，去燥。凡欲上行，以酒浸過。潔古云：此藥大寒，宜斟酌用之，恐損胃氣。　熟味苦、甘，性溫，微寒，無毒。入足少陰腎、厥陰肝經。主治寒熱，五癆七傷，血衰血痹，血崩血虛，折跌損傷，破惡血，養新血，填骨髓，長肌肉，益氣力，利耳目，補腎水，利大小腸，變白為黑，婦女科尤不能缺。海藏云：其脉洪實者宜用生地黄，脉虚者宜熟地黄。八味丸治腎虚以熟地黄為諸藥之首者，天一所生之源也。四物湯治血虚以熟地黄為君者，癸乙同歸一治也。癸為腎，乙為肝。於此見熟地黄尤為生精補血之藥。

單方：折跌損傷：不拘筋傷骨碎，以生地黄爛搗，熬熱，裹所傷處，竹片夾之，勿令轉動，一日一夕可以十易，自差。若血聚，先以針決之。　虚癆咳嗽：不拘發熱骨蒸，吐痰咯血，但煮白粥，將熟時入生地黄汁三合在内，攪勻，取下待溫，空心食之。　牙根欲動：牙痛，其根將動欲脱者，以生地黄細切，綿裹著齒上咂之，漬其齒根，且嚥之，日三四次，十日後自當安穩復舊。　心痛有蟲：心痛不問新舊，如蟲咬者，以生地黄搗絞汁，搜麵作團，蒸熟，任意食之，其蟲自當利出。　乳癰：搗生地黄敷之，熱即易之，無不愈者。其他腫毒皆可。　鼻衄：此係上膈熱盛，乾地黄、龍腦、薄荷等分，為細末，冷水調下。

明·鄭寧《藥性要略大全》卷二　生地黄　涼心火之血熱，瀉脾土之濕熱，止鼻中之衄熱，除五心之煩熱也。《賦》曰：宣血更治眼瘡。蓋能涼血也。　《金匱》云：涼血生血，補腎水真陰不足，治女人崩血不止，産後血上攻心悶絶，傷身胎動下血，胎不落，及墮墜腕折，瘀血、留血、衄血、吐血，皆搗汁飲之。亦治便血、溺血。治五心煩熱，益腎水而治血。脉洪實者宜服。　《湯液》云：並治諸經血熱之劑。此藥大寒，須斟酌用之，恐損胃氣也。　味甘、苦，性大寒，無毒。沉也，陰也。入手太陰、少陰二經。得麥冬、天冬、清酒良。惡貝母，畏蕪荑。忌犯鐵，令人腎消。忌食蘿蔔，令人髮白。凡用地黄，熟則溫補，生則平宣。醫家依此用之。採取生時水試之，浮者為天黄，半沉半浮者為人黄，沉者為地黄，力佳。人黄次之，天黄力劣爾。

熟地黄君　活血氣，封填骨髓；滋腎水，補益真陰。治傷寒脛股之最痛，療新産後臍腹之難禁。　《賦》曰：補血且療虚損。○助心膽氣，安魂定魄，止驚。　《秘要》云：折跌絶筋，傷中逐血，長肌肉，填骨髓，除寒熱積聚，除痹。治五勞七傷，女子傷中，胎漏下血，破瘀血溺血，利大小腸，補五臟内傷不足，通血脉，益氣力，清耳目。脉虚者宜熟地黄，補腎中元氣。　《機要》云：臍下痛者，腎經也，非熟地黄不能除。補腎益陰之劑，劑宜丸，加當歸為補髓。　《象》云：假酒力則微溫大補，血衰者必用之藥。善黑鬚髮。

東垣云：生則性大寒而涼血，熟則性寒而補腎。　味苦、甘，性平、寒；酒蒸則微溫，無毒。沉也，陰也。入足少陰、手少陰二經，又入手、足厥陰二經。得麥冬尤良。畏、忌與生地黄同。本同一種，陰乾者為生，酒拌蒸九次令黑潤者為熟也。○一名生、熟芐。

明·賀岳《醫經大旨》卷一《本草要略》　熟地黄　性頗寒泥滯，故用醇酒洗過，或用薑汁炒，或同附子用，不惟行滯，乃能導引入腎，惟下元血衰者須用之。又能填骨髓，長肌肉，尺脉微者，桂附相宜；尺脉旺者，以黄蘗、知母兼用，則滋陰降火補腎。此劑泥膈，不宜獨用耳。若犯鐵器，令人消腎。又忌萊菔，能耗諸血，見之則無補血之功矣。

生地黄　性大寒，較熟地則宣通而不泥滯，能涼血疏血，故心家血熱、折傷瘀血、留血、衄血、吐血之實熱者，或凝滯者，皆當用之。其或虐而生熱者不可多用，以其性大寒故也。惟勞倦傷脾而然者當用，婦人崩中血不止，乃産後血上攻心悶絶，胎動下血，及老人津液枯竭，大腸結燥，便不潤者，皆當用之。又實脾藥中用二三分，以固脾氣，使脾家永不受邪。東垣言其瀉脾土之濕熱，濕熱除，則脾氣固矣。但不可多用，恐其大寒，以倒脾氣故耳。或用薑汁炒過，或用酒洗方可用。鐵器亦忌。

明·陳嘉謨《本草蒙筌》卷一　生乾地黄一名芐。　味苦、甘，氣寒。氣薄味厚，沉也，陰也，陰中之陽。無毒。秋深汁降，根實採收。日乾者平，火乾者濕。蒸乾者溫補，生乾者平宣。地産南北相殊，藥力大小懸隔。江浙種者，多種肥壤。受南方陽氣，質雖光潤力微；懷慶郡名，屬河南。生者，多生深谷。稟北方純陰，皮有疙瘩力大。用試寸水，分別三名。浮者天黄，沉者地黄，半浮沉者人黄。惟地黄獨優取服，餘二者並劣檢除。畏蕪荑，惡貝母，忌三白。咀犯鐵器腎消，竹刀切碎。食同蘿蔔髮皓。得麥門冬善為引導，拌薑汁炒不泥膈痰。凡飲酒人服此，必依製之，酒病多痰，恐滯膈作脹滿也。如上達補頭腦虚，或外行潤皮膚燥。必資酒浸，方促効臻。入手少陰及手太陽。涼心火血熱，俾去眼瘡；瀉脾土濕熱，使長肌肉。骨蒸勞熱可退，五心煩熱堪毆。止血溢吐衄單方，療傷折金瘡要藥。又治婦人月經閉絶，産後血上攻心。妊娠下血漏胎，崩中下血不止。患人脉洪多熱，加用何妨；儻或脾胃有寒，切宜斟酌。花名地髓，服可延年；實研水調，効與根等。○酒潤蒸黑，名熟地黄。性微溫稍除寒氣，入手、足少厥陰經。大補血衰，倍滋腎水。增氣力，明耳目，填骨髓，益真陰。傷寒後，脛股最痛者殊功；新産後，臍腹急痛者立効。烏髭黑髮，悦色駐顔。仲景製八味丸為君，取天下所生之源，專補腎中元氣。天一生水，故人元氣屬腎主之。東垣立四物湯作主，演癸乙同歸一治，兼療藏血之經。癸水屬腎，乙木屬肝，肝為血海，故云藏血經也。久久服之，明目益壽。

謨按：丹溪云：氣病補血，雖不中病亦無害也。讀之不能無疑焉。夫補血藥劑，無逾地黃、當歸，若服過多，其性纏滯，每於胃氣亦有虧爾。嘗見胃虛氣弱，不能運行，血越上竅者，用此合成四物湯，以為涼血補血之劑。多服調治，反致胸膈痞悶，飲食少進，上吐下瀉，氣喘嘔血，日漸危迫，去死幾近。此皆因血藥傷其沖和胃氣，安得謂無害耶？大抵血虛固不可專補其氣，而氣虛亦不可過補其血。所貴認證的真，最劑佐助，庶幾不失於偏損也。

明・方穀《本草纂要》卷一 地黃 味苦、甘，氣微寒，味厚氣薄，陰中之陽，無毒。夫地黃有生有熟，生入少陰心經，涼血而生血；熟入少陰腎經，補腎而滋陰。所以嘔吐、咯衂之症，非此不除；驚悸、怔忡、煩熱之症，非此不效。蓋心腎之要藥也。又入厥陰肝經，生則涼血而明目，熟則補肝而益膽。復入少陰腎經，爲陰分之藥，宜熟而不宜生者也。是以陰虛不足，胎前產後，血氣有虧，非熟地不能補。又入太陽小腸，爲陽分之藥，宜生而不宜熟者也。是以崩漏、淋帶、便赤、溺血，氣有偏勝，非生地不能涼。大抵此劑生則止血而長肌肉，熟則養血而填精髓；生則降火而涼虛熱，熟則滋陰而補心腎；生則瀉脾中濕熱，熟則退血虛劳熱；生則利大腸，故凡產後、老人、久病虛人大便秘結而不行者，非此不通。熟則益氣力，利耳目，大凡情慾斲喪，而五劳七傷精髓竭者，非此不補。愚按生熟之劑，與當歸同用，則能補血；與芍藥同用，則能生血；與芩連同用，則能涼血；與參芪同用，則能補氣而補血；與薑桂同用，則能溫經而行血；與地榆同用，則能止血而固血；與童便同用，則能養血而和血，此血家之神藥也。但脾虛者不可用，恐動脾泄也；胃寒者不可用，恐滯陰寒也；氣結者不可用，恐滯氣不行也。若夫氣症，當用而不可缺者，則以薑製可也；血症當用而不可無者，則以酒製可也。

明・王文潔《太乙仙製本草藥性大全》卷一《本草精義》 生地黃 一名地髓，一名芐，一名芑。生咸陽川澤，黃土地者佳。二月、八月採根陰乾。秋深汁降，根實採收，日乾者平，火乾者溫，蒸乾者溫補，生乾者平宣。地產南北相殊，藥力大小懸隔。江浙種者，受南方陽氣，質雖光潤，力微；懷慶生者，稟北方純陰，皮有疙瘩，力大。用試寸水，分別三名，浮者天黃，沉者地黃，半浮沉者人黃。惟地黃獨優取服，餘二者並劣檢除。畏蕪荑，惡貝母，忌三白。咀犯鐵器，腎消；食同蘿蔔，髮皓。得麥門冬、清酒善。爲引導拌薑汁炒，下胸膈痰；如上達補頭腦虛，或外行潤皮膚燥，必資酒浸，方促效臻。花，名地髓，服可延年；實，研水調，效與根等。○酒潤蒸黑，名熟地黃，性微溫，利除寒氣，入手足少、厥陰經，大補血衰，培滋腎水，增氣力，利耳目，填骨髓，益真陰。傷寒後脛股最痛者殊功，新產後臍腹急痛者立效。烏髭黑髮，悅色駐顏。仲景製八味丸，爲取天一所生之源，專補腎中元氣。

《賦》云：活血氣，封填骨髓，滋腎水，補益真陰。治傷寒脛股之最痛，療新產後臍腹之難禁。○補血且療虛損，助心膽氣，安魂定魄、止驚。

明・王文潔《太乙仙製本草藥性大全》卷一《仙製藥性》 乾地黃君 味甘、苦，氣寒，味厚氣薄，沉也，陰中之陽，無毒。得麥門冬、清酒良。主治：療折跌絕筋傷中，逐血痹，填骨髓，長肌肉。作湯除寒熱積聚，除痹，久服輕身不老。酒洒蒸熟則微溫，入手足少陰經、厥陰經，大補血衰，須用之滋腎陰，益氣力，利耳目，主血虛勞熱。老人中虛燥熱，男子五勞七傷，女子傷中胞漏下血，破惡血、溺血，產後血虛臍腹痛。補註：《機要》云：臍下痛者，腎經也，非熟地黃不能除，補腎益陰之劑。劑宜丸，加當歸，爲補髓。象先云：假酒力則微溫，大補，血衰者必用之藥，善黑鬚髮。太乙曰：採生地黃，去白皮，甆鍋上柳木甑蒸之，攤令氣歇，拌酒再蒸，又出令乾。勿令犯銅鐵器，令人腎消，并白髮，男損榮，女損衛也。生地黃：味苦、甘，氣寒，氣薄味厚，沉也，陰也，陰中之陽，無毒。大寒，入手太陽經、少陰經。主治：療涼血生血，補腎水真陰不足，瀉脾中濕熱及血熱。主婦人崩中不止及產後血上薄心，傷身胎動下血，胎不落，墮墜折傷，瘀血、衄血、吐血，皆搗飲之。患人虛而多熱加用之。補註：熟則補腎，生則涼血。胃寒者斟酌用之，恐損胃府。有痰膈不利者，薑汁炒用之，恐泥膈也。○妊娠下血漏胎。

明・皇甫嵩《本草發明》卷二 生地黃上品之上，君。氣寒，味甘、苦。氣薄味厚，沈也，陰也，陰中微陽。無毒。入手少陰、手太陽、足少陰經。 發明曰：生地黃性寒，涼血為最。故《本草》主婦人血崩吐衂血，溺血便血，產後血薄上心悶絕，傷身及胎動下血，皆多屬熱也。血熱則妄行，須此以涼之。《藥性》云解諸熱。東垣云治手足心熱，又云涼心火血熱，若心經血熱，吐血衂血及墮墜腕折瘀血留血，屬血分中熱。如《本草》所云者，皆當加用，或搗汁飲之。但脾虛生熱，勞倦傷脾作熱者，不可多用，恐氣寒傷胃損脾氣。若骨蒸勞熱，五心煩熱，驚悸，老人津枯大腸燥結，皆不可缺。又養肝血，益膽氣，能明目，補藥中宜用之，亦不可多，此惟涼血為最耳。若補血，不如用熟地黄，此較之熟地黄更宜通不滯。入手太陰、太陽經，故錢氏方瀉小腸，與木通同用以導赤也。諸經血熱，隨經佐以他藥治之。實脾藥中用二三分，以生薑汁製之，〔薑汁浸炒，不泥膈痰。〕以固脾永不受邪，故東垣言其瀉脾土之濕熱。《本草》有去寒熱積聚，去胃中宿食之說是也。必資酒浸，上達頭腦明目，外行潤皮膚燥。又主齒痛，故清胃湯用之。今用乾生地黄火薰者，不如暴乾。古用生汁尤妙。惟沈水者為生地黄，力佳。半浮沈者名人地黄，次之。浮水者名天地黄，不堪用。得麥門冬、清酒良。惡貝母，畏蕪荑。花名地隨，單服可延年。

熟地黄上品之上，君。氣寒、微溫，味甘、苦。味厚氣薄，陰中陽也，無毒。入手少陰、厥陰。日乾者平，火乾者溫。　發明曰：　此補腎之聖藥。入手少陰，以心主血也。足厥陰，以肝藏血也。雖云補五藏內傷，要惟補腎之功居多，故凡滋陰補腎丸用之為君。蓋腎主骨髓，《本草》云能填骨髓，助筋骨生肌，跌絕筋骨傷，皆療之。補腎中元氣精血，而勞傷胞漏下血與腰痛臍下痛等，係腎氣不足也，皆補之。云利耳者，腎之竅也。又入肝助藏血之臟，故云明目，助膽氣。若《本草》又謂破惡血，止吐衄溺血，除寒熱積聚，利大小腸等，又不如生地之疏通不滯也。云安魂定魄，驚悸者，又主入心經而言也。〇膈痰不利者，薑汁炒，或佐以附、桂，能行滯而導引入腎。尺脉微者，桂、附相宜，尺脉旺者，知、柏兼用，滋陰降火，補腎。蒸熟地黄法：　以生而細短者，研取汁，將生而肥長者先晒乾，投汁中浸半日，連汁入小瓶內，封口，蒸一日，晒乾，再蒸，如此九蒸九晒，如烏金色。性微溫，大補血衰，黑鬚髮，加當歸尤補髓。凡生、熟地黄，勿犯鐵器，令人腎消，男損榮，女損衛。忌食生蘿蔔，令人髮白。

明・李時珍《本草綱目》卷一六草部・隰草類下　地黄《本經》上品

〔釋名〕苄音户。　芑音起。　地髓《本經》大明曰：　生者以水浸驗之。浮者名天黄，半浮半沉者名人黄，沉者名地黄。入藥沉者爲佳，半沉者次之，浮者不堪。時珍曰：　《爾雅》云：　苄，地黄。郭璞云，江東呼爲苄。羅願云：　苄以沉下(珍)〔者〕爲貴，故字從下。

〔集解〕《别録》曰：　地黄生咸陽川澤黄土者佳，二月、八月采根陰乾。弘景曰：　咸陽即長安也。生渭城者乃有子實如小麥。今以彭城乾地黄最好，次歷陽，近用江寧板橋者爲勝。作乾者有法，搗汁和蒸，殊用工意；而此云陰乾，恐以蒸作爲失乎？人亦以牛膝、萎蕤作之，人不能别。頌曰：　今處處有之，以同州者爲上。二月生葉，布地便出似車前，葉上有皺文而不光。高者及尺餘，低者三四寸，其花似油麻花而紅紫色，亦有黄花者。其實作房如連翹，中子甚細而沙褐色。根如人手指，通黄色，粗細長短不常。種之甚易，根入土即生。一説：　古稱種地黄宜黄土。今不然，大宜肥壤虛地，則根大而多汁。其法以葦席圍編如車輪，徑丈餘，以壤土實葦席中爲壇。壇上又以葦席實土爲一級，比下壇徑減一尺。如此數級，如浮屠。乃以地黄根節多者寸斷之，蒔壇上，層層令滿，逐日水灌，令茂盛。至春秋分時，自上層取之，根皆長大而不斷折，不被斸傷故也。得根暴乾。出同州者光潤甘美。宗奭曰：　地黄葉如甘露子，花如脂麻花，但有細斑點。北人謂之牛奶子花，莖有微細短白毛。時珍曰：　今人惟以懷慶地黄爲上，亦各處隨時興廢不同爾。其苗初生塌地，葉如山白菜而毛濇，葉面深青色，又似小芥葉而頗厚，不叉丫。葉中攛莖，上有細毛。莖稍開小筒子花，紅黄色。結實如小麥粒。根長四五寸，細如手指，皮赤黄色，如羊蹄根及胡蘿蔔根，曝乾乃黑，生食作土氣。俗呼其苗爲婆婆奶。古人種子，今惟種根。王旻《山居録》云：　地黄嫩苗，摘其旁葉作菜，甚益人。本草以二月、八月采根，殊未窮物性。八月殘葉猶在，葉中精氣，未盡歸根。二月新苗已生，根中精氣已滋於葉。不如正月、九月采者殊好，又與蒸曝相宜。《禮記》云羊苄豕薇，則自古已食之矣。嘉謨曰：　江浙壤地種者，受南方陽氣，質雖光潤而力微；懷慶山産者，禀北方純陰，皮有疙瘩而力大。

乾地黄　〔修治〕藏器曰：　乾地黄，《本經》不言生乾及蒸乾。方家所用二物各别，蒸乾即溫補，生乾即平宣，當依此法用。時珍曰：　《本經》所謂乾地黄者，即生地黄之乾者也。其法取地黄一百斤，擇肥者六十斤洗净，晒令微皺。以揀下者洗净，木臼中搗絞汁盡，投酒更搗，取汁拌前地黄，日中晒乾，或火焙乾用。

〔氣味〕甘，寒，無毒。《别録》曰：　苦。權曰：　甘，平。好古曰：　甘、苦，寒，氣薄味厚，沉而降，陰也。入手足少陰厥陰及手太陽之經。酒浸，上行外行。日乾者平，火乾者溫，功用相同。元素曰：　生地黄大寒，胃弱者斟酌用之。恐損胃氣。之才曰：　得清酒、麥門冬良。惡貝母，畏蕪荑。權曰：　〔忌〕葱、蒜、蘿蔔、諸血，令人營衛澀，鬚髮白。斅曰：　忌銅鐵器，令人腎消并髮白，男損營，女損衛。時珍曰：　薑汁浸則不泥膈，酒制則不妨〔胃〕。鮮用則寒，乾用則凉。　〔主治〕傷中，逐血痹，填骨髓，長肌肉。作湯除寒熱積聚，除痹，療折跌絶筋。久服輕身不老，生者尤良《本經》。主男子五勞七傷，女子傷中胞漏下血，破惡血，溺血，利大小腸，去胃中宿食，飽力斷絶，補五臟內傷不足，通血脉，益氣力，利耳目《别録》。助心膽氣，强筋骨長志，安魂定魄，治驚悸勞劣，心肺損，吐血鼻衄，婦人崩中血運大明。産後腹痛。久服變白延年甄權。凉血生血，補腎水真陰，除皮膚燥，去諸濕熱元素。主心病掌中熱痛，脾氣痿蹶嗜卧，足下熱而痛好古。治齒痛唾血。

生地黄　【主治】大寒。婦人崩中血不止，及産後血上薄心悶絶。傷身胎動下血，胎不落，墮墜踠折，瘀血留血，鼻衄吐血。皆擣飲之《別録》。解諸熱，通月水，利水道。擣貼心腹，能消瘀血甄權。

【發明】好古曰：生地黄入手少陰，又爲手太陽之劑，故錢仲陽瀉丙火與木通同用以導赤也。諸經之血熱，與他藥相隨，亦能治之。溺血、便血皆同。權曰：病人虚而多熱者，宜加用之。戴原禮曰：陰微陽盛，相火熾强，來乘陰位，日漸煎熬，爲虚火之證者，宜地黄之屬，以滋陰退陽。宗奭曰：《本經》只言乾、生二種，不言熟者。如血虚勞熱，産後虚熱，老人中虚燥熱者，若與生乾，當慮太寒，故後世改用蒸曝熟者。生熟之功殊別，不可不詳。時珍曰：《本經》所謂乾地黄者，乃陰乾、日乾、火乾者，故又云生者尤良。《別録》復云：生地黄者，乃新掘鮮者，故其性大寒。其熟地黄乃後人復蒸晒者。諸家本草皆指乾地黄爲熟地黄，雖主治證同，而凉血補血之功稍異，故今別出熟地黄一條於下。

熟地黄　【修治】頌曰：作熟地黄法：取肥地黄三二十斤净洗，別以揀下瘦短者三二十斤擣絞取汁，投石器中，浸漉令浹，甑上浸三四過。時時浸濾轉蒸訖，又暴使汁盡，其地黄當光黑如漆，味甘如飴。須甆器收之，以其脂柔喜潤也。斅曰：采生地黄去皮，甆鍋上柳木甑蒸之，攤令氣歇，拌酒再蒸，又出令乾。勿犯銅鐵器，令人腎消并髮白，男損榮，女損衛也。時珍曰：近時造法：揀取沉水肥大者，以好酒入縮砂仁末在内，拌匀，柳木甑於瓦鍋内蒸令氣透，乾眼。再以砂仁酒拌蒸眼。如此九蒸九眼乃止。蓋地黄性泥，得砂仁之香而竄，合和五臟冲和之氣，歸宿丹田故也。今市中惟以酒煮熟售者，不可用。

【氣味】甘、微苦，微温，無毒。元素曰：甘、微苦，寒。假酒力洒蒸，則微温而大補。味厚氣薄，陰中之陽，沉也。入手足少陰、厥陰之經。治外治上，須酒制。忌蘿蔔、葱、蒜、諸血。得牡丹皮、當歸，和血生血凉血，滋陰補髓。

【主治】填骨髓，長肌肉，生精血，補五臟内傷不足，通血脉，利耳目，黑鬚髮，男子五勞七傷，女子傷中胞漏，經候不調，胎産百病時珍。補血氣，滋腎水，益真陰，去臍腹急痛，病後脛股酸痛元素。坐而欲起，目䀮䀮無所見好古。

【發明】元素曰：地黄生則大寒而凉血，血熱者須用之；熟則微温而補腎，血衰者須用之。又臍下痛屬腎經，非熟地黄不能除，乃通腎之藥也。好古曰：生地黄治心熱、手足心熱，入手足少陰、厥陰，能益腎水，凉心血，其脉洪實者宜之。若脉虚者，則宜熟地黄，假火力蒸九數，故能補腎中元氣。仲景六味丸以之爲諸藥之首，天一所生之源也。湯液四物湯治藏血之臟，以之爲君者，癸乙同歸一治也。時珍曰：按王碩《易簡方》云：男子多陰虚，宜用熟地黄；女子多血熱，宜用生地黄。又云：生地黄能生〔精血〕，天門冬引入所生之處；熟地黄能補精血，用麥門冬引入所補之處。虞摶《醫學正傳》云：生地黄生血，而胃氣弱者服之，恐妨食；熟地黄補血，而痰飲多者服之，恐泥膈。或云：生地黄酒炒則不妨胃，熟地黄薑汁炒則不泥膈。此皆得用地黄之精微者也。頌曰：崔元亮《海上方》：治一切心痛，無問新久。以生地黄一味，隨人所食多少，擣絞取汁，搜麪作餺飥或冷淘食，良久當利出蟲，長一尺許，頭似壁宫，後不復患矣。昔有人患此病二年，深以爲恨。臨終戒其家人，吾死後當剖去病本。從其言果得蟲，置於竹節中，每所食皆飼之。因食地黄餺飥亦與之，隨即壞爛，由此得方。劉禹錫《傳信方》亦紀其事云：貞元十年，通事舍人崔抗女，患心痛垂絶，遂作地黄冷淘食，便吐一物，可方寸匕，狀如蝦蟆，無足目，似有口，遂愈。冷淘勿着鹽。

【附方】舊十三，新五十一。

服食法：地黄根净洗，擣絞汁，煎令稠，入白蜜更煎，令可丸，丸如梧子大。每晨温酒送下三十丸，日三服。亦可以青州棗和丸。或別以乾地黄末入膏，丸服亦可，百日面如桃花，三年身輕不老。《抱朴子》云：楚文子服地黄八年，夜視有光。《〔神仙方〕》。

地黄煎：補虚除熱，治吐血唾血，取乳石，去癰癤等疾。生地黄不拘多少，三擣三壓，取汁令盡，以瓦器盛之，密蓋勿洩氣。湯上煮減半，絞去滓，再煎如餳，丸彈子大。每温酒服一丸，日二服。《千金方》。

地髓煎：生地黄十斤，洗净，擣壓取汁，鹿角膠一斤半，生薑半斤，絞取汁，蜜二升，酒四升。文武火煮地黄汁數沸，即以酒研紫蘇子四兩，取汁入煎一二十沸，下膠，膠化，下薑汁、蜜再煎，候稠，瓦器盛之。每空心酒化一匕服，大補益。同上。

地黄粥：大能利血生精。地黄切二合，與米同入罐中煮之。候熟，以酥二合，蜜一合，同炒香入内，再煮熟食。《臞仙神隱》。

地黄酒：見穀部酒下。

瓊玉膏：常服開心益智，髮白返黑，齒落更生，辟穀延年。治癰疽勞瘵，欬嗽唾血等病，乃鐵甕城申先生方也。生地黄汁十六斤取汁，人參末一斤半，白茯苓末三斤，白沙蜜十斤，濾净拌匀，入瓶内，箬封，安砂鍋中，桑柴火煮三日夜。再換蠟紙重封，浸井底一夜，取起，再煮一伏時。每以白湯或酒點服一匙。丹溪云：好色虚人，欬嗽唾血者，服之甚捷。國朝太醫院進御服食，議加天門冬、麥門冬、枸杞子末各一斤，賜名益壽永真膏。《臞仙方》：加琥珀、沉香半兩。

明目補腎：生苄、熟苄各二兩，川椒紅一兩，爲末，蜜丸梧〔桐〕子大，每空心鹽湯下三十丸。《普濟方》。

固齒烏鬚：一治齒痛，二生津液，三變白鬚，其功極妙。地黄五斤，柳木甑内，以土蓋上，蒸熟晒乾。如此三次，擣爲小餅。每噙嚥一枚。《御藥院方》。

男女虚損：或大病後，或積勞後，四體沉滯，骨肉酸痛，吸吸少氣，或小腹拘急，腰背强痛，咽乾唇燥。或飲食無味，多卧少起，久者積年，輕者百日，漸至瘦削。用生地黄二斤，麪一斤，擣爛，炒乾爲末。每空心酒服方寸匕，日三服。忌如法。《肘後方》。

虚勞困乏：地黄一石，取汁，酒三斗，攪匀煎收。日服。《必効方》。

病後虚汗：口乾心躁。熟地黄五兩，水三盞，煎一盞半，分三服，一日盡。《聖惠方》。

骨蒸勞熱：張文仲方：用生地黄一升，擣三度，絞〔取汁〕盡，分再服。若利即減之，以凉爲度。《外臺秘要》。

婦人發熱：欲成勞病，肌瘦食減，經候不調。地髓煎：用乾地黄一斤，爲末，煉蜜丸梧子大。每酒服五十丸。《保慶集》。

婦人勞熱：心忪。地黄煎：用生乾地黄、熟乾地黄等分，爲末。生薑自然汁，入水相和，打糊丸梧子大。每服三十丸，用地黄湯下，或酒醋茶湯下亦可，日二服。覺臟腑虚冷，則晨服八味丸，地黄性冷壞脾。陰虚則發熱，地黄補陰血故也。《婦人良方》。

欬嗽唾血：勞瘦骨蒸，日晚寒熱。生地黄汁三合，煮白粥臨熟入地黄汁攪勻，空心食之。《食醫心鏡》。

吐血欬嗽：熟地黄末，酒服一錢，日三。《聖惠方》。

吐血不止：生地黄汁一升二合，白膠香二兩，以磁器盛，入甑蒸，令膠消，服之。《梅師》。

肺損吐血：或舌上有孔出血。生地黄八兩取汁，童便五合同煎熱，入鹿角膠炒研一兩，分三服。

心熱吐衄：脉洪數者。生苄汁半升，熬至一合，入大黄末一兩，待成膏，丸梧子大，每熟水下五丸至十丸。並《聖惠方》。

鼻出衄血：乾地黄、地龍、薄荷等分，爲末。冷水調下。孫兆《秘寶方》。

吐血便血：地黄汁六合，銅器煎沸，入牛皮膠一兩，待化入薑汁半盃，分三服。便止。或微轉一行，不妨。《聖惠方》。

腸風下血：生地黄、熟地黄並酒浸，五味子等分，爲末，以煉蜜丸梧子大，每酒下七十丸。《百一選方》。

初生便血：小兒初生七八日，大小便血出，乃熱傳心肺。不可服凉藥，只以生地黄汁五七匙，酒半匙，蜜半匙，和服之。《全幼心鑒》。

小便尿血：吐血及耳鼻出血。生地黄汁半升，生薑汁半合，蜜一合，和服。《聖惠方》。

小便血淋：生地黄汁、車前葉汁各三合，和煎服。《聖惠方》。

小兒蠱痢：生苄汁一升二合，分三四服，立效。《子母秘録》。

月水不止：生地黄汁，每服一盞，酒一盞，煎服，日二次。《千金方》。

月經不調：久而無子，乃衝任伏熱也。熟地黄半斤，當歸二兩，黄連一兩，並酒浸一夜，焙研爲末，煉蜜丸梧子大。每服七十丸，米飲温酒任下。《禹講師方》。

妊娠漏胎：下血不止。《百一方》用生地黄汁一升，漬酒四合，煮三五沸服之。不止又服。○《崔氏方》用生地黄爲末，酒服方寸匕，日一夜一。○《經心録》加乾薑爲末。○《保命集》二黄丸用生地黄、熟地黄等分，爲末。每服半兩，白术、枳殼煎湯，空心調下，日二服。

妊娠胎痛：妊婦衝任脉虚，惟宜抑陽助陰。内補丸：用熟地黄二兩，當歸一兩，微炒爲末。〔蜜丸〕梧子大，每温酒下三十丸。許學士《本事方》。

妊娠胎動：生地黄搗汁，煎沸，入雞子白一枚，攪服。《聖惠方》。

産後血痛：有塊，並經脉行後，腹痛不調。黑神散：用熟地黄一斤，陳生薑半斤，同炒乾爲末。每服二錢，温酒調下。《婦人良方》。

産後惡血：不止。乾地黄搗末，每食前熱酒服一錢。連進三服。《瑞竹堂方》。

産後中風：脇不得轉。交加散：用生地黄五兩研汁，生薑五兩取汁，交互相浸一夕，次日各炒黄，浸汁乾，乃焙爲末。每酒服一方寸匕。《濟生方》。

産後煩悶：乃血氣上冲，生地黄汁、清酒各一升，相和煎沸，分二服。《集驗方》。

産後百病：地黄酒：用地黄汁漬麴貳升，净秫米二斗，令發，如常釀之。至熟，封七日，取清，常服令相接。忌生冷酢蒜雞猪〔魚〕肉一切毒物。未産先一月釀成。夏月不可造。《千金翼方》。

胞衣不出：生地黄汁一升，苦酒三合，相和暖服。《必效方》。

寒疝絞痛：來去。用烏鷄一隻，治如常法。生地黄七斤，剉細。甑中同蒸，下以銅器承取汁。清旦服，至日晡令盡。其間當下諸寒澼訖，作白粥食之。久疝者作三劑。《肘後方》。

小兒陰腫：以葱椒湯暖處洗之。唾調地黄末傅之。外腎熱者，雞子清調，或加牡蠣少許。《危氏方》。

小兒熱病：壯熱煩渴，頭痛。生地黄汁三合，蜜半合，和勻，時時與服。《普濟方》。

熱暍昏沉：地黄汁一盞服之。

熱瘴昏迷：煩悶，飲水不止，至危者，一服見效。生地黄根、生薄荷葉等分，擂爛，取自然汁，入麝香少許，井華水調下，覺心下頓凉，勿再服。《普濟方》。

温毒發斑：黑膏：治温毒發斑嘔逆。生地黄二兩六錢二字半，好豆豉一兩六錢二字半，以猪膏十兩合之，露一夜，煎減三分之一，絞去滓，入雄黄、麝香如豆大，攪勻，分作三服，毒從皮中出則愈。忌蕪荑。《千金方》。

血熱生癬：地黄汁頻服之。《千金方》。

疔腫乳癰：地黄搗敷之，熱即易。性凉消腫，無不效。《梅師方》。

癰癤惡肉：地黄三斤，水一斗，煮取三升，去滓煎稠，塗紙上貼之，日三易。《鬼遺方》。

一切癰疽：及打撲傷損，未破疼痛者。以生地黄杵如泥，攤在上，摻木香末於中，又攤地黄泥一重貼之，不過三五度即内消也。王衮《博濟方》。

打撲損傷：骨碎及筋傷爛，用生地黄熬膏裹之。以竹簡編夾急縛，勿令轉動。一日一夕，可十易之，則瘥。○《類説》云：許元公過橋墮馬，右臂臼脱，左右急挼入臼中，昏迷不知痛苦。急召田録事視之，曰：尚可救。乃以藥封腫處，中夜方甦，達旦痛止，痛處已白。日日換貼，其瘀腫移至肩背，乃以藥下去黑血三升而愈。即上方也。出《肘後方》中。○損傷打撲瘀血在腹者，用生地黄汁三升，酒一升半，煮二升半，分三服。出《千金方》。

物傷睛突：輕者瞼胞腫痛，重者目睛突出，但目系未斷者，即納入。急搗生地黄，綿裹傅之。仍以避風膏藥，護其四邊。《聖濟總録》。

睡起目赤：腫起，良久如常者，血熱也。卧則歸於肝，故熱則目赤腫，良久血散，故如常也。用生地黄汁，浸粳米半升，晒乾，三浸三晒。每夜以米煮粥食一盞，數日即愈。有人病此，用之得效。《醫餘》。

眼暴赤痛：水洗生地黄、黑豆各二兩，搗膏。卧時以鹽湯洗目，閉目以藥厚罨目上，至曉，水潤取下。《聖濟總録》。

蓐内赤目：生地黄薄切，温水浸貼。《小品方》。

牙疳宣露：膿血口氣。生地黄一斤，鹽二合，末，自搗和團，以麪包煨令煙斷，去麪入麝一分，研勻，日夜貼之。《聖濟録》。

牙齒挺長：出一分者，常咋生地黄，甚妙。張文仲《備急方》。

牙動欲脱：生地黄綿裹咂之。令汁漬根，並嚥之，日五六次。《千金方》。

食蟹齦腫：肉努出者。生地黄汁一盌，牙皂角數條火炙，蘸盡地黄汁，爲末傅之。《永類方》。

耳中常鳴：生地黄截，塞耳中，日數易之。或煨熟，尤妙。《肘後方》。

鬚髮黄赤：生地黄一斤，生薑半斤，各洗，研自然汁，留滓。用不蛀皂角十條，去皮弦，蘸汁，炙至汁盡爲度。同滓入罐内泥固，煅存性，爲末，用鐵器盛。末三錢湯調，停二日，臨卧刷染鬚髮上，即黑。《本事方》。

竹木入

肉：生地黄嚼爛罨之。《救急方》。　毒箭入肉：煎生地黄汁作丸服，至百日，箭出。《千金方》。　猘犬咬傷：地黄搗汁，飯(并)〔餅〕塗之，百度愈。《百一方》。

葉　〖主治〗惡瘡似癩，十年者，擣爛日塗，鹽湯先洗《千金方》。時珍曰：按《抱朴子》云：韓子治用地黄苗喂五十歲老馬，生三駒，又一百三十歲乃死也。張鷟《朝野僉載》云：雉被鷹傷，啣地黄葉點之；虎中藥箭，食清泥解之。鳥獸猶知解毒，何況人乎？

實　〖主治〗四月采，陰乾擣末，水服方寸匕，日三服，功與地黄等蘇頌。弘景曰：出渭城者有子，淮南七精丸用之。

花　〖主治〗爲末服食，功同地黄蘇頌。腎虛腰脊痛，爲末，酒服方寸匕，日三時珍。

〖附方〗新一　内障青盲：風赤生瞖，及墜眼曰久，瞳損失明。地黄花晒、黑豆花晒、槐花晒各一兩，爲末。猪肝一具，同以水二斗，煮至上有凝脂，掠盡瓶收。每點少許，三四次。《聖惠方》。

題明・薛己《本草約言》卷一《藥性本草》　熟地黄　味甘，微苦，氣微溫，無毒。味厚氣薄，陽中之陰，降也，入手足少陰、厥陰經。活血氣，增填骨髓，滋腎水，補益真陰。治傷寒後，脛股之最痛；　療新產後，臍痛之難禁。退虛熱而潤燥，補敗血而調經。蓋其性能泥膈，膈氣不利者，宜活法而酌斟。○此補腎之聖藥。雖云補五臟内傷，要惟補腎之功居多，故凡滋陰補腎丸用之為君，蓋腎主骨髓。《本草》云：能填骨髓，助筋骨。胞漏下血，與腰痛、臍下痛等候，俱腎氣不足也，皆補之。性頗寒，泥滯，故用醇酒洗過，或用薑汁炒，或同附子用，不惟行滯，乃能引導入腎，故下元衰者須用之。又能填骨髓，長肌肉，尺脉微者，桂、附相宜；　尺脉旺者，以黄蘗、知母兼用，則滋陰降火補腎。此劑泥膈，不宜獨用。若犯鐵器，令人消腎。又忌萊菔，能耗諸血，見之則無補血之功矣。生地亦然。　初採得以水試之，浮者天黄，沉者地黄，半浮沉者人黄，惟地黄獨優，取用。畏蕪荑，惡貝母。得麥冬、清酒，善為引導；　拌薑汁炒，下胸膈痰。如上達補頭腦虛，或外行潤皮膚燥，必須酒浸，方促效臻。○生則氣大寒而涼血，熟則微溫而補腎。又脉洪實者，宜用生地；　若脉虛者，宜用熟地。治外治上，以酒浸之。

生地黄　味甘、苦，氣大寒，無毒。陰也，降也，入手太陰、少陰經。生新血能補真陰，療折傷兼行瘀血，除五心之煩熱，涼諸經之血熱，故有涼血之功。然其性大寒，胃氣涉虛者，不可輕用。○生地性寒，涼血為最，故凡婦人血崩、吐衄、溺血、便血、產後血薄攻心及胎動下血，皆多屬熱，血熱則妄行，此藥俱能涼之。○性大寒，較熟地則宣通而不泥滯，能涼血疏血，故心家血熱，折傷瘀血，留血衄血，吐血之實熱者，或凝滯者，皆當用之。其或虛而生熱者，不可多用，以其性大寒故也。惟勞倦傷脾而熱者當用。婦人崩中血不止及產後血上攻心悶絶，胎動下血及老人津液枯竭，大腸結燥，便不潤者，皆當用之。又實脾藥中，薑製用二三分，以固脾氣，使脾家永不受邪。東垣言其瀉脾土之濕熱，濕熱除則脾氣固矣。但不可多用，恐其太寒，以倒脾氣爾。溺血、便血亦治之。生地能生精血，用天門冬引入所生之地。熟地能補精血，用麥門冬引入所生之地。

明・佚名氏《醫方藥性・草藥便覽》　地黄　其性溫。能治產後瘀血，生新血。

地黄根　其性溫。調經，止生血，去瘀血，升頭目。

明・梅得春《藥性會元》卷上　熟地黄　味苦、甘，性溫。沉也。陰中之陽也。無毒。入手少陰心經，足少陰腎經，手厥陰包絡，足厥陰肝經。一名芑，一名苄。以水浸沉者佳。惡貝母。畏蕪荑。　主活血氣，封填骨髓，滋腎水，補益真陰。傷寒後脛股最痛，新產後臍腹難禁。補血，且療虛損，止崩漏。治勞怯，安魂。補内傷，保心神，能除驚悸，補血衰，長肌肉。又且益精，男子五勞七傷，女子傷中，胞漏下血，破惡血，溺血，跌折絶筋，傷中逐血。作湯除寒熱積聚，利大小腸及諸血妄行，退勞熱，老人中虛燥熱；　黑鬚髮，通血脉，益氣力，利耳目。生者尤良。若中滿痰盛者禁用。肥人不宜多服，以其泥膈滯痰故也。如必用，以薑汁拌炒之。花，即地髓花，可單服延年。得麥門冬、清酒良。熟補腎，生涼血。　製法：凡使不犯鐵器，用木甑、沙鍋酒蒸。犯鐵令人消腎，男損血，女損氣。忌食蘿蔔，令人髮易白。

生地黄　味甘、苦，性大寒。沉而降，陰也。無毒。入手太陽小腸經、手少陰心經。　主涼心火之血熱，瀉脾土之濕熱，止鼻中之衄熱，除五心之煩熱。宣血，更醫眼瘡。又能行血，兼止吐、衄、便紅、咳血。又治折傷，產後血上攻心，悶絶傷身，及女人經水閉絶，崩中血不止，胎動下血，胎不落。墮折傷，瘀血、留血、衄、吐，皆可搗汁而用之。治虛癆骨熱，潤燥。經水不止，能使歸經。熱牙腫痛，補腎水，真陰不足感寒。治少陰心熱在内，有補陰降火之功，病人熱多身虛者勿用。　製法：凡使忌鐵器，酒洗用。

明·杜文燮《藥鑒》卷二　熟地黄　氣寒，味甘、苦，無毒。氣薄味厚，沉也，陰中陽也。惟其性寒泥滯，故用醇酒洗過，或薑汁炒過。或同附子用，不惟行滯，且能導引入腎，下元血虛者必須用之。又能填骨髓，長肌肉。尺脉微者，桂附相宜。尺脉旺者，莫用。黄栢、知母則滋陰降火補腎，善黑鬚髮。佐鹿角膠，極能補血。但此劑泥膈，不宜獨用。若犯鐵器，令人消腎。忌萊菔子，恐耗諸血。痘家勻氣藥中用之，便泄則禁。

生地黄　氣寒，味甘、苦，無毒。氣薄味厚，沉也，陰中陽也。性雖大寒，較熟地則猶宣通而不泥膈，故能涼心火之血熱，瀉脾土之濕熱，止鼻中之衄熱，除五心之煩熱。其或虛而生熱者，不可多用，以性大寒故也。惟勞倦傷脾熱者當用，以脾經大絡之血損也。女人崩中血不止，產後血上攻心，胎動下血，老人津液枯絕，大腸燥結不潤者，皆當用之。又實脾藥中，用二三分以固脾氣，使脾家永不受邪。但不可多用，以大寒恐倒脾氣也。或用薑汁炒，或用醇酒洗，或用砂仁酒浸，皆制其寒性，免泥滯也。忌鐵器。痘家血熱之症，宜用之，以涼血解毒。便滑者禁用。

明·王肯堂《傷寒證治準繩》卷八藥性　生地黄　氣寒，味甘、微苦。味厚氣薄，陰中之陽。無毒。入手太陽經、少陰經之劑。垣：涼血補血，補腎水真陰不足。錢仲（暘）〔陽〕瀉丙火，與木通同用，以導赤也。諸經之血熱，與他藥相隨，亦能治之。溺血便血，亦治之，入四散例。病人虛而多熱，宜加用之。戴：陰微陽盛，相火熾強來乘陰位，日漸煎熬，為虛火之證者，宜地黄之屬，以滋陰退陽。《本經》所謂乾地黄者，或陰乾，或日乾，或火乾，皆謂之乾地黄。今藥肆所謂生地黄是也。故《本草》又云：生者尤良。若取涼血退熱之功，非新掘鮮者搗汁用之，不得奇效。掐碎用。忌鐵器、萊菔。

明·李中立《本草原始》卷一　生地黄　〔始〕生咸陽黄土地者佳。二月生葉布地，便出似車前葉，上有皺文而不光，高者及尺餘，低者三四寸。其華似油麻花而紅紫色，亦有黄花者。其實作房如連翹，子甚細而沙褐色。根如人手指，黄色。二月、八月采根陰乾。以水浸試之，浮者名天黄，半浮半沉者名人黄，沉者名地黄。以沉者為良，故以地為名。《爾雅》云：苄，地黄。苄字從下，亦趨下之議也。《本經》所謂乾地黄者，即生地黄之乾者也。　氣味：甘，寒，無毒。　主治：傷中，逐血痹，填骨髓，長肌肉。作湯，除寒熱積聚，除痹，療折跌絕筋。久服輕身不老，鮮者尤良。○主男子五勞七傷，女子傷中，胞漏下血，破惡血，溺血，利大小腸，去胃中宿食，飽力斷絕。補五臟內傷不足，通血脉，益氣力，利耳目。○助心膽氣，強筋骨，長志，安魂定魄。治驚悸勞劣，心肺損，吐血鼻衄。婦人崩中血運，產後腹痛。○久服變白延年。○涼血生血，補腎水真陰，除皮膚燥，去諸濕熱。○主心病掌中熱痛，脾氣，痿蹷嗜臥，足下熱而痛。○治齒痛唾血。　鮮地黄：大寒。主治：婦人崩中血不止，及產後血上薄，心悶絕。傷身胎動下血，胎不落。墮墜踠折，瘀血留血，鼻衄吐血，皆搗飲之。○解諸熱，通月水，利水道。擣貼心腹，能消瘀血。

生地黄　《本經》上品。【圖略】產杭地者質雖光潤，力微；出懷慶者皮有疙瘩，力大。凡資入藥，宜用懷慶。有一種山地黄，乾枯輕浮，不宜入劑。形肥大者俗呼為頂條。二條，俗呼為中條，釘頭鼠尾沉水者佳，今多用。再小者不堪用。　修治：揀擇沉水者，酒洗晒乾，或火焙乾用。亦有以薑汁炒者，各依方法。酒浸上行，薑製不泥膈，日乾者平，火乾者溫。

生地黄　味厚氣薄，陰中之陽，入手足少陰、厥陰及手太陽經。得清酒、麥門冬良。惡貝母，畏蕪荑，忌葱、蒜、萊菔。勿犯銅鐵器，令人腎消并髮白。《千金方》：治吐血唾血，補虛除熱，取乳石，去癰癤等疾，鮮地黄不拘多少，三搗三壓，取汁令盡，以磁器盛之，密蓋勿洩氣，湯上煮，減半，絞去滓，再煎如餳，丸彈子大。每溫酒服一丸，日二服，良。生地黄，君。

熟地黄　係縮砂酒拌蒸熟者。氣味：甘、微苦，微溫，無毒。　主治：填骨髓，長肌肉，生精血，補五臟內傷不足，通血脉，利耳目，黑鬚髮，男子五勞七傷，女子傷中胞漏，經候不調，胎產百病。補血氣，滋腎水，益真陰，去臍腹急痛，病後脛股酸痛。○坐而欲起，目晄晄無所見。

懷熟地黄　《本經》上品。【圖略】入藥惟懷慶熟地黄最優，杭地黄及山地黄不堪用。今市家或以酒煮，或以黑豆湯拌蒸，或用鐵鍋煮熟售者，勿用。

修治：揀取沉水肥大者，以好黄酒入縮砂仁在內拌勻，用木甑於瓦鍋內蒸令氣透，晾乾，再以砂仁酒拌蒸晾，如此九蒸九晾乃止。蓋地黄性泥，得砂仁之香而竄，合和五臟沖和之氣，歸宿丹田故也。

熟地黄　味厚氣薄，陰中之陽，沉也。入手足少陰、厥陰經。忌葱、蒜、萊菔、諸血。《聖惠方》：治病後虛汗，口乾心燥，熟地黄五兩，水三盞，煎一盞半，分三服，一日盡。熟地黄，君。

明・張懋辰《本草便》卷一　乾地黃君　味甘、苦，氣寒。味厚氣薄，陰中之陽。無毒。惡貝母，畏蕪荑，忌犯鐵器，令人腎消；亦忌食萊菔，令人髮白。主折跌，絕筋傷中，逐血痹，填骨髓，長肌肉，除寒熱積聚。酒灑蒸熟則微溫，入手足少陰經、厥陰經。大補血衰須用之。滋腎陰，益氣力，利耳目，主血虛勞熱，老人中虛燥熱，男子五勞七傷，女子傷中，胞漏下血，破惡血，產後血虛臍腹痛。生者尤良，大寒，入手太陽經、少陰經，涼血生血，補腎水真陰不足，瀉脾中濕熱及血熱。主婦人崩中不止及產後血上〔薄〕，胎動下血；患人虛而多熱加用之。熟則補腎，生則涼血，胃寒者斟酌用之，恐損胃氣。有痰隔不利者，薑汁炒用之，恐泥膈也。

明・盧復《芷園臆草題藥》　地黃　別名地髓，又名苄，又名芑。苗不能高，生意在根，故根蔓延易生。色黃，味甘，質沉重多汁而氣寒。以其從下、從己、從地，及色味形質，當入脾胃，為肝之腎藥。以名髓，多汁而寒也。若熟之則色黑，能入腎填髓，反為腎之脾藥。以填為土入之象，土為水之用，神似土堤，所以防水也。形如人身血脈，《本經》用逐血痹，血者，取中焦水穀之汁，變化而赤，以行經隧者，如中，如汁，如經隧，皆象其形。痹者，閉而不通，隨其血之所不通而為病。如在目則赤，在齒則疼，在肉理則癰腫，在心則昏煩，在肺則咳血，壅遏而為身熱，枯耗而為燥澁，痿軟(汛)〔泛〕濫而為吐衄崩漏，各以類推。血痹頗廣，逐者俾其流通之義。觀其入土易生，可思之矣。性唯潤下，鬚髮為血脈之餘，血痹則黃赤外見，可使之黑者，痹去而血華也。功力到時，必大小便通利為外徵。其《千金方》黑膏用治熱積所發之(班)〔斑〕，《肘後方》拌雞蒸汁用治寒積所成之疝，兩種皆血痹之所生也。其血中有痹，則骨髓不得滿，肌肉不得長，筋脈致斷絕，均謂之傷中。而填滿，而生長，而接續，皆克成于血液之流通者也。所云寒熱積聚，唯從痹字中生，第如一轉耳。蓋彼不通，所以積聚。若作五積六聚之積聚，用地黃以除之，未有不及。益其積聚者，設如寒中虛人，在所必忌，否則泥膈滑腸減食矣。

明・趙南星《上醫本草》卷三　婆奶　即地黃苗，處處有之，其苗初生塌地，葉如山白菜而毛澁，菜面深青色，有皺文，又似小芥葉而頗厚，葉中攛莖，上有細毛，其花似脂麻花而紅紫色，其根長四五寸，細如手指，皮赤黃色如羊蹄根及胡蘿蔔根，曝乾乃黑。生食作土氣，其葉作菜甚益人。《禮記》云羊羊豕薇，則自古已食之矣。

葉：主治：惡瘡似癩十年者，擣爛日塗，鹽湯先洗。時珍曰：按《抱朴子》云：韓子治用地黃苗喂五十歲老馬，生三駒，又一百三十歲乃死也。張鷟《朝野僉載》云：雉被鷹傷，啣地黃葉點之。

明・李中梓《藥性解》卷二　生地黃　味甘、苦，性寒，無毒，入心、肝、脾、肺四經。涼心火之煩熱，瀉脾土之濕熱，止肺經之衄熱，除肝木之血熱。忌見鐵器，當歸為使，得麥門冬、酒良。惡貝母，畏蕪荑、萊菔及子。按：生地黃總是涼血之劑，故入四經以清諸熱。老人津枯便結，婦人崩漏，及產後血攻心者，尤為要藥。實脾藥中用二三分，使脾家永不受邪。血虛寒者忌之。

熟地黃　味甘、苦，性溫，無毒，入心、肝、腎三經。活血氣，封填骨髓；滋腎水，補益真陰。傷寒後脛股最痛，新產後臍腹難禁。利耳目，烏鬚髮，治五勞七傷，能安魂定魄。使忌畏惡，俱同生地，性尤泥滯，薑酒浸用。按：熟地黃為補血之劑，而心與肝，藏血生血者也，故能入焉。其色黑，其性沉陰重濁，經曰：濁中濁者，堅強骨髓，腎主骨，故入之。精血既足，則脛股臍腹之症自愈，耳目鬚髮，必受其益，而勞傷驚悸，並可痊矣。

明・繆希雍《本草經疏》卷六　乾地黃　味甘、苦，寒，無毒。主折跌絕筋，傷中，逐血痹，填骨髓，長肌肉。作湯除寒熱積聚，除痹。主男子五勞七傷，女子傷中，胞漏下血，破惡血，溺血，利大小腸，去胃中宿食，飽力斷絕，補五藏內傷不足，通血脈，益氣力，利耳目。生者尤良。

生地黃：大寒。主婦人崩中血不止及產後血上薄心悶絕，傷身胎動下血，胎不落，墮墜踠折，瘀血留血，鼻衄吐血，皆擣飲之。久服輕身不老。採得即用者為生，曬乾收者為乾，以法製過者為熟。

〖疏〗乾地黃稟仲冬之氣以生。黃者，土之正色，兼稟地之和氣，故味甘氣寒而無毒。《別錄》又云苦者，以其兼入心脾也。此乃補腎家之要藥，益陰血之上品。《本經》主折跌絕筋傷中，逐血痹者，肝藏血而主筋，補肝則榮血調，榮血調則傷中自去。痹者血分之病，因虛而風寒濕邪客之，故筋拘攣而痛。養血和肝，痹必瘳矣。作湯除寒熱積聚、除痹者，血和則結散，故諸證自除也。其曰填骨髓，長肌肉，主男子五勞七傷者，地黃為至陰之藥，正補腎水真陰而益血，血旺則髓滿，陰足則肌肉自長。五勞七傷皆陰虛內熱，真陰不足之候。甘寒能除內熱而益精髓，故勞傷自除也。女子傷中、胞漏下血者，陰虛則火熾而血熱，火能銷物，造化自然之道也。涼血益血則胞漏自止矣。下血者，血熱也，涼血則下血自愈。榮血滯則為惡血，生地黃能行血，故破惡血。溺血者，腎與小腸熱也，益陰涼血則溺血自止，二便自利矣。胃為足陽明，胃家濕熱盛則食不消，生地黃能瀉脾胃中濕熱，濕熱去而脾胃安，則宿食自去。飽而努力，則腸胃筋脈有絕傷之患。形屬血，故行血益血則諸傷自理矣。五臟咸屬陰，陰即精血，補精血則五臟內傷不足自愈矣。通血脈，益氣力，利耳目者，皆臟安之驗也。又主婦人崩中血不止，及產後血上薄心悶絕，傷身胎動下血，胎不落，墮墜踠折，瘀血留血，衄血吐血，生者搗汁飲之，皆涼血行血之功也。久服輕身不老，則益陰填髓補五臟之能事畢矣。又按日華子云：助心膽氣，強筋骨，長志，安魂定魄，除驚悸者，膽為五臟六腑之首，行春升之氣，故十一臟皆取決於膽，為中正之官。地黃入手、足少陰，亦入足厥陰。心與肝為子母之臟。膽為肝之腑，肝主筋，腎主骨。腎藏精與志，肝藏魂，肺藏魄，心膽二經虛則病驚悸。生地黃為手少陰之要藥，能涼心助膽補肝，心涼則熱不薄肺，肝肺清寧則魂魄自定，膽氣壯則驚自除，肝腎足則筋骨自強，心腎交濟則志自長矣。〔主治參互〕生地黃同大小薊各半，俱搗取自然汁，和童便飲，治一切血熱妄行，吐血，齒、鼻衄，神效。取汁和麵作餺飥冷淘，治蟲心痛。同苧麻根搗汁碗許，加炒砂仁末三錢，治胎動下血。同麥門冬，治產後煩悶。同當歸、赤芍藥、乳香、沒藥、肉桂、炒黃荊子末，治一切跌打折傷，瘀血作痛。同金銀花、甘草、荊芥穗、玄參、連翹、黃檗、地榆、白芷、木通，治血分濕熱生膿瘡痛甚者，濃煎恣飲，立差。入瓊玉膏，為陰陽兩補之要劑。乾地黃同沙苑蒺藜、肉蓯蓉、鹿茸、山茱萸、五味子，能益男子精。同人參、枸杞、五味子、麥門冬、鹿茸、車前子、覆盆子、菟絲子，多服令人有子。得青蒿子、鼈甲、銀柴胡、沙參、天麥二冬、黃檗、甘草、地骨皮、牡丹皮、白芍藥、牛膝，能治骨蒸勞熱。同人參、遠志、麥門冬、酸棗仁、栢子仁、茯神、甘草，治心虛驚悸怔忡健忘。同黃耆、黃連、黃檗、酸棗仁、五味子、白芍藥、麥門冬、龍眼肉、牡蠣粉，治盜汗久不止。得麥門冬、五味子、牛膝、枸杞子、車前子、阿膠、天門冬，治溺血。

同人參、麥門冬、五味子、牛膝，漬酒，能益氣力，逐及奔馬。同當歸、白芍藥、川芎、阿膠、鹿角膠，能益母安胎。同砂仁，治胎動下血腰痛。

同青蒿、地骨皮、麥門冬、白芍藥、山茱萸、枇杷葉，治婦人月事先期。同生薑，治產後中風。同當歸、川芎、蒲黃、黑豆炒、炮薑、澤蘭，益母、牛膝、續斷、杜仲、鹿角膠，治一切產後血虛發熱。得肉桂及乳香、沒藥、五靈脂，治兒枕痛。夏月去桂。同芍藥、當歸、川芎、阿膠、蘄艾、香附，治經事不調。同甘菊花、女貞實、枸杞子、白蒺藜，能明目益精。同黃連、連翹、薄荷、甘草、甘菊花、木通，治目暴赤痛。同鹿茸、五味子、人參、人乳粉、白茯苓，能生齒。同何首烏、桑椹、甘菊、鱧腸、蜀椒，能烏鬚髮。〔簡誤〕生地黃，性大寒，凡產後惡食作瀉，雖見發熱、惡露作痛，不可〔誤〕用。誤用則泄不止。胃氣者，後天元氣之本也。胃困則飲食不運，精血不生，虛熱何自而退？故並當歸忌之。凡見此證，宜多加炮薑、桂心、人參，必自愈。凡陰虛咳嗽，內熱骨蒸，或吐血等候，一見脾胃薄弱，大便不實，或天明腎泄，產後泄瀉，產後不食，俱禁用生地黃、當歸。誤則同於前轍，慎之！凡胸膈多痰，氣道不利，升降窒塞，藥宜通而不宜滯，湯液中禁入地黃。

明・倪朱謨《本草彙言》卷四

生地黃　味甘，氣寒，無毒。氣薄味厚，沉而降，陰也。入手足少陰、厥陰，及手太陽經。酒浸上行外行。日乾者平，火乾者溫，功用相同。蒸熟者，溫平而補，少滯氣、泥膈。惟和砂仁、酒再蒸，乃佳。

陳藏器曰：地黃出江南懷慶，及浙杭。今咸陽、渭城亦有，以江南者爲上。二月生苗，高者不及尺餘，低者僅四五寸。葉似車前，葉上有皺文而毛濇。又似小芥葉而頗厚，中心皺紋如撮。莖上有細毛，莖稍開小筒子花，紅黃色，亦有紫色、白色者。結實如小麥，粒甚細而色沙褐。根長四五寸，如人手指，通黃色，粗細長短不一，間有枝重一兩外者，汁液最多，雖暴焙極燥，頃則轉潤。古人種子，今惟種根，入土即生。種宜肥壤寬地，則根大而多汁液。其法以葦席圍編如車輪，徑丈餘，以土實葦席中爲壇，壇上又以葦席實上爲一級，比下壇徑收一尺。如此數級，乃以地黃根節寸斷之，蒔壇上，層層令滿，逐日水灌，令茂盛，至春秋分時自上層取之，根皆長大而不斷折，不被墾傷故也。《本草》以二月八月采根，殊未窮物性。八月殘葉猶在，莖中精氣，未盡歸根；二月新苗已生，根中精氣，以上滋于葉，不如正月、九月采者氣全也。又曰：江浙種者，受南方陽氣，質雖光潤而力微。懷慶山崖種者，禀北方純陰，皮有疙瘩，中有花心而力大也。李時珍曰：鮮地黄搗汁，治吐血熱疹，及傷寒陽毒熱極。其性涼，日曝乾者爲生地黄，其性平。蒸熟色純黑，其性溫補。蒸熟地法：取地黄百觔，擇肥大者六十觔，洗淨土氣，曝令微皺，以揀下者四十觔，亦洗淨，木石臼中，搗爛絞汁，拌前曝乾地黄，日中再曝乾，甑上蒸半日，即成熟地黄矣。生乾地黄與熟地黄，惟取粗大者爲佳。如細小者，恐能滑脾胃，惟入瘡瘍煎藥料中，解熱涼血，常用之。

地黄：張元素涼血補血之藥也。陳赤葵集生則入手少陰，涼血而生血；熟則入足少陰，補血而滋陰。所以嘔、吐、咯、衄、唾血之證，非此不除；驚悸怔忡，煩熱之證，非此不效。蓋心腎之要藥也。復入厥陰肝經，生則涼血而明目，熟則補肝而益膽。但入少陰心與太陽小腸經，爲陽分之藥，宜生而不宜熟。是以崩漏、淋帶、吐血、衄血、溺血、便血、瘡疥熱血，或胎動下血，或小便赤澀，大便閉結諸證，當以涼血解熱，降火潤燥之劑，生地黄足以治之。入少陰腎經，爲陰分之藥，宜熟而不宜生。是以陰虛不足，血氣有虧，情慾斲喪，精髓耗竭，腎水乾涸，或血虛勞熱，或產後血分虧損，或大病之後，足膝乏力諸證，當以補血滋陰，益腎填精之劑，熟地黄足以補之。

又按：生地，禀仲冬之氣，得土之正色，合地之堅凝，爲補腎要藥，益陰上品，故涼血補血有功。血得補則筋受榮，腎得之而骨强力壯。又胎產勞傷皆血之愆，血得其養則胎產獲安。又腎開竅于二陰而血主濡之，二便所以潤也。熟地稍溫，其功更溥。六味丸以之爲首，天一所生之本也。四物湯以之爲君，乙癸同源之義也。久病陰傷，新産血敗，在所必需者也。但二地之性涼而泥膈，凡產後惡食作瀉，雖見發熱惡露作痛，不可用，誤用則泄不止。胃氣者，後天元氣之本也，胃困則飲食不運，精血不生，虛熱何自而退？凡見此證，宜多用炮薑、桂心、人參、白朮，必自愈也。凡陰虛咳嗽，內熱骨蒸或吐血等候，一見脾胃薄弱，大便不實或天明溏泄，產後泄瀉，產後不食，久病不食，俱禁用地黄。凡胸膈多痰，氣道不利，升降窒塞，藥宜通而不宜滯，湯丸中亦禁入地黄。設有氣證，當用而不可無者，則以桂心少佐可也。痰證，當用而不可少者，則以薑汁拌炒可也。

盧不遠先生曰：地黄，別名地髓。苗不能高，生意在根。味甘色黄，沉重多汁，當入脾，爲脾之腎藥。熟之則色黑，能入腎填髓，反爲腎之脾藥。形如血脈，《本經》用主傷中，填骨髓，長肌肉，療折跌絶傷諸疾。思其命名地髓，質潤膏肥可知矣。又謂逐血痹，除寒熱積聚者何耶？蓋血者，取中焦水穀之液，變化赤色，以行經隧，如水、如汁、如經隧，皆象其形。痹者，閉而不通，隨其血之不通而爲病。如在目則赤，在齒則痛，在肉理則癰腫，在心則昏煩，在肺則欬血。壅遏而爲身熱，枯耗而爲燥濇痿軟，泛濫而爲吐衄崩漏。血痹頗廣，各以類推。逐者，俾其流通之義也。觀其入土易生可知矣。鬚髮爲血脈之餘，血痹則黄赤易見。可使之黑者，痹去而血華也。性惟潤下，功力到時，二便通利，以爲外徵。如血中有痹，則骨髓不滿，肌肉不長，筋脈斷絶，均謂傷中。若填滿，若生長，若接續，皆克成血液之流通者也。所云寒熱積聚，惟從痹字中生，第加一轉語耳。因彼不通，所以積聚。若作五積六聚，用地黄以除之，未有不反益其積聚者。如寒中、陽虛胃弱之證，在所必忌。否則膩膈滑腸，中滿減食矣。

陳廷采先生曰：按丹溪方云：氣病補血，雖不中病，亦無害也。讀之不能無疑焉。夫補血藥劑，無逾地黄、當歸。若服過多，其性纏滯，每于胃氣，亦有虧爾。當見胃虛氣弱不能運行，血越上竅者，用此合成四物湯，以爲涼血補血之劑。多服調治，反致胸膈痞悶，飲食少進，上吐下瀉，氣喘嘔血，日漸危迫，去死幾近。此皆因血藥傷其沖和胃氣，安得謂無害耶？大抵血虛，固不可專補其氣，而氣虛亦不可過補其血。所貴認證的真，量劑佐助，庶幾不失于偏損也。

集方：《方脉正宗》共四方治血崩、血漏、血淋、血帶，不拘新久，用地黄三觔，煎濃汁數碗，再加川黄連、真阿膠、丹參、牡丹皮、人參各一兩，同汁煎稠，濾去渣，緩火慢煎熬成膏。每早晚各服十餘匙，白湯下。如久病虛極，本方再加鹿膠四兩，如法服。〇治吐血不止。用生地黄搗汁一升二合，入真鹿角膠三兩，砂鍋內煎，以膠化盡爲度。每服一二杯。〇治心熱吐衄，以脉數能食者。用生地黄汁一升，入酒煮大黄膏一兩，同熬將稠，濾去大黄，以生地膏汁頻頻飲。〇治鼻出衄血不止。用生地黄和地龍，共搗成膏，以薄荷湯調服。每次半盞，徐徐飲即止。〇《聖惠方》治吐血便血。以生地黄汁一升，銅器煎沸，入牛皮膠一兩，待化，再入薑汁半盞，分五服即止。或微轉一次，不妨。〇《百一選方》治腸風下血。用生地黄酒浸煮，搗膏三兩，北五味子、薑炭各一兩，蒼朮二兩，共爲末，搗和地黄膏爲丸。每早晚各服三錢。董延生家抄治小便血。以生地黄三兩、建蓮肉二兩、麥門冬去心一兩、水五碗，煎一碗，徐徐服。○《外科小品》治諸瘡熱血痛痒，用生地黃、土茯苓各三兩，金銀花、紫花地丁各一兩，枸杞子四兩，用水十碗，煎四碗，徐徐飲。○《聖惠方》治胎動下血。用生熟地黃四兩，甘草五錢，雞子清十箇，共煎汁，徐徐飲。○馬瑞雲傳治小便赤澀癃閉。用生地黃一兩，茯苓、車前子各五錢，燈心百枝，水煎。如熱甚，加川黃蓮一錢。○同前治大腸血熱血燥，虛閉不通。以生地黃八兩，酒水各四碗，煎汁飲。○以下十方出方龍潭《本草纂要》治陰虛不足，腎水乾涸。用熟地黃、山茱萸、枸杞子、白茯苓、麥門冬、鼈甲膠、龜板膠、人參、知母。○治產後血分虧損，精神衰憊。用熟地黃、杜仲、當歸、白朮、白芍、丹參、黃耆、枸杞子、阿膠。○治大病後足膝乏力，精神困倦。用熟地黃，於白朮、黃耆、麥門冬、石斛、枸杞子、山藥、山茱萸。○治心虛驚悸，怔忡健忘。用熟地黃、人參、遠志、麥門冬、酸棗仁、柏子仁、茯神、甘草。○治產後一切血虛發熱。用熟地、當歸、川芎、蒲黃、炒黑豆、炮薑、澤蘭、益母草、牛膝、續斷、杜仲、鹿角膠。○治鬚髮黃白不黑。用熟地黃、何首烏、桑椹子、甘菊花、蜀椒。○治小兒齒牙不生。用熟地黃、鹿茸、五味子、人參、人乳粉、白茯苓。○治婦人經事不調。用熟地黃、白芍藥、當歸身、川芎、阿膠、蘄艾、香附子。○治男婦子嗣虛少。用熟地黃、人參、枸杞、五味子、麥門冬、鹿茸、車前、覆盆子、菟絲子。○治男婦精血不足。用熟地黃、沙苑蒺藜、肉蓯蓉、鹿茸、山茱萸、北五味子。○二地入瓊玉膏，爲陰陽兩補之劑。

《廣筆記》治肝腎二經目疾。用懷慶大生地一觔，酒洗淨，真甘州枸杞一觔，用淡水砂鍋內煎汁，以渣無味爲度。去渣，將清汁裝入瓶內，重湯煮，以汁十耗其九，入煉蜜六兩，收入淨磁瓶內，早晚白湯調服十餘茶匙。○治多思謀慮，心神不寧，不能眠者。用懷生地、麥門冬，俱酒煮搗膏，棗仁、茯神、丹參、沙參各二兩，竹茹、遠志、甘草、北五味子各二錢，俱炒過，共爲末，和入麥冬、地黃膏內，煉蜜爲丸，如彈子大。每早晚各服一丸。此藥安養心神，滋陰補腎，有水火既濟之妙。

六味丸：治形體虛弱，五藏齊損，腎氣久虛，寢汗，發熱，無力多困，眩暈眼花，耳聾，咽燥，腰腿痿軟等證，及腎虛發熱，自汗盜汗，衄血便血，陰虛津液不降，水泛爲痰。血虛發熱，或爲咳逆。敗濁爲瘘。又治小便不禁，淋瀝澀濁，收精氣之虛脫，定妄火之攻沖，使機關利而脾土健實。用熟地黃八兩，酒煮搗膏，山茱萸肉、山藥、白茯苓各四兩，牡丹皮、澤瀉各一兩。俱爲細末，和入地黃膏內，煉蜜丸梧子大。每早服五錢，白湯下。

加肉桂、便製附子各一兩，名八味丸。治命門火衰不能生土，以致脾腎虛寒，飲食少思，大便不實或下元冷憊，臍腹疼痛。加牛膝、車前子，名金匱腎氣丸。治脾腎虛，腰重脚腫，肚腹脹滿，四肢浮腫，小便不利，或喘急痰壅，已成水腫脹蠱之證。非此藥不能救。

明·姚可成《食物本草》卷一八草部·隰草類

地黃生咸陽川澤，黃土地者佳。二月八月采根陰乾。○蘇頌曰：地黃，今處處有之，以同州者為上。二月生葉，布地便出，似車前葉，上有皺文而不光。高者及尺餘，低者三四寸。其花似油麻花而紅紫色，亦有黃花者。其實作房如連翹，中仁甚細而沙褐色。根如人(甘)〔手〕指，通黃色，粗細長短不常。種之甚易，根入土即生。大宜肥壤虛地，則根大而多汁。其法：以葦席圍編如車輪，徑丈餘，以壤土實葦席中為壇。壇上又以葦席實土為一級，比下壇徑減一尺。如此數級如浮圖，乃以地黃根節多者寸斷之，蒔壇上，層層令滿，逐日水灌令茂盛。至春、秋二分時，自上層取之，根皆長大而不斷折，不被劚傷故也。得根曝乾，出同州者光潤甘美。○李時珍曰：地黃，今人惟以懷慶者為上，亦各處隨時興廢不同爾。其苗初生陽地，葉如山白菜而毛澀，葉面深青色。又似小芥葉而頗厚，不丫叉。葉中攛莖，上有細毛，莖梢開小筒子花，紅黃色。結實如小麥粒。根長四五寸，細如手指，皮赤黃色，曝乾乃黑。生食作土氣，俗呌其苗為婆婆奶。古人種子，今惟種根。王旻《山居錄》云：地黃嫩苗，摘其旁葉作菜，甚益人。本草以二月八月采根，殊未窮物性。八月殘葉猶在，葉中精氣未盡歸根。二月前苗已生，根中精氣已滋於葉，不如正月、九月采者殊好，又與蒸曝相宜。《禮記》云羊蕨豕薇，則自古已食之矣。○陳嘉謨曰：江浙壤地種者，受南方陽氣，質雖光潤而力微；懷慶山產者，稟北方純陰，皮有疙瘩而力大。

乾地黃其法：用生地黃一百斤，擇肥者六十斤，洗淨晒令微皺。以揀下者洗淨，木臼中搗絞汁盡，投酒更搗。取汁拌前地黃，日中晒乾，或火焙乾用。味甘，寒，無毒。治傷中，逐血痹，填骨髓，長肌肉，除寒熱積聚及痹。療折跌絕筋。久服輕身不老，生者尤良。又治男子五勞七傷，女子傷中，胞漏下血，破惡血溺血，利大小腸，補五臟內傷不足，通血脉，益氣力，利耳目。助心膽氣，強筋骨，長志，安魂定魄。治驚悸勞劣，心肺損，吐血鼻衄，婦人崩中血運，產後血虛腹痛。涼血生血，補腎水真陰，除皮膚燥，去諸溼熱。主心病掌中熱痛，脾氣痿蹶嗜臥，足下熱而痛。病人虛而多熱者，宜加用之。若陰微陽強，相火熾盛，來乘陰位，日漸煎熬，為虛火之證者，宜地黃之屬，以滋陰退陽。

熟地黃近時造法：揀取沉水肥大者，以好酒入砂仁末在內，拌匀，柳木甑於瓦鍋內蒸令氣透，眼乾，再以砂仁酒拌蒸眼。如此九蒸九眼乃止。蓋以地黃性泥，得砂仁之香而竄，合和五臟沖和之氣，歸宿丹田故也。只以湯氣炊熟者不可用。　味甘，微溫，無毒。主填骨髓，長肌肉，生精補血，滋益五臟。治內損不足，通血脉，利耳目，黑鬚髮，男子五勞七傷，女子傷中胞漏，經候不調，胎產百病。滋腎水，益真陰，去臍腹急痛。病後脛股酸痛，坐而欲起，目䀮䀮無所見。凡服地黃，忌葱、蒜、蘿蔔、諸血，令人榮衛澀，鬚髮白。又忌銅鐵器，令人腎消。○李時珍曰：薑汁浸則不泥膈，酒制則不妨，鮮用則寒，乾用則涼，熟用則溫。○張元素曰：地黃生則大寒而涼血，血熱者須用之；熟則微溫而補腎，血衰者須用之。又臍下痛屬腎經，非熟地黃不能除，乃通腎之藥也。○王好古曰：生地黃治心熱，手足心熱，入手足少陰厥陰，能益腎水，涼心血，其脉洪實者宜之。若脉虛者，則宜熟地黃，假火力蒸九數，故能補腎中元氣。仲景六味丸以之為諸藥之首，天一所生之元也。湯液四物湯治藏血之臟，以之為君者，癸乙同歸一治也。○崔元亮《海上方》：治一切心痛，無問新久，以生地黃一味，隨人所食多少，擣絞取汁，搜麪作餺飥或冷淘食。良久，當利出蟲，長一尺許，頭似壁宮，後不復患矣。昔有人患此病二年，深以為恨。臨卒，戒其家人：吾死後，當刳去病本。從其言，果得蟲。置於竹節中，每所食，皆飼之。因食地黃餺飥，亦與之，隨即壞爛，由此得方。劉禹錫《傳信方》亦紀其事云：貞元十年，通事舍人崔抗女患心痛垂絕，遂作地黃冷淘食，便吐一物，可方寸匕，狀如蝦蟇，無足目，似有口，遂愈。冷淘勿着鹽。

葉　治惡瘡似癩十年者，擣爛日塗，鹽湯先洗。○按《抱朴子》云：韓子治用地黃苗，餵五十歲老馬，生三駒，又活一百三十歲，乃死也。○《朝野僉載》云：雉被鷹傷，銜地黃葉點之；虎中藥箭，食清泥解之。鳥獸猶知解毒，何況人乎？

實　四月採，陰乾，擣末，水服方寸匕，日三服，功與地黃等。

花　為末服食，功同地黃。腎虛腰脊痛，為末，酒服方寸匕，日三。

附方：服食地黃法：用地黃根洗淨，擣絞汁，煎令稠，入白蜜更煎，令可丸，丸如桐子大。每晨溫酒送下三十丸，百日面如桃花，身輕不老。《抱朴子》云：楚文子服地黃八年，夜視有光。　地黃粥：大能益血生精。地黃切二合，與米同入罐中煮之，候熟，以酥二合，蜜一合，同炒香，入內再煮熟食之。　瓊玉膏：常服開心益智，返老還童，辟穀延齡，及治癰疽勞瘵，欬嗽唾血等症。乃鐵甕城申先生方也。生地黃汁十六斤取汁，人參末一斤半，白茯苓末三斤，白沙蜜十斤，濾淨，拌勻入瓶內，箬封，安砂鍋中，桑柴火煮三晝夜。再換蠟紙重封，浸井底一夜，取起再煮一伏時。每以白湯或酒點服一匙。丹溪云：好色虛人，欬嗽唾血者，服之甚捷。國朝太醫院進御服食，議加天門冬、麥門冬、枸杞子末各一斤，賜名益壽永真膏。　治骨蒸勞熱。用生地黃一斤，擣三度，絞盡，分每日服一盞。　治欬嗽唾血，勞瘦骨蒸，日晚寒熱。用生地黃擣汁，煮白粥臨熟，入汁攪勻，空心食之。　治鼻中出血不止。用生地黃、曲蟮、薄荷晒乾，等分為末，冷水調下。　治腸風下血。用生熟地黃竝酒浸，五味子等分，擣爛蜜丸梧子大，每酒下七十丸。　治小兒初生七八日，大小便血出，乃熱傳心肺，不可服涼藥。只以生地黃汁五七匙，酒蜜各半匙，和服之。　治小便尿血及吐血、衄血。用生地黃汁半升，生薑汁半合，蜜一合，和勻服之。　治月水不止，用生地黃汁、無灰酒各一盞煎服，日二次。　治產後百病，地黃酒。用地黃汁漬麴二升，糯米一斗，令發如常。釀之至熟，封七日，取清常服，令相續不斷，一月後見效。

明・顧逢柏《分部本草妙用》卷六兼經部・溫補　熟地黃　甘，溫，無毒。入手、足少陰、厥陰經。　主治：填骨髓，生精血，補五臟內傷不足，通血脉，利耳目，勞傷。調經胎產百病。滋腎水，益真陰。去臍腹急痛，病後脛股酸痛。　生地黃　手少陰、手陽明二經。當歸為使，惡貝母，畏蕪荑、葱、蒜、蘿蔔。忌銅、鐵。產淮慶者佳。　主治：逐血痺，長肌肉，破惡血，生新血。助心膽，強筋骨，補心肺。治吐下溺鼻衄等血，婦人崩中血運，產後血逆。補腎潤燥，除濕熱虛熱，通月水，消瘀血。　按：地黃生則大寒而涼血，血熱而脉洪實者宜之。熟則微溫而補腎，血衰而脉虛者宜之。生入心經涼血而生血，熟入腎經補腎而滋陰。所以嘔吐咯衄之症，非此不效。驚忡煩熱之症，非此不除。生入肝則涼血而明目，熟入肝則補肝而益膽。若以治腎，則宜熟而不宜生。陰虛胎產，血氣有虧，非熟不補。若治小腸，則宜生而不宜熟。崩漏淋帶，便赤溺血，氣有偏勝，非生不能止。大抵生補血而長肌肉，降火涼血，兼瀉脾中濕熱。熟養血而填精髓，補腎益心，兼退血虛勞熱。生者利大腸，故凡產後老人虛弱便結，非此不潤。以之治虛弱者，則寒反傷胃。熟者益精氣，故凡斲喪勞傷，精神竭絕，非此不補，以之治實熱者，則反為泥膈。陰虛者用熟，宜麥冬引入所補之處。血熱者用生，宜天門冬引入所補之處。生熟稍異，而治症迥別，不可不審也。〇此血分神藥，但脾虛胃寒氣結者，俱禁用。脾慮其泄，胃慮其寒，氣慮其滯也。又一切心痛，以之作餅食，吐出尺蟲，永久不發，良效良效。

明·黃承昊《折肱漫録》卷三　乾地黃性寒，而鮮地黃尤寒，不宜單服，恐傷脾胃。鮮地黃搗取自然汁，不見水煎膏，貯磁瓶經年不壞。懷慶土疎而田多山泉，故質大而味厚。予曾陪巡懷慶，用意覓大地黃，不可得。土人云上等地黃一出，即為客人販往蘇州，本地止存次等者。諺云：出處不聚處，信然。

明·李中梓《醫宗必讀·本草徵要上》　生地黃味甘，寒，無毒，入心、肝、脾、腎四經。惡貝母，忌銅、鐵、葱、蒜、蘿蔔、諸血。產懷慶，黑而肥實者佳。涼血補陰，去瘀生新。養筋骨，益氣力，理胎產，主勞傷，通二便，消宿食。心病而掌中熱痛，脾病而痿躄貪眠。熟地黃性味畏忌俱同生地黃。用砂鍋柳甑，襯以荷葉，將生地黃酒潤，用縮砂仁粗末拌蒸，蓋覆極密，文武火蒸半日，取起晒極乾，如前又蒸，九次為度，令中心熟透，純黑乃佳。滋腎水，封填骨髓，利血脈，補益真陰。久病餘脛股酸痛，新產後臍腹急疼。地黃合地之堅凝，得土之正色，為補腎要藥，益陰上品。稟仲冬之氣，故涼血有功，陰血賴養。新者生則瘀者去，血受補則筋受榮，腎得之而骨強力壯矣。胎產勞傷，皆血之愆，血得其養，證因以痊。腎開竅於二陰，況血主濡之，二便所以利也。濕熱盛則食不消，地黃去濕熱以安脾胃，宿滯乃化。掌中應心，主痿躄，乃脾熱奉君主而清其倉廪，兩證可瘳矣。熟者稍溫，其功更溥。六味丸以之為首，天一所生之本也；四物湯以之為君，乙癸同源之義也。久病陰傷，新產血敗，在所亟需。按：生地黃性寒而潤，胃虛食少，脾虛瀉多，均在禁例。熟者性滯，若痰多氣鬱之人，能窒礙胸膈，當斟酌用之。薑酒拌炒，生者不妨胃，熟者不泥膈。

明·鄭二陽《仁壽堂藥鏡》卷一〇上　生地黃　忌犯鐵器，令人腎消。蘿蔔同食，令人髮白。氣寒，味苦。陰中之陽。甘苦，大寒。無毒。入手太陽經、少陰經之劑。《本草》云：主婦人崩中血不止，及產後血上薄心悶絶，傷身胎動下血，胎不落，墮墜腕折，瘀血留血，衄鼻吐血，皆搗飲之。潔古云：生地黃：性寒，味苦。涼血，補血，補腎水真陰不足。治少陰心熱在內。此藥太寒，宜斟酌用之，恐損胃氣。《主治秘訣》云：性寒，味苦。氣薄，味厚，沉而降，陰也。其用有三：涼血，一也；除皮膚燥，二也；去諸濕澁，三也。又云：陰中微陽。酒浸上行。海藏云：手少陰、手太陽之藥。故錢氏瀉丙，與木通同用，以導赤也。諸經之血熱，與他藥相隨，亦能治之。溺血便血亦治之。崔元亮云：治一切心痛，用生地黃冷淘食之。隨食多少，搗絞取汁，搜麪作餅亦可。《圖經》云：欲辨精粗，初採得，以水浸。有浮者名天黃，不堪用；半沉者名人黃，為次；其沉者名地黃，最佳也。得麥門冬，引入所補之鄉。花名地髓，服可延年。熟乾地黃：味甘、苦。日乾者平，火乾者溫。無毒。味厚。味厚氣薄，陰中陰也。入手足少陰經、厥陰經。《本草》云：主折跌絶筋傷中，逐血痹，填骨髓，長肌肉。作湯，除寒熱積聚，除痹。主男子五勞七傷，女子傷中，胞漏下血。破惡血，溺血。利大小腸，去胃中宿食，飽力斷絶。補五臟內傷不足，通血脈，益氣力，利耳目。生者尤良。得清酒、麥門冬尤良。惡貝母，畏蕪荑。潔古云：熟地黃酒洗，九蒸，假酒力則微溫，補血虛不足，虛損血衰之人須用。善黑鬚髮。忌萊菔。《主治秘訣》云：性溫，味苦、甘。氣薄味厚，沉而降，陰也。其用有五：益腎水真陰，一也；和產後血氣，二也；去腹臍急痛，三也；養陰退陽，四也；壯水之源，五也。治外、治上，以酒浸之。東垣云：地黃：生則性大寒而涼血，熟則性微溫而補腎。又云：熟地黃、當歸身、牡丹皮，此三味諸經中和血、生血、涼血。海藏云：生地黃治手足心熱及骨蒸熱。入手、足少陰，手、足厥陰，能益腎水而涼血。其脉洪實者宜用生地黃。若脉虛者，則宜熟地黃。假火力蒸九次，故能補腎中元氣。仲景製八味丸，以熟地黃為諸藥之首者，天一所生之源也。《湯液》：四物湯以治藏血之臟，亦以熟地黃為君者，癸乙同歸一治也。蒸搗不可犯鐵器。陳藏器云：蒸乾則溫補，生乾則平。《機要》云：臍下發痛者，腎經病也，非地黃不能除。補腎益陰之劑，二宜丸加當歸為補髓煎。補腎滋陰之劑，更無先於此。然生地黃生血，胃氣寒者，服恐妨食，宜酒炒。用熟地黃補益，痰飲多者，服恐泥膈，宜薑汁炒用。蕭炳云：熟、生二地，皆黑鬚髮聖藥。同天門冬，引入所補之地。

明·蔣儀《藥鏡》卷一溫部　熟地黃　補損傷之血，填作耗之精。傷寒後脛股發疼，新產後臍腹最痛。欲令五藏充實，是為良劑也。溫寒小異於生地，滋補弗殊於奏功。古方避鐵器同杵，白髮因蘿蔔合食。又其性膩，聞砂仁之香則竄矣。能調五臟冲和之氣，歸宿丹田，故尺脉微者，桂、附宜偕；

尺脉旺者，蘗、知同劑。

明・蔣儀《藥鏡》卷四寒部　生地黃　安胎損下血，止產虛腹痛。解心腎邪熱，而吐衄發狂。清腸胃濕火，而便澀艱閉。生血涼血宜用，陰虛滯氣，滯痰胃寒所忌。氣症薑製，血病酒蒸。蓋肝肺清寧，則魂自定。膽氣強壯，則驚自除。心腎交濟，則志自長矣。

明・李中梓《頤生微論》卷三　地黃　味甘，性寒，無毒。入心、肝、脾、腎四經。當歸為使。惡貝母，畏蕪荑、葱、蒜、蘿蔔，忌銅鐵器。產懷慶，每隻重五六錢者佳。砂鍋柳甑襯以荷葉，將地黃酒潤，用縮砂末拌蒸，蓋覆極密，蒸半日取起，曝乾，如前又蒸又晒，九次為度，令中心透黑即成熟地矣。○生者涼血補陰，去瘀生新，養筋骨，益氣力，理胎產，主勞傷，通二便，消宿食。心病而掌中熱痛，脾病而痿蹶貪眠。○熟者滋腎水，封填骨髓；利血脉，補益真陰。久病餘，脛股酸痛；新產後，臍腹作疼。

愚按：地黃為補腎要藥，養陰上品。六味丸以之為首，天一所生之本也。四物以之為君，乙癸同源之義也。九蒸九晒方熟，每見世人一煮透便以為熟地，悞矣！稟北純陰之性而生，非太陽與烈火交鍊，則不熟也。所以固本膏雖經日煎熬，必生熟各半用之，即此可以知地黃非一煮便熟者矣。以薑酒拌炒，生者不妨胃，熟者不滯膈。若痰凝氣鬱，食少瀉多者，不可用也。

明・張景岳《景岳全書》卷四八《本草正》　地黃　生地黃，味苦、甘，氣涼。氣薄味厚，沉也，陰也。鮮者更涼，乾者微涼。能生血補血，涼心火，退血熱，去煩躁骨蒸，熱痢下血，止嘔血衄血，脾中濕熱。或婦人血熱而經枯，或上下三消而熱渴。總之，其性頗涼，若脾胃有寒者，用宜斟酌。

熟地黃，味甘、微苦。味厚氣薄，沉也，陰中有陽。《本草》言其入手足厥少陰經，大補血衰，滋培腎水，填骨髓，益真陰，專補腎中元氣，兼療藏血之經。此雖泛得其概，亦豈足以盡是之妙。夫地黃產於中州沃土之鄉，得土氣之最厚者也。其色黃，土之色也。其味甘，土之味也。得土之氣，而曰非太陰、陽明之藥，吾弗信也。惟是生者性涼，脾胃喜暖，故脾陽不足者，所當慎用。至若熟則性平，稟至陰之德，氣味純靜，故能補五藏之真陰，而又於多血之藏為最要，得非脾胃經藥耶？且夫人之所以有生者，氣與血耳，氣主陽而動，血主陰而靜。補氣以人參為主，而芪、朮但可為之佐。補血以熟地為主，而芎、歸但可為之佐。然在芪、朮、芎、歸，則又有所當避，而人參、熟地則氣血之必不可無。故凡諸經之陽氣虛者，非人參不可。諸經之陰血虛者，非熟地不可。人參有健運之功，熟地稟靜順之德。此熟地之與人參，一陰一陽，相為表裏，一形一氣，互主生成，性味中正，無踰於此，誠有不可假借而更代者矣。凡諸真陰虧損者，有為發熱，為頭疼，為焦渴，為喉痹，為嗽痰，為喘氣，或脾腎寒逆為嘔吐，或虛火載血於口鼻，或水泛於皮膚，或陰虛而泄利，或陽浮而狂躁，或陰脫而仆地。陰虛而神散者，非熟地之守不足以聚之。陰虛而火升者，非熟地之重不足以降之。陰虛而躁動者，非熟地之靜不足以鎮之。陰虛而剛急者，非熟地之甘不足以緩之。陰虛而水邪泛濫者，舍熟地何以自制？陰虛而真氣散失者，舍熟地何以歸源？陰虛而精血俱損，脂膏殘薄者，舍熟地何以厚腸胃？且猶有最玄最妙者，則熟地兼散劑方能發汗，何也？以汗化於血，而無陰不作汗也。熟地兼溫劑始能回陽，何也？以陽生於下，而無復不成乾也。然而陽性速，故人參少用亦可成功。陰性緩，熟地非多，難以奏效。而今人有畏其滯膩者，則崔氏何以用腎氣丸而治痰浮？有畏其滑澤者，則仲景何以用八味丸而醫腎泄？有謂陽能生陰，陰不能生陽者，則陰陽之理，原自互根，彼此相須，缺一不可，無陽則陰無以生，無陰則陽無以化，故《內經》曰精化為氣，得非陰亦生陽乎？孰謂陽之能生，而陰之不能長也。又若製用之法，有用薑汁拌炒者，則必有中寒兼嘔而後可。有用砂仁製者，則必有脹滿不行而後可。有用酒拌炒者，則必有經絡壅滯而後可。使無此數者，而必欲強用製法，是不知用熟地者正欲用其靜重之妙，而反為散動以亂其性，何異畫蛇而添足。今之人即欲用之補陰，而必兼以滲利，則焉知補陰不利水，利水不補陰，而補陰之法不宜滲。即有用之補血，而復疑其滯膩，則焉知血虛如燥土，旱極望雲霓，而枯渴之腸極喜滋。設不明此，則少用之，尚欲兼之以利，又孰敢單用之而任之以多？單用而多且不敢，又孰敢再助以甘，而盡其所長？是又何異因咽而廢食也。嗟，嗟！熟地之功，其不申於時用者久矣，其有不可以筆楮盡者尚多也，予今特表而出之，尚祈明者之自悟焉。

明・賈九如《藥品化義》卷三肝藥　生地　屬陰中有微陽，體濡潤，色紫，氣和，味甘帶微苦，性涼，能浮能沉，力清肝涼血，性氣薄而味厚，入肝心腎膽四經。生地味甘涼血，帶苦益陰，色紫入肝，通徹諸經之血熱。若吐血、衄血、便血、溺血、血崩、胎漏、血暈，及瘡瘍諸毒，跌撲損傷，皆屬血熱，以此清熱而涼血。若骨蒸勞怯，目痛頭眩，五心煩熱，大小腸燥，腰腿酸疼，皆屬陰虛，以此滋陰而養心。如憂恚焦思，文章苦志，為政勞神，三者未有不動心火，火動則耗血，以致心虛驚悸，頭昏目暈，舌乾口燥，宜取濡潤清涼，同麥冬養神而生血。蓋肝氣熱則膽虛，此獨使肝清而膽受其蔭，故有益膽之功，肝木旺則克土，此又使肝平而脾去其讐，更有助脾之功效。　產於懷慶，體粗大，內如菊花心者佳。曬乾，銅刀切片，忌鐵器。合丸，酒浸三日，搗爛用。

熟地　屬純陰有水與土，體濡潤，色黑，氣微香，味甘，性製溫，能沉，力補血，性氣與味俱厚，入肝腎心膽四經。　熟地產於中州，獨受中央戊己土之氣，色黃故名地黃。藉酒蒸熟製黑而純為陰，味苦化甘，性涼變溫，專入肝臟補血，因肝苦急，用甘緩之。兼主溫膽，又心為肝之子，能益心血。取色黑走腎，更補腎水。凡內傷不足，苦志勞神，憂患傷血，縱慾耗精，調經胎產，皆宜用此安五臟，和血脈，潤肌膚，養心神，寧魂魄，滋補真陰，封填骨髓，為聖藥也。取其氣味濃厚，為濁中濁品，以補肝腎，故凡生熟地黃、天冬、麥冬、炙龜板、當歸身、山茱萸、枸杞、牛膝，皆粘膩濡潤之劑，用滋陰血，所謂陰不足者補之以味也。　用懷慶大生地，酒蒸三次，日曬乾，銅刀切片。南產者細小，氣味不香，勿堪用。如有膈痰，薑汁拌加入。

明·蕭京《軒岐救正論》卷三　熟地黃、生地黃　生地性甘大寒，涼血清熱，亦惟實熱者宜之。故東垣云：此藥大寒，宜斟酌用之，恐損胃氣。至虛火假熱，真陰枯涸之症，則當以熟地黃為君。蓋地黃性本膏膩沉寒，一經蒸晒九煉工夫，火候既足，寒質自消，始寒滑而今轉為溫潤，始苦甘相雜，而今轉為純甘無苦，馨香醒鼻，甘美動脾。脾喜甘惡苦，熟地則味甘者也；脾喜香惡臭，熟地則氣香者也；脾喜燥惡濕，熟地則氣燥而味甘潤者也；脾喜溫惡寒，熟地則性溫平，而非偏寒偏熱之比者也。脾喜補惡瀉，熟地則奏功滋補，不失中和者也。擅有五德，何矜九轉，此物初終異用，可知爐鼎變化自有妙理。然製煉之要，其地黃大者，須蒸晒至十餘次，劈開中有黑油如瑿玉，氣味甘香者方可用，勿拘九數也。亦不必用酒潤過方蒸，蓋酒經蒸晒，則成酸酢之味，不為佳。俟臨用時，先一夜切碎如荳大，以酒潤之，次早略蒸片晌，使兩物勻和，酒氣尚存，藥氣益香，動與胃合，易於運行，此雷斆炮製之微義，不可不留心也。今醫者從便，酒煮經日即用，大乖古法，有傷中氣，停膈為患，豈藥之咎哉？至於市者，不擇銅鐵物器，煮過待售，非惟損胃，抑且消腎。若輩只知覓利，豈願害人，用者忌之。

明·盧之頤《本草乘雅半偈》帙一　乾地黃《本經》上品　氣味：甘，寒，無毒。　主治：主傷中，逐血痺，填骨髓，長肌肉，作湯除寒熱積聚，除痺，療折跌絕筋。久服輕身不老，生者尤良。

覈曰：地黃，一名苄，名芑，名地髓。羅願曰：苄以沉下者為珍，故字從下。先人云：天玄而地黃，天上而地下，陽戊而陰己，陽浮而陰沉，則地黃、地髓、苄、芑之義，與情性為用之方，可以想見。古取咸陽川澤，及渭城、彭城、同州諸處，今唯懷慶者為上。諸處隨時興廢不同耳。江浙壤地者，受南方陽氣，質雖光潤而力微，不及懷慶山產者，禀北方純陰，皮有磊砢而力大也。古人種子，今唯種根。二月生苗，初生塌地，高者不及尺許，葉如山白菜而毛濇，又似小芥葉而頗厚，中心皺文如撮，莖上有細毛，梢頭開花，如小筒子而色紅紫。亦有黃色白色者，結實作房如連翹，中子甚細而色沙褐。根如人指，長短粗細不嘗，甚有一枝重數兩者。汁液最多，雖暴焙極燥，頃則轉潤。二月八月採者，未窮物性，八月殘葉猶在莖中，精氣未盡歸根。二月新苗已生，根中精氣已滋于葉。不如正月九月採者氣全也。種植甚易，入土即生，大宜肥壤，根肥多汁，法以土壤作壇，如浮屠數級，寸段蒔灌，根長滋盛也。但種植之後，其土便苦，次年止可種牛膝。再二年，可種山藥。足十年，土味轉甜，始可復種地黃。否則味苦形瘦，不堪入藥也。作乾地黃法，去皮，入柳木甑內，置瓷鍋上蒸之。蒸透取出，攤令氣歇，拌酒再蒸。又出令乾，勿犯銅鐵器，恐令人腎消髮白，男損營，女損衛也。作熟地黃法，取肥大者三十觔，洗淨晒乾，更以三十觔搗汁相拌蒸之。又暴又蒸，汁盡為度，則光黑如漆，味甘如飴者始佳。若入丸散，止可入砂盆內，隔湯盪燥，勿用火焙，以傷藥力。

先人《博議》云：地黃別名地髓，又名苄，名芑。苗不能高，生意在根，味甘色黃，沉重多汁，當入脾，為脾之腎藥，以名髓多汁而氣寒也。熟之則色黑，能入腎填髓，反為腎之脾藥，以名苄名芑，味甘色黃，而填為土入之象，然土為水之用神，似土隄所以防水也。形如血脈，《本經》用逐血痺。蓋血者，取中焦水穀之汁，變化赤色以行經隧，如中，如汁，如經隧，皆象其形。痺者，閉而不通，隨其血之不通而為病。如在目則赤，在齒則痛，在肉理則癰腫，在心則昏煩，在肺則欬血。壅遏而為身熱，枯耗而為燥澀痿軟，汎濫而為吐衄崩漏。血痹頗廣，各以類推。逐者，俾其流通之義也。觀其入土易生可知矣。鬚髮為血脈之餘，血痹則黃赤易見，可使之黑者。痹去而血華也，性惟潤下，功力到時，二便通利，以為外徵。《千金方》黑膏，用治熱積所成之斑。《肘後方》拌雞蒸汁，用治寒積所成之疝，咸從血痹之所生耳，血中有痹，則骨髓不滿，肌肉不長，筋脈斷絕，均謂傷中。若填滿，若生長，若接續，皆克成血液之流通者也。所云寒熱積聚，惟從痹字中生，第加一轉語耳。因彼不通，所以積聚，若作五積六聚，用地黃以除之，未有不反益其積聚者。如寒中虛人，在所必忌。否則膩膈滑腸，中滿減食矣。如此看血痹，可稱偏周根身四大矣。即以此法，類推五痹，及六極、五勞之形病。更合八風、五運、六氣、四時之氣病，與不內、不外因之似形似氣者，視根身若見垣，亦若掌中觀菴摩羅果。

參曰：苗葉布地，高不及尺，隨地逶迤，生機偏向根者荄也。根截入土，橫穿直竪，絕不以堅凝妨活潑，真得色空者耳。其汁深黃，染手不落。其味甘美，着舌不散。吮拔地髓，性頗貪狼，故種植之地，土便憔苦，十年後方得轉甜，功德力量，可望而知矣。先人判乾者為脾之腎藥，熟者為腎之脾藥，明顯的確。及釋《本經》《別錄》，精詳深邃，讀之可比類旁通，頤不更參。

明・李中梓《本草通玄》卷上　生地黃　甘，寒，入心、腎兩經。　滋腎水，養真陰，填骨髓，長肌肉，利耳目，破惡血，理折傷。解煩熱，除脾傷痿倦，去胃中宿食。清掌中熱痛，潤皮膚索澤，療吐血，衄血，尿血，便血，胎前產後崩中帶下。　熟地　甘，溫。　功用尤弘，勞傷胎產家，尊為第一上劑。脉洪實者，宜於生地；脈虛軟者，宜於熟地。六味丸以之為首，天一所生之源也；四物湯以之為君，乙癸同歸之治也。　生地性寒，胃虛者恐其妨食，宜醇酒炒之以制其寒。熟地性滯，痰多者，恐其泥膈，宜薑汁炒之，以制其滯。更須佐以砂仁、沉香二味，皆納氣歸腎，又能疏地黃之滯，此用藥之權衡也。　揀肥大沉水者，好酒同砂仁末拌勻，入柳木甑于瓦鍋內，蒸極透，曬乾，九次為度。地黃，稟北方純陰之性，非太陽與烈火交相為制則不熟也。市中惟用酒煮，不知其不熟也，向使一煮便熟，何固本膏用生、熟地各半耶？忌銅鐵器，令人腎消，髮白。

清・顧元交《本草彙箋》卷三　地黃　爲血分中醇和凝重之品，生涼熟補，各有攸宜。生者味甘涼血，帶苦益陰，色紫入肝，通徹諸經之血熱，一切吐衄、便溺、崩漏諸血症，及瘡瘍諸毒，跌撲折傷，皆屬血熱，以此清熱而涼血。若骨蒸勞怯，目痛頭痃，五心煩熱，大小腸燥，腰腿酸軟，皆屬陰虛，則以此涼而帶補。如憂患焦思、文章苦志，爲政勞神三者，未有不動心火，火動則耗血，以致心虛驚悸，頭暈目昏，舌乾口燥，宜取滋潤清涼，同麥冬養神而生血。蓋肝氣熱則膽虛，此獨使肝清，而膽受其蔭，故有益膽之功。肝平而土無所畏，更有助脾之效。至若藉酒蒸熟製黑，而爲純陰，味苦化甘，性涼變溫，專入肝臟補血。因肝苦急，用甘緩之，兼主溫膽。心爲肝子，能益心血。色黑走腎，故兼補腎。凡內傷不足，苦志勞神，憂患傷血，縱慾耗精，調經胎產，皆宜用之。安五臟，和血，滋潤肌膚，養心神，寧魂魄，滋補真陰，封填骨髓，爲聖藥也。取其氣味濃厚，爲濁中濁品，爲補肝腎之主藥。故凡生熟地黃，天麥門冬，炙龜板，當歸身，山茱萸，枸杞，牛膝，皆粘膩濡潤之劑，用滋陰血，所謂陰不足者，補之以味也。

生地生血，而胃弱者服之，則妨食。熟地補血，而痰飲多者服之，則泥膈。故生宜酒炒，熟宜薑製。入丸劑生者酒浸三日，搗爛，酒蒸三次，即爲熟地也。犯銅、鐵器，令人腎消。　製熟地必入縮砂仁末，以地黃性泥，得砂仁之香而竄，合和五臟沖和之氣，歸宿丹田。　江浙壤地種者，受南方陽氣，質雖光潤而力微。懷慶山產者，稟北方純陰，皮有疙瘩而力大。

古方璚玉膏用生地黃四觔，取汁，人參末六兩，白茯苓末十二兩，白沙蜜二觔半，濾淨，拌勻，入瓶內，箬封，置砂鍋內，桑柴火煮三日夜，再換蠟紙重封，浸井底一夜，取起，再煮一伏時，每以白湯或酒點服一匙。丹溪云好色虛人，欬嗽唾血者，服之得效殊捷。　睡起目赤，良久如常者，血熱也。臥則歸於肝，故熱，則目赤腫。良久血散，故如常。用生地黃汁浸粳米半升，晒乾，三浸三晒，每夜以米煮粥，食一盞，數日即愈。

清・穆石匏《本草洞詮》卷九　地黃　《爾雅》云：苄，地黃。羅願云：苄以沉下為貴，故字從下。生者以水浸驗之，浮者名天黃，半浮半沉者名人黃，沉者名地黃也。江浙壤地種者，受南方陽氣，質雖光潤，而力微。懷慶山產者，稟北方陰氣，皮有疙瘩而力大。《本草》以二月、八月采根，但八月殘葉猶在，葉中精氣未盡歸根。二月新苗已生，根中精氣已滋于葉，不如正月、九月採者殊好。《本草》所云生地黃乃新掘鮮者，所云乾地黃乃陰乾、日乾、火乾者。今人以蒸煮熟者為熟地黃，遂以乾地黃為生地黃矣。生地黃大寒，乾地黃甘苦寒，一云平，熟地黃甘微苦，微溫，並無毒。生地黃解諸熱，利月水，通水道，治婦人崩中，及產後血上薄心，瘀血，鼻衄吐血，皆搗飲之。乾地黃治傷中，逐血痺，填骨髓，長肌肉，安魂定魄，治驚悸，心肺損吐衄，婦人崩運。熟地黃填骨髓，長肌肉，生精血，補五臟，利耳目，黑鬚髮，補男子五勞七傷，女子傷中胞漏，經候不調，胎產百病。戴原禮謂陰微陽盛，相火熾強，來乘陰位，為虛火之證者，宜地黃之屬，以滋陰退陽。王碩謂男子多陰虛，宜熟地黃。女子多血虛，宜生地黃。王海藏謂生地黃益腎水，涼心血，脉洪實者宜之。若脉虛者，則宜熟地黃，假火力蒸九數，能補腎中元氣。《湯液》四物湯治藏血之臟，以之為君，癸乙同歸一治也。但生地黃生血，而胃氣弱者服之恐妨食。熟地黃補血，而痰飲多者服之恐泥膈。製法：生地黃以酒炒則不妨胃，熟地黃以薑汁炒則不泥膈。然地黃乃濡潤之品，直達下焦，養陰之藥，無過于此。若用薑汁變為辛辣，失其本性，惟以砂仁、酒拌，九蒸九曝，蓋地黃性泥，得砂仁之香而竄，和合五藏之氣，歸宿丹田，此得用地黃之精微者也。《海上方》治一切心痛，無問新久，以生地黃一味，隨人所食多少，取汁搜麪，作餺飥，或冷淘，食勿着鹽，良久當利出蟲，長一尺許，頭如壁宮，後不復患矣。夫地黃兼能殺蟲，此方書未載者。凡服地黃，忌葱、蒜、蘿蔔、諸血，令人營衛澀，鬚髮白。收藏宜用磁器，以脂柔喜潤也。

清·劉雲密《本草述》卷九下　地黃　覈曰：地黃，一名苄，音虎。名芑，音起。名地髓。羅願曰：苄以沈下者為珍貴，故字從下。又云：天玄而地黃，天上而地下，陽戊而陰己，陽浮而陰沈。則地黃、地髓、苄芑之義，與情性為用之方，可以想見。古取咸陽川澤，及渭城、彭城、同州諸處，今唯懷慶者為上，諸處隨時興廢不同耳，江浙壤地者，受南方陽氣，質雖光潤，而力微，不及懷慶山產者，稟北方純陰，皮有磊砢而力大也。古人種子，今唯種根。二月生苗，初生塌地，高者不及尺許，葉如山白菜而毛濇，又似小芥葉而頗厚，中心皺文如撮，莖上有細毛，梢頭開花如小筒子，而色紅紫，亦有黃色、白色者，結實作房如連翹，中子甚細，而色沙褐，根如人指，長短粗細不常，甚有一枝重數兩者，汁液最多，雖曝焙極燥，頃則轉潤。二月、八月采者，未窮物性。八月殘葉猶在，葉中精氣未盡歸根。二月新苗已生，根中精氣已滋於葉，不如正月、九月采者氣全也。種植甚易，入土即生，大宜肥壤，根肥多汁，法以土壤作壇，如浮屠數級，寸段蒔灌，根長滋盛也。但種植之後，其土便苦，次年止可種牛膝，再二年可種山藥，足十年土味轉甜，始可復種地黃。否則，味苦形瘦，不堪入藥也。

按：《本經》地黃有乾有生，蓋采得即用者為生，曬乾收者為乾，是乾地黃，即生地黃之乾者也。後人復蒸曬九次，然後用之，是為熟地黃。其生熟不同，而涼血補血之異，大為懸殊。故分註之，以便分證投治，至諸家本草輒以乾者即為熟，幾何不合臨病之工，失所據也。

生地　氣味：甘，寒，無毒。《別録》曰：苦。權曰：甘，平。海藏曰：甘、苦，寒，氣薄味厚，沉而降，陰也，入手足少陰、厥陰，及手太陽之經。主治：傷中，逐血痺，填骨髓，長肌肉。作湯除寒熱積聚，除痺，療折跌絕筋。生者尤良《本經》。又主涼血生血，補腎水真陰不足，勞瘦骨蒸，日晡寒熱，唾血耳鳴，涼心火血熱，五心潮煩，驚悸，掌中熱痛，清肺熱咳嗽，鼻衄瀉脾胃濕熱，吐血，牙痛欲脫，脾氣痿蹷，嗜臥，足下熱而痛，便血尿血，皆治。療虛清熱，通血脈，強筋骨，利二便，理胎產，通經閉。《別録》云：生地補五臟內傷不足。臟屬陰，唯此味天一之真陰，能補五臟也。而亦入手太陽腑者，正見火中有水，乃陽育乎陰，具足生化之妙也。

潔古曰：補腎水真陰不足，治少陰心熱在內。原禮曰：陰微陽盛，相火熾強來乘陰位，日漸煎熬，為虛火之證者，宜地黃之屬，以滋陰退陽。宗奭曰：《本經》只言乾、生二種，不言熟者，如血虛勞熱，產後虛熱，老人中虛燥熱者，若與生、乾，當慮大寒，故後世改用蒸曝熟者。生熟之功殊別，不可不詳。復曰：《本經》主治首傷中，逐血痺，即繼以填骨髓，長肌肉，續絕筋等語，夫痺者，閉而不通，隨其血之不通而為病。如在目則赤，在齒則痛，在肉裏則癰腫，在心則昏煩，在肺則咳血壅遏，而為身熱枯耗，而為燥濇痿軟汎濫，而為吐衄崩漏血痺，頗廣，各以類推。逐者，俾其流通之義也。性惟潤下，功力到時，二便通利，以為外徵。《千金方》黑膏，用治熱積所成之斑；《肘後方》拌雞蒸汁，用治寒積所成之疝，咸從血痺之所生耳。血中有痺，則骨髓不滿，肌肉不長，筋脈斷絕，均謂傷中。若填滿，若生長，若接續，皆克成血液之流通者也。希雍曰：：　乾地黃稟天一之陰氣，兼稟中五之和氣，故味甘，氣寒而無毒。《別録》又云：苦者，以其兼入心脾也。此乃補腎家之要藥，益陰血之上品。此論未分生熟者也。

生地黃同大小薊各半，俱搗取自然汁，和童便飲，治一切血熱妄行，吐血齒鼻衄，神效。　取汁和麪作餺飥冷淘，治蟲心痛。　入瓊玉膏，為陰陽兩補之要劑。　得青蒿子、鼈甲、銀柴胡、沙參、天麥二冬、黃蘗、甘草、地骨皮、牡丹皮、白芍藥、牛膝，能治骨蒸勞熱。　同人參、遠志、麥門冬、酸棗仁、柏子仁、茯神、甘草，治心虛驚悸，怔忡健忘。熟亦用。　得麥門冬、五味子、牛膝、枸杞子、車前子、阿膠、天門冬，治溺血。熟亦用。　同青蒿、地骨皮、麥門冬、白芍藥、山茱萸、枇杷葉，治婦人月事先期。　同苧麻根搗汁碗許，加炒砂仁末三錢，治胎動下血。　同黃連、連翹、薄荷、甘草、甘菊、木通，治目暴赤痛。　同當歸、赤芍藥、乳香、沒藥、肉桂、炒黃荊子，末，治一切跌打折傷，瘀血作痛。

愚按：　地黃之用，在《本經》即首歸其功於血。　蓋稟於天一之真陰，誠如李東垣所云，而更資乎中五之之沖氣。　故其氣寒者，天一之真陰也。　其味甘者，中五之沖氣也，甘而微有苦者，歸於主血之心也。　夫血原於水而成於火，乃水火之所以體物而不遺者，土也。　故《經》曰：　營出於中焦。　夫萬物莫不資生化於土，而唯此味之取精於土者，最專且酷，故種植之地土便憔苦，十年後方得轉甜焉。　得謂此味非專主中焦之營哉？　地黃汁液最多，雖極曝焙，而旋即轉潤，合於大奪土味，十年乃復者，則真為水土合德以立地，曰地曰黃，固不誣也。　此味至陰，正以療水不濟火之病。　在生者，其功如是，苐烹煉極熟，從陰發陽，陽昌於陰中，而陰乃化，其益陰尤勝，於老人更宜也。

夫既資沖氣以化生，而獨以涼血歸之者，謂何？　蓋水寒土溼皆為陰，其性就下，故以沉為貴。《本經》名芐，曰地髓，皆此義耳。《經》曰：　至陽盛，則地氣不足，必用此味之地氣精專，而未經烹煉者以對待之矣。　觀先哲所云，涼血生血，補腎水真陰不足，除諸溼熱者，則其義可明矣。　苐在《經》云寒泣血，而此之血痺，更以寒水之真陰，療之何哉？　蓋因於陰虛，而陽乃亢，陽亢而陰愈泣，用此益真陰之味，以為責其本之治耳。　或曰此固藉至陰以抑亢陽也。　如女子產後血逆，及胎動下血，亦得取責於陽亢乎？　曰：　當以《本經》及《別録》所云傷中之義明之。　夫所謂中，即中氣之謂也。　如《本經》首主治傷中，即云逐血痺，而《別録》首主男子五勞七傷，女子傷中，即云胞漏下血，皆以中氣有傷，而病於血也。　苐傷其中氣者，其義云何？　蓋下而腎肝，有陰中之陽。　上而心肺，有陽中之陰。　陰陽互為其根，然化原却先在陰，乃中土握升降之樞，而行化育，亦本於由陰生陽之元，並暢其由陽歸陰之用。　在時賢言氣，因上下而有陰氣陽氣之分，可謂精辨矣。　夫血乃真陰之化醇也，如《本經》血痺，為血不得氣以化，《別録》胞漏下血，為血不得陰氣以固，是則人身之病於血者，莫不病於血中之陰氣，而病於陰氣者，又寧獨一熱足以傷之乎？　故病於陰氣，陰熱而氣不得化血者，如生地固為宣劑，如《本經》所謂逐血痺，及逐寒熱積聚是也。　若病於陰氣，不因熱而氣不得固血者，又豈得以生地為補劑？　若寇宗奭所謂如血虛勞熱，產後虛熱，老人中虛燥熱，槩與生地當慮大寒是也。　蓋甄權所云解諸熱者，即陰虛而相火乘於陰位耳。　若然，則宜補陰以靜相火，又不得宣陰而損真元也。　唯張潔古去諸溼熱之義，是可參也。　蓋陽盛而陰虛者，則陽不得陰以化氣之不得化者，則反病於溼，而更滋熱。　在《經》曰：　陰者，藏精而起亟。　時賢釋為起氣，是則所云氣不得血以化，而反病於溼者，不可取證乎哉？　雖然，又如日華子云治吐血鼻衄，婦人崩中血暈，又《別録》主女子產後血上薄心悶絕等證，又豈得遽然妄投補劑，則用生地而不傷中氣，以為真陰化原之地？　投劑者應有斟酌，即甄權曰此味虛而有熱者，宜加用之。　乃丹溪又曰：　虛而有熱者慎勿用之。　夫二賢之言，何以參差？　蓋因虛而得實，甄權之說是也。　原其病本在虛，丹溪之說是也。　方書治虛勞有黃芩湯，云主治心勞實熱。　小甘露飲治脾勞實熱，地黃湯治腎勞實熱，麥門冬湯治脈實極為病，玄參湯治骨實極為病，石斛湯治精實極為病。　夫既病於虛勞，而云實者，謂何？　蓋《經》曰：　精氣奪則虛，邪氣盛則實。　因精氣之虛，以致邪氣之實。　因邪氣之實，而益致精氣之虛。　故用生地先瀉其實，在邪者；　救其虛，在精者。　如補勞劣之味，乃在其後。　何先哲製方，甚中肯綮而有節次，乃如斯也。　是以虛勞方中有生地同熟地用者，唯如前數方之證，言實者則止用生地，而熟地不得與之同，可以明於一宣一補，頓以生熟異其用，此際微義，臨病之工，不可以細察，而俾其得當乎哉？

附方　欬嗽唾血，勞瘦骨蒸，日晚寒熱，生地黃汁三合，煮白粥，臨熟入地黃汁，攪勻，空心食之。　吐血不止，生地黃一升二合，白膠香二兩，以磁器盛入甑蒸，令膠消，服之。　肺損吐血，或舌上有孔出血，生地黃八兩，取汁，童便五合，同煎熱，入鹿角膠炒研一兩，分三服。　鼻出衄血，乾地黃、地龍、薄荷，等分為末，冷水調下。　吐血便血，生地汁六合，銅器煎沸，入牛皮膠一兩，待化，入薑汁半盃，分三服，便止。或微轉一行，不妨。　小便血淋，生地黃汁、車前葉汁，各三合，和煎服。　妊娠胎動，生地黃擣汁，煎服，入雞子白一枚，攪服。　産後中風，脇不得轉，交加散用生地黃五兩，研汁，生薑五兩，取汁，交互相浸一夕，次日各炒黃，浸汁乾，乃焙為末，每酒服一方寸匕。　溫毒發斑，黑膏治溫毒發斑，嘔逆，生地黃二兩六錢二字半，好豆豉一兩六錢二字半，以豬膏十兩合之，露一夜，煎減三分之一，絞去滓，入雄黃、麝香如豆大，攪勻，分作三服，毒從虛中出則愈。忌蕪荑。　疔腫乳癰，地黃擣敷之，熱即易，性涼，消腫無不效。　牙疳宣露，膿血口氣，生地黃一斤，鹽二合，末，自擣和團，以麪包煨，令烟斷，去麪，入麝一分，研勻，日夜貼之。

希雍曰：生地黃，性大寒，凡産後惡食作瀉，雖見發熱，惡露作痛，不可用，誤用則瀉不止。胃氣者，後天元氣之本也。胃困則飲食不運，精血不生，虛熱何自而退？故并當歸忌之。凡見此證，宜多加炮薑、桂心、人參，必自愈。凡陰虛咳嗽，內熱骨蒸，或吐血等候，一見脾胃薄弱，大便不實，或天明腎泄，産後泄瀉，産後不食，俱禁用生地黃、當歸，誤則同於前轍，慎之！

修治　生采者大寒，日乾者微寒，火乾者微溫。脈洪實熱者，生采擣汁服之。脈虛血熱者，用薑汁拌炒，免致泥膈。如上達補頭腦虛，或外行潤皮膚燥，必資酒浸。　生地掐成節，酒洗，將木棍搥匾極薄，曬乾，隔紙焙用。

《王龜齡集》曰：生地長而直者能生血，用乳汁浸一宿，曬乾為末。　生熟俱忌犯鐵。　地髓煎，生地黃十斤，洗淨，擣壓取汁，鹿角膠一斤半，生薑半斤，絞取汁，蜜二升，酒四升，文武火煮地黃汁數沸，即以酒研紫蘇子四兩，取汁，入煎一二十沸，下膠，膠化下薑汁、蜜，再煎，候稠，瓦器盛之，每空心酒化一匕服，大益。

熟地黃　按陳藏器曰：乾地黃，《本經》不言生乾，及蒸乾，方家所用二物各別，蒸乾即溫補，生乾即平宣。當依此法用，即是以盡其用之法。雖分生熟，而所入之經一也。然已移其性味，俾一宣一補之頓殊，豈得謂一經？火製便謂熟地黃乎？是必烹煉至久，透出陰中之陽，乃得收功於補腎氣也。如李東璧氏製法，庶幾近之，錄入修治條於左。

氣味：甘，微苦，微溫，無毒《本經》。　潔古曰：甘，微苦，寒。　假酒力酒蒸則微溫而大補，味厚氣薄，陰中之陽，沉也，入手足少陰、厥陰經。　又曰：得牡丹皮、當歸和血，生血，涼血，滋陰補髓。　主治：填骨髓，長肌肉，生精血，補五臟內傷不足，通血脈，利耳目，黑鬚髮，男子五勞七傷，女子傷中胞漏，經候不調，胎産百病時珍。　補血氣，滋腎水，益真陰，去臍腹急痛，病後脛股酸痛元素。　坐而欲起，目䀮䀮無所見好古。

潔古曰：地黃生則大寒而涼血，血熱者須用之。熟則微溫而補腎，血衰者須用之。又臍下痛屬腎經，非熟地黃不能除，乃通腎之藥也。　東垣曰：生地黃能益腎水，涼心血，其脈洪實者宜之。若脈虛者，則宜熟地黃，假火力蒸九數，故能補腎中元氣。仲景六味丸以之為諸藥之首，天一所生之源也。《湯液》四物湯，治藏血之臟，以之為君者，癸乙同歸一治也。　宗奭曰：如血虛勞熱，産後虛熱，老人中虛燥熱者，若與生乾，當慮太寒，故後世改用熟者。　《機要》曰：熟地黃用粗而直者，能生精。　《龜齡集》曰：熟地、當歸，合用名補髓煎。　王碩云：生地黃能生精血，天門冬引入所生之處。熟地黃能補精血，用麥門冬引入所補之處。　希雍曰：熟地黃同沙苑蒺藜、肉蓯蓉、鹿茸、山茱萸、五味子，能益男子精。

同人參、枸杞、五味子、麥門冬、鹿茸、車前子、覆盆子、菟絲子，多服令人有子。

同黃耆、黃連、黃檗、酸棗仁、五味子、白芍藥、麥門冬、龍眼肉、牡蠣粉，治盜汗久不止。同砂仁治胎動下血，腰痛。　同當歸、川芎、蒲黃、黑豆炒、炮薑、澤蘭、益母、牛膝、續斷、杜仲、鹿角膠，治一切産後血虛發熱。　同甘菊、女貞實、枸杞子、白蒺藜，能明目益精。　同何首烏、桑椹、甘菊、鱧腸、蜀椒，能烏鬚髮。

愚按：地黃本天一寒水之精，陰中原含有陽，然不假烹煉功深，則無以發陰中之陽，而令其上通天氣。唯火候足，而天氣通，真陰乃得隨陽以上，而盡其普益臟腑之功。先哲謂熟地黃能補腎中元氣，旨哉其言之也。是從陰發陽，從陽達陰，誠為補腎之第一品。《內經》曰：通天者，生之本。然非本於天一所生之源，又烏能如坤元資生，而宏其利益哉？抑《本經》於乾地黃下，其主治謂逐血痺，即繼以填骨髓，長肌肉，療絕筋等語，此固不化則不生之微義，盧氏亦有發明矣。第如血痺阻，其化機實藉生者平宣，若功歸實際，定以補益責之熟者耳。時珍以填骨髓等功，移於熟地下，其亦有所見也夫。

希雍曰：凡胸膈多痰，氣道不利，升降窒塞，藥宜通而不宜滯，湯液中禁入地黃。

愚按：古方多以生地黃、熟地黃並用，為其兼補心腎也。但生地未經製者性寒，而熟地又多泥膈，若以砂仁製成熟者，則引之徑下。然同於生者用之，猶未免於滯也。愚意涼血補血，似不可同用。熟者入丸，生者入煎劑，各兼和氣行氣之劑，則不滯也。

修治 揀取沉水肥大者，以好酒入縮砂仁末在內，拌勻，柳木甑於瓦鍋內蒸令氣透晾音浪乾，再以砂仁，酒拌蒸晾，如此九蒸九晾乃止，蓋地黃性泥，得砂仁之香而竄，合和五臟沖和之氣，歸宿丹田故也。今市中惟以酒煮熟售者，不可用。

中梓曰：地黃九蒸九曬方熟，每見世人一煮透便以為熟地，悞矣。稟北純陰之性而生，非太陽與烈火交煉，則不熟也。所以固本膏雖經日煎熬，必生熟各半用之。即此可以知，地黃非一煮便熟者矣。

附方 月經不調，久而無子，乃衝任伏熱也。熟地黃半斤，當歸二兩，黃連一兩，並酒浸一夜，焙研為末，煉蜜丸梧子大，每服七十丸，米飲、溫酒任下。 每見治經不調者，或純用寒劑，或多用補氣，夫若寒過劑，固致亡陰。即補氣而祇用參、芪，則所治又失血中陰氣之義。此方衝任伏熱一語，大為中肯，而處方亦簡，而切當也。 產後血痛有塊，并經脈行後腹痛不調，黑神散用熟地黃一斤，陳生薑半斤，同炒乾，為末，每服二錢，溫酒調下。 按：熟地烹製如法，乃補真陰之虛者，屬第一味。方書於諸證用之，殊為不少，以真陰即生身之元，而茲味固要藥也。不及備錄耶，附二方於此。

總論益陰

愚按：陰固貴於益，而益陰之中，亦即有動靜衡勝之微。如丹溪之治陰虛發熱者，於四物湯亦分陰陽。血之痛者為陽，芎、歸主之。血之靜者為陰，生地黃、芍藥主之。若血之陰不足，雖芎、歸辛溫，亦在所不用。若血之陽不足，雖薑、桂辛熱，而亦用之。固唯變所適也。又海藏云：如用血藥，當於四物湯中擇其一二可也。可謂不謀而合者矣。故如行血，則用芎、歸以行春夏之令，如欲止血，則用地、芍以行秋冬之令，此又升沉之道也。

清・郭章宜《本草匯》卷一一 生地黃 甘苦，寒，氣薄味厚，沉而降，陰也。入手足少陰、厥陰，及手太陽、足太陰經。涼心火之煩熱，補腎水之真陰。止肺金之衄血，理脾氣之痿躄。外行潤皮膚乾燥，內行毆熱暍昏沉。骨蒸勞熱可奏神功，五心熱悶並堪主治。又治婦人月經閉絕而不行，產後血上攻心而作暈。應施于脉洪多熱，不宜于脾胃有寒。日華云：助心膽氣，強筋骨，安魂魄，定驚悸者，膽為五藏六府之首，行春升之氣，故十一藏皆取決于膽，為中正之官。地黃入手足少陰，亦入足厥陰，心與肝為子母之藏，膽為肝之府，肝主筋，腎主骨，腎藏精與志，肝藏魂，肺藏魄，心膽二經虛則病驚悸。此能涼心助膽補肝，心涼則熱不薄肺，肝肺清寧，則魂魄自定。膽氣壯，則驚自除。肝腎足，則筋骨自強。心腎交，則志自長矣。

按：生地黃治心熱，手足心熱之要藥也。形質沉重，當入脾胃，為脾之腎藥。雖能益腎水，生精血，必脉洪實而血熱者為宜。錢仲陽瀉丙火，與木通同用，以導赤也。東垣言其能瀉脾土之濕熱，然太寒能倒脾氣，亦不可多用。當使實脾藥中用二三分，俾脾家不受邪可耳。惟陰微陽盛，相火熾強，來乘陰位，日漸煎熬，為虛火之證者，宜斟酌用以滋陰退陽。凡產後惡食作瀉，雖見發熱，惡露作痛，不可用，誤用則泄不止。胃氣者，後天元氣之本也。胃困則飲食不運，精血不生，虛熱何自而退？故併當歸忌之。凡見此，宜多加炮薑、桂心、人參。後天火甚，先天陰虛，症見關格搔擾，大有功也。但不利于久虛氣滯。若陰虛咳嗽，內熱骨蒸，或吐血等候，一見脾胃薄弱，大便不實，或天明腎泄，產後泄瀉不食，俱禁用歸、地。又凡痰凝氣鬱，升降窒塞者，宜通而不宜滯，禁用地黃。惟勞倦傷脾而熱，及老人津液枯竭，大腸結燥，便不潤者，皆當用之。

浙江種者，受南方丙丁陽火之氣，質雖光潤而力微。懷慶生者屬河南，稟北方壬癸，濡潤純陰，皮有疙瘩而力大。選沉水者，用酒浸則上行外行，薑汁浸則不膩膈。忌銅鐵器，令人腎消髮白。男損營，女損衛。得清酒、門冬良。惡貝母。畏蕪荑。葱、蒜、蘿蔔俱忌。

熟地黃 甘、苦，微溫，味厚氣薄，陰中之陽，沉也。入手足少陰、厥陰之經。大補血衰，倍滋腎水。增氣力，利耳目。填骨髓，益真陰。生地能生精血，用天門冬引入所生之處。熟地能補精血，用麥門冬引入所補之處。治傷寒後脛股之痠痛，療新產後臍痛之難禁。退虛熱而潤燥，補精血而調經。《本經》治痺病者，痺為血分之病，因虛而風寒濕邪客之，故筋拘攣而痛。養血和肝，痺必瘳矣。其曰填骨髓，長肌肉，主男子五勞七傷者，地黃為至陰之藥，正補腎水真陰而益血，血旺則髓滿，陰足則肌肉自長。五勞七傷皆陰虛內熱，真陰不足之候，甘寒能除內熱而益精髓，故勞傷自除也。又治溺血，溺血者，腎與小腸熱也。益陰涼血，則溺血自止，二便自利。

按：熟地黃，腎之脾藥也。雖補五藏內傷，要惟補腎之功居多。血衰者須用之。血熱者宜用生地，脉洪實，亦宜生。時珍云：男子多陰虛，宜用熟地。女子多血熱，宜用生地。臍下痛，發熱者，腎經病也，非此不能除。脉虛軟者，亦宜用之。最補腎中元氣，仲景六味丸以之為諸藥之首，天一所生之源也。《湯液》四物湯治藏血之藏，以之為君者，癸乙同歸一治也。然此劑膩膈，或醇酒浸，或薑汁炒，或同附子用，不惟行滯，乃能引導入腎。更須佐以砂仁、沉香，二味皆納氣歸腎，故下元衰者，須用之。若尺脉微者，桂附相宜。尺脉旺者，以黃蘗、知母兼用。愚按：丹溪云氣病補血，雖不中病，亦無害也。而不知害已伏其中矣。夫血藥屬陰，其性凝滯，凝滯之物，每于氣病不宜。常見胃虛氣弱之人，而施之當歸、地黃等劑，反致胸膈痞悶，飲食減少，以至變症百出，至死不悟。此皆因陰滯之性，損其中和之氣也。大抵血虛固不可專補其氣，而氣虛亦不可遂補其血。認證用藥，隨機應變，當無偏損之害矣。同沙苑蒺藜、肉蓯蓉、鹿茸、山萸、五味，能益男子精。同人參、遠志、麥冬、酸棗仁、栢子仁、茯神、甘草，治心虛驚悸，怔忡健忘。同女貞、甘菊、枸杞、白蒺藜，能明目益精。同黃連、連翹、薄荷、甘草、甘菊、木通，治暴眼赤痛。

九蒸九晒方熟。市中每一煑透，便以為熟，悮矣。稟北方純陰之性而生，非太陽與烈火交鍊，則不熟也。所以固本膏雖終日煎熬，必生熟各半用之。即此可知地黃非一煑便熟者矣。酒炒上行，不妨胃。薑汁炒，不膩膈。忌蘿蔔、葱、蒜。得丹皮、當歸良。

清·蔣居祉《本草擇要綱目·寒性藥品》 乾地黃即生地之乾也。 氣味：甘，寒，無毒。沉而降，陰也。入手足少陰、厥陰及手太陽之經。 主治：傷中，逐血，填骨髓，長肌肉，通血脈，益氣力。除皮膚燥，去諸濕熱，療折跌絕筋。生地黃氣味主治及所入經絡，即與乾地黃同。大約陰微陽盛，相火熾強，來乘陰位，口漸煎熬，為虛火之症，宜用此以滋陰退陽，故錢氏瀉丙火，與木通同用以導赤也。如血虛勞熱，產後虛熱，老人中虛燥熱者，若與生乾地黃，當慮太寒。

熟地黃即生乾地黃擇其沉實者，以陳酒煮小地黃汁，將地黃復入汁內，九蒸九曬，令其脂體柔潤者是也。 氣味：甘、微苦，微溫。陰中之陽，沉也。入手足少陰、厥陰之經。 主治：益腎水真陰，和產後血氣，去臍腹急痛。養陰退陽，壯水之源。仲景六味丸以之為諸藥之首，天一所生之源也。《湯液》四物湯治藏血之臟，以之為君者，癸乙同歸一治也。又曰生地黃能生精血，用天門冬可引入所生之處。熟地黃能補精血，用麥門冬可引入所補之處。 忌：蘿蔔、葱、諸血、蒜。

清·閔鉞《本草詳節》卷一 生地黃 【略】按：生地黃稟仲冬之氣，故涼血有功。陰血賴養，新生瘀去，血受補則筋受榮，腎得之而骨強力壯矣。胎產勞傷，皆血之愆，血得其養，證因以痊。腎開竅於二陰，血主濡之，二便所以利也。濕熱盛則食不化，地黃去濕熱以安脾胃，宿滯乃消。掌中應心，主痿躄，乃脾熱奉君主而清倉稟，兩證可瘳矣。實脾藥中用二三分，使脾家永不受邪。大抵病人虛而多熱者，宜用以滋陰退陽。虛寒禁用。

熟地黃 【略】按：熟地黃為補血上劑。男子多陰虛，宜熟。女子多血熱，宜生。生地黃能生精血，天門冬引入所生之處。熟地黃能補精血，麥門冬引入所補之處。八味丸以之為首，夫一所生之源也。四物療藏血之臟，以之為君，癸乙同歸一治也。臍下痛屬腎經，非熟地黃不能除，乃通腎之要藥也。尺脈微者，佐以桂、附，則填精補髓。尺脈旺者，佐以知、蘗，則滋陰降火。若痰多氣鬱人，恐窒礙胸膈，當斟酌用之。

清·王翃《握靈本草》卷四 地黃處處有之，今人以懷慶者為上。生地宜醇酒炒，熟地宜薑汁炒，更須佐以砂仁、沉香二味，納氣歸腎。 主治：乾地黃，甘，寒，無毒。主傷中，逐血痺，除寒熱，涼血生血。一切血逆，瘀血留血，及解諸熱。

主治：熟地黃，甘、微苦，微溫，無毒。主填骨髓，長肌肉，生精血，補五臟內傷不足，通血脈，利耳目，黑鬚髮。男子五勞七傷，女子傷中胞漏，經候不調，胎產百病。補氣血，滋腎水，益真陰。去臍腹急痛，病後脛股酸痛。

清·汪昂《本草備要》卷一 生地黃大瀉火。 甘、苦，大寒，入心腎。瀉丙火，小腸爲丙火，心與小腸相表裏，導赤散與木通同用。清燥金，胃、大腸火。消瘀通經，平諸血逆。治吐衄崩中，唾血者，血隨唾出；咯血者，隨痰咯出，或帶血絲，出腎經及肺經。自兩脇逆上吐出者，屬肝經。衄血者，血溢于腦，從鼻而出；咳血者，咳出痰內有血，并屬肺經。吐出、嘔出成盆成碗者，屬胃經。經漏不止曰崩。血熱則妄行，宜以此涼之。虛人忌用，用乾地黃可也。傷寒陽強，痘症大熱。痘症用之甚多，本草未載。多服損胃。生掘鮮者，搗汁飲之，或用酒製，則不傷胃。生則寒，乾則凉，熱則溫。故分爲三條，以便施用。

乾地黄補陰，凉血。甘苦而寒，沉陰而降。入手足少陰心、腎。厥陰心包、肝。及手太陽經。小腸。滋陰退陽，凉血生血。治血虚發熱，《經》曰：陰虚生内熱。勞傷咳嗽，咳嗽陰虚者，地黄丸爲要藥，亦能除痰。丹溪曰：久病陰火上升，津液生痰不生血，宜補血以制相火，其痰自除。痿痹驚悸，有觸而心動曰驚，無驚而自動曰悸，即怔忡也。有因心虚火動者，有因肝虚膽怯者，有因水停心下者，火畏水，故悸也。地黄能交心腎而益肝膽，亦能行水，故治之。吐衄尿血，痛爲血淋，不痛爲尿血。由心腎氣結，或憂思房勞所致。多屬虚寒，不可耑作熱治。血運崩中，《經》曰：陰虚陽搏謂之崩。足下熱痛，折跌絶筋。生地一斤，瓜薑糟一斤，生薑四兩，炒熱，罨傷折處，冷則易之。又生地汁三分，酒升半，煮服，下撲損瘀血。填骨髓，長肌肉，利大小便，調經安胎。又能殺蟲，治心腹急痛。《海上方》：搗汁和麵作餺飥食，能利出蟲。忌用鹽。《本草匯》曰：丹溪云：氣病補血，雖不中病，亦無害也。不知血藥屬陰，其性凝滯，若胃虚氣弱之人，過服歸、地等劑，反致痞悶，飲食減少，變症百出，至死不悟，豈不惜哉！大抵血虚固不可耑補其氣，而氣虚亦不可徒補其血也。凡勞病，陽虚宜四君補氣，陰虚宜四物補血，陰陽俱虚者，宜合用，名八珍湯。江浙生者，南方陽氣力微；北方生者，純陰力大，以懷慶肥大、菊花心者良。酒製則上行外行，薑製則不泥膈。惡貝母，畏蕪荑，忌萊菔、葱、蒜、銅鐵器。得酒、門冬、丹皮、當歸良。

熟地黄平補肝腎，養血滋陰。甘而微溫。入手足少陰、厥陰經。滋腎水，補真陰，填骨髓，生精血，聰耳明目，耳爲腎竅，目爲肝竅。目得血而能視，耳得血而能聰。黑髮烏髭。治勞傷風痹，胎産百病，爲補血之上劑。丹溪曰：産前當清熱養血爲主，産後宜大補氣血爲主，雖有雜症，從末治之。昂按：丹溪産後大補氣血一語，誠至當不易之論。後人不善用之，多有風寒未解，瘀血未盡，妄施峻補，反致大害者，不可不察。王碩云：男子多陰虚，宜熟地；女子多血熱，宜生地。以好酒拌砂仁末，浸蒸曬九次用。地黄性寒，得酒與火與日則溫。性泥，得砂仁則利氣，且能引入丹田。六味丸用之爲君，尺脉弱者加桂、附，所謂益火之原，以消陰翳也。尺脉旺者加知、柏，所謂壯水之主，以制陽光也。

清・吴楚《寶命真詮》卷三　生地黄　【略】凉血補陰，生新去瘀。稟仲冬之氣，故凉血有功；陰血賴養，則新生而瘀去。養筋骨，益氣力。血受補則筋受榮，腎得之而骨強力壯矣。主胎産勞傷，皆血之愆，血養則證自痊。通二便，腎開竅於二陰，血濡二便自利。消宿食。濕熱盛則食不消，地黄去濕熱以安脾胃，宿滯乃化。心病而掌中熱痛，脾病而痿蹶貪眠。掌應心主，痿乃脾熱，奉君主而清其倉廩，二證皆瘳。潤皮膚，療吐血、衄血、尿血、便血。俱凉血之故。

熟地黄：【略】滋腎水，封填骨髓，利血脉，補益真陰。久病餘，脛股酸痛；新産後，臍腹急疼。烏鬚黑髮，功用尤宏。久病陰傷，新産血敗，在所必需，血足則鬚髮自黑。按：地黄合地之堅凝，得土之正色，為補腎要藥，益陰上品。【略】生地性寒，胃虚食少，脾虚瀉多，俱忌。宜醇酒炒用。熟地性滯，痰多氣鬱者，恐泥膈，宜薑汁炒用，更須佐以砂仁、沉香二味，皆納氣歸腎，且能疏地黄之滯也。

清・李世藻《元素集錦・本草發揮》　地黄　忌萊菔，與他藥之忌不同。他藥犯忌祇無功耳，此則反令腎消，無益有損。戒之！

清・王逐《藥性纂要》卷二　地黄《本經》上品　江浙壤地種者，受南方陽氣，質雖光潤而力微。懷慶山産者，稟北方純陰，皮有疙瘩而力大。【略】東圃曰：生地治血燥無津者，配表藥用，可以養汗。腸枯而便閉者，兼消食藥用，可以潤腸胃，通大便。痘疹血燥熱者，用之可以活血，清熱解毒。熟地滋陰益腎，補精血，明目，止盜汗，退虚熱。惟脹滿者不宜用。

清・陳士鐸《本草新編》卷一　熟地　味甘，性溫，沉也，陰中之陽，無毒。入肝腎二經。生血益精，長骨中腦中之髓。真陰之氣非此不生，虚火之焰非此不降。洵奪命之神品，延齡之妙味也。世人以其膩滯，棄而不用，亦未知其功效耳。夫腎有補而無瀉，是腎必宜補矣。然而補腎之藥，正苦無多。山茱萸、牛膝、杜仲、北五味之外，舍熟地又用何藥哉。況山茱萸、牛膝不可為君，而杜仲又性過于溫，可以補腎火之衰，而不可補腎水之乏。此熟地之必宜用也，熟地係君藥，可由一兩以用至八兩。蓋補陰之藥與補陽之藥，用之實有不同。補陽之藥，可少用以奏功，而補陰之藥，必多用以取效。以陽主升而陰主降。陽升，少用陽藥而氣易上騰。陰降，少用陰藥而味難下達。熟地至陰之藥，尤與他陰藥有殊，非多用之，奚以取勝。或謂熟地至陰之藥，但其性甚滯，多用之而膩膈生痰，萬一助痰以生喘，亦甚可危也。此正不知熟地之功力也。自神農嘗草之後，將此味失談，遂使後世不知其故。雖歷代名醫多有發明，而亦未嘗言其秘奧。夫熟地豈特不生痰，且能消痰，豈特不滯氣，且善行氣，顧人用之何如耳。夫痰有五臟之異。痰出脾、肺者，用熟地則助其濕，用之似乎不宜。倘痰出于心、肝、腎者，舍熟地又何以逐之耶。故人有吐痰如清水者，用二陳消痰化痰之藥，百無成功，乃服八味湯，而痰氣之洶湧者頃刻即定，非心、肝、腎之痰用熟地之明驗乎。更有一種，朝夕之間，所吐皆白沫，日輕而夜重，甚則臥不能倒。用六味湯，大加熟地、山茱萸，一連數服，而痰即大減，再服數十劑，白沫盡消而臥亦甚安，又非熟地消痰之明驗乎。熟地消痰而不生痰，又何疑哉。至于氣之滯也，服地黄湯而消痰于頃刻，猶謂氣之不行也可乎。人生飲食，脾腎之氣行，水穀入腹，不變痰而變精。惟其脾腎之虚也，水穀入腹，不化精而化痰矣。用地黄湯而痰消者，往往多能健飯，是熟地乃開胃之聖品也。其所以能開胃者何也？胃為腎之關，腎水旺而胃中之津液自潤，故腎氣足而胃氣亦足，腎氣升而胃氣亦升也。然則熟地行氣而非滯氣，不又可共信哉。氣行痰消，烏能作喘，尤所不必疑者矣。

或問：熟地既是君藥，亦可單用一味以奏功乎？夫熟地雖是君藥，不可獨用之以取勝。蓋陽藥可以奇用，而陰藥必須耦用也。況熟地乃至陰之品，性又至純，非佐之偏勝之藥，斷斷不能成功，此四物湯補血所以必益之當歸、白芍、川芎也。推之而與人參同用，可以補心腎之既濟；與白术同用，可以補脾腎之有虧；與麥冬、五味同用，可以滋肺腎之將枯；與白芍同用，可以益肝腎之將絶；與肉桂同用，可以助命門之火衰；與棗仁同用，可以安膻中之火沸；與地榆同用，可以清大腸之血；與沙參同用，可以涼胃中之炎；與元參同用，可以瀉陽明之焰。然必用至一兩、二兩為君，而加所佐之味，或五錢或八錢，自易取勝于萬全也。倘熟地少用，其力不全，又何以取勝哉。内惟肉桂止可用一二錢，不可用至三錢之外，餘則可與熟地多用而無忌者也。

或問：産前必用熟地以補血，不識産後亦可重用乎？曰：産後正宜重用也，産婦血大虧，不用熟地以生新血，用何藥乎？雖佛手散乃産後聖藥，然能加入熟地，則生血尤奇。凡産後血暈諸病，同人參、當歸並用，必建殊功，不特産後臍腹急痛者始可用之也。夫腎中元氣，為後天之祖，熟地禀先天之氣而生，産婦虧損血室，元氣大耗，後天之血既不能速生，正藉先天之氣以生之。用熟地以助後天，實有妙理，非泛論也。

或問：熟地膩膈生痰，世人以薑汁、砂仁製之可乎？顧熟地何嘗膩膈也。熟地味甘而性溫，味甘為脾胃所喜，性溫為脾胃所宜，脾胃既不相忤，又何所忌而膩膈哉。況熟地乃陰分之藥，不留胃中，即留腎中。胃為腎之關門，胃見腎經之味，有不引導至腎者乎，膩膈之說，起于不知醫理之人，而不可惑深知醫理之士也。雖薑汁開胃，砂仁甦脾，無礙于熟地，而終不可謂熟地之膩膈生痰耳。

或謂熟地既不膩隔，何以六味地黄丸中加茯苓、山藥、澤瀉，非因其膩隔而用之乎？是以茯苓、山藥、澤瀉，為制熟地之品，亦何其輕視茯苓、山藥、澤瀉哉。腎宜補而不宜瀉，既用熟地以補腎，豈可復用利藥以瀉腎，況又用利藥以制補腎之藥，使之有瀉而無補乎，是熟地之不宜制也明矣。熟地既不宜制，用茯苓、山藥、澤瀉之三味，非因制熟地也，亦明矣。熟地既不宜制，用茯苓、山藥、澤瀉之三味，非因熟地之膩膈也，抑又明矣。然則用三味之意謂何？因熟地但能滋陰而不能去濕，但能補水而不能生陽，用三味以助其成功，非用三味而掣其手足也。

或問：熟地既不膩膈，何以生痰，前人言之，豈無見而云然乎？曰：熟地實消痰聖藥，而世人反没其功，此余所以堅欲辨之也。凡痰之生也，起于腎氣之虚，而痰之成也，因于胃氣之弱。腎氣不虚，則胃氣亦不弱。腎不虚則痰無從生，胃不弱則痰無由成也。然則欲痰之不成，必須補胃，而欲痰之不生，必須補腎。腎氣足而胃氣亦足，腎無痰而胃亦無痰。熟地雖是補腎之藥，實亦補胃之藥也。胃中津液原本于腎，補腎以生胃中之津液，是真水升于胃矣。真水升于胃，則胃中邪水自然難存，積滯化而痰涎消，有不知其然而然之妙。熟地消痰不信然乎，而可謂其膩膈而生痰乎。

或問：熟地補腎中之水，何必又用山藥、山萸以相佐。蓋腎水非得酸不能生，山茱萸味酸而性又溫，佐熟地實有水乳之合。然而山茱萸味過於酸，非得熟地之甘溫，山茱萸亦不能獨生腎水也。配合相宜，如夫婦之好合，以成既濟之功也。

或問：熟地入于八味地黄丸中，何獨為君？蓋八味丸補腎中之火也。然火不可以獨補，必須于水中補之。補火既須補水，則補水之藥必宜為君矣。方中諸藥，惟熟地乃補水之聖藥，故以之為君。有君則有臣，而山藥、山茱佐之。有臣則有佐使，而丹皮、澤瀉、茯苓從之。至于桂、附，反似賓客之象。蓋桂附欲補火而無能自主，不得不推讓熟地為君，補水以補火也。

或問：熟地可獨用以治病乎？熟地亦可以獨用者也。凡遇心腎不交之病，只消熟地二兩，煎湯飢服，而心腎交于眉睫。人以為熟地乃腎經之藥，誰知其能上通于心乎。夫心腎不交之病，多是心火太過而腎水大虧也。用熟地以滋其腎中之枯乾，腎得水之滋，而腎之津即上濟于心，心得腎之濟，而心之氣即下交于腎，又何黄連、肉桂之多事哉。

或問：熟地既可單用以成功，凡遇心腎不交之病，竟用熟地一味為丸，朝夕吞服之得乎？此則不宜也。熟地單用，止可偶爾出奇，要必須輔之以茯神、山藥，佐之以山茱、棗仁，始可久用以成功耳。

或問：熟地宜多用以奏功，抑宜少用以取效乎？熟地宜多不宜少也。然而用之得宜，雖重用數兩不見多；用之失宜，雖止用數錢未見少。用之于腎水大虧之日，多用猶覺少；用之于脾土大崩之時，少用亦覺多；用之于腎火沸騰之病，用多而殊欠其多；用之于胃土喘脹之症，用少而殊憎其少。全在用之得宜，而多與不多，不必計也。

或疑熟地膩滯，補陰過多，終有相礙，未可單用一味以取勝，然前人亦有用一味以成功者何也？愚謂熟地單用以出奇，實偶然權宜之法，不若佐之他味，使兩味以建功之更勝。如治心腎之虧也，加入龍眼肉；如肝腎之虧也，加入白芍；如治肺腎之虧也，加入麥冬。如治脾腎之虧也，加入人參，或加白芍。既無膩膈，更多捷效，是在人之權變耳。

或疑腎虚者，宜用熟地，以陰補陰也，何以補胃者亦用之，補膽者亦用之耶？此固古人權宜之法，然亦至當之法也。夫胃為腎之關門，腎虚則胃亦虚，補腎正所以補胃也。膽雖附于肝，而膽之汁必得腎之液滲入，始無枯涸之憂。腎虚則膽亦虚，補腎正所以補膽也。倘見胃之虚而徒用補胃之藥，則香燥之品，愈爍其腎水之乾；見膽之虚而止用補膽之味，則酸澁之劑，愈耗其腎水之竭。腎水既虚，而胃膽愈弱矣。惟用熟地以補腎，而胃與膽取給于腎而有餘，自然燥者不燥，而枯者不枯，誰謂陽症不宜補陰哉。

或疑熟地至陰之藥，多用之以滋腎宜也。然何以至陽之病，古人亦用以奏效，豈熟地亦陽分藥乎？熟地非陽分藥也。非陽分之藥而偏用之以治陽病者，陽得陰而平也。陽非陰不伏，用熟地以攝至陽之氣，則水升火降，陰陽有既濟之美矣。

或疑熟地滋陰而不能開胃，孰知熟地正開胃之神藥也。胃為腎之關門，腎中枯槁，全藉胃之關門，搬運水穀以濟其困乏，豈有腎中所喜之物，而胃反拒絕之理。況腎虚無水，則胃中無非火氣，亦望真陰之水以急救其乾涸也。然則熟地正胃之所喜，不獨腎之所喜也。安有所喜者投之，不亟為開關以延入者乎？所以腎虚之人，必用熟地以開胃耳。至于腎水不虧，胃中無火，一旦遽用熟地，未免少加脹悶，是不善用熟地也。誰謂熟地盡閉胃之物哉。

生地：味苦、甘，氣寒，沉也，陰也。入手少陰及手太陰。涼頭面之火，清肺肝之熱，亦君藥也。其功專于涼血止血，又善療金瘡，安胎氣，通經，止漏崩，俱有神功。但性寒，脾胃冷者不宜多用。夫生地既善涼血，熱血妄行，或吐血、或衄血、或下血，宜用之為君，而加入荊芥以歸其經，加入三七根末以止其路，又何熱之不除而血之不止哉。然而此味可多用而不可頻用，可暫用而不可久用也。當血之來也，其勢甚急，不得已重用生地，以涼血而止血。若血一止，即宜改用溫補之劑，不當仍以生地再進也。今人不知其故，驚生地止血之神，視為靈丹妙藥，日日煎服，久則脾胃太涼，必至泄瀉，元氣困頓，而血又重來，不悟生地用多，反疑生地用少，仍然更進，且有增其分兩，至死而不悟者，亦可悲也夫。

或問：生地與熟地同是一物，而寒溫各別，入湯煎服，非生地變為熟地耶？曰：生地不先製為熟，則味苦，苦則涼。生地已製為熟，則味甘，甘則溫，何可同日而語。譬如一人，先未陶淑，其性剛，後加涵養，其性柔，生熟地何獨不然。

或問：生地涼血以止血，是生地實救死妙藥也。吾見世人服生地以止血，不敢再用，改用他藥，而仍然吐血，一服生地而血又即止，安在生地之不宜久服乎？曰：服生地止血之後，改用他藥，而仍吐血者，非不用生地之故，乃改用他藥。不得其宜之故耳。夫止血之後，不可不補血，然而補血實難。補血之藥，未有不溫者，而吐血之後，又最忌溫，恐溫熱之性引沸其血也。補血之藥，又未有不動者，而吐血之後，又最忌動，恐浮動之氣又催迫其血也。然則用生地止血，當用何藥以善其後乎？六味地黃湯加五味、麥冬，則平而不熱，靜而不動，服之則水升火降，永無再犯之憂，又安在生地之必宜服哉。

或疑生地雖涼，要亦不甚，以治虚熱之病，似應相宜，何禁用甚嚴也？不知生地之涼，不特沁入于胃，且沁入于脾，不特沁入于脾，又沁入于腎。故久服則脾腎俱傷，往往致大瘕之瀉，不可不慎用也。

或疑生地止血甚神，而瀉中有補，似亦與元參之類，可齊驅而並駕也。然而元參尚可重用，而生地斷宜輕用也。蓋生地沉陰之性，涼血是其所長，退火是其所短，不比元參既退浮遊之火，而又滋枯涸之水也，生地涼血，則血雖止而不行，生地不能退火，則火欲炎而難靜，久則火上騰而血亦隨沸矣。

或疑生地寒涼，可以止血，以血得寒而止乎。抑血得補而止乎？夫生地涼中有補，血得涼而止，亦得補而止也。蓋血非涼則無以遏其上炎之勢，非補亦無以投其既濟之歡，故生地止血，建功實神者，正以涼中有補也。

或疑生地清肺肝之熱，肺肝俱屬陰，補陰即不能奏功之速，自宜久服之為得，安在生地只可暫用不可常服耶？曰：生地清肺肝之熱，亦止清一時之熱耳。肺肝之火，初起多實，久病多虛。生地清初起之熱，則熱變為寒；清久病之熱，則熱愈增熱。蓋實火得寒而勢解，虛火得寒而焰起也。故生地只可一時暫用，而斷斷不可長用耳。

清·顧靖遠《顧氏醫鏡》卷七　生地黃甘，苦，寒。入心脾肝腎四經。忌蘿蔔。產懷慶，黑而肥寔者佳。　涼血補陰，去瘀生新。新血生，則瘀血去。　養筋骨，益氣力。補肝血則筋受榮，益腎陰則骨強而力壯。　理胎產，主勞傷。胎產勞傷，皆陰血為病，養血益陰，其病自痊。　通二便，腎開竅於二陰，況血主濡之故。　消宿食。濕熱甚則食不消，生地能去諸濕熱。　治手足心熱，掌中屬心，足心屬腎，涼心血，補腎陰，熱自除矣。　止諸竅出血。血熱則妄行，血涼則自止。

熟地黃，酒拌，九蒸九晒。　滋腎水，封填骨髓，利血補脉，益真陰。　久病餘脛股疫痛陰傷之咎，新產後臍腹急疼血敗之故。　補腎益陰之要藥。　熟者稍溫，其功更溥。　血熱者宜用生，血衰者宜用熟。　生地能生精血，天冬引入所生之處。　熟地能補精血，麥冬引入所補之處。　生地性寒而潤，胃虛食少，脾虛瀉多，均在禁例。　熟者性滯，若痰多氣鬱之人，能窒礙胸膈，當酌用。

清·李熙和《醫經允中》卷二〇　熟地　甘，溫，無毒。　主治填骨髓，益真陰，增氣力，長肌肉，大補血衰，倍滋腎水，滋補五臟，內傷不足，退虛熱，烏鬚髮，明目，調經胎產，勞傷諸症，六脉虛軟或尺脉浮芤微弱者，速用弗疑。然性多滯，痰多者恐其泥膈，須以砂仁、香附制之，則納氣歸腎矣。　風寒未解，瘀血未盡者弗妄用。

生地：　入手少陰、厥陰、陽明三經。　當歸為使。　惡貝母。　畏蕪荑。　忌銅鐵器、葱、蒜、蘿蔔。　產河南淮慶佳。　氣薄味厚，陰中之陽，沉也。　主治逐血痺，長肌肉，破惡血，生新血，止血溢吐衄。　療折傷金瘡，崩中漏胎，產後血暈，潤燥除虛熱，通經潤便結。

地黃生則大寒而涼血，血熱脉洪大者宜之；　熟則微溫而補腎，血衰而脉虛浮者宜之。　生入心經，涼血而生血；　熟入腎經，補腎而滋陰。　生入肝則涼血而明目；　熟入肝則補肝而益膽。　若以治腎則宜熟而不宜生，補陰虛氣血之有虧；　若以治小腸則宜生而不宜熟，止崩漏淋帶便溺吐衄之血症。　熟者填骨髓，兼退血虛勞熱；　生者利大腸，兼瀉脾中濕熱。　故產後、老人虛弱便結，非生不潤。　以之治虛弱，則反傷胃；　胃熱者以之治實熱，則反泥膈。　生熟稍異，而治症逈別也。　凡脾虛胃寒，氣結者禁服。脾恐其泄，胃恐其寒氣，慮其滯也。　故雖陰虛咳嗽，內熱骨蒸吐血，胎產等症，凡見脾胃薄弱，飲食減少，大便溏泄者，不可過服地黃、當歸，致窒礙胸膈，以脾為統領之官，萬病當先健脾開胃也。

清·馮兆張《馮氏錦囊秘錄·雜症痘疹藥性主治合參》卷一　生地味甘、苦，大寒，無毒。稟仲冬之氣以生，兼稟地之和氣以長。黃者，土之正色也。甘能入脾，苦能入心，故兼入心脾。蒸晒至黑，則減寒性，而專補腎臟精血也。〇如陰虛火盛，而脾氣又弱者，宜切片酒浸透炒乾，方能入補脾藥，如白术之類，逐隊共劑成功。

生地同麥冬入心兼腎。　同薑汁炒，不泥胸中稠痰。　主勞傷通二便，養陰退陽，涼心火血熱骨蒸癆熱，五心煩熱，吐衄血症眼瘡，婦人經枯閉絕，妊娠下血，漏胎，崩中下血，脉洪多熱者皆用，惟脾胃有寒者少投。

主治痘疹合參：　甘寒能行血，養血涼血，衄治血熱紅紫之痘。　其用有四：　涼心火之血熱，瀉脾土之濕熱，去鼻中之衄血，除五心之煩熱。　用必酒浸洗。　凡痘瘡血熱，瘡色乾枯者宜之。　但性寒涼血潤腸，胃虛脾弱者忌之。

熟地味甘，微寒，無毒。〇宜酒水各半煮透，連汁晒乾，再蒸再晒，九次為度。　銅鐵皆忌。　如入脾虛劑中，宜炒乾用，有痰者，薑汁拌炒用。

熟地大補血衰，倍滋腎水，填骨髓益真陰，專補腎中元氣，兼療藏血之經，折跌絕筋傷中，五勞七傷，血痹，五臟內傷，補絕續斷，通血脉，益氣力，聰耳目，烏鬚髮。　退虛熱而潤燥，補精血而調經。　傷寒後，脛股最痛者殊功。　新產後，臍腹急疼者立效。　濁中濁者，堅強骨髓。　內傷之病，肝筋腎骨受之，熟地專滋肝腎，而內傷筋骨髓腎之所必用也。

主治痘疹合參：　滋腎水，補血而益真陰，能安魂魄，治痘血虛無膿。　凡痘中、痘後血虛者宜之，蓋能補腎中元氣，乃天一所生之源也。但性滯而不走，倘脾虛者用，必須酒浸炒之。

按：熟地黄為補腎要藥，養陰上品，六味丸以之為君，天一所生之本也。四物以之為君，乙癸同源之義也。九蒸九晒方熟，每見世人一煮透便以為熟地，誤矣。蓋稟北方純陰之性而生，非太陽與烈火交煉則不熟也。所以固本膏，雖經日煎熬，必生熟各半而用之，觀此可以見矣。如不知此以生地煮熟，便作熟地，投用地黄丸中，則寒涼之性未除，心腎之經各別，以心經寒涼之藥為君主，以腎經溫暖之藥為臣佐，豈徒無益，反引寒性，既損真陽，復傷胃氣，虛熱者暫堪抵受，虛寒者立見沉疴，陰受其累，而莫知覺，惜哉！

清·张璐《本經逢原》卷二 生地黄《本經》名地髓，又名芐，音戶。甘、苦，寒，無毒。禁犯鐵，忌萊菔、諸血。採得鮮者即用為生地黄，炙焙乾收者為乾地黄，以法製過者為熟地黄。《本經》主傷中，逐血痹，填骨髓，長肌肉，作湯除寒熱積聚，療折跌傷筋，久服輕身不老。生者尤良。發明：生地黄性稟至陰，功專散血，入手足少陰、厥陰，兼行足太陰、手太陽。錢仲陽導赤散與木通同用，瀉丙丁之火。《別錄》治婦人崩中血不止，及產後血上薄心，胎動下血，鼻衄吐血，皆擣汁飲之，以其能散血消瘀解煩也。其治跌撲損傷，面目青腫，以生地黄擣爛罨之即消。此即《本經》治傷中血痹、折跌筋傷等證之義。蓋肝藏血而主筋，肝無留滯則營血調，而傷中自愈，筋無邪著則三氣通，而血痹自除。作湯除寒熱積聚者，血和則結散，而諸證平矣。其曰填骨髓，長肌肉者，邪無著而形神自復也。昔人治心痛，以鮮地黄汁作冷淘，食之取吐，不吐則利出長蟲如辟宮而安，此即《本經》除寒熱積聚之驗。其於服食方中用之，取以輔助諸藥，辟除三蟲，使從幽門化出也。因思《千金》靈飛散中生地黄急不可得鮮者，咸取乾者應用，乃知《本經》末後續出生者尤良一語，見古聖之苦心，無所不用其極也。愚按：生地黄與乾地黄功用不同，豈可混論？按徐之才《別錄》云，生地黄乃新掘之鮮者，為散血之專藥。觀《本經》主治皆指鮮者而言，祇緣諸家本草從未明言，且產處遼遠，藥肆僅有乾者，鮮者絕不可得，是不能無混用之失。曷知乾地黄既經炙焙，力能止血，安有傷中血痹，折跌筋傷等治乎？至於傷中日久，積聚內形，寒熱外顯，並宜鮮者作湯統領他藥，共襄破宿生新之功。設混用乾者則瘀傷愈結，安望其有髓充肉長之勣乎。予嘗綜覽諸方，凡藥之未經火者，性皆行散，已經炙焙，性皆守中，不獨地黄為然也。

乾地黄　苦、微甘，寒，無毒。產懷慶者丁頭鼠尾，皮粗質堅，每株重七八錢者力優。產亳州者頭尾俱粗，皮細質柔，形雖長大而力薄。產江浙者細軟無力，僅可清熱，不入補藥。無問產於何地，但枯槁質輕者謂之天黄，不堪入湯藥。發明：乾地黄心紫通心，中黄入脾，皮黑歸腎，味厚氣薄，內專涼血滋陰，外潤皮膚榮澤。病人虛而有熱者宜加用之。戴元禮曰：陰微陽盛，相火熾強，來乘陰位，日漸煎熬，陰虛火旺之證，宜生地黄以滋陰退陽，同人參、茯苓、石蜜，名瓊玉膏，治虛勞欬嗽唾血。同天麥門冬、熟地、人參，名固本丸，治老人精血枯槁。於固本丸中加枸杞熬膏名集靈膏，治虛羸喘嗽乏力。其瓊玉膏雖用鮮者，擣汁桑木熬膏，散中寓止，與乾者無異。固本丸、集靈膏並用乾者，而集靈變丸作膏，較之固本差勝。《易簡方》曰：男子多陰虛宜熟地黄，女子多血熱，宜生地黄。虞摶云：生地黄涼血，而胃氣弱者恐妨食。熟地黄補血，而痰飲多者恐泥膈。或言生地黄酒炒則不妨胃，熟地黄薑製則不泥膈，然須詳病人元氣病氣之淺深而用之。若產後惡食泄瀉，小腹結痛，虛勞，脾胃薄弱，大便不實，胸腹多痰，氣道不利，升降窒塞者，咸須遠之。浙產者專於涼血潤燥，病人元氣本虧，因熱邪閉結而舌乾焦黑，大小便秘，不勝攻下者用此，於清熱藥中通其秘結最妙，以其有潤燥之功，而無滋潤之患也。愚按：《本經》地黄雖列上品，而實性稟陰柔，與鄉愿不異。譬諸宵人內藏隱隙，外示優容，是以舉世名家靡不藉為滋陰上藥，止血神丹。雖或用非其宜，得以稍清旺氣，服之仍得暫安。非若人參之性稟陽明，象類君子，苟有過，人皆知之，是以師家斂手不敢用，病家緘口不敢嘗，直至濱危不得已而用之，每至下咽即斃，是以左右之人靡不交口歸咎於人參，曷知其為從前悞藥所致。夫藥之遺患於病，比比有之，莫如地黄、門冬之屬，陰柔最甚，至死不覺其非，故不憚瑣屑，特表而出之。

熟地黄　甘，溫，無毒。製地黄法：擇取原株重六七錢者，以好酒浸，入縮砂仁末拌，木甑瓦鍋九蒸九晒，得太陽真火入劑，方始得力。蓋地黄性泥，得砂仁之香竄，而通調五藏沖和之氣，歸宿丹田也。發明：熟地黄假火力蒸晒，轉苦為甘，為陰中之陽，故能補腎中元氣。必須蒸晒多次，得太陽真火，確有坎離交濟之妙用。若但煮熟，不加蒸曝，雖服奚益？好古曰：

生地黃治心熱，手心熱，益腎水，涼心血，其脈洪實者宜之。若脈虛者，則宜熟地黃。錢氏六味丸以之為君，天一所生之源也。若命門真火素弱者，必須崔氏八味丸，得桂、附共襄之力，方得陰陽兼濟之功。《湯液》四物湯以之為主，乙癸同源之治也，其功專於填骨髓，長肌肉，生精血，補五藏內傷不足，通血脈，利耳目，黑鬚髮，男子五勞七傷，女子傷中胞漏下血，經候不調，胎產百病。滋腎水真陰，療臍腹急痛。病後脛股痠痛，坐而欲起，目䀮䀮如無所見。蓋臍下痛屬腎藏精傷，脛股痠，係下元不足，目䀮䀮如無所見，乃水虧不能鑒物，皆腎所主之病，非熟地黃不除。今人治目瞖內障，往往用六味丸配磁硃丸服，良非所宜。地黃禁鐵，磁為鐵之母，安得不忌。予嘗用當歸代地黃，借其辛溫以助焮發之勢。火盛則用芍藥代山茱萸，借其酸寒以收耗散之陰，藥雖異而功不殊也。愚按： 地黃本手少陰經藥，功專清熱散血，非經蒸曝不能入足少陰經，得水火既濟之功，轉苦成甘，變紫為黑，故直入腎藏填補真陰，兼培黃庭後土，土厚載物，諸藏皆受其蔭，是以崔氏八味、錢氏六味為培養真陰真陽之總司。後人借此各隨所稟之偏而為增減，無往非受其益。如陰氣不固則加鰾膠、蒺藜。陽氣不充則加鹿茸、河車。中氣不舒則加沉香、縮砂。下氣不吸則加牛膝、車前。上氣不津則加門冬、五味。肝氣內盛則減萸倍澤。精氣下脫則減澤倍萸。各得補偏救弊之妙用。其陰火旺者加知、檗於六味方中，此與鴆酒止渴無異。他如四物湯中之芎、歸，即六味丸中山萸之義。十全大補中之耆、桂，則八味丸中桂、附之義，方得陰陽相濟之妙用。須知八味、十全平調血氣，且湯液性味易過，地黃與參並用，略無妨礙。六味丸中切不可雜一味中焦藥，如人參、白术、甘草之類，咸非所宜。昔人有以六味丸加參而服，下咽少頃輒作迷迷不爽。或令增麥冬、五味，功力倍常，深得金水相生之妙用，非專工藥性者之可與討論也。

清·浦士貞《夕庵讀本草快編》卷二 地黃《本經》、芐、芑 入水即沉者名地黃，芐音戶，亦取下字之義。 地黃甘寒，生熟殊用，性沉而降，陰也。俱入足少陰、厥陰而生者，兼入手太陽血分，故能涼心血而益腎水。夫陰血得養則新者生而瘀自去。肝得之則筋脉和營，腎得之而骨強力壯矣。胎產勞傷皆血之愆，故俱瘳也。但濕熱盛則食不化，腎氣旺則二便調，亦當用此以利其濕熱而脾胃自安，宿滯易化。血主濡之，而二陰有衡矣。更如心受病而掌心煩熱，脾受濕而痿蹶貪眠，無不愈爾。若得九次蒸曝，稟陽數而溫，功用更溥，專補益真陰，封填骨髓。久病而脛股痠疼，新產而臍腹急痛，脉虛微者宜之。仲景六味丸用以為首，天一生水之源也；《湯液》四物湯亦以為君，乙癸同化之義也。按王碩云： 男多陰虛，宜于用熟，女多血熱，不妨用生。又曰： 生者生精血，用天冬引入所生之處； 熟者補精血，須麥冬導入所補之鄉。然胃弱不可用生，痰泥不可用熟。得砂仁之香則竄，合五臟，沖和而歸宿丹田，得薑汁拌炒，庶不停滯胃脘而妨飲食。而錢仲陽以木通同用為導赤之劑，崔元亮絞汁和麪治心痛之虫，妙用無方。今人但知酒製，未盡善也。

清·張志聰、高世栻《本草崇原》卷上 乾地黃 氣味甘，寒，無毒。主傷中，逐血痹，填骨髓，長肌肉，作湯，除寒熱積聚，除痹，療折跌絕筋。久服輕身不老。生者尤良。 地黃，《本經》名地髓。《爾雅》名芐，又名芑。始出咸陽川澤黃土地者佳，今處處有之，近似懷慶者為上。根色通黃，乾則微黑，古時種子，今時種根，以根節多者，寸斷而蒔植之。製乾地黃法，以細小者搗爛取汁，拌肥大者，曬乾。 地黃色黃，味甘性寒，稟太陰中土之專精，兼少陰寒水之氣化。主治傷中者，味甘質潤，補中焦之精汁也。血痹，猶脈痹。逐血痹者，橫紋似絡脈，通周身之經絡也。得少陰寒水之精，故填骨髓，得太陰中土之精，故長肌肉。地黃性唯下行，故字從芐。藉湯飲，則上行外達，故曰作湯除寒熱積聚。除積聚，上行也。除寒熱，外達也。又曰除痹，言不但逐血痹，更除皮肉筋骨之痹也，除皮肉筋骨之痹，則折跌絕筋，亦可療矣。久服則精血充足，故輕身不老。生者尤良，謂生時多津汁而尤良，惜不能久貯遠市也。後人蒸熟合丸，始有生地、熟地之分。熟地黃功力與生地黃相等，性稍減，補腎相宜，所以然者，蒸熟，則甘中之苦味盡除，故寒性稍減，蒸熟則黑，故補腎相宜。 愚按： 地黃入土最深，性唯下行，作湯則助其上達。日華子有天黃、地黃、人黃之分，謬矣。

清·姚球《本草經解要》卷一 地黃 氣寒，味甘，無毒。主傷中，逐血痹，填骨髓，長肌肉。作湯除寒熱積聚，除痹，療折跌絕筋。久服輕身不老。生者尤良。 地黃氣寒，稟天冬寒之水氣，入足少陰腎經。味甘無毒，得地中正之土味，入足太陰脾經。氣味重濁，陰也。陰者，中之守也。傷中者，守中真陰傷也。地黃甘寒，所以主之。痹者，血虛不運，而風寒濕湊之，所以麻木也。地黃味甘益脾，脾血潤，則運動不滯。氣寒益腎，腎氣充，則開合如式，血和邪解，而痹瘳矣。腎主骨，氣寒益腎，則水足而骨髓充。脾主肌肉，味甘潤脾，則土滋而肌肉豐也。作湯除寒熱積聚者，湯者，盪也，或寒或熱之積聚，湯能盪之也。蓋味甘可以緩急，性滑可以去着也。其除痹者，血和則結者散，陰潤則閉者通，皆補脾之功也。其療折跌絶筋者，筋雖屬肝，而養筋者，脾血也。味甘益脾，脾血充足，則筋得養而自續也。久服氣寒益腎，腎氣充，所以身輕。味甘益脾，脾血旺則華面，所以不老。且先後二天交接，元氣與穀氣俱納也。　製方：　地黄同大薊、小薊各半，擣取自然汁，和童便服，治血熱吐衄症。同麥冬，治産後煩悶。同沙蒺藜、蓯蓉、鹿茸、山萸、北味，治男子精寒。同白茯、丹皮、澤瀉、山藥、山萸，名六味湯丸，治一切陰虚症。同人參、遠志、麥冬、棗仁、栢仁、茯神、甘草，治心虚怔忡、悸忘。同黄耆、川連、黄柏、棗仁、五味、麥冬、圓肉、牡蠣，治盜汗不止。同麥冬、五味、牛膝、杞子、車前、阿膠、天冬，治尿血。同麥冬、五味、牛膝，治下部無力。同砂仁，治胎動下血，腰痛。同生薑，治産後中風。同醋炒黄耆，治腸風不止。同肉桂、山藥、山萸、丹皮、澤瀉、白茯，名七味湯丸，治命門火衰。同人參、附子、山萸、白茯、丹皮、澤瀉、山藥丸，名腎氣丸，治命門虚寒。

清・周垣綜《頤生秘旨》卷八　地黄　生為涼血，(熱)〔熟〕為補腎之藥也。凡用藥不獨辨其五味，而知其入五臟，即視其五色，亦能知之。如地黄之為物也，生則色黄，入心脾。(熱)〔熟〕則色黑，又入腎矣。以此推之，諸藥之能自見。此等藥，滋補中必不可少。

清・王子接《得宜本草・上品藥》　生地黄　味苦。入足厥陰經。主治勞傷血證。得麥冬復脉内之陰，得木通導小腸之熱。

熟地黄　味甘。入足少陰經。功專生精填髓。得砂仁行氣，煑酒和血，復得久曝太陽真火，能使虚陽歸宿丹田。

清・徐大椿《神農本草經百種錄》上品　乾地黄　味甘，寒。主折跌絶筋，傷中，逐血痹，行血之功。填骨髓，血足能化精，而色黑歸腎也。長肌肉。脾統血，血充則肌肉亦滿矣。作湯，除寒熱積聚，血充足則邪氣散，血流動則凝滯消。除痹。血和利則經脈暢。生者尤良。血貴流行，不貴滋膩，故中古以前用熟地者甚少。久服，輕身不老。補血之功。　地黄色與質皆類血，故入人身則專于補血。血補則陰氣得和，而無枯燥拘牽之疾矣。〇古方只有乾地黄、生地黄，從無用熟地黄者。熟地黄乃唐以後製法，以之加入溫補腎經藥中頗為得宜。若于湯劑及養血、涼血等方甚屬不合。蓋地黄專取其性涼而滑利流通，熟則膩滯不涼，全失其本性矣。〇又仲景《傷寒》一百十三方，惟復脈用地黄。蓋傷寒之病，邪從外入，最忌滋滯。即使用補，必兼疎拓之性者，方可入劑。否則邪氣向裏，必有遺害。今人一見所現之證，稍涉虚象，便以六味湯為常用之品，殺人如麻，可勝長歎。

清・黄元御《長沙藥解》卷二　地黄　味甘，微苦。入足太陰脾、足厥陰肝經。涼血滋肝，清風潤木。療厥陰之消渴，調經脈之結代。滋風木而斷疏泄血脱甚良，澤燥金而開約閉便堅亦效。《金匱》腎氣丸，乾地黄八兩，山茱萸四兩，薯蕷四兩，茯苓三兩，澤瀉三兩，牡丹皮三兩，桂枝一兩，附子一兩。治虚勞腰痛，小腹拘急，小便不利，及婦人轉胞，不得小便，及短氣有微飲，及男子消渴，小便反多。以木主疏泄，水寒土濕，乙木鬱陷，不能上達，故腰痛而腹急。疏泄之令不行，故小便不利。土木鬱塞，下無透竅，故胞系壅阻而轉移。水飲停留，上無降路，故氣道格硋而短促。木以疏泄為性，鬱而莫泄，激怒而生風燥，津液傷耗，則病消渴。風木之性，泄而不藏，風盛而土濕，不能遏閉。泄之太過，故小便反多。久而精溺注傾，津液無餘，則枯槁而死。燥在乙木，濕在己土，而寒在癸水，乙木之燥，病之標也。癸水之寒，病之本也。是當溫補腎氣，以拔病本。附子補腎氣之寒，薯萸斂腎精之泄，苓澤滲己土之濕，地黄潤乙木之燥，桂枝達肝氣之鬱，丹皮行肝血之滯。　蓋木愈鬱而風愈旺，風旺而疏泄之性愈烈。泄之不通，則小便不利。泄而失藏，則小便反多。標異而本同，總緣於土濕而水寒，生意之弗遂也。水溫土燥，鬱散風清，則木氣發達，通塞適中，而小便調矣。腎氣者，坎中之陽，《難經》所謂腎間動氣，生氣之根，呼吸之門也。方以腎氣為名，則君附子，而不君地黄。地黄者，淮陰之兵，多多益善，而究非主將也。仲景於地黄，無作君之方，無特加之法。腎氣丸用之，治消渴淋癃，君附子以溫腎氣，地黄滋風木之枯燥也。薯蕷丸方在薯蕷用之，治虚勞風氣，君薯蕷以斂腎精，地、膠、歸、芍清風木之疏泄也。《傷寒》炙甘草湯方在甘草用之，治經脈結代，君甘草以補中氣，膠、地、麻仁滋經脈之燥濕也。大黄䗪蟲丸方在大黄用之，治勞傷乾血，君大黄、䗪蟲以破血積，地黄、芍藥潤經脈之枯燥也。黄土湯方在黄土用之，治便後下血，君黄土以收血脱，地黄、阿膠清風木之疏泄也。膠艾湯方在阿膠用之，治胎阻下血，君膠、艾以回血漏，地黄、歸、芍清風木之疏泄也。百合地黄湯方在百合用之，治百合初病，君百合以清肺熱，地黄泄臟腑之瘀濁也。地黄滋潤寒凉，最滑大便，火旺土燥者宜之。傷寒陽明病腑燥便結，多服地黄濃汁，滋胃滑腸，勝用承氣。鮮者尤捷。故百合地黄湯以之泄臟腑瘀濁，其力幾同大黄。温疫疹病之家，營鬱内熱，大用生地壯其裏陰，繼以表藥發之，使血熱外達，皮膚斑生，亦為要物。血熱不得透泄，以致經絡鬱熱，而生痂癩，是為癩風用生地於表散之中，清經熱以達皮毛，亦為良品。水旺土濕者，切不可服。凡人木病則燥，土病則濕。而木之病燥，究因土濕。滋木之燥，勢必益土之濕，土濕愈增，則木燥愈甚，木益枯，而土益敗，則人死矣。地黄甚益於風木，甚不宜於濕土。陽旺土燥則不病，病者皆陰旺而土濕者也。外感陽明之中，燥濕相半，三陰全是濕寒。内傷雜病，水寒土濕者，十之八九。土木俱燥者，不多見也。脾約之人，大便結燥，糞若羊矢，反胃噎膈，皆有此證，是胃濕而腸燥，非真燥證也。衄家，惟陽明傷寒，衛鬱莫泄，逆循上竅，衝逼營血，以致鼻流。於表汗之中，加生地凉營之味，使之順達皮毛，乃為相宜。至於内傷吐衄，悉緣土濕，更非燥證。以及種種外熱煩蒸，無非土濕陽飛，火奔水泛，久服地黄，無有不死。蓋丁癸同宫，戊己並行，人之衰也。火漸消而水漸長，燥日減而濕日增，陽不勝陰，自然之理。陽旺則壯，陰旺則病。陽純則仙，陰純則鬼。抑陰扶陽，不易之道。但至理幽元，非上智不解，後世庸工，以下愚之資而談上智之業，無知妄作，遂開補陰滋水之派。群兒冒昧，翕習成風，著作流傳，遍於寰海，使抱病之家，死於地黄者十九。念之，可為痛心也。曬乾，生用。仲景方中生地，是用鮮者取汁。熟地之製，庸工妄作，不足用也。

清·吴儀洛《本草從新》卷一

生地黄〔大瀉火，平血逆。〕味苦，微甘，大寒。入心、腎。瀉丙火，小腸為丙火，心與小腸相為表裏。清燥金，胃、大腸火。平諸血逆，消瘀通經。治吐衄崩中，唾血者，血隨唾出；咯血者，隨痰咯出，或帶血絲，出腎經及肺經。自兩脇逆上吐出者屬肝經，吐出嘔出成盆成碗者屬胃經。咳血者，咳出痰内有血；衄血者，血溢於腦，從鼻而出，并屬肺經。經漏不止曰崩。血熱則妄行，宜以此清之。熱毒痢疾，腸胃如焚，傷寒瘟疫痘證，血熱紅紫。諸大熱，大渴引飲，折跌絶筋。生地一斤，瓜薑糟一斤，生薑四兩，炒熱，罨傷折處，冷則易之。又生地汁三升，酒半升，煮服，下撲損瘀血。利大小便，又能殺蟲。治心腹急痛。《海上方》搗汁和麵作餺飥食，能利出蟲，忌用鹽。必燥結有實火者方可用。生掘鮮者搗汁飲之。

乾地黄〔養陰凉血。〕苦甘而寒，沉陰而降。入手、足少陰心、腎、厥陰心包、肝及手太陽經小腸。養陰退陽，凉血生血。治血虚發熱，常覺飢餒，五心煩熱，《經》曰：陰虚生内熱。痿痺驚悸，有觸而心動曰驚，無驚而自動曰悸，即怔忡也。有因心虚火動者，有因肝虚膽怯者，有因水停心下者，水畏火，故悸也。地黄能交心腎而益肝膽，亦能行水，故治之也。倦怠嗜卧，肝火鬱於胃中，同歸身用。胸膈痞悶，肝膽燥火閉伏胃中，亦須同歸身用。吐衄尿血，痛為血淋，不痛為尿血。血運崩中。《經》曰：陰虚陽搏謂之崩。調經安胎，利大小便。性寒而潤，脾虚泄瀉，胃虚食少，均在禁例。以懷慶肥大而短、糯體細皮、菊花心者佳。用沉水者，浮者不用。惡貝母。畏無荑。忌萊菔、葱、蒜、銅鐵器。得門冬、丹皮、當歸良。

熟地黄〔平，補肝腎，養血滋陰。〕甘而微温。入足三陰經。滋腎水，封填骨髓，利血脈，補益真陰，聰耳明目，耳為腎竅，目為肝竅，目得血而能視，耳得血而能聽。黑髮烏鬚，又能補脾陰，止久瀉。《經》云：腎司二便。久瀉多屬腎虚，且下多亡陰，自宜補腎，不可專責脾也。治勞傷風痺，陰虧發熱，乾咳痰嗽，咳嗽陰虧者，地黄丸為要藥，亦能除痰。丹溪曰：久病陰火上升，津液生痰不生血，宜補血以制相火，其痰自除。喻嘉言曰：凡咳嗽漸至氣高汗漬，不補其下，但清其上，必至氣脱卒亡，醫之罪也。氣短喘促，熟地一兩，歸身三錢，炙甘草一錢，名貞元飲，治氣短似喘，呼吸急促，提不能升，嚥不能降，氣道噎塞，勢極垂危者。常人但知氣急其病在上，而不知元海無根，肝腎虧損，此子午不交，氣脱證也。尤唯婦人血海常虧者最多此證，宜以此飲濟之緩之。儻庸眾不知，妄云痰逆氣滯，用牛黄、蘇合及青、陳、枳殼破氣等劑，則速其危。胃中空虚覺餒，痘證血虚無膿，病後脛股痠痛，産後臍腹急痛。丹溪曰：産前當清熱養血為主，産後宜大補氣血，雖有雜證，從末治之。感證熱燥，不汗不便，陰氣外溢則得汗，陰血下潤則便通。諸種動血，一切肝腎陰虧，虚損百病。為壯水之主藥。按：熟地黄性滯，痰多氣鬱之人能窒礙胸膈，用宜斟酌。《本草匯》〔郭佩蘭著《本草匯》。〕曰：丹溪云氣病補血，雖不中病亦無害也。不知血藥屬陰，其性凝滯，胃虚氣弱之人過服歸、地等劑，必致痞悶食減，病安能愈耶？張景岳曰：地黄産於中州沃土之鄉，得土氣之最厚者也。其色黄，土之色也。其味甘，土之味也。而謂非脾胃中州之藥，吾不信也。但脾胃喜温而惡寒，生乾地黄性寒，自非脾胃所喜，蒸曬極熟則甘温正與脾胃相宜。且脾胃亦極喜滋潤，故曰太陰濕土。唯胸膈窒礙者，慮其性滯耳。作熟地黄法：揀取肥地黄沉水者數十斤，洗去沙土，略曬乾，別以揀下瘦小者數十斤搗絞取汁，投石器中浸漉令浹，入柳木甑，放瓦鍋上蒸一日，曬幾日，令極乾，又蒸又曬，如是九次。鍋内儻有淋下地黄餘汁，亦必拌曬，使汁盡而乾。其地黄光黑如漆，味甘如飴。須磁器收之，以其脂柔喜潤也。按：地黃取其純陰靜重，近時多拌以好酒及砂仁末而蒸曬之，是反以散動香燥亂其性矣，其法甚為不善。有用薑汁拌炒者尤不合法。今市中唯以一煮而售，害有不可勝言者。蓋稟北方純陰至寒之性，非太陽與烈火頻交煉則不溫，所以固本膏雖經日煎熬，必生熟各半而用之。設以生地一煮，便作熟地投用歸腎、右歸、七味、八味等劑中，則寒涼之性未除，心腎之經各別，以心經寒涼之藥為君主，以腎經溫暖之藥為臣佐，豈徒無益，反引寒性下損真陽，微虛者暫堪抵受，大虛挾寒者氣立孤危。製治乖方而為害甚烈，斯其最也。

清・汪紱《醫林纂要探源》卷二　生地黃　甘少苦多，大寒。此掘取初出土者。其葉似芥菜，抽莖數幹，開花結實茸茸然，根下分歧纍纍，結聚如瘦小蘿蔔，色青黃。懷慶產最佳，粗大有斷紋。瀉心火，以生肺金於脾土之中。色黃歸脾，味苦微甘，瀉心補肺。蓋土承火後，則火令就衰，而金氣生焉。脾土其中之傳舍也。下沉歸腎，體性皆下沉而汁黑，金則生水，苦能堅腎也。解大熱，達溝瀆。宜搗汁，能通溺。小腸，心之表也。能去瘀，平血逆，治吐衄，通經，解煩祛熱，凡大熱火熾之證。

乾地黃　甘，苦，寒。乾則寒氣，苦味稍減。今南方所用，皆乾者。瀉心補腎，滋腎水以養心，火降則金不傷，肝緩則血不妄。乾則色青黑，黑沉入腎滋腎。可以養心者，火得膏而久燃，火氣靜，則不遽焚膏以速盡也。青色入肝，而腎又肝血之母，甘以緩肝，則血得所藏而不妄矣。故凡血虛發熱，勞傷咳嗽，吐衄崩中，尿血便血，凡瘀血及折跌筋絕，驚悸心痛之證，皆主治之。

熟地黃　甘，苦，微寒。酒浸透，九蒸晒，則甘多苦少，且苦而不燥，更滋潤。用此取其能君眾藥，色黑性沉，專達於腎，果得宜，自不泥膈。若以砂仁制之，減其滋潤之化，何以滋腎？況砂仁是脾胃之藥，反引地黃留中州，以泥膈矣。腎家專藥。苦而能滋，苦味多燥，此則滋潤。水滋則肝木能平，水壯則命火不妄，是為補養先天，滋陰生陽之本。滋陰所以生陽也。忌鐵。

清・嚴潔等《得配本草》卷三　生地黃　得酒、麥門冬、薑汁、縮砂良。畏蕪荑、萊菔子。惡貝母。忌蔥、蒜、蘿蔔、諸血。甘，涼，微苦。入手足少陰、厥陰，及手太陽經血分。其生血以清陰火，舉世皆知。能生氣以行陽分，人多不曉。血足氣得所歸，所謂藉精生氣。一切驚悸經枯，掌中熱，勞劣痿躄，吐衄、崩漏、便閉等症，均此治之。消穀食，大便下，則中氣動而食自化。實脾胃，濕熱去，脾胃自實。亦奏其功。得玄參，定精意。得竹茹，息驚氣。麥冬為佐，復脈內之陰。當歸為佐，和少陽之血。配地龍，治鼻衄交流。佐天門冬，引肺氣入生精之處。使羚羊角，起陰氣固封蟄之本。使通草，導小腸鬱熱。調雞子白，治胎動。調蜜酒，治熱傳心肺。君茯苓，除濕熱傷脾。和車前汁，治血淋。生地通血脈之源。鮮用則寒，乾用則涼。上升，酒炒。痰膈，薑汁炒。入腎，青鹽水炒。陰火咳嗽，童便拌炒。犯銅、鐵器，令人腎消。胃氣虛寒、陽氣衰少、胸腹痞悶，三者禁用。世人動云生地妨胃，其能開胃，人實不曉。惟胃中陽氣不足者，服之則胃氣不運而飲食減。若胃陰虛而胃土乾燥，致胃氣不運者，生地滋其陰以清其火，而胃氣從此運行，飲食自然漸進。不知者妄加議論，真不啻膠柱鼓瑟也。至時行熱症，生地尤為切要，邪火鬱於胃，胃陰乾涸，勢難救藥，若胃中陰血未乾，斷無不可救藥之理，惟生地實所以滋胃陰也。陰汁上充，則汗湧於肌表而經邪解，陰血下潤，則穢泄於二便而腑邪出，所謂金令一行，酷熱頓消也。故火邪溢於陽明經，沖生地汁於白虎湯中，戰汗而頓解。邪熱入於陽明腑，沖生地汁於陷胸湯中，便通而自退。更有火生痰、痰生火，交結於中，和生地汁於竹油、薑汁中，則譫語直視等症即除。如無生地，可用乾地黃，滾水浸透，絞汁沖服，防其泥滯，加枳殼或川貝疏之，且氣道通，邪氣外達，而病自霍然。近人多以生地為補劑，又疑妨胃，畏不敢用，即用之亦一二錢而止、五六錢而止，入諸藥同煎，半成熟地，使邪滯於內而莫出，泥於膈而胃閉，遂視此為害人之品，禁不入方，致令胃陰枯涸，多有不可救藥者，亦由用之不善也。

熟地黃　畏、惡、忌與生地同。甘，微溫，微苦。入手足少陰、厥陰經血分。補真陰，填骨髓。凡陰虛火炎，水泛為痰，津枯無汗，煩躁不寧，耳目聾瞶，神氣散失，脂膏殘薄，小水不利，大便不實，痿痹不仁，宿滯不化，真陽不回等症，非此不療。得烏梅，引入骨髓。得砂仁，納氣歸陰。得炒乾薑，治產後血塊。得丹皮，滋陰涼血。使玄參，消陰火。合當歸，治胎痛。加牛膝，治脛股腹痛。血不足也。和牡蠣，消陰火之痰。痰多，薑汁炒。行血，酒炒。潤腸，人乳炒。納氣、理氣，砂仁炒。降火，童便煮。攝精，金櫻子汁煮。補脾胃，炒炭存性。如煮熟未經蒸曬九次，寒涼之性未除，只算得心經涼劑，損胃陽，傷胃氣，不可妄用。若陰虛火動者，半生半熟之品，適得其宜。

熟地味甘而滯，甘為脾之所悅，雖滋腎實大益於土。《經》云：味過於甘，腎氣為土所掩，而不上交於心，心亦不得下交於腎，腎氣不衝而獨沉，是有權而無衡也。人之忽然死者，正惟生氣不交，而獨絕於內故爾。宜用辛涼者為之使，甘合辛而發散，則內氣常通，心腎交結，自無喘滿之患。且腎氣動而不滯，精升而化氣，金氣亦從水中生矣。肺氣亦歸於腎，補斂之劑，何妨略加理氣之味一二分，或五六分，俾補劑更為有力也。

題清·徐大椿《藥性切用》卷三 鮮生地 味苦大寒，稍帶微甘，入心腎二經。涼血散瘀，瀉熱益陰，為血瘀熱結之耑藥，血分無實熱者忌之。

乾生地 苦甘性寒，沉陰主降，入手足少陰、厥陰，兼入手太陽經。滋陰退熱，涼血生血，調經安胎，利大小便，為陰虛挾熱之耑藥。脾虛泄瀉，胃虛食少者，均忌。然亦有炒鬆炒炭用者，蓋炒鬆能去血中之濕，炒炭能止濕熱傷陰之血也。小生地功力甚薄，只宜血熱之人。根生地瀉血中之熱，均無滋陰益血之功，瘡瘍痘疹並宜之。

熟地黃 微甘微溫，入足三陰經。滋腎水，封填骨髓，養血液，補益真陰，為補陰壯水之耑藥，陰虛無熱最宜之。但性能膩膈，痰多氣鬱之人宜酌用。亦有熟砂仁末拌炒鬆用者。修製俱忌鐵器。

清·黃宮繡《本草求真》卷二 乾地黃涼血滋陰。 乾地黃即生地黃之乾者也，耑入腎，兼入心、脾。 味苦而甘，性陰而寒。考諸長洲張璐，謂其心紫入心，中黃入脾，皮黑歸腎，味厚氣薄，內專涼血滋陰，外潤皮膚索澤，病患虛而有熱者，咸宜用之。無熱須用熟地。 戴元禮曰：陰微陽盛，相火熾強，來乘陰位，日漸煎熬，陰虛火旺之證，宜地黃以滋陰退陽，同人參、茯苓、石蜜，名瓊玉膏。治虛勞咳嗽唾血，專補肺陰。 同天麥門冬、熟地、人參，名固本丸。治老人精血枯槁，兼固腎本。 於固本丸中加枸杞煎膏，名集靈膏。治虛羸喘嗽乏力，諸臟兼固。 其瓊玉膏須用鮮者搗汁，桑火熬膏，散中寓止，與乾者無異。固本丸、集靈膏並用乾者，而集靈變丸作膏，較之固本差勝。《易簡方》曰：男子多陰虛，宜熟地黃；女子多血熱，宜生地黃。因人酌施。 虞摶云：生地黃涼血，而胃氣弱者恐妨食。熟地黃補血，而痰飲多者恐泥膈。妨食、泥膈兩症，最宜計較，何後人臨症，全不於此問及。 或言生地黃酒炒則不妨胃，熟地黃薑製則不泥膈，然須詳病人元氣病氣之淺深而用之。治病須明臟氣為要。 若產後惡食泄瀉，小腹結痛，虛勞脾胃薄弱，大便不實，胸腹多痰，氣道不利，升降窒塞者，咸須遠之。以其有損胃氣故耳！ 浙產者耑於涼血潤燥，病人元氣本虧，因熱邪閉結而舌乾焦黑，大小便秘，不勝攻下者，用此於清熱藥中，通其秘結最佳，以其有潤燥之功而無滋潤之患也。 愚按：《本經》地黃雖列上品，而實性稟陰柔，與鄉願不異。譬諸宵人內臟隱隙，外示優容，描畫陰藥形象殆盡。 是以舉世名家，靡不藉為滋陰上品。止血神丹，歷今弊仍不改。 雖或用非其宜，得以稍清旺氣，服之仍得暫安。非若人參之性稟陽明，象類君子，有過必知，陽藥性劣，於病不合便知。 是以師家斂手不敢用，病家緘口不敢嘗。故寧用以地黃、門冬陰柔最甚之屬，以至於死不覺。用陰藥殺人，人多不覺，故寧以陰為主。 張璐所論如此，然非深究病情，通達世故，洞悉藥品，亦安有討論而如斯乎！ 生於江浙者陽氣力微，生於北方者純陰力大，生於懷慶肥大、菊花心者良。酒製則上行外行，薑製則不泥膈。惡貝母，畏蕪荑，忌萊菔、葱、蒜、銅鐵器。得酒、門冬、丹皮、當歸良。

清·黃宮繡《本草求真》卷二 熟地黃能滋腎。 熟地黃耑入腎，兼入肝。 甘而微溫，味厚氣薄，專補腎臟真水，兼培黃庭后土。土厚載物，諸臟皆受其蔭，故又曰：能補五臟之真陰。熟地功力甚鉅，在景岳謂其真陰虧損，有為發熱、為頭痛、為焦渴、為喉痹、為嗽痰、為喘氣。或脾腎寒逆為嘔吐，亦有不宜用地黃者。 或虛火載血於口鼻，或水泛於皮膚，或陰虛而泄利。陽浮而狂躁，或陰脫而仆地，陰虛而神散者，非熟地之守不足以聚之。守以制散。 陰虛而火升者，非熟地之重不足以降之。重以制升。 陰虛而燥動者，非熟地之靜不足以鎮之。靜以制動。 陰虛而剛急者，非熟地之甘不足以緩之。緩以制急。 陰虛而水邪上沸者，舍熟地何以自制，水以引水。 舍熟地何以歸元。陰虛而精血俱損，脂膏殘薄者，舍熟地何以厚腸胃。厚以滋薄。 且猶有最玄最妙者，則熟地兼散劑能發汗，以汗化於血，陰以化陽。 而無陰不作汗也。熟地兼濕劑能回陽，以陽生於下。引陽歸陰。 而無陰不回也。然而陽性速，故人參少用亦可成功，陰性緩，熟地非多難以奏效。而今人有畏其滯膩者，則崔氏何以用於腎氣丸而治痰浮。痰本於腎。 有畏其滑濕者，則仲景何以用於八味丸而醫腎泄。泄因腎氣不固，故謂腎泄。 有謂陽能生陰，陰不能生陽者，則陰陽之理原自互根。無陰則陽無以化。 彼此相須，缺一不可，無陽則陰無以生，無陰則陽無以化。《內經》曰：精化為氣，得非陰亦生陽乎？景岳尚論熟地，最為明確。獨中所論脾胃寒逆為嘔，可用地黃以治，是亦千慮之一失耳。夫既脾胃虛寒，則脾與胃已受寒累，正宜用以辛熱以為掃除。如太陽既至，堅冰自解，乃復墜以霜雪，投以陰劑，不更使寒滋甚乎？ 余讀《景岳全書》，見其所論，語語透闢，字字箴規，可為法守，獨於所論地黃有宜脾腎虛寒，尚有未及。雖曰熟地性溫，寒從溫散，然寒至上逆為嘔，則寒已甚，豈有熟地之溫而可令寒外散乎？但或陽勝陰微，陽藉陰化，偶有感冒，用此雜於溫散之中，或有見效。若真純陰無火，厥氣上逆而嘔，則此又為深忌。至於製用地黃，宜用好酒、砂仁末同入，久蒸久曝，使其轉苦為甘，變紫為黑，方能直入腎經耳。汪昂云：地黃性寒，得酒與火與日則溫；性滯，得砂仁則利氣，且能引入丹田，六味丸用之為君，尺脉弱者加桂、附。所謂益火之原，以消陰翳也。尺脉旺者加知、柏，所謂壯水之主，以制陽光也。出懷慶，肥大者佳。

清・黃宮繡《本草求真》卷七　生地黃涼血解熱。　生地黃耑入心、肝、腎，兼入小腸。性未蒸焙，掘起即用，甘苦大寒，故書皆載其性鮮補，但入手少陰心、足少陰腎、足厥陰肝，並足太陰脾、手太陽小腸，力專清熱瀉火，涼血消瘀。錢仲陽導赤散，生地與木通同用，能瀉丙丁之火。《別錄》治婦人崩中血不止，及產後血上薄心，胎動下血，鼻衄吐血，皆搗汁飲之。故凡吐血、咯血、衄血、畜血、溺血，崩中帶下，審其症果因於熱成者，無不用此調治。血出於鼻，是由清道；血出於口，是由濁道；血出於咳於衄，是由於肺；血見於嘔，是出於肝；血見於吐(於)，是出於胃；血由痰涎而帶，是出於脾；血見於咯，是出於心；血見於唾，是出於腎；血由耳出，其名曰衈；血由鼻出，其名曰衄；血由肌膚而出，其名曰血汗；血由口鼻俱出，其名曰大衄。皆當詳其虛實以治。並或傷寒陽強，痘症毒盛血燥，與折跌傷筋而見血瘀、血痹之症者，無不採其同入，以為活血生新之用。第書有言服此長肉生肌，止是熱除血活以後長養之語。久服輕身不老，止是病去身安力健之詞。未可因此認為辟穀成仙屬實也。若使血因寒滯，而猶用以生地，不更使寒益甚，而血愈出不返乎！掘生肥大者，洗淨搗汁以飲，或用酒製，以免傷胃。忌鐵。

清・楊璿《傷寒溫疫條辨》卷六補劑類　熟地黃北方純陰，土肥力大，懷慶者佳。　味甘微溫，陰中微陽，氣薄味厚，降也。《本草》言手足少陰、厥陰經藥，大補心血，滋培腎水，兼益藏血之經。此論蓋得其大略，而未盡其奧妙。夫地黃產於中州沃土之鄉，得土氣之最厚者，其色黃，土之色也，其味甘，土之味也，得土之氣味與色，而曰非太陰、陽明之藥，吾不信也。惟是生用性寒，脾胃喜溫，固所宜慎。至於熟則性平，稟至陰之德，氣味純靜，故能補五藏之真陰，而於統血多血之藏為至要，豈非脾胃經藥耶？仲景八味丸以熟地黃為君，脾腎兼補也。《經》云：飲食生化而輸於腎。夫人之所以有生者，氣與血耳。氣主陽而動，血主陰而靜。補氣以人參為君，而耆、朮為之佐。補血以熟地為君，而芎、歸為之佐。然在耆、朮、芎、歸，則又有所當避。而人參、熟地無有出其右者，故諸經之陽氣大虛，非人參不可，諸經之陰血大虛，非熟地不可。凡陰血虧損，有為發熱，為頭痛，為焦思，為喉痹，為嗽痰，為喘氣，或腎寒上衝為嘔吐，或虛火載血於口鼻，或水濕泛溢於皮膚，或腎枯而泄利，或陰脫而跌仆，或陰虛而狂亂，或陰虛而神散，或陰虛而火升，或陰虛而燥動，或陰虛而剛急，或陰虛而水泛為痰，或陰虛而真氣散失等證，舍熟地何以填精補髓，滴滴歸源，使先天後天之陰血大旺，而陽有以化乎？然而陽性速，故人參少用暫用可以成功；陰性緩，故熟地非多用常用難以奏效。而今人有畏其滯膩者，則崔氏何以用腎氣丸而治痰浮？有畏其滑濕者，則仲景何以用八味丸而治腎泄？有自蒸而用者，則帶鮮而蒸者熟，既乾而蒸者生。地頭之甑大，氣足而火候到；家常之甑小，氣薄而火候微。此生熟之有殊，而功力之有間也。有謂陽能生陰，陰不能生陽者，蓋亦偏說。夫陰陽之理原自互根，無陽則陰無以生，無陰則陽無以化。《內經》曰：精化為氣，得非陰亦能生陽乎？又若製用之法，有用薑汁炒者，則必中寒兼嘔而後可；有用砂仁製者，則必脹滿不行而後可；有用酒拌蒸者，則必經絡滯壅而後可。使無此三證，而妄用此製法，是不知用熟地者，正欲其靜重而反為動散，以逆其性，是蛇足也。余意總不如用黑豆煮湯，肉黃皮黑，補脾補腎。鮮者洗淨，乾者泡透，循環津潤，九蒸九晒九露，以熟為度耳。今人即欲用之補陰，而必兼以滲利，則焉知補陰不利水，利水不補陰，而補陰之法不宜滲。即欲用之補血，而復疑其滯膩，則焉知血虛非燥土旱極望雲霓，而枯竭之腸極喜滋潤。設不明此，乃少用之，尚欲兼之以利，又孰敢單用之，而任之以多，單用而多且不敢，又孰敢再助以甘，而盡其所長，是又何異噎而廢食也。悲夫！

生地黃　甘苦大寒，氣薄味厚，沉也，陰也。入心包、肝、腎。瀉丙丁導赤散，清燥金。消瘀通經，平諸血逆。治吐衄崩中，淋瀝尿血，骨蒸煩燥，及傷寒溫病陽強，痘疹大熱。

乾地黃　性味功用與生地略同而稍緩。滋陰退陽，涼血和血而生血，潤燥除煩而止渴，治一切陰虛發熱之證。

烏龍丸：治兩目昏而復明，則他證可知。乾地、熟地、川椒等分，為末，煉蜜丸，溫酒送下。

生地、熟地、歸身、白芍、丹皮四錢，元參、沙參、雲苓、牛膝、荊芥二錢，柴、芩、犀一錢，熱逆嘔血驗。〔此加味犀角地黃湯，血熱嘔吐，男女皆宜。犀角磨汁另入，荊芥穗炒黑用。〕

清·許豫和《許氏幼科七種·怡堂散記》卷下　地黃　《本經》乾地黃，取生地黃百觔，擇肥大者六十觔，洗淨，晒令微皺，以四十觔洗淨，木臼中擣汁，投酒再擣，絞取汁盡，拌地黃，日中晒，或火乾。此古之乾地黃也。生地黃掘取鮮者，擣汁，只入犀角地黃湯，及小兒痘症，大熱癡狂失血之症，餘皆用乾者。

熟地黃　仲景八味丸始用之。蒸晒九次，為滋補肝腎血液之第一藥。後世始與乾地黃分用。婦人四物湯中所用者，乾地黃也。肆中製作不精，凡用亦宜淡酒洗淨，晒乾，咀斷用。

地黃　純陰之品，火與日，陽也，蒸晒九次，陽之極也。從陽引陰，從陰引陽，成交泰之象。其色純黑，其液盡透，大有陽生陰長之義。仲景八味丸用作陰中補陽之藥，蓋陰之體，陽之用也。桂、附之力，依熟地之力以為功，故無滅裂之患，是用藥相制之法也。

清·羅國綱《羅氏會約醫鏡》卷一六草部　生地黃味甘苦，大寒，入心、肝、脾、腎四經。惡貝母，忌銅鐵、葱、蒜、蘿蔔、諸血。　滋陰退陽，涼血生血。治血虛發熱，陰虛生熱，滋陰退火。通二便，瀉大腸小腸火。平諸血逆、吐衄崩中、傷寒陽狂、痘證大熱，熱甚者，用生地擣汁服。去煩躁骨蒸、勞傷咳嗽，婦人血熱經枯，三消熱渴。涼血之功。　按：　性寒涼，或酒浸一夜用。若胃虛食少，脾虛泄瀉者，禁用。

熟地黃　性味畏忌同生地黃。熟則甘溫。懷慶所產大本支，其色黃而不黑，中係菊花心，外有小直紋而無橫痕。每兩用縮砂仁炒研四分，同好米酒拌勻，入砂鍋內，蓋好莫出氣，蒸半日，却不用煮，取出晒乾，如前加酒，蒸晒九次為度，令中心透熟純黑乃佳。　滋腎水，填骨髓，益真陰，利血脉，為補血補精之仙品。治陰虛發熱，頭疼口乾，舌焦喉燥，咳痰氣喘，勞傷風痺。或虛火炎於上焦而吐衄，腎水泛於皮膚而浮腫；或陽浮煩躁，陰脫僕地。入散劑能發汗，以汗化於血，無陰則汗無以作也。入溫劑能回陽，以陽生於下，無陰則陽無以生也。《經》曰：　精化為氣。得非陰生於陽乎？　至於聰耳明目，胎前產後，皆深賴焉補血。黑髮烏髭，所必需也補髓。　按：　性微滯，若痰多氣鬱，胸膈窒凝，當斟酌用之。

清·陳修園《神農本草經讀》卷一上品　地黃　氣味甘，寒，無毒。主折跌絶筋，傷中，逐血痹，填骨髓，長肌肉。作湯除寒熱積聚，除痹。生者尤良。久服輕身不老。

參葉天士：　地黃氣寒，入足少陰腎經。味甘無毒，入足太陰脾經。氣味重濁，陰也。陰者，中之守也。傷中者，守中真陰傷也。地黃甘寒，補中焦之精汁，所以主之。血痹者，血虛閉而不運也。地黃味甘以滋脾血，氣寒以益腎氣，氣血行而閉者開矣。腎主骨，益腎則水足而骨髓充；　脾主肌肉，潤脾則土滋而肌肉豐也。作湯除寒熱積聚者，湯者蕩也，或寒或熱之積聚，湯能蕩之也。蓋味甘可以緩急，性滑可以去着也。又曰除痹者，言不但逐血痹，更除皮肉筋骨之痹也。除皮肉筋骨之痹，則折跌絶筋亦可療矣。久服輕身不老，以先後二天交換，元氣與穀氣俱納也。生者尤良，謂其本性俱在也。

陳修園曰：　地黃，《本經》名地髓，《爾雅》名苄，又名芑。唐以後九蒸九曬為熟地黃，苦味盡除，入於溫補腎經丸劑，頗為相宜。若入湯劑及養血涼血等方，甚屬不合。蓋地黃專取其性涼而滑利流通，熟則膩滯不涼，全失其本性矣。徐靈胎辨之甚詳，無何若輩竟執迷不悟也。

又曰：　百病之極，窮必及腎。及腎，危症也。有大承氣湯之急下法，有桃花湯之溫固法，有四逆湯、白通湯之回陽法，有豬苓湯、黃連阿膠湯之救陰法，有真武湯之行水法，有附子湯之溫補法，皆所以救其危也。張景岳自創邪說，以百病之生俱從腎治，誤以《神農本經》上品服食之地黃，認為治病之藥。《內經》云五穀為養，五果為助，五菜為充，毒藥攻邪。神農所列上品，多服食之品，即五穀、五果、五菜之類也，玩久服二字可見。聖人藥到病瘳，何以云久服？　凡攻邪以去病，多取毒藥。　滋潤膠粘，反引邪氣斂藏於少陰而無出路，以後雖服薑、附不熱，服芩、連不寒，服參、术不補，服硝、黃不下，其故何哉？　蓋以熟地黃之膠粘善着。女人有孕，服四物湯為主，隨症加入攻破之藥而不傷，以四物湯中之熟地黃能護胎也。知其護胎之功，便可悟其護邪之害。膠粘之性最善着物，如油入麵，一着遂不能去也。凡遇有邪而誤用此藥者，百藥不效。病家不咎其用熟地黃之害，反以為曾用熟地黃而猶不效者，定為敗症，豈非景岳之造其孽哉？

清·齊秉慧《齊氏醫案》卷三　製地黃法　地黃稟北方純陰之性，為陰中之陰。製之法，非太陽烈火交相為制，即煑百日，終不熟也。向使一煑便熟，何以固本膏用生地、熟地各半？　製之時，惟夏日秋陽氣盛暴烈，用真產懷慶者，以酒洗酒浸一宿，柳木甑砂鍋內蒸半日，取出擣爛，手攤薄片，盡一日晒乾，再蒸再晒，九次為度，磁罎收固，經久不壞。臨用酒潤，擣泥為丸。

或以砂鍋微火焙，和諸藥磨末尤佳。又云：地黄非懷慶産者力薄，非九蒸九晒不熟。

清・黄凱鈞《藥籠小品》 地黄 向年人從懷慶歸，饋地黄一囊，釘頭鼠尾，細紋堅實，所謂原枝是也。鋪中所售，皆細長，縮而為肥短之狀，其力遠不及原枝，滋補肝腎之要藥。生用涼補，熟用溫補。同當歸能納氣，同桂、附能暖命門，為補陰益血之元戎。惟大便溏泄，大傷濕熱，胃欠運行者忌之。與萊菔同食，鬚髮易白，蔻萊公所從事焉。鮮生地另是一種，出杭州橋水地名，惟能清熱潤燥，配入玉女煎，最為相稱。

清・章穆《調疾飲食辯》卷一下 地黄汁 《爾雅》曰苄，又名芑。《本經》曰地髓。河南懷慶者佳。為填精補血之首，又為活血行血之良。其代茶也，於一切腎虚、血虚之近燥涸者、近熱者，跌撲損傷，癰疽，目疾及婦人崩帶胎産，並宜多飲。惟中洲有濕者忌之。《肘後方》曰：跌撲折傷筋骨，地黄搗爛，醋炒，乘熱厚敷，日二次，外以杉木皮緊紮。《挑燈集異》曰：有人墮馬，折傷手足痛甚。醫云宜用生龜和藥搗敷，龜已得矣，但藥未備，未搗。夜見夢曰：勿害我命，我有奇方奉告，用生地黄一斤，生薑四兩，酒糟一斤同搗爛，炒熱罨之，冷即易。用之果愈。《聖濟總録》曰：物傷睛突，但目系未斷者，搗地黄，綿裹敷。此條不列補方者，以地黄填精補血，主病極多，難拘成法，故雖有佳方，一概不録。其入藥也，古名乾地黄，即肆中所售之生地，入藥必須煎煮，即是熟地。如欲生用，須臨時掘取，不曝，不見火煎，冷水搗汁。故《別録》云性大寒。宋仁宗病内熱，求生地黄不得，即不用。以其非掘取之時，不許有司索之百姓。事見脱脱《宋史》。若肆中乾者，可稱生地，則隨時皆有，有何難得。俗醫不知古方之用生地乃是不見火煎之名，而以乾地黄入湯煎煮，謬云此乃生地，大寒不可輕服，不學面牆，聾瞽之談，誤人病症。考《神農本經》，只有乾地黄，其末曰：生者尤良。《名醫別録》有生、乾二地黄。生者則曰大寒，治婦人崩中血不止，産後血上薄心，胎動下血，墮墜踠折，瘀血，流血，衄血，吐血。又曰皆搗飲之，言不可見火煎也。所主諸病，一取其寒，一取其生性走而不守。於乾者則曰：主男子五勞七傷，女子傷中，胞漏下血，補五臟内傷不足，通血脈，益氣力，利耳目。是明明以既經煎煮，則溫平而補，故無一語道及寒字。此即今醫所用之生地，請細思之。其書具在，有目者所共見也。此二書乃藥性之開天鼻祖，後人只宜詳考深玩，切勿妄肆譏評，以招端木氏不知量之責也。自此而後，作本草者五十餘家，皆遵用生、乾二味，並無蒸熟入藥之法。其書亦具在，可考而知也。至宋時，添造一種熟地黄，始於《太平惠民和劑局方》。寇宗奭首先收入《本草衍義》。金之張元素乃云：臍下痛，非熟地黄不能除。諸家之言生地，似乎比芩、連更寒。元素之言熟地，竟至與桂、附同熱。詎知地黄氣味甘平，縱寒不肅殺；本為陰藥，縱溫不燥烈。況臍下痛，果屬腎臟陰寒，乃地氣加天之漸，陽藥中儻雜以歸、地，能使桂、附不能成功，豈可用以為治？此理惟喻嘉言先生知之，《寓意草》中言之悉矣，元素庸下之資，何能夢見。而元之李杲、朱震亨、王好古、戴元禮輩，群然附和。至明李時珍，載之《本草綱目》。薛己、張介賓等，遂紛紛議論，有謂宜用酒者，有謂宜用水者，有謂宜九蒸九曝者，有謂宜拌砂仁末者，又有謂不宜者，皆未見《本經》、《別録》之文已盡地黄之用，徒為此紛呶，以誤世也。讀書不能詳考深思，雖見亦如未見。蓋地黄蒸熟則滯膈傷中，無論治病何如，先已不宜於脾胃。今之常服六味、八味丸為補益者，至晚年成中風偏廢，或水腫、氣腫，不知凡幾，烏知此物之為害也。追原禍本，總因畏生地之寒，故為輾轉遷就，遂生如許葛藤。不知乾者煎汁，即是熟地，故《本經》別之曰：生者尤良。生地之寒，不可煎煮，故《別録》申之曰：皆搗飲之。讀宋以後書人，烏足以知此。

清・章穆《調疾飲食辯》卷三 地黄苗 在在有之。根入藥用，以河南懷慶者為勝。苗則隨處皆可食也。《禮》曰羊苄豕薇，其充菜茹久矣。春初生最早。葉深緑如小芥，有皺紋。帶生食，不入油膩。能活血行血，産後及癰疽、瘡疥、便血、吐衄、跌撲傷疼血在腹者宜之。煮極熟，加油膩或同猪、羊、牛、雞、鴨肉煮，能養陰益血，填精補髓，胎前及諸虚百損、骨蒸勞熱、蓐勞，凡虚在血分者，無不宜之。《抱朴子》曰：飼五十歲老馬，能使生駒，又過一百三十年乃死。雖未必如此其神，有益無損則確也。

清・王龍《本草纂要稿・草部》 生地黄 氣味甘苦而寒。涼心火之血熱，能止吐衄，瀉脾土之濕熱尤長。肌膚骨蒸勞熱堪除，五心煩熱並治。療崩中下血不止，理月經閉絕不行。甦産後惡血攻心，治妊娠漏胎下血。入手少陰、足厥陰太陰經。

熟地黄：氣味甘溫。取天一所生之源，專補腎中之元氣。演癸乙同歸一治，兼療藏血之經。且活血氣，封填骨髓，滋腎水，補益真陰。傷寒脛腹最疼，新産臍腹難禁。增氣力，悦顔駐色。補血衰，黑髮烏鬚。食蘿蔔令人髮白。忌鐵器，令人腎虛。

清・吳鋼《類經證治本草・足少陰腎臟藥類》 熟地 【略】誠齋曰：用砂仁拌蒸晒，能納氣歸腎。

清・張德裕《本草正義》卷上 熟地黃 甘，平。味厚，陰靜藥也。大能補血，滋腎填精益髓。凡臟腑陰虛皆賴之。但柔靜而潤，若補宜剛動而燥者勿用。

生地黃 甘苦，涼。味厚，陰也。鮮者更涼。用其涼血補血，凡血熱而吐衄，血熱而骨蒸，血熱而經枯，熱痢而下血，皆宜用。脾胃寒，大忌之。

清・楊時泰《本草述鉤元》卷九 地黃 一名苄，沉下者貴也。一名芑，陰土已也。又名地髓。產懷慶者，皮有磊砢而力大。江浙壞地者，質雖光潤，力微不及。古人種子，今惟種根，入土即生，大宜肥壤。法以土作壇，如浮屠數級，寸段蒔灌，根長滋盛也。但種植之後，其土便苦，次年止可種牛膝，再二年可種山藥，足十年，土味轉甜，始可復種地黃，否則味苦形瘦，不堪入藥。二八月采者，不如正九月氣全。蓋八月殘葉猶在，葉中精氣未盡歸根。二月新苗已生，根中精氣已滋於葉也。按：《本經》有乾有生，以采得即用者為生，曬乾收者為乾，後人復蒸曬九次用之，是為熟地黃，其生熟不同，而涼血補血懸異，故分註之。

生地黃 味甘、苦，氣寒。氣薄味厚，沉而降，陰也。入手足少陰厥陰，及手太陽經。《本經》主治傷中，逐血痹，填骨髓，長肌肉，除寒熱積聚，療折跌絕筋。涼血生血，療虛清熱，補腎水真陰不足，治少陰心熱在內，通血脈，強筋骨，利二便，理胎產，通經閉，凡勞瘦骨蒸，日晡寒熱，五心潮煩驚悸，掌中熱痛，足下熱而痛，清肺熱欬嗽，瀉脾胃濕熱，痿蹶嗜臥，唾血吐血，鼻衄耳鳴，牙痛欲脫，便血尿血皆治。臟屬陰，此味天一之真陰，能補五臟，而亦入手太陽腑者，正見火中有水，乃陽育乎陰，具足生化之妙也。凡陰微陽盛，相火熾強，來乘陰位，日漸煎熬，為虛火之證者，宜地黃之屬以滋陰退陽原禮。《本經》首主傷中逐血痹，即繼以填骨髓，長肌肉，續絕筋等語，夫痹者隨其血之不通而為痛，如在目則赤，在齒則痛，在肉裏則癰腫，在心則昏煩，在肺則咳血壅遏，而為身熱枯耗，而為燥澀痿軟，汎濫而為吐衄崩漏，各可類推。《千金方》黑膏，治熱積成斑。《肘後方》拌雞蒸汁，治寒積成疝。咸從血痹所生，蓋血中有痹，則骨髓不滿，肌肉不長，筋脈斷絕，均謂傷中，若由填滿生長而接續，皆克成血液之流通，是以逐者，即俾其流通之義也不遠。性惟潤下，功力到時，當以二便通利為外徵又。同大小薊各半，搗取自然汁，和童便飲，治血熱妄行，一切吐衄齒鼻血神效。取汁和麪作餺飥冷淘，治蟲心痛。得青蒿、鼈甲、銀柴胡、沙參、天麥冬、黃蘗、甘草、地骨皮、丹皮、白芍、牛膝，治骨蒸勞熱。同人參、遠志、麥冬、棗仁、柏仁、茯神、甘草，治心虛驚悸，怔忡健忘。熟亦用。得麥冬、五味、枸杞、牛膝、車前、阿膠、天冬，治溺血。熟亦用。同青蒿、地骨皮、麥冬、白芍、山萸、枇杷葉，治月事先期。同苧根搗汁碗許，加炒砂仁末三錢，治胎動下血。同黃連、連翹、薄荷、甘草、甘菊、木通，治目暴赤痛。同當歸、赤芍、乳香、沒藥、肉桂、黃荊子，治一切跌折打傷，瘀血作痛。欬嗽唾血，勞瘦骨蒸，日晡寒熱，生地汁三合，煮白粥，臨熟入汁攪勻，空心食之。吐血不止，生地一升二合，白膠香二兩，瓷器盛，入甑蒸令膠消，服之。肺損吐血，或舌上有孔出血，生地八兩取汁，童便五合，同煎熱，入鹿角膠炒研一兩，分三服。鼻衄，乾地黃、地龍、薄荷等分，為末，冷水調下。吐血便血，生地汁六合，銅器煎沸，入牛皮膠一兩，待化，入薑汁半盃，分三服，便止，或微轉一行不妨。血淋，生地汁、車前葉汁各三合，和煎服。胎動，生地搗汁煎，入雞子白一枚攪服。產後中風，脇不得轉，交加散，用生地五兩研汁，生薑五兩取汁，交互浸一夕，次日各炒黃，浸汁乾，乃焙為末，每酒服方寸匕。溫毒發斑嘔逆，生地二兩六錢半，豆豉一兩六錢半，以猪膏十兩合之，露一夜，煎減三分之一，絞去渣，入雄黃、麝香如豆大，攪勻，分三服，毒從虛中出則愈。忌蕪荑。疔腫，乳癰，搗生地敷之，熱即易，腫無不消。牙疳宣露，膿血口氣，生地一斤，鹽二合，搗和團麪包煨令煙斷，去麪，入麝一分研勻，日夜貼之。地髓煎，生地十斤洗淨，搗壓取汁，鹿角膠一斤半，生薑半斤絞取汁，蜜二升，酒四升，文武火煮地黃汁數沸，即以酒研蘇子四兩，取汁入煎一二十沸，下膠，膠化，下薑汁及蜜，再煎候稠，瓦器盛之，每空心酒化一匕服，大益。

論：地黃稟天一之真陰，更資中五之沖氣，故氣寒味甘。甘而有微苦者，歸於主血之心也。夫營出中焦，而萬物咸資生化於土，此味取精於土者最專，觀種植之地，其土便苦，十年後方轉甜，焉得謂非專主中焦之營哉。惟水寒土濕皆為陰，其性就下，故入營而獨以涼血歸之，正以療水不濟火之病。《經》曰至陽盛則地氣不足，必用此地氣精專之味未經烹煉者以對待之。第《經》云寒泣血，此復以寒水之真陰療血痹，何哉？蓋陰虛則陽亢，陽亢則陰愈泣，用此以益真陰，乃為責其本耳。至有不得取責於陽亢者，如產後血逆，及胎動下血，當以《本經》《別錄》所主傷中之義明之。中即中氣，中氣者下而腎肝，有陰中之陽，上而心肺，有陽中之陰，陰陽互為其根，然化原卻先在陰，至於中土，握升降之樞而行化育，亦本於由陰生陽之元，並暢其由陽歸陰之用，所以時賢言氣有陰氣陽氣之分也。即如《本經》之血痹，為血不得氣以化。《別錄》言胞漏下血，為血不得氣以固。是則人之病於血者，莫不病於血中之陰氣。而病於陰氣者，又非獨一熱足以傷之。故雖同病於陰氣，其因於熱而氣不化血者，生地固為宣劑；若不因於熱而氣不固血者，此宜補陽氣。生地卻非補劑，又不得宣陰而損真元也。寇氏謂血虛勞熱，產後虛熱，老人中虛燥熱，用地黃須煉熟，若概與生者，當慮大寒是也。至潔古去諸濕熱之義謂何？蓋陽盛陰虛，則陽不得陰以化。氣之不化者，反病於濕而滋熱，生地益真陰之不足，涼血生血，而俾氣得以化，自不病於濕矣。抑甄氏謂虛而有熱者宜加用之，丹溪何又謂虛而有熱者慎弗用之？要知因虛而得實，如黃芩湯治心勞實熱，小甘露飲治脾勞實熱，地黃湯治腎勞實熱，麥門冬湯治脈實極為病，元參湯治骨實極為病，石斛湯治精實極為病。夫病於虛勞而云實者，精氣奪邪氣盛也。甄權之說是也。原其病本在虛，丹溪之說亦是也。惟因精氣之虛，以致邪氣之實，故用生地先瀉其實在邪者，而救其虛在精者，如補勞之味，即繼其後也。諸方有止用生地者，有生地同熟地用者，可知一宣一補，生熟頓殊，而用有節次也。

凡陰虛欬嗽內熱，骨蒸吐血等候，及產後惡露作痛發熱，一見脾胃薄弱，大便不實，或天明腎泄，俱禁用生地、當歸仲淳。

修治：脈洪實熱者，生采搗汁服即鮮生地。脈虛血熱者，用薑汁拌炒，免致泥膈。如上達外行，必資酒浸。掐成節，酒洗，將木棍搥匾，曬乾，隔紙焙用。長而直者，能生血，乳汁浸一宿，曬乾用。生熟俱忌鐵。

熟地黃：《本經》只言乾、生二種，第如血虛勞熱，產後虛熱，老人中虛燥熱者，若與生乾，當慮大寒，故後世改用蒸曝極熟者宗奭。生甘平宣，蒸熟溫補，必烹煉至久，透出陰中之陽，方能補腎氣。

味甘、微苦，氣微溫，味厚氣薄，陰中之陽，沉也。入手足少陰、厥陰經。生地能生精血，用天冬引入所生之處，熟地能補精血，用麥冬引入所補之處。主填骨髓，長肌肉，生精血，補五臟內傷不足，通血脈，利耳目，黑鬚髮，治男子五勞七傷，女子傷中胞漏，經候不調，胎產百病，去臍腹急痛，臍下痛屬腎經，非此味通腎不除。病後脛股酸痛，坐而欲起，目䀮䀮無所見。血衰者須用之，又能補腎中元氣潔古、東垣。脈洪實者，宜生地。涼心血，益腎水。若脈虛者，則宜熟地東垣。熟地黃粗而直者，能生精《龜齡集》。與當歸合用，名補髓煎。得牡丹皮、當歸，和血生血涼血，滋陰補髓。同沙苑、蓯蓉、鹿茸、山萸、五味，能益男子精。同人參、鹿茸、麥冬、五味、枸杞、菟絲、覆盆、車前子，多服令人有子。同黃芪、黃連、黃檗、棗仁、五味、白芍、麥冬、牡蠣、龍眼肉，治盜汗久不止。同砂仁，治胎動下血腰痛。同當歸、川芎、蒲黃、黑豆炒、炮薑、澤蘭、益母、牛膝、續斷、杜仲、鹿角膠，治產後血虛發熱。同枸杞、甘菊、女貞子、白蒺藜，能益精明目。同首烏、桑椹、甘菊、鱧腸、蜀椒，能烏鬚髮。月經不調，久而無子，乃衝任伏熱也，熟地半斤，當歸二兩，黃連一兩，並酒浸一夜，焙研為末，煉蜜丸梧子大，每服七十丸，米飲、溫酒任下。按：調經補氣，而祇用參、芪，則所治又失血中陰氣之義，此條衝任伏熱一語，大為中肯，方亦簡切。產後血痛有塊，并經通後腹痛不調，黑神散，用熟地一斤，陳生薑半斤，同炒乾為末，每服二錢，溫酒調下。按：真陰即生身之元，熟地補真陰之虛，屬第一味，聊附二方，不及備錄。

論：地黃本寒水之精，陰中原含有陽，第未久經烹煉，則無以發陰中之陽，而令其上通天氣。惟火候足而天氣通，真陰乃得隨陽以上，而盡其普益臟腑之功。先哲謂熟地能補腎中元氣，旨哉其言之也。《經》曰：通天者，生之本。然非本於天一所生之源，又烏能如坤元資生而宏其利益哉。是物從陰發陽，從陽達陰，陽昌於陰中而陰乃化，故益陰尤勝。《本經》於乾地黃下，首主逐血痹，而繼以填骨髓，長肌肉，療絕筋等語，此固不化則不生之微義，但化機阻痹，則宜生者平宣，若功歸實際，定以補益，責之熟者耳。古方二地多並用，為其兼補心腎也。但生者性寒，而製熟又多泥膈，熟地即與生地同用，猶未免於滯也。惟以砂仁製成，則引之徑下矣。

附論益陰：陰固貴於益，而益陰之中，亦有動靜衡勝之微。如丹溪治陰虛發熱，於四物湯分陰陽：血之動者為陽，芎、歸主之。血之靜者為陰，地、芍主之。若血之陰不足，雖芎、歸辛溫，亦在所不用；血之陽不足，雖薑、桂辛熱，而亦用之，惟變所適也。又如行血則用芎、歸，以行春夏之令；止血則用地、芍，以行秋冬之令，此升沉之道也。

凡胸膈多痰，氣道不利，升降窒塞，藥宜宣通者，湯液中禁用熟地仲淳。

熟者宜入丸，生者宜入煎劑，各兼行氣之劑，始不滯。

修治：揀取沉水肥大者，以好酒入砂仁末拌勻，置柳木甑於瓦鍋內，蒸令氣透，曬乾，再以砂仁、酒拌蒸曬如前，九次乃止。觀固本膏雖經日煎熬，必生熟各半用之，可知地黃非一煮便熟者矣。其性滯泥，得砂仁之香竄，乃能合和五臟沖氣，歸宿丹田也。市中惟以酒水煮熟者，不可用。

清・鄒澍《本經疏證》卷二 乾地黃 【略】古人服藥，皆有法律，故為丸、為散、為湯，當各得其宜而效始著。如《本經》此條，宜作兩層讀。主傷中，逐血痺，填骨髓，長肌肉，療跌折絕筋，丸散之功也。除寒熱積聚，除痺，湯飲之功也。不然，若茺蔚之可作浴湯，葡萄之可作酒，當歸之煮汁飲，何以皆署於簡末，而此作湯二字，獨間於中耶。故仲景兩書，用地黃者八方，為丸者三，為湯者五。炙甘草湯之續絕傷，防已地黃湯、百合地黃湯之除寒熱積聚，黃土湯、芎歸膠艾湯之除痺，薯蕷丸之治傷中，長肌肉，大黃䗪蟲丸之逐血痺，腎氣丸之填骨髓，俱若合符節。

予嘗治地黃醴飲先君，醴盡而地黃枵然如故也。暴之令乾，則其質輕虛。剔而破之，則其中脂液已盡。在外層者，懸空包裹，如栝蔞之殼。其在內者，縱橫牽引，如絲瓜之筋。因是悟地黃之用，在其脂液，能榮養筋骸血絡，乾者枯者，能使之潤澤矣。進乎此，則因乾枯而斷者，得潤澤而仍能續。故地黃之用，不在能通而在能養。蓋經脈筋絡，乾則收引，潤則弛長，是養之即所以續之。《本經》療跌折絕筋，仲景治脈結代，胥是意也。地黃分數，獨甲於炙甘草湯，而《傷寒》《金匱》所主，絕無血病。蓋是湯所主，重在復脈，故亦名復脈湯。脈者，源於腎而主於心，心血枯槁，則脈道泣澀。此《傷寒論》所以脈結代與心動悸並稱，《金匱要略》又以脈結悸與汗出而悶並述。至肺痿之心中溫溫液液，涎唾多，則陰皆將盡之孤注，陽僅膏覆之殘燄，乃炙甘草湯者非他。即桂枝湯去芍藥，加地黃、麥冬、人參、阿膠、麻仁也。行血之功雖大，列於行氣通營劑中，則猶之地黃之滓，增其殼內絡外之脂液耳。然地黃之用，不僅此也，其妙尤在血液被迫，不能不去，乃不禁其去，而惟生且長之，使夫受病之故者不留，方生之新者不去。斯則有病遂為無病，此黃土湯、芎歸膠艾湯，一治脾不統血，一治肝不藏血，佐使雖殊，用地黃之理則一也。

百合地黃湯、大黃䗪蟲丸，一不用攻瘀，而云下大便當如漆，一疊用攻瘀，而反不及當下血，於此見緩急輕重之間，又有意義存乎其中矣。均之兩證，皆熱在血分也。然百合地黃證之熱散漫，大黃䗪蟲丸之熱結聚。散漫者則欲其去，結聚者僅欲其行。百合地黃湯，生搗地黃，取汁一升，少煎而急飲之。此緩劑急授也。大黃䗪蟲丸，用地黃止十兩，不及全方十分之一，丸如小豆，酒服五丸，日三度。則所服些微，故能行而不能下。此急劑緩授也，緩劑急授，急劑緩授，其意義雖不盡在地黃，然百合地黃湯，用地黃之多。大黃䗪蟲丸，全係攻伐，獨地黃為補劑。則兩方之意義，謂盡由地黃可也。

百合地黃湯、防已地黃湯，二方均是取汁。但一則藥和而地黃淺煮，一則藥峻而地黃久蒸，生者其鋒迅，熟者其力厚，故防已地黃湯，地黃之用在補。百合地黃湯，地黃之用在宣。此義不可不知也。或問腎氣丸之用地黃為補耶？為宣耶？曰：觀仲景以之利小便，則行痺著、利水道者為宣，崇土氣、益精血者為補矣。譬如薯蕷丸主虛勞，諸不足，風氣百疾，既有桂枝、防風、大豆黃卷、茈胡、白蘞等在矣。其餘則皆益虛勞諸不足者也。

清・葉桂《本草再新》卷二 生地黃味甘、苦，性微寒，無毒。入心、腎二經。瀉火涼血，去瘀血凝滯為瘀，養其血自和而無瘀。生新，養血則血生。止欬補氣，利水通經。能去瘀生新，故能通經。

乾地黃味甘、苦，性涼。入心、腎二經。沉陰而降，滋陰退陽，涼血生血，治血虛發熱，勞傷欬嗽，驚悸血暈，吐衄尿血。填骨髓，長肌肉，利大小便，調經安胎。又能殺蟲，當心腹急痛。

熟地黃味甘，性微溫，無毒。入心、脾、腎三經。滋腎水，補心氣，和血養血。治陰虧，通經水，聰耳耳聾，火也，又氣虛也。補其氣，平其火，耳乃聰。明目。目昏，火也，虛也，風也，又肝熱也。去其風熱虛火，則目明。健脾定喘，治生產諸虛。

清・吳其濬《植物名實圖考》卷一一 地黃《本經》上品。《爾雅》謂之苄。羊苄豕薇，古以為茹。今產懷慶，以沃土植之，根肥大多汁，野生者根細如指，味極苦。《救荒本草》：俗名婆婆奶，北地謂之狗奶子。葉味苦回甘，如枸杞芽。今懷慶以為羹臛。

雩婁農曰：地黃舊時生咸陽、歷城、金陵、同州。其為懷慶之產自明始。今則以一邑供天下矣。懷之人以地黃故，遂多業宋清之業，而善賈軼於洛陽。然植地黃者必以上上田，其用力勤，而慮水旱尤甚。千畝地黃，其人與千戶侯等。懷之穀，亦以此減於他郡。余嘗寓直澄懷園，階前池上，皆地黃苗，小兒摘花食之，詫曰蜜罐。輒擬買一弓地，尋能植地黃者，移而沃之，以為服餌。屬藝花之農，空一二區以種此為業。既得善價，而浩穰中時癘將作，得鮮地黃以除寒熱溫斑，其視大黃之峻利苦寒，一誤而不可救，當何如也？

清·沈善謙《喉科心法》卷下製藥類 地黃功用分別論 《綱目》地黃為上品之藥，入水沈者為佳。功用分乾、生兩種。乾則補血，生則涼血。手少陰、手太陽二經藥也。氣味甘寒無毒。主治傷中，通血痺，填骨髓，長肌肉，除寒熱，療折跌絕筋，宜用乾者；齒痛，吐衄鼻衄，溺血便血，通瘀血，涼新血，發血中表，解諸熱，宜用生者。《綱目》云：生者尤良，搗汁尤妙。可見古時即分乾、生之用，既能搗汁，其為兩種可知。至於(熱)〔熟〕地黃，係後世製成為滋補之用。近世所稱鮮生地，即生地黃之根。其大如指，其長五六寸，功用甚大，治溫熱諸衄之要藥，並能通十二經血脈，較生地尤妙。古之導赤散、犀角地黃湯，均用以瀉熱。今之學醫者，竟不能分別。惟此物祇數省種植，而數省中，又祇數處種植。如江西竟乏此品。如京師亦祇驢馬市西鶴年堂始備此品，餘店均無。其所以害不勝言者，藥肆無此物，往往以乾地代之。然該店亦非有心之過，細詰店家，竟不能分為兩種，相沿成風，不知誤起何時，可慨焉。夫特將功用辨論，為業醫者告，如無鮮生地，用鐵皮鮮石斛代之亦可。

清·趙其光《本草求原》卷三隰草部 生乾地黃 《本經》氣寒，入腎。味甘，入脾。《別錄》又曰：苦。苦入心。《經》曰營出中焦，又曰中焦取汁，變化成赤，是謂血。是血原於水，成於火，生化於中土。凡種地黃之地，土便變苦，十年方得轉甜，是其大奪土位，以歸於主之心，以為涼血、活血、生血之上品也。故曰地，曰黃，又名地髓，豈非謂其地氣精專水土合德，乃能滋陰濟火以扶地氣哉？無毒。主傷中，血者，真陰之化醇；陰者，中之守，守中之陰血有傷，宜甘寒以補其精汁。逐血痺，血寒固泣，血熱亦虛閉而不行。滋脾益腎，則陰血充，而閉者流通矣。下文主治皆逐痺之功耳。填骨髓，血痹於骨，則腎水不能內充。長肌肉。脾血行，則肌肉豐。作湯，除寒熱積聚，陰熱而氣不化血，必作湯而後甘寒能宣，滑可去着也。除痺，不但逐血痺，即皮肉筋骨之痺亦除，誠以脾血和，則結者散；脾陰潤，則閉者開也。折跌絕筋，血液通流，則折亦可續。生者尤良。生采搗汁服，則宣通涼血之性全。久服輕身不老。先、後二天交接，則元氣與穀氣俱納也。各本草補五臟內傷不足，五臟屬陰寒，乃一天之陰氣，且味厚能填陰。補腎水，汁液多而色又黑。勞瘦骨蒸，日晡寒熱，耳鳴，皆腎水虛而相火乘之。涼心、瀉丙火，小腸之火。驚悸，昏煩，血痹於心病，亦有心膽虛怯及水停心下而悸者，亦宜佐此以交通心腎。目赤齒痛，血痹於上。癰腫，痹於肉。咳嗽，陰火上升，精液不化血而化痰。上阻於肺，利血制火，痰有除。身熱，火燥血壅。膚燥，筋痿，血枯不濡。諸失血、崩漏，皆血不流通，隨其所痺而泛濫為病。痺於腎，則隨唾而出，或隨痰咯出，或帶血絲；痺於肝，則吐；痺於肺，則衄，或咳痰帶血；痺於胃，則嘔出成盆；痺於衝任，則崩漏，皆血熱妄行也。利二便，潤下之功。熱積成斑，血痺於皮。寒積成疝，亦指血痺所生，《肘後方》拌雞蒸汁服。便血、尿血，痛為血淋，不痛為尿血，由心腎氣結，或憂思、房勞所致，多有虛寒，不可專作熱治。瀉脾胃濕熱，陰虛陽亢，氣不得血以化，則反病於濕，而更滋熱。理胎產血暈、經閉腹痛。血瘀之痛。又殺蟲，《海上方》搗汁和麵，作餺飥食，能利出蟲，忌用鹽，因蟲心痛，亦濕熱內瘀而生蟲耳。痘症大熱。熱則血瘀乾黑。

按：乾地黃，乃補宣並行，為因虛得實之良藥。古方黃芩湯，治心勞實熱；小甘露飲，治脾勞寒熱；地黃湯，治腎勞實熱；麥冬湯，治脈實極為病，咸用之。夫既曰虛勞，而又云實者，何也？《經》曰：精氣奪其虛，邪氣盛則實。因精虛以致邪實，因邪實而益致精虛，故宜此宣邪以補虛，而後乃用純補，方有次序。古人於外感症虛而有熱者多用之，使陰虛熱盛，及產後血暈，與夫虛中挾邪而遽用泥補，豈不誤甚。故《本經》止言乾生者，不言熟者。唐以後改用熟地，苦味盡除，惟陰虛而熱不實，人于溫補丸劑，尚頗相宜；若入湯劑，及養血涼血、祛邪等方，甚屬不合。蓋生地專取其性涼而滑利流通，熟則膩滯不涼，全失本性矣。徐靈胎辨之甚詳，無如世人執迷不悟耳。因其得地氣精專，先入脾胃，凡胃弱少食及脾胃可濕者誤用之，則脾滯不能行其津液於三陰三陽，欲滋水反以絕水之上源矣。惟陰虛土燥者用之，滋中焦之汁，則精血旺，而胃反開，故好用熟地者，當審之。

出江、浙者，受南方陽氣，力微。出懷慶，北方純陰，肥厚菊花心者，力大。種植之地變苦，十年轉甜，方可再種。否則，味苦形瘦，能傷胃，不堪用。凡胃弱、脾泄及痰多不由陰火者，咸忌。脈洪者，搗生汁用。薑炒，則不泥膈；酒浸，則上行外達。乳汁浸曬，最生血。忌萊菔、葱、蒜、鐵器。

取汁和粥食，治咳唾血，勞瘦骨蒸。合童便、鹿膠，治肺損吐血，或舌上有孔出血。同地龍、薄荷末，冷水下，治鼻衄。取汁和牛皮膠、薑汁，治吐血、便血。取汁，同車前葉汁，治血淋。取汁和雞子白，治胎動。薑汁浸生地、生地汁浸薑一夕，次早各炒黄，再互相浸，乾焙為末，酒下，治産後中風、脇不得轉，名交加散。合豆豉、豬膏露一夜煎，入雄黄、麝，治瘟毒發斑。同鹽杵爛，麵包煨至煙斷，入麝貼之，治牙疳宣露，膿血口臭。疔腫乳癰，生搗貼之，熱即易，最消腫。同青蒿、枇杷、地骨、寸冬、芍、淮，治月事先期。同苧麻根汁炒砂仁末，治胎動下血。同翹、薄、菊、甘、木通、黄連，治目暴赤痛。同歸、芍、乳、没、桂、荊子炒為末，酒下，治跌打瘀血。同瓜薑糟、生薑炒熱罨之，治折跌絶筋。同二冬、杞、味、阿膠、牛膝、車前，治溺血。

熟地黄　甘而微苦，微溫。假烹煉以發陰中之陽。補腎水生血，使真陰隨陽以上通於天，火候足則天氣通。填骨髓，長肌肉，因血痹阻其化機，則用生者以宣通，是不化則不生之義也。此則精不内充，用厚味以填之也。聰耳，得血能聽。明目，得血能視。烏髮鬚，同首烏、甘菊、桑椹、川椒、鱧腸。治勞傷，臍下痛，屬腎血虚。病後脛骨酸痛，調經，陰虚經閉，胎産百病。丹溪謂胎前以清熱養血為主，産後以大補氣血為主。然世有陽虚而胎不固者，不可妄用寒涼；有産後風寒未盡，瘀血未淨者，不可妄用峻補，宜審症而治。又治陰虚火逆而耳聾、目昏、氣喘。

陳修園曰：百病之極，窮必及腎。及腎，危症也。有大承氣湯之急下法，有桃花湯之溫固法，有四逆湯、白通湯之回陽法，有豬苓湯、黄連雞子湯之救陰法，有真武湯之行水法，有附子湯之溫補法，皆所以救其危也。自張景岳並其説，謂百病之生皆從腎治，專以地黄為主。後人喜其不寒不熱，易於投合，以為藏拙弄錢張本，不知《本經》於甘緩上品每加久服二字，正為虚弱無病之人能食之時製入丸劑，久服滋填，以當菜果之用耳。《經》曰五穀為養，五果為助，五菜為充，毒藥攻邪。凡攻邪以去病，多用毒藥，取其藥到病瘳，無須久服。久服者，病後調理之方耳。蓋地黄滋潤膠粘，有邪者斂邪入陰而無出路，以後雖服羌、附不熱，服芩、連不寒，服參、术不補，服硝、黄不下，因其膠粘善着，如油入麵，一着遂不能去也。看胎孕用四物為主，隨症加入攻破發散而不傷，以四物湯中之熟地能護胎也。知其護胎之功，便可知其護邪之危矣。況脾胃為生精、生血之源，胃弱少食之人，雖無他邪，而遽用膩補，則食愈減，而水之源愈絶矣，可不戒哉。

以好酒拌砂仁末浸，蒸曬九次用。其性寒，得火及酒與日，九煉始溫熟又泥。得砂仁則利氣，且能引五臟冲和之氣歸宿丹田。若以酒一煮便售，不可用。看固本膏雖經日煎熬，仍生熟並用，以為心腎兼治通補合施之法，可知非一煮便溫者。

合當歸、黄連，以酒浸焙為丸，治衝任伏熱，經不調而無子。合生薑炒為末，酒下，名黑神散，治産後血痛有塊，並經後腹痛。天冬引生地入於生精之處，寸冬引熟地入於補精之處。同沙苑、蓯、鹿、萸、味，益精，同參、杞、冬、味、車、鹿、菟絲、盆子，令人有子。同連、柏、棗、味、芪、芍、冬、圓肉、牡蠣，治陰虚盜汗。同砂仁，治胎動下血腰痛。同芎、歸、蒲、續、杜、鹿、炮薑、黑豆、牛膝、母草，治産後血虚發熱。同女貞、白蒺、甘菊、杞子，益精明目。凡胸膈多痰，氣不利、少食，禁用。

按：血之動者為陽，芎、歸主之，宜行血者，治以芎、歸。血之靜者為陰，歸、芍主之；宜止血者，主以地、芍。血之陰足，須除芎、歸；血之陰不足，薑、桂亦當加入。

清・葉志詵《神農本草經贊》卷一　乾地黄　味甘，寒。主折跌絶筋傷中，逐血痹，填骨髓，長肌肉。作湯，除寒熱積聚，除痹。生者尤良。久服輕身不老。一名地髓。生川澤。

藥之膏油，莫如地髓。露嚥甘滋，光存夜視。櫪馬駒生，頷絲兒喜。安用金芝，内熱一洗。

蘇軾《尺牘》：藥之膏油，莫如地黄。又詩：嚥作瑞露珍。《抱朴子》：楚文子服地黄八年，夜視有光。又韓子治用地黄苗，喂五十歲老馬，生二駒。陸游詩：兒稚喜語翁，雪頷生黑絲。寄聲山中友，安用求金芝。蘇軾詩：願餉内熱子，一洗胸中塵。

清・文晟《新編六書》卷六《藥性摘録》　生地黄　掘起即用。甘苦，大寒。入心肝胃，兼入小腸。清熱瀉火，涼血消瘀。○凡吐血衄血，蓄血溺血，崩中帶下，審其症因熱成者，用此皆効。並或傷寒陽強，痘症毒盛血燥。○折跌傷筋，而見血瘀血痹之症，用之俱良。○惟胃虚，及血因寒滯者，忌之。○生掘肥大者，搗汁飲。或用酒製，以免傷胃。

乾地黄　味苦而甘，性陰而寒，入腎兼入心脾。涼血滋陰，外潤皮膚索澤。凡虚而有熱者宜用。○若産後惡食泄瀉，小腹結痛，虚勞，脾胃弱，大便滑，胸膈多痰，氣道不利者，忌之。忌萊菔、葱、蒜、鐵器。得酒良。

熟地黄　甘，微溫。味厚氣薄，入腎兼入肝。補腎臟真水，兼益肝血，封填骨髓，並補五臟真陰。凡真陰虧損，而見發熱頭痛焦渴，喉痹喘氣痰嗽，或虚火載血於口鼻，或陽浮而狂燥，或陰虚而神散，或陰脱而僕地，或陰虚而燥動剛急，或陰虛而水邪上沸，皆宜重用熟地。○若純陰無火，厥氣上逆而嘔吐及寒痰膠結者，忌之。○製宜洗淨泥沙，每五斤用水二升，先煮一炷半香，再加好酒三升、砂仁末四兩，煮二炷香，用竹刀切開，然後九蒸九晒，以汁盡（拌）〔半〕乾為度。○出懷慶。肥大者佳。○忌萊菔、葱、蒜、鐵器。

清・刘序鵷《增删喉科心法》 製熟地秘法 熟地為滋補真陰聖藥，凡先天陰虛、後天血虛諸危險症，非此莫能療。但此藥全在蒸曬得訣，收藏得法，方有救陰配陽，起死回生之功，可多服久服，為陰虛人之至寶也。若製不得法，未建補陰之功，先釀敗脾之禍。食之令人飽悶減食，凝痰滯氣，甚則全不思飲食，腹脹泄瀉。虛損人脾胃一敗，逆症蜂起，因而致斃者，指不勝屈。良藥變成惡藥，使病者無救，治者扼腕。此皆不知製法之故，豈熟地之過歟？今將秘法詳細開示，以公同好。其法要在三伏天晴，準方將本支地黃，先日泡發洗淨。晚間取潔淨清水，入沙鍋煑地黃二時之久。離火取出，濾出汁另盛。當夜隨蒸一時之久。其濾出之汁，置火邊慢慢熬濃。預備大篾斗盤數箇，大甆罎或瓦罎洗極淨聽用。次日趕極早，將地黃每根用竹刀切作兩片，鋪斗盤內，稀稀擺開，莫使粘連，整曬一日，當日便要曬乾。故濾汁趕早稀鋪，皆為一日乾計也。地黃祇怕漚，若不濾汁，一日斷不能乾，不乾便漚壞了。頭一次難得極乾，大略乾了，隨收入罎內封蓋。若不收入罎內封蓋，過一夜即回潤。倘天變數日，濕潤益甚，味變餿酸，地黃即無用矣。二次天仍大晴，將熬濃原汁拌入地黃內，蒸一時之久。若逢天變，其汁已餿，切不可拌入，傾之可也。其蒸法、曬法、收法皆照前次之法。每蒸一次，必得太陽整曬一日，天晴不準即莫蒸。若曬至半乾而天忽變，隨即以火烘乾，方收入罎內。九次皆如是。以後蒸曬，如地黃太乾，用糟燒酒拌濕去蒸，至九次為止。八蒸八曬為不及，固不可；十蒸十曬為太過，亦不可。用九之妙，其義深奥，非精於易理者，不能測識。並不用薑汁、砂仁，任人多服久服，絕無傷胃減食、凝痰滯氣、腹脹泄瀉之弊。即令誤服，亦無大害。余依此法製用，已數十年矣。凡有患熟地病而苦無精製者，即與之服，去病甚捷，取效甚神，久經試驗，盡美又盡善也。近世誰能曉此？其收藏法亦要緊。九曬畢，隨即收入罎內，緊封罎口。雖一年之久，不得起黴。取用時，隨取隨封。若不緊封，必漸漸起黴，地黃漸壞，不可用，前功盡棄矣。世之製熟地者，確守此法，則永免其害，盡得長生，何祇一時之利哉。

起黴熟地，雖蒸雖曬，服之未有不生事者。忌鐵，故蒸用砂鍋，切用竹刀。服時禁葱、蒜、蘿蔔、無鱗魚、禽獸血等物。

清・劉東孟傳《本草明覽》卷一 熟地黄 【略】按：丹溪云：氣病補血，雖不中病，亦無害也。讀之不無疑焉。夫補血之劑，莫如當歸、地黃，若服過多，其性纏滯，每于胃氣有損。嘗見胃氣虛弱，不能運行，血越上竅者，用四物湯以為涼血補血之劑，多服反致胸膈痞悶，飲食少進，上吐下瀉，氣喘嘔血，日漸危迫，去死幾近。此因血藥傷其沖和胃氣，安得謂無害耶？大抵血病固不可耑補其氣，氣病亦不可專補其血，所貴認症的真，量病製劑耳。

清・張仁錫《藥性蒙求・草部》 生地鮮生地三錢、乾地黄六錢。 生地甘寒，養陰涵木。涼血用鮮，能醫衄血。勿犯鐵。乾地黃苦甘而寒，沉陰而降，治血虛發熱，五心煩熱。採得即用者，為生地黃。晒乾收得者，為乾地黃。以法製用者，為熟地黃。以懷慶肥大而短，糯體細皮，菊花心者佳。○《從新》曰：生地黃大瀉火，平血逆，瀉心清肺，治吐血崩中，大熱大渴之證。今肆中所用鮮生地，是另一種，出杭州筧橋，其形亦細長不同，其治亦火熱之證。乾地黃入心、腎、心包、肝及手太陽小腸經。養陰退陽，涼血生血品也。

熟地黃三錢、八錢。 熟地黃溫，滋陰補血。益髓填精，烏鬚黑髮。勿犯鐵。苦、甘，微溫。中寒兼嘔，用薑汁拌炒。脹滿不行，用砂仁拌炒。經絡壅滯，用酒炒，兼能上行下行。李士材云：薑汁、酒拌炒，生者不妨胃，熟者不泥膈。痰多者，亦宜薑汁炒之。○又有冬米拌炒，沉香末拌炒，青鹽炒，炒鬆等法。張路玉云：熟地假火力蒸晒，轉苦為甘，為陰中之陽，補腎中元氣。必蒸晒多次，確有坎離交濟之妙。用但煮熟，不加蒸晒曝，雖服無益。

清・屠道和《本草匯纂》卷一滋水 乾地黄 耑入肺，兼入心、脾。味苦、甘，性陰寒，無毒。涼血滋陰，外潤皮膚。治傷中，逐血痺，除寒熱積聚，療折跌絕筋，男子勞傷，女子胞漏，下血溺血。破惡血，利大小腸，通血脈，益氣力，利耳目，助心膽氣，強筋骨，安魂定魄，治驚悸，心肺損傷，吐血鼻衄。主心痛，掌中熱痛，脾氣痿蹶，嗜臥，足下熱而痛。如相火熾，強來乘陰位，日漸熬煎，為陰虛火旺之證者，宜以滋陰退陽。胃氣弱者，恐妨食，須酒炒，尤須詳病人元氣淺深用之。胸腹多痰，氣逆不利，小便結痛者遠之。忌萊菔、葱、蒜、銅鐵器。

清・屠道和《本草匯纂》卷一溫腎 熟地黄 耑入腎，兼入肝。甘而微溫，味厚氣薄。專補腎臟真水，兼補五臟真陰。填骨髓，長肌肉，生精血，補五臟內傷不足，通血脈，利耳目，黑鬚髮。男子五癆七傷，女子傷中胞漏，經候不調，胎產百病。補血氣，滋腎水，去臍腹急痛，病後脛股酸痛，坐而欲起，目䀮䀮無所見。凡真陰虧損，為發熱、為頭痛、為焦渴、為喉痺、為嗽痰、為喘氣，或脾腎寒逆為嘔吐，或虛火載血於口鼻，或水泛於皮膚，或陰虛而泄利，陽浮而狂燥，或陰脫而仆地，及陰虛而見神散、見燥動、見剛急，皆賴此主治。陰虛而水邪上沸者，必賴此以歸元。且兼散劑能發汗，兼溫劑能回陽。若純陰無火，厥氣上逆而嘔者，深忌。痰多氣鬱之人，能窒礙胸膈，用宜斟酌。好酒、砂仁末同入，久蒸(暴)〔曝〕。肥大者佳。

清·屠道和《本草匯纂》卷二涼血 生地黃 耑入心、肝、腎，兼入小腸。味甘、苦，性寒，無毒。涼血解熱，瀉火消瘀。入心腎，瀉丙火，清燥金。治心腹急痛，齒痛唾血，心痛，掌中熱痛，脾氣痿蹶，嗜臥，足下熱而痛，吐血咯血衄血，畜血溺血，崩中帶下，傷中胞漏，胎動下血。破惡血，去瘀通經。療熱毒痢疾，腸胃如焚。傷寒瘟疫，痘症。諸大熱大渴引飲，折跌絕筋。利大小便，殺蟲。必燥結有實火者方可用，若血因寒滯，用此則寒益甚。肥大者良，酒製免傷胃。忌鐵。錢仲陽導赤散，與木通同用，能瀉丙丁之火。血出於鼻，是由清道。血出於口，是由濁道。血出於咳，是由於肺。血見於嘔，是由於肝。血見於吐，是由於胃。血由痰涎而帶，是出於脾。血見於咯，是出於心。血見於唾，是出於腎。血由耳出，其名曰衈血。由鼻出，其名曰衄血。由肌膚而出，其名曰血汗。血由口鼻俱出，其名曰大衄。皆當詳其虛實以治。

清·王燕昌《王氏醫存》卷一五 脾病溼腫及瀉證忌熟地黃 虛腫用《金匱》腎氣湯，虛瀉用真人養臟湯，舊例也。但脾乃陰土，喜燥惡溼。熟地黃最溼，脾土常見脾溼之腫證瀉證，而任用熟地黃皆危。

清·戴葆元《本草綱目易知錄》卷一 鮮生地 大寒。入心腎，瀉丙火，清燥金，解諸熱，利水道，消瘀通經，滋陰退陽，平諸血逆。治婦人崩血不止，產後血上薄心悶絕，胎傷下血，胎不落下，跌墜踠折，瘀血留血，吐衄溺血，皆擣汁飲之。多服損胃。擣貼腹，能消瘀血。然性大寒，胃弱者慎，恐損胃氣。忌同乾生地。【略】

乾生地 甘苦而寒，沉陰而降，入手足少陰、厥陰及手太陽經。填骨髓，長肌肉，滋陰退陽，涼血生血，補腎水真陰，除皮膚燥火，去諸濕熱。治血虛發熱，勞心損肺，寒熱積聚，痿痹驚悸，吐血尿血，齒痛牙疳，掌心火灼，足下熱痛，折跌續筋。婦人崩中血運，胞漏下血，產後腹痛，調經安胎，利大小便。又能殺蟲，治心腹急痛。酒炒則上行外行，薑製則不泥膈。忌葱、蒜、萊菔、銅鐵器。【略】葆按：近產懷慶，其性經火曝，而味甘寒。《別錄》云：生地者，乃新掘鮮者，未經火曝，其性大寒，二月生葉。時珍曰：生地初生，如山白菜而毛澁，葉深青，又似小芥葉而頗厚，不(必)〔叉丫〕，莖上有細毛，莖稍開小筒子花，紅黃色，結實如小麥粒。頌曰：其實作似連翹，中子甚細，根長四五寸，細如手指，皮赤黃色，如羊蹄根及胡蘿蔔，曝乾乃黑，生食作土氣，俗呼其苗為婆婆奶，古人種子，今人惟種根，宜正九月采佳。葆按：近處不種，要用鮮者，掘取野生，根甚細，亦難得物，或有鮮者，由江浙而來，以黃土藏之，不善藏，易爛，設有用鮮者，因其難得，以乾生地，水浸絞汁，而性不同矣。【略】

熟地黃 甘而微溫。入手足太陰、厥陰經。滋腎水，補真陰，填骨髓，生精血，聰耳明目，黑髮烏髭。治男子勞傷，女子胞漏，經候不調，胎產百病。去臍腹急痛，後脚股酸疼，坐而欲起，目䀮無所見，為補血之上劑。忌萊菔、銅鐵器、葱、蒜。葆按：近製熟地法，揀大乾生地一斤，約十枝上下。一斤者，水浸半時，洗去泥土。每一斤，入砂仁廣皮各一兩，同入沙鍋內，桑柴火煮一周，去廣皮，加沙仁末一兩，和酒，文火煮一周。取起，瓷盌盛，和汁蒸，曝九次。

清·黃光霽《本草衍句》 生地 寒涼心臟，苦瀉小腸。涼血潤燥，滋陰退陽。戴原禮曰：陰微陽盛，相火來乘陰位，為虛火之症。平血逆之吐衄，利傷寒之陽強。或血熱經枯，崩中溺血；或傷中煩熱，咳嗽勞傷。二便通利，諸熱皆涼。脈洪者多服，好古曰：生地治心熱，手足心熱，能益腎水，涼心血，其脈洪實者宜之。若脈虛者，則宜熟地補腎元氣也。胃弱者少嘗。主治勞傷血症，得麥冬復脈內之陰，得木通導小腸之熱。溫毒發斑黑羔，治溫毒嘔逆，生地二兩六錢二字半，好豆豉一兩六錢二字半，以猪膏十兩合之，露一宿，絞去渣，入雄黃、麝香少許，如豆大，攪勻，分三服，毒從虛中出，即愈。忌蕪荑。睡起目赤腫，起良久如常者，血熱也。臥即血歸於肝，故熱，則目赤腫。良久血散，故如恆也。用生地汁浸粳米，曬乾，每夜以米煮粥食之，即愈。有人病此，用之得效。

熟地 耑補腎中元氣，兼入厥陰肝經。滋腎水，補真陰，鬚烏髮黑。填骨髓，生精血，耳聰目明。退虛熱而潤燥，補五臟而調經。坐起目䀮無所見，病後股痛而難行。病後脛股痠痛。臍腹急痛，胞漏血崩。男子多陰虛，宜用熟地。女子多血熱，宜用生地。又云生地能生精血，用天冬引入所生之處。熟地能補精血，用麥冬引入所補之處。得砂仁行氣，煮酒和血；復得久曬太陽真火，能使虛陽歸宿丹田。

清·陳其瑞《本草撮要》卷一 生地 味苦，入足厥陰經，功專治勞傷血證。得麥冬復脈內之陰，得木通導小腸之熱。痘症熱甚，多服損胃，酒製不傷胃。生寒，乾涼，熟溫。

熟地　味甘，入足少陰經，功專生精填髓。得砂仁行氣。酒煮和血，復得久曝，得太陽真火，能使虛陽歸宿丹田。酒製上行外行，薑製則不泥。惡貝母，畏蕪荑，忌萊菔、葱、蒜、銅鐵器。得酒、門冬、丹皮、當歸良。

清・鄭奮揚著，曹炳章注《增訂偽藥條辨》卷二　熟地　地黃以懷慶所產為良。一經蒸晒，其色便黑，為熟地黃。以九蒸九晒，透心黑者為佳；中心微黃者次之。聞用紅白蘿蔔，以地黃汁浸透晒乾假充，尤宜細辨。炳章按：地黃六七月出新。懷慶出者，短圓如卵，細皮性糯者道地。直地乃出新時壓扁捏長，以枝頭大小，分價目上下。天津出者，體長皮粗性粳，為次。細者，名細生地，或曰直皮。熟者以生者洗去泥沙，蒸晒九次者佳。云以紅蘿蔔做就偽充者，此屬理想之談，於形色氣味不符，豈可混充？又有鮮生地一種，杭州莧橋出者，長莖，根皮光黃白色，肉白微黃，肥長性糯者佳。河南出者，枝亦長黃褐色，肉白有硬筋，略次。此物以治血熱證，鮮用易爛。藏者掘一淨土窖，下用乾沙泥襯底，面上貯生地一層，再夾沙一層，如是收藏，則少爛耳。

清・方仁淵《倚雲軒醫案醫話醫論》　熟地最能消痰降氣　大熟地最膩膈，人每嫌其膩，不敢用。不知其最能消痰降氣。腎虛水泛為痰，非此不能消。腎虛下氣上逆，非此不能降。氣降痰消，胸膈自爽，飲食自進矣。仲聖八味地黃湯，專治此等病也。其用附桂者，以上逆既盛，下元之陽必空虛，同氣相求，導其上逆之陽下歸於本位耳。見此證者，脉必空大弦搏，氣必急促，痰必清而不濃，或多白沫，固非星、半、橘、貝所能治矣。

胡面莽

宋・唐愼微《證類本草》卷八草部中品〔唐・陳藏器《本草拾遺》〕　胡面莽　味甘，溫。去痃癖及冷氣，止腹痛。煮之。生嶺南。葉如地黃。

紫喇叭花

清・吴其濬《植物名實圖考》卷九　紫喇叭花　生寧都金精山。莖葉俱如洞絲草。冬開紫花，頗似地黃花，有白心數點。

石花蓮

清・吴其濬《植物名實圖考》卷一六　石花蓮　生南安。鋪地生，短莖長葉，似地黃葉而尖，面濃綠，有直紋極細，上浮白茸。背青灰色，濃赭紋，亦有毛。根不甚長，極稠密，黑赭相間。氣味寒。主治心氣疼痛、湯火刀槍，煎服。

玄參

宋・李昉《太平御覽》卷第九九一　玄參　《廣雅》曰：鹿〔陽主〕〔腸〕，玄參也。《建康記》曰：建康出玄參。《范子計然》曰：玄參，出三輔。青色者佳善。《本草經》曰：玄參，一名重臺。味苦，微寒。生川谷。治腹中寒熱，女子產乳，補腎氣，令人目明。生河間。《吴氏本草》曰：玄參，一名鬼藏，一名正馬，一名重臺，一名鹿腸，一名端，一名玄臺。神農、桐君、黃帝、雷公、扁鵲：苦，無毒。岐伯：鹹。李氏：寒。或生冤句山陽。二月生葉，如梅毛，四四相值，似芍藥，黑莖，莖方，高四五尺，華赤，生枝間，四月實黑。

宋・唐愼微《證類本草》卷八草部中品〔《本經・別錄・藥對》〕　玄參　**味苦、**鹹，**微寒，**無毒。**主腹中寒熱積聚，女子產乳餘疾，補腎氣，令人目明，**主暴中風，傷寒身熱，支滿狂邪，忽忽不知人，溫瘧洒洒，血瘕，下寒血，除胸中氣，下水，止煩渴，散頸下核，癰腫，心腹痛，堅癥，定五藏。久服補虛，明目，强陰益精。**一名重臺，**一名玄臺，一名鹿腸，一名正馬，一名咸，一名端。生河間川谷及冤句。三月、四月採根，暴乾。惡黃耆、乾薑、大棗、山茱萸，反藜蘆。

〔梁・陶弘景《本草經集注》〕云：今出近道，處處有。莖似人參而長大。根甚黑，亦微香，道家時用，亦以合香。

〔唐・蘇敬《唐本草》〕注云：玄參根苗並臭，莖亦不似人參，陶云道家亦以合香，未見其理也。

〔宋・馬志《開寶本草》〕注：詳此藥，莖方大，高四五尺，紫赤色而有細毛。葉如掌大而尖長。根生青白，乾即紫黑，新者潤膩，合香用之。俗呼爲馥草，酒漬飲之，療諸毒鼠瘻。陶云似人參莖，《唐本》注言根苗並臭，蓋未深識爾。

〔宋・掌禹錫《嘉祐本草》〕按：《藥性論》云：玄參，使，一名逐馬，味苦。能治暴結熱，主熱風頭痛，傷寒勞復，散瘤瘿瘰癧。日華子云：治頭風，熱毒遊風，補虛勞損，心驚煩躁劣乏，骨蒸傳尸邪氣，止健忘，消腫毒。

〔宋・蘇頌《本草圖經》〕曰：玄參，生河間及冤句，今處處有之。二月生苗。葉似脂麻，又如槐柳。細莖青紫色。七月開花青碧色。八月結子黑色。亦有白花，莖方大，紫赤色而有細毛，有節若竹者，高五六尺。葉如掌大而尖長如鋸齒。其根尖長，生青白，乾即紫黑，新者潤膩。一根可生五七枚，三月、八月、九月採，暴乾。或云蒸過日乾。陶隱居云道家時用合香。今人有傳其法：以玄參、甘松香各杵末，均秤分兩，盛以大酒瓶中，投白蜜漬〔之〕，令瓶七八分，緊封繫頭安釜中，煮不住火，一伏時止火，候冷破瓶取出，再擣熟，如乾，更用熟蜜和，甆器盛，陰埋地中，旋取使入龍腦搜，亦可以熏衣。

〔宋・唐慎微《證類本草》〕《雷公》云：凡採得後，須用蒲草重重相隔，入甑蒸兩伏時後，出乾曬。使用時，勿令犯銅，餌之後噎人喉，喪人目。揀去蒲草盡了，用之。《經驗方》：治患勞人燒香法：用玄參一斤，甘松六兩，爲末，煉蜜一斤和勻，入瓷瓶內封閉，地中埋窨十日取出。更用灰末六兩，更煉蜜六兩，和令勻，入缾內封，更窨五日取出。燒令其鼻中常聞其香，疾自愈。《廣利方》：主治瘰癧，經年，久不差。生玄參擣碎傅上，日二易之。

宋・鄭樵《通志》卷七五《昆蟲草木略》　玄參　曰重臺，曰玄臺，曰鹿腸，曰正馬，曰咸，曰端，曰逐馬，曰馥草。

宋・劉明之《圖經本草藥性總論》卷上　玄參　味苦、鹹，微寒，無毒。主腹中寒熱積聚，女子產乳餘疾，補腎氣，令人目明。主暴中風傷寒，身熱支滿，狂邪溫瘧，血瘕，下寒血，除胸中氣，下水，止煩渴，散頸下核癰腫，心腹痛堅癥。《藥性論》云：使。能治暴結熱，主熱風喉痛，傷寒復勞，散瘤癭瘰癧。日華子云：治頭風熱毒遊風，補虛勞損，心驚煩燥劣乏，骨蒸傳尸邪氣，止健忘，消腫毒。惡黃芪、乾薑、大棗、山茱萸。反藜蘆。

元・王好古《湯液本草》卷四　玄參　氣微寒，味苦、鹹，無毒。《象》云：足少陰腎經之君藥也，治本經須用。《本草》云：主腹中寒熱積聚，女子產乳餘疾，補腎氣，令人目明。主暴中風傷寒，身熱支滿，狂邪，忽忽不知人，溫瘧洒洒，血瘕，下寒血，除胸中氣，下水，止煩渴。易老云：玄參乃樞機之劑，管領諸氣，上下肅清而不濁，風藥中多用之。故《活人書》治傷寒陽毒，玄參升麻湯，治汗下吐後毒不散，則知為肅清樞機之劑。以此論之，治空中氤氳之氣，無根之火，以玄參為聖藥。

元・朱震亨《本草衍義補遺・新增補》　玄參　氣微寒，味苦。乃足少陰腎經之君藥也。《本草》云：主腹中寒熱積聚，女子產乳餘疾。補腎氣，令人目明。主暴中風。易老云：玄參乃樞機之劑，管領諸氣，上下肅清而不濁。以此論之，治虛中氤氳之氣，無根之火，以玄參為聖藥也。

元・徐彥純《本草發揮》卷二　玄參　潔古云：氣寒，味苦。治心中懊憹，煩而不得眠，心神顛倒欲絕，血滯，小便不利。東垣云：足少陰腎經君藥也，治本經須用。海藏云：易老言玄參乃樞機之劑，管領諸氣，上下肅清而不濁，風藥中多用之。故《活人》治傷寒陽毒，用玄參升麻湯，治汗吐下後毒不散，即知肅清樞機之劑。以此論之，治空以氤氳之氣，無根之火，以玄參為聖藥也。

明・王綸《本草集要》卷二　玄參使　味苦鹹，氣微寒，無毒。足少陰經君藥。惡黃耆、乾薑、大棗、山茱萸，反藜蘆。三月、四月採根，日乾。凡用勿犯銅。主腹中寒熱積聚，女子產乳餘疾。補腎氣，令人目明，強陰益精。治暴中風，傷寒身熱，支滿狂邪，忽忽不知人。溫瘧洒洒，頭風熱毒。骨蒸傳尸邪氣，血瘕堅癥，散頸下核癰腫。又此藥乃機樞之劑，管領諸氣，上下肅清而不濁，治空中氤氳之氣，無根之火，此為聖藥也。

明・滕弘《神農本經會通》卷一　玄參　使也。惡黃耆、乾薑、大棗、山茱萸，反藜蘆。三四月採根，暴乾。用時勿犯銅。《局》云：採後用蒲葉隔蒸一瞮時。　味苦鹹，氣微寒，無毒。《湯》同。《象》云：足少陰腎經之君藥也，治本經須用。東云：治結熱毒癰，清利咽膈。《朮》云：下寒血，益腎，開咽，消腫毒，止煩，下水，治狂邪，骨蒸，風熱。

《本經》云：主腹中寒熱積聚，女子產乳餘疾，補腎氣，令人目明。主暴中風，傷寒身熱，支滿狂邪，忽忽不知人，溫瘧洒洒，血瘕，下寒血，除胸中氣，下水，止煩渴，散頸下核癰腫，心腹痛，堅癥，定五臟，久服補虛，明目強陰。《藥性論》云：玄參，使。味苦。能治暴結熱，主熱風喉痛，傷寒復勞，散癭瘤瘰癧。日華子云：治頭風，熱毒遊風，補虛勞損，心驚煩躁劣乏，骨蒸傳屍邪氣，止健忘，消腫毒。易老云：玄參，乃樞機之劑，管領諸氣，上下肅清而不濁，風藥中多用之。故《活人書》治傷寒陽毒，玄參升麻湯，治汗下吐後毒不散，則知為肅清樞機之劑。以此論之，治空中氤氳之氣，無根之火，以此為聖藥。今注療諸毒鼠瘻。根，生青白，乾即紫黑，新者潤膩，合香用之，俗呼為馥草。丹溪云同易老。《局》云：玄參寒苦除風熱，補腎令人眼目明。散核消癰攻腹痛，更醫喉痛去堅癥。玄參，攻喉痛，又可消癰，破癥結。

明・劉文泰《本草品彙精要》卷一〇　玄參無毒。　植生。

玄參出《神農本經》：**主腹中寒熱積聚，女子產乳餘疾，補腎氣，令人目**

明。以上朱字《神農本經》。主暴中風，傷寒身熱，支滿狂邪，忽忽不知人，溫瘧洒洒，血瘕，下寒血，除胸中氣，下水，止煩渴，散頸下核，癰腫，心腹痛，堅癥，定五臟。久服補虛，明目，強陰，益精。以上黑字名醫所錄。〔名〕重臺、玄臺、鹿腸、正馬、咸、端、逐馬。〔苗〕《圖經》曰：二月生苗，葉似脂麻，又如槐柳，細莖，青紫色。七月開花，青碧色。八月結子，黑色。亦有白花、莖方大、紫赤色、細毛、有節若竹者，高五六尺，葉如掌大而尖長如鋸齒。其根生青白，乾即紫黑，新者潤膩，一根可生五七枚，合香亦用之。〔地〕《圖經》曰：生河間川谷及冤句，今處處有之。〔道地〕江州、衡州、邢州。〔時〕生：二月生苗。採：三月、四月、八月、九月取根。〔收〕暴乾。〔用〕根黑潤者爲好。〔質〕形如續斷而黑。〔色〕紫黑。〔味〕苦，鹹。〔性〕微寒，泄。〔氣〕氣薄味厚，陰也。〔臭〕香。〔主〕清咽喉之腫，瀉無根之火。

〔行〕足少陰經。〔反〕藜蘆，惡黃耆、乾薑、大棗、山茱萸。〔製〕《雷公》云：凡採得，須用蒲草重重相隔，入甑蒸兩伏時，後出，曬乾用。〔治〕療：《藥性論》云：除暴結熱，熱風喉痛，傷寒勞復，並散瘤瘻瘰癧。日華子云：止健忘，消腫毒及遊風，頭風熱毒，心驚煩躁，勞乏骨蒸，傳尸邪氣。補：日華子云：補虛羸勞損。〔合治〕合升麻、葛根、芍藥、甘草，療傷寒陽毒發斑，合酒飲，療諸毒鼠瘻。〔禁〕勿犯銅器，餌之噎人喉，喪人目。

明·葉文齡《醫學統旨》卷八 玄參 氣微寒，味苦、鹹。無毒。足少陰經藥。惡黃耆、乾薑、大棗、山茱萸；反藜蘆。凡用勿犯銅。治暴中風，傷寒身熱，支滿，狂邪溫瘧，頭風熱毒，骨蒸傳尸，咽喉痛痺，癰腫頸核，腹中寒熱積聚，血瘕堅癥；補腎明目，強陰益精；女子產乳餘疾。此藥為樞機之劑，管領諸氣，上下肅清而不濁，空中氤氳之氣，無根之火，為聖藥也。

明·許希周《藥性粗評》卷一 玄參典樞機之職，領諸道以澄清。

玄參，一名山麻，一名(麻)〔鹿〕腸，一名逐馬。二月生苗，葉似脂麻，如掌大，莖方，青紫色，高四五尺，七月開花青碧色，八月結子黑色，其根尖長，生青白色，乾即紫黑，有香味，可以合香。江南田野處處有之，二、八、九月採根，隔蒲草蒸過，暴乾，勿犯銅器，否則噎人。惡黃芪、乾薑、大棗、山茱萸，反藜蘆。味苦、鹹，性微寒，無毒。入足少陰腎經，為君藥。主治中風傷寒，狂熱煩滿，溫瘧消渴，下水散血，利小便，止懊憹，消腫核，斂無根遊火。易老云：玄參乃樞機之劑，管領諸氣，上下肅清，風藥中多用之。今觀仲景治傷寒陽毒用玄參，而升麻湯中用之，以治汗吐下後毒不散，則其為肅清樞機之劑明矣。補虛明目，強陰益精，諸湯丸中亦不可缺。

單方：諸般腫毒：如喉風頸腫，腸癰痔疾，及諸腫毒之類，取玄參搗爛，漬酒，微溫飲之，外以藥渣敷上。經年瘰癧：生玄參搗爛，傳上，日二易之，大略與上同法。

明·鄭寧《藥性要略大全》卷二 玄參使 治結熱毒癰，清利咽膈，消瘟疫邪氣，毆無根之火，乃聖藥也。《湯液》云：少陰腎經之君藥，治暴結熱。朱氏云：主熱風喉痛，止健忘，消腫毒。東垣云：治傷寒勞復，止煩渴，散頸下核及癰腫。日華子云：療心腹熱痛堅癥，補腎，令人目明。味苦、鹹，性微寒，無毒。惡黃芪、乾薑、大棗、山茱萸。反藜蘆。三四月採根，晒乾。凡採時，用蒲草重重相隔。蒸熟，日乾。勿犯銅，餌之噎人喉，喪人目。即山芝麻也。

明·陳嘉謨《本草蒙筌》卷二 玄參 味苦、鹹，氣微寒。無毒。春生深谷，莖方，葉似芝蔴。又如槐柳細長。秋取傍根，正根勿用。初白，乾旋紫黑。鼻聞微臭，咀片忌銅。誤犯餌之，噎喉喪目。古人深戒，吳載《醫通》。郡《韓氏醫通》。惡耆棗薑茱，黃耆、大棗、生薑、山茱。反藜蘆一味。可為君藥，惟走腎經。強陰益精，補腎明目。治傷寒身熱支滿，忽忽如不知人。療溫瘧寒熱往來(灑灑)〔洒洒〕，時常發顫。除女人產乳餘疾，毆男子骨蒸傳尸。逐腸內血瘕堅癥，散頸下痰核癰腫。蓋此乃樞機之劑，管領諸氣，上下肅清而不致濁。治空中氤氳之氣，散無根浮遊之火，惟此為最也。

明·方穀《本草纂要》卷二《草部下》 玄參 味苦、鹹，氣微寒，無毒。足少陰經君藥。主清上焦之氣，肅清而不濁。故治咽痛喉啞，或腮腫喉痹，或舌強乳蛾，或頭重有痰，或咽膈不利，或陰虛火盛而欬嗽無痰，或腎虛骨蒸而劳熱潮熱。是皆有餘不足之症，皆可治也。秘用之法：有餘之症以芩連配之，不足之症以參苓配之，上焦之火以知貝配之。大抵玄參之劑，性雖輕清，而體質甚濁。清則上升，而濁則下降。所以治火有清上降下之神效也。吾見造香之家，合香料以玄參爲君，其香最美，蓋由玄參有管領諸氣上行之妙，清而不濁，既結氤氳靉靆之氣，聚而不散，反流香於下，肅清於人。寧不謂澄清上焦之氣，而降上膈之火乎？意有取焉爾。

明·王文潔《太乙仙製本草藥性大全》卷一《本草精義》 玄參 一名重臺，一名玄臺，一名鹿腸，一名正馬，一名咸，一名端。生河間及冤句，今處處有之。二月生苗，葉似脂麻。又如槐柳，細莖青紫色。七月開花，青碧色，八月結子，黑色。亦有白花，莖方大紫赤色，而有細毛，有節若竹者，高五六尺，葉如掌大而尖長，如鋸齒，其根尖長，生青白，乾即紫黑，新者潤膩，一根可生五七枚。三月、八月、九月採根，曝乾。或云：蒸過日乾。陶隱居云：道家時用合香。今人有傳其法：以玄參、甘松香各杵末，均秤分兩，盛以大酒瓶中，投白蜜漬，令瓶七八分，緊封繫頭，安釜中煮，不住火一伏時，止火候冷，破瓶取出，再擣熟如乾，更用熟蜜和，甆器盛，蔭埋地中，旋取使入龍腦。枝亦可以熏衣。惡黄芪、乾薑、大棗、山茱萸，反藜蘆。

明・王文潔《太乙仙製本草藥性大全》卷一《仙製藥性》　玄參使　味苦、鹹，氣微寒，無毒。足少陰腎經君藥。主治：惟強陰益精，補腎明目。治傷寒身熱支滿，忽忽如不知人。療溫瘧，寒熱往來洒洒，時常發顫。除女人産乳餘疾，祛男子骨蒸傳尸，逐腸內血瘕堅癥，散頸下痰核癰腫。蓋此乃樞機之劑，管領諸氣，上下肅清而不致濁。治胸中氤氳之氣，散無根浮遊之火，惟此爲最。主暴中風，腹中積聚，除鬱氣，下水止煩，定五臟心腹疼痛，治傷寒勞復泯忘。補註：治患勞人燒香法：用玄參一斤，甘松六兩，爲末，煉蜜一斤，和勻入瓷瓶內封閉，地中埋窨十日，取出，更用灰末六兩，煉蜜六兩，和令勻，入瓶內封，更窨五日取出，燒，令其鼻中常聞其香，疾自愈。治瘰癧經年久不差，生玄參擣碎傅上，日二易之。太乙曰：凡採時後，須用蒲草重重相隔，入甑蒸兩伏時後，出乾。然使用時勿令犯銅，餌之後噎人喉，喪人目。揀去蒲草盡了，用之。

明・皇甫嵩《本草發明》卷二　玄參中品之上，臣。氣微寒，味苦、鹹，無毒。足少陰腎經藥也。　發明曰：玄參鹹入腎，而苦降火，足少陰之劑。故《本草》主補腎氣，久服明目，補虛，強陰益精，補虛勞骨蒸，以其入陰經也。又暴中風寒身熱肢滿，狂忽不知人，溫瘧洒洒，除胸中氣，下水，止煩渴結熱，熱風頭痛，熱毒，由苦寒能降火也。又主寒熱積聚，血瘕，下寒血，女子産乳餘疾，散頸下核癰腫，以鹹能走榮而軟堅也。咽中痛用之，咽下乃少陰經穴道。故云足少陰藥，乃樞機之劑，管領上下清肅而不濁。得水之氣，為玄武之象，治空中氤氳氣、無根火，此為聖藥。風藥中多用之。惡黄耆、乾薑、大棗、山茱萸。反藜蘆。勿犯銅器，餌之噎人喉，喪人目。

明・李時珍《本草綱目》卷一二草部・山草類上　玄參《本經》中品

〔釋名〕黑參《綱目》　玄臺《吳普》　重臺《本經》　鹿腸《吳普》　正馬《別錄》　逐馬《藥性》　馥草《開寶》　野脂麻《綱目》　鬼藏《吳普》　時珍曰：玄，黑色也。《別錄》一名端，一名咸，多未詳。弘景曰：其莖微似人參，故得參名。志曰：合香家用之，故俗呼馥草。

〔集解〕《別錄》曰：玄參生河間川谷及冤句，三月、四月採根暴乾。普曰：生冤句山陽。三月生苗。其葉有毛，四四相值，似芍藥。黑莖，莖方，高四五尺。葉亦生枝間。四月實黑。弘景曰：今出近道，處處有之。莖似人參而長大。根甚黑，亦微香，道家時用，亦以合香。恭曰：玄參根苗並臭，莖亦不似人參，未見合香。志曰：其莖方大，高四五尺，紫赤色而有細毛。葉如掌大而尖長。根生青白，乾即紫黑，新者潤膩。陶云莖似人參，蘇言根苗並臭，似未深識。頌曰：二月生苗。葉似脂麻對生，又如槐柳而尖長有鋸齒。細莖青紫色。七月開花青碧色。八月結子黑色。又有白花者，莖方大，紫赤色而有細毛，有節若竹者，高五六尺。其根一（根）〔株〕五七枚，三月、八月採暴乾。或云蒸過日乾。時珍曰：今用玄參，正如蘇頌所說。其根有腥氣，故蘇恭以爲臭也。宿根多地蠶食之，故其中空。花有紫白二種。

根　〔修治〕斆曰：凡採得後，須用蒲草重重相隔，入甑蒸兩伏時，曬乾用。勿犯銅器，餌之噎人喉，喪人目。

〔氣味〕苦，微寒，無毒。《別錄》曰：鹹。普曰：神農、桐君、黄帝、雷公：苦，無毒。岐伯：寒。元素曰：足少陰腎經君藥也，治本經須用。之才曰：惡黄耆、乾薑、大棗、山茱萸，反藜蘆。

〔主治〕腹中寒熱積聚，女子産乳餘疾，補腎氣，令人明目《本經》。主暴中風傷寒，身熱支滿，狂邪忽忽不知人，溫瘧洒洒，血瘕。下寒血，除胸中氣，下水止煩渴，散頸下核，癰腫，心腹痛，堅癥，定五臟。久服補虛明目，强陰益精《別錄》。熱風頭痛，傷寒勞復，治暴結熱，散瘤瘻瘰癧甄權。治游風，補勞損，心驚煩躁，骨蒸傳尸邪氣，止健忘，消腫毒大明。滋陰降火，解斑毒，利咽喉，通小便血滯時珍。

〔發明〕元素曰：玄參乃樞機之劑，管領諸氣上下，清肅而不濁，風藥中多用之。故《活人書》治傷寒陽毒，汗下後毒不散，及心下懊憹，煩不得眠，心神顛倒欲絶者，俱用玄參。以此論之，治胸中氤氳之氣，無根之火，當以玄參爲聖劑也。時珍曰：腎水受傷，真陰失守，孤陽無根，發爲火病，法宜壯水以制火，故玄參與地黄同功。其消瘰癧亦是散火，劉守真言結核是火病。

〔附方〕舊二，新七。

諸毒鼠瘻：玄參漬酒，日日飲之。《開寶本草》。　年久瘰癧：生玄參擣傅之，日二易之。《廣利方》。　赤脈貫瞳：玄參爲末，以米泔煮猪肝，日日蘸食之。《濟急仙方》。　發斑咽痛：玄參升麻湯：用玄參、升麻、甘草各半兩，水三盞，煎一盞半，温服。《南陽活人書》。　急喉痹風：不拘大人小兒。玄參、鼠粘子半生半炒各一兩，爲末，新水服一盞立瘥。《聖惠方》。　鼻中生瘡：玄參末塗之。或以水浸軟塞之。《衛生易簡方》。　三焦積熱：玄參、黄連、大黄各一兩，爲末，煉蜜丸梧子大。每服三四十丸，白湯下。小兒丸粟米大。《丹溪方》。　小腸疝氣：黑參㕮咀炒，爲丸。每服一錢半，空心酒服，出汗即效。孫天仁《集效方》。　燒香治癆：《經驗方》用玄參一斤，甘松六兩，爲末，煉蜜一斤和勻，入瓶中封閉，地中埋罯十日取出。更用灰末六兩，煉蜜六兩，同和入瓶，更罯五日取出。燒之，常令聞香，疾自愈。頌曰：初入瓶中封固，煮一伏時，破瓶取擣入蜜，别以瓶盛，埋地中罯過用。亦可熏衣。

題明・薛己《本草約言》卷一《藥性本草》　玄參　味苦、鹹，氣微寒，無毒。陰也，可升可降，入足少陰經。熱結聚而能療，熱散漫而能清。寒熱兼而神昏可愈，勞熱盛而水竭堪憑。乃樞機之劑，管領諸氣上下，肅清而不濁。以此論之，治空中氤氳之氣，散無根浮遊之火，此為聖藥也。惡黄芪、乾薑、大棗、山茱萸，反藜蘆。○用時勿令犯銅。　強陰益精，補腎明目。治傷寒身熱肢滿，忽忽如不知人。療溫瘧寒熱往來洒洒，時常發顫。除女人産乳餘疾，祛男子骨蒸傳尸。逐腸內血瘕堅癥，散頸下痰核癰腫。○玄參鹹入腎，而苦降火，足少陰之劑，故強陰明目，補虚勞骨蒸，以其入陰經也。治傷寒忽忽，溫瘧洒洒，由苦寒能降火也。又主積聚血瘕，頸核癰腫，産乳餘疾，以鹹能走榮而軟堅也。風藥中多用之，故《活人》治傷寒陽毒，用玄參升麻湯。治汗吐下後毒不散，即知肅清樞機之劑。以此論之，治空中氤氳之氣，無根之火，以玄參為聖藥也。　東垣云：治結熱毒癰，清利咽膈。○江云：逐熱以清班咽下，乃少陰經穴道。

明・佚名氏《醫方藥性・草藥便覽》　苦玄參　其性苦。治惡毒之風邪。解瘡□之毒氣。

明・梅得春《藥性會元》卷上　玄參　味苦、鹹，微寒。無毒。惡黄芪、乾薑、大棗、山茱萸。反藜蘆。勿犯銅器，不則令人喉噎、喪目。　主治結熱毒癰，清利咽膈，攻喉痛，除風熱，明眼目，療腹中寒熱積聚，女人産乳餘疾。治傷寒身熱，支滿、狂邪，溫瘧，骨蒸傳屍，癧串腫，項核，血瘕堅癥。下寒血，除胸中氣，下水，止煩渴，補腎氣，定五臟。久服補虚，明目。又治暴中風，易老云：乃樞機之劑，管領諸藥，上下肅清而不濁，故治空中氤氳之氣，瀉無根之遊火，以玄參為聖藥也。又為足少陰腎經君藥。　凡使，酒蒸黑用。

明・杜文燮《藥鑒》卷二　玄參　氣寒，味苦、醎，無毒。足少陰腎經君藥也。強陰益精，補腎明目，療溫瘧寒熱往來洒洒，時常發顫。逐腸內血瘕堅癥，散頸下痰核癰腫。管領諸氣上下，肅清而不濁。統治咽喉腫痛，軟利而即消。去結熱，消腫毒。除心中懊憹，煩渴不得眠，心神顛倒欲絶。血滯，小便不利，及肢滿狂邪，忽不知人，并傷寒汗吐下後，毒不能散，誠為肅清樞機之劑。即此能治空中氤氳之氣，去浮遊無根之火。又痰藥用之，即能消痰，何也？氣理則痰自清也。反藜蘆。

明・李中立《本草原始》卷二　玄參　始生河間山谷及寃句，今處處有之。二月生苗，葉似脂麻，又如槐柳，細莖，青紫色。七月開花，青碧色。八月結子，黑色。亦有白花，莖方大，紫赤色而有細毛。有節若竹者高五六尺，葉如掌大而尖長如鋸齒，其根尖長。生青白，乾即紫黑，新者潤膩。一根可生五七枚。三月九月采〔根〕暴乾。李時珍曰：玄，黑色也。陶弘景曰：其莖微似人參，故名玄參。又一名黑參。　玄參：氣味：苦，微寒，無毒。主治：腹中寒熱積聚，女子産乳餘疾。補腎氣，令人明目。○主暴中風、傷寒，身熱支滿，狂邪忽忽不知人，溫瘧洒洒，血瘕，下寒血，除胸中氣，下水止煩渴，散頸下核癰腫，心腹痛，堅癥，定五臟。久服補虚明目，強陰益精。○熱風頭痛，傷寒勞復，治暴結熱，散瘤瘻瘰癧。○治遊風，補勞損，心驚煩燥，骨蒸傳尸邪氣，止健忘，消腫毒。滋陰降火，解斑毒，利咽喉，通小便血滯。

玄參，《本經》中品。【圖略】根形，肉黑堅實者佳。　修治：玄參，用蒲草重重相隔，入甑蒸兩伏時，晒乾。用勿犯銅器，餌之噎喉、喪目。

《別錄》云：味鹹。元素曰：足少陰腎經君藥也，治本經須用之。之才曰：惡黄耆、乾薑、大棗、山茱萸，反藜蘆。《衛生易簡方》：治鼻中生瘡，玄參末塗之，或以水浸軟塞之。玄參，使。

明・張懋辰《本草便》卷一　玄參使　味苦、鹹，氣微寒，無毒。足少陰經君藥。惡黄耆、乾薑、大棗、山茱萸，反藜蘆。凡用勿犯銅。　主腹中寒熱積聚，女子産乳餘疾，補腎氣；　令人目明，強陰益精；　治暴中風，傷寒身熱，支滿狂邪，散頸下核癰腫。此藥乃樞機之劑，管領諸氣，上下肅清而不濁。治空中氤氳之氣，無根之火，此爲聖藥也。

明・李中梓《藥性解》卷三　玄參　味苦、鹹，性微寒，無毒，入心、肺、腎三經。主腹中寒熱積聚，女子乳癰諸疾，補腎氣，除心煩，明眼目，理頭風，療咽喉，消癭瘤，散癰腫，解熱毒。惡黄耆、乾薑、大棗、山茱萸，反藜蘆，勿犯銅器，餌之噎喉損目。按：玄參氣輕清而苦，故能入心肺，以清上焦之火，體重濁而鹹，故能入腎部，以滋少陰之火，所以積聚等症，靡不療之。

明·繆希雍《本草經疏》卷八 玄參 味苦、鹹，微寒，無毒。主腹中寒熱積聚，女子產乳餘疾，補腎氣，令人明目。主暴中風傷寒，身熱支滿，狂邪忽忽不知人，溫瘧洒洒，血瘕，下寒血，除胸中氣，下水，止煩渴，散頸下核癰腫，心腹痛，堅癥，定五藏。久服補虛明目，強陰益精。忌犯銅器。甄權：殺瘤瘻、瘰癧。時珍：解斑毒，利咽喉。

【疏】玄參正稟北方水氣，而兼得春陽之和，故味苦而微寒無毒。《別錄》兼鹹，以其入腎也。為足少陰經君藥。黑乃水色，苦能下氣，寒能除熱，鹹能潤下軟堅，故主腹中寒熱積聚，女子產乳餘疾。補腎氣、令人明目者，益陰除熱，故補腎而明目也。熱則生風，故主暴中風及療傷寒至春變爲溫病，身熱支滿，狂邪忽忽不知人。主溫瘧洒洒者，邪熱在表也。胸中氣亦邪熱也。止煩渴，散頸下核癰腫者，解熱軟堅之效也。心腹痛亦熱也。堅癥者，內熱血瘀而乾也。益陰除熱，故定五臟，久服補虛強陰益精也。散結氣而能軟堅，故主瘰癧也。散結涼血降火，故解斑毒、利咽喉也。下寒血三字疑有誤。【主治參互】同升麻、甘草等分，水煎，治發斑咽痛，出《活人書》。同鼠黏子半生半炒，各兩許，為末，新汲水服。治急喉痹風。同地黃、甘菊花、蒺藜、枸杞子、柴胡，能明目。同貝母、連翹、甘草、栝樓根、薄荷、夏枯草，治瘰癧。同知母、麥門冬、竹葉，治傷寒陽毒，汗下後，熱毒不散，心下懊憹，煩不得眠，心神顛倒欲絕。同黃連、大黃等分，蜜丸如梧子，每三四十丸，白湯下，治三焦積熱。《經驗方》治勞香：玄參一斤，甘松六兩，為末，煉蜜一斤和勻，入瓶中封閉，地中埋窨十日，取出，更用灰末六兩，煉蜜六兩，同和入瓶，更窨五日，取出燒之，常令聞香，其疾自愈。【簡誤】血少目昏，停飲寒熱支滿，血虛腹痛，脾虛泄瀉。竝不宜服。

明·倪朱謨《本草彙言》卷一 玄參 味苦，氣寒，無毒。足少陰腎經藥也。陶隱居曰：生河間川谷及冤句。今仁和筧橋山陽近道亦有。一月生苗，高四五尺。其葉有毛，莖方而細，色青紫，葉似芝麻對生，如槐柳尖長，邊有鋸齒。七月開花青碧，八月結子褐色。又有白花者。莖方而大，有節若竹，色紫赤，葉似烏藥。七月開花白色，或茄花色，形似大薊，花端叢刺，刺端有鈎，最堅且利，八月結子，黑色。其根一株五七枚，有腥氣。七八月采傍根，暴乾，老根不用。在地者中空，或云地蠶食之故也。○此藥忌犯銅鐵器。

玄參：濟水滋陰，時珍散風解熱之藥也。方益明稿散火鬱，解陽明胃熱之疹瘖。益陰精，治虛勞寒熱之骨蒸。此乃樞機之劑，管領諸氣，上下肅清而不濁，故上焦之火發于咽喉腮頰唇齒之間，焮赤腫脹，及皮膚癍疹不消，痘瘖火鬱不透；下焦之火，小便赤濁，癃閉淋瀝，小腹急疾，及腎水受傷，孤陽浮越，發爲火病。當壯水主，以制陽光，惟玄參與生地爲最也。又陰虛火盛，咳嗽無痰，腎銷骨蒸，勞熱潮熱；又傷寒汗下後，熱毒不散，心下懊憹不得眠，心神顛倒欲絕者，以上諸證，俱用玄參，其功可知矣。其味苦，其氣寒，具備少陰之體用者也。

金靈昭先生曰：玄參乃樞機之劑，配荆、防而治火于上，配知、柏而治火于下。配膽星、半夏，祛一切暴發風痰；配知母、麥冬，療一切虛火痰嗽。配升麻、鼠粘，起痘瘖于將萌之初；配麥冬、竹葉，解傷寒陽毒于汗下之後。此藥性寒而潤，如胃寒停飲，腹脹寒熱，脾虛泄瀉，幷不宜服。

盧子繇先生云：玄參味苦氣寒，《本草》言補腎氣者，補腎氣方萌之機兆，非補腎藏欲藏之形質。

集方：《三因方》治陽明胃熱，咽腫齒疼，幷頭面眼耳一切火病，及時行熱毒，疹瘖癍疔諸證。用玄參、大力子各五錢，前胡、荆芥、桔梗、薄荷各二錢，羌活、防風、連翹、白芷各一錢，水煎服。○《方脉正宗》治陰虛火炎，日晡寒熱，骨蒸夜熱，咳嗽無痰，大便結燥，小水短赤，或癃閉不通，淋瀝白濁等證。用玄參四兩，沙參、白芍藥、懷生地、銀柴胡、地骨皮各三兩，黃柏、知母各二兩，甘草一兩，分撮作二十劑，水煎服。或總和一處，煎汁熬膏，煉蜜收，每早晚白湯調服，十茶匙亦可。○仲景方治傷寒汗下後，熱毒不散，心下懊憹不得眠，心神顛倒。用玄參、知母各一錢五分，甘草五分，茯苓一錢，加生薑三片，黑棗三個，水煎服。○《南陽活人書》治陽毒發斑，咽痛煩渴者。用玄參、升麻、甘草各五錢，水煎服。○《聖惠方》治急喉痹風，不拘大人小兒。用玄參、鼠粘子各一兩，水煎服，立瘥。○雪潭《自得錄》治奔走勞悴，或言語煩雜，或謀慮過多，心火妄動，一時眼目昏花，心神振搖，頭眩欲倒。用玄參四錢，麥門冬三錢，茯苓二錢，人參一錢，生薑三片，大棗三個，水煎服。○治時行暑熱，日下奔走，頭眩煩悶，精神疲倦，口燥焦渴。用玄參五錢，麥門冬、白朮、知母各三錢，水煎服。

明・顧逢柏《分部本草妙用》卷五腎部・寒補 玄參 苦、鹹，微寒，無毒。惡黄芪、乾薑、大棗、山茱萸，反藜蘆。忌銅器。蒸過晒乾，黑潤者佳。

主治：寒熱積聚，清上焦火，治咽喉腮腫，舌強乳蛾。補腎明目，陰虚痰嗽，骨蒸潮熱。傷寒汗後身熱狂邪，下水止渴，滋陰降火。解斑毒，治遊風結核。按：玄參為樞機之劑，管領諸氣，上下肅清而不濁，故傷寒陽毒，汗下後邪氣不散，心下懊憹，煩不得眠，用治無根之火，當為聖劑。所以上部亦用之者，因水不勝火，亢而僭上，宜壯水之主，以制陽光故耳。降上焦，而并瀉下焦火，清火而不傷真氣，勝栢、母遠甚，滋陰者先之。

明・李中梓《醫宗必讀・本草徵要上》 玄參味苦、鹹，微寒，無毒。入腎經，惡黄耆、乾薑、大棗、山茱萸，反藜蘆，忌銅器。蒸過晒乾，黑潤者佳。 補腎益精，退熱明目，傷寒癍毒，癆證骨蒸。解煩渴，利咽喉。外科瘰癧癰疽，女科產乳餘疾。色黑味鹹，腎家要藥。凡益精明目，退熱除蒸，皆壯水之效也。至如咽痛煩渴，癍毒瘰瘡，皆肺病也。正為水虚火亢，金受賊邪，第與壯水，陽燄無光已。產乳餘疾，亦屬陰傷，故應並主。按：玄參寒滑，脾虚泄瀉者禁之。

明・鄭二陽《仁壽堂藥鏡》卷一〇上 玄參 《本草》云：玄參生河間。黑者佳。氣寒，味苦、鹹，無毒。《本草》云：主腹中寒熱積聚，女子產乳餘疾，補腎氣，令人目明。主暴中風，傷寒身熱肢滿，狂邪忽忽不知人，溫瘧洒洒，血瘕，下寒血，除胸中氣，下水，止煩渴。潔古云：氣寒，味苦。治心中懊憹，煩而不得眠，心神顛倒欲絶，血滯小便不利。東垣云：足少陰腎經君藥也。治本經須用。《本草》云：玄參惡黄耆、乾薑、大棗、山茱萸，反藜蘆。海藏云：易老言：玄參乃樞機之劑，管領諸氣，上下肅清而不濁，風藥中多用之。故《活人》治傷寒陽毒，用玄參升麻湯，治汗吐下後毒不散，即知肅清樞機之劑。以此論之，治空中氤氳之氣、無根之火，以玄參為聖藥。《珍》曰：利咽喉，通小便血滯。按：玄參色黑，味鹹，故為少陰要藥。而上部多用之者，何也？夫水不勝火，亢而僭上，宜壯水之主，以制陽光，故耳清火而不傷真氣，勝黄柏、知母遠甚。滋陰者其先之。禹錫云：玄參散癭瘤瘰癧。

明・蔣儀《藥鏡》卷四寒部 玄參 強陰益精，補腎明目。利咽膈，療骨蒸。清空中氤氳之諸氣，氣理則痰自化。肅上下無根之客火，火平則氣自順。血滯小腸不利，并傷寒瘟瘧，茲為要劑。心神顛倒欲絶，及中風熱毒，此奏仙功。方云酒下消鼠瘻，生搗傅瘰癧，皆散火降痰之驗也。

明・李中梓《頤生微論》卷三 玄參 味苦、醎，性微寒，無毒。入腎經。惡黄芪、乾薑、大棗、山茱萸，反藜蘆，忌銅器。蒸過晒乾。黑潤者佳。補腎明目，滌熱除驚。理傷寒狂邪癍毒，療虚勞燥渴骨蒸。外科治瘰癧癰疽，女方主產乳餘疾。

按：玄參色黑味醎，本為腎經之劑。古人多用以治上焦火症者，正為水不勝火，亢而借上，宜壯水之主，以制陽光。滋陰劑中，須用蒸晒，差減寒性，然亦不可久用也。

明・張景岳《景岳全書》卷四八《本草正》 玄參反藜蘆。 味苦、甘、微鹹，氣寒。此物味苦而甘，苦能清火，甘能滋陰。以其味甘，故降性亦緩。《本草》言其惟入腎經，而不知其尤走肺臟。故能退無根浮游之火，散周身痰結熱癰，逐頸項咽喉痹毒，瘰癧結核，毆男女傳尸，煩燥骨蒸，解溫瘧寒熱往來，治傷寒熱班支滿。亦療女人產乳餘疾，或腸中血瘕熱癥，并療勞傷痰嗽熱煩，補腎滋陰，明目解渴。

明・賈九如《藥品化義》卷七腎藥 元參 屬陰，體潤，色黑，氣和，味微苦，帶微鹹，略甘，性涼，能降，力滋陰，性氣輕而味濁，入腎經。元參色黑，原名黑參，得元水之象，味苦鹹沉下，用入腎臟，戴人謂腎本寒，虚則熱，如縱慾耗精，真陰虧損，致虚火上炎，以此滋陰抑火，及頭疼熱毒，耳鳴咽痛，喉風瘰癧，傷寒陽毒，心下懊惱，皆無根浮游之火為患，此有清上徹下之功。凡治腎虚，大有分別：腎之經虚則寒而濕，宜溫補之；腎之臟虚則熱而燥，宜涼補之。獨此性涼體潤色黑，滋腎功勝知柏，特為腎臟君藥。取大而肉堅黑潤者佳，去蘆頭用。

明・盧之頤《本草乘雅半偈》帙四 玄參《本經》中品 氣味：苦，微寒，無毒。主治：主腹中寒熱積聚，女子產乳餘疾，補腎氣，令人明目。

覈曰：生河間川谷，及冤句，山陽近道亦有之。二月生苗，高四五尺，莖方而大，作節若竹，色紫赤，有細毛，葉生枝間，四四相值，形似芍藥。七月開花，白色或茄花色，形似大薊，花端叢刺，刺端有鉤，最堅且利，八月結子黑色。一種莖方而細，色青紫，葉似脂麻對生，又似槐柳尖長，邊有鋸齒，七月開花青碧，八月結子黑褐，根都科生，一根五七枚，生時青白，乾即紫黑，宜三八月采。修治：用蒲草重重相隔，入柳木甑，蒸兩伏時，勿犯銅鐵器，餌之噎人喉，喪人目。惡黄耆、乾薑、山茱萸。反藜蘆。

粲曰：玄正子半，一陽將復之時也。非動非靜，若顯若匿，一點微芒，萬鈞之力。其味苦，已向乎陽；其氣寒，未離乎陰，儼似少陰之樞象，參贊化育之元始，具備少陰之體用者也。主治功力，與芍藥相似，芍則端倪已破，玄則醖藉幽微，故主寒熱積聚之欲成堅凝閉密，與產乳餘疾之已出未淨。補腎氣者，補腎氣方萌之機兆，非補腎藏欲藏之形質。體用周備，則精華上注，故令目明。冬三月，此謂閉藏，使志若伏，若匿，若有私意，若已有得，非水凝如石之腎氣獨沉矣。又《經》云：冬三月，欲如運樞。又云：陰者，藏精而起亟也。

明・李中梓《本草通玄》卷上 玄參 色黑，苦，寒，腎經藥也。清腎家之火，解癍疹之毒，利咽喉，通小便，明眼目，散瘤癧，理傷寒狂邪發渴，心內驚煩。按：玄參主用繁多，咸因腎水受傷，真陰失守，孤陽無根，亢而僭逆，法當壯水以鎮陽光，常體此意，便得玄參之用矣。忌犯銅器。

清・顧元交《本草彙箋》卷一 玄參 得玄水之象，故入腎臟。戴人謂腎本寒，虛則熱，如縱慾耗精，真陰虧損，致虛火上炎，以此滋陰抑火，及頭疼熱毒，耳鳴，咽痛喉風，瘰癧，傷寒陽毒，心下懊憹，皆無根之火爲患也。李士材云：玄參氣輕清而苦，能入心肺，以清上焦之火，體重濁而鹹，能入腎部，以滋少陰之水，故稱其有清上徹下之功。凡治腎虛，大有分別。腎之經虛，則寒而濕，宜溫補之。腎之臟虛，則熱而燥，宜涼補之。玄參特爲腎臟君藥。

製法：蒸曝。勿犯銅器，犯之噎人喉，損人目。

清・穆石匏《本草洞詮》卷八 玄參 苦，微寒，無毒。補腎氣，明目，滋陰降火，解斑毒，利小便血滯。此乃樞機之利，管領諸氣，上下清肅而不濁，故風藥中多用之。凡腎水受傷，真陰失守，孤陽無根，發為火病，法宜壯水以制火，惟玄參與地黄耳。《活人書》治傷寒陽毒，汗下後毒不散，及心下懊憹不得眠，心神顛倒欲絕者，俱用玄參，其功可知矣。

清・劉雲密《本草述》卷七上 玄參

二月生苗，高四五尺，莖方而大，作節若竹，色紫赤，有細毛，葉生枝間，四四相植，形似芍藥。七月開花白色，或茄花色，形似大薊，花端叢刺，刺端有鈎，最堅且利。八月結子，黑色。一種莖方而細，色青紫，葉似脂麻，對生，又似槐柳，尖長，邊有鋸齒，七月開花青碧，八月結子黑褐，根都科生，一根五七枚，生時青白，乾即紫黑，宜三、八月采。

根：氣味：苦，微寒，無毒。《別錄》曰：鹹。普曰：神農、桐君、黄帝、雷公：苦，無毒。岐伯：寒。潔古曰：足少陰腎經君藥也。治本經須用。

諸本草主治：補腎氣，除陰中氣分遊火，清三焦氣，散遊風，能明目，并喉舌浮熱為病。育陰氣，除心煩，治暴結熱，解斑毒，療熱風頭痛，通小便血滯，散瘤瘻瘰癧。方書主治：咽喉消瘴舌中，風虛勞傷，燥發熱，著痹，驚悸盜汗，耳、口、齒、唇、皮膚。

潔古曰：氣寒，味苦，治心中懊憹，煩而不得眠，心神顛倒欲絕，血滯，小便不利。海藏曰：易老言玄參乃樞機之劑，管領諸氣，上下肅清而不濁，風藥中多用之，故《活人》治傷寒陽毒，用玄參升麻湯，治汗吐下後毒不散，即知肅清樞機之劑。以此論之，治空中氤氳之氣，無根之火，以玄參為聖藥也。《心法》云：玄參在上焦治結熱咽痛，去遊火，能清氤氳之氣；在中焦管領諸氣，能分清濁；在下部補腎中氤氳之氣，降陰火奔騰，亦能明目。時珍曰：腎水受傷，真陰失守，孤陽無根，發為火病，法宜壯水以制火，故玄參與地黄同功。其消瘰歷，亦是散火。劉守真言結核是火病。希雍曰：玄參正稟北方水氣，而兼得春陽之和，故味苦而微寒無毒。《別錄》兼鹹，以其入腎也，為足少陰經君藥。黑乃水色，苦能下氣，寒能除熱，鹹能潤下軟堅。

同升麻、甘草等分，水煎，治發斑咽痛。出《活人書》。同鼠黏子半生半炒，各兩許，為末，新汲水服，治急喉痹風。同地黄、甘菊花、蒺藜、枸杞子、柴胡，能明目。同貝母、連翹、甘草、栝樓根、薄荷、夏枯草，治瘰癧。同知母、麥門冬、竹葉，治傷寒陽毒汗下後熱毒不散，心下懊憹，煩不得眠，心神顛倒欲絕。同黄連、大黄等分，蜜丸，治三焦積熱。

愚按：玄參黑色，為水，潤下本鹹。故味苦而氣寒者，唯此為足少陰的劑矣。但謂其與地黄同功，不知其同為益腎，而玄參所主者，陰氣也。地黄固壯水以制火，玄參則管領諸氣，舉浮游之火，或炎或聚者，能清而散之，此亦何能概同歟？之頤曰：已向乎陽，未離於陰，儼似少陰之樞象，殆具備少陰之體用者也。已向於陽，為其味苦也。未離於陰，為其氣寒也。曰補腎氣，是補腎氣方萌之機兆，非補腎臟欲藏之形質也。此數語亦可謂微中矣。雖然，玄參所療諸病，皆本於氣化熱者也，此能致其至陰於氣分，凡熱遇至陰之氣而即化，此昔哲所謂管領諸氣，上下肅清而不濁者也。故熱所結之氣，不限上下，不分虛實，隨其或主或輔，而皆可肅清，如同黄連、大黄，以治三焦積熱；如同升麻、大黄、犀角，以治胃熱發斑；如同知母、麥冬、竹葉，以治傷寒汗下後餘熱，心下懊憹，不眠顛倒；如同貝母、花粉、枳實、桔梗、芩、連、升麻、甘草，以治上焦熱痰盛而作渴，口舌腫痛；如同升麻、犀角、赤芍、桔梗、貫眾、芩、草，以治心脾壅熱，舌上生瘡，木舌舌腫，或連頰兩項腫痛；如同升麻、連、芩、翹、桔、鼠黏、殭蠶、甘草、防風，以治喉中妨悶，會厭後腫，舌赤，午後語言微濇。如是之類，不一而足，皆治其實者也。如虛勞六極治中，有玄參湯，同諸藥治骨實極而面色焦枯，隱曲膀胱不通，牙齒腦髓苦痛，手足酸痛，大小便秘。如用於天王補心丹中，同諸藥除怔忡，定驚悸，清三焦，化痰涎，祛煩熱，療咽乾，育養心神。如清熱補氣湯，同諸藥以治中氣虛熱，口舌如無皮狀，或發熱作渴。又如清熱補血湯，同諸藥以治口舌生瘡，體倦少食，日晡益甚，或目濇熱痛。如是之類，亦不一而足，此治其虛者也。夫實為邪實，除邪不能盡藉此味，而以此味之陰氣，化氣之并於邪者。虛為正虛，補正亦不能盡藉此味，而以此味之陰氣，助氣之歉於正者。此玄參之能事如是，用之者宜量其所長也。若時珍所謂真陰失守，孤陽無根等語，猶未盡合耳，明者自能辨之。然凡此主治，的的關於腎氣，其經絡穴俞昭然，未能概治中氣也。謂為少陰君藥者，誠然。次之即肝，故目疾虛實皆用之。繆仲淳所云稟北方水氣，而兼得春陽之和，其說不妄，正有合於風藥中多用之義矣。

希雍曰：血少目昏，停飲寒熱，支滿，血虛腹痛，脾虛泄瀉，並不宜服。總之，虛而寒者，切禁。

修治　中梓云：滋陰劑中須用蒸曬，差減寒性。　酒洗去塵土，酒拌蒸，切片，曬乾用。極忌銅鐵。黑潤者佳。

清・郭章宜《本草匯》卷九　玄參　味鹹、苦，寒，可升可降，陰也。入足少陰經。滋腎家之火，解斑疹之毒。玄參、升麻、甘草煎服。利咽喉，咽下乃少陰經穴道。通小便，明眼目，止煩渴。治傷寒身熱支滿，忽忽如不知人。療溫瘧寒熱往來，洒洒如常發顫。逐腸內之瘕癥，散頸下之癧核。以其鹹能軟堅，而走榮也。熱結聚而能療，熱散漫而能清。寒熱兼而神昏可愈，勞熱盛而水竭堪憑。

按：玄參苦寒降火，本為腎經之劑。古人多用以治上焦火症者，正為腎水受傷，真陰失守，孤陽無根，亢而逆僭，水不勝火，用此以佐地黄，壯水主以鎮之。李念莪云：入心肺腎三經，以其氣輕清而苦，故入心肺以清上焦，體重濁而鹹，故入腎部以滋少陰，所以積聚等症，靡不療之。故凡益精明目，退熱除蒸，皆壯水之效也。至如咽痛煩渴，癍毒癧瘡，皆肺病也，正為水虛火亢，金受賊邪，茀與壯水，陽燄無光矣。張元素云：玄參乃樞機之劑，管領諸氣，上下清肅而不濁，風藥中多用之。故《活人書》治傷寒陽毒汗下後，毒不散，及心下懊憹，煩不得眠，心神顛倒欲絕者，俱用玄參。以此論之，治胸中氳氳之氣，無根之火，當以此為聖藥也。若久病不渴，及脾虛洩瀉，血少目昏者禁之。

選黑潤者，用蒲草重重相隔，蒸晒。勿犯銅器，犯之損人喉，喪人目。惡黄耆、乾薑、大棗、山茱萸。反藜蘆。

清・蔣居祉《本草擇要綱目・寒性藥品》　玄參　氣味：苦，微寒，無毒。勿犯銅器，餌之能噎人喉，喪人目。入足少陰腎經。主治：心中懊憹，煩不得眠，心神顛倒欲絕，血滯，小便不利。凡腎水受傷，真陰失守，孤陽無根，發為火病，法宜壯水以制火。玄參治胸中氤氳之火，真聖劑也。惡：黄芪、山萸肉、乾薑、大棗。反：藜蘆。

清・閔鉞《本草詳節》卷三　玄參　【略】按：玄參，氣輕清而苦，故入心肺，以清上焦之火。體重濁而鹹，故入腎部，以滋少陰之水，乃樞機之劑，管領諸氣，上下清肅而不濁也。《活人》治傷寒陽毒，汗下後毒不散，及心懊濃煩不得眠，心神顛倒欲絕者，用其能治胸中氤氳之氣，無根之火也。又腎水受制，真陰失守，孤陽無根，發為火病，法宜以之壯水制火，故與地黄同功。其消瘰癧積聚，亦是散火耳。

清・王翃《握靈本草》卷二　玄參今出近道。忌銅器，悞餌，噎喉喪目。主治：玄參，苦，微寒，無毒。主腹中寒熱積聚，補腎明目，滋陰降火，解斑毒，利咽喉，通小便。中風傷寒，身熱狂邪，溫瘧洒洒。

清・汪昂《本草備要》卷一　玄參補水，瀉無根之火。　苦、鹹，微寒。色黑入腎。能壯水以制火，散無根浮游之火。腎水受傷，真陰失守，孤陽無根，發爲火病。益精明目，利咽喉，通二便。治骨蒸傳尸，傷寒陽毒發斑，亦有陰症發斑者。

懊憹，鬱悶不舒。煩渴，溫瘧洒洒，喉痹咽痛，本腎藥而治上焦火症，壯水以制火也。腎脉貫肝膈，入肺中，循喉嚨，繫舌本。腎虛則相火上炎，此喉痹、咽腫、咳嗽、吐血之所由來也。潮熱骨蒸，亦本于此。此與黃耆能治下焦帶濁崩淋同義。瘰癧結核，寒散火，鹹軟堅。癰疽鼠瘻音漏，脾虛泄瀉者忌用。　蒸過焙用，勿犯銅器。惡黃耆、山茱萸、薑、棗，反藜蘆。

清・吴楚《寶命真詮》卷三　玄參　【略】清腎家之火，益精明目，退熱除蒸。皆壯水之效也。解煩渴，利咽喉，消癍疹，散瘤癧。以上皆肺病也。因水虛火元，金受賊邪，故第與壯水，則陽燄無光也。

清・李世藻《元素集錦・本草發揮》　元參　忌銅，犯之令人噎喉喪目，則其走喉與目可知。予治目疾喉痛，加用而有效，學者可觸類而悟之。

清・陳士鐸《本草新編》卷三　元參　味苦、鹹，氣微寒，無毒。忌銅器，犯之噎喉喪目。入肺、腎、胃三經。強陰益精，補腎明目。治傷寒身熱支滿，忽忽如不知人；療溫瘧寒熱往來，洒洒時常發顫；除女人產乳餘疾，祛男子骨蒸傳尸；逐腸風血瘕堅癥，散頸下痰核癰腫。乃樞機之劑，領諸氣上下肅清而不致濁，治空中氤氳之氣，散無根浮遊之火，惟此為最。前人之論如此，近有輕之而不用，即用之而不敢多。豈知元參乃君藥，實可恃之奪命以救人者乎。夫天下最難治者，火症也。而火症之中，最難降者，無如胃、腎之二火。腎火沸騰，乃龍雷之火也，其勢最烈，以苦寒折之，反致增焰，焚林劈木，每在陰寒大雨之時，夏日炎氛之際，一遇涼風白露，而龍雷收藏矣。故以苦寒直治，不若以微寒從治。元參正微寒之品，而又善散浮遊之火，治之正復相宜，此治腎火之所必需也。若胃火之起勢若燎原，不盡不止，往往熱氣騰天，火星口出，登高而歌，棄衣而走，見水而入。苟不以辛涼大寒之藥救之，則發狂亡陽，立時身喪，此非急用白虎湯不可。然石膏過寒，多服損胃，雖一時救急，而不可以善後。元參治空中氤氳之氣，瀉火正其所長。石膏之後，即繼之以元參，則陽火自平，而陰火又長，何至有亡陽之懼乎，此又治胃火之所必需也。但勺水難以救焚，反致至焰。若胃火乃陽火也，必多用元參，然後可以遏其勢；而腎火乃陰火也，亦必多用元參，然後可以息其熾。況元參原是君藥，多用始易成功，少用反致僨事，不妨自一兩用至五六兩，以出奇制勝。倘畏首畏尾，不敢多用，聽其死亡而不救，冀免于無過難矣。吾願行醫者，聞吾言而重用元參，以治胃、腎之二火可乎。

或問：元參以退胃、腎之火，既不損胃，又且滋陰，但必須多用，不妨一兩以用至五六兩，毋乃太多，恐脾胃難于承受，萬一變生飽悶，不欲飲食之症奈何？　噫！此過慮矣。夫胃、腎之火上騰者，由于下之無水也。火旺之極，則水虧之極，水不虧，則火不旺。天地之道〔陰陽之道〕，陰陽所以相根，人身之中，水火原以相召，有水以制火，則火安于下焦，斷不沸越于上焦也。故火不得水則已，一得水則相安，而斂戢甚神且速也。然則火之騰空，正望水而不可得，惟恐水之細微，不足以解其燥烈之炎氛，豈有得滂沱反厭惡作祟之理。是以入于胃而胃甦，入于脾而脾樂，況胃、腎二火炎上，各經之水皆爍，水即滂沱，尚恐分潤之不足，何至有觸留于脾，胃艱于承受，致生飽悶不欲食之症哉？此必無之事，可放膽用之。而吾猶以為少耳，更當佐之以麥冬，益之以生地、甘菊，庶幾同群共濟，有霑足之快也。

或疑元參退浮遊之火，退上焦之虛火，非退下焦之虛火。吾子盛稱其功，得無錯認腎中之火上浮耶？非錯也。夫浮遊之火，正下焦之火，而非上焦之火。凡火在上焦者，盛而易消；火在下焦者，炎而難息。元參解下焦之火，故非多用，不能成功。蓋上焦之火，肺火也、心火也。肺火用黃芩，心火用黃連，不易之法也。肺火雖盛，黃芩用二錢，無不清涼；心火雖烈，黃連用三錢，無不消滅。正以上焦之火，原易炎上，亦易解散也。若下焦之火，非出之于肝木，即出之于腎水。肝、腎之火，皆龍雷之火也，倏然而上騰，倏然而下降，其浮遊無定之狀，實予人難以捉摸，非大用元參，則水不足濟火，其焚林劈木之威，有不可言者矣。人見用元參而不能降火，誰知是少用元參，而不能以益水耶。總之，實火可瀉，而虛火可補。瀉實火，可少用寒涼，而瀉虛火，必須多用滋潤，此元參退腎、肝之虛火，斷宜多用，以定其浮遊，切戒少用，以增其酷烈也。

或疑元參退浮遊之火，火退又用何藥，便浮遊之火不再浮遊，抑仍用元參為善後之策乎？夫元參可以退一時之火，安能退久遠之火。火性炎上，非水不足以濟一時之急；而火性又善藏，非水不足以救萬丈之炎。用元參以降火，隨用肉桂以安火，大用元參，而少用肉桂，或佐之以純補真陰之藥，自然火得水以相制，火得水而潛藏，又何至再為浮遊哉。

或疑元參用之于肉桂之中，恐寒熱之未宜，此則未知陰陽之妙矣。夫陰陽之道，彼此相根，無陰，乃陽從何生；無陽，則陰從何長。元參得肉桂，則陰易生； 肉桂得元參，則陽亦易長。惟陽長而後陰消，陰消于下，而火不騰於上矣。二味合用，正陰陽之妙用也。

或疑陰陽平而後無病，今用元參、肉桂，一多一少，吾恐輕重不同，陰陽不得其平也。夫陰陽之不平也，久矣。試觀天地，無不陰多于陽，群陰之中，得一陽而安奠，倘陽多于陰，乃成酷烈世界矣。人一身之中，五臟七腑，無非火氣，然非水氣之瀰滿，則亦成焦枯肢體矣。所以補陰之藥不可不多，而補陽之藥不可不少。蓋陰旺，則水旺可以制火； 若陽旺，則火旺，必至爍水矣。故元參滋陰必宜多。而肉桂益陽必宜少。二味一多一少，似乎陰陽之不得其平，誰知陰多于陽，正陰陽兩得其平哉。

或疑元參降火，亦知母、黃柏之流亞也，先生戒知母、黃柏之不宜輕用，又勸人治浮遊之火者，多用元參，何其自相背謬乎。非謬也。元參微寒，而非大寒。大寒之地，草木不生，微寒之地，草木更茂，余所以棄黃柏、知母，而尚元參、地骨也。況元參、地骨微寒之中，而又有滋補之味，異于黃柏、知母遠甚，烏可同類而並論哉。

或疑寒涼既有損于脾胃，而微寒之藥豈無損哉。夫治病去其甚者，未可一概盡去。吾患黃柏、知母過于寒涼，非盡謂寒涼之不可用也。故知母、黃柏尚稱其功，以示可用，豈元參、地骨微寒之藥，而反去之乎。況元參、地骨治虛火之內熱上遊，實有殊功，余又何可不亟為表揚，以勸世之必用哉。

或問：元參微寒，何以能瀉浮游之火耶？蓋火分虛、實，實火宜大寒之品，以降其炎騰之勢； 虛火宜微寒之味，以引其歸斂之途。元參瀉中有補，治虛火實宜，浮游之火，正虛火也，故亟需之耳。

清・顧靖遠《顧氏醫鏡》卷七　元參苦，鹹，微寒。入腎經。反藜蘆。忌銅器。蒸晒。

補腎益精，退熱明目。理虛勞骨蒸，壯水之效，解傷寒斑毒散火之功。止煩渴，利咽喉。俱滋陰降火之力。能散瘰癧，可消腫毒。寒能解熱，鹹能軟堅。色黑味鹹，益陰除熱，乃腎經君藥也。《活人書》治傷寒汗下後毒不散，及心下懊憹，煩不得眠，心神顛倒欲絕者，俱用元參。治胸中氤氳之氣、無根之火，此為聖藥。性寒而滑，脾虛洩瀉者忌之。

清・李熙和《醫經允中》卷一九　玄參　惡黃芩、乾薑、大棗、山萸。反藜蘆。忌銅器，犯之損喉喪目。鹹，微寒，無毒。可升可降，陰也。主治清上焦火，止煩渴。療咽喉腮腫，舌強，乳鵝，補腎明目，滋陰降火，解傷寒斑毒，散頸下腫核，汗下後邪氣不散，懊煩不得眠。水不勝火，亢而上僭，宜壯水之劑以制陽光，惟玄參氣輕清而苦，能入心肺以清上焦之火。體重濁而鹹，能入腎部以滋。〔鷲〕峰寺訪汪仲嘉，仲嘉留午餐，謂余曰：公知王節齋所以死乎？ 余曰不知也。仲嘉曰：節齋為四川參政時，得心腹痛疾，醫療之以百方不衰，日以益重，聞峨眉有道者善醫，然不可致也。節齋親至山前，下車徒步至其寓處以示虔，道者望見即驚曰：病深矣。問公于服餌，有用生血氣之物，焙製未徹者乎？ 曰有之，常服補陰丸數十年矣，中用龜甲酒炙而入之？ 曰是矣。宜亟歸，屈其指曰猶可將及家也。節齋遽投檄歸至吳閶，輒大下赤色小龜無數，是夕卒于舟中。余諗于眾貪戀軀殼者，萬物皆然，而龜為甚，故最壽而難死。古人用之入藥，必取自死朽敗者，防其得人生氣則復活也，活則以人之氣血、脂膜為糧，竭即及五臟六腑而死矣。《本草》稱龜甲所主，大率破癥瘕，已瘧疾，療陰蝕漏下赤白，不言補心腎。自丹溪有補陰之說，而後世煎膏製丸服之。無纖毫之益而有害，若此可不戒乎？ 既歸而識之，于筆麈以告來者。

清・馮兆張《馮氏錦囊秘錄・雜症痘疹藥性主治合參》卷一　玄參正稟北方水氣，兼得春陽之和，故味苦鹹，微寒，無毒。○忌銅器。如入丸藥，宜蒸過晒乾，瓦器中焙燥。

玄參，治骨蒸，散浮遊之火。滋陰補腎，清利咽喉，消痰住嗽，兼能明目。治傷寒身熱支滿，忽忽如不知人。療溫瘧寒熱往來，洒洒時常發顫。女人產乳餘疾，男子骨蒸傳尸。逐腸內血瘕堅癥，散頸下痰核癰腫。管領上下諸氣，肅清而不致濁，散空中氤氳之氣，腎經無根之火，惟此為最也。然暫治有餘之火則可，若欲固本滋水，則重地黃而不及此也。至如血少目昏，停飲寒熱，血虛腹痛，脾虛泄瀉，並忌之。

主治痘疹合參：初起熱毒盛者，用以清利咽喉，並治一切熱毒癰腫，頸中痰熱，咽喉腫痛及痘後餘毒並宜。但腎經痘禁用，脾虛者忌投。

按：玄參色黑味鹹，故走腎經，故人多用以治上焦火症者，正爲水不勝火，亢而僭上，壯水之主，以制陽光。然性本寒滑，須蒸晒稍減寒性，亦不可久用也。泄瀉者禁之。

清・張璐《本經逢原》卷一　玄參一名黑參。苦，微寒，無毒。反藜蘆。

《本經》主腹中寒熱積聚，女子產乳餘疾，補腎氣，令人明目。發明：黑參入足少陰腎經，主腎水受傷，真陰失守，孤陽無根，亢而僭逆，咽喉腫痛之專藥。又治傷寒陽毒，汗下不解，發斑咽痛，心下懊憹，煩不得眠，心神顛倒欲絶者俱用。玄參專清上焦氤氲之氣、無根之火。《本經》治腹中寒熱積聚，女子産乳餘疾，並可清有形熱滯，故消瘰癧結核，治目赤腫痛。《本經》又云補腎氣，令人明目，不特治暴赤腫痛。總皆散清火之驗也。但其性寒滑，脾虚泄瀉者禁用。

清・浦士貞《夕庵讀本草快編》卷一　玄參《本經》　其莖形似參而黑，故名玄參。　玄參苦寒，足少陰主藥也。凡人腎水受傷，真陰失守，孤陽無根，發為諸熱之症，俱宜用此。王冰所謂壯水之主以制陽光是也。又傷寒陽毒熾盛，汗下後不散，及心下懊憹，煩不得眠，心神顛倒欲絶者，亦皆用以清之。所謂樞機之劑，管領諸氣，上下清肅而不濁也。消瘰癧，化斑疹，療咽喉用之者，以其能散胸中氤氲之氣，而清無根之火也。

清・張志聰、高世栻《本草崇原》卷中　玄參　氣味苦，微寒，無毒。主治腹中寒熱積聚，女子産乳餘疾，補腎氣，令人明目。　玄參近道處處有之，二月生苗，七月開花，八月結子黑色，其根一株五七枚，生時青白有腥氣，曝乾鋪地下，久則黑也。　玄乃水天之色，參者參也，根實皆黑。氣味苦寒，稟少陰寒水之精，上通於肺，故微有腥氣。主治腹中寒熱積聚者，啟腎精之氣，上交於肺，則水天一氣，上下環轉，而腹中之寒熱積聚自散矣。女子産乳餘疾者，生産則腎臟內虚，乳子則中焦不足，雖有餘疾，必補腎和中。玄參滋腎臟之精，助中焦之汁，故可治也。又曰補腎氣，令人明目者，言玄參補腎氣，不但治産乳餘疾，且又令人明目也。中品治病，則無久服矣，餘俱仿此。

清・姚球《本草經解要》卷二　元參　氣微寒，味苦，無毒。主腹中寒熱積聚，女子産乳餘疾，補腎氣，令人明目。蒸晒。　元參氣微寒，稟天冬寒之水氣，入足少陰腎經。味苦無毒，得地南方之火味，入手少陰心經、手厥陰心包絡經。氣味俱降，陰也。腹中者，心腎相交之區也。心為君火，心不下交於腎，則火積於上而熱聚；腎為寒水，腎不上交於心，則水積於下而寒聚矣。元參氣寒益腎，味苦清心，心火下而腎水上，升者升而降者降，寒熱積聚自散矣。女子以血為主，産乳餘疾，産後諸症以産血傷也。心主血，味苦清心，所以主之。補腎氣者，氣寒壯水之功也。令人明目者，益水可以滋肝，清心有以瀉火，火平水旺，目自明也。　製方：元參同生地、甘菊、蒺藜、杞子、柴胡，能明目。同貝母、連翹、甘草、花粉、薄荷、夏枯草，治瘰癧。同升麻、甘草，治發癍咽痛。同知母、麥冬、竹葉，治熱病燥熱煩亂。

清・周垣綜《頤生秘旨》卷八　玄參　補腎降火之藥也。昔人謂樞機之劑，管領上下清肅而不濁，得水之氣，為玄武之象，治空中氤氲氣、無根火，此為聖藥。故(水)〔本〕草主補腎氣，久服明目，補虚勞骨蒸，此皆能入陰經也。

清・王子接《得宜本草・中品藥》　玄參　味鹹。入足少陰經。功專清火滋陰。得甘草、桔梗止咽痛，得牡蠣、貝母治瘰癧。

清・徐大椿《神農本草經百種錄》中品　玄參　味苦，微寒。主腹中寒熱積聚，皆火氣凝結之疾。女子産乳餘疾，産後血虧，衝脈之火易動。清血中之火，則諸疾平矣。補腎氣，令人目明。除陰分之火，則頭目清明矣。　玄參色黑屬腎而性寒，故能除腎家浮遊上升之火。但腎火有陽有陰，陽火發于氣分，火盛則傷氣。《內經》所謂壯火食氣是也。陰火發于血分，火盛則傷血。《內經》所謂諸寒之而熱者，取之陰是也。産後血脱則陰衰，而火無所制，又不可以寒涼折之；氣血未寧，又不能納峻補之劑。惟玄參寧火而帶微補，用之最為的當也。

清・黄元御《玉楸藥解》卷一　元參　味甘、微苦。入手太陰肺、足少陰腎經。清肺金，生腎水，滌心胸之煩熱，涼頭目之鬱蒸。瘰癧斑疹，鼻瘡喉痹皆醫。清金補水，凡瘡瘍熱痛，胸膈燥渴，溲便紅濇，膀胱癃閉之證俱善。清肺與陳皮、杏仁同服，利水合茯苓、澤瀉同服。輕清飄灑，不寒中氣，最佳之品。

清・汪紱《醫林纂要探源》卷二　元參　苦，鹹，微寒。一根雙幹，根成塊，色紅潤，乾則黑，有香腥氣。入腎，以靖水中之火，澄源去濁，游清氣於太虚。苦以堅腎。堅者，補其閉藏之令也。鹹以瀉腎。瀉者，瀉其藏納之污也。腎水中有火，陰虧則火妄，火靖則水清，清潤之氣下極乃上，游衍三焦，津液周布。火妄則水濁，濁熱之氣上行，至耳目不明，咽喉痺痛，房勞骨蒸。在氣分則陽毒發斑，在血分則癰腫瘡痛。挾濕痰則瘰癧結核，衝而上干於心，則心煩懊憹；沉而滯阻於下，則經閉便閉。元參黑色入腎，堅腎而能滋，瀉邪而有節，氣又腥香，故能使清潤之氣上升，以散其浮游之火。凡陰虧火妄之證，皆治之。然與地黄之一於滋潤者不同也。虚寒則忌。反藜蘆。

清・嚴潔等《得配本草》卷二　玄參一名黑參。　惡黄耆、乾薑、大棗、山茱萸。反藜蘆。　微苦，微寒。入足少陰經。清上焦氤氲之熱，滋下焦少陰之水。治傷寒沉昏身熱，瘵溫瘧寒熱發顫，退無根浮游之火，為清肅樞機之劑。得花粉，治痰結熱癰。配大力子，治急喉痹風。配甘草、桔梗，治咽喉腫痛。配升麻、甘草，治發斑咽痛。佐二地，除陰虛火動。煮豬肝，治赤脈貫瞳。研末，敷年久瘰癧，塞鼻瘡。用蒲草重重相隔，蒸熟焙用。勿犯銅鐵器，犯則噎喉傷目。脾虛泄瀉，腎經痘，二者禁用。腎水本寒，虛則燥熱，非涼補不能滋。水之不足，至有虛而宜溫養者，亦腎經之不足也，由精水虛乏，腎氣散而無附，故爾。所以補水之中，宜加人參、杞子、菟絲之類，以助其陽，陽氣盛，陰水自生，非滋水專恃乎涼劑也。但補水之陽，先天之不足者居多。滋水之陰，後天之失守者過半。且近今天運日薄，生水之源日淺，人之真水，稟受無多，而戕賊之者十有八九，酒色之徒，勞傷之輩，將此一勺之水，消耗殆盡，未有不損乎其臟者，所以陰虛火動者比比矣。李士材云：腎之經虛則寒，腎之臟虛則熱。玄參助補陰之劑以滋水，勞瘵者所必需也。

題清・徐大椿《藥性切用》卷三　元參　苦甘微寒，入肺腎二經。除煩止渴，解毒利咽，瀉無根浮游之火。脾虛泄瀉忌。亦有焙熟用者。

清・黃宮繡《本草求真》卷六　玄參制腎浮游之火攻於咽喉。　玄參耑入腎。苦鹹微寒，色黑入腎，書雖載能壯水，以制浮游無根之火，攻於咽喉。腎脉貫肝膈，入肺中，循喉嚨，繫舌本。凡腎水虛損，相火上炎者，多有喉痹、咽腫、咳嗽、吐血等症。謂其腎水受傷，真陰失守，孤陽無根，發為火病，得此色黑性潤，微寒以為節制，則陽得陰歸，而咽喉不致腫痛而莫已也。然此只可暫治，以熄其火，非若地黃性稟純陰，力能溫腎制水，以制陽光。即書有言服此玄參，可以益精明目，消痰除嗽，及治一切骨蒸傳屍發斑。發斑有陰有陽，此止就陽毒言耳。懊憹煩渴，瘰癧癰疽等症，皆是從其浮游火熄起見而言。病無不治，非真真陰虧損，必藉此以為之壯。玄參其性微寒，故止可以折火，不能以滋陰。若使病非火起，則服此寒滑之味，不更使病轉劇乎！是以書載脾虛泄瀉，服此黑參，為大忌耳。蒸過焙用，勿犯銕器，惡黃耆、山茱、薑、棗。反藜蘆。

清・楊璿《傷寒溫疫條辨》卷六寒劑類　元參反藜蘆。　味甘苦鹹。甘能滋陰，苦能清火。因其味甘故降，性亦緩。《本草》言惟鹹入腎經，不知其尤走肺藏，故退無根浮遊虛火，散周身經絡熱壅，逐頸項喉咽痹毒，毆男子傳尸骨蒸，解溫病潮熱晚來，及煩燥懊憹發斑。療婦人產乳餘疾，並腸中血瘕蒸堅。補腎水滋陰明目，祛勞嗽痰血渴煩。腎脉貫肝膈，循喉嚨，繫舌本。腎虛則真陰失守，孤陽飛越，此喉痹咽腫，痰嗽吐衄之所由來也。骨蒸潮熱亦本於此。元參壯水以制火，故並治之。元參、麥冬、生地、白芍、丹皮大劑煎湯，磨犀角汁對飲，治熱嗽痰血甚驗。

清・羅國綱《羅氏會約醫鏡》卷一六草部　元參味苦甘，微鹹，氣寒，入腎經，尤走肺臟。惡黃芪、乾薑、大棗、山茱萸，反藜蘆，忌銅。蒸過晒乾，黑潤者佳。　苦能清火，甘能滋陰，鹹能補腎。益精明目，退骨蒸，除痰嗽，壯水之效。清手心足心之熱，此屬無根浮游之火，惟元參清除甚捷。解煩渴，利咽喉腫痛，治陽毒發斑，皆肺受火傷，補水可以制之。化瘰癧，寒散火，鹹軟堅。婦人產後餘疾。亦屬陰虛。按：性寒滑，脾虛嘔逆泄瀉者禁之。

清・陳修園《神農本草經讀》卷三中品　玄參　氣味苦，微寒，無毒。主腹中寒熱積聚，女子產乳餘疾，補腎氣，令人明目。

陳修園曰：玄參所以治腹中諸疾者，以其啟腎氣上交於肺，得水天一氣，上下環轉之妙用也。張隱庵詮解甚妙，詳於丹參注中。其云主產乳餘疾者，以產後脫血則陰衰，而火無所制。治之以寒涼既恐傷中，加之以峻補又恐拒隔，惟玄參清而帶微補，故為產後要藥。令人明目者，黑水神光屬腎，補腎自能明目也。

清・黃凱鈞《藥籠小品》　元參　能清浮火，配入丸料，能入腎補水；若煎劑中，只可治虛火上炎。時人每有咽痛，輒用元參、麥冬，不知風溫與寒鬱為患，二味並不能治，而反滯邪，豈可浪用！

清・王龍《本草纂要稿・草部》　玄參　氣味苦鹹而寒。逐熱消癥，散痰核癰腫。清咽利膈，驅無名火邪。補腎明目，益精強陰。療男子骨蒸傳屍，除女人產乳餘疾。傷寒身熱肢滿，忽忽如不知人。溫瘧寒熱往來，洒洒時常發戰。治空中氤氳之氣，散無根浮游之火。入足少陰經。

清・張德裕《本草正義》卷上　元參　甘苦，寒。入腎走肺。退無根浮遊之火，清頸項咽喉痹毒。解煩渴，止喉疼。亦能補腎滋陰，功專清火涼肺。

清・楊時泰《本草述鉤元》卷七　元參　莖方作節，紫赤有細毛，葉似芍藥，七月開白花，或茄色，花端叢刺，刺端有鉤，八月結黑子。宜三八月采根用。

味苦、鹹，氣微寒。苦下氣，寒除熱，鹹潤下而輭堅。足少陰腎經君藥。主治補腎氣，除陰中氣分游火，清三焦氣，散游風，療熱風頭痛，明目，以為少陰君藥，次之即肝，故目疾虛實皆用之。祛喉舌浮熱為病，育陰氣，除心煩，治暴結熱，解斑毒，通小便血滯，散瘤瘻瘰癧。散火之功，守真言結核是火病。方書主消瘴，中風，虛勞傷燥發熱，著痹，驚悸盜汗，口耳唇齒皮膚諸熱為病。元參乃樞機之劑，管領諸氣，上下肅清而不濁，風藥中多用之，治上焦空中氤氳之氣、無根之火爲聖藥。又補腎中氤氳之氣，降陰火奔騰。同升麻、甘草等分，水煎，治發斑咽痛。同鼠黏子半生半炒各兩許，為末，新汲水服，治急喉痺風。同地黃、甘菊、蒺藜、杞子、柴胡，能明目。同貝母、連翹、甘草、薄荷、栝蔞根、夏枯草，治瘰癧。同知母、麥冬、竹葉，治傷寒、陽毒，汗下後熱毒不散，心煩懊憹不得眠，心神顛倒欲絕。同黃連、大黃等分，蜜丸，治三焦積熱。同升麻、大黃、犀角，治胃熱發斑。同貝母、花粉、芩、連、枳、桔、升麻、甘草，治上焦熱痰盛而作渴，口舌腫痛。同升麻、犀角、黃芩、甘草、桔梗、赤芍、貫眾，治心脾壅熱，舌上生瘡，木舌舌腫，或連頰項腫痛。以上實熱，以下虛熱。入天王補心丹，除怔忡，定驚悸，祛煩熱，療咽乾，育養心神。入清熱補氣湯，治中氣虛熱，口舌如無皮狀，或發熱作渴。入清熱補血湯，治口舌生瘡，體倦少食，日晡益甚，或目澀熱痛。

論：元參色黑為水，潤下本鹹，味苦氣寒，為足少陰的劑。與地黃功同益腎，而元參所主者陰氣也。地黃壯水以制火，元參則管領諸氣，舉浮游之火或炎或聚者，能清而散之。之頤曰：已向乎陽，為其味苦。未離於陰，為其寒氣。儼似少陰之樞象，殆具備少陰之體用者。其補腎氣，是補腎氣方萌之機兆，非補腎臟欲藏之形質也。凡病本於氣化熱者，此能致其至陰於氣分，故熱所結之氣，不限上下，不分虛實，隨其或主或輔，而皆可肅清。凡熱遇至陰之氣而即化。夫實為邪氣實，除邪不能盡藉乎此，而以此味之陰氣化氣之並於邪者。虛為正氣虛，補正亦不能盡藉乎此，而以此味之陰氣助氣之歉於正者。元參之能事如是，用之者宜量其所長也。繆氏謂元參稟水氣而兼得春陽之和，此與風藥中多用之義正合海藏。

虛而寒者切禁。凡血少目昏，停飲支滿，腹痛泄瀉，並不宜服仲淳。

修治：黑潤者佳，酒洗，去塵土，酒拌蒸，切片曬乾，極忌銅鐵。入滋陰劑，須蒸曬過，差減寒性。

清・鄒澍《本經續疏》卷四　元蔘　【略】大寒者固密嚴厲之寒，火氣遇之則折。微寒者輕揚飄灑之寒，火氣遇之則化。苦發氣者也，鹹洩氣者也。元蔘味苦鹹，而氣微寒，故能於火氣之鬱伏者發而化之，散漫者泄而化之。其所由然，則以其根生時青白，乾即紫黑耳。青白者，萬物成始成終之色也。乃忽發紫赤之莖，見水火之互形，寒熱之錯雜，且其葉衝決四出，其花鈎棘堅利，徒具傷害之態，絕無沖和之概。向所謂成始成終者，竟成寒熱交戰之禍災，將不獲其終，幸而火既西流，露已降白，鈎棘堅利之花，仍為肅降形色而結實。不赤不紫，獨得為黑，則無成有終者在此，即其根生則青白，乾則變黑者，義亦在此矣。其在於人，青者溫升也，白者肅降也。溫升之氣媾於上，則為肅降之資以歸於腎，倘上媾而不為之化，新者不化，陳者遂不能復上，陳陳相因，積聚於中，是其氣發於陰，而亂於陽，出於血分而交互於氣分，故在婦人產乳之後，尤多有之。惟宣其飄灑輕揚之化，則降者自降，歸者自歸，是元蔘之功。《本經》所謂補腎氣者在此，《別録》所謂定五臟者亦在此矣。盧子繇曰：元蔘味苦，為已向於陽氣，寒為未離於陰。云補腎氣者，是補腎作用之樞機，非補腎臟主藏之形質也。劉潛江曰：元蔘所療，皆本於氣之化熱，故為熱所結之氣，不限上下，不分虛實，皆可肅清矣。夫實為邪實，除邪不能全藉元蔘，則假元蔘化氣之并於邪者。虛為正虛，補虛尤不可全藉元蔘，則假元蔘助氣之歉於正者。惟然，故凡血液、痰飲、六淫、七情，已離乎陰，未盡著於陽，趨於熱，遂與熱俱化者，服此能使化於熱者仍轉，趨於陽者仍歸，邪勢不能誘引正氣為附從，正氣即能抵拒邪氣之侵犯。此《別録》所列功能，均可以此義裁之矣。

清・葉桂《本草再新》卷一　元參味苦，性微寒，無毒。入肺、腎二經。除煩止渴，降火滋陰，明目解毒，利咽喉，通二便，治頭痛鼻瘡，瘰癧鼠瘻，發斑咽痛，頸下結核，急喉痺風，癰疽疝氣，溫瘧游風，潮熱骨蒸。

清・吴其濬《植物名實圖考》卷七　元參　《本經》中品。形狀詳宋《圖經》，有紫花、白花二種。

清・趙其光《本草求原》卷一山草部　元參　味苦，向陽火而下降。兼鹹，潤下軟堅。氣微寒，色黑，微有腥氣，是稟少陰寒水之精，兼春陽之和，為腎氣方萌之兆。能啟腎中氤氳之氣，與生地補腎精不同。上通於心肺故腥。為少陰樞機之品，使天水一氣上下環轉，而陰中浮游之火自降。前哲謂其管領諸氣，清肅上下，而分清濁是也，故無毒。主治腹中寒熱積聚，上下一氣，則熱不積於上，寒不聚於下。女子產乳餘疾，產後脫血，陰衰而火無制，用寒涼則傷中，用峻補則拒隔，惟此清而微補，滋中焦之汁，為產後要藥。補腎氣，令人明目。黑水神光屬腎，補腎目自明。

按：陰中之氣受傷，致無根之火或炎、或結。惟此補陰氣者，乃能清熱而散結氣。故結熱之氣，不限上下，不分虛實，隨其主輔皆可用。所以三焦積熱，同黃連、大黃。胃熱發斑，同升麻、大黃、犀角。傷寒汗下後餘熱不散，心下懊煩不眠，同知、冬、竹葉。上焦熱痰作渴，同蔞、貝、枳、芩、連、升麻、甘。口舌腫痛，方同上。心脾壅熱，舌瘡、木舌、舌腫，或連頰項腫痛，同赤芍、升、犀、桔、芩、甘、貫眾。咽喉不利，會厭後腫，舌赤，午後語言微澀，同升、連、芩、翹、僵、甘、防、蒡。此治其實者也。虛勞六極，有元參湯。三焦虛熱、痰涎、怔仲驚悸、咽乾，天王補心丹加之。中氣虛熱，口舌如無皮狀，清熱補血湯。舌瘡，目澀痛，體倦食少，清熱補血湯。此治其虛者也。蓋氣並於邪而實，惟啟陰氣能散之；氣並於邪而虛，惟補陰氣能助之。故除邪中，皆佐此以益陰於氣分。時珍謂真陰失守，孤陽無根，用之壯水以制火，是等於地黃之補陰精。陰氣無形，陰精有質。其何以散熱之結聚，而合於《本經》補腎氣之說乎？古方風劑中及目疾虛實症多用之，可以思矣。益水以滋肝，則熱去而風不旋。虛寒人忌。酒蒸曬用，忌銅、鐵。

以陰陽淺言，則氣陽血陰；深言之，則陽有陽氣，陰亦有陰氣。陰氣無形，是臟氣方萌之機，隨陽氣循行於內外，不同五臟欲藏之精血，獨行於經脈中也。陰氣可謂之陰，亦可謂之陽。凡多汗多下，皆能傷其陰氣。

丹參色赤，稟君火之氣，下交中土；元參色黑，稟寒水之氣，上交於肺。咽痛、喉痹，同牛蒡，半生半炒末服。瘰癧，搗敷，又同翹、貝、薄、甘、花粉、枯草、牡蠣煎服。鼠瘻，浸酒日飲。赤脈貫瞳，研，以米泔煮豬肝，日點食。鼻生瘡，研塗。胃熱發斑，同升、犀、大黃。小腸疝氣，炒為丸，酒下。是上、中、下血中之熱結皆治也。《別錄》又言鹹能軟堅，故治血滯癥瘕，頸核腫毒、瘻瘤。性寒滑，脾弱忌用。滋陰，酒蒸用。忌銅、鐵。反藜蘆。

清・葉志詵《神農本草經贊》卷二 元參 味苦，微寒。主腹中寒熱積聚，女子產乳餘疾，補腎氣，令人目明。一名重臺。生川谷。

上下樞機，控清引濁。高節竹萌，垂陰柳弱。腸繫鹿蟠，根潛蠶噣。渙散氤氳，香馥百濯。

張元素曰：元參乃樞機之劑，管領諸氣，上下清肅而不濁。左思賦：控清引濁。蘇頌曰：莖方大有節若竹，高五六尺，葉對生如槐柳而尖長。吳普曰：一名鹿腸。李時珍曰：宿根多，地蠶喜食之，故其中空。張元素曰：治胸中氤氳之氣，無根之火。馬志曰：合香家用之，故俗名馥草。

清・文晟《新編六書》卷六《藥性摘錄》 元參 苦鹹，微寒。制腎經浮游之火攻於咽喉。有言益精明目，消痰除嗽，及治骨蒸傳屍，陽毒發斑，懊憹煩渴，瘰癧癰疽等症，皆因浮游火熄，非能補真陰也。〇若病非火起，及脾虛泄者，切忌。〇蒸過，焙用。惡黃芪、山藥、薑、棗，反藜蘆，忌鐵。

清・張仁錫《藥性蒙求・草部》 元參錢半、三錢 元參苦寒，瀉無根火。消腫清咽，骨蒸亦可。苦甘，微寒，入肺腎二經。又能降火滋陰，解毒利咽喉，通二便。得甘、桔亦止咽痛。元參色本青白，其黑色乃後來濕熱之壞，若收採時即晒乾，並不黑也。

清・屠道和《本草匯纂》卷二瀉火 玄參 耑入腎。苦、鹹，微寒，無毒。入腎補水，瀉無根浮游之火上攻咽喉。主暴中風，傷寒身熱，支滿狂邪，忽忽不知人。熱風頭痛，傷寒陽毒發斑，懊憹煩渴，溫瘧，喉痺咽痛，瘰癧結核，癰疽鼠瘻，骨蒸傳屍。下水止煩，滋陰降火。然此只可暫用以熄火，非若地黃，溫腎壯水，以制陽光。故元參非真能滋陰，亦以火折而陰不受熬煎，自能滋也。若脾虛泄瀉者，切忌。【略】腎脈貫肝膈，入肺中，循喉嚨，繫舌本，凡腎水虛損，相火上炎者，多有喉痺咽腫咳嗽吐血等症。

清・戴葆元《本草綱目易知錄》卷一草部 玄參 苦、鹹，微寒。色黑入腎，能壯水以制火，解胸中氤氳之氣，散無根浮游之火。補虛明目，強陰益精，解斑毒，利咽喉，止煩渴，通小便。治心驚煩躁，骨蒸傳尸，傷寒勞復，溫瘧洒洒，熱風頭痛，陽毒狂邪，忽忽不知人，懊憹不眠，散堅癥血瘕，消瘰癧瘤瘻。脾虛瀉者，忌用。反藜蘆，勿犯銅器。

清・黃光霽《本草衍句》 元參 色黑屬腎，味苦，微寒。領胸中氤氳之氣，肅清而不濁散。無根浮遊之火，壯水以制陽。明目益精，利咽通便。傷寒身熱狂邪，忽忽不知人。溫瘧寒熱往來洒洒時發顫。散項下結核癰瘤，皆火氣凝結之疾。療女人產乳餘疾。產後血虧，衝脈之火易動，清血中之火，諸疾平矣。煩渴發斑之聖劑，喉痺咽痛之良方。得甘草、桔梗止咽痛，得牡蠣、貝母治瘰癧。時珍云：腎受傷，真陰失守，孤陽無根，發為火病，當以元參為聖藥。徐氏云：產後血脫，即陰衰而火無所制。又不可以寒涼藥折之，氣血未靜，又不能納峻補之劑，惟元參靜火而帶微補，用之最為的當。赤眼貫瞳，元參為末，以米泔煮猪肝食之。發斑咽痛，元參升麻湯主之。元參、升麻、甘草，煎服之。急喉風痺，不拘大人小兒，元參、牛蒡子炒半生半熟，為末，新水煎服，立愈。

清・陳其瑞《本草撮要》卷一　元參　味鹹，入足少陰經，功專清火滋陰。得甘草、桔梗止咽痛，得牡蠣、貝母治瘰癧。元參酒炒壹錢，荊芥穗微炒壹錢，泡湯頻飲，治頭暈目眩神效。脾虛泄瀉者忌用。蒸焙勿犯銅器。惡黃耆、山茱萸、薑、棗。反藜蘆。

清・李桂庭《藥性詩解》　賦得元參治結熱毒癰。得參字。楊昌霖。　毒癰兼結熱，治可用元參。力本能強腎，功非使瀉心。　按：　元參本治毒癰結熱，煩渴骨蒸。味鹹而苦，色黑入腎，故謂之強腎。《本經》註其能瀉無根浮游之火，益精明目，壯水培陰，皆其清潤之力也。用當勿犯銅器，反藜蘆。

前題田春芳　苦鹹專入腎，色黑是元參。能使癰疽散，難留熱渴侵。

按：　元參苦鹹微寒，有瀉火滋陰之用。《本經》載其益精明目，通便利咽，治骨蒸煩熱，陽毒發班，癰疽懊憹，燥渴溫瘧，皆滋潤補陰之功也。脾虛泄瀉者酌用。

陰行草

清・吳其濬《植物名實圖考》卷一〇　陰行草　產南安。叢生，莖硬有節，褐黑色，有微刺，細葉，花苞似小罌，上有歧，瓣如金櫻子形而深綠。開小黃花，略似豆花。氣味苦寒。土人取治飽脹，順氣化痰，發諸毒。湖南嶽麓亦有之。土呼黃花茵陳，其莖葉頗似蒿，故名。花浸水，黃如槐花，治證同南安。陰行、茵陳，南言無別。宋《圖經》謂茵陳有數種，此又其一也。滇南謂之金鐘茵陳。既肖其實形，亦聞名易曉。主利小便，療胃中濕，痰熱發黃，或眼仁發黃，或周身黃腫，與茵陳主療同。其嫩葉綠脆，似亦可茹。

獨脚柑

清・何諫《生草藥性備要》卷下　獨脚柑　味淡，性平。除小兒黃氣，五府蟲積，仝煎茶飲，或豚肉食。

清・何諫《生草藥性備要》卷上　獨脚龍　味劫，性溫。止血，止咳，治痰火。浸酒舒筋。

清・趙其光《本草求原》卷一山草部　獨脚柑　甘，淡，平。消疳積、黃腫。

水蒿苣

明・朱橚《救荒本草》卷上之前　水蒿苣　一名水菠菜。水邊多生。苗高一尺許，葉似麥藍葉而有細鋸齒，兩葉對生，每兩葉間對叉又生兩枝，梢間開青白花，結小青蓇葖，如小椒粒大。其葉味微苦，性寒。　救飢：　採苗葉煠熟，水淘淨，油鹽調食。

清・趙學敏《本草綱目拾遺》卷四草部中　接骨仙桃　一名奪命丹、活血丹、蟠桃草。生田野間，似（醴）〔鱧〕腸草，結子如桃，熟則微紅，小如菉豆大，內有蟲者佳。《百草鏡》：　仙桃草，近水處田塍多有之，穀雨後生苗，葉光長，類旱蓮，高尺許，莖空，摘斷不黑亦不香，立夏後開細白花，亦類旱蓮而成穗，結實如豆大，如桃子中空，內有小蟲，在內生翅，穴孔而出。採時須俟實將紅，蟲未出生翅時收用，藥力方全。蓋此藥之用全在蟲，須曬焙令內蟲死，若掛懸風乾，恐內蟲生翅而出，藥亦無用矣。按：　此草須芒種後採。若過夏至，則蟲穴孔而出，化為小蚊，苞空無用矣。　性溫，味甘淡，消癰腫跌打，或搗汁，或屑服，俱效。

治肝氣和胃：　《集聽》云：　一名八卦仙桃，此草生田野，葉如石榴葉，實如桃子，絕小，內生小蟲者真。取實連蟲用。　一方專治肝氣胃氣小腸疝症，用仙桃草有蟲者，金橘核、福橘核、華澄茄各等分，為末，砂糖調丸菉豆大，每晚服一錢許，至重者二服斷根。　治勞損虛怯：　《百草鏡》云：　取有蟲仙桃草，用童便製透，入補藥用。　治吐血：　《百草鏡》云：　用新鮮接骨仙桃草搗汁，加人乳和服。按：　吐血諸方，皆用涼血之劑，惟此藥性熱，加人乳能引血歸經，故妙。　跌撲損傷：　《救生苦海》：　用地蘇木五錢，八角金盤根一錢，接骨仙桃草五錢，臭梧桐花三錢，煎酒服。

婆婆納

明・朱橚《救荒本草》卷上之前　婆婆納　生田野中。苗搨地生，葉最小，如小面花黶兒音掩，狀類初生菊花芽，葉又團，邊微花如雲頭樣。味甜。　救飢：　採苗葉煠熟，水浸淘淨，油鹽調食。

明・姚可成《食物本草》卷首王西樓《救荒野譜》　破破衲食莖葉。臘月便生，正二月采，熟食。三月老，不堪用。

破破衲，不堪補。寒且飢，聊作脯。飽暖時，不忘汝。

明・周履靖《茹草編》卷一　破破衲　若有人兮山之阿，披薜荔兮帶女蘿。十年舊衲委山翠，針縷斷絕花模糊。吾生衣食有常分，飽後濯足眠平蕪。豐茸紫鳳與白狐，踉蹌人間非吾徒。　臘月便生，正二月採，香油、椒、鹽炒食。三月老,不堪食。

清・趙學敏《本草綱目拾遺》卷五草部下　狗卵草　一名雙珠草。生人家頹垣古砌間,葉類小將軍草而小,穀雨後開細碎花,椏間結細子似腎。又類椒形,青色微毛,立夏時採。　《百草鏡》云:　蔓延而生,喜生土牆頭,二三四月採,五月無。二月發苗,乃小草也。三四月間節椏中結子,形如外腎,內有兩細核,性溫,治疝氣,行下部,發大汗為妙。治腰痛。

疝氣:《滄寮方》:　用狗卵子草鮮者二兩,搗取汁,白酒和服,飢時服藥盡醉,蒙被暖睡,待發大汗,自愈。此草性溫,能達下部,如無鮮者,須三四月預採曬乾存貯。倘用乾者,止宜一兩,煎白酒。加紫背天葵五錢,同煎更妙。〇庚戌,予館臨安,署後荒圃多生此草,驚蟄後發苗,似小將軍而葉較小,色亦淡綠,春分後即開花,細碎,藕合色,節椏輒有花,結子如狗卵,頗壯滿可觀。其草蔓地,千百穗併一根,立夏後多槁。予同舍許氏子髫年患疝,發輒作厥,以此草煎酒服,後永不再發。

小將軍

清・趙學敏《本草綱目拾遺》卷四草部中　小將軍　一名研星草,散血丹。生陰溼地,立春後有苗,葉類狗卵草略大,莖微紅,穀雨後開花細小,結子二粒,如荷包草子。　《百草鏡》:　二月發苗,葉如雙珠草,節間生子,如鵝不食草子而略大,三月採,五月枯。

《葛祖方》:　治黃疸脚氣,丹毒遊風,吐血欬血。　《百草鏡》:　治跌撲刀傷癰腫,痰中帶血,洗疥瘡。　《採藥志》:　性溫敗毒,治杖傷,跌打損傷,擣汁酒和服。渣罨患處,立刻消腫而愈。　余居士《選(要)〔奇〕方》:　治跌撲,用五靈脂三錢,麝香錢半,小將軍草三兩鮮者取汁,先將酒煎上二味,待好去渣,再入藥汁滾一二沸,取服。

僧鑒平言:　此草治疔腫如神,不論疔生何處,及何種疔,皆可用此擣極爛傅瘡口留頭,次日即乾緊肉上,洗去再傅,至重者傅二次即愈。輕者一塗即好,真救疔垂死之聖藥也。親試神驗。

兔兒尾苗

明・朱橚《救荒本草》卷上之後　兔兒尾苗　生田野中。苗高一二尺,葉似水蘋葉而狹短,其尖頗齊,梢頭出穗如兔尾狀,開花白色,結紅蓇葖,如椒目大。其葉味酸。　救飢:　採嫩苗葉煠熟,水浸淘淨,油鹽調食。

水蔓菁

明・朱橚《救荒本草》卷上之前　水蔓菁　一名地膚子。生中牟縣南沙堈中。苗高一二尺,葉彷彿似地瓜兒葉却甚短小,捲邊窊面,又似雞兒腸菜,頗尖艄。梢頭出穗,開淡藕絲褐花,葉味甜。　救飢:　採苗葉煠熟,油鹽調食。　治病:　今人亦將其子作地膚子用。

仙桃草

清・葉桂《本草再新》卷二　仙桃草味辛,性涼,無毒。入肺經。　降肺氣,清肺熱,止欬嗽,吐血。

清・趙其光《本草求原》卷三隰草部　英桃草　葉似蟛蜞菊,蔓生稻田中,四月開花結子,大如豆,形似桃,內有小蟲。連莖、葉、根、子曬乾研末,瓷器收藏,酒調服,活血散瘀,能使筋骨自為接湊,乃跌打接骨之聖藥。冷水調亦可。

清・金武祥《粟香隨筆・三筆》卷四　仙桃草　吾鄉四五月時蔓生麥田中,葉綠莖紅,實大如椒,形如桃,中有小蟲。宜在小暑節十五日內取之。先期則無蟲,後時則蟲飛出。趁未坼採之,烘乾研末,藏以待用。一切跌打損傷,服一二錢立愈。吾家每採鮮者,以陳酒浸於瓦瓶,凡患勞傷者服之。或云其莖葉煎水浴之,亦妙。

毛葉仙橋

清・趙學敏《本草綱目拾遺》卷五草部下　毛葉仙橋貓舌仙橋附。　一名翠梅草。《百草鏡》云:　春月發苗,葉狹尖糙澀,微有毛,三月開花碧色,至五月間,其莖蔓延,黏土生根,兩頭如橋,故名。三月採去根。　性寒。《葛祖方》:　治失力黃,能退諸瘡熱血風火氣毒。〇《百草鏡》云:　散風火,利溼熱,治白火丹疥瘡,澀精。

白濁:　用毛葉仙橋三錢,酒煎服。　《李氏草秘》:　仙橋草,形似橋,倒地生根,葉似柳,厚背紫色者多,秋開紫花一條,治疔瘡諸毒癰腫,用此草搗汁加酒服。雖發狂垂死,入口即生。　汪連仕云:　細葉者紫背仙橋,背必須紫色,延蔓倒地如橋,土人名為疔瘡草,能消疔腫拔根,合蒼耳草酒煎服。

貓舌仙橋　汪氏《草藥方》:　貓舌仙橋,葉面生刺,草本塌地,生花青紫,多產水澤旁。　治疔瘡,理黃胆一切溼火汪氏。

四方麻

清・吴其濬《植物名實圖考》卷一〇 四方麻　產衡山。方莖叢生，長葉如劉寄奴葉，秋發長穗，苞如粟粒；開尖瓣小花，色深紫；黄鬚茸密，盈條滿枝。衡山俚醫用之。

釣魚竿

清・劉善述、劉士季《草木便方》卷一草部 釣魚竿　釣魚（干）〔竿〕苦寒祛毒，搜風除濕利筋骨。行氣消瘀葉生肌，小兒驚風也安復。

麥門冬

宋・李昉《太平御覽》卷第九八九 麥門冬　《潛夫論》曰：夫理世不得真賢，譬猶治疾不得真藥也。治疾當得麥門冬，及得蒸横麥。已不識真，合而飲之，疾以寖劇而不知，為人所欺也。《遊名山志》曰：泉山竹際及金州，多麥門冬。盛宏之《荆州記》曰：魚復縣巖崖内生麥門冬。《廣州記》曰：鄣平縣（偏）〔徧〕饒麥門冬。《建康記》曰：建康出麥門冬。《本草經》曰：麥門冬，味甘，平。生川谷。治心腹結氣，傷中，胃脉絶，久服輕身，不飢不老。生函谷山。《吴氏本草》曰：麥門冬，一名羊韭。秦名烏韭，楚一名馬韭，越一名羊〔韭〕，（薺）〔齊〕一名愛韭。一名禹韭，一名虋火冬，一名忍冬，一名忍陵，一名不死藥，一名禹餘粮，一名僕壘，一名隨脂。神農、岐伯：甘，平。黄帝、桐君、雷公：甘，無毒。李氏：甘，小温。扁鵲：無毒。生谷中肥地。葉如韭，肥澤，叢生。採無時。實青黄。

宋・唐慎微《證類本草》卷六草部上品〔《本經・别録・藥對》〕 **麥門冬**爲君　**味甘，平**、微寒，無毒。**主心腹結氣，腸中傷飽，胃絡脉絶，羸瘦短氣，**身重目黄，心下支滿，虚勞客熱，口乾燥渴，止嘔吐，愈痿蹶，强陰益精，消穀調中，保神，定肺氣，安五藏，令人肥健，美顔色，有子。久服輕身，不老不飢。秦名羊韭，齊名愛韭，楚名馬韭，越名羊蓍，一名禹葭，一名禹餘糧。葉如韭，冬夏長生。生函谷川谷及堤坂肥土石間久廢處。二月、三月、八月、十月採，陰乾。地黄、車前爲之使，惡款冬、苦瓠，畏苦參、青蘘。

〔梁・陶弘景《本草經集注》〕云：函谷即秦關。而麥門冬異於羊韭之名矣。處處有，以四月採，冬月作實如青珠，根似穬麥，故謂麥門冬，以肥大者爲好。用之湯澤抽去心，不爾，令人煩，斷穀家爲要。二門冬潤時並重，既燥即輕，一斤減四五兩爾。

〔宋・馬志《開寶本草》〕按：《陳藏器本草》云：麥門冬，《本經》不言生者。按生者本功外。去心煮飲，止煩熱消渴，身重目黄，寒熱體勞，止嘔，開胃，下痰飲。乾者入丸散及湯用之。功如《本經》，方家自有分别。出江寧小潤，出新安大白，其大者苗如鹿葱，小者如韭葉。大小有三四種，功用相似。其子圓碧。久服輕身明目。和車前子、乾地黄爲丸，食後服之，去温瘴，變白，明目，夜中見光。

〔宋・掌禹錫《嘉祐本草》〕按：《吴氏》云：一名馬韭，一名虋音門火冬，一名忍冬，一名忍陵，一名不死藥，一名僕壘，一名隨脂。神農、岐伯：甘，平。黄帝、桐君、雷公：甘，無毒。季氏：甘，小温。扁鵲：無毒。生山谷肥地，葉如韭，肥澤，叢生，採無時，實青黄。《藥性論》云：麥門冬，使。惡苦芺，畏木耳。能治熱毒，止煩渴，主大水，面、目、肢節浮腫，下水，治肺痿吐膿，主泄精，療心腹結氣，身黑目黄，心下苦支滿，虚勞客熱。日華子云：治五勞七傷，安魂定魄，止渴，肥人，時疾熱狂，頭痛，止嗽。

〔宋・蘇頌《本草圖經》〕曰：麥門冬，生函谷川谷及堤坂肥土石間久廢處，今所在有之。葉青似莎草，長及尺餘，四季不凋。根黄白色，有鬚根作連珠，形似穬麥顆，故名麥門冬。四月開淡紅花，如紅蓼花。實碧而圓如珠。江南出者，葉大者苗如鹿葱，小者如韭，大小有三四種，功用相似。或云吴地者尤勝。二月、三月、八月、十月採，陰乾。亦堪單作煎餌之。取新根去心，擣熟絞取汁，和白蜜，銀器中重湯煮，攪不停手，候如飴乃成。酒化温服之，治中益心，悦顔色，安神，益氣，令人肥健，其力甚駃。又主金石藥發。麥門冬去心六兩，人參四兩，甘草二兩炙，三物下篩，蜜丸如梧子，日再飲下。又崔元亮《海上方》治消渴丸云：偶於野人處得，神驗不可言，用上元板橋麥門冬鮮肥者二大兩，宣州黄連九節者二大兩，去兩頭尖三五節，小刀子條理去皮毛了淨，吹去塵，更以生布摩拭，秤之，擣末，以肥大苦瓠汁浸麥門冬經宿，然後去心，即於臼中擣爛，即内黄連末臼中和擣，候丸得，即併手丸大如梧子，食後飲下五十丸，日再，但服兩日，其渴必定。若重者，即初服藥，每一服一百五十丸，第二日服一百二十丸，第三日一百丸，第四日八十丸，第五日依本服丸。若欲合藥，先看天氣晴明，其夜方浸藥，切須淨處，禁婦人、雞、犬見知。如似可，每日只服二十五丸，服訖覺虚，即取白羊頭一枚，淨去毛洗了，以水三大斗，煮令爛，去頭，取汁可一斗已來，細細服之，亦不著鹽，不過三劑平復。

宋・寇宗奭《本草衍義》卷七 麥門冬　根上子也。治心肺虚熱，并虚勞客熱，亦可取苗作熟水飲。

宋・鄭樵《通志》卷七五《昆蟲草木略》 禹葭　曰禹餘糧，曰烏韭，曰虋火冬，曰忍冬，曰忍陵，曰不死藥，曰僕壘，曰隨脂。秦名羊韭，齊名愛韭，楚名馬韭，越名羊蓍。今曰麥門冬。其葉如韭，所以多得韭名。

金・張元素《潔古珍珠囊》〔見元・杜思敬《濟生拔粹》卷五〕 麥門冬甘陽中微陰。治肺中伏火，生脉保神，强陰益精。與苦參相反。

宋・劉明之《圖經本草藥性總論》卷上　麥門冬　君。味甘，平、微寒，無毒。主心腹結氣，腸中傷飽，胃絡脉絕，羸瘦短氣身重，目黃，心下支滿，虛勞客熱，口乾燥渴，止嘔吐，愈痿蹷，強陰益精，消穀調中，保神定肺氣，安五臟，令人肥健，美顏色，有子。《藥性論》云：使。能治熱毒，止煩渴，主大水面目、肢節浮腫，下水，治肺痿吐膿。主泄精，療心腹結氣。日華子云：治五勞七傷，安魂定魄，止渴，肥人，時疾狂熱頭痛，止嗽。地黃、車前為之使。惡款冬、苦瓠。畏苦參、青葙、木耳。

宋・王介《履巉巖本草》卷上　麥門冬　味甘，平，微寒，無毒。主心腹結氣，傷中傷飽，胃絡脉絕，羸瘦短氣，身重目黃，心下支滿，虛勞客熱，口乾燥渴。止嘔吐，消穀。調中保神，定肺氣，安五臟，令人肥健，美顏色。久服輕身不肌，安魂定魄。

元・王好古《湯液本草》卷四　麥門冬　氣寒，味微苦、甘。微寒，陽中微陰也。無毒。　入手太陰經。《象》云：治肺中伏火，脈氣欲絕。加五味子、人參，三味為生脈之劑，補肺中元氣不足。《珍》云：行經，酒浸，湯浸。去心，治經枯。《心》云：補心氣不足，及治血妄行，補心不足。《本草》云：主心腹結氣，傷中傷飽，胃絡脈絕，羸瘦短氣，身重目黃，心下支滿，虛勞客熱，口乾燥渴。止嘔吐，愈痿蹷，強陰益精，消穀調中，保神，定肺氣，安五臟，令人肥健，美顏色，有子。地黃、車前子為之使。惡款冬花、苦瓠。畏苦參、青蘘。入手太陰。《衍義》云：治肺熱之功為多，其味苦，但專泄而不專收，寒多人禁服。治心肺虛熱及虛勞。麥門冬、地黃、麻仁、阿膠，潤經益血，復脈通心。二門冬、五味子、枸杞子，同為生脈之劑。

元・吳瑞《日用本草》卷八　麥門冬　葉可泡湯。　味甘，平、微寒，無毒。惡苦芙，畏木耳。　主傷中羸瘦虛勞，客熱，口乾燥渴，去煩悶，止嗽，去時疾熱狂。

元・朱震亨《本草衍義補遺・新增補》　麥門冬　甘，微寒。陽中微陰。治肺中伏火，主肺保神，強陰益精。又補肺中元氣不足及治血妄行。《衍義》云：治肺熱及虛勞客熱。若與地黃、麻仁、阿膠，潤經益血，復脉通心。

元・佚名氏《珍珠囊・諸品藥性主治指掌》〔見《醫要集覽》〕　麥門冬　味甘，平，性寒，無毒。降也，陽中陰也。其用有四：退肺中隱伏之火，生肺中不足之金，止燥陰得其養，補虛勞熱不能侵。

元・徐彥純《本草發揮》卷一　麥門冬　味甘，平、微寒，無毒。主虛勞客熱，口乾燥渴，定肺氣，治心肺虛熱。成聊攝云：肺燥氣熱，以酸收之，以甘緩之。門冬之甘，潤肺除熱。潔古云：麥門冬治肺中伏火。脉氣欲絕，加五味子、人參二味，名之生脉散，補肺中元氣不足，須用之。又治經枯，乳汁不行。湯潤，去心用。引經，須以酒浸。東垣云：麥門冬味甘，平，陽中之陰。主心腹結氣，腸中傷飽，虛勞客熱，保定肺氣，止煩渴。又云：補心氣不足，及治血妄行。甘平補不足。海藏云：入手太陰經。《衍義》云：治心肺虛熱，及虛勞客熱。苗可作熟水飲之。

明・朱橚《救荒本草》卷上之後　麥門冬　《本草》云：秦名羊韭，齊名愛韭，楚名馬韭，越名羊蓍。一名禹葭音加，一名禹餘糧。生隨州、陸州及函谷堤坂，肥土石間久廢處有之。今輝縣山野中亦有。葉似韭葉而長，冬夏長生。根如穬音礦麥而白色。出江寧者小潤，出新安者大白。其大者苗如鹿葱，小者如韭。味甘，性平、微寒，無毒。地黃、車前為之使。惡欵冬、苦瓠、苦芙，畏木耳、苦參、青蘘烏老切。救飢：採根，換水浸去邪味，淘洗淨，蒸熟，去心食。治病：文具《本草》草部條下。

明・王綸《本草集要》卷二　麥門冬君　味甘微苦，氣平，微寒。陽中微陰。無毒。入手太陰經。地黃、車前為之使，惡款冬、苦瓠，畏苦參。陰乾，肥大者佳。凡用抽去〔心〕，不則令人煩。　主心腹結氣，傷中傷飽，胃絡脈絕，羸瘦短氣，身重目黃，心下支滿，口乾燥渴，止嘔吐，愈痿蹷，消穀調中，治心肺熱及虛勞客熱，通脈保神，強陰益精，補心氣不足，及治血妄行。瀉肺中伏火，及肺痿吐膿。安五臟，令人肥健，美顏色，有子，久服輕身不老不飢。加五味子、人參，為生脈之劑，補肺中元氣不足。與地黃、阿膠、麻仁同用，能潤精益血，復脈通心。○愚按：《本經》用治脾胃多，後人用治心肺多。

明・滕弘《神農本經會通》卷一　麥門冬　君也。地黃、車前為之使。惡欵冬、苦瓠，畏苦參、青蘘。陰乾，以肥大者為好。用之湯澤，抽去心，不爾令人煩。　味甘，氣平，微寒，無毒。《湯》云：氣寒，味微苦、甘，微寒，陽中微陰也。入手太陰經。東云：降也，陽中陰也。退肺中隱伏之火，生肺中不足之金。止燥渴，陰得其養，補虛勞，熱不能侵。又云：清心，解煩渴，除肺熱。《珍》云：主腹中結氣，飽傷腸，虛勞客熱，煩渴甚。治血妄行，經枯，乳汁不通。保定肺氣，又能補心。若欲行經，去心酒浸。《東》云：利水，止渴，解煩燥，調中，定魄，除虛熱，療嗽。肥肌，又美顏色。

《本經》云：　主心腹結氣，傷中傷飽，胃絡脉絶，羸瘦，短氣，身重，目黃，心下支滿，虛勞客熱，口乾燥渴，止嘔吐，愈痿蹷，強陰益精，消穀調中，保神，定肺氣，安五臟，令人肥健，美顏色，有子，久服輕身不老不飢。二三月，八十月採，陰乾。陳藏器云：　《本經》不言生者，按生者本功外。去心，煑飲，止煩熱消渴，身重目黃，寒熱體勞，止嘔開胃，下痰飲。乾者入丸散及湯用之，功如《本經》。其子貟碧，久服輕身明目，和車前子、乾地黃為丸，食後服之，去溫瘴，變白，明目，夜中見光。《藥性論》云：　麥門冬，使。惡苦芺，畏木耳。能治熱毒，止煩渴，主大水，面目肢節浮腫，下水，治肺痿吐膿，主泄精，療心腹結氣，身黑目黃，心下苦支滿，虛勞客熱。日華子云：　治五勞七傷，安魂定魄，(上)〔止〕渴，肥人時疾熱狂，頭痛，止嗽。《象》云：　治肺中伏火，脉氣欲絶，加五味子、人參三味，為生脉之劑，補肺中元氣不足。《珍》云：　行經，酒浸湯浸，去心，治經枯。《心》云：　補心氣不足，及治血妄行，補心不足。《衍義》云：　治肺熱之功為多。其味苦，但專泄而不專收，寒多人禁服。治心肺虛熱及虛勞，麥門冬、地黃、麻仁、阿膠，潤經益血，復脉通心。二門冬、五味子、枸杞子，同為生脉之劑。丹溪同。今按《本經》，用治脾胃多，後人用治心肺多。《衍義》云：　治心肺虛熱，并虛勞客熱。劅云：　麥門冬寒味甘辛，消肺隱伏之火禁。補金不足潤燥渴，養氣充虛熱不侵。《局》云：　麥門冬子味甘平，止吐除煩更益精。解渴益心通結氣，又攻勞熱治時行。麥門冬，解渴，開結，益心腸，勞熱可除，煩可解。

明・劉文泰《本草品彙精要》卷七《草部》　麥門冬無毒。　叢生。

麥門冬出《神農本經》：　**主心腹結氣，傷中，傷飽，胃絡脈絶，羸瘦，短氣。久服輕身不老，不飢。**以上朱字《神農本經》。身重，目黃，心下支滿，虛勞，客熱，口乾燥渴，止嘔吐，愈痿蹷，強陰益精，消穀調中，保神，定肺氣，安五臟，令人肥健，美顏色，有子。以上黑字名醫所録。　〖名〗羊韭、愛韭、馬韭、虋音門火冬、忍陵、僕壘、隨脂、不死藥、忍冬、羊蓍、禹葭、禹餘糧。　〖苗〗《圖經》曰：　葉青似莎草，長及尺餘，四季不凋，根黃白色有鬚，根作連珠形，似穬麥顆，故名麥門冬。四月開淡紅花，如紅蓼花，實碧而圓如珠。江南出者葉大如葱，小者如韭。大小雖有三四種，其功用亦相似也。　〖地〗《圖經》曰：　生函谷川谷及堤坂、肥土石間久廢處。今所在有之。〖道地〗江甯新安者佳，吳地尤勝。　〖時〗生：　四季不凋。採：　二月、三月、八月、十月取根。〖收〗陰乾。　〖用〗根上子，以肥大者爲好。　〖質〗根如連珠形，似穬麥顆。　〖色〗淡碧。　〖味〗甘，微苦。　〖性〗平，泄，緩。　〖氣〗氣厚于味，陽中微陰。　〖臭〗朽。　〖主〗肺熱煩渴。　〖行〗手太陰經。　〖助〗地黃、車前子爲之使。　〖反〗畏苦參、青蘘、苦芺、木耳，惡款冬花、苦瓠。　〖製〗凡使，以水漬漉周潤，俟柔軟去心用。若以湯浸，則氣味失矣。　〖治〗療：　《藥性論》云：　熱毒，止煩渴，面目肢節浮腫，下水，肺痿吐膿。療心腹結氣，身黑目黃，心下苦，支滿。日華子云：　止渴肥人，時疾熱狂，頭痛，止嗽。陳藏器云：　止煩熱，消渴，身重，目黃，寒熱，體勞，止嘔，開胃，下痰飲。東垣云：　退肺中隱伏之火，生肺中不足之金。止燥渴，陰得其養，補虛勞，益氣，強陰。補：　《藥性論》云：　泄精。日華子云：　五勞七傷，安魂定魄。《衍義》曰：　心肺虛熱，並虛勞客熱。《湯液本草》云：　益心氣不足及血妄行。　〖合治〗鮮肥麥門冬二兩，以苦瓠汁浸，經宿，去心，搗爛，內宣州九節黃連末二兩和劑，並手丸如梧桐子大，食後飲下五十丸，止消渴。○合白蜜銀器中，重湯煮，攪不停手，候如飴乃成。酒化溫服之，補中益心，悅顏色，安神益氣，令人肥健，其力甚駃。○合五味子、人參爲生脈之劑，補肺中元氣不足。　〖禁〗不抽心，令人煩悶，絶穀寒多，人不可服。

明・葉文齡《醫學統旨》卷八　麥門冬　氣平，微寒，味甘、微苦。無毒。降也，陽中陰也。入手太陰經。地黃、車前為使；　惡欵冬；　畏苦參。去心，否則令人煩。

虛勞客熱，口乾燥渴；　定肺氣，安五臟；　羸瘦短氣，身重目黃，心下支滿，消穀調中，諸血妄行，痿蹶，通脈保神，強陰益精；　退肺中隱伏之火，斂肺中不足之金；　補心氣，止久嗽，肺痿吐膿，令人肥健有子。

明・許希周《藥性粗評》卷一　麥門冬一名馬韭，一名虋火冬。葉如韭菜，叢生，長尺餘，四季不凋，四月開花淡紅色，如蓼，冬月作實如青珠，其根白色如連珠，形似穬麥，故名。南北隄坂土石之間處處有之，以肥大者為勝。或曰出吳地者更勝。二三月八九十月採根，陰乾，臨用以溫水浸潤，抽去其心，使不為煩，如作丸，末焙乾，搗羅。地黃、車前子為之使，惡款冬花、苦瓠，畏木耳、苦參、青葙子。

味甘，性平，微寒，無毒。入手太陰肺經。主治虛癆喘咳，客熱口乾，嘔吐煩渴，氣結脉絶，痿躄羸瘦，調中養胃，強陰益精，清痰化氣，下水驅黃變白，明目，安五臟，壯筋骨，美顏色，亦仙品上藥也。大率與天門冬均能清心凉膈，保定肺氣，為滋補延年之劑。麥門冬苗亦可作湯呷飲，以治心肺虛熱。潔古云：天門冬苦以泄滯血，甘以助元氣，及治血妄行。麥門冬治肺中伏火，脉氣欲絕，加五味子、人參，謂之生脉散。海藏云：天、麥二門冬，人參，五味子，枸杞子，同為生脉之劑，此上焦獨取寸口之意。愚謂獨取寸口者脉之有無，驗之左右寸口也。凡欲引經，須以酒浸。

明·鄭寧《藥性要略大全》卷二 麥門冬 退肺中隱伏之火，生肺中不足之金。止燥渴而養陰，補虛勞而除熱。《賦》曰：清心，解煩渴而除肺熱。東垣云：調中，保神，定肺氣，安五臟，補心氣不足，補肺中元氣，理心腹結氣，傷中傷飽，胃絡脉絕。羸瘦短氣，身重目黄，虛勞寒熱，口乾燥渴。止嘔吐，療痿蹶，强陰益精，令人肥健，美顏色，有子。治肺熱之功為多，但專主於瀉而不專於收也。寒多之人禁服。潔古曰：治血妄行，補心氣之不足。味微苦、甘，平，性寒，無毒。降也，陽中陰也。入手太陰。地黄、車前為之使。惡款冬、苦瓠，畏苦參、青蘘子。陰乾肥大者佳。去心入藥，否則令人煩。

明·賀岳《醫經大旨》卷一《本草要略》 麥門冬 諸藥性皆曰味甘微寒，陽中微陰也。陽乃肺藥，微陰則去肺中之伏火，伏火去，則肺金生而心亦清，心清而神亦保安矣，惟肺金生則金能生水，又能强陰益精，心清神安，則氣血和暢。又能治血妄行。東垣曰解煩渴，治虛勞，正以其能潤肺清心也。惟清其心而潤其肺，則心統氣行而鬱結之患可釋矣。一説能復脉者何也？蓋心主脉而百脉皆朝於肺經，若潤其肺清其心，則脉亦調和，氣無所阻，必聽命以遂脉之通暢，此復脉不可缺也。去心焙乾用。

明·陳嘉謨《本草蒙筌》卷一 麥門冬 味甘、微苦，氣平，微寒。降也，陽中微陰。無毒。闊畈平堤，土肥則産。葉類莎草長秀，根如麥顆連珠，故因名麥門冬也。畏苦參、青蘘、木耳，惡苦芙、苦瓠、欵冬。去心用，不令人煩，擇肥大方獲効速。地黄車前為使，入手太陰少陰。治肺伏火邪，及肺痿膿吐腥臭；補心勞傷損，併心血錯經妄行。益精强陰，敺煩解渴。心腹結氣能散，腸胃傷飽可消。美顏色，悦肌膚，止嘔吐，愈痿躄。音促。去心下支滿，退虛熱客邪。經枯乳汁不行，堪資作引；肺燥欬聲連發，須使為君。加五味、人參三者同煎，名生脉散。子專補元氣，與地黄、阿膠、麻仁共用，能潤經益血，復脉通心。按：《本經》多治脾胃臟腑，後用者專療心肺兩經。久服輕身，不飢不老。

謨按：天、麥門冬並入手太陰經，而能敺煩解渴，止欬消痰。功用似同，實亦有偏勝也。麥門冬兼行手少陰心，每每清心降火，使肺不犯於賊邪，故止欬立効；天門冬復走足少陰腎，屢屢滋腎助元，令肺得全其母氣，故消痰殊功。蓋痰係津液凝成，腎司津液者也，燥盛則凝，潤多則化。天門冬潤劑，且復走腎經。津液縱凝，亦能化解。麥門冬雖藥劑滋潤則一，奈經絡兼行相殊。故上而止欬，不勝於麥門冬；下而消痰，必讓於天門冬爾。先哲亦曰：痰之標在脾，痰之本在腎。又曰：半夏惟能治痰之標，不能治痰之本。以是觀之，則天門冬惟能治痰之本，不能治痰之標。匪但與麥門冬殊，亦與半夏異也。

明·方穀《本草纂要》卷二 麥門冬 味甘、微苦，氣平，微寒，陽中微陰，無毒。入手太陰經，能平肺氣；入手少陰經，能寧心志。主心氣不足，驚悸怔忡，或健忘恍惚而精神失守，或肺氣不利而咳嗽有痰，或肺痿吐膿而短氣羸瘦，或火伏肺中而迫血妄行，或虛勞客熱而鬱結不利，或脾胃不調而飲食傷中，此皆心肺之症，非麥門冬不能治者也。然以其體質言之，味甘氣平，能益心肺，味苦氣寒，能降心火。故其用法又有異焉，得人參則能補心肺，得芩連則能瀉心肺，得百合則能斂心肺，得天門冬則能保心肺。然則此劑者，乃心肺必用之藥也。但與天門冬治症不同，天門冬補中有瀉，麥門冬瀉中有補，苟於二者而並用之，則補瀉之兼全，而心肺之交濟矣。凡用者去心，不去則生煩。此又其至要也。

明·王文潔《太乙仙製本草藥性大全》卷一《本草精義》 麥門冬 秦名羊韭，齊名愛韭，楚名馬韭，越名羊芪，一名禹葭，一名禹餘糧。葉如韭，冬夏生，出函谷川谷及堤坂肥土、石間久廢處，土肥則産。葉類莎草長秀，根如麥顆連珠，故因名麥門冬也。二月、三月、八月、十月採，陰乾。畏苦參、青蘘、木耳，惡苦芙、苦瓠、欵冬。去心用，不令人煩。擇肥大，方獲效速。

明·王文潔《太乙仙製本草藥性大全》卷一《仙製藥性》 麥門冬君 味甘，微苦，氣平微寒，陽也，陽中微陰也，無毒。入手太陰經。地黄、車前爲之使。《賦》云：退肺中隱伏之火，生肺中不足之金，止燥渴而養陰，補虛勞而除熱，曰清心解煩渴而除肺熱。主治：療心腹結氣，傷中傷飽，胃絡脉絕，羸瘦短氣，身重目黄，心下支滿，口乾燥渴。止嘔吐，愈痿蹶，消穀調中。

治心肺熱及虛勞客熱，通脉保神，強陰益精，補心氣不足，及治血妄行，瀉肺中伏火及肺痿吐膿。安五臟，令人肥健，美顔色，有子，久服輕身，不老不飢。

補註：加五味子、人參爲生脉之藥，補肺中元氣不足，與地黄、阿膠、麻仁同用，能潤經益血，復脉通心。○愚按《本經》用治脾胃多，後人用治心肺多。

明・皇甫嵩《本草發明》卷二

麥門冬上品之上，君。氣平、微寒，味甘、微苦，無毒。陽中之陰，入手少陰、手太陰經。

發明曰：麥門冬治心肺之功居多，故去肺中伏火，而能清心清肺。《本草》所謂保定肺氣，治心肺虛熱，補心氣不足者此也。所謂強陰益精者，金清能滋水化源，而補腎也，〔利小便之劑，加門冬補本。〕伏火去而心清神安。所謂血之妄行者曰歸經，而客熱煩渴虛勞自此解，五藏亦安也。然肺主氣，心統氣，心清氣順，所謂心腹結氣、支滿短氣之患釋矣。又謂身重目黄，肢節浮腫，皆水氣不利所致，此惟清金利水，而濕熱浮腫除矣。又愈痿蹶者，亦屬肺熱，肺熱清尚何痿蹶之有？《本草》又云傷中傷飽，胃絡脉絕，消穀調中，治脾胃多用之，何也？必竟是心中結熱，肺中伏火亢盛，致傷脾胃而然也。○肺燥，欬聲連發，須仗麥門冬為君，若加五味子、人參，同為生脉之劑，以心主脉，而百脉皆朝于肺耳。又云二門冬、五味、枸杞同為生脉之藥，此上焦獨取寸口之意也。與地黄、柏仁同用，能潤經益血，復脉通心。地黄、車前為之使。惡欵花、苦瓠。畏苦參、青蘘。

明・李時珍《本草綱目》卷一六草部・隰草類下

麥門冬《本經》上品

【釋名】虋冬音門　秦名烏韭，齊名愛韭，楚名馬韭，越名羊韭並《別録》。　禹韭吴普　禹餘糧《別録》　忍冬吴普　忍凌吴普　不死草吴普　階前草　弘景曰：根似穬麥，故謂之麥門冬。時珍曰：麥鬚曰虋，此草根似麥而有鬚，其葉如韭，凌冬不凋，故謂之麥虋冬，及有諸韭、忍冬諸名，俗作門冬，便于字也。可以服食斷穀，故又有餘糧、不死之稱。《吴普本草》：一名僕壘，一名隨脂。

【集解】《別録》曰：麥門冬葉如韭，冬夏長生。生函谷川谷及堤坂肥土石間久廢處。二月、〔三月〕、八月、十月采根，陰乾。普曰：生山谷肥地，叢生，葉如韭，〔實〕青黄，采無時。弘景曰：函谷即秦關，處處有之，冬月作實如青珠，以四月采根，肥大者爲好。藏器曰：出江寧者小潤，出新安者大白。其苗大者如鹿葱，小者如韭葉，大小有三四種，功用相似，其子圓碧。頌曰：所在有之。葉青似莎草，長及尺餘，四季不凋。根黄白色有鬚在，根如連珠形。四月開淡紅花，如紅蓼花。實碧而圓如珠。江南出者葉大，或云吴地者尤勝。時珍曰：古人惟用野生者。後世所用多是種蒔而成。其法：四月初采根，於黑壤肥沙地栽之。每年六月、九月、十一月三次上糞及耘灌，夏至前一日取根，洗晒收之。其子亦可種，但成遲爾。浙中來者甚良，其葉似韭而多縱文且堅韌爲異。

根

【修治】弘景曰：凡用取肥大者，湯澤，抽去心，不爾令人煩。大抵一斤須減去四五兩也。時珍曰：凡入湯液，以滚水潤濕，少頃抽去心，或以瓦焙軟，乘熱去心。若入丸散，須瓦焙熱，即於風中吹冷，如此三四次，即易燥，且不損藥力。或以湯浸擣膏和藥，亦可。滋補藥，則以酒浸擂之。

【氣味】甘，平，無毒。《別録》曰：微寒。普曰：神農、岐伯：甘，平。黄帝、桐君、雷公：甘，無毒。李當之：甘，小温。杲曰：甘、微苦，微寒，陽中微陰，降也。入手太陰經氣分。之才曰：地黄、車前爲之使。惡款冬、苦瓠、苦芺。畏苦參、青蘘、木耳。伏石鍾乳。

【主治】心腹結氣，傷中傷飽，胃絡脉絶，羸瘦短氣。久服輕身不老不飢《本經》。療身重目黄，心下支滿，虛勞客熱，口乾燥渴，止嘔吐，愈痿蹶，强陰益精，消穀調中保神，定肺氣，安五臟，令人肥健，美顔色，有子《別録》。去心熱，止煩熱，寒熱體勞，下痰飲藏器。治五勞七傷，安魂定魄，止嗽，定肺痿吐膿，時疾熱狂頭痛大明。治熱毒大水，面目肢節浮腫，下水，主泄精甄權。治肺中伏火，補心氣不足，主血妄行，及經水枯，乳汁不下元素。久服輕身明目。和車前、地黄丸服，去濕痹，變白，夜視有光藏器。斷穀爲要藥弘景。

【發明】宗奭曰：麥門冬治肺熱之功爲多，其味苦，但專泄而不專收，寒多人禁服。治心肺虛熱及虛勞。與地黄、阿膠、麻仁，同爲潤經益血、復脉通心之劑；與五味子、枸杞子，同爲生脉之劑。元素曰：麥門冬治肺中伏火、脉氣欲絶者，加五味子、人參，三味爲生脉散，補肺中元氣不足。杲曰：六七月間濕熱方旺，人病骨乏無力，身重氣短，頭旋眼黑，甚則痿軟。故孫真人以生脉散補其天元真氣。脉者，人之元氣也。人參之甘寒，瀉熱火而益元氣。麥門冬之苦寒，滋燥金而清水源。五味子之酸温，瀉丙火而補庚金，兼益五臟之氣也。時珍曰：按趙繼宗《儒醫精要》云：麥門冬以地黄爲使，服之令人頭不白，補髓，通腎氣，定喘促，令人肌體滑澤，除身上一切惡氣不潔之疾，蓋有君而有使也。若有君無使，是獨行無功矣。此方惟火盛氣壯之人服之相宜。若氣弱胃寒者，必不可餌也。

【附方】舊三，新九。

麥門冬煎：補中益心，悦顔色，安神益氣，令人肥健，其力甚駃。取新麥門冬根去心，擣熟絞汁，和白蜜。銀器中重湯煮，攪不停手，候如飴乃成。温酒日日化服之。《圖經本草》。

消渴飲水：用上元板橋麥門冬鮮肥者二大兩。宣州黄連九節者二大兩，去兩頭尖三五節，小刀子調理去皮毛了，吹去塵，更以生布摩拭秤之，擣末。以肥大苦瓠汁浸麥門冬，經宿然後去心，即於臼中擣爛，納黄連末和丸，並手丸如梧子大。食後飲下五十丸，日再。但服兩日，其渴必定。若重者，即初服一百五十丸，二日服一百二十丸，三日一百丸，四日八十丸，五日五十丸。合藥要天氣晴明之夜，方浸藥。須净處，禁婦人雞犬見之。如覺可時，只服二十五丸。服訖覺虛，即取白羊頭一枚治净，以水三大斗煮爛，取汁一斗以來，細細飲之。勿食肉，勿入鹽。不過三劑平復也。崔元亮《海上集驗方》。

勞

氣欲絶：麥門冬一兩，甘草炙二兩，粳米半合，棗二枚，竹葉十五片，水二升，煎一升，分三服。《南陽活人書》。虛勞客熱：麥門冬煎湯頻飲。《本草衍義》。吐血衄血：諸方不效者。麥門冬去心一斤，搗取自然汁，入蜜二合，分作二服。即止。《活人心統》。齒縫出血：衄血不止：麥門冬去心、生地黃各五錢，水煎服。立止。《保命集》。麥門冬煎湯漱之。《蘭室寶鑒》。咽喉生瘡：脾肺虛熱上攻也。麥門冬一兩，黃連半兩，爲末。煉蜜丸梧子大。每服二十丸，麥門冬湯下。《普濟方》。乳汁不下：麥門冬去心，焙爲末。每用三錢，酒磨犀角約一錢許，温熱調下，不過二服便下。《熊氏補遺》。下痢口渴：引飲無度。麥門冬去心三兩，烏梅肉二十箇，細剉，以水一升，煮取七合，細細呷之。《必效方》。金石藥發：麥門冬六兩，人參四兩，甘草炙二兩，爲末，蜜丸梧子大。每服五十丸，飲下，日再服。《本草圖經》。男女血虛：麥門冬三斤，取汁熬成膏，生地黃三斤，取汁熬成膏，等分，一處濾過，入蜜四之一，再熬成，瓶收。每日白湯點服。忌鐵器。《醫方摘要》。

題明・薛己《本草約言》卷一《藥性本草》 麥門冬 味甘、微苦，氣平，微寒，無毒。陽中微陰，降也，入手太陰、少陰經。退肺中隱伏之火，生肺中不足之金。止燥渴，陰得其養；補虛勞，熱不能侵。除心經客熱，安神益氣；滋腎水化源，強陰益精。去心焙乾用。地黃、車前為使。畏苦參、木耳，惡苦瓜、欵冬。經枯乳汁不行，堪資作引。肺燥欬聲連發，須仗為君。加五味、人參，三者名生脉散子，專補元氣。與地黃、阿膠、麻仁共用，能潤經益血，復脉通心。肺燥氣熱，以酸收之，以甘緩之，門冬之甘，潤肺除熱。按：《本經》用治脾胃多，後人用治心肺之功居多，故云肺中伏火，伏火既去，則肺金生而心亦清，心清而神亦保安矣。惟肺金生，則金能生水，又能強陰益精。心清神安，則氣血和暢，又能治血妄行。然又能復脉者，何也？蓋心生脉，而百脉皆朝于肺經，若潤其肺，清其心，則脉亦調和，氣無所阻，必聽命以遂脉之通暢，此復脉不可缺也。按：天麥門冬並入手太陰經，而能敺煩解渴，止欬消痰，功用略同。然麥冬兼行手少陰，每每清心降火，使肺不犯于賊邪，故止欬立效。天門復走足少陰，屢屢滋陰助元，令肺得全其母氣，故消痰殊功。蓋痰係津液凝成。腎司津液者也，燥盛則凝，潤多則化。天門潤劑，且復走腎，津液縱凝，亦能化解。麥冬滋潤雖同，經絡兼行則異。故上而止欬，麥門少勝；下而消痰，天門為尚。○先哲云：痰之標在脾，痰之本在腎。○又云：半夏能治痰之標，不能治痰之本。以是觀之，則天門能治痰之本，不能治痰之標，非但與麥門殊，亦與半夏異也。天門冬止痰嗽而潤心肺，引熟地而至所補之地。○麥門冬生脉清心，止煩渴而除肺熱，引生地而(主)〔至〕所生之處。

明・佚名氏《醫方藥性・草藥便覽》 麥門冬 其性涼。止渴，治嗽住，生津。養腎水。

明・梅得春《藥性會元》卷上 麥門冬 為君。味甘、平，性寒。降也，陽中之陰。無毒。畏苦參，惡欵冬花，地黃、車前為使。入手太陰肺經藥。主退肺中隱伏之火，生肺中不足之金，止燥渴。陰得其養，彼虛勞之熱不能侵。又清心、解煩熱而除肺熱，開結氣，益心腸勞熱，可除煩，可保安神，強陰益精，而補肺中元氣，及治血妄行，安五臟羸瘦，短氣身重，目黃，心下支滿，消穀調中，止久嗽肺痿吐膿血。能令人肥健有子。若與地黃、麻仁、阿膠同用，潤經益血，復通心脉。製法：去心用仁，乳拌蒸尤效。連心用，令人煩悶。

明・杜文燮《藥鑒》卷二 麥冬 氣微寒，味甘，平，無毒。降也，陽中微陰也。陽乃肺藥，微陰去肺中之伏火，火去則肺金生，金生則煩渴止，而心亦清矣，心清而神亦保安矣。惟肺金得令，則金能生水，又能強陰益精。心清神安，則氣血和暢，又能治血妄行。夫曰解煩渴，補虛勞者，正以其潤肺清心也，心清而肺潤，則心統氣行，而鬱結之患可釋矣。夫曰能復脉者，何也？蓋心主脉，而百脉之朝宗於肺，若肺潤心清，則脉亦調和，氣血無所阻，必聽命以遂脉之通暢也，能引生地而至所生之處。痘家用之以止煩渴諸症。便滑者忌之。

明・王肯堂《傷寒證治準繩》卷八 麥門冬 氣寒，味甘、微苦，陽中微陰，降也，無毒。入手太陰經氣分。垣：治肺中伏火，脉氣欲絕，加五味子、人參，三味為生脉之劑，補肺中元氣不足。按涼而能補，補而不泥，無逾於麥門冬者。傷寒勞復，與夫溫熱病及雜病，陰不濟陽，而煩熱燥渴者用之以生津液，濡枯而退熱，最有奇功。又與地黃、阿膠、麻仁同為潤經益血，復脈通心之劑。與五味子、枸杞子同為生脉之劑。去心，不宜用湯浸。

明・李中立《本草原始》卷一 麥門冬 始生函谷川谷，及隄坂肥土石間久廢處。葉青如韭，故秦名烏韭，齊名愛韭，楚名馬韭，越名羊韭。此草淩冬不凋，故《吳普本草》名忍冬，又名忍淩。根白色，有鬚連珠，類穬麥顆，故名麥虋冬。麥鬚曰虋，俗作門冬，便於字也。氣味：甘，平，無毒。主治：心腹結氣，腸中傷飽，胃絡脉絶，羸瘦短氣。久服輕身，不老不飢。○療身重目黄，心下支滿，虚勞客熱，口乾燥渴，止嘔吐，愈痿蹷，强陰益精，消穀，調中保神，定肺氣，安五臟，令人肥健，美顔色，有子。○去心熱，止煩熱，寒熱體勞，下痰飲。○治五勞七傷，安魂定魄，止嗽，定肺痿吐膿，時疾熱狂頭痛。○治熱毒大水，面目肢節浮腫，下水，主泄精。○治肺中伏火，補心氣不足，主血妄行，及經水枯，乳汁不下。○久服〔輕身〕明目。和車前、地黄丸服，去濕痹，變白，夜視有光。○斷穀為要藥。

麥虋冬，《本經》上品。【圖略】二月、十月采。入藥用根。凡用擇肥大者為佳。 修治：以滾水潤濕，少頃抽心。或以沙鍋焙軟，乘熱去心，不爾令人煩。若以水浸多時去心，柔則柔矣，然氣味都盡，用之不效。天門冬亦然。

麥虋冬，微苦，微寒，陽中微陰。入手太陰經氣分。

地黄、車前為之使，惡款冬花、苦瓠、苦芙，畏苦參、青蘘、木耳，伏石鍾乳。

《保命集》：治衄血不止，麥門冬去心、生地黄各五錢，水煎服立止。

《蘭室寶鑒》：治齒縫出血，麥門冬煎湯漱之。

麥虋冬，君。虋，音門。

明·張懋辰《本草便》卷一 麥門冬君 味甘、微苦，氣平、微寒。陽中微陰。無毒。入手太陰經。惡欵冬、苦瓠，畏苦參。凡用抽去心，不令人煩。 主心腹結氣，傷中口乾燥渴，止嘔吐，消穀調中。治心肺熱及虚勞客熱。通脉保神，補心氣不足。治血妄行，瀉肺中伏火，及肺痿吐膿。安五臟，令人肥健，美顔色，久服不飢。

明·盧復《芷園臆草題藥》 麥門冬 葉堅韌多縱理，色常青，凌冬不凋。根叢生如鬚，内勁外柔而香，連綴如棗核，貫根上，再不肯死，隨地即生。以白色可入肺； 甘，平，可入脾； 多脉理，可入心； 凌冬，可入腎； 長生，可入肝。雖入五藏，以心為主，乃心之腎藥。顧氣象生成及命名之義。其功能轉春為夏，能使腎通心。第力量不闊大，如有守有義，負靜寧謐，和潤舒徐之君子也。倉皇之際，似乎憒憒，顧躁進表露者，自然不及。其火而不變，誠内勁外柔之氣象也。其根如人脉絡，《本經》以之治心腹結氣，傷中傷飽，胃絡脉絶。其心腹及中央，皆心之部分。脉絡乃心之所主者，結氣則取其象形，而氣結則絡脉絶，及傷中之絶，傷飽之絶，羸瘦肉理之絶，皆能使之復生。《别録》云：治身重目黄，心下支滿，虚勞客熱，口乾燥渴，嘔吐煩熱，皆結氣傷中傷飽之所生。其强陰益精，消穀保神，安藏美色，皆復脉通心、潤經益血方也。心生血脉，脉潰血溢，脉傷則咳，經水已枯，乳汁不可，脉氣欲絶，皆克成效。如水入于經，而血乃成。若水不能入經為血，而致浮腫者，其潛滋之玅，非它所能及也。如陰形緩性人，及脾慢中寒有濕者，不相宜。

明·李中梓《藥性解》卷二 麥門冬 味甘，性平，微寒，無毒，入肺、心二經。退肺中隱伏之火，生肺中不足之金。止消渴，陰得其養；補虚勞，熱不能侵。去心用，地黄、車前為使，惡欵冬、苦瓠，畏苦參、青蘘，忌鯽魚，肥大者佳。 按：麥門冬陽中微陰，夫陽乃肺藥，微陰則去肺中伏火。伏火去，則肺金安而能生水，水盛則能清心而安神矣。故能治血妄行，調經和脉。

明·鮑山《野菜博録·草部·根可食》卷二 麥門冬 《本草》一名草韭，一名愛韭，一名馬韭，一名草蕃，一名禹葭，一名禹餘粮。生葉似韭葉長，冬夏長生，根如穬麥，白色。味甘，性平，微寒，無毒。 食法：採根，換水浸去邪味，洗淨蒸熟，去心食。

明·繆希雍《本草經疏》卷六 麥門冬君 味甘，平，微寒，無毒。主心腹結氣，傷中傷飽，胃絡脈絶，羸瘦短氣，身重目黄，心下支滿，虚勞客熱，口乾燥渴，止嘔吐，愈痿蹷，强陰益精，消穀調中，保神定肺氣，安五藏，令人肥健，美顔色，有子。久服輕身，不老不飢。

〔疏〕麥門冬，在天則稟春陽生生之氣，在地則正感清和稼穡之甘。《本經》甘平。平者，沖和而淡也。《别録》微寒，著春德矣。入足陽明，兼入手少陰、太陰。實陽明之正藥。主心腹結氣者，邪熱之氣結於心腹間也。以其清和微寒而平緩，故能散熱結而下逆氣也。傷中傷飽，以致胃絡脈絶者，脾主肌肉，五臟之氣皆稟於胃，胃病則脾無所稟，故羸瘦而短氣也。身重目黄者，脾胃濕熱也。心下支滿者，脾虚而濕滯中焦也。虚勞客熱，口乾燥渴者，因虚勞而熱客中焦，故口乾而燥渴。陽明之熱上衝，則兼嘔吐也。痿蹷者，陽明濕熱病也。陽明濕熱盛，則上熏蒸於肺，而為痿蹷。治痿獨取陽明，治本之道也。陰精生於五味，五味先入脾胃。脾胃得所養，則能散精於各臟，而陰精充滿，故能强陰益精也。中焦者，脾胃之所治也。脾胃安則中焦治，故能消穀而調中也。保神定肺氣，則兼潤乎心肺矣。胃氣盛則五臟之氣皆有所稟而安，脾胃俱實則能食而肥健。脾統血，心主血，五臟之英華皆見於面。血充臟安，則華彩外發而顔色美矣。脾胃強則後天之元氣日盛。下氣則陽交於陰，交則虚勞愈而内熱不生，内熱去則陰精日盛，故有子。斷穀固著於仙經，卻乃已疾之良藥，故久服延年輕身，而不老不飢也。【主治參互】同人參、五味子，為生脈散，能復脈通心。夏月暑傷氣，服之良。酒後飲之，解酒毒。肺熱者，去人參，加甘枸杞子作飲，治一切虚勞客熱。同五味子、枸杞、地黄、牛膝、鼈甲、酸棗仁、天冬，治五勞七傷。胃強者，可加當歸。火盛者，可入黄檗、砂仁、甘草，三物俱遞減。治陽明瘧，大渴引飲煩躁或嘔吐。麥門冬、石膏、知母、竹葉，各數兩，病人虚者加人參兩許，痰多者加貝母、橘紅各兩許。《藥性論》云：麥門冬止煩渴，主大水，面目肢節浮腫，下水，治肺痿吐膿，宜同天門冬、薏苡仁、黄檗、芍藥、茯苓、石斛、桑根白皮、五味子、牛膝，煮飲彌佳。止泄精，宜兼覆盆、蒺藜、黄檗、五味子。同茯苓、車前、黄連、石斛、猪苓、澤瀉，療心腹結氣，身重目黄。日華子治五勞七傷，安魂定魄，止渴，肥人時疾，熱狂頭痛，止嗽。故同石膏、知母、竹葉、粳米，專療時氣頭痛，大渴煩躁及發狂甚者。須各數兩濃煎，頓飲乃佳。虚羸人因作勞内傷而發者，可量加人參，名人參白虎湯。有肺熱者勿入人參。崔元亮《海上方》：同黄連治消渴。《衍義》治心肺虚熱，虚勞客熱。入沙參、五味子。同青蒿、鼈甲、牛膝、地黄、芍藥、天門冬、枸杞子、五味子、胡黄連、山藥、茯苓、山茱萸，蜜丸，治骨蒸勞熱。【簡誤】麥門冬性寒，雖主脾胃，而虚寒泄瀉及痘瘡虚寒作泄，産後虚寒泄瀉者，咸忌之。

明・倪朱謨《本草彙言》卷四　麥虋冬　味甘，微苦，氣寒，質滯，無毒。入足陽明，兼手太陰、少陰經，實陽明之正藥也。

李時珍先生曰：麥鬚曰虋，此草根似麥而有鬚。其葉如韭，淩冬不凋，故謂之麥虋冬。從門，便于字也。可以服食救饑，故又有禹餘糧之稱。又按《别録》：葉如韭，冬夏長生，生函谷川谷及隄坂肥土石間者，多野生。出江寧、新安及仁和筧橋者，多種蒔。七、九、十一月上糞，及耘灌，次年夏至前收采。前人嘗用野生者，細皺香美，宛如麥粒，功力更勝也。四季不枯，秋冬根葉轉茂，叢生如韭，青似莎草，長尺餘，多縱理。四月開花如蓼，結實翠緑如珠，根鬚叢冗如蝟，貫鬚連結，儼若琅玕，色白如凝玉，中心堅勁，最多脂液也。修治：以熱湯潤軟，抽去中心用。如作丸，酒蒸爛，搗膏入藥内。

麥門冬：李東垣清心潤肺之藥也。葛風寰稿主心氣不足，驚悸怔忡，健忘恍惚，精神失守，或肺熱肺燥，咳聲連發，肺痿葉焦，短氣虚喘，火伏肺中，咯血咳血。或虚勞客熱，津液乾少。或脾胃燥涸，虚秘便難。此皆心肺腎脾，元虚火鬱之證也。然而味甘氣平，能益肺金；味苦性寒，能降心火；體潤質補，能養腎髓。專治勞損虚熱之功居多。如前古主心腹結氣，傷中傷飽，胃絡脉絶，羸瘦短氣等疾，則屬勞損明矣。故孫真人方治六七月間，暑熱方熾，人病汗多氣乏，筋弛骨怯，甚則軟痿無力，用生脉散，以麥門冬配人參、北五味子，補其天元真氣，復脉通心。又與熟地黄、枸杞子、鼈甲、阿膠、黄耆、白朮，同爲潤經益血之劑。但火盛氣虚之人，服之相宜。若久病虚寒泄瀉，痘瘡虚寒泄瀉，産後虚寒泄瀉，胃滯濕痰泄瀉，咸忌之。

王紹隆先生曰：麥門冬，具稼穡甘，禀春和令，當入足陽明，爲陽明之體用藥。故《本經》所陳諸證，皆屬陽明之上爲病。若痿躄，又屬陽明之下爲病。《經》云陽明爲闔，闔折則氣無所止息而痿疾起矣。是以治痿獨取諸陽明，陽明爲五藏六府之本，五藏六府皆受氣于陽明故爾。

盧子由先生曰：保心之神，定肺之氣，安肝之魂，補腎之精。因脾轉屬者無所不宜。若肺傷則咳，經絡斷絶，致血液妄行，經水枯竭，變生煩熱焦渴者，必須潤經益血之品，其惟麥門冬乎！

集方：以下四方出《方脉正宗》治心氣不足，驚悸怔忡，健忘恍惚，精神失守。用麥門冬、人參、茯苓、遠志、棗仁、白朮、當歸、甘草、半夏。○治肺燥作咳。用麥門冬、知母、川貝母、桔梗、懷生地、百合、款冬花、桑白皮、百部。○治肺痿葉焦，短氣虚喘。用麥門冬、百合、米仁、款冬花、天門冬、紫菀、懷熟地、桔梗、沙參。○治火伏肺中，咯血咳血，并吐血衄血。用麥門冬、知母、生地黄各十兩，煎膏，不時徐徐用白湯調服。不可蜜收。○《本草衍義》治虚勞客熱。用麥門冬一觔，熬濃汁，時時飲。○千汝霖家抄治心肺虚熱，虚勞客熱。用麥門冬五兩，北五味、北沙參、知母、川貝母各二兩。○治脾胃虚燥便難。用麥門冬、當歸身、懷熟地各四兩，麻仁、桃仁、杏仁、蕤仁各去外皮，各一兩，搗如泥，共爲丸。每食前服五錢。○崔元亮方治消渴飲水不止。用新鮮麥門冬八兩，去心，搗膏，宣州黄連二兩，爲細末，和入麥門冬膏内，衆手和丸，如梧子大。每食後米湯下三百丸。○治陽明熱瘧，大渴引飲。用麥門冬三兩，知母二兩，石膏一兩，竹葉五錢，熬汁飲之。如人虚，加人參五錢。痰多，加川貝母、橘紅各五錢。○江子和方治下痢口渴引飲無度。用麥門冬去心五兩，烏梅肉二十箇，以水二升，煎濃汁，徐徐呷之。《本草圖經》治金石藥發。用麥門冬四兩，甘草一兩，菉豆三合，三味共爲丸，蜜和。每服三錢，燈心湯下。○魯仲言方治骨蒸勞熱。用麥門冬四兩，青蒿、鼈甲、牛膝、熟地、白芍藥、枸杞子、北五味子、胡黃連、山藥、茯苓、山茱萸各二兩，蜜丸梧子大。每服三錢。

補中益氣湯加麥門冬方：治中氣不足，或誤服尅伐，四肢倦怠，口乾發熱，飲食無味，或飲食失節，勞倦身熱，脉洪大無力；或頭疼惡寒，自汗；或氣高而喘，身熱而煩，脉微細軟弱，自汗體倦，少食；或中氣虛弱而不能攝血；或飲食不調而患瘧痢等證，因脾胃久虛而不能愈者；或元氣虛弱，感冒風寒，不勝發表，用此代之；或入房而後勞役感冒，或勞役感冒而後入房者，急加附子。愚謂人之一身，以脾胃爲主，脾胃氣實，則肺得其所養，肺氣既盛，水自生焉，水升則火降，水火既濟而合天地交泰之會矣。脾胃既虛，四藏既無生氣，故東垣先生著《脾胃》、《內外傷》等論，諄諄以固脾胃爲本，所製補中益氣湯，又冠諸方之首。觀其立方本旨可知矣。故曰：補腎不若補脾，正此謂也。人參、黃耆、白朮各一錢五分，當歸一錢，甘草八分，柴胡七分，陳皮六分，升麻五分，生薑三片，黑棗三個，水煎服。魏正菴加麥門冬二錢，更妙。予故錄而附之。

明·顧逢柏《分部本草妙用》卷四肺部·寒補 麥門冬 甘，平、微寒，無毒。地黃、車前為使，惡款冬花，畏苦參，忌鯽魚。肥白者佳。去心用。主治：虛勞客熱，口渴，保肺，強陰益精，止欬嗽，定肺痿。時疾熱狂，頭痛。去肺中伏火，心氣不足，血妄行，經水枯，乳汁閉。宗奭曰：麥冬治肺熱之功居多，專泄而不專收。寒多人禁服，惟火盛氣壯之人，服之相宜。若同地黃、阿膠、麻仁，能益血而復脉通心。與五味、枸杞、人參能補肺而生脉。挽肺伏火而脉欲絕者，回真元于幾微之際，其功豈淺哉？大抵為佐命之臣，非君主之藥也。

明·李中梓《醫宗必讀·本草徵要上》 麥門冬味甘，微寒，無毒，入心、肺二經。地黃、車前為使，惡款冬花，忌鯽魚。肥白者佳，去心用。退肺中伏火，止渴益精；清心氣驚煩，定血療咳。麥門冬稟秋金之微寒，得西方之正色，故清肺多功。心火焦煩，正如盛暑，秋風一至，炎蒸若失矣。心主血，心既清寧，妄行者息。脾受濕熱，則肌肉腫而腸胃滿，熱去即濕除，腫滿者自愈。金不燥則不渴，金水生則益精。按：麥門冬與天門冬功用相當，寒性稍減，虛寒泄瀉，仍宜忌之。

明·鄭二陽《仁壽堂藥鏡》卷一〇上 麥門冬 《圖經》云：麥門冬生函谷，今處處有之。氣寒，味微苦、甘。微寒，陽中微陰也。無毒。入手太陰經。《象》云：治肺中伏火，脉氣欲絕。加五味子、人參，三味為生脉之劑，補肺中元氣不足。《珍》云：行經，酒浸。湯浸、去心，治經枯。《心》云：補心氣不足，及治血妄行，補心不足。《本草》云：主心腹結氣，傷中傷飽，胃絡脉絕，羸瘦短氣。身重目黃，心下支滿，虛勞客熱，口乾燥渴，止嘔吐，愈痿蹷，強陰益精，消穀調中，保神，定肺氣，安五臟，令人肥健，美顏色，有子。地黃、車前子為之使。惡欵冬花、苦瓠，畏苦參、青蘘。《衍義》云：治肺熱之功為多。其味苦，但專泄而不專收，寒多人禁服。《珍》曰：火盛氣壯之人相宜，氣弱胃寒者不可餌也。按：麥門冬，氣薄主升，味厚為陰，與天門冬功用相倣，力稍遜之。趙繼宗謂其種種功效，必有君而有使也。不然則獨行無功。日華子云：治五勞七傷，安魂定魄，止渴，肥人，時疾熱狂，頭疼喘嗽。治肺伏火邪，及肺痿膿血腥臭，補心勞傷損，并心血錯經妄行，止燥渴。陰得其養，補虛勞，熱不能侵。二門冬俱治痰火之藥，麥冬清心降火，使肺不受賊邪，故止咳立效；天冬復走腎經，滋腎助元，令肺得全其母氣，故消痰殊切。蓋痰係津液凝成，腎司津液者也。燥盛則凝，潤多則化。天冬潤劑，且復走腎，津液縱凝，亦能化解。麥冬雖潤，走經則殊。故上而止咳，必用麥冬；下而消痰，必讓天冬耳。蓋痰之標在脾，痰之本在腎。又半夏能治痰之標，不能治痰之本。以此觀之，則天冬性治痰之本，不能治痰之標。非但與麥冬殊，亦與半夏異也。

明·蔣儀《藥鏡》卷三平部 麥門冬 清心火之有餘，克停血湧。補肺金之不足，氣短有長。佐人參為生脉之方，祛暑蒸之熱嗽。君五味為滋化之本，理水泛之寒痰。繇厥性之微寒，去肺家之伏火。夫火去則肺金凝，凝而生水，水盛則心清而神靜矣。蓋陽明經濕熱旨熾，薰蒸于肺，發為痿蹷，治痿獨取陽明，是究其本。《經》言麥冬治痿，抑亦尋原之論乎。

明·李中梓《頤生微論》卷三 麥門冬 味甘，微寒，無毒。入心、肺二經。地黃、車前為使。惡欵冬、苦瓠，畏苦參、青蘘、木耳、鍾乳，忌鯽魚。肥大者佳。去心用。退肺中伏火，故止嗽止渴，益精美顏；　清心氣驚煩，故寧血養營，安魂定魄。

按：　麥門冬稟秋令之微寒，是以清肺多功。夫心火焦煩，正如盛暑，秋風一至，炎蒸若失矣。大約與天門冬功用相倣，但甘味稍多，寒性差減，較勝一籌。然專泄而不專收，火盛氣壯者相宜，氣弱胃寒者何可餌也？

明・張景岳《景岳全書》卷四八《本草正》　麥門冬　味甘、微苦，性微寒，降也，陽中陰也。去心用，恐令人煩。其味甘多苦少，故上行心肺，補上焦之津液，清胸膈之渴煩，解火炎之嘔吐，退血燥之虚熱。益精滋陰，澤肌潤結。肺痿肺癰，欬唾衄血。經枯乳汁不行，肺乾欬嗽不絕。降火清心，消痰補怯。復脉須仗人參。便滑中寒者勿設。

明・賈九如《藥品化義》卷六肺藥　麥冬　屬陽中有微陰，體濡潤，色白，氣和，味甘，性涼，能浮能沉，力潤肺，性氣薄而味厚，入肺心二經。麥冬色白體濡，主潤肺；　味甘性涼，主清肺。蓋肺苦氣上逆，潤之清之，肺氣得保。若咳嗽連聲，若客熱虚勞，若煩渴，若肺痿，皆屬肺熱，無不悉愈。同生地，令心肺清則氣順，結氣自釋，治虚人元氣不運，胸腹虚氣痞滿，及女人經水枯，乳不下，皆宜用之。同黄芩，扶金制木，治鼓脹浮腫。同山梔，清金利水，治支滿黄疸。又取其四時葉青，淩冬不凋，長生之物，同小荷錢清養膽腑，以佐少陽生氣。入固本丸，以滋陰血，使心火下降，腎水上升，成坎離既濟，心腎相交之義。　取大而肥白者佳，抽去心用。

明・盧之頤《本草乘雅半偈》帙一　麥門冬《本經》上品。　氣味：　甘，平，無毒。　主治：　主心腹結氣，傷中、傷飽，胃絡脈絕，羸瘦短氣。久服輕身，不老不飢。

覈曰：　出函谷川谷及隄坡肥土石間者，多野生。出江寧、新安及仁和筧橋者多種蒔。古人唯用野生者。細皺香美，宛如麥粒，功力殊勝也。四季不凋，秋冬根葉轉茂，叢生如韭，青似莎草，長尺餘，多縱理，四月開花如蓼，結實翠碧如珠，根鬚冗蝟，貫鬚連結，儼若琅玕，色白如玉，中心堅勁，最多脂液也。修治：　瓦上焙熱，即迎風吹冷，凡五七次，便易燥，且不損藥力。或以竹刀，連心切作薄片，醇酒浸一宿，連酒磨細，入布囊内，揉出白漿，點生薑汁、杏仁末各少許，頻攪數百下，久之澄清去酒，晒乾收用。入湯膏，亦連心用，方合土德全體。今人去心，不知何所本也。地黄、車前為之使。惡欵冬、苦瓠。畏苦參，青蘘，木耳。伏石鍾乳。

紹隆王先生云：　麥門冬，具稼穡甘，稟春和令，當入足陽明，為陽明之體用藥，故《本經》所陳諸證，皆屬陽明之上為病。若痿蹶，又屬陽明之下為病。《經》云：　陽明為闔。闔折則氣無所止息而痿疾起矣。是以治痿獨取諸陽明。陽明為五藏六府之本，五藏六府，皆受氣于陽明故爾。

先人《博議》曰：　心腹脈絡，皆心所主。胃絡肌肉，皆心所生。美顏吐衄，唯心所現，結者能使之不結，絕者能使之不絕。唯從容潤澤，潛滋暗長，淪結成形者也。

又云：　麥門冬，葉色嘗青，根鬚内勁外柔，連綴貫根上，淩冬不死，隨地即生。以白色可入肺，甘平可入脾，多脈理可入心，淩冬可入腎，長生可入肝，雖入五藏，以心為主，心之腎藥也。其氣象生成，及命名之義，能轉春為夏，使腎通心，但力量不闊大，如有守有養，貞靜寧謐，和潤舒徐之君子也。倉皇之際，雖自憒憒，然躁進表露者，不及其久而不變也。其根儼似脈絡，故《本經》以之治心腹結氣，傷中傷飽，胃絡脈絕。蓋心腹中央，皆心之部分，脈絡亦心之所主，悉屬象形對待法耳。若脈絡之絕，傷中之絕，傷飽之絕，羸瘦肉理之絕，氣結使然者，咸可使之復生。《別錄》所云：　皆結氣傷中傷飽之所生，蓋強陰益精，消穀保神，安藏美色，皆復脈通心，潤經益血之力也。蓋心主血脈，脈潰血溢，脈傷則咳。經水已枯，乳汁不下，脈氣欲絕者，皆克成效。如水入于經，而血乃成，不入于經，以致浮腫者，潛滋之妙，賴有此耳。惟陰形緩性人，及脾慢中寒有濕者，不相宜也。

条曰：　金水主時，則根苗茂盛，有繼絕續乏之義。三冬閉藏，而陰陽互根之妙。皋黄種麥，麥黄種皋，皋與麥交相為候，又當體會。麥則獨貞其竅，故處秋冬之時，能行春夏之令，以降入為升出者也，故名麥門冬。四季長生，中央堅勁，氣味甘平，具土德性，當判入脾，脾之脾藥也。色白屬金，脾之肺藥也。似脈屬火，脾之心藥也。不凋屬水，脾之腎藥也。長生屬木，脾之肝藥也。所謂一藏之内，具五藏焉。故五藏六府位于内，十二經脈見于外，莫不資始于脾，資生于胃，互為樞紐者也。蓋心腹結氣，中央所司，傷中傷飽，胃絡脈絕，羸瘦短氣，象形對治，故繼絕續乏之義，悉從中字起見耳。廣推研釋，雋永可思，蓋土主中宮，長養後天，必須德全之品，相為匹配，其唯麥冬乎。至若保心之神，定肺之氣，安肝之魂，補腎之精，因脾轉屬者，無所不宜。若脈傷則咳，經絡斷絕，致血液妄行，經水枯竭，變生煩熱焦渴者，求其因而借用之亦可。大抵象形對治，更相宜也。先人有議，輒加推廣如此。

明·李中梓《本草通玄》卷上　麥門冬　甘而微寒，肺經藥也。清肺中伏火，定心藏驚煩，理癆瘵骨蒸，止血熱妄行。理經枯乳閉，療肺痿吐膿，酒燥乾煩渴。　麥門冬主用殊多，要不越清肺之功。夏令濕熱，人病困倦無力，身重氣短，孫真人立生脉散，補天元真氣，人參甘溫，瀉熱火而益元氣，麥冬甘寒，滋燥金而清水源，五味子之酸溫，瀉丙丁而補庚金，殊有妙用，然胃寒者不敢餌也。　去心用。若入丸劑，湯潤搗膏。畏其寒者，好酒浸搗。

清·顧元交《本草彙箋》卷三　麥門冬　入肺兼入心，繆仲淳乃以爲足陽明之正藥，賈九如又以爲兼養膽腑。其理固相通，畢竟爲色白入肺之本藥。蓋麥冬稟秋令之微寒，功專清肺。正如盛暑，秋風一至，炎蒸若失。凡心肺虛熱，及虛勞者，與地黃、阿膠、麻仁同爲潤經益血，復脈通心之劑。元素云：麥冬治肺中伏火，肺氣欲絕者，加五味子、人參，爲生脈之品，以補肺中元氣之不足。六七月間，濕熱方旺，人病骨乏無力，身重氣短，頭旋眼黑，甚則痿軟，故宜生脈散，以人參之甘寒瀉熱火而益元氣，麥冬之苦寒滋燥金而清水源，五味子之酸溫瀉丙火而補庚金，兼補五臟之氣。其曰兼養膽腑者，以其四時葉青，淩冬不凋，長生之物。同小荷錢清養膽腑，以佐少陽生氣。又入固本丸，使心火下降，腎水上升，成坎離既濟、心腎相安之義。

周慎齋云：麥冬退肺中伏火，青蒿去骨間伏熱，白茯苓滲脾中伏水，白芍藥能於土中瀉木，益智仁能於土中益火。物理之奧，宜細心求之。

清·穆石匏《本草洞詮》卷九　麥門冬　其葉淩冬不凋，故謂之虋冬。虋，與門同音，借音省畫也。可以服食斷穀，亦有禹餘糧、不死草之稱。味甘氣平，一云微寒，無毒。入手太陰經氣分。治肺中伏火，補心不足，腸中傷飽，胃絡脉絕，身重目黃，止嘔吐，愈痿躄，保神定肺，下痰止嗽，久服輕身不飢。六、七月間濕熱方旺，人病氣短，筋弛骨乏無力，甚則軟痿。孫真人以生脉散補其天元真氣。脉者，人之元氣也。人參之甘寒，瀉熱火而益元氣；麥門冬之苦寒，滋燥金而清水源；五味子之酸溫，瀉丙火而補庚金也。蓋麥門冬治肺熱之功為多，與地黃、阿膠、麻仁，同為潤經、益血復脉、通心之劑，與五味、枸杞，同為生脉之劑。但火盛氣壯之人，服之相宜。若氣弱胃寒者，不可餌也。

清·張志聰《侶山堂類辯》卷下　麥門冬　《經》云：人之所受氣者，穀也。穀之所注者，胃也。胃者，水穀血氣之海也。海之所行雲氣者，天下也。胃之所出血氣者，經隧也。經隧者，五藏六府之大絡也。是藏府受水穀之精氣，由胃府之大絡通于藏府之經。麥門冬主傷中傷飽，胃絡脉絕，以其根鬚從中而貫如絡，脉之貫于募原之中，是通胸絡之氣，藉中心之貫通也。麥冬經冬不凋，能啟陰氣上滋于心肺，故主心腹結氣，欬嗽虛勞，腎脉上貫肝膈，入肺中，從肺出絡心，是腎氣之上交於心肺，心肺之痰熱欲從下解者，又咸藉麥冬之心而導引于脉中也。蓋凡物之寒涼者，其心必熱。熱者，陰中之陽也。人但知去熱，而不知用陽，得其陽而後能通陰中之氣。

清·劉雲密《本草述》卷九下　麥門冬　覈曰：出函谷川谷及隄坂肥土石間者，多野生。出江寧、新安及仁和筧橋者，多種蒔。古人唯用野生者細皺香美，宛如麥粒，功力殊勝也。四季不凋，秋冬根葉轉茂，叢生如韭，青似莎草，長尺餘，多縱理，四月開花如蓼，結實翠碧如珠，根鬚冗蝟，貫鬚連結，儼若琅玕，色白如玉，中心堅勁，最多脂液也。

根：　氣味：　甘，平，無毒。《別録》曰：微寒。　李當之：甘，小溫。　東垣曰：甘，微苦，微寒，陽中微陰，降也，入手太陰經氣分。　主治：　心腸結氣，腸中傷飽，胃絡脈絕，羸瘦短氣《本經》。治肺中伏火，脈氣欲絕，治心肺虛熱，及虛勞客熱，口乾燥渴，定肺氣五臟，補安心氣不足，去心熱，療血妄行，及經水枯，乳汁不下。止嗽，定肺痿吐膿，治熱毒大水，面目肢節浮腫，愈痿躄，強陰益精諸《本草》。

宗奭曰：治心肺虛熱及虛勞，與地黃、阿膠、麻仁，同為潤經益血，復脈通心之劑。與五味子、枸杞子，同為生脈之劑。　潔古曰：麥門冬治肺中伏火，脈氣欲絕者，加五味子，人參三味，為生脈散，補肺中元氣不足。　東垣曰：六七月間溼熱方旺，人病骨乏無力，身重氣短，頭旋眼黑，甚則痿軟，故孫真人以生脈散，補其天元真炁。脈者，人之元氣也。人參之甘寒瀉熱火而益元氣，麥門冬之苦寒滋燥金而清水源，五味子之酸溫瀉丙火而補庚金，兼益五臟之氣也。　復曰：麥冬葉色淩冬不死，隨地以生，以白色可入肺，甘平可入脾，多脈理可入心，淩冬可入腎，長生可入肝，雖入五臟，以心為主，心之腎藥也。其氣象生成及命名之義，能轉春為夏，使腎通心，所治各證，大都皆復脈通心，潤經益血之力也。蓋心主血脈，脈潰血溢，脈傷則咳，經水已枯，乳汁不下，脈氣欲絶者，皆克成效。如水入於經，而血乃成，不入於經，以致浮腫者，潛滋之妙，賴有此耳。惟陰形緩性人及脾慢中寒有溼者不相宜也。　李氏曰：瘻癧必用者，心肺潤而血脈自通也。　希雍曰：麥門冬在天則稟春陽生生之氣，在地則正感清和稼穡之甘。《本經》甘，平。平者，沖和而淡也。《别録》微寒，著春德也。入足陽明，兼入手少陰、太陰，實陽明之正藥。

同人參、五味子為生脈散，能復脈通心。夏月暑傷氣，服之良。酒後飲之，解酒毒。肺熱者去人參，加甘枸杞子作飲，治一切虚勞客熱。同五味子、枸杞、地黄、牛膝、鼈甲、酸棗仁、天冬，治五勞七傷。胃強者可加當歸，火盛者可入黄檗、砂仁、甘草三物，俱遞減。治陽明瘧，大渴引飲，煩躁或嘔吐，麥門冬、石膏、知母、竹葉，各數兩，病人虚者加人參兩許，痰多者加貝母、橘紅各兩許。《藥性論》云：麥門冬止煩渴，主大水面目肢節浮腫，下水，治肺痿吐膿，宜同天門冬、薏苡仁、黄檗、芍藥、茯苓、石斛、桑根白皮、五味子、牛膝，煮飲彌佳。止泄精，宜兼覆盆、蒺藜、黄檗、五味子。同茯苓、車前、黄連、石斛、豬苓、澤瀉，療心腹結氣，身重目黄。日華子治五勞七傷。安魂定魄。止渴。肥人時疾。熱狂頭痛。止嗽。故同石膏、知母、竹葉、粳米，專療時氣，頭痛大渴，煩躁及發狂甚者，須各數兩，濃煎頓飲乃佳。虚羸人因作勞内傷而發者，可量加人參，名人參白虎湯。有肺熱者，勿入人參。崔元亮《海上方》同黄連治消渴。《衍義》治心肺虚熱，虚勞客熱，入沙參、五味子。同青蒿、鼈甲、牛膝、地黄、芍藥、天門冬、枸杞子、五味子、胡黄連、山藥、茯苓、山茱萸，蜜丸，治骨蒸勞熱。

愚按：麥冬味純甘，天冬先甘後苦，苦勝於甘。夫天冬苦勝而氣寒，宜謂其入足少陰。乃二冬皆有甘，先哲皆不言其入足太陰脾，而皆謂其入手太陰肺者，其義何居？　海藏曰：營衛枯涸者，溼劑所以潤之，天麥二冬、人參、五味、枸杞子，同為生脈之劑，此上焦獨取寸口之義，即此可悟於不言脾而言肺者矣。更按寇氏云麥冬同地黄等藥，為潤經益血，復脈通心，又云與五味子等藥能生脈，合前義而明茲味之功用，乃見其於肺為切也。夫脈者，血之舍也。血者，真陰之化醇也。人身中如心為陽中之太陽，而曰心主脈者，為真陽之地，乃真陰之所依也。肺為陽中之少陰，而曰能復脈通心者，為陽中少陰之藏，乃真陽化陰之玄關也。且東垣云脈者，人之元氣也。若然，是則復脈通心者，麥冬而合於人參、五味，正益元氣之的劑也。就合上義以繹斯味之功，如東垣所謂入手太陰經氣分者，不洵然哉。

《經》云胃為水穀之海，六府之大原，是言胃屬陽也。又曰：五味入口，藏於胃，以養五藏氣。氣口，亦太陰也。是言何以五味入口，而五臟之陰氣，與六腑之陽氣，俱養者，則以氣口亦屬太陰，雖氣屬陽，為肺所主，而肺之氣口，亦太陰，故為百脈之所朝會，而與心脈合，使經氣歸於肺也。總是陽藉陰為主，心肺皆然。此《經》所云毛脈合精，又即所謂麥冬復脈通心，於肺朝百脈之義更切也。

抑肺固主氣之臟，第元氣之根蒂，肺亦未嘗不與之合，以神其升降也。請得而悉之。曰：《經》云二陰至肺，是在人身真氣并於穀氣，而歸肺者，即二陰腎脈已至於肺矣。又有所謂肺貫心脈而行呼吸者，即離中之坎，與腎陰之至於肺，更相合以神其升降，升降神而營衛通，故肺陰下降，而入心以生血，心受肺陰之降，離中裕坎，乃以神其化。若然，如主脈之心，因於肺陰而行血之生化者，是豈徒在肺哉？固本於二陰之至肺者，以為根蒂也。是所謂真陽化陰之玄關也。又如麥冬之療虚勞客熱，謂之復脈通心者，是能導太一天真之氣，以歸於脈中，則凡火熱為病，以枯渴真陰，致經氣病而脈欲絶者，謂此品氣味清陰，膩潤難燥，於真陽化陰之用，唯此謂之中的也。或曰：茲味止有甘，且合於脈，起中焦之義，何以不原其本於胃歟？曰：肺之主氣者，固根於胃，即心之主血，亦根於胃。然繹《本經》治傷飽胃絡脈絶一語，是在胃出入之用，猶藉於肺氣者有如斯，況不止傷飽之一證乎？此固不主胃而主肺之義也。試繹《内經》傷肺之論曰：夫傷肺者，脾氣不守，胃氣不清，經氣不為使，真藏壞決，經脈傍絶，五藏漏泄，不衄則嘔。是《經》言如斯其明切也，如之何不本上焦，獨取寸口之義，而以肺為主乎？或曰：二冬之甘皆入胃，皆治肺，但一則由胃入心，一則由胃入腎，而皆治肺者，云何？曰：心腎者，水火之原，水火不偕，乃得陰中之陽際於天，是謂天氣；而陽中之陰極於地，是謂地氣，總謂人身中之元氣，而肺司之。膻中有氣海，固肺所治，況心肺為在天之陽，真陽原不能離乎真陰，故虚勞以二冬，皆為治肺要藥也。如連清心，芩清肺，不得與麥冬之治虚勞也等功，以此能復脈通心。心者，脈之主，潤膩之味，水土合德，離中本具有坎，更由黄婆以致於離，使脈氣流經，經氣歸於肺，肺朝百脈，使天氣下降，而地氣以生，是豈芩、連所能及哉？抑《本草》云治虚勞是矣。又以客熱並言也，何居？曰：凡熱不外於心，在下焦肝腎陰虛以為熱者，久之則為虛勞，在上焦心肺屬陽中之陰虛以為熱者，名為客熱，蓋對元陰之虛熱而言也。唯是上焦之熱，若陽盛以致陰虛，直攻其陽之盛，而陰自復，可以芩連之屬取之。至陰虛以致陽亢，投之芩連，則不能和，其陽之無依而反絕其陰之化原，豈得不以此味為的劑乎？蓋此味不等於苦寒以祛熱，唯以清和之性，潤膩之質，能回陰燥而透脈枯，使亢陽得以依於陰而不僭，是所謂散肺伏火也，使逆氣得以入於經而不亂，是所謂能益肺氣也。雖然潤澀者與燥氣對，柔膩者與亢氣對，若有熱而胃兼於澀滯，是亦不可施也。若有熱而胃氣居於卑弱，是亦不可施也。若施之得宜，則所謂強陰益精，補心氣不足，保定肺氣者，先哲豈欺我哉？

麥冬四季不凋，其所稟至陰。然采根而用之者，必在夏至之前，不類諸味之取諸秋成者也。是必至陰而效用於至陽，此味惟秋前為然。先哲精察物理有如斯矣，所以上焦心肺胃之陽，主之以奏功也。

希雍曰：麥門冬性寒，雖主脾胃，而虛寒泄瀉，及痘瘡虛寒泄瀉，產後虛寒泄瀉者，咸忌之。

按：麥冬、地黃同用，氣弱胃寒者必不可餌，此說良然。愚服養心藥酒，麥冬、生地同入諸藥中，至暮年飲一兩次，大為其累，是老人更宜慎也。

修治　去心，不令人煩。入湯藥，以水潤，去心。若入丸散，須瓦焙熟，即於風中吹冷，如此三四次，即易燥，且不損藥力。或以湯浸，搗膏和藥，亦可滋補藥，則以酒浸擂之。　潔古曰：引經，須以酒浸。　或以竹刀連心切，作薄片，醇酒浸一宿，連酒磨細，入布囊內，揉出白漿，點生薑汁、杏仁末各少許，頻攪數百下，久之澄清，去酒曬乾，收用。入湯膏亦連心用，方合土德全體。　又製法：去心，搥匾極薄，曬乾，加隔紙，焙焦用。

清・郭章宜《本草匯》卷一一　麥門冬　味甘，微苦，微寒。陽中微陰，降也。入手太陰、少陰經。退肺中隱伏之火，生肺中不足之金。止燥渴，陰得其養。補虛勞，熱不能侵。除心經客熱，安神益氣。滋腎水化源，強陰益精。經枯乳汁不行，堪資作引，肺燥欬聲連發，須仗為君。《別錄》治虛勞客熱，口乾燥渴者，因虛勞而熱客中焦，故口乾而燥渴。陽明之熱上衝，則兼嘔吐也。治痿躄者，陽明濕熱病也。陽明濕熱盛，則薰蒸于肺，而為痿躄。治痿獨取陽明，治本之道也。

按：麥門冬禀秋令之微寒，得西方之正色，故清肺中伏火多功。心火焦煩，正如盛暑秋風一至，炎蒸若失矣。心主血，心既清寧，妄行者息。脾受濕熱，則肌肉腫而腸胃滿，熱去即濕除，腫滿者自愈。金不燥則不渴，金水生則益精。故成聊攝云：肺燥氣熱，以酸收之，以甘緩之。門冬之甘，潤肺除熱。但專泄而不兼收，中寒有濕人不可服也。東垣曰：六七月間，濕熱方旺，人病骨乏無力，身重氣短，脉氣欲絕者，孫真人以五味子之酸溫，瀉丙火而補庚金，人參之甘溫，瀉熱火而益元氣，門冬之苦寒，滋燥金而清水源，三味能兼益五藏之氣，故同為生脉之劑。其功用與天冬少異，麥冬清心降火，止上欬。天冬滋陰助元，消腎痰。天、麥冬並入手太陰，而敺煩解渴。第麥冬兼行手少陰，每每清心降火，使肺不犯于賊邪，故止欬立効。天冬復走足少陰，屢屢滋陰助元，令肺得全其母氣，故消痰殊功。先哲有云：痰之標在脾，痰之本在腎，痰係津液凝成，腎司津液者也。燥則凝，潤則化。天冬潤劑，走腎，故能化解也。又云：半夏能治痰之標，不能治痰之本。以是觀之，則天冬能治痰之本，不能治痰之標。非但與門冬殊，亦與半夏異也。

取肥大者，微火焙軟，去心用。心令人煩。畏其寒者，以酒浸用。地黃、車前為之使。惡款冬、苦瓠。畏苦參、木耳。伏鍾乳。

清・蔣居祉《本草擇要綱目・寒性藥品》　麥門冬　氣味：甘，平，無毒。陽中微陰，降也。入手太陰經氣分。　主治：身重目黃，心下支滿，虛勞客熱，口乾燥渴，強陰益精。祛肺中伏火，補心氣不足。脈者，人之元氣。孫真人生肺散用麥冬者，滋燥金而清水源也，佐以人參之甘寒瀉熱火，五味子之酸溫瀉丙火。故火盛氣壯之人，麥門冬為補髓，通腎氣，滑澤肌體之對劑也。氣弱胃寒者，不可過餌。

清・閔鉞《本草詳節》卷一　麥門冬　【略】按：麥門冬涼而能補，補而不泥。凡傷寒勞復，與夫溫熱病及雜病，陰不濟陽，而煩熱燥渴者，用之以生津液，濡枯而退熱，最有奇功。又與地黃、阿膠、麻仁同為潤經益血、復脈通心之劑。與人參、五味為生脈散，以人參之甘寒，瀉熱火而益元氣，五味子之酸溫，瀉丙火而補庚金，麥門冬之苦寒，滋燥金而清水源，天元真炁得補，而脈自生矣。餘與天門冬同。

清・王翃《握靈本草》卷四　麥門冬出江寧者小，出新安者大。凡用取肥大者，湯潤，抽去心，或以瓦焙軟，乘熱去心。作滋補藥，以酒浸搗。　主治：麥門冬，甘，平，無毒。主心腹結氣，傷中羸瘦，短氣，虛勞客熱，口乾燥渴，肺中伏火，心氣煩熱，肺痿吐膿，時疾熱狂。【略】 發明：【略】按天冬、麥冬並入手太陰肺，而麥門冬兼入手少陰心，清心降火，使肺不犯賊邪，故止欬立效。天冬兼走足少陰腎，滋助腎元，令肺得全其母氣，故消痰有殊功。蓋痰係津液凝成，腎主津液故也。故上而止欬，天冬遜于麥冬，下而消痰，麥冬遜于天冬。則天冬能治痰之本，不能治痰之標。麥冬治痰之標，不能治痰之本也。

清・汪昂《本草備要》卷一 麥門冬補肺清心，瀉熱潤燥。 甘、微苦，寒。清心潤肺，東垣曰：入手太陰氣分。强陰益精，瀉熱除煩，微寒能瀉肺火，火退則金清，金旺則水生，陰得水養，則火降心寧而精益。消痰止嗽，午前嗽多屬胃火，宜芩、連、梔、柏、知母、石膏；午後嗽及日輕夜重者，多屬陰虛，宜五味、麥冬、知母、四物。行水生津。肺清則水道下行，故治浮腫；火降則腎氣上騰，故又治消渴。治嘔吐胃火上衝則嘔，宜麥冬。又有因寒、因食、因痰、因虛之不同。痿躄，手足緩縱曰痿躄。陽明濕熱上蒸于肺，故肺熱葉焦，發爲痿躄。《經疏》曰：麥冬實足陽明胃經之正藥。客熱虛勞，脉絕短氣，同人參、五味，名生脉散。蓋心主脉，肺朝百脉，補肺清心，則氣充而脉復。又有脉絕將死者，服此能復生之。夏月火旺灼金，服之尤宜。東垣曰：人參甘寒，瀉火熱而益元氣；麥冬苦寒，滋燥金而清水源；五味酸温，瀉丙火而補庚金，益五藏之氣也。丙火，小腸；庚金，大腸。并主津液。肺痿吐膿，血熱妄行，經枯乳閉，明目悅顏。益水清火。但性寒而泄，氣弱胃寒人禁用。 肥大者良，去心用。入滋補藥酒浸。制其寒。地黃、車前爲使，惡款冬，畏苦參、青葙、木耳。

清・吴楚《寶命真詮》卷三 麥門冬 【略】清肺中伏火，定心臟驚煩，止血熱妄行，心主血，心清則妄行者息。理癆，療骨蒸，經枯乳閉，肺痿吐膿，潤燥解煩渴。金不燥則不渴，金水生則為精。 麥門稟秋令之微寒，得西方之正色，故清肺多功。與天冬功用相當，寒性稍減，虛寒泄瀉仍宜忌之。夏令濕熱，人病困倦，孫真人立生脈散補天元真氣，胃寒者忌。

清・陳士鐸《本草新編》卷二 麥門冬 味甘，氣微寒，降也，陽中微陰，無毒。入手太陰、少陰。瀉肺中之伏火，清胃中之熱邪，補心氣之勞傷，止血家之嘔吐，益精强陰，解煩止渴，美顏色，悅肌膚。退虛熱神效，解肺燥殊驗，定嗽咳大有奇功。真可恃之為君，而又可藉之為臣使也。但世人未知麥冬之妙，往往少用之而不能成功，為可惜也。不知麥冬必須多用，力量始大。蓋火伏于肺中，爍乾內液，不用麥冬之多，則火不能制矣。熱熾于胃中，熬盡真陰，不用麥冬之多，則火不能息矣。夫肺為腎之母，肺燥則腎益燥，腎燥則大小腸盡燥矣。人見大小腸之乾燥，用潤腸之藥。然腸滑而脾氣愈虛，則傷陰而腎愈虛矣。腎虛必取給于肺金，而肺又素燥，無氣以滋腎，而乾咳嗽之症起，欲以些小之劑益肺氣以生腎水，必不得之數也。抑肺又胃之子也，胃熱則土虧，土虧而火愈熾。火熾，必須以水濟之，而胃火太盛，腎水細微，不特不能制火，而且熬乾津液，苟不以汪洋之水，速為救援，水立盡矣。然而大旱枯涸，滂沱之水，既不可驟得。倘腎水有源，尚不至細流之盡斷，雖外火焚爍，而淵泉有本，猶能浸潤，不至死亡也。故胃火之盛，必須補水，而補水之源，在于補肺。然而外火既盛，非杯水可解。陰寒之氣，斷須深秋白露之時，金氣大旺，而後湛露湑湑，多且濃也。故欲肺氣之旺，必用麥冬之重。苟亦以些小之劑，益其肺氣，欲清胃火之沸騰也，又安可得哉。更有議者，肝木畏肺金之尅者也。然肺過于弱，則金且不能尅木，而肝且欺之。于是，木旺而挾心火以刑金，全不畏肺金之尅。肺欲求救腎子，而腎水又衰，自顧不遑，又安能顧肺金之母哉。乃咳嗽脹滿之病生，氣喘痰塞之疾作。人以為肺之病也。用瀉肺之藥，益虛其肺氣，而肝木更熾，心火愈刑，病有終年累月而不痊者。苟不用麥冬大補肺氣，肝木之旺，何日能衰乎。此麥冬之必須多用，又不可不知也。更有膀胱之火，上逆于心胸，小便點滴不能出。人以為小便大閉，由于膀胱之熱也，用通水之藥不效，用降火之劑不效，此又何故乎？蓋膀胱之氣，必得上焦清肅之令行，而火乃下降，而水乃下通。夫上焦清肅之令，稟于肺也，肺氣熱，則清肅之令不行，而膀胱火閉，水亦閉矣。故欲通膀胱者，必須清肺金之氣。清肺之藥甚多，皆有損無益，終不若麥冬清中有補，能瀉膀胱之火，而又不損膀胱之氣，然而少用之，亦不能成功。蓋麥冬氣味平寒，必多用之，而始有濟也。

或問：麥冬以安肺氣，救肺即可生腎子矣，何以補肺者，仍須補腎乎？曰：肺腎之氣，未嘗不兩相須也。肺之氣，夜必歸于腎，腎之氣，晝必升于肺。麥冬安肺，則肺氣可交于腎，而腎無所補，則腎仍來取給于肺母，而肺仍不安矣。此所以補肺母者，必須補腎子也。腎水一足，不取濟于肺金之氣，則肺氣自安，且能生水，而肺更安也。麥冬止可益肺，不能益腎。古人所以用麥冬必加入五味子，非取其斂肺，正取其補腎也。

或問：麥冬加五味以補腎，敬聞命矣，何孫真人加入人參為生脉散？吾子善辨，幸明以教我。此則子不下問，而鐸亦亟欲闡明之也。夫肺主氣也，人參補氣，湯名補氣，誰曰不然。而孫真人不言生氣而言生脉者，原有秘旨。心主脉，是生脉者，生心之謂也。或疑心主火，而肺主金，生心火，必至尅肺金矣。益氣之謂何？而詎知心之子，乃胃土也。肺金非胃土不生，胃弱以致肺金之弱。補心火，自生胃土矣，胃土一生，而肺金之氣自旺。又恐補心以尅肺金，加麥冬以清肺，則肺不畏火之炎。加五味以補腎，則腎能制火之盛，調和制伏之妙，為千古生人之法，示天下以補心之妙，不必畏心之刑金也。所以不言生氣而曰生脉者，其意微矣，人未之思爾。

或問：麥冬補肺金而安肺氣，肺氣之耗者，宜加用麥冬以補肺金矣，然而日用麥冬，而不見肺金之氣旺者，何故？蓋肺金之母，胃土之衰也。胃喜溫而不喜寒，日用麥冬之寒以益肺，而反致損胃。胃寒而氣不能生金，徒用麥冬何益哉。必須用溫胃之藥，以生胃氣，而後佐之以麥冬，則子母兩補，自然胃氣安，而肺氣亦安也。

或疑胃中有火，最宜麥冬以清之，而吾子曰胃喜溫不喜寒，不相反耶？非反也。胃乃土也，土自喜溫。胃中宜火，何以惡火？夫火多宜瀉，而火少宜補，況胃中之火乃邪火，非正火也，邪火宜瀉，而正火亦宜補。服麥冬而胃寒者，乃正火衰微，自宜補之，未可以胃中之正火，錯認作邪火而並觀也。

或問：麥冬滋肺氣者也。何以有時愈用而愈不效，豈麥冬非滋肺藥乎？夫麥冬不滋肺氣，又何藥以滋肺。然用之不效者，非麥冬不滋肺氣，乃肺絕不受麥冬之滋也。肺為嬌臟，治肺原不宜直補肺也。肺至麥冬之不可滋者，脾胃之母氣、腎經之子氣，已先絕于肺之前，而欲用麥冬以救肺絕之際，又何可得哉。

或疑用麥冬以救肺氣，肺絕而不可救，是麥冬為無用矣。不識舍麥冬，又用何藥可救耶？曰：脾胃已絕，金不能生矣；腎經已絕，金無以養矣，實無藥可以相救。惟胃氣不絕者，尚有可救之機，仍用麥冬為君，加于人參、熟地、山藥、山茱萸之內，尚可延留一綫，然不節慾慎疾，亦徒然也。

或問：麥冬乃肺經之藥，凡肺病固宜用之，不識於治肺之外，尚有何症宜用也？夫麥冬不止治肺也，胃火用之可降，腎水用之可生，心火用之可息，肝木用之可養，膽木用之可滋，心包火用之可旺，三焦火用之可安，膀胱水用之可瀉，所治之病甚多，何獨宜于治肺耶。

或問：麥冬但聞可以內治成功，未知亦可以治外症乎？曰：麥冬之功效，實于內治獨神，然又能外治湯火，世人固不識也。凡遇熱湯滾水泡爛皮肉，疼痛呼號者，用麥冬半觔，煮汁二碗，用鵝翎掃之，隨掃隨乾，隨乾隨掃，少頃即止痛生肌，神效之極，誰謂麥冬無外治哉。

清·顧靖遠《顧氏醫鏡》卷七　麥門冬甘，微寒。入心肺胃三經。忌鯽魚。去心用。

退肺中伏火，色白性寒，故清肺多功。清心內煩熱。如盛暑得涼風，炎蒸若失。止渴益精，寧嗽除喘。金不燥則不渴，金生水則益精，火不乘金，而咳喘俱寧。主妄行之血，心主血，心清則血不妄行。除虛勞之熱。陰虛則熱，養陰則熱自除。能止嘔吐，胃熱不上冲也，善療痿躄。清肺胃之熱，痿躄治本之道也。治經水乾枯，及乳汁不下，內熱既除，則精血自生。潤肺除熱清心，為心肺虛熱之神品。以甘先入脾胃，故又為陽明之正藥。《本經》謂其主羸弱者，胃病則脾無所稟，而肌肉不生。《別錄》謂其療身腫目黃，心下支滿，能消穀調中者，蓋脾胃之熱去，則濕除而諸症愈，脾胃安而能食肥健矣。虛寒泄瀉者忌之。

清·李熙和《醫經允中》卷一八　麥冬　地黃、車前為使。惡欵冬。畏苦參。忌鯽魚。兼行心經。甘，平，微寒，無毒。陽中微陰，降也。主治虛勞客熱，解渴毆煩，益精強陰，止咳嗽痿躄，療肺痿吐膿血，熱妄行。麥冬治肺熱之功居多，以能清心降火，使肺不犯于賊邪也。然泄而不守，寒多人禁服，故寒嗽而右寸微弱者不可用也。能瀉相火以保肺，故右尺微弱者亦不可用也。惟火盛氣壯者宜之。愚按：《內經·咳論》云：五臟六腑皆令人欬，非獨肺也。皮毛者，肺之合也。皮毛先受寒氣，寒氣以從其合其寒，飲食入胃，從肺脉上至于肺則肺寒，肺寒則內外合，邪因而合之則咳嗽，是咳嗽初起，未有不由于寒也。況肺惡寒，而脾為生痰之原，脾肺一寒，則飲食不運，漸化而成痰吐矣。惟勞傷虛損，津液因迫而成痰，此賊邪大逆，十死不治之候矣。每見醫家，病之新起，輒以二冬降火滋陰，為止嗽要藥，致脾肺愈寒，痰壅氣塞，卒之寒極生熱，虛火上炎而難治，可勝悼哉！

清·馮兆張《馮氏錦囊秘錄·雜症痘疹藥性主治合參》卷一　麥門冬在天則稟春陽生生之氣，在地則感清和稼穡之甘，故甘，平，微寒，無毒。○如滋陰潤肺，去心生用；如同脾肺藥兼用，宜拌米炒黃用。

麥冬，治肺家伏火之邪，肺痿吐膿腥臭。補心臟勞傷虛損，心血錯經妄行。益精強陰，毆煩解渴。心腹結氣能散，無尅伐太過之傷；脾胃虛滯可消，有寬飽舒懷之益。和顏色，悅肌膚，清膈上之稠痰，調四肢之經脉，去心下支滿，退虛熱客邪，經枯乳汁不行，堪資作引。肺燥咳聲連發，須仗為君，同人參、五味煎，名生脈散，專補元氣。共地黃、阿膠、麻仁用，能潤經益血，復脈通心。滋燥金以壯水源，但專泄而不專收。中寒有濕者少服，脾胃虛寒，產後泄瀉者忌之。

主治痘疹合參：安五臟，潤經益血，清熱補心，生脉止煩，清心潤肺，宜痘五六朝，肺氣虛熱，上喘作渴及痘無膿者可用。痘後尤宜，但不可早用，恐引毒內行，若泄瀉者尤忌之。

按：麥門冬稟秋令之微寒，是以清心潤肺之功居多。夫心火焦煩，勢如盛暑，秋風一至，炎蒸若失矣。較之天冬甘味稍多，寒性差減，更勝一籌。火盛氣壯者多用、生用並宜，氣弱胃寒者少用、炒用為妙。

清・张璐《本經逢原》卷二　麥門冬本作虋冬。　甘，寒，無毒。去心用，即不煩心。

《本經》主心腹結氣，傷中傷飽，胃絡脈絶，羸瘦短氣，久服輕身不老，不飢。　發明：麥門冬陽中微陰，入心肺腎及足陽明之經，定心熱驚煩，療肺痿吐膿。蓋專泄而不專收，寒多人禁服。肺中伏火，脈氣欲絶者，加五味子、人參為生脈散，專補脈中元氣不足。東垣云：六七月間濕熱方盛，人病骨乏無力，身重氣短，頭旋眼黑，甚則痿軟。故孫真人以生脈散補其天元真氣。脈者，人之元氣也。人參之甘溫，瀉陰火而益元氣。麥門冬甘寒，滋燥金而清水源。五味子之酸鹹，瀉丙火而補庚金，兼益五藏之氣也。時珍曰：麥門冬以地黃為使，服之令人頭不白，添精補髓，通腎氣，定喘促，令人肌體滑澤。《本經》主心腹結氣，傷中傷飽，胃絡脈絶，羸瘦短氣，一氣貫下，言因過飽傷胃而致心胸氣結，脈絶不通，羸瘦短氣，故宜以此滋其津液，通其肺胃，殊非開豁痰氣，消尅飲食之謂。其陰虛羸瘦，喘欬上氣，失音失血及風熱暴嗽，咸非所宜，恐寒鬱熱邪，牢不可破，多成虛損之疾。麻疹欬嗽不可誤用，以其性寒助陰，固斂陽邪不能發越也。凡脾胃虛寒泄瀉及痘瘡虛寒作瀉，產後血虛瀉渴，皆非所宜。

清・浦士貞《夕庵讀本草快編》卷二　麥門冬《本經》、忍淩　虋，音門，其根似麥，葉似韭，淩冬不凋，故名忍淩。　麥冬甘而微寒，稟秋金之正氣，故入手太陰氣分，兼走手少陰心經。故能益精消穀，保肺清心，療虛勞之客熱，治咳嗽之亡津，去浮愈痿，平血妄行，通心復脉，益血潤經。夫心火焦煩，正如盛暑，秋風一至，炎灼自除。況心主血，心既清寧則妄行者息，脾除濕熱則浮滿者消，金受滋而渴不生，水賴母而精日益矣。但虛寒之輩獨不可投者，恐其泄而不收也。

清・張志聰、高世栻《本草崇原》卷上　麥門冬　氣味甘，平，無毒。主心腹結氣，傷中，傷飽，胃絡脈絶，羸瘦短氣。久服輕身不老，不飢。　麥門冬，門古字從虋。虋，藤蔓不絶也。始出函谷川谷，葉如細韮，淩冬不死，根色黃白，中心貫通，延蔓相引，古時野生，宛如麥粒，故名麥冬，今江浙皆蒔植矣。一本横生，根顆連絡，有十二枚者，有十四五枚者。所以然者，手足三陽、三陰之絡共有十二，加任之尾翳，督之長強，共十四，又加脾之大絡，共十五，此物性之自然而合於人身者也，唯聖人能體察之，故用麥冬以通絡脈，並無去心二字，後人不詳經義，不窮物理，相沿去心久矣，今表正之。　麥門冬氣味甘平，質性滋潤，淩冬青翠，蓋稟少陰冬水之精，上與陽明胃土相合。主治心腹結氣者，麥冬一本横生，能通胃氣於四旁，則上心下腹之結氣皆散除矣。傷中者，經脈不和，中氣內虛也。傷飽者，飲食不節，胃氣壅滯也。麥門稟少陰癸水之氣，上合陽明戊土，故治傷中、傷飽。胃之大絡，內通於脈，胃絡脈絶者，胃絡不通於脈也。麥冬顆分心貫，横生土中，連而不斷，故治胃絡脈絶。胃虛則羸瘦，腎虛則短氣，麥冬助胃補腎，故治羸瘦、短氣。久服則形體強健，故身輕，精神充足，故不老不飢。

清・劉漢基《藥性通考》卷五　麥冬　味甘，微苦，寒。清心潤肺，入太陰氣分。強陰益精，瀉熱除煩。微寒能瀉火，火退則金清，金旺則水生，陰得水養，則火降心寧而精益。消痰止嗽，午時前嗽，多屬胃火，宜芩、連、梔、栢、知母、石膏，午後嗽及日輕夜重者，多屬陰虛，宜五味、麥冬、知母。四物湯行水生津，肺清則水道下行，故治浮腫。火降則腎氣上騰，故又治消渴。治吐血，胃火上衝則嘔，宜麥冬。又有因寒、因食、因痰、因虛之不同也。又治痿躄，手足緩縱。曰：痿躄，陽明濕熱上蒸於肺，故肺熱葉焦，發為痿躄。《經疏》曰：麥冬實陽明胃經之正藥。客熱虛勞，脉絶短氣，同人參、五味，名生脉散。蓋心主脉，肺朝百脉，補肺清心，則氣充而脉復。又有脉絶將死者，服此能復生之。夏月火旺灼金，服之尤宜。東垣曰：人參甘寒，瀉火熱而益元氣；麥冬苦寒，滋燥金而清水源；五味酸溫，瀉丙火而補庚金，益五臟之氣也。肺痿吐膿，血熱妄行，經枯乳閉，明目悅顏，益水清火。但性寒而泄，氣弱胃寒人忌用。肥大者良。去心用。入滋補藥，酒浸制其寒。地黃、車前為使，惡款冬，畏苦參、青葙、木耳。

清·姚球《本草經解要》卷一　麥門冬　氣平，味甘，無毒。主心腹結氣，傷中傷飽，胃絡脈絕，羸瘦短氣。久服輕身，不老不飢。去心。　麥冬氣平，稟天秋平之金氣，入手太陰肺經。味甘無毒，得地中和之土味，入足太陰脾經。氣降味和，陰也。心腹者，肺脾之分；　結氣者，邪熱之氣結也。其主之者，麥冬甘平，平能清熱，甘緩散結也。中者，陰也，傷中者，陰傷也。甘平益陰，故主傷中。脾為胃行津液者也，脾血不潤，則不能為胃行津液，而傷飽之症生矣。味甘而潤，滋養脾血，故主傷飽。脈者，血之府。胃與脾合，胃絡脈絕者，脾血不統，脈絡不與胃相接也。甘潤養陰，所以續脈。脾主肌肉，而稟氣於胃，脾陰不潤，則肌肉不長，而胃氣上逆，肺亦能呼不能吸，而氣短促矣。麥冬味甘益脾，故主羸瘦，氣平益肺，故主短氣也。久服肺氣充，所以身輕。脾血潤，所以不老不飢也。　製方：　麥冬同川連，治消渴飲水。同甘草、粳米、大棗、竹葉，治勞氣欲絕。同烏梅，治下利口渴。同人參、北味、杞子，治虛熱病暑。同沙參、北味，治心肺虛熱。

清·周垣綜《頤生秘旨》卷八　麥門冬　清心肺之藥也。金清能滋水源，不言補腎，而補腎在其中矣。火清而心神安，血之妄行亦自歸經矣。又何有客熱煩渴之有哉？　心主脉，百脉皆朝于肺，故生脉散中用之，大有意味。

清·王子接《得宜本草·上品藥》　麥門冬　味甘。入手少陰、太陰經。功專清心保肺。得地黃、阿膠、麻仁，同為潤經復脉之劑；　得五味子，能都攝肺腎之津液。

清·徐大椿《神農本草經百種錄》上品　麥門冬　味甘，平。主心腹結氣，解枯燥之結氣。傷中傷飽，胃絡脈絕，補續胃中之陰氣。羸瘦短氣。補胃則生肌，清火則益氣。久服，輕身不老，不飢。後天足則體健而能耐飢也。　麥冬甘平滋潤，為純補胃陰之藥。後人以為肺藥者，蓋土能生金，肺氣全恃胃陰以生。胃氣潤肺，自資其益也。

清·黃元御《長沙藥解》卷三　麥冬　味甘，微涼。入手太陰肺、足陽明胃經。清金潤燥，解渴除煩。涼肺熱而止咳，降心火而安悸。《金匱》麥門冬湯，麥冬半斤，半夏一斤，粳米二合，人參二兩，甘草一兩，大棗十二枚。治咳嗽，火逆上氣，咽喉不利。以肺胃上逆，相火刑金，麥冬、半夏清金泄火而降逆，甘、棗、參、粳補中化氣而生津也。《傷寒》炙甘草湯方在甘草用之治少陽傷寒，脈結代，心動悸者。以少陽相火不降，致累君火，逆升而生煩悸，麥冬清心而寧神也。　薯蕷丸方在薯蕷，竹葉石膏湯方在竹葉，皆用之以清金而潤燥也。

麥冬清涼潤澤，涼金泄熱，生津除煩，澤枯潤燥之上品。然無益中虛肺熱之家，率因陽衰土濕，中氣不運，胃膽上逆，相火刑金，原非實熱之證。蓋土濕胃逆，則肺膽不得右降，以土者四象之中氣，轂敗則軸折，輪輻不轉，自然之理。戊土上壅，濁氣填塞，肺膽無下降之路，此相火刑金之原也。金受火刑，失其清肅降斂之性，嗽喘吐衄於是生焉。但服清潤，陰旺濕滋，中氣愈敗，胃土更逆，上熱彌增，是以虛勞淹滯，非無上熱，而清金潤肺之法，絕不能效，以救其標，而傷其本也。此宜金土同醫，故仲景用麥冬必與參、甘同劑。麥冬而得人參，清金益氣，生津化水，霧露泛灑，心肺肅涼，洗滌煩燥之法，至為佳妙也。其諸主治，安魂魄，除煩悸，療喉瘡，治肺痿，解消渴，平咳喘，止吐衄，下痰飲，利水濕，消浮腫，下乳汁，通經水。

清·吳儀洛《本草從新》卷一虛　麥門冬潤肺，清心瀉熱。　味甘，微苦，微寒。潤肺清心，瀉熱除煩，微寒能瀉肺火。化痰行水，清肺則水道下行，故治浮腫。生津止嗽。午前嗽多屬胃火，午後嗽及日輕夜重者多屬陰虛，宜麥冬、五味同滋陰藥用。治嘔吐，胃火上衝則嘔，宜麥冬。又有因寒、因食、因痰、因虛之不同。痿躄，手足緩縱曰痿躄。陽明濕熱上蒸於肺，肺熱葉焦，發為痿躄。《經疏》曰：　麥冬實足陽明之正藥。客熱虛勞，暑傷元氣，脈絕短氣。同人參、五味名生脈散。蓋心主血脈，肺朝百脈，補肺清心則氣充而脈復，故脈絕將死者，服此能復生之。夏月火旺尅金，服之尤宜。東垣曰：人參甘溫，益元氣而瀉虛熱。麥冬苦寒，滋燥金而清水源。五味酸溫，瀉丙火而補庚金，益五臟之氣也。肺痿吐膿，血熱妄行，經枯乳閉。明目悅顏。性寒而潤，虛寒泄瀉者勿用。肥白而大者佳。去心，入滋補藥酒潤，制其寒。或拌米炒黃。地黃、車前為使。惡款冬、苦參、青葙、木耳。忌鯽魚。熬膏良。〔丙火小腸，庚金大腸，并主津液。〕

清·汪紱《醫林纂要探源》卷二　麥門冬　甘，淡，微苦，微寒。葉如韭，根多鬚，鬚上散結麥冬，小於天冬。泄肺逆，瀉心火，滲膻中之濕。色白入肺疏散，兼入心。淡則能滲，潤肺除痰，除煩止嗽，治嘔吐，靖虛勞，療痿躄，降火寧心。去心用。　脾肺虛寒者忌。

清·嚴潔等《得配本草》卷三　麥門冬　地黃、車前為之使。畏苦參、青葙、木耳。惡款冬、苦芙、苦瓠。忌鯽魚。伏石鍾乳。　甘，平，微苦、涼。入手少陰、太陰經氣分。生上焦之津液，清胸膈之渴煩。治嘔吐，止吐衄，消痰嗽，止泄精，療痿厥，去支滿，散結氣。　得烏梅，治下痢口渴。得犀角，治乳汁不下。得桔梗，清金氣之鬱。得荷葉，清膽腑之氣。佐地黃、阿膠，潤經血。佐生地、川貝，治吐衄。　心能令人煩，去心，忌鐵。入涼藥，生用。入補藥，酒浸，糯米拌蒸亦可。　氣虛胃寒者禁用。

題清·徐大椿《藥性切用》卷三　麥門冬　甘寒微苦，清心潤肺，瀉熱除煩，為生津止嗽之耑藥。去心用。其性寒凝潤滑，肺燥邪熱初解，脾胃虛寒泄瀉，均忌。然亦可糯粉炒用，勿滑。硃砂拌用，鎮心。

清·黃宮繡《本草求真》卷七　麥冬清心肺火。　麥冬耑入心肺。有類天冬，然麥冬甘味甚多，寒性差少，天冬所主在肺，而麥冬所主，則更在肺而在心，是以書載功能消痰止嗽。治嗽須分外感內傷，如外感則聲盛而濁，先緩後急，日夜無度，痰涎稠粘而喘急。內傷則聲怯而槁，先急後緩，或早甚，或暮甚，清痰小氣而喘乏。外感則其發必暴，或為寒熱，或為氣逆，或為鼻塞聲重頭痛，輕者脈亦和緩，重者脈見弦洪。內傷其發有漸，或素有勞積虛損，日漸以甚，其症或為寒熱潮熱，或為形容瘦減，或兩顴常赤，或氣短喉乾，其脈輕亦微數，重必細數弦緊。　解熱除煩，去痿除嘔。痿按《經》言肺熱葉焦，皮毛虛弱急薄以着，則生為足弱不能以行之症，心熱火炎下厥，而生脛縱不能任地之症。肝熱口苦血乾，而成拘攣筋痿之症，脾熱胃乾而渴，肌肉不仁，發為肉痿之症，腎熱腰脊不舉，骨枯髓減，發為骨痿之症，獨肺熱而葉焦，高源化絕，而諸臟不得仰肺灌溉，故痿獨推於肺，而治痿又責重於陽明。　而又載同人參則能復脈生津。名生脈散。　非合心肺而皆治乎？蓋肺朝於百脈，脈屬心，心燥則肺失養而脈絕，心清則氣即充而脈復。　麥冬氣稟清肅，能於心中除煩。肺清則水得生而心不煩。　譬如人當盛暑，則燔灼不寧。　若值秋風一至，則炎熱頓解，而無燥鬱不堪之候矣！　東垣曰：人參甘寒，瀉火熱而益元氣，麥冬苦寒，滋燥金而清水源，五味酸溫，瀉丙火而補庚金，益五臟之氣也。至於乳汁不開，用此則能通活。　熱血妄行，用此則能即止。　他如膈上之稠痰，得此則消。　心下之支滿，得此則除。　脾有積熱則化，胃有火嘔則止，色因血枯即潤，嗽久不止即愈，誠保肺之津梁，清心之指南也。　但氣寒而虛人禁用，肥大者良。　去心用，入滋補藥酒浸，地黃、車前為使。　惡欵冬。　畏苦參、青葙、木耳。

清·楊璿《傷寒溫疫條辨》卷六潤劑類　麥門冬酒浸，去心。　味甘苦，氣寒。　降也，陽中陰也。　以其甘多苦少，故能清心潤肺，肺中伏火，非此不除。　補上焦津液，解胸膈煩渴，止胃火嘔吐。胃火上衝則嘔吐，宜麥冬。又有因虛、因寒、因痰、因食之不同，隨證治之，不可執一也。　療手足痿躄。手足緩縱曰痿躄。陽明濕熱上蒸於肺，肺熱葉焦，發為此證。《經》云：治痿獨取陽明。《經疏》曰：麥冬實足陽明胃經之正藥。　益精強陰，澤肌潤結，肺痿肺癰，咳唾衄血，經枯乳汁不行，肺燥痰嗽不絕。午前嗽多屬胃火，宜芩、連、梔、栢、知母、石膏；午後嗽及日輕夜重，多屬陰虛，宜麥冬、五味子、元參、知母、六味。　降火清心，消痰補怯。　金受火囚，生脉〔散〕須加人參。　便滑瀉利，胃寒，二冬勿設。古方麥冬飲子治勞嗽虛熱，咳喘痰血。麥冬二錢，五味子、人參七分，黃耆二錢，歸身、白芍、炙甘草一錢，水煎服。

附：琉球·吳繼志《質問本草》外篇卷三　珠蘭麥門冬　辛丑之冬清舶漂到，採此種問之。　珠蘭。　鄭茂慶。

清·羅國綱《羅氏會約醫鏡》卷一六草部　麥門冬味甘，微苦微寒，入心肺二經。地黃、車前為使，惡款冬，畏苦參、青葙、木耳。入補藥，去心，酒蒸或拌米炒。　清心火，退肺熱，止渴除煩。火降則津生。　治血虛客熱、乾咳吐衄，燥金清也。　消浮腫，肺清則水下行，故腫消。　療痿蹶肺熱葉焦、肺癰肺痿，功同天冬。　生脉，脉絕垂死，同人參、五味用。　明目，經枯乳閉。益水清火。　按：麥門冬與天門冬功用相似，寒性稍減，若脾虛泄瀉惡食者，仍宜忌之。

清·陳修園《神農本草經讀》卷一上品　麥門冬　氣味甘，平，無毒。　主心腹結氣，傷中傷飢，胃脈絕，羸瘦短氣。　久服輕身不老，不飢。

張隱庵曰：麥冬，一本橫生，根顆連絡。　有十二枚者，有十四枚者，有十五六枚者，蓋合於人身之十二絡。　加任之屏翳、督之長強，為十四絡；又加脾之大絡名大包，共十五絡；　又加胃之大絡名虛裏，共十六絡。　唯聖人能體察之，用之以通脈絡，並無去心二字。　後人不詳經義，不窮物理，相沿去心久矣，今特表正之。《經》云主心腹結氣，傷中傷飽，胃絡脈絕者，以麥冬根顆連絡不斷，能通達上下四旁，令結者解，傷者復，絕者續，皆藉中心之貫通也。　又主羸瘦短氣者，補胃自能生肌，補腎自能納氣也。　久服輕身不老、不飢者，先天與後天俱足，斯體健而耐飢矣。《崇原》曰：麥冬氣味甘平，質性柔潤，凌冬青翠，蓋稟少陰冬水之精，與陽明胃土相合。

又曰：凡物之涼者，其心必熱，熱者陰中之陽也。　人但知去熱，而不知用陽，得其陽而後能通陰中之氣。

清・王學權《重慶堂隨筆》卷下 麥冬 《本經》所主皆是胃病，《崇原》發明最詳。其功在心，不可去之。善用麥冬者，其惟香岩先生乎。〔王孟英〕刊：繆氏《經疏》知麥冬為胃經正藥，《寓意草》始言脾胃異治，葉氏大暢厥旨，謂胃為陽土，宜用甘涼，俾後人得所遵循，故洄溪、潤安皆深折服也。

清・黃凱鈞《藥籠小品》 麥冬 清肺中伏火。若燥金用之，能滋能清最宜，兼能寧心。若肺有外邪，則不可用。復脈湯、生脈散用之，皆取其潤養肺金也。

清・章穆《調疾飲食辯》卷一下 麥門冬汁 氣味和平，功專補益，故仲景用治傷寒解後虛羸少氣，及脈代結歇至也，心動悸。《別錄》謂能治胃絡脈絕。質潤多膏，故《巢氏病源》、《千金》、《外臺》用治勞熱，口乾燥渴。性近乎涼，故《拾遺》謂能止煩熱。善入肺，故《日華本草》謂能止熱嗽，定肺痿。作飲代茶，於一切虛熱喘嗽，呼吸短氣，脈弱神倦及熱病後最宜。濃煎多飲，平人暑月代茶亦佳。注夏人，同五味子、甘草煎汁長飲尤妙。《綱目》曰：本作虋。麥鬚也，省筆作門。此草之根，似麥粒而有鬚，又淩冬不凋，故名。

清・王龍《本草纂要稿・草部》 麥門冬 氣味甘苦而寒。去肺中隱伏之火，生肺中不足之金。止咳嗽，陰得其陽。補虛勞，熱不能侵。且又能清心潤肺，解渴驅煩。散心腹結氣，無剋伐之傷。消腸胃宿滯，有舒寬懷之益。止嘔唾，尤清膈上之稠痰。愈痿躄，能調四肢之經脉。入手太陰、少陰經。

清・張德裕《本草正義》卷上 麥冬 甘苦，微寒。能清潤肺氣，止咳嗽，解渴煩，生津液，益陰氣。治肺痿肺癰。去心用，恐其增煩。便溏中寒忌之。

清・楊時泰《本草述鉤元》卷九 麥門冬 叢生如韭，淩冬青翠，根鬚連結，有十二枚、十四五枚，此物性之自然合於人身絡數者。中心絡貫，最多脂液。古人惟用野生者，細皺香美，功力殊勝也。

根味甘平微苦，氣微寒。陽中微陰，降也。入手太陰經氣分，兼入手少陰、足陽明經。《本經》主心腹結氣，傷中傷飽，胃絡脈絕，羸瘦短氣。諸本草復脈通心，潤經益血，治肺中伏火，脈氣欲絕，療心肺虛熱，及虛勞客熱，口乾燥渴，止嗽，治肺痿吐膿，愈痿蹶，去心熱，安心氣不足，療血妄行，及經水枯，乳汁不下，強陰益精，定肺氣，補五臟，并治熱毒大水面目肢節浮腫。與地黃、阿膠、麻仁，同為潤經益血復脈通心之劑。與五味、枸杞，同為生脈之劑宗奭。麥冬色白入肺，甘平入脾，多脈理入心，淩冬可入腎，長生可入肝，雖入五臟，以心為主，心之腎藥也。揣其氣象生成之義，能轉春為夏，使腎通心，蓋心主血脈，脈潰則血溢，脈傷則欬。又如水入於經，而血乃成，不入於經以致浮腫者，潛滋之妙，賴有此耳不遠。痿蹶必用者，心肺潤而血脈自通也。同人參、五味，為生脈散，暑月傷氣服之良，酒後飲之解酒毒。肺熱，去人參。入沙參、五味，治心肺虛熱。加枸杞子，治一切虛勞客熱。同五味、枸杞、地黃、牛膝、鼈甲、天冬、棗仁，治五勞七傷。胃強可加當歸，火盛入黃檗、砂仁、甘草三物遞減。陽明瘧大渴引飲，煩躁或嘔吐，麥冬、石膏、知母、竹葉各數兩，虛加人參兩許，痰多加貝母、橘紅各兩許。同天冬、薏仁、黃檗、芍藥、茯苓、石斛、桑皮、五味、牛膝，治肺痿吐膿。兼覆盆、蒺藜、黃檗、五味，止泄精。同茯苓、車前、黃連、石斛、猪苓、澤瀉，療心腹結氣，身重目黃。同石膏、知母、竹葉、粳米，專療時氣頭痛，大渴煩躁及發狂甚者。須各數兩，濃煎，頓飲乃佳。虛人因作勞內傷而發者，可量加人參。有肺熱則弗入。同黃連，治消渴。同青蒿、鼈甲、牛膝、地黃、芍藥、天冬、五味、枸杞、胡連、山藥、茯苓、山萸，蜜丸，治骨蒸勞熱。

論：麥冬味純甘，天冬先甘後苦，苦勝而氣寒，夫二冬味皆有甘，何以不言入脾，而皆謂其入肺？海藏曰：營衛枯涸者，濕劑所以潤之。二冬、參、味、枸杞，合而生脈，此上焦獨取寸口之義。即可悟於不言脾而言肺矣。夫脈者血之舍，血者真陰之化醇也。人身中心為陽中之太陽而主血脈者，為真陽之地乃真陰之所依也。肺為陽中之少陰而能復脈通心者，為陽中少陰之藏，乃真陽化陰之元關也。陽藉陰為主，心肺皆然。請得而悉之。夫人身真氣，并於穀氣而歸肺，是二陰腎脈已至於肺矣，至肺貫心脈而行呼吸，則離中之坎，與腎陰之至肺者，更相合以神其升降，升降神而營衛通。然則主脈之心，因於肺陰而行血之生化者，固本於二陰至肺以為根蒂也，是所謂真陽化陰之元關也。麥冬導太一天真之氣歸於脈中，凡火熱為病，枯渴真陰，致經氣病而脈欲絕者，惟此品氣味清陰，膩潤難燥，於真陽化陰之用最為中的。或曰：二冬之甘皆入胃，皆治肺，但一則由胃入心，一則由胃入腎，而反云治肺者何也？曰：心腎者水火之原，水火不僭，乃得陰中之陽際於天，是謂天氣，陽中之陰極於地，是謂地氣，總謂身中之元氣，而肺實司之，以膻中有氣海，固肺所治也。心肺為在天之陽，而真陽原不能離乎真陰，故虛勞以二冬為治肺要藥，他如黃連清心、黃芩清肺，尤不得與麥冬之治虛勞等功。以麥冬潤膩味甘，水土合德，離中本具有坎，更由黃婆以致於離，使脈氣流經，經氣歸肺而朝百脈，豈芩、連所能及哉。抑《本草》虛勞之治，又以客熱並言，何也？蓋凡下焦肝腎陰虛以為熱者，久之則為虛勞；上焦心肺陽中之陰虛以為熱者，名為客熱，客熱者對元陰之虛熱而言也。凡病惟上焦陽盛之熱，以芩、連直折之而陰自復，若本至陰之虛以致陽亢，而復投芩、連，則不能和其陽之無依，而反絕其陰之化原，惟此味以清和之性、潤膩之質，回陰燥而透脈枯，使亢陽得以依於陰而不僭，乃為中的也。雖然，濕潤者第與燥氣對，柔膩者第與亢氣對，若有胃熱而兼濕滯，抑或陽氣居於卑弱，亦不可施。麥冬四季不凋，其所稟至陰，然采根宜在夏至之前，是必至陰而效用於至陽，惟秋前為然。古人精察物理，有如斯矣。所以上焦心肺胃之陽，主之以奏功也。

不遠云：陰形緩性人及脾慢中寒有濕，俱不相宜。仲淳云：病人虛寒泄瀉者，咸忌。麥冬、地黃同用，氣弱胃寒者，必不可餌。

修治：通脈，不去心。入丸散，須瓦焙熟，吹冷，再三焙研。又法，搥扁極薄，曬乾，隔紙焙燥研。或以湯浸搗膏和藥，亦可入補藥，則以酒浸擂之。引經須酒潔古。或以竹刀，連心切片，醇酒浸一宿，連酒磨細，入布囊，揉出白漿，點薑汁、杏仁末，各少許，頻攪，久之澄清，去酒，曬乾收用。

清・葉桂《本草再新》卷二 麥門冬味甘、苦，性微寒，無毒。入心、肺二經。潤肺養陰，止吐血、衄血、便血，去瘀生新，瀉火化痰，除熱生津，清耳明目，療癰瘡諸毒。

清・吳其濬《植物名實圖考》卷一一 麥門冬 《本經》上品。處處有之，蜀中種以為業。《本草拾遺》云：大小三四種，今所用有大小二種，其餘似麥冬者，尚有數種。醫書不具其狀，皆入草藥。

雩婁農曰：吾觀蘇長公聞米元章冒熱到東園，送麥門冬飲子，而知古人篤友朋之誼，而善藥不離手也。清風萬錢，北窗買眠，以己畏熱之心，而推人觸熱之苦，手煎飲子，既無未達不嘗之嫌，而諷其無故奔馳，情寓於詞，可謂愛人以德矣。《潛夫論》曰：治世不得真賢，譬如治病不得良醫。當得麥門冬，反得蒸穬麥，合而服之，疾以浸劇，乃反謂方不誠而藥皆無益於病，因棄後藥而弗敢飲。夫麥門冬，非難識之物也，求而得之，一舉手、一投足之勞也。欺以穬麥，不惜生死而試之，何其艱於用心而易於糜軀也？滇有小園，護階除者皆麥門冬也。詢之守園者，茫然莫知。然則有疾而求麥門冬，必至欺以穬麥而後已。

清・趙其光《本草求原》卷三隰草部 麥門冬 氣平，入肺。味甘，入胃。無毒。又質性柔潤，淩冬不凋，得水之精。其心微苦，又心之品也。稟水氣以滋胃汁，上致於脈中，而歸於肺，故能清金復脈通心。《經》曰心主脈，肺朝百脈。又曰脈起中焦。蓋必胃汁上通，離中有坎，而後血充脈旺，流達經氣而歸於肺。《本經》主心腹結氣，心肺清而陰下降，氣化通達中州。傷中傷飽，守中之陰傷，則胃之津液不行而傷飽。胃絡脈絕，脈主於心，朝於肺，而實出入於胃之大絡，名虛裏，胃陰傷則脈絡不相接。羸瘦，補胃則生肌。短氣，心清則肺降而呼吸伸，肺降則水生而氣納。久服輕身、不老不飢。先天與後天俱足之效。心肺虛勞客熱，肝腎陰虛而熱久則為虛勞，心肺陰虛熱伏名客熱。咳血，脈潰則血溢，脈傷則咳。經枯，火燥則經氣竭。乳閉，乳亦血所化。行水治腫，肺清則水道調，而水之精液布於五經以成血，不入於經，則熱勝而浮，火勝而腫。生津止渴，腎水上騰。痿躄，心胃熱上蒸於肺，則肺葉焦，發為痿軟。嘔吐，胃火上沖。肺痿，焦燥則痿。明目，金清能鑒，血足能視。夏月力乏。脈者，人之元氣，溫熱太蒸，則元氣升泄而脈痿頓，故生脈散為夏時之要劑。但其性寒潤，止治火亢而濕不化，若濕滯成熱及胃卑弱者，禁用；與生地同用，更非胃弱所宜。肥大者良。入丸散，瓦焙熟風乾，或湯浸搗膏，或酒浸擂佳。地黃、車前為使。惡款冬、青葙、木耳。

按：《經》曰：傷肺者，脾氣不守，胃氣不清，經氣不為使，真臟壞決，經脈傍絕，五臟漏泄，不衄則嘔。是言脈絕皆本傷肺氣，而此獨言胃脈絕者，胃為水穀之海，實肺氣心血之化原，陽亢陰涸，則彼此皆能連及為病。況腎之元氣，又並穀氣而歸肺，元陰元陽有虧，脈皆微絕，更不得徒恃此以生脈也。

張隱庵曰：人身十二絡，加任之屏翳，督之長強。胃之虛裏，脾之大絡，名大包，共十六絡。惟麥冬根顆連絡，一本有十五六枚，象人之絡。《本經》言其解結，復傷續斷，皆取其中心之貫通，以通達上下脈絡耳。況物之涼者，其心必熱，熱者陰中之陽也。知去熱而不知用陽，何能通陰中之氣？今人以麥冬為苦，令人煩而去之，正不窮物理之甚矣。又曰：冬主閉藏，門主開轉，天、麥二冬，咸名門冬，皆以其開轉冬藏之水氣上達也。

後人謂天冬補中有瀉，麥冬瀉中有補，不知何據，可笑。

同生地、阿膠、麻仁，潤經血復脈，治心肺虛熱及虛勞。同五味、杞子、生脈。同參、味，治肺伏火脈絕。心肺潤，血脈自通，故痿症必用。同石膏、知母、竹葉、參，治胃瘧、大渴或嘔；有痰，加貝、橘。同苓、芍、苡、柏、斛、膝、桑白、天冬，治肺痿吐膿，並止渴、消腫。同覆盆、蒺藜、五味，止精滑。同苓、連、豬、澤、車、斛，治心腹結氣，身重目黃。同黃連止渴。同沙參、五味，治虛勞客熱。同石膏、知母、粳米，治胃熱狂渴。

清・葉志詵《神農本草經贊》卷一　麥門冬　味甘，平。主心腹結氣，傷中傷飽，胃絡脈絕，羸瘦短氣。久服輕身，不老不飢。生川谷及隄阪。

佳隸階除，淩冬叢碧。貫磊琲珠，黟苞穬麥。烏韭西秦，羊蓍東越。一枕清風，手煎靈液。

范成大詩：門冬如佳隸，長年護階除。吳普曰：一名忍冬，一名忍淩。范成大詩：杳杳入叢碧。蘇頌曰：有鬚在根，如連珠形。左思賦註：珠十貫為一琲。陶弘景曰：根似穬麥。《玉篇》：黟，麥殼；穬，大麥也。名醫曰：秦名烏韭，越名羊蓍。蘇軾詩：一枕清風直萬錢，知是東坡手自煎。郭璞詩：鍾山出靈液。

清・文晟《新編六書》卷六《藥性摘錄》　麥冬　甘苦，微寒。清心肺火，消痰解熱，除煩去痿，止熱血妄行，及胃間火嘔。〇同人參則復脈生津。〇但氣寒而虛人，禁用。〇肥大者良。去心用。惡欵冬花。

清・劉東孟傳《本草明覽》卷一　麥門冬　【略】按：天麥二冬，並入手太陰經，而能毆煩解渴，止咳消痰，功用似同，實有偏勝也。麥門冬兼行手少陰經，則清心降火，使肺不犯乎賊邪，而有止咳之效；天門冬復行足少陰腎經，則滋腎助元，使肺得全其母氣，而有消痰之功。故上而治咳，麥勝于天；下而消痰，天勝于麥。蓋痰係津液凝成，腎司津液者也，燥盛則凝，潤多則化，天冬潤劑，復走腎經，津液縱凝，亦能解化。先哲云：痰之標在脾，痰之本在腎。又曰：半夏能治痰之標，不能治痰之本。則天冬但能治痰之本，不能治痰之標。非但與麥冬殊，而亦與半夏異矣。

清・張仁錫《藥性蒙求・草部》　麥門冬錢半、三錢　麥門冬寒，祛煩解渴。潤肺清心，消除肺熱。味甘、微苦，微寒。入心、肺二經。肥白者佳。去心用。畏其寒者，好酒浸搗。葉氏有硃砂染者。

清・陸以湉《冷廬醫話》卷五　藥品　麥冬通胃絡不去心，入養肺陰藥則宜去心，陳載庵說其生平治驗如此。

清・屠道和《本草匯纂》卷二平瀉　麥冬　耑入心、肺。味甘微苦，微寒。甘多寒少，潤肺清心瀉熱，有類天冬。但彼所主在肺，此則在肺而並在心。消痰行水，生津止嗽，解熱除煩。療時疾熱狂，頭痛熱毒，大水面目肢節浮腫。治肺痿吐膿，止嘔吐。同人參則能復脈生津，名生脈散。清肺中伏火，補心氣不足。療身重目黃，心下支滿，心腹結氣，虛勞客熱。暑傷元氣，脈絕短氣，口乾燥渴，強陰益精，消穀調中，止血妄行，及經水枯，乳汁不下。腸中傷飽，羸瘦短氣，定肺保神，安魂定魄。久服輕身明目。和車前、地黃丸服，去濕痺變白，夜視有光，斷穀，為要藥。但性寒而潤，虛寒泄瀉者勿用。【略】蓋肺朝百脈，脈屬心，心燥則肺金失養而脈絕，心清則氣即充而脈復。麥冬氣稟清肅，能於心中除煩，由於肺清則水得生，而心不煩。譬如人當盛暑，則燔灼不寧，若值秋風一至，則炎熱頓解，而無燥鬱不堪之候。東垣曰：人參甘寒，瀉火熱而益元氣；麥冬苦寒，滋燥金而清水源；五味酸溫，瀉丙火而補庚金，益五臟之氣。治嗽須分內傷外感，如外感則聲盛而濁，先緩後急，日夜無度，痰涎稠粘而喘急。內傷聲怯而槁，先急後緩，或早甚，或暮甚，清痰少氣而喘乏。外感則其發必暴，或為寒熱，或為氣逆，或為鼻塞聲重頭痛，輕者脈亦和緩，重者脈見弦洪。內傷其發有漸，或素有勞積虛損，日漸以甚，其症或為寒熱潮濕，或為形容瘦減，或兩顴常赤，或氣短喉乾，其脈輕亦微數，重必細數弦緊。痿證有五，按《經》言肺熱葉焦，皮毛虛弱，急薄以着，則症見足弱不能以行；心熱火炎下厥，則症見筋縱不能任地；肝熱口苦血乾，則症成拘攣筋痿；脾熱胃乾而渴，肌肉不仁，則症發為肉痿；腎熱腰脊不舉，骨枯髓減，則症發為骨痿。獨肺熱葉焦，高源化絕，則諸臟不得仰肺灌溉，故痿獨推於肺，而治痿又責重於陽明。

清・戴葆元《本草綱目易知錄》卷一　麥門冬　甘，平，微寒。清心潤肺，強陰益精，瀉熱除煩，消痰止嗽，行水生津，明目悅顏。治肺中伏火，嘔吐痿躄，虛勞客熱，肺絕短氣，肺痿吐膿。時疾熱狂，熱毒大水，面目浮腫，身重目黃。血熱妄行，經枯乳閉。但性寒，氣弱胃寒人慎用。

清・黃光霽《本草衍句》　麥冬　甘平滋潤，強陰益精。清心潤肺，滋燥金以壯水源。除煩解渴，養胃陰能令金生。徐云：為純補胃陰之藥，肺氣全恃胃陰以生。治肺中伏火，肺痿吐膿燥嗽。補心臟虛損，心血錯經妄行。下水消痰，治熱毒大水，面目肢節浮腫。心腹結氣能散。解枯燥之結氣。傷中傷飽，胃絡脈絕可平。補續胃中之陰氣。去心下之支滿嘔吐痿蹶，退虛勞之客熱下乳潤經。經水枯少，《本經》用治脾胃，後人用治心肺。得地黃、阿膠、麻仁，同為潤經復脈之劑；得五味子能都攝肺腎之津液。　麥冬横生土中，有十二餘粒，其中即一心相貫，能横通胃絡而補中，故治傷中；能横通胃絡而散結，故治傷飽。後人用必去心，大非。

清・陳其瑞《本草撮要》卷一　麥門冬　味甘，入手少陰、太陰經，功專清心保肺。得地黃、阿膠、麻仁同為潤經復脈之劑，得五味子能都攝肺腎之津液。但性寒而泄，氣弱胃寒人禁用。去心用。入滋補藥酒浸。地黃、車前為使。惡款冬花、苦參、青葙、木耳。

清・李桂庭《藥性詩解》　賦得麥門冬清心解煩渴而除肺熱。得心字。李慶霖。　麥冬甘以苦，止嗽且清心。肺潤煩應解，津生熱不侵。按：麥冬味甘微苦，潤肺清心，瀉熱除煩，止嗽生津，消渴行痰。又治肺痿吐膿，血熱妄行，經枯乳閉，明目行水。性寒而潤，虛寒泄瀉者勿用。

清・鄭奮揚著，曹炳章注《增訂偽藥條辨》卷一　麥門冬　偽名洋麥冬。色極白，味苦不甜。按麥冬古時野生，凌冬青翠，宛如麥粒，故名麥冬。今江浙多蒔植之，根色黄白，氣味甘平，質性滋潤。稟少陰冬水之精，上與陽明胃土相合，為上品服食要藥，奚容偽物混充，而誤人不少乎？　炳章按：麥門冬，出杭州筧橋者，色白有神，體軟性糯，細長皮光潔，心細味甜，為最佳。安徽寧國、七寶，浙江餘姚出者，名花園子，肥短體重，心粗，色白帶黄，略次。近時市用，以此種最多。四川出者，色呆白短實，質重性粳，亦次。湖南衡州、耒陽縣等處亦出，名採陽子，中匀，形似川子，亦不道地。大者曰提青，中者曰青提，小者曰蘇大，曰紹大等名目，以枝頭分大小耳。

清・周巖《本草思辨錄》卷二　麥門冬　麥冬形象，合之《本經》主治，自是胃家正藥。徐氏云，麥冬甘平滋潤，為純補胃陰之藥。後人以為肺藥者，蓋土能生金，肺氣全恃胃陰以生，胃氣潤，肺自資其益也。鄒氏云，麥冬之功，在提曳胃家陰精，潤澤心肺，以通脈道，以下逆氣，以除煩熱，若非上焦之證，則與之斷不相宜。觀此可以正李東垣但謂入手太陰，而不及足陽明之非。

前人謂麥冬復脈通心者不一，大都其胸中先有《本經》胃絡脈絕之見，而更徵之以復脈湯、生脈散。竊謂胃之大絡，内通於脈，脈絕乃胃絡之不貫，非真脈絕。麥冬補胃陰以通絡，而脈得所資則有之，亦非能徑復其脈。能徑復其脈者，厥惟人參，熟玩《傷寒》《金匱》兩書自知。且心腹結氣傷中傷飽，若非胃絡脈絕，亦豈麥冬所能治。下文之羸瘦短氣，即胃絡脈絕之徵。《本經》無一字虛設，而又上下相照應如此，顧與治《本經》者一質之。

徐氏極詆以麥冬治咳嗽，然《千金》《外臺》治咳嗽諸方多有之，而實權輿於仲聖之麥門冬湯。麥門冬湯，《千金》即列於咳嗽門。遇津枯火逆者，又何嘗不是要藥也。

石刁柏

附：琉球・吳繼志《質問本草》外篇卷二　石刁柏蠻名　春生苗，夏開花。　俗名石刁柏，不堪入藥。甲辰，戴道光、戴昌鬮。

鹿角草

清・吳其濬《植物名實圖考》卷一五　鹿角草　產建昌，或謂之草麥冬，葉根俱似麥門冬而柴硬，與萱草根相類。土人取根煎水，亦可退熱。按《本草綱目》，槌胡根與此草甚肖，惟搥胡葉寬大如萱草，頗柔潤，根味甘，似天門冬。又一種竹葉草根，亦如麥冬，昔人謂麥冬有數種，皆其同類。

鹿角英

清・何諫《生草藥性備要》卷上　鹿角英　味苦，性平。眼科要用，煲牛肝食亦可，汁調酒服。

蜘蛛抱蛋

明・佚名氏《醫方藥性・草藥便覽》　地蜈蚣　其性涼。治飛瘍，去毒。洗熱瘡風。

清・吳其濬《植物名實圖考》卷九　蜘蛛抱蛋　一名飛天蜈蚣，建昌、南贛皆有之。狀如初生椶葉，下細上闊，長至二尺餘，粗紋韌質，凌冬不凋。近根結青黑實如卵，横根甚長，稠結密鬚，形如百足，故以其狀名之。土醫以根卵治熱症。南安土呼哈薩喇，以治腰痛咳嗽。

清・劉善述、劉士季《草木便方》卷一草部　九龍盤　九龍盤根療風毒，勞傷痰咳消積速。火毒疔瘍清利妙，通筋利節風濕除。

水蕉

附：琉球・吴繼志《質問本草》外篇卷三　水蕉一帆青　癸卯清舶漂到，採此種問之。　水焦。陸明齊。

碟碟草

清・何諫《生草藥性備要》卷下　山貓兒　不入服劑。去瘰癧毒。（治）能收老鼠。搥汁，炒香米，將汁浸米晒乾，老鼠食之必死。

附：琉球・吴繼志《質問本草》外篇卷二　碟碟草　辛丑清舶漂到，拈此種問之。　碟碟草。鄭茂慶。

石竹根

宋・王介《履巉巖本草》卷上　長壽靈芝草　性平，無毒。深山窮谷中間有之。仙家摘嫩葉食之，不飢長年，身輕無病。

清・劉善述、劉士季《草木便方》卷一草部　石竹根　石竹根溫治勞傷，氣血虚損耳鳴方。清火化痰消氣腫，痞滿積聚作羹湯。

抱雞母

清・吴其濬《植物名實圖考》卷一〇　抱雞母　生廣信。一名石竹根，一名一洞仙。柔莖，下紫上緑，莖上發苞如玉簪花；苞中抽莖，葉生莖端，如竹葉而寬，有直紋三縷，面青背緑，背紋稍多；柄弱下垂，薄葉偏反，赭根圓長。俚醫以治跌打及番肛痔。

鷺鷥蘭

清・吴其濬《植物名實圖考》卷二八　鷺鷥蘭　雲南圃中多有之。葉如萱草，翕而皺；夏抽葶，開花六瓣六蕊，瓣白蕊黄，間以細鬚，志謂之鷺鷥毛，以其潔白纖細如執鷺羽；舒苞襯萼，沐露刷風，佇立階墀，靜態彌永。桂馥《札璞》謂為蘭之別派，無香有韻，覺虎頭碩大，神意皆癡。

鹿葱

唐・歐陽詢《藝文類聚》卷八一　鹿葱　《風土記》曰：宜男，草也。高六七尺，花如蓮，宜懷妊婦人佩之，必生男。

詩　梁元帝《詠宜男草詩》曰：可愛宜男草，垂采映倡家。何時如此葉，結實復含花。　梁沈約《詠鹿葱詩》曰：野馬不任騎，菟絲不任織。既非中野花，無堪麕麚食。

序　嵇含《賦序》曰：宜男多植幽皋曲隰，或寄華林玄圃。荆楚之士，號曰鹿葱。

賦　晉傅玄《宜男花賦》曰：猗猗令草，生於中方。花曰宜男，號應禎祥。遠而望之，煥若三辰之麗天。近而察之，明若芙蓉之鑒泉。於是狡童媛女，以時來征結，九秋之永思，含春風以娱情。

頌　魏陳思王曹植《宜男花頌》曰：草號宜男，既曄且貞。厥貞伊何，惟乾之嘉。其曄伊何，緑葉丹花。光采晃曜，配彼朝日。君子耽樂，好和琴瑟。固作螽斯，微立孔臧。福齊大姒，永世克昌。

宋・李昉《太平御覽》卷第九九四　鹿葱花曰宜男。　《風土記》曰：宜男，草也。宜懷娠婦人佩之，必生男。　傅玄《宜男花賦》曰：猗猗令草，生于中方，華曰宜男，號膺禎祥。　嵇含《宜男花序》曰：宜男花者，世有之久矣。多殖幽皋曲隰之側，或華林玄圃。非衡門蓬宇所宜序也。荆楚之士，號曰鹿葱，根苗可以薦於俎。世人多女欲求男者，取此草服之，尤良也。

明・蘭茂撰，清・管暄校補《滇南本草》卷上　金鍼菜　味甘，平。治婦人虚，燒血乾，久服大生氣血。

明・盧和、汪穎《食物本草》卷二　鹿葱　味甘，涼，無毒。根治沙淋，下水氣，主酒疸，黄色通身者，取根搗汁服。嫩苗煮食，又主小便澁，身體煩熱。花名宜男，炒以點茶，又安五臟，利心志，令人好歡樂忘憂，輕身明目，利胸膈，甚佳。《詩》曰焉得諼草，即此也。

明・周履靖《茹草編》卷一　鹿葱花　鹿苑之葱，夏月芃芃。葉苒苒以微緑，花斑斑而淺紅。類萱蒲之色相，乏蘭蕙之芳叢。不有野麕啣採，可無亂蝶遊從。聊拾斯譜，以采遺風。　摘花瓣，湯焯過，鹽、醋拌食之。

明・佚名氏《醫方藥性・草藥便覽》　萱草花　其性溫。治五淋之濁。名曰宜男草。

明・穆世錫《食物輯要》卷三　黄花菜　味甘，性涼，無毒。明目，安五臟，定心志，利胸膈，除煩熱。其性下走陰分，治小便短赤，五淋。一名萱花。根治黄疸。

明・鮑山《野菜博錄》卷二　萱草花　一名川草花，一名鹿葱，一名宜男。葉似菖蒲葉柔弱，又似粉條兒菜，葉肥大，葉間攛葶。開金黄花。味甘，根涼，無毒。　食法：嫩苗葉煠熟，水浸淘淨，油鹽調食。

明・姚可成《食物本草》卷七菜部・柔滑類　金針菜產北地。微似黄花菜，長寸餘，直而銳，故以金針名之。和蔬煮羹，味美而嫩。

金針菜，味甘，無毒。主利腸胃，滑二便，去火除熱。

明・孟笨《養生要括・菜部》 黃花菜即萱草花也，一名忘憂，一名宜男，俗名鹿葱。

苗花： 味甘，涼，無毒。煮食，治小便赤澀，身體煩熱，除渴疸，消食，利濕熱。作菹，利胸膈，安五臟，令人好歡樂無憂，輕身明目。

根： 治沙淋，下水氣。酒疸，黃色遍身者，擣汁服。大熱衄血，研汁一大盞，和生薑汁半盞，細呷之。吹乳癰腫痛，擂酒服，以滓封之。青、赤、黃、白、黑、紫六芝，昔四皓采芝，群仙服食，則芝亦菌屬可食者，但世人不知，故不詳載。

明・施永圖《本草醫旨・食物類・蔬菜類》 鹿葱 味： 甘，涼，無毒。根治沙淋，下水氣，主酒疸，黃色通身者，擣汁服。嫩苗煮食。又主小便澀，身體煩熱。花名宜男，炒以煎茶。又安五臟，利心志，令人好歡樂，忘憂，輕身明目，利胸膈，又名忘憂草。《詩》曰焉得諼草，亦即此也。

清・尤乘《食鑒本草・菜類》 黃花菜 通結氣，利腸胃。生平澤中，取為羹亦甚香美。

清・何其言《養生食鑒》卷上 黃花菜一名黃瓜菜，其花黃，其氣如瓜，故名。其形如薤。

味甘、微苦，性寒，無毒。通結氣，利腸胃。野人茹之，亦采以飼鵝兒。

清・何其言《養生食鑒》卷上 鹿葱一名萱草，其花烹食，氣味如葱，而鹿食九種解毒之草，萱乃其一，故名。

鹿葱苗、花 味甘，性涼，無毒。煮食，治小便赤澁，身體煩熱，除酒疸，消食，利濕熱。作菹，利胸膈，安五臟，令人歡樂忘憂。

根 治沙淋，下水氣。黃色遍身，擣汁服。大熱衄血，研汁一大盞，和生薑汁半盞，細呷之。吹乳、乳癰腫痛，擂酒服，以滓封之。

清・李文培《食物小錄》卷上 金針菜又名黃花菜。 甘，溫，無毒。補胃氣。多食滑腸，發瘡毒。

清・趙其光《本草求原》卷一五菜部 鹿葱花即萱草。 甘平而味如葱，無毒，為鹿所食。最解毒，散鬱結之煩熱，消食利濕。治小便赤澀、酒疸、白濁，利胸膈，安五臟，長乳。同豬肉。止赤痢，同豬腸。令人歡樂忘憂。根，利水通淋、小腸氣，立驗。治酒黃疸、白濁、衄血，取汁和生薑汁呷之。吹乳、乳癰，擂酒服，並敷。一名忘憂草，金針菜即其花也。

清・文晟《新編六書》卷六《藥性摘錄》 鹿蔥 即萱草。甘，涼。煮食，治小便赤澀，身體煩熱，除酒疸，消食利濕熱。作葅，利胸膈，安五臟。○根，治沙淋。凡水氣黃疸，衄血吐乳，乳腫乳癰，俱擂汁服，渣可封腫。

清・劉善述、劉士季《草木便方》卷一草部 萱草 鹿葱根甘忘憂平，補益脾胃養精神。利便除濕消酒疸，胸煩膈熱自安靈。宜男草。一名黃花根，花名金鍼。二種同性。

清・田綿淮《本草省常・菜性類》 金針菜 俗名黃花菜。花甚香美，可食。性平。醒脾開胃，消食利水，益氣和中，令人忘憂，輕身明目。

蜜萱

清・吳其濬《植物名實圖考》卷二七 蜜萱 萱之蜜色者，花葉俱細弱，不易植。

萱草

晉・嵇含《南方草木狀》卷上草類 水葱 花葉皆如鹿葱，花色有紅、黃、紫三種。出始興。婦人懷妊，佩其花生男者即此花，非鹿葱也。交、廣人佩之，極有驗。然其土多男，不厭女子，故不常佩也。

宋・李昉《太平御覽》卷第九九六 萱 《毛詩・伯兮》曰： 焉得諼草，言樹之背。背，北堂也。願言思伯，使我心痗。《說文》曰： 萱，忘憂草也。崔豹《古今注》曰： 欲忘人之憂，則贈以丹棘。一名忘憂草也。《博物志》曰：《神農經》曰： 上藥養性，謂合歡蠲忿，萱草忘憂。《風土記》曰： 花曰宜男，妊婦佩之必生男。又名萱草。《本草經》曰： 萱，一名忘憂，一名宜男，一名歧女。《録異記》曰： 婦人帶宜男草，生兒。束皙《發蒙記》曰： 甘棗令人不惑，萱草可以忘憂。任昉《述異記》曰： 萱草，一名紫萱，又名忘憂草。吳中書生謂之療愁。嵇康《養生論》云： 萱草忘憂。

宋・唐慎微《證類本草》卷一一草部下品〔宋・掌禹錫《嘉祐本草》〕 萱草根 涼，無毒。治沙淋，下水氣，主酒疸，黃色通身者。取根擣絞汁服，亦取嫩苗煮食之。又主小便赤澁，身體煩熱。一名鹿葱。花名宜男。《風土記》云： 懷妊婦人佩其花，生男也。新補。見陳藏器、日華子。

〔宋・蘇頌《本草圖經》〕曰： 萱草，俗謂之鹿葱，處處田野有之。味甘而無毒。主安五藏，利心志，令人好歡樂，無憂，輕身明目。五月採花，八月採根用。今人多採其嫩苗及花跗作葅。云：利胸鬲甚佳。

〔宋・唐慎微《證類本草》〕嵇康《養生論》云：合歡蠲忿，萱草忘憂。

宋・寇宗奭《本草衍義》卷一二　萱草根　洗淨研汁一〔大〕盞，生薑汁半盞相和，時時細呷，治大熱衄血。

宋・鄭樵《通志》卷七五《昆蟲草木略》　萱草　曰合歡草，曰無憂草。言能令人樂而忘憂。花曰宜男，婦人喜佩之。《風土記》云：孕婦佩其花則生男。

宋・陳衍《寶慶本草折衷》卷一一　萱草根汁在内。〇嫩苗及花附。　一名萱草。生處處田野有之。〇八月採根。〇黃花，一名宜男，一名忘憂。五月採。若花斑者名鹿葱。趙彥齋云：花中如鹿身之斑點然，花開亦不並時，今皆通用也。　味甘，平，涼，無毒。〇治沙淋，下水氣，酒疸，黃色遍身，擣絞汁服。〇《圖經》曰：利心志，明目。〇寇氏曰：洗淨研汁壹盞，生薑汁半盞相和，時時細呷。治大熱衂血。

附：嫩苗。〇主小便赤澀，身體煩熱，煮食之。

附：花。〇妊婦佩之，主生男也。

續說云：《衛濟書》治乳癰，用萱草根擣酒浸服，仍以滓傅。

元・尚從善《本草元命苞》卷五　萱草　味甘，根涼，無毒。治酒疸遍身黃色，療沙淋小便不通。子安五臟，利心志。花好歡樂忘其憂。妊婦佩之生男。久餌輕身明目。

元・朱震亨《本草衍義補遺》　萱草　屬木。性下走陰分。一名宜男，寧無微意存焉。〇俗謂之鹿葱。又嵇康《養生論》云：合歡蠲怒，萱草忘憂。

明・朱橚《救荒本草》卷上之前　萱草花　俗名川草花。《本草》一名鹿葱。謂生山野，花名宜男。《風土記》云懷妊婦人佩其花生男，故也。人家園圃中多種。其葉就地叢生，兩邊分垂，葉似菖蒲葉而柔弱，又似粉條兒菜葉而肥大，葉間攛葶，開金黃花。味甘，無毒。根涼，亦無毒。葉味甘。救飢：採嫩苗葉煠熟，水浸淘淨，油鹽調食。　治病：文具《本草》草部條下。

明・王綸《本草集要》卷三　萱草根　味甘，氣寒，無毒。五月採花，八月採根。　治沙淋，下水氣。主酒疸，黃色通身者，取根擣汁服。亦取嫩苗煮食之，又主小便赤澀，身體煩熱。根洗淨，研汁一大盞，生薑汁半盞相和，時時細呷，治大熱衄血。又取根細切，酒煎服，治破傷風神效。〇花名宜男，懷妊婦人佩之則生男。

明・滕弘《神農本經會通》卷一　萱草根　五月採花，八月採根。　氣涼，無毒。一云：味甘。子，無毒。東云：治五淋而消乳腫。

《本經》云：治沙淋，下水氣，主酒疸。黃色通身者，取根，擣絞汁。亦取嫩苗煑食之。又主小便赤澀，身體煩熱。一名鹿葱。花，名宜男。懷妊婦人佩其花，生男。《圖經》云：味甘。子，無毒。安五臟，利心志，令人好歡樂無憂，輕身明目。今人多採其嫩苗及花跗作葅，云利胸膈甚佳。稽康《養生論》云：合歡蠲忿，萱草忘憂。丹溪云：屬木，性下，走陰分。《衍義》云：根，洗淨，研汁一大盞，生薑汁半盞相和，時時細呷，治大熱衂血。又取根，細切，酒煎服，治破傷風神効。《局》云：萱草治淋通酒疸，鹿葱亦是一般名。其花孕婦如能佩，宜有男子早降生。萱草，治淋。孕帶其花生男子。

明・劉文泰《本草品彙精要》卷一五　萱草根無毒。　叢生。

萱草根：治沙淋，下水氣，主酒疸，黃色通身者。取根擣絞汁服，亦取嫩苗煮食之。又主小便赤澀，身體煩熱。《風土記》云：懷妊婦人佩其花，生男也。名醫所錄。　〔苗〕謹按：此種春初宿根而生，葉十數，作叢，類菖蒲而稍薄，一莖挺出，其端有花次第而開，類百合而紅黃色，亦有純黃者。夏採花，秋採根用，今人多採嫩苗及花跗作葅煮食之。其花孕婦佩紉則生男，故名宜男。《詩傳》云：食之亦能令人合歡樂忘憂，故名忘憂也。　〔名〕鹿葱。花：宜男、忘憂。　〔地〕《圖經》曰：處處田野有之。　〔時〕生：春生苗。採：五月取花，八月取根。　〔收〕日乾。　〔用〕根。　〔色〕白。　〔味〕甘，辛。　〔性〕涼，緩。　〔氣〕氣之薄者，陽中之陰。　〔臭〕香。　〔主〕利水竅，除煩熱。　〔治〕療：《圖經》曰：安五臟，利心志，令人好歡樂無憂，輕身明目。〇嫩苗花作葅食，利胸膈甚佳。　〔合治〕萱草根洗淨，研汁一大盞，合生薑汁半盞，時時細呷，治大熱衄血。

明・許希周《藥性粗評》卷二　夢兆麒麟，因佩宜男之草。

宜男草，一名萱草，一名忘憂草，一名鹿葱，《詩》謂之諼草。春生長葉似昌蒲，五月抽薹開花，大五瓣，紅黃色，可作茹，根似天門冬而粗大。江南田野園圃處處有之，好事者多植於庭除，以其能令人忘憂也。嵇康《養生論》曰：合歡蠲忿，萱草忘憂。而崔豹《古今注》曰：欲蠲人之憂，則贈以丹棘。丹棘者，忘憂草也。欲蠲人之忿，則贈之以青裳。青裳者，合歡子也。則萱草見重於古久矣。五月採花，八月採根，暴乾。所使并所畏惡，《本草》不載。味甘，性微寒，無毒。根主沙淋酒疸，下水氣，安五藏，利心志，輕身明目。《風土記》曰：懷妊婦人佩其花，生男也。因名宜男草。以其氣味能扶陽而抑陰。

單方：酒疸：遍身黄色者，取根搗爛，絞汁服之。鼻衄：大熱出血者，取根搗絞汁一大盞，又取生薑汁一半盞，相和，時時呷之。

明・鄭寧《藥性要略大全》卷七 萱草花 佩之可以宜男，玩之可以忘憂。味甘，氣寒，無毒。懷孕婦佩之則生男，因名宜男草。一名忘憂草，一名鹿葱。

萱草根 治五淋而消乳癰，下水氣，安五臟，利心志，令人歡樂無憂，輕身明目。治心痛，治酒疸遍身黄者。味甘，氣寒，無毒。五月採花，八月採根。

明・陳嘉謨《本草蒙筌》卷三 萱草根俗名鹿葱。味甘，氣涼。屬木。無毒。園圃多種，五月開花。療酒疸遍身通黄，絞生根汁噈下；治沙淋小便澁痛，煮熟嫩苗食之。咀和酒煎，為破腦傷風要藥；搗攙薑汁，係大熱衄血僊方。安五臟輕身，利胸膈明目。久久服餌，歡樂無憂。嵇康云合歡蠲怒，萱草忘憂是也。〇宜男係花之字，孕婦佩則生男。丹溪曰：性下行走陰分，名宜男者，寧無微意存焉？

明・王文潔《太乙仙製本草藥性大全》卷二《本草精義》 萱草根 一名鹿葱，一名忘憂花，一名宜男。生山谷田野，今在處有之。其苗高一二尺，葉似菖蒲，四五月開黄花，五月採花，八月採根用。今人多採其嫩苗及花跗作葅。

明・王文潔《太乙仙製本草藥性大全》卷二《仙製藥性》 萱草根俗名鹿葱。味甘，氣涼，屬木，無毒。主治：療酒疸遍身通黄，絞生根汁噈下。治沙淋，小便澁痛，煮熟嫩苗食之。咀和酒煎，爲破腦傷風要藥。搗攙薑汁，係大熱衄血仙方。安五臟，輕身，利胸膈，明目。久久服餌，歡樂無憂。嵇康云合歡蠲怒，萱草忘憂是也。宜男：係花之字。《賦》云：佩之可以宜男，玩之可以忘憂，孕婦佩則生男。丹溪曰：性下行，走陰分，名宜男者，寧無微意寓其間哉！

補註：大熱衄血，根洗浄，搗汁一大盞，生薑汁半盞，相和，時時細呷。

明・皇甫嵩《本草發明》卷三 萱草根下品下。氣涼，無毒。一名鹿(勿花)〔葱〕。發明曰：萱草，利下，走陰分，故主砂淋，下水氣。酒疸身黄，搗汁服。亦取嫩苗食，主小便赤澁，身煩熱。咀和酒煎，腦破傷風要藥。搗攙薑汁，治大熱衄血。安五臟，利胸膈，明目，久餌歡樂。嵇康云合歡蠲怒，萱草忘憂，是也。〇花名宜男，孕婦佩之生男，以其性走陰分。宜男，其微意乎。

明・李時珍《本草綱目》卷一六草部・隰草類下 萱草宋《嘉祐》

【釋名】忘憂《說文》 療愁《綱目》 丹棘《古今注》 鹿葱《嘉祐》 鹿劒《土宿》 妓女吴普 宜男 時珍曰：萱本作諼。諼，忘也。《詩》云：焉得諼草，言樹之背。謂憂思不能自遣，故欲樹此草玩味，以忘憂也。吴人謂之療愁。董子云：欲忘人之憂，則贈之丹棘，一名忘憂故也。其苗烹食，氣味如葱，而鹿食九種解毒之草，萱乃其一，故又名鹿葱。周處《風土記》云：懷妊婦人佩其花，則生男，故名宜男。李九華《延壽書》云：嫩苗爲蔬，食之動風，令人昏然如醉，因名忘憂。此亦一說也。嵇康《養生論》：《神農經》言中藥養性，故合歡蠲忿，萱草忘憂。亦謂食之也。鄭樵《通志》乃言萱草一名合歡者，誤矣。合歡見木部。

【集解】頌曰：萱草處處田野有之，俗名鹿葱。五月采花，八月采根。今人多采其嫩苗及花跗作葅食。時珍曰：萱宜下濕地，冬月叢生。葉如蒲、蒜輩而柔弱，新舊相代，四時青翠。五月抽莖開花，六出四垂，朝開暮蔫，至秋深乃盡，其花有紅黄紫三色。結實三角，內有子大如梧子，黑而光澤。其根與麥門冬相似，最易繁衍。《南方草木狀》言廣中一種水葱，狀如鹿葱，其花或紫或黄，蓋亦此類也。或言鹿葱花有斑文，與萱花不同時者，謬也。肥土所生，則花厚色深，有斑文，起重臺，開有數月；瘠土所生，則花薄而色淡，開亦不久。嵇含《宜男花序》亦云荆楚之土號爲鹿葱，可以薦葅，尤可憑據。今東人采其花跗乾而貨之，名爲黄花菜。

苗花 【氣味】甘，凉，無毒。【主治】煮食，治小便赤澀，身體煩熱，除酒疸大明。消食，利濕熱時珍。作葅，利胸膈，安五臟，令人好歡樂，無憂，輕身明目蘇頌。

根 【主治】沙淋，下水氣，酒疸黄色遍身者，擣汁服藏器。大熱衄血，研汁一大盞，和生薑汁半盞，細呷之宗奭。吹乳、乳癰腫痛，擂酒服，以滓封之時珍。

【發明】震亨曰：萱屬木，性下走陰分，一名宜男，寧無微意存焉？

【附方】新四。通身水腫：鹿葱根葉，晒乾爲末。每服二錢，入席下塵半錢，食前米飲服。《聖惠方》。 小便不通：萱草根煎水頻飲。《杏林摘要》。 大便後血：萱草根和生薑，油炒，酒衝服。《聖濟總録》。 食丹藥毒：萱草根研汁服之。《事林廣記》。

明·梅得春《藥性會元》卷上 萱草根 味甘，涼，無毒。一名鹿葱。主治女人沙淋如粉，酒疸黄色通身，下水氣，兼除鼻衄，療五隔而消癰腫。又治小便赤澁，身體煩熱。姙婦帶其花，即生男子，因名宜男草也。其性下走陰分，又嵇康《養生論》云合歡蠲忿，萱草忘憂是也。研汁一盞，人薑汁半盞，細細呷之，治大熱鼻紅。

明·張懋辰《本草便》卷一 萱草根 味甘，氣寒，無毒。治沙淋，下水氣，主酒疸。又主小便赤澁，身體煩熱。治破傷風神效。 花名宜男，懷姙婦人佩之則生男。

明·盧復《芷園臆草題藥》 萱草 《詩經》作諼，忘也。花朝開而暮蔫，其英花易過。一名忘憂。蓋憂豈易忘？諼能使之易也。此《本經》中藥養性之説，能移易人性情之謂。其小便赤澀而不易解，亦能使之易出也。

明·趙南星《上醫本草》卷三 黄花菜 一名忘憂，一名療愁，一名丹棘，一名鹿葱，一名宜男，一名萱草。時珍曰：萱本作諼。諼，忘也。《詩》云：焉得諼草，言樹之背。謂憂思不能自遣，故欲樹此草玩味，以亡憂也。吳人謂之療愁。董子云：欲忘人之憂，則贈之丹棘，一名忘憂故也。其嫩苗作葅食，形涎似葱。而鹿食九種解毒之草，萱乃其一，故又名鹿葱。周處《風土記》云：懷妊婦人佩其花則生男，故名宜男。萱宜下濕地，五月抽莖開花，肥土所生，則花厚色深，起重臺，開有數月。瘠土所生，則花薄而色淡，開亦不久。其花有紅、黄、紫三色，令人採花跗，乾而貨之，名為黄花菜。其根與麥門冬相似。

苗、花：甘，涼，無毒。主治：消食，利濕熱。煮食，治小便赤澀，身體煩熱，除酒疸。作葅，利胸膈，安五臟，令人好歡樂無憂，輕身明目。李九華《延壽書》云：嫩苗為蔬，食之動風，令人昏。

根：主治：沙淋，下水氣。酒疸黄色遍身者，擣汁服。吹乳、乳癰腫痛，擂酒服，以滓封之。

附方 大熱衄血：萱草根研汁一大盞，和生薑汁半盞，細呷之。 小便不通：萱草根煎水頻飲。 大便後血：萱草根和生薑，油炒，酒衝服。

明·李中梓《藥性解》卷四 藼草根 味甘，性寒，無毒，入脾、肺二經。主沙淋水氣，酒疸身黄，小便赤澁，身體煩熱，大熱衄血，安五臟，利心志，令人喜悦忘憂，輕身明目。採其嫩苗，功亦相倣，花名宜男，最利胸膈，姙婦佩之，轉女為男。 按：萱草之甘，宜歸脾部，而肺則其所生者，故亦入之。嵇康《養生論》云：合歡蠲忿，萱草忘憂。《圖經》亦其言之，當非虚語。

明·姚可成《食物本草》卷七菜部·柔滑類 萱草 一名忘憂，一名療愁，一名丹棘，一名鹿葱，一名宜男。萱本作諼。諼，忘也。《詩》云：焉得諼草，言樹之背。謂憂思不能自遣，故欲樹此草玩味以忘憂也。吳人謂之療愁。董子云：欲忘人之憂，則贈之丹棘，一名忘憂故也。其苗烹食，氣味如葱，而鹿食九種解毒之草，萱乃其一，故又名鹿葱。周處《風土記》云：懷妊婦人佩其花則生男，故名宜男。李九華《延壽書》云：嫩苗為蔬，食之動風，令人昏然如醉，因名忘憂。〇李時珍曰：萱宜下溼地，冬月叢生，葉如蒲、蒜輩而柔弱，新舊相代，四時青翠。五月抽莖，開花六出四垂，朝開暮蔫，至秋深乃盡。其花有紅、黄、紫三色，結實三角，内有子，大如梧子，黑而光澤。其根與麥門冬相似，最易繁衍。今人采其花跗，乾而貨之，為蔬饌中上品。

萱苗花 味甘，涼，無毒。煮食，治(心)〔小〕便赤澀，身體煩熱，除酒疸，消食，利濕熱。作葅，利胸膈，安五臟，令人好歡樂無憂，輕身明目。

根 治沙淋，下水氣。酒疸黄色遍身者，擣汁服。大熱衄血，研汁一大盞，和生薑汁半盞，細呷之。吹乳、乳癰腫痛，擂酒服，以滓封之。

明·李中梓《醫宗必讀·本草徵要上》 萱花味甘，平，無毒。入心經。長於利水快膈，令人歡樂忘憂。萱，古作諼。詩云：焉得諼草。即此種也。諼，忘也，欲樹之以忘憂也。娠婦佩之生男，又名宜男。

明·張景岳《景岳全書》卷四八《本草正》 萱草一名忘憂，一名宜男，一名鹿葱。 萱草者，《詩》作諼草。凡樹此玩此者，可解憂思，故名忘憂。烹食其苗，氣味如葱，而鹿喜食之，故名鹿葱。婦人佩其花則生男，故名宜男。花葉氣味甘而微涼，故能去濕熱，利小便赤澁，除煩渴酒濕黄疸。安五臟，利胸膈，令人和悦。亦能明目。

根，治沙淋帶濁，利水氣，解酒疸，宜搗汁服之。治吐血衄血，研汁一大盞，和薑汁細細呷之。治吹乳，乳癰腫痛，須擂酒服，以渣封之。

明·盧之頤《本草乘雅半偈》帙九 萱草宋《嘉祐》 氣味：甘，涼，無毒。

主治：煮食治小便赤濇，身體煩熱，陰熱，酒(疽)〔疸〕。

覈曰：萱宜下濕地，處處田野有之。初春叢生，可作薦俎。葉如蒲、蒜而柔弱，新舊相代，四時長青。五月抽莖開花，六出四垂，朝放暮蔫，秋深乃盡，花有紅黄紫三色。結實三角，子如梧子，黑而光澤。

条曰：《爾雅翼》云：《詩》曰焉得諼草，言植之背。諼，忘也。衛之君子，行役為王前驅，過時不及，其婦人思之，則心痗首疾，思欲蹔忘之而不可得，故願得忘憂之草而植之，庶幾漠然而無所思，然世豈有此物也哉。蓋亦極言其情耳，説者因萱音之與諼同也，遂命萱為忘憂之草。蓋以萱合其音，以忘合其義耳。然忘草可也，而所謂忘憂，憂之一字，何從出哉？此亦諸儒傅會之語也。頤謂憂出于肺，情之所鍾，志之所悲，神之所傷也。是以憂悲，則魄藏之金鬱。《經》云金鬱則泄之，所以忘其憂也。而萱諧宣。宣，布也，散也，通也，徧也。風回宣而所以宣陰陽也。宣之即所以泄之，泄之即所以暢之，暢之即所以忘之。忘之則既順乃宣，而憂可釋矣。顧煮食主小便赤濇，身體煩熱，即疏云：金鬱則泄之，解表利小水也。然則草木之情，布在方策，人未之思爾。

清・顧元交《本草彙箋》卷三 萱草 性下走陰分，最利胸膈。其曰宜男，具有微意。《本經》言：苗花煮食治小便赤澀，蠲煩熱而除酒疸。其根亦主沙淋、疸黄，其爲通利之物無疑。

衂血用萱草根研汁一大盞，和生薑汁半盞，呷之，可止。吹乳乳癰，以萱草根擂酒服，以滓封之。

清・穆石匏《本草洞詮》卷九 萱草花、根、苗 萱草，一名忘憂。《詩》云：焉得諼草，言樹之背是也。鹿食九種解毒之草，萱其一也。懷妊婦人佩其花則生男，故名宜男。萱草花味甘，氣凉，無毒。消食，利濕熱，治小便赤澀，除酒疸。萱草根治沙淋，下水氣，療乳癰。《延壽書》云：嫩苗為蔬，食之動風，令人昏然如醉，因名忘憂。亦一説也。

清・丁其譽《壽世秘典》卷三 萱草俗名鹿葱，其苗烹食，氣味如葱，而鹿食九種解毒之草，萱乃其一，故名。李九華《延壽書》云：嫩苗為蔬，食之動風，令人昏然如醉，因名忘憂，此亦一説也。周處《風土記》云：懷妊婦人佩其花則生男，故又名宜男。或言鹿葱花有斑文，與萱花不同時者謬也。肥土所生，則花厚色深有斑文，起重臺，開有數月。瘠土所生，則花薄而色淡，開亦不久。今人採其花跗，乾而貨之，名為黄花菜，又名金針，皆可作葅。《通雅》云：一物有赤、黄、斑三種。一種小而純黄，曰金萱，甚可食。

苗、花：氣味：甘，凉，無毒。治小便赤澀，利胸膈，袪濕熱，除酒疸。

根：治吹乳，乳癰腫痛，擂酒服，以渣封之。

清・郭章宜《本草匯》卷一一 萱草根 味甘，氣寒，入手足太陰經。治沙淋，下水氣。療酒疸，止熱衂。通小便，散癰腫。

按：宣草之甘，宜歸脾部，而肺則其所生者，故亦入之。屬水，性下走陰分，故每有功于下焉。苗花亦利胸膈，消濕熱。

清・蔣居祉《本草擇要綱目・寒性藥品》 萱草 苗花氣味：甘，凉，無毒。萱屬水性，下走陰分。主治：煮食，治小便赤澀，身體煩熱，除酒疸，消食利濕熱。作葅，利胸膈，安五臟，令好歡樂無憂，輕身明目。根主治：沙淋，下水氣。酒疸，黄色遍身者，擣汁服。大熱衂血，研汁一大盞，和生薑汁半盞細呷之。吹乳乳癰腫痛，擂酒服，以滓封之。

清・李熙和《醫經允中》卷一八 萱草根 入脾肺二經。甘，寒，無毒。主治沙淋便澁，酒(膽)〔疸〕發黄，大熱衂血，破腦傷風，擂酒服。又治吹乳腫痛，下水氣，散癰腫。花名宜男，最利胸膈。其花起層者有毒，弗食。

清・馮兆張《馮氏錦囊秘錄・雜症痘疹藥性主治合參》卷三 萱草 令人忘憂。絞汁嚥下，治沙淋小便澀痛。花名宜男，孕佩生男。

清・张璐《本經逢原》卷二 萱草一名宜男，一名忘憂。甘，平，無毒。發明：萱性下走入陰，故根治沙石淋，下水氣及酒瘅，大熱衂血。擂酒服，治吹乳腫痛。〇花治酒瘅，利濕熱。其花起層者，有毒勿食。

清・汪紱《醫林纂要探源》卷二 萱 〇甘，鹹，平，滑。金針菜也。野生者曰黄花菜，葉花皆可食。補心清肺，破鬱行水。花輕虚上行，色黄赤入心，兼入脾肺。鹹則輭堅，故破鬱消憂。養胎滑胎。所謂宜男也。

清・嚴潔等《得配本草》卷三 萱草即鹿葱。根。甘，凉。入脾肺二經。上清胸膈，以除煩熱。下走陰分，以治尿赤。安五臟，解酒疸。花亦可用。

根 甘，涼。治大熱大衄，利水通淋，止帶療疸。得生薑，治大便後血。配席草，治通身水腫。酒疸，取汁服。吐衄，稍加薑汁。乳癰，和酒服，渣可敷。

題清・徐大椿《藥性切用》卷三 萱草 性味甘凉，解利濕熱，快膈悦志，令人歡樂無憂，故名合歡草，又名無憂草。根，治沙淋，下水氣。

清・黄宫繡《本草求真》卷七 萱草清心利水除煩。萱草耑入心脾。何以萱名，以其草屬蔚茂，值可以解憂。《詩》曰：焉得萱草，言樹之背。苗如葱葉，烹食可以適口。即鹿葱。味甘而氣微涼，能以去濕利水，除熱通淋，止渴消煩，開胸寬膈，令人心平氣和，無有憂鬱，是以命名。時珍曰：萱草即今東人採其花曬乾而貨之，名為黃花菜。又曰：萱屬水性，下走陰分，一名宜男，寧無微意存焉？但氣味輕淡，服之功未即臻，不似氣味猛烈藥，一入口而即見其有效也。

清·羅國綱《羅氏會約醫鏡》卷一六草部　萱草花葉氣味甘而涼，入心經。《詩》作諼草。樹此玩此者，可解憂思，孕婦佩其花，可以生男。能利水快膈，除煩渴酒疸。根治沙淋帶濁搗汁服，療吹乳乳癰腫痛。擂酒服，以渣封之。

清·章穆《調疾飲食辯》卷三　萱　《說文》曰忘憂，《古今注》名丹棘，《風土記》曰；妊婦佩之生男，故名宜男。《毛詩》作諼。性喜陰濕，故云焉得諼草，言樹之背。嫩葉及花皆可食，花為勝。市肆乾者名金針。味甘性涼，能去熱，除煩渴，利胸膈，治小便赤澀。均宜煮汁淡飲，勿用油、鹽。同猪肉煮，安藏府，滋氣血。根下沙石淋，又治酒癉身黃，生搗汁和熱水服出《拾遺》。又治乳癰初起，擂酒服，渣敷之出《綱目》。吾鄉有先輩云：憂豈可以食物忘者，此物殆昏人神知故耳。語雖有理，加之萱草則誤也。《延壽書》乃云：食之令人昏然如醉。夫萱乃常食之物，從無此害。此則造言生事，厚誣萱草者也。或曰萱葉食之如此，亦未聞也。

清·張德裕《本草正義》卷上　萱草　甘，涼。去濕熱，療酒濕黃疸，亦能明目。

清·葉桂《本草再新》卷二　萱草味甘，性涼，無毒。入脾、肺二經。治小便赤澀，去煩熱，利濕熱，舒胸膈，安五臟。

清·吴其濬《植物名實圖考》卷一四　萱草　《詩經》作藼。《嘉祐本草》始著錄。有單瓣、重瓣，兗州、亳州種以為菜。皋蘇蠲忿，萱草忘憂。《爾雅翼》以焉得蘐草，謂安得善忘之草，世豈有此物哉？萱、蘐同音，遂以命名。但《說文》藼，令人忘憂草，引《詩》作藼，又作蕿，則忘憂之名其來已古。《南方草木狀》：水葱，花、葉皆如鹿葱，出始興。婦人佩其花生男，非鹿葱也，則所謂宜男者，又他屬矣。萱與鹿葱一類，晏文獻云：鹿葱花中有鹿斑，又與萱小同大異。則是以層多有點者為鹿葱，單瓣者為萱。《群芳譜》有黃、白、紅、紫，麝香數種，然皆以黃色分淺深。蜜萱色如蜜，淺黃色，黃紫則深黃而近赤。至謂鹿葱葉枯而後花，花五六朵，並開於頂，得毋以石蒜之黃花者為鹿葱耶？忘憂宜男，鄉曲托興，何容刻舟膠柱？世但知呼萱草，摘花作蔬。惟滇南婦稚皆指多層者為鹿葱，邊地人質其名，宜有所自。

雩婁農曰：宋林洪《萱草贊》序：何處順宰六合時常食此。無亦邊事未平，憂心不忘耶？余觀丁謂之南竄也，其詩曰：草解忘憂憂底事。丁蓋不知憂底事。

清·文晟《新編六書》卷六《藥性摘錄》　萱草　苗即鹿蔥。味甘，氣微涼。入心脾。除煩利水，去濕通淋，止渴，開胸寬膈。○但氣味輕淡，服之未即見効。

清·張仁錫《藥性蒙求·草部》　萱草根二錢、三錢　萱草甘涼，通祛濕熱。明目治疸，令人歡樂。煮食治小便赤濇，去煩熱，利濕熱，除酒疸。○根：治砂淋，下水氣。

清·王孟英《隨息居飲食譜·蔬食類》　萱萼乾而為葅，名黃花菜，一名金鍼菜。甘，平。利膈清熱，養心，解憂釋忿，醒酒，除黃。葷素宜之，與病無忌。

清·田綿淮《本草省常·菜性類》　萱花菜　古作諼，《詩》云焉得諼草是也。一名忘憂草，一名宜男草，一名丹棘，俗名紅花菜。其花食之不美，今人皆食其芽，一名萱筍。性涼。利濕，除煩熱酒疸，安五臟，令人忘憂，輕身明目。

清·戴葆元《本草綱目易知錄》卷一　萱草　苗、花，甘，涼。消食，利濕熱，除酒疸。煮食，治小便赤澁，身體煩熱；作葅，利胸膈，安五臟，令人歡樂無憂，輕身明目。多食動風發瘡。【略】

根：利小便，通沙淋，下水氣，消浮腫。治酒疸遍身黃，搗汁服。大熱衄血，搗汁一盞，和薑汁半盞，細呷之。吹乳，乳癰腫痛，擂酒服，以滓封之。足背趺逆，俗名鯉魚翻白，萱草根，入酒糟、食鹽，搗爛傅，帛縛，葆驗方。

清·李桂庭《藥性詩解》　賦得萱草根治五淋而消乳腫。得消字。湯克家。

萱草根寒苦，功偏泄熱饒。五淋能並治，雙乳可全消。按：萱草性涼，味甘微苦，無毒。主小便赤濇，身體煩熱。治沙淋，下水氣，消乳腫，療酒疸。人家種之，多採其嫩苗煮食。一名鹿葱。花名宜男，孕婦佩之生男。《養生論》云：萱草忘憂。

清·吴汝紀《每日食物却病考》卷上　萱花　味甘，涼，無毒。又名鹿葱。根，治酒疸遍身黃者，搗汁服。又治小便澁，衄血。花，名宜男。周處《風土記》云：妊婦佩其花則生男。今人採其花，乾而貨之，名黃花菜。

天草萍

清・吴其濬《植物名實圖考》卷一五　天草萍　產建昌。赭根橫短，抽莖如萱草莖，就莖發葉，亦如萱草而狹；莖上開花，作苞如蘭花膏葖。建昌俚醫用之，未及詢其所治何病。

槌胡根

宋・唐慎微《證類本草》卷六草部上品〔唐・陳藏器《本草拾遺》〕　槌胡根味甘，寒，無毒。主潤五藏，止消渴，除煩，去熱，明目，功用如麥門冬。生江南川谷蔭地，苗如萱草，根似天門冬，用之去心。

清・吴其濬《植物名實圖考》卷一四　槌胡根　《本草拾遺》始著錄。今江西、湖南亦有之，俗皆謂之土當歸。根似麥門冬而微黃，亦甜。

吉祥草

宋・唐慎微《證類本草》卷六草部上品〔唐・陳藏器《本草拾遺》〕　吉祥草　味甘，溫，無毒。主明目，强記，補心力。生西國，胡人將來也。

明・李時珍《本草綱目》卷二一草部・有名未用　吉祥草藏器曰：生西國，胡人將來也。味甘，溫，無毒。主明目强記，補心力。時珍曰：今人種一種草，葉如漳蘭，四時青翠，夏開紫花成穗，易繁，亦名吉祥草，非此吉祥也。

清・趙學敏《本草綱目拾遺》卷五草部下　解暈草即廣東萬年青。今人呼為廣東萬年青。葉如建蘭而深厚，入冬不彫，初茁芽，背作紫色，長則色青，夏開紫花成穗，亦如麥冬狀。其根有子，分苗種，極易繁茂，以其出自粵中，故名。《綱目》有名未用吉祥草下。瀕湖所引吉祥草，即此也。亦呼吉祥草。時俗婦臨蓐，以此草連盆移至產室，云能解產厄及血暈。此草色澤翠潤，葉葉勁直如箭。入產室，則葉皆軟垂。色亦槁瘁，必經數月，乃復鮮豔，亦一奇也。其根下子入藥用。海甯周世任云：此草根下子大冷子宮。凡婦欲斷產，取子百粒擣汁服，永不再孕矣。

性涼味甘，理血清肺，解火毒，為咽喉七十二症要藥。

治急驚：《活人書》：用洋吉祥草根擣汁，加冰片少許，茶匙灌下三匙，立甦。

清・王學權《重慶堂隨筆》卷下　解瘨草　葉如建蘭而闊厚，入冬不凋，初茁芽，背作紫色，長則色青，夏開紫花成穗，亦如麥冬狀，其根有子，分苗種，極易繁茂。以其出自粵中，故俗呼為廣東萬年青，《綱目》有名未用吉祥草下，瀕湖所引吉祥草即此也。時俗妊婦臨蓐，以此草連盆移至產室，云能解產厄，免血瘨。此草色澤青翠，葉葉勁直如箭，入產室則葉皆輭垂，色亦槁瘁，必經數日乃復鮮豔。亦一奇也。其根下子入藥用，性涼味甘，清肺理血，解火毒，為咽喉妙藥。或云搗汁加冰片少許，灌數匙，治小兒急驚立效。

〔王國祥〕注：瘨，本作員，音運。《刺熱篇》：其逆則頭痛員員，脈引沖頭也。後人加疒為瘨，俗作暈，非。然通用已久，不能正也。

清・吴其濬《植物名實圖考》卷二七　吉祥草　《談薈》：吉祥草蒼翠如建蘭而無花，不藉土而能活，涉冬不枯，遇大吉事則花開。

清・吴其濬《植物名實圖考》卷二七　松壽蘭　產贛州。形狀極類吉祥草，葉微寬，花六出稍大，冬開，盆盎中植之。秋結實如天門冬實，色紅紫有尖。滇南謂之結實蘭。土醫云：味甘辛，治筋骨痿，用根浸酒，加虎骨膠；治遺精，加骨碎補。

七厘麻

清・吴其濬《植物名實圖考》卷九　七厘麻　江西山中有之。似吉祥草葉而紋理粗直，橫根，綠潤有節，似竹根而嫩。土醫以治筋骨疼痛。

雞脚草

清・吴其濬《植物名實圖考》卷九　雞脚草　生建昌。形狀如吉祥草而葉不光澤，有直紋如竹，面綠，背黃綠，與莖同色，根如薑而瘠，有鬚。土醫以治勞損，乳毒。勞損取根煎酒服，乳毒蒸雞蛋食之。

按《本草拾遺》有雞脚草，形狀主治不類。

象牙參

清・吴其濬《植物名實圖考》卷二八　象牙參　生滇南山中。初茁芽即作苞，開花如白及花而多窄瓣，一苞四五朵，陸續開放，花罷生葉，似吉祥草而闊，根如麥門冬。土醫云治半身不遂、痿痹弱證。

萬年青

宋・王介《履巉巖本草》卷中　千年潤　性涼，無毒。治咽喉壅閉，發聲不出，不以多少，曒乾爲末，每服壹錢，濃煎薄苛湯調服，不以時，臨睡服尤佳。

清・陳士鐸《本草新編》卷三　萬年青　味苦、澁，氣微寒。入腎經，專通任、督之脉。亦能入肺殺癆蟲，治尸氣，尤善黑鬚髮，入之烏芝麻、山藥、熟地、何首烏、小黄米、白糖之中極效。但最難乾，必人身懷之三日，方可磨為粉，入前藥内。惟是性寒，忌多用，多用則損氣。大約烏芝麻前藥各用一觔，萬年青只可用十片，斷斷莫多用也。　萬年青，最能殺蟲于無形之中，然多用，則殺蟲于頃刻，必須吐而出，未免大傷肺氣，反有性命之憂。不若用之于補陰之内，潛移默奪，正既無傷，而蟲又盡殺無遺也。　萬年青之子，更佳于葉，凡葉用三片者，子只消用一粒。其功用與葉相同，亦烏鬚黑髮，殺癆蟲解尸氣也。人家種此花，更能辟祟。

或疑萬年青，古人並未有言及烏鬚者，子言何足徵乎？　鐸實聞諸異人之言，至于殺癆蟲，又實親試而驗者也。嘗遊楚，寓漢口，有鹹艖主人患久嗽，説胸中微癢，則嗽不能止，若痛則必吐血矣。問何以得此。云因泊舟潯江，偶颶風夜起，呼舵工整備篷纜，一時驟雨至，灑熱背，覺寒甚，自此便嗽至今。初嗽時，無癢痛之徵，自癢而痛，自痛而吐血。余曰：此寒雨透入于肺俞，必肺生蟲矣。渠不信，未幾而胸痛，曰：必吐血矣，奈何？　余曰：急服烏梅則可止。乃服之而安。渠問故。余曰：此權宜之法，以試蟲之有無也。蟲得酸則伏，今飲烏梅湯而痛定，非蟲而何。渠乃信服。余用萬年青搗汁，用酒衝一碗，候胸中痛時急服。至夜分，胸果痛，乃服萬年青，服下疼甚，幾不欲生，欲飲茶，予禁不與，渴甚，勸其再服萬年青，不聽，余固請飲之，而痛益加，喉中癢甚。余曰：此蟲欲出也，急再飲萬年青汁。又飲之，乃吐血，而蟲隨湧出，長二寸半，大如指，形如促織，長腿如螳螂，其色純紫，燈下視之如火有焰，額上有鬚二條長寸許，背上有翅尚未長，而腹尚未全生，仍如大指大一血塊。倘羽毛豐滿，身腹俱全，豈肯久安于人膈乎。一艖之人，無不驚嘆為神醫也。病者見之，暈絶。余曰：今後不必再憂死亡矣。乃用人參、麥冬、當歸、熟地滋陰之藥十劑，又用健脾補氣之藥十劑，調理而愈。前後用萬年青，不過一株也。嗚呼！異哉。使余不遵異人之教，必不知萬年青之殺癆蟲也。然非主人確信吾言，亦不能奏功之神如此。其蟲數日尚活，客有勸主人火粉煅以服之，謂能復還從前氣血。余曰不可。主人狐疑不決。余曰：蟲得人之靈氣，以生于胸中，安知不如螞蝗水蛭，見水而再生乎。主人聞之色怯。余乃用火燒死，而埋之江邊。萬年青殺蟲之驗，如此之神，而言烏鬚之效，又可比類而共信矣。

清・李熙和《醫經允中》卷二一　萬年青用葉二張，同紅棗四兩煮，連汁服之，服棗一斤，可愈勞傷虚損。　辛熱，無毒。主暖胃扶脾，治噎膈。

清・吴儀洛《本草從新》卷一　萬年青瀉熱。　甘，苦，寒。治咽喉急閉。搗汁，入米醋少許灌之，吐痰立愈。一名千年蒀。子可催生。

附：琉球・吴繼志《質問本草》外篇卷三　屋周萬年青　辛丑之冬清舶漂到，指此種問之。　屋周。鄭茂慶。

清・趙學敏《本草綱目拾遺》卷五草部下　萬年青　一名千年蒀。闊葉叢生，每枝獨瓣無歧，梗葉頗青厚，夏則生蕊如玉黍狀，開小花，叢綴蕊上，入冬則結子紅色，性善山土，人家多植之。浙婚禮多用之伴禮函，取其四季常青，有長春之義。

《百草鏡》：四月八日浴佛日。杭俗，人家植萬年青者，多翦其葉，棄擲街衢，云令人踏之則易長，且發新葉茂密。入藥采葉陰乾，煎洗坐板痔瘡極效。勝於他日采者。　《土宿本草》：雁來紅，萬年青，皆可制汞。　甘苦寒，治咽喉急閉，擣汁入米醋少許灌之，吐痰而愈。《藥鏡》云：其根多作草熏氣，入腹令人嘔吐。子可催生。《從新》：乳香湯吞一粒，男左女右，手中帶出。　《藥性考》云：味苦微甘，解毒，清胃，降火，能止吐血。同紅棗七枚，劈開煎飲，用嫩葉陰乾。根療喉痹，以養心。葉短尾圓者真。

白火丹：《祝氏效方》：萬年青搗汁服。　痔漏：《家寶方》：萬年青葉取汁，如無汁，即用根水少許，同搗取汁搽。　老幼脱肛：《慈航活人書》：萬年青連根煎湯洗，用五倍子末敷上，立效。　一切跌打損傷：《活人書》：山芝麻，橡栗樹花，萬年青花，鐵脚威靈仙汁為丸黄豆大，每服一丸，陳酒下。　頭風：《嵩崖雜記》：霹靂丹，治頭風如神。用萬年青根削尖，蘸硃砂塞鼻孔内，左塞右，右塞左，兩邊痛者齊塞，神效。取清水鼻涕下，須一週時妙。　蛇毒：德勝堂傳方：用萬年青磨塗渣罨，皆妙。　陰囊大：用萬年青根搗汁，熱沖陳酒服三次，即愈。　痔瘡腫痛難行：《活人書》：豬腿骨去兩頭，同萬年青入砂鍋内，水煮一炷香，乘熱薰溫洗，日三次，數日愈，永不發。　纏喉風：《經驗單方》：用萬年青根頭切碎打爛，絞汁灌下，吐出痰涎，即好。倘口閉，用牙刷挖開灌下，不吐，再用髮梢進喉間探之。　汪連仕云：萬年青：俗呼冬不彫草。治瘡毒，收溼熱，洗脚氣，湯泡火傷，天泡瘡，白蛇纏，搗汁搽。　王安《采藥方》：治中滿蠱脹，黄疸心疼，哮喘咳嗽，跌打傷。　《李氏草秘》：萬年青，今酒肆多種之，能解眼蠱，治白火丹。為末，酒服一二錢，即愈。又治噎膈。

清・葉桂《本草再新》卷二　萬年青味甘、苦，性寒，有小毒。入肺經。　治咽喉急閉。清火開氣。

清・吴其濬《植物名實圖考》卷一五　萬年青　《花鏡》：　萬年青一名蒀，闊葉叢生，深綠色，冬夏不萎。吴中人家多種之，以其盛衰占休咎。造屋移居，行聘治壙，小兒初生，一切喜事無不用之以為祥瑞口號。至於結姻幣聘，雖不取生者，亦必翦造綾絹，肖其形以代之。又與吉祥草、葱、松，四品並列盆中，亦俗套也。種法：　於春秋二分時分栽盆內，置之背陰處。俗云：四月十四是神仙生日，當刪剪舊葉，擲之通衢，令人踐踏，則新葉發生必盛，喜壅肥土，澆用冷茶。

按九江俚醫以治無名腫毒、疔瘡、牙痛。隱其名為開口劍。或謂能治蛇傷，亦呼為斬蛇劍。

沖天七

清・劉善述、劉士季《草木便方》卷一草部　沖天七　牛尾七辛涼消毒，月瘕腫脹根燉服。惡瘡火毒擦喉痹，蛇犬咬傷刀損塗。老蛇蓮，開合。

千年健

清・趙學敏《本草綱目拾遺》卷五草部下　千年健　朱排山《柑園小識》：　千年健出交趾，近產於廣西諸上郡。形如藤，長數尺，氣極香烈，可入藥酒，風氣痛老人最宜食此藥。忌萊菔。　壯筋骨，浸酒，同鑽地風、虎骨、牛膝、甘枸杞、二蠶沙、萆薢，作理風用。　止胃痛。酒磨服。

清・葉桂《本草再新》卷二　千年健味苦，性寒，有小毒。入肝、肺二經。　治癰瘻瘡疽，殺蟲，敗毒排膿，排膿。

清・趙其光《本草求原》卷一山草部　千年健　辛，溫。祛風，壯筋骨，已勞倦。浸酒妙。

鴨蹠草

宋・唐慎微《證類本草》卷一一草部下品〔宋・掌禹錫《嘉祐本草》〕　鴨蹠草　味苦，大寒，無毒。主寒熱瘴瘧，痰飲丁腫，肉癥澁滯，小兒丹毒，發熱狂癇，大腹痞滿，身面氣腫，熱痢，虵犬咬，癰疽等毒。和赤小豆煮，下水氣濕痹，利小便。生江東、淮南平地。葉如竹，高一二尺。花深碧，有角如鳥觜。北人呼爲雞舌草，亦名鼻斫草，吴人呼爲跖。跖、斫聲相近也。一名碧竹子。花好爲色。新補。見陳藏器、日華子。

明・蘭茂原撰，范洪等抄補《滇南本草圖説》卷七　地地藕　氣味甘，微寒。主治：　補氣補血。赤白帶下，尿血淋症，崩疾，服之最良。

明・蘭茂撰，清・管暄校補《滇南本草》卷下　地地藕　性微寒，味甘。主治補氣血，療婦人白帶紅崩，生新血，止尿血，鼻衄血，血淋。　附方：　治沙鼻不時流血，鼻衄。地地藕煎湯，三次服斷根。

明・蘭茂《滇南本草》〔叢本〕卷中　地地藕　味甘、甜，性微寒。主補養氣血，療婦人白帶紅崩，生新血，止尿血，止鼻衄血，止血淋。　單方：　治沙鼻不時流血鼻衄，用地地藕煎湯，長服，三次斷根。

明・王綸《本草集要》卷三　鴨跖草　味苦，氣大寒。葉如竹花，深碧，有角如鳥嘴，花好為色。　主寒熱瘴瘧，痰飲，丁腫，小兒丹毒，發熱狂癇，大腹痞滿。又治熱痢，虵犬咬，癰疽等毒。

明・劉文泰《本草品彙精要》卷一五　鴨跖草無毒。　植生。

鴨跖草：　主寒熱，瘴瘧，痰飲，疔腫，肉癥，澀滯，小兒丹毒，發熱，狂癇，大腹，痞滿，身面氣腫，熱痢，蛇犬咬，癰疽等毒。名醫所錄。　〔名〕跖、雞舌草、碧竹草、鼻斫草。　〔苗〕《圖經》曰：　葉如竹，高一二尺，花深碧有角，如鳥嘴，北人呼爲雞舌草，亦名鼻斫草，吴人呼爲跖，蓋跖、斫聲相近也。又名碧竹草，花好爲色。　〔地〕《圖經》曰：　生江東淮南平地，北地吴中亦有之。〔時〕生：　春生苗。採：　夏月取莖、葉。　〔收〕陰乾。　〔用〕莖、葉。〔色〕綠。　〔味〕苦。　〔性〕大寒，泄。　〔氣〕氣薄味厚，陰也。　〔臭〕朽。〔主〕去熱毒，消癰疽。　〔合治〕合赤小豆煮服，下水氣濕脾，利小便。

明・王文潔《太乙仙製本草藥性大全》卷二《本草精義》　鴨跖草　北人呼爲鷄舌草，亦名鼻斫草，吴人呼爲跖。跖、斫聲相近也。生江東、淮南平地，葉如竹，高一二尺，花深碧，有角如鳥嘴。

明・王文潔《太乙仙製本草藥性大全》卷二《仙製藥性》　鴨跖草　味苦，氣大寒，無毒。　主治：　主寒熱瘴瘧痰飲，治疔腫澁滯肉癥。療小兒丹毒如神，祛發熱癲狂有效。大腹痞滿，身面氣腫立消。蚘蟲蛇犬傷，熱痢癰疽毒散。　和赤小豆煮汁熱服，利小便，下水，濕痹堪除。

明・皇甫嵩《本草發明》卷三　鴨跖草下品下，佐使。大寒，無毒。北人呼為雞舌草，一名碧竹子花。深碧有角，如鳥觜，好為色，葉如竹，高尺許。　發明曰：　此能毆風濕，解熱毒，故主寒瘴瘧痰飲，丁腫癰疽肉癥，熱痢，小兒丹毒發熱，強癇，大腹痞滿，身面浮腫及蛇咬等毒。和赤小豆煮，下水氣濕痺，利小便。生江淮平地。

明・李時珍《本草綱目》卷一六草部・隰草類下　鴨跖草跖音隻。宋《嘉祐》補。

〔釋名〕(芩)鷄舌草《拾遺》　碧竹子同上　竹鷄草《綱目》　竹葉菜同上　淡竹葉同上　耳環草同上　碧蟬花同上　藍姑草

藏器曰：鴨跖生江東、淮南平地。葉如竹，高一二尺，花深碧，好爲色，有角如鳥觜。時珍曰：竹葉菜處處平地有之。三四月生苗，紫莖竹葉，嫩時可食。四五月開花，如蛾形，兩葉如翅，碧色可愛。結角尖曲如鳥喙，實在角中，大如小豆。豆中有細子，灰黑而皺，狀如蠶屎。巧匠采其花，取汁作畫色及彩羊皮燈，青碧如黛也。

苗〔氣味〕苦，大寒，無毒。〔主治〕寒熱瘴瘧，痰飲丁腫，肉癥澀滯，小兒丹毒，發熱狂癇，大腹痞滿，身面氣腫，熱痢，蛇犬咬、癰疽等毒藏器。和赤小豆煮食，下水氣濕痺，利小便大明。消喉痺時珍。

〔附方〕新四。小便不通：竹鷄草一兩，車前草一兩，擣汁入蜜少許，空心服之。《集簡方》。下痢赤白：藍姑草，即淡竹葉菜，煎湯日服之。《活幼全書》。喉痺腫痛：鴨跖草汁點之。《袖珍方》。五痔腫痛：耳環草，〔一名〕碧蟬兒花，挼軟納患處，即効。危亦林《得效方》。

明・李時珍《本草綱目》卷二一草部・有名未用　耳環草時珍曰：危亦林《得效方》治五痔，挼軟納患處，即效。一名碧蟬兒花。

明・李中立《本草原始》卷三　鴨跖草　始生江東、淮南平地，今處處有之。葉如竹，故一名淡竹葉。一名碧竹子，高一二尺，花深碧，好為色，有角如鳥觜，北人呼為雞舌草，亦呼為青蜂兒。苗：氣味：苦，大寒，無毒。主治：寒熱瘴瘧，痰飲，丁腫，肉癥澁滯，小兒丹毒。〇和赤小豆煮，下水氣濕痹，利小便，消喉痹。

鴨跖草，宋《嘉祐》。【圖略】碧蟬兒，藍花，莖有節，綠葉，子大如小豆。花如蛾形。取汁作畫色，〔及〕彩羊皮燈，色青碧可愛。

《袖珍方》：治喉痹腫痛，鴨跖草汁點之。危亦林《得效方》：治五痔腫痛，採取碧蟬兒花，挼軟，納于患處，即效。

明・姚可成《食物本草・救荒野譜補遺・草類》　鴨跖艸食葉。一名竹葉菜，處處平地有之。三月采嫩苗葉，汋食之。

鴨跖艸，生平澤，今年霪潦漂阡陌。鵝鴨無窠卵絕雛，瀰瀰四望皆成白。彼蒼憫念下民飢，化為藜藿資貧瘠。

明・姚可成《食物本草》卷一八草部・隰草類　鴨跖草一名竹葉菜，處處平地有之。三四月生苗，紫莖，竹葉，嫩時可食。四五月開花如蛾形，兩葉如翅，碧色可愛。結角尖曲如鳥喙，實在角中，大如小豆。豆中有細子，灰黑而皺，狀如蠶屎。巧匠〔采〕其花，取汁作畫色及彩羊皮燈，青碧如翠黛也。

鴨跖草苗　味苦，大寒，無毒。治寒熱瘴瘧，痰飲，疔腫，肉癥澀滯，小兒丹毒，發熱狂癇，大腹痞滿，身面氣腫熱痢，蛇犬咬、癰疽等毒。和赤小豆煮食，下水氣溼痹，利小便，消喉痹。

清・何諫《生草藥性備要》卷下　百毒散　味甜，性平。止痛，專敷大瘡，止藥散毒最妙。

清・章穆《調疾飲食辯》卷三　竹雞菜　《綱目》曰：一名鴨跖草，又名藍姑草，又名碧蟬花。處處有之。夏初生苗，紫莖，亦有綠莖者。竹葉。嫩時可充菜食，五月開花如蛾形。兩葉如翅，碧色可愛。按：碧乃淺綠，江淹《別賦》春草碧色是也。此花翠藍色，非碧也。味微苦，性寒。《拾遺》曰：消疔腫，治丹毒，發熱，大腹熱腫，熱痢，熱淋，癰疽等毒。並宜煮汁飲，或作蔬食。腫毒則內服、外敷。《日華本草》曰：和赤小豆煮食，飲其汁，下熱腫水氣，除濕痹，利小便熱閉。又消喉痹。寒病及中寒人忌之。

清・吳其濬《植物名實圖考》卷一四　鴨跖草　《本草拾遺》始著錄。《救荒本草》謂之竹節菜，一名翠蝴蝶，又名笪竹。葉可食。今皆呼為淡竹，無竹處亦用之。

清・劉善述、劉士季《草木便方》卷一草部　鴨跖草　竹葉菜苦寒解毒，癰疽疔腫狂癇服。熱痢瘴瘧消喉痹，蛇犬咬傷丹毒除。

竹節菜

明・朱橚《救荒本草》卷上之前　竹節菜　一名翠蝴蝶，又名翠娥眉，又名笪竹花，一名倭青草。南北皆有，今新鄭縣山野中亦有之。葉似竹葉微寬，短莖，淡紅色，就地叢生，攛節似初生嫩葦節，梢葉間開翠碧花，狀類蝴蝶，其葉味甜。救飢：採嫩苗葉煠熟，油鹽調食。

清・何諫《生草藥性備要》卷下　竹節草　味淡，性寒。治白濁，消熱散毒，利小便。

紫背鹿銜草

清·吴其濬《植物名實圖考》卷一七　紫背鹿銜草　生昆明山石間。如初生水竹子葉細長，莖紫，微有毛；初生葉背亦紫，得濕即活。人家屋瓦上多種之。夏秋間，梢端葉際作扁苞，如水竹子，中開三圓瓣碧藍花。絨心一簇，長三四分，正如翦繒綃為之；上綴黃點，耐久不斂；蘚花苔繡，長伴階除；秋雨蕭條，稍堪拈笑。

清·吴其濬《植物名實圖考》卷九　鹿銜草　九江建昌山中有之。鋪地生，綠葉紫背，面有白縷，略似蕺菜而微長，根亦紫。土人用以浸酒，色如丹。治吐血，通經有效。

按《本草》有鹿銜，形狀不類。《安徽志》：鹿銜草性益陽，出婺源，即此。湖南山中亦有之，俗呼破血丹。滇南尤多。土醫云：性溫，無毒，入肝、腎二經，強筋健骨，補腰腎，生精液。

孱竹葉

清·何諫《生草藥性備要》卷上　孱竹葉　味淡，性寒。能敷瘡，治眼生偷針。

金線草

清·劉善述、劉士季《草木便方》卷一草部　金線草　金線草苦寒止血，欬吐崩痢衄血滅。癰疽疔瘡解藥毒，除瘴涼血散毒熱。

竹葉吉祥草

清·吴其濬《植物名實圖考》卷二三　竹葉吉祥草　生雲南山中。綠蔓，竹葉垂條；開花如吉祥草，六瓣，紅白相間；長根，色微紅。土醫謂之竹葉紅參，主補益。

檾麻

宋·唐慎微《證類本草》卷一一草部下品〔唐·蘇敬《唐本草》〕　苘音頃實　味苦，平，無毒。主赤白冷熱痢，散服飲之。吞一枚，破癰腫。

〔唐·蘇敬《唐本草》〕注云：一作蕡字。人取皮爲索者也。

〔宋·馬志《開寶本草》〕按：別本注云：今人作布及索，蕡麻也。實似大麻子，熱結癰腫無頭，吞之則爲頭易穴。九月、十月採實，陰乾。《唐本》先附。

〔宋·掌禹錫《嘉祐本草》〕按：《蜀本圖經》云：樹生，高四尺，葉似苧，花黃，實殼如蜀葵，子黑。古方用根。八月採實。

〔宋·蘇頌《本草圖經》〕曰：苘實，舊不載所出州土，今處處有之。北人種以績布及打繩索。苗高四五尺或六七尺，葉似苧而薄，花黃，實帶殼如蜀葵，中子黑色。九月、十月採實，陰乾用。古方亦用根。

〔宋·唐慎微《證類本草》〕《楊氏產乳》：治赤白痢。黃麻子一兩，炒令香熟爲末，以蜜漿下一錢，不過再服。

宋·陳衍《寶慶本草折衷》卷一一　（商）〔苘〕音頃實　一名蕡麻子。剝其莖皮打索者也。生處處有之。○八、九、十月採實，陰乾。

味苦，平，無毒。○主赤白冷熱痢，散服飲之，吞壹枚，破癰腫。○《圖經》曰：（商）〔苘〕實帶殼如蜀葵，中子黑色。

明·朱橚《救荒本草》卷上之後　檾子　《本草》名苘與檾同實。處處有之。北人種以打繩索。苗高五六尺，葉似芋葉而短薄，微有毛澁，開金黃花，結實殼似蜀葵實殼而圓大，呼為檾饅頭。子黑色如䔋豆大。味苦，性平，無毒。救飢：採嫩檾饅頭，取子生食。子堅實時收取子，浸去苦味，晒乾，磨麵食。治病：文具《本草》草部苘實條下。

明·王綸《本草集要》卷三　（商）〔苘〕實蕡麻子也。味苦，氣平，無毒。主赤白冷熱痢，炒為末，蜜漿水調服之。蠶一枚，破癰腫。陰乾。

明·滕弘《神農本經會通》卷一　苘實　蕡麻子也。今人作布及索，蕡麻也。實似大麻子，熱結癰腫無頭，吞之則為頭，易穴。九十月採實，陰乾。

味苦，氣平，無毒。

《本經》云：主赤白冷熱痢，散服飲之。吞一枚，破癰腫。《圖經》云：古方亦用根。

明·劉文泰《本草品彙精要》卷一五　苘實無毒。植生。

苘音頃實：主赤白冷熱痢，散服飲之，吞一枚，破癰腫。名醫所錄。

【苗】《圖經》曰：莖高六七尺，葉似苧而薄，花黃，實帶殼，如蜀葵中子，黑色。今人種之，以績布及打繩索，是此也。古方亦有用根者。【地】《圖經》曰：舊不載所出州土，今處處有之。【時】生：春生苗。採：八月、九月、十月取實。【收】陰乾。【用】實。【質】類大麻子。【色】黑。【味】苦。【性】平，泄。【氣】味厚于氣，陰中之陽。【臭】香。【治】療：《唐本》注云：熱結癰腫無頭者，吞之則頭易穴。【合治】以一兩炒令香熟爲末，合蜜漿調服一錢，治赤白痢，不瘥再服。

明·盧和、汪穎《食物本草》卷一　穀類　苘實　味苦，平，無毒。主赤白冷痢，破癰腫，亦可食。

明·鄭寧《藥性要略大全》卷三　苘麻子一名苘朮。主赤白寒熱痢。破癰腫。　味苦、甘，性平，無毒。

明·王文潔《太乙仙製本草藥性大全》卷二《本草精義》　實　一名蹟麻。人取皮爲索者是也。舊不載所出州土，今處處有之。苗高四五尺，或六七尺，葉如苧，又似桐葉，有小毛，花黄，結實如蜀葵一樣，中有子黑色，九月、十月採實陰乾用。古方亦用乾。

明·王文潔《太乙仙製本草藥性大全》卷二《仙製藥性》　苘實　味苦、甘，氣平，無毒。　主治：主赤白寒熱痢，炒爲末，蜜漿水調服。破癰疽熱結腫，吞一粒。　補註：赤白痢，用子一兩，炒令香熟，爲末，以蜜漿水下一錢，不過再服。

明·李時珍《本草綱目》卷一五　草部·隰草類上　（苘）〔茼〕麻（苘）〔茼〕音頃。《唐本草》。

【釋名】白麻時珍曰：（苘）〔茼〕一作蹟，又作檾。種必連頃，故謂之蹟也。【集解】恭曰：（苘）〔茼〕即蹟麻也。今人取皮作布及索者。實似大麻子，九月、十月採，陰乾。頌曰：處處有之。北人種以績布及打繩索。苗高四五尺或六七尺，葉似苧而薄，花黄，實殼如蜀葵，其中子黑色。時珍曰：（苘）〔茼〕麻今之白麻也。多生卑濕處，人亦種之。葉大似桐葉，團而有尖。六七月開黄花。結實如半磨形，有齒，嫩青老黑。中子扁黑，狀如黄葵子。其莖輕虚潔白。北人取皮作麻。以莖蘸硫黄作焠燈，引火甚速。其嫩子，小兒亦食之。

實　【氣味】苦，平，無毒。　【主治】赤白冷熱痢，炒研爲末，每蜜湯服一錢。癰腫無頭者，吞一枚蘇恭。生眼翳瘀肉，起倒睫拳毛時珍。

根　【主治】亦治痢。古方用之蘇頌。

【附方】新（一）〔二〕。　一切眼疾：（苘）〔茼〕麻子一升，爲末。以豶猪肝批片，蘸末炙熟，再蘸再炙，末盡乃爲末。每服一字，陳米飲下，日三服。《聖濟總録》。　目生翳膜：久不愈者。用檾實，以柳木作磑，磨去殼，馬尾篩取黄肉去焦殼，每十兩可得四兩，非此法不能去殼也。用猪肝薄切，滚藥慢炙熟，爲末，醋和丸梧子大。每服三十丸，白湯下。一方：以檾實內袋中蒸熟，暴爲末，蜜丸，温水下。《聖濟總録》。

明·姚可成《食物本草》卷五　穀部·麻類　苘麻苘，音頃。又作檾。即今之白麻也。多生卑溼處，人亦種以打繩、績布、作屨。苗高五六尺，葉大似桐葉，團而有尖。六七月開黄花，結實如半磨形，有齒，嫩青老黑，中子扁黑，狀如秋葵子。其莖輕虚潔白，可蘸硫黄作焠燈，引火甚速。其嫩子，小兒亦食之。今人製筆，中雜以麻，即苘麻也。

苘麻實　味苦，平，無毒。治赤白冷熱痢，炒研為末，蜜湯服一錢。癰腫無頭者，吞一枚。治眼瞖瘀血及倒睫拳毛。

明·蔣儀《藥鏡》卷三　平部　苘麻子　炒末蜜調單服，統治冷熱痢之赤白。猪肝蘸炙磨吞，兼醫翳膜眼與倒睛。謂拳毛倒睫也。癰腫日久無頭，咽下一尖透發。

明·施永圖《本草醫旨·食物類》卷二　麻子　味：甘，平，無毒。入足太陽經、手陽明經。　苘實一名檾麻，即今貝母。　味：苦，平，無毒。主赤白冷痢，破癰腫，亦可食。

清·蔣居祉《本草擇要綱目·平性藥品》　苘麻　葉氣味：苦，平，無毒。　主治：赤白冷熱痢，炒研為末，每蜜湯服一錢。癰腫無頭者，吞一枚。生眼翳瘀肉，起倒睫拳毛。

清·吴其濬《植物名實圖考》卷一四　苘麻　《唐本草》始著錄。今作檾麻，作繩索者，北地種之為業。

雩婁農曰：《說文》檾，枲屬。《周禮》：典枲掌布緦縷紵麻草之物。注：麻、枲苴，草葛蹟。今枲苴已不列於穀食，衣棉花而絺葛、苧麻之為用賤矣。獨檾以捆縛取用多。河濱數百里廣種之，以備隄工之購，與蜀黍之稭並亟。考《瓠子之歌》曰搴長茭。《宋史·河渠志》曰辮竹糾芟，大要皆索草為綯耳。檾之直既逾於草而經久，豈止相什百？然昏墊之患不息。漢武有曰：為我謂河伯兮，何不仁？今齊、豫、揚州間，其閭殫為河，可勝紀哉。或謂隄防始於鯀，而舊說皆以為鯀竊帝之息壤以堙洪水。息壤在荊州，羅泌《路史》臚敘綦詳，今《荊州志》亦載之，云：非金非石，有篆不可識，昔歲大旱，邑人掘之，甫露其石屋，大風雨，江水驟漲，州幾為魚，亟封之，水乃退，其事甚怪。然則群山萬壑，下彝陵，逾荊門，而不橫決，郊郢遠漎與嶓冢滄浪爭道者，其息壤之為之耶？嗚呼！世無神禹，不能斷二渠以導九河，還之高地。儻復有息壤可竊，用塞衝決之口，其視以稭檾區區，投黄金於虚牝者，其可同日語哉？

清·田綿淮《本草省常·穀類》　（苘）〔茼〕麻仁　一作蹟，又作檾。性平，潤燥和中。愈一切眼疾。

唐・歐陽詢《藝文類聚》卷八二　葵　《說文》曰：葵，菜也。《七啓》曰：芳菰精粺，霜蓄露葵。《文選》曰：青青園中葵，凝露待日晞。又曰：譬如後園葵，有葉待秋霜。又曰：無以肉食資，取笑葵與藿。《豳風》曰：七月烹葵及菽。《左傳》仲尼曰：鮑莊子之智不如葵，葵猶能衛其足。莊子居亂不能危行，言遜以致刖足。《師曠占》曰：黃帝問師曠曰：欲知牛馬貴賤，秋葵下小葵，生牛馬貴；大葵不蟲，牛馬賤。《史記》曰：公儀休為魯相，食葵而美，拔其園葵棄之。《韓詩外傳》曰：魯監門女嬰，相從績中，夜泣曰：衛世子不肖，是以泣。其偶問其故，曰：宋司馬得罪於宋，出奔於魯，馬佚食吾園葵，是歲亡利一半。由是觀之，禍福相及也。《列女傳》曰：魯漆室女，倚柱而嘯鄰，嫗曰：欲嫁乎？曰：吾憂魯君老，而太子少也。嫗曰：此魯大夫之憂。女曰：昔晉客舍吾家，繫馬於園，馬佚踐吾園葵，使吾終歲不厭葵味。《列仙傳》曰：丁次都，不知何許人。為遼東丁氏作人，丁氏常使買葵，冬得生葵。問何得此葵？云從日南買来。《異苑》曰：苻堅將欲南師，夢葵生城內，明以問嫗，嫗曰：若征軍遠出，難為將也。《博物志》曰：陳葵子微炒令爆，叱散著熟地中，遍踏之，朝種暮生，遠不過宿。北齊彭城王攸在郡王氏，種葵三畝，被人盜之。王啓令書葵葉，明旦市看之，遂得偷者。

詩　《古詩》曰：採葵莫傷根，傷根葵不生。結友莫羞貧，羞貧友不成。

晉陸機《園葵詩》曰：種葵北園中，葵生鬱萋萋。朝榮東北傾，夕穎西南晞。零露垂鮮澤，朗日耀其暉。時逝和風戢，歲暮商飈飛。曾雲無温液，嚴霜有凝威。幸蒙高墉德，玄景蔭素蕤。豐條並春盛，落葉後秋衰。慶彼晚彫福，忘此孤生悲。

唐・孫思邈《千金要方》卷二六《食治・菜蔬》　冬葵子　味甘，寒，無毒。主五藏六腑寒熱、羸瘦，破五淋，利小便，婦人乳難血閉。久服堅骨，長肌肉，輕身延年。十二月採。葉：甘，寒，滑，無毒。宜脾，久食利胃氣。其心傷人，百藥忌食心，心有毒。黃帝云：霜葵陳者生食之，動五種流飲，飲盛則吐水。凡葵菜和鯉魚鮓，食之害人。四季之月土王時，勿食生葵菜，令人飲食不化，發宿病。

附：日・丹波康賴《醫心方》卷三〇　葵菜

《本草》云：味甘，寒，無毒。主惡瘡，療淋，利小便，解蜀椒毒。葉為百菜主。陶〔弘〕景注云：以秋種，經冬至春作子，謂之冬葵，至滑利，能下石淋。蘇敬注云：北人謂之蘭香。常食中用之，云去臭（鼻）氣。《神農經》云：味甘，寒，久食利骨氣。崔禹〔錫〕云：食之補肝膽氣，明目。主治內熱消渴，酒客熱不解。孟詵云：若熱者食之，亦令熱悶。《膳夫經》云：葵葉尤冷利。《千金方》云：十日一食葵，葵滑，所以通五藏擁氣。馬琬云：葵赤莖背黃，食之殺人。

宋・唐慎微《證類本草》卷二七菜部上品〔《本經・別錄・藥對**》〕**　**冬葵子**　**味甘，寒，**無毒。**主五藏六腑寒熱，羸瘦，五癃，利小便，**療婦人乳難內閉。**久服堅骨，長肌肉，輕身延年。**生少室山。十二月採之。黃芩爲之使。

葵根：味甘，寒，無毒。主惡瘡，療淋，利小便，解蜀椒毒。

葉：爲百菜主，其心傷人。

〔梁・陶弘景《本草經集注》〕云：以秋種葵，覆養經冬，至春作子，謂之冬葵，多入藥用，至滑利，能下石。春葵子亦滑，不堪餘藥用。根，故是常葵爾。葉尤冷利，不可多食。又云：術家取此葵子，微炒令熚音畢炨音咤，散著濕地，遍踏之。朝種暮生，遠不過宿。又云：生菜中，又有胡荽、芸薹、白苣、邪蒿，並不可多食，大都服藥通忌生菜爾。佛家齋忌食薰渠，不的知是何菜？多言今芸薹，憎其臭矣。

〔唐・蘇敬《唐本草》〕注云：羅勒，北人謂之蘭香，避石勒諱故也。又薰渠者，婆羅門云阿魏是，言此草苗根似白芷，取根汁暴之如膠，或截根日乾，並極臭。西國持呪人禁食之。常食中用之，云去臭氣。戎人重此，猶俗中貴胡椒、巴人重負蠜音樊等，非芸薹也。

〔宋・掌禹錫《嘉祐本草》〕按：《藥性論》云：冬葵子，臣，滑，平。能治五淋，主奶腫，能下乳汁。根，治惡瘡，小兒吞錢不出，煮飲之，即出，神妙。若患天行病後食之，頓喪明。又，葉燒灰及擣乾葉末，治金瘡。煮汁能滑小腸。單煮汁，主治時行黃病。孟詵云：葵，冷。主疳瘡生身面上，汁黃者。可取根作灰，和猪脂塗之。其性冷，若熱食之，令人熱悶。甚動風氣。久服丹石人，時喫一頓佳也。冬月葵菹汁。服丹石人發動，舌乾，欬嗽，每食後飲一盞，便卧少時。其子，患瘡者吞一粒，便作頭。女人産時，可煮頓服之，佳。若生時困悶，以子一合，水二升，煮取半升，去滓，頓服之，少時便産。日華子云：冬葵，久服堅筋骨。秋葵即是種早者。俗呼爲葵菜。

〔宋・蘇頌《本草圖經》〕曰：冬葵子，生少室山，今處處有之。其子是秋種葵，覆養經冬，至春作子者，謂之冬葵子，古方入藥用最多。苗葉作菜茹，更甘美。大抵性滑利，能宣導積壅，服丹石人尤相宜。煮汁單飲亦佳，仍利小腸，孕婦臨産煮葉食之，則胎滑易産。暴乾葉及燒灰同作末，主金瘡。根主惡瘡，小兒吞錢，煮汁飲之立出。凡葵有數種，有蜀葵。《爾雅》所謂菺古田切，戎葵者是也。郭璞云：似葵，華如槿華。戎，蜀蓋其所自出，因以名之。花有五色，白者主痎瘧及邪熱，陰乾末服之，午日取花，挼手亦去瘧。黄者主瘡癰，乾末水調塗之立愈。小花者名錦葵，功用更强。黄葵子主淋澀，又令婦人易産。又有終葵，大莖小葉，紫黄色，吳人呼爲繁露，即下品落葵。《爾雅》所謂終葵，繁露者是也。一名承露，俗呼曰胡燕脂，子可作婦人塗面及作口脂。又有菟葵，似葵而葉小，狀若藜，有毛，汋而啖之甚滑。《爾雅》所謂莃，菟葵是也。亦名天葵，葉主淋瀝熱結，皆有功效，故并載之。

〔宋·唐慎微《證類本草》〕《唐本》注：此即常食者葵根也。《左傳》能衛其足者是也。據此有數種，多不入藥用。《食療》：主患腫未得頭破者，三日後，取葵子一百粒，吞之，當日瘡頭開。又，凡有難産，若生未得者，取一合擣破，以水二升，煮取一升已下，只可半升，去滓頓服之，則小便與兒便出。切須在意，勿上廁。昔有人如此，立撲兒入廁中。又細剉，以水煎服一盞食之，能滑小腸。女人産時，煮一頓食，令兒易生。天行病後，食一頓，便失目。吞錢不出，煮汁，冷飲之，即出。無蒜勿食。四季月食生葵，令飲食不消化，發宿疾。又，霜葵生食，動五種留飲。黄葵尤忌。《聖惠方》：小兒發斑，散惡毒氣。用生葵菜葉絞取汁，少少與服之。《外臺秘要》：天行班瘡，須臾遍身，皆戴白漿，此惡毒氣。永徽四年，此瘡自西域東流于海内。但煮葵菜葉，以蒜齏啖之，則止。又方：治消渴利。葵根五大斤切，以水五升，煮取三升。宿不食，平旦一服三升。又方：治口吻瘡。掘經年葵根，燒灰傅之。《千金方》：小兒死腹中。葵子末，酒服方寸匕。若口噤不開，格口灌之，藥下即活。《肘後方》同。又方：治姙娠卒下血。葵子一升，水五升，煮取二升，分三服差。又方：姙娠患淋。葵子一升，水三升，煮取二升，分爲二服。無葵子，用葵根一把。《肘後方》：大便不通十日至一月。葵子三升，水四升，煮取一升，去滓服。不差更作。又方：治卒關格，大小便不通，支滿欲死。葵子二升，水四升，煮取一升，頓服。内猪脂如雞子一丸則彌佳。《經驗後方》：治一切癰腫無頭。以葵菜子一粒，新汲水吞下，須臾即破。如要兩處破，服兩粒。要破處逐粒加之，驗。《孫真人食忌》：葵，能充脾氣。又，霜葵多食吐水。葵合鯉魚食，害人矣。《必效方》：治諸瘻。先以泔清溫洗，以綿拭水，取葵菜微火暖，貼之瘡引膿，不過二三百葉，膿盡即肉生。忌諸雜魚、蒜、房室等。《子母秘録》：小兒蓐瘡，燒葵根末傅之。《産寶》：治妬乳及癰。葵莖及子爲末，酒服方寸匕，愈。《産書》：治倒生，手足冷，口噤。以葵子炒令黄擣末，酒服二錢匕，則順。

宋·寇宗奭《本草衍義》卷一九 冬葵子 葵菜子也，四方皆有。苗性滑利，不益人。患癰癤，毒熱内攻，未出膿者，水吞三五枚，遂作竅，膿出。

宋·王繼先《紹興本草》卷八 冬葵子 紹興校定：冬葵子即葵菜子也。性味、主治已具《本經》。大抵滑利宣通之性多矣。當云味甘酸、寒、無毒為定。其根與苗葉雖功用不遠，但用未聞驗據。葉作菜食亦罕矣。

宋·劉明之《圖經本草藥性總論》卷下 冬葵子 味甘，寒，無毒。主五藏六府寒熱羸瘦，五癃，利小便，療婦人乳難内閉，久服堅骨，長肌肉。《藥性論》云：臣。滑，平。能治五淋，主奶腫，能下乳汁。根，治惡瘡、小兒吞錢不出。葉，治金瘡，滑小腸，治時行黄病。日華子云：久服堅筋骨。黄芩為之使。

宋·陳衍《寶慶本草折衷》卷一九 冬葵子臣。葉附。 一名葵子，一名葵菜子。生少室山。今處處種有之。〇十二月及春採。〇黄芩為使。〇附：葉，一名冬葵，一名葵菜。 味甘，滑，平，寒，無毒。〇主藏腑寒熱，羸瘦，五癃，利小便，療婦人乳難、内閉，堅骨，長肌。〇《藥性論》云：主奶腫，下乳汁。〇孟詵云：女人産時，煮服之佳。〇《圖經》曰：秋種經冬，至春作子，謂之冬葵子。〇《肘後方》：治大便不通。葵子煮，去滓服。〇寇氏曰：患癰癤，毒熱内攻，未出膿者，水吞叁伍枚，遂作竅，膿出。

附：葉。灰在内。〇冷，滑。孕婦臨産，煮葉食，則胎滑易産。又滑小腸，治時行黄病，並單煮汁服。又治金瘡，燒灰及擣乾葉末傅。其菜心傷人。

元·王好古《湯液本草》卷六 冬葵子 氣寒，味甘，無毒。《本草》云：主五臟六腑寒熱羸瘦，五癃，利小便，療婦人乳難内閉。久服，堅筋骨，長肌肉，輕身。《衍義》云：性滑利，不益人。患癰癤，毒熱内攻，未出膿者，水吞三五粒，遂作竅，膿出。

元·忽思慧《飲膳正要》卷三 葵菜 味甘，寒、平，無毒。為百菜主。治五藏六府寒熱，羸瘦，五癃。利小便，療婦人乳難。

元·尚從善《本草元命苞》卷九 冬葵子 為臣。味甘，寒，無毒。惟至滑利，能宣壅疾，療五淋小便不通，治婦人乳難内閉。主五臟六腑，寒熱羸瘦，長肌肉，堅骨，輕身延年。華，食之善滑胎易產。子，吞下消癰腫無頭。葵根，止消渴。葵菜，充脾氣。生少室山，今所在有。十二月採之。葉作茹甘美。久服動風，宜忌生菜。《聖濟經》云：菜有葵，久食則性鈍。葵者，其性滑而冷，多食之人陽氣，致精神不健急，故久食則性必鈍也。

元・吳瑞《日用本草》卷七　冬葵菜　苗葉可食。秋種，經冬至春，故曰冬葵。　味甘，寒，滑，冷，無毒。葉為百菜主，其心傷人，動寒。多食令人飲食不化，發痼疾。天行病後食之，失目明。生食，動五種留飲。葉背黃、莖赤者，勿食。能宣導積壅。服丹石人煮食尤宜。能解蜀椒毒。　主利小腸五淋。婦人臨產，煮葉食則滑胎易產。若產時困悶，以葵子二合，水煎服，少時便產。若倒生，子死腹中，以葵子搗為末，酒服則順。如無子，即用根。

明・朱橚《救荒本草》卷下之後　冬葵菜　《本草》冬葵子，是秋種葵覆養，經冬至春結子，故謂冬葵子。生少室山。今處處有之。苗高二三尺，莖及花葉似蜀葵而差小。子及根俱味甘，性寒，無毒。黃芩為之使。根解蜀椒毒。葉味甘，性滑利。為百菜主，其心傷人。　救飢：採葉煠熟，水浸淘淨，油鹽調食。服丹石人尤宜食。天行病後食之，頓喪明。熱食亦令人熱悶動風。　治病：文具《本草》菜部條下。

明・王綸《本草集要》卷五　冬葵子臣　味甘，氣寒。性滑利。無毒。黃芩為使。是秋種葵覆養經冬至春作子者。　主五臟六腑寒熱，羸瘦，五癃，利小便。療婦人乳難，下乳汁。久服堅骨，長肌肉，輕身延年。難產取一二合，杵破，水煮服之。癰癤未潰者，水吞三五粒，便作頭膿出。○根，主惡瘡，療淋，利小便，服丹石人宜之。

明・滕弘《神農本經會通》卷五　冬葵子　臣也。黃芩為使。以秋種葵，覆養經冬，至春作子，謂之冬葵，多入藥用，至滑利，能下石。春葵子亦滑不堪。餘藥用根，故是常葵爾。　味甘，氣寒，無毒。《湯》同。一云：滑利。一云：冷。一云：滑，平。

《本經》云：主五臟六腑寒熱，羸瘦，五癃，利小便。療婦人乳難，內閉，久筋堅骨，長肌肉，輕身延年。十二月採之。《藥性論》云：冬葵子，臣，滑，平。治五淋，主奶腫，能下乳汁。孟詵云：其子，生瘡者吞一粒，便作頭。女人產時，可煮頓服之，佳。若生時困悶，以子一合，水二升，煮取半升，去滓，頓服之，少時便產。《湯》云：《本草》同《本經》。《衍義》云：性滑利，不益人。患瘡癤，毒熱內攻，未出膿者，水吞三五粒，遂作竅膿出。《局》云：冬葵子甘寒仍滑利，主除寒熱利溲便。婦人難產多收効，若治疳瘡則用根。冬葵子，產難催生，利溲滑藏。

冬葵根　味甘，氣寒，無毒。

《本經》云：主惡瘡，療淋，利小便，解蜀椒毒。葉，為百菜主，其心傷人。《藥性論》云：根，治惡瘡，小兒吞錢不出，煮飲之即出，神妙。若患天行病後，食之頓喪明。又葉燒灰，及搗乾葉末，治金瘡。煮汁，能滑小腸。單煮汁，主治時行黃病。孟詵云：葵，冷。主疳瘡生身面上汁黃者，可取根作灰，和猪脂塗之。其性冷，若熱食之，亦令人熱悶，甚動風氣。久服丹石人，時喫一頓，佳也。《圖經》云：大抵性滑利，能宣導積壅，服丹石人尤相宜。煮汁單飲亦佳。仍利小腸，孕婦臨產煮葉食之，則胎滑易產。花有五色，白者主痎瘧及邪熱，陰乾，末服之。黃者，主瘡癰，乾末，水調塗之，立愈。小花者，名錦葵，功用更強。黃葵子，主淋澁，又令婦人易產。

明・劉文泰《本草品彙精要》卷三八　冬葵子無毒。　植生。

冬葵子出《神農本經》：主五臟六腑寒熱，羸瘦，五癃，利小便。久服堅骨，長肌肉，輕身，延年。以上朱字《神農本經》。療婦人乳難內閉。○葵根，味甘，寒，無毒。主惡瘡，療淋，利小便。○葉，爲百菜主，其心傷人。以上黑字名醫所錄。

【苗】《詩・豳風》云七月亨普庚反葵及菽。葵，菜也。山陰陸氏云：葵有紫、白二種，葵心隨日光所轉，輒低覆其根。《爾雅》云：莖大葉小，花紫紅色者，可茹。《圖經》曰：其子是秋種葵，覆養經冬至春作子者，謂之冬葵子。古方入藥用最多，苗葉作菜茹，更甘美。其種早者，俗呼爲葵菜也。【地】《圖經》曰：生少室山，今處處有之。【時】生：秋生。採：春取。【收】暴乾。【用】子及根、葉。【質】類蜀葵子而小。【色】黑綠。【味】甘。【性】寒，緩。【氣】氣之薄者，陽中之陰。【臭】朽。【主】利小便。【助】黃芩爲之使。【治】療：《圖經》曰：葉，作茹，宣導積壅。煮汁服之，利小腸。孕婦臨產煮葉食之，則胎滑易產。燒灰及乾擣末，傅金瘡。○根，治惡瘡及小兒誤吞錢，煮汁服之，立出。《藥性論》云：子，治五淋，奶腫，下乳汁。○葉，單煮汁服，治時行黃病。孟詵云：女人產時困悶，以子一合，水二鍾，煮取半鍾，去滓，頓服之，少時便產。《衍義》曰：子，治患癰癤，毒熱腫內攻，未出膿者，水吞三五枚，遂作竅膿出。孫真人云：葵，能充脾氣。《別錄》云：生葵菜葉，絞汁，散小兒發斑、惡毒氣，少少與服之。○葵根，五大斤切，以水五升煮取三升，平旦飲一服，止消渴利。及口吻瘡，掘經年葵根，燒灰傅之，亦治小兒𦡄瘡。○妊娠卒下血，葵子一升，水五鍾，煮取二鍾，分三服，差。亦治妊娠患淋，并大便不通。○葵菜，治諸瘻瘡，先以泔清溫洗，以綿拭水，微火暖貼瘡上，引膿不過三二百葉，膿盡即肉生，忌諸雜魚、蒜、房室等。補：　日華子云：　冬葵，久服堅筋骨。

〖合治〗根燒灰，和豬脂，塗疳瘡，生身面上汁黄者。○煮葵菜葉合蒜齏啖之，治天行斑瘡，須臾遍身，皆戴白漿，惡毒氣者。○葵莖及子爲末，合酒服方寸匕，治妒乳，乳癰。○葵子爲末，合酒服方寸匕，治兒死腹中，若口噤不開，格舉也口灌之，藥下即活。○葵子二升，水四升，煮取一升，内豬脂如雞子大一丸，治卒關格，大小便不通，脹滿欲死者。○葵子炒令黄，擣末合酒服二錢匕，治倒生，手足冷，口噤。〖禁〗葵菜若患天行病後食之，頓喪明。熱食之，令人熱悶，甚動風氣。無蒜勿食，四季月食生葵，令飲食不消化，發宿疾。霜葵生食，動五種留飲。多食吐水。亦不可合鯉魚食，能害人。〖解〗服丹石毒，以葵菜喫一頓，佳。冬月葵菹汁，解服丹石人發舌乾，咳嗽，每食後飲一盞便卧，少時，差。根解蜀椒毒。

明·盧和、汪穎《食物本草》卷一菜類　葵菜　味甘，氣寒，陰中之陽，無毒。為百菜長，滑利，不可多食。能宣導積壅，主客熱，利小便，治惡瘡及帶下，散膿血惡汁。煮食，主丹石發結熱。葉，燒為末，傅金瘡；擣碎，傅火瘡。炙煮與小兒食，治熱毒。下痢及大小丹痢，擣汁服。孕婦煮食之，易產。其心傷人勿食。其葉皆黄莖赤者，勿食。不可與鯉魚、黍米同食。天行症後，食之失明。花，治淋澁、水腫，催生落胎，并一切瘡疥、小兒風癴子。花有五色，赤者治赤帶，白者治白帶，空心酒調末服之。又赤治血燥，白治氣燥并痎瘧。又冬葵子，秋種，經冬至春作子者，主臟腑寒熱，羸瘦，五癃，利小便，療婦人乳難，下乳汁，久服堅骨，長肌肉，輕身延年。產難，取一二合杵破，水煮服之。癰癤未潰者，水吞三五粒，便作頭膿出。根，主惡瘡，療淋，利小便，服丹石人宜之。

明·鄭寧《藥性要略大全》卷七　白葵花　療痎瘧，去邪氣。治婦人白帶下，臍腹冷痛，面黄肌瘦及治横生逆產。白帶用白花，赤帶用紅葵花。小花者名錦葵，一名莪葵，功力更強。

葵子　治女人白帶。治淋澁，通小腸，催生下胎。療水腫，治一切瘡疥併瘕疵。　味甘，氣冷、平，無毒。凡用，炒研入藥。

明·陳嘉謨《本草蒙筌》卷六　冬葵子臣　葵菜子也。味甘，氣寒。性滑利。無毒。主五臟六腑寒熱，羸瘦五癃，利小便，療婦人乳難内閉。久服堅骨，長肌肉。輕身延年，生少室山。今處處有之。十二月採之。黄芩為之使。陶隱居云：　其子是秋種葵覆養，經冬至春作子者。謂之冬葵子。古方入藥用最多，苗葉作菜茹更甚美。大抵性滑利，能宣導積壅。服丹石人尤宜，煮汁單飲亦佳，仍利小腸。孕婦臨產煮葉食之，則胎滑易生。曝乾葉及燒灰，同作末，治金瘡。或煮汁飲，主治時行黄病。生葵菜葉絞汁少服，治小兒發癎，散惡毒氣。根治消渴及口吻瘡，燒灰傅之，薵瘡惡瘡俱効。小兒吞錢，煮汁飲之立出。凡患一切癰腫無頭，以葵子一粒，新汲水吞之，須臾即破。如要破處多，逐粒加服之。凡婦人倒生，手足冷口噤，以葵子炒令黄，擣末二錢，酒調服則順。姙婦患淋，葵子一升，水三升，煮取二升，分為二服。無葵子，用葵根一把亦効。凡卒關格，大小便不通，支滿欲死，用葵子二升，水四升，煮取一升，頓服。小兒死腹中，葵子末酒調服。若口噤不開，格口灌之，藥下即活。

明·王文潔《太乙仙製本草藥性大全》卷五《本草精義》　冬葵子　生少室山，今處處有之。其子是秋種葵覆養，經冬至春，作子者謂之冬葵子。古方入藥用最多，苗葉作菜茹更甚美。大抵性滑利，能宣導積壅，服丹石人尤相宜，煮汁單飲亦佳，仍利小腸。孕婦臨產煮葉食之，則胎滑易產。暴乾葉及燒灰同作末，主金瘡。根主惡瘡，小兒吞錢，煮汁飲之立出。

明·王文潔《太乙仙製本草藥性大全》卷五《仙製藥性》　冬葵子臣　味甘，氣寒，性滑利，無毒。　主治：　苗葉堪食，爲百菜王，亦主其心傷人。子研酒調，女科多用，滑胎易產。治熱淋，利小便。倒產，子死腹中，一服即順。已產乳汁不下，多服旋通。癰癤未潰，吞之須臾作頭膿出。長肉堅骨，輕身延年。根主惡瘡，亦利水道，療淋瀝病，解蜀椒毒。服丹石者，用之正宜。

補註　葉：　小兒發斑，散惡毒氣，用葉絞汁，少少與服之。○勿上廁，昔有人如此，立撲兒廁中。又細剉，以水煎服一盞，食之能滑小腸，女人產時煮一頓食，令兒易生。天行病後，食一頓便失目。吞錢不出，煮汁冷飲之即出。無蒜勿食。○諸瘻，先以泔清溫洗，綿拭水，用微火暖貼之瘡引膿，不過二三百葉，膿盡即肉生，忌魚、蒜。○天行斑瘡，須臾遍身，皆戴白漿，此惡毒氣，但煮葵菜葉，以蒜齏喂之則止。　根：　消渴利，以根五斤，切，用水五升，煮取三升，宿不食，平旦一服。口吻瘡，掘經年根燒灰傅之。○小兒薵瘡，燒根末傳之。○如乳及癰，用莖、子爲末，酒服方寸〔匕〕。子：小兒死腹中，取子爲末，酒服方寸〔匕〕，若口噤不開，格口灌之，藥下即活。妊娠卒下血，取子水煮，分三服差。○妊娠患淋，取子水煮，分二服，無子用根一把。○大便不通十日至一月，用子三升，水四升，煮取一升，去滓服。○卒關格，大小便不通，支滿欲死，取二升，水四升，煮一升，頓服，內猪脂如鷄子一丸則彌佳。○一切癰腫無頭，以子一粒，新汲水吞下，須臾即破，如要兩處，破服兩粒，要破處逐粒〔加之〕。○倒生，手足冷，口噤，以子炒令黄，爲末，酒服二錢匕則順。○癰癤毒熱內攻，未出膿者，水吞三五枚，逐作竅膿出。

明・皇甫嵩《本草發明》卷五　冬葵子上品。味甘，寒，無毒。　發明曰：冬葵子，性滑利，能宣導積壅，不益人。故《本草》主五癃，利小便，療婦人乳難內閉。又云：主五臟六府寒熱羸瘦，久服堅骨，長（飢）〔肌〕肉，輕身延年。此豈真能補益哉？抑亦臟府、經絡、筋骨間，因有風濕熱毒壅積，而此能宣導之，則正氣復而血脉行，骨肉亦得長養矣。要之，只是能宣利。而服丹石人患熱毒者，尤宜。

葵根，味甘，寒，無毒。主惡瘡，療淋利小便，解蜀椒毒。

葉為百菜主，俗呼西王母菜。食之益人。以葉燒灰及搗乾葉末，治金瘡。煮汁，能滑小腸。單煮汁，主治時行黃病。孕婦臨產煮葉食之，則胎滑易產。○其子是秋黃葵，覆養經冬至春作子者，謂之冬葵子。患癰癤毒熱，內攻未潰者，水吞三五枚，遂作竅出濃。○其心傷人。

明・李時珍《本草綱目》卷一六草部・隰草類下　葵《本經》上品。校正：自菜部移入此。

【釋名】露葵《綱目》　滑菜　時珍曰：按《爾雅翼》云：葵者，揆也。葵葉傾日，不使照其根，乃智以揆之也。古人采葵必待露解，故曰露葵。今人呼爲滑菜，言其性也。古者葵爲五菜之主，今不復食之，故移入此。

【集解】《别録》曰：冬葵子生少室山。弘景曰：以秋種葵，覆養經冬，至春作子者，謂之冬葵，入藥性至滑利。春葵子亦滑，不堪藥用，故是常葵耳。術家取葵子，微炒熚炸，音畢乍。散着濕地，遍踏之。朝種暮生，遠不過宿。恭曰：此即常食之葵也。有數種，皆不入藥用。頌曰：葵處處有之。苗葉作菜茹，更甘美，冬葵子古方入藥最多。葵有蜀葵、錦葵、黄葵、終葵、菟葵，皆有功用。時珍曰：葵菜古人種爲常食，今之種者頗鮮。有紫莖、白莖二種，以白莖爲勝。大葉小花，花紫黄色，其最小者名鴨脚葵，其實大如指頂，皮薄而扁，實內子輕虛如榆莢仁。四五月種者可留子，六七月種者爲秋葵，八九月種者爲冬葵，經年收采。正月復種者爲春葵。然宿根至春亦生。按王禎《農書》云：葵，陽草也。其菜易生，郊野甚多，不拘肥瘠地皆有之。爲百菜之主，備四時之饌。本豐而耐旱，味甘而無毒。可防荒儉，可以菹腊，其枯枿可爲榜簇，根子又能療疾，咸無遺棄。誠蔬茹之要品，民生之資益者也。而今人不復食之，亦無種者。

苗　【氣味】甘，寒，滑，無毒。爲百菜主。其心傷人《别録》。弘景曰：葵葉尤冷利，不可多食。頌曰：作菜茹甚甘美，但性滑利，不益人。詵曰：其性雖冷，若熱食之，令人熱悶動風氣。四〔季〕月食之，發宿疾。天行病後食之，令人失明。霜葵生食，動五種留飲，吐水。凡服百藥，忌食其心，心有毒也。黄背紫莖者，勿食之。不可合鯉魚黍米鮓食，害人。時珍曰：凡被狂犬咬者，永不可食，食之即發。食葵須用蒜，無蒜勿食之。又伏硫黄。

【主治】脾之菜也。宜脾，利胃氣，滑大腸思邈。宣導積滯，妊婦食之，胎滑易生蘇頌。煮汁服，利小腸，治時行黄病。乾葉爲末及燒灰服，治金瘡出血甄權。除客熱，治惡瘡，散膿血，女人帶下，小兒熱毒下痢丹毒，並宜食之汪穎。服丹石人宜食孟詵。潤燥利竅，功與子同同上。

【發明】張從正曰：凡久病大便澀滯者，宜食葵菜，自然通利，乃滑以養竅也。時珍曰：按唐王燾《外臺秘要》云：天行斑瘡，須臾遍身，皆戴白漿，此惡毒氣也。高宗永徽四年，此瘡自西域東流於海內。但煮葵菜葉以蒜齏啖之，則止。又《聖惠方》亦云：小兒發斑，用生葵菜葉絞汁，少少與服，散惡毒氣。按此即今痘瘡也。今之治者，惟恐其大小二便頻數，洩其元氣，痘不起發。葵菜滑竅，能利二便，似不相宜，而昔人賴之。豈古今運氣不同，故治法亦隨時變易歟。

【附方】舊四，新三。　天行斑瘡：方見上。　肉錐怪疾：有人手足忽長倒生肉刺，如錐痛不可忍者，但食葵菜即愈。夏子益《奇疾方》。　諸瘻不合：先以泔清溫洗，拭净，取葵菜微火烘暖貼之。不過二三百葉，引膿盡，即肉生也。忌諸魚、蒜、房事。《必效方》。　湯火傷瘡：葵菜爲末傅之。《食物本草》。　蛇蠍螫傷：葵菜搗汁服之。《千金方》。　誤吞銅錢：葵菜搗汁冷飲。《普濟方》。　丹石發動：口乾欬嗽者。每食後飲冬月葵齏汁一盞，便卧少時。《食療本草》。

根　【氣味】甘，寒，無毒。　【主治】惡瘡，療淋，利小便，解蜀椒毒《别録》。小兒吞錢不出，煮汁飲之，神妙甄權。治疳瘡出黄汁孟詵。利竅滑胎，止消渴，散惡毒氣時珍。

【附方】舊五，新七。　二便不通：脹急者。生冬葵根二斤，搗汁三合，生薑四兩，取汁一合，和勻，分二服。連用即通也。　消渴引飲：小便不利。葵根五兩，水三大盞，煮汁，平旦服，日一服。並《聖惠方》。　消中尿多：日夜尿七八升。冬葵根五斤，水五斗，煮三斗。每日平旦服二升。《外臺秘要》。　胎漏下血：血盡子死。葵根莖燒灰，酒服方寸匕，日三。《千金方》。　瘭疽惡毒：肉中忽生一䵳子，大如豆粟，或如梅李，或赤或黑，或白或青，其黶有核，核有深根，應心，能爛筋骨，毒入臟腑即殺人。但飲葵根汁，可折其熱毒。姚僧坦《集驗方》。　妬乳乳癰：葵莖及子爲末，酒服方寸匕，日二。昝殷《産寶》。　身面疳瘡：出黄汁者。葵根燒灰，和猪脂塗之。《食療本草》。　小兒蓐瘡：葵根燒末傅之。《外臺》。　小兒緊脣：葵根燒灰，酥調塗之。《聖惠方》。　口吻生瘡：用經年葵根燒灰傅之。《外臺秘要》。　蛇虺螫傷：葵根搗塗之。《古今録驗》。　解防葵毒：葵根搗汁飲之。《千金方》。

冬葵子《别録》曰：十二月采之。機曰：子乃春生，不應十二月可采也。〔氣味〕甘，寒，滑，無毒。黄芩爲之使。〔主治〕五臟六腑，寒熱羸瘦，五癃，利小便。久服堅骨長肌肉，輕身延年《本經》。療婦人乳〔難〕内閉，腫痛《别録》。出癰疽頭孟詵。下丹石毒弘景。通大便，消水氣，滑胎治痢時珍。

〔發明〕時珍曰：葵氣味俱薄，淡滑爲陽，故能利竅通乳，消腫滑胎也。其根葉與子功用相同。按陳自明《婦人良方》云：乳婦氣脉壅塞，乳汁不行，及經絡凝滯，奶房脹痛，留蓄作癰毒者。用葵菜子炒香、縮砂仁等分，爲末，熱酒服二錢。此藥滋氣脉，通營衛，行津液，極驗。乃上蔡張不愚方也。

〔附方〕舊八，新一十二。　大便不通：十日至一月者。《肘後方》：冬葵子三升，水四升，煮取一升服。不瘥更作。〇《聖惠》：用葵子末、人乳汁等分，和服立通。　關格脹滿：大小便不通，欲死者。《肘後方》用葵子二升，水四升，煮取一升，納猪脂一〔丸如〕鷄子，頓服。〇《千金》用葵子爲末，猪脂和丸梧子大。每服五十丸，效止。　小便血淋：葵子一升，水三升，煮汁，日三服。《千金方》。　妊娠患淋：冬葵子一升，水三升，煮二升，分服。《千金方》。　妊娠下血：方同上。　産後淋瀝：不通。用葵子一合，朴硝八分，水二升，煎八合，下硝服之。《集驗方》。　妊娠水腫：身重，小便不利，洒淅惡寒，起即頭眩。用葵子、茯苓各三兩，爲糝。飲服方寸匕，日三服。小便利則愈。若轉胞者，加髮灰，神効。《金匱要略》。　生産困悶：冬葵子一合，搗破，水二升，煮汁半升，頓服，少時便産。昔有人如此服之，登厠，立撲兒於厠中也。　倒生口噤：冬葵子炒黄爲末，酒服二錢匕，效。昝殷《産寶》。　乳汁不通：方見發明。　胎死腹中：葵子爲末，酒服方寸匕。若口噤不開者，灌之，藥下即甦。《千金方》。　胞衣不下：冬葵子一合，牛膝一兩，水二升，煎一升服。《千金方》。　血痢産痢：冬葵子爲末，每服二錢，入臘茶一錢，沸湯調服，日三。《聖惠方》。　痎瘧邪熱：冬葵子陰乾爲末，酒服二錢。午日取花挼手，亦去瘧。《聖惠方》。　癰腫無頭：孟詵曰：三日後，取葵子一百粒，水吞之，當日即開也。〇《經驗方》云：只吞一粒即破。如吞兩粒，則有兩頭也。　便毒初起：冬葵子末，酒服二錢。《儒門事親》。　面上皰瘡：冬葵子、栢子仁、茯苓、瓜瓣各一兩，爲末。食後酒服方寸匕，日三服。《陶隱居方》。　解蜀椒毒：冬葵子煮汁飲之。《千金方》。　傷寒勞復：葵子二升，粱米一升，煮粥食，取汗立安。《聖惠》。

題明·薛己《本草約言》卷一《藥性本草》　冬葵子　味甘，氣寒，無毒。治五癃而利小便，下乳汁而療産難。〇葵子性滑利，能宣導積壅，不益人。婦人難産，取一二合打碎，水煮服之效。又凡婦人倒生，手足冷，口噤，以葵炒令黄，搗末二錢，酒調服，則順。又小兒死腹中，葵子末酒調服。若口噤不開，撬口灌之，藥下即活。

明·周履靖《茹草編》卷二　烹葵歌皇甫汸　中林緑髮翁，緬爾與世絕。披襟憩長松，荷鋤適岩穴。莽蒼江湖十載塵，沉冥甘作灌園人。相知百里音書隔，芳草空階幾度春。春風靄靄吾廬幽，故人何處來孤舟。林原微雨夜初過，園蔬剪却青還稠。山家留客情元朴，牀頭且開舊醽醁。不作尋常雞黍期，因邀上客烹葵蔌。葵能向日便傾心，況復經露猶衛足。秉燭論心夜久忘，家童猶唱江臯曲。倏忽髩成絲，徒為老大悲。白雲常在目，明月不須期。貴飲啄於膏粱賤，形骸於土木，甘垂老以守，愕恥需榮以甘禄。勸君飲，對君吟，采芝燁燁黄綺心，緣知張翰思蓴興，千載高風稱至今。

明·佚名氏《醫方藥性·草藥便覽》　冬葵仔　其性涼。去風入腎。名藤君達仔。

明·梅得春《藥性會元》卷中　冬葵子　味甘，氣寒，無毒。葵合鯉魚食，能害人。　主治五臟六腑寒熱羸瘦，利小便，療婦人乳難内閉。黄蜀葵花不拘多少，焙乾為末，用二錢，滚白湯調下，催生如神。或有漏血，胎臟乾澁，難産痛劇者，並進三服，良久腹中氣寬胎滑，即時産下。如無花，只用葵子研小半，合以老酒、童便調服，尤妙。此神聖之功，救人無量。胎不下者，同紅花、蘇木，酒煎服即下。又治打撲傷損及小便淋瀝，惡瘡膿水久不收，乾傅之良。　葉：主殺人。　葵根：味甘，寒，無毒。主治惡瘡，小便淋瀝。解蜀椒毒。

明·穆世錫《食物輯要》卷三　葵菜　味甘，性寒，無毒。為百菜之長。解丹石毒，宣導積壅，除客熱下痢，散血利水，治帶淋。臨産食之，易生。但性冷滑利，胃寒泄瀉者勿食。同黍米食、同鯉魚食，並害人。時病後食之，令目暗。其菜心有毒，忌食。有赤莖葉黃者，勿食之。白葵子主氣燥，治白帶；赤葵子主血燥，治赤帶及瘧疾；冬葵子利產，通乳汁，利小水。陳士良云：食生葵，發宿疾。與百藥相忌。蜀葵勿食，鈍人志性。犬傷者誤食之，難瘥。

明・李中立《本草原始》卷六　冬葵　始生少室山，今處處有之。古人種為常食，今之種者頗鮮。苗高二三尺，莖及花葉似蜀葵而差小，有紫莖白莖二種，以白莖為勝。實大如指，頂皮薄而扁，內子輕虛如榆莢仁。以秋種，覆養經冬，至春作子者，謂之冬葵子，古人多用入藥。王禎《農書》云：葵，陽草也。其菜易生，郊野甚多，不拘肥瘠地皆有之。為百菜之主，備四時之饌。本豐而耐旱，味甘而無毒。可防荒儉，可以葅腊，其枯枿可以榜簇，根子可以療疾，咸無遺棄，誠蔬茹之要品，民生之資益者也。今人不復食之，亦無種者。按《爾雅翼》云：葵者，揆也。葵葉傾日，不使照其根，乃智以揆之也。古人采葵，必待露解，故一名露葵。其性滑利，今人呼滑菜。冬葵苗：氣味：甘，寒，無毒。為百菜主。其心傷人。主治：脾之菜也。宜脾，利胃氣，滑大腸。○宣導積滯。妊婦食之，胎滑易生。○煮汁服，利小腸，治時行黃病。乾葉為末，及燒灰服，治金瘡出血。○除客熱，治惡瘡，散膿血，女人帶下、小兒熱毒、下痢、丹毒並宜食之。○服丹石人宜食。○潤燥利竅，功與子同。根：氣味：甘，寒，無毒。主治：惡瘡，療淋，利小便，解蜀椒毒。○小兒吞錢不出，煮汁飲之神妙。○治疳瘡，出黃汁。冬葵子：氣味：甘，寒，滑，無毒。主治：五臟六腑寒熱，羸瘦，五癃，利小便。久服堅骨長肌肉，輕身延年。○療婦人乳內閉腫痛。○出癰疽頭。○下丹石毒。○通大便，消水氣，滑胎，治痢。

《本經》上品。【圖略】《救荒本草》名冬葵菜，古呼葵菜。食須用蒜。又伏硫黃。比蜀葵叢短葉大。

冬葵子，臣。陰中之陽。黃芩為之使。詵曰：葵菜雖冷，若熱食之，令人熱悶，動風氣。四月食之，發宿疾。天行病後食之，令人失明。霜葵生食，動五種留飲，吐水。凡服百藥，忌食其心，心有毒也。黃背、紫莖者勿食。不可合鯉魚、黍米、鮓食，害人。唐王燾《外臺秘要》云：天行斑瘡，須臾遍身皆戴白漿，此惡毒氣。永徽四年，此瘡自西域東流於海內，但煮葵菜葉，以蒜齏啖之則止。陳自明《婦人良方》云：乳婦氣脉壅塞，乳汁不行，及經絡凝滯，乳房脹痛，留蓄作癰毒者，用葵菜子炒香、縮砂仁等分為末，熱酒服二錢。此藥滋氣脉，通營衛，行津液，極驗。乃上蔡張不愚方也。

明・張懋辰《本草便》卷二　冬葵子臣　味甘，氣寒，性滑利，無毒。主五臟六腑寒熱，羸瘦五癃，利小便；療女人乳難，下乳汁；久服堅骨長肌肉。潰癰癤。根主惡瘡，療淋，利小便，服丹石人宜之。

明・吴文炳《藥性全備食物本草》卷一　冬葵子　味甘，氣寒，性滑利，無毒。《左傳》云葵，揆也，能衛其足者，知也。惟知所以能揆，此即常食葵菜。覆養經冬，至春作子，故謂之冬葵子。宣導熱壅，利小腸，通癃閉，及卒關格，二便不通，支滿欲死，妊娠患淋，或卒下血，倒產難產，子死腹中，或乳癰內閉，乳汁不通，並微炒搗碎，煮濃汁服之。一切瘡腫癰毒未出膿者，水吞三四粒即作竅出膿。

根：主惡瘡，淋閉，利小便，止消渴，解蜀椒、丹石毒。小兒吞錢，煮汁飲之立出。

葉：為百菜之長，解丹石毒，宣導積壅，除客熱下痢，散血利水，治帶淋，臨產食之易生。但性冷滑利，胃寒泄瀉者勿食。同黍米食，同鯉魚食並害人。時病後食之，令目暗。其菜心有毒，忌食。有赤莖葉黃者勿食之。

明・盧復《芷園臆草題藥》　葵葉　傾日不使照其根。有多種，花有五色，皆以秋下種子。有冬茂者，謂之冬葵，猶芥之有冬芥、春芥也。但其花略早開，性都寒滑，為百菜主脾之菜，腎之的藥也。以其從癸從冬，皆屬于腎。其子誠多生氣，微炒燁烓，散着濕地，徧踏之，朝種暮出，還不過宿，生如此易。用治胎產，自然入神。能助精益水，大為水之出路。非不返顧其根源者，能利竅滑腸。察其通關格之專藏，而止消中之多溺，可想見矣。若病屬久藏而發者，如淋如帶，如痘疹，如死胎，如丹石毒，如消渴，如癰疽沒頭，如腸胃中癰，如肉錐怪症，皆有奇徵。第有風疾宿飲，天行病後，曾被大傷者，忌之。世人但知其能發宿病，不知其不許人有久藏之患害，而為他日卒死之忠託也。

明・李中梓《藥性解》卷六　冬葵子　味甘，性寒，無毒，入小腸、膀胱二經。主滑胎產，利小便，療熱淋，逆生者得之即順，胎死者得之即下，能通乳汁，堪潰癰疽。按：冬葵子性最滑利，能宣積壅，宜入手足太陽，以為催生神劑，然不可預服，恐胞未轉而先催，空涸其水，反艱其產爾。癰疽者，營氣不從，逆於肉理。乳閉者，亦凝滯之所致也，〔得冬葵〕以導之，而不瘳者鮮矣。

明・倪朱謨《本草彙言》卷四　冬葵子　味甘，氣寒，無毒。氣味俱薄，淡滑爲陽。其苗、葉、根功用與子相同。《別錄》曰：葵生少室山中。今郊野園圃，不拘肥瘠地都有。四時可以子種，宿根亦再發。秋深布子，覆養經冬者曰冬葵，入藥最良。苗葉作菜茹，甚甘美。《內經》云：脾之菜也。又云：葵爲百菜主。味尤甘滑，故爲馬踐。其子雖經年不浥，微炒令爗炸，散著濕地遍踏之，朝種暮生，遠不過宿。實如指頂，皮薄而扁，實內子輕虛如榆莢仁。掐必待露解，收必待霜降，晚則黃爛，早則黑澀。其莖挺生，莖疎葉密，傾向太陽而不照其根。其萼翠，其花艷，花具五色、間色，單瓣、千瓣。王禎《農書》云：本豐耐旱，可防荒儉。以作葅腊，枯枿可以榜族根。子又能療疾，咸無遺棄。誠蔬茹之要品，民生之資益也。種類亦多，有露葵、兔葵、黃葵、錦葵、蜀葵，皆有功用。入藥者只宜蜀葵。今市肆一種，充冬葵子者，氣味濁惡，色深褐，質沉重，形如橘核，服之令人腸滑，且損脾傷胃也。

冬葵子：孫真人滑腸利竅之藥也。白尚之稿故古人主五癃，利小便。而《別錄》又通乳閉，出疽頭，消水氣，滑胎催生。此乃流氣脉，通營衛，行津液，爲先鋒也。又按《婦科良方》云：治乳婦氣脉壅塞，乳汁不行，乳房脹痛，留蓄作癰者，用此藥炒香爲末，熱酒調服三錢，立時消散，則其性之滑利，善行經絡可知矣。其苗葉作菜食，甘美可口，能去腸胃積熱。若毒痢，若癍疹，若痧脹，若黃疸，若腸癰膿血留難，若服餌丹石熱藥，并宜食之。但性寒善利，如裏虛胃寒人，并風疾宿疾，天行病後，曾被犬傷者，咸忌之。世人但知能發宿疾，不知不許人，有久藏患害，爲他日卒中之虞耳。

集方：《聖惠方》治大小便不通，欲死者。用冬葵子一升，水二升，煮取半升，納雞子清二箇，頓服。渣再煮，效即止。○《殷氏産寶》治乳汁不通。用冬葵子二兩炒香，配砂仁各等分，爲末。熱酒調服三錢。○孟詵方治癰疽無頭。用冬葵子二百粒，白湯吞之，當日即開也。○已下六方見《龍潭本草》治水腫身重，小便不利，洒淅惡寒，起即頭眩。用冬葵子、茯苓各三兩，爲末。每服二錢，白湯調下，日三服。小便利則愈。○妊娠足月不産，或臨産崎嶇難下。用冬葵子一合，搗末，水一升，煮汁半升。頓服，即産。○治血毒痢。用冬葵子炒黃，爲末。每服二錢，白湯調服。○治癍疹痧脹。用冬葵子二合，煮汁溫服。○治黃疸心胸脹滿。用冬葵子，炒黃爲末。每白湯調服二錢。○治腸癰內疽，膿血脹悶不行。用冬葵子二合，爲末。白湯調服。○《食療本草》治服食丹石毒熱等藥。用冬葵子、菉豆各一合，爲末，溫湯調服。○莫去琅家抄治胎死腹中。用冬葵子一合，熱酒調服。若口噤不開者，灌之立甦。○同前治胞衣不下。用冬葵子一合，牛膝一兩，水二升，煎一升服。

明・姚可成《食物本草・救荒野譜補遺・草類》　葵食莖葉。處處有之。取苗葉汋熟，極甘美肥好。

菜中葵，春秋諸種皆相宜。栽培可以濟民飢，儉年食之甘如飴。秋葵：正月種者為春葵，六七月種者為秋葵，八九月種者為冬葵。其菜易生，為百蔬之主，備四時之饌。可防荒儉，可以葅腊，誠蔬茹之要品，民生之資益者也。

明・姚可成《食物本草》卷一八草部・隰草類　葵處處有之。苗葉作菜茹，更甘美。李時珍曰：葵菜，古人種為常食，今之種者頗鮮。有紫莖、白莖二種，以白莖為勝。大葉小花，花紫黃色。其最小者名鴨脚葵。其實大如指頂，皮薄而扁。實內子輕虛如榆莢仁。四五月種者可留子，六七月種者為秋葵。八九月種者為冬葵。經年收採。正月復種者為春葵。然宿根至春亦生。按王禎《農書》云：葵，陽草也，其菜易生，郊野甚多，不拘肥瘠地，皆有之。為百菜之主，備四時之饌。本豐而耐旱，味甘而無毒。可防荒儉，可以葅腊，誠蔬茹之要品，民生之資益者也。而今人不復食之，亦無種者。

葵，味甘，寒滑，無毒。為百菜主。又為脾之菜。宜脾，利胃氣，滑大腸，宣導積滯。妊婦食之，滑胎易生。煮汁服，利小腸，治時行黃病。除客熱，治惡瘡，散膿血。女人帶下，小兒熱毒下痢、丹毒，竝宜食之。服丹石人宜食。潤燥利竅，功與子同。乾葉為末及燒灰服，治金瘡出血。○張從正曰：凡久病澀滯者，宜食葵菜，自然通利，乃滑以養竅也。○蘇頌曰：作菜茹甚甘美，但不益人。忌食其心，心有毒也。黃背紫莖者勿食。不可合鯉魚、黍米、鲊食，害人。○李時珍曰：凡被狂犬咬者，永不可食，食之即發。食葵須用蒜，無蒜勿食之。又按《外臺秘要》云：天行斑瘡，須臾遍身皆戴白漿，此惡毒氣也。高宗永徽四年，此瘡自西域東流於海內，但煮葵菜葉，以蒜齏啖之則止。又《聖惠方》亦云：小兒發斑，用生葵菜葉絞汁，少少與服，散惡毒氣。按此即今痘瘡也。今之治者，惟恐其大小二便頻數，洩其元氣，痘不起發。葵菜滑竅，似不相宜，而昔人賴之，豈古今運氣不同，故治法亦隨時變易與。

根　味甘，寒，無毒。治惡瘡，療淋，利小便，解蜀椒毒。小兒誤吞銅錢不出，煮汁飲之神妙。利竅滑胎，止消渴，散惡毒氣。

冬葵子　味甘，寒滑，無毒。主五臟六腑，寒熱羸瘦，五癃，利小便。久服堅骨，長肌肉，輕身延年，療婦人乳〔難〕內閉，腫痛，出癰疽頭，下丹石毒。通大便，消水氣，滑胎，治痢。

附方：　治肉錐怪病：　有人手足忽長倒生肉刺如錐，痛不可忍者，但食葵菜即愈。　治大便不通七八日，燥結。用冬葵子一合水煎服，神效。　治妊娠患淋。冬葵子一升，水三升，煮二升服。　治胎死腹中。葵子為〔末〕，酒服方寸匕即下。　治天行斑瘡，即痘瘡，此瘡自宋高宗永徽四年從西域傳流中國，須臾皆戴白漿，此惡毒氣也。但煮葵菜葉，以蒜齏啖之則止。　治諸瘡不合成漏。先以米泔洗淨，取葵菜葉微火烘暖貼之，不過二三百葉，引膿盡即肉生也。忌諸毒物及房事。　治毒虵及蠍子咬刺。用葵菜擣汁服之。　治誤吞銅錢。用葵菜擣汁冷飲。　治二便不通脹急者。生冬葵根擣汁三合，生薑汁一合和勻，分二服，連用即通也。　治消渴引飲，小便不利。葵根五兩，水三大盞，煮汁平旦服。日一服。　治胎漏下血，血盡子死。葵根莖燒灰，酒服方寸匕，日三。　治瘭疽惡毒，內中忽生一黤子，大如豆粟，或如梅李，或赤或黑，或白或青。其黶有核，核有深根應心，能爛筋骨，毒入臟腑即殺人。但飲葵根汁，可折其熱毒而愈。　治乳癰。葵莖及子為末，酒服方寸匕，日二。　治小兒口唇撮緊。葵根燒灰，酥調塗之。　治妊娠水腫，身重，小便不利，洒淅惡寒，起即頭眩。用葵子、茯苓各三兩為末，每白湯服方寸匕，日三服，小便利則愈。若轉胞者，加髮灰，神效。　〔治臨產〕艱難。冬葵子一合擣破，水二升，煮汁半升頓服，少時便產。昔有孕婦如此服之，登廁，立撲兒於廁中也。　治胞衣不下。冬葵子一合，牛〔膝〕一兩，水二升，煎一升服。　治婦人氣脉壅塞，乳汁不行及經絡凝滯，奶房脹痛，留蓄作癰者。用葵菜子炒香，砂仁等分為末，熱酒服，十日效。　治小便血淋。葵子一升，水三升煮汁，日三服。　治湯火傷。葵菜為末傅之。　治消中便溺，日夜數十次。冬葵根五升，水五斗，煮三斗，每日平旦服二升。　治身面疳瘡出黃汁者。葵根燒灰，和猪油塗。

明・李中梓《醫宗必讀・本草徵要上》　冬葵子味甘，寒，無毒。入膀胱經。能催生通乳，疏便閉諸淋。氣味俱薄，淡滑為陽，故能利竅。按：　無故服冬葵〔子〕，必有損真之害。

明・施永圖《本草醫旨・食物類》卷二　葵菜吳瑞曰：　即蜀葵、錦葵，今人未有食之者。　味：　甘，氣寒，陰中之陽，無毒。為百菜長。滑利，不可多食。能宣導積壅，主客熱，利小便，治惡瘡及帶下，散膿血。煮食，主丹石發結熱。

葉：　燒為末，傅金瘡。擣碎，傅湯火瘡。炙煮與小兒食，治熱毒下痢。及大小丹痢，擣汁服。孕婦煮食之，易產。其心傷人，不可食。其葉黃而莖赤者，勿食。不可以鯉魚、黍米同食。天行症後食之，失明。　花：　治淋澀水腫，催生落胎，并一切疥瘡，小兒風疹。　子：　有赤、白二種。赤者治赤帶，白者治白帶，空心酒調末服之。又赤治血燥，白治氣燥并痎瘧。又，冬葵子秋種，經冬至春始結子者，主臟腑寒熱羸瘦，五癃，利小便，療婦人乳難，下乳汁。久服堅骨，長肌肉，輕身延年。產難取一二合，杵破，水煮服之。癰癤未潰者，水吞三五粒，便作頭出膿。　根：　主惡瘡，療淋，利小便。服丹石人宜之。

明・盧之頤《本草乘雅半偈》帙三　葵子《本經》上品　氣味：　甘，寒，滑，無毒。　主治：　主五藏六府，寒熱羸瘦，五癃，利小便。久服堅骨，長肌肉，輕身延年。

覈曰：　生少室山中，今郊野園圃，不拘肥瘠地都有。四時可以子種，宿根亦再發。秋深布子，覆養經冬者，曰冬葵，入藥最良。《內經》云：　脾之菜也。《爾雅翼》云：　秋菜未生，種此以相接也。又云：　葵為百菜主，味尤甘滑，故為馬踐，漆室女知憂及國，公儀休相魯，慍而拔之，不欲奪園夫之利也。其子雖經年不浥，微炒令燀炸，散着濕地，遍踏之，朝種暮生，遠不過宿。實如指頂，皮薄而扁，實內子輕虛如榆莢仁。《埤雅》云：　冬種者有雪，弗令從風飛去，言體輕也。每雪輒一勞之，令地保澤，葉不受蟲。掐必待露解，收必待霜降，晚則黃爛，早則黑澁。其莖挺生，莖疎葉密，傾向太陽而衛足。孔子曰：　禾生垂穗向根，不忘本也。又云：　鮑莊子知不如葵，葵猶能衛其足，蓋禾之向根仁也，葵之衛足知也。仁以守之，知以揆之。故葵，揆也。其萼翠，其花豔。花具五色間色，單瓣千瓣。王禎《農書》云：　本豐耐旱，可防荒儉，以作葅腊，枯枿可以榜族，根子又能療疾，咸無遺棄。誠蔬茹之要品，民生之資益也。種類亦多，有露葵、兔葵、黃葵、錦葵、蜀葵，入藥者只宜蜀葵。今市肆一種，充冬葵者，氣味濁惡，色深褐，質沉重，形如橘核，服之令人腸滑。《別錄》指此為冬葵，又出蜀葵一條，似與《爾雅》不相符合。當判蜀葵子，即《本經》葵子，用之頗驗。每用市肆偽充冬葵子，不唯反濇，且損脾傷胃也。

先人云：寒熱欲通而不藏，致肌肉羸瘦。五癃欲藏而不通，致水道閉塞。葵性滑養竅，能使藏者通；返顧衛根，能使通者藏。蓋滑為水骨，故可堅骨。骨堅則肌肉長，形全則輕身延年矣。又云：葵具五色，有多種，冬茂者曰冬葵。猶芥之有冬芥、春芥。為脾之菜，腎之藥也。字從癸，從冬，皆屬於腎。其子易生，用治胎產，自然入神。功主助精益水，輸水溺道，非不返顧其根也。察通關格之專藏，止消中之多溺，可想見矣。非不返顧其根，足徵衛足之知矣。若病屬久藏而發者，如淋，如帶，如痘疹，如死胎，如丹石毒，如消渴，如癰腫沒頭，如腸癰胃疽，如肉錐怪證，皆有奇徵。第有風疾宿病，天行病後，曾被犬傷者，忌之。世人但知能發宿疾，不知不許人有久藏患害，為他日卒中之虞耳。

条曰：葵歸也，揆也。揆度生氣之歸，揆度生機之出也。味甘氣寒，體滑易生，遂含土劣水勢，抽為草木，以孕發陳之兆。故主府藏寧謐之地，為寒熱所侵，以致羸瘦。州都之所為五邪所薄，以致五癃。此不當于歸，所當揆度以出者也。骨堅便利，通淋之徵，肌長身輕，主羸之驗也。揆度生氣之歸，即能使通者藏；揆度生機之出，即能使藏者通。但之歸之出，屬氣機；欲通反藏，欲藏反通，屬病機耳。

明·李中梓《本草通玄》卷上　冬葵子　甘，寒，太陽藥也。達諸竅，疏大腸，利小便，催難產，通乳閉，出癰疽頭，下丹石毒。葵根，功用與子相倣，小兒誤吞銅錢，煮汁飲之，神妙。葵性淡滑為陽，故能利竅通閉，關格者恒用之。別有一種蜀葵根，腸胃生癰者，同白芷服，善能排膿，散毒。

明·李中梓《本草通玄》卷下　冬葵子　甘，寒，入小腸、膀胱二經。主滑胎產，逆生者，得之即順；胎死者，得之即下。療熱淋，通乳汁，堪潰癰疽。

清·穆石匏《本草洞詮》卷九　葵苗、子　《爾雅翼》云：葵者，揆也。葵葉傾日，不使照其根，乃智以揆之也。王禎《農書》云：葵，陽草也。為百菜之主，備四時之饌。今不復食之。葵苗，味甘，氣寒，無毒。脾之菜也。利胃氣，滑大腸，導積滯，妊婦食之胎滑易生。凡久病大便澀滯者宜食葵菜，自然通利，乃滑以養竅也。其心傷人。唐王燾云：天行斑瘡，遍身皆戴白漿，此惡毒氣也。高宗永徽四年，此瘡自西域東流海內，但煮葵菜葉及蒜、虀，啖之則止。此即今痘瘡也。今之治者，惟恐大小二便頻數，洩其元氣，痘不起發。葵菜滑竅，能利二便，似不相宜。而昔人賴之，豈古今運氣不同故歟？冬葵子，甘寒，無毒。治臟腑寒熱，羸瘦，五癃。根葉與子功用皆同。凡乳婦氣脉壅塞，經絡凝滯，奶房脹滿，留蓄作癰毒者，用葵菜子炒香，縮砂仁等分，為末，熱酒服二錢，滋氣脉，通營衛，行津液，甚効。

清·劉雲密《本草述》卷九下　葵　一名露葵。古人采葵，必待露解，故名露葵。王維詩松下清齋折露葵，是也。郊野園圃，不拘肥瘠地皆有之。有紫莖、白莖二種，以白莖為勝。大葉小花，花紫黃色。其最小者名鴨脚葵。其實大如指，頂皮薄而匾，實內子輕虛如榆莢仁，四五月種者可留子。六七月種者為秋葵。八九月下子，覆養經冬者為冬葵。正月復種者為春葵。然宿根至春亦生。入藥以冬葵為良。按：此葵本一種而分四時，惟取冬葵耳。其有別為種類，如蜀葵、錦葵，是一類，又菟為一類，菟葵，李瀕湖引據，謂即紫背天葵。又黃蜀葵為一類，但入藥只宜蜀葵，如錦葵即其小者也。

冬葵子：氣味：甘，寒，滑，無毒。　主治：五臟六腑寒熱羸瘦，五癃，利小便，久服堅骨，長肌肉《本經》。療婦人乳內閉腫痛《別録》。出癰疽頭孟詵。下丹石毒弘景。通大便，消水氣，滑胎，治痢時珍。　時珍曰：葵，氣味俱薄，淡滑為陽，故能利竅通乳，消腫滑胎也。其根葉與子功用相同。按陳自明《婦人良方》云：乳婦氣脈壅塞，乳汁不行，及經絡凝滯，奶房脹痛，留蓄作癰毒者，用葵菜子炒香，縮砂仁等分，為末，熱酒服二錢。此藥滋氣脈，通營衛，行津液極驗，乃上蔡張不愚方也。

附方　關格脹滿，大小便不通欲死者，《肘後方》用葵子二升，水四升，煮取一升，納豬脂一雞子，頓服。　倒生口噤，冬葵子炒黃，為末，酒服二錢匕，效。　胎死腹中，葵子為末，酒服方寸匕。若口噤不開者，灌之，藥下即甦。　胞衣不下，冬葵子一合，牛膝一兩，水二升，煎一升，服。　癰腫無頭，孟詵曰三日後取葵子二百粒，水吞之，當日即開也。

苗：氣味：甘，寒，滑，無毒。　宜脾，利胃氣，治時行黃病。乾葉為末，及燒灰服，女子帶下。餘功與子同。　張從正曰：凡久病大便濇滯者，宜食葵菜，自然通利，乃滑以養竅也。

根：氣味：甘，寒，無毒。　主治：利竅滑胎，止消渴，散惡毒氣時珍。

附方　消中，尿多，日夜尿七八升，冬葵根五斤，水五斗，煮三斗，每日平旦服二升。漏胎下血，血盡子死，葵根莖燒灰酒服方寸匕，日三。盧復曰：葵具五色，有多種。冬茂者曰冬葵，猶芥之有冬芥、春芥，為脾之菜，腎之藥也。字從癸，從冬，皆屬於腎。其子易生，用治胎產，自然入神功，主助精益水，輸水溺道，非不返顧其根也，察通關格之專臟，止消中之多溺，可想見矣。《本經》寒熱羸瘦，五癃並治，當為熟繹。葢寒熱欲通而不藏，致肌肉羸瘦，五癃欲藏而不通，致水道閉塞，葵性滑養竅，能使藏者通，返顧衛根。其莖挺生，莖疎葉密，傾向太陽而衛足。孔子曰：鮑莊子知不如葵，葵猶能衛其足。能使通者藏，若病屬久藏而發者，如淋如帶，如痘疹，如死胎，如丹石毒，如消渴，如癰腫沒頭，如腸癰胃疽，如肉錐怪證，皆有奇徵。第有風疾宿病，天行病後，曾被犬傷者，忌之。世人但知能發宿疾，不知不許人有久藏患害，為他日卒中之虞耳。

清·郭章宜《本草匯》卷一一　冬葵子

甘，寒，性滑，入足太陽經。達諸竅，通大腸。利小便，催難產。通乳閉，下胞衣。出癰疽頭，解蜀椒毒。

按：冬葵氣味俱薄，淡滑而陽。故能利竅通乳，消腫滑胎，關格者恆用之也。秋葵功用亦同。乳婦氣脉壅塞，奶房凝脹，用子炒香，砂仁等分，為末，熱酒服二錢。此藥能滋氣脉，通營衛，行津液，極驗。小兒悞吞銅錢，煑汁飲之，神妙。如無故服之，必有損真之患。其性雖冷，若熱食之，令人熱悶，動風氣。四月食之，發宿疾。天行病後食之，令人失明。霜葵生食，動五種留飲，吐水。凡服百藥，忌食其心，心有毒也。黃背紫莖者，勿食之。不可合鯉魚、黍米鮓食，害人。食葵須用蒜同食，無蒜勿食之。

以秋種葵，覆養經冬，至春作子者，謂之冬葵。可入藥用。更有一種，赤白蜀葵，花紅者，治赤帶赤痢如神，血燥兼治。白者驅白帶白痢速効，氣燥亦毆。子能催生墮胎，更療淋澀水腫。葉貼金瘡火瘡，又除熱毒丹毒，皆取其寒滑潤利之功也。

清·朱本中《飲食須知·菜類》　葵菜　味甘，性寒。為百菜之長，解丹石毒。性冷滑利，胃寒泄瀉者勿食。同黍米食、同鯉魚及魚鮓食，並害人。時病後食之，令目暗。勿同沙糖食。妊婦食之，令胎滑。其菜心有毒，忌食。葉尤冷利，不可多食。莖赤葉黃者，勿食。生葵發宿疾，與百藥相忌。蜀葵苗，亦可食，但久食鈍人志性。被犬嚙者，食之即發，永不瘥也。合猪肉食，令人無顏色。食葵，須用蒜，無蒜勿食之。葵性雖冷，若熱食之，令人熱悶動風氣。四月勿食，發宿疾。

清·何其言《養生食鑒》卷上　葵菜葵者，揆也。葵葉傾日，不使炤其根，乃智之以揆之也。古者以葵為百菜之長，今少食之耳。　味甘，性寒，無毒。解丹石毒，宜導積壅，除客熱下痢，散血，利水，治帶淋。臨產食之，易生。但性冷滑利，胃寒泄瀉者，勿食。同黍米食、同鯉魚食，並害人。時病後食之，令目瞎。其菜心，有毒，忌食。有赤莖、葉黃者，勿食之。白葵子，主氣燥，治白帶。赤葵子，主血燥，治赤帶及瘧疾。冬葵子，利產，通乳汁，利小水。陳士良云：食生葵，發宿疾，與百藥相忌。蜀葵勿食，鈍人志性。犬傷者誤食之，難瘥。

清·汪昂《本草備要》卷二　冬葵子滑腸，利竅。　甘，寒，淡滑。潤燥利竅，通營衛，滋氣脉，行津液，利二便，消水腫，用榆皮等分煎服。通關格，下乳滑胎。　秋葵復種，經冬至春作子者，名冬葵子。根、葉同功。春葵子亦滑，不堪入藥。　蜀葵花：赤者治赤帶，白者治白帶；赤者治血燥，白者治氣燥。亦治血淋、關格，皆取其寒潤滑利之功也。

清·吳楚《寶命真詮》卷三　冬葵子　【略】小兒誤吞銅錢，葵根煮汁服之神效。　達諸竅，疏大腸，利小便，催難產，通乳閉，出癰疽頭，下丹石毒。

清·陳士鐸《本草新編》卷四　冬葵子　味甘，氣寒，性滑利，無毒。主五臟六腑，寒熱羸瘦，五癃，利小便，療婦人乳難，內閉。久服，堅骨長肌肉。冬葵子本非佳品，然藥籠中必備者，以其能順胎也。橫生倒產，子死腹中，必藉此以滑之。

或問：冬葵子治難產，未見神效，何子獨取之？曰：冬葵子治難產，亦要人必用之耳。當橫生倒產之時，或脚一隻下而一隻不下，或手一臂伸而一臂不伸，欲開產門而兒頭未順也，不可遽用柞木枝以先啟產戶，以針刺之而兒已死，疾痛不知，徒刺無益。若不用冬葵子以助其胞胎之順利，又何以救危亡于頃刻乎，然而，徒用冬葵子，不知加入人參、當歸、川芎之類，補氣血以生水，則胞胎乾涸。亦不能活利順生，變危為安也。

清·李熙和《醫經允中》卷二二　葵菜　味甘，氣寒，無毒。主治宣導積壅，退客熱，利小便。滑利，不可多食。孕婦煮食之易產。

清·馮兆張《馮氏錦囊秘錄·雜症痘疹藥性主治合參》卷七　冬葵菜為百菜長，滑利，不可多食。能宣導積壅，主客熱利小便。治惡瘡及帶下。冬葵子主臟腑寒熱，羸瘦五癃，利小便。療婦人乳難內閉，久服堅骨，長肌肉。水煮一二合飲，能使產難者為易。水吞三五粒下，癰癤未潰者立穿。

清·张璐《本經逢原》卷二　冬葵子向日葵子也。　甘，寒，滑，無毒。《本經》主五藏六府寒熱，羸瘦，破五癃，利小便。　發明：向日葵質堅耐寒，入冬不凋，故名冬葵。性滑利竅，能治藏府寒熱，羸瘦，破五淋，利小便。婦人乳房脹痛，同砂仁等分為末，熱酒服三錢，其腫即消。孕婦難產不下，專取一味炒香為末，芎歸湯下三錢，則易生，取晨暮轉動靈活耳。夏子益《奇疾方》云，有人手足忽長倒生肉刺如錐痛不可忍，但食葵菜即愈，亦取其寒滑利竅之用也。

清·張志聰、高世栻《本草崇原》卷上　冬葵子　氣味甘，寒，滑，無毒。主治五臟六腑寒熱，羸瘦，五癃，利小便。久服堅骨，長肌肉，輕身延年。葵菜處處有之，以八九月種者，覆養過冬，至春作子，謂之冬葵子。如不覆養，正月復種者，謂之春葵。三月始種，五月開紅紫花者，謂之蜀葵。八九月開黃花者，謂之秋葵。葵種不一，此外尚有錦葵、黃葵、終葵、菟葵之名，花具五色及間色，更有淺深之不同。　葵花開五色，四季長生，得生長化收藏之五氣，故治五臟六腑之寒熱羸瘦。冬葵子覆養過冬，氣味甘寒而滑，故治五癃。夫膀胱不利為癃。五為土數，土不運行，則水道閉塞，故曰五癃。治五癃，則小便自利。久服堅骨，得少陰之氣也。長肌肉，得太陰之氣也。堅骨長肌，故輕身延年。

清·王子接《得宜本草·上品藥》　冬葵子　味甘，氣寒。入足太陽經。性主滑利，能通精下胎。得縮砂仁治乳汁蓄癰，得牛膝下胞衣。

清·黃元御《長沙藥解》卷四　葵子　味甘，微寒，性滑。入足太陽膀胱經。滑竅而開癃閉，利水而泄膀胱。　《金匱》葵子茯苓散，葵子一升，茯苓三兩，為末，飲服方寸匕。治妊娠有水氣，身重，小便不利，洒淅惡寒，起即頭眩。以陽衰土濕，乙木下鬱，不能行水，故身重而小便不利。木鬱陽陷，是以惡寒。停水瘀阻，陽氣浮蕩，不能下根，故起則頭眩。葵子滑竅而利水，茯苓泄滿而滲濕。妊娠胎氣脹滿，脾胃不運，積水鬱遏，頗難疏決。葵子寒滑通利，善於開竅而行水。以茯苓泄其滿，葵子滑其竅，滿消而竅利，然後奔注而下。長於滑胎通乳，消散初起奶癰，以其泄濕燥土，滑利經脈之壅塞也。

清·吳儀洛《本草從新》卷一　冬葵子〔通，潤腸利竅。〕　甘，寒，淡，滑。潤燥利竅，通營衛，行津液，利二便，消水腫，用榆皮等分煎。通關格，下乳滑胎。秋葵復種，經冬至春作子者名冬葵子。根、葉同功。春葵子亦滑，不堪入藥。蜀葵花，赤者治赤帶，白者治白帶，赤者治血燥，白者治氣燥，亦治血淋關格，皆取其寒潤滑利之功。

清·汪紱《醫林纂要探源》卷二　葵　甘，鹹，寒，滑。今曰馬蹄菜，葉圓而後缺，形似也。又名蘄菜，又如一丈紅花，故此花亦名蜀葵，但葵菜花甚小，實亦成小盤而瓣甚薄。　癸水之氣，益心瀉腎，滑腸去結，癸水何以益心？曰戊癸則化火矣。　行水通乳，滑胎。皆以鹹而滑也。　天行病後忌食。

清·嚴潔等《得配本草》卷三　葵子　黃芩為之使。　甘，淡，寒，滑。入足太陰經氣分。滑腸達竅，下乳滑胎，消腫，通關格，利二便。根葉同功。得砂仁，治乳癰。配牛膝，下胞衣。拌豬脂，通關格。大小便不通欲死者。拌人乳，利大便。　秋種過冬，至春作子，名冬葵子，入藥用。若春葵子，不宜入藥。　氣虛下陷，脾虛腸滑，二者禁用。　怪症：有人手足忽長倒生肉刺，如錐，痛不可忍，但食葵菜即愈。

題清·徐大椿《藥性切用》卷三　冬葵子　甘寒淡滑，利竅滑胎。根葉同功。花分赤白，〔白者〕治白帶下，赤者亦治血淋。

清·黃宮繡《本草求真》卷二　冬葵子隰草四十五，冬葵子潤燥，利竅滑胎。　冬葵子耑入胃、大小腸。甘寒淡滑，潤燥利竅，通營活衛，消腫利水。凡婦人難產不下，耑取一味炒香為末，芎歸湯下三錢則易生。芎歸力專行血。取其晨夕向日轉動靈活耳。婦人乳房脹痛，同砂仁等分為末，熱酒服三錢，其腫即消。砂仁溫胃消脹。且能破五腫，利小便，並臟腑寒熱羸瘦，同榆皮等分煎服亦效。《十劑方》云：滑可去着，冬葵子、榆白皮之屬是也。故澁則去着，宜滑劑以利之。經冬至春作子者，名冬葵子，春葵子亦滑，不堪入藥。蜀葵赤者治血燥，白者治氣燥，亦治血淋，皆取其寒潤滑利之功。

清·羅國綱《羅氏會約醫鏡》卷一六草部　冬葵子味甘寒，入膀胱經。　氣味俱淡薄。利水、通淋、催生、落胎，下乳汁，潤大腸，寒潤滑利之功。消水腫。利水之效。同榆皮等分煎服。　蜀葵花，赤者治赤帶赤痢，亦治血燥；白者治白帶白痢，亦治氣燥；黃者并治惡瘡、膿水不瘥。為末敷之。為瘡家要藥。

浸油，可塗湯火瘡。按：性寒，無故服之，必有損真之害。

清・章穆《調疾飲食辯》卷三　葵　一名滑菜，又曰露葵。《綱目》曰：采葵必待露解，故曰露葵。非也。必帶露采，始可曰露葵。杜工部詩云山中習靜觀朝槿，松下清齋折露葵是也。有紫莖、白莖二種，白者良。大葉小花，花黃紫色，葉如絲瓜。葉小者名鴨脚葵。遲早皆可種，故有春、秋、冬葵之名。《素問》五菜為充之一也。古人以為百菜主，故《農書》曰：蔬茹之佳品，民生之資益。今人不復食，亦無種者。性涼滑，《圖經》曰：妊婦食之，胎滑易產。《本草會編》曰：除客熱，治惡瘡，散膿血，小兒熱毒下利，丹毒，並宜之。張從正曰：久病大便澁滯者，宜食葵，滑以養竅也。《外臺秘要》曰：痘瘡發斑，煮葵葉同蒜虀啖，則止。《奇疾方》曰：人手足忽長倒生肉刺，如錐痛不可忍，但食葵即愈。然《食療本草》謂其發宿病，天行病後食之，令人失明。又葵心及黃背、紫莖者，皆有毒。又不可同鯉魚、黍米及鮓魚食。又被瘋犬咬者，永不可食，食之即發。根治胎漏下血。《千金方》用葵根燒灰酒，服方寸匕。葵能滑胎，根反固胎，亦猶麻黃之根，赤豆之葉，皆與其本物相反，物理原有如此。又葵子一兩，榆白皮二兩，煎汁頓服，可治胎乾難產出《便用方》。

清・吳鋼《類經證治本草・手陽明大腸腑藥類》　葵花子　【略】誠齋曰：花子根通用。取子研末，麻油調敷湯火灼傷，大效。或取花子，浸麻油中，塗之亦佳。即人家所種，如絲瓜葉之葵花也。有五色，川產者良。不向日。下膀胱瀉品內冬葵子是向日葵也。

清・吳鋼《類經證治本草・足太陽膀胱腑藥類》　冬葵子　【略】誠齋曰：即人家所種向日葵。花以八九月復種，經年採之為冬葵。餘時不入藥。

清・楊時泰《本草述鉤元》卷九　葵　一名露葵。有紫莖、白莖二種，白莖為勝。大葉小花，花紫黃色。其最小者名鴨脚葵，實如指頂，皮薄而匾，內仁輕虛如榆莢。種分四時，惟八九月下子覆養經冬者為冬葵，入藥良。根葉與子，功用相同。

冬葵子：甘寒淡滑，氣味俱薄，陽也。主治藏府寒熱，羸瘦五癃，消水氣，通大便，利竅滑胎，療婦人乳閉腫痛，治痢，出癰疽頭，下丹石毒，久服堅骨長肌肉。乳婦氣脈壅塞，乳汁不行，及經絡凝滯，奶房脹痛，留蓄作癰毒者，用葵子炒香，縮砂仁等分為末，熱酒服二錢，極驗。大小便不通，脹滿欲死者，用葵子二升，水四升，煮一升，納猪脂一雞子，頓服。倒生口噤，冬葵子炒黃為末，酒服二錢匕效。胎死腹中，葵子為末，酒服方寸匕。口噤不開者，灌下即甦。胞衣不下，冬葵子一合，牛膝一兩，水二升，煎一升服。癰腫無頭，三日後，取葵子二百粒，水吞之，當日即開。

葵苗氣味同子。宜脾利胃氣。苗葉乾為末，水調服，治時行黃病。燒灰服，治女子帶下。凡久病大便澁滯者，食葵菜自通張從正。

葵根氣味甘寒。利竅滑胎，止消渴，散惡毒氣。消中尿多，日夜尿七八升，冬葵根五斤，水五斗，煮三斗，每日平旦服二升。漏胎下血，血盡子死，葵根莖燒灰，酒服方寸匕，日三。

盧不遠云：葵具五色，有多種，惟冬茂者為冬葵。冬葵為脾之菜，腎之藥，字從癸從冬，皆屬於腎，其子易生，用治胎產人神，功主助精益水而輸水溺。滋氣脈，通營衛，行津液。非不返顧其根也。觀於通關格，復止消中多溺，可以想見矣。《本經》寒熱羸瘦，與五癃並治者，蓋寒熱欲通而不藏，致肌肉羸瘦，五癃欲藏而不通，致水道閉塞。葵性滑養竅，能使藏者通；返顧衛根，能使通者藏。至病屬久藏而發者，如淋帶死胎痘疹，如消渴、丹石毒，如腸癰、胃疽瘡腫無頭，及肉錐怪證，皆有奇徵。世人但知能發宿疾，不知其性正不許人有久藏患害也。

清・葉桂《本草再新》卷二　冬葵子味甘、苦，性微寒，無毒。入肝、肺二經。利九竅，人三焦，通關節，消水腫，利大小便，行乳滑胎。

清・吳其濬《植物名實圖考》卷三　冬葵　《本經》上品，為百菜之主。江西、湖南皆種之。湖南亦呼葵菜，亦曰冬寒菜；江西呼蘄菜。葵、蘄，一聲之轉，志書中亦多載之。李時珍謂今人不復食，殊誤。湘南節署東偏為又一村，有菜圃焉。余課丁種葵兩三區，終歲取足。晨浸夕茁，避露惜根，吮其寒滑，藏神清而渴喉潤。郵致其子於蓟門故舊，北地泉冽土沃，含膏飽霜，味尤雋腴，金齏玉膾，驟得南蔬，亦皆屬饜焉。考唐宋以前園葵諸作，皆述其烹飪之功，而物狀亦備。後人詠蜀葵黃葵，侔色揣稱，佳句膾炙，而葵菜與管城子無翰墨緣矣。然王禎《農書》述葵之濟世，謂無棄材。《山家清供》《救荒本草》皆云葵似蜀葵而小，明以前非無知者，唯王世懋云：菜品無葵，不知何菜當之，隨筆浪語，不足典要。李時珍博覽遠搜，厥功甚鉅，其書已為著述家所宗，而鄉曲奉之尤謹，乃亦云今人不復食之，亦無種者。此語出而不種葵者不知葵，種葵者亦不敢名葵，遂使經傳資生之物，與本草養竅之功，同作莊列寓言，豈不惜哉？夫不著其功用，猶之可也；乃其發宿疾、動風氣，病者貿貿食之，何以示禁忌？嗚呼！以一人所未知，而曰今人皆不知；以一人所未食，而曰今人皆不食，抑何果於自信耶？郭景純注《山海經》於詭異荒渺之物，不敢以為世所未有；注《爾雅》所不識則云未詳。不以一己所見概天下，誠慎之也。本草之注，昔人所慎，一語之誤，乃至死生。然則，任天下事，以己所不知，而謂今人皆不知；己所不能，而謂今人皆不能，其關於天下之人生死又何如耶？葵之名幾湮，葵之圖具在，按圖雖不得驥，要可得馬，今以後有不知葵者，試以冬寒菜、蘄菜與諸書葵圖較。《農政全書》冬葵圖極精細。

雩婁農曰：烹葵及菽，農夫之食；綠葵紫蓼，粟飧葵菜，高人志士山蔬，固應不惡。《遼史》：張儉在相位二十餘年，致政歸第，會宋書辭不如禮，上將親征。幸儉第，進葵羹乾飯，上食之美，徐問以策，儉極陳利害，且曰：第遣一使問之，何必遠勞車駕。上悅而止。復即其第賜宴。敬上敬下，情禮藹然，其風古矣。諫行言聽，且異於晉平公之於亥唐。

附《孳經堂·葵考》：葵為百菜之主，古人恒食之。《詩·豳風》《周禮·醢人》《儀禮》諸篇、《春秋左氏傳》及秦漢書傳，皆恒見之。《爾雅》於恒食之菜不釋其名，為其人人皆知也。故不釋韭、蔥之名，而但曰藿，山韭；茖，山蔥。《爾雅》不釋葵，其曰菟葵、芹葵、戎葵、蔠葵，皆葵類，非正葵。亦非蔥之例也。六朝人尚恒食葵，故《齊民要術》載種葵術甚詳；鮑昭《葵賦》亦有豚耳、鴨掌之喻。唐宋以後，食者漸少，今人直不食此菜，亦無知此菜者矣。然則今為何菜耶？曰古人之葵，即今人所種金錢紫花之葵，俗名錢兒淑氣即蜀葵二字，吳人轉聲。者；以花為玩，不以葉充食也。今之葵花有四種：一向日葵，高丈許，夏日開黃花，大徑尺；一蜀葵，高四五尺，四五月開各色花，大如杯。此二葵之葉皆粗澀有毛不滑，不可食。惟金錢紫花葵及秋葵葉可食。而金錢紫花葵尤肥厚而滑，乃為古之正葵，此花高不過二尺許，花紫色，單瓣，大如錢，葉雖有五歧而多駢，誠有如鮑明遠所謂鴨掌者，異於秋葵之葉大，多歧不駢，如鶴爪也。《齊民要術》稱葵菜花紫，今金錢葵花皆紫，無二色，不似蜀葵具各色，秋葵色淡黃也。《左傳》云：葵猶能衛其足。杜預注云：葵傾葉向日，以蔽其根。曹植表云：若葵藿之傾葉，太陽雖不為之迴光，然向之者，誠也。《玉篇》云葵葉向日，不令照其根。此皆言葵之葉能衛其根，即葛藟庇本根之義，非言其花向日自轉也。藿為豆葉，豆之花亦豈向日而轉哉？予嘗鋤地半畝，種金錢紫花之葵，翦其葉以油烹食之，滑而肥味，甚美。南中地暖，春夏秋冬皆可采食，大略須地肥，而葉嫩大如錢，乃甘滑。《儀禮·士虞禮》稱之曰滑者以此。又，余嘗登泰山，其懸崖窮谷、曲磴幽石之間，無處無金錢紫花之葵，皆山中自生，非人所種。山中人采其葉烹食之，但瘦耳。然則世人雖久不食之，而名山古地尚有留存者矣。《說文》云藿豆之少也，余嘗種豆，采其葉苗食之，味亦美。葵葉之味與藿正相似，益可知古人葵、藿並舉之義。秋葵葉嫩時亦可食，但此與葵性相近，終非正葵。葵之花開於夏，此則至秋始開，其葉不能四時常可種食耳。按儀徵相國以金錢葵為即葵菜，是真知葵者。唯葵菜花與金錢葵同而尤小，泰山崖谷之葵非菟葵耶？金錢葵亦有白花者。葵菜花則唯淡紫一色，向日葵乃一丈菊俗名，非葵類。

清·趙其光《本草求原》卷三隰草部 冬葵子葵四時皆有，惟秋葵夏種，經冬至春作子者，名冬葵子。春葵不堪用。 甘寒益精，淡滑潤燥利竅，通營衛經絡，能使塞者開。其葉，傾向太陽而護足，又能使通者藏。《本經》主臟腑寒熱，羸瘦，皆腎精不藏，氣脈不滋之病。癃閉。竅不利。久服堅骨，長肌肉，益精之功。通乳。氣脈塞。乳癰、癰腫，經絡滯。下丹石毒，通大便，消水，止渴，滑胎，治痢，行津液。皆屬久藏而發之病。但發舊病，凡有風疾宿病、犬傷等，食之則有卒中之虞。

根、葉同功，取子炒，同砂仁末酒服，治癰腫、乳癰、乳閉。煎水，入豬膏、雞子頓服，治關格脹滿，二便不通欲死。炒為末，酒下，治倒生及下死胎；或牛膝同煎。癰腫無頭，取二百粒，水吞下即開。同滑石末，順流水下，催生。取根濃煎，治下消尿多。取紅色、單葉陰乾，最排膿血，治帶下。同白芷、枯礬、白芍末，黃蠟為丸，米飲下，治一切內癰，敗血腥穢，臍腹冷痛，待膿血盡，以十宣散補之。

按：凡葵子皆輕虛，今之冬葵子如橘核者，偽也。服之反澀，損脾胃，功不如蜀葵子。

蜀葵子：大如指頭，皮薄而扁，內仁如馬兜鈴仁，最易生，故最利胎產。

功同冬葵，以之炒入宣毒藥中，最驗。

蜀葵花：鹹，寒，治目中溜火。赤者治血燥赤帶，白者治氣燥白帶，黃者治沙淋、花子並炒為末，米飲下。血淋，同煨大黃、人參、蛤粉等分。亦利二便關格。皆潤滑通竅之功也。

清・葉志詵《神農本草經贊》卷一 冬葵子 味甘，寒。主五藏六府寒熱，羸瘦五癃，利小便。久服堅骨，長肌肉，輕身延年。解露抽心，傾陽衛足。莩秀浮香，英輕染綠。柏子修容，椒聊辟毒。朝種暮生，火燋地熟。李時珍曰：古人采葵，必待露解，故曰露葵。孟銑曰：其心有毒忌食。孔平仲詩：燒地草抽心。曹植表：若葵藿之傾葉太陽。《左傳》：葵猶能衛其足。鮑照賦：柔莩爰秀。杜甫詩：香宜配碧葵。李時珍曰：子輕虛如榆莢仁。梁元帝詩：露沾疑染綠。陶隱居方：冬葵子、柏子仁等分，治面上皰瘡。武王帶銘：火滅脩容。《千金方》：冬葵子煮汁，辟蜀椒毒。《博物志》：葵子火炒令爆，咤撒熟地，朝種暮生。

清・葉志詵《神農本草經贊》卷一 姑活 味甘，溫。主大風邪氣，濕痹寒痛。久服輕身，益壽耐老。一名冬葵子。

姑云徐徐，當生者活。濕燥寒溫，風驅邪遏。菜匪冬葵，烟袪野葛。雖以精名，義難曲括。

《孟子》：謂之姑徐徐云耳。《說苑》：扁鵲醫趙太子，言當生者活耳。陶弘景曰：冬葵，非菜之冬葵。李時珍曰：野葛折之，青烟出者名固活。蘇恭曰：一名雞精。《羅湖野錄》：形於尺素，尤為曲括。

清・文晟《新編六書》卷六《藥性摘錄》 冬葵子 甘，寒。淡滑潤燥利竅，通營活衛，消腫利水。用此炒香，為末，芎歸湯下三錢，易生產。同砂仁等分，為末，熱酒服三錢，治婦人乳房脹，即消。〇春葵子亦滑，不入藥。蜀葵，赤者治血燥，白者治氣燥，亦治血淋。

葵菜 即冬莧。甘，寒。導積壅，除客熱，下痢散血，利水。治帶淋。勿同黍米、鯉魚食。時病後食之，令目暗。

清・張仁錫《藥性蒙求・草部》 冬葵子錢半、三錢 冬葵子寒，潤腸利竅。水腫能消，葉根俱妙。甘，寒，淡。滑利二便，下乳滑胎。〇秋葵復種，經冬至春，作子者名冬葵子。春葵子亦滑，不堪入藥。

清・劉善述、劉士季《草木便方》卷二穀糧豆菜部 冬葵 冬莧菜甘寒淡滑，利便通淋水腫嘉。子能催生下胞衣，通關下乳滑不誇。

清・田綿淮《本草省常・菜性類》 葵菜〔諸葵菜〕 一名滑菜。性冷。利竅滑腸，動風氣，發痼疾。瀕湖曰：食葵須用蒜，無蒜勿食葵。以其不可常食，故《綱目》移入草部。久食鈍人志。病後食之，令人失明。熱食令人煩悶，生食動五種留飲、吐水。同豬肉食，令人洩瀉、失顏色；同鯉魚、黍米食，殺人。凡服藥人皆忌之，脾虛人尤忌。 蜀葵、黃葵等類頗多，俱不宜人。

清・戴葆元《本草綱目易知錄》卷一 葵 苗，甘，寒，滑。脾之菜也。潤躁利竅，功與子同。利胃氣，滑大腸，除客熱，宣導積滯。妊婦食之滑胎易產，煮汁服，利小腸。治時行黃病，惡瘡膿血，婦人帶下，小兒丹毒，熱毒下痢。服丹石人宜食。燒灰，止金瘡血。【略】

根：甘，寒。利竅滑胎，通淋利小便，止消渴。解蜀椒毒，散惡毒氣，疔瘡惡瘡。小兒悞吞錢不出，煮汁飲之。【略】

冬葵子：甘，寒，淡，滑。利竅通乳，消腫滑胎，通大便，利小便，滋氣脈，通營衛，行津液，消水氣。治乳癰，氣脈壅塞，乳汁不行，及經絡凝滯，奶房脹痛，留蓄作癰，炒香，和砂仁等分，末，酒服二錢，即效。出癰疽頭，下丹石毒。

清・黃光霽《本草衍句》 冬葵子 甘寒淡滑，潤燥利竅。行津液，利二便。通營衛，滋氣脈。消腫滑胎，婦人乳閉腫痛。通淋利水，產後小便淋瀝。性主滑利，能通精下胎。得砂仁治乳汁蓄癰，得牛膝下胞衣。 妊娠水腫身重，小便不利，洒淅惡寒，起即頭眩，用葵子、茯苓各一二兩，糝飲，小便利愈。 乳婦氣脈壅滯，乳汁不行，及經絡凝滯，奶房脹痛，留蓄作癰毒，葵子炒香，砂仁為末，熱酒服二錢。

清・陳其瑞《本草撮要》卷一 冬葵子 味甘，氣寒，入足太陽經，功專滑利，能通精下胎。得砂仁治乳汁蓄癰，得牛膝下胞衣，得榆皮治水腫，得滑石、木通、葱白治子淋。黃蜀葵子半合研爛，以酒濾去渣，溫服催生。赤花治赤帶，白花治白帶。葵子為末，塗湯火傷。

清・吴汝紀《每日食物却病考》卷上 葵 古人用以作菜，今人多不食之，鮮有種者。《本草》云：落葵葉似杏而肥厚，三月種之，八九月開紫花累累，結實如五味子。氣味寒滑，無毒。不可多食。取子揉汁，紅如臙脂，女人飾面及染布。又云：即今之蜀葵，未知孰是。

清・仲昴庭《本草崇原集説》卷一　冬葵子　【略】仲氏曰：葵性寒滑，似非孕婦所宜。何以《金匱》治妊娠水氣，用葵子茯苓散。修園曰：有病則病當之也。《千金》以參、术等味，駕馭其間，愈覺平妥。

䖟母草

宋・唐慎微《證類本草》卷一〇草部下品〔唐・陳藏器《本草拾遺》〕　䖟母草　葉卷如實，中有血蟲，羽化爲䖟，便能咬人。生塞北。草葉如葵，以葉合和桂，杵爲末傳人、馬，山行無復䖟來。

秋葵

清・张璐《本經逢原》卷二　秋葵子　甘，寒，滑，無毒。發明：葵色種種，惟花於秋者，獨稟金氣而色黃。其子性專潤下，治小便淋，及催生用之，與向日葵不殊。其花消癰腫，浸油塗湯火傷，其痛即止。

清・王孟英《隨息居飲食譜・蔬食類》　羊角菜　苦，辛，甘，溫。下氣。病人忌食，能動風也。煎湯可洗痔瘡。擣罨風濕痹痛。

蜀葵

唐・孫思邈《千金要方》卷二六《食治・菜蔬》　吴葵　一名蜀葵。味甘，微寒，滑，無毒。花：定心氣。葉：除客熱，利腸胃。不可久食，鈍人志性。若食之，被狗齧者，瘡永不差。

唐・歐陽詢《藝文類聚》卷八一　蜀葵　《爾雅》曰：菺，戎葵。今蜀葵也，如木槿花。

序　晉傅玄《蜀葵賦序》曰：其苗似瓜瓠，既大而結。鮮紫色，曜目。

賦　虞繁《蜀葵賦》曰：惟兹珍草，懷芬吐榮。挺河渭之膏壤，吸昴井之玄精。繞銅爵而疏植，映昆明而羅生。作妙觀於神州，扇令名於東京。馳驛命而遠致，攢華林而麗庭。申脩翹之冉冉，播圓葉之青青。

宋・李昉《太平御覽》卷第九九四　蜀葵　《爾雅》曰：菺音堅，戎葵也。郭璞曰：今蜀葵，花似木槿。傅玄《蜀葵賦序》曰：蜀葵，其苗如瓜瓠，嘗種之，一名引苗，而生華，經二年春乃發。虞繁《蜀葵賦》曰：惟兹珍草，懷芬吐榮，挺河渭之膏壤，吸昴井之玄精，繞銅爵而蔬植，映昆明而羅生。

宋・唐慎微《證類本草》卷二七菜部上品〔宋・掌禹錫《嘉祐本草》〕　蜀葵　味甘，寒，無毒。久食鈍人性靈。根及莖並主客熱，利小便，散膿血惡汁。葉燒爲末，傅金瘡，煮食，主丹石發，熱結。擣碎，傅火瘡。又葉炙煮，與小兒食，治熱毒下痢及大人丹痢。擣汁服亦可，恐腹痛，即暖飲之。

花：冷，無毒。治小兒風癬。子，冷，無毒。治淋澀，通小腸，催生落胎，療水腫，治一切瘡疥并瘢疵，上靨。花有五色，白者療痎瘧，去邪氣。陰乾末食之。小花者名錦葵，一名茙葵，功用更强。

《爾雅》云：菺，戎葵。釋曰：菺，一名戎葵。郭曰：蜀葵也，似葵，華如槿華。戎、蜀蓋其所自也，因以名之。新補。見陳藏器、日華子。

〔宋・唐慎微《證類本草》〕《圖經》：文具冬葵條下。

《聖惠方》：治婦人白帶下，臍腹冷痛，面色痿黃，日漸虛困。以白葵花一兩，陰乾爲末，空心溫酒下二錢匕。如赤帶下，用赤花。《千金方》：治横生倒産。末葵花，酒服方寸匕。《經驗後方》：治癰毒無頭，杵蜀葵末傅之。孫真人：食之，狗咬瘡不差。又能鈍人情性。

宋・唐慎微《證類本草》卷三〇有名未用・草木〔《別録》〕　吴葵華　味鹹，無毒。主理心，心氣不足。

宋・寇宗奭《本草衍義》卷一九　蜀葵　四時取紅單葉者，根陰乾。治帶下，排膿血惡物，極驗。

宋・鄭樵《通志》卷七五《昆蟲草木略》　葵之類多。《爾雅》曰：菺，戎葵。即蜀葵，一名菺。又曰：荍，蚍衃。注云，荊葵也。一名荍，一名蚍衃。又曰：蔠葵，蘩露。注云，落葵也。一名承露，一名藤葵，一名胡烟脂。蔓生，繞籬落，葉圓而厚，子如豆，生青熟黑，挼之則色紫，女人以漬粉傅顔為假色。又有龍葵，一名苦葵，葉圓似排風而無毛。

金・張元素《潔古珍珠囊》〔見元・杜思敬《濟生拔粹》卷五〕　蜀葵花　陰中微陽。治帶下，赤治赤，白治白。

宋・劉明之《圖經本草藥性總論》卷下　蜀葵花　冷，無毒。治小兒風癬。子，冷，無毒。治淋瀝，通小腸，催生落胎。療水腫，治一切瘡疥，療痎瘧，去邪氣。又治婦人白帶，下臍腹冷痛，面色痿黃。又治癰毒。

宋・陳衍《寶慶本草折衷》卷二〇　蜀葵根莖花及子附。　所出與上品冬葵子同。〇四時取，紅華葉者，根并莖陰乾，或獨取根者。今以餘色根莖通用。〇附：花，其小者，名錦葵，一名戎葵，一名菺。採曝乾，不曝則爛。〇戎，或作茙。菺，音肩。

味甘，寒，無毒。○主客熱，利小便，散膿血、惡汁。○寇氏曰：根，治帶下，排膿血、惡物。惟論根之功用。

附：花。○冷，無毒。治小兒風瘮，及婦人白帶下，冷痛，痿黃，虛困，用白葵花。赤帶下，用赤花。並為末，空心溫酒下貳錢。其白花，兼治痎音皆瘧及邪熱，末服之，亦貳錢。午日取花，挼，亦去瘧。小花功用更強。兼括冬葵子說。

附：子。○冷，無毒。治淋澀，通小腸，催生落胎，療水腫，瘡疥，瘢疵上靨。

元・王好古《湯液本草》卷六　蜀葵花　冷，陰中之陽。《珍》云：赤者，治赤帶。白者，治白帶。赤治血燥，白治氣燥。

元・吳瑞《日用本草》卷七　蜀葵　黃蜀葵花與蜀葵別種，非蜀中黃者。小花者名錦葵，一名茙葵，功用更強。　味甘，寒，無毒。久食鈍人性靈。根及莖：　主客熱，利小便，散膿血惡汁。　葉：　燒為末，傅金瘡。又炙煮與小兒食，治熱毒下痢。　花子：　冷，無毒。治淋澁，通小腸。催生落胎，橫生倒產，並為末，酒調服。　療水腫，一切瘡疥，陰乾為末食之。　治癰疽腫毒，為末傅之。

元・徐彥純《本草發揮》卷二　蜀葵花　潔古云：　性冷，陰中之陽。赤者治赤帶，白者治白帶。　赤治血燥，白治氣燥。

明・蘭茂撰，清・管暄校補《滇南本草》卷下　白蜀葵一名小蜀芪。　性微溫，味甘、微酸。行經絡，治手足痿軟，筋骨疼痛，止婦人白帶。

明・王綸《本草集要》卷五　蜀葵　味甘，氣寒，陰中之陽。無毒。根莖並入藥，根花俱陰乾。　主客熱，利小便，治惡瘡及帶下，散膿血惡汁。煮食，主丹石發熱結。○葉，燒為末，傅金瘡。搗碎，傅火瘡。炙煮，與小兒食，治熱毒下痢，及大小丹痢。搗汁服亦可。○花，治淋澀水腫，催生落胎，并一切瘡疥，小兒風瘮子。花有五色，赤者治赤帶，白者治白帶，空心，酒調末二錢匕。赤治血燥，白治氣燥。又白者療痎瘧。

明・滕弘《神農本經會通》卷五　蜀葵　味甘，氣寒，無毒。　《本經》云：　久食鈍人性靈。根及莖，并主客熱，利小便，散膿血惡汁。葉，燒為末，傅金瘡。煮食，主丹石發熱結。擣碎，傅火瘡。又葉炙煮與小兒食，治熱毒下痢，及大人丹痢。擣汁服，亦可。恐腹痛，即暖飲之。

蜀葵花　氣冷，無毒。　《本經》云：　治小兒風瘮子，冷，無毒。治淋澀，通小腸，催生落胎。療水腫，治一切瘡疥，并瘢疵（土）〔赤〕靨。花有五色，白者療痎瘧，去邪氣，陰乾，末食之。小花者名錦葵，功用更強。《聖惠》云：　治婦人白帶下，臍腹冷痛，面色痿黃，日漸虛困，以白葵花一兩，陰乾為末，空心溫酒下二錢匕。如赤帶，用赤花。《湯》云：　冷。陰中之陽。《珍》云：　赤者治赤帶，白者治白帶，赤治血燥，白治氣燥。

黃蜀葵花：　春生苗葉，與蜀葵頗相似。葉尖狹，多刻缺，夏末開花淺黃色，六七月採之，陰乾用。《衍義》云：　與蜀葵別種，非為蜀葵中黃者也。葉心下有紫檀色。　《本經》云：　治小便淋，及催生。又主諸惡瘡，膿水久不差者，作末，傅之即愈。《珍》云：　黃，治火瘡，黃者花開時，先以磁器盛香油，清晨以筯挾花浸油中，火瘡以油塗之。《衍義》云：　瘡家要藥。子，催生，臨產時取四十九粒，或二三錢，炒研為末，溫水調服。

明・劉文泰《本草品彙精要》卷三八　紅蜀葵無毒。　植生。

蜀葵：　久食鈍人性靈。○根及莖，並主客熱，利小便，散膿血，惡汁。○葉，燒爲末，傅金瘡。煮食，主丹石發熱結。擣碎，傅火瘡。葉，炙煮，與小兒食，治熱毒下痢及大人丹痢。擣汁服亦可，恐腹痛，即暖飲之。○花，冷，無毒。治小兒風瘮。○子，冷，無毒。治淋澁，通小腸，催生落胎，療水腫，治一切瘡疥，并瘢疵，赤靨。○白花，療痎瘧，去邪氣，陰乾末食之。名醫所錄。

『名』錦葵、戎葵。　『苗』《圖經》曰：　葵有數種，有蜀葵，《爾雅》所謂菺古田切，戎葵者是也。郭璞云：　似葵，華如槿華。戎、蜀，蓋其所自出，因以名之也。　謹按：　蜀葵，皆自宿根而生也。春初發苗，漸長，莖幹高及丈許，微有白毛，葉圓而尖，至五六月開花，有深紅、淺紅者，亦有單瓣、夾瓣者，俱著花於莖間，自下而上，次第開放，直至梢端，葉乃始焦，其子遂成。子熟，墮地即出，嫩苗比與宿根者，終不繁茂。又有一種錦葵，開紫白花，甚小，亦結細子，其種蒔及莖葉最相類，但低矮差小爲異，功用更強。葵雖有五色，而治療功能各隨其色而主之。抑按《左傳》曰：　鮑莊子之知不及葵，葵猶能衛其足。今葵心隨日光所轉，輒低覆其根，似知孔子曰禾生垂穗向根，不忘本也。蓋禾之向根，仁也；　葵之衛足，知也。仁所以守之，知所以揆之，故葵曰揆也。　『地』《圖經》曰：　出戎、蜀，今處處有之。　『時』生：　春苗夏花。　『採』秋取。　『收』陰乾。　『用』花、根、莖、葉、子。　『色』紅。　『味』甘。

〔性〕寒。〔氣〕氣之薄者，陽中之陰。〔臭〕腥。〔治〕療：《衍義》曰：單葉葵根，治帶下，排膿血，惡物。《別錄》云：蜀葵，治癰毒無頭，杵末傅之。〔合治〕葵花末，合酒服方寸匕，治横生倒産。○白葵花一兩，陰乾爲末，空心合溫酒服二錢匕，治婦人白帶，下臍腹冷痛，面色萎黄，日漸虚困。如赤帶，用赤者爲驗。〔禁〕患狗咬瘡者，食之不得差。又能鈍人情性。

明・許希周《藥性粗評》卷二 葵子令小溲之利。根附。

葵子，葵菜子也。本出川蜀，故一名蜀葵。《爾雅》謂之菺，以其子秋種覆養，經冬至春開花結子者，謂之冬葵子。其葉可作茹，故名葵菜。花似槿，有五色，皆可入藥。江南園圃處處有之。採冬子陰乾。黄芩為之使。餘說《本草》不載。味甘，性寒，無毒。其氣滑利下行。主治臟腑積熱，欬嗽羸瘦，五癃疳瘡，丹毒癰腫，産難乳閉，滑腸利小便，宣導積滯。

單方：倒生：凡産難倒生，妊娠口噤欲死者，葵子炒黄，擣末，以二錢溫酒調下，即順。胎死：凡子死腹中，或難産，并胎衣不下者，治法同前。諸瘻：凡患瘰癧瘡癬成瘻者，先以米泔水洗淨，以綿拭乾，却取葵葉微火炙暖，貼之，其葉最能引濃，時時易之，以膿盡為度，膿盡則肉生矣。須忌魚、蒜、房室等物。五淋：凡患淋閉，小便黄澁，及上鬲下格等病者，葵子二升，水四升，煮取一升，待溫頓服之，妙。天行斑瘡：凡患天行熱毒，遍身斑腫成瘡者，但煮葵菜，同蒜、虀啖之則止。無名腫毒：凡患腫毒無頭可破者，吞葵子一百粒，當日或次日其頭便開。

明・許希周《藥性粗評》卷二 葵花入蜀，帶赤白以隨施。

蜀葵花，此與冬葵子同類，但冬種者則稍異耳。莖高四五尺，葉大如苧，五六月開花似槿而大。有赤白二種，本出川蜀，故名蜀葵。今江南園圃處處有之，花盛時採，陰乾收貯。餘說《本草》不載。味甘，性寒，無毒。主治客熱風瘮，淋瀝水腫，丹毒金瘡，疳痢，婦人赤白帶下，催生下胎，排膿散血，通小腸，利小便。潔古云：赤者治赤帶下，白者治白帶下，赤治血燥，白治氣燥。

單方：婦人帶下：凡婦人赤白帶下，臍腹冷痛，面色痿黄，如白帶，則用白葵花，乾者為末，空心溫酒下二錢匕；如赤帶，則用赤花，日二三次，愈。小兒風瘮：取葵莖葉，煎湯與洗之。

明・鄭寧《藥性要略大全》卷七 蜀葵 味甘，氣寒，無毒。久食鈍人靈性。○花：冷，無毒。治小兒風瘮。莖與根：治客熱，利小便，散膿血惡汁。葉燒為末傅之。○子：冷，無毒。為末傅無頭腫毒。

明・陳嘉謨《本草蒙筌》卷三 蜀葵花 味甘，氣寒。陰中之陽。無毒。即家園紅白葵花，惟川蜀産者最勝。色因有二，治亦不同。紅葵花治赤帶赤痢如神，血燥兼治；白葵花敺白帶白痢速効，氣燥亦敺。子能催生墮胎，更療淋澁水腫。一切瘡疥癰毒，研末俱可敷之。葉擣爛，貼金瘡火瘡；又煮食，除熱痢丹痢。莖理惡瘡散血，根主客熱通便。根莖共煮汁吞，即解丹石熱結。○黄蜀葵花各種，葉狹多缺而尖。催生産尤靈，敷金瘡更驗。子炒研調酒，亦催産捷方。

明・王文潔《太乙仙製本草藥性大全》卷五《本草精義》 蜀葵 一名菺。生蜀地。郭云：似葵，華如槿華，戎蜀蓋其所自出，因以名之。花有五色，紅黄赤白，功用不同。小花者名錦葵，一名戎葵，功用更強。黄葵子主淋瀝，亦令婦人易産。又有終葵，大莖小葉，紫黄色，吳人呼爲繁露，即下品落葵。《爾雅》所謂終葵，繁露者是也。一名豕露，俗呼爲胡燕脂，子可婦人塗面及作口脂。又有菟葵，似葵而葉小，狀若藜，有毛，汋而啖之甚滑。《爾雅》所謂莃，菟葵是也。亦名天葵，葉主淋瀝熱結者有功效，故並載之。

明・王文潔《太乙仙製本草藥性大全》卷五《仙製藥性》 蜀葵 味甘，氣寒，陰中之陽，無毒。主治 根：主客熱而利小便，治惡瘡而散膿血。理帶下如神，去惡汁有驗。葉：燒灰以傅金瘡，煮食主丹石發熱，擣爛而貼火瘡。炙煮與小兒食，治熱毒下痢。大人丹痢，擣汁服之。誠恐腹痛，即暖飲之。久食鈍人性靈。花：冷，無毒。治小兒毒風癮疹。子：冷，無毒。能催生墮胎，療淋澁水腫，一切瘡疥癰毒，更兼瘕疵土鼈。花有五色，治亦不同，紅葵花：治赤帶赤痢如神，血燥兼治。白葵花：驅白帶白痢速效，氣燥亦驅。療痎瘧，去邪氣。陰乾爲末食之。小花者名錦葵，功(力)用更強。補註：白花者治婦人白帶下，臍腹冷痛，面色黄，日漸虚困。以一兩陰乾爲末，空心溫酒下二錢。如赤帶下，用赤花。○痎瘧及邪熱，白者陰乾爲末服之。午日取花挼子，以去瘧。○瘡癰，用黄者，陰乾爲末，水調塗之。○横生倒産，爲末，酒服方寸。癰毒無頭，用蜀葵末傅之即差。

明・皇甫嵩《本草發明》卷五 黄蜀葵子性滑利。催生。大略功用與冬葵子同。○花，治小便淋及催生。又主諸惡瘡，膿久不差者，作末，傅之愈。○夏末開花，淺黄色，採之，陰乾備用。

紅蜀葵，味甘，寒，無毒。　根及莖並主客熱，利小便，散膿血惡汁。久食鈍人性靈。〇葉，燒為末，傅金瘡。煮食，主丹石發熱結。搗碎，傅火瘡。葉，炙與小兒食，治熱毒下痢及大人丹痢。搗汁服，亦可〔治〕腹痛，暖飲之。〇花，冷，無毒。治小兒風疹。〇子，冷，無毒。治淋澁，通小腸，催生落胎。療水腫，治一切瘡疥，并瘢疵〔赤〕靨。花有五色，白者療痎瘧，去邪氣，治婦人白帶，赤者治赤帶。並採陰乾用。

錦葵，花小于紅葵，功用更強。

明・李時珍《本草綱目》卷一六草部・隰草類下　蜀葵宋《嘉祐》。校正：自菜部移入此。併入有名未用《別録》吴葵華。

〔釋名〕戎葵《爾雅》　吴葵藏器曰：《爾雅》云：菺，音堅，戎葵也，郭璞註云：今蜀葵也。葉似葵，花如木槿花。戎蜀其所自來，因以名之。時珍曰：羅願《爾雅翼》吴葵作胡葵，云胡，戎也。《夏小正》云四月小滿後五日，吴葵華。《別録》吴葵，即此也。而唐人不知，退入有名未用。《嘉祐本草》重於菜部出蜀葵條。蓋未讀《爾雅註》及《千金方》吴葵一名蜀葵之文故也。今併爲一。　〔集解〕頌曰：蜀葵似葵，花如木槿花，有五色。小花者名錦葵，功用更强。時珍曰：蜀葵處處人家植之。春初種子，冬月宿根亦自生苗，嫩時亦可茹食。葉似葵菜而大，亦似絲瓜葉，有歧叉。過小滿後長莖，高五六尺。花似木槿而大，有深紅、淺紅、紫黑、白色，單葉、千葉之異。昔人謂其疎莖密葉、翠萼艷花、金粉檀心者，頗善狀之。惟紅白二色入藥。其實大如指頭，皮薄而扁，內仁如馬兜鈴仁及蕪荑仁，輕虚易種。其稭剥皮，可緝布作繩。一種小者名錦葵，即荊葵也。《爾雅》謂之荍，音喬。其花大如五銖錢，粉紅色，有紫縷文。掌禹錫《補注本草》謂此即戎葵，非矣。然功用亦相似。

苗　〔氣味〕甘，微寒，滑，無毒。思邈曰：不可久食，鈍人志性。若被狗齧者食之，永不瘥也。李鵬飛曰：合猪肉食，人無顔色。　〔主治〕除客熱，利腸胃思邈。煮食，治丹石發，熱〔結〕，大人小兒熱毒下痢藏器。作蔬食，滑竅治淋，潤燥易産時珍。搗爛塗火瘡，燒研傅金瘡大明。

根莖　〔主治〕客熱，利小便，散膿血惡汁藏器。

〔發明〕宗奭曰：蜀葵，四時〔取〕紅色、單葉者根，陰乾，治帶下，排膿血惡物，極驗也。

〔附方〕新七　小便淋痛：葵花根洗剉，水煎五七沸，服之如神。《衛生寳鑒》。　小便血淋：葵花根二錢，車前子一錢，水煮，日服之。《簡便單方》。　小便尿血：葵莖，無灰酒服方寸匕，日三。《千金》。　腸胃生癰：懷忠丹：治內癰有敗血，腥穢殊甚，臍腹冷痛，用此排膿下血。單葉紅蜀葵根、白芷各一兩，白枯礬、白芍藥各五錢，爲末，黄蠟溶化，和丸梧子大，每空心米飲下二十丸。待膿血出盡，服十宣散補之。《坦仙皆效方》。　諸瘡腫痛：不可忍者。葵花根去黑皮，搗爛，入井華水調稠貼之。《普濟方》。　小兒吻瘡：經年欲腐。葵根燒研傅之。《聖惠方》。　小兒口瘡：赤葵莖炙乾爲末，蜜和含之。《聖惠方》。

吴葵華《別録》　〔氣味〕鹹，寒，無毒。禹錫曰：蜀葵華：甘，冷，無毒。　〔主治〕理心氣不足《別録》。小兒風瘮痎瘧《嘉祐》。治帶下，目中溜火，和血潤燥，通竅，利大小腸時珍。

〔發明〕張元素曰：蜀葵花，陰中之陽也。赤者治赤帶，白者治白帶，赤者治血燥，白者治氣燥，皆取其寒滑潤利之功也。又紫葵花，入染髭髮方中用。

〔附方〕舊二，新五。　二便關格：脹悶欲死，二三日則殺人。蜀葵花一兩搗爛，麝香半錢，水一大盞，煎服。根亦可用。　痎瘧邪熱：蜀葵花白者，陰乾爲末。服之。午日取花挼手，亦能去瘧。蘇頌《圖經本草》。　婦人帶下：臍腹冷痛，面色痿黄，日漸虚困。用葵花一兩，陰乾爲末，每空心温酒服二錢匕。赤帶用赤葵，白帶用白葵。《聖惠方》。

横生倒産：葵花爲末，酒服方寸匕。《千金方》。　酒皶赤鼻：蜀葵花研末，臘猪脂和勻，夜傅旦洗。《仁存方》。　誤吞鍼錢：葵花煮汁服之。《普濟方》。　蜂蠍螫毒：五月五日午時，收蜀葵花、石榴花、艾心等分，陰乾爲末，水調塗之。《肘後方》。

子　〔氣味〕甘，冷，無毒。　〔主治〕淋澀，通小腸，催生落胎，療水腫，治一切瘡疥並瘢疵赤靨大明。

〔發明〕時珍曰：按楊士瀛《直指方》云：蜀葵子炒，入宣毒藥中最驗。又催生方：用子二錢，滑石三錢，爲末。順流水服五錢，即下。

〔附方〕舊一，新二。　大小便閉：不通者。用白花胡葵子爲末，煮濃汁服之。《千金方》。　石淋破血：五月五日，收葵子炒研，食前温酒下一錢，當下石出。《聖惠方》。

癰腫無頭：蜀葵子爲末，水調傅之。《經驗後方》。

明・佚名氏《醫方藥性・草藥便覽》　蜀葵子　其性涼。去翳膜。擂末，夜光瞑目，是芥菜仔。

明・李中立《本草原始》卷三　蜀葵　處處人家植之。春初種子，冬月宿根亦自生苗。葉似葵菜而大，亦似絲瓜葉，有歧叉，嫩時亦可茹。過小滿後長莖，高五六尺。花似木槿而大，有深紅、淺紅、紫黑、白色，單瓣、千層之異，惟紅、白二色入藥。其實大如指頭，皮薄而扁，內仁如馬兜鈴仁及蕪荑仁，輕虚易種。其稭剥皮可績布作繩。按《爾雅翼》云：葵者，揆也。葵葉傾日，不使照其根，乃智以揆之也。種出於蜀，故名蜀葵。　花：氣味：

甘，冷，無毒。　主治：　赤者治赤帶、赤痢血燥。白者治白帶、白痢、氣燥。

苗：　氣味：　甘，微寒，滑，無毒。　主治：　除客熱，利腸胃。煮食治丹石發熱，大人小兒熱毒下痢，擣爛塗火瘡，燒研傅金瘡。　根莖：　主治：　客熱，利小便，散膿血惡汁。　子：　氣味：　甘，冷，無毒。　主治：　淋澀，通小腸，催心落胎。療水腫，治一切瘡疥并瘢疵赤靨。

蜀葵，宋《嘉祐》。【圖略】

根主客熱通便，莖理惡瘡散血，葉搗爛貼金〔瘡〕。　《衛生寶鑒》：　治小便淋痛，葵花根洗剉，水煎五七沸，服之如神。　《普濟方》：　治誤吞銅錢，葵花煮汁服之。

明·張懋辰《本草便》卷二　蜀葵　味甘，氣寒，陰中之陽，無毒。　主客熱，利小便，治惡瘡及帶下。　葉燒爲末傅金瘡。○花治淋澁水腫，催生落胎，并一切瘡疥，小兒風瘮子。　赤者治赤帶，白者治白帶；　又赤治血燥，白治氣燥。子能催生，臨産取四十九粒，炒研爲末，溫水調服。

明·吴文炳《藥性全備食物本草》卷一　黄蜀葵花　近道處處有之，另是一種，非蜀葵中黄者，葉尖狹多刻缺，夏末開花淡黄色，葉心下有紫檀色。六七月採，陰乾或日乾。治小便淋，難産催生，取子四十九粒，焙為末，溫水下。

根：　煮濃汁冷服亦好。《衍義》云瘡家要藥，諸惡瘡膿水久不差者，作末敷之即愈。

明·吴文炳《藥性全備食物本草》卷一　蜀葵　味甘，氣寒。　種出巴蜀，似葵花，有五色如槿花，無毒。　陰中陽也。　久食鈍人性靈。

根莖：　主客熱，利小便，散膿血惡汁。

葉：　主熱毒下痢及丹石發熱結，煮食或搗汁服之。　又燒灰敷金瘡，搗爛敷火瘡。

子：　主水腫淋澁，催生落胎，治一切瘡疥瘢疵上靨，小兒風疹。

花：　赤者治血燥，白者治氣燥，赤治赤帶，白治白帶，空心酒下。　又白者治痎瘧，并陰乾用。

明·倪朱謨《本草彙言》卷四　蜀葵　味甘，氣寒而滑，無毒。　陰中陽也。

蘇氏曰：　蜀葵，生江南、湖北園圃中，惟蜀産者更勝。　葉似葵菜，又似絲瓜葉，有歧叉。　過小滿歧長，莖高五六尺。　花似木槿而大，有深紅、淺紅、紫、黑、白蜜合等色。　又有單瓣、千瓣之異。　昔人謂其疎莖密葉，翠蕚艷花，金粉檀心者，頗善狀之。　惟紅、白二色入藥。　其實似莩薺而扁，內仁如馬兜鈴，輕虚易種。　其皮可緝布作繩。　又一種，其花大如五銖錢，粉紅色，有紫縷文，名曰錦葵，入藥功用，與蜀葵更勝。　五月人家供于庭前，俗云辟祟。

蜀葵、錦葵　苗、葉、子功用與冬葵同等，茲不復贅。　惟采根用，恒仙子手集方治腸胃生癰極驗。　古方治内癰，臍腹冷痛，敗血腥穢不行者，用單瓣蜀葵根、白芷各一兩，枯礬五錢，共爲末。　黄蠟溶化爲丸，梧子大。　每空心米湯下二錢。　待膿盡，再服調補藥。

明·姚可成《食物本草》卷一八草部·隰草類　蜀葵處處人家植之。春初種子，冬月宿根亦自生。苗嫩時可茹食。葉似葵菜而大，亦似絲瓜葉，有岐叉。過小滿後，長莖高五六尺。花似木槿而大，有深紅、淺紅、紫黑、白色，單葉、千葉之異。昔人謂其疎莖密節，翠蕚艷花，金粉檀心者，頗盡之矣。

蜀葵苗，味甘，微寒滑，無毒。　除客熱，利腸胃。　煮食治丹石發熱，大人小兒熱毒下痢。　作蔬食，滑竅治淋，潤燥，易産。　孫真人曰：　不可久食，鈍人志性。　若被狗齧者食之，（未）〔永〕不瘥也。合猪肉食，令人無顔色。

明·張景岳《景岳全書》卷四八《本草正》　蜀葵子　味甘，性寒。　能利小水，通淋閉，消水腫，潤大腸，催生落胎，通乳汁。　亦治一切瘡疥，并瘢疵赤靨。　苗葉可作菜茹，古以葵為五菜之主，今不復用之矣。

黄葵花　性滑利，與蜀葵大同。　若治諸惡瘡膿水久不瘥者，用花為末，傅之即愈，為瘡家要藥。　浸油可塗湯火瘡。

清·穆石匏《本草洞詮》卷九　蜀葵　葉似葵，花如木槿，蜀其所自來也，故名。　味甘，氣微寒，無毒。　除客熱，利腸胃。　赤者治赤帶，白者治白帶。赤者治血燥，白者治氣燥。　皆取其寒滑順利之功也。　蜀葵子炒，入宣毒藥中，最驗。　催生方用蜀葵子二錢，滑石三錢，順流水服，即下。

清·劉雲密《本草述》卷九下　蜀葵一名戎葵，吴葵。蜀、戎、吴，皆其所自來，因以名之。吴者，胡之訛也。　蜀葵，處處人家植之。　春初種子，冬月宿根，亦自生苗葉，似葵菜而大，亦似絲瓜，葉有歧叉，過小滿後長莖，高五六尺，花似木槿而大，有深紅、淺紅、紫黑、白色，單葉、千葉之異，惟紅、白二色入藥。　其實大如指頭，皮薄而扁，內仁如馬兜鈴仁及蕪荑仁，輕虚易種。

苗：　氣味：　甘，微寒，滑，無毒。　根莖同。　按：　蜀葵苗與根莖，其主治類與冬葵同，皆不外於除客熱，利腸胃，療熱毒，下利滑竅，治林潤燥，易產，散膿血惡汁之用也。

宗奭曰：蜀葵，四時紅色，單葉者，根陰乾，治帶下，排膿血惡物，極驗也。

附方　腸胃生癰，懷忠丹治內癰，有敗血腥穢殊甚，臍腹冷痛，用此排膿下血，單葉紅蜀葵根、白芷各一兩，白枯礬、白芍藥各五錢，為末，黃蠟溶化，和丸梧子大，每空心米飲下二十丸，待膿血出盡，服十宣散補之。

花：氣味：鹹，寒，無毒《別録》。　禹錫曰：甘，冷，無毒。　主治：帶下，目中溜火，和血潤燥，通竅，利大小便時珍。

潔古曰：蜀葵花，陰中之陽也。赤者治赤帶，白者治白帶。赤者治血燥，白者治氣燥。皆取其寒滑潤利之功也。

黃蜀葵，治沙石淋，名獨聖散，花子並用，炒，一兩，為細末，每服一錢匕，食前，米飲調服。　《準繩》治小便血淋疼痛方，黃蜀葵花，同煨大黃、人參、蛤粉，各等分用。是則時珍所說，良有據也。

子：氣味：甘，冷，無毒。功同冬葵子。　時珍曰：按楊士瀛《直指方》云：蜀葵子炒，入宣毒藥中最驗。又催生方，用子二錢，滑石三錢，為末，順流水服五錢，即下。　之頤曰：入藥只宜蜀葵，今市肆一種充冬葵者，氣味濁惡，色深褐，質沉重，形如橘核，服之令人腸滑。《別録》指此為冬葵，又出蜀葵一條，似與《爾雅》不相符合，當判蜀葵子。即《本經》葵子用之頗驗，每用市肆偽充冬葵子，不唯反濇，且損脾傷胃也。按：冬葵、蜀葵，其子皆輕虛，雖經年不浥，微炒令爆炸，散著溼地，偏踏之，朝種暮生。蓋著溼地偏踏，正以其輕虛也。則其質沉重，形如橘核者，其偽可知。

愚按：葵種不一，而四時之葵，以冬葵為良。至別種則止以蜀葵入藥。然二葵其功亦彷彿也。雖然類知其滑利，有似於通劑，但即《本經》首治藏府寒熱羸瘦，則自明所謂滋氣脈，通營衛。張從正所云性滑養竅，盧復功主助精益水之說，皆非浪語也。又安能以通劑槩之乎？第其性味類利於氣血，燥而泣者，未可施於虛羸中寒之體也。臨病其審處之。

清・王翃《握靈本草》卷四　蜀葵一名戎葵。戎、蜀，其所自來。今處處有之。紅色單葉者，入藥用。　主治：蜀葵根，甘，微寒，滑，無毒。主客熱，利小便，散膿血。　主治：蜀葵花，鹹，寒，無毒。主帶下，和血潤燥，通利大小腸。　主治：蜀葵子，甘，冷。主淋澁，催生。【略】附：黃蜀葵，即秋葵也。其子及根，為催生，利小便要藥，與冬葵同功。

清・馮兆張《馮氏錦囊秘錄・雜症痘疹藥性主治合參》卷三　蜀葵　須分三種：紅葵花，治赤帶赤痢如神，血燥兼治。白葵花，敺白帶白痢速效，氣燥亦敺。子能催生墮胎，療淋澀水腫，下胞衣，通乳汁，一切瘡癬疥癰，研末敷之。黃蜀葵花各種，催生產尤靈。敷金瘡更驗，子炒研調酒，亦催產捷方。

清・张璐《本經逢原》卷二　蜀葵　甘，寒，滑，無毒。　發明：葵以蜀中最勝，種類最多，其子入藥。皆性滑利竅，能潤氣血之燥。《千金》稱其除客熱，利腸胃，是言其概也。東垣取其花之白者治白帶，赤者治赤帶，隨其色而為所用。被狗齧者食之，瘡永不瘥。

清・汪紱《醫林纂要探源》卷二　冬葵子　甘，淡，寒，滑。今多取一丈紅花之子，即蜀葵子也。凡葵子，性味皆同。葵菜子亦可用。取冬子，以得水之令也。通行上下之水。利二便，行津液，下乳催生。　花：治赤白帶，赤白痢，通淋，染鬚。白花治白帶、白痢及肺癰，赤花治赤帶、赤痢及血淋。皆以甘滑而淡滲濕去熱利關竅也。有黑花，可染鬚。

清・嚴潔等《得配本草》卷三　蜀葵花　甘，寒。赤者治赤帶，白者治白帶。赤者治血燥，白者治氣燥。

清・章穆《調疾飲食辯》卷三　蜀葵　《爾雅》曰：菺，戎葵。郭注云：蜀葵也。《爾雅翼》曰吳葵。又作胡葵。《綱目》曰：《夏小正》四月吳葵華，即此。形似葵，葉有歧丫。嫩時充菜茹，老則莖高五六尺，花似木槿，有深紅、淺紅、紫黑、白，千瓣、單瓣之異。性味功用如葵，亦能退熱解毒，滑竅易產，潤燥通淋。《千金方》云：被狗咬者不論瘋與不瘋。食之，一生不愈。久食鈍人志性。

清・張德裕《本草正義》卷下　蜀葵子　甘，寒。利小水，通淋閉，消水腫，催生落胎，下乳汁。亦療一切瘡疥。

清・楊時泰《本草述鉤元》卷九　蜀葵　一名戎葵，即吳葵。蜀、戎、吳皆其所自來。吳者，胡之訛也。葉有歧叉，過小滿後，莖高五六尺，花似木槿而大，有單葉、千葉之異，惟紅白二色入藥，實如指頭，皮薄而匾，內仁輕虛。　苗根莖氣味甘，微寒滑。主治類同冬葵。除客熱，利腸胃，療熱毒下利，滑竅治淋，潤燥易產，散膿血惡汁。蜀葵四時紅色單葉者。取根。陰乾，治帶下，排膿血惡物極驗。腸胃生癰，有敗血，腥穢殊甚，臍腹冷痛，用懷忠丹排膿下血。單葉紅蜀葵根、白芷各一兩，白枯礬、白芍藥各五錢，為末，黄蠟溶化和丸梧子大，每空心米飲下二十丸，待膿血出盡，服十宣散補之。

蜀葵花味鹹、甘，氣寒冷。陰中陽也。治帶下，目中溜火，和血潤燥，通竅利大小便。赤者理血燥，治赤帶；白者理氣燥，治白帶，皆取其寒滑潤利之功潔古。沙石淋，黄蜀葵花子並用，炒為末一兩，每服一錢匕，食前米飲調服。血淋疼痛，黄蜀葵花同煨大黄、人參、蛤粉各等分用。

蜀葵子即《本經》葵子，用之頗驗。今市肆一種偽充冬葵子者，形如橘核，質沉重，色深褐，氣濁惡，服之腸滑，且損脾胃。氣味甘冷。功同冬葵子。炒，入宣毒藥中最驗。催生方，用子二錢，滑石三錢，為末，順流水服五錢，即下。

論：葵種不一，四時之葵，以冬葵為良，餘惟蜀葵入藥。然二葵功亦相仿也。世知葵性滑利，有似於通劑，但《本經》首主臟腑寒熱羸瘦，則自明所謂滋氣脈通營衛，從正所云性滑養竅，盧子由所推助精益水，皆非浪語，又安能以通劑概之耶。第其性味，類利於氣血燥泣之人，未可施於虚羸中寒之體，用者審之。

辨治：冬葵、蜀葵，其子皆輕虛，經年不浥，微炒，散着濕地，徧踏之，朝種暮生。輕虛可見。然則質重而形如橘核者，其偽可知。

清・吴其濬《植物名實圖考》卷三 蜀葵 《爾雅》：菺，戎葵。注：今蜀葵。《嘉祐本草》始著錄。葉亦可食，滇南四時有花，根堅如木，滇花中耐久朋也。

雩婁農曰：陳標《詠蜀葵》詩云：能共牡丹爭幾許，得人輕處祇緣多。流傳以為絶妙好詞矣。余以歲暮至滇，百卉具腓，一花獨婪。雖太陽不及，亦解傾心。劉長卿《墻下葵詩》：太陽偏不及，非是未傾心。如火如荼，何多之有？韓魏公詩：不入當時眼，其如向日心。則人情輕所多者，亦未具冷眼耳。記兒時在京華，廚人摘花之白者，劑以麪，油灼食之，甚美。邇來南北無以入饌者，毋亦眾口難調？

清・劉善述、劉士季《草木便方》卷一草部 蜀葵花 棋盤花莖甘寒滑，消熱利腸火瘡擦。赤白帶痢滑胎用，便燥膿血把根扒。紅白同性分同。

清・戴葆元《本草綱目易知錄》卷一草部 黄蜀葵 花，甘，寒，滑。通淋，催生，利小便，消癰腫。治諸惡瘡膿水久不瘥，為末，傅之，為瘡家要藥。浸油，塗湯火傷。

清・戴葆元《本草綱目易知錄》卷三菜部 蜀葵 蕲菜、戎葵。 苗，甘，微寒，滑。除客熱，利腸胃。作蔬食滑竅，治淋潤躁易產。煮食，治服丹石發熱，小兒熱毒下痢。擣爛，塗火瘡。燒研，傅金瘡。【略】《纂要》云：蜀葵，俗名蕲菜。甘、鹹，寒，滑。得金水之氣，益心瀉腎，潤躁滑腸，去結行水，通乳滑胎。天行病忌食。又名馬蹄菜，葉圓而後缺，形似也。

根莖：治客熱，利小便，末服，散膿血惡汁、婦人帶下極驗。【略】葆按：茲考《醫林纂要》，自草部移入，其所載證治，頗有同異，俟博考。

山葵

附：日・丹波康賴《醫心方》卷三〇 山葵 崔禹〔錫〕云：味辛䪥，作菹食益人。作齏為快味。

菟葵

宋・唐慎微《證類本草》卷九草部中品〔唐・蘇敬《唐本草》〕 菟葵 味甘，寒，無毒。主下諸石五淋，止虎、蛇毒。

〔唐・蘇敬《唐本草》〕注云：苗如石龍芮，葉光澤，花白似梅，莖紫色，煮汁極滑，堪噉。《爾雅・釋草》：一名莃，所在平澤皆有，田間人多識之。

〔宋・馬志《開寶本草》〕按：別本注云：蛇、虎毒，諸瘡，擣汁飲之，及塗瘡能解毒止痛。六月、七月採莖、葉，暴乾。《唐本》先附。

〔宋・掌禹錫《嘉祐本草》〕按：《爾雅》云：莃，菟葵。注：頗似葵而小，葉狀如藜，有毛，汋啖之，滑疏。汋，煮也。

〔宋・唐慎微《證類本草》〕《圖經》：文具第三十卷冬葵條下。

附：日・丹波康賴《醫心方》卷三〇 兔葵 《本草》云：味甘，寒，無毒。主下諸石五淋，止虎蚝毒。崔禹〔錫〕云：味甘，大冷。食之下諸石及蛇毒。

宋・寇宗奭《本草衍義》卷一〇 菟葵 綠葉如黄蜀葵，花似拗霜甚雅，形如至小者初開單葉蜀葵。有檀心，色如牡丹姚黄蘂，則蜀葵也。唐劉夢得還京云唯菟葵、燕麥，動搖春風者是也。

宋・鄭樵《通志》卷七五《昆蟲草木略》 菟葵 曰天葵。又曰：莃，菟葵。《雷公炮炙》所用紫背天葵是矣。葉如錢而厚嫩，背微紫，生於崖石。凡丹石之類，得此而後能神。所以《雷公》一書，汲汲於天葵，恨世人不識之。臣近得之於天台僧。

明・蘭茂《滇南本草》〔叢本〕卷下　天葵　味苦、辛，散，性寒。排膿，散諸腫毒，攻癰疽，定痛，治瘰癧，消散結核。治婦人結乳汁不通，紅腫疼痛，乳癰乳岩，堅硬如石，服之或潰或散。

明・劉文泰《本草品彙精要》卷一二　菟葵無毒。　植生。

菟葵：　主下諸石，五淋，止虎蛇毒。名醫所錄。　〖名〗菥。　〖苗〗《圖經》曰：　似葵而葉小，狀若藜，有毛，汋食角切，煮也。而啖之甚滑。《爾雅》所謂菥，菟葵是也。《唐本》注云：　苗如石龍芮，葉光澤，花白似梅，莖紫色。《衍義》曰：　綠葉如黃蜀葵，花似拒霜，甚雅，形如至小者初開單葉蜀葵，有檀心，色如牡丹姚黃蕊，則蜀葵也。唐劉夢得云菟葵、燕麥領春風者，此也。〖地〗《爾雅》云：　所在平澤及田間皆有之。　〖時〗生：　春生苗。　採：六月、七月取莖、葉。　〖收〗暴乾。　〖用〗莖、葉。　〖質〗類石龍芮。〖色〗葉綠，莖紫。　〖味〗甘。　〖性〗寒，緩。　〖氣〗氣之薄者，陽中之陰。〖主〗淋瀝，熱結。　〖治〗療：　《別錄》云：　治蛇虎毒，諸瘡，擣汁飲之。及塗瘡能解毒止痛。

明・王文潔《太乙仙製本草藥性大全》卷二《本草精義》　菟葵　一名菥。生平澤及田間，今在處皆有，人皆識之。苗如石龍芮，光澤，花白似梅，莖紫色，煮汁極滑，堪啖。《爾雅》云頗似葵而小，葉狀如藜，有毛，汋啖之滑疏。汋，煮也。

明・王文潔《太乙仙製本草藥性大全》卷二《仙製藥性》　菟葵　味甘，氣寒，無毒。　主治：　下諸石五淋神劑，止虎蛇咬毒秘方。能解毒止痛，治諸疥塗瘡。　補註：　蛇虎傷毒，取葉汁服及塗之效。

明・李時珍《本草綱目》卷一六草部・隰草類下　菟葵《唐本草》

〖釋名〗天葵《圖經》菥音希。雷丸草《外丹本草》　〖集解〗恭曰：　菟葵苗如石龍芮，而葉光澤，花白似梅，其莖紫黑，煮啖極滑。所在下澤田間皆有，人多識之。六月、七月采莖葉，曝乾入藥。禹錫曰：　郭璞注《爾雅》云：　菟葵似葵而小，葉狀如藜，有毛，灼之可食而滑。宗奭曰：　菟葵，綠葉如黃蜀葵，其花似拒霜，甚雅，其形至小，如初開單葉蜀葵，有檀心，色如牡丹姚黃，其葉則蜀葵也。唐劉夢得所謂菟葵燕麥，動搖春風者是也。時珍曰：　按鄭樵《通志》云：　菟葵，天葵也。狀如葵菜。葉大如錢而厚，面青背微紫，生於崖石。凡丹石之類，得此而後能神。所以《雷公炮炙論》云如要形堅，豈忘紫背，謂其能堅鉛也。此說得於天台一僧。又按南宮從《峋嶁神書》云：　紫背天葵出蜀中，靈草也。生於水際。取自然汁煮汞則堅，亦能煮八石拒火也。又按初虞世《古今録驗》云：　五月五前齋戒，看桑下有菟葵者，至五日午時，至桑下咒曰：　繄黎乎俱當蘇婆訶。咒畢，乃以手摩桑陰一遍，口齧菟葵及五葉草嚼熟，以唾塗手，熟揩令遍。再齋七日，不得洗手。後有蛇蟲蠍蠆咬傷者，以此手摩之，即愈也。時珍竊謂古有咒由一科，此亦其類，但不知必用菟葵，取何義也。若謂其相制，則治毒蟲之草亦多矣。

苗　〖氣味〗甘，寒，無毒。　〖主治〗下諸石五淋，止虎蛇毒。諸瘡擣汁飲之。塗瘡能解毒止痛《唐本》。

明・姚可成《食物本草》卷一八草部・隰草類　菟葵〔苗〕如石〔龍芮，而葉〕光澤，花〔白似梅〕，其莖紫黑，煮啖〔極滑。所在〕下澤田間皆有之。《爾雅》注亦云：　菟〔葵似葵而〕小，葉狀如藜，有毛，汋之可食而滑。〔唐劉夢得〕所謂菟葵燕麥，動搖春風者是也。

菟葵，味甘，寒，無毒。主下諸石五淋，止虎蛇毒。諸瘡，擣汁飲之。塗瘡，能解毒止痛。〇李時珍曰：　按鄭樵《通志》云：　菟葵，天葵也，生於崖石之間。凡丹石之類，得此而後能神。所以《雷公炮炙論》云如要形堅，豈忘紫背。謂其能制鉛也。此說得於天台一僧。又按《峋嶁神書》云：　紫背天葵，出蜀中，靈草也。生於水際。取自然汁煮汞則堅，亦能煮〔入〕〔八〕石拒火也。

附方：　治蛇蠍咬傷。五月五前齋戒，看桑下有菟葵者，至五日午時，至桑下呪曰：　繄黎乎俱當蘇婆訶。呪畢，乃以手摩桑陰一遍，口齧菟葵及五葉艸，嚼熟，以唾塗手，熟揩令遍，再齋戒七日，不得洗手。後有蛇蟲蠍蠆咬傷者，以此手摩之即愈也。出初虞世《古今錄驗方》。

清・穆石匏《本草洞詮》卷九　菟葵　其形至小，如初開單葉蜀葵。唐人所謂菟葵燕麥，動搖春風是也。葉如錢而厚，面青背微紫，生崖石間。凡丹石之類，得此而後能神。雷公云：　若要形堅，豈忘紫背，謂其能堅汞也。苗味甘，氣寒，無毒。下諸石五淋，止虎、蛇毒。諸瘡搗汁飲之。塗瘡能解毒止痛。按葵有蜀葵、龍葵、錦葵、黃葵、終葵、菟葵諸種，皆有功用，性俱寒滑，主療亦相近也。初虞世云：　五月五前齋戒，看桑下有菟葵者，至五日午時至桑下，咒曰：　繄黎乎俱當蘇婆訶。咒畢，乃以手摩桑陰一遍，口齧菟葵及五葉草，嚼熟，以唾塗手，熟揩令遍，再齋七日，不得洗手，後有蛇蟲蠍蠆咬傷者，以此手摩之，即愈。按《周禮》醫學十三科內，有咒由按摩二科，太醫院失其傳矣。而褀見於民間，此亦咒由之一也。

清・趙學敏《本草綱目拾遺》正誤 瀕湖《綱目》菟葵，列於黃蜀葵上，蜀葵之下，必以其形狀與蜀葵不甚相遠。較之秋葵，葉作雞爪，花則單黃而大，迥非蜀葵之狀者可比也。然細閱其集解下，如蘇公所說，苗如石龍芮，花白如梅。郭璞所註則又以為似葵而小，葉狀如藜有毛。如寇宗奭所說，又以菟葵為錦葵。紛紛聚訟，迄無定識。瀕湖於釋名下引《圖經》云：菟葵即天葵。而於集解中又不載《圖經》所云形狀，而獨取鄭氏《通志》云：菟葵，天葵也，狀如葵菜，葉大如錢而厚，面青背紫，生於崖石。按：此即紫背天葵也，其葉分三歧，如三葉酸草而大，有根，根下有子，年深者其子大如指，俗呼千年老鼠屎，以其形黑皮粗，如鼠屎狀也。故《外丹本草》曰雷丸草，以其根下有子如雷丸也。此則全非葵類，不過有葵之名而已。不知瀕湖何所據而以為即菟葵，援引諸說，又無折衷。蓋瀕湖本未識菟葵，且亦不識天葵，故釋名引《外丹本草》雷丸之名，而釋名下亦不能註出其所以得此名之故，不皆失之疎略乎？考紫背天葵，其功用全在根，而瀕湖於主治條僅言其苗，不著其根之用，予故於《拾遺》中補之，而備其說於此。

清・吳其濬《植物名實圖考》卷三 菟葵 《爾雅》：莃，菟葵。注：頗似葵而小，葉狀如藜有毛，汋啖之滑。唐宋本草皆詳晰，唯鄭樵以為天葵生於崖石，殊謬。天葵不可食，江西、湖南山中有之。菟葵即野葵，比家葵瘦小耳。武昌謂之棋盤菜，雲南無種葵菜者，野葵浸淫，覆畦被隴，霜中作花，奚止動搖春風？山西尤多，試以南方葵種種之，亦肥美。則有菟葵之處，即可種葵。豳地早寒，七月烹葵，殆不能耐霜雪耳。

雩婁農曰：文人之好奇也，菟葵、燕麥，芟夷蘊崇之物耳。種麥者惡其害麥，燕麥害麥者也；種葵者惡其害葵，菟葵害葵者也。凶年採以救飢，亦謂其易生，不至暵乾耳。若石崖之天葵，彼蒙袂輯屨貿貿然者，尚能踰壑越澗耶？《孟子》曰：道在邇而求諸遠，事在易而求諸難。

錦葵

清・吳其濬《植物名實圖考》卷三 錦葵 《爾雅》：荍，蚍衃。注：今荊葵也。似葵，紫色。謝氏云：小草，多華少葉，葉又翹起。陸璣《詩疏》似蕪菁，華紫綠色，可食，微苦。按花亦有白色者，逐節舒葩，人或謂之旌節花。

雩婁農曰：葵有數種，皆登《爾雅》。《詩》視爾如荍，至以狀美色，此即梨花帶雨之元胎也。然人心不同，如其面焉。玉環飛燕，肥瘠豈能同態？《花草譜》謂錢葵止有粉間深紅一色，不知滇南有白色者尤雅。萬彙蕃變，不可思議，若據所見以斷物類之有無，其必為穆王之化人而後可。

獨脚一枝蓮

清・趙學敏《本草綱目拾遺》卷五草部下 獨脚一枝蓮 《百草鏡》：山間有之，二三月苗發生菅茅，俗名乾苛。叢中獨莖無葉，高尺許，莖細強，青白色，莖端有一疙瘩，至晚秋時，疙瘩生花類蓮，其根與黃麻很相似。治疔腫癰毒流注。

黃蜀葵花

宋・唐慎微《證類本草》卷二七菜部上品〔宋・掌禹錫《嘉祐本草》〕 黃蜀葵花 治小便淋及催生。又主諸惡瘡膿水，久不差者，作末傅之即愈。近道處處有之。春生苗葉，與蜀葵頗相似，葉尖狹，多刻缺，夏末開花，淺黃色，六、七月採之，陰乾用新定。

〔宋・唐慎微《證類本草》〕《圖經》：文具冬葵條下。

《經驗後方》：治臨產催產。以黃蜀葵子焙乾爲末，井華水下三錢匕。如無子，以根細切，煎汁令濃滑，待冷服。

宋・寇宗奭《本草衍義》卷一九 黃蜀葵花 與蜀葵別種，非爲蜀葵中黃者也。葉心下有紫檀色，摘之，剔爲數處，就日乾之，不爾即浥爛。瘡家爲要藥。子，臨產時，取四十九粒，研爛，用溫水調服，良久，產。

宋・陳衍《寶慶本草折衷》卷二〇 黃蜀葵花子及根附。 生近道，及處處有之。○六七月摘花，剔為數處，日乾，不爾即浥爛。 治小便淋及催生，又主諸惡瘡膿水，末傅之。葉尖狹，多刻缺。開花淺黃色。○寇氏曰：黃蜀葵花與蜀葵別種，非為蜀葵中黃者也。葉心下有紫檀色。

附：子及根。○臨產催生，以子焙乾為末，井花水下叁錢匕，或取肆拾玖粒，研爛，溫水調服。如無，但以根細切，煎汁令濃滑，冷服。

明・王綸《本草集要》卷五 黃蜀葵花與蜀葵別種，春生苗葉，尖狹多缺，夏末開淡黃花，採之晒乾。 治小便淋及催生。又瘡家要藥，主諸惡瘡膿水久不差者，作末傅之，愈。○子，催生，臨產時取四十九粒或二三錢炒研為末，溫水調服。

明・劉文泰《本草品彙精要》卷三八 黃蜀葵無毒。 植生。

黃蜀葵花：治小便淋及催生，又主諸惡瘡膿水，久不差者，作末傅之即愈。名醫所錄。【苗】《圖經》曰：春生苗，漸高丈許，莖、葉微有毛。與蜀葵頗相似，但其葉尖狹而多刻缺，夏末開花，淡黃色，其實作彙，長寸餘，有四五瓣，上銳下圓，亦微有毛。《衍義》曰：此與蜀葵別種，非爲蜀葵中黃者也。葉心下有紫檀色，摘之，劘爲數處，就日乾之，不爾即浥爛。今瘡家用之爲要藥也。【地】《圖經》曰：處處有之。【時】生：春生苗。採：六七月取。【收】陰乾。【用】花。【色】黃。【臭】香。【製】花：爲細末。子：研爛用。【治】療：《圖經》曰：花，治瘡癰，乾末，水調塗之，立愈。〇子，治淋澀，又令婦人易產。《衍義》曰：花，日乾爲末，浥爛瘡。〇子，臨產時取四十九粒，研爛，用溫水調服，即產。《別錄》云：子，催產，焙乾爲末，井華水下三錢匕。如無子，以根細切，煎汁令膿滑，待冷服之。

明・鄭寧《藥性要略大全》卷七 黃蜀葵花 治小便淋瀝，催生。治惡瘡膿水久不瘥者，作末傅之。

明・王文潔《太乙仙製本草藥性大全》卷五《本草精義》 黃蜀葵花 近道處處有之。春生苗葉，與蜀葵頗相似，葉尖狹，多刻缺，夏末開花淺黃，六七月採之陰乾用。

按：《衍義》云：黃蜀葵藥與蜀葵別種，非爲蜀葵中黃者也。葉心下有紫檀色。摘之劘爲數處，就日乾之，不爾即浥爛。瘡家為要藥。子，臨產時取四十九粒，研爛用溫水調服，良久差。

明・王文潔《太乙仙製本草藥性大全》卷五《仙製藥性》 黃蜀葵花 氣味《本經》俱不載。 主治：催生產尤靈，敷金瘡更驗。小便淋瀝用之立通，惡水治膿敷之即安。子炒研，調酒亦催產捷方。 補註：臨產催產，以子焙乾爲末，井花水下三錢，如無子，以根細切，煎汁令濃，待冷服。

明・李時珍《本草綱目》卷一六草部・隰草類下 黃蜀葵宋《嘉祐》。校正：自菜部移入此。 【釋名】時珍曰：黃蜀葵別是一種，宜入草部，而《嘉祐本草》定入菜部，爲其與蜀葵同名，而氣味主治亦同故也。今移於此。 【集解】禹錫曰：黃蜀葵花，近道處處有之。春生苗葉，頗似蜀葵，而葉尖狹多刻缺，夏末開花淺黃色，六七月采，陰乾之。宗奭曰：黃蜀葵與蜀葵別種，非是蜀葵中黃者也。葉心下有紫檀色，摘下劘散，日乾之，不爾即浥爛也。時珍曰：黃葵二月下種，或宿子在土自生，至夏始長，葉大如蓖麻葉，深綠色，開歧丫，有五尖如人爪形，旁有小尖。六月開花，大如椀，鵝黃色，紫心六瓣而側，旦開午收暮落，人亦呼爲側金盞花。隨即結角，大如拇指，長二寸許，本大末尖，六稜有毛，老則黑色。其稜自綻，內有六房，如脂麻房。其子纍纍在房內，狀如茼麻子，色黑。其莖長者六七尺，剥皮可作繩索。

花 【氣味】甘，寒，滑，無毒。 【主治】小便淋及催生。治諸惡瘡膿水久不瘥者，作末傅之即愈，爲瘡家要藥《嘉祐》。消癰腫。浸油，塗湯火傷時珍。

【附方】新八 沙石淋痛：黃蜀葵花一兩，炒爲末。每米飲服一錢，名獨聖散。《普濟方》。 難產催生：如聖散：治胎臟乾澀難產，劇者併進三服，良久腹中氣寬，胎滑即下也。用黃葵花焙研末，熟湯調服二錢。無花，用子半合研末，酒淘去滓，服之。《產寶鑒》。 胎死不下：即上方，用紅花酒下。 癰疽腫毒：黃蜀葵花，用鹽摻，收甆器中，密封，經年不壞，每用傅之，自平自潰。無花，用根葉亦可。《直指方》。 小兒口瘡：黃葵花，燒末傅之。《肘後方》。 小兒木舌：黃蜀葵花爲末一錢，黃丹五分，傅之。《直指方》。 湯火灼傷：用瓶盛麻油，以箸就樹夾取黃葵花，收入瓶內，勿犯人手，密封收之。遇有傷者，以油塗之甚妙。《經驗方》。 小兒禿瘡：黃蜀葵花、大黃、黃芩等分，爲末。米泔淨洗，香油調搽。《普濟方》。

子及根 【氣味】甘，寒，滑，無毒。 【主治】癰腫，利小便，五淋水腫，產難，通乳汁時珍。

【發明】頌曰：冬葵、黃葵、蜀葵，形狀雖各不同，而性俱寒滑，故所主療不甚相遠。時珍曰：黃葵子古方少用，今爲催生及利小便要藥。或〔單〕用，或入湯散皆宜，蓋其性滑，與冬葵子同功故也。花、子與根性功相同，可以互用。無花用子，無子用根。

【附方】舊二，新二。 臨產催生：宗奭曰：臨產時以四十九粒研爛，溫水服之，良久即產。〇《經驗方》。用子焙研三錢，井華水服。無子用根，煎汁服。 便癰初起：淮人用黃蜀葵子(七)〔十〕七粒，皂角半挺，爲末，以石灰同醋調塗之。《永類鈐方》。 癰腫不破：黃葵子研，酒服，一粒則一頭，神效。《衛生易簡方》。 打撲傷損：黃葵子研，酒服二錢。《海上方》。

明・顧逢柏《分部本草妙用》卷八雜藥部 黃蜀葵 甘寒，滑，無毒。主治：小便淋，催生。敷久惡瘡妙藥。消癰腫。油調，塗湯火傷。通乳汁。子、花同功。 蜀葵性滑，故能催生易產，與冬葵子同功，為產家、瘡家要藥。

清・李熙和《醫經允中》卷二一 黃蜀葵子 一名冬葵子。 甘，寒，滑，無毒。主治小便淋，催生要藥。利竅排膿，散毒，小兒悞吞銅錢，煮汁飲之神效。油調塗湯火傷，通乳汁。凡卒關格，大小便不通，支滿欲死，用冬葵子二升煮服即通。葵，人產難，取一二合，打碎，水煮服之効。橫生倒產，手足冷，口噤，葵子炒令黃，搗末，二三錢酒調服即順。又小兒死腹中，葵子末酒調，若口噤不開，撬口灌之，藥下即活矣。天行病後，食之令人失明。子花同功。九月種，經冬至春，開花結子者名冬葵子，春葵、秋葵不堪入藥。

清・汪紱《醫林纂要探源》卷二　黃葵花　甘，鹹，寒。此非葵而有其名，以性味同耳。葉五歧如爪，花黃如杯。一名側金盞，一名秋葵。結實作毬，內分房含子色黑，略似牽牛子而圓小。傅湯火瘡。餘功同葵。麻油浸花，塗火瘡良。

清・張德裕《本草正義》卷下　黃葵花　與蜀葵大同。可敷惡瘡。膿水久不瘥者，用花為末敷之甚效，為瘡家要藥。

清・吳其濬《植物名實圖考》卷一四　黃蜀葵　《嘉祐本草》始著録。與蜀葵絕不類，俗通呼為棉花葵，以其色似木棉花也。花浸油，塗湯火傷效。亦為瘡家要藥。

清・劉善述、劉士季《草木便方》卷一草部　黃葵花　燈盞花寒外科宗，催生利便五淋通。惡瘡膿漓塗即瘥，癰腫湯火油擦鬆。

羅裙博

明・佚名氏《醫方藥性・草藥便覽》　黃葵子　其性溫。消腫散血。名闌仔花。

清・何諫《生草藥性備要》卷下　羅裙博　味辛，性溫。消腫祛風，止咳去痰。一名趕風莎。

磨盤草

清・何諫《生草藥性備要》卷上　磨盆菜　用健肚、紐肚甚效，取葉擂米粉加片糖煮熟食之。又治耳聾，煲肉食二次即聞聽。其葉圓，花黃；其子如半截磨樣。又名金花草。

清・何諫《生草藥性備要》卷上　磨擋草　味甜甘，性平，無毒。散風血熱。耳鳴，耳聾，煲雞肉食亦可。

清・趙其光《本草求原》卷三隰草部　磨擋草　甘，辛，平，無毒。散風，治血熱耳鳴，耳聾。同雞或肉食。

磨盤葉　其花如半截磨。甘澀，微溫。健脾止瀉，同米擂，煮黃糖食。治耳聾。煎肉多食。

草棉

清・丁其譽《壽世秘典》卷四　棉花子油　氣味：辛，熱，微毒。治惡瘡疥癬。燃燈損目。

清・李熙和《醫經允中》卷二一　木棉子　棉仁微炒，能止虛汗。辛，溫，無毒。木棉葉青，花黃，莖赤，棉白，子黑，允為溫走命門之品。取子為末服，治痔漏脫肛、下血。油能昏目，殺蟲。

清・嚴潔等《得配本草》卷七　棉花子油　辛，熱，微毒。主惡瘡疥癬。燃燈損目。

清・田綿淮《本草省常・穀類》　綿子仁　性溫，補肺和中，止婦人帶下。

野西瓜苗

明・朱橚《救荒本草》卷上之後　野西瓜苗　俗名禿漢頭。生田野中。苗高一尺許，葉似家西瓜葉而小，頗硬。葉間生蒂，開五瓣銀褐花，紫心黃蘂，花罷作蒴，蒴內結實如楝子大。苗葉味微苦。救飢：採嫩苗葉煠熟，水浸去邪味，淘過，油鹽調食。治病：今人傳説採苗搗傅瘡腫拔毒。

龍葵

宋・唐慎微《證類本草》卷二七菜部上品〔唐・蘇敬《唐本草》〕　龍葵　味苦，寒，無毒。食之解勞少睡，去虛熱腫。其子，療丁腫，所在有之。

〔唐・蘇敬《唐本草》〕注云：即關、河間謂之苦菜者，葉圓花白，子若牛李子，生青熟黑，但堪煮食，不任生噉。《唐本》先附。

〔宋・掌禹錫《嘉祐本草》〕按：《藥性論》云：龍葵，臣。能明目，輕身。子甚良。其赤珠者名龍珠，服之變白令黑，耐老。若能生食得苦者，不食佗菜，十日後則有靈異，不與葱、薤同噉。孟詵云：其味苦，皆挼去汁食之。

〔宋・蘇頌《本草圖經》〕曰：龍葵，舊云所在有之，今近處亦稀，惟北方有之，北人謂之苦葵。葉圓似排風而無毛，花白，實若牛李子，生青熟黑，亦似排風子，但堪煮食，不任生噉。其實赤者名赤珠，服之變白令黑，不與葱、薤同食，根亦入藥用。今醫以治發背癰疽成瘡者。其方：龍葵根一兩，剉，麝香一分，研。先擣龍葵根，羅爲末，入麝香，研令勻，塗於瘡上，甚善。

〔宋・唐慎微《證類本草》〕《食療》：主丁腫。患火丹瘡，和土杵，傅之尤良。《經驗方》：治癰無頭，擣龍葵傅之。《食醫心鏡》：主解勞少睡，去熱腫。龍葵菜煮作羹粥，食之並得。

附：日・丹波康賴《醫心方》卷三〇 龍葵 《本草》云：味苦，寒，無毒。食之解勞少睡，去虛熱腫。其子療丁瘡。崔禹〔錫〕云：食之益氣力。孟詵云：其子療甚妙。（其赤）其赤珠者，名龍珠，久服變髮長黑，令人不老。《養生要集》云：補五藏，輕身明目。

宋・唐慎微《證類本草》卷三〇外草類〔宋・蘇頌《本草圖經》〕 老鴉眼睛草 生江湖間。味甘，性溫，無毒。治風，補益男子元氣，婦人敗血。七月採子，其葉入醋細研，治小兒火焰丹，消赤腫。其根與木通、胡荽煎湯服，通利小便。葉如茄子葉，故名天茄子。或云即漆姑草也。漆姑即蜀羊泉，已見《本經》，人亦不能決識之。

宋・王繼先《紹興本草》卷八 龍葵 紹興校定：龍葵，世呼苦葵菜是也。唯葉外傅瘡腫，但未聞服餌起疾之驗。亦非常食菜品。《本經》云味苦寒無毒是矣。根、實雖亦分主治，今稀見用。北地多產之。

宋・王介《履巉巖本草》卷中 天茄兒 性涼，無毒。諸般瘡疾，大能醫治。不以多少，曬乾爲細末。每用少許，冷水調傅患處。

明・朱橚《救荒本草》卷上之後 天茄兒苗 生田野中。苗高二尺許，莖有線楞，葉似姑娘草葉而大，又似和尚菜葉却小。開五瓣小白花，結子似野葡萄大，紫黑色。味甜。 救飢：採嫩葉煠熟，水浸去邪味，淘淨，油鹽調食。其子熟時亦可摘食。 治病：今人傳說採葉傅貼腫毒金瘡，拔毒。

明・蘭茂原撰，范洪等抄補《滇南本草圖說》卷四 天天茄 一名救兒草。性大寒，味苦。今滇中多有。昔張真人至南海，得異傳帶來滇中，一名後紅子。主治：小兒風邪熱瘧，驚風，化痰解疾。亦痘風瘡，遍身風痒疔，可攻能散。採葉洗瘡，其效如神。

明・蘭茂撰，清・管暄校補《滇南本草》卷中 天天茄 性大寒，味苦。治小兒風熱，攻瘡毒，洗疥癩痒痛，祛皮膚風。

明・劉文泰《本草品彙精要》卷三八 龍葵無毒。附子。 叢生。 龍葵：食之解勞，少睡，去虛熱腫。〇子，療疔腫。名醫所錄。 【名】苦葵。 【苗】《圖經》曰：龍葵，北人謂之苦葵，葉圓，似排風而無毛，花白，實若牛李子，生青熟黑，亦似排風子，但堪煮食，不任生噉。其實赤者名赤珠，服之變白令黑，其根亦入藥用。 【地】《圖經》曰：出北方，今所在有之。 【時】生：春生。採：無時。 【收】日乾。 【用】莖、子、根。 【味】苦。 【性】寒。 【氣】味厚於氣，陰也。 【治】療：《別錄》云：龍葵，治癰腫無頭，擣傅之。補：《藥性論》云：龍葵，明目輕身。〇子，變白令黑，耐老。 【合治】根一兩，擣羅爲末，合麝香一分，研令勻，塗發背，癰疽成膿者。〇龍葵，合土杵，傅疔腫及火丹瘡。 【禁】不可與葱、薤同食。

明・劉文泰《本草品彙精要》卷四一 老鴉眼睛草無毒。 植生。 老鴉眼睛草：治風，補益男子元氣，婦人敗血。出《圖經》。 【名】天茄子。 【苗】《圖經》曰：葉如茄子葉，故名天茄子，或云即漆枯草也。漆枯，即蜀羊泉，已見《本經》，人亦不能決識之。 【地】《圖經》曰：生高郵軍，江湖間亦有之。 【時】生：春生苗。採：七月取子。 【用】根、葉及子。 【味】甘。 【性】溫。 【氣】氣之厚者，陽也。 【合治】葉入醋細研，治小兒火焰丹，消赤腫。〇根與木通、胡荽煎湯服，通利小便。

明・王文潔《太乙仙製本草藥性大全》卷五《本草精義》 龍葵 舊云所在有之，今近處亦稀，惟北方有之，北人謂之苦葵。葉圓似排風而無毛，花白，實若牛李子，生青熟黑，亦似排風子，但堪煮食，不任生噉。其實赤者名赤珠，服之變白令黑。不與葱、薤同食。根亦入藥用。

明・王文潔《太乙仙製本草藥性大全》卷五《仙製藥性》 龍葵臣 味苦，氣寒，無毒。 主治：能解勞水腫，善去虛熱腫。 子：療疔腫而效通神，變白令黑，又能耐老。 補註：疔腫，患火丹瘡，和土搗，傅之良。〇背發癰疽，用根一兩爲末，麝香一分，研勻，塗瘡上效。〇癰腫無頭，搗爛傅之。〇解勞少睡，去熱腫，用葉煮作羹粥，食之並效。

明・皇甫嵩《本草發明》卷五 龍葵味苦，寒，無毒。 食之解勞少睡，去虛熱腫。其子療丁腫。所在有之，北方多名之苦葵菜。葉圓，似排風，無毛，花白，子若牛李子，生青（熱）〔熟〕黑赤，堪煮食，不任生噉。其子赤者，名赤珠，服之變白令黑。根入藥，治背癰。

明・李時珍《本草綱目》卷一六草部・隰草類下 龍葵《唐本草》。校正併入《圖經》老鴉眼睛草。

【釋名】苦葵《圖經》 苦菜《唐本》 天茄子《圖經》 水茄《綱目》 天泡草《綱目》 老鴉酸漿草《綱目》 老鴉眼睛草《圖經》 時珍曰：龍葵，言其性滑如葵也。苦以菜味名，茄以葉形名，天泡、老鴉眼睛皆以子形名也。與酸漿相類，故加老鴉以別之。五爪龍亦名老鴉眼睛草，敗醬、苦苣並名苦菜，名同物異也。【集解】弘景曰：益州有苦菜，乃是苦蘵。恭曰：苦蘵，即龍葵也。俗亦名苦菜，非荼也。龍葵所在有之，關河間謂之苦菜，葉圓花白，子若牛李子，生青熟黑。但堪煮食，不任生噉。頌曰：龍葵近處亦稀，惟北方有之。人謂之苦葵。葉圓似排風而無毛，花白色，子亦似排風子，生青熟黑，其赤者名赤珠，亦可入藥。又曰：老鴉眼睛草，生江湖間。葉如茄子葉，故名天茄子。或云，即漆姑草也。漆姑即蜀羊泉，已見《本經》草部。人亦不能决識之。時珍曰：龍葵、龍珠，一類二種也，皆處處有之。四月生苗，嫩時可食，柔滑。漸高二三尺，莖大如箸，似燈籠草而無毛，葉似茄葉而小。五月以後，開小白花，五出黃蕊。結子正圓，大如五味子，上有小蒂，數顆同綴，其味酸。中有細子，亦如茄子之子。但生青熟黑者爲龍葵，生青熟赤者爲龍珠，功用亦相彷彿，不甚遼遠。蘇頌《圖經》菜部既註龍葵，復於外類重出老鴉眼睛草，蓋不知其即一物也。又謂老鴉眼睛是蜀羊泉，誤矣。蜀羊泉葉似菊，開紫花，子類枸杞，詳見草部本條。楊慎《丹鉛録》謂龍葵即吴葵，反指《本草》爲誤，引《素問》《千金》四月吴葵華爲證，蓋不知《千金方》言吴葵即蜀葵，已自明白矣。今並正之。

苗　【氣味】苦、微甘，滑，寒，無毒。【主治】食之解勞少睡，去虚熱腫《唐本》。治風，補益男子元氣，婦人敗血蘇頌。消熱散血，壓丹石毒，宜食之時珍。

【附方】舊一。　去熱少睡：龍葵菜同米煮作羹粥食之。《食醫心鏡》。

莖、葉、根　【氣味】同苗。【主治】擣爛和土，傅丁腫火丹瘡，良孟詵。療癰疽腫毒，跌撲傷損，消腫散血時珍。根與木通、胡荽煎湯服，通利小便蘇頌。

【附方】舊四，新八。　通利小便：方見上。　從高墜下：欲死者。取老鴉眼睛草莖葉擣汁服，以渣傅患處。唐瑶《經驗方》。　火焰丹腫：老鴉眼睛草葉，入醋細研傅之，能消赤腫。蘇頌《圖經本草》。　癰腫無頭：龍葵莖葉擣傅。《經驗方》。　發背癰疽：成瘡者。蘇頌《圖經》云：用龍葵一兩爲末，麝香一分，研匀，塗之甚善。○《袖珍方》云：一切發背癰疽惡瘡。用蝦蟆一個，同老鴉眼睛草莖葉擣爛，傅之即散。神效。　諸瘡惡腫：老鴉眼睛草擂酒服，以渣傅之。《普濟方》。　丁腫毒瘡：黑色焮腫者，乃服丹石毒也；赤色者，肉麪毒也。用龍葵根一握洗切，乳香末、黄連三兩，杏仁六十枚。和擣作餅，厚如三錢，依瘡大小傅之，覺痒即换去。痒不可忍，切勿搔動。候炊久，瘡中似石榴子戢戢然，乃去藥。時時以甘草湯温洗，洗後以蠟貼之。終身不得食羊血。如無龍葵，以蔓菁根代之。《聖濟總録》。　天泡濕瘡：龍葵苗葉搗傅之。　吐血不止：天茄子苗半兩，人參二錢半，爲末。每服二錢，新汲水下。《聖濟總録》。　辟除蚤虱：天茄葉鋪於席下，次日盡死。　多年惡瘡：天茄葉貼之，或爲末貼。《救急良方》。　產後腸出：不收。老鴉酸漿草一把，水煎，先熏後洗，收乃止。《救急方》。

子七月采之。　【主治】丁腫《唐本》。明目輕身甚良甄權。治風，益男子元氣，婦人敗血蘇頌。

明・吴文炳《藥性全備食物本草》卷一　龍葵　味苦，寒，無毒。北人謂之苦葵，葉圓花白，子若牛李子，生青熟黑，食之解勞少睡，去虚熱腫。其子療疔腫，其根為末，入麝少許，敷發背癰疽甚効。

明・姚可成《食物本草》卷一八草部・隰草類　龍葵所在有之。關河〔間〕謂之苦菜。葉圓花白，子若牛李子，生青熟黑。但堪煮食，不任生噉。○李時珍曰：龍葵、龍珠，一類二種，皆處處有之。四月生苗，嫩時可食，柔滑。漸高二三尺，莖大如筯，似燈籠草而無毛。葉似茄〔葉〕而小。五月以後，開小白花，五出，黄蕋。結子正圓，〔大〕如五味子，上有小蒂，數顆同綴。其味酸，中有細子，亦如茄子之子，但生青熟黑者為龍葵，生青熟赤者為龍珠，性味彷彿不遠。

龍葵，味苦、微甘，滑，寒，無毒。食之解勞少睡，去虚熱腫，治風，補益男子元氣虚竭，女人敗血。清熱散血，壓丹石毒。

子　治疗腫，明目輕身甚良。治風，益男子元氣，婦人敗血。

莖、葉、根　擣爛，和土傅丁腫、火丹瘡良。療癰疽腫毒，跌撲傷損，消腫散血。

根　與木通、胡荽煎湯服，通利小便。

附方：治發背癰疽。用龍葵一兩為末，麝香一分，研勻塗之。　治盤腸生，腸出不收。用老鴉眼睛艸一把，即龍葵，水煎，先熏後洗，收乃止。　治跌撲，從高墜下欲死者。取老鴉眼睛艸莖葉，即龍葵也。搗汁服，以滓傅患處。　治火丹。用老鴉眼睛艸葉，即龍葵葉，入醋細研傅之。　辟除蚤虱。用龍葵葉鋪席下，次日盡死。

清・张璐《本經逢原》卷二　龍葵即老鴉眼睛草。　苦、微甘，滑，寒，無毒。　發明：龍葵性滑如葵，言苗葉也，消熱散血。壓丹石毒，去婦人敗血。老鴉眼睛言其子也，善能續筋消疔腫，與苗葉不異。根利小便，與木通煎服效。

清・吴其濬《植物名實圖考》卷一四　龍葵　《唐本草》始著錄。李時珍以為《圖經》老鴉眼睛草。俚醫亦曰天泡果，其赤者為龍珠，處處有之。

清・吴其濬《植物名實圖考》卷九　天茄　生建昌。一名杜椒子。黑莖直勁，短枝發葉，似枸杞葉而圓。有直紋三四縷。俚醫以為養筋和血之藥。

甌菜

明・朱橚《救荒本草》卷上之後　甌菜　生輝縣山野中。就地作小科苗，生莖叉，葉似山莧菜葉而有鋸齒，又似山小菜葉，其鋸齒比之却小。味甜。　救飢：　採嫩苗葉煠熟，水浸淘淨，油鹽調食。

苦蘵

宋・陳衍《寶慶本草折衷》卷一九　新分苦蘵音式。　其子一名蘵子，一名小苦耽。○所出與苦菜同。　味苦，寒，有小毒。○擣葉傅小兒閃癖。煮汁服，去暴熱，目黃，秘塞。葉極似龍葵，刪訖。但子有殼，圓如珠。分前條藏器說。

明・皇甫嵩《本草發明》卷五　苦耽苗子味苦，寒，小毒。　主傳屍伏連，鬼氣疰忤邪氣，腹内熱結目黃，不下食，大小便澁，骨熱咳嗽，多睡勞乏，嘔逆痰壅，痃癖痞滿，小兒無辜癧子，寒熱大腹，殺蟲，落胎，去蠱毒，並煮汁服。亦生擣絞汁服。亦研，傅小兒閃癖。生故墟垣塹間，高二三尺，子作角如撮口袋，中有子如珠，（熱）〔熟〕則紅色。一名洛神珠，一名王母珠。一種小者，名苦蘵。

龍珠

宋・唐慎微《證類本草》卷六草部上品〔唐・陳藏器《本草拾遺》〕　龍珠　味苦，寒，無毒。子主丁腫。葉變白髮，令人不睡。《李邕方》云：主諸熱毒，石氣發動，調中，解煩。生道傍。子圓赤珠似龍葵，但子熟時赤耳。

明・李時珍《本草綱目》卷一六草部・隰草類下　龍珠《拾遺》

〖釋名〗赤珠頌曰：　龍葵子赤者名赤珠，象形也。　〖集解〗甄權曰：　龍葵，赤珠者名龍珠，挼去汁可食，能變白令黑。藏器曰：　龍珠生道旁，子圓似龍葵，但熟時正赤耳。時珍曰：　龍珠、龍葵，雖以子之黑赤分别，其實一物二色，强分爲二也。

苗　〖氣味〗苦，寒，無毒。　〖主治〗能變白髮，令人（下）〔不〕睡。主諸熱毒，石氣發動，調中解煩藏器。

〖發明〗權曰：　龍珠，服之變白令黑，耐老。若能生食得苦者，不食他菜，十日後即有靈異也。不與葱、薤同噉，根亦入藥用。

子　〖氣味〗同菜。　〖主治〗丁腫藏器。

明・姚可成《食物本草》卷一八草部・隰草類　龍珠生道旁。子圓似龍葵。其葉挼去汁，可食。　龍珠，味苦，寒，無毒。主變白髮為黑，令人不睡，治諸熱毒，石氣發動，調中解煩。

子　治疔腫。

酸漿

宋・李昉《太平御覽》卷第九九八　酢漿　《爾雅》曰：　葴，寒漿。今酸漿草，江東呼曰苦葴。音針。　《本草》曰：　酢漿，一名酸〔漿〕。平，寒，無毒。生川澤及人家田園中。治熱煩滿，定志益氣，利水道。産難，吞其實，立産。《吴氏本草》曰：　酸漿，一名酢漿。

宋・沈括《夢溪筆談》卷二六《藥議》　苦耽　即《本草》酸漿也。《新集本草》又重出苦耽一條。河西番界中酸漿有盈丈者。

宋・唐慎微《證類本草》卷七草部上品〔《唐本餘》〕　燈籠草　味苦，大寒，無毒。主上氣咳嗽，風熱，明目。所在有之。八月採。枝幹高三四尺，有花紅色，狀若燈籠，内有子，紅色可愛。根、莖、花、實並入藥使。

宋・唐慎微《證類本草》卷八草部中品〔《本經・別録》〕　**酸漿　味酸，平、寒，無毒。　主熱煩滿，定志，益氣，利水道。産難，吞其實，立産。一名醋漿。**　生荆楚川澤及人家田園中。五月採，陰乾。

〔梁・陶弘景《本草經集注》〕云：　處處人家多有。葉亦可食，子作房，房中有子，如梅李大，皆黄赤色。小兒食之能除熱，亦主黄病，多效。

〔宋・掌禹錫《嘉祐本草》〕按：　《蜀本》云：　根如菹芹，白色，絕苦。擣其汁，治黄病，多效。《爾雅》云：　葴，寒漿。注：　今酸漿草，江東人呼曰苦葴。

〔宋・蘇頌《本草圖經》〕曰：　酸漿，生荆楚川澤及人家田園中，今處處有之。苗似水茄而小，葉亦可食。實作房如囊，囊中有子，如梅李大，皆赤黄色。小兒食之尤有益。可除熱。根似菹芹，色白，絕苦。擣其汁，飲之，治黄病，多效。五月採，陰乾。《爾雅》所謂葴音針，寒漿。郭璞注云：　今酸漿草，江東人呼爲苦葴是也。今醫方稀用。

〔宋・唐慎微《證類本草》〕《千金方》：　治婦人赤白帶下。三葉酸草，陰乾爲末，空心酒下三錢匕。《靈苑方》：　治卒患諸淋，遺瀝不止，小便赤澁，疼痛。三葉酸漿草，人家園林亭檻中，著地開黄花，味酸者是。取嫩者淨洗，研絞自然汁一合，酒一合，攪湯暖，令空心服之，立通。

宋・唐慎微《證類本草》卷二七菜部上品〔宋・掌禹錫《嘉祐本草》〕　苦耽　苗、子，味苦，寒，小毒。主傳尸伏連，鬼氣疰忤邪氣，腹内熱結，目黄不下食，大小便澀，骨熱咳嗽，多睡勞乏，嘔逆痰壅，痃癖痞滿。小兒無辜癧子，寒熱，大腹，殺蟲，落胎，去蠱毒，並煮汁服，亦生擣絞汁服，亦研傅小兒閃癖。生故墟垣塹間，高二三尺，子作角，如撮口袋，中有子如珠，熟則赤色。人有骨蒸多服之。關中人謂之洛神珠，一名王母珠，一名皮弁草。又有一種小者，名苦蘵新補。

宋・寇宗奭《本草衍義》卷九　酸漿　今天下皆有之。苗如天茄子，開小白花。結青殼，熟則深紅，殼中子大如櫻，亦紅色。櫻中復有細子，如落蘇之子，食之有青草氣。此即苦耽也。今《圖經》又立苦耽條，顯然重複。《本經》無苦耽。

宋・王繼先《紹興本草》卷一二　苦耽苗子　紹興校定：苦耽苗子，出産、形質、性味悉具《本經》。大率野生之物，當云性寒、有毒是也。雖有主治之宜，然諸方未聞用驗之據矣。

宋・鄭樵《通志》卷七五《昆蟲草木略》　酸漿　曰寒漿，曰醋漿。江東曰苦葴，俗謂之三葉酸漿。沈括云：即苦耽也。其實如撮口袋，中有珠子，熟則紅，關中謂之洛神珠，亦曰王母珠，亦曰皮弁草，以其實又似弁也。又有一種小者，名苦蘵。

宋・劉明之《圖經本草藥性總論》卷上　燈籠草　味苦，大寒，無毒。主上氣咳嗽，風熱明目。所在有之。有花若燈籠，内有紅子。根、莖、花、實，並入藥。使。八月採。

宋・王介《履巉巖本草》卷上　酸漿草　味酸，有小毒。主惡瘡瘑瘻，擣傅之。治婦人赤白帶下，用三葉酸漿草陰乾爲末，空心酒下三錢。治血淋熱淋，擣取汁，入蜜同服。一名酢漿草。

宋・王介《履巉巖本草》卷中　金燈草　性凉，無毒。治諸般瘡腫，不以多少，曬乾爲細末，冷水調少許，敷貼患處。

元・朱震亨《本草衍義補遺》　燈籠草　寒。治熱痰嗽。佛耳治寒嗽。

元・徐彦純《本草發揮》卷二　燈籠草　丹溪云：燈籠草，寒。治熱痰嗽。佛耳草治寒嗽。

明・朱橚《救荒本草》卷上之後　姑娘菜　俗名燈籠兒，又名掛金燈。《本草》名酸漿，一名醋漿。生荆楚川澤及人家田園中，今處處有之。苗高一尺餘，苗似水莨而小，葉似天茄兒葉窄小，又似人莧菜頗大而尖，開白花，結房如囊似野西瓜，蒴形如撮口布袋。又類燈籠樣，囊中有實如櫻桃大，赤黄色。味酸，性平、寒，無毒。葉味微苦。別條又有一種三葉酸漿草，與此不同，治證亦別。　救飢：採葉煠熟，水浸淘去苦味，油鹽調食。子熟摘取食之。　治病：文具《本草》草部酸漿條下。

明・蘭茂原撰，范洪等抄補《滇南本草圖説》卷七　酸漿草　氣味酸，微溫。主治：癰疽發背大毒，腎腫莖痛等症，服之可以破血消腫，通利甚妙。

明・蘭茂《滇南本草》〔叢本〕卷下　酸漿草　味辛、鹹，性溫。利小便，治五淋，玉莖疼痛。攻瘡，治腹癰，破氣血。

明・王綸《本草集要》卷三　酸漿　味酸，氣平，寒，無毒。人家園圃中俱有，開白花，結青殼，熟則深紅，殼中有子如櫻桃大，亦紅色。五月採，陰乾。　主（煩熱）〔熱煩〕滿，定志益氣，利水道。産難，吞其實立産。小兒食之，能除熱有益。○根絕苦，擣汁飲之，治黄疸多效。

明・滕弘《神農本經會通》卷一　酸漿　處處有之。苗似水茄而小，葉亦可食。實作房如囊，中有子如李梅大，皆赤黄色，小兒食之尤宜益。　味酸，氣平，寒，無毒。

《本經》云：主熱煩滿，定志益氣，利水道。産難，吞其實立産。《局》云：酸漿主熱除煩滿，通利諸淋及治崩。婦人産難胎不下，若吞其實即時生。酸漿，催産易為生。

燈籠草　八月採，枝幹高三四尺，有花紅色，狀若燈籠，内有子，紅色可愛。

味苦，氣大寒，無毒。

《本經》云：主上氣咳嗽風熱，明目。所在有之。根莖花實並入藥使。

丹溪云：氣寒。治熱痰嗽。佛耳草治寒嗽。

明・劉文泰《本草品彙精要》卷一〇　酸漿無毒。附根子。　植生。

酸漿：主熱煩滿，定志益氣，利水道，産難，吞其實，立産。《神農本經》。

〔名〕醋漿、苦葴音針、葴寒漿。　〔苗〕《圖經》曰：苗似水茄而小，葉亦可食。實作房如囊，囊中有子如梅李大，皆赤黄色。根似菹芹，色白絕苦。《爾雅》所謂葴寒漿。郭璞注云：今酸漿草，江東人呼爲苦葴是也。《衍義》曰：苗如天茄子，開小白花，結青殼，熟則深紅，殼中子大如櫻，亦紅色，櫻中腹有細子，如落蘇子，食之有青草氣，此即苦耽也。又一種三葉酸漿草，生人家園林亭檻中，著地開黄花，味酸亦入藥用。　〔地〕《圖經》曰：生荆楚川澤及人家田園中，今處處有之。　〖時〗生：　春生苗。採：　五月五日取根。　〖收〗陰乾。　〖用〗葉、根、實。　〖色〗莖青，根白。　〖味〗酸，苦。〖性〗平，寒。　〖氣〗味厚于氣，陰也。　〖臭〗腥。　〖主〗除熱，催生，泄水。

〖製〗搗汁用。　〖治〗療：　陶隱居云：　實，小兒食之能除熱，亦主黃病。《別錄》云：　根，搗汁治黃病。　〖合治〗三葉酸漿草，陰乾爲末，空心合酒下三錢匕，治婦人赤白帶下。○三葉酸漿草，淨洗研絞自然汁，合酒各一合，令溫暖，空心服之，治卒患諸淋，遺瀝不止，小便赤澀疼痛。

明・劉文泰《本草品彙精要》卷九　燈籠草　味苦，大寒，無毒。主上氣欬嗽，風熱，明目。所在有之，八月採。枝䔿高三四尺，有花紅色，狀若燈籠，内有子，紅色可愛。根、莖、花、實並入藥使。

明・劉文泰《本草品彙精要》卷三八　苦耽小毒。　植生。

苦耽：　苗子主傳尸，伏連，鬼氣，疰忤，邪氣，腹内熱結，目黃，不下食，大小便澀，骨熱，咳嗽，多睡，勞乏，嘔逆，痰壅，痃癖，痞滿，小兒無辜癧子，寒熱，大腹，殺蟲，落胎，去蠱毒。並煮汁服，亦生擣絞汁服，亦研傅小兒閃癖。名醫所錄。　〖名〗洛神珠、王母珠、皮弁草。　〖苗〗《圖經》曰：　苗高二三尺，實作包如撮口袋，中有子如珠，生青熟赤，關中謂之洛神珠，又謂之王母珠，一名皮弁草。又有一種小者，名苦蘵也。按《衍義》云：　此與酸漿同種，今復出於此，蓋其性味不同及治療有別而然也。　〖地〗《圖經》曰：　生故墟垣塹間，今在處有之。　〖時〗生：　春生苗。採：　三月取苗，秋取實。〖收〗陰乾。　〖用〗苗、實。　〖味〗苦。　〖性〗寒，洩。　〖氣〗味厚於氣，陰也。　〖製〗煮汁或生擣用。

明・許希周《藥性粗評》卷三　照痰壅於火，膈草結燈籠。

燈籠草莖高三四尺，有花紅色，狀若燈籠，故名。内有子，紅色可愛。南北處處有之。根莖花實皆可入藥，八月全採，陰乾。　味苦，性大寒，無毒。主治熱痰作嗽，胸膈喘滿，降火下氣，散熱明目。

明・許希周《藥性粗評》卷三　酸漿一蓂之餘，産神速降。

酸漿草，《爾雅》謂之葴。高一二尺，四五月結實，作房如囊，囊中有子如櫻桃大，亦紅色。南北田園處處有之。五月採莖實，陰乾。　味酸，性平、寒，無毒。主治煩熱，諸淋，遺瀝不止，小便赤澁，黃病，婦人赤白帶下，難産，小兒諸熱，定志益氣，利水道。

單方：　産難：　以酸漿實一枚，吞下立産，不效再吞。　淋病：　凡患諸淋，遺瀝不止，小便赤澁疼痛者，酸漿草嫩葉取一握，淨洗，搗絞汁一合，酒一合，攪和，燒熱，空心服之，立通。

明・鄭寧《藥性要略大全》卷七　酸漿草　除煩熱，通淋止崩，催産難，治熱燥煩滿，定志益氣。《秘要》云：　利水道，療産。吞其實，立産。今處處有之。葉亦可食，開黃花。味酸。子作房，房中有子如梅李大，黃赤色。小兒食，尤有益。可除熱。其根似菹芹，色白，絕苦。一名三葉酸漿。味平，氣寒，無毒。處處有之。○宜即螳螂草也。其畫形亦相似。○方取嫩草杵汁，攪湯，空心溫服，治卒患熱淋，遺瀝，小便疼痛。

明・陳嘉謨《本草蒙筌》卷三　酸漿實　味酸，氣平、寒。無毒。園圃田坂，處處有生。春開白花，旋結青殼。子藏殼内，大若櫻珠。臨熟盡變深紅，五月堪取啖食。孕婦吞下，立分娩無憂；小兒食之，能除熱有益。根搗汁極苦，治黃疸易消。葉採陰乾，亦利水道。定志益氣，解燥除煩。

明・陳嘉謨《本草蒙筌》卷三　燈籠草　味苦，氣大寒。無毒。在處俱有，八月採收。花實根莖，並堪入藥。苗高三四尺許，花紅而類燈籠。故此爲名，專主熱嗽。蓋因苦而除燥熱，輕能治上焦故也。丹溪嘗云：　燈籠草治熱痰嗽，佛耳草治寒痰嗽。

明・王文潔《太乙仙製本草藥性大全》卷二《本草精義》　燈籠草　《本經》不著所出州土，今在處有之。苗生枝䔿，高三四尺許，有花紅色，狀若燈籠，故此得名。内有子，紅色可愛。根、莖、花、實並入藥，八月採收用。

明・王文潔《太乙仙製本草藥性大全》卷五《本草精義》　苦耽苗子　一名皮弁草，一名苦蘵。舊本不著所出州土，今在處有之。生故墟垣塹間，高二三尺，其苗葉似龍葵，但龍子無殼，苦耽子作角如撮口袋，中有子如珠，熟則赤色。人有骨蒸多服之。關中人謂之洛神珠，一名王母珠。又一種小者，名苦蘵。

明・王文潔《太乙仙製本草藥性大全》卷二《仙製藥性》　酸漿草　味鹹，氣平、寒，無毒。　主治：　主煩熱滿悶，利水道，産難。通淋止崩如神，定志益氣大效。實，孕婦吞下立分娩無憂，小兒食之則除熱有益。葉嫩草杵汁，攪湯，治卒患熱淋、遺瀝，能解熱渴除煩。根似菹芹，色白，絕苦，搗汁飲之，治黃疸易消殊功。

燈籠草　味苦，氣大寒，無毒。　主治：　專主上氣咳嗽，蓋因苦而除燥熱，明目，能治上焦故也。丹溪嘗云：　燈籠草治熱痰嗽，佛耳草治寒痰嗽。

明·王文潔《太乙仙製本草藥性大全》卷五《仙製藥性》

苦耽苗子　味苦，氣寒，有小毒。　主治：　主傳尸伏連鬼氣，治中惡邪氣疰忤。療腹内結熱而目黄不下食，理二便赤澁而骨熱之咳嗽。多睡勞乏堪治，嘔逆閃癖研傅屢效。癧子寒熱，煮汁服良。

明·皇甫嵩《本草發明》卷三

酸漿實中品上，臣。氣平，味酸，無毒。　發明曰：　酸漿，根、苗、實主治不同。其實主產難，吞下立産，治熱煩滿，定志益氣，利水道。採葉陰乾。用根搗汁，極苦，治黄疸效。實，亦主黄病。生園圃，苗如天茄，白花，青殼内子如櫻珠，紅熟，小兒食可除熱。

明·皇甫嵩《本草發明》卷三

燈籠草上品下，君。氣大寒，味苦，無毒。花紅似燈籠，内有子，紅色。根、莖、花、實並入藥使。　發明曰：　此草苦寒而除燥熱，能治上焦，故《本草》專主上氣咳嗽風熱，明目。丹溪云：　此治熱痰嗽，佛耳治寒痰嗽。

明·李時珍《本草綱目》卷一六草部·隰草類下

酸漿《本經》中品。校正：　菜部苦耽，草部酸漿、燈籠草，俱併爲一。

【釋名】醋漿《本經》　苦葴音針　苦耽《嘉祐》　燈籠草《唐本》　皮弁草《食療》　天泡草《綱目》　王母珠《嘉祐》　洛神珠同上　小者名苦蘵。藏器曰：《爾雅》：　葴，寒漿也。郭璞注云：　即今酸漿，江東人呼爲苦葴。小者爲苦蘵，亦呼爲小苦耽。崔豹《古今注》云：　蘵，一名蘵子，實形如皮弁，其子圓如珠。時珍曰：　酸漿，以子之味名也。苦葴、苦耽，以苗之味名也。燈籠、皮弁，以角之形名也。王母、洛神珠，以子之形名也。按楊慎《巵言》云：　本草燈籠草、苦耽、酸漿，皆一物也。修本草者非一時一人，故重複耳。燕京野果名紅姑孃，外垂絳囊，中含赤子如珠，酸甘可食，盈盈遶砌，與翠草同芳，亦自可愛。蓋姑孃乃瓜囊之訛，古者瓜姑同音，孃囊之音亦相近耳。此説得之，故今以《本經》酸漿，《唐本草》燈籠草，宋《嘉祐本草》苦耽，俱併爲一焉。

【集解】《别録》曰：　酸漿生荆楚川澤及人家田園中，五月采，陰乾。弘景曰：　酸漿處處多有，苗似水茄而小，葉亦可食。子作房，房中有子如梅李大，皆黄赤色，小兒食之。保昇曰：　酸漿即苦葴也，根如菹芹，白色絶苦。禹錫曰：　苦耽生故墟垣塹間，高二三尺，子作角，如撮口袋，中有子如珠，熟則赤色。關中人謂之洛神珠，一名王母珠，一名皮弁草。一種小者名苦蘵。《爾雅》謂之黄蒢。恭曰：　燈籠草所在有之。枝幹高三四尺，有紅花狀若燈籠，内有紅子可愛。根、莖、花、實並入藥用。宗奭曰：　酸漿即苦耽也。《嘉祐》重出苦耽條。天下有之，苗如天茄子，開小白花，結青殼，熟則深紅，殼中子大如櫻，亦紅色，櫻中復有細子，如落蘇之子，食之有青草氣也。時珍曰：　龍葵、酸漿，一類二種也。酸漿、苦蘵一種二物也。但大者爲酸漿，小者爲苦蘵，以此爲别。敗醬亦名苦蘵，與此不同。其龍葵、酸漿苗葉一樣，但龍葵莖光無毛，五月入秋開小白花，五出黄蕊，結子無殼，纍纍數顆同枝，子有蒂蓋，生青熟紫黑。其酸漿同時開小花黄白色，紫心白蕊，其花如盃狀，無瓣，但有五尖，結一鈴殼，凡五稜，一枝一顆，下懸如燈籠之狀，殼中一子，狀如龍葵子，生青熟赤。以此分别，便自明白。按《庚辛玉册》云：　燈籠草四方皆有，惟川陝者最大。葉似龍葵，嫩時可食。四五月開花結實，有四葉盛之如燈籠，河北呼爲酸漿。據此及楊慎之説，則燈籠、酸漿之爲一物，尤可證矣。唐慎微以三葉酸草附於酸漿之後，蓋不知其名同物異也。其草見草之八酢漿下。

苗、葉、莖、根　【氣味】苦，寒，無毒。禹錫曰：　有小毒。恭曰：　苦，大寒，無毒。時珍曰：　方士取汁煮丹砂，伏白礬，煮三黄，煉硝、硫。　【主治】酸漿：　治熱煩滿，定志益氣，利水道《本經》。搗汁服，治黄病，多效弘景。燈籠草：　治上氣欬嗽風熱，明目，根莖花實並宜《唐本》。苦耽苗子：　治傳尸伏連，鬼氣疰忤邪氣，腹内熱結，目黄不下食，大小便澀，骨熱欬嗽，多睡勞乏，嘔逆痰壅，痃癖痞滿，小兒無辜癧子，寒熱大腹，殺蟲落胎，去蠱毒，並煮汁飲，亦生擣汁服。研膏，傅小兒閃癖《嘉祐》。

【發明】震亨曰：　燈籠草，苦能除濕熱，輕能治上焦，故主熱欬咽痛。此草治熱痰欬嗽，佛耳草治寒痰欬嗽也。與片芩清金丸同用，更效。時珍曰：　酸漿利濕除熱。除熱故清肺治咳，利濕故能化痰治疸。一人病虚乏咳嗽有痰，愚以此加入湯中用之，有效。

【附方】新三。　熱欬咽痛：　燈籠草爲末，白湯服，名清心丸。仍以醋調傅喉外。《丹溪纂要》。　喉瘡作痛：　燈籠草，炒焦研末，酒調呷之。《醫學正傳》。　灸瘡不發：　酸漿葉貼之。

子【氣味】酸，平，無毒。《别録》曰：　寒。　【主治】熱煩，定志益氣，利水道，産難吞之立産《别録》。食之除熱，治黄病，尤益小兒蘇頌。治骨蒸勞熱，尸疰疳瘦，痰癖熱結，與苗莖同功《嘉祐》。

【附方】新二　酸漿實丸：　治三焦腸胃伏熱，婦人胎熱難産。用酸漿實五兩，莧實三兩，馬藺子炒、大鹽榆白皮炒二兩，柴胡、黄芩、栝樓根、蕳茹各一兩，爲末。煉蜜丸梧子大。每服三十丸，木香湯下。《聖濟總録》。　天泡濕瘡：　天泡草鈴兒生搗敷之。亦可爲末，油調敷。鄧才《雜興方》。

明·梅得春《藥性會元》卷上

酸漿　味酸，平，寒，無毒。　主治熱煩滿，定志益氣，利水道。産難，吞其實立産。一名醋醬，今酸醬草是，江東人呼曰苦葴。

明·吴文炳《藥性全備食物本草》卷一菜部 苦耽苗子一名皮弁草。 生故墟垣塹間，高二三尺，其苗葉似龍葵，但龍子無殼。苦耽苗子作角如撮口，袋中有子如珠，熟則赤色，人有骨蒸多服之。關中人謂之洛神珠，一名王母珠。又一種小者名苦蘵，主傳屍伏連鬼氣，中惡邪氣疰痒，腹内結熱目黄，二便赤澁，咳嗽多睡，嘔逆閃癖，瘰癧瘡。

明·倪朱謨《本草彙言》卷四 酸漿草 苗、葉、莖： 味苦，氣寒，無毒。《別錄》曰： 酸漿，生荆、楚川澤及人家田園中，或故墟垣塹間。高二三尺，苗如天茄子。三月開小白花，旋結青殼，熟則深紅，殼中子大如櫻桃核，熟時亦變深紅。核中復有細子如茄子，食之有青草氣也。四月采莖葉，五六月采子，可啖食。

酸漿草、苗、葉 治熱毒，解煩渴，《本經》利水道之藥也。釋醫臨水稿搗汁服，散黄疸。陶弘景清濕熱。其子研爛，白湯調服，《嘉祐本草》催生立時分娩。小兒食之，能除熱疳骨蒸。

明·姚可成《食物本草·救荒野譜補遺·草類》 酸漿食葉。一名燈籠艸。夏月采嫩葉，汋食。

采酸漿，當飢糧，挑菜女兒哭斷腸。阿翁新死阿姑病，夫君流落未還鄉。

明·姚可成《食物本草》卷一八草部·隰草類 酸漿處處有之。苗似水茄而小，葉亦可食。子作房，房中有子如梅李大，皆黄赤色，小兒食之。〇李時珍曰： 酸漿與龍葵，一類二種，苗葉一樣，但酸漿莖上有毛為異耳。自五月入秋，開小白花，五出，黄蕋，其花如盃狀，無瓣，但有五尖。結一鈴殼，凡五稜，一枝一顆，下懸如燈籠之狀，故又稱為燈籠草。其葉嫩時可食。

酸漿，味苦，寒，無毒。治熱煩滿，定志益氣，利水道。搗汁服，治黄病多效。上氣欬嗽〔風〕熱，明目。治傳尸伏連，鬼氣疰忤邪氣，腹内熱結，目黄，不下食，大小便澀，骨熱，多睡〔勞〕乏，嘔逆痰壅，眩癖痞滿，小兒無辜癧熱，大腹，殺蟲，落胎，去蠱毒，竝煮汁飲。

子 味酸，平，無毒。主熱煩，定志益氣。利水道。産難吞之，立産。除熱，治黄病，尤益小兒。治骨蒸勞熱，尸疰疳瘦，痰癖熱結。

清·顧元交《本草彙箋》卷三 酸醬 酸醬苗、葉、根、實皆可用。主上焦熱欬咽痛，兼有利濕之功。故擣汁服，治黄疸有效。

此即燈籠草，花如盃狀，無瓣，但有五尖殼，凡五稜，一枝一顆，下懸如燈籠，殼中一子，生青熟赤，所謂外垂絳囊中含赤珠，盈盈邊砌，與翠草同芳者也。

清·穆石匏《本草洞詮》卷九 酸漿 燕京野果，有紅姑孃，外垂絳囊，中含赤子，酸甘可食。姑孃乃瓜囊之訛音也。酸漿以子之味名也。一名燈籠草，以形名也。味苦，氣寒，無毒。主利濕除熱，治上氣咳嗽，痰壅痃癖，殺蟲，去蠱毒。佛耳草治寒痰咳嗽，此草治熱痰咳嗽也。

清·劉雲密《本草述》卷九下 酸漿一名燈籠草。 頌曰： 所在有之。苗如天茄子，開小白花，結青殼，熟則深紅，殼中子大如櫻，亦紅色，櫻中復有細子，如落蘇之子，食之有青草氣也。 時珍曰： 酸漿與龍葵，一類二種也。其苗葉一樣，但龍葵莖光無毛，五月以後，入秋開小白花，五出，黄蕊，結子無殼，纍纍數顆同枝，子有蒂，葢生青熟紫黑。其酸漿同時開小花，黄白色，紫心白蕊，其花如杯狀，無瓣，但有五尖，結一鈴，殼凡五稜，一枝一顆，下懸如燈龍之狀，殼中一子，狀如龍葵子，生青熟赤，以此分別。龍葵，即俗名天茄子。

苗、葉、莖、根： 氣味： 苦，寒，無毒。 禹錫曰： 有小毒。 恭曰： 苦，大寒，無毒。 主治： 熱煩滿《本經》。腹内熱結，痰壅咳嗽，大小便澁《嘉祐》。搗汁飲，治黄病多效弘景。

子： 氣味： 酸，平，無毒。 《別録》曰： 寒。 主治： 熱煩，利水道，療黄病，並痰癖熱結。與苗莖同功。

丹溪曰： 燈籠草苦，能除溼熱，輕能治上焦，故主熱咳咽痛。此草治熱痰咳嗽，佛耳草治寒痰咳嗽也。與片芩清金丸同用，更效。 時珍曰： 酸漿利溼除熱。除熱，故清肺，治咳利溼，故能化痰，治疸。一人病虚乏，咳嗽有痰。愚以此加入湯中，用之有效。 諸淋，遺瀝不止，小便赤澁疼痛者，酸漿草嫩葉，取一握，淨洗，搗絞汁一合，酒一合，攪和，燒熱，空心服之，立通。

清·郭章宜《本草匯》補遺 酸漿即燈籠草。 味酸、苦，寒，小毒。治黄病熱煩，療欬嗽多睡。咽痛骨蒸俱用，痰壅風熱並宜。驅三焦腸胃實熱，理婦人胎熱難産。

按： 酸漿，苦能除濕熱，輕能治上焦，故丹溪用治熱欬咽痛每効。惟其除熱，故清肺治欬，利濕故化痰治疸。然止宜于熱痰之嗽耳。若寒痰嗽，又宜用佛耳草矣。夫治寒嗽，言其標也。治熱嗽，言其本也。東垣云：大抵寒嗽，多是火鬱于內，而寒覆其外。《經驗方》有三奇散，治一切不問久新之嗽，用佛耳草、欵冬花、熟地黃，焙研，每用二錢，于爐中燒之，以筒吸烟嚥下，有痰吐之，極妙。

清・李熙和《醫經允中》卷二一　酸漿實　酸，寒，無毒。主治：孕婦分娩無憂，小兒除熱有益。

清・馮兆張《馮氏錦囊秘錄・雜症痘疹藥性主治合參》卷三　酸漿實　孕婦吞下立分娩無憂，小兒食之能除熱有益。根搗汁極苦，治黃疸易消。

清・馮兆張《馮氏錦囊秘錄・雜症痘疹藥性主治合參》卷三　燈籠草　專主熱嗽，蓋因苦而除燥熱，輕能治上焦故也。丹溪云：燈籠草治熱痰嗽，佛耳草治寒痰嗽。

清・張璐《本經逢原》卷二　酸漿一名燈籠草，俗名掛金燈。苦，寒，無毒。《本經》主熱煩滿，定志，益氣，利水道。發明：酸漿利濕除熱清肺，治欬化痰，痰熱去而志定氣和矣。又主咽喉腫痛。蓋此草治熱痰欬嗽，佛耳草治寒痰欬嗽。故其主治各有專司也。

清・嚴潔等《得配本草》卷三　燈籠草一名酸漿。伏白礬。煮三黃。煉硝、硫。苦，寒。入手太陰經氣分。利濕熱，治咽痛，消痰嗽。入滋陰清火藥，療虛人咳嗽。

題清・徐大椿《藥性切用》卷三　酸(醬)〔漿〕　即燈籠草。性味苦寒，清肺止欬。佛耳草治寒痰欬嗽，此治熱痰欬嗽，力能解利濕熱，亦治黃病。

清・趙學敏《本草綱目拾遺》卷四草部中　天燈籠草　一名山瑚柳，形似辣茄而葉大。本高尺許，開花白色，結子如荔枝，外空，內有綠子，經霜乃紅。京師呼為紅姑娘。按：此草主治雖夥，惟咽喉是其專治，用之功最捷。《綱目》主治下失載，故補之。

性寒，治咽喉腫如神。

汪連仕《采藥書》：金燈籠，園人稱為天燈籠，種盆為景，更稱為珊瑚架。

性能清火，消鬱結，治疝神效。敷一切瘡腫，專治鎖纏喉風，治金瘡腫毒，止血崩。酒煎服。又以反手取根七株，去梗葉洗淨，連鬚切碎，酒二盌，煮鴨蛋二枚，同酒吃。治瘧如神。

子：入藥，保毒不大王安《采藥方》。

清・楊時泰《本草述鉤元》卷九　酸漿　所在有之。一名燈籠草。與龍葵俗呼天茄子。一類二種。但龍葵莖光無毛，夏秋開小白花，五出，黃蕊，結子無殼而有蒂，蓋數顆同枝，生青熟紫黑。其酸漿同時開黃白小花，紫心白蕊，花如盃狀，無瓣而有五尖，結一鈴殼，凡五稜，一枝一顆，下懸如燈籠狀，殼中一子如龍葵子，生青熟赤，以此分別。

苗葉莖根味苦，氣寒。除熱利濕。主治煩滿痰壅，熱欬咽痛，腹內熱結，大小便濇。搗汁飲，治黃病。

子味酸平，氣寒。主治熱煩，利水道，療黃病，並痰癖熱結。與苗莖同功，尤以其輕能治上焦，故主熱欬咽痛。此草治熱痰欬嗽，佛耳草治寒痰咳嗽，與片芩、清金丸同用更效丹溪。酸漿利濕除熱，利濕故能化痰治疸，除熱故能清肺治欬瀕湖。諸淋遺瀝不止，溺赤濇痛者，酸漿草嫩葉一握，淨洗，搗絞汁一合，和酒一合，燒熱，空心服之，立通。

清・吳其濬《植物名實圖考》卷一一　酸漿　《本經》中品。《爾雅》：葴，寒漿。注：今之酸漿草。《夢溪筆談》以為即苦耽，今之燈籠草也，北地謂之紅姑孃。《救荒本草》謂之姑孃菜，葉子可食。此草有王母珠、皮弁草諸名，皆象其實。元內庭亦植之。《夢溪筆談》：河西番界中有盈丈者。《庚辛玉冊》云：川陝燈籠草最大，葉似龍葵，嫩時可食。滇產高不及丈，而葉肥綠有圭稜，異於北地。俗呼九古牛，亦紅姑孃之訛也。又有一種微矮小，即苦耽。其根橫長蔓延，數十莖叢茁，花如琖而五角，色白，與《蜀本草》王不留行同，但彼經秋子綠不紅，以此為別。

雩婁農曰：《元故宮記》云棱殿前有紅姑孃草，絳囊朱實，頗形詠歎，不知此田塍間物耳。偶然得地，遂與玉樹琪花，俱稱懸圃靈卉，抑何幸耶？燕趙彼姝，披其橐鄂以簪於髻，渥丹的的，儼然與火齊、木難比麗。元迺賢詩：忽見一枝常十八，摘來插在帽簷前。氈廬板屋，細馬明駝，固非翠羽明璫所宜。況乃檀槽牙撥，鵾弦霜勁，歌轉玉圓，髩嬌珠顫，得不翩翩其若仙耶？是知廁楛釵於南威，不損其明艷；飾步搖於宿瘤，益增其支離。苞茅納匭，百神可以來鶉；蘭茝漸滫，君子為之不佩。物無常貴，士無常賤，會逢其時，取捨乃判。

清・葉志詵《神農本草經贊》卷二　酸醬　味酸，平。主熱煩滿，定志益氣，利水道，產難吞其實立產。一名醋醬。生川澤。苦葴苦蘵，中貯山櫻。風搖鈴動，珠耀燈明。洛神鳴珮，王母垂纓。胚胎熱解，如達全生。

陳藏器曰：一名苦葴。小者名苦蘵。寇宗奭曰：殼中子大如櫻，紅色。李時珍曰：其花如盃，結一鈴殼，凡五棱，一枝一顆，下懸如燈籠之狀。掌禹錫曰：關中人謂之洛神珠。一名王母珠。李白詞：素女明珠珮。王起賦：解彼珠纓。《聖濟總錄》：治婦人胎熱。《詩》：先生如達。《禮》：父母全而生之。

清·劉善述、劉士季《草木便方》卷一草部 海茄子 海茄苦寒下熱毒，消積利膈瘡癧除。中風痰涎麻痹用，散血墮胎莫輕服。

清·戴葆元《本草綱目易知錄》卷一草部 酸漿燈籠草。苗葉根莖，苦，寒。利濕除熱，清肺化痰，利水道，消黃疸。治風熱煩滿，上氣欬嗽，傳尸鬼氣，腹內熱結，目黃不食，大小便澁，骨熱多睡，嘔逆痰壅，痃癖痞滿，小兒無辜癧子，寒熱腹大。殺蟲落胎，去蠱毒，研膏傅小兒閃癖。

王母珠

清·劉善述、劉士季《草木便方》卷一草部 王母珠 天泡子苗根苦寒，黃疸痃癖利水泉。骨蒸疳勞熱煩悶，久嗽氣喘明目痊。燈籠草。

千年不爛心

清·吴其濬《植物名實圖考》卷一九 千年不爛心 產建昌山中。蔓生如木根，莖堅硬；就老莖發軟枝，附枝生葉，微似山藥葉，色淡綠背青黃；秋結圓實攢簇，生碧熟紅。俚醫用之。

蜀羊泉

宋·唐慎微《證類本草》卷一一草部下品〔唐·陳藏器《本草拾遺》〕 漆姑草 杉木注陶云：葉細細，多生石間。按漆姑草，如鼠跡大，生堦墀間陰處，氣辛烈。主漆瘡，挼碎傅之，熱更易。亦主溪毒瘡。蘇云：此蜀羊泉，羊泉是大草非細者，乃同名耳。

宋·唐慎微《證類本草》卷九草部中品〔《本經·別録》〕 **蜀羊泉** **味苦，微寒，**無毒。**主頭禿惡瘡，熱氣，疥瘙痂癬蟲，療齲齒，**女子陰中內傷，皮間實積。一名羊泉，一名羊飴。生蜀郡川谷。

〔梁·陶弘景《本草經集注》〕云：方藥亦不復用，彼土人時有採識者。

〔唐·蘇敬《唐本草》〕注云：此草俗名漆姑。葉似菊，花紫色，子類枸杞子，根如遠志，無心有糝。苗主小兒驚，兼療漆瘡，生毛髮，所在平澤皆有之。

〔宋·馬志《開寶本草》〕按：別本注云：今處處有，生陰濕地，三月、四月採苗、葉，陰乾之。

明·朱橚《救荒本草》卷上之前 青杞 《本草》名蜀羊泉。一名羊泉，一名羊飴，俗名漆姑。生蜀郡山谷，及所在平澤皆有之。今祥符縣西田野中亦有。苗高二尺餘，葉似菊葉稍長，花開紫色，子類枸杞子，生青熟紅，根如遠志，無心有糝踈錦切。味苦，性微寒，無毒。救飢：採嫩葉煠熟，水浸去苦味，淘洗淨，油鹽調食。治病：文具《本草》草部蜀羊泉條下。

明·劉文泰《本草品彙精要》卷一二《草部》 蜀羊泉無毒。植生。

蜀羊泉出《神農本經》：**主頭禿，惡瘡，熱氣，疥瘙，痂癬，蟲療，齲齒。**以上朱字《神農本經》。女子陰中內傷，皮間實積。以上黑字名醫所録。【名】羊泉、羊飴、漆姑。【苗】《唐本》注云：葉似菊花，紫色，子類枸杞子，根如遠志，無心有糝。方藥不復用，彼土人時有採識者。【地】《圖經》曰：生蜀郡川谷。《唐本》注云：處處陰濕地皆有之。【時】生：無時。採：三月、四月取苗。【收】陰乾。【用】苗、葉。【色】青。【味】苦。【性】微寒，泄。【氣】味厚于氣，陰也。【主】漆瘡。【製】剉碎用。【治】療：《唐本》注云：主小兒驚，生毛髮。

明·王文潔《太乙仙製本草藥性大全》卷二《本草精義·草部》 蜀羊泉 一名羊泉，一名羊飴，俗名漆姑。生蜀郡川谷陰濕地，所在平澤皆有之。葉似菊，花紫色，子類枸杞子，根如遠志，無心有糝，三月、四月採苗葉，陰乾收貯聽用。

明·王文潔《太乙仙製本草藥性大全》卷二《仙製藥性》 蜀羊泉 味苦，氣微寒，無毒。主治：主頭禿惡瘡，退瘡疥蟲癬。療齲齒捷奇，祛熱氣絕妙。陰中內傷即除，皮間實積堪療。補註：小兒驚癇用苗煮服之。○療漆瘡，生毛髮，搗葉絞汁服之。

明·皇甫嵩《本草發明》卷三 蜀羊泉中品下，臣。氣寒，味苦，(寒)無毒。發明曰：此苦寒，涼血活血，消毒。《本草》主頭痜，惡瘡毒熱氣，疥瘙痂癬，蟲齒，女子陰中內傷，皮間實積，又兼療漆瘡，生毛髮，小兒驚。葉似菊花，紫色，三四月採苗葉，陰乾。

明·李時珍《本草綱目》卷一六草部·隰草類下　蜀羊泉《本經》中品

【釋名】羊泉《別録》　羊飴《別録》　漆姑草時珍曰：諸名莫解。能治漆瘡，故曰漆姑。

【集解】《別録》曰：蜀羊泉生蜀郡山谷。弘景曰：方不復用，人無識者。恭曰：此草俗名漆姑，葉似菊，花紫色，子類枸杞子，根如遠志，無心有糝。所在平澤有之，生陰濕地，三月、四月采苗葉陰乾。藏器曰：陶註杉材云：漆姑葉細細，多生石邊，能療漆瘡。蘇云漆姑是羊泉。按羊泉乃大草。漆姑草如鼠跡大，生堦墀間陰處，氣辛烈，挼傅漆瘡，亦主溪毒，乃同名也。頌曰：或言老鴉眼睛草即漆姑草，漆姑乃蜀羊泉，人不能决識。時珍曰：漆姑有二種：蘇恭所説是羊泉，陶、陳所説是小草。蘇頌所説老鴉眼睛草，乃龍葵也。又黄蜂作窠，啣漆姑草汁爲蔕，即此草也。

【氣味】苦，微寒，無毒。

【主治】秃瘡，惡瘡熱氣，疥瘙痂癬蟲《本經》。療齲齒，女子陰中内傷，皮間實積《別録》。主小兒驚，生毛髮，搗塗漆瘡蘇恭。蚯蚓氣呵者，搗爛入黄丹盦之時珍。出《摘玄方》。

【附方】新一　黄疸疾：漆草一把，搗汁和酒服。不過三五次，即愈。《摘玄方》。

明·繆希雍《本草經疏》卷一一　漆姑草　氣辛烈。主漆瘡，挼研傅之，熱更易。亦主溪毒瘡。

【疏】漆姑草，藏器云：氣辛烈。然觀其多生石間及堦墀陰處，必是辛苦寒之藥。辛能散，苦能泄，故主漆瘡、溪毒瘡及大人小兒丹毒。總之，其氣味辛涼，治一切血熱為病之要藥也。

明·倪朱謨《本草彙言》卷四　漆姑草　味甘、辛，氣寒，無毒。《別録》曰：漆姑草，生蜀郡山谷。方不入用，人無識者。所在平澤有之。生陰濕地，亦生石縫間。葉似菊花，子類枸杞子，根如遠志，無心有糝。三四月采苗葉，陰乾用。

漆姑草：治熱血疥癬，繆仲醇風毒瘡疹之藥也。樓渠泉稿觀其苦辛寒烈，苦能泄，辛能散，前人治一切熱毒惡瘡，秃瘡蟲疹，及大人小兒丹毒齲齒，幷諸蟲，毒水成瘡，漆毒，溪毒等瘡，咸宜療之。搗汁和酒服，即見效也。

清·吴其濬《植物名實圖考》卷一一　蜀羊泉　《本經》中品。《救荒本草》謂之青杞，葉可煠食，今從之。

清·葉志詵《神農本草經贊》卷二　蜀羊泉　味苦，微寒。主頭秃，惡創熱氣，疥搔痂癬，蟲療齲齒。生川谷。

沃饒西蜀，陰濕萌生。蚓吹流腫，蜂綴堅莖。細區鼠迹，滑誤鴉睛。功收漆鬵，塗浴兼營。

盧思道詩：西蜀稱天府，由來擅沃饒。蘇恭曰：俗名漆姑，生陰濕地。顔延之詩：惠浸萌生。《摘元方》：蚯蚓氣吹者，搗入黄丹畬之。李時珍曰：黄蜂作窠，啣漆姑草為蔕。陳藏器曰：漆姑葉細，多生石邊。蘇恭曰：搗塗漆瘡。羊泉乃大草。漆姑草如鼠迹大，生階墀間，乃同名也。蘇頌曰：或言老鴉眼睛草，李時珍謂此乃龍葵也，性滑如葵。蘇誤認耳。生漆瘡者，煎湯浴之。

鹿蹄草

宋·王介《履巉巖本草》卷下　鹿蹄草　性寒，無毒。治便毒，用少許搗碎罨患處。

明·蘭茂撰，清·管暄校補《滇南本草》卷下　鹿銜草紫背者好。出(樂)(落)雪廠者效。性溫平，味辛涼。治筋骨疼痛，痰火之症。煎，點水酒服。

明·李時珍《本草綱目》卷一六草部·隰草類下　鹿蹄草《綱目》

【釋名】小秦王草《綱目》　秦王試劍草時珍曰：鹿蹄象葉形。能合金瘡，故名試劍草。又山慈姑亦名鹿蹄，與此不同。

【集解】時珍曰：按軒轅述《寶藏論》云：鹿蹄多生江廣平陸及寺院荒處，淮北絶少，川陝亦有。苗似堇菜，而葉頗大，背紫色。春生紫花。結青實，如天茄子。可制雌黄、丹砂。

【氣味】缺。

【主治】金瘡出血，擣塗即止。又塗一切蛇蟲犬咬毒時珍。

清·汪紱《醫林纂要探源》卷二　麋銜草　甘，溫。草如車前，葉無三經紋，背色赤，微有毛。溫暖腎命，益精強陽，固衛氣，和榮血，悦顔色。一作薇含草，一名鹿銜草。謂日交數牝，憊則食此而復強。愚謂：其亦甘溫沉厚，性味略似車前、澤瀉輩，能去腎邪而安正耳。《内經》合澤瀉、蒼术，以治酒後受風而汗出，謂之漏風，則其用可知矣。或謂夷齊採薇而食，三年顔色不變，即此草，是則無稽之談也。

清·趙學敏《本草綱目拾遺》卷七果部上　延壽果　乃鹿銜草之子。又《松潘衛志》有延壽果，云果生於土，味甜似山藥，並無樹果，此或名同而物異也。○按：鹿銜，《千金方》名鹿藥草，其葉大而面緑背青者為真。蘇恭言有大、小二種。保昇言葉似茺蔚，叢生有毛者，吳風草也。此草惟生於秦地者有子，土人名曰延壽果。

《仁恕堂筆記》：張掖河西地有草根，一種形如黄連，盤根屈曲，有若缺然，邊人取之，實籩豆用之，供餽遺，名曰延壽果，俗又稱鹿跑草，其味甚甜。

理血中邪溼，溫補下元，去風痹瘰癧痛，小兒食之，定驚悸《三邊紀略》。《本草逢原》云：味微澁而甘，不特有益老人，而嬰兒先天不足者，尤為上藥，惜乎南方罕得也。

清·吴其濬《植物名實圖考》卷一四 鹿蹄草 《本草綱目》本軒轅述《寶藏論》，收入隰草。闕氣味。蓋亦未經嘗也。主治金瘡、蛇犬咬毒，有圖存之。

敗醬

宋·李昉《太平御覽》卷第九九二 敗醬 《范子計然》曰：敗醬，出三輔。《本草經》曰：敗醬似桔梗，其氣如敗豆醬。

宋·唐慎微《證類本草》卷八草部中品〔《本經·別録》〕 **敗醬** **味苦、鹹，平**、微寒，無毒。**主暴熱，火瘡赤氣，疥瘙疽痔，馬鞍熱氣**，除癰腫，浮腫，結熱，風痹不足，産後疾痛。**一名鹿腸**，一名鹿首，一名馬草，一名澤敗。生江夏川谷。八月採根，暴乾。

〔梁·陶弘景《本草經集注》〕云：出近道，葉似豨薟，根形似茈胡，氣如敗豆醬，故以爲名。

〔唐·蘇敬《唐本草》〕注云：此藥不出近道，多生崗嶺間。葉似水莨及薇銜，叢生，花黄根紫，作陳醬色，其葉殊不似豨薟也。

〔宋·掌禹錫《嘉祐本草》〕按：《藥性論》云：鹿醬，臣，敗醬是也。味辛、苦，微寒。治毒風瘰痹，主破多年凝血，能化膿爲水，及産後諸病，止腹痛，餘疹煩渴。日華子云：味酸。治赤眼障膜，努肉，聤耳，血氣心腹痛，破癥結，産前後諸疾，催生落胞，血運，排膿，補瘻，鼻洪，吐血，赤白帶下，瘡痍疥癬，丹毒。又名酸益。七、八、十月採。

〔宋·蘇頌《本草圖經》〕曰：敗醬，生江夏川谷，今江東亦有之，多生崗嶺間。葉似水莨及薇銜，叢生，花黄根紫色，似柴胡，作陳敗豆醬氣，故以爲名。八月採根，暴乾用。張仲景治腹癰，腹有膿者，薏苡人附子敗醬湯：薏苡人十分，附子二分，敗醬五分，三物擣爲末，取方寸匕，以水二升，煎取一升，頓服之。小便當下，愈。

〔宋·唐慎微《證類本草》〕《雷公》云：凡使，收得後便麁杵，入甘草葉相拌對蒸，從巳至未，出，焙乾，去甘草葉，取用。《楊氏産乳》：治蠷螋尿繞腰者。煎敗醬汁塗之，差。

宋·鄭樵《通志》卷七五《昆蟲草木略》 敗醬 曰鹿腸，曰鹿首，曰馬草，曰澤敗，曰鹿醬。葉似豨薟，根似柴胡，作敗醬氣，故以得名。

元·王好古《湯液本草》卷四 敗醬 氣微寒、平，味苦、鹹，無毒。入足少陰經、手厥陰經。《本草》云：主暴熱火瘡，赤風，疥瘙疽痔，馬鞍熱氣。除癰腫，浮腫，結熱，風痹不足，産後疾痛。仲景治腸癰有膿者，薏苡仁附子敗醬湯。薏苡仁二十分，附子二分，敗醬五分，三物為末，取方寸匕，以水二升煎取一升，頓服之，小便當下，愈。

元·徐彥純《本草發揮》卷二 敗醬 海藏云：仲景治腹癰腸有膿，用薏苡仁附子敗醬湯，薏苡仁十分，附子二分，敗醬五分，三物為末，取方寸匕，以水二升，煎取一升，頓服之，小便當下，愈。《時習》云：入手厥陰、足少陰經。

明·王綸《本草集要》卷三 敗醬臣 味苦鹹，氣平，微寒，無毒。入足少陰經、手厥陰經。氣如敗豆醬，故名。主暴熱火瘡赤氣，疥瘙疽痔，馬鞍熱氣，除癰(睡)〔腫〕結熱，風痹，破多年凝血，能化膿為水。催生落胎，及産後諸病。止腹痛，仲景用治腹癰下膿。

明·滕弘《神農本經會通》卷一 敗醬 臣也。葉似稀薟，及水莨、薇銜，根紫，似柴胡，作陳敗豆醬氣，故名。八月採根，暴乾。《局》云：陳良甫《婦人方》說是苦蘵菜，最益婦人。味苦、鹹，氣平，微寒，無毒。《湯》云：入足少陰經、手厥陰經。

《本經》云：主暴熱火瘡，赤氣，疥瘙疽痔，馬鞍熱氣，除癰腫結熱風痺，不足，産後疾痛。《藥性論》云：臣。味辛苦，微寒，治毒風瘰痺，主破多年凝血，能化膿為水。及産後諸病，止腹痛，破癥結，産前後諸疾。除疹，煩渴。日華子云：味酸。治赤眼障膜努肉，聤耳，血氣心腹痛，破癥結，産前後諸疾，催生落胞，血運，排膿，補瘻，鼻洪吐白，赤白帶下，瘡痍疥癬，丹毒。《圖經》云：仲景治腹癰有膿者，薏苡仁附子敗醬湯。薏似仁十分，附子二分，敗醬五分，為末，取方寸匙，以水二升，煎取一升，頓服之，小便當下，愈。《局》云：敗醬只因陳腐氣，氣同醬敗始因名。婦人産後方宜用，仲景將來療腹癰。敗醬，婦人産後用。

明·劉文泰《本草品彙精要》卷一〇 敗醬無毒。叢生。

敗醬出《神農本經》：**主暴熱火瘡，赤氣，疥瘙疽痔，馬鞍熱氣。**以上朱字《神農本經》。除癰腫，浮腫，結氣，風痹不足，産後疾痛。以上黑字名醫所録。

【名】鹿腸、鹿首、馬草、澤敗、鹿醬、酸益。【苗】《圖經》曰：葉似水莨及薇銜，花黄，根紫色，叢生。嗅如陳敗豆醬之氣，故以爲名耳。陶隱居云：葉似豨薟，根似柴胡。〖地〗《圖經》曰：生江夏川谷，今江東亦有之。〖道地〗江寧府。〖時〗生：春生苗。採：七月、八月、十月取根。〖收〗暴乾。〖用〗根。〖質〗根類柴胡。〖色〗紫。〖味〗苦，鹹。〖性〗平，微寒，泄。〖氣〗味厚于氣，陰中之陽。〖臭〗臭。〖主〗癰腫，風痹。〖行〗手厥陰經，足少陰經。〖製〗《雷公》云：凡使，收得後，便粗杵，入甘草葉相拌對蒸，從巳至未，出，焙乾，去甘草葉，取用。〖治〗療：《藥性論》云：除毒風瘰痹，破多年凝血，能化膿爲水，及産後諸病，止腹痛，除疹，煩渴。日華子云：療赤眼障膜，胬肉，聤耳，血氣，心腹痛，破癥結，産前後諸疾，催生落胞，血暈，排膿，補瘻，鼻洪，吐血，赤白帶下，瘡痍，疥癬，丹毒。《別録》云：蠼螋尿繞腰者，煎汁塗之瘥。〖合治〗合薏苡仁、附子，治腹癰，腹有膿者。

明・許希周《藥性粗評》卷一　攻腸癰於敗醬。

敗醬，苦薺菜也，一名鹿腸，一名馬草。春生苗，獨莖，高尺餘，莖端生葉，似水莨與薇銜，叢生，夏開黄花，根紫色似茈胡，作敗豆醬氣，故名。江南崗嶺處處有之，以江寧府者為勝。八月採根，暴乾。凡用以甘草煎湯浸一宿，焙乾，其餘《本草》不載。味苦、鹹，性微寒，無毒。入手厥陰肝、足少陰腎經。主治熱毒丹瘤，癰腫腸癰，腸風下血，赤眼努肉，鼻洪吐血，疥癩瘙痒，排膿散血，催生落胞，并治産後諸疾。張仲景治腸癰以敗醬為佐。薏苡仁十分，敗醬三分，附子一分，三物擣末，水二升，煎取一升，頻服之，毒從小便而下最妙。

明・鄭寧《藥性要略大全》卷七　敗醬　《珠囊》云：治腹癰及産後之疾痛，除疥痞疽痔馬鞍熱氣。《象》云：主暴熱火瘡，疥癬瘙痒，疽疝，除癰消腫，結熱風痹。陳藏器云：破凝血，化膿為水，及産後諸病，催生落胞。味辛、苦、鹹，氣平、微寒，無毒。入足少陰腎、手厥陰胞絡。如腐之臭，因名之。陳久者良。一云即苦薺菜。雷公云：凡使，以甘草葉拌蒸二時，去葉烘乾收用。

明・陳嘉謨《本草蒙筌》卷二　敗醬　味苦、鹹，氣平，微寒。無毒。俗呼苦蘵菜，多生深谷中。入劑用之，夏初收採。因似敗豆醬氣，故以敗醬為名。入足少陰腎經，及手厥陰包絡。除腫癰排膿散血，破癰結催産落胎。去疽痔疥瘙，卻毒風瘰痹。鼻洪吐血能止，腹痛凝血可推。

明・王文潔《太乙仙製本草藥性大全》卷二《本草精義》　敗醬　一名鹿腸，一名鹿首，一名馬草，一名澤敗，又名酸益，即苦蘵菜。生江夏川谷，今江東亦有之，多生崗嶺間。葉似水莨及薇銜，叢生，花黄，根紫色，似柴胡，作陳敗豆醬氣，故以爲名。七月、八月、十月採根，曝乾用。

明・王文潔《太乙仙製本草藥性大全》卷二《仙製藥性》　敗醬臣　味苦、鹹，氣平，微寒，無毒。入足少陰經，手厥陰經。主治：主暴熱火瘡癬痍，療疽疝結熱赤氣，破癥堅赤白帶下，治赤眼努肉扳睛。瞖膜可散，聤耳能毆。除腫癰，排膿散血；破癰結，催産落胎。去疽痔、疥瘙，却毒風、瘰痹。鼻洪吐血能止，腹痛凝血可推。補註：蠼螋尿繞腰者，用煎汁搽之差。〇腹癰，腹有膿者，用五分，加薏苡仁十分，附子二分，同爲末，取方寸匕，用水二升，煎一升，頓服，小便當下，愈。太乙曰：凡使收得後便麄杵，入甘草葉相拌對蒸，從巳至未出，焙乾，去甘草葉取用。

明・皇甫嵩《本草發明》卷三　敗醬中品上，臣。氣微寒，味苦、鹹，平，無毒。入足少陰及手厥陰胞絡。　發明曰：敗醬，苦入心胞而清熱，鹹能軟堅而散毒，故主暴熱，火瘡赤氣，丹毒癰腫，熱結癥結，瘡癬疥瘙疽痔，馬鞍熱氣，風痺瘻腓不足及血氣心腹痛，産後諸疾，催生落胎，血暈赤白帶，鼻洪吐血。治赤眼障膜努肉及聤耳。又云：味苦、辛，更主多年凝血，化膿如水。葉如豨薟，根如柴胡。八月採根，暴乾。入甘草摧蒸如敗醬氣，故名之。〇仲景治腹癰有膿者，薏苡仁附子敗醬湯。

明・李時珍《本草綱目》卷一六草部・隰草類下　敗醬《本經》中品

〖釋名〗苦菜《綱目》　苦蘵《綱目》　澤敗《別録》　鹿腸《本經》　鹿首《別録》　馬草《別録》弘景曰：根作陳敗豆醬氣，故以爲名。時珍曰：南人采嫩者，暴蒸作菜食，味微苦而有陳醬氣，故又名苦菜，與苦蕒、龍葵同名，亦名苦蘵，與酸漿同名，苗形則不同也。

〖集解〗《別録》曰：敗醬生江夏川谷，八月采根，暴乾。弘景曰：出近道。葉似豨薟，根形如柴胡。恭曰：此藥不出近道，多生岡嶺間。葉似水莨及薇（蘅）〔銜〕，叢生，花黄根紫，作陳醬色，其葉殊不似豨薟也。頌曰：江東亦有之，狀如蘇恭所説。時珍曰：處處原野有之，俗名苦菜，野人食之。江東人每采收儲焉。春初生苗，深冬始凋。初時葉布地生，似菘菜葉而狹長，有鋸齒，緑色，面深背淺。夏秋莖高二三尺而柔弱，數寸一節，節間生葉，四散如繖。顛頂開白花成簇，如芹花、蛇牀子花狀。結小實成簇。其根白紫，頗似柴胡。吴普言其根似桔梗，陳自明言其根似蛇莓根者，皆不然。

根苗同。〖修治〗斅曰：凡收得便粗杵，入甘草葉相拌對蒸。從巳至未，去甘草葉，焙乾用。【氣味】苦，平，無毒。《別録》曰：鹹，微寒。權曰：辛、苦，微寒。大明曰：酸。時珍曰：微苦帶甘。【主治】暴熱火瘡，赤氣，疥瘙疽痔，馬鞍熱氣《本經》。除癰腫浮腫結熱，風痹不足，産後腹痛《別録》。治毒風瘴痹，破多年凝血，能化膿爲水，産後諸病，止腹痛，餘疹煩渴甄權。治血氣心腹痛，破癥結，催生落胞，血運鼻衄吐血，赤白帶下。赤眼障膜努肉，聤耳，瘡癤疥癬丹毒，排膿補瘻大明。

【發明】時珍曰：敗醬乃手足陽明厥陰藥也。善排膿破血，故仲景治癰及古方婦人科皆用之。乃易得之物，而後人不知用，蓋未遇識者耳。

【附方】舊二，新三。　腹癰有膿：薏苡仁附子敗醬湯：用薏苡仁十分，附子二分，敗醬五分，擣爲末。每以方寸匕，水二升，煎一升，頓服。小便當下。即愈。張仲景《金匱玉函》。　産後惡露：七八日不止。敗醬、當歸各六分，續斷、芍藥各八分，芎藭、竹茹各四分，生地黄炒十二分，水二升，煮取八合，空心服。《外臺秘要》。　産後腰痛：乃血氣流入腰腿，痛不可轉者。敗醬、當歸各八分，芎藭、芍藥、桂心各六分，水二升，煮八合，分二服。忌葱。《廣濟方》。　産後腹痛：如錐刺者。敗醬草五兩，水四升，煮二升，每服二合，日三服，良。《衛生易簡方》。　蠼螋尿瘡：遶腰者，敗醬煎汁塗之，良。《楊氏産乳》。

明・梅得春《藥性會元》卷上　敗醬　味苦、鹹，平，無毒。採根暴乾用。

主治暴熱火瘡赤氣，疥瘙疽痔，馬鞍熱氣，癰腫浮腫，結熱，風痹不足，及産後痛。其葉似(稀)〔狶〕薟，根似柴胡，如敗豆醬，故名。

明・倪朱謨《本草彙言》卷四　敗醬草　味苦，氣寒，無毒。乃手足陽明、厥陰四經藥也。　陶隱居曰：敗醬，一名苦菜，又名苦蘵。諸家本草混入酸漿、苦蕒、龍葵同條，種類則迥別矣。生江夏川谷，所在溪澗近水處，或高崗土陵亦有。江東人采作菜，漂去苦味，有陳醬氣，故名。　李時珍曰：春初嫩苗塌地，似菘菜葉而狹長，有鋸齒，緑色，面深背淺。入夏莖高一二尺，數寸一節，節間生葉，各起小枝，四散如繖。五月白花成簇，如芹花、蛇床子花狀。結小實成簇。其根白紫色，形似柴胡。八月采取，曝乾用。

敗醬：解鬱熱，時珍破宿血之藥也。白尚之稿《甄氏方》治癰腫結熱，毒風瘴痹，破多年宿血，能化膿爲水，善催生，落胞衣。或産後血凝腹痛，及赤熱障眼，努肉凝結，并暴熱吐血失血，丹毒熱毒等疾。但苦寒之物，如久病胃虚脾弱，泄瀉不食之證，一切虚寒下脱之疾，咸忌之。

繆仲醇先生曰：仲景公治腸癰爲病，其身甲錯，腹皮急，按之濡，如腫狀，腹無積聚，身無大熱，此爲腹内有癰膿，不獨焦爍肺金之形藏，并毁敗府合之大腸矣。敗醬獨當其鋒，可一鼓而愈也。　李時珍先生曰：敗醬，善排膿破血，故仲景治腸癰及婦人科血疾。古方皆用之，極驗。乃易得之物，而後人不知用，惜哉！

集方：《方脉正宗》解三焦鬱熱。用敗醬一把，配黄芩、甘草各三錢，燈心百根，煎服。○《郭氏産寶》治産後宿血内病。用敗醬二兩，沒藥、乳香各三錢，當歸、川芎各一錢，香附、續斷俱酒洗，各五錢，共爲末。每早服二錢，白湯調服。○周向中《古方抄要》治腹癰有膿。用敗醬二錢，薏苡仁五錢，附子八分，水三升，煎一升，頓服。大小便一行，即愈。○已下五方出《碩虎齋省醫語》治産後血氣流入腰腿，小腹痛，不可轉側者。用敗醬三錢，當歸二錢，川芎、白芍、肉桂各一錢，水三升，煎一升。徐徐服。○治産後腹痛如錐刺不可忍者。用敗醬八兩，水五升，煮取升半。每服二合，日三服。○治臨産催生。用敗醬二兩，酒水共三碗，煎一碗服。○治赤眼障痛并努肉攀睛。用敗醬一握，荆芥、草决明、木賊草各二錢，白蒺藜一錢五分，水煎服。○治吐血衄血，血因積熱妄行者。用敗醬二兩，黑山梔三錢，懷熟地五錢，燈心草一錢，水煎，徐徐服。

明・姚可成《食物本草・救荒野譜補遺・草類》　敗醬艸食葉。俗名苦菜。春初發苗葉，布地而生，狹長有鋸齒。莖高二三尺，數寸一節。食之有醬氣。

敗醬艸，莖多節，味同敗醬難分別。止望充腸療我飢，豈圖美好滋喉舌。

明・姚可成《食物本草》卷一八草部・隰草類　敗醬處處原野有之，俗名苦菜，野人食之。江東人每采收儲焉。春初生苗，深冬始凋。初時葉布地生，似菘菜葉而狹長，有鋸齒，緑色，面深背淺。夏秋莖高二三尺而柔弱，數寸一節，節間生葉，四散如繖，顛〔頂〕開白花成簇。南人采嫩者暴蒸作菜食，頗有醬氣。

敗醬，味苦，平，無毒。主暴熱火瘡，赤氣疥癩，疽痔，馬鞍熱氣。除癰腫浮腫結熱，風痹不足，産後痛。治毒風瘻痹，破多年凝血，能化膿為水，産後諸病，止腹痛，餘疹煩渴。治血氣心腹痛，破癥結，催生落胞，血運鼻衄吐血，赤白帶下，赤眼障膜弩肉，聤耳，瘡癤疥癬丹毒，排膿補瘻。

附方：〔治〕腹癰有膿。用米仁一兩，敗醬五錢，附子二錢，搗為末，每以方寸匕，水二升，煎一升，頓服，小便當下即愈。　治産後惡露不止。敗醬、當歸各六分，續斷、芍藥各八分，芎藭、竹茹各四分，生地黄炒一錢二分，水二升，煎八合，空心服。　治産後腰痛，乃血氣流入腰腿，痛不可轉者。敗醬、當歸各八分，川芎、芍藥、桂心各六分，水二升，煎八合，分二服，忌葱。治産後腹痛如錐刺者。敗醬艸五兩，水四升，煎二合，日三服良。

明・盧之頤《本草乘雅半偈》帙一一　敗醬《本經》中品　氣味：苦，平，無毒。　主治：暴熱，火瘡赤氣，疥瘙疽痔，馬鞍熱氣。

覈曰：敗醬，一名苦菜，又名苦蘵，苦蘵同酸醬名，酸醬葉則高碩也。亦與苦(賈)〔蕒〕、龍葵同名，種類則迥別矣。生江夏川谷，所在溪澗近水處亦有之。春初嫩苗塌地，似(松)〔菘〕菜葉，略狹長，面深背淺，有鋸齒。采作菜蔬，漂去苦味，有陳醬氣。三月莖漸高，數寸一節，節間生葉，各起小枝，四散如傘，高三四尺。入夏白花成簇，根白紫，八月采取，暴乾用。

条曰：詮名敗醬，烹之色臭相似，形藏腹腸之所需也。氣平味苦，蓋炎上作苦，苦性走下，苦肅膚腠，苦厚腸胃，平則無過不及矣，因名苦菜，《月令》小滿苦菜秀。白花整密敷布如蓋。夏三月，此謂蕃秀，若所愛在外，猶夏日在膚，泛泛乎，若萬物之有餘也。蓋夏火主時，金遇庚伏，而乃白花金布，抑秉制為用，制則化生歟。故從治暴熱，火瘡赤氣，焦爍肺金膚皮形藏，而為疥瘙疽痔，馬鞍熱氣者。熱解則清而愈，此即點火成金，不煩另覓種子矣。仲景先生用治腸癰之為病，其身甲錯，腹皮急，按之濡，如腫狀，腹無積聚，身無大熱，脈數，此為腹内有癰膿。不獨焦爍肺金之形藏，并毀敗府配之大腸。金至斯堅，將來者進，成功者退，理勢然也。

清・郭章宜《本草匯》卷一一　敗醬　苦、辛、鹹，寒，入足少陰經，及手足厥陰、陽明經。除腫癰，敗膿散血。破凝結，消浮滌煩。治産後腰痛腹痛，療蠷螋尿瘡遶腰。

按：敗醬，因似敗豆醬氣，故以為名。善于排膿破血，故仲景治癰，及古方婦人科皆用。而後人不知用，蓋未遇識者耳。

同甘草葉相伴蒸，揀取用。

清・蔣居祉《本草擇要綱目・平性藥品》　敗醬一名苦菜。根苗同。　氣味：苦，平，無毒。　主治：暴熱火瘡赤氣，疥瘙疽痔，馬鞍熱氣。除癰腫浮腫，結熱風癘痹，破多年凝血，能化膿為水。産後諸病，止腹痛餘疹煩渴。治血氣心腹痛，破癥結，催生落胞，血運，鼻衄吐血，赤白帶下。赤眼障膜胬肉，聤耳，瘡癤，疥癬，丹毒，排膿補瘻。敗醬乃手足陽明、厥陰藥也，善排膿破血，故仲景治癰及古方婦人科皆用之。乃易得之物，而後人不知用，蓋未遇識者耳。

清・李熙和《醫經允中》卷二一　敗醬　入足少陰經及手足厥陰、陽明經。　苦、辛、鹹，寒。主治排膿破血，療蠷螋尿瘡繞腰。

清・馮兆張《馮氏錦囊秘錄・雜症痘疹藥性主治合參》卷三　敗醬　因似敗豆醬氣，故名。除腫癰，敗膿散血，破癰結，催産安胎。去蛆痔疥瘙，卻毒氣瘻痹。鼻紅吐血能止，腹痛凝血可推。

清・张璐《本經逢原》卷二　敗醬草一名苦菜，又名鹿腸，根作敗醬氣，故名。

苦，平，無毒。　《本經》主暴熱火瘡，赤氣疥瘙，疽痔，馬鞍熱氣。　發明：敗醬乃手陽明、厥陰藥。善除暴熱火瘡，皆取苦寒散毒之用。其治疽痔馬鞍熱氣，以其性專下泄也。《金匱》薏苡附子敗醬散，治腸癰固結未潰，故取薏苡下達，敗醬苦降，附子開結，而為熱因熱用之嚮導，深得《本經》之旨。若膿成熱毒勢脹，不可用也。而婦人下部疽蝕，方中亦恒用之。近世醫師罕有識者，惟徽人採取笮乾，曰苦笮菜，惜乎，不知治療之功用也。

清・張志聰、高世栻《本草崇原》卷中　敗醬　氣味苦，平，無毒。主治暴熱火瘡赤氣，疥瘙，疽痔，馬鞍熱氣。　敗醬俗名苦菜，處處原野皆有。春初生苗，深冬始凋，野人多食之。　敗醬味苦性寒，故主治暴熱火瘡赤氣，而疥瘙疽痔，馬鞍熱氣，皆為火熱之病。馬者，火之畜也。《金匱》方有薏苡附子敗醬散，亦主腸癰而消熱毒。

清・王子接《得宜本草・中品藥》　敗醬　味苦。入手足陽明、厥陰經。功專破血排膿。得四物治惡露不止，得芎、歸、桂心治産後腰痛。

清・黄元御《長沙藥解》卷二　敗醬　味苦，微寒。入足厥陰肝經。善破瘀血，最排癰膿。　《金匱》薏苡附子敗醬散方在薏苡用之治腸癰脈數，以其排積膿而行瘀血也。　敗醬苦寒通利，善破瘀血，而消癰腫，排膿穢而化癥瘕。其諸主治，止心痛，療腹痛，住吐衄，破癥瘕，催生産，落胎孕，收帶下，平疥癬，除翳膜，去努肉。敗醬，即苦菜也。

清・汪紱《醫林纂要探源》卷二　苦蘵　苦，鹹，平。一名敗醬。葉似澤蘭，有朽氣。　去瘀解暑。苦瀉心，鹹瀉腎，朽腎氣也，能輭堅固散，宜暑月。可交心腎。多食令人脚輭。煎湯，治産婦血母成塊作痛，亦去瘀輭堅之功也。

清・嚴潔等《得配本草》卷三　敗醬即苦菜。　苦，平。入足厥陰，兼入足陽明經。破血排膿。去蛆痔，除癰腫。配米仁、附子，下腹癰。入四物，治惡露不止。

題清・徐大椿《藥性切用》卷三　敗醬　一名苦菜。性味苦寒，瀉熱解毒，破血排膿，為外科耑藥。取根苗用。

清・章穆《調疾飲食辯》卷三　苦菜　《綱目》曰：《本經》名敗醬，又名鹿腸。《別錄》曰鹿首，又曰澤敗。一名苦菜，與苦蕒、龍葵同。又名苦蘵，與酸漿、黄除同，俱名同物異也。春初生苗，深秋始凋。此誤也，苦菜淩冬不凋。葉狹長有鋸齒，面深青，背淺。夏秋起莖，高二三尺，數寸一節，節間生葉，四周如織即傘字。開白花成簇。作菜食，味微苦，氣如陳敗醬，故名。性能退熱排膿散血，破多年凝血，消癰疽焮腫，治赤眼、障膜、努肉。凡熱病在血分或吐衄者，宜多食。癰疽，痘後，平素好生瘡毒，及久熱傷眼者，更宜多食。

清・葉桂《本草再新》卷二　敗醬草味苦，性平，無毒。入肝、肺二經。　解毒排膿，治癰腫，破瘀血，療産後諸病。

清・吴其濬《植物名實圖考》卷一一　敗醬　《本經》中品。李時珍以為即苦菜。今江西所謂野苦菜也。秋開花如芹菜、蛇床子花。

清・吴其濬《植物名實圖考》卷一五　黄花龍芽　湖南園圃中多有之。高三四尺，綠莖如蒿，長葉花叉，皺紋如馬鞭草而大，色稍淡，莖葉皆微有毛澀。秋開五瓣黄花，瓣小如粟。長枝分叉，點綴頗繁。俚醫與龍芽草同用。按縣志中多云黄花龍芽勝於紫花者，湖南謂《救荒本草》中龍芽草為毛脚茵，則黄花當以毛脚茵為正。而俚醫無別。

黄花龍芽又一種　黄花龍芽生嶽麓，比前一種莖矮而黄，直硬有節，亦有毛脚葉微瘦，餘皆四五葉攢生一處，細尖有歧，如初生蔞蒿。梢開小黄花，攢如黄粟米。蓋一類，而生於山陸，故肥瘦不同。

清・葉志詵《神農本草經贊》卷二　敗醬　味苦，平。主暴熱火創，赤氣疥搔，疸痔，馬鞍熱氣。一名鹿腸。生川谷。

叢生岡嶺，敗味含嘉。淺深菘葉，碎簇芹花。酸鹹并具，甘苦交加。謂鹿呼馬，命意紛拏。

蘇恭曰：此藥多生岡嶺間。陶弘景曰：根作陳敗豆醬氣，故名。李時珍曰：初時葉布地似菘菜，葉綠色面深背淺，頂開白花成簇如芹花，根味微苦帶甘。日華子曰：味酸。名醫曰：鹹，微寒。一名鹿首。又名馬草。《史記・紀》：趙高謂鹿為馬。《莊子》：呼我馬也，而謂之馬。朱子書：辯說紛拏。

清・戴葆元《本草綱目易知錄》卷一　敗醬苦蘵、苦菜。　微苦帶甘。手足陽明、厥陰藥。善排膿補瘻，破血消癰。治暴熱火瘡，疥瘙疽痔，馬鞍熱氣，癰腫浮腫，毒風瘰痹。破多年凝血，能化膿為水，除血氣，心腹痛，鼻衄吐血，赤眼障膜，弩肉聤耳。熱疹丹毒，瘡癧疥癬，破癥結，下腹癰。婦人赤白帶下，催生落胎，産後血運腹痛。擣塗蠼螋尿瘡。

清・陳其瑞《本草撮要》卷一　敗醬　味苦，入手足陽明、厥陰經，功專破血排膿。得四物治惡露不止，得當歸、川芎、桂心治産後腰痛。一名苦菜，用根苗。

清・仲昴庭《本草崇原集說》卷中　敗醬　【略】仲氏曰：火瘡等症，能食者多，以此物為菜甚善。

墓頭回

明・朱橚《救荒本草》卷上之後　地花菜　又名墓頭灰。生密縣山野中。苗高尺餘，葉似野菊花葉而窄細，又似鼠尾草葉，亦瘦細，梢間開五瓣小黄花。其葉味微苦。　救飢：採葉煠熟，水浸淘洗淨，油鹽調食。

明・朱橚《救荒本草》卷上之前　青莢兒菜　生輝縣太行山山野中。苗高二尺許，對生莖叉，葉亦對生，其葉面青背白，鋸齒三叉葉，脚葉花叉頗大，狀似荏子葉，面狹長尖艄。莖葉梢間開五瓣小黄花，眾花攢開，形如穗狀。其葉味微苦。　救飢：採嫩苗葉煠熟，換水浸淘去苦味，油鹽調食。

明・李時珍《本草綱目》卷一一草部・有名未用　墓頭回時珍曰：董炳《集驗方》：治崩中，赤白帶下。用一把，酒、水各半盞，童尿半盞，新紅花一捻，煎七分，卧時温服。日近者一服，久則三服愈，其效如神。一僧用此治蔡大尹内人，有效。

明・李中立《本草原始》卷三　墓頭回　山谷處處有之。根如地榆，長條，黑色。聞之極臭，俗呼雞糞草。

墓頭回，乾久益善。治崩中，赤白帶下，不拘遠年近日，少則一服，多則三服，其效如神。每用一把，水、酒各半盞，童便半盞，新紅花一捻，煎七分，臨卧服。盱眙蔡大尹任滑縣，夫人有前病，醫藥百計不效。有一僧人獻上方，一服輒愈。後轉相傳，治無不稱驗。今人治傷寒瘟瘧，多有用墓頭回者。

墓頭回，新增。【圖略】根色黑，氣臭。葉形見之《避水集驗要方》，根形見市賣者。

清・王道純《本草品彙精要續集》卷二 墓頭回《本草綱目》 〔合治〕李時珍曰：董炳《集驗方》治崩中，赤白帶下，用一把，酒水各半盞，童便半盞，新紅花一捻，煎七分，臥時溫服，日近者一服，久則三服，愈，其效如神。一僧用此治蔡大尹內人，有效。

清・黃元御《玉楸藥解》卷八 墓田回 氣平。入足少陰腎經。除崩止帶，斂血秘精。墓田回崩中帶下，收斂疎泄。

清・趙學敏《本草綱目拾遺》卷四草部中 箭頭風 《粵西叢載》：花似箭頭。《職方典》：產廣西南寧府山中，花如箭鏃。治風，四肢骨節痛，煎水薰洗之，愈。消痰，治氣急，定喘妙方。王登南方：取箭風草放鮮肉內煨熟，要淡，忌用鹽醬，取出，去草食肉。

清・吴其濬《植物名實圖考》卷八 墓頭回 生山西五臺山。綠莖肥嫩，微似水芹，葉歧細齒，梢際結實，攢簇如椒，有毛。《五臺志》載入藥類，蓋俚方習用者。《本草綱目》載《集驗方》治崩中赤白帶下，用墓頭回一把，酒水各半盞，童尿半盞，新紅花一捻，煎七分，臥時溫服，日近者一服，久則三服，其效如神。當即此草。

迎春花

明・李時珍《本草綱目》卷一六草部・隰草類下 迎春花《綱目》

【集解】時珍曰：處處人家栽插之。叢生，高者二三尺，方莖厚葉。葉如初生小椒葉而無齒，面青背淡。對節生小枝，一枝三葉。正月初開小花，狀如瑞香，花黃色，不結實。

葉 〔氣味〕苦，濇，平，無毒。 〔主治〕腫毒惡瘡，陰乾研末，酒服二三錢，出汗便瘥。《衛生易簡方》。

明・姚可成《食物本草》卷一八草部・隰草類 迎春花處處人家栽插之。叢生，高者二三尺，方莖厚葉。葉如初生小椒葉而無齒，面青背淡。節節生小枝，一枝三葉。正月初開小花，狀如瑞香花，黃色，不結實。其葉可作茹。 迎春花，味苦、澀，〔平〕，無毒。腫毒惡瘡，取葉陰乾，研末二三錢，出汗便瘥。

清・蔣居祉《本草擇要綱目・平性藥品》 迎春花處處人家栽插之，叢生，高者二三尺，方莖厚葉，葉如初生小椒葉而無齒，面青背淡，對節生小枝，一枝三葉。正月初開小花，狀如瑞香花，黃色，不結實。 葉氣味：苦，濇，平，無毒。 主治：腫毒惡瘡，陰乾研末，酒服二三錢，出汗便瘥。

清・王道純《本草品彙精要續集》卷二 迎春花無毒。

迎春花《本草綱目》：主腫毒，惡瘡，陰乾研末，酒服二三錢，出汗便瘥《衛生易簡方》。 〔地〕李時珍曰：處處人家栽插之。 〔苗〕叢生，高者二三尺，方莖厚葉，葉如初生小椒葉而無齒，面青背淡，對節生小枝，一枝三葉。 〔時〕正月初開小花。 〔質〕狀如瑞香，花黃色，不結實。 〔色〕黃色。 〔味〕苦，澀。 〔性〕平。

清・吴其濬《植物名實圖考》卷一四 迎春花 《本草綱目》：迎春花，處處人家栽插之。叢生，高者二三尺，方莖厚葉。葉如初生小椒葉而無齒，面青背淡，對節生小枝，一枝三葉。正月初開小花，狀如瑞香，花黃色，不結實。葉，氣味苦濇，平，無毒。主治腫毒惡瘡。陰乾，研末。酒服二三錢，出汗便瘥。《滇志》云：花黃色，與梅同時，故名金梅。

連翹

宋・李昉《太平御覽》卷第九九一 翹根 《本草經》曰：翹根，味苦。生平澤。治下熱氣，益陰精，令人面悅好，明目，久服輕身耐老，生嵩高。《吴氏本草》曰：翹根，神農、雷公：甘，有毒。三月、八月採。以作蒸飲酒病人。

宋・唐慎微《證類本草》卷一一草部下品〔《本經・別錄》〕 連翹 味苦，平，無毒。**主寒熱鼠瘻瘰癧，癰腫惡瘡癭瘤，結熱蠱毒，**去白蟲。**一名異翹，一名蘭華，一名折根，一名軹，一名三廉。**生太山山谷。八月採，陰乾。

〔梁・陶弘景《本草經集注》〕云：處處有，今用莖連花、實也。

〔唐・蘇敬《唐本草》〕注云：此物有兩種：大翹，小翹。大翹葉狹長如水蘇，花黃可愛，生下濕地，著子似椿實之未開者，作房翹出衆草。其小翹生崗原之上，葉、花、實皆似大翹而小細。山南人並用之，今京下惟用大翹子，不用莖、花也。

〔宋・掌禹錫《嘉祐本草》〕按：《蜀本》云：連翹，微寒。《圖經》云：苗高三四尺，今所在下濕地有，採實，日乾用之。《爾雅》云：連，異翹。釋曰：連一名異翹。郭云：一名連苕，又名連草。《藥性論》云：連翹，使。一名旱連子。主通利五淋，小便不通，除心家客熱。日華子云：通小腸，排膿，治瘡癤止痛，通月經。所在有。獨莖，稍開三四黃花，結子內有房瓣子。五月、六月採。

〔宋・蘇頌《本草圖經》〕曰：　連翹，生泰山山谷，今近京及河中、江寧府，澤、潤、淄、兗、鼎、岳、利州，南康軍皆有之。有大翹、小翹二種，生下濕地或山崗上，葉青黃而狹長，如榆葉、水蘇輩，莖赤色，高三四尺許，花黃可愛，秋結實似蓮，作房，翹出衆草，以此得名，根黃如蒿根。八月採房，陰乾。其小翹生崗原之上，葉、花、實皆似大翹而細，南方生者，葉狹而小，莖短，纔高一二尺，花亦黃，實房黃黑，内含黑子如粟粒，亦名旱連草，南人用花、葉。中品鱧腸亦名旱連，人或以此當旱連，非也。《爾雅》謂之連，一名異翹，一名連苕，又名連草。今南中醫家説云：　連翹，蓋有兩種：　一種似椿實之未開者，殼小堅而外完，無跗萼，剖之則中解，氣甚芬馥，其實纔乾，振之皆落，不著莖也；　一種乃如菡萏，殼柔，外有跗萼抱之，無解脉，亦無香氣，乾之雖久，著莖不脱，此甚相異也。今如菡萏者，江南下澤間極多。如椿實者，乃自蜀中來，用之亦勝江南者。據本草言：　則蜀中來者爲勝，然未見其莖、葉如何也。

〔宋・唐慎微《證類本草》〕《集驗方》：　洗痔。以連翹煎湯洗訖，刀上飛綠礬，入麝香貼之。

宋・唐慎微《證類本草》卷三〇有名未用〔《本經・别録》〕　翹根　味甘，寒、平，有小毒。主下熱氣，益陰精，令人面悦好，明目。久服輕身，耐老。以作蒸飲酒病人。生嵩高平澤。二月、八月採。

〔梁・陶弘景《本草經集注》〕云：　方藥不復用，俗無識者。

宋・寇宗奭《本草衍義》卷一二　連翹　亦不至翹出衆草，下濕地亦無，太山山谷間甚多。今止用其子，折之，其間片片相比如翹，應以此得名爾。治心經客熱最勝。尤宜小兒。

宋・鄭樵《通志》卷七五《昆蟲草木略》　連翹　曰異翹，曰蘭華，曰折根，曰軹，曰三廉，曰連苕，曰連草。《爾雅》云：　連，異翹。即旱蓮也。葉似當歸，華似菡萏。

金・張元素《潔古珍珠囊》〔見元・杜思敬《濟生拔粹》卷五〕　連翹苦平陰中微陽。諸客熱非此不能除。又治手足少陽瘡瘻癰腫。

宋・劉明之《圖經本草藥性總論》卷上　連翹　味苦，平，無毒。主寒熱鼠瘻瘰癧，癰腫惡瘡，瘿瘤結熱，蠱毒，去白蟲。《藥性論》云：　使。主通利五淋，小便不通，除心家客熱。日華子云：　通小腸，排膿，治瘡疥，止痛，通月經。《集驗方》治痔，以連翹煎湯洗訖，刀上飛綠礬，入麝香貼之。

宋・陳衍《寶慶本草折衷》卷一一　連翹使。　一名連，一名連苕，一名連草，一名旱連草，一名旱連子，一名異翹，一名蘭草，一名折根，一名軹，一名三廉。○苕，一作軺。軺，□□切。生太山山谷，及江南、山南、蜀中，及近京、澤、潤、淄、兗、鼎、岳、利州，河中府、江寧府、南康軍。今處處岡原上有之。○五、六、八月採房，陰乾。

味苦，平，微寒，無毒。○主寒熱鼠瘻、瘰癧癰腫，惡瘡瘿瘤。結熱蠱毒。去白蟲。○《唐本》註云：　有兩種，大翹著子似椿實之未開者，其小翹實似大翹而細。○椿實者，乃樗實也。○《藥性論》云：　通利五淋，除心家客熱。○日華子云：　通小腸，排膿，治瘡癤，止痛，通月經。○《圖經》曰：　結實作房，内含子如粟粒。蜀中者勝。○寇氏曰：　連翹止用其子，掰之間，片片相比如翹，應以此得名爾。尤宜小兒。

續説云：　寇氏中《藥性論》，謂連翹治心經客熱為最勝，故張松用以治赤目及解酒熱之患，無非假他藥以輔之也。中品鯉一作鱧腸，亦名蓮從艸翹，又皆名旱蓮從艸子，前嘗議之矣。《局方》連翹元并諸要方所用連翹者，正是此種，非鯉腸也。至於《三因方》旱蓮從艸子元，乃取二者兼用。

元・王好古《湯液本草》卷四　連翹　氣平，味苦。苦，微寒，氣味俱輕，陰中陽也。無毒。　手足少陽經、陽明經藥。《象》云：　治寒熱瘰癧，諸惡瘡腫，除心中客熱，去胃蟲，通五淋。《心》云：　瀉心經客熱，諸家須用，瘡家聖藥也。《珍》云：　諸經客熱，非此不能除。《本草》云：　主寒熱鼠瘻，瘰癧，癰腫瘿瘤，結熱蠱毒，去寸白蟲。《液》云：　入手、足少陽。治瘡瘍，瘤氣瘿起結核，有神。與柴胡同功，但分氣血之異耳。與鼠黏子同用，治瘡瘍别有神功。

連軺　氣寒，味苦。《本經》不見所註，但仲景古方所註云，即連翹之根也。方言熬者，即今之炒也。

元・尚從善《本草元命苞》卷五　連翹　為使。苦，平，無毒。除心經客熱，散諸腫惡瘡。主寒熱鼠瘻瘰癧，醫癰疽發背瘿瘤。善排膿止痛，消結熱蠱毒。通小腸行水，下五淋，便難。生太山山谷，今近京有之。莖赤，花黃可愛，結實似蓮作房，内含子如粟粒，葉青黃而狹長，根若蒿根，葉如榆葉，翹出衆草，因是得名。八月採之，陰乾。小兒尤宜取效。

元・朱震亨《本草衍義補遺・新增補》　連翹　苦。陰中微陽，升也。入手少陰經。瀉心火，降脾胃濕熱及心經客熱，非此不能除。瘡瘻癰腫，不可缺也。治血證，以防風為上使，連翹為中使，地榆為下使，不可不知。《衍義》治利有微血，不可執以連翹為苦燥劑。虛者多致危困，實者宜用之。○連軺，又名。《本經》不見所註，但仲景方註云：　即連翹根也。

元・佚名氏《珍珠囊・諸品藥性主治指掌》〔見《醫要集覽》〕　連翹　味苦，平，性微寒，無毒。升也，陰也。其用有二：　瀉諸經之客熱，散諸腫之瘡瘍。

元・徐彥純《本草發揮》卷二　連翹　潔古云：　連翹，性涼，微苦。氣味俱薄，輕清而浮，升陽也。其用有三：　瀉心經客熱，一也；　去上焦諸熱，二也；　瘡瘍須用，三也。　東垣云：　連翹，十二經瘡藥中不可無，乃結者散之之義，能散諸經血結氣聚，此瘡瘍之神藥也。又云：　諸經客熱，非此不能除。　海藏云：　入手足少陽經。治瘡瘍，瘤氣癭起結核有神。與柴胡同功，但分氣血之異爾。與鼠粘子同用，治瘡瘍別有神効。

連軺　海藏云：　苦，寒。除熱。《本經》不見所載，但仲景方内註云：　連軺，即連翹根也。

明・朱橚《救荒本草》卷上之前　連翹　一名異翹，一名蘭華，一名折根，一名軹音紙，一名三廉，《爾雅》謂之連，一名連苕音條。生太山山谷及河中、江寧澤潤，淄、兖、鼎、岳、利州，南康，皆有之。今密縣梁家衝山谷中亦有。科苗高三四尺，莖稈赤色，葉如榆葉，大面光，色青黃，邊微細鋸齒。又似金銀花葉，微尖艄音哨，開花黃色可愛，結房狀似山梔，子蒴微匾而無稜，瓣蒴中有子如雀舌樣，極小，其子折之間，片片相比如翹，以此得名。味苦，性平，無毒。葉亦味苦。　救飢：　採嫩葉煠熟，換水浸去苦味，淘洗淨，油鹽調食。　治病：　文具《本草》草部條下。

明・蘭茂撰，清・管暄校補《滇南本草》卷下　苦連翹　性寒，味苦。除六經實熱，瀉火，發散諸風熱，咽喉疼痛，内外乳蛾腫紅，小兒乍腮，風火蟲牙腫痛，清熱明目。

附方：　治牙根腫痛不可忍者，苦連翹根於腫處噙之，效。用根葉二錢，花椒少許，煎湯漱之，效。或煨吃亦可。

明・蘭茂《滇南本草》〔叢本〕卷中　苦連（蕎）〔翹〕，味苦，性寒。除六經實熱，瀉火，發散諸風熱，咽喉痛，内外乳蛾痛腫，小兒乍腮，風火蟲牙腫痛不可忍者，苦連翹根，于腫疼處噙之效。用根葉花煨湯，漱之效。或煨吃亦可。劉乾三云：　亦治疔毒諸瘡。

明・王綸《本草集要》卷三　連翹使　味苦，氣平，微寒。氣味俱輕，陽也。無毒。手足少陽經、陽明經藥，入手少陰經。　陰乾。　主寒熱，鼠瘻瘰癧，癰腫惡瘡癭瘤，結熱蠱〔毒〕有神功。瀉心火，降脾胃濕熱，通利五淋及月經。除心經客熱，尤宜小兒。　治血證，以防風為上使，連翹為中使，地榆為下使。

明・滕弘《神農本經會通》卷一　連翹　使也。《局》云：　去心用。味苦，氣平，無毒。《湯》云：　苦，微寒。氣味俱輕，陰中陽也。手足少陽經、陽明經藥。東云：　升也。瀉諸經之客熱，散諸腫之瘡瘍。又云：　排瘡膿腫毒。《珍》云：　除心經客熱，解上焦熱，瘡家之聖藥。《圭》云：　排膿，醫瘡毒，通淋，活血經，治瘰癧癭瘤，瀉心經客熱，并蠱毒。

《本經》云：　主寒熱鼠瘻，瘰癧，癰腫惡瘡，癭瘤結熱，蠱毒，去白蟲。八月採，陰乾。《藥性論》云：　連翹，使。一名旱連子。主通利五淋，小便不通，除心家客熱。日華子云：　通小腸，排膿，治瘡癤，止痛，通月經。《象》云：　治寒熱瘰癧，諸惡瘡腫，除心中客熱，去胃蟲，通五淋。《心》云：　瀉心經客熱，諸家須用，瘡家聖藥也。《珍》云：　諸經客熱，非此不能除。《液》云：　手足少陽，治瘡瘍，瘤氣癭起結核有神。與柴胡同功，但分氣血之異耳。與鼠粘子同用，治瘡瘍別有神功。丹溪云：　連翹，苦，陰中微陽，升也。入手少陰經。瀉心火，降脾胃濕熱，及心經客熱，非此不能除。瘡瘻癰腫不可缺也。治血證，以防風為上使，連翹為中使，地榆為下使，不可不知。《衍義》治痢，有微血，不可執以連翹，為苦燥劑，虛者多致危困，實者宜用之。劊云：　連翹微寒味苦平，消諸經熱有深功。心間熱與瘡瘍腫，功効柴胡粘子同。《局》云：　連翹大小分雙種，主治癰瘡及癭瘤。通利五淋行月水，苦除心熱亦須求。　連翹，除心熱，破癭瘤，堪行月水。

連軺，又苕。　丹溪云：　不見所註，但仲景方註云：　即連翹根也。《湯液》同。

明・劉文泰《本草品彙精要》卷一四　連翹無毒。　植生。

連翹出《神農本經》：　**主寒熱，鼠瘻，瘰癧，癰腫，惡瘡，癭瘤，結熱，蠱毒。**以上朱字《神農本經》。　去白蟲。　以上黑字名醫所錄。　〔名〕異翹、蘭華、折根、三廉、連苕、連草、軹。　〔苗〕《圖經》曰：　翹有大小二種，生下濕地或山岡上。葉青色而狹長，如榆葉、水蘇輩。莖赤色，高三四尺許，花黃可愛，秋結實，似蓮作房，翹出衆草，以此得名。根黄如蒿根，其小翹生岡原之上，葉花實皆似大翹而細，南方生者葉狹而小，莖短纔高一二尺，花亦黄，其房黄黑，内含黑子如粟粒。南中醫家云：連翹蓋有兩種，一種似椿實之未開者，殼小堅而外完無跗萼，剖之則中解，氣甚芬馥，其實纔乾，振之皆落，不著莖也。一種乃如菡萏，殼柔，外有跗萼抱之，無解脈，亦無香氣，乾之雖久，著莖不脱，此甚相異也。今如菡萏者，江南下澤間極多；如椿實者乃是蜀中來，用之亦勝江南者。據《本草》言：則蜀中來者爲勝，然未見其莖葉如何也。【地】《圖經》曰：生泰山山谷及河中、江寧府，潤、淄、兗、鼎、岳、利州，南康軍，皆有之。【道地】澤州。【時】生：春生苗。採：八月取子殼。【收】陰乾。【用】子、殼。【色】黄褐。【味】苦。【性】平，微寒。【氣】氣味俱輕，陰中陽也。【臭】香。【主】心經客熱，瘰癧，惡瘡。【行】手足少陽經，手足陽明經，入手少陰經。【治】療：《藥性論》云：通利五淋，小便不通。日華子云：排膿，治疥癬，止痛，通月經。《湯液本草》云：諸經客熱，非此不能除，乃瘡家聖藥也。丹溪云：瀉心火，降脾胃濕熱，治血證爲中使。【合治】洗痔，以連翹煎湯，洗訖，次用刀上飛過綠礬，入麝香少許，貼痔瘡上，效。〇合鼠黏子，治瘡瘍。

明・葉文齡《醫學統旨》卷八　連翹　氣平，微寒，味苦。無毒。浮而升，陽也。入手足少陽、陽明，入手少陰經。根名連軺。　治寒熱鼠瘻瘰癧，癰腫惡瘡，癭瘤結熱蠱毒有神功。瀉心火，降脾胃濕熱，通利五淋及月經，除心經客熱，能散諸血結氣聚。

明・許希周《藥性粗評》卷二　諸經客熱，路阻連翹。

連翹，連軺苗實也，一名連草。《爾雅》謂之連異。春生苗，高二三尺，有大小二種，其大者葉狹長如榆，如水蘇輩，莖赤，夏開黄花，可愛，秋結實似蓮作房，翹出眾草，故名。亦似椿實之未開者，好生下濕之地。其小者莖葉花實亦似大翹而差小，好生岡原之上。内含黑子如粟，乾時拆裂成瓣。荊湘、川蜀處處有之。八月採實，陰乾入藥，去子用殼。所使并所畏惡，《本草》不載。　味苦，性平，微寒，無毒。其氣上行，入手少陽三焦、足少陽膽經。主治經絡諸熱，瘰癧癰腫，癭瘤惡瘡，結熱蠱毒，排膿散血，通小腸，利小便。東垣云：十二經瘡藥中不可無。又云：諸經客熱，非此不能除。海藏云：治瘡瘍，瘤癭，結核有神。與茈胡同功，但分氣血之異耳。茈胡治在氣，連翹治在血。與鼠黏子同用，治瘡瘍別有神效。

明・鄭寧《藥性要略大全》卷四　連翹使　降心火，除胃中濕熱，瀉諸經客熱，治瘡瘍，排膿消腫。《金匱》云：瀉心經客熱。又云：諸經邪熱，非此不除。治寒熱，瘰癧，諸惡瘡癰腫，癭瘤結熱，瘡家之聖藥也。去胃蟲，通五淋。與柴胡同功，但分氣血之異爾。　味苦，平，性微寒，無毒。升也，陰也。手足少陽、三焦、膽經，陽明大腸胃經之藥。採取陰乾。凡治血症，黄連為主。以防風為上使，連翹為中使，地榆為下使。一名旱蓮子。

明・賀岳《醫經大旨》卷一《本草要略》　連翹　性涼而輕散，故能散諸經之客熱，而消諸經之癰腫也。勿聽子曰：除心熱，破癭瘤。蓋以諸痛瘡瘍皆屬心火，連翹性涼而輕散故耳。其曰堪行月水，則未之知也。意者叶韻配偶之意焉。

明・陳嘉謨《本草蒙筌》卷三　連翹　味苦，氣平、微寒。氣味俱薄，輕清而浮，升也，陽也。無毒。莖短微赤，葉狹常青。花細瓣深黄，實作房黄黑。因中片片相比，狀如翹應故名。凡用採收，須擇地土。生川蜀者，實類椿實，殼小堅，似椿實未開者。外完而無跗萼，剖則中解，氣甚芬香，纔乾便脱莖間，不擊自然落下；生江南者，實若菡萏，殼柔軟，外有跗萼抱之，解脉絕無，香氣自少，乾久尚着莖上，任擊亦不脱離。以此為殊，惟蜀最勝。去梗旋研，入劑方靈。餘剩密藏，氣味免失。經入少陰心臟，手足少陽陽明。瀉心經客熱殊功，降脾胃濕熱神効。敺惡癰毒蠱毒，去寸白蟲蚘蟲。瘡科嘗號聖丹，血證每為中使。通月水下五淋，義蓋取其結者散之。故此能散諸經血凝氣聚，必用而不可缺也。實人宜用，虚者勿投。〇連軺係根之名。仲景方云去熱。《本經》未載，此亦附之。

明・方穀《本草纂要》卷二　連翹　味苦，氣平、微寒，氣味俱輕，陽也，無毒。手足少陽經、陽明經，入手少陰心經藥也。主諸瘡癰腫，未潰發散，已潰生肌；眼症驅風明目，散腫止痛；喉症開結氣，去風熱，清痰下氣；或齗宣祖露，或舌腫破爛，或耳塞暴聾，或頭風頭痛，兩腮作腫，或頭目昏眩，癍疹疙瘩，是皆風熱之症也。連翹氣味輕揚，能消諸經之熱，並宜用之。吾聞用之之法，從荊防而治風熱，從芩連而治火熱，從大黄而治燥熱，從蒼柏而治濕熱，從歸芎而治血熱，從山梔而治鬱熱，從黄連而治煩熱。此輕揚之劑，上行最多。若夫耳目口鼻咽喉齒舌等症，隨所從而用之，無不驗者。

明・王文潔《太乙仙製本草藥性大全》卷二《本草精義》　連翹　一名異

翹，一名連苕，一名蘭華，一名折根，一名三廉，又名連草。生泰山山谷，今近京、河中、江寧府，澤、潤、淄、兖、鼎、岳利州，南康軍皆有之。有大翹、小翹二種。生下濕地或山崗上，葉青(茁)而狹長如榆葉、水蘇輩，莖赤色，高三四尺，花黃，秋結實似蓮房，翹出衆草，以此得名。根黃如蒿根，八月採，房陰乾。小翹生崗原之上，葉花實俱似大翹而細。蓋有二種，一種似椿實之未開者，殼小堅而外完，無跗萼，剖之則中解，氣甚芬馥，其實纔乾，振之皆落，不著莖也；一種乃如菡萏，殼柔，外有跗萼抱之，無解脉，亦無香氣，乾之雖久，著莖不脱，此甚相異也。

明・王文潔《太乙仙製本草藥性大全》卷二《仙製藥性》 連翹使 味苦，氣平、微寒，氣味俱薄，輕則而浮，升也，陽也，無毒。手足少陽經、陽明經藥，入手少陰心經，治血證。以防風爲上使，連翹爲中使，地榆爲下使。 主治：瀉心經客熱殊功，降脾胃濕熱神效。驅惡癰毒、蠱毒，去寸白蟲、蚘蟲。瘡科嘗號聖丹，血症每爲中使。主寒熱鼠瘻，治結熱癭瘤。通月水，下五淋。義蓋取其結者散之，故此能散諸經血凝氣聚，必用而不可缺也。實人宜用，虚者勿投。 連軺：係根之名。仲景方云去熱。《本經》未載，此亦附之。

補註：洗痔以連翹煎湯，洗訖，刀上飛綠礬，入麝香貼之。

明・皇甫嵩《本草發明》卷三 連翹下品之上，佐使。氣平、微寒，味苦，無毒。氣味俱輕而浮，陰中陽也，無毒。手足少陽、陽明經藥，入手少陰經。 發明曰：連翹涼而輕散，散心經客熱，降脾胃濕熱，消諸經癰腫。故《本草》主寒熱鼠瘻，瘰癧癰腫，惡瘡癭瘤，結熱蠱毒，為瘡科聖藥。以手足少陽之火，乘于陽明少陽之部分也。諸痛瘡瘍，皆屬心火。以入手少陰經，瀉心家客熱，降脾胃濕熱故也。又去胃蟲寸白，通淋利水，乃降濕熱之功，消癰腫瘰癧，由輕散之力，除心家客熱也。小兒尤宜。又云：通小腸，通月經。○治諸血症，以防風為上使，連翹為中使，地榆為下使。與鼠(占)〔粘〕子同治瘡瘍，解疽毒有神功。去梗，旋另研入劑方效。餘剩蜜藏，氣味不泄。

明・李時珍《本草綱目》卷一六草部・隰草類下 連翹《本經》下品。校正：併入有名未用《本經》翹根。

〔釋名〕連《爾雅》 異翹《爾雅》 旱蓮子《藥性》 蘭華《吴普》 三廉《别録》 根名連軺仲景 竹根《别録》恭曰：其實似蓮作房，翹出衆草，故名。宗奭曰：連翹亦不翹出衆草。太山山谷間甚多。其子折之，片片相比如翹，應以此得名耳。時珍曰：按《爾雅》云：連，異翹。則是本名連，又名異翹，人因合稱爲連翹矣。連軺亦作連苕，即《本經》下品翹根是也。唐蘇恭修《本草》退入有名未用中，今併爲一。旱蓮乃小翹，人以爲鱧腸者，故同名。

〔集解〕《别録》曰：連翹生太山山谷。八月采。陰乾。弘景曰：處處有之。今用莖連花實。恭曰：此物有兩種：大翹，小翹。大翹生下濕地，葉狹長如水蘇。花黃可愛，着子似椿實之未開者，作房翹出衆草。其小翹生岡原之上，葉花實皆似大翹而小細。山南人並用之，今長安惟用大翹子，不用莖花也。頌曰：今近汴京及河中、江寧、潤、淄、澤、兖、鼎、岳、利諸州，南康軍皆有之。有大小二種。大翹生下濕地或山岡上，青葉狹長，如榆葉、水蘇輩，莖赤色，高三四尺，獨莖。稍間開花黃色，秋結實似蓮，内作房瓣，根黃如蒿根，八月采房。其小翹生岡原之上，花葉實皆似大翹而細。南方生者，葉狹而小，莖短，纔高一二尺，花亦黃，實房黃黑，内含黑子如粟粒，亦名旱蓮，南人用花葉。今南方醫家説，云連翹有兩種：一種似椿實之未開者，殼小堅而外完，無跗萼，剖之則中解，氣甚芳馥，其實纔乾，振之皆落，不着莖也；一種乃如菡萏，殼柔，外有跗萼抱之，而無解脉，亦無香氣，乾之雖久，着莖不脱，此甚相異，此種江南下澤間極多。如椿實者，乃自蜀中來，入用勝似江南者。據《本草》則亦以蜀中者爲勝，然未見其莖葉也。

〔氣味〕苦，平，無毒。元素曰：性涼味苦，氣味俱薄，輕清而浮，升也陽也。手搓用之。好古曰：陰中陽也。入手足少陽、手陽明經，又入手少陰經。時珍曰：微苦、辛。

〔主治〕寒熱鼠瘻瘰癧，癰腫惡瘡癭瘤，結熱蠱毒《本經》。去白蟲《别録》。通利五淋，小便不通，除心家客熱甄權。通小腸，排膿，治瘡癤，止痛，通月經大明。散諸經血結氣聚，消腫李杲。瀉心火，除脾胃濕熱，治中部血證，以爲使震亨。治耳聾渾渾焞焞好古。

〔發明〕元素曰：連翹之用有三：瀉心經客熱，一也；去上焦諸熱，二也；爲瘡家聖藥，三也。杲曰：十二經瘡藥中不可無此，乃結者散之之義。好古曰：手足少陽之藥，治瘡瘍瘤癭結核有神，與柴胡同功，但分氣血之異爾。與鼠粘子同用治瘡瘍，别有神功。時珍曰：連翹狀似人心，兩片合成，其中有仁甚香，乃少陰心經、厥陰包絡氣分主藥也。諸痛癢瘡瘍皆屬心火，故爲十二經瘡家聖藥，而兼治手足少陽手陽明三經氣分之熱也。

〔附方〕舊一，新二。

瘰癧結核：連翹、脂麻等分，爲末，時時食之。《簡便方》。

項邊馬刀：屬少陽經。用連翹二斤，瞿麥一斤，大黃三兩，甘草半兩。每用一兩，以水一盌半，煎七分，食後熱服。十餘日後，灸臨泣穴二七壯，六十日決效。張潔古《活法機要》。

痔瘡腫痛：連翹煎湯熏洗，後以刀上飛過緑礬，入麝香貼之。《集驗方》。

莖葉〔主治〕心肺積熱時珍。

翹根〔氣味〕甘，寒、平，有小毒。普曰：神農、雷公：甘，有毒。李當之：苦。好古曰：苦，寒。〔主治〕下熱氣，益陰精，令人面悦好，明目。久服輕身耐老《本經》。以作蒸飲酒病人《別録》。治傷寒瘀熱欲發黄時珍。

【發明】《本經》曰：翹根生嵩高平澤，二月、八月采。弘景曰：方藥不用，人無識者。好古曰：此即連翹根也，能下熱氣。故張仲景治傷寒瘀熱在裏，麻黄連軺赤小豆湯用之。注云：即連翹根也。

【附方】新一 癰疽腫毒：連翹草及根各一升，水一斗六升，煮汁三升服取汗。《外臺秘要》。

題明・薛己《本草約言》卷一《藥性本草》 連翹 味苦，氣平，微寒，無毒。陰也，氣味俱輕，可升可降，通行諸經之藥。療瘡瘍之結熱，諸經之客熱，心經之鬱熱，下焦之淋熱，既有清熱之功，又有散結之妙，亦奇藥也。○性涼而輕散，故能散心經客熱，降脾胃濕熱，消諸經癰腫，為瘡家聖藥。其通淋利水，乃降濕熱之功。消癰腫瘰癧，由輕散之力，除心家客熱也。○治諸血證，以防風為上使，連翹為中使，地榆為下使，不可不知。惟實者宜用之。○又除六經熱，與柴胡同功。但此治血熱，柴胡治氣熱，為少異耳。

明・梅得春《藥性會元》卷上 連翹 味苦、平，性寒。升也，陰也。無毒。入手少陰心經、手少陽三焦經、手陽明太陽經、足少陽膽經、足陽明胃經藥。有大小二種，根名連軺。 主瀉諸經之客熱，散諸腫之瘡瘍。排膿而消腫，除心熱而破癭瘤。堪行月水，利小便。專治寒熱癰疽、發背、鼠瘻、瘰癧、惡瘡，不可缺也。瀉心火，降脾胃濕熱，及心驚客熱。療蟲毒有神功。通利五淋，去白蟲，能散諸積聚氣血。凡治血症，以防風為上使，連翹為中使，地榆為下使，不可不知。《衍義》云：治痢有微血，不可執。以連翹為苦燥劑，虚者多致危困，實者宜用。

明・杜文燮《藥鑒》卷二 連翹 氣寒，味苦、辛，無毒。氣味俱薄，升也，陽之陽也。主治心熱，破癭瘤。《經》曰：諸腫瘡瘍，皆屬心火。惟翹性涼而輕辛，故能散諸經之客熱，而消諸經之癰腫也。君節草，同麻油，臣蜂蜜，能治發背諸毒。主麻黄，同山甲，入牛子，善快痘瘡未發。同黄連則入心解熱，同黄芩則入肺瀉火。從（枝）〔梔〕子則引熱內降，從麻黄則引熱外散。又曰：為外科聖藥者，得非以苦泄熱，以辛散火之謂乎。

明・王肯堂《傷寒證治準繩》卷八《藥性》 連軺連翹根也。 氣寒，味甘苦，有小毒。主下熱氣，益陰精。故仲景治傷寒，瘀熱在裏，欲發黄，用麻黄連軺赤小豆湯。

明・李中立《本草原始》卷四 連翹 始生太山山谷，今處處山谷有之。此物有二種，一種似椿實之未開者，殼小堅，而外完，無跗蕚，剖之則中解，氣甚芬馥。其實纔乾，振之皆落，不著莖也。《圖經》曰大翹者，即此也。一種乃如菡萏，殼柔，外有跗蕚抱之，無解脉，亦無香氣。乾之雖久，著莖不脱。《圖經》曰小翹者，即此也。俗多用如椿實者。其實折之，其間片片相比如翹，應以此得名爾。又一名異翹，一名連苕。 氣味：苦，平，無毒。 主治：寒熱鼠瘻，瘰癧癰腫，惡瘡癭瘤，結熱蠱毒，去白蟲。○主通利五淋，小便不通，除心家客熱。○通小腸，排膿，治瘡癤，止痛，通月經。○尤宜小兒。連翹，《本經》草部下品，今移木部。【圖略】連翹樹高數尺及丈餘。 修治：連翹去蒂瓤任用。噙口者佳，開瓣者不堪用。 連翹，使。

明・張懋辰《本草便》卷一 連翹使 味苦，氣平，微寒，氣味俱輕，陽也，無毒。 主寒熱瘰癧，癰腫，瀉心火，降脾胃濕熱，通利五淋及月經，除心經客熱。 治血證以防風爲上使，連翹爲中使，地楡爲下使。

明・盧復《芷園臆草題藥》 連翹 有大翹、小翹二種。大者獨莖，赤色，高三四尺，梢頭結實，小堅外完，劈中易解，似兩翹合籠時也。氣甚芬芳，其實纔乾，振之即落，如不着蒂者。然其治鼠瘻，癰腫瘡瘤，從結氣所生，取其象形，易落而能自散也。《綱目》以為狀似人心，故入心。痛癢瘡瘍，皆心火主之。東垣以為十二經瘡藥中不可無，亦取心義。取義屬心，何必似人之心？且心不兩（辨）〔瓣〕，顧獨莖赤色，及結實在上，自然屬心矣。又云散血結，氣聚以結，治結但當用上聲之散，不當用去聲之散。散則自散而省力，散則分散而屬有為矣。第可施于上中二部，而下部實非其性也。

明・李中梓《藥性解》卷二 連翹 味苦，性微寒，無毒，入心、肝、膽、胃、三焦、大腸六經。瀉六經之血熱，散諸腫之瘡瘍，利小腸，殺白蟲，通月經，療五淋，破癭瘤，解痘毒。鼠粘子為使。按：連翹苦寒，雖瀉六經，而心經為最，諸瘡淋閉等症，俱屬心火，故能療之。《藥性》曰：除六經熱，與柴胡同功，然此治血熱，柴胡治氣熱之別尔。

明・繆希雍《本草經疏》卷一一 連翹 味苦，平，無毒。主寒熱，鼠瘻瘰癧，癰腫惡瘡，癭瘤結熱，蠱毒，去白蟲。

【疏】連翹感清涼之氣，得金水之性。《本經》雖云味苦，平，無毒，平應作辛，乃為得之。潔古謂其性涼，味苦。氣味俱薄，輕清而浮，升也，陽也。

海藏以為陰中陽也。入手足少陽、手陽明經，亦入手少陰心經。其主寒熱、鼠瘻瘰癧、癭瘤結熱者，以上來諸證，皆從足少陽膽經氣鬱有熱而成。此藥正清膽經之熱，其輕揚芬芳之氣，又足以解足少陽之鬱氣，清其熱，散其鬱，靡不瘳矣。癰腫惡瘡，無非榮氣壅遏、衛氣鬱滯而成。清涼以除瘀熱，芬芳輕揚以散鬱結，則榮衛通和而瘡腫消矣。蠱毒非熱非辛則不成，熱解則蠱自消。濕熱盛則生蟲，清其熱而苦能洩，蟲得苦即伏，故去白蟲。甄權用以通利五淋，小便不通，除心家客熱。日華子用以通小腸，排膿治瘡癤，止痛通月經，東垣用以散諸經血結氣聚，消腫。丹溪用以瀉心火，除脾胃濕熱，及治中部血證以為使。海藏用以治氣秘火炎之耳聾，一皆清熱散結、下氣燥濕之功也。【主治參互】得貝母、白芷、甘草、金銀花、玄參、薄荷、夏枯草、白及，能消瘰癧。加牡鼠糞、人爪、山豆根、蒲公英，消乳癰、乳巖。《簡便方》治瘰癧結核，連翹、脂麻等分，為末，時時食之。潔古治項邊馬刀，屬少陽經，連翹二斤，瞿麥一斤，大黃三兩，甘草半兩。每用一兩，煎，食後熱服。十餘日後，灸臨泣穴二七壯，六十日決效。《集驗方》治痔瘡腫痛，連翹煎湯熏洗後，以刀上飛過綠礬，入麝香貼之。【簡誤】連翹清而無補之藥也。癰疽已潰勿服。火熱由於虛者勿服。脾胃薄弱，易於作泄者勿服。

明・倪朱謨《本草彙言》卷四 連翹 味苦，氣平，無毒。氣味俱薄，輕清而浮，升也，陽也。入手足少陽、手足陽明、手少陰經。《別錄》曰：連翹，出太山山谷。今汴京及河中、江寧、潤、淄、澤、兗、鼎、岳、利諸州，皆有之。獨蜀中者爲勝。蘇氏曰：有大翹、小翹兩種。大翹生下濕地，或山岡上。葉青翠，如榆葉、水蘇輩，莖高三四尺，而色稍赤，獨莖梢開花，黃色可愛。三秋着子，似蓮實之房，亦若椿實之未開者，翹出衆草，殼小堅，外完無附萼，剖之中解，氣甚芳香，實纔乾，振之即落，若不着莖，根如青蒿之白硬也。小翹，生岡原之上，莖葉花實，皆似大翹，但細小耳。古人莖葉花實並用，今惟用實，未見用莖葉也。今南方一種，莖短葉小，實惟黃黑，子如粟粒，乃旱蓮也。又一種，如菡萏，殼柔軟，外有附萼抱之，且無解脉，亦不芳香，乾之不落，久着莖上。功用殊別也。

連翹：散風清熱，日華子解瘡毒之藥也。沈孔庭集主瘰癧結核，諸瘡癰腫，熱毒熾盛。未潰可散，已潰解毒。眼證，腫赤澀痛。耳證，昏塞暴聾。頭證，頭風眩痛。喉證，脹閉不通。或腮腫齒疼，或舌破生瘡，或痘瘖瘢疹，隱現出沒。以上諸證，皆心肝膽腎四經之病。此藥清標芳馥，善解風火痰氣鬱結所因。其輕揚之性，上行最專，苦寒之氣，下行更力。所以耳目口鼻，咽喉齒舌之間，頸腋背膂，胸腹肢脇足膝之處，靡不奏功。但涼散之性，清而無補，如癰疽已潰者，火熱風痰由于虛者，脾胃薄弱易于作瀉者，俱不可投。

李東垣先生曰：連翹，于十二經瘡藥中，不可無此。謂表裏上下氣血之分，咸需之耳。盧不遠先生曰：連翹，治鼠瘻癰腫瘡核，皆從結氣所生。取其象形，易落而能自散也。沈則施先生曰：連翹從荊芥而治風熱。從芩、連而治火熱。從大黃而治燥熱。從蒼、柏而治濕熱。從歸、地而治血熱。從貝、半而治痰熱。從山梔而治鬱熱。從甘、麥而治煩熱。從金銀花、紫花地丁而治疔腫瘡毒之熱。

集方：《陸氏簡便方》治瘰癧結核及馬刀諸瘡。用連翹、半夏、川貝母、金銀花、玄參、甘草、薄荷、夏枯草、白及、白芷，各等分，爲末。食後白湯調服二錢。○已下十一方出柯王樵《醫會》治乳癰乳核。用連翹、雄鼠糞、蒲公英、川貝母，各二錢，水煎服。○治熱毒初起。用連翹、甘草，各一兩，酒水各半，煎服可散。○治目病腫赤澀痛。用連翹、柴胡、荊芥、白芷、羌活、防風、草决明、蟬蛻，各一錢，甘草六分，水煎服。○治耳病忽然昏閉不聞。用連翹一兩，蒼耳子二兩，水煎濃汁。徐徐服。○治頭風眩痛。用連翹、天麻、防風、橘紅、半夏各三錢，白朮一錢，水煎服。○治咽喉閉脹不通。用連翹、膽星、薑製半夏、陳皮、桔梗各三錢，荊芥三兩，水煎數碗。徐徐服。○治牙腮腫脹作痛。用連翹、白芍藥、半夏各二錢，桔梗、甘草各五分，水煎服。○治一切風火寒蟲，四種牙痛。用連翹五錢，黃連一錢，防風、荊芥、白芷、蔓荊子各二錢，吴茱萸、川椒、細辛各五分，水煎服。○治舌破生瘡。用連翹五錢，黃柏三錢，甘草二錢，水煎含嗽即愈。○治痘瘖欲起未起。用連翹、桔梗、甘草各一錢，防風、荊芥、蟬蛻、羌活、薄荷各二錢，水煎服。○治赤遊癍毒。用連翹一味，煎湯飲之。

連翹根：味甘、微苦，氣寒，有小毒。治傷寒瘀熱在裏，欲發黃者。有麻黃連翹根赤小豆湯。此張仲景方也。

明・顧逢柏《分部本草妙用》卷七兼經部・性平 連翹 苦，平，無毒。入手足少陽、手陽明少陰經，為十二經瘡藥中聖劑。主治：一切外科症，除心肺客熱，散諸經血結氣聚，消腫，脾胃濕熱，耳聾如鳴。按：連翹能瀉心經客熱，上焦諸熱瘡熱症也，故為聖藥。此結者散之之義，熱散而毒自解矣。治瘡瘍者魁之。

明・李中梓《醫宗必讀・本草徵要上》　連翹味苦，寒，無毒。入心、胃、膽、腎、大腸五經。　除心經客熱，散諸經血結。手少陰主藥也。諸瘡痛癢，皆屬心火，故為瘡家要藥。按：連翹苦寒，多餌即減食，謹之！

明・鄭二陽《仁壽堂藥鏡》卷一〇下　連翹　《圖經》云：連翹，今河中、岳州有之。　氣平，味苦。苦，微寒，氣味俱薄，陰中陽也。無毒。手足少陽經、陽明經藥。《象》云：治寒熱瘰癧，諸惡瘡腫，除心中客熱，去胃中蟲。《本草》云：主寒熱，鼠瘻瘰癧，癰腫癭瘤，結熱蠱毒。去寸白蟲。　潔古云：連翹：性涼，微苦，氣味俱薄，輕清而浮，升陽也。其用有三：瀉心經客熱，一也；去上焦諸熱，二也；瘡瘍須用，三也。東垣云：連翹：十二經瘡藥中不可無。乃結者散之之義。能散諸經血結氣聚，此瘡瘍之神藥也。又云：諸經客熱，非此不能除。海藏云：入手足少陽經，治瘡瘍，瘤氣癭起結核有神。與柴胡同功，但分氣血之異爾。與鼠粘子同用，治瘡瘍別有神效。連軺：苦、寒，除熱。《本經》不見所載，但仲景方內註云：連軺即連翹根也。《方言》熬者，即今炒也。

明・蔣儀《藥鏡》卷四寒部　連翹　辛散苦泄，輕揚上行。解六經腫毒寒熱，治百種瘡瘍痛疼。通月事，療五淋，消痘毒，殺白蟲。利小便而降心經之火，退諸熱而清脾胃之濕。從山梔則引熱內降，從麻黃則引熱外散。

明・李中梓《頤生微論》卷三　連翹　味苦，性寒，無毒。入心、胃、膽、大腸、腎五經。主心經客熱，諸經血結，消癰疽腫毒，清六經邪火。新補。

按：連翹手少陰主藥也。心為火主，心清則諸藏皆清。諸瘡痛痒，皆屬心火，故瘡家以為要藥。性極苦寒，多用即減食。

明・張景岳《景岳全書》卷四八《本草正》　連翹　味苦、微辛，氣微寒。氣味俱薄，輕清而浮，升也，陽中有陰。入手少陰、手足少陽、陽明。瀉心經客熱，降脾胃濕熱。去寸白、蛔蟲，通月水五淋。以其味苦而輕，故善達肌表，散鼠瘻瘰癧，癭瘤結熱，蠱毒，癰毒，班疹，治瘡癤，止痛消腫排膿，瘡家號為聖丹。以其辛而能散，故又走經絡，通血凝，氣滯結聚，所不可無。

明・賈九如《藥品化義》卷九火藥　連翹　屬陰，體輕，色蒼，氣和，味微苦，性涼，能升能降，力清三焦火，性氣與味俱輕清，入心肺肝脾三焦膽胃諸經。　連翹氣味輕清，體浮性涼。浮可去實，涼可勝熱，總治三焦諸經之火。心肺居上，脾居中州，肝膽居下，一切血結氣聚，無不調達而通暢也。但連翹治血分功多，柴胡治氣分功多。同牛蒡子善療瘡瘍，解痘毒尤不可缺。

明・盧之頤《本草乘雅半偈》帙六　連翹《本經》下品　氣味：苦，平，無毒。　主治：主寒熱，鼠瘻瘰癧，癰腫惡瘡，癭瘤結熱，蠱毒。

覈曰：出太山山谷，今汴京，及河中、江寧、潤、淄、澤、兗、鼎、岳、利諸州，皆有之，獨蜀中者為勝。有大翹、小翹兩種。大翹生下濕地，或山岡上，葉青翠如榆葉水蘇輩，莖高三四尺而色稍赤，獨莖梢開花，黃色可愛，三秋着子，似蓮實之房，亦若椿實之未開者，翹出衆草，殼小堅外完，無附萼，剖之中解，氣甚芳馥，實纔乾，振之即落，若不着莖，根如青蒿之白硬也。小翹，生岡原之上，莖葉花實皆似大翹，但細小耳。古者莖葉花實並用，今惟用實，未見莖葉也。南方一種，莖短葉小，惟實黃黑，子如粟粒，乃旱蓮。又一種如菡萏，殼柔軟，外有附萼，抱之且無解脈，亦不芳香，乾之不落，久着莖上，功用殊別也。

參曰：《內經》嘗以車蓋喻脈狀，曰藹藹如車蓋者，陽結也，亦陽盛也。《本經》乃以連翹名藥。《左傳》云翹翹車乘，連連翹翹如車乘爾，此形相似，亦病相類也。其主結熱，儼若陽結陽盛乎。一名連軺，軺亦小車也。蓋車者，引重致遠，以濟不通。《周禮》云：車有天地之象，是合陰陽內外而言，誠開闔之樞鍵也。故主熱結在中，為寒熱鼠瘻瘰癧，其本在藏，其末在頸腋間也。若蠱毒，此但沉于藏；癭瘤癰腫，此但浮于脈，咸屬寒熱為病因，熱結為形證者也。其功力與夏枯相等，但夏枯偏于從本，秉寒水化令，故上徹巔頂，下及趺踵；連翹偏于從末，秉容平氣味，故外彌膚腠，內偏五中，至于解從結心，理則一矣。先人云：連翹治鼠瘻癰腫瘡瘤，咸從結氣所生，取其象形易落，而能自散也。《綱目》謂狀似人心，故入心，以痛癢瘡瘍，皆屬心火也。東垣謂十二經瘡藥中，不可無此，何必似人心狀乎？顧獨莖赤色，及結實在上，原具心象。又云：散血結氣聚，此以結治結，當用上聲之散，不當用去聲之散，散則自散而省力，散則分散而有為，此先人備言所治之證，頤但略言能治之因，合能所生成，則命名之義了然矣。

明・李中梓《本草通玄》卷上　連翹　苦，寒，入心。瀉心火，破血結，

散氣聚，消腫毒，利小便。諸瘡痛癢皆屬心火，連翹瀉心，遂為瘡家要藥。治瘻癧瘡瘍有神，然久服有寒中之患。〔酒炒，研用。〕

清・顧元交《本草彙箋》卷三 連翹 氣味輕清，體浮性涼。浮可去實，涼可去熱，總治三焦諸經之火。心肺居上，脾居中州，肝膽居下，一切血結氣聚，無不調達而通暢也。但連翹治血分功多，柴胡治氣分功多。同牛蒡子善療瘡瘍，解痘毒尤不可缺。

凡瘰癧結核，項邊馬刀之必用連翹者，以症正屬少陽經，而此藥正清膽經之熱，其輕揚芬芳之氣，足以解熱而散鬱也。

清・穆石匏《本草洞詮》卷九 連翹 其實似蓮，相比如翹，故名。味苦，氣平，無毒。手少陰、厥陰氣分主藥，兼入手足少陽、手陽明氣分。瀉心經客熱，治瘡癤，排膿止痛，散諸經血結氣聚。蓋連翹似人心，兩片合成，其中有仁，甚香。諸痛癢瘡瘍，皆屬心火。故為十二經瘡家聖藥也。

清・劉雲密《本草述》卷九下 連翹 頌曰：秋結實似蓮，內作房瓣，八月采房。又曰：南方醫家説云：連翹有兩種，一種似椿實之未開者，殼小堅而外完無跗萼，剖之則中解氣甚芳馥，其實纔乾，振之皆落，不著莖也。一種乃如菡萏，殼柔，外有跗萼抱之，而無解脈，亦無香氣，乾之雖久，著莖不脫，此甚相異。此種江南下澤間極多。如椿實者，乃自蜀中來，入用勝似江南者。據《本草》則亦以蜀中者為勝，然未見其莖葉也。

氣味：苦，平，無毒。潔古曰：性涼，味苦，氣味俱薄，輕清而浮，升也，陽也。好古曰：陰中陽也，入手足少陽、手陽明經，又入手少陰經。

時珍曰：微苦、辛。

主治：散諸經血結氣聚李杲。治寒熱鼠瘻，瘰癧癰腫，瘻瘤結熱，蠱毒《本經》。又氣閉火炎，耳聾渾渾焞焞好古。療心經客熱甄權。除脾胃溼熱震亨。通月水日華子。利五淋，小便不通甄權。於小兒諸瘡客熱最宜。治氣閉火炎，耳聾渾渾焞焞，正是少陽膽之治。

潔古曰：連翹之用有三，瀉心經客熱，一也；去上焦諸熱，二也；為瘡家聖藥，三也。東垣曰：十二經瘡藥中，不可無此。乃結者散之之義。好古曰：手足少陽之藥，治瘡瘍瘤瘻結核有神。與柴胡同功，但分氣血之異爾。膽熱，氣連翹，血柴胡。與鼠粘子同用，治瘡瘍別有神功。丹溪曰：連翹苦，陰中微陽，升也，入手少陰經。瀉心火，降脾胃溼熱，及心經客熱，非此不能除。瘡瘻癰腫，不可缺也。時珍曰：連翹狀似人心，兩片合成，其中有仁甚香，乃少陰心經、厥陰包絡氣分主藥也。諸痛癢瘡瘍，皆屬心火。故為十二經瘡家聖藥，而兼治手足少陽、手陽明三經氣分之熱也。盧復曰：連翹治鼠瘻癰腫瘡瘤，咸從結氣所生，取其象形，易落而能自散也。《綱目》謂狀似人心，故入心，以痛癢瘡瘍，皆屬心火也。東垣謂十二經瘡藥中，不可無此，何必似人心狀乎？顧獨莖赤色，及結實在上原，具心象耳。

之頤曰：連翹《本經》所列主治，是合陰陽內外而言，誠開闔之樞鍵也。故主熱結在中，為寒熱鼠瘻瘰癧，其本在臟，其末在頸腋間也。若蠱毒，此但沉於臟，瘻瘤癰腫此但浮於脈，咸屬寒熱為病，因熱結為形證者也。其功力與夏枯相等，但夏枯偏於從本，秉寒水化令，故上徹巔頂，下及趺踵。連翹偏於從末，秉容平氣味，故外彌膚腠，內偏五中，至於解從結心，理則一矣。希雍曰：連翹感清涼之氣，得金水之性。《本經》雖云味苦，平，無毒。平應作辛，乃為得之其主，寒熱鼠瘻，瘰癧瘻瘤結熱者，以上來諸證，皆從足少陽膽經氣鬱有熱而成。此藥正清膽經之熱，其輕揚芬芳之氣，又足以解足少陽之鬱氣，清其熱，散其鬱，靡不瘳矣。氣清其熱散，其鬱靡不瘳矣。

愚按：連翹之味微苦，而氣涼，所謂平，即涼也。即其結實於秋，采房於八月，知為得秋涼之氣以告成也。夫草木結實，為生氣所孕蓄，此實稟秋之收氣，乃能散諸經之血結氣聚。即其房剖之，則中解稍乾，振之則皆落，不可想見其用，有異於他清熱之味歟？此盧復所謂取其象形易落，而能自散者也。本收氣以散結氣，自應先歸之膽與肝，蓋木以金為主，金以木為用也。蓋辛之喜酸者，緣升散而樂降收，以返其元，若辛更有苦，以為宣者，則屬酸收之，氣亦樂得之以暢其用矣。此即所以行胃經溼熱，而清心之客熱也。《本經》首言其治寒熱鼠瘻云云，正指其功用之首及者，在足少陽之氣結證，非以為專治如是證也。茀海藏謂為入手足少陽之藥，但兼入別經。丹溪止言入手少陰，即時珍亦然。近代繆氏所指，似在足少陽者，其誰是適主歟？曰：連翹，氣分藥也。氣原於手少陽三焦，固屬相火，而陰陽之氣以足少陽膽為樞，即與相火對化，是手少陽為陰中之陽，乃先天合一之真元也。而足少陽則為陰陽之樞，實後天氣血開闔之先，舉陰陽之氣徵諸水火，水火之氣即分寒熱者，不能離乎三焦，而寒熱之在氣血者，為虛為實，或結或聚，即不能離乎足少陽膽，不獨外感為然也。先哲云：凡寒熱之證，唯足太陽、少陽二經有之。而《本經》於茲味主治，舉寒熱二字以冠諸證，則繆氏指重足少陽也，義或不妄。然豈能舍手少陽生氣之元，而言足少陽開闔之病乎？此海藏謂為手足少陽藥，誠不易之說也。若然，則所云瀉心火，降脾胃溼熱，於義何居？蓋三焦者，始於元氣，用於中脘，散於膻中，心胃並在是矣。鬲盲之上，中有父母，而胃又生化氣血之地，舉氣血開闔者，而能散其偏氣之結聚，又何心火之不除，胃中溼之不降乎？連翹得金水之性，而氣味俱輕清上浮，與手足少陽其氣從下而上者，同氣相求，故能散二經結熱。其主散溼熱之結者，以本於金水之性也。夫散手足少陽之結熱，而歸於散心胃之溼熱者，由氣而之血也，氣固為血之先。若然，則隨所引用以奏效矣。或言主心經客熱者，蓋如痛癢瘡瘍，皆屬心火，亦因三焦相火，病乎心包絡之血也，既屬血病，謂之溼熱亦可。蓋陰陽之氣不和，則三焦元氣化熱先病乎火，主之心，并胃脘之陽矣。又心主血，氣疏而血自化，胃中溼熱亦氣結而病於血者也。即此，可以思通月水、利五淋之義焉。雖然醫習以為瘡家聖藥，而不繹《本經》所列諸證，首寒熱，而貫以熱結二字，推求此意，則本於陰陽之不和，以病於熱結，即不具外之形證者，不可治乎？如涼膈散、熱鬱湯之用，種種不一而足，豈必盡屬瘡證乎？之頤所說於瘡家聖藥之義，可謂言所未言矣。故此味不可與清熱諸劑例視。蓋清熱者，性多降折，此味直以收氣為散氣，其氣為升為陽，豈等降折，即用於苦寒中，亦猶藉其散結為功耳。如徒以清熱槩言，彼保和丸中欲散結聚耶，抑更用之清熱耶，甚矣，醫理之難言也。

足少陽膽鬱熱口苦，同柴胡用殊效。痔瘡腫痛，連翹煎湯熏洗，後以刀上飛過綠礬，入麝香貼之。

丹溪曰：治血證以防風為上使，連翹為中使，地榆為下使，不可不知。《衍義》治利有微血，不可執以連翹為苦燥劑，虛者多致危困，實者宜用之。

希雍曰：連翹清而無補之藥也。癰疽已潰勿服。火熱由於虛者勿服。脾胃薄弱，易於作泄者勿服。

修治　黑而閉口者良。去蒂根，研。

翹根：氣味：甘，寒，平，有小毒。普曰：神農、雷公：甘，有毒。李當之：苦。好古曰：苦，寒。主治：下熱氣，益陰精，治傷寒瘀熱欲發黃。好古曰：此即連翹根也。能下熱氣。故張仲景治傷寒瘀熱在裏，麻黃連軺赤小豆湯用之。注云：連軺，即翹根也。

清·郭章宜《本草匯》卷一一　連翹即連軺。苦，寒，氣味俱薄，輕清而浮，升也，陽也。入手足少陽、手陽明經，又入手少陰經。療瘡瘍之結熱，除諸經之客熱。去心經之鬱熱，除中部之濕熱。第可施于上中二部，而下部實非其性。既有清熱之功，又有散結之妙。《本經》主治寒熱鼠瘻瘰癧癭瘤結熱者，以諸證皆從足少陽膽經氣鬱有熱而成。此藥正清膽經之熱，其輕揚芬芳之氣，又足以解足少陽之鬱氣，清其熱，散其鬱，靡不瘳矣。又治癰腫惡瘡，無非營氣壅遏，衛氣鬱滯而成。清涼以除瘀熱，芬芳輕揚以散鬱結，則營衛通和，而瘡腫消矣。

按：連翹清而無補之劑，乃少陰心經、厥陰包絡氣分主藥。諸痛癢瘡瘍，皆屬心火，故為十二經瘡家聖藥，乃結者散之之義。而兼治手足少陽、手陽明三經氣分之熱，與柴胡同功。但此治血熱，柴胡治氣熱，為少異耳。連翹之用有三：瀉心經客熱，去上焦諸熱，及瘡家聖藥。癰疽已潰，及火熱由于虛者，脾胃薄弱易于作泄者，多用即減食，有寒中之患。

手搓用。

清·蔣居祉《本草擇要綱目·寒性藥品》　連翹　氣味：苦，平，無毒。輕清而浮升，陰中陽也。入手足少陽、手陽明經，又入手少陰經。主治：瀉心經客熱，去上焦諸熱，為瘡家聖藥。瘡瘍瘤癭結核，治有神功者。以其狀似人心兩片合成。其中有仁甚香，乃少陰心經、厥陰胞絡氣分主藥也。

清·王翃《握靈本草》卷四　連翹生川蜀者勝。江南下澤極多。主治：連翹，苦，平，無毒。主寒熱，鼠瘻瘰癧，癰腫惡瘡，血結氣聚。消腫，瀉心火，除脾胃濕熱，中部血證。發明：【略】丹溪阿魏丸治肉積，保和丸治食積，並用連翹去上焦諸熱為要藥。

清·汪昂《本草備要》卷一　連翹輕，宣，散結，瀉火。微寒升浮。形似心，實似蓮房，有瓣。苦入心，故入手少陰、厥陰心、心包氣分而瀉火，兼除手足少陽、三焦、膽。手陽明經大腸氣分濕熱。散諸經血凝氣聚，營氣壅遏，衛氣鬱滯，遂成瘡腫。利水通經，殺蟲止痛，消腫排膿，皆結者散之。凡腫而痛者爲實邪，腫而不痛爲虛邪，腫而赤者爲結熱，腫而不赤爲留氣停痰。爲十二經瘡家聖藥。《經》曰：諸瘡痛癢，皆屬心火。

清·李世藻《元素集錦·本草發揮》　連翹　《本草》無去心之說，同他藥有去心者，遂相傳誤。且連翹乃子，非心也。《本草》云：子甚芬香。夫豈可去？

清·陳士鐸《本草新編》卷三　連翹　味苦，氣平、微寒，輕清而浮，升也，陽也，無毒。入少陰心經，手足少陽、陽明。瀉心中客熱，脾胃濕熱殊效。去癰毒，寸白蚘蟲，瘡科攸賴。通月經，下五淋，散諸經血凝氣聚。但可佐使，非君臣主藥，可用之以攻邪，不可恃之以補正，亦可有可無之品。近人無論虛實，一概亂投，殊為可哂[焉]。

或問：連翹為外科要藥，是亦藥中之甘草也，吾子以為可有可無，何也？連翹實不足重輕也。蓋敗毒必須用甘草，化毒必須用金銀花，消毒必須用礬石，清毒必須加用芩、連、梔子，殺毒必須加用大黃。是治毒之法，無一件可勞連翹，有之不加重，無之不加輕。但有之以為佐使，則攻邪有力，又未必無小補也。

清·顧靖遠《顧氏醫鏡》卷七　連翹辛、苦，寒。入心膽大腸三經。搗碎。除心經客熱，為心經包絡氣分之主藥，最瀉心火。祛脾胃濕熱。治耳聾而通月經，三焦經病則耳聾，熱氣上壅之故，直入三焦，清熱則愈。通經者，清熱散血結之功也。利五淋，小便不通。去白蟲而解蠱毒。濕熱除則蟲自去，蠱毒非辛熱不成，熱解則蠱自消。心與小腸為表裏，瀉心火而小腸之熱亦除。散諸經血結氣聚，十二經瘡家必用，乃結者散之之義。又諸經客熱，非此不除。消瘰癧癭瘤，皆膽經氣鬱有熱而成，輕揚芬芳，以散鬱結，清涼以除鬱熱，則自消矣。醫癰腫惡瘡。無非營氣壅遏，衛氣鬱滯而成。清而無補之藥，中病即止。癰疽已潰勿服。

清·李熙和《醫經允中》卷二〇　連翹　入手足少陽、手陽明、少陰、十二經瘡藥。苦，平，無毒。主治心肺客熱，脾胃濕熱，散諸經血結氣聚，消腫毒瘡瘍，一切外科聖藥。多服有寒中之患，癰疽已潰後弗用。

清·馮兆張《馮氏錦囊秘錄·雜症痘疹藥性主治合參》卷一　連翹感清陽之氣，得金水之性，故味苦辛，平，性涼，無毒。氣味俱薄，輕清而浮，升也，陰中陽也。入手足少陽，手陽明經，亦入手少陰心經。辛涼輕揚，故散鬱滯結熱，諸淋諸瘡，濕熱腫毒之要藥。

連翹，散心經客熱，脾胃濕熱，諸經鬱熱，既有清熱之功，又有散結之妙。凡濕熱血凝氣聚，一切癰毒，五淋寒熱，鼠瘻，瘰癧，惡瘡，結熱蠱毒。

主治痘疹合參：清諸火，退五心煩熱，散痘中心經熱毒，風熱陽毒癰腫，痘後餘毒，散鬱除濕。

按：連翹，味苦性寒，能瀉六經鬱火，然入手少陰主藥也。心為火主，心清則諸臟皆清。諸痛瘡瘍，皆屬心火，故瘡家以為要藥。然多用胃虛食少，脾胃不足者慎之。且清而無補，癰疽潰後勿服，火熱由於虛者忌投。

清·张璐《本經逢原》卷二　連翹　苦，平，無毒。根名連軺，甘，寒，平，小毒。

《本經》主寒熱鼠瘻，瘰癧癰腫，惡瘡癭瘤，結熱蠱毒。發明：連翹輕清而浮，本手少陰、厥陰氣分藥。瀉心經客熱，破血結，散氣聚，消腫毒，利小便。諸痛癢瘡，皆屬心火。連翹瀉心為瘡家之聖藥，十二經瘡藥中不可無此，乃結者散之之義。《本經》專主寒熱鼠瘻，瘰癧癭瘤結熱等病，皆由足少陽膽經氣鬱而成，此藥正清膽經鬱熱。癰疽惡瘡，無非營衛壅遏，得清涼以散之。蠱毒所結，得辛香以解之。然苦寒之性僅可以治熱腫，故癰疽潰後膿清色淡及胃弱食少者禁用。○根寒降，專下熱氣，治濕熱發黃，濕熱去而面悅好，眼目明矣。仲景治瘀熱在裏發黃，麻黃連軺赤小豆湯主之。奈何世鮮知此，如無根，以實代之。

清·浦士貞《夕庵讀本草快編》卷二　連翹《本經》　根名連軺。其實似蓮作房，翹出眾草之上，故名。連翹味苦性涼，氣味俱薄，輕清而浮，升陽之品也。為手少陰主藥，兼入手足少陽、陽明四經氣分。故能療心家客熱，散諸經血結，為瘡家之聖藥。以其狀類人心，其仁更香，故專治之。夫心為火主，心清則四藏皆清，諸痛瘡痒，皆屬于心火，心既得寧，則火不陷入小腸，而淋秘亦通矣。治瘻瘤結核有神者，《經》所謂甲乙之氣，浮于頸項，少陽得舒，則結聚自散矣。若其根，仲景取治傷寒瘀熱在裏者有効。

清·張志聰、高世栻《本草崇原》卷下　連翹　氣味苦，平，無毒。主治寒熱鼠瘻瘰癧，癰腫惡瘡，癭瘤結熱，蠱毒。

連翹出汴京及河中、江寧、潤、淄、澤、兗、鼎、岳、南康諸州皆有之，而以蜀中者為勝。有大翹、小翹二種。大翹生下濕地，葉如榆葉，獨莖赤色，稍間開花黃色可愛，秋結實，形如蓮，內作房瓣，氣甚芳馥，根黃如蒿根。小翹生崗原之上，葉莖花實皆似大翹，但細小耳。實房黃黑，內含黑子，根名連軺，須知大翹用實不用根，小翹用根不用實。

連翹味苦性寒，形象心腎，禀少陰之氣化。主治寒熱鼠瘻瘰癧者，治鼠瘻瘰癧之寒熱也。夫瘻有內外二因，內因曰鼠瘻，外因曰瘰癧，其本在臟，其末在脈。此內因而為水毒之瘻，故曰鼠瘻也。陷脈為瘻，留連肉腠，此外因而寒邪薄於肉腠之瘻，故曰瘰癧也。是鼠瘻起於腎臟之毒，留於心主之血脈。瘰癧因天氣之寒，傷人身之經脈。連翹形象心腎，故治鼠瘻瘰癧也。癰腫惡瘡，肌肉不和。瘻瘤結熱，經脈不和。連翹味苦，其氣芳香，能通經脈而利肌肉，故治癰腫惡瘡瘻瘤結熱也。受蠱毒者在腹，造毒者在心。苦寒泄心，治造毒之原。芳香醒脾，治受毒之腹，故又治蠱毒。《靈樞・寒熱論》岐伯曰：鼠瘻寒熱之毒氣也，留於脈而不去者也。其本在於水臟，故曰鼠。上通於心主之脈，頸腋潰爛，故曰瘻。鼠瘻寒熱之毒氣者，言鼠瘻水毒而為寒，上合心包而為熱也。主治寒熱鼠瘻者，治鼠瘻之寒熱也。今人不解《本經》，祇事剿襲，以寒熱二字句逗，謂連翹主治寒熱，出於神農之言。凡傷寒中風之寒熱，一概用之，豈知風寒之寒熱起於皮膚，鼠瘻之寒熱起於血脈，風馬牛不相及也。嗟嗟，為醫者可不知《內經》乎。《靈樞》論營衛血氣之生始，出入臟腑經脈之交合貫通，乃醫家根本之學，淺人視為針經而忽之，良可惜也。　李時珍曰：連翹狀似人心，兩片合成，其中有仁甚香，乃少陰心經、厥陰包絡氣分主藥。諸痛癢瘡瘍皆屬心火，故為十二經瘡家聖藥，而兼注手足少陽、手陽明之經氣分之熱也。

翹根　氣味甘，寒，平，有小毒。主治下熱氣，益陰精，令人面悅好，明目。久服輕身耐老。《本經》翹根生嵩高平澤，二月八月采，陶隱居曰：方藥不用，人無識者。王好古曰：此即連翹根也。張仲景治傷寒瘀熱在裏，身色發黃，用麻黃連軺赤小豆湯。注云：連軺即連翹根。今從之。

清・劉漢基《藥性通考》卷五　連翹　味苦，微寒。輕宣散結，瀉火，昇也，浮也，形似心，實似蓮，房有瓣，入心，故入手少陰、厥陰心包氣分而瀉火，兼除手足少陽、三焦、膽，手陽明經大腸氣分。濕熱散，諸經血凝氣聚，營氣壅遏，衛氣鬱滯，故成瘡腫。利水通經，殺蟲止痛，消腫排膿，皆結者散之。凡腫而痛者為實邪，不痛為虛邪。腫而赤者為結熱，腫而不赤為留氣停痰。為十二經瘡家聖藥。《經》曰：諸瘡痛癢，皆屬心火。故必用連翹也。

清・姚球《本草經解要》卷二　連翹　氣平，味苦，無毒。主寒熱，鼠瘻瘰癧，癰(尰)(腫)惡瘡，瘻瘤結熱，蠱毒。去心用。　連翹氣平，稟天秋平之金氣，入手太陰肺經。味苦無毒，得地南方之火味，入手少陰心經、手厥陰心包絡經。氣味俱降，陰也。心包絡者，臣使之官，喜樂出焉，其經別屬三焦，出循喉嚨，出耳後，合少陽。鬱則包絡之火上炎經絡，而成寒熱鼠瘻瘰癧矣。連翹輕清平苦，輕而揚之，因而越之，結者散而寒熱愈也。癰腫惡瘡，皆生於心火，連翹味苦清心，所以主之。瘻瘤結熱亦心包絡之鬱結火也，其主之者，輕揚有散結之功也。蠱毒因辛熱而成，辛熱則生蟲也。連翹平能清，而苦能洩，熱解蟲化，而蠱自消也。　製方：連翹同脂麻，治瘰癧。同貝母、白芷、甘草、金銀花、元參、薄荷、夏枯草、白及，治同上。

清・周垣綜《頤生秘旨》卷八　連翹　消瘡腫，散諸經客熱之藥也。空虛之象，清芳之氣，自能解散諸欝。

清・王子接《得宜本草・下品藥》　連翹：味苦。功專瀉心與小腸之熱。得瞿麥、大黃、甘草治項邊馬刀，得脂麻治瘰癧結核。

清・徐大椿《神農本草經百種錄》下品　連翹　味苦，平。主寒熱，火氣所鬱之寒熱。鼠瘻瘰癧，癰腫惡瘡，瘻瘤結熱，皆肝經熱結之證。蠱毒。濕熱之蟲。　凡藥之寒熱、溫涼，有歸氣分者，有歸血分者。大抵氣勝者治氣，味勝者治血。連翹之氣芳烈而性清涼，故凡在氣分之鬱熱皆能已之。又味兼苦辛，應秋金之令，故又能除肝家留滯之邪毒也。

清・黃元御《長沙藥解》卷四　連翹　味苦，性涼。入足太陰脾、足太陽膀胱經。清丁火而退熱，利壬水而泄濕。《傷寒》麻黃連翹赤小豆湯，麻黃二兩，生薑二兩，甘草一兩，大棗十二枚，生梓白皮一斤，杏仁四十枚，連翹二兩，赤小豆一升。治太陰傷寒，瘀熱在裏，身必發黃。以太陰濕旺，胃土賊於甲木，肺金刑於相火，木火鬱遏，濕化為熱，則發黃色。緣肺熱則水道不利，濕無泄路。木主五色，入土而化黃也。甘、棗、生薑補土和中，麻黃泄皮毛之鬱，杏仁降肺氣之逆，生梓白皮清相火而疏木，連翹、小豆泄濕熱而利水也。連翹清心泄火，利水開瘀，善除鬱熱之證。尤能行血通經，涼營散結，療癰疽瘻癧之病，擅消腫排膿之長。

清・吳儀洛《本草從新》卷一　連翹輕宣散結，瀉火。　味苦，微寒而性升浮。其形似心，實似蓮房有瓣。故入手少陰、厥陰心、心包。而瀉火，兼除手足少陽三焦、膽、手陽明經大腸濕熱，散諸經血。凝氣聚，利水通經，殺蟲止痛，消腫排膿，皆結者散之。凡腫而痛者為實邪，腫而不痛者為虛邪，腫而赤者為結熱，腫而不赤為留氣停痰。為十二經瘡家聖藥。《經》曰：諸瘡痛癢，皆屬心火。苦寒之物，多餌即減食。癰疽潰後勿服。

清・汪紱《醫林纂要探源》卷二　連翹　苦，寒。其莖喬然疏散，結實作房似蓮蕊，中分數房，包碎子，熟則房裂五瓣。專瀉心火，形似心，故入心。味苦，善裂，故散瀉心火。兼瀉三焦火，利水通經。為治瘡毒主藥。排膿活血，止痛生肌，殺蟲，消腫。凡諸瘡痛癢，皆屬心火。

清·嚴潔等《得配本草》卷三 連翹根 苦，涼。入足少陰、手陽明、少陰、厥陰經氣分。瀉六經之血熱，散諸瘡之腫毒，利水通經，殺蟲排膿。配木通，瀉心火。佐芝麻末，治瘰癧。同鼠粘，療痘毒。合大黄，治馬刀。癰疽潰後，熱由於虛，二者禁用。 根名連軺。 苦，寒。下熱氣。專治傷寒瘀熱發黄者，導濕熱從小便而出。

題清·徐大椿《藥性切用》卷三 建連翹 味苦微寒，其性輕浮，其形象心，入手少陰、厥陰，兼入手足少陽、手陽明經。瀉火散結，解毒消癰。多餌亦能減食。

清·黄宫繡《本草求真》卷六 連翹解心經熱邪。 連翹専入心。味苦微寒，質輕而浮，書雖載瀉六經鬱火，然其輕清氣浮，實為瀉心要劑。連翹形像似心，但開有瓣。心為火主，心清則諸臟與之皆清矣。然濕熱不除，病症百出，是以癰毒五淋，寒熱鼠瘻，瘰癧惡瘡，熱結蠱毒等症。書載皆能以治。汪昂曰：凡癰而痛者為實邪，腫而不痛為虛邪，腫而赤者為熱結，腫而不結者為留氣痰飲。且經有言，諸痛瘡瘍，皆屬心火，連翹實為瘡家聖藥也。然多用胃虛食少，脾胃不足者慎之，況清而無補，癰疽潰後勿服。火熱由於虛者忌投。

清·沈金鰲《要藥分劑》卷八 連翹 【略】鰲按：人之氣血貴乎通流，若血分壅滯，氣分遏抑，便成瘡腫，連翹能散結，故主之也。

清·楊璿《傷寒溫疫條辨》卷六寒劑類 連翹去心。 味苦辛，氣寒。氣味俱薄，輕清升浮，陽中有陰。入手少陰、手足少陽陽明。瀉心經客熱殊功，降脾胃濕熱神效。去寸白、蚘蟲，通月水、五淋。以其味苦輕，故達肌表，散癰毒斑疹，瘡家號為聖藥。以其氣辛散，故走經絡，通血凝氣滯，結聚所不可無。河間雙解涼膈俱用之。

清·羅國綱《羅氏會約醫鏡》卷一六草部 連翹味苦辛，性寒，入心、肺、胃、膽、大腸五經。去心與間用。 瀉心經客熱，除脾胃濕熱，為治十二經瘡毒聖藥。血凝氣滯，兼有心火，乃生瘡毒，連翹俱能治之。凡腫而痛者為實邪，腫而不痛者為虛邪，腫而赤者為熱結，腫而不赤者為留氣停痰。並能利水苦也通經辛也。 按：連翹苦寒，多餌壞胃減食，慎之！瘡潰後及虛熱者忌投。

清·陳修園《神農本草經讀》卷四下品 連翹 氣味苦，平。主寒熱，鼠瘻，瘰癧，癰腫，惡瘡，癭瘤，結熱，蠱毒。

清·黄凱鈞《藥籠小品》 連翹 清六經之火，只治上中，力不到下焦，涼藥之輕清者也。

清·王龍《本草纂要稿·草部》 連翹 氣味苦平而寒。瀉諸經之客火，療諸腫之瘡瘍。開氣聚血凝，通月經止淋。殺寸白蚘蟲，降脾胃濕熱。入手少陰、手足少陽陽明之經。

清·張德裕《本草正義》卷下 連翹 苦，微辛，微寒。氣味輕清而浮，入膽、胃、心、三焦。瀉心包客熱，肝胃熱邪。以其輕清，故善達表，散一切熱結癰瘍、瘰癧、鼠瘻、斑疹，消腫排膿止痛，為瘡家要藥。又能走經絡，散瘀通滯。

清·楊時泰《本草述鉤元》卷九 連翹 秋時結實，内作房瓣。八月采房。有兩種。一似椿實之未開者，殼小堅而外完無跗萼，剖之則中解，氣甚芳馥，其實纔乾，振之皆落，不着莖也。一種如菡萏，殼柔，外有跗萼抱之，而無解脈，亦無香氣，乾之雖久，着莖不脫，此種江南下澤間極多。如椿實者乃自蜀中來，入用為勝頌。

味苦，氣平，性涼。氣味俱薄，輕清而浮，升也，陽也，又為陰中微陽。入手足少陽及手少陰厥陰氣分，兼入手陽明經。

主散諸經血結氣聚。治寒熱鼠瘻、瘰癧，癰腫癭瘤，結熱蠱毒，又氣閉火炎，耳聾渾渾焞焞，正是少陽膽之治。療心經客熱，降脾胃濕熱，通月水，利五淋小便不通，於小兒諸瘡客熱最宜諸本草。連翹瀉心經客熱，為瘡家聖藥潔古。十二經瘡藥中，不可無此，乃結者散之之義東垣。手足少陽之藥，治瘡瘍瘤癭結核有神，與柴胡同功，但分氣血耳好古。與鼠粘子同用，治瘡瘍別有神效又。治膽熱，血分用柴胡，氣分用連翹。獨莖赤色，結實在上，狀似人心兩片合成，其中有仁甚香，乃少陰心、厥陰包絡氣分主藥，兼治手足少陽、手陽明三經氣分之熱瀕湖。鼠瘻癰腫瘡瘤，咸從結氣所生，連翹象形易落而能自散，不獨狀似人心，瘡瘍痛癢皆屬心火也不遠。其功力與夏枯草相等，但夏枯偏於從本，秉寒水化令，故上徹巔頂，下及趺踵；連翹偏於從末，秉容平氣味，故外彌膚腠，内偏五中。至於解結從心，理則一矣子由。感清涼之氣，得金水之性，其味苦平，平應作辛，所主鼠瘻瘰癧癭瘤結熱，皆少陽膽經氣鬱有熱而成，此藥平涼，正清膽熱，芬芳又解鬱氣，故用靡不瘳仲淳。膽經鬱熱口苦，同柴胡用，殊效。痔瘡腫痛，連翹煎湯，熏洗後，以刀上飛過綠礬，入麝香貼之。

論：連翹味微苦而氣凉，得秋收之氣以告成，故其實能散血結氣聚，即其房剖之則中解，振之則皆落，不可想見散結之用歟。本收氣以散結氣，自應先歸之膽與肝，蓋木以金為主，金以木為用也。其為手足少陽氣分藥者，以氣原於手少陽三焦，而足少陽又為陰陽之樞，舉陰陽之氣，徵諸水火，水火之氣分為寒熱者，不能離乎三焦，而寒熱之在氣血者，為虚為實，或結或聚，即不能離乎足少陽膽，不獨外感為然也。先哲云：凡寒熱之證，惟足太陽、少陽二經有之。《本經》於茲味主治，既舉寒熱以冠諸證，則繆氏指重足少陽，義或不妄，然豈能舍手少陽生氣之元，而言足少陽開闔之病乎。海藏謂為手足少陽藥，誠不易之説也。然則所云瀉心火，降脾胃濕熱，於義何屬？蓋三焦者，始於元氣，用於中脘，散於膻中，心胃並在是矣。凡陰陽之氣不和，則三焦元氣化熱，先病乎火主之心，并胃脘之陽矣。如舉氣血開闔之腑，而能散其偏氣之結聚，又何心火之不除，胃中濕熱之不降乎。連翹氣味俱輕清上浮，與手足少陽其氣從下而上者同氣相求，故能散二經結熱，其主散濕熱之結者，以本於金水之性也。又心主血，氣疏而血自化，胃中濕熱，亦氣結而病於血者也。即此可以思通月水、利五淋之義。《本經》首主寒熱，而貫以熱結二字，又知他味清熱，性多降折，惟此直以收氣為散氣。其氣為升為陽。即用於苦寒中，亦猶藉其散結為功耳，如徒以清熱概言，彼保和丸中欲散結聚耶？抑更用之清熱耶？甚矣，醫理之難言也。

治血證，連翹為中使，第其為物苦燥，虚者多致危困，惟實者宜之丹溪。癰疽已潰勿服，火熱由於虚者勿服，脾胃薄弱易於作泄者弗服仲淳。

修治：黑而閉口者良，去蒂根，研。

翹根即連軺。味甘平，氣寒，有小毒。下熱氣，益陰精，治傷寒瘀熱在裏欲發黄。

清・葉桂《本草再新》卷二 連翹味苦，性微寒，無毒。入心、肝、肺三經。解熱散氣，利水通經。熱散則水利，氣舒則經通。殺蟲止痛，驅惡毒，療火瘡，排膿消腫。

清・吴其濬《植物名實圖考》卷一一 連翹 《本經》下品。《爾雅》：連，異翹。《本經》又有翹根，有名未用。李時珍以為即連翹根也。《湖北通志》：黄州出連翹。

清・趙其光《本草求原》卷三隰草部 連翹 體輕浮易落，故散三焦膽經結熱。味苦，故瀉心經客熱，治氣聚而致血結。氣平，得秋金凉氣，瀉胃濕熱。主寒熱，三焦膽經為陰陽開合之樞，熱結則陰陽不和。鼠瘻瘰癧，膽經在頸腋。癰腫惡瘡，諸痛癢瘡，皆屬心火。癭瘤結核，熱結於脈。蠱毒，熱結在臟。為十二經瘡家聖藥。皆清熱散鬱、下氣燥濕之功。但苦寒止治熱腫，潰後濃清色淡，胃弱均忌。止痛，排膿，通五淋經閉及熱閉耳聾。膽病。

根 名連軺，苦，寒。下熱氣，益陰精，明目，治濕熱在裏發黄。麻黄、連軺、赤小豆用之。如無根，以翹心代之，心實主寒降也。同柴胡，治膽鬱熱口苦、痔瘡腫痛，連軺煎洗，次以飛綠礬入麝搽之。

黑而閉口者良。去蒂根研。

清・葉志詵《神農本草經贊》卷二 翹根 味甘，寒，平。主下熱氣，益陰精，令人面悦好，明目，久服輕身耐老。生平澤。

根若揚翹，作甘和苦。産憶高嵩，性同曲枸。冠玉增容，披雲快覿。記佚形忘，久荒榛莽。

鄭曼季詩：春草揚翹。《書》：稼穡作甘。《周禮》：食醫凡和夏多苦。《太平御覽》：作味苦平。名醫曰：生嵩高山，二八月采。吴普曰：采以作蒸，飲酒病人。《詩疏》：南山有枸，多枝而曲，能敗酒味。《南史・傳》：鮑泉面如冠玉。趙良器賦：光近侍以增容。《世説》：若披雲霧而覩青天。陶弘景曰：方藥不用，俗無識者。李白詩：嵯峨蔽榛莽。

清・葉志詵《神農本草經贊》卷三 連翹 味苦，平。主寒熱鼠瘻，瘰癧癰腫，惡創癭瘤，結熱蠱毒。一名異翹，一名蘭華，一名軹，一名三廉。生山谷。

小大翹分，形藏闔捭。榆葉狹長，蓮房中解。熱散心凉，聲通耳駭。芬馥含仁，脱莖瀟灑。

蘇恭曰：此有兩種，大翹生下濕地，小翹生岡原之上。長安惟用大翹子。《鬼谷子》：乃可捭，乃可闔。蘇頌曰：青葉狹長，如榆葉，結實似蓮，內作房瓣，剖之則中解，其實纔乾，振之皆落，不著莖也。甄權曰：除心家客熱。王好古曰：治耳聾渾渾焞焞。李時珍曰：其中有仁甚香。

清・文晟《新編六書》卷六《藥性摘録》 連翹 苦，微寒。質輕而浮，入心。瀉鬱火。治癰疽，五淋寒熱，鼠瘻瘰癧惡瘡，熱結蠱毒，為瘡家要藥。然多用，胃虛食少。○脾胃虛弱者，忌服。○癰疽潰後，勿用。火熱由於虛者，亦勿用。

清・張仁錫《藥性蒙求・草部》 連翹三錢 連翹苦寒，解諸經毒。上至巔頂，下行腿足。味苦，微寒，而性升浮。入心、心包而瀉火，兼除三焦、膽、大腸經濕熱。散諸經血凝氣聚，消腫排膿。元素曰：連翹之用有三：瀉心經客熱，一也；去上焦熱，二也；為十二經瘡家聖藥，三也。

清・陸以湉《冷廬醫話》卷五 藥品 連翹功專瀉心與小腸之熱，《本經》及諸家本草並未言其除濕，惟朱丹溪謂除脾胃濕熱，沈則施謂從蒼朮、黃柏則治濕熱，而吳氏《本草從新》又謂除三焦大腸濕熱，近世醫家宗之，遂以為利濕要藥。不知連翹之用有三：瀉心經客熱，一也；去上焦諸熱，二也；為瘡家聖藥，三也。此足以盡其功能矣。

清・屠道和《本草匯纂》卷二瀉熱 連翹 耑入心。味苦，微寒，無毒。解心經熱邪，為瀉心要劑。除心家客熱，瀉心火。除脾胃濕熱，治耳聾渾渾焞焞。散諸經血凝氣聚，利水通經，排膿止痛。治癰毒，五淋寒熱，鼠瘻瘰癧，癰腫惡瘡，癭瘤熱結，蠱毒等症。書載瀉六經鬱火，亦以心為火主，心清則諸臟皆清矣。《經》言：諸痛瘡瘍，皆屬心火。連翹，實瘡家聖藥也。凡癰腫而痛者，為實邪。腫而不痛，為虛邪。腫而赤者，為熱結。不赤者，為留氣痰飲。脾胃不足，慎之。癰疽潰後，勿服。

清・戴葆元《本草綱目易知錄》卷一 連翹 苦，平。味薄，形似心，故入手少陰心、手厥陰心包絡氣分，兼入手足少陽、手陽明經。除脾胃濕熱而瀉心火。治寒熱鼠瘻，瘰癧癭瘤，癰腫惡瘡，結熱蠱毒。通月經，去白蟲，治耳聾。利五淋，通小腸，利小便。療中部血證，以為使。散諸經血凝氣聚，消腫排膿，為十二經瘡家聖藥。

清・黃光霽《本草衍句》 連翹 味苦而辛，瀉心經之客熱。氣薄而涼，除脾胃之濕熱。氣分鬱火，肝家留滯。利水通經，治瘡瘍癭瘤結核。皆肝經熱結之症，為十二經瘡家之聖藥。殺蟲消腫，散諸經血凝氣結。功耑瀉心與小腸之熱，得瞿麥、大黃、甘草治項邊馬刀，得脂麻治瘰癧結核。

清・陳其瑞《本草撮要》卷一 連翹 味苦，氣平，入手足少陽、少陰、厥陰氣分，兼入手陽明經，功專散血結氣聚，瀉心與小腸之熱。得瞿麥、大黃、甘草治項邊馬刀，得脂麻治瘰癧結核，止痛消腫排膿，為瘡家聖藥。

土連翹

明・蘭茂原撰，范洪等抄補《滇南本草圖說》卷五 土連翹 硬枝碎葉，黃花。味苦，性寒。主治：五經實熱可散，諷誦傷喉可解。咽喉痛，而少陰火逢之，一劑效如神。婦人乳結，小兒熱，乍腮疼痛，用之立瘥。採花葉，敷火瘡熱毒，最良。

清・吳儀洛《本草從新》卷二 土連翹〔宣，行血。〕 苦，溫。治風寒濕痺，歷節腫脹，撲損疼痛。為末，同沒藥、血竭酒服。鬧羊花子也。

題清・徐大椿《藥性切用》卷四 土連翹 性味苦溫，入血分以祛風寒濕痺。大損新血，無瘀勿用。

地膚

宋・李昉《太平御覽》卷第九九二 地膚 《本草經》曰：地膚，一名地華，一名地脉，一名地葵。

宋・唐慎微《證類本草》卷七草部上品〔《本經・別錄》〕 **地膚子** **味苦，寒，**無毒。**主膀胱熱，利小便，補中益精氣，**去皮膚中熱氣，散惡瘡疝瘕，强陰。**久服耳目聰明，輕身耐老，**使人潤澤。**一名地葵，**一名地麥。生荆州平澤及田野。八月、十月採實，陰乾。

〔梁・陶弘景《本草經集注》〕云：今田野間亦多，皆取莖苗爲掃帚。子微細，入補丸散用，《仙經》不甚須。

〔唐・蘇敬《唐本草》〕注云：地膚子，田野人名爲地麥草，葉細莖赤，多出熟田中。苗極弱，不能勝舉。今云堪爲掃帚，恐人未識之。《別録》云：擣絞取汁，主赤白痢，洗目，去熱暗、雀盲澁痛。苗灰，主痢亦善。北人亦名涎衣草。

〔宋・掌禹錫《嘉祐本草》〕按：《蜀本圖經》云：葉細莖赤，初生薄地，花黃白，子青白色，今所在有。《藥性論》云：地膚子，君。一名益明。與陽起石同服，主丈夫陰痿不起，補氣益力，治陰卵癀疾，去熱風，可作湯沐浴。日華子云：治客熱，丹腫。又名落帚子。色青，似一眠起蠶沙矣。

〔宋・蘇頌《本草圖經》〕曰：地膚子，生荆州平澤及田野，今蜀川、關中近地皆有之。初生薄地五六寸，根形如蒿，莖赤葉青，大似荆芥。三月開黃白花，八月、九月採實，陰乾用。神仙七精散云：地膚子，星之精也。或曰其苗即獨掃也，一名鴨舌草。陶隱居謂莖苗可爲掃帚者。蘇恭云：苗極弱，不能勝舉。二說不同，而今醫家便以爲獨掃是也。密州所上者，其說益明。云根作叢生，每窠有二三十莖，莖有赤有黃，七月開黃花，其實地膚也。至八月而藍蘚成，可採，正與此地獨掃相類。若然，恐西北所出者短弱，故蘇注云爾。其葉味苦，寒，無毒。主大腸洩瀉，止赤白痢，和氣，澁腸胃，解惡瘡毒。三四月、五月採。

〔宋·唐慎微《證類本草》〕《外臺秘要》： 治目痛及眯忽中傷，因有熱瞑者。取地膚子白汁注目中。又方： 療手足煩疼。地膚草三兩，水四升，煮取二升半。分三服，日一劑。《肘後方》： 治積年久疹腰痛，有時發動。六月、七月取地膚子乾末，酒服方寸匕，日五六服。《子母秘録》： 治妊娠患淋，小便數，去少，忽熱痛酸索，手足疼煩。地膚子十二兩，初以水四升，煎取二升半，分溫三服。《楊氏產乳》： 療小便數多，或熱痛酸楚，手足煩疼。地膚草三兩，以水四升，煮取二升半，分三服。

宋·鄭樵《通志》卷七五《昆蟲草木略》 地膚 曰地葵，曰地麥，曰益明，曰落帚子，曰鴨舌，即獨掃也。亦曰地掃。《爾雅》云： 荓，馬帚。即此也。今人亦用為箒。

宋·劉明之《圖經本草藥性總論》卷上 地膚子 味苦、寒，無毒。主膀胱熱，利小便，補中益精氣，去皮膚中熱氣，散惡瘡疝瘕，強陰。《藥性論》云： 君。與陽起石同服，主丈夫陰痿不起，補氣益力，治陰卵癀疾。去熱風，可作湯沐浴。日華子云： 治客熱丹毒。一云： 治姙孕患淋，小便數，去〔少〕。

明·朱橚《救荒本草》卷上之前 獨掃苗 生田野中，今處處有之。葉似竹形而柔弱細小，拺音布莖而生，莖葉梢間結小青子，小如粟粒，科莖老時可為掃帚。葉味甘。 救飢： 採嫩苗葉煠熟，水浸淘淨，油鹽調食。晒乾煠食，不破腹尤佳。 治病： 今人多將其子亦作地膚子代用。

明·蘭茂原撰，范洪等抄補《滇南本草圖說》卷一一 竹箒草 形似掃箒，葉似竹而嫩，老時其葉脱落，可以為箒掃地，子即地膚子也。氣味苦寒，無毒。主治： 赤白痢疾，燒灰，調服甚佳。一治眼目疼痛，煎湯洗之。一治大腸熱泄瀉。一退婦人五燒之熱。〇兼能和氣，澀腸胃，解一切惡瘡之毒。

明·蘭茂撰，清·管暄校補《滇南本草》卷下 竹箒子即地膚子。 性寒，味苦。利膀胱小便積熱，洗皮膚之風。療婦人諸經客熱，清利胎熱，婦人濕熱帶下，用之良。

明·王綸《本草集要》卷二 地膚子君。又名落箒。 味苦，氣寒，無毒。陰乾。 主膀胱熱，利小便，補中，益精氣，強陰，久服耳目聰明，輕身耐老。作湯沐浴，去皮膚中熱氣，洗目去熱暗，雀盲澀痛。〇其葉搗絞汁，主洩瀉，止赤白痢，解惡瘡毒。

明·滕弘《神農本經會通》卷一 地膚子 君也。又名落帚。八十月採實，陰乾。三四五月採葉。 味苦，氣寒，無毒。東云： 利膀胱，洗皮膚之風。

《本經》云： 主膀胱熱，利小便，補中，益精氣，去皮膚中熱氣，散惡瘡疝瘕，強陰。久服耳目聰明，輕身耐老，使人潤澤。《別録》云： 搗絞取汁，主赤白痢，洗目，去熱暗雀盲澀痛。《藥性論》云： 君。與陽起石同服，主丈夫陰痿不起。補氣益力，治陰卵癀疾。去熱風，可作湯沐浴。日華子云： 治客熱丹腫。《局》云： 地膚子即落帚子，主療膀胱利小便。更治熱風明眼目，益精補氣入湯負。地膚子、車前子，除熱，去風，明眼目，能令膀胱水穀分。

地膚葉 《圖經》云： 味苦，氣寒，無毒。主大腸洩瀉，止赤白痢，和氣，澀腸胃，解惡瘡毒。三四五月採。

明·劉文泰《本草品彙精要》卷九《草部》 地膚子無毒。 叢生。

地膚子出《神農本經》： **主膀胱熱，利小便，補中益精氣。久服耳目聰明，輕身耐老。**以上朱字《神農本經》。 去皮膚中熱氣，散惡瘡，疝瘕，強陰，使人潤澤。以上黑字名醫所録。 【名】地葵、涎衣草、益明、地麥、鴨舌草、落箒。【苗】《圖經》曰： 地膚子，星之精也。初生薄地，高四五尺，根形如蒿，莖赤葉青，大似荊芥。三月開黃白花，子青色。或曰： 其苗即獨箒也。密州一種，根作叢生，每窠有二三十莖，莖有赤、有黃，七月開黃花，其實地膚也。至八月而藍幹成，可採，正與此地獨箒相類。按陶隱居謂： 莖苗可謂掃箒。蘇恭云： 苗極弱不能勝舉。二說不同，蓋地土所宜，而有肥瘠強弱之異爾。【地】《圖經》曰： 生荊州平澤及田野，今關中近地皆有之。【道地】密州、蜀州。【時】生： 二月生苗。採： 四月、五月取葉，八月、十月取實。【收】陰乾。【用】子。【質】類一眠起蠶沙。【色】黃褐。【味】苦。【性】寒，泄。【氣】氣薄味厚，陰也。【臭】腥。【主】益精，補氣，明目，強陰。【治】療： 《藥性論》云： 治陰卵癀疾，作湯沐浴去熱風。日華子云： 治客熱，丹毒。《圖經》曰： 葉，療大腸泄瀉，止赤白痢，和氣澀腸胃，解惡瘡毒。《唐本》注云： 莖葉搗汁，洗目，去熱暗雀盲澀痛。【合治】合陽起石同服，治丈夫陰痿不起，補氣益力。〇爲末，酒調方寸匕，治積年久疢，腰痛，有時發動。

明·許希周《藥性粗評》卷三 地膚子風熱難侵。

地膚子，一名落帚子，一名地麥，一名鴨舌草。春初生小葉，布地，根形如蒿，莖赤，葉青大似荊芥，作叢，每窩有二三十莖，可作掃帚，高三四尺許。或曰即獨掃是也，三四月開黄白花，結小實。江南熟田中處處有之。三四月採莖葉，暴乾。七八月採實，陰乾。《神仙傳》曰：地膚子，星之精也。想為古人所重，餘說《本草》不載。味苦，性寒，無毒。主治積熱煩渴，大腸洩泄，赤白痢疾，瘡疥腫毒，遍身風熱，眼暗目盲，補中益精，強陰散火，久服耳目聰明，輕身(柰)〔耐〕老。

單方：遍身風熱：凡覺遍身風氣，躁熱不寧者，取地膚草煮湯作浴，日再，并飲其湯，内外夾攻，自散。兩目昏盲：凡兩目澁痛，忽覺昏盲者，取地膚子搗絞汁，點入目中，日二三，當開。如無子，取莖葉搗汁亦可。

明·鄭寧《藥性要略大全》卷七 地膚子君 清小便，利膀胱，可洗皮膚之熱，補中，益精氣。《湯液》云：散惡瘡疝瘕，強陰，治膀胱熱，主泄瀉、赤白痢。味苦，氣寒，無毒。與陽起石同服，療陰痿，補益氣力，治陰卵㿗疾。一名鴨舌草。出熟田中。苗軟不堪。今云葉似荊芥，莖可掃帚，與經不合。

明·陳嘉謨《本草蒙筌》卷一 地膚子一名落箒子。 味苦，氣寒。無毒。生于平澤中，苗名鐵掃箒。葉如荊芥，子類蠶沙。秋末採收，陰乾入藥。專利水道，去熱膀胱。多服益精強陰，久服明目聰耳。浴身卻皮膚瘙癢熱疹，洗眼除熱暗雀盲澁疼。葉搗絞汁服之，又散諸惡瘡毒。泄瀉分滲，血痢兼毆。

明·王文潔《太乙仙製本草藥性大全》卷一《本草精義》 地膚子 一名地葵，一名地麥，一名落幕。生荊州平澤及田野，今蜀川、關中近地皆有之。初生薄地，五六寸，根莖如蒿，莖赤葉青，大似荊芥苗，名鐵掃幕。三月開黄白花，八月、九月採實，類蠶砂，青白色，陰乾用。神仙七精散云：地膚子，星之精也。其苗即獨掃也，一名鷄舌草。陶隱居謂：莖苗可爲掃幕。蘇恭云：苗極弱，不能勝舉。二說不同，而今醫家便以爲獨掃是也。密州所上者，其說益明，云根作叢生，每顆有二三十莖，莖有赤有黄，七月開黄花，其實地膚也。至八月而黠幹成，可採，正與此地獨掃相類。若然，恐西北所出者短弱，故蘇注云爾。其葉味苦，寒，無毒，三四五月採，北人名涎衣草。

明·王文潔《太乙仙製本草藥性大全》卷一《仙製藥性》 地膚子君 味苦，氣寒，無毒。主治：專利水道，祛熱膀胱，多服益精強陰，補中益氣，久服明目聰耳，輕身耐老。浴身却皮膚瘙癢熱疹，洗眼除熱暗雀盲澁疼。散惡瘡疝瘕，主泄瀉諸痢。葉：搗絞汁服之，又散諸惡瘡毒，泄瀉分滲血痢兼毆。

補註：與陽起石同服療陰痿，補益氣力，治陰卵㿗疾。治目痛及眯目中傷因有熱瞑者，用子，取白汁注目中。○療手足煩疼，地膚草三兩，水四升，煮取二升半，分三服，日一劑。治積年久病，腰痛有時發動，六月、七月取子乾末，酒服方寸匕，日五六服。○治妊娠患淋，小便數去少，忽熱痛痠索，手足疼煩，地膚子十二兩，初以水四升，煎取二升半，分溫三服。○療小便數多或熱痛酸楚，手足煩疼，地膚草三兩，以水四升，煎取二升半，分溫三服。

明·皇甫嵩《本草發明》卷三 地膚子上品下，君。氣寒，味苦，無毒。 發明曰：地膚子，利水道，除濕熱。故主膀胱熱，通小便，益精氣，補中，散惡瘡疝瘕，皮膚瘙癢熱疹。久服明目聰耳，強陰。合陽起石服，主陰痿不起，補氣力。治陰卵㿗疾，去風熱，可作浴湯。搗取汁，主赤白痢。洗目，去熱暗雀盲澁痛。形如蒿，莖赤葉青，如荊芥，子類蠶砂，俗名落幕子。八月、十月採實，陰乾。

明·李時珍《本草綱目》卷一六草部·隰草類下 地膚《本經》上品

【釋名】地葵《本經》 地麥《別録》 落帚《日華》 獨帚《圖經》 王蔧《爾雅》 王帚郭璞 掃帚弘景 益明《藥性》 涎衣草《唐本》 白地草《綱目》 鴨舌草《圖經》 千心妓女《土宿本草》 時珍曰：地膚、地麥，因其子形似也。地葵，因其苗味似也。鴨舌，因其形似也。妓女，因其枝繁而頭多也。益明，因其子功能明目也。子落則老，莖可爲帚，故有帚、蔧諸名。

【集解】《別録》曰：地膚子生荊州平澤及田野，八月、十月采實，陰乾。弘景曰：今田野間亦多，皆取莖苗爲掃帚。其子微細，入補藥丸散用，《仙經》不甚用。恭曰：田野人名爲地麥草，北人名涎衣草。葉細莖赤，出熟田中。苗極弱，不能勝舉。今云堪爲掃帚，恐未之識也。大明曰：地膚即落帚子也。子色青，似一眠起蠶沙之狀。頌曰：今蜀川、關中近地皆有之。初生薄地，五六寸，根形如蒿，莖赤葉青，大似荊芥。三月開黄白花，結子青白色，八月、九月采實。神仙七精散云：地膚子，星之精也。或曰其苗即獨帚也，一名鴨舌草。陶弘景所謂莖苗可爲掃帚者，蘇恭言其苗弱不勝舉，二說不同，而今醫家皆以爲獨帚。密州圖上者，云根作叢生，每窠有二三十莖，莖有赤有黄，七月開黄花，其實地膚也。至八月而黠幹成，可采。此正與獨帚相合。恐西北出者短弱，故蘇說云耳。時珍曰：地膚嫩苗，可作蔬茹，一科數十枝，攢簇團團直上，性最柔弱，故將老時可爲帚，耐用。蘇恭云不可帚，止言其嫩苗而已。其子最繁。《爾雅》云：葥，王蔧。郭璞注云：王帚也，似藜，可以爲掃帚，江東呼爲落帚。此説得之。

子 【氣味】苦，寒，無毒。時珍曰：甘，寒。 【主治】膀胱熱，利小便，補中益精氣，久服耳目聰明，輕身耐老《本經》。去皮膚中熱氣，使人潤澤，散惡瘡疝瘕，强陰《別録》。治陰卵㿗疾，去熱風，可作湯沐浴。與陽起石同服，主丈夫陰痿不起，補氣益力甄權。治客熱丹腫《日華》。

【發明】藏器曰：衆病皆起于虚。虚而多熱者，加地膚子、甘草。

【附方】舊三，新七。 風熱赤目：地膚子焙一升，生地黄半斤，取汁和作餅，晒乾研末。每服三錢，空心酒服。《聖惠方》。 目痛眯目：凡目痛及眯目中傷有熱瞑者。取地膚子白汁，頻注目中。王燾《外臺秘要》。 雷頭風腫：不省人事。落帚子同生薑研爛，熱冲酒服，取汗即愈。《聖濟總録》。 脇下疼痛：地膚子爲末，酒服方寸匕。《壽域神方》。 疝氣危急：地膚子即落帚子，炒香研末。每服一錢，酒下。《簡便方》。 狐疝陰㿗：超越舉重，卒得陰㿗，及小兒狐疝，傷損生㿗。並用地膚子五錢，白术二錢半，桂心五分，爲末，飲或酒服三錢，忌生葱、桃、李。《必效方》。 久疹腰痛：積年，有時發動。六月、七月取地膚子，乾末。酒服方寸匕。日五六服。《肘後》。 血痢不止：地膚子五兩，地榆、黄芩各一兩，爲末。每服方寸匕，温水調下。《聖惠方》。 妊娠患淋：熱痛酸楚，手足煩疼。地膚子十二兩，水四升，煎二升半，分服。《子母秘録》。 肢體疣目：地膚子、白礬等分，煎湯頻洗。《壽域神方》。

苗葉 【氣味】苦，寒，無毒。時珍曰：甘、苦。燒灰煎霜，制砒石、粉霜、水銀、硫黄、雄黄、硇砂。 【主治】搗汁服，主赤白痢，燒灰亦善。煎水洗目，去熱暗雀盲澀痛《別録》。主大腸泄瀉，和氣，濇腸胃，解惡瘡毒蘇頌。煎水日服，治手足煩疼，利小便諸淋時珍。

【發明】時珍曰：按虞摶《醫學正傳》云：摶兄年七十，秋間患淋，二十餘日，百方不效。後得一方，取地膚草搗自然汁，服之遂通。至賤之物，有回生之功如此。時珍按：《聖惠方》治小便不通，用地麥草一大把，水煎服。古方亦常用之。此物能益陰氣，通小腸。無陰則陽無以化，亦東垣治小便不通，用黄蘗、知母滋腎之意。

【附方】新一 物傷睛陷：弩肉突出。地膚洗去土二兩，搗絞汁，每點少許，冬月以乾者煮濃汁。《聖惠方》。

題明・薛己《本草約言》卷一《藥性本草》 地膚子 味苦，氣寒。利水道，除濕熱。

明・梅得春《藥性會元》卷上 地膚子 味苦，性寒，無毒。即掃箒子，極微細。主除濕，去皮膚之風熱，明目，散瘕疝之惡瘡，利小便，水穀能分；益精氣，膀胱退熱，又能補中強陰。

明・杜文燮《藥鑒》卷二 地膚子 氣寒，味苦，無毒。專利水道，去熱膀胱。浴身卻皮膚瘙痒熱滲。洗眼，除熱暗雀盲澁疼。葉，搗絞汁服之，又解諸惡瘡毒。泄瀉分滲，血痢兼毆。四肢浮腫堪消，頭面濕腫可除。其曰益精強陰，明目聰耳，誤矣。蓋此劑寒苦，但主走泄而不能守，既曰走而不守，則精其虧矣，又何益乎？陰其損矣，又何強乎？陰損精虧，則陰精不得以上榮，而陽火反得以上亢矣，耳目聾昏則有之，耳目聰明誠無也。

明・李中立《本草原始》卷一 地膚子 生荊州平澤及田野，今近地有之。苗春生，葉似荊芥。一莖數十枝，攢簇團團直上，性最柔弱。七月開黄花，子青色，似一眠起蠶沙之狀。田野人呼為地麥草，名地膚、地麥，因其子形似也。《本經》名地葵，因其苗味似也。《圖經》名鴨舌草，因其葉形似也。《藥性》名益明，因其子功能明目也。子落則老，莖可為帚，故日華子名落帚，《圖經》名獨帚，郭璞名王帚，弘景名掃帚。

子：氣味：苦，寒，無毒。 主治：膀胱熱，利小便。補中益氣，久服耳目聰明，輕身耐老。〇去皮膚中熱氣，使人潤澤；散惡瘡疝瘕，強陰。〇治陰卵㿗，去熱風，可作湯沐浴。與陽起石同服，主丈夫陰痿不起，補氣益力。〇治客熱丹腫。

地膚，《本經》上品。【圖略】八月、九月采實，陰乾。 《壽域神方》：治脇下疼痛，地膚子為末，酒服方寸匕。

苗、葉 氣味：苦，寒，無毒。 主治：搗汁服主赤白痢，燒灰亦善。煎水洗目，去熱暗雀盲濇痛。主大腸泄瀉，和氣，濇腸胃，解惡瘡毒。煎水日服，治手足煩疼。 按：虞摶《醫學正傳》云：摶兄年七十，秋間患淋二十餘日。後得一方，取地膚草搗自然汁，服之遂通。 地膚，君。

明・張懋辰《本草便》卷一 地膚子君 味苦，氣寒，無毒。 主膀胱熱，利小便，補中益精氣，強陰，洗目去熱。

明・盧復《芷園臆草題藥》 地膚子 一幹數十枝，攢簇直上，其子繁多，星之精也。氣味苦寒。得太陽寒水氣化。太陽之氣，上及九天，下徹九泉，外彌膚腠。故地膚之功，上治頭而聽耳明目，下入膀胱而利水去疝，外去皮膚熱氣而令潤澤，服之病去，必小水通長為外徵也。

明·趙南星《上醫本草》卷三　掃帚苗　一名地膚，一名地葵，一名王篲，一名王帚，一名掃帚，一名落帚，一名益明，一名千心妓女。時珍曰：地膚，因其子形似也；地葵，因其苗味似也；妓女，因其枝繁而頭多也；益明，因其子功能明目也。子落則老，莖可為帚，故有帚篲諸名。其嫩苗可作蔬茹，其子宜入補藥。

子：八月、十月採，陰乾聽用。苦，寒，無毒。主治：膀胱熱，利小便，補中益精氣，去皮膚中熱氣，補氣益力，使人潤澤，久服耳目聰明，輕身耐老。散惡瘡疝瘕，強陰，治客熱丹腫，陰卵㿗疾，去熱風，可作湯沐浴。與陽起石同服，主丈夫陰痿不起。

附方　風熱赤目：地膚子焙一升，生地黃半斤，取汁和作餅，晒乾研末。每服三錢，空心酒服。雷頭風腫，不省人事：落帚子同生薑研爛，熱衝酒服，取汗即愈。疝氣危急：地膚子，即落帚子，炒香研末。每服一錢，酒下。血痢不止：地膚子五兩，地榆、黃芩各一兩，為末。每服方寸匕，溫水調下。

苗、葉：苦，寒，無毒。主治：大腸泄瀉，和氣，濇腸胃，解惡瘡毒。煎水日服，治手足煩疼，利小便諸淋。煎水洗目，去熱暗雀盲濇痛。

附方　赤白痢：擣掃帚苗汁服，燒灰亦善。淋疾：用地膚草，搗自然汁，服之即效。按虞摶《醫學正傳》云：摶兄年七十，秋間患淋二十餘日，百方不效。服此方遂愈。至賤之物，有廻生之功如此。小便不通：用地膚草一大把，水煎服。古方亦常用之。此物能益陰氣，通小腸。

明·姚可成《食物本草》卷一八草部·隰草類　地膚生荊川平澤及田野，今蜀中、關中近地皆有之。初生薄地，五六寸，根形如蒿，莖赤葉青，大似荊芥。三月開黃白花，結子青白色。八月九月採實。神仙七精散云：地膚子，星之精也，嫩苗可作蔬茹。一科數十枚，攢簇團團直上，性最柔弱，老時可為帚用。

地膚苗、葉　味苦，寒，無毒。搗汁服，主赤白痢。煎湯洗目，去熱暗雀盲澀痛。主大腸泄瀉，和氣，澀腸胃，解惡瘡毒，利小便諸淋。○李時珍曰：按虞摶《醫學正傳》云：摶兄年七十，秋間患淋二十餘日，百方不效，後得一方，取地膚草，搗自然汁服之遂通。至賤之中，有回生之妙如此。

子　味苦，寒，無毒。主膀胱熱，利小便，益精氣。久服耳目聰明，輕身耐老。去皮膚中熱氣，使人潤澤。散惡瘡疝瘕，強陰，治陰卵㿗疾，去熱風，可作湯沐浴。與陽起石同服，主丈夫陰痿不起。

明·李中梓《醫宗必讀·本草徵要上》　地膚子味苦，寒，無毒。入脾經。利膀胱，散惡瘡。皮膚風熱，可作浴湯。其主用多在皮膚，其入正在土臟，蓋脾主肌膚也，即其利水，兼能祛濕者歟。

明·蔣儀《藥鏡》卷四寒部　地膚子　上治頭面之濕腫，而洗眼則除熱暗澁疼。下疏膀胱之疝氣，而利水則消四肢浮胖。浴皮膚兮散熱，瘙癢云平。搗葉汁而絞飲，諸瘡毒解。

明·盧之頤《本草乘雅半偈》帙三　地膚子《本經》上品　氣味：苦，寒，無毒。主治：主膀胱熱，利小便，補中益精氣。久服耳目聰明，輕身耐老。地性堅固，膚居肌表。

覈曰：出荊州平澤，及田野間，近道亦有。初生薄地，五六寸，一科數十枝，蓬起蔓延，弱不勝舉。根亦如蒿，莖葉皆青，宛如荊芥。三月開淡黃花，結子青白色，極繁盛，似頭眠蠶沙狀，子落莖老，可以為拂，故一名落帚、獨帚、王帚、王篲、掃帚、地葵、地麥、白地草、涎地衣、鴨舌草、千心妓女。其苗葉燒灰，煎霜制砒石、粉霜、水銀、硫黃、硇砂。

先人題藥云：地膚子，一幹數十枝，攢簇直上，其子繁多，星之精也。其味苦寒，得太陽寒水氣化，蓋太陽之氣，上及九天，下徹九泉，外彌膚腠。故地膚之功，上治頭，而聽耳明目，下入膀胱而利水去疝，外去皮膚熱氣，而令潤澤。服之病去，必小水通長為外徵也。

参曰：蔓延敷布，弱不勝舉，因名地膚。主治功力，真能使吾身生氣敷布在表，有宣義，有開義，當入太陽，太陽為開故也。氣味苦寒，亦得太陽寒水之化，故可對待太陽陽象之標，則凡以熱為本者，莫不相宜。膀胱，太陽經也，標盛則熱，與得寒水之化者逆治之，熱謝而小便澄澈徹矣。補中者，中補乃能敷布。益精氣者，益精乃能化氣。蓋膀胱者，州都之官，津液藏焉，氣化則能出矣。聰明耳目，輕身耐老者，以開展則竅通，竅通則充實光輝矣。

清·顧元交《本草彙箋》卷三　地膚子　去皮膚間熱氣。凡病皆起於虛，虛而多熱者，加地膚子、甘草。

即今落帚子，炒香用。神仙七精散云：地膚子，乃星之精。

苗葉搗汁服，亦治久淋，及小便閉。此物能益陰氣，而通小腸。蓋無陰則陽無以化，亦東垣治小便不通，用黃柏、知母滋腎之意。

清・穆石匏《本草洞詮》卷九　地膚　一名地麥，因其子形似也。一名千心妓女，因其枝繁而頭多也。地膚子苗葉並苦甘，氣寒，無毒。子治膀胱熱，利小便，去皮膚中熱氣，使人潤澤，散惡瘡疝瘕，客熱丹腫，益精氣。蓋眾病皆起於虛，虛而加熱者，宜用地膚子也。苗葉和氣，澀腸胃，解惡瘡毒。搗汁服主赤白痢，燒灰亦善。煎水洗目，去熱暗雀盲澀痛。虞摶云：摶兄年七十患淋二十餘日，百方不効，取地膚草搗自然汁，服之遂通。至賤之物，有回生之功。蓋能益陰氣，通小腸。無陰則陽無以化，亦東垣治小便不通，用黃蘗、知母滋腎之意也。

清・劉雲密《本草述》卷九下　地膚　今田野間多有之。根作叢生，每窠有二三十莖，每團團簇擁而上，七月開小黃花，其實地膚也，甚微細，入補藥丸散用。其莖苗將老，多取為掃帚。

子：　氣味：　苦，寒，無毒。　時珍曰：　甘，寒。　主治：　膀胱熱，利小便，補中益精氣，強陰，治陰卵㿗疾，散疝瘕，去熱風，療頭目風熱，散皮膚中熱氣，可作湯浴之。

權曰：　與陽起石同服，主丈夫陰痿不起。　藏器云：　諸病多起於虛，虛而多熱者，加地黃、牡蠣、地膚、甘草。　復曰：　地膚子，一幹數十枝，攢簇直上，其子繁多，星之精也。其味苦寒，得太陽寒水氣化，蓋太陽之氣上及九天，下徹九泉，外彌膚腠，故地膚之功，上治頭而聰耳明目，下入膀胱而利水去疝，外去皮膚熱氣而令潤澤，服之病去，必小水通長為外徵也。　之頤曰：　地膚子能使人身生氣敷布在表，有宣義，有開義，當入太陽，太陽為開故也。

愚按：　《本經》於是物首言其治膀胱熱，利小便，即繼以補中益精氣，則其功用便可參也。蓋膀胱為足太陽經，《內經》曰：　巨陽者，諸陽之屬也。又曰：　衛出於下焦，是則人身生氣之本也。然腎與膀胱為表裏。是則陽出陰中，所謂人身生氣，乃陰中之陽也。先哲曰：　兩腎受病，同歸於膀胱，是則膀胱之熱，而小水不利，固病於腑陽，而實本於臟陰也。《本經》以益精氣繼之治膀胱熱後，是則在府之陽和，而在藏之陰清。在藏之陰清，而在府之陽宣，陰陽合同，而化以為氣，無二機也。腑之陽和，而藏之陰清。故《本經》謂治膀胱熱，利小便，而《別錄》即謂其散疝瘕，甄權即謂其治陰卵㿗疾，臟陰清，而腑陽宣，故《別録》更謂其強陰，甄權更謂其補氣益力。或曰：　他味之利小水者，有能宣陽，更除虛熱，如茲味乎？　曰：　《本經》謂其治膀胱熱，能裕陰以達陽，所云利小便者，就是明其熱之行耳。觀其去根寸許，而即分枝，且莖葉周遭而出，層擁而上，非其不離陰之厚，以為陽之苗者乎？　況其花實在秋，亦猶人身從足太陽而至手太陰，其氣化自地而達天。《經》云：　三焦者，足太陽、少陰之所將，如盧復所云，上及九天，下徹九泉，是太陽氣化。應得如是，而方書於治淋用之，至療目疾，更不一而足，則知是物不得以下泄之劑例視也。謂其宜於虛熱者，原從陰之厚以宣陽，并從陽之宣以歸陰，始於水而成於金也。如是則用之，起陰亦未可幾歟？　曰：　以太陽上及九天，陰清而陽自發越，但恐未能獨任，必如甄權所說，同陽起石而後可奏功歟。姑以俟之善用者。

苗葉：　氣味：　苦，寒，無毒。　時珍曰：　甘苦。　主治：　利小便諸淋。煎水洗目，去熱暗雀盲澀痛。　時珍曰：　按虞摶《醫學正傳》云：　摶兄年七十，秋間患淋二十餘日，百方不效。後得一方，取地膚草，搗自然汁，服之遂通。至賤之物，有回生之功如此。時珍按《聖惠方》治小便不通，用地膚草一大把，水煎服。古方亦常用之。是物能益陰氣，通小腸，無陰則陽無以化，亦東垣治小便不通，用黃蘗、知母滋腎之意。

修治　愚按地膚之味，始微甘而後純苦，且其氣寒，應屬清熱之劑。每見用之者，或假酒力，或不須酒。愚謂如清熱，則酒可不用。如用之起陰達陽，則宜以火酒浸一日夜，於飯上蒸透，曬乾，以去其寒性，乃為得之。

清・郭章宜《本草匯》卷一一　地膚子　味苦，氣寒，入足太陰經。解膀胱之熱，治客熱丹腫。散惡瘡，利小便。皮膚風熱可作浴湯，雷頭風腫，熱酒冲服。

按：　地膚子氣味苦寒，得太陽寒水氣化，太陽之氣上及九天，下徹九泉，外彌膚腠。故地膚之功，上治頭而聰耳明目，下入膀胱而利水去疝，外去皮膚熱氣而令潤澤。服之病去，必小水通長為外徵也。即其利水，兼能祛濕者歟。

清・蔣居祉《本草擇要綱目・寒性藥品》　地膚子　氣味　苦，寒，無毒。　主治：　膀胱熱，利小便，中益精氣，久服耳目聰明，輕身耐老。去皮膚中熱氣，使人潤澤。散惡瘡疝瘕，強陰，治陰卵癩疾。去熱風，可作湯沐浴。與陽起石同服，主丈夫陰痿不起，補氣益力。夫眾病皆起于虛，虛而多熱者，加地膚子、甘草。

苗葉：氣味：苦，寒，無毒。主治：搗汁服，主赤白痢。燒灰亦善。煎水，洗目，去熱暗雀盲，澀痛。主大腸泄瀉，和氣澀腸胃，解惡瘡毒。煎水日服，治手足煩疼，利小便諸淋。

清・王翃《握靈本草》補遺　地膚子生荊州平澤，今田野間亦多。一名落帚。苦，寒，無毒。主瀉膀胱熱，益精明目。同陽起石服，主陰痿不起。

清・汪昂《本草備要》卷二　地膚子通，利水，補陰。甘、苦，氣寒。益精強陰，入膀胱，除虛熱，利小便而通淋。時珍曰：無陰則陽無以化，亦猶東垣治小便不通，用知、柏滋腎之意。王節齋曰：小便不禁或頻數，古方多以爲寒，而用溫澀之藥。殊不知屬熱者多。蓋膀胱火邪妄動，水不得寧，故不能禁而頻數也。故老人多頻數，是膀胱血少，陽火偏旺也。治法當補膀胱陰血，瀉火邪爲主，而佐以收澀之劑，如牡蠣、山茱、五味之類，不可獨用。病本屬熱，故宜瀉火。因水不足，故火動而致便數，小便既多，水益虛矣，故宜補血。補血瀉火，治其本也。收之澀之，治其標也。治癩疝，散惡瘡。煎湯，洗瘡疥良。葉作浴湯，去皮膚風熱丹腫，洗眼除雀盲澀痛。　葉如蒿，莖赤，子類蠶沙。惡螵蛸。

清・李熙和《醫經允中》卷二一　地膚子　即落箒子。　苦，寒，無毒。主治利小便，洗眼，除熱暗雀盲，浴身却皮膚熱疹。

清・馮兆張《馮氏錦囊秘錄・雜症痘疹藥性主治合參》卷二　地膚子味苦，寒，無毒。入脾經。

地膚子，專利水道，去膀胱熱。浴身卻皮膚搔痒熱疹，洗眼除熱，暗雀盲，澁痛。

主治痘疹合參：主膀胱熱，利小便，去皮膚中熱，兼解痘毒。

按：地膚子，氣味苦寒，得太陽寒水氣化，太陽之氣，上及九天，下徹九泉，外彌膚腠，故能上治頭而聰耳明目，下入膀胱而利水去疝，外去皮膚熱氣而令潤澤也。

清・張璐《本經逢原》卷二　地膚子一名落帚，又名黄蒿。　甘，寒，無毒。《本經》主膀胱熱，利小便，補中益氣。久服耳目聰明，輕身不老。發明：眾病皆起於虛，虛而多熱，則小便不利，精氣日燔，故《本經》主以清利膀胱邪熱，中氣自復，耳目聰明矣。其能祛熱，利小便，去陰火，治客熱丹腫。葉主老人夏秋間熱淋，用此搗自然汁服之即通。男子白濁用地膚子、白斂為丸滾湯下。婦人白帶，地膚子為末，熱酒服之，屢效。〇苗葉燒灰煎霜，制砒石粉霜、水銀、硫黄、雄黄、硇砂毒。

清・張志聰、高世栻《本草崇原》卷上　地膚子　氣味苦，寒，無毒。主治膀胱熱利小便，補中，益精氣。久服耳目聰明，輕身耐老。　地膚子多生平澤田野，根作叢生，每窠有二三十莖，七月間開黄花，結子青白，曬乾則黑，似初眠蠶沙之狀。　地膚子氣味苦寒，稟太陽寒水之氣化，故主治膀胱之熱而利小便。膀胱位居胞中，故補中而益水精之氣。久服則津液滋灌，故耳目聰明，輕身耐老。　虞摶《醫學正傳》云：摶兄年七十，秋間患淋，二十餘日，百方不效，後得一方，取地膚草，搗自然汁服之，遂通。至賤之物，有回生之功如此，是苗葉亦有功也。

清・劉漢基《藥性通考》卷六　地膚子　味甘苦，氣寒，無毒。益精強陰，入膀胱，除虛熱，利小便而通淋，治疝氣，散惡瘡，煎湯洗之良。去皮膚風熱，丹腫。洗眼除雀盲澁痛。葉如蒿，莖赤，子類蠶砂。惡螵蛸。周身風癢，洗之即止。煎湯服之更妙。其嫩苗採作小菜，煮食之最佳。

清・黄元御《玉楸藥解》卷一　地膚子　味苦，微寒。入足太陽膀胱經。利水泄濕，清熱通淋。清利膀胱濕熱，治小便淋澀，療頭目腫痛、狐疝陰癩、腰疼脇痛、血痢惡瘡、陽痿諸證。苗葉利水亦捷。

清・吳儀洛《本草從新》卷一　地膚子〔通，利水。〕　甘苦而寒。入膀胱。除虛熱，利小便而通淋。時珍曰：無陰則陽無以化，亦猶東垣治小便不通用知、檗滋腎之意。王節齋〔王節齋，名綸，字汝言，著《本草集要》。〕云：小便不禁或頻數，古方多以為寒，而用溫澀之藥，殊不知屬熱者多。蓋膀胱火邪妄動，水不得寧，故不能禁而頻數也。老人多頻數，由膀胱血少，陽火偏旺也。治法當補膀胱陰血，瀉火邪為主，而佐以收澀之劑，如牡蠣、山茱、北味之類。補血瀉火，治其本也。收之澀之，治其標也。治癩疝，散惡瘡。煎湯洗瘡疥良。葉作浴湯去皮膚風熱丹腫，洗眼除雀盲澀痛。葉如蒿，莖赤，子類蠶砂。惡螵蛸。

清・汪紱《醫林纂要探源》卷二　地膚子　甘，苦，寒。似蒿而多支，細葉赤莖，子附莖端，去殼，細如蠶沙。補腎，堅腎，利膀胱水。水壯則熱除，故去膀胱邪熱而小便利。其補腎，能強陰益精，且治癩疝，堅則固也。葉：去皮膚風熱，明目去毒。煎湯浴，治瘡疥及丹腫。洗眼除雀盲及澀痛。

清・嚴潔等《得配本草》卷三 地膚子葉 苦、甘，寒。入足太陽經氣分。利膀胱水，去皮膚熱。除客熱丹腫，療癩疝溲數，煎洗一切瘡疥。得生地，治風熱赤眼。得甘草，治虛熱。配生薑、熱酒，治雷頭風腫。佐地榆、黄芩，治血痢。佐白术、肉桂，治狐疝陰癩。忌生葱、桃、李。

葉 苦，寒。煎湯洗浴，去皮間風熱。頻洗眼，除雀盲澀痛。搗汁服，治泄瀉淋症。

題清・徐大椿《藥性切用》卷三 地膚子 甘苦微寒，入膀胱而除浮腫，利小便而通淋閉。炒研用。葉作浴湯，去皮膚風熱丹腫。

清・黄宫繡《本草求真》卷五 地膚子瀉膀胱血虚濕熱，〔利小〕便淋閉。地膚子耑入膀胱。治淋利水清熱，功頗類於黄蘗。但黄蘗其味苦烈，此則味苦而甘。黄蘗大瀉膀胱濕熱，此則其力稍遜，凡小便因熱而見頻數及或不禁，用此苦以入陰，寒以勝熱，而使濕熱盡從小便而出也。頻數既謂之熱，則不禁當不得以熱名。然不禁亦有因於膀胱邪火妄動而致者，但頻數不禁出於體旺，則為陽火偏勝，用以實治則可。出於虚衰老弱，雖有邪火内熾，亦恐真陽不足，當為詳慎。但虚火偏旺而熱得恣，固當用以清利，若不佐以補味同入，則小水既利而血益虚，血虚則熱益生，熱生而淋，其益甚矣。故宜佐以牡蠣、山藥、五味收濇之劑。俾清者清，補者補，通者通，濇者濇，滋潤條達而無偏勝為害之弊矣！且能以治因熱癩疝，並煎湯以治瘡疥。至書所謂益精強陰，非是具有補益之能，不過因其熱除，而即具有堅強之意耳。類蠶沙，惡螵蛸。藏器曰：眾病皆起於虚，虚而多熱者，加地膚子、甘草。

清・羅國綱《羅氏會約醫鏡》卷一六草部 地膚子味苦寒，無毒，入脾經。益精強陰。入膀胱，除虚熱，利小便，療淋疝，散惡瘡，去皮膚風熱，煎湯洗。苦燥濕，寒勝熱。治目雀盲澁痛。頻頻煎洗，滋陰之效。葉如蒿，莖赤，子類蠶砂。

清・黄凱鈞《藥籠小品》 地膚子 微寒，入膀胱，利小便，通熱淋。

清・王龍《本草纂要稿・草部》 地膚子 氣味苦寒。專利水道，去熱膀胱。益精強陰，明目聰耳。却皮膚瘙痒熱疼，除熱翳雀盲澁痛。

清・楊時泰《本草述鉤元》卷九 地膚子 田野間多有之。其根叢生，一幹數十枝，攢簇直上，七月開小黄花，其子繁細。其莖將老，多取為掃帚。氣味苦甘寒。入足太陽經。治膀胱熱，利小便，補中益精氣，強陰。療陰卵癩疾，散疝瘕，去熱風頭目，風熱皮膚中熱氣。作湯浴之。與陽起石同服，主丈夫陰痿不起權。諸病虚而多熱者，加地黄、牡蠣、地膚、甘草藏器。地膚子味苦寒，得太陽寒水氣化，蓋太陽之氣，上及九天，下徹九泉，外彌膚腠。地膚上治頭目，下利水疝，外去皮膚熱氣，服之病去，必小水通長，為外徵也不遠。能使人身生氣敷布在表，有宣義，有開義，當入太陽，太陽為開故也。

論：《本經》於地膚，首治膀胱熱利小便，即繼以補中益精氣，其功用便可參。蓋膀胱為足太陽經，《經》曰巨陽者，諸陽之屬也。又曰：衛出下焦，是人身生氣之本也。然膀胱與腎為表裏，陽出陰中，所謂生氣乃陰中之陽也。先哲言兩腎受病，同歸於膀胱，是膀胱之熱而小水不利，病於腑陽，而實本於臟陰也。茲物益精氣，即本於治熱，是則在腑之陽和，而在臟之陰清。腑陽和而臟陰在臟之陰清，而在腑之陽宣，陰陽合同而化以為氣，無二機也。清，《别錄》故謂其散疝瘕，甄權故謂其治陰卵癩疾。臟陰清而腑陽宣，《别錄》故謂其強陰，甄權故謂其補氣益力。觀於去根寸許而即分枝，且莖葉周遭層擁而上出，非其不離陰之厚以為陽之茁者乎。人身從足太陽至手太陰，氣化自地而達天，徹九泉及九天，太陽氣化，應得如是。方書治淋用地膚子，至療目疾，更不一而足，則知不得以下泄之劑例之。謂其宜於虚熱者，原從陰之厚以宣陽，並從陽之宣以歸陰，始於水而成於金也。花實在秋。陰清而陽自發越，則用之起陰，可同陽起以奏功矣。

地膚苗葉味微甘而苦，氣寒。主利諸淋。煎水洗目，去熱暗雀盲濇痛。小便不通，用地膚草一大把，水煎服。蓋無陰則陽無以化，是物益陰氣，通小腸，亦東垣用知、柏滋腎之意。一老人秋間患淋二十餘日，百方不效，後取地膚草搗自然汁服之，遂通。賤物回生，功效如此。

修治：清熱生用，如欲其起陰達陽，宜以火酒浸一日夜，飯上蒸透，曬乾，以去寒性。

清・鄒澍《本經續疏》卷二 地膚子 【略】盧芷園曰：地膚子味苦氣寒，得太陽寒水氣化。蓋太陽之氣上及九天，下徹九泉，外彌膚腠。故地膚之功上及頭而聰耳明目，下入膀胱而利水去疝，外去皮膚熱氣而令潤澤。劉潛江曰：膀胱與腎為表裏而屬太陽。太陽者，主統陽氣護衛一身，所謂衛出下焦，為陰中之陽者也。膀胱有熱，而小便不利，固病於府之陽不得宣。然其源莫不成於藏之陰不能濟，於《本經》以補中益精氣，踵於主膀胱熱、利小便之後，遂確可知在府之陽和，則在藏之陰清，在藏之陰清，則在府之陽宣，陰陽合同以化為氣矣。但觀其去根不多，隨即分枝莖葉，周遭四出，層擁而上，非其不離陰之厚以為陽之苗者乎。原從陰之厚以宣陽，還從陽之宣以歸陰，故方書用之治淋與目疾，不一而足也。予謂信如此，則似地膚子之性，主上行者，無如太陽本下行，衛氣之發軔也亦下行，惟其下行極而上，少陰遂曳之復升，是利水去熱，助太陽之降，而補中益精氣，則資少陰之升之謂也。試覈以張隱庵根莖升子降之義，則莖葉擣汁主利治目熱暗，子主利水，兩俱諧適，於星羅碁布中，引陰以除膀胱之熱，即從絪緼化育中，引氣以承少陰之行，於以上徹耳目，外達皮毛，咸得其益，可謂補中益精氣也。不然，苦寒斷非補中之品，疏利決無益精之能，何可恃耶？

清・葉桂《本草再新》卷二　地膚子味甘、苦，性寒，無毒。入腎經。　除虛熱，利小便而通淋，治瘕疝，散惡瘡。

清・吴其濬《植物名實圖考》卷一一　地膚　《本經》上品。《爾雅》：葥，王蔧。注：王帚也。江東呼之曰落帚，今河南北通呼掃帚菜。《救荒本草》謂之獨帚，可為恒蔬，莖老則以為掃帚。

清・趙其光《本草求原》卷三隰草部　地膚子　甘，寒。清利膀胱邪熱，補膀胱陰血，熱去則小便利，中焦之陰氣自受益，而耳目聰明矣。故有陰火而小便不禁，尿數成淋疝，客熱丹毒並治。為末酒服，治白帶；同白蘞為丸，治白濁。

葉：如蒿，莖赤，子類蠶砂，一名黄蒿，一名落帚。擣汁，治老人熱淋；煮湯浴，去皮膚風熱丹腫；洗眼，去雀盲澀痛。苗葉燒灰煎霜，制砒石、水銀、硫黄、雄黄毒。

清・葉志詵《神農本草經贊》卷一　地膚子　味苦，寒。主膀胱熱，利小便，補中益精氣。久服耳目聰明，輕身耐老。一名地葵。生平澤及田野。

星精散采，宛轉沿涯。千心春滿，獨帚風斜。舌捫鴨唼，眠起蠶沙。商秋斂實，沐浴光華。

蘇頌曰：星之精也。一名獨帚，一名鴨舌草。八月藉幹成可采。《土宿指南》：一名千心草。韓愈詩：宛轉沿涯到深處。日華子曰：子色青，似一眠初起蠶沙之狀。潘尼賦：商秋授氣，收華斂實。甄權曰：去熱風可作湯沐浴。《黄庭經》：體生光華氣香蘭。

清・文晟《新編六書》卷六《藥性摘錄》　地膚子　苦而甘，瀉膀胱血虛濕熱，利小便，通淋閉，須佐以牡蠣、山藥之類，亦無偏勝。○又能治因熱癩疝。並煎濃湯，浴瘡疥有効。○惡桑螵蛸。

清・張仁錫《藥性蒙求・草部》　地膚子錢半　地膚子寒，去膀胱熱。皮膚搔癢，浴湯甚捷。甘苦而寒。利小便而通淋。葉作浴湯，治皮膚風熱、丹腫。

清・屠道和《本草匯纂》卷二瀉濕　地膚子　耑入膀胱。味苦而甘，無毒。瀉膀胱血分濕熱，利小便淋閉。補中益氣，去皮膚中熱氣，使人潤澤。久服耳目聰明。散惡瘡疝瘕，客熱丹腫。治淋利水，功類黄柏。但黄柏味苦而烈，大瀉膀胱濕熱。此則味苦而甘，其力稍遜。凡小便因熱，而見頻數及或不禁，用此能使濕熱盡從小便而出。治疥瘡陰卵癩疾，去熱風，可作湯沐浴。洗眼，除雀盲澀痛。治丈夫陰痿不起，與陽起石同服，補氣益力。老年血虛氣衰，雖有邪火內熾，然真陽不足，當慎。葉如蒿，莖赤，子類蠶沙。惡螵蛸。

清・劉善述、劉士季《草木便方》卷一草部　鐵掃帚　鐵掃把苗葉苦寒，赤白瀉痢治不難。利便通淋解丹毒，洗目清熱自安然。地膚子莖。

清・田綿淮《本草省常・菜性類》　掃帚苗　一名地膚草。性微寒。濇大便，利小便，益氣明目。

清・戴葆元《本草綱目易知錄》卷一　地膚子　甘苦而寒。補中強陰，聰耳明目，益精氣，利小便，入膀胱，除虛熱，消陰卵癩疾，散惡瘡疝瘕。與陽起石同服，起丈夫陰痿，補氣益力。去皮膚中熱氣，使人潤澤。又治客熱丹腫，可作湯沐浴，去熱風。【略】

苗葉：苦，寒。益陰氣，通小腸，為治諸淋上品。能濇腸胃，和氣止瀉，主赤白痢，手足煩疼，解惡瘡毒。水煎洗目，去熱暗雀目濇痛。

清・黄光霽《本草衍句》　地膚子　味苦氣寒，益精強陰。入膀胱而除虛熱，利小便而通妊淋。散皮膚瘙痒丹腫，治惡瘡陰痿疝疼。

清・陳其瑞《本草撮要》卷一　地膚子　味甘苦，氣寒，入足太陽經，功專益精強陰，入膀胱，除虛熱，利小便而通淋，治癩疝，散惡瘡。葉作浴湯，去皮膚風熱丹腫，洗眼除雀盲澀痛。惡螵蛸。脇下疼痛，地膚子末酒服良。

清・李桂庭《藥性詩解》　賦得地膚子利膀胱可洗皮膚之風。得風字。湯克家。　地膚甘寒苦，膀胱利可通。雖能清內熱，更可洗皮風。按：地膚子甘苦而寒，入膀胱。除虛熱，利小便，通淋濁。又治陰卵㿗疾，及客熱丹腫，惡瘡瘡疥。煎湯洗之，去皮膚風熱。處處有之，莖赤葉青，堪為掃箒。一名落箒子，一名千頭子。

清・仲昴庭《本草崇原集說》卷一 地膚子 【略】仲氏曰：《本經》自天名精至地膚子共五味，皆利小便，而用有不同者，以物所得之運氣及人所值之運氣使然也。蓋天以六氣生化五運，五運生化六氣，總名五行。物得其偏，而人得其全，過則病，不及亦病。即如不便不利，各有所自，凡利小便之藥，亦各有所歸，此非運氣為之，誰為為之？

瞿麥

宋・唐慎微《證類本草》卷八草部中品〔《本經・別錄・藥對**》〕** **瞿**音劬**麥** **味苦**、辛，**寒**，無毒。**主關格，諸癃結，小便不通，出刺，決癰腫，明目去瞖，破胎墮子，下閉血**，養腎氣，逐膀胱邪逆，止霍亂，長毛髮。**一名巨句麥**，一名大菊，一名大蘭。生太山川谷。立秋採實，陰乾。(蓑)〔蘘〕草、牡丹爲之使，惡螵蛸。

〔梁・陶弘景《本草經集注》〕云：今出近道。一莖生細葉，花紅紫赤可愛，合子、葉刈取之，子頗似麥，故名瞿麥。此類乃有兩種：一種微大，花邊有叉椏，未知何者是。今市人皆用小者。復一種葉廣相似而有毛，花晚而甚赤。按《經》云：採實。中子至細，燥熟便脫盡。今市人惟合莖、葉用，而實正空殼無復子爾。

〔宋・掌禹錫《嘉祐本草》〕按：《藥性論》云：瞿麥，臣，味甘。主五淋。日華子云：瞿麥，催生，又名杜母草、鷰麥、蘥麥，又云石竹。葉治痔瘻并瀉血，作湯粥食並得。子治月經不通，破血塊，排膿。葉治小兒蛔蟲。痔疾，煎湯服。丹石藥發并眼目腫痛及腫毒，搗傅。治浸淫瘡并婦人陰瘡。

〔宋・蘇頌《本草圖經》〕曰：瞿麥，生泰山川谷，今處處有之。苗高一尺以來，葉尖小，青色，根紫黑色，形如細蔓菁。花紅紫赤色，亦似映山紅，二月至五月開。七月結實作穗，子頗似麥，故以名之。立秋後合子、葉收採陰乾用。河陽河中府出者，苗可用。淮甸出者根細，村民取作刷幕。《爾雅》謂之大菊。《廣雅》謂之茈萎是也。古今方通心經、利小腸爲最要。張仲景治小便不利，有水氣，栝樓瞿麥丸主之。栝樓根二兩，大附子一個，茯苓、山芋各三兩，瞿麥一分，五物杵〔爲〕末，蜜丸如梧子大，一服三丸，日三。未知，益至七八丸。以小便利，腹中溫爲知也。

〔宋・唐慎微《證類本草》〕《雷公》云：凡使，只用蘂殼，不用莖、葉。若一時使，即空心令人氣咽，小便不禁。凡欲用，先須以堇竹瀝浸一伏時，漉出，曬乾用。《外臺秘要》：治𩩲。以瞿麥爲末，水服方寸匕。又方：治石淋。取子酒服方寸匕，一二日當下石。《千金方》：治産經數日不出，或子死腹中，母欲死。以瞿麥煮濃汁服之。《梅師方》：治竹木刺入肉中不出。瞿麥爲末，水服方寸匕。或煮瞿麥汁飲之，日三。《千金》同。崔氏：治魚臍瘡毒腫，燒灰和油傅於腫上，甚佳。

宋・寇宗奭《本草衍義》卷九 瞿麥 八(政)〔正〕散用瞿麥，今人爲至要藥。若心經雖有熱而小腸虛者服之，則心熱未退，而小腸別作病矣。料其意者，不過爲心與小腸爲傳送，故用此入小腸藥。按《經》，瞿麥并不治心熱。若心無大熱，則當止治其心，若或制之不盡，須當求其屬以衰之。用八(政)〔正〕散者，其意如此。

宋・王繼先《紹興本草》卷八 瞿麥 紹興校定：瞿麥，性味、主治具載《本經》，雖云採實陰乾，今方家入藥，莖、葉、實皆用，但去其根矣。治諸癃閉有驗，味苦、辛、寒、無毒是也。又雷公有藥殼莖葉並使，令人氣咽、小便不禁之說，無所據。

宋・鄭樵《通志》卷七五《昆蟲草木略》 瞿麥 曰巨句麥，曰大菊，曰大蘭，曰茈萎，曰杜母草，曰燕麥，曰蘥麥，曰雀麥，曰石竹。故《爾雅》云：大菊，蘧麥。其葉細嫩，花如錢可愛，唐人多像此為衣服之飾，所謂石竹繡羅衣。

金・張元素《潔古珍珠囊》〔見元・杜思敬《濟生拔粹》卷五〕 瞿麥辛，陽中微陰。利小便為君。

宋・劉明之《圖經本草藥性總論》卷上 瞿麥 味苦、辛，寒，無毒。主關格，諸癃結小便不通，出刺，決癰腫，明目去瞖，破胎墮子，下閉血，養腎氣，逐膀胱邪逆，止霍亂。《藥性論》云：臣。主五淋。日華子云：催生，治痔瘻并瀉血。子，治月經不通，破血塊排膿。葉，治小兒蛔蟲，痔疾。煎湯服，治丹石藥發。蘘草、牡丹為之使。惡螵蛸。

宋・王介《履巉巖本草》卷中 瞿麥 味苦、辛，寒，無毒。主關格，諸癃結，小便不通，明目去翳，止霍亂，長毛髮，治産經數日不出，或子死腹中母欲死，以瞿麥煮濃汁服之。

元・王好古《湯液本草》卷四 瞿麥 氣寒，味苦、辛，陽中微陰也。《象》云：主關格諸癃結，小便不通，治癰腫，排膿，明目去翳，破胎下閉血，逐膀胱邪熱。用穗。《珍》云：利小便，為君主之用。《本草》云：出刺，決癰腫，明目去翳，破胎墮子，下閉血，養腎氣，逐膀胱邪逆，止霍亂，長毛髮。

元・朱震亨《本草衍義補遺・新增補》　瞿麥　辛。陽中微陰。利小便為君。

元・徐彦純《本草發揮》卷二　瞿麥　東垣云：味苦、辛，寒，陽中之陰。利小便為君。去枝用蕙。

明・朱橚《救荒本草》卷上之前　石竹子　《本草》名瞿麥，一名巨句麥，一名大菊，一名大蘭，又名杜母草、鷰麥、蘥音藥麥。生太山川谷，今處處有之。苗高一尺已來，葉似獨掃葉而尖小，又似小竹葉而細窄，莖亦有節，稍間開紅白花而結蒴，內有小黑子，味苦辛，性寒，無毒。蘘草、牡丹為之使。惡螵蛸。　救飢：採嫩苗葉煠熟，水浸淘淨，油鹽調食。　治病：文具《本草》草部瞿麥條下。

明・王綸《本草集要》卷三　瞿麥臣　味苦辛，氣寒。陽中微陰。無毒。(蓑)〔蘘〕草、牡丹為之使。惡螵蛸。立秋採實，陰乾。　主關格諸癃結，小便不通。出刺，決癰腫，排膿。明目去翳，破胎墮子，下閉血。養腎氣，逐膀胱邪逆。竹木刺入肉中不出。為末，水服方寸匕，或煮汁飲之。

明・滕弘《神農本經會通》卷一　瞿麥　臣也。蘘草、牡丹為之使。惡螵蛸。立秋採實，陰乾。《局》云：只用實殼，不用莖葉。　味苦、辛，氣寒，無毒。《湯》云：氣寒，味苦辛。陽中微陰也。東云：治熱淋之有血。《珍》云：獨利小便為君。取穗。《疌》云：除淋病，治吐蛔，決癰，明目，并療痿，催產通經，又墮胎。

《本經》云：主關格，諸癃結，小便不通，出刺，決癰腫，明目，去瞖，破胎墮子，下閉血，養腎氣，逐膀胱邪逆，止霍亂，長毛髮。《藥性論》云：臣。味甘。主五淋。日華子云：催生。《圖經》云：古今方通心經，利小腸為最要。仲景治小便不利，有水氣，栝樓瞿麥丸主之。《珍》云：利小便，為君主之用。丹溪云：味辛，陽中微陰。利小便，為君。《衍義》曰：八正散用瞿麥，今人為至要藥。若心經雖有熱，而小腸虛者，服之則心熱未退，而小腸別作病矣。料其意者，不過為心與小腸為傳送，故用此入小腸藥。按《經》瞿麥並不治心熱，若心無大熱，則當止治其心。若或制之不盡，當求其屬以衰之，用八正者，其意如此。《局》云：瞿麥主通關格病，小便癃結可宣行。決癰明目能除瞖，墮子催生利月經。瞿麥，開通關格，宣癃，墮子，更催生。

明・劉文泰《本草品彙精要》卷一〇　瞿麥無毒。　叢生。

瞿音劬**麥**：出《神農本經》**主關格，諸癃結，小便不通，出刺，決癰腫，明目，去翳，破胎墮子，下閉血。**以上朱字《神農本經》。養腎氣，逐膀胱，邪逆，止霍亂，長毛髮。以上黑字名醫所錄。

【名】巨句麥、大菊、大蘭、石竹葉、杜母草、茈萎、鷰麥、蘥麥。

【苗】《圖經》曰：苗高一二尺，葉尖小，青色如柳葉，而有鋸齒，根紫黑色，形如細蔓菁，二月至五月開花紅紫赤色，亦似映山紅，七月結實，作穗頗似麥，故以名之。

【地】《圖經》曰：生泰山川谷、河陽、河中府、淮甸，今處處有之。【道地】絳州。

【時】生：春生苗。採：立秋取實，秋後合子葉取。

【收】陰乾。

【用】子、葉。

【質】形如大麥。

【色】淡黃。

【味】苦，辛。

【性】寒，泄。

【氣】氣薄味厚，陰中之陽。

【臭】朽。

【主】利小便，通關格。

【助】(蓑)〔蘘〕草、牡丹爲之使。

【反】惡螵蛸。

【製】《雷公》云：凡用，先以堇竹瀝浸一伏時，漉出，曬乾用，生用亦可。

【治】療：《圖經》曰：通心經，利小腸。《藥性論》云：除五淋。日華子云：催生。○葉，治痔瘻，瀉血，作湯粥食並得。小兒蛔蟲，煎湯服。丹石藥發，並眼目腫痛及腫毒，搗傅。治浸淫瘡並婦人陰瘡。○子，治月經不通，破血塊，排膿。

【合治】合栝樓根、大附子、茯苓、山芋等分，杵末，蜜丸服之，療小便不利，有水氣。

【禁】妊娠不可服，小腸虛者不宜服。

明・葉文齡《醫學統旨》卷八　瞿麥　氣寒，味苦、辛。無毒。陽中微陰也。(蓑)〔蘘〕草、牡丹為之使。惡螵蛸。　治關格，五淋諸癃結，小便不通，決癰腫排膿，明目去翳，破胎墮子，下閉血，養腎氣，逐膀胱邪逆；出竹木刺入肉。

明・許希周《藥性粗評》卷二　溺常衝於瞿麥。

瞿麥，一名巨句麥，一名杜母草。《爾雅》謂之大菊。《廣雅》謂之茈萎。苗高一尺許，葉尖小，青色，二月至五月開花紅紫赤色，如映山紅，七月結實作穗，子頗似麥，故名。根紫黑色，形如細蔓菁，可作刷帚。江淮南北川谷處處有之。立秋後合子葉採，陰乾入藥。只用子，以堇竹瀝浸一伏時，漉出晒乾。(蓑)〔蘘〕草、牡丹為之使，惡螵蛸。味苦、辛，性寒，無毒。主治上關下格，五淋癃結，小便不通，月閉產難，無名腫毒，排膿破血，明目去瞖，出刺消骾，止霍亂，養腎氣，長毛髮，疏通臟腑。東垣云：利小便為君。大抵小便多者忌之。

單方：石淋：取子搗為末，每服一錢，酒下，日三次，其石自下。產難：產經數日不出，或子死腹中，母欲死，以瞿麥煮濃汁，服之。竹木刺：入肉中不出者，以瞿麥煮濃汁服之，日三。魚臍瘡：以瞿麥燒灰，和油傅之甚佳。凡癰疽腫毒，亦同此治。

明・鄭寧《藥性要略大全》卷五 瞿麥臣 決癰腫，明目去翳。能下胎，破血，養腎氣，逐膀胱邪熱，止霍亂，長毛髮。主五淋，催生。《賦》曰：治血淋、熱淋及小便閉。味苦、辛，氣寒，無毒。蘘草、牡丹為之使。惡螵蛸。立秋採，陰乾用。花如野石菊。

明・陳嘉謨《本草蒙筌》卷二 瞿麥 味苦、辛，氣寒。降也，陽中微陰，無毒。生泰山川谷，今處處有之。結實與麥同形，故因名曰瞿麥。立秋收採，風際陰乾。惡螵蛸，使蘘牡。蘘草、牡丹。利小便君主可用，決癰腫佐使堪為。去目翳逐胎，下閉血出刺。

明・王文潔《太乙仙製本草藥性大全》卷二《本草精義》 瞿麥 一名巨句麥，一名大菊，一名大蘭。生泰山川谷，今處處有之。苗高一尺以來，葉尖小，青色。根紫黑色，形如細蔓菁。花紅紫赤色，亦似映山紅，二月至五月開。七月結實作穗，子頗似麥，故以名之。立秋後合子、葉收採，陰乾用。惡螵蛸。河陽河中府出者，苗可用。淮甸出者，根細，村民取作刷箒。《爾雅》謂之大菊。《廣雅》謂之茈萎是也。

明・王文潔《太乙仙製本草藥性大全》卷二《仙製藥性》 瞿麥臣 味苦、辛，氣寒，降也，陽中微陰，無毒。（蓑）〔蘘〕草、牡丹爲之使。主治：利小便，君主可用；決癰腫，佐使堪爲。去目翳，逐胎下閉血，出刺，養腎氣，逐膀胱邪熱，止霍亂。主血熱五淋，長毛髮，催生，開關格，破血。補註：治骾，以爲末，水服方寸〔匕〕。○石淋，取子爲末，酒服方寸匕，日三，三日當下石。○産經數日不出，或子死腹中，母欲死，以煮濃汁服之。○竹木刺入肉內不出，以爲末，水服方寸匕，或煮汁飲之，一日三服。○魚臍瘡毒腫，燒灰和油傅腫上甚佳。太乙曰：凡使只用蘽殼，不用莖葉。若一時使，即空心令人氣咽，小便不禁。凡欲用，先須以篁竹瀝浸一伏時，漉出晒乾用。

明・皇甫嵩《本草發明》卷三 瞿麥中品之上，臣。味苦、辛，無毒。陽中微陰也。

發明曰：瞿麥專主通利，故《本草》主關格，諸癃結，小便不通，逐膀胱邪逆，養腎氣，下閉血，破胎出刺，決癰腫，明目去翳，止霍亂，皆其苦寒降火，兼辛能散氣，專為通利之用也。《衍義》云：八（政）〔正〕散用瞿麥為要藥。若心經有熱，小腸虛者，服之則心熱未退，小腸別作病矣。其意以為心與小腸為傳送，故用之入小腸。按《經》，瞿麥不治心熱，若心無大熱，當止治心，若治之不盡，須求其屬以衰之，用八（政）〔正〕散者，其意如〔此〕。葉治小兒蚘蟲痔疾，煎服。丹石藥發，眼目腫痛及腫毒，搗傅。浸（泡）〔淫〕瘡、婦人（此）陰瘡。逐膀胱邪用穗。凡用蕋殼，即不用莖葉。若一時〔同〕使，即空心，令人小便不禁。蘘草、牡丹皮為使。惡螵蛸。

明・李時珍《本草綱目》卷一六草部・隰草類下 瞿麥瞿音劬。《本經》中品。

【釋名】蘧麥《爾雅》 巨句麥《本經》 大菊《爾雅》 大蘭《別録》 石竹《日華》 南天竺草《綱目》 弘景曰：子頗似麥，故名瞿麥。時珍曰：按陸佃解《韓詩外傳》云：生于兩旁謂之瞿。此麥之穗旁生故也。《爾雅》作蘧，有渠、衢二音。《日華本草》云一名燕麥，一名杜姥草者，誤矣。燕麥即雀麥，雀瞿二字相近，傳寫之訛爾。

【集解】《別録》曰：瞿麥生太山山谷，立秋采，陰乾。弘景曰：今出近道。一莖生細葉，花紅紫赤色可愛，合子葉刈取之。子頗似麥子。有兩種，一種微大，花邊有叉椏，未知何者是也。今市人皆用小者。復一種，葉廣相似而有毛，花晚而甚赤。按《經》云采實。其中子細，燥熟便脱盡矣。頌曰：今處處有之。苗高一尺以來，葉尖小青色，根紫黑色，形如細蔓菁。花紅紫赤色，亦似映山紅，二月至五月開。七月結實作穗，子頗似麥。河陽河中府出者，苗可用。淮甸出者根細，村民取作刷帚。《爾雅》謂之大菊，《廣雅》謂之茈萎是也。時珍曰：石竹葉似地膚葉而尖小，又似初生小竹葉而細窄，其莖纖細有節，高尺餘，稍間開花。田野生者，花大如錢，紅紫色。人家栽者，花稍小而嫵媚，有細白粉紅紫赤斑爛數色，俗呼爲洛陽花。結實如燕麥，內有小黑子。其嫩苗煠熟水淘過。可食。

穗 【修治】斆曰：凡使只用蕊殼，不用莖葉。若一時同使，即空心令人氣噎，小便不禁也。用時以篁竹瀝浸一伏時，漉晒。 【氣味】苦，寒，無毒。《別録》曰：苦。權曰：甘。之才曰：（蓑）〔蘘〕草、牡丹爲之使，惡螵蛸，伏丹砂。 【主治】關格，諸癃結，小便不通，出刺，決癰腫，明目去翳，破胎墮子，下閉血《本經》。養腎氣，逐膀胱邪逆，止霍亂，長毛髮《別録》。主五淋〔甄權〕。月經不通，破血塊，排膿大明。

葉 【主治】痔瘻并瀉血，作湯粥食。又治小兒蛔蟲，及丹石藥發。并眼目腫痛及腫毒，搗傅。治浸淫瘡并婦人陰瘡大明。

【發明】杲曰：瞿麥利小便爲君主之用。頌曰：古今方通心經、利小腸爲最要。宗奭曰：八正散用瞿麥，今人爲至要藥。若心經雖有熱，而小腸虛者服之，則心熱未退，而小腸別作病矣。蓋小腸與心爲傳送，故用此入小腸。本草並不治心熱。若心無大熱，止治其心，或制之不盡，當求其屬以衰之可也。時珍曰：近古方家治産難，有石竹花湯，治九孔出血，有南天竺飲，皆取其破血利竅也。

〖附方〗舊六，新五。

小便石淋：宜破血。瞿麥子擣爲末，酒服方寸匕，日三服，三日當下石。《外臺秘要》。

小便不利：有水氣，栝樓瞿麥丸主之。瞿麥二錢半，栝樓根二兩，大附子一箇，茯苓、山芋各三兩，爲末。蜜和丸梧子大。一服三丸，日三。未知，益至七八丸，以小便利、腹中温爲知也。張仲景《金匱方》。

下焦結熱：小便淋閟，或有血出，或大小便出血。瞿麥穗一兩，甘草炙七錢五分，山巵子仁炒半兩，爲末。每服七錢，連鬚葱頭七箇，燈心五十莖，生薑五片，水二盌，煎至七分，時時温服，名立效散。《千金方》。

子死腹中：或産經數日不下。以瞿麥煮濃汁服之。《千金方》。

九竅出血：服藥不(注)〔止〕者，南天竺草，即瞿麥，拇指大一把，山巵子仁三十箇，生薑一塊，甘草炙半兩，燈草一小把，大棗五枚，水煎服。《聖濟總録》。

目赤腫痛：浸淫等瘡。瞿麥炒黄爲末，以鵝涎調塗眦頭即開。或擣汁塗之。《聖惠方》。

眯目生翳：其物不出者，生膚翳者。瞿麥、乾薑炮爲末，井華水調服二錢，日二服。《聖惠方》。

魚臍疔瘡：瞿麥燒灰，和油傅之，甚佳。《崔氏方》。

咽喉骨哽：瞿麥爲末。水服方寸匕。日二。《外臺秘要》。

竹木入肉：瞿麥爲末，水服方寸匕。或煮汁，日飲三次。《梅師方》。

箭刀在肉：及咽喉胸膈諸隱處不出。酒服瞿麥末方寸匕，日三服。《千金方》。

題明·薛己《本草約言》卷一《藥性本草》　瞿麥　專主通利，治血通淋而最捷。

明·梅得春《藥性會元》卷上　瞿麥　味苦、辛，氣寒。陽中微陰，無毒。(蓑)〔蘘〕草、牡丹為使。惡螵蛸。凡使用實殼，不用莖葉。　主治熱淋之有血，通關格以宣癃，墮胎更催生，排膿消癰腫，明目去翳膜，養腎長毛髮，下閉血，逐膀胱邪逆。利小便為君。止霍亂，出竹木刺入肉。　製法：若一時用，即空心令氣咽，小便不禁。凡欲生用，須以篁竹瀝浸一伏時，漉出晒乾用。

明·杜文燮《藥鑒》卷二　瞿麥　氣寒，味苦、辛。降也，陽中微陰也。無毒。利小便可用為君，快癰腫堪為佐使。去目翳，逐胎，下閉血，出刺。扁畜功用與瞿麥同，孕婦所忌。

明·李中立《本草原始》卷二　瞿麥　始生太山川谷，今處處有之。苗高一尺以來，葉似地膚而尖小，又似初生小竹葉而細窄，其莖纖細有節，稍間開花，花紅紫赤數色，二月至五月開，七月結實作穗，子頗似麥，故名瞿麥。按：陸佃解《韓詩外傳》云：生于兩傍謂之瞿，此麥之穗旁生，故名。《爾雅》謂之蘧麥。《本經》謂之巨句麥。《廣雅》謂之茈萎。《别錄》謂之大蘭。《綱目》謂之南天竺草。日華子謂之石竹。　穗：氣味：苦，寒，無毒。主治：關格，諸癃結，小便不通，出刺，決癰腫，明目去瞖，破胎墮子，下閉血。○養腎氣，逐膀胱邪逆，止霍亂，長毛髮。○主五淋，月經不通，破血塊，排膿。　葉：主治：痔瘻并瀉血，作湯粥食。又治小兒蛔蟲，及丹石藥發，并眼口腫及腫毒。擣傅，治浸淫瘡，婦人陰瘡。　凡使瞿麥，只用蕋殼，不用莖葉。若一時同使，即空心，令人氣噎、小便不禁也。

瞿麥，《本經》中品。【圖略】俗呼石竹。

瞿麥，蘘草、牡丹為之使，惡螵蛸，伏丹砂。　按：《經》云：采實，實中子至細，燥熟便脱盡。今市人惟合莖葉用，而實正殼空無子爾。　崔氏治魚臍瘡毒腫，燒灰和油傅於腫上甚佳。　瞿麥，臣。

明·張懋辰《本草便》卷一　瞿麥臣　味苦、辛，氣寒，陽中微陰，無毒。主諸癃結，決癰腫，排膿，明目去翳，破胎墮子，下閉血，養腎氣，逐膀胱邪逆。

明·盧復《芷園臆草題藥》　瞿麥　即剪秋羅、洛陽花，又其種類，花最可觀。能入太陽血分，通關格癃結，出刺決癰，去翳破胎，如開通衢路者。然服之亦能令人清癯消瘦，此知好色之當遠。藥且若此，而況人乎？

明·繆希雍《本草經疏》卷八　瞿麥　味苦、辛，寒，無毒。主關格諸癃結，小便不通，出刺，決癰腫，明目去翳，破胎墮子，下閉血，養腎氣，逐膀胱邪逆，止霍亂，長毛髮。

〖疏〗瞿麥禀陰寒之氣而生，故味苦寒。《别錄》兼辛無毒。苦辛能破血，陰寒而降，能通利下竅而行小便，故主關格諸癃結小便不通，因於小腸熱甚者。寒能散熱，辛能散結，故決癰腫。除濕熱，故明目去翳。辛寒破血，故破胎墮子而下閉血也。去腎家濕熱，故云養腎氣。逐膀胱邪逆者，亦洩濕熱故也。濕熱客中焦，則清濁不分而為霍亂，通利濕熱則霍亂自解矣。用蕊殼，不用莖葉。入藥先須以篁竹瀝浸一伏時，漉出曬乾。〖主治參互〗入八正散，利小腸實熱結閉。《千金方》立效散，治下焦結熱，小便淋閉，或有血出，或大小便出血。瞿麥穗一兩，炙甘草七錢五分，山梔仁炒半兩，為末，每服七錢，連鬚葱白七箇，燈心五十莖，生薑五片，水二盞，煎至七分，時時溫服。〔簡誤〕瞿麥苦寒兼辛，性猛利，善下逐。凡腎氣虛，小腸無大熱者，忌之。胎前產後，一切虛人患小水不利，法竝禁用。水腫、蠱脹脾虛者不得施。

明・倪朱謨《本草彙言》卷四 瞿麥 味苦、辛，氣寒，無毒。沉而下降之藥。入手少陰、太陽經。 李氏曰：瞿麥，即洛陽花葶。所在有之。莖細有節，高一二尺，葉似石竹，又似地膚。稍巔開花。田野生者，花大如錢，紅紫色。人家栽者，花稍小而嫵媚，有紅、紫、粉、藍，斑斕數色。結實如燕麥，內子紫黑而扁，根紫黑色，結實與麥同形，故名。秋後收采，陰乾用。雷氏曰：只用萼殼，不用莖葉。若一時同使，令人氣噎，及小便不禁也。

瞿麥：破血下氣，日華子通利下竅而行小便之藥也。方益明稿寒能散熱，苦能利便，辛能破血，故《本草》主關格諸癃結，小便不通，決癰腫，破胎娠，《本經》下閉血，乃急方通劑也。但性味苦辛而寒，氣猛利，善下逐，凡腎氣虛而小腸無大熱者，忌之。胎前產後一切虛人，患小便不利者，法並禁用。如水腫臌脹，脾虛胃弱者，亦不得輕施。

李東垣先生曰：瞿麥，利小便，爲君主之用，故八正散專之。若心經有熱，而小腸氣虛，忌服。恐心熱未除，而小腸作病矣。 李時珍先生曰：古方治產難，有石竹花湯，取其破血利竅也。

集方：仲景《金匱方》治小便不利有水氣者。用瞿麥一兩，天花粉二兩，雞子二箇，茯苓、山茱萸各三兩，共爲末。煉蜜丸梧子大。每服百餘丸，日三服。〇大氏方治癰腫疔瘡。瞿麥燒灰，菜油調敷。〇《千金方》治子死腹中，或產經數日不下。以瞿麥煎汁飲之，立下。〇同前治下焦結熱，小便淋閉，或有血出，或併大便出血。用瞿麥穗一兩，炙甘草七錢，黑山梔五錢，共爲末。每服四錢，白湯調服。〇《聖惠方》治目赤腫痛，浸淫成瘡。用瞿麥搗汁，點大眦內。

明・姚可成《食物本草》卷一八草部・隰草類 瞿麥處處有之。苗高一尺以來，葉似初生小竹葉而細窄。其莖纖細有節。二月至五月，梢間開花。七月結實作穗子，頗似麥。田野生者，花大如錢，紅紫色。人家栽者，花稍小而嫵媚，有細白、粉紅、紫赤、斑斕數色，俗呼為洛陽花。結實又如燕麥，內有小黑子耳。嫩苗煠熟，水淘過可食。

瞿麥，味苦，寒，無毒。治關格諸癃結，小便不通，出刺，決癰腫，明目去翳，破胎墮子，下閉血。養腎氣，逐膀胱邪逆，止霍亂，長毛髮。主五淋月經不通，破血塊，排膿。

葉 治痔漏并瀉血，作湯粥食。又治小兒蚘蟲及丹石藥發，并眼目腫痛及腫毒。搗傅，治浸淫瘡，并婦人陰瘡。

附方：治小便石淋，乃小便閉澀，莖中如有砂石塊作痛也。用瞿麥搗為末，酒服方寸匕，日三服，三日當下石。

明・顧逢柏《分部本草妙用》卷五腎部・寒瀉 瞿麥 苦、寒，無毒。牡丹為使，惡螵蛸，伏丹砂。入小腸，附腎。 主治：通小便，下閉血，養腎氣，逐膀胱邪，通經。治蛔，目痛，陰瘡。 按：瞿麥為利小便君藥。然小腸虛者，服之不惟不去熱，反成他症。

明・李中梓《醫宗必讀・本草徵要上》 瞿麥味苦，寒，無毒。入膀胱經。利水破血，出刺墮胎。八正散用為利小便之主藥，若心雖熱而小腸虛者忌服，恐心熱未除，而小腸復病矣。當求其屬以衰之。

明・鄭二陽《仁壽堂藥鏡》卷一〇下 瞿麥 《本草》云：瞿麥，生太山川谷。牡丹皮為之使，惡螵蛸。 氣寒，味苦、辛，陽中微陰也。《象》云：主關格諸癃結，小便不通。治癰腫，排膿，明目去翳，破胎，下閉血，逐膀胱邪熱。用穗。 《珍》云：利小便，為君主之用。 《本草》云：出刺，決癰腫，明目去翳，破胎墮子，下閉血，養腎氣，逐膀胱邪逆。止霍亂，長毛髮。

明・蔣儀《藥鏡》卷四寒部 瞿麥 利熱水，力擅墮胎。決癰腫，功祛翳眼。

明・張景岳《景岳全書》卷四八《本草正》 瞿麥 味苦，微寒。降也，性滑利。能通小便，降陰火，除五淋，利血脉。兼涼藥，亦消眼目腫痛。兼血藥，則能通經，破血下胎。凡下焦濕熱疼痛諸病，皆可用之。

明・盧之頤《本草乘雅半偈》帙五 瞿麥《本經》中品 氣味：苦，寒，無毒。 主治：主關格，諸癃結，小便不通，出刺，決癰腫，明目，去瞖，破胎墮子，下閉血。

覈曰：瞿麥，即洛陽花葶，云石竹及剪秋羅者謬矣。所在有之。莖細有節，高一二尺，葉似石竹，又似地膚，稍巔開花，有紅、紫、粉、藍，斑爛數色，結實如燕麥，內子紫黑而扁，只用萼殼，不用莖葉，一時同使，令人氣噎，及小便不禁也。 修事：以苦竹瀝浸一伏時，取出晒乾用。蘘草、牡丹為之使。

惡螵蛸。伏丹砂。

彔曰：瞿，戟屬。四矛為瞿。又四達為瞿，亦鷹隼之視為瞿也。麥者，實囊形相似爾。主明目去瞖者，取鷹隼之能視；去刺決癰腫，破胎墮子者，取戈矛之四出；治關格諸癃結，小便不利，下閉血者，取四達之通瞿，通因塞用，急方之通劑也。但氣味苦寒，設非火熱為本因，反成簞瓢之瞿耳。

明・李中梓《本草通玄》卷上　瞿麥穗　苦，寒，入太陽經。逐膀胱邪熱，治小便不通。明目，墮胎。按：瞿麥之用，惟破血利竅四字。可以磬其功能，非久任之品也。炒用。

清・顧元交《本草彙箋》卷三　瞿麥　爲通心經，利小腸之藥。蓋小腸與心爲傳送，故用此入小腸，即所以治心熱，實非心經藥。其苦寒兼辛，猛利下逐，一切虚人，不宜擅用。

凡用莖殼，不宜用莖葉，若一時同使，令人氣噎，而小便至於不禁。此即今洛陽花。田野生者，爲野洛陽。

清・穆石匏《本草洞詮》卷九　瞿麥　一名燕麥。子頗似麥，故名。味苦，氣寒，無毒。治關格，諸癃結，利小便，決癰腫，明目去翳，墮胎，下閉血。蓋瞿麥利小便為主藥。若心經雖有熱，而小腸虚者，服之則心熱未退，而小腸別作病矣。瞿麥，一名石竹，一名南天竺草。古方治產難有石竹花湯，治九孔出血有南天竺飲，皆取其破血利竅也。

清・劉雲密《本草述》卷九下　瞿麥瞿音劬。牡丹皮為之使。　即洛陽花萼。云石竹及剪秋羅者，謬矣。所在有之，即俗所謂十姊妹也。莖細，有節，高一二尺，葉似石竹，又似地膚，梢巔開花，有紅、紫、粉、藍，斑斕數色，結實如燕麥，內子紫黑而匾。方書中用南天竺草，即生瞿麥也。

采於夏至後，交六月小暑，節則遲矣，因其子五月色黑，六月則黃故也。

穗：氣味：苦，寒，無毒。《別録》曰：苦。權曰：甘。主治：關格，諸癃結，小便不通《本經》。逐膀胱邪逆《別録》。療五淋，通月經日華子。催生，墜死胎方書。

東垣曰：瞿麥味苦辛，寒，陽中之陰，利小便為君。按：瞿麥主治，東垣謂為利小便君藥。後學當以《內經》所云：胞之脈屬心而絡於胞中。又云：胞移熱於膀胱，為癃閉及溺血。此二義參之，則知李東垣先生之諸精深，如寇氏何能窺其一二耶？頌曰：古今方通心經，利小腸為最要。宗奭曰：八正散用瞿麥，今人為至要藥。蓋因小腸有實熱，小腸與心為傳送，故用此入小腸。《本草》並不治心熱也。若心經雖有熱，而小腸虚者，服之則心熱未退，而小腸別作病矣。時珍曰：近古方家，治產難有石竹花湯，治九孔出血有南天竺飲，皆取其破血利竅也。希雍曰：瞿麥稟陰寒之氣而生，故味苦寒。《別録》兼辛，無毒。苦辛能破血，陰寒而降，能通利下竅而行小便，故主關格，諸癃結，小便不通，及諸淋證。

下焦結熱，小便淋閉，或有血出，或大小便出血，瞿麥穗一兩，甘草炙七錢五分，山梔子仁炒半兩，為末，每服七錢，連鬚葱頭七個，燈心五十莖，生薑五片，水煎至七分，時時溫服。

愚按：瞿麥，在《本經》首言其治關格癃結，並及破結墮子，下閉血，則乃化血分結泣之藥。而東垣以為利小便君藥者，蓋為血與小水是二是一也。抑他血藥何以不入小便之用乎？曰：血主於心，化於胃，統於脾，藏於肝，歸於血海。乃此味適為通心化血之劑，而小腸為心之腑，以行其血化者也。故水液必自小腸滲入膀胱胞中。如小水之病，應得之以為君藥矣。或曰：何以明其通心耶？曰：茲物獨取其蕊殼用之，其華盛於五月，而即結穗，子黑，至六月花微穗少而子皆黃色，午月應心火，其子黑色，非水合於火以化之徵歟。夫血固原於水，而成於火者也。抑療小便不通及諸淋證，不能舍是物，但二證所因不一，所患之臟腑亦不一，豈盡以通心化結治之歟？曰：前證皆不離於氣分血分以為病，即如小便不通屬氣分，及淋屬氣者，而方書治之亦多用此，豈非以氣血不能相離之故歟？唯究其所因，并所本臟腑以為治，乃用此以療其氣血之所病，則何可少也？雖然茲物穗殼合數粒嚼之，則苦味出，且微有辛，又子黑色，其得寒水之化可知。得無專治熱歟？曰：午中丁火即胎壬水，水上合於火則氣化，氣化則血生，生即化之本，是所謂通心氣，行血化以治血分水分之病者也。是陰陽之氣合同而化，非偏於為寒為熱者也。如熱淋與冷淋舉須之，非其明明可徵者歟。寇氏致慎於心經無熱者，良是。第不究茲物之通用於小便之治也，但非小腸有熱，不得以之為主耳。

希雍曰：瞿麥苦寒兼辛，性猛利，善下逐，凡腎氣虚，小腸無太熱者，忌之。胎前產後，一切虚人，患小水不利，法並禁用。水腫蠱脹，脾虛者不得施。

修治　只用蕊殼，不用莖葉。一時同使，令人氣噎，及小便不禁也。先以堇竹瀝浸一伏時，漉出，曬乾用。

清·郭章宜《本草匯》卷一一　瞿麥　苦寒，陰也，陽中微陰，入足太陽經。逐膀胱邪熱，治關格癃結。通淋利水，破血逐胎。決癰腫，通月經。

按：瞿麥稟陰寒之氣，惟破血利竅四字，足以罄其功能。八正散用為利小便之主藥。若心經雖熱，而小腸虛者，不可服。服則心熱未退，而小腸別作病矣。小腸與心為傳送，故用此入小腸。當求其屬，以衰之可耳。九竅出血，服藥不止者，用瞿麥一把，山梔仁三十箇，生薑一塊，甘草炙半兩，燈草一小把，大棗五枚，水煎服，其性猛利，善下。凡水腫蠱脹，脾虛及腎氣虛，小腸無大熱，小水不利，胎前產後，一切虛人，並禁。

只用殼蕋，不用莖葉。若一時同使，即空心令人氣噎，小便不禁也。以堇竹瀝浸一伏時，漉晒。今皆炒用。牡丹為使。惡螵蛸。伏丹砂。

清·蔣居祉《本草擇要綱目·寒性藥品》　瞿麥　氣味：苦，寒，無毒。陽中之陰也。　主治：關格，諸癃結，小便不通，逐膀胱邪逆，主五淋，月經不通。

清·王翃《握靈本草》卷四　瞿麥今生近道。凡使只用蕋，殼不用，莖葉若一時同使，令人氣噎，小便不禁也。用時以竹瀝浸一伏時，漉曬。　主治：瞿麥，苦，寒，無毒。主關格，諸癃結，小便不通，決癰腫，明目去翳，破胎墮子，下閉血。

清·汪昂《本草備要》卷二　瞿麥通，利水，破血。　苦，寒。降心火，利小腸，逐膀胱邪熱，爲治淋要藥。故八正散用之。五淋大抵皆屬濕熱，熱淋者，八正及山梔、滑石之類；血淋宜小薊、牛膝膏；腎虛淋宜補腎，不可獨瀉。老人氣虛者，宜參、朮帶木通、山梔。亦有痰滯中焦作淋者，宜行痰兼通利藥，最忌發汗，汗之必便血。破血利竅，決癰消腫，明目去翳，通經墮胎。性利善下，虛者慎用。寇宗奭曰：心經雖有熱，而小腸虛者服之，則心熱未清，而小腸別作病矣。花大如錢，紅白斑斕，色甚斌媚，俗呼洛陽花。用蕊、殼。丹皮爲使，惡螵蛸。產後淋當去血，瞿麥、蒲黄皆爲要藥。

清·吴楚《寶命真詮》卷三　瞿麥　【略】利水破血，出刺墮胎。八正散用為利小便之主藥。若心雖熱而小腸虛者忌服。

清·馮兆張《馮氏錦囊秘錄·雜症痘疹藥性主治合參》卷二一　瞿麥稟陰寒之氣而生，故味苦辛，寒，無毒。瞿麥，君主利小便，佐使決腫癰。去目翳逐胎，下閉血出刺。凡腎氣虛無大熱者，水腫蠱脹脾虛者，胎前產後，一切虛人雖小便不利，法並禁用。

主治痘疹合參：治痘疹小便不利。與木通同功，然稟陰寒之氣，通心經以利小腸。若心經雖熱，而小腸虛者服之，熱未退而小腸變生別病矣。

清·张璐《本經逢原》卷二　瞿麥家種者曰洛陽。　苦，寒，無毒。《本經》主關格、諸癃結，小便不通，出刺，決癰腫，明目去瞖，破胎墮子，下閉血。

發明：瞿麥利小便為君主之用。故《本經》專主關格、諸癃結、小便不通。《金匱》方治小便不利，有水氣，其人苦渴者，用栝蔞瞿麥丸。古方通心經利小腸為最要藥。若心經雖有熱而小腸虛者，服之則心熱未退，而小腸別作病矣，以其降泄太過也。《本經》又言出刺，取鮮者搗塗竹木刺也。破胎墮子下閉血，皆利竅所致。故妊娠產後小水不利，及脾虛水腫禁用，以性專泄氣也。

清·浦士貞《夕庵讀本草快編》卷二　瞿麥《本經》、蘧麥　陸佃韓詩解云：生于兩旁謂之瞿，此麥之穗旁生故也，花色嫵媚，俗呼為洛陽。瞿麥苦而兼寒，為瀉丁導丙之藥也。故能通癃淋而透關格，下閉血而破胎產。八正散用之取其通心氣泄小腸爾，若心有熱而小腸虛者禁用，恐心熱難退而小腸更作他疾矣。或謂夕菴子曰：瞿麥，本草並未言其治心，子何信寇氏之言而妄釋乎？予應之曰：夫心主血，小腸為之府，心雖有熱，不甚炎灼，若便制以寒涼，恐損真液，故用此以泄其府，府清而心亦自寧，況若先入心。《本經》云破血通經者，得非不言治心，而治心在其中矣。且古方有石竹花湯專治難產，有南天竺飲治九竅出血，皆左驗耶。客又問曰：瀉丁導丙，已聞命矣。《別錄》謂其養腎氣，逐膀胱邪逆，何歟？夫膀胱為州都之官，氣化則能出，今既清其心熱，不致刑金，金為水之上源，源不受戕，則水道利而小便自通，膀胱雖有邪逆，亦無所容，豈非腎亦賴以自安哉。故凡讀本草者，須以理貫，弗泥于文，可也。

清·張志聰、高世栻《本草崇原》卷中　瞿麥　氣味苦，寒，無毒。主治關格諸癃結，小便不通，出刺，決癰腫，明目去翳，破胎墮子，下閉血。

瞿麥今處處有之，根紫黑色，其莖纖細有節，高尺餘，開花有紅紫粉蘭數色，斑斕可愛，人家多栽蒔，呼為洛陽花，結實如燕麥，內有小黑子，其莖葉穗實與麥相似，穗分兩歧，故名瞿麥。雷斅曰：只用蕊殼，不用莖葉，若一時同用，令人氣噎，小便不禁也。　瞿者，如道路通衢，有四通八達之意。麥者，肝之穀，有東方發生之意。瞿麥一本直上，花紅根紫，稟厥陰少陽木火之氣化。苦者，火之味。寒者，水之性。氣味苦寒，乃水生木而木生火也。主治關格諸癃結，小便不通者，厥陰肝木主疏泄，少陽三焦主決瀆也。出刺決癰腫者，津液隨三焦出，氣以溫肌肉，則肌肉之刺可出，而肌肉之癰腫可決也。明目去翳者，肝通竅於目，肝氣和而目明也。破胎墮子者，少陽屬腎，腎氣泄，則破胎墮子。下血閉者，厥陰主肝，肝氣通，則月事時行而下血閉。

清・劉漢基《藥性通考》卷五 瞿麥 味苦，氣寒。降心火，利小腸，逐膀胱邪熱，為治淋要藥，故八正散用之。五淋大抵皆屬濕熱，熱淋者，八正及山梔、滑石之類。血淋宜小薊、牛膝膏。腎虛淋宜補腎，不可獨瀉。老人氣虛者，宜參、朮帶木通、山梔。亦有痰滯中焦作淋者，宜行痰兼通利藥。最忌發汗，若汗之必便血也。又能破血利竅，散癰消腫，明目去翳，通經墮胎，性利善下，虛者慎用。然心經雖有熱，而小腸虛者，服之則心熱未清，而小腸別作病也。其花大如錢，紅白班蘭，色甚娥媚，俗呼洛陽花也。若產後之淋，當去瘀血，瞿麥、蒲黄皆為要藥也。

清・王子接《得宜本草・中品藥》 瞿麥 味苦。功專利水破血。得栝蔞、茯苓、山芋、雞子，治便閉。得山梔、甘草、葱白、燈心，治溺血。

清・黄元御《長沙藥解》卷四 瞿麥 味苦，微寒。入足厥陰肝、足太陽膀胱經。利水而開癃閉，泄熱而清膀胱。《金匱》栝蔞瞿麥丸方在栝蔞用之治內有水氣，渴而小便不利者。以其通水道，而利小便也。又能行血。鱉甲煎丸方在鱉甲用之以清濕熱，而破血積也。瞿麥滲利疏通，善行血梗，而達木鬱，木達而疏泄之令暢，故長於利水。其他主治，清血淋，通經閉，決癰膿，落胎妊，破血塊，消骨鯁，出竹刺，拔箭鏃，皆疏決開宕之方也。

清・吴儀洛《本草從新》卷一 瞿麥〔通，利水破血。〕 苦，寒。降心火，利小腸，逐膀胱邪熱，為治淋要藥。若產後淋，宜與蒲黄同用。五淋大抵皆屬濕熱。熱淋宜八正及山梔、滑石之類；血淋宜小薊、牛膝膏；腎虛淋宜補腎，不可獨瀉；老人氣虛者宜參、朮兼木通、山梔；亦有痰滯中焦作淋者，宜行痰兼通利藥，不可發汗，汗之必便血。破血利竅，決癰消腫，明目去翳，通經墮胎。性利善下。小腸虛者忌服，恐心熱未除而小腸復病矣。當求其屬以衰之。花大如錢，紅白斑爛，色甚娬媚，俗呼洛陽花。用蕊殼。丹皮為使。惡螵蛸。

清・汪紱《醫林纂要探源》卷二 瞿麥 苦，寒。叢生，細莖小葉，似竹，作花有單瓣重瓣，瓣末碎如翦絨，又名翦絨花，色內白外紅，中有黑畫，斑爛可愛，五月開至九月。用蕊殼。瀉心降火，破瘀行水。能利小便，治淋閉，破血潰癰，消腫，通經墮胎，又能明目去翳。

清・嚴潔等《得配本草》卷三 瞿麥一名石竹。牡丹、(蓑)〔蘘〕草為之使。惡螵蛸。伏丹砂。苦，寒。入足太陽，兼手少陰經。破血熱之鬱結，決上焦之癰腫。利小便，去目翳。得蒲黄，治產後淋。配蔞仁、雞子，治便秘。配葱白、梔子，治熱結淋血。煎濃汁服之，下子死腹中。只用蕊殼，不用莖、葉，若同用令人氣噎、小便不禁。以竹瀝浸漉曬用。小腸虛者禁用。

題清・徐大椿《藥性切用》卷三 瞿麥穗 性味辛寒，利小腸而降心火，逐膀胱濕熱，為通淋要藥。即洛陽花，取蕊殼用。

清・黄宫繡《本草求真》卷五 瞿麥大瀉心熱利水。 瞿麥耑入心，兼入小腸。味苦性寒，功耑瀉心利水，故書載利小便，決腫癰，去癃閉，拔肉刺，下胎產，除目翳。然其氣稟純陽，必有小腸氣厚，服此疏泄之味，病始克除。淋症有虛有實，若淋果屬熱致，其莖痛不可忍。手按熱如火爍，血出鮮紅不黯，淋出如沙如石，臍下妨悶，煩躁熱渴，脉沉數有力，洵為屬熱。如其莖中不痛，痛喜手按，或於溺後纔痛，稍久則止，或登廁小便濇痛，大便牽痛，面色痿黄，飲食少思，語言懶怯，六脉虛浮無力，是為屬虛。若使小腸素虛，《經》云：心屬有熱，不惟其熱不除，則虛而益虛，必致變生他症矣。妊娠、產後小便不利，及脾虛水腫，均並禁焉。惡螵蛸。

附：琉球・吴繼志《質問本草》外篇卷二 十樣錦瞿麥 生荒野，春生苗，夏開花，作小莆葖，結小細子。花名十樣錦。甲辰、潘貞蔚、石家辰、孫景山、陳文錦。花名十樣錦，種之為玩。甲辰、戴道光、戴昌蘭。

清・羅國綱《羅氏會約醫鏡》卷一六草部 瞿麥味苦寒，性滑利，入膀胱經。降心火，利小腸。心與小腸相表裏，故心火從小腸下。除五淋，淋多屬濕熱，利水故濕除。消目腫痛，同涼藥用。通經破血，下胎性滑。凡下焦濕熱疼痛者皆可用之。療產後淋。同蒲黄用。按：瞿麥雖逐膀胱邪熱，但小腸虛者忌服。

清・黄凱鈞《藥籠小品》 瞿麥 苦，寒，降心火，利小腸，治熱淋要藥，更通經墮胎。

清・王龍《本草纂要稿・草部》 瞿麥 味苦辛，性寒，無毒。利小便下血，出刺，決癰腫。去目翳，逐胎。

清・張德裕《本草正義》卷上 瞿麥 苦涼而降，性滑。通小便，降陰火，除五淋，下焦濕熱疼痛，及濕熱疝氣。

清·楊時泰《本草述鉤元》卷九　瞿麥　即洛陽花，俗謂十姊妹。莖細有節，高一二尺，葉似石竹，梢巔開花，有紅紫粉藍，斑斕數色，結實如燕麥，內子紫黑而匾，第在五月則黑，六月則黃。故宜采於夏至後，交小暑節則遲矣。又方書中南天竺草，即生瞿麥也。

穗只用蕊殼，不雜莖葉。味苦、微辛，氣寒。陽中之陰。通心經，利小腸。丹皮為之使。主治關格諸癃結，逐膀胱邪逆，療五淋，通月經，催生墮死胎諸本草。小腸與心為傳送，小腸有實熱，用此利之。若心經雖有熱而小腸虛者，服之則心熱未退，而小腸別作病矣宗奭。近古治產難，有石竹花湯。治九孔出血，有南天竺飲，皆取其破血利竅也瀕湖。下焦結熱，小便淋閉，或有血出，或大小便出血，瞿麥穗一兩，炙甘草七錢五分，炒梔仁半兩，為末，每服七錢，連鬚葱頭七個，燈心五十莖，生薑五片，水煎至七分，時時溫服。

論：瞿麥專取蕊殼，其用通心，能化血分之結泣。破胎墮子而下閉血。夫血與小水，是二是一，故為利小便君藥。其華盛於五月，午月應心火，其子黑色，六月則黃，非水合於火以化之徵歟。取蕊殼數粒并嚼之，則味苦而有微辛，合於子之黑色，宜為得寒水之化者。且午中丁火，即胎壬水，水上合於火而氣化，氣化則血生，是所謂通心氣，行血化，以治血分、水分之病者也。總之，陰陽之氣，合同而化，非偏於為寒為熱者，故熱淋冷淋舉須之，但非小腸有熱，不得以之為主耳。又此味利小便為君，當參《經》所云，胞之脈屬心，而絡於胞中，又胞移熱於膀胱，為癃閉及溺血之義。夫血主於心，化於胃，統於脾，藏於肝，歸於血海，此味適為通心化血之劑，而小腸為心之腑，以行其血化者也。故水液必自小腸滲入膀胱，胞中小水之病，應以為君藥。

性猛利，善下逐，凡腎氣虛，小腸無大熱者，忌之。胎前產後，一切虛人小水不利者，禁用。水腫蠱脹脾虛者，弗施仲淳。同莖葉用，令人氣噎及小便不禁。

修治：先以篁竹瀝浸一伏時，漉出，曬乾用。

清·葉桂《本草再新》卷二　瞿麥味苦，性寒，無毒。入心、脾、腎三經。降心火，利小腸，逐膀胱邪熱，為治淋要藥。破血利竅，決癰消腫，明目去翳，通經墮胎。

清·吴其濬《植物名實圖考》卷一一　瞿麥　《本經》中品。《爾雅》：大菊，蘧麥。注：謂為麥句薑。釋《本草》者皆以為即瞿麥。《救荒本草》謂之石竹子，苗葉可食。今南北多呼洛陽花。

雩婁農曰：余讀賈誼諸賦，而慨其以文勝也，方漢文郅隆之世，而誼之策乃至痛哭太息，豈非循戰國賓客著書之習，縱橫馳騁而忘其過激哉！觀其論諸侯之強，卒有七國之禍，而後行其眾建之法；論大臣之體，其後卒有劉屈氂、公孫賀之族誅；論大賈之侈富，其後卒有告緡算軺之破產。數十年後之利害，如燭照數計而龜卜也，其亦非托諸空言矣。乃取忌大臣，無一施用，南遷汨羅，悲弔湘纍，惜哉！向使誼非筆舌之士，樸訥無華，信而後諫，以漢文聽言若渴之主，必能見用。而絳灌武夫之屬，亦不疑其貶刺而心害其能，言行而身顯，謂非誼之至幸歟？非漢文之不能用生，生之不能用漢文！蘇氏之論，責備當矣。後世以誼早卒，不信誼之能致治安，輒以文章稱曰賈、馬。夫司馬相如以詞賦著可已，誼豈其儔？而同為詞人之諫，一而勸百哉？藥中有瞿麥，其花絕纖麗，人第玩其裴翠翦霞，摹之丹青，詠之雕鏤。至其通癃結、決癰疽、出刺去瞖、下難產、止九竅血，灼然有殊效者，雖學士大夫，亦罕言之。其與士之以文掩其實者何異？賈生洛陽年少。瞿麥尤艷者曰洛陽花，洛陽古帝都，固極偉麗哉！

清·趙其光《本草求原》卷三隰草部　瞿麥　用其蕊殼。此穗結於五月，色黑，午月應心。又苦寒乃水合於火，專主心與小腸血熱結澀而水不行。蓋小腸為心行其血化，即行其水化；血熱而寒水之化不行，則血結而水亦結。惟其苦寒泄熱開結，故主關格、諸癃、諸淋，破血墮胎，決癰腫，明目去翳，為小腸濕熱尿秘之主藥。心雖熱，而小腸虛者勿用；產後尿秘及肺虛水腫禁用。鮮者搗塗，能出竹木刺。產後淋當去血，瞿麥、蒲黃又為要藥。

清·葉志詵《神農本草經贊》卷二　瞿麥　味苦，寒。主關格諸癃結，小便不通，出刺決癰腫，明目去翳，破胎墮子，下閉血。一名巨句麥。生山谷。今名石竹。

輕逾秀麥，蘭菊通鄰。亂抽玉瘦，碎翦霞新。蜂憐色好，麝過香勻。春風買斷，還較霜筠。

陶弘景曰：子頗似麥，故名。名醫曰：一名大蘭。《爾雅》：蘧麥，大菊也。張詠詩：昔年吟社偶通鄰。王安石詩：種玉亂抽青節瘦。林逋詩：碎片英英翦海霞。獨孤及詩：游蜂憐色好。杜甫詩：麝香眠石竹。

陸龜蒙詩：買斷春風是此花。張耒詩：謂爾勝霜筠。

清・文晟《新編六書》卷六《藥性摘錄》　瞿麥　苦，寒。大瀉心熱，利小便，決腫癰，去癃閉，拔肉刺，下胎，除目翳。○妊娠小便不利，及脾虚水腫，切禁。○惡螵蛸。

清・張仁錫《藥性蒙求・草部》　瞿麥錢半、二錢　瞿麥苦寒，專除淋病。破血墮胎，通經立應。入心、小腸二經。為利水破血之品，治淋必需之藥。性猛烈，善下逐。凡虚無熱者忌之。

清・戴葆元《本草綱目易知錄》卷一　瞿麥　苦，寒。通心經，利小腸，養腎氣，止霍亂。治關格諸癃結，逐膀胱邪熱，為治淋要藥。主溺閉五淋，月經不通。出刺，破血塊，排膿決癰腫，明目去翳，破胎墜子。性利善下，虚者慎用。

清・黄光霽《本草衍句》　瞿麥　甘寒性滑，耑利小腸。膀胱熱邪，決癰墮胎。為通溺便五淋要藥，下焦濕熱疼痛可加。胎前産後，虚人大礙。功耑利水破血，得栝蔞、茯苓、山芋、鷄子，治小便不利；得山梔、甘草、葱白、燈草，治溺血。

清・陳其瑞《本草撮要》卷一　瞿麥　味苦，入手少陰、太陽經，功專利水破血。得瓜蔞、茯苓、山萸、雞子治便閉，得山梔、甘草、葱白、燈心治溺血。然性利善下，故能消腫明目去翳，通經墮胎，虚者慎用。花名洛陽蕊榖。丹皮為使，惡螵蛸。

清・周巖《本草思辨錄》卷二　瞿麥　瞿麥本淋藥，而栝蔞瞿麥丸之小便不利，與淋證有間，何以用瞿麥，乃是方之微旨，則有可窺見者在焉。小便不利而有水氣，其為下焦陽虚，顯然易見。陽虚於下而熱浮於上，所以又渴。薯蕷、附子能温腎補虚，而不能止渴導水，故輔以栝蔞根之生津，茯苓之化氣。然小便不利而用薯、附，豈無封蟄之虞？栝、苓又和緩有餘而勇健不足。然則排決之任，自當屬之瞿麥。此以淋藥治小便不利而恰如其當，仲聖真神化無方矣。

獅子頭

清・吴其濬《植物名實圖考》卷二六　獅子頭　即千葉石竹。花瓣極多，開放不盡。初開之瓣已披，後開之瓣方長，一花之上，仰垂各異，徒有縟麗，殊乏整齊。

金蝴蝶

清・吴其濬《植物名實圖考》卷二九　金蝴蝶　生雲南圃中。細莖如蔓，葉對生如石竹而長，色緑微勁。夏開五瓣紅花似翦秋羅，初開每瓣有一缺，饒裊娜之致。

瓜槌草

清・吴其濬《植物名實圖考》卷一五　瓜槌草　一名牛毛黏，生陰濕地及花盆中。高三四寸，細如亂絲，微似天門冬而小矮，糾結成簇。梢端葉際結小實如珠，上擎纍纍。瓜槌、牛毛，皆以形名。或云能利小便。雲南謂之珍珠草。俗方以治小兒乳積。《滇南本草》：珍珠草味辛，性溫。治面寒痛。新瓦焙為末，熱燒酒服。

水線草

清・吴其濬《植物名實圖考》卷一五　水線草　生水濱，處處有之。叢生，細莖如線，高五六寸。葉亦細長，莖間結青實如菉豆大，頗似牛毛黏而莖稍韌，葉微大，赭根有鬚。俚醫以洗無名腫毒。

王不留行

宋・李昉《太平御覽》卷第九九一　王不留行　《本草經》曰：王不留行，味苦，平。生山谷。久服輕身(能)〔耐〕老。生太山。崔寔《四民月令》曰：八月采王不留行。《世說》曰：衛江州在(尋)〔潯〕陽，劉孝標注云：衛展為江州刺史，有知舊人投之，都不料理，唯餉王不留行一斤，此人得餉命駕。《吴氏本草經》曰：王不留行，一名王不流行。神農：苦，平。岐伯、雷公：甘。三月、八月採。

宋・唐慎微《證類本草》卷七草部上品〔《本經・别錄》〕　王不留行　味苦、甘，平，無毒。**主金瘡止血，逐痛出刺，除風痹内寒**，止心煩，鼻衄，癰疽惡瘡瘻乳，婦人難産。**久服輕身，耐老增壽。**生太山山谷，二月、八月採。

〔梁・陶弘景《本草經集注》〕云：今處處有。人言是蓼子，亦不爾。葉似酸漿，子似菘子。而多入癰瘻方用之。

〔宋・掌禹錫《嘉祐本草》〕按：《蜀本圖經》云：葉似菘藍等，花紅白色，子殼似酸漿，實圓黑似菘子，如黍粟。今所在有之。三月收苗，五月收子，曬乾。《藥性論》云：王不留行能治風毒，通血脉。日華子云：治發背遊風、風瘮，婦人血經不匀及難産。根、苗、花、子並通用，又名禁宫花，剪金花。

〔宋・蘇頌《本草圖經》〕曰： 王不留行 生泰山山谷，今江浙及並河近處皆有之。苗莖俱青，高七八寸已來。根黄色如薺根。葉尖如小匙頭，亦有似槐葉者。四月開花，黄紫色，隨莖而生，如松子狀，又似猪藍花。五月内採苗莖，曬乾用。俗間亦謂之剪金草。河北生者，葉圓花紅，與此小别。張仲景治金瘡，八物王不留行散。小瘡粉其中，大瘡但服之，産婦亦服。《正元廣利方》療諸風痙，有王不留行湯最效。

〔宋・唐慎微《證類本草》〕《雷公》云： 凡採得拌渾蒸，從巳至未，出，却下漿水浸一宿，至明出，焙乾用之。《梅師方》： 治竹木針刺在肉中不出，疼痛。以王不留行爲末，熟水調方寸匕，即出。

宋・鄭樵《通志》卷七五《昆蟲草木略》 王不留行，曰禁宮花，曰翦金花。葉似槐，實作房。

金・張元素《潔古珍珠囊》〔見元・杜思敬《濟生拔粹》卷五〕 王不留行 苦甘 陽中之陰。奶子導引，利瘡瘍，主治痢。苦寒以為君。

宋・劉明之《圖經本草藥性總論》卷上 王不雷行 味苦、甘，平，無毒。主金瘡，止血逐痛出刺，除風痺内寒，止心煩鼻衄，癰疽惡瘡瘻乳，婦人難産。《藥性論》云： 治風毒，通血脉。日華子云： 治發背，遊風風瘮，婦人血經不匀。今處處有。

宋・王介《履巉巖本草》卷上 剪金草 一名王不留行。味苦、甘，平，無毒。主金瘡，止血，逐痛，出刺。除風痹内寒，止心煩鼻衄，癰疽惡瘡，瘻乳，婦人難産。久服輕身，耐老增壽。

元・王好古《湯液本草》卷四 王不留行 味苦，陽中之陰。甘平，無毒。《珍》云： 下乳，引導用之。《藥性論》云： 治風毒，通血脈。日華子云： 治遊風，風瘮，婦人月經不匀。

元・徐彦純《本草發揮》卷一 王不留行 潔古云： 苦、甘，陽中陰也。下乳，引導用之，利血脉。東垣云： 王不留行，主金瘡止血，乳癰。

明・朱橚《救荒本草》卷上之後 王不留行 又名剪金草，一名禁宮花，一名剪金花。生太山山谷。今祥符沙堈間亦有之。苗高一尺餘，其莖對節生叉，葉似石竹子葉而寬短，搳莖對生，脚葉似槐葉而狹長，開粉紅花，結蒴如松子大，似罌粟殼樣，極小，有子如葶藶子大而黑色。味苦、甘，性平，無毒。 救飢： 採嫩葉煠熟，換水淘去苦味，油鹽調食。子可擣為麵食。治病： 文具《本草》草部條下。

明・朱橚《救荒本草》卷上之前 麥藍菜 生田野中。莖葉俱深蒿苣色，葉似大藍，梢葉而小，頗尖，其葉抱莖對生，每一葉間攛生一叉，莖叉梢頭開小肉紅花，結蒴，有子似小桃紅子。苗葉味微苦。 救飢： 採嫩苗葉煠熟，水浸淘淨，油鹽調食。

明・蘭茂原撰，范洪等抄補《滇南本草圖說》卷一一 王不留行 此藥性主走而不滯，雖有王命，不能留其行也。氣味苦平，無毒。主治： 金瘡止血逐痛，出刺，除風痹内塞，止心煩鼻衄，解癰疽毒，通乳竅，散血，利小便。其功最良，人多輕視，故特著之。

明・蘭茂撰，清・管暄校補《滇南本草》卷下 王不留行一名拔毒散。性寒，味苦。治婦人乳汁不通，乳癰乳結紅腫，消諸瘡腫毒。治小兒尿血血淋。祛皮膚瘙癢，消風解熱。梗、葉，細末，醋調，敷癰疽瘡潰散，名拔毒散。

明・王綸《本草集要》卷三 王不留行 味苦甘，氣平，陽中之陰。無毒。二月八月採根，苴子並用。 主金瘡止血，逐痛出刺，除痹内寒，風毒風瘮，癰疽惡瘡瘻乳，婦人難産，及經脈不匀。 竹木針刺在肉中不出，疼痛。為末，熟水調方寸匕，即出。

明・滕弘《神農本經會通》卷一 王不留行 又名禁宮花、剪金花。二八月採根，苗、花、子並通用。《局》云： 酒蒸，漿水浸一宿，焙乾。 味苦、甘，氣平，無毒。《湯》云： 陽中之陰。《珍》云： 主金瘡，乳癰。《本經》云： 主金瘡，止血逐痛，出刺，除風痺内寒，止心煩鼻衄，癰疽惡瘡，瘻乳，婦人難産。久服輕身耐老，增壽。《藥性論》云： 治風毒，通血脉。日華子云： 治發背，遊風風瘮，婦人月經不匀，及難産。根、苗、花、子通用。《圖經》云： 仲景治金瘡，八物王不留行散，小瘡粉其中，大瘡但服之。産婦亦服。《廣利方》療諸風痙，有王不留湯，最効。下乳，引導用之。《局》云： 王不留行味苦平，剪金花即是其名。金瘡止血仍除痛，婦女催生利月經。王不留行，金瘡止血。又名剪金花。

明・劉文泰《本草品彙精要》卷九 王不留行無毒。 植生。

王不留行出《神農本經》： **主金瘡，止血，逐痛出刺，除風痹，内寒。久服輕身，耐老，增壽。**以上朱字《神農本經》。 止心煩，鼻衄，癰疽，惡瘡瘻乳，婦人難産。以上黑字名醫所録。 【名】禁宮花、剪金花、剪金草。 【苗】《圖經》曰： 苗莖俱青，高七八寸已來。根黄色如薺根，葉尖如小匙頭，亦有似槐葉者。四月開花，黄紫色，隨莖而生，如松子狀，又似豬藍花，俗謂之剪金草。河北一種葉圓花紅，與此小別。《蜀本圖經》曰：葉似松藍等，花紅白色，子殼似酸漿，實圓黑如黍粟。〔地〕《圖經》曰：生泰山山谷及江浙、河中府，今近處皆有之。〔道地〕成德軍、江寧府。〔時〕生：春生苗。採：二月、八月取苗莖，五月取實。〔收〕曬乾。〔用〕實。〔質〕類酸漿實而圓黑。〔色〕黑。〔味〕苦，甘。〔性〕平，泄。〔氣〕氣之薄者，陽中之陰。〔臭〕朽。〔主〕金瘡，瘻乳。〔製〕《雷公》云：凡採得拌濕蒸，從巳至未出，卻下漿水浸一宿，至明出，焙乾用之。〔治〕療：《圖經》曰：除諸風痙。《藥性論》云：去風毒，通血脈。日華子云：治發背遊風，風疹，婦人經血不匀及難産。《別錄》云：竹木刺在肉中不出，疼痛，水調傅即出。

明・許希周《藥性粗評》卷三　苦聞血證王不留行。

王不留行，一名禁宫花，一名剪金花。苗莖俱青，高七八寸，葉尖如小匙頭，四月開花黄紫色，隨莖而生，如松子狀。江浙河洛處處有之。三月採苗莖，五月採子，蒸過，晒乾或焙乾。味苦、甘，性平，無毒。主治金瘡鼻衄，癰腫惡毒，婦人産難，月水不匀，止血散血，逐痛出刺，除風痹。張仲景治金瘡有王不留行散，《正元廣利方》治諸風痙有王不留行湯，觀此亦為外科要藥。

單方：竹林刺：凡患竹林刺在肉中不出，疼痛不可忍者，以王不留行為末，熟水調方寸匕，傅即出。

明・鄭寧《藥性要略大全》卷七　剪金花一名王不留行，一名禁宫花。主金瘡，止血逐痛，除風痹内寒，止心煩，鼻衄，癰疽惡瘡，乳瘻，産難，下乳汁。引導之藥，治遊風、風疹、風毒，通血脉。《珠囊》云：專治難産及經水不匀，及治金瘡、止血，出竹木刺。味苦、甘，氣平，無毒。花紅白色，子似菘子，如黍、粟。其葉尖如小匙頭，亦有似槐葉者。花開黄紫色，因名剪金花。根、苗、花、子並用。

明・陳嘉謨《本草蒙筌》卷三　王不留行即剪金花。味苦、甘，氣平。陽中之陰。無毒。江浙近道俱有，莖青七八寸長。葉尖如小匙頭，花開係黄紫色。子如黍粟，殼黑微圓。三月採根莖，五月取花子。先灑酒蒸一伏，復浸漿水一宵。微火焙乾，收留待用。主金瘡止血逐痛，治女科催産調經。除風痹、風痙、内寒；消乳癰、背癰、外腫。出刺下乳，止衄歐煩。

明・王文潔《太乙仙製本草藥性大全》卷二《本草精義》　王不留行一名剪金花，一名禁宫花。生太山山谷，今江浙及並河近處皆有之。苗莖俱青，高七八寸已來，根黄色如薺根，葉尖如小匙頭，亦有似槐葉者。四月開花，黄紫色，隨莖而生，如松子狀，又似猪藍花，子如黍粟，殼黑微圓。三月採根莖，五月取花子，先洒酒蒸一伏，復浸漿水一宿，微火焙乾，收留待用。

明・王文潔《太乙仙製本草藥性大全》卷二《仙製藥性》　王不留行即剪金花。味苦、甘，氣平，陽中之陰，無毒。主治：主金瘡，止血逐痛，治女科，催産調經。除風痹風痙内寒，消乳癰背癰外腫。出刺，下乳，止衄，祛煩。

補註：治竹木針刺在肉中不出疼痛，用爲末，熟水調方寸匕，即出。〇金瘡，八物王不留行散，小瘡粉其中，大瘡但服之，産婦亦服。《正元廣利方》療諸風痙，用王不留行湯最效。太乙曰：凡採得拌渾蒸，從巳至未出，却下漿水浸一宿至明出，焙乾用之。

明・皇甫嵩《本草發明》卷三草部下　王不留行上品下，君。俗名剪金花。氣平，味甘，無毒。陽中之〔陰〕。發明曰：此能治風毒，通血脉。故《本草》主金瘡，止血逐痛，出刺，止鼻衄，除心煩，風痺風痙内寒。消癰疽乳癰惡瘡外腫，又治女科催産調經。其治風毒，通血脉之功見矣。凡使，酒蒸，仍用漿水浸一宵，焙乾用。葉尖如小匙頭，子如黍殼，黑圓。三月採根莖，五月取花子。

明・李時珍《本草綱目》卷一六草部・隰草類下　王不留行《別録》上品

〔釋名〕禁宫花《日華》　剪金花《日華》　金盞銀臺　時珍曰：此物性走而不住，雖有王命不能留其行，故名。《吴普本草》作一名不流行，蓋誤也。

〔集解〕《別録》曰：王不留行生太山山谷，二月、八月采。弘景曰：今處處有之。葉似酸漿，子似菘子，人言是蓼子，不爾。多入癰瘻方用。保昇曰：所在有之。葉似菘藍。其花紅白色，子殼似酸漿，其中實圓黑似菘子，大如黍粟。三月收苗，五月收子。根苗花子並通用。頌曰：今江浙及並河近處皆有之。苗莖俱青，高七八寸已來。根黄色如薺根。葉尖如小匙頭，亦有似槐葉者，四月開花，黄紫色，隨莖而生，如菘子狀，又似猪藍花。五月采苗莖，晒乾用。俗謂之剪金草。河北生者，葉圓花紅，與此小別。時珍曰：多生麥地中。苗高者一二尺，三四月開小花，如鐸鈴狀，紅白色。結實如燈籠草子，殼有五稜，殼内包一實，大如豆。實内細子，大如菘子，生白熟黑，正圓如細珠可愛。陶氏言葉似酸漿，蘇氏言花如菘子狀者，皆欠詳審，以子爲花葉狀也。燈籠草即酸漿也。苗、子皆入藥。

苗、子　〔修治〕斅曰：凡采得拌濕蒸之，從巳至未。以漿水浸一宿，焙乾用。

〔氣味〕苦，平，無毒。普曰：神農：苦，平。岐伯、雷公：甘。元素曰：甘、苦，平。陽中之陰。

〔主治〕金瘡止血，逐痛出刺，除風痹内塞，止心煩鼻衄，癰疽惡瘡瘻乳，婦人難産。久服輕身耐老增壽《别録》。治風毒，通血脉甄權。遊風風瘮，婦人血經不匀，發背《日華》。下乳汁元素。利小便，出竹木刺時珍。

【發明】元素曰：王不留行，下乳引導用之，取其利血脉也。時珍曰：王不留行能走血分，乃陽明衝任之藥。俗有穿山甲、王不留，婦人服了乳長流之語，可見其性行而不住也。按王執中《資生經》云，一婦人患淋卧久，諸藥不效。其夫夜告予，予按《既效方》治諸淋，用剪金花十餘葉煎湯，遂令服之。明早來云：病減八分矣。再服而愈。剪金花一名禁宫花，一名金盞銀臺，一名王不留行是也。頌曰：張仲景治金瘡，有王不留行散。《貞元廣利方》治諸風痙，有王不留行湯，皆最效。

【附方】舊一，新八。鼻衄不止：剪金花連莖葉陰乾，濃煎汁温服，立效。《指南方》。糞後下血：王不留行末，水服一錢。《聖濟總録》。金瘡亡血：王不留行散：治身被刀斧傷，亡血。用王不留行十分，八月八日采之；蒴藋細葉十分，七月七日采之；桑東南根白皮十分，三月三日采之。川椒三分，甘草十分，黄芩、乾薑、芍藥、厚朴各二分。以前三味燒存性，後六味爲散，合之。每大瘡飲服方寸匕，小瘡但粉之。産後亦可服。張仲景《金匱要略》。婦人乳少：因氣鬱者。涌泉散：王不留行，穿山甲炮、龍骨、瞿麥穗、麥門冬等分，爲末。每服一錢，熱酒調下，後食猪蹄羹，仍以木梳梳乳，一日三次。《衛生寶鑒方》。頭風白屑：王不留行、香白芷等分，爲末。乾(糁)〔摻〕，一夜篦去。《聖惠方》。癰疽諸瘡：王不留行湯：治癰疽妬乳。月蝕白秃，及面上久瘡，去蟲止痛。用王不留行、東南桃枝、東引茱根皮各五兩，蛇牀子、牡荆子、苦竹葉、蒺藜子各三升，大麻子一升。以水二斗半，煮取一斗，頻頻洗之。《千金方》。誤吞鐵石：骨刺不下，危急者。王不留行、黄蘗等分，爲末，湯浸蒸餅，丸彈子大，青黛爲衣，綫穿掛風處。用一丸，冷水化灌之。《百一選方》。竹木鍼刺：在肉中不出，疼痛。以王不留行爲末。熟水(調服)方寸匕，兼以根傅，即出。《梅師方》。疔腫初起：王不留行子爲末，蟾酥丸黍米大。每服一丸，酒下，汗出即愈。《集簡方》。

明·梅得春《藥性會元》卷上

王不留行　味甘、辛，平，無毒。主治金瘡止痛，逐血出刺，除風痹内寒，止心煩鼻衄，癰疽惡瘡瘻，乳癰，婦人難産。

製法：漿水拌一宿，焙乾，酒拌蒸用。

明·李中立《本草原始》卷一

王不留行　始生泰山山谷，今處處有之。苗葉俱青，高一二尺許。葉如小匙頭。四月開花紅白色，俗謂之翦金花。結實如燈籠草，子殼有五稜，殼内包一實，大如豆，實内子大如菘子，生白熟黑，正圓。此物性走而不住，雖有王命不能留其行也，故名王不留行。苗、子：氣味：苦，平，無毒。主治：金瘡止血，逐痛出刺，除風痹内塞，止心煩鼻衄，癰疽惡瘡瘻乳，婦人難産。久服輕身，耐老增壽。○治風毒，通血脉。○遊風風瘮，婦人血經不匀，發背。○下乳汁。○利小便，出竹木刺。

元素曰：甘、苦，平，陽中之陰。時珍曰：能走血分，乃陽明衝任之藥，下乳引導用之，取其利血脉也。頌曰：張仲景治金瘡有王不留行散。《貞元廣利方》治諸瘡癰疽，王不留行湯最效。

王不留行，《本經》上品。【圖略】五月收采。子大如黍而圓，色黑。修治：雷公云：凡採得，拌濕蒸，從巳至未，出，却下漿水浸一宿，焙乾用。

《指南方》：治鼻衄不止，王不留行連莖葉陰乾，濃煎汁，温服立效。湧泉湯：治婦人乳汁不通，王不留行三錢，川山甲炒二錢，當歸身、天花粉各一錢五分，木通一錢，炙甘草一錢，共搗為細末，用煮猪蹄湯一鍾調服，乳立通。

明·盧復《芷園臆草題藥》

王不留行　即金盞銀臺花也。命名之義亦奇。如曰吾身有王，所以主吾身之氣血，及主氣血之留行者。氣血之留，王不留，則留者行矣。氣血之行，王不行，則行者留矣。顧治血出不止者，不與難産無乳者，及於兩可用此，其義自見。

明·李中梓《藥性解》卷四

王不留行　味苦、甘，性平，無毒，入心、肝二經。主金瘡止血，癰疽毒瘡，心煩鼻衄，難産。出竹木刺入肉，治風毒，通血脉。酒蒸焙用。按：王不留行耑療血症，而心主血，肝藏血者也，故均入之。癰疽等症，血不和也。《經》曰：營氣不從，逆于肉理，乃生癰腫，此主和血，固宜治之。又治風毒者，所謂治風先治血，血行風自滅也。

明·繆希雍《本草經疏》卷七

王不留行　味苦、甘，平，無毒。主金瘡止血，逐痛出刺，除風痹内寒，止心煩、鼻衄，癰疽，惡瘡，瘻乳，婦人難産。久服輕身，耐老增壽。

〔疏〕王不留行禀土金火之氣，故味苦甘平。平者辛也，其氣應温而無毒。苦能洩，辛能散，甘入血，温能行，故主金瘡止血，逐痛出刺，除風痹内寒，癰疽，惡瘡，瘻乳，婦人難産，入血活血之要藥也。若夫心煩，鼻衄，應是血分熱病，非同涼血藥用，未見其可也。入足厥陰經。〔主治參互〕同漏蘆、貝母、鯪鯉甲、青皮、沒藥、山茨菇、山豆根、栝樓根，治乳岩，乳癰。同鯪鯉甲、白芷、通草、猪蹄汁，煮服下乳。為末，和蟾酥，治疔瘡，酒服取汗。《千金方》有王不留行湯，治癰疽，妬乳，月蝕白秃，及面上瘡，去蟲止痛。王不留行、東南桃枝、東行吳茱萸根皮各五兩，蛇床子一升，牡荊子、苦竹葉、刺蒺藜子各三升，大麻子一升，以水二斗半，煮水一斗，頻頻洗之。『簡誤』孕婦勿服。

明・倪朱謨《本草彙言》卷四　王不留行　味苦，氣平，無毒。陽中陰也，入足厥陰，又陽明衝任之藥也。　蘇氏曰：王不留行，生江浙河東諸處。苗莖俱青，高五六尺，葉隨莖生，似菘藍葉，四月開花，黄紫色或紅白色，如鈴鐸狀。實殼若酸漿子，殼有五稜，殼內包一實，大如豆，內細子，大如黍粟，形圓色黑，根黄如薺。三月收苗，五月摘子。根苗花子通用。

王不留行　甄權行血止血之藥也。朱正泉稿古方治金瘡出血不止，解心熱鼻衄橫流。又通乳汁，散乳癰，催生達産。行留血，住淋血，兩有奇驗。或人言性走而不守，雖有王命，不能留其行也。古云：穿山甲、王不留，婦人服此乳常流。乃行血之力耳。如失血病，崩漏病及孕婦，並須忌之。

盧不遠先生曰：命名之義亦奇，吾身有王，所以主吾身之氣血，及主氣血之流行者。氣血之留，王不留，則留者行矣。氣血之行，王不行，則行者留矣。顧血出不止，與難産無乳者，兩可用。此其義自見。

集方：《東軒産科》治血閉不行，經脉淋瀝，不行不止。用王不留行一兩，當歸稍，紅花、玄胡索、牡丹皮、生地黄、川芎、烏藥各三錢，共爲末。每早服三錢。○同前治血淋不止，臥久，諸藥不效。用王不留行一兩，當歸身、川續斷、白芍藥、丹參各二錢，分作二劑，水煎服。○《范氏外科》治金瘡出血不止，或被刀斧傷損，亡血。用王不留行一兩，川椒三錢，甘草、炮薑、白芍藥各三錢，俱炒黄爲末。每服三錢，白湯調下。○《指南方》治鼻衄不止。用王不留行五錢，濃煎服，立效。○《衛生寶鑒》治婦人乳少，因氣鬱者。用王不留行五錢，穿山甲、瞿麥穗、麥門冬各三錢，濃煎汁，徐徐飲。再食猪蹄羹。又以木梳梳乳，一日三次。○《別錄方》治乳癰初起。用王不留行一兩，蒲公英、瓜蔞仁各五錢，當歸稍三錢，酒煎服。○《成氏産科》治難産。用王不留行五錢，當歸、川芎、生地黄、白芍藥各三錢。立産。○周道安方治疔腫初起。用王不留行子、蟾酥各等分，共爲末。丸黍米大。每服三丸，酒下。汗出即愈。

明・李中梓《醫宗必讀・本草徵要上》　王不留行味苦，平，無毒。入大腸經，水浸焙。　行血通乳，止衄消疔。王不留行，喻其走而不守，雖有王命不能留其行也。古云：穿山甲、王不留行，婦人服了乳常流。乃行血之力耳。

按：失血後，崩漏家，孕婦並忌之。

明・鄭二陽《仁壽堂藥鏡》卷一〇下　王不留行　《本草》云：王不留行，生浙江。止心煩，婦人難産。　味苦。陽中之陰，甘，平，無毒。《珍》云：下乳，引導用之。《藥性論》云：治風毒，通血脉。　日華子云：治遊風風疹，婦人月經不勻。

明・蔣儀《藥鏡》卷三平部　王不留行　逐痛出刺，除風散寒。偕止血之藥，以療金傷紅放，癰毒兼消。同涼血之藥，以治鼻衄心煩，難産并救。古人命名之意，謂彼能主吾身之氣血。留行惟命，無異于王。王不留，則氣血之留者行矣，王不行，則氣血之行者留矣。若夫血出不止，與難産無乳者，不既反乎？彼此咸宜，義蓋取此。

明・張景岳《景岳全書》卷四八《本草正》　王不留行一名金盞銀臺。　味苦，平。性滑利，乃陽明、衝任血海藥也。治風毒，通血脉，療婦人難産及經滯不調，下乳汁，利小便，除風濕痹痛，止心煩鼻衄，發背癰疽瘡瘻，遊風風疹，出竹木刺，及金瘡止血，亦能定痛。

明・盧之頤《本草乘雅半偈》帙三　王不留行《本經》上品　氣味：苦，平，無毒。　主治：主金瘡，止血逐痛，出刺，除風痹內寒，止心煩，鼻衄，癰疽，惡瘡，瘻瘡，婦人難産。久服輕身，耐老增壽。

覈曰：江浙並河東皆有，苗莖俱青，高七八尺，葉隨莖生，似菘藍葉。四月開花黄紫色，或紅白色，實殼若酸漿子，大如黍粟，形圓色黑，根黄如薺。三月收苗，五月摘子，根苗花子通用。修治：拌濕蒸之，從巳至未。漿水浸一宿，焙乾用。

先人題藥云：命名之義亦奇，吾身有王，所以主吾身之氣血，及主氣血之留行者。氣血之留，王不留，則留者行矣。氣血之行，王不行，則行者留矣。顧血出不止，與難産無乳者，兩可用此，其義自見。

参曰：王不留行，即金盞銀臺、禁宮花也。先人題藥，以留行兩字，分句讀之，主治功力，真可迎刃而解，但覈圖說，以備叅攷。

清・顧元交《本草彙箋》卷三　王不留行　下乳，引導用之，取其能走血分，而利血脈。其治金瘡，止血逐痛，出刺，癰疽瘻乳，風痺等症，亦稍資其活血之用。其性走而不住，孕婦忌之。

多生麥地中，俗呼剪金花，一名禁宮花。苗子並用。

清・穆石匏《本草洞詮》卷九　王不留行　此物性走而不住，雖有王命，不留其行，故名。味苦甘，氣平，無毒。治金瘡，逐痛出刺，除風痺內塞，止心煩，鼻塞，療癰疽瘡瘻，遊風風瘮，婦人難産。蓋王不留行能走血分，乃陽明、衝任之藥。俗有穿山甲、王不留，婦人服了乳長流之語，見其性行而不住也。

清・劉雲密《本草述》卷九下　王不留行一名禁宫花，剪金花，金盞銀臺。

時珍曰：所在有之，多生麥地中。莖葉俱青，苗高者一二尺，三四月開小花，如鐸鈴狀，紅白色，結實如燈籠草，子殼有五稜，殼內包一實，大如豆，實內細子，大如菘子，生白熟黑，正圓如細珠，可愛。

苗子：氣味：苦，平，無毒。普曰：神農：苦，平。岐伯、雷公：甘。潔古曰：甘、苦，平。陽中之陰。主治：風毒，通血脈甄權。除風痺內塞，止心煩鼻衄《别録》。利小便時珍。治女子血經不勻，下乳汁元素。及難産，療癰疽惡瘡，並金瘡止血，逐痛《别録》。

時珍曰：王不留行能走血分，乃陽明衝任之藥，俗有穿山甲、王不留，婦人服了乳長流之語，可見其性行而不住也。按王執中《資生經》云：一婦人患淋臥久，諸藥不效。其夫夜告予，予按既效方治諸淋，用剪金花十餘葉，煎湯，遂令服之。明早來云，病減八分矣，再服而愈。頌曰：仲景治金瘡，有王不留行散，唐德宗《貞元廣利方》治諸風痙有王不留行湯，皆最效。希雍曰：王不留行，禀土金火之氣，故味苦甘平。平者，辛也。其氣應溫而無毒。苦能洩，辛能散，甘入血，溫能行，故為活血之要藥。入足厥陰經。

同漏蘆、貝母、鯪鯉甲、青皮、没藥、山慈菇、山豆根、栝樓根，治乳巖乳癰。同鯪鯉甲、白芷、通草、豬蹄汁煮服，下乳。

附方　婦人乳少，因氣鬱者，湧泉散，王不留行、穿山甲炮、龍骨、瞿麥穗、麥門冬，等分為末，每服一錢，熱酒調下。後食豬蹄羹，仍以木梳梳乳，一日三次。疔腫初起，王不留行子為末，蟾酥丸黍米大，每服一丸，酒下，汗出即愈。

愚按：王不留行，據其得名，似走而不守，其行血當與天名精同也。然細繹諸《本草》主治，覺有少異。即日華子主血經不勻，及《别録》難産二説，則應是和血而活之，與行血有殊。試觀方書，治畜血乃多用杜牛膝，而是物專功於諸淋，更可明其散滯以活血，非以潰決為事者也。但此味應入肝，肝固血臟，更司小水，故治淋不可少。且風臟即血臟，繹甄權治風毒、通血脈二語，乃見此味於厥陰尤切，繆希雍之説不謬矣。

清・郭章宜《本草匯》卷一一　王不留行　味甘、苦，平，陽中之陰，入手陽明經。通血脉，下乳汁。利小便，消疔腫。

按：王不留行，喻其走而不守，雖有王命，不能留其行也。乃陽明衝任走血分之藥也。古云：穿山甲、王不留，婦人服了乳常流。見其性行而不住也。失血後、崩漏家、孕婦，並禁。

漿水浸，焙乾用。

清・蔣居祉《本草擇要綱目・平性藥品》　王不留行　苗子氣味：苦，平，無毒。主治：金瘡止血，逐痛出刺。除風痹內塞，止心煩鼻衄，癰疽惡瘡瘻，婦人産。久服輕身，耐老增壽。治風毒，通血脈，遊風風疹，婦人血經不勻，發背，下乳汁，利小便。出竹木刺。蓋王不留行，下乳引導用之，取其利血脈，并走血分陽明衝任之藥。俗有穿山甲、王不留，婦人服了乳長流之語，可見其性行而不住也。

清・王翃《握靈本草》補遺　王不留行所在有之。葉似酸漿，子似菘子，根苗花子並用。苦，平，無毒。主金瘡止血，鼻衄，癰疽乳瘻。

清・汪昂《本草備要》卷二　王不留行通，行血。甘、苦而平。其性行而不住，能走血分，通血脉，乃陽明衝任之藥。陽明多氣多血。除風去痹，止血定痛，通經利便，下乳俗云：穿山甲，王不留，婦人服之乳長流。催生。治金瘡止血癰瘡散血。出竹木刺。孕婦忌之。花如鈴鐸，實如燈籠，子殼五稜。取苗、子蒸，漿水浸用。

清・吴楚《寶命真詮》卷三　王不留行味苦，平，無毒。入大腸經。水浸，焙。行血通乳，止衄消疔。以走而不守為名。古云：穿山甲、王不留，婦人服了乳常流。乃行血之力耳。失血、孕婦並忌。

清・陳士鐸《本草新編》卷四　王不留行　味苦、甘，氣平，陽中之陰。無毒。主金瘡，止血逐痛，催産調經，除風痹、風痓、內寒，消乳癰、背癰，下乳止衄，祛煩，尤利小便，乃利藥也。其性甚急，下行而不上行者也，凡病逆而上沖者，用之可降，故可恃之以作臣使之用也。但其性過速，宜暫而不宜久，又不可不知。

或問：王不留行止可下乳，是上亦可行之物也？不知乳不能下而下之，畢竟是下行，而非上行也。上、中焦有可下者，皆可下通，非下行于下焦，而不行于上焦也。

清・顧靖遠《顧氏醫鏡》卷七　王不留行苦，平。入肝經。　能下乳汁，古云：穿山甲、王不留，婦人服之乳常流。　可消癰毒。活血之功。　通血脈，走而不守，雖有王命，亦不能留其行也，故婦人難産每用之。孕婦及失血家，並忌。

清・李熙和《醫經允中》卷一七　王不留行　味苦、甘，平，無毒。主通血脈，治乳癰難産。

清・馮兆張《馮氏錦囊秘錄・雜症痘疹藥性主治合參》卷三　王不留行稟土金火之氣，故味苦辛甘，平，氣溫，無毒。苦能洩，辛能散，甘入血，溫能行，故主金瘡止血，癰疽惡瘡諸症。

王不留行，主金瘡，止血逐痛。善通乳催産，調經，除風痹風痙內寒，消乳癰背癰外腫。但孕婦勿服。

按：王不留行，喻其走而不守，雖有王命，不能留其行也，古云：穿山甲、王不留，婦人服了乳常流。乃行血之力也。失血崩漏，孕婦忌服。

清・张璐《本經逢原》卷二　王不留行即剪金花，俗名金盞銀臺。　苦、甘，平，無毒。　發明：王不留行專行血分，乃陽明、厥陰、衝任之藥。能通乳利竅，其性走而不守，故妊婦禁服。一婦患淋臥久，用此煎服，再劑而愈。其利小便，出竹木刺與瞿麥同功。

清・王子接《得宜本草・上品藥》　王不留行　味苦。陽明衝任之藥也。功專通血脈，療瘡瘍。得黄柏治誤呑鐵石，得穿山甲治婦人乳少。

清・黄元御《長沙藥解》卷二　王不留行　味苦，入足厥陰肝經。療金瘡而止血，通經脈而行瘀。《金匱》王不留行散，王不留行十分，蒴藋細葉十分，桑東行根白皮十分，甘草一分，厚朴十分，川椒三分，乾薑二分，黄芩二分，芍藥二分。治病金瘡，以金瘡失血，溫氣外亡，乙木枯槁，風燥必動。甘草培其中氣，厚朴降其濁陰，椒、薑補溫氣而暖血，芩、芍清乙木而息風，蒴藋化凝而行瘀，桑根、王不留行通經而止血也。　王不留行通利經脈，善治金瘡而止血。其諸主治，止鼻血，下乳汁，利小便，出諸刺，消發背，癰疽。　八月八日採苗，陰乾百日用。

清・吴儀洛《本草從新》卷一　王不留行〔通，行血。〕　甘苦而平。其性行而不住，雖有王命，不能留行，故名。　能行血分，通經脈，乃陽明衝任之藥。陽明多氣多血。除風去痺，止血定痛，利便通經，催生下乳。氣盛血滯者可暫用以行之，否則宜慎。　治金瘡，止血。　癰瘡疔瘡，散血。　出竹木刺。失血後、崩漏家及孕婦并忌之。　花如鈴鐸，實如燈籠，子殼五棱。取苗，子蒸，漿水浸。

清・嚴潔等《得配本草》卷三　王不留行一名金盞銀臺。　甘、苦，平。入心、肝二經血分。通血脈，治諸淋，下乳汁，催生産，療瘡瘍，除風痹。血氣不行，則風毒不去，營衛逆於肉裏則生癰。　配川柏，蒸餅丸彈子大，青黛為衣，線穿掛風處，冷水化服一丸，治誤呑鐵、石、骨、刺不下。　内服，酒蒸焙用。出肉中竹木刺，搗敷。　孕婦、失血、崩漏者，禁用。

題清・徐大椿《藥性切用》卷三　王不留行　甘苦性平，行走不住，善入血分，通經下乳，乃陽明衝任之藥。取苗子漿水浸，蒸熟用。孕婦及氣血虚人，並忌之。

清・黄宫繡《本草求真》卷七　王不留行入肝行血不留。　王不留行耑入肝胃。在古已命其名，謂此雖有王命，其性走而不守，不能以留其行也。又按古書有云：穿山甲、王不留，婦人服之乳常流。亦云行血之力也，觀此數語，已得氣味主治大要矣。又著其味曰辛、曰甘、曰平，其氣曰溫。其功則能入足厥陰肝經血分，去風除痹，通經利便，下乳催生，散癰腫，拔竹刺，與瞿麥同功。則知氣味疎泄，洵爾至極。又安能有血而克止乎，何書又言止血定痛，能治金瘡，似與行血之意又屬相悖。頌曰：張仲景治金瘡，有王不留行，《貞元廣利方》治諸風痙，有王不留行湯，皆最效。詎知血瘀不行，得此則行，血出不止，得此則止，非故止也。得其氣味以為通達，則血不於瘡口長流，而血自散各經，以致其血自止，其痛即定，豈必以止為止哉？意義彰明。但古人表著治功，多有如此立説，以留後人思議，不可不細審焉。花如鈴鐸，實如燈籠子，殼五棱，取苗子蒸，漿水浸用。

清・羅國綱《羅氏會約醫鏡》卷一六草部　王不留行味苦辛、甘，平，氣溫，入大腸經。水浸，焙。　王不能留，喻其走而不守也。通血脈，療産難，下乳汁，同穿山甲用。利小便，行經滯，行血之力。消乳癰、外腫辛散，治金瘡、鼻衄。又能止血。但失血崩漏，孕婦忌之。

清・王龍《本草纂要稿・草部》　王不留行　氣味甘苦而平。主金瘡，止血逐痛。治女科，催生調經。除風痺風痙，消乳癰背疽。出刺下乳，解熱驅煩。

清・張德裕《本草正義》卷下　王不留行　苦，平，性滑。胃、衝任血海藥。通血脉，療婦人難產，下乳汁。治遊風風疹，風濕痛痺。乃行而不留之品。

清・楊時泰《本草述鉤元》卷九　王不留行　又名禁宮花、翦金花、金盞銀臺。所在麥地中有之。莖葉俱青，苗高一二尺，三四月開紅白小花，如鐸鈴狀，結實如燈籠草，殼有五稜，內包一實如豆大，實內細子如菘，生白熟黑，正圓如細珠。

苗子氣味苦甘平，陽中之陰，入足厥陰經。治風毒，通血脈，除風痹內塞，止心煩鼻衄，利小便，下乳汁，女子血經不勻及難產，療癰疽惡瘡，並金瘡止血逐痛。能走血分，乃陽明衝任之藥，俗有穿山甲、王不留，婦人服了乳長流之語，可以見其性矣。昔一婦患淋臥久，諸藥不效，用翦金花十餘葉，煎湯服之，病減八分，再服而愈瀕湖。仲景治金瘡，有王不留行散。《貞元廣利方》治諸風痙，有王不留行湯，皆最效。同漏蘆、貝母、鮻鯉甲、青皮、沒藥、山茨菇、山豆根、栝蔞根，治乳岩、乳癰。同穿山甲、白芷、通草、猪蹄汁煮服，下乳。涌泉散，治乳少因氣鬱者，王不留行、穿山甲、炮龍骨、瞿麥、麥冬等分為末，每服一錢，熱酒調下後，食猪蹄羹，仍以木梳梳乳，日三次。疔腫初起，王不留行子為末，蟾酥丸黍米大，每服一丸，酒下，汗出即愈。

論：王不留行稟土金火之氣，故味苦甘平，平者辛也，其氣應溫，苦能泄，辛能散，甘入血，溫能行。據其得名，似於行血為擅著，然細繹諸本草，應是和血而活之，與行血有殊，且其功專於諸淋，可見散滯以活血，非以潰決為事者也。繆氏判為厥陰肝藥，肝固血臟，更司小水故也。

清・葉桂《本草再新》卷二　王不留行味甘，苦，性平，無毒。入心、脾二經。通血脈，除風去痺，止血定痛，利便通經，催生下乳，治金瘡癰疽疔瘡。

清・吴其濬《植物名實圖考》卷一一　王不留行　《別錄》上品。宋《圖經》謂之翦金花。《救荒本草》：葉可煠食，子可為麪食。今從之。《蜀本草》所述乃俗呼天泡果，又名燈籠科。囊似酸漿而短，實青白不紅，南方極多。又一種附於後。

雩婁農曰：王不留行性峻利，而《別錄》以為上品，疑其名蓋古諺也。席不暖，突不黔，聖賢遇焉。有觸昔人遠舉高蹈之義，輒為賦之。其詞曰：伊大造之旭卉兮，摶人物其均賦。苟臭味之葉洽兮，胡畛畦夫新故。社枌櫟以祈報兮，尸祝之其敢忘夫歆慕。召跋涉而蔽芾兮，勿翦伐而封殖其嘉樹。彼楊柳依依而繫馬兮，小山叢桂奄馥以留人。樾蔭暍而扇武兮，松風雨以庇秦。既宿桑其難訒置兮，或班荊而情親。縶維白駒而食藿苗兮，聊永今夕以逡巡。遽辭條而棄溝水兮，何隕籜泛梗之不仁？踢轢軷以促駕兮，絮漫漫而失蹤。縱迷陽而傷足兮，棘榛苯䔿以蒙茸。揭車乘而率曠野兮，齎菖蕢以為宿春。昔芙蓉之姣好兮，今祇轉此秋蓬。臣攬茝以行吟兮，姬采蘼而相逢。期椒桂之結鄰兮，胡蕭艾捷徑以先容。荃不察此衷曲兮，鶗鴂簧鼓以訩訩。緬秕莠於鳴條兮，哀暴嬴逐客之不公。羌既扈夫蘺芷兮，豈終萎絕乎不周之風？望懸圃其未達兮，琪葩琳樹雜遝乎雲中。折瓊茅而召彭咸兮，筳篿訊誶以所從。神迟迡而未繇兮，巫振振其有辭。謂槀茹其必有還兮，明良慶而功巍。揚側陋而舉二八兮，曰俞哉而桑陰未移。濟舟楫而藥瞑眩兮，置左右而阿衡焉。依漁坐茅而占熊羆兮，髮垂白而佐姬。感瓜苦與栗薪兮，勿穆卜而誦鴟鴞之詩。脫堂阜而薰釁兮，管夷吾治於高傒。戈雖逐而誓舅氏兮，投白璧於河麋。蕭翊赤以謀將兮，淮陰亡而身追。留辟穀而游赤松兮，強加飯以輔持。讖帝秀以奉赤伏兮，許借寇而雄河內之師。隱草廬而三顧兮，乃遂許以驅馳。相直臣而攬鏡兮，勉為瘠而猶羈。信石水之相投兮，豈纖芥之能疑？樹桐梧於東廂兮，茁指佞於階墀。苟方鑿而枘圓兮，薰與蕕其差池。強指杙以為楹兮，終斧柯其無資。策兩馬而接淅兮，又伐柯而阽危。晝三宿而側無人兮，雖濡滯其奚為？宮族行而虞無臘兮，炊扊扅而西歸。慘焚林綿上而寒食兮，何從行之不及子推也。問宣室而前席兮，絳灌害之而南弔湘纍。有頗牧而莫能用兮，律不應而坐之。青蠅弔於瘴鄉兮，薏苢肆其悽誹。懷鷩鷂而見畏兮，終猶仇其豐碑。陸扶危而庋忠州兮，望贊皇於海涯。親煨芋而賦黃臺兮，避浙東而畏譏。元祐賢而致政兮，麥飯熟而相晞。寇南遷而遂不返兮，楮掛竹以生枝。相烏喙其不可共安樂兮，種受辱而金鑄蠡。楚醴廢而狷披兮，穆遠蹈而申胥靡。物萌芽其兆朕兮，莧陸夬而枯楊稊。奚荊棘之能刺兮，貴履坙而見機。布皞墟之靈蓍兮，再扐卦而咨之。曰將起夫葛陂之龍竹兮，駕言秣脂而遊乎八荒。翹蓬萊之金闕兮，攬若木於東皇。陪王公而投蓮驍兮，吻欲笑而掣電光。種芝玉以為田兮，俟蟠桃以徜徉。神荼鬱壘方執索搏鬼而供晨飧兮，著告余以不祥。夕轡崦嵫而經細柳兮，曖曖乎桑榆之晱陽。挹穴居之戴勝兮，將俯崑崙而行觴。掃白雲之間隔兮，採聚窟返魂之馝香。拒格之松踆烏所入兮，聲隆隆驚人。煮羊脾未熟而天已明，蓐收白毛虎爪，執鉞以辟人兮，流沙落木蕭蕭而增涼。翦鶉首而奏鈞天兮，藉帝醉而復下方。察蕭邱千里之烈燄兮，林鬱鬱而騰輝煌。遇丈人於丙丁兮，乞靈藥以長生。尋自然之穀於岣嶙石囷兮，執箕舌以簸揚。乘六螭而極南溟兮，瞰鵬圖擊水以迴翔。雄虺封狐往來儵忽兮，黃茅冶葛填巨壑以莽蒼。曰瘴癘其難久滯兮，躡回雁而北征。眺委羽於孤竹兮，曾冰皚皚崩摧以雷硠。木皮三寸墮於天山兮，白草炎暑而戴霜。探趙符於樹下兮，撻率然使亘横。燭龍銜景炯彼幽都兮，望斗車作作其有芒。謂暗曖其不可留兮，駟玉虬而上驤。冀帝閽之開闢兮，倚閶闔而相望。陶白虎以先導兮，傅乘箕而來迎。媒匏瓜使擇匹兮，結柳宿以為營。挹木精而遊戲兮，張天廚而飫酒漿。謁神農而勅醫星兮，絕惡草使不昌。攜棓欃以翦薙兮，鞠蓬藋之礙行。掃茨藜而釋屩兮，鋪輕荑以走鸞衡。拭銅駝而叩靈瑣兮，覽天苑草木之欣榮。榆歷歷而成列兮，枝葉紛挐夫斎卿。傾寶甕於露壇兮，將以浸沐夫芸生。靈氛為余占以乃廸吉兮，信爻辭其必當。盍孟晉以勿疑兮，奚獨遲乎眾芳。

王不留行又一種　王不留行，《蜀本草》所述形狀，乃俗呼天泡果，《本草綱目》從之。

清·趙其光《本草求原》卷三隰草部　王不留行即剪金花，一名禁宮花，一名金盞銀臺。　甘、苦，平，散滯氣，活血以平肝。治風毒，通血脈，乃陽明衝任之藥。通淋，利竅，通小便，皆肝病。治風痹、經不調、難産，下乳，同山甲，或加龍骨、瞿麥，酒調下，乳長流。止痛、止血，治金瘡、止血。惡瘡、苦泄辛散。乳巖、乳癰。同乳、沒、山豆根、花粉、青皮。疔腫，同蟾酥為丸，酒下。出竹木刺。　孕婦忌之。取苗子蒸，漿水浸用。洗疳疔，理跌打。

清·葉志詵《神農本草經贊》卷一　王不留行　味苦，平。主金創，止血逐痛，出刺，除風痹內寒。久服輕身耐老，增壽。生山谷。

行不俟駕，速甚郵傳。薺根黃並，麥地青連。花開金翦，子玩珠圓。貫通脈絡，乳竇溅溅。

《論語》：不俟駕而行。《孟子》：速於置郵而傳命。蘇頌曰：根黃色如薺根。李時珍曰：多生麥地中，子生白熟黑，正圓如細珠。日華子曰：一名翦金花。朱子序：脈絡貫通。溫庭筠歌：乳竇溅溅通石脈。張元素曰：下乳引導，用之通血脈。

清·文晟《新編六書》卷六《藥性摘錄》　王不留行　辛甘，性平，氣溫。入肝。行血不留，通乳汁，散癰腫，拔竹刺，治金瘡，活血定痛，疏泄至速也。

清·張仁錫《藥性蒙求·草部》　王不留行錢半、二錢　王不留行，通行血脈。下乳催生，任衝之藥。雖有王命，不能留行，故名。甘苦而平。氣盛血滯者，可暫用以行之。否則宜慎。

清·劉善述、劉士季《草木便方》卷一草部　王不留行　對葉草苦通血脉，止血定痛利便捷。通經下乳催生胎，癰疽金瘡簽刺滅。

清·戴葆元《本草綱目易知錄》卷一　王不留行　苗子，甘苦而平。其性行而不住，能走血分，通血脈，乃陽明衝任之藥。除風痹內塞，止心煩鼻衄。癰疽發背，惡瘡瘻乳，遊風風癧。婦人難産，經血不勻。下乳汁，利小便。止金瘡血，出竹木刺。妊婦忌之。

清·陳其瑞《本草撮要》卷一　王不留行　味甘苦，入足厥陰經，功專行而不住。又為陽明衝任之藥，通經下乳催生。得穿山甲服之，下乳甚捷，漿水浸用。得黃柏治誤吞鐵石，神效。

剪春羅

明·李時珍《本草綱目》卷一六草部·隰草類下　剪春羅《綱目》

【釋名】剪紅羅　【集解】時珍曰：剪春羅二月生苗，高尺餘。柔莖緑葉，葉對生，抱莖。入夏開花，深紅色，花大如錢，凡六出，周迴如剪成，可愛。結實大如豆，內有細子。人家多種之爲玩。又有剪紅紗花，莖高三尺，葉旋覆，夏秋開花，狀如石竹花而稍大，四圍如剪，鮮紅可愛。結穗亦如石竹，穗中有細子。方書不見用者。計其功，亦應利小便、主癰腫也。

【氣味】甘，寒，無毒。　【主治】火帶瘡遶腰生者，采花或葉搗爛，蜜調塗之。爲末亦可。時珍。出《證治要訣》。

清·王道純《本草品彙精要續集》卷二　剪春羅無毒。

剪春羅《本草綱目》：主火帶瘡繞腰生者，採花或葉搗爛，蜜調塗之，爲末亦可《證治要訣》。　【名】剪紅羅。　【苗】高尺餘，柔莖。　【時】二月生苗，入夏開花。　【色】緑葉，花深紅色。　【質】花大如錢，凡六出，周迴如剪成，可愛。結實大如豆，內有細子。人家多種之爲玩也。又有剪紅紗花，莖高三尺，葉似旋覆，夏秋開花，狀如石竹花而稍大，四圍如剪，鮮紅可愛，結穗亦如石竹，穗中有細子。方書不見用者，計其功，亦應利小便，主癰腫也。　【味】甘。　【性】寒。

清・吴其濬《植物名實圖考》卷一四　翦春羅　《證治要訣》：　火帶瘡遶腰生者，採翦春羅花葉，擣爛蜜調，塗之；　為末亦可。《本草綱目》李時珍曰：　翦春羅，二月生，苗高尺餘；　柔莖綠葉，葉對生，抱莖。入夏開花深紅色，花大如錢，凡六出，周迴如翦成，可愛。結實大如豆，內有細子，人家多種之為玩。又有翦紅紗花，莖高三尺，夏秋開花，狀如石竹花而稍大，四圍如翦，鮮紅可愛。結穗亦如石竹穗，中有細子。方書不見用者，其功亦應利小便、主癰腫也。　李衎《竹譜》：　翦竹生江浙，廣右永湘間甚多。枝間有節，有葉似桃；　其花如石竹差大，丹紅一色，人家盆檻內亦有種者，俗名翦春羅。

按江西、湖南多呼為翦金花；　又雄黃花，以其色名之。

清・吴其濬《植物名實圖考》卷二七　金錢花　《酉陽雜俎》：　金錢花本出外國，名曰毗尸沙。一名日中金錢，俗名翦金花。梁大同二年，進來中土。豫州掾屬以雙陸賭金錢，金錢盡，以金錢花相足，魚洪謂得花勝得錢。《群芳譜》：　一名子午花，一名夜落金錢，又有一種銀錢。

珍珠草

明・蘭茂撰，清・管暄校補《滇南本草》卷下　珍珠草　性溫，味辛。治面寒疼。新瓦焙乾，為末，熱燒酒服。

女婁菜

明・朱橚《救荒本草》卷上之前　女婁菜　生密縣韶華山山谷中。苗高一二尺，莖叉相對分生，葉似旋覆花葉，頗短，色微深綠，抪莖對生，梢間出青蓇葖，開花微吐白蘂，結實青，子如枸杞，微小。其葉味苦。　救飢：　採嫩苗葉煠熟，換水浸去苦味，淘淨，油鹽調食。

滇白前

明・蘭茂撰，清・管暄校補《滇南本草》卷下　瓦草一名白前。　性微寒，味辛、苦。開關通竅，清肺熱，利小便，治熱淋。

清・吴其濬《植物名實圖考》卷一〇　滇白前　白前，《別錄》已載。諸家皆以根似細辛而粗直，葉如柳，如芫花。陶隱居以用蔓生者為非是，然按圖仍不得其形。滇產根如沙參輩，初生直立，漸長莖柔如蔓；　對葉，亦微似柳，莖葉俱綠，葉亦輭；　秋開花作長蒂，似萬壽菊蒂，端開五瓣銀褐花，細碎如翦；　又有一層小瓣，內吐長鬚數縷。枝繁花濃，鋪地如綺。《滇本草》：　瓦草，一名白前，味苦、辛，性寒。開關竅，清肺熱，利小便，治熱淋。主治亦相類。

淨瓶

明・佚名氏《醫方藥性・草藥便覽》　淨瓶子　其性溫。治飛痒，去痢症。

清・吴其濬《植物名實圖考》卷二七　淨瓶　細莖長葉如石竹，開五瓣粉紫花如洋長春，而花跗如小瓶甚長，故名。

鶴草

清・吴其濬《植物名實圖考》卷一五　鶴草　江西平野多有之。一名灑線花，或即呼為沙參。長根細白，葉似枸杞而小，秋開五瓣長白花，下作細筩，瓣梢有齒如翦。

按《救荒本草》：　沙參有數種，此殆細葉開白花者。

小無心菜

清・吴其濬《植物名實圖考》卷一三　小無心菜　比無心菜莖更細，棼如亂絲，葉圓有尖，春初有之。

沙消

清・吴其濬《植物名實圖考》卷一二　沙消　江西沙上多有之，紫莖，葉如石竹子葉而密。土人以利水道。其形與沙蓬相類。

清・吴其濬《植物名實圖考》卷一三　沙消　產九江沙洲上。叢生，高不盈尺；　紫莖微節，抱莖生葉，四五葉攢生一處，頗似獨掃葉，小根赭色。九江俚醫以根煎酒，治腰痛。亦名鐵掃帚。

按《救荒本草》：　沙蓬又名雞爪菜。生田野。苗高一尺餘，初就地蔓生，後分莖叉；　其莖有細線楞，葉似獨掃葉狹窄而厚，又似石竹子葉亦窄；莖葉梢間結青子，小如粟粒，其葉味甘性溫。採苗葉煠熟，水浸淘淨，油鹽調食。疑即此。

清・吴其濬《植物名實圖考》卷一三　紐角草　撫州田野中有之。叢生，似獨帚，莖赭有節，葉亦似獨帚而稀；　秋結小紫角，似綠荳而細，彎翹極繁。

白牛膝

明・蘭茂撰，清・管暄校補《滇南本草》卷中　白牛膝一名太極草，又名狗奪子。　性溫，味苦酸。補肝，破瘀塊，涼血熱。治月經閉(濕)〔澀〕，腹痛，產後發熱，虛燒蓐癆，室女逆經，衄嘔吐血，紅崩白帶，尿急淋漓。寒濕氣筋骨疼痛，強筋舒筋。攻瘡癰熱毒紅腫，乍腮乳蛾。男子血淋，赤白便濁，婦人赤白帶下。但墜胎，孕婦忌服。水酒為使。

附方：　治婦人產後七天內傷風，或著氣，寒邪入於血分，頭痛，怯寒潮熱，口乾，胸隔飽脹，不思飲食，肝氣作痛，惡露不止，蓐癆等症。白牛膝二錢，生地一錢，丹皮一錢，秦歸二錢，元參一錢，地骨皮一錢，銀柴胡一錢，黄芩一錢，白茯苓一錢，水煎，點童便服。此方治婦人五種癆熱，月經不調，燒經作血，或伸縮參差，白帶漏下，小便淋漓，手心發熱，午後怕冷，夜間發燒，煩渴，天明時汗乾熱退，次早頭暈耳鳴，心慌，四肢酸軟，飲食無味，精神短少，此虛症已見，即以前方加減之。煩渴加麥冬、淡竹葉；　泄瀉加淮藥、蓮子、糯米一勺；　咳嗽加天冬、陳皮、百合；　吼喘加杏仁、兜鈴、蘇子、瓜蔞仁、陳皮；　咳血加茅根、扁柏、苦馬菜汁；　又咳帶血絲，頭(葷)〔暈〕加荊芥穗；　心慌不眠加棗仁、龍眼肉、柏子仁、遠志；　胸隔膨脹加神麯、厚朴、砂仁；　不思飲食加蓮子、神麯。皆點童便服。又通經閉，消血塊癥瘕，行周身經絡，舒筋骨，消痰火，癱瘓痿軟，四肢不仁。退婦人肝虛癆熱，筋骨發燒。補益任督二脉，於督脈尤甚。凡婦人久不胎育，因任督二脉虛損，以致不能受胎生育，及白帶等症。治法：　以行經後服一兩次，即孕。

附方：　治肝家虛熱，或筋熱發燒，午後怯冷，夜間作燒，四肢酸輭，飲食無味，虛汗不止。白牛膝二錢，地骨皮二錢，水煎，點童便、水酒服。　又方：　治婦人肝腎虛損，任督虧傷，不能孕育，以及白帶淋漓等症。白牛膝三錢，小公雞一隻，去腸。將藥入雞內，亦可入鹽，煨爛，空心服之。每月經行後服一次，即有孕。或單煎，點水酒亦可。

補註：　白牛膝，強筋骨功勝川牛膝。但有孕者忌服，其性能墜胎故也。

附案：　昔王姓一室女，因鬱怒傷風日久，潮熱惡寒，漸次月經閉止，形體消瘦，已成虛癆。服此三四次，熱退經行，遂無恙。

明・蘭茂《滇南本草》〔叢本〕卷上　白牛(夕)〔膝〕一名太極草，一名狗辱子。　味酸、微苦，性微溫。補肝行血，破瘀血，通經閉，消血塊癥瘕，行週身經絡，強筋舒骨，止筋骨疼痛，癱瘓痿耎，四肢麻木不仁。退婦人肝虛勞熱發燒，筋熱發燒，補任督貳脈，多功於任督。婦人久不受胎育，此任督虧損，不能受孕，白帶等症。以經後服一二次，即有胎。註補：　白牛(夕)〔膝〕強筋之功，甚于川牛(夕)〔膝〕。婦人有孕忌用，此藥性破血墜胎，不宜。單方：　治肝家虛勞熱發燒，筋熱發燒，午後怕冷，夜間發熱，四肢酸耎，飲食無味，虛汗不止。白牛(夕)〔膝〕二錢，地骨皮二錢，引點童便、水酒服。單方：　治婦人肝腎虛損，任督二脈虧傷，不能胎育，白帶淋瀝等症。白牛(夕)〔膝〕三錢，小雄雞一隻，將雞腹破開，去腸，將藥入雞腹內，煮爛，不許入鹽，空腹食之。每月經行服一次，即有胎矣。若不食雞者，單用白牛(夕)〔膝〕三錢，煎湯，點水酒服亦可也。

婆婆指甲菜

宋・王介《履巉巖本草》卷上　盆紉草　性大涼，無毒。善治風赤眼疼。每用搗成膏子爲元，每一元浸湯洗之，不過五七次立效。

明・朱橚《救荒本草》卷上之前　婆婆指甲菜　生田野中。作地攤音灘科生。莖細弱，葉像女人指甲，又似初生棗葉微薄，細莖。梢間結小花蒴。苗葉味甘。　救飢：　採嫩苗葉煠熟，油鹽調食。

清・吴其濬《植物名實圖考》卷一二　婆婆指甲菜　【略】按江西俗呼瓜子草，或云可清小便熱症。

狗筋蔓

明・朱橚《救荒本草》卷上之後　狗筋蔓　生中牟縣沙崗間。小科就地拖蔓生，葉似狗掉尾葉而短小，又似月芽菜葉，微尖艄而軟，亦多紋脉，兩葉對生，葉梢間開白花。其味味苦。　救飢：　採葉煠熟，水浸淘去苦味，油鹽調食。

明・蘭茂撰，清・管暄校補《滇南本草》卷下　小九(古)〔牯〕牛　大九(古)〔牯〕牛不入藥，服之令人吐。性微寒，味苦、辛、麻。入肝。舒通筋絡，破血，散瘰癧結核。攻癰疽腫毒紅硬，服之有膿出頭，無膿立消。

明・蘭茂《滇南本草》〔叢本〕卷下　小九牯牛　味辛苦，性寒。走肝經，筋骨疼，通經絡，破血，散瘰癧。攻癰疽紅腫，有膿者出頭，無膿者消散。

昆明沙參

明・蘭茂撰，清・管暄校補《滇南本草》卷下　金鐵鎖　性大寒，味辛、辣，有小毒。食之令人多吐。耑治面寒疼痛，胃氣心氣疼。攻癰瘡排濃。細末，每服五分，燒酒送下。

清·吳其濬《植物名實圖考》卷二三　昆明沙參即金鐵鎖。　生昆明山中。柔蔓拖地，對葉如指厚脆，僅露直紋一縷；　夏開小淡紅花，五瓣極細；獨根橫紋，頗似沙參，壯大或如蘿蔔，亦有數根攢生者。《滇本草》：　味辛辣，性大溫，有小毒。　吃之令人多吐，專治面寒痛，胃氣、心氣疼，攻瘡癰，排膿。為末五分，酒服。　夷寨谷汲水寒多毒，辛溫之藥，或有所宜，與南安以仙茅為茶皆因地而用，不可以例他方。　扁鵲之為醫也，以秦、趙為別；　尹趙王韓之治京兆也，寬嚴異轍，地與時殊，治無膠理。《麗江府志》：　土人參性燥。在滇而燥，移之北，不幾烏頭、天雄之烈啖耶。

太子參

清·吳儀洛《本草從新》卷一　附：　太子參〔大補元氣。〕　雖甚細，却短緊堅實，其力不下大參。　按：　人參氣秉陽和，功魁群草，世醫每不能早用，直至萬無可為然後用之，往往無及。　以致世俗反歸咎於君主之藥，是與疾視其長上無異。　世風澆漓，大率類然，可嘆恨也！　第亦有不宜用者，肺脈洪實，火氣方逆，血熱妄行；　痧痘斑毒，但悶熱而紅點未形；　傷寒始作，證未定而邪熱方熾。　凡此之類，氣本不虛，若誤投之，鮮克免者。　近有將人參做過，以短接長者，謂之接貨；　以小并大者，謂之合貨；　必先用水潮過，原汁已出，且有漿在內，其味易變。　用者斷勿為其所誤。

清·趙學敏《本草綱目拾遺》卷三草部上　太子參　《從新》云：　雖甚細小，却緊而堅實，力不下大參。　《百草鏡》云：　太子參即遼參之小者，非別種也，乃蘇州參行從參包中揀出短小者，名此以售客。　味甘苦，功同遼參。

清·葉桂《本草再新》卷一　孩兒參味甘，性溫，無毒。　入心、脾、肺三經。專治氣虛肺燥，補脾土，消水瘇，化痰止渴。

蓼

唐·歐陽詢《藝文類聚》卷八二　蓼　《爾雅》曰：　薔，虞蓼。　虞，澤蓼也。《毛詩》曰：　予又集于蓼。　言辛苦也。　《離騷》曰：　蓼，蟲不能徙乎葵菜。　《吳氏本草》曰：　蓼實，一名天蓼，一名野蓼，一名澤蓼。　《禮記》曰：　鶉羹雞羹，鴽釀之蓼。　劉向《別録》曰：　《尹都尉書》有《種蓼篇》。《吳越春秋》曰：　越王念吳，欲復怨，非一日也。苦思勞心，夜以接日，卧則切之以蓼。　魏文子曰：　蓼蟲在蓼則生，在芥則死。　非蓼仁而芥賊也，本不可失。　古詩曰：　蘇蓼出浦渠。

唐·孫思邈《千金要方》卷二六《食治·菜蔬》　蓼實　味辛，溫，無毒。明目，溫中，解肌，耐風寒，下水氣面目浮腫，却癰疽。　其葉：　辛，歸舌。　治大小腸邪氣，利中，益志。　黃帝云：　蓼，食過多有毒，發心痛。　和生魚食之，令人脫氣，陰核疼痛求死。　婦人月事來，不用食蓼及蒜，喜為血淋、帶下。　二月勿食蓼，傷人腎。　扁鵲云：　蓼，久食令人寒熱，損骨髓，殺丈夫陰氣，少精。

宋·李昉《太平御覽》卷九七九　蓼　任昉《述異記》曰：　長沙定王故宮有蓼園，云定王故園也。　菜之辛者，謂之蓼。　《吳氏本草》曰：　蓼實，一名野蓼，一名澤蓼。

附：日·丹波康賴《醫心方》卷三〇　蓼　《本草》云：　味辛，溫，無毒。　主明目溫中。　能風寒，下水氣，面目浮腫，癰瘍。　葉，歸舌，除大小腸邪氣，利中益志。《拾遺》云：　蓼主痃癖。　一名女憎，是其弱陽事也，不可近陰。　又：　蓼蕺俱弱陽。《七卷經》云：　多食吐水。　又多損陽事。《千金方》云：　黃帝曰：　蓼食過多有毒，發心痛。

宋·唐慎微《證類本草》卷二八菜部中品〔《本經·別録》〕　**蓼實**　**味辛，溫，**無毒。　**主明目，溫中，耐風寒，下水氣，面目浮腫，癰瘍。**　葉，歸舌，除大小腸邪氣，利中益志。

馬蓼：　去腸中蛭蟲，輕身。　生雷澤川澤。

〔梁·陶弘景《本草經集注》〕云：　此類又多，人所食有三種：　一是紫蓼，相似而紫色；　名香蓼，亦相似而香，並不甚辛而好食；　一是青蓼，人家常有，其葉有圓者、尖者，以圓者爲勝，所用即是此。　乾之以釀酒，主風冷，大良。　馬蓼，生下濕地，莖斑，葉大有黑點。　亦有兩三種，其最大者名蘢薣音鼓，即是葒草，已在上卷中品。

〔唐·蘇敬《唐本草》〕注云：　《爾雅》云：　葒，一名蘢薣。　大者名蘬丘軌切。　則最大者不名蘢薣，陶誤呼之。　又有水蓼，葉大似馬蓼而味辛。　主被蛇傷，擣傅之；　絞取汁服，止蛇毒入腹心悶者。　又水煮漬脚捋之，消脚氣腫。　生下濕水傍。

〔宋·馬志《開寶本草》〕按：　《陳藏器本草》云：　蓼，主痃癖。　每日取一握煮服之，人霍亂轉筋，多取煮湯及熱捋脚。　葉，擣傅狐刺瘡，亦主小兒頭瘡。　又云：　蓼、蕺俱弱陽。　人爲蝸牛蟲所咬，毒徧身者，以蓼子浸之，立差。　不可近陰，令弱也。　諸蓼並冬死，惟香蓼宿根重生。　人爲生菜，最能入腰脚也。

〔宋·掌禹錫《嘉祐本草》〕按：　《蜀本圖經》云：　蓼類甚多，有紫蓼、赤蓼、青蓼、馬蓼、水蓼、香蓼、木蓼等，其類有七種。紫、赤二蓼，葉小狹而厚；青、香二蓼，葉亦相似而俱薄；馬、水二蓼，葉俱闊大，上有黑點。木蓼一名天蓼，蔓生，葉似柘葉。諸蓼花皆紅白，子皆赤黑；木蓼，花黃白，子皮青滑。《爾雅》云：蘠，虞蓼。釋曰：蘠，一名虞蓼，即蓼之生水澤者也。《周頌·良耜》云：以薅荼蓼。《毛傳》曰：蓼，水草是也。《藥性論》云：蓼實，使，歸鼻。除腎氣，兼能去癧瘍。葉主邪氣。又云：食之多發心痛，令人寒熱，損骨髓。小兒頭瘡，擣末和白蜜，一云和雞子白塗上，蟲出不作瘢。若霍亂轉筋，取子一把，香豉一升，先切葉，以水三升，煮取二升，内豉汁中，更煮取一升半，分三服。又與大麥麪相宜。孟詵云：蓼子，多食令人吐水。亦通五藏擁氣，損陽氣。日華子云：水蓼，性冷，無毒。蛇咬擣傅，根莖並用。又云：赤蓼，暖，暴脚軟人，燒灰淋汁浸，持以蒸桑葉罯，立愈。

〔宋·蘇頌《本草圖經》〕曰：蓼實，生雷澤川澤，今在處有之。蓼類甚多，有紫蓼、赤蓼一名紅蓼、青蓼、香蓼、馬蓼、水蓼、木蓼等，凡七種。紫、赤二種，葉俱小狹而厚；青、香二種，葉亦相似而俱薄；馬、水二種，葉俱闊大，上有黑點。木蓼一名天蓼，亦有大小二種，蔓生，葉似柘葉，花黃白，子皮青滑。此六種花皆黃白，子皆青黑。陶隱居：以青蓼入藥，然其蓼俱堪食，又以馬蓼爲紅草，已見上條，餘亦無用。蘇恭以水蓼亦入藥，水煮捋脚者，多生水澤中。《周頌》所謂以薅大羔切荼蓼。《爾雅》所謂蘠，虞蓼是也。又《三茅君傳》有作白蓼醬方。白蓼，藥譜無聞，疑即青蓼也。或云紅蓼亦可作醬。

〔宋·唐慎微《證類本草》〕《聖惠方》：治肝虚轉筋。用赤蓼莖、葉切三合，水一盞，酒三合，煎至四合去滓，溫分二服。又方：治熱暍心悶。用濃煮蓼汁一大盞，分爲二服飲之。《外臺秘要》：治夏月暍死。取濃煮汁三升灌之。《經驗方》：治脚痛成瘡。先剉漿蓼煮湯，令溫熱得所，頻頻淋洗，候瘡乾自安。《孫真人食忌》：二月勿食水蓼，食之傷腎。合魚鱠食之，則令人陰冷疼，氣欲絶。《斗門方》：治血氣攻心，痛不可忍。以蓼根細剉，酒浸服之，差。《古今録驗》：治霍亂轉筋。取蓼一手把，去兩頭，以水二升半，煮取一升半，頓服之。《文選》：習蓼蟲之忘辛。是知物莫辛於蓼也。

宋·寇宗奭《本草衍義》卷一九 蓼實 即《神農本經》第十一卷中水蓼之子也。彼言蓼則用莖，此言實即用子，故此復論子之功，故分爲二條。春初以葫蘆盛水浸濕，高掛於火上，晝夜使暖，遂生紅芽，取以爲蔬，以備五辛盤。又一種水紅，與此相類，但苗莖高及丈。取子，微炒，碾爲細末，薄酒調二三錢服，治瘰癧。久則效，效則已。

宋·鄭樵《通志》卷七五《昆蟲草木略》 蓼 有三種。按陶弘景云，一種紫蓼，一種青蓼，一種香蓼。其葉有圓有尖，以圓者為勝。入藥用蓼實。有一種馬蓼，亦可入藥。其最大者，謂之葒草，亦謂之蘢葒。《爾雅》云：紅，蘢古，其大者蘬。

宋·陳衍《寶慶本草折衷》卷二〇 蓼實 使。諸蓼在内。○葉附。 一名水蓼子。○其草一名蘠，一名虞蓼，一名荼蓼。○其赤蓼，一名紅蓼。其青蓼，一名白蓼。其木蓼，一名天蓼。○荼，同都切。 生雷澤川澤。今在處水澤有之。○實及葉並與大麥麪相宜，並忌鱠。

味辛，溫，無毒。○主明目，溫中，下水氣，面目浮腫，癰瘍。○陳藏器云：主蝸牛蟲咬，毒徧身，以蓼子浸，立差。○《藥性論》云：歸鼻。除腎氣，去癧瘍。○孟詵云：多食令人吐水，通五藏擁氣，損陽氣。○《圖經》曰：蓼類甚多，有紫蓼、赤蓼、青蓼、香蓼、馬蓼、木蓼。凡馬、水二種謂馬蓼、水蓼也。子皆青黑。○孫真人云：二月勿食，傷腎。合魚鱠食，令人陰冷。○寇氏曰：即第十一卷水蓼之子，彼言蓼則用莖，此言實，即用子，故分為二條。

附：葉。○冷，無毒。歸舌。除大小腸邪氣，利中，主痃癖。霍亂轉筋，煮湯捋脚。擣傅狐刺瘡，及小兒頭瘡。擣末和白蜜塗上，蟲出不作瘢。○一云和雞子白。食多發心痛，寒熱，損骨髓。其葉闊，有黑點。

元·忽思慧《飲膳正要》卷三 蓼子 味辛，溫，無毒。主明目，溫中，耐風寒，下水氣。

元·尚從善《本草元命苞》卷九 蓼實 為使。辛，溫，無毒。下水氣，面目浮腫，耐風寒，明目，溫中。葉，歸舌，利中益志，除下氣，肝虚轉筋。中暍心悶欲死，濃煮汁頻灌。血氣攻衝心痛，根酒浸，頓飲。馬蓼去腸中蛭蟲，水蓼傅蛇蟲傷咬。赤蓼燒灰淋汁，脚軟人浸。將水蓼煮湯，令溫，却瘡痛，頻洗。生雷澤川澤，今在處有之。

元·吴瑞《日用本草》卷七 蓼葉 生取汁以造麯。 味辛，溫，無毒。食之多發心痛，令人寒熱，損骨髓。 實：主目明，溫中，耐風寒，下水氣而目浮腫，瘡瘍。 葉：歸舌，除大小腸邪氣，利中益志。霍亂轉筋，以蓼一手把，水二升，煮汁服之，即瘥。

明·朱橚《救荒本草》卷下之後 蓼芽菜 《本草》有蓼實。生雷澤川澤，今處處有之。葉似小藍葉微尖，又似水葒葉而短小，色微帶紅，莖微赤，梢間出穗，開花赤色。莖葉味辛，性溫。 救飢：採苗葉煠熟，換水浸去辣氣，淘淨，油鹽調食。　治病：　文具《本草》菜部蓼實條下。

明・王綸《本草集要》卷五　蓼實使　味辛，氣溫，無毒。　主明目，溫中，耐風寒，下水氣，面目浮腫，癰瘍瘰癧，歸鼻，除腎風。○葉，歸舌，除大小腸氣，利中。霍亂轉筋，多取煮湯，及熱捋脚。又搗傅小兒頭瘡。○馬蓼，去腸中蛭蟲。○水蓼，搗傅蛇咬。又煮漬脚，捋之消脚氣腫。脚痛成瘡，頻淋洗之。

明・滕弘《神農本經會通》卷五　蓼實　使也。《圖》云：　蓼類甚多，有紫蓼、赤蓼，一名紅蓼，青蓼、香蓼、馬蓼、水蓼、木蓼。陶云：　七種，青蓼入藥，餘亦無用。馬蓼已在中品。諸蓼花皆紅白，子皆赤黑。　味辛，氣溫，無毒。　《本經》云：　主明目，溫中，耐風寒，下水氣，面目浮腫，癰瘍。葉，歸舌，除大小腸邪氣，利中，益志。陶隱居云：　青蓼，乾之以釀酒，主風冷大良。陳藏器云：　蓼，主玄癖，每日取一握，煮服之。又霍亂轉筋，多取煮湯，及熱捋脚。葉，擣傅狐刺瘡，亦主小兒頭瘡。又蓼蕺俱弱陽，蓼子不可近陰，令弱。蓼最能入脚。《藥性論》云：　蓼實，使。歸鼻。除腎氣，兼能去癧瘍。葉，主下氣。又云：　食之多發心痛，令人寒熱，損骨髓。小兒頭瘡，擣末，和白蜜，一云和鷄子白，塗之，蟲出不作瘢。若霍亂轉筋，取子一把，香豉一升，先切葉，以水二三升，煮二升，內豉汁中，更煮，取一升半，分三服。又與大麥麪相宜。孟詵云：　蓼子，多食令人吐水，亦通五臟擁氣，損陽氣。

明・劉文泰《本草品彙精要》卷三九　蓼實無毒。附馬蓼、水蓼、赤蓼。植生。

蓼實出《神農本經》：　**主明目，溫中，耐風寒，下水氣，面目浮腫，癰瘍。○馬蓼，去腸中蛭蟲，輕身。**以上朱字《神農本經》。　蓼實葉，歸舌，除大小腸邪氣，利中，益志。以上黑字名醫所錄。　【名】紫蓼、赤蓼、紅蓼、青蓼、香蓼、天蓼、荼蓼、馬蓼、水蓼、木蓼、籠薣、虞蓼、蘬葒草、薔虞蓼。　【苗】《圖經》曰：　蓼類甚多，有紫、赤二種，葉俱小狹而厚。青、香二種，葉亦相似而俱薄。馬、水二種，葉俱闊大，上有黑點。此六種花皆黃白，子皆青黑。木蓼亦名天蓼，亦有小、大二種，蔓生，葉似柘葉，花黃白，子皮青滑，《爾雅》所謂薔虞蓼是也。《衍義》曰：　蓼實即《神農本經》第十一卷中水蓼之子也。彼言蓼則用莖，此言實即用子，故此復論子之功，故分爲二條耳。　【地】《圖經》曰：　生雷澤川澤，今在處有之。　【時】生：　春生苗。採：　秋取實。　【收】暴乾。

【用】實、葉。　【色】青。　【味】辛。　【性】溫。　【氣】氣之厚者，陽也。　【臭】腥、辣。　【主】風冷，痃癖。　【治】療：　陶隱居云：　青蓼釀酒，除風冷。《唐本》注云：　水蓼，擣傅蛇傷，根莖並用，及擣汁服，止蛇毒入腹心悶者，又水煮漬脚捋之，消脚氣腫。《藥性論》云：　蓼實，歸鼻，除腎氣，兼能去癧瘍。○葉，祛邪氣。陳藏器云：　蓼，主痃癖，每日取一服，煮服之，療霍亂轉筋。多取煮湯極熱，捋脚。○葉，擣傅，療狐刺瘡及小兒頭瘡。孟詵云：　子，通五臟壅氣。《別錄》云：　熱暍心悶，濃煮蓼汁一大盞，分爲二服飲之。或夏月暍死者，濃煮三升灌之亦愈。脚痛成瘡，剉水蓼煮湯，頻頻淋洗，候瘡乾自安。霍亂轉筋，取蓼以手把，去兩頭，以水二升半，煮取一升半，頓服之。　【合治】蓼合白蜜、雞子白，塗小兒頭瘡，蟲出不作瘢。○先切蓼葉，以水三升，煮取二升，合蓼子一把，香豉一升，內於汁中，更煮取一升半，分三服，療霍亂轉筋。○赤蓼，燒灰淋汁浸，捋暴脚軟人。及蒸桑葉罯之，立愈。○赤蓼莖葉切三合，以水一盞，酒三合，煎至四合，去柤，分溫二服，治肝虛轉筋。○蓼根細剉，合酒浸服，治血氣攻心，痛不可忍者，差。　【禁】多食令人吐水及損陽氣。二月勿食水蓼，食之傷腎。　【忌】與魚鱠同食，令人陰冷痛，氣欲絶。

明・盧和、汪穎《食物本草》卷二　蓼　味辛，氣溫，無毒。　主明目，溫中，耐風寒，下水氣，面目浮腫，癰瘍瘰癧，歸鼻，除腎氣。葉，歸舌，除大小腸氣，利中。霍亂轉筋，多取煮湯，及熱捋脚。又搗，傅小兒頭瘡。馬蓼，去腸中蛭蟲。水蓼，搗，傅蛇咬。又煮，漬脚淋之，消脚氣腫。脚痛成瘡，頻淋洗之。此菜，人所多食，或暴乾亦佳。

明・王文潔《太乙仙製本草藥性大全》卷二《仙製藥性》　白蓼、紅蓼造酒並佳。

明・李時珍《本草綱目》卷一六草部・隰草類下　蓼《本經》中品校正自菜部移入此。

【釋名】時珍曰：　蓼類皆高揚，故字從翏，音料，高飛貌。　【集解】《別録》曰：　蓼實生雷澤川澤。弘景曰：　此類多人所食。有三種：　一是青蓼，人家常用，其葉有圓有尖，以圓者爲勝，所用即此也；　一是紫蓼，相似而紫色；　一是香蓼，相似而香，並不甚辛，好食。保昇曰：　蓼類甚多。有青蓼、香蓼、水蓼、馬蓼、紫蓼、赤蓼、木蓼七種。紫、赤二蓼，葉小狹而厚；　青、香二蓼，葉亦相似而俱薄；　馬、水二蓼，葉俱闊大，上有黑點；　木蓼一名天蓼，蔓生，葉似柘葉。六蓼花皆紅白，子皆大如胡麻，赤黑而尖扁。惟木蓼花黃白，子皮青滑。諸蓼並冬死，惟香蓼宿根重生，可爲生菜。頌曰：木蓼亦有大小二種，皆蔓生。陶氏以青蓼入藥，餘亦無用。《三茅君傳》有作白蓼醬方，藥譜無白蓼，疑即青蓼也。宗奭曰：蓼實即草部下品水蓼之子也。彼言水蓼是用莖，此言蓼實是用子也。春初以壺盧盛水浸濕，高掛火上，日夜使暖，遂生紅芽，取爲蔬，以備五辛盤。時珍曰：韓保昇所説甚明。古人種蓼爲蔬，收子入藥。故《禮記》烹雞豚魚鼈，皆實蓼于其腹中，而和羹膾亦須切蓼也。後世飲食不用，人亦不復栽，惟造酒麯者用其汁耳。今但以平澤所生香蓼、青蓼、紫蓼爲良。

實　【氣味】辛，温，無毒。詵曰：多食吐水，壅氣損陽。【主治】明目温中，耐風寒，下水氣，面浮腫癰瘍《本經》。歸鼻，除腎氣，去癧瘍，止霍亂，治小兒頭瘡甄權。

【附方】舊二，新二。

傷寒勞復：因交後卵腫，或縮入腹痛。蓼子一把，水挼汁，飲一升。《肘後方》。

霍亂煩渴：蓼子一兩，香薷二兩。每服二錢，水煎服。《聖惠》。

小兒頭瘡：蓼子爲末，蜜和雞子白同塗之，蟲出不作痕。《藥性論》。

蝸牛咬毒：毒行偏身者。蓼子煎水浸之，立愈。不可近陰，令弱也。陳藏器《本草》。

苗葉　【氣味】辛，温，無毒。思邈曰：黄帝云：食蓼過多，有毒，發心痛。和生魚食，令人脱氣，陰核痛求死。二月食蓼，傷人胃。扁鵲云：久食令人寒熱，損髓減氣少精。婦人月事來時食蓼、蒜，喜爲淋。與大麥麪相宜。【主治】歸舌，除大小腸邪氣，利中，益志《別録》。乾之釀酒，主風冷，大良弘景。作生菜食，能入腰脚。煮湯捋脚，治霍亂轉筋。煮汁日飲，治痃癖。擣爛，傅狐尿瘡藏器。脚暴軟，赤蓼燒灰淋汁浸之，以桑葉蒸罯，立愈大明。殺蟲伏砒時珍。

【附方】舊四，新三。

蓼汁酒：治胃脘冷，不能飲食，耳目不聰明，四肢有氣，冬卧足冷。八月三日取蓼日乾，如五升大，六十把，水六石，煮取一石，去滓，拌米飯，如造酒法，待熟，日飲之。十日後，目明氣壯也。《千金方》。

肝虛轉筋：吐瀉。赤蓼莖葉切三合，水一盞，酒三合，煎至四合，分二服。《聖惠方》。

霍亂轉筋：蓼葉一升，水三升，煮取汁二升，入香豉一升，更煮一升半，分三服。《藥性論》。

夏月(喝)〔暍〕死：濃煮蓼汁二盞服。《外臺》。

小兒冷痢：蓼葉擣汁服。《千金》。

血氣攻心：痛不可忍。蓼根洗剉，浸酒飲。《斗門》。

惡犬咬傷：蓼葉擣泥傅。《肘後》。

明·盧復《芷園臆草題藥》　蓼性高揚，故字從翏。有七種，皆以子生唯香，翏宿根再發。《禮記》烹雞、豚、魚、鱉，皆實蓼于腹，併和羹膾，後世唯作酒麴用之。久食令人寒熱損髓，減氣少精。《本經》主治明目，溫中下水，能入腰脚，治冬月足冷。氣歸鼻舌，如喫芥辣時也。然其性宜下濕，所以入腎之骨，至足。辛而氣揚，肝之用藥也。能從腎走肝，由骨髓中透出，發冬藏之密，為甲膽之運用者。再推胃冷不能飲食，耳目不聰明，四肢有水氣，欲須甲乙合化，必不可少也。二月木旺，食之助長，反能傷胃。蓋物得之而爽口，疾得之而快心，用不恰好，則害隨之。覩少精減氣之由來，即明目溫中之大過也。彼能深入骨髓，透徹到底，不無益人。宛如豪縱之流，當機自然爽快，而元氣不免乎暗消矣。

明·趙南星《上醫本草》卷三　蓼　有數種，其葉有圓有尖，而圓者為勝。古人種蓼為蔬，收子入藥，香蓼可為生菜，青蓼宜入藥，用其葉相似而俱薄，平澤生者為良，餘蓼無用。

子：辛，溫，無毒。主治：明目，溫中，耐風寒，下水氣，面浮腫，癰瘍。歸鼻，除腎氣，止霍亂，治小兒頭瘡。多食吐水，壅氣損陽。

附方　小兒頭瘡：蓼子為末，蜜和雞子白同塗之，蟲出不作痕。

苗、葉：與大麥麵相宜。辛，溫，無毒。主治：歸舌，除大小腸邪氣，利中，益志。作生菜食，能入腰脚。煮湯捋脚，治霍亂轉筋。煮汁日飲，治痃癖。搗爛，傅狐尿瘡。殺蟲伏砒。黃帝云：食蓼過多，有毒，發心痛。和生魚食，令人脫氣，陰核痛求死。二月食蓼傷人胃。扁鵲云：久食令人寒熱，損髓減氣少精。婦人月事來食蓼、蒜，喜為淋。

附方　惡犬咬傷：蓼葉擣泥傅之。

明·倪朱謨《本草彙言》卷四　蓼　味辛，氣寒，無毒。陰中微陽。韓氏曰：蓼，生雷澤、川澤。雖生各處，多在水旁。苗莖高尺餘，葉大色淡綠，莖節間如雞腿，有紅色。蓼類甚多，有青、香、水、馬、紫、赤、木蓼七種。紫、赤二蓼，葉小狹而厚。青、香二蓼，葉亦相似而俱薄。馬、水二蓼，葉俱濶大，上有黑點。木蓼，又名天蓼，蔓生，葉似柏葉。六蓼花皆紅白，子皆大如胡麻，赤黑而尖扁，惟木蓼花黃白，子皮青滑。諸蓼皆冬死，惟香蓼宿根重生，其苗可爲生菜。

李氏曰：古人種蓼爲蔬，收子入藥，故《禮記》烹雞豚魚鼈，皆實蓼子腹中，而和羹膾，亦須加蓼也。後世飲食不用，人亦不復栽蒔，惟造酒麯者，用其汁耳。今但以平澤所生，香蓼、青蓼、紫蓼爲良。

蓼：苗葉生用，搗汁和酒飲，能入腰脚。朱丹溪治熱壅氣滯諸疾。日乾釀酒，能行周身，主風熱風冷，李東垣頭風目障諸疾。但性冷善攻善行，不可多食，恐傷胃氣。病寒熱少氣，損髓之證，忌之。

蓼實：散鬱火，除目障，下水氣，李时珍消癧瘍之藥也。李秋江稿凡濕熱痰疾，有干血分者，服之尤良。但性寒伐胃，中病即止，不可多食。

集方：《圖經本草》治胃脘冷，不能飲食，耳目不聰明，四肢有浮氣，冬臥足冷。八月取蓼苗葉，日乾，計五十觔，水六石，煮取一石，去滓，拌糯飯。如造酒法，待熟，日飲之，半月後目明氣壯也。〇《斗門方》治血氣攻心，痛不可忍。用蓼根，洗剉，浸酒飲。〇治惡犬咬傷。用蓼葉，搗爛敷之。〇《藥性論》治霍亂轉筋，因暑熱濕熱者。用蓼葉一觔，水三升，煮取一升，入香豉一合，更煮半升，分三服。〇《眼科必選》治目障不明。以蓼子炒黃，食後服三錢，白湯過。〇治水氣浮腫。用蓼子，生擂汁，和白湯飲。〇治瘰癧。用蓼子，炒黃，每食後吞二錢，酒過。

外有馬蓼、水蓼二種。馬蓼，又名大蓼，生下濕地，高四五尺，莖斑葉大，中有黑跡，如墨點記。其最大者名水葒草也。水蓼，生淺水澤旁，葉長五六寸，比水葒葉稍狹，比家蓼葉稍大，莖赤色。今造酒家以水浸葉取汁，和麵作麯，亦取其辛香耳。諸蓼苗葉子，其功彷彿，亦可通用。《別錄》

明・姚可成《食物本草》卷一八草部・隰草類　蓼生雷州川澤。陶弘景曰：今處處有之。其類亦多，人所食有三種：一是青蓼，人家常用，其葉有圓有尖，以圓者為勝，所用即此也。一是紫蓼，相似而紫色。一是香蓼，相似而香，竝不甚辛，好食。〇韓保昇曰：蓼類甚多，有青蓼、香蓼、水蓼、馬蓼、紫蓼、赤蓼、木蓼七種。紫、赤二蓼，葉小狹而厚。青、香二蓼，葉亦相似而俱薄。馬、水二蓼，葉俱闊大，上有黑點。木蓼，又名天蓼，蔓生，葉似柘葉。六蓼花皆紅白，子皆大如胡麻，赤黑而尖扁；惟木蓼花黃白，子皮青滑。諸蓼竝冬死；惟香蓼宿根重生，可為生菜。〇寇宗奭曰：春初以水蓼子入壺盧內，盛水浸溼，高挂火上，日夜使暖，遂生紅芽。取為蔬，以備五辛盤。〇李時珍曰：古人種蓼為蔬，收子入藥，故《禮記》烹雞、豚、魚、鼈，皆實蓼於其腹中，而和羹膾亦須切蓼也。後世飲食不用，人亦不復栽，惟造酒麴者用其汁耳。今但以平澤所生香蓼、青蓼、紫蓼為良。

蓼苗、葉　味辛，溫，無毒。主歸舌，除大小腸邪氣，利中益志。乾之釀酒，主風冷，大良。作生菜食，能入腰脚。煮湯挼脚，治霍亂轉筋。煮汁日飲，治痃癖。搗爛傅狐尿瘡。脚暴軟，赤蓼燒灰淋汁浸之，以桑葉蒸罯，立愈。殺蟲，伏硇。

子　味辛，溫，無毒。主明目溫中，耐風寒，下水氣，面浮腫，癰瘍。歸鼻，除腎氣，去癧瘍，止霍亂，治小兒頭瘡。〇孫真人曰：食蓼過多，有毒，發心痛。和生魚食，令人脫氣，陰核痛。二月食蓼，傷人胃。久食令人寒熱，損髓，減氣，少精。婦人月事來時，食蓼、蒜，喜為淋。與大麥麪相宜。

附方：治霍亂轉筋。用蓼葉一升，水三升，煮二升，入香豉一升，再煮一升半，分三服。　治惡犬咬傷。蓼葉擣如泥，傅之，大效。

明・蔣儀《藥鏡》卷一温部　辣蓼　味極辛，性極揚。辛則暖胃進食，揚則聰耳明眸。氣歸鼻舌，從腎走肝，至足透入骨髓。三冬足冷陽回，發冬藏之閉密，為甲膽之運用。水滯四肢，自能甲己合化。木強二月，反令肝助胃傷。另有一種名水蓼者，汁療蛇傷，挼脚能消氣腫。水紅，其子也，單治瘰癧。

明・施永圖《本草醫旨・食物類》卷二　蓼　味辛，氣溫，無毒。主明目，溫中，耐風寒，下水氣，面目浮腫，癰瘍瘰癧，歸鼻，除腎氣。　葉：歸舌，除大小腸氣，利中。霍亂轉筋，多取煮湯，及熱挼脚。又搗傅小兒頭瘡。馬蓼去腸中蛭蟲，水蓼搗傅蛇咬。又煮漬脚挼之，消脚氣腫。脚痛成瘡，頻淋洗之。此菜人所多食，或暴乾蒸食更佳。

清・穆石匏《本草洞詮》卷九　蓼　蓼類皆高揚，故從翏。古人種蓼為蔬，收子入藥。故《禮記》烹雞、豚、魚、鱉，皆實蓼於腹中，和羹膾亦須蓼。後世飲食不用，惟造酒麯用其汁耳。味辛，氣溫，無毒。蓼實明目，溫中，下水氣浮腫，癰瘍。苗葉釀酒，主風冷，燒灰淋汁，浸脚暴軟，以桑葉蒸罯，立愈。殺蟲，伏砒。多食發心痛，傷胃，減氣損精。

清・何其言《養生食鑒》卷上　蓼華　味苦，性溫，無毒。除大小腸邪氣，利中，益心。作生菜食，能入腰脚。煮湯挼脚，治霍亂轉筋。煮汁日飲，治痃癖。搗，敷小兒頭瘡。此菜人所多食，過食令人壅氣，損陽，發心痛。和生魚食，令脫氣，陰痛。二月勿食，傷人胃。

清・汪昂《本草備要》卷二　蓼實宣，溫中。　辛，溫。溫中明目，耐風寒，下水氣。時珍曰：古人種蓼爲蔬，收子入藥，今惟酒麯用其汁耳。以香蓼、青蓼、紫蓼爲良。

有香蓼、青蓼、紫蓼、赤蓼、木蓼、水蓼、馬蓼。

清・李熙和《醫經允中》卷二一　蓼實　辛，溫。耐風寒，下水氣。

清・张璐《本經逢原》卷二　蓼子生水旁者曰水蓼，俗名葒草。　鹹，微溫，無毒。《本經》明目溫中，耐風寒，下水氣，療面浮腫，癰瘍。發明：蓼實治消渴去熱，及瘰癧癖痞腹脹，皆取其散熱消積之功，即《本經》下水氣，面浮腫，癰瘍之用。其菘草子專治痞積，鴿鵲丸用之。蓼葉治大小腸邪氣。黃帝云：蓼食過多，毒發心痛。婦人月事來不可食蓼及蒜，善為血淋帶下。扁鵲云：蓼食之，令人寒熱，損骨髓，殺丈夫陰氣。

清・張志聰、高世栻《本草崇原》卷中　蓼實　氣味辛，溫，無毒。主治明目，溫中，耐風寒，下水氣，面浮腫，癰瘍。蓼，近水濱及下濕處皆有，其類甚多，有青蓼、香蓼、水蓼、馬蓼、紫蓼、赤蓼、木蓼七種。又一種味極辛辣，謂之辣蓼。今時浸水和麵，罯麵是為神麯，又取燥末拌糯米飯一團，作酵造酒，而諸蓼與實用之者鮮矣。

清・何諫《生草藥性備要》卷上　辣蓼草　洗瘡癩濕熱。梗紅，花白，皮尖。治水毒，收蚯蚓。花有紅、白二種，擦癬效。

清・汪紱《醫林纂要探源》卷二　蓼實　辛，溫。取辣蓼子，非水紅花、馬蓼子也。古人用以調和食味，今以為毒而棄之。明目溫中，行水祛風。今人以作老酒麯。白花者良。

清・嚴潔等《得配本草》卷三　蓼實苗、葉　辛，溫。明目溫中，消腫下水，能消酒積。配香薷，治霍亂煩渴。調白蜜、雞子白，塗頭瘡。炒用，消散之氣稍緩。多食損陽。苗葉　辛，溫。入手太陽、陽明經氣分。除邪氣，理中焦。配香豉，治霍亂轉筋。久服令人寒熱，損髓減氣。

清・吳其濬《植物名實圖考》卷一一　蓼　《本經》中品。古以為味，即今之家蓼也。葉背白，有紅、白二種，俗以其葉裹肉，煨，食之香烈。蓼種有七，《本經》唯別出馬蓼一種。

雩婁農曰：《內則》有蓼無蓼，分別不苟。《齊民要術》有種蓼法，故云家蓼矣。魏晉前皆為茹，《本草拾遺》亦云作菜食，能入腰脚，不知何時擯於食單？近時供吟詠、飾澤國秋容而已。元郝文忠公詩：嗟嗟好花草，焉用生此處。祇因為詩人，故故獨不去。嘗膽如啖蔗，食蓼猶膳御。蘇武嚙雪，志豈在味哉？今皆野生，而俗稱猶有家蓼，古語尚未堙也。《千金方》屢著食蓼之害，或以此不登鼎鼐歟？

清・趙其光《本草求原》卷三隰草部　辣蓼草　苦、澀，平。洗濕熱瘡癩，擦癬，辟蚤休。其汁能毒蚯蚓，殺蟲之功也，故作神麯用之。

清・葉志詵《神農本草經贊》卷二　蓼實　味辛，溫。主明目溫中，耐風寒，下水氣，面目浮腫，癰瘍。馬蓼，去腸中蛭蟲，輕身。生川澤。

間白分紅，垂珠穗密。辛佐盤陳，香濡腹實。莖矗塗斑，葉標記墨。安故蠕蟲，葵甘不食。

劉克莊詩：分紅間白汀洲晚。梅堯臣詩：無香結珠穗。寇宗奭曰：春初以水浸濕，懸火上使暖，生紅芽，備五辛盤。《禮疏》：濡豚包苦實。謂破其腹，實蓼於中。陶弘景曰：馬蓼莖斑葉大。李時珍曰：每葉中間有黑蹟如墨點，方士呼為墨記草。《楚辭芳草譜》：蓼蟲不知徙乎葵菜。言蓼辛葵甘，蟲各安其故，不知遷也。《易》：井渫不食。

清・文晟《新編六書》卷六《藥性摘錄》　蓼華　苦，溫。除大小腸邪氣，利中盈心。作生菜食，能入腰脚。煮湯浸脚，治霍亂轉筋。煮汁日飲，治痃癖。搗敷小兒頭瘡。過食壅氣，損陽，發心痛。忌生魚。二月勿食。

清・田綿淮《本草省常・菜性類》　蓼　即水紅類也。性溫。除大小腸邪氣，利中益志。多食發心痛，久食減精髓，令人寒熱少氣。

清・戴葆元《本草綱目易知錄》卷一　蓼　苗、葉，辛，溫。利中益智，殺蟲伏砒，除大小腸邪氣。作生菜食，能入腰脚。煮湯捋脚，治霍亂轉筋。煮汁日飲，治痃癖。酒煎服，解血氣攻心。乾之釀酒飲，主風冷。擣爛傅狐尿瘡，惡犬咬傷。多食令人發心痛。

清・陳其瑞《本草撮要》卷一　蓼實　味辛，溫，入手足太陰、足厥陰經，功專溫中明目，下水氣。

清・仲昴庭《本草崇原集說》卷中　蓼實　【略】仲氏曰：諸蓼總名水蓼，資生於水土相交之處，一莖直上，其性主升，至大火西流，稍杪結實，上極而下，其性又主降，氣味辛溫，得太陽之標氣。辣蓼辛熱，尤耐風寒，擇用俱驗，或作湯劑，或以白酒煮，或拌糯米炒熟作粉，各視體氣病情而與之。尚有一種旱蓼，莖葉高大如葵，僅可點綴園亭，不入藥。

四季青

清・吳其濬《植物名實圖考》卷九　四季青　生建昌。形如蓼而莖細無節。葉尖錯生，秋時梢開白花成穗，如蓼花而疎。土人取根敷傷。

萹蓄

唐・孫思邈《千金要方》卷二六《食治・菜蔬》　萹竹葉　味苦，平，濇，無毒。主浸淫疥瘙疽痔，殺三蟲，女人陰蝕。扁鵲云：煮汁與小兒冷服，治蛔蟲。

宋·李昉《太平御覽》卷第九九八 茿 《爾雅》曰：竹，萹疋善切蓄。郭璞注云：似小藜，赤莖節。好生道旁。可食，又殺蟲。《說文》曰：萹，茿也。從草，扁聲。《本草經》曰：萹蓄，一名萹竹。《吴氏本草》曰：萹蓄，一名萹辯，一名萹蔓。

宋·唐慎微《證類本草》卷一一草部下品〔《本經·別錄》〕 **萹**音編**蓄** **味苦，平，無毒，主浸淫疥瘙疽痔，殺三蟲，**療女子陰蝕。生東萊山谷。五月採，陰乾。

〔梁·陶弘景《本草經集注》〕云：處處有，布地生，花節間白，葉細緑，人亦呼爲萹竹。煮汁與小兒飲，療蚘蟲有驗。

〔宋·掌禹錫《嘉祐本草》〕按：《蜀本圖經》云：葉如竹，莖有節，細如釵股。生下濕地，今所在有。二月、八月採苗，日乾。《爾雅》云：竹，萹蓄。釋云：李巡云：一物二名也。孫炎引《詩·衛風》云：菉竹猗猗。郭云：似小藜，赤莖節，好生道傍，可食，又殺蟲。陶注《本草》謂之萹竹是也。《藥性論》云：萹竹，使，味甘。煮汁與小兒服，主蚘蟲等咬心，心痛面青，口中沫出，臨死者，取十斤細剉，以水一石煎，去滓成煎如飴，空心服，蟲自下，皆盡止。主患痔疾者，常取葉擣汁服，效。治熱黄，取汁頓服一升，多年者再服之，根一握洗去土，擣汁服之一升，惡丹石毒發，衝目腫痛，又傅熱腫，效。

〔宋·蘇頌《本草圖經》〕曰：萹蓄，亦名萹竹。出東萊山谷，今在處有之。春中布地生道傍，苗似瞿麥，葉細緑如竹，赤莖如釵股，節間花出甚細，微青黄色，根如蒿根，四月、五月採苗，陰乾。謹按《爾雅》云：竹，萹蓄。郭璞注云：似小藜，赤莖節，好生道傍，可食，又殺蟲。《衛詩》緑竹猗猗。說者曰：緑，王芻也。竹，萹竹也。即謂此萹蓄。方書亦單用治蟲。葛洪小兒蚘方，煮汁令濃，飲之即差。

〔宋·唐慎微《證類本草》〕《食療》云：蚘蟲心痛，面青，口中沫出，臨死。取葉十斤，細切，以水三石三斗，煮如餳，去滓，通寒溫，空心服一升，蟲即下。至重者再服，仍通宿勿食，來日平明服之。患痔，常取萹竹葉煮汁澄清，常用以作飰。又，患熱黄、五痔。擣汁頓服一升，重者再服。丹石發，衝眼目腫痛。取根一握，洗。擣以少水，絞取汁服之。若熱腫處，擣根、莖傅之。《外臺秘要》：治痔發疼痛。擣萹竹汁服一升，一兩服立差。若未差，再服，效。《千金翼》：治外痔擣萹竹絞取汁，搜麪作餺飥，空心喫。日三度，常喫。《肘後方》：惡瘡連痂痒痛，擣萹竹封，痂落即差。《食醫心鏡》：治小兒蟯蟲攻下部痒。取萹竹葉一握，切，以水一升，煎取五合，去滓。空腹飲之，蟲即下，用其汁煮粥，亦佳。又方：治霍亂，吐痢不止。萹竹，豉汁中以五味調和，煮羹食之，佳。《楊氏產乳》：治蟲，狀如蝸牛，食下部痒。取萹竹一把，水二升煮熟，五歲兒空腹服三五合，隔宿食，明早服之，尤佳。

宋·鄭樵《通志》卷七五《昆蟲草木略》 萹蓄 即(篇)〔萹〕竹也。《衛風》云：緑竹猗猗。緑，藎草，竹，萹蓄。

宋·王介《履巉巖本草》卷中 地萹蓄 味苦，平，無毒。主浸淫疥瘙疽痔，殺三蟲。療女子陰蝕。又治丹發疼痛，擣萹蓄汁，服一升，一兩服立差。若未差，再服，效。治霍亂吐利不止，萹蓄，豉汁中以五味調和，煮羹食之佳。除積熱，利小水。

宋·陳衍《寶慶本草折衷》卷一〇 萹音編。蓄使。葉、汁在内。一名萹竹，一名緑竹，一名王芻。生東萊山谷，及冀州。今在處道傍下濕地有之。〇二、四、五、八月採苗，日乾。味苦、甘，平，無毒。〇主疥瘙疽痔，三蟲，療女子陰蝕。〇《藥性論》云：煮汁與小兒服，主蚘蟲攻心，心痛面青，水煎如飴，空心服，蟲自下。患痔疾，取葉擣汁服，效。治熱黄，取汁頓服。〇《圖經》曰：布地生苗，似瞿麥。葉細緑如竹，赤莖如釵股，節間花細，微青黄色。

續說云：張松謂萹蓄又治下焦結熱諸淋，小便赤澀，婦人經閉，及下水氣。

元·尚從善《本草元命苞》卷五 萹蓄 為使。苦，平，無毒。主浸淫疥瘙疽痔，殺三蟲，女子陰蝕。(州)〔痔〕發疼痛，絞汁溫服。惡瘡痂痒，封痂爛擣。生東萊山谷，今所在有之。春中布地生於道旁，苗似瞿麥，葉緑如竹，莖赤若釵股，節間花細，微色青黄，根似蒿根。四五月採苗，乾陰。

明·朱橚《救荒本草》卷上之前 萹蓄 亦名萹竹。生東萊山谷，今在處有之，布地生道傍。苗似石竹，葉微闊，嫩緑如竹，赤莖如釵股，節間花出甚細，淡桃紅色，結小細子，根如蒿根。苗葉味苦，性平。一云味甘，無毒。

救飢：採苗葉煠熟，水浸淘淨，油鹽調食。 治病：文具《本草》草部條下。

明·蘭茂撰，清·管暄校補《滇南本草》卷中 扁蓄 性寒，味苦。利小便，治五淋白濁，熱淋，瘀精澁閉，開竅。並治婦人氣鬱，胃中濕熱，或白帶之症。扁畜，大劑水煨，點水酒服。 又方：治男婦童癆虛熱，子午發熱，日久發熱不退，或產後發熱不退。扁蓄五錢煎，點水酒、童便服。

明·滕弘《神農本經會通》卷一 萹蓄 使也。亦名萹竹。五月採苗，陰乾。　味苦，氣平，無毒。一云味甘。

《本經》云：　主浸淫疥瘙，疽痔，殺三蟲，療女子陰蝕。

明·劉文泰《本草品彙精要》卷一四　萹蓄無毒。　叢生。

萹音編**蓄**出《神農本經》：　**主浸淫，疥瘙，疽痔，殺三蟲。**以上朱字《神農本經》。療女子陰蝕。以上黑字名醫所錄。　〔名〕萹竹。　〔苗〕《圖經》曰：　春中布地生道傍，苗似瞿麥，葉細綠如竹，赤莖如釵股，節間花出甚細微，青黃色，其根如蒿根。《爾雅》云：　竹，萹蓄。郭璞注云：　似小梨，赤莖節，好生道傍，可食。《衛詩》：　綠竹猗猗。說者曰：　綠，王芻也。竹，萹竹也。即謂此萹蓄也。　〔地〕《圖經》曰：　出東萊山谷，今在處有之。〔道地〕冀州。　〔時〕生：　春生苗。採：　二月、八月取。　〔收〕陰乾或日乾。　〔用〕苗。　〔質〕類瞿麥。　〔色〕赤。　〔味〕苦。　〔性〕平，泄。　〔氣〕味厚于氣，陰中之陽。　〔臭〕腥。　〔主〕痔疾，熱黃。　〔治之錄云〕療：　陶隱居云：　煮汁飲，療小兒蛔蟲。《藥性論》云：　除蛔蟲咬，心痛，面青，口中沫出臨死者，取十斤，細剉，以水一石，煎，去滓，仍煎如飴，空腹服之，蟲自下，蟲盡藥止。○葉，搗汁頓服一升，主患痔疾及熱黃。○根，一握，洗去土，搗汁服一升，療丹石毒發衝目，腫痛，又傅熱腫，效。《別錄》云：　療惡瘡，連痂癢痛，搗爛傅之，痂落即瘥。　〔合治〕汁，搜麵作餺飥，空心吃，治外痔，日三度，常吃效。○合豉汁中，以五味調和，煮羹食之，治霍亂吐痢不止者。

明·鄭寧《藥性要略大全》卷五　萹蓄使　主浸淫疥癢疽痔，殺三蟲，療女人陰蝕，及小兒蚘蟲，霍亂。　味甘、苦，性平，無毒。生道傍，苗似瞿麥，葉細而綠，如竹莖赤綠，節間有花，甚細，青黃紅色。四五月採苗，陰乾。

明·陳嘉謨《本草蒙筌》卷三　萹蓄　味苦，氣平。無毒。春月布地生，在處沿路有。苗類瞿麥，根若蓬蒿。葉細竹葉相同，莖赤釵股近似。節間花綻，色微青黃。五月採收，陰乾入藥。主浸淫疥瘙疽痔，治丹石發衝眼疼。去小兒蚘蟲，療女子陰蝕。

明·王文潔《太乙仙製本草藥性大全》卷二《本草精義》　萹蓄　亦名萹竹。出東萊山谷，今在處有之。春月布地生，沿路有苗，類瞿麥，根若蓬蒿，葉細，竹葉相同。莖赤，釵股近似。節間花綻，色微青黃，五月採收，陰乾入藥。

明·王文潔《太乙仙製本草藥性大全》卷二《仙製藥性》　萹蓄使　味甘、苦，氣平，無毒。　主治：　主浸淫疥瘙疽痔，治丹石發衝眼疼。去小兒蚘蟲，女子陰蝕。能殺三蟲，善醫霍亂。　補註：　痔發疼痛，搗汁服一升，一二服立差。○外痔搗汁，搜麪餺飥，凡空心服。○惡瘡連痂痒痛，搗封痂落即差。○小兒蟯蟲攻下部痒，取一兩，剉水一斗，煎五合，去滓，空腹飲之。○丹石發腫，眼目腫痛，取根一握，洗搗，以少水絞汁服，若熱腫處，搗根莖傅之。○霍亂吐痢不止，用汁入豉汁，以五味調和，煮羹食之佳。○蟲狀如蝸牛，食下〔部〕痒，取一把，水二升，煮熟，五錢，空心服。

明·皇甫嵩《本草發明》卷三　萹蓄下品下，佐使。氣平，味苦，無毒。　發明曰：　此解毒殺蟲，亦外科藥。故主浸淫疥瘙疽痔，殺三蟲，女子陰蝕。小兒蟲咬心痛，甚至面青沫出臨死者，取莖葉煎濃膏，空心服，蟲下痛止。痔疾取葉，搗汁服。熱黃，取汁頻服。多年者再服。丹石毒發，衝目腫痛，又傅熱腫效。春中布地生道傍，苗似瞿麥，根如蒿，莖如釵股，節間花出甚細，微青黃色。四五月採苗，陰乾。

明·李時珍《本草綱目》卷一六草部·隰草類下　萹蓄音編畜。《本經》下品。

〔釋名〕扁竹弘景　扁辨吴普　扁蔓吴普　粉節草《綱目》　道生草　時珍曰：　許慎《說文》作扁筑，與竹同音。節間有粉，多生道旁，故方士呼爲粉節草、道生草。　〔集解〕《別録》曰：　萹蓄生東萊山谷，五月采，陰乾。弘景曰：　處處有之，布地而生，花節間白，葉細緑，人呼爲扁竹。頌曰：　春中布地生道旁，苗似瞿麥，葉細緑如竹，赤莖如釵股，節間花出甚細，微青黃色，根如蒿根，四五月采苗陰乾。《蜀圖經》云：　二月、〔八月采苗〕，日乾。郭璞注《爾雅》云似小藜，赤莖節，好生道旁，可食，殺蟲是也。或云《爾雅》王芻即此也。時珍曰：　其葉似落帚葉而不尖，弱莖引蔓，促節。三月開細紅花，如蓼藍花，結細子，爐火家燒灰煉霜用。一種水扁筑，名薄，音督，出《說文》。

〔氣味〕苦，平，無毒。權曰：　甘、濇。　〔主治〕浸淫疥瘙疽痔，殺三蟲《本經》。療女子陰蝕《別録》。煮汁飲小兒，療蚘蟲有驗甄權。治霍亂黃疸，利小便，小兒鬾病時珍。

〔附方〕舊六，新三。　熱淋濇痛：　扁竹煎湯頻飲。《生生編》。　熱黃疸疾：　扁竹搗汁，頓服一升。多年者，日再服之。《藥性論》。　霍亂吐利：　扁竹入豉汁中，下五味，煮羹食。《食醫心鏡》。　丹石衝眼：　服丹石人毒發，衝眼腫痛。扁竹根一握，洗，搗汁服之。《食療本草》。　蚘咬心痛：　《食療》：　治小兒蚘咬心痛，面青，口中沫出臨死者。取扁竹十斤剉，以水一石，煎至一斗，去滓煎如餳，隔宿勿食，空心服一升，蟲即下也。

仍常煮汁作飯食。〇《海上歌》云：心頭急痛不能當，我有仙人海上方。萹蓄醋煎通口嚥，管教時刻便安康。　蟲食下部：蟲狀如蝸牛，食下部作痒。取扁竹一把，水二升，煮熟。五歲兒，空腹服三五合。《楊氏產乳》。　痔發腫痛：扁竹搗汁，服一升，一二服未瘥，再服。亦取汁和麪作餺飥煮食，日三次。《藥性論》。　惡瘡痂癢：作痛。扁竹搗封，痂落即瘥。《肘後方》。

明・李中立《本草原始》卷三　萹蓄　始出東萊山谷，今在處有之。春中布地生道傍，故方士呼為道生草。苗似瞿麥，葉細綠如竹，故陶注《本草》謂之萹竹。赤莖如釵股，節間有粉，故《本草綱目》謂之粉節草。花出甚細，微青黃色，亦有紅色者。四月、五月采苗，陰乾。《詩・衛風》云：綠竹猗猗。或云《爾雅》王芻即此也。俗呼豬牙草。　氣味：苦，平，無毒。　主治：浸淫疥瘙疽痔，殺三蟲。〇療女子陰蝕。〇煮汁飲小兒，療蚘蟲有驗。〇治霍亂，黃疸，利小便，小兒魃病。

萹蓄，《本經》下品。【圖略】

《生生編》：治熱淋澀痛，萹蓄煎湯，頻飲。　《海上歌》云：心頭急痛不能當，我有仙人海上方。萹蓄醋煎通口嚥，管教時刻使安康。　萹蓄，使。

明・倪朱謨《本草彙言》卷四　萹蓄　味苦兼澀，微甘，氣平，無毒。降也。入足太陽膀胱經。　《別錄》曰：萹蓄，生東萊山谷，處處有之。春時蔓延布地，好生道旁。苗似瞿麥，弱莖促節，節紫赤，似釵股。葉細綠，似篁竹。三月花開節間，甚細微，色青黃或淡紅，似蓼藍花狀。結細子，根似蒿。《爾雅》云王芻，即此也。

萹蓄：利濕熱，李時珍通小便之藥也。李秋江稿其性直遂下行，故《本草》治五淋癃閉，黃疸瘡疥，小兒疳蚘，女人陰蝕諸疾。凡屬熱濕壅閉爲患，如物扁而易藏，蓄而不出者，此藥推而下流，使淋者止，閉者通，疸黃者散，瘡疥者淨，而疳蚘陰蝕，必自已矣。但味性苦澀而消耗，如胃弱脾虛而作黃疸，陰虛而至淋閉者，宜詳用之。

集方：《生生編》治熱淋澀痛。用萹蓄煎湯頻飲。〇《藥性論》治熱濕黃疸。用萹蓄，搗汁一二碗，食前後皆可飲。〇時珍方治遍身熱血疥瘡。用萹蓄二兩，歸尾一兩，水煎頻飲。〇《藥性論》治痔發腫痛。用萹蓄汁，服一二碗于食前。〇《外科小品》治惡瘡痂痒或作痛。用萹蓄搗爛，封痂上，即止。〇《食療本草》治蚘咬心痛，面青，口出白沫垂死。取萹蓄十觔，剉碎，水一石，煎至一斗，去滓，入砂鍋內，緩火熬如餳，隔宿勿食，空心服一碗，蟲即下也。歌云：心頭急痛不能當，我有仙人海上方。萹蓄醋煎通口嚥，管教即刻便安康。〇《別錄》方治婦女陰蝕。用萹蓄煎湯，乘熱通手頻洗。

明・姚可成《食物本草》卷一八草部・隰草類　扁竹春中布地，生道旁。苗似瞿麥，葉似落帚葉而不尖，弱莖引蔓促節。四月開紅花。可采莖葉食之。　扁竹，味苦，平，無毒。　煮汁飲小兒，療蚘蚘，治小便不通及魃病。小兒未斷乳，母復孕，致兒病也。

明・李中梓《醫宗必讀・本草徵要上》　萹蓄味苦，平，無毒。入膀胱經。　利水治癃淋，殺蟲理瘡疾。　治癃及瘡，皆去濕熱也。按：萹蓄直遂，不能益人，不宜恒用。

明・張景岳《景岳全書》卷四八《本草正》　萹蓄　味苦、澀。利小便，除黃疸，殺三蟲，去下部濕熱，浸淫陰蝕，瘡疥痔漏。煮汁飲之，療小兒蚘蟲上攻心腹作痛大效。有《海上歌》云：心頭急痛不能當，我有仙人海上方。萹蓄醋煎通口嚥，管教時刻即安康。

明・盧之頤《本草乘雅半偈》帙七　萹蓄《本經》下品　氣味：苦，平，無毒。　主治：主浸淫疥瘙疽痔，殺三蟲。

覈曰：出東萊山谷，所在有之。春仲蔓延布地，好生道旁，苗似瞿麥，弱莖促節，節紫赤似釵股，葉細綠似(堇)〔篁〕竹，節間出花甚細，微青黃，或淡紅色，似蓼藍花狀，遂結細實，根似蒿。《爾雅》所謂王芻也。

參曰：《景福殿賦》云：爰有禁扁。徐云：門戶封署也，以所治形證詮名耳。蓋八萬四千毛孔，孔孔應開闔為門戶，如浸淫疥瘙諸形證，此毛孔唯封，萹蓄引蔓促節，節節開花，若封而闢，闢而封，雖象形從治法，亦象形對待法也。火熱刑金，成浸淫疥瘙者相宜，若痘疹痤痱，隱顯欲出者，與毛孔閉實，欲揚液為汗者亦宜。但氣味苦平，施之嚴寒為本氣者，功力少遜；若病反其本，得標之陽，或已成則為病熱，表邪尚未入裏，仍欲從樞解散者，為効頗速。

明・李中梓《本草通玄》卷上　萹蓄　苦，寒。　利小便，祛濕熱，殺諸蟲。

清・顧元交《本草彙箋》卷三　萹蓄　利膀胱濕熱，其性直遂，不宜恒用。周慎齋云：萹蓄能破血，赤淋用之。

清・劉雲密《本草述》卷九下　萹蓄一名扁竹。　覆曰：出東萊山谷，所在有之。春仲蔓延布地，好生道旁。苗似瞿麥，弱莖促節。節紫赤，似釵股。葉細綠，似篁竹。節間出花，甚細，微青黃，或淡紅色，似蓼藍花狀，遂結細實。根似蒿。《爾雅》所謂王芻也。按：《詩・小雅》：終朝采緑。《朱子集傳》：緑，王芻也。

氣味：苦，平，無毒。　權曰：甘，濇。　主治：浸淫疥瘙疽痔，殺三蟲《本經》。治霍亂黄疸，利小便時珍。

愚按：萹蓄之用，如《本經》及他本草類言殺蟲而已，在時珍則云治霍亂黄疸，利小便。至於方書所用，若積聚，小便不通及淋證，而他證亦不槩見也。然即就數證以明其功，得勿類於通利之劑乎？　然之頤謂其引蔓促節，節節開花，若封而闢，闢而封，以此治如上數證，乃象形對待法也。　若之頤所云，是又不得槩以通利目之，似有逐節以為通，能通而必循其節者，不失之駃疾，不致有遺慝，更為搜微抉隱之善劑乎？　不然，諸味主通利者多矣，何以必須於茲味哉？　細繹茲味，當為血分之氣藥，閱方書治小水不通暨淋方，皆因於熱也。　味之苦者，似以從治為功，然何以多主殺蟲？　蓋蟲從風化，却本於溼不化而風化，如斯所長，不致血分化溼而風自平，是其所以能從治於溼化之風熱而殺蟲也。

附方　熱淋濇痛，扁竹煎湯頻飲。　熱黄疸疾，扁竹擣汁，頓服一升，多年者，日再服之。　蚘咬心痛，食療，治小兒蚘咬心痛，面青，口中沫出臨死者，取扁竹十斤，剉，以水一石，煎至一斗，去滓，煎如餳，隔宿勿食，空心服一升，蟲即下也。　仍常煮汁作飯食。

清・王翃《握靈本草》卷四　扁蓄處處有之。　主治：扁蓄，苦，平，無毒。　主浸淫疥瘡疽痔，女子陰蝕，霍亂黄疸，利小便。

清・汪昂《本草備要》卷二　萹蓄一名扁竹。通淋。　苦，平。　殺蟲疥，利小便。　治黄疸熱淋，蛔咬腹痛，蟲蝕下部。煮服。　葉細如竹，弱莖蔓引，促節有粉，三月開細紅花。

清・李熙和《醫經允中》卷二一　萹蓄　苦，平，無毒。　主治療疽痔，女人陰蝕，利水散濕熱。

清・馮兆張《馮氏錦囊秘錄・雜症痘疹藥性主治合參》卷三　萹蓄　主浸淫疥瘙疽痔，丹石發腫，眼疼。　治熱淋黄疸，理瘡疾，殺蟲。　不能益人，勿常用也。

清・张璐《本經逢原》卷二　扁蓄　苦，平，無毒。　《本經》主浸淫疥瘙疽痔，殺三蟲。　發明：扁蓄利水散濕熱，治黄癉霍亂，療小兒魅病，女子陰蝕。《本經》專主浸淫疥瘙疽痔，所主皆濕熱之病，三蟲亦濕熱所化也。

清・張志聰、高世栻《本草崇原》卷下　萹蓄　氣味苦，平，無毒。　主治浸淫疥瘙疽痔，殺三蟲。　萹蓄，一名扁竹，處處有之，多生道旁，春時蔓延布地，苗似瞿麥，葉細綠如竹箬，莖促節，節紫赤似釵股。　三月開細紅花，如蓼藍花狀，結細子，爐火家燒灰煉霜用。　《金匱要略》曰：浸淫瘡從口流向四肢者，可治。　從四肢流來入口者，不可治。　蓋口乃脾竅，脾屬四肢，萹蓄稟火氣而溫土，故主治脾濕之浸淫。　充膚熱肉之血，不淡滲於皮毛，則為疥瘙。　萹蓄稟東方之木氣，故主治疥瘙，浸淫可治，則疽痔亦可治矣。　疥瘙可治，則三蟲亦可治矣。　緣其稟木火之氣，通利三焦，從經脈而達於肌腠皮膚，故主治如此。

清・劉漢基《藥性通考》卷六　扁蓄　味苦，氣平。　殺蟲疥，利小便，治黄疸熱淋，蚘咬腹痛，蟲蝕下部，煮服甚效。　葉細如竹，弱莖蔓引，促節有粉，三月開細紅花是也。

清・王子接《得宜本草・下品藥》　萹蓄　味苦。　功專利小便。　得醋治蚘攻心痛。

清・黄元御《玉楸藥解》卷一　萹蓄　味苦，氣平。　入足太陽膀胱經。清利膀胱，滲泄濕熱。　萹蓄利水泄濕，治黄疸淋濇，消女子陰蝕，殺小兒蚘蟲，療浸淫疥癘、疽痔痛癢之證。

清・吳儀洛《本草從新》卷一　萹蓄（通淋，殺蟲。）一名扁竹。　苦，平。　利小便，治黄疸熱淋。　殺諸蟲，治蚘咬腹痛，女子陰蝕，煮服。　疥瘡諸疾。　皆去濕熱之功。　葉細如竹，弱莖蔓引，促節有粉，三月開紅花。

清・汪紱《醫林纂要探源》卷二　扁蓄　苦，平。　亦名扁竹。葉似竹而細，弱莖蔓地而扁，促節有粉，故名竹。三月花紅。　靖少陽火，燥濕土。　主利小便，亦瀉心火，治黄疸，熱淋，殺蛔，凡蟲蝕下部病。

清・嚴潔等《得配本草》卷三　萹蓄一名扁竹。　苦，平。　入足太陽經。去濕熱，治霍亂，殺三蟲，理瘡疥，療黄疸，止赤淋。蓄能破血。　醋炒，治蛔攻心痛。　煮麵，治痔瘡腫痛。　多服泄精氣。

題清・徐大椿《藥性切用》卷三　萹蓄　一名扁竹。　性味苦平，利水通淋，為治疸消腫耑藥。

清・黃宮繡《本草求真》卷五　扁蓄除濕熱，殺〔蟲〕。　扁蓄耑入脾。味苦氣平，功耑利水清熱，除濕殺蟲。是以小兒魃病，女子陰蝕，浸淫瘙癢疽痔諸病，無不藉此以為主治耳。《海上歌》云：心頭急痛不能當，我有仙人海上方，扁蓄醋煎通口嚥，管教時刻便安康。以其味苦則熱泄，味苦則蟲伏，但此止屬標治，不能益人，勿常用也。葉細如竹，弱莖蔓引，促節有粉，三月開細紅花。

清・羅國綱《羅氏會約醫鏡》卷一六草部　萹蓄味苦，性涼，入膀胱經。殺蚘蟲，利小便，治癃淋，理蟲蝕下部。皆去濕熱之功。　按：萹蓄直遂，不能益人，不宜恒用。

清・黃凱鈞《藥籠小品》　萹蓄　苦，平，能去濕熱，故利小便，治黃疸熱淋。

清・王龍《本草纂要稿・草部》　扁蓄　氣味苦平。主浸淫疥瘙疽痔，治丹石發冲眼疼。去小兒蚘蟲，療女人陰蝕。

清・莫樹蕃《草藥圖經》　鐵線草　本草名扁畜，又名鐵心草。土人呼之為鐵線草，又另一種。苦平，無毒。治浸淫疥瘙疽痔，殺三蟲，療女子陰蝕。煮汁飲，療小兒蚘蟲有驗。

清・張德裕《本草正義》卷上　萹蓄　苦，澀，涼。利小便，退黃疸，去下部濕熱，小兒蚘蟲上攻，心腹作痛。

清・楊時泰《本草述鉤元》卷九　扁蓄　一名扁竹。出東萊山谷，所在有之，春仲蔓延布地，苗似瞿麥，根似蒿，弱莖促節，節紫赤似釵股，葉細綠似篁竹，節間出花甚細，色微青黃，或澹紅，似蓼藍花狀，遂結細實纍。

氣味苦平。治浸淫疥瘙疽痔，殺三蟲《本經》。療霍亂，黃疸，利小便瀕湖。熱淋澀痛，扁竹煎湯頻飲。熱黃疸疾，扁竹搗汁，頓服一升，多年者，日再服之。食療法：治小兒蚘咬心痛，面青口中沫出臨死者，扁竹十斤，剉，以水一石，煎至一斗，去滓，煎如餳，隔宿弗食，空心服一升，蟲即下，仍常煮汁作飯食。

論：扁蓄概謂為通利之藥，然觀其引蔓促節，節節開花，若封而闢，闢而封，當有逐節以為通，能通而必循其節者，不失之駃疾，亦不致有遺匿，更為搜微抉隱之善劑。其又主殺蟲者，以蟲從風化，却本於濕之不化，斯味為血分之氣藥，使血分不致化濕，所以能從治於濕化之風熱而殺蟲歟。

清・鄒澍《本經續疏》卷六　萹蓄　【略】劉潛江曰：浸淫疥瘙疽痔及蟲，皆濕熱病也。萹蓄類能治之，得弗為通利之劑乎？然盧子繇謂其引蔓促節，節節開花，若封而闢，闢而封，復不得目以通利，似有逐節以為通，能通而必循其節者，不失之駃疾，不致有遺匿，更為搜微抉隱之善劑哉。抑當為血分之氣藥，即其多主殺蟲而言。蟲從風化，卻本於濕不化而從風，如斯所長，不使血分聚濕而風自平，此所以能治自濕化之風熱而殺蟲也。予謂萹，聚也。天子升車之石，貌之曰扁。《詩・白華》有扁斯石傳。則自卑斯高之階也。然積少致多之文類從扁，篇、編是也。充狹致廣之文亦從扁，偏、徧是也。此其中有浸淫之義焉。從浸淫而疥瘙疽痔與蟲生焉，則以聚為患。自卑而高，自少而多，自狹而廣，匪節莫駐，歷階不愆者，此能治之，故號曰萹蓄。

清・葉桂《本草再新》卷二　萹蓄味苦，性平，無毒。入脾、腎二經。　利小便，治黃疸熱淋，殺諸蟲，治蚘齩腹痛，女子陰蝕，疥瘡諸疾。

清・吳其濬《植物名實圖考》卷一一　萹蓄　《本經》下品。《爾雅》：竹，萹蓄。《救荒本草》亦名扁竹，苗、葉可煠食。今直隸謂之竹葉菜。

雩婁農曰：淇澳之竹，古訓以為萹蓄。此草喜鋪生陰濕地，美白如簀，誠善體物矣。《救荒本草》曰：扁竹，猶中州古語也，江以南皆饒，而識者蓋寡。《滇本草》獨著其功用，按名而求，果得之。滇之草木名，多始於楊慎，此語或有所承。昔蘇軾謫儋耳，瓊之人至今奉之惟謹。楊慎謫居滇最久，三迆之人，奉之無異瓊之奉髯蘇。顧其流離顛沛，篋中無書可質，所箋釋大半得之強記，不能無訛誤。而滇之人，無敢輕訾之者。彼生長先儒先賢之鄉，務求摘前人一語半字之瑕疵，詬厲抨擊，齗齗然不稍貸，不亦異於瓊、滇之奉二子耶？

清・趙其光《本草求原》卷三隰草部　扁蓄　苦，平。利水，散濕熱。治黃疸、霍亂、熱淋、蟲疥、疸痔、蛔蛟腹痛、陰蝕。皆濕熱之病。葉細如竹，促節有粉，三月開細紅花。

清・趙其光《本草求原》卷六毒草部　扁蓄　亦名扁竹，延生道旁，葉細如竹，節紫，三月開紅花。苦，平，無毒。得木火之氣，去脾濕，通利三焦，從經脈而達於肌腠皮毛，治浸淫瘡，肺濕所生，從口流向四肢可治，從四肢入口者不治。疥瘙，熱肉之血不充於皮毛。疽痔，殺三蟲。宜參蔓草部。

清・葉志詵《神農本草經贊》卷三　萹蓄　味辛，平。主浸淫，疥搔疽痔，殺三蟲。生山谷。

扁蔓緜延，道周細潔。藜植赤莖，麥含粉節。餌誤研丹，灰猶鍊雪。呷醋童嬰，頓蘇蚘齧。

吳普曰：一名扁蔓。韋應物詩：緜延稼盈疇。《新論》：好行細潔。《爾雅注》：似小藜，赤莖節，好生道旁。蘇頌曰：苗似瞿麥。李時珍曰：節間有粉，方士呼為粉節草，燒灰鍊霜用。孟詵曰：服丹石衝眼者，搗汁服之。小兒蚘咬心，醋煎空心服。

清・文晟《新編六書》卷六《藥性摘錄》 扁蓄 苦，平。入脾。利水清熱，除濕殺蟲，治小兒魅病。○女子陰蝕，浸淫瘙癢，疽痔諸瘡。○止屬標治，不益人，勿常服。

清・張仁錫《藥性蒙求・草部》 萹蓄八分、錢半 萹蓄苦平，利通小便。黃疸諸淋，皆由濕熱。

清・劉善述、劉士季《草木便方》卷一草部 竹節草 萹蓄苦平殺疥蟲，陰疳熱淋利便通。黃疸蚘蟲腹痛止，蟲蝕下部也能攻。

清・戴葆元《本草綱目易知錄》卷一 扁畜 苦，平。利小便，殺三蟲。治霍亂吐利，熱淋黃疸。疥瘙疽痔，女人陰蝕。小兒(蚑)〔魃〕病，及蚘蟲，煮汁飲，有驗。

清・黃光霽《本草衍句》 萹蓄 殺三蟲，利小便，黃疸熱淋。療陰蝕，蚘咬痛，疥瘙浸淫。得醋治蚘咬心痛。

清・陳其瑞《本草撮要》卷一 扁蓄 味甘平，入足太陽經，功專利小便，消女子陰蝕。得醋治蚘攻心痛，得瞿麥通淋。即扁竹也。

清・周巖《本草思辨錄》卷二 萹蓄 葉綠莖赤，稟木火之氣，而引蔓促節，氣味苦平，能通利三焦，搜抉隱微濕熱之病。故《本經》主浸淫疥瘙疽痔，殺三蟲。《別録》療女子陰蝕。

《金匱要略》云：浸淫瘡從口流向四肢者可治，從四肢流入口者不可治。蓋口為脾竅，流向四肢，則濕熱不致侮脾，脾土有權而可治。萹蓄引蔓促節，復節節開花，可不謂濕熱流向四肢之象歟。

虎杖

宋・唐慎微《證類本草》卷一三木部中品〔《別錄》〕 虎杖根 微溫。主通利月水，破留血癥結。

〔梁・陶弘景《本草經集注》〕云：田野甚多，此狀如大馬蓼，莖斑而葉圓。極主暴瘕，酒漬根服之也。

〔宋・馬志《開寶本草》〕按：陳藏器《本草》云：虎杖主風在骨節間，及血瘀，煮汁作酒服之。葉擣傅蛇咬。一名苦杖。莖上有赤點者是。

〔宋・掌禹錫《嘉祐本草》〕按：《蜀本圖經》云：生下濕地，作樹，高丈餘，其莖赤，根黃。二月、八月採根，日乾。所在有之。《爾雅》云：蒤，虎杖。注云：似紅草而麁大，有細刺，可以染赤。《藥性論》云：虎杖，使。一名大蟲杖也。味甘，平，無毒。主治大熱煩躁，止渴利小便，壓一切熱毒，暑月和甘草煎，色如琥珀可愛，堪看，嘗之甘美。瓶置井中，令冷徹如冰，白甆器及銀器中盛，似茶啜之。時人呼爲冷飲子，又且尊於茗。能破女子經候不通，擣以酒浸常服。有孕人勿服，破血。日華子云：治產後惡血不下，心腹脹滿，排膿，主瘡癤癰毒，婦人血運，撲損瘀血，破風毒結氣，又名酸杖，又名班杖。

〔宋・蘇頌《本草圖經》〕曰：虎杖，一名苦杖。舊不載所出州郡，今處處有之。三月生苗，莖如竹筍狀，上有赤斑點，初生便分枝丫，葉似小杏葉。七月開花，九月結實。南中出者，無花。根皮黑色，破開即黃，似柳根。亦有高丈餘者。《爾雅》云蒤，虎杖。郭璞云似葒草而麁大，有細刺，可以染赤是也。二月、三月採根，暴乾。河東人燒根灰貼諸惡瘡。浙中醫工取根洗去皺皮，剉焙，擣篩蜜丸如赤豆，陳米飲下，治腸痔下血，甚佳。俗間以甘草同煎爲飲，色如琥珀可愛，瓶盛置井中，令冷徹如冰，極解暑毒。其汁染米作糜餻益美。

〔宋・唐慎微《證類本草》〕雷公云：凡使，勿用天藍并斑柚根，其二味根、形、味相似，用之有誤。採得後細剉，却用上虎杖葉裹一夜，出。暰乾用。《外臺秘要》：治卒暴癥，腹中有物硬如石，痛刺晝夜，若不治之，百日內死。取虎杖根，勿令影臨水上，可得石餘許，洗乾擣作末，稌米五升，炊飯內攪之，好酒五斗漬，封候藥消飯浮，可飲一升半，勿食鮭魚、鹽，癥當出。亦可但取其一斗乾，擣酒漬飲之，從少起，日三亦佳。此治癥，乃勝諸大藥。《肘後方》：治時疫傷寒，毒攻手足腫，疼痛欲斷，方用虎杖根剉，水煮，適寒溫，以漬手足，令踝上有水尺許止之。《傷寒類要》同。《集驗方》：治五淋。苦杖不計多少爲末，每服二錢，用飦飲下，不拘時候。

宋・寇宗奭《本草衍義》卷一二 虎杖 根微苦，《經》不言味。此草藥也。《蜀本圖經》言：作木高丈餘，此全非虎杖。大率皆似寒菊，然花、葉、莖、蘂差大爲異。仍莖、葉有淡黑斑。自六七月旋旋開花，至九月中方已，花片四出，其色如桃花，差大，外微深。陝西山麓水次甚多。今天下暑月多煎根汁爲飲。不得甘草，則不堪飲。《藥性論》云：和甘草煎，嘗之甘美。其味甘，即是甘草之味，非虎杖也。論其攻治，則甚當〔矣〕。

宋・王繼先《紹興本草》卷九　虎杖　紹興校定：俗名苦杖是也。《本經》止云微溫，而不云其味及有無毒。大抵破血，除熱，諸方多用之。即非性溫。今當作味苦甘，微寒，無毒為定。處處產之。

宋・鄭樵《通志》卷七五《昆蟲草木略》　虎杖　曰枯杖，曰苦杖，曰大蟲杖，曰酸杖，曰斑杖，曰蒤。故《爾雅》曰：蒤，虎杖。莖葉斑，亦似馬蓼而無毛。

宋・劉明之《圖經本草藥性總論》卷下　虎杖　微溫。主通利月水，破留血癥結。陶隱居云：主暴瘕，酒漬根服之。《藥性論》云：味甘，平，無毒。主治大熱煩躁，止渴，利小便，壓一切熱毒。又云：能破女子經候不通。有孕人勿服，破血。日華子云：治產後惡血不下，心腹脹滿排膿。主瘡癤癰毒，婦人血暈撲損瘀血，破風毒結氣。

宋・陳衍《寶慶本草折衷》卷一三　虎杖使。灰在內。　一名虎杖根，一名大蟲杖，一名苦杖，一名枯杖，一名酸杖，一名斑杖，一名蒤。○蒤，達胡切。生南中及河東、浙中、陝西、越、汾、滁州。今處處田野、山麓、水次下濕地有之。○二、三、八月採根，日乾。

味微苦，平，微寒張松，無毒。○主通利月水，破留血癥結。○陶隱居云：主暴瘕，酒漬服之。○陳藏器云：主風在骨節及血瘀，煮汁作酒服之。○《藥性論》云：治大熱煩躁，止渴，利小便。有孕勿服。○日華子云：治產後惡血不下，心腹脹滿。排膿，主瘡癤癰毒，婦人血運，撲損瘀血，破風毒結氣。○《圖經》曰：根皮黑色，破開即黃，似柳根。燒灰貼諸惡瘡。取根洗去皴皮，剉焙，擣篩蜜丸，治腸痔下血。俗間以甘草同煎為飲，色如琥珀，瓶盛置井中，令冷徹如冰，極解暑毒。○《集驗方》：治五淋，苦杖為末，每服貳錢，飯飲下。○寇氏曰：此草大率似寒菊，然云味甘即非也。

續說云：錢乙方治小兒實熱盜汗，以虎杖細剉水煎，量口口時服。然虛而汗者不可施。

明・朱橚《救荒本草》卷上之後　酸桶笋　生密縣韶華山山間邊。初發笋葉，其後分生莖叉，科苗高四五尺，莖稈似水葒莖而紅赤色，其葉似白槿葉而澁，又似山格刺菜葉，亦澁，紋脉亦麄。味甘，微酸。　救飢：採嫩笋葉煠熟，水浸去邪味，淘淨，油鹽調食。

明・蘭茂撰，清・管暄校補《滇南本草》卷下　斑莊根　性微寒，苦，微澁。攻諸腫毒，止咽喉疼痛。利小便，走經絡，治筋骨痰火痿軟，手足麻木戰摇，五淋白濁，痔漏瘡癰。婦人赤白帶下。

附單方：治筋骨痰火，手足麻木，戰摇痿軟等症。斑莊根一兩，川牛膝五錢，川加皮五錢，防風五錢，桂枝五錢，木瓜三錢，燒酒三斤，泡服。

明・蘭茂《滇南本草》〔叢本〕卷下　班莊根　味苦，澁，性寒。攻諸瘡毒，止咽喉痛，利小便。走經絡，治筋骨疼，痰火痿耎，手足麻木。五淋白濁，婦人赤白帶下。痔瘡漏亦效。單方：治筋骨痰火痿耎，手足麻木，班莊根一兩，秦歸五錢，川芎三錢，川牛（夕）〔膝〕五錢，加皮五錢，防風三錢，陳木瓜五錢，桂枝五錢，好酒三斤，泡服。

明・王綸《本草集要》卷四　虎杖根　氣微溫。主通利月水，破留血瘕結惡瘕，撲損瘀血，酒漬根服之。

明・滕弘《神農本經會通》卷二　虎杖根　使也。二八月採根，日乾。微溫，一云：味甘，平，無毒。

《本經》云：主通利月水，破留血癥結。《局》云：虎杖俗名斑杖是，主通月水破瘤癥。治癰消毒攻傷損，暑月煎嘗冷徹水。

明・劉文泰《本草品彙精要》卷一九　虎杖根無毒　植生。

虎杖根：主通利月水，破留血，癥結。名醫所錄。　〖名〗苦杖、大蟲杖、酸杖。　〖苗〗《圖經》曰：三月生苗，莖如竹笋狀，上有赤斑點，初生便分枝丫，葉似小杏葉，七月開花，九月結實。南中出者無花，根皮黑色，破開即黃，似柳根，亦有高丈餘者。《爾雅》云：蒤，虎杖。郭璞云似葒草而粗大，有細刺，可以染赤者也。《藥性論》云：暑月和甘草同煎，色如琥珀可愛，嘗之甘美，瓶置井中，令冷徹如冰，極解暑毒。《衍義》曰：虎杖根微苦，《經》不言味，此草藥也。《圖經》言作高丈餘，此全非虎杖，大率皆似寒菊，然花、葉、莖、蕊差大爲異。仍莖、葉有淡黑斑，自六月、七月旋旋開花，至九月中方已，花片四出，其色如桃花差大，外微深。陝西山麓水次甚多。今天下暑月多煎根汁爲飲，不得甘草則不堪飲。《藥性論》云：味甘，實非虎杖之味，蓋因甘草同煎故也。論其攻治則甚當矣。　〖地〗《圖經》曰：今處處有之。〖道地〗越州、汾州、滁州。　〖時〗生：春生苗。採：二月、三月、八月。〖收〗暴乾。　〖用〗根。　〖色〗皮黑肉黃。　〖味〗微苦。　〖性〗微溫，泄。

〖氣〗氣厚于味，陽中之陰。〖臭〗朽。〖主〗通經脈，破血癥。〖製〗《雷公》云：凡使，根細剉，仍用其葉裛一夜，去葉，曬乾用。〖治〗療：《藥性論》云：治大熱，煩躁，止渴，利小便，壓一切熱毒。日華子云：治產後惡血不下，心腹脹滿，排膿，及瘡癤，癰毒，婦人血暈，撲損瘀血，破風毒，結氣。陳藏器云：治風在骨節間及血瘀，煮汁作酒服之。〖合治〗爲末合蜜丸如赤豆大，米飲下，療腸痔下血。爲末合米飲，不拘時調服二錢，治五淋。〖禁〗妊娠不可服。〖贋〗天藍並斑(袖)〔柚〕根二種，形味相似，爲僞。

明·許希周《藥性粗評》卷二　腫高受鞭於虎杖。

虎杖，俗名斑杖根也，一名苦杖。《爾雅》謂之蒤。三月生苗，莖如竹笋狀，上有赤斑點，高三四尺，初生便分枝丫，葉似小杏，自六七月旋旋開花，至九月中方已，花片四出，其色如桃花差大。郭璞云：莖似葒草而麄大，有細刺，可以染赤，是也。根皮黑肉黃，似柳根。好生近水濕地，南北處處有之。或云南中出者無花，二、八月採根，暴乾。凡使須識天藍并斑(袖)〔柚〕根，形味相亂，用之有誤。所使并所畏惡，《本草》不載。味甘，性平，無毒。主治時疫傷寒，煩熱消渴，骨節風氣，女子月閉，產後瘀血，癰疽腫毒，撲壓損傷，排膿散血，利小便。惟孕婦忌之，以其能破血故也。

單方：暑月清內：盛暑之時，取根同甘草，剉，煎湯作飲，色如琥珀，可愛，能解暑毒，以瓶置井中使冷徹如冰，啖之清內。腹中暴瘕：腹中卒然有物硬痛者，若不治之，百日後必死，取根搗爛，漬□溫服之，每服隨量，微醺可也，以消為度。蛇傷：取葉搗爛，封之。腫毒：取根搗爛，調酒封之。

明·鄭寧《藥性要略大全》卷六　虎杖根一名斑杖，一名大蟲杖，一名醋杖。治女人血運，產後惡露未盡，心腹脹滿，撲損瘀血，破風毒結氣，瘡癤癰毒，排膿散癥，破瘤消瘡毒，通月水，治骨節風，治大熱煩燥，止渴，利小便，破血，妊婦忌服。味甘，平，氣微溫，無毒。處處有之。擣浸酒，常服通女經，破血。

明·王文潔《太乙仙製本草藥性大全》卷三《本草精義》　虎杖根　一名苦杖，一名斑杖，一名大蟲杖。舊不載所出州郡，今處處有之。三月生苗，莖如竹笋狀，上有赤斑點，初生便分枝，枝葉似小杏葉。七月開花，九月結實。南中出者無花。根皮黑色，破開即黃似柳根。亦有高丈餘者。《爾雅》云：蒤，虎杖。郭璞云似葒草而麄大，有細刺，可以染赤是也。二月、三月採根暴乾。河東人燒根灰，貼諸惡瘡。浙中醫工取根洗去皺皮，剉焙，擣篩蜜丸如赤豆，陳米飲下，治腸痔下血甚佳。俗間以甘草同煎爲飲，色如琥珀可愛，瓶盛置井中，令冷徹如冰，極解暑毒。其汁染米作糜餻益美。

明·王文潔《太乙仙製本草藥性大全》卷三《仙製藥性》　虎杖根　味甘平，氣微溫，無毒。主治：治女人血暈，產後惡露未盡，心腹脹滿。療打撲跌傷，落車墜馬瘀血，排膿止痛。破風毒瘡癤、癰腫，散大熱煩燥，止渴。通月水，骨節風可祛，利小便，破血大效。補註：治卒暴癥，腹中有物，硬如石，痛刺晝夜，若不治之，百日內死，取虎杖根，勿令影臨水上，可得石餘許，洗乾擣作末，稌米五升，炊飯內攪之，好酒五㪷漬，封候藥消，飲一升半，勿食鮭魚、鹽，癥當出。亦可但取其一㪷，乾擣酒漬飲之，從少起，日三亦佳，此治癥乃勝諸大藥。治時疫傷寒，毒攻手足腫，疼痛欲斷，方用虎杖根，剉水煮，適寒溫，以漬手足，令踝上有水尺許止之。《傷寒類要》同。治五淋，苦杖不計多少，爲末，每服二錢，用飦飲下，不拘時服。太乙曰：凡使勿用天藍并斑柚根，其二味根形味相似，用之有誤。採得後細剉，却用上虎杖葉裛一夜出，晒乾用。

明·皇甫嵩《本草發明》卷四　虎杖根，中品。微溫。主通月水，破留血癥結及撲損瘀血。又主風在骨節間，並酒漬根服之。〇葉，搗傅蛇咬。處處有之。三月生苗，莖如竹笋，狀如葒草，粗大。俗名斑杖，上有赤點。

明·李時珍《本草綱目》卷一六草部·隰草類下　虎杖《別録》中品

〖釋名〗苦杖《拾遺》　大蟲杖《藥性》　斑杖《日華》　酸杖　時珍曰：杖言其莖，虎言其斑也。或云一名杜牛膝者，非也。一種斑杖似蒻頭者，與此同名異物。〖集解〗弘景曰：田野甚多，狀如大馬蓼，莖斑而葉圓。保昇曰：所在有之。生下濕地，作樹高丈餘，其莖赤根黃。二月、三月采根。日乾。頌曰：今出汾州、越州、滁州，處處有之。三月生苗，莖如竹筍狀，上有赤斑點，初生便分枝子。葉似小杏葉，七月開花，九月結實。(陌)〔南〕中出者，無花。根皮黑色，破開即黃，似柳根。亦有高丈餘者。《爾雅》云：蒤，虎杖。郭璞注云：似葒草而粗大，有細刺，可以染赤是也。宗奭曰：此草藥也。《蜀本》言作木高丈餘者，非矣。大率畢似寒菊，然花葉莖蕊差大，爲異。仍莖葉有淡黑斑。六七月旋旋開花，至九月中方已。花片四出，其色如桃花差大，而外微深。陝西山麓水次甚多。斅曰：凡使勿誤用天藍及斑(袖)〔柚〕根，二味根形味皆相似也。機曰：諸註或云似葒、似杏、似寒菊，各不相侔，豈所產有不同耶。時珍曰：其莖似葒蓼，其葉圓似杏，其枝黃似柳，其花狀似菊，色似桃花。合而觀之，未嘗不同也。

根　〖修治〗斅曰：采得細剉，却用葉包一夜，晒乾用。〖氣味〗微温，權曰：

甘，平，無毒。宗奭曰：味微苦。今天下暑月多煎根汁爲飲。不得甘草，則不堪飲。本文不言味。《藥性論》云：甘。是甘草之味，非虎杖味也。　［主治］通利月水，破留血癥結《別録》。漬酒服，主暴瘕弘景。風在骨節間及血瘀，煮作酒服之藏器。治大熱煩躁，止渴利小便，壓一切熱毒甄權。治産後血運，惡血不下，心腹脹滿，排膿，主瘡癤撲損瘀血，破風毒結氣大明。燒灰，貼諸惡瘡，焙研煉蜜爲丸，陳米飲服，治腸痔下血蘇頌。研末酒服，治産後瘀血血痛，及墜撲昏悶有效時珍。

［發明］權曰：暑月以根和甘草同煎爲飲，色如琥珀可愛，甚甘美。瓶置井中，令冷澈如冰，時人呼爲冷飲子，啜之且尊於茗，極解暑毒。其汁染米作糜糕益美。擣末浸酒常服，破女子經脉不通。有孕人勿服。時珍曰：孫真人《千金方》：治女人月經不通，腹内積聚，虚脹雷鳴，四肢沉重，亦治丈夫積聚，有虎杖煎：取高地虎杖根，剉二斛，水二石五斗，煮取一斗半，去滓，入醇酒五升，煎如餳。每服一合，以知爲度。又許學士《本事方》：治男婦諸般淋疾。用苦杖根洗净，剉一合，以水五合，煎一盞，去滓，入乳香、麝香少許服之。鄞縣尉耿夢得内人患沙石淋已十三年，每漩痛楚不可忍，溺器中小便下沙石剥剥有聲。百方不效，偶得此方服之，一夕而愈。乃予目擊者。

［附方］舊三，新三。　小便五淋：苦杖爲末，每服二錢，用飯飲下。《集驗方》。　月水不利：虎杖三兩，凌霄花、没藥一兩，爲末，熱酒每服一錢。○又方：治月經不通，腹大如甕，氣短欲死。虎杖一斤，去頭暴乾，切。土瓜根汁、牛膝汁二斗。水一斛，浸虎杖一宿，煎取二斗，入二汁，同煎如餳。每酒服一合，日再夜一，宿血當下。《聖惠方》。　時疫流毒：攻手足腫痛欲斷。用虎杖根剉，煮汁漬之。《肘後方》。　腹中暴癥：硬如石，痛(如)刺。不治，百日内死。取虎杖根，勿令影臨水上，可得石餘，洗乾擣末，稌米五升炊飯，納入攪之，好酒五斗漬之，封候藥消飯浮，可飲一升半，勿食鮭魚及鹽。但取一斗乾者，薄酒浸飲，從少起，日三服亦佳，癥當下也。此方治癥，大勝諸藥也。《外臺秘要》。　氣奔怪病：人忽遍身皮底混混如波浪聲，痒不可忍，抓之血出不能解，爲之氣奔。以苦杖、人參、青鹽、細辛各一兩，作一服，水煎，細飲盡便愈。夏子益《奇疾方》。　消渴引飲：虎杖燒過，海浮石、烏賊魚骨、丹砂，等分爲末。渴時以麥門冬湯服二錢，日三次。忌酒色魚麪鮓醬生冷。《衛生家寶方》。

明・梅得春《藥性會元》卷中　虎杖根　微溫。一名苦杖。　主通利月水，破留結。生濕地上，高丈餘，莖上有赤點。八月採，日乾。

明・姚可成《食物本草・草部・石草類》卷一九　醋筒草湖湘水石處皆有之。葉似木芙蓉而(扁)[偏]。莖空而脆，味酸。開白花。廣人以鹽酸淹食之。

醋筒草，味酸，無毒。治婦人血氣痛，洗焙研末，酒服五分。孕婦勿食，能消胎氣。忌雞、魚、羊血、溼麪。

明・姚可成《食物本草・救荒野譜補遺・草類》　醋筒草食莖葉。生湖湘水石間。葉似木芙蓉而(扁)[偏]，莖空而脆，味酸，食之可飽。

醋筒草，生石間。采蒿萊，渡溪灣。歸來紅日下西山，相煎兒女淚潸潸。

明・姚可成《食物本草》卷一八草部・隰草類　虎杖處處有之。生下溼地。三月起苗，莖如紅蓼，葉圓如杏。六七月開花如菊，四出，色紅如桃，次第開落，至九月中方已。陝西山麓水次甚多。人於暑月以根和甘草同煎為飲，色如琥珀，甘美可愛。瓶置井中，令冷如冰，呼為冷飲子，啜之且尊於茗，極解暑毒。其汁染米粉，作糕益美。浸酒服，破血通月經。孕婦勿服。

虎杖，味微苦，溫，無毒。主通利月水，破留血癥結。治大熱煩躁，止渴，利小便，壓一切熱毒。治産後血運惡心，惡血不下，心腹脹滿。燒灰貼諸惡瘡。

附方：治月水不通。虎杖三兩，凌霄花、没藥各一兩為末，每服熱酒下一錢。　治男婦諸般淋疾。用虎杖根洗淨，剉一合，水五合，煎一盞去滓，入乳香、麝香少許服之。鄞縣尉耿夢得内人，患砂石淋已十三年，每小便痛楚難禁，溺器中所下砂石剝剝有聲，百藥不效。偶得此方，服之一夕而愈。乃予目擊者。出許學士《本事方》。

清・穆石飽《本草洞詮》卷九　虎杖　虎，言其斑，杖，言其莖。莖似紅蓼，葉圓似杏，枝黄似柳，花狀似菊，色似桃也。味苦，氣微溫，一云平，無毒。主通利月水，破留血癥結。暑月以根和甘草同煎為飲，色如琥珀，甚甘美。瓶置井中令冷，時人呼為冷飲子，啜之尊於茗，解暑毒。其汁染米作糜糕益美。擣末浸酒，治産後瘀血，及墜撲昏悶。有孕人勿服。《千金方》治女人腹内積聚，虚脹雷鳴。亦治丈夫積聚，有虎杖煎。《本事方》治男婦諸般淋疾，用苦杖根煎汁，入乳香、麝香少許服之。一婦人患沙石淋已十三年，每漩痛楚不可忍，小便下沙石剝剝有聲，百方不効，偶得此方服之，一夕而愈。

清・劉雲密《本草述》卷九下　虎杖一名苦杖，又斑杖。或云一名杜牛膝者，非也。　時珍曰：杖言其莖，虎言其斑也。其莖似荭蓼，其葉圓似杏，其枝黄似柳，其花狀似菊，色似桃花。所在有之，三月生苗，七月開花，至九月中方已，乃結實。

根：　氣味：　微溫。　權曰：　甘，平，無毒。　宗奭曰：　味微苦。今天下暑月多煎根汁為飲，不得甘草則不堪飲。本文不言味。《藥性論》云：甘，是甘草之味，非虎杖味也。

主治：　血瘀癥結《別録》。破風毒結氣日華子，並風在骨節間藏器。煮作酒服之，治大熱煩燥，利小便，壓一切熱毒甄權。焙研，煉蜜為丸，陳米飲服，治腸痔下血蘇頌。研末，酒服，治產後瘀血血痛，及墜撲昏悶有效時珍。

權曰：　暑月以根和甘草同煎為飲，色如琥珀可愛，甚甘美，極解暑毒。擣末浸酒，常服，破女子經脈不通。有孕人勿服。　時珍曰：　孫真人《千金方》治女人月經不通，腹內積聚，虛脹雷鳴，四肢沉重，亦治丈夫積聚，有虎杖煎，取高地虎杖根，剉二斛，水二石五斗，煮取一斗半，去滓，入醇酒五升，煎如餳，每服一合，以知為度。又許叔微學士《本事方》治男婦諸般淋疾，用苦杖根洗淨，剉一合，以水五合，煎一盞，去滓，入乳香、麝香少許，服之。鄞縣尉耿夢得內人患沙石淋已十三年，每漩痛楚不可忍，溺器中小便下沙石剝剝有聲，百方不效。偶得此方，服之一夕而愈。乃予目擊者。

愚按：　虎杖之主，治其行血，似與天名精類。其療風，似與王不留行類。第前哲多謂其最解暑毒，是則從血所生化之原，以除結熱，故手厥陰之血臟，與足厥陰之風臟，其治如鼓應桴也。方書用以療痙病者，同於諸清熱之味，以其功用為切耳。然於他證用之亦鮮，何哉？

按：　虎杖，一名苦杖，方書用以治淋。又曰：　杜牛膝，即丹溪療老人氣血受傷之淋，亦以為要藥，於補劑中用之矣。謂虛人服之有損者，與補劑並行，其庶幾乎？　第李瀕湖謂杜牛膝非虎杖，指為天名精草根者，豈浪說哉？

清・王子接《得宜本草・中品藥》　虎杖　味苦。功專破血。得土瓜根、牛膝治經閉腹痛，得麝香、乳香治五淋。

清・汪紱《醫林纂要探源》卷二　虎杖　甘，苦，辛，溫。粗莖直上，葉如椿，莖葉渾身密刺，俗曰虎肌巴，又名烏不踏。嫩苗色赤而脆。去皮，可生食。堅腎潤命，強陽益精，壯筋骨，增氣力。根煎濃酒服，更以渣合酒糟、鹽，傅跌傷折損處，可續筋接骨。

清・楊時泰《本草述鉤元》卷九　虎杖　杖言其莖，虎言其斑也。一名苦杖，又名杜牛膝。莖似葒蓼，葉圓似杏，枝黃似柳，花似菊，色似桃，所在有之，三月生苗，七月開花，至九月方已，乃結實。根味甘、微苦，氣微溫。主血瘀癥結，破風毒結氣，並風在骨節間。煮酒服之，治大熱煩燥，利小便，壓一切熱毒。焙研，煉蜜為丸，陳米飲服，治腸痔下血。研末酒服，治產後瘀血痛及墜撲昏悶有效。浸酒常服，破女子經脈不通，有孕人勿服。暑月以根和甘草同煎為飲，色如琥珀，甚甘美，極解暑毒權。虎杖煎，治女人月經不通，腹內積聚，虛脹雷鳴，四肢沉重，亦治丈夫積聚，取高地虎杖根剉二斛，水二石五斗，煮取一斗半，去渣，入醇酒五升，煎如餳，每服一合，以知為度《千金》。諸般淋疾，用苦杖根洗淨，剉一合，以水五合，煎一盞，去渣，入乳香、麝香少許，服之。一婦患沙石淋十三年，每漩痛楚不可忍，溺器中下沙石，剝剝有聲，百治不效，服此方，一夕而愈《本事》。

論：　虎杖行血，似與天名精類，療風似與王不留行類，觀其最解暑毒，是從血所生化之原以除結熱，故手厥陰之血臟，與足厥陰之風臟，其治如鼓應桴也。又按：　虎杖，一名苦杖，方書用治諸淋，又名杜牛膝，丹溪療老人氣血受傷之淋，亦以為要藥，於補劑中用之，然則謂虛人服之有損者，與補劑並行，其庶幾乎。

清・吳其濬《植物名實圖考》卷一一　虎杖　《別錄》中品。《爾雅》：蒤，虎杖。注：　似葒草而麤大。《本草綱目》云：　莖似紅蓼，葉圓似杏，枝黃似柳，花狀如菊，色如桃。

清・劉善述、劉士季《草木便方》卷一草部　火燒連　酸湯梗酸祛風毒，陰疳楊梅敷洗塗。惡毒腐爛除痔瘻，風濕丹熱自消除。

清・戴葆元《本草綱目易知錄》卷一草部　虎杖　根，微溫。通利月水，破留血癥結，風毒結氣，利小便，通五淋，壓一切熱毒。治風在骨節及瘀血，大熱煩躁，止渴，酒服。療產後瘀血，血痛血運，惡血不下，心腹脹滿，及撲損瘀血，跌墜昏悶，研末，酒服。治腸痔下血，研末，蜜丸，米飲下。墜胎，妊婦忌。【略】葆按：　虎杖，功主通淋，女科經閉要藥。《臨證指南》：　治淋。因虎杖難得，以杜牛膝代，是集諸句，便業醫留心采取。

蛇網草

宋・唐慎微《證類本草》卷一〇草部下品〔唐・陳藏器《本草拾遺》〕　蛇芮草　主蛇虺及毒蟲等螫。取根、葉擣傅咬處，當下黃水。生平地。葉似苦杖而小，節赤，高一二尺，種之辟蛇。又有一種草，莖圓似苧，亦傅蛇毒。〇《百一方》：　東關有草，狀如苧莖，方節赤，挼傅蛇毒，如摘却，亦名蛇茵草。二草惣能主蛇，未知何者的是。又有鼠莨草，如昌蒲，出山石上，取根藥鼠立死爾。

明・李時珍《本草綱目》卷一六草部・隰草類下　蛇茵草《拾遺》

〔集解〕藏器曰：生平地，葉似苦杖而小，節赤，高一二尺，種之辟蛇。又一種草，莖圓似（芋）〔苧〕，亦傳蛇毒。慎微曰：按《百一方》云：關東有草狀如（芋）〔苧〕，莖方節赤，挼傳蛇毒，如摘却然，名蛇茵草。又有鼠茵草，即後莽草。

〔氣味〕缺。〔主治〕蛇虺毒螫等螫。取根葉搗傅咬處，當下黄水藏器。

藍

唐・歐陽詢《藝文類聚》卷八一　藍　《禮記・月令》曰：仲夏之月，令民無刈藍以染。《毛詩》曰：終朝采藍，不盈一襜。《孫卿子》曰：青出於藍，而青於藍。《續漢書》曰：楊震種植藍，以供母食。諸生嘗有鋤種藍者輒拔更種，以拒其後。《秦子》曰：常聞作人當如園圃之藍，不異衆草，染而後朗然，不如唐棣之華，灼灼自顯。

賦　後漢趙岐《藍賦》曰：余就醫偃師道，經陳留此境，人皆以種藍染紺為業。藍田彌望，黍稷不植，慨其遺本念末。遂作賦曰：同丘中之有麻，似麥秀之油油。

宋・唐慎微《證類本草》卷七草部上品〔《本經・别錄》〕　藍實　味苦，寒，無毒。主解諸毒，殺蠱蚑音其，小兒鬼也。**疰鬼，螫毒。久服頭不白，輕身。**其葉汁，殺百藥毒，解狼毒、射罔毒。其莖葉，可以染青。生河内平澤。

〔梁・陶弘景《本草經集注》〕云：此即今染繏音禁碧所用者。至解毒，人卒不能得生藍汁，乃浣繏布汁以解之亦善。以汁塗五心，又止煩悶。尖葉者爲勝，甚療蜂螫毒。

〔唐・蘇敬《唐本草》〕注云：藍實有三種：一種圍徑二寸許，厚三四分。出嶺南，云療毒腫，太常名此草爲木藍子，如陶所引，乃是菘藍，其汁抨普更切爲澱音殿者。按《經》所用，乃是蓼藍實也，其苗似蓼，而味不辛者。此草汁療熱毒，諸藍非比，且二種藍，今並堪染，菘藍爲澱，惟堪染青；其蓼藍不堪爲澱，惟作碧色爾。

〔宋・掌禹錫《嘉祐本草》〕按：《蜀本圖經》云：葉似水蓼，花紅白色，子若蓼子而大，黑色。今所在下濕地有，人皆種之。《爾雅》云：葴，馬藍。注：今大葉冬藍也。疏：今爲澱者是也。《藥性論》云：藍實，君，味甘。能填骨髓，明耳目，利五藏，調六腑，利關節，治經絡中結氣，使人健，少睡，益心力。藍汁止心煩躁，解蠱毒。日華子云：吴藍，味苦、甘，冷，無毒。治天行熱狂，丁瘡遊風，熱毒腫毒，風瘮。除煩止渴，殺疳，解毒藥、毒箭，金瘡，血悶，蟲蛇傷，毒刺，鼻洪，吐血，排膿，寒熱頭痛，赤眼，産後血運，解金石藥毒，解狼毒、射罔毒，小兒壯熱，熱疳。陳藏器云：蘇云菘藍造澱。按：澱多是槐藍。蓼藍作者，入藥勝槐藍。澱寒，傅熱瘡，解諸毒。滓，傅小兒禿瘡。熱腫初作，上沫堪染如青黛，解毒。小兒丹熱，和水服之。藍有數種，蓼藍最堪入藥。甘藍，（此）〔北〕人食之，去熱黄也。又云：青布，味鹹，寒。主解諸物毒，天行煩毒，小兒寒熱，丹毒，並水漬取汁飲。燒作黑灰，傅惡瘡，經年不差者，及灸瘡止血，令不中風水。和蠟熏惡瘡，入水不爛，熏嗽殺蟲，熏虎狼咬瘡，出水毒。又於器中燒令煙出，以器口熏人中風水惡露等瘡，行下得惡汁，知痛痒，差。又入諸膏藥，療丁腫狐刺等惡瘡。又浸汁和生薑煮服，止霍亂。真者入用，假者不中。

〔宋・蘇頌《本草圖經》〕曰：藍實，生河内平澤，今處處有之。人家蔬圃中作畦種蒔，三月、四月生苗，高三二尺許，葉似水蓼，花紅白色，實亦若蓼子而大，黑色，五月、六月採實。按：藍有數種：有木藍，出嶺南，不入藥；有菘藍，可以爲澱者，亦名馬藍，《爾雅》所謂葴，馬藍是也；有蓼藍，但可染碧，而不堪作澱，即醫方所用者也。又福州有一種馬藍，四時俱有，葉類苦益菜，土人連根採之，焙擣，下簁，酒服錢匕，治婦人敗血甚佳。又江寧有一種吴藍，二、三月内生，如蒿狀，葉青花白，性寒，去熱解毒，止吐血。此二種雖不類，而俱有藍名。又古方多用吴藍者，或恐是此，故并附之。後漢趙岐作《藍賦》，其序云：余就醫偃師，道經陳留，此境人皆以種藍染紺爲業，藍田彌望，黍稷不殖。至今近京種藍特盛，云藍汁治蟲豸傷咬。劉禹錫《傳信方》著其法云：取大藍汁一椀，入雄黄、麝香二物，隨意看多少，細研，投藍汁中，以點咬處，若是毒者，即并細服其汁，神異之極也。昔張薦員外在劍南爲張延賞判官，忽被斑蜘蛛咬項上，一宿，咬處有二道赤色，細如箸，繞項上，從胸前下至心。經兩宿，頭面腫疼如數升盌大，肚漸腫，幾至不救。張相素重薦，因出家財五百千，并薦家財又數百千，募能療者。忽一人應召，云可治。張相初甚不信，欲驗其方，遂令目前合藥。其人云：不惜方，當療人性命耳。遂取大藍汁一瓷盌，取蜘蛛投之藍汁，良久，方出得汁中，甚困不能動。又别擣藍汁，加麝香末，更取蜘蛛投之，至汁而死。又更取藍汁、麝香，復加雄黄和之，更取一蜘蛛投汁中，隨化爲水。張相及諸人甚異之，遂令點於咬處，兩日内悉平愈，但咬處作小瘡痂落如舊。又中品著青黛條云：從胡國來，及太原、廬陵、南康等染澱，亦堪傅熱毒等。染瓮上池沫，紫碧色者，同青黛功。

〔宋・唐慎微《證類本草》〕《聖惠方》：治時氣熱毒，心神煩躁。用藍澱半大匙，以新汲水一盞服。又方：治小兒中蠱下血欲死。擣青藍汁，頻頻服半合。《千金方》：治脣上生瘡，連年不差。以八月藍葉壹斤，擣取汁洗，不過三日差。又方：治自縊死，以藍汁灌之。又極須安定其心，徐緩解，慎勿割斷繩，抱取心下猶溫者，刺雞冠血滴着口中，即活也，男雌女雄。又方：熊傷人瘡，燒青布熏瘡口毒出，仍煮葛根，令濃汁以洗瘡，日十度。并擣葛根爲散，煮葛根汁服方寸匕，日五服，差。又方：治鱉癥。藍葉一斤，擣以水三升，絞取汁，服一升，日二。《千金翼》：治急疳蝕鼻口，數日欲死。

取藍澱傳之令遍，日十度，夜四度，差。《肘後方》：治人身體重，小腹急熱上衝胸，頭重不能舉，眼中生眵，膝脛拘急欲死。取藍一把，水五升，鼠屎兩頭尖者二七枚，煮取二升，盡服之，溫覆取汗。《葛氏方》：新被毒箭。擣藍青絞汁飲，并傅瘡上。如無藍，可漬青布絞汁飲之，亦以治瘡中。又方：中水毒。擣藍青汁，以少水和，傅頭面身上令匝。又方：服藥過劑煩悶及中毒煩悶欲死，擣藍取汁服數升。無藍，浣青絹取汁飲亦佳。又方：食杏人中毒，藍子汁解之。《梅師方》：治虎傷人瘡。取青布緊捲作纏，燒一頭内竹筒中，射瘡口，令煙熏入瘡中，佳。又方：治上氣咳嗽，呷呀息氣，喉中作聲，唾黏。以藍實葉水浸良久，擣絞取汁一升，空腹頻服。須臾以杏人研取汁，煮粥食之。一兩日將息，依前法更服，吐痰盡方差。《子母秘録》：治小兒赤痢。擣青藍汁二升，分四服。又方：治小兒丹，藍澱傳，熱即易。《廣五行記》：永徽中，絳州僧病噎不下食。告弟子，吾死之後，便可開吾胸喉，視有何物，言終而卒。弟子依言而開視，胸中得一物，形似魚而有兩頭，遍體是肉鱗。弟子致器中，跳躍不止。戲以諸味，皆隨化盡。時夏中藍盛作澱，有一僧以澱致器中，此蟲遂遶器中走，須臾化爲水矣。

宋·寇宗奭《本草衍義》卷八 藍實 即大藍實也。謂之蓼藍非是，《爾雅》所說是。解諸藥等毒，不可闕也。實與葉兩用，注不解實，只解藍葉爲未盡。《經》所說盡矣。藍一本而有數色，刮竹青、緑雲、碧青、藍黄，豈非青出於藍而青于藍者也。生葉汁解藥毒。此即大葉藍，又非蓼藍也。蓼藍即堪揉汁染翠碧，花成長穗，細小，淺紅色。

宋·鄭樵《通志》卷七五《昆蟲草木略》 馬藍 田野人以為菜茹。《爾雅》云：葴，馬藍。

宋·鄭樵《通志》卷七五《昆蟲草木略》 藍有三種，蓼藍如蓼，染緑；大藍如芥，染碧；槐藍如槐，染青。三藍皆可作澱，色成勝母，故曰青出於藍而青於藍。

宋·劉明之《圖經本草藥性總論》卷上 藍實 味苦，寒，無毒。主解諸毒，殺蠱蚑疰鬼螫毒。久服頭不白，輕身。其葉汁殺百藥毒，解狼毒、射罔毒。其莖葉可以染青。生河内平澤。《藥性論》云：君。味甘。能填骨髓，明耳目，利五臟，調六府，利關節，治經絡中結氣，使人健，少睡，益心力。藍汁，止心煩躁，解蠱毒。日華子云：吴藍，味苦、甘，冷，無毒。治天行熱狂，丁瘡，遊風熱毒風瘮，除煩止渴，殺疳，解毒藥、毒箭，金瘡血悶，蟲蛇傷毒刺，鼻洪吐血，排膿，寒熱頭痛，赤眼，產後血運，解金石藥毒，解狼毒、射罔毒，小兒壯熱熱疳。一云：尖葉者為勝，甚療蜂螫。

宋·張杲《醫說》卷七 蛇蟲所傷 凡蛇傷蟲咬，倉卒無藥去處，以大藍汁一椀，雄黄末二錢，調均，點在所傷處，併令細細服其汁，神驗。如無藍，以澱花、青黛代之。

元·朱震亨《本草衍義補遺》 藍 屬水而有木。能使散敗血分歸經絡。

元·徐彦純《本草發揮》卷一 藍實 丹溪云：藍，屬水而有木。能使散敗之血分歸經絡。

明·王綸《本草集要》卷二 藍實君 味苦甘，氣寒，無毒。即大葉藍，莖葉可染青。主解諸毒，殺蠱蚑音其。小兒鬼也。疰鬼，螫毒。填骨髓，明耳目，調五臟六腑，利關節，益心力，久服頭不白，輕身。〇其葉汁殺百藥毒、毒藥、毒箭、毒刺，金瘡血悶，鱉瘕，蟲蛇傷，蜘蛛、蜂螫毒，丁瘡腫毒，遊風熱腫，天行熱狂，心煩燥悶，寒熱頭痛，鼻洪吐血，赤眼，產後血暈，小兒壯熱，熱疳丹熱，禿瘡。治鱉瘕，葉一斤，搗，以水二升，絞取汁一升，日一服。諸蟲傷咬，取汁一碗，入雄黄、麝香二物，隨意多少，投汁中，以點咬處。若是毒者，即再細服其汁，神異。青布燒作灰，傅惡瘡經年不差者，及炙瘡止血，令不中風。

明·滕弘《神農本經會通》卷一 藍實 君也。即今大葉藍。其莖葉可以染青。此藍有數種，一種菘藍，可以為澱者，亦名馬藍，惟堪染青。一種蓼藍，其苗似蓼子，若蓼子而大，黑色，但可染碧，而不堪作澱。按《經》所用，乃是蓼藍實也。《衍義》曰：即大藍實也。謂之蓼藍，非是蓼藍，即堪揉汁染翠碧，花成長穗，細小，淺紅色。味苦，氣寒，無毒。

《本經》云：主解諸毒，殺蠱蚑。音其，小兒鬼。疰鬼螫毒，久服頭不白，輕身。其葉汁殺百藥毒，解狼毒、射罔毒。陶云：主解毒，人卒不能得生藍汁，乃染襟布汁以解之，亦善。以汁塗五心，又止煩悶。尖葉者為勝。甚療蜂螫毒。唐注云：蓼藍苗，而味不辛，其汁療熱毒，諸藍非比。《藥性論》云：藍實，君。味甘。填骨髓，明耳目，利五臟，調六腑，利關節，治經絡中結氣，使人健，少睡，益心力。藍汁止心煩躁，解蠱毒。日華子云：吴藍，味苦甘，冷，無毒。治天行熱狂，瘡遊風熱毒，腫毒，風瘮。除煩止渴，殺疳，解毒藥、毒箭，金瘡血悶，蟲蛇傷毒刺。鼻洪吐血，排膿，寒熱頭痛，赤眼，產後血運。解金石藥毒。小兒壯熱，熱疳。陳藏器云：澱，寒。傅熱瘡，解諸毒。滓傳小兒禿瘡，熱腫初作，上沫堪染如青黛，解毒。小兒丹熱，和水服之。又甘藍，北人食之，去熱黄也。《圖經》云：藍汁，治蟲豸傷咬。《傳信方》云：取大藍汁一椀，入雄黄、麝香，隨意看多少，細研，投藍汁中，以點咬處。若是毒者，即并細服其汁，神異之極也。又治班蜘蛛咬，頭面腫疼，大肚漸腫，擣藍汁，入麝香、雄黄和之，點咬處，兩日内平愈。《廣五行記》：有僧病噎，不下食，死後開視胸中，得一物，形似魚而有兩頭，遍體是肉鱗，第致器中，跳躍不止，戲以諸味，皆隨化盡。時夏中藍盛作澱，有一僧以澱致器中，此蟲遂遶器中走，須臾化為水。《局》云：藍實苦寒能解毒，若研生汁用尤良。造成生澱雖堪染，亦治丹疳熱腫瘡。

青布：真者入用，假者不中。味鹹，寒。主解諸物毒，天行煩毒，小兒寒熱丹毒，並水漬取汁飲。燒作黑灰，傅惡瘡經年不差者。及灸瘡止血，令不中風。水和蠟熏惡瘡，入水不爛。熏嗽殺蟲，熏虎狼咬瘡，出水毒。又於器中，燒令煙出，以器口熏人中風水惡露等瘡，行下，得惡汁，知痛痒差。又入諸膏藥，療丁腫、狐刺等惡瘡。又浸汗，和生薑煑服，止霍亂。丹溪云：藍屬水而有木，能散敗血，分歸經絡。

明·劉文泰《本草品彙精要》卷八 藍實無毒。植生。

藍實出《神農本經》：**主解諸毒，殺蠱蚑，音其，小兒鬼也。疰鬼，螫毒。久服頭不白，輕身。**以上朱字《神農本經》。○葉汁，殺百藥毒，解狼毒、射罔毒，其莖葉可以染青。以上黑字名醫所錄。【名】實：木藍子。葉：蓼藍、馬藍、吳藍、菘藍、槐藍。【苗】《圖經》曰：苗高二三尺許，葉似水蓼，花紅白色。實亦若蓼實而大，黑色。藍有數種，有木藍出嶺南，不入藥；有松藍，可以爲澱者，亦名馬藍，《爾雅》所謂葴，馬藍是也；有蓼藍，但可染碧，而不堪作澱，即醫方所用者也。又福州有一種馬藍，四時俱有，葉類苦益菜。又江甯有一種吳藍，二三月内生，如蒿狀，葉青花白。此二種雖不類而俱有藍名，古方多用吳藍者，或恐是此，故併附之。《衍義》曰：藍實即大藍實也，謂之蓼藍，非是《爾雅》所説，是解諸藥等毒不可闕也。實與葉兩用，注不解實，只解藍葉，爲未盡，《經》所説盡矣。藍一本而有數色，刮竹青、綠雲、碧青、藍黄，豈非青出於藍而青于藍者也！生葉汁解藥毒，此即大葉藍，又非蓼藍也。蓼藍但堪揉汁染翠碧，其花成長穗，細小，淺紅色爲别。【地】《圖經》曰：出河内平澤、福州、太原、廬陵、南康、江寧，今處處有之。【時】生：三月、四月。採：五月、六月取實。【收】暴乾。【用】實、葉。【質】實：類蓼子。葉：類水蓼。【色】實：黑。葉：青。【味】苦。【性】寒，泄。【氣】氣薄味厚，陰中之陽。【臭】腥。【主】益心力，解毒。【製】葉：擣汁用。【治】療：《圖經》曰：吳藍去熱解毒，止吐血。陶隱居云：汁塗五心，止煩悶及蜂螫毒。《唐本》注云：木藍子消毒腫。○蓼藍汁去熱毒。《藥性論》云：藍實，利五臟，調六腑，利關節，治經絡中結氣，使人健，少睡。○汁，止心煩躁。日華子云：吳藍，除天行熱狂，疔瘡，遊風，熱毒，腫毒，風疹，去煩，止渴，殺疳，金瘡，血悶，蟲、蛇傷毒刺，鼻洪，吐血，排膿，寒熱頭痛，赤眼，產後血暈，小兒壯熱，熱疳。陳藏器云：槐藍澱，傅熱瘡。○滓，傅小兒禿瘡，熱腫初作。○甘藍，食之去熱黄。○青布，天行煩毒，小兒寒熱，丹毒，並水漬取汁飲。燒作黑灰，傅惡瘡經年不瘥者。及傅灸瘡，止血，令不中風。《别錄》云：唇上生瘡，連年不瘥者，以八月藍葉一斤，擣汁洗，瘥。○虎傷人瘡，以青布緊捲，燒一頭，内竹筒中，射瘡口，令煙熏入瘡，瘥。補：《藥性論》云：填骨髓，明耳目，益心力。【合治】馬藍，焙擣爲末，合酒服錢匕，治婦人敗血。○大藍汁合雄黄、麝香細末，點蜘蛛咬處，即瘥。○藍合鼠屎兩頭尖者二七枚，水五升，煮取二升，盡服之，溫覆取汗，治陰陽易病，身體重，小腹急熱上衝胸，頭重不能舉，⿰目戠，膝脛拘急欲死者。【解】毒藥、毒箭、金石藥毒、狼毒、射罔毒、蠱毒。槐藍，解諸毒。青布，解諸物毒。

明·葉文齡《醫學統旨》卷八 藍實 氣寒，味苦、甘。無毒。即大葉藍，莖可染青。治經絡中結氣，解諸毒，殺蠱蚑疰鬼螫毒。填骨髓，明耳目，調五臟六腑，利關節，益心力。○其葉汁殺百藥毒、毒藥、毒箭、毒刺，金瘡血悶，鼈瘕蟲蛇傷，蜘蛛、蜂螫毒，丁腫遊風，天行熱狂，心悶吐衄，赤眼，產後血暈，小兒壯熱、疳熱、丹毒，及療噎病。化蟲為水。

明·許希周《藥性粗評》卷二 敗血歸經於藍實。

藍實，澱藍之子也。此有數種，有木藍，其葉似槐；有菘藍，可以為澱。此二種不甚入藥。有蓼藍，但可染碧，而又不堪作澱，惟入藥則勝前二種。三四月生苗，高三二尺許，葉似水蓼，花紅白色，實亦若蓼子而大，黑色。江南平澤處處有之，人家園圃中亦有作畦種者，俗謂之大葉藍是也。五六月採實，陰乾。所使并所畏惡，《本草》不載。味苦、甘，性寒，無毒。主治天行熱狂，煩渴風癥，丁毒腫毒，金瘡血悶，蛇蟲螫毒，鼻紅吐血，小兒熱疳，解百藥毒，殺蠱疰鬼毒，排膿散血，消熱止痛，填骨髓，明耳目，利五臟，調六腑，利關節，益經絡中結氣，久服黑髮輕身。丹溪云：能使敗血分歸經絡。愚嘗見湯火、丹疳、喉腫等毒，以澱傅之亦良，則非惟其實可以入藥，其葉亦堪入藥明矣。

單方：急疳蝕牙：疳蟲食人齒鼻，數日欲死者，以蘗傅之令遍，晝夜頻易，可保。

中毒欲死：凡服藥過劑，煩悶，及中諸毒煩悶欲死者，搗藍，少和以水，再搗，絞汁，服數升，其毒自解。自縊：凡自縊，慎勿割斷，以人抱下，解脫其繩，但心上尚溫者，搗藍汁灌之，又刺雞冠血，男雌女雄，滴入其口中，須臾便活。諸瘕：凡魚鱉諸瘕在內為病，藍葉一斤，少以水和之，搗絞汁，日服二升，自化。

明・鄭寧《藥性要略大全》卷六　吳藍君　殺心頭蟲。味苦，冷，無毒。汁作靛，可染青色。即青黛也。

藍實　主解諸毒，殺蠱蚑。葉汁：殺百藥毒，解狼毒之毒。補五臟，填骨髓，明目。味苦，氣寒，無毒。

明・陳嘉謨《本草蒙筌》卷一　藍實　味苦、甘，氣寒。無毒。閩贛閩係福建，贛屬江西。甚多，近道亦有。所產須分數種，木藍、馬藍、菘藍、吳藍俱不入藥。入藥惟用蓼藍。認狀的真，與蓼無異。人家園圃亦每種栽。秋採實曝乾，微研碎煎服。殺蠱蚑疰鬼惡毒，毆五臟六腑熱煩。益心力，填骨髓。補虛聰耳目，利關節通竅。久服勿厭，黑髮輕身。莖葉可作靛染青，生搗堪絞汁頓飲。散熱風赤腫，愈疔毒金瘡。和麝香點諸蟲咬傷，單飲下追鼈瘕脹痛。中百藥毒總解，生諸惡瘡並毆。《衍義》云：藍屬水有木，能使散敗之血分諸經絡，故解諸毒而得効之速焉。又治小兒壯熱成疳，更療婦人產後血暈。消赤眼暴發，止吐衄時來。天行瘟疫熱狂，並宜急取煎服。丹溪普濟消毒飲中加板藍根者，即此是也。〇造成青靛，亦入醫方，火瘮火丹，塗之即退。又染甕上浮沫即靛花，雖名青黛，非真。真者出波斯國間，真青黛形狀與靛花不同類。路遠罕有。此却因功効相類，《本經》註云：靛花主治與青黛同功。特假為名。旋收曝乾，色甚紫碧。市家多取乾靛充賣，殊不知靛枯黑重實。花嬌嫩輕浮，不可不細擇爾。以水飛淨灰脚，合丸製散隨宜。治小兒發熱驚癇，調小兒疳蝕消瘦。瀉肝止暴注，下毒殺惡蟲。收五臟鬱火有功，消上膈痰火最効。毆時疫頭痛，斂傷寒赤斑。水調服之，應如桴鼓。〇染成青布，堪剪燒灰，外科方中，亦每單用。敷惡瘡經年不愈，貼灸瘡出血難差。

謨按：靛花雖非青黛，然治小兒疳蝕消瘦發熱，屢有奇功。古傳歌括一章，附後令人便覽。歌曰：小兒雜病變成疳，不問強羸女與男。腹內時時如下痢，青黃赤白一般般。眼澁面黃鼻孔赤，穀道開張不欲看。煩熱毛焦兼口渴，皮膚枯槁四肢癱。唇焦嘔逆不乳哺，壯熱增寒臥不安。此方便是青黛散，取効猶如服聖丹。

明・王文潔《太乙仙製本草藥性大全》卷一《本草精義》　藍實　生河內平澤，今處處有之。人家蔬圃中作畦種蒔。三月、四月生苗，高三二尺許，葉似水蓼，花紅白色，實亦若蓼子而大，黑色。五月、六月採實。按藍有數種，有木藍，出嶺南，不入藥；有松藍，可以爲澱者，亦名馬藍，《爾雅》所謂葴，馬藍是也；有蓼藍，但可染碧，而不堪作澱，即醫方所用者也。又揚州有一種馬藍，四時俱有，葉類苦蕒菜，士人連根採之，焙，擣下篵，酒服錢匕，治婦人敗血甚佳。又江寧有一種吳藍，二三月內生如蒿狀，葉青花白，性寒，去熱解毒，止吐血，此二種雖不類，而俱有藍名，又古方多用吳藍者，或恐是此，故並附之。

染成青布：青布味鹹，寒，主解諸物毒、天行煩毒，小兒寒熱、丹毒，並水漬取汁飲；燒作黑灰敷惡瘡經年不差者，及炙瘡止血令不中風水，和蠟熏惡瘡，入水不爛；熏嗽殺蟲，熏虎狼咬瘡，出水毒。又於器中燒令煙出，以器口熏人中風水惡露等瘡，行下得惡汁，知痛痒，差。又入猪膏藥，遼丁腫狐刺等惡瘡。又浸汁和生姜煮服，止霍亂。真者入用，假者不中。堪剪燒灰，外科方中亦每單用，敷惡瘡經年不愈，貼炙瘡出血難差。

補註：熊傷人瘡，燒青布熏瘡口毒出，仍煮葛根令濃汁，以洗瘡口十度，并擣葛根爲散，煮葛根汁，服方寸匕，日五服差。〇虎傷人瘡，取青布緊捲作纏，燒一頭，內竹筒中，射瘡口，令煙熏入瘡中佳。〇服藥過劑，煩悶中毒欲死，擣藍取汁數升服，如無藍，漬青絹，取汁飲亦佳。

明・王文潔《太乙仙製本草藥性大全》卷一《仙製藥性》　藍實　味苦、甘，氣寒，無毒。即大葉藍。主治：殺蠱蚑疰鬼惡毒，毆五臟六腑熱煩。益心力，填骨髓，補虛，聰耳目，利關節通竅，久服勿厭，黑髮輕身。補註：食杏仁中毒，藍子汁解之。〇治上氣咳嗽，呷呀息氣，喉中作聲，唾粘，以藍實葉水浸良久，擣絞取汁一升，空腹頻服，須臾以杏仁研取汁，煮粥食之，一兩日將息，依前法更服，吐痰盡方差。莖葉：可作靛染青。生擣堪絞汁頻飲。　主治：散熱風赤腫，愈疔毒金瘡。和麝香點諸蟲咬傷，單飲下追䗪瘕脹痛。中百藥毒總解，注諸惡瘡並敺。《衍義》云：藍屬水有木，能使散敗之血分諸經絡，故解諸毒而得效之速焉。又治小兒壯熱成疳，更療婦人産後血暈，消赤眼暴發，止吐血時來，天行瘟疫熱狂，並宜急取煎服。丹溪普濟消毒飲中加板藍根者，即此是也。　補註：蟲豸傷咬，取大藍汁一碗，入雄黄、麝香二物，隨意著多少，細研，投藍汁中，以點咬處，若是毒者，即並細服其汁，神異之極也。昔張薦被蜘蛛咬項上，一宿咬處有二道赤色，細如箸，繞項上，從胸前下至心。經兩宿頭面腫疼如數升碗大，肚漸腫，幾至不救。遂令醫者目前合藥，醫云：不惜方，當療人性命耳。遂取藍汁一瓷碗，取蜘蛛，投之藍汁，加麝香末，更取蜘蛛投之，至汁而死。又更取藍汁、麝香，復加雄黄和之，更取一蜘蛛投汁中，隨化爲水。張相甚異之，遂令點於咬處，兩日悉乎愈。○治小兒中蠱，下血欲死，搗汁，頻頻服半合，○治小兒赤痢，搗藍汁二升，分四服。○治背上生瘡，連年不差，以藍葉一斤，搗取汁洗，不過三日差。○治自縊死，以藍汁灌之，又極須安定其心，徐緩解，慎勿割斷繩，抱取心下猶溫者，刺雞冠血滴著口中，即活也。男雌女雄。○中水毒，搗藍青汁，以少水和，傅頭、面、身上，令帀。○治鱉癥，用藍葉一斤，搗，以水三升，絞取汁，服一升，日二服。

明・皇甫嵩《本草發明》卷三　藍實上品下，君。氣寒，味苦，無毒。　發明曰：藍，色青屬水而有木，乃肝經藥。療肺胃熱居多，主解熱毒矣，故云殺蠱蚑鬼疰螫毒。生葉，搗汁飲盡，解百藥毒、狼毒、射罔毒，散風熱赤腫，消赤眼暴發，止吐衄，愈疔毒金瘡，追䗪瘕（服）〔腹〕痛，使敗散之血分諸經絡。療婦人産後血暈，小兒壯熱成疳，天行瘟疫熱狂。丹溪消毒飲中，加枝藍是也。○就成靛青，塗治火瘮火丹。○根靛花名青黛，專治小兒疳蝕，消瘦發熱，壯熱憎寒，驚癎，瀉肝，止暴注下痢赤黄，欝火煩熱，四肢癱，唇焦，嘔逆口渴，消膈上痰，又時疫頭疼，傷寒赤班，眼澁，面黄鼻赤。療小兒熱疳聖藥也。大略生治肝經熱，又解肺胃熱及諸毒熱可見矣。○染成青布，燒灰敷惡瘡經年不愈，貼灸瘡出血難差。中毒煩悶欲死，與食杏仁中毒，俱搗藍汁服之。○治人身體重，小腹急熱，上衝胸，頭重不能舉，眼中生眵，膝脛拘急欲死，取藍一把，水五升，鼠屎兩頭尖者二七枚，煮取二升，盡服之，溫服取汗。○治急疳蝕鼻口，數日欲死，取藍靛傅之令遍，日十度，夜四度，差。

明・李時珍《本草綱目》卷一六草部・隰草類下　藍《本經》上品

〔釋名〕時珍曰：按陸佃《埤雅》云：《月令》仲夏令民無刈藍以染，鄭玄言恐傷長養之氣也。然則刈藍，先王有禁，制字從監，以此故也。　〔集解〕《别録》曰：藍實生河内平澤，其莖葉可以染青。弘景曰：此即今染襟碧所用者，以尖葉者爲勝。恭曰：藍有三種：一種葉圍徑二寸許，厚三四分者，堪染青，出嶺南，太常名爲木藍子；陶氏所説乃是菘藍，其汁抨爲澱甚青者，《本經》所用乃是蓼藍實也，其苗似蓼而味不辛，〔不堪〕爲澱，惟作碧色爾。頌曰：藍處處有之，人家蔬圃作畦種。至三月、四月生苗，高三二尺許，葉似水蓼，花紅白色，實亦若蓼子而大，黑色，五月、六月采實。但可染碧，不堪作澱，此名蓼藍，即醫方所用者也。别有木藍，出嶺南，不入藥。有菘藍，可爲澱，亦名馬藍。《爾雅》所謂（箴）〔葴〕，馬藍是也。又揚州一種馬藍，四時俱有，葉類苦藚菜，土人連根采服，治敗血。江寧一種吴藍，二月内生，如蒿，葉青花白，亦解熱毒。此二種雖不類，而俱有藍名，且古方多用吴藍，或恐是此，故并附之。宗奭曰：藍實即大藍實也，謂之蓼藍者，非是，乃《爾雅》所謂馬藍者。解諸藥毒不可闕也。實與葉兩用，註不解實，只解葉，爲未盡。時珍曰：藍凡五種，各有主治，惟藍實專取蓼藍者。蓼藍：葉如蓼，五六月開花，成穗細小，淺紅色，子亦如蓼，歲可三刈，故先王禁之。菘藍：葉如白菘。馬藍：葉如苦藚，即郭璞所謂大葉冬藍，俗中所謂板藍者。二藍花子並如蓼藍。吴藍：長莖如蒿而花白，吴人種之。木藍：長莖如決明，高者三四尺，分枝布葉，葉如槐葉，七月開淡紅花，結角長寸許，纍纍如小豆角，其子亦如馬蹄決明子而微小，迥與諸藍不同，而作澱則一也。别有甘藍，可食，見本條。蘇恭以馬藍爲木藍，蘇頌以菘藍爲馬藍，寇宗奭以藍實爲大葉藍之實，皆非矣。今並列于下。

藍實　〔氣味〕苦，寒，無毒。權曰：甘。　〔主治〕解諸毒。殺蠱蚑疰鬼螫毒。久服頭不白，輕身。《本經》。蚑音其，小兒鬼也。填骨髓，明耳目，利五臟，調六腑，通關節，治經絡中結氣，使人健少睡，益心力甄權。療毒腫蘇恭。

藍葉汁此蓼藍也。　〔氣味〕苦、甘，寒，無毒。　〔主治〕殺百藥毒。解狼毒、射罔毒《别録》。弘景曰：解毒不得生藍汁，以青襟布漬汁亦善。汁塗五心，止煩悶，療蜂螫毒弘景。斑蝥、芫青、樗雞毒。朱砂、砒石毒時珍。

馬藍　〔主治〕婦人敗血。連根焙，擣下篩，酒服一錢匕蘇頌。

吴藍　〔氣味〕苦、甘，冷，無毒。　〔主治〕寒熱頭痛，赤眼，天行熱狂，丁瘡，游風熱毒，腫毒風瘮，除煩止渴，殺疳，解毒藥毒箭，金瘡血悶，毒刺蟲蛇傷，鼻衄吐血，排膿，産後血運，小兒壯熱。解金石藥毒、狼毒、射罔毒大明。

〔發明〕震亨曰：藍屬水，能使敗血分歸經絡。時珍曰：諸藍形雖不同，而性味不遠，故能解毒除熱。惟木藍葉力似少劣，藍子則專用蓼藍者也。至于用澱與青布，則是刈藍浸水入石灰澄成者，性味不能不少異，不可與藍汁一概論也。有人病嘔吐，服玉壺諸丸不效，用藍汁入口即定，蓋亦取其殺蟲降火爾。如此之類，不可不知。頌曰：藍汁治蟲豸傷。劉禹錫《傳信方》著其法云：取大藍汁一盌，入雄黄、麝香二物少許，以點咬處，仍細服其汁，神異之極也。張薦員外住劍南，張延賞判官，忽被斑蜘蛛咬頭上，一宿，咬處有二道赤色，細如箸，繞項上，從胸前下至心。經兩宿，頭面腫疼，大如數升盌，肚漸腫，幾至不救。張公出錢五百千，并薦家財又數百千，募能療者。忽一人應召，云可治。張公甚不信之，欲驗其方。其人云：不惜方，但療人性命爾。遂取大藍汁一盌，以蜘蛛投之，至汁而死。又取藍汁加麝香、雄黄，更以一蛛投入，隨化爲水。張公因甚異之，遂令點于咬處。兩日悉平，作小瘡而愈。

【附方】舊十一，新六。

小兒赤痢：擣青藍汁二升，分四服。《子母秘録》。

小兒中蠱：下血欲死。擣青藍汁，頻服之。《聖惠方》。

陰陽易病：傷寒初愈，交合陰陽，必病拘急，手足拳，小腹急熱，頭不能舉，名陰陽易，當汗之。滿四日難治。藍一把，雄鼠屎三十枚，水煎服。取汗。《聖惠方》。

驚癎發熱：乾藍、凝水石等分，爲末，水調傅頭上。《聖惠方》。

上氣欬嗽：呷呀息氣，喉中作聲，唾粘。以藍葉水浸擣汁一升，空腹頻服。須臾以杏仁研汁，煮粥食之。一兩日將息，依前法更服，吐痰盡方瘥。《梅師方》。

飛血赤目：熱痛。乾藍葉切二升，車前草半兩，淡竹葉切三握，水四升，煎二升，去滓温洗。冷即再暖，以瘥爲度。《聖濟總録》。

腹中鼈癥：藍葉一升，擣，以水三升，絞汁服一升，日二次。《千金方》。

應聲蟲病：腹中有物作聲，隨人語言，名應聲蟲病。用板藍汁一盞，分五服，效。夏子益《奇疾方》。

卒中水毒：擣藍青汁，傅頭身令匝。《肘後方》。

服藥過劑：煩悶及中毒煩悶欲死，擣藍汁服數升。《肘後方》。

卒自縊死：以藍汁灌之。《千金方》。

毒箭傷人：藍青擣飲并傅之。如無藍，以青布漬汁飲。《肘後方》。

唇邊生瘡：連年不瘥。以八月藍葉一斤，擣汁洗之，不過三度瘥。《千金方》。

齒䘌腫痛：紫藍燒灰傅之，日五度。《聖惠方》。

白頭禿瘡：糞藍煎汁頻洗。《聖濟録》。

天泡熱瘡：藍葉擣傅之，良。《集簡方》。

瘡疹不快：板藍根一兩，甘草一分，爲末。每服半錢或一錢，取雄雞冠血三二點，同温酒少許調下。《錢氏小兒方》。

明·梅得春《藥性會元》卷上 藍實 味苦、甘，氣寒。無毒。其莖葉可染青。

主解諸毒、諸熱毒、殺蠱蚑鬼疰、毒藥、毒箭、毒刺，金瘡血閉，鼇蝦蟲蛇傷，蜘蛛、蜂螫毒，疔腫遊風，天行熱病，熱狂心閉，吐衄，赤眼，產後血暈，小兒壯熱，熱疳，丹毒及療噎病，化蟲為水，久服頭不白。其葉汁殺百藥毒，解狼毒、射罔毒。治經絡中結氣，填骨髓，明耳目，調五臟六腑，利關節，益心力。藍青花：可敷熱腫，能使敗散血分而歸經絡。

明·李中立《本草原始》卷一 藍實 即今大葉藍子也。始生河内平澤，今處處有之。人家蔬圃中作畦蒔。至三月、四月生苗，高三二尺許。葉似水蓼，花紅白色，實亦若蓼子而大，黑色。五月、六月采實。其葉可以染青，染反勝于其質，故曰青出于藍而青于藍者也。《爾雅》所謂葴，馬藍是也。《埤雅》云：《月令》仲夏令民無刈藍以染，鄭玄言恐傷長養之氣也。然則刈藍，先王有禁，故制字從監。 藍實：氣味：苦，寒，無毒。 主治：解諸毒，殺蠱蚑疰鬼螫毒。久服頭不白，輕身。填骨髓，明耳目，利五臟，調六腑，通關節。治經絡中結氣，使人健。少睡，益心力。○療毒腫。 藍葉汁：氣味苦、甘，寒，無毒。 主治：殺百藥毒，解狼毒、射罔毒。汁塗五心煩悶，療蜂螫毒。

藍，《本經》上品。【圖略】昔張薦員外在劍南為張延賞判官，忽被斑蜘蛛咬項上，一宿，咬處有二道赤色，細如箸，繞項上，從胸前下至心。經兩宿，頭面腫疼，如數升盌大，肚漸腫，幾至不救。張相素重薦，因出家財五百千，并薦家財又數百千，募能療者。忽一人應召，云可治。張相初甚不信，欲驗其方，遂令目前合藥。其人曰：不惜方，當療人性命耳。遂取大藍汁一盌，以蜘蛛投之藍汁，良久方出，得汁中甚困不能動。又别擣汁，加麝香末，取蜘蛛投之，至汁而死。又更取藍汁、麝香，復加雄黄和之，更取蜘蛛投汁中，隨化為水。張相及諸人甚異之，遂令點於咬處，兩日内悉平愈。咬處作小瘡，痂落如舊。凡蟲豸傷，皆可點咬處，或服其汁，神異之極也。 藍實，君。

明·傅懋光《醫學疑問》 問：大青是何物耶？畫家所用亦是一物耶？切願詳知。 答曰：大青產江東州郡，葉緑似石竹，莖紫花紅如馬蓼，根黄，春末夏初採收入藥。所問疑為丹青所用之品，彼用者乃黔南之石，此則江東之產，出草本，固相懸絕，施用者豈可泥於名之同哉？

明·盧復《芷園臆草題藥》 藍 有六種，功力不遠于解毒、殺蟲、清熱。藍刈其葉浸水，攪之而為澱。攪澱之浮沫，乾之而為青黛，治又頗相近也。藍之實，久服頭不白。春氣在頭，用其色以助春氣之生，自然益頭併及髮也。青則入肝，而肝主色病變于色者，極為允當。如疽如丹，如(班)斑如血，如五色痢，如目赤目黄，如五藏之熱，先見顔與頰者之類，可巽入乎？肝克制乎脾，為平熱之輕劑也。觀(班)〔蜘〕蛛、應聲蟲、噎膈蟲三案之殺蟲，亦奇矣。每見種藍人，日日掃蟲，不掃即黄蝕之。生蟲之物，反能殺蟲者，何故？巽以入之之義盡。人飲食之隨氣機變化，如大火聚然，投之自無噍類。藍入胃，是蟲之食也，則蟲自翕聚。藍隨氣機變化而蟲亦隨之，一入氣機，便無迴避。慎哉！順境之好，當着眼也。

明・繆希雍《本草經疏》卷七　藍實　味苦，寒，無毒。主解諸毒，殺蠱蚑，疰鬼，螫毒。久服頭不白，輕身。其葉汁：殺百藥毒，解狼毒、射罔毒。

〔疏〕藍實稟天地至陰之精，故其味苦寒而無毒。其用主解諸毒，殺蠱蚑、疰鬼、螫毒，久服頭不白。頭白者，血熱也，藍能涼血而解熱，故令髮不白也。熱去而血得所養，故身輕。其葉汁解百藥毒，解狼毒、射罔毒。《藥性論》云：藍實味甘，能填骨髓，益心力。汁止心煩躁。由此觀之，苦寒而兼甘可知矣。日華子又云：治天行熱狂，疔瘡，遊風，熱毒，腫毒，風瘮，除煩止渴，殺疳，解毒藥，毒箭，金瘡血悶，排膿，小兒熱疳，小兒丹熱，最為要藥。其功用之廣，具如本草所載。蓼藍最堪入藥。甘藍，人食去熱黃。

〔主治參互〕藍汁入麝香、雄黃，治蜘蛛咬，有神。乾藍為末，同犬肉空腹食之，主長肉，內塞。〔簡誤〕虛寒人及久泄畏寒，腹中覺冷者，勿服。

明・倪朱謨《本草彙言》卷四　藍　味苦，微甘，氣寒，無毒。至陰之藥，入心肝肺脾四經。《別錄》曰：藍，生河內平澤。其莖葉可以染青，以尖葉者爲勝。今處處有之。人家園圃作畦種蒔，至春末生苗，高二三尺，葉似水蓼，花紅白色，實亦若蓼子而黑色。五六月采實。但可染碧，不堪作澱，此名蓼藍，即醫方所用者也。李氏《綱目》曰：藍凡五種，各有主治，惟藍實專取蓼藍者。蓼藍，葉如蓼，五六月開花成穗，其形細小，其色淺紅，其子亦如蓼，歲可三刈，故先王禁之。菘藍，葉如白菘。馬藍，葉如苦蕒，即郭氏所謂大葉冬藍，俗所謂板藍者。二藍花子，并如蓼藍。吳藍，長莖花白。木藍，長莖如决明，高者三四尺，分枝布葉，葉如槐，七月開花，淡紅色，結角長寸許，纍纍如小豆，其子亦如馬蹄决明子而微小，迥與諸藍不同，而作澱則一也。别有甘藍可食，見本條下。

藍：通治解熱毒，化蟲癖，日華子蘇敗血之藥也。雖有五種之別，而味性不遠，總能解毒除熱。若藍實者，解諸毒，殺蠱蚑，通關節，消毒腫，治經絡中結氣。若蓼藍葉汁者，殺百藥毒，如狼毒、射罔、蜂螫、斑蝥、芫青、樗雞、蠼螋、蜈蚣、蜘蛛、朱砂、砒石，諸般毒物，飲之立解。若馬藍者，蘇頌治婦人敗血留連，不能分歸經絡，僅此一端之效。日華子若吳藍者，主治甚廣，如時行瘟疫，頭痛寒熱。時行赤眼，腫痛畏明。時行丹毒，遊走皮膚。時行瘄疹，紫赤悶脹。時行暴熱，吐血鼻洪。時行災癘，小兒壯熱驚痰等疾。如中藥箭毒，中金石毒，中百草毒，中狼毒毒，中射罔毒，中蛇螫諸毒，煎汁即飲，立效。若甘藍者，藏器甘滑可食，利五藏，調六府，通閉結，明耳目，可作蔬食。諸藍性冷，虛寒人及久泄者勿用。諸藍功效，方書久未分列，朱按蜀刻舊本，特表而出之，以俟後之君子，再加詳正可也。

集方：《肘後方》治毒箭傷人。用藍實，或藍葉，擣汁飲之，渣敷患上。〇《聖惠方》治大人小兒中蠱毒，忽下血欲死，擣蓼藍汁，飲之。〇《聖濟錄》治飛絲赤目熱痛。用吳藍葉八兩，車前葉二兩，淡竹葉一兩，水煎服。〇《集簡方》治天泡熱瘡。用吳藍葉，擣敷之。〇李時珍方解一切諸藥毒，并毒禽獸，毒蟲螫諸毒。俱用蓼藍葉汁，飲之。〇《錢氏小兒方》治瘄疹不出快。用吳藍根一兩，甘草一錢，爲末。每服五分，或一錢，取雄雞冠血二三滴，同溫酒調下。〇《聖惠方》治齒䘌腫痛。用吳藍燒灰敷之。日五度。〇《千金方》治唇口生瘡，積年不瘥。以蓼藍葉一觔，擣汁洗之，三度瘥。〇《蜀本草》治一切毒蛇毒蟲所傷，并一切毒藥毒食。俱用蓼藍葉，擣汁飲之。冬月用湯頓服。〇治小兒乳食不節，過飽傷脾，面黃腹大，小便渾濁如米泔，大便黃泄酸臭，皮毛枯索，甚而雙目羞明生翳，形骸骨立，夜熱晝涼等證。用蓼藍實二錢，紫厚朴、蕪荑各一兩，廣陳皮、甘草各八錢，百草霜，取諸家者三錢，旋覆花五錢，真蘆薈、明如漆苦如膽者八錢，俱微炒，共爲細末。小兒一歲，用藥一分，白湯數匙調服。病愈後服肥兒丸。用蓼藍實、人參、黃連各三錢，使君子肉、蕪荑、紅麴、麥芽、白朮、白茯苓、山查肉、藊豆、白芍藥、甘草各一兩，砂仁五錢，俱用酒拌炒，共爲末，飴糖爲丸如彈子大，每早晚各食前服一丸，白湯化下。

明・盧之頤《本草乘雅半偈》帙三　藍實《本經》上品　氣味：苦，寒，無毒。主治：主解諸毒，殺蠱蚑疰鬼螫毒。久服頭不白，輕身。

覈曰：生河內平澤處。亦有蔬圃作畦子種者。凡五種，唯藍實專取蓼藍。蓼藍，葉如蓼，三月生苗，五月開花成穗，淡紅色，花實皆如蓼，歲可三刈，故先王仲夏令民無刈藍以染。鄭玄云：恐傷長養之氣也。一種松藍，葉如白菘。一種馬藍，葉如苦蕒，即郭璞所謂大葉冬藍，俗稱板藍者是也。花實並如蓼藍，唯苗葉別異。一種吳藍，長莖如蒿而花白，吳人種之。一種木藍，長莖如決明，高者三四尺，分枝布葉，葉如槐葉，七月開淡紅花，結角長寸許，纍纍如小豆角，子如馬蹄決明而微小，迥與諸藍不同，而作澱則一也。

別有一種甘藍，可作蔬食。而藍澱者，掘地埋缸，以藍水浸一宿，入石灰頻攪萬餘下，澄清去水，則色青成澱。亦可乾收，用染青碧，其攪掠浮沫，掠出陰乾者，謂之靛花，即市賣之青黛也。此屬石灰造作而成，慎勿輕用。世人以其色青，為入肝清解之藥，謬甚矣。真青黛出波斯國，既不可得，不如用藍實，或藍葉，或自然汁之無問雜者良。

《博議》云：藍實久服頭不白，蓋春氣在頭，用其色以助春氣之生，自然益頭并及髮矣。肝主色，自入為青，則凡病變于色者，極為允當。如痘，如丹，如斑，如血，如五色痢，如目赤目黃，如五藏熱，先見顏與頰者，力可巽入乎肝。克制乎脾，為平熱之輕劑也。觀斑蜘蛛、應聲蟲、噎膈蟲三案，亦奇異矣。每見種藍人，日日掃蟲，不掃即盡食之，此生蟲之物，反殺蟲者何？正巽以入之之義耳。蓋人飲食之隨氣機變化，如大火聚，投之自無噍類。藍入胃，是蟲之食也，則蟲自翕聚，藍隨氣機變化，而蟲亦隨之，一入氣機，便無迴避。慎哉順境之好，當着眼也。

参曰：藍者生也，象萬物生時之色也。釀之成澱，色成勝母，青出藍而青于藍者也。肝主色，肝色青，當入肝。為肝之的藥，亦可為肝之腎藥，以多汁而氣寒也；亦可為肝之心藥，以味苦而性通徹也。以色以味，及性與氣，咸得東南巽木之作用，而能潔齊萬物者也。四時可植，一歲三刈，則生陽偏勝，而周甲唯春，故藍從監，監者，監觀四方者也。蟲蚑疰鬼，皆殺厲所鍾，死陰不潔之屬，藍能巽以入之，而與物為春，則殺厲之氣齊潔，暖然似春仁之青出矣。久服則肝榮，肝榮則髮華，動搖舒轉，皆得所欲。藍靛、青黛，總屬分身，不若藍實之包含，真無盡藏也。巽主入其性情也。潔齊萬物，其功力也。潔可作絜，亦可作滌除清洗之潔，凡濕穢則蟲生，潔則淨盡耳。

清・穆石匏《本草洞詮》卷九　藍汁、澱　《月令》：仲夏令民無刈藍以染。然則刈藍有禁，故字從監。藍實葉汁並味苦甘，氣寒，無毒。解諸毒，治經絡中結氣，殺蠱蚑疰鬼螫毒，解斑蝥、芫青、樗雞、砒石毒。藍屬水，能使敗血分歸經絡。諸藍形雖不同，而性味不遠，皆能解毒除熱。有人病嘔吐，服玉壺諸丸不效，藍汁入口即定。蓋殺蟲降火之力爾。一人被斑蜘蛛咬頭上，一宿咬處有二道赤色，細如箸，繞項上，從胸前下至心，兩宿頭面腫疼，大如數升盌，肚漸腫。忽一人云：可治取藍汁一盌，以蜘蛛投之而死，又加麝香、雄黃，更以一蛛投入，隨化為水。因令點於咬處，兩日悉平。藍澱，其滓澄殿在下者也，刈藍浸水入石灰澄成者。性味少異，而其止血拔毒，殺蟲之功，似勝於藍。味辛苦，氣寒，無毒。解諸毒，傅熱瘡，治噎膈。唐永徽一僧病噎，臨終命其徒曰：可開吾胸喉，視何物苦我。其徒依命，開視得一物，形似魚，有兩頭，遍體肉鱗，安鉢中跳躍不已。戲投諸味，至少澱即怖懼奔走，須臾化成水。世傳澱水能治噎疾，蓋本於此。

清・劉雲密《本草述》卷九下　藍　時珍曰：藍，凡五種，各有主治。惟藍實專取蓼藍者。蓼藍，葉如蓼，五六月開花，成穗細小，淺紅色，子亦如蓼。歲可三刈，故先王禁之。菘藍，葉如白菘。馬藍，葉如苦蕒，即郭璞所謂大葉冬藍，俗中所謂板藍者，二藍，花子並如蓼藍。吳藍，長莖如蒿，而花白，吳人種之。木藍，長莖如決明，高者三四尺，分枝布葉，葉如槐葉，七月開淡紅花，結角長寸許，纍纍如小豆角，其子亦如馬蹄決明子而微小，迥與諸藍不同，而作澱則一也。

藍實此蓼藍，入藥。五六月采之。

氣味：苦，寒，無毒。　權曰：甘。　主治：解諸毒《本經》。利五臟，調六腑，通關節，治經絡中結氣甄權。

愚按：甄權所云利臟腑，通關節經絡結氣等語，世醫初不知此義。蓋經隧者，氣血所從出之道。《經》言之矣，而營血固流，貫於其中，以調和臟腑者也。夫營血原於水，成於火，而肝木實司通身經絡，以達水火之氣者也。蓼藍，本肝木之劑，乃屬水，而長養於火，故其功用，實實如甄權所云也。但世多置藍實不用，其憒憒多矣。

之頤曰：青澱、青黛，總屬分身，不如藍實之包含，真無盡藏也，此數語可思。

藍葉汁係蓼藍。　氣味：苦，甘，寒，無毒。　汁塗五心，止煩悶，殺百藥毒，解狼毒、射罔毒，及朱砂、砒石毒。

板藍根即馬藍。　苦，寒，無毒。　主治：婦人敗血，連根焙搗，下(節)〔節〕，酒服一錢匕蘇恭。　東垣普濟消毒飲中用之，以治天行大頭熱毒，謂之鸕鷀瘟者是也。日華子及《聖惠方》亦皆言其能治天行熱毒。　中風方中類用之。中風活命金丹用之，亦是同諸味以解熱毒之義。

時珍曰：諸藍形雖不同，而性味不遠，皆能解毒除熱。惟木藍葉力似少劣。藍子則專用蓼藍者也。至於用澱與青布，則是刈藍浸水，入石灰澄成者，性味不能不少異，不可與藍汁一槩論也。有人病嘔吐，服玉壺諸丸不效，用藍汁入口即定，蓋亦取其殺蟲降火爾。如此之類，不可不知。　之頤曰：藍釀之成澱，色成勝母，青出藍而青於藍者也。肝主色，肝色青，當入肝，為肝之的藥，亦可為肝之腎藥，以多汁而氣寒也。亦可為肝之心藥，以味苦而性通徹也。此說可與通水火之氣相參。　復曰：力可巽入乎肝，克制乎脾，為平熱之輕劑也。　丹溪曰：藍屬水，能使敗血分歸經絡。

附方　時行熱毒，心神煩躁，用藍澱一匙，新汲水一盞，服。　急疳蝕鼻口，數日欲死，取藍靛傅之令徧，日十度，夜四度，愈。

清・王翃《握靈本草》補遺　藍汁處處有之。形如蓼，抨為澱，尖葉者勝。苦，寒，無毒。主解毒除熱。

清・馮兆張《馮氏錦囊秘錄・雜症痘疹藥性主治合參》卷三　藍實稟天地至陰之精，其味苦鹹，寒而無毒。故能去熱除疳。一云：兼甘，平，無毒。以其得土氣之厚，蓋諸毒遇土即解，故可善解諸毒。

藍實，餘藍俱不入藥，入藥惟用蓼藍。秋採實，晒乾，微研碎，煎服。殺蠱疰疫鬼惡毒，敺五臟六腑熱煩。益心力，填骨髓補虛，聰耳目，利關節，通竅。但虛寒人及久瀉者，并腹中覺冷者忌之。莖葉可作靛染青，生搗絞汁飲，散風熱赤腫，愈疔腫金瘡，追鱉瘕脹痛，百藥毒總解，諸惡瘡并敺。《衍義》云：藍實水有木，能使散敗之血分諸經絡，故解毒最效。又治小兒壯熱成疳，婦人產後血暈，消赤眼暴發，止吐衂時來，天行瘟疫熱狂，并宜急取煎服。丹溪普濟消毒飲中，加板藍根者，即此是也。其靛花名為青黛，宜合丸散。小兒疳熱，消瘦瀉肝，下毒殺蟲，收五臟鬱火，消上膈痰火并妙。更敺時疫頭痛，斂傷寒赤斑。一切疳病，面黃鼻赤，毛焦唇焦，口舌生瘡，皮膚枯槁，壯熱等症，神奏奇功。雖涼而不傷脾胃，故疳痢疳癆，并臻神效。

清・馮兆張《馮氏錦囊秘錄・雜症痘疹藥性主治合參》卷三　蘭葉稟天地清芬之氣以生，故其味辛，氣平，無毒。入手太陰、足陽明經。故肺氣鬱結，辛平散之，胃結痰癖，芬芳除之，為開胃除惡，清肺消痰，散鬱結之聖藥也。

蘭葉，利水道，散痰癖，益氣生津。殺蠱毒，辟不祥，潤膚逐痹。膽癉必用，消渴須求。東垣云：能散積久陳鬱之氣。《經》曰：治之以蘭，除陳氣也。

清・张璐《本經逢原》卷二　藍實大青、小青。　苦，寒，無毒。有二種，大者曰大青，苗高如蓼。小者曰小青，葉光如景天。向編在麻後，今併此。《本經》解諸毒，殺蠱魅疰鬼螫毒。　發明：《本經》取用藍實，乃大青之子，是即所謂蓼藍也。性稟至陰，其味苦寒，故能入肝。《本經》取治蠱疰諸毒，專於清解溫熱諸邪也，陽毒發斑咽痛必用之藥。而莖葉性味不異，主治皆同。日華子治天行熱狂，疔腫風疹。朱肱治發斑咽痛，有犀角大青湯、大青四物湯，皆取其葉，以治溫熱毒盛發斑之藥，非正傷寒藥也。蓋大青瀉肝膽之實火，正以祛心胃之邪熱，所以小兒疳熱、丹毒為要藥。〇小青搗敷腫癤甚效，治血痢腹痛，殺百藥毒，解狼毒、射罔、斑蝥、砒石等毒。《千金》以藍葉搗汁治腹中鼈瘕。夏子益《奇疾方》用板藍汁治腹內應聲蟲。陳實功以藍同貝母搗敷人面瘡，皆取苦寒以散蘊結之熱毒也。〇藍澱以藍浸地坑一宿，入石灰攪，澄去水為澱，其解諸毒，敷熱瘡之用則一，而殺蟲之功更效，蟲為下膈，非此不除。今人以染缸水治噎膈，皆取其殺蟲也。

清・浦士貞《夕庵讀本草快編》卷二　藍《本經》　按陸佃《埤雅》云：《月令》仲夏令民無刈藍以染。鄭玄言：恐傷長養之氣也。然則刈藍，先王所禁制，故字從監。若其汁沫浮面，名曰靛花。從波斯國來者為佳，今不可得。如欲入藥，須淘盡，去其石灰餘氣，方可服食。　藍有五種，味皆苦寒，俱能解毒殺虫，除煩清熱，刈其葉浸水，制以石灰，淀而為澱，攪澱之浮沫，乾而為青黛，功用亦相近也。其子則取蓼藍，久服令頭不白，為春氣在頭，用其色以助春氣之生，自然益頭反髮也。況青則入肝，而肝主色，凡病之變于色者，猶為允當。如疽如丹，如斑如血，如五色痢，如目赤目黃，以及五藏積熱，先見于顏與頰者，可巽入肝，克制于脾，為平熱之輕劑也。擴而觀之，若治斑蜘蛛、應聲虫、噎嗝虫，三案亦奇矣。但種藍之人，日日掃虫，不掃即盡蝕之。嗟夫！生虫之物反能殺虫，得非巽以入之之義乎？蓋人飲食乏，隨氣機變，如大火聚，然投之自無噍類。藍既入胃，是虫之食也，則虫自翕聚，藍隨氣機變化而虫亦隨之，一入氣機，便無迴避，一蕩而盡矣。

清・嚴潔等《得配本草》卷三　藍葉　苦、甘，寒。入足厥陰經。降火解毒，能使敗血分歸經絡。愈疔腫金瘡，追鱉瘕脹痛，解百藥諸毒，止瘟疫熱狂，消赤眼暴發，退小兒壯熱。　得雄鼠糞，治陰陽易。配川柏末，摻耳疳。佐石灰，丸，治痞塞。麵糊調。　加麝香、雄黃，點蜘蛛傷。搗汁，塗唇瘡。　虛作瀉者禁用。　怪症：蜘蛛咬頭上，一宿，咬處有二道赤色，細如箸，繞項上，從胸前下至心，經兩宿，頭面腫疼，大如數升碗，肚漸腫，幾至不救。取藍汁一碗，以蜘蛛投之，至汁而死。又取藍汁加麝香、雄黄，更以一蛛投入，隨化為水，遂即點於咬處，兩日悉平，作小瘡而愈。

清·章穆《調疾飲食辯》卷一下　藍葉汁　《綱目》曰：《埤雅》云：《月令》仲夏令民無刈藍以染。鄭康成以為恐傷生養之氣。是刈藍先王有禁，故字從監。刈藍何以獨傷生養之氣，此理殆不可曉。至於字從監，或六書諧聲之理。解為監禁，未免牽強。《爾雅》曰：葴，馬藍。《本經》收藍實入藥，列為上品。而藍有五種：蓼藍，子、葉皆如蓼，花淺紅色；菘藍，葉如白菘；馬藍，葉如苦蕒，即《爾雅》注之大葉藍，一名板藍，花、子並如蓼藍；吳藍，長莖如蒿，葉如槐，而花色白；木藍，長莖如決明，花淡紅，葉亦如槐。《本經》所用藍實，乃蓼藍之子。云能解百毒，作丸服，殺蠱蚑疰鬼。鬼病有此三種：蠱即雲、貴、兩廣人家所畜之蠱；蚑亦作魃，小兒鬼也，專害人家小兒；疰見魚蟲類鮫魚條。《藥性本草》云：能填骨髓，明耳目，利臟腑，通關節，治經絡中結氣，使人健而少睡。《唐本草》云：療腫毒。而諸藍形狀既各不侔，則其功用自有微別。然可以作澱則同，澱或作淀，又作靛。味苦而甘、性寒則同，解百種惡藥毒，如川烏、草烏、附子、巴豆、砒信、硫黄、鍾乳、雄黄、銀硃及藥箭毒，並搗汁飲之。制百種惡蟲毒，如蛇虺、蜈蚣、斑蝥、蝎，誤食則搗汁內服，被螫則外敷。退一切大熱，於天行狂熱、斑疹煩渴尤驗。行一切敗血，於跌撲、金瘡，血悶欲死，及產後血運尤驗。亦無不同。則諸種通用，自無不可也。是則先王之世禁之者，以時當仲夏，炎熇正盛，毒蟲正多，意在留此有用之物以救民疾。觀以染二字，可見言不當為染色之小用也。不然長養之氣，萬物所共，何刈他草不禁，獨禁藍乎。凡有上文所列諸病，及遊風熱毒，熱眼赤腫者，宜代茶久飲之。又治陰陽易病，傷寒初愈交合，餘熱入裏，必病手足拘攣，小腹急熱，頭重眼花，當汗之，此症滿四日則死，死後必舌出口外數寸。藍葉一兩，雄鼠屎兩頭尖者是三七枚，水煎熱服，溫覆取汗。仲景原有燒裩散，取所交女子裩襠當陰處方五寸，燒灰水服取汗。女病用所交男子裩。如服之不愈，急用此方。又治驚癇發熱：藍葉煎汁，調牛黄末三五分服。不發熱者勿用並出《聖惠方》。又治熱藥過劑，煩悶欲死，搗藍汁頻服數升。出《時後方》。又治痘瘡出不透徹，熱不退：板藍根或葉一兩，甘草三錢，煎汁入溫酒一盃，雞冠血數點，頻服。出《錢氏小兒方》。其葉入窖久罨即為藍靛，用以染布。靛缸面上浮泡，名靛花，乾之為青黛。但靛內有石灰，內服不宜過多。外用及殺蟲方中，其力更大。蓋石灰，蟲所最畏也。《聖惠方》治時行發熱煩燥：藍靛一盃，新汲水一盃，和服。《集簡方》治天泡熱瘡及丹毒，藍靛敷。《肘後方》治毒箭傷人：靛花和水飲，並敷。無則以新染藍布未經入水者，熱湯泡汁代之。《千金方》治口鼻急疳，數日即蝕盡肌肉而死，名走馬疳：藍靛敷，日夜十餘上，內服三黄解毒湯。又治腹中鼈瘕，按之有頭足，能走動：靛花汁溫飲一大盃，日二三次。《聖濟總錄》治頭瘡爛癢，染缸內久罨臭靛頻塗。《普濟方》治誤吞水蛭，青靛和水飲，即瀉出。《摘元方》治產後熱入血室發狂，四物湯和靛水服。華佗《中藏經》治肺熱欬嗽，咯血：乾靛花、杏仁、牡蠣粉各一兩，研勻，黄蠟化和，作三十餅。每以一餅，用乾柹半枚夾定，濕紙裹，煨香嚼食，粥飲下。《活人書》治熱病發斑，靛花和水服。《古今錄驗》治諸毒蠱傷：靛花末，雄黄末減半，毒輕則津唾調搽，重則內服外搽。《奇疾方》治應聲蟲，腹中有蟲隨人言語作聲：靛花溫飲，不計次數。此方較舊雷丸方更驗也。又解鼈毒，靛花水頻飲。

清·張德裕《本草正義》卷下　藍葉　苦，寒。治天行瘟疫熱毒，風熱斑疹，吐血鼻衄。凡熱而兼毒者，俱可搗汁服之。藍靛，乃藍與石灰所成，與葉稍異而味鹹，能止血殺蟲，敷熱毒熱瘡之功，勝於藍葉。

清·楊時泰《本草述鉤元》卷九　藍　藍凡五種，各有主治。蓼藍葉如蓼，五六月開花成穗，細小淺紅色，子亦如蓼，歲可三刈，故先王禁之。菘藍葉如白菘。馬藍葉如苦蕒，即大葉冬藍，俗謂板藍。二藍花子並如蓼藍。吳藍長莖如蒿而花白，吳人種之。木藍長莖如決明，高者三四尺，布葉如槐，七月開澹紅花，結角長寸許，其子亦如馬蹄決明而微小，迥與諸藍不同，而作澱則一也瀕湖。

藍實：惟蓼藍入藥，五六月采之。味苦、甘，氣寒。《本經》解諸毒。甄權利五臟，調六腑，通關節，治經絡中結氣。按：藍實利臟腑，通關節經絡結氣，世醫不知此義，蓋經隧者，氣血所從出之道，而營血固流貫於其中，以調和臟腑者也。營血原於水，成於火，而肝木又司通身經絡，以達水火之氣者也。蓼藍屬水，本肝木之劑，而長養於火，故其功用，實如甄氏所云也。青澱、青黛，總屬藍葉分身，不如藍實之包含，真無盡藏也子由。

藍葉汁：係蓼藍。味苦、甘，氣寒。塗五心，止煩悶，殺百藥毒，解狼若、射罔毒及朱砂、砒石毒。有人病嘔吐，服玉壺諸丸不效，用藍汁入口即定，蓋亦取其殺蟲降火耳。力可巽入乎肝，克制乎脾，為平熱之輕劑不遠。藍屬水，能使敗血分歸經絡丹溪。肝主色，自入為青，故藍為入肝之的藥，亦可為肝之腎藥，以多汁而氣寒也。亦可為肝之心藥，以味苦而性通徹也子由。按：此說可與通水火之氣相參。

板藍根：即馬藍。氣味苦寒。治婦人敗血，連根焙搗，酒服一錢匕。天行熱毒。《普濟》消毒飲用之以治大頭熱毒，即鸕鷀瘟也。中風方中類用之。如活命金丹亦取此以療熱毒之義。

藍澱：時行熱毒，心神煩躁，用藍澱一匙，新汲水一盞服。急疳蝕鼻口，數日欲死，取藍澱傅之令徧，日十度，夜四度，愈。

總論：諸藍形雖不同，性味不遠，皆能解毒除熱，惟木藍葉力似少劣，而藍子則專取蓼藍為用也。至於澱與青布，則是刈藍浸水入石灰澄成者，性味與藍汁不能不少異瀕湖。

青布：解諸物毒。天行煩毒，小兒寒熱丹毒，井水漬取汁飲之。浸汁和生薑汁服，止霍亂。燒灰傅惡瘡經年不瘥者。燒灰酒服，主唇裂生瘡口臭，仍和脂塗之。惡瘡防水，青布和蠟燒煙筒中熏之，入水不爛。臁瘡潰爛，陳艾五錢，雄黃二錢，青布捲作大炷點火熏之，熱水流數次愈。

清·鄒澍《本經續疏》卷一 藍實 【略】藍種頗多，然不離乎生甚晚，而長最速，以夏茂而饒汁。盧子繇謂肝主色，自入為青，青出於藍而深於藍，則以色用為入肝矣。其多汁而氣寒，則為及腎。味苦而性通徹，則為及心。劉潛江謂其取精於水，長養於火，以達其木之用，木用達則水火合和之氣畢達，舉五臟之鬱為火者，皆由此而達，正氣流行，邪氣渙釋，故曰解毒。毒固熱入人身而脇人正氣為附從者，正氣不為所脇而自行所當毒行，又焉能為患有不解散者哉？予謂如此疏藍，亦既明徹矣。第其所以內理痰火，外療盛熱者，謂何？夫木盛遇熱則津生，天地之軌則也，人身則有壯熱而陰反耗，陰耗而熱益猖者，投以寒涼，正患其拒而相搏，改與滋養又恐壅而不化，惟此津隨熱極而生，熱以津濟而解者，豈不適相當耶。此其療盛熱也。至如痰火則上之陽不入陰而與之化，反灼陰而使之消，若增陰則徒能隨陰以消，暫延一時之涸竭；若散火則并陰使盡，且不與陰濟之火，又焉能化而得散？此其充熱以津，化津入熱，為至理所注矣。然急難稍延者用藍汁，緩能及濟者用藍實，微而未猖者用青黛，各擇其宜焉可矣。

清·葉桂《本草再新》卷二 靛葉味酸，性微寒，有小毒。入肝經。治肝熱，敗火毒，敷癰瘡，楊梅惡瘡。青入肝瘡，因火起，清其火，瘡自消。

清·吳其濬《植物名實圖考》卷一一 藍 《本經》上品。李時珍分別五種，極確晰。為澱則一，而花葉全別。今俗所種多是蓼藍、菘藍。馬藍即板藍，其吳地種之木藍，俗謂之槐葉藍，亦間種之。《漢官儀》：蔓園供染綠紋綬小藍曰蔓。《群芳譜》：小藍，莖赤，葉綠而小，秋月煮熟染衣，止用小藍是也。大藍，《爾雅》：葴，馬藍。注：今大葉冬藍。則馬藍之為大藍宜矣。《救荒本草》：大藍葉類白菜，則菘藍亦可名大藍。《本草衍義》：藍實即大藍實，謂之蓼藍，非是。《爾雅》所說，則蓼藍，亦得為大藍矣。宋《圖經》馬藍謂即菘藍，惟李時珍以葉如苦蕒為馬藍。《圖經》明云福州又有一種馬藍，葉似苦蕒，恐非《爾雅》之冬藍也。《月令》：仲夏之月，令民毋艾藍以染，說者皆以為傷生氣。《爾雅翼》諄諄言之。按季夏之月，婦官染采，黑、黃、蒼、赤，無敢詐偽，三代改易服色，嚴於所尚，故染人列於天官，誠重之也。仲夏當獻絲供服之時，用藍尤亟，禁民染青，豈得為便？崔寔《四民月令》亦云五月可刈藍，藍至五月，適可供染。聖人慮民之盡刈，取給目前，而不俟大利也。故令之使毋芟刈而已，非禁其染也。《夏小正》：五月啟灌藍蓼，藍之叢生者，啟之則易滋茂；而啟之有餘科，足以染矣。如種菜然，拔其密者以供食。季夏藍益盛，可供婦官。《齊民要術》七月作坑刈藍，則《豳風》鳴鵙，載黃，我朱矣。藍之灌當別移，可採取，不可刈。《詩》云：終朝采藍，不盈一襜。五日為期，六日不詹。箋：五日，五月之日也，期至五月而歸。此亦五月采藍之証；一襜、一匊，其非捆載而歸明矣。藍至五月可染，至七月則成，用普而利大。聖人授時先後皆有禁，蓋深燭後世爭先貴早之弊，夭物之生，滅物之利。故樹木以時伐焉，禽獸以時殺焉，一物不遂其生成，即拂造物長養之德。五月糶新絲，六月糶新穀，窮民急於有獲，剜肉補瘡，不暇計利。使絲成而俟織，穀成而俟舂，其利豈止倍蓰哉？求利而急，民將青苗而糶，官將青苗而租，豈復有上農之糞、一鍾之收哉？其後時者，禽饗草宅，惰農自甘，里布屋粟，罰宜同之。李時珍又謂蓼藍可三刈，故禁之。夫再蠶有禁，掌於馬質，不掌於典絲。馬蠶同物，故蠶神曰馬頭，原蠶則害馬，故禁之。若藍之三刈，有益於民，而何損於物，葵之屢摘、韭之屢翦、麻之屢割，稻且有再熟三熟者，聖人烏能禁之？趙邠卿經陳留，見人以種藍染紺為業，慨其遺本，民間逐利，不顧饑饉，其患匪細。近時江西廣饒，不可耕之山皆種藍；而黔中苗峒，焚萊作潑，遠販江漢。負戴者頂趾接於蠶叢，裝載者艕舣銜於灘渦，蓋皆澗溪犖确之毛也。志謂利二倍於穀，而費人力，故不全植。噫！盡黔壤而為藍，塢民將安所得食？許渾詩：藍塢寒先，燒藍喜暖。《黔志》亦云：刀耕火耨，寒則不生。上海縣五月黄梅時刈，凡五六刈。

雩婁農曰：余見憔悴之民，春無所得食，挼麥穗并其麩與汁而炙食之；比熟，所獲者無幾矣。三代之時，戶有蓋藏，故令之而行、禁之而止，否則苟有可獲，將糶之以蘇喘息，豈能拭飢忍飢而聽命哉？《詩》云：握粟出卜，其何能穀。

清·葉志詵《神農本草經贊》卷一 藍實 味苦，寒。主解諸毒，殺蠱，蚑注鬼螫毒。久服頭不白，輕身。生平澤。

三刈襜盈，芳滋悦染。角蘊青濃，蕤垂紅淺。蠚毒冰消，蠱蚑霧斂。黑髮春新，丹和九轉。

李時珍曰：歲可三刈，五六月開花成穗，細小淺紅色，結角長寸許，如小豆角。《詩》：不盈一襜。王季友詩：芳藍滋疋帛。梁簡文帝文：悦染笙歌。《唐書·傳》：瓦解冰消。王勃序：群疑霧斂。王建詩：春來黑髮新。《洞冥記》：和九轉之丹服之。

清·戴葆元《本草綱目易知錄》卷一 蓼藍實 苦，寒。填骨髓，明耳目，利五臟，調六腑，通關節，益心力。治經絡中結氣，使人健少睡。療腫毒，解諸毒，殺蠱蚑疰鬼螫毒。【略】

蓼藍葉汁：苦、甘，寒。塗五心止煩悶。殺百藥毒，解砒石、朱砂、狼毒、射罔、斑蝥、蜂螫毒。脚氣赤腫，皮破水流，浸淫鞋襪。藍葉擣汁，調如意金黄散，傅，油紙裹布傅，日二易，數日赤退水止，葆驗方。

吳藍：苦、甘，冷。屬水，能使敗血分歸經絡。除煩止渴，殺疳排膿。治寒熱頭痛頭腫，赤眼天行，熱狂疔瘡，遊風熱毒，腫毒風瘮，鼻衄吐血，產後血運，小兒壯熱。解金石藥毒，毒箭，金瘡血悶，蛇蟲傷，狼毒、射罔、蜘蛛咬毒。

雀翹

宋·唐慎微《證類本草》卷三〇有名未用·草木〔《別録》〕 雀翹 味鹹。主益氣，明目。一名去母，一名更生。生藍中，葉細黄，莖赤有刺。四月實兑音鋭，黄中黑。五月採，陰乾。

馬蓼

元·吳瑞《日用本草》卷七 馬蓼 去腸中蛭蟲。

明·滕弘《神農本經會通》卷五 馬蓼附水蓼、赤蓼。《本經》云：去腸中蛭蟲，輕身。《唐本》注云：水蓼，葉大，似馬蓼而味辛。主被蛇傷，擣傅之，絞取汁服，止蛇毒入腹。心悶者，又水煮漬脚捋之，消脚氣腫。日華子云：水蓼，性冷，無毒。蛇咬，擣敷，根莖并通用。

赤蓼，暖，暴脚軟人，燒灰淋汁浸捋，以蒸桑葉罯，立愈。

明·王文潔《太乙仙製本草藥性大全》卷二《仙製藥性》 馬蓼 葉大同前。卑濕之地亦產，夏收採，曝乾入劑。主腸中蟲蛭，輕身。

明·李時珍《本草綱目》卷一六草部·隰草類下 馬蓼《綱目》

〔釋名〕大蓼《綱目》 墨記草 時珍曰：凡物大者，皆以馬名之，俗呼大蓼是也。高四五尺，有大小二種。但每葉中間有黑跡，如墨點記，故方士呼爲墨記草。〔集解〕弘景曰：馬蓼生下濕地，莖斑，葉大有黑點。亦有兩三種，其最大者名蘢薣，即水葒也。

莖葉 〔氣味〕辛，温，無毒。時珍曰：伏丹砂、雌黄。〔主治〕去腸中蛭蟲，輕身《本經》。

清·吳其濬《植物名實圖考》卷一一 馬蓼 《本經》中品。葉有黑點，《本草綱目》以為墨記草。

天蓼

明·佚名氏《醫方藥性·草藥便覽》 天蓼 其性有小毒。治瘡痒，去風毒。

水蓼

宋·唐慎微《證類本草》卷一一草部下品〔唐·蘇敬《唐本草》〕 水蓼 主蛇毒，擣傅之。絞汁服，止蛇毒入内心悶。水煮漬捋脚，消氣腫。

〔唐·蘇敬《唐本草》〕注云：葉似蓼，莖赤，味辛，生下濕水傍。

〔宋·馬志《開寶本草》〕按：別本注云：生於淺水澤中，故名水蓼。其葉大於家蓼，水挼食之，勝於蓼子。《唐本》先附。

〔宋·掌禹錫《嘉祐本草》〕按：日華子云：水蓼，味辛，冷，無毒。

〔宋·唐慎微《證類本草》〕《集驗方》：治脚痛。先以水蓼煮湯，令温熱得所，頻頻淋洗，瘡乾自安。

宋・寇宗奭《本草衍義》卷一二 水紅子 不以多少，微炒一半，餘一半生用，同爲末，好酒調二錢，日三服，食後、夜卧各一服。治瘰癧，瘡破者亦治。水蓼大率與水紅相似，但枝低爾。今造酒，取以水浸汁。和麵作麴，亦假其辛味。

宋・劉明之《圖經本草藥性總論》卷上 水蓼 主蛇毒，擣傅之。絞汁服，止蛇毒入腹心悶。水煮漬，捋脚，消氣腫。日華子云：冷，無毒。葉似蓼莖，赤。生下濕水傍。

宋・陳衍《寶慶本草折衷》卷一一 水蓼汁在內。 生下濕水傍，及淺水澤中。○又云：用莖，今亦有和葉用者。 味辛，冷，無毒。○主蛇毒，擣傅之。絞汁服，止蛇毒入內，心悶。水煮漬捋脚，消氣腫。○《圖經》曰：葉闊，上有黑點。分蓼實條。○寇氏曰：大率與水紅相似，但枝低爾。今造酒取，以水浸汁，和麪作麴，亦假其辛味。分水紅子條。

元・吴瑞《日用本草》卷七 水蓼 性冷，無毒。擣根莖傅蛇咬。

明・王綸《本草集要》卷三 水蓼 味辛，無毒。生水澤中。莖赤，葉大於家蓼。 主蛇毒，擣傅之，絞汁服，止蛇毒入心。水煮漬捋脚，消氣腫。

明・滕弘《神農本經會通》卷一 水蓼 生於淺水澤中。其葉大於家蓼。 味辛，冷，無毒。

《本經》云：主蛇毒，擣傅之。絞汁服，止蛇毒入內，心悶。水煮，漬捋脚，消氣腫。

明・劉文泰《本草品彙精要》卷一五 水蓼無毒。 植生。

水蓼：主蛇毒，擣傅之。絞汁服，止蛇毒入內，心悶。水煮漬，捋脚，消氣腫。名醫所録。 【苗】《唐本》注云：生於水澤中，故名水蓼，其葉大於家蓼，莖赤。水挼食之，勝於蓼子。《衍義》曰：大率與水紅花相似，但枝低爾。今造酒取汁，和麵作麴，亦假其辛爾。 【地】《唐本》注云：生下濕水傍。 【時】生：春生苗。採：夏月取莖、葉。 【收】陰乾。 【用】莖、葉。 【質】類水紅花而枝短。 【色】緑。 【味】辛。 【性】冷，散。 【氣】氣之薄者，陽中之陰。 【臭】香。 【治】療：《別録》云：脚痛成瘡，煮湯，令溫熱得所，頻頻淋洗，瘡乾自安。 【合治】水紅子不以多少，微炒一半，餘一半生用，同爲末，以好酒調二錢，日三服，食後夜卧各一服，治瘰癧，破者亦治。

明・王文潔《太乙仙製本草藥性大全》卷二《本草精義》 水蓼 生水澤中下濕水傍，或淺水澤中，故名水蓼。莖赤，其葉大於家蓼，四、五月開花，紅白色，結實黑如莧菜子一樣。水挼食之，勝於蓼子。六月採實用。

明・王文潔《太乙仙製本草藥性大全》卷二《仙製藥性》 水蓼 味辛，氣涼，無毒。 主治：捋脚上霍亂轉筋，消脚氣腫滿。吞服止蛇毒攻內，去痃癖脹疼。水蠱黄腫腹膨，用蒸汗出立愈。二月勿食，傷腎弱陽。若合魚鮓食之，令陰冷，痛欲絶。 補註：脚痛成瘡，先剉煮湯令熱，溫得所洗之，又洗瘡乾效。○治瘰癧，用水葒子，不拘多少，一半微炒，一半生用，研末，好酒調二錢，食後、夜臥各一，效。破者亦治。

明・李時珍《本草綱目》卷一六草部・隰草類下 水蓼《唐本草》

【釋名】虞蓼《爾雅》 澤蓼 志曰：生于淺水澤中，故名水蓼。時珍曰：按《爾雅》云：薔，虞蓼也。山夾水曰虞。 【集解】恭曰：水蓼生下濕水旁。葉似馬蓼，大于家蓼，莖赤色，水挼食之，勝于蓼子。宗奭曰：水蓼大概與水葒相似，但枝低耳。今造酒取葉，以水浸汁，和麪作麴，亦取其辛耳。時珍曰：此乃水際所生之蓼，葉長五六寸，比水葒葉稍狹，比家蓼葉稍大，而功用彷彿。故寇氏謂蓼實即水蓼之子者，以此故也。

莖葉 【氣味】辛，無毒。大明曰：冷。 【主治】蛇傷，擣傅之。絞汁服之，止蛇毒入腹心悶。又治脚氣腫痛成瘡，水煮汁漬捋之《唐本》。

明・李中立《本草原始》卷三 水蓼 生下濕〔地〕水傍。莖赤，其葉大於家蓼，故名水蓼。俗呼蓼子草。 氣味：辛，冷，無毒。 主治：蛇毒，擣傅之。絞汁服，止蛇毒入心悶。水煮漬，捋脚，消氣腫。治脚痛成瘡，先剉水蓼，煮湯，令溫熱得所，頻頻淋洗之，瘡乾自安。

水蓼，《唐本草》。【圖略】大概與水葒相似，葉稍狹耳。今造酒取以水浸汁，和麵作麯，假其辛味。

明・繆希雍《本草經疏》卷一一 水蓼 主蛇毒，擣傅之。絞汁服，止蛇毒入內心悶。煮漬捋脚，消氣腫。

【疏】水蓼感金水之氣而兼有土，故味辛性冷而無毒。陰中微陽。冷而辛，所以能解蛇毒入內心悶及水煮漬捋脚，消氣腫也。 【主治參互】《集驗方》治脚痛成瘡，先剉水蓼煮湯，令溫熱得所，頻頻淋洗，瘡乾自安。《衍義》治瘰癧，水紅子不拘多少，微炒一半，生用一半，同為末，好酒調二錢，日三服，食後、夜臥各一服，破者亦治。

明·姚可成《食物本草》卷一八草部·隰草類 水蓼生下濕水旁，葉似馬蓼，大於家蓼，莖赤色，水挼食之，勝於蓼子。今造酒取葉，以水浸汁，和麪作麴，亦取其辛耳。

水蓼莖、葉 味辛，無毒。治蛇傷，擣傅之。絞汁服之，止蛇毒入腹心悶。又治脚氣腫痛成瘡，水煮汁漬捋之，大效。

清·吴其濬《植物名實圖考》卷一四 水蓼 《爾雅》：薔，虞蓼。注：澤蓼。《唐本草》始別出。與陸生者同。唯隨水深淺有大小耳。俚醫以陸生者為麴蓼，不入藥，生水中者為地蓼，能治跌打損傷，通筋骨，方書不載。

蓼港訟

明·周履靖《茹草編》卷一 蓼港訟 秋雲黯淡湖水綠，蓼葉蘋花映眉目。波心小艇輕往來，抛擲漁竿嬾拘束。閒來煮蘋兼煮蓼，竹葉香醪傾百斛。何不殺鳧烹鶴喂饞口，正欲秋光旖旎蕩吾腹。 即紅蓼花。四五月採嫩頭，洗淨湯焯，和粉作餅。

小蓼花

清·吴其濬《植物名實圖考》卷一三 小蓼花 生溝塍淺水中。莖葉皆似水蓼，而花作團，穗上擎，如覆盆子，色尤嬌嫩。

葒草

宋·唐慎微《證類本草》卷三〇有名未用·草木〔《別錄》〕 天蓼 味辛，有毒。主惡瘡，去痹氣。一名石龍。生水中。

〔宋·掌禹錫《嘉祐本草》〕按：陳藏器云：即今之水葒，一名遊龍，亦名大蓼。

宋·唐慎微《證類本草》卷九草部中品〔《別錄》〕 葒音紅草 味鹹，微寒，無毒。主消渴，去熱，明目，益氣。一名鴻藹音纈。如馬蓼而大，生水傍，五月採實。

〔梁·陶弘景《本草經集注》〕云：此類甚多，今生下濕地，極似馬蓼，甚長大。《詩》稱隰有遊龍，注云：葒草。郭景純云：即籠古也。

〔宋·馬志《開寶本草》〕按：別本注云：此即水紅也。以爲湯，浸療脚氣。

〔宋·掌禹錫《嘉祐本草》〕按：《爾雅》云：紅，蘢古。其大者蘬。疏引陸璣云：一名馬蓼，葉大而赤白色，生水澤中，高丈餘。郭云：俗呼紅草爲籠鼓，語轉耳。

〔宋·蘇頌《本草圖經》〕曰：葒草，即水紅也。舊不著所出州郡，云生水傍，今所在下濕地皆有之。似蓼而葉大，赤白色，高丈餘。《爾雅》云：紅，蘢古。其大者蘬丘追切。《鄭詩》云隰有游龍是也。陸璣云：一名馬蓼。《本經》云：似馬蓼而大。若然，馬蓼自是一種也。五月採實，今亦稀用。但取根、莖作湯，捋脚氣耳。

〔宋·唐慎微《證類本草》〕陳藏器云：作湯浸水氣，惡瘡腫，佳。《唐本》注云：有毛，花紅白，除惡瘡腫，脚氣，煮濃汁漬之，多差。

明·朱橚《救荒本草》卷上之前 白水葒苗 《本草》名葒草。一名鴻藹音纈。有赤白二色。《爾雅》云：紅，蘢古。其大者蘬。《鄭詩》云隰有遊籠是也。所在有之，生水邊下濕地。葉似蓼葉而長大，有澁毛，花開紅白。又似馬蓼，其莖有節而赤。味鹹，性微寒，無毒。救飢：採嫩苗葉煠熟，水浸淘淨，油鹽調食。洗淨蒸食亦可。治病：文具《本草》草部葒草條下。

明·蘭茂原撰，范洪等抄補《滇南本草圖說》卷八 葒草 氣味鹹平，無毒。主治：消渴，去熱散氣，消積止痛，消痞塊最良。按：葒草，即蓼草。

明·蘭茂撰，清·管暄校補《滇南本草》卷下 水紅花子 性寒，味苦平。破血，治小兒痞塊積聚，消一切年深堅積，療婦人石瘕症。

明·蘭茂《滇南本草》〔叢本〕卷中 水紅花 味苦，平，性寒。破血，治小兒痞塊，消一切年深堅積。療婦人石瘕症。

明·劉文泰《本草品彙精要》卷一二 葒草無毒。 植生。

葒音紅草：主消渴，去熱，明目，益氣。名醫所錄。〖名〗鴻藹音纈、游龍。〖苗〗《圖經》曰：此即水紅花也。似蓼而葉大，赤白色，高丈餘，其枝薛樛屈，著土處有根如龍，《詩》所謂隰有游龍是也。陸璣云：一名馬蓼。《本經》云：似馬蓼而大，若然，馬蓼自是一種也。〖地〗《圖經》曰：舊不載所出州土，今生水傍及所在下濕地多有之。〖時〗生：春生苗。採：五月取實。〖收〗陰乾。〖用〗莖、實、根。〖質〗類馬蓼而大。〖色〗紅。〖味〗鹹。〖性〗微寒，軟。〖氣〗氣薄味厚，陰中之陽。〖臭〗香。〖主〗明眼目，消瘡毒。〖治〗療：陶隱居云：作湯洗，除脚氣。陳藏器云：消水氣，惡瘡腫，作湯洗之。

明·鄭寧《藥性要略大全》卷七 水紅花子 治心痛痞積，主消渴，去熱明目，益氣。取根莖作湯洗，消腳氣腫及除惡瘡，去痹氣。濃煮汁漬之，絞汁服，止蛇毒入內、心悶。又擣汁傅蛇咬毒瘡。主治與水蓼同。〇一名天蓼，一名蘢古，一名葒草。

明·陳嘉謨《本草蒙筌》卷三 水葒草即天蓼。 味鹹，氣微寒。無毒。一云味辛。有毒。雖生各處，多在水傍。苗莖高尺餘，葉大色赤白。五月採實，用者最稀。去痹氣，除惡瘡，下水氣，解消渴。去熱明目，奇効咸臻。○馬蓼葉大同前，卑濕之地亦產。夏收採曝乾入劑，主腸中蟲蛭輕身。○水蓼生淺水中，大葉上有黑點。根莖並採，可用煎湯。捋脚止霍亂轉筋，消脚氣腫滿；吞服止蛇毒攻內，去痃癖脹疼。水蠱黃腫腹膨，用蒸汗出立愈。二月勿食，傷腎弱陽。若合魚鮓食之，令陰冷痛欲絕。○毛蓼冬根不死，葉上有毛；亦主瘰癧癰疽，引膿長肉。○白蓼紅蓼，造酒並佳。

明·王文潔《太乙仙製本草藥性大全》卷二《本草精義》 水葒草 一名鴻蓊，一名葒、蘢古，一名天蓼。生水傍，今所在下濕地皆有之也。又云生澤中。莖高丈餘，葉似馬蓼而更大，赤白色，其大者蘬丘追切。《鄭詩》云：隰有遊龍。是開花赤色，藥內水紅花即是，結實亦如馬蓼，子黑如青葙子，（無）二五月採實，用者最稀。

明·王文潔《太乙仙製本草藥性大全》卷二《仙製藥性》 水葒草即天蓼。味鹹，氣微寒，無毒。一云味辛，有毒。主治：去痹氣，除惡瘡，下水氣，解消渴。去熱明目，奇效咸臻。補註：除惡瘡、脚腫、脚氣、水氣，取根莖煮濃汁，浸漬之差。按：《衍義》云：水蓼大率與水葒相似，但枝低耳，而主治大同小異。今造酒麯，取以水浸汁，和麪作麯，亦假其辛味也。

明·李時珍《本草綱目》卷一六草部·隰草類下 葒草《別録》中品。校正：併入有名未用《別録》天蓼。

【釋名】鴻蓊音纈。 蘢古一作鼓。 遊龍《詩經》 石龍《別録》 天蓼《別録》 大蓼時珍曰：此蓼甚大而花亦繁紅，故曰葒，曰鴻。鴻亦大也。《別録》有名未用草部中有天蓼，云一名石龍，生水中。陳藏器解云：天蓼即水葒，一名遊龍，一名大蓼。據此，則二條乃一指其實，一指莖葉而言也。今併爲一。

【集解】《別録》曰：葒生水旁，如馬蓼而大，五月采實。弘景曰：今生下濕地甚多，極似馬蓼而甚長大。《詩》稱隰有遊龍。郭璞云：即蘢古也。頌曰：葒即水葒也，似蓼而葉大。赤白色，高丈餘。《爾雅》云：葒，蘢古。其大者蘬，音詭。陸璣云：游龍，一名馬蓼。然馬蓼自是一種也。時珍曰：其莖粗如拇指，有毛。其葉大如商陸，花色淺紅，成穗，秋深子成，扁如酸棗仁而小，其色赤黑而肉白，不甚辛，炊爆可食。

實 【氣味】鹹，微寒，無毒。【主治】消渴，去熱明目益氣《別録》。

【附方】舊一，新一。 瘰癧：水葒子不以多少，一半微炒，一半生用，同研末。食後好酒調服二錢，日三服。已破者亦治。久則效，效則止。寇宗奭《本草衍義》。 癖痞腹脹：及堅硬如盃盌者。用水葒花子一升，另研獨顆蒜三十箇去皮，新狗腦一箇，皮硝四兩，石臼擣爛，攤在患處上，用油紙以長帛束之。酉時貼之，次日辰時取之。未效，再貼二三次。倘有膿潰，勿怪。仍看虛實，日逐間服錢氏白餅子、紫霜丸、塌氣丸、消積丸，利之磨之。服至半月，甚者一月，無不瘥矣。以喘滿者爲實，不喘者爲虛。《藺氏經驗方》。

花 【主治】散血，消積，止痛時珍。

【附方】新三 胃脘血氣：作痛。水葒花一大撮，水二鍾，煎一鍾服。百户毛菊莊屢驗方也。董炳《避水集驗方》。 心氣㽲痛：水葒花爲末，熱酒服二錢。又法：男用酒水各半煎服，女用醋水各半煎服。一婦年三十病此，一服立效。《摘玄方》。 腹中痞積：水葒花或子一盌，以水三盌，用桑紫文武火煎成膏，量痞大小攤貼，仍以酒調膏服。忌腥葷油膩之物。劉松石《保壽堂方》。

天蓼《別録》時珍曰：此指莖葉也。 【氣味】辛，有毒。 【主治】惡瘡，去痹氣《別録》。 根莖：除惡瘡腫，水氣脚氣，煮濃汁漬之蘇頌。

【附方】新一。 生肌肉：水葒花根煎湯淋洗，仍以其葉晒乾研末，撒瘡上，每日一次。談埜翁《試驗方》。

明·梅得春《藥性會元》卷上 葒草 味鹹，微寒，無毒。即水紅花。一名鴻蓊。主治消渴，退熱，明目益氣。似馬蓼而大，好生水傍。

明·李中立《本草原始》卷二 葒草 即水紅也。生水傍，今所在下濕地皆有之。似蓼而葉大，赤白色，高丈餘，花作穗，紅色，故名葒草。《詩》云隰有遊龍是也。 實：氣味：鹹，微寒，無毒。 主治：消渴去熱，明目益氣。 花：散血，消積止痛。

葒草，《別錄》中品。**【圖略】**似馬蓼而大。實大如黍，圓扁而黑。陳藏器云：作湯，浸水氣惡瘡腫佳。《唐本》注云：有毛，花紅白，除惡瘡腫、脚氣，煮濃汁漬之多差。 修治：子或炒、或為末，隨方。甚不可用蓼實。

明·倪朱謨《本草彙言》卷三 水葒草 味鹹、苦，氣寒，無毒。 陶隱居曰：水葒草生下濕地，極似馬蓼而甚長大。《詩》稱隰有游龍者是也。似蓼而葉大，高丈餘。其莖粗如拇指，有毛。其葉有大如商陸葉者。花色淺紅，成穗。秋深子成可采。扁如酸棗仁而小，其色赤黑而內白，不甚辛，炊熯可食之。

水葒草子：消血積，日華化癖散癧之藥也。其味鹹苦而寒，性善消磨，能入血分，逐留滯，去痹氣，清血障，明目疾。如血分中無所留滯，脾虛胃寒者禁用。

集方：已下四方俱見婁汝臺《簡城集方》治瘰癧。用水葒花子，不拘多少，一半微炒，一半生用，同研末，食後好酒調服二錢，日三服。破者亦治，久則效，效則止。○治痞癖腹脹及堅硬如杯碗者。用水葒花子一升，另研，獨顆蒜十五個去皮，狗腦一個，皮硝四兩，石臼搗爛，攤在患上。用油紙蓋定，長帛束之。酉時貼，次日辰時取去，未效再貼二三次。倘有膿潰，以滑石研細末糁之，自乾，痞脹漸消除矣。○治胃脘血氣作痛。以水葒花一大撮，水二鍾，煎一鍾服。○治心氣疞痛。用水葒花爲末，白湯調服二錢。又法，男病用酒、水各半煎服，女用醋、水各半煎服。

明・姚可成《食物本草》卷一八草部・隰草類　葒草生水旁，如馬蓼而大，今下溼地多有之。其莖粗如拇指，有毛。其葉大如商陸葉。［花］色淺紅，成穗。秋深子成，扁如酸棗仁而小，其色赤黑而肉白，不甚辛。炊爓可食。

葒草莖、葉：有毒。治惡瘡，去痹氣。子：味鹹，微寒，無毒。治消渴，去熱明目，益氣。花：散血消積止痛。根治水氣脚氣，煮濃汁漬之。

附方：治瘰癧。用水葒花子，不拘多少，一半微炒，一半生用，同研末，食後好酒調服二錢，日三服，不問已潰未潰，久服自效。治癖塊堅硬如石者。用水葒花子一升，另研獨顆蒜三十个去皮，新狗腦一个，皮硝四兩，石臼搗爛，攤在患處，上用油紙，以長帛束之。酉時貼之，次日辰時取之。未效再貼二三次。倘有膿潰，勿怪，仍看虛實，日逐間服消積等藥，利之磨之。服至半月，甚者一月，無不瘥矣。以喘滿者為實，不喘者為虛。治胃脘血氣作痛。水葒花一大撮，水二鍾，煎一鍾服，此百戶毛菊莊屢驗方也。治心氣疞痛。水葒花為末，熱酒服二錢。又法：男用酒、水各半煎服，女用醋、水各半煎服。一婦年三十病此，一服立效。

清・馮兆張《馮氏錦囊秘錄・雜症痘疹藥性主治合參》卷三　水紅草感金水之氣，而兼有土，故味辛，性冷，無毒。辛能散，寒能洩，所以下水解毒，消渴除痹，去熱明目之用也。

水紅草，即天蓼。去痹氣，除惡瘡，下水氣，解消渴。去熱明目，奇效咸臻。

清・吴其濬《植物名實圖考》卷一一　葒草　《別録》中品。《爾雅》：葒，蘢古。陸璣《詩疏》：游龍，一名馬蓼。高丈餘。《圖經》即水葒也。今北方亦呼為水葒，音訛為蓬。《救荒本草》：嫩葉可煠食。陳藏器以為即《別録》有名未用之天蓼。

雩婁農曰：水葒至梅聖俞始入吟詠，劉克壯亦有分紅間白、拜雨揖風之句，其餘詠蓼，蓋不分別，放翁詩數枝紅蓼醉清秋，非此花不能當也。

清・劉善述、劉士季《草木便方》卷一草部　大蓼子　大蓼苗葉辛微溫，水腫脚氣痹痛蒸。除腸蛭蟲惡瘡用，花消血梗止痛輕。子名蓼實。

兔兒酸

明・朱橚《救荒本草》卷上之前　兔兒酸　一名兔兒漿。所在田野中皆有之。苗比水葒矮短，莖葉皆類水葒，其莖節密，其葉亦稠，比水葒葉稍薄小。味酸性。救飢：採苗葉煠熟，以新汲水浸去酸味，淘淨，油鹽調食。

明・李中立《本草原始》卷六　兔兒酸　所在田野皆有之。苗比水葒矮短，莖葉亦類水葒。其莖節密，其葉亦稠，比水葒葉瘦小。可作菜食。根赤黃色，有節。今人呼為穿地鱗。味甘，無毒。兔兒酸根，今人接骨藥中多用之。

新增。【圖略】兔兒酸形。救飢採苗葉，煠熟，以新汲水淘淨，油鹽調食。

清・田綿淮《本草省常・菜性類》　兔兒酸　一名醋兒酸。性平。壯筋骨。

落得打

題清・徐大椿《藥性切用》卷三　落得打　性味甘平，治跌打損傷，金瘡出血。並用其根，煎湯洗之。酒炒行血，醋炒止血。搗爛則粘，可塗傷腫。

清・趙學敏《本草綱目拾遺》卷五草部下　落得打　一名土木香、山雄黃、五香草。《從新》云：近處有之，苗高尺許，葉如薄荷，根如玉竹而無節，搗爛則黏。

按：《從新》所説似今人所名為紫接骨者。落得打，予養素園中曾種之，苗長二三尺，葉細碎如蒿艾，秋開小白花，結子白色，成穗纍纍，如水紅花，但白色耳，故又名珍珠倒捲簾。治跌打損傷，神效。曾記辛巳年小婢失足，從樓梯墜下，瘀血積滯，因採此擣汁沖酒服，以渣罨傷處，一飯頃，疼塊即散，內瘀亦瀉出，葉有清香者是。此藥以家種隔二三年者，入藥用良。

野產者，入藥有草氣，胃弱者，服之多吐。

《百草鏡》云：此草立春後始發苗，十月枯，八月開花，苗葉如菊艾，有歧尖而薄，五月採嫩枝入藥。《李氏草秘》：七葉草，一名落得打，一名活血丹。雖名草實樹，其樹高一二尺、五七尺不等，搗汁和酒服，治打傷撲損，疔瘡腫毒，煎洗痰核瘰癧，久久自消。敏按：此言木本，當又是一種。《葛祖方》：治跌打損傷，無名腫毒，去瘡瘀血死肉不痛。《百草鏡》云：性甘平，治跌打損傷，及金瘡出血，並用根煎服，或搗敷之，不作膿。

甘香溫，入脾經，去風調氣活血。

花：擦牙疼，治頭風及風氣。

清・趙其光《本草求原》卷三隰草部 落得打根 甘，平。治跌打損傷及金瘡出血。煎服並敷，不作膿。苗高尺許，葉如薄荷，根似玉竹而無節，搗爛則粘。

清・張仁錫《藥性蒙求・草部》 落得打錢半、二錢 落得打平，用根煎服。能治損傷，金瘡出血。酒炒行血，醋炒止血。〇苗高人許，葉如薄荷，根如玉竹而無節。搗爛則粘。

赤地利

宋・唐慎微《證類本草》卷一一草部下品〔唐・蘇敬《唐本草》〕 赤地利 味苦，平，無毒。主赤白冷熱諸痢，斷血破血，帶下赤白，生肌肉。所在山谷有之。

〔唐・蘇敬《唐本草》〕注云：葉似蘿摩，蔓生。根皮赤黑，肉黃赤。二月、八月採根。日乾。《唐本》先附。

〔宋・掌禹錫《嘉祐本草》〕按：《蜀本圖經》云：蔓生，繞草木上，花、子皆青色。根若菝葜，皮紫赤色也。

〔宋・蘇頌《本草圖經》〕曰：赤地利，舊不載所出州土，云所在山谷有之，今惟出華山。春夏生苗，作蔓繞草木上，莖赤。葉青，似蕎麥葉。七月開白花，亦如蕎麥。根若菝葜，皮黑肉黃赤，八月內採根，曬乾用。亦名山蕎麥。此下又有赤車使者條云：似香葇、蘭香，葉、莖赤，根紫赤色。生溪谷之陰，出襄州。八月、九月採根，日乾。古方治大風濕痹等，赤車使者酒主之。今人稀用，亦鮮有識之者，因附見於此。

〔宋・唐慎微《證類本草》〕雷公云：凡採得後細剉，用藍葉并根并剉，唯赤地利細剉了，用生絹袋盛，同蒸一伏時，去藍暴乾用。《聖惠方》：治火燒瘡滅瘢方：用赤地利二兩擣末，生油調塗之。《外臺秘要》：治小兒面及身上生瘡如火燒。赤地利擣末，粉之良。

宋・唐慎微《證類本草》卷一一草部下品〔宋・掌禹錫《嘉祐本草》〕 五毒草 味酸，平，無毒。根主癰疽，惡瘡毒腫，赤白遊瘮，蟲蠶蛇犬咬，並醋摩傅瘡上，亦擣莖、葉傅之。恐毒入腹，亦煮服之。生江東平地。花、葉如蕎麥，根緊硬似狗脊。一名五蕺，一名蛇罔。又別有蠶罔草，如苧麻與蕺同名也。新補。見陳藏器。

宋・陳衍《寶慶本草折衷》卷一一草部下品下 赤地利 一名山蕎麥。生華山即華州山谷，今所在有之，蔓繞草木之上。〇二、八月採根，日乾。

味苦，平，無毒。〇主赤白冷熱諸痢，斷血破血，帶下赤白，生肌肉。〇《圖經》曰：莖葉似蕎麥，根若菝蒲八切葜棄八切，皮黑肉黃赤。〇《聖惠方》：治火燒瘡，滅瘢。用赤地利擣末，生油調傅。〇《外臺秘要》：治小兒面及身上生瘡如火燒，赤地利擣末粉之。

明・劉文泰《本草品彙精要》卷一五 五毒草無毒。 植生。

五毒草根：主癰疽，惡瘡，毒腫，赤白遊瘮，蟲蠶蛇犬咬，並醋摩傅。亦搗莖葉傅之，恐毒入腹，亦煮服之。名醫所錄。

〔名〕五蕺俎及切、蛇罔。

〔苗〕《圖經》曰：花葉如蕎麥，根緊硬似狗脊。又別有蠶罔草如苧麻，與蕺同名也。〔地〕《圖經》曰：生江東平地。〔時〕生：春生苗。採：夏秋取。〔收〕日乾。〔用〕根、莖、葉。〔色〕綠。〔味〕酸。〔性〕平，收。〔氣〕氣之薄者，陽中之陰。〔臭〕腥。〔主〕癰腫，蟲毒。〔製〕醋摩或搗碎用。

明・劉文泰《本草品彙精要》卷一四 赤地利無毒。 叢生。

赤地利：主赤白冷熱諸痢，斷血，破血，帶下赤白，生肌肉。名醫所錄。

〔名〕山蕎麥。〔苗〕《圖經》曰：春夏生苗，作蔓繞草木上，莖赤葉青，似蕎麥、蘿摩輩，七月開白花，亦如蕎麥，根若菝葜，皮黑肉黃赤。《蜀本》注云：蔓生繞草木上，花子皆青色，根若菝葜，皮紫赤色。〔地〕《圖經》曰：舊本不載所出州土，今所在山谷有之。〔道地〕華州。〔時〕生：春夏生苗。採：八月取根。〔收〕暴乾。〔用〕根。〔質〕類菝葜。〔色〕皮黑肉黃赤。〔味〕苦。〔性〕平，泄。〔氣〕味厚于氣，陰也。〔主〕調血，止痢。〔製〕《雷公》云：凡採得後，細剉，用藍葉並根並剉，惟赤地利細剉了，用生絹袋盛，同蒸一伏時，去藍，暴乾用。〔治〕療：《別錄》云：治小兒面及身上生瘡如火燒，搗末粉之，良。〔合治〕取二兩搗末，合生油調塗火燒瘡，滅瘢。

明・王文潔《太乙仙製本草藥性大全》卷二《本草精義》 五毒草 一名五蒧，一名蛇罔。生江東平地。花葉如蕎麥，根紫，梗似狗脊。又別有蠶罔草，如苧麻，與蒧同名也。

赤地利 一名山蕎麥。舊不載所出州土，所在山谷有之，今惟出華山。春夏生苗，作蔓繞草木上，莖赤葉青似蕎麥。七月開白花，亦如蕎麥，根若菝葜，皮黑肉黃，亦八月內採根，晒乾用。

明・王文潔《太乙仙製本草藥性大全》卷二《仙製藥性》 五毒草 味酸，氣平，無毒。 主治：破癰疽惡瘡如神，退赤白遊瘮絕妙。腫毒蠱毒立消，蛇犬蠶咬並療。醋摩搗汁傅塗，恐毒入肚，煮服。

赤地利 味苦，氣平，無毒。 主治：主赤白冷熱諸痢，生肌如神。治斷血破血，赤白帶下即效。 補註：治火燒瘡滅瘢方：用赤地利二兩，搗末，生油調塗之。〇治小兒面及身上生瘡如火燒，赤地利搗末，粉之良。太乙曰：凡採得後細剉，用藍葉并根，并剉，唯赤地利細剉了，用生絹袋盛，同蒸一伏時，去藍，曝乾用。

明・皇甫嵩《本草發明》卷三 五毒草下品下。酸，平，無毒。一名赤地利。

發明曰：五毒草，外科所用。《本草》主癰疽惡瘡腫毒，赤白遊疹，（蠱）〔蟲〕，蠶蛇犬咬。並醋摩根服之。亦搗莖葉傅之。恐毒入腹中，亦煮汁服之。生江東平地。葉花如蕎麥，根緊硬似狗脊。一名五蒧。

赤地利下品下，佐使。味苦，平，無毒。八月採根，乾用。 發明曰：此苦能消毒熱，化滯，故《本草》主赤白冷熱痢，斷血破血，帶下赤白，生（飢）〔肌〕肉。採根，治火燒瘡。滅瘢方用赤地利，搗末，油傅之。小兒面及身上（蒼）〔瘡〕如火燒，為粉傅之。〇所在山谷有之。蔓生，繞草上。莖赤，葉青，似蕎麥，開白花，根如菝葜，皮紫黑，肉黃。

明・李時珍《本草綱目》卷一八草部・蔓草類 赤地利《唐本草》。校正：併入《拾遺》五毒草。

〔釋名〕赤薜荔《綱目》 五毒草《拾遺》 五蒧《拾遺》 蛇罔《拾遺》 山蕎麥《圖經》 時珍曰：並未詳。 〔集解〕恭曰：所在山谷有之。蔓生，葉似蘿藦。根皮赤黑，肉黃赤。二月、八月采根，日乾。頌曰：所在皆有，今惟華山上〔有〕之。春夏生苗，作蔓繞草木上，莖赤。葉青，似蕎麥葉。七月開白花，亦如蕎麥。結子青色。根若菝葜。皮紫赤，肉黃赤，八月采根，晒乾收。藏器曰：五毒草生江東平地。花葉並如蕎麥。根緊硬似狗脊。亦名蛇罔，名同物異。時珍曰：五毒草即赤地利，今併爲一。

根 〔修治〕斆曰：凡采得細剉，用藍葉并根，同入生絹袋盛之，蒸一伏時，去藍晒用。

〔氣味〕苦，平，無毒。藏器曰：酸，平。伏丹砂。 〔主治〕赤白冷熱諸痢，斷血破血，帶下赤白，生肌肉《唐本》。主癰疽惡瘡毒腫，赤白遊瘮，蟲蠶蛇犬咬，並醋摩傅之。亦擣莖葉傅之。恐毒入腹，煮汁飲藏器。 〔發明〕時珍曰：唐張文仲《備急方》治青赤黃白等痢，鹿茸丸方中用之。則其功長于凉血解毒，可知矣。

〔附方〕舊二 小兒熱瘡：身面皆有，如火燒者。赤地利末，粉之。 火瘡滅瘢：赤地利末，油調塗。《聖惠》。

清・吳儀洛《本草從新》卷一 開金鎖〔宣，祛風濕。〕 苦，平。祛風濕。同蒼朮、當歸治手足不遂，筋骨疼痛。產江浙。葉如萆薢，高三四尺，根如何首烏而無棱，肉白色而無紋，略似菝葜而無刺。

題清・徐大椿《藥性切用》卷三 開金鎖 性味苦平，善祛風濕。治手足不遂，筋骨疼痛。與蒼朮、當歸同用甚效。

清・趙學敏《本草綱目拾遺》正誤 草藥有金鎖匙，俗呼金鎖銀開，乃藤本蔓延之小草也。土人取以療喉症極驗。又名馬蹄草，非馬蹄細辛也，馬蹄細辛即杜衡。瀕湖於杜衡條後附方，引《急救方》中之金鎖匙，認為杜衡，誤矣。

清・趙學敏《本草綱目拾遺》卷七藤部 金鎖銀開 《百草鏡》云：俗名鐵邊箕，處處山野有之，葉似天虋冬葉，又似土茯苓葉，但差狹小耳，藤生，或緣石砌、樹上，竹林內亦有之，非海金沙也。其根黑色，兩旁有細刺如邊箕樣，故名，入藥用根。

敏按：今俗所用治一切喉症。金鎖銀開乃天蕎麥之根，形如纍丸，黏結成塊。產山上者，皮黃；汙泥中者，皮黑。與《百草鏡》所言各別，或名同而物異耶。

《李氏草祕》：天蕎麥亦名金鎖銀開，形若蕎麥，治乳癰風毒，入諸散毒藥內，取根二分，生薑一分，水煎服，愈。治敗血久病不痊，又洗痔血，皆佳。《李氏草祕》又云：小青草藤上蔓，有倒摘刺，細如稻芒，開粉紅花，生藍子，葉似蕎麥，又名野蕎麥，煎洗痔漏之聖藥。

治白濁用根，擣汁沖酒服。　喉中風火：　孫玉庭云：　其根專治喉閉，故得此名。喉風喉毒，用醋磨嗽喉，涎痰去而喉閉自開矣。　痰核瘰癧，不拘何等癧痒結核初起者，梁湖陳府祕方：　用金鎖銀開須鮮者，將來擣汁沖酒服。其莖、葉用白水煮爛，和米粉作餅餌食之，不過二三服立消。　若破爛者，以梁上烏龍尾揉去粗屑，納瘡中，外貼膏藥，亦服根汁，喫餅餌五六次，自結痂而愈。　洗痔漏，治蛇傷木蛇毒，擣汁和酒服《草祕》。

汪連仕《采藥書》：　金鬚釟，俗呼金鎖銀開，其苗柔而堅性不斷，今名象毛，力能軟堅化痞，合米醋擣汁盥口，能開鎖纏喉風，雖枯根亦可透鎖喉。

清·吴其濬《植物名實圖考》卷一一　透骨消　産南安。形狀俱同赤地利，唯赤莖為異。俚醫以治損傷，活血止痛，通關節。蓋一種也。

按李時珍以五毒草、赤地利併為一條。但蔓草似蕎麥者亦非一類。色味既別。稱名互異。其外科敷洗，大略相通；　若入飲劑，則經絡須分，故並存以俟詳考。

清·吴其濬《植物名實圖考》卷二二　赤地利　《唐本草》始著録。李時珍以為即《本草拾遺》之五毒草。江西、湖南通呼為天蕎麥，亦曰金蕎麥。莖柔披靡，不纏繞，莖赤葉青，花葉俱如蕎麥，長根赭硬。與《唐本草》說符，為治跌打要藥。竊賊多蓄之，故俚醫呼賊骨頭。

雩婁農曰：　天之生斯草也，以矜折損也。乃宵小恃之，以扞敲抨而遁法網，豈天之助凶人歟？《易》曰：　惡不積，不足以滅身。《傳》曰：　淫人富，謂之殃。夫盜賊穿窬胠篋，得而縶之，法止鞭撲及荷校耳。乃秘此方藥，絶者續，腐者新，頑而無忌，屢觸法而益狼戾，其究不至殺越人于貨不止，則斷剄之戮及之矣。昔有囚將伏法，語獄卒曰：　某為賊，冒法多矣，每受責必餌白及，故無苦。死後可取肺視之，必有異。獄卒如言，審其肺，已潰敗，皆白及所補綴云。然則盜賊得秘藥，而無所苦者，乃俾之愍不畏死，而終服上刑也。則天之生此草，將以積其惡而滅之、殃之也。然盜賊終恃此而不悟也。

清·劉善述、劉士季《草木便方》卷一草部　苦莜頭　苦蕎頭苦平解毒，諸痢帶疳長〔骨〕肉。惡瘡腫毒遊驗，蛇疹犬蟲傷擣服塗。

清·戴葆元《本草綱目易知録》卷二　山蕎麥赤地利、五毒草　根，苦，平。斷血破血，涼血解毒，生肌肉，塗火瘡。治赤白冷熱諸痢，婦人赤白帶下，癰疽惡瘡腫毒，赤白遊癣。　蛇、犬、蠶蟲咬毒，並醋摩傅莖葉，亦擣傅。恐毒入腹，煮汁飲。

毛蓼

宋·唐慎微《證類本草》卷一〇草部下品〔唐·陳藏器《本草拾遺》〕　毛蓼　主癰腫疽瘻瘰癧。杵碎内瘡中，引膿血，生肌。亦作湯洗瘡，兼濯足治脚氣。　生山足，似烏蓼，葉上有毛，冬根不死也。

宋·劉明之《圖經本草藥性總論》卷上　毛蓼　主癰腫，疽瘻瘰癧，杵碎，内瘡中，引膿血，生肌。亦作湯洗瘡兼濯足，治脚氣。生山足，似烏蓼，葉上有毛，冬根不死也。

明·王文潔《太乙仙製本草藥性大全》卷二《仙製藥性》　毛蓼　冬根不死，葉上有毛。亦主瘰癧，癰疽，引膿長肉。

明·李時珍《本草綱目》卷一六草部·隰草類下　毛蓼《拾遺》。

〔集解〕藏器曰：　毛蓼生山足，似馬蓼，葉上有毛，冬根不死。時珍曰：　此即蓼之生于山麓者，非澤隰之蓼也。

莖葉　〔氣味〕辛，温，有毒。　〔主治〕癰腫疽瘻瘰癧，杵碎納瘡中，引膿血，生肌。亦作湯，洗兼濯足，治脚氣藏器。

清·吴其濬《植物名實圖考》卷一四　毛蓼　《本草拾遺》始著録。主治癰腫、疽瘻，引膿、生肌。今俚醫亦用之。其穗細長，花紅，冬初尚開，葉厚有毛，俗呼為白馬鞭。

清·劉善述、劉士季《草木便方》卷一草部　小蓼子　小蓼苗葉温味辛，霍亂腫痛脚轉筋。腸中邪氣消痃癖，蛇蟲傷毒心悶生。

海根

宋·唐慎微《證類本草》卷七草部上品〔唐·陳藏器《本草拾遺》〕　海根　味苦，小温，無毒。主霍亂中惡，心腹痛，鬼氣注忤，飛尸，喉痹，蠱毒，癰疽惡腫，赤白遊胗，蛇咬犬毒。酒及水磨服。傅之亦佳。生會稽海畔山谷，莖赤，葉似馬蓼，根似菝葜而小也，海人極用之。

〔宋·唐慎微《證類本草》〕《海藥》云：　胡人採得，蒸而用之，餘並同。

明·李時珍《本草綱目》卷一六草部·隰草類下　海根《拾遺》

〔集解〕藏器曰：　生會稽海畔山谷，莖赤，葉似馬蓼，根似菝葜而小，胡人蒸而用之也。

根　〔氣味〕苦，小温，無毒。　〔主治〕霍亂中惡心腹痛，鬼氣疰忤，飛尸，喉痹蠱毒，癰疽惡腫，赤白遊瘮，蛇咬大毒。酒及水磨服，並傅之藏器。

明·姚可成《食物本草》卷一八草部·隰草類　海根生會稽海畔山谷。莖赤，葉似馬蓼，根似菝葜而小。胡人蒸而食之也。

海根，味苦，溫，無毒。治霍亂中惡心腹痛，鬼氣疰忤，飛尸，喉痹，蠱毒癰疽惡腫，赤白遊瘮。蛇咬犬毒，酒及水磨服，并傅之。

火炭母草

宋·唐慎微《證類本草》卷三〇外草類〔宋·蘇頌《本草圖經》〕　火炭母草　生南恩州原野中。味酸，平，無毒。去皮膚風熱，流注骨節，癰腫疼痛。莖赤而柔似細蓼，葉端尖近梗方。夏有白花。秋實如菽，青黑色，味甘可食。不拘時採葉，擣爛於垍器中，以鹽酒炒，傅腫痛處，經宿一易。

明·劉文泰《本草品彙精要》卷四一　火炭母草無毒。　植生。

火炭母草：　去皮膚風熱，流注骨節，癰腫疼痛。取葉擣爛於垍器中，以鹽、酒炒，傅腫痛處，經宿一易。出《圖經》。　【苗】《圖經》曰：　莖赤而柔似細蓼，葉端尖，近梗方，夏有白花，秋實如菽，青黑色，味甘可食。　【地】《圖經》曰：　生南恩州原野中。　【時】生：　春生苗。　採：　無時。　【用】葉。　【味】酸，甘。　【性】平，收。　【氣】味厚於氣，陰中之陽。

明·姚可成《食物本草》卷一八草部·隰草類　火炭母草生〔南〕恩州原野中。莖赤而柔，似細蓼。葉端尖，近梗形方。夏有白花，秋實如椒，青黑色，味甘可食。

火炭母草，味甘，平，有毒。主去皮膚風熱，流注骨節，癰腫疼痛。搗爛，以鹽酒炒，傅腫痛處，經宿一易之。

清·何諫《生草藥性備要》卷上　火炭母　味酸，性寒。炒蜜食，能止痢症。敷瘡，敷跌打，貼爛脚拔毒、乾水、斂口。

附：　琉球·吳繼志《質問本草》外篇卷三　樜苐赤地利　辛丑清舶漂到，採此種問之。　樜苐。陳宜春。

清·吳其濬《植物名實圖考》卷一四　火炭母草　宋《圖經》始著錄。今南安平野有之，形狀與圖極符。俗呼烏炭子，以其子青黑如炭，小兒食之，冬初尚茂。俚醫亦用以洗毒消腫。

蠶罔草

宋·唐慎微《證類本草》卷九草部中品〔唐·陳藏器《本草拾遺》〕　蠶茵草　味辛，平，無毒。主蠶及諸蟲，如蠶類咬人，恐毒入腹，煮汁服之。生搗傅瘡。生濕地，如蓼大，莖赤花白，東土亦有之。

明·李時珍《本草綱目》卷二一草部·有名未用　蠶繭草時珍曰：《摘玄方》：　治腫脹。用半斤，同冬瓜皮半斤，紫蘇根葉半斤，生薑皮三兩，煎湯熏洗，暖卧取汗。洗三次，小便清長，自然脹退。

草血竭

宋·王介《履巉巖本草》卷上　草血竭　性平，無毒。治打撲傷損有血者，用少許搗爛貼之，其血遂止。

清·吳其濬《植物名實圖考》卷一七　草血竭　一名回頭草。生雲南山石間。亂根細如團髮，色黑，橫生；　長柄長葉，微似石韋而柔，面綠背淡，柄微紫；　春發葶開花成穗，如小白蓼花。《滇本草》：　味辛、苦，微澀，性溫。寬中消食，化痞。治胃疼寒濕、浮腫癥瘕、瘀血。男婦痞塊、癥瘕積聚，草血竭一錢焙末，砂糖熱酒服。氣盛者加檳榔、台烏。寒濕浮腫，草血竭、茴香根、草果子共為細末，煮鰌魚吃三四次，效。

水麻艻

清·吳其濬《植物名實圖考》卷一五　水麻艻　生建昌。叢生，莖如蓼，淡紅色；　綠節；　葉三叉，前尖長後短，面綠背淡有毛。俚醫擣漿，以新汲水沖服。療痧症。

按《本草綱目》有牛脂麻艻，無形狀，草藥多有以艻名者。

赤脛散

清·吳其濬《植物名實圖考》卷一〇　赤脛散　生寶慶山中。黃根黑鬚，紫莖有節，似蓼有細白毛，參差生葉，葉形宛似箭鏃；　邊綠內紫黑色，紋赤。俚醫用之。滇南生者尤長大，開粉紅花如蓼。土呼土竭力。

青黛

宋·唐慎微《證類本草》卷九草部中品〔宋·馬志《開寶本草》〕　青黛　味鹹，寒，無毒。主解諸藥毒，小兒諸熱，驚癇發熱，天行頭痛寒熱。並水研服之，亦摩傅熱瘡惡腫，金瘡，下血，蛇、犬等毒。從波斯國來，及太原并廬陵、南康等。染澱亦堪傅熱惡腫，蛇虺螫毒。染瓮上池沫紫碧色者，用之同青黛功。今附。

〔宋·掌禹錫《嘉祐本草》〕按：　《藥性論》云：　青黛，君，味甘，平。能解小兒疳熱消瘦，殺蟲。陳藏器云：　青黛并雞子白、大黃，傅瘡癰、蛇虺等。

〔宋·唐慎微《證類本草》〕《圖經》：文具藍實條下。《梅師方》：治傷寒，發豌豆瘡未成膿方：以波斯青黛大棗許，冷水研服。《宮氣方》：疳痢，羸瘦毛焦。方歌曰：孩兒雜病變成疳，不問強羸女與男。恰似脊傍多變動，還如瘦疾困躭躭。又歌曰：煩熱毛焦鼻口乾，皮膚枯槁四肢攤。腹中時時更下痢，青黃赤白一般般。眼澁面黃鼻孔赤，穀道開張不欲看。忽然瀉下成疳淀，又却濃涕一團團。脣焦嘔逆不乳哺，壯熱增寒卧不安。腹中有病須醫藥，何須祈禱信神盤。此方便是青黛散，孩兒百病服來看。初虞世：治諸蟲毒所傷。青黛、雄黃等分，同研爲末，新汲水調下二錢匕。《太平廣記》：青黛，殺惡蟲物，化爲水。

宋·寇宗奭《本草衍義》卷一〇 青黛 乃藍爲之。有一婦人患臍下腹上，下連二陰，遍滿生濕瘡，狀如馬瓜瘡。他處并無，熱癢而痛，大小便澀，出黄汁，食亦減，身面微腫。醫作惡瘡治，用鰻鱺魚、松脂、黄丹之類。藥塗上，瘡愈熱，痛愈甚。治不對，故如此。問之，此人嗜酒，貪啖，喜魚蟹發風等物。急令用溫水洗，拭去膏藥。尋以馬齒莧四兩，爛研細，入青黛一兩，再研勻，塗瘡上，即時熱減，痛癢皆去。仍服八政散，日三服，分敗客熱。每塗藥，得一時久，藥已乾燥，又再塗新濕藥。凡如此二日，減三分之一，五日減三分之二，自此二十日愈。既愈而問曰：此瘡何緣至此？曰：中、下焦蓄風熱毒氣，若不出，當作腸癰、内痔。仍常須禁酒及發風物。然不能禁酒，後果然患内痔。

宋·劉明之《圖經本草藥性總論》卷上 青黛 味鹹，寒，無毒。主解諸藥毒，小兒諸熱，驚癇發熱，天行頭痛寒熱，並水研服。摩傅熱瘡惡腫，金瘡下血，蛇犬等毒。《藥性論》云：君。味甘，平。能解小兒疳熱消瘦，殺蟲。又治發豌豆瘡，殺惡蟲物化為水。

元·朱震亨《本草衍義補遺》 青黛 能收五臟之鬱火，解熱毒，瀉肝，消食積。〇青黛，殺惡蟲物，化為水。又《宮氣方》小兒疳痢，羸瘦毛焦，方歌曰：孩兒雜病變成疳，不問強羸女與男。恰似脊傍多變動，還如瘦疾困躭躭。又歌曰：煩熱毛焦鼻口乾，皮膚枯槁四肢癱。腹中時時更下痢，青黄赤白一般般。眼澁面黄鼻孔赤，穀道開張不欲看。忽然瀉下成疳淀，又却濃涕一團團。唇焦嘔逆不乳哺，壯熱增寒卧不安。腹中有病須醫藥，何須祈禱信神盤。此方便是青黛散，孩兒百病服來看。

元·徐彥純《本草發揮》卷二 青黛 丹溪云：青黛，能收五藏之鬱火，解熱毒，瀉肝，消食積。

明·王綸《本草集要》卷二 青黛君 味鹹甘，氣寒。出波斯國，染瓮上池沫紫碧花者，用之同青黛功。主解諸藥毒，收五臟鬱火，小兒諸熱，驚癇發熱，天行頭痛，並水研服之。治小兒疳，熱痢，消瘦諸病，瀉肝，消食積。殺惡蟲物，化為水。摩傅熱瘡惡腫，金瘡下血，蛇犬等毒甚效。

明·滕弘《神農本經會通》卷一 青黛 君也。染瓮上池沫紫色者用之，同青黛功。味鹹，氣寒，無毒。《圭》云：除熱毒，小兒諸熱及驚癇，主金瘡，蛇犬諸蟲毒。磨傅熱瘡。

《本經》云：主解諸藥毒，小兒諸熱，驚癇發熱，天行頭痛寒熱，並水研服。亦摩傅熱瘡惡腫，金瘡下血，蛇犬等毒，蛇虺螫毒。《藥性論》云：青黛，君。味甘、平。能解小兒疳熱消瘦，殺蟲。陳藏器云：青黛，并雞子白、大黄，傅瘡癰蛇虺等毒。丹溪云：能收五臟之鬱火，解熱瀉肝，消食積。又殺惡蟲物化為水。又小兒疳痢，羸瘦毛焦方，歌曰：孩兒雜病變成疳，不問強羸女與男。愉似脊傍多變動，還如瘦病困躭躭。又歌曰：項熱毛焦鼻口乾，皮膚枯槁四肢癱。腹中時時更下痢，青黄赤白一般般。眼澁面黄鼻孔赤，穀道開張不欲看。忽然瀉下成疳淀，又却濃涕一團團。脣焦嘔逆不乳哺，壯熱增寒卧不安。《衍義》曰：青黛，乃藍為之。有一婦患臍下腹上，下連二陰，遍滿生濕瘡，(壯)〔狀〕如馬瓜瘡，他處並無，熱痒而痛，大小便澁，出黄汁，食亦減，身面微腫。醫作惡瘡治，用鰻(鯏)〔鱺〕魚、松脂、黄丹之類藥塗上，瘡愈熱，痛愈甚。治不對，故如此。問之，此人嗜酒貪啗，喜魚蟹發風等物。急令用溫水洗，拭去膏藥，尋以馬齒莧四兩，爛研細，入青黛一兩，再研勻，塗瘡上，即時熱減，痛痒皆去。仍服八正散，日三服，分敗客熱。每塗藥一時久，藥已乾燥，又再塗新濕藥，凡如二十日愈。既愈而問曰：此瘡何緣至此。曰：中下焦蓄風熱毒氣，若不出，當作腸癰内痔。仍常須禁酒及發風物。然不能禁酒，後果然患内痔。

明·劉文泰《本草品彙精要》卷八 青黛 主解諸藥毒，小兒諸熱，驚癇，發熱，天行頭痛，寒熱，並水研服之。亦摩傅熱瘡，惡腫，金瘡，下血，蛇犬等毒。染澱亦堪傅熱惡腫，蛇虺螫毒。名醫所錄。【苗】謹按：青黛出於藍也，其種人家園圃蒔之，葉似蓼。夏採得以水漬缸甕中，日攪令沫旋結水面，取起，曬乾入藥。或云一種出波斯國者，今不復見之。【地】《圖經》

曰：出波斯國。今太原、廬陵、南康處處有之。〔時〕生：春生苗。採：夏取葉。〔收〕曬乾。〔用〕輕浮者爲好。〔色〕青。〔味〕鹹。〔性〕寒，軟。〔氣〕氣薄味厚，陰也。〔臭〕腥。〔主〕殺蟲解毒。〔製〕研細用。

〔治〕療：陳藏器云：小兒丹熱和水服之。

明·葉文齡《醫學統旨》卷八 青黛 氣寒，味鹹、甘。無毒。出波斯國。染瓮上池沫紫碧花者用之。 治收五臟鬱火，解諸藥毒，熱毒，小兒諸熱驚癇發熱，疳熱瀉利，消瘦諸病；瀉肝消食積；殺惡蟲物化為水，摩傅熱瘡惡腫，金瘡下血，蛇犬等毒甚効。

明·許希周《藥性粗評》卷一 青黛撲燎原之火。

青黛，《衍義》云：乃藍為之而巔末。《本草》並無所載，但云從波斯國來，及太原并廬陵、南康等，又云染瓮上池沫紫碧色者，用之同青黛功。愚意其所謂澱花者，即青黛之流也。彼必另有製造之方耳，今直以之代青黛之用可焉。 味甘、鹹，性寒，無毒。主治天行頭痛，發熱驚癇，熱瘡惡腫，金瘡下血，小兒諸熱，急疳，毛焦羸瘦，解諸藥毒及蛇犬虺蝎諸蟲所咬等毒。丹溪云：能收五臟鬱火遊火，解熱毒，瀉肝，消食積。

單方：內熱：以水研服。 外科一任腫毒：以水調傅；若諸蛇咬毒，以水研，□□□□少許，傅之更妙。

明·鄭寧《藥性要略大全》卷六 青黛君 解諸藥毒，小兒諸熱驚癇，天行頭痛寒熱。摩傅熱毒諸瘡。 易老云：甘，平。解小兒疳熱消瘦，殺蟲。

味鹹，性大寒，無毒。云甘平者，誤矣！

明·王文潔《太乙仙製本草藥性大全》卷一《本草精義》 青黛君 味鹹、甘，氣寒，染瓮上浮沫紫碧花者，即靛花。雖名青黛，非真。真者出波斯國，真青黛形狀與靛花不同類，路遠罕有此，却因功效相類，特假爲名，旋收曝乾，色甚紫碧。市家多取乾靛充賣，殊不知靛枯黑重實，花嬌嫩輕浮，不可不細擇爾。以水飛浄灰脚，合丸製散隨宜。治小兒發熱驚癇，調小兒疳蝕消瘦，瀉肝，止暴注，下毒，殺惡蟲，收五臟鬱火有功，消上膈痰火最效，敺時疫頭痛，斂傷寒赤斑，水調服之，應如桴鼓。

按：靛花雖非青黛，然治小兒疳蝕消瘦發熱，屢有奇功。古傳歌括一章附後，令人便覽，歌曰：小兒雜病變成疳，不問強羸女與男。腹內時時如下痢，青黃赤白一般般。眼澁面紅鼻孔赤，穀道開張不欲看。煩熱毛焦兼口渴，皮膚枯槁四肢癱。唇焦嘔逆不乳哺，壯熱增寒卧不安。此方便是青黛散，取效猶如服聖丹。

吳藍君 味苦甘，冷，無毒。治天行熱狂，丁瘡遊風，熱毒腫毒，風瘮，除煩止渴，殺疳，解毒箭金瘡血悶，蟲蛇傷，毒刺，鼻洪吐血，排膿，寒熱頭痛，赤眼，產後血暈，解金石藥毒，解狼毒、射罔毒，小兒壯熱，熱疳。

明·李時珍《本草綱目》卷一六草部·隰草類下 青黛宋《開寶》。

〔釋名〕靛花《綱目》 青蛤粉時珍曰：黛，眉色也。劉熙《釋名》云：滅去眉毛，以此代之，故謂之黛。

〔集解〕志曰：青黛從波斯國來。今以太原并廬陵、南康等處，染澱甕上沫紫碧色者用之，與青黛同功。時珍曰：波斯青黛，亦是外國藍靛花，既不可得，則中國靛花亦可用。或不得已，用青布浸汁代之。貨者復以乾澱充之，然有石灰，入服餌藥中當詳之。

〔氣味〕鹹，寒，無毒。權曰：甘，平。 〔主治〕解諸藥毒，小兒諸熱，驚癇發熱，天行頭痛寒熱，並水研服之。亦磨傅熱瘡惡腫，金瘡下血，蛇犬等毒《開寶》。解小兒疳熱，殺蟲甄權。小兒丹熱，和水服之。同雞子白、大黃末，傅瘡癰蛇虺螫毒藏器。瀉肝，散五臟鬱火，解熱，消食積震亨。去熱煩，吐血咯血，斑瘡陰瘡，殺惡蟲時珍。

〔發明〕宗奭曰：青黛乃藍爲之者。有一婦人患臍下腹上，下連二陰，遍生濕瘡，狀如馬爪瘡，他處並無，痒而痛，大小便澀，出黃汁，食亦減，身面微腫。醫作惡瘡治，用鰻鱺魚、松脂、黃丹之藥塗之，熱痛甚。問其人嗜酒食，喜魚蟹發風等物。急令洗其膏藥，以馬齒莧四兩，杵爛，入青黛一兩，再研匀塗之。即時熱減，痛痒皆去。仍以八正散，日三服之，分敗客熱。藥乾即上。如此二日，減三分之一，五日減三分之二，二十日愈。此蓋中下焦蓄風熱毒氣也。若不出，當作腸癰內痔。仍須禁酒色發風物。然不能禁，後果患內痔。

〔附方〕舊六，新七。 心口熱痛：薑汁調青黛一錢服之。《醫學正傳》。 內熱吐血：青黛二錢，新汲水下。《聖惠方》。 肺熱咯血：青餅子：用青黛一兩，杏仁以牡蠣粉炒過一兩，研匀，黃蠟化和，作三十餅子。每服一餅，以乾柿半個夾定。濕紙裹，煨香嚼食，粥飲送下。日三服。華陀《中藏經》。 小兒驚癇：青黛量大小，水研服之。《生生編》。 小兒夜啼：方同上。 小兒疳痢：《宮氣方》歌云：孩兒雜病變成疳，不問強羸女與男。煩熱毛焦鼻口燥，皮膚枯槁四肢癱。腹中時時更下痢，青黃赤白一般般。眼澀面黃鼻孔赤，穀道開張不可看。此方便是青黛散，孩兒百病服之安。 耳疳出汁：青黛、黃檗末，乾搽。《談埜翁方》。 爛弦風眼：青黛、黃連泡湯，日洗。《明目方》。 產後發狂：四物湯加青黛，水煎服。《摘玄》。 傷寒赤斑：青黛二錢，水研服。《活人書》。　豌豆瘡毒：　未成膿者。波斯青黛一棗許，水研服。《梅師方》。瘰癧未穿：　靛花、馬齒莧同擣，日日塗傅，取効。《簡便方》。　諸毒蟲傷：　青黛、雄黃等分，研末，新汲水服二錢。《古今録驗》。

題明・薛己《本草約言》卷一《藥性本草》　青黛　味鹹、甘，氣寒，無毒。陽中之陰，可升可降。收五臟之鬱熱，瀉肝經之積熱。療天行之疫熱，去小兒之肝熱。入手太陰、足厥陰經。治小兒疳痢羸瘦、毛焦骨熱尤良。亦消食積，殺惡蟲，物化為水。

明・梅得春《藥性會元》卷上　青黛　味鹹、氣寒，無毒。出波斯國。染盆上池沫紫碧花者用之。　主收五臟之鬱火，解諸藥毒及熱毒，瀉肝熱，消食積疳，小兒諸熱，驚疳熱瀉羸瘦，毛焦百病。殺惡蟲，化物為水，磨傅熱瘡、惡腫，金瘡，下血，蛇犬等毒甚效。又天行熱病，頭痛，水磨服之。大解熱鬱結熱痰，與黃連、青礞石丸最捷。與瓜蔞仝治酒痰，如肝脉沉弦，用此瀉之。痰積嗽，非青黛、瓜蔞不能除。　附小兒歌曰：　孩童雜病變成疳，不問強羸女與男。恰似脊傍多變動，還如困疾瘦躭躭。　又曰：　煩熱毛焦鼻口乾，皮膚枯槁四肢癱。腹中時時更下痢，青黃赤白一般般。眼澁面黃鼻孔赤，穀道開張不欲看。忽然瀉不成疳淀，却如膿涕一團團。唇焦嘔逆不乳哺，壯熱憎寒卧不安。腹中有疾須醫藥，何須祈禱信神盤。　此方便是青黛散，孩兒百病自能安。

明・杜文燮《藥鑒》卷二　青黛　氣寒，味苦、甘，無毒。敺時疫頭痛，斂傷寒赤斑。能收五臟之鬱火，能消膈上之熱痰。瀉肝火，止驚癇，消食積，殺諸惡蟲，盡化為水。又治小兒疳痢，羸瘦毛焦煩熱。歌曰：　煩熱毛焦口臭乾，皮膚枯槁四肢攤。腹中時時更下痢，青白赤黃一般般。眼澁面黃鼻吼赤，穀道開張不欲看。忽然瀉下成疳積，又且濃涕上團團。唇焦嘔吐不乳哺，壯熱增寒卧不安。此方便是青黛散，取效猶如服聖丹。

明・李中立《本草原始》卷一　青黛　是波斯國藍靛花也，路遠難得。中國靛花主治與青黛同功，亦可以此代之，故假為名。《綱目》云：　黛，眉色也。劉熙《釋名》曰：　滅去眉毛，以此代之，故謂之黛。　氣味：　鹹，寒，無毒。　主治：　解諸藥毒。小兒諸熱，驚癇發熱，天行頭痛寒熱，并水研服之。亦磨傅熱瘡惡腫，金瘡下血，蛇犬等毒。○解小兒疳熱，殺蟲。○小兒丹熱，和水服之。同雞子白、大黃末傅瘡癰、蛇虺螫毒。○瀉肝，散五臟鬱火，解熱，消食積。○去熱煩，吐血，咯血，斑瘡惡瘡。

青黛，《本經》上品。【圖略】花紫碧，體輕浮者佳。靛枯黑，體重實者劣。市多取乾靛、羅青充賣。入藥宜擇嬌嫩體輕者，以水飛淨灰脚，日乾任用。按：　靛花雖非青黛，然治小兒疳蝕，下痢，消瘦發熱，屢有奇功。古歌云：　小兒雜症變成疳，不問強羸女與男。腹內時時如下痢，青黃赤白一般般。眼澀面黃鼻孔赤，穀道開張不欲看。煩熱毛焦兼口渴，皮膚枯槁四肢癱。唇裂嘔逆不乳哺，壯熱增寒卧不安。此方便是青黛散，取效猶如服聖丹。

《談埜翁方》：　治耳疳出汁，青黛、黃柏末，乾搽愈。又名綠袍散，搽口瘡效。

明・張懋辰《本草便》卷一　青黛君　味鹹、甘，氣寒。　主解諸藥毒，收五臟鬱火，小兒諸熱，驚癇發熱，天行頭痛，竝水研服之。蛇犬等毒甚效。

明・傅懋光《醫學疑問》　〔問：〕青黛乃瀉肝火，治熱瘡，解諸毒之良劑。而《本草》只言以藍為之，且言出自外國，不言其造成之法，所謂小邦之青黛必交海蛤燒粉而後成，故閭閻習俗惟知小邦海蛤粉，多用之於去毛之家，毒之而不用，醫士之流亦疑之而不敢施用，豈非大欠也哉？　天朝上下之人皆着藍染黑色之衣，必是青黛至賤故也。其染色之青黛，入藥之青黛，同異與否？　及造成之法，切願詳知。　〔答曰：〕青黛之真者，出自波斯國，間與靛花絕不相類。因路遠罕得真品，遂以靛花，即藍實之精英成者抵之。藍實邇來本處種者甚多，藥中惟用蓼藍，採取莖葉，絞汁成浮沫，方入藥用。若染色之需，即他藍雜用沉濁之汁，且攙入石灰而成，竟不入藥。至於蓼藍之汁功效如之。該國所用青黛，必交海蛤燒粉成者，恐未然也。

明・李中梓《藥性解》卷三　青黛　味苦、甘，性寒，無毒，入肝、脾二經。除鬱火，解熱毒，止下痢，殺諸蟲，治小兒疳蟲消瘦，驚癇邪氣，唇焦口渴，上膈稠痰，療傷寒赤斑，面黃鼻赤。　按：　青黛色青屬木，味甘屬土，宜入厥陰太陰，以理諸熱之症。

明・繆希雍《本草經疏》卷九　青黛　味鹹、寒，無毒。主解諸藥毒，小兒諸熱，驚癇，發熱，天行頭痛寒熱，竝水研服之。亦摩傅熱瘡，惡腫，金瘡下血，蛇犬等毒。染澱，亦堪傅熱毒惡腫，蛇虺螫毒。

〖疏〗青黛，外國藍靛之英華也。稟水土陰寒之氣以生，故味鹹寒而無毒。

甄權謂其甘平，以其得土氣之厚也。故可解諸藥毒，及小兒諸熱，驚癇發熱，天行頭痛寒熱，竝水研服之。亦磨傅熱瘡惡腫，金瘡下血，蛇犬等毒。波斯國來及太原產者勝。如不可得，即用染甕浮沫之紫碧色者，亦可。

【主治參互】得蕪荑、使君子肉、胡黃連、蘆薈，殺蟲除熱及小兒一切疳積病。《醫學正傳》治心口熱痛，薑汁調一錢服之。《聖惠方》治內熱吐血，青黛二錢，新汲水下。《中藏經》治肺熱咯血，用青黛一兩，杏仁以牡蠣粉炒過一兩，研勻，黃蠟化和，作三十餅子，方名青餅子。每服一餅，以乾柿半箇夾定，濕紙裹，煨香嚼食，粥飲送下，日三服。《生生編》治小兒夜啼，青黛水研服之。《宮氣方》治小兒疳痢，歌云：孩兒雜病變成疳，不問強羸女與男。煩熱毛焦鼻口燥，皮膚枯槁四肢癱。腹中時時更下痢，青黃赤白一般般。眼澀面黃鼻孔赤，穀道開張不可看。此方便是青黛散，孩兒百病服之安。《活人書》治傷寒赤斑，青黛二錢，水研服。【簡誤】青黛既禀陰寒之氣而生，解毒除熱，固其所長，古方多有用之於諸血證者。使非血分實熱，而病生於陰虛內熱，陽無所附，火氣因空上炎，發為吐衄咯唾等證，用之非宜。血得寒則凝，凝則寒熱交作，胸膈或痛，愈增其病矣。醫師宜詳辨之。

明·倪朱謨《本草彙言》卷四　青黛　味鹹，氣寒，無毒。　李氏曰：黛，眉色。古人婦女眉滅，以此描之，故謂之黛。此物從波斯國來，色紫碧，體輕浮者佳。今以太原并廬陵、南康等處。藍靛花浮沫，用之與青黛同功。然究其波斯國青黛，亦是藍靛花，既不可得，則中國靛花亦可用。貨者常以乾靛花充之。然有石灰，入服食藥中，須以水飛淨灰脚，晒乾用。○世人以其色青，爲入肝清解之藥，謬甚矣！　真青黛出波斯國，既不可得，不如用藍實或藍葉，搗自然汁，無間雜者良。

青黛：清藏府鬱火，朱丹溪化膈間熱痰，爲大人之聖劑。定驚癇，殺蟲氣，《開寶》消癖積，乃童稚之靈丹。陸平林稿其味鹹寒，禀水土之氣以成，主一切熱毒瘡腫，并蛇虺蟲螫毒物，及鼠犬所傷。敷貼立奏效也。既禀水土陰寒之氣以成，解毒除熱，固其所長，古方多有用之。如陰虛內熱，火氣因空上炎，發爲熱病，或爲吐衄咯唾血證，用之非宜。司醫者當詳審之。

集方：朱氏治五藏鬱火，外寒內熱，口渴便閉。用青黛、黑山梔、炙甘草、白芍藥、川黃連、防風各等分，水煎服。○趙敬孚家抄治胸膈有頑痰鬱熱。用青黛、貝母、天花粉、甘草各等分，水煎服。○《生生編》治小兒驚癇。用青黛三五分，量大小，白湯調服。○《古今錄驗》治諸毒蟲。用青黛一兩，雄黃、蕪荑各五錢，爲極細末，蜜水調服。○寇氏方治小兒癖積，肚大青筋。用青黛一兩，研極細，以雞肝爲丸。每早晚各服一丸，白湯化下。○《談埜翁方》治小兒耳疳出水。用青黛、黃柏各等分，共爲末。乾糝。○同前治風弦爛眼。用青黛、黃連泡湯，日洗。○《摘玄方》治產後發狂。用青黛三錢，爲末，煎四物湯調灌。○《簡便方》治瘰癧未破。用靛花，共馬齒莧搗爛，日塗敷，取效。

明·顧逢柏《分部本草妙用》卷七兼經部·寒瀉　青黛　鹹，寒，無毒。主治：散熱，驚癇，天行頭痛寒熱，水研服之。磨傅瘡腫，金瘡，蛇毒犬咬。小兒疳熱，殺蟲，瀉肝，散五臟鬱火。吐血咯血，陰瘡斑毒。殺惡蟲，治濕毒。　青黛為解毒清熱要藥，主治病症，皆其長技也。予以之治傷寒發狂斑毒，鼻血下血之症，投之屢効，實消斑，解熱毒靈丹。

明·李中梓《醫宗必讀·本草徵要上》　青黛味鹹，寒，無毒。入肝經。清肝火，解鬱結，幼穉驚疳，大方吐血。真者從波斯國來，不可得也。今用乾靛，每斤淘取一兩亦佳。按：青黛性涼，中寒者勿使。

明·鄭二陽《仁壽堂藥鏡》卷一〇下　青黛　《本草》云：青黛味鹹，氣寒，無毒。主解諸毒藥。　丹溪云：青黛能收五臟之鬱火，解熱毒，瀉肝，消食積。　禹錫云：治小兒疳熱消瘦，殺蟲。歌曰：孩兒雜病變成疳，不問強羸女與男。須用青黛散一服，諸般危症即時安。

明·蔣儀《藥鏡》卷四寒部　青黛　鬱火除，熱毒化，而傷寒赤斑，并唇口焦渴俱甦。止下痢，殺諸蟲，而疳蟲消瘦，與驚癇痰氣皆理。乃入肝平木、入脾散火之藥也。

明·李中梓《本草通玄》卷上　青黛　甘，寒，東方藥也。　瀉肝氣，散鬱火，殺疳蟲，塗熱瘡。　古稱青黛從波斯國來，今惟以靛花充用，然乾靛多夾石灰，須淘之數次，取浮標用。

清·顧元交《本草彙箋》卷三　青黛附藍靛。　青黛涼肝，故除鬱火，小兒驚癇症用之。其色青屬木，味甘屬土。震亨云：青黛消食積，則兼入太陰無疑矣。乃時珍又云：青黛殺惡蟲。蟲固濕熱所成也。其謂能去上膈稠痰，療傷寒赤斑，無非爲熱病所須耳。

藍屬水，能使敗血分歸經絡。藍種雖不同，而性味不遠，解毒除熱其能事也。青黛乃藍靛之英華。　藍寔服之令髮不白，亦涼血之驗。　靛乃藍與石灰作成，其氣味與藍有不同，而其止血拔毒，殺蟲之功似勝於藍。腹中鼈瘕，用藍葉一觔，搗水和絞汁服之。　相傳唐永徽中有絳州僧病噎，不下食數年，臨終命其徒于死後解其胸，得一物似黽，有兩頭，體悉肉鱗，置缽中跳躍不已。一僧方作藍靛，偶以少靛投之，即怖走，須臾化成水。世傳靛水治噎疾，蓋本諸此。然必有蟲積者爲宜耳。予有一痞方，以青黛二兩，硬石灰二錢，和研，麵糊丸如梧子大，每沸湯下二錢，服後即食炒米，并生荸薺數枚，晚服六味地黃丸三錢，已屢試效。　唇邊生瘡，四八月藍葉搗汁塗之，不過三度瘥。耳疳出汁，以清黛、黃柏末乾糝。　小兒夜啼，青黛水研服之，以涼肝也。

清·穆石匏《本草洞詮》卷九　青黛　黛，眉色也。無眉以此代之，故謂之黛。青黛，乃波斯藍澱花也。既不可得，則中國澱花亦可用。味鹹甘，氣寒，無毒。主瀉肝，散五臟鬱火，解熱毒，消食積，殺蟲。

清·劉雲密《本草述》卷九下　青黛　時珍曰：波斯青黛，亦是外國藍靛花，既不可得，則中國靛花亦可用。《仙製藥性》曰：真青黛形狀與靛花不同，類今因其罕有，而靛花功效亦同，特假為名，旋收曝乾，色甚紫碧，市家多取乾靛充賣。殊不知靛枯黑重實，花嬌嫩輕浮，不可不細擇爾。

氣味：鹹，寒，無毒。　權曰：甘，平。

諸本草專治小兒疳蝕，羸瘦發熱，疳痢，殺疳蟲，并小兒丹毒，解小兒諸熱驚癇。　丹溪曰：青黛能收五臟之鬱火，解熱毒，瀉肝，消食積。　嵩曰：大略主治肝經熱，及解肺胃熱。　方書主治：中風頭風，脇痛，瘛瘲顫振，眩暈，咳嗽久嗽，嘔吐，舌衄，咳嗽血，及鼻口脣齒舌與咽喉，外治內治甚多。又治下癩疝。一方：傷寒門陽毒發斑，青黛一物湯。

宗奭曰：有一婦人患臍下腹上，下連二陰，偏生溼瘡，狀如馬瓜瘡，他處並無癢而痛，大小便濇，出黃汁，食亦減，身面微腫。醫作惡瘡治，用鰻鱺魚、松脂、黃丹之藥塗之，熱痛甚。問其人嗜酒食，喜魚蟹發風等物。急令洗其膏藥，以馬齒莧四兩，杵爛，入青黛一兩，再研勻，塗之。即時熱減，痛癢皆去。仍以八正散，日三服之，分敗客熱，藥乾即上，如此漸減，二十日愈。此蓋中下焦蓄風熱毒氣也。若不出，當作腸癰內痔，仍須禁酒色、發風物。然不能禁，後果患內痔。　希雍曰：青黛，稟水土陰寒之氣以生，故味鹹寒而無毒，甄權謂其甘平，以其得土氣之厚也，故可解熱毒，及小兒諸熱驚癇，發熱丹毒等證。

附方　心口熱痛，薑汁調一錢，服之。　肺熱咯血，青餅子用青黛一兩，杏仁，以牡蠣粉炒過一兩，研勻，黃蠟化和，作三十餅子，每服一餅，以乾柿半個，夾定，溼紙裹煨香，嚼食粥飲送下，日三服。

愚按：《月令》仲夏之月，令民毋芟音刈，義同。藍以染。鄭玄云：恐傷長養之氣也。之頤謂藍為肝之的劑，以肝主色，自入為青也，是固然矣。夫草木之莖葉，無弗青者，而茲種更顯諸用焉。蓋由其春夏之交生苗，即以五六月結實而采之，是真秉陰寒之性，而大得乎長養之氣者也。故生陽偏勝，一歲可以三刈，乃自入為青之用，顯於設色，是生陽之化大布，猶所謂履端於始也。故甄權謂其通關節，治經絡結氣，而丹溪謂青黛能收五臟之鬱火，即在此也。蓋肝為水之子，火之母，原主經絡，若關節通，經絡結氣散，則五臟之鬱火亦散，是即以散為收矣。收，即雲收霧捲之收也。若然，丹溪謂其泄肝者，止得其似而未究其取精於水，長養於火，以畢達其木之用者，惟是物有之。木之用達，則水火合和之氣畢達，舉五臟之鬱為火者，皆由此而達之矣。第就方書之所治療以參之，此味雖治五臟，然實具肝之體，達肝之用者也。而用之所及者，又大都多及肺與胃也。更即療中風之活命金丹、至聖保命金丹，及清心飲以參之，則丹溪之所謂收鬱火者，非指收火邪之鬱結也。乃真陽為邪所并，而肝不得司其氣化，以自為鬱者，乃茲味能大布生陽之氣，逐隊於散邪解毒，諸味脾肝之真氣得其職，而其鬱若頓失者，此丹溪之所以不曰散，而曰收也。就本臟之為病者以推之，其由肝而及於他臟者，亦猶是矣。試舉達肝之用者，不止中風，如頭風搐鼻之川芎散，及偏頭風之一粒金，一同於寒劑，一同於溫劑，如以其能在散火邪之鬱，則寒溫咸宜者，是遵何道哉？因能達生陽之氣，遂有宜於或寒或溫者矣。又如脇痛之當歸龍薈丸，顫振之摧肝丸，瘛瘲之涼驚丸，與眾藥相助為理，或抑肝，或瀉心，固不與寒涼之味論功也。又如風涎眩暈之青黛散，結痰久嗽之海蛤粉丸，肺虛風壅之青金丸，其治風涎者，結痰者，風壅者，各有主味，而青黛或為之臣，或僅為之佐，或止少許，是不可以思其不主於此，而却不能舍此以為風涎結痰風壅之開先也。則可以推於清熱以療所病者，其功非青黛所能分任也。或曰：然則絕無與於火熱乎？曰：肝氣之鬱者，需次即能化火，但青黛之所主者，在火之先耳。然則是為達肝之鬱氣，初不等於香附、青皮以疎瀉為功。蓋其能大布生陽之氣以行耳。然則，何以為解毒的劑？曰：正氣流行，則邪氣自渙釋矣，是固不易之理也。或曰：兹味治療，何為於身半以上之天氣較多，而鼻口脣齒舌與咽喉，其用之不一而足，不論内治外治，多有奏功者，何歟？曰：此正所謂生陽之氣化上達於天，先哲云三陰氣不至於頭，唯足厥陰會督而至於巔。夫肝為陰中之陽，正生陽之氣，化肺之所以主氣者，賴此生陽之氣化，肝由胃而致之以交肺也。又何兹味之主治不在天氣居多哉？抑解毒且殺蟲最效者，云何？曰：蟲生於風木，而化於溼土，且諸蟲之生，多由於死陰以滯血。此味以生陽之氣達，其用於土能使敗血分歸經絡，則何風眚之不除，而諸蟲之不化為水乎？夫萬物莫不以氣相感，氣相制，況於生陽之氣化，即化風眚，而蟲猶為風眚之所變，而不得其正者乎哉？

希雍曰：青黛，稟陰寒之氣，解毒除熱，固其所長，古方多用之。諸血證者，使非血分實熱，而病生於陰虛内熱，陽無所附，火空上炎，發為吐衄咯唾等證，用之非宜。血得寒則凝，凝則寒熱交作，胸膈或痛，病愈劇矣。宜詳辨之。

愚按：丹溪言青黛能解毒，消食積，若其性大寒，何以能消食積，則言寒凝者，誤也。第血證所因，不同此味收五臟之鬱火為的劑，而血證豈盡由鬱火哉？如由於真陰虛損者，則此味更非中的之劑也。臨證審之。

修治　但取打澱桶中浮起者，曬乾，用時水飛去脚，緣中有石灰，入服餌藥中，宜飛淨也。

愚按：藍之能解毒，據方書中以板藍根治中風，又大頭疫病之痛，又治蠱毒，乃藍汁亦槩謂其能解毒，且猶不止此也。時珍曰：有人病嘔吐，服玉壺諸丸不效，用藍汁入口即定，蓋取其殺蟲降火耳。若然，如藍靛之由石灰合成者，時珍謂其拔毒殺蟲之功，更勝於藍矣。第盧氏切切致戒於石灰之為害，謂不如直用藍汁，是亦非過慎也。愚意當酌用之，如止於解内熱之毒，則板藍根與藍汁俱得效。如張薦員外被斑蜘蛛毒咬在頭上，一宿咬處有二道赤色，細如箸，繞項上，從胸前下至心經，兩宿頭面腫疼，大如數升盌，肝漸腫，幾至不救。乃取藍汁一盌，以蜘蛛投之，至汁而死。又取藍汁，加麝香、雄黃，更以一蛛投入，隨化為水。因取其汁，點於咬處，兩日而平。是殺蟲亦有徵矣。若外傅，則靛亦可用，并其脚不去可也。至於内服，用之散鬱火，則靛花直當去其脚淨，不唯防其有害，且取其輕清之氣，不為濁氣所累也。

青布附　解諸物毒，天行煩毒，小兒寒熱丹毒，并水漬取汁飲之。浸汁和生薑汁服，止霍亂。燒灰，傅惡瘡經年不瘥者，燒灰酒服。主脣裂生瘡，口臭，仍和脂塗之。　惡瘡防水，青布和蠟，燒烟筒中熏之，入水不爛。　臁瘡潰爛，陳艾五錢，雄黃二錢，青布卷作大炷，點火熏之，熱水流數次，愈。

清·郭章宜《本草匯》卷一一　青黛　鹹、甘，氣寒，陽中之陰，可升可降，入手太陰、足厥陰經。散五藏之鬱熱，瀉肝經之積熱。療天行之疫熱，去小兒之疳熱。

按：青黛，外國藍靛之英華也。善治中下焦蓄風熱毒之氣，而尤宜于小兒。故《宫氣方》歌：孩兒雜病變成疳，不問強羸女與男。煩熱毛焦鼻口燥，皮膚枯槁四肢癱。腹中時時更下痢，青黄赤白一般般。眼澀面黄鼻孔赤，穀道開張不可看。此方便是青黛散，孩兒百病服之安。

波斯國者不可得也，今惟以乾靛充用，然内多石灰，不可輕用，須淘之數次，取浮標用，或用青布浸汁，代之。

清·蔣居祉《本草擇要綱目·寒性藥品》　青黛其本原從波斯國來，不可復得。今以中國靛花為之，否則以青布燒灰可代。以靛充用，恐有石灰。　氣味：鹹，寒，無毒。　主治：解諸藥毒，小兒諸熱驚癇發熱。同鷄子白、大黄末，傅瘡癰、蛇虺螫毒。瀉肝，散五臟鬱火。

清·王翃《握靈本草》卷四　青黛舊出波斯國，今以染澱甕上沫用之。須淘之數次，取浮標用。俗取靛花，功用亦同。　主治：青黛，鹹，寒，無毒。主解諸藥毒，小兒諸熱驚疳，天行頭痛寒熱，瀉肝，散鬱火。

清·汪昂《本草備要》卷二　青黛瀉肝，散鬱火。　鹹，寒，色青，瀉肝。散五藏鬱火，解中下焦蓄藴風熱。《衍義》曰：一婦患臍腹、二陰遍生濕瘡，熱癢而痛，出黄汁，二便濇。用鰻鱺、松脂、黄丹之類塗之，熱痛愈甚。其婦嗜酒，喜食魚蝦發風之物。乃用馬齒莧四兩研爛，入青黛一兩和塗，熱痛皆去，仍服八正散而愈。此中下焦蓄藴風熱。毒氣若不出，當作腸風内痔。婦不能禁酒物，果仍發痔。治傷寒發斑，吐咯痢血，陰虛火炎者忌用。合杏仁研，置柹餅中煨食，名聖餅子，治咯血。小兒驚癇，疳熱丹熱。傅癰瘡、蛇犬毒。即靛花。取嬌碧者，水飛淨用。內多石灰，故須淘淨。

清・陳士鐸《本草新編》卷二 青黛 即靛之乾者。《本草》辨其出波斯國者，始真轉悞矣。味苦，氣寒，無毒。殺蟲除熱，能消赤腫疔毒，兼療金瘡，餘無功效。他書盛稱之，皆不足信也。惟喉痹之症，倘係實火，可以內外兼治，而《本草》各書反不言及。大約此物，止可為佐使者也。惟殺蟲可以多用，止消一味，用至一兩，研末，加入神麯三錢、使君子三錢，同為丸，一日服盡，蟲盡死矣。他病不必多用。蓋青黛氣寒，能敗胃氣，久服，則飲食不能消也。

或問：青黛微物，先生亦慎用之，毋乃太過乎？嗟乎！用藥一味之失，便殺一人，況發明本草，而可輕言之乎。故物雖至微，不敢忽也。

或問：青黛物雖至微，仲景公用以治發斑之傷寒，何子未之言及？曰：吾前言赤腫，即發斑之別名，非滿身腫起為赤腫也。青黛至微，而能化斑者，以其善涼肺金之氣。肺主皮毛，皮膚之發斑，正肺之火也。然而發斑，又不止肺火，必挾胃火而同行，青黛又能清胃火，仲景公所以一物而兩用之，退肺、胃之火，自易解皮膚之斑矣。

清・顧靖遠《顧氏醫鏡》卷七 青黛鹹，寒。入肝經。真者從波斯國來，不可得。用染甕上沫之紫碧色者，或青布浸汁代之，俱可。貨者以二靛充之，內有石灰，每斤淘取一兩，亦可用。治傷寒赤斑，其性善解毒除熱。散五臟鬱火。青色通肝，泄肝尤為要藥。除疳熱而殺蟲，小兒諸熱，驚癇夜啼，並主之。療瘡腫而塗敷。熱瘡濕瘡惡腫，並用敷之。中寒者勿服。古方用治血症，使非血分實熱者，大非所宜。

清・李熙和《醫經允中》卷二〇 青黛 入肝肺二經。內雜石灰，須淘淨用。

鹹，寒，無毒。主治散天行時疫頭痛寒熱，水研服之。散五臟鬱火，吐血咯血，陰瘡，傷寒斑毒發狂，殺惡蟲，治濕熱毒。又治小兒疳蝕驚癇，火瘮火丹，塗之即退。附：藍實，即作靛染青者。主治天行瘟疫熱狂，散風熱赤腫，愈疔毒、金瘡；治小兒疳蝕消瘦，發熱，解百藥毒。

清・张璐《本經逢原》卷二 青黛一名藍。鹹，寒，無毒。發明：青黛乃藍澱浮沫攪澄，掠出收乾，瀉肝膽，散鬱火，治溫毒發斑，及產後熱痢下重。《千金》藍青丸用之，天行寒熱頭痛，水研服之。與藍同類，而止血拔毒、殺蟲之功似勝於藍。又治噎膈之疾，取其化蟲之力也，和溺白垢，冰片吹口疳最效。

清・劉漢基《藥性通考》卷六 青黛 味鹹，氣寒。色青瀉肝，散五臟鬱火，解中下焦蓄蘊風熱。又能治傷寒發班，吐衄痢血，小兒驚癇疳熱，丹熱。傅癰瘡大毒。即靛花也。取嬌碧者水飛淨用。內多有灰，故須淘淨。〇一婦患臍腹、二陰遍生濕瘡，熱癢而痛，出黃水，二便澁，用鰻魚脂、黃丹之類塗之，熱痛愈甚。其婦平素好嗜酒，喜食魚蝦發風之物，乃用馬齒莧四兩，研爛，入青黛一兩，和塗，熱痛皆去，仍服八正散而愈。此中下焦蓄蘊風熱毒氣，若不去當作腸風內痔。婦不能禁酒物果，仍發痔。青黛之功如此，不可不備之以備急用。

清・黃元御《玉楸藥解》卷一 青黛 味鹹，氣寒。入足厥陰肝經。清肝泄熱，涼膽除蒸。敷金瘡壅腫，療惡犬、毒蛇諸傷。

清・吳儀洛《本草從新》卷一 青黛〔瀉肝，散鬱火。〕鹹，寒。色青瀉肝，散五臟鬱火，解中下焦蓄蘊風熱。《衍義》曰：一婦患臍腹、二陰遍生濕瘡，熱癢而痛，出黃汗，二便澀，用鰻鱺、松脂、黃丹之類塗之，熱痛愈甚。其婦嗜酒，喜食魚蝦發風之物，乃用馬齒莧四兩研爛，青黛一兩和塗，熱痛皆去，仍服八正散而愈。此中下焦蓄蘊風熱，毒氣若不出，當病腸風內痔。婦不能禁酒物，果發痔。治傷寒發斑，血痢咯血，合杏仁研，置柿餅中煨食，名聖餅子，治咯血。小兒驚癇疳熱，丹熱。敷癰瘡蛇犬毒。性涼，中寒者勿使，即陰虛而有熱者亦不宜用。真者從波斯國來，不可得也。今用乾靛花取嬌碧者，每斤淘取一兩亦佳。內多石灰，故須淘淨。

清・汪紱《醫林纂要探源》卷二 青黛 辛，鹹，寒。靛花之精也。按藍靛，有蓼藍，似蓼與莧，味辛溫。有槐藍，枝幹莖葉似槐及決明，味甘鹹。有芥藍，亦名芥藍菜，味甘辛，可食，性寒。本芥之別種，皆可作靛。其法，刈浸水中，淹以石灰，至爛盡而靛成。則藍草之本性已化，惟是積朽成鹹，與石灰之辛存耳。補肝瀉肺。色青入肝，而辛補肝，舒暢其氣，則木安而相火不鬱，肝血不涸矣。質雖沉降，氣味輕浮，其英上浮，故能入肺，而辛瀉肺，去其過斂之邪，則肺清而逆氣可平，熱邪退散矣。故治發斑咯血，痔瘻腸風，去一切鬱火風熱，小兒驚癇疳熱，丹毒血熱。瀉腎補心。靛重則黑，而青中自含赤黰，故鹹味又能下入腎而上入心，水渟則朽，即以靛之渟久而朽者，瀉其苟聚之汙，火輭乃明，即以黛之輕輭上濡者，補其神明之用，故治溽暑蘊隆，天行濕熱，燥渴虛煩，下通二便之濁，上甯君主之官。傅癰毒，治蛇犬螫毒。

清・嚴潔等《得配本草》卷三 青黛 鹹，寒。入足厥陰、太陰經血分。除鬱火，解熱毒。殺小兒疳蟲，散時疫赤斑，消膈痰，止血痢。配川連，洗風熱眼。佐蒲黃，治重舌脹。冷水調服，治內熱吐血。入四物湯，治產後發狂。入馬齒莧，搗敷瘰癧未穿。合黃柏末，摻耳疳出汁。　水飛淨用。　陰虛火炎者禁用。

題清・徐大椿《藥性切用》卷三　漂青黛　性味鹹寒，色青入肝。解五藏鬱火。　無實火者忌。

清・黃宮繡《本草求真》卷六　青黛大瀉肝經鬱火。　青黛耑入肝。係藍靛浮沫，攪澄，掠出取乾而成。味鹹性寒，色青，大瀉肝經實火，及散肝經火鬱。《衍義》曰：一婦患臍腹、二陰遍生濕瘡，熱痒而痛，出黃汗，二便澁，用鰻鱺、松脂、黃丹之類塗之，熱痛愈甚。其婦嗜酒，喜食魚蝦發風之物。乃用馬齒莧四兩，研爛，入青黛一兩，和塗，熱痛皆去。仍服八正散而愈，此中下焦蓄蘊風熱毒氣。若不出，當作腸風內痔，婦不能禁酒物，果仍發痔。故凡小兒風熱驚癇，疳毒丹熱癰瘡，蛇犬等毒，金瘡血出，噎膈蠱毒，並天行頭痛，瘟疫熱毒發斑，吐血、咯血、痢血等症，或應作丸為衣，或用為末乾滲，或同水調敷，或入湯同服，或作餅子投治。如聖餅子治咯血，用青黛同杏仁研置柿餅中煨食。皆取苦寒之性，以散風鬱燥結之義，即云功與藍等，而止血拔毒之功，與治膈化蟲之力，似較藍而更勝也。和溺白垢、冰片，吹口疳最妙。取嬌碧者，水飛淨石灰用。藍靛兼有石灰，敷瘡殺蟲最奇，蟲屬下膈，非此不除。藍葉與莖，即名大青，大瀉肝膽實火，以祛心胃熱毒，故於時疾陽毒發斑，喉痹等症最利，斑由裏實表虛而得，故斑得以透肌，斑如疹子者其熱輕，斑如錦紋者其熱重，斑如紫黑者其熱重而胃爛也。古治赤斑煩疼，有犀角大青湯。藍子止能解毒除疳，故於鬼疫蠱毒之症最妙。

清・楊璿《傷寒溫疫條辨》卷六寒劑類　青黛波斯者良，次則福青。　味甘苦，性寒。入肝、脾。除鬱火，解熱毒，散腫硬。同馬齒莧搗，敷一切濕熱瘡。止血痢，療傷寒溫病，發斑面黃，鼻赤耳聾，目直視。治小兒疳瘡蟲瘦，驚癇狂邪稠痰，唇焦渴。青黛散治發頤及兩腮腫硬。青黛一錢，甘草、蒲公英二錢，銀花五錢，栝蔞半個，酒煎。

清・羅國綱《羅氏會約醫鏡》卷一六草部　青黛味鹹寒，入肝經。　色青入肝，性寒散熱。治時疫頭痛，療傷寒赤斑，除小兒一切疳病、驚癇、煩熱、消瘦、鼻赤、唇焦、口舌生瘡等證。皆屬肝經鬱火。　并治諸熱瘡毒。同馬齒莧搗敷。雖涼而不傷脾，若中寒泄瀉者勿用。

清・黃凱鈞《藥籠小品》　青黛　從波斯來者最佳，然難得；　今所用者，乾靛花，每觔漂取一兩亦妙。瀉肝散五臟鬱火，治傷寒發癍血痢，同天花粉作散服，治火嗽無痰，面浮眼腫者如神。

清・王龍《本草纂要稿・草部》　青黛　氣味苦甘而寒。瀉肝經，尤止暴注。治發熱，兼鎮驚癇。驅時疫之頭痛，斂傷寒之赤癍。舒欝火於五臟，消膈上之稠痰。殺惡蟲而下毒，療消瘦而調疳。

清・張德裕《本草正義》卷下　青黛　微鹹而寒，性同靛。能解熱毒熱瘡，亦可摻調敷用。

清・楊時泰《本草述鉤元》卷九　青黛　波斯青黛，是外國藍靛花，既不可得，則中國靛花亦可用瀕湖。真青黛形狀與靛花不同類，今因其罕有，而靛花功效亦同，特假為名。旋收曝乾，色甚紫碧。市家多取乾靛充賣，顧乾靛枯黑重實，靛花嬌嫩輕浮，亦殊易別《仙製藥性》。

味鹹甘平，氣寒。專治小兒疳蝕羸瘦，發熱疳痢，殺疳蟲，並小兒丹毒，解諸熱驚癇。能收五臟鬱火，解熱毒，瀉肝消食積丹溪。大略主治肝熱及解肺胃熱蒿。方書治中風頭風脇痛，陽毒發斑，瘛瘲顫振眩暈，欬血久嗽，嘔吐舌衄，鼻口唇齒舌咽喉諸治甚多，下及癲疝。一婦人臍腹上下，連二陰，徧生濕瘡，狀如馬瓜，癢而痛，出黃汁，他處並無，大小便濇，食亦減，身面微腫，醫作惡瘡治，用鰻鱺魚、松脂、黃丹之藥塗之，熱痛甚，詢知其人嗜酒，喜食魚蟹發風等物，急令洗去其藥，以馬齒莧四兩，杵爛，入青黛一兩，研勻塗之，即時熱減，痛癢皆去，仍以八正散日三服之，分敗客熱，藥乾即上。如此漸減，二十日愈。此蓋中下焦蓄風熱毒氣也。若不出，當作腸癰、內痔，仍須禁酒色發風等物宗奭。稟水土陰寒之氣以生，又得土氣之厚，故性味鹹寒甘平而專解熱毒仲淳。心口熱痛，薑汁調一錢服之。肺熱咯血，青黛一兩，杏仁用牡蠣粉炒過一兩，研勻，黃蠟化和，作三十餅，每服一餅，以乾柹半個夾定，濕紙裹，煨香嚼食，粥飲送下，日三服。

論：草木之莖葉無弗青者，而茲物獨顯諸用，由藍從春夏之交生苗，即以五六月結實，大得乎長養之氣，而生陽偏勝。《月令》仲夏無刈藍，恐傷長養之氣也。故其自入為青之用，顯於設色，是大布生陽之化，猶所謂履端於始也。甄氏謂其通關節、治經絡結氣，丹溪謂其能收五臟鬱火，皆在乎此。夫關節通，經絡結氣散，則五臟之鬱火亦散，是以散為收，收即雲收霧捲之收也。蓋是物取精於水，長養於火，以畢達其木之用，木之用達，則水火合和之氣畢達，舉五臟之鬱為火者，皆由此而達之矣。其治療雖及五臟，然具肝之體，達肝之用，而用之所及，大都肺胃為多。至所謂收鬱火，非收火邪之鬱結也，乃肝不得司其氣化，而真陽為邪所并耳，用此以大布生陽之氣，則肝之真氣得，而鬱者若失矣，所以不曰散，而曰收也。閱古方中風、頭風之治，或同於寒劑，或同於溫劑，以其能在達生陽之氣，而不在散火邪之鬱，故寒溫咸宜。且丹溪又謂青黛能消食積，若其性大寒，何以消食積耶，然則絕無與於火熱乎？曰：肝氣之鬱，需次即能化火，但青黛之所主者，在火之先耳，其為達肝之鬱氣，不等於香附、青皮之疎泄，以能大布生陽之氣以行也。何以為解毒的劑？曰：正氣流行，則邪氣自然渙釋也。何以於身半以上天氣之治較多？曰：此正生陽之氣化上達於天之徵也。抑何以殺蟲最效？曰：凡物莫不以氣相感，氣相制，諸蟲生於風木，而化於濕土，多由死陰以滯血，此味以生陽之氣達其用於土，能使敗血分歸經絡，則何風眚之不除，而諸蟲之不化為水乎。又按：藍靛由石灰合成者，其拔毒殺蟲之功，殊勝於藍，至於解內熱之毒，不如直用藍汁與板藍根為得。昔有頭上被斑蜘蛛咬，越宿後，毒處赤色二道，細如箸，繞項上，從胸前下至心經，兩宿頭面腫大而疼，肚腹漸腫，幾至不救，乃取藍汁一盌，投蜘蛛至汁而死，又取藍汁加麝香、雄黃，更投一蛛，隨化為水，因取其汁點於咬處，兩日而平，是殺蟲有徵矣。

青黛治血分實熱，若吐衄咯唾由於陰虛陽越，火空上炎而發者，此味便非中的之劑，臨證審之仲淳。按：血證所因不同，此味惟收五臟之鬱火爾。

修治：但取澱桶中浮起者，曬乾，用時水飛去脚。緣中有石灰，宜飛淨服餌也。若外傳，則靛亦可用，並其脚不去亦可。

清・葉桂《本草再新》卷二 青黛味苦，性寒，無毒。入肝經。瀉肝火，化蓄積。散五臟之火鬱，解三焦之風邪。傷寒發斑，嘔吐痢瀉，均治之。

清・趙其光《本草求原》卷三隰草部 青黛 乃外國藍靛之浮沫。鹹，寒，瀉肝膽，散五臟鬱火，解中下焦蘊蓄風熱，解藥毒諸熱、驚癇發熱、天行頭痛寒熱、溫毒發斑、產後熱痢下重、疳積、下血，敷癰腫、金瘡、蛇犬毒。與藍同類，而止血拔毒、殺蟲之功更勝。故治噎膈，取其化蟲之力也。和溺白垢、冰片，吹口疳妙。同馬齒莧，塗遍身濕瘡癢痛、出黃汗；二便澀者，兼服八正散，此中下風熱蘊毒，不禁酒果魚蝦發風之物，必發內痔。同杏仁、牡蠣、黃蠟入柿餅中煨食，治肺熱咯血。陰虛內熱非由血分實熱者，忌之。

內多石灰，須淘淨，水飛用。

清・文晟《新編六書》卷六《藥性摘錄》 青黛 味鹹，性寒。色青。大瀉肝經實火，及散肝經火欝。○凡小兒風熱，驚癇疳毒，及常人膈噎，蠱毒，並天行頭痛，瘟疫，熱毒發斑，吐血咯血痢血等症，或入湯內，或為丸作衣，皆効。○又和溺白〔垢〕、冰片，吹口疳効。○若癰瘡丹熱，蛇犬咬毒，俱可調敷。○取嬌碧者，水飛淨石灰，服。○藍靛，兼有石（彤）〔灰〕，殺蟲取奇。○藍葉與莖，名大青。大瀉肝膽實火，以除心胃熱毒，治時疾陽毒發斑，喉痹等症最利。○藍子，能解〔毒〕除疳，治（思）〔時〕疫蠱毒妙。

清・張仁錫《藥性蒙求・草部》 青黛五分、一錢 青黛酸寒，瀉肝散火。咯血發癍，驚癇宜佐。一云：鹹，寒。色青瀉肝，散五臟欝火，解中焦、下焦蓄蘊風熱。陰虛有熱，亦不宜用。○青布，解諸毒，小兒丹毒。與藍澱同功。○真者波斯國來，不可得。今用乾靛花亦佳。○同人中白、冰片，吹口疳甚效。○青黛宜漂。

清・戴葆元《本草綱目易知錄》卷一 青黛 鹹，寒。色青瀉肝。消食積，殺惡蟲，散五臟鬱火，解中下焦毒蘊風熱。治天行發斑，頭痛寒熱，吐咯衄血，斑瘡陰瘡。解小兒疳熱丹毒，諸熱驚癇，又解諸藥毒。同雞子白調傅癰瘡，蛇虺螫傷。

清・陳其瑞《本草撮要》卷一 青黛 味鹹，寒，入足厥陰經，功專瀉肝，散五臟欝火，解中下焦蓄蘊風熱，治傷寒發斑。得杏仁、柿餅治咯血。得硼砂、冰片名青黛散，吹喉痛。

青藍

宋・王介《履巉巖本草》卷中 青藍 味苦，寒，無毒。主解諸毒，殺蠱蛇。久服頭不白，輕身。其葉汁殺百藥毒，解狼毒。其莖葉可以染青。治時氣熱毒，心神煩躁，用藍澱半大匙，以新汲水一盞，調服。治脣上生瘡，連年不差，以八月〔青〕藍葉一斤，搗取汁洗，不過三日差。

明・佚名氏《醫方藥性・草藥便覽》 藍靛根 其性涼。解熱血，去蛇〔毒〕。

清・劉善述、劉士季《草木便方》卷一草部 大青葉 藍葉鹹寒瀉肝風，中下二焦風熱消。傷寒發癍吐痢血，驚癇丹毒蛇犬抛。

烏藍擔

明・姚可成《食物本草》卷首王西樓《救荒野譜》 烏藍擔食葉。烏，大也。

村人呼大為烏。此菜但可熟食。

烏藍擔，擔不動。去時腹中飢，歸來肩上重。肩上重，行路遲，日暮還家方蚤炊。

明・周履靖《茹草編》卷二 烏藍擔 春入郊原，雨疎烟淡。萬斛芳菲，收來一擔。潑翠鋪紅，閒窗清玩。更喜煨煎，撥爐崇炭。年來擻負，自覺肩輕，眠酣起晏。烏，大也，村人呼大為烏。此菜但可熟食。

藍澱

明・王文潔《太乙仙製本草藥性大全》卷一《仙製藥性》 青藍造澱、菘藍造澱 按澱多是槐藍、蓼藍作者，入藥勝。槐藍澱寒，傅熱瘡，解諸毒，滓傅小兒禿瘡熱腫。初六上沫堪染如青黛，解毒，小兒丹熱和水服之。藍有數種，蓼藍最堪入藥。甘藍，此人食之去熱黃也，亦入藥方，火瘮、火丹塗之即退。 補註： 時氣熱毒，心神煩燥，用藍澱半大匙，以新汲水一盞服。○急疳蝕鼻口，數日欲死，取藍澱傅之令遍，日十度，夜四度，差。○治小兒丹，藍澱傅，熱即易。○按《廣五行記》： 永徽中絳州僧，病噎不下食，告弟子： 吾死之後，便可開吾胸喉，視有何物。言終而卒。弟子依言而開視，胸中得一物，形似魚而有兩頭，遍體是肉鱗。弟子致器中，跳躍不止，戲以諸味，皆隨化盡。時夏中藍盛作澱，有一僧以澱致器中，此蟲遂繞器中走，須臾化爲水矣。

明・李時珍《本草綱目》卷一六草部・隰草類下 藍澱《綱目》

〖釋名〗時珍曰： 澱，石殿也，其滓澄殿在下也。亦作淀，俗作靛。南人掘地作坑，以藍浸水一宿，入石灰攪至千下，澄去水，則青黑色。亦可乾收，用染青碧。其攪刈浮沫，掠出陰乾，謂之靛花，即青黛，見下。

〖氣味〗辛、苦，寒，無毒。 〖主治〗解諸毒。傅熱瘡，小兒禿瘡熱腫。藏器。 止血殺蟲，治噎膈時珍。

〖發明〗時珍曰： 澱乃藍與石灰作成。其氣味與藍稍有不同，而其止血拔毒殺蟲之功，似勝於藍。按《廣五行記》云： 唐永徽中，絳州一僧，病噎不下食數年。臨終時命其徒曰： 吾死後，可開吾胸喉，視有何物苦我如此。及死，其徒依命，開視胸中，得一物，形似魚而有兩頭，遍體悉似肉鱗，安鉢中，跳躍不已。戲投諸味，雖不見食，皆化爲水。又投諸毒物，亦皆銷化。一僧方作藍澱，因以少澱投之，即怖懼奔走，須臾化成水。世傳澱水能治噎疾，蓋本于此。今方士或以染缸水飲人治噎膈，皆取其殺蟲也。

〖附方〗新四 時行熱毒： 心神煩躁。用藍澱一匙，新汲水一盞服。《聖惠方》。小兒熱丹： 藍澱傳之。《秘録方》。口鼻急疳： 數日欲死。以藍澱傳之令遍，日十度，夜四度。《千金翼》。誤吞水蛭： 青靛調水飲，即瀉出。《普濟方》。

明・焦竑《焦氏筆乘》卷五 《廣五行記》： 永徽中，絳州僧病噎，不下食，告弟子： 吾死之後，便開吾胸，視有何物？言終而卒。弟子依言，開視胸中，得一物，形似魚而有兩頭，遍體肉鱗。弟子致器中，跳躍不止，戲以諸味，皆隨化盡。時夏中藍盛作澱，一僧似澱致器中，此蟲遂遶器中走，須臾化為水矣。

明・倪朱謨《本草彙言》卷四 藍澱 味苦、辛，氣寒，無毒。其滓澄殿在下，故名。或作淀，俗稱靛。 李氏曰： 南人以地窖中貯水一石，以藍葉數十觔浸一宿，入石灰若干，攪之千轉，澄去水，則青黑色，亦可乾收，用染青碧。其攪浮沫，掠出陰乾，謂之澱花，即土青黛也。

藍澱： 解熱毒，散腫結，藏器殺蟲積之藥也。瞿秉元稿乃藍與石灰作成。其氣味與藍稍有不同，而拔毒散腫殺蟲之力似勝于藍也。古方有謂能止血者，乃金瘡跌撲，傷損皮肉出血也，一敷即止。時人誤認止血，投入吐衄血證，服食藥中，內有石灰，雖凉而燥，何堪入口？悮食反致燥毒，入咽轉加騷動血藏，蒙害者多。審之！慎之！

陳廷采先生曰： 按： 靛花治小兒疳蝕消瘦發熱，屢有奇功。歌曰： 小兒雜病變成疳，不問强羸女與男。腹內時時如下痢，青黄赤白五般干。眼澀面黄鼻孔赤，穀道開張不忍看。煩熱毛焦時口渴，皮膚枯槁四肢癱。唇焦嘔逆不乳哺，壯熱憎寒卧不安。此方只是青黛散，取效獨如服聖丹。

集方： 鄧子雨家抄治時行天泡瘡。用靛青和甘草末，猪膽汁調敷。○同前治小兒腹內疳蟲癖積。用靛青一兩，配入白牽牛子末三錢，和入靛青內。丸粟米大，每服五分，白湯下。○同前治口鼻急疳。用藍靛敷之，令遍。日十次，夜四次。○《普濟方》治誤吞水蛭幷一切毒蟲。用靛青調水飲，即瀉出。

明・張景岳《景岳全書》卷四八《本草正》 藍靛 藍葉氣味苦寒，微甘。善解百蟲百藥毒，及治天行瘟疫，熱毒發狂，風熱斑疹，癰瘍腫痛，除煩渴，止鼻衄吐血，殺疳蝕，金瘡箭毒。凡以熱兼毒者，皆宜搗汁用之。

○靛青，乃藍與石灰所成，性與藍葉稍異，其殺蟲止血，傅諸熱毒熱瘡之功，似有勝於藍葉者。

○青黛，味微鹹而寒。性與靛青大同。解諸熱毒蟲毒，金瘡熱瘡，或乾摻，或以水調敷。若治諸熱瘡毒，或用馬齒莧加青黛，同搗傅之。若治天行頭痛，瘟疫熱毒，及小兒諸熱，驚癇發熱，並宜水研服之。

清·嚴潔等《得配本草》卷三 藍澱 辛、苦，寒。入手少陰經。解時行熱毒，敷熱壅成瘡。止吐衄，治噎膈。膈有蟲頭向上，用靛能制之。怪症：唐一僧病噎及死，其徒依遺命開視胸中，得一物形似魚而有兩頭，遍體悉似肉鱗。安鉢中跳躍不已。戲投諸味，雖不見食，皆化爲水。又投諸毒物，亦皆消化。一僧方作藍澱，因以少澱投之，即怖惶奔走，須臾化成水。世傳澱水治噎，蓋本於此。

清·趙學敏《本草綱目拾遺》正誤 又鴨脚青乃藍澱中一種，瀕湖引《普濟方》又失考核。何其未博詢耶？

清·趙翼《簷曝雜記》卷六 治心疼 青靛半盞，長流水半盞，調服。

清·戴葆元《本草綱目易知錄》卷一 藍澱 辛、苦，寒。合石灰作成。止血、拔毒、殺蟲之功，似勝於藍。水調飲之，治噎膈，及悮吞水蛭，即瀉出。解諸毒，傅熱瘡及小兒熱丹禿瘡。

爵床

宋·李昉《太平御覽》卷第九九一 爵麻 《本草經》曰：爵麻生漢中。《吴氏本草經》曰：爵麻，一名爵卿。

宋·唐慎微《證類本草》卷九草部中品〔《本經·别錄》〕 爵牀 味鹹，寒，無毒。主腰脊痛，不得著牀，俛仰艱難，除熱，可作浴湯。生漢中川谷及田野。

〔唐·蘇敬《唐本草》〕注云：此草似香菜，葉長而大，或如荏且細。生平澤熟田近道傍，甚療血脹下氣。又主杖瘡，汁塗立差。俗名赤眼老母草。

〔宋·馬志《開寶本草》〕按：别本注云：今人名爲香蘇。

明·劉文泰《本草品彙精要》卷一二 爵牀無毒。 叢生。

爵牀：主腰脊痛，不得著牀，俯仰艱難，除熱，可作浴湯。《神農本經》。

【名】香蘇、赤眼。【苗】《唐本》注云：此草似香菜，葉長而大，或如荏且細。【地】《圖經》曰：生漢中川谷及平澤，熟田道傍有之。【時】生：春生苗。採：無時。【收】陰乾。【用】莖、葉。【質】類香菜。【色】青。【味】鹹。【性】寒，軟。【氣】味厚于氣，陰也。【臭】朽。【主】血脹，下氣。【製】剉碎用。【治】療：《唐本》注云：汁塗杖瘡立瘥。

明·王文潔《太乙仙製本草藥性大全》卷二《本草精義》 爵牀 俗名赤眼老母草，今人名爲香蘇。生漢中川谷及田野平澤，熟田近道傍皆有。苗似香菜，葉長而大，或如荏且細，採無時。

明·王文潔《太乙仙製本草藥性大全》卷二《仙製藥性》 爵牀 味鹹，氣寒，無毒。主治：主腰脊疼痛，俛仰艱難，療血脹下氣，杖瘡，除熱。補註：杖瘡，採葉搗汁塗上即差。

明·李時珍《本草綱目》卷一四草部·芳草類 爵牀《本經》中品

【釋名】爵麻《吴普》 香蘇《别録》 赤眼老母草《唐本》 時珍曰：爵牀不可解。按《吴氏本草》作爵麻，甚通。【集解】《别録》曰：爵牀生漢中川谷及田野。恭曰：此草生平澤(熱)〔熟〕田近道旁，似香菜，葉長而大，或如荏且細，俗名赤眼老母草。時珍曰：原野甚多。方莖對節，與大葉香薷一樣。但香薷搓之氣香，而爵牀搓之不香微臭，以此爲别。

莖葉 【氣味】鹹，寒，無毒。時珍曰：微辛。【主治】腰脊痛，不得著牀，俯仰艱難，除熱，可作浴湯《本經》。療血脹下氣。治杖瘡，搗汁塗之立瘥蘇恭。

明·談孺木《棗林雜俎·和集》引《金陵瑣志》 應聲病 馮益齋給諫，每發言，腹中輒有聲應之，遂告病，卜居南京。楊守極用小藍煎水飲之，即吐其蟲。

清·张璐《本經逢原》卷二 爵床俗名赤眼老母草。 鹹，寒，無毒。《本經》主腰脊痛，不得着床，俛仰艱難。除熱可作湯浴。發明：爵床善通血脈。蘇恭言療血脹下氣，杖瘡，搗汁塗之立瘥。觀《本經》諸品，不出活血舒筋之用也。

清·趙學敏《本草綱目拾遺》卷三草部上 小青草 五月生苗，葉短小，多莖，不甚高，開花成簇，紅色兩瓣，與大青同，但細小耳。一名蜻蜓草，一名蒼蠅翅。《綱目》小青條集解下引《圖經》：生福州，三月生花。亦不載其形狀，未免失考，且主治亦别。《圃事須知》：小青一名淡竹花，此則另是一種。

味苦大寒，理小腸火，治兒疳積，赤目腫痛，療傷寒熱症，時行咽痛。治疳積，煮牛肉、田雞、雞肝食之。疳瞎，煮豬肝食。黄疸，勞瘧發熱，翳障初起。《百草鏡》：小青草五錢，煮豆腐食。雀目：《百草鏡》：一名雞盲，白晝見物，將暮即昏。雞肝或羊肝取一具，不落水，小青草五錢，安盌內，加酒漿蒸熟，去草吃肝，三服即愈。加明雄黄五分尤妙。

清・吴其濬《植物名實圖考》卷二五　爵牀附赤車使者。　爵牀，《本經》中品。《唐本草》注謂之赤眼老母草。南方陰濕處極多，似香薷而不香。又《唐本草》有赤車使者，莖赤，根紫如蒨，一類二種。

清・葉志詵《神農本草經贊》卷二　爵牀　微鹹，寒。主腰脊痛，不得著牀，俯仰艱難，除熱可作浴湯。生川谷及田野。

錯認香葇，挼搓氣劣。平澤熟田，方莖對節。縱豎脊堅，引伸腰折。麻直蘇舒，澡身止熱。

李時珍曰：原野甚多。方莖對節，大葉似香葇，搓之不香。蘇恭曰：此草生平澤熟田。沈約賦：既縱豎而横構。劉因詩：會經堅脊度危關。《易》：引而伸之。《晉書・傳》：陶潛曰：我豈能為五斗米折腰。吴普曰：一名爵麻。《别録》曰：一名香蘇。顔延之頌：類麻能直。李時珍曰：蘇性舒暢，故謂之蘇禮，儒有澡身而浴德。

曲節草

宋・唐慎微《證類本草》卷三〇外草類〔宋・蘇頌《本草圖經》〕　曲節草生筠州。味甘、平，無毒。治發背瘡，消癰腫，拔毒。四月生苗，莖方，色青，有節。七月、八月著花，似薄荷，結子無用，葉似劉寄奴而青軟。一名蛇藍，一名緑豆青，一名六月冷。五月、六月採莖葉，陰乾。與甘草作末，米汁調服。

明・劉文泰《本草品彙精要》卷四一　曲節草無毒。　植生。

曲節草：治發背瘡，消癕腫，拔毒，與甘草作末，米汁調服。出《圖經》。

【名】蛇藍、緑豆青、六月冷。　【苗】《圖經》曰：四月生苗，莖方，色青，有節，七月、八月著花，似薄荷，結子無用，葉似劉寄奴而青輭。　【地】《圖經》曰：生筠州。　【時】生：四月生苗。採：五月、六月取莖葉。　【收】陰乾。　【用】莖、葉。　【色】青。　【味】甘。　【性】平，緩。　【氣】氣之薄者，陽中之陰。　【製】細剉，爲末用。

明・李時珍《本草綱目》卷一五草部・隰草類上　曲節草宋《圖經》

【釋名】六月凌音令。《圖經》　六月霜《綱目》　緑豆青《圖經》　蛇藍　時珍曰：此草性寒，故有凌、霜、緑豆之名。　【集解】頌曰：曲節草生均州。四月生苗，莖方色青有節，葉似劉寄奴而青軟，七八月着花似薄荷，結子無用。五月、六月採莖葉，陰乾。

莖葉　【氣味】甘，平，無毒。　【主治】發背瘡，消癰腫，拔毒。同甘草作末，米汁調服蘇頌。

清・蔣居祉《本草擇要綱目・平性藥品》　曲節草　莖葉氣味：甘，平，無毒。　主治：發背瘡，消癰腫，拔毒，同甘草作末，米泔調服。

清・趙學敏《本草綱目拾遺》卷四草部中　六月霜　丁未，余館奉化，邑人暑月俱以此代茶，云消食運脾，性寒，解暑如神。五月内山村人率刈乾束縛，挑入城市售賣，予以百錢買得一束，如乾薄荷狀，而長大倍之，莖上綴白珠成穗。　土人云子能下氣消食，更甚於枝葉。偶得痞悶不快，因取一枝沖湯代茶飲，次日，即健啖異常，所言信不妄也。〇《三才藻異》：一名六月冷，即曲節草也。性寒，故名。花似薄荷，葉似劉寄奴，名蛇藍。

解暑，消積滯，小兒暑月泡茶食之佳。　性苦寒，亦厚腸胃，止痢開膈，食之令人善啖，凡傷寒時疫，取一莖帶子者煎服之，能起死回生。屢試皆效。又善解毒洗瘡疥，皆愈。

按：《綱目》曲節草，一名六月霜。瀕湖所引《圖經》云甘平無毒，治發背消癰拔毒，同甘草作末，米汁調服。而他治有殊功，並未言及，今仍補之。

清・吴其濬《植物名實圖考》卷一四　曲節草　李時珍以為六月霜，不知何草。按鬼箭羽，湖南呼為六月冷，亦結青實，或恐一物。原圖不晰，存以備考。

無骨苧麻

清・趙學敏《本草綱目拾遺》卷三草部上　無骨苧麻接骨草、麻衣接骨、紫接骨附。　即玉接骨，一名血見愁、玉錢草、麒麟草、玉連環。葉小圓，根如水芹。生溼陰處，立夏時發苗，逢節則粗，葉尖長，根蔓延，色白多粗節，類竹根。搗之汁黏，高者尺許，鬆土種之，極易繁衍。入藥用根。

《百草鏡》云：玉盤龍，一名無骨苧麻。葉類苧麻而薄小，背不白，莖如筯，色明透，至九月，莖白明如水晶，上有細紅點子。十月萎，採宜九月。一名玉梗半枝蓮。搗之有白漿稠滑，《綱目》蒴藋條釋名云：即接骨草。蘇恭云：葉似芹。寇宗奭云：花白子青，十月子乃紅熟，有一二百子。時珍云：每枝五葉。按《群芳譜》，則花白而葉不類，其根乃似水芹。今人搗汁，以續筋骨損折，頗驗。名玉接骨。當是此種，然《綱目》無一語治折傷，且所引形狀，率多含混，故特詳晰補之。

性涼，味甘淡，入肺經血分，治吐血腸紅下血，跌打損傷。《采藥志》云：接骨草，又名玉梗金不换。性溫，能止血生肌，行肺經之惡血，引血歸經，理氣開胃，大有功效。

杜根藤

清・吴其濬《植物名實圖考》卷一〇　杜根藤　產湖南寶慶府山坡間。狀與九頭獅子草極相類，唯獨莖多鬚，鬚亦綠色。開花亦如九頭獅子草，而只一瓣，色白無苞。

洞絲草

清・吴其濬《植物名實圖考》卷九　洞絲草　生寧都金精山。高六七寸，綠莖赭節；葉如鳳仙花葉，兩兩對生；冬開紫花如絲，復有細茸。土醫詫為奇藥，而悋其方。

水蓑衣

明・朱橚《救荒本草》卷上之後　水蓑衣　生水泊邊。葉似地稍瓜葉而窄音側小，每葉間皆結小青蓇葖音骨突。其葉味苦。救饑：採苗葉煠熟，水浸，淘去苦味，油鹽調食。

清・何諫《生草藥性備要》卷下　天仙子　味苦，性平。治小兒五疳神藥。

清・吴其濬《植物名實圖考》卷一二　水蓑衣　【略】按此草江西沙洲多有之，唯葉間青蓇葖略帶淡紅色。余取破之，其中皆有一小蟲蛀伏其中。南方濕熱，草木蘊結，化生蟲蛾，不可細詰，故挑野菜者絕少；不似北地黃壤，幾於草根、樹皮皆成野蔬也。又小說家謂有仙桃草，四五月麥田中蔓生，葉綠莖紅，實大如椒，形如桃，中有一小蟲，宜在小暑節十五日內取之，先期則無蟲，後時則蟲飛出。趁未坼採之，烘乾研末，藏以待用。一切跌打損傷，服一二錢可以起死回生。或云其葉煎水浴之亦妙。按狀與此草殊肖。

千年矮

清・吴其濬《植物名實圖考》卷一三　千年矮　生田野中。與水蓑相類，而脚葉無齒，大小葉攢生一處，葉間結小青子，或云浸酒服之有益。

千年矮又一種　生九江。横根叢生，高四五寸，紫莖柔脆，四葉攢生，面青背淡。土醫以治牙痛。

天仙子

宋・王介《履巉巖本草》卷下　天仙子　性溫，無毒。大治風濕膝蓋疼痛，爲末，酒調二錢重，空心食前服，大有神效。

野靛青

清・趙學敏《本草綱目拾遺》卷四草部中　野靛青　一名鴨青，處處有之，如莧菜，葉尖，中心有青暈。

治結熱黃疸，定瘡毒疼痛，生肌長肉。

九頭獅子草

清・吴其濬《植物名實圖考》卷一〇　九頭獅子草　產湖南嶽麓山坡間，江西廬山亦有之。叢生，數十本為族；附莖對葉，如鳳仙花葉稍闊，色濃綠無齒；莖有節，如牛膝，細根長鬚；秋時梢頭節間先發兩片綠苞，宛如榆錢，大如指甲，攢簇極密；旋從苞中吐出兩瓣粉紅花，如秋海棠而長，上小下大，中有細紅鬚一二縷，花落苞存，就結實。摘其莖插之即活，亦名接骨草。俚醫以其根似細辛，遂呼為土細辛，用以發表。

碗花草

清・吴其濬《植物名實圖考》卷二三　碗花草　生雲南。蔓生如旋花，葉似鬼目草葉無毛，花出苞中，色白五瓣作筩子形，無心。臨安土醫云治丸子癢，以根泡酒敷自消。昆明謂之鐵貫藤。

葶藶

宋・李昉《太平御覽》卷第九九三　亭歷　《爾雅》曰：蕇音典，亭歷。實葉皆似芥，一名狗薺。《淮南子》曰：亭歷，冬生。《周髀》曰：凡北極左右，物有朝生暮穫，謂亭歷冬生之類。

宋・唐慎微《證類本草》卷一〇草部下品〔《本經》・別錄・藥對》〕　葶藶　**味辛**、苦，寒、大寒，無毒。**主癥瘕積聚結氣，飲食寒熱，破堅逐邪，通利水道**，下膀胱水，伏留熱氣，皮間邪水上出，面目浮腫，身暴中風熱痱音沸痒，利小腹。久服令人虛。一名丁歷，一名蕇音典蒿，**一名大室，一名大適**。生藁城平澤及田野。立夏後採實，陰乾，得酒良。榆皮爲之使，惡殭蠶、石龍芮。

〔梁・陶弘景《本草經集注》〕云：出彭城者最勝，今近道亦有。母則公薺，子細黃至苦，用之當熬。

〔宋・馬志《開寶本草》〕按：此藥亦療肺壅上氣欬嗽，定喘促，除胸中痰飲。

〔宋·掌禹錫《嘉祐本草》〕按：《蜀本》云：苗似薺苨，春末生，高二三尺，花黄，角生子黄細。五月熟，採子暴乾。《藥性論》云：葶藶，臣，味酸，有小毒。能利小便，抽肺氣上喘息急，止嗽。《爾雅》云：蕇，亭歷。注：實、葉皆似芥，一名狗薺。日華子云：利小腸，通水氣虚腫。

〔宋·蘇頌《本草圖經》〕曰：葶藶，生藁城平澤及田野，今京東、陝西、河北州郡皆有之，曹州者尤勝。初春生苗葉，高六七寸，有似薺。根白，枝莖俱青。三月開花，微黄。結角，子扁小如黍粒微長，黄色。立夏後採實，暴乾。《月令》：孟夏之月靡草死。許慎、鄭康成注皆云：靡草，薺、葶藶之屬是也。至夏則枯死，故此時採之。張仲景治肺癰，喘不得卧，葶藶大棗瀉肺湯主之。葶藶炒黄色，搗末爲丸，大如彈丸。每服用大棗二十枚，水三升，煎之取二升，然後内一彈丸更煎，取一升，頓服之。支飲不得息亦主之。崔知悌方：療上氣欬嗽，長引氣不得卧，或遍體氣腫，或單面腫，或足腫，並主之。葶藶子三升，微火熬，搗篩爲散，以清酒五升漬之，冬七日，夏三日。初服如桃許大，日三夜一，冬日二夜二。量其氣力，取微利一二為度。如患急困者，不得待日滿，亦可以綿細絞，即服。其葶藶單莖向上，葉端出角，角麄且短。又有一種苟芥草，葉近根下作奇，生角細長。取時必須分别前件二種也。又《篋中方》：治嗽含膏丸：曹州葶藶子一兩，紙襯熬令黑，知母一兩，貝母一兩，三物同搗篩，以棗肉半兩，别銷沙糖一兩半，同入藥中和爲丸，大如彈丸。每服以新綿裹一丸，含之徐徐嚥津，甚者不過三丸。今醫家亦多用。

〔宋·唐慎微《證類本草》〕雷公云：凡使，勿用赤鬚子，真相似葶藶子，只是味微甘苦。葶藶子入頂苦。凡使，以糯米相合，於焙上微微焙，待米熟，去米，單搗用。《聖惠方》：治上氣喘急，遍身浮腫。用甜葶藶一升，隔紙炒令紫色，搗令極細，用生絹袋盛，以清酒五升浸三日後，每服抄一匙，用粥飲調下，日三四服。又方：治支飲久不差，大腹水腫，喘促不止。用甜葶藶三兩，隔帋炒令紫色，搗如膏。每服丸如彈子大，以水一中盞，入棗四枚，煎至五分去滓，非時服。《外臺秘要》：治食飲不得息。葶藶子三兩，熬令黄，搗爲末，以水三升煮，大棗三十枚，得汁一升内藥中。每服如棗大，煎取七合頓服。《千金方》：治腹脹積聚癥瘕。葶藶子一升熬，以酒五升浸七日。日服三合。《千金翼》：治頭風。搗葶藶子，以湯淋取汁洗頭上。《經驗方》：河東裴氏傳，經效，治水腫及暴腫。葶藶三兩，杵六千下，令如泥。即下漢防己末四兩，取緑頭鴨就藥臼中截頭瀝血於臼中，血盡，和鴨頭更搗五千下，丸如梧桐子。患甚者，空腹白湯下十丸，稍可者五丸，頻服，五日止。此藥利小便，有效如神。《梅師方》：治遍身腫滿，小便澁。葶藶子二兩，大棗二十枚，以水一大升，煎取一小升，去棗，内葶藶於棗汁煎丸如梧子，飲下十丸。又方：治肺壅氣喘急不得卧。葶藶子三兩，炒，大棗三十枚，水三升煮棗，取二升，又煎取一升去滓，併，二服。《簡要濟衆》：治小兒水氣腹腫，兼下痢膿血，小便澁。葶藶子半兩，微炒搗如泥，以棗肉和搗爲丸如菉豆大。每服五丸，棗湯下，空心、晚後量兒大小，加減服之。《續十全方》：治一切毒入腹不可療，及馬汗。用葶藶子一兩炒研，以水一升浸湯服，取下惡血。崔氏：治水氣。葶藶三兩，以物盛，甑上蒸令熟，即搗萬杵，若丸得如梧桐子，不須蜜和。一服五丸，漸加至七丸，以得微利即佳。不可多服，令人不堪美食。若氣發，又服之，得利，氣下定，即停。此方治水氣無比。蕭駙馬患水腫，惟服此得差。《傷寒類要》：治腎癉脣乾，以葶藶主之。《子母秘録》：治小兒白禿。葶藶搗末，以湯洗訖塗上。姚和衆：治孩兒蛔蟲。葶藶子一分，生爲末用，以水三合，煎取一合，一日一服盡。

宋·寇宗奭《本草衍義》卷一一

葶藶　用子。子之味有甜、苦兩等，其形則一也。《經》既言味辛、苦，即甜者不復更入藥也。大概治體皆以行水走洩爲用，故曰久服令人虚。蓋取苦洩之義，其理甚明。《藥性論》所説盡矣，但不當言味酸。

宋·劉明之《圖經本草藥性總論》卷上

葶藶　味辛、苦，寒、大寒，無毒。主癥瘕積聚結氣，又治飲食寒熱，破堅逐邪，通利水道，下膀胱水，伏留熱氣，皮間邪水上出，面目浮腫，身暴中風熱痱痒，利小腹，又療肺壅上氣，欬嗽定喘促，除胸中痰飲。《藥性論》云：臣。利小便，肺氣喘急止嗽。日華子云：利小腸，通水氣虚腫。榆皮為之使。惡殭蠶、石龍芮。得酒良。生藁城平澤及田野。

宋·陳衍《寶慶本草折衷》卷一〇

葶藶臣。一名葶藶子，一名丁藶，一名蕇，一名蕇蒿，一名大室，一名大適，一名狗薺，一名靡草。○蕇，音典。生藁城平澤及口城、京東、陝西、河北，曹、丹州，成德軍。今近道田野亦有。○立夏後採實，暴乾。○得酒良。榆皮為使，惡殭蠶、石龍芮。

味辛、苦，寒，有小毒。○主癥瘕積聚結氣，利水道，下膀胱水，伏留熱氣，皮間邪水，面目浮腫，暴中風，痱熱痱痒。○今註：除胸中痰飲。○《藥性論》云：抽肺氣上，喘息急，止嗽。○圖經曰：曹州者尤勝，小如黍粒，微長，黄色。或遍體氣腫，或單面腫，或足腫，並主之。○雷公云：以糯米相合，焙待米熟，去米。○《千金翼》：治頭風，搗葶藶子，湯淋，取汁洗頭。○《簡要濟衆》：治小兒水氣腹腫，下痢，小便澀。葶藶子微炒，搗如泥，以棗肉和搗。為丸如緑豆大，每服伍丸，棗湯下，空心。○《子母秘錄》：治小兒白禿，湯洗訖，葶藶末傅之。○寇氏曰：葶藶以行水走泄為用，故久服令人虛，蓋不味酸。

續說云：寇氏嘗言葶藶有甜、苦兩等，其形則一，而艾氏乃謂用甜者甚失苦洩之義。蓋甜則不足取也，用者幸毋忽焉。

元・王好古《湯液本草》卷四 葶藶 氣大寒，味苦、辛，無毒。《本草》云：主癥瘕積聚結氣，飲食寒熱。破堅逐邪，通利水道，下膀胱水，伏留熱氣，及皮間邪水上出，面目浮腫，身暴中風，熱痱癢，利小便。久服令人虛。又云：療肺壅上氣欬嗽，定喘促，除胸中痰飲。《液》云：苦、甜二味，主治同。仲景用苦，餘方或有用甜者，或有不言甜、苦者。大抵苦則下泄，甜則少緩。量病虛實用之，不可不審。《本草》雖云治同，甜、苦之味安得不異？榆白皮為之使。惡殭蠶、石龍芮。仲景葶藶大棗瀉肺湯用之。

元・尚從善《本草元命苞》卷五 葶藶 為臣。味辛、苦，寒、大寒，無毒。性沉，屬陰。久餌虛人。走泄行水，主癥瘕積聚，寒熱結氣，抽肺氣，上喘欬嗽促息，利水道，除遍身虛腫，通小腸，逐膀胱留熱。治身暴中風，熱痱瘙癢。療面目水腫，胸膈停痰。惡石龍芮、殭蠶之性。使榆皮。淂酒者良。生藁城平澤田野，今京東、陝西有之。初春生苗葉，至夏則枯死。《月令》云：孟夏之月靡草死。似薺根，白枝，莖俱青，三月開花，微黃，結角，子生扁小如黍粒，微長，黃色，立夏後採寔，陰乾。惟曹州尤(滕)〔勝〕。有甜、苦兩般，甜則少緩，苦者下泄。

元・朱震亨《本草衍義補遺》 葶藶 屬火屬木。性急，善逐水。病人稍涉虛者，宜遠之。且殺人甚捷，何必久服而後致虛也。〇葶藶，有甜苦兩等，其形則一。《經》既言味辛苦，即甜者不復更入藥也。大概治體皆以行水走泄為用，故不可久服。

元・佚名氏《珍珠囊・諸品藥性主治指掌》〔見《醫要集覽》〕 葶藶 味苦，性寒，無毒。沉也，陰中陰也。其用有四：除遍身之浮腫，逐膀胱之留熱，定肺氣之喘促，療積飲之痰厥。

元・徐彥純《本草發揮》卷二 葶藶 成聊攝云：葶藶、杏仁之苦甘，所以泄滿。東垣云：葶藶苦，寒，熬與辛酸同用，以導腫氣。海藏云：葶藶，仲景用苦者，餘方或有用甜者，或有不言甜苦者。大抵苦則下泄，甜則少緩，量病虛實用之，不可不審。《本草》雖云甜苦主治同，然甜苦之味，安得不異？仲景葶藶大棗瀉肺湯用之。丹溪云：葶藶屬火與水。性急，善逐水。病人稍虛者，宜遠之，其殺人甚速，何待久服而後致虛也。

明・朱橚《救荒本草》卷上之前 米蒿 生田野中，所在處處有之。苗高尺許，葉似園荽葉微細，葉叢間分生莖叉，梢上開小青黃花，結小細角，似葶藶角兒。葉味微苦。救飢：採嫩苗煠熟，水浸過，淘淨，油鹽調食。

抪娘蒿音布。 生田野中。苗高二尺許，莖似黃蒿莖，其葉碎小，茸細如針，色頗黃綠，嫩則可食，老則為柴。苗葉味苦。救飢：採嫩苗葉煠熟，換水浸淘去蒿氣，油鹽調食。

獨行菜 又名麥稭菜。生田野中。科苗高一尺許，葉似水棘針葉微短；又似水蘇子葉，亦短小狹窄作瓦隴樣；梢出細葶，開小黲白花，結小青蓇葖，小如菉豆粒。葉味甜性。救飢：採嫩苗葉煠熟，換水淘淨，油鹽調食。

明・蘭茂撰，清・管暄校補《滇南本草》卷下 甜葶藜子一名麥藍菜。性寒，味苦、辛。主下氣定喘，消痰，利小便，消水腫，療面皮浮腫。附方：治面皮浮腫，或咳嗽喘吼。大腹皮、生桑皮、葶藜子，引用通草，煎服。氣喘加蘇子，小便澁加木通、車前子。

明・王綸《本草集要》卷三 葶藶 味辛苦，氣大寒，無毒。榆皮為之使。惡殭蠶。立夏後採實，陰乾，炒用。得酒良。主瘕癥積聚結氣，飲食寒熱，破堅逐邪，通利水道，走泄為功。大降氣，治皮間邪水上出，面目浮腫，及肺壅上氣，咳嗽喘促，痰飲。又治肺癰，喘不得臥。久服令人虛，病人涉虛者宜遠之。

明・滕弘《神農本經會通》卷一 葶藶 臣也。榆皮為之使。惡殭蠶、石龍芮。立夏後採實，陰乾。得酒良。用之當炒。凡使勿用赤鬚子，真相似葶藶，衹是味微甘苦，葶藶子入頂苦。《局》云：紙隔炒香用。味辛、苦，氣寒、大寒，無毒。《湯》同。東云：沉也，陰中陰也。除遍身之浮腫，逐膀胱之留熱，定肺氣之喘促，療積飲之痰厥。又云：瀉肺喘，通水氣。《珍》云：導腫。《疌》云：利小便，除浮，退熱，下痰涎，積聚，癥瘕，治肺癰欬逆，消皮間邪水。

《本經》云：主癥瘕積聚結氣，飲食寒熱，破堅逐邪，通利水道，下膀胱水，伏留熱氣，皮間邪水上出，面目浮腫，身暴中風，熱痱痒，利小腹。久服令人虛。陶云：療肺壅上氣欬嗽，定喘促，除胸中痰飲。《藥性論》云：葶藶，臣。味酸，有小毒。能利小便，抽肺氣上喘，息急，止嗽。日華子云：利小腸，通水氣虛腫。《圖經》云：治肺癰，喘不得臥，葶藶大棗瀉肺湯主之。又崔知悌方：療上氣欬嗽，長引氣不得臥，或遍體氣腫，或單面腫，或足腫，並主之，葶藶子微炒，為末，清酒漬，服之，量其氣力，取微利，一二為度。《液》云：苦、甜二味，主治同。仲景用苦，餘方或有用甜者，或有不言甜苦者，大抵苦則下泄，甜則少緩，量病虛實用之，不可不審。《本草》雖云治同，甜苦之味，安得不異。丹溪云：屬火屬水，性急，善逐水，病人稍涉虛者，宜遠之，且殺人其捷。有甜、苦兩等，其形則一。《經》既言味辛苦，即甜者不復更入藥也。大槩治體，皆以行水走泄為用，故不可久服。同《衍義》。劊云：葶藶苦寒消水腫，膀胱留熱更能清。肺家喘促宜斯用，積飲停痰得此行。《局》云：葶藶辛寒能瀉肺，除痰止嗽用為良。緣何下水消浮腫，蓋利膀胱及小腸。葶藶子，瀉肺，消痰，去浮，下水。

明・劉文泰《本草品彙精要》卷一三 葶藶無毒。植生。

葶藶出《神農本經》：**主癥瘕積聚結氣，飲食寒熱，破堅，逐邪，通利水道。**以上朱字《神農本經》。下膀胱水，伏留熱氣，皮間邪水上出，面目浮腫，身暴中風，熱痱音沸癢，利小腹。久服令人虛。以上黑字名醫所錄。【名】丁歷、蕇音典蒿、大室、大適、狗薺、靡草薺。【苗】《圖經》曰：初春生苗葉，高六七寸，有似薺。根白，枝莖俱青，三月開花，微黃。莖端結角，子匾小如黍粒，微長，黄色。又有一種苟芥草，葉近根下作奇生，角細長，取時必須分別也。《衍義》曰：葶藶用子，子之味有甜、苦兩等，其形則一也。《經》既言味辛、苦，即甜者不復更入藥也。大概治體，皆以行水走泄爲用，故曰久服令人虛。蓋取苦泄之義，其理甚明。【地】《圖經》曰：生藁城平澤，及陝西、河北州郡皆有之。【道地】曹州、彭城。【時】生：初春生苗。採：立夏後取。【收】陰乾。【用】子苦者。【質】類車前子。【色】赤黃。【味】辛，苦。【性】大寒，泄。【氣】味厚于氣，陰也。【臭】朽。【主】消水腫，定喘促。【助】榆皮爲之使。【反】惡殭蠶、石龍芮。【製】《雷公》云：用糯米相合，微焙，待米熟去米，單搗用。【治】療：陶隱居云：除肺壅上氣，欬嗽，定喘促，及胸中痰飲。《藥性論》云：利小便，泄肺氣，止喘，息急。《別錄》云：治一切毒入腹不可療及馬汗毒，以一兩炒研，用水一升，浸湯服，取下惡血，愈。又治小兒白禿，以一兩搗末，湯洗瘡訖，塗上愈。又治小兒蛔蟲，以一分生爲末，用水三合煎取一合，一日服盡，蟲即下。【合治】以三升微火熬，搗爲末，合清酒五升漬之，冬七日夏三日，服如桃許大，日三服，夜一服，冬日二服，夜二服，取微利爲度。如患急困，不得待日滿，亦可以綿細絞即服，療上氣欬嗽不得臥，遍體氣腫，面腫足腫，並治之。○以四兩炒搗末，丸如彈丸大，每服用大棗二十枚，水三升，煎二升，然後內丸，煎取一升，頓服之，治肺癰喘急不得臥，及支飲久不瘥者。○曹州者一兩，襯紙熬令黑，合知母一兩，貝母一兩，同搗末，以棗肉半兩，別銷沙糖一兩半，同和爲丸，如彈子大，每用以綿裹一丸，含之，徐徐咽津，療嗽，含之不過三丸。○以三兩杵六千下，令如泥，合漢防己末四兩，取綠頭鴨就藥臼中截頭，瀝血於臼中，血盡，和頭更搗五千下，丸如梧子大，患甚者，空腹白湯下十丸，療水腫及暴腫。○以半兩微炒，搗如泥，合棗肉搗爲丸，如綠豆大，每服五丸，空心晚後棗湯下，治小兒水氣腹腫兼下利膿血，小便澀，量兒大小，加減服之。【禁】久服令人虛。【贗】赤鬚子、苟芥草爲僞。

明・葉文齡《醫學統旨》卷八 葶藶 氣大寒，味苦、辛。無毒。榆皮為使，惡僵蠶。凡用炒，搥碎。得酒良。治肺壅上氣，咳嗽喘促，痰飲肺癰，面目浮腫，積聚結氣，破堅利水道，行皮間邪水。走泄為用，大降氣，久服令人虛，蓋取苦泄之義。

明・許希周《藥性粗評》卷二 外浮內滿，假葶藶以推移。葶藶，一名丁歷，一名蕇蒿。《月令》謂之靡草，所謂孟夏之月，靡草死者是已。春初生苗葉，高六七寸，似薺莧，枝莖俱青，根白，三月開花微黃，結角子扁小如黍粒微長，黃色。大江南北平澤處處有之，以彭城、曹州者為上。立夏後採實，陰乾，凡用紙隔炒香。榆皮為之使，惡殭蠶、石龍芮。得酒良。味辛、苦、甘，性大寒，有小毒。其氣下行。主治癥瘕積聚，結氣，飲食膨脹，四肢面目水氣浮腫，熱痱瘙癢，瀉肺定喘，消痰止嗽，除滿下氣，行水利小便。成聊攝云：葶藶、杏仁之苦甘，所以泄滿。東垣云：葶藶熬與辛酸同用，以導腫氣。丹溪云：葶藶性急，病人稍虛者宜遠之。

單方：水氣浮腫：不拘四肢面目、肚腹水氣腫滿，上氣喘促者，以製過葶藶一升，搗令極細，生絹袋盛之，以清酒五升，浸□日後，每服挑一匙，粥飲調下，日三四服，凡當利下而愈。腹脹積聚：以製過葶藶子一升，入清酒五升，浸七日後，日溫服三合。

明・鄭寧《藥性要略大全》卷七 葶藶 除遍身浮腫，逐膀胱留熱，定肺氣之喘促，療積滯之水飲。《賦》曰：瀉肺喘，通水氣，破癥瘕積聚，身暴中風熱痱痒。久服令人虛。《湯液》云：利水道，下膀胱水及皮間邪水上出面目浮腫者，利小便。味辛、苦，性寒，無毒。沉也，陰也。榆皮為之使。惡殭蠶、石龍芮。立夏後採實，陰乾，炒用，得酒良。七潭云：葶藶，藥有甜、苦二味：苦則下泄，甜則少緩。量病虛實用之。《本草》不分其治而註為一條，不可不審也。

明·陳嘉謨《本草蒙筌》卷三　葶藶　味辛、苦，氣大寒。沉也，陰中之陰。無毒。一云小毒，用之當熬。陝西河北俱多，曹州屬山東出者獨勝。延生田野，收採夏間。粒如黍匾小微黄，製隔紙文火略炒。惡殭蠶、石龍芮，使榆皮，得酒良。種因甜苦兩般，證量輕重各用。苦葶藶行水走泄迅速，形壯證重者堪求；甜葶藶行水走泄緩遲，形瘦證輕者宜服。苟或鹵莽，易致殺人。逐膀胱伏留熱氣殊功，消面目浮腫水氣立効。肺壅喘不得臥，非此難痊；葶藶大棗瀉肺湯主之，出仲景方。痰飲欬不能休，用之易愈。主癥瘕積聚結氣，理風熱瘙癢痱瘡。久服虛人，須記勿犯。

明·王文潔《太乙仙製本草藥性大全》卷二《本草精義》　葶藶　一名丁歷，一名蕇蒿，一名大室，一名大適，一名狗薺。生藁城平澤及田野，今京東、陝西、河北州郡皆有之，曹州者尤勝。初春生苗，葉高六七寸，有似薺，根白，枝莖俱青。三月開花微黄，結角子扁小如黍粒，微長黄色，立夏後採實曝乾用。《月令》孟夏之月靡草死。許慎、鄭康成注皆云：靡草，薺、葶藶之屬是也。至夏則枯死，故此時採之，粒如黍扁小微黄，製隔紙文火略炒。惡殭蠶、石龍芮。使榆皮，得酒良。種因甜苦兩般，證量輕重各用。

明·王文潔《太乙仙製本草藥性大全》卷二《仙製藥性》　葶藶　味辛、苦，氣大寒，陰中之陽，沉也，無毒。一云有小毒。榆皮爲之使。苦葶藶：行水，走泄迅速，形壯證重者堪求。甜葶藶：行水，走泄緩遲，形瘦證輕者宜服。苟或鹵莽，易致殺人。逐膀胱伏留熱氣殊功，消面目浮腫水氣立效。肺壅喘不得臥，非此難痊。葶藶大棗瀉肺湯主之。出仲景方。痰飲欬不能休，用之即愈。主癥瘕積聚、結氣，理風熱瘙癢、痱瘡。利水道，療積滯之水飲，下膀胱及皮間之邪水。久服虛人，須記勿犯。補註：上氣喘急，遍身浮腫，用甜葶藶一升，隔紙炒紫色，搗末，絹袋盛，酒五升，浸三日，每服炒一匙，以粥飲下。〇肺壅喘不得臥，炒黄搗末，爲丸大如彈丸，每服用大棗二十枚，水三升，煎二升，然後内一彈丸，再煎取一升，頓服。〇支飲久不差，大腹水腫，喘促不止，甜葶藶三兩，隔紙炒紫色，搗如膏，每服彈丸大，以水一中盞，棗四枚，煎五分，去滓服。〇欬痰不得息，用子三兩，熬黄搗末，以水三升，煮大棗三十枚，煎汁一升入藥中，每服如棗大，煎取七合，頓服。〇腹脹積聚，癥瘕，用子一升熬，以酒五升浸七日，日服三合。〇頭風，搗子以湯淋取汁，洗頭上。〇小兒白禿，用爲末，以湯洗訖塗上。〇遍身腫浮，小便澁，用子二兩，大棗二十枚，水一大升，煎一小升，去棗，内葶藶於棗汁煎，丸如梧子，飲下六丸。〇孩兒血蟲，用子二兩，生爲末，以水三合，煎一合，一日服盡。〇肺壅氣喘急，不得眠，以子三兩，炒大棗三十枚，水三升，煮棗取二升，又煎取一升，去滓，併二服。〇小兒水氣腹腫兼下痢膿血，小便澁，用子小半兩，微炒，搗如埿，以棗肉同搗爲丸，如菉豆大，每服五丸，棗湯下，空心晚後量兒大小加減服之。〇一切毒入腹不可療及馬汗，用子一兩，炒研，以水一升，浸湯服，取下惡血。太乙曰：凡使勿用赤鬚子，真相似葶藶子，只是味微甘、苦。葶藶子入頂苦。凡使以糯米相合，於竈上微微焙，待米熟，去米，單搗用。

明·皇甫嵩《本草發明》卷三　葶藶下品上，佐使。氣寒，味辛、苦，無毒。《藥性》云：有小毒。　發明曰：葶藶專行水，走泄兼利肺氣。有甜、苦兩般，量較重輕用。苦者行水走泄迅速，壯人症重者宜之，以苦下泄也。甜者形瘦症輕者宜之，以甜行泄少緩。但《本經》只言味苦辛，即甜者緩，而不復入泄利藥也。故《本草》主逐邪利水，下膀胱水伏留熱氣，小腹及皮間邪水上出，面目浮腫，乃其專攻。又主癥積結氣，飲食寒熱，暴中風，熱痱痒，療肺壅上氣欬嗽，定喘促急，除胸中痰飲，乃苦寒泄火，辛以散氣，兼治也。仲景葶藶大棗瀉腸湯用之。若久服虛人，以苦泄故耳。〇治浮腫喘急等候，用此為單方，見水腫症門内。榆白皮為使。惡殭蠶、石龍芮。凡使，以糯米相合，熯上微焙，米熟去米，搗用。

明·李時珍《本草綱目》卷一六草部·隰草類下　葶藶《本經》下品

【釋名】丁歷《別録》　蕇蒿蕇音典。　大室《本經》　大適《本經》　狗薺《別録》　時珍曰：名義不可强解。

【集解】《別録》曰：葶藶生藁城平澤及田野，立夏後采實，陰乾。弘景曰：出彭城者最勝，今近道亦有。母即公薺也，子細黄至苦，用之當熬。頌曰：今汴東、陝西、河北州郡皆有之。曹州者尤佳。初春生苗葉，高六七寸，似薺。根白色，枝莖俱青。三月開花，微黄。結角，子扁小如黍粒微長，黄色。《月令》：孟夏之月，靡草死。

許慎、鄭玄注皆云：蘼草，薺、葶藶之屬是也。一說葶藶單莖向上，葉端出角，粗且短，又有一種狗芥草，葉近根下作奇，生角細長。取時必須分別此二種也。斅曰：凡使勿用赤鬚子，真相似，只是味微甘苦耳，葶藶子之苦，入頂也。時珍曰：按《爾雅》云：蕇，葶藶也。郭璞注云：實葉皆似芥，一名狗薺。然則狗芥即是葶藶矣。蓋葶藶有甜苦二種。狗芥味微甘，即甜葶藶也。或云甜葶藶是菥蓂子，攷其功用亦似不然。

子　〖修治〗斅曰：凡使葶藶，以糯米相合，置於㷠上，微焙，待米熟，去米，搗用。

〖氣味〗辛，寒，無毒。《別錄》曰：苦，大寒。得酒良。權曰：酸，有小毒。入藥炒用。杲曰：沉也。陰中陽也。張仲景曰：葶藶傳頭瘡，藥氣入腦，殺人。之才曰：榆皮爲之使，得酒良，惡白殭蠶、石龍芮。時珍曰：宜大棗。　〖主治〗癥瘕積聚結氣，飲食寒熱，破堅逐邪，通利水道《本經》。下膀胱水，伏留熱氣，皮間邪水上出，面目浮腫，身暴中風熱痱癢，利小腹。久服令人虛《別錄》。療肺壅上氣欬嗽，止喘促，除胸中痰飲甄權。通月經時珍。

〖發明〗杲曰：葶藶大降氣，與辛酸同用，以導腫氣。《本草·十劑》云：洩可去閉，葶藶、大黃之屬。此二味皆大苦寒，一洩血閉，一洩氣閉。蓋葶藶之苦寒，氣味俱厚，不減大黃，又性過於諸藥，以洩陽分肺中之閉，亦能洩大便，爲體輕象陽故也。宗奭曰：葶藶有甜、苦二種，其形則一也。經既言味辛苦，即甜者不復更入藥也。大概治體皆以行水走泄爲用，故曰久服令人虛，蓋取苦泄之義，《藥性論》不當言味酸。震亨曰：葶藶屬火性急，善逐水。病人稍涉虛者，宜遠之，且殺人甚捷，何必久服而後虛也。好古曰：苦甜二味，主治不同。仲景瀉肺湯用苦，餘方或有用甜者，或有不言甜苦者，大抵苦則下泄，甜則少緩，量病人虛實用之，不可不審。本草雖云治同，而甜苦之味安得不異？時珍曰：甘苦二種，正如牽牛黑白二色，急緩不同；又如壺盧甘苦二味，良毒亦異。大抵甜者下泄之性緩，雖泄肺而不傷胃；苦者下泄之性急，既泄肺而易傷胃，故以大棗輔之。然肺中水氣膹滿急者，非此不能除。但水去則止，不可過劑爾。既不久服，何至殺人。《淮南子》云：大戟去水，葶藶愈脹，用之不節，乃反成病。亦在用之有節耳。

〖附方〗舊十四，新六。　陽水暴腫：面赤煩渴，喘急，小便澀，其效如神，甜葶藶一兩半，炒研末，漢防己末二兩，以綠頭鴨血及頭，合搗萬杵，丸梧子大。甚者，空腹白湯下十丸，輕者五丸，日三四服，五日止，小便利爲驗。一加猪苓末二兩。《外臺秘要》。　通身腫滿：苦葶藶炒四兩，爲末，棗肉和丸梧子大。每服十五丸，桑白皮湯下，日三服。此方，人不甚信，試之自驗。　水腫尿澀：《梅師方》用甜葶藶二兩，炒爲末，以大棗二十枚，水一大升，煎一升，去棗入葶藶末，煎至可丸如梧子大，每飲服六十丸，漸加，以微利爲度。○《崔氏方》用葶藶三兩，絹包，飯上蒸熟，搗萬杵，丸梧子大，不須蜜和。每服五丸，漸加至七丸，以微利爲佳，不可多服，令人不堪。若氣發，服之得利，氣下即止。水氣無比，蕭駙馬水腫，服此得瘥。○《外科精義》治男婦大小頭面手足腫。用苦葶藶炒研，棗肉和丸小豆大。每服十丸，煎麻子湯下。日三服。五七日小便多，則消腫也。忌醎酸生冷。　大腹水腫：《肘後方》用苦葶藶二升，炒爲末。割鶡雄鷄血及頭，合搗丸梧子大。每小豆湯下十丸，日三服。○又方：葶藶二升，春酒五升，漬一夜。稍服一合，小便當利。○又方：葶藶一兩，杏仁二十枚，並熬黃色，搗。分十服，小便去當瘥。　腹脹積聚：葶藶子一升熬。以酒五升浸七日，日服三合。《千金方》。　肺濕痰喘：甜葶藶炒爲末，棗肉丸服。《摘玄方》。　痰飲欬嗽：含奇丸：用曹州葶藶子一兩，紙襯炒令黑，知母一兩，貝母一兩，爲末。棗肉半兩，砂糖一兩半，和丸彈丸大。每以新綿裹一丸，含之嚥津，甚者不過三丸。《篋中方》。　欬嗽上氣：不得卧，或遍體氣腫，或單面腫，(鼓)〔或〕足腫，並主之。葶藶子三升，微火熬研，以絹袋盛，浸清酒五升中，冬七日，夏三日。初服如〔胡〕桃許大，日三夜一，冬月日二夜二。量其氣力，取微利，一〔二〕爲度。如患急者，不待日滿，亦可絞服。《崔知悌方》。　肺壅喘急：不得卧，葶藶大棗瀉肺湯主之。葶藶炒黃搗末，蜜丸彈丸大。每用大棗二十枚，水三升，煎取二升，乃入葶藶一丸，更煎取一升，頓服。亦主支飲不得息。仲景《金匱玉函方》。　月水不通：葶藶一升，爲末，蜜丸彈子大。綿裹納陰中二寸，一宿易之。有汁出，止。《千金方》。　卒發顛狂：葶藶一升，搗三千杵，取白犬血和丸麻子大。酒服一丸，三服取瘥。《肘後方》。　頭風疼痛：葶藶子爲末。以湯淋汁沐頭，三四度即愈。《肘後方》。　疳蟲蝕齒：葶藶、雄黃等分，爲末。臘月猪脂和成，以綿裹槐枝蘸點。《金匱要略》。　白禿頭瘡：葶藶末塗之。《聖惠方》。　瘰癧已潰：葶藶二合，豉一升，搗作餅子，如錢大，厚二分，安瘡孔上，〔艾〕作炷灸之，令温熱，不可破肉。數易之而灸。但不可灸初起之瘡，恐葶藶氣入腦傷人也。《永類方》。　馬汗毒氣：入腹。葶藶子一兩炒研，水一升浸湯服，取下惡血。《續十全方》。

題明·薛己《本草約言》卷一《藥性本草》　葶藶　味辛、苦，氣大寒，無毒。陽中之陰，降也。甜者主治亦同，但其性稍緩于此。泄水氣之橫流，療遍身之浮腫，降肺氣之奔迫，下痰氣之洶湧。性極峻泄，虛者勿用。江云：瀉肺喘而利小便。炒須紙隔。入手太陰少陰、足太陰太陽經。○專行水走泄，兼利肺氣，有甜苦兩般，苦者行水走泄迅速，壯人證重者宜之，以苦下泄也。甜者形瘦證輕者宜之，以甜行泄少緩。但《本經》只言苦辛，則甜者緩，而不復入泄利藥也。

明·梅得春《藥性會元》卷上　葶藶子　味辛、苦，性大寒。沉也，陰中之陽也。無毒。榆皮為使。惡殭蠶。立夏後採實陰乾，有甜苦二種，好生道傍。凡使炒過，研碎用，得酒良。主療遍身之浮腫，逐膀胱之留熱。定肺氣喘促，治積飲之痰厥。泄肺氣而通水氣，治肺癰上氣，咳嗽膿血，面目浮腫，癥瘕積聚，破結氣堅積，利水道，行皮間邪水上出，身暴中風，風熱痱癢，利小腹。丹溪云：性急，善逐水。病人稍涉虚者，宜遠之，且殺人甚捷，何必久服而後致虚也。

明·杜文燮《藥鑒》卷二 葶藶子 氣大寒，味苦、辛。沉也，陰中陰也。無毒。有甘、苦二種，苦者行水迅速，甘者行水遲緩。要在看病症之輕重而用之也。逐膀胱伏留熱氣殊功，消面目浮腫水氣立效。肺癰喘不得卧服之即愈，痰飲欬不能休用之立痊。主癥瘕聚結氣，理風熱瘙痒痱瘡。仲景治傷寒胸内停水作脹者，十棗湯内用之是也。

明·王肯堂《傷寒證治準繩》卷八 葶藶子 氣寒，味辛，無毒。沉也，陰中陽也。垣：葶藶，大降氣，與辛酸同用，以導腫氣。《本草·十劑》云：洩可去閉，葶藶、大黄之屬。此二味皆大苦寒，一洩血閉，一洩氣閉。蓋葶藶之苦寒，氣味俱厚，不減大黄，又性過於諸藥，以洩陽分肺中之閉，亦能洩大便，為體輕象陽故也。海：苦、甜二味，主治不同。仲景瀉肺湯用苦，餘方或有用甜者，或有不言甜苦者，大抵苦則下泄，甜則少緩，量病人虚實用之，不可不審。同糯米焙熟，去米，搗細用。

明·李中立《本草原始》卷三 葶藶 始生藁城平澤及田野，今京東、陝西、河北州郡皆有之。曹州者尤勝。初春生苗似薺苨，高六七寸。根白，枝莖俱青。花黄，結角子黄細。立夏後採實暴乾。《月令》孟夏之月靡草死，即此也。《醫學入門》曰：葶，定也；藶，瀝也，行也。能定肺喘而行水，故名葶藶。 葶藶子：氣味：辛，寒，無毒。主治：癥瘕積聚結氣，飲食寒熱，破堅逐邪，通利水道。〇下膀胱水，伏留熱氣，皮間邪水上出，面目浮腫，身暴中風，熱痱癢，利小腹。久服令人虚。〇療肺壅上氣欬嗽，止喘促，除胸中痰飲。〇通月經。

葶藶，《本經》下品。【圖略】 修治：以糯米相合於煉上，微焙，待米熟，去米搗用。

宗奭曰：葶藶有甜苦二種，其形則一也。經既言味辛苦，即甜者不復更入藥也。大概治體皆以行水走泄為用，故曰久服令人虚。蓋取苦泄之義。《藥性論》不當言味酸。

《别録》曰：苦，大寒。杲曰：沉也，陰中陽也。

榆皮為之使，得酒良，惡白殭蠶、石龍芮，宜大棗。

河東裴氏傳，經效：治水腫及暴腫，葶藶三兩，杵六千下令如泥，即下漢防己末四兩，取緑頭鴨就藥臼中截頭，瀝血于臼中，血盡和鴨頭更搗五千下，丸如梧桐子。患甚者，空腹白湯下十丸，輕者五丸，頓服，五日止。此藥利小便有效如神。〔葶藶子〕，臣。

明·張懋辰《本草便》卷一 葶藶 味辛、苦，氣大寒，無毒。 主癥瘕積聚結氣，破堅逐邪，通利水道，面目浮腫。又治肺癰。久服令人虚。

明·李中梓《藥性解》卷三 葶藶 味辛、苦，性寒，有小毒，入肺、心、脾、膀胱四經。主水腫結氣，膀胱留熱，定肺氣之喘促，療積飲之痰厥。同糯米焙黄，去米用。榆皮為使，惡殭蠶、燈草、石龍芮。 按：葶藶辛走肺，苦走心，膀胱者，肺所綰也；脾土者，心所生也，故皆入之。大傷肺氣，滲泄下元，用之不當，殺人甚捷，稍涉虚者忌之。有甜、苦二種，苦者太猛劣，甜者性少緩。

明·繆希雍《本草經疏》卷一〇 葶藶 味辛、苦，寒、大寒，無毒。主癥瘕積聚結氣，飲食寒熱，破堅逐邪，通利水道，下膀胱水，伏留熱氣，皮間邪水上出，面目浮腫，身暴中風熱痱痒，利小腹。久服令人虚。得酒良。

〔疏〕葶藶稟陰金之氣以生，故其味辛苦，大寒，無毒。氣薄味厚，陽中陰也。為手太陰經正藥，故仲景瀉肺湯用之。亦入手陽明、足太陽經。肺屬金，主皮毛，膀胱屬水，藏精液，肺氣壅塞則膀胱與焉，譬之上竅閉則下竅不通，下竅不通則水濕泛溢，為喘滿，為腫脹，為積聚，種種之病生矣。辛能散，苦能泄，大寒沉陰能下行逐水，故能療《本經》所主諸病。《十劑》云：泄可去閉，葶藶之屬是矣。至苦極寒，有瀉無補，暫用尚能損真，久服寧不令人虚也？ 〔主治參互〕《金匱》方肺癰喘急不得卧，葶藶大棗瀉肺湯主之。葶藶炒黄搗末，蜜丸彈子大。每用大棗二十枚，水三升，煎取二升，入葶藶一丸，更煎取一升，頓服。亦主支飲不得息。 《外臺秘要》通身腫滿，苦葶藶炒四兩，為末，棗肉和丸梧子大，每服十五丸，桑白皮湯下，日三，大効。 《千金方》腹脹積聚，葶藶子一升，熬，以酒五升浸七日，日服三合。 《篋中方》痰飲咳嗽，含奇丸，用葶藶子一兩，紙襯炒令黑，知母、貝母各一兩，棗肉半兩，砂糖一兩半，和丸彈子大。每以新綿裹一丸，含之嚥津，甚者不過三丸。〔簡誤〕葶藶，瀉肺利小便，治腫滿之要藥。然味大寒，走而不守，不利於脾胃虛弱及真陰不足之人。凡腫滿由於脾虛不能制水，水氣泛溢；小便不通由於膀胱虛，無氣以化者，法所咸忌。犯之則輕病重，重必危，慎之！近世甜、苦二種，據《本經》云辛苦，則甜者非矣！總之，療體皆以行水泄閉為用，多服久服，咸不宜耳。

明・倪朱謨《本草彙言》卷四　葶藶子　味苦、辛，氣寒，有毒。氣味俱厚，沉也。陽中陰也。爲手太陰經正藥，亦入手陽明、足太陽經。《別錄》曰：葶藶子，出藁城平澤田野間，汴京、陝西、河北州郡亦有之。近以彭城、曹州者爲勝，他處者，不堪用也。春生苗葉，高六七寸，似薺根而色白，枝莖俱青。三月開花，微黃色。結角列子，色深黃，類紫，細小如黍粒，味苦入頂。微帶甘者，名狗薺，即甜葶藶也。《月令》：孟夏靡草死。靡草即葶藶、狗薺之屬也。一種單莖向上，葉端出角，其實肥大而短。一種葉近根下，作奇生，如芥葉，其角細長。此皆異種，不可不辨。

葶藶子：泄壅氣，下結痰，日華子消腫脹之藥也。張少懷稿蓋肺主皮毛，膀胱主出納津液，肺氣壅閉，則津液不行，膀胱病焉。譬之上竅閉，則下竅不通。下竅不通，則水氣泛溢，爲喘滿，爲腫脹，爲痰飲、積聚，種種之病生矣。按《十劑》云：洩可去閉，葶藶、大黃之屬。此二味皆大苦寒而利，一洩氣閉，一洩血閉。若葶藶之苦寒，氣味俱厚，不減大黃，又性烈于諸藥，以洩陽分肺中之閉，亦能洩大便。但其性急迅善逐，以行痰決水爲用，走而不守，誠急方之洩劑也。凡脾胃虛弱及真陰不足之人，不可混用。如腫滿，由于脾虛不能制水，水氣泛溢者；如小便不通，由于膀胱虛，無氣以化者；如痰嗽，由于中氣虛，生陽不布，而或成喘脹者，法皆忌用。悞用，則輕病轉重，重病必危矣。慎之！慎之！

錢仲陽先生曰：近時痦疹流行，閉悶不發，發熱喘促，勢甚危迫。用苦葶藶二錢，配麻黃、延荽、荊芥、薄荷、甘草、桔梗。熱甚加石膏、黃連各一錢，一劑。痦疹即發，喘嗽旋止。此神方也。沈則施先生曰：方書言諸氣膹脹滿急者，非此不除。宜審，要在能食而六脉不强急，和平而尚有神者投之。如陰竭陽敗，氣結不能自主者，去生不遠矣，何用醫爲？故淮平子云：大戟行水，葶藶洩脹，用之失時，爲害莫量。斯言可玩。

集方：《外臺秘要》治陽水暴腫，面赤煩渴，喘急，小便短澀。用甜葶藶一兩，炒研，真漢防己二兩，共爲極細末，以綠頭鴨血并腦，合和搗萬杵，丸黍米大。甚者，空腹白湯下九十丸；輕者，五六十丸。日三夜一，五日止。其效如神。○《篋中方》治痰飲咳嗽。用葶藶子一兩，川貝母一兩，薑製半夏一兩，甘草五錢，牙皂二錢，共爲末。煉蜜和爲丸彈子大。早晚夜各以一丸含之，徐徐嚥下。甚者不過五丸。○《崔氏方》治欬嗽上氣不得臥，或徧體氣腫，或單面腫，肢足腫，並主之。以葶藶一升，微火炒，研細，以絹袋盛，浸清酒三升，冬七夏三日。徐徐飲，日三次，夜一次。量其氣力，取微利爲度。如患急者，不待日滿，即可絞服。如不便用酒，水煎服亦可。○仲景《金匱方》治肺壅喘急不得臥。用葶藶五錢，炒黃爲末，每用大棗二十枚，水三大碗，煎取一碗，調入葶藶末，再煎取一碗。徐徐服。亦主支飲不得息。○《肘後方》治頭風頭疼。用葶藶子一兩，煎湯沐頭。三四度即愈。

明・顧逢柏《分部本草妙用》卷四肺部・寒瀉　葶藶　苦、寒，無毒。榆皮為使，得酒良。主治：積聚結氣，通水道，利膀胱，留熱伏熱，逐皮間邪水，面浮足腫，肺壅上氣，胸中痰飲。按：葶藶能洩陽分肺中之氣，皆以行水走泄為用。但性甚急烈，虛人忌之。若在必用，中病即止。予每用消水腫，補瀉兼行，何當不驗？惟其量之而已，難道大黃必不用耶？原其理可也。

明・李中梓《醫宗必讀・本草徵要上》　葶藶子味辛，寒，無毒。入肺經。榆皮為使，酒炒。疏肺下氣，喘逆安平，消痰利水，理脹通經。《十劑》云：洩可去閉，葶藶、大黃之屬。但性峻不可混服。有甜、苦二種，甜者力稍緩也。

明・鄭二陽《仁壽堂藥鏡》卷一〇下　葶藶　《本草》云：惡殭蠶、石龍芮。葶藶生曹州，今近道有之。東垣云：葶藶苦熬寒，與辛酸同用，以導腫氣。海藏云：葶藶　仲景用苦者，餘方或有用甜者，或有不言甜苦者。大抵苦則下泄，甜則少緩。量病虛實。丹溪云：葶藶屬火與水，性急，善逐水病。人稍虛者宜遠之。其殺人甚速。《本草》云：葶藶治癥瘕積聚結氣，飲食寒熱，破堅逐邪，通利水道。療肺久病，面目浮腫。隔火紙文炒，逐膀胱留熱，消面目浮腫，瀉肺喘難眠，痰咳不已。

明・蔣儀《藥鏡》卷四寒部　葶藶　辛苦而瀉肺氣癥結，上竅云開。滲泄而走膀胱伏熱，下流曷沮。所以水濕泛溢，不能為殃。喘滿脹虛，無煩別療。苦者行水迅速，甘者行水遲緩。

明·張景岳《景岳全書》卷四八《本草正》 葶藶 味苦，大寒。沉也，陰也，氣味俱厚。有毒。善逐水氣，不減大黃，但大黃能泄血閉，葶藶能泄氣閉，氣行而水自行也。若肺中水氣膹滿脹急者，非此不能除。然性急利甚，凡涉氣虛者，不可輕用。《淮南子》曰：大戟去水，葶藶愈脹，用之不慎，乃反成病。即此謂也。第此有甜苦二種，雖曰為甜，然亦非真甜，但稍淡耳，稍淡者，其性亦稍緩。

明·盧之頤《本草乘雅半偈》帙七 葶藶《本經》下品 氣味：辛，寒，無毒。主治：主癥瘕積聚結氣，飲食寒熱，破堅，逐邪，通利水道。

覈曰：出藁城平澤田野間，汴東、陝西、河北州郡亦有之。近以彭城、曹州者為勝，他處者不堪用也。春生苗葉，高六七寸，似薺根而色白，枝莖俱青。三月開花，微黃色，遂結角，列子亭亭，扁小如黍粒，微長而黃，味苦入頂，微甘者狗薺也。《月令》：孟夏靡草死。注云：狗薺，葶藶之屬是也。一種單莖向上，葉端出角，其實肥大而短；一種葉近根下，作奇生，如芥葉，其角細長者，此皆異種，不可不辨。修事：以糯米合置煥上微焙，俟米熟，去米，搗碎用。榆皮為之使，得酒良，惡白殭蠶、石龍芮。

条曰：水止曰亭，行止曰歷。亭亭能歷歷，便非止于亭者。《史記》云決河亭水而注之海。蓋以功用為名。故決瀆水道，誠急方之洩劑也。若氣結為癥瘕，為積聚，為飲食寒熱，皆止固不遷，決而洩之。《十劑》云：洩可去閉，葶藶之屬是矣。

明·李中梓《本草通玄》卷上 葶藶子 辛，寒，入肺。瀉氣，主肺壅上氣，欬嗽喘促，痰氣結聚，通身水氣。按：《本草·十劑》云：洩可去閉，葶藶、大黃之屬。此二味皆大苦大寒，大黃洩血閉，葶藶洩氣閉。夫葶藶之峻利不減大黃。性急逐水，殊動真氣，稍涉虛者，宜痛戒之。有甜苦二種，苦者專洩，甜者少緩。然肺家水氣急滿，非此莫能療，但不敢多用耳。酒炒，或糯米拌炒，待米熟，去米用。

清·顧元交《本草彙箋》卷三 葶藶 葶藶子疏氣定喘，消痰理脹。有甜苦二種，甜者下泄之性緩，雖泄肺而不傷胃。苦者下泄之性急，胃氣易傷，故或以大棗輔之。肺中水氣膹急者，非此不除，病去即止，不宜過用。其能下膀胱水者，蓋肺氣壅塞，則膀胱爲之不利。譬之上竅閉，則下竅不通，下竅不通，則水濕泛溢，爲喘滿，爲腫脹，爲積聚諸病生矣。故《十劑》云：泄可去閉，葶藶之屬是也。凡用以糯米相合，微炒者，亦取其穀氣，保留胃氣。又云得酒良，爲其大寒。

通身腫滿者，以苦葶藶炒四兩，爲末，棗肉和丸梧子大，每服十五丸，桑白皮湯下，日二服，此方大驗。然必脾氣壯盛者乃可用。《梅師方》治水腫尿澀，亦以甜葶藶二兩，炒，爲末，以大棗二十枚，水一大升，煎一升，去棗，入葶藶末，煎至可丸如梧子大，每飲服六十丸，漸加，以微利爲度。痰飲咳嗽噙化丸，用曹州葶藶子一兩，紙襯，炒令黑，知母、貝母各一兩，爲末，棗肉半兩，砂糖一兩半，和丸彈子大，每以新綿裹一丸，含之嚥津，甚者不過三丸。

清·穆石匏《本草洞詮》卷九 葶藶 味辛苦酸，氣寒，無毒，一云有小毒。大降氣，治胸中痰飲，治癥瘕積聚，通利水道。《十劑》云：洩可去閉，葶藶、大黃之屬。此二物一洩血閉，一洩氣閉也。蓋葶藶體輕象陽，屬火性急，善逐水，病人稍涉虛者，宜遠之，殺人甚健，不必久服而後虛也。然甘苦二種，如牽牛黑白二色，急緩不同。亦如葫蘆甘苦二味，良毒亦異。甜者下泄之性緩，雖泄肺而不傷胃。苦者下泄之性急，既泄肺而易傷胃，故以大棗輔之。然水氣膹滿急者，非苦葶藶不能除，但水去則止，不可過劑耳。

清·劉雲密《本草述》卷九下 葶藶榆皮為之使。 覈曰：出藁城下澤田野間，汴東、陝西、河北州郡亦有之，近以彭城、曹州者為勝，他處者不堪用也。春生苗葉，高六七寸，似薺根而色白，枝莖俱青，三月開〔花〕黃色，遂結角，列子亭亭，匾小如黍粒，微長而黃，味苦，入頂微甘者，狗薺也。《月令》孟夏靡草死。注云：狗薺、葶藶之屬是也。宗奭曰：葶藶有苦、甜二種，其形則一也。

子：氣味：辛，寒，無毒。《別録》曰：苦，大寒。得酒良。東垣曰：沉也，陰中陽也。時珍曰：宜大棗。主治：積聚結氣《本經》。療肺壅，上氣咳嗽，止喘促甄權。通利水道《本經》。下膀胱水，伏留熱氣，皮間邪水，上出面目浮腫《別録》。除胸中痰飲甄權。

東垣曰：葶藶大降氣，與辛酸同用，以導腫氣。《本草·十劑》云：洩可去閉，葶藶、大黃之屬。此二味皆大苦寒，一洩血閉，一洩氣閉。蓋葶藶之苦寒，氣味俱厚，不減大黃，又性過於諸藥，以洩陽分肺中之閉，亦能洩大便，為體輕象陽故也。　海藏曰：苦、甜二味，主治不同。仲景瀉肺湯用苦，餘方或有用甜者，或有不言甜苦者。大抵苦則下泄，甜則稍緩，量病人虛實用之，不可不審。《本草》雖云治同，而甜苦之味，安得不異？　時珍曰：葶藶有甘、苦二種，正如牽牛黑、白二色，急緩不同。又如葫蘆甘、苦二味，良毒亦異。大抵甜者下泄之性緩，雖泄肺而不傷胃。苦者下泄之性急，既泄肺而易傷胃，故以大棗輔之。然肺中水氣膹滿急者，非此不能除。但水去則止，不可過劑爾。既不久服，何至殺人？　希雍曰：葶藶稟陰金之氣以生，故其味辛苦，大寒，無毒。氣薄味厚，陽中陰也，為手太陰經正藥。故仲景瀉肺湯用之，亦入手陽明、足太陽經。

附方　肺壅喘急不得卧，葶藶大棗瀉肺湯主之，葶藶炒黃，擣末，蜜丸彈子大，每服大棗二十枚，水三升，煎取二升，入葶藶一丸，更煎取一升，頓服。亦主支飲不得息。　陽水暴腫，面赤煩渴，喘急，小便濇，其效如神。甜葶藶一兩半，炒研末，漢防己末二兩，以緑頭鴨血及頭，合擣萬杵，丸梧子大，甚者空腹白湯下十丸，輕者五丸，日三四服，五日止，小便利為驗。一加豬苓末二兩。　水腫尿濇，梅師方用甜葶藶二兩，炒為末，以大棗二十枚，水一大升，煎一升，去棗，入葶藶末，煎至可丸如梧子，每飲服六十丸，漸加，以微利為度。　又崔氏方用葶藶三兩，絹包，飯上蒸熟，擣萬杵，丸梧子大，不須蜜和，每服五丸，漸加至七丸，以微利為佳。不可多服，令人不堪。若氣發服之，得利氣下即止，水氣無比。

愚按：葶藶子，其治積聚結氣，在《本經》首言之，而東垣謂能洩陽分肺中之閉者，固不謬也。夫氣寒味苦為陰，何以入氣分之陽乎？曰：丹溪有云，此味屬火也。抑其值孟夏而遂死也，何以竟屬火乎？曰：此味稟寒水之氣而出地，於風木以達之，故三月開花結角，一逢火氣之交，即受其氣以為成功。蓋水以金為母，金以火為主，水無金則無母氣，金無火則無主氣。此味色深黃，水中具土，故得少火之氣以成，而即入手太陰，以致其氣分之用。《經》固曰肺者，陽中之少陰也。夫金不得火氣，固無以行水之化。若大稟乎火令，則少陰之氣亦不能效其水化之全力有如斯矣，即療咳嗽喘促者，亦母趨子之義也。愚按：希雍因《本經》辛寒之義，故謂茲味稟陰金之氣也。夫人身之肺屬金，而適為氣之主，第肺不合於心，則陰不得合於陽，而氣不能化，故葶藶雖稟寒水之氣，然其色深黃，是水中具土，勿論土必趨火之母，而陰金樂於少火之氣以成，乃得入手少陰，以致其氣分之用，以能洩陽分肺中之閉也。其即能行水化者，腎原至肺，由肺而還至膻中，以達離中之坎也。抑肺為主氣之藏，而行水化者，豈徒母趨子哉？子固戀乎母也。《內經》云：腎合膀胱。膀胱者，津液之府也。又曰：少陽屬腎，腎上連肺，故將兩藏。又曰：三焦者，中瀆之府，水道出焉。屬膀胱。繹此數語，則知氣化即主水化，而肺之所以能致氣化於水者，其義益明矣。若然，是水化之本，原無結可破，壅可決也。惟陰陽之氣有乖，以致或結或壅，則不能舍此中病之物，以為救標之治耳。故用者必審其病之能勝與否，更適可而止，勿過劑以速咎也。

丹溪曰：葶藶屬火，性急善逐水，病人稍涉虛者，宜遠之，且殺人甚捷，何必久服而後虛也。　希雍曰：葶藶瀉肺利小便，治腫滿之要藥。然味苦，大寒，走而不守，不利於脾胃虛弱及真陰不足之人。凡腫滿由於脾虛不能制水，水氣泛溢；小便不通，由於膀胱虛無氣以化者，法所咸忌，犯之則輕病重，重必危。慎之！

修治　以糯米同置竈上，微焙，俟米熟，去米，擣碎用。

清·郭章宜《本草匯》卷一一　葶藶子　苦、辛，大寒，小毒。氣味俱厚，沉也，陰中之陽。入手太陰、少陰經，亦入手陽明、足太陰、太陽經。泄水氣之横流，療徧身之腫脹。淮南子云：大戟去水，葶藶愈脹，用之不節，乃反成病。亦在用之有節耳。降肺壅之奔迫，下痰氣之洶湧。通利水道，逐堅破癥。

按：葶藶大能降氣，專于行水走泄。《十劑》云：洩可去閉，葶藶、大黄之屬。此二味皆大苦大寒，一洩血閉，一洩氣閉。夫葶藶之峻利不減大黄，性急逐水，殊動真氣，稍涉虛者，宜痛戒之。有甜、苦二種，甜者下泄之性緩，雖泄肺而不傷胃，故形瘦證輕者宜之。苦者下泄之性急，既泄肺，而易傷胃，當以大棗補之，故壯人證重者宜之。大抵苦則下泄，甜則少緩，量病人虛實用之。然肺家水氣急滿，非此莫能療。但不可過用耳。葶藶能洩陽分肺中之閉，亦能洩大便，為其體輕象陽故也。凡腫滿由于脾虛，及真陰不足之人，咸不可服。

出曹州者屬山東獨勝。酒潤炒，或糯米拌，微火略焙，米熟去米用。若傅頭瘡，藥氣入腦，殺人。榆皮為使。得酒良。惡白殭蠶。宜大棗。

清·蔣居祉《本草擇要綱目·寒性藥品》　葶藶子　氣味：辛，寒，無毒。陰中陽也。　主治：通利水道，療肺壅上氣，止喘促，除胸中痰飲。但葶藶屬火，性急善下，與大黄同功，病人稍涉虚者，宜遠之。

清・王翃《握靈本草》卷四　葶藶子出曹州。有二種，甜者走泄緩，苦者走泄速。凡使糯米拌，微焙，米熟為度。宜與大棗同用。　主治：　葶藶子，辛，寒，無毒。一云：　苦，大寒。癥瘕積聚，下膀胱水，伏留熱氣，皮間邪水，上出面目浮腫，療肺壅喘嗽，痰飲。

清・汪昂《本草備要》卷二　葶藶大瀉氣秘，通，行水。　辛、苦，大寒。屬火性急，大能下氣，行膀胱水。肺中水氣膹急者，非此不能除。破積聚癥結，伏留熱氣，消腫除痰，止嗽定喘，水濕泛溢，爲腫脹，爲痰嗽，爲喘滿。通經利便。久服令人虚。《十劑》曰：　泄可去閉，葶藶、大黄之屬是也。大黄泄陰分血閉，葶藶泄陽分氣閉，氣味俱厚，不減大黄。然有甜苦二種，甜者性緩，苦者性急，泄肺而傷胃，宜大棗輔之。仲景有葶藶大棗瀉肺湯，治肺氣喘急不得臥。昂按：　輔以大棗，補土所以制水。　子如黍米，微長色黄。合糯米微炒，去米用。得酒良。榆皮爲使。

清・吴楚《寶命真詮》卷三　葶藶子　【略】疏肺下氣，喘逆安平，消痰利水，理脹通經。

清・顧靖遠《顧氏醫鏡》卷七　葶藶辛、苦，大寒。入肺大腸膀胱三經。酒炒。　除肺壅而疏喘逆，利水道而消腫滿。肺中水氣膹滿喘急者，非此不除。蓋肺氣壅塞，則膀胱不利，譬之上竅閉，則下竅不通，不通則水濕泛濫，為喘滿，為咳逆，為腫脹，其性能洩氣閉而不行，逐水亦能洩大便。　肺癰必求，仲景有葶藶大棗瀉肺湯。　痰飲亦宜。能除胸中痰飲，降氣行水，走洩之功。　性峻走而不守，不可混用，虚人尤為大忌。

清・李熙和《醫經允中》卷一八　葶藶　榆皮為使，得酒良。　苦，寒，無毒。　主治肺壅上氣，胸中痰飲，通水道，利膀胱伏熱，逐皮間邪水，面浮足腫。按：　葶藶有甜、苦二種，甜者性少緩，苦者太猛迅。總皆洩肺中之陽氣，以行水走泄為用。用之不當殺人甚速，稍涉虚者忌之。

清・馮兆張《馮氏錦囊秘録・雜症痘疹藥性主治合參》卷二　葶藶子稟陰金之氣以生，故其味辛苦，大寒，無毒。氣薄味厚，陽中陰也。為手太陰經正藥，亦入手陽明、足太陽經。辛能散，苦能泄。太寒沉陰，能下行逐水去結。有瀉無補之藥，虚人忌之。　葶藶子，行氣走泄，消浮腫痰喘及咳，膀胱留熱。凡腫壅上氣，痰飲喘促，大降氣病，通利水道之要藥。　虚者遠之，以性甚急而善逐水，殊動真氣也。

主治痘疹合參：　惟疹子痰咳不止宜之。　擇味甜者，下泄之性緩，雖泄肺而不傷胃耳。以酒淘淨，晒乾，紙上微炒，研入丸用。痘中不宜。

清・张璐《本經逢原》卷二　葶藶　辛、苦，寒，小毒。酒〔洗〕淨焙用。《本經》主癥瘕，積聚結氣，飲食寒熱，破堅逐邪，通利水道。　發明：　葶藶苦寒不減硝黄，專泄肺中之氣，亦入手陽明、足太陽，故仲景瀉肺湯用之。肺氣壅塞則膀胱之氣化不通，譬之水注，上竅閉則下竅不通，水濕泛溢，為喘滿，為腫脹，為積聚，種種諸病生矣。辛能散，苦能泄，大寒沉降，能下行逐水，故能療《本經》諸病。亦能泄大便，為其體輕，性沉降，引領肺氣下走大腸。又主肺癰喘逆，痰氣結聚，通身水氣，脾胃虚者宜遠之。大戟去水，葶藶愈脹，用之不節，反乃成病。葶藶有甘、苦二種，緩、急不同，大抵甜者下泄性緩，雖泄肺而不傷胃。苦者下泄之性急，既泄肺而復傷胃，故以大棗輔之。然肺之水氣膹滿急者，非此不能除。但水去則止，不可過劑。《金匱》方云：　葶藶傅頭瘡，藥氣入腦殺人。

清・浦士貞《夕庵讀本草快編》卷二　葶藶《本經》、蕇　《爾雅》云蕇，即葶藶也。　葶藶屬火，性善逐水，味有甘苦之分，性亦有緩急之異。甜者下洩之性緩，雖泄肺而不傷脾；　苦者下泄之性急，既泄肺而易傷胃，故用大棗輔之，制其暴也。然肺中水氣，喘滿咳嗽，膹鬱胸次，痰飲面目浮腫者，非此不除。但水去則止，過則損元。《淮南》有云：　大戟去水，葶藶愈脹，用之不節，乃反成病。示人宜謹也。仲景瀉肺湯中獨用苦者，而丹溪據言其殺人，是全昧其功，可謂不白矣。《十劑》云洩可去閉，葶藶、大黄之屬是也。

清・張志聰、高世栻《本草崇原》卷下　葶藶子　氣味辛，寒，無毒。主治癥瘕積聚，結氣，飲食寒熱，破堅逐邪，通利水道。　葶藶子始出藁城平澤田野間，汴東、陝西、河北州郡亦有之，近以彭城、曹州者為勝。春初生苗，葉高六七寸，似薺，故《別録》名狗薺。根白色，枝莖俱青，三月開花微黄，結角於扁小，如黍粒微長，黄色。《月令》：　孟夏之月靡草死。許慎、鄭元注皆云：　靡草，狗薺、葶藶之屬是也。　葶藶花實黄色，根白味辛，蓋稟土金之氣化。稟金氣，故主治癥瘕積聚之結氣。稟土氣，故主治飲食不調之寒熱。破堅逐邪，金氣盛也。通利水道，土氣盛也。　李杲曰：　《本草・十劑》云：　泄可去閉，葶藶、大黄之屬。二味皆大苦寒，一泄血閉，一泄氣閉，蓋葶藶之苦寒，氣味俱厚，不減大黄，又性過於諸藥，以泄陽分肺中之閉，亦能泄大便，為體輕象陽故也。《別録》云：　久服令人虚。朱丹溪謂：　葶藶屬火性急，善遂水，病人稍涉，虛者宜遠之，且殺人，甚健何必久服而後虛也。李時珍曰：葶藶子有甜苦二種，正如牽牛黑白二色，急緩不同。又如葫蘆甘苦二味，良毒亦異。大抵甜者下泄之性緩，雖泄肺而不傷胃，苦者下泄之性急，既泄肺而兼傷胃，故古方多以大棗輔之。若肺中水氣膹滿急者，非此不能除，但水去則止，不可過劑，既不久服，何至殺人。《淮南子》云：大戟去水，葶藶愈脹，用之不節，及反成病。亦在用之有節與不耳。

清・劉漢基《藥性通考》卷六　葶藶　味辛、苦，大寒。屬火，性急。大能下氣，行膀胱水，肺中水氣膹急者，非此不能除。破積聚癥結，伏留熱氣，消腫除痰，止嗽定喘，通經利便。久服令人虛損。子如黍米，微長，色黃，合糯米微炒，去米用。得酒良。榆皮為使。氣虛之人不宜多服，暫用之無妨也。

清・姚球《本草經解要》卷二　葶藶子　氣寒，味辛，無毒。主癥瘕積聚結氣，飲食寒熱，破堅逐邪，通利水道。炒用。葶藶子氣寒，稟天冬寒之水氣，入足太陽寒水膀胱經、手太陽寒水小腸經。味辛無毒，得地西方之金味，入手太陰肺經。氣味降多於升，陰也。其主癥瘕積聚結氣者，氣結聚而成積。有形可徵者謂之癥，假物成形者謂之瘕。葶藶入肺，肺主氣，而味辛可以散結也。小腸為受盛之官，飲食入腸，寒熱之物皆從此運轉，如調攝失宜，則寒熱之物積矣。葶藶氣寒，可以去熱，味辛可以散寒，下洩可以去積也。破堅者，辛散之功。逐邪者，下洩之力。《十劑》云：洩可去閉。葶藶是也。肺者，通調水道，下輸膀胱。葶藶入肺入膀胱，辛寒下洩，所以通利也。製方：葶藶炒成末，蜜丸，大棗同煎，治肺壅喘急及支飲不得息。同棗肉丸，治通身浮腫。專酒浸，治腹脹積聚。

清・王子接《得宜本草・下品藥》　葶藶　味辛，寒。主治上氣水蓄。得漢防己治陽水暴腫，得大棗治肺壅喘急。

清・徐大椿《神農本草經百種錄》下品　葶藶　味辛，寒。主癥瘕積聚結氣，水飲所結之疾。飲食寒熱，破堅逐邪，亦皆水氣之疾。通利水道。肺氣降則水道自通。葶藶滑潤而香，專瀉肺氣，肺為水源，故能瀉肺，即能瀉水。凡積聚寒熱從水氣來者，此藥主之。〇大黃之瀉從中焦始，葶藶之瀉從上焦始。故《傷寒論》中承氣湯用大黃，而陷胸湯用葶藶也。

清・黃元御《長沙藥解》卷四　葶藶　味苦辛，性寒。入足太陽膀胱經。破滯氣而定喘，泄停水而甯嗽。《金匱》葶藶大棗瀉肺湯，葶藶搗丸如彈子大，大棗十二枚。治支飲喘不得息。飲阻肺金下降之路，肺氣壅碍，喘不得息。大棗補脾精而保中氣，葶藶瀉肺壅而決支飲也。又治肺癰，喘不得臥者。以土濕胃逆，濁氣痞塞，腐敗瘀蒸，化而為膿，肺氣阻格，喘不得臥。大棗補脾精而保中氣，葶藶破肺壅而排膿穢也。傷寒大陷胸丸方在大黃用之治太陽結胸，以其開痺塞而泄痰飲也。葶藶苦寒迅利，行氣泄水，決壅塞而排痰飲，破凝瘀而通經脈。凡停痰宿水，嗽喘腫脹之病，甚奏奇功。月閉經阻，夜熱毛蒸之疾，亦有捷效。

清・吳儀洛《本草從新》卷一　葶藶子〔大瀉氣閉，通，行水。〕　辛，苦，大寒。性急，大能下氣，行膀胱水。肺中水氣膹急者，非此不能除。破積聚癥結，伏留熱氣，消腫除痰，止嗽定喘，皆水濕泛溢。通經利便。《十劑》曰：泄可去閉，葶藶、大黃之屬是也。大黃泄陰分血閉，葶藶泄陽分氣閉。性峻，不可混服，有甜、苦二種，甜者力稍緩，更宜大棗輔之。仲景有葶藶大棗瀉肺湯，治肺氣喘急不得臥。訒庵曰：輔以大棗，補土所以治水。子如黍米微長，色黃。糯米微炒，去米，或酒拌炒。榆皮為使。

清・汪紱《醫林纂要探源》卷二　葶藶子　辛，苦，寒。叢生，葉如苦苣，蘿蔔菜之類。抽莖，開細花，作黃實，如黍米而圓長。瀉肺，降逆氣，行上焦之邪水，以下達於膀胱。肺因積水而咳喘憤急作脹者，此能除之。故止嗽定喘，能攻積聚瘕結，留濕伏熱，亦通經。〇孟夏殺三葉，謂薺、葶藶、菥蓂也。菥蓂，即夏枯草。葶藶，以陽動而生，陽盛而死，行春氣之生，實升陽而達於上，故能上達於肺，而苦得火味，上極而下，陽極於上，其成則必降於最下，是以下氣而行水之功最速，且必下達也。有甜葶藶，性緩功劣。

清・嚴潔等《得配本草》卷三　葶藶子　得酒、大棗良。榆皮為之使。惡白殭蠶、石龍芮。辛、苦，大寒。入手太陰，兼足太陽經氣分。大泄陽分之氣閉，下瀉膀胱之留熱。膈中痰飲喘促，得此能療。肺中水氣膹急，非此不除。水結由於氣熱，惟此清之。得大棗，治肺壅，不傷胃。配防己，治陽水暴腫。酒淘淨曬乾，紙上同糯米炒，去米研用。虛人禁用。泄真氣也。仲景曰：葶藶傅頭瘡，藥氣入腦殺人。

題清・徐大椿《藥性切用》卷三　甜葶藶　辛苦大寒，入肺而兼入膀胱。其性急速，下氣定喘，喘鳴水氣噴急者，非此不能除，為瀉表氣分濕熱喘藥。取子炒研。苦者性劣，不可輕投。

清・黃宮繡《本草求真》卷五　葶藶瀉肺停水。　葶藶耑入肺，兼入胃。辛苦大寒，性急不減硝黃，大瀉肺中水氣，膹急下行膀胱。故凡積聚癥結，伏留熱氣，水腫痰壅，嗽喘經閉，便塞至極等症。諸症皆就水氣停肺而言。無不當用此調，昔《本草・十劑》篇云：洩可去閉，葶藶、大黃之屬。但大黃則瀉脾胃陰分血閉，葶藶則瀉肺經陽分氣閉。葶藶有苦有甜，甜者性緩，雖瀉而不傷，苦者性急，既瀉肺而復傷胃，故必用以大棗補土以制水，但水去則止，不可過劑。觀《金匱》所云用葶藶以治頭瘡，藥氣入腦殺人，其意大可知矣！子如黍米微長，色黃，糯米微炒用，得酒良，榆皮為使。榆皮性亦利水。

清・楊璿《傷寒溫疫條辨》卷六下劑類　葶藶子糯米泔炒，再酒浸。　味辛，氣大寒。屬火性急，大能下氣，行膀胱水，肺中有水氣奔急者，非此不除。所謂大黃瀉血分，葶藶瀉氣分是也。仲景葶藶大棗瀉肺湯治肺氣喘急不得臥。葶藶為末，用大棗十枚煎湯調服一錢，輔以大棗補土，所以制水，與十棗湯義同。

清・羅國綱《羅氏會約醫鏡》卷一六草部　葶藶子味辛苦，大寒，入肺經。酒炒。　善逐水氣，不減大黃。大黃能泄血閉，葶藶能泄氣閉。治肺氣喘急難臥，同大棗用，補土所以制水。除痰嗽腫脹，水濕泛溢之害。通經利水。性能下行。凡氣虛者不可輕用。第此有甜苦二種，甜者性稍緩耳。

清・陳修園《神農本草經讀》卷四下品　葶藶子　味辛，寒。主癥瘕積聚結氣，水飲所結之疾。飲食寒熱，破堅逐邪，亦皆水氣之疾。通利水道。肺氣降則水道自通。　徐靈胎曰：葶藶滑潤而香，專瀉肺氣，肺為水源，故能瀉肺，即能瀉水。凡積聚寒熱從水氣來者，此藥主之。　大黃之瀉，從中焦始。葶藶之瀉，從上焦始。故《傷寒論》中承氣湯用大黃，而陷胸湯用葶藶也。

清・黃凱鈞《藥籠小品》　葶藶子　辛苦，大寒，能瀉肺中水氣，從膀胱出，止嗽除痰定喘。《十劑》曰：泄可去閉。大黃泄陰分血閉，葶藶泄陽分氣閉，猛峻之藥，得大棗為輔，稍緩其性。有甜苦二種，甜者力稍緩，同糯米微炒，去米用。稍挾虛者切勿輕試。

清・王龍《本草纂要稿・草部》　葶藶子　氣味辛苦而寒。苦者性速，甜者性遲。逐伏熱於膀胱，消水腫於面目。瀉肝氣喘咳不休，理風熱瘙痒不已。通水氣，消癥瘕。

清・張德裕《本草正義》卷下　葶藶　苦，大寒。氣味俱厚，有毒。善逐水氣，不減大黃。大黃泄血閉，葶藶泄氣閉。若肺中水氣膹滿脹急者，非此不除。性急利甚，虛無犯之。

清・楊時泰《本草述鈎元》卷九　葶藶子　出藁城平澤田野間，汴東、陝西、河北州郡亦有，近以彭城、曹州者為勝，他處不堪用。春生苗葉，高六七寸，三月開微黃花，結角列子如黍粒，微長而黃，味苦。其入頂微甘者，枸薺也。《月令》孟夏靡草死，即此物，宜立夏後采實陰乾，有苦、甜二種，其形則一。

辛、苦，大寒。氣薄味厚，陽中之陰，沉也。手太陰經正藥，亦入手陽明、足太陽經。苦者下泄性急，甜則稍緩不傷胃，量病人虛實用之。得酒良，宜大棗、榆皮為之使。主治積聚結氣，大能降氣，療肺壅上氣咳嗽，止喘促，治皮間邪水上出，面目浮腫，同辛酸用以導腫氣。通利水道，下膀胱伏留熱氣，除胸中痰飲諸本草。

與大黃皆大苦寒，彼洩血閉，此洩氣閉，為陽分肺中之閉。亦能洩大便東垣。牽牛黑白二色，急緩不同。葫蘆甘苦二味，良毒亦異。葶藶亦然。大抵苦者下泄性急，最易傷胃，故以大棗輔之，然肺中水氣膹滿，急者非此不除，但不可過耳瀕湖。葶藶稟陰金之氣以生仲淳。肺壅喘急不得臥，葶藶炒黃搗末，蜜丸彈子大，每用大棗二十枚，水三升，煎取二升，入葶藶一丸，更煎取一升，頓服。亦主支飲不得息。陽水暴腫面赤，煩渴喘急，小便濇，甜葶藶一兩半炒研末，漢防己末二兩，以綠頭鴨血及頭合搗萬杵，丸梧子大，甚者空腹白湯下十丸，輕者五丸，日三四服，五日止，小便利為驗，神效。一加豬苓末二兩。水腫尿濇，甜葶藶二兩炒為末，以大棗二十枚煮汁，去棗，入葶藶末，煎至可丸，如梧子，每飲服六十丸，漸加，以微利為度，不可過劑，令人不堪。

論：葶藶子氣寒，味苦為陰，何以能洩陽分肺中之閉？體輕象陽。抑至孟夏而死，何以屬火？曰：此味稟陰金寒水之氣而達於風木，故三月開花結角，一交火令，即受其氣以告成。蓋水以金為母，金以火為主，水無金則無母氣，金無火則無主氣，此子色深黃，水中具土，又得少火之氣以成，故即入手太陰以致其氣分之用，《經》固曰肺者陽中之少陰也。夫金不得火氣，固無以行水之化。若大稟乎火令，則少陰之氣亦不能效其水化之全力。葶藶之療欬嗽喘促者，母金趨子之義也。肺屬金而為氣之主，若不合於心，則陰不得合於陽，而氣不能化，葶藶本寒水之氣，其色深黃，水中具土，勿論土必趨火之母，而陰金樂於少火之氣以成，乃得入心以致其氣分之用，而洩肺中陽分之閉，其即能行水化者，腎原至肺，由肺而還至膻中，以達離中之坎也。抑肺為主氣之臟，而能致氣化於水者，豈徒母趨乎子哉，子固戀乎母也。肺能致氣化於水，是即水化之本。原無結可破、壅可決，惟陰陽之氣有乖，以致或結或壅，則不能舍此中病之物，以為救標之治。第必審病之能勝與否，更須適可而止，勿過劑以速咎耳。

葶藶屬火性急，走而不守，不利於脾胃虛弱及真陰不足之人，凡腫滿由脾虛不能制水，水腫尿澀由膀胱虛無氣以化者，犯之則殆丹溪、仲淳。

修治：同糯米微焙，俟米熟，去米，搗碎用。

清·葉桂《本草再新》卷二 葶藶子味辛、苦，性大寒，無毒。入肝、肺二經。下氣行水，破積聚癥結，伏留熱氣，消腫，除痰止欬定喘，通經利便。

清·吴其濬《植物名實圖考》卷一一 葶藶 《本經》下品。鄭注《月令》：蘼草，薺、葶藶之屬。《爾雅》：蕇，葶藶。注：一名狗薺。今江西猶謂之狗薺。李時珍謂有甜、苦二種，此似因《炮炙論》赤鬚子味甘而云然也。

雩婁農曰：《滇本草》葶藶一名麥藍菜，生麥地。余採得視之，正如薺，高幾二尺，葉大無花杈。醃為蔬，脆而不甘，與薺味殊別。其花實亦似薺，蓋即甜葶藶也。《爾雅》葶藶，郭注：實葉皆似芥。此草正如初生白芥菜。其狗薺一種，南方至多，花黄，葉深緑，不堪入饌。《圖經》極詳晰，殆苦葶藶耳。陳藏器謂：大薺即葶藶。然《爾雅》本分三種。以余考之，菥薺實蓋今薺菜，葉長圓，味美，作葅羹皆佳；菥蓂，大薺，即今花葉薺，一名水薺，葉細碎，味淡。犍為舍人云：薺有小，故言大。此種科葉易肥大。《唐本草》注驗其味甘而不辛。《蜀本草》似薺菜而葉細，俗呼老薺。皆此物也。葶藶一名蕇，而又有苦、甘二種，陶隱居云：薺類甚多。《野菜譜》亦列數種，正恐併葶藶為一類耳。

清·趙其光《本草求原》卷三隰草部 葶藶 辛能散，苦能泄，寒能降，潤滑而香，專瀉肺氣，下走大腸、膀胱以逐水。凡癥瘕積聚寒熱，喘滿腫脹之從水氣結聚者，悉能破之。其治肺癰痰嗽，亦水濕泛溢之疾耳。大黄之瀉從中焦始，葶藶之瀉從上焦始，故承氣用大黄，陷胸用葶藶。大黄瀉陰分血閉，此瀉陽分氣閉。有甜、苦二種，甜者性緩，雖瀉肺而不傷胃；苦者性急，下泄而傷胃。然肺中水氣膹滿急者，非此不除。宜佐大棗，補土以制水，水去即止。

子如黍米，色黄，合糯米，微炒用。炒為末，棗肉和丸，桑白湯下，治通身面目腫滿。同棗肉煎服，治肺癰及肺水壅、喘息不得臥；隔紙炒黑，或絹包飯上蒸用，亦可。

清·趙其光《本草求原》卷六毒草部 葶藶子即蘼草子，一名狗薺。根白，花黄；子扁小如黍，色黄。氣大寒，味辛，無毒。禀陰寒之金氣，為水氣喘滿、腫脹、積聚之藥。有甜、苦二種，一皆走泄為用。甜者性緩，泄肺而不傷胃，主治飲食不調之寒熱。甜者土氣也。苦者性急，泄肺傷胃，治癥瘕積聚之結氣，破堅逐邪。金能攻堅，而苦更下泄也。通利水道，肺氣下注，則水不留也，故肺中水氣膹鬱滿急，非此不除。

炒為末，棗肉為丸，每服十五丸，桑白湯下，日三服，治通身腫滿。同大棗煎服，治肺癰喘急不得臥及支飲不得息。用紙襯炒黑，同知母、貝母等分，棗肉、砂糖為丸，彈子大，每綿裹一丸含之咽汁，治痰飲咳嗽，甚者不過三丸。防其傷胃，故必以大棗輔之。

《本經》下品之藥皆有毒。葶藶無毒而亦入於下品者，走泄太過也。故病人稍涉中虛、陰虛及膀胱虛無氣以化者，切忌。炒香用。

清·葉志詵《神農本草經贊》卷三 葶藶 味辛，寒。主癥瘕積聚結氣，飲食寒熱破堅。一名大室，一名大適。生平澤及田野。

朋儕靡草，亭室何須。黍粒黄細，薺莢青麤。異根歧角，別植長鬚。種分甘苦，酸味休渝。

《禮》注：靡草薺葶藶之屬。蘇頌曰：春生苗葉，高六七寸，似薺，枝莖俱青，結角子扁小如黍粒，微長，黄色。又有一種狗芥草，葉近根下，作歧生，角細長，取時必須分別。《周禮注》：莢物，薺莢之屬。雷斅論：凡使，勿用赤鬚子真相似。寇宗奭曰：有甜苦二種。《經》言：味辛甜者，不當入藥，治體以行水走泄為用。《藥性論》：不當言味酸。

清·文晟《新編六書》卷六《藥性摘録》 葶藶 辛苦，大寒。性急不減硝、黄。入肺氣分，兼入脾。大瀉肺中水氣膹急，下行膀胱，治積聚癥結，伏留熱氣水腫，痰壅嗽喘，經閉便塞至極等症。糯米微炒用。得大棗良。不可過劑。〇虛人尤忌之。

清·張仁錫《藥性蒙求·草部》 葶藶五分、錢半 葶藶苦辛，肺中水氣。定喘除痰，宜於寬體。苦、辛，寒。性急，大能下氣，行膀胱水，肺中水氣膹急者，非此不除。除痰止嗽停喘，皆水濕泛濫症。但性竣，不可混服。有甜、苦二種，甜者力稍緩，更宜大棗輔之。張路玉云：甜者不傷胃，苦者傷胃，必以大棗輔之。〇宜微炒。

清・戴葆元《本草綱目易知錄》卷一　葶藶子　辛苦而寒。屬火性急，大能下氣。下膀胱水，通利水道，肺中水氣膹急者，非此不能除。治肺壅喘促，胸中痰飲，上氣咳嗽，積聚癥結，伏留熱氣，皮間邪水上出，面目浮腫，風熱痱癢。通月經，利小便。其性急，既瀉肺，而易傷胃，須以大棗輔之。久服令人虛。炒用。

清・黃光霽《本草衍句》　葶藶子　辛散苦瀉，性寒急利。破堅逐邪，癥瘕積聚。水飲所結之疾。除胸中痰飲伏留，咳嗽喘促。亦皆水氣之疾。散肺中水氣膹急，非此不能除也。壅塞氣秘。大洩陽分肺中氣閉。面目浮腫，膀胱水氣實症能除。虛人切忌。葶藶、大黃皆大苦寒，一洩血閉，一洩氣秘，大黃之瀉從中焦始，葶藶之瀉從上焦始，喘瀉肺氣，肺為水源，故能瀉肺即能瀉水。凡積聚寒熱從水氣來者，此藥主之。主治上氣水蓄，得漢防己治陽水暴腫，得棗治肺壅喘。

清・陳其瑞《本草撮要》卷一　葶藶　味辛，寒，入手太陰陽明經、足太陽經，功專降氣止喘，治上氣水蓄。得漢防己治陽水暴腫，得大棗治肺壅喘急。有甜苦二種，甜者性緩，苦者性急。泄肺傷胃，宜與大棗同用。得酒良，榆皮為使。糯米微炒，去米入湯劑。

清・周巖《本草思辨錄》卷二　葶藶　大黃泄血閉而下熱，葶藶泄氣閉而逐水。凡水氣堅留一處有礙肺降者，葶藶悉主之。惟泄肺而亦傷胃，故葶藶大棗瀉肺湯以大棗輔之。

甘遂味苦甘，所治在中與下，能利水穀之道，故治留飲宿食。葶藶味苦辛，所治在上與表，但利水道，故主結氣飲食寒熱。試以大陷胸湯丸證之，大黃蕩實滌熱，上中下咸到，性極峻厲，故湯丸皆以為君，為陷胸之主藥。陷胸湯加芒消、甘遂，而一則煮一兩沸，一則內末者，以二物皆下趨極易，欲其回翔胸膈，化水食而軟堅也。陷胸丸之證，曰項亦強如柔痓狀。項強二字，實此證之主腦。按《素問》太陰在泉，項似拔。項似拔者，濕上沖也。此強而非拔，為水結在肺無疑。曰如柔痓狀，則與柔痓相似而不同可知。然則何以治之？夫結胸由於誤下，誤下故正虛邪入，水飲宿食，遂互結而不下，要其所入之邪，太陽病未解之陽邪也。陽邪劫液，故筋失所養而項強，是宜泄其為患之水，濡以柔筋之液，而大逐其心胃之熱實，故用大黃、消、遂無二致，而法則有變，藥亦宜加矣。杏、消合研，所以潤液而柔項；遂、蜜同煮，所以安正而化結；葶藶瀉肺水，為是方水結之專任；變湯為丸者，以項強不可以急圖也。葶藶與甘遂，可同年語乎哉？

辣辣菜

明・朱橚《救荒本草》卷上之前　辣辣菜　生荒野中，今處處有之。苗高五七寸，初生尖葉，後分枝莖上出長葉，開細青白花，結小匾蒴，其子似米蒿子，黃色。味辣。　救飢：採嫩苗葉煠熟，水浸淘淨，油鹽調食。生揉亦可食。

菘藍

明・朱橚《救荒本草》卷上之前　大藍　生河內平澤，今處處有之，人家園圃中多種。苗高尺餘，葉〔頗〕類白菜葉，微厚而狹窄尖艄，淡粉青色，莖叉，稍間開黃花，結小莢，其子黑色。《本草》謂菘藍可以為靛染青，以其葉似菘菜，故名菘藍。又名馬藍，《爾雅》所謂：葴，馬藍是也。味苦，性寒，無毒。　救飢：採葉煠熟，水浸去苦味，油鹽調食。　治病：文具《本草》草部藍實條下。

清・何諫《生草藥性備要》卷上　大藍青　味淡，性寒。消瘡腫，去瘀生新。又名大藍。

車前

宋・李昉《太平御覽》卷第九九八　芣苢　《爾雅》曰：芣苢，馬舄，車前也。郭璞曰：今車前草，大葉長穗，好生道邊。江東呼蝦蟇衣。《周書》所載同名耳，非此芣苢。　《廣雅》曰：芣苢當道，馬舄。　《毛詩・關雎》曰：芣苢，后妃之德也。採採芣音浮苢，薄言採之。毛云：芣苢，車前。大葉，好生道邊。宜懷妊焉。　《神仙服食經》曰：車前實，雷之精也。服之形化。八月採地衣。地衣者，車前實也。　《本草經》曰：車前實，一名當道，一名牛舌。

唐・歐陽詢《藝文類聚》卷八一　芣苢　《爾雅》曰：芣苢，馬舄。馬舄，車前。　《毛詩》曰：采采芣苢，薄言采之。

贊　晉郭璞《芣苢贊》曰：車前之草，別名芣苢。王會之云其實如李，名之相亂，在乎疑似。

宋・唐慎微《證類本草》卷六草部上品〔《本經・別錄》〕　**車前子**　味**甘**、鹹，**寒**，無毒。**主氣癃，止痛，利水道小便，除濕痹**，男子傷中，女子淋瀝，不欲食，養肺，強陰益精。令人有子，明目療赤痛。**久服輕身耐老。**

葉及根： 味甘，寒。主金瘡，止血，衄鼻，瘀血，血瘕，下血，小便赤，止煩下氣，除小蟲。一名當道，一名芣苢，上音浮，下音以。一名蝦蟇衣，一名牛遺，一名勝舃音昔。生真定平澤丘陵阪道中。五月五日採，陰乾。

〔梁・陶弘景《本草經集注》〕云： 人家及路邊甚多，其葉搗取汁服，療泄精甚驗。子，性冷利，《仙經》亦服餌之，令人身輕，能跳越岸谷，不老而長生也。《韓詩》乃言芣苢，是木似李，食其實，宜子孫，此爲謬矣。

〔唐・蘇敬《唐本草》〕注云： 今出開州者爲最。

〔宋・掌禹錫《嘉祐本草》〕按： 《爾雅》云： 芣苢，馬舃。馬舃，車前。注： 今車前草，大葉長穗，好生道邊，江東呼爲蝦蟇衣。疏引陸璣《疏》云： 馬舃，一名車前，一名當道。喜在牛跡中生，故曰車前、當道也。幽州人謂之牛舌草，可鬻作茹，大滑。其子治婦人難産。《藥性論》云： 車前子，君。味甘，平。能去風毒。用中風熱，毒風衝眼，目赤痛，瘴瞖，腦痛淚出，壓丹石毒，去心胸煩熱。葉主泄精病，治尿血，能補五藏，明目，利小便，通五淋。蕭炳云： 車前養肝。日華子云： 常山爲使，通小便淋澁，壯陽，治脱精，心煩下氣。

〔宋・蘇頌《本草圖經》〕曰： 車前子，生真定平澤丘陵道路中，今江湖、淮甸、近京北地處處有之。春初生苗，葉布地如匙面，累年者長及尺餘如鼠尾。花甚細，青色微赤。結實如葶藶，赤黑色。五月五日採，陰乾。今人五月採苗，七月、八月採實。人家園圃中或種之，蜀中尤尚。北人取根日乾，作紫（苑）〔菀〕賣之，甚誤所用。謹按：《周南詩》云：采采芣苢。《爾雅》云： 芣苢，馬舃。馬舃，車前。郭璞云： 今車前草，大葉當道，長穗，好生道邊，江東人呼爲蝦蟇衣。陸璣云： 馬舃，一名車前，一名當道，喜在牛跡中生，故曰車前、當道也。幽州人謂之牛舌草，可鬻與煮同作茹，大滑。其子治婦人難産是也。然今人不復有噉者，其子入藥最多。駐景丸用車前、菟絲二物，蜜丸，食下服，古今爲奇方。其葉，今醫家生研水解飲之，治衄血甚善。

〔宋・唐慎微《證類本草》〕《雷公》曰： 凡使，須一窠有九葉，内有蘂，莖可長一尺二寸者，和蘂、葉、根去土了，稱有一鎰者，力全堪用。使葉勿使蘂、莖。使葉剉，於新瓦上攤乾用之。《聖惠方》： 治熱痢不止者。搗車前葉絞取汁一盞，入蜜一合，煎，溫分二服。又方： 治久患内障眼。車前子、乾地黄、麥門冬等分，爲末，蜜丸如梧桐子大服，屢試有效。《外臺秘要》： 治陰痒痛。車前子，以水三升煮三沸，去滓，洗痒痛處。又方： 治尿血。車前草搗絞以汁五合，空心服之。《百一方》： 小便不通。車前子草一斤，水三升，煎取一升半，分三服。又方： 治石淋。車前子二升。以絹囊盛，水八升，煮取三升。不食盡服之，須臾石下。《梅師方》： 治妊娠患淋，小便澁，水道熱不通。車前子五兩，葵根切一升，二件以水五升，煎取一升半，分三服。《子母秘録》： 治横生不可出，車前子末，酒服二錢匕。治瀉： 歐陽文忠公嘗得暴下，國醫不能愈。夫人云： 市人有此藥，三文一貼甚效。公曰： 吾輩藏腑，與市人不同，不可服。夫人買之，以國醫藥雜進之，一服而愈。後公知之，召賣藥者，厚遺之，問其方，久之乃肯傳。但用車前子一味爲末，米飲下二錢匕。云此藥利水道而不動氣，水道利則清濁分，穀藏自止矣。

宋・寇宗奭《本草衍義》卷七 車前 陶隱居云： 其葉擣取汁服，療泄精。大誤矣。此藥甘滑，利小便，走泄精氣。《經》云主小便赤，下氣。有人作菜食，小便不禁，幾爲所誤。

宋・鄭樵《通志》卷七五《昆蟲草木略》 芣苢 曰（黨）〔當〕道，曰蝦蟇衣，曰牛遺，曰勝舃，曰馬舃，車前也。

宋・劉明之《圖經本草藥性總論》卷上 車前子 味甘、鹹，寒，無毒。主氣癃，止痛，利水道小便，除濕痺，男子傷中，女人淋瀝不欲食，養肺強陰益精，令人有子，明目，療赤痛。葉及根味甘，寒。主金瘡，止血衄鼻，瘀血血瘕下血，小便赤澀，止煩下氣，除小蟲。《藥性論》云： 君。味甘，平。能去風毒，肝中風，熱毒風衝眼目赤痛，障瞖腦痛淚出，壓丹石毒，去心胸煩熱。葉主泄精病，治尿血，能補五藏，明目，利小便，通五淋。日華子云： 常山為使。通小便淋瀝，壯陽，治脱精。一云： 其葉今醫家生研，水解飲之，治衄血甚善。

宋・王介《履巉巖本草》卷上 車前草 味甘、鹹，寒，無毒。葉及根： 味甘，寒。主金瘡，止血衄鼻，瘀血，血瘕下血，小便赤，止煩下氣。一名芣苢，一名蝦蟆衣子。主利水道小便，除濕痹，男子傷中，女子淋瀝，不欲食，養肺强陰益氣，令人有子。明目，療赤痛。

宋・張杲《醫説》卷六 車前止暴下 歐陽文忠公常得暴下，國醫不能愈。夫人云： 市人有此藥，三文一貼，甚效。公曰： 吾輩臟腑，與市人不同，不可服。夫人使以國醫藥雜進之，一服而愈。召賣藥者厚遺之，求其方，乃肯傳，但用車前子一味，為末，米飲下二錢匕。云： 此藥利水道而不動氣，水道利，則清濁分，穀臟自止矣《良方》。

元・王好古《湯液本草》卷四 車前子 氣寒，味甘、鹹，無毒。《象》云： 主氣癃閉。利水道，通小便，除濕痹，肝中風熱，衝目赤痛。《本草》云： 主氣癃。止痛，利水道，通小便，除濕痹，男子傷中，女子淋瀝，不欲食，養肺，強陰益精，令人有子。明目，治目熱赤痛。輕身耐老。東垣云：能利小便而不走氣，與茯苓同功。

元·朱震亨《本草衍義補遺·新增補》 車前子 氣寒，味甘。主氣癃閉，利水道，通小便，除濕痹。肝中風熱，衝目赤痛。

元·徐彥純《本草發揮》卷一 車前子 味甘、鹹，無毒。主氣癃，止痛，利水道。治肝中風熱衝，目赤痛障翳，腦痛淚出。其葉通五淋，治尿血。海藏云：能利小便，而不走精氣。與茯苓同功。

明·朱橚《救荒本草》卷上之前 車輪菜 《本草》名車前子。一名當道，一名芣苢音浮以，一名蝦蟇衣，一名牛遺，一名勝舄音昔，《爾雅》云：馬舄。幽州人謂牛舌草。生滁州及真定平澤，今處處有之。春初生，苗葉布地如匙面，累年者長及尺餘。又似玉簪，葉稍大而薄，葉叢中心攛葶三四莖，作長穗如鼠尾，花甚密，青色微赤，結實如葶藶子，赤黑色。生道傍。味甘、鹹，性寒，無毒。一云味甘，性平。葉及根味甘，性寒。常山為之使。救飢：採嫩苗葉煠熟，水浸去涎沫，淘淨，油鹽調食。 治病：文具《本草》草部車前子條下。

明·蘭茂原撰，范洪等抄補《滇南本草圖說》卷七 蛤蟆葉 即大車前草葉，性寒，味苦、鹹。清胃熱而利小水，消水腫甚速。〇退眼赤。

明·蘭茂撰，清·管暄校補《滇南本草》卷下 蛤蟆草子名車前子。 性微寒，味苦、鹹。清胃熱，利小便，消水腫，通利五淋，赤白便濁。

車前子 性寒，味鹹。消上焦火熱胃熱，明目，利小便，分利五淋，止水瀉。

附奇方 治小兒因傷食吐瀉，不急調治，日久脾虛作脹，肚大筋青，肚腹蠱脹，或瀉，或發熱。服此方效。車前子五錢，淮山藥一兩五錢。飯上蒸用一兩，生用五錢，發熱加銀柴胡三錢，有蟲加蕪荑三錢。

明·蘭茂《滇南本草》〔叢本〕卷下 車前 奇方：治小兒傷食吐瀉，失於調養，日久脾虛，作脹肚大青筋，肚腹蠱脹，或發熱，服之奇效。淮山藥、一兩，生用五錢，飯上蒸用五錢。車前子五錢。發熱加銀柴胡三錢。有蟲加（武夷）〔蕪荑〕三錢，無蟲不加。共為末，每服二錢，空心滾水下。

明·王綸《本草集要》卷二 車前子君 味甘鹹，氣寒，無毒。五月五日採，陰乾。主氣癃止痛，利水道，小便淋瀝，除濕痹。雖利小便而不走氣，與茯苓同功。明目，療肝中風熱，衝目赤痛，養肺，強陰益精，令人有子。又治婦人產難，為末，酒服之。〇葉及根，主鼻衄，瘀血尿血，搗汁飲之。熱痢，搗葉汁一盞，入少蜜煎服。

明·滕弘《神農本經會通》卷一 車前子 一名蝦蟇衣。君也。常山為使。五月採苗，七八月採實。《局》云：微炒燥。味甘、鹹，氣寒，無毒。《湯》云同。東云：止瀉，利小便，明目。《疌》云：明目益精，止淋痛。葉，療鼻衄及刀傷，且消瘀，而又除濕。

《本經》云：主氣癃，止痛，利水道，通小便，除濕痺。男子傷中，女子淋瀝，不欲食。養肺，強陰益精，令人有子。明目，療赤痛，久服輕身耐老。《藥性論》云：車前子，君。味甘，平。能去風毒，肝中風熱毒，風衝眼目赤痛，障瞖腦痛，淚出，壓丹石毒，去心胸煩熱。蕭炳云：車前養肝。日華子云：常山為使。通小便淋瀝，壯陽，治脫精，心煩，下氣。《圖經》云：車前子治婦人難產，入藥最多。駐景丸用車前、菟絲二物，蜜丸，食下服，古今為奇方。今生研，水解飲之，治衄血甚善。《秘録》云：治瀉，車前子為末，米飲下二錢匙。云此藥利水道而不動氣，水道利則清濁分，穀臟自止矣。《象》云：主氣癃閉，利水道，通小便，除濕痺。肝中風熱衝目赤痛。丹溪云同。東垣云：能利小便而不走氣，與茯苓同功。《局》云：車前子性能通利，治瀉能令水穀分。明目去風除熱毒，婦人難產用為君。車前子、地膚子，除熱去風，明眼目，能令膀胱水穀分。

車前葉及根 味甘，氣寒。《本經》云：主金瘡，止血衄鼻瘀血，血瘕下血，小便赤，止煩下氣，除小蟲。五月五日採，陰乾。《藥性論》云：主洩精，治尿血，能補五臟，明目，利小便，通五淋。《圖經》云：生研，水解飲之，治衄甚善。《衍義》云：陶隱居云：其葉擣取汁服，療洩精。大誤矣。此藥甘滑，利小便，走泄精氣，有人作菜食，小便不禁，幾為所誤。

明·劉文泰《本草品彙精要》卷七草部 車前子無毒。叢生。

車前子出《神農本經》：**主氣癃，止痛，利水道小便，除濕痹。久服輕身耐老。**以上朱字《神農本經》。男子傷中，女子淋瀝，不欲食，養肺，強陰益精，令人有子，明目，療赤痛。〇葉及根，味甘，寒，主金瘡，止血，衄鼻，瘀血，血瘕，下血，小便赤，止煩，下氣，除小蟲。以上黑字名醫所錄。〔名〕當道、蝦蟆衣、馬舄音昔、勝舄、牛遺、牛舌草、芣音浮苢音以。〔苗〕《圖經》曰：春生葉，布地如匙面，累年者長及尺餘。穗如鼠尾，花甚細，青色微赤。實如葶藶，赤黑色。今人家庭除中多有之。亦可作茹，蜀中尤尚。郭璞云：大葉長穗，好生道傍，喜在牛跡中生，故曰車前、當道也。【地】《圖經》曰：生真定平澤、丘陵道路中。今江湖淮甸、近京北地處處有之。【道地】開州者爲最。【時】生：春生苗。採：五月五日取苗。七月、八月取實。【收】陰乾。【用】子黑細者爲好。【質】類雞冠子。【色】黑。【味】甘，鹹。【性】冷，軟。【氣】味厚于氣，陰中之陽。【臭】朽。【主】明目，利小便。【助】常山爲之使。【製】《雷公》云：凡使，須一窠有九葉，內蕊，莖可長一尺二寸者。和蕊、葉、根去土，稱重一鎰者，力全堪用。使葉勿使蕊、莖。其葉剉於新瓦上，攤乾用之。【治】療：《圖經》曰：婦人難產。○葉，生研，以水解飲之，止衄血。《藥性論》云：去風毒，肝中風熱，毒風衝眼，目赤痛，瘴翳，腦痛，淚出及心胸煩熱。葉主尿血，明目，利小便，通五淋。蕭炳云：養肝。東垣云：利小便而不走氣。補：《藥性論》云：葉補五臟。【合治】合常山爲使，通小便淋澀，壯陽。治脱精，心煩，下氣。○以五兩合葵根切一升，以水五升，煎取一升半，分三服，治妊娠患淋，小便澀，水道熱而不通。○爲末，合米飲服二錢，治瀉如神。○合乾地黄、麥門冬等分爲末，蜜丸如梧桐子大，服之治久患內障眼。○葉絞取汁一盞，入蜜一合煎，溫作二服，治熱痢不止者。【禁】葉搗取汁服，療泄精，大誤矣。此藥甘滑利小便，走泄精氣，及主小便赤，下氣。有人作菜食，小便不禁，嘗爲所誤。

明·葉文齡《醫學統旨》卷八　車前子　氣寒，味甘，鹹。無毒。　治氣癃閉痛，小便淋瀝，除濕痺，利水道；療肝中風熱衝目赤痛，障翳腦痛淚出；養肺強陰益精，令人有子；雖利小便而不走氣，與茯苓同功；又治婦人難產，為末酒服之；其葉通五淋，止鼻衄，尿梗，熱痢。

明·許希周《藥性粗評》卷二　子見車前，儘通淋道。根葉附。

車前子，一名當道，江東謂之蝦蟇衣，《詩·國風》謂之芣苢，《爾雅》謂之馬舄。春生苗，葉布地如匙面大，年久者高至尺餘，如馬蹄大，五月作穗，開細花，以一莖如鼠尾然，青色，結實如葶藶子，細而赤黑色。好生田野路傍，江南處處有之，以一窠九葉，花莖長一尺餘者為勝。五月採葉，七八月採實，陰乾。凡使葉，勿使花莖，如急用使葉，則剉於新瓦上，攤開吸乾用之。常山為之使，畏惡《本草》不載。　味甘，鹹，性寒，無毒。　主治癃閉五淋，小便不通，下焦燥熱，男子傷中，婦人橫產，強陰益精，除濕利水道，去肝熱明目，療赤眼澁痛。海藏云：車前子能利小便而不走精氣，與茯苓同功。

葉及根俱味甘，性寒，無毒。主治金瘡鼻衄，小便赤澁，止血散血，除煩下氣。

單方：尿血石淋：車前子二升，以絹袋盛之，水八升，煮取三升，食前盡服之，須臾其石自下。婦人患淋，小便熱澁者，亦同此治。　橫生逆產：車前子研為細末，溫酒調下二錢，不順再服。　瀉痢不止：車前葉搗絞汁一盞，入蜜一合，煎熱，分為二服。　癃閉不通：下焦燥熱，小便癃閉澁疼者，車前一斤，水三升，煎取一升半，分為二服，愈。

明·鄭寧《藥性要略大全》卷五　車前子君　主氣癃，止痛，利水道，除濕痹、淋瀝，養肺，強陰，益精，令人有子。治目赤痛。《賦》曰：止瀉利小便兮，尤能明目。　味甘，鹹，性平、寒，無毒。端午日採，陰乾，炒研入藥。常山為之使。《湯液》云：去風毒，養肝，療中風、熱毒風，沖目赤痛，障翳，腦痛淚出，療洩精併尿血。補五臟，明目，利小便，通五淋。　葉、根：味甘，鹹，性寒，平，無毒。治金瘡，止血衄，破瘀血，血瘕，小便赤澁，止遺精白濁，止煩下氣。

明·陳嘉謨《本草蒙筌》卷一　車前子　味甘，鹹，氣寒。無毒。山野道途，處處生長。一名牛舌草，又謂蝦蟆衣。葉中起苗，苗上結子。細類葶藶，採擇端陽。專入膀胱，兼療肝臟。通尿管淋瀝澁痛，不走精氣為奇；毆風熱衝目赤疼，旋去瞖膜誠妙。濕痹堪卻，生產能催。益精強陰，令人有子。故今種子方內所製五子衍宗丸，枸杞、菟絲、五味、覆盆，斯亦列其名者，蓋由得此說也。根葉搗生汁飲之，治一切衄痢尿血。亦利水道，堪逐氣癃。久服輕身，延年耐老。

明·方穀《本草纂要》卷二　車前子　味甘，鹹，氣寒，無毒。主淋瀝、癃閉不通，小便赤，白帶濁，陰莖內腫疼痛，精道久虛暴冷。大抵此藥與茯苓同功。但此藥通利而不驟，去濁而澄清，溫經而有益。嘗見補藥之方用之，令人強陰有子。眼藥之方用之，治人目赤腫痛。痢疾之方用之，使人通徹小水。濕痹之方用之，與人利水行氣，有連應之神功也。宜炒熟研細用，有大效。

明·王文潔《太乙仙製本草藥性大全》卷一《本草精義》　車前子　一名當道，一名芣苢，一名蝦蟇衣，一名牛遺，一名勝舄。生真定平澤、丘陵阪道中，今江湖、淮甸、近京北地處處有之。春初生苗葉，布地如匙面，累年者長及尺餘，如鼠尾花，甚細，青色微赤，結實如葶藶，赤黑色。五月五日採，陰乾。今人五月採苗，七八月採實，人家園圃中或種之，蜀中尤尚。北人取根，日乾，作紫(苑)〔菀〕賣之，甚誤！所用駐景丸，用車前子、菟絲子二味，蜜丸，食下服，古今以爲奇方。今種子方内所製五子衍宗丸，枸杞、菟絲、五味、覆盆，斯亦列其名者，蓋由得此說也。

明・王文潔《太乙仙製本草藥性大全》卷一《仙製藥性》 車前子君 味甘、鹹，氣寒，無毒。專入膀胱。常山爲之使。 主治：療泄精，氣癃，止痛，利水道，通小便淋瀝，壯陽養肝，除濕痹，治脱精，心煩下氣。雖利小便而不走氣，與茯苓同功。明目，療肝中風熱，衝目赤痛。養肺，強陰益精，令人有子。又治婦人産難，爲末，酒服之。 葉及根：味甘、鹹，性寒平，無毒。主金瘡止血，衄鼻，瘀血，血瘕下血，小便赤澁，止遺精白濁，除小蟲。久服輕身，延年耐老。 補註：治久患内障眼，車前子、乾地黄、麥門冬等分爲末，蜜丸如梧桐子大，服，累試有效。治陰痒痛，車前子以水三升，煮三沸，去滓洗痒痛處。治小便不通，車前子草一斤，水三升，煎取一升半，分三服。治石淋，車前子弍升，以絹囊盛，水八升，煮取三升，不食盡服之，須臾石下。治妊娠患淋，小便澁，水道熱不通。車前子五兩，葵根切一升，二件，以水五升，煎取升半，分三服。治横生不可出，用子爲末，酒服二錢匕。治瀉，用子爲末，米飲下一錢，效。治熱痢不止者，搗車前葉，絞汁一盞，入蜜一合，煎溫分二服。○治尿血，車前草搗絞取汁五合，空心服之。 太乙曰：凡使須一窠有九葉，内有藥莖，可長一尺三寸者，和藥、葉、根去土了，稱有一鎰者，力全堪用。使葉勿使藥莖，使葉剉，於新瓦上攤乾用之。

明・皇甫嵩《本草發明》卷二 車前子上品之上，君。氣寒，味甘、鹹，無毒。

發明曰：車前鹹寒兼甘，通利中有補，所謂能利小便而不走氣，與茯苓同。故《本草》主癃閉，止痛，通小便，除濕痺，女人淋瀝，治産難，皆通利水道之力也。若養肺，強陰益精有子，養肝明目，治肝中風熱衝目，赤痛瘴翳，腦痛泪出，心胸煩熱，泄尿血，補五臟，雖鹹寒瀉火，而滋陰除精濕之功多矣。以甘草稍佐之，除莖中濁痛。配菟絲、枸杞子之類，能滋腎益陰壯陽，非止利水而已。

明・李時珍《本草綱目》卷一六草部・隰草類下 車前《本經》上品

【釋名】當道《本經》 芣苡音浮以。 馬舄音昔。 牛遺並《別録》 牛舌《詩疏》 車輪菜《救荒》 地衣《綱目》 蝦蟆衣《別録》 時珍曰：按《爾雅》云：芣苡，馬舄。馬舄，車前。陸璣《詩疏》云：此草好生道邊及牛馬跡中，故有車前、當道、馬舄、牛遺之名。舄，足履也。幽州人謂之牛舌。蝦蟆喜藏伏于下，故江東稱爲蝦蟆衣。又《韓詩外傳》言直曰車前，瞿曰芣苡，恐亦强說也。瞿乃生于兩旁者。 【集解】《別録》曰：車前生真定平澤、丘陵阪道中，五月五日采，陰乾。弘景曰：人家及路邊甚多。《韓詩》言芣苡是木似李，食其實宜子孫者，謬矣。恭曰：今出開州者勝。頌曰：今江湖、淮甸、近汴北地處處有之。春初生苗，葉布地如匙面，累年者長及尺餘。中抽數莖，作長穗如鼠尾。花甚細密，青色微赤。結實如葶藶，赤黑色。今人五月采苗，七月、八月采實。人家園圃或種之，蜀中尤尚。北人取根日乾，作紫菀賣之，甚誤所用。陸璣言嫩苗作茹大滑，今人不復啗之。時珍曰：王旻《山居録》有種車前剪苗食法，則昔人常以爲蔬矣。今野人猶采食之。

子 【修治】時珍曰：凡用須以水淘洗去泥沙，晒乾。入湯液，炒過用；入丸散，則以酒浸一夜，蒸熟研爛，作餅晒乾，焙研。 【氣味】甘，寒，無毒。《別録》曰：鹹。權曰：甘，平。大明曰：常山爲之使。 【主治】氣癃止痛，利水道小便，除濕痹。久服輕身耐老《本經》。男子傷中，女子淋瀝不欲食，養肺強陰益精，令人有子，明目療赤痛《別録》。去風毒，肝中風熱，毒風衝眼，赤痛障翳，腦痛淚出，壓丹石毒，去心胸煩熱甄權。養肝蕭(兩)〔炳〕。治婦人難産陸璣。導小腸熱，止暑濕瀉痢時珍。

【發明】弘景曰：車前子性冷利，《仙經》亦服餌之，云令人身輕，能跳越岸谷，不老長生也。頌曰：車前子入藥最多。駐景丸用車前、菟絲二物，蜜丸食下服，古今以爲奇方也。時珍曰：按《神仙服食經》云：車前一名地衣，雷之精也。服之形化，八月采之。今車前五月子已老，而云七八月者，地氣有不同爾。唐張籍詩云：開州午月車前子，作藥人皆道有神。慚愧文君憐病眼，三千里外寄閒人。觀此亦以五月采開州者爲良，又可見其治目之功。大抵入服食，須佐他藥，如六味地黄丸之用澤瀉可也。若單用則泄太過，恐非久服之物。歐陽公常得暴下病，國醫不能治。夫人買市人藥一帖，進之而愈。力叩其方，則車前子一味爲末，米飲服二錢匕。云此藥利水道而不動氣，水道利則清濁分，而穀藏自止矣。

【附方】舊七，新五。 小便血淋：作痛。車前子晒乾爲末，每服二錢，車前葉煎湯下。《普濟方》。 石淋作痛：車前子二升，以絹袋盛，水八升，煮取三升，服之，須臾石下。《肘後方》。 老人淋病：身體熱甚。車前子五合，綿裹煮汁，入青粱米四合，煮粥食，常服明目。《(壽)〔壽〕親養老書》。 孕婦熱淋：車前子五兩，葵根切一升，以水五升，煎取一升半，分三服。以利爲度。《梅師方》。 滑胎易産：車前子爲末。酒服方寸匕。不飲酒者，水調服。《詩》云：采采芣苡。能令婦人樂有子也。陸璣注云：治婦人産難故也。《婦人良方》。　横産不出：　車前子末，酒服二錢。《子母秘録》。　陰冷悶疼：　漸入囊内，腫滿殺人。車前子末，飲服方寸匕，日二服。《千金方》。　癮瘮入腹：　體腫舌强。車前子末粉之，良。《千金方》。　陰下痒痛：　車前子煮汁頻洗。《外臺秘要》。　久患内障：　車前子、乾地黄、麥門冬等分，爲末。蜜丸如梧子大，服之。累試有效。《聖惠方》。　補虚明目：　駐景丸：　治肝腎俱虚，眼昏黑花，或生障翳，迎風有淚。久服補肝腎，增目力。車前子、熟地黄酒蒸焙三兩，菟絲子酒浸五兩，爲末，煉蜜丸梧子大。每温酒下三十丸，日二服。《和劑局方》。　風熱目暗：　濇痛。車前子、宣州黄連各一兩，爲末。食後温酒服一錢，日二服。《聖惠方》。

草及根　〔修治〕斅曰：　凡使須一窠有九葉，内有蕊，莖可長一尺二寸者。和蕊葉根，去土了，稱一鎰者，力全。使葉勿使蕊莖，剉細，於新瓦上攤乾用。　〔氣味〕甘，寒，無毒。土宿真君曰：　可伏硫黄，結草砂，伏五礬、粉霜。　〔主治〕金瘡，止血衄鼻，瘀血血瘕，下血，小便赤，止煩下氣，除小蟲《别録》。　主陰㿉之才。　葉：　主泄精病，治尿血。能補五臟，明目，利小便，通五淋甄權。

〔發明〕弘景曰：　其葉擣汁服。療泄精甚驗。宗奭曰：　陶説大誤矣。此藥甘滑，利小便，泄精氣，有人作菜頻食，小便不禁，幾爲所誤也。

〔附方〕舊四，新七。　小便不通：　車前草一斤，水三升，煎取一升半，分三服。一方，入冬瓜汁。一方，入桑葉汁。《百一方》。　初生尿澀：　不通。車前擣汁，入蜜少許，灌之。《全幼心鑒》。　小便尿血：　車前擣汁五合，空心服。《外臺秘要》。　鼻衄不止：　生車前葉，擣汁飲之甚善。《圖經本草》。　金瘡血出：　車前葉擣傅之。《千金方》。　熱痢不止：　車前葉擣汁，入蜜一合煎，温服。《聖惠方》。　産後血滲：　入大小腸。車前草汁一升，入蜜一合，和煎一沸，分二服。《崔氏方》。　濕氣腰痛：　蝦蟆草連根七科，葱白連鬚七科，棗七枚，煮酒一瓶，常服，終身不發。《簡便方》。　喉痹乳蛾：　蝦蟆衣、鳳尾草擂爛，入霜梅肉、煮酒各少許，再研絞汁，以鵝翎刷患處，隨手吐痰，即消也。趙溍《養疴漫筆》。　目赤作痛：　車前草自然汁，調朴硝末，卧時塗眼胞上，次早洗去。○小兒目痛，車前草汁，和竹瀝點之。《聖濟總録》。　目中微翳：　車前葉、枸杞葉等分，手中揉汁出，以桑葉兩重裹之。懸陰處一夜，破桑葉取點，不過三五度。《十便良方》。

題明・薛己《本草約言》卷一《藥性本草》　車前子　味甘、鹹，氣寒，無毒。陽中之陰，降也。導肝熱之上衝，治眼目之赤痛。除濕氣之内鬱，利小便之淋癃。雖利小便而不走氣，實與茯苓同功。一名牛舌草，又謂蝦蟆衣。　鹹寒兼甘，通利中有補，所謂利小便而不走氣也。入手太陽太陰、足厥陰經。其利水除濕，通淋利便，乃通利水道之力。若强陰益精，令人有子。止遺精、白濁、尿血，治肝中風熱衝目赤痛障翳，補五臟。雖鹹寒瀉火，而滋陰除濕之功多矣。以甘草稍佐之，除莖中濁痛；　配菟絲、枸杞子之類，能滋腎補陰壯陽，非止利水而已。○《本草》指其尤能明目，何也？　大凡逐水之劑，俱損于目，惟此最能解肝與小腸之熱，熱退目愈，如鍋底抽薪，非謂泄水目愈也。細類葶藶。採擇端陽。專入膀胱，兼療肝臟。

明・周履靖《茹草編》卷一　蝦蟇衣　寒月照秋水，白石高崔嵬。怒蛙裂其衣，班班如莓苔。虎鬚與龍爪，齊入春風來。至今杏林叟，猶是尋根荄。四時皆有。採葉，香油、鹽炒食，或鹽湯焯過，晒乾，臨食湯泡，鹽、醯和之食。

明・佚名氏《醫方藥性・草藥便覽》　車前草　其性涼。利小便，明目。

明・梅得春《藥性會元》卷上　車前子　味甘、鹹，氣寒。無毒。即《詩》芣苢，大葉長穗，好生道傍。葉：　通五淋，止鼻衄、尿梗、熱痢。　主止瀉痢，利小便，除熱去風，明眼目，能令膀胱水穀分，能滑胎，治氣癃閉，男子傷中，女人淋瀝，不欲食。除濕痹，療肝中風，風熱衝目，赤痛障翳，腦痛淚出。養肺，强陰，益精，令人有子。雖利小便而不走元氣，與茯苓同功。又治難産，為末酒調服。

明・杜文燮《藥鑒》卷二　車前子　氣寒，味甘、鹹，無毒。惟其寒也，故能除濕去煩熱。惟其鹹也，故能利水通腎氣。惟其甘也，故能利水道而不走精氣。

明・李中立《本草原始》卷一　車前　始生真定平澤、丘陵阪道中，今處處有之。春初生苗葉，布地如匙面，累年者長及尺餘。中抽數莖，作長穗如鼠尾。花甚細密，結實如葶藶，赤黑色。此草好生道邊及牛馬足跡中，故《本經》名車前，又名當道。《别録》名馬舄，舄，音昔，足履也。又名牛遺。幽人謂之牛舌草，象形也。蝦蟆喜藏伏於下，故江東稱為蝦蟆衣。《詩》云采采芣苡，即此也。　子：　〔氣味〕：　甘，寒，無毒。　主治：　氣癃止痛，利水道小便，除濕痹。久服輕身耐老。○男子傷中，女子淋瀝不欲食，養肺强陰益精，令人有子。明目，療赤痛。○去風毒，肝中風熱，毒風衝眼，赤痛障翳，腦痛淚出。壓丹石毒，去心胸煩熱。○養肝。○治婦人難産。○導小腸熱，止暑瀉痢。　葉、根：　氣味：　甘，寒，無毒。　主治：　金瘡止血，衄鼻，瘀血血瘕，下血，小便赤。止煩下氣，除小蟲。　主陰癩。　葉主泄精病，治尿血。　能補五臟，明目，利小便，通五淋。

車前，《本經》上品。【圖略】穗類鼠尾，葉似牛舌。　五月五日采苗，七月八月采實。　凡用須一窠有九葉，內有蕊，莖長一尺二寸者，力全堪用。

修治：　用子必以水淘洗去泥沙，晒乾，入湯液炒過，盛絹袋中，同群藥煎，庶湯清，飲不糊口；　或藥煎熟，臨服入車前子亦得。　入丸散以酒浸一宿，蒸熟研爛作餅，晒乾焙研。〇使葉、根，洗去土，稱一鎰者，力全，用葉勿使蕊莖，剉細，於新瓦上攤乾用。

子，常山為之使。　葉，伏硫黃、結草砂，伏五礬、粉霜。

《全幼心鑒》：　治初生小兒尿澀不通，車前搗汁，入蜜少許，灌之。

《圖經本草》：　治鼻衄不止。　生車前葉搗汗飲之，甚善。　《千金方》：　治金瘡血出，車前葉搗傅之，良。　車前，君。

明・張懋辰《本草便》卷一　車前子君　味甘、鹹，氣寒，無毒。　主氣癃止痛，利水道，小便淋瀝，除濕痹。　雖利小便而不走氣，與茯苓同功；　明目療肝，中風熱衝目赤痛；　養肺，強陰益精，令人有子；　又治婦人産難，爲末，酒服之。

明・盧復《芷園臆草題藥》　車前　好生道路旁及馬牛足跡中。　古人以敝車作薪，謂之勞薪。　道路之上，得不謂之勞土乎？　以勞土所生之物，喜通行而好動作者，用治濕土之氣而傷水之運用，以致氣癃而水道停止者。　勞土原不自安，則濕無凝滯，濕行而水自無恙，斯癃淋通矣。　一云雷之精，服之形化。　雷震木也。　前陰亦屬肝木，疏泄二便，須氣化以出。　觀形化反不易之乎？　且車行而前，孰不開讓？　則疏通之義明甚。　今之無子者，子之路不疏通也。　其間必有隱曲。　車前開導，病去而路通。　婦人樂有子，薄言采之，良有以也。

明・李中梓《藥性解》卷三　車前子　味甘，性寒，無毒，入肝、膀胱、小腸三經。　主淋瀝癃閉，陰莖腫痛，濕瘡泄瀉，赤白帶濁，血閉産難。　炒細研用，常山為使。　根葉主金瘡，功用同子。　按：　車前子利水，宜入足太陽；陽行血，宜入厥陰。　然逐水之劑，多損于目，本草云明目者，以其清肝熱，如釜底抽薪，非因洩水之功也。

明・繆希雍《本草經疏》卷六　車前子　味甘、鹹，寒，無毒。　主氣癃，止痛，利水道小便，除濕痹，男子傷中，女子淋瀝，不欲食，養肺，強陰，益精，令人有子，明目，療赤痛。　久服輕身耐老。　葉及根：　味甘，寒。　主金瘡止血，衄鼻瘀血，血瘕下血，小便赤，止煩下氣，除小蟲。

〔疏〕車前子稟土之沖氣，兼天之冬氣以生，故味甘寒而無毒。《別錄》兼鹹，故走水道。　其主氣癃止痛，通腎氣也。　小便利則濕去，濕去則痹除。　傷中者，必內起煩熱，甘寒而潤下，則煩熱解，故主傷中。　女子淋瀝不欲食，是脾腎交病也。　濕去則脾健而思食，氣通則淋瀝自止。　水利則無胃家濕熱之氣上熏，而肺得所養矣。　男女陰中俱有二竅，一竅通精，一竅通水。命門真陽之火，即係先天之元氣，道家謂之君火。　後天之精氣，亦與之合而繫焉。　膀胱者，濕熱濁陰之水滲出下竅為小便，道家謂之民火是也。二竅不竝開，故水竅常開，則小便利而濕熱外洩，不致鼓動真陽之火，則精竅常閉而無漏洩。　久久則真火寧謐而精用益固，精固則陰強，精盛則生子。腎氣固即是水臟足，故明目及療赤痛。　輕身耐老，即強陰益精之驗。　肝腎膀胱三經之要藥也。

葉及根，味甘，寒。　金瘡必發熱，熱則痛極。　甘寒能涼血除熱，故主金瘡。血熱則妄行，溢出上竅，故主吐衄，及尿血便赤，止煩下氣。《明醫襍錄》云：　根葉治鼻衄，尿血，熱痢。　搗汁飲之。　子主氣癃，利水道，療肝中有風熱衝目。　若人服固精藥久，服此一泄，即有子。　〔主治參互〕同木通、沉香、橘皮、升麻，治氣癃。　同二术、宣木瓜、石斛、川萆薢、茯苓、五加皮，治濕痹。　獨用為末，米飲下二錢匕，治暴瀉神效。　君白芍藥、白茯苓、白藊豆、炙甘草，治水泄。　同生地黃、牛膝、天門冬、麥門冬、黃檗、五味子、甘枸杞子、人參、白膠，治尿血及婦人血淋。　入五子衍宗丸，為生精種子要藥。　入金匱腎氣丸，則固精益陰。　獨用炒為末，專治濕勝水瀉。　同五味子、覆盆子、蓮子、蓮鬚、山茱萸肉、沒食子、沙苑蒺藜、人參、麥門冬、牛膝、白膠、魚膠，能強陰固精種子。　同生地黃、甘菊花、決明子、玄參、蜜蒙花、連翹、黃連、柴胡、生甘草，治暴赤目痛。　〔簡誤〕車前子性走下竅，雖有強陰益精之功，若遇內傷勞倦，陽氣下陷之病，皆不當用。　腎氣虛脫者，忌與淡滲藥同用。

明・倪朱謨《本草彙言》卷四　車前子　味苦、微甘，氣寒，無毒。　爲肝、腎、膀胱三經之要藥也。《別錄》曰：車前，出真定平澤，丘陵陂道中。今江湖、淮甸、近汴北地，處處有之。好生道旁及牛馬足迹中。春初生苗，綠葉布地如匙面。累年者，長尺許，中抽數莖，作穗如鼠尾。花極細密，色青微赤。實如葶藶，色正黑。五六月采苗，七八月采實。圃人或種之，蜀中尤尚。土人取根日乾，作紫菀市人，不可不辨。剪苗可作茹，大潤腸結。

車前子：《本經》利水道，日華子徹溲便，《別錄》通精氣之藥也。周士和稿主小便淋瀝，癃閉不通，赤白帶濁，或陰莖腫脹澀痛，精道熱結不通。去穢濁而澄源，利小便而不泄精氣，與茯苓同功者也。又明目疾，療痹痛，行肝疏腎，暢鬱和陰。同補腎藥用，令强陰有子。同和肝藥用，治目赤目昏。同清熱藥用，止痢疾火鬱。同舒筋藥用，能利濕行氣，健運足膝。有速應之神驗也。但性寒善走下竅，若內傷勞倦，陽氣下陷之病，皆不當用。腎氣虛寒者，尤宜忌之。

繆仲淳先生曰：前陰屬肝木，疎泄之竅也。氣化則溺自出，情動則精乃行。氣閉火鬱，溺自停矣。芣苡之子，寒降下行，若車行而前，孰不開讓？何溺之不自出乎？疎泄之義明矣。設情動過節，膀胱虛氣，艱于化而津不行，溺不出者，單用車前疎泄，閉愈甚矣。必加參、苓、甘、麥，養氣節欲，則津自行，溺乃出也。

集方：《普濟方》治小便血淋作痛。用車前子，晒乾，甘草减半，共爲末。每服二錢，車前葉煎湯下。○同前治小便熱秘不通。用車前子一兩，川黄柏五錢，白芍藥二錢，甘草一錢，水煎，徐徐服。○《肘後方》治石淋作痛。用車前子一升，水五碗，煎湯二碗，用白果三十箇，去殼衣淨，搗汁和入。徐徐飲。○《壽親養老書》治老人淋澀不通，身發熱。用車前子一兩，川牛膝八錢，生甘草三錢，水五碗，煎二碗。徐徐飲。○《梅師方》治孕婦熱淋。用車前子五合，黄芩八錢，水煎。徐徐飲。○《方脉正宗》男婦久不生育。用車前子、當歸各二兩，川芎一兩，鹿膠、龜膠各二兩，作丸。侵晨各服二錢，白湯下。○已下六方出拓元甫《醫辨》治暴赤時眼。用車前子一兩，柴胡、防風、龍膽、决明子、蔓荆子、荆芥、羌活各二錢，水煎。食後服。○治勞欲過度，肝腎空虛，眼目昏蒙。用車前子一兩，甘菊花、熟地黄、枸杞子、密蒙花、淮山藥、决明子、羊肝，爲丸。每早晚各服三錢，白湯下。○治久患內障。用車前子、熟地黄、麥門冬等分，爲丸。每早晚各服三錢。○治風熱目暗澀痛。用車前子一兩，川黄連五錢，共爲末。每食後服一錢，日二服。○治熱痢澀痛，小水不通。用車前子、白芍藥各一兩，川黄連五錢，黄芩、黑山梔、澤瀉、滑石各八錢，分作二帖，水煎，食前服。○治四肢痿痹作痛，筋脉不舒。用車前子二兩，木瓜、川牛膝、虎骨、萆薢、威靈仙、紅花各一兩，浸酒飲。○《子母秘錄》治産難，并橫逆不出。用車前子、川牛膝各二兩，當歸、川芎各五錢，俱酒炒爲末。每服三錢，酒調下。如不飲酒，白湯調下。○倪聖修家抄治瘖疹內閉，入腹身腫舌强。用車前子，爲末，白湯調服一錢。日三次。

車前葉：味甘，氣寒，無毒。凡使須一窠九葉者良。亦可作蔬食。

樓渠泉集主金瘡出血不止，小便不通，尿血血淋，熱痢膿血，乳蛾喉閉等證。甘寒，能散能利能清之藥也。

集方：《千金方》治金瘡出血不止。用車前葉，搗爛敷之。○《百一方》治小水不通。用車前葉一觔，水三升，煎取一升服。○《楊魁山家抄》治小便尿血，血淋。用車前葉，搗汁五合，空心服。○《聖惠方》治熱毒膿血痢疾。用車前葉，搗汁五合，入蜜一合，溫服。○《趙通政奪癰筆》治乳哦喉痹。用車前葉、鳳尾草各等分，搗爛，入霜梅肉五箇，生酒各少許，再搗絞汁，以鵝羽刷患處。隨手吐痰，即消。○《聖濟錄》治目赤作痛。用車前葉自然汁，調朴硝末，臥時塗眼胞上。次早洗去。○治心經蘊熱，藏府閉結，小便赤澀，癃閉不通，及熱淋血淋諸證，因本氣壯實有火滯者，宜服此。如酒後恣慾而得者，則小便將出而痛，既出而癢，亦以此藥主之。用車前子、瞿麥、萹蓄、木通、滑石、生梔子、大黄各一錢五分，生甘草二錢，川牛膝三錢，加燈心三十根，水煎。食前服。○一方治諸淋，不分寒熱虛實。以車前子四兩，川牛膝三兩，懷熟地、山茱萸、山藥、茯苓各二兩五錢，牡丹皮二兩，澤瀉二兩，俱用鹽水拌炒，磨爲末。煉蜜丸梧子大。每早服五錢，燈心湯送下。

明・姚可成《食物本草・救荒野譜補遺・草類》 車前艸食葉。一名當道，一名車輪。以此艸好生道邊，故有諸稱。春初生苗葉布地，團而微尖，面有稜線，如白蕚花葉。嫩時采之，汋食。

車前艸，生道傍，馬蹄輪轂春風狂。只今千里無人跡，萋萋野艸生荒涼。

明・姚可成《食物本草》卷一八草部・隰草類 車前子草一名當道草。此草好生道邊，故有二種之稱。今江湖、淮甸、近汴北地處處有之。春初生苗，葉布地如匙面。累年者長及尺餘，中抽數莖，作長穗如鼠尾。花甚細密，青色微赤，結實如葶藶，赤黑色。今人五月採苗，七八月採實。人家園圃或種之，蜀中尤尚。嫩苗作茹，大滑。〇李時珍曰：王旻《山居録》有種車前剪苗食法，則昔人常以為蔬矣。今野人猶採其葉，汋熟曝乾，油醬拌蒸食之，味甚佳。

車前草，味甘，寒，無毒。治金瘡止血，衄鼻瘀血，血瘕下血，小便赤。止煩下氣，除小蟲。主陰癩及男子泄精尿血。補五臟，明目，利小便，通五淋。

子　味甘，寒，無毒。治氣癃止痛，利水道小便，除溼痹。久服輕身耐老。男子傷中，女子淋瀝不欲食，養肺強陰益精，令人有子，明目，療赤痛。去風毒，肝中風熱，毒風衝眼，赤痛障翳，腦痛，淚出。〔壓〕丹石毒，去心胸煩熱。治婦人産難，養肝，導小腸熱，止暑溼瀉痢。〇陶弘景曰：車前子，性冷利，仙經亦服餌之，云令人身輕，能跳越岸谷，不老長生也。〇李時珍曰：按《神仙服食經》云：車前一名地衣，雷之精也，服之形化，八月採之。今車前五月子已老，而云七八月者，地氣有不同爾。唐張籍詩云：開州五月車前子，作藥人皆道有神。慚愧文君憐病眼，三千里外寄閒人。觀此亦以五月採開州者為良，又可見其治目之功。歐陽公常得暴下病，國醫不能治。夫人買市人藥一貼，進之而愈。力叩其方，則車前子一味為末，米飲服二錢匕。云此藥利水道而不動氣，水道利則清濁分，而穀藏自止矣。

附方：治小便血淋作痛。車前子晒乾為末，每服二錢，車前葉煎湯下。

治難産不出。車前子為末，酒服方寸匕。《詩》云：采采芣苡。芣苡即車前也。能令婦人樂有子。陸(機)〔璣〕注云：治婦人産難故也。

明·顧逢柏《分部本草妙用》卷七兼經部·寒瀉　車前子　甘，寒，無毒。常山為使。入湯炒用，為末酒炒。主治：利水道，除濕痺，養肺養肝，一切目疾，及心胸煩熱。治暑濕瀉痢尤神。車前子能利小便，而不走真氣，與茯苓同功。佐補藥以合服食，何病之不利也。為末，治痢常見奇功。不敺敺陽公之見効也，分陰陽者先之。

明·李中梓《醫宗必讀·本草徵要上》　車前子味甘，寒，無毒。入肺、肝、小腸三經。酒拌蒸曝。利水止瀉，解熱催生，益精明目，開竅通淋。用其根葉，行血多靈。利水之品，乃云益精。何也？男女陰中各有二竅，一竅通精，乃命門真陽之火；一竅通水，乃膀胱濕熱之水。二竅不並開，水竅開則濕熱外洩。相火常寧，精竅常閉，久久精足，精足則目明。《明醫雜録》云：服固精藥久，服此行房即有子。按：陽氣下陷，腎氣虚脱，勿入車前。

明·鄭二陽《仁壽堂藥鏡》卷一〇下　車前子　陶隱居云：車前：人家及路邊甚多。一名芣苢。《詩》云采采芣苢是也。　氣寒，味甘、鹹，無毒。《象》云：主氣癃閉，利水道，通小便，除濕痹，肝中風熱衝目赤痛。《本草》云：主氣癃，止痛，利水道，通小便，除濕痹。男子傷中，女子淋瀝，不欲食。養肺，強陰益精，令人有子。明目，治目熱赤痛，輕身耐老。蕭炳云：車前養肝，今出開州者為佳。東垣云：能利小便而不走氣。與茯苓同功。

明·蔣儀《藥鏡》卷四寒部　車前子　清肝風熱而眼痛難禁，決水淋癃而元氣不走。蓋濕去則脾以健食之力，下達而淋瀝自停，水利則胃無濕熱之氣上薰，而肺得所養矣。至若陰莖腫痛，并及催生最佳。大概不宜過多，畏其腎洩目損。

明·李中梓《頤生微論》卷三　車前子　味甘、淡，性寒，無毒。入肺、肝、小腸三經。酒拌蒸曝。主利水止瀉，解熱催生，益精明目，開竅通淋。其根葉長于行血逐水。新補。

按：利水之品，乃云益精何也？男女陰中，各有二竅，一竅通精，乃命門真陽之火；一竅通水，乃膀胱濕熱之水。二竅不並開，水竅開則濕熱外洩，相火常寧，精竅常閉，久久精足。《明醫雜録》云：服固精藥久，服此行房即有子。若陽氣下陷、腎氣虚弱者勿用。

明·張景岳《景岳全書》卷四八《本草正》　車前子即芣苡。　味甘、微鹹，氣寒。入膀胱、肝經。通尿管熱淋澁痛，敺風熱目赤翳膜。利水能除濕痹，性滑極善催生。兼治濕熱瀉痢，亦去心胸煩熱。

根葉：生搗汁飲，治一切尿血衄血熱痢，尤逐氣癃利水。

明·賈九如《藥品化義》卷五脾藥　車前子　屬陽中有陰，體輕細，煎汁稠濁而滑，色黑帶紫，氣和，味淡云甘鹹皆非，性平云寒非，能降，力滲熱，性氣薄而味濃，入脾、肝、膀胱三經。車前子子主下降，味淡入脾，滲熱下行。又因汁濁，濁陰走下竅，汁濁而滑，滑能養竅，故入膀胱，能行水而不動真氣，主治痰瀉熱瀉，胸膈煩熱，周身濕痹，蓋水道利則清濁分，脾斯健矣。取其味淡濁滑，滑可去暑，淡能滲熱，用入肝經，又治暴赤眼痛，淚出腦疼，翳膜障目，及尿管澀痛，遺精溺血，癃閉淋瀝，下疳便毒，男子陽挺腫脹，或出膿水，女人陰癃作痛，或發腫癢。凡此俱屬肝熱，導熱下行則濁自清矣。　略炒去殼。用治橫生逆産，炒熱為末，調服二錢，不順再服，必效。

明・盧之頤《本草乘雅半偈》帙二　車前子《本經》上品　氣味：甘，寒，無毒。　主治：主氣癃，利水道小便，除濕痹。久服輕身不老。

覈曰：出真定平澤，丘陵阪道中。今江湖、淮甸、近汴北地，處處有之。《詩疏》云：車前好生道旁，及牛馬足跡中。好生道旁及牛馬足跡中，命名之義昭然矣。《韓詩外傳》云：直曰車前，瞿曰芣苡，瞿乃生于兩旁者。春初生苗，綠葉布地如匙面，累年者長尺許，中抽數莖，作穗如鼠尾。花甚細密，色青微赤。實如葶藶，色正黑。五六月采苗，七八月采實。圃人或種之，蜀中尤尚也。修治：淘洗去泥沙，晒乾用。入湯液，宜炒過；入丸散，宜酒浸一宿，蒸熟，搗爛作餅，晒乾焙研。常山為之使。

先人題藥云：車前好生道旁，及牛馬足跡中，古人以敝車作薪，謂之勞薪。道路之土，得不謂之勞土乎。以勞所生之物，喜通行而好動作者，故治濕土之化，致傷水大之用。為氣癃為水道停止者，莫不精良。一云：雷之精，服之神化。雷，震木也。前陰亦屬肝木，疏泄二便，須氣化以出，形化反不易之乎。且車行而前，孰不開讓，疏泄之義顯然。無子者，子路不疏泄也，其間必有隱曲，車前開道，病去而路通矣。婦人樂有子，薄言采之，良有以也。

參曰：引重致遠曰車，不行而進曰前。春生苗葉，翠碧可觀，行肝之用，肝之氣分藥也。癃則肝氣疲罷，致水道小便，先于轉輸，遂成濕痹矣。車前當道，則前陰疏泄，更主淚出之從流而上，與淋瀝之從流而下者，各返于所當止也。利而不洩，故益精用，壯氣化，但氣味甘寒，須以辛佐，不可獨往耳。肝主疏泄二便，故云癃則肝氣疲罷，能使逆流而上者，順流而下，順流而下者，遡流而上，不但作車，又堪作楫。

明・李中梓《本草通玄》卷上　車前子　甘，寒，入腎、膀胱二經。　利小便，除濕痺，益精氣，療目赤，催難產。車前子利小便而不走氣，與茯苓同功。　以紗囊揉去泥土，炒熟。

清・顧元交《本草彙箋》卷三　車前子　車前子耑利水道而不走氣，與茯苓同功。凡淋瀝癃閉，莖腫或痛濕腫，泄瀉，赤白帶濁血閉，產難，微炒研，服皆效。然古稱車前利水，又能益精者，男女陰中俱有二竅，一竅通精，一竅通水，命門真陽之火，係先天元氣，道家謂之君火是也。後天之精氣，亦與之合而係焉。膀胱者，濕熱濁陰之水，滲出下竅爲小便，道家謂之民火。二竅不並開，故水竅常開，則小便利而濕熱外洩，不致鼓動真陽之火，則精竅常閉而無漏洩之患，故令精足也。精足，故又有明目之功。其治暴赤眼痛者，又取其導熱下行，而肝自清也。僊經以此藥爲雷之精，雷主震木，故并入肝。此即芣苡，多生道傍，故名車輪菜。古方駐景丸治肝腎俱虛，眼昏黑花，或生障翳，迎風有淚，久服補肝腎，增目力。車前子、熟地黃酒蒸，焙，三兩，菟絲子酒浸五兩，爲末，煉蜜丸梧子大，每溫酒下三十丸，日二服。

清・穆石匏《本草洞詮》卷九　車前　此草好生道邊及牛馬跡中，故有當道、車前、馬舄諸名。《神僊服食經》云：車前一名地衣，雷之精也，服之形化。韓詩言采芣苡食，其實宜子孫。陶貞白謂仙經亦服餌之，令身輕能跳越岸谷，長生也。味甘鹹，氣寒，無毒。治氣癃，止痛，利水道，除濕痺。雖利小便而不走氣，與茯苓同功。張籍詩云：開州午月車前子，作藥人皆道有神。慚愧文君憐病眼，三千里外寄閒人。此可見其明目之功矣。歐陽公得暴下病，國醫不能治，夫人買市人藥一帖，進之愈。其方用車前子一味，為末，米飲服二錢匕，此藥利水而不動氣，水道利則清濁分，而穀藏自止矣。駐景丸用車前、菟絲二物，蜜丸，古今以為奇方，大抵入服食須佐他藥，如六味丸之用澤瀉可也。若單用，則泄太過，恐非久服之物。陶氏謂車前葉搗汁服，療泄精。此藥甘滑，泄精氣。寇氏謂有人作菜頻食，小便不禁，幾為所誤也。

清・劉雲密《本草述》卷九下　車前　此草好生道邊，故有是名。《別録》云：五月五日采，陰乾。時珍言五月子已老，信然。唐張籍詩云：開州午月車前子，作藥人皆道有神。慚愧文君憐病眼，三千里外寄閑人。觀此，則五月采者不謬。

子：氣味：甘，寒，無毒。《別録》曰：鹹。權曰：甘，平。

主治：氣癃，止痛，利水道小便，除濕痺《本經》。養肝蕭炳。強陰益精，明目《別録》。去風毒，肝中風熱毒風衝眼，赤痛障瞖，腦痛淚出甄權。止暑溼瀉痢時珍。

好古曰：車前子能利小便，而不走精氣，與茯苓同功。之頤曰：行肝之用，肝之氣分藥也。利而不洩，故益精用壯氣化。嘉謨曰：通尿管，淋瀝澀痛，不走精氣。嵩曰：以甘草梢佐之，除莖中濁痛。配菟絲、枸杞子之類，能滋腎益陰，壯陽，非止利水而已。《明醫雜錄》云：人服固精藥久，服此一泄，即有子。　文清曰：止暴泄者，利水道，分清濁也。　希雍曰：車前子稟土之沖氣，兼天之冬氣以生，故味甘寒而無毒。《別録》兼鹹，故走水道。《本經》言主氣癃，止痛，通腎氣也。又謂利小便，除溼痺，小便利則溼去，而痺除矣。然利水之品，《別録》乃云強陰益精，何也？男子陰中俱有二竅，一竅通精，一竅通水。命門真陽之火，即係先天之元氣，道家謂之君火，後天之精氣亦與之合而繫焉。膀胱者，溼熱濁陰之水，滲出下竅，為小便，道家謂之民火是也。二竅不並開，故水竅常開，則小便利而濕熱外洩，不致鼓動真陽之火，則精竅常閉而無漏洩，久久則真火寧謐，而精用益固，精固則陰強，腎氣固即是水臟足，故《別録》又云明目，及甄權謂其療目風衝赤痛等證，皆即強陰益精之驗，肝、腎、膀胱三經之要藥也。

同木通、沉香、橘皮、升麻，治氣癃。　同二朮、宣木瓜、石斛、川萆薢、茯苓、五加皮，治溼痺。　君白芍藥、白茯苓、白藊豆、炙甘草，治水泄。　同生地黃、牛膝、天門冬、麥門冬、黄檗、五味子、甘枸杞子、人參、白膠，治尿血及婦人血淋。　入十子衍宗丸為生精種子要藥。　入金匱腎氣丸則固精益陰。　獨用炒為末，專治溼勝水瀉。　同五味子、覆盆子、蓮子、蓮鬚、山茱萸肉、沒食子、沙苑蒺藜、人參、麥門冬、牛膝、白膠、魚膠，能強陰固精，種子。　同生地黃、甘菊花、決明子、玄參、蜜蒙花、連翹、黃連、柴胡、生甘草，治暴赤目痛。

愚按：車前為利水之劑，將以澤瀉輩例視。蓋其味始微鹹，而後有甘，與澤瀉同，其甘較於澤瀉猶有遜焉。乃謂其利水而不走氣，不似澤瀉之有損。更於目疾有專功者，何哉？世醫於諸味曰：利水者，類滾同混用，不能細審其病本於何臟，何腑，何經，且不審所用之味，適投其所宜否，可慨也！曰：小便，氣道也，肝主之。肝固司前陰之氣化者也。如車前利水，固與澤瀉輩皆歸水腑以為用，但其獨稟肝木之氣化，而達於水腑者，較與他味異。何以明之？即春初生苗，又所結實至五月已老，老者色黑，是豈非稟木氣之全，而能致木之用於所司之水腑乎？稟木氣之全者，謂五月已老，不受金氣也。致木用於水腑者，謂其色黑，氣暢於火而還歸於水也。木之用者，火也。氣者，火之靈。是固所謂能達肝木之氣化者也。《本經》首主氣癃，而《內經》有云肝所生病，遺溺閉癃，是之頤所謂肝之氣分藥者是也。雖然，是能達肝之氣化，其益還歸於肝歟。曰：然。《經》云：三陽一陰，大陽脈勝，一陰不能止，內亂五藏，發為驚駭。若然，寒水之能為風木病，則寒水之氣得化，而風木還受其益矣。此先哲所謂養肝也。然則所謂強陰益精者，固不謬歟。曰風木之所達者，真水之用也。真水之中有火，固陰中之陽也。陰中之陽不舒，則凡水不能效疏瀆之常，而真水乃病矣。如此味能致其木之用，是能由陰達陽，而真水之氣化不鬱，謂之強陰，豈曰不然？陰強則精益矣，是能養肝者，又即其益腎陰者也。故養肝木，能使水之氣清，而強陰益精，益陰水，又能使木之氣清，而明目祛風熱。如水氣不清而濁，陰亂於下，更木氣不清，而風眚變於上，因思功歸此味，豈非利而不洩，行而有補哉？即其除溼治瀉者，皆木之清氣達，土之濁氣去，固亦不徒以滲泄與他味同論也，謂之不走真氣者，此耳。利而不瀉，行而有補者，全在達木之用，以清水化，其不與滲利諸味同者，正妙於不在水化上，爭通塞耳，故曰不走真氣。且識此義，然後知其能強陰益精也。然則，車前非寒利者歟。曰：然。《千金方》有療陰冷悶疼，漸入囊內腫滿殺人，車前子末，飲服方寸匕，日二服，則其非寒利可知。抑又何以去熱毒？蓋本地氣之陰，而全於出地之木，木氣暢於火，而還歸於水，正所謂肝氣得達風化而熱自清耳，又安得以溫補視之？試觀目疾，用之去風熱，同於諸味可療虛暗。同於諸味亦可，則其性味不可識乎？第猶有說焉。肝固血臟，水與血固一源也，何以又主氣道？蓋由心屬火，而小腸為腑火，陽也，小便之行，雖本於血，而原不離於陽以宣之，故肝為心之母以應之，主小便而所司在氣道者，此也。猶腎本生氣之元，但以肺屬金，而大腸為腑金，陰也。大便之行，雖本於氣，而原不離於陰以濡之，故腎為金之子以應之，主大便而所司在血道者，此也。總之，陰陽本不能相離，但各有所先，肝之上升者，陽也，而陰乃隨之，故母應乎子。肺之下降者，陰也，而陽乃隨之，故子應於母。詎不知其所先，而能盡陰陽之變化哉？

希雍曰：車前子性走下竅，雖有強陰益精之功，若遇內傷勞倦，陽氣下陷之病，皆不當用。腎氣虛脫者，忌與淡滲藥同用。

修治　凡用須以水淘洗，去泥沙，曬乾，入湯液炒過用。入丸散則以酒浸一夜，蒸熟研爛，作餅，曬乾焙研。

附方　小便血淋作痛，車前子曬乾，為末，每服二錢，車前葉煎湯下。

老人淋病，身熱甚，車前子五合，綿裹煮汁，入青粱米四合，煮粥食。

葉：甘，滑，最利小水，且泄精氣，非子類也。其療衄血、下血，當是以行為止。

清·郭章宜《本草匯》卷一一　車前子　甘、鹹，氣寒，陽中之陰，降也。入手太陰、太陽、足太陽、少陰、厥陰經。導肝熱之上衝，治眼目之赤痛。除濕氣之內鬱，利小便之淋癃。去心胸煩熱，理胎產難生。《本經》治氣癃者，正謂其通腎氣也。治女子淋瀝，不欲食者，是脾腎交病也。濕去則脾健而思食，氣通則淋瀝自止，水利則無胃家濕熱之氣上熏，而肺得所養矣。

按：車前子有滋陰除濕之功，通中有補，所謂利小便而不走氣也。若配菟絲、枸杞之類，則滋腎補陰壯陽，又非止利水而已。以是觀之，《本草》所謂益精者，蓋有以也。男女陰中各有二竅，一竅通精，乃命門真陽之火，即先天之元氣，道家謂之君火，後天之清氣亦與之合而繫焉；一竅通水，乃膀胱濕熱之水，滲出下竅，道家謂之民火是也。二竅不並開，水竅常開，則濕熱外洩，不致鼓動真陽之火，斯精竅常閉，而無洩漏，久久則真火寧謐，而精用益固矣。《別錄》謂其尤能明目者，何也？大凡逐水之劑，俱損于目，惟此最能解肝與小腸之熱，熱退而目愈，非謂泄水目愈也。腎氣虛脫者，忌與滲淡藥同用。若內傷勞倦，陽氣下陷之病，皆不可用。陶弘景言用葉搗汁服之，療泄精甚驗。宗奭力辨其誤。蓋此藥甘滑，利便泄精氣，有人作菜服之，小便不禁，幾為所悞。

淘淨晒乾，入湯液，炒過用，入丸散，酒浸一夜，蒸熟，研爛作餅，晒乾，焙研。常山為之使。

清·蔣居祉《本草擇要綱目·寒性藥品》　車前子　氣味：甘，寒，無毒。

主治：氣癃，止痛，利水道，治肝中風熱衝目赤痛障翳，腦痛淚出。其葉通五淋，治尿血。古駐景丸用車前，以佐菟絲子良。以車前子能利小便，而不走精氣，與茯苓同功也。

清·王翃《握靈本草》卷四　車前子南北地皆有之。入湯液淘洗，晒乾用。入丸散，以酒浸一夜，蒸晒，焙研粉用。

主治：車前子，甘，寒，無毒。主氣癃，止痛，利小便，除濕痺，養肺強陰益精，令人有子，養肝明目，婦人難產。發明：【略】若內傷勞倦，陽氣下陷，及腎氣虛脫者，忌與淡滲藥同用。選方：【略】五子衍宗丸，用車前子為生精種子要藥。【略】單服療諸淋及孕婦熱淋，又能滑胎易產。獨用車前炒，為末，米飲下二錢，治暴瀉神效。

清·汪昂《本草備要》卷二　車前草通，行水，瀉熱，凉血。　甘，寒。凉血去熱，止吐衄，消瘕瘀，明目通淋。凡利水之劑，多損于目，惟此能解肝與小腸之熱，濕熱退而目清矣。雷斆曰：使葉，勿使莖、蕊。　子：甘，寒。清肺肝風熱，滲膀胱濕熱，利小便而不走氣，與茯苓同功。强陰益精，令人有子。腎有二竅，車前子能利水竅而固精竅。精盛則有子，五子衍宗丸用之，枸杞、菟絲各八兩，五味、覆盆各四兩，車前二兩，蜜丸。慣遺泄者，車前易蓮子。時珍曰：入服食，須佐他藥，如六味丸之用澤瀉可也。若單用則過瀉。治濕痹五淋，暑濕瀉痢，歐陽文忠患暴下，國醫不能愈。夫人云：市有藥，三文一貼，甚效。公不肯服，夫人雜他藥進之，一服而愈。問其方，乃車前子爲末，米飲下二錢匕，云此藥利水而不動氣，水道利則清濁分，穀藏自止矣。目赤障翳，能除肝熱。催生下胎。　酒蒸搗餅，焙研。酒蒸搗餅，入滋補藥；炒研，入利水泄瀉藥。

清·吳楚《寶命真詮》卷三　車前子　【略】利水止瀉，解熱催生，益精明目，開竅通淋。○根葉行血。利小便而不走氣，與茯苓同功。○利水之品，乃云益精，何也？蓋男女陰中各有二竅，一竅通精，乃命門真陽之火；一竅通水，乃膀胱濕熱之水。二竅不並開，水竅開則濕熱外洩，相火常寧，精竅自閉，久久精足，精足則目明。○服固精藥久，服此行房即有子。○氣虛下陷，腎氣虛脫者勿用。

清·陳士鐸《本草新編》卷二　車前子　味甘、鹹，氣微寒，無毒。入膀胱、脾、腎三經。功專利水，通尿管最神，止淋瀝泄瀉，能閉精竅，祛風熱，善消赤目，催生有功。但性滑，利水可以多用，以其不走氣也。瀉火宜于少用，以其過于滑利也。近人稱其力能種子，則悞極矣。夫五子衍宗丸用車前子者，因枸杞、覆盆過于動陽，菟絲、五味子過於澁精，故用車前以小利之。用通于閉之中，用瀉于補之內，始能利水而不耗氣。水竅開，而精竅閉，自然精神健旺，入房始可生子，非車前之自能種子也。大約用之補藥之中，則同群共濟，多有奇功。未可信是種子之藥，過于多用也。

或問：車前利水之物，古人偏用之，以治夢遺而多效者，何也？曰：此即余上文所言，尿竅開而精竅閉也，然而車前之能閉精，又不止此。車前最瀉膀胱之火，火邪作祟，煽動精門，則生淫邪之夢。用車前以利膀胱，則火隨水散，精門無炎蒸之煽動，則腎中之精氣自安，神不外走，自無淫邪之夢，又何至陰精之外泄乎，此種秘理，前人未談，予實得之扁鵲公之傳也。

或問：《詩經》載芣苢為催生之藥。芣苢，即車前子草也，果可備之為催生乎？曰：車前子性滑，自易于生產，然而不可單藉車前子也。凡產婦之易于生產者，必以氣血旺健為主，氣足則兒之身易于轉頭，血旺則兒之身易于出戶。使氣怯則兒無力，難于速轉，血涸則胞無漿，難于順送。使不補其氣血，而惟圖車前之滑胞，吾恐過利其水，胎胞乾燥，轉難生產。必須于補氣、補血之中，而佐車前子之滑利，庶幾催生有驗乎。

或問：繆仲醇註車前子，說男女陰中有二竅，一通精，一通水。命門真陽之火，道家謂之君火。膀胱濕熱，濁陰之水，滲出竅外為小便，道家謂之民火，民火二字甚新，何以《內經・靈樞》未言也？嗟乎！此臆說也。夫人身之火止二，一君火，一相火也，安有民火哉。此好異而過者也。其言二竅不並開，水竅開，而精竅閉，車前利水而能閉精，實闡微之論。

或問：車前子孕婦宜戒，嫌其過滑以墮胎也。曰：車前子利水而不耗氣，氣既不耗，又何能墮胎。惟是過于利水，日用車前，未免氣不耗，而胎漿太乾，恐有難于生產之虞。然古之婦人采芣苢以滑胎者，乃取之備臨產之用，非恃之易產，而日日常飲也。然則孕婦因小水不利，偶一用之，何損于胎乎。竟戒絕口不服，豈知車前哉。

清・顧靖遠《顧氏醫鏡》卷七　車前子甘，寒。入肝腎膀胱三經。酒拌，蒸晒。利水止瀉，利小便而不走氣，與茯苓同功。水道利，則清濁分，而瀉自止。開竅通淋。淋者，欲尿而不能出，脹急痛甚，不欲尿而點滴淋漓也。能強陰益精，男女陰中各有二竅，一竅通精，乃命門真陽之火，一竅通水，乃膀胱濕熱之水，二竅不並開，水竅開則濕熱外洩，相火得寧，精竅常閉，而無漏洩，久久精足，精足則陰強，故補腎固精，種子藥中每加之，以利小便者，是此義耳，非其性之真能強陰益精也。療目疾赤痛。其性能去肝中風熱，且又善走下竅，所謂上病療下也。陽氣下陷，腎氣氣虛脫者，勿用。

清・李熙和《醫經允中》卷二〇　車前　一名蝦蟇衣，又名鯽魚草。入手足太陽經。甘，寒，無毒。主治利水道，及心胸煩熱，通尿管淋瀝澀痛，治暑濕瀉痢尤神。車前益精強陰，能利小便而不走真氣，與茯苓同功，分陰陽者先之。

清・馮兆張《馮氏錦囊秘錄・雜症痘疹藥性主治合參》卷一　車前子稟土之沖氣，兼天之冬氣以生，故味甘鹹寒而無毒，肝、腎、膀胱三經之要藥也。

車前子，清肺肝風熱，滲膀胱濕熱，通尿管淋瀝澁痛，不走精氣為奇。毆風熱腫目赤疼，旋去翳膜誠妙。導濕除熱煩，清暑止瀉痢，濕痹堪卻。生產能催，益精強陰，令人有子。利水而復能益精明目者，蓋利膀胱水竅，而不及命門精竅，故濁陰去而真陰愈固，熱去而目明也。然久服亦難免滲瀉，故金匱丸用之。且《名醫雜錄》云：服固精藥日久，須服此行房，即有子。其意可知矣。若陽氣下陷，腎氣虛脫者，勿用。根葉味甘寒，主金瘡涼血除熱，治鼻衄尿血熱痢下血。通淋明目，搗汁飲之，兼除小蟲。

主治痘疹合參：善治熱淋，凡痘中小便不通最宜。其功專利水道而不走清氣，又能明目養肺益精。

清・张璐《本經逢原》卷二　車前子　甘、鹹，寒，無毒。酒浸焙用。

《本經》主氣癃止痛，利水道，除濕痹，久服輕身耐老。發明：車前子入足太陽、少陰，能利小便而不走氣，與茯苓同功。《本經》治氣癃止痛，通腎氣也。小便利則濕去，濕去則痹除。《別錄》治女子淋瀝等病，專取清熱利竅之功也。男女陰中有二竅，一竅通精，一竅通水，二竅不兼開。水竅得氣化乃出。精竅得火動乃泄。車前專通氣化，行水道，疏利膀胱濕熱，不致擾動真火，而精氣寧謐矣。故凡瀉利暴下病，小便不利而痛者，用車前子為末，米飲服二錢，利水道，分清濁，而穀藏止矣。又治目疾，水輪不清，取其降火而不傷腎也。時珍用以導小腸熱，止暑濕瀉，取甘平潤下之用耳。陽氣下陷，腎氣虛脫人勿服。其葉搗汁溫服，療火盛泄精甚驗。若虛滑精氣不固者禁用。

清・浦士貞《夕庵讀本草快編》卷二　車前子《本經》、芣苢、馬舄　陸璣《詩疏》云：此草好生道傍及馬牛足跡中，故名。車前甘寒，善利小便而止瀉痢，養肺氣而疎肝邪，益精明目，種子輕身，故服餌重之，謂為雷之精也。然利水之品而曰益精者，蓋男女陰中各有二竅，一通命門真陽之精，一通膀胱濕熱之水，況二竅不並開。若服車前以利水竅，則濕熱外洩，相火自寧，精竅閉固，精足則有子。《詩》云采采芣苢，言令婦人樂有子也。又言明目，何歟？張籍詩曰：開州午月車前子，作藥人皆道有神。慚愧文君憐病眼，三千里外寄閒人。是也。

清・張志聰、高世栻《本草崇原》卷上　車前子　氣味甘，寒，無毒。主治氣癃，止痛，利水道小便，除濕痹。久服輕身耐老。車前草，《本經》名當道，《詩》名芣苡。好生道旁及牛馬足跡中，故有車前、當道，及牛遺、馬舄之名。江湖、淮甸處處有之，春生苗葉，布地中，抽數莖作穗如鼠尾，花極細密，青色微赤，結實如葶藶子，赤黑色。乾坤皆有動靜，夫坤，其靜也翕，其動也辟。車前好生道旁，雖牛馬踐踏不死，蓋得土氣之用，動而不靜者也。氣癃，膀胱之氣癃閉也。氣癃則痛，痛則水道之小便不利。車前得土氣之用，土氣行則水道亦行，而膀胱之氣不癃矣。不癃則痛止，痛止則水道之小便亦利矣。土氣運行，則濕邪自散，故除濕痹。久服土氣升而水氣布，故輕身耐老。《神仙服食經》云：車前，雷之精也，夫震為雷，為長男。《詩》言采采芣苡，亦欲妊娠而生男也。

清・何諫《生草藥性備要》卷上　錢貫草　味甜，性寒。治白濁。煲粥食，利小便，消熱毒。治牛馬病。其子是車前。

清・劉漢基《藥性通考》卷五　車前草　味甘，氣寒。涼血去熱，止吐衄瘕瘀，明目通淋。凡利水之劑，多損於目，惟此能解肝與小腸之熱，濕熱退而目清矣。子甘寒清脉，肝風熱滲，膀胱濕熱，利小便而不走氣，與茯苓同功。強陰益精，令人有子。治濕痺，五淋，暑濕瀉痢，目赤障翳，催生下胎。酒蒸搗餅，焙研用。

清・姚球《本草經解要》卷二　車前子　氣寒，味甘，無毒。主氣癃，止痛，利水道，通小便，除濕痹。久服輕身耐老。　車前氣寒，稟天冬寒之水氣，入足太陽寒水膀胱經。味甘無毒，得地中正之土味，入足太陰濕土脾經。氣降味和，陰也。膀胱者，州都之官，津液藏焉，氣化則能出矣。出氣不化，閉塞下竅，而為癃閉。其主之者，寒能化熱，甘能化氣也。小便者，心火之去路也。火結於膀胱，則小便痛矣。其止痛者，氣寒能清火也。飲入於胃，遊溢精氣，上輸於脾，脾氣散精，上歸於肺，肺乃下輸膀胱。車前味甘，甘能益脾，脾氣散精，則肺氣通行，故水道通，小便利也。益脾利水，則濕下逐，故又除濕痹也。久服輕身耐老者，指有病者而言也。人身有濕，則身重，濕逐則身輕，濕逐脾健，脾主血，血充，故耐老也。不然，滑泄之品，豈堪久服者哉？

製方：車前同木通、沉香、陳皮、升麻，治氣癃。同二朮、木瓜、石斛、萆薢，白茯、五加皮，治濕痹。同白芍、白茯、穭豆、甘草，治水洩。同生地、牛膝、天冬、麥冬、黃柏、五味、杞子、人參、白膠，治尿血及女子血淋。專末服，治暴洩。

清・楊友敬《本草經解要附餘・考證》　車前　方云末服治暴洩。昔歐陽公得暴下，國醫不能治，夫人買市人藥一帖，進之愈，乃車前子為末，米飲服二錢匕。蓋車前子利水道，而不動氣，水道利，則清濁分，而穀藏自止矣。理甚精。

清・周垣綜《頤生秘旨》卷八　車前子　通利之藥也。養肝明目，泄精尿血，滋陰除濕之功居多。配菟絲子、枸杞之屬，能滋腎益陰壯陽，非止利水而已。

清・王子接《得宜本草・上品藥》　車前子　味鹹。入足少陰經。得牛膝疏肝之性，導引利水；得菟絲子升清降濁，能補虛明目。

清・修竹吾廬主人《得宜本草分類・下部補養並瘍科感症門》　車前子　氣味甘，寒。治氣癃，止痛，利水道小便，除濕痺，久服輕身耐老。男子傷中，女人淋瀝。養肺強陰，令人有子。明目，療赤痛，去風毒，肝中風熱，毒風冲眼赤痛，障翳，腦痛淚出，養肝，治難產，導小腸熱，止暑濕瀉痢。小便血淋，車前子晒乾，為末，每服二錢，車前葉煎湯下。石淋，車前子一升，以絹袋盛，水煎服之，須臾石下。老人淋病，車前子綿裹，煎如煮粥食。常服明目。滑胎易產，車前子為末，酒服，不飲酒者水煎服。橫產不出。車前子為末，酒調服一錢。

清・徐大椿《神農本草經百種錄》上品　車前子　味甘，寒。主氣癃，止痛，利水道小便，專利下焦氣分。除濕痹。濕必由膀胱出，下焦利則濕氣除。久服，輕身耐老。氣順濕除，則肢體康強也。　凡多子之藥皆屬腎，故古方用入補腎藥中。蓋腎者，人之子宮也。車前多子，亦腎經之藥。然以其質滑而氣薄，不能全補，則為腎府膀胱之藥。膀胱乃腎氣輸洩之道路也。

清・吳儀洛《本草從新》卷一　車前子〔通，利水，清肺肝。〕甘，寒。清肺肝風熱，滲膀胱濕熱，開水竅以固精竅，令人有子。男女陰中各有二竅，一竅通精，一竅通水，二竅不并開。水竅開則濕熱外泄，相火常寧；精竅常閉，久久精足。《名醫別錄》云：服固精藥久，服此行房即有子。五子衍宗丸用之。治濕痺五淋，暑濕瀉痢，目赤障翳。催生下胎。陽氣下陷，腎氣虛脫勿服。入滋補藥酒蒸搗餅，入利水泄瀉藥炒研。附：車前草〔通，行水，瀉熱涼血。〕甘，寒。涼血去熱，通淋明目。凡利水之劑多損目，唯此能解肝與小腸之濕熱，熱去而目清矣。使葉，勿使莖、蕊。

清・汪紱《醫林纂要探源》卷二　車前子　甘，微鹹，寒。一名芣苢，一名牛舄，俗名蝦蟆衣。子成穗如舄尾。夏月收。補心，除妄熱。瀉腎，滲邪水。功用似澤瀉，但彼生水中，專去腎之邪水。此生陸地，則兼去脾之積濕。彼用根，專下部。此用子，兼潤心腎。又甘則能補，故古人謂其強陰益精。然要之行水去妄熱，是其所長，能治濕痺，五淋，及暑熱瀉痢，通利小便。若補腎令人有子，則虛語也。《詩序・芣苢篇》婦人樂有子之文，殆相附會耳。以子治產難，催生下胎，則信有之，亦鹹能輭堅，滑能利關節之功耳。　葉：甘，鹹，寒，滑。補心，寧血熱。瀉腎，靖肝火。止吐衄，消瘕癥，去瘀通淋，且明目，解酒毒。

清・嚴潔等《得配本草》卷三　車前子根、葉　常山為之使。　甘、微鹹，寒。入足太陽經氣分。利水道，除濕熱，去胸痹，療翳障。清肺肝之風熱，通尿管之澀痛。　配牛膝，疏肝利水。配菟絲，補虛明目。　入補藥，酒蒸搗研。入瀉藥，炒研。　陽氣下陷者禁用。　怪症：欲大便不見糞而清水傾流，欲小便不見尿而稀糞前出，此名易腸。乃暑熱氣横於闌門也。車前子三兩，煎服，一口頓飲二三碗，二便自正。如因怒以致此疾者，逍遙散加升麻治之。　真陽動則精竅開，陰氣常致下泄。然命門之火動於心意之邪，亦由濕熱為患也。小便利則濕熱外泄，不致內動真火，俾精竅常閉，而漏泄之害自除，車前所以治遺泄也。若無濕熱而腎氣不固，或肺氣不能下攝，或心虛不能下交，或肝膽受驚，相火內炎，以致精泄者，妄用車前利水竅，反使陰氣泄於下，陰火動於中，癆損所由成也。用澤瀉、木通、燈草利水等藥，切宜斟酌，慎勿妄投，以致後悔。　根、葉　可伏硫黃、五礬、粉霜。　甘，寒。入手太陽、陽明經氣分。治尿血血痢，明目通淋，消瘕除瘀。

題清・徐大椿《藥性切用》卷三　車前子　性味甘寒，入膀胱而兼入肺肝。為利水清熱之藥，開水竅以安精竅，令人生子強壯。炒研用。腎虛氣陷及精竅滑泄者，均忌。車前葉，性味相近，清熱功勝，兼能涼血明目。莖葉勿可並使。

清・黃宮繡《本草求真》卷五　車前子清肝肺風熱，以導膀胱水邪。　車前子耑入肝肺。甘鹹性寒，據書皆載能治膀胱濕熱，以通水道，然余謂膀胱之清，由於肝肺之肅。凡人瀉利暴作，小水不通，並濕痹五淋，暑熱瀉痢，難產目赤，雖有膀胱水涸不能化陽，然亦有由肝肺感受風熱，以致水不克生，故須用此以清肝肺，兼鹹下降以清水道。《聖惠方》風熱目暗，用車前子、宣州黃連各一錢為末，食後溫服效。又景駐丸治肝腎俱虛，眼目昏花，或生障翳，迎風有淚，久服補肝腎，增目力：車前子、熟地黃酒蒸三兩，菟絲子酒浸五兩，蜜丸。時珍曰：服此治目，須佐他藥，如六味地黃丸之用澤瀉也。若單用，則走泄太過，恐非久服之物。又歐陽公常得暴下病，國醫不能治。夫人買市人藥一帖進之而愈，方叩其方，則車前子一味為末，飲服二錢匕云。此藥利水而不動氣，水道利則清濁分，各藏自止矣！是以五子衍宗丸，用此以為四子之佐。五子衍宗丸：枸杞、菟絲各八兩，五味、覆盆各四兩，車前二兩，蜜丸，遺洩者，車前易蓮子。《金匱》腎氣丸，用此以為諸藥之助，且此肝肺既清，風熱悉去，則肺不受熱而化源有自，肝不破風而疎泄如常，精與溺二竅，本不相兼，水得氣而通，精得火而泄，故水去而火益盛，精盛而氣益固，所謂服此令人有子。《明醫雜錄》云：服固精藥日久，須服此行房，即有子。及滲利而不走氣。馮兆張曰：利膀胱水竅而不及命門精竅，故濁陰去而(真)〔陰〕愈固，熱去而目自明也。與茯苓同功者，正謂此也。但氣虛下陷，腎氣虛脫，切勿服耳。酒蒸搗餅焙研用。

清・李文培《食物小錄》卷上　猪耳菜即車前草。　甘，寒，無毒。去熱，明目。不宜多食。

清・楊璿《傷寒溫疫條辨》卷六消劑類　車前子　味苦，氣寒。入膀胱與肝。祛風濕，目赤翳膜，通尿管，熱淋濇疼。炒末，米飲調服二錢，並治水瀉皆效。利水除濕痹，性滑善催生，涼血止吐衄，強陰能益精。

莖葉，治淋瀝癃閉，並尿血衄痢，生搗汁，頻服。更妙，不走腎氣。

子、葉性味無異。古方三奇丸：治目內障。車前子、麥冬、熟地等分為末，煉蜜丸服。

清・羅國綱《羅氏會約醫鏡》卷一六草部　車前子味甘寒，入肝小腸二經。酒拌蒸，曝用。　利小便，除淋瀝澁痛，滲膀胱濕熱也。散目赤障翳，能除肝熱。止暑濕瀉痢。濕去瀉止。強陰益精，有子，明目。腎有二竅，車前子能利膀胱濕熱之水竅，而不入命門真陽之精竅，精足則目明。人久服補腎固精藥，服此交合即有子。但性滑下行，誤用下胎。若陽氣下陷，腎氣虛脫者勿用。　根葉甘寒，涼血除熱，治鼻衄、尿血、熱痢、下血，通淋。搗汁飲之，兼除小蟲。

清・陳修園《神農本草經讀》卷二上品　車前子　氣味甘，寒，無毒。主氣癃，止痛，利水道，通小便，除濕痹。久服輕身耐老。

張隱庵曰：車前草，《本經》名當道，《毛詩》名芣苡。乾坤有動靜，夫坤其靜也翕，其動也辟。車前好生道旁，雖牛馬踐踏不死，蓋得土氣之用，動而不靜者也。氣癃，膀胱之氣閉也。閉則痛，痛則水道不利。車前得土氣之用，土氣行則水道亦行而不癃，不癃則不痛，而小便長矣。土氣行則濕邪散，濕邪散則濕痹自除矣。久服土氣升而水氣布，故能輕身耐老。

《神仙服食經》云：車前，雷之精也。震為雷，為長男。《詩》言采采芣苢，亦欲妊娠而生男也。

清・黃凱鈞《藥籠小品》 車前子　清肺肝風熱，滲膀胱濕熱，開水竅，固精竅。陽虛下陷勿服。入利水劑中炒研，入補藥酒蒸搗餅。

清・章穆《調疾飲食辯》卷一下 車前葉實汁　能清水道之熱，治淋閉，利小便，分清濁，止水泄。解肝熱，明目，治熱眼久痛，雲瞖等病。又治產難。出《詩經註疏》。凡有以上諸病，及素患難產人，均宜代茶多飲。有葉用葉，無葉用子。

清・章穆《調疾飲食辯》卷三 車前苗　《本經》曰：當道。《爾雅》曰：芣苢，馬舃，車前。《詩疏》曰：牛舌，嫩苗作蔬，大滑。《綱目》曰：《山居錄》有種車前作菜法。性能利小便，通五淋，治尿血，凡水道有熱人宜之。陶隱居曰：主泄精。《衍義》曰：車前作菜，食便覺小便不禁，陶說誤矣。不知陶蓋指水藏有熱者言，熱去泄精自止，非謂其能澀虛滑也。無苗用子，同茯苓研末服。又《詩》：采采芣苢。注云：能利產。故《梅師方》治孕婦熱淋，《子母秘錄》治橫產不下，皆用其子，則何不於臨月時多食其苗。又治熱眼久痛，或生雲瞖。肝腎補方中均須其子。唐張籍詩云：開州五月車前子，作藥人皆道有神。慚愧文君憐病眼，三千里外寄閒人。又治夏月水泄注下，清濁不分：車前子研末，米飲下。

清・王龍《本草纂要稿・草部》 車前子　氣味甘寒而鹹。通尿管淋瀝澁痛，精氣不走。消風熱目腫赤痛，翳膜旋驅。濕痺堪却，生產克催。益精強陰，令人有子。

清・吳鋼《類經證治本草・手太陽小腸腑藥類》 車前　【略】誠齋曰：蝦蟇草也。六月采子，酒蒸搗餅，焙研用。張籍詩云：開州午月車前子，作藥人皆道有神。慚愧文君憐病眼，三千里外寄閑人。可見治目病有功。開州者，大而良。但陰虛水虧而目不明者，勿用。【略】○根：【略】誠齋曰：治乾濕諸癬不愈，以川山甲刮破，搗根取汁，擦之二三次，自愈。

清・張德裕《本草正義》卷上 車前子　甘，涼。入膀胱、肝經。通尿管熱淋澁痛，風熱赤眼障翳。性滑，亦能催生，及濕熱瀉痢。根葉搗汁服，治一切尿血衄血，熱痢，尤治癃閉。

清・楊時泰《本草述鉤元》卷九 車前子　此草好生道邊，故名。五月子已老，宜端午日采，陰乾。味微鹹有甘，氣寒。肝、腎、膀胱三經要藥。主治氣癃止痛，通尿管淋瀝澁痛。利水道，除濕痹，養肝強陰益精，用壯氣化，明目去風毒，肝中風熱，毒風衝眼，赤痛障瞖，腦痛淚出，止暑濕暴瀉。利水道，分清濁。利小便而不走精氣，與茯苓同功好古。車前行肝之用，肝之氣分藥也子由。佐甘草梢，除莖中濁痛。配菟絲、枸杞之類，能滋腎益陰壯陽嵩。服固精藥久，服此一泄，即有子《雜録》。車前稟土之沖氣，而兼天之冬氣以生，故味甘鹹寒。其利水乃能強陰何也？男子陰中有二竅，一通精，一通水，二竅不並開。水竅常開，則小便利而濕熱外洩，不致鼓動真陽之火，精竅常閉而無漏洩，久則真火寧謐，而精用益固，精固則陰強矣仲淳。同木通、沉香、橘皮、升麻，治氣癃。同二术、木瓜、石斛、萆薢、茯苓、五加皮，治濕痹。君白芍、茯苓、扁豆、炙草，治水泄。獨用，炒為末，專治濕勝水泄。同生地、牛膝、天冬、麥冬、黃檗、五味、枸杞、人參、白膠，治尿血及婦人血淋。同五味、覆盆、蓮子、蓮鬚、山萸、沒食子、沙苑、人參、麥冬、牛膝、白膠、魚膠，能強陰固精種子。同生地、甘菊、決明子、元參、蜜蒙花、連翹、黃連、柴胡、生甘草，治暴赤目痛。陰冷悶疼，漸入囊內腫滿殺人，車前子末，飲服方寸匕，日二服。血淋作痛，車前子曬乾為末，每服二錢，車前葉煎湯下。老人淋病，身熱甚，車前子五合，綿裹煑汁，入青粱米四合，煮粥食。

論：車前味始微鹹，而後有甘，與澤瀉同，其甘較遜於澤瀉，乃謂其利水而不走真氣，不似澤瀉之有損，更於目疾有專功者，何哉？蓋小便氣道也，而肝固司前陰之氣化者也。車前獨稟肝木之氣化而達於水腑，觀其結實至五月已老，不受金氣。老則色黑，氣暢於火而歸於水。豈非稟木氣之全，而能致木之用於所司之水腑乎。木之用火也，氣者火之靈，是所謂能達肝木之氣化者也。氣化達故為肝經氣分藥。人身寒水，能為風木病。《經》云：三陽一陰，太陽脈勝，一陰不能止，內亂五臟，發為驚駭。如寒水之氣得化，則風木還受其益，故又謂之養肝。而至於強陰益精者，以風木所達乃真水之用也。水中有火屬陽，陰中之陽不舒，則凡水不能效疏瀆之常，而真水乃病。車前子由陰達陽，俾真水之氣化不鬱，謂之強陰，豈曰不然。陰強則精益矣。故肝用達而水之氣清，濁陰無亂於下，并木之氣亦清，風眚無變於上，則豈非利而不洩，行而有補者哉。要知不在水化上爭通塞，故能不走真氣而強陰益精。即其除濕去瀉，亦皆由木之清氣達，土之濁氣去，不徒以滲泄為功也。木氣達，火用伸，則此味非寒利可知。且肝得達其風化，而熱自清，又能去熱毒矣。是以目疾用祛風熱，同諸味可療虛暗。第猶有說焉。肝固血臟，水與血一源也，何以又主氣道？蓋由心屬火，而小腸為腑，火陽也。小便之行，雖本於血，而不離於陽以宣之，故肝為心母以應之，主小便而所司在氣道者此也。猶腎本生氣之元，但以肺屬金而大腸為腑，金陰也，大便之行，雖本於氣，而不離於陰以濡之，故腎為金子以應之，主大便而所司在血道者此也。總之，陰陽不能相離，但各有所先。肝之上升者陽也，而陰乃隨之，故母應乎子。肺之下降者陰也，而陽乃隨之，故子應於母耳。

車前性走下竅，凡內傷勞倦，陽氣下陷之病，不當用。腎氣虛脱者，忌與淡滲藥同用仲淳。

修治：以水淘去泥沙，曬乾。入湯液，炒過用。入丸散，酒浸一宿，蒸搗作餅，曬乾焙研。

車前葉：甘滑。最利小水。且泄精氣，非子類也。其療衄血下血，當是以行為止之劑。

清·鄒澍《本經續疏》卷一　車前子【略】或問車前子治氣，根葉治血，同一本也而二其德，且顯然有彼此之殊，其故安在？夫車前疏利水道之物也。氣水相阻而結濇，血水相隨而流蕩，得此則行者行，順者順，恰似治氣治血。若究其實，子何嘗治氣，根亦何嘗治血。善夫，徐洄溪之言曰：凡多子之物，皆應屬腎。腎者，人之子宮也。車前多子，自當隸腎，特質滑氣薄，則不能補而為輸洩。人身賴腎以輸洩者，非水道而何？且葉又先莖而生，莖又先葉而槁。然葉終不如莖之高，莖終不如葉之廣。一則透空而出，一則帖地而生，正似氣呼吸於中，血盤旋於外，氣易成易傷，血難長難竭也。又其物不生於耕撥空鬆之土，亦不生於築治堅實之土，獨於道旁人畜所踐而不常踐處則生，根雖不長，入土甚固，欲拔其莖，一撮即起，欲拔其根，必全引其葉，用力拔之，方得離土，苟一葉不在引中，則余葉皆脱，根仍在土，兀然不動。而根色白，葉深青，莖青白，子黑，不又似生於金土膠固之中，適被四月正陽火化，乃各分道揚鑣，歸於色青色黑之肝腎耶？是可知其功能所由，在虛處之土與火，其作用境界，在實處之肝與腎。而上則發始於胸膈，下則直竟於前陰矣。雖然《千金》《外臺》子多入於補劑，葉僅恃之疏洩，何也？夫其味甘，固近於補，氣寒則終歸於洩，兩者本無異，特水流氣順，則下益於精，血蕩水隨，係上釀有火，故子之治非特氣癃而痛，水道不利而溺濇因濕而痹者可除，即目赤痛而不明者亦可已。蓋水與氣相阻則火生，在水中，於是一身宜得水之益者，反遭火之累。氣順水流，斯火清，火清斯還受益而不受累，故充類之極功，曰養肺強陰益精也。根葉之治，非特血行之金瘡、衄鼻可除，即血停之瘀血，血瘕下血亦可已。蓋惟血之流蕩忘反，必緣火迫，火既迫血，血無以繼，則水隨之，於是水亦竭而小便為之赤。能去血中之火，正以其能去水中之火，故充類之極，曰止煩下氣也。反而觀之，則水道不利證任是溺濇氣癃，濕痹目赤，凡不痛者則非車前子可治。其金瘡血不止，衄鼻瘀血，血瘕下血，凡小便不赤，不煩，不氣逆者，皆不得用車前根葉矣。

清·葉桂《本草再新》卷二　車前子味甘、苦，性寒，無毒。入肝、肺二經。清肺火，化肝熱，追風利濕，通氣，利大小便。

車前葉：味甘，性寒，無毒。入肝、脾二經。涼血去熱，通淋明目。

清·吴其濬《植物名實圖考》卷一一　車前　《本經》上品。《爾雅》：芣苢，馬舄；馬舄，車前。釋《詩》者或以為去惡疾，或以為宜子，皆傳聞師説，未可非也。《逸周書》作桴苢；《韓詩》謂是木似李，可食。其説本此，古今草木同名異物、同物異名何可悉數？郭注《爾雅》多存舊説，是可師矣。《救荒本草》謂之車輪菜。

雩婁農曰：《爾雅》：芣苢，馬舄；馬舄，車前。車前非難識者，《韓詩》説：乃以為澤舄，何耶？蓋漢承秦絶學之後，書缺有間。學者力守師説，口耳相承。雖有他解，不敢輒易，謹之至也。王安石出己意為新學，不能通。輒即易一説以解之，而獨於新法，以為終不可廢。其視治國乃不如治經。車前之名，三尺童子知之。滇南謂之蝦蟆葉，即蝦蟆衣之轉音也。絶域方言，其名猶古。

清·趙其光《本草求原》卷三隰草部　車前草子　脾土為胃行其津液者也，肝司前陰之氣化者也。車前好生道旁，雖牛馬踐踏不死。寒而甘，得土氣之動用而不靜者也。且春苗而即生子，五月子即老黑，是稟肝木之氣化，而達於水府者也。《經》云肝所生病，遺溺閉癃，升達土木，以歸於膀胱水府。故主癃閉，止莖痛，利水道，除濕痹。土木氣升而水氣布，則輕身耐老；水氣布，則益精，令人有子；木火氣升達而不鬱，則陰能強，目能明，赤障消。所以利水之物，多傷陰損目，而此獨益陰陽目者，皆達木化以行土化，不與他味之寒利滲泄等也。故謂其不走真氣。《千金方》治陰冷悶疼，漸入囊內，腫滿殺人，以車前末飲服，其非寒利可知。

男女陰有二竅，水竅得氣化乃出，精竅得火動乃泄。車前達木火上行以通氣化，濕熱自行，不致鼓動真火，故精氣固。凡瀉利暴下，尿秘而痛，為末，米飲下。又治目疾、水輪不清，取其分清濁以降火而不傷腎也。但陽虛下陷、腎氣虛脱勿用。

其葉，主金瘡，涼血，止吐衄，消瘕瘀，下血通淋，治尿赤，止煩，明目，下氣，殺蟲。搗汁冷服，治火盛泄精甚效。但陽虛精滑者忌之。

清·葉志詵《神農本草經贊》卷一 車前子 味甘，寒，無毒。主氣癃止痛，利水道小便，除濕痹。久服輕身耐老。一名當道。生平澤。

當道輪旋，如匙薄有。穗結鼠拖，迹遺牛後。精化仙衣，春盈女手。作藥天中，宜男相友。

《救荒本草》：一名車輪菜。蘇頌曰：春初生苗，葉布地如匙面，中抽數莖，長穗如鼠尾。《詩》：薄言有之。《詩疏》：喜在牛迹中生。名醫曰：一名牛遺。《神仙服食經》：一名地衣。雷之精也。一名羽化。白居易詩：芣苢春來盈女手。張籍詩：開州午日車前子，作藥人皆道有神。《提要錄》：五月五日午時為天中節。名醫曰：強陰益精，令人有子。章楶詞：今朝鬬草得宜男。

清·文晟《新編六書》卷六《藥性摘錄》 車前子 鹹，寒。清肝肺風熱，以導膀胱水邪。○治瀉利暴作，水道不通，並濕(脾)〔痹〕五淋，暑熱瀉利，難產，目赤等症。滲利而不走氣，與茯苓同功。○但氣虛下陷，腎氣虛脱者，切忌。○酒蒸，搗餅，焙研用。

清·張仁錫《藥性蒙求·草部》 車前錢半、三錢 車前甘寒，溺濇眼赤。小便能通，大便能實。清肺肝風熱，滲膀胱濕熱，此(則)〔利〕小便之良藥，而不走氣，與茯苓同功。一云：其子利水，清肺肝。其葉行水瀉熱，催生下胎。○陽虛下陷，腎虛氣脱，勿服。入滋補藥，酒蒸搗餅。入利水藥，炒研。

清·屠道和《本草匯纂》卷二瀉濕 車前子 耑入肝、肺。甘，寒，無毒。清肺肝風熱，以導膀胱水邪，去風毒。肝中風熱，毒風衝眼，赤痛障翳，腦痛淚出。壓丹石毒，明目止痛，去心胸煩熱氣癃，養肺肝，強陰益精，令人有子。利水道，除濕痹。女子淋瀝，不欲食，婦人難產。導小腸熱，止暑濕瀉痢。陽氣下陷虛脱勿服。入滋補酒，蒸搗餅。入利瀉藥，炒研。

清·劉善述、劉士季《草木便方》卷一草部 芣苡 車前草甘寒涼血，明目通淋去熱邪。暑濕瀉痢除癃閉，子固精竅鼻衄捷。大小同性

客螞葉 蝦蟆草苦治脱肛，葉消腫毒療疔瘡。大便火結通利妙，清熱利燥一良方。

清·戴葆元《本草綱目易知錄》卷一 車前子 甘，寒。養肝肺，去風毒，導小腸熱，利小便而不走氣，與茯苓同功。強陰益精，令人有子。治男子傷中，女人淋瀝，止暑濕瀉痢，濕痹氣癃，肝中風熱，毒風衝眼，赤痛障翳，腦痛淚出，去心胸煩熱。主婦人難產，壓丹石毒。【略】

草及根 甘，寒。明目，止煩下氣，補五臟，利小便，通五淋，除小蟲。止鼻衄，尿血下血，金瘡。化瘀血，血瘕，泄洩陰癀。性滑利，多服則泄精氣，令小便不禁。

清·黃光霽《本草衍句》 車前子 甘寒冷利，利水通淋。養肝明目，益精強陰。令人有子。清肺肝之風熱，滲膀胱之濕淫。利水竅而固精，尿管濇痛。止瀉痢而清暑，目赤腫疼。去翳膜，腦痛泣出。收難產催生滑胎，除濕痺止痛氣癃。濕必由膀胱而出，下焦利則濕氣除。得牛膝疏肝之性，導引利水；得菟絲子升清降濁，能補虛明目。孕婦熱淋，車前子五兩，葵根切一升，煎服。滑胎易產，車前子為末，酒服，水亦可。陰下痒痛，車前子煮汁頻洗。

清·陳其瑞《本草撮要》卷一 車前 味鹹，入足少陰經，功專下行。得牛膝疏肝之性，導引利水。得菟絲子升清降濁，能補虛明目，催生下胎。酒蒸或炒研用。陽氣下陷者忌，腎虛氣脱尤宜避。五子衍宗丸，枸杞、菟絲各八兩，五味、覆盆各四兩，車前二兩，蜜丸。慣遺泄者，易車前用蓮子。

清·李桂庭《藥性詩解》 賦得車前子止瀉利小便兮尤能明目。得明字。李慶霖。

滲濕車前子，清肝使目明。熱除淋自愈，水利瀉尤更。按：車前子性寒，味甘鹹。通五淋，利水道。暑熱瀉痢，滲膀胱濕邪，明目障翳，清肝肺風熱。又能催生下胎。即《毛詩》之芣苢也。車前草涼血去熱，明目通淋。凡利水劑多損目，惟此能解肝與小腸之濕熱故也。葉及根，主吐衄、尿血、血淋，取汁服之。用葉勿用子。長穗大葉，好生道傍，喜在牛蹄中生，故曰車前也。

清·鄭奮揚著，曹炳章注《增訂偽藥條辨》卷二 車前子 車前草，《本

經》名當道，《詩》云芣苢。好生道旁，及牛馬足跡中，故有車前、當道，及牛遺、馬舄之名。江湖、淮甸處處有之。主治氣癃，治濕痺。市中有大、小車前之別，大車為真品，小車係土荊芥子偽充，萬不可用。蓋車前甘寒，荊芥辛溫，性既相反，又奚容混售乎？　炳章按：車前子，江西吉安瀘江出者，為大車前，粒粗色黑。江南出者，曰土車前，俱佳。淮南出者，粗而多殼。衢州出者，小而殼淨，皆次。河北孟河出者，為小車前，即荊芥子也，不入藥用，宜注意之。

清・周巖《本草思辨錄》卷二　車前子　車前即芣苢，《神仙服食經》云：善療孕婦難產及令人有子。陸機云：嫩苗作茹大滑，今人不復啖之。苗滑如是，其子治難產，自亦取其滑胎。惟令人有子，似未足信。不知虛弱之婦，無子貴補衝任，否則反是。車前子非他，蓋為治難產之令人有子也。

車前子為輸泄膀胱濕熱之藥，《本經》主氣癃，止痛，利水道，通小便。《別錄》明目，療赤痛。其功用已盡於是。若以治腎虛目暗，則須如加減駐景丸製劑爲得，原方尚不及之。昔人謂車前子利水竅而固精竅，似即補腎之謂。然茯苓利水不必有熱，車前子則非熱不治。茯苓尚伐腎邪，則車前子之固精竅，為何如之固精竅，可深思矣。

大楓草

明・蘭茂原撰，范洪等抄補《滇南本草圖說》卷四　連枝大楓草　生滇中，形似車前草，俗名大螺螟葉。夷人種盆內，常栽。主治：癃，止痛，利水道，快小便，除濕(脾)〔痹〕。久服輕身(奈)〔耐〕老。〇男子傷中，女子淋瀝，不欲食。養肺，強陰益精，令人有子。明目，瘡赤痛。根葉，氣味甘，寒。治金瘡止血，鼻血，血瘕下血，止煩，下氣，除小蟲陰瘡。葉，治泄精病及尿血，補五藏，明目，利便，通五淋。

明・蘭茂撰，清・管暄校補《滇南本草》卷上　大楓草　味甘、苦，無毒。此草生川野間。形似草前草，大葉細子，高尺餘。主治一切虛燒發熱，利水，治赤眼如神，金瘡濃血，婦人難產。久服輕身延年。俗呼為大蛤螟葉。夷人治眼目雲遮即退。又治女子白帶。又採一二升，敷臍，可暖精生子。又治痢疾。根，治大瘡。葉，治肺癆。汁，治喉風，瘧疾。

劍草

明・蘭茂撰，清・管暄校補《滇南本草》卷上　劍草　有大毒。生山野間。葉似草蘭，花傍生，大黃葉，酷似車前草而無花。煅為末，敷惡瘡。致命欲死者，甚救。採煑銅成銀，非有仙緣不可。

貼地金

明・蘭茂撰，清・管暄校補《滇南本草》卷上　貼地金　味甘，無毒。形似車前草，生軟苗一枝，枝上有黃絨細毛數揉。主治楊梅瘡傷鼻，或鼻上先有細點現出，連服此藥，可救鼻不傷也。又解一切瘡毒，神效。

三葉還陽草

明・蘭茂原撰，范洪等抄補《滇南本草圖說》卷四　三葉還陽草　形似車前草，二苗上有細黑子，根肥白而大。主治：一切血症。性走十二經絡，耑補腎，烏鬚黑髮，久服令人忘憂，多子，延年益壽之仙草也。採治瘻袋，神效。採根，用遠志可過目成誦，智過於人。〇子，主治陽事不起，忌用為春方。亦能敷太陽，止年久偏正頭風、赤眼，最效。

老虎蕉

附：琉球・吴繼志《質問本草》外篇卷一　老虎蕉　生原野，春生苗，高尺餘，夏作穗開花。俗名老虎蕉，不堪入藥。癸卯，潘貞蔚、石家辰。

馬鞭草

宋・唐慎微《證類本草》卷三〇外草類〔宋・蘇頌《本草圖經》〕　龍牙草　生施州。株高二尺已來。春夏有苗葉，至秋冬而枯。其根味辛、澁，溫，無毒。春夏採之，洗淨揀擇，去蘆頭，焙乾，不計分兩，擣羅爲末，用米飲調服一錢匕，治赤白痢，無所忌。

宋・唐慎微《證類本草》卷一一草部下品〔《別錄》〕　馬鞭草　主下部䘌瘡。

〔梁・陶弘景《本草經集注》〕云：村墟陌甚多。莖似細辛，花紫色，葉微似蓬蒿也。

〔唐・蘇敬《唐本草》〕注云：苗似狼牙及茺蔚，抽三四穗，紫花，似車前，穗類鞭鞘，故名馬鞭，都不似蓬蒿也。

〔宋・馬志《開寶本草》〕按：陳藏器《本草》云：馬鞭草，主癥癖血瘕，久瘧，破血。作煎如糖，酒服。若云似馬鞭鞘，亦未近之。其節生紫花，如馬鞭節。

〔宋・掌禹錫《嘉祐本草》〕按：《蜀本》云：味苦，微寒，無毒。又《圖經》云：生濕地。花白色，抽三四穗，以七月、八月採苗，日乾。所在皆有之。《藥性論》

云：馬鞭草亦可單用。味苦，有毒。生擣水煎去滓，成煎如飴。空心酒服一匕。主破腹中惡血皆下，殺蟲良。日華子云：味辛，涼，無毒。通月經，治婦人血氣肚脹，月候不勻。似益母草，莖圓，并葉用。

〔宋・蘇頌《本草圖經》〕曰：馬鞭草，舊不載所出州土，今衡山、廬山、江淮州郡皆有之。春生苗似狼牙，亦類益母而莖圓，高三二尺。抽三四穗子，七月、八月採苗葉，日乾用。味甘，苦，微寒，有小毒。或云子亦通用，古方多用之。葛氏治卒大腹水病。用馬鞭草、鼠尾草各十斤，水一石，煮取五斗，去滓，再煎令稠厚，以粉和丸。一服二三大豆許，加四五豆，神良。

〔宋・唐慎微《證類本草》〕《聖惠方》：治白癩。用馬鞭草，不限多少爲末。每服食前，用荆芥、薄荷湯調下一錢匕。又方：治婦人月水滯澁不快，通結成瘕塊，肋脹大欲死。用馬鞭草根、苗五斤，剉細，水五斗，煎至一斗，去滓，别於淨器中熬成膏。每食前溫酒調下半匙。《外臺秘要》：治蠼螋尿。馬鞭草爛擣以封之，乾復更易差。《千金方》：食魚鱠及生肉，住胸膈不化，必成癥瘕。擣馬鞭草汁飲之一升，生薑水亦得，即消。又方：治喉痹，躁腫連頰，吐氣數者，名馬喉痹。馬鞭草一握勿見風，截去兩頭，擣取汁服之。《集驗方》：治男子陰腫大如升，核痛，人所不能治者。擣馬鞭草塗之。

宋・陳衍《寶慶本草折衷》卷一一草部下品下 馬鞭草莖、葉、子通用。生衡山即衡州，及廬山、江淮州郡。今所在村墟陌及濕地有之。○七、八月採苗、莖、葉、子，日乾。味苦、辛，微寒，無毒。○主下部䘌瘡。○陳藏器云：主癖、癖血瘕、久瘧。○《藥性論》云：生擣，水煎去滓，煎如飴，空心酒服，破腹中惡血，殺蟲。○日華子云：通月經，婦人血氣肚脹。○《圖經》曰：苗類益母而莖圓。○《經驗方》：治男子陰腫核痛，擣馬鞭草塗之。續說云：張松謂馬鞭草又利小便不通，其後復謂用酒煎汁，以綿蘸噍，可除骨。疑此草有節如鞭，故號馬鞭也。

元・尚從善《本草元命苞》卷五 馬鞭草 辛，涼，無毒。療婦人月水澁滯，主下部瘡䘌，破堅癥血瘕，通月經，血氣肚脹。治久瘧，殺蟲尤良。舊不著所產，今江淮有之。似益母草，莖圓，如車前穗，花紫，苗若狼牙，形類鞭鞘。七八月採之，取苗葉日乾。

元・朱震亨《本草衍義補遺》 馬鞭草 治金瘡，行血活血。○通婦人月經及血氣肚痛效。

元・徐彥純《本草發揮》卷二 馬鞭草 丹溪云：馬鞭草，治金瘡，行血活血。

明・蘭茂原撰，范洪等抄補《滇南本草圖說》卷三 救苦神靈草 俗呼馬鞭草。今處處有之，獨滇中神奇。氣味苦寒，無毒。主治：婦人經水不通成勞，速煎此草服之愈。亦治癰疽，毒衝心至死，服此神效。或治一切死血瘀血痛死，酒下，急能救活，所以名救苦神靈草。

明・滕弘《神農本經會通》卷一 馬鞭草 節生紫花，如馬鞭。七八月採苗，日乾。味苦，微寒，無毒。又云有毒。

《本經》云：主下部䘌瘡。陳藏器云：主癥癖血瘕，久瘧，破血。作煎如糖。《藥性論》云：亦可單用。味苦，有毒。生擣水煎，去滓，成煎如飴，空心酒服一匙，主破腹中惡血皆下，殺蟲良。日華子云：味辛，涼，無毒。通月經，治婦人血氣肚脹，月候不勻。莖并葉用。丹溪云：治金瘡，行血活血，通婦人月經，及血氣肚痛。《局》云：馬鞭草穗類鞭鞘，濕䘌陰瘡効最高。月水不行須覔服，癥瘕癖塊有功勞。馬鞭草，通月水不行，破癥瘕之癖。

明・劉文泰《本草品彙精要》卷一四 馬鞭草有小毒。植生。

馬鞭草：主下部䘌瘡。名醫所錄。〔苗〕《圖經》曰：春生苗，似狼牙，亦類益母而莖圓，高三二尺，抽三四穗，開紫花，似車前，其穗類鞭鞘，故名馬鞭。按：陳藏器云：若云馬鞭鞘亦未近之，其節生紫花如馬鞭節故也。〔地〕《圖經》曰：舊不載所出州土，今廬山、江淮郡皆有之。〔道地〕衡州。〔時〕生：春生苗。採：七月、八月取。〔收〕日乾。〔用〕苗、葉。〔質〕類益母草而莖圓。〔色〕青。〔味〕甘，苦。〔性〕微寒，泄。〔氣〕氣薄味厚，陰中之陽。〔臭〕朽。〔主〕通月經，破癥瘕。〔製〕剉碎用。〔治〕療：日華子云：通月經，治婦人血氣，肚脹，月候不勻。《别錄》云：搗爛塗蠼螋尿瘡，效。又搗汁飲，療食魚鱠及生肉停滯胸膈不化，必成癥瘕者。又取一握，勿見風，截去兩頭，搗汁服，療喉痹躁腫連頰，吐血數者，名馬喉痹，及塗男子陰腫，大如升，核痛，人所不能治者，效。〔合治〕作煎如糖，合酒服，主癥癖，血瘕，久瘧，破腹中血，皆下。又殺蟲，及婦人月水滯澀不快，通結成瘕塊，脇脹大欲死者，並效。

明・許希周《藥性粗評》卷三 拂血湧於金門，鐵編掃帚。

鐵掃箒，一名馬鞭草。高三四尺，穗如馬鞭，故名。江南原野處處有之。七八月採苗莖，晒乾。味苦、甘，性寒，有小毒。主治金瘡血湧不止，婦人月水不通，癥瘕癖塊，陰瘡濕癢，久瘧不痊，大腹水腫，行血破血，解蟲螫諸毒。

單方：男子陰腫如斗：搗馬鞭草取汁，塗之當散。婦人月水不通：馬鞭草根苗全者五斤，淨洗，剉，水五斗，煎至一斗，去滓，別用淨器熬成膏，每空心溫酒調下一匙，日三次，二三日通。肉瘕：凡食魚肉生膾，停住不化，變為瘕者，搗馬鞭草，取汁一升，飲之立消。喉腫：凡患喉痹燥腫，吐氣甚數者，馬鞭草一握，截去兩頭，搗取汁，服之立消。

明・鄭寧《藥性要略大全》卷六 馬鞭草 通月水，破癥瘕，治濕䘌陰瘡，久瘧。味辛、苦、甘，氣寒，有小毒。又云無毒。其穗似鞭，因名之。俗呼為鐵掃帚，生路陌，苗似狼牙草，又類益母，而莖圓花紫，葉微似蓬蒿。

明・陳嘉謨《本草蒙筌》卷三 馬鞭草 味甘、苦，氣微寒。有小毒。江淮州郡多，村墟陌路有。苗葉類菊，又若狼牙。高二三尺莖圓，抽四五穗花紫。春開細碎紫色，秋復再花。穗較鞭鞘不異，故以馬鞭為名。主下部䘌瘡併金瘡積血作疼，研末敷妙。曾治楊梅瘡，用此煎湯，先熏後洗，湯氣纔到便覺爽快，候溫洗之，痛腫隨減。通女人月水及血氣成癥結瘕，生搗煎良。醇酒煎服。去小腹卒痛難當，禁久瘧發熱不斷。絞腸沙即効，纏喉痹極靈。殺諸般疰蟲，消五種痞塊。

明・王文潔《太乙仙製本草藥性大全》卷二《本草精義》 馬鞭草 俗呼爲鐵掃帚。舊不載所出州土，今江淮州郡多，村墟陌路有。苗葉類菊，又若狼牙、益母。高二三尺，莖圓抽四五穗，花紫，春開細碎紫色，秋復再花，穗較鞭鞘不異，故以馬鞭爲名。主下部䘌瘡，併金瘡積血作疼，研末敷妙。

明・王文潔《太乙仙製本草藥性大全》卷二《仙製藥性》 馬鞭草 味甘、苦，氣微寒，有小毒。主治：通女人月水及血氣成癥結瘕，生搗煎良。醇酒煎服。通小腹卒痛難當，禁久瘧發熱不斷。絞腸痧即效，纏喉痹極靈。殺諸般疰蟲，消五種痞塊。補註：治白癩，以爲末，不拘多少，每服食前用荊芥、薄荷湯調下一錢。婦人月水滯澁不快通，結成瘕塊，肋脹大欲死。用根苗五斤，剉細，水五斗，煎至一斗，去滓，別於浄器中熬成膏，每食前溫酒調下半匙。〇治蠼螋尿，以爛搗封之，乾復易之差。〇食魚鱠及生肉，在胸膈不化，必成癥瘕。搗汁飲之一升，生薑水亦得，即消。〇喉痹躁腫連頰，吐血數者，名馬喉痹。馬鞭草一握，勿見風，截去兩頭，搗汁服之。〇男子陰腫大如升，核痛，人所不能治者，搗爛塗之。〇楊梅瘡，用煎湯，先熏後洗，湯氣纔到，便覺爽快，溫洗之疼痛腫隨減。〇卒大腹水病，用馬鞭草、鼠尾草各十斤，水一石，煮取五斗，去滓，再煎令稠，厚以粉和丸，一服二三大豆許，加四五豆神良。

明・李時珍《本草綱目》卷一六草部・隰草類下 馬鞭草《別録》下品。校正：併入《圖經》龍牙草。

【釋名】龍牙草《圖經》 鳳頸草 恭曰：穗類鞭鞘，故名馬鞭。藏器曰：此說未近，乃其節生紫花如馬鞭節耳。時珍曰：龍牙、鳳頸，皆因穗取名。蘇頌《圖經》外類重出龍牙，今併爲一。又今方士謬立諸草爲各色龍牙之名，甚爲淆亂，不足憑信。【集解】弘景曰：村墟陌甚多。莖似細辛，花紫色，微似蓬蒿也。恭曰：葉似狼牙及茺蔚，抽三四穗，紫花，似車前，穗類鞭鞘，都不似蓬蒿也。保昇曰：花白色，七月、八月采苗葉，日乾用。頌曰：今衡山、廬山、江淮州郡皆有之。苗類益母而莖圓，高二三尺。又曰：龍牙草生施州，高二尺以來。春夏有苗葉，至秋冬而枯。采根洗浄用。時珍曰：馬鞭下地甚多，春月生苗，方莖，葉似益母，對生，夏秋開細紫花，作穗如車前穗，其子如蓬蒿子而細，根白而小。陶言花似蓬蒿，韓言花色白，蘇言莖圓，皆誤矣。

苗葉 【氣味】苦，微寒，無毒保昇。大明曰：辛，凉，無毒。權曰：苦，有毒。伏丹砂、硫黄。【主治】下部䘌瘡《別録》。癥瘕血瘕，久瘧，破血殺蟲。擣爛煎取汁，熬如飴，每空心酒服一匕藏器。治婦人血氣肚脹，月候不匀，通月經大明。治金瘡，行血活血震亨。擣塗癰腫及蠼螋尿瘡，男子陰腫時珍。

【附方】舊五，新十。瘧痰寒熱：馬鞭草擣汁五合，酒二合，分二服。《千金方》。鼓脹煩渴：身乾黑瘦。馬鞭草細剉，曝乾，勿見火。以酒或水同煮，至味出，去滓溫服。以六月中旬，雷鳴時采者有效。《衛生易簡方》。大腹水腫：馬鞭草、鼠尾草各十斤，水一石，煮取五斗，去滓，再煎令稠，以粉和丸大豆大。每服二三丸，加至四五丸，神效。《肘後方》。男子陰腫：大如升，核痛，人所不能治者，馬鞭草擣塗之。《集驗方》。婦人疝痛：名小腸氣。馬鞭草一兩，酒煎滚服，以湯浴身，取汗甚妙。《纂要奇方》。婦人經閉：結成瘕塊，肋脹大欲死者。馬鞭草根苗五斤，剉細，水五斗，煎至一斗，去滓，熬成膏。每服半匙，食〔前溫〕酒化下，日二服。《聖惠方》。酒積下血：馬鞭草灰四錢，白芷灰一錢，蒸餅丸梧子大。每米飲下五十丸。《摘玄方》。魚肉癥瘕：凡食魚鱠及生肉，在胸膈不化，成癥瘕，馬鞭草擣汁，飲一升，即消。《千金方》。馬喉痹風：躁腫連頰，吐氣數者。馬鞭草一握，勿見風，截去兩頭，擣汁飲之，良。《千金方》。乳癰腫痛：馬鞭草一握，酒一椀，生薑一塊，擂汁服，渣傅之。《衛生易簡方》。白癩風瘡：馬鞭草爲末。每服一錢，食前荊芥、薄荷湯下，日三服。忌鐵器。《太平聖惠方》。人疥馬疥：馬鞭草不犯鐵器，搗自然汁半盞，飲盡，十日内愈，神效。董炳《集驗方》。　赤白下痢：龍牙草五錢，陳茶一撮，水煎服，神效。《醫方摘要》。　發背癰毒：痛不可忍，龍牙草搗汁飲之。以滓傅患處。《集簡方》。　楊梅惡瘡：馬鞭草煎湯，先熏後洗，氣到便爽，痛腫隨減。陳嘉謨《本草蒙筌》。

根　〔氣味〕辛，濇，温，無毒。　〔主治〕赤白下痢初起，焙搗羅末，每米飲服一錢匕，無所忌。蘇頌。

明・梅得春《藥性會元》卷上　馬鞭草　味辛，涼，無毒。　主治下部䘌瘡，癥瘕血塊，月經不通，血氣肚脹。

明・杜文燮《藥鑒》卷二　馬鞭草　氣寒，味甘苦，有小毒。主下部䘌瘡，并金瘡積血作疼，研末敷妙。通婦人月水，及血氣成癥結瘕，生搗煎良。利小腹卒痛難當，禁久瘧發熱不斷。絞腸沙即效，纏喉痺極靈。殺諸疳蟲，消五腫痞塊。

明・李中立《本草原始》卷三　馬鞭草　今衡山、廬山、江淮州郡皆有之。春生苗，似狼牙及茺蔚，抽三四穗紫花，似車前穗，類鞭鞘，故名馬鞭。

苗葉：氣味：苦，微寒，無毒。　主治：下部䘌瘡。○癥瘕、血瘕、久瘧。破血殺蟲，擣爛煎取汁，熬如飴，每空心酒服一匕。○治婦人血氣肚脹，月候不勻，通月經。治金瘡，行血活血。○擣塗癰腫及蠼螋尿瘡，男子陰腫。

馬鞭草，《別錄》下品。【圖略】開細紫花，作穗，方莖，葉類菊，對生。七月、八月採。

《集驗方》：治男子陰腫大如升，核痛，人不能治者，擣馬鞭草塗之。

明・李中梓《藥性解》卷四　馬鞭草　味甘、苦，性寒，有小毒，入肝肺二經。主活血通經，治金瘡諸瘡癬，取汁和酒服。　按：肝，藏血者也；脾，裹血者也。馬鞭耑主血分，故入是二經。

明・繆希雍《本草經疏》卷一一　馬鞭草　主下部䘌瘡。

〔疏〕馬鞭草，《圖經》謂之龍牙。《別錄》味苦，氣寒，無毒。保昇、日華子咸謂辛涼，應有之也。本是涼血破血之藥。下部䘌瘡者，血熱之極，兼之濕熱，故血污濁而成瘡，且有蟲也。血涼熱解，污濁者破而行之，靡不瘥矣。陳藏器謂其破血殺蟲，亦此意耳。　〔主治參互〕《集驗方》治男子陰腫大如升，核痛，人所不能治者，馬鞭草搗塗之。　《太平聖惠方》治白癩風，用馬鞭草為末，每服一錢，食前荊芥、薄荷湯下，日三服。忌鐵。　董炳《集驗方》治人疥、馬疥。馬鞭草搗自然汁半盞，飲盡，十日内愈，神效。《醫方摘要》治赤白下痢，龍牙草五錢，陳茶一撮，煎服，神效。　陳嘉謨《本草蒙筌》治楊梅惡瘡，馬鞭草煎湯，先熏後洗，氣到便爽，痛腫隨減。　〔簡誤〕病人雖有濕熱、血熱證，脾陰虛而胃氣弱者勿服。

明・顧逢柏《分部本草妙用》卷八雜藥部　馬鞭草　苦，微寒，無毒。伏丹砂，硫黃。　主治：下部䘌瘡，癥瘕破血，殺蟲，久瘧。搗汁熬膏，空心酒服一匙，婦人血氣腹脹，調經行血活血。煎湯洗痔，搗塗癰腫。

明・李中梓《醫宗必讀・本草徵要上》　馬鞭草味苦，寒，無毒。入肝、腎二經。　理發背癰疽，治楊梅毒氣，癥瘕須用，血閉宜求。　此草專以驅逐為長，瘡症久而虛者，斟酌用之。

明・鄭二陽《仁壽堂藥鏡》卷一〇下　馬鞭草　日華子云：馬鞭草，今江淮州郡皆有。味辛，涼，無毒。通經候，逐水腫。　丹溪云：馬鞭草治金瘡，行血活血。

明・蔣儀《藥鏡》卷四寒部　馬鞭草　能通血脉透入子宮，驅瘀而理月事。搗碎以塗陰腫核痛，兼痢而治白紅。主下部䘌蟲，并金瘡積血，研末是敷。殺一切疳蟲，及血氣癥瘕，搗生煎用。利小便之卒痛，禁瘧久之熱蒸。絞腸沙痛用以除疼，纏喉風痺資之立效。

清・顧元交《本草彙箋》卷三　龍牙草　爲涼血破血之藥，凡下部䘌瘡，及一切血熱瘡症，取苗葉絞汁，和酒服之。亦可擣敷金瘡癰腫。

穗類鞭鞘，故名馬鞭草。莖方，葉似益母，對生，夏秋開細紫花，作穗如車前穗者是。

清・汪昂《本草備要》卷二　馬鞭草瀉，破血，消脹，殺蟲。　味苦，微寒。破血通經，殺蟲消脹。治氣血癥瘕，癰瘡陰腫。搗塗。　墟陌甚多。方莖，葉似益母對生，夏秋開細紫花，穗如車前草，類蓬蒿而細。根白而小。用苗、葉。

清・李熙和《醫經允中》卷二一　馬鞭草　伏丹砂、硫黃。　苦，微寒，無毒。主治下部䘌瘡，煎湯洗痔，搗塗癰腫。馬鞭草、青木香藤、五爪龍、蒲公英，煎湯洗瘧，取汗即愈。

清・馮兆張《馮氏錦囊秘錄・雜症痘疹藥性主治合參》卷三　馬鞭草味苦，氣寒，無毒。為涼血、去濕熱、殺蟲之藥。下部濕熱，陰腫惡瘡，煎湯先熏後洗，氣到便爽，痛腫隨減，實有神效。但脾胃虛弱者勿服。

馬鞭草，苗葉類菊，穗抽似鞭，花開色紫。下部楊梅瘡、䘌瘡，煎湯熏洗，金瘡積血作疼，研末敷妙。通女人月水，血氣成癥結瘕，生搗，醇酒煎良。治小腸卒痛難當，禁久瘧發熱不斷，絞腸沙即效。纏喉痺極靈，殺諸般疰蟲，消五腫痞塊。

清・张璐《本經逢原》卷二 馬鞭草一名龍牙草。 苦，微寒，無毒。 發明： 馬鞭草，色赤入肝經血分，故治婦人血氣腹脹，月經不匀。通經散瘕，治金瘡行血活血。生搗汁飲，治喉痹癰腫。又搗敷治下部䘌瘡及蠼螋尿，男子陰腫。惟陰血虚而胃弱者勿服。

清・何諫《生草藥性備要》卷上 馬鞭草 味甘、苦，性寒，有小毒。能活血通經，治洗疳瘡； 加硫黄搥爛敷之，又治生馬瘡用。能去臟毒，洗痔瘡毒，退上部火，理跌打。形如倒扣草，而倒扣草花紫色，從下開上一串如馬鞭，此冬凋春長也。

清・劉漢基《藥性通考》卷六 馬鞭草 味苦，微寒。破血通經，殺蟲消脹，治風血癥瘕，(兼)〔臁〕瘡陰腫，搗爛塗之效。其草方莖，葉似益母，對生，夏秋開細紫花，穗如車前草，類蓬蒿而細，根白而小，用苗葉。

清・吳儀洛《本草從新》卷一 馬鞭〔瀉，破血，消脹殺蟲。〕 味苦，微寒。破血通經，殺蟲消脹。治氣血癥瘕，下部䘌瘡陰腫，搗塗。發背癰疽，楊梅毒氣。專以驅逐為長，瘡證久而虚者，斟酌用之。下地甚多，春月生苗，方莖，葉似益母對生，夏秋開細紫花，作穗如車前穗，其子如蓬蒿子而細，根白而小。用苗葉。

清・汪紱《醫林纂要探源》卷二 馬鞭草 苦，寒。莖葉似益母草，穗如車前，花細色紫。 瀉心火，破熱血。主通經，殺蟲，攻癥結，去熱。

清・嚴潔等《得配本草》卷三 龍牙草即馬鞭草。根、苗、葉。 伏丹砂、硫黄。 苦，微寒。入手陽明、足厥陰經血分。行血止血，療下部䘌瘡。配陳茶，治赤白痢。配生薑、黄酒，治乳癰。 根 辛、澀，溫。治赤白下痢初起，焙研末，米飲服。 苗、葉 搗汁和酒服，治血熱及瘡毒。

題清・徐大椿《藥性切用》卷三 馬鞭草 味苦微寒，破血通經，殺蟲消脹。取苗葉用。虚人忌之。

附： 琉球・吳繼志《質問本草》內篇卷三 馬鞭草 生田野，春生苗，夏作穗，開花結子。 馬鞭草，下地甚多，春月生苗，方莖，葉似益母，對生，夏秋開細紫花，作穗，如車前穗，其子細，根白而小。載在《綱目》。甲辰，潘貞蔚、石家辰。 馬鞭草，一名龍牙草，又名鳳頸草。氣味主治，載在《本草綱目》。甲辰，孫景山。 俗名蜻蜓飯，因蜻蜓好食其花，故號之。藥名馬鞭草，載在《綱目》。甲辰，戴道光、戴昌蘭。

清・羅國綱《羅氏會約醫鏡》卷一六草部 馬鞭草味苦寒，無毒，入肝腎經。 破血通經，消脹化癥。治一切楊梅癰疽惡毒，殺諸蟲，除陰腫。煎湯熏洗，搗敷患處。 按： 此草以驅逐為長，瘡證久潰而虚，及脾胃弱者，斟酌用之。

清・莫樹蕃《草藥圖經》 馬鞭稍 癰疽瘡科等症要藥。夏榮秋枯。苗葉似菊，穗抽似鞭，花紫。

清・葉桂《本草再新》卷二 馬鞭草味苦，性微寒，無毒。入肝、腎二經。 破血通經，殺蟲消脹，治血氣癥瘕，下部䘌瘡，陰腫發背，癰疽，楊梅毒氣。

清・吳其濬《植物名實圖考》卷一四 馬鞭草 《別録》下品。李時珍以為即《圖經》龍牙草，處處有之。人皆知煎水以洗瘡毒。

清・趙其光《本草求原》卷一山草部 馬鞭草即龍牙草。 甘、苦，寒，小毒。去臟毒，通經，退上部火。治疳瘡、馬鞭瘡，俱同硫黄擦。洗痔，理跌打內傷。 形似倒扣草而無扣； 花紫一串如馬鞭，從下開上，冬凋春長。又治騎馬癰。

清・劉善述、劉士季《草木便方》卷一草部 馬鞭草 鐵馬鞭苦清邪熱，破血通經癥瘕滅。殺蟲利腹療癰腫，臁瘡陰腫塗消捷。

清・戴葆元《本草綱目易知録》卷一 馬鞭草 辛、苦，微寒。破血通經，殺蟲消腫。治癥瘕血瘕，下部䘌瘡，久瘧下痢，女子血氣肚脹，月經不匀。活血行血，止金瘡血。擣，傅男子陰腫，女人乳癰； 塗諸瘡腫，蠼螋尿瘡。

清・陳其瑞《本草撮要》卷一 馬鞭草 味苦，微寒，入足厥陰經，功專破血通經，殺蟲消脹，治氣血癥瘕，癰瘡陰腫。

鯽魚鱗

明・朱橚《救荒本草》卷上之後 鯽魚鱗 生密縣韶華山山野中。苗高一二尺，莖方而茶褐色，對分莖叉，葉亦對生，葉似雞腸菜葉，頗大，又似桔梗葉而微軟薄，葉面却微紋皺，梢間開粉紅花，結子如小粟粒而茶褐色。其葉味甜。 救飢： 採葉煠熟，水浸淘淨，油鹽調食。

蛇含

宋·唐慎微《證類本草》卷一〇草部下品〔《本經·別錄》〕　**蛇全**（合）〔全〕是含字　**味苦，微寒，**無毒。**主驚癇，寒熱邪氣，除熱，金瘡疽痔，鼠瘻惡瘡頭瘍，**療心腹邪氣，腹痛濕痹，養胎，利小兒。**一名蛇銜。**生益州山谷。八月採，陰乾。

〔梁·陶弘景《本草經集注》〕云：　即是蛇銜。蛇銜有兩種，並生石上，當用細葉黃花者，處處有之。亦生黃土地，不必皆生石上也。

〔唐·蘇敬《唐本草》〕注云：　全字乃是含字。陶見誤本，宜改爲含。含、銜義同，見古本草也。

〔宋·馬志《開寶本草》〕按：　《陳藏器本草》云：　蛇銜，主蛇咬。種之，亦令無蛇。今以草內蛇口中，縱傷人，亦不能有毒矣。

〔宋·掌禹錫《嘉祐本草》〕按：　《蜀本圖經》云：　生石上及下濕地。花黃白，人家亦種之，五月採苗，生用。《藥性論》云：　蛇銜，臣，有毒。能治丹瘮，治小兒寒熱。日華子云：　蛇含，能治蛇、蟲、蜂、虺所傷，及眼赤，止血，脇風瘮，癰腫。莖、葉俱用。又名威蛇。

〔宋·蘇頌《本草圖經》〕曰：　蛇含，生益州山谷，今近處亦有之。生土石上，或下濕地。蜀中人家亦種之。一莖五葉或七葉。此有兩種。當用細葉黃色花者爲佳。八月採根，陰乾。《古今録驗方》：　治赤瘮。用蛇銜草，搗令極爛，傅之差。赤瘮者，由冷濕搏於肌中，甚即爲熱，乃成赤瘮。得天熱則劇，冷則減是也。古今諸丹毒瘡腫方通用之。又下有女青條云：　蛇銜根也，生朱崖。陶隱居、蘇恭皆以爲若是蛇銜根，不應獨生朱崖。或云是雀瓢，即蘿摩之別名。或云二物同名，以相類故也。醫家鮮用，亦稀識別，故但附著於此。

〔宋·唐慎微《證類本草》〕雷公云：　凡使，勿用有（蘖）〔蘗〕尖葉者，號竟命草，其味別空，只酸澁，不入用。若誤服之，吐血不止，速服知時子解之。採得後，去根、莖，只取葉，細切曒乾，勿令犯火。《肘後方》：　治金瘡。亦搗傅之，佳。又方：　治蜈蚣螫人，蛇含草挼傅之。《斗門方》：　治産後瀉痢。用小龍牙根一握，濃煎服之，甚效。蛇含是也。《抱朴子》云：　蛇銜膏，連已斷之指。晉《異苑》云：　有田父見一蛇被傷，又見蛇銜一草着其瘡上。經日，傷蛇乃去，田父因取其草以治瘡，皆驗。遂名曰蛇銜草。

宋·鄭樵《通志》卷七五《昆蟲草木略》　蛇全　曰蛇銜，曰威蛇，曰小龍牙。

宋·劉明之《圖經本草藥性總論》卷上　蛇含　味苦，微寒，無毒。主驚癇，寒熱邪氣，除熱，金瘡，疽痔鼠瘻，惡瘡頭瘍，療心腹邪氣，腹痛濕痺，養胎利小兒。《藥性論》云：　臣。有毒。能治丹瘮，小兒寒熱。日華子云：　治蛇蟲蜂虺所傷，及眼赤止血，協風瘮癰腫。莖葉俱用。又名威蛇。

宋·陳衍《寶慶本草折衷》卷一〇　蛇含元作合。臣。莖、葉在內。　一名蛇含草，一名蛇銜草，一名蛇銜，一名契蛇，一名小龍牙根。生益州山谷石上，及蜀中興州。今處處黃土下濕地有之，亦種之。〇八月採根，陰乾。〇五月採根、莖、葉，生用。　味苦，微寒，無毒。〇主驚癇，寒熱邪氣，除熱，金瘡疽痔，鼠瘻惡瘡，頭瘍，腹痛，濕痹，養胎。〇《藥性論》云：　治丹瘮，小兒寒熱。〇日華子云：　治蛇蟲蜂虺所傷，及眼赤，止血，熁風瘮、癰腫，莖、葉俱用。〇《圖經》曰：　當用細葉、黃花者。根，治赤瘮冷熱。〇《肘後方》：　治蜈蚣螫人蛇含草搗傅之。〇《斗門方》：　治産後瀉痢用根濃煎服之。

明·蘭茂原撰，范洪等抄補《滇南本草圖說》卷九　蛇含草：　生田野間有水處。軟枝細藤，葉綠，結子色赤，鮮豔似荔枝，鮮而潤者佳。氣味甘平，無毒。主治：　除心腹邪氣，濕痹，疽痔，鼠瘻惡瘡，蛇蝎蜂螫之毒。搗爛成膏，帶之於身，可避瘟疫。即有中瘟疫者，服之亦解。亦治蠱毒而逐邪惡，殺鬼魅而辟不祥。採葉，晒乾為末，收瓷瓦器内，黃蠟封口，遇小兒中蟲毒者，吹鼻孔中，蟲自鼻孔即出。或遇中風不省人事者，服之立甦。中瘟疫者，吹之可解。敷無名腫毒，立效。

明·王綸《本草集要》卷三　蛇含　味苦，氣微寒，無毒。陰乾。　主驚癇，寒熱邪氣，除熱，金瘡，疽痔，鼠瘻惡瘡，頭瘍丹瘮。治蛇蟲蜂虺咬。

明·劉文泰《本草品彙精要》卷一三　蛇含無毒。　植生。

蛇含出《神農本經》：　**主驚癇，寒熱邪氣，除熱，金瘡，疽痔，鼠瘻，惡瘡，頭瘍。**以上朱字《神農本經》。療心腹邪氣，腹痛，濕痹，養胎，利小兒。以上黑字名醫所録。　〖名〗蛇銜、威蛇、雀瓢。　〖苗〗《圖經》曰：　生土石上或下濕地，蜀中人家亦種之。一莖五葉或七葉。此有兩種，當用細葉，黃色花者爲佳。〖地〗《圖經》曰：　生益州山谷，今近處亦有之。〖道地〗興州。　〖時〗生：　春生苗。採：　五月取葉，八月取根。　〖收〗陰乾。　〖用〗根、葉。　〖質〗類竟命草而葉小。　〖色〗青。　〖味〗苦。　〖性〗微寒，泄。　〖氣〗味厚于氣，陰也。　〖臭〗腥。　〖主〗諸瘡瘍。　〖製〗去根莖，只取葉，細切，曬乾，不犯火。一用根。　〖治〗療：　《圖經》曰：　葉搗極爛，傅赤疹，丹毒，瘡腫。

《別録》云：金瘡，及蜈蚣螫人，搗傅之佳。〇根，治産後瀉痢，濃煎服之。

〔解〕誤服竟命草，吐血不止，服知時子解之。〔贋〕竟命草爲僞。

明・陳嘉謨《本草蒙筌》卷三 蛇含草 味苦，氣微寒。無毒。一云有毒。石土上並生，遠近處咸有。一莖五葉七葉，兩種略殊；當用細葉黄花，此品纔妙。昔田父見蛇含着別傷蛇，即活。嘗採此治癰腫，去內惡毒立痊。由此得名，外科多用。主驚癇寒熱邪氣，心腹邪氣；除濕痹疽痔惡瘡，鼠瘻惡瘡。諸丹石燥毒殊功，但蛇蠍蜂傷悉効。人家多種，亦令無蛇。又用搗爛成膏，堪續已斷手指。〇其根收取，乃名女青。搗細末帶之，則疫癘不犯。主蠱毒而逐邪惡，殺鬼魅以辟不祥。

明・王文潔《太乙仙製本草藥性大全》卷二《本草精義》 蛇含草 一名蛇合，一名蛇啣。生益州山谷，今近處亦有之。生土石上或下濕地，蜀中人家亦種之。一莖五葉或七葉，此有兩種，當用細葉黄色花者爲佳。八月採根陰乾。

明・王文潔《太乙仙製本草藥性大全》卷二《仙製藥性》 蛇含草 味苦，氣微寒，無毒。一云有毒。主治：主驚癇，寒熱邪氣，心腹邪氣。除濕痹，疽痔惡瘡，鼠瘻惡瘡。諸丹石燥毒殊功，但蛇蝎蜂傷悉效。人家多種，亦令無蛇。又用搗爛成膏，堪續已斷手指。〇其根收取，乃名女青，搗細末帶之，則疫癘不犯，主蠱毒而逐邪氣，殺鬼魅以辟不祥。補註：産後瀉痢，用小龍牙根一握，濃煎服之甚效，蛇含是也。〇金瘡，亦搗傅之佳。〇蛇啣膏，連已斷之指，蜈蚣螫人亦以傅之。〇赤瘮，用搗爛傅之差。赤瘮者，由冷濕傳於肌中，甚即爲熱乃成赤瘮，得天熱則劇冷，則咸是也。古今諸丹毒瘡方通用之。太乙曰：凡使勿用有蘗尖葉者，號竟命草，其味別空，只酸澁，不入藥。若誤服之，吐血不止，速服知時子解之。採得後去根莖，只葉細切晒乾，勿令犯火。

明・皇甫嵩《本草發明》卷三 蛇含草下品上。氣微寒，味苦，無毒。 主驚癇，寒熱邪氣，除熱，金瘡疽痔，鼠瘻惡瘡頭瘍，療心腹邪氣。〇根名女青，帶之除疫癘，主蠱毒，逐邪惡鬼(魁)〔魅〕。一莖五葉〔或〕七葉。細葉黄花者妙。勿用蘗尖葉者，號竟命草，味酸澁，毒人，服知時子解之。凡用只取葉，晒乾用。

明・李時珍《本草綱目》卷一六草部・隰草類下 蛇含《本經》下品。校正：併入《圖經》紫背龍牙。

〔釋名〕蛇銜《本經》 威蛇大明 小龍牙《綱目》 紫背龍牙恭曰：陶氏《本草》作蛇合，合乃含字之誤也。含、銜義同。見古本草。時珍曰：按劉敬叔《異苑》云：有田父見一蛇被傷，一蛇銜一草着瘡上，經日傷蛇乃去。田父因取草治蛇瘡皆驗，遂名曰蛇銜草也。其葉似龍牙而小，背紫色，故俗名小龍牙，又名紫背龍牙。蘇頌《圖經》重出紫背龍牙，今併爲一。

〔集解〕《別録》曰：蛇含出益州山谷，八月采，陰乾。弘景曰：蛇銜處處有之。有兩種，並生石上，亦生黄土地。當用細葉有黄花者。頌曰：出益州，今近處亦有。生土石上，或下濕地，蜀中人家亦種之，辟蛇。一莖五葉或七葉，有兩種。八月采根陰乾，日華子云：莖葉俱用，五月采之。又曰：紫背龍牙，生蜀中，春夏生葉，采無時。時珍曰：此二種，細葉者名蛇銜，大葉者名龍銜。龍銜亦入瘡膏用。斆曰：蛇銜只用葉晒乾，勿犯火。根莖不用。勿誤用有蘗尖葉者，號竟命草，其味酸澀。誤服令人吐血不止，速服知時子解之。

〔氣味〕苦，微寒，無毒。權曰：有毒。頌曰：紫背龍牙，辛，寒，無毒。

〔主治〕驚癇。寒熱邪氣，除熱，金瘡疽痔，鼠瘻瘡，頭瘍《本經》。療心腹邪氣，腹痛濕痹，養胎，利小兒《別録》。治小兒寒熱丹瘮甄權。止血協風毒，癰腫赤眼。汁傅蛇虺蜂毒大明。紫背龍牙：解一切蛇毒。治咽喉中痛，含嚥之便效蘇頌。

〔發明〕藏器曰：蛇含治蛇咬。今以草納蛇口中，縱傷人亦不能有毒也。種之，亦令無蛇。頌曰：古今治丹毒瘡腫方通用之。《古今録驗》治赤瘮，用蛇銜草，搗極爛傅之即瘥。赤瘮由冷濕搏於肌中，甚即爲熱，乃成赤瘮。天熱則劇，冷則減是也。時珍曰：按葛洪《抱朴子》云：蛇銜膏連已斷之指。今考葛洪《肘後方》載蛇銜膏云：治癰腫瘀血，産後積血，耳目諸病，牛領馬鞍瘡。用蛇銜、大黄、附子、芍藥、大戟、細辛、獨活、黄芩、當歸、莽草、蜀椒各一兩，薤白十四枚。右爲末。以苦酒淹一宿，以猪膏二斤，七星火上煎沸，成膏收之。每温酒服一彈丸，日再服。病在外，摩之傅之；在耳，綿裹塞之；在目，點之。若入龍銜藤一兩，則名龍銜膏也。所謂連斷指者，不知即此膏否。

〔附方〕舊三，新一。 産後瀉痢：小龍牙根一握，濃煎服之甚效，即蛇含是也。《斗門方》。 金瘡出血：蛇含草搗傅之。《肘後方》。 身面惡癬：紫背草入生礬研，傅二三次斷根。《直指方》。 蜈蚣蠍傷：蛇銜挼傅之。《古今録驗》。

明・張懋辰《本草便》卷一 蛇含 味苦，氣微寒，無毒。 主驚癇，除熱，金瘡。治蛇蟲蜂虺咬。

清・穆石匏《本草洞詮》卷九 蛇含草 有田父見一蛇被傷，一蛇含一草着瘡上，傷蛇乃去，故名。味苦，氣微寒，無毒。解一切蛇毒，治小兒寒熱，丹瘮。《録驗方》治赤瘮，用蛇含草搗爛傅之，即瘥。冷濕搏於肌中，甚即為熱，乃成赤癬，天熱則劇，冷則減，是也。蛇含草種之，亦令無蛇。

清・李熙和《醫經允中》卷二一　蛇含草　苦，寒，無毒。主治濕瘅疽痔，鼠瘻惡瘡，并蛇蠍蜂傷悉効。人皆多種，亦令無蛇。搗爛成膏，堪續已斷手指。其根名女青，搗細末帶之，則疫癘不犯。

清・馮兆張《馮氏錦囊秘錄・雜症痘疹藥性主治合參》卷三　蛇含草　除心腹邪氣濕痹，疽痔鼠瘻惡瘡，蛇蝎蜂螫。又用搗爛成膏，堪續已斷手指。根名女菁，研末帶之，則疫癘不犯，主蠱毒而逐邪惡，殺鬼魅以辟不祥。

清・張志聰、高世栻《本草崇原》卷下　蛇含草　氣味苦，微寒，無毒。主治驚癎寒熱，邪氣除熱，金瘡疽痔，鼠瘻惡瘡，頭瘍。　蛇含草始出益州山谷，今處處有之，生土石上或下濕地，蜀中人家亦種之辟蛇。一莖五葉或七葉。有兩種，細葉者，名蛇含，一名紫背龍牙。大葉者，名龍含。含，一作銜。含、銜二字義同通用。陶隱君曰：當用細葉、有黄花者。李時珍曰：龍含亦入瘡膏用。《抱朴子》曰：蛇含膏，連已斷之指。　蛇含草始出西川，氣味苦寒，花開黄色。西川，金也。苦寒，水也。黄色，土也。稟土金水之氣化，金能制風，則驚癎之寒熱可治也。寒能清熱，則邪氣之熱氣可除也。土能生肌，則金瘡可治也。稟土金水之氣，而和在下之經脈，則治疽痔。稟土金水之氣，而和在上之經脈，則治鼠瘻，惡瘡，頭瘍。

清・吴其濬《植物名實圖考》卷一一　蛇含　《本經》下品。李時珍以為即紫背龍牙。又女青，《本經》下品，《别録》以為即蛇含根。《唐本草》非之。宋《圖經》：蛇含，一莖或五葉，或七葉。有兩種，當用細葉黄花者，似即《救荒本草》之龍牙草，未能決定。

清・葉志詵《神農本草經贊》卷三　蛇合　味苦，微寒。主驚癎，寒熱邪氣，除熱，金創，疽痔鼠瘻，惡瘡頭瘍。一名蛇銜。生山谷。合當作含。

高岡濕隰，細葉黄花。青含蛇口，紫折龍牙。傷連斷指，惡翦積瘕。澀酸竟命，知時滅瑕。

蘇頌曰：生土石上或下濕地。陶弘景曰：用細葉有黄花者。李時珍曰：根名女青，葉似龍牙而小，背紫色。《異苑》：昔有田父，見一蛇被傷，一蛇含此草著瘡上，經日蛇愈。《抱朴子》：蛇銜膏，連已斷之指。《直指方》：研傅身面惡癬根斷。雷斆論：勿用有蘖尖葉者，號竟命草，其味澀酸，令人吐血，速服知時子可解。《淮南子》：抑微滅瑕。

陸英

宋・李昉《太平御覽》卷第九九一　陸英　《本草經》曰：陸英，生熊耳山。

宋・唐慎微《證類本草》卷一一《草部下品》〔《别録》〕　蒴藋　味酸，溫，有毒。主風瘙癮癬，身痒濕痹，可作浴湯。一名堇草，一名芨。生田野，春夏採葉，秋冬採莖、根。今附。

〔梁・陶弘景《本草經集注》〕云：田野墟村中甚多。絕療風痹癢痛，多用薄洗，不堪入服，亦有酒漬根，稍飲之者。

〔唐・蘇敬《唐本草》〕注云：此陸英也，剩出此條。《爾雅》云：芨，堇草。郭注云：烏頭苗也。檢三堇別名，又無此者。蜀人謂烏頭苗爲堇草。陶引此條，不知所出處。《藥對》及古方無蒴藋，惟言陸英也。

〔宋・馬志《開寶本草》〕注：蒴藋條，《唐本》編在狼跋子之後，而與陸英條注解並云剩出一條。今詳陸英，味苦，寒，無毒。蒴藋，味酸，溫，有毒。既此不同，難謂一種，蓋其類爾。今但移附陸英之下。

〔宋・掌禹錫《嘉祐本草》〕按：日華子云：味苦，涼，有毒。治瘑癩風痹，並煎湯浸，并葉用。

〔宋・唐慎微《證類本草》〕《圖經》：文具陸英條下。

雷公云：凡使之，春用隔年花蘂，夏用根，秋冬並揔用作煎，只取根，用銅刀細切，於柳木臼中擣取自然汁，緩緩於鍋子中煎如稀餳，任用也。《外臺秘要》：治卒暴癥，腹中有物堅如石，痛欲死。取蒴藋根一小束，洗瀝去水，細擘，以酒二升，漬三宿，暖溫服五合至一升，日三，若欲速得服，於熱灰中溫，令藥味出服之。此方無毒，已愈十六人，神驗。藥盡復作服之。又方：治腰痛方：蒴藋葉，火燎，厚鋪床上，趁熱卧眠於上，冷復易之。冬月取根，舂碎，熬及熱準前用。并治風溫濕冷痹及産婦患傷冷，腰痛不得動亦用。又方：治下部閉不通。取蒴藋根一把，擣汁水和，絞去滓。强人服一升。數用之，并治脚氣。《千金方》：治嶺南脚氣，從足至膝脛腫，骨疼者。蒴藋根碎，和酒醋共三分，根一分合蒸熟，封裹腫上，二三日即消。亦治不仁。又方：治頭風。取蒴藋根二升，酒二升，煮服之。《梅師方》：治水腫，坐卧不得，頭面身體悉腫。取蒴藋根刮去皮，擣汁一合，和酒一合，暖空心服，當微吐利。又方：治一切癬。用煮蒴藋湯，和少酒塗，無不差。姚氏方同。《孫真人食忌》：主卒脚腫漸上。以蒴藋莖、葉，埋熱灰中令熱，傅腫上，差即易。《斗門方》：治瘧疾。用蒴藋一大握炙令黄色，以水濃煎一盞，欲發前服。張文仲：治手足忽生疣目。蒴藋赤子，挼使壞疣目上令赤，塗之差。又方：治熊傷人瘡。蒴藋一大把剉碎，以水一升漬，須臾取汁飲，餘滓以封裹瘡。《子母秘録》：治小兒赤遊行於身上，下至心即死。蒴藋煎汁洗之。

宋·唐慎微《證類本草》卷一一草部下品〔《本經·別録》〕 **陸英** **味苦，寒，無毒，主骨間諸痹，四肢拘攣疼酸，膝寒痛，陰痿，短氣不足，脚腫。**生熊耳川谷及冤句。立秋採。

〔唐·蘇敬《唐本草》〕注云：此即蒴藋是也，後人不識，浪出蒴藋條。此葉似芹及接骨花，亦一類，故芹名水英，此名陸英，接骨樹名木英，此三英也，花、葉並相似。

〔宋·掌禹錫《嘉祐本草》〕按《藥性論》云：陸英，一名蒴藋。味苦，辛，有小毒。能捋風毒，脚氣上衝，心煩悶絶，主水氣虚腫。風瘙皮肌惡痒，煎取湯入少酒，可浴之，妙。

〔宋·蘇頌《本草圖經》〕曰：陸英，生熊耳川谷及冤句，蒴藋不載所出州土，但云生田野，今所在有之。春抽苗，莖有節，節間生枝，葉大似水芹及接骨。春夏採葉，秋冬採根、莖。或云即陸英也。《本經》別立一條，陶隱居亦以爲一物。蘇恭云：《藥對》及古方無蒴藋，惟言陸英，明非別物。今注以性味不同，疑非一種，謂其類耳，然亦不能細別。再詳陸英條，不言所用。蒴藋條云：用葉、根、莖，蓋一物而所用別，故性味不同，何以明之。蘇恭云：此葉似芹及接骨花，亦一類，故芹名水英，此名陸英，接骨名木英，此三英，花、葉並相似。又按《爾雅》云：華，荂音敷也。華、荂，榮也。木謂之華，草謂之榮，不榮而實者爲之秀，榮而不實者謂之英。然則此物既有英名，當是其花耳。故《本經》云：陸英立秋採。立秋正是其花時也。又葛氏方有用蒴藋者，有用蒴藋根者，有用葉者。三用各別，正與《經》載三時所採者相會，謂陸英爲花無疑也。

宋·寇宗奭《本草衍義》卷一二 蒴藋 與陸英既性味及出産處不同，治療又別，自是二物，斷無疑焉。況蒴藋花白，子初青如緑豆顆，每朵如盞面大，又平生，有一二百子，十月方熟紅，豈得言剩？出此條，孟浪之甚也。

宋·鄭樵《通志》卷七六《昆蟲草木略》 蒴藋 曰陸英。葉似火杴，莖有節，節間分枝，弱植，高丈許。芹為水英，接骨為木英，蒴藋為陸英，謂之三英。

宋·王介《履巉巖本草》卷上 接骨草 一名蒴藋。味酸，溫，有毒。主風瘙癮疹身痒，濕痹，可作浴湯。治小兒赤遊，行於身上下，至心即死者，用接骨草煎汁洗之。

宋·陳衍《寶慶本草折衷》卷一〇 蒴藋徒吊切。俗音搖。○根葉通用。一名堇草，一名芨。○芨，居及切。生田野墟村中，又云今所在有之。○春夏採葉，秋冬採根莖。○艾氏云：忌鐵。 味酸、苦，涼，有毒。○主風瘙癮瘮，身痒濕痺，可作浴湯。○日華子云：治瘑癩風痹。○《圖經》曰：莖節生枝，葉大似水芹。分陸英條。○《外臺秘要》：治腰痛，蒴藋葉火燎，厚鋪床當趁熱臥眠，冷復易之。冬月取根，舂碎熬熱，準前用，并治風溫濕冷痹。産婦腰痛亦用。○《千金方》：治嶺南脚氣，從足至膝脛腫、骨疼。蒴藋根碎，和酒醋蒸熟，封裹腫上。亦治不仁。○寇氏曰：蒴藋與陸英，既性味及出産處不同，治療又別，自是二物，斷無疑焉。○陸英刪訖。

元·尚從善《本草元命苞》卷五 陸英 味苦，性寒，無毒。性味既然不同，疑此非為一種。葉似水芹，又如接骨。凡此三英，葉花相似。蘇恭云：芹名水英，此名陸英，接骨名木英，此三英花葉相似。又按《爾雅》云：華，荂，音敷也，華、荂，榮也。木謂之華，草謂之榮，不榮而實者謂之秀，榮而不實者謂之英。然則此物既有英名，當是其花。且死立秋，採正是其花時也。又葛氏方用蒴藋根者，有用葉者，有用蒴藋者，三用名利，正與經載三時所採者相會，謂陸英為花，無疑也。主骨間諸痺，四肢攣急疼酸。療脚腫膝寒，短氣，陰痿不足。生冤句、熊耳，於立秋採之。

蒴藋 味酸，性溫，有毒。主風瘙癮瘮身痒。治濕痺，可作浴湯。頭風，酒煮根，溫服。瘧證，水濃煎，頓飲。《斗門方》：用蒴藋一大粒，灸黃，水濃煎一盞，欲發前服。瘑癩風痺，以根葉煎湯浸之。卒惡脚腫，埋熱灰傅之，立差。《孫真人食忌》以莖葉埋熱灰中令熱，傅腫上差。舊不載所産，今田野多生。春夏採葉，秋冬取根。《唐本》注：陸英即此，《本經》中別立一條。

明·劉文泰《本草品彙精要》卷一四 陸英無毒。植生。

陸英：主骨間諸痹，四肢拘攣疼酸，膝寒痛，陰痿，短氣不足，脚腫。《神農本經》。 【苗】《圖經》曰：春抽苗，莖有節，節間生枝，葉大似水芹及接骨，春夏採葉，秋冬取根莖，即蒴藋也。然蒴藋，《本經》別立一條，陶隱居亦以爲一物。蘇恭云：《藥對》及古方無蒴藋，惟言陸英，明非別物。今注以性味不同，疑非一種，謂其類爾。況亦不能細別。然陸英用花，蒴藋用根，莖葉蓋一物，而所用有別，故性味不同，何以明之？蘇恭云：此葉似芹及接骨花，亦一類，故芹名水英，此名陸英，接骨名木英，此三英花葉並相似。又按《爾雅》云：華，荂音敷也。華荂，榮也。木謂之華，草謂之榮，不榮而實者，謂之秀，榮而不實者謂之英。然此物既有英名，當是其花耳。故《本經》云：陸英立秋採。立秋正是其花時也。又《葛氏方》有用蒴藋者，有用蒴藋根者，有用葉者，三用名別，正與《經》載三時所採者相會，謂陸英爲花，蒴藋爲根莖無疑矣。〖地〗《圖經》曰：生熊耳川谷及冤句。〖時〗生：春生苗。採：立秋取花。〖收〗暴乾。〖用〗花。〖味〗苦。〖性〗寒，泄。〖氣〗味厚于氣，陰也。〖臭〗香。〖主〗諸痹。〖合治〗陸英煎湯合少酒浴之，能捋風毒，脚氣上衝，心煩悶絕，及主水氣虛腫，風瘙，皮肌惡癢。

明·劉文泰《本草品彙精要》卷一四　蒴藋有毒。植生。

蒴藋：主風瘙癮疹，身癢，濕痹，可作浴湯。名醫所錄。〖名〗堇草、芨。〖苗〗謹按：此即前條陸英苗也，同種異名，花謂之陸英，根莖葉謂之蒴藋。然其性味不同，收採時月亦異，故《本經》別立一條，正如澤蘭之與地笋，蓬虆之與覆盆，其義同也。〖地〗《圖經》曰：舊不載所出州土，但云生田野墟村甚多，今所在有之。〖時〗生：春生苗。採：春夏取葉，秋冬取莖、根。〖收〗暴乾。〖用〗莖、葉、根。〖色〗青綠。〖味〗酸。〖性〗溫，收。〖氣〗氣厚于味，陽中之陰。〖臭〗朽。〖主〗諸瘡。〖製〗《雷公》云：生用作煎，取根用銅刀細切，于柳木臼搗取自然汁，緩緩於鍋子中煎如稀餳，任用。〖治〗療：日華子云：治瘑癩，風痹，並煎湯浸，並葉用之。孫真人云：治脚腫漸上，以莖葉埋熱灰中，令熱傅腫上，瘥即止。《別錄》云：治風濕冷痹，及婦人患傷冷腰痛不得動履，取葉火燎厚鋪牀上，趁熱眠臥于上，冷復易之，冬月取根舂碎，熬極熱，准前用。治下部閉不通及脚氣，取根一把，搗汁，水和絞去滓，強壯者服一升，瘥。治瘧疾，用蒴藋一大握，炙令黃色，以水濃煎一盞，欲發前服。治熊傷人瘡，取蒴藋一大把，剉碎，用水一升漬，須臾取汁飲，餘滓以封裹瘡上，效。治小兒赤遊行于身上下至心即死，以蒴藋煎汁洗之。〖合治〗取根二小束，洗瀝去水，細擘，以酒二升漬三宿，溫暖服五合至一升，日三，治卒暴癥，腹中有物堅如石，痛欲死者。若欲速服，於熱灰中溫，令藥味出，服之亦可。○取根一分，搗碎和酒醋共三分，合蒸熟，封裹脚，氣從足至膝。脛痛骨疼者，一二日即消，亦治不仁。○根二升，合酒二升，煮服之，治頭風。○根刮去皮，搗汁一合，和酒一合，空心暖服，治水腫坐臥不得，頭面身體悉腫者，當微吐痢爲效。

明·王文潔《太乙仙製本草藥性大全》卷二《本草精義》　陸英　生熊耳川谷及冤句田野，今所在有之。春抽莖有節，節間生枝葉，大似水芹及接骨，春夏採葉，秋冬採根莖，或云即陸英也。《本經》別立一條。陶隱居亦以爲一物。蘇恭云：《藥對》及古方無蒴藋，惟言陸英，明非別物。今注以性味不同，疑非一種，謂其類耳。然亦不能細別，再詳陸英條，味不同，何以明之？蘇恭云：此葉似芹及接骨，花亦一類，故芹多水英，此名陸英，接骨名木英，此三英花葉並相似。又按《爾雅》云華，荂音敷也。華、荂，榮也，木謂之華，草謂之榮，不榮而實者謂之秀，榮而不實謂之英，然則此物既有英名，當是其花耳。故《本經》云陸英立秋採，立秋正是其花時也。又《葛氏方》有用蒴藋者，有用蒴藋根者，有用葉者，三用名別，正與《經》載三時所採者相同，謂陸英爲花無疑也。

蒴藋　一名堇草，一名芨。舊不著所出州土，今在處有之。生田野，墟村中甚多，蜀人謂烏頭，苗名堇草。郭云烏頭苗也。陶云古方無蒴藋也，惟言陸英是也。

明·王文潔《太乙仙製本草藥性大全》卷二《仙製藥性》　陸英即蒴藋花。味苦，氣寒，無毒。主治：主骨間諸痹，療四肢拘攣。脚氣衝心煩悶神效，膝間酸疼寒痛能痊。散水氣虛腫，祛風毒瘙疼。補註：水氣虛腫、風瘙、皮肌惡痒，煎湯入少酒，浴之妙。

蒴藋　味鹹，氣溫，又云氣凉，有毒。主治：主風瘡癮瘮奇方，治濕痹身痒秘法。癘癩堪除，風痹立效。補註：治卒暴癥，腹中有物堅如石，痛欲死。取蒴藋根一小束，洗瀝去水，細擘，以酒二升，漬三宿，暖溫服五合至一升，日三。若欲速得服，於熱灰中溫令藥味出服之。此方無毒，已愈十六人，神驗，藥盡復作服。○腰痛，用蒴藋葉火燎，厚鋪床上，趁熱臥眠於上，冷復易之。冬月取根舂碎，熬及熱，如前用，并治風濕、濕冷痹，及産婦患傷冷腰痛不得動亦用。○治下部閉不通，取根一把，搗汁水絞，去滓，并治脚氣。○脚氣從足至膝脛腫，骨疼者，取根搗碎，和酒醋、根一分合蒸熟，封裹腫上即消。○主卒脚腫漸上，以莖葉埋熱灰中，令熱傅腫上差。○頭風，取根二升，酒二升煮服。○水腫坐臥不得，頭面身體悉腫，取根刮去皮，杵汁和酒空心服，當吐利。○治一切瘮，用煮湯和少酒塗差。○瘧疾，用一大把，炙令黃色，以水濃煎一盞，欲發時服。○手足忽生疣目，赤子，按使壞疣目上令赤，塗差。○熊傷人瘡，用一把，剉碎，水漬取汁飲，餘滓封瘡。○小兒赤遊行於身上，下至心即死，用煎汁洗之差。　太乙曰：凡使之，春用隔年花蘂，夏用根，秋冬並揔用。作煎只取根，用銅刀細切，於郴木臼中杵取自然汁，緩於鍋子中煎如稀餳，任用也。　按：《衍義》云：蒴藋與陸英既性味及出產處不同，治療又别，自是二物，斷無疑焉。况蒴藋花白，子初青如菜豆顆，每朵如盞面大，又平生有一二百子，十月方熟紅，豈得言剩。此條孟浪之甚也？

明・李時珍《本草綱目》卷一六草部・隰草類下　陸英《本經》下品

【釋名】解見下文。【集解】《别録》曰：陸英生熊耳川谷及冤句，立秋采。恭曰：此即蒴藋也。古方無蒴藋，惟言陸英。後人不識，浪出蒴藋條。此葉似芹及接骨花，三物亦同一類。故芹名水英，此名陸英，接骨樹名木英，此三英也。花葉並相似。志曰：蘇恭以陸英、蒴藋爲一物。今詳陸英味苦寒無毒，蒴藋味酸温有毒。既此不同，難謂一種，蓋其類爾。宗奭曰：蒴藋與陸英性味及出産皆不同，治療又别，自是二物，斷無疑矣。頌曰：《本草》陸英生熊耳川谷及冤句。蒴藋不載所出州土，但云生田野，所在有之。春抽苗，莖有節，節間生枝，葉大似水芹。春夏采葉，秋冬采根莖。陶蘇皆以爲一物，馬志以性味不同，疑非一種，亦不能細别。但《爾雅》：木謂之華，草謂之榮，不榮而實謂之秀，榮而不實謂之英。此物既有英名，當是其花。故《本經》云，立秋采，正是其花時也。時珍曰：陶、蘇《本草》、甄權《藥性論》，皆言陸英即蒴藋，必有所據。馬志、寇宗奭雖破其説，而無的據。仍當是一物，分根莖花葉用，如蘇頌所云也。

【氣味】苦，寒，無毒。權曰：陸英一名蒴藋，味苦、辛，有小毒。【主治】骨間諸痹，四肢拘攣疼酸，膝寒痛，陰痿，短氣不足，脚腫《本經》。能捋風毒。脚氣上衝，心煩悶絶，水氣虚腫。風瘙皮肌惡痒，煎湯入少酒浴之，妙甄權。

明・李時珍《本草綱目》卷一六草部・隰草類下　蒴藋音朔弔。《别録》下品。

【釋名】堇草《别録》　芨《别録》　接骨草【集解】《别録》曰：蒴藋生田野。春夏采葉，秋冬采莖根。弘景曰：田野墟村甚多。恭曰：此陸英也，剩出此條。《爾雅》云：芨，堇草。郭璞注云：烏頭苗也。檢三堇别名亦無此者。《别録》言此一名堇草，不知所出處。宗奭曰：蒴藋花白，子初青如緑豆，每朵如盞面大，又平生，有一二百子，十月方熟紅。時珍曰：每枝五葉。説見陸英下。

【氣味】酸，温，有毒。大明曰：苦，凉，（無）〔有〕毒。【主治】風瘙癮瘮，身癢濕痹，可作浴湯《别録》。浴瘑癩風痹大明。

【附方】舊十二，新七。手足偏風：蒴藋葉，火燎，厚鋪牀上。趁熱眠於上，冷復易之。冬月取根，春碎熬熱用。《外臺秘要》。風濕冷痹：方同上。寒濕腰痛：方同上。脚氣脛腫：骨疼。蒴藋根研碎，和酒醋共三分，根下合蒸熟，封裹腫上，一二日即消。亦治不仁。《千金方》。渾身水腫：坐卧不得。取蒴藋根去皮，搗汁一合，和酒一合，暖服，當微吐利。《梅師方》。頭風作痛：蒴藋根二升，酒二升，煮服，汗出止。《千金方》。頭風旋運：起倒無定。蒴藋、獨活、白石膏各一兩，枳實炒七錢半，每服三錢，酒一盞，煎六分服。《聖惠方》。産後血運：心悶煩熱。用接骨草，即蒴藋，破如算子一握，水一升，煎半升，分二服。或小便出血者，服之亦瘥。《衛生易簡方》。産後惡露：不除。續骨木二十兩剉，水一斗，煮三升，分三服，即下。《千金方》。瘧疾不止：蒴藋一大握，炙令赤色，以水濃煎一盞，欲發前服。《斗門方》。卒暴癥塊：堅如石，作痛欲死，取蒴藋根一小束。洗净細擘，以酒二升，漬三宿，温服五合至一升，日三服。若欲速用，於熱灰中温出藥味服之。此方無毒，已愈十六人矣，神驗。藥盡再作之。《古今録驗》。鼈瘕堅硬：腫起如盆，眠卧不得。蒴藋根白皮一握，搗汁和水服。《千金方》。下部閉塞：蒴藋根一把，搗汁水和，絞去滓。强人每服一升。《外臺秘要》。一切風瘮：蒴藋煮湯，和少酒塗之，無不瘥。《梅師方》。小兒赤遊：上下遊行，至心即死。蒴藋煎汁洗之。《子母秘録》。五色丹毒：蒴藋葉搗傅之。《千金方》。癰腫惡肉：不消者，蒴藋灰、石灰各淋取汁，合煎如膏，傅之。能蝕惡肉，亦去痣疵。此藥過十日即不中用也。《千金方》。手足疣目：蒴藋子，揉爛，塗目上。《聖惠方》。熊羆傷人：蒴藋一大把，以水一升漬，須臾，取汁飲，以滓封之。張文仲《備急方》。

明・盧之頤《本草乘雅半偈》帙一一　蒴藋細葉《别錄》下品

氣味：酸，溫，有毒。主治：風瘙，癮瘮，身癢，濕痹，可作浴湯。

覈曰：蒴藋，出熊耳川谷及冤句，今田野丘墟間亦有之。春初生苗，每枝五葉，夏半花白，如盞大。結子青碧，類綠豆，十月紅熟，一名接骨。芹族也，芹品凡三：一水芹，水英也；二旱芹，陸英也；三蒴藋，木英也。蓋木謂之華，草謂之榮，不榮而實，謂之秀；榮而不實，謂之英。陸英精專者榮，採其英；蒴藋專精者葉，摘其葉。仲景《金匱要略》論王不留行散，療金瘡，用蒴藋葉，因名蒴藋。細葉者，初生嫩綠小葉也。修事：初春摘取細葉，陰乾，他時葉轉大，氣味劣薄矣。

条曰：蒴藋諧聲，草諧蒴藋也。蓋月冥初穌之為朔，雉伏翕羽之為翟，喻功力用相肖耳。故得開宣陽氣，熏膚充身，而瘡瘍闢。迺宣陰氣，骨接肌連，而金瘡合，樞機之為用，鑄形良品也。

清・张璐《本經逢原》卷二　陸英一名蒴藋，又名接骨草。

苦，寒，無毒。《本經》主骨間諸痹，四肢拘攣疼痠，膝寒痛，陰痿短氣不足，脚腫。

發明：陶蘇《本草》，甄權《藥性》皆言陸英即蒴藋，田野村墟甚多。人家所植高大色赤者是陸英，田野所出不紅，葉上有粉者是蒴藋，二味所主大率相類，《外臺》《千金方》多用之，世以其賤而棄置不講也。

清・王子接《得宜本草・下品藥》　蒴藋　味酸，溫。一名接骨草。能蝕惡肉。

清・黃元御《長沙藥解》卷二　蒴藋　味酸，微涼。入足厥陰肝經。行血通經，消瘀化凝。《金匱》王不留行散方在王不留行用之治病金瘡，以其行血而消瘀也。　蒴藋辛涼清利，善行凝瘀而通血脈。其諸主治，療水腫，逐濕痺，下癥塊，破瘀血，洗隱疹風瘙，傅脚膝腫痛。　七月七日採細葉，陰乾百日用。

清・吳儀洛《本草從新》卷一　落得打〔宣，行血止血。〕甘，平。治跌打損傷及金瘡出血。并用根煎服或搗敷之不作膿。苗高人許，葉如薄荷，根如玉竹而無節。搗爛則粘。

清・趙學敏《本草綱目拾遺》正誤　陸英即蒴藋。甄權《藥性論》云：田野村墟甚多，人家所植，高大色赤者陸英。田野所生，葉上有粉者是蒴藋。二味所主大率相類，其論頗明白可據。瀕湖《綱目》分陸英、蒴藋為二，於陸英集解下之陶、蘇《本草》，甄權《藥性論》，皆言陸英即蒴藋。必有所據，又不引入，何耶？

清・吳其濬《植物名實圖考》卷一一　陸英　《本經》下品。《別錄》謂之蒴藋，以為即《爾雅》芨，堇草。與郭注烏頭苗異。詳考各說，蓋即今之接骨草。俚醫以為治跌傷要藥，謂之排風草。固始謂之珊瑚花，象其實；亦曰珍珠花，象其花也。俗名甚夥，不可殫舉。《唐本草》注及《圖經》皆以陸英為蒴藋，而《本草衍義》所述形狀尤詳，今從之。

清・吳其濬《植物名實圖考》卷九　鐵骨散　生建昌。叢生，粗根似薑，赭莖有節，對葉排比，似接骨草而微短亦寬，面綠背微黃。俚醫以根洗脚腫，同甘草煎水。

清・葉志詵《神農本草經贊》卷三　陸英　味苦，寒。主骨間諸痺，四肢拘攣，疼酸，膝寒痛，陰痿，短氣不足，脚腫。生川谷。

蒴藋敷華，蕭秋啟候。五葉纏枝，百枚貯豆。水節清肥，木心虛秀。粲兮三英，骨風效奏。

蘇恭曰：此即蒴藋也。古方惟言陸英，後人不識耳。蘇頌曰：《爾雅》粲而不實，謂之英。此物英名，當是其花。名醫云：宜秋採，正是其花時也。李時珍曰：每枝有五葉。寇宗奭曰：子初青，如菉豆顆，每朵如盞而大，生一二百子。蘇恭曰：此葉似芹，及接骨花三物，亦同類芹，名水英。接骨名木英樹。此三英也。水英根葉肥大，主治骨風。木英體輕虛無心，續筋骨，除風痺。《詩》：三英粲兮。

清・劉善述、劉士季《草木便方》卷一草部　臭草　臭草根甘溫補形，黃疸腫脹消不停。勞傷脾胃水濕利，清痰快氣黃汗靈。

水英

宋・唐慎微《證類本草》卷三〇外草類〔宋・蘇頌《本草圖經》〕　水英　味苦，性寒，無毒。元生永陽池澤及河海邊。臨汝人呼爲牛葒草，河北信都人名水節，河内連内黃呼爲水棘，劍南、遂寧等郡名龍移草。蜀郡人採其花合面藥。淮南諸郡名海荏。嶺南亦有，土地尤宜，莖、葉肥大，名海精木，亦名魚津草。所在皆有。單服之，療膝痛等。其方云水英，主丈夫、婦人無故兩脚腫滿，連膝脛中痛，屈伸急强者，名骨風。其疾不宜針刺及灸，亦不宜服藥，惟單煮此藥浸之，不經五日即差，數用神驗。其藥春取苗，夏採莖葉及花，秋冬用根。患前病者，每日取五六斤，以水一石，煮取三斗，及熱浸脚，兼淋膝上，日夜三四，頻日用之，以差爲度。若腫甚者，即於前方加生椒目三升，加水二大斗，依前煮取汁，將淋瘡腫，隨湯消散。候腫消，即摩粉避風，乃良。忌油膩、蒜、生菜、猪、魚肉等。

明・劉文泰《本草品彙精要》卷四一　水英無毒。水生。

水英：主丈夫、婦人無故兩脚腫滿，連膝脛痛，屈伸急強者，名骨風。其疾不宜鍼刺及灸，亦不宜服藥。惟單煮此藥浸之，不經五日即瘥，數有神驗。每用取五六斤，以水一石煮取三斗，及熱浸脚，兼淋膝上，日夜三四，頻用之，以瘥爲度。若腫甚者，即於前方加生椒目三升，加水二大斗，依前煮取汁，將淋瘡腫，隨湯消，即摩粉避風，乃良。出《圖經》。　〖名〗水節、牛葒草、海精木、海荏、水棘、龍移草、魚津草。　〖地〗《圖經》曰：元生永陽池澤及河海邊，臨汝人呼爲牛葒草，河北信都人名水節，河內連內黃呼爲水棘，劍南、遂寧等郡名龍移草。蜀郡人採其花合面藥。淮南諸郡名海荏。嶺南亦有，土地尤宜，莖、葉肥大，名海精木，亦名魚津草，所在皆有之。〖時〗生：春生苗。採：春取苗，夏收莖、葉及花，秋冬取根。〖收〗暴乾。〖用〗苗、葉、花、根。〔色〕青綠。〔味〕苦。〔性〕寒。〔氣〕味厚於氣，陰也。〔臭〕微香。〔主〕膝痛。〔忌〕油膩、蒜、生菜、豬、魚肉。

明・李時珍《本草綱目》卷一六草部・隰草類下　水英宋《圖經》

〔釋名〕魚津草頌曰：唐《天寶單方圖》言：此草原生永陽池澤及河海邊。臨汝人呼爲牛葒草，河北信都人名水節，河内連内黄呼爲水棘，劍南、遂寧等郡名龍移草，淮南諸郡名海荏。嶺南亦有，土地尤宜，莖葉肥大，名海精木，亦名魚津草。時珍曰：此草不著形狀氣味，無以考證。芹菜亦名水英，不知是此否也。

〔氣味〕缺。〔主治〕骨風蘇頌。

〔發明〕頌曰：蜀人采其花合面藥。凡丈夫婦人無故兩脚腫滿，連膝脛中痛，屈申急强者，名骨風。其疾不宜針灸及服藥，惟每日取此草五斤，以水一石，煮三斗，及熱浸并淋膝上，日夜三四度。不經五日即瘥，數用神驗。其藥春取苗，夏采葉及花，冬用根。腫甚者，加生椒目三升、水二斗。用畢，即摩粉避風。忌油膩生菜猪魚等物。

明・倪朱謨《本草彙言》卷四　水英　蘇氏曰：唐《天寶方》言：此草生永陽池澤，及江湖河海邊。土人呼爲牛葒草。河北、河内呼爲水節，又爲水棘。劍南、遂寧等郡呼爲龍移草。淮南諸郡名海荏。嶺南名海精，又名魚津草，云莖葉肥大。

按：楊思山稿蘇氏言蜀人采其花，合面藥。凡丈夫婦人，無故兩脚腫滿，連膝脛中痛，屈伸急强者，名骨風。其疾不宜鍼灸及服藥，每日取此草五觔，以水一石，煮至三斗，入缸内熱通和，將兩脚浸并淋膝上，日夜三四度，不經五日，即瘥，屢用神驗。其藥春取苗，夏取葉及花，秋冬用根。腫甚者加生椒目二升，淋洗畢，即避風，并忌雞、鵝、猪、魚、羊肉、鴨蛋、生菜等物。

李氏曰：此草不著形狀氣味，無以考證。芹菜亦名水英，不知是否，以俟查正可也。

清・吴其濬《植物名實圖考》卷一四　水英　按水英當對陸英而言。滇南有草，絶類蒴藋而實黑，莖中有紅汁，俗名血滿草，浸脚氣濕腫甚效，或即此。別入草藥，按圖形不類也。

月下參

明・蘭茂撰，清・管暄校補《滇南本草》卷中　月下參　性溫熱，味苦，平。治九(腫)〔種〕胃氣疼痛，此藥能開胃健脾，消宿食，止面寒背寒，胸隔噎食，寬中調胃，痞滿疳疾，左右脇痛，嘔吐作酸。

附治噎食病奇方：此病因飲食著氣而成，飲食不下，一下即噎食，令人胸隔脹痛。月下參三兩，檀香三錢，沉香三錢，白豆蔻二錢，木香一錢，共為細末，每服二錢，開水點酒服。又治酒寒效方：兼治胃氣面寒背寒，痞塊，肝氣不舒，五積六聚，兩脇疼痛等症。月下參二兩，廣木香一錢，丁香二錢，沉香二錢，肉桂二錢，共為細末，每服一錢，燒酒送下。忌魚、雞、生冷、醃菜、苦菜，諸性寒之物，皆與藥性相反。

明・蘭茂《滇南本草》〔叢本〕卷上　月下參　味苦，平，性溫熱。治九種胃氣疼痛，開胃健脾，消宿食。治背寒面寒，胃隔噎食，寬中調氣，痞滿肝積，左右肋痛。酒寒疼，嘔吐作酸。奇方：治噎食，此症因食後着猛氣所得。飲食下喉即噎，令胸膈脹滿，脇肋疼痛，肩背脹疼。月下參三兩、檀香三錢、沉香三錢，白蔻二錢、木香一錢，共為末，每服一錢，滾水點酒服。奇方：治酒疼急效，胃氣疼，面寒背寒疼，痞塊肝氣，兩肋疼痛，五積陵聚痛效。月下參二兩、木香一錢，丁香二錢、沉香二錢、肉桂二兩，共細末，每服一錢，熱酒下。服後忌魚、羊、蛋、蒜、冷水、酸菜、苦菜，用之反性。

清・吴其濬《植物名實圖考》卷二三　月下參　生雲南山中。細莖柔綠，葉花叉似蓬蒿、蔞蒿輩；又似益母草而小。發細葶，擎青萼，宛如飛鳥昂首翹尾，登枝欲鳴；開五瓣藍花，上三勻排，下二尖並，内又有五茄紫瓣藏於花腹，上一下四，微吐黄蕊，一柄翻翹，色亦藍紫，蓋即《菊譜》雙鸞菊、烏頭一類。滇人以根圓白，多細鬚，為月下參。《滇本草》：味苦平，性溫熱。治九種胃寒氣痛，健脾消食。治噎寬中，痞滿、肝積、左右肋痛、吐酸，其性亦與烏頭相近。

水葫蘆苗

明・朱橚《救荒本草》卷上之前　水胡蘆苗　生水邊。就地拖蔓而生，每節間生四葉，而葉如指頂大，其葉尖上皆作三叉，味甘。救飢：採葉連嫩秧煠熟，水浸淘淨，油鹽調食。

夏無蹤

清・吴其濬《植物名實圖考》卷一五　夏無踪　産寧都。小草也，一莖一葉，葉如葵，多缺有毛，而小如錢，高數寸，長根多鬚生。治手指毒。又一種紫背，根如小麥冬者，同名異類。

千年鼠屎

清・劉善述、劉士季《草木便方》卷一草部　千年鼠屎　天葵子甘寒解毒，癰疽疔瘍乳腫服。五般淋濁通利下，虎蛇傷毒搗服塗。

馬尾連

清・趙學敏《本草綱目拾遺》卷三草部上　馬尾連　出雲南省，藥肆皆有之，乾者形如絲，上有小根頭，土人盤取之以市。性寒而不峻，味苦而稍減，不似川連之厚，性能去皮裏膜外及筋絡之邪熱，小兒傷風及痘科用。

金蓮花

清・趙學敏《本草綱目拾遺》卷七花部　金蓮花　《廣群芳譜》：出山西五臺山，塞外尤多，花色金黃，七瓣兩層，花心亦黄色，碎蕊，平正有尖，小長狹，黄瓣環繞其心，一莖數朵，若蓮而小。六月盛開，一望徧地，金色爛然，至秋花乾不落，結子如粟米而黑，其葉綠色，瘦尖而長，五尖或七尖。《五臺山志》：山有旱金蓮，如真金，挺生陸地，相傳是文殊聖蹟。張壽莊云：五臺山出金蓮花，寺僧採摘乾之，作禮物餉客，或入寺獻茶，盞中輒浮一二朵，如南人之茶菊然，云食之益人。查慎行《人海記》：旱金蓮花，五臺山出，瓣如池蓮較小，色如真金，曝乾可致遠，有分餉者，以點茶，一甌置一朵，花開沸湯中，新鮮可愛。後扈從出古北口外，塞山多有之，開花在五六月間，一入秋，莖株俱萎矣。金蓮花出五臺山，又名旱地蓮，一名金芙蓉，色深黃，味滑苦，無毒，性寒，治口瘡喉腫，浮熱牙宣，耳痛目痛，煎此代茗。明目，解嵐瘴恕軒。疗瘡，大毒諸風《山海草函》。

地蜈蚣

宋・唐慎微《證類本草》卷三〇外草類〔宋・蘇頌《本草圖經》〕　地蜈蚣　出江寧府村落間。鄉人云：水摩塗腫毒。醫方鮮用。

宋・陳衍《寶慶本草折衷》卷二〇　地蜈蚣　出江寧府村落間。平許洪。○水摩塗腫毒。

續說云：排膿拓作托，非。裏散嘗用地蜈蚣。許洪註云：消癰腫瘡癤毒，散血排膿。許洪纂編此散，附入《局方》之內。然排膿散凡有數方，用藥不同，載於諸書。

明・劉文泰《本草品彙精要》卷四一　地蜈蚣　叢生。

地蜈蚣：水磨，塗腫毒。出《圖經》。〔地〕《圖經》曰：出江寧州村落間，鄉人採之以塗腫毒，醫方鮮用。

明・李時珍《本草綱目》卷一六草部・隰草類下　地蜈蚣草《綱目》

〔集解〕時珍曰：生村落堘野間。左蔓延右，右蔓延左。其葉密而對生，如蜈蚣形，其穗亦長，俗呼過路蜈蚣。其延上樹者，呼飛天蜈蚣。根、苗皆可用。

〔氣味〕苦，寒，無毒。〔主治〕解諸毒，及大便不通，搗汁。療癰腫，搗塗，并末服，能消毒排膿。蜈蚣傷者，入鹽少許搗塗，或末傅之時珍。

〔附方〕新一。一切癰疽：及腸癰奶癰，赤腫未破，或已破而膿血不散，發熱疼痛能食者，並宜排膿托裏散：用地蜈蚣、赤芍藥、當歸、甘草等分，爲末。每服二錢。温酒下。《和劑局方》。

清・吴鋼《類經證治本草・經外藥類》　地蜈蚣　苦，寒。主一切癰疽，解諸毒及大便不通。時珍曰：蜈蚣傷者，入鹽少許，搗塗立愈。

清・吴其濬《植物名實圖考》卷一四　地蜈蚣草　《本草綱目》：地蜈蚣草生村落堘野間。左蔓延右，右蔓延左。其葉密而對生，如蜈蚣形，其穗亦長，俗呼過路蜈蚣。其延上樹者呼飛天蜈蚣。根苗皆可用，氣味苦寒，無毒。主治解諸毒及大便不通。搗汁療癰腫，搗塗并末服，能消毒排膿。蜈蚣傷者，入鹽少許，搗塗或末傅之。

按此草湖南田野多有之。俚醫以為通經行血之藥。宋《圖經》：地蜈蚣生江寧州村落間。鄉人云：水磨塗腫毒，醫方鮮用。即此草也。李時珍遺未引及。

蓬子菜

明・朱橚《救荒本草》卷上之後　蓬子菜　生田野中，所在處處有之。其苗嫩時莖有紅紫線楞，葉似鹻音減蓬葉微細，苗老結子，葉側生出叉刺，其子如獨掃子大。苗葉味甜。　救飢：採嫩苗葉煠熟，水浸淘淨，油鹽調食。晒乾煠食尤佳。及採子搗米，青色，或煮粥，或磨麵作餅，蒸食皆可。

較剪草

清・何諫《生草藥性備要》卷下　較剪草　味苦，性平。一門行氣，敷瘡，止痛，理蛇傷，生津液，止喉痛。葉對生。一名鍘魚膽草。

三白草

宋・唐慎微《證類本草》卷一一草部下品〔唐・蘇敬《唐本草》〕　三白草　味甘、辛，寒，有小毒。主水腫脚氣，利大小便，消痰破癖，除積聚，消丁腫，生池澤畔。

〔唐・蘇敬《唐本草》〕注云：葉如水荭，亦似蕺，又似荍葜。葉上有三黑點，高尺許。根如芹根，黄白色而麄大。

〔宋・馬志《開寶本草》〕按：陳藏器《本草》云：三白草，擣絞汁服，令人吐逆，除胸膈熱疾，亦主瘧及小兒痞滿。按此草初生無白，入夏葉端半白如粉。農人候之蒔田，三葉白草便秀，故謂之三白。若云三黑點，古人秘之，據此即爲未識，妄爲之注爾。其葉如署預，亦不似水荭。《唐本》先附。

〔宋・掌禹錫《嘉祐本草》〕按：蜀本《圖經》云：出襄州，二月、八月採根用之。

宋・劉明之《圖經本草藥性總論》卷上 三白草 味甘、辛，寒，有小毒。主水腫脚氣，利大小便，消痰破癖，除積聚，消下腫。陳藏器云：絞汁服，令人吐。亦主瘧。

宋・王介《履巉巖本草》卷中 胡姜番白草 一名海菖蒲。性凉，無毒。治發背疾，用少許，和根一處擣爛，罨患處，其疾立效。

明・劉文泰《本草品彙精要》卷一四 三白草有小毒。植生。

三白草：主水腫，脚氣，利大小便，消痰，破癖，除積聚，消疔腫。名醫所録。

〖苗〗《唐本》注云：其葉如山藥，又似荍葜，高尺許，根如芹，根黄白色而粗大。陳藏器云：此草初生無白，入夏葉端半白如粉，農人候之蒔田，三葉白草便秀，故謂之三白草也。〖地〗《圖經》曰：生池澤畔。《蜀本圖經》云：出襄州。〖時〗生：春生苗。採：二月、八月取根。〖收〗暴乾。〖用〗根。〖質〗類芹根而粗大。〖色〗黄白。〖味〗甘，辛。〖性〗寒，散。〖氣〗氣之薄者，陽中之陰。〖臭〗朽。〖主〗水腫，脚氣。〖治〗療：陳藏器云：擣絞汁服，令人吐逆，除胸膈熱疾，亦主瘧，及小兒痞滿。

明・鄭寧《藥性要略大全》卷七 三白草 主水腫脚氣，利大小便，消痰破積聚，消疔腫。味甘、辛，寒，有小毒。

明・陳嘉謨《本草蒙筌》卷三 三白草 味甘、辛，氣寒。有小毒。出自襄州，屬湖廣。生臨池澤。每交初夏之月，葉端半白如霜，農人候以蒔田，三葉白草便秀。故此為譽。用惟取根。利大小便，逐脚膝氣。除痞滿去瘧，破堅癖敺痰。疔腫仍消，積聚尤卻。

明・王文潔《太乙仙製本草藥性大全》卷二《本草精義》 三白草 《本經》舊不著所出州土。出自襄州，生臨池澤，今在處有之。其苗葉如薯蕷，每交初夏之月，葉端半白如霜，農人候以蒔田，三葉白草便秀，故此爲譽。用惟取根，二月、八月採收用之。

明・王文潔《太乙仙製本草藥性大全》卷二《仙製藥性》 三白草 味甘、辛，氣寒，有小毒。主治：利大小便，逐脚膝氣，除痞滿，去瘧，破堅癖，驅痰、疔腫，仍消積聚尤却。補註：除胸脇熱疾瘧疾及小兒痞痛，用之擣汁服，令人吐逆。

明・皇甫嵩《本草發明》卷三 三白草下品下。氣寒，味甘、辛，有小毒。初夏葉端白如霜，農人候以蒔田，三葉白草便秀。故此為譽。發明曰：三白草宣利攻堅，《本草》主利大小便，逐水腫脚氣，消痰癖，除積聚痞滿，消疔腫。用惟取根。

明・李時珍《本草綱目》卷一六草部・隰草類下 三白草《唐本草》

〖釋名〗弘景曰：葉上有三白點，俗因以名。又見下。〖集解〗恭曰：三白草生池澤畔，高尺許。葉似水荭，亦似蕺，又似荍葜。葉上有三黑點，非白也。古人秘之，隱黑爲白爾。根如芹根，黄白色而粗大。藏器曰：此草初生無白，入夏葉端半白如粉，農人候之蒔田，三葉白則草便秀，故謂之三白。若云三黑點，蘇未識矣。其葉如薯蕷，亦不似水荭。保昇曰：今出襄州，二月、八月采根用。時珍曰：三白草生田澤畔，三月生苗，高二三尺，莖如蓼，葉如章陸及青葙。四月其顛三葉面上，三次變作白色，餘葉仍青不變。俗云：一葉白，食小麥；二葉白，食梅杏；三葉白，食黍子。五月開花成穗，如蓼花狀，而色白微香，結細實。根長白虚軟，有節鬚，狀如泥菖蒲根。《造化指南》云：五月采花及根，可制雄黄。蘇恭言似水荭，有三黑點者，乃馬蓼，非三白也。藏器所説雖是，但葉亦不似薯蕷。

〖氣味〗甘、辛，寒，有小毒。〖主治〗水腫脚氣，利大小便，消痰破癖，除積聚，消丁腫《唐本》。擣絞汁服，令人吐逆，除瘧及胸膈熱痰，小兒痞滿藏器。根：療脚氣風毒脛腫，擣酒服，亦甚有驗。又煎湯，洗癬瘡時珍。

明・倪朱謨《本草彙言》卷四 三白草 味甘、辛，氣寒，有小毒。蘇氏曰：三白草，出荆襄南北，吳越間。今所在亦有。凡田澤池畔間尤多。三月生苗，高數尺，葉如薯葉，對生。小暑後莖端發葉，純白如粉。五月葉旁遂開花成穗，如蓼花狀，色白微香，結子細小。葉根先青，延至葉尖則盡青矣。根長而白，虚軟有節，根間白鬚，宛如菖蒲根。根汁搜麥麪，造麯釀酒，色、氣、味甘香殊勝也。

三白草：《唐本》利水除濕，藏器化痰逐瘧之藥也。李仁甫稿此藥性味苦寒善降，故《唐本草》稱治水腫脚氣可知矣。《陳氏方》又言：擣汁服，可吐痰瘧，散胸中熱涎。則辛寒又善湧也。總療濕熱痰三證。在下者，降而抑之，故水腫脚氣除；在上者，湧而散之，故痰瘧胸涎退。此乃流利消蕩之劑，寒而有毒，如脾虚久病，胃寒少食者，宜審用之。

集方：《唐本草方》治濕熱侵四肢，水腫。用三白草，連根莖葉一把，大腹皮一兩，生薑皮五錢，白茯苓二兩，水煎服。○陳氏方治痰瘧久不愈。用三白草，連葉莖根，一總搗爛絞汁，熱湯頓溫飲一二碗。胸中痰涎盡出也。

明・盧之頤《本草乘雅半偈》帙九　三白草《唐本草》　氣味：甘、辛，寒，有小毒。　主治：主水腫脚氣，利大小便，消痰，破癖，除積聚，消疔腫。

覈曰：出荊、襄，所在亦有，生田澤池畔間。高數尺，六七月莖間三葉，先白後綠。一葉白，其旁遂開花成穗，如蓼花狀，色白微香。結子細小。根長而白，虚軟有節，根間白鬚，宛如蒲根。根汁洒搜麥麫，造麴釀酒，已濕消暑，色香味殊勝也。制雄黄，伏南鉛，乾砂汞。

条曰：弘景云：葉上有三白點，因名三白。蘇恭云：葉上有三黑點，非白也，古人秘之，隱黑為白耳。藏器云：初生無白。入夏葉半白如粉，農人候之蒔田，三葉皆半白，則草便秀，故謂之三白。時珍云：三月生苗，四月其巔三葉面白，三青變，三白變，餘則仍青而不變也。故葉初白食小麥，再白食梅杏，三白食黍子，此皆未識三白形色者也。頤家植此草于庭前者，二十餘載，每見三月生苗，葉如薯葉而對生，小暑後，莖端發葉，純白如粉，背面一如，初小漸大，大則葉根先青，延至葉尖，則盡青矣，如是發葉者三，不再葉而三秀，花穗亦白，根鬚亦白，為三白也。設草未秀，而削除之，或六七月，或八九月，雖重生苗葉，亦必待時而葉始白。《月令》小暑後，逢三庚，則三伏，所以避火刑，以全容平之金德。三白草，不三伏白而三顯白，轉以火金相襲之際，化炎歊為清肅，此即點火成金，不煩另覓種子者是也。故主夏傷于暑，而出機未盡；秋傷于濕，而降令過急者，兩相宜耳。

清・馮兆張《馮氏錦囊秘錄・雜症痘疹藥性主治合參》卷三　三白草　利大小便，逐脚膝氣。除痞滿去瘧，破堅癖毆痰。疔腫仍消，積聚尤卻。

清・何諫《生草藥性備要》卷上　塘邊藕　味甜，性寒涼。治淋濁，利小便，清熱毒。拔腐肉骨，與陳梅仝敷立效。

清・趙學敏《本草綱目拾遺》正誤　三白草俗呼水木通，《綱目》釋名無一條別名，或未博訪耶？又瀕湖以為此草八月生苗，四月其巔三葉面白，三青變，三白變，餘則仍青而不變也。故葉初白，食小麥。再白，食梅杏。三白，食黍子。此則未親見三白形色者也。按：盧之頤《乘雅》云：家植此草於庭前二十餘載，每見三月生苗，葉如薯葉而對生。小暑後莖端發葉，純白如粉，背面一如，初小漸大。大則葉根先青，延至葉尖則盡青矣。如果發葉者三，不再葉而三秀，花穗亦白，根鬚亦白，為三白也。設草未秀而削除之，或六七月，或八九月，重生苗葉，亦必待時而葉始白，月令小暑後逢三庚則三伏，所以避火形以全容平之金德，三白草不三伏而三顯白，轉以火金相襲之際，化炎歊為清肅，此即點火成金，不煩另覓種子者也。故主夏傷於暑而出機未盡，秋傷於濕而降令過急者，兩相安耳。據此言，則此草應時而生，白葉三瓣，非到時而青葉轉白，與李說迥異。又《常中丞筆記》：鏡湖產三葉白草，苗欲秀，其葉漸白，農人候之以蒔田，三葉盡白則苗畢秀矣。餘姚亦多此草，生水濱，每春夏水足，葉齊白，否則止白一葉或二葉，占之甚驗。今訪草長二三尺，葉似白楊，下圓上尖，一本而數節，每節皆生葉，數不止三，亦非盡能變白，惟最上數葉，初時近蒂先白，次則葉中再白，末則至葉尖通白。蓋一葉而三白，非白葉有三也。予渡曹娥江，親摘以視之，因得其詳，土人呼三白草，大抵志載之不實，類如此。此其說與盧說異，因並存之。瀕湖草部十六卷隰草内載三白草，二十七卷菜部又列翻白草，以為二種，不知即是一物。按：陳綬《眼科要覽》云：三白草根名地藕，翻白草根名天藕，斷是一物無疑。此皆不應強分者，無怪乎翻白草下有釋名，而三白草下無有釋名矣。且其根能治小兒痘後眼閉不能開，并起星最效。用酒漿同搗，鋪綿帛上，托於眉心，候一晝夜即開，重者二服，無不驗者。而瀕湖三白、翻白下兩處附方皆載，猶欠細核耳。

清・吴其濬《植物名實圖考》卷一四　三白草　《唐本草》始著錄。《酉陽雜俎》亦載之。形狀詳《本草綱目》。湖南俚醫治筋骨及婦人調經多用之。

雩婁農曰：三白草，江南農候也。余驗之，其葉白，不愆於素，移植過時，乃不復白，不似他草木花可遲早也。望杏瞻蒲，此為的矣。陶蘇皆未識，蘇所說乃馬蓼有黑點者。此草喜近水濱，江右、湘南土醫慣用其方，多於《本草綱目》所載，大約江南諸藥，惟陳藏器搜羅最博核，惜不盡得其圖。《嘉祐本草》引列而未能詳釋，半為有名未用，可謂遺憾。

清・趙其光《本草求原》卷三隰草部　塘邊藕　甘、辛，寒。治淋濁，利水，消熱毒，化腐肉，出腐骨。同麵、豉、陳、白梅敷。

清・劉善述、劉士季《草木便方》卷一草部　三白草　三白根甘辛寒平，脚氣水腫利便靈。消痰除積胸痞滿，洗疥風毒痔塗清。

廣信柴胡

清・吴其濬《植物名實圖考》卷七　廣信柴胡附　柴胡產廣信。叢生，形狀頗似三白草，紫莖柔脆，葉面青，背微白，有直紋六七縷。土人以爲柴胡，志乘亦云地產柴胡。按之《圖經》絕不相類，不知何草。

翻白草

明・張四維《醫門秘旨》卷一五《藥性拾遺》　翻白草　氣辛，味辣，性溫，無毒。陽中之陰也。其葉上半白，梗方，類小樹，傍水澗多有之，端午取者良。辛以散之，治諸瘡，用熱酒佐以發汗；溫以和之，祛吐血，用涼藥佐之以愈紅。治一切無名腫毒、疔瘡、渾身疥癩瘙痒、寒熱瘧疾、吐血衄血之症及濕熱脚氣之疾而立愈。

穀精草

宋・唐慎微《證類本草》卷一一草部下品〔宋・馬志《開寶本草》〕　穀精草　味辛，溫，無毒。主療喉痹，齒風痛，及諸瘡疥。飼馬主蟲顙、毛焦等病。二月、三月于穀田中採之。一名戴星草。花白而小圓似星。故有此名爾今附。

〔宋・掌禹錫《嘉祐本草》〕按：　日華子云：　涼。餧飼馬肥，二三月於田中生白花者，結水銀成沙子。

〔宋・蘇頌《本草圖經》〕曰：　穀精草，舊不載所出州土，今處處有之。春生於穀田中，葉、莖俱青，根、花並白色。二月、三月內採花用。一名戴星草。以其葉細，花白而小圓似星，故以名爾。又有一種，莖梗差長有節，根微赤，出秦隴間，古方稀用，今口齒藥多使之。

〔宋・唐慎微《證類本草》〕陳藏器云：　味甘，平。亦入馬藥用之。白花細葉。《集驗方》：　治偏、正頭痛。穀精草一兩爲末，用白麵調攤紙花子上，貼痛處，乾又換。

宋・鄭樵《通志》卷七五《昆蟲草木略》　穀精草　生於穀田中，亦曰戴星草，欲人早耕也。

宋・王介《履巉巖本草》卷上　穀精草　味辛、甘，平，無毒。主療喉痹，齒風痛，及諸瘡疥。一名戴星草。入水銀結成砂子。今口齒藥多用之。

宋・陳衍《寶慶本草折衷》卷一一　穀精草　一名戴星草。生穀田，及江寧府、秦州。今處處有之。○二、三月採花。　味辛，溫，無毒。○主療喉痹，齒風痛及諸瘡疥。○《圖經》曰：　又一種莖梗差長有節，根微赤，口齒藥多使。○《集驗方》：　治偏正頭痛。穀精草爲末，白麪調攤紙花上，貼痛處，乾又換。

續說云：　張松謂精草亦療小兒斑瘡入眼，翳膜遮障。又《究原方》神精散治暗風，以此藥去土爲末，先噙水取□天時，復嗃左右鼻。

元・尚從善《本草元命苞》卷五　穀精草　辛，溫，無毒。療喉痺，齒風疼痛。治偏正頭疼。主諸瘡疥癬。二三月穀田採取，名戴星。花圓而白，葉莖俱青，節根微赤。古方中罕用，口齒藥多加。

明・王綸《本草集要》卷三　穀精草　味辛，氣溫，無毒。二月三月芒穀田中採之。主喉痹齒風痛，諸瘡疥，口齒藥多用之。又飼馬，主蟲顙、毛焦等病。

明・滕弘《神農本經會通》卷一　穀精草　二三月於穀田中採之，花白而小貞，似星，故名。　味辛，氣溫，無毒。

《本經》云：　主療喉痺，齒風痛，及諸疥瘡。飼馬，主蟲顙、毛焦等病。

《局》云：　穀精草治咽喉痺，療齒仍堪去痛風。有馬若還能餧飼，長毛更治顙間蟲。　穀精草，破翳膜遮睛。

明・劉文泰《本草品彙精要》卷一五　穀精草無毒。　植生。

穀精草：　主療喉痹，齒風痛，及諸瘡疥。飼馬，主蟲顙毛焦等病。名醫所錄。

〔名〕戴星草。　〔苗〕《圖經》曰：　春生於穀田中，葉莖俱青，根花並白色，一名戴星草，以其葉細花白而小圓似星，故以名爾。又有一種莖梗差長有節，根微赤，出秦隴間，古方稀有，今口齒藥中多用之。　〔地〕《圖經》曰：　舊不載所出州土，今處處有之。〔道地〕江甯、秦州。　〔時〕生：　春生苗。採：　二月、三月取。　〔收〕陰乾。　〔用〕苗、葉。　〔色〕青。　〔味〕辛。　〔性〕溫。　〔氣〕氣之厚者，陽也。　〔臭〕香。　〔主〕口齒風痛。〔治〕療：　《別錄》云：　治偏正頭風痛，以穀精草一兩爲末，用白麪調，攤紙花上，貼痛處，乾即易之。

明・許希周《藥性粗評》卷三　草擇穀精，雲氣頓銷於眼翳。

穀精草，一名戴星草。二三月生穀田中，高四五寸，葉幹俱青，根花並白，以其葉細花白小圓似星，故名戴星。江南處處有之。三月採，暴乾，土人多以飼馬，謂性□而馬易肥。餘說《本草》不載。味辛，性溫，無毒。主治喉痹齒風，眼翳不明，瘡疥，偏正頭疼。

單方：頭痛：凡患偏正頭痛者，以穀精草一兩，為末，入白麵少許，微水調勻，攤紙上，貼痛處，乾又換之。

明・鄭寧《藥性要略大全》卷七　穀精草一名戴星。明目，療翳膜遮睛，治喉痹齒痛。味辛，氣溫，無毒。生道傍及田中，莖葉俱細。

明・陳嘉謨《本草蒙筌》卷三　穀精草　味辛，氣溫。無毒。生長穀田中，採收三月後。花白葉細，圓小似星，故又名戴星草也。理咽喉痹塞，止牙齒風疼。口舌諸瘡，眼目瞖膜。並堪煎服，取効霎時。又喂馬驢騾，能殺蟲纇內。益力健步，長毛生騣。

明・王文潔《太乙仙製本草藥性大全》卷二《本草精義》　穀精草　一名戴星草，俗名鼓槌草。舊不著所出州土，今處處有之。春生於穀田中。葉莕皆青，根花並白色，二月、三月採花用。名戴星者，以其葉細花白而小圓似星，故以名耳。又一種莖梗差長有節，根微赤，出秦隴間。古方稀用，今口齒藥多使之。

明・王文潔《太乙仙製本草藥性大全》卷二《仙製藥性》　穀精草　味辛，氣溫，無毒。　主治：理咽喉閉塞，止牙齒風疼。口舌諸瘡，眼目瞖膜，並堪煎服，取效霎時。又餵馬騾驢，能殺蟲纇內，益力健步、長毛生騣。　補註：治偏正頭痛，用一兩爲末，以白麪調塗紙花子上，貼痛處，乾則易之即差。

明・皇甫嵩《本草發明》卷三　穀精草下品下，佐使。氣溫，味辛，無毒。一名戴星草。花白而小圓似星，故名。葉細，二三月田中採也。　發明曰：此辛溫輕散，行上部之藥。故《本草》主療喉痺，牙風痛，口齒諸瘡及諸疥立効。又飼馬肥，殺纇內蟲，長毛生騣益力。治偏正頭痛用之，為末，以白麪調攤紙花子上，貼痛處，乾又換。又治眼目翳膜。

明・李時珍《本草綱目》卷一六草部・隰草類下　穀精草宋《開寶》

【釋名】戴星草《開寶》　文星草《綱目》　流星草時珍曰：穀田餘氣所生，故曰穀精。志曰：白花似星，故有戴星諸名。

【集解】頌曰：處處有之。春生於穀田中，葉莖俱青，根花並白色。二月、三月采花用，花白小圓似星。可餧馬令肥，主蟲纇毛焦病。又有一種，莖梗長有節，根微赤，出秦隴間。時珍曰：此草收穀後，荒田中生之，江湖南北多有。一科叢生，葉似嫩穀秧。抽細莖，高四五寸。莖頭有小白花，點點如亂星。九月采花，陰乾。云二三月采者，誤也。

花　【氣味】辛，温，無毒。藏器曰：甘，平。大明曰：可結水銀成砂子。

【主治】喉痹，齒風痛，諸瘡疥《開寶》。頭風痛，目盲翳膜，痘後生翳，止血時珍。

【發明】時珍曰：穀精體輕性浮，能上行陽明分野。凡治目中諸病，加而用之，甚良。明目退翳之功，似在菊花之上也。

【附方】舊一，新七。　腦痛眉痛：穀精草二錢，地龍三錢，乳香一錢，爲末。每用半錢，燒煙筒中，隨左右熏鼻。《聖濟録》。　偏正頭痛：《集驗方》用穀精草一兩爲末，以白麪糊調攤紙花上，貼痛處，乾換。○《聖濟》方用穀精草末、銅緑各一錢，硝石半分，隨左右嗃鼻。　鼻衄不止：穀精草爲末，熟麪湯服二錢。《聖惠方》。　目中翳膜：穀精草、防風等分，爲末，米飲服之，甚驗。《明目方》。　痘後目翳：隱澀淚出，久而不退。用穀精草爲末，以柹或猪肝片蘸食。一方，加蛤粉等分，同入猪肝內煮熟，日食之。又方：見夜明沙。邵真人《濟急方》。　小兒雀盲：至晚忽不見物。用羯羊肝一具，不用水洗，竹刀剖開，入穀精草一撮，瓦罐煮熟，日食之，屢效。忌鐵器。如不肯食，炙熟，搗作丸緑豆大。每服三十丸，茶下。《衛生家寶方》。　小兒中暑：吐泄煩渴。穀精草燒存性，用器覆之，放冷爲末。每冷米飲服半錢。《保幼大全》。

明・佚名氏《醫方藥性・草藥便覽》　穀精草　其性涼。治眼目翳。古槌草。

明・李中立《本草原始》卷三　穀精草　處處有之。春生於穀田中，是穀田餘氣所生，故曰穀精草。葉、莖俱青，根、花俱白色。二月、三月內採花用。一名戴星草，花白而小圓，似星，故以名爾。　穀精草：氣味：辛，溫，無毒。　主治：喉痹，齒風痛，及諸瘡疥。○頭風痛，目盲翳膜，痘後生翳，止血。○(蝕)〔飼〕馬，主蟲纇毛焦等病。

穀精草，宋《開寶》。【圖略】

明目方：治目中翳膜，穀精草、防風等分為末，米飲服之，甚驗。

明・張懋辰《本草便》卷一　穀精草　味辛，氣溫，無毒。　主喉痹齒風痛，諸瘡疥、口齒藥多用之。

明・盧復《芷園臆草題藥》　穀精草乃穀之餘氣，春生穀田中。九月莖頭開小白花，點點如星，味且辛，得陽明燥金氣化，體輕氣浮，可平肝木之上，如頭目之疾，平和善良之輕劑也。然生于穀，大能益人。

明·繆希雍《本草經疏》卷一一　穀精草　味辛，溫，無毒。主療喉痹，齒風痛及諸瘡疥。飼馬，主蟲顙毛焦等病。

〔疏〕穀精草得金氣，故味辛，所言氣溫者，應曰微溫，故其性無毒。入足厥陰經，又入足陽明經，補肝氣之要藥也。辛能散結，微溫能通氣。喉痹者，手少陰心火與足少陽相火相扇，上壅而成。散二經之火，則氣通而無所結滯矣。齒風痛者，陽明胃家風火熱盛上衝之所致也。熱則生風，風火相搏，故發齒風痛也。諸瘡疥之生，皆由於血熱。諸痛痒瘡瘍，皆屬心火。藥宜辛散，故悉主之。其用以飼馬，主蟲顙毛焦等病者，以馬性多熱，又為風熱所傷，故主之也。以其入肝，補益肝氣，故為治目散翳之上藥，而《本經》不載，是謂闕文。〔主治參互〕穀精草，得決明子、木賊草、甘菊花、蜜蒙花、生地黃，專除目病障翳。《集驗方》治偏正頭痛：用穀精草一兩，為末，以白麪粉調攤油紙上，貼痛處，乾換。《聖惠方》治鼻衄不止，穀精草為末，熟麪湯服二錢。《明目方》治目中翳膜：穀精草、防風等分，為末。米飲服之，甚驗。邵真人《濟急方》治痘後目翳，隱澀淚出，久而不退，用穀精草為末，以肺或猪肝片蘸食。一方加蛤粉等分，同入猪肝內煮熟，日食之。《衛生家寶方》治小兒雀盲，至晚或不見物，用羯羊肝一具，不用水洗，竹刀剖開，入穀精草一撮，瓦罐煮熟，日食之，屢效。忌鐵器。如不肯食，炙熟，搗作丸，菉豆大。每服三十丸，茶下。《保幼大全》治小兒中暑吐瀉，煩渴。穀精草燒存性，用器覆之，放冷，為末。每冷米飲服半錢。　此藥味淡，性無毒，喉痹、齒痛、目翳之外，無他用，故不著簡誤。

明·倪朱謨《本草彙言》卷四　穀精草　味苦，微辛，氣寒，無毒。入足厥陰、陽明經。　李氏曰：穀精草，江湖南北俱有。春時叢生荒穀田中，莖葉酷似穀嫩秧，高五七寸，八九月莖端開花白色，點點如亂星。喂馬令肥，又主蟲顙毛焦之疾。一種莖長有節，根微赤者，出秦隴間，亦可入藥。

穀精草：李時珍祛風清火之藥也。計日聞稿《開寶》方主喉痹目障，齒痛，頭風，瘡疥諸疾。五證皆君相二火上壅攻作，熱則生風，風火相扇，故爲是病。此藥輕浮潔白，秋成得辛，清肅之品也。喉齒頭目瘡疥之疾，本乎風火爲患，故悉主之。其喂馬，主蟲顙毛焦等病者，以馬性多熱，又爲風熱所傷，故爲是病，宜其用之。原其入肝，清調肝氣，又爲眼科散目翳之要藥，而兒科諸疳雀目之證，亦必需之。除喉齒頭目疾之外，餘無他用。

繆仲淳先生曰：此藥于田中收穀後多有之。田低而穀爲水腐，得穀之餘氣而生，故曰穀精。其亦得天地之和氣者歟！兔喜食此草，故兔糞爲目疾家收用。如此草未出時，兔糞又不可用也。

集方：《開寶》方治喉痹急脹。用穀精草，洗淨搗汁，和米醋，漱汩喉間，一二次隨消。○時珍方治目生翳障，隱澀淚出。用穀精草爲末，以羊肝煮熟，竹刀切片蘸食。此方治痘後翳障更宜。○《衛生家寶方》治小兒雀目至晚不能視物。用羯羊肝一具，竹刀剖開，入穀精草一把，瓦罐煮熟，日食之極效。如不肯食，搗爛作丸，菉豆大。每服三十丸，茶下。○《聖惠方》治風熱齒痛。以穀精草搗爛，加食鹽少許，揩痛處，半日效。○魯若水治瘡疥痒痛異常。用穀精草搗爛，擦之旋消。或日乾，同金銀花各半，煎湯飲。○《聖濟方》治偏正頭風痛。用穀精草一兩，爲末，以麪糊調攤紙上，貼痛處，乾換。或用穀精草末、銅綠各一錢，火硝三分，共研極細，隨左右嗃鼻。○同前治頭腦痛并眉骨痛。用穀精草二錢，地龍三錢，乳香一錢，共爲末。每用五分，以紙裹筒燒烟，隨左右熏鼻。

明·李中梓《醫宗必讀·本草徵要上》　穀精草味辛，溫，無毒。入肝、胃二經。

頭風翳膜遮睛，喉痹牙疼疥癢。田中收穀後多有之，田低而穀為水腐，得穀之餘氣結成此草，其亦得天地之和氣者歟。兔糞名望月沙，兔喜食此草，故目疾家收之。如未出草時，兔糞不可用也。

明·蔣儀《藥鏡》卷一溫部　穀精草　散心火相火之交扇，而喉痹寬。和胃家風火之上衝，而齒痛愈。鼻衄不止，下以熟麪之湯。翳膜目中，副以離風之劑。調和羅匡之白麪，攤貼偏正之頭風。包紮羯羖之原肝，煮藥鷄盲之孩子。痘後目衣，隱澀淚出，同蛤粉等分，蘸食猪肝。嬰兒中暑，吐瀉渴煩，須存性煅灰，米湯冷下。

明·盧之頤《本草乘雅半偈》帙一○　穀精草宋《開寶》　氣味：辛，溫，無毒。　主治：主喉痹，齒風痛，諸瘡疥。

覈曰：江湖南北都有，春時叢生荒穀田中。莖葉都似穀秧，高五七寸，柔嫩青綠。八九月，莖端開花白色，點點如亂星。餧馬令肥，並主蟲顙毛焦之疾。一種莖長有節，根微赤者，出秦隴，亦入藥用。

先人云：穀，金屬也，交草穀之精而化生。輕浮潔白，秋成得辛，清肅之象也。喉齒頭目之疾本乎風木，標見陽明之上者，從治其標，逆治其本。

并治小兒諸疳雀目，佐以禽畜之專藏，用開竅穴，特易易耳。

条曰：穀之言續，精之言神觀而鑿鑿者，陽之睛也。一名戴星、文星、流星。《說文》云：星之言精也，陽之榮也。故白花點點猶星星也。《天文志》云：金之散氣為星，其本曰人。孟康云：星，石也。金石相生，人與星氣相應而成睛也。是故力平肝木之風，以通喉痹，布散翳膜之障，以開盲瞽。謂其不穀，仍續神觀鑿鑿之以陽為睛也。若瘡疥淫瘡，為火刑金地，致金不穀，仍可續之，若鼻衄不止，為木用太過，而血菀于上，亦屬金之不穀，無以乘氣于木下也。穀精草，布散以金氣，火自安其位，木亦退其舍矣。金位之下，火氣乘之；火位之下，陰精乘之。亢則害，乘廼制，制則化生矣。星者，散也，位布散也。宿者，宿也，星各止宿其處也。

明・李中梓《本草通玄》卷上 穀精草 甘，平，陽明藥也。主頭風翳膜，痘後目翳，此草收穀後，荒田中生之，得穀之餘氣，獨行陽明分野，明目退翳之功，似在菊花之上。

清・顧元交《本草彙箋》卷三 穀精草 體輕性浮，能上行陽明分野，故治目中諸病。加而用之，明目退翳之功，似在菊花之上。

清・穆石匏《本草洞詮》卷九 穀精草 穀田餘氣所生，故曰穀精。白花似星，故有戴星、文星、流星諸名。味辛甘，氣溫，一云平，無毒。治頭風，目盲翳膜，喉痺。蓋其體輕性浮，能上行陽明分野。凡治頭目、咽喉諸病，加而用之。

清・劉雲密《本草述》卷九下 穀精草用花。 時珍曰：此草收穀後，荒田中生之，江湖南北多有。一科叢生，葉似嫩穀秧，抽細莖，高四五寸，莖頭有小白花，點點如亂星，九月采花，陰乾。云二三月採者，誤也。

花：氣味：辛，溫，無毒。 藏器曰：甘，平。 主治：頭風痛，目盲翳膜，痘後生翳，止血時珍。

時珍曰：穀精體輕性浮，能上行陽明分野。凡治目中諸病，加而用之甚良。明目退翳之功，似在菊花之上也。 盧復曰：穀精草乃穀之餘氣，春生穀田中，九月莖頭開小白花，點點如星。味且辛，得陽明燥金氣化。體輕氣浮，可平肝木之上，如頭目之疾，平和善良之輕劑也。然生於穀，大能益人。 希雍曰：穀精草得金氣，故味辛，所言氣溫者，應曰微溫，故其性無毒，入足厥陰經，又入足陽明經。補肝氣之要藥也。辛能散結，微溫能通氣，以其入肝，補益肝氣，故為治目散瞖之上藥。

穀精草得決明子、木賊草、甘菊花、蜜蒙花、生地黃，專治目病障瞖。

附方 明目方，治目中瞖膜，穀精草、防風等分為末，米飲服之，甚驗。腦痛眉痛，穀精草二錢，地龍三錢，乳香一錢，為末，每服半錢，燒烟筒中，隨左右熏鼻。

愚按：穀精草，謂得穀氣之餘也。盧復所說主治，誠然。然得穀氣之餘，而謂能平風木，則較他辛味，止於入肝為散者有間，故繆氏謂為補肝氣之要藥也。潔古用藥式，穀精草入肝補氣，是固風劑也，有治暗風方，用穀精草為末，少許水噙，時復嗃左右鼻。愚於風虛頭痛，同諸味用之，累效。然則又為風證之補劑，張潔古先生洵能察物哉。乃世醫止知用之治目，何歟！

修治 忌鐵。

清・郭章宜《本草匯》卷一一 穀精草 甘、辛，溫，入足厥陰、陽明經。頭風翳膜遮睛，雀盲痘後目翳。腦痛眉痛鼻熏，偏正頭風麪貼。《開寶》主治喉痺者，手少陰心火與足少陽相火相煽，上壅而成也。此藥性辛，辛能散結，溫能通氣，散二經之火，則氣通而無所結滯矣。又治齒風痛者，陽明胃家風火，熱盛上衝之所致也。熱則生風，風火相搏，故發齒風痛也。諸瘡疥之生，皆由于血熱，諸痛癢瘡瘍，皆屬心火。藥宜辛散，故悉主之。

按：穀精草，藉穀之餘氣結成，得陽明燥金氣化，體性輕浮，入肝，補益肝氣，能上行陽明分野。凡治頭目諸病，加而用之，明目退翳之功，似在菊花之上。多生于田中收穀之後，其得天地之和氣者歟。若小兒雀盲者，用羯羊肝一具，不用水洗，竹刀刮開，入穀精一撮，炙熟，搗作丸，日三服，茶下。除目疾之外，無他用矣。

清・蔣居祉《本草擇要綱目・溫性藥品》 穀精草 氣味：辛，溫，無毒。浮而升，上行陽明。 主治：頭風痛，目盲翳膜。痘後生翳，止血。功在菊花上。

清・王翃《握靈本草》卷四 穀精草收穀後荒田中生之，江南江北多有。 主治：穀精草，辛，溫，無毒。一云：甘，平。主頭風痛，目盲翳膜，痘後目翳。

清・汪昂《本草備要》卷二 穀精草輕，明目。 辛，溫，輕浮。上行陽明胃，兼入厥陰肝。明目退翳之功，在菊花之上。亦治喉痹齒痛，陽明風熱。

收穀後，荒田中生。葉似嫩秧，花如白星。小兒雀盲者，羯羊肝一具，不洗，竹刀割開，入穀精煮熟食之。或作丸，茶下。

清・顧靖遠《顧氏醫鏡》卷七　穀精草辛，微溫。入肝胃二經。　治翳膜，睛生白翳也。雀盲。至夜即不見物，並無翳也。療頭風，齒痛。辛散之功。補養肝氣，為治目病之上藥。

清・李熙和《醫經允中》卷一七　穀精草　甘、辛，溫，無毒。主治大人頭風，翳膜遮睛，小兒雀盲，痘後目瞖。

清・馮兆張《馮氏錦囊秘錄・雜症痘疹藥性主治合參》卷二　穀精草得金氣而生，故味辛，微溫，無毒。田中收穀後有之，田低而穀為水腐，得穀之餘氣結成此草，亦得天地之和氣者與。專入足厥陰經，又入足陽明經。補肝氣，治目疾之要藥也。辛能散結，溫能通達，故治風火齒痛，喉痹血熱，痛痒瘡瘍更所效者。入肝而補益肝氣，故治目翳隱澁多淚不開，雀盲至晚不見，小兒疳積傷目，痘後一切星障，並臻神效。

穀精草，治眼目翳膜，一切星障隱澁，多淚不開，雀盲至晚不見。諸疳傷眼，猪肝散以此為君，痘癍入目，兔糞丸中必用。風火發為齒痛喉痹，亦堪主治。

主治痘疹合參：主明目，去膚翳，星障尤要。有用兔糞者，以兔善食此草耳。如未出草時，兔糞不可用也。

清・张璐《本經逢原》卷二　穀精草　辛，溫，無毒。　發明：穀精草性體輕浮，能入陽明分野，治目中諸痛甚良，而去瞖尤為專藥，明目退瞖之功在菊花之上，痘後生瞖亦用之。此草兔性喜食，故目疾家專用，與望月砂功用不殊。

清・浦士貞《夕庵讀本草快編》卷二　穀精草宋《開寶》、文星　附：望月砂　花白似星，故名。　穀精草乃稻田餘氣所生，甘平無毒，體輕性浮。故能上行陽明之分，如頭風目翳，痘疹青盲，齒風喉痺，用之最佳。蓋以其感雨露之華，得禾實之化，論功不在菊花下也。且兔喜食此草，故其糞名望月砂，而目疾家多收用之。若此草未生，兔糞不可用矣。

清・劉漢基《藥性通考》卷六　穀精草　味辛，氣溫，無毒。輕浮之藥，上行陽明胃經，兼入厥陰肝經。明目退翳，功在菊花之上。亦治喉痺齒痛，陽明風熱。收穀後荒田中生，葉似嫩秧，花如白星。小兒雀盲目者，用羊肝竹刀割開，入穀精煮熟，食之，或作丸，茶下亦可。

清・王子接《得宜本草・中品藥》　穀精草　味辛。入陽明經。主治目疾。得羯羊肝治小兒雀目。

清・黃元御《玉楸藥解》卷一　穀精草　味苦，微溫。入足厥陰肝經。明目清風，去瞖消障。辛溫發散，庸工治頭痛目瞖之證，謂其能愈頭風。愚妄極矣！

清・吴儀洛《本草從新》卷一　穀精草〔輕，明目。〕辛溫輕浮。功善明目退翳，兼治頭風喉痺，牙疼疥癢。田中收穀後多有之。田低而穀為水腐，得穀之餘氣結成此草。

清・汪紱《醫林纂要探源》卷二　穀精草　辛，溫。收穀後生稻田中，似嫩秧，抽莖上結圓粒如星，又名戴星草。益肝明目。辛益肝，而目為肝竅。莖端戴星，形似目而有光，故主上行而明目退翳，亦治齒痛。

清・嚴潔等《得配本草》卷三　穀精草　甘，平。入足厥陰經。專治頭風目翳，能療疳積傷睛。風濕喉痹，亦可用以為佐。　配地龍、乳香薰鼻，治腦痛。配蛤粉、豬肝，治痘後目翳。　人乳或童便拌蒸，隨症制之。　血虚病目者禁用。

題清・徐大椿《藥性切用》卷三　穀精草　辛溫輕浮，啟胃舒陽，善發少陽、陽明清氣，功專明目退翳，為眼科發光專藥。

清・黃宫繡《本草求真》卷七　穀精草入肝散結，通血明目。　穀精草耑入肝，兼入胃。本穀餘氣而成，得天地中和之氣，味辛微苦氣溫，故能入足厥陰肝及足陽明胃。按此辛能散結，溫能通達。凡一切風火齒痛，喉痹血熱，瘡瘍痛癢，肝虚目翳，澁淚雀盲至晚不見，並疳疾傷目，痘後星障，服之立能有效。且退翳明目，功力駕於白菊，而去星明目，尤為專劑。時珍曰：穀精體輕性浮，能上行陽明分野。凡治目中諸病，加而用之，甚良。明目退翳，似在菊花之上也。試看望月沙係兔所食此草而成，望月沙亦能治眼，則知此更為眼家要藥矣。取嫩秧花如白星者良。

清・羅國綱《羅氏會約醫鏡》卷一六草部　穀精草味辛，微溫，入肝胃二經。治目翳膜星障、隱澁多淚、雀盲至晚不見、諸疳傷眼、痘後星障，補益肝氣。療風火齒痛喉痹。辛能散也。小兒雀盲者，羯羊肝一具不洗，竹刀割開，入穀精煮熟食之，或作丸，茶下。　按：穀精去星障，木賊去翳障，兼補肝腎藥，乃效，其功在菊藥之上。星即目中之白點也。

清・黄凱鈞《藥籠小品》　穀精草　功善明目退翳，稻根得餘氣而生。

清・王龍《本草纂要稿・草部》　穀精草　氣味苦辛。理咽喉痺塞，止牙齒風疼。口瘡立效，翳（瘼）〔膜〕旋祛。

清・莫樹蕃《草藥圖經》　撒秧袍根　撒秧袍根，即穀精草。處處有之，生於穀田中。葉莖俱青，根花皆白色，二月三月採花用，花白小，圓似星，可餧馬令肥。氣味辛溫，無毒。治喉痺，齒風痛，諸瘡疥，頭風痛，目盲翳膜，痘後生翳，止血。

清・張德裕《本草正義》卷上　穀精草　味淡，微涼。能清肝明目，消翳退障。

清・楊時泰《本草述鉤元》卷九　穀精草　收穀後，荒田中有之，一科叢生，葉似嫩穀秧，抽細莖高四五寸，莖頭有小白花，點點如星，九月采花，陰乾用瀕湖。

味辛、甘，氣溫，平。入足厥陰，又入足陽明經，補肝氣之要藥也。治頭風痛，目盲瞖膜，痘後生瞖止血瀕湖。體輕性浮，能上行陽明分野，凡目中諸病，加而用之，明目退瞖之功，似在菊花之上又。穀精草得陽明燥金氣化，體輕氣浮，可平肝木之上如頭目之疾，平良輕劑也。然生於穀，大能益人不遠。辛能散結，溫能通氣，是以入肝而補益肝氣，為治目散瞖之上藥仲淳。得決明子、木賊、甘菊、蜜蒙花、生地，專治障瞖。目中瞖膜，穀精草、防風等分，為末，米飲服之甚驗。腦痛眉痛，穀精草二錢，地龍三錢，乳香一錢，為末，每服半錢，燒烟筒中，隨左右熏鼻。治暗風方，穀精草為末，少許，水噙，時嗃左右鼻孔。

論：　穀精得穀氣之餘，較他辛味，止於入肝為散者有間，故潔古《用藥式》謂為入肝補氣要藥，取以治風虛頭痛，又為風證之補劑，乃世醫止知治目何歟。

修治：　忌鐵。

清・葉桂《本草再新》卷二　穀精草味辛，性溫，無毒。入肝、胃二經。　明目退翳，治喉痺齒痛，陽明風熱。

清・吴其濬《植物名實圖考》卷一四　穀精草　《開寶本草》始著錄。《本草綱目》述狀頗確，今以為治目疾要藥。

清・文晟《新編六書》卷六《藥性摘錄》　穀精草　味辛，微苦，氣溫。入肝及胃。散結通血。〇凡風火齒痛，喉痺血熱，瘡瘍痛癢，肝虛目翳，澀淚，雀盲至晚不見，並疳疾傷目，痘後星瘴，服之皆效。且明目退翳，功過菊花。〇取嫩秧，花如白星者良。

清・張仁錫《藥性蒙求・草部》　穀精草三錢　穀精草辛，輕浮上行。明目退翳，兼治頭風。功在菊花之上。田中穀後多有之。

清・佚名氏著，錢沛補《治疹全書》卷上　星星草　存疑。諸家本草未見有此。按《石頭記》一書，曾以星星翠對月月紅，工雅絕倫，但未知為何物。《盛京通志》云：　星星草葉如韭，有穗星星，故名。可以飼馬，然亦未審其詳。本書中卷第十八頁有藥金錠方，內用金星草，藉以發疹，或係傳寫之訛，亦未可知。姑闕所疑，以俟博雅君子。

清・戴葆元《本草綱目易知錄》卷一　穀精草　花，辛，溫。體輕性浮，能上行陽明分野，明目退翳，功勝菊花，凡目疾，宜用之。治偏正頭風痛，喉痺齒痛，雀目翳膜，痘後生翳。療瘡疥，止鼻衄。

清・陳其瑞《本草撮要》卷一　穀精草　味辛溫，入足厥陰、陽明經。輕浮上行，功專明目退翳，功勝菊花。亦治喉痺齒痛，陽明風熱。羯羊肝一具不洗，竹刀割開，入穀精草煮熟食之，或作丸茶下，治小兒雀盲。得決明子、木賊、甘菊、密蒙花、生地治障翳。得防風為末，米飲服之，治目中翳膜，神效。忌鐵。

莎草

宋・李昉《太平御覽》卷第九九七　莎　《爾雅》曰：　薃胡老切，侯莎，其實媞。《夏小正》曰：　薃也者，莎薃，媞者，其實。媞，大兮切。　《廣雅》曰：　地毛莎，薃也。　《廣志》曰：　莎可以為雨衣。　《毛詩題綱》曰：　南山有臺。臺，一名夫湏。莎草也。言山生臺及莎，以自蔭喻人君得賢以自尊也。　任昉《述異記》曰：　昔戰國時，魏國苦秦之難，有民從征，戍秦不返，其妻思之而卒，既葬，塚上生木，枝葉皆向夫所在而傾，因謂之相思木。今秦趙間有相思草，狀若石竹，而節節相續，一名斷腸草，又名愁婦草，亦名孀草，人呼為寡婦莎，蓋相思之流也。

宋・唐慎微《證類本草》卷九草部中品〔《別錄》〕　莎草根　味甘，微寒，無毒。主除胸中熱，充皮毛。久服利人，益氣，長鬚眉。一名薃音號，一名侯莎。其實名緹。生田野，二月、八月採。

〔梁・陶弘景《本草經集注》〕云：　方藥亦不復用。《離騷》云：　青莎雜樹，繁草靃音髓靡音美。古人爲詩多用之，而無識者。乃有鼠蓑，療體異此。

〔唐・蘇敬《唐本草》〕注云：　此草，根名香附子，一名雀頭香。大下氣，除胸腹中熱，所在有之。莖、葉都似三稜，根若附子，周匝多毛。交州者最勝。大者如棗，近道者如杏人許。荆襄人謂之莎草根，合和香用之。

〔宋・蘇頌《本草圖經》〕曰：　莎草根，又名香附子。舊不著所出州土，但云生田野，今處處有之。或云交州者勝，大如棗，近道者如杏人許。苗、莖、葉都似三稜，根若附子，周匝多毛。今近道生者，苗、葉如薤而瘦，根如筯頭大。二月、八月採。謹按《天寶單方圖》載水香稜，功狀與此頗相類，但味差不同。其方云：　水香稜，味辛，微寒，無毒，性澀。元生博平郡池澤中，苗名香稜，根名莎結，亦名草附子。河南及淮南下濕地即有，名水莎，隴西謂之地藾根，蜀郡名續根草，亦名水巴戟。今涪都最饒，名三稜草。用莖作鞋履，所在皆有。單服療肺風。又云：　其藥療丈夫心肺中虛風及客熱，膀胱間連脇下時有氣妨，皮膚瘙痒癮疹，飲食不多，日漸瘦損，常有憂愁，心忪少氣等。並春收苗及花，陰乾。入冬採根，切，貯於風涼處。有患前病者，取苗二十餘斤，剉，以水二石五斗，煮取一石五斗，於浴斛中浸身，令汗出五六度，浸兼浴。其肺中風，皮膚痒即止。每載四時常用，則癮疹風永差。其心中客熱，膀胱間連脇下氣妨，常日憂愁不樂，兼心忪者，取根二大斤，切，熬令香，以生絹袋盛貯，於三大斗無灰清酒中浸之，春三月浸一日即堪服，冬十月後即七日，近暖處乃佳。每空腹服一盞，日夜三四服之，常令酒氣相續，以知爲度。若不飲酒，即取根十兩，加桂心五兩，蕪荑三兩，和擣爲散，以蜜和爲丸，擣一千杵，丸如梧子大。每空腹，以酒及薑蜜湯飲汁等，下二十丸，日再服，漸加至三十丸，以差爲度。

〔宋・唐慎微《證類本草》〕雷公云：　凡採得後，陰乾，於石臼中擣，勿令犯鐵，用之切忌爾。

宋・寇宗奭《本草衍義》卷一〇　莎草　其根上如棗核者，又謂之香附子，亦入印香中，亦能走氣，今人多用。雖生於莎草根，然根上或有或無。有薄皺皮，紫黑色，非多毛也。刮去皮則色白。若便以根爲之，則誤矣。其味苦。

宋・洪邁《夷堅志・再補》　時康祖為廣德宰，事張王甚謹，後授溫倅，左乳生癧，繼又胸臆間結核，大如拳，堅如石，荏苒半載，百療莫效，已而牽掣臂腋，徹於肩，痛楚特甚。【略】遂用香附去毛，薑汁浸一宿為末，二錢，米飲調。纔數服，瘡膿流出，腫硬漸消，自是獲愈。

金・張元素《潔古珍珠囊》〔見元・杜思敬《濟生拔粹》卷五〕　香附子甘苦　陽中之陰。快氣。

宋・劉明之《圖經本草藥性總論》卷上　莎草根　味甘，微寒，無毒。主除胸中熱，充皮毛，久服令人益氣。《圖經》：　單服，療肺風，治丈夫心肺中虛風及客熱，膀胱間連脇下時有氣妨，皮膚瘙痒癮疹，飲食不多，日漸瘦損，常有憂愁，心忪少氣。《唐本》云：　根名香附子，一名雀頭香。大下氣，除胸腹中熱。交州者良。

宋・王介《履巉巖本草》卷上　莎草根　味甘，平，無毒。主除胸中熱，充皮毛，久服利人益氣，長鬚眉。一名香附子，一名雀頭香。大能下氣，除胸腹中熱。治皮膚瘙痒，遍體生風，取苗一握，煎湯浴之，立效。

元・王好古《湯液本草》卷三　香附子　氣微寒，味甘，陽中之陰，無毒。《本草》云：　除胸中熱，充皮毛，久服令人益氣，長鬚眉。後世人用治崩漏，本草不言治崩漏。《圖經》云：　膀胱、兩脇氣妨，常日憂愁不樂，飲食不多，皮膚瘙癢癮疹，日漸瘦損，心忪少氣。以是知益氣，血中之氣藥也。方中用治崩漏，是益氣而止血也。又能逐去凝血，是推陳也。與巴豆同治泄瀉不止，又能治大便不通，同意。《珍》云：　快氣。

元・朱震亨《本草衍義補遺》　香附子　必用童便浸。凡血氣藥必用之，引至氣分而生血，此陽生陰長之義也。〇即莎草根也。一名雀頭香。大能下氣，除胸腹中熱。又云長鬚眉。

元・徐彥純《本草發揮》卷二　香附子　潔古云：　味甘、苦，微寒。氣厚於味，陽中陰也。快氣。　東垣云：　香附子味甘，微寒。除胸中熱，充皮毛。治一切氣，并霍亂吐瀉，腹痛，腎氣膀胱冷，消食下氣。　海藏云：　後世人用治崩漏。《本草》不言治崩漏。《圖經》云：　膀胱間連脇下時有氣妨，皮膚瘙痒癮疹，飲食不多，日漸瘦損，常有憂愁，心忪少氣，以是知益氣血之樂也。方中用治崩漏，是益氣而止血也。又能逐去凝血，是推陳也。與巴豆能治泄瀉不止，又能治大便不通，同意。　丹溪云：　香附子必用童便浸，凡血藥必用之，以引至氣分而生血。此陽生陰長之義也。

明・蘭茂撰，清・管暄校補《滇南本草》卷下　香附　性微溫，味辛。調血中之氣也，則有推行之意。開鬱氣而調諸氣，寬中消食，止嘔吐，和中養胃，進食，氣血調而陰陽固守，憂鬱開而疾病不生。開鬱調氣要藥，女人之至寶也。

附十珍香附丸：　香附十四兩，作七分，每分二兩，大理府出者。以一分童便浸；一分酒浸，行經絡；一分醋浸，醋開鬱，消瘀血，順氣；一分鹽水浸；一分茴香子湯浸，滋腎水，補腰膝；一分益智仁湯浸，上行胃氣，下行腎經，強智；一分蘿蔔子湯浸，消痰，消食積，春秋浸三日，夏一日，冬至五日。製畢，焙乾，將香附入蘄艾四兩，以好酒煮黑豆為君。熟地四兩，人參二兩，歸身四兩，益母草四兩，阿膠二兩，棗仁二兩，炒。白茯苓二兩，甘草九錢，炙。天冬二兩五錢，砂仁二兩五錢，白朮二兩，土炒。山藥二兩，橘紅二兩，玄胡二兩五錢，醋炒。黄芩二兩五錢，酒炒。共為細末，蜜為丸，或酒煮神䴵為丸，每服三錢，滾水下。

明·王綸《本草集要》卷二　莎草根一名香附子。　味甘，氣微寒。陽中之陰，無毒。陰乾。石臼搗凈。勿犯鐵。須童便浸，或醋浸。　主除胸中熱，充皮毛，久服益氣，長鬚眉。大能下氣開鬱，又逐去凝血。炒黑能止血，治崩漏，血中之氣藥。凡血氣藥必用之，能引血藥至氣分而生血，婦人之仙藥也。婦人乳腫痛。搗末，醋煮，厚傳之。

明·滕弘《神農本經會通》卷一　莎草根　一名香附子，一名雀頭香。二月、八月採，陰乾。石臼搗碎。勿犯鐵。用須童便浸，或醋煑。　味甘，氣微寒，無毒。《湯》云：陽中之陰。《珍》云：治霍亂吐瀉，消食下氣，兼除胃熱，主利氣腹痛，腎氣膀胱冷，及長皮毛。

《本經》云：主除胸中熱，充皮毛，久服利人，益氣長鬚眉。《唐本》注云：大下氣，除胸腹中熱。東云：後世人用治崩漏，《本草》不言治崩漏。《圖經》云：膀胱兩脇氣妨，常憂愁不樂，飲食不多，皮膚瘙痒癮疹，日漸瘦損，心怯少氣，以是知血中之益氣藥也。方中用治崩漏，是益氣而止血也。又能逐去凝血，是推陳也。與巴豆同治泄瀉不止，又能治大便不通，同意。《珍》云：快氣。丹溪云：必用童便浸。凡血氣藥必用之，能引血藥至氣分而生血，此陽生陰長之義也。《集》云：大能下氣開鬱，又逐去凝血。炒黑能止血，治崩漏，血中之氣藥。凡血氣藥必用之，能引血藥至氣分而生血，婦人之仙藥也。婦人乳腫痛，搗末，醋煑，厚傅之。《衍義》曰：亦能走氣。其味苦。劊云：沙草根名香附子，主除胸腹熱無時。婦人得此為仙藥，下氣寬中用最宜。即《局方》香附消食下氣，暖胃溫痺，乃婦人要藥。

明·劉文泰《本草品彙精要》卷一二　水香稜無毒。　叢生。

水香稜：主丈夫心肺中虛風及客熱，膀胱間連脇下時有氣妨，皮膚瘙癢，癮疹，飲食不多，日漸瘦損，常有憂愁，心忪，少氣。名醫所錄。　【名】水莎、草附子、地賴根、續根草、莎結、水巴戟、三稜草。　【苗】《圖經》曰：苗名香稜，根名莎結，亦名草附子，河南及淮南名水莎，隴西謂之地賴根，蜀郡名續根草，又名水巴戟，今涪都最饒，名三稜草，用莖作鞋履者是也。功狀與香附子頗相類，但味差耳。　謹按：此種苗葉似莎草，長而有稜，故名三稜草。根若附子，謂之草附子。《圖經》以此與香附子功狀相類，考之出產不同，實非一種，析之庶不互用。　【地】《圖經》曰：生博平郡池澤中，及河南、淮南、隴西、蜀郡、涪都，今所在皆有之。　【時】生：春生苗。採：春取苗及花，入冬取根。　【收】陰乾。　【用】苗及根。　【色】苗青根紫。　【味】辛。　【性】微寒，澀。　【氣】氣之薄者，陽中之陰。　【臭】香。　【治】療：《圖經》曰：苗二十斤，剉，以水二石五斗，煮取一石五斗，浴之令汗出五六度，治肺中風，皮膚瘙癢即止。每載四時常用，則癮疹風永瘥。　【合治】根二斤，切熬令香，以生絹袋盛貯，於三斗無灰清酒中近暖處浸之，春三月浸一日，冬十月浸七日，每空腹服一盞，日夜三四服之，常令酒氣相續，治心中客熱，膀胱間連脇下氣妨，常日憂愁不樂兼心忪者。若不飲酒，以根十兩合桂心五兩，蕪荑三兩，和搗爲末，蜜丸搗一千杵，丸如梧子大，每空心用酒及薑蜜湯飲汁等下二十丸，日再服，漸加至三十丸，以瘥爲度。

明·劉文泰《本草品彙精要》卷一二　香附子無毒。　叢生。

香附子：主除胸中熱充皮毛，久服令人益氣，長鬚眉。名醫所錄。　【名】莎草根、薃音號、侯莎、雀頭香、緹實名。　【苗】《圖經》曰：苗莖葉都似三稜，根如棗許，周帀多毛，交州者最大，爲勝；今近道生者，苗葉似薤而瘦，其子若麥門冬，附根而生，如山茱萸大，至秋堅實。因附根生而有香氣，故謂之香附子。凡血氣藥中必用之，能引血藥至氣分而生血，此陽生陰長之義，乃婦人之仙藥也。　【地】《圖經》曰：生田野，今處處有之。　【道地】澧州、交州者最勝。　【時】生：春生苗。採：二月、八月取根下子。　【收】陰乾。　【用】根下子。　【色】皮黑肉紫。　【味】甘。　【性】微寒。　【氣】氣之薄者，陽中之陰。　【臭】香。　【主】散鬱，快氣。　【製】《圖經》曰：凡採得後，陰乾，于石臼中搗碎去毛，醋煮或童便浸炒黑，能止血。　【治】療：《唐本》注云：大下氣，除胸中熱。《湯液本草》云：治崩漏，又能逐去凝血。　【合治】合蒼朮、撫芎，解諸鬱。○香附子一斤，醋浸一日，用瓦銚慢火煮，令醋盡，漉出，切片，焙乾爲末，合艾葉末四兩，當歸末三兩，以醋糊丸如梧子大，每服五十丸，淡醋湯下，治婦人經候不調，血氣刺痛，腹脇膨脹，頭暈，噁心，崩漏帶下，便血，癥瘕，並宜服之。　［忌］鐵器。

明・俞弁《續醫說》卷一〇　香附子　主氣分之病，香能竄，苦能降，推陳致新，故諸書皆云益氣。而俗有耗氣之訛，女科之聖藥，皆非也。治本病略炒，兼血以酒煮，痰以薑汁，虛以童便浸，實以鹽水煮，積以醋浸水煮。然其性勇毅發暢，可解婦人鬱結多怒之偏，氣行則無疾矣。《衍義補遺》而曰：引至氣分而生血，此陽生陰長之義也。此說恐礙。蓋香附主氣，味主血，果何以生血乎？此又不可不辯。

明・葉文齡《醫學統旨》卷八　香附子　氣微寒，味甘。無毒。沉也，陽中之陰。陰乾，石臼搗淨，勿犯鐵；用須童便浸或醋煮。　治一切風，霍亂心腹痛，腎氣膀胱冷，消食下氣，開鬱除腦中熱，充皮毛，又逐去凝血，炒黑止崩漏，下血。能引血藥至氣分而生血，婦人之仙藥也。

明・許希周《藥性粗評》卷一　下氣莫辭香附子。

香附子，莎草根也。一名薃，一名侯莎，《離騷》云青莎雜樹是也。一名雀頭香。三四月生苗如薤，起薹作花，其實名緹，根如棗核形，外紫黑而內黃白。好生田野，江南處處有之，以澧州及交州者為勝。二、八月採根，陰乾，以稈火燒去毛，石臼中舂淨，謂之香附米，凡用搥碎，磨碾，勿犯鐵器。　味苦、甘、辛，性微寒，無毒。其氣下行，多入手太陰肺經。主治胸中積熱，經絡氣滯，皮膚風痒，霍亂吐瀉，腰腹冷痛，婦人崩漏，推陳致新，消食下氣。丹溪云：　凡血藥用之，引至氣分而生血。

飛霞子曰：　香附子主氣分之病，香能竄，苦能降，故諸書皆云益氣，而俗有女科之專，非也。治本病略炒，兼血酒煮，痰以薑汁炒，虛以童便浸，實以鹽水煮，積以醋浸水煮。大凡病則氣滯而餒，故香附於氣分為君藥，世所罕知。佐以木香散滯，洩肺以沉香，無不升降。以小茴香可行經絡，而鹽炒則補腎開元氣。香附為君，參、芪為臣，甘草為佐，治虛怯甚速。佐以厚朴之類，決壅積，稜、莪之類，攻其甚者，予嘗避諸香藥之熱，用檀香佐附，流動諸氣極妙。

單方：　皮膚風痒：　取香附苗二三斤，煎湯作浴，日三四次，妙。　腰脇氣妨：　凡患心中客熱，膀胱連脇下有氣妨者，香附子炒香，絹袋盛之，浸於無灰酒中，春夏三日，秋冬七日以後，每溫服三四盞，日三次，妙。

明・鄭寧《藥性要略大全》卷三　香附子即莎草根。一名雀頭香。　開鬱，除客熱，進食。炒黑能止血。女人之仙藥也。《湯液》云：　除胸中熱，充皮毛。久服利人益氣，長鬚眉。《圖經》云：　治膀胱，兩脇氣妨，常日憂愁不樂，飲食不多，皮膚搔痒癮疹，日漸瘦損，心忪少氣。以是知益氣血中之氣藥也。《本草》不言治崩漏，是益氣而止血也。又能逐去凝血，是推陳也。誠哉！益氣之言。七潭曾驗之矣。　味甘、辛，氣微涼，無毒。採取陰乾，石臼杵去毛，用童便浸或醋煮，晒乾研用。

明・賀岳《醫經大旨》卷一《本草要略》　香附　氣重味輕而辛散，婦人之聖藥也。蓋婦人心性偏執，每多鬱滯，所謂多氣少血者此也。此藥為能疏氣散鬱，氣疏鬱散，則新血亦生，而百體和矣。其性熱，用童便煮過，烏藥其為佐使也。

明・陳嘉謨《本草蒙筌》卷二　香附子即莎草根。　味苦、甘，氣微寒。氣厚於味，陽中陰也。無毒。近道郊野俱生，高州屬廣東出者獨勝。壯如棗核，周匝有毛。秋取曝乾，忌犯鐵器。預春熟童便浸透，復搗碎砂鍋炒成。若理氣疼，醋炒尤妙。乃血中氣藥，凡諸血氣方中所必用者也。快氣開鬱，逐瘀調經。除皮膚瘙癢外邪，止霍亂吐逆內證。炒黑色禁崩漏下血，調醋末敷乳腫成癰。宿食可消，泄瀉能固。毆熱長毛髮，益氣充皮毛。久服利人，疎利之劑。　亦當解悟。又引血藥至氣分而生血，故因而稱曰婦人要藥也。

謨按：　《本經》諸方用逐瘀血調經，是下氣而推陳也。用治崩漏不止，是益氣而止血也。

又云：　引血藥至氣分而生血，是又能補，何如言相背戾，用相矛盾耶？雖然是亦陰生陽長之義爾，但《本經》未嘗言補，惟下老湯用之，言于老人有益，意有存焉。蓋于行中兼有補，補中兼有行。正如天之所以為天者，健而有常也。健運不息，所以生生無窮，即此理也。

明・方穀《本草纂要》卷一　香附　味辛、甘，氣微溫，陽中之陰，無毒。主心腹攻痛，積聚、鬱結痞滿、癥瘕，安胎順氣，爲婦人之仙藥也。其製法有四：　一鹽炒，一醋炒，一酒製，一便製。各因其所用也。且如鹽炒，使鹹寒之氣潤下，或喘或滿，或積聚鬱痞，堅實而不行者，得鹽之鹹，鹹能潤下，鹹能軟堅故也。醋炒則使酸辛之性收斂，若胎前產後，崩漏淋瀝，非酸不能斂其血，非辛不能行其血也。至如酒製之法，蓋酒通血脉，若癥瘕積聚，若跌蹼損傷，若腫毒已潰未潰，及死血瘀血積滯於中，非附不能行其氣，非酒不能行其血也。便製之法，蓋童便陽之精也，若血〔虛〕之症，去血過多，陰無所附，惟得陽之精以爲依倚，非附不能養其氣，非便不能倚其血也。大抵香附之劑，血中氣藥也。氣無血不和，血無氣不行。古方與艾葉醋煮爲丸，療婦人百病，欲其血調氣和之意也。若不製而單用，則又能開鬱行氣，通暢百脉，治有餘之神藥也。此各有其所長。

明・王文潔《太乙仙製本草藥性大全》卷一《本草精義》　莎草根　一名香附子，一名藁，一名侯莎。其實名緹。舊不著所出州土，但云生田野，今處處有之，或云交州者勝。大如棗，近道者如杏仁許，苗、莖、葉都似三稜，根若附子，周匝多毛。今近道生者，苗葉如薤而瘦，根如筯頭大。二月、八月採取曝乾。忌犯鐵器。預春熟，童便浸透，復搗碎，砂鍋炒成用。

草附子：《天寶單方圖》載：水香稜功狀與此頗相類，但味差不同，其方云：水香稜味辛微寒，無毒性〔澀〕。元生博平郡池澤中，苗名香稜。根名莎結，亦名草附子。河南及淮南下濕地即有，名水莎，隴西謂之地藾根。蜀郡名續根草，亦名水巴戟。今涪都最饒，名三稜草，用莖作鞋履，所在皆有。單服。

明・王文潔《太乙仙製本草藥性大全》卷一《仙製藥性》　莎草根　味苦、甘，氣微寒，氣厚於味也，陽中陰也，無毒。　主治：快氣開鬱，逐瘀調經，除皮膚瘙痒外邪，止霍亂吐逆內證。炒黑色禁崩漏下血，調醋末敷乳腫成癰。宿食可消，泄瀉能固。毆熱，長毛髮，益氣，充皮毛，久服利人疎利之利，亦當解悟。若理氣疼，醋炒尤妙，乃血中氣藥，凡諸血氣方中所必用者也。又引血藥至氣分而生血，故因而稱之曰婦人要藥也。　補註：　治婦人乳腫痛，擣末，醋煮，厚傅之。○療丈夫心肺中虐風客熱，膀胱兩脇氣妨，常日憂愁不樂，飲食不多，皮膚搔痒癮疹，日漸瘦損，心怯少氣，取根二大斤，切，熬令香，以生絹袋盛貯，於三大斗無灰清酒中浸之，春三月浸一日即堪服，冬十月後浸七日，近暖處乃佳，每空腹服一盞，日夜三四服之，常令酒氣相續，以知爲度。若不飲酒，即取根十兩，加桂心五兩，蕪荑三兩，和擣爲散，以蜜和爲丸，擣一千杵，丸如梧子大，每空腹以酒及薑蜜湯，飲汁等下二十丸，日再服，漸加至三十丸，以差爲度。　太乙曰：凡採得後陰乾，於石臼中擣，勿令犯鐵，用之切忌爾。

明・皇甫嵩《本草發明》卷二　香附中品之下，臣。氣微寒，味甘，無毒。陽中陰也。又云：氣重味輕而辛散，名莎草。　發明曰：香附疏氣散鬱，女人之聖藥也。〔《回春》云：消宿食。〕蓋女性偏滯，多氣多鬱，非此不能疏散。《本草》止言除胸中熱，必是氣鬱而熱也，又利人益氣，充皮毛，長鬚眉，快氣逐凝血，膀胱連兩脇氣妨，憂愁少食，日漸瘦，心忪少氣，皮膚痒瘙癮疹，以是知開鬱益氣血中氣藥也。《本經》不言治崩漏，後人治崩漏方中多用之，誠非血虛崩漏所宜，亦以氣鬱不行，血瘀經滯，淋瀝不止者，此能疏之，瘀血去而新血生，氣體自和矣。此所謂利人益氣，而止血也。氣血益，則皮毛充潤，尚何痒癮之不散哉？于血藥中用之更妙。用清酒浸製，今用多以童便浸五七日，換東流水內再浸五七日用之。烏藥為佐使。

明・李時珍《本草綱目》卷一四草部・芳草類　莎草香附子《別録》中品

〔釋名〕雀頭香《唐本》　草附子《圖經》　水香稜《圖經》　水巴戟《圖經》　水莎《圖經》　侯莎《爾雅》　莎結《圖經》　夫須《別録》　續根草《圖經》　地藾根《綱目》　地毛《廣雅》　時珍曰：《別録》止云莎草，不言用苗用根。後世皆用其根，名香附子，而不知莎草之名也。其草可爲笠及雨衣，疏而不沾，故字從草從沙。亦作蓑字，因其爲衣垂緌，如孝子衰衣之狀，故又從衰也。《爾雅》云薃音浩，侯莎，其實緹是也。又云：薹，夫須也。薹乃笠名，賤夫所須也。其根相附連續而生，可以合香，故謂之香附子。上古謂之雀頭香。按《江表傳》云，魏文帝遣使於吳求雀頭香，即此。其葉似三稜及巴戟，而生下濕地，故有水三稜、水巴戟之名。俗人呼爲雷公頭。《金光明經》謂之月萃哆。《記事珠》謂之抱靈居士。

〔集解〕《別録》曰：莎草生田野，二月、八月採。弘景曰：方藥不復用，古人爲詩多用之，而無識者。乃有鼠莎，療體異此。恭曰：此草根名香附子，一名雀頭香，所在有之，莖葉都似三稜，合和香用之。頌曰：今處處有之。苗葉如薤而瘦，根如箸頭大。謹按唐玄宗《天寶單方圖》載水香稜功狀與此相類。云水香稜原生博平郡池澤中，苗名香稜，根名莎結，亦名草附子。河南及淮南下濕地即有，名水莎。隴西謂之地藾根。蜀郡名續根草，亦名水巴戟。今涪都最饒，名三稜草。用莖作鞋履，所在皆有。採苗及花與根療病。宗奭曰：香附子今人多用。雖生於莎草根，然根上或有或無。有薄皸皮，紫黑色，非多毛也。刮去皮則色白。若便以根爲之，則誤矣。時珍曰：莎葉如老韭葉而硬，光澤有劍脊稜。五六月中抽一莖，三稜中空，莖端復出數葉。開青花成穗如黍，中有細子。其根有鬚，鬚下結子一二枚，轉相延生，子上有細黑毛，大者如羊棗而兩頭尖。採得燎去毛，暴乾貨之。此乃近時日用要藥。而陶氏不識，諸注亦略，乃知古今藥物興廢不同。如此則《本草》諸藥亦不可以今之不識，便廢棄不收，安知異時不爲要藥如香附者乎？

根　〔修治〕斅曰：凡採得陰乾，於石臼中擣之，切忌鐵器。時珍曰：凡採得連苗暴乾，以火燎去苗及毛。用時以水洗净，石上磨去皮。用童子小便浸透，洗曬搗用。或生或炒，或以酒醋鹽水浸，諸法各從本方。詳見於下。又稻草煮之，味不苦。【氣味】甘，微寒，無毒。宗奭曰：苦。頌曰：《天寶單方》云：辛，微寒，無毒，性澀。元素曰：甘、苦，微寒，氣厚於味，陽中之陰，血中之氣藥也。時珍曰：辛、微苦、甘，平。足厥陰、手少陽藥也。能兼行十二經，入脈氣分。得童子小便、醋、芎藭、蒼术良。【主治】除胸中熱，充皮毛，久服令人益氣，長鬚眉《別録》。治心腹中客熱，膀胱間連脇下氣妨，常日憂愁不樂，心忪少氣蘇頌。治一切氣，霍亂吐瀉腹痛，腎氣膀胱冷氣李杲。散時氣寒疫，利三焦，解六鬱，消飲食積聚，痰飲痞滿，胕腫腹脹，脚氣，止心腹肢體頭目齒耳諸痛，癰疽瘡瘍，吐血下血尿血，婦人崩漏帶下，月候不調，胎前産後百病時珍。

苗及花【主治】丈夫心肺中虚風及客熱，膀胱連脇下時有氣妨，皮膚瘙癢癮疹，飲食不多，日漸瘦損，常有憂愁心忪少氣等證。並收苗花二十餘斤剉細，以水二石五斗，煮一石五斗，斛中浸浴，令汗出五六度，其瘙癢即止。四時常用，癮疹風永除《天寶單方圖》。煎飲散氣鬱，利胸膈，降痰熱時珍。

【發明】好古曰：香附治膀胱兩脇氣妨，心忪少氣，是能益氣，乃血中之氣藥也。本草不言治崩漏，而方中用治崩漏，是能益氣而止血也。又能逐去瘀血，是推陳也。正如巴豆治大便不通而又止泄瀉同意。又云：香附陽中之陰，血中之氣藥，凡氣鬱血氣必用之。炒黑，能止血。治崩漏，此婦人之仙藥也。多服亦能走氣。震亨曰：香附須用童子小便浸過，能總解諸鬱，凡血氣必用之藥，引至氣分而生血，此正陰生陽長之義。本草不言補，而方家言於老人有益，意有存焉。蓋於行中有補理。天之所以爲天者，健而有常也。健運不息，所以生生無窮，即此理爾。今即香中亦用之。時珍曰：香附之氣平而不寒，香而能竄，其味多辛能散，微苦能降，微甘能和。乃足厥陰肝、手少陽三焦氣分主藥，而兼通十二經氣分。生則上行胸膈，外達皮膚；熟則下走肝腎，外徹腰足；炒黑則止血，得童溲浸炒則入血分而補虚，鹽水浸炒則入血分而潤燥，青鹽炒則腎補氣，酒浸炒則行經絡，醋浸炒則消積聚，薑汁炒則化痰飲。得參、术則補氣，得歸、苄則補血，得木香則疏滯和中，得檀香則理氣醒脾，得沉香則升降諸氣，得芎藭、蒼术則總解諸鬱，得巵子、黄連則能降火熱，得茯神則交濟心腎，得茴香、破故紙則引氣歸元，得厚朴、半夏則决壅消脹，得紫蘇、葱白則解散邪氣，得三稜、莪术則消磨積塊，得艾葉則治血氣暖子宫，乃氣病之總司，女科之主帥也。飛霞子韓懋云：香附能推陳致新，故諸書皆云益氣。而俗有耗氣之説，宜於女人不宜於男子者，非矣。蓋婦人以血用事，氣行則無疾。老人精枯血閉，惟氣是資。小兒氣日充，則形乃日固。大凡病則氣滯而餒，故香附於氣分爲君藥，世所罕知，臣以參、耆，佐以甘草，治虚怯甚速也。懋遊方外時，懸壺輕賫，治百病黄鶴丹，治婦人青囊丸，隨宜用引，輒有小效。人索不已，用者當思法外意可也。黄鶴丹乃鉄衣翁在黄鶴樓所授之方，故名。其方用香附一斤，黄連半斤，洗曬爲末，水糊丸梧子大。假如外感，葱薑湯下；內傷，米飲下；氣病，〔木〕香湯下；血病，酒下；痰病，薑湯下；火病，白湯下。餘可類推。青囊丸乃邵應節真人禱母病，感方士所授者，方用香附略炒一斤，烏藥略炮五兩三錢，爲末，水醋煮麵糊爲丸。隨證用引，如頭痛，茶下；痰氣，薑湯下；多用酒下爲妙。

【附方】舊一，新四十七。

服食法：頌曰：唐玄宗《天寶單方圖》云：水香稜根名莎結，亦名草附子。説已見前。其味辛，微寒，無毒。凡丈夫心中客熱，膀胱間連脇下氣妨，常日憂愁不樂，心忪少氣者。取根二大升，搗熬令香，以生絹袋盛，貯於三大斗無灰清酒中浸之。三月後，浸一日即堪服；十月後，即七日，近暖處乃佳。每空腹温飲一盞，日夜三四次，常令酒氣相續，以知爲度。若不飲酒，即取根十兩，加桂心五兩，蕪荑三兩，和搗爲散，以蜜和爲丸，搗一千杵，丸如梧子大。每空腹酒及薑蜜湯飲汁等下二十丸，日再服，漸加至三十丸，以瘥爲度。

交感丹：凡人中年精耗神衰，蓋由心血少，火不下降；腎氣憊，水不上升，致心腎隔絶，營衛不和。上則多驚，中則塞痞，飲食不下，下則虚冷遺精。愚醫徒知峻補下田，非惟不能生水滋陰，而反見衰悴。但服此方半年，屏去一切暖藥，絶嗜慾，然後習秘固溯流之術，其效不可殫述。俞通奉年五十一，遇鐵甕城申先生授此，服之老猶如少，年至八十五乃終也。因普示群生，同登壽域。香附子一斤，新水浸一宿，石上擦去毛，炒黄，茯神去皮木，四兩，爲末。煉蜜丸彈子大。每服一丸，侵早細嚼，以降氣湯下。降氣湯用香附子如上法半兩，茯神二兩，炙甘草一兩半，爲末。點沸湯服前藥。薩謙齋《瑞竹堂經驗方》。

一品丸：治氣熱上攻，頭目昏眩，及治偏正頭痛。大香附子去皮，水煮一時，搗曬焙研爲末，煉蜜丸彈子大。每服一丸，水一盞，煎八分服。女人，醋湯煎之。《奇效良方》。

升降諸氣：治一切氣病，痞脹喘噦，噫酸煩悶，虚痛走注，常服開胃消痰，散壅思食。早行山行，尤宜服之，去邪辟瘴。香附子炒四百兩，沉香十八兩，縮砂仁四十八兩，炙甘草一百二十兩，爲末。每服一錢，入鹽少許，白湯點服。《和劑局方》。

一切氣疾：心腹脹滿，噎塞，噫氣吞酸，痰逆嘔惡，及宿酒不解。香附子一斤，縮砂仁八兩，甘草炙四兩，爲末。每白湯入鹽點服。爲粗末煎服亦可。名快氣湯。《和劑局方》。

調中快氣：心腹刺痛。小烏沉湯：香附子擦去毛焙二十兩，烏藥十兩，甘草炒一兩，爲末。每服二錢，鹽湯隨時點服。《和劑局方》。

心脾氣痛：白飛霞《方外奇方》云：凡人胸膛軟處一點痛者，多因氣及寒起，或致終身，或子母相傳。俗名心氣痛，非也，乃胃脘有滯爾。惟此獨步散，治之甚妙。香附米醋浸，略炒爲末，高良薑酒洗七次，略炒爲末。俱各封收。因寒者，薑二錢，附一錢；因氣者，附二錢，薑一錢；因氣與寒者，各等分，和匀。以熱米湯入薑汁一匙，鹽一捻，調下立止。不過七八次除根。王璆《百一方》云：內翰吴幵夫人，心痛欲死，服此即愈。《類編》云：梁混心脾痛數年不愈，供事穢迹佛，夢傳此方，一服而愈，因名神授一匕散。

心腹諸痛：艾

附丸：治男女心氣痛、腹痛、少腹痛、血氣痛，不可忍者。香附子二兩，蘄艾葉半兩，以醋湯同煮熟，去艾炒爲末，米醋糊丸梧子大，每白湯服五十丸。《集簡方》。停痰宿飲：風氣上攻，胸膈不利。香附皂莢水浸、半夏各一兩，白礬末半兩，薑汁麪糊丸梧子大。每服三四十丸，薑湯隨時下。《仁存方》。元臟腹冷：及開胃。香附子炒爲末。每用二錢，薑、鹽同煎服。《普濟方》。酒腫虛腫：香附去皮，米醋煮乾，焙研爲末，米醋糊丸服。久之敗水從小便出。神效。《經驗方》。氣虛浮腫：香附子一斤，童子小便浸三日，焙爲末，糊丸。每米飲下四五十丸，日二。《丹溪心法》。老小痃癖：往來疼痛。香附、南星等分，爲末。薑汁糊丸梧子大，每薑湯下二三十丸。《聖惠方》。癩疝脹痛：及小腸氣。香附末二錢，以海藻一錢煎酒，空心調下，並食海藻。《瀕湖集簡方》。腰痛揩牙：香附子五兩，生薑二兩，取自然汁浸一宿，炒黃爲末，入青鹽二錢，擦牙數次，其痛即止。《乾坤生意》。血氣刺痛：香附子炒一兩，荔枝核燒存性五錢，爲末。每服二錢，米飲調下。《婦人良方》。女人諸病：《瑞竹堂方》四製香附丸：治婦人女子經候不調，兼諸病，大香附子擦去毛一斤，分作四分，四兩醇酒浸，四兩醇醋浸，四兩鹽水浸，四兩童子小便浸，春三、秋五、夏一、冬七日。淘洗浄，曬乾搗爛，微焙爲末，醋煮麪糊丸梧子大，每酒下七十丸。瘦人加澤蘭、赤茯苓末二兩，氣虛加四君子料，血虛加四物料。《法生堂方》煮附濟陰丸：治婦人月經不調，久成癥積；一切風氣。用香附子一斤，分作四分，以童溲、鹽水、酒、醋各浸三日，艾葉一斤，漿水浸過。醋糊和作餅，曬乾，晚蠶砂半斤炒，莪术四兩酒浸，當歸四兩酒浸，各焙爲末。醋糊丸梧子大，每服七十丸，米飲下，日二。醋附丸：治婦人室女一切經候不調，血氣刺痛，腹脇膨脹，心怔乏力，面色痿黄，頭運惡心，崩漏帶下，便血。癥瘕積聚，及婦人數墮胎，由氣不升降，服此尤妙，香附子米醋浸半日，砂鍋煮乾，搗焙，石臼爲末，醋糊爲丸，醋湯下。《澹寮方》艾附丸：治同上。香附子一斤，熟艾四兩，醋煮，當歸酒浸二兩，爲末。如上丸服。婦人氣盛：血衰，變生諸症，頭運腹滿，皆宜抑氣散主之。香附子四兩，炒茯苓、甘草炙各一兩，橘紅二兩，爲末。每服二錢，沸湯下。《濟生方》。下血血崩：血如山崩。或五色漏帶，並宜常服，滋血調氣，乃婦人之仙藥也。香附子去毛炒焦爲末，極熱酒服二錢立愈。昏迷甚者三錢，米飲下。亦可加椶灰。許學士《本事》。赤白帶下：及血崩不止。香附子、赤芍藥等分，爲末。鹽一捻，水二盞，煎一盞，食煎温服。《聖惠方》。安胎順氣：鐵罩散：香附子炒爲末，濃煎紫蘇湯服一二錢。一加砂仁。《中藏經》。妊娠惡阻：胎氣不安，氣不升降，嘔吐酸水，起坐不便，飲食不進。二香散：用香附子一兩，藿香葉、甘草各二錢，爲末。每服二錢，沸湯入鹽調下。《聖惠方》。臨産順胎：九月、十月服此，永無驚恐。福胎飲：用香附子四兩，縮砂仁炒三兩，甘草炙一兩，爲末。每服二錢。米飲下。《朱氏集驗方》。産後狂言：血運，煩渴不止。生香附子去毛爲末。每服二錢，薑、棗水煎服，同上。氣鬱吐血：丹溪用童子小便調香附末二錢服。《澹寮方》治吐血不止。莎草根一兩，白茯苓半兩，爲末。每服二錢，陳粟米飲下。肺破咯血：香附末一錢，米飲下，日二服。《百一選方》。小便尿血：香附子、新地榆等分，各煎湯。先服香附湯三五呷，後服地榆湯至盡。未效再服。《指迷方》。小便血淋：痛不可忍。香附子、陳皮、赤茯苓等分，水煎服。《十便良方》。諸般下血：香附，童子小便浸一日，搗碎，米醋拌焙爲末。每服二錢，米飲下。《直指方》：用香附以醋、酒各半煮熟，焙研爲末，黄秫米糊丸梧子大。每服四十丸，米飲下，日二服。戴原禮云：只以香附子末二錢，入百草霜、麝香各少許，同服，效尤速也。老小脱肛：香附子、荆芥穗等分爲末，每服一匙，水一大碗，煎十數沸淋洗。《三因方》。偏正頭風：香附子炒一斤，烏頭炒一兩，甘草二兩，爲末，煉蜜丸彈子大。每服一丸，葱茶嚼下。《本事方》。氣鬱頭痛：《澹寮方》用香附子炒四兩，川芎藭二兩，爲末。每服二錢，臘茶清調下。常服除根明目。華佗《中藏經》加甘草一兩，石膏二錢半。頭風睛痛：方同妊娠惡阻。女人頭痛：香附子末，茶服三錢，日三五服。《經驗良方》。肝虛睛痛：冷淚羞明。補肝散用香附子一兩，夏枯草半兩，爲末。每服一錢，茶清下。《簡易方》。耳卒聾閉：香附子瓦炒研末，蘿蔔子煎湯，早夜各服二錢。忌鐵器。《衛生易簡方》。聤耳出汁：香附末，以綿杖送入。蔡邦度知府常用，有效。《經驗良方》。諸般牙痛：香附、艾葉煎湯漱之。仍以香附末擦之，去涎。《普濟方》。牢牙去風：益氣烏髭，治牙疼牙宣，乃鐵甕先生妙方也。香附子炒存性三兩，青鹽、生薑各半兩，爲末。日擦。《濟生方》。消渴累年：不愈。莎草根一兩，白茯苓半兩，爲末。每陳粟米飲服三錢，日二。癰疽瘡瘍：曾孚先云：凡癰疽瘡瘍，皆因氣滯血凝而致，宜服諸香藥，引氣通血。常器之云：凡氣血聞香即行，聞臭即逆。瘡瘍皆由氣澀而血聚，最忌臭穢不潔，觸之毒必引蔓。陳正節公云：大凡疽疾，多因怒氣而得，但服香附子藥，進食寬氣，大有效也。獨勝散：用香附子去毛，以生薑汁淹一宿，焙乾碾爲細末，無時以白湯服二錢。如瘡初作，以此代茶。瘡潰後，亦宜服之。或只以《局方》小烏沉湯，少用甘草，愈後服至半年，尤妙。陳自明《外科精要》。蜈蚣咬傷：嚼香附塗之，立效。《袖珍方》。

題明・薛己《本草約言》卷一《藥性本草》

香附子　味苦、辛，氣溫，無毒。陰中之陽，可升可降。入血分而行滯血，入氣分而行滯氣。因有行滯之能，故為開鬱之劑。炒黑又能止血，乃血中之氣藥也。能引血藥至氣分而生血，故曰婦人之仙藥也。一名莎草根。勿犯鐵器。或用醋煮。引至氣分而生血，此陽生陰長之義。○氣重味輕而辛散，婦人之勝藥也。蓋婦人心性偏執，每多鬱滯，所謂多氣少血者此也。此藥為能疏氣散鬱，氣疏鬱散，則新血自生，而百體和矣。其性熱，用童便煮過，烏藥其佐使也。〇用治崩漏，是益氣而止血也。又能逐去凝血，是推陳也。與巴豆止泄瀉，通大便同意。入手太陰、足陽明厥陰經。《本經》不言治崩漏，後人多用之，誠非血虛崩漏所宜。亦以氣鬱血瘀淋瀝不止者，此能疏之，瘀血去而新血自生矣，此所謂益氣而止血也。要之，止血之功居多，而逐血之功居少；破氣之功居多，而益氣之功居少。女子大抵氣多血少，用之消氣止血為最耳。專主發散，是以用酒炒收斂其氣，用童便製降其燥性。火燥少血之人，并新產氣耗之婦，亦所禁服。

明·佚名氏《醫方藥性·草藥便覽》 香(付)〔附〕子 其性辛、辣。生新去惡血，化痰之好。

明·梅得春《藥性會元》卷上 香附子 味甘，氣微寒。沉也。陽中之陰。無毒。即莎草根，一名雀腦香。 主理婦人血氣，消食化氣，暖胃溫脾，女科必用之要藥。入氣分而能生血，此陽生陰長之義也。大能下氣，除腹中熱。久服益氣，長鬚眉，療虛腫及一切風。治霍亂心腹痛，腎氣膀胱冷。開鬱結，諸鬱中不可缺。充皮毛，又逐去凝血。炒黑，止崩漏下血。又能橫行手臂間。 製法： 陰乾，石臼搗碎，勿犯鐵器。須用童便浸，或醋煮，不則性燥。

明·杜文燮《藥鑒》卷二 香附 氣微熱，味甘、辛。氣重味輕，乃血中氣藥，諸血氣方中所必用者也。快氣開鬱，逐痢調經。除皮膚瘙痒外邪，止霍亂吐逆內證。炒黑色禁崩帶漏下血，醋調敷治乳腫成癰。又能引血藥至氣分而生血，醋炒理氣疼為妙，鹽製治腎痛為良。酒炒則熱，便煮則涼。同氣藥則入氣分，同血藥則入血分。女科之聖藥也。大都甘能理氣和血，辛能散滯消食，故女科多用之。何者？女人心性偏執，每多鬱滯，所謂多血少氣者是也。此藥能踈氣散鬱，氣踈鬱散，則新血生，而百體和矣。然此劑性熱多燥，必須童便浸炒，烏藥為其佐使也。

明·李中立《本草原始》卷二 莎草根 即香附子也。生田野。交州者大如棗，近道者如杏仁許。莖葉都似三稜。根若附子，周匝多毛而香，故名香附子。今近道生者，苗葉如薤而瘦，根如筋頭大。二月、八月采根。《本草綱目》云： 其根相附連續而生，可以合香，故謂之香附子。其草可為笠及雨衣，疏而不沾，故字從草從沙。上古謂之雀頭香。按：《江表傳》云魏文帝遣使于吳求雀頭香，即此。其葉似三稜及巴戟而生下濕地，故《圖經》一名水三稜，一名水巴戟。《金光明經》謂之目萃哆。《記事珠》謂之抱靈居士。

根： 氣味： 甘，微寒，無毒。 主治： 除胸中熱，充皮毛。久服令人益氣，長鬚眉。〇治心腹中客熱，膀胱間連脇下氣妨，常日憂愁不樂，心忪少氣。〇治一切氣，霍亂吐瀉，腹痛，腎氣，膀胱冷氣。〇散時氣寒疫，利三焦，解六鬱，消飲食積聚，痰飲痞滿，胕腫腹脹，脚氣，止心腹、肢體、頭目、齒耳諸痛，癰疽瘡瘍，吐血，下血，尿血，婦人帶下，月候不調，胎前產後百病。 苗及花： 主治： 丈夫心肺中虛風及客熱，膀胱連脇下時有氣妨，皮膚瘙痒癮㾕，飲食不多，日漸瘦，常有憂愁，心忪少氣等證。並收苗花二十餘斤，剉細，以水二石五斗，煮一石五斗，斛中浸浴，令汗出五六度，其瘙痒即止。四時常用，癮㾕永除。 煎飲散氣鬱，利胸膈，降痰熱。

莎草，《別錄》中品。【圖略】莖三稜，花紫色，葉堪作飲。 根名香附子。凡采得莎草根，陰乾，於石臼中搗之，切忌鐵器。

修治： 莎草根，或生或炒，或酒或醋，鹽水、薑汁、童便浸，諸法各從本方。

氣厚於味，陽中之陰，血中之氣藥也。

《經驗方》： 治酒腫虛腫，香附子搗淨，米醋煮乾，焙研為末，米醋糊丸服。久之敗水從小便出，神效。

《袖珍方》： 治蜈蚣咬傷，嚼香附塗之，立效。

明·張懋辰《本草便》卷一 香附子 味甘，氣微寒，陽中之陰，無毒。勿犯鐵。須童便浸或醋煮。 主除胸中熱，充皮毛，久服益氣，長鬚眉； 大能下氣開鬱，又逐去凝血，炒黑能止血，治崩漏，血中之氣藥。凡血氣藥必用之。能引血藥至氣分而生血，婦人之仙藥也。

明·李中梓《藥性解》卷二 香附 味辛、甘，性溫，無毒，入肺、肝、脾、胃四經。 疏氣開鬱，消風除癢，便醋製用。 按： 香附味甘辛，故主發散疏通，以入肺肝脾胃，類稱女科聖藥者，蓋以婦人心性偏熱，多氣多鬱，血因氣鬱，則不能生耳。不知唯氣實血不大虛者宜之。不然，損其氣，燥其血，愈致其疾，惜乎未有發明，而俗多受女科聖藥一句之累矣！ 性燥，故便製以潤之，性散故醋製以斂之。

明·繆希雍《本草經疏》卷九 莎草根 味甘，微寒，無毒。主除胸中熱，充皮毛。久服令人益氣，長鬚眉。

〔疏〕莎草根稟天地溫燥之氣，而兼得乎土金之味，故其味甘，應有苦辛微寒，亦應微溫無毒。入足厥陰氣分，亦入手太陰經。氣厚於味，陽中之陰，降也。血中之氣藥也。能行十二經八脈氣分。得童子小便、苦酒漬過，良。芎藭為之使。辛主散，苦溫主降泄。肝主怒而苦急，肺苦氣上逆而主皮毛，怒則氣上逆，逆則胞中熱。降則肝氣平而胸中熱除，肺得安而皮毛自充，鬚眉自長矣。其云久服益氣者，是亦調氣之功也。蘇頌又謂：治心腹中客熱，膀胱間連脇下氣妨，常日憂愁不樂，心忪少氣。東垣治一切氣，霍亂吐瀉，腹痛，腎氣膀胱冷氣。世醫專用以治婦人崩漏帶下，月經不調者，皆降氣調氣、散結理滯之所致也。蓋血不自行，隨氣而行，氣逆而鬱則血亦凝澀，氣順則血亦從之而和暢，此女人崩漏帶下，月事不調之病，所以咸須之耳。然須輔之以益血涼血之藥，氣虛者兼入補氣藥，乃可奏功也。海藏云：本草不言治崩漏，而方中用治崩漏，是能益氣而止血也。又能逐去瘀血，是推陳也。凡氣鬱血滯，必用之藥。童便浸透炒黑，能止血，治崩漏。　〔主治參互〕香附一斤，童子小便浸透，砂器中炒，炒時不住手洒童便，火勿過猛，炒三晝夜為度，川木耳四兩，紙包裹，以新瓦兩片夾定，繩縛泥固，火煅存性，覺煙起良久，急去火，取置冷地，候冷取出。同香附研極細如麪。每五七分，淡醋湯調，空心服。此治血崩秘方，累試有驗。

交感丹：凡人中年，精耗神衰。蓋由心血少，火不下降；腎氣憊，水不上升，致心腎隔絕，榮衛不和。上則多驚，中則塞痞，飲食不下，下則虛冷遺精。愚醫徒知峻補下田，非惟不能生水滋陰，而反見衰悴。但服此方半年，屏去一切暖藥，絕嗜欲，然後習秘固泝流之術，其效不可殫述。香附子一斤，新水浸一宿，炒黃，同茯神四兩為末，蜜丸彈子大。每早細嚼一丸，以降氣湯下。降氣湯用香附半兩，茯神二兩，炙甘草一兩半，為末，點沸湯服前藥。《和劑局方》升降諸氣，并一切氣病，痞脹、喘、噦、噫酸、煩悶，虛痛走注。常服開胃，消痰，散壅，思食。早行、山行，尤宜服之，去邪辟瘴。香附子炒四百兩，沉香十八兩，縮砂仁四十八兩，炙甘草一百二十兩為末。每服一錢，鹽湯點服。　又方：香附一斤，砂仁八兩，炙甘草四兩，為末，鹽湯服。治一切氣疾，心腹脹滿，噎塞，噫氣，吞酸，痰逆嘔惡及宿酒不解。　又方：香附二十兩，烏藥十兩，甘草炒一兩，為末。鹽湯服二錢。能調中快氣，治心腹刺痛。《集簡方》香附二兩，蘄艾五錢，以醋湯同煮熟，去艾，炒為末，醋糊丸，白湯服二錢。治心氣痛，腹痛，少腹痛，血氣痛不可忍。《仁存方》香附、皂莢水浸，半夏各一兩，白礬末半兩，薑汁麪糊丸，薑湯下一二錢。治停痰宿飲，風氣上攻，胸膈不利。　同南星等分為末，薑汁糊丸。治老少痃癖，往來疼痛。《集簡方》香附末二錢，以海藻一錢，煎酒，空心調下。并食海藻，治癩疝脹痛及小腸氣。《婦人良方》香附炒一兩，荔枝核燒存性半兩，為末，每二錢米飲調下，治血氣刺痛。《瑞竹堂方》四製香附丸，香附一斤，分作四分，用酒、醋、鹽水、童便各浸，春三、夏一、秋五、冬七日，淘淨曬搗，微焙為末，醋糊丸梧子大，每酒下七十丸。治女人經候不調兼諸病。瘦人加澤蘭、赤茯苓末二兩，氣虛加四君子料，血虛加四物料。《濟生方》香附四兩，茯苓、甘草炙各一兩，橘紅二兩，為末，沸湯下二錢。治婦人氣盛血衰，變生諸證，頭暈、腹滿皆宜。

獨用炒為末，極熱，酒服二錢，主愈下血血崩，或五色漏帶。竝宜常服滋血調氣，乃婦人之仙藥也。　同赤芍藥為末，加鹽一捻，煎服。治赤白帶下及崩漏不止。　君縮砂仁、炙甘草，能臨產順胎，九月、十月服此，永無驚恐。

獨用為末，童便調下二錢，治氣鬱吐血。　君川芎，治氣鬱頭痛。

獨用為末，萊菔子煎湯，早夜各服二錢，治耳卒聾閉。　〔簡誤〕香附香燥，苦溫帶辛，凡月事先期者，血熱也，法當涼血，禁用此藥。誤犯則愈先期矣。

明・倪朱謨《本草彙言》卷二　香附子　味苦、辛、甘，氣溫濇，無毒。入足厥陰，亦入手太陰經。能行十二經八脉氣分，可升可降，陽中之陰，氣厚於味，血中之氣藥也。　李時珍先生曰：《別錄》莎草，不別根苗。後世僅用其根，名香附子，并不知莎草名矣。生田野下濕地，所在都有。唯隴西、涪都、兩浙最饒。又廣東高州者獨勝。苗似草蘭而柔，又似細萱而勁。葉心有脊似劍，又似菖蒲、吉祥草輩，光澤亦同。嫩綠蕭疏，可以爲笠及雨衣，疏而不沾。五六月中抽一莖，三稜中空。莖端復出數葉。開青色花，成穗似黍，中有細子，似葶藶、車前子狀。根多白鬚，鬚下另結子一二枚，轉相延生。外裹細黑茸毛。大者似羊棗，兩頭尖。耐水旱，雖分劈亦不死。采時燎去毛，暴乾用。凡用法，以童子小便浸炒，或以酒、醋、鹽水浸炒。諸法各隨證用之。又和稻草煮之，味不苦。

香附：王好古開氣鬱，調血滯之藥也。方龍潭稿善主心腹攻痛，積聚鬱結，痞滿癥瘕，崩漏淋血。乃血中氣藥，爲婦科之仙珍也。雖應病多方，妙在製法得其所宜。故古方有鹽、醋、酒、便四法之製，各因其所用也。如心腹攻痛，積聚痞塊，堅實而不消者，宜用鹽製。鹽之味鹹，鹹能潤下，能軟堅也。若胎前產後，崩漏淋帶，污濁而不清者，宜用醋製。醋之味酸而辛，酸可以斂新血，辛可以推陳物也。若跌撲損傷，或腫毒未潰，瘀血死血，留滯而不散者，宜用酒製。酒之性溫而善行，溫能通血脉，行能逐留滯也。至如便製之法，童便陰之質也，陽之用也。味鹹而降。若血虛之證，或兼氣有所鬱，以致血脉衰少，夜熱骨蒸者，非便不能養其血，非附不能行其氣也。東垣又謂治一切氣，肝脹脇氣，腹痛腎氣，膀胱冷氣，陰疝弦氣。世醫專以治婦人崩漏帶下，月經不調者，皆降氣調氣，散結理滯之所致也。蓋血不自行，隨氣而行。氣逆而鬱，則血亦凝澀。氣順則血亦從之而和暢，此女人崩漏帶下、月事不調之病，所以咸需之耳。然須輔之以益血凉血之藥。氣虛者兼入補氣藥，乃可奏功也。若陰虛血燥火盛，真氣衰微，乾咳咯血，及血熱經水先期者，法當用滋陰潤養之藥。誤用香附，病必轉甚。然損氣是香附之常道也，如本草稱爲充皮毛，長鬚眉，久服令人益氣。總屬行氣開導，散鬱結有餘之氣而使之和平，則氣自益也。

李氏《綱目》發明曰：古方不言治崩漏，而時方用治崩漏，大有奇功，是行氣而又能止血也。能逐瘀血，是又推陳也。古方不言補虛，而時方言益老人者，何也？蓋行中有補也。蓋天之所以爲天者，健運不息，所以生生無窮。香附之氣平而不寒，香而能達，利而不損。其味辛能散，苦能降，甘能和，週身經絡無所不到。生則上行胸膈，外達皮膚；熟則下走肝腎，外徹腰足。炒黑則止血，酒浸炒則行經絡，醋浸炒則疏肝氣，薑汁浸炒則化痰飲，童便浸炒則入血分而補虛，鹽水浸炒則入血分而潤燥。得參、朮則補氣，得歸、地則補血，得木香則疏滯和中，得檀香則理氣醒脾，得沉香則升降諸氣，得茯苓則交濟心腎，得芎藭、蒼朮則總散諸鬱，得梔子、黃連則降火清熱，得茴香、骨脂則引氣歸元，得厚朴、半夏則决壅消脹，得紫蘇、葱白則解散表邪。得三稜、莪朮則消磨積塊，得艾葉則治血氣，暖子宮。乃氣病之總司，女科之主帥也。諸書皆云益氣，而俗有耗氣之說，宜女人不宜男子者，謬矣。蓋婦人以血用事，氣行則無疾；老人精枯血閉，惟氣是資；小兒氣日充，則形乃日固。凡病多屬氣滯而餒，故香附於氣分爲君藥，臣以參、耆，佐以甘草，治虛怯甚速也。《經驗方》有交感丹，凡人中年精耗神衰，蓋由心血少，火不下降；腎氣憊，水不上升，致心腎隔絕，榮衛不和。上則多驚，中則寒痞，下則虛冷遺精，庸醫徒知峻補下田，非惟不能滋陰，反見衰悴。但服此方半年，謝去一切暖藥，屏絕嗜欲，其效不可殫述。《韓氏方》治百病黃鶴丹，治婦人青囊丸，隨宜用引輒效。黃鶴丹：用香附一斤，黃連半斤，洗曬爲末，水糊丸。如外感，葱、薑湯下；內傷，米湯下；氣病，木香湯下；血病，當歸湯下；痰病，白湯下。青囊丸：用香附一斤略炒，烏藥五兩略炮，爲末，水醋煮，麪糊丸。如頭痛，茶下；痰氣，薑湯下。多宜酒下爲妙。此皆行氣而益氣、行血而生血也。又氣血聞香即行，聞臭即逆。凡癰疽瘡瘍，皆因氣滯血凝所致，宜服香附，引氣通血，進食寬中，大有效也。

盧不遠先生曰：胸爲肺金之部分，氣爲肺金之所司，皮毛爲肺金之所主。香附子功能解表利水。所以泄金之鬱，解表而利小便也。用合衆香，能發諸香氣，是以性專捭闔，開發上焦，宣五穀味，熏膚充身澤毛，若霧露之溉中焦亦得藉之以宣化，下焦亦得藉之以宣瀆，而爲諸藥之先聘通使。

張卿子先生曰：按《韓氏方》稱香附於氣分爲君藥，統領諸藥，隨用得宜，爲婦人氣病要劑。然性燥而苦，獨用、多用、久用，反能耗氣損血。其所主治，調氣和血，皆取其治標，非治本也。如懼燥烈，以童便酒煮可也。

《聖惠方》：《方脉正宗》治心腹攻痛。用香附子一斤，烏藥八兩，甘草一兩，俱酒洗炒，磨爲末，每服二錢。〇《經驗方》治積聚癥癖。用香附子一斤，鹽水浸炒，莪朮四兩，酒浸炒，共爲末，每服二錢。〇許學士方治血崩淋漏不止。用香附一斤，童便浸透炒，炒時不住手灑童便，火勿猛，炒一晝日爲度。以木耳五兩，紙包裹，以新瓦兩片夾定，繩縛泥固，火煅存性，覺烟起良久，急去火，置冷地上。候冷取出，同香附研極細如麪，每用七八分，淡醋湯調，空心服。〇《和劑局方》治一切氣病，能升降諸氣。凡病噎塞、噫氣、吞酸、痞脹，喘滿痰逆，嘔惡煩悶，虛痛走注，常服開胃消痰、散壅思食，早行山行，尤宜服之。去邪辟瘴，用香附子四十兩，炒，甘草八兩，炙，沉香二兩，砂仁五兩，共爲極細末，每服一錢，白湯調服。〇陳自明方治癰疽腫毒初起。用香附子四錢，酒浸炒，乳香、沒藥各一錢，白芷、赤芍藥、當歸尾、金銀花各三錢，水酒各半煎服。〇嵇氏家抄治跌撲損傷，瘀血凝滯腫痛。用香附子酒浸炒三錢，當歸尾、桃仁泥各二錢，乳香、沒藥各一錢，酒水各半煎服。○《濟陰方》治婦人夜熱骨蒸，陰虛血少者。用香附一斤，童便浸三日，再用童便煮酥，搗成膏；懷熟地四兩，酒煮搗膏；　沙參、麥冬、地骨皮、黃柏、牡丹皮、丹參各三兩。共爲末，煉蜜丸，每早服三錢，白湯下。○《永類鈐方》治小腸疝氣沖發。用香附子、玄胡索、小茴香各二兩，共爲末，每服二錢，用海藻一錢，煎湯服。○《聖惠方》治肝脇脹痛。用香附子三錢，蘆薈一錢，白芥子五錢，牡丹皮二錢，共爲末，紅麴打糊，丸黍米大。每服二錢，白湯下。○《醫學通旨》治心胃痛。用香附、莪朮各三錢，木香、檳榔、白牽牛各二錢，共爲末，每服二錢，白湯下。○《産寶方》共五首治婦人女子經候不調，一切諸病。用大香附子去毛、水洗淨一斤，分作四分，四兩醇酒浸，四兩醇醋浸，四兩鹽水浸，四兩童便浸。春三、夏一、秋五、冬七日，濾乾曬燥，微炒磨爲末。氣虛加四君子料，血虛加四物料，有痰加貝母、杏仁，有熱加知母、黃柏，熱燥加天麥冬，夜熱加地骨皮、銀柴胡、牡丹皮。○治婦人氣鬱血衰，頭眩腹滿。用香附子醋浸炒四兩，茯苓、當歸各二兩，陳皮、甘草各一兩，共爲末，每服二錢，白湯下。○治婦人五色漏帶或血崩。用香附子四兩，醋浸炒焦爲末，每服三錢，白湯調服。○治婦人胎氣不安，惡阻不食，氣不升降，嘔吐酸水，起坐不安。用香附子四兩醋浸炒，藿香葉二兩，甘草八錢，共爲末，每服二錢，白湯下。○治婦人一切頭痛。用香附子，醋、童便浸炒爲末，每服二錢，日二。除楊梅風毒頭痛不用。○《簡易方》治男婦大小，目睛作痛，冷淚羞明。用香附子五兩，童便浸三日，水洗淨，曬乾炒，夏枯草三兩，微炒，俱研爲末，每早晚各食後服二錢，茶調下。○《經驗良方》治聤耳出水。用香附子炒黃，爲極細末，以綿子作撚蘸入。○《鐵甕先生傳》治牙疼、牙宣，兼烏鬚。用香附子三兩，鹽水浸半日，炒青鹽，生薑各五錢，爲末，日擦牙。○《袖珍方》治蜈蚣咬傷。嚼香附塗之，立效。○《婦人良方》治婦人脾胃虛冷，子宮寒閉，氣盛痰多，不能生育。用香附子一斤，童便浸三日，濾乾，加蘄艾四兩，用醇酒同煮乾，曬燥，俱炒焦黑，研爲末，棗肉丸梧子大。每早服三錢，白湯下。

家寶丹：　專治産難，胎衣不下，或胎死腹中，或血暈、血脹、血煩、血悶，及産後小腹痛如刀刺，兼治産後一切雜病，或中風中氣，乳腫血淋，平時赤白帶下，嘔吐惡心，心氣抑鬱，經脉不調或不通，番胃膈食，飲食無味，手足頑麻，一切風痰俱效。香附子、童便浸二日，曬乾；　川烏、草烏，用酒煮一日，曬乾；　蒼朮，米泔浸一日，曬乾，各四兩；　當歸酒洗，白附子各二兩，麻黃滾湯泡去沫，桔梗、甘草、防風、白芷、川芎、人參、大茴香、黑荆芥、白朮各三兩，木香、血竭、細辛各一兩，共十九味，總在鍋內微炒燥，磨爲極細末，煉蜜丸彈子大，每丸重二錢，酒化開，和童便化下，男婦年久腹痛，服兩三丸即愈。室女經脉不通者，用桃仁、紅花煎湯下。勞熱肺有火者不宜用。

明·顧逢柏《分部本草妙用》卷七兼經部·寒瀉　香附　苦，微寒，無毒。入肝肺二經，兼行十二經八脉氣分。童便炒用。四製法：　童便、米泔、酒、醋，浸炒用。　主治：　客熱憂鬱，霍亂吐瀉。腎膀胱氣，治一切氣，解六鬱，利三焦。胎産百病，婦人仙藥。開胸膈，降痰熱，治崩漏。　按：　香附為血中氣藥也。生則上行胸膈，外達皮膚。熟則下走腎肝，外徹腰足。炒黑則止血，便炒則入血分補虛，鹽水炒入血分潤燥，青鹽炒則補腎，酒浸炒則行經絡，醋炒則消積聚，薑汁炒化痰。得參、朮而補氣，同歸、芎而補血。隨用皆妙，氣藥中神劑也。獨用久用，反能害血。隨為佐使，到處成功，靈玅何可盡述。

明·李中梓《醫宗必讀·本草徵要上》　香附味苦，微溫，無毒。入肺、肝二經。童便浸，晒焙。　開鬱化氣，發表消痰；　腹痛胸熱，胎産神良。稟天地溫燥之氣，入人身金木之宫，血中之氣藥也。按：　韓飛霞稱香附於氣分為君藥，統領諸藥，隨用得宜。乃氣病之總司，女科之主帥也。性燥而苦，獨用久用，反能耗血，如上所述之功，皆取其治標，非治本也。懼燥，蜜水炒。懼散，醋炒之。

明·鄭二陽《仁壽堂藥鏡》卷一〇下　香附子　《唐本》注云：　香附，交州者最大，勝如棗。　氣微寒，味甘。陽中之陰。無毒。　入肺、肝二經。潔古云：　味甘，苦，微寒。氣厚於味，陽中陰也。快氣。　東垣云：　香附子：　味甘，微寒。除胸中熱，充皮毛，治一切氣，并霍亂吐瀉腹痛，腎氣膀胱冷，消食下氣。　海藏云：　後世人用治崩漏。本草不言治崩漏。《圖經》云：　膀胱間連脇下，時有氣妨，皮膚瘙痒癮疹，飲食不多，日漸瘦損，常有憂愁，心忪少氣，以是知益氣血之藥也。方中用治崩漏，是益氣而止血也。又能逐去凝血，是推陳也。與巴豆能治泄瀉不止，又能治大便不通同意。總解諸鬱。　丹溪云：　香附子必用童便浸。凡血藥必用之，以引至氣分而生血，此陽生陰長之義也。能引血藥至氣分而生血。行中有補，婦人之仙藥也。故《本草》有久服益氣，長鬚眉、充皮毛之說。而俗謂其耗氣，宜婦人不宜男子，非矣。蓋婦人以血為事，氣行則血無事。老人精枯血閉，惟氣是資。小兒氣日充，則形乃日固。大凡病則氣滯而餒，故香附於氣分為君藥，世所罕知。臣以參、芪，佐以甘草，治虛怯甚速也。昔鉄衣翁治百病，用香附一斤，黃連半斤，米糊丸，名黃鶴丹。治婦人，香附一斤，烏藥四兩，醋糊丸，名青囊丸。治諸虛，香附一斤，丹參半斤，煉蜜丸，名參附丸。隨宜引用，輒有小效，人索不已。用者當思法外意可也。 按：李蘄州、韓飛霞，皆稱香附於氣分為君藥，統領諸藥，隨用得宜，乃氣病之總司，女科之主帥也。雖然，性辛而燥，不能益人。獨用久用，反能害血。所述之功，皆取其治標，非取其治本也。懼燥則以蜜炒之，懼散則以醋炒之。治氣疼尤妙。生用下逆氣，寬膨。

明・蔣儀《藥鏡》卷一溫部 香附 理氣而鬱痰開，溫胃而宿食化。暖膀胱之冷氣，則汁炒宜薑。散胸內之熱氣，則酸炒宜醋。濕氣盤于腰腎，則寒炒宜便。滯氣淤於血中，則熱炒宜酒。消堅積之痞氣者，則鹹炒宜鹽也。老人多溺，益智同攻。婦人鼻塞耳聾，芎歸互劑。炒黑者直透子宮，止崩漏而凝滯以決。生用者引之血分，兼調氣而新血以生。氣鬱吐紅，童便調下。癲疝脹痛，海藻酒煎。同烏藥，同甘草，鹽湯和服，治心腹之刺疼。夾半夏與白礬，薑汁麵丸，治停痰之宿飲。

明・李中梓《頤生微論》卷三 香附 味苦，微溫，無毒。入肺、肝二經。發散者生用，調經者童便浸炒。開鬱化氣，發表消痰，胸腹脇痛。

按：香附于氣分為君藥，乃氣病之總司，女科之主帥也。雖然味辛性燥，多用損氣血。

明・張景岳《景岳全書》卷四八《本草正》 香附 味苦、辛，微甘，氣溫。氣味俱厚，陽中有陰，血中氣藥也。專入肝、膽二經，兼行諸經之氣。用此者，用其行氣血之滯。童便炒，欲其下行。醋炒，則理氣痛。開六鬱，散寒邪，利三焦，行結滯，消飲食痰涎，痞滿腹脹，胕腫脚氣，止心腹、肢體、頭目、齒耳諸痛，療霍亂吐逆，氣滯泄瀉，及吐血下血尿血，婦人崩中帶下，經脉不調，胎前產後氣逆諸病。因能解鬱，故曰婦人之要藥。然其味辛而動，若陰虛躁熱而汗出血失者，概謂其要，則大誤矣。此外，凡癰疽瘰癧瘡瘍，但氣滯不行者，皆宜用之為要藥。

明・賈九如《藥品化義》卷一氣藥 香附 屬陽中有微陰，體重實而小，色紫，氣香，味辛重、微苦云甘非，性溫而燥，能降，力快氣，性氣重而味輕，入肺肝二經。 香附辛主散，苦主降，用以疏氣開鬱，非獨女人之聖藥也。但女性偏滯，多氣多鬱，尤宜疏散耳。因氣香燥，用童便制之。橫行胸臆間，解散痞悶。凡氣鬱客熱，藉以降下而舒啓也。因味辛散，乃用醋炒，佐入肝經，以理兩脇及小腹痛。凡血瘀經滯，藉以行氣而快滯也。若炒黑，用治淋瀝及崩漏，蓋因氣鬱，以此疏之，順其氣而血自出也。由血隨氣行，血藥中多用之。但氣實而血不大虛者為宜，若氣虛甚者，用之益損其氣，燥其血矣。故血虛崩漏者是不可用。 童便浸，一日一換，多製數遍為妙。氣分中聖藥。○忌鐵器。

明・蕭京《軒岐救正論》卷三 香附 雖為快氣宣鬱之聖藥，婦人所必需。但味苦氣辛，苦主泄，辛主散，而一切陰陽氣血虛弱者忌之。若脾氣虛弱作痞，虛寒生脹，宜用四君、六君，或加薑、桂治之。中氣既健，痞脹自消。此治本法也。設使誤用香附耗泄真氣，愈增脹滿耳。甚有陰虛中敗，火升作喘，而亦妄用之，祇速其死也。丹溪亦謂此藥性燥。

明・盧之頤《本草乘雅半偈》帙八 莎草《別錄》中品 氣味：甘，微寒，無毒。 主治：主胸中熱，充皮毛，久服令人益氣，長鬚眉。

覈曰：《別錄》莎草，不別根苗。後世僅用其根，名香附子，併不知莎草名矣。生田野下濕地，所在都有，唯隴西、涪都、兩浙最饒。苗似草蘭而柔又似細萱而勁。葉心有脊似劍，又似菖蒲、吉祥草輩。光澤亦同，嫩綠蕭疎小別異耳。五六月中抽一莖，三稜中空，莖端復出數葉。開青色花，成穗似黍，中有細子，似葶藶、車前子狀。根多白鬚，鬚下另結子一二枚，轉相延生，外裹細黑茸毛，大者似羊棗，兩頭尖。耐水旱，雖分劈亦不知死。先人云：多屬螻蟈化生。土人每從沙地荒圃，或麥門冬地上鋤得香附，半存螻蟈形者，兩足為根，頭作苗葉，身成香附子，緣緣而生，延蔓可厭。土人患之，其地即改種絡麻。麻盛不得雨露，方纔悶絕，呼為狗薑，或麥冬餘氣，幻結所成；或螻蟈嗜啖麥冬，化生所致。故香附子，氣臭頗似麥冬，其非麥冬地者，則不可知，然的是螻蟈化生為始。《楞嚴經》云化以離應，即此類也。修事：陰乾，石臼搗之，忌鐵器。螻蟈俗名地狗，即以狗薑呼之。

先人云：胸為肺金之部分，氣為肺金之所司，皮毛為肺金之所主。香附子功能解表利水，所以泄金之鬱。《經》云：金鬱則泄之，解表利小水也。部署形層宮城位次，靡不周到。

条曰：莎品凡三，臺、蕢、薃也。《爾雅》載薃。《埤雅》載臺。《子虛賦》載蕢。《爾雅翼》載臺、薃而兼言蕢。《本草》混臺、蕢、薃為一物。谿辨之當早辨也。蕢即青蕢，一名大莎。《說文》以為青蕢似薃，但大小有異，生江湖，為鴈所食。臺即夫須，一名莎草，《子虛賦》所為薛，《漢書》《音義》所謂藾，可以為衣，疏而無溫，編之若甲狀，毵毵而垂，使雨順流而下，匹夫所須也。薃即鎬侯，一名侯莎，《爾雅翼》所謂莎，《廣成頌》所謂綠莎，顏師古所謂青莎，晏元獻公有《庭莎記》，言此草耐水旱，樂延蔓，雖技心隕葉，亦弗之絕，莖葉都似三稜。《圖經》所謂水香稜，又名水莎、水巴戟。《廣雅》所謂地毛。《記事珠》所謂抱靈居士。此皆指薃苗莖葉為名也。根若附子，相附連續，周匝有毛，大者如羊棗，乃子也。另有細根如白髮，根上結子二三枚，或有或無，有則轉相延蔓者為牝。《別錄》所謂香附子。《圖經》所謂草附子，又名莎結、續草根。《金光明經》所謂日萃哆。《唐本》所謂雀頭香。魏文帝于吳求雀頭香，即薃根香附子也。用合衆香，能發衆香臭，是以性專捭闔，開發上焦，宣五穀味，熏膚充身澤毛，若霧露之溉。中焦亦得藉之以宣化，下焦亦得藉之以宣瀆。又不獨僅宣五穀味，併宣諸藥味，而為諸藥之先聘通使。如上焦闔闔，則諸陽之氣逆于胸中，致胸中熱，嘗日憂愁不樂，心忪少氣者，捭闔從開，既順迺宣矣。則胸熱自除，憂愁自釋，心忪自平，少氣自益，充皮毛，長鬚眉，誠若霧若露灌溉之休徵也。諸陽之氣起于胸中，闔闔則遏逆而不舒。若食飲積，痞滿堅，或霍亂嘔逆，或月事不以時下者，此正中焦失于宣化。若膀胱氣妨，或崩漏帶下，或下血尿血者，此正下焦失于宣瀆。若肌肉消削，或癮疹瘙癢，或皮聚毛折者，此正上焦失于宣發，不熏膚，不充身，不澤毛，不若霧露之溉耳。觀《天寶方》煑汁熏浴，令汁出五七度，除癮疹，止瘙癢，則知若霧露熏充灌溉之為用矣。頻湖云：得鹽入血；得青鹽入腎；得酒行經絡；得苦酒消積聚；得薑化痰飲；得參、术益氣；得歸、苄補營；得木香(流)〔疏〕滯；得檀香醒脾；得沉香升降諸氣；得芎、术總解六鬱；得茯苓交心腎；得茴香、補骨脂，引氣歸元；得厚朴、半夏，決癰消脹；得葱、蘇發越六淫；得稜、莪釋磨瘕癖；得艾調暖子宮。及作種種藥石之聘使，捭闔揣摩之為用大矣。

明・李中梓《本草通玄》卷上 香附 辛、甘，微苦，足厥陰、手少陽藥也。

利三焦，開六鬱，消痰食，散風寒，行血氣，止諸痛，月候不調，崩漏胎產，多怒多憂者，需為要藥。丹溪云：香附行中有補，如天之所以為天者，健運不息，故生生無窮，即此理也。李時珍云：生則上行胸膈，外達皮毛；熟則下走肝腎，外徹腰足。炒黑則止血，便製則入血補虛，鹽炒則入血潤燥，酒炒則行經絡，醋炒則消積聚，薑汁炒則化痰。得參、术則補氣，得歸、地則補血，得蒼术、撫芎則解鬱，得黃連、梔子則降火，得紫蘇則發散，得艾葉則暖子宮。韓飛霞云：香附能推陳致新，故諸書皆云益氣。而俗有耗氣之說，宜于文人不宜于男子者，非矣。

清・顧元交《本草彙箋》卷二 莎草根 辛主散，苦主降，用以疏氣開鬱，不獨爲女人之藥也。但女性偏滯，多氣多鬱，血因氣滯，則不能生，故用此爲疏散。要惟氣實而不大虛者爲宜，若氣虛甚，恐益損其氣也。因其性燥，故便製以潤之，橫行胸臆間，解散痞悶。凡氣鬱客熱，藉以降下而舒鬯。因其性散，故醋製以斂之，佐入肝經，以理兩脇及小腹痛。凡血瘀經阻，藉以行氣而快滯。若炒黑用，治淋瀝及崩漏，蓋因氣鬱，以此疏之，又黑能止血也。方家言於老人有益者，蓋氣之於人，健運不息，所以生生無窮。小兒氣日克，則形乃日固，老人精枯血閉，惟氣是資。凡病則氣滯而餒，故香附於氣分爲君藥，臣以參、芪，佐以甘草，治虛怯有神功。即予前所論歸脾湯必用木香之意。

又生用則上行胸膈，外達皮膚。熟用則下走肝腎，外徹腰足。

莎草根名香附子者，其根相附，連續而生。其草即爲笠及雨衣者，亦作簑，其爲衣垂緌，如孝子衰衣之狀耳。

韓懋云：懋遊方外時，懸壺輕齎，治百病黃鶴丹，治婦人青囊丸，隨宜用引，輒有小效，人索不已。用者當思法外意可也。黃鶴丹，每香附一觔，黃連半觔，洗晒，爲末，水糊丸梧子大，外感葱、薑湯下；內傷米飲下；氣病香湯下；血病酒下；痰病薑湯下；火病白湯下；以此類推。青囊丸，每香附略炒一觔，烏藥略炮五兩三錢，爲末，水醋煮麪糊丸，隨證引用，如頭痛茶下，痰氣薑湯下之類。

血崩秘方，用香附一觔，童便浸透，砂器中炒，炒時不住手洒童便，火勿過猛，炒三晝夜爲度；川木耳四兩，紙包裹，以新瓦兩片，夾定繩縛，泥固，火煅存性，覺煙起良久，急去火，置冷地候冷取出，同香附研細如麪，每五七分，淡醋湯調，空心服。

凡治婦人崩漏帶下，月經不調，無有不用香附，皆取其降氣調氣，散結理血之功也。惟月事先期，乃係血熱，法當涼血，再用香附，則愈先期矣。

清・穆石匏《本草洞詮》卷八 香附子 《別錄》止云莎草，不言用根。後世用其根，名香附子。其草可為雨衣，踈而不沾，故安從草、從沙。其根相附連續而生，可以合香，故名香附子。氣味甘苦辛，微寒，無毒。乃足厥陰、手少陰之藥，而兼通十二經、奇經八脉氣分。利三焦，解六鬱，消飲食積聚，痰飲痞滿，胕腫腹脹，脚氣，止心腹肢體頭目齒耳諸痛，癰疽瘡瘍，吐血、下血、尿血，婦人崩漏帶下，胎前產後諸病。此血中氣藥，凡氣鬱必用之。《本草》不言補，方家言益老人，何也？蓋行中有補也。天之所以為天者，健運不息，所以生生無窮。香附之氣平而不寒，香而能竄，其味多辛能散，微苦能降，微甘能和，周身經絡，無所不到。生則上行胸膈，外達皮膚，熟則下走肝腎，外徹腰足。炒黑則止血，童便浸炒則入血分而補虛，鹽水浸炒則入血分而潤燥，青鹽炒則補腎氣，酒浸炒則行經絡，醋浸炒則消積聚，薑汁炒則化痰飲。得參、术則補氣，得歸、苄則補血，得木香則疏滯和中，得檀香則理氣醒脾，得沉香則升降諸氣，得芎藭、蒼术則總散諸鬱，得巵子、黃連則能降火熱，得茯神則交濟心腎，得茴香、破故紙則引氣歸元，得厚朴、半夏則決壅消脹，得紫蘇、葱白則解散邪氣，得三稜、莪茂則消磨積塊，得艾葉則治血氣、暖子宮。乃氣病之總司，女科之主帥也。諸書皆云益氣。而俗有耗氣之說，宜女人，不宜男子者，謬矣！蓋婦人以血用事，氣行則無疾。老人精枯血閉，惟氣是資。小兒氣日充則形日固。凡病則氣滯而餒，故香附於氣分為君藥。臣以參耆，佐以甘草，治虛怯甚速也。《經驗方》有交感丹，凡人中年精耗神衰，蓋由心血少，火不下降，腎氣憊，水不上升，致心腎隔絕，營衛不和，上則多驚，中則寒痞，下則虛冷。庸醫徒知峻補下田，不能滋陰，反見衰悴，但服此方半年，謝去一切暖藥，屏絕嗜欲，然後習祕固泝流之術，其效不可殫述。此鐵甕城申先生授此方，香附子一觔，浸一宿，石上擦去毛，炒黃，伏神去皮木四兩，為末，蜜丸，清晨細嚼，以降氣湯下之，降氣湯用香附子，如上法半兩，伏神二兩，炙甘草兩半，為末，點沸湯，服前藥。韓悉云：悉游方外時，懸壺輕齎，治百病黃鶴丹，治婦人青囊丸，隨宜用引輙效。黃鶴丹乃銖衣翁在黃鶴樓所授，用香附一觔，黃連半觔，洗晒為末，水糊丸，如外感，葱薑湯下，內傷米飲下，氣病香湯下，血病酒下，痰病白湯下。青囊丸乃邵應節真人禱母病感，方士所授，用香附略炒一觔，烏藥略炮五兩，為末，水醋煮麪糊丸，如頭痛茶下，痰氣薑湯下，多宜酒下為妙。此皆行氣而益氣，行血而生血之理也。又氣血聞香即行，聞臭即逆，凡癰疽瘡瘍，皆因氣滯血凝所致，宜服香藥引氣通血，最惡臭穢觸之，毒必引蔓。香附進食寬氣，大有効也。此近時日用要藥，而陶氏不識，諸家亦略，乃知古今藥物興廢不同。則《本草》未用諸藥，不可棄置，安知異時不為要藥，如香附者乎？

清・劉雲密《本草述》卷八下 香附子 宗奭曰：香附子，今人多用。雖生於莎草根，然根上或有或無，有薄皵皮，紫黑色，非多毛也，刮去皮則色白，若便以根為之，則誤矣。 時珍曰：莎葉如老韭葉而硬，光澤，有劍脊稜，五六月中抽一莖，三稜，中空，莖端復出數葉，開青花，成穗如黍，中有細子，其根有鬚，鬚下結子一二枚，轉相延生子，上有細黑毛，大者如羊棗而兩頭尖，采得燎去毛，曝乾貨之。

氣味：甘，微寒，無毒。 宗奭曰：苦。 頌曰：《天寶單方》云：辛，微寒，無毒，性濇。 潔古曰：甘、苦，微寒。氣厚於味，陽中之陰，血中之氣藥也。凡氣鬱及血氣必用之。 時珍曰：辛、微苦、甘，平。足厥陰、手少陽藥也。能兼行十二經、八脈氣分。

主治：利三焦，解六鬱，散時氣寒疫，及心腹中客熱，並常日憂愁不樂，心忪少氣，治一切氣霍亂吐逆及痞滿腹脹，消飲食積聚痰飲，治膀胱間連脇下氣妨，去瘀血，生血，婦人崩漏帶下，月候不調，胎前產後諸病。

丹溪曰：香附須用童子小便浸過，能總解諸鬱，凡血藥必用之。以引至氣分而生血，此陽生陰長之義也。

時珍曰：香附之氣平而不寒，香而能竄，其味多辛能散，微苦能降，微甘能和，乃足厥陰肝、手少陽三焦氣分主藥，而兼通十二經氣分。生則上行胸膈，外達皮膚。熟則下走肝腎，外徹腰足。炒黑則止血，得童便浸炒則入血分而補虛，鹽水浸炒則入血分而潤燥，青鹽炒則補腎氣，酒浸炒則行經絡，醋浸炒則消積聚，薑汁炒則化痰飲。得參、朮則補氣，得歸、苄則補血，得木香則流滯和中，得檀香則理氣醒脾，得沉香則升降諸氣，得芎藭、蒼朮則總解諸鬱，得梔子、黃連則能降火熱，得茯神則交濟心腎，得茴香、破故紙則引氣歸元，得厚朴、半夏則決壅消脹，得紫蘇、葱白則解散邪氣，得三稜、莪茂則消磨積塊，得艾葉則治血氣，暖子宮，乃氣病之總司，女科之主帥也。

韓丞曰：香附能推陳致新。故諸書皆云益氣，而俗有耗氣之説，宜於女人，不宜於男子者，非矣。蓋婦人以血用事，氣行則無疾。老人精枯血閉，惟氣是資。小兒氣日充，則形乃日固。大凡病則氣滯而餒，故香附於氣分為君藥，世所罕知。臣以參、芪，佐以甘草，治虚怯甚速也。　希雍曰：莎草根稟天地溫燥之氣，而兼得乎土金之味，故其味甘，應有苦辛，微寒，亦應微溫，無毒。入足厥陰氣分，亦入手太陰經，氣厚於味，陽中之陰，降也。血中之氣藥也，能行十二經、八脈氣分。得童子小便、苦酒漬過良。芎藭為之使。辛主散，苦溫主降泄。凡血不自行，隨氣而行，故香附為氣鬱血滯必用之藥。然用之以調血，須輔之以益血涼血之品，即氣虚者，兼入補氣藥，乃可奏功也。

交感丹，凡人中年精耗神衰，蓋由心血少，火不下降，腎氣憊，水不上升，致心腎隔絶，榮衛不和，上則多驚，中則寒痞，飲食不下，下則虚冷遺精。愚醫徒知峻補下田，非惟不能生水滋陰，而反見衰悴。但服此方半年，屏去一切暖藥，絶嗜欲，然後習秘固泝流之術，其效不可殫述。香附子一斤，新水浸一宿，炒黄，同茯神四兩，為末，蜜丸彈子大，每早細嚼一丸，以降氣湯為末，點沸湯服前藥。　香附一斤，童子小便浸透，砂器中炒，炒時不住手灑童便，火勿過猛，炒三晝夜為度，川木耳四兩，紙包裹，以新瓦兩片夾定，繩縛泥固，火煆存性，覺烟起良久，急去火，取置冷地候冷，取出，同香附研極細如麪，每五七分，淡醋湯調，空心服。此治血崩秘方，累試有驗。

愚按：香附之味甘，甘為生氣生血之元，兼有辛，屬金歸肺，所主者氣也。後又兼有苦，苦屬火，歸心，所主者血也。夫辛甘為陽，甘多而兼辛，是陽居其有餘也。苦為陰，甘多而苦少，是陰居其不足也。但先甘而次兼乎辛，由辛而次兼乎苦，是本陽而歸於陰也。又言其氣微寒者多，苦寒相合者，亦陰也。氣乃味之先，則有餘之陽並入於陰，而效其用，猶肺氣下降，入心而生血之義。故先哲云：此味為陽中之陰，血中之氣藥也。李瀕湖所云為足厥陰、手少陽藥，兼行十二經、八脈氣分者，誠有確見哉。故主治諸證，當審為血中之氣病，乃中肯窾，不漫同於諸治氣之味也。若然，手少陽非專主氣者乎，而何以入之？不知手少陽與手厥陰表裏，三焦之氣不化為火者，由手厥陰之血無病也。故入血中之氣以效用，將舍三焦之氣而效於何氣乎？氣血各有陰陽之分，是即所謂陰氣也。故上焦心包絡所生病，如七情抑鬱者能開之，以心包絡主血也。中焦脾胃所生病，如霍亂吐逆，及飲食積聚，痰飲痞滿能暢之，以胃生血，脾統血也。下焦肝腎所生病，如膀胱連脇下氣妨，如下血尿血，及女子崩漏帶下，月候不調等證，亦以胃脾為血之元，肝固血之臟，腎乃血之海也。盧之頤謂其能開發上焦，即中焦亦得藉之以宣化，下焦亦得藉之以宣瀆，斯言近之，然未能悉其行血中之氣也。抑《別録》所謂益氣者，何居？蓋人身氣血，原不能相離，更氣為血之帥。此味於血中行氣，則血以和而生，血以和生，則氣有所依，而健運不窮，是之謂生血，是之謂益氣，非二義也。曰此味乃日用要藥，而前哲獨言為女科之仙劑也，何若？正謂女子以血為主，女子多鬱，鬱則傷其陰中之氣而血傷。皇甫嵩曰：女子崩漏證用之，亦以氣鬱不行，血瘀經滯，淋瀝不止者，此能疏之，瘀血去，而新血生，氣體自和，斯言是也。又曰：非血虚崩漏所宜，殊不知用此於補血味中，乃能使舊血和，而新血生，即氣虚而事補益者，亦藉此為先導，去虚中之著，韓丞所謂去虚怯甚速之義也。雖然此味香燥，類云燥血，夫血以寒而泣，辛燥乃能行之。繆氏謂欲調血，須輔以益血涼血之味是也，又安得懲噎而廢食哉？至如寒溼之傷氣者，乃傷乎血，此味固是的對，即降火而用苦寒，亦宜此味從而和之。盧之頤云：為諸藥之聘使。而李瀕湖所列種種製使，無不咸宜也。夫豈欺我？

又按：香附子類謂調氣之味，不知氣之為病，所因不一，如痞脹喘噦，噫酸噎塞，又如胃脘痛或心腹痛，《局方》槩同香燥用之，或砂仁，或沉香，或蘄艾、良薑輩，止可治虚寒或寒溼之病，而火熱病氣者，種種不一，況寒溼之久，則亦化火乎？如黄鶴丹之同黄連而用，其義不可思歟。故諸方未敢悉録，以印定後人治氣之法也。其所采數方，聊以明用香附者，必審其所因，并病於何經，而用何藥，或特借此味為輔為先，即數則可以例推其餘也。

附方　心腹刺痛，小烏沉湯，香附子擦去毛，焙，二十兩，烏藥十兩，甘草炒一兩，為末，每服二錢，鹽湯隨時點服。　停痰宿飲，風氣上攻，胸膈不利，香附、皂莢水浸，半夏各一兩，白礬末半兩，薑汁、麪糊丸梧子大，每服三四十丸，薑湯隨時下。　痃癖往來疼痛，香附、南星等分，為末，薑汁糊丸梧子大，每薑湯下二三十丸。　癩疝脹痛，及小腸氣，香附末二錢，以海藻一錢，煎酒，空心調下，并食海藻。　氣鬱頭痛，用香附子炒四兩，川芎二兩，為末，每服二錢，臘茶清調下。　肝虛睛痛，冷淚羞明，補肝散用香附子一兩，夏枯草半兩，為末，每服一錢，茶清下。　四製香附丸，香附擦去毛一斤，分作四分，用醇酒、醇醋、鹽水、童便，各浸春三夏一秋五冬七日，淘淨，曬搗，微焙為末，醋糊丸梧子大，每酒下七十丸，治女人經候不調兼諸病。　瘦人加澤蘭、赤茯苓末二兩，氣虛加四君子料，血虛加四物料。

希雍曰：　香附香燥，苦溫帶辛。凡月事先期者，血熱也，法當涼血，禁用此藥，誤犯則愈先期矣。

愚按：　氣鬱多用香附，或氣弱而鬱者，必同補劑而用固也。然有火傷元氣，以致鬱者，又須降火之劑，而此佐之。若槩謂開氣之鬱，反以燥助火，而氣愈弱愈鬱矣。明者審之。

修治　按香附子即莎草根，其根有鬚，鬚下結子一二枚，轉相延生，周匝有毛，大者如羊棗，乃子也，可以合香，故謂之香附子。上古謂之雀頭香。細者佳，去毛，以水洗淨，揀去砂石。忌鐵。於石臼內搗去皮，用童便浸透，曬搗用。或生或炒，或以酒、醋、酥、鹽水、薑汁浸，俱瓦上焙乾。　時珍曰：用稻草煮之，味不苦。　《精義》曰：　炒黑色，禁崩漏下血。調醋，末敷乳腫成癰。理氣痛，醋炒尤妙。

清・郭章宜《本草匯》卷一〇　莎草根即香附子。　甘、苦、辛，濇，微寒。氣厚于味，陽中之陰，降也。足厥陰、手少陽主藥，亦入手太陰經。散時氣寒疫，解憂愁不樂。利三焦，開六鬱。治痞滿，理崩帶。發表快氣，月候調勻。停痰宿飲堪敺，頭風脇脹疏利。交感丹治心腎隔絕，同伏神為丸下。香附一個，伏神四兩，蜜丸為服。　一品丸療氣熱上攻，取香附研末吞。最能行血止痛，耑衰氣盛積壅。香附之氣，平而不寒，香而能竄，其味多辛能散，微苦能降，微甘能和，亦兼通十二經氣分者也。

按：　香附禀天地溫燥之氣，入人身金木之宮，入血分而行滯血，入氣分而行滯氣，因有行滯之能，故為開鬱之劑，乃血中之氣藥也。能引血藥至氣分而生血，故為婦人之仙藥。蓋婦人心性偏執，每多鬱滯，所謂多氣少血者，此也。惟此藥為能疏氣散鬱，氣疏鬱散，則新血自生，而百體和矣。要之，治標則得矣，治本恐非也。《本草》不言治崩漏，而後人多以治崩漏者，蓋非血虛崩漏所宜，亦以氣鬱血瘀，淋瀝不止者，此能疏之，瘀血去而新血自生，此所謂益氣而止血也。又能逐去凝血，是推陳也。與巴豆止泄瀉、通大便同意。　時珍曰：　生則上行胸膈，外達皮膚。熟則下走肝腎，外徹腰足。炒黑則止血，得便浸炒則入血分而補虛，鹽水浸炒則入血分而潤燥，青鹽炒則補腎氣，酒浸炒則行經絡，醋浸炒則消積聚，薑汁炒則化痰飲。得參、朮則補氣，得歸、地則補血，得木香則疏滯和中，得檀香則理氣醒脾，得沉香則升降諸氣，得川芎、蒼朮則總解諸鬱，得梔子、黃連則能降火熱，得伏神則交濟心腎，得茴香、破故紙則引氣歸元，得三稜、蓬莪則消磨積塊，得厚朴、半夏則決壅消脹，得紫蘇、葱白則解散邪氣，得艾葉則暖子宮，乃氣病之總司。而俗有耗氣之說，宜于女人而不宜于男子者，非也。韓飛霞云：　女人以血用事，氣行則無疾。老人精血枯閉，惟氣是資耳。大凡病則氣滯，故香附于氣分為君，臣以參、芪，佐以甘草，治虛怯甚速也。獨用久用，血為耗耳。婦人月事先期者，血熱也，法當涼血，禁用。此藥火燥，少血之人，併新產耗氣之婦，亦所禁服。

產高州屬廣東者獨勝。狀如棗核，周匝有毛，曝乾，火去毛。忌犯鐵器。入陰分，童便製炒，入血分，調血氣，併收斂醋煮炒。發散酒炒，懼燥蜜水炒。得童便、醋、芎藭、蒼朮良。

清・蔣居祉《本草擇要綱目・寒性藥品》　香附子　氣味　甘，微寒，無毒。陽中之陰，血中之氣藥也。入足厥陰、手少陽經，能兼行十二經八脈氣分。鹽、便、酒、醋，各從本方製用。　主治：　一切氣，并霍亂吐瀉腹痛，腎氣膀胱冷，消食下氣。《本草》不言治崩漏，方中用治之者，是益氣而止血也。又能逐去凝血，乃以血藥引至氣分而生血，令陽生陰長之義也。

清・閔鉞《本草詳節》卷一　香附子　【略】按：　香附治膀胱兩脇氣妨，心忪少氣，是能益氣，乃血中之氣藥也。治崩漏，是能益氣而止血也。逐瘀血，是推陳也。正如巴豆治大便不通，而又止泄瀉同意。得參、朮則補氣，得歸、地則補血，得木香則流滯和中，得檀香則理氣醒脾，得沉香則升降諸氣，得川芎、蒼朮則總解諸鬱，得梔子、黃芩則能降火熱，得茯神則交濟心腎，得茴香、破故紙則引氣歸元，得厚朴、半夏則決壅消脹，得紫蘇、葱白則解散外邪，得三稜、莪茂則消磨積塊，得艾葉則治血氣暖子宮，誠氣病之總司，女科之主帥也。俗云耗氣，其說大非。若月事先期者，法當涼血，又不可誤犯。

清・王翃《握靈本草》卷三　香附子出高州者良，到處有之。製法見論中。忌鐵器。須童便浸過，然後隨病製炒。主治：香附，甘，微寒，無毒。治一切氣，霍亂吐瀉，腹痛，除胸中客熱，久服令人益氣，散時氣寒疫，利三焦，解六欝，消飲食積聚，痰飲腹脹，脚氣，婦人崩漏，胎產百病。

清・汪昂《本草備要》卷二　香附一名莎草根。宣，調氣開鬱。性平氣香，味辛能散，微苦能降，微甘能和。乃血中氣藥，通行十二經、八脉氣分，主一切氣。人身以氣爲主，氣盛則强，虛則衰，順則平，逆則病，絕則死矣。《經》曰：怒則氣上，恐則氣下，喜則氣緩，悲則氣消，驚則氣亂，思則氣結，勞則氣耗，此七情之氣也。《素問》中仍有寒則氣收，熱則氣泄，名九氣。以香附爲君，隨症而加升降消補之藥。利三焦，解六鬱，痰鬱、火鬱、氣鬱、血鬱、濕鬱、食鬱。止諸痛。通則不痛。治多怒多憂，痰飲痞滿，胕腫腹脹，飲食積聚，霍亂吐瀉，腎氣脚氣，癰疽瘡瘍。血凝氣滯所致。香附一味末服，名獨勝丸，治癰疽由鬱怒得者。如瘡初作，以此代茶，潰後亦宜服之。大凡瘡疽喜服香藥，行氣通血，最忌臭穢不潔觸之。故古人治瘍，多用五香連翹飲。康祖左乳病癰，又臆間生核，痛楚半載。禱張王，夢授以方，薑汁製香附爲末，每服二錢，米飲下，遂愈。吐血便血，崩中帶下，月候不調，氣爲血配，血因氣行。經成塊者，氣之凝；將行而痛，氣之滯；行後作痛，氣血俱虛也；色淡亦虛也。色紫，氣之熱；色黑則熱之甚也；錯經者，氣之亂；肥人痰多而經阻，氣不運也。香附陰中快氣之藥，氣順則血和暢，然須輔以涼血補氣之藥。丹溪曰：能引血藥至氣分而生血，此正陽生陰長之義。胎產百病。能推陳致新，故諸書皆云益氣。行中有補。丹溪曰：天行健運不息，所以生生無窮，即此理耳。時珍曰：凡人病則氣滯而餒，香附爲氣分君藥，臣以參、耆，佐以甘草，治虛怯甚速也。去毛用。生則上行胸膈，外達皮膚；熟則下走肝腎，旁徹腰膝。童便浸炒，則入血分而補虛。鹽水浸炒，則入血分而潤燥。或蜜水炒。青鹽炒，則補腎氣。酒浸炒，則行經絡。醋浸炒，則消積聚。且斂其散。薑汁炒，則化痰飲；炒黑又能止血。忌鐵。時珍曰：得參、朮則補氣，得歸、地則補血，得木香則散滯和中，得檀香則理氣醒脾，得沉香則升降諸氣，得芎藭、蒼朮則總解諸鬱，得梔子、黃連則清降火熱，得茯神則交濟心腎，得茴香、破故紙則引氣歸元，得厚朴、半夏則決壅消脹，得紫蘇、葱白則發汗散邪，得三稜、莪蒁則消積磨塊，得艾葉則治血氣，暖子宮。乃氣病之總司，女科之仙藥也。大抵婦人多鬱，氣行則鬱解，故服之尤效。非宜于婦人，不宜于男子也。李士材曰：乃治標之劑，惟氣實血未大虛者宜之。不然恐損氣而燥血，愈致其疾矣。世俗泥于女科仙藥之一語，惜未有發明及此者。

清・王逊《藥性纂要》卷二　香附子　【略】東圃曰：香附性燥，病須潤養之藥者，不宜用。《綱目》附方載治吐血咯血用之，亦宜詳審。

清・陳士鐸《本草新編》卷三　香附　味苦而甘，氣寒而厚，陽中陰也，無毒。入肝、膽之經。專解氣鬱氣疼，調經逐瘀，除皮膚瘙癢，止霍亂吐逆，崩漏下血，乳腫癰瘡，皆可治療。宿食能消，泄瀉能固，長毛髮，引血藥至氣分，此乃氣血中必用之品。可為佐使，而不可為君臣。今人不知其故，用香附為君，以治婦人之病，如烏金丸、四製香附丸之類，暫服未嘗不快，久之而虛者益虛，鬱者更鬱，何也。香附非補劑也，用之下氣以推陳，非用之下氣以生新；引血藥至氣分而散鬱，非引血藥入氣分而生血也。舍氣血之味，欲其陰生陽長得乎？故氣虛宜補，必用參、芪。血少宜生，必須歸、熟。香附不過調和于其內，參贊之寮佐，而輕任之為大將，鮮不敗乃事矣。

或問：香附為解鬱聖藥，吾子謂不可為君，豈香附不能解鬱耶？曰：香附不解鬱，又何藥以解鬱？但不可專用之為君耳。蓋鬱病未有不傷肝者也，香附入肝入膽之經，而又解氣，自易開肝中之滯濇。但傷肝必傷其血，而香附不能生血也，必得白芍〔藥〕、當歸以濟之，則血足而鬱尤易解也。夫〔君〕藥中之解鬱者，莫善于芍藥。芍藥得臣使，速于解鬱者，莫妙于香附、柴胡。是芍藥為香附之君，而香附為芍藥之佐，合而治鬱，何鬱不解。

或問：香附解鬱而開胃，乃有用香附而鬱仍不解，胃仍不開，豈亦芍藥、當歸之未用乎？曰：是又不盡然也。香附解鬱者，解易舒之鬱也；香附開胃者，開未傷之胃也。相思之病，必得其心上之人，而鬱乃解；斷腸之症，必得其意外之喜，而胃乃開。區區香附，固自無功，即益之以大料之芍藥、厚味之當歸，亦有無可如何者矣。豈盡可望于草木之解鬱而開胃哉。

或問：香附解鬱之品，先生謂解鬱之無用，是鬱症乃不可解之症也，吾甚為天下之有鬱者危矣。嗟乎！鬱之不解者，非草木之能開。而鬱之可解者，舍草木，又奚以開之耶。香附正開鬱之可解者也。可解之鬱，而欲舍香附而求之草木之外，斯惑矣。

或疑香附性燥，故易入肝，肝氣既鬱，而肝木必加燥矣，以燥投燥，又何解鬱之有？曰：香附之解鬱，正取其燥也。惟燥，故易入于燥之中，惟燥，故不可單用于燥之內，和之以芍藥、當歸，則燥中有潤而肝舒，燥中不燥而鬱解也。

清・顧靖遠《顧氏醫鏡》卷七　香附辛、苦，微溫。入肺肝二經。童便浸，晒焙。懼燥，蜜水炒。懼散，醋炒。　開鬱快氣，辛能散之，苦能降之，溫能通之暢之。發表散邪。亦辛溫之力。消痰化食，治心腹之疼。皆快氣之功。調經止帶，理胎產之疾。血隨氣行，香附為血中之藥，氣調則血亦從之而暢和，故能調月經，而治胎產之疾也。諸氣白帶，因肝氣鬱而脾受傷，此能升降諸氣，而治一切氣疾故也。三焦、肝經氣分之主藥，而兼通十二經氣分也。生則上行胸膈，外達皮膚。熟則下走肝腎，外徹腰足。得參、术則補氣，得歸、地則補血，得木香則流滯和中，得沉香則升降諸氣，得茯神則交濟心腎，得紫蘇則解散邪氣，得三稜、莪术則消磨積塊，得蒼朮、撫芎則總解諸鬱，得黄連、山梔則能降火。統令諸藥，隨用得宜，乃氣分之總司，女科之主帥也。辛香溫燥之品，若月經先期者，法當涼血，不可悮用。

清・李熙和《醫經允中》卷二〇　香附　入肝肺二經，兼行十二經八脉氣分。用四製法，童便炒，米泔、酒、醋炒，研末用。　苦，微寒，無毒。主治解六鬱，利三焦，開胸膈，降痰熱，能引血藥至氣分而生血，故為胎產百病，婦人仙藥。蓋氣疏鬱散，則新血生，而百病和矣。然男婦總一陰陽，故諸書皆云益氣。而俗有耗氣之説，又謂宜于女人，而不利于男子者，皆非也。香附為血中氣藥，生則上行胸膈，外達皮膚；熟則下走肝腎，外徹腰足；炒黑則止血；便炒則入血分補虛；鹽水炒入血分潤燥；青鹽炒則補腎；酒浸炒則行經絡；醋炒則消積聚；薑汁炒化痰。得參术而補氣，同芎歸而補血。隨用皆妙，氣藥中神劑也。獨用久用亦能害血，善為佐使，到處成功，靈妙不能盡述。《玄珠》云：參芪為臣，香附為君，治虛怯甚速，世所不知。蓋天地一陰陽，人身惟血氣。婦人血用事，氣行則無疾；老人精枯血閉，惟氣是資；小兒氣日充，形乃日固。大凡病則氣滯而餒，香附氣香，能行手少陽之氣，推陳致新，開鬱去滯。故凡喘氣脹氣與氣不升，而疝瘕引痛，氣不降而痰食停凝，皆治焉。味苦能行足厥陰之血，故凡吐血下血，與夫崩漏溺血，月信愆期，胎前産後，均治焉。《摘要》云：開鬱滯，果婦人之聖藥矣。《大全》云：長鬚眉，豈止女科之要劑耶？

清・馮兆張《馮氏錦囊秘錄・雜症痘疹藥性主治合參》卷二　香附子一名莎草根。稟天地濕燥之氣，兼得乎土金之味，故味苦甘、苦辛，微溫，無毒。入足厥陰氣分，亦入手太陰經。氣厚於味，陽中之陰，降也。血中之氣藥，能行十二經八脉氣分。○入涼血藥，宜童便浸透，炒黑；入行血氣藥，宜酒浸透炒；入調斂氣血藥，宜醋浸炒黑；入消食去滯藥，不製，炒黄，搗碎。

香附子，快氣開鬱，逐瘀調經，霍亂吐逆，疏肝運脾。宿食可消，洩瀉能固。便製，調血熱經瘀；炒黑，禁崩漏下血，婦人血氣方中所常用者也。開鬱散滯則有功，精血枯閉所當忌。若月事先期，血虛内熱者禁用。時珍曰：生則上行胸膈，外達皮膚；熟則下走肝腎，外徹腰足；炒黑則止血；童便浸炒則入血分而補虛；鹽水浸炒則入血分而潤燥；青鹽炒則補腎氣；酒浸炒則行經絡；醋浸炒則消積聚；薑汁炒則化痰飲。得參、术則補氣，得歸、地則補血，得木香則疏滯和中，得檀香則理氣醒脾，得沉香則升降諸氣，得川芎、蒼朮則總解諸鬱，得梔子、黄連則能降火熱，得茯神則交濟心腎，得茴香、破故紙則引氣歸元，得三稜、蓬莪則消磨積塊，得厚朴、半夏則決壅消脹，得紫蘇、葱白則解散邪氣，得艾葉則暖子宫。乃氣病之總司。而俗有耗氣之説，宜於女人而不宜於男子者，非也。

主治痘疹合參：開鬱，行滯氣，消食，助胃調經，兼能逐去凝血。炒黑又能止血，能引血藥至氣分而生血。凡血氣藥中所必用，婦人之要藥也。但性燥而香，味辛而苦，獨用久用，甚能動火耗血，不可不知。

按：香附子，女科仗為主藥者，以婦人多鬱多滯耳。然味辛性燥，多服久服，必損氣血。若調經藥中用之，必童便浸炒少差，更兼歸、地，方無慮也。

清・张璐《本經逢原》卷二　香附即莎草根。　辛、微苦、甘，平，無毒。産金華，光細者佳。入血分補虛，童便浸炒。調氣，鹽水浸炒。行經絡，酒浸炒。消積聚，醋浸炒。氣血不調，胸膈不利，則四者兼製。肥盛多痰，薑汁浸炒。止崩漏，童便製炒黑。走表藥中則生用之。　發明：香附之氣平而不寒，香而能竄，乃足厥陰肝、手少陽三焦氣分主藥。兼入衝脈，開鬱氣，消痰食，散風寒，行血氣，止諸痛。月候不調，胎產崩漏，多怒多憂者之要藥。治兩脇氣妨，心忪少氣，是血中之氣藥也。蓋血不自行，隨氣而行，氣逆而鬱則血亦凝滯，氣順則血亦隨之而和暢矣。生則上行胸膈，外達皮毛，故能散風寒。熟則下走肝腎，外徹腰足，故能調血氣。得參、术則益氣，得歸、地則調血，得木香則流滯和中，得沉香則升降諸氣，得芎藭、蒼朮則總解諸鬱，得山梔、黄連則降火清熱，得茯苓則交心腎，得茴香、補骨脂則引氣歸元，得厚朴、半夏則決壅消脹，得紫蘇、葱白則解邪氣，得三稜、莪茂則消磨積塊，得艾葉則治血氣，暖子宮。乃氣病之總司，女科之主帥也。惟經水先期而淡，及失氣無聲、無臭者勿用。血氣本虛，更與利氣，則行之愈速矣。

清·浦士貞《夕庵讀本草快編》卷二　莎草、香附子《別錄》、草附子　其草可為笠及雨衣，疎而不沾，故字從草從沙，亦作蓑。魏文帝遣使于吳求雀頭香即此。《記事珠》謂之抱靈居士。　按瀕湖曰：　香附之氣平而不寒，香而能竄，其味多辛能散，微苦能降，微甘能和，乃足厥陰肝經，手少陽三焦主藥，兼通十二經氣分。生則上行胸膈，外達皮膚，熟則下走肝腎，內徹腰足。炒黑則止血，得童溲浸炒則入血分而補虛渴，鹽水浸炒亦入血分而潤燥，青鹽拌炒則補腎氣，陳酒和炒則行經絡，米醋浸炒則消積聚，薑汁調炒則化痰飲。得參、朮則補氣，得歸、芐則補血，得木香則流滯和中，得沉香則升降諸氣，得川芎、蒼朮則總解諸鬱，得梔子、黃連能降火消熱，得伏神則交濟心腎，得茴香、故紙則引氣歸元，得厚朴、半夏則決壅消脹，得紫蘇、葱白則解散邪氣，得三稜、莪茂則消磨積塊，得艾葉則治血氣，暖子宮，真乃氣病之總司，女科之主帥也。

清·劉漢基《藥性通考》卷六　香附子　味甘、苦、辛，氣平。香能散能降能和，乃血中氣藥。通行十二經入脉氣分，主一切氣。利三焦，解六鬱，止諸痛，治多怒多憂，痰飲痞滿，胕腫腹脹，飲食積聚，霍亂吐瀉，腎氣脚氣，癰疽瘡瘍，吐血便血，崩中帶下，月候不調，胎產百病。能推陳致新，故諸書皆云益氣。去毛，生用則上行胸膈，外達皮膚；　熟則下走肝腎腰膝。用童便浸炒，則入血分而補虛；　鹽水浸炒，則入血分而潤燥；　青鹽炒，則補腎氣；　酒浸炒，則行經絡；　醋浸炒，則消積聚；　薑汁炒，則化痰飲；　炒黑，又能止血。忌鐵。然用之氣體強壯之人則可，若氣虛之人，火盛之人，勞症吐血之人，禁用，其性大燥，恐動火也。

清·姚球《本草經解要》卷二　香附　氣微寒，味甘，無毒。除胸中熱，充皮毛。久服令人益氣，長鬚眉。醋炒。　香附氣微寒，稟天深秋之金氣，入手太陰肺經。味甘無毒，得地中正之土味，入足太陰脾經。氣降味和，陰也。胸中者，肺之分也。皮毛者，肺之合也。肺主氣，氣滯則熱而皮毛焦。香附甘寒清肺，所以除胸中熱而充皮毛也。久服令人益氣者，微寒清肺，肺清則氣益也。鬚眉者，血之餘。脾統血，味甘益脾，脾血盛所以鬚眉長也。　製方：　香附生則上行胸膈，外達皮毛；　熟則下走肝腎，外徹腰足；　炒黑則止血；　童便炒則入血分補虛；　鹽水炒則入血分潤燥；　青鹽炒則益腎；　酒炒則行經絡；　醋炒則入肝；　薑汁炒則化痰飲。同參朮則補氣，同歸、地則補血，同木香則去滯，同蔻仁則理氣，同沉香則降氣，同川芎、蒼朮則解鬱，同梔子、川連則降火，同茯神則交心腎。乃十二經氣分之要藥也。童便炒為末，醋湯服，治血崩。同茯神、甘草，治氣逆。同沉香、砂仁、甘草，治痞脹噫酸。同砂仁、甘草，治一切氣滯症。同烏藥、甘草，治一切心腹刺痛。同茯神、甘草、橘紅，治婦人血滯氣虛之症。

清·周垣綜《頤生秘旨》卷八　香附　疏氣散鬱之藥也。雖云悶鬱，實行血之功居多。血有餘而滯者用之，倘不足□□□□自損。瀉家恐泄氣，亦忌用。

清·王子接《得宜本草·中品藥》　香附　味苦、辛。入足厥陰經，通行十二經。功專下氣解鬱。得木香則流滯和中，得山梔能降鬱火，得茯神能交心腎，得茴香、補骨脂能引氣歸元，得厚朴則決壅消脹，得艾葉能暖子宮，得高良薑治心腹冷痛，得紫蘇安胎順氣。得黃連名黃鶴丹，得烏藥為青囊丸，二者皆治百病。

清·黃元御《玉楸藥解》卷一　香附　味苦，氣平。入足太陰脾、足厥陰肝經。開鬱止痛，治肝家諸證。但肝以風木之氣升達不遂，則生風燥，香附降伏之性最不相宜，香燥之氣亦正相反，庸工香附諸方造作，謬妄不通。

清·吳儀洛《本草從新》卷一　香附〔宣，調氣解鬱。〕一名莎草根。　氣香，味辛能散，微苦能降，微甘能和。乃血中氣藥，通行十二經、八脈氣分，主一切氣。人身以氣為主，氣盛則強，虛則衰，順則平，逆則病，絕則死矣。《經》曰：　怒則氣上，恐則氣下，喜則氣緩，悲則氣消，驚則氣亂，思則氣結，勞則氣耗。又曰：　寒則氣收，熱則氣泄，名九氣。以香附為君，隨證而加升降消補之藥。利三信，解六鬱。痰鬱、火鬱、氣鬱、血鬱、濕鬱、食鬱。治多怒多憂，痰飲積聚，痞滿腹脹，霍亂吐瀉，癰疽瘡瘍，血凝氣滯所致，香附末服，名獨勝丸，治癰疽由鬱怒而得者。如瘡初作，以此代茶。大凡瘡疽喜服香藥行氣通血，最忌臭穢不潔觸之。康祖左乳病癰，又臆間生核，痛楚半載，禱張王，夢授以方，薑汁製香附為末，每服二錢，米飲下遂愈。吐血便血，崩中帶下，月候不調，氣為血配，血因氣行。成塊者氣之凝，將行而痛氣之滯；　行後作痛，氣血俱虛也，色淡亦虛也；　色紫氣之熱，色黑則熱之甚也；　錯經者，氣之亂；　肥人痰多而經阻，氣不運也。香附陰中快氣之藥，氣順則血和暢，然須輔以涼血補氣之藥。丹溪曰：　能引血藥至氣分而生血，此正陰生陽長之義也。諸種氣痛，胎産百病。時珍曰：得參、术則補氣，得歸、地則補血，得木香則散滯和中，得檀香則理氣醒脾，得沉香則升降諸氣，得芎藭、蒼朮則總解諸鬱，得梔子、黄連則清降火熱，得茯神則交濟心腎，得茴香、破故紙則引氣歸元，得厚朴、半夏則決壅消脹，得紫蘇、葱白則發汗散邪，得三稜、莪蒁則消積磨塊，得艾葉則治血氣，暖子宫。凡氣血未虧而多滯者最宜用之也。婦人多鬱，氣行則鬱解，故服之尤效。非宜於婦人不宜於男子也。又曰：凡人病則氣滯而餒。香附為氣分君藥，臣以參、耆，佐以甘草，治虚怯甚速也。苦燥而能耗血散氣。士材曰：乃治標之品，唯氣實血未大虚者宜之。不然，恐損氣而耗血，愈致其疾矣。世俗泥於女科仙藥之一語，惜未有發明及此者。産金華者良。生則上行胸膈，外達皮膚；熟則下走肝腎，旁徹腰膝。童便浸炒，鹽水浸炒則入血分，青鹽炒則入腎，酒浸炒則行經絡，醋浸炒則消積聚，且斂其散，蜜水炒制其燥性，薑汁炒則化痰飲，炒黑又能止血。忌鐵。

清・汪紱《醫林纂要探源》卷二

香附　辛，微甘，平。苗曰莎草。葉細如韭而韌，抽莖作碎花細實，根散布如鬚，鬚上結塊如鼠矢，色黑，氣香，有毛。去毛製用。補肝破鬱，宣達氣血，肝家主藥，兼利三焦。辛補甘緩，行而有節。根葉疏散而綴着，故氣尤散行，能解憂、思、悲、怒、驚、恐之鬱結，破氣、血、痰、濕、寒、熱之鬱積。去痞滿，消腫脹，止吐瀉，攻食積。療脚氣，治癰疽，止吐衄腸血，調婦人經血，凡血氣不調之病。亦治瘧痢。○上行胸膈則生用，以升之散之。下行肝腎治腰膝則熟用，以和之守之。童便炒則入血分，鹽水炒則補心輭堅，蜜水炒則滋潤，薑汁炒則行濕化痰，醋炒則攻積去瘀，酒炒則通行經絡，水炒黑色則止血。忌鐵器。多服耗氣。過散則耗。○貝母、香附皆解鬱之藥，婦人尤宜。然貝母主上焦心肺之痰鬱而寒。香附主中焦、下焦之氣血而平。用宜審人稟之陰陽耳。

清・嚴潔等《得配本草》卷二

莎草、香附子俗呼香附。得芎藭、蒼朮、醋、童便良。辛、微苦。入足厥陰及手少陽經氣分。通行十二經及奇經八脈氣分。通兩脇，解諸鬱，引血藥至氣分而生血。氣滯則血不生，疏之即所以生之。治一切血凝氣滯所致等症。得夏枯草，治睛痛。肝氣疏不痛。得黑山梔、川連，降鬱火。得藿香、甘草，治妊娠惡阻。得海藻，治癩疝。得參、耆，治虚怯。補之不滯，則氣自生。得茯神，交心腎。心腎之氣不滯則交。得川芎、蒼术，治諸鬱頭痛。得歸、地，補陰血。氣滯則血不生。得真艾葉，暖子宫，治心腹諸痛。得紫蘇，散外邪。配廣木香，疏中氣。配厚朴、半夏，決壅脹。配沉香，升降諸氣。配檀香，理氣醒脾。配荔枝核，治血氣刺痛。配細茶，治頭痛。　生用，上行胸膈、外達皮膚。熟用，下走肝腎、外徹腰足。解血鬱，生用。止血，炒黑。理腎氣，青鹽水炒。氣滯，酒炒。消肝積，醋炒。化痰消核，薑汁炒。散痞，童便炒。潤燥，鹽水炒。入涼補藥，童便浸煮乾炒炭用。癰腫瘡瘍，煎湯代茶。　久服助火耗血散氣。氣虚作脹，血虚内熱，月事先期，精血枯閉，皆禁用。　香附、川芎、薄荷、木賊、天麻、紫草、柴胡，皆入肝經以散肝氣，而其間亦當分别施治。柴胡表肝經之風熱，川芎升肝經之血氣，香附解肝經之鬱結，木賊散肝經之寒邪，天麻通肝臟之血脈，薄荷去肝經之風火，紫草敗肝中之熱毒。治之各有攸當，勿得雜投以傷肝氣。

題清・徐大椿《藥性切用》卷三

金香附　即莎草子。辛苦微甘，氣香性溫，入十二經。能行血中之氣，解鬱調經，安胎利産，為女科耑藥。生用上行胸膈，外達皮膚。炒用下達腎肝，旁徹腰膝。鹽水炒，軟堅潤下。童便製，散瘀除蒸。青鹽炒，入腎調氣。酒浸炒，入肝行經。醋浸炒，消積聚。薑汁炒，化痰飲。四製調經，炒黑止血。陰血燥，均當忌之。

清・黄宫繡《本草求真》卷四

香附入肝開鬱散滯，活血通經。　香附米耑入肝膽，兼入肺。辛苦香燥，據書備極贊賞，能入肝膽二經，開鬱鬱有痰鬱、火鬱、氣鬱、血鬱、濕鬱、食鬱。散滯，活血通經，兼行諸經氣分。張子和謂聖人啬氣，如持至寶，庸人役物，反傷太和。又曰：氣本一也！因有所觸而怒、喜、悲、恐、寒、熱、驚、思、勞九氣於焉而分。蓋怒則氣上，喜則氣緩，恐則氣下，寒則氣收，熱則氣泄，驚則氣亂，思則氣結，勞則氣耗，此九氣之至也，須分虚實以治。凡霍亂吐逆，泄瀉崩漏。經候須詳病症用藥，如將行而痛者，屬氣之滯屬實，行後而痛者，屬氣與血俱虚，痛而喜按者屬虚，痛而拒按者屬實，痛而喜按血淡者屬虚，痛而拒按色紫者屬實。大抵崩漏多因氣虚血熱而成，故須涼血補氣為要。三焦不利等症。上焦如霧，中焦如嘔，下焦如瀆。治皆有效，又云生則上行胸膈，外達皮膚，熟則下走肝腎，外徹腰足，炒黑則止血分補虚，鹽水浸炒則入血分潤燥，青鹽炒則補腎氣，酒浸炒則行經絡，醋浸炒則消積聚，薑汁炒則化痰飲，得參术則補氣，得歸地則補血，得木香則疎滯和中，得檀香則理氣醒脾，得沉香則升降諸氣，得川芎、蒼术則總解諸鬱，得梔子、黄連則能降火熱，得茯苓則交濟心腎，得茴香、補骨脂則引氣歸元，得三棱、莪术則消磨積塊，得厚朴、半夏則決壅消脹，得紫蘇、葱白則解散邪氣，得艾葉則暖子宫，乃氣病之總司。大抵婦人多鬱，氣行則鬱解，故服之尤效。非云宜於婦人不宜於男子也。時珍曰：婦人以血用事，氣行則無疾，老人精枯血閉，惟氣是資。小兒氣日充，則形乃固，大凡病則氣滯而餒，故香附於氣分為君，舉世所罕知。臣以參耆，佐以甘草，治虚怯甚速也。　按此耑屬開鬱散氣，與木香行氣貌同實異，木香氣味苦劣，故通氣甚捷，此則苦而不甚，故解鬱居多。且性和於木香，故可加減出入以為行氣通劑，否則宜此而不宜彼耳，但氣多香燥，陰虛氣薄禁用。或酒、或童便、或鹽水浸炒，各隨本方製用。忌鐵。

清·楊璿《傷寒溫疫條辨》卷六消劑類 香附海南者佳。味苦辛，性溫，氣味俱厚，陽中有陰，氣中血藥也。童便炒下行，醋炒理血滯，酒炒散氣疼。治經胎產諸證，號為婦女聖藥。若陰虛燥熱，汗出血妄者忌。紺珠正氣天香散：香附四錢，烏藥、蘇葉、陳皮一錢，乾薑五分，水煎服。平肝行氣，則氣順血和而經自調，疼自止矣。

清·羅國綱《羅氏會約醫鏡》卷一六草部 香附味苦辛，微甘，入肺肝二經。生用走表，酒炒行經絡，童便炒入血分，補虛，且能下行，鹽水炒入血分，潤燥，醋炒消積聚，薑汁炒化痰飲。能行諸經氣分。開鬱，同川芎、蒼朮。解表，同紫蘇、葱白。散滯，同木香。理氣，同檀香。清熱，同梔子、黄連。消脹，同厚朴、半夏。消積。同三稜、莪蒁。治血氣，暖子宮同艾葉，止諸氣痛氣行，散癰疽，一味末服。止失血炒黑用，調月經。氣順則血調。按：香附辛燥，惟氣實血足者宜之，若泥於女科仙藥之一語而概用之，誤矣！

清·陳修園《神農本草經讀》附録 香附 氣味甘，微寒，無毒。除胸中熱，充皮毛。久服令人益氣，長鬚眉《别録》。

清·黄凱鈞《藥籠小品》 香附 辛散苦降，血中氣藥，通行十二經，利三焦，解六鬱，治崩中帶下，月候不調，能耗血散氣。生則行胸膈，達皮膚；童便浸炒入血分，酒浸炒行經絡，醋浸炒消積聚，薑汁炒化冷痰。

清·王龍《本草纂要稿·草部》 香附子 味苦、甘，性微溫，無毒。快氣開鬱，逐瘀調經。除皮膚瘙痒，止霍亂吐瀉。炒黑禁崩漏下血，調醋敷乳腫成癰。宿食可消，洩痢能固。驅熱長毛髮，益氣充皮膚。又引血藥至氣分而生血，乃婦人之聖藥也。

清·吴鋼《類經證治本草·手少陽三焦藥類》 香附 【略】誠齋曰：隨諸藥為能。同茯苓則交濟水火，同茴香、故紙引氣歸元，同艾葉暖婦人子宮。【略】去外毛，生用能上行胸膈達皮膚，熟用下走肝腎，旁徹腰膝。童便浸入血〔分〕而補虛，鹽製入血分而潤燥，青鹽炒則補腎氣，酒炒行絡脉，醋炒消積聚，薑汁炒化痰飲，炒黑又能止血。誠齋曰：當歸水炒，治婦人百病。忌鐵。

清·張德裕《本草正義》卷上 香附 苦辛，溫。氣味俱厚。血中氣藥，入肝、膽。用其行氣血之滯，調諸經之氣。開六鬱，利三焦，消痞滿，通經滯，胎前產後氣逆諸痛，能解鬱，故曰婦人要藥。然辛燥而動，若陰虛躁熱，或多汗失血，用之大害。瘡瘍瘰癧，涉於氣滯者皆宜之。

清·楊時泰《本草述鉤元》卷八 香附子 上古謂之雀頭香，可以合香。生於莎草根下，其根有鬚，鬚下結子一二枚，轉相延生，周匝有毛，采得燎去，曝乾貨之李瀕湖。雖生於莎草根，然根上或有或無，不可便以根當之宗奭。

味甘兼辛而微苦，氣平而香，性燥。氣厚於味，陽中之陰，血中氣藥，降也。入足厥陰氣分，並入手太陰、少陽，兼行十二經八脈氣分。芎藭為之使。生用上行胸膈，外達皮膚，熟用下走肝腎，外徹腰足，炒黑則能止血瀕湖。主治一切氣，利三焦，解六鬱，散時氣寒疫及心腹中客熱，並常日憂愁不樂，心忪少氣，霍亂吐逆，痞滿腹脹，消飲食積聚痰飲，治膀胱間連脇下氣妨，去瘀血生血，理婦人崩漏帶下，月候不調，胎前產後諸病諸本草。用童便浸過，能總解諸鬱。凡血藥必用之以引至氣分而生血，此陽生陰長之義也丹溪。童便浸炒，入血分而補虛。鹽水浸炒，入血分而潤燥。青鹽炒則補腎氣，酒浸炒則行經絡，醋浸炒則消積聚，薑汁炒則化痰飲瀕湖。得人參、白术則補氣，得當歸、地黄則補血，得木香流滯和中，得檀香理氣醒脾，得沉香升降諸氣，得芎藭、蒼术總解諸鬱，得梔子、黄連能降火熱，得茯神交濟心腎，得茴香、破故紙引氣歸元，得厚朴、半夏決壅消脹，得紫蘇、葱白解散邪氣，得三稜、莪茂消磨積塊，得艾葉治血氣暖子宮，乃氣病之總司，女科之主帥也又。能推陳致新，故諸書皆云益氣，俗有耗氣之說，宜於女人不宜於男子者非。蓋婦人以血用事，氣行則無疾。老人精枯血閉，惟氣是資。小兒氣日充，形乃日固。大凡病則氣滯而餒，故香附於氣分為君藥，臣以參、芪，佐以甘草，治虛怯甚速韓丞。香附為氣鬱血滯必用之藥，然用之調血，須輔以益血涼血之品，即氣虛者，兼入補氣藥，乃可奏功仲淳。交感丹，凡人中年精耗神衰，由心血少火不下降，腎氣憊水不上升，心腎隔絶，榮衛不和，上則多驚，中則寒痞飲食不下，下則虛冷遺精。愚醫徒知補下，非惟不能生水滋陰，而反見衰悴。但服此方半年，屏去一切暖藥，絶嗜欲，然後習秘固泝流之術，效難殫述。香附一斤新水浸一宿，炒黄，同茯神四兩為末，蜜丸彈子大，每早用降氣湯細嚼一丸。降氣湯，香附五錢、茯神二兩、炙甘草一兩半，為末，點沸湯服前藥。血崩秘方，香附一斤童便浸透，砂器中炒，炒時不住手灑童便，火弗過猛，炒三晝夜為度，川木耳四兩紙包裹，以新瓦兩片夾定，繩縛泥固，火煅存性，覺煙起良久，急去火，取置冷地，候冷取出，同香附研極細如麪，每空心用淡醋湯調服五七分。按崩漏以氣鬱不行，血瘀經滯淋瀝不止者，用此疏之，瘀血去而新血生，則氣體自和。心腹刺痛，小烏沉湯，香附去毛焙二十兩、烏藥十兩、炙甘草一兩，為末，每服一錢，鹽湯隨時點服。停痰宿飲，風氣上攻，胸膈不利，香附皂莢水浸、半夏各一兩、白礬末五錢，薑汁、麪糊丸梧子大，每服三四十丸，薑湯隨時下。痃癖往來疼痛，香附、南星等分為末，薑汁糊丸梧子大，每薑湯下二三十丸。癩疝脹痛及小腸氣，香附末二錢，以海藻一錢煎，酒空心調下，並食海藻。氣鬱頭痛，香附炒四兩、川芎二兩，為末，每服二錢，臘茶清調下。肝虛睛痛，冷淚羞明，補肝散，香附一兩、夏枯草五錢，為末，每服一錢，茶清下。四製香附丸，香附去毛一斤，分作四分，用醇酒、醇醋、鹽水、童便各浸，春三、夏一、秋五、冬七日，淘淨曬搗，微焙為末，醋糊丸梧子大，每酒下七十丸。治女人經候不調，兼諸病。瘦人加澤蘭、赤苓末二兩，氣虛加四君子料，血虛加四物料。按：用香附，必審其所因，並病於何經而用何藥，特借此味為先導，為輔佐，即數方可例其餘。

論：香附之味甘，甘為生氣生血之元，兼有辛，辛金歸肺而主氣，後兼有苦，苦火歸心而主血。夫辛甘為陽，甘多兼辛，是陽居其有餘也。苦為陰，甘多苦少，是陰居其不足也。先甘而次兼乎辛，由辛而次兼乎苦，本有餘之陽，並入於陰而效其用，猶肺氣下降入心而生血之義，故為陽中之陰，血中之氣藥也。瀕湖謂足厥陰、手少陽藥，夫手少陽非專主氣者乎，不知手少陽與手厥陰表裏，三焦之氣不化為火者，由手厥陰之血無病也。既入血中之氣以效用，將舍三焦之氣而效於何氣乎？氣血各有陰陽之分，是即所謂陰氣也。上焦包絡所生病，如七情抑鬱者能開之，以包絡主血也。中焦脾胃所生病，如霍亂食積痰痞能罨之，以胃生血脾統血也。下焦肝腎所生病，如膀胱連脇下氣妨及下血尿血月候崩帶能調之，以肝固血之藏，腎乃血之海也。之頤謂其開發上焦，即中焦亦藉之以宣化，下焦亦藉之以宣瀆，斯言近之。血中氣行，則血以和而生。血以和生，則氣有所依而健運不窮，是之謂生血，是之謂益氣，即氣虛而事補益者，亦藉此導去虛中之著。韓氏所謂去虛怯甚速也。第其香燥，類云燥血，繆氏故謂調血須輔以益血涼血之味，大抵寒濕之傷氣者，乃傷乎血，此味固是的對，即火熱病氣及寒濕化火，治以降火而用苦寒，亦宜此味從而和之。之頤謂為諸藥之聘使。如黃鶴丹之用同黃連，其義可思矣。

香附苦辛香燥，凡月事先期屬血熱者，禁用仲淳。按：氣鬱多用，氣弱而鬱者，必同補劑用，更有火傷元氣以致鬱者，治須降火，而以此佐之，若概謂開氣之鬱，反以燥助其火，則氣愈弱而愈鬱矣。

修治：細者佳，去毛，以水洗淨，於石臼內搗去皮。忌鐵。用童便浸透，曬搗用。用稻草煮之，味不苦，或生或炒，或以酒、醋、酥、鹽水、薑汁浸，俱瓦上焙乾。炒至黑色，禁崩漏下血，研末醋調敷乳腫成癰，用理氣痛醋炒尤妙。

清·鄒澍《本經續疏》卷四 莎草根 【略】理有常然，物莫兩大。戴角者無齒，附翼者兩足，無可妄增減也。乃莎草者，既挺莖成穗，結實如黍，復根引連續實如羊棗，上已葉發繁茂，下更根縷猥多，其氣可謂盛矣。然益當究其所由，既無偉岸之莖，又乏魁碩之根，而繁如是，可知其生氣獨鍾於根與葉之間，比之人身則胸中也。縷析之根，則縈洄臟腑之脈絡也；條秩之葉，則周浹一身之經脈也。惟內行之氣不縷析縈洄，外行之氣不條秩周浹。斯胸中為熱，充氣於皮毛而熱已，是除胸熱即以充皮毛，充皮毛正由除胸熱，氣聚於風而不達，氣餒於外而不繼，則皮毛為悴。內氣得達，則為益氣。外氣得繼，則為長鬚眉，是益氣即以長鬚眉，長鬚眉正由氣益。雖然，是皆氣為之病，調氣即以除病也。奈何後之人皆謂為血中氣藥？氣主煦，血主濡。煦者能生而不能澤，濡者能澤而不能生。故但啟發胸中之熱，使出皮毛，而無血介於其間，何以稱充？但透達在內之氣，使抵鬚眉，而無血介於其間，何以稱長？曰充曰長，非為其血隨氣行，氣曳血展，氣不耗血，血不阻氣耶。所以然者，正由其根絲縷曲屈而生實生毛，其葉光澤柔韌而不非不撓也。要而言之，是物之概鍾於下者陽，澤於上者陰，故後世以之治氣，多鬱而不達之氣。以之治血，多下而不上之血。言其兩到，則有升降之殊。言其獨詣，則擅闔闢之能矣。

清·葉桂《本草再新》卷一 香附味辛，性溫，無毒。入肝、脾二經。開九竅，舒經絡，降氣舒氣，宣陽散邪，除寒涼積滯，開胃化痰，兼利水通經。按香附為氣分中之要藥。蓋人身以氣為主，氣壯則強，虛則衰，順則平，逆則鬱，寒則氣收，熱則氣泄。故能達九竅，強者可平，虛者可補，逆者可舒，平者可順，寒者可升，熱者可散。

清·吳其濬《植物名實圖考》卷二五 莎草 《別錄》中品。《爾雅》：

蒿，侯莎。其實媞。即香附子也。《唐本草》始著其形狀、功用。今為要藥，與三稜極相類。唯淮南北產者子小而堅，俗謂之香附米者佳。

雩婁農曰：香附，莎根也。陶隱居以為無識者。《唐本草》始明著之。近時乃為要藥。考《宋史・莎衣道人傳》，道人衣敝，以莎緝之，有瘵者求醫，命持一草去，旬日而愈，眾翕然傳莎草可以愈疾。莎根之用，其盛於此乎？圮上老人取履授書，其事甚怪。然無疑其偽者，蓋抱道德、明術數之士，遯世無悶，偶露端倪，以救世而濟眾。固非鬼神幻化比也。雖然，古人主之用人也，有得於夢與卜者矣；世人之遇藥也，亦有得於神與禱者矣。精誠之極，肸蠁潛通，豈徒徵於鬼以警俗聽哉？且天之生物，皆以為人，然天不能以筆舌示人，則生聖人制作，以前民用；聖人亦不能偏觀而盡識也，時時見於鬼神寤寐而流傳焉。《劉涓子鬼遺方》其最多者，其餘悉數之不能終。夫非盡假托也，且不獨鬼神矣，含生負氣之倫，有知覺則有疾苦，有疾苦則有拯濟。鹿得草而蹶起、蛇擣藥而傅瘡、黃鼠以豆葉愈虺毒、蜘蛛以芋根塗蜂螫，凡此皆天之所為，非物之能自為也。是以聖人觀蛛蝥而結網，見飛蓬而製車，其師萬物也，乃師造物也。故曰：天時有生，地利有宜，人官有能，物曲有利。

清・趙其光《本草求原》卷二芳草部　香附即莎草根。先辛、甘，後苦而微寒，即秋之平氣，無毒。甘而苦是土中有火，出土之陽，乃陰中之少陽，故入心脾及少陽三焦火府，通行經脈之氣。辛、苦，微寒，又由陽入陰，由肺氣入心生血，令血無病，則三焦之氣不致化火，故為血中之氣藥。舒經絡，宣氣，解六鬱，除胸膈熱，充皮毛，痰、火、氣、血、濕、食六鬱，則上焦熱滯，傷陰傷血，而皮毛焦。辛達氣，苦寒和血，則鬱熱解，皮毛自充。長鬚眉，生血之功。久服令人益氣。火不食氣而調達即益。治霍亂吐逆，飲食積聚，痰飲痞滿，血生氣和，則脾胃無邪火之擾。同皂莢水浸，半夏一兩，白礬五錢，薑汁、麵糊丸，薑湯下。升降一切氣，血中氣行，則血得氣運，氣得血和。凡怒而氣上驚而氣亂及火傷氣結者，得苦平以降之；即恐而氣下，喜而氣緩，悲而氣消，勞而氣耗，一切虛怯挾滯者，亦同補益以收功，以其辛香升達，陰中有陽也。不知者乃謂其耗氣燥血，陋矣。同砂仁、炙甘，治一切氣滯；加沉香，治痞脹噫酸並辟瘴。心腹痛，同台烏、炒甘草，鹽湯下。心窩痛，醋浸略炒；同良薑，以酒浸洗七次，略炒，分研收貯。因寒者，薑二、附一；因氣者，附二、薑一，炒。少腹痛，並血氣痛，以祈艾醋煮，去艾為丸。痃癖疼痛，同南星、薑汁丸。小腸疝脹，末，以海藻煎，酒下。腰痛，薑汁浸，炒黃研，入鹽，揩牙數次。血崩下血，童便炒透，合煅木耳，存性為末，酒、醋米飲任下，屢驗。氣鬱吐血，同茯苓末，童便下。肺破咯血，末，米飲下。尿血，煎服後，又服地榆湯。血淋，同陳皮、赤茯。諸下血。酒醋製，加百草霜、麝香，秫米糊丸，米飲下。血氣刺痛，同荔核炭研，米飲下。觀諸血症皆用之，何云燥血？交心腎，心血少，不下交；腎氣衰，不上交；營衛不和，致多驚、痞塞，少食，遺精。滋補無效者，每一斤同茯神四兩，炙草，蜜丸；或同桂心、蕪荑蜜丸及浸酒飲，治心中客熱膀胱連脇下氣阻，心忪不樂。開胃暖臟，同薑、鹽煎。酒腫虛腫，醋糊丸，米飲下。血熱上逆，同酒炒黑大黃。偏正頭痛，熱上攻者，水煮淡，蜜丸，醋下；風寒，加烏頭，炙草，蔥，茶下。血衰頭暈，同茯苓、炙草、橘紅。妊娠惡阻，頭風睛痛，俱同藿香、炙草鹽下。肝虛睛痛冷淚，同枯草。耳卒聾，同萊菔子。聤耳出汁，綿包送入。各牙痛，同艾煎嗽，又為末擦。牢牙去風，炒存性，加青鹽、生薑擦。久消渴，同茯苓末，陳米飲下。安胎，末，紫蘇湯下；同砂仁、炙草，服一月則易產。赤白帶，同赤芍鹽水下。血暈狂言，同生薑、棗。婦人經不調、腹脇脹痛，心忪頭暈，惡心墮胎，一切百病。每斤分四分，以童便、鹽、酒、醋分製，入熟艾四兩糊丸，醋、酒任下。瘦人加芩、澤，氣虛加四君，血虛加四物，癥積加硇砂、莪朮、歸身。癰疽瘡瘍，皆氣凝血滯所致。薑汁浸研，白湯下。初起，潰後作茶俱佳。蜈蚣咬，塗之。腎氣脚氣，寒濕傷氣而病於血，非辛寒而苦不治。時氣寒氣疫。香能正氣。

去毛。生用，上行胸膈，外達皮毛；熟，則下走肝腎，徹腰足；炒黑，止血；童便浸炒，入血補虛；鹽水及蜜炒，潤血燥；青鹽炒，益腎；酒炒，行經絡；醋炒，斂肝、止痛、消積；薑汁炒，化痰飲；稻草同煮，則不苦。同川芎、蒼朮解鬱；同梔、連降火；同茴香、故紙引氣歸元；同艾治血，暖子宮。老人血枯，惟氣是資，得此引血藥至氣分以生血，則氣日充，形日固。忌鐵。

清・文晟《新編六書》卷六《藥性摘錄》　香附　辛苦香燥，入肝膽，兼入肺。開鬱散滯，活血通經，兼行諸經氣分。治霍亂吐逆，泄瀉崩漏，三焦不利等症。○生則上行胸膈，外達皮膚。熟則下走肝腎，外徹腰足。○去毛，炒黑則止血，補虛。○鹽水浸炒，入血分，潤燥。青鹽炒，補腎。○酒浸炒，行經絡。醋浸炒，消積聚。入薑汁炒，化痰飲。○忌鐵。○陰虛氣薄者，切禁。

清・張仁錫《藥性蒙求・草部》　香附錢半、三錢　香(坿)[附]微苦，快氣開鬱。止痛調經，更消宿食。氣香味辛能散，微苦能降，微甘能和，乃血中氣藥。通行十二經八脈氣分，主一切氣，為婦人之仙藥。生則上行胸膈，外達皮膚；熟則下走肝腎，旁徹腰脇。青鹽炒則入腎，酒浸炒則走經絡，醋浸炒則消積聚，且斂其散，蜜水炒制其燥性，薑汁炒則化痰飲，炒黑又能止血，童便浸炒入血分而補虛，鹽水炒入血分而潤燥。又有鹽、酒、醋、童便四味合製，為四製香(坿)〔附〕，女科多用之，治諸種氣痛，胎產百病。○得人參、白术則益氣，得歸、地則調血，得木香則散滯和中，得山梔則能降鬱火，得茯神則交心腎，得艾葉則暖子宮，得茴香、補骨脂則引氣歸元，得厚朴則決壅消脹，得高良薑名良(坿)〔附〕丸，治心脾冷痛，得黃連名黃隺丹，則降火清熱，得紫蘇則安胎順氣，又能解散客邪，得川芎、蒼术則總解諸鬱，得烏藥為青囊丸，治氣滯。

清・屠道和《本草匯纂》卷一溫散　香附　耑入肝、膽，兼入肺。辛苦香燥，入肝開鬱散滯，活血通經，兼行諸經氣分。治心腹中客熱，膀胱間連脇下氣，防常日憂愁不樂，心忪少氣，利三焦，充皮毛。久服令人益氣，長鬚眉。治霍亂吐瀉，腹痛，腎氣膀胱冷氣。散時氣寒疫，利三焦，解六鬱，消飲食積聚，痰飲痞滿，胕腫腹脹脚氣。止心腹肢體、頭目、齒耳諸痛，癰疽瘡瘍，吐血下血尿血，婦人崩漏帶下，月候不調，胎前產後百病。生則上行胸膈，外達皮膚。熟則下走肝腎，外徹腰足。炒黑則止血補虛，鹽水浸炒則潤燥，青鹽炒則補腎氣，酒浸炒則行經絡，醋浸炒則消積聚，薑汁炒則化痰飲。得參、术則補氣，得歸、地則補血，得木香則疏滯和中，得檀香則理氣醒脾，得沉香則升降諸氣，得川芎、蒼术則總解諸鬱，得梔子、黃連則降火熱，得茯苓則交濟心腎，得茴香、補骨脂則引氣歸元，得三稜、莪术則消磨積塊，得厚朴、半夏則決壅消脹，得紫蘇、葱白則解散邪氣，得艾葉則暖子宮。乃氣病之總司。大抵婦人多鬱，氣行則鬱解，故服之尤效。大凡病則氣滯而餒，故香附於氣分為君，舉世所罕知。臣以參、耆，佐以甘草，治虛怯甚速也。按此耑屬開鬱散氣，與木香行氣貌同實異，木香氣味苦烈，故通氣甚捷。此則苦而不烈，故解鬱居多。但氣多香燥，陰虛氣薄者禁用。或酒、或醋、或童便、或鹽水浸炒，各隨本方製用。經候須詳病症用藥，如將行而痛者屬氣滯、屬實，行後而痛者屬氣與血俱虛，痛而喜按者屬虛，痛而拒按者屬實，痛而喜按、色淡者屬虛，痛而拒按、色紫者屬實。大抵崩漏多因氣虛血熱而成，故須涼血補氣為要。

清・劉善述、劉士季《草木便方》卷一草部　連環草　連環草辛治瘰癧，祛風除濕大有益。四肢麻木頑痹通，通利關節血脉宜。

清・戴葆元《本草綱目易知錄》卷一　香附　辛、微苦、甘。入手足厥陰、手少陽經，乃血中氣藥，兼行十二經及八脈氣分。利三焦，解六鬱，理一切逆氣。除胸中熱，充皮毛。治常日憂愁不樂，心忪少氣，腹中客熱，膀胱腎氣，脇疼脚氣。消飲食積聚，痰飲痞滿，胕腫腹脹，霍亂吐瀉，肢體、頭目、齒耳諸痛。既可調氣，又能理血，治癰疽瘡瘍，吐血下血，尿血血淋，婦人崩帶，月候不調，胎前產後百病。生用則上行胸膈，外達皮膚。熟用則下行肝腎，旁徹腰膝。炒黑又能止血。去毛。【略】

苗及花：煎飲，散氣鬱，利胸膈，降痰熱，治心肺虛風，客熱膀胱，連脇下，時有氣妨。煎洗，皮膚癮疹瘙痒，及常覺憂愁，心忪少氣少食，日漸瘦。宜多取苗花，煎湯浴，令汗出。

清・黃光霽《本草衍句》　香附　性燥而香，味辛而苦。耑入肝膽三焦，通行經絡八脈。為血中之氣藥，引氣分而生血。力能推陳致新，功耑止痛開鬱。時珍曰：止心腹、肢體、頭目、齒耳諸痛，解六鬱，痰、食、氣、血、濕、火諸鬱。痰飲積聚，除客熱於胸中。腹脹痞滿，散寒疫之時疾。腎氣脚氣，膀胱兩脇氣妨；吐血便血，崩帶不調血症。治癰疽於獨勝散，交心腎於降氣湯。生則上行胸膈，外達皮膚；熟則下走肝腎，旁徹腰膝。誠氣病之總司，女科之主帥。得參、术則補氣，得歸、芐則補血，得木香則疎滯和中，得檀香則理氣醒脾，得沉香則升降諸氣，得川芎、蒼术則總解諸鬱，得梔子、黃連則能降火熱，得茯神則交濟心腎，得茴香、破故紙則引氣歸元，得厚朴、半夏則決壅消脹，得紫蘇、葱白則解邪氣，得三稜、莪(茉)〔蒁〕則消磨積塊，得艾葉則治血氣暖子宮，得高良薑治心脾冷痛，得烏藥、紫蘇安胎順氣。得黃連名黃鶴丹，得烏藥名青囊丸，二者皆治百病。　一切氣疾，心腹脹滿，噫氣吞酸，痰逆嘔惡，及宿酒不解，香附子一斤，砂仁八兩，炙甘〔草〕四兩，為末，白湯入鹽煎服，名快氣湯。婦人氣盛血衰，變生諸症，頭暈腹痛皆宜抑氣散主之。香附子四兩，茯苓、炙草各一兩，橘紅二兩，為服。妊娠惡阻，胎不安，氣不升降，嘔吐酸水，起坐不便，飲食不進，二香散，用香附子一兩，藿香葉、甘草各二錢，為末，服二錢，沸湯入鹽調下。

清・陳其瑞《本草撮要》卷一　香附　味苦辛，入足厥陰經，通行十二經，功專下氣解鬱。得木香則散滯和中，得山梔能降鬱火，得茯苓能交心腎，得茴香、補骨脂能引氣歸元，得厚朴則決壅消脹，得艾葉能暖子宮，得高良薑治心脾冷痛。得烏藥為青囊丸，得黃連名黃鶴丹，二者皆治百病。得烏蘇安胎。青鹽炒入腎，酒浸炒行經絡，醋浸炒消積聚，薑汁炒化痰飲，炒黑止血。忌鐵。

清・李桂庭《藥性詩解》　賦得香附子理血氣婦人之用。得人字。王德潤。

獨有香附子，功專利婦人。調經醫帶下，理氣治崩因。　按：　香附子主氣分之藥，性微寒，味甘苦，氣辛香。香竄辛散，苦降甘和，乃血中氣藥。通行十二經，主治一切氣。利三焦，解六鬱，痞滿腹脹，痰飲積聚，崩中帶下，月候不調，為婦人之仙藥。蓋婦人性偏多鬱，此藥能散欝調氣，氣行則無疾。虛人及老人精枯血閉，惟氣是資，凡有病則餒，故香附為氣分君藥，世所罕知。氣病略炒，血病酒煮，痰病薑汁煮，下虛鹽水煮，血虛有火童便煮，消積聚醋浸炒，止血炒黑用之。又名雀頭香。

傘骨草

明・蘭茂原撰，范洪等抄補《滇南本草圖說》卷一○　傘骨草　氣味甘甜。主治：　健脾，利水通淋，婦人白帶，煎湯服之最良。

清・劉善述、劉士季《草木便方》卷一草部　牛毛毡　牛毛毡辛散表寒，發汗解肌治不難。心脹煩悶消邪氣，表虛無汗服安然。

莠竹

清・吳其濬《植物名實圖考》卷一四　莠竹　李衎《竹譜》：　莠竹喜生池塘及路傍，莖細節高，近下曲屈，狀若狗脚。南土多茅少草，馬見此物必欲食之。

山稗子

明・蘭茂撰，清・管暄校補《滇南本草》卷中　山稗子　性微寒，味甘如米。殼澁。根葉苦澁。嵩治婦人散經敗血之症。

補註：　婦人經行，每三十個時辰，兩日半期，故謂經期有準繩。有婦人氣血虧損，腎肝血虛，行經頭暈，耳鳴發熱，五心煩熱，腰疼，肚腹冷疼氣脹，心慌怔忡，血行淡黃色，或三天已止，或五天再行，七八天又行方止，故有散經敗血之名。或月水過多，將成崩症。或已成血崩。山稗子以五錢為度，煎湯，點水酒服，良效。

明・蘭茂《滇南本草》（叢本）卷中　山敗子米　味甘，帶亮，濇，根葉苦，濇。專治婦人散經敗血。註補：　婦人經行三十個晨，兩日半期，故經期有準繩。婦人氣血虧損，腎肝血虛，經行頭暈耳鳴，發熱煩燥，腰疼，肚腹冷疼，氣脹，心慌怔忡，血行淡黃色，三天已止，或五天再行，八九天又再行方止，故散經敗血之名。單方：　婦人月來過多，將成崩症，或已成血崩。用山敗子不拘多少，以五錢為止，煎湯點酒服，神效。

針頭草

宋・王介《履巉巖本草》卷中　針頭草　性涼，無毒。治小便不通，不以多少，曝乾，剉碎，每服三大錢，入燈心十數莖，水壹盞，煎至八分，去滓，通口服，空心食前。

飄拂草

清・吳其濬《植物名實圖考》卷一五　飄拂草　南方墻墻陰砌下多有之。如初發小茅草，高四五寸。春時抽小莖，結實圓如粟米，生青老赭。或云煎水飲能利小便。

水蜈蚣

清・莫樹蕃《草藥圖經》　魚秋串　又名水蜈蚣，本草名水菖蒲。能通九竅，開心竅。四季有之。

清・吳其濬《植物名實圖考》卷一五　水蜈蚣　生沙洲，處處有之。橫根赭色多鬚，微似蜈蚣形。發青苗如茅芽，高三四寸，抽莖結青毬如指頂大，莖上復生細葉三四片。俚醫以為殺蟲、敗毒之藥。

按《本草拾遺》：　地楊梅苗如莎草，四五月有子似楊梅。形頗相肖，唯主治赤白痢不同，但濕地小草多利濕，當可通用。

清・劉善述、劉士季《草木便方》卷一草部　草唅珠　佛頂花草辛溫平，散瘀除鬱瘧痢靈。產後血痛崩帶止，打痧氣痛狗傷清。連根草。

龍吐珠

清・何諫《生草藥性備要》卷上　龍吐珠　治洗蛇茸注爛，散毒、乾水。又名獅子尾。

湖瓜草

清・吳其濬《植物名實圖考》卷一三　湖瓜草　生沙洲上。高三四寸，如初生麥苗而細。抽莖結青實三四粒，實下有小葉一二片如三稜草，牲畜食之。

按《救荒本草》：　磚子苗、根、子味俱甜。子磨麪食，根晒乾亦可為麪。形狀相同，但此瘦而彼肥，此係初生，而彼係老根，故大小不類耳。

磚子苗

明・朱橚《救荒本草》卷上之後　磚子苗　一名關子苗。生水邊。苗似水葱而麁大，內實又似蒲葶，梢開碎白花，結穗似水莎草，穗紫赤色，其子如黍粒大，根似蒲根而堅實，味甜。子味亦甜。　救飢：　採子磨麵食及採根擇洗淨，換水煮食。或晒乾，磨為麵食亦可。

野卜薺

清・劉善述、劉士季《草木便方》卷一草部　野卜薺　光棍子甘田中草，消積化銅開胃好。五種噎膈利膨脹，合鷄內金化食巧。野葧薺。

山慈姑

明・倪朱謨《本草彙言》卷五　山慈菇　味辛，氣寒，有小毒。　藏器陳氏曰：　山慈菇，生山中濕地，惟處州、遂昌縣所産者良。冬月生苗，如秋葉而稍小。二月中抽一莖，高尺許，莖端作花，有白黄紅色三種，瓣上俱有黑點間雜，衆花攢簇成朶，如絲綫紐結，狀甚可愛也。三月結實，子有三稜，四月中苗枯，即掘取其根，形似水慈菇而小，又似大蒜而有毛，遲則苗腐難覓矣。○一種葉如車前草，莖幹花實則一也。《酉陽雜俎》云：　花與葉不相見。又謂之無義草。今人多以金燈花、老鴉蒜根僞充之。但山慈菇有茸毛固殼，老鴉蒜根無毛而光爲異也。修治：　采時晒乾去毛殼用。

山慈菇：　消癰腫，日華解諸毒之藥也。陳五占稿化蠱毒、解蟲傷，療犬咬，拔蛇毒，散癰疽、無名疔腫，出隱疹，有毒惡瘡。又醋磨敷面，善剝面皮，除皯䵳，化疣贅。但其味辛氣寒，專散熱消結，快利而無鈍滯者也。除此數證之外，并無別用，不可輕施。

盧子由先生曰：　山慈菇之性，嚴厲威劣，而命名慈菇者何？　然狂犬蛇蟲，惡毒疔腫，生死旦夕，此以猛毒狠莽之物，乃復化毒排凶，造人命于危急之頃，若(肝)[皯]䵳疣贅，面目可憎，厥形亦無生情矣。剝之滅之，全面目，終身之大功。蓋兩端非慈憫姑恤，曷能如是乎！　其命名者以此。

集方：　陳氏藏器方治粉滓面皯。用山慈菇根研爛，夜塗旦洗，數次即淨。○同前治癰疽疔腫，一切惡瘡及黄疸疾。山慈菇、蒼耳草等分，搗爛，和好酒一鍾，濾汁溫服。或乾用爲末，每酒調服三錢。○《奇效良方》治風疾癇疾。用山慈菇二箇，研如泥，以茶調下。即臥良久，得吐出雞子大痰一塊，永不發。如不吐，以熱茶飲之，即吐痰塊也。○入紫金錠磨敷并服，有神效。

凡一切飲食、藥毒、蠱毒、瘴氣、河豚、土菌、自死牛馬等毒，并用凉水磨服一錠，或吐或利，即愈；　癰疽發背疔腫，一切惡瘡風疹，赤游痔瘡，并用凉水磨塗，日數次，立消；　陰陽二毒，傷寒狂亂，瘟疫，喉痹，喉風，并用冷水，入薄荷汁數匙，化下；　心氣痛并諸氣，用生薑湯化下；　泄瀉痢下，乾霍亂，絞腸沙，用薄荷湯，冷化下；　中風中氣，口噤眼歪，五癲五癇，鬼邪鬼胎，筋攣骨痛，并溫酒化下；　自縊溺水，魘迷死，心頭溫者，薑湯磨灌下；　傳尸癆瘵，凉水化下，取下惡物蟲積爲妙；　久近瘧疾將發時，桃枝湯化下；　女人經閉，紅花酒化下；　小兒驚風，五疳五痢，薄荷湯化下；　頭風頭痛，酒浸研爛，貼兩太陽上；　諸腹臌脹，麥芽湯化下；　風蟲牙痛，酒磨塗之；　毒蛇惡犬，一切蟲傷，并用凉水磨塗，仍服之。以上主治諸證，此指紫金錠而言，非爲山慈菇言也。

清・趙學敏《本草綱目拾遺》正誤　山慈姑，處州人以白花者良，形狀絕似石蒜。瀕湖於山慈姑集解下註云：　冬月生葉，二月枯，即抽莖開花，有紅黄白三色。於石蒜集解下註：　春初生葉，七月苗枯，抽莖開花紅色。又一種，四五月抽莖開花黄白色。予昔館平湖仙塘寺，沈道人從遂安帶有慈姑花一盆來，親見之，其花白色，儼如石蒜花。據云：　彼土人言無紅黄花者，其花開於三月。而張石頑《本經逢原》慈姑下註云：　開花於九月，則是以石蒜爲慈姑矣。瀕湖於慈姑條下附方引孫天仁《集效方》，用紅燈籠草，此乃紅姑娘草，專治咽喉口齒，瀕湖所收酸漿草是也。乃不列彼而列此，豈以慈姑又名鬼燈檠而誤之耶。夫慈姑雖解毒，不入咽喉口齒，何得混入？　又引《奇效方》，吐風痰用金燈花根，不知石蒜亦名金燈花。山慈姑根食之不吐，石蒜食之令人吐。則《奇效方》所用乃石蒜，非慈姑也。瀕湖且兩誤矣。

佛頂珠

清・劉善述、劉士季《草木便方》卷一草部　佛頂珠　地胡椒辛性大溫，跌撲腫痛消五淋。能殺蛀蟲擦牙疼，偏正頭痛搗塗靈。五岳朝天，小虎耳草。

虎尾草

明・朱橚《救荒本草》卷上之後　虎尾草　生密縣山谷中。科苗高二三尺，莖圓，葉頗似柳葉而瘦短，又似兔兒尾葉，亦瘦窄，又似黄精葉頗軟，抪莖攢生。味甜微澁。　救飢：　採嫩苗葉煠熟，換水淘去澁味，油鹽調食。

星宿菜

明・朱橚《救荒本草》卷上之後　星宿菜　生田野中。作小科苗生，葉似石竹子葉而細小，又似米布袋葉，微長，梢上開五瓣小尖白花。苗葉味甜。

救飢：採苗葉煠熟，水浸淘淨，油鹽調食。

清・吳其濬《植物名實圖考》卷五　星宿菜　《救荒本草》。按此草江西俚醫呼為單條草，以洗外腎紅腫。

過路黃

清・趙學敏《本草綱目拾遺》卷五草部下　神仙對坐草　一名蜈蚣草。山中道旁皆有之，蔓生，兩葉相對，青圓似佛耳草，夏開小黃花，每節間有二朵，故名。按：《外科全生》云：此草梗葉長青，經冬不衰，殊不知春生秋死，不衰之説謬矣。《百草鏡》云：此草清明時發苗，高尺許，生山隰陰處，葉似鵝腸草，對節，立夏時開小花，三月採，過時無。王安《采藥方》：一名地蜈蚣。

黃疸初起，又治脫力虛黃。○《百草鏡》：用神仙對坐草三葉，白荷包草、平地木、茵蔯各三錢，水煎，分三服，早中晚下，一服全愈，脫力虛黃五劑。《祝氏效方》：洞天仙草膏用之，又毒蛇咬，搗此草汁飲，以渣罨傷口，立愈。一切疝氣：劉羽儀《驗方》：仙人對坐、青木香二味，搗汁沖酒服，立效。治反胃噎膈，水腫臌脹，黃白火疸，疝氣陰症傷寒王安。

清・吳其濬《植物名實圖考》卷一三　過路黃　處處有之，生陰濕牆砌下。拖蔓鋪地，細莖，葉似薄荷，大如指頂，二葉對生；花生葉際，淡紅，亦似薄荷而小，逐節開放，歷夏踰秋；蔓長幾二尺餘，與石香葇、爵牀相雜，殊無氣味。

過路黃又一種　江西坡塍多有之。鋪地拖蔓，葉如豆葉，對生附莖，葉間春開五尖瓣黃花，綠跗尖長，與葉並茁。

清・劉善述、劉士季《草木便方》卷一草部　銅錢草　銅錢草淡除風毒，癲狗咬傷搗酒服。癘風丹毒生服塗，能化胎孕血水出。

麥裹藤

清・趙學敏《本草綱目拾遺》卷七藤部　麥裹藤　各麥地皆有，臨安縣鄉間尤多。四月採之，莖纏麥上，葉類神仙對坐草而略尖，微有毛，葉對節生，莖細，節微紫，葉小者佳，葉大者無力。跌撲：張氏傳方：以乾者一錢，酒煎服。

珍珠菜

明・朱橚《救荒本草》卷上之後　珍珠菜　生密縣山野中。苗高二尺許，莖似蒿稈，微帶紅色，其葉狀似柳葉而極細小，又似地稍瓜葉。梢頭出穗，狀類鼠尾草穗，開白花，結子小如菉豆粒，黃褐色。葉味苦澁。救飢：採葉煠熟，換水浸去澁味，淘淨，油鹽調食。

清・吳其濬《植物名實圖考》卷五　珍珠菜　《救荒本草》。按《黃山志》：真珠菜藤本蔓生，暮春發芽，每芽端綴一二蕊，圓白如珠，葉脆綠如茶。連蕊葉腊之，香甘鮮滑，他蔬讓美焉。與此異種。

清・吳其濬《植物名實圖考》卷六　珍珠菜　安徽、河南山中皆有之。《黃山志》謂為藤本蔓生。摘其花曰花兒菜，實曰珠兒菜，並葉茹之，味如茶，烹芼皆宜。

臨時救

清・吳其濬《植物名實圖考》卷一五　臨時救　江西、湖南田塍、山足皆有之。春發弱莖，就地平鋪；厚葉綠軟尖圓，微似杏葉而無齒；莖端攢聚，二四對生，下大上小；花生葉際，黃瓣五出，紅心，頗似磬口臘梅，中有黃白一縷吐出。土醫以治跌損，云傷重垂斃，灌敷皆可活，故名。

清・劉善述、劉士季《草木便方》卷一草部　過路黃　過路黃甘辛微熱，臍風腹痛化痰嗽。咽喉風痹解毒用，蛇傷牛黃瘟疫滅。

黃連花

清・吳其濬《植物名實圖考》卷二九　黃連花　獨莖亭亭，對葉尖長，四月中梢開五瓣黃花如迎春花，繁密微馨，昆明鄉人擅售於市，因其色黃，強為之名。

紅絲毛根

清・吳其濬《植物名實圖考》卷一三　紅絲毛根　產饒州平野。褐莖高尺餘，就莖生枝；葉如薄荷葉，淡青無齒；枝端開花成穗，細如粟米，青白色，長三四寸，裊裊下垂。

劉海節菊

清・吳其濬《植物名實圖考》卷一五　劉海節菊　似黃花劉寄奴，而莖葉細瘦，花亦無長蕊。建昌俚醫採根治風火。

落地梅

清·吴其濬《植物名實圖考》卷一〇　落地梅　生湖南寶慶山阜。叢生，青莖紅節，節葉對生，梢葉攢聚；葉中發綠苞成簇，細絲如鍼；開碎白花，花落苞黄，經時不脱，搓之有細黑子。俚醫用之。

方正草

清·趙學敏《本草綱目拾遺》卷四草部中　方正草　《福建續志》：出永春州，葉狹而長，藍色，平分四方，攢莖而上，其實六瓣。　治金蠶蠱。

報春花

清·吴其濬《植物名實圖考》卷二九　報春花　生雲南。鋪地生葉如小葵，一莖一葉。立春前抽細葶，發杈，開小筩子五瓣粉紅花。瓣圓中有小缺，無心。盆盎山石間，簇簇遞開，小草中頗有綽約之致。按傅元《紫華賦序》：紫華一名長樂，生於蜀。蘇頲亦有《長樂花賦》。《遵義府志》引《益部談資》云：長樂花枝葉皆如虎耳草，秋後叢生盆盎間，開紫色小花，冬末轉盛，鮮麗可愛。居人獻歲以此為饋，名曰時花。核其形狀，當即此花。今滇俗亦以歲晚盆景。

海仙花

清·吴其濬《植物名實圖考》卷二九　海仙花　生雲南海邊。紫莖獨挺，繁花層綴，五瓣缺唇，嬌紅奪目。土人夏日持售於市，曰三臺花，以花作三層也。其葉如萵苣。

滇海水仙花

清·吴其濬《植物名實圖考》卷一七　滇海水仙花　生海濱。鋪生，長葉如車前草而瘦，粗厚澀紋，層層攢密；夏抽葶開粉紅花，微似報春花，團簇作毬，映水可愛。疑即龍舌草之類，根甚茸細。

藏報春

清·吴其濬《植物名實圖考》卷二九　藏報春　滇南圃中植之。葉如蜀葵，葉多尖叉，就根生葉，長柄肥柔。春初抽葶開花，如報春稍大。跗下作苞，花出苞上，一葶數層，一層四五苞。與報春同時，而不如報春繁縟耐久。滇近藏，凡花以藏名者，異之也。

牛耳草

清·吴其濬《植物名實圖考》卷一六　牛耳草　生山石間。鋪生，葉如葵而不圓，多深齒而有直紋隆起，細根成簇，夏抽葶開花。治跌打損傷。湖南謂之翻魂草。《滇本草》謂之石膽草。云生石上，貼石而生，開花形似車前草。味甘，無毒。同文蛤為末，烏鬚良；葉搗爛敷瘡，神效。按此花作筩子，内微白外紫，下一瓣長，旁兩瓣短，上一瓣又短，皆連而不坼，如翦缺然。葶高二三寸，花朵下垂，置之石盎拳石間，殊有致。

地盆草

清·吴其濬《植物名實圖考》卷一七　地盆草　生雲南山石間。鋪地生，葉粗澀如芥菜，紫葶高四五寸，開花如牛耳草而色更紫。

石膽草

明·蘭茂撰，清·管暄校補《滇南本草》卷上　石膽草　味甘，無毒。生石山上，貼石而生。蘭花形，似車前草。採取，用紋蛤為末，烏鬚，永不返白，其效如神。採取搗爛，敷瘡神效。

石弔蘭

清·吴其濬《植物名實圖考》卷一六　石弔蘭　産廣信寶慶山石上。横根赭色，高四五寸，就根發小莖生葉，四五葉排生，攢簇光潤，厚勁有鋸齒大而疎，面深綠背淡，中唯直紋一縷，葉下生長鬚數條，就石上生根。土人採治通肢節、跌打、酒病。

清·劉善述、劉士季《草木便方》卷一草部　石宅蘭　石豇豆甘大小同，風濕氣腫消痰功。追毒化食養陰血，頭悶眼花諸虚鬆。

巖白菜

清·吴其濬《植物名實圖考》卷一六　巖白菜　生山石有溜處。鋪生如白菜，面綠背黄，有毛茸茸。治吐血有效。

石蝴蝶

清·吴其濬《植物名實圖考》卷一七　石蝴蝶　生雲南山石間。小草高三四寸，如初生車前草，葉有圓齒。細葶開五瓣茄色花，瓣不分坼，三大兩小，綴以紫心、白蕊，可植石盆為玩。

半邊蓮

明·蘭茂原撰，范洪等抄補《滇南本草圖説》卷八　半邊蓮　氣味苦甘淡平，無毒。生水邊濕處，軟枝綠葉，開水紅小蓮花半朵。主治：血痔，牡痔，牝痔，羊乳痔，雞冠痔，番花痔，及一切瘡毒最良。〇枝葉熬水，洗諸毒瘡癬，其效如神。

明·蘭茂撰，清·管暄校補《滇南本草》卷中　青牛膝一名紫花草，又名半邊蓮，又名半朵蓮，又名半枝蓮。　性微寒，味辛、酸。通經絡，祛風熱，涼血熱。療疥癩，膿窠瘡血，風癬瘡，腦漏鼻淵，流涕腥臭。利小便，治五淋白濁等症。

附方：　治馬眼，疥癩，風癬等瘡，淋症便濁。青牛膝不拘多少，採新鮮者，搗汁，點酒服，或煎湯點酒服亦可。　又方：　治腦漏鼻淵，濁涕，黃水，清水，腥臭難堪，或鼻竅不通，不聞香臭。青牛膝五錢，腊肉骨火煅去油，一錢，好火腿骨良，細黑豆二十粒，焙炒，水煎，點水酒服。

明·蘭茂《滇南本草》〔叢本〕卷上　青牛(夕)〔膝〕一名紫花草，一名半邊蓮，一名半朵蓮，一名半枝花。　味辛、酸，性微寒。通經絡，祛風熱，涼血療熱，疥癩膿窠瘡，血風癬瘡，治腦漏濫，鼻流濁涕。利小便，兼治五淋便濁。單方：　治疥癩膿窠，血風癬瘡，青牛(夕)〔膝〕不拘多少，搗汁，點上酒服。煎湯點水酒服。治淋症便濁，用法同。單方：　治腦漏頭眩疼，鼻流濁涕，或黃色青水，辛臭不通，不聞香臭，青牛(夕)〔膝〕五分。腊肉骨，金華火腿骨好。黑細豆，二十粒，炒。引點水酒服。

明·張四維《醫門秘旨》卷一五《藥性拾遺》　半邊蓮　味苦、辛，氣甘，平，性涼。陽中之陰。解瘡毒，治蛇傷，療疔瘡，發背，無名腫毒。先用酒搗，次用滾酒沖入，去渣，渣敷患處，服酒取汗即效。傍田埂生，開銀紅花，似蓮半邊，故名之。

明·李時珍《本草綱目》卷一六草部·隰草類下　半邊蓮《綱目》

〔集解〕時珍曰：　半邊蓮，小草也。生陰濕塍塹邊。就地細梗引蔓，節節而生細葉。秋開小花，淡紅紫色，止有半邊，如蓮花狀，故名。又呼急解索。

〔氣味〕辛，平，無毒。　〔主治〕蛇虺傷，搗汁飲，以滓圍塗之。又治寒齁氣喘，及瘧疾寒熱，同雄黃各二錢，搗泥，盌內覆之，待色青，以飯丸梧子大。每服九丸，空心鹽湯下。時珍。《壽域方》。

明·倪朱謨《本草彙言》卷四　半邊蓮　味辛、苦，氣平，無毒。　李氏曰：　半邊蓮，生陰濕塍塹邊。就地細梗細葉，引蔓節節而生。秋開小花，淡紅色，如蓮花狀，只有半邊，故名。

半邊蓮：　治蟦蝮及諸蟲所傷，絞汁飲，以滓圍塗患上，立效。李時珍方。

明·顧逢柏《分部本草妙用》卷八雜藥部　半邊蓮　辛，平，無毒。主治：　搗汁，塗蛇蚖傷。寒齁氣喘，瘧疾寒熱，同雄黃各二錢，搗泥，盌內覆之，待色青，以飯丸，鹽湯下。

清·李熙和《醫經允中》卷二一　半邊蓮　辛，平，無毒。主治：　搗汁療蛇咬傷。

清·張璐《本經逢原》卷二　半邊蓮　辛，平，無毒。　發明：　半邊蓮，小草也。生陰濕塍塹邊，就地細梗引蔓，節節生細葉，秋開小花，淡紅紫色，止有半邊如蓮花狀，故名。專治蛇傷，搗汁飲，以滓圍之。

清·王道純《本草品彙精要續集》卷二　半邊蓮無毒

半邊蓮：　主蛇虺傷，搗汁飲，以滓圍塗之，又治寒齁氣喘及瘧疾寒熱，同雄黃各二錢，搗泥，碗內覆之，待色青，以飯丸梧子大，每服九丸，空心鹽湯下李時珍《壽域方》。　〔地〕李時珍曰：　半邊蓮，小草也。生陰濕塍塹中，就地細梗。　〔質〕引蔓，節節而生，細葉，秋開小花，如蓮花狀。　〔色〕花淡紅紫色，止有半邊，又呼急解索。　〔氣〕平。　〔味〕辛。

清·何諫《生草藥性備要》卷下　半邊蓮　味甜，性平。治蛇咬傷，敷瘡，消腫毒。梗似丁癸草樣，半邊紫紅花。俗云：　識得半邊蓮，不怕共蛇眠。

清·吳其濬《植物名實圖考》卷一四　半邊蓮　詳《本草綱目》。其花如馬蘭，只有半邊。俚醫亦用之。

清·趙其光《本草求原》卷三隰草部　半邊蓮　甘，平，淡。消腫散毒，治惡瘡，蛇傷。諺云：　識得半邊蓮，不怕共蛇眠。白花者良。

清·戴葆元《本草綱目易知錄》卷一　半邊蓮　辛，平。治蛇蚖傷，擣汁飲，以滓圍傷處。又治寒齁氣喘，及瘧疾寒熱，同雄黃等分，擣泥，盌覆，待色青，以飯丸梧子大，空心鹽湯服九丸。【略】血痢，日久難愈，半邊蓮，每服二錢，水煎，葆驗方。

紫花地丁

明·朱橚《救荒本草》卷上之前　堇堇菜　一名箭頭草。生田野中。苗初搨地生，葉似鈹音批箭頭樣，而葉蒂甚長，其後葉間攛葶，開紫花，結三瓣蒴兒，中有子如芥子大，茶褐色。葉味甘。　救飢：　採苗葉煠熟，水浸淘淨，油鹽調食。　治病：　今人傳說根葉搗傅諸腫毒。

明·蘭茂原撰，范洪等抄補《滇南本草圖説》卷三　紫花地丁　丁蒿，一名地丁。今處處有。苗覆地，有五色，紫花者多用入藥。氣味苦辛寒，無毒。主治：一切癰疽發背，疔腫瘰癧，無名腫毒惡瘡，服之，點無灰酒下。

明·蘭茂撰，清·管暄校補《滇南本草》卷中　紫花地丁　性寒，味苦。破血，解癰疽疥癩，九種痔瘡，諸瘡毒症。　附方：　治小兒走馬牙疳，潰爛腥臭。紫花地丁根不拘多少，用新瓦焙，為末，搽患處。

明·李時珍《本草綱目》卷一六草部·隰草類下　紫花地丁《綱目》

〖釋名〗箭頭草《綱目》　獨行虎《綱目》　羊角子《秘韞》　米布袋　〖集解〗時珍曰：處處有之。其葉似柳而微細，夏開紫花結角。平地生者起莖，溝壑邊生者起蔓。《普濟方》云：鄉村籬落生者，夏秋開小白花，如鈴兒倒垂，葉微似木香花之葉。此與紫花者相戾，恐别一種也。

〖氣味〗苦、辛，寒，無毒。　〖主治〗一切癰疽發背，疔腫瘰癧，無名腫毒惡瘡時珍。

〖附方〗新八。　黄疸内熱：地丁末，酒服三錢。《乾坤秘韞》。　稻芒粘咽：不得出者。箭頭草嚼嚥下。同上方。　癰疽惡瘡：紫花地丁連根，同蒼耳葉等分，搗爛，酒一鍾，攪汁服。楊誠《經驗方》。　癰疽發背：無名諸腫，貼之如神。紫花地丁草，三伏時收，以白麪和成，鹽醋浸一夜貼之。昔有一尼發背，夢得此方。數日而痊。孫天仁《集效方》。　一切惡瘡：紫花地丁根，日乾，以罐盛，燒烟對瘡熏之，出黄水，取盡愈。《衛生易簡方》。　瘰癧丁瘡：發背諸腫。紫花地丁根去粗皮，同白蒺藜爲末，油和塗神効。《乾坤秘韞》。　丁瘡腫毒：《千金方》用紫花地丁草擣汁服，危極者亦效。〇《楊氏方》用紫花地丁草、葱頭、生蜜共擣貼之。若瘤瘡，加新黑牛屎。　喉痹腫痛：箭頭草葉，入醬少許，研膏，點入取吐。《普濟方》。

明·李中立《本草原始》卷三　地丁　始生山南巖石及高岡上，今處處有之。苗覆地，春生。葉青、小。花開有紫、白二種。根直如釘，入藥宜用紫花者，故俗每呼為紫花地丁。　氣味：　苦、辛，寒，無毒。　主治：　一切癰疽發背，疔腫瘰癧，無名腫毒，惡瘡。

紫花地丁，新增。【圖略】根紫色。二月採。

《乾坤秘韞》：　治黄疸内熱，地丁為末，酒服三錢。　孫天仁《集效方》：　治癰疽發背，無名諸腫，貼之如神。紫花地丁草三伏時收，以白麪和成，鹽、醋浸一宿，貼之。昔有一尼發背，夢得此方，數日而痊。

明·李中立《本草原始》卷六　堇堇菜　生田野中。苗初搨地，嫩葉可作茹。至夏葉間攛葶開紫花，結三瓣角兒，中有子如芥子而小，茶褐色，其角類箭頭，故一名箭頭草。　氣味：　甘，平，無毒。　主治：　傅諸腫毒，止痛散血。

堇堇菜，新增。【圖略】開紫花，結三稜蒴兒。蒴乾裂〔而〕子落。

明·倪朱謨《本草彙言》卷四　紫花地丁　味苦、辛，氣寒，無毒。　李氏曰：　紫花地丁，處處有之。其葉似柳而微細，夏開紫花，結角。平地生者起莖，溝渠邊生者起蔓。又鄉村籬落邊生一種，夏秋開小白花，如鈴兒倒垂，葉比紫花者稍短，恐與紫花者相戾，宜辨明用。

紫花地丁：　李時珍解一切惡瘡疔毒之藥也。江春野稿故《綱目》方治癰疽諸發疔腫，一切無名惡毒，搗汁和生酒服。將滓敷罨患上，立時消解。此仙方也。

集方：　《楊氏經驗方》治癰疽惡瘡。用紫花地丁草連根，同蒼耳葉各等分，搗爛，和生酒一鍾，絞汁服。〇《孫天仁方》治癰疽發背，及無名諸腫。用紫花地丁，三伏時收，搗爛，以白麵和成餅，用鹽醋浸一夜，貼之。〇《千金方》治疔瘡惡毒。用紫花地丁，搗汁服。雖極者亦效。〇《普濟方》治喉痹腫痛。用紫花地丁葉，入醬少許研膏，點入喉間，取吐。〇《乾坤秘韞》治黄疸内熱。用紫花地丁爲末，白湯調服三錢。〇治痘發毒盛作喘。取白花地丁搗汁，隔湯溫服半盞，立時解毒定喘。

明·顧逢柏《分部本草妙用》卷八雜藥部　紫花地丁　苦辛，寒，無毒。主治：　一切癰疽發背疔腫，諸風瘰癧，無名腫毒惡瘡。

明·盧之頤《本草乘雅半偈》帙一〇　紫花地丁《綱目》　氣味：　苦、辛，寒，無毒。　主治：　主一切癰疽發背，丁腫瘰癧，無名腫毒，惡瘡。

覈曰：　處處有之，壽州者為勝。春生苗，葉似柳而微細。夏月開花紫色，結實成角。出平地者成莖，生溝壑者作蔓。又一種生籬落間者，葉如木樨花葉，花如鈴鐸下垂，小而色白，今人稱作白花地丁，與紫花並用，功力乖戾，不可不辨。

条曰：　丁為乾火，地在氣中，順承天施而成物者，地也。故主形骸地屬，失承天施，為癰，為丁，為瘰，為癧。使之仍順乎天施，而暢于四肢，美之至者也。

清・穆石匏《本草洞詮》卷九　紫花地丁　味苦辛，氣寒，無毒。治一切癰疽發背，疔腫瘰癧，無名腫毒，惡瘡。

清・王翃《握靈本草》卷四　紫花地丁處處有之。　主治：　紫花地丁，苦辛，寒，無毒。主一切癰疽發背，疔腫瘰癧，無名腫毒，惡瘡。

清・汪昂《本草備要》卷二　紫花地丁瀉熱，解毒。　辛、苦而寒。治癰疽發背，疔腫瘰癧，無名腫毒。　葉如柳而細，夏開紫花，結角。生平地者起莖，生溝壑者起蔓。

清・顧靖遠《顧氏醫鏡》卷七　紫花地丁辛、苦、寒。　疔癰必簡，敷服皆奇，外科聖藥。

清・李熙和《醫經允中》卷二一　紫花地丁　苦、辛，寒，無毒。主治一切癰疽發背，疔腫，諸風瘰癧，無名腫毒惡瘡。白花地丁氣味相同，可通用。

清・張璐《本經逢原》卷二　地丁　苦、辛，寒，無毒。　發明：　地丁有紫花、白花二種。治疔腫惡瘡，兼療癰疽發背，無名腫毒。其花紫者莖白，白者莖紫，故可通治疔腫，或云隨疔腫之色而用之。但漫腫無頭，不赤不腫者禁用，以其性寒，不利陰疽也。

清・王道純《本草品彙精要續集》卷二　紫花地丁無毒。

紫花地丁：　主一切癰疽發背，疔腫瘰癧，無名腫毒，惡瘡《本草綱目》。

〔名〕箭頭草、獨行虎、羊角子、米布袋。　〔地〕李時珍曰：　處處有之。平地生者，起莖；　溝壑邊生者，起蔓。　〔時〕夏開紫花結角。　〔質〕其葉似柳而微細。《普濟方》云：　鄉村籬落生者，夏秋開小白花如鈴兒，倒垂，葉微似木香花之葉，此與紫花者相戾，恐別是一種也。　〔味〕苦，辛。　〔性〕寒。

〔治〕黄疸内熱，地丁末酒服三錢。〇稻芒粘咽不得出者，箭頭草嚼咽下。〇癰疽發背，無名諸腫，貼之如神。紫花地丁草三伏時收，以白麵和成，鹽醋浸一夜貼之。昔有一尼發背，夢得此方，數日而痊。〇一切惡瘡，紫地丁根日乾，以罐盛，燒煙對瘡熏之，出黄水，取盡，愈。〇疔瘡腫毒，《備急方》用紫花地丁草擣汁服，雖極者亦效。　〔合治〕癰疽惡瘡，楊誠《經驗方》用紫花地丁連根，同蒼耳葉等分擣爛，酒一鍾，攪汁服。〇瘰癧疔瘡，發背諸腫，《乾坤秘韞》云：　紫花地丁根，去粗皮，同白蒺藜爲末，油和塗，神效。〇喉痹腫痛，《普濟方》用箭頭草葉，入醬少許，研膏點入，取吐。

清・王子接《得宜本草・中品藥》　紫花地丁　味苦、辛。主治乳癰痘疔。

清・吳儀洛《本草從新》卷一　紫花地丁〔瀉熱解毒。〕　辛苦而寒。治癰疽發背，疔瘡瘰癧，無名腫毒。葉似柳而細，夏開紫花，結角，生平地者起莖，生溝壑者起蔓。

清・汪紱《醫林纂要探源》卷二　紫花地丁　辛，苦，寒。小葉，密排附莖，如柳，莖青黑，弱如蔓，夏開紫紅花，垂如鈴鐸，細結小角。　補肝燥脾，平血熱，去壅濕。主治一切癰疽疔毒，瘰癧血熱。

清・嚴潔等《得配本草》卷三　紫花地丁　辛，苦，寒。　治有名癰疽，無名腫毒，兼治乳癰痘疔。

題清・徐大椿《藥性切用》卷三　紫花地丁　辛苦性寒，瀉熱解毒，為外科敷治耑藥。

清・沈金鰲《要藥分劑》卷六　紫花地丁　【略】鰲按：　紫花地丁，《綱目》止療外科症。但考古人，每用治黄疸，喉痹，取其瀉濕除熱之功也。大方家，亦不可輕棄。

清・羅國綱《羅氏會約醫鏡》卷一六草部　紫花地丁味辛苦而寒。　治癰疽，發背、疔腫、瘰癧、無名腫毒。

清・黄凱鈞《藥籠小品》　地丁草　辛苦，寒，治癰疽發背，疔腫瘡毒，為外科要藥。水洗。

清・張德裕《本草正義》卷上　地丁草一名紫花地丁　苦，寒，微辛。治癰疽發背，疔腫瘰癧，解熱毒，無名腫毒，痘瘡熱毒。

清・葉桂《本草再新》卷二　地丁草味苦，性寒，無毒。入脾、肺二經。　治癰疽發背，疔瘡瘰癧，無名腫毒。

清・吳其濬《植物名實圖考》卷一二　堇堇菜　根葉擣傅諸腫毒。按：　此草江西、湖南平隰多有之。或呼為紫金鎖，又呼為紫花地丁。其結實頗似小白茄，北人又呼為小甜水茄。其葉和麪，切食甚滑。實老裂為三叉，子黄如粟，黏於殼上，漸次黑落。俚醫用根治火症，功同地丁。

清・吳其濬《植物名實圖考》卷一四　紫花地丁　《本草綱目》：　紫花地丁處處有之，其葉似柳而微細，夏開紫花，結角；　平地生者起莖，溝壑邊生者起蔓。《普濟方》云：　鄉村籬落生者，夏秋開小白花，如鈴兒倒垂，葉微似木香花之葉。此與紫花者相戾。恐別一種也。氣味苦、辛，寒，無毒。主治一切癰疽發背，疔腫瘰癧，無名腫毒，惡瘡。　按各處所產紫花地丁皆不同，此又一種。依原圖繪之。

清・趙其光《本草求原》卷三隰草部　紫花地丁　甘淡而寒。涼血，消腫毒。治血熱筋瘘，敷瘡妙。

清・田綿淮《本草省常・菜性類》　堇堇菜　一名箭頭草。性平。止痛散血，消一切腫毒。

清・陳其瑞《本草撮要》卷一　紫花地丁　味辛苦，入足陽明經，功專治乳癰疽疔，與黃花地丁相同。

鏵頭草

清・劉善述、劉士季《草木便方》卷一草部　箭頭草　紫花地丁辛苦寒，癰疽發背疔瘍痊。無名腫毒能潰散，花紫葉條要認全。毛蘿蔔。

宋・王介《履巉巖本草》卷上　箭頭草　性涼，無(血)〔毒〕。醫鼓槌風，兼治脚氣疾。入爐火藥用。　歌曰：一葉一枝花，陰山是我家。硫黃見着死，水銀結成砂。

明・張四維《醫門秘旨》卷一五《藥性拾遺》　箭頭草　味苦，氣寒，性涼，無毒。陰中之陰。解瘡毒，行濁血，走經絡，入煎劑則能治(勵)〔癘〕風。田埂邊多生，其葉如披頭(煎)〔箭〕樣。

清・劉善述、劉士季《草木便方》卷一草部　鏵頭草　華尖草甘入厥陰，直攻命門停滯精。月瘕脹滿能消散，刀刃斧傷塗即清。

匙頭菜

明・朱橚《救荒本草》卷上之前　匙頭菜　生密縣山野中，作小科苗，其莖面窊五化切背圓，葉似圓匙頭樣，有如杏葉大，邊微鋸齒，開淡紅花，結子黃褐色。其葉味甜。　救飢：採葉煠熟，水浸淘淨，油鹽調食。

鐵燈樹

清・吳其濬《植物名實圖考》卷九　鐵燈樹　江西、湖南皆有之。鋪地生，一葉一莖，葉似紫菀而寬，本圓末尖，夏間中抽一葶，長五六寸，頗似枯莖。秋深始從四面發小葉，隨作苞，開細瓣小白花，赭蒂長二三分，葉蒂攢密，青赭斑駁。俚醫以根止痛活血，酒煎服。

鐵樹開花

清・吳其濬《植物名實圖考》卷九　鐵樹開花　生建昌。一莖一葉，似馬蹄而尖有微齒，與犁頭尖相類，而葉背白，細根。俚醫以治隔食症，同猪肺煮服。

犁頭草

清・吳其濬《植物名實圖考》卷一二　犁頭草　即堇堇菜。南北所產，葉長圓，尖缺各異；花亦有白、紫之別。又有寶劍草、半邊蓮諸名，而結實則同。滇南謂之地草果，以治目疾乳腫。《滇南本草》：地草果味辛酸，性微溫，入肝經，走陽明，破血氣，舒鬱結，風火眼暴赤疼痛，祛風退翳。蓋肝氣結而翳成，散結則雲翳自退。但肝實可用，肝虛忌之。紫花者治奶頭疼痛，或小兒吹著，或身體壓注，乳汁不通，頭痛，怕冷發熱，口乾，身體困倦，乳頭乳傍紅腫脹硬。地草果二錢，天花粉一錢，川芎錢半，青皮五分，北柴胡一錢，白芷一錢，金銀花一錢，甘草節五分，水酒煎服。治目疾赤腫，用白花、綠花地草果一錢，川芎一錢，白蒺藜一錢，木賊五分，穀精草一錢，白菊一錢，(支)〔梔〕子一錢，蟬蛻一錢，引用羊肝一片。

《山西通志》：如意草一名箭頭草，象葉形也。夏開紫花，似指甲草而小，有香。土人嘗採蒸麥飯。結實三稜似瓜形，如豆大，熟則殼分，三角中各含子十餘粒如粟大，色蒼黃。根似遠志。味苦辛。近醫多採葉陰乾，以末塗惡瘡，效。

清・趙其光《本草求原》卷三隰草部　犁頭草　止血，消惡毒瘡，去腐生新，治魚口便毒，搗，同醋煮熱敷，冷即易之。

七星蓮

清・吳其濬《植物名實圖考》卷一六　七星蓮　生長沙山石上。鋪地引蔓，與石弔蘭相似，而葉闊薄有白脈；本細末團，圓齒，亂根如短髮，又從葉下生蔓，四面傍引，從蔓上生葉，葉下復生根鬚；一叢居中，六叢環外；根既別植，蔓仍牽帶，故有七星之名。俚醫以治紅白痢。

茶匙草

明・蘭茂撰，清・管暄校補《滇南本草》卷下　茶匙草　性溫，味苦、微辛。耑治面寒疼痛，腰膝酸疼，肚腹寒氣疼痛。或為末，或煎服，引點燒酒。

如意草

明・蘭茂撰，清・管暄校補《滇南本草》卷上　如意草　味甘、苦，性寒。此草生於滇南陸山，形似小芭蕉，四葉，無花，根似人形。治一切虛症，陽痿無子。採服之者，雖八旬耄老，亦能生子。先生以此草酒浸，名坎離酒，服之輕身耐老，百病不生，神效。根能救吊死有微氣者，研末調水，灌之即活。或打死、淹死，研末，吹鼻即醒，服之如神。

清·趙學敏《本草綱目拾遺》卷四草部中　玉如意四方如意草。　一名箭頭草、翦刀草、大風草。　《百草鏡》云：生山間或田塍，有紫白二種，紫花者名金翦刀，白花者名銀剪刀，入藥白花者良。葉與人家盆栽者無異，但花小，葉狹長而尖，微有別耳。

敏按：山野間如意草，葉上尖下圓，深青色，與人家所種無異，惟葉色稍深綠耳。其花亦有紫白二種，至狹長之葉者，乃地丁草，所謂銀翦刀，白花者是也。金翦刀，紫花者是也。與如意草一類二種，其性情功效，亦不甚遠。

《葛祖方》：治痞塊瘡毒，追風理氣，逐疫肺癰。　乳癰初起：《百草鏡》：用玉如意草一兩，白酒煎，飽肚時服，初起者二服即消，成膿者兩劑必潰，已潰者三服易斂，疼痛者服之能止。　乳癰疔瘡：《救生苦海》：白花如意草，一名銀翦刀，生田野山間，較人家種者葉狹花小，搗汁服之，渣傅患處。　兒背生泡：《集驗》：小兒背上起白泡，纍如綴珠，一二日即破，膿血外流，癢甚，一處方好，一處又起。用如意草搗爛傅之，長巾縛定，一夜而愈。　脚上生瘡：《集驗》治脚上生瘡，亂孔如蜂窩者，用如意草搗爛傅之。或用乾如意草為末，雞子清調傅亦可。

按：此種又與地丁草不同，地丁小而此種大；地丁葉深綠，此葉淺綠。有云家種如意草，亦有白花者，乃真玉如意。野生者，仍是銀翦刀耳。性劣，不若家種者良。

痘兒氣急：《劉氏驗方》：白花地丁，不拘多少，煎湯服之，立止。

炎天火痘：《劉氏驗方》：暑月出痘，有一種火痘，遍身皆紅者是也。用白花地丁搗汁，白酒沖服，立解。

清·吴其濬《植物名實圖考》卷二七　如意草　鋪地生，如車前。開四瓣翠藍花，有柄横翘，如翠雀而小。

四方如意草

清·趙學敏《本草綱目拾遺》卷四草部中　四方如意草　汪連仕《草藥方》：其葉四處分開，一名地靈芝，乃瑞草。四方開花，莖多葉繁，如如意。治神鬼二箭，活血追風。

試劍草

宋·王介《履巉巖本草》卷下　試劍草　性涼，有毒。治蛇傷犬咬，一切蟲毒。用少許搗爛，貼患處。

羊蹄草

宋·王介《履巉巖本草》卷中　羊蹄草　性温，無毒。治中諸毒并酒麪毒，不以多少，晒乾爲細末，入蕪荑末少許，麪糊爲元彈子大，每服一元，隨中毒物下。

紫羅蘭

清·趙學敏《本草綱目拾遺》卷五草部下　紫羅蘭　白花者良，産溪澗者尤佳。其根入藥，不可多服，令人吐瀉傷胃氣。　治臌脹腫滿，清利水道，土産者治跌打損傷，取根搗酒服少許汪連仕《採藥書》。

鳳仙花

明·朱橚《救荒本草》卷上之前　小桃紅　一名鳳仙花，一名夾竹桃，又名海蒳音納，俗名染指甲草。人家園圃多種，今處處有之。苗高二尺許，葉似桃葉而窄，邊有細鋸齒，開紅花，結實形類桃樣，極小，有子似蘿蔔子，取之易迸北諍切散，俗名急性子。葉味苦，微澁。　救飢：採苗葉煠熟，水浸一宿，做菜，油鹽調食。

明·李時珍《本草綱目》卷一七草部·毒草類　鳳仙《綱目》

【釋名】急性子《救荒》　旱珍珠《綱目》　金鳳花《綱目》　小桃紅《救荒》　夾竹桃《救荒》　海蒳音納。　染指甲草《救荒》　菊婢　時珍曰：其花頭翅尾足俱具，翹然如鳳狀，故以名之。女人采其花及葉包染指甲，其實狀如小桃，老則迸裂，故有指甲、急性、小桃諸名。宋光宗李后諱鳳，宫中呼爲好女兒花。張宛丘呼爲菊婢。韋君呼爲羽客。

【集解】時珍曰：鳳仙人家多種之，極易生。二月下子，五月可再種。苗高二三尺，莖有紅白二色，其大如指，中空而脆。葉長而尖，似桃柳葉而有鋸齒。椏間開花，或黄或白，或紅或紫，或碧或雜色，亦自變易，狀如飛禽，自夏初至秋盡，開謝相續。結實纍然，大如櫻桃，其形微長，色如毛桃，生青熟黄，犯之即自裂。皮卷如拳，苞中有子似蘿蔔子而小，褐色。人采其肥莖汋䣼，以充萵筍。嫩葉渫，浸一宿，亦可食。但此草不生蟲蠹，蜂蝶亦不近，恐亦不能無毒也。

子　【氣味】微苦，温，有小毒。　【主治】産難，積塊噎膈，下骨哽，透骨通竅時珍。

『發明』時珍曰： 鳳仙子其性急速，故能透骨軟堅。庖人烹魚肉硬者，投數粒即易軟爛，是其驗也。緣其透骨，最能損齒，與玉簪根同，凡服者不可着齒也。多用亦戟人咽。

『附方』新五 產難催生： 鳳仙子二錢，研末。水服，勿近牙。外以蓖麻子隨年數搗塗足心。《集簡方》。 噎食不下： 鳳仙花子酒浸三宿，晒乾爲末，酒丸綠豆大。每服八粒，溫酒下。不可多用，即急性子也。《摘玄方》。 咽中骨鯁： 欲死者。白鳳仙子研水一大呷，以竹筒灌入咽，其物即軟。不可(經)[近]牙。或爲末吹之。《普濟方》。 牙齒欲取： 金鳳花子研末，入砒少許，點疼牙根，取之。《摘玄方》。 小兒痞積： 急性子、水葒花子、大黃各一兩，俱生研末。每味取五錢，外用皮硝一兩拌勻。將白鵓鴿一個，或白鴨亦可，去毛屎，剖腹，勿犯水，以布拭凈，將末裝入內，用綿紥定，沙鍋內入水三盌，重重紙封，以小火煮乾，將鴿鴨翻調焙黃色，冷定。早辰食之，日西時疾軟，三日大便下血，病去矣。忌冷物百日。孫天仁《集効方》。

花 『氣味』甘，滑，溫，無毒。 『主治』蛇傷，擂酒服即解。又治腰脇引痛不可忍者，研餅晒乾爲末，空心每酒服三錢，活血消積時珍。

『附方』新一 風濕卧牀： 不起。用金鳳花、柏子仁、朴消、木瓜煎湯洗浴，每日二三次。內服獨活寄生湯。吴旻《扶壽精方》。

根、葉 『氣味』苦，甘，辛，有小毒。 『主治』雞魚骨鯁，誤吞銅鐵，杖撲腫痛，散血通經，軟堅透骨時珍。

『附方』新三。 咽喉物鯁： 金鳳花根嚼爛噙嚥，骨自下，鷄骨尤效。即以溫水漱口，免損齒也。亦治誤吞銅鐵。《危氏得効方》。 打杖腫痛： 鳳仙花葉搗如泥，塗腫破處，乾則又上，一夜血散，即愈。冬月收取乾者研末，水和塗之。葉廷器《通變要法》。 馬患諸病： 白鳳仙花連根葉熬膏。遇馬有病，抹其眼四角上，即汗出而愈。《衛生易簡方》。

明·周履靖《茹草編》卷一 鳳仙梗 何來仙鳳葩，葳蕤浥朝露。之子日茹之，紅顔真可駐。却咲朱門玉食徒，盤飱何解知此味。 六七月取鳳仙花梗，去皮，鹽醃食之，其脆美似萵苣。

明·佚名氏《醫方藥性·草藥便覽》 急性子 其性溫。消骨鯁腫。名金鳳花仔。

明·李中立《本草原始》卷三 鳳仙 人家多種之，極易生。二月下子，五月可再種。苗高二三尺，莖大如指，中空而脆，有紅白二色。葉長而尖，似桃葉而有鋸齒。椏間開花，頭、翅、尾、足俱具，翹然如鳳狀，故名鳳仙。又一名金鳳花。有紅白紫碧數色，自夏初至秋盡開，花謝相續。結實大如櫻桃，尖銳，色如毛桃，故一名小桃紅。生青熟黃，犯之即裂，故一名急性子。子似萊菔子而小，褐色。婦女採其花及莖葉包染指甲，每呼為指甲草。 子：氣味： 微苦，溫，有小毒。 主治： 產難，積塊噎膈，下骨鯁，透骨通竅。花： 氣味： 甘，滑，溫，無毒。 主治： 蛇傷，擂酒服即解。又治腰脇引痛不可忍者，研餅，晒乾為末，空心每服三錢，活血消積。 根葉： 氣味： 苦，甘，辛，有小毒。 主治： 雞、魚骨鯁，誤吞銅鐵，杖撲腫痛，散血通經，軟堅透骨。

鳳仙，新增。【圖略】鳳仙枝形。 子性急速，故能透骨軟堅。庖人烹魚肉硬者，投數粒即易爛，是其驗也。緣其透骨，最能損齒，與玉簪根同。凡服者，不可着齒。多用戟人咽。

《衛生易簡方》： 治馬患諸病，白鳳仙花連根葉熬膏，遇馬有病，抹眼四角上，即汗出而愈。 《摘玄方》： 金鳳花子研末，入砒少許，點疼牙根，取之。

明·鮑山《野菜博録》卷二 鳳仙花葉實可食。 鳳仙花，一名金鳳花，一名急性子，一名染指甲花。科條高尺餘，枝葉對生，梗如萵苣。花開有五色，種包內結子，老時易裂。味平，性燥，無毒。 食法： 採梗去皮，鹽醃可食。取葉煠熟，亦可食。

明·倪朱謨《本草彙言》卷五 鳳仙花 味苦，氣寒，有毒。 李氏曰：鳳仙花，人家園圃多種之。二月下子，極易生。四月開花結子，五月下地，可再發苗，再開花也。苗高二三尺，莖有紅白二色，大如指頭，中虛而脆。葉長尖，似桃柳葉而有鋸齒，椏間開花，或深淺紅，或白或紫，或藕色，或一本四五色，其狀頭翅尾足具，翹然如鳳形，故名。自夏初開花至秋盡，相續結實，累然如連翹形，有毛，生青熟黃，手觸之即自裂。皮卷如拳，實中子如蘿蔔子而小，褐色。凶年人采其莖，汋熟，醋拌，可充萵笋。嫩華酒浸一宿亦可食。但此藥不生蟲蠹，蜂蝶亦不近，恐不能無毒也。

鳳仙花： 活血氣，利筋脉之藥也。時珍李氏方： 治腰脇引痛不可忍，因瘀血爲患者宜用之。 集方： 《蘭臺集》治跌撲傷損筋骨，并血脉不行。用鳳仙花三兩，當歸尾二兩，浸酒飲。

鳳仙根： 通經活血之藥也。時珍李氏方： 治杖撲腫痛，血脉瘀凝，此寒滑走散之品，其性快便捷烈，又不宜多服久服，恐損脾胃，洩元氣也。又化雞魚骨哽，并誤吞銅錢、五金器物。　集方：《方外集》治杖打腫痛。用鳳仙花根搗如泥，塗腫破處，乾則又上，一夜即散。冬月取乾者研末，蜜湯調塗。○《普濟方》治咽喉爲骨物鯁礙，并誤吞銅錢。用鳳仙花根搗爛噙嚥，骨物自下。雞骨效尤速。即以溫水漱口，吐去，免損齒也。○繆氏《小品》治馬患諸病。用鳳仙花，連根葉搗汁熬膏。遇馬有疾，抹其眼四角上，即汗出愈。

鳳仙子：　落胞胎，化積塊，下骨哽，通閉竅之藥也。其性急速，善能透骨軟堅，庖人烹魚肉不腐，投數粒易軟爛，可知其功用矣。緣其化骨，最能損齒，與玉簪根同。凡服者，不可着齒也，多用亦戟人咽。　集方：《集簡方》治難産催生。用鳳仙子二錢，研末，白湯調服。勿沾牙。○《普濟方》治咽中骨哽欲死者。用鳳仙子三錢，研末，白湯調。以竹筒灌入咽中，其骨即軟。不可經牙，或爲末吹之。

明・姚可成《食物本草・救荒野譜補遺・草類》　鳳仙花食根。秋采根莖，鹽拌食之。　鳳仙花，形似鳳；　花開時，無心弄。連年穀不收，采作膏粱奉。門前索舊租，剜肉醫瘡痛。辟穀丹靈少處尋，征徭吏苛無門控。但願來秋五穀登，還甦溝壑林林眾。四海欣逢堯舜天，萬民競效商周貢。竚聽擊壤樂康衢，嗟呼轉作豐年頌。

明・姚可成《食物本草》卷一九草部・毒草類　鳳仙一名金鳳。《救荒本艸》名小桃紅、夾竹桃、急性子、染指甲艸。人家庭除園圃多種之，極易生。二月下子，五月可再種。苗高二三尺，莖有紅白二色，其大如指，中空而脆。葉長而尖，邊有鋸齒。椏間開花，或黄或白，或紅或紫，或碧或雜色，亦自變易，狀如飛禽。自夏初至秋盡，開謝相續。結實纍然，大如櫻桃，其形微長，色如毛桃，生青熟黄，犯之即自裂，皮卷如拳。苞中有子，似蘿蔔子而小，褐色。人采其肥莖汋䤈，或醬，或以鹽醃糟藏，以充萵(葭)〔筍〕。脆美可啖。嫩花酒浸一宿，亦可食。

鳳仙根、莖、葉　味苦、甘、辛，有小毒。治雞魚骨鯁，誤吞銅鐵，杖撲腫痛。散血通經，軟堅透骨。

花　味甘，滑，溫，無毒。治蛇傷，擂酒服即解。又治腰脇引痛不可忍者，研餅晒乾為末，空心每酒服三錢，活血消積。

子　味苦，溫，有小毒。治産難，積塊噎膈，下骨鯁，透骨通竅。庖人烹煮硬肉，投數粒，即易爛。

附方：　治骨鯁極危者。白鳳仙子研水，以竹筒灌入咽中，其物即軟，不可着齒。或用根搗汁灌之，尤妙。

明・顧逢柏《分部本草妙用》卷八雜藥部　鳳僊子　微苦，溫，有小毒。主治：　産難，積塊噎膈，下骨鯁，透骨通竅。　其性急，名急性子。能透骨軟堅，服之不着齒，最能碎骨。烹肉下之，易爛。

明・張景岳《景岳全書》卷四八《本草正》　鳳仙花　味微苦，性微溫，有小毒。子名急性子。治産難下胎，消積塊，開噎膈，下骨哽。亦善透骨通竅，故又名透骨草。若欲取牙，但用子研末，入砒少許，點疼牙根，即可取之。然此不生蟲蠹，即蜂蝶亦不近，似非無毒者也。

清・穆石匏《本草洞詮》卷九　鳳仙　花如鳳狀，故名。女子取其花葉染指甲，其實老則迸裂，故有指甲草、急性子之名。子味微苦，氣溫，有小毒。治産難，積塊噎膈，下骨骾。其性急速，故能透骨軟堅。庖人煮魚肉硬者，投數粒，即易爛，是其驗也。緣其透骨，故能損齒，凡服者不可着齒也。

清・丁其譽《壽世秘典》卷三　鳳仙一名金鳳花，又名夾竹桃、急性子，莖有紅、白二色，其大如指，中空而脆，葉長似桃、柳葉而有鋸齒。丫間開花，有黄、白、紅、紫、碧、雜色，亦自變易。自夏初至秋盡開謝，相續結實纍然，色如毛桃，其形微長，生青熟黄，犯之即自裂，皮卷如拳，苞中有子似蘿蔔子而小，褐色。其肥莖汋䤈可食。花亦可浸酒飲。但此草不生蟲蠹，蜂蝶亦不近，恐亦不能無毒也。

花：　氣味：　甘，溫，無毒。主活血消積。腰脇引痛不可忍者，研餅，晒乾為末，空心酒服三錢。又治蛇傷，擂酒服即解。

子：　氣味：　微苦，溫，有小毒。治産難、積塊、噎膈，下骨骾，透骨通竅。　發明李時珍曰：　鳳仙子其生急速，故能透骨軟堅。庖人烹魚肉硬者，投數粒，即易軟爛，是其驗也。緣其透骨最能損齒，與玉簪根同。凡服者，不可着齒，多用，亦戟人咽。

根、葉：　氣味：　苦、甘、辛，有小毒。治雞魚骨骾，誤吞銅鐵，杖撲腫痛，散血通經，軟堅透骨。

清・蔣居祉《本草擇要綱目・溫性藥品》　鳳仙一名急性子。　子氣味：　微苦，溫，有小毒。　主治：　産難積塊噎膈，下骨骾，透骨通竅。　鳳仙子其性急速，故能透骨軟堅。庖人烹魚肉，硬者投數粒，即易軟爛，是其驗也。緣其透骨，最能損齒，與玉簪根同。凡服者不可着齒，多用亦戟人咽。

清・李熙和《醫經允中》卷二一　鳳仙子　又名急性子。　微苦，溫，有小毒。主治産難，積塊噎膈，下骨鯁，透骨通竅。服之不可着齒，最能損骨。

烹肉下之易爛。同獨蒜、麝香、阿魏搗塗痞塊即消。

清・张璐《本經逢原》卷二 鳳仙子又名急性子。 苦，溫，小毒。 發明： 鳳仙子性最急速，故能透骨軟堅、通竅搜頑痰，下死胎、積塊、噎膈、骨鯁。治狂癡，勝金丹用之。取其性急，領砒藥吐泄也。庖人煮肉硬者，投子數粒即易爛，是其驗也。性與玉簪根同，不可著齒，多食戟人咽，入砒點疼牙即落。同獨瓣蒜搗塗痞塊即消，加麝香、阿魏尤捷。花治蛇傷，擂酒服之即解。

清・王道純《本草品彙精要續集》卷二 鳳仙有小毒。

鳳仙子： 主產難，積塊，噎膈，下骨哽，透骨通竅《本草綱目》。 【名】急性子、旱珍珠、金鳳花、小桃紅、染指甲草、菊婢、海蒳、夾竹桃。李時珍曰：其花頭翅尾足俱，其翅儼然如鳳狀，故以名之。女人採其花及葉包染指甲。其實狀如小桃，老則迸裂，故有指甲、急性、小桃諸名。宋光宗李后諱鳳，宮中呼爲好女兒花，張宛丘呼爲菊婢，韋居士呼爲羽客。 【地】鳳仙人家多種之，極易生。 【時】二月下子，五月可再種。 【苗】按： 苗高二三尺，莖有紅白二色，其大如指，中空而脆，葉長而尖，似桃柳葉而有鋸齒，椏間開花，或黃、或白、或紅、或紫、或碧、或雜色，亦自變易，狀如飛禽，自夏初至秋盡，開謝相續，結實累然，大如櫻桃，其形微長，色如毛桃，生青熟黃，犯之即自裂，皮卷如拳，苞中有子，似蘿蔔子而小，褐色，人採其肥莖汋浥，以充萵筍。華酒浸一宿亦可食。但此草不生蟲蠹，蜂蝶亦不近，恐亦不能無毒也。 【味】微苦。 【性】溫。 【氣】氣之薄者，陽中之陰。 【臭】微香。 【主】李時珍曰： 鳳仙子，其性急速，故能透骨軟堅。庖人烹魚肉硬者，投數粒，即易軟爛，是其驗也。 【禁】緣其透骨，最能損齒，與玉簪根同。丸服者，不可着齒也。多用亦戟人咽。 【治】噎食不下，《摘玄方》用鳳仙子酒浸三宿，曬乾，爲末，酒丸綠豆大，每服八粒，溫酒下，不可多用，即急性子也。○咽中骨哽欲死者，《普濟方》： 白鳳仙子研，水一大呷，以竹筒灌入咽，其物即軟，不可近牙，或爲末吹之。 【合治】產難催生，《集簡方》： 鳳仙子二錢，研末服，勿近牙，外以蓖麻子隨年數搗，塗足心。○牙齒欲取，《摘玄方》金鳳花子研末，入砒少許，點疼牙根，取之。○小兒痞積，孫天仁《集效方》： 急性子、水葒花子、大黃各一兩，俱生研末，每味取五錢，外用皮硝一兩，拌勻，將白鵓鴿一個，或白鴨亦可，去毛屎，剖腹，勿犯水，以布拭淨，將末裝入內，用綿紮定，沙鍋內入水三碗，重重紙封，以小火煮乾，將鴿或鴨翻調，焙黃冷定，早晨食之，日西時疾軟，三日大便下血，病去矣。忌冷物百日。 花無毒主蛇傷，擂酒服，即解。又治腰脇引痛不可忍者，研餅，曬乾爲末，空心每酒服三錢，活血消積《本草綱目》。 【味】甘，滑。 【性】溫。 【合治】吳旻《扶壽精方》，風濕臥牀不起，用金鳳花、柏子仁、朴硝、木瓜煎湯洗浴，每日二三次，內服獨活寄生湯。 根有小毒，主雞魚骨鯁，誤吞銅鐵，杖撲腫痛，散血通經，軟堅透骨《本草綱目》。 【味】苦，甘，辛。 【治】咽喉物硬，危氏《得效方》金鳳花根，嚼爛噙咽，骨自下，雞骨尤效，即以溫水漱口，免損齒也。亦治誤吞銅鐵。○打杖腫痛，葉廷器《通變要法》： 鳳仙花葉，搗如泥，塗腫破處，乾則又上，一夜血散即愈。冬月收取陰乾者，研末水和塗之。○馬患諸病，《衛生易簡方》： 白鳳仙花連根葉熬膏，遇馬有病，抹其眼四角上，即汗出而愈。

清・黃元御《玉楸藥解》卷八 鳳仙子 味苦，微溫。入足少陰腎經。軟堅化骨，消癖落牙。鳳仙子其性最急，能化骨鯁，落牙齒，催生產，消癖塊。與玉簪根性略同，而迅烈過之。作油以少許滴螄上，其殼立碎，崩落釜中。

清・吳儀洛《本草從新》卷二 鳳仙子〔瀉，軟堅。〕一名急性子。 微苦而溫。治產難積塊，噎膈骨哽。凡咽中骨哽欲死者，白鳳仙子研，水一大鍾，以竹筒灌入咽，其物即軟，不可着牙，或為末吹之。 透骨通竅。時珍曰： 鳳仙子其性急速，故能透骨軟堅。庖人烹魚肉鞕者，投數粒即易軟爛，是其驗也。 緣其透骨，最能損齒，與玉簪根同，凡服者不可着齒，多用亦戟人咽。《摘元方》金鳳花子研末，入砒少許，點疼牙根，取之。 花又名金鳳花。 甘溫而滑。活血消積。治腰脇引痛不可忍，研餅曬乾為末，空心酒服三錢。又治蛇傷。擂，酒服效。 根、葉 苦，甘，辛。散血通經，軟堅透骨。治杖撲腫痛，葉廷器方，〔葉廷器《通變要法》。〕搗葉如泥塗腫破處，乾則又上，一夜血散即愈。冬月收取乾者研末，水和塗之。 鷄魚骨哽，危氏方〔危氏《得效方》。〕用根搗爛噙咽，骨自下，鷄骨尤效。即以溫水漱口，免損齒為要。 誤吞銅鐵。方同上。

清・汪紱《醫林纂要探源》卷二 急性子 辛，平。鳳仙花子也。莢如蓮蕊，成熟則裂而卷，其子爆出，故有此名。褐色，粒圓如蘿蔔子。 催生下胎。取其意也。且能順氣。 解蛇蟲毒。大能解毒，花叢下蛇所不至。 花葉可洗瘡，解毒。白花佳。 葉亦可茹。

清・嚴潔等《得配本草》卷三 鳳仙花一名金鳳仙，一名染指甲草。根、葉。

甘，溫。活血，消積。治腰脇引痛不可忍。 根、葉 苦、甘、辛，有小毒。

散血通經，軟堅透骨。化諸骨鯁，及誤吞銅鐵。塗杖瘡腫痛。

急性子即鳳仙花子。　微苦，溫，有小毒。通竅，透骨，軟堅。下骨鯁，開噎膈。　微炒用。服者不可着齒，多用亦戟人咽。

題清・徐大椿《藥性切用》卷四　鳳仙子　一名急性子。微苦微溫，性急通竅，催生墮胎，透骨損齒。與玉簪根同功。花，甘溫性滑，活血，能消積聚。根葉，苦甘微辛，散血通經，塗打撲腫痛。

清・黃宮繡《本草求真》卷八　鳳仙子攻堅破硬拔毒。　鳳仙子耑入腎。又名急性子，是俗所謂金鳳花子是也。其性急猛異常，味苦氣溫，小毒。凡人病患頑痰積塊，噎膈骨鯁，服之立刻見效。以其氣味急迫，能於骨穴堅硬處所極力搜治，是以勝金丹用之以治狂癡。取其急領砒毒吐泄，同砒以點牙疼，即落，同獨蒜搗汁以塗痞塊，即消。噎食不下，用鳳仙花子酒浸三宿，晒乾為末，酒丸菉豆大，每服八粒，溫酒下。不可多用，即急性子也。加麝香、阿魏尤捷。投子以煮硬肉即爛，但此生不蟲蠹，蜂蝶不近，且多食則戟人喉，似非無毒，用之當細審量可耳。

清・羅國綱《羅氏會約醫鏡》卷一六草部　鳳仙花俗名指甲花。其色不一，有小毒，味微苦，性微溫，有毒。　子名急性子。治產難，下胞胎，開噎膈，化骨鯁。俱研末，水調服。

清・趙學敏《本草綱目拾遺》正誤　鳳仙花　一名透骨草，以其性利能軟堅，故有此名。《綱目》有名未用收透骨草，瀕湖引《集效》、《經驗》諸方，載其主治而遺其形狀。

清・趙學敏《本草綱目拾遺》卷一水部　白鳳漿　《痘學真傳》有造白鳳仙漿法：　用單葉白鳳仙花，采閉罈中令滿，以箬封口。再將泥搪之，埋土內二三十年方取用。罈中花悉化成水，割去滓脚，其清水即鳳漿也。另貯磁瓶聽用。

性大寒，治痘疹焦陷不救者，藥內加一茶匙服之，立能回焦更生，痘不可多用，疎痰，解一切火毒，大有奇功。

清・張德裕《本草正義》卷下　鳳仙花即透骨草花也。　苦，溫，有小毒。治難產，落胎元，消積塊，開噎膈，下骨鯁。亦善透骨通竅。子名急性子，亦能下胎破積。研末，入砒少許，可點取齒牙。

清・王學權《重慶堂隨筆》卷下　鳳仙花　一名透骨草，以其性利能耎堅也。《綱目》有名未用，收透骨草，引《集效》《經驗》諸方，載其主治而遺其形狀，蓋不知其為鳳仙花別名也。

清・吳鋼《類經證治本草・足厥陰肝臟藥類》　鳳仙　【略】誠齋曰：治馬患諸病，取白花者，連根莖葉花熬膏，抹馬眼四角，當自汗出愈。時珍曰：　此草不生蟲，蜂蝶亦不採，當有小毒。

清・葉桂《本草再新》卷三　鳳仙子味苦、辛，性涼，有毒。入肝、肺二經。　治諸惡瘡，以毒攻毒。敗一切火毒。

清・趙其光《本草求原》卷六毒草部　風仙子即急性子。　苦，溫，小毒。透骨軟堅，通竅，搜頑痰，下死胎，積聚噎膈，骨鯁，性同玉簪，不可着牙，多食戟人咽。治狂癡，勝金丹用之，取其性急，領砒藥吐泄也。塗痞塊，同獨蒜、麝香、阿魏。煮肉易爛。投數粒同煮。花，治蛇傷。擂酒服。花陰乾，浸酒。治偏廢。連根莖，治小腸氣。煎精肉食。

清・文晟《新編六書》卷六《藥性摘錄》　鳳仙子　一名急性子，俗謂金鳳花子。味苦，氣溫，有小毒。入腎。攻堅破硬，拔毒。○凡患頑痰積塊，噎膈骨(硬)〔哽〕，服此皆効。○同獨蒜搗汁，塗痞塊効。加麝香、阿魏尤捷。○多食則戟人喉，用之當審量。○甘草、薺苨煎汁，泛飲可解。

清・劉善述、劉士季《草木便方》卷一草部　金鳳花　指甲花葉甘苦辛，活血消積透骨經。銅鐵骨鯁腰脇痛，杖撲蛇傷酒服輕。急性子。

清・戴葆元《本草綱目易知錄》卷二草部　鳳仙花　甘，滑。治蛇傷，擂酒服，即解。又治腰脇引痛，取乾者，末，空心酒服三錢，活血消積。

子急性子：　苦，溫，有小毒。其性急速，能透骨通竅，軟堅。治產難，積塊噎膈，下骨鯁。與玉簪根同，着齒即落。【略】

根、葉：　苦、甘、辛，有小毒。散血通經，軟堅透骨。擣爛，噙嚥。下雞、魚骨鯁及吞銅鐵物鯁。塗杖撲腫痛。【略】玉莖紅腫，由濕火不因色慾，作痛。以鳳仙莖葉煎湯洗，即消。小兒尤效。葆驗方。

水金鳳

明・蘭茂撰，清・管暄校補《滇南本草》卷下　水金鳳　性寒，味辛。洗濕熱筋骨疼痛，疥癩等瘡。

清・吳其濬《植物名實圖考》卷一七　水金鳳　生雲南水澤畔。葉莖俱似鳳仙花，葉色深綠。《滇南本草》：　味辛，性寒。洗筋骨疼痛、疥癩癬瘡，殆能去濕。夏秋時葉梢生細枝，一枝數花，亦似鳳仙，而有紫黄數種，尤耐久。

翦刀草

清・吴其濬《植物名實圖考》卷九　翦刀草　生建昌。獨莖，高尺許；對葉尖長，微似鳳仙花葉而無齒，面綠，背青白，梢端抽長條，結黄實如薏仁而小，層綴如穗而疎，一名羊尾鬚。土醫以治(順)〔頭〕瘡，煎水洗之。

野鳳仙花

清・吴其濬《植物名實圖考》卷二六　野鳳仙花　生廬山寺庵砌石間，莖葉與鳳仙花無異而根甚紫，春時梢端發細莖，開花紅紫亦如鳳仙花，有細白蕊，經歷數月，喜陰畏日，亦野花中之嬌豔者。與滇南水金鳳同，此生於山耳。

水甘草

宋・唐慎微《證類本草》卷三〇外草類〔宋・蘇頌《本草圖經》〕　水甘草　生筠州。味甘，無毒。治小兒風熱丹毒瘡，與甘草同煎，飲服。春生苗，莖青色，葉如楊柳，多生水際，無花。七月、八月採。彼土人多單使，不入衆藥。

明・劉文泰《本草品彙精要》卷四一　水甘草無毒。　水生。

水甘草：　主小兒風熱丹毒瘡，與甘草同煎，飲服。出《圖經》。　【苗】《圖經》曰：　春生苗，莖青色，葉如楊柳，無花，多生水際。土人多單服，不入衆藥。　【地】《圖經》曰：　生筠州。　【時】生：　春生苗。採：　八月、十月取。　【收】暴乾。　【用】莖。　【色】青。　【味】甘。　【性】緩。　【氣】氣之薄者，陽中之陰。

長春花

附：　琉球・吴繼志《質問本草》外篇卷三　日日有　辛丑之冬清舶漂到，採此種問之。　日日有。鄭茂慶。

清・吴其濬《植物名實圖考》卷二六　長春花　柔莖，葉如指，頗光潤；六月中開五瓣小紫花，背白；　逐葉發小莖，開花極繁；　結長角，有細黑子。自秋至冬，開放不輟，不經霜雪不萎，故名。

狗牙花

清・何諫《生草藥性備要》卷上　狗牙花　治小兒邪病。若額上有暗雲，俗言犯四娘，即取花(它)〔搨〕之，或帶在身，或壓在蓆底仝睡，其病自退。

清・趙其光《本草求原》卷三隰草部　狗牙花　治小兒邪病，暗帶之即愈。

豆瓣綠

清・劉獻廷《廣陽雜誌》卷三　兵濤持小葉鹿含草一握來，此草性同肉桂，有引血歸經之功，佳品也。星沙在處有之。

清・何諫《生草藥性備要》卷上　土細辛　味劫，性平。通關竅，舒筋絡，取鬚用。一名一炷香，一名老虎料。

清・吴其濬《植物名實圖考》卷一七　豆瓣綠　生雲南山石間。小草高數寸，莖葉綠脆；　每四葉攢生一層，大如豆瓣，厚澤類佛指甲；　梢端發小穗長數分，亦脆。土醫云性寒，治跌打。順寧有製為膏服之，或有驗。惟滇南凡草性滋養者皆曰鹿銜，誕詞殊未可信，姑存其方。六味鹿銜草膏：　六味鹿銜草皆生順寧縣瑟陰洞林岩、扳岩，採取豆瓣鹿銜草、紫背鹿銜草、岩背鹿銜草、石斛鹿銜草、竹葉鹿銜草、龜背鹿銜草六味，加大茯苓，用桑柴合煎去渣，更加別藥熬一日夜。冰餹融膏。性平和，男女老幼皆可服，忌酸冷。治痰火，用苧根酒服。年老虚弱、頭暈眼花，用福圓大棗湯服。年幼先天不足、五癆七傷，火酒調服。患病日久，難以起欠，福圓大棗茯苓薑湯服。此膏長服，益壽延年，鬚髮轉黑。

地耳草

清・何諫《生草藥性備要》卷上　田基黄　味苦、甜，性平。治酒病，消腫脹，解蠱毒，散大惡瘡，理疳瘡腫。其花黄色，葉細，生在田基滋潤處。

附：　琉球・吴繼志《質問本草》外篇卷二　水榴子劉寄奴一種。　生水濱，春生苗，六七月開花著子。　土名香草，婦人搽頭。壬寅，潘貞蔚、石家辰。俗名水榴子，外科用以塗火毒，消陽症結疽。甲辰，戴道光、戴昌蘭。

清・吴其濬《植物名實圖考》卷一二　地耳草　一名斑鳩窩，一名雀舌草。生江西田野中。高三四寸，叢生，葉如小蟲兒臥單葉；　初生甚紅，葉皆抱莖上聳，老則變綠；　梢端春開小黄花。按《野菜譜》有雀舌草，狀亦相類，或即此。

清・趙其光《本草求原》卷三隰草部　田基黄　生田邊濕處，花黄。苦、甘，平。入脾，消腫脹、蠱毒，去疳腫，敷腫毒大瘡。

清・劉善述、劉士季《草木便方》卷一草部　蛇喳口　蛇喳口草寒消熱，水濕瀉痢清火邪。風火牙痛唅噙止，白皰水疔嚼塗滅。

元寶草

宋·王介《履巉巖本草》卷中 穿心鴨舌 一名草苓苓。性凉，去毒。治鼻中出血。每用細末一二錢，冷水調服，立差。

清·吴儀洛《本草從新》卷一 元寶草 辛，寒。補陰。治吐血衄血。生江浙田塍間。一莖直上，葉對節生，如元寶向上，或三四層，或五六層。

題清·徐大椿《藥性切用》卷三 元寶草 性味辛寒，益陰而止吐血衄血。生江浙田塍間。

清·趙學敏《本草綱目拾遺》卷五草部下 元寶草 生浙江田塍間，一莖直上，葉對節生，如元寶向上，或三四層，或五六層。此草有兩種：一種兩葉包莖，亦對節生；一種獨葉，莖穿葉心，入藥以獨葉者為勝。《百草鏡》：元寶草生陰土，近水處多有之，穀雨後生苗，其葉中闊兩頭尖，如梭子形，穿莖直上，或五六層，或六七層，小滿後開花黄色，氣性凉。辛寒，《百草鏡》：性凉，補陰。治吐血衄血，跌撲閃腰挫疼，癧毒。

清·莫樹蕃《草藥圖經》 茅香根 即燈苔草，又名相思草。清明前後出，秋枯。梗圓，穿梗出葉，葉青透香。亦有紫色者，花亦有紫黄色者。子綠色。痧症要藥。

清·吴其濬《植物名實圖考》卷一〇 元寶草 産建昌。赭莖有節，對葉附莖，四面攢生，如枸杞葉而圓，梢端開小黄花如槐米。土人採治熱證。

清·吴其濬《植物名實圖考》卷二五 元寶草 江西、湖南山原、園圃皆有之。獨莖細綠，長葉上翹，莖穿葉心，分杈復生小葉。春開小黄花五瓣，花罷結實，根香清馥。土醫以葉異狀，故有相思、燈臺、雙合合諸名。或云患乳癧，取懸置胸間，左乳懸右，右乳懸左，即愈。《簡易草藥》有茅草香子，治痧症極效，按其形狀亦即此。

遍地金

明·蘭茂撰，清·管暄校補《滇南本草》卷中 遍地金 性寒，味苦，澀。有收濇之功。附方：治日久水瀉，久痢赤白。遍地金，引用烏梅一個，沙糖少許，同煎服。

老鸛草

明·蘭茂原撰，范洪等抄補《滇南本草圖説》卷九 六陽草 一名老鸛草。生北地者枝硬葉細，産南方者枝苗柔軟，蓋地氣使然也。性溫，味甘、辛、苦。主行經絡，治半身不遂，筋骨疼痛，痿軟等症，神效。北地老鸛草，花如烏首，故名老鸛草。

老鸛草：南方老鸛草。氣味辛苦，無毒。主治：舒筋和血，暖骨，又潤筋養血。滇中太華山上，多生此草。

五葉草：性溫，味苦、辛。主治：祛皮膚之風痒，行十二經絡，止筋骨疼痛，退骨蒸之虚熱，兼解諸瘡熱，其應如響。

明·蘭茂撰，清·管暄校補《滇南本草》卷下 五葉草出京都者良，名老官草。治筋骨痰火症。河南衛輝亦出。 性微溫，味苦、辛。祛諸風皮膚發癢，通行十二經絡，治筋骨疼痛，痰火痿軟，手足筋攣麻木。利小便，瀉膀胱積熱。攻散諸瘡腫毒。退癆熱發燒。治風火蟲牙，痘疹疥癩等症。

附方：治婦人經行染受風寒，寒邪閉塞子戶，令人月經不調，日期不對，參差前後，經行發熱，肚腹膨脹，腰脇作痛，不能受胎。此方以經後行月事斷止方效。五葉草五錢，川芎二錢，大薊二錢，吴白芷二錢，水、酒各一鍾，合煎，臨臥服。服後避風，見風令人手足面目腫。小便自利，無怕。

明·蘭茂撰，清·管暄校補《滇南本草》卷下 六陽草土名老鸛草。生大華山頂羅漢寺，葉似（莞）〔豌〕豆葉。 性溫，味辛、苦。入肝。行經絡，治半身不遂，筋骨疼痛，手足戰摇，痿軟等症。治一切腰疼，肚腹冷疼。昔一人左手中風，半身不遂，手足痿軟，筋骨疼痛。一人傳此方，服效。六陽草一兩，全歸一兩，川芎五錢，川石南籐五錢，八仙草五分，桂枝二錢，川牛膝二錢，陳木瓜五錢，虎骨，五錢，穌炙。燒酒五斤，重湯煎一炷香，服三杯，數日愈。

明·蘭茂《滇南本草》〔叢本〕卷下 六陽草，土名老鸛草，生太華山，葉似豌豆葉。 味辛，性溫。入肝。行經絡，治半身不遂，筋骨疼痛，手戰搖，足艱痿耎等症。此草主一切腰疼，肚腹冷痛。昔一人左手中風，半身不遂，手足痿耎，筋骨疼。有人傳以此草藥方，服後手足能動，筋骨痛止。六陽草一兩、秦歸一兩、川芎五錢、川石藤五錢、八仙草五錢、桂枝二錢、牛（夕）〔膝〕三錢、虎骨、五錢，醋炙。木瓜五錢，好酒三斤，泡浸，火煎滾，冷去火毒，每服三杯，炖熱用。

明·姚可成《食物本草》卷首王西樓《救荒野譜》 老鸛筋食葉。二月采之，熟食，亦可作虀。

老鸛筋，老鸛筋，去年水涸無纖鱗。蟻垤纍纍聲不聞，老鸛何在筋獨存。

明·周履靖《茹草編》卷一 老鸛筋 老鸛力已盡，羽翰亦復稀。雲霄失儔匹，筋骨徒離披。仙禽羽化不知處，常有翠色侵人衣。鸛筋可食穀可辟，盤中香氣時馡馡。一朝肉翅生兩腋，軒身直上蓬萊飛。　二月採，香油、椒、鹽炒食，亦可作虀。

清・趙學敏《本草綱目拾遺》卷五草部下　五葉草　此即燒人場上草也。程雲來《即得方》名五葉草，亦不載形狀。　能移痘後眼翳：　用此草搗如豆大一小餅，如左眼有翳，貼右眼角肉上，其翳即移至右眼，再用此餅貼左眼角肉上，其翳移至鼻梁內，即去此餅，翳膜便除。

清・趙學敏《本草綱目拾遺》卷五草部下　老鸛草　龍柏《藥性考補遺》：　出山東。　味苦微辛，去風疎經活血，健筋骨，通絡脈，損傷痹症，麻木皮風，浸酒常飲，大有效。或加桂枝、當歸、紅花、芍藥等味，入藥用莖嘴。

牻牛兒苗

明・朱橚《救荒本草》卷上之後　牻牛兒苗音尨　又名鬪牛兒苗。生田野中。就地拖秧而生，莖蔓細弱，其莖紅紫色，葉似園荽葉，瘦細而稀疎，開五瓣小紫花，結青蓇葖音骨突兒，上有一嘴即委切，甚尖銳音芮，如細錐音追子狀，小兒取以為鬪戲。　葉味微苦。　救飢：　採葉煠熟，換水浸去苦味，淘淨，油鹽調食。

清・吳其濬《植物名實圖考》卷一二　牻牛兒苗　按汜水俗呼牽巴巴。牽巴巴者，俗謂啄木鳥也。其角極似鳥嘴，因以名焉。直隸謂之燙燙青，言其葉焯以水則逾青云。山西圃中極多，與苦菜、苣蕒同秀葉，味不甚苦，微澀。

漢菦魚腥草

明・蘭茂原撰，范洪等抄補《滇南本草圖說》卷四　白花地丁　氣味苦、甘，平。主治：　酒痔血痔，牝痔牡痔，醫家諸藥不效，服此神效。

明・蘭茂撰，清・管暄校補《滇南本草》卷中　白花地丁　性味前人無註。治痔瘡生管，單劑煎，點水酒服。

清・吳其濬《植物名實圖考》卷二三　漢菦魚腥草　生雲南太華山麓。紅莖裊娜，似立似欹；對生橫枝，細長下俛；枝頭三杈，生葉宛如青蒿；葉際小葶，細如朱絲；花苞作小筩子，開五瓣粉紅花，似梅花而小，瓣上有紅縷，殊媚。按宋《圖經》有水英，又名牛菦魚津，而不著其形狀、氣味，難以臆定。

隔山消

明・蘭茂撰，清・管暄校補《滇南本草》卷中　赤地榆　性微溫，味苦，微澁酸。止面寒背寒，肚腹痛日久，大腸下血七天後赤白痢症。

附方：　治面寒背寒，肚腹疼痛。赤地榆一錢，為末，熱燒酒下。又方：　治腸胃積熱，大腸經便血，或傷風便血，紅白痢症。赤地榆一兩，槐角三錢，炒。或花亦可。枳殼五錢，黃芩三錢，荊芥穗二錢，全秦歸五錢，黃連二錢，酒炒。共為細末，合丸桐子大，每服二錢，米湯下。

清・劉善述、劉士季《草木便方》卷一草部　隔山消　（格）〔隔〕山消甘微苦溫，氣膈噎食和雞金。心腹積滯消腫脹，醋磨塗癬有功勳。

人莧

清・趙學敏《本草綱目拾遺》卷四草部中　黃麻葉　《醫方集聽》云：此治諸血之聖藥，一名牛泥茨，一名三珠草，一名天紫蘇。三月生苗如麻，葉有微毛，取葉嚼之，味如苦蘿，久嚼微辛，大葉旁兩小葉如杏葉，至八九月每葉生子三粒，狀如粟米子，內一粒如菜子，嫩時青色，老即黑色，取子入藥。治欬傷肺。開花細紫紅色，自五月起，至十月止，處處有之。

治血症：　《集驗》取葉同虎杖龍芽用。血崩：　《集驗》用黃麻葉連根搗爛，酒煎露一宿，次早服之。　氣症心疼肚痛，痢疾瘩結。

清・吳其濬《植物名實圖考》卷三　人莧　蓋莧之通稱。北地以色青黑而莖硬者當之。一名鐵莧，葉極粗澀，不中食，為刀創要藥。其花有兩片，承一二圓蒂，漸出小莖，結子甚細。江西俗呼海蚌含珠，又曰撮斗撮金珠，皆肖其形。《顏氏家訓》博士皆以參差者是莧菜，呼人莧為人荇，亦可笑之甚。宋人《說部》有以人莧二字為奇者，是殆記兔園冊子者也。

清・劉善述、劉士季《草木便方》卷一草部　半邊珠　六合草辛赤白異，氣血二分止瀉痢。虛熱牙痛腮腫服，二便熱結通更易。

珍珠草

清・何諫《生草藥性備要》卷上　珍珠草　味劫，性溫。治小兒疳眼、疳積，煲肉食，或煎水洗。又治下乳汁，治主米疳者最效。又名日開夜閉。

透骨草

明・李中立《本草原始》卷一　透骨草　苗春生田野間，高尺餘，莖圓，葉尖有齒，至夏抽三四穗，花黃色，結實三稜，類蓖麻子。五月採苗。治風濕有透骨搜風之功，故名透骨草。　氣味：　甘、辛，無毒。　主治：　一切風濕筋骨疼痛、拘攣，寒濕脚氣，遍身瘡癬疥癩腫毒。

透骨草，新增。【圖略】莖葉俱青，高一二尺，花黃。乾透骨草葉不顯鋸齒。　入藥苗花並用。與馬鞭草大不相似。馬鞭草花葉如菊紫花，透骨草尖葉類藍，黃花。治療亦異，用者宜審。

《普濟方》：　治反胃吐食，透骨草獨科，蒼耳、生牡蠣各一錢，薑三片，水煎服。　楊誠《經驗方》：　治一切腫毒初起，用透骨草、漏蘆、防風、地榆等分，煎湯綿蘸，乘熱不住盪之，一二三日即消。

地胡椒

明·佚名氏《醫方藥性·草藥便覽》　地胡椒　其性溫。治翳目，去熱血。

地錦

宋·唐慎微《證類本草》卷三〇有名未用·草木〔《別錄》〕　地朕　味苦，平，無毒。主心氣，女子陰疝，血結。一名承夜，一名夜光。三月採。

〔宋·掌禹錫《嘉祐本草》〕按：　陳藏器云：　地朕，一名地錦，一名地噤。葉光淨，露下有光，蔓生，節節著地。

宋·唐慎微《證類本草》卷一一草部下品〔宋·掌禹錫《嘉祐本草》〕　地錦草　味辛，無毒。主通流血脉，亦可用治氣。生近道田野，出滁州者尤良。莖葉細弱，蔓延于地。莖赤，葉青紫色，夏中茂盛。六月開紅花，結細實。取苗、子用之。絡石注有地錦，是藤蔓之類，雖與此名同，而其類全別新定。

〔宋·蘇頌《本草圖經》〕曰：　地錦草，生滁州及近道田野中。味辛，無毒。主通流血脉，亦治氣。其苗葉細弱，作蔓遍地。莖赤，葉青赤，中夏茂盛。六月開紅花，細實。今醫家取苗、子用之。《本經》絡石條注中有地錦，與此同名，而別是一類也。

〔宋·唐慎微《證類本草》〕《經驗方》：　治藏毒赤白。地錦草採得後，洗暴乾爲末。米飲下一錢，立效。

明·朱橚《救荒本草》卷上之後　小蟲兒臥單　一名鐵線草。生田野中。苗搨地生，葉似苜蓿葉而極小，又似雞眼草葉亦小，其莖色紅，開小紅花。苗味甜。　救飢：　採苗葉煠熟，水浸淘淨，油鹽調食。

明·姚可成《食物本草》卷首王西樓《救荒野譜》　雀兒綿單食葉。三月采，作虀。此菜延蔓鋪地而生，故名。

雀兒綿單，託彼終宿。如茵如衾，匪絲匪穀。年饑願得充我餐，任穿我屋蔽爾寒。此種俗名綿繭頭。其色白，其質軟韌，可拌粉食。

明·王文潔《太乙仙製本草藥性大全》卷二《仙製藥性·草部》　地錦　味甘，氣溫，無毒。　主治：　煎湯浸酒，破血止疼。祛產後血凝，逐腹中血塊。婦人瘦損，不能飲食可痊；淋瀝不盡，赤白帶下大效。天行時疾，心悶，煎煮浸酒服之。

明·李時珍《本草綱目》卷二〇草部·石草類　地錦宋《嘉祐》。校正：　併入有名未用，《別録》地朕。

〔釋名〕地朕《吴普》　地噤《拾遺》　夜光《吴普》　承夜《吴普》　草血竭《綱目》　血見愁《綱目》　血風草《綱目》　馬蟻草《綱目》　雀兒卧單《綱目》　醬瓣草《玉册》　猢猻頭草　《別録》曰：　地朕，三月採之。藏器曰：　地朕一名地錦，一名地噤。蔓延着地，葉光净，露下有光。時珍曰：　赤莖布地，故曰地錦。專治血病，故俗稱爲血竭、血見愁。馬蟻、雀兒喜聚之，故有馬蟻、雀單之名。醬瓣、猢猻頭，象花葉形也。　〔集解〕禹錫曰：　地錦草生近道田野，出滁州者尤良。莖葉細弱，蔓延於地。莖赤，葉青紫色，夏中茂盛。六月開紅花，結細實。取苗子用之。絡石注有地錦，是藤蔓之類，與此同名異物。時珍曰：　田野寺院及階砌間皆有之，小草也。就地而生，赤莖黄花黑實，狀如蒺藜之朵，斷莖有汁。方士秋月採，煮雌雄丹砂、硫黄。

〔氣味〕辛，平，無毒。《別録》曰：　地朕：　苦，平，無毒。　〔主治〕地朕：　主心氣，女子陰疝血結《別録》。地錦：　通流血脈，亦可治氣嘉祐。　主癰腫惡瘡，金刃撲損出血，血痢下血崩中，能散血止血，利小便時珍。

〔附方〕舊一，新十一。　臟毒赤白：　地錦草洗，暴乾爲末。米飲服一錢，立止。《經驗方》。　血痢不止：　地錦草曬研。每服二錢，空心米飲下。《乾坤生意》。　大腸瀉血：　血見愁少許，薑汁和搗，米飲服之。戴原禮《證治要訣》。　婦人血崩：　草血竭嫩者蒸熟，以油、鹽、薑淹食之，飲酒一二杯送下。或陰乾爲末，薑酒調服一二錢，一服即止。生於磚縫井砌間，少在地上也。危亦林《得效方》。　小便血淋：　血風草，井水擂服，三度即愈。劉長春《經驗方》。　金瘡出血：　不止。血見愁草研爛塗之。《危氏得效方》。　惡瘡見血：　方同上。　瘡瘍刺骨：　草血竭搗罨之，自出。《本草權度》。　癰腫背瘡：　血見愁一兩，酸漿草半兩焙，當歸二錢半焙，乳香、没藥各一錢二分半，爲末。每服七錢，熱酒調下。如有生者，擂酒熱服，以渣傅之亦效。血見愁惟雄瘡用之，雌瘡不作。楊清叟《外科方》。　風瘡疥癩：　血見愁草同滿江紅草搗末，傅之。《乾坤秘韞》。　趾間雞眼：　割破出血。以血見愁草搗傅之妙。《乾坤秘韞》。　脾勞黄疸：　如聖丸：　用草血竭、羊膻草、桔梗、蒼术各一兩，甘草五錢，爲末。先以陳醋二碗入鍋，下皂礬四兩煎熬，良久下藥末，再入白麵不拘多少，和成一塊，丸如小豆大。每服三五十丸，空腹醋湯下，一日二服。數日面色復舊也。《乾坤秘韞》。

明・周履靖《茹草編》卷一 雀兒綿毯 天風熙微雲漫漫，楊花糝徑鋪白氈。雀兒起舞逗清影，我家自有新綿毯。新綿毯，軟可坐，錦茵繡褥郎不歸，滿屋飛花點簾幕。 三月採，可作虀。延蔓鋪地而生，故名。

明・倪朱謨《本草彙言》卷七 地錦 味辛，氣平，無毒。又名血見愁，又名草血竭，又名醬瓣草，又名血風草。 李氏曰：地錦，生近道田野，及荒寺階砌間皆有之。就地而生，赤莖綠葉。六月開黃花，秋結黑實而細，狀如沙蒺藜。斷莖有汁。

地錦：凉血散血，李時珍解毒止痢之藥也。茹日江稿善通流血脉，專消解毒瘡。《別錄》方治婦人血結陰疝及血痢血崩。瀕湖方消癰腫惡瘡，血痢熱癧諸疾。凡血病而因熱所使者，用之合宜。設非血熱爲病而胃氣薄弱者，又當斟酌行之。

集方：危氏方治婦人血結腹痛，陰疝熱瘕諸疾。用地錦草搗汁一碗，和熱酒飲之。○《乾坤生意》治血熱成痢腹痛。用地錦草搗汁一碗，和熱酒飲之。○《經驗方》治藏毒赤白。用地錦草曬乾爲末，每服二錢，米飲下，立止。○楊士行方治血熱崩中。用地錦草搗汁二碗，當歸、川芎各五錢，薑炭三錢，將地錦汁二碗，煎減半服。○楊清叟《外科方》治癰腫惡毒及背瘍。用地錦草一兩，酸漿草五錢，當歸三錢，乳香、沒藥各一錢，酒水各一碗，煎半服。如有生鮮者，搗汁熱飲，以渣敷之，效。○干五林《像傳方》治好酒、食炙煿之人，遍身乾疥，搔之血出，燥癢不休。以地錦草一大把，搗汁，和熱酒飲之。○危氏方治跌撲損傷，內血瘀留作痛，或金瘡血出不止。俱用地錦草搗爛，炒熱，敷上，以布縛緊一時許，痛定血止。

明・顧逢柏《分部本草妙用》卷八雜藥部 地錦即血見愁。 辛平，無毒。 主治：心氣，女子陰疝血結，通流血脉，癰腫，金刃(蹼)〔撲〕損出血。研末，摻上即止。血痢崩帶下血，能散血止血，利小便。 血見愁，金瘡刃傷神藥，為末，摻上即愈。同石蘭、苧根各一兩，煎酒十斤，隨量飲完，能治淋帶如神，永不再發，此秘授也。

清・劉雲密《本草述》卷一三 地錦一名血見愁、地朕、草血竭、血風草。 禹錫曰：地錦草生近道田野，莖葉細弱，蔓延於地，莖赤，葉青紫色，夏中茂盛，六月開紅花，結細實，取苗子用之。絡石註有地錦，是藤蔓之類，與此同名物異。 時珍曰：田野寺院及階砌間皆有之，小草也。就地而生，赤莖黃花，黑實，狀如蒺藜之朵。斷莖有汁。 又曰：赤莖布地，故曰地錦。

氣味：辛，平，無毒。《別錄》曰：地朕苦平，無毒。 主治：心氣《別録》。通流血脈，亦可治氣《嘉祐》。並治癰疽惡瘡，金刀撲損出血，血痢下血時珍。女子陰疝血結《別録》。及崩中，能散血止血，利小便時珍。

附方 婦人血崩，草血竭嫩者，蒸熟，以油、鹽、薑淹食之，飲酒一二杯，送下；或陰乾為末，薑酒調服一二錢，一服即止。生於磚縫井砌間，少在地上也。 小便血淋，血風草井水擂服，三度即愈。

愚按：地錦之得名，因其蔓延於地者，其莖赤，其葉青紫，誠如時珍所云也。然能散血止血者，亦不外此莖之赤，葉之青紫，似乎得火化之精氣。觀其於夏中茂盛，且以六月開紅花，結細實，而其味苦，則其氣化之所稟，愈足徵矣。第其蔓延於地者，先本陰氣而乃成於大火之氣，是正合於血之原於水，而成於火者也。故不獨散血，而并能止血，雖小草亦有合焉。是則謂氣味辛平者，不若謂其苦平者之為得。然平即是辛，謂之亦可，治氣義固在斯耳。蓋辛者，金也，即人身主氣之肺，如火不得金之氣，即不能宅水而化血矣。

清・张璐《本經逢原》卷二 地錦一名地朕。 苦，平，無毒。 發明：地朕多生庭院磚縫，莖赤葉青，繁絲如錦，故有是名。能通流血脈，治崩中痢下，功專散血止血，通利小便，《千金》治淋方用之。

清・吳儀洛《本草從新》卷二 地錦〔宣，散血止血。〕一名血見愁。 辛，平。通流血脈，能散血止血。治金刃撲損出血，血痢，下血崩中，女子陰疝血結，及癰腫惡瘡。時珍曰：專治血病，故俗稱為血竭，又名醬瓣草。象花葉形也。斷莖有汁。方士秋月採，煮雌雄黃、丹砂、硫黃。非血滯血瘀勿用。

題清・徐大椿《藥性切用》卷四 血見愁 一名地錦。性味辛平，散血止血，為金刃及撲損耑藥。無瘀勿服。

清・楊時泰《本草述鉤元》卷一三 地錦 有地朕、血見愁、草血竭、血風草諸名。布地而生，細弱蔓延，莖赤，斷之有汁，葉青紫色，夏中茂盛，六月開紅花，結細實，取苗子用之。又絡石亦名地錦，是藤蔓之類，與此同名異物禹錫。

氣味苦平。主治心氣。平即是辛，火得金氣，即能宅水而化血。通流血脈，亦可治氣，療癰疽惡瘡，金刀撲損出血，血痢下血，又女子陰疝血結及崩中，能散血止血，利小便。

附方：婦人血崩，草血竭嫩者蒸熟，以油鹽薑淹食之，飲酒一二盃送下，或陰乾為末，薑、酒調服一二錢，即止。血淋，用血風草，井水擂服，三度即愈。

論：地錦蔓延莖赤，葉更青紫，觀其夏中茂盛，六月開紅花，結細實，而味苦，似得火化之精氣，本陰氣而成於大火之氣，正合夫血之原於水而成於火者，故散血止血胥宜。

清・吴其濬《植物名實圖考》卷一二 小蟲兒臥單 【略】按小蟲兒臥單，固始呼為小蟲兒蓋，直隸呼為雀兒頭。李時珍《本草綱目》入《嘉祐本草》地錦下，併入有名未用。《別錄》地朕。援據《本草拾遺》。地朕一名地錦，一名地噤。蔓延著地，葉光淨，露下有光。又引掌禹錫曰：地錦草生近道田野，出滁州者尤佳。葉細弱，蔓延於地，莖赤，葉青紫色，夏中茂盛，開紅花，結細實。取苗子用之。狀極相類。而李時珍所說則是奶花草。二種皆布地生，小蟲兒臥單莖細葉稀，無白汁，花不黃，非一草也。形狀未符，主治俱不載，以俟考。《山西通志》：地錦一名草血竭，一名雀兒單，潞人稱為小蟲兒臥單。此草既有草血竭之名，則治血症應效。

清・吴其濬《植物名實圖考》卷一三 地錦 陰濕處有之。紫莖塌地生，葉如初生菊葉而短，深齒有光，開小粉紫花，大如粟，結實作毬。味微辛。湖南亦呼為半邊蓮，可治跌損。疑陳藏器所謂露下有光者是此草。

清・吴其濬《植物名實圖考》卷一五 奶花草 田塍陰濕處皆有之。形狀似小蟲兒臥單，而莖赤、葉稍大，斷之有白汁。同鱓魚煮服，通乳有效。

按《嘉祐本草》：地錦莖赤，葉青紫，紅花，細實，當即此草。李時珍誤以小蟲兒臥單，併為一條。乃云黃花黑實，與《圖經》相戾。今俗方治血病不甚採用，而通乳則里嫗皆識，故標奶花之名，以著其功用云。

清・趙其光《本草求原》卷五水石草部 血見愁一名草血竭，一名血風草，又名地錦。生庭除濕地間。莖赤，葉青紫，繁絲如錦。氣味苦平，得水氣而歸於金火。血原於水而成於金火，蓋金得火氣乃能變化水而成血。故能通血脈，治崩中，痢血、下血，女子陰疝血結。功專散血、涼血、止血，利小便，治淋、蛇傷、癰疽惡瘡，刀跌損傷。

水擂服，治血淋。陰乾為末，薑、酒調，止血崩。洗爛瘡、白泡、乳瘡。

清・劉善述、劉士季《草木便方》卷一草部 地錦草 退血草辛通血脉，陰疝血結破血烈。崩帶淋痢血便止，腫毒金刀出血滅。

鐵線草

宋・唐慎微《證類本草》卷三〇外草類〔宋・蘇頌《本草圖經》〕 鐵線生饒州。味微苦，無毒。三月採根，陰乾。彼土人用療風，消腫毒，有效。

明・劉文泰《本草品彙精要》卷四一 鐵線無毒。植生。

鐵線：療風，消腫毒，有效。出《圖經》。【地】《圖經》曰：生饒州。【時】生：春生苗。採：三月取根。【收】陰乾。【用】根。【味】微苦。【性】洩。【氣】味厚於氣，陰也。

明・李時珍《本草綱目》卷一三草部・山草類下 鐵綫草宋《圖經》

【集解】頌曰：生饒州，三月採根陰乾。時珍曰：今俗呼萹蓄爲鐵綫草，蓋同名耳。

【氣味】微苦，平，無毒。【主治】療風消腫毒，有效蘇頌。

【附方】新一 男女諸風：產後風尤妙。鐵綫草根五錢，五加皮一兩，防風二錢，爲末。以烏骨鷄一斤重者，水内淹死，去毛腸，砍作肉鬆，入藥剁勻，下麻油些少，炒黃色，隨人量入酒煮熟。先以排風藤煎濃湯，沐浴頭身，乃飲酒食鷄，發出粘汗即愈。如不沐浴，必發出風丹，乃愈。滑伯仁《櫻寧心要》。

清・吴其濬《植物名實圖考》卷八 鐵線草 宋《圖經》外類。生饒州。治風腫，消毒。余至彼訪之未得。

秋海棠

清・趙學敏《本草綱目拾遺》卷七《花部》 秋海棠 《嶺南隨筆》：海棠本無香，惟清遠歸猿洞秋海棠、肇慶[扌靈]羊峽春海棠，其香特盛。《群方譜》：一名八月春，草本，花色粉紅，甚嬌豔，葉綠如翠羽。此花有二種，葉下紅筋者為常品，綠筋者開花更有雅趣。《大觀錄》：秋海棠亦名斷腸草，其根、葉有毒，犬馬食之即死，浸花水飲之害人。《漳州府志》：秋海棠歲每生苗，其莖甚脆，葉背作紅亂紋，云是相思血也。相傳昔人有以思而噴血階下，遂生此，故亦名相思草。其花一朵謝，則旁生二朵，二生四，四生八，具太極象，雅豔異常。

《花鏡》：秋海棠一名八月春，為秋色中第一，本矮而葉大，背多紅絲如胭脂，作界紋，花四出，以漸而開，至末朵結鈴子，生椏枝，花嬌冶柔媚，其異種有黄、白二色，一名斷腸花。

周開鄞云：秋海棠俗傳其花中黄心有大毒，人食多死，予一日悮食此，驚惶一夜，倉卒旅邸，無藥可解，但委命聽之而已，次日亦無恙。丁憲榮云：秋海棠葉初生山左，小兒爭采食之，味微酸、生津，能益唇色，如塗朱然，則其無毒可知。《藥性考》：海棠喜背陰而生，故性寒，凡大熱症可用。

味酸，性寒無毒，和蜜搽面，澤肌潤肉。其幹搗汁治咽喉痛《藥性考》。《百草鏡》云：擦癬殺蟲，用葉花浸蜜，入婦人面藥用。海棠蜜：《物理小識》：白銀以烏梅三葉酸秋海棠葉皆可。《救生苦海》：紅秋海棠採花去心，白蜜拌勻，蒸曬十次，令化為度，冬月早晨洗面後敷之，能令色豔，并治吹花癬痱瘖。《慈航活人書》有製海棠蜜法：上白蜜一大杯，紅秋海棠現取花片用，拌入蜜內，將花略搗爛，日日曬，或蒸數次，自爛如泥，其蜜色如海棠；或加入好芙蓉粉少許，光絕可愛，且免面皮凍裂。

清・姚衡《寒秀草堂筆記》卷四　耳中出黄水，以秋海棠根搗汁，滴耳中即愈。怡尚書傳。

清・吳其濬《植物名實圖考》卷二七　秋海棠　《群芳譜》：秋海棠一名八月春。草本，花色粉紅，甚嬌豔，葉綠色。此花有二種：葉下紅筋者為常品，綠筋者有雅趣。枝上有種落地，明年自生，夏便開。黔醫云，根治婦科血證。

獨牛

清・趙學敏《本草綱目拾遺》卷四草部中　百里奚草　《藻異》：名羖羊齒，産陰地，如秋海棠。味酸，治牙疼。

清・吳其濬《植物名實圖考》卷一七　獨牛　生雲南山石間。初生一葉，似秋海棠葉而光滑無鋸齒，淡綠厚脆，疎紋數道，面有紫暈如指印痕；莖高三四寸，從莖上發苞開花；花亦似海棠，只二瓣，黄心一簇。盆石間植之，有別趣，且耐久。

接骨紅

清・何諫《生草藥性備要》卷上　接骨紅　味甘，性平。理跌打，去瘀生新，能挾骨續筋，止痛消腫，散毒。葉背紫黑，梗紅，生在石岩之處。

紫天葵

清・何諫《生草藥性備要》卷下　紫背天葵　味甘，性和。治瘰癧，〔擂〕食。炒食，消痰。瘡，浸酒，內傷亦可。葉〔如〕葵，背紅，頭如珠。有紅、白二種，白者能消火瘡、火症之類。

清・何諫《生草藥性備要》卷上　一點紅　治跌打消腫止痛，去瘀生新。浸酒，壯筋骨。

清・何諫《生草藥性備要》卷上　紫天葵　性烈，不入服。消瘡咄膿，洗疳疔，能埋口。花黄，葉有五爪。一名山桔貝，一名咄膿膏。

清・趙其光《本草求原》卷三隰草部　紫背天葵　甘、淡，平。主內傷痰火，消瘰癧，煎豬肉食。惡瘡。浸酒佳。白背者亦消火癧熱毒。

一寸金倒金鐘

明・佚名氏《醫方藥性・草藥便覽》　一寸金倒金鐘　其性溫。治喉風，去腸毒，散腫去血。

菊花倒金鐘

明・佚名氏《醫方藥性・草藥便覽》　菊花倒金鐘　其性溫。治飛痒，去諸毒風，治利疾。

半天狗倒金鐘

明・佚名氏《醫方藥性・草藥便覽》　半天狗倒金鐘　其性溫。治喉風，解毒去風。

松皮倒金鐘

明・佚名氏《醫方藥性・草藥便覽》　松皮倒金鐘　其性溫。治風邪，解喉腫毒。

紅孩兒

清・吳其濬《植物名實圖考》卷九　紅孩兒　生南安。高尺許，根如薑而嫩紅黄色，莖似魚兒牡丹，葉似木芙蓉而尖歧，稍短；秋冬開花，極肖秋海棠；結實作角，如魚尾形而末小團，皮薄如榆莢；子紅黄色，亦似魚子。俚醫以治腰痛。

紅小姐

清・吳其濬《植物名實圖考》卷九　紅小姐　生南安。莖葉微似秋海棠，與紅孩兒相類，而葉面綠，無赤脈，背淡紅，紋赤。蓋一種而微異。俚醫以治婦人內癥不通。順經絡，升氣，補不足。氣味甘溫。

見腫消

清・吴其濬《植物名實圖考》卷一五　見腫消　產南昌。鋪地生，葉如芥菜，多皺而尖長；又似初生天名精葉亦狹，中有白脉一道；根如初生小蘿菔，直下無鬚，赭褐色，有横紋。南昌俚醫蓄之，以治腫毒。

清・吴其濬《植物名實圖考》卷九　見腫消　生建昌。紅莖如秋海棠，圓節粗肥，似牛膝；小葉多缺齒，大葉三叉深齒，末尖，面青，背微白。土人採根敷瘡毒。

鐵線海棠

清・吴其濬《植物名實圖考》卷二六　鐵線海棠　花葉細莖似虞美人，開花似秋海棠而大，黄蕊綠心，狀極柔媚。

獐牙菜

明・朱橚《救荒本草》卷上之後　獐牙菜　生水邊。苗初搨地生，葉似龍鬚菜葉而長窄，葉頭頗團而不尖，其葉嫩薄，又似牛尾菜葉，亦長窄，其根如茅根而嫩，皮色灰黑。味甜。　救飢：掘根洗淨，煮熟，油鹽調食。

雙蝴蝶

明・俞弁《續醫説》卷一〇　玉蝴蝶　雲南臨安之南，產靈草于河底地名，狀似蝴蝶，土人名之為玉蝴蝶。凡仕宦閩廣者，以此草綴於衣領中，可以預知蠱毒，領中颯颯作聲，其家具饍，斷不可食矣。無毒則寂然無聲，以是為驗。此草雖土人亦罕得之，劉紹卿宦遊此地，得藏于家。

清・吴其濬《植物名實圖考》卷一六　雙蝴蝶　建昌山石向陰處有之。葉長圓二寸餘有尖，二四對生，兩大兩小；面青藍有碎斜紋，背紅紫有金線四五縷，兩長葉鋪地如蝶翅，兩小葉横出如蝶腹及首尾；短根數縷如足，極為奇詭。擣敷諸毒，見日即萎。

清・趙學敏《本草綱目拾遺》卷三草部上　紫背稀奇　《采藥錄》：紫背生陰山，著地布苗，葉有兩大兩小，面灰色，有直紋，背微紫，若起心，有藤一二尺長，葉尖，對生。　治痘毒。用活草一觔，作二服，酒煎下，已成速愈，未成立消。

柊葉

晉・嵇含《南方草木狀》卷上草類　冬葉　薑葉也，苞苴物。交、廣皆用之。南方地熱，物易腐敗，惟冬葉藏之，乃可持久。

清・吴其濬《植物名實圖考》卷九　柊葉　產粵東家園。草本，形如芭蕉，葉可裹粽。以包參茸等物，經久不壞。本高約二三尺，葉長尺許，青色，四季不凋。《南越筆記》：有柊葉者，狀如芭蕉，葉濕時以裹角黍，乾以包苴物，封缸口。蓋南方地性熱，物易腐敗，惟柊葉藏之可持久。即入土千年不壞。柱礎上以柊葉墊之，能隔濕潤。亦能理象牙，使光澤。計粵中葉之為用，柊為多，蒲葵次之。有油葵者，似椶葉而性柔，以作蓑衣，耐久不減蒲葵。諺曰：油葵蓑，蒲葵笠。朝出風乾，夕歸雨濕。又曰：只賣葉，休賣花。花貧葉富，二葵成家。《廣州竹枝詞》云：五月街頭人賣葉，卷成片片似芭蕉。謂柊葉也。參差葉尾作蓑篷。謂蒲葵也。篷形方大三尺許，以施於背遮雨，名曰葵篷。葵曰蒲葵者，以葉如蒲而倒傘，蓋蒲之類也。

白花丹

清・何諫《生草藥性備要》卷上　白花丹　味劫，性苦，寒，無毒。散瘡消腫，祛風，治蛇咬。煮鰾魚頭，治屙疾痢症。煲肉食，去眼膜，迎風下淚之症能止。一名山坡苓，一名假茉莉，又名蛇捻管。擦癬、疥、癩，去毒俱妙。

雜録

攀倒甑

宋・唐慎微《證類本草》卷三〇外草類〔宋・蘇頌《本草圖經》〕　攀倒甑　生宜州郊野。味苦，性寒。主解利風壅，熱盛煩渴，狂躁。春夏採葉，研擣，冷水浸，絞汁服之，甚效。其莖、葉如薄荷，一名斑骨草，一名斑杖絲。

明・劉文泰《本草品彙精要》卷四一　攀倒甑　植生。

攀倒甑：主解利風壅，熱盛煩渴，狂躁。取葉研擣，冷水浸，絞汁服之，甚效。出《圖經》。　〖名〗斑骨草、斑杖莖。　〖苗〗《圖經》曰：其莖、葉如薄荷。　〖地〗《圖經》曰：生宜州郊野。　〖時〗生：春生苗。採：春夏取葉。　〖用〗葉。　〖色〗青綠。　〖味〗苦。　〖性〗寒。　〖氣〗味厚於氣，陰也。

明・許希周《藥性粗評》卷三　可咲風狂攀倒甑。攀倒甑，一名斑杖莖。江南山谷處處有之，以宜州者良。春夏採葉，秋冬採根。味苦，性寒，無毒。主治風熱狂躁，以冷水浸，搗絞汁服之，甚效。

明・李時珍《本草綱目》卷一六草部・隰草類下　攀倒甑《圖經》

【集解】頌曰：生宜州郊野，莖葉如薄荷。一名斑杖，一名接骨。時珍曰：斑杖名同虎杖，接骨名同蒴藋，不知是一類否。

【氣味】苦，寒，無毒。　【主治】解利風熱，煩渴狂躁，擣汁服，甚效〔蘇〕頌。

清・吴其濬《植物名實圖考》卷一四　攀倒甑　《圖經》：攀倒甑生宜州郊野，味苦，辛，寒。主解利風壅熱盛，煩渴狂語。春夏採葉，研搗，冷水浸絞汁，服之甚效。其莖葉如薄荷，一名接骨草，一名斑杖莖。

按：攀倒甑，湖南土呼攀刀峻，聲之轉也。形正似大葉薄荷，莖圓，枝微紫，對節生葉，梢頭開小黄白花如粟米。俚醫云：性涼能除瘴。與《圖經》主治亦同。《新化縣志》作斑刀箭，飼牛易肥。諺云：要牛健，斑刀箭。

獨用將軍

宋・唐慎微《證類本草》卷七草部上品〔《唐本餘》〕　獨用將軍　味辛，無毒。主治毒腫奶癰，解毒，破惡血。生林野，採無時，節節穿葉心生苗，其葉似楠，根並採用。

明・李時珍《本草綱目》卷一六草部・隰草類下　獨用將軍《唐本草》

【集解】恭曰：生林野中，節節穿葉心生苗，其葉似楠，無時采根、葉用。

【氣味】辛，無毒。　【主治】毒腫乳癰，解毒，破惡血恭。

【附方】新一。　下痢噤口：獨將軍草根，有珠如豆者，取珠擣汁三匙，以白酒半盃和服。《簡便方》。

留軍待

宋・唐慎微《證類本草》卷七草部上品〔《唐本餘》〕　留軍待　味辛，溫，無毒。主肢節風痛，筋脉不遂，折傷瘀血，五緩攣痛。生劍州山谷，其葉似楠木而細長。採無時。

見腫消

宋・唐慎微《證類本草》卷三〇外草類〔宋・蘇頌《本草圖經》〕　見腫消　生筠州。味酸，澁，有微毒。治狗咬瘡，消癰腫。春生苗，葉，莖紫色，高一二尺，葉似桑而光，面青紫赤色，採無時。土人多以生苗葉爛擣，貼瘡。

明・劉文泰《本草品彙精要》卷四一　見腫消有微毒　植生。

見腫消：治狗咬瘡，消癰腫。以生苗葉爛擣貼之。出《圖經》。　【苗】《圖經》曰：春生苗，葉，莖紫色，高一二尺，葉似桑而光，面青紫赤色。【地】《圖經》曰：生筠州。　【時】生：春生苗。採：無時。　【用】苗、葉。　【色】紫赤。　【味】酸，澀。　【性】寒。　【氣】味厚於氣，陰也。【製】擣爛用。

明・李時珍《本草綱目》卷一六草部・隰草類下　見腫消宋《圖經》

【集解】頌曰：生筠州。春生苗葉，莖紫色，高一二尺，葉似桑而光，面青紫赤色，采無時。

【氣味】酸，澀，有微毒。　【主治】消癰疽腫及狗咬，擣葉貼之〔蘇〕頌。

【附方】新一　一切腫毒：及傷寒遺毒，發于耳之前後，及項下腫硬。用見腫消草、生白及、生白斂、土大黄、生大薊根、野苧麻根擣成餅，入芒消一錢，和貼留頭，乾即易之。若加金線重樓及山慈姑尤妙。《傷寒蘊要》。

明・倪朱謨《本草彙言》卷四　見腫消　味酸、苦澀，有微毒。　蘇氏曰：見腫消，古生筠州，今南北地俱有。春生苗葉，莖紫色，高一二尺，葉似桑而光，面青紫赤色。采不拘時。　見腫消：消癰疽腫毒及犬咬傷損，搗葉貼上即消。蘇頌

集方：《傷寒蘊要》治一切腫毒及傷寒遺毒，發于耳之前後，及項下腫硬。用見腫消，配白及、白斂、大黄、大薊根、山慈姑、苧麻根各等分，生搗成餅，入芒硝一錢，和貼患上，留頭，乾即易之。

明・顧逢柏《分部本草妙用》卷八雜藥部　見腫消　酸，澀，有微毒。主治：癰腫，止血如神。貼狗咬毒。

清・王遜《藥性纂要》卷二　見腫消《圖經》　諺云：識得見腫消，十個瘤，九個消。【略】東圃曰：此草消瘤有驗。予見羅漆匠頭上生瘤如道冠，已多年，後忽消盡無痕。因詢其故，云用見腫消一味，為末，揀開口花椒一兩，白糖二兩，河水、井水各一碗，煮至花椒閉口，取起晒乾，每早空心，白湯

吞四十九粒，服至半月，瘤上出臭水，遂漸乾去。瘤癢切不可搔，搔破便難收口，只以生薑擦之。乃羅親試，口傳此方。羅奉長齋，年近七十，用之有效，其不傷元氣可知矣。夫瘤之為贅，若無損於身命，似可置之不問。然於形貌有碍，則又殊堪憎人，而無如欲去之難也。予見一婦人，年四十餘歲，手掌心生一瘤，如雞子半大。婦云：吾必欲去此，死且瞑目。因延專治瘤者，用藥枯之，已將落矣，一夜忽然掌心出血盈盆，昏暈幾絕，復甦後變鼓脹，遂終不救。予見治瘤方雖多，惟此為最，因録出與世共之，令患瘤者消除陋相，仍復體態端莊，頓然改觀，亦人生樂事耳。

清・张璐《本經逢原》卷二　見腫消　酸，濇，微毒。　發明：見腫消，專消癰腫及狗咬，搗葉貼之。傷寒餘毒發於耳前後，用此一握，同白及、白斂、大黄、大薊、苧根共搗成餅，入芒硝一錢，白蜜少許，和貼留頭，乾即易之。

紫袍

宋・唐慎微《證類本草》卷三〇外草類〔宋・蘇頌《本草圖經》〕　紫袍生信州。春深發生，葉如苦益菜。至五月生花如金錢，紫色，彼方醫人用治咽喉口齒。

明・劉文泰《本草品彙精要》卷四一　紫袍　植生。

紫袍：治咽喉口齒。出《圖經》。〔苗〕《圖經》曰：春深發生，葉如苦益菜，至五月生花，紫色如金錢。〔地〕《圖經》曰：生信州。〔時〕生：春生苗。採：夏取苗葉。〔用〕苗、葉。

油草

宋・王介《履巉巖本草》卷上　油草　性溫，無毒。主諸般惡毒，瘡癤腫毒。每用少許，擣爛貼瘡上。未差再用。

五葉金花

宋・王介《履巉巖本草》卷中　五葉金花　性凉，無毒。治風濕相搏，麻痹無力。不以多少，曒乾爲細辛，每服一錢至二錢，當歸酒調下，不以時。

紫金藤

宋・王介《履巉巖本草》卷中　紫金藤　性凉，無毒。治諸般腫毒惡瘡，不以多少，擣爛罨患處。如瘡乾，曒乾爲末。冷水調傅。

雙頭蓮

宋・王介《履巉巖本草》卷中　雙頭蓮　一名催生草。性溫，有毒。治婦人難産，臨産時取藥，左手把之，隨即生下。治小兒牙疳，爛搗貼患處。

狗脚跡

明・姚可成《食物本草》卷首王西樓《救荒野譜》　狗脚跡食莖葉。生霜降時。葉如狗印，故名。熟食。　狗脚跡，何處尋？狡兔亂走妖狐吟，北風揚沙一尺深。狗脚跡，何處尋。

明・周履靖《茹草編》卷二　狗脚跡　秋風來何時，昨夜霜華早。猛犬猘嚙人，霜上行蹤杳。霜融跡未消，籠葱化為草。非關狡兎盡，烹爾慰枯槁。霜降時生葉如狗脚印，故名。香油、鹽炒食。

藩籬頭

明・姚可成《食物本草》卷首王西樓《救荒野譜》　藩籬頭食莖葉。臘月采，熟食。入春不用。　藩籬頭，延蔓艸，傍籬生，青裊裊。今年薪貴穀不收，拆藩籬煮藩籬頭。

明・周履靖《茹草編》卷一　藩籬頭　秋將棗梨蓼，一祭籬頭神。籬間有佳草，經冬猶青青。密雪下長阪，北風寒射人。冰厨出新饌，賓堂話語溫。明年雜花發，依舊籬頭春。　臘月採，香油、椒、鹽炒食。入春不食。

雁腸子

明・姚可成《食物本草》卷首王西樓《救荒野譜》　雁腸子食葉。二月生，如豆芽菜。熟食之，生用亦可。　雁腸子，遺溝壑，應是今年絕飲啄。兩翼低垂去不前，苦遭餓鶻相擒搏。嗟哉雁兮有羽翰，何況人生行路難。

明・周履靖《茹草編》卷二　鴈腸子　鴈腸子，雲中來，水寒沙白芙蓉開。稻粱得食我無意，雲漢迢迢日幾回。化為野草雜山翠，椒花萸葉行春杯。溪頭老鸛自來往，機忘何必相驚猜。　二月生。洗淨，白水焯熟，薑、鹽、醋拌食之，生亦可。

烏英

明・姚可成《食物本草》卷首王西樓《救荒野譜》　烏英食葉。一名烏英菜。入夏生水澤中，生熟皆可食。　烏英花，烏英菜，菜可茹兮花可愛。連朝摘菜不聊生，那有心情摘花戴。

明・周履靖《茹草編》卷一　烏英花　烏英烏英，生彼水中。碧漪鬭色，遠香逗風。野老濯足，鶱焉相逢。拈條弄蕊，提携滿籠。夜歸窩舍，笑言雍雍。　入夏生水澤中，生熟皆可食。六月不可用。

明·鮑山《野菜博錄》卷二　烏英　一名鳧葵，一名浪陰草。生水中沙土間，科條出水面上，葉似杜衡葉大，葉間抽莖，開小白花。味苦，性寒，稍有毒。食法：采葉煠熟，油鹽調食。

野落籬

明·姚可成《食物本草》卷首王西樓《救荒野譜》　野落籬食苗葉。正二月采其苗，湯泡過食之。　野落籬，舊遮護。昔為里正家，今作逃亡戶。春來荒薺滿階生，挑菜人穿屋裏行。

明·周履靖《茹草編》卷二　野落籬　插竹編疏籬，幽花照人早。天工亦有意，常生護籬草。落英點蒼翠，苒苒慰枯槁。柔條擢新穎，芳潔類蘋藻。鐏罍洽佳興，為爾顏色好。　二三月採嫩頭，湯焯過，鹽、醋和食。

苦蕒臺

明·姚可成《食物本草》卷首王西樓《救荒野譜》　苦蕒臺食葉。三月采，用葉搗和麪作餅。生食亦可。　苦蕒臺，帶苦嘗；雖逆口，勝空腸。但願收租了官府，不辭喫盡田家苦。

明·周履靖《茹草編》卷一　苦蕒臺　寒風擳擳月映窗，吳娘夜績簾飛霜。幽閨遠響送刀尺，農家食貧味何長。春光融融三月半，雜花野草籬根香。欲知吳娘績麻苦，清樽窈窕歌清揚。歌清揚，苦蕒臺，春風花草年年開。　三月採葉，搗碎，和粉作餅蒸食，生亦可食。

羊耳禿

明·姚可成《食物本草》卷首王西樓《救荒野譜》　羊耳禿食葉。二三月采，熟食。　羊耳禿，短簇簇；穿藩籬，如觝觸。飢來進退無如何，前村後村荊棘多。

明·周履靖《茹草編》卷一　羊耳禿　羊耳禿，羊耳禿，羊耳禿，塞草離離遠峰簇。羔兒酒滿胡雲寒，高歌直上西山麓。牧羝老人意甚狂，醉後騎羊似騎鹿。昔聞鞭後起羣羺，鞭落稍驚耳為禿。至今毛毳上平蕪，昨夜春風逗新綠。一行觴，兩度曲。　二三月採，洗淨，川椒、鹽、油炒食。

黃花兒

明·姚可成《食物本草》卷首王西樓《救荒野譜》　黃花兒食葉。正二月采，熟食。　黃花兒，郊外艸，不愛爾花，愛爾充我飽。洛陽姚家深院深，一年一賞費千金。

明·周履靖《茹草編》卷一　黃華兒　春之草兮秋之花，芬芳一色矜相誇。霜蕤黯澹照寒月，露蕊的皪生平沙。飢可飧兮飽可玩，入山何必尋胡麻。陶家先生若見汝，為爾日日秉犁把。　正二月採取，洗淨，香油、鹽炒食之。

燈蛾兒

明·姚可成《食物本草》卷首王西樓《救荒野譜》　燈蛾兒食葉。二月采，熟食。　燈蛾兒，落滿地。化作艸青青，遭此饑荒歲。曾見當年遶絳紗，于今燈火幾人家。

明·周履靖《茹草編》卷二　燈蛾兒　燈蛾兒，爾何癡，飛飛燈畔不自知，炎輪爍骨悔已遲。何不戢翅藏深埤，青青化作陵上茨。篝燈且撿十年詩，炙手炎門真可訾。　二月採，洗淨，香油、椒、鹽炒食。

鵝觀草

明·姚可成《食物本草》卷首王西樓《救荒野譜》　鵝觀艸食葉。正二月如麥青，炊食。　鵝觀艸，滿地青青鵝食飽。年來赤地不堪觀，又被飢人分食了，鵝觀艸！

明·周履靖《茹草編》卷一　鵝觀草　鵝觀草，經雪未枯槁。雨如膏，遍地繞白毛。朱喙遠可觀，饞口垂涎意未了。山陰老媼誤右軍，不如常啖鵝觀草。山人臓腑冰玉清，惟有筆花墨霧時繚繞。　正二月色如麥青，炊食。

草鞋片

明·姚可成《食物本草》卷首王西樓《救荒野譜》　艸鞋片食葉。二三月采之，熟食。　艸鞋片，甘貧賤。不踏軟紅塵，嘗行芳艸茵。從教惡且敝，忍向泥塗棄。一任前途阻且長，着來猶能趁熱腸。

明·周履靖《茹草編》卷二　草鞋片　食無魚，出無車，踏花去，趁樵漁。蒼苔碾破，雙趺印氀毹。任山深水澗，行迹非迷。一自山翁收拾，藥爐茶竈相依。草鞋片片勝金舄，雲路珠履通衢。　二三月採，滌去土，香油、川椒、鹽、酒炒食。

雀舌草

明·姚可成《食物本草》卷首王西樓《救荒野譜》　雀舌艸食葉。以形似稱。初生時采，熟食。　雀舌艸，葉似茶，采之采之溪之涯。途中飢渴不能進，遍尋烟火無人家。

明・周履靖《茹草編》卷一　雀舌草　朝來雀啄花，花落留紅雨。惜花女子捍雀兒，噛舌亂噴秋江水。陽春巧人剪裁工，草色新茶鬬雙美。一園桃李隨東風，懊恨當年惜花女。女惜花，郎鬬茶，紛紛不入先生耳，醉倚枯藤看落霞。以形似稱。初生時採之，油鹽炒食。

明・鮑山《野菜博録》卷二　雀舌菜　一名狼牙，一名麗春草。踏地叢生，每莖葉對生，葉似九牛草，葉壯似荏子葉頗小。味甘，性平，無毒。　食法：採葉煠熟，油鹽調食。

苦益菜

宋・王介《履巉巖本草》卷中　苦益菜　性涼，無毒。大凉血。善治婦人血脉不調，曒乾爲細末，每服壹錢至貳錢，溫酒調服，不以時。艾醋湯調服亦得。

望塘乾

明・周履靖《茹草編》卷一　望塘乾　小樓簾箔湖之南，綠紗窈窕朱闌干。春來日日風和雨，何處垂楊駐馬鞍。歸時一飲斗十千，笑呼六博開愁顔。樓前目斷寒無烟，塘上春泥乾未乾？　二三月採嫩頭，湯焯過，和粉作餅。

雀翡草

明・周履靖《茹草編》卷一　雀翡草　溪邊異卉，呼為雀翡。簇簇金枝，大牢之味。益腎清心，和中養胃。山厨漫烹，羊羔不貴。　七八月採，滌去泥垢，椒鹽炒食。

喇叭草

清・吴其濬《植物名實圖考》卷一三　喇叭草　產撫建荒田中。高三四寸，長根赭莖，葉如榆葉。秋時附莖結實，長筩有三叉外向。鄉人呼為喇叭草，肖形也。

一掃光

清・吴其濬《植物名實圖考》卷一〇　一掃光　生廣信。獨莖，高尺餘，紅莖，梢葉密攢。葉如木樨葉而薄柔，面青背淡，邊有軟刺。土醫以治楊梅瘡毒。

大二仙草

清・吴其濬《植物名實圖考》卷一〇　大二仙草　生廬山。紫莖圓潤，對節生枝；長葉深齒，面綠背淡，近莖大葉下輒又二小葉對生，葉尖内向，故有二仙之名。細根如絲，色黑。

七籬笆

清・吴其濬《植物名實圖考》卷一五　七籬笆　生建昌。細莖翠綠，近根微紅；葉如小竹枝梢，三葉，旁枝二葉對生，共成七葉，狀亦娉婷。土醫以根治煩熱。

地黃葉

明・蘭茂原撰，范洪等抄補《滇南本草圖説》卷六　紫背雙葉草　生江邊有水處，或大海邊亦有之。葉似梅花，五瓣，根結二菓，菓上有鬚。氣味甘辛寒苦平，無毒。主治：肌膚如柴，能生血和血，肥肌，健脾理中。久服延年益壽。亦治噎食轉食反胃，養脾，生精潤肺。小兒疳疾目盲，化痰定喘，安神。亦治氣癭食癭，痰結成袋，或因水生癭袋，噙之即散。長沙太守多用此治傷寒，名傳千古，活人者多矣。今亦效之，寧獨不然。

附：琉球・吴繼志《質問本草》外篇卷二　地黃葉見腫消　辛丑清舶漂到，採此種問之。　地黃菜陳宜春。　其冬又漂到，亦問之。　地黃葉。鄭茂慶。　春生苗，九十月開花。　俗名野番苻，又號金杯花。外科用其葉，同燒酒、冬蜜搗勻，塗無名腫毒，未結膿者能散。甲辰，戴道光、戴昌蘭。○繼志按：我中山人嘗指此種曰：閩人呼之野番苻。今與此説相符。

手榴草

附：琉球・吴繼志《質問本草》外篇卷二　手榴草鶴子草　生原野，春生苗，秋開花。敝地無此草，江西省多種之為玩，名喚手榴草，不知其性。甲辰，戴道光、戴昌蘭。

野曲

附：琉球・吴繼志《質問本草》外篇卷三　野曲洞庭藍　乙巳清舶漂到，採此種問之。　野曲，人家植之。作餅和之，其餅肌膚甚滑，食之無滯。高林枝。○舌人聞之。高林枝曰：洞庭湖之傍有一驛亭，多種此種，和餅鬻之，稱名品云。

七星子

附：琉球・吴繼志《質問本草》外篇卷四　七星子　春生苗，六七月開花結實。　俗名七星子。甲辰，戴道光、戴昌蘭。

陰午草

附：琉球・吴繼志《質問本草》外篇卷三　陰午草　乙已清舶漂到，採此種問之。陰午草，六月伏時采而陰乾，産後血運用之，甚驗。高林枝。

狗蹄兒

清・吴其濬《植物名實圖考》卷一二　狗蹄兒　處處平隰有之。初生小葉鋪地，圓如狗脚跡，故名。漸長，葉如長柄小匙；春抽細莖，開五瓣小藍花，與小葉相間。鄉人摘其嫩葉茹之。王磐以入《野菜譜》。

雙尾草

明・蘭茂撰，清・管暄校補《滇南本草》卷上　雙尾草　味甘、辛。此草生水邊，形似蘆柴，葉似蘭葉，生雙尾，尾上黄色。治一切大麻瘋，癩疾諸瘡，無名腫毒，癰疽發背，服之如神。取雙尾草一斤，熬成膏，服之烏鬚黑髮，兼治一切陰虚火盛，婦人乾血癆症。小兒先天不足，取根煮酒。治一切痰火脚氣，手痿軟，或中風不語，半身不遂，早午晚飲三杯，神效。取葉摻銅器如銀，其葉解夷人毒藥。

青霞草

明・蘭茂撰，清・管暄校補《滇南本草》卷上　青霞草　味酸、辛。生有水處，向陽地方。有大葉，花似梅花，枝梗有刺，遠視有青霞罩定。採取，熬膏服之，延壽百年。

金纏菜

明・蘭茂撰，清・管暄校補《滇南本草》卷上　金纏菜　鐵梗金纏子。金纏菜，味酸，無毒。生有水處。葉上小有梗，故曰鐵梗。根生一軟枝，枝上有黄子，四月採子，八月採本，九蒸九晒，熬成膏，能辟穀延年，救荒，名救荒菜。作菜鹽炒，久服令人面容不解，百病不生，能補腎添精，大補元氣，穩齒烏鬚，延年益壽。子，放於酒内一時，其酒即化為水，即將此水治筋骨疼痛，神效。

土練子

明・蘭茂撰，清・管暄校補《滇南本草》卷上　土練子　此物搗汁，煮鉛成銀，煮銅變白。

土練子，味甘，性寒，無毒。其葉似地草菓，葉藏一大子，子内黑水染鬚髮即黑。主治一切濕氣流痰，瘋癩四肢，小兒大瘡胎毒。取子燒灰，酒服，治七十二症瘋痰。若遇狂瘋亂打人者，服之即愈。根能消食消痞塊，中膈不通。葉敷瘡疽癰發背如神。先生取煮硃砂成寶丹，救一切横生死胎即下。此砂一分，能治小兒臍風噏嘴，驚風吐瀉如神效。

荷花紫草

明・周履靖《茹草編》卷一　荷花紫草　春風澹宕春雲鮮，錦茵繡褥花滿阡。香塵步步生金蓮，野老亦知醉可眠。誰能壓酒供賓筵。供賓筵，雜腥俎，菱角蓴絲豈堪數。池塘柳絮飛輕毬，浪蝶浮蜂相對舞。二三月採花頭，湯焯過，和米粉作餅，或用花并梗油鹽炒食。

毒草分部

綜述

大黄

宋・李昉《太平御覽》卷第九九二　大黄　《廣雅》曰：黄良，大黄也。盛弘之《荆州記》曰：建平出大黄。《本草經》曰：大黄，味苦，寒。生山谷。治下瘀血閉寒熱，破癥瘕積聚，留飲宿食，蕩滌腸胃，安五藏，推陳致新，通利水穀道，調中〔化〕食。生河西。《吴氏本草》曰：大黄，一名黄良，一名火參，一名膚如。神農、雷公：苦，有毒。扁鵲：苦，無毒。李氏：小寒。爲中將軍。或生蜀郡北部，或隴西。二月卷生，生黄赤葉，四四相當，黄莖，高三尺許，三月華黄，五月實黑。三月採根，根有黄汁，切，陰乾。

宋・唐慎微《證類本草》卷一〇草部下品〔《本經》・《別錄》・藥對〕　**大黄**　將軍　**味苦，寒**、大寒，無毒。**主下瘀血，血閉，寒熱，破癥瘕積聚，留飲宿食，蕩滌腸胃，推陳致新，通利水穀，調中化食，安和五藏**，平胃下氣，除痰實，腸間結熱，心腹脹滿，女子寒血閉脹，小腹痛，諸老血留結。一名黄良。生河西山谷及隴西。二月、八月採根，火乾。得芍藥、黄芩、牡蠣、細辛、茯苓療驚恚怒，心下悸氣。得消石、紫石英、桃人療女子血閉。黄芩爲之使，無所畏。

〔梁・陶弘景《本草經集注》〕云：今採益州北部汶山及西山者，雖非河西、隴西，好者猶作紫地錦色，味甚苦澀，色至濃黑。西川陰乾者勝。北部日乾，亦有火乾者，皮小焦，不如，而耐蛀堪久。此藥至勁利，麤者便不中服，最爲俗方所重。道家時用以去痰疾，非養性所須也。將軍之號，當取其駿快矣。

〔唐·蘇敬《唐本草》〕注云：大黃，性濕潤而易壞蛀，火乾乃佳。二月、八月日不烈，恐不時燥，即不堪矣。葉、子、莖並似羊蹄，但麤長而厚。其根細者亦似宿羊蹄，大者乃如椀，長二尺。作時燒石使熱，横寸截，著石上煿之，一日微燥，乃繩穿眼之，至乾爲佳。幽、并已北漸細，氣力不如蜀中者。今出宕州、涼州、西羌、蜀地皆有。其莖味酸，堪生啖。亦以解熱，多食不利人。陶稱蜀地者不及隴西，誤矣。

〔宋·馬志《開寶本草》〕按：《陳藏器本草》云：大黃，用之當分别其力。若取和厚深沉，能攻病者，可用蜀中似牛舌片緊硬者；若取瀉洩駿快，推陳去熱，當取河西錦紋者。凡有蒸、有生、有熟，不得一概用之。

〔宋·掌禹錫《嘉祐本草》〕按：《蜀本》云：葉似蓖麻。根如大芋。傍生細根如牛蒡，小者亦似羊蹄。又云：《圖經》云高六七尺，莖脆。《藥性論》云：蜀大黃，使，去寒熱，忌冷水，味苦、甘。消食，鍊五藏，通女子經候，利水腫，能破痰實，冷熱結聚宿食，利大小腸。貼熱毒腫。主小兒寒熱時疾，煩熱蝕膿，破留血。日華子云：通宣一切氣，調血脉，利關節，泄壅滯水氣，四肢冷熱不調，溫瘴熱疾，利大小便。并傅一切瘡癤癰毒。廓州馬蹄峽中者次。

〔宋·蘇頌《本草圖經》〕曰：大黃，生河西山谷及隴西，今蜀川、河東、陝西州郡皆有之，以蜀川錦文者佳。其次秦隴來者，謂之土蕃大黃。正月内生青葉，似蓖麻，大者如扇。根如芋，大者如椀，長一二尺。傍生細根如牛蒡，小者亦如芋。四月開黄花，亦有青紅似蕎麥花者。莖青紫色，形如竹。二月、八月採根，去黑皮，火乾。江淮出者曰土大黃，二月開花結細實。又鼎州出一種羊蹄大黃，療疥瘙甚效。初生苗葉如羊蹄，累年長大，即葉似商陸而狹尖。四月内於抻條上出穗，五七莖相合，花、葉同色。結實如蕎麥而輕小，五月熟即黃色，亦呼爲金蕎麥。三月採苗，五月收實，並陰乾。九月採根，破之亦有錦文，日乾之，亦呼爲土大黃。凡收大黃之法，蘇恭云：作時燒石使熱，横寸截，著石上煿之，一日微燥，乃繩穿眼之至乾。今土蕃大黃，往往作横片，曾經火煿；蜀大黃乃作緊片，如牛舌形，謂之牛舌大黃，二者用之皆等。《本經》稱大黃推陳致新，其效最神。故古方下積滯多用之。張仲景治傷寒，用處尤多。又有三物備急丸，司空裴秀爲散，用療心腹諸疾，卒暴百病。其方用大黃、乾薑、巴豆各一兩，須精新好者，擣篩，蜜和，更擣一千杵，丸如小豆，服三丸，老小斟量之。爲散不及丸也。若中惡客忤，心腹脹滿，卒痛如錐刀刺痛，氣急口噤，停尸卒死者，以暖水若酒服之。若不下，捧頭起灌令下喉，須臾差。未知，更與三丸，腹當鳴轉，即吐下，便愈。若口已噤，亦須折齒灌之，藥入喉即差。崔知悌療小兒無辜閃癖瘰癧，或頭乾黃聳，或乍痢乍差，諸狀多者，皆大黃煎主之。大黃九兩，錦文新實者，若微朽即不中用，削去蒼皮乃秤，擣篩爲散。以上好米醋三升和之，置銅椀中，於大鐺中浮湯上，炭火煑之，火不用猛，又以竹木篦攪藥候任丸乃停，於小瓷器中貯。兒年三歲一服七丸，如梧子，日再服，當以下青赤膿爲度。若不下膿，或下膿少者，稍稍加丸。下膿若多，丸又須減。病重者或至七八劑方盡根本。大人、小兒以意量之。此藥惟下膿宿結，不令兒利。須禁食毒物，食乳者乳母亦同忌法。崔元亮《海上方》：治腰脚冷風氣。以大黃二大兩，切如棊子，和少酥炒令酥，盡入藥中，切不得令黃焦則無力，擣篩爲末，每日空腹以水大三合，入生薑兩片如錢，煎十餘沸，去薑，取大黃末兩錢，別置椀子中，以薑湯調之，空腹頓服。如有餘薑湯，徐徐呷之令盡，當下冷膿及惡物等，病即差止。古人用毒藥攻病，必隨人之虛實而處置，非一切而用也。姚僧垣初仕，梁武帝因發熱欲服大黃。僧垣曰：大黃乃是快藥，至尊年高，不可輕用。帝弗從，幾至委頓。元帝常有心腹疾，諸醫咸謂宜用平藥，可漸宣通。僧垣曰：脉洪而實，此有宿妨，非用大黃無差理。帝從而遂愈。以此言之，今醫用一毒藥而攻衆病，其偶中病，便謂此方之神奇，其差誤，乃不言用藥之失，如此者衆矣，可不戒哉？

〔宋·唐慎微《證類本草》〕《唐本》云：葉似蓖麻，根如大芋，傍生細根如牛蒡。《圖經》云：高六七尺，莖脆味酸，醒酒。雷公云：凡使，細切，內文如水旋斑緊重，剉蒸，從巳至未，曬乾，又灑臈水蒸，從未至亥。如此蒸七度，曬乾，却灑薄蜜水再蒸一伏時，其大黃擘如烏膏樣，於日中曬乾，用之爲妙。《聖惠方》：治時氣發豌豆瘡。用川大黃半兩，微炒，以水一大盞，煎至七分，去滓，分爲二服。又方：熱病狂語及諸黃。用川大黃五兩，剉炒微赤，擣爲散，用臘月雪水五升，煎如膏，每服不計時候，冷水調下半匙。《外臺秘要》：療癖方：大黃十兩，杵篩，醋三升，和勻，白蜜兩匙煎，堪丸如梧桐子大。一服三十丸，生薑湯吞下，以利爲度，小者減之。《千金方》：治産後惡血衝心，或胎衣不下，腹中血塊等。用錦紋大黃一兩，杵羅爲末，用頭醋半升，同熬成膏，丸如梧桐子大。患者用溫醋七分盞化五丸，服之，良久下。亦治馬墜內損。《千金翼》：治婦人血癖痛。大黃三兩擣篩，以酒二升，煮十沸，頓服。《經驗後方》：解風熱，踈積熱風壅，消食，化氣，導血，大解壅滯。大黃四兩，牽牛子四兩，半生半熟，爲末，鍊蜜丸如梧子大。每服茶下一十丸，如要微動，喫十五丸。冬月中最宜服，並不搜攪人。梅師方：治卒外腎偏腫疼痛。大黃末和醋塗之，乾即易之。《斗門方》：治腰痛。用大黃半兩，更入生薑半兩，同切如小豆大，於鐺內炒令黃色，投水兩椀，至五更初，頓服，天明，取下腰間惡血，物用盆器盛，如雞肝樣，即痛止。《簡要濟衆》：治吐血。川大黃一兩，擣羅爲散。每服一錢，以生地黃汁一合，水半盞，煎三五沸，無時服。《廣利方》：治骨節熱，積漸黃瘦。大黃四分，以童子小便五大合，煎取四合，去滓，空腹分爲兩服，如人行四五里再服。《傷寒類要》：療急黃病。大黃麤切二兩，水三升半漬一宿，平旦煎，絞汁一升半，內芒消二兩，絞服，須臾當快利。姚和衆：治小兒腦熱，常閉目。大黄一分，麁剉，以水三合浸一宿，一歲兒每日與半合服，餘者塗頂上，乾即更塗。

〔宋·陳承《重廣補注神農本草並圖經》〕謹按：大黄收採時，皆以火燒石煿乾。欲速貨賣，更無生者，用之不須更多炮炙，少蒸煮之類也。

宋·寇宗奭《本草衍義》卷一一　大黄　損益前書已具。仲景治心氣不足，吐血、衄血。瀉心湯用大黄、黄芩、黄連。或曰：心氣既不足矣，而不用補心湯，更用瀉心湯，何也？答曰：若心氣獨不足，則不當須吐衄也。此乃邪熱，因不足而客之，故吐衄。以苦洩其熱，就以苦補其心，蓋兩全之。有是證者用之，無不效，量虚實用藥。

宋·許叔微《傷寒發微論》卷下　論用大黄藥　大黄雖為將軍，然蕩滌蘊熱，推陳致新，在傷寒乃為要藥，但欲用之當爾。大柴胡湯中不用，誠脱誤也。王叔和云：若不加大黄，恐不名大柴胡。須是酒洗、生用為有力。昔後周姚僧坦，名善醫，帝因發熱，欲服大黄。僧坦曰：大黄乃是快藥，然至尊年高，不宜輕用。帝弗從，遂至危篤。及元帝有疾召諸醫，咸謂至尊至貴，不可輕脱，宜用平藥，可漸宣通。僧坦曰：脉洪而實，此有宿食，非用大黄，必無差理。元帝從之，果下宿食而愈。此明夫用與不用之異也。

宋·鄭樵《通志》卷七五《昆蟲草木略》　大黄　曰黄良。

宋·洪邁《夷堅志·甲志》卷二　大黄療瘡　搗生大黄，調以美醋，傅瘡上，非唯愈痛，亦且滅瘢。

金·張元素《潔古珍珠囊》〔見元·杜思敬《濟生拔粹》卷五〕　大黄苦純陰。熱淫所盛，以苦泄之。酒浸入太陽經，酒洗入陽明經，其餘經不用酒，其性走而不守。

宋·劉明之《圖經本草藥性總論》卷上　大黄　味苦，寒、大寒，無毒。主下瘀血，血閉寒熱，破癥瘕積聚，留飲宿食，蕩滌腸胃，推陳致新。通利水穀，調中化食，安和五臟，平胃下氣，除痰實腸間結熱，心腹脹滿，女子寒血閉脹，小腹痛，諸老血留結。《藥性論》云：使。去寒熱結聚，宿食，利大小腸。貼熱毒腫，小兒寒熱時疾煩熱，蝕膿，破留血。日華子云：通宣一切氣，調血脈，利關節，泄壅，治水氣，四肢冷熱不調，温瘴熱疾，利大小便。并傅一切瘡癤癰毒。古方下積滯多用之。崔知悌療小兒無辜閃癖瘰癧，或頭乾黄聳，或乍痢乍差，諸狀多者，皆大黄煎主之。《海上方》：治腰脚冷風氣。得芍藥、黄芩、牡蠣、細辛、茯苓，療驚恚怒，心下悸氣。得消石、紫石英、桃仁，療女子血閉。黄芩為之使。無所畏。

宋·王介《履巉巖本草》卷中　川大黄　性凉，有小毒。大醫腫毒，不以多少，搗爛，敷貼患處。

宋·張杲《醫説》卷七　大黄療湯火瘡　建昌士人黄襲，字昭度，云有鄉人為賈，泊舟潯陽月下，髣髴見二人對語曰：昨夕金山修供甚盛，吾往赴之，飲食皆血腥不可近。吾怒庖者不謹，漬其手鼎中，今已潰爛矣。其一曰：彼固有罪，子責之亦太過。曰：吾比悔之，顧無所及。其一曰：何難之有？吾有藥可治。但搗生（地）〔大〕黄，以米醋調傅瘡上，非惟愈痛，又且滅瘢，茲方甚良，第無由使聞之爾。賈人適欲之金山，聞其語意，冥冥之中，假手以告，遂造寺中詢之。乃是夜有設水陸者，庖人揮刀誤傷指，血落食中。恍惚之際，若有人掣其手入鑊内，痛楚徹骨，號呼欲死。賈人依神言，療之二〔三〕日愈《夷堅志》。

宋·陳衍《寶慶本草折衷》卷一〇　大黄將軍。使。○諸大黄在内。　一名黄良。○其實名金蕎麥。生河西山谷，及隴西、陝西，汶羌北郡，汶山峽中，河東及幽、并、宕、京、鄜、鼎州。生川蜀即益、蜀州者名川大黄。一名蜀大黄。○並二、八、九月採根，去黑皮，横寸截，燒熱石，著石上煿燥，繩穿，晾乾。○並黄芩為使，忌冷水。

味苦，大寒，有毒見續説。○主下瘀血血閉，破癥瘕積聚，留飲宿食，蕩滌腸胃，推陳致新，通利水穀，下氣除痰實，腸間結熱，心腹脹滿痛。○《藥性論》云：錬五藏，通經候，利水腫，利大小腸，貼熱毒腫，主小兒時疾煩熱，蝕膿破留血。○日華子云：通宣氣血，利關節，泄壅滯，温瘴熱疾，傅瘡癤癰毒。馬蹄者次。大黄形如馬蹄。○《圖經》曰：蜀川錦文者佳。秦隴來者謂之土蕃大黄。根如芋，大者如碗，傍生細根。江淮出者曰土大黄。鼎州出羊蹄大黄，療疥瘙甚效。蜀大黄作緊片，如牛舌形，療心腹諸疾，卒暴病。療小兒無辜閃癖瘰癧，頭乾黄聳，乍痢乍差諸狀。古人用毒藥攻病，必隨虚實處置。姚僧垣初仕梁，武帝因發熱，欲服大黄。僧垣曰：至尊年高，不可輕用。帝弗從，幾致委頓。元帝常有心腹疾，諸醫咸謂宜用平藥。僧垣曰：有宿妨，非用大黄無差理。帝從而遂愈。○《聖惠方》：治時氣，發碗豆瘡。用川大黄半兩微炒，以水壹盞，煎至柒分，去滓服。○《梅師方》：治外腎偏腫痛。大黃末，和醋塗之，乾即易。○姚和衆：治小兒腦熱，常閉目。大黃壹分剉，以水叁合浸一宿。一歲兒每日與半合服，餘者塗頂上，乾即更塗。○《別說》云：大黃收時，以火燒石煿乾，更無生者。用之不須多炮炙也。○寇氏曰：仲景治心氣不足，吐血衄血，用大黃、黃芩、黃連。或曰：心氣不足矣，不補更瀉，何也？答曰：若心氣獨不足，則不當吐衄也。此乃邪熱因不足而客之，故吐衄。以苦泄其熱，就以苦補其心，蓋兩全之。量虛實用。

續說云：古稱大黃將軍，而後人亦稱硫黃為將軍。蓋大黃之決壅滌瘀，硫黃之正滯澄清，皆如將軍平戎羌虜之勢，由是知所以命名之意也。寇氏於梔子條，因評大黃之性有毒，艾氏又言虛寒人輕投之，為患不細，俱要論也。

元・王好古《湯液本草》卷四　大黃　氣寒，味苦，大寒。味極厚，陰也，降也。無毒。入手足陽明經。酒浸，入太陽經；酒洗，入陽明經。餘經不用酒。《象》云：性走而不守，瀉諸實熱不通，下大便，滌蕩腸胃間熱，專治不大便。《心》云：滌蕩實熱。《珍》云：熱淫於內，以苦泄之。酒浸入太陽經，酒洗入陽明經，餘經不用酒。《本草》云：主下瘀血，血閉寒熱，破癥瘕積聚，留飲宿食，蕩滌腸胃，推陳致新，通利水穀，調中化食，安和五臟。平胃下氣，除痰實，腸間結熱，心腹脹滿，女子寒血閉脹，小腹痛，諸老血留結。《液》云：味苦寒，陰中之陰藥。泄滿，推陳致新，去陳垢而安五臟，謂如戡定禍亂以致太平無異，所以有將軍之名。入手足陽明，以酒引之，上至高巔；以舟楫載之，胸中可浮；以苦泄之，性峻至於下；以酒將之，可行至高之分，若物在巔，人迹不及，必射以取之也。故太陽陽明、正陽陽明承氣湯中俱用酒浸，惟少陽陽明為下經，故小承氣湯中不用酒浸也。雜方有生用者，有麪裹蒸熟者，其製不等。《衍義》云：損益前書已具。仲景治心氣不足，吐血衄血，瀉心湯用大黃、黃芩、黃連。或曰：心氣既不足矣，而不用補心湯，更用瀉心湯，何也？答曰：若心氣獨不足，則須當不吐衄也，此乃邪熱因心氣不足而客之，故令吐衄。以苦泄其熱，就以苦補其心，蓋一舉而兩得之。有是證者，用之無不效，惟在量其虛實而已。《本草》又云：惡乾漆。

元・尚從善《本草元命苞》卷五　大黃　為使。名號將軍，戡定禍亂，以致太平。味苦，寒，大寒，無毒。性下泄，陰中之陰。奪土鬱無擁滯之患，去陳垢有蕩滌之功。下瘀血血閉，善推陳致新。破癥瘕積聚，留飲宿食，去腸間結熱，心腹脹滿。安和五臟，平胃下氣，快利三焦，調順陰陽。治女子經候不通，療小兒時疾煩熱。利關節，泄水，消瘡腫決毒，破痰飲，冷熱積聚。定溫瘧寒熱交爭，通利水穀，調中化食。無畏忌。黃芩為使。生河西山谷、蜀川。二八月採根，火乾。取錦紋不蛀者妙。葉似蓖麻，根如大芋，傍生根，類牛蒡，莖脆味酸，醒酒。

元・朱震亨《本草衍義補遺》　大黃　屬水屬火，苦寒而善泄。仲景用之，以心氣不足而吐衄者，名曰瀉心湯，正是因少陰經〔陰氣〕不足，本經之陽亢甚無輔著，以致血妄行飛越，故用大黃泄去亢甚之火，使之平和，則血歸經而自安。夫心之陰氣不足，非一日矣。肺與肝俱各受火而病作，故芩救肺，連救肝。故肺者，陰之主；肝者，心之母，血之舍也。肝肺之火既退，宜其陰血復其舊。《衍義》不明說，而曰邪熱因不足而客之，何以明仲景之意，開後人之盲瞶也？

元・佚名氏《珍珠囊・諸品藥性主治指掌》〔見《醫要集覽》〕　大黃　味苦，氣寒，無毒。其性沉而不浮。其用走而不守，奪土鬱而無壅滯，定禍亂而致太平。名之曰將軍。

元・徐彥純《本草發揮》卷二　大黃　成聊攝云：大黃謂之將軍，以苦蕩滌。又云：宜下必以苦，大黃之苦寒，以下瘀熱。又云：腸燥胃強，以苦泄之。大黃、枳實之苦，下燥結而泄胃強也。潔古云：大黃之性，走而不守，瀉諸實熱，大腸不通，蕩滌腸胃間熱，專治不大便。《主治秘訣》云：性寒，味苦，氣味俱厚，沉而降，陰也。其用有四：去濕熱，一也；除下焦濕，二也；推陳致新，三也；消宿食，四也。用之酒浸，煨熟，寒因熱用也。又云：味苦，純陰。熱淫所勝，以苦泄之。酒浸，入太陽經。酒洗，入陽明經。餘經不用酒。又云：腹中實熱者，用大黃、芒硝。又云：大黃，苦味之厚者，乃陰中之陰，故《經》云泄下。海藏云：味苦，寒，陰中之陰也。下泄，推陳致新，去陳垢而安五藏，謂如戡定禍亂，以致太平無異，所以有將軍之名。入手足陽明經。以酒引之，上至高巔。以舟楫載之，可浮胸中。本苦泄之性，峻至於下，以酒將之，可至至高之分，若物在高巔，人迹不及之處，必射以取之也。故太陽陽明、正陽陽明，承氣湯俱用酒浸，惟少陽陽明為下，

《經》故小承氣湯不用酒浸也。襟證方有生用者，有用麵裹蒸熟者，其製不一。《衍義》云：仲景治心氣不足，吐血衄血，瀉心湯用大黃、黃芩、黃連，或曰心氣不足矣，而不用補心湯，更用瀉心湯，何也？荅曰：心氣獨不足，則不當吐衄也。此乃邪熱，因不足以客之，故吐衄，以苦泄其熱，就以苦補其心，蓋兩全之。有此證者，用之無不効。量虛實而用之。丹溪云：大黃屬水與火，苦寒而善泄。仲景用之以治心氣不足而衄血者，名曰瀉心湯，正是因少陰經之陰氣不足，本經之陽氣亢甚，無所輔著，以致陰血妄行而飛越，故用大黃泄去亢甚之火，使之和平，則血歸經而自安矣。夫心之陰氣不足，非一日矣。肺與肝俱各受火而病作，故以黃芩救肺，黃連救肝。蓋肺者，陰之主。肝者，心之母，血之舍也。肺肝之火既退，陰血自復其舊矣。《衍義》不與明說，而曰熱因不足而客之，何以明仲景之意，開後人之盲瞶乎？

明・蘭茂撰，清・管暄校補《滇南本草》卷中 大黃通治 用大黃不拘多少，以薑汁浸之，炙乾，再塗再炙，至熟透為度。勿炙太過。切細，杵為細末聽用，隨症引下。

大便不通，以冷蜜湯下一錢。傷風傷寒，以少許吹入鼻，男左女右。腸風下血，以五分，空心時，冷水送下。赤白痢，大人五分，小兒三分，薑湯下。腸癰肚疽，每服一錢，熱酒送下。

明・王綸《本草集要》卷三 大黃使 味苦，氣大寒。味極厚，陰中之陰，降也。無毒。入手足陽明經。黃芩為之使。無所畏。火乾。凡用有蒸、有生、有熟，或酒浸、或酒洗。錦紋者佳。主下瘀血，血閉寒熱，破癥瘕積聚，留飲宿食，蕩滌腸胃，推陳致新。通利水穀，調中化食，安和五臟。性走而不守，瀉諸實熱不通，心腹脹滿，下大便燥結，號稱將軍，取其蕩滌峻快也。又傅貼一切瘡癤癰腫。酒浸引之上至頂巔，入太陽經，以舟楫載之，可浮胸中。若用於下，不用酒浸洗。得芍藥、黃芩、牡蠣、細辛、茯苓，療驚恚怒，心下悸氣；得消石、紫石英、桃仁，療女子血崩。

明・滕弘《神農本經會通》卷一 大黃 使也。黃芩為之使，無所畏。火乾。凡用有蒸，有生，有熟，或酒浸、酒洗。錦紋者佳。《局》云：蒸取利，生用。味苦，氣寒，大寒，無毒。《湯》云：味極厚，降也，陰也。入手足陽明經。酒浸入太陽經，酒洗入陽明經，餘經不用酒。東云：其性沉而不浮，其用走而不守，奪土欝而無擁滯，定禍亂而致太平，名之曰將軍。又云：通秘結，導瘀血。《珍》云：其性降，去實熱，蕩滌腸胃，推陳致新，下瘀血，消宿食，又治下焦濕。《珪》云：通腸，消瘀血，療火瘍，快膈，除痰實，治癰腫。

《本經》云：主下瘀血，血閉寒熱，破癥瘕積聚，留飲宿食，蕩滌腸胃，推陳致新，通利水穀，調中化食，安和五藏，平胃下氣，除痰實，腸間結熱，心腹脹滿，女子寒血閉脹，小腹痛，諸老血留結。二八月採根，火乾。《本草》又云：得芍藥、黃芩、牡蠣、細辛、茯苓療驚恚怒，心下悸氣；得消石、紫石英、桃人，療女子血閉。陶云：此藥至勁利，粗者便不中服。將軍之號，當取其快。陳藏器云：若取瀉洩駿快，推陳去熱，當取河西錦紋者。《藥性論》云：蜀大黃，使。去寒熱。忌冷水。味苦、甘，消食，鍊五臟，通女子經。使利水腫，能破痰實，冷熱結聚，宿食，利大小腸，貼熱毒腫。主小兒寒熱時疾，煩熱，蝕膿，破留血。日華子云：通宣一切氣，調血脉，利關節，斷擁滯、水氣，四肢冷熱不調，溫瘴熱疾，利大小便。并傅一切瘡癤癰毒。《象》云：性走而不守，瀉諸實熱不通，下大便，滌蕩腸胃間熱，專不大便。《液》云：入手足陽明，以酒浸引之，上至頂巔，入太陽經，以舟楫載之，可浮胸中，以苦泄性峻，至於下。不用酒浸洗，故太陽、陽明、正陽陽明，承氣湯中俱用酒浸，惟少陽、陽明為下經，故小承氣湯中不用酒浸也。雜方有生用者，有麵裹蒸熟者，其製不等。丹溪云：屬水屬火，苦寒而善泄。仲景用之，以心氣不足而吐衄者，名曰瀉心湯，正是因少陰經不足，本經之陽亢甚，無輔著，以致陰血妄行飛越，故用大黃泄去亢甚之火，使之平和，則血歸經而自安。夫心之陰氣不足，非一日矣。肺與肝俱各受火而病作，故芩救肺連救肝。故肺者，陰之主。肝者，心之母，血之舍也。肝肺之火既退，宜其陰血復其舊。《衍義》不明說，而曰邪熱因不足而客之，何以明仲景之意，開後世之盲瞶也。《衍義》云：損益前書已具，仲景治心氣不足，吐血衄血瀉心湯，用大黃、〔黃〕芩、黃連，或曰心氣既不足矣，而不用補心湯，更用瀉心湯，何也？答曰：若心氣獨不足，則須當不吐衄也。此乃邪熱因心氣不足而客之，故令吐衄，以苦泄其熱，就以苦補其心，蓋一舉而兩得之。有是證者用之，無不効，惟在量其虛實而已。《本草》又云：惡乾漆。《心》云：滌蕩實熱。《珍》云：熱淫於內，以苦泄之。酒浸，入太陽經。酒洗，入陽明經。餘經不用酒。《液》云：味苦寒，陰中之陰藥。泄滿，推陳致新，去陳垢而安五臟，謂如戡定禍亂，以致太平無異，所以有將軍之名。劊云：大黃味苦氣寒沉，瘀血消之結熱分。奪土滌腸通欝滞，令名因是號將軍。《局》云：大黄駿快號將軍，不特推陳又致新。宣氣消癰除結熱，更通瘀血効如神。大黄，通腸滌熱快駿，號將軍。

明·劉文泰《本草品彙精要》卷一三 大黄無毒。植生。

大黄出《神農本經》：**主下瘀血，血閉，寒熱，破癥瘕積聚，留飲宿食，蕩滌腸胃，推陳致新，通利水穀，調中化食，安和五臟。**以上朱字《神農本經》。平胃下氣，除痰實，腸間結熱，心腹脹滿，女子寒血閉脹，小腹痛，諸老血留結。以上黑字名醫所錄。

〖名〗將軍、黄良。〖苗〗《圖經》曰：春生青葉似蓖麻，其形如扇，根如芋，大者如碗，長一二尺，傍生細根，如牛蒡，小者亦如芋。四月開黄花，亦有青紅似蕎麥花者。莖青紫色，形如竹。江淮出者名土大黄，二月開花結細實。鼎州出者名羊蹄大黄。初生苗葉似羊蹄，累年長大，葉似商陸而狹尖，四月内於押條上出穗，五七莖相合，花葉同色，結實如蕎麥而輕小，五月熟即黄色，亦呼爲金蕎麥。破之亦有錦紋，乾之亦呼爲土大黄也。〖地〗《圖經》曰：生河西山谷及隴西，江淮、鼎州、河東州郡亦有之。陶隱居云：益州北部汶山、西山。《唐本》注云：宕州、西羌。〖道地〗蜀州、陝西、凉州。〖時〗生：正月生苗。採：九月取根。〖收〗日乾。〖用〗根錦紋者爲佳。〖質〗類商陸。〖色〗黄。〖味〗苦。〖性〗大寒，泄。〖氣〗味厚氣薄，陰也。〖臭〗香。〖主〗蕩滌濕熱，推陳致新。〖行〗手足陽明經，酒浸入足太陽經，酒洗入手陽明經。〖助〗黄芩爲之使。〖反〗惡乾漆。〖製〗剉碎或浸酒洗用。〖治〗療：《藥性論》云：消食，安五臟，通女子經候，利水腫，破留飲並痰實，冷熱結聚，利大小腸，貼熱腫毒及蝕膿，兼小兒寒熱時疾。日華子云：宣通一切氣，調血脈，利關節，泄壅滞水氣，四肢冷熱不調，溫瘴，熱疾，並傅一切瘡癤癰毒。《湯液本草》云：瀉諸實熱不通，蕩滌腸胃間熱。《别録》云：治發豌豆瘡，以半兩微炒，用水一大盞，煎至七分，去滓，分爲二服。○小兒腦熱常閉目，以一分粗剉，用水三合，浸一宿，一歲兒每日與半合服，餘者塗頂上，乾即再塗，愈。〖合治〗合乾薑、巴豆各等分，擣末蜜和，更杵一千下，丸如小豆大，每服三丸，以暖水或酒服，未瘥更加數丸，老小斟量與之，療心腹諸疾，卒暴百病，中惡客忤，心腹脹滿如刀錐刺，卒痛，氣急，口噤，停尸卒死者。若不下，扶頭起灌，令下喉，須臾腹當雷鳴，轉即吐下，便愈。若口已噤，亦須折齒灌之，即瘥。○錦紋新實者九兩，去蒼皮擣末，合米醋三升和，置銅器内，於大鐺中浮湯上緩火蒸煮，常以竹篦攪藥，候堪丸，易瓷器另貯，丸如梧子大，療小兒無辜閃癖瘰癧，或頭乾黄聳，或乍痢乍瘥，諸狀多者，服此藥後當下青赤膿爲度。若不下膿或膿少者，稍稍加丸服之，若下膿多又須減少丸數。量兒大小，斟酌用之。此藥惟下膿宿結，不令兒利，須禁食毒物。食乳者，乳母毒物亦宜忌之。○用五兩剉，炒微赤，擣末，合臘月雪水五升，煎如膏，每服半匙，冷水調下，不計時候，療熱病狂語及諸發黄者，愈。○錦紋者一兩，杵末，合醋半斤，同熬成膏，丸如梧桐子大，每以溫醋七分盞化五丸服之，治産後惡血衝心，或胎衣不下，腹中血塊，良久即下，亦治墜馬内損者。○以三兩擣末，合酒二升，煮十沸，頓服，治婦人血癖痛。○以四兩合牽牛子四兩，二味半生半熟，擣末煉蜜爲丸如梧子大，每服十丸，茶湯下，解風熱積熱，風壅，消食，化氣導血，大解壅滞。欲微動，服十五丸，冬月最宜解。○以半兩合生薑半兩，同切如小豆大，鐺内炒黄色，投水兩碗，至五更初頓服，天明即下腰間惡血如雞肝樣，療腰痛即止。○以末一錢合生地黄汁一合，水半盞，煎三五沸，無時服，療吐血即止。○以四分合童子小便五六合，煎取四合，去滓，空腹和分爲兩服，如人行四五里再服，治骨節熱，積漸黄瘦。○切二兩，水三升半，漬一宿，平旦煎絞汁一升半，合芒硝二兩，緩服，須臾當快利，療急黄病。

明·葉文齡《醫學統旨》卷八 大黄 氣寒，味苦。沉而降，陰也。無毒。入手足陽明經。酒浸，引之上至巔頂，入太陽經；酒洗，入陽明經，餘經并用；於下焦不用酒浸洗；以桔梗載之，可浮胸中。黄芩爲之使；無所畏。錦紋者佳。其性走而不守，號曰將軍。治宿食留飲，積聚癥瘕，傷寒極熱便結，心腹脹滿瘀血，蕩滌腸胃，推陳致新，下血閉寒熱，瀉諸實熱。利水道，除濕熱，安和五臟，一切瘡毒癰腫。

明·許希周《藥性粗評》卷一 大黄將軍，驅諸停而直過。

大黄，一名黄良。出秦隴川蜀及河東州郡。高六七尺，葉似萆麻，夏開黄花似蕎麥，二、八月採根如芋，去黑皮，切片，蒸過，火乾。以蜀州錦文者為上。黄芩為之使，無所畏。味苦，性大寒，無毒。其氣下行，主治諸熱停積，大便秘結，走而不守。酒浸入太陽經手小腸經，酒洗入陽明經足胃經，餘經不用。如小承氣湯為下焦之藥，不用酒可知。海藏云：大黄下泄，推陳致新，如戡定禍亂，以致太平，故有將軍之名。以酒引之，上至高巔謂頭腦之上，以舟楫桔梗也載之可浮胸中。愚謂下瘀血，破宿積，蕩滌腸胃，與硝石、枳實常為黨與，故大小承氣、通聖、雙解諸湯散中，獨為要藥。陳藏器曰：大黃用之常分別其力，若取和厚深沉能攻病者，可用蜀中似牛舌片緊硬者；若取瀉洩駿快，推陳去熱，當取河西錦紋者。凡用有蒸，有生，有熟，不得一概用之。愚謂欲其和緩，且遇虛弱者，則取其熟；以濕紙二三重包裹煨之。欲其駿快，且遇強壯者，則取其生。不須煨製。又硫黃亦號將軍，性亦駿快猛烈故也，功見本條。

單方：吐血：川大黃一兩，擣羅為末，每服一錢，入生地黃汁一合，水半盞，同煎二五沸，服之，日二三次，妙。熱狂：凡發熱狂語及身發黃者，川大黃五兩，剉，炒微赤，擣為末，入臘月雪水五升，煎如膏，不拘時以冷水調下半匙，日三四，妙。腰脚冷風：錦紋大黃二大兩，切片，子和酥少許，炒以酥盡入即止，不得太焦，擣篩為末，每日空腹，以水三大合，生薑二片，煎十餘沸，去薑，調前藥末二錢，頓服之，當利冷膿及惡物等，病即瘥，只須一次有功。外腎偏墜：卒患外腎偏腫疼痛者，大黃末和醋塗，乾即易。婦人血癖：凡婦人胎前產後，或月經不調，以致生疾，腹有癖塊作痛者，錦紋大黃三兩，擣末，以酒二升，煮十餘沸，頻服，當利下惡物即愈。但凡男女患此症者，皆可服之，無不愈。時氣豌瘡：凡時疫通患水疱豌瘡者，川大黃半兩，剉，微炒，以水一大盞，煎至七分，去滓，作二服，服之敗毒，愈。

明·鄭寧《藥性要略大全》卷五 大黃　其性沉而不浮，其用走而不守。奪土鬱之擁滯，定禍亂以太平。名曰將軍。《賦》曰：通秘結，導瘀血，瀉諸實熱，開血閉，破癥瘕積。《湯液》云：以苦泄之，性峻至於下，以酒引之，可行至高之地。《經》云：專治大便不通。主下瘀血，破癥瘕積聚，留飲宿食，蕩滌腸胃，去實熱，通利水穀，調中化食，安和五臟，平胃下氣。除痰實，腸間結熱，心腹脹滿，女人血閉脹，小腹痛，諸老血留結。《衍義》云：仲景治心氣不足、吐血衄血，瀉心湯用大黃、黃芩。或曰：心既不足，不用補心湯，反用瀉心，何也？答曰：若心氣獨不足，當不吐衄也。乃邪熱因心氣不足而客之，以致吐衄，故以苦瀉其熱，就以苦補其心，蓋一舉而兩得之。有是症者用之無不效，在量其虛實而已。　味苦，性寒，無毒。味極厚，陰中之陰，降也。入手、足陽明經。黃芩為之使，無所畏。凡用有蒸，有生，有炮熟。或酒浸，或酒洗。《傷寒搥法》云：用溫酒拌勻，晒乾用。《本草撮要》云：酒浸，引之上至巔頂，入太陽經，似舟楫載之，可浮於胸中。酒洗之，引入陽明。若用之於下，不必酒也。同硝石、紫石英、桃仁，能通女經。出川地、錦紋者佳。莊浪產者次之。

明·賀岳《醫經大旨》卷一《本草要略》 大黃　味苦寒而決泄，故東垣曰奪土鬱，又曰通閉結，導瘀血。勿聽子曰：生用則通腸胃壅塞結熱，熟用能治諸毒瘡疽，久不收口。蓋以諸毒瘡瘍皆屬心火，大黃熟用則能瀉心，抑且宣氣消癰而除結熱也。在上者酒煮尤佳。丹溪《補遺》闢《衍義》瀉心火之說當矣。然其旨隱而不發，故後人雖於講求多致以辭害意者，殊不知彼以為心氣不足，則虛火妄動，而成吐衄，得大黃之苦寒，則心火亦有制而無妄動之害，非誠謂不足而反亢甚焉。

明·陳嘉謨《本草蒙筌》卷三 大黃　味苦，氣大寒。味極厚。陰中之陰，降也。無毒。形同牛舌，產自蜀川。必得重實錦紋，勿用輕鬆朽黑。使黃芩一味，入陽明二經。欲使上行，須資酒製。酒浸達巔頂上，酒洗至胃脘中。並載舟楫桔梗少停，仍緩國老甘草不墜。有斯佐助，纔去病邪。如欲下行，務分緩速。欲速生使，投滾湯一泡便吞；欲緩熟宜，同諸藥久煎方服。入劑多寡，看人實虛。蓋性惟沉不浮，故用直走莫守。調中化食，霎時水穀利通；推陳致新，頃刻腸胃蕩滌。奪土鬱，無壅滯，定禍亂，建太平。因有峻烈威風，特加將軍名號。仍導瘀血，更滾頑痰。破癥堅積聚止疼，敗癰疽熱毒消腫。勿服太過，下多亡陰。若研末雞清調稠，可敷上火瘡取効。

謨按：大黃極寒，硫黃極熱。二黃氣味懸隔，何號將軍相同？蓋硫黃係至陽之精，大黃乃至陰之類。一能破邪歸正，挺出陽精；一能推陳致新，戡定禍亂。並有過乎諸藥之能，宜其同得居上之號也。

明·方穀《本草纂要》卷一 大黃　味苦，氣大寒，味極厚，陰中之陰，降也，無毒。入足陽明經、手陽明經，能蕩滌腸胃，通利秘結。故其用法，如蘊熱之症，大便燥而不行，必用沉寒之劑，非此不能疏也；癰腫初發，肌欲潰而成膿，必須苦寒之藥，非此不能散也。凡氣實之人，氣常有餘，或因怒激氣閉於中，或因鬱結，聚而不散，致令中氣悶而大便結，與之枳桔二陳之劑，少加酒蒸大黃，妙不可述。又有好飲之人，酒常太甚，其脉大而有力，或弦洪大長，亦令中氣滿而大便閉，與之芩連二陳之劑，量加火煨大黃，妙亦難窮；或有跌蹼傷損，血瘀閉而不行，用桃仁、紅花之劑，加以酒洗大黃可也；又有陽明胃火涎痰壅盛，喉閉乳蛾，腮頰腫痛而連口齒，用清痰石膏之劑，亦加生大黃可也。若夫產後去血過多，血虛秘而不行，當用養血潤腸之劑，必戒大黄爲要；且如老人虚秘，當用麻仁丸，虚人痰秘當用半硫丸，大黄亦不可用。若光明科以之治目，在初發時以瀉火爲佳；瘡腫科以之散熱拔毒，在紅腫時而解毒爲妙。治者以此劑，不可畏之而不用，亦不可視之而輕用。大抵功效之速，殺人亦速。若夫元虚不足，必不可用，恐正氣虚而亡陰也。脉勢無力亦不可用，恐大便行而不止也。風寒表症未解不可用，恐陰與陽爭而變症也。傷寒當下，脉勢無力不可用，恐陰盛則斃也。故曰：陽症下之早者，乃爲結胸；陰症下之早者，因成痞氣，用大黄之悮也。謹之！謹之！

明·王文潔《太乙仙製本草藥性大全》卷二《本草精義》　大黄　生河西山谷及隴西，今蜀川、河東、陝西州郡皆有之，以蜀川錦紋者佳，其次秦隴來者謂之土番大黄。正月生青葉，似蓖麻，大者如扇，根如芋，大者如椀，長一二尺，傍生細根如牛蒡，小者亦如芋。四月開黄花，亦有青紅似蕎麥花者，莖青紫色，形如竹。二月、八月採根，去黑皮，火乾。江淮出者曰土大黄，二月開花，結細實。又鼎州出一種羊蹄大黄，療疥瘙甚效，初生苗葉如羊蹄，累年長大即葉似商陸而狹尖，四月内於抽條上出穗五七莖相合，花葉同色，結實如蕎麥而輕小，五月熟即黄色，亦呼爲金蕎麥，三月採苗，五月收實並陰乾，九月採根破之亦有錦紋，日乾之，亦呼爲土大黄。凡收大黄之法，蘇公云：作時燒石使熱，横寸截，著石上煿之一日，微燥，乃繩穿眼之至乾。今土番大黄往往作横片，曾經入煿；蜀大黄乃作緊片如牛舌形，謂之牛舌大黄，二者用之皆等。《本經》稱大黄推陳致新，其效最神，故古方下積滯多用之。

按：大黄極寒，硫黄極熱，二黄氣味懸隔，何號將軍相同？蓋硫黄係至陽之精，大黄乃至陰之類，一能破邪歸正，掰出陽精，一能推陳致新，戡定禍亂，並有過乎諸藥之能，宜其同得居上之號也。

明·王文潔《太乙仙製本草藥性大全》卷二《仙製藥性》　大黄　味苦，氣大寒，味極厚，陰中之陰，降也，無毒。　主治：欲使上行，須資酒製，酒浸達巔頂上，酒洗至胃脘中。並載舟楫桔梗少停，仍緩國老甘草不墜，有斯佐助，纔去病邪。如欲下行，務分緩速。欲速生使，投滚湯一泡便吞；欲緩熟宜，同諸藥久煎方服。入劑多寡，看人虚實。蓋性惟沉不浮，故用直走莫守。奪土鬱無壅滯，定禍亂，建太平，因有峻烈威風，特加將軍名號。仍導瘀血，更滚頑痰，破癥堅積聚，止疼，敗癰疽熱毒，消腫。勿服太過，下多亡陰。若研末，鷄清調稠，可敷上火瘡取效。　補註：治時氣發豌豆瘡，用川大黄半兩，微炒，以水一大盞，煎至七分，去滓，分爲二服。○熱病狂語及諸黄，用川大黄五兩，剉炒微赤，擣爲散，用臘月雪水五升，煎如膏，每服不計時候，冷水調下半匙。○療癖用十兩，杵篩，醋三升，和勻，白蜜兩匙，煎堪丸如梧子大，一服三十丸，生薑湯吞，利爲〔度〕，小者減之。○産後惡血衝心，或胎衣不下，腹中血塊等，用錦紋大黄一兩，杵羅爲末，頭醋半升，煎成膏，丸如梧子大，用溫醋七分盞，化五丸服之，良久下。亦治馬墜内損。○婦人血氣癖痛，用三兩擣篩，以酒二升，煮十沸，頓服。○卒外腎偏腫疼痛，用爲末，酒調塗之，乾即易之。○腰痛，用半兩，入生薑半兩，同切如小豆大，鐺内炒黄色，投水兩椀，至五更初頓服，天明取下腰間惡血物，用盆器盛如鷄肝樣，即痛止。○急黄病，麄切二兩，水三升半，漬一宿，煎汁一升半，内芒消二兩，緩服，須臾當快利。○小兒腦熱，常閉目，用一分，麄剉，以水三合，浸一宿，一歲兒每日服半合，餘者塗頂上，乾即便塗。○骨節熱積漸黄瘦，用大黄四分，童便五六合，煎四合，去滓，空心二服，如若人行回五里再服。○心腹諸疾，卒暴百病，用大黄、乾薑、巴豆各一兩，須精好者，擣末，蜜和，更擣一千杵，丸如小豆，服三丸。〔老〕小斟量之，爲散不及丸也。若中惡客忤，心腹脹滿卒痛，如錐刀刺痛，氣急口噤，停尸卒死者，以燥水苦酒服之，若不下，捧頭起灌令下喉，須臾差。未知，更與三丸，腹當鳴轉，即吐下便愈。　太乙曰：凡使細切，内紋如水旋斑緊重，剉蒸從巳至未，晒乾，又洒臘水蒸，從未至亥，如此蒸七度，晒乾，却洒薄蜜水再蒸一伏時，其大黄必如烏膏樣，於日中晒乾用之爲妙。

明·皇甫嵩《本草發明》卷三　大黄下品上，佐使。氣大寒，味苦，無毒。味厚，陰也，降也。入手足陽明經，酒浸入太陽經，酒洗入陽明，餘經不用酒。　發明曰：大黄沉寒走下，瀉諸實熱結滯不通，盡其用矣。故《本草》主腸間結熱，心腹脹滿，積聚癥瘕，留飲宿食，痰實便閉，瘀血，女子血閉，小腹痛，諸老血留結，又泄壅滯水氣，調血脉，利關節等，皆火熱淫結滯於腸胃而然，用此苦寒蕩滌之，正《本經》所謂推陳致新，通利水穀，調中化食，則胃氣平而臟腑安和，故云戡禍亂而定太平者也。仲景治心氣虚，吐血衄血，瀉心湯用之。夫心氣既虚，不用補而用瀉，何也？此因少陰經陰氣不足，而本臟之陽氣亢甚，熱邪乘客，致陰血不寧，妄行吐衄。今以苦瀉其熱，使之和平，即以苦補其心，則血歸經而自安矣，一舉兩得，有是症者，用之輒效，在量其人之虚實可也。○生用速通腸胃壅塞結熱，〔熟〕用性緩潤腸，酒浸引之上〔熟〕至巔頂，入太陽經，以舟楫載之可浮留中。若用于下，不用酒浸洗。得芍藥、黄芩、牡蠣、細辛、茯苓，療驚恚怒，心下悸氣。得硝石、紫石、櫻桃仁，治女子血閉。〇錦紋堅實，出蜀川者佳。輕鬆黑朽者不堪用。〇按：大黄極寒，硫黄極熱，氣味懸絶，何得並稱將軍？蓋硫黄至陽之精，能破邪歸正，挺出陽精。大黄至陰之精，能推陳致新，戡定禍亂，故均得（店）〔名〕將軍之號也。然極寒極熱之藥，用之者戒之慎之。

明・李時珍《本草綱目》卷一七草部・毒草類

大黄《本經》下品。

【釋名】黄良《本經》　將軍當之　火參吴普　膚如吴普弘景曰：大黄，其色也。將軍之號，當取其駿快也。杲曰：推陳致新。如戡定禍亂，以致太平，所以有將軍之號。

【集解】《别録》曰：大黄生河西山谷及隴西。二月卷生黄赤，其葉四四相當，莖高三尺許。三月花黄，五月實黑，八月采根。根有黄汁，切片陰乾。弘景曰：今采益州北部汶山及西山者，雖非河西、隴西，好者猶作紫地錦色，味甚苦濇，色至濃黑。西川陰乾者勝。北部日乾，亦有火乾者，皮小焦不如，而耐蛀堪久。此藥至勁利，粗者便不中服。恭曰：葉、子、莖並似羊蹄，但莖高六七尺而脆，味酸堪生啖，葉粗長而厚。根細者亦似宿羊蹄，大者乃如盌，長二尺。其性濕潤而易蛀壞，火乾乃佳。作時燒石使熱，横寸截着石上煿之，一日微燥，以繩穿眼乾。今出宕州、凉州、西羌、蜀地者皆佳。幽、并以北者漸細，氣力不及蜀中者。陶言蜀地不及隴西，誤矣。藏器曰：凡用當分别之。若取和〔厚〕深沉能攻病者，可用蜀中似牛舌片緊硬者；若取瀉泄駿快、推陳去熱者，當取河西錦文者。頌曰：今蜀川、河東、陝西州郡皆有之。以蜀川錦文者佳。其次秦隴來者，謂之土番大黄。正月内生青葉，似蓖麻，大者如扇。根如芋，大者如盌，長一二尺。其細根如牛蒡，小者亦如芋。四月開黄花，亦有青紅似蕎麥花者。莖青紫色，形如竹。二、八月采根，去黑皮，切作横片，火乾。蜀大黄乃作竪片如牛舌形，謂之牛舌大黄。二者功用相等。江淮出者曰土大黄，二月開花，結細實。時珍曰：宋祁《益州方物圖》言蜀大山中多有之，赤莖大葉，根巨若盌，藥市以大者爲枕，紫地錦文也。今人以莊浪出者爲最，莊浪即古涇原隴西地，與《别録》相合。

【正誤】頌曰：鼎州出一種羊蹄大黄，治疥瘙甚効。初生苗葉，累年長大，即葉似商陸而狹尖。四月内抽條出穗，五七莖相合，花葉同色。結實如蕎麥而輕小，五月熟即黄色，呼爲金蕎麥。三月采苗，五月采實，陰乾。九月采根，破之亦有錦文。亦呼爲土大黄。時珍曰：蘇説即老羊蹄根也。因其似大黄，故謂之羊蹄大黄，實非一類。又一種酸模，乃山大黄也。狀似羊蹄而生山上，所謂土大黄或指此，非羊蹄也。俱見本條。

根【修治】雷曰：凡使細切。以文如水旋斑緊重者，剉片蒸之，從巳至未，晒乾，又洒臘水蒸之，從未至亥，如此凡七次。晒乾，却洒淡蜜水再蒸一伏時，其大黄必如烏膏様，乃晒乾用。藏器曰：凡用有蒸、有生、有熟，不得一概用之。承曰：大黄采時，皆以火石煿乾貨賣，更無生者，用之亦不須更多炮炙蒸煮。

【氣味】苦，寒。無毒。《别録》曰：大寒。普曰：神農、雷公：苦，有毒。扁鵲：苦，無毒。李當之：大寒。元素曰：味苦氣寒，氣味俱厚。沉而降，陰也。用之須酒浸煨熟者，寒因熱用。酒浸入太陽經，酒洗入陽明經，餘經不用酒。杲曰：大黄苦峻下走，用之于下必生用。若邪氣在上，非酒不至，必用酒浸引上至高之分，驅熱而下。如物在高巔，必射以取之也。若用生者，則遺至高之邪熱，是以愈後或目赤，或喉痹，或頭腫，或膈上熱疾生也。時珍曰：凡病在氣分，及胃寒血虚，並妊娠産後，並勿輕用。其性苦寒，能傷元氣、耗陰血故也。之才曰：黄芩爲之使，無所畏。權曰：忌冷水，惡乾漆。

【主治】下瘀血血閉，寒熱，破癥瘕積聚，留飲宿食，蕩滌腸胃，推陳致新，通利水穀，調中化食，安和五臟《本經》。平胃下氣，除痰實，腸間結熱，心腹脹滿，女子寒血閉脹，小腹痛，諸老血留結《别録》。通女子經候，利水腫，利大小腸，貼熱腫毒，小兒寒熱時疾，煩熱蝕膿甄權。通宣一切氣，調血脉，利關節，泄壅滯水氣，温瘴熱瘧大明。瀉諸實熱不通，除下焦濕熱，消宿食，瀉心下痞滿元素。下痢赤白，裏急腹痛，小便淋瀝，實熱燥結，潮熱譫語，黄疸諸火瘡時珍。

【發明】之才曰：得芍藥、黄芩、牡蠣、細辛、茯苓，療驚恚怒，心下悸氣。得消石、紫石英、桃仁，療女子血閉。宗奭曰：張仲景治心氣不足，吐血衄血，瀉心湯，用大黄、黄芩、黄連。或曰心氣既不足，而不用補心湯，更用瀉心何也？答曰：若心氣獨不足，則當不吐衄也。此乃邪熱因不足而客之，故令吐衄。以苦泄其熱，以苦補其心，蓋一舉而兩得之。有是證者，用之無不効。惟在量其虚實而已。震亨曰：大黄苦寒善泄，仲景用之瀉心湯者，正因少陰經不足，本經之陽亢甚無輔，以致陰血妄行飛越，故用大黄瀉去亢甚之火，使之平和，則血歸經而自安。夫心之陰氣不足，非一日矣，肺與肝俱各受火而病作。故黄芩救肺，黄連救肝。肺者陰之主，肝者心之母、血之合也。肝肺之火既退，則陰血復其舊矣。寇氏不明説而云邪熱客之，何以明仲景之意而開悟後人也？時珍曰：大黄乃足太陰、手足陽明、手足厥陰五經血分之藥。凡病在五經血分者，宜用之。若在氣分用之，是謂誅伐無過矣。瀉心湯治心氣不足吐血衄血者，乃真心之氣不足，而手厥陰心包絡、足厥陰肝、足太陰脾、足陽明胃之邪火有餘也。雖曰瀉心，實瀉四經血中之伏火也。又仲景治心下痞滿、按之軟者，用大黄黄連瀉心湯主之。此亦瀉脾胃之濕熱，非瀉心也。病發於陰而反下之，則作痞滿，乃寒傷營血，邪氣乘虚結於上焦。胃之上脘在於心，故曰瀉心，實瀉脾也。《素問》云太陰所至爲痞滿，又云濁氣在上則生䐜脹是矣。病發於陽而反下之，則成結胸，乃熱邪陷入血分，亦在上脘分野。仲景大陷胸湯丸皆用大黄，亦瀉脾胃血分之邪，而降其濁氣也。若結胸在氣分，則只用小陷胸湯；痞滿在氣分則用半夏瀉心湯矣。成無己註釋《傷寒論》，亦不知分别此義。成無己曰：熱淫所勝，以苦泄之。大黃之苦，以蕩滌瘀熱，下燥結而泄胃强。頌曰：《本草》稱大黃推陳致新，其効最神，故古方下積滯多用之，張仲景治傷寒用處尤多。古人用毒藥攻病，必隨人之虛實寒熱而處置，非一切輕用也。梁武帝因發熱欲服大黃，姚僧坦曰：大黃乃是快藥，至尊年高，不可輕用。帝弗從，幾至委頓。梁元帝常有心腹疾。諸醫咸謂宜用平藥，可漸宣通。僧坦曰：脉洪而實，此有宿妨，非用大黃無瘥理。帝從之，遂愈。以此言之。今醫用一毒藥而攻衆病，其偶中，便謂此方神奇；其差誤，則不言用藥之失，可不戒哉？

【附方】舊十四，新三十七。

吐血衄血：治心氣不足，吐血衄血者，瀉心湯主之。大黃二兩，黃連、黃芩各一兩，水三升，煮一升，熱服取利。張仲景《金匱玉函》。

吐血刺痛：川大黃一兩，爲散。每服一錢，以生地黃汁一合，水半盞，煎三五沸，無時服。《簡要濟衆方》。

傷寒痞滿：病發於陰，而反下之，心下滿而不痛，按之濡，此爲痞也。大黃黃連瀉心湯主之。大黃二兩，黃連一兩，以麻沸湯二升漬之，須臾絞汁，分作二次温服。仲景《傷寒論》。

熱病譫狂：川大黃五兩，剉炒微赤，爲散。用臘雪水五升，煎如膏。每服半匙，冷水下。《聖惠方》。

傷寒發黃：方同上。〇氣壯者大黃一兩，水二升，漬一宿，平旦煎汁一升，入芒硝一兩，緩服，須臾當利下。《傷寒類要》。

腰脚風氣：作痛。大黃二兩，切如棊子，和少酥炒乾，勿令焦，搗篩。每用二錢，空心以水三大合，入薑三片，煎十餘沸，取湯調服，當下冷膿惡物，即痛止。崔元亮《海上方》。

一切壅滯：《經驗方》：治風熱積壅，化痰涎，治痞悶消食，化氣導血。用大黃四兩，牽牛子半炒〔半〕生四兩，爲末，煉蜜丸如梧子大。每服十丸，白湯下，並不損人。如要微利，加一二十丸。〇《衛生寶鑒》用皂莢熬膏和丸，名墜痰丸，又名全真丸。金宣宗服之有驗，賜名保安丸。

痰爲百病：滚痰丸：治痰爲百病，惟水瀉、胎前産後不可服用。大黃酒浸，蒸熟切晒，八兩，生黃芩八兩，沉香半兩，青礞石二兩，以焰硝二兩，同入砂罐固濟，煅紅研末二兩。右各取末，以水和丸梧子大。常服一二十丸，小病五六十丸，緩病七八十丸，急病一百二十丸，温水吞下，即卧勿動。候藥逐上焦痰滯。次日先下糟粕，次下痰涎，未下再服。王隱君歲合四十餘斤，愈疾數萬也。《養生主論》。

男女諸病：無極丸：治婦人經血不通，赤白帶下，崩漏不止，腸風下血，五淋，産後積血，癥瘕腹痛，男子五勞七傷，小兒骨蒸潮熱等證，其効甚速。宜六癸日合之。用錦紋大黃一斤，分作四分。一分用童尿一盌，食鹽二錢，浸一日，切晒；一分用醇酒一盌，浸一日，切晒，再以巴豆仁三十五粒同炒，豆黃，去豆不用；一分用紅花四兩，泡水一盌，浸一日，切晒；一分用當歸四兩，入淡醋一盌，同浸一日，去歸，切晒，爲末，煉蜜丸梧子大。每服五十丸，空心温酒下。取下惡物爲驗，未下再服。此武當高士孫碧雲方也。《醫林集要》。

心腹諸疾：三物備急丸：治心腹諸疾，卒暴百病。用大黃、巴豆、乾薑各一兩，搗篩，蜜和搗一千杵，丸小豆大，每服三丸。凡中客卒忤，心腹脹滿，痛如錐刀，氣急口噤，停尸卒死者。以暖水或酒服之，或灌之。未知更服三丸，腹中鳴轉，當吐下便愈。若口已噤者，折齒灌之，入喉即瘥。此乃仲景方，司空裴秀改爲散用，不及丸也。《圖經本草》。

腹中痞塊：大黃十兩爲散。醋三升，蜜兩匙和煎，丸梧子大。每服三十丸，生薑湯下，吐利爲度。《外臺秘要》。

腹脇積塊：風化石灰末半斤，瓦器炒極熱，稍冷，入大黃末一兩炒熱，入桂心末半兩略炒，下米醋攪成膏，攤布貼之。〇又方：大黃二兩，朴消一兩，爲末，以大蒜同搗膏和貼之。或加阿魏一兩，尤妙。《丹溪心法》。

久患積聚：二便不利，上搶心，腹脹滿，害食。大黃、白芍各二兩，爲末。水丸梧子大，每湯下四十丸，日三，以知爲度。《千金方》。

脾癖疳積：不拘大人小兒。錦紋大黃三兩爲末，醋一盞，沙鍋內文武火熬成膏，傾瓦上，日晒夜露三日，再研。用舶上硫黃一兩，形如琥珀者，官粉一兩，同研勻。十歲以下小兒半錢，大人一錢半，米飲下。忌一切生冷、魚肉，只食白粥半月。如一服不愈，半月之後再服。若不忌口，不如勿服。《聖濟總録》。

小兒無辜：閃癖瘰癧，或頭乾黃聳，或乍痢乍瘥，諸狀多者，大黃煎主之。大黃九兩錦紋新實者，若微朽即不中用。削去皮，搗篩爲散。以好米醋三升，和置瓦盌中，於大鐺内浮湯上，炭火慢煮，候至成膏，可丸，乃貯器中。三歲兒一服七丸，梧子大，日再服，以下出青赤膿爲度。若不下，或下少，稍稍加丸。若下多，又須減之。病重者七八劑方盡根。大人亦可用之。此藥惟下宿膿，不令兒利也。須禁食毒物，乳母亦禁之。一加木香一兩半。《崔知悌方》。

小兒諸熱：大黃煨熟、黃芩各一兩，爲末，煉蜜丸麻子大。每服五丸至十丸，蜜湯下。加黃連，名三黃丸。《錢氏小兒方》。

骨蒸積熱：漸漸黃瘦。大黃四分，以童子小便五六合，煎取四合，去滓。空腹分爲二服，如人行五里，再服。《廣利方》。

赤白濁淋：好大黃爲末。每服六分，以雞子一個，破頂入藥，攪勻蒸熟，空心食之。不過三服愈。《簡便方》。

相火秘結：大黃末一兩，牽牛頭末半兩，每服三錢。有厥冷者，酒服；無厥冷，五心煩，蜜湯服。劉河間《保命集》。

諸痢初起：大黃煨熟、當歸各二三錢，壯人各一兩，水煎服，取利。或加檳榔。《集簡方》。

熱痢裏急：大黃一兩，浸酒半日，煎服取利。《集簡方》。

忽喘悶絶：不能語言，涎流吐逆，牙齒動摇，氣出轉大，絶而復甦，名傷寒併熱霍亂。大黃、人參各半兩，水二盞，煎一盞，熱服，可安。《危氏得效方》。

食已即吐：胸中有火也。大黃一兩，甘草二錢半，水一升，煮半升，温服。仲景《金匱玉函方》。

婦人血癖：作痛。大黃一兩，酒二升，煮十沸，頓服取利。《千金翼》。

産後血塊：大黃末一兩，頭醋半升，熬膏，丸梧子大。每服五丸，温醋化下，良久當下。《千金方》。

乾血氣痛：錦紋大黃酒浸晒乾四兩，爲末，好醋一升，熬成膏，丸芡子大。卧時酒化一丸服，大便利一二行，紅漏自下，乃調經仙藥也。或加香附。《董氏集驗方》。

婦人嫁痛：小户腫痛也。大黃一兩，酒一升，煮一沸，頓服。《千金方》。

男子偏墜：作痛。大黃末和醋塗之，乾則易。《梅師方》。

濕熱眩運：不可當者。酒炒大黃爲末，茶清服二錢，急則治其標也。《丹溪纂要》。

小兒腦

熱：常欲閉目。大黃一分，水三合，浸一夜。一歲兒服半合，餘者塗頂上，乾即再上。姚和衆《至寶方》。暴赤目痛：四物湯加大黃，酒煎服之。《傳信適用方》。胃火牙痛：口含冰水一口，以紙撚蘸大黃末，隨左右嗃鼻，立止。《儒門事親》。風熱牙痛：紫金散：治風熱積壅，一切牙痛，去口氣，大有奇効。好大黃瓶内燒存性，爲末，早晚揩牙，漱去。都下一家專貨此藥，兩宫常以數千贖之，其門如市也。《千金家藏方》。風蟲牙痛：齦常出血，漸至崩落，口臭，極效。大黃米泔浸軟、生地黃各旋切一片，合定貼上，一夜即愈，未愈再貼。忌説話，恐引入風。《本事方》。口瘡糜爛：大黃、枯礬等分，爲末，擦之吐涎。《聖惠方》。鼻中生瘡：生大黃、杏仁搗匀，猪脂和塗。〇又方：生大黃、黃連各一錢，麝香少許，爲末，生油調搽。《聖惠方》。仙茅毒發：舌脹出口。方見仙茅下。

傷損瘀血：《三因方》：雞鳴散：治從高墜下，木石壓傷，及一切傷損，〔血〕瘀凝積，痛不可忍，並以此藥推陳致新。大黃酒蒸一兩，杏仁去皮尖三七粒。細研，酒一盌，煎六分，雞鳴時服。至曉取下瘀血，即愈。〇《和劑方》：治跌壓瘀血在内脹滿。大黃、當歸等分，炒研。每服四錢，温酒服，取下惡物愈。打撲傷痕：瘀血滚注，或作潮熱者。大黃末，薑汁調塗。一夜，黑者紫；二夜，紫者白也。瀕湖《集簡方》。杖瘡腫痛：大黃末，醋調塗之。童尿亦可調。《醫方摘玄》。金瘡煩痛：大便不利。大黃、黃芩等分，爲末，蜜丸。先食水下十丸，日三服。《千金方》。凍瘡破爛：大黃末，水調塗之。《衛生寶鑑》。

湯火傷灼：莊浪大黃生研，蜜調塗之。不惟止痛，又且滅瘢。此乃金山寺神人所傳方。洪邁《夷堅志》。灸瘡飛蝶：因艾灸訖，火痂便退，瘡内鮮肉片飛如蝶形而去，痛不可忍，是火毒也。大黃、朴硝各半兩，爲末，水服取利即愈。張杲《醫説》。蠼螋咬瘡：大黃末塗之。《醫説》。火丹赤腫：遍身者。大黃磨水，頻刷之。《急救方》。

腫毒初起：大黃、五倍子、黃蘗等分，爲末。新汲水調塗，日四五次。《簡便方》。癰腫焮熱：作痛。大黃末，醋調塗之。燥即易，不過數易即退，甚驗神方也。《肘後方》。

乳癰腫毒：金黃散：用川大黃、粉草各一兩爲末，好酒熬成膏收之。以絹攤貼瘡上，仰卧。仍先以温酒服一大匙，明日取下惡物。《婦人經驗方》。大風癩瘡：大黃煨一兩，皂角刺一兩，爲末。每服方寸匕，空心温酒下，取出惡毒物如魚腦狀。未下再服，即取下如亂髮之蟲。取盡，乃服雄黃花蛇藥。名通天再造散。《十便良方》。

葉【氣味】酸，寒，無毒。【主治】置薦下，辟虱蟲《相感志》。

題明・薛己《本草約言》卷一《藥性本草》 大黃 味苦，氣大寒，無毒。味極厚，陰中之陰，其性走而不守，入手、足陽明經。通腸胃諸物之壅塞，泄臟腑結熱之薰蒸。蕩滌峻快，推陳致新。故曰奪土鬱而無壅滯，定禍亂以致太平。〇苦寒而決泄者也。生用則通腸胃壅塞結熱，熟用能治諸毒瘡疽久不收口。蓋以諸毒瘡瘍，皆屬心火，大黃熟用，則能瀉心，抑且宣氣消癰，而除結熱也。酒浸入太陽經，酒洗入陽明經，餘經不用。有實邪者二三劑亦可，虛弱者一劑亦須慎之。按：仲景治心氣不足，吐血衄血，瀉心用大黃、黃芩、黃連。夫心氣既虛，不用補而用瀉，何也？此因少陰經陰氣不足，而本臟之陽氣尤甚，熱邪乘虛而客之，致陰血不寧，妄行吐衄。今以苦泄其熱，使之和平，即以苦補其心，則血歸經而自安矣，一舉兩得。有是症者，用之輒效，在量其人之虛實可也。

明・梅得春《藥性會元》卷上 大黃 味苦，氣大寒。屬水并火，沉而降，陰也。無毒。黃芩為使。入手陽明大腸經、足陽明胃經、手太陽小腸經、足太陽膀胱經。酒浸引之上至巔頂，入大腸經；酒洗入胃經，餘經用往下行者，不用酒浸洗。桔梗載之，可浮胸中。無所畏惡。其性沉而不浮，其用走而不守。奪土鬱而無壅滯，定禍亂而致太平，故名之曰將軍。能通秘結，導瘀血，通腸滌熱，宣氣消癰；除結熱，滌腸胃，蕩燥屎，推陳致新最快。治宿食、留飲、積聚，破癥瘕；療傷寒極熱，便結、心腹脹滿，通血閉及諸老血，治小腸痛，利水穀道，瀉諸實熱，除濕熱，安和五臟；治一切瘡毒，癰腫便毒，魚口疔疽。丹溪云：苦寒而善泄。仲景用之，以療心氣不足而吐衄者，名瀉心湯。正謂少陰經不足，本經之陽亢甚，無輔著，以致陰血妄行飛越。用此以瀉去亢甚之火，使之平和，則血歸經而自安。夫心之陰氣不足，非一日矣。肺與肝俱受火而病作，故芩救肺，連救肝。肺者陰之主，肝者心之母，血之舍也。肝肺之火既退，宜其陰血復舊。《衍義》不明説，而曰邪熱因不足而客之，何以明仲景之意，以開後人之矇瞶也？且治頭暈不可當，又治舟船之上，而頭暈旋轉、惡心者，用酒炒為末，茶清調下。壯實之人有痰，或頭重，並睡醒頭重，一時不能轉動，須用酒炒三次，為末服之，立效。凡使錦紋者佳。得芍藥、茯苓、細辛、牡蠣，療驚悸、恚怒；得消石、紫石英、桃仁，療女人血閉。製法：大便燥結者，候煎衆藥半熟，方下大黃，再煎二滚，滭出服。勿令煎熟。瘡毒在下焦，俱生用。其餘製，具於前。又製熟大黃，用醇酒九蒸九晒，備下聽用。

明・杜文燮《藥鑒》卷二 大黃 氣寒，味苦，氣味俱厚，無毒。沉也，陰中陰也。屬水與火，入手、足陽明經，酒浸入太陽，酒洗入陽明。通閉結靈丹，驅邪實仙方。與桃仁同用，則導瘀血。與枳殼同用，則除積氣。入痰火藥更能滾痰，入消食藥即能推陳。生用則通腸胃壅結熱，熟用則治諸毒瘡瘍久不收口。蓋以諸毒瘡瘍，皆屬心火。大黄熟用，則能瀉心火，且宣氣消腫。而除結熱之在上者，其性沉而不浮，其用走而不守，有推陳致新之功，有斬關奪將之能，故名之曰將軍。仲景用之以心氣不足而吐衄者，名瀉心湯，正是因腎經不足，而本經之陽亢甚無輔，以至血妄行飛越，故用大黄泄去亢甚之火，使之和平，則血歸經，而自安矣。夫心之陰氣不足，非一日矣。肺與肝俱各受火邪而病作，故黄芩救肺，黄連救肝。肺者，陰之主。肝者，心之母，血之舍也。肝肺之火既退，宜其陰血自復矣。《衍義》不明説而曰邪熱因不足而客之，何以明仲景之意，開後人之盲也？大都寒能冷腸胃，苦能泄實熱，必須腸胃有實邪者，方可用之。

明·王肯堂《傷寒證治準繩》卷八　大黄　氣寒，味苦，無毒。氣味俱厚，沉而降，陰也。用之須酒浸，煨熟者，寒因熱用。酒浸入太陽經，酒洗入陽明經，餘經不用酒。垣：　大黄，苦峻下走，用之于下，必生用。若邪氣在上，非酒不至，必用酒浸，引上至高之分，驅熱而下，如物在高巔，必射以取之也。若用生者，則遺至高之邪熱，是以愈後或目赤，或喉痹，或頭腫，或膈上熱疾生也。寇：　仲景治心氣不足，吐血衄血，瀉心湯用大黄、黄芩、黄連，或曰心氣既不足，而不用補心湯，更用瀉心何也？　答曰：　若心氣獨不足，則當不吐衄也。此乃邪熱因不足而客之，故令吐衄，以苦泄其熱，以苦補其心，蓋一舉而兩得之，有是證者，用之無不效。惟在量其虚實而已。丹：　大黄，苦寒，善泄，仲景用之瀉心湯者，正因少陰經不足，本經之陽亢甚無輔，以致陰血妄行飛越，故用大黄瀉去亢甚之火，使之平和，則血歸經而自安。夫心之陰氣不足，非一日矣。肺與肝俱各受火而病作，故黄芩救肺，黄連救肝。肺者，陰之主。肝者，心之母，血之舍也。肝肺之火既退，則陰血復其舊矣。寇氏不明説，而云邪熱客之，何以開悟後人也。珍：　大黄乃足太陰、手足陽明，手足厥陰五經血分之藥，凡病在五經血分者，宜用之。若在氣分用之，是謂誅伐無過矣。瀉心湯治心氣不足，吐血衄血者，乃真心之氣不足，而手厥陰心包絡、足厥陰肝、足太陰脾、足陽明胃之邪火有餘也。雖曰瀉心，實瀉四經血中之伏火也。又仲景治心下痞滿，按之軟者，用大黄黄連瀉心湯主之，此亦瀉脾胃之濕熱，非瀉心也。病發于陰，而反下之，則作痞滿，乃寒傷榮血，邪氣乘虚結于上焦，胃之上脘在于心，故曰瀉心，實瀉脾也。《素問》云：　太陰所至，為痞滿。又云：　濁氣在上則生䐜脹。是矣。病發于陽而反下之，則成結胸，乃熱邪陷入血分，亦在上脘分野，仲景大陷胸湯丸皆用大黄，亦瀉脾胃血分之邪，而降其濁氣也。若結胸在氣分，則只用小陷胸湯，痞滿在氣分，則用半夏瀉心湯矣。成氏註《傷寒論》，亦不知分别此義。頌：　本草稱大黄推陳致新，其效最神，故古方下積滯多用之。張仲景治傷寒用處尤多，古人用毒藥攻病，必隨人之虚實寒熱而處治，非一切輕用也。梁武帝因發熱，欲服大黄。姚僧坦曰：　大黄乃是快藥，至尊年高，不可輕用。帝弗從，幾至委頓。梁元帝常有心腹疾，諸醫咸謂宜用平藥，可漸宣通。僧坦曰：　脉洪而實，此有宿積，非用大黄無瘥理。帝從之，遂愈。以此言之，今醫用一毒藥而攻衆病，其偶中便謂此方神奇，其差誤則不言用藥之失，可不戒哉！　去皮，鍘碎，竹篩齊用。

明·李中立《本草原始》卷三　大黄　始生河西山谷及隴西，今蜀川、河東、陝西州郡皆有之，以蜀川錦紋者佳。其次秦隴來者，謂之土蕃大黄。正月内生，青葉似蓖麻，大者如椀。根如芋，大者如椀，長一二尺。其細根如牛蒡，小者亦如芋。四月開黄花，亦有青紅似蕎麥花者。莖青紫色，形如竹。二月、八月采根，去黑皮火乾。蜀大黄乃作緊片如牛舌形，謂之牛舌大黄。二者功用相等。江淮出者曰土大黄，二月開花，結細實。鼎州出一種羊蹄大黄，治疥瘙甚效。初生苗葉如羊蹄，累年長大，即葉似商陸而狹長。四月内抽條，出穗五七莖相合，花葉同色，結實如蕎麥而輕小。五月熟，即黄色，呼為金蕎麥。九月采根，破之亦有錦紋，亦呼為土大黄，俗呼山大黄。弘景曰：　大黄，其色也。杲曰：　推陳致新，如戡定禍亂以致太平，所以有將軍之號。　氣味：　苦，寒，無毒。　主治：　下瘀血血閉，寒熱，破癥瘕積聚，留飲宿食，蕩滌腸胃，推陳致新，通利水穀，調中化食，安和五臟。〇平胃下氣，除痰實，腸間結熱，心腹脹滿，女子寒血閉脹，小腹痛，諸老血留結。〇通經，利水腫，大小腸。貼熱腫毒。小兒寒熱時疾，煩熱蝕膿。〇瀉諸實熱不通，除下焦濕熱，消宿食，瀉心下痞滿。

大黄，《本經》下品。【圖略】今人以莊浪出者為優。莊浪即古涇原隴西地。

修治：　大黄，用文如水旋斑緊重者，酒浸透，蒸九遍，剉片晒乾用。藏器曰：　凡用有蒸、有生、有熟，不得一概用之。　大黄塊大難乾，作時燒石熱，横寸截，著石上煿之一日，微燥，乃以樹枝條或繩穿眼，繫之至乾，故大黄有穿眼也。山大黄塊小，無穿眼，堪為末，傅腫毒。染房家亦多用之。

《别録》曰：大黄，大寒。　元素曰：氣味俱厚，沉而降，陰也。酒浸入太陽經，酒洗入陽明經，餘經不用酒。　黄芩為之使，忌冷水，惡乾漆。○凡胃寒血虚，并妊娠産後，並勿輕用。　日華子云：通宣一切氣，調血脉，利關節，泄壅滯水氣，四肢冷熱不調，溫瘴熱疾，利大小便，并傅一切瘡癤癰毒。《梅師方》：治卒外腎偏腫疼痛，大黄為末，和醋塗之，乾即易之。

大黄，使。

明・張懋辰《本草便》卷一　大黄使　味苦，氣大寒，味極厚，陰中之陰，降也，無毒。入手足陽明經。　主下瘀血，破癥瘕積聚，蕩滌腸胃，推陳致新，通利水穀，瀉諸實熱不通，心腹脹滿，下大便燥結。號稱將軍。　酒浸引之上頂，入太陽經；以舟楫載之，可浮胸中；若用於下，不必酒浸。

明・盧復《芷園臆草題藥》　大黄　稱將軍。將軍者，所以行君之命，而代君以戡定禍亂，而開拓其土地者也，故名大黄。黄，土之色，大，其功也。心于時為夏，夏，火也，則(大)〔火〕為心君之令矣。大黄味大苦，氣大寒。雖炎上作苦，而得(大)〔太〕陽寒水之化，其性潤而又下，似與炎上者反乎。《參同》以為五行相剋，更為父母。《素問》以為(乘)〔承〕迺制，制則化生，故予常以五行之體，以剋為用，則是潤下者，其炎上之用乎。故風心之用，不行而變，病舍同類之苦，巽以入之，不能斷其用矣。而心主夏，主熱。火主神，主血脉，主病在五藏。其部分在心腹，則凡腸胃之間，心腹之分，夏氣熱火之鬱，神情血脉之結，有所瘀閉，有所宿留，而為癥瘕積聚之形，而生寒熱脹滿之症，皆心之用不行焉。大黄悉主蕩滌之，是謂推陳，陳推則心君之令行，而土地闢，人民安生物阜，是謂致新。所云通利水穀，調中化食，安和五藏者之謂乎。或難：大黄之色，土色也。又云開闢其土地與蕩滌腸胃，通利水穀，其功似在脾胃爾，何以為火之用行也？然火有用而虚，政當生土，火無用而實，政當瀉土。《本經》又名黄良，是土得其天也。吳普又名火參，是心得其所也。請勘古人命名之義理，諸書已得之筌蹄，當自見之。

明・李中梓《藥性解》卷二　大黄　味苦，性大寒，無毒，入脾、胃、大腸、心、肝五經。性沉而不浮，用走而不守，奪土鬱而無壅滯，定禍亂而致太平，名曰將軍。又主癰腫及目疾痢疾暴發，血鬩火閉，推陳致新。黄芩為使，無所畏，錦紋者佳。　按：大黄之入脾胃、大腸，人所解也。其入心與肝也，人多不究。昔仲景百勞丸，䗪(黄)〔蟲〕丸，都用大黄以理勞傷吐衄，意最深微。蓋以濁陰不降則清陽不升者，天地之道也。瘀血不去則新血不生者，人身之道也。蒸熱日久，瘀血停於經絡，必得大黄以豁之，則肝脾通暢，陳推而致新矣。今之治勞，多用滋陰，數服不效，坐而待斃。嗟乎！術豈止此耶？至癰腫目疾及痢疾，咸熱瘀所致，故並治之，傷寒脉弱及風寒未解者，禁用。

明・繆希雍《本草經疏》卷一○　大黄　味苦，寒、大寒，無毒。主下瘀血，血閉寒熱，破癥瘕積聚，留飲宿食，蕩滌腸胃，推陳致新，通利水穀，調中化食，安和五藏，平胃下氣，除痰實，腸間結熱，心腹脹滿，女子寒血閉脹，小腹痛，諸老血留結。黄芩為之使。無所畏。

〔疏〕大黄禀地之陰氣獨厚，得乎天之寒氣亦深，故其味至苦，其氣大寒而無毒。入足陽明、太陰、厥陰，并入手陽明經。氣味俱厚。味厚則發泄，故其性猛利，善下泄，推陳致新，無所阻礙。所至蕩平，有戡定禍亂之功，故號將軍。味厚則入陰分，血者，陰也，故主下瘀血，血閉寒熱，癥瘕積聚，留飲宿食，蕩滌腸胃，通利水穀。其曰調中化食，安和五藏者，概指臟腑積滯既去，則實邪散而中自調，臟自和也。《别録》又云：平胃下氣，除痰實，腸間結熱，心腹脹滿，女子寒熱，女子因寒血凝閉而作脹，少腹痛因於血閉及諸老血留結，皆由通利開導之力所致也。總之，此藥乃除實熱燥結，下有形積滯之要品。隨經隨證以為佐使，則奏功殊疾矣。〔主治參互〕大黄君枳實、厚朴，為小承氣湯，治傷寒熱病，邪結中焦。　治傷寒病發於陰而反下之，心下滿而不痛，按之濡，此為痞也，大黄黄連瀉心湯主之。大黄二兩，黄連一兩，以麻沸湯二升漬之，須臾絞汁，分作二次溫服。　潔古用以瀉諸實熱不通及瀉心下痞滿由於實。皆本仲景法也。　亦治滯下赤白初起。壯實之人可用枳殼、檳榔、當歸、甘草、滑石，作丸投之，是迎而奪之之法也。然不可過劑，過劑則傷胃氣。　同堿及白斂，炒陳小粉、沒藥、乳香、醋、蜜，調傅作癰腫圍藥。　凡實熱濕痰為病，以錦紋大黄酒蒸八兩，入前胡八兩，橘紅四兩，外另以青礞石二兩，同焰硝二兩，入砂罐固濟，煅紅研末二兩。右各取末，以水發為丸梧子大。每常服一二十丸，小病五六十丸，緩病七八十丸，急病一百二十丸，溫水吞下，即臥勿動，候藥逐上焦痰滯，次日先下糟粕，次下痰涎，未下再服。惟妊娠、水泄忌之。此真方滾痰丸也。治一切因痰發為怪證。若人霞天膏為丸，更妙。 仲景《金匱玉函方》云： 凡人食已即吐，此胸中有火也。大黃一兩，甘草炙二錢五分，水一碗，煮半升，溫服。 西大黃拌蜜及竹瀝，九蒸九晒，粉糊為丸如麻子大，薄荷湯吞三錢，治中上二焦有熱痰，因發偏頭風，諸藥不効，目將損者有殊功。又治中焦脾胃濕熱下流客腎，以致飽後夜臥即夢遺，臨臥以升麻、陳皮湯吞三四錢，濕熱去即止。 〔簡誤〕《經》曰： 實則瀉之。大黃氣味大苦大寒，性稟直遂，長於下通，故為瀉傷寒、溫病、熱病、濕熱、熱結中下二焦，二便不通及濕熱膠痰滯於中下二焦之要藥。祛邪止暴，有撥亂反正之殊功。第具峻利之性，猛烈之氣，長驅直搗，一往不返。如武王伐紂，前徒倒戈，血流漂杵，雖應天順人，救民水火，然亦不免於未盡善之議矣。故凡血閉由於血枯，而不由於熱積； 寒熱由於陰虛，而不由於瘀血； 癥瘕由於脾虛胃弱，而不由於積滯停留； 便閉由於血少腸燥，而不由於熱結不通； 心腹脹滿由於脾虛中氣不運，而不由於飲食停滯； 女子少腹痛由於厥陰血虛，而不由於經阻老血瘀結； 滯下初起即屬胃虛，當以補養胃氣，清消濕熱為本，而不可以妄加推蕩； 瘧病傷於暑氣，而不由於山嵐濕熱； 吐衄血由於陰虛火起於下，炎鑠乎上，血熱妄行，溢出上竅，而不由於血分實熱； 腰脚風氣由於下元先虛，濕熱下流，因茲致病，而不專由於風濕外侵； 骨蒸積熱本於陰精不足，而非實熱所致； 偏墜由於腎虛，濕邪乘虛客之而成，而不由於濕熱實邪所犯； 乳癰腫毒由於肝家氣逆鬱抑不舒，以致榮氣不從，逆於肉裏，乃生癰腫，而不本於膏粱之變，足生大疔，血分積熱所發，法咸忌之。以其損傷胃氣故也。故傷寒家，調胃承氣湯中用甘草以和之，正謂是也。輕發誤投，多致危殆，戒之！戒之！

明・倪朱謨《本草彙言》卷五 大黃 味苦，氣大寒，性微毒，氣味俱厚。沉而降，陰也。入手足陽明、太陰、厥陰六經血分之藥。生用性烈，酒醋薑汁製，其性稍緩，各因其用也。

陶隱居曰： 出河西山谷及隴西者爲勝，益州北部、汶山西山者次之。二月卷生黃赤，放葉時四四相當，酷似羊蹄葉，粗長而厚。莖高三尺許，味酸而脆。三月花黃，五月實黑，八月采根，大者如盌，小者如拳，長一二尺許。切片陰乾，文理如錦，質色深紫。修治： 切作薄片，以文如穀紋緊厚者佳。剉細，又以水潤透，蒸之，晒乾，再潤，再蒸，再晒，凡七遍，色如烏膏者爲度。

大黃： 蕩滌腸胃，通利閉結，《別錄》攻擊積聚，《本經》破散瘀血，日華子催逐留飲，張元素幷宿痰宿食之藥也。夏碧潭稿味大苦，氣大寒，其性沉而不浮，走而不守，凡病在五藏腸胃之間，痰血食飲，有形之物及天行君火之邪，銷鑠津液，壅閉藏府，或傷寒溫病熱病，實熱裏熱，熱結中下二焦，二便不通諸證，咸宜用之。按： 《經》曰： 實則瀉之。大黃，氣味大苦大寒，性禀直遂，長于下通，峻利猛烈，橫驅直搗，一往不返，特有將軍之號。故凡腸胃積聚，由于脾虛中氣不運，而不由于食飲停滯者； 閉結由于血少腸燥，而不由于熱結不通者； 瘀血由于胃虛脾弱，而不由于蓄滯停留者； 留飲由于胃陽真氣不充而生，而不由于陰寒水濕成者； 宿食由于脾弱不磨，而不由于邪熱內結者； 女人腹痛由于厥陰血虛，而不由于經阻不行者； 痢疾由于風客胃腸尚有表證未清，而不由于裏實有積滯者； 吐衄失血由于陰虛，火起于下，炎爍乎上，熱血妄行，溢出上竅，而不由于血分實熱者； 腰痛脚氣，由于下元先虛，濕熱下流，而不由于風濕外侵，瘀血內閉者； 癰疽腫毒，由于心氣不舒，肝氣鬱逆，以致營氣不從，逆于肉裏，乃生癰腫，而不由于膏粱厚味，醇酒炙煿，血分積熱成者，咸宜忌之。以其損傷胃氣故也。故傷寒方調胃承氣湯中，用甘草以和之，正謂是也。輕發誤投，多致危殆，戒之！ 慎之！

方龍潭先生曰： 凡蘊熱之證，藏府堅澀，直腸火燥而大便結； 癰腫初發，毒熱熾盛而大便結； 肥甘過度，胃火盛而大便結； 縱飲太甚，脾火盛而大便結，必用苦寒，以大黃可也。至若跌撲損傷血有所瘀，閉而不行，用桃仁、紅花之劑，必加酒炒大黃。又有陽明胃火，痰涎壅盛，喉閉乳蛾，腮頰腫痛，及連口齒，用清痰降火之劑，必加薑製大黃。若光明科以之治目，在時眼初發時，以之瀉火可也。瘡腫科以之散熱拔毒，在紅腫時解毒可也。如產後去血過多，血虛閉而便不行，當用養血潤腸之劑，必禁大黃爲要。又若老人氣虛血閉，當用麻仁丸； 肥人痰閉，當用半硫丸，大黃亦所必戒。治者不可畏而不用，亦不可忽而輕用。若元虛不足者，不可用，恐正氣耗而亡陽也。風寒表證未解，不可用，恐裏氣一虛，表邪內陷也。裏證當下，脉勢無力不可用，恐熱邪去而正氣脱也。故陽證當下，誤下早而表邪內陷，成結胸。裏證當下，誤下早而餘邪留結成痞氣，是用大黃之誤也。要訣曰： 氣血者，有形無形之分也。如熱在氣分，無形之邪也； 熱在血分，有形之邪也。有形之邪，當用大黄蕩滌之。若無形之邪而用大黄，是謂誅伐無過，誤之甚矣。然張仲景立大陷胸湯丸，皆用大黄，實瀉胸胃血分之邪。若結胸在氣分，則用小陷胸湯；痞滿在氣分，則用半夏瀉心湯。如是則氣分、血分之別，若冰炭之不同矣，可忽乎哉？又按：仲景治心氣不足，吐血衄血，用瀉心湯，以大黄、黄連、黄芩。或曰：心氣既不足而不補心，更瀉心，何也？曰：若心氣獨不足，則不當吐衄血矣，惟有邪熱客之，因而不足，故令吐衄血也。今者以苦泄其熱，以苦清其心，蓋一舉而兩得之也。朱丹溪又云：瀉心湯者，因本經之陽火亢甚，以致陰血妄行飛越，故用大黄，瀉去亢甚之火，使之和平。且心之陰不足，則肺與肝各受火邪而病作，故用黄芩救肺，黄連救肝。又肺者，陰之主；肝者，火之母。肝肺之火既退，則陰血歸其原矣，何吐血衄血之有耶？

沈則施先生曰：凡病在氣分及胃寒血虚，并妊娠産後及久病年高之人，并勿輕用大黄。其性氣苦寒，能傷元氣，耗陰血也。

集方：《方脉正宗》治腸胃中一切壅滯，或痰血隱癖内伏之疾。用大黄四兩，黑牽牛末二兩，用酒共煮一日，以酒乾頻添之。搗膏爲丸，如梧桐子大。每早服三十丸，白湯下。〇《千金方》治久患積聚。用大黄二兩，酒煮一日，晒乾爲末，和白芍藥末二兩。煉蜜丸菉豆大。每早晚各服百丸，白湯下。〇《韋氏手集》治跌撲傷損瘀血，或從高墜下，或木石壓傷，及一切傷損瘀血凝滯，痛不可忍。用大黄酒蒸一兩，杏仁去皮三七粒，二味俱研細，酒一大碗，煎六分，五更時服。至曉，取下瘀血即愈。〇瀕湖方治杖打腫痛，或作潮熱者。用大黄末，薑汁調敷，一夜黑者紫，二夜紫者白也。〇《王隱君養生方》治實熱濕痰留飲爲病，以錦紋大黄酒蒸八兩，入前胡八兩，橘紅四兩，外另以青礞石二兩，同焰硝二兩，入砂罐固濟，煅紅，研末二兩。右各取末，以水發爲丸，梧子大。每常服一二十丸，小病五六十丸，緩病七八十丸，急病一百二十丸，溫水吞下。即卧勿動，候藥逐上焦痰滯，次日先下糟粕，次下痰涎。未下再服。惟妊娠水泄忌之。〇任隱君手集治宿食停滯，腹中脹滿。用大黄八兩酒浸九日，蒸一次，晒一次，計蒸晒共九次，如乾燥添酒，蒸晒九次畢爲末，紅麯打糊，丸如菉豆大。每服一錢，空心白湯送下。〇仲景方治傷寒熱病，邪結中焦。用大黄、枳實、厚朴爲小承氣湯。〇同前治傷寒病發于陰而反下之，心下滿而不痛，按之濡，此爲痞也。以大黄黄連瀉心湯主之。用大黄二兩，黄連一兩，水二升，煎半升服。〇《方脉正宗》治腸胃實熱，閉結不通。用大黄八兩，酒煮三時，晒乾爲末，配杏仁霜、蔞仁霜各一兩。紅麯打糊，丸如黍米大。每早服六分，白湯下。〇《戴氏産寶》治婦人經脉阻滯不通，腹中常痛。用大黄四兩，酒煮三時，晒乾爲末，配玄胡索、桃仁、三稜、蓬莪朮，俱酒炒，各五錢爲末，共爲丸。每早服一錢，酒下。〇《方脉正宗》治痢下赤白，腹中脹滿，閉澀不通快。用大黄二兩，酒煮，配枳殼、檳榔、當歸、甘草、滑石、白芍藥各五錢。分作四劑，水三大碗，煎七分，空心徐徐服。或作丸，每早服三錢，是迎奪之法也。然不可過劑，過劑恐傷胃氣。〇《金匱方》治吐血衄血，由于胃實火升者。用大黄、黄芩、黄連各一兩，水五升，煎取一升。熱服，取微利爲度。〇《方脉正宗》治腰痛而重，坐卧痛愈甚，行則痛止，此内有瘀血也。用大黄一兩酒煮，桃仁二兩去皮，紅花五錢，分作五劑。每劑用水二碗，煎半碗，食前服。〇治脚氣紅腫，痛重難履，方同腰痛。〇姜日生《明世録》治膏粱厚味，酒食煿炙，積熱日深，發爲癰腫。用生大黄研末，醋調塗之。燥即易，不過數易即退。〇《外科方》治跌撲損傷，瘀血内閉。用大黄、桃仁、紅花各五錢，酒水各半，煎服。〇《方脉正宗》治陽明胃火，痰涎壅盛，及喉閉乳蛾，或腮頰腫痛，或齒牙攻痛。用大黄三錢薑水製，硼砂二錢，山豆根、川貝母各五錢。或煎湯服，或作散服。〇《眼科集要》治暴赤時眼腫痛，大便閉結者。用大黄三錢酒製，防風、柴胡、乾葛、甘菊花各一錢，蔓荆子、荆芥各二錢。水煎服。〇《崔氏方》治小兒無辜疳癖，面乾黄，毛髪聳，或瘰癧，或乍痢乍止。用大黄四兩，搗爲細末，以米醋一升，和置瓦盌中，隔湯蒸一晝夜，加廣木香末一兩，輾成丸，如梧子大。三歲兒一服十丸，日再服，以下青白膿爲度。如不下，或下少，稍稍加丸。若下多，又須減之。病重者，十餘服除根。大人亦可服。此藥惟下宿膿，不令兒利也。〇《簡便方》治赤白濁淋，痛澀不通。用大黄爲末，每用六分，用雞子一箇，破頂入藥，攪勻蒸熟，空心食之。不過三服愈。〇《千金方》治婦人陰戶腫痛。用大黄五錢，酒煮乾，加水二碗，煎半碗服。〇《千金方》治風熱牙痛，或有蟲，或齦根出血，或漸至崩落，或口中作臭。用大黄酒浸，晒乾，炒極焦黑，爲細末，每早晚擦牙，以熱湯汩漱，大有奇效。〇《夷堅志》治湯火傷灼。用大黄爲末，蜜調塗之。不惟止痛，又且免潰。〇治大風癩瘡。用大黄炒一兩，皂角刺焙二兩，共爲細末。每服三錢，空心白湯下。取出惡毒物如魚腦狀，或如亂髪之蟲。未下再服，服後，再服雄黄烏蛇散，除根也。取大烏稍蛇一條，去皮腸，露天砂鍋內水煮熟，去骨淨，搗如泥，和入飛細雄黃末三兩，爲丸梧桐子大。每早午晚各食前服一錢五分，人參湯下。○治跌撲打傷。用生大黃三錢，乳香、沒藥、枳殼、陳皮、甘草、當歸、紅花、桃仁、木通、韭菜子、生蒲黃各二錢，老酒、清水各二碗，煎一碗。食前服。

明・姚可成《食物本草》卷一九草部・毒草類 大黃出蜀中。赤莖，大葉。莖高六七尺而脆，味酸，堪生啖。根巨如盌。 大黃，味苦，寒，無毒。主下瘀血，血閉，破癥瘕積聚，留飲宿食。蕩滌腸胃，推陳致新，調中化食，安和五臟。

葉 味酸，寒，無毒。置薦下，辟蟲虱。

明・孫志宏《簡明醫彀》卷一《要言》 大黃、芒硝 謹按：《神農本經》大黃味苦，寒，無毒，主調中化食，破積除痰，通利水穀，腸胃結熱，推陳致新，安和五臟。又按：芒硝味辛、苦，寒，主五臟積聚久熱，破留血，腹中痰實結搏，通經脉，利二便。古今通治傷寒有餘熱證。東垣賦云：大黃定禍亂而致太平，故名將軍。如傷寒熱邪傳陽明之本，陽邪傳入陰經，陽毒火極等證，用之則頃刻回生，舍之則死不踰日。如不能以脉理明辨者，可以舌色驗之，如舌乾燥胎，唇焦口渴者，先宜白虎湯，重用錢塘硬石膏研末。如小便短赤，大便秘結，大熱大渴，不怕寒，反怕熱，揚手擲足，揭去衣被，大便下利蒼黑穢水，名協熱自利；臍內梗硬作痛，乃腸中有燥屎，則大黃可用矣。渴極睛紅，胎黃煩躁，芒硝可用矣。如舌胎黑色如芒刺，芒硝、大黃可倍用矣。如舌燥雖有白胎，大便下利清水，身無大熱，手足厥冷，脉沉細，名協寒自利，硝、黃不可用。如舌胎黑色而濕滑，名臟結，有陽證變陰者，皆不可用也。如痢疾初起，或日數多，猶有積滯不清，後重窘迫，非大黃不能通快，如頭大痛，目赤腫等證，非酒煮大黃不除。凡實證，涼藥不效者，可用數分，專在用之中病，誤用則傷人，失用尤殺人，豈可畏如鴆毒，一例不用乎？今醫者，逢迎病家，不用大黃，恐傷胃氣為談柄，病家敬其謹慎王道，屢有熱邪熾極，寧袖手坐視其斃。嗚呼！痛哉！余曾見小兒患痘大渴，失用石膏，胃爛潰穿胸背而死。見痢疾大熱，失用大黃，腰後臀俞枯涸成窟而死。失用硝、黃，所致如此甚多。如明醫視病的確，用之無不起死回生。歷代名師治法方中多用，今以硝、黃奏奇功者，豈勝枚舉？姑舉一案例之。

附紀：如鹽官沈觀察弟天谷公，應試南都，與選貢劉芑源公同日患痢。沈憶宏曾語，初感即用大黃等，一劑獲瘳。劉延醫不肯用，沈亟往告，醫用熟大黃丸一錢，藥中仍加白术、山藥，失於通導，竟至不起。又石膏者，傷寒等證神藥，醫有絕不用者，惜哉！

明・顧逢柏《分部本草妙用》卷七兼經部・寒瀉 大黃 苦，寒，微毒。入脾、胃、大腸、心胞絡五經。黃芩為使。忌冷水。惡乾漆。出莊浪錦紋者佳。 主治：瘀血血閉，癥瘕積聚，留飲宿食。蕩滌腸胃，推陳致新。通利水穀，安和五臟。實痰結積閉脹，平胃下氣，利水腫。貼腫毒，治下痢裏急腹痛，黃疸，諸火瘡。 按：大黃為五經血分之藥，病在血者宜之。若居氣分誤用，便傷生命矣。仲景瀉心湯治心氣不足，吐血衄血者，脾、胃、肝、心胞邪火有餘也。故黃芩救肺，黃連救肝，肝肺之火退，而陰血復舊矣。大黃黃連瀉心湯治心下痞滿，亦瀉脾胃濕，非瀉心也。病發于陰，而反下之，則痞滿，乃營邪氣乘虛，聚于上焦，胃脘在心，故曰瀉心，實瀉脾胃也。病發于陽，而反下之，則結胸，此熱邪陷入血分，亦居上脘。大陷胸用大黃，亦瀉脾胃血分之邪也。若結胸在氣分，只用小陷胸。痞滿在氣分，只用半夏瀉心湯矣。惟量血分氣，元虛不虛，虛用之得中，奇効倍常。古人了然于氣血虛實之故，認得真，用得當，用之故不為奇，奏効時見其長也。若用奇兵猛將，斬關搴旗，定禍亂以致太平，以毒攻毒之藥也。畏而不用，曾見賦詩，可以退虜耶？

明・黃承昊《折肱漫録》卷三 大黃極不宜輕用，因大黃妄下而致殞者，予目中蓋屢見矣。即痢之初起，大概宜早下，然亦須審形症，是強是弱，而後斟酌用藥。方書中原有老弱不可下之說，慎勿可輕。

明・李中梓《醫宗必讀・本草徵要上》 大黃味苦，寒，有毒。入脾、胃、肝、大腸四經。黃芩為使，無所畏，錦紋者佳。 瘀血積聚，留飲宿食，痰實結熱，水腫痢疾。大黃乃血分之藥，若在氣分，是謂誅伐無過矣。仲景瀉心湯，治心氣不足而吐衄者，乃心氣不足，而胞絡、肝、脾與胃，邪火有餘，雖曰瀉心，實瀉四經血中伏火也。又心下痞滿，按之軟者，用大黃黃連瀉心湯，亦瀉脾胃濕熱，非瀉心也。病發於陰而下之則痞滿，乃寒傷營血，邪氣乘虛結於上焦，胃之上脘在於心，故曰瀉心，實瀉脾也。病發於陽而下之則結胸，乃熱邪陷入血分，亦在上脘。大陷胸湯丸皆用大黃，亦瀉脾胃血分之邪也。若結胸在氣分，只用小陷胸湯，痞滿在氣分，只用半夏瀉心湯。成氏註釋，未能分別此義。按：大黃雖有撥亂反正之功，然峻利猛烈，長驅直搗，苟非血分熱結，六脈沉實者，切勿輕與推蕩。

明・鄭二陽《仁壽堂藥鏡》卷一〇上　大黃　日華子云：大黃生河西、隴西。今以蜀川錦紋者佳。敷一切瘡癤癰毒。　氣寒，味甘，大寒，味極厚，陰也，降也。無毒。　入手足陽明經。酒浸入太陽經，酒洗入陽明經。餘經不用酒，有毒。入脾、胃、大腸、心胞絡、肝五經。黄芩為使。忌冷水，惡乾漆。出莊浪，錦紋者佳。　《本草》云：主下瘀血血閉，寒熱，破癥瘕積聚，留飲宿食，蕩滌腸胃，推陳致新，通利水穀，調中化食，安和五臟，平胃下氣，除痰實，腸間結熱，心腹脹滿，女子寒血閉脹，小腹痛，諸老血留結。　成聊攝云：大黃謂之將軍，以苦蕩滌。又云：宜下，必以苦大黃之苦寒，以下瘀熱。又云：腸燥胃強，以苦泄之。大黃、枳實之苦，下燥結而泄胃強也。　潔古云：大黃之性，走而不守。瀉諸濕熱，大腸不通，蕩滌腸胃間熱。專治不大便。《主治秘訣》云：性寒，味苦，氣味俱厚，沉而降，陰也。其用有四：去濕熱，一也；除下焦濕，二也；推陳致新，三也；消宿食，四也。用之酒浸，煨熟，寒因熱用也。又云：味苦，純陰。熱淫所勝，以苦泄之。又云：腹中實熱者，用大黃、芒硝。又云：大黃，苦味之厚者，乃陰中之陰，故《經》云泄下。　海藏云：味苦，寒，陰中之陰也。下泄，推陳致新，去陳垢而安五臟，謂如戡定禍亂，以致太平無異，所以有將軍之名。入手、足陽明經，以酒引之，上至高巔；以舟楫載之，可浮胸中。本苦泄之性峻至於下，以酒將之，可至至高之分。若物在高巔，人迹不及之處，必射以取之也。故太陽陽明，正陽陽明承氣湯俱用酒浸，惟少陽陽明為下經，故小承氣湯不用酒浸也。　雜症方有生用者，有用麪裹蒸熟者，其製不一。《衍義》云：仲景治心氣不足，吐血衄血，瀉心湯用大黃、黄芩、黄連。或云：心氣不足矣，而不用補心湯，更用瀉心湯，何也？答曰：心氣獨不足，則不當吐衄也。此乃邪熱，因不足以客之，故吐衄。以苦泄其熱，就以苦補其心。蓋兩全之。有此症者，用之無不效。量虛實而用之。　丹溪云：大黃屬水與火，苦寒而善泄。仲景用之，以治心氣不足而〔吐〕、衄血者，名曰瀉心湯。正是因少陰經之陰氣不足，本經之陽氣亢甚，無所輔著，以致陰血妄行而飛越，故用大黄泄去亢甚之火，使之和平，則血歸經而自安矣。夫心之陰氣不足，非一日矣。肺與肝俱各受火而病作，故以黄芩救肺，黄連救肝。蓋肺者陰之主，肝者心之母，血之舍也。肺、肝之火既退，陰血自復其舊矣。《衍義》不與明說，而曰熱因不足而客之，何以明仲景之意，開後人之盲瞶乎？　時珍曰：下痢裹急腹痛，黄疸，諸火瘡，大黃乃血分之藥，病在血者宜之。若在氣分，是謂誅伐無過矣。仲景瀉心湯，治心氣不足吐衄血者，乃心氣不足，而脾、胃、肝經絡之邪火有餘也。又心下痞滿，按之軟者，大黃黄連瀉心湯主之。亦瀉脾胃濕熱，非瀉心也。病發於陰，而反下之則痞滿，乃營血邪氣，乘虛結於上焦。胃之上脘在於心，故曰：瀉心實瀉脾也。病發於陽，而反下之則結胸，乃熱邪陷入血分，亦在上脘。大陷胸湯丸皆用大黃，亦瀉脾胃血分之邪也。若結胸在氣分，只用小陷胸湯。痞滿在氣分，只用半夏瀉心湯矣。　按：大黃推蕩，有斬關奪門之雄，如勘定禍亂，以致太平，故有將軍之號。仲景百勞丸、䗪蟲丸，皆用大黃，蓋因濁陰不降，則清陽不升；瘀血不去，則新血不生之義也。古人了然於氣血升降之故，故用之不以為奇，非揣摩之私，以生命為僥倖耳！

明・蔣儀《藥鏡》卷四寒部　大黃　伐積食積痰，走結血結尿。操墮胎催產之力，鮮暴痢實脹之危。攻實立生，攻虛立殆。生用則通腸胃氣壅結熱，熟用則治瘡瘍久不收口。醮醋磨(抹)〔末〕，凍瘃死血散消。夫濁陰不降，則清陽不升，瘀血不去，則新血不長，蒸熱，久而血瘀經絡，惟大黃可以治之。仲景用治勞傷吐衄，百勞丸意最深玅。今人治癆。多用滋陰，數服不效，坐而待斃，惜哉！傷寒者風邪未鮮，投之孟浪，多致殺人。世人但知大苦大寒，效止推陳于脾胃，殊不鮮五行之體，以尅為用，功雖潤下，却疏炎上于心君。蓋火有用而靈，力耑生土，火無用而實，法當瀉土，《本經》名曰黄良，是土得其天也。吳普又名火參，是心得其所也。

明・李中梓《頤生微論》卷三　大黃　味苦，性大寒，有毒。入脾、胃、肝、大腸四經。黄芩為使。忌冷水，惡乾漆。錦紋滋潤者佳。主瘀血癥瘕，留飲宿食，結熱停痰，水腫痢疾，蕩滌腸胃，推陳致新。

按：大黃乃血分之藥，若在氣分，是謂誅伐無過矣。仲景瀉心湯治心氣不足吐衄者，乃心氣不足，而胞絡、肝、脾與胃邪火有餘也。雖曰瀉心，實瀉四經血中伏火也。又心下痞滿，按之軟者，用大黄黄連瀉心湯，亦瀉脾胃濕熱，非瀉心也。病發于陰，而下之則痞滿，乃寒傷營血，邪氣乘虛，結于上焦，胃之上脘在于心，故曰瀉心，實瀉脾也。病發于陽，而下之則結胸，乃熱邪陷入血分，亦在上脘。大陷胸湯丸皆用大黃，亦瀉脾胃血分之邪也。若結胸在氣分，只用小陷胸湯； 痞滿在氣分，只用半夏瀉心湯。成氏註釋未能分別此義。大黄誠有撥亂反正之功。然峻利猛烈，苟非血分結熱，六脉沉實者，其可輕試哉？

明·張景岳《景岳全書》卷四八《本草正》 大黄 味苦，氣大寒。氣味俱厚，陰中之陰，降也。有毒。其性推陳致新，直走不守。奪土鬱壅滯，破積聚堅癥，療瘟疫陽狂，除班黄譫語，滌實痰，導瘀血，通水道，退濕熱，開燥結，消癰腫。因有峻烈威風，積垢蕩之頃刻。欲速者生用，湯泡便吞。欲緩者熟用，和藥煎服。氣虚同以人參，名黄龍湯。血虚同以當歸，名玉燭散。佐以甘草、桔梗，可緩其行。佐以芒硝、厚朴，益助其鋭。用之多寡，酌人實虚假實。誤用與鴆相類。

明·賈九如《藥品化義》卷九火藥 大黄 屬純陰有土與水，體潤，色黄，氣雄而香，味大苦帶辛，性大寒，能沉，力瀉實熱，性氣與味俱重濁，入胃、大腸、小腸、胞絡、膀胱五經。 大黄苦重能沉，帶辛散結，氣味重濁直降下行，走而不守，有斬關奪門之力，故號為將軍。專攻心腹脹滿，胸胃蓄熱積聚，痰實便結瘀血，女人經閉。蓋熱淫内結，用此開導陽邪，宣通澀滯，奏功獨勝。如積熱結久，大便堅實閉固，難以取下，又藉芒硝味鹹軟堅，兩者相須而用。凡内外傷感，鬱久皆變成燥，燥甚為熱，熱極為火，三者屬陽邪，銷鑠腸胃最烈而速，遂使濁陰不降，清陽不升，諸症蜂起。若用硝黄，如開門放賊，急須驅逐，宜以生用，則能速通腸胃。製熟以酒，性味俱減，僅能緩以潤腸，勿畏而不用，亦勿輕而誤施，全在對證用藥，貴乎多少合宜，斯為神乎。 川產氣香堅實者佳。

明·蕭京《軒岐救正論》卷三 大黄 性苦寒無毒，一名將軍，一名火參。東垣曰： 推陳致新，如戡定禍亂，以致太平，故有將軍之號。主平胃下氣，逐瘀血，破癥瘕積聚，留飲，去痰實，瀉諸實熱不通，除三焦濕熱，心下痞滿，下痢赤白，裏急腹痛，小便淋瀝，譫語，黄疸，火瘡諸症。此藥乃足太陰、手足陽明、手足厥陰五經血分之藥，若在氣分者用之，是謂誅伐無過矣。蘇頌曰： 古人用毒藥攻病，必隨人之虚實寒熱而處置，非一切輕用也。梁武帝因發熱，欲服大黄。姚僧坦曰： 大黄乃是快藥，至尊年高，不可輕用。帝弗從，幾至委頓。梁元帝常有心腹疾，諸醫咸謂宜用平藥，可漸宣通。僧坦曰： 脉洪而實，此有宿妨，非用大黄無瘥理。帝從之，遂愈。以此言之，今醫用一毒藥而攻眾病，其偶中者便謂此方神奇，其差誤則不言用藥之失，可不戒哉。《薛氏醫案》云： 判官汪天錫年六十餘，患痢腹痛後重，熱渴引飲，飲食不進。用芍藥湯内加大黄一兩，四劑稍應，仍用前藥，大黄減半，數劑而愈。此等元氣，百僅一二。夫立齋治病，固專主溫補，第藥隨病施，抑何曾廢攻伐不用乎？ 葛可久武勇絶倫，因挽百石大弓，病内傷，治用大黄八兩。其子憚其峻厲，陰減半，病不盡蠲。可久曲詢，始知其故曰： 吾明年當死矣。至期果歿。此又病有輕重，不得以毒藥衰其大半而論也。崇禎戊寅歲，余客汴梁，為一郡王治宫人產後發呃症，因言及其先生壯齡時，患瘧痢翻胃，徧治不瘥，自料無生理。一草醫亦精于脉者，連投五劑，用大黄七兩，始能食。再投十餘劑，計大黄斤許，前症漸愈。後日服滚痰丸，兩旬方得全痊，越年餘連舉五嗣，壽至九十三而薨。如此賦稟，是亦東南所不概見者。甲申夏，余表侄鍾仲章，因為其先人營葬，暑月汗洩，勞力冒寒。一醫投解表藥，内加大黄一錢，未終劑而神思困頓，嘔逆不堪。再延茅復陽投對症藥，未嘗不善，第胃氣已傷，亦不見愈。余以補中益氣湯，加減數服漸愈，稍勞便復淹延，三月方瘥。竊觀仲景傷寒、承氣方旨，必惟三陰裏症，燥滿實堅全具者始可用。奈何三陽表症，而遽混投之，寧不犯陰盛陽虚，汗之則愈，下之則死之戒乎？又況為勞力傷寒耶？ 大凡藥稟偏寒偏熱，而非中和上品者，尤須經心酌用，非可逞意輕率也。

明·盧之頤《本草乘雅半偈》帙六 大黄《本經》下品 氣味： 苦，寒，無毒。 主治： 主下瘀血，血閉，寒熱，破癥瘕積聚，留飲宿食，蕩滌腸胃，推陳致新，通利水穀，調中化食，安和五藏。

覈曰： 出河西山谷，及隴西者為勝。益州北部汶山、西山者次之。二月卷生黄赤，放葉時，四四相當，宛似羊蹄葉，粗長而厚。莖高三尺許，味酸而脆，頗堪啖也。三月花黄，五月實黑，八月采根。根形亦似羊蹄根，大者如盌，長二尺許。切片陰乾，理文如錦，質色深紫。修事： 切作薄片，以文如縠紋，緊厚者佳。剉細蒸之從巳至未，取出晒乾，又以臘水潤透，蒸之從未至亥，凡七徧。晒乾，更以淡蜜水拌蒸一伏時，色如烏膏為度，乃晒乾收用。黄芩為之使。

先人云： 大黄稱將軍，將軍者，所以行君令，戡禍亂，拓土地者也。味大苦，氣大寒，似得寒水正化，而炎上作苦，苦性走下，不與炎上者反乎。《条同》云：五行相尅，更為父母。《素問》云：承廼制，制則生化。是故五行之體以尅為用，其潤下者正炎上之用乎。則凡心用有所不行，變生疢難者，舍同類之苦巽以入之，不能彰其用矣。蓋心主夏，主熱火，主神，主血脈，主病在五臟，主心腹部位，若腸胃之間，心腹之分，夏氣熱火之鬱，神情血脈之結，瘀閉宿留，致成癥瘕積聚，變生寒熱脹滿者，皆心用不行。大黃能蕩滌之，是謂推陳。推陳者，正所以行君之令，闢土地，安人民，阜生物，是謂致新。致新者，即所以調中化食，安和五藏者也。客曰：開土地，滌腸胃，利水穀，皆脾所司。何為行火用也？曰：火有用而靈，正當生土；火無用而息，正當瀉土。顧其名，自得之矣。

条曰：大黃稱將軍，轉危為安，亡為存故也。具地體用，大其用，黃其體，故其動也闢，應地無疆，含弘光大也。其為方也，為大方，為急方；其為劑也，為通劑，為瀉劑。積着留礙者，極物之情，通乎理而已。

明・李中梓《本草通玄》卷上　大黃　苦，寒，足太陰、手足陽明、手足厥陰，五經血分之藥也。　行瘀血，導血閉，通痢積，破結聚，消飲食，清實熱，瀉痞滿，潤燥結，敷腫毒，蕩滌腸胃，推陳致新。　大黃性極猛烈，故有將軍之號。本血分之藥，若在氣分用之，未免誅伐太過矣。瀉心湯治心氣不足，衄血、吐血乃心氣不足，而邪火有餘也。雖曰瀉心，實瀉血中伏火也。又仲景治心下痞滿用大黃黃連瀉心湯，此亦瀉脾胃之濕熱，非瀉心也。病發于陰而反下之，則為痞滿，乃寒傷營血，邪氣乘虛結于上焦。故曰瀉心，實瀉脾也。病發于陽而反下之，則為結胸，乃熱邪陷入血分，亦在上焦。大陷胸湯丸皆用大黃，亦瀉脾胃血分之邪也。若結胸在氣分，只用小陷胸湯。痞滿在氣分，只用半夏瀉心湯。　成無己不知分別此義。凡病在氣分，胃虛血虛，胎前產後，竝勿輕用，其性苦寒，能傷氣耗血也。欲行下者，必生用之。若邪在上者，必須酒服，引上至高，驅熱而下也。欲取通利者，須與穀氣相遠，下後亦不得驟進穀氣，大黃得穀氣，便不能通利耳。

清・顧元交《本草彙箋》卷四　大黃　苦重能沉，帶辛散結氣，味重濁，入胃、大腸、肝、脾四經。其性猛利，善下，所至蕩平。味厚則入陰分。血者，陰也。故主瘀血，血閉寒熱，癥瘕積聚，留飲宿食，用此蕩滌腸胃，宣通澀滯，奏功獨勝。如積熱結久，便堅閉固，必藉芒硝鹹軟之功，兩者相須而用。大抵生用則速達下部，酒蒸熟則性味俱減，僅能緩以潤腸。若邪氣在上，非酒不至，必用酒浸，引上至高之分，驅熱而下。如物在高顛，則射以取之。若用生者，則遺至高之邪氣。是以愈後或目赤，或喉痺，或頭腫，或膈上熱痰生也，貴在驗證施劑，生熟異用，多寡適宜，斯爲無弊。

仲景治二衄用瀉心湯，大黃、黃芩、黃連是也。本因少陰不足，本經之陽亢甚，以致陰血妄行飛越，故用大黃瀉去亢甚之火，使之平和，則血歸經而自安。夫心之陰氣不足，肺與肝俱各受火邪而病作，以黃芩救肺，黃連救肝。肺者，陰之主。肝者，心之母，血之合也。肝肺之火既退，則陰血復其舊矣。李時珍云：大黃廼血分藥，病在氣分者，不宜用瀉心湯，治心氣不足，而肝、膽、脾、胃之邪火有餘。雖曰瀉心，實瀉四經血中之伏火。至仲景治心下痞滿，按之軟者，用大黃黃連瀉心湯，此亦瀉脾胃之濕熱，非瀉心也。病發于陰，而反下之，則作痞滿，乃寒傷營血，邪氣乘虛，結于上焦，胃之上脘在於心，故曰瀉心，實瀉脾耳。《經》云：太陰所至爲痞滿。又云：濁氣在上則生䐜脹。是矣。病發于陽，而反下之，則成結胸，乃邪熱陷入陰分，亦在上脘之分。仲景用大陷胸湯，皆用大黃，亦瀉脾胃血分之邪，而降其濁氣也。倘結胸在氣分者，只用小陷胸湯；痞滿在氣分者，只用半夏瀉心湯矣。

滾痰丸，大黃酒浸蒸熟八兩，生黃芩八兩，沉香五錢，青礞石二兩，以焰硝二兩，同入砂罐固濟，煅紅，研末，淨二兩，水和丸梧子大，小病五六十丸，緩病八十丸，急病一百二十丸，溫水吞下，即臥勿動，俟藥力到，先下糟粕，次下痰涎，未下再服。唯水瀉及胎前產後勿犯之。又墜痰丸，只大黃一味，皂莢熬膏丸，殊爲徑捷。

凡風熱積壅，一切牙痛，用錦紋大黃瓶內燒存性，爲末，早晚揩牙，漱去。都中有專貨此藥者，其門如市，是名紫金散。亦去口氣。

湯火灼傷，以大黃生研，蜜調塗，不惟止痛，又且減瘢。

近地所出羊蹄根者，亦名土大黃，擦癬甚效，餘無所用。

清・穆石匏《本草洞詮》卷九　大黃　其色也。推陳致新，如戡定禍亂，以致太平，故有將軍之號。味苦，氣寒，無毒，一云有毒。主下瘀血，瀉諸實熱，破癥瘕積聚，潮熱譫語，黃疸，貼腫毒。蓋熱淫所勝，以苦泄之。大黃之苦，以蕩滌邪熱，下燥結而泄胃強也。仲景治心氣不足，吐血衄血，瀉心湯用大黃、黃芩、黃連。或曰：心氣既不足，而不補心，更瀉心，何也？寇宗奭云：若心氣獨不足，則當不吐衄矣。惟有邪熱因不足而客之，故令吐衄。以苦泄其熱，以苦補其心，蓋一舉而兩得之也。朱丹溪云：瀉心湯者，少陰經不足，本經之陽亢盛無輔，以致陰血妄行飛越，故用大黄瀉去亢甚之火，使之平和，且心之陰不足，則肺與肝各受火而病作，故黄芩救肺，黄連救肝。肺者，陰之主。肝者，火之母，血之合也。肝肺之火既退，則陰血復其舊矣。李瀕湖云：大黄乃足太陰、手足陽明、手足厥陰五經血分之藥，凡病在五經血分者宜用之。若在氣分用之，是謂誅伐無過矣。瀉心湯治心氣不足吐衄者，乃心之真氣不足，而肝、脾、胃、心胞絡之邪火有餘也，雖曰瀉心，實瀉四經血分之伏火也。病發於陰而反下之，則作痞滿，乃寒傷營血，邪氣乘虚，結於上焦，胃之上脘，當心之處，故曰瀉心實瀉脾也。《素問》云：太陰所至為痞滿。又云：濁氣在上，則生䐜脹。是矣。病發於陽而反下之，則成結胸，乃熱邪陷入血分，亦在上脘分野，仲景大陷胸湯丸皆用大黄，亦瀉脾胃血分之邪，而降其濁氣也。若結胸在氣分，則用小陷胸湯。痞滿在氣分，則用半夏瀉心湯矣。凡胃寒血虚，並妊娠産後，及病在氣分，並勿輕用。其性苦寒，能傷元氣也。按三家之說，寇朱二氏謂瀉心之邪熱，邪熱退則真陰復矣，故治心氣不足也。李氏謂瀉脾胃之濕熱，非瀉心也。胃之上脘，當心之處，故曰瀉心。三家之論，同歸一理。而氣分、血分之辨，尤為精切。蓋氣血者，有無之分也。熱在血分，有形之邪也。熱在氣分，無形之邪也。有形之邪當以大黄蕩滌之，若無形之邪而用大黄，是謂誅伐無過。凡用藥知氣分、血分之別，其為迷罔鮮矣。梁武帝因發熱，欲服大黄。姚僧垣曰：大黄乃是快藥，至尊年高，不可輕用。帝弗從，幾至委頓。梁元帝有心腹疾，諸醫咸謂宜服平劑，可漸宣通。僧垣曰：脈洪而實，此有宿妨，非用大黄不瘥。帝從之，遂愈。由此言之，神而明之，存乎其人，若執一方而治眾病，未見其可也。《養生論》有滚痰丸，治痰為百病，惟水瀉、胎前産後不可服用。大黄酒浸，蒸熟，切晒八兩，生黄芩八兩，沉香半兩，青礞石二兩，以焰硝二兩，同入砂罐固濟，煅紅，研末，右和取末，水和丸梧子大，常服一二十丸，小病五六十丸，緩病七八十丸，急病一百二十丸，溫水吞下，即卧勿動，候藥逐上焦痰滯，次日先下糟粕，次下痰涎，未下再服。王隱君歲合四十餘斤，愈疾數萬也。凡用大黄治腸胃之疾宜生用，其性苦峻下走，若邪氣在上，必用酒浸，引上至高之分，驅熱而下。如物在高巔，必射以取之也。若用生者，則遺至高之邪，是以愈後或目赤，或喉痺，或頭腫，或膈上熱疾生也。

清・劉雲密《本草述》卷一〇　大黄黄芩為之使。　覈曰：出河西山谷及隴西者為勝，益州北部汶山、西山者次之。二月卷生黄赤，放葉時四四相當，宛似羊蹄，葉麤長而厚，莖高三尺許，味酸而脆，頗堪啖也。三月花黄，五月實黑，八月采根，根形亦似羊蹄，根大者如盌，長二尺許，切片陰乾，理文如錦，質色深紫。

根：氣味：苦，寒，無毒。《別録》曰：大寒。普曰：神農、雷公：苦，有毒。扁鵲：苦，無毒。李當之：大寒。潔古曰：味苦，氣寒，氣味俱厚，沉而降，陰也。東垣曰：大黄苦，峻下走。海藏曰：入手足陽明經。

《本經》主治：下瘀血，血閉寒熱，破癥瘕積聚，蕩滌腸胃，推陳致新，通利水穀，調中化食，安和五臟。諸本草主治：瀉諸實熱不通，除腸胃結熱諸病，瀉心下痞滿，心腹脹滿，除痰實，利壅滯水氣，行土鬱，調血脈，治中下焦溼熱諸證，療下痢赤白，裏急腹痛，小便淋瀝並黄疸，及溫瘴熱瘧。

無己曰：熱淫所勝，以苦泄之。大黄之苦，以蕩滌瘀熱，下燥結而泄胃強。　張仲景治心氣不足，吐血衄血，瀉心湯用大黄、黄芩、黄連，或曰心氣不足矣，而不用補心湯，更用瀉心湯何也？丹溪云：正因少陰經之陰氣不足，本經之陽氣亢甚，無所輔著，以致陰血妄行而飛越，故用大黄泄去亢甚之火，使之和平，則血歸經而自安矣。夫心之陰氣不足而陽亢甚，肺與肝俱各受火而病作，故以黄芩救肺，黄連救肝。蓋肺者，陰之主。肝者，心之母，血之舍也。肺肝之火既退，陰血自復其舊。　時珍曰：大黄乃足太陰、手足陽明、手足厥陰五經血分之藥，凡病在五經血分者，宜用之。若在氣分用之，是謂誅伐無過矣。瀉心湯治心氣不足吐血衄血者，乃眞心之氣不足，而手厥陰心包絡、足厥陰肝、足太陰脾、足陽明胃之邪火有餘也。雖曰瀉心，實瀉四經血中之伏火也。又仲景治心下痞滿，按之軟者，用大黄黄連瀉心湯主之，此亦瀉脾胃之溼熱，非瀉心也。病發於陰而反下之，則作痞滿，乃寒傷營血，邪氣乘虚，結於上焦，胃之上脘在於心，故曰瀉心，實瀉脾也。《素問》云：太陰所致為痞滿。又云：濁氣在上，則生䐜脹。是矣。病發於陽而反下之，則成結胸，乃熱邪陷入血分，亦在上脘分野，仲景大陷胸湯丸，皆用大黄，亦瀉脾胃血分之邪，而降其濁氣也。若結胸在氣分，則只用小陷胸湯，痞滿在氣分，則用半夏瀉心湯矣。成無己註釋《傷寒論》，亦不知分別此義。　盧復曰：　大黃稱將軍。將軍者，所以行君令，戡禍亂，拓土地者也。　味大苦，氣大寒，似得寒水正化，而炎上作苦，苦性走下，不與炎上者反乎？《彔同》云：　五行相尅，更為父母。《素問》云：　承迺制，制則生化。　是故五行之體以尅為用。　其潤下者，正炎上之用乎？　則凡心用有所不行，變生疢難者，舍同類之苦巽以入之，不能彰其用矣。　蓋心主夏主熱，火主神，主血脈，主病在五臟，主心腹部位。　若腸胃之間，心腹之分，夏氣熱火之鬱，神情血脈之結瘀閉宿留，致成癥瘕積聚，變生寒熱脹滿者，皆心用不行。　大黃能蕩滌之，是謂推陳。　推陳者，正所以行君之令，闢土地，安人民，阜生物，是謂致新。　致新者，即所以調中化食，安和五臟者也。　客曰：　開土地，滌腸胃，利水穀，皆脾所司，何為行火用也？　曰：　火有用而靈，正當生土。　火無用而息，正當瀉土。　顧其名，自得之矣。　希雍曰：　大黃禀地之陰氣獨厚，得乎天之寒氣亦深，故其味至苦，其氣大寒而無毒，入足陽明、太陰、厥陰，并入手陽明經，氣味俱厚。　味厚則發泄，故其性猛利，善下泄，推陳致新，無所阻礙，所至蕩平，有戡定禍亂之功，故號將軍。　味厚則入陰分，血者，陰也，故於血分之病，奏績殊多。

大黃在仲景用於傷寒證為多，潔古用以瀉諸實熱不通，及瀉心下痞滿由於實，皆本仲景法也。　亦治滯下赤白，初起壯實之人，可同枳殼、檳榔、當歸、甘草、滑石，作丸投之，是迎而奪之之法也。　然不可過劑，過劑則傷胃氣。同城即鰜及白斂炒，陳小粉、沒藥、乳香、醋、蜜，調傅作癰腫圍藥。　凡實熱溼痰為病，以錦紋大黃酒蒸八兩，入前胡八兩，橘紅四兩外，另以青礞石二兩，同焰消二兩，入砂罐固濟，煅紅，研末，二兩，右各取末，以水發為丸梧子大，每常服一二十丸，小病五六十丸，緩病七八十丸，急病一百二十丸，溫水吞下，即臥勿動，候藥逐上焦痰滯，次日先下糟粕，次下痰涎。　未下再服。　惟妊娠水泄忌之。　西大黃拌蜜及竹瀝，九蒸九曬，粉糊為丸如麻子大，薄荷湯吞三錢，治中上二焦有熱痰，因發偏頭風，諸藥不效，目將損者有殊功。　又治中焦脾胃溼熱，下流客腎，以致飽後夜臥即夢遺，臨臥以升麻、陳皮湯吞三四錢，溼熱去即止。

愚按：　大黃之用，號曰將軍，類知其盪滌腸胃結熱，實熱溼熱，視諸藥為勁直，為駃疾耳。　不悉其能奪土鬱，以奏厥功於戡定者，謂何？　則味厚沉降，及苦寒趨下之說，猶不足明其奪土鬱之功也。　夫茲味今貴莊浪，即藏器亦謂推陳致新，當取河西錦紋者。　而隱居以益州諸地所產，劣於河西、隴西，今莊浪即古涇原隴西地也。　蓋取河以西所產，為禀金氣厚耳。　金氣厚，故樂趨於苦寒之水，水為火主，金為土子，其就下歸陰有勢無留行者，所以先哲指為血分之藥也。　或曰：　所云結熱實熱溼熱，俱不離於血乎？曰：　然。《本經》首曰下瘀血血閉，固謂厥功，專於血分矣。　陽邪伏於陰中，留而不去，是即血分之結熱，唯茲可以逐之。《本草》所謂腸間結熱，心腹脹滿，亦指熱之結於血中者而言。　如仲景治痞滿及結胸證，胥用大黃，乃時珍能晰其微，謂用之以瀉脾邪，初不干於氣分也。　是非其一端，而可以類推者乎？　至於實熱，又即其病於血者，如女子血閉，由於熱積，不由於血枯；　如男女便秘，由於熱結不通，不由於血少腸燥；　如關節不利，由於熱阻營氣，不由脾胃氣虛不能行氣於諸經，虛實之分，舉此則觸證而明矣。　結者，固其所能開，而實者，亦其所能推也。　總之，此味專功溼熱，然其義若何？　曰：《內經・運氣論》云：　風寒在下，燥熱在上，溼氣在中，火遊行其間，此火即三焦相火也。　歷絡上中下，無處不周，溼土又司上下升降之氣運，是火與溼不相離，而互主上下風寒燥熱之用，或風寒燥熱之病於溼者，即病於火。　病乎火者，即病乎溼。　舉火邪之棲於溼以為病，不獨燥結便閉，即赤白下痢，小便淋瀝等證，皆謂之結也。　舉溼邪之翳乎火以為病者，不獨癥塊積聚，即心腹脹滿，水氣壅滯等證，皆謂之實也。　唯此投之，如搜伏，如陷堅，無不奏功，是何以能盪滌如斯，由其禀堅金而趨寒水，水為火主，而承制之？　金為土子而導引之，故能散伏火，疏壅土，以奏戡禍亂、阜民物也。由金導引，而土中之溼邪化，母固樂趨於子也。由金有水以承制，而溼中之熱邪行，用勝者以平其不勝也。　抑金為火用以和水，而氣乃化，血乃生；　金為水母以孕火，而氣乃生，血乃化，此由厚金而趨旺水，又以救火之亢，而致水之用，蓋水之所用者，在火也。　如是則仲景瀉心湯，即謂之補心亦可矣。

嘗閱李東垣先生所說牽牛性味云：　牽牛止能泄氣中溼熱，不能泄血中溼熱，為溼病之根在下焦，下焦主血，溼熱是血分中氣病，宜用苦寒之味，故槩以牽牛泄溼，非其治也。　後賢謂泄血中溼熱，宜用大黃苦寒之味以入血，蓋亦據於先生之言也。　茀溼熱之根在下焦，恐遽悉斯理者猶少，蓋三焦少火，即元氣陰陽合同而化其氣，固出水中也。至三陰同起於下，而水土更合德以立地。若然，又何疑於先生之言哉？

附方　相火秘結，大黃末一兩，牽牛頭末半兩，每服三錢。有厥冷者，酒服。無厥冷，五心煩，蜜湯服。按：此劉河間《保命集方》也，殊有意義，但此云相火秘結，然實病於溼熱也。蓋大黃治血分之溼熱，於人身精血大為要藥。予年四五十內外，每因溼熱而陽道不堅，必用大黃丸，一服而乃如故。蓋火與元氣不兩立，火結滯而元氣不壯故也。至七十內外，則不勝矣。故此味亦須審虛實而用之，但實者可投，即虛火結滯，亦須借此稍稍以袪去之，而後可補。如止用芩、連輩以驅之，多劑反加傷胃，而邪仍不去。蓋其結滯者，非盪滌之味不能去也。　乾血氣痛，錦紋大黃酒浸曬乾四兩，為末，好醋一升，熬成膏，丸芡子大，臥時酒化一丸服，大便利一二行，紅漏自下，乃調經仙藥也。或加香附。錄此以見用醋煮者不獨治塊也。　溼熱眩暈，不可當者，酒炒大黃，為末，茶清服二錢。急則治其標也。錄此以見大黃之能至於極上也。

時珍曰：凡病在氣分，及胃寒血虛，并妊娠產後，並勿輕用。其性苦寒，能傷元氣，耗陰血故也。　希雍曰：《經》云：實則瀉之，大黃氣味大苦大寒，性稟直遂，長於下通，故為瀉傷寒、溫病、熱病、實熱、熱結中下二焦、二便不通，及溼熱膠痰滯於中下二焦之要藥。袪邪止暴，有撥亂反正之殊功。第其峻利之性，猛烈之氣，長驅直搗，一徃不返，如武王伐紂，前徒倒戈，血流漂杵，雖應天順人，救民水火，然亦不免於未盡善之議矣。故凡血閉由於血枯，而不由於熱積；　寒熱由於陰虛，而不由於瘀血；　癥瘕由於脾虛胃弱，而不由於積滯停留；　便閉由於血少腸燥，而不由於熱結不通；　心腹脹滿出於脾虛中氣不運，而不由於飲食停滯；　女子少腹痛由於厥陰血虛，而不由於經阻老血，瘀結滯下，初起即屬胃虛，當以補養胃氣，清消溼熱為本，而不可以妄加推盪；　瘧病傷於暑氣，而不由於山嵐溼熱；　吐衂血由於陰虛火起於下，炎鑠乎上，血熱妄行，溢出上竅，而不由於血分實熱；　腰脚風氣由於下元先虛，溼熱下流，因茲致病，而不專由於風溼外侵；　骨蒸積熱本於陰精不足，而非實熱所致；　偏墜由於腎虛，溼邪乘虛客之而成，而不由於溼熱實邪所犯；　乳癰腫毒由於肝家氣逆，鬱抑不舒，以致勞氣不從，逆於肉裏，乃生癰腫，而不本於膏粱之變，足生大疔，血分積熱所發，法咸忌之。以其損傷胃氣故也。故傷寒家調胃承氣湯中，用甘草以和之，正謂是也。輕發誤投，多致危殆。戒之！戒之！

修治　潔古曰：用之須酒浸煨熟者，寒因熱用也。

愚按：上行於頭目者，非借酒力。則走下之氣味，不能逆上。如治眩暈，用酒炒為末是也。治上焦者，亦假酒不使迅下，如滾痰丸酒浸蒸熟切曬是也。更中焦脾胃結熱瘀滯，固宜以迅利取效，然亦須稍緩，以盡其蕩滌之用。或酒蒸微熟可也。如熱痢初起，大黃煨熟，與當歸等分用，則其義可思矣。其用之下行，似宜生矣。然有難執者，如腰脚風氣作痛，用大黃同少酥炒乾，但勿令焦，入生薑三片，煎服。又如赤白濁淋，用大黃六分，為末，將雞卵破頭，入末其中，攪勻蒸熟，空心食之者。即此二端，其義不有可參乎？至於化脾積血塊，多同醋熬化成膏者，種種具有意義，臨病之工，當細思之，以盡其功可也。

清·郭章宜《本草匯》卷一二　大黃　味苦，大寒，氣味俱厚，沉而降，陰也。入足太陰，兼入手足陽明、厥陰經血分。通腸胃諸物之壅塞，泄藏府結熱之熏蒸，蕩滌峻快，推陳致新。

按：大黃性稟直遂，長于下通。氣味極厚，味厚則發泄，故為泄傷寒溫病、熱病、實熱燥結、熱結中下二焦，二便不通，及濕熱膠痰，滯于中下二焦之要品。袪邪止暴，有撥亂反正之殊功，故有將軍之號。本血分之藥，若用在氣分，未免誅伐太過矣。張仲景治心氣不足，吐血衂血，不用補心湯而用瀉心湯者，正因少陰經不足，而手厥陰、心包絡、足厥陰肝、足太陰脾、足陽明胃之陽亢甚無輔，以致陰血妄行飛越，此邪火有餘也，故用大黃泄去亢甚之火，則血歸經而自安。雖曰瀉心，實所以瀉四經血中之伏火也。又仲景治心下痞滿，按之軟者，用大黃黃連瀉心湯，此亦瀉脾胃之濕熱，非瀉心也。病發于陰，而反下之，則為痞滿，乃寒傷營血，邪氣乘虛結于上焦，故曰瀉心，實瀉脾也。病發于陽而反下之，則為胸結，乃熱邪陷入血分，亦在上焦，大陷胸湯丸皆用大黃，亦瀉脾胃血分之邪也。若結胸在氣分，只用小陷胸湯，痞滿在氣分，衹用半夏瀉心湯。成無已不知分別此義。然雖有撥亂反正之功，但峻利猛烈，長驅直搗，苟非血分熱結，六脉沉實者，切勿輕用。凡停留便閉，由于血少腸燥，而不由于熱結，中氣不運不由于飲食停滯，女子少腹痛不由于經阻，諸如此類，俱不可誤投，戒之。

產蜀川。選文如水旋斑緊重者，剉片蒸晒，再以臘水蒸之七次，却洒淡蜜水，再蒸。凡用，有生，有熟，有蒸，不得一槩用。欲下行者，生用。邪氣在上者，必須酒浸，引上至高驅熱而下。生用能通腸胃壅塞結熱，熟用能治諸毒瘡疽久不收口，且能瀉心火，宣氣消癰。酒浸入太陽經，酒洗入陽明經，餘經不用酒。欲取通利者，須與穀氣相遠，下後亦不得驟進穀氣，便不能通利耳。黃芩為之使。忌冷水。惡乾漆。

清・蔣居祉《本草擇要綱目・寒性藥品》 大黃 氣味：苦，寒，無毒。沉而降，陰中之陰也。酒浸入太陽經，酒洗炒入陽明經，餘經生用。 主治：走而不守，瀉諸實熱。大腸不通，蕩滌腸胃間熱，除下焦濕，推陳致新，消宿食。破女子瘕癥，下痢赤白，裏急腹痛。仲景瀉心湯，耑治心氣不足，吐血衂血之症。或以為心氣不足，法當用補，反以苦寒瀉之者，何也？不知真心不足者，必不吐衂兼之吐血，此則本經之陽亢甚無輔，以致陰血妄行飛越，故宜用大黃以瀉去亢甚之火，使之和平，則血歸經而自安也。又言大黃瀉心實，瀉四經血分中之邪火者，何義？蓋少陰心經之陰氣不足，則心火燔灼，邪氣乘虛結于上焦，胃之上脘在于心，故曰瀉心實瀉脾胃也。又心之陰氣不足，漸漬既久，則肺與肝俱各受火而病作，用黃芩佐大黃以救肺，用黃連佐大黃以救肝。肺為陰之主，肝為陰之母，血之舍肝，肺之火既退，陰血自復其舊，故曰瀉心實瀉肝肺也。凡病在氣分及胃寒血虛，并妊娠產後，慎勿輕用，輕用之恐傷元氣，耗陰血。

清・褚人獲《堅瓠續集》卷五 服大黃療時疾 療時疾者大黃良。《宋史》載陳宜中夢神人語曰：天災流行，人多死於疫癘，惟服大黃得生。宜中遍以示人，時果疫，因食大黃得生者甚眾。

清・閔鉞《本草詳節》卷三 大黃 【略】按：大黃，能蕩滌瘀熱，凡瘀熱在五經血分者，宜用之。若在氣分用之，是謂誅伐無過矣。用之於下必生用，若邪氣在上，必用酒浸，引上至高之分，驅熱而下。若生用，則遺至高之邪熱，是以愈後或目赤，或喉痺，或頭腫，或膈上熱疾生矣。仲景瀉心湯，治心氣不足，吐血衂血，乃本經不足，陽亢無制，血因妄行。用大黃、黃連，雖曰瀉心，實瀉血中伏火也。治心下痞滿，用大黃黃連瀉心湯，亦瀉脾胃之實熱，非瀉心也。將入腑而遽下之，則為痞滿，乃寒傷榮血，邪氣乘虛結于上焦，故曰瀉心實瀉脾也。未入腑而早下之，則為結胸，乃邪熱陷人血分，亦在上焦，大陷胸湯丸俱用大黃，亦瀉脾胃血分之邪也。若結胸在氣分，只用小陷胸湯。痞滿在氣分，只用半夏瀉心湯。又欲通利者，須與穀氣相遠，下後亦不得驟進穀氣，大黃得穀氣便不能通利耳。

清・王翃《握靈本草》卷四 大黃蜀郡隴西者良。下行生用，上行酒炒。 主治：大黃，苦，寒，無毒。主下瘀血，血閉寒熱，破癥瘕積聚，留飲宿食，蕩滌腸胃，推陳致新。安和五臟，下氣除痰，實女子血閉，諸老血留結，時疾煩熱，調血脈，利關節，下痢裏急，小便淋瀝，黃疸。【略】

清・汪昂《本草備要》卷二 大黃大瀉血分實熱，下有形積滯。 大苦，大寒。入足太陰，脾。手足陽明、厥陰大腸、胃、心包、肝。血分。其性沉而不浮，其用走而不守。若酒浸，亦能引至至高之分。仲景太陽門調胃承氣湯，大黃註曰酒浸；陽明門大承氣湯，大黃註曰酒洗；少陽、陽明小承氣湯，大黃不用酒製，皆有分別。東垣曰：邪氣在上，非酒不至。若用生者，則遺至高之邪熱。病愈後，或目赤、喉痹、頭腫、膈上熱疾生也。用以蕩滌腸胃，下燥結而除瘀熱。治傷寒時疾，發熱譫語，大腸有燥糞，故譫語，宜下之。譫，音占。溫熱瘴瘧，下痢赤白，腹痛裏急，黃疸水腫，癥瘕積聚，積久成形謂之積，屬陰；聚散無常謂之聚，屬陽。積多是血，或食或痰，聚多是氣。留飲宿食，心腹痞滿，二便不通，皆土鬱奪之。吐血衄血，血閉血枯，損傷積血，一切實熱，血中伏火，行水除痰，蝕膿消腫，能推陳致新。然傷元氣而耗陰血。下多亡陰。若病在氣分，胃虛血弱人禁用。病在氣分而用之，是爲誅伐無過。東垣曰：能推陳致新，如定禍亂以致太平，所以有將軍之號。時珍曰：仲景瀉心湯，治心氣不足吐衄血者，用大黃黃連、黃芩，乃瀉心包、肝、脾、胃四經血中之伏火也。又治心下痞滿，按之軟者，用大黃、黃連瀉心湯，亦瀉脾胃之濕熱，非瀉心也。病發于陰，而反下之則痞滿。乃寒傷營血，邪結上焦，胃之上脘當心，故曰瀉心。《經》曰：太陰所至爲痞滿。又曰：濁氣在上，則生䐜脹是已。䐜，音嗔。病發于陽，而反下之則結胸。乃熱邪陷入血分，亦在上脘，故大陷胸湯、丸皆用大黃，亦瀉脾胃血分之邪，而降其濁氣也。若結胸在氣分，只用小陷胸湯；痞滿在氣分，只用半夏瀉心湯。或問心氣不足而吐衄，何以不補心而反瀉心？丹溪曰：少陰不足，亢陽無輔，致陰血妄行，故用大黃瀉其亢甚之火。又心本不足，肺肝各受火邪而病作，故用黃芩救肺，黃連救肝。肺者陰之主，肝者心之母，血之合也，肺肝火退，則血歸經而自安矣。寇宗奭曰：以苦泄其熱，就以苦補其心，蓋一舉而兩得之。李士材曰：古人用大黃治虛勞吐衄，意甚深微。蓋濁陰不降，則清陽不生；瘀血不去，則新血不生也。川産錦紋者良。有酒浸、酒蒸，生、熟之不同。生用更峻。黄芩爲使。欲取通利者，不得驟進穀食，大黄得穀食，便不能通利耳。《夷堅志》湯火傷者，搗生大黄，醋調敷，止痛無瘢。

清・李世藻《元素集錦・本草發揮》 大黄 性走，降火甚速。酒浸達巔頂，至高之火亦能降之，製藥之妙法也。若九蒸，則失其走性，用之何益？若恐其太走，則他藥之凉而不行者正多，何必大黄也？九蒸之説，後人之誤。

清・王遜《藥性纂要》卷二 大黄 【略】東圃曰：用藥不必拘定四物，或兼清風火，去翳障，但赤腫而痛者加大黄。大黄性寒而下行，生者不可輕用，能瀉人，恐傷元氣。若用酒煑極熟，至色黑，用之得法，取效甚捷。一婦人患心腹痛，醫有用香附、延胡、山梔者，又有用炮薑、吴茱者，有作蚘治用烏梅、花椒者，有作疝治用小茴、川楝者，俱不效。余用酒製大黄，加入養血調氣藥中，一服經行點滴，其痛遂止。此葢經欲行而作痛也。又一婦腹痛，人作寒治，食治，氣治，俱不效。余詢其當經期否？曰：尚遲數日當至矣。余因悟其經前腹痛，月事將行，而氣滯於血中也。用酒製大黄錢許，配四物、延胡、香附等，一服痛定，再一劑而全愈。

清・陳士鐸《本草新編》卷三 大黄 味苦，氣大寒，陰中之陰，降也，無毒。入胃與大腸。然有佐使，各經皆達也。其性甚速，走而不守，善蕩滌積滯，調中化食，通利水穀，推陳致新，導瘀血，滚痰涎，破癥結，散堅聚，止疼痛，敗癰疽熱毒，消腫脹，俱各如神。欲其上升，須加酒製；欲其下行，須入芒硝；欲其速馳，生用為佳；欲其平調，熟煎最妙。欲其少留，用甘草能緩也。此藥有勇往直前之迅利，有推堅蕩積之神功，真定安奠亂之品，祛邪救死之劑也。但用之必須看症甚清，而後下藥甚效，否則，殺人于眉睫也。夫大黄乃君主之藥，故號將軍。然而將軍無參贊之賢，不剿撫並用，亦勇而不仁。所以承氣湯中，必加人參、當歸以助之，其他用大黄者，未有不益之補氣、補血之味也。雖然補氣之藥未可重加，而補血之藥斷宜大用。葢腸胃燥結，而後瘀滯不行，徒用大黄以袪除，而腸中乾涸，無水以通舟楫。大黄雖勇，豈能蕩陸地之舟哉。故凡有閉結，必須多用補劑，使之生血以出陳，敗瘀以致新也。至于補氣之藥，似乎可已，不知血必得氣而易生，況用大黄以袪除，未免損傷腸胃之氣。吾先用參、芪以補之，氣既不傷，且助大黄之力，易于推送，邪去而正又不傷，不必已下之後，再去挽回矣。但氣藥可以少用者，恐過助其氣，以固腸胃，則大黄有掣肘之虞。然而虚弱氣怯之人，當大黄必用之時，萬不可執可用之説，減去參、芪，又虞有氣脱之慮。總之，用補氣者，防其氣脱；用補血者，防其亡陰。要在臨症察之，而不便先為懸度之也。

或疑邪盛者宜瀉，或用大黄至五六錢不瀉者，又奈之何？噫！用大黄又不可拘泥也。邪輕者少用，猶須防其更變；邪重者多用，亦宜豫為圖維，總以制之得宜，何憂重用乎。然而少則可以徐加，多則難以收拾。故邪重者，不妨由少以增多，斷不可嫌少而驟多也。

或問：大黄用之于承氣湯中，少若差錯，下喉立亡，何利而用之乎？夫承氣湯，乃奪命之藥也。不善用之，奪命變為喪命矣。非大黄之過也。且子亦知大黄之功乎。當少腹之鞭痛也，求生不得，求死不能，一用大黄瀉之，苦楚之境，忽易為快樂之場，不特腹中安然，而身軀手足盡解熱寃，其功之大為何如乎。倘用芒硝、厚朴、枳實，而不用大黄，雖亦能逐邪蕩鞭，然必不能如是之功速而效神也。可疑其無利而不用乎。

或疑大黄功多而過亦多，予終不敢信為奪命之藥而輕用之也。夫用大黄治至急之症也，緩症可以遲用，而急症斷不宜遲。逍遥觀望，因循謹慎，而殺人者正多。凡邪入下焦，而上焦喘滿、中焦痞悶者，斷宜速下。倘手按之痛甚而不可按者，急下無疑，庶幾可以奪命。否則，氣逆而死矣。胡可慮其亡陰之過，而不收其救陽之功哉。

或曰：用大黄悮下，往往致不可救，可不顧其亡陰，單收其救陽之功乎？曰：亡陰之禍，乃悮下之過，非宜下之過也。宜下而不下，與不宜下而下，過正相同。倘慮悮下，難于垂援，先預防而用補劑，或投而為佐使，自無悮下之愆。即悮下，而亦無難救之禍，亦何至有亡陰之失哉。

或疑大黄亦斬關奪門之將，何以又不宜用人參？大黄亦何嘗不宜人參哉，第古人用人參于大黄中者絶少。葢用大黄之症，多是下行而不上行。上行之症，邪多變遷之不定；下行之症，邪有趨散之無憂。用大黄以逐邪，所以止加當歸以助其勢，而不用人參以防其機也。

或疑大黄逐瘀，而氣弱之人，往往隨下而輒亡，獨不可用人參以扶其氣乎？曰：吾前言大黄未嘗不宜人參者，正言氣弱之人也。邪在于大腸之中，結燥屎而作痛，非大黄之猛利，何以迅逐其邪，而兼去其燥屎乎，倘其人為虚弱之人，似宜和解之為得。然而邪已下趨大腸，和其中焦，而下焦更為急迫，其痛必甚，勢必下之為快。然而下之，而氣亦隨下而俱脱也。苟不用人參以急補其氣，則氣脱又何救乎。然而與其下之氣脱，而後救之以人參，何不先用人參于大黃之中，未下而先防其脱乎。况人參、大黃同用，則人參助大黃以奏功，大黃亦得人參而緩力，但去其燥屎之邪，而不崩其虚弱之氣，是兩用之而得宜也。

或又問：人參用于大黃之中，萬一補住其邪，而燥屎不得下，不因用人參而悮乎？夫大黃走而不守，人參安得而留之乎。况邪又不在上、中二焦，而在下焦之大腸。邪食在大腸，原宜直下，用大黃者，不過順以推之，而非逆以提之也。順推而用人參，又安得變順而轉為逆乎。故人參用之于大黃之中，萬無補住其邪之禍者也。

或疑虚人不可用攻，古人有先服人參，後服大黃者，可乎？不可乎？此亦權宜之法，而不可為訓也。愚意不若人參、大黃同用為佳。先服大黃，恐氣脱而不及救；先服人參，恐邪壅而不能攻。惟同用于一時，自然相制相宜，大黃無過攻之虞，而人參無過補之失也。

或問：大黃性猛，過于迅速，似乎熟用尚非所宜，何以古人不尚熟而尚生乎？夫大黃過煮，則氣味全散，攻毒不勇，攻邪不急，有用而化為無用矣。大黃之妙，全在生用為佳。將群藥煎成，再投大黃，略煎一沸即服，功速而效大，正取其迅速之氣而用之也。不可畏其猛烈，過于煎煮以去其峻利也。

清・顧靖遠《顧氏醫鏡》卷七　大黃苦，大寒。入脾、胃、肝、大腸四經。若邪氣在上，必用酒浸，引上至高之分，驅熱而下。如生用，則遺至高之邪熱，是以愈後，或頭腫，或目赤，或喉痺，或膈上熱疾生也。錦紋者佳。　瀉腸胃實熱，大便不通。必轉失氣，臍腹滿痛，手不可按者，方可用之。　治初痢腹痛，裹急後重。去其積滯，則痢自止。傷寒協熱下利，熱結傍流，蕩其熱邪，滌其熱結，亦自愈，皆通因通用之法也。　下瘀血，故桃仁承氣湯用之。　除宿食，故三黃枳术丸用之。　驅老痰，故礞石滚痰丸用之。　利水腫。故舟車丸用之。　療諸火瘡并目疾，塗諸火丹及腫毒。　大苦大寒，長於下通，故為傷寒、温病、熱病、實熱結於中下二焦，大便不通，及一切有形積滯，并血分積熱，發為癰腫諸疾之要藥，有撥亂反正之功。　其性峻利猛烈，長驅直擣，苟非血分熱結，六脉沉實者，切勿輕與推蕩。戒之！戒之！

清・李熙和《醫經允中》卷二〇　大黃　入脾、胃、大小腸、心胞絡五經。

黃芩為使。欲速行宜生，欲緩行宜熟。

味苦，微毒，氣大寒，味極厚，陰中之陰，降也。　主治導瘀血，逐頑痰，破癥瘕積聚，宿食閉脹，滌腸胃熱結薰蒸，下痢，裹急腹痛。　貼癰腫毒，敷湯火傷。　為五經血分要藥，病在血分者宜之。若氣分悮用，便傷生命矣。　大黃黃連瀉心湯治心下痞滿，實瀉脾胃，非瀉心也。　病發于陰而反下之則痞滿，乃傷寒營血，邪氣乘虚聚于上焦，胃脘當心，故曰瀉心。　病發于陽而反下之則結胸，此熱邪陷于血分，亦居上脘，大陷胸湯用大黃，亦瀉脾胃血分之邪也。　若結胸在氣分，只用小陷胸湯；　痞滿在氣分，只用半夏瀉心湯，足矣。　惟審血分氣分，量虚實用之，故血分熱結，六脉沉實者施之奏効頃刻。　傷寒脉虚弱及風寒未解者禁用。　今人每見老人虚秘便結等症，用為潤腸平藥，遂致殞命，哀哉！

清・馮兆張《馮氏錦囊秘錄・雜症痘疹藥性主治合參》卷二　大黃稟地之陰氣獨厚，得乎天之寒氣亦深，故味至苦，氣大寒而無毒。入足陽明、太陰、厥陰，并入手陽明經。氣味俱厚，味厚則發泄，而入陰分，故性猛利下泄。兼入血分，一切癥瘕積聚，實熱燥結，有形之滯，推陳致新，所至蕩平，有戡定禍亂之功也。血枯血閉，氣虚氣閉，一切無形虚症，並宜禁用。

大黃欲速生使，欲緩熟宜。　推陳致新，蕩滌腸胃，消瘀血，滚頑痰，破積聚，止疼散熱毒癰腫，消留飲宿食，清痰實結熱。　性直走而不守，瀉諸實熱不通，而心腹脹滿，大便燥結，號為將軍，以其峻快也。　然熱在血分者，有形之邪可下之；　熱在氣分者，無形之邪不可攻之，反傷元氣。

主治痘疹合參：　功用同前。　治痘初起，熱毒壅盛，用以瀉諸實熱。　大腸燥結，小便不通，腹脹煩燥，人大壯實，血熱毒盛者宜之。　然大傷脾胃，不可妄用。　欲下行者宜生。　邪氣在上者，酒浸用之。

清・张璐《本經逢原》卷二　大黃《本經》名黃良，一名將軍。　苦，寒，無毒。產川中者色如錦紋而潤者良。　若峻用攻下生用。　邪氣在上，必用酒浸上引而驅熱下行。　破瘀血，韭汁製。　虚勞吐血，內有瘀積，韭汁拌炒黑用之。　大腸風秘燥結，皂莢、綠礬酒製。　又尿桶中浸過，能散瘀血，兼行滲道。　妊娠產後慎勿輕用。　實熱內結，勢不可緩，酒蒸用之。　凡服大黃，下藥須與穀氣相遠，得穀氣則不行矣。　《本經》下瘀血，血閉，寒熱，破癥瘕積聚，留飲宿食，蕩滌腸胃，推陳致新，通利水穀，調中化食，安和五藏。　發明：　大黃氣味俱厚，沉降純陰，乃脾、胃、大腸、肝與三焦血分之藥。　凡病在五經血分者宜之。若在氣分者用之，是誅伐無過矣。其功專於行瘀血，導血閉，通積滯，破癥瘕，消實熱，瀉痞滿，潤燥結，敷腫毒，總賴推陳致新之功。《本經》與元素皆謂去留飲宿食者，以宿食留滯中宮，久而發熱，故用苦寒化熱，宿食亦乘勢而下。後世不察，以為大黃概能消食，謬矣。蓋胃性喜溫惡濕，溫之則宿食融化，寒之則堅滯不消，以其能蕩滌腸胃，食積得以推蕩，然後穀氣通利，中氣調暢，飲食輸化，五藏安和矣。若食在上脘，雖經發熱，只須枳實、黃連以消痞熱，宿食自通。若誤用大黃推蕩不下，反致結滯不消，為害不淺。如瀉心湯治心氣不足，吐血衄血者，乃包絡、肝、脾之邪火有餘也，雖曰瀉心，實瀉四經血中伏火也。仲景治心下痞滿，按之濡者，用大黃黃連瀉心湯，此亦瀉脾胃之濕熱，非瀉心也。若心下痞而復惡寒汗出者，其人陽氣本虛，加附子以溫散之。病發於陰，而反下之，因作痞，乃痰實與邪氣乘虛結於心下，故曰瀉心，實瀉脾也。病發於陽而反下之，則成結胸，乃熱邪陷入陰分而結於膈上。仲景大陷胸湯丸，皆用大黃、芒硝以瀉脾胃血分之邪，而降其濁氣也。若結胸在氣分，則用小陷胸湯。痞滿在氣分，則用半夏瀉心湯矣。若病本陽邪或兼停食，而攻發太過，正氣消乏，實結不解，擬欲攻之，而正氣不能行其藥力，則加人參於桃核承氣湯中，以助硝黃之勢。如陶氏黃龍湯之製，乃先輩之成則也。蓋大黃、芒硝瀉腸胃之燥熱，牽牛、甘遂瀉腸胃之濕熱，巴豆、硫黃瀉腸胃之寒結。各有定例。至於老人血枯便秘、氣虛便難，脾虛腹脹少食，婦人血枯經閉，陰虛寒熱，脾氣痞積，腎虛動氣，及陰疽色白不起等證，不可妄用，以取虛虛之禍。

清·浦士貞《夕庵讀本草快編》卷二　大黃《本經》、將軍　其色深黃，其功能推陳致新，戡定禍亂，故號將軍。　大黃味苦氣寒，沉降屬陰，乃足太陰、手足陽明、手足厥陰五經血分藥也。若病涉氣分便不可服。仲景治心氣不足，吐血衄血者，以黃芩、黃連同用，名瀉心湯，何也？若心氣果不足，則不吐衄，此皆包絡與肝脾與胃四經之邪火熾甚，乘心之虛而客之，故病作。雖曰瀉心，實瀉血中之伏火也，所謂苦能泄熱，苦能補心，一舉而兩得矣。又心下痞滿，按之軟者，用大黃黃連瀉心湯，蓋病發於陰而反下之，則作痞滿，乃寒傷榮血，邪氣乘虛結於上焦，胃之上脘正當心下，故號瀉心，實瀉脾胃之濕熱也。《素問》謂太陰所至為痞滿。又云：濁氣在上，則生䐜脹是爾。病發於陽而反下之，則成結胸，乃邪熱陷入血分，亦在上脘分野，故大陷胸湯丸中並皆用之，亦瀉脾胃血分之邪而降其濁氣，無不愈也。若結胸在氣分，只宜小陷胸湯，痞滿在氣分，只用半夏瀉心湯矣。成無已謂熱淫所勝，以苦泄之，故大承與調胃、桃核等湯並皆用之，以蕩瘀滌結，推陳致新，將軍之號豈虛語哉？雖然，峻駃而下利，不可輕用。若得酒浸，亦可驅至高之熱從上而下，如物處巔，非射不得。苟不知此，必遺在上諸疾，愈後或作目赤喉痹，頭腫膈熱等症。惟在其人用之得宜也。

清·張志聰、高世栻《本草崇原》卷下　大黃　氣味苦，寒，無毒。主下瘀血，血閉寒熱，破癥瘕積聚，留飲宿食，蕩滌腸胃，推陳致新，通利水穀，調中化食，安和五臟。　大黃，《本經》謂之黃良，後人謂之將軍，以其有伐邪去亂之功力也。古時以出河西、隴西者為勝，今蜀川河東，山陝州郡皆有，而以川中錦紋者為佳。八月采根，根有黃汁，其性滋潤，掘得者，竿於樹枝上，經久始乾。　大黃味苦氣寒，色黃臭香，乃肅清中土之劑也。其性走而不守，主下瘀血血閉。氣血不和，則爲寒爲熱，瘀血行而寒熱亦除矣。不但下瘀血血閉，且破癥瘕積聚，留飲宿食。夫留飲宿食，在於腸胃，癥瘕积聚，陳垢不清，故又曰：蕩滌腸胃，推陳致新。夫腸胃和，則水穀通利，陳垢去，則化食調中，故又曰：通利水穀，調中化食也。《玉機真藏論》云：五臟者，皆禀氣於胃。胃者，五臟之本也。胃氣安則五臟亦安，故又曰：安和五臟。

愚按：大黃抑陽養陰，有安和五臟之功，故無毒，而《本經》名曰黃良。但行泄大迅，下瘀破積，故別名將軍，而列於下品。西北之人，土氣敦厚，陽氣伏藏，重用大黃，能養陰而不破泄。東南之人，土氣虛浮，陽氣外泄，稍用大黃，即傷脾胃，此五方五土之有不同也。又，總察四方之人，凡禀氣厚實，積熱留中，大黃能養陰，而推陳致新，用之可也。若素禀虛寒，雖據證，當用大黃，亦宜量其人而酌減，此因禀質之有不同也。至《傷寒·陽明篇》中，三承氣湯，皆用大黃。大承氣、調胃承氣與芒消同用，所以承在上之火熱而調其腸胃，使之下泄也。小承氣但用大黃，不用芒消，所以行腸胃之燥結也。燥結行而陰陽上下內外皆和。今人不知傷寒精義，初起但發散而消食，次則平胃而挨磨，終則用大黃以攻下，不察肌表經脈之淺深，不明升降出入之妙義。胸膈不舒，便謂有食，按之稍痛，更云有食。外熱不除，必絕其穀，腸虛不便，必下其糞，處方用藥，必至大黃而後已。夫禀質敦厚，或感冒不深，雖遭毒害，不即殞軀，當一二日而愈者，必至旬日，當旬日而愈者，必至月餘。身愈之後，醫得居功。若正氣稍虛，或病邪猖獗，亦以此醫治之，此醫但知此法，鮮不至死。噫，醫所以寄死生，可以盲瞽不明者，而察秋毫之末乎。不思結綱，但知羨魚，恥也。旁門管窺，居之不疑，恥更甚焉。

清・何諫《生草藥性備要》卷下　大黃葉　味辛，性平。治黃食，消黃腫，擂粉食。

清・王三尊《醫權初編》卷上　論熟大黃第二十二　《溫疫論》喜用生大黃，未曾言熟大黃之妙。蓋舌胎黃燥者，當用生大黃矣。若雖黃而潤，大便不結，生軍未可多用，少用又不見效，當生熟軍並用之。如曾經發汗後，舌未轉黃，胸膈痞滿而痛者。此原有積滯，當以柴胡清燥湯加枳、朴、熟軍微利之。此即大柴胡湯之意。若待舌黃燥，方以生軍下之，是養虎貽患矣。夫寒之最者，莫如黃連，用之火不能下，即用熟軍一錢，次日必小便如血。蓋大黃乃推陳致新之品，驅邪直下，加以酒蒸多次，能將巔頂之火，驅之二便而出，誠妙藥也。即雜症積滯，痰飲，火眼，火痘，實痢，實瘧，或單用，或佐以他藥，每見殊功。吾聞維揚之風，棄而不用，縱風土卑柔，豈無十中一二強健者？須知大黃所愈之症，決非他藥可代。若當用不用，或反執補正而邪自去之語，是齊元為周師所圍，尚講老子，安得不亡乎？

清・姚球《本草經解要》卷二　大黃　氣寒，味苦，無毒。主下瘀血，血閉寒熱，破癥瘕積聚，留飲宿食，蕩滌腸胃，推陳致新，通利水穀，調中化食，安和五藏。　大黃氣寒，稟天冬寒之水氣，入手太陽寒水小腸經。味苦無毒，得地南方之火味，入手少陰心經、手少陽相火三焦經。氣味俱降，陰也。濁陰歸六府，味厚則洩，兼入足陽明胃經、手陽明大腸經，為蕩滌之品也。味厚為陰，則入陰分。血者，陰也，心主者也，血凝則瘀。大黃入心，味苦下洩，故下瘀血。血結則閉，陰不和陽，故寒熱生焉。大黃味苦下洩，則閉者通；陰和於陽而寒熱止矣。癥瘕積聚，皆有形之實邪，大黃所至蕩平，故能破之。小腸為受盛之官，無物不受，傳化失職，則飲留食積矣。大黃入小腸而下洩，所以主留飲宿食也。味厚則洩，濁陰歸府。大黃味厚為陰，故入胃與大腸，而有蕩滌之功也。消積下血，則陳者去，而新者進，所以又有推陳致新之功焉。其推陳致新者，以滑潤而能通利水穀，不使阻礙腸胃中也。腸胃無礙，則陽明胃與太陰脾調和，而食消化矣。飲食消化，則陰之所生，本自五味，五藏主藏陰，陰生而藏安和矣。　製方：大黃同黃芩、沉香、礞石丸，名滾痰丸，治痰症。同當歸、檳榔，治痢初起。同甘草，治胃火食入即吐。

清・周垣綜《頤生秘旨》卷八　大黃　沉寒走下，瀉諸熱結之藥也。推陳致新，戡定禍亂，真有將軍之功。亦當量敵而後進。

清・王子接《得宜本草・下品藥》　大黃　味苦。功專下瘀。得紫石英、桃仁療女子血閉，得黃連治傷寒痞滿，得杏仁療傷損瘀血。

清・徐大椿《神農本草經百種錄》下品　大黃　味苦，寒。主下瘀血，血閉，除血中熱結之滯。寒熱，血中積滯之寒熱。破癥瘕積聚，凡腹中邪氣之積，無不除之。留飲宿食，蕩滌腸胃，推陳致新，凡腹中飲食之積，無不除之。通利水穀，調中化食，助腸胃運化之力。安和五藏。邪積既去，則正氣自和。　大黃色正黃而氣香，得土之正氣正色，故專主脾胃之疾。○凡香者，無不燥而上升。大黃極滋潤達下，故能入腸胃之中，攻滌其凝結之邪，而使之下降，乃驅逐停滯之良藥也。

清・黃元御《長沙藥解》卷一　大黃　味苦，性寒，入足陽明胃、足太陰脾、足厥陰肝經。泄熱行瘀，決壅開塞，下陽明之燥結，除太陰之濕蒸，通經脈而破癥瘕，消癰疽而排膿血。　《傷寒》大承氣湯，大黃四兩，芒硝三兩，枳實五枚，厚朴半斤。治陽明病，胃熱便難。以表病失解，鬱其胃陽。陽莫盛於陽明，陽明戊土，從燥金化氣，陽旺土燥，腸竅結澀，腑熱莫宣，故譫語潮熱，手足汗流。胃氣壅遏，不得下泄，故臍腹滿痛。大黃、芒硝，破結而泄熱，厚朴、枳實，降逆而消滯也。　小承氣湯，大黃四兩，厚朴二兩，枳實三枚。治陽明病，腑熱方作。大黃泄其燥熱，朴、枳開其鬱滯也。　大陷胸湯，大黃六兩，芒硝一斤，甘遂一錢。水六升，煮大黃，取二升，去渣，入芒硝，煎化，入甘遂末，分服。治太陽中風，下早而為結胸。以腑熱未實，下之太早，傷其中氣，戊土不降，裏陰上逆，皮毛未泄，表陽亦陷，陰陽拒隔，結於胸中，寒熱逼蒸，化生水氣，鞕滿疼痛，煩躁懊憹。硝、黃泄其鬱熱，甘遂排其水飲也。　大陷胸丸，大黃半斤，芒硝半斤、葶藶半斤，杏仁半升。共末之，入芒硝，研如脂，丸如彈子大，取一枚，甘遂末一錢，白蜜二合，水二升，煮一升，溫頓服之。一宿乃下。不下更服。治結胸項強，狀如柔痓。以濕熱熏衝，上連頸項。大黃、芒硝，破結而泄熱，杏仁、葶藶、甘遂，降逆而泄水也。

大黃黃連泄心湯，大黃二兩，黃連一兩。麻沸湯一升漬之，去渣，分溫服。治傷寒下後復汗，心下痞鞕。以汗下傷中氣，陽亡土敗，胃氣上逆，阻礙膽經降路，結於心下，痞塞鞕滿。相火既隔，君火亦升，大黃泄戊土而清熱，黃連泄心火而除煩也。　桂枝加大黃湯，桂枝三兩、甘草二兩、生薑三兩、大棗十二枚、芍藥六兩、大黃一兩。治太陽病，醫反下之，因而腹滿實痛，屬太陰者。以太陽表病，悞下而傷脾氣，脾陷木遏，鬱生風熱，侵剋己土，脹滿而成實痛。桂枝和中而解表，芍藥滋乙水而清風，大黃泄己土而消滿也。　《金匱》大黃硝石湯，大黃、硝石、黃栢各四兩，梔子十五枚。水煎，頓服。治黃疸腹滿，自汗，小便不利而赤。以黃家濕淫經絡，皮毛莫啟，是以發黃。今汗孔外泄，水道裏鬱，表和裏實，濕不在經絡而在臟腑。法當用下，大黃、黃栢，泄其瘀熱，硝石、梔子，清其濕熱也。　苓甘五味薑辛半杏加大黃湯，茯苓四兩、甘草三兩、五味半升、乾薑三兩、細辛三兩、半夏半升、杏仁半升、大黃三兩。治痰飲，水去嘔止，腫消痹愈而面熱如醉者。痰飲服半夏而水去，服杏仁而腫消，若面熱如醉，是胃熱逆衝，上熏其面。緣足之三陽，自頭走足，陽明行身之前，自面而下，加大黃以泄陽明之熱也。大黃附子湯，大黃三兩，細辛二兩，附子三枚、炮用。治脇下偏痛，發熱，其脈緊弦。以脾土寒濕，鬱其肝氣，風木抑遏，故脇痛而發熱，脈弦而且緊。宜以溫藥下其治寒，辛、附溫寒而破瘀，大黃下積而開結也。　大黃甘草湯，大黃一兩、甘草一兩。治食已即吐者。以土弱胃逆，濁氣痞塞，鬱生上熱，故水穀不下。大黃破其痞塞，甘草培土補中，緩其下行之急也。　《傷寒》抵當湯，大黃三兩，桃仁、水蛭、蝱蟲各三十枚。水煎，分三服。治傷寒六七日後，表證猶在，脈微而沉，熱在下焦，其人發狂，小腹鞕滿，小便自利者。以表病失解，經熱莫達，內傷膀胱之腑，血室瘀蒸，是以發狂。宜先解其表寒而後下其瘀血，桃、蛭、蝱蟲，破其瘀血，大黃泄其鬱蒸也。　《金匱》大黃䗪蟲丸，大黃十分、甘草三兩、杏仁一升、芍藥四兩、乾地黃十兩、桃仁一升、乾漆一兩、蝱蟲一升、水蛭百枚、蠐螬半升、䗪蟲半升、黃芩三兩。蜜丸小豆大，酒飲服五丸，日三服。治五勞義詳《素問・宣明五氣篇》中七傷義詳《金匱・血痹虛勞》羸瘦腹滿，內有乾血，肌膚甲錯，兩目黯黑。以中氣勞傷，己土濕陷，風木抑遏，賊傷脾氣。脾氣堙鬱，不能腐熟水穀，化生肌肉，故羸瘦而腹滿。肝藏血而竅於目，肝氣抑遏，營血瘀澀，無以榮華皮腠，故肌膚甲錯而兩目黯黑。甘草培土而緩中，杏仁行滯而泄滿，桃仁、乾漆、蝱蟲、水蛭、蠐螬、䗪蟲，破鬱而消癥，芍藥、地黃，清風木而滋營血，黃芩、大黃泄相火而下結塊也。　下瘀血湯，大黃三兩，桃仁二十枚，䗪蟲二十枚，煉蜜為四丸，酒一升，煮一丸，取八合，頓服之。瘀血下如豚肝。亦主經水不利。治產後服痛，中有瘀血，著於臍下者，以瘀血在腹，木鬱為痛。桃仁、䗪蟲破其瘀血，大黃下其癥塊也。　大黃甘遂湯，大黃二兩、甘遂二兩、阿膠二兩。煮一升，頓服之。其血當下。治產後水與血結在血室，小腹脹滿，小便微難而不渴者。以水寒濕旺，乙水抑遏，水瘀血結，不得通達，故腹脹滿，便難而不渴。阿膠清風而潤木，大黃、甘遂，下瘀血而行積水也。　大黃牡丹皮湯，大黃四兩、芒硝四合、瓜子半升、桃仁五十枚、牡丹皮一兩。煎一升，入芒硝，煎化，頓服之。有服當下，無膿下血。治腸癰，少腹腫痛，按之痛如淋，小便調，自汗出，時時發熱，復惡寒，腫已成，其脈洪數者。以濕寒隔硋，氣血不行，擁腫而為癰疽。營衛瘀遏，外寒內熱，鬱熱淫蒸，故肉腐為膿。膿之未成，氣血壅塞，則脈見遲緊，膿成結消，氣血通達，故見洪數。未腫可下，腫成宜排。丹皮、桃仁、瓜子，排決其腫血，大黃、芒硝，寒泄其燔蒸也。

大黃苦寒迅利，泄熱開瘀，決壅塞而通結閉，掃腐敗而蕩鬱陳。一切宿食留飲，老血積瘦，得之即下，心痞腹脹，胃結腸疽，飲之即通。濕熱瘀蒸，非此不除，關竅梗塞，非此不開。蕩滌腸胃之力，莫與為比，下痢家之停滯甚捷。酒浸用。

清・吳儀洛《本草從新》卷二

大黃〔大瀉血分實熱，下有形積滯。〕　大苦，大寒。入足太陰脾、手足陽明、厥陰大腸、胃、心包、肝血分。其性沉而不浮，其用走而不守，若酒浸亦能引至至高之分。仲景太陽門調胃承氣湯，大黃注曰酒浸；陽明門大承氣湯，大黃注曰酒洗；少陽、陽明小承氣湯，大黃不用酒製，皆有分別。東垣曰：邪氣在上，非酒不至。若用生者則遺至高之邪熱，病愈後，或目赤喉痺，頭腫，膈上熱疾生也。用以蕩滌腸胃，下燥結而除瘀熱。治傷寒時疾，發熱譫語，大腸有燥糞故譫語，宜下之。溫熱瘴瘧，下痢赤白，腹痛裏急，黃疸水腫，癥瘕積聚，積久成形謂之積，屬陰；聚散無常謂之聚，屬陽。積多是血，或食或痰，聚多是氣。留飲宿食，心腹痞滿，二便不通，皆土鬱奪之。吐血衄血血閉，損傷積血，一切實熱，血中伏火。行水除痰，蝕膿消腫，能推陳致新。東垣曰：如定禍亂以致太平，所以有將軍之名。時珍曰：仲景瀉心湯治氣不足，吐衄血者，用大黃、黃連、黃芩，乃瀉心包、肝、脾、胃四經血中之伏火也。又治心下痞滿，按之軟者，用大黃黃連瀉心湯，亦瀉脾胃之濕熱，非瀉心也。病發於陰而反下之則痞滿，乃寒傷營血，邪結上焦。胃之上脘當心，故曰瀉心。《經》曰：太陰所至爲痞滿。又曰：濁氣在上，則生䐜脹是矣。病發於陽而反下之則結胸，乃熱邪陷入血分，亦在上脘，故大陷胸湯、丸皆用大黃，亦瀉脾胃血之邪而降濁氣也。若結胸在氣分則用小陷胸湯，痞滿在氣分則用半夏瀉心湯。或問：心氣不足而吐衄，何以不補心而反瀉心？丹溪曰：少中，亢陽無輔，致陰血妄行，故用大黃瀉其亢盛之火。又心本不足，肺肝各受火邪而病作，故用黃芩清肺，黃連清肝。肺者陰之主，肝者心之母，血之合也，肺肝火退則血歸經而自安矣。宗奭曰：以苦泄其熱，就以苦補其心，蓋一舉而兩得之。士材曰：古人用大黃治虛勞吐衄，意甚深微，蓋濁陰不降則清陽不升，瘀血不去則新血不生也。峻利猛烈，長驅直搗，苟非血分熱結、六脈沉實者，切勿輕與推蕩。病在氣分而用之，是為誅伐無過。川產，錦紋者良。有酒浸、酒蒸、生熟之不同，生用更峻。欲取通利者，不得驟進穀食，大黃得穀食便不能通利。《夷堅志》〔洪邁《夷堅志》。〕云：湯火傷者搗生大黃調敷，止痛無瘢。黃芩為使。

清・汪紱《醫林纂要探源》卷二 大黃 苦，微辛，大寒。叢生，每枝三大葉，根結大塊，剖之色黃，赤紋如錦。川產良，有香。瀉脾胃火，蕩腸胃有形之積滯，去血分鬱堙之實熱。色正黃，而結體大，氣重力雄。入脾胃，推蕩有形之滯積。凡有胃、小腸、膀胱、大腸之燥結、鬱熱、瘀蓄，皆能去之。其治肌膚壯熱譫語者，以滯去而熱自解也。其紋赤，故入血分，能去心包、肝膜血中伏火，及血逆血瘀，損傷，癰疽腫赤之類。又行水除痰者，以辛味則能行也。如欲其升胃氣入於膈上，則用酒浸洗。欲其中行則生用，以治損傷去積瘀則酒煎。外傅治遊丹熱腫，湯火傷，折傷，去瘀血，生肌肉。搗和醋，又合陳石灰，炒至紅，去大黃，用灰，曰桃花散，凡癰疽已潰，毒□□之生肌滅瘢。

清・嚴潔等《得配本草》卷三 大黃 黃芩為之使。惡乾漆。忌冷水。苦，大寒。入足太陰、手足陽明、厥陰經血分。性沉而不浮，用走而不守。蕩滌腸胃之邪結，祛除經絡之瘀血，滾頑痰，散熱毒，痘初起血中熱毒盛者宜之。得杏仁，療損傷瘀血。得生地汁，治吐血刺痛。得牡蠣、殭蠶，治時疫疙瘩惡症。配桃仁，療女子血閉。合芒硝，治傷寒發黃。同川連，治傷寒痞滿。欲速行、下行，生用。欲緩行，煎熟用。欲上行，酒浸炒用。破瘀血，韭汁炒。加殭蠶、薑糊丸，蜜湯下，治大頭瘟。血枯經閉、血虛便秘、病在氣分不在血分者，禁用。怪症：瘡肉飛出成片，形如粉蝶而去，痛不可忍，此血肉熱極也。用硝、黃各五錢水送，得微利即愈。仲景百勞丸用大黃以理勞傷。蓋內熱既久，瘀血停於經絡，必得將軍開豁其路，則肝脾通暢，推陳而致新，清升而濁降，骨蒸自除，癆症自愈也。然須蒸熟入滋補之劑以治之，庶幾通者通、補者補，兩收其效。

題清・徐大椿《藥性切用》卷四 川大黃 大苦大寒，入足太陰、手足陽明厥陰。其性沉陰降泄，酒製亦能上行，蕩滌腸胃，為攻下實熱之耑藥。生用更峻，苟非實熱內結，不可輕投。

清・黃宮繡《本草求真》卷六 大黃入胃下熱攻滯。 大黃耑入脾胃。大苦大寒，性沉不降，用走不守，耑入陽明胃府、大腸，大瀉陽邪內結，宿食不消。三承氣湯皆有大黃內入，仲景治傷寒邪由太陽而入陽明之府者，則用調胃承氣，取其內有甘草之緩，不令有傷胃府之意也。治邪由陽明之經直入陽明之府者，則用大承氣，取其中有枳實之急，得以破氣，氣之壅也。治邪由少陽之經而入陽明之府者，則用小承氣，取其中無芒硝之鹹，致令泄下以傷其胃也。故凡傷寒邪入胃府，而見日晡潮熱。陽明旺於申酉。譫語斑狂，便秘硬痛，手不可近。喜按屬虛，拒按屬實。乃瘟熱瘴瘧，下痢赤白，腹痛裏急，黃疸水腫，積聚留飲宿食，心腹痞滿，二便不通，與熱結血分，一切癥瘕血燥，血秘實熱等症，用此皆能推陳致新，定亂致治，故昔人云有將軍之號。成無己曰：熱淫所勝，以苦泄之，大黃之苦，以蕩滌瘀熱，下燥結而泄胃強。然苦則傷氣，寒則傷胃，下則亡陰，故必邪熱實結，宿食不下，用之得宜。宗奭曰：有是證者，用之無不效，惟在量其虛實而已。頌曰：梁武帝因發熱，欲服大黃。姚僧垣曰：大黃乃是劫藥，至尊年高，不可輕用。帝勿從，幾至委頓。梁元帝常有心腹疾，諸醫咸謂宜用平藥，可漸宣通。僧垣曰：脉洪而實，此有宿妨，非用大黃無瘥理。帝從之，遂愈。今醫用一毒藥而攻眾病，偶中便謂之神，不中不語用藥之失，可不戒哉！若使病在上脘，雖或宿食不消，及見發熱，只須枳實、黃連以消痞熱，宿食自通。若誤用大黃推蕩不下，反致熱結不消，為害不淺。時珍曰：大黃病在五經血分者宜用之，若在氣分用之，是謂誅伐無過。瀉心湯有大黃，治心氣不足，吐血、衄血者，乃真心之氣不足，而心包、肝、脾、胃之邪火有餘也。雖曰瀉心，實瀉四經血中之伏火也。又仲景治心下痞滿按之軟者，用大黃黃連瀉心湯主之。此亦瀉脾胃之濕熱，非瀉心也。病發於陰而反下之，則作痞滿，乃寒傷營血，邪氣乘虛結於上焦，胃之上脘在於心，故曰瀉心，實瀉脾也。《素問》云：太陰所致為痞滿。又曰：濁氣在上，則生䐜脹是也。病發於陽而反下之，則成結胸，乃熱邪陷入血分，亦在上脘分野。仲景大陷胸〔湯〕丸皆用大黃，亦瀉脾胃血分之邪，而降其濁氣也。若結胸在氣分，則只用小陷胸湯，痞滿在氣分，則用半夏瀉心湯足矣。或曰：心氣不足而吐衄，何以不用補心而反瀉心。震亨曰：心陰不足，肺與肝俱各受火而病作，故黃芩救肺，黃連救肝，肺者陰之主，肝者心之母，血之合也。肝肺之火既退，則陰復其舊矣！仲景《傷寒論》云：太陽病外症未解，不可下，脉浮大，不可下，惡寒，不可下，嘔多有陽明症，不可下。陽明病不能食，攻其熱必嘔，陽明病應汗，反下之，此為大逆。太陽陽明合病，喘而胸滿，不可下。少陰病，陽虛尺脉弱者，不可下。脉數，不可下。惡水者，不可下。頭痛目黃者，不可下。虛家不可下。陽微不可下。諸四逆厥者不可下。況先輩立藥治病，原有成則，如大黃、芒硝，則瀉腸胃之燥熱。牽牛、甘遂，則瀉腸胃之濕熱。巴豆、硫黃則瀉胃之寒結也。雖其所通則一，而性實有不同，當為分視。至於老人虛秘，腹脹少食，婦人血枯，陰虛寒熱，脾氣痞積，腎虛動氣，及陰疽色白不起等症，不可妄用，以取虛虛之禍。川產錦紋者良，生用峻，熟用純，忌進穀食。得穀食，不能通利。黄芩為使。

清・楊璿《傷寒溫疫條辨》卷六下劑類　大黄川產者良。　味辛，氣大寒，氣味俱厚，陰中之陰，降也。推陳致新，走而不守，酒浸上下通行，清藏府畜熱，奪土鬱壅滯，逐堅癖，滌痰食，導瘀血，療吐衄。仲景有大黄黄連瀉心湯。通月閉，消鬱腫。因其峻烈威風，號為將軍，故積聚能蕩之頃刻。水漬便飲，生瀉心下痞氣。仲景瀉心湯類。入湯煎服，熟除腸胃熱瘀。仲景承氣湯類。氣虛，同人參名黄龍湯。承氣湯加人參，減大黄之半。畜血，同四物名玉燭散。四物湯合調胃承氣湯。佐甘草、桔梗可緩其行，佐枳、朴、芒硝益助其鋭。多寡量人虛實，誤用與鴆為類。按：陽藥用氣，陰藥用味。大黄味厚，屬陰中之陰，水漬生用，為心下痞，恐味厚傷中氣也。煎熟無力之説，纘論錯悟，一唱百和之失，誰其辨之。或問心氣不足而吐衄，何不補心而反瀉心？丹溪曰：少陰不足，亢陽無輔，致陰血妄行，故以大黄瀉其亢甚之火。又心本不足，肺、肝各受火邪而病作，故以黄芩救肺，黄連救肝。肺者，陰之主，肝者，心之母，血之舍也，肺、肝火退，則血歸經而自安矣。李士材所謂，濁陰不降，則清陽不升，瘀血不去，則新血不生是也。古人精義入神，豈後人所能及乎？《本草匯》曰：治實火之血，順氣為先，氣降血自歸經；治虛火之血，養正為先，氣壯自能攝血，此虛實所由分，而治法之不同也，臨證者宜詳之。《千金方》治婦人嫁痛，即陰戶腫痛也。大黄一兩，酒三盅，煎二三沸，頓服。

清・許豫和《許氏幼科七種・怡堂散記》卷下　大黄　大苦大寒，氣味俱厚，沉陰而降之藥。積瘀生熱，及癥瘕積聚，痞滿堅實之症，閉結不通，用以蕩滌腸胃，推陳致新，如定禍亂，以致太平，所以有將軍之號。古言用藥如用兵者，此也。凡救急之藥，病不急者不用，病急須用其全力，畏首畏尾，醫之下也。仲景三承氣，太陽經酒浸，陽明經酒洗，餘不用酒。東垣謂其下行最速，若邪熱在上，非酒不至，必用酒浸，引至至高之分，驅熱而下，如物在高巔，必射以取之也。若用生者，則遺至高之邪，病後或目疾，或喉痺，或頭腫，或膈上熱痰生也。此之謂節制之兵。若近世之九製大黄，猛利之性全消，攻堅破積不及凡品，徒有將軍之名，而無其實，大黄之不幸也。試思以霸王之勇，而束縛其手足，輿至陣前，可能却敵否？

上工治病，力在驅邪攻堅破敵，如救焚拯溺，刻不容緩。故仲景爲醫之聖，調補之方，中工能講之。

或謂如子所言，則九製大黄，竟成無用之物矣。予曰：亦有可用之處，如大腸血燥閉結不行，配當歸、枳殼、麻仁為潤腸之劑，亦對症之藥也。此外無合用者。予前集有九製膽星，亦成無用之物。而有肝膽蘊熱，發為癲狂之症，用為引經，竟與此同。九製之藥，大概利於補，不利於攻。地黄、首烏為滋補良藥，故宜於蒸晒，愈蒸則其液愈透，其味愈厚，守而不走，其力乃純。大黄之用，氣味俱厚，走而不守，氣先至而味隨之，九蒸則氣散，氣散則所存者渣滓耳，故無用也。

清・羅國綱《羅氏會約醫鏡》卷一六草部　大黄味苦，大寒，入脾、胃、大腸、肝四經。黄芩為使，無所畏忌。欲速下者生用，湯泡即服；欲緩效者，與藥同煎。其性專入血分，走而不守，能滌腸胃燥結、宿食、瘀血。治傷寒溫疫大熱、陽狂、發黄、譫語、大腸有燥糞，故譫語，下之則止。下痢赤白、裏急後重、癥瘕血積、積聚，或痰食瘀血不等。消癰腫，化痞滿，通二便。損傷積血，及一切實熱伏火，無不蕩淨峻下之功。佐甘草、桔梗，其行則緩；助芒硝、厚朴，其下更速。上焦實病，酒炒、酒煨；若腹內熱積便燥，酒潤，九蒸九晒，丸服，最效而不傷胃。

按：大黄苦寒，病在氣分，胃虛血虛，六脉不實者禁用。

清・陳修園《神農本草經讀》卷四下品　大黄　氣味苦，寒，無毒。主下瘀血，血閉，寒熱，破癥瘕積聚，留飲宿食，蕩滌腸胃，推陳致新，通利水穀，調中化食，安和五臟。

陳修園曰：大黄色正黄而臭香，得土之正氣正色，故專主脾胃之病。其氣味苦寒，故主下泄。凡血瘀而閉，則為寒熱。腹中結塊，有形可徵曰癥，忽聚忽散曰瘕。五臟為積，六腑為聚，以及留飲宿食，得大黄攻下，皆能已之。自蕩滌腸胃下五句，是申明大黄之效。末一句是總結上四句，又大申大黄之奇效也。意謂人只知大黄蕩滌腸胃，功在推陳，抑知推陳即所以致新乎？人知大黄通利水穀，功在化食，抑知化食即所以調中乎？且五臟皆稟氣於胃，胃得大黄運化之力而安和，而五臟亦得安和矣，此《本經》所以有黄良之名也。有生用者，有用清酒洗者。

清・黄凱鈞《藥籠小品》　大黄　大苦大寒，氣味俱厚，除腸胃中有形之邪，治傷寒邪結於胃，與少陽膽、少陰腎諸經者，皆可下之。溫疫邪伏膜原，積滯於腸胃，非此不能療。血痢初起，體實者亦可用。一切上病治下，釜底抽薪，法用之得當，亦其效如神。辨證不真而誤用之，貽害非細。酒製力緩，煎劑生用，遲入有力。

清・黃凱鈞《橘旁雜論》卷下　論用大黃　近來為醫，純用大黃者，當時氣流行之際，則延請之人，履滿戶外，必私囑從人，以先到為幸，何也？夫欲服大黃之名，必壯熱如燎，全不思納。或神昏譫語，勢甚危急。醫人一到，若遇神仙。然能用大黃，誠非難事。如傷寒傳經，至陽明裏證，腹滿拒按，面帶黑滯，下出燥糞便愈。至於溫疫，必舌黃胸痞，不甚拒按，面色亦帶黑滯，所下如膠似漆。其疫邪一分不盡，則病不瘳。故不妨數下，邪盡則愈。人見如此重症，得一下或數下而痊，聲便驟通，群稱妙手。此不過閱歷既深，臨症毅然不移耳。然終歸粗工，為時醫則可。若能於雜症中用之，方為作手。往時鄰家子患大腹與兩腿小瘡密密，當臥時則作痒，輒夜爬抓，膿血淋漓，至晨不痒而結痂，及夜仍然。外科治以清解燥濕無效，繼用補血散風更甚，年餘不痊。後至舊青浦陳家，曰此瘡從藏府蓄毒所發，須服丸料，半年可愈。方用大黃、犀角，餘不盡悉。服丸漸覺痒減，膿水亦少，半年果痊。更有張姓，平時毫無所患，惟過友戚家，雖門素識，常誤入別舍，而自不覺也。後遇徐君洄溪因述其故。徐曰：必得雪蝦蟆配藥，能除此症。但此物難求，我尚有一枚。修丸與君，張服完，病如失。後問雪蝦蟆從何而得。徐曰：那有此物，丸中首用大黃，明言恐君不服，故謬言之耳。如二君者，皆能知人所不知，如是始可盡大黃之用矣。

清・趙翼《簷曝雜記》卷一　俄羅斯則又以中國之大黃爲上藥，病者非此不治。舊嘗通貢使，許其市易，其人口處曰恰克圖。後有數事渝約，上命絕其互市，禁大黃，勿出口，俄羅斯遂懼而不敢生事。

清・王龍《本草纂要稿・草部》　大黃　氣味苦寒。其性沉而不浮，其用走而不守。破積聚兼消癰腫，導瘀血更滾頑痰。利水穀，調中化滯。蕩腸胃，推陳致新。奪土欝而無壅滯，定禍亂而見太平，故名之曰將軍。

清・錢一桂《醫略》卷一　大黃藥　大黃一藥，按仲景大承氣湯曰酒洗，得利則止。調胃承氣湯曰酒浸，少少溫服。王海藏曰：邪氣居高，非酒不到。又按本草酒洗入陽明經，酒浸入太陽經。蓋浸久于洗，洗則引于至高之分，浸則升其走下之性，以治其中。若小承氣湯，治少陽、陽明病，並不用浸洗。仲景用法，如此精細。今世醫但懼其力大，每用酒製，去古人遠矣。

清・張德裕《本草正義》卷下　大黃　大寒而苦，蕩逐而利，直走不守，有毒。能推陳致新，攻鬱滯，積聚堅癥。治傷寒瘟疫，熱邪狂躁，發斑譫語。凡熱邪閉結而留者，非此不除。熟緩生速，峻烈威風，故名將軍。非寔火寔結者，不可輕用。佐人參，名黃龍湯，佐當歸，名玉燭散，佐甘桔，緩其行，佐硝、朴益其銳。熱藥內佐之，又可逐寒積寒滯，用有無窮之妙也。錦紋者良。

清・楊時泰《本草述鉤元》卷一〇　大黃　出河西山谷及隴西者為勝，益州北部汶山、西山者次之。二月卷生黃赤，放葉時四四相當，粗長而厚，宛似羊蹄，莖高三尺許，味酸而脆，三月花黃，五月實黑，八月采根用，根形亦似羊蹄，大者如盌，長二尺許，切片陰乾，理文如錦，質色深紫覈。

根大苦，大寒。氣味俱厚，沉而降，陰也。入手足陽明、足太陰、手足厥陰經血分。黃芩為之使。《本經》主下瘀血血閉，寒熱，破癥瘕積聚，蕩滌腸胃，推陳致新，通利水穀，調中化食，安和五臟。諸本草治諸實熱不通，除腸胃結熱諸病，瀉心下痞滿心腹脹滿，俱指熱之結於血中者而言。除痰實，利壅滯，行土鬱，調血脈，苦峻下走，治中下焦濕熱諸證，療下痢赤白，裏急腹痛，小便淋瀝，並黃疸及溫瘴熱瘧。熱淫所勝，以苦泄之，大黃之苦，以蕩滌瘀熱，下燥結而泄胃強無已。稟地之陰氣獨厚，得乎天之寒氣亦深，味厚則發泄，故其性猛利，所至蕩平，略無阻礙。味厚則入陰分，故於血分之病奏績殊多仲淳。仲景治心氣不足，吐血衄血，用大黃黃芩黃連瀉心湯。或曰：心氣不足，不用補心而更瀉心，何也？丹溪云：正因少陰經陰氣不足，陽氣亢盛，無所附着，以致陰血妄行而飛越，故用大黃泄去亢甚之火，使之和平也。夫心之陰氣不足而陽亢甚，肺與肝俱各受火而病作。肺者陰之主，肝者心之母血之舍也。故以黃芩救肺，黃連救肝，肺肝之火既退，血自歸經而安矣無己。大黃乃血分之藥，病在氣分而用之，是誅伐無過矣。瀉心湯治吐血衄血者，乃真心之氣不足，而包絡、肝、脾、胃之邪火有餘也，雖曰瀉心，實瀉四經血中之伏火也。又心下痞滿，按之軟者，仲景用大黃黃連瀉心湯，此亦瀉脾胃之濕熱，非瀉心也。病發於陰而反下之，則作痞滿，乃寒傷營血，邪氣乘虛，結於上焦，胃之上脘在於心，故曰瀉心，實瀉脾也。《素問》太陰所致為痞滿，又濁氣在上則生䐜脹是矣。病發於陽而反下之，則成結胸，熱邪陷入血分，亦在上脘分野。仲景大陷胸湯丸皆用大黃，亦瀉脾胃血分之邪而降其濁氣也。若結胸在氣分，則只用小陷胸；痞滿在氣分，則用半夏瀉心矣瀕湖。大黃味大苦，氣大寒，似得寒水正化，而炎上作苦，苦性走下，不與炎上者反乎。《參同》云：五行相剋，更為父母。《素問》云：承迺制，制則生化。是故五行之體，以剋為用。其潤下者，正炎上之用乎。凡心用有不行，變生疢難，舍同類之苦以入之，不能彰其用矣。蓋心主夏主熱，火主神主血脈，主病在五臟，主心腹部位，若腸胃之間，心腹之分，夏氣熱火之鬱，神情血脈之結，瘀閉宿留，致成癥瘕、積聚，變生寒熱脹滿者，皆心用不行也，大黃能蕩滌之。盧不遠。凡壯實人滯下赤白，初起可同枳殼、檳榔、當歸、甘草、滑石作丸投之，是迎而奪之之法也。然不可過，過則傷胃。同鹻及白斂、乳香、沒藥、陳小粉炒，醋、蜜調傅，作癰腫圍藥。凡實熱濕痰為病，用錦紋大黃酒蒸八兩，前胡八兩，橘紅四兩，另以青礞石二兩，同焰硝二兩入砂罐固濟，煅紅研末二兩，各取末，水發為丸梧子大，常服一二十丸，小病五六十丸，緩病七八十丸，急病一百二十丸，溫水吞下，即臥勿動，候藥逐上焦痰滯，次日先下糟粕，次下痰涎。未下，再服。惟妊娠水泄忌之。西大黃拌蜜及竹瀝，九蒸九曬，粉糊為丸麻子大，薄荷湯吞三錢，治中上二焦有熱痰，因發偏頭風，諸藥不效，目將損者。又治中焦脾胃濕熱，下流客腎，致飽後夜臥即夢遺者，臨臥，以升麻、陳皮湯吞三四錢。濕熱去即止。相火秘結，大黃末一兩，牽牛頭末半兩，每服三錢，有厥冷者，酒服，無厥冷五心煩，蜜湯服。河間。按：此云相火秘結，實病於濕熱也。人身火與元氣不兩立，火結滯則元氣不壯，是以每因濕熱而陽道不堅，必用大黃一服，堅乃如故，但須審虛實用之，實固可投，即虛火結滯，亦須稍借以袪去之而後可補，蓋其結滯者，非盪滌之味不能去也。乾血氣痛，錦紋大黃酒浸曬乾四兩，為末，好醋一升，熬成膏，或加香附。丸芡子大，臥時酒化一丸服，大便利一二行，紅漏自下，此調經仙藥，錄之以見，醋煮者不獨治塊也。濕熱眩暈不可當者，酒炒大黃為末，茶清服二錢，錄此以見大黃之能至於極上也。

論：大黃號曰將軍，盪滌腸胃結熱實熱濕熱，至為勁直而駃疾。產河以西者，稟金氣為厚，金氣厚故藥趨於苦寒之水，其就下歸陰也。勢無留行，所以為血分藥，《本經》首云下瘀血血閉，固謂厥功專於血分矣，凡陽邪伏於陰中，留而不去，是即血分之結熱，惟大黃可以逐之。仲景治痞滿結胸，胥用大黃，乃用之以瀉脾邪，初不干於氣分也。至於實熱，又即其病於血者，如女子血閉，不由於血枯，由於熱積。男女便秘，不由於腸燥，由於熱結不通。關節不利，不由脾胃氣虛不能行氣於諸經。由於熱阻營氣。舉此可以觸證而明矣。總之，此味專功濕熱，《內經・運氣論》云：風寒在下，燥熱在上，濕氣在中，火遊行其間。即三焦相火歷絡上中下無處不周者。而濕土又司上下升降之氣運，是火與濕不相離，而互主風寒燥熱之用，或風寒燥熱之病於濕者，即病於火，病乎火者，即病乎濕。舉火邪之棲於濕以為病，如燥結便閉，及下痢赤白，小便淋瀝等證，皆其結也。舉濕邪之翳乎火以為病，如癥塊積聚，及心腹脹滿，水氣壅滯等證，皆其實也，投此以散伏火，疏壅土，陷堅摧積，勁疾猛利。由其稟堅金而趨寒水，水為火主而承制之，故濕中之熱邪行。用勝者以平其不勝。金為土子而導引之，故土中之濕邪化也。母固樂趨於子。抑金為火用以和水，而氣乃化，血乃生，金為水母以孕火，而氣乃生，血乃化。此味由厚金而趨旺水，又以救火之亢，而致水之用。水之所用者在火。如是，則仲景瀉心，即謂之補心可矣。東垣說牽牛性味止能泄氣中濕熱，不能泄血中濕熱，濕病根在下焦，下焦主血，濕熱是血分中氣病，宜用苦寒之味，概以牽牛泄濕，非其治也。後賢據此，謂血中濕熱，宜泄以大黃。第濕熱之根在下焦，斯理猶未遽悉。夫三焦少火即元氣，陰陽合同而化，其氣固出水中也。至三陰同起於下，而水土更合德以立地，又何疑於濕病根下之言哉。

能傷元氣，耗陰血，凡胃寒血虛，並妊娠產後，並弗輕用瀕湖。凡血閉由於血枯，而不由於熱積；寒熱由於陰虛，而不由於瘀血；癥瘕由於脾虛胃弱，而不由於積滯停留；便閉由於血少腸燥，而不由於熱結不通；心腹脹滿由於中氣不運，而不由於飲食停滯；女子少腹痛由於血虛，而不由於瘀結；滯下初起，即屬胃虛，當以補養胃氣，清消濕熱為本，而不可以妄加推盪。瘧病傷暑，而不由於山嵐濕熱；吐衄陰虛火炎，而不由於血分實熱；腰脚風氣，下元先虛，濕熱下流，而不專由於風濕外侵；偏墜腎虛邪客，而不由於濕熱實邪所犯；乳癰腫毒，由於肝鬱，而不本於膏粱之變血分積熱；法咸忌之，誤即致殆仲淳。

修治：化脾積血塊，多用醋熬成膏，其酒浸煨熟者，寒因熱用也潔古。非借酒力，不能上行。頭目如眩暈，用酒炒為末是也。治上焦者，假酒，不使迅下，如滾痰丸酒浸蒸熟切曬是也。中焦脾胃結熱瘀滯，固宜以迅利取效，然亦須稍緩，以盡其盪滌之用，或酒蒸微熟可也。如熱痢初起，大黃煨熟，與當歸等分用，其義可思。至於下行，似宜生用，然有難執者。如腰脚風氣作痛，同酥炒乾弗令焦，入生薑三片煎服。又如赤白濁淋，用末六分，入破頭雞卵中，攪勻蒸熟，空心食之。種種具有意義，當細審之以盡其功用也。

清・鄒澍《本經疏證》卷一一　大黃　【略】大黃之用，人概知其能啓脾滯，通閉塞，蕩積聚而已。予以謂盧芷園行火用一語，實得火能生土之機括。何者？大黃色黃氣香，固為脾藥。然黃中通理，狀如緜文，質色深紫，非火之貫於土中耶。《千金・諸風門》仲景三黃湯，心近熱者，加大黃。《肝臟門》犀角地黃湯，喜忘如狂者，加大黃。《解五石毒門》人參湯，嗔盛者，加大黃。以此見土氣必得火氣貫入而後能行，火氣必得土氣之通而後能舒。火用不行，則積聚、脹滿、癥瘕遂生。土氣不行，則煩懊、譫妄、嗔恚並作。兩相濟而適相成，胥於此識之矣。或謂如是，則《本經》首推大黃通血，固不妄矣。乃仲景偏以為承氣何哉？曰：自金元人以順釋承，是理遂不可通爾。試以《六微旨大論》亢則害，承迺制之義參之，則承氣者非血而何？夫氣有餘即是火，而火不徒燃，必著於物，是故津液、精唾、便溺、涕洟、留飲、宿食及血，皆火之膏也。因火盛而膏耗，膏耗則火愈燃，火愈燃則膏更易竭，故必增膏以配火，斯火復而膏亦復。然其所著不一，故為病亦不一。治之者，黃芩、知母、門冬、地黃，皆所以增膏靖火者也。其所著之物不一，則其所著之處亦不一，故黃芩主著肺与脾者，知母主著肺腎與胃者，門冬主著心肺與胃者。然諸味所治，皆火僅著津液精唾，未必涉血。其同為著於血，又同歸心與脾者，惟地黃與大黃為然。特地黃氣薄味厚，為陰中之陽。故地黃所主，是血虛火盛。大黃氣味並厚，為陰中之陰。大黃所主，是火盛著血。皆血虛而盛者，究係無根之火，故能著血，能著津液精唾，不能著留飲宿食。若夫火盛而能著血，則無處不可著矣。故著隧道則為血閉寒熱，著橫絡則為癥瘕積聚，著腸胃則為留飲宿食。大黃通血閉，貫火用於土中，在隧道則隧道通，在橫絡則橫絡通，在腸胃則停滯下。《本經》著其功曰蕩滌腸胃，推陳致新，通利水穀，調中化食，安和五臟，詎有濫歟。乃或者以其推逐迅疾，斤斤然計較其不可用之處，累牘连篇。殊不知執定缘火盛著物，非緣陰虛陽亢二語，又豈有他歧之誤耶。

桃核承氣湯、抵當湯、抵當丸、下瘀血湯，下瘀血者也。柴胡加龍骨牡蠣湯、鱉甲煎丸，除血閉寒熱者也。大黃䗪蟲丸、大黃牡丹湯，破癥瘕積聚者也。大陷胸汤、大陷胸丸、己椒藶黃丸、大黃甘遂湯、桂苓五味甘草加薑辛半杏大黃湯，祛留飲者也。厚朴七物、厚朴三物湯、厚朴大黃湯，推宿食者也。火有微盛，著有淺深，宜緩宜急，為湯為丸，審而處之，而後知用大黃之法也。血液、津溺、涕唾，人身已化之水氣也。飲，人身未化之水氣也。火氣著於血液、津溺、涕唾，則血液、津溺、涕唾結而不行，遂不能洩澤骨節，滑利諸竅。用大黃去著於血液、津溺、涕唾之火，使血液、津溺、涕唾得復其常可已。未化之飲，非血液津溺涕唾比也。火亦著之，仍可以大黃去其結耶。是則不然，蓋大黃之用，惟在火結於人身實有之物，飲之為飲，雖已在人身，未與人身浹，則猶在虛處，未在實處也。未在實處之物，縱為火著，即以大黃去火，火去，飲能仍留為患，故大陷胸湯丸、己椒藶黃丸、大黃甘遂湯，皆有藉乎甘遂、葶藶，不全恃大黃已。然則濕熱發黃者，亦用大黃，夫濕又非飲比，乃瀰漫霧露之氣也，又何能與火結？而茵蔯蒿湯、梔子大黃湯、大黃硝石湯，均不離大黃之峻且速耶。是又不然。蓋發黃之濕，非外感之濕所謂瀰漫霧露者也。考《傷寒》《金匱》所載疸證，一則曰但頭汗出，餘處無汗，齊頸而還，小便不利，則當發黃。再則曰發熱汗出，此為熱越，不能發黃。夫汗即津也，小便乃溺也。所謂濕乃緣津與溺，外不得越，下不得洩而生，則仍是人身實有之物，反非如飲之未化者矣。雖然，觀所謂穀疸者，曰食飽則微煩，頭眩，小便難。曰風寒相搏，食穀即眩，穀氣不消，胃中苦濁，濁氣下流，小便不通，陰被其寒，熱流膀胱。曰食即頭眩，心胸不安，是穀疸者兼有食而非徒濕矣。酒疸曰小便不利，胸中熱，足下熱。曰腹滿欲吐，鼻燥脈沉弦。曰心中懊憹，或熱痛，是酒疸之熱之盛，又非穀疸可比矣。於此見大黃之用火不盛者，必滯兼實滯，乃為得當也。或曰：柯韻伯云厚朴倍大黃為大承氣，大黃倍厚朴為小承氣，是承氣者在枳、朴，應不在大黃矣。曰此說亦頗有理。但調胃承氣湯，不用枳、朴，亦名承氣，則不可通耳。三承氣湯中，有用枳、朴者，有不用枳、朴者。有用芒硝者，有不用芒硝者。有用甘草者，有不用甘草者。惟大黃則無不用，是承氣之名，固當屬之大黃。況厚朴三物湯，即小承氣湯，厚朴分數且倍於大黃，而命名反不加承氣字，猶不可見承氣不在枳、朴乎？夫氣者血之帥，故血隨氣行，亦隨氣滯，氣滯血不隨之滯者，是氣之不足，非氣之有餘。惟氣滯并波及於血，於是氣以血為窟宅，血以氣為禦侮，遂連衡宿食，蒸逼津液，悉化為火。此時惟大黃能直擣其巢，傾其窟穴，氣之結於血者散，則枳、朴遂能效其通氣之職，此大黃所以為承氣也。不然，驗其轉矢氣，何以反贅於小承氣下，不責之倍用枳、朴之大承氣耶？

柯韻伯謂：凡藥之生者，氣銳而先行。熟者，氣純而和緩。故大承氣之用，仲景欲使芒硝先化燥屎，大黃繼通地道，而後枳、朴除其痞滿。此言是也。夫緩則久留，銳則退速，故大陷胸湯，先煎大黃，後入他物。茵陳蒿湯，先煎茵蔯，後入大黃、梔子。一以結胸熱實，按之石鞕，且脈沉緊，從心下至少腹鞕滿，痛不可近，是上下皆痺，雖用甘遂、芒硝之銳，猶恐其暫通復閟，則反使大黃當善後之任，變峻劑為緩劑。一以濕熱不越瘀熱於裏，渴飲水漿，小便不利，是內外皆痺。究之一身面目悉黃，勢必不能一下皆退，故為內急外緩，則大黃、梔子當前茅，茵蔯為後勁，峻者任其峻，緩者益其緩，一物而處以權，則其物應之而適當病情，更可知藥之性，固所宜究，用藥之巧，尤所宜參矣。惟《傷寒論》以瀉心湯治心下痞，《金匱要略》以瀉心湯治心氣不足，吐血衄血。痞者實證，大黃用麻沸湯絞汁。吐血虛證，大黃與他藥同煮。豈不以實非真實，故銳藥銳用，能使其無所留戀。虛則真虛，故銳藥緩用，能使其從容不迫耶。然究兩證之源，似皆不得指為實熱。而並用大黃者，其義何居。魏念庭曰：病本陰邪入裏，何以反用寒藥，蓋關上脈浮，其陽勃勃欲動，是陽為陰格也，故名之曰氣痞。氣痞，陽也。若以陽藥濟之，陽益浮於上，不幾成關格乎？惟急瀉其陰，陽亦隨之以降，陰邪凝結者去，真陽於是流布矣。此《傷寒論》之義也。盧芷園曰：瀉心者，瀉血分有餘之邪，使之相平乎不足之氣也。心有不足，血無所主。兼并舊畜之瘀，鬱遏盛甚，而致暴焚。載血上行，倉皇洊妄，非下有形，安克效哉？顧苦寒下法，似乎降火，不知火之成患，正在不得上炎。有形者去，火空斯發，心氣無虞不足矣。故知心氣不足之從來，實在堅凝閉密之寒。火得疏通，安問堅凝閉密者乎？則奚為治火，實是治寒，此《金匱要略》之義也。二者，一以氣分虛痞，故取其氣，不取其味。一以血分瘀結，故氣味兼取焉。一方而氣血虛實之轉旋咸備，明乎此則用藥無滯義矣。

仲景用大黃，每諄諄致戒於攻下，而於虛實錯雜之際，如柴胡加龍骨牡蠣湯、鼈甲煎丸、風引湯、大黃䗪蟲丸等方，反若率意者。今之人則不然，於攻堅破積，則投之不遺餘力。而凡涉虛者，則畏之如砒鴆，殊不知病有因實成虛，及一證之中，有虛有實，虛者宜補，實者自宜攻伐。乃撤其一面，遺其一面，於是虛因實而難復，實以虛而益猖，可治之候，變為不治，無怪乎醫理之元，今人不及古人遠甚也。柴胡加龍骨牡蠣湯、風引湯，濇劑也，濇劑用大黃，似乎相背。不知仲景用藥，必不浪施。夫柴胡加龍骨牡蠣湯為證暴，風引湯為證緩，暴病既以柴、桂解外，人薓、薑、棗益中，龍蠣、鉛丹鎮內，則大黃似可不用矣。然解外，可以已一身盡重，不可轉側，益中鎮內，可以已煩驚，胸滿讝語，非大黃不為功。小便不利，非茯苓烏能通。是大黃、茯苓，實一方之樞紐，必不因此礙龍、蠣之濇矣。緩證既用桂、甘、龍、蠣，又益之滑石、石膏、赤白石脂、寒水石、紫石英，於五臟間，似亦網羅良備矣。然癱瘓而曰熱，必其風聚熱生，挾木侮土，故脾氣不行，積液成痰，流注四末。如上諸物，止及肺心肝腎，作病之本，最要在脾，舍脾何以行氣四旁。故大黃者，所以蕩滌脾家所聚，而乾薑之守而不走，實以反佐大黃，使之當行者行，當止者止，是大黃、乾薑，又一方之樞，不閡夫濇者也。鼈甲煎丸、大黃䗪蟲丸，攻劑也，攻劑用大黃，似乎適當其可。不知二證者，一由外感，一由內傷。然皆有所結，內傷者，自血以及氣，故先有乾血，而延及氣。外感者，自氣以及血，故寒熱不止，而後為癥瘕。皆有所聚，又皆聚於血，故大黃率諸飛走靈動之物，以攻堅則同。但自於氣者窮其源，以人薓、乾薑益之，自於血者探其本。以芍藥、地黃濟之，亦非徑情直行，孟浪以投之者也。大黃固將軍，隨所往而有所督率，烏得以卒伍卑賤視之哉。後之人鑒乎此，則知大黃實斡旋虛實、通和氣血之良劑，不但以攻堅破積責之矣。

大黃之用，至賾而不可惡，於四方見之矣。他如六氣之中，風引湯治風，大黃附子湯治寒，茵蔯蒿湯、大黃硝石湯、梔子大黃湯治濕，調胃承氣湯、麻仁丸治燥，大陷胸湯丸、大黃甘遂湯治水。六經之中，調胃承氣湯、大陷胸湯丸治太陽，大小承氣湯、茵蔯蒿湯、麻仁丸治陽明，大柴胡湯治少陽，桂枝加大黃湯治太陰，大承氣湯治少陰。氣血之中，大小承氣湯、厚朴七物湯、厚朴三物湯、厚朴大黃湯治氣，桃仁承氣湯、抵當湯丸、鼈甲煎丸、大黃䗪蟲丸、大黃牡丹湯、下瘀血湯治血。亦可謂至動而不可亂矣。雖然，於此中猶當舉一以反三焉。如厚朴三物湯、厚朴大黃湯、小承氣湯，藥味同而方名異。茵蔯蒿湯、大黃硝石湯、梔子大黃湯，均治黃而佐使殊，皆不可不辨其所以然，得其所以然，而用大黃之精意愈顯矣。原夫三物成湯，其製方之意，豈不以大黃通其陰，枳、朴通其陽乎。然就通陽之中，又有朴通上、枳通下之別。小承氣湯較之大承氣湯，大黃之分數同。厚朴得大承氣四之一，枳實得二之一。厚朴三物湯，則與大承氣同。在承氣湯，則曰其熱不潮，未可與承氣湯。若腹大滿不通，可與小承氣湯微和胃氣，勿令大洩下。在厚朴三物湯，則曰痛而閉。夫痛而閉，與腹大滿不通，亦非大相逕庭，何以陽藥之多，至於此極。

蓋陰主痛，陽主滿。言滿不言痛，是陽病陰不病。言痛不言滿，是陰病陽不病。病者為不足，不病者為有餘。重洩其有餘以就不足，輕洩其不足以配有餘。觀小承氣之三物同煎，則欲大黄之有餘力。厚朴三物湯之先煎枳、朴，後納大黄，是欲大黄之無餘威。非特小承氣用大黄多，三物用枳、朴多，且可證惟其治血，乃為承氣矣。若夫厚朴大黄湯之治是飲，飲在陰而陽亦滯，不能為之運動，與諸結胸證不殊，故大陷胸湯用大黄六兩，大陷胸丸用大黄八兩，此亦用六兩，為非無因矣。明乎此，方可知大黄分數之宜慎。梔子大黄湯之候，曰酒疸，心中懊憹，或熱痛。茵蔯蒿湯之候，曰穀疸，寒熱不能食，食即頭眩，心胸不安。大黄硝石湯之候，曰腹滿，小便不利而赤，此表和裏熱。懊憹，太陽證也，故佐以梔、豉。穀疸，陽明經證也，故佐以茵蔯。表和裏實，陽明府證也，故佐以硝石、黄蘗。府證者倍大黄，陽明經證半之，太陽證又半之。明乎此，又可知大黄佐使之宜擇斯二者，俱了然豁然。則大黄功能，庶幾無餘藴矣。

問《金匱要略·嘔吐篇》，既曰病人欲吐，不可下矣。又曰食已即吐，與大黄甘草湯。不自相矛盾乎？按此蓋當分别觀之。夫欲吐者，其人意欲吐，仍未得吐，不由食與不食。食已即吐，可見不食則不吐矣。王太僕曰：内格嘔逆，食不得入，是有火也。病嘔而吐，食久反出，是無火也。食久反出，且為無火，何況欲吐，仍無所出耶。是其一有火，一無火，有火者實，無火者虚，實者宜下，虚者不可下，章章明矣。然則《傷寒論》之食入口即吐。本篇諸嘔吐，穀不得下，與此正同。何以一用乾薑黄芩黄連人薓湯，一用小半夏湯，此獨用大黄之峻重耶？然食入口即吐，食纔入口，未嘗及咽也。嘔吐穀不得下，能入咽而不能下也。食已即吐，能及食竟則已下矣，而不能留也。三者一係寒熱相格，内外交鬬，故應機病發，不待及其鋒鍔。一係停飲在中，内方盛滿，納物即溢，故可入不可下。一係下脘為物壅塞，無從傳化，故不能留而反出焉。然此與反胃亦無以異，乃胃反嘔吐諸條，何以仍不用下？蓋胃反是脾不磨，朝食暮吐，暮食朝吐，此是胃氣不納，故食已即吐。夫胃能納，脾不能運，其病猶緩。胃且不納，定不能游溢精氣，上輸於脾。所謂胃氣生熱，其陽則絶者，詎不勢迫且切，而急以大黄瀉陽以救陰耶。大凡峻藥多治急病，急病在人身，每伏於不可見知之處。如此證之用大黄，亦其一也。他如柴胡加龍骨牡蠣湯證，僅以胸滿譫語而用。少陰大承氣湯證，僅以口燥咽乾而用。大黄䗪蟲丸證，僅以肌膚甲錯，兩目黯黑而用。芩甘五味加薑辛半杏大黄湯證，僅以面熱如醉而用。皆其機甚微，其勢甚猛，如鹵莽草率，鮮不以為不急之務而忽之。

清·葉桂《本草再新》卷三 大黄味苦，性寒，無毒。入心、肝、脾三經。清心火，化肝熱，除煩止渴，滌腸胃，洩熱，止痢疾腹痛，清肝熱，故能治痢疾腹痛。破積滯，理氣血，解火毒，小兒瘡痘驚風，婦人墮胎骨蒸，均有功焉。

清·吴其濬《植物名實圖考》卷二四 大黄 《本經》下品。《别録》謂之將軍。今以産四川者良。西南、西北諸國，皆恃此為盪滌要藥，市販甚廣。北地亦多有之，春時佩之，以辟時疫。

雩婁農曰：燕薊地苦寒，人腠理密而内實，冬冽輒吸燒酒，圍暖爐，與風雪鬥勝；春氣萌動，亢燥不雨，陽伏而不能出，陰遁而不能瘮，於是乎有昏狂鬱塞之病。醫者以法解之，強者病不損，弱者或以亡陽。有予以攻滌者，内熱下而神明生，或起生死於頃刻，其處方者不知其所以然。凡為痁、為癘、為鬱、為伏熱、為飲食之毒、為浮游之火，一切以大黄為秘妙丹藥，病者不即登鬼籙，十失一，十失二三四，方詡詡然自命為良。其不知醫者，亦爭以時醫奉之，卒之技窮術竭，刺人而殺人，不咎其醫之無本，咸以為時命之不可假易也。故諺曰：趁我十年運，有病早來醫。昔錢景諶與王安石論新法不合，遂相絶。有《答人書》云：安石穿鑿不經，牽合臆説，作為《字解》，謂之時學；又以荒唐怪誕，非昔是今，無所統紀，謂之時文；傾險趍利，殘民無恥，謂之時官。驅天下之人務時學，以時交，邀時官。然則時醫者，其時學、時官之類乎？嗚呼！時乎泰而君子進，時乎否而小人興。時之為義大矣哉！朝時而市，時也；日中而市，時也；夕時而市，亦時也。不召自來，不麾自去，市盈而盈，市虚而虚，孰令令之，孰禁禁之，盈而不盈，虚而不虚，知進退存亡而不失其正者，其誰乎？吾願世之有疾病者，忍痛藏垢，以待良醫，探囊一試黄昏湯，而不汲汲焉捐其軀，以聽時醫生之死之於攻伐之劑，而卒不悟其所以然，其可謂知時而不隨時者歟？

清·趙其光《本草求原》卷六毒草部 大黄又名將軍。色黄土金合色。而香，專入脾、胃、大腸。苦，寒。主下降，泄三焦陽火以歸陰水。專治實熱伏於血分，結成有形之積滯。味厚入陰，故專入陰血之分，不入氣分，牽牛則專泄氣分。主下瘀血、血閉而為寒熱，破癥瘕積聚、留飲宿食、化食本宜濕燥，但實熱燥結於中下，又宜苦寒瀉火以潤燥，使之乘勢而下，而後穀氣通利。倘食在上脘，雖經發熱，止宜連、枳消痞熱，若用大黃反致結滯。心腹脹滿，實結而脹，與虛脹異。蕩滌腸胃，火有用而靈，則能生土；火無用而熄，又當瀉土。推陳致新。火之用不行則土鬱，而血脈亦結而不通，故推陳即所以致新也。通利水穀，皆有形之結滯。化食即以調中，安和五臟，五臟稟氣於胃，胃運化而安和，五臟亦安和矣。除痰實，治三焦濕熱。三焦相火，運行三焦。而濕土則主升降之樞，是火與濕不相離，火棲於濕而不行，則水不化血，而盡化為濕矣。下痢赤白，裏急腹痛，小便淋瀝，濕瘴熱瘧。皆濕熱所結。按濕熱在下焦，多屬血分。下焦主血，三焦少火，即是元氣，而氣出水中也。敷腫毒，治時疾熱狂譫語。大腸有燥糞則譫語。

仲景治心之陰氣不足，吐衄血者，瀉心湯，用大黃、芩、連，瀉心包、脾、胃血中伏火以救陰，血自歸經也。又治心下痞滿、按之軟者，用大黃、黃連瀉心湯，亦瀉脾胃濕熱，非瀉心也。心下痞，又惡寒汗出，是病發於陰，應溫散；而反下之，則痞滿，乃痰與營血邪氣乘虛結於心下，故曰瀉心。《經》曰太陰所至為痞滿。又曰濁氣在上，則生䐜脹是也。又病發於陽而反下之則結胸，乃熱邪陷入血分，結在膈上，大陷胸湯丸皆用大黃，亦瀉脾胃血分之邪而降其濁氣也。若結胸在氣分，則用小陷胸湯；痞滿在氣分，則用半夏瀉心湯矣。若病本陽邪或兼停食，而正氣本虛，或誤攻太過，致氣消不能行其藥力，則加人參於桃仁承氣中，以助硝黃之力，如陶氏黃龍湯是也。蓋硝、黃瀉血分燥熱，牽牛、甘遂瀉氣分濕熱，巴豆、硫黃瀉腸胃寒結，或又反佐互用，皆有定法。然傷元氣而耗陰血，下多則亡陰。若病在氣分，或氣虛脾胃弱，血枯，陰虛，陰疽，均忌。

按：血與濕皆水所化，瀉火去濕以救陰血，人猶如之；瀉濕熱以扶陽，人少知也。昔人有因濕熱而陽道不堅，用大黃、牽牛瀉之而愈。蓋火與元氣不兩立，火結滯則元氣不壯矣。故虛證雖忌之。然虛中挾實，又須補中寓攻以去之，而後峻補；如但用芩、枳，反傷胃而邪不行也。

川產、錦紋者良。蜜、竹瀝九製，薄荷湯下，治中上熱痰發為頭風，目將損者；又治濕流入腎夢遺，以升麻陳皮湯下。邪在上焦及頭目，酒浸蒸，或酒炒極熟，是引下行者上於至高以驅熱也；邪在中焦，酒洗，或酒微蒸，或白煨，緩其下行也；邪在下宜峻攻者，生用。然亦不可執，如腰脚風氣，古方以酥炙略乾用；赤、白濁淋，古方入雞卵內攪勻蒸熟用。可見破瘀血、韭汁蒸；虛勞吐血，內有乾血，韭汁拌，炒黑用；大腸風秘燥結，皂莢、綠礬酒製。又尿桶中浸過，能散瘀血，兼行滲道。醋煮香附，取熬成膏，治積塊、血塊，乾血氣痛。妊娠產後，實熱內結，亦宜酒九蒸用。空心服後，不可遽進穀食，大黃得穀氣則不行。生搗醋調，敷湯火傷，止痛無瘢；薑汁調，敷跌打，消腫止痛。

清·葉志詵《神農本草經贊》卷三　大黃　味苦，寒。主下瘀血閉，寒熱，破癥瘕積聚，留飲宿食，蕩滌腸胃，推陳致新。通利水穀道，調中化食，安利五藏。生山谷。

色美黃良，西羌東蜀。牛舌伸舒，羊蹄躑躅。斑緊波旋，紫鋪錦縟。劍戟中心，頑堅淩觸。

李時珍曰：一名黃良。蘇恭曰：西羌蜀地者佳。白居易詩：東蜀殊歡渥。蘇頌曰：作緊片如牛舌形。蘇恭曰：根紅者，似宿羊蹄。雷斆論：凡使細切，以文如水旋斑，緊重者良。《益部方物略記》：紫地錦文為最。范成大詩：中有將軍劍戟心。《雲笈七籤》：遇物淩觸。

清·文晟《新編六書》卷六《藥性摘錄》　大黃　大苦，大寒。入胃腑、大腸。大瀉陽邪，內結宿食不消。〇治傷寒邪入胃腑，而見日晡潮熱，譫語斑狂，便閉硬痛，手不可按，及瘟熱瘴瘧，下痢赤白，腹痛裏急，黃疸水腫，積聚留飲宿食，心腹痞滿，二便不通，與熱結血分，一切癥瘕，血燥血閉，實熱等症。〇若痛在上脘，雖或宿食不消，只須黃連、枳實等藥，以消痞熱宿食，自通。倘悞用大黃，推蕩不下，反致熱結為害。〇若老人虛閉腹脹，少食。婦人血枯，陰虛寒熱，脾氣痞積，及腎虛動氣，陰疽色白不起，大便不堅者，切勿妄用。〇生用峻，熟用純。黃芩為使。〇忌進穀食。

清·姚元之《竹葉亭雜記》卷五　朱閣學官翰林時，寓宣武門內絨綫胡同。【略】閣學素知醫，每煎藥，熬大黃濃汁爲湯，衆勸之不顧，服大黃十六斤，腹瀉不起。時其如夫人有娠方八月。余爲聯輓之云：上蒼有靈，八月定教昌厥後；大黃為厲，九泉應悔自知醫。道其實也。

清·劉東孟傳《本草明覽》卷二　大黃　【略】按：大黃極寒，硫黃極熱，氣味懸隔，同號將軍。蓋硫黃為至陽之精，大黃乃至陰之類。一能破邪歸正，挺出陽精；一能推陳致新，戡定禍亂。並有過于諸藥之能云爾。

清·張仁錫《藥性蒙求·草部》　大黃錢半、三錢　大黃苦寒，消瘀破結。

釜底抽薪，熱從下泄。入脾、胃、大腸、肝、心包經血分。其性沉而不守，其用走而不守，欲下行者必生用之。若邪在上者，必須酒製，引上至高祛熱而下也。太陽經酒浸，陽明經酒洗，氣弱者須用煨熟。非血分熱結，六脈沉實者，切勿輕與。病在氣分而用之，是為誅伐無過。川產錦紋者良。欲取通行者，不得驟進穀食，大黃得穀食便不能通。

清・屠道和《本草匯纂》卷二瀉熱　大黃　耑入脾、胃。大苦，大寒，無毒。性沉下降，善走不守。入胃，下熱攻滯。耑入陽明胃腑、大腸，大瀉陽明內結，宿食不消。凡傷寒邪入胃腑，而見日晡潮熱，譫語斑狂，便閉硬痛手不可近，及溫熱瘴瘧，下利赤白，腹痛裏急，黃疸，火瘡水腫，積聚癥瘕，留飲宿食，心腹痞滿，腸間結熱，二便不通。與熱結血分，瘀血血燥，血祕實熱。蕩滌腸胃，推陳致新，故昔人有將軍之號。通女子經候，及寒血閉脹，小腹痛，諸老血留結，小兒寒熱，時疾煩熱，蝕膿。然苦則傷氣，寒則傷胃，下則亡陰，故必邪熱實結宿食不下，用之得宜。若使病在上脘，雖或宿食不消，及見發熱，只須枳實、黃連以消痞熱，宿食自通。若誤用大黃，推蕩不下，反致熱結不消，為害不淺。大黃、芒硝則泄腸胃之燥熱，牽牛、甘遂則泄腸胃之濕熱，巴豆、硫黃則瀉腸胃之寒結，均當詳為分別。致於老人虛祕，腹脹少食，婦人血枯，陰虛寒熱，脾氣痞積，腎虛動氣及陰疸色白不起等症，不可妄用，以取虛虛之禍。川產錦文者良。生用峻，熟用純。忌進穀食，得穀食則不能通利。黃芩為使。

清・龍之章《蠢子醫》卷二　大黃說　予贊巴豆之第三夕，有一將軍橫空而來曰：子何視巴將軍之重，視予之輕耶？豈以予之不才乎？予曰：子雖有才，但嗜酒太甚，不可以獨任，故不多言也。將軍曰：喉之役，予嗜酒三斤，而強寇以殲，吾獨無三兩之力乎？有一怒婦，脉滯寸口，中下無脉，予以大黃三兩，酒三斤，煎至一碗飲之，一藥而愈。心之師，予嗜酒兩碗，而伏戎以滅，吾獨無四兩之力乎？有一人後心時乎刺痛，予以大黃四兩，酒兩碗，煎至一碗飲之，一藥而愈。崑崙之戰，予嗜酒四斤，而梟賊以誅，吾獨無四兩之力乎？一人病頭風，終年不愈。予以大黃四兩，酒四斤，煎至一碗飲之，一藥而愈。呃咽之戲，予嗜酒三壺，而滑賊以息，吾獨無半斤之力乎？一人呃逆不止，予以大黃半斤，酒三壺，煎至一碗飲之，一藥而愈。有功者賞，無功者罰，古之道也。子何斤斤於此乎？且傷之起，瘟疫之來，非予寸步不能行，子能使巴將軍肩此任乎？予之素性嗜酒，固所不免。嗜醋，亦時有之。邪傳肝經，必用醋炒。子何斤斤於此乎？予笑，將軍亦笑。遂黯然而逝，故志之。按：以大黃之峻下，輒用至四兩、半斤，未免駭人。不知大黃見酒，則性平。蓋酒能升提，用酒煎，則不即下行，而先上升，待將頭病治住，至下行時，性已不峻矣。大黃用酒煎，斯為有制之兵。姪孫濬川謹識。

血症眼症多用大黃而愈者，不可不知　血症絕少用大黃，以其與症費酌量。若果真是大實症，其氣剛，其脉強，即用大黃亦何妨？吾嘗治吐血，一兩二兩不足用，三兩四兩或酒炒或醋炒。始平康。可知衄血與便血，實與此症正相當，還要細酌量。脉斷不可用。絕勝虛弱人，或蕩胸，或滌腸，或慎酒，或戒房，淹淹纏纏見閻王。眼症絕少用大黃，以其與症費酌量。眼疾多是搜風散熱。若果真是大實症，其氣剛，其脉強，即用大黃亦何妨？吾嘗治眼疼，一兩二兩不中用，三兩四兩始平康。百中一二。可知眼眵與眼蒙，與此正相當，還要細酌量。絕勝虛弱人，或歸當歸地地黃，或羌羌活防防風，或雲皮，或檳榔，淹淹纏纏入膏肓。吾今始知大黃好，只要症脉恰相當。好如秦政之暴虐，今日正遇楚霸王。

清・戴葆元《本草綱目易知錄》卷一　大黃　味苦，大寒。入足太陰，手足陽明，五經血分。其性沉而不浮，其用走而不守。若酒浸，亦能引入至高之分，驅邪熱而下降。用以蕩滌腸胃，下燥結而除瘀熱，能推陳致新，平胃下氣，調中化食，安和五臟。治傷寒時邪，發熱譫語，溫熱瘴瘧，下痢赤白，腹痛裏急，黃疸水腫，留飲宿食，壅滯水氣，心腹痞脹，二便不通，下瘀血血閉，破癥瘕積聚，老血留結，通女子經候，少腹脹滿，小兒寒熱，時疾煩熱。療損傷積血，瀉血中伏火，宣通一切氣，調血脈關節，瀉諸實熱不通，行水除痰，蝕膿消腫。研末，塗湯火灼及凍瘡火丹赤腫。然傷元氣而耗陰血，若病在氣分，或血虛胃寒，及妊婦產後並勿輕用。忌冷水。

清・黃光霽《本草衍句》　大黃　性味苦寒，能傷元氣。直走不守，峻烈猛利。瀉血中之伏火吐衄通經，奪土鬱以宣通留飲宿食。心腹痞滿，癥瘕積聚。蕩滌腸胃，耑除燥結結痰。推陳致新，腹中飲食之積，無不除之。能下瘀血血閉。除血中熱結之滯。溫熱譫狂，疸黃瘧痢。二便不通，腹痛裏急。有形之滯可投，無形之氣宜避。大黃極滋潤達下，得土之正色，故能入腸胃之中，攻滌其凝結之邪，而使之下降，乃驅逐停滯之良藥也。得紫石英、桃仁療女人血閉，得黃連治傷寒痞滿，得杏仁療傷損惡血。　吐血衄血，治心氣不足。吐血衄血者，瀉心湯主之。大黃二兩，黃連、黄芩各一兩，煎服。　婦人嫁痛，小戶腫痛也。大黃一兩，酒煮一沸，頓服之。　濕熱眩暈不可當者，酒炒大黃，為末，茶清服。　風牙蟲痛，齦恆出血，漸至崩落，口臭，大黃米泔浸軟，生地黃各切一片，合定貼上，一夜即愈。　湯火傷灼，大黃研，蜜調塗之。

清・陳其瑞《本草撮要》卷一　大黃　味苦，入手足陽明、足太陰、手足厥陰經，功專下瘀。得紫石英、桃仁療女子血閉，得黃連治傷寒痞滿，得杏仁療傷損瘀血。若病在氣分，胃虛弱者忌。生用更力峻。黃芩為使。湯火傷，擣生者醋調敷，立即止痛無瘢。服大黃而瀉，飲粥半盞即止。男患偏墜，以大黃末醋調塗亦效。

清・仲昴庭《本草崇原集說》卷下　大黃　【略】此《本經》所以有黃良之名也。〔批〕此專言大黃之治效。有生用者，有用清酒洗者。

仲氏曰：　明末疫氣流行，患者先病募原不解，則入腸胃而傷陰，神昏易絕，此時急宜大黃，無論西北東南，均須重用，猶奇恒痢急仗大承氣湯，緩則不及也。詳見吳又可《瘟疫論・奇恒痢》，見《類辨》。又曰：　附子、大黃皆下品要藥，該用則用。　察之者，醫也。醫所以寄死生，然不讀《論》《略》等書，何以能察，故《崇原》極言之。

清・鄭奮揚著，曹炳章注《增訂偽藥條辨》卷三　土大黃　大黃，《本經》謂之黃良，後人謂之將軍，以其有伐邪去亂之功也。古人以出河西、隴西者為勝，今以莊浪所產者為佳，故一名莊大黃。莊浪縣即古涇原隴西地。至川中所出有錦紋者亦可用。味苦氣寒，色黃臭香，紫地有錦紋，方堪入藥。若此種土大黃，中微淡不黃，只可用為香料，蓋其性不能通利，若誤服之，且能燥腸護穢，當細辨之。　炳章按：　大黃九十月出新。陝西、甘肅、涼州衛出者，堅硬緊結色黃，頭起錦紋似冰旋斑為最佳，故俗名錦紋大黃。河南西寧州出者，形狀與前相類，質略鬆，或曰中大黃。四川出者空鬆，為馬蹄大黃，最次。山西亦出，名味黃，久而變黑，更次，皆不堪藥用。　鄭君所云土大黃，或即此類也。

清・周巖《本草思辨錄》卷二　大黃　鄒氏以大黃黃中通理，狀如錦紋，質色深紫，為火貫土中，極服盧芷園行火用一語。竊思盧氏論《素問》承制生化之義固精，但淺學不易領悟。夫大黃火貫土中，或當能扶脾陽矣，然此其質耳。味則大苦，氣則大寒，且於黃色中貫赤紋，則於脾中血分錮土之火，自當之輒息，錮土之火息，而心君生土之火，豈有不因之而行其用，此所以行君令、戡禍亂、拓土地而有將軍之號也。

大黃色黃臭香，性與土比，故用於脾胃病極合。其能行火用上下表裏咸到，則人多忽之。然有一言可以蔽之者，曰蕩實滌熱而已。熱與實兼者，如大小承氣湯下燥屎，大陷胸湯丸治結胸，抵當湯丸下瘀血，大黃附子湯治脇下偏痛；　其但熱不實者，如苓甘五味加薑辛半杏大黃湯治面熱如醉，茵陳蒿湯治穀疸，瀉心湯治心氣不足。此二者之顯有區別者。推是以求，則如鱉甲煎丸治癥瘕，大黃䗪蟲丸治虛勞羸瘦，大黃牡丹湯治腸癰，大黃黃連瀉心湯治氣痞，非熱實而同於熱實，亦惟假蕩滌之性功，擴神奇之妙用。而仲聖製劑之道，抑更有進者焉。己椒藶黃丸，曰腸間有水氣。水者虛軟之物，大黃能蕩實不能搗虛，且瀉水已有己、椒、葶藶，更益以大黃何為？或謂泄血閉而下熱，或謂從大便而分消，皆意為揣摩，未足徵信。獨近人唐容川云：三焦者，決瀆之官，水道出焉。三焦即膈膜油網，水從胃中四面微竅滲入油網，從油網入膀胱。若水走腸間則為停水，水停而不行於三焦，則水不化氣而津不生，是以口舌乾燥。治法宜將未入腸間之水，引之走三焦故道；既停腸間之水，從腸間而下奪。此據西醫油網之說，徵以《內經》三焦，核之是證是方，無不吻合，實勝舊解。蓋防己紋如車輻，內黃外白，有從脾肺斡旋三焦水道之能；　椒目溫腎以蒸發其脾陽，除腹滿而利水，猶腎氣丸之有附、桂，如是而三焦之故道可復矣。腸間之水，將遂施大黃以下奪乎，抑未也？夫大腸者，糟粕所居，大腸有水，下即與糟粕俱下，雖非燥屎，大黃固與有責。特其所司全在腸胃，力不及肺。肺合大腸，非肺出治節，不能使水食俱下。葶藶為從肺至脾之藥，本鄒氏疏證。利水道兼破積聚、故加之以輔大黃之不逮。且椒得大黃，庶寒溫相濟，而腸胃之疾，亦必火用行而後已。此大黃之治腸間水氣，有如此曲折微義，不可不知者也。

夫大黃之為物有定，而用大黃之法無定。不得仲聖之法，則大黃不得盡其才，而負大黃實多，否則為大黃所誤，而大黃之被誣亦多。《素問・至真要大論》論製方之法甚備。而其間緩急奇偶，復極之氣味厚薄，製小、製大、數少、數多，參伍而錯綜之，實有無窮之用。仲聖則正本此旨以製方，而不容以一端測焉。大黃氣味俱厚，本峻下之物，因其峻下而微變其性以用之，則如大承氣、抵當湯之大黃酒洗酒浸，以兼除太陽餘邪也；　大黃黃連瀉心湯之大黄，以麻沸湯漬之而不煮，欲其留戀心下也；　大黄附子湯，大黄與附子並用，則變寒下為溫下；　茵陳蒿湯大黄與茵陳、梔子並用，則不走大便而走小便。大黄用法之不同也如是。更以方劑言之，尤氏謂小承氣無芒消而但有枳、朴，下趨之勢緩，故曰小。不知小承氣雖有枳、朴無芒消，而枳、朴分兩亦較大承氣甚少，此制之大小，即承氣大小所由名，豈在芒消有無之别？　且芒消並不專取其下趨，調胃承氣芒消與甘草並用，則能調胃；　大陷胸芒消與甘遂並用，則能陷胸；　大承氣芒消止三合，而調胃承氣、大陷胸轉用至半升、一升；　調胃、陷胸有芒消，而抵當湯丸轉無芒消；　芒消之功，不專在下趨亦明矣。柯韻伯謂藥之生者，氣鋭而先行，熟者氣純而和緩，故大承氣以芒消專化燥屎，大黄繼通地道，而後枳、朴除其痞滿。鄒氏韙之，其實似是而非也。芒消之不取乎速下，上已言之。夫多煮者味厚，少煮者味薄；　味厚則下之早，味薄則下之遲。枳、朴先煮，欲其徑下；　消黄則兼資以滌熱，非故操之不可。故大黄後納，芒消止一兩沸。小承氣所以同煮者，枳、朴既少，又無芒消。且大承氣以水一斗，煮枳、朴取五升，内大黄後尚取二升；　小承氣則僅水四升煮取一升二合，大黄雖與枳、朴同煮，力亦不厚，何必再分先後。鄒氏謂大陷胸湯用甘遂、芒消之鋭，猶恐其暫通復閉，故大黄先煮，使當善後之任。置全方配合之道不講，而但於先後煮討消息。不知芒消、甘遂，專治胸間熱結水結，故芒消止一兩沸，甘遂内末而不煮，大黄本腸胃藥，用以為消遂前驅，故先煮之。鄒氏又謂茵陳蒿湯，大黄、梔子為前茅，茵陳為後勁。不知茵陳發揚芳鬱，稟太陽寒水之氣，善解肌表之濕熱，欲其驅邪由小便而去，必得多煮以厚其力。與桂枝利小便非多用不可，正復相同。大黄止二兩而又後煮，則與茵陳走肌表之氣相浹，且能促之使下也。茵陳、梔子皆走小便，大黄自亦不走大便矣。此仲聖製方之意，與《素問》相印合者也。可執一說而不究其所以然哉？

清・方仁淵《倚雲軒醫案醫話醫論》　錦紋大黄治吐血衄血證最靈，效在下焦。龍相之火逆衝於上，傷陽明血府，不必欬嗽，其血如潮湧上衝，成碗盈盆之多。諸藥不能降其逆衝之勢。以好大黄用韭菜根搗汁，浸片時，澇起炒至焦黑色，重則三錢，輕或錢半、二錢，入清降消瘀和絡劑中。服之兩三帖不妨，無有不靈。即體虚者亦不妨暫服。以大黄之性過而不留，炒黑用不瀉大便也。此皆定其逆衝之法耳。血定後隨證緩調，存乎其人。所以用韭汁者，欲其和絡消瘀。夫治血不難，在善後使不再發為難。

商陸

宋・李昉《太平御覽》卷第九九二　當陸　《爾雅》曰：　蓫音逐薚音陽，馬尾也。郭璞注曰：　江東謂之當陸，關西為薚。《本草經》曰：　當陸，一名夜乎。

宋・唐慎微《證類本草》卷一一　草部下品〔《本經・別錄》〕　商陸　味辛、酸，平，有毒。主水脹疝瘕痹，熨除癰腫，殺鬼精物，療胸中邪氣，水腫，痿痹，腹滿洪直，疏五藏，散水氣。如人形者有神。**一名葛根，一名夜呼。**生咸陽川谷。

〔梁・陶弘景《本草經集注》〕云：　近道處處有。方家不甚乾用，療水腫，切生根雜生鯉魚煮作湯。道家乃散用及煎釀，皆能去尸蟲，見鬼神。其實亦入神藥。花名葛花，尤良。

〔唐・蘇敬《唐本草》〕注云：　此有赤白二種，白者入藥用，赤者見鬼神，甚有毒。但貼腫外用。若服之傷人，乃至痢血不已而死也。

〔宋・馬志《開寶本草》〕注：　商陸，一名白昌，一名當陸。

〔宋・掌禹錫《嘉祐本草》〕按：　《蜀本圖經》云：　葉大如牛舌而厚脆，有赤花者根赤，白花者根白。今所在有之。二月、八月采根，日乾。《爾雅》云：　蓫薚，馬尾。注《廣雅》曰：　馬尾，商陸。《本草》云，別名薚，今關西亦呼爲薚，江東呼爲當陸。《釋文》云：　如人形者有神。《藥性論》云：　當陸，使，忌犬肉，味甘，有大毒。能瀉十種水病，喉痹不通，薄切醋熬，喉腫處外傅之差。日華子云：　白章陸，味苦，冷，得大蒜良。通大小腸，瀉蠱毒，墮胎，協腫毒，傅惡瘡。赤者有毒。

〔宋・蘇頌《本草圖經》〕曰：　商陸俗名章柳根，生咸陽山谷，今處處有之，多生於人家園圃中。春生苗，高三四尺，葉青如牛舌而長。莖青赤，至柔脆。夏秋開紅紫花，作朵。根如蘆菔而長，八月、九月内採根，暴乾。其用歸表。古方術家多用之，亦可單服。五月五日採根，竹筐盛，掛屋東北角陰乾百日，擣篩，井華水調服，云神仙所秘法。喉中卒被毒氣攻痛者。切根炙令熱，隔布熨之，冷輒易，立愈。其花，主人心惛塞，多忘喜誤。取花陰乾百日，擣末。日暮水服方寸匕，卧思念所欲事，即於眼中自覺。《爾雅》謂之蓫薚，《廣雅》謂之馬尾，《易》謂之莧陸，皆謂此商陸也。然有赤、白二種，花赤者根赤，花白者根白。赤者不入藥，服食用白者。又一種名赤菖，苗、葉絕相類，不可用，服之傷筋消腎，須細辨之。

〔宋・唐慎微《證類本草》〕雷公云：　凡使，勿用赤菖。緣相似，其赤菖花、莖有消筋腎之毒，故勿餌。章陸花白，年多後仙人採之用作脯，可下酒也。每修事，先以銅刀刮去上皮了，薄切，以東流水浸兩宿，然後漉出，架甑蒸，以豆葉一重了，與章陸一重，如斯蒸從午至亥，出，仍去豆葉暴乾了，細剉用。若無豆葉，只用豆代之。《外臺秘要》：治水氣。商陸根白者去皮，切如小豆許，一大盞，以水三升，煮取一升已上。爛即取粟米一大盞煮成粥。仍空心服，若一日兩度服即恐利多，每日服一頓即微利，不得雜食。又方：治瘰癧、喉痹、卒攻痛。擣生章陸根，捻作餅子，置瘰癧上，以艾炷於藥上灸三四壯。《千金髓》：治水氣浮腫。白菖六兩，取汁半合，和酒半升，看大小相度與服，當利下水，差。又方：卒暴癥，腫中有物如石，痛刺啼呼，若不治，百日死。多取商陸根擣汁或蒸之，以布藉腹上，安藥勿覆，冷復易，晝夜勿息。《經驗方》：治水疾。樟柳去麁皮，薄切，暴乾爲末，用黄顙魚三頭，大蒜三瓣，菉豆一合，以水一大椀同煮，豆爛爲度，先將豆任意喫了，却以汁調藥末一錢匕，其水化爲清氣消。《梅師方》：治水腫不能服藥。商陸一升，羊肉六兩，以水一斗煮取六升，去滓，和肉、葱、豉作臛，如常法食之，商陸白者妙。《孫真人食忌》：主一切熱毒腫。章陸根和鹽少許傅之，日再易。又方：主瘡中毒。切章陸根汁，熱布裹熨之，冷即易。《斗門方》：治脚軟。用章柳根，細切如小豆大，煮令熟，更入菉豆同爛煮爲飯。每日如此修事服餌，以差爲度。其功最效。張文仲：治石癰堅如石，不作膿者。生章陸根擣擦之，燥即易，取軟爲度。

宋·鄭樵《通志》卷七五《昆蟲草木略》 商陸 曰蓫薚，曰募根，曰夜呼，曰馬尾，曰莧陸，曰章陸，曰章柳根，曰蓫，曰菖。《詩》云：言采其菖。《爾雅》云：蓫，蓫。又云：蓫薚，馬尾。皆此也。或言《爾雅》拜，蔏藋，亦為此耳。根如人形者有神，道家以為脯，謂之鹿脯。有赤白二種，白者服食所須，赤者《爾雅》謂之蕒茅。

宋·王介《履巉巖本草》卷上 蔏薩 味辛、酸，冷，有毒。主水脹、疝瘕。熨除癰腫，殺鬼精物。療胸中邪氣，水腫，痿痹，腹滿，疏五臟，散水氣。治水腫不能服藥，用蔏薩一升，羊肉六兩，以水一斗，煮取六升，去滓，以肉如常食之。

宋·陳衍《寶慶本草折衷》卷一〇 白商陸使。〇赤商陸附。〇入五苓散法續附。〇從日華子，加以白字。 一名商陸，一名當陸，一名莧陸，一名章陸，一名章柳根，一名募根，一名蓫薚，一名薚，一名馬尾，一名夜呼，一名白菖。〇其花一名募花。〇募、薚，並吐郎切。蓫，趾六切。 生咸陽川谷，及關西、江東、并州，鳳翔府。今處處園圃中有之。〇二、五、八、九月采根暴乾。〇忌犬肉及鹽，得大蒜良。 味辛、酸、苦，平、冷，有毒。〇主水腫疝瘕痹，熨除癰腫，療胸中邪氣，痿痹，腹滿洪直，疏五臟。 如人形者有神。〇《藥性論》云：瀉十種水病，喉痹不通，薄切醋熬，喉腫處外傅，差。〇日華子云：通大小腸，瀉蠱毒。墮胎，熁腫毒，傅惡瘡。〇《圖經》曰：根如蘆菔音蔔而長，其花白者根白。服食用白者。〇《外臺秘要》：治瘰癧。搗生根捻作餅子，置上，以艾灸餅三四炷。

附：赤商陸。〇有毒。但貼腫，外用。若服之，傷人，痢血不已。花赤者根赤。又一種名赤菖，苗葉相類，不可用，傷筋消腎，須細辨之。

續說云：白商陸一品，張松以之同鯉魚作羹。艾氏以之同羊肉作臛。水腫人食之，未有不效。亦食醫之一法。雖具於註，皆不及張、艾所用簡捷也。又《究原方》研白商陸真汁，調《局方》五苓散，每服貳錢，則蠱腫從小便利去，亦有吐或瀉者。而《是齋方》研赤商陸如膏，貼於臍心，以軟帛繫定，使蠱腫亦從小便利去，並忌鹽并諸鹹味。

元·王好古《湯液本草》卷四 商陸根 氣平，味辛、酸，有毒。《本草》云：主水脹，疝瘕痹，熨除癰腫，殺鬼精物。治胸中邪氣、水腫、痿痹、腹滿洪，直疏五臟，散水氣。如人形者有神。《珍》云：辛酸同用，導腫氣。

元·尚從善《本草元命苞》卷五 商陸 一名白昌。味辛，酸，平，有毒。主水脹腹滿洪，直瀉蠱毒，胸中邪氣，除癰腫，殺鬼精物，消水腫，通大小腸，疏五藏，散水氣，熁腫毒，傅惡瘡。忌犬肉。墮胎。如人形有神，俗名樟柳。根赤白，有兩種。花白者入葉用，花赤者見鬼神。生咸陽川谷，今在處有之。葉青如牛舌而長，花紅，開紫赤，成朵，八九月採根，陰乾。性苦冷，淂蒜者良。日華子云：白章陸味苦冷，得大蒜良。水氣浮腫，同粟米煮粥飲，頻服。瘰癧結核，搗作餅，置瘡上，艾灸。又一種赤菖相類，誤服之，消腎傷筋。

元·佚名氏《珍珠囊·諸品藥性主治指掌》〔見《醫要集覽》〕 商陸 味酸、辛，平，〔性寒〕，有毒。降也，陽中陰也。其味酸辛，其形類人，其用療水，其效如神。

元·徐彥純《本草發揮》卷二 商陸根 東垣云：熬辛酸與苦同用，以導腫氣。

明·朱橚《救荒本草》卷上之後 章柳根 《本草》名商陸，一名募音湯根，一名夜呼，一名白昌，一名當陸，一名章陸。《爾雅》謂之蓫薚音遂湯，《廣雅》謂之馬尾，《易》謂之莧陸。生咸陽川谷，今處處有之。苗高三四尺，葉青如牛舌，微闊而長。根如人形者有粗似雞冠花葉，微有線楞，色微紫赤，葉青如牛舌，微闊而長。

神，亦有赤白二種，花赤根亦赤，花白根亦白。赤者不堪服食，傷人，乃至痢血不已。白者堪服食。又有一種，名赤昌，苗葉絕相類，不可用，須細辨之。商陸味辛、酸，一云味苦，性平，有毒。一云性冷。得大蒜良。　救飢：取白色根，切作片子煠熟，換水浸，洗淨，淡食，得大蒜良。凡製薄切以東流水浸二宿，撈出與豆葉隔間入甑蒸，從午至亥，如無葉用豆，依法蒸之亦可。花白者年多，仙人採之作脯，可為下酒。　治病：　文具《本草》草部商陸條下。

明・蘭茂撰，清・管暄校補《滇南本草》卷下　商陸　性微寒，味辛、微苦，有小毒。主治利小便，消水腫，攻瘡癰。有赤白二種，赤者不入藥。然可研末，調熱酒，擂跌打青黑之處神效，再貼膏藥更好。　按：　商陸行消分利之劑，今人以為大藥，煮肉吃有大補人虛癆之症，非也。

明・蘭茂撰，清・管暄校補《滇南本草》卷中　商陸通治：　忌犯鐵器，并忌鹽味。其赤花者，不可食也。　喉中卒被毒氣攻痛者，用商陸根切細，炒熱，以布包熨痛處。　瘰癧喉痺攻痛，用商陸杵爛作餅，放瘡上，以艾火灸之。浮腫，用商陸杵取汁一碗，和酒一碗，作三次炖熱，服下則水自大便而出。卒暴癥腫，其內有物如石，刺痛叫苦，若不治，至百日即死。用商陸根杵汁，以布浸濕，貼在痛處，隨以渣蓋布上，換數次，勿令止，久則自愈。　諸熱腫，用商陸根和鹽杵爛，敷之。　諸毒瘡，用商陸根和紫花地丁二味，切細，以酒煎，服之即消。

明・蘭茂《滇南本草》〔叢本〕卷下　商陸　註補：　按商陸行消之性，今人以為大藥，煑肉吃有大補人虛勞之症。非也，不宜用。

明・王綸《本草集要》卷三　商陸使　味辛甘酸，氣平，有毒。忌大肉。有赤、白二種，花赤者根赤，花白者根白，白者入藥用。赤者見鬼神，甚毒，但貼腫外用，不可服。主水脹，疝瘕痹，熨除癰腫，殺鬼精物，瀉蠱毒。傅惡瘡。療胸中邪氣，腹滿水腫，墮胎。如人形者有神。　水腫，取生者，去皮，切如小豆許一大盞，以水三升，煮一升，爛即取粟米一大盞煮成粥，空心服，一度不得雜食；又切生根，雜生鯉魚肉，煮作湯，又取六兩，搗汁三合，和酒半升，看大小相度服，利下水，差。喉痹不通，薄切，醋蒸，腫處傅之。石癰堅如石，不作膿，搗生根，搽之，燥即易，取軟為度。　一切熱毒腫。和鹽少許，搗傅之，日再易。

明・滕弘《神農本經會通》卷一　商陸　使也。忌犬肉。有赤、白二種，赤花者根赤，白花者根白，白者入藥用，赤者見鬼神，甚有毒，但貼腫外用，服之傷人，乃至痢血不已而死。八九月採根，暴乾。　味辛、酸，氣平，有毒。《湯》同。東云：　降也，陽中陰也。其味酸、辛，其形類人，其用療水，其効如神。又云：　治腫。《珍》云：　導腫，與葶藶同。《疌》云：　導腫氣，通胸腹，療水若神。

《本經》云：　主水脹，疝瘕，痺熨，除癰腫，殺鬼精物。療胸中邪氣，水腫痿痺，脹滿洪直，疏五臟，散水氣，如人形者有神。《藥性論》云：　商陸，使。忌犬肉。味甘，有大毒。能瀉十種水病，喉痺不通。薄切，醋熬，喉腫處外傅之，差。日華子云：　白商陸，味苦，冷，得大蒜良。通大小腸，瀉蠱毒，墮胎，熁腫毒，傅惡瘡。赤者有毒。劊云：　商陸酸辛微有毒，生之異者類如人。導疏腫氣通胸腹，療水功能効若神。《局》云：　商陸人形者有神，主消水腫味酸辛。種分赤白宜詳辨，白者堪嘗赤損人。商陸根，名樟柳，退腫之宗。

明・劉文泰《本草品彙精要》卷一三　商陸有毒。　植生。

商陸出《神農本經》：　**主水脹，疝瘕，痺熨，除癰腫，殺鬼精物。**以上朱字《神農本經》。療胸中邪氣，水腫，痿痹，腹滿洪直，疏五臟，散水氣，如人形者有神。以上黑字名醫所錄。　【名】葛根、夜呼、白昌、當陸、薚、章陸、蓫薚、馬尾、莧陸、樟柳根。　【苗】《圖經》曰：　商陸，即樟柳根也。春生苗，高三四尺，葉青如牛舌而長，莖青赤至柔脆，夏秋開紅紫花，作朵，根如蘆菔而長。《爾雅》謂之蓫薚。《廣雅》謂之馬尾。《易》謂之莧陸。皆謂此商陸也。然有赤、白二種，花赤者根赤，花白者根白。白者入藥，赤者見鬼神，甚有毒，但貼腫外用，不可服也。又一種名赤（葛）〔菖〕，苗葉絕相類，不可服，服之傷筋消腎，須細辨之。　【地】《圖經》曰：　生咸陽川谷，今處處有之，多生人家園圃中。【道地】　并州、鳳翔府。　【時】生：　春生苗。採：　二月、八月、九月取。　【收】暴乾。　【用】根。　【質】類蘆菔而長。　【色】白赤。　【味】辛，酸。　【性】平，散。　【氣】氣之薄者，陽中之陰。　【臭】腥。　【主】水氣，浮腫。　【助】得大蒜良。　【製】《雷公》云：　每修事，先以銅刀刮去上皮，薄切，以東流水浸兩宿，然後漉出，架甑蒸，以豆葉一重，商陸一重，如斯蒸，從午至亥，去豆葉，暴乾，細剉用。若無豆葉，以豆代之。　【治】療：《圖經》曰：　治喉中卒被毒氣攻痛及瘡中毒，並切根炙，令熱，隔布熨之，冷即易，立愈。《藥性論》云：　瀉十種水病。　日華子云：　通大小腸，瀉蠱毒，熁腫毒，傅惡瘡。　《別錄》云：　治石癰堅如石不作膿者，取生根搗擦之，燥即易，以軟爲度。　〖合治〗初生根合鯉魚煮湯，療水腫。〇以白者去皮切如小豆許一大盞，用水三升，煮取一升，候爛合粟米一大盞，煮成粥，每日空心服一次，治水氣微利有效，不得雜食。〇以白者六兩，取汁半合，合酒半升，空心服，療腹大水腫，當下水，瘥。小兒量與服之。　〖禁〗赤者有毒，服之傷人，乃至利血不已，妊娠亦不可服。　〖贋〗赤葛爲僞。　〖忌〗犬肉。

明・許希周《藥性粗評》卷三　商陸利血經之腫。

商陸根，一名樟柳根，一名良呼。《爾雅》謂之蓫薚。有赤白二種，以花辨之。春生苗，高三四尺，葉大如牛舌而尖長，莖青赤色，至柔脆，夏秋開花成穗，根如蘆菔而長。南北園圃道傍處處有之。八月採根，但花白其根亦白，花赤其根亦赤，惟白者入藥，赤則多毒，損血不已。根如人形者有神，術家多用之。採獲蒸熟，暴乾。此與赤(葛)〔菖〕相似，不可誤採，消骨損人。餘說《本草》不載。味辛、酸，性有毒。主治胸中邪氣，疝瘕血塊，腹滿痿痹，癰腫，十種水氣，散血消脹，殺鬼氣，疏五臟。

單方：　健忘：　凡患心昏多忘喜悞者，夏秋間取商陸花，不拘赤白，陰乾百日後，擣為細末，臨臥時清水調下方寸匕，每日如此，不過數日，心氣自開，隨其思念所及，即於眼中自覺。　浮腫：　凡患水氣浮腫，取白商陸生者，大則一枚，小則二枚，但至六兩以上者，搗絞汁半合，和酒半升，溫過，稍稍服之，當利下水，差。一法：　去皮細切，水三升，煮取一升後，入粟米一合，煮成稀粥，空心，每日只吃一頓，取微利即愈，不得雜食他物，如吃二頓，恐利多有損。一法：　去皮薄切，和羊肉爛煮，加葱料等物食之，亦可。　脚軟：　凡患脚氣，痿痹軟弱者，白商陸根去皮，細切如小豆大，入水煮熟，更入綠豆一二合，同煮為飯吃之，每日不間，以脚差為度，其功最多。　石癰：　凡患癰腫，其堅如石，不痛，亦不作膿者，取生商陸根切片，擦之，以軟為度。

明・鄭寧《藥性要略大全》卷五　商陸一名樟柳。　治水腫脹，疝瘕癰腫腹滿。能瀉十種水病。　味辛、甘、酸，性平，有毒。忌犬肉。有赤白二種。其形類人。花莖赤者，根赤；　花白者，根白。白者入藥，赤者入神。

明・陳嘉謨《本草蒙筌》卷三　商陸　味辛、甘、酸，氣溫。有毒。一名樟柳，多產郊原。葉如牛舌舒長純青色，莖高三尺柔脆青赤色。秋間花作朵，色赤白兩般。花赤者根赤相同，花白者根白無異。白根入藥劑，專利水對證可煎；　赤根見鬼神，甚有毒貼腫堪用。儻鹵莽誤服，必痢血喪身。釋文又云：　如人形者有神。其根有似人形雙手雙足者，能通神。今術家每云：　樟柳神者，即此是爾。實亦入神之藥，花名葍花尤良。若陰乾搗末水吞，能治人健忘善悞。服後臥思所事，開心復記詳明。並墮妊娠，孕婦切忌。

謨按：　白根治水，方載多般。或取根雜鯉魚熬湯，或咀粒攙粟米煮粥，或搗生汁調酒，或和諸藥為丸。空心服之，並可獲効。赤根貼腫，方亦不同。喉痹窒塞不通，醋熬敷外腫處。石癰堅如石者，搗擦取軟成膿。如或搗爛加鹽，總敷無名腫毒。古讚云：　其味酸辛，其形類人，療水貼腫，其効如神。斯言盡之矣。

明・王文潔《太乙仙製本草藥性大全》卷二《本草精義》　商陸　一名樟柳，一名葍根，一名夜呼，一名白昌，一名當陸。生咸陽山谷，今在處有之，多生人家園圃。春生苗，高三四尺，其葉青如牛舌舒長，莖青赤至柔脆，夏秋開花作朵，色分紅紫、赤白兩般，花赤者根赤相同，花白者根白無異，根如萊菔而長，八月、九月採根曝乾。又云五月五日採根，竹篕盛掛屋東北角陰乾百日，搗末，井花水調服。

按：　白根治水方載多般，或取根雜鯉魚熬湯，或咀粒攙粟米煮粥，或搗生汁調酒以和諸藥爲丸空心服之，並可獲效。赤根貼腫方亦不同，喉痹窒塞不通，醋熬敷外腫處；　石癰堅如石者，搗擦取軟成膿；　如或搗爛加鹽，總敷無名腫毒。古讚云：　其味酸辛，其形類人，療水貼腫，其效如神。斯言盡之矣。

明・王文潔《太乙仙製本草藥性大全》卷二《仙製藥性》　商陸使　味辛、甘、酸，氣溫，無毒。　主治：　白根入藥劑，專利水，對證可煎。赤根見鬼神，甚有毒，貼腫堪用。倘鹵莽誤服，必痢血喪身。《經》文又云如人形者有神。其根有似人形，雙手雙足者能通神。今術家有云樟柳神者即此。專主水脹、疝瘕、痹，熨能瀉蠱毒，殺鬼精物，除癰腫。傅惡瘡如神，療胸邪氣滿大效。善消水腫，又能墮胎是爾。　實：　亦入神之藥。　花：　名葍花，尤良。若陰乾搗末水吞，能治人健忘善誤。服後臥思所事，開心復記詳明。並墮妊娠，孕婦切忌。　補註：　喉中卒破，毒氣攻痛者，切根炙令熱，隔布熨之，冷則易以熱，立效。水腫，取生者去皮，切如小豆許一大盞，以水三升，煮一升，爛即取粟米一大盞，煮粥空心服，一度不得雜食。又切生根，同生鯉魚肉煮湯。又取六兩搗汁三合，和酒半升，看大小，相度服，利下水差。〇喉痹不通，薄切醋熬，腫處傅之。〇石癰，堅如石，不作膿，搗生根擦之，燥即易，取軟爲度。〇一切熱毒，和鹽少許，調傅之，日再易。〇治瘰癧喉痹，卒攻痛，用根生搗，捻作餅子，置瘰癧上，以艾炷於藥上，灸三四壯。〇卒暴腫，中有物如石，痛刺啼呼，若不治，百日死。多取根搗汁，或蒸之，以布藉腹上，安藥勿覆，冷復易，晝夜勿息。○治水腫不能服藥，用一升，羊肉六兩，以水一斗，煮取六升，去滓，和肉、葱、豉作臛，如常法食之。白者佳。○瘡中毒，切根炙熱，布裹熨之，冷即易。○治脚軟，切根如小豆大，煮令熱，更入菉豆同爛煮爲飯，每日如此修事服飯，以差爲度，其功最效。　太乙曰：凡使勿用赤(葛)[菖]，緣相似，其赤(葛)[菖]花莖有消筋腎之毒，故勿餌。商陸花白，年多後仙人採之，用作脯，可下酒也。每修事先以銅刀刮去上皮，薄切，以東流水浸兩宿後取出，於甑上蒸，以豆葉一重了，與商陸一重，如斯蒸從午至亥出，仍去豆葉，曝乾了細剉用。若無豆葉，只用豆代之。

明・皇甫嵩《本草發明》卷三

商陸下品下。氣温，味辛、酸，有毒。白者入藥。人形者有神，術家云樟栁(神)[根]是也。　發明曰：白商陸功專利水，故主水脹疝瘕痺。熨除水腫，胸中邪氣，痿痺腹滿，殺鬼精物，疏五藏，散水氣。虚弱人慎用。讚云：其味酸辛，其形類人，療水貼腫，其效如神。○或取根，雜鯉魚熬湯，或咀粒攙粟米煮粥，或生搗汁調酒，或和諸藥為丸，隨宜製用，皆能去屍蟲，見鬼神。赤者不入藥，甚有毒，見鬼神，但可貼腫毒，誤服必痢，血痢喪命。如喉痺窒塞不通者，用醋煮，敷外腫處。如癰堅如石，搗擦取軟成膿。或搗爛加鹽，總敷無名腫毒。○花，名葛花，尤良。陰乾，搗末水吞，治人健忘善(悟)[寤]，服後臥思所事，開心強記。孕婦忌之。

明・李時珍《本草綱目》卷一七草部・毒草類

商陸《本經》下品

【釋名】蓫薚音逐湯。　當陸《開寶》　章柳《圖經》　白昌《開寶》　馬尾《廣雅》　夜呼《本經》時珍曰：此物能逐蕩水氣，故曰蓫薚。訛爲商陸，又訛爲當陸，北音訛爲章柳。或云枝枝相值，葉葉相當，故曰當陸。或云多當陸路而生也。　【集解】《別録》曰：商陸生咸陽川谷。如人形者有神。恭曰：此有赤白二種。白者入藥用，赤者見鬼神。甚有毒。保昇曰：所在有之。葉大如牛舌而厚脆，赤花者根赤，白花者根白。二月、八月采根，日乾。頌曰：俗名章柳根，多生於人家園圃中。春生苗，高三四尺，青葉如牛舌而長。莖青赤，至柔脆。夏秋開紅紫花，作朵。根如蘿蔔而長，八九月采之。《爾雅》謂之蓫薚，《廣雅》謂之馬尾，《易經》謂之莧陸。斆曰：一種赤昌，苗葉絶相類，不可服之，有傷筋骨消腎之毒。惟花白年多者，仙人采之作脯，可下酒也。時珍曰：商陸昔人亦種之爲蔬，取白根及紫色者擘破，作畦栽之，亦可種子。根苗莖並可洗蒸食，或用灰汁煮過亦良。服丹砂、乳石人食之尤利。其赤與黄色者有毒，不可食。按周定王《救荒本草》云：章柳幹粗似雞冠花幹，微有線楞，色微紫赤，極易生植。

根　【修治】斆曰：取花白者根，銅刀刮去皮，薄切，以東流水浸兩宿，漉出，架甑蒸，以黑豆葉一重，商陸一重，如此蒸之，從午至亥，取出去豆葉，暴乾剉用。無豆葉，以豆代之。

【氣味】辛，平，有毒。《別録》曰：酸。權曰：甘，有大毒。忌犬肉。大明曰：白者苦冷，得大蒜良。赤者有毒，能伏硇砂、砒石、雌黄，拔錫。恭曰：赤者但可貼腫，服之傷人，痢血不已殺人，令人見鬼神。張仲景曰：商陸以水服，殺人。杲曰：商陸有毒，陽中之陰。其味酸辛，其形類人。其用療水，其效如神。　【主治】水腫疝瘕痺，熨除癰腫，殺鬼精物《本經》。療胸中邪氣，水腫痿痺，腹滿洪直，疏五臟，散水氣《別録》。瀉十種水病。喉痹不通，薄切醋炒，塗喉外，良甄權。通大小腸，瀉蠱毒，墮胎，熻腫毒，傅惡瘡大明。

【發明】弘景曰：方家不甚用，惟療水腫，切生根，雜鯉魚煮作湯服。道家乃散用之，及煎釀服，皆能去尸蟲，見鬼神。其實子亦入神藥。花名葛花，尤良。頌曰：古方術家多用之，亦可單服。五月五日采根，竹篕盛，掛屋東北角陰乾百日搗篩，井華水調服，云神仙所秘法也。時珍曰：商陸苦寒，沉也，降也，陰也。其性下行，專於行水。與大戟、甘遂，蓋異性而同功。胃氣虚弱者不可用。方家治腫滿、小便不利者，以赤根搗爛，入麝香三分，貼於臍心，以帛束之，得小便利即腫消。又治濕水，以指畫肉上，隨散不成文者。用白商陸、香附子炒乾，出火毒，以酒浸一夜，日乾爲末。每服二錢，米飲下。或以大蒜同商陸煮汁服亦可。其莖葉作蔬食，亦治腫疾。嘉謨曰：古讚云：其味酸辛，其形類人。療水貼腫，其效如神。斯言盡之矣。

【附方】舊九。新六。　濕氣脚軟：章柳根切小豆大，煮熟，更以緑豆同煮爲飯。每日食之，以瘥爲度，最效。《斗門方》。　水氣腫滿：《外臺秘要》：用白商陸根去皮，切如豆大，一大盞，以水二升，煮一升。更以粟米一大盞，同煮成粥。每日空心食之，取微利，不得雜食。○《千金髓》用白商陸六兩，取汁半合，和酒半升，看人與服。當利下水，取効。○《梅師方》用白商陸一升，羊肉六兩，水一斗，煮取六升，去滓，和葱、豉作臛食之。　腹中暴癥：有物如石，痛刺啼呼，不治，百日死。多取商陸根搗汁或蒸之，以布藉腹上，安藥，勿覆，冷即易，晝夜勿息。孫真人《千金方》。　痃癖如石：在脇下堅硬。生商陸根汁一升，杏仁一兩，浸去皮，搗如泥，以商陸汁絞杏泥，火煎如餳。每服棗許，空腹熱酒服，以利下惡物爲度。《聖惠方》。　産後腹大：堅滿，喘不能卧。白聖散：用章柳根三兩，大戟一兩半，甘遂炒一兩，爲末。每服二三錢，熱湯調下，大便宜利爲度。此乃主水聖藥也。潔古《保命集》。　五尸注痛：腹痛脹急，不得喘息，上攻心胸，旁攻兩脇，痛或磥塊涌起。用商陸根熬，以囊盛，更互熨之，取効。《肘後方》。　小兒痘毒：小兒將痘發熱，失表，忽作腹痛，及膨脹弩氣，乾霍亂，由毒氣與胃氣相搏，欲出不得出也。以商陸根和葱白搗傅臍上，斑止痘出，方免無虞。《摘玄方》。　耳卒熱腫：生商陸，削尖納入，日再易。《聖濟錄》。　喉卒攻痛：商陸切根炙熱，隔布熨之，冷即易，立愈。《圖經本草》。　瘰癧喉痹：攻痛。生商陸根搗作餅，置癧上，以艾炷于上灸三四壯，良。《外臺秘要》。　一切毒腫：章陸根和鹽少許，搗傅，日再易之。孫真人《千金方》。　石癰如石：堅硬不作膿者。生章陸根搗擦之，燥即易，取軟爲度。亦治濕漏諸癤。《張文仲方》。　瘡傷水毒：章陸根搗炙，布裹熨之，冷即易之。《千金方》。

葛花　〖主治〗人心昏塞，多忘喜(誤)〔卧〕，取花陰乾百日，搗末，日暮水服方寸匕，乃卧思念所欲事，即於眠中醒悟也蘇頌。

明・佚名氏《醫方藥性・草藥便覽》　商陸　其性溫、辣。治疔背癰疽。紅者傷人。

明・梅得春《藥性會元》卷上　商陸　味酸、辛。降也，陽中之陽也。有毒。根名樟柳。有赤白二種，赤者不入藥，白者堪入藥。　主消水脹疝瘕之腫，療胸中邪氣，痿痹；　熨除癰腫，殺鬼精物，疏五臟，散水氣，治腹滿。其味酸、辛，其形類人。其用療水，其效如神。

明・王肯堂《傷寒證治準繩》卷八　商陸　氣平，味辛，有毒。白者苦冷，得大蒜良。赤者有大毒，忌犬肉。主水腫，疝瘕痹，疏五藏，散水氣。珍：苦寒，沉也，降也，陰也。其性下行，專於行水，與甘遂、大戟異性而同功。胃氣虛弱者，不可用。取花白者根，銅刀刮去皮，薄切，以東流水浸兩宿，漉出，入甑，以黑豆葉一重，商陸一重，蒸之從午至亥，取出，去豆葉，暴乾，剉用。無豆葉以豆代之。

明・李中立《本草原始》卷三　商陸　始生咸陽山谷，今處處有之，多生於人家園圃中。春生苗，高三四尺，葉青如牛舌而長，莖青赤，至柔脆。夏秋開紅紫花作朵。根如蘆菔而長。八月、九月採根，暴乾。《爾雅》謂之蓫薚。《廣雅》謂之馬尾。《易經》謂之莧陸。《開寶》謂之白昌，《本經》謂之夜呼。《圖經》謂之章柳。或云此草多當陸路而生，故一名當陸。　根：　氣味：辛，平，有毒。　主治：水腫，疝瘕痹，熨除癰腫，殺鬼精物。○療胸中邪氣，水腫痿痹，腹滿洪直，疏五臟，散水氣。○瀉十種水，喉痹不通，薄切，醋炒，塗喉外良。○通大小腸，瀉蠱毒，墮胎，熁腫毒，傅惡瘡。

商陸，《本經》下品。【圖略】入藥用根。

大明曰：白者苦冷，得大蒜良；　赤者有毒，能伏硇砂、砒石、雌黃，拔錫。　杲曰：陽中之陰。恭曰：赤者但可貼腫，服之傷人，痢血不已，殺人，令人見鬼神。張仲景曰：商陸以水服，殺人。

修治：取花白者根，銅刀刮去皮，薄切，以東流水浸兩宿，漉出，架甑蒸，以黑豆葉一重，商陸一重，如此蒸之。從午至亥，取出，去豆葉，暴乾，剉用。無豆葉以豆代之。

古讚商陸云：其味酸辛，其形類人。療水貼腫，其效如神。〔商陸〕，使。

明・張懋辰《本草便》卷一　商陸使　味辛、甘、酸，氣平，有毒。忌犬肉。主水脹，除癰腫，瀉蠱毒，傅惡瘡，療胸中邪氣。

明・盧復《芷園臆草題藥》　(高)〔商〕陸：　味辛。取白色者，用金之屬，陰之雅也。與鬼合德，故名夜呼，如人則曰呼，鬼夜呼也。用為引導殺鬼精物，仙家作脯，所以治三尸。性降利，善治水腫，水泛濫，必道路迷失，水去則陸見，即《易夬》之莧陸也。

明・李中梓《藥性解》卷三　商陸　味酸、辛，性寒，有毒，入脾、膀胱、小腸三經。主水脹蠱毒，疝瘕癰腫惡瘡，墮胎孕。按：商陸耑主逐水，與大戟相似，夫水之為病，由於膀胱小腸不利，而脾家之所深惡者也，故咸入之。有赤白二種，白者可服，赤者有毒，堪用貼腫，誤服殺人。

明・倪朱謨《本草彙言》卷五　商陸　味辛苦，氣寒，性平，有毒。沉也，降也，陰也。　《別錄》曰：商陸，生咸陽山谷，今四方皆有。根如人形者有神。春生苗，高三四尺，莖青微赤，極柔脆，枝枝相值，葉葉相當。葉如牛舌而長，夏秋白花作朵，亦有赤花者。赤花，根赤；白花，根白。白者入藥，根如萊菔，有似人形者有靈，可以見鬼神。《爾雅》謂之蓫薚。《周易》謂之莧陸。修製(置)〔治〕：取白花之根，銅刀刮去皮，切薄片，和黑豆水浸一晝夜，曝乾取用。

商陸：疏利藏府，《別錄》行决水氣之藥也。釋醫冷庵稿故前人主治水腫水疝十種水病，喉閉不通，小便脹急。赤者，敷癰疽疔毒，拔根出頭。此藥寒而沉降，疏泄峻利，急如奔裂，與大戟、甘遂，蓋異種同功。如胃虛陽弱人，服之立斃。非氣結水壅，急脹不通者，不可輕用。

陳廷采先生曰：《商陸讚》云：其味酸辛，其形類人。行水消毒，其效如神。斯言盡之矣。　李士材先生曰：商陸行水，有排山倒海之勢。胃弱者痛禁。赤者搗爛，敷毒拔疔。入麝香少許貼臍，亦能利便消腫。腫證因脾虛者多，若誤服食，一時雖效，未幾再作，決不可救。慎之！慎之！

集方：《外臺秘要》治水氣腫滿，喘不能臥。用商陸白根去皮，切如豆大二兩，和白米二兩，水二升，煮一升，成粥。取湯，每日空腹服之。取微利數次，半日後方可吃薄粥。忌鹽味、甜味百日。一方治水脹，用白商陸根一斤，羊肉八兩，水一斗，煮取三升，去滓飲之。〇沈存中手稿治腹滿脹急不得臥，喘息，上攻心胸兩旁脇脹痛，或纍塊涌起。用商陸根，搗爛炒熱，以囊盛，更互熨之，立效。〇《圖經本草》治喉卒攻痛。用商陸根搗爛炒熱，布裹熨之，冷即易，立愈。〇《摘玄方》治小兒將痘，欲出不得出，發熱腹脹痛，努氣不安。用商陸根一兩，和葱白五莖，搗敷臍上，即斑止痘出，可免無虞。

蘇氏曰：治人心昏塞，多忘多臥。取商陸花陰乾百日，搗末，每日暮白湯服一錢乃臥。每思念所欲事，即于臥中醒悟也。

明・姚可成《食物本草・救荒野譜補遺・草類》 章柳食葉。一名商陸，一名杜大黃，一名牛舌頭。春夏采葉沟食之。

青青野艸名章柳，藜藿凶年視瓊玖。煙爨蕭蕭百二三，餓殍煢煢十八九。惟彼豪門貴客家，筵前慢舞章臺柳。

明・姚可成《食物本草》卷一九草部・毒草類 商陸處處平澤有之，葉大如牛舌而厚，俗名章柳根，多生於人家園圃中。春生苗，高三四尺。莖青赤，至柔脆。夏秋開紅紫花作朵。根如蘿蔔而長，八九月采之。昔人種之為蔬，根、苗、莖、葉並可蒸食。或用灰汁煮過亦良。服丹石人食之尤宜。其赤與黃色者，有毒，不可食。〇周(憲)〔定〕王《救荒本艸》云：章柳莖榦，粗似雞冠花榦，上微有楞線，色微紫赤。極易生植。《雷公》云：商陸花白者名白昌，仙人采之作脯，可下酒也。一種赤昌，苗葉絕相類，不可食，有傷筋骨、消腎之毒。

商陸，味辛，平，有毒。治水腫疝瘕，腹滿洪直。疏通五臟，散水氣，殺鬼精物，通大小腸，瀉十種水病。喉痹不通，薄切醋炒，塗喉外，良。孕婦忌食。

莖葉　作蔬食，大治水腫。

花　治人心孔昏塞，喜臥多忘，取花陰乾百日搗末，日暮水服方寸匕乃臥。思念所欲事，即於睡中自然醒悟也。

附方：治痃癖如石在脇下，堅硬。用杏仁一兩去皮，商陸根汁一升。搗杏仁如泥，煎如膏，每服棗大，空心熱酒下，以利惡物為度。

明・李中梓《醫宗必讀・本草徵要上》 商陸味辛，性平，有大毒。入脾經。銅刀刮去皮，水浸一宿，黑豆拌蒸。水滿鼓脹，通利二便。按：商陸行水，有排山倒岳之勢，胃弱者痛禁。赤者搗爛，入麝少許貼臍，即能利便消腫。腫因脾虛者多，若誤用之，一時雖效，未幾再作，決不可救。

明・鄭二陽《仁壽堂藥鏡》卷一〇下 商陸根 《藥性論》云：商陸，生咸陽川谷。忌食犬肉。氣平，味辛、酸，有毒。《本草》云：主水脹滿，瘕痹，熨除癰腫，殺鬼精物，治胸中邪氣，水腫，痿痹，腹滿，疏五臟，散水氣。如人形者有神。

明・盧之頤《本草乘雅半偈》帙七 商陸《本經》下品 氣味：辛，平，有毒。

主治：主水腫疝瘕痹，熨除癰腫，殺鬼精物。

覈曰：出咸陽山谷。所在亦有。春生苗，高三四尺，莖青赤，極柔脆。枝枝相值，葉葉相當，葉如牛舌而長。夏秋白花作朵，亦有赤花者。赤者根赤，白者根白。白者入藥，赤者見鬼神甚有毒也。根如萊菔，似人形者有神，《爾雅》謂之蓫薚，《廣雅》謂之馬尾，《周易》謂之莧陸。修事：取白花之根，銅刀刮去皮，薄切作片，東流水浸兩宿，取出，以黑豆葉重重間隔，入甑蒸之，從午至亥，俟冷去豆葉，暴乾剉用。無豆葉，以黑豆代之。

条曰：金音曰商，從外知內，以內知外也。高平曰陸，四時日月所行之路也。蓋天有四陸，人有四街，營衛血氣所行之道也。故主水停為腫，氣痹為疝、為瘕，失其(嘗)〔常〕陸之唯內無外；更假火力，熨除癰腫之唯外無內也。若殺鬼精物，以金氣遒勁，彫落非其類爾。

明・李中梓《本草通玄》卷上 商陸根 酸、辛，有毒。通大小腸。疏泄水腫，攻消痃癖，搗爛傅腫毒喉痺，小兒痘毒，同葱白填臍。白者可入湯散，赤者但堪外貼。古贊云：其味酸辛，其形類人。其用療水，其效如神。與大戟、甘遂，異性而同功，虛者不可用。止用貼臍，小便利，即腫消也。

清・顧元交《本草彙箋》卷四 商陸 商陸苦寒，沉降之品。耑于行水，與甘遂、大戟異性同功。

以能逐蕩水氣，故名蓫薚。有赤白二種，以花別之。白者入藥，赤者令人痢血不止，而見鬼神。然外貼則赤者尤利。凡腫滿，小便不利者，以赤根搗爛，入麝香三分，貼臍上，以帛束之，得利即腫消。

清・穆石匏《本草洞詮》卷九 商陸 能逐蕩水氣。《易》稱莧陸是也。味辛甘酸，氣寒，有毒。其性下行，專於行水。與大戟、甘遂蓋異性而同功也。古讚云：其味酸辛，其形類人，療水貼腫，其効如神。胃氣虛弱者不可用之。其莖葉作蔬食，亦治腫疾。但白者入藥，赤者但可貼腫，服之傷人，令人見鬼神。

清・劉雲密《本草述》卷一〇　商陸根　頌曰：俗名章柳根，多生於人家園圃中。春生苗，高三四尺，青葉，如羊舌而長，莖青赤，至柔脆，夏秋開紅紫花作朵，根如蘿蔔而長，八九月采之。

氣味：辛，平，有毒。《別録》曰：酸。日華子曰：白者苦冷，得大蒜良。赤者有毒。恭曰：赤者但可貼腫，服之傷人，痢血不已。東垣曰：商陸有毒，陽中之陰，其味酸辛。

主治：水腫疝瘕，痺。熨除癰腫《本經》。療胸中邪氣，水腫痿痹，腹洪滿，直疏五臟，散水氣《別録》。瀉十種水病，療喉痹不通，薄切，醋炒，塗喉外良甄權。

《類明》曰：商陸根有紅、白二種，白入氣分，導腫氣者，須是白之一種也。東垣言商陸味辛酸，與苦同用，以導腫氣。故仲景治從腰已下有水氣者，牡蠣澤瀉散主之，内用商陸根，辛酸與栝樓根、葶藶之苦寒相合為方也。散水氣者，即導腫氣意也。時珍曰：商陸苦寒，沉也，降也，陰也，其性下行，專於行水，與大戟、甘遂，蓋異性而同功，胃氣虚弱者不可用。方家治腫滿，小便不利者，以赤根搗爛，入麝香三分，貼於臍心，以帛束之，得小便利即腫消。又治溼水，以指畫肉上，隨散不成文者，用白商陸、香附子，炒乾，出火毒，以酒浸一夜，曬乾為末，每服三錢，米飲下，或以大蒜同商陸煮汁服，亦可。嘉謨曰：按白根治水，方載多般，或取根，雜鯉魚熬湯，或咀粒攙粟米煮粥，或搗生汁調酒，或和諸藥為丸，空心服之，並可獲效。赤根貼腫方亦不同，喉痹窒塞不通，醋熬敷外腫處，石癰堅如石者，搗擦取軟成膿，如或搗爛加鹽，總敷無名腫毒。古讚云：其味酸辛，其形類人，療水貼腫，其效如神。斯言盡之矣。

愚按：商陸於春生苗，而夏秋乃開紅紫花，至八九月始采其根，豈非本陽之氣以至陰，取其歸於陰之氣分者乎？是所謂陽中之陰，誠不謬也。在方書中有治石水之檳榔散，同檳榔、生薑、桑白皮、炙草用之。夫石水，其脈腎肝俱沉，其證不一。然有病於腹光緊急如鼓，大小便濇者，茲散主之。是則以證合脈，其水氣固病於陰之結也。《本經》首主水腫疝瘕痺，其治義正謂陰結，不得陽以化耳。固《經》所謂陰陽糾結，多陰少陽，曰石水也。其所謂腎肝俱沉者，腎屬至陰，宜沉，肝屬陰中之陽，宜浮，其俱沉者，正多陰少陽之義也。若然，豈無以陽開陰之劑哉？蓋無如陰之結已甚，投此等劑，亦急則治標之義耳。如《別録》謂此味直疏五臟散水氣，蓋腎納五臟之陰氣者也。直疏五臟氣以歸腎，令水氣自散，更捷得於以陽開陰之功也。觀其敷貼石癰，并腹中暴癥及痃癖如石者，胥能散之，就其能散成形於陰，以為病者，則其疏五臟之氣以散陰結者，固不爽也。至陽水之證而亦用此味，如疏鑿飲子，將毋其義一例乎？曰：陽水之不化者，其本由於陰之不足也。陰虚，故陽不能化陰，水之不化者，其本由於陽之不足也。陽虚故陰不能化，乃俱用此味以疏五臟者，似乎有不宜矣。詎知陽不能化，與陰不能化，皆病於水也。皆病於水，故治陽水之重，與陰水之石者，俱用商陸所謂治標之急也。若論其本則大異矣。如治陽水、陰水之未甚者，更當尋繹，方書所云治陽水宜辛寒云云，治陰水宜苦溫云云矣。然本末兼舉而論，陽水之本病在眞陰，而標病之甚者，乃陰邪也。陰水之本病在元陽，而標病之甚者亦陰邪也。同是陰邪，故治標之急者，皆歸於導陽氣以化陰邪，疏陰邪以導陽氣耳，即所謂辛寒云云之治，以療陽水之甚者，恐其未能中病也，又豈得舍救標之急治，而漫言治本，以致無益而有害哉？萬密齋曰：凡取水藥，惟氣實能食者，可與服之，不可逡巡待正氣盡化為水，則難去矣。玩斯語，則取水一法，豈可盡曰不用？惟投劑者，審其所宜，更取水之藥味，宜詳察耳。

附方　腹中暴癥，有物如石，痛刺啼呼，不治百日死，多取商陸根，搗汁，或蒸之，以布藉腹上安藥，勿覆，冷即易，晝夜勿息。痃癖如石在脇下堅硬，生商陸根汁一升，杏仁一兩，浸去皮，搗如泥，以商陸汁絞杏泥，火煎如餳，每服棗許，空腹熱酒服，以利下惡物為度。石癰，如石堅硬，不作膿者，生商陸根搗擦之，燥即易，取軟為度。亦治溼漏諸瘡。

修治　銅刀刮去皮，薄切，東流水浸三日，取出，和菉豆同蒸半日，去豆，曬乾或焙。

清・郭章宜《本草匯》卷一二　商陸　酸、辛、苦，寒，大毒。陽中之陰，降也。入足太陰經。通大小腸，疏泄水腫。攻消痃癖如石，熬熨脇腹磦塊。治三尸，殺鬼精。

按：商陸，其性下行，專于行水，有排山倒嶽之勢。療水之外，不甚用也。

胃氣虚弱者，痛禁。治腫滿小便不利者，以赤根搗爛，入麝香少許，貼臍上，即能利便消腫。或以大蒜同煑汁服，或同香附子炒乾，出火毒，米飲服三錢，亦可。但腫證因脾虚者多，若誤用之，一時雖効，未幾再作，決不可救。

取根，銅刀刮去皮，薄切，以東流水浸兩宿，同黑豆拌蒸，晒用。白者苦冷，赤者但可貼腫，服之傷人。得大蒜良。忌犬肉。

清·蔣居祉《本草擇要綱目·平性藥品》 商陸取花白者根，銅刀刮去皮，薄切，以東流水浸兩宿，漉出，架甑蒸，以黑豆葉一重，商陸一重，如此蒸之，從午至亥，取出去豆葉，暴乾剉用。無豆葉以豆代之。 氣味：辛，平，有毒。沉也，降也，陰也。主治：水腫疝瘕痹，熨除癰腫。殺鬼精物。療胸中邪氣，水腫痿痹，腹滿洪，直疏五臟，散水氣，瀉十種水病。喉痹不通，薄切醋炒，塗喉外良。通大小腸，瀉蠱毒，墮胎，熁腫毒，傅惡瘡。但其性下行，專于行水，與大戟、甘遂，蓋異性而同功。胃氣虚弱者不可用。其赤者只可貼腫，服之傷人，痢血不已，殺人，令人見鬼神，不可不慎。

清·王翃《握靈本草》卷四 商陸所在有之。白者入藥。米泔浸兩宿，豆葉蒸。主治：商陸，辛，平，有毒。一云：酸。主水腫，疝瘕，喉痺，通大小腸。

清·汪昂《本草備要》卷二 商陸大通，行水。 苦，寒，有毒。諸家辛、酸，李時珍苦，寒。沉陰下行，與大戟、甘遂同功。療水腫脹滿，腫屬脾，脹屬肝。腫則陽氣猶行，如單脹而不腫者名蠱脹，爲木横剋土，難治。腫脹朝寬暮急爲血虚，暮寬朝急爲氣虚，朝暮俱急爲氣血兩虚。腫脹由心腹而散四肢者吉，由四肢而入心腹者危。男自下而上，女自上而下，皆難治。瘕疝癰腫，喉痹不通，薄切醋炒，塗喉中良。濕熱之病。瀉蠱毒，敷惡瘡，墮胎孕，令人見鬼神。 取花白者根，赤者傷人，只堪貼臍，入麝三分搗貼，小便利則腫消。黑豆湯浸蒸用。得蒜良。

清·李熙和《醫經允中》卷二一 商陸 苦，寒，大毒。主治：白者搗爛，入麝香少許，貼臍上即利便消腫，有排山倒岳之能。腫脹由脾虚者禁用。赤者拔癰毒，悮服必痢血喪身，並能墮胎，孕婦切忌。

清·馮兆張《馮氏錦囊秘録·雜症痘疹藥性主治合參》卷三 商陸味辛，性平，有大毒。入脾行水，有排山倒岳之勢。胃弱者禁之。赤者搗爛入麝，貼臍，即能利小便消腫。若脾虚誤用，消後復作，不可救矣。

商陸，其性下行，通大小腸腫滿，小便不利者殊功。痃癖如石者亦效。

白根可用，赤者殺人。白專利水，赤惟貼腫，竝臻奇功。

清·张璐《本經逢原》卷二 商陸一名當陸，赤者性劣，色白者良。 辛，寒，有毒。銅刀刮去皮，水浸一宿，或醋炒，或黑豆拌蒸。用其赤者，服之傷人，令人見鬼。同生水服殺人。 《本經》主水腫疝瘕，痹躄，除癰腫，殺鬼精物。

發明：商陸苦寒傷脾，其性下行利水。《本經》專主水腫疝瘕等疾，與大戟、甘遂異性同功，胃氣虚弱者不可用。腫滿、小便不利者，以赤根搗爛入麝香三分，貼於臍心，以帛束之，得小便利，即腫消。或以大蒜同白商陸煮汁服，亦治腫疾。仲景治大病後腰以下腫，牡蠣澤瀉散用之，以其病後不堪受邪，故用急迫以散之也。然水腫因脾虚者，若誤用之，一時雖效，未幾再發，決不可救。

清·張志聰、高世栻《本草崇原》卷下 商陸根 氣味辛，平，有毒。主治水腫，疝瘕，痹熨，除癰腫，殺鬼精物。 商陸所在有之，春生苗，高二三尺，莖青赤，極柔脆，葉如牛舌而長，夏秋開花作朵。根如蘿蔔，似人形者有神。有赤白二種，白根者，花白。赤根者，花赤。白者入藥，赤者甚有毒，不可服，服之見鬼神。俗名章柳，相傳刻其根為人能通鬼神也。 商陸稟金土之氣化，故氣味辛平，以根花白者為良。主治水腫者，辛走氣，土勝水，氣化則水行，水散則腫消也。治疝瘕者，疝瘕乃厥陰肝木之病，而金能平之也。痹熨，猶言熨痹，肌腠閉痹。商陸熨而治之，火温土也。除癰腫者，金主攻利也。殺鬼精物者，金主肅殺也。

清·劉漢基《藥性通考》卷六 商陸 味苦，氣寒，有毒。沉陰下行，與大戟、甘遂同功。療水腫脹滿，瘕疝癰腫，喉痺不通，濕熱之病。瀉蠱毒，傅惡瘡，墮胎孕，令人見神鬼。取花白者，用根。赤者傷人，只堪貼臍，入麝香三分，搗貼，則小便利而腫亦消矣。黑豆湯浸蒸用。得蒜良。○蓋腫者屬脾，脹屬肝，腫則陽氣猶行，如單脹而不腫者，名蠱脹，為木横尅土，難治。腫脹朝寬暮急，為血虚。暮寬朝急，為氣虚。朝暮俱急，為氣血兩虚。腫脹由心腹而散四肢者，吉。由四肢而入心腹者，危。男自下而上，女自上而下者，皆難治也。

清·黃元御《長沙藥解》卷四 商陸根 味苦辛酸，入足太陽膀胱經。專泄水飲，善消脾脹。《金匱》牡蠣澤瀉散方在牡蠣用之治大病差後，從腰以下有水氣者。以其泄水，而開閉癃也。 商陸根酸苦湧泄，專于利水，功力迅急，與芫、遂、大戟相同。得水更烈，善治水氣腫脹之病，神效非常。兼療癰腫痃癖諸證。　赤者大毒，用白者。鮮根搗汁，服後勿飲水。

清·吳儀洛《本草從新》卷二　商陸〔通，行水。〕　苦，寒。沉陰下行，與大戟、甘遂同功。療水腫脹滿，腫屬脾，脹屬肝。腫則陽氣猶行，如單脹而不腫者名蠱脹，為木橫剋土，難治。腫脹朝寬暮急為血虛，暮寬朝急為氣虛，朝暮俱急為氣血兩虛。腫脹由心腹而散四肢者吉，由四肢而入心腹者危。男自下而上，女自上而下，皆難治。瘕疝癰腫，喉痺不通。薄切醋炒，塗喉中良。利二便，瀉蠱毒，敷惡瘡，墮胎孕。腫脹因脾虛者多，若誤用之，一時雖效，未幾再作，決不能救。取白花之根，赤者傷人，只堪貼臍，入麝三分，搗貼，小便利則腫消。銅刀刮去皮，水浸一宿，黑豆拌蒸。得蒜良。

清·汪紱《醫林纂要探源》卷二　商陸　苦，酸，微辛，寒。大葉似萵苣，抽莖作碎白花附莖上，子略似菠薐，根下行，有歧，生陰濕地。赤花者傷人，服之見鬼，陰氣勝也。沉陰下行，瀉火逐水，去熱結。水性下行，逐水乃正以順之也。功用略同大戟、甘遂。又可磨塗瘡癬，殺蟲。有毒。黑豆湯浸用。　赤商：　敗瘀血，利小便。傳惡瘡，貼臍利小便，消水腫。○凡逐水者，皆能墮胎。

清·嚴潔等《得配本草》卷三　商陸　得大蒜良。忌犬肉。伏硇砂、砒石、雌黃。　苦，辛，冷，有毒。入足太陰，兼足太陽經氣分。行水氣直達下焦。　配麝香，搗貼臍上，利小便，消水腫。誤服消後復作，不可救藥。　取花白者根，銅刀刮去皮，薄切，以東流水浸兩晝夜，漉出，架甑蒸，以黑豆葉一重，商陸一重，如此蒸半日，熟透，去豆葉曬乾用。如無豆葉，以豆代之。　外貼赤者尤利。　赤者服之痢血不止，殺人。白者煎服，亦能殺人。商陸、大戟、甘遂、萹蓄、芫花、蕘花、狼毒等味，下氣除水，極有神效，而其大傷元氣，正非小可。宜用外敷臍腹，加麝香、牙皂，引藥氣以入內，使水氣從二便而出，乃為無害。即不然，必須製透，佐補氣藥，庶幾真氣不盡絕也。

題清·徐大椿《藥性切用》卷四　商陸　性味苦寒，沉陰下行，與大戟甘遂同功。取白花之根，黑豆拌蒸。脾虛者忌用。

清·黃宮繡《本草求真》卷五　商陸大通水道下行。　商陸耑入脾。辛酸苦寒有毒，功耑入脾行水，其性下行最峻。有排山倒海之勢，功與大戟、芫花、甘遂相同。故凡水腫水脹，瘕疝癰腫，喉痹不通，濕熱蠱毒惡瘡等症，服此即能見效。喻嘉言曰：從來腫脹，遍身頭面俱腫者，尚易治，若只單腹脹，則難治。遍身俱腫脹者，五臟六腑各有見症，故瀉肝、瀉脾、瀉膀胱、大小腸，間有取效之時。單單腹脹久窒，而清者不升，濁者不降，互相結聚，牢不可破，實因脾胃之衰微所致。而瀉脾之藥，安敢用乎？明乎此，則有培養一法，補元氣是也。則有招納一法，宣布五陽是也。則有解散一法，開鬼門潔淨府是也。凡腫傷脾則臍必突，傷腎則足底必平，傷肺則背肩聳，傷肝則唇黑皮腫，傷心則缺盆必平及咳嗽失音。凡腫先起於腹，後散四肢者，可治。先起四肢，後歸於腹者，必死。　如仲景牡蠣澤瀉散之用商陸，以治大病後腰以下腫，用此急追以散之也。若脾虛水腫，因服輕劑未愈，遂用苦劣有毒純陰之藥迅迫，效雖稍見，未幾即發，決不可救。取花，白者良，赤者只堪貼臍。入麝三分搗貼，小便利則腫消。嘉謨曰：古贊云：其味酸辛，其形類人，療水貼腫，其效如神。斯言盡之矣！　黑豆湯浸蒸用，得蒜良。

清·羅國綱《羅氏會約醫鏡》卷一六草部　商陸味辛，性平，有大毒，入脾經。銅刀刮去皮，水浸一夜，黑豆拌蒸。　入脾行水，有排山倒嶽之勢。治水腫脹滿，瀉濕熱蠱毒，敷惡瘡，墮胎孕，利小便，破痃癖。白根可用，赤者殺人。白專利水，赤惟貼腫，並臻奇功。　虛弱者禁用。

清·黃凱鈞《藥籠小品》　商陸　苦，寒，沉陰下行，逐水退腫脹，腫屬脾，脹屬肝。　腫脹因脾虛者多，若誤用甘遂、大戟、商陸等藥，雖取快一時，未幾再作，決不能救。

清·楊時泰《本草述鉤元》卷一〇　商陸根　俗名章柳根。春生苗，高三四尺，葉如羊舌而長，其莖青赤，至柔脆，夏秋開紅紫花，根如蘿蔔而長，八九月采之，有赤白二種。

味酸，辛，氣平，有毒。白者苦冷，赤者有毒。陽中之陰，沉也，降也。其性下行，專於行水。白根苦寒而入氣分，導腫氣者，須是白之一種，得大蒜良。《本經》主水腫疝瘕，痹，熨除癰腫。諸本草直疏五臟，散水氣，療胸中邪氣，水腫痿痹，腹洪滿，瀉十種水病，治喉痹不通。薄切醋炒，塗喉外良。商陸味辛酸，與苦同用以導腫氣，仲景治腰以下有水氣者，主牡蠣澤瀉散內有商陸根，與蕘根、葶藶之苦寒相合為方也。散水氣者，即導腫氣意也《類明》。外治腫滿小便不利者，赤根搗爛，入麝香三分，貼於臍心，以帛束之，得小便利，即腫消。又濕水，以指畫肉上隨散不成文者，用白商陸、香附子炒乾，出火毒，酒浸一夜，曬乾為末，每服三錢，米飲下，或以大蒜同商陸煮汁服亦可瀕湖。白根治水，或取根雜鯉魚煮湯，或咀粒攙粟米煮粥，或搗生汁調酒，或和諸藥為丸，空心服之，並可獲效嘉謨。赤根貼腫，如喉痹窒塞不通，醋熬敷外腫處。石癥堅如石者，搗擦，取軟成膿，或搗爛加鹽，總敷無名腫毒又。腹中暴癥，有物如石，痛刺啼呼，不治百日死。多取商陸根搗汁，或蒸之，以布藉腹上，安藥勿覆，冷即易，晝夜勿息。脇下痃癖如石，生商陸根汁一升，杏仁一兩去皮，搗如泥，以商陸汁絞杏泥，煎如餳，每服棗許，空腹，熱酒下，以利惡物為度。石癥堅硬不作膿者，生商陸根搗擦之，燥即易，取軟為度，亦治濕漏諸癧。

論：商陸春令生苗，采根於八九月，本陽之氣以至陰，而歸於陰之氣分，用治石水之病於陰結者。《本經》首主水腫疝瘕痹，其義正謂陰結不得陽以化耳。夫石水脈腎肝俱沉，多陰少陽，豈無以陽開陰之劑。無如陰結已甚，惟投此味，直疏五臟之氣以歸腎，腎納五臟之陰氣者也。令水氣自散，更捷於以陽開陰之功。就其能散成形於陰以為病者，如敷貼石癥暴癥及痃癖如石。則其能疏五臟之氣以散陰結，固不爽也。至陽水之不化，其本由於陰虛，乃俱用此味以疏五臟，何哉？蓋陽不能化，與陰不能化，二者皆病於水，皆病於水，故治陽水之腫，與陰水之石者，俱用商陸，所謂治標之急也。若論其本則大異。凡水病未甚，當繹方書所云，治陽水宜辛寒，治陰水宜苦溫云云矣，然本末兼舉而論，陽水之本病在真陰，而標病之甚者乃陰邪也；陰水之本病在元陽，而標病之甚者亦陰邪也。同是陰邪，故治標之急者，皆歸於導陽氣以化陰邪，疏陰邪以導陽氣，即所謂辛寒云云之治，以療陽水之甚者，恐其未能中病也。萬密齋曰：凡取水藥，惟氣實能食者，可與服之，不可逡巡，待正氣盡化為水，則難去矣。玩此語，則取水一法，豈可盡曰不用，惟投劑者，審其所宜而已。

與大戟、甘遂異性而同功，胃氣虛弱者，不可用瀕湖。赤者但可貼腫，服之傷人，利血不已恭。

修治：銅刀刮去皮，薄切，東流水浸三日，取出，和菉豆同蒸半日，去豆，曬乾或焙用。

清・葉桂《本草再新》卷三 商陸味苦，性寒，無毒。入心、脾、肺三經。療水腫脹滿，治喉痹不通，利二便，瀉蠱毒，治惡瘡，墮胎孕。

清・吴其濬《植物名實圖考》卷二四 商陸 《本經》下品。《爾雅》：蓫薚，馬尾。注《廣雅》曰：馬尾，蔏陸。或曰：《易》：莧陸也。今處處有之，有紅花、白花兩種，結實大如豆而扁有棱，生紅熟黑。江南卑濕，易患水腫，俚醫多種之，以為療水貼腫要藥。其數十年者，根圍尺餘，長三四尺，堅如木。習邪術者，刻為人形以驅鬼，小說家多載之。《救荒本草》謂之章柳，子、根、苗、莖並可蒸食云。

按商陸初生莖肥嫩，葉攢密，秋開花，結實粒小；宿根莖硬，葉稀。春花夏實，秋時已枯。江西上高謂之香母豆，云婦人食之宜子，蓋難憑信。

雩婁農曰：此草非難識者，《通志》乃並蔏及蓫薚、蒮茅而為一物，蔏即旋花；蓫薚，藜類；蒮茅，蔏華之赤者。以意併合，乃至雜糅。毛晉以蓫薚之名，謂即《詩》言采其蓫，前人亦無及者。蓫為羊蹄，《圖經》述之如繪，毛謂不甚合，何也？子夏《易傳》，木根草莖，體物盡致。而或者又以千歲穀當之，則但見其葉相似耳。《本經》置之下品。其仙人作脯之說可謂杳冥，誰則見之？《救荒本草》雖云可食，亦為《本草》所拘。鄉人皆知其有毒。土醫以治水蠱，有隨手見效者，其峻利可知。方書中久為禁藥。其子老則色黑如豆。婦人服之宜子，此與芣苢宜子之說相類。南方卑濕，俚婦力作水田中，其受濕深矣，去濕則脾健，故能宜子。若以為祈子靈丹，則悖甚。古讚曰：其味酸辛，其形類人；療水貼腫，其效如神。按夜呼之名，殆假託鬼神之隱語。毛晉據《荊楚歲時記》三月三日杜鵑初鳴，晝夜口赤，上天乞恩，至章陸子熟乃止。以為章陸子未熟以前，為杜鵑鳴之候，故稱夜呼。亦務為博奧。

清・趙其光《本草求原》卷六毒草部 商陸 苦、辛，寒，有毒。春苗，秋花，是本陽歸陰，能散至陰之水結以疏五臟，故治疝瘕痹躄，水腫、癥腫。按陽水宜辛寒，陰水宜苦溫，乃疏鑿飲子治陽水用之。檳榔散治陰水，則與檳、薑、桑白同用，因陰水、陽水之甚皆結於至陰，宜此急以治標也。瀉蠱毒，敷惡瘡，墮胎。

醋炒，塗喉痹不通。取白花者根，赤根傷人，止堪塗臍腹。入麝搗貼，治暴癥如石。白者取汁，同杏仁煮如餳，酒下；或同大蒜煮服，治腫及脇下痃癖石硬；石癥堅硬，不作膿，搗擦之。仲景治病後腰下痛，牡蠣澤瀉散用之，以正虛氣化為水，宜急去也。但脾虛切忌。綠豆湯浸，蒸用。

清・葉志詵《神農本草經贊》卷三 商陸 味辛，平。主水脹，疝瘕痹。熨除癰腫，殺鬼精物。一名葛根，一名夜呼。生川谷。

夬夬占爻，剛柔貫綜。事鬼焉能，象人而用。雜鯉湯烹，摘蔬畦種。赤目摧筋，功難決壅。

《易疏》：莧陸夬夬，剛上柔下也。王肅曰：莧陸，一名商陸。何承天書：貫綜幽明。《論語》：焉能事鬼。蘇恭曰：赤者能見鬼神。《孟子》：為其象人而用之也。名醫曰：如人形者有神。陶弘景曰：切根雜鯉魚煮湯，療水腫。李時珍曰：昔人以為蔬，取白根及紫色者，擘破作畦栽之。雷斆論：一種赤昌苗葉相類，傷筋骨不可服。陳嘉謨曰：療水貼腫，其效如神。《中論》：決壅導滯。

清・文晟《新編六書》卷六《藥性摘錄》 商陸 辛酸苦，寒，有毒。入脾。大通水道下行，與大戟、芫花、甘遂相同。黑豆湯浸，蒸用。得蒜良。若脾虛水腫，服輕劑未効，遂服此等苦劣有毒純陰之藥，暫時雖効，復發不救。〇赤商陸，搗，三錢，入麝三分，貼臍，利小便消腫。

清・張仁錫《藥性蒙求・草部》 商陸六分 商陸辛平，赤白各異。赤者傷人，白攻水氣。《從新》曰：苦，寒。與大戟、甘遂同功，治水腫脹滿，利二便，瀉蠱毒。虛人忌之。取白花之根，其赤者傷人，只堪貼臍，入麝三分，搗貼，小便利則腫消。

清・劉善述、劉士季《草木便方》卷一草部 商陸 山蘿葡苦寒消積，黃疸水腫脹滿息。癥瘕癰腫消喉痹，蠱毒惡瘡散也奇。色白。

清・戴葆元《本草綱目易知錄》卷一 商陸 苦，寒，有毒。沉陰下行，與遂戟同功。疏五臟，散水氣，瀉十種水病，通大小腸。治胸中邪氣，水腫腹滿，痿痹疝瘕。喉痹不通者，研末，醋調，塗喉外，良。消癰墜胎，傅惡瘡，瀉蠱毒，殺鬼精物，凡用，水浸，黑豆拌蒸。胃氣弱者勿用。

清・陳其瑞《本草撮要》卷一 商陸 苦，寒，入足太陽經，有毒，沉陰下行，與大戟、甘遂相等，功專治水氣脹滿。若喉痹不通，切薄片醋炒塗喉中良。墮胎，令人見鬼神。赤者傷人，只堪貼臍，入麝三分，擣貼，小便利則腫消。黑豆湯浸蒸用，得蒜良。

清・仲昴庭《本草崇原集説》卷下 商陸根 【略】〔批〕商陸可入散，不可作湯。《傷寒》牡蠣澤瀉散內有商陸根熬用。

清・鄭奮揚著，曹炳章注《增訂偽藥條辨》卷三 商陸 偽名次商陸，即俗所稱豬蔔蔔者。其性無從稽考，萬不可服。按商陸氣味辛，平，有毒。主治水腫癰腫，殺鬼精物。近道所在有之。春生苗高二三尺，莖青赤，極柔脆，葉如牛舌而長，夏秋開花作朵，根如蘿蔔，似人形者有神。有赤、白二種，白根者花白，赤根者花赤，白者入藥，赤者毒更甚，俗名章柳，不可服，服之見鬼神。嗟嗟！同是一種，根色赤者，尚不可用，況豬蔔蔔之異種乎？ 炳章按：商陸八九月出新。各處皆出。吾江浙市上通用白商陸，赤者不入藥，服之有傷筋骨，消腎之毒，故勿餌。鄭君所云豬蔔蔔，不知其形狀若何，因未曾見過，不敢妄評。

附子

宋・李昉《太平御覽》卷第九九〇 附子 《廣雅》曰：葉前進切奚，附子也。一歲為萴子，二歲為烏喙，三歲為附子，四歲為烏頭，五歲為天雄。《春秋後語》曰：蘇秦如齊，見王，拜而慶仰而弔。齊王曰：是何慶弔相隨而速速也？蘇秦曰：臣聞飢人之所以不食烏喙者，以為雖偷充腹，而與死人同患也。烏喙，毒藥。與烏頭、附子同本也。飢人食之，雖充腹而死也。喙，音許穢切。今燕雖弱小，秦王之女婿，大王利其十城，而長與強秦為仇，今使弱燕為鴈行，而強秦繼推其後，是食烏喙之類也。《漢書》曰：宣帝許皇后産，霍顯使醫擣附子入與后，后崩。《淮南子》曰：夫天下之物，莫凶於奚毒。奚毒，附子。然而良醫，槖而藏之，有所用也。《抱朴子》曰：療聾或以狼毒、冶葛，或以附子、葱涕，合內耳。或蒸鯉魚腦灌之，皆愈。《范子計然》曰：附子，出蜀武都中。白色者善。楚國《先賢傳》曰：孔休傷頰，有瘢。王莽曰：玉屑、白附子香消瘢。乃以劍彘音滯并香與之。《荊州記》曰：宜都郡門生藥草，有附子。《博物志》曰：物有同類而異用者，烏頭、天雄、附子一物，春、夏、秋、冬采之各異。《大業拾遺記》曰：汾陽宮所甚出名藥數十種，附子、天雄並精好堪用。《本草經》曰：附子，味辛，溫。出山谷。治風寒欬逆，邪氣寒濕痺躄，拘緩不起，疼痛，溫中，金瘡。生牛犍。為百藥之長。《吳氏本草》曰：附子，名莨。神農：辛。岐伯、雷公：甘，有毒。李氏：苦，有毒，大溫。或生廣漢。八月採。皮黑肌白。

宋・唐慎微《證類本草》卷一〇草部下品〔《本經》・別錄・藥對〕 附子 **味辛**、甘，**溫**、大熱，有大毒。**主風寒，欬逆邪氣，溫中，金瘡，破癥堅積聚血瘕，寒濕踒**烏卧切**躄拘攣，膝痛，**脚疼冷弱，**不能行步**，腰脊風寒，心腹冷痛，霍亂轉筋，下痢赤白，堅肌骨，強陰。又墮胎。爲百藥長。生犍爲山谷及廣漢。冬月採爲附子，春採爲烏頭。地膽爲之使，惡蜈蚣，畏防風、黑豆、甘草、黃耆、人參、烏韭。

〔梁・陶弘景《本草經集注》〕云：　附子，以八月上旬採，八角者良。凡用三建，皆熱灰微炮令拆，勿過焦，惟薑附湯生用之。俗方每用附子，皆須甘草、人參、生薑相配者，正制其毒故也。

〔宋・馬志《開寶本草》〕按：　《陳藏器本草》云：　附子醋浸，削如小指，内耳中，去聾。去皮炮令拆，以蜜塗上炙之，令蜜入内，含之，勿咽其汁，主喉痹。

〔宋・唐慎微《證類本草》〕《圖經》：　文具側子條下。

陳藏器云：　附子，無八角，陶强名之。古方多用八角附子，市人所貨，亦八角爲名。雷公云：　凡使，先須細認，勿誤用。有烏頭、烏喙、天雄、側子、木鼈子。烏頭少有莖苗，長身烏黑，少有傍尖。烏喙皮上蒼，有大豆許者，孕八九個，周圍底陷，黑如烏鐵，宜於文武火中炮，令皴坼，即劈破用。天雄身全矮，無尖，周匝四面有附，孕十一個，皮蒼色即是天雄。宜炮皴坼後，去皮尖底用。不然，陰制用並得。側子只是附子傍，有小顆附子，如棗核者是，宜生用。治風瘮神妙。木鼈子，只是諸喙、附、雄、烏、側中畎槵者，號曰木鼈子，不入藥中用。若服，令人喪目。若附子底平，有九角，如鐵色，一個個重一兩，即是氣全，堪用。夫修事十兩，於文武火中炮令皴坼者去之，用刀刮上孕子，并去底尖，微細劈破，於屋下午地上掘一坑，可深一尺，安於中一宿，至明取出，焙乾用。夫欲炮者，灰火勿用雜木火，只用柳木最妙。若陰制使，即生去尖皮底了，薄切，用東流水并黑豆浸五日夜，然後漉出，於日中曬令乾用。凡使，須陰制去皮尖了，每十兩，用生烏豆五兩，東流水六升。《聖惠方》：治丁瘡腫甚者。用附子末，醋和塗之，乾即再塗。《千金翼方》同。《外臺秘要》：　療偏風半身不遂，冷癖疰。附子一兩，生用，無灰酒一升，右㕮咀，内於酒中，經一七日，隔日飲之，服一小合，差。《千金翼》：　治大風，冷痰癖，脹滿諸痹等病。用大附子一枚重半兩者，二枚亦得，炮之酒漬，春冬五日，夏秋三日，服一合，以差爲度，日再服，無所不治。又方：　治口噤卒不開。擣附子，末内管中，開口吹喉中，差。《百一方》：　治卒忤停尸不能言，口噤不開。生附子末置管中，吹内舌下，即差。《經驗方》：　嘔逆翻胃。用大附子一個，生薑一斤，細剉煮研如麪糊，米飲下之。《經驗後方》：　治大人久患口瘡。生附子爲末，醋、麪調，男左女右，貼脚心，日再换。又方：　治熱病，吐下水及下利，身冷脉微，發躁不止。附子一枚，去皮臍，分作八片，入鹽一錢，水一升，煎半升，溫服，立效。《斗門方》：　治翻胃。用附子一個，最大者，坐於塼上，四面着火漸逼碎，入生薑自然汁中，又依前火逼乾，復淬之，約生薑汁可盡半椀許，擣羅爲末。用粟米飲下一錢，不過三服差。又方：　治元藏傷冷及開胃。附子炮過，去皮尖，擣羅爲末，以水兩盞，入藥二錢，鹽、葱、棗、薑同煎，取一盞，空心服。大去積冷，暖下元，肥腸益氣，酒食無礙。《簡要濟衆》：　治脚氣連腿腫滿，久不差方。黑附子一兩，去皮臍，生用擣爲散，生薑汁調如膏，塗傅腫上，藥乾再調塗之，腫消爲度。孫用和：　治大瀉霍亂不止。附子一枚重七錢，炮去皮臍，爲末，每服四錢，水兩盞，鹽半錢，煎取一盞，溫服立止。張文仲：　療眼暴赤腫，磣痛不得開，又淚出不止。削附子赤皮，末如蠶屎，着眥中，以定爲度。崔氏方：　療耳聾風，牙關急不得開方：　取八角附子一枚，酢漬之三宿，令潤，微削一頭，内耳中，灸上十四壯，令氣通耳中，即差。《孫兆口訣》：　云治陰盛隔陽傷寒，其人必躁熱，而不欲飲水者是也。宜服霹靂散：　附子一枚，燒爲灰存性，爲末，蜜水調下爲一服而愈。此逼散寒氣，然後熱氣上行而汗出，乃愈。又方：　治頭痛。附子炮，石膏煅，等分爲末，入腦、麝少許。茶、酒下半錢。《修真秘旨》：　治頭風，至驗。以附子一個，生去皮臍，用菉豆一合，同入銚子内，煮豆熟爲度，去附子服豆，即立差。每個附子，可煮五服，後爲末服之。

宋・楊天惠《彰明附子記》　綿州故廣漢地，領縣八，惟彰明出附子。彰明領鄉二十，惟赤廉水、會昌、昌明宜附子。總四鄉之地，為田五百二十頃有奇。然秔稻之田五，菽粟之田三，而附子之田止居其二焉。合四鄉之産，得附子一十六萬斤已上。然赤水為多，廉水次之，而會昌、〔昌〕明所出微甚。凡上農夫，歲以善田伐處，前期輒空田，一再耕之，蒔薺麥若巢縻其中，比苗稍壯，並根葉耨覆土下，後耕如初，乃布種，每畝用牛十耦，用糞五十斛，七寸為壠，五尺為符，終畝為符二十，為壠千二百，壠從符衡，深亦如之，又以其餘為溝為涂，春陽濆盈，丁壯畢出，疏整符壠，以需風雨。雨過輒振拂而騈持之，既又挽草為援，以御烜日。其用工力，比它田十倍，然其歲獲亦倍，稱成之。凡四鄉度用種千斛以上，出龍安及龍州、齊歸、木門、青堨、小坪者良。其播種以冬盡十一月止，采擷以秋盡九月止。其莖類野艾而澤，其葉類地麻而厚，其花紫，葉黄，蕤長苞而圓(其)蓋。其實之美惡，視功之勤窳。以故富室之入常美，貧者雖接畛，或不盡然。又有七月采者，謂之早水，拳縮而小，蓋附子之未成者。然此物謂畏惡猥多，不能常熟。或種美而苗不茂，或苗秀而不充，或以釀而腐，或以暴而攣，若有物焉陰為之，故園人將采，常禱於神，或目為藥妖云。其釀法：　用醯醅，安密室，淹覆彌月，乃發以時，暴涼久乾定。方出壤時，其大有如拳者，已定不輒盈握，故及兩者極難得。蓋附子之品有七，實本同而末異。其種之化為烏頭，附烏頭而傍生者為附子，又左右附而偶生者為(萴)〔鬲〕子，又附而長者為天雄，又附而尖者為天錐，又附而上者為側子，又附而散者為漏藍。出皆脈絡連貫，如子附母。而附子以貴，故獨專附名。自餘不得與焉，凡種一而子六七以上，則其實皆小。種一而子二三，則其實稍大。種一而子特生，則其實特大，此其凡也。附子之形，以蹲坐、正節、角少為上，有節氣多鼠乳(香)〔者〕次之，形不正而傷缺風皺者為下。附子之色，以花白為上，鐵色次之，青緑為下。天雄、烏頭、天錐以豐實過握為勝。而漏藍、側子，園人以(乞)〔棄〕役夫，不足數也。大率蜀人，人餌附子者少，惟陝輔閩浙宜之。陝輔之賈纔市其下者，閩浙之賈纔市其中者，其上品則皆士大夫求之，蓋貴人金多喜奇，故非得大者不厭。然土人有知藥者，云小者固難用，要之半兩以上皆良，不必及兩乃可。此言近之。按《本草》《廣志》載附子出犍為山谷，及在山南嵩、高齊魯間。以今攷之，皆無有誤矣。春采為烏頭，冬采為附子。大謬。又云：附子八角者良，其角為側子。愈大謬。與余所聞絕異，豈所謂盡信書，不如無書者類耶。

以上皆楊說。《古涪志》既刪取其略著於篇。然又云天雄與附子類同而種殊，附子種近類漏藍，天雄種如香附子，凡種必取土為槽，作傾邪之處勢，下廣而上狹，置種其間。其先也與附子絕不類，雖物性使然，亦人力有以使之。此又楊說所不及也。審如志言，則附子與天雄非一本矣，楊說失之。《本草》《圖經》與此小異。《廣雅》云：奚(素)毒，附子也。一歲為莿与側同子，二歲為烏喙，三歲為附子，四歲為烏頭，五歲為天雄。蓋亦不然。莿子、天雄、漏藍三物，《本草》皆不著，張華《博物志》又云：烏頭、天雄、附子一物，春秋冬夏，采各異也。

金·張元素《潔古珍珠囊》〔見元·杜思敬《濟生拔粹》卷五〕 黑附子辛純陽。治脾中大實，腎中寒甚，通行諸經。與防風相反。

宋·劉明之《圖經本草藥性總論》卷上 附子 味辛、甘，溫、大熱，有大毒。主風寒欬逆邪氣，溫中，金瘡，破癥堅積聚血瘕，寒濕踒躄拘攣，膝痛腳疼冷弱，不能行步，腰脊風寒，心腹冷痛，霍亂轉筋，下痢赤白，堅肌骨，強陰，又墮胎。為百藥長。一云：療偏風半身不遂，大風冷痰癖脹，嘔逆翻胃，元臟傷冷，耳聾，風牙關急，陰盛格陽傷寒。地膽為之使。惡蜈蚣、生健。畏防風、黑豆、甘草、黃耆、人參、烏韭。

元·王好古《陰證略例》 用附子法 古人用附子，不得已也，皆為身涼脈沉細而用之。若裏寒、身表大熱者不宜用，以其附子味辛性熱，能行經而不止。身尚熱，但用乾薑之類，以其味苦，能止而不行，只是溫中一法。若身熱消而變涼，內外俱寒，薑、附合而並進，溫中行經，陽氣俱生，內外而得，可保康寧，此之謂也。若身熱便用附子，切恐轉生他證，昏冒不止。可慎！可慎！可慎！

宋·陳衍《寶慶本草折衷》卷一〇 附子皮附。 一名黑附子。〇又云：一名奚毒。〇衆方用炮過者，名熟附。生犍為屬嘉州山谷及蜀土《圖經》及廣漢。〇又云：生龍、綿、梓州。〇又云：生江左、山南、嵩高、齊魯間。劍南、夔州，亦陸田種之。〇八月、冬月採根，以麥麴、醋淹取之，曬乾。〇地膽為使，惡蜈蚣，畏防風、黑豆、甘草、黃耆、人參、烏韭、生薑。尤忌灰。

味辛、甘，大熱，有大毒。〇主風寒欬逆，邪氣，溫中，破癥堅積聚，寒濕踒烏臥切躄，拘攣，膝痛，腳疼冷弱，腰脊風寒，心腹冷痛，霍亂轉筋，下痢赤白，堅肌骨，強陰。又墮胎。〇陳藏器云：醋浸，削如小指，內耳中，去聾。〇《圖經》曰：附子內地出者殊別治陰毒傷寒，煩躁迷悶分烏頭條。〇雷公云：壹箇重壹兩，即是氣全，堪用。〇《外臺秘要》：療偏風，半身不遂，冷癖疰。附子壹兩，生用，無灰酒壹升，㕮咀內於酒中，經七日，隔日服壹小合。〇《千金翼》：治風冷痃癖，脹滿諸痹。用大附子壹枚。重半兩者，兩枚亦得。炮之，酒漬，春、冬五日，夏、秋三日。服壹合，以差為度。〇《斗門方》治翻胃。用附子壹箇大者，坐於磚上，四面着火漸逼，淬入生薑自然汁中，又逼乾，復淬，約薑汁盡半碗訖，搗末，粟米飲下壹錢。〇今之炮附者，先以沸湯浸令和軟，拭乾，入微火中，候其裂，頻頻撥轉，周遍細裂，不可太焦。取出刷淨，入冷水中浸洗，去皮臍用。〇又方：治元臟傷冷及開胃。附子炮過，去皮，搗末。水兩盞，入藥貳錢，鹽及棗、薑同煎取壹盞，空心服。大暖下元，肥腸益氣。〇《簡要濟衆》：治腳氣連腿腫滿。黑附子去皮臍，生搗為散，生薑汁調如膏，塗傳腫上，乾再調塗之，腫消為度。〇或和皮臍。〇寇氏曰：補虛寒，須用端平圓大者，其力不僭。亦分烏頭條。

附：皮刮生者。〇療眼暴赤腫，磣初甚切，沙澁也。痛不得開，淚出不止。以附子削取赤皮如蠶屎，着眦中，以定為度。〇《龍木論》亦用此方。〇赤，一作黑。眦，才詣切，眼頭也。

續說云：元種者，母為烏頭。今附子之與側子，皆非正生，乃從烏頭傍出耳。然州地及收時稍殊者，各由土宜也。《十便方》論附子，以乳頭少，蹲坐周正，近壹兩者為嘉。愈大者恐非其真。大抵以之扶衰療冷，斂汗止瀉，則炮者是須；以之驅風消痰，除濕散痹，即生者是取焉。

宋・陳文中《小兒痘疹方論・附》　製附子法　附子重一兩三四錢，有蓮花瓣，頭圓底平者，先備童便五六碗，將附子先放在竈上烟櫃中間，良久，乘熱投入童便。浸五七日，候潤透揭皮，切四塊，仍浸二三日。用粗紙數層包之，浸濕，埋灰火內半日，取出切片。檢視有白星者，乃用瓦上炙熟，至無白星為度。如急用，即切大片，用童便煮二三沸，新瓦炙熟用之。

元・王好古《湯液本草》卷三　黑附子　氣熱，味大辛，純陽。辛、甘，溫，大熱，有大毒。通行諸經引用藥。入手少陽經，三焦、命門之劑。《象》云：性走而不守。亦能除腎中寒甚，白朮為佐，名朮附湯。除寒濕之聖藥也，濕藥中少加之，通行諸經引用藥也。治經閉。慢火炮。《珍》云：治脾濕腎寒。《本草》云：主風寒欬逆邪氣，溫中，金瘡，破癥堅積聚，血瘕，寒濕踒躄拘攣，膝痛脚疼，冷弱不能行步，腰脊風寒，心腹冷痛，霍亂轉筋，下利赤白，堅肌骨，強陰，墮胎，為百藥之長。《液》云：入手少陽，三焦，命門之劑，浮中沉無所不至。附子味辛大熱，為陽中之陽，故行而不止，非若干薑止而不行也。非身表涼而四肢厥者，不可僭用。如用之者，以其治四逆也。《本草》又云：地膽為之使，惡蜈蚣，畏防風、黑豆，甘草、黃芪、人參。冬月採為附子，春月採為烏頭。

元・李雲陽《用藥十八辨》〔見《秘傳痘疹玉髓》卷二〕　附子　回陽起陰，附子之功居多，合宜而用，雖多無妨。痘若寒戰咬牙，則梟炎沖激于上而致也。俗人遂用附子治之，或服四五錢者，或依異(攻)〔功〕散加丁桂用之，卒致痰涎緊，併痘色焦黑而死者不免矣。評曰：咬牙寒戰是梟炎，附子緣何用五錢？只為異(攻)〔功〕陳氏散，花童誤死實堪憐。

元・尚從善《本草元命苞》卷五　附子　【缺】畏防風、黑豆、黃芪。惡蜈蚣。地膽為使。佐人參、甘草、生薑。方可以制其毒性。生犍為山谷及廣漢之間，冬採為附子，夏採作烏頭，仍取端平而圓大及一兩堪用。

元・朱震亨《本草衍義補遺》　附子　《衍義》論五等同一物，以形像命名而為用。至哉！斯言猶有未善。仲景八味丸，附子為少陰之向導，其補自是地黃。後世因以附子為補，誤矣。附子走而不守，取健悍走下之性，以行地黃之滯，可致遠。亦若烏頭、天雄，皆氣壯形偉，可為下部藥之佐。無〔人〕表(證)其害人之禍，相習用為治風之藥，殺人多矣。治寒治風有必用者，予每以童便煮而浸之，以殺其毒，且可助下行之力，入鹽尤捷。〇又墮胎，為百藥之長。慎之！

元・佚名氏《珍珠囊・諸品藥性主治指掌》〔見《醫要集覽》〕　黑附子　味辛，性熱，有大毒。浮也，陽中陽也。其性浮而不沉，其用走而不息，除六腑之沉寒，補三陽之厥逆。

元・徐彥純《本草發揮》卷二　黑附子　成聊攝云：附子之辛溫，固陽氣而補胃。又云：濕在經者，逐以附子之辛熱。又曰：辛以散之，附子之辛以散寒。潔古云：黑附子，其性走而不守，亦能除胸中寒甚，以白朮為佐，謂之朮附湯，除寒濕之聖藥也。治濕藥中，宜少加之。通行諸經，引用藥也，及治經閉。《主治秘訣》云：性大熱，味辛、甘，氣厚味薄，輕重得宜，可升可降，陽也。其用有三：去藏府沉寒，一也；補助陽氣不足，二也；溫暖脾胃，三也。然不可多用。慢火炮製，去皮臍用。又云：附子熱，氣之厚者，乃陽中之陽，故《經》云發熱。又云：非附子不能補下焦之陽虛。東垣云：黑附子味辛，甘，溫，大熱，純陽。治脾中大寒，主風寒欬逆，溫中。又云：散藏府沉寒，其氣亦陽，補諸不足。不宜多用。《經》曰：壯火食氣，故也。用之則須以甘草緩之。辛熱，以溫少陰經，以溫陽氣，散寒，發陰，必以辛熱。濕淫所勝，腹中痛，用之補虛勝寒。蚘動胃虛，則氣壅滿，甘令人中滿，去朮加此，補陽散壅。海藏云：附子入手少陽、足少陰三焦命門之劑。其浮中有沉，無所不至。味辛，大熱，為陽中之陽。故行而不止，非若乾薑止而不行也。非身表涼，四肢厥者，不可僭用。如用之者，以其治四逆也。丹溪云：《衍義》論附子有五等，同為一物，以其形象命名而為用，至哉言矣。然猶有未明也。仲景八味丸，以附子為少陰之鄉導，其補自是地黃為主。後世因以附子為補藥，誤矣。附子之性，走而不守，但取其健悍走下之性，以行地黃之滯，可致遠爾。烏頭、天雄，皆氣壯形偉，可為下部藥之佐。惜無表其害人之禍者，相習用之，為治風之藥，殺人多矣。如治風治寒，有必須用附子、烏頭者，當以童便者而浸之，以殺其毒，且可以助行下之力。入鹽尤捷也。

明・王綸《本草集要》卷三　附子使　味辛甘，氣溫，大熱，有大毒。惡蜈蚣，畏防風、黑豆、甘草、黃耆、人參、烏韭。冬月採為附子，春採為烏頭。凡使，水浸，文武火炮令裂，表裏皆黃，折去皮臍用。俗方每用須人參、甘草、生薑相配者，制其毒也。　主風寒咳逆邪氣，溫中，金瘡，破癥堅積聚血瘕，寒濕踒躄，拘攣膝痛，不能行步，腰脊風寒，陰毒傷寒，煩躁迷悶不省，四肢厥逆，心腹冷痛，霍亂轉筋，下痢赤白。除腎中寒甚，白术為佐，除寒濕之聖藥。又墮胎。為百藥之長。通行諸經，引用之藥，入手少陽三焦命門，性走而不守。浮中沉，無所不至。陽中之陽，故行而不止，非若乾薑止而不行。丹溪云：童便煮而浸之，以殺其毒，且可助下行之力。入鹽尤捷。此佐使之藥，世俗相襲，用為治風及補藥，殺人多矣。〇治丁腫甚者，生末，醋調塗之，乾即再塗。口噤卒不開，用末，納管中，吹入喉中差。久患口瘡，生末，醋麪調，男左女右，貼脚心，日再換。脚氣，連脚腫滿，久不差。生末，生薑汁調如膏，塗傅腫上，乾再塗之。

明・滕弘《神農本經會通》卷一

附子　使也。地膽為之使。惡蜈蚣，畏防風、黑豆、甘草、黄耆、人參、烏韭。冬月採為附子，春採為烏頭。凡使，水浸，文武火炮令裂，表裏皆黄，拆去皮（劑）〔臍〕用。陶云：凡用三建，皆熱灰微炮令拆，勿過焦。惟薑附湯生用之。俗方每用附子者，須甘草人參生薑相配者，正以制其毒也。　味辛、甘，氣溫，大熱，有大毒。《湯》云：氣熱，味大辛。純陽，辛、甘，溫，大熱，有大毒。通行諸經引用藥，入手少陽經，三焦命門之劑。東云：浮也，陽中陽也。其性浮而不沉，其用走而不息。除六腑之沉寒，補三陽之厥逆。又云：療虛寒番胃，壯元陽。《珍》云：大熱。補陽氣，去五臟六腑沉寒，主風寒欬逆，脾胃冷。須少用之。《疌》云：搜風，補暖助陽，主轉筋霍亂，寒濕，除風，緩痰涎，下胎。

《本經》云：主風寒欬逆邪氣，溫中，金瘡，破癥堅積聚，血瘕，寒濕踒躄拘攣，膝痛，脚疼冷痛，不能行步。腹脊風寒，心腹冷痛，霍亂轉筋，下痢赤白。堅肌骨，強陰。又墮胎。為百藥長。雷公云：凡使先須細認，勿誤用。有烏頭、烏喙、天雄、側子、木鼈子。烏頭長身烏黑。烏喙皮上蒼，有大豆許者，孕八九箇，周圍底陷，黑如烏鐵，宜於文武火中炮，令皺拆即劈破用。天雄，身全矮，無尖，周匝四面有附孕十一箇，皮蒼色，即是天雄，宜炮皺拆後，去皮尖底用，不然，陰制用，並得。側子，只是附子傍有小顆附子，如棗核者是，宜生用，治風⿸疒彭神妙。木鼈子，只是諸喙附雄烏側中毗槵者，不入藥用。若服，令人喪目。若附子底平，有九角，如鐵色，一箇重一兩者，氣全，用文武火中炮，令皺拆者去之，用刀刮上孕子，并去底尖，微細劈破。《象》云：性走而不守，亦能除腎中寒甚。白术為佐，名术附湯，除寒濕之聖藥也。濕藥中少加之，通行諸經，引用藥也。治經閉，慢火炮。《珍》云：治脾濕腎寒。《液》云：入手少陽、三焦、命門之劑。浮中沉，無所不至。附子，味辛，大熱，純陽，故行而不止。非若乾薑，止而不行也。非身表寒，而四肢厥者，不可僭用。如用之者，以其治四肢也。丹溪云：《衍義》論五等同為一物，以形像命名而為用，至哉斯言。猶有未瑩，仲景八味丸，附子為少陰之向導，其補自是地黄，後世因以附子為補，誤矣。附子走而不守，取捷悍走下之性，以行地黄之滯，可致遠。亦若烏頭、天雄，皆氣壯形博，可為下部藥之佐，無人表其害人之禍，相習用為治風之藥，殺人多矣。治寒治風，有必用者，予每以童便煑而浸之，以殺其毒，且可助下行之力，入鹽尤捷。《集》云：陰毒傷寒，煩躁，迷悶不省，四肢厥逆。劊云：黑附子辛熱有毒，其性走而浮不沉。補三陽之厥逆證，除六腑之寒病深。《局》云：附子主除心腹痛，更攻欬逆破癥堅。墮胎止痢強陰道，逐散風寒濕痺攣。附子、烏雄，可回陽而逐冷，祛風濕而建中。

明・劉文泰《本草品彙精要》卷一三　附子有大毒。　植生。

附子出《神農本經》：**主風寒欬逆，邪氣，溫中，金瘡，破癥堅積聚，血瘕，寒濕踒躄，拘攣，膝痛不能行步。**以上朱字《神農本經》。脚疼冷弱，腰脊風寒，心腹冷痛，霍亂轉筋，下痢赤白，堅肌骨，強陰，爲百藥長。以上黑字名醫所錄。

〔苗〕《圖經》曰：苗高三四尺，莖方中空，葉厚，四四對生，與蒿相似。花碧，子黑如椹，即烏頭根旁散生圓大如芋者也。其種出龍州。種之之法：冬至前先肥腴陸田，耕五七遍，以豬糞糞之，然後布種，逐月耘耔，至次年八月後方成。《衍義》曰：烏頭、烏喙、天雄、附子、側子，凡五等，皆一物也。止依大小、長短、似像而名之。後世補虛寒則須用附子，仍取其端平而圓大及半兩以上者，其力全。風家多用天雄，亦取其大者，以其尖角多熱性不肯就下，故取傳散也。用烏頭、附子之大略如此，餘三等各量其材而用之。

〔地〕《圖經》曰：生犍爲山谷及廣漢，龍州、綿州、彰明縣種之，惟赤水一鄉者最佳。〔道地〕梓州、蜀中。〔時〕生：春生苗。採：冬月取根。

〔收〕陰乾。〔用〕根。〔質〕類烏頭而圓大。〔色〕皮黑，肉白。〔味〕辛，甘。〔性〕溫。一云大熱，散。〔氣〕氣之厚者，陽中之陽。〔臭〕朽。

〔主〕除六腑之沉寒，補三陰之厥逆。〔行〕手少陽經。三焦命門之劑，通行諸經引用。〔助〕地膽爲之使。〔反〕畏防風、黑豆、甘草、黄耆、人參、烏韭，惡蜈蚣。〔製〕《雷公》云：凡修事，每十兩于柳木文武灰火中炮令皺拆者去之，用刀刮去上孕子，並去底尖，細劈破。於屋下午地上掘一坑，可深一尺，安於中一宿，至明取出。若陰製即生去尖皮底，薄切，用東流水並黑豆浸五日夜，漉出日乾，一用紙裹數層，以鹽水蘸透，灰火中炮；一用童便浸炮，俱去皮臍，剉碎用。〔治〕療：《湯液本草》云：治脾濕，腎寒。《別錄》云：治卒忤，停尸不能言，口噤不開，生附子爲末，置管中，吹內舌下，或吹喉中，瘥。○療暴眼赤腫，磣痛不得開，又淚出不止，削附子赤皮如蠶屎，着眥中，定爲度。〔合治〕去皮炮令拆，以蜜塗炙令蜜入內，含之勿咽，其汁療喉痹效。○爲末，合醋和塗疔瘡腫甚者，乾即再塗。○以一枚重半兩者，二枚亦得，炮過，合酒漬，春冬五日，夏秋三日，每服二錢，日再服，療大風，冷痰癖，脹滿諸痹等病，以瘥爲度。○以大者一個，合生薑一片，細剉煮，研如麵糊，米飲下，療嘔逆翻胃。○生末合醋及麵調，傅男左女右脚心，日再換，療大人久患口瘡。○以一枚去皮臍，分作八片，入鹽一錢，水一升，煎半升，溫服，治熱病吐下水，及下利，身冷，脈微，發躁不止。○黑附子一個，去皮臍，生搗爲末，用生薑汁調如膏，傅脚氣連腿腫滿，久不瘥者。乾則再塗，以消爲度。○一枚重七錢者，炮去皮臍爲末，每服四錢，水兩盞，合鹽半錢，煎取一盞，溫服，療霍亂，大瀉不止。○附子一枚，酢漬三宿，令潤，微削一頭，內耳中，上灸十四壯，令氣通耳內，療耳聾風，牙關急不得開者，瘥。○一枚，燒存性，爲末，作一服，合蜜水調下，治傷寒，陰盛隔陽，其人必躁熱而不欲飲水者。服此逼散寒氣，然後熱氣上行，汗出乃愈。○附子炮，石膏煅，各等分爲末，入腦、麝少許，茶酒任下半錢，治頭痛。○生附子一個，去皮臍，合綠豆一合，同入銚內，煮豆熟爲度，去附子，止服綠豆，療頭風，每個附子可煮五服，後爲末，服之。○用一個可半兩者，立劈作四片，生薑一大塊，亦立劈作三片，如中指長，合糯米一撮，以水一升，煎取六合，去滓服，治陰毒傷寒，煩躁迷悶，不醒人事，急者如人體溫，頓服，厚衣覆，或汗出或不出，候心神定即服別藥。〔禁〕妊娠不可服。

明・俞弁《續醫説》卷四　附子單服有毒　吳球《諸證辯》云：處州地阜嵐氣濕熱，每行辛涼之藥多效。金華連境，相隔百餘里，民俗有病，動輒便施附子、薑、桂，以為常事。地之相近，尚且不同，況南北之地，相去千里者乎？余嘗聞台州村落，愚民有病單服附子，是以患喉證死者多矣。陳無擇《三因論》有云：附子不宜單服，須佐以人參、甘草、生薑，方可以制其毒。《經》云六分分來一分寒，故熱病多而寒病少也。醫者若用薑、桂、烏、附借燥之藥，不審寒熱虛實，歲運遷移，猶如抱薪救火，為害滋甚，可不慎乎！

明・俞弁《續醫説》卷一〇　附子　楊天惠《附子記》云：附子之品有七種，本同而末異。其種子化者為烏頭，附烏頭而旁生者為附子，又左右附而偶生者為鬲子，又附而長者為天雄，又附而(大)〔尖〕者為天(佳)〔錐〕，又附而上出者為側子，又附而散生者為漏藍，皆脉絡連貫，如子附母。而附子以貴，故獨專稱。附子之形，以蹲坐正節角少為上，有節多鼠乳者次之。若漏藍、側子，園人棄之不取。又云：春採為烏頭，冬採為附子。此言大謬。又云：八角者良。其角多者為側子矣。不亦謬乎趙與時《賓退錄》！

明・葉文齡《醫學統旨》卷八　附子　氣溫，大熱，味辛、甘。大毒。通行諸經引用之藥。入手少陽、三焦、命門，性走而不守，浮中沉，無所不至，陽中之陽，故行而不止。惡蜈蚣；畏防風、黑豆、甘草、黃耆、人參。冬月採為附子，春採為烏頭。凡用慢火炮裂，去皮臍。丹溪云：童便煮而浸之，以殺其毒，且可助下行之力，入鹽尤捷。俗方每用附子，皆須甘草、人參、生薑相配者，正制其毒故也。取端平圓大一兩已上者，其力全。　治風寒咳逆邪氣，溫中，金瘡，破癥堅積聚，血瘕，寒濕踒躄拘攣，膝痛不能行步；傷寒陰症，陰毒煩躁，迷悶不省，四肢厥逆，心腹冷痛，霍亂轉筋，下痢赤白，脾胃虛寒腫脹，久泄不止，腎中寒甚；白术為佐，除寒濕之聖藥；又墮胎，為百藥之長。

明・許希周《藥性粗評》卷一　陽微逢附子，狄梁公取日虞淵。烏頭、天雄另有本條，今附餘論。

附子，黑附子也，與烏頭、天雄一種。春生苗，高三四尺，莖四稜，葉如艾，花紫碧色，作穗，子黑色如桑椹。春採根為烏頭，以其如烏鳥之頭，故名。《爾雅》謂之薰，或其尖開二片，如烏之口者名烏啄。至秋成熟，傍生小子如芋者名附子。《廣雅》謂之奚毒，獨生，長二三寸。無子者名天雄。附子之傍又小出者名側子，《廣雅》謂之萴附。萴之間生，為毗槵者名木鱉子。烏附之汁煎成膏，以塗箭射人及獸立死，名射罔。陶隱居以烏、附、天雄皆出建平，號為三建。然今俱出川蜀，冬至後以附子種之，來春一歲遂成數種採獲。《圖經》有釀成之法，凡用又有陰製，有陽製。陰製者，生去尖底并皮，薄切，每五兩以黑豆十兩，東流水六升，同浸五晝夜，漉出，去豆，日中曒乾用。陽製者，入文武火灰內，炮令皺，拆去皮尖，劈作八片，當向南地下掘一坑，深一尺許，埋其內，蓋之一宿，以去火毒，至明取出，焙乾用。附子以底平八角，一個重一兩者氣全。地膽為之使，惡蜈蚣，畏防風、黑豆、甘草、黃芪、人參、烏韭、生薑。味辛、甘，性大熱，有大毒。其氣雄壯，下行走而不守。入手少陽三焦、足少陰腎、厥陰肝、命門等經。主治陰毒，臟腑沉寒，腹中疞疼，四肢厥冷，陽氣欲脫，囊縮唇青。回陽生脉，頃刻有千斤之力，如唐狄仁傑反周為唐，當時比之取日虞淵焉。虞淵日落之處。言其挽回之功甚大也。又主風寒咳逆，積聚堅瘕，風濕痿痹，霍亂轉筋，溫中強陰，為百藥之長。《經》曰：非附子不能補下焦之陽虛。潔古云：以白术為佐，謂之术附湯，除寒濕之聖藥也。須審證，不可輕用，若非四逆，恐反助火傷氣。丹溪云：仲景八味丸以附子為少陰之嚮導，其補只是以地黃為主，後世因以附子為補藥，誤矣。烏頭、天雄皆氣壯形偉，可為下部藥之佐，惜無表其害人之禍者。如治風治寒，須用附子烏頭者，當以童便煮而浸之，以殺其毒，且可以助行下之力，入鹽尤捷。

單方：陰症傷寒：其症手足厥冷，煩燥，不欲飲水者是也，附子一枚，燒灰存性，為末，蜜水調下，一服自愈。此名霹靂散，以之逼寒氣，然後熱氣上行，汗出而愈。偏風不遂：附子一枚，重一兩者，剉，以無灰酒一升，浸七晝夜，每日飲一合，或再飲，以瘥為度。

頭風眩暈：附子一枚，生去皮臍，同菉豆一合，水煮，以豆熟為度，去附子，食豆而愈。附子煮過五次，可炮乾為末，酒調服。翻胃內寒：附子一枚，坐於磚上，以火四面逼之，使裂，入生薑自然汁中浸少頃，又依前入火逼之，又入薑汁再浸，如此三四次，搗羅為末，每用一錢，米飲調下，三服自愈。口噤停尸：此卒中風邪之毒，附子一枚，生去皮臍，為細末，以管吹入喉中，自甦。脚氣腫滿：生附子一枚，搗爛，入薑汁調如膏，塗之，以消為度。

明・鄭寧《藥性要略大全》卷三　黑附子使　療虛寒翻胃，更壯元陽。除六腑之沉寒，補三陽之厥逆。其性浮而不沉，其用走而不守。主風寒咳逆，溫中。《珍》云：治脾濕腎寒，破癥瘕積聚，腰脊風寒，心腹冷痛，霍亂轉筋，下痢赤白，堅肌骨，墮胎。寒濕踒躄拘攣，膝痛脚痛，冷弱不能行步。又治金瘡。《象》云：得白术為佐，除寒濕之聖藥也。黑附子，浮中沉，無所不至，故行而不息，非比乾薑止而不行。大熱之劑，非身表涼而四肢厥者，不可輕服。有大熱毒，故以治四逆也。味辛，性熱，有大毒。浮也，陽中陽也。通行諸經引藥。又云：入手少陽、三焦、命門之劑也。地膽為之使。惡蜈蚣，畏防風、黑豆、甘草、黃芪、人參、烏韭。冬月採者為附子，春採者為烏頭。凡用以水煮，火炮令裂，表裏皆黃。去皮臍用。俗方每以甘草、人參、生薑相配用者，欲使制其毒也。〇又云：其形端正平圓者為附子，尖歪者為川烏。丹溪云：用童便浸煮，以殺其毒，且可助下行之力，入鹽尤捷。此佐使之行藥。世俗用為治風及補藥，殺人多矣。《一提金》云：治傷寒用附子者，去皮臍，無一兩一個者，用黃連、甘草各三分，鹽水、薑汁各一盞，煮附子一沸；又入童便半盞，煮三沸，撈起陰乾，入磁器盛貯，伏地氣一晝夜，出火毒，庶不為害。一兩重一枚者無毒，生用，不須製。《湯液》云：烏頭、附子、天雄、側子之類，水浸炮裂，去皮臍用之。多有外黃裏白，烈性尚在，莫若乘熱切作片，再炒令表裏皆黃，烈性盡去為良。世人罕〔如〕此製也。

明・王綸著、薛己補注《名醫雜著》卷六　製附子法　附子重一兩三四錢，有蓮花瓣，頭圓底平者，先備童便五六碗，將附子先放在竈上煙櫃中間良久，乘熱投入童便，浸五七日，候潤透，揭皮，切四塊，仍浸二三日，用粗紙數層包之，浸濕埋灰火半日，取出切片，檢視有白星者，乃用瓦上炙熟，至無白星為度。如急用，即切大片，用童便煑二三沸，熱瓦熟用之。

明・賀岳《醫經大旨》卷一《本草要略》　附子　《衍義補遺》曰仲景八味丸附子為少陰之向導，其補自是地黃，後世因以附子為補誤矣。附子走而不守，取健悍走下之性，以行地黃之滯。此言至矣！勿聽子曰附子大熱，能逐冷祛風濕。又曰以與乾薑同用，乃補中有發之功何也？仲景云其暴悍酷烈之性，大能回陽故耳。

明・陳嘉謨《本草蒙筌》卷三　附子　味辛、甘，氣溫、大熱。浮也，陽中之陽也。有大毒。係烏頭傍出，故附子僉名。皮黑體圓底平，山芋狀相彷彿。畏人參、黃耆、甘草，併黑豆、烏韭、防風。惡蜈蚣，使地膽。種蒔川蜀，蜀人春每種蒔。冬月收採者汁全；頂擇正圓，一兩一枚者力大。製宗陶氏槌法，以刀去淨皮臍。先將薑汁鹽水各半甌，入砂鍋緊煮七沸，次用甘草黃連各半兩，加童便緩煮一時。撈貯罐中，埋伏地內，晝夜週畢，囫音忽圇音輪曝乾。藏須密封，用旋薄剉。仍文火復炒，庶劣性盡除。氣因浮中有沉，功專走而不守。凡和群藥，可使通行諸經，以為引導佐使之劑也。除四肢厥逆，去五臟沉寒。噤閉牙關，末納鵝管吹入；紅突丁毒，末調釅醋塗消。口瘡久不差，醋麵和末貼脚底；脚氣曝發腫，醋汁攪末敷患間。漏瘡剉片如錢，封口加艾可灸。暖脚膝健步，堅筋骨強陰。佐八味丸中，壯元陽益腎。非附子不能補下焦陽虛，故八味丸加桂附，乃補腎經之陽；六味丸去桂附，蓋補腎經陰也。丹溪謂：加為少陰嚮導，恐非是。君术附湯內，散寒濕溫脾。陰經直中真寒，薑附湯煎可禦。此須生用，不在製拘。助甘緩參耆成功，健潤滯地黄建効。內傷熱甚，速入勿疑。此藥治外感證，非得身表涼、四肢厥者，不可僭用。《經》云壯火食氣故也。治內傷證，縱身表熱甚而氣虛脈細者，正宜速入。《經》云溫能除大熱是也。俗醫不知，誤為補劑。日相習用，寧不殺人。孕婦忌煎，墮胎甚速。〇立春生者，乃謂烏頭。因有腦類烏鳥頭顱，竟假名為醫家呼喚。氣味製度，俱與附同。《本經》云：春採為烏頭，冬採為附子。又云：附子頂圓正，為頭頂歪斜。宗此別之，庶弗差謬。忌豉汁，惡藜蘆。反半夏、栝蔞，暨貝母及斂。白及、白斂。遠志為使，諸經亦行。理風痹，卻風痰，散寒邪，除寒痛。破滯氣積聚，去心下痞堅。亦善墮胎，孕婦切忌。煎膏名射罔須識，敷箭射禽獸即亡。倘誤中人，甘草急嚼。藍青萍草，亦可解之。〇烏喙音諱兩歧，頂上兩歧相合。狀如牛角。喙者乃鳥之口，因類亦假為名。一應俱同烏頭，惟使別用莽草。主風濕陰囊瘙癢，止寒熱歷節掣疼。亦墮妊娠，更消癰腫。〇天雄亦係一種，其體略細而長。氣味相同，制度弗異。惡腐婢使亦遠志，忌豉汁製須乾薑。專補上焦陽虛，善治一切風氣。毆寒濕痹緩急拘攣，卻頭面風往來疼痛。助武勇力作不倦，消結積身輕健行。調血脉益精，墮胎孕通竅。〇側子狀如棗核，又從附子傍生。畏惡無差，但宜生用。理脚氣驗，散風瘮良。掃鼠瘻惡瘡，劫冷氣濕痹。如前墮孕，女科當知。〇毗穗亦一名木鱉子者是。令人喪目，藥中忌之。

謨按：附子、烏頭、烏喙、天雄、側子、射罔、木鱉子七名，實出一種，但治各有不同。今尊《會編》，附其總論：天雄長而尖者，其氣親上，故曰非天雄不能補上焦陽虛。附子圓而矮者，其氣親下，故曰非附子不能補下焦陽虛。烏頭原生苗腦，形如烏鳥之頭，得母之氣，守而不移，居乎中者也。側子散生傍側，體無定在。其氣輕揚，宜其發四肢充皮毛，為治風瘮之神妙也。烏喙兩歧相合，形如烏嘴。其氣鋒鋭，宜其通經絡利關節，尋蹊達徑而直抵病所也。煎為射罔，禽獸中之即死。非氣之鋒鋭捷利者，能如是乎？又有所謂木鱉子，乃雄、喙、烏、附、側中有毗穗者。其形摧殘，其氣消索。譬如疲癃殘疾之人，百無一能，徒為世累，且又令人喪目，宜其不入藥用也。　四卷木部中有此同名，專入外科之用。

宋・竇漢卿撰，明・竇夢麟續增《瘡瘍經驗全書》卷一〇　附子不可輕用　附子味辛、甘，氣溫、大熱，有大毒。製法：以童便煮而浸之，再用文武火以烈其毒，且可助下行之力，入鹽尤捷。此佐使之藥，通行諸經，其性善走而不守，浮中沉，無所不至，陽中之陽，故行而不止。用之得宜，有奪旗斬將之功。用之不宜，有殺身殞命之禍。每人參一錢為君，止可下附子一二分為使，再加甘草以解其毒。內外之症，遇嚴寒時候，瘡口沉塌，四肢厥冷，寒濕疼痛，踒躄拘攣，膝痛不能行步，腰脊風寒，伏陰傷寒方可下附子。不審陰陽虛實，一概用之，使人服後火鬱中焦，氣鬱下焦，咆哮喘急，頃刻而斃。凡用附子者，豈可不細審乎？

明・王文潔《太乙仙製本草藥性大全》卷二《本草精義》　附子　附子、側子生犍爲山谷及廣漢，烏頭、烏喙生朗陵山谷，天雄生少室山谷，並皆蜀土。然四品都是一種所産，其種出於龍州。種之法：冬至前先將肥瘦陸田耕五七次，以猪糞糞之，然後布種，逐月耘耔，至次年八月後方成。其苗高三四尺以來，莖作四稜，葉如艾，花紫碧色，作穗，實小子黑色如桑椹。本只種附子一物，至成熟後有此四物，收時每一處造釀方成。釀之法：先於六月內踏造大小麪麴，至收採前半月預先用大麥煮成粥後，將上件麴造醋候熟，淋去糟，其醋不用大酸，酸則水解之，便將所收附子等去根，須於新潔甕內淹浸七日，每日攪一遍，日足撈出，以彌疎篩攤之，令生白衣後，向慢風日中晒之百十日，以透乾爲度。若猛日晒則皺而皮不附肉。其長三二寸者爲天雄，割削附子傍尖芽角爲側子，附子之絕小者亦名爲側子，原種者母爲烏頭，其餘大小者皆爲附子，以八角者爲上。如方藥要用，須炮煨裂，去皮臍使之。綿州彰明縣多種之，惟赤水一鄉者最佳。然收採時月與《本經》所說不同，蓋今時所種如此。其內地所出者與此殊別，今稀用。按《本經》冬採爲附子，春採爲烏頭。而《廣雅》云：奚毒，附子也。一歲爲前與側同子，二歲爲烏喙，三歲爲附子，四歲爲烏頭，五歲爲天雄。今二年種之便言此五物，豈今人種蒔之法用力倍至，故爾繁盛也？然雖藥力當緩於歲久者耳！

《蒙筌》云：係烏頭傍出，故附子僉名，皮黑體圓，底平，山芋狀相彷佛。畏人參、黄耆、甘草併黑豆、烏韭、防風，惡蜈蚣，使地膽。種蒔川蜀，蜀人春每種蒔，冬月收採者汁全，頂擇正圓，一兩一枚者力大。製宗陶氏槌法：以刀去淨皮臍，先將薑汁、鹽水各半甌，入砂鍋緊煮七沸，次用甘草、黄連各半兩，加童便緩煮一時，撈貯罐中，埋伏地內晝夜週畢，囫音勿圇音侖曝乾，藏須密封，用旋薄剉，仍文火復炒，庶劣性盡除。氣因浮中有沉，功專走而不守，凡和群藥可使通行諸經，以爲引導佐(佐)使之劑也。

製法：凡用以水煮炮令裂，表裏皆黃，去皮臍用。丹溪云：用童便浸煮，以殺其毒，且可助下行之力，入鹽尤捷。此佐使之行藥，世俗用爲治風及補藥，殺人多矣。《一提金》云：治傷寒用附子者，去皮臍，無一兩一個者，用黃連、甘草各三錢，鹽水、薑汁各一盞，煮附子一沸，又入童便半盞，煮三沸，撈起陰乾，入磁器盛貯，伏地氣一晝夜出火毒，庶不爲害。一兩重一枚者，無毒，生用不須製。《湯液》云：烏頭、附子、天雄、側子之類，水浸炮裂去皮臍用之。多有外黃裏白，烈性尚在，莫若乘熱切作片再炒，令表裏皆黃，烈性盡去爲良。世人罕有此製也。

明・王文潔《太乙仙製本草藥性大全》卷二《仙製藥性》

附子使　味辛、甘，氣溫、大熱，浮也，陽中之陽也，有大毒。通行諸經引藥。又云入手少陽三焦、命門之劑也。地膽爲之使。冬月採者爲附子。　主治：補三陽之厥逆，去五臟之沉寒。噤閉牙關，末納鵝管中吹入。紅突疔毒，末調釅醋塗。消口瘡久不差，醋麵和末，貼脚底。脚氣暴發腫，醋汁攪末敷。止患間漏瘡，剉片如錢，封口加艾可灸。暖脚膝健步，堅筋骨，強陰。做八味丸中，壯元陽益腎。非附子不能補下焦陽虛，故八味丸加桂附，乃補腎經之陽。六味丸去桂、附，蓋補腎經陰也。丹溪云：加爲少陰向導，恐非是。君朮附湯內，散寒濕溫脾。陰經直中真寒，薑附湯煎可禦。此須生用，不在製拘。助甘緩參耆成功，健潤滯地黃建效，內傷熱甚速入勿疑。此藥治外感症，非得身表涼四肢厥者，不可僭用，《經》云壯火食氣故也。治內傷症，縱身表熱甚，而氣虛脉細者，正宜速入，《經》云溫能除大熱是也。俗醫不知，誤爲補劑，日相習羽，寧不殺人。孕婦忌煎，墮胎甚速。　補註：偏風，半身不遂，冷癖疰，用附子一兩，生用無灰酒一升，右㕮咀，內於酒中，經一七日，隔日飲之，服一小合差。丁瘡腫甚者，用末醋和塗之，乾再塗，自愈。治大風冷痰癖脹滿，諸痺，用大附子一枚，重半兩者二枚亦得，炮之，酒漬，春冬五日，夏秋三日，服一合差。卒忤停尸，不能言，口噤不開，生附子末，置管中吹入舌下即差。嘔逆翻胃，用大附子一個，生薑二斤，細剉，煮，研如麪糊，米飲下之。大人久患口瘡，生附子爲末，醋麪調，男左女右貼脚心，日再換。元藏傷冷及開胃，附子炮過，去皮尖，擣羅爲末，以水兩盞，入藥二錢，鹽葱棗薑，煎取一盞，空心服。脚氣連腿腫滿久不差，用一個，去皮尖，生擣末，生薑汁調如膏，塗腫上，乾再塗之，腫消爲度。大瀉霍亂不止，用一枚重七錢，炮去皮臍，爲末，每服四錢，水兩盞，鹽半錢，煎一盞，溫服。眼暴赤腫，磣痛不開，淚出不止，削少赤皮，末如蠶屎，著眦中，以定爲度。耳聾，風牙關急不開，取八角附子一枚，醋漬三宿，令潤，微削一頭，內耳中，灸上十四壯，令氣通耳中即差。頭風至驗，以一個，生去皮臍，用菉豆一合，同入銚內煮，豆熟爲度，去附子，服菉豆即差，每個煮五服，後爲末服之亦好。　太乙曰：凡使先須細認，勿誤用有烏頭、烏喙、天雄、側子、木鼈子。烏頭少有，莖苗長，身烏黑，少有傍尖。烏喙皮上蒼，有大豆許者，孕八九個，周圍底陷，黑如烏鐵，宜於文武火中炮令皺拆，即劈破用。天雄身全矮，無尖，周匝四面有附，孕十一個，皮蒼色即是天雄，宜炮皺拆後，去皮尖底用。不然，陰製用並得。側子，只是附子傍有小顆附子，如棗核者是，宜生用，治風瘮神妙。木鼈子只是諸喙、附、雄、烏、側中毗槵者，號曰木鼈子，不入藥中用，若服令人喪目。若附子底平有九角如鐵色，一個個重一兩即是，氣全堪用。夫修事十兩，於文武火中炮令皺折者去之，用刀刮上孕子，并去底尖，微細劈破，於屋下地上掘一坑，可深一尺，安於中一宿至明，取出焙乾用。夫欲炮者，灰火勿用，雖木火只用柳木最妙。若陰制使，即生去尖皮底，薄切，用東流水并黑豆浸五日夜，然後漉出，於日中晒令乾用。凡使須陰製，去皮尖了，每十兩用生烏豆五兩，東流水六升。

明・皇甫嵩《本草發明》卷三

黑附子下品上，佐使。氣大熱，味辛、甘，溫，有大毒。性浮，陽中之陽也。入手少陽三焦、命門之劑。通行諸經。　發明曰：附子大辛熱，除六腑沉寒，回三陽厥逆，悍烈之性，浮中有沉，行而不守，能行諸經而走下，引用藥浮中沉，無所不至。《本草》謂主風寒欬逆邪氣，溫中，金瘡，破積聚癥瘕，心腹冷痛，霍亂轉筋，下痢赤白，強陰回陽，皆辛熱之用也。又主寒濕踒躄，拘攣脚膝腰脊痛，冷弱不能行步，堅筋骨，墮胎，為百藥之長，以其行經走下之力也。以上諸症，必屬沉寒痼冷，身冷，四肢厥逆，脉微遲欲脫之候，方宜用，以勢能回陽。炮製為補陰之向導，非真能補耳。所謂壯火食氣故也。俗醫誤用為溫補，不分冷熱，禍不旋踵。○白朮為佐，除寒濕之聖藥，治腎寒脾濕尤宜。治經閉，慢火煨之。氣脫陽絕，佐參、芪、甘草而補助之，功莫大。地膽為之使。畏人參、甘草、黃芪、防風、黑豆、烏韭。惡蜈蚣。俗方每用附子，皆用甘草、人參、生薑相配者，正制其毒也。陶氏製法：用黑皮頂金圓正附子一枚，重一兩力大，(妙)〔炒〕去皮臍，先以薑汁、鹽水半碗，入砂鍋內緊煮七沸，次用甘草、黃連各半兩，加童便緩煮一時，撈貯礶中，埋伏地內一晝夜，囫圇曝乾，蜜藏。旋用薄切，文武火炒，劣性盡去矣。若痼冷陽脱，急用回陽，但微炮之，如薑附湯、三建湯之類，生用之可也。

明・李時珍《本草綱目》卷一七草部・毒草類　附子《本經》下品

【釋名】其母名烏頭。時珍曰：初種爲烏頭，象烏之頭也。附烏頭而生者爲附子，如子附母也。烏頭如芋魁，附子如芋子，蓋一物也。別有草烏頭、白附子，故俗呼此爲黑附子、川烏頭以別之。諸家不分烏頭有川、草兩種，皆混雜註解，今悉正之。

【集解】《別録》曰：附子生犍爲山谷及廣漢。冬月采爲附子，春月采爲烏頭。弘景曰：烏頭與附子同根。附子八月采，八角者良。烏頭四月采。春時莖初生有腦頭，如烏鳥之頭，故謂之烏頭。有兩岐，其蒂狀如牛角者，名烏喙。取汁煎爲射罔。天雄似附子，細而長，乃至三四寸。側子即附子邊角之大者。並是同根，而《本經》附子出犍爲，天雄出少室，烏頭出朗陵，分生三處，當各有所宜也。今則無別矣。恭曰：天雄、附子、烏頭，並以蜀道綿州、龍州者佳，俱以八月采造。餘處雖有造得者，力弱，都不相似。江南來者，全不堪用。大明曰：天雄大而長，少角刺而實；附子大而短，有角平穩而實。烏喙似天雄，烏頭次于附子，側子小於烏頭，連聚生者名爲虎掌，並是天雄一裔，子母之類，氣力乃有殊等，即宿根與嫩者爾。斆曰：烏頭少有莖苗，身長而烏黑，少有旁尖。烏喙皮上蒼色，有尖頭，大者孕八九箇，周圍底陷，黑如烏鐵。天雄身全矮，無尖，周匝四面有附子，孕十一箇，皮蒼色。側子只是附子旁，有小顆如棗核者。木鼈子是喙、附、烏、雄、側中毗患者，不入藥用。保昇曰：正者爲烏頭，兩岐者爲烏喙，細長三四寸者爲天雄，根旁如芋散生者爲附子，旁連生者爲側子，五物同出而異名。苗高二尺許，葉似石龍芮及艾。宗奭曰：五者皆一物，但依大小長短以象而名之爾。頌曰：五者今並出蜀土，都是一種所產，其種出于龍州。冬至前，先將陸田耕五七遍，以猪糞糞之，然後布種，逐月耘耔，至次年八月後方成。其苗高三四尺，莖作四稜，葉如艾，其花紫碧色作穗，其實細小如桑椹狀，黑色。本只種附子一物，至成熟後乃有四物。以長二三寸者爲天雄，割削附子旁尖角爲側子，附子之絶小者亦名側子，元種者爲烏頭。其餘大小者皆爲附子，以八角者爲上。綿州彰明縣多種之，惟赤水一鄉者最佳。然收采時月與《本草》不同。謹按《本草》冬采爲附子，春采爲烏頭。《博物志》言：附子、烏頭、天雄一物也。春秋冬夏采之各異。而《廣志》云：奚毒，附子也。一歲爲側子，二年爲烏喙，三年爲附子，四年爲烏頭，五年爲天雄。今一年種之，便有此五物。豈今人種蒔之法，用力倍至，故爾繁盛乎？時珍曰：烏頭有兩種：出彰明者即附子之母，今人謂之川烏頭是也。春末生子，故曰春采爲烏頭。冬則生子已成，故曰冬采爲附子。其天雄、烏喙、側子，皆是生子多者，因象命名；若生子少及獨頭者，即無此數物也。其產江左、山南等處者，乃《本經》所列烏頭，今人謂之草烏頭者是也。故曰其汁煎爲射罔。陶弘景不知烏頭有二，以附子之烏頭，註射罔之烏頭，遂致諸家疑貳，而雷斆之説尤不近理。宋人楊天惠著《附子記》甚悉，今撮其要，讀之可不辯而明矣。其説云：綿州乃故廣漢地，領縣八，惟彰明出附子。彰明領鄉二十，惟赤水、廉水、昌明、會昌四鄉產附子，而赤水爲多。每歲以上田熟耕作壟。取種於龍安、龍州、齊歸、木門、青塠、小坪諸處。十一月播種，春月生苗。其莖類野艾而澤，其葉類地麻而厚。其花紫瓣黃蕤，長苞而圓。七月采者，謂之早水，拳縮而小，蓋未長成也。九月采者乃佳。其品凡七，本同而末異。其初種之(化)〔小〕者爲烏頭，附烏頭而旁生者爲附子，又左右附而偶生者爲鬲子，附而長者爲天雄，附而尖者爲天錐，附而上出者爲側子，附而散生者爲漏(藍)〔籃〕子，皆脉絡連貫，如子附母，而附子以貴，故專附名也。凡種一而子六七以上，則皆小；種一而子二三，則稍大；種一而子特生，則特大。附子之形，以蹲坐正節角少者爲上，有節多鼠乳者次之，形不正而傷缺風皺者爲下。《本草》言附子八角者爲良，其角爲側子之説，甚謬矣。附子之色，以花白者爲上，鐵色者次之，青緑者爲下。天雄、烏頭、天錐，皆以豐實盈握者爲勝。漏籃、側子，則園人以乞役夫，不足數也。謹按此記所載漏籃，即雷斆所謂木鼈子，大明所謂虎掌者也。其鬲子，即烏喙也。天錐即天雄之類，醫方亦無此名，功用當相同爾。

【修治】保昇曰：附子、烏頭、天雄、側子、烏喙，采得，以生熟湯浸半日，勿令滅氣，出以白灰裛之，數易使乾。又法：以米粥及糟麴等淹之。並不及前法。頌曰：五物收時，一處造釀。其法：先於六月內，造大小麪麴。未采前半月，用大麥煮成粥，以麴造醋，候熟去糟。其醋不用太酸，酸則以水解之。將附子去根鬚，於新甕內淹七日，日攪一遍，撈出以疎篩攤之，令生白衣。乃向慢風日中晒之百十日，以透乾爲度。若猛日，則皺而皮不附肉。時珍曰：按《附子記》云：此物最多，不能常熟。或種美而苗不茂，或苗秀而根不充，或(已)〔以〕釀而腐，或(已)〔以〕曝而攣，若有神物陰爲之者。故園人常禱於神，目爲藥妖。其釀法：用醋醅安密室中，淹覆彌月，乃發出眼乾。方出釀時，其大有如拳者，已定輒不盈握，故及(二)〔一〕兩者極難得。土人云：但得半兩以上者皆良。蜀人餌者少，惟秦陝閩浙人宜之。然秦人纔市其下者，閩浙纔得其中者，其上品則皆貴人得之矣。弘景曰：凡用附子、烏頭、天雄，皆熱灰微炮令拆，勿過焦，惟薑附湯生用之。俗方每用附子，須甘草、人參、生薑相配者，正制其毒故也。斆曰：凡使烏頭，宜文武火中炮令皴拆，擘破用。若用附子，須底平有九角如鐵色，一個重一兩者，即是氣全。勿用雜木火，只以柳木灰火中炮令皴拆，以刀刮去上孕子，並去底尖，擘破，於屋下平地上掘一土坑安之，一宿取出，焙乾用。若陰製者，生去皮尖底，薄切，以東流水并黑豆浸五日夜，漉出，日中曬用。震亨曰：凡烏、附、天雄，須用童子小便浸透煮過，以殺其毒，並助下行之力，入鹽少許尤好。或以小便浸二七日，揀去壞者，以竹刀每箇切作四片，井水淘净，逐日換水，再浸七日，晒乾用。時珍曰：附子生用則發散，熟用則峻補。生用者，須如陰製之法，去皮臍入藥。熟用者，以水浸過，炮令發拆，去皮臍，乘熱切片再炒，令內外俱黃，去火毒入藥。又法：每一箇，用甘草二錢，鹽水、薑汁、童尿各半盞，同煮熟，出火毒一夜用之，則毒去也。

【氣味】辛，温，有大毒。《別録》曰：甘，大熱。普曰：神農：辛。岐伯、雷公：甘，有毒。李當之：苦，大温，有大毒。元素曰：大辛大熱，氣厚味薄，可升可降，陽中之陰，浮中沉，無所不至，爲諸經引用之藥。好古曰：入手少陰三焦命門之劑，其性走而不守，非若乾薑止而不行。趙嗣真曰：熟附配麻黄，發中有補，仲景麻黄附子細辛湯、麻黄附子甘草湯是也。生附配乾薑，補中有發，仲景乾薑附子湯、通脉四逆湯是也。戴原禮曰：附子無乾薑不熱，得甘草則性緩，得桂則補命門。李燾曰：附子得生薑則能發散，以熱攻熱，又導虛熱下行，以除冷病。之才曰：地膽爲之使。惡蜈蚣。畏防風、黑豆、甘草、人參、黄耆。時珍曰：畏緑豆、烏韭、童溲、犀角。忌豉汁。得蜀椒、食鹽，下達命門。【主治】風寒欬逆邪氣，寒濕踒躄，拘攣膝痛，不能行步，破癥堅積聚血瘕，金瘡《本經》。腰脊風寒，脚氣冷弱，心腹冷痛，霍亂轉筋，下痢赤白，温中强陰，堅肌骨，又墮胎，爲百藥長《別録》。温暖脾胃，除脾濕腎寒，補下焦之陽虛元素。除臟腑沉寒，三陽厥逆，濕淫腹痛胃寒蚘動，治經閉，補虛散壅李杲。督脉爲病，脊强而厥好古。治三陰傷寒，陰毒寒疝，中寒中風，痰厥氣厥，柔痓癲癇，小兒慢驚，風濕麻痹，腫滿脚氣，頭風，腎厥頭痛，暴瀉脱陽，久痢脾泄，寒瘧瘴氣，久病嘔噦，反胃噎膈，癰疽不斂，久漏冷瘡。合葱涕，塞耳治聾時珍。

烏頭即附子母。【主治】諸風，風痹血痹，半身不遂，除寒冷，温養臟腑，去心下堅痞，感寒腹痛元素。除寒濕，行經，散風邪，破諸積冷毒李杲。補命門不足，肝風虛好古。助陽退陰，功同附子而稍緩時珍。

【發明】宗奭曰：補虛寒須用附子，風家即多用天雄，大略如此。其烏頭、烏喙、附子，則量其材而用之。時珍曰：按王氏《究原方》云：附子性重滯，温脾逐寒。川烏頭性輕疎，温脾去風。若是寒疾即用附子，風疾即用川烏頭。一云：凡人中風，不可先用風藥及烏附。若先用氣藥，後用烏附乃宜也。又凡用烏附藥，並宜冷服者，熱因寒用也。蓋陰寒在下，虛陽上浮。治之以寒，則陰氣益甚而病增；治之以熱，則拒格而不納。熱藥冷飲，下嗌之後，冷體既消，熱性便發，而病氣隨愈。不違其情而致大益，此反治之妙也。昔張仲景治寒疝內結，用蜜煎烏頭。《近效方》治喉痹，用蜜炙附子，含之嚥汁。朱丹溪治疝氣，用烏頭、巵子。並熱因寒用也。李東垣治馮翰林姪陰盛格陽傷寒，面赤目赤，煩渴引飲，脉來七八至，但按之則散。用薑附湯加人參，投半斤服之，得汗而愈。此則神聖之妙也。吴綬曰：附子乃陰證要藥。凡傷寒傳變三陰，及中寒夾陰，雖身大熱而脉沉者，必用之。或厥冷腹痛，脉沉細，甚則唇青囊縮者，急須用之，有退陰回陽之力，起死回生之功。近世陰證傷寒，往往疑似，不敢用附子，直待陰極陽竭而用之，已遲矣。且夾陰傷寒，內外皆陰，陽氣頓衰。必須急用人參，健脉以益其原，佐以附子，温經散寒。舍此不用，將何以救之？劉完素曰：俗方治麻痹多用烏附，其氣暴能衝開道路，故氣愈麻；及藥氣盡而正氣行，則麻病愈矣。張元素曰：附子以白朮爲佐，乃除寒濕之聖藥。濕藥宜少加之引經。又益火之原，以消陰翳，則便溺有節，烏附是也。虞摶曰：附子稟雄壯之質，有斬關奪將之氣。能引補氣藥行十二經，以追復散失之元陽；引補血藥入血分，以滋養不足之真陰；引發散藥開腠理，以驅逐在表之風寒；引温暖藥達下焦，以祛除在裏之冷濕。震亨曰：氣虛熱甚者，宜少用附子，以行參耆。肥人多濕，亦宜少加烏附行經。仲景八味丸用爲少陰嚮導，後世因以附子爲補藥，誤矣。附子走而不守，取其健悍走下之性，以行地黄之滯，可致遠爾。烏頭、天雄皆氣壯形偉，可爲下部藥之佐；無人表其害人之禍，相習用爲治風之藥及補藥，殺人多矣。王履曰：仲景八味丸，〔蓋〕兼陰火不足者設。錢仲陽六味地黄丸，爲陰虛者設。附子乃補陽之藥，非爲行滯也。好古曰：烏附非身凉而四肢厥者不可僭用。服附子以補火，必妨涸水。時珍曰：烏附毒藥，非危病不用，而補藥中少加引導，其功甚捷。有人纔服錢匕，即發燥不堪，而昔人補劑用爲常藥，豈古今運氣不同耶？荆府都昌王，體瘦而冷，無他病。日以附子煎湯飲，兼嚼硫黄，如此數歲。蘄州衛張百户，平生服鹿茸、附子藥，至八十餘，康健倍常。宋張杲《醫説》載，趙知府耽酒色，每日煎乾薑熟附湯吞硫黄金液丹百粒，乃能健啖，否則倦弱不支，壽至九十。他人服一粒即爲害。若此數人，皆其臟腑稟賦之偏，服之有益無害，不可以常理概論也。又《瑣碎録》言：滑臺風土極寒，民啖附子如啖芋栗。此則地氣使然爾。

【附方】舊二十六，新八十七。少陰傷寒：初得二三日，脉微細，但欲寐，小便色白者，麻黄附子甘草湯微發其汗。麻黄去節二兩，甘草炙二兩，附子炮去皮一枚，水七升，先煮麻黄去沫，納二味，煮取三升，分作三服，取微汗。張仲景《傷寒論》。少陰發熱：少陰病始得，反發熱脉沉者，麻黄附子細辛湯發其汗。麻黄去節二兩，附子炮去皮一枚，細辛二兩，水一斗，先煮麻黄去沫，乃納二味，同煮三升，分三服。同上。少陰下利：少陰病，下利清穀，裏寒外熱，手足厥逆，脉微欲絶，身反不惡寒，其人面赤色，或腹痛，或乾嘔，或咽痛，或利止脉不出者。通脉四逆湯：用大附子一個去皮生破八片，甘草炙二兩，乾薑三兩，水三升，煮一升，分温再服，其脉即出者愈。面赤加葱九莖，腹痛加芍藥二兩，嘔加生薑二兩，咽痛加桔梗一兩，利止脉不出，加人參二兩。同上。陰病惡寒：傷寒已發汗不解，反惡寒者，虛也，芍藥甘草附子湯補之。芍藥三兩，甘草炙三兩，附子炮去皮一枚，水五升，煮取一升五合，分服。同上。傷寒發躁：傷寒下後，又發其汗，晝日煩躁不得眠，夜而安靜，不嘔不渴，無表證，脉沉微，身無大熱者，乾薑附子湯温之。乾薑一兩，生附子一枚。去皮破作八片，水三升，煮取一升，頓服。《傷寒論》。陰盛格陽：傷寒陰盛格陽，其人必躁熱而不飲水，脉沉手足厥逆者，是此證也。霹靂散：用大附子一枚，燒存性，爲末，蜜水調服。逼散寒氣，然後熱氣上行而汗出，乃愈。孫兆《口訣》。熱病吐下：及下利，身冷脉微，發躁不止者。附子炮一枚，去皮臍，分作八片，入鹽一錢，水一升，煎半升，温服，立効。《經驗良方》。陰毒傷寒：孫兆《口訣》云：房後受寒，少腹疼痛，頭疼腰重，手足厥逆，脉息沉細，或作呃逆，並宜退陰散：用川烏頭、乾薑等分，切炒，放冷爲散。每服一錢，水一盞，鹽一撮，煎取半盞，温服，得汗解。○《本事方》：玉女散：治陰毒心腹痛厥逆惡候。川烏頭去皮臍，冷水浸七日，切晒，紙裹收之。遇有患者，取爲末一錢，入鹽八分，水一盞，煎八分服，壓下陰毒，如猪血相似，再進一服。○濟生回陽散：治陰毒傷寒，面青，四肢厥逆，腹痛身冷，一切冷氣。大附子三枚，炮裂去皮臍爲末。每服三錢，薑汁半盞，冷酒半盞，調服。良久，臍下如火暖爲度。○《續傳信方》：治陰毒傷寒，煩躁迷悶，急者。用半兩重附子一個，生破作四片，生薑一大塊作三片，糯米一撮，以水一升，煎六合，溫服暖卧，或汗出，或不出。候心定，則以水解散之類解之，不得與冷水。如渴，更煎滓服。屢用多効。**中風痰厥**：昏不知人。口眼喎斜，并體虚之人患瘧疾寒多者。三生飲：用生川烏頭、生附子，並去皮臍各半兩，生南星一兩，生木香二錢五分。每服五錢，生薑十片，水二盞，煎一盞，溫服。《和劑局方》。**中風氣厥**：痰壅，昏不知人，六脉沉伏。生附子去皮，生南星去皮，生木香半兩。每服四錢，薑九片，水二盞，煎七分，溫服之。《濟生方》。**中風偏廢**：羌活湯：用生附子一個，去皮臍，羌活、烏藥各一兩。每服四錢，生薑三片，水一盞，煎七分服。王氏《簡易方》。**半身不遂**：遂令癖疰。用生附子一兩，以無灰酒一升，浸一七日，隔日飲一合。《延年秘録》。**風病癱緩**：手足嚲曳，口眼喎斜，語音蹇澀，步履不正，宜神驗烏龍丹主之。川烏頭去皮臍、五靈脂各五兩，爲末。入龍腦、麝香五分，滴水爲丸，如彈子大。每服一丸，先以生薑汁研化，暖酒調服，一日二服。至五七丸，便覺手擡，移得步，十丸可以梳頭也。《梅師方》。**風寒濕痹**：麻木不仁，或手足不遂。生川烏頭末，每以香白米煮粥一盌，入（米）〔末〕四錢，慢熬得所，下薑汁一匙，蜜三大匙，空腹啜之。或入薏苡末二錢。《左傳》云：風淫末（痰）〔疾〕，謂四末也。脾主四肢，風淫客肝，則侵脾而四肢病也。此湯極有力，予每授人良驗。許學士《本事方》。**體虚有風**：外受寒濕，身如在空中。生附子、生天南星各二錢，生薑十片，水一盞半，慢火煎服。予曾病此，醫博（士）張（子）發授此方，二服愈。《本事方》。**口眼喎斜**：生烏頭、青礬各等分，爲末。每用一字，嗃入鼻內，取涕吐涎，立効無比，名通關散。《篋中秘寶方》。**口卒噤瘖**：卒忤停尸。並用附子末，吹入喉中瘥。《千金翼》。**産後中風**：身如角弓反張，口噤不語。川烏頭五兩，剉塊，黑大豆半升，同炒半黑，以酒三升，傾鍋内急攪，以絹濾取酒，微溫服一小盞，取汗。若口不開，拗開灌之。未効，加烏鷄糞一合炒，納酒中服，以瘥爲度。《小品方》。**諸風血風**：烏荆丸：治諸風縱緩，言語蹇澁，遍身麻痛，皮膚瘙痒，及婦人血風，頭痛目眩。腸風臓毒，下血不止者，服之尤効。有痛風攣搐，頤頷不收者，服六七服即瘥也。川烏頭炮去皮臍一兩，荆芥穗二兩，爲末，醋麪糊丸梧子大。溫酒或熟水，每服二十丸。《和劑方》。**婦人血風**：虚冷，月候不匀，或手脚心煩熱，或頭面浮腫頑麻。用川烏頭一斤，清油四兩，鹽四兩，鐺内同熬，令裂如桑椹色爲度，去皮臍，五靈脂四兩，爲末，搗匀，蒸餅丸如梧子大。空心溫酒、鹽湯下二十丸。亦治丈夫風疾。《梅師方》。**諸風癇疾**：生川烏頭去皮二錢半，五靈脂半兩，爲末，猪心血丸梧子大。每薑湯化服一丸。**小兒慢驚**：搐搦，涎壅厥逆。川烏頭生去皮臍一兩，全蠍十個去尾，分作三服，水一盞，薑七片，煎服。湯氏《嬰孩寶鑒》。**小兒項軟**：乃肝腎虚，風邪襲入。用附子去皮臍、天南星各二錢，爲末，薑汁調攤，貼天柱骨。内服瀉青丸。《全幼心鑒》。**小兒顖陷**：綿烏頭、附子並生去皮臍二錢，雄黄八分，爲末，葱根搗和作餅，貼陷處。《全幼心鑒》。**麻痹疼痛**：仙桃丸：治手足麻痹，或癱瘓疼痛，腰膝痹痛，或打撲傷損閃肭，痛不可忍。生川烏不去皮、五靈脂各四兩，威靈仙五兩，洗焙爲末，酒糊丸梧子大。每服七丸至十丸，鹽湯下，忌茶。此藥常服，其効如神。《普濟方》。**風痹肢痛**：營衛不行。川烏頭〔二兩〕炮去皮，以大豆同炒，至〔豆〕汁出爲度，去豆焙乾，全蠍半兩焙，爲末，釅醋熬稠，丸緑豆大。每溫酒下七丸，日一服。《聖惠方》。**腰脚冷痹**：疼痛，有風。川烏頭三個，生，去皮臍，爲散，醋調塗帛上，貼之。須臾痛止。《聖惠方》。**大風諸痹**：痰澼脹滿。大附子半兩者二枚，炮拆，酒漬之，春冬五日，夏秋三日，每服一合，以瘥爲度。《聖惠方》。**脚氣腿腫**：久不瘥者。黑附子一個，生，去皮臍，爲散，生薑汁調如膏，塗之。藥乾再塗，腫消爲度。《簡要濟衆》。**十指疼痛**：麻木不仁。生附子去皮臍、木香各等分，生薑五片，水煎溫服。王氏《簡易方》。**搜風順氣**：烏附丸：用川烏頭二十個，香附子半斤，薑汁淹一宿，炒焙爲末，酒糊丸梧子大。每溫酒下十丸。肌體肥壯有風疾者，宜常服之。《澹寮方》。**頭風頭痛**：《外臺秘要》用臘月烏頭一升，炒令黄，末之，以絹袋盛，浸三斗酒中，逐日溫服。○孫兆《口訣》用附子炮、石膏煅等分，爲末，入腦、麝少許。每服半錢，茶酒任下。○《修真秘旨》用附子一個，生去皮臍，緑豆一合，同入銚子内煮，豆熟爲度，去附子，食緑豆，立瘥。每個可煮五次，後爲末服之。**風毒頭痛**：《聖惠方》治風毒攻注頭目，痛不可忍。大附子一枚，炮去皮爲末。以生薑一兩，大黑豆一合，炒熟，同酒一盞，煎七分，調附末一錢，溫服。○又方：治二三十年頭風不愈者，用大川烏頭生去皮四兩，天南星炮一兩，爲末。每服二錢，細茶三錢，薄荷七葉，鹽梅一個，水一盞，煎七分，臨卧溫服。○《朱氏集驗方》治頭痛連睛者。生烏頭一錢，白芷四錢，爲末，茶服一字。仍以末嗃鼻。有人用之得効。**風寒頭痛**：《十便良方》治風寒客于頭中，清涕，項筋急硬，胸中寒痰，嘔吐清水。用大附子或大川烏頭二枚，去皮蒸過，川芎藭、生薑各一兩，焙研，以茶湯調服一錢。或剉片，每用五錢，水煎服。隔三四日一服。或加防風一兩。○《三因方》必效散：治風寒流注，偏正頭痛，年久不愈，最有神効。用大附子一個，生切四片，以薑汁一盞浸炙，再浸再炙，汁盡乃止，高良薑等分，爲末。每服一錢，臘茶清調下，忌熱物少時。**頭風摩散**：沐頭中風，多汗惡風，當先風一日則痛甚。用大附子一個炮、食鹽等分，爲末。以方寸匕摩顖上，令藥力行。或以油調稀亦可，一日三上。《張仲景方》。**頭風斧劈**：年久頭痛：川烏頭、天南星等分，爲末。葱汁調塗太陽穴。《經驗方》。**痰厥頭痛**：如破，厥氣上衝，難忍。川烏頭末燒烟熏盌内，溫茶泡服之。《集簡方》。

痰塞胸膈。炮附子三分，釜墨四錢，冷水調服方寸匕，當吐即愈。忌猪肉、冷水。

腎厥頭痛：《指南方》用大附子一個，炮熟去皮，生薑半兩，水一升半煎，分三服。○《經驗良方》韭根丸：治元陽虛，頭痛如破，眼睛如錐刺。大川烏頭去皮微炮，全蠍以糯米炒過去米，等分爲末，韭根汁丸綠豆大。每薄荷茶下十五丸，一日一服。

氣虛頭痛：氣虛上壅，偏正頭痛，不可忍者。大附子一枚，去皮臍研末，葱汁麪糊丸綠豆大。每服十丸，茶清下。○僧繼洪《澹寮方》蠍附丸：元氣虛頭痛，惟此方最合造化之妙。附子助陽扶虛，鍾乳補陽鎮墜，全蠍取其鑽透，葱涎取其通氣。湯使用椒以達下，鹽以引用，使虛氣下歸。對證用之，無不作效。大附子一枚剜心，入全蠍去毒三枚在內，以餘附末同鍾乳粉二錢半，白麪少許，水和作劑，包附煨熟，去皮研末，葱涎和丸梧子大。每椒鹽湯下五十丸。

腎氣上攻：頭項不能轉移。椒附丸：用大熟附子一枚，爲末。每用二錢，以椒二十粒，用白麪填滿椒口，水一盞半，薑七片，煎七分，去椒入鹽，空心點服。椒氣下達，以引逆氣歸經也。《本事方》。

鼻淵腦泄：生附子末，葱涎和如泥，盦涌泉穴。《普濟方》。

耳鳴不止：無晝夜者。烏頭燒作灰、菖蒲等分，爲末，綿裹塞之，日再用，取効。《楊氏產乳》。

耳卒聾閉：附子醋浸，削尖插之。或更於上灸二七壯。《本草拾遺》。

聤耳膿血：生附子爲末，葱涕和，灌耳中。《肘後方》。

喉痹腫塞：附子去皮，炮令拆，以蜜塗上，炙之令蜜入，含之勿嚥汁。已成者即膿出，未成者即消。出《本草拾遺》。

久患口瘡：生附子爲末，醋、麪調貼足心，男左女右，日再換之。《經驗方》。

風蟲牙痛：《普濟方》用附子一兩燒灰、枯礬一分，爲末，揩之。○又方：川烏頭、川附子生研，麪糊丸小豆大。每綿包一丸咬之。○《删繁方》用炮附子末納孔中，乃止。

眼暴赤腫：磣痛不得開，淚出不止。削附子赤皮末，如蠶砂大，着眦中，以定爲度。張文仲《備急方》。

一切冷氣：去風痰，定遍身疼痛，益元氣，强力，固精益髓，令人少病。川烏頭一斤，用五升大（甕）〔瓷〕鉢子盛，以童子小便浸七日，逐日添令溢出，揀去壞者不用。餘以竹刀切作四片，新汲水淘七次，乃浸之，日日換水，日足，取焙爲末，酒煮麪糊丸綠豆大。每服十丸，空心鹽湯下，少粥飯壓之。《經驗方》。

升降諸氣：暖則宣流。熟附子一大個，分作二服，水二盞，煎一盞，入沉香汁溫服。《和劑局方》。

中寒昏困：薑附湯：治體虛中寒，昏不知人，及臍腹冷痛，霍亂轉筋，一切虛寒之病。生附子一兩去皮臍，乾薑炮一兩，每服三錢，水二鍾，煎一鍾，溫服。《和劑局方》。

心腹冷痛：冷熱氣不和。山巵子、川烏頭等分，生研爲末，酒糊丸梧子大。每服十五丸，生薑湯下。小腸氣痛，加炒茴香，葱酒下二十丸。《王氏博濟方》。

心痛疝氣：濕熱因寒鬱而發。用巵子降濕熱，烏頭破寒鬱。烏頭爲巵子所引，其性急速，不留胃中也。川烏頭、山巵子各一錢，爲末。順流水入薑汁一匙，調下。《丹溪纂要》。

寒厥心痛：及小腸膀胱痛不可止者。神砂一粒丹：用熟附子去皮、鬱金、橘紅各一兩，爲末，醋麪糊丸如酸棗大，朱砂爲衣。每服一丸，男子酒下，女人醋湯下。《宣明方》。

寒疝腹痛：遶臍，手足厥冷，白汗出，脉弦而緊，用大烏頭煎主之。大烏頭五枚，去臍，水三升，煮取一升，去滓，納蜜二升，煎令水氣盡。强人服七合，弱人服五合，不瘥，明日更服。張仲景《金匱玉函方》。

寒疝身痛：腹痛，手足逆冷不仁，或身痛不能眠，用烏頭桂枝湯主之。烏頭一味，以蜜二斤，煎減半，入桂枝湯五合解之，得一升，初服二合，不知再服，又不知加至五合，其知者如醉狀得吐，爲中病也。《金匱玉函方》。

寒疝引脇：肋心腹皆痛，諸藥不効者。大烏頭五枚，去角四破，以白蜜一斤，煎令透，取焙爲末，別以熟蜜和丸梧子大。每服二十丸，冷鹽湯下，永除。《崔氏方》。

寒疝滑泄：腹痛腸鳴，自汗厥逆。熟附子去皮臍、玄胡索炒各一兩，生木香半兩。每服四錢，水二盞，薑七片，煎七分，溫服。《濟生方》。

小腸諸疝：《〔蘇沈良方〕》：倉卒散：治寒疝腹痛，小腸氣、膀胱氣、脾腎諸痛，攣急難忍，汗出厥逆。大附子炒去皮臍一枚，山巵子炒焦四兩。每用三錢，水一盞，酒半盞，煎七分，入鹽一捻，溫服。○《宣明方》治陰疝小腹腫痛，加蒺藜子等分。○虛者加桂枝等分，薑糊爲丸，酒服五十丸。

虛寒腰痛：鹿茸去毛酥炙微黃，附子炮去皮臍各二兩，鹽花三分，爲末，棗肉和丸梧子大。每服三十丸，空心溫酒下。○《夷堅志》云：時康祖大夫，病心胸一漏，數竅流汁，已二十年。又苦腰痛，行則傴僂，形神憔悴，醫不能治。通判韓子溫爲檢《聖惠方》，得此方令服。旬餘，腰痛減。久服遂瘥，心漏亦瘥。精力倍常，步履輕捷。此方本治腰，而効乃如此。

元臟傷冷：《經驗方》用附子炮去皮臍，爲末，以水二盞，入藥二錢，鹽、葱、薑、棗同煎取一盞，空心服。去積冷，暖下元，肥腸益氣，酒食無礙。○《梅師方》二虎丸：補元臟，進飲食，壯筋骨。用烏頭、附子各四兩，釅醋浸三宿，切作片子。掘一小坑，炭火燒赤，以醋三升，同藥傾入坑內，用盆合之。一宿取出，去沙土，入青鹽四兩，同炒赤黃色，爲末，醋打麪糊丸如梧子大。空心冷酒下十五丸。婦人亦宜。

胃冷有痰：脾弱嘔吐。生附子、半夏各二錢，薑十片，水二盞，煎七分，空心溫服。一方：並炮熟，加木香五分。《奇効良方》。

久冷反胃：《經驗方》用大附子一個，生薑一斤，剉細同煮，研如麪糊。每米飲化服一錢。○《衛生家寶方》用薑汁打糊，和附子末爲丸，大黃爲衣。每溫水服十丸。○《斗門方》用長大附子一個，坐于磚上，四面着火漸逼，以生薑自然汁淬之。依前再逼再淬，約薑汁盡半盌乃止，研末。每服一錢，粟米飲下，不過三服瘥。或以猪腰子切片，炙熟蘸食。○《方便集》用大附子一個，切下頭子，剜一竅，安丁香四十九個在內，仍合定，線紥，入砂銚內，以薑汁浸過，文火熬乾，爲末。每挑少許，置掌心舐喫，日十數次。忌毒物、生冷。

脾寒瘧疾：《濟生方》云：五臟氣虛，陰陽相勝，發爲痎瘧，寒多熱少，或但寒不熱，宜七棗湯主之。用附子一枚，炮七次，鹽湯浸七次，去皮臍，分作二服。水一盌，生薑七片，棗七枚，煎七分，露一宿。發日空心溫服，未久再進一服。王璆《百一選方》云：寒痰宜附子，風痰宜烏頭。若用烏頭，則寒多者火炮七次，熱多者湯泡七次，去皮焙乾，如上法。用烏頭性熱，泡多則熱散也。〇又果附湯：用熟附子去皮、草果仁各二錢半，水一盞，薑七片，棗一枚，煎七分，發日早温服。〇《肘後方》：臨發時，以醋和附子塗于背上。

寒熱瘧疾：附子一枚重五錢者，麪煨，人參、丹砂各一錢，爲末，煉蜜丸梧子大。每服二十丸，未發前連進三服。中病則吐，或身體麻木。未中病，來日再服。龐安常《傷寒論》。

瘴瘧寒熱：冷瘴，寒熱往來，頭痛身疼，嘔痰，或汗多引飲，或自利煩躁，宜薑附湯主之。大附子一枚，四破，每以一片，水一盞，生薑十片，煎七分，温服。李待制云：此方極妙。章傑云：嶺南以啞瘴爲危急，不過一二日而死，醫謂極熱感寒也，用生附子一味治之多愈。得非以熱攻熱而發散寒邪乎？真起死回生之藥也。《嶺南衛生方》。

小便虚閉：兩尺脉沉，微用利小水藥不効者，乃虚寒也。附子一個，炮去皮臍，鹽水浸良久，澤瀉一兩。每服四錢，水一盞半，燈心七莖，煎服即愈。《普濟方》。

腫疾喘滿：大人小兒男女腫因積得，既取積而腫再作，小便不利。若再用利藥性寒，而小便愈不通矣。醫者到此多束手。蓋中焦下焦氣不升降，爲寒痞隔，故水凝而不通。惟服沉附湯，則小便自通，喘滿自愈。用生附子一個，去皮臍，切片，生薑十片，入沉香一錢，磨水同煎，食前冷飲。附子雖三五十枚亦無害。小兒每服三錢，水煎服。《朱氏集驗方》。

脾虚濕腫：大附子五枚，去皮四破，以赤小豆半升，藏附子于中，慢火煮熟，去豆焙研末，以薏苡仁粉打糊丸梧子大。每服十丸，蘿蔔湯下。《朱氏集驗方》。

陰水腫滿：烏頭一升，桑白皮五升，水五升，煮一升，去滓銅器盛之，重湯煎至可丸，丸小豆大。每服三五丸，取小便利爲佳。忌油膩酒麪魚肉。〇又方：大附子，童便浸三日夜，逐日換尿，以布擦去皮，搗如泥，酒糊和丸小豆大。每服三十丸，煎流氣飲送下。《普濟方》。

大腸冷秘：附子一枚，炮去皮，取中心如棗大，爲末二錢，蜜水空心服之。《聖濟總録》。

老人虚泄：不禁。熟附子一兩，赤石脂一兩，爲末，醋糊丸梧子大。米飲下五十丸。《楊氏家藏方》。

冷氣洞泄：生川烏頭一兩，木香半兩，爲末，醋糊丸梧子大。每陳皮湯下二十丸。《本事方》。

臟寒脾泄：及老人中氣不足，久泄不止。肉豆蔻二兩煨熟，大附子去皮臍一兩五錢，爲末，粥丸梧子大。每服八十丸，蓮肉煎湯下。〇《十便良方》治脾胃虚冷，大腸滑泄，米穀不化，乏力。用大附子十兩連皮，同大棗二升，於石器內，以水煮一日，常令水過兩指。取出，每個切作三片，再同煮半日，削去皮，切焙爲末。別以棗肉和丸梧子大。每空心米飲服三四十丸。

小兒吐泄：注下，小便少。白龍丸：用熟附子五錢，白石脂煅、龍骨煅各二錢半，爲末，醋麪糊丸黍米大。每米飲，量兒大小服。《全幼心鑒》。

霍亂吐泄：不止。附子重七錢者，炮去皮臍，爲末。每服四錢，水二盞，鹽半錢，煎一盞，温服立止。孫兆《秘寶方》。

水泄久痢：川烏頭二枚，一生用，一以黑豆半合同煮熟，研丸緑豆大。每服五丸，黃連湯下。《普濟方》。

久痢赤白：獨聖丸：用川烏頭一個，灰火燒烟盡，取出地上，盞蓋良久，研末，酒化蠟丸如大麻子大。每服三丸，赤痢，黃連、甘草、黑豆煎湯，放冷吞下；白痢，甘草、黑豆煎湯，冷吞。如瀉及肚痛，以水吞下。並空心服之。忌熱物。《經驗良方》。

久痢休息：熟附子半兩，研末，雞子白二枚，搗和丸梧子大。傾入沸湯，煮數沸，漉出，作兩服，米飲下。《聖濟總録》。

下痢欬逆：脉沉陰寒者，退陰散主之。陳自明云：一人病此不止，服此兩服而愈。方見前陰毒傷寒下。

下血虚寒：日久腸冷者。熟附子去皮、枯白礬一兩，爲末。每服三錢，米飲下。〇又方：熟附子一枚去皮，生薑三錢半，水煎服。或加黑豆一百粒。並《聖惠方》。

陽虚吐血：生地黃一斤，搗汁，入酒少許，以熟附子一兩半，去皮臍，切片，入汁內，石器煮成膏。取附片焙乾，入山藥三兩，研末，以膏和搗，丸梧子大。每空心米飲下三十丸。昔葛察判妻苦此疾，百藥皆試，得此而愈，屢發屢効。余居士《選奇方》。

溲數白濁：熟附子爲末，每服二錢，薑三片，水一盞，煎六分，温服。《普濟方》。

虚火背熱：虚火上行，背內熱如火炙者。附子末，津調，塗涌泉穴。《摘玄方》。

經水不調：血臟冷痛，此方平易捷徑。熟附子去皮、當歸等分。每服三錢，水煎服。《普濟方》。

斷産下胎：生附子爲末，淳酒和塗右足心，胎下去之。《小品方》。

折(踠)〔腕〕損傷：卓氏膏：用大附子四枚，生切，以猪脂一斤，三年苦醋同漬三宿，取脂煎三上三下，日摩傅之。《深師方》。

癰疽腫毒：川烏頭炒、黃蘗炒各一兩，爲末，唾調塗之，留頭，乾則以米泔潤之。同上。

癰疽久漏：瘡口冷，膿水不絶，內無惡肉。大附子以水浸透，切作大片，厚三分，安瘡口上，以艾灸之。隔數日一灸，灸至五七次。仍服內托藥，自然肌肉長滿。研末作餅子，亦可。薛己《外科心法》。

癰疽弩肉：如眼不斂，諸藥不治，此法極妙。附子削如棋子大，以唾粘貼上，用艾火灸之。附子焦，復唾濕再灸，令熱氣徹內，即瘥。《千金方》。

癰疽肉突：烏頭五枚，濃醋三升，漬三日洗之，日夜三四度。《古今録驗》。

丁瘡腫痛：醋和附子末塗之。乾再上。《千金翼》。

久生疥癬：川烏頭生切，以水煎洗甚驗。《聖惠方》。

手足凍裂：附子去皮爲末，以水、麪調塗之，良。談埜翁《試驗方》。

足釘怪疾：兩足心凸腫，上生黑豆瘡，硬如釘，脛骨生碎孔，髓流出，身發寒顫，惟思飲酒，此是肝腎冷熱相吞。用炮川烏頭末傅之，內服韭子湯，効。夏氏《奇疾方》。

烏頭附子尖

【主治】爲末，茶服半錢，吐風痰癲癇時珍。

【發明】時珍曰：烏附用尖，亦取其鋭氣直達病所爾，無他義也。《保幼大全》云：小兒慢脾驚風，四肢厥逆。用附子尖一個，硫黃棗大一個，蠍稍七個，爲末，薑汁麪糊丸黃米大。每服十丸，米飲下。亦治久瀉尫羸。凡用烏附，不可執謂性熱。審其手足冷者，輕則用湯，甚則用丸，重(者)〔則〕用膏，候手足暖，陽氣回，即爲佳也。按此方乃《和劑局方》碧霞丹變法也，非真慢脾風不可輒用，故初虞世有金虎碧霞之戒。

【附方】舊一，新七。

風厥癲癇：凡中風痰厥，癲癇驚風，痰涎上壅，牙關緊急，上視搐搦，並宜碧霞丹主之。烏頭尖、附子尖、蠍稍各七十個，石緑研九度，飛過，十兩，爲末，麪糊丸芡子大。每用一丸，薄荷汁半盞化下，更服温酒半合，須臾吐出痰涎爲妙。小兒驚癇，加白殭蠶等分。《和劑局方》。　臍風撮口：生川烏尖三個，全足蜈蚣半條，酒浸炙，麝香少許，爲末。以少許吹鼻得嚏，乃以薄荷湯灌一字。《永類方》。　木舌腫脹：川烏尖、巴豆研細，醋調塗刷。《集簡方》。　牙痛難忍：附子尖、天雄尖、全蠍各七個，生研爲末，點之。《永類方》。　奔豚疝氣：作痛，或陰囊腫痛。去鈴丸：用生川烏尖七個，巴豆七枚去皮油，爲末，糕糊丸梧子大，朱砂、麝香爲衣。每服二丸，空心冷酒或冷鹽湯下。三兩日一服，不可多。《澹寮方》。　割甲成瘡：連年不愈。川烏頭尖、黄蘗等分，爲末。洗了貼之，以愈爲度。《古今録驗》。　老幼口瘡：烏頭尖一個，天南星一個，研末，薑汁和塗足尺，男左女右，不過二三次即愈。

題明·薛己《本草約言》卷一《藥性本草》　黑附子　味大辛，氣大熱，有大毒。純陽之藥，浮中沉，無所不至，故為諸經引用之藥。療寒氣凝澁，有溫中之妙。除手足厥逆，有回陽之功。入堅結，有破散之勇。走經絡，有通達之權。然不可多用。《經》曰：壯火食氣故也。又少陰受寒小腹痛，必用之藥。○附子大辛熱，除六腑沉寒，回三陽厥逆，悍烈之性，浮中有沉，行而不守，仲景八味丸用之，為少陰之向導，其補自是地黄，若因以附子為補，誤矣。附子走而不守，取健悍走下之性，以行地黄之滯耳。凡使，童便煮而浸之，以殺其毒，且可助下行之力，入鹽尤捷。入足少陰腎、太陰脾，補命門衰敗之火，以生脾土。仲景四逆湯用之，以回腎氣；理中湯用之，以補脾；八味丸又用之，補腎脾。人每以其伯道廢棄而不用，不知附子止為引經之藥，入於人參、乾薑、白朮，氣分之藥，則引氣而行；入於熟地、丹皮、茱萸，血分之藥，則引血而走。顧人用之合否何如耳。天雄性味與附子同，而回陽之功不及附子，但除風寒濕痹，破堅結，利關節為長。

明·梅得春《藥性會元》卷上　附子　味甘、辛，氣溫，大熱。有大毒。通行諸經引用之藥。入手少陽三焦命門，性走而不守，浮中沉無所不至。陽中之陽，故行而不止。惡蜈蚣。畏防風、黑豆、甘草、黄芪、人參。冬採為附子，春採為烏頭。　主療風寒翻胃，壯元陽之助，可回陽而逐冷，祛風濕而建中。治風疾能行藥勢，治心腹冷痛，咳逆邪氣，金瘡，破癥堅積血瘕，寒濕踒躄，拘攣膝痛，不能行步；　腰脊風寒，壯肌骨，強陰道，傷寒陰症、陰毒，煩燥，迷心不省，四肢厥逆，霍亂轉筋，下痢赤白，脾胃虛寒，腫脹，久泄不止。腎中寒甚，白朮佐之，除寒濕之神劑。墮胎為百藥之長，慎之。丹溪云：《衍義》論附子五等同一物，以形像命名而為用。至哉斯言也，猶有未善：仲景八味丸，以附子為足少陰腎經之嚮導，其補自是地黄。後世用附子為補，誤矣！惟取其健悍走下之性，以行地黄之滯，可以致遠。亦若烏頭與天雄，皆氣壯形偉，可為下部藥之佐。無人表其害人之禍，相習為用以治風，殺人多矣！治寒、治風，有必用者，必用童便煮而浸之。　製法：用慢火煨裂，去皮臍。童便煮浸，以殺其毒。且可助下行之力，入鹽尤捷，取端平圓大一兩以上，其力全。其附側木鱉子不入藥，令人喪目。

明·杜文燮《藥鑒》卷二　大附子　味辛，性熱，有大毒。氣味俱厚，浮也，陽中之陰也。其性浮而不沉，其用走而不守。除六腑之沉寒，補三陰之厥逆。仲景八味丸用為少陰之向導，正取其健悍走下之性，以行地黄之滯，人以為補則誤矣。血藥用之，行經而能補血；　氣藥用之，行經而能補氣。非大虛寒之症，不可輕用。孕婦勿用。

明·王肯堂《傷寒證治準繩》卷八　附子　氣熱，味辛，有大毒。潔：大辛大熱，氣厚味薄，可升可降，陽中之陰，浮中沉，無所不至，為諸經引用之藥。海：　入手少陰三焦命門之劑。其性走而不守，非若乾薑止而不行。趙：　熟附配麻黄，發中有補。仲景麻黄附子細辛湯、麻黄附子甘草湯是也。生附配乾薑，補中有發，仲景乾薑附子湯、通脉四逆湯是也。珍：　凡用烏、附藥，並宜冷服者，熱因寒用也。蓋陰寒在下，虛陽上浮，治之以寒，則陰氣益甚而病增；　治之以熱，則拒格而不納。熱藥冷飲，下嗌之後，冷體既消，熱性便發，而病氣隨愈，不違其情，而致大益，此反治之妙也。昔張仲景治寒疝內結，用蜜煎烏頭。《近效方》治喉痹，用蜜炙附子，含之嚥汁。朱丹溪治疝氣，用烏頭、梔子，並熱因寒用也。東垣治馮翰林姪陰盛格陽，傷寒面赤目赤，煩渴引飲，脉來七八至，但按之則散，用薑附湯加人參，投半斤服之，得汗而愈。此則神聖之妙也。吳：　附子乃陰證要藥，凡傷寒傳變三陰及中寒夾陰，雖身大熱，而脉沉者，必用之。或厥冷腹痛，脉沉細，甚則唇青囊縮者，急須用之，有退陰回陽之力，起死回生之功。近世陰證傷寒，往往疑似，不敢用附子，直待陰極陽竭而用之，已遲矣。且夾陰傷寒，內外皆陰，陽氣頓衰，必須急用人參健脉，以益其元，佐以附子溫經散寒，捨此不用，將何以救之？虞摶：　附子稟雄壯之質，有斬關奪將之氣，能引補氣藥行十二經，以追復散失之元陽；　引補血藥入血分，以滋養不足之真陰；　引發散藥開腠理，以驅逐在表之風寒；引溫暖藥達下焦，以祛除在裏之冷濕。按八味丸用桂、附，乃取其大辛以潤腎燥，丹溪謂行地黃之滯，海藏云補命門相火，皆非也。童子小便中浸透，濕紙包裹，灰火內煨熟，如芋香為度，去皮臍，切片子用。

明·李中立《本草原始》卷三　附子　始生犍為山谷及廣漢，今出蜀土。其根彷彿山芋，皮黑體圓底平。以八月上旬采，八角者良。一箇重一兩者，氣全堪用。附烏頭而生，如子附母，故名附子。別有一種白附子而小，故俗呼此為黑附子，亦呼大附子。　氣味：　辛，溫，有大毒。　主治：　風寒欬逆邪氣，寒濕踒躄，拘攣膝痛，不能行步，破癥堅，積聚血瘕，金瘡。○腰脊風寒，脚氣冷弱，心腹冷痛，霍亂轉筋，下痢赤白，溫中強陰，堅肌骨，又墮胎，為百藥長。○溫暖脾胃，除脾濕腎寒，下焦之陽虛。○除臟腑沉寒，三陽厥逆，濕淫腹痛，胃寒蚘動。治經閉，補虛散壅。○督脉為病，脊強而厥。○治三陰傷寒，陰毒寒疝，中寒中風，痰厥。小兒慢驚，風濕痹腫，滿頭風頭痛，暴瀉脫陽，久痢寒瘧，嘔逆反胃。療耳聾。

附子《本經》下品。**【圖略】**鮮皮黑，乾色白。古方多用八角者，今人多用九角者。　市者有以鹽水浸之，取其體重。買者當以體乾堅實，頂圓正底平者為良。　修治：　附子，生用則發散，熟用則峻補。生用去皮臍，熟用以水浸過，炮令皴折，去皮臍，切片炒黃色，去火毒用。　附子並下條烏頭、烏喙、天雄、側子只是一種。　初採鮮時色黑，後經造釀色白。　釀之法：　先於六月內，踏造大小麪麴。未採前半月，用大麥煮成粥，以麴造醋，候熟去糟，其醋不用大酸，酸則以水解之。將附子去根鬚，於新甕內淹七日，每日攪一遍，撈出以疏篩攤之，令生白衣，乃向慢風日中晒之百十日，以透乾為度。若猛日則皺，而皮不附肉。

元素曰：　附子大辛大熱，氣厚味薄，可升可降，陽中之陰，浮中沉，無所不至，為諸經引用之藥。　地膽為之使，惡蜈蚣，畏防風、黑豆、甘草、人參、黃耆、烏韭。

孫兆《口訣》云：　若陰盛陽傷寒，其人必燥熱而不欲飲水者是也，宜服霹靂散：　附子一枚，燒為灰，存性，為末，蜜水調下，一服而愈。此逼散寒氣，然後熱氣上行而汗出，乃愈。

明·羅周彥《醫宗粹言》卷四　製附子法　生附子、天雄之類，久收必用石灰同礶不腐。製熟須用童便，一時去皮臍，順切片，復入黃連、甘草各錢許，同煮數沸，晒乾收，則久留不壞。

明·張懋辰《本草便》卷一　附子使　味辛、甘，氣溫，大熱，有大毒。惡蜈蚣；　畏防風、黑豆、甘草、黃耆、人參、烏韭。冬月採爲附子，春採爲烏頭。凡使水浸，用武火炮令裂，表裏皆黃拆，去皮臍用。　主風寒欬逆邪氣，溫中，金瘡，破癥堅積聚，血瘕寒濕，踒躄拘攣，膝痛不能行步，腰脊風寒，陰毒，傷寒煩躁，迷悶不省，四肢厥逆，心腹冷痛，霍亂轉筋，下痢赤白，除腎中寒甚。又墮胎。爲百藥之長。

通行諸經引用之藥，入手少陽三焦命門，性走而不守，浮中沉，無所不至，陽中之陽，故行而不止，非若乾薑止而不行。丹溪云：　童便煮而浸之，以殺其毒，且可防下行之力，入鹽尤捷。此佐使之藥，世俗相襲用爲治風及補藥，殺人多矣！

明·陳實功《外科正宗》卷三　製附子法第一百五十四　大附子要一兩以外者，不拘幾枚，以童便浸渰三寸，每日換便，夏浸三日，冬五日，再換童便煮，盡二香為度，去皮臍，線穿陰乾，或日中曬硬，亦可收藏聽用。

明·盧復《芷園臆草題藥》　附子　附烏頭生，烏汁晒成射罔，見血封喉。感至毒之氣以為母而形過于母，其為物不常。或種美而苗不秀，或苗秀而根不充，或已釀而腐，或已曝而變，釀時如拳，忽不成握，土人目為藥妖。收藏亦不易，久則生硝。而硝乃氣化之物，而復能化氣，無一點陰翳可知矣。唯可對待有形陰寒，故治冰骨冷氣，寒酸木僵。人有陽氣能動者，可僭服乎？真有另闢乾坤，貞下起元。意一概真陽，辛溫至毒，功齊火大，力堪再造者，斯耶！

明·李中梓《藥性解》卷三　黑附子　味辛、甘，性大熱，有大毒，通行諸經。主六腑沉寒，三陽厥逆，癥堅積聚，寒濕拘攣，霍亂轉筋，足膝無力，墮胎甚速。擇每隻重一兩者，去皮臍，以薑汁鹽水煮數沸，又用黃連、甘草、童便合煮一時，於平地上掘坑埋一宿，取出，囫圇晒乾用。地膽為使，惡蜈蚣，畏人參、甘草、黃芪、防風、黑豆。　按：　附子為陽中之陽，其性浮而不沉，其用走而不息。故於經絡靡所不入，宜致墮胎祛癥積等症者，辛甘大熱，能補命門衰敗之火，以生脾土，故仲景四逆湯用以回腎氣，理中湯用以補脾，八味丸用以補腎脾。譬如躁悍之將，善用之，奏功甚捷；　不善用之，為害非輕。丹溪以為仲景取其行地黃之滯，而不能有補，則古方用黑附一味，可以回陽，不補而能之乎？　丹溪之言，於理未當，雖然，彼或鑒誤用之弊，有激而發爾，如法製之，毒性盡去，且令下行，若痼冷陽脱，但微炮之。

明・繆希雍《本草經疏》卷一〇　附子　味辛、甘，溫、大熱，有大毒。主風寒欬逆邪氣，溫中，金瘡，破癥堅積聚血瘕，寒濕踒躄，拘攣膝痛，脚疼冷弱，不能行步，腰脊風寒，心腹冷痛，霍亂轉筋，下痢赤白，堅肌骨，強陰，又墮胎。為百藥長。冬月採為附子，春採為烏頭。忌豉汁。得蜀椒、食鹽可引之下行。地膽為之使。惡蜈蚣。畏防風、黑豆、甘草、黄耆、人參、童便、犀角。

〖疏〗附子全稟地中火土燥烈之氣，而兼得乎天之熱氣，故其氣味皆大辛大熱，微兼甘苦，而有大毒。氣厚味薄，陽中之陰，降多升少，浮中沉無所不至。入手厥陰命門、手少陽三焦，兼入足少陰、太陰經。其性走而不守，得甘草則性緩，得肉桂則補命門。《本經》主風寒欬逆邪氣，寒濕踒躄，拘攣膝痛，脚疼冷弱，不能行步，以此諸病，皆由風寒濕三邪客之所致也。邪客上焦則欬逆，邪客下焦則成踒躄、拘攣膝痛，脚疼冷弱，不能行步。此藥性大熱而善走，故亦善除風寒濕三邪。三邪祛則諸證自瘳矣。癥堅積聚血瘕，皆血分虚寒，凝而不行所成。血得熱則行，故能療之。其主金瘡，亦謂金瘡為風寒所鬱擊，血瘀不活之證，而非血流不止之金瘡也。《别録》又主腰脊風寒，脚氣冷弱，心腹冷痛，及脾虚寒客中焦為霍亂，客下焦肝腎之分為轉筋。借諸補氣藥則溫中，補血藥則強陰堅肌骨。火能消物，氣性熱極，入血善行，故善墮胎。為百藥長，引參、术、黄耆、茯苓，則溫暖脾胃，除脾濕，祛腎寒，補下焦陽虚。佐之以桂，則除臟腑沉寒，三焦厥逆，濕淫腹痛，胃寒蚘動，氣虚經閉，補陽虚，散虚壅。亦可入足太陽、少陰，故治督脈為病，脊強而厥。督脈夾脊而上，並足太陽膀胱經。膀胱者，腎之府，故主之也。天雄、烏頭、側子，本是同生。第其形質有異，老嫩或殊，大熱大毒，則未始有别也。〖主治參互〗附子得生乾薑、桂枝，主傷寒直中陰經，溫中散寒，而能出汗。佐人參，兼肉桂、五味子，則補命門相火不足，回陽有神。得人參、肉桂，治元氣虚人，暴寒之氣入腹，腹痛作泄，完穀不化，小水不禁。佐白术為除寒濕之聖藥。得黄耆、人參、炙甘草、白芍藥、橘皮、五味子，主癰疽潰後去膿血過多，以致飲食不進，惡心欲嘔，飲食不化，不生肌肉。亦主久漏冷瘡。得人參、白芍藥、炙甘草、砂仁、橘皮，主小兒慢驚。加蓮肉、白藊豆，則治吐瀉不止。得术、桂、牛膝、木瓜、橘皮，主寒疝痛極，立止。得术、木瓜、石斛、萆薢、薏苡仁、橘皮、茯苓，治風濕麻痹腫痛，脚氣之無熱證者，輒驗。得人參、橘皮，主久病嘔噦反胃，虚而無熱者良。《經》曰：腎苦燥，急食辛以潤之。附子同肉桂之辛，入八味丸以潤腎燥。陽虚無熱證者宜之。〖簡誤〗附子既稟地二之火氣，兼得乎天之熱氣以生，是陰陽湊合，無非火熱為性，氣味皆然，毒可知已。論其性質之所能，乃是退陰寒，益陽火，兼除寒濕之要藥，引補氣血藥入命門，益相火之上劑。若非陰寒寒濕，陽虚氣弱之病，而誤用之於陰虚内熱、血液衰少，傷寒溫病、熱病陽厥等證，靡不立斃。謹列其害如左。醫師司命，宜詳玩而深鑒之，亦生人之大幸也。傷寒陽厥，其外證雖與陰厥相類，而其内實不相侔，何者？陽厥之病，若係傷寒瘟疫，其先必發熱頭疼口渴，其後雖頭不疼而表熱已除，然必面赤顴紅，二便不利，小水必赤，或短少，是其候也，此當下之病也。產後血虚，角弓反張，病名曰痙。痙者，勁也。是去血過多，陰氣暴虚，陰虚生内熱，熱則生風，故外兼現乎風證，其實乃陰血不足，無以榮養於筋所致，足厥陰肝家大虚之候。此宜益陰補血清熱則愈也。故凡病人一見内熱口乾，咽乾口渴，渴欲引飲，咳嗽多痰，煩躁，五心煩熱，骨蒸勞熱惡寒，陰虚内熱外寒，虚火上攻齒痛，脾陰不足，以致飲食無味，小便黄赤短澁及不利，大便不通或燥結，腹内覺熱悶，喜飲冷漿及鮮果，畏火及日光，兼畏人聲木聲。虚陽易興，夢洩不止。產後發熱，產後血行不止及惡瘡臭穢，小產，憎寒壯熱，中暑厥暈，陰虚頭暈，中暑暴泄，利下如火，赤白滯下。小兒中暑，傷食作泄，小便短赤，口渴思飲。血虚腹痛，按之即止。火炎欲嘔，外類反胃，而惡熱焦煩，得寒暫止。中熱腹中絞痛，中暑霍亂吐瀉，或乾霍亂；或久瘧寒熱並盛；或赤白濁，赤白淋，尿血，便血，血崩，吐衄，齒衄，舌上出血；目昏，神短，耳鳴，盜汗，汗血，多汗惡熱；老人精絶陽痿，少年縱慾傷精，以致陰精不守，精滑，腦漏；婦人血枯無子，血枯經閉；腎虚小便餘瀝，血虚大便燥結，陰虚口苦舌乾，心經有熱，夢寐紛紜；下部濕熱，行履重滯，濕熱痿痹，濕熱作泄，濕熱脚氣；小兒急驚内熱，痘瘡乾焦黑陷，痘瘡火閉不出，痘瘡皮薄嬌紅，痘瘡因熱咬牙，痘瘡挾熱下利，痘瘡餘毒生癰；中風僵仆不語，中風口眼歪斜，中風語言蹇澀，中風半身不遂，中風痰多神昏；一切癰疽未潰，金瘡失血發痙；血虚頭痛，偏頭風痛，上來内、外、男、婦、小兒共七十餘證，病屬陰虚及諸火熱，無關陽弱，亦非陰寒，法所均忌。倘誤犯之，輕變為重，重者必死，枉害人命，此藥居多。臨證施治，宜謹審之。世徒見其投之陽虛之候，肺腎本無熱證者，服之有起死之殊功，而不知其用之陰虛如上諸病，亦復下咽莫救。故特深著其害，以表其非嘗試輕用之藥也。業醫君子，可不慎諸？

明・倪朱謨《本草彙言》卷五　附子　味辛、鹹，氣熱，有大毒。味薄氣厚，陽中之陽，升少降多，浮中沉，無所不至。入手厥陰心胞、少陽三焦，兼入足少陰腎、太陰脾經。其性走而不守。《別錄》曰：附子，生犍爲山谷及少室。近以蜀道綿州、龍州者良。他處雖有，力薄不堪用也。

李氏曰：初種爲烏頭，象烏之頭也。附烏頭而生者爲附子，如子附母也。烏頭如芋魁，附子如芋子，蓋一物也。然烏頭有兩種，出彰明者即附子之母，今人謂之川烏頭是也。烏頭春末生子，故春末采之。附子冬末生子已成，故冬末采之。其天雄、烏喙、側子，皆是生子多者，因象命名。若生子少及獨頭者，即無此數物也。宋人楊天惠著《附子記》甚悉。其說云：綿州乃故廣漢地，領縣八，惟彰明出附子。彰明領鄉凡二十，惟赤水、廉水、昌明、會昌出附子，而赤水爲多。每歲以上田熟耕，和以猪糞作壟，取種于龍安、龍州、齊歸、木門、青堆、小坪諸處，十一月播種，春月生苗，高二三尺，莖類野艾而澤，葉類地麻而厚，花則瓣紫蕤黃，苞長而圓。實類桑椹子，細而且黑。七月采根，謂之早水，拳縮而小，蓋未長成耳。九月采者佳，其品凡七，本同而末異也。初種之化者爲烏頭，少有旁尖，身長而黑。附烏頭而旁生，雖相須，實不相連者曰附子。左右附而偶生者曰鬲子。獨生無附，長三四寸者，曰天雄。附而尖者，曰天錐。附而上出者，曰側子。附而散生者，曰漏藍子。皆脉絡連貫，如子附母，而附子以貴，故專附名也。凡種一而子六七以上則皆小，種一而子二三則稍大，種一而子特生則特大。而附子之形，以蹲坐正節，角少者爲上。有節多鼠乳者次之。形不正而傷缺風皺者爲下矣。又附子之色，花白者爲上，鐵色者次之，青綠者爲下。天雄、烏頭、天錐皆以豐實盈握者爲勝。漏藍、側子，如園人乞役，卑卑不足數也。漏藍，即雷氏所謂木鼈子，大氏所謂虎掌。鬲子即烏喙，天錐即天雄類，方書幷無此名，功用當相同耳。然而易植難成，功疏質變。或種美而苗不茂，或苗秀而根不充，或已釀而腐，或已曝而攣，原屬氣化而生，又復化氣而消，若有神物陰爲之者。故園人植此，嘗禱于神，目爲藥妖者以此。

徐氏曰：凡製烏頭、附子、天雄、側子、烏喙等法，先于六月內造大小麪麴，未采前半月，用大麥煮成粥，拌麴造醋，候熟去其糟，醋不必太酸，酸則以水解之。將烏頭、附子等去根鬚，于甕內淹七日，日攪一遍，撈出，以疏篩攤之，令生白衣，再向慢風日中晒之三月，以透乾爲度。若猛日，則皮皺而不附肉矣。如此收藏，方不壞爛。臨病應用，切作薄片，用童便和黑豆浸三日，去宿童便幷豆，換新童便，入淨砂鍋內煮，以童便乾爲度，日中晒燥，或烘燥用。○外有兩種，一種草烏頭，一種白附子，不與此類同種，別一物也。故俗呼附子爲黑附子，烏頭爲川烏頭以別之。

附子：回陽氣，散陰寒，逐冷痰，李東垣通關節之猛藥也。程君安、方龍潭兩先生合稿此藥稟地中火土熱烈之氣，其性走而不守，于上中下部，氣血表裏無所不到，爲諸經引用之藥。故前人主風寒濕三氣，凝固不行，爲踡躄拘攣，爲膝痛脚疼，爲手臂冷麻諸證。因此藥氣暴力峻，稟雄壯之質，擅能衝開道路，流行血氣，則前證自除矣。又傷寒直中三陰寒證，嘔吐冷涎，湯藥不受，厥冷腹痛，自利不渴，屬太陰，煩躁不寐，厥逆踡臥，自汗心驚，臍腹痛而顫慄，面赤舌青，屬少陰，環口塵黑，唇青囊縮，四肢厥冷，嘔吐涎沫，噦出蛔蟲，屬厥陰，六脉沉細欲脫，四肢厥逆不溫，或作呃聲，言語無倫等證，總屬三陰之證，或霍亂吐瀉，厥逆脉脫，或中風中氣，痰涎壅閉，或胃虛久病，嘔噦翻逆，或水腫膨脹，喘息不臥，或痰厥頭痛，痰塞胸膈，或三陰痎瘧，久發不休，或堅癥積聚，血脉冷凝，或金瘡受寒，血冷瘀滯，或脾泄久病，藏氣虛冷，或久痢赤白，休息延綿，或脚氣腫滿，胃敗不食，或厥陰寒疝，攻痛欲死，或嘔血血崩，虛脫如注，或老人陽弱，目睛昏蒙，或冷敗潰瘍，膿血大泄，或久暴泄瀉，四肢厥冷，人事昏迷，或痘瘡灰塌，寒顫，自利不食，或諸病真陽不足，虛火上升，咽喉不利，飲食不入，服寒藥愈甚者，附子乃命門主藥，能入其窟穴而招之，引火歸原，則浮游之火自熄矣。凡屬陽虛陰極之候，肺腎無熱證者，服之有起死之殊功。若病陰虛內熱，或陽極似陰之證，誤用之，禍不旋踵。

繆仲淳先生曰：附子既稟地二之火氣以生，無非火熱爲性，氣味皆然，毒可知已。論其性質之所能，乃是退陰寒，益陽火，除冷濕之要藥，引補氣血藥入命門，壯元陽之上劑。若非陰寒寒濕，陽虛氣弱之病，而悞用于陰虛內熱，血液衰少，傷寒、溫病、熱病，陽厥等證，靡不立斃。謹列其害如左，醫師司命，宜詳玩而深鑒之，亦生人之大幸也。凡治傷寒，先辨陰陽二證。陰厥內外皆陰，若惡寒，若無熱，若吐涎，若不渴，若自汗，若厥冷，若舌胎白滑或黑潤，其屬陰寒確矣，必用附子無疑。陽厥外寒內熱，或係傷寒瘟疫，其先必發熱頭疼，其後表熱已除，雖不發熱，不頭疼，然必胸滿腹痛，大便不行，小水必赤，心煩口渴，此當清解之，或下之之病也。至于嘔吐，有口渴思冷水者，此胃熱嘔吐，宜黃連竹茹湯。至于自利日十數行，口乾舌燥而渴甚者，宜芩連四逆散。至于自汗濈濈不止，口燥煩渴不寐而屬陽明內熱者，宜參連白虎湯。至于吐蛔作呃，有三陽熱邪犯胃，熱極吐蛔，熱甚作呃而煩渴者，宜黃連烏梅湯、黃連柹蔕湯。至于中熱中暑，霍亂吐瀉，上吐飲食，涎水若涌，下瀉熱糞，黃水如注，或熱汗橫流，腹痛欲死，而口燥作渴者，宜藿香正氣散加滑石、芩、連。至于中風中氣，卒然僵仆不語，痰多神昏，宜大劑參、芪、木香、薑、桂。俟元氣虛脫者續，鬱逆者通，再量加附子，消息行之，不可驟用。又如腫滿膨脹，因濕熱者；堅癥痞積，因內熱者；金瘡暴傷，血流不止者；痢疾雖久，瘀積未清，大便澀閉者；肝熱木實，脚氣腫疼者；血熱妄行，吐血上涌，陰虛內熱，崩血血淋者，時眼暴發，熱勝生風者；癰疽毒盛，腫赤未潰者。又若痘瘡乾焦黑陷，痘瘡火閉不出，痘瘡皮薄嫩紅，痘瘡因熱咬牙，痘瘡挾熱下利，痘瘡餘毒生癰諸證，咸忌熱烈之藥，附子大非宜用。外又有鼻衄齒衄，尿血便血，舌上出血，耳鳴耳聾，骨蒸盜汗，失血發痙，血虛頭痛，偏頭風痛，怔忡驚悸，惡熱喜冷，好食水菓，畏火日光，畏聽人聲，畏聞水聲，火炎欲嘔，證類反胃，虛陽易興，精滑夢遺，赤白淋濁，小便餘瀝；或老人精絕陽痿，少年縱慾傷精，婦人血枯無子，血枯經閉，濕熱黃疸，濕熱脚氣，濕熱泄瀉，血虛便結，血虛腹痛，心脾鬱熱，口苦舌乾，夜夢紛紜，小兒急驚，熱疳枯瘦，傷食作瀉，凡內外男婦小兒，前後共七十餘證，均屬陰虛及諸火熱，無關陽弱，亦非陰寒，法所均忌。臨證施治，宜謹審之。

花溪老人虞氏曰：附子稟雄健之質，有斬關之能。引補氣藥人參、黃耆、白朮行十二經以追復散失之元陽；引補血藥當歸、熟地、枸杞、龜膠入營分，以培養不足之真陰；引發散藥防風、桂枝、麻黃、羌活開腠理，以驅逐在表之風寒；引溫暖藥蒼朮、白朮、肉桂、細辛、鹿茸、獨活達下焦，以攻除在裏之冷濕。

陳廷采先生曰：烏頭、附子、烏喙、天雄、側子、射罔、木鼈子七名，實出一種，但治各有不同。今尊《會編》，附其總論：天雄長而尖者，其氣親上，故曰非天雄不能補上焦陽虛；附子圓而矮者，其氣親下，故曰非附子不能補下焦陽虛；烏頭原生苗腦，形如烏鳥之頭，得母之氣，守而不移，居乎中者也；側子散生旁側，體無定在，其氣散揚，宜其發四肢，充皮毛，爲治風痹之妙用也；烏喙兩歧相合，形如鳥嘴，其氣鋒銳，宜其通經絡，利關節，尋蹊達徑，而直抵病所也。煎爲射罔，禽獸中之即死，非氣之鋒銳捷利者，能如是乎？又有所謂木鼈子者，其形摧殘，其氣消索，譬如疲癃殘疾之人，百無一能，徒爲世累，且又令人喪目，宜其不入藥用也。

李時珍先生曰：烏、附毒藥，病非虛寒危殆不用。而補藥中少加引導，其功甚捷。有病人纔服錢匕，即發燥不堪受，而昔人補劑用爲常藥，豈古今運氣有不同耶？按荆府都昌王體瘦多冷，無他病，日以附子煎湯，兼嚼硫黃，如此數歲不輟。又蘄州衛張百戶，平生服鹿茸、附子藥，至八十餘，康健倍常。宋張杲《醫說》載趙知府，耽酒色，每日煎乾薑熟附湯，吞硫黃金液丹百粒，乃能健啖，否則倦弱不支，壽至九十。他人服一粒即爲害。若此數人，皆其藏府稟賦之偏，服之有益無害，不可以常理概論也。又《瑣碎錄》言：滑臺風土極寒，民啖附子如啖芋栗。此則地氣使然爾。

集方：陶氏述仲景方共五首治陰毒傷寒面青，四肢厥逆，腹痛身冷，及一切冷氣。用大附子一枚切片，薑汁和酒煮，以乾爲度，每用三錢，人參二錢，水二大鍾，煎一鍾，和薑汁半盞，溫和服。○治少陰傷寒，初得二三日，脉微細，但欲寐，小便清白者。用附子一枚，切薑酒煮乾，麻黃去節、甘草炙各一兩，先用水五升，將麻黃煮去沫，後納二味，煮取二升，分作三服，取微汗。○治少陰傷寒，脉沉細，反發熱，頭不痛。用附子一枚切片，薑酒煮乾，麻黃去節一兩，北細辛一兩，先用水五升，將麻黃煮一滾，後納二味，煮取二升，溫和服。○治少陰傷寒，下利清穀，裏寒外熱，手足厥逆，脉微欲絕，身反不惡寒，其人面赤色，或腹痛，或乾嘔，或咽痛，或利止脉不出者。用大附子一枚，製法同前，甘草炙一兩，乾薑三兩，水五升，煮取二服，溫和服，其脉即出者愈。如面赤，本方加葱白九莖；腹痛，加炒白芍藥；嘔，加生薑一兩；咽痛，加桔梗五錢；利止脉不出，加人參二兩。○治陰毒傷寒，少腹疼痛，腰痛，手足厥冷，或作呃逆，六脉沉細。用附子一枚，製法如前，乾薑一兩，水三升，煎一升，加食鹽三分，候冷服。○《方脉正宗》共九首治痰厥氣閉，昏不知人，或口眼喎斜等證。用川附子、廣木香、川烏頭各五錢，天南星、乾薑各一兩，水一大升，煎三合，溫和服。○治胃冷有痰嘔吐。用川附子一枚，半夏二兩，俱切片，俱薑酒煮乾，每日用附子一錢，半夏二錢，水二大鍾，煎七分服。○治手足麻痹，或癱瘓疼痛，腰膝痿痹，或打撲傷損，閃肭痛不可忍。用生川烏、五靈脂各四兩，威靈仙五兩，俱酒浸洗，烘乾爲末，酒糊丸，梧子大。每服十五丸，淡鹽湯下。此藥常服，其效如神。○治腰脚冷痹疼痛，兼有風者。用川烏頭三箇，去皮臍研爲末，米醋調塗帛上，貼患處，其痛立止。○治脚氣腫疼，久不瘥者。用生附子一箇，去皮臍，研爲末，生薑汁調如膏，塗之。藥乾再塗，腫消爲度。○治十指疼痛，或麻木不仁。用大附子，切片，童便和酒煮乾。每用一錢，配當歸一錢五分，木香五分，桂枝七分，水二碗，煎服。○治手臂冷麻或疼痛。用附子切片，童便酒煮一兩，於白朮、山藥、茯苓各二兩，山茱萸肉三兩，澤瀉、肉桂、牡丹皮各一兩五錢，懷熟地四兩，酒煮，搗膏爲丸，梧子大，每早晚各服三錢，白湯下。○治風寒濕痹，麻木不仁，或手足不遂。用川烏頭爲末，每以薏米煮粥一碗，入烏頭末四錢慢熬，稀稠得所，下薑汁二匙，蜜三大匙，空腹啜之。《左傳》云：風淫末疾，末疾謂四肢也。脾主四肢，風淫客肝則侵脾而四肢病也。此粥極驗。○治霍亂陰寒，吐瀉厥逆，脉將脱者。用附子、人參各五錢，白朮一兩，甘草二錢，水煮冷服。○《證治準繩》治中風中氣，汗出，鼻鼾，遺尿，眼合，痰聲如拽鋸，此五絕證。用大劑附子、人參各一兩，甘草五錢，於白朮八錢，用水八碗，煎三碗，溫和徐徐服。屢有得生者。○方龍潭共五首治中風偏廢。用大附子一箇，切片，薑酒煮，羌活、烏藥各一兩，當歸身二兩，酒炒，共爲末。每服四錢，薑湯調服。○治半身不遂。用附子一兩切片，薑酒煮乾，當歸二兩炒，以無灰酒二壺，浸七日，隔日飲一合。○治風病癱緩，手足嚲曳，口眼喎斜，語言蹇澀，步履不正。用川烏頭、五靈脂各二兩，人參五錢，當歸一兩，共爲末，白湯爲丸，如彈子大，每服一丸，生薑湯化服，服後飲酒一二杯，一日二服。服十日，便覺手活動也。○治口眼喎斜。用生川烏頭、青礬各等分，爲末。每用一字，嗃入鼻內，取涕吐涎，立效。○治卒忤停尸口噤。用附子末二分，吹入喉中，立瘥。○楊氏《小品》治產後中風，身如角弓反張，口噤不語。用川烏頭一兩切片，黑豆半升，烏雞糞一合，三味同炒焦黑，投入好酒三升，攪百餘轉，以絹濾取，酒微溫，服一小盞取汗。若口不開，抉齒灌之，以瘥爲度。○《梅師方》治諸風縱緩，言語蹇澀，遍身麻痛，皮膚搔癢，及婦人血風，頭痛目眩，腸風藏毒，下血不止者，或痛風攣搐，顧頷不收者，服六七次即瘥。用川烏頭一兩，去皮臍，薑酒童便製，生荊芥穗二兩，共爲末。醋麵糊爲丸，梧子大，溫酒或白湯，每服二十丸。○《方脉正宗》治久病嘔噦反胃，虛而無熱者。用製附子、人參、陳皮各二錢，水煎服。○朱氏《集驗方》治水腫喘滿，不拘大小男女，由中下二焦，氣不升降，爲寒痰痞膈，故水凝不行，發爲腫喘，醫者各束手，服此藥，則小便自通，喘滿自愈。用附子一箇，去皮臍，切片，薑酒童便浸煮。每服用三錢，水二碗，煎八分，隨將此藥汁磨沉香一錢，和入冷飲。用附子雖十餘枚亦無害，以瘥爲度。小兒減半，宜忌油膩、酒、麵、鹽味，百日。○夏吏部方治痰厥頭痛如破，厥氣上沖，痰閉胸膈。用製附子、製半夏各二錢，甘草一錢，水煎服。○《方脉正宗》治三陰久瘧不愈。用大附子，製法如前，用三錢，於白朮、當歸身、半夏薑製、川牛膝、柴胡、牡丹皮各一錢五分，水二大碗，煎八分，溫和服，十劑愈。○《永類方》治久年堅癥積聚。用附子，製法如前，三錢，於白朮二錢，川黃連一錢，枳實一錢五分，水煎服，或作丸，食前服三錢亦可。○稽春山方治金瘡受風，血冷脹痛。用製附子、當歸各二錢，紅花、桂枝各一錢，水煎服。○《方脉正宗》治脾虛久泄，或老人虛人中氣不足，藏寒洞泄。用製附子五錢，於白朮炒、肉豆蔻麵裹煨熟、補骨脂酒炒各三錢，甘草、木香各八分，水煎服，或作丸服亦可。久痢赤白，休息不止，此方亦治。○《丹臺集》治脚氣腫木，因脾虛胃弱者。用製附子、白朮、肉桂各三錢，木瓜五錢，木香一錢，水煎服。○《金匱》方加味治寒疝腹痛繞臍，手足厥，自汗出，脉弦緊。用製附子五錢，小茴香、肉桂三錢，木香一錢，乾薑二錢，甘草五分，水煎服。○《崔氏方》治寒疝引脇肋心腹皆痛。用川烏頭二兩，切片，以白蜜四兩，和水二碗，煮令透，搗爛爲丸，梧子大。每早晚各食前服三十丸，永除。○《濟生方》加味治寒疝滑泄，腹痛腸鳴。用製附子三錢，補骨脂炒五錢，木香一錢，蒼朮、白朮各二錢，水煎服。○丹溪方治寒厥諸疝，腹痛惡寒。小腸氣，膀胱氣，一切寒疝諸痛，攣急難忍，汗出厥逆。用大附子一箇，製山梔一兩炒黑焦，每各服三錢。○陳月坡方治嘔血吐血，或血崩脫血，盈盆盈桶，面色青慘，六脉欲脱，四肢厥冷，或自汗出，危極者。用製附子五錢，人參一兩，薑炭八錢，水二大碗，煎八分，溫和服。○同前治陽虛吐血。用生地黃一斤，搗汁入酒少許，以製附子一兩入汁內，砂鍋內煮成膏，取附片烘乾，入淮山藥二兩，研末，以膏和搗丸梧子大，每空心米飲下三四十丸。一婦人患此，屢發屢止，得此全愈。○王侍中方治中年之人陽氣衰微，睛光昏暗，視物不明。用大附子一箇，切片，童便薑酒煮透，大懷熟地五兩，枸杞子四兩，山茱萸肉、淮山藥、茯苓各三兩，牡丹皮、澤瀉各一兩五錢，肉桂二兩，共爲末，煉蜜丸梧子大，每早晚各食後服三錢，白湯下。○姚聲遠《外科正言》治癰疽發背，膿血大泄，元氣大虚，漸至陽微惡寒，嘔逆不食。用製附子、黄耆、白朮、人參各五錢，肉桂、砂仁各三錢，甘草一錢，水煎服。○薛氏方治泄瀉不拘久暴，頻泄過多，陽氣旋脱，四肢厥冷，人事昏迷者。用製附子八錢，人參一兩，蒼朮、白朮炒、肉桂、木香、肉豆蔻麪裹煨各二錢，甘草炙一錢，水煎服。○《全幼真詮》治痘瘡冷陷灰塌，寒戰咬牙，泄瀉不食。用製附子三錢，人參、白朮、黄耆、肉桂各二錢，木香、白芍藥酒炒各一錢，水煎，加桑蟲一條，擠出肉汁，和服。○治一切諸病，服寒藥過多，漸至真陽不足，虚火上升，咽喉不利，飲食不入，或再服寒藥愈甚者。用製附子一兩，懷熟地四兩，山茱萸、茯苓、山藥各三兩，牡丹皮、澤瀉各一兩，肉桂二兩，煉蜜丸。每早晚各服三錢，鹽湯下，或將丸料分作十劑，水煎服亦可。

續集雜方：《經驗方》治年久頭痛。用川烏頭、天南星等分，共爲末，葱汁調，塗太陽穴。○《集簡方》治頭風斧劈難忍。用川烏頭末，燒烟熏碗，溫茶泡服之。○《聖惠方》治一切頭痛。用大附子一枚，剜一孔，入全蠍五枚在内，以孔内餘附末，用鍾乳石三錢，火煅爲末，加白麵少許，和附末乳粉，水調作糊，包附煨熟，共研末，取葱涎和丸梧子大。每用花椒二十粒，食鹽三分，泡湯吞藥五十丸。○《普濟方》治鼻淵腦泄。用生附子末，葱涎和如糊，盦湧泉穴。○治無故耳鳴，晝夜不止。用川烏頭末，石菖蒲末各等分，綿裹塞之，一日一换。○《本草拾遺》治耳卒聾閉。用附子醋浸，削尖插之，或更于附子上，灸二七壯。○《肘後方》治耳聤膿血不乾。用生附子爲末，摻入耳中。○治喉痹腫塞。用大附子切片，薑汁童便煮，晒乾，以蜜塗上，炙之令乾，病人口内含之。已成者即膿，未成者即消。○《經驗方》治久患口瘡。用生附子爲末，醋麪調貼足心，男左女右，日再换之。○《宣明方》治寒厥心胃疼，及小腸膀胱疝氣痛不止者。用製附子五錢，鬱金、玄胡索醋炒、廣木香、小茴香、黑牽牛頭末各四錢，共爲末。每用一錢，醋湯調服。○《千金翼方》治疔瘡腫痛。用附子，爲末，醋和塗之，乾再换。○治癰疽腫毒初起。用生附子末一兩，水三碗，慢火熬稠，塗上留頂，立消。○《外科樞要》治癰疽努肉突出，瘡口不斂。用生附子，爲末，水調敷上，外以艾火灸數壯，令熱氣通内，即消。○談氏方治手足凍裂。用附子爲末，白湯和麵少許，塗之。

烏頭、附子、天雄尖：李氏曰：方書用此吐風痰，止癲癇，取其辛烈雄壯之力，直達病所，無他義也。　集方：《和劑局方》治風厥癲癇，或大人中風，痰厥昏迷，或小兒驚風，痰涎上壅，牙關緊急，上視搐搦，幷宜用烏頭尖、附子尖、蠍梢各七箇，銅緑三錢，俱研極細，和匀，薑汁麵糊丸，如黄米大。大人服二十丸，小兒服七丸，或五丸，三丸，量兒大小加減，俱薄荷湯下。○《永類方》治小兒臍風撮口。用生川烏尖三箇，全足蜈蚣半條，俱酒浸烘乾，麝香五釐，俱研末，以少許吹鼻，得嚏，再以薄荷湯灌下三分。

天雄：味辛，氣熱，有毒。乃種附子而生，變出其形。不生附、側，經年獨長而大者，故曰天雄。其長而尖者，謂之天錐，象形也。其主治與附子同。惟治風寒濕痹，較之附子更烈耳。　盧不遠先生曰：合名與形，當屬陽中之陽，祇能助長，不能化育，命門之用藥也。

側子：味辛，氣熱，有毒。　李氏曰：側子生于附之側，故名。側子、附子，皆是烏頭下旁出者，以小者爲側子，大者爲附子。　陶氏言：附子邊角，削取爲側子，甚謬。此物散生附子旁側，體無定在，其氣熱劣而輕揚，專于發散四肢，充達皮毛，爲治風之藥。多入癱瘓藥中，古方多不用。邇來醫家療脚氣有驗，故録之。　集方：甄氏方治脚氣久不消。用側子一兩切片，童便浸五日，去宿便，再换新便，和黑豆一合同煮，俟豆熟，取側子片晒乾。每劑用側子一錢，木瓜五錢，當歸、川芎各一錢五分，水煎服。

漏藍子：味辛，氣熱，有毒。　李氏曰：此又側子之瑣細未成者。古方不入湯、丸、散、服食藥中，僅宜敷貼外科消毒藥内。誤服令人喪目。按《大明會典》載四川成都府，歲貢天雄二十對，附子、烏頭各五十對，漏藍子二十觔，不知作何用也。

集方：按《類方》云：一人兩足生瘡，臭潰難近。用漏藍子一枚，生研爲末，入膩粉少許，井水和津唾調之，敷上漸消。

明·顧逢柏《分部本草妙用》卷六兼經部·溫瀉　附子　辛熱，大毒。通行諸經。地膽為使，畏人參、甘草、黄耆、防風、黑豆、菉豆、童便、犀角，忌豉汁。重兩許，臍正底平，頂短節少，肉不腐，臍不皺者佳。童便浸三日，去皮臍。作四塊，甘草湯浸三日，濕紙包，煨熟，埋灰中二時分。　主治：寒濕痿躄指攣，心腹膝足冷痛。溫脾胃，補陽虚，治便溺，臟腑沉寒，三陽厥逆。

督脉為病，脊強而厥。時珍曰：治三陰傷寒，陰毒寒疝，中風，中寒痰厥氣厥，柔痓癲癇，風濕麻痺，腎厥脫陽，久痢脾泄，寒瘧噎膈。斂癰，耳聾。虞摶曰：稟雄壯之質，有斬關之能。引補氣藥以追散失之元陽，引補血藥以養不足之真水，引發散藥以驅在表風邪，引溫暖藥以除在裏寒濕。吴綬曰：傷寒傳變三陰，及中寒夾陰，身雖大熱，而脉沉者必用之。厥冷腹痛，脉沉而細，脣青囊縮者，急用之，有起死回生之功。近世往往不敢用，直至陰極陽竭，而後議用，晚矣。然大熱之藥，走而不守，助火必妨于水，豈宜輕用？惟有真寒厥冷，非此不救。一味畏用，必至視斃。一味莽用，尤必戕生。臨症明審，用得其當，可也。天雄、烏頭，氣壯形偉，為下焦命門陽虛之藥，以之暖腎健陽則效。

明・黄承昊《折肱漫録》卷三 附子加于八味丸中 有地黄等陰藥佐之，便不覺其熱，加于補中益氣湯中，其性便熱。予曾加三分服一劑，鼻衄頓發，數載受其患。

附子 信不宜輕用。予少患下元氣虛，悮服寒藥，以致夜半氣脫，虛汗大洩不止，飄飄似將絶者，心中惶懼，煎參附湯服之，用熟附至錢餘，病雖少定，而火症大發，旋患遺精，兩載方愈。近年曾因中氣悮服剋伐之藥，以致頓虛，參、术、芪等藥服之竟不應，遂於補中益氣湯內加熟附子三分，服一劑便覺腰熱之病復發，後患鼻衄，左鼻管中時時有乾血在內，調養一年餘方得愈。附子之氣烈乃爾，若加於地黄丸內，則有衆養陰之藥和之，便不覺其熱矣。

明・李中梓《醫宗必讀・本草徵要上》 附子味辛、甘，熱，有毒。入脾、腎二經。畏防風、黑豆、甘草、黄耆、人參、童便、犀角。重一兩以上，矮而孔節稀者佳。童便浸一日，去皮切作四片，童便及濃甘草湯同煮，汁盡為度，烘乾。 補元陽，益氣力，墮胎孕，堅筋骨。心腹冷疼，寒濕踒躄，足膝癱軟，堅瘕癥癖。冬採為附子，主寒疾；春采為烏頭，主風疾。主治繁衆，皆由風、寒、濕三氣所致。邪客上焦，欬逆心痛；邪客中焦，腹痛積聚；邪客下焦，腰膝脚痛。附子熱而善走，諸證自瘥也。潔古曰：益火之源，以消陰翳，則便溺有節。丹溪云：氣虛熱甚，稍加附子以行參耆之功，肥人多濕亦用之。虞摶曰：稟雄壯之質，有斬關之能，引補氣藥以追散失之元陽，引補血藥以著不足之真陰，引發散藥以驅在表風邪，引溫暖藥以除在裏寒濕。吴綬曰：傷寒傳變三陰，及中寒夾陰，身雖大熱，而脉沉者必用之。厥冷腹痛，脉沉而細，唇青囊縮者，急用之。近世往往不敢用，直至陰極陽竭而後議用，晚矣。按：附子退陰益陽，祛寒濕之要藥也。若非陰寒，寒濕，陽虛氣弱之病，而誤用於陰虛內熱，禍不旋踵。

明・鄭二陽《仁壽堂藥鏡》卷一〇下 黑附子 冬月採為附子，春月采為烏頭。氣熱，味大辛，純陽。辛、甘，溫、大熱，有大毒。通行諸經引用藥。入手少陽經，三焦命門之劑。《本草》云：主風寒欬逆邪氣，溫中，金瘡，破癥堅積聚血瘕，寒濕踒躄拘攣，膝痛脚疼，冷弱不能行步。腰脊風寒，心腹冷痛，霍亂轉筋，下痢赤白。堅肌骨，強陰，墮胎。為百藥之長。通行諸經。地膽為使，惡蜈蚣，畏人參、甘草、黄耆、防風、黑豆、緑豆、童便。忌豉汁。每隻重兩許，臍正底平，頂短節少，肉不腐、皮不皺者佳。童便浸三日，去皮臍，切作四塊，甘草湯浸三日，濕紙裹煨，熱灰中小半日。成聊攝云：附子之辛溫，固陽氣而補胃。又云：濕在經者，逐以附子之辛熱。又云：辛以散之。附子之辛以散寒。潔古云：黑附子：其性走而不守，亦能除腎中寒。其以白术為佐，謂之术附湯，除寒濕之聖藥也。治濕藥中，宜少加之，通行諸經引用藥也。及治經閉。《主治秘訣》云：性大熱，味辛、甘，氣厚味薄，輕重得宜，可升可降，陽也。其用有三：去藏府沉寒，一也；補助陽氣不足，二也；溫暖脾胃，三也。然不可多用，慢火炮製，去皮臍用。又云：附子熱氣之厚者，乃陽中之陽。故《經》云發熱。又云：非附子不能補下焦之陽虛。東垣云：黑附子：味辛、甘，溫，大熱，純陽。治脾中大寒，主風寒欬逆，溫中。又云：散藏府沉寒。其氣亦陽，補諸不足，不宜多用。《經》曰：壯火食氣故也。用之則須以甘草緩之。辛熱以溫少陰經，以溫陽氣，散寒發陰，必以辛熱。濕淫所勝，腹中痛，用之補虛勝寒。蚘動胃虛則氣壅滿。甘令人中滿。去术加此，補陽散壅。海藏云：附子入手少陽、足少陰，三焦、命門之劑。其浮其沉，無所不至。味辛，大熱，為陽中之陽。故行而不止，非若乾薑止而不行也。非身表涼、四肢厥者，不可僭用。如用之者，以其治四逆也。附子：《衍義》論五等同一物，以形像命名而為用。至哉斯言！猶有未善。仲景八味丸，附子為少陰之向導，其補自是地黄。後世因以附子為補，誤矣！附子走而不守，取健悍走下之性，以行地黄之滯。可致遠，亦若烏頭、天雄，皆氣壯形偉，可為下部藥之佐。無人表其害人之禍，相習用為治風之藥，殺人多矣。治寒治風，有必用者，予每以童便煮而浸之，以殺其毒。且可助下行之力。入鹽尤捷。王履曰：八味丸為火衰者設。附子乃補陽之藥，非為行地黄之滯也。丹溪曰：氣虚熱甚，宜稍用附子，以行參、耆。肥人多濕亦宜之。虞摶曰：稟雄壯之質，有斬關之能。引補氣藥以追散失之元陽，引補血藥以養不足之真陰，引發散藥以驅在表風邪，引溫暖藥以除在裏寒濕。《集驗》曰：腫因積生，積既去而腫再作，若再用利藥，小便愈閉，醫多束手。蓋中下焦氣不升降，為寒所隔，惟服附子，小便自通。吳綬曰：傷寒傳變三陰，及中寒夾陰，身雖大熱而脉沉者必用之。厥冷腹痛，脉沉而細，唇青囊縮者急用之，有起死回生之力。近世往往不敢用，直至陰極陽竭，而後議用，雖用遲矣。時珍曰：陰毒寒疝，中寒中風，痰厥氣厥，柔痓癲癇，腎厥頭痛，暴瀉脱陽，脾泄久痢，寒瘧瘴氣，嘔噦噎膈，癰疽不斂，小兒慢驚，痘陷灰白，陽虚血症，腦泄，耳鳴。夫陰寒在下，虚陽上浮，治之以寒，則陰氣益甚；治之以熱，則拒而不納。熱藥冷飲，病氣隨愈。東垣治馮翰林姪子面赤目赤，煩渴引飲，脉來八至，按之則散，用薑、附、人參服至半斤而愈。按：附子大熱之藥，補火必妨水，豈宜輕用？然有真寒，非此不救。但居恒能熟審可用、不可用之故，則臨症明決，不至疑惑。與妄投矣。如六脉沉遲，或細微欲絶，或兩尺細軟，或雖洪數，按之如無，重衣厚被，喜見日光。入室登床，惡當風雨。情慘慘不樂，睆睆不明。晝見夜伏，夜見晝伏。虚症蜂起，不時而動。或日則稍輕，遇夜乃重；或天溫略減，遇冷偏增。雖面紅目赤，發熱燥渴，若復喜手按，口畏冷飲，小便自利，足膝俱寒，謂之內真寒而外假熱，陰盛格陽也。以上數端，必須附子，方可回生。苟無前症，率莽輕投，殺人速於用刃。志仁壽者，能不悚然懼乎？《瑣碎錄》言：北方極寒，民啖附子，如啖芋栗，地氣使然，不可為例。《外臺秘要》云：附子療半身不遂，偏風頭痛。去皮臍，先將薑汁、鹽水各半盞，入砂礶緊煮七沸，次用甘草、黄連各半盞，加童便緩煮一時，伏地內一宿，晒乾收用。乃烏頭傍出，故曰附子。孕婦誤服墮胎。

明・蔣儀《藥鏡》卷二熱部 黑附子 理六腑沉寒，浮而不降。療三陽厥逆，走而不停。合氣藥以暖胸家，而吐瀉立止。同血藥以強陰分，而肌骨能堅。祛上焦之風寒，則欬逆嘔噦治也。祛中焦之寒邪，則腹痛霍亂治也。祛下焦之風濕，則踒(是)〔蹶〕拘攣治也，祛血分之虚寒，則癥瘕瘀積治也。四逆湯用以回陽矣，理中湯用以扶脾矣。八味丸用之助命門火衰，以生脾土矣。金匱丸用之平水泛膨脹，以定痰喘矣。斑龍丸取其直入少陰，補諸虚損，髓竭精枯矣。真武湯取治太陽多汗，水反陵心，筋肉跳動矣。若傷寒直中陰經，陽虚氣弱之病，奏捷無雙。倘陰虚內熱，血少溫疫厥逆諸科，殺人匪細。有如湯劑冷飲，其説何居，蓋以陰寒在下，虚〔陽〕上浮，治以寒則陰甚而病增，治以熱則陽抗而不納，熱藥冷吞，下嗌之後，冷氣既消，熱性旋發，不違病情而曲盡藥力，《經》所謂熱因寒用，反治之妙也。

明・李中梓《頤生微論》卷三 附子 味辛、甘，性熱，有毒。入脾、腎二經。畏防風、黑豆、甘草、黄耆、人參、童便、犀角。身矮乳稀，重一兩五錢者佳。滚湯泡去皮臍，切作四片，童便一碗，甘草湯一碗，同煮汁盡為度，新瓦上烘乾。主藏府沉寒，三陰厥逆，心腹冷痛，積聚癥瘕，寒濕痿躄，暴瀉脱陽，噎膈嘔噦，癰疽不斂，小兒慢驚，痘瘡灰白，胃寒蚘動，強陰墮胎，堅筋骨，益氣力，為寒濕聖藥。

按：附子稟雄壯之質，有斬關之能，引補氣藥追散失之元陽，引補血藥養不足之真陰，引發散藥以驅在表風邪，引溫暖藥以除在裏寒濕。丹溪曰：氣虚熱甚，稍加附子以行參芪之功。肥人多濕亦用。《集驗》曰：腫因積生，積去而腫再作，若再用利藥，小便愈閉，醫多束手。蓋中焦氣不升降，為寒所隔，惟服附子，小便自通。吳綬曰：傷寒傳變三陰及中寒夾陰，身雖大熱而脉沉者，必用附子。厥冷腹痛，脉沉細，唇青囊縮者，急用之，有起死之功。近醫多畏不敢用，直至陰極陽竭而後議用，遲矣！若陰虚內熱及內真熱而外假寒者，不可悞服。

明・張景岳《景岳全書》卷四八《本草正》 附子 氣味辛、甘，醃者大鹹，性大熱。陽中之陽也。有毒。畏人參、黄芪、甘草、黑豆、緑豆、犀角、童便、烏韭、防風。其性浮中有沉，走而不守。因其善走諸經，故曰與酒同功。能除表裏沉寒，厥逆寒噤，溫中強陰，暖五藏，回陽氣。除嘔噦霍亂，反胃噎膈，心腹疼痛，脹滿瀉痢。肢體拘攣，寒邪濕氣。胃寒蚘蟲，寒痰寒疝。風濕麻痹，陰疽癰毒，久漏冷瘡。格陽喉痹，陽虚二便不通。及婦人經寒不調，小兒慢驚等證。大能引火歸源，制伏虚熱。善助參、芪成功，尤贊朮、地建效。無論表證裏證，但脉細無神，氣虚無熱者，所當急用。故虞摶曰：附子禀雄壯之質，有斬關奪將之氣，能引補氣藥行十二經，以追復散失之元陽。引補血藥入血分，以滋養不足之真陰。引發散藥開腠理，以驅逐在表之風寒。引溫暖藥達下焦，以祛除在裏之冷濕。吴綬曰：附子乃陰證要藥，凡傷寒傳變三陰，及中寒夾陰，雖身大熱而脉沉者必用之。或厥冷脉沉細者，尤急須用之，有退陰回陽之力，起死回生之功。近世陰證傷寒往往疑似而不敢用，直待陰極陽竭而用，已遲矣。且夾陰傷寒，内外皆陰，舍此不用，將何以救之？此二公之言，皆至言也，不可不察。惟孕婦忌服，下胎甚速。合葱涎塞耳，亦可治聾。

辨製法：附子製法，稽之古者，則有單用童便煮者，有用薑汁、鹽水者，有用甘草、黄連者，有數味皆兼而用者，其中宜否，最當詳辨。夫附子之性熱而剛急，走而不守，土人醃以重鹽，故其味鹹而性則降。今之所以用之者，正欲用其熱性以回元陽，以補脾腎，以行參、芪、熟地等功，若製以黄連，則何以藉其回陽？若製以鹽水，則反以助其降性。若製以童便，則必不免於尿氣，非惟更助其降，而凡脾氣大虚者，極易嘔噦，一聞其臭，便動恶心，是藥未入口，而先受其害，且其沉降尤速，何以達脾？惟是薑汁一製頗通，第其以辛助辛，似欠和平，若果直中陰寒等證，欲用其熱，此法為良。至若常用而欲得其補性者，不必用此。又若煮法，若不浸脹而煮，則其心必不能熟；即浸脹而煮，及其心熟，則邊皮已太熟而失其性矣。雖破而為四，煮亦不匀。且煮者必有汁，而汁中所去之性亦已多矣，皆非製之得法者。

製法：用甘草不拘，大約酌附子之多寡而用。甘草煎極濃甜湯，先浸數日，剝去皮臍，切為四塊，又添濃甘草湯再浸二三日，捻之軟透，乃咀為片，入鍋文火炒至將乾，庶得生熟匀等，口嚼尚有辣味，是其度也。若炒太乾，則太熟，而全無辣味，并其熱性全失矣。故製之太過，則但用附子之名耳，效與不效無從驗也。其所以必用甘草者，蓋以附子之性急，得甘草而後緩。附子之性毒，得甘草而後解。附子之性走，得甘草而後益心脾。附子之性散，得甘草而後調營衛。此無他，亦不過濟之以仁，而後成其勇耳。若欲急用，以厚紙包裹，沃甘草湯，或煨或炙，待其柔軟，切開，再用紙包頻沃，又炙，以熟為度。亦有用麵裹而煨者亦通。若果真中陰寒，厥逆將危者，緩不及製，則單用炮附，不必更用他製也。

辨毒：附子之性，剛急而熱，製用失宜，難云無毒，故欲製之得法。夫天下之制毒者，無妙於火，火之所以能制毒者，以能革物之性。故以氣而遇火，則失其氣，味而遇火，則失其味，剛者革其剛，柔者失其柔。故製附之法，但用白水煮之極熟，則亦全失辣味，并其熱性俱失，形如蘿蔔可食矣，尚何毒之足慮哉？今製之必用甘草者，蓋欲存留其性而柔和其剛耳。今人但知附子之可畏，而不知太熟之無用也。故凡食物之有毒者，但製造極熟，便當無害。即河豚、生蟹之屬，諸有病於人者，皆其欠熟而生性之未盡也。故凡食物之有毒者，皆可因此以類推矣。至若藥劑之中，有當煅煉而用者，又何以然？夫物之經火煅者，其味皆鹹澁。而所以用煅者，非欲去其生剛之性，則欲用其鹹澁之味，而留性與不留性，則其中各有宜否，故凡當煅煉而用者，皆可因此以類推矣。又如藥之性毒者，何可不避？即如《本草》所云某有毒，某無毒，余則甚不然之，而不知無藥無毒也。故熱者有熱毒，寒者有寒毒，若用之不當，凡能病人者，無非毒也。即如家常茶飯，本皆養人之正味，其或過用誤用，亦能毒人，而況以偏味偏性之藥乎？但毒有大小，用有權宜，此不可不察耳。矧附子之性，雖云有毒，而實無大毒，但製得其法，用得其宜，何毒之有？今之人不知其妙，且并人參、熟地而俱畏之。夫人參、熟地、附子、大黄實乃藥中之四維，病而至於可畏，勢非庸庸所濟者，非此四物不可。設若逡巡，必誤乃事。今人直至必不得已而後用附子，事已無濟矣。事無濟則反罪之，將附子誠廢物乎？嗟夫！人之所以生者，陽氣耳，正氣耳。人之所以死者，陰氣耳，邪氣耳。人參、熟地者，治世之良相也。附子、大黄者，亂世之良將也。兵不可久用，故良將用於暫。亂不可忘治，故良相不可缺。矧夫附子雖烈，而其性扶陽，有非硝、黄之比。硝、黄似緩，而其性陰泄，又非桂、附可例。華元化曰：得其陽者生，得其陰者死。《内經》曰：門戶不要，是倉廩不藏也。得守者生，失守者死。今之人履芒硝、大黄若坦途，視參、附、熟地為蛇蝎，愚耶？知耶？

明・賈九如《藥品化義》卷一三寒藥 附子 屬純陽，體重而大實，色肉微黄皮黑，氣雄壯，味辛，性大熱而烈，能浮能沉，力溫經散寒，性氣與味俱厚，通行諸經。附子味大辛，氣雄壯，性悍烈，善走而不守，流通十二經無不周到。主治身不熱，頭不痛，只一怕寒，四肢厥逆，或心腹冷痛，或吐瀉，或口流冷涎，脈來沉遲，或脈微欲脫。此大寒直中陰經，宜生用以回陽，有起死呼吸之功。如腎虚脾損，腰膝軟弱，滑瀉無度，及真陽不足，頭暈氣喘而短，自汗勿止，炮用，以行經絡。入補藥中，少為引導，有扶元起造之力，如腰重腿腫，小便不利，或肚腹腫脹，或喘急痰盛，已成蠱症，以此入濟生腎氣丸，其功驗妙不能述。此乃氣虛陽分之藥，入陰虛内熱者服之，禍不旋踵。懷孕禁用。　取黑色頂全圓正者佳。一枚重一兩外，力大可用。製用童便，浸三日，一日換二次，再用甘草同煮熟。

明・蕭京《軒岐救正論》卷三　附子、肉桂　附子，生用則性奔竄而有毒，熟用則質溫潤而無毒。其大重一兩三四錢以上，團坐平頂，旁無多角者，方稱附子。性主沉，補命門真火。其小僅一兩以下者，或挺尖，或歪側，或兩臍，或多角，皆為川烏，性主驅風逐寒，走散經絡，而非熟附子溫補之比也。若附子製以薑汁，與乾薑、生薑同用，則為薑附湯，主治足三陰，驅散上下表裏經絡藏府之客寒為要藥。其療真陽虛脱，則當用童便製者，君以人參。其薑汁製者，不可混用也。蓋薑、桂、附子，同為大熱，第薑性兼辛主發散，而桂味甘而辛可升可降，若熟附則質重性沉主下行，所以不同也。若陽脱而誤用薑，令陽愈脱矣。何以言之？立齋曰：先兄體貌豐偉，唾痰甚多，脉洪有力，殊不耐勞，遇風頭暈欲仆，口舌欲裂，或至赤爛，誤食薑、蒜少許，口瘡益甚。服八味丸及補中益氣湯，加附子錢許即愈。停藥月餘，諸症仍作。此命門虛火不歸元也。據此則薑、附雖均稱熱藥，何可混施乎？虞摶曰：附子稟雄壯之質，有斬關奪門之功，能引補氣藥行十二經，以追復散失之元陽，引補血藥入血分，以滋養不足之真陰，引發散藥開腠理，以驅逐在表之風寒，引溫暖藥達下焦，以祛除在裏之冷濕。吳綬曰：附子乃陰症要藥，凡傷寒傳變三陰及中寒夾陰，雖身大熱而脉沉者，必用之。或厥冷腹痛，脉沉細，甚則唇青囊縮者，急須用之。有退陰回陽之力，起死回生之功。近世陰症傷寒，往往疑似不敢用附子，直待陰極陽竭而後用之，已遲矣。且夾陰傷寒，内外皆陰，是陽氣頓衰，必須急用人參健脉以益其原，佐以附子溫經散寒。舍此不用，將何以救之？《王氏究原方》云：凡用桂、附藥，並宜冷服者，熱因寒用也。蓋陰寒在下，虛陽上浮，治之以寒，則陰氣益甚而病增；治之以熱，則拒格而不納。熱藥冷飲，下嗌之後，冷體既消，熱性便發，而病氣隨愈，不違其情，而致大益，此反治之道也。昔仲景治寒疝内結，用蜜煎烏頭。《近效方》治喉痹，用蜜煎附子，含之嚥汁。丹溪治疝氣，用烏頭、梔子，並熱因寒用也。東垣治馮翰林侄陰盛格陽傷寒，目赤煩渴引飲，脉來七八至，但按之則散，用薑附湯，加人參，投半斤服之，得汗而愈。此神聖之妙也。攷昔荊府都昌王體瘦而冷，無他病，日以附子煎湯飲，兼嚼硫黄，如此數歲。蘄州衛張百戶，平生服鹿茸、附子藥，至八十餘，康健倍常。宋張杲《醫說》載趙知府耽酒色，每日煎乾薑熟附湯，吞硫黄金液丹百粒，乃能健啖，否則倦弱不支，壽至九十。他人服一粒即為害，此數人者，皆其藏府賦稟之偏，服之有益無害，不可以常理論也。愚以為此藥唯陰藏者宜之，若陽藏而誤用，受禍極速也。凡用桂、附，須君以人參，少佐甘草，或大棗，則無毒。仲景八味丸亦為陰火不足者設，故陽盛假寒不宜妄用也。桂性甘辛大熱，能宣導百藥，通血脉，有汗能止，無汗能出。桂枝主上行而散，肉桂主下行而補，驅風理寒，定煩解渴，與附子同補命門真火，專益脾胃之母，亦善利水通淋，止虛脱，破淤血，功能不可盡闡。又治喉痹失音，陽虛失血，内托癰疽痘瘡，九種心痛脇疼，痃癖，奔豚，疝氣，利肺抑肝，冷痰霍亂喘脹諸症。李瀕湖曰：麻黄遍徹皮毛，故專于發汗而散寒邪，肺主皮毛，辛走肺也。桂枝透達營衛，故能解肌而風邪除。脾主營，肺主衛，甘走脾，辛走肺也。肉桂下行，益火之源。此東垣所謂腎苦燥，急食辛以潤之。開腠理，致精液通其氣者也。又《醫餘錄》云：有人患赤眼腫痛，脾虛不能飲食，肝脉愈盛，但于溫平藥中，倍加肉桂，殺肝而益脾，故一治兩得。《經》云木得桂而枯是也。是桂又通治寒熱虛實内外上下，而配合得宜，隨試隨效者也。竊謂桂、附乃斬關奪門之將，非良帥，莫敢輕用。然立齋每用此以救真火不足及虛陽假熱之病，疊奏殊效，非時師所能方物也。蓋立齋治法則歸本命門者也，東垣則專主脾胃者也，河間、丹溪則專主相火濕熱者也，子和則專主攻擊者也，節齋、隱君則專主攻痰瀉火者也，仲景則專主外感者也。法有偏擅，醫當全識。若療命門則用立齋，治脾胃則用東垣，清濕熱則用劉朱，習攻擊則用子和，蠲實痰則用二王，至傷寒雖宗長沙。而三陰主治，參、术、歸、附率多救裏，則又不專於外感也。若用諸子而不為諸子所用，機權在我，法從人施，一人而兼眾人之用，眾人而資一人之識，斯得矣。至立齋先生則又集諸家之大成，發前人所未發，開將來之聾聵者也。奈何時師視桂、附如蛇蠍，應用不用，卒至悮人于死，蓋亦因丹溪謂附子無人表其害人之禍，故致有泥成說，而坐失機宜者。雖然使用非所當，即參、耆亦能為害，何獨桂、附乎？《醫學綱目》有云：黄耆能助三焦之火，人參能補諸經之陽，白术能長五藏之氣。此三者皆上藥，是在人體悟而無失其氣宜可也。余因續之曰：桂、附能救陰陽之脱。

明・盧之頤《本草乘雅半偈》帙六　附子《本經》下品　氣味：辛，溫，有大毒。　主治：　主風寒欬逆邪氣，寒濕踒躄拘攣，膝痛不能行步，破癥堅積聚血瘕，金瘡。

覈曰：　出犍為山谷，及少室。近以蜀道綿州、龍州者良，他處雖有，力薄不堪用也。綿州即故廣漢，領縣凡八。唯彰明出附子，彰明領鄉凡二十，唯赤水、廉水、昌明、會昌出附子，而赤水為多。每歲以上田熟耕作壟。取種于龍安、龍州、齊歸、木門、青塠、小坪諸處。十一月播種，春月生苗。莖類野艾而澤，葉類地麻而厚。花則瓣紫蕤黄，苞長而圓。實類桑椹子，細且黑。七月采根，謂之早水，拳縮而小，蓋未長成耳。九月采者佳。其品凡七，本同而末異也。初種之(化)〔小〕者為烏頭；　少有旁尖，身長而烏，附烏頭而旁生，雖相須，實不相連者曰附子；　左右附而偶生者曰鬲子；　種而獨生無附，長三四寸者曰天雄；　附而尖者曰天錐；　附而上出者曰側子；　附而散生者曰漏藍子；　皆脈絡連貫，如子附母，而附子以貴，故專附名也。凡種一而子六七以上則皆小，種一而子二三則稍大，種一而子特生則特大。而附子之形，以蹲坐正節、角少者為上；　有節多鼠乳者次之；　形不正，而傷缺風皺者為下矣。又附子之色，花白者為上，鐵色者次之，青綠者為下。天雄、烏頭、天錐，皆以豐實盈握者為勝。漏藍、側子，如園人乞役，卑卑不數也。漏藍，即雷公所謂木鼈子，大明所謂虎掌。鬲子即烏喙，天錐即天雄類，方書並無此名，功用當相同爾。然而易植難成，功疎質變，或種美而苗不茂，或苗秀而根不充，或已釀而腐，或已曝而攣，原屬氣化，又復化氣成消，若有神物陰為之者，故園人嘗禱于神，目為藥妖者以此。修事：　入柳木灰火中，炮令皺拆，竹刀刮去孕子，并底〔尖〕，劈破，于屋下平地，掘一土坑安之，至明取出，焙乾。若陰製者，生去皮尖，及底，薄切作片，用東流水，及黑豆浸五日夜，取出，日中曬乾。地膽為之使。惡蜈蚣。畏防風、黑豆、甘草、人參、黄耆。

条曰：　附子、天雄、側子，即烏頭種子，奇生無偶者曰天雄，偶生旁立者曰附子，旁生支出者曰側子。側子青陽，附子顯明，天雄巨陽耳。故附子司顯明，主潤宗筋，束骨而利機關也。顯明陽虚，則宗筋縱，致踒躄拘攣，膝痛不能行步矣。并司宗氣不會呼吸，為欬逆，及血失氣呴，為癥堅積聚者，莫不繇風寒寒濕為痹因，不能則為病熱之為形證者也。設肺熱葉焦，發為踒躄者，所當避忌。先人云：　欬逆邪深，寒濕氣死，機關已弛，堅凝固結者，匪此真火點化，未易開通耳。青陽，少陽也；　顯明，陽明也；　巨陽，太陽也。顯明陽虚之踒躄，太陰陰虚之踒躄，差之毫釐，謬之千里。

明・李中梓《本草通玄》卷上　附子　辛，熱，有毒。通行十二經，無所不至。　暖脾胃而祛寒濕，補命門而救陽虚，除心腹腰膝冷疼，破癥堅積聚血瘕，治傷寒陰症厥逆，理虚人格噎脹滿，主督脉脊強而厥，救疝家引痛欲絕，斂癰疽久潰不收，拯小兒脾弱慢驚。　附子稟雄壯之性，有斬關之能。引補氣藥，以追散失之元陽；　引補血藥，以滋不足之真陰；　引發散藥，以逐在表風寒；　引溫暖藥，以祛在裏寒濕，其用弘矣哉。　張元素云：　附子以白术為佐，乃除寒濕之聖藥。又益火之原，以消陰翳，則便溺有節。　丹溪云：　氣虚熱甚者，少加附子，以行參芪之功。肥人多濕者，亦宜之。　戴元禮云：　附子無乾薑不熱，得甘草則性緩。　李時珍云：　陰寒在下，虚陽上浮。治之以寒，則陰氣益甚；　治之以熱，則拒而不納。熱藥冷飲，下咽之後，冷體既消，熱性便發，病氣隨愈。此熱因寒用之法也。　余每遇大虚之症，參、术無功，必加附子，便得神充食進。若陰虚陽旺，形瘦，脉數者，不可輕投。　附子，以蹲坐正節角少，重一兩者佳。形不正而傷缺風皺者，不堪用也。　沸湯泡，少頃，去皮臍，切作四桠，用甘草濃汁二鍾，慢火煮之，汁乾為度，隔紙烘乾。或用童便製者，止可速用，不堪藏也。

清・顧元交《本草彙箋》卷四　附子合烏頭、天雄、側子及草烏。　附子稟雄壯之質，具悍烈之性，大辛大熱，兼甘苦而有大毒。譬如驍勇暴戾之夫，用之稍失其當，未有不僨事者。唯大寒直中陰經，及真陽衰竭者，可暫用之。若不問何病，輒用附子，甚不可解。

周慎齋云：　附子麵煨則走而不守，其勢上行，可以壯陽於表。童便製則守而不走，其勢下達，可以回陽於裏。　李東垣治馮翰林姪陰盛格陽，傷寒面赤目赤，煩渴引飲，脈來七八至，但按之則散。用薑附湯加人參，投半觔，服之得汗愈。此則神聖之工，妙也。若認之不真，禍亦反掌。　王好古云：　烏、附非身涼而四肢厥者，不可僭用。服附子以補火，必防涸水。

李時珍云：　烏、附毒藥，非危症不用。而補藥中少加引導，其功甚捷。有人纔服錢匕，即發躁不堪。且此所謂危症者，亦看何等危症耳。

繆仲淳云：　附子既稟地二之火氣，兼得乎天之熱氣以生，是陰陽湊合，無非火熱爲性，氣味皆然，毒可知已。論其性質之所能，乃是退陰寒，益陽火，兼除寒濕之要藥。引補氣補血藥，入命門，益相火之上劑。若非陰寒寒濕，陽虛氣弱之病，而誤用之，於陰虛內熱，血液衰少，傷寒、溫病、熱病、陽厥等症，靡不立斃。謹列其害如左，醫師司命，宜詳審而深鑒之，爲生人之大幸。傷寒陽厥，其外症雖與陰厥相類，而實不相侔。陽厥之病，若係傷寒溫疫，其先必發熱，頭疼口渴，其後雖頭不疼，而表熱已除，然必面赤顴紅，二便不利，小水必赤或短少，是其候也。此當下之病也。產後血虛，角弓反張，病名曰痙。痙者，勁也，是去血過多，陰氣暴虛，陰虛生內熱，熱則生風，故外現風症，實廼陰血不足，無以榮養於筋所致，足厥陰肝家大虛之候。此宜益陰補血，清熱則愈也。故凡病人一見內熱口乾，咽乾口渴，渴欲引飲，咳嗽多痰，煩躁，五心煩熱，骨蒸勞熱，惡寒。陰虛內熱外寒，虛火上攻齒痛。脾陰不足，以致飲食無味，小便黃赤、短澀及不利，大便不通或燥結，腹內覺熱悶，喜飲冷漿及鮮果，畏火及日光，兼畏人聲水聲，虛陽易興，夢洩不止。產後發熱，產後血行不止，及惡瘡臭穢。小產增寒壯熱。中暑厥暈，陰虛頭暈。中暑暴泄，利下如火，赤白滯下。小兒中暑，傷食作泄，小便短赤，口渴思飲。血虛腹痛，按之即止。火炎欲嘔，外類反胃而惡熱焦煩，得寒暫止。中熱，腹中絞痛。中暑，霍亂吐瀉，或乾霍亂，或久瘧寒熱並盛，或赤白濁，赤白淋，尿血、便血、血崩、吐衄、齒衄、舌上出血，目昏神短，耳鳴，盜汗，汗血，多汗惡熱，老人精絕陽痿，少年縱慾傷精，以致陰精不守，精滑腦漏。婦人血枯無子，血枯經閉。腎虛小便餘瀝，血虛大便燥結，陰虛口苦舌乾。心經有熱，夢寐紛紜。下部濕熱，行履重滯。濕熱痿痺，濕熱作泄，濕熱脚氣。小兒急驚內熱，痘瘡乾焦黑陷，痘瘡火閉不出，痘瘡皮薄嬌紅，痘瘡因熱咬牙，痘瘡挾熱下利，痘瘡餘毒生癰。中風僵仆不語，中風口眼歪邪，中風語言蹇澀，中風半身不遂，中風痰多神昏。一切癰疽未潰，金瘡失血發痙，血虛頭痛，偏頭風痛。已上內、外、男、婦、小兒共七十餘症，病屬陰虛，及諸火熱，無關陽弱，亦非陰寒，法所均忌。倘誤犯之，輕變爲重，重者必死，枉殺人命。此藥居多，世徒見其投之陽虛之候。肺腎本無熱證者，服之有起死之殊功。而不知其用之陰虛諸種病，亦復下咽莫救。故特深著其害，以表其非嘗試輕用之藥也。業醫君子，可不慎諸？

天雄、烏頭、側子，本是同生，第其形質有異，老嫩或殊，大熱大毒，則未始有別也。元種者爲烏頭，附烏頭而生者爲附子。烏頭如芋魁，附子乃根旁如芋散生者，以長二三寸者爲天雄。割削附子旁尖角爲側子。附子之絕小者，亦名側子。又正者爲烏頭，兩歧者爲烏喙。天雄大而長，少角刺。附子大而短，有角，平穩。烏喙似天雄，烏頭次於附子，側子小於烏頭。連聚生者，名虎掌。

附子入藥，去皮臍。若熟用者，以水浸過，炮令發拆，去皮臍，乘熱切片，再炒，令內外俱黃，去火毒，入藥。又法：每一枚用甘草二錢，鹽水、薑汁、童便各半盞，同煮熟，出火毒一夜用之。天雄，風家用之。附子，虛寒用之。以天雄氣壯，有敷散之功。亦有他處草烏，似天雄。入藥須用蜀產，重一兩半，有象眼者佳。製如附子法。側子主發散四肢，爲風癆藥。蓋烏頭爲原生之本，守而不移。側子散生旁側，體無定在，其氣輕揚，宜其發散四肢，竟達皮毛，爲治風藥。製亦同附子。烏頭助陽退陰，功同附子而稍緩。此名川烏、草烏，即烏頭之野生於他處者。其性搜風勝濕，開頑痰，治頑癬，以毒攻毒。未可輕試。取其汁，晒爲毒藥，名爲射罔，以射禽獸。

清・穆石韜《本草洞詮》卷九　附子烏頭、烏附尖、天雄、側子、漏藍子。

宋人楊天惠著《附子記》甚悉，今撮其略。云綿州乃故廣漢地，領縣八，惟彰明出附子，彰明領鄉二十，惟赤水、廉水、昌明、會昌四鄉產附子，而赤水為多，每歲十一月播種，春月生苗，其莖類野艾而澤，其葉類地麻而厚，其花紫瓣黃蕤長苞而圓。七月采者謂之早水，拳縮而小，九月采者乃佳。其品凡七，本同而末異。初種之化者為烏頭，附烏頭而旁生者為附子，左右附而偶生者為鬲子，附而長者為天雄，附而尖者為天錐，附而上出者為側子，附而散生者為漏藍子，皆脉絡連貫，如子附母。而附子以貴，故專附名也。凡種一而子六七則皆小，種一而子二三則稍大，種一而子特生則特大。附子之形，以蹲坐正節，角小者為上，節多鼠乳者次之，形不正而傷缺，風皺者為下。烏、附、雄、錐皆以豐實盈握者為勝。漏藍、側子不足數也。釀法：用醋醅，安密室中，淹覆彌月，令生白衣，乃向風日中晒之，以透乾為度。若猛日，則皮不附肉，或種美而苗不茂，或苗秀而根不充，或已釀而腐，或已曝而攣，若有神物陰為之者，故園人常禱於神，目為藥妖。方出釀時，大有如拳者，已定輒不盈握，故重一兩者極難得，但得半兩以上者皆良。蜀人餌者少，惟秦、陝、閩、浙人宜之。味辛甘，氣溫，一云大熱，有大毒。入手少陰、三焦、命門之藥。治風濕麻痺，三陰傷寒，破癥瘕積聚，溫暖脾胃，補下焦陽虛。其性走而不守，非若乾薑止而不行，於浮中沉無所不到，為諸經引用之藥。凡陰證，雖身大熱而脈沉者，必用之。或厥冷腹痛，脈沉細，唇青囊縮者，急用之。有退陰回陽之力，起死回生之功。凡真火不足，虛火上升，服寒藥益甚者，附子乃命門主藥，能入其窟穴，而招之引火歸源，則浮游之火自熄矣。治麻痺用烏附者，其氣暴，能衝開道路，故氣愈麻，及藥氣盡而止，氣行則麻病癒矣。蓋附子雄壯之性，有斬關奪將之氣，能引補氣藥行十二經，以追復散失之元陽，引補血藥入血分，以滋養不足之真陰，引發散藥開腠理，以驅逐在表之風寒，引溫暖藥達下焦，以祛除在裏之寒濕，力猛功多，洵藥壘元戎也。凡烏、附、天雄，須用童子小便浸過，以殺其毒，並助下行之力。又生用則發散，熟用則峻補。熟附配麻黃，發中有補。生附配乾薑，補中有發。又烏、附藥宜冷服者，熱因寒用也。蓋陰寒在下，虛陽上浮，治之以寒，則陰氣益甚，治之以熱，則拒格而不納，熱藥冷飲，下嗌之後，冷體既消，熱性便發，不違其性，而致大益，此反治之妙也。第烏附毒藥，非遇危病，不可輕用。服附子以補火，必涸水，有人纔服錢匕，即發燥不堪。亦有服鹿茸、附子藥不輟，兼嚼硫黃，康健倍常，壽至永久，必其臟腑稟受之偏，故有益而無害，不可以常理概論也。或言滑臺風土極寒，民啖附子如啖芋栗，此則地氣使然爾。烏頭乃附子母，功同附子，而力稍緩。有用烏、附尖者，取其銳氣直達病所也。天雄氣味主治與附子同，而補虛寒須用附子，風家多用天雄。張潔古謂天雄補上焦之陽虛，殊為未確。蓋烏、附、天雄，皆是補下焦命門陽虛之藥，補下所以益上也。若是上焦陽虛，即屬心肺之分，當用參、耆，不當用天雄矣。且烏、附、天雄之尖，皆是向下生者，其氣下行，其臍乃向上生苗之處。張氏言補上焦，寇氏言其不肯就下，皆誤認其尖在上故爾。側子氣味主治亦同附子，而力量則卑眇矣。且與烏頭大異，烏頭乃原生之種，得母之氣，守而不移，居乎中者也。側子乃附子粘連旁小者，散生旁側，體無定在，其氣輕揚，宜發散四枝，充達皮毛，為治風之藥也。漏藍子又小於側子，即雷斆所謂木鼈子也。凡漏瘡年久者，復其元陽，當用漏藍子。如不當用而輕用之，恐熱氣乘虛變移結核，為害尤甚。一人兩足生瘡，臭腐難近，夢神授方，用漏藍子研末，入膩粉少許調塗。依法治之，果愈。蓋此物不堪服餌，宜入瘡科也。

清・張志聰《侶山堂類辯》卷下　附子　附子如芋子附母生，故名附子，旁之小子曰側子。土人欲重其觔兩，用木坯將側子敲平于上。然母子之體不相合，故須揀子之少者，又當估去小子，有一兩餘方可用。若連子而重一兩五六錢，更為有力。近時俗人咸謂乙兩外者為天雄，不知天雄長三寸以上，旁不生子，故名曰雄。土人尤忌生此，以為不利，即禳禱之，謂其不能子母之相生也。今人多取重一兩者，若側子多，而去其二三錢，則母身止重七八錢之川烏矣。此緣失于考究，故沿襲時俗之訛。又如附子之尖，乃下行之根，其性趨下，有欲治上而用其尖者，顛倒物性，尤為可笑。

清・劉雲密《本草述》卷一〇　附子　覈曰：出犍為山谷及少室，近以蜀道綿州、龍州者良，他處雖有，力薄不甚用也。綿州今屬成都府。即故廣漢地，領縣凡八，唯彰明出附子，彰明領鄉凡二十，唯赤水、廉水、昌明、會昌出附子，而赤水為多，每歲以上田熟耕作壟，取種於龍安、龍州、齊歸、木門、青塠、小坪諸處，十一月播種，春月生苗莖，類野艾而澤，葉類地麻而厚，花則瓣紫蕤黃，苞長而圓，實類桑椹子，細且黑，七月采根，謂之早水，拳縮而小，蓋未長成耳。九月采者佳。其品凡七，本同而末異也。初種之(化)〔小〕者，為烏頭，少有旁尖，身長而烏，附烏頭而旁生，雖相須，實不相連者，曰附子。左右附而偶生者曰鬲子。種而獨生，無附，長三四寸者，曰天雄。附而尖者，曰天錐。附而上出者，曰側子。附而散生者，曰漏藍子。皆脈絡連貫，如子附母，而附子以貴，故專附名也。凡種一而子六七以上，則皆小。種一而子二三，則稍大。種一而子特生，則特大。而附子之形，以蹲坐正節角少者為上，有節多鼠乳者次之，形不正而傷缺風皺者為下矣。又附子之色，花白者為上，鐵色者次之，青綠者為下。天雄、烏頭、天錐，皆以豐實盈握者為勝。漏藍、側子，如園人乞役，卑卑不數也。漏藍，即雷斆所謂木鼈子，日華子所謂虎掌。鬲子即烏喙，天錐即天雄之類，方書並無此名，功用當相同爾。

氣味：辛，溫，有大毒。《別録》曰：甘，大熱。普曰：神農：辛。岐伯、雷公：甘，有毒。李當之：苦，大溫，有大毒。潔古曰：大辛，大熱，氣厚味薄，可升可降，陽中之陰，浮中沉，無所不至，為諸經引用之藥。好古曰：入手少陰三焦命門之劑，其性走而不守，非若乾薑止而不行。

主治：補下焦陽虛，治六腑沉寒，五臟痼冷，主傷寒三陰直中諸證，中寒昏困，寒疝內結諸證，脾虛濕淫腹痛，或虛冷腫脹，臟冷，脾泄暴泄脫陽，久痼休息，久冷翻胃，寒溼痿痺拘攣，腰脊膝痛，脚疼冷弱不能行步，更偏風半身不遂，頭風腎厥。頭痛皆因陽虛，又下血虛寒，癰疽久漏。

盧復曰：烏附乃氣化之物，而復能化氣，絕無一點陰翳。唯可對待有形陰寒，一段真陽，真有另闢乾坤，貞下起元意。東垣曰：辛熱以溫少陰經，以溫陽氣，散寒發陰，必以辛熱。濕淫所勝，腹中痛用之，補虛勝寒。附子補命門真陽，而先哲乃曰陽中之陰，雖為其氣厚味薄，然亦是言其補陽者，專入陰中而補之也。東垣散寒發陰，正為從陰中而透真陽，使陰得化而為用也。發之一字可參。雖然陰盛而陽虛者，其化陰固捷，若陰虛而陽亢者，其亡陰亦即烈矣。吳綬曰：附子乃陰證要藥。凡傷寒傳變三陰，及中寒夾陰，雖身大熱，而脈沉者必用之。或厥冷腹痛，脈沉細，甚則唇青囊縮者，急須用之，有退陰回陽之力，起死回生之功。近世陰證傷寒，往往疑似不敢用附子，直待陰極陽竭而用之，已遲矣。且夾陰傷寒，內外皆陰，陽氣頓衰，必須急用人參健脈，以益其原，佐以附子溫經散寒，捨此不用，將何以救之？

潔古曰：附子以白朮為佐，謂之朮附湯，除寒溼之聖藥也，治濕藥中宜少加之引經。又益火之原，以消陰翳，則便溺有節，烏附是也。虞摶曰：附子稟雄壯之質，有斬關奪將之氣，能引補氣藥行十二經，以追復散失之元陽，引補血藥入血分，以滋養不足之真陰，引發散藥開腠理，以驅逐在表之風寒，引溫暖藥達下焦，以祛除在裏之冷溼。

述曰：治外感證，非偏身表涼，四肢厥者，不可僭用。《經》云：壯火食氣故也。前云：雖身大熱，而脈沉者，亦在所必用。此云必偏身表涼，四肢厥者，乃可用。合而參之，是則惟以脈為準也。治內傷證，縱身表熱甚，而氣虛脈細者，正宜速入。《經》云：溫能除大熱是也。又曰：佐八味丸中，壯元陽，益腎君。朮附湯內散寒溼，溫脾，助甘緩，參、芪成功。健潤滯，地黃奏功。丹溪曰：氣虛熱甚者，宜少用附子，以行參、耆。肥人多溼，亦宜少加烏、附行經。原禮曰：附子無乾薑不熱，得甘草則性緩，得桂則補命門。附子大入十二經，而肉桂補陽，其氣之厚者親下，耑入命門，故藉其同氣以招之。俾其歸於命門，而大為補益也。燾曰：附子得生薑則能發散，以熱攻熱，又導虛熱下行，以除冷病。時珍曰：先哲云凡用烏、附，並宜冷服者，熱因寒用也。蓋陰寒在下，虛陽上浮，治之以寒，則陰氣益甚而病增，治之以熱，則拒格而不納，熱藥冷飲，下咽之後，冷體既消，熱性便發，而病氣隨愈，不違其情，而致大益，此反治之妙也。昔張仲景治寒疝內結，用蜜煎烏頭。《近效方》治喉痺，同蜜炙附子含之咽汁。朱丹溪治疝氣，用烏頭、梔子，並熱因寒用也。李東垣治馮翰林姪陰盛格陽傷寒，面赤目赤，煩渴引飲，脈來七八至，但按之則散，用薑附湯加人參，投半斤服之，得汗而愈。此則神聖之妙也。希雍曰：附子全稟地中火土燥烈之氣，而兼得乎天之熱氣，故其氣味皆大辛大熱，微兼甘苦，而有大毒，氣厚味薄，陽中之陰，降多升少，浮中沉，無所不至，入手厥陰命門，手少陽三焦，兼入足少陰太陰經。

附子得生乾薑、桂枝主傷寒直中陰經，溫中散寒，而能出汗。佐人參，兼肉桂、五味子，則補命門相火不足，回陽有神。得人參、肉桂，治元氣虛人，暴寒之氣入腹，腹痛作泄，完穀不化，小水不禁。佐白朮，為除寒溼之聖藥。得黃耆、人參、炙甘草、白芍藥、橘皮、五味子，主癰疽潰後，去膿血過多，以致飲食不進，惡心欲嘔，飲食不化，不生肌肉，亦主久漏冷瘡。得人參、白芍藥、炙甘草、砂仁、橘皮，主小兒慢驚。加蓮肉、白藊豆，則治吐瀉不止。得朮、桂、牛膝、木瓜、橘皮，主寒疝痛極立止。得朮、木瓜、石斛、萆薢、薏苡仁、橘皮、茯苓，治風溼麻痺腫痛，脚氣之無熱證者，輒驗。得人參、橘皮，主久病嘔噦反胃，虛而無熱者良。

愚按：人之生命門先具，天一生水，壬為陽水，配丁之陰火，而生丙為命門，然後生心。然則附子所入，為手少陰三焦命門之劑，如王海藏先生所云誠是也。在方書槩謂其補元陽，除寒溼，歸功於大辛大熱耳。詎知其所稟辛熱，有合於壬水配丁，由命門而生心，故其效用，即由心而透命門之用。心為火主，而氣者，火之靈，故謂由心而透命門之用。然心主血，血者，真陰之化醇，是又即從陰中而透真陽，使陰得化，而為用之義也。先哲所謂益火之元，以消陰翳者，非茲物有專能歟。抑消陰翳，謂何？曰：真火在水中，所云陰火是也。水不足，則不能生火。又有水虛而火熾者，火不足則不能化水。又有火微而水竭者，所謂陰翳，即火不足而水不能運化者也。雖然，有真陽本微，而外來之寒邪，以同氣相感而劇。如三陰傷寒諸證，中寒寒疝之類，有真陽甚虛，而本來之陰氣以不得合化，而病如脾虛腫脹，臟寒脾泄之類，其所患諸證，外內之因自殊。然總不出於陽虛而為寒。《經》曰：氣虛者，寒也。溼即寒水之化。先哲曰氣虛者多寒溼，是溫寒即所以除溼，是即消陰翳，而謂其補虛散壅者也。雖然，其補真陽，豈止以散壅為功，使陽之虛而上浮者，即能於極上收之。如腎厥頭痛之類，並使陽之虛而下脫者，即能於極下固之。如暴泄脫陽之類，又能使陽之虛，而筋節緩，機關弛者，即能於筋節機關而強之堅之。如腰脚冷弱之類，種種為功，真能噓春於稿，寓復於剝，誠如盧復所謂另闢一乾坤者，謂非本君火而返於所始之命門以建殊功歟。更可糸者，據其大辛大熱，猶慮其誤用，以消元陰，乃虛寒下血者，何以投之固血？又慮其誤用以助強陽，乃陽淫化風者，何以投之散風？蓋血橐於氣聚，氣守而血自止，風淫於陽，浮陽歸而風自散，豈非命門相火，原於手厥陰包絡，暢於足厥陰肝乎？風血皆不外於厥陰，前由心至命門之義，正與此互為發明。既主命門真火，故十二經絡無不通。浮中沉，無不至，正《難經》所謂三焦元氣所止，即為十二經之原也。其有開闢奪將之猛者，原於龍火能燔騰無前而直通，所主之諸經，固自無留行者也。但屬陰中之陽，如病於水虛而火熾者，投之禍烈，即水不足而火不生者，倒施亦豈可乎？化原不滋，漫曰使陰生於陽者，是混於陽中之陰以論，其為憒憒甚矣。

附方　附子主治傷寒三陰諸證，中寒諸證，寒疝諸證，俱詳於各類下。陽虛痺氣，身非衣寒，中非受寒，氣血不行，一身如從水中出，不必寒傷而作也。此陽虛陰盛，名曰痺氣。以附子丸主之。附子丸，黑附子、川烏二件，俱通剉碎，炒黃色，官桂、川椒、菖蒲、炙草，以上各一兩，骨碎補、天麻、白朮各五錢，為末，煉蜜丸如梧子，每服三十丸，空心溫酒下。髓少骨痺，身寒重衣不能熱，腰脊疼不得俛仰，兩脚冷，受熱不遂，此腎脂枯涸不行，髓少筋弱凍慄，故攣急，此名骨痺。以附子湯主之。附子湯，黑附子、獨活、防風各七分，川芎、丹參、萆薢、菖蒲、天麻、山茱萸、白朮、甘菊、牛膝各五分，官桂、炙草、細辛各三分，當歸一錢，黃芪七分，枳殼四分，生薑五片，不拘時服。

久冷反胃，用大附子一個，坐於磚上，四面著火，漸逼，以生薑自然汁淬之，依前再逼再淬，約薑汁盡半碗乃止，研末，每服一錢，粟米飲下，不過三服瘥。或以豬腰子切片，炙熟蘸食。又方：用薑汁打糊，和附子末為丸，大黃為衣，每溫水服十丸。脾虛溼腫，大附子五枚，去皮，四破，以赤小豆半升，藏附子於中，慢火煮熟，去豆，焙，研末，以薏苡仁粉打糊丸梧子大，每服十丸，蘿蔔湯下。陰水腫滿，大附子童便浸三日，夜逐日換尿，以布擦去皮，搗如泥，酒糊和丸小豆大，每服三十丸，煎流氣飲送下。腫疾喘滿，大人、小兒、男女腫因積得，既取積而腫再作，小便不利，若再用利藥，性寒而小便愈不通矣。醫者到此多束手。蓋中焦下焦氣不升降，為寒痞隔，故水凝而不通。惟服沉附湯，則小便自通，喘滿自愈。用生附子一個，去皮臍，切片，生薑十片，入沉香一錢，磨水同煎，食前冷飲。附子雖三五十枚，亦無害。小兒每服三錢，煎服。中風偏廢，羌活湯。用生附子一個，去皮臍，羌活、烏藥各一兩，每服四錢，生薑三片，水一盞，煎七分服。風病癱緩，手足嚲曳，口眼喎斜，語音蹇澀，步履不正，宜神驗烏龍丹主之。川烏頭去皮臍，五靈脂各五兩，為末，入龍腦、麝香五分，滴水為丸如彈子大，每服一丸，先以生薑汁研化，暖酒調服，一日二服，至五七丸，便覺手擡移得步，十丸可以梳頭也。風毒攻注頭目，痛不可忍，大附子一枚，泡去皮，為末，以生薑一兩，大黑豆一合，炒熟，同酒一盞，煎七分，調附末一錢，溫服。久痢休息，熟附子半兩，研末，雞子白二枚，搗和丸梧子大，傾入沸湯，煮數沸，漉出，作兩服，米飲下。小便虛閉，兩尺脈沉微，用利小水藥不效者，乃虛寒也。附子一個，炮去皮臍，鹽水浸良久，澤瀉一兩，每服四錢，水一盞半，燈心七莖，煎服即愈。腎氣上攻頭項，不能轉移，椒附丸用大熟附子一枚，為末，每服二錢，以椒二十粒，用白麪填滿椒口，水一盞半，薑七片，煎七分，去椒，入鹽，空心點服，椒氣下達，以引逆氣歸經也。昔年一女子氣血兩虛頭痛，醫者用補劑不愈。愚於補劑中加桂、附乃效。是亦引虛火歸元，並得陰隨陽生之義也。虛火背熱，虛火上行，背內熱如火炙者，附子末津調，塗湧泉穴。

氣虛上壅，偏正頭痛不可忍者，蠍附丸，用附子助陽扶虛，鍾乳補陽鎮墜，全蠍取其鑽透，葱涎取其通氣，湯使用椒以達下，鹽以引用使虛氣下歸，對證用之，無不作效。大附子一枚，剜心，入全蠍，去毒，三枚在內，以餘附末，同鍾乳粉二錢半，白麪少許，水和作劑，包附煨熟，去皮，研末，葱涎和丸梧子大，每椒鹽湯下五十丸。脫陽　愚按：附子主治，多屬陰盛陽虛之證，乃有暴瀉脫陽證，究其所因，似獨有異者，請得悉之。蓋陰為陽之守，如暴瀉證大亡其陰，致陽無所依而脫也。即如男子使內而犯茲證者，又豈非陰氣不能為陽之守，而陽乃脫歟？是皆不得同於陰之勝陽者以論治也。若仲景八味丸，固亦審於陽之化原在陰耳，而後學類以之療陰痿，詎知其難槩用也。如脫陽證，生死判於倏忽，可不治標而圖其急者乎？即東垣治陰痿亦分陰陽，陰陽俱不足者，是兩腎俱虛也，乃投八味丸。若偏於陰不足，則主以地黃丸，至偏於陽不足，即以黑附為主劑矣。斯義不可以推之而療脫陽之急證乎？《原病集》於斯證之論治，殊可采也。備錄於左。

夫脫陽證者，或因大吐大瀉之後，或房色過度，致使大耗真氣，四肢逆冷，元氣不接，不省人事，此為最急，救之稍緩，便為死矣。及傷寒新瘥，與婦人交，其證小腹緊痛，外腎搐縮，面黑氣喘，冷汗自出，亦是脫陽。此雖稍緩，亦須急救。俱先以葱白數根，炒令熱，熨臍下，次用黑附子一枚，重一兩，炮製剉作八片，白朮、乾薑各半兩，人參一兩，木香二錢半，分作二貼，水二碗，煎一碗，放溫，灌下，須臾再進一貼，合渣併煎，再服。如無前藥，用官桂二兩，好酒二升，煎一升，分二服。又無桂，用葱白三七根，研細，酒五升，煮二升，分二服，灌下，陽氣即回。或生薑以酒煮，灌之。須用炒鹽熨臍及氣海，勿令氣冷則佳。男女交接過度，真氣大脫，昏迷不醒，俱勿放開，須兩陰交合，待氣還自甦。若就開合，必死難救。至慎！至慎！

清·郭章宜《本草匯》卷一二　黑附子　大辛，大熱，大毒。氣厚味薄，可升可降，陽中之陰，浮中沉，無所不至，為諸經引用之藥。好古：入手少陰三焦命門。救藏府之沉寒，溫暖脾胃。王氏《究原方》云：附子性重滯，溫脾逐寒。川烏頭性輕疎，溫脾去風。若是寒疾，即用附子。若是風疾，宜用川烏頭。又云：凡人中風，不可先用風藥及烏附，若先用氣藥，後用烏附，乃宜也。療反胃之蚘動，疏理脫陽。三陰寒毒，非此不回。三陽厥逆，捨此莫挽。補陽虛，益氣力。墮胎孕，敺寒濕。破癥瘕，祛寒疝。散麻痺腫滿，治泄痢攣膝。理虛人膈噎腫脹，主督脉脊強而厥。

按：附子，引導之藥也。禀雄壯之性，有斬關之能，善除六府沉寒，回手足厥逆。燥烈之氣，沉行而不守，非若乾薑之止而不行也。故為陰證必要之劑。凡傷寒傳變三陰，及中寒夾陰，雖身大熱而脉沉者，亦必用之。或厥冷腹痛，脉沉細甚，唇青囊縮者，亦急須用之。有退陰回陽之功，起死回生之力。近每遇陰證，疑不敢用，直待陰極陽竭而用之，已遲矣。且夾陰傷寒，內外皆陰，陽氣頓衰，必須急用人參以益其原，佐以附子溫經散寒，舍此不用，將何以救之？引補氣藥行十二經，以追散失之元陽。引補血藥，入血分以滋不足之真陰。引發散藥，得生薑則發散。開腠理以逐在表之風寒。引溫暖藥，附子無乾薑不熱。達下焦以祛在裏之冷濕。然不可多用。《經》曰壯火食氣故也。苟非陰寒寒濕，陽虛氣弱之病，而誤用于陰虛內熱，靡不立斃。如氣虛熱甚者，當少用，以行參耆之功。肥人多濕者，亦宜少用。仲景八味丸，用為少陰嚮導，不過借以行地黃之滯耳，非以附子為補也。王履曰：仲景八味丸，兼陰火不足者設。錢仲陽六味丸，為陰虛者設。乃補陽之藥，丹溪謂加為少陰嚮導，後世便因以為補藥，日夕相用，施之治風，殺人多矣。性最重滯，浮中沉，無所不到，非身表涼，四肢厥者，必不可用。趙嗣真曰：熟附配麻黃，發中有補，仲景麻黃附子細辛湯、麻黃附子甘草湯是也。生附配乾薑，補中有發，仲景乾薑附子湯、通脉四逆湯是也。李時珍云：陰寒在下，虛陽上浮，治之以寒，則陰氣甚而病增，治之以熱，則拒格而不納。熱藥冷服，下咽之後，冷體既消，熱性便發，而病氣隨愈，此熱因寒用，反治之道也。然補火居多，必妨涸水，臨證施治，決宜審謹。投之陽虛之候，肺腎本無熱證者，參朮無功，必加附子服之，即能起死。用之陰虛陽旺之人，形瘦脉數者，下咽遂不可救矣。

產川蜀、綿州、龍州者佳。象如芋子，附烏頭而生，取形矮圓平，有九角，如鐵色一個，沸湯炮，少頃去皮臍，切作四桠，用甘草二錢，煎濃汁，鹽水、薑汁、童便各半盞，慢火煑之，汁乾為度，隔紙烘乾，必內外俱黃，劣性方去，安地一宿，出火毒，焙乾用。以蹲坐正節角少重一兩者為上。有節，多鼠乳者次之。形不正，而傷缺風皺者為下。冬采為附子，主寒疾。春采為烏頭，主風疾。畏防風、黑豆、甘草、人參、黃耆、綠豆、童便、犀角。得桂、蜀椒、食鹽，下補命門衰敗之火。

清·蔣居祉《本草擇要綱目·熱性藥品》　附子　氣味：辛，溫，有大毒。可升可降，陽中之陰，浮中之沉，無所不至。入手少陽、足少陰、三焦命門之劑。　主治：風寒欬逆，溫中，散臟腑沉寒，拘攣膝痛。補虛散壅，脊強而厥。久病嘔噦，反胃噎膈，癰疽不斂，下痢赤白，助陽退陰。凡傷寒傳變三陰及中寒夾陰，雖身大熱而脈沉者必用之。近世陰症傷寒，往往疑似，不敢遽用，直待陰極陽竭，而莫之救，則惑之甚也。豈知附子稟雄壯之質，有斬關奪將之功，能引補氣藥行十二經，以追復散失之元陽，引補血藥入血分，以滋養不足之真陰，引發散藥開腠理，以祛逐在表之風寒，引溫暖藥達下焦，以驅除在裏之陰濕。功能退陰扶陽，起死回生，信不誣也。仲景八味丸用為少陰經之嚮導，又其性走而不守，健悍走下，以行地黃之滯。後人不審，相習為治風之藥，并為補藥，亦惑之甚也。又熟附配麻黃，發中有補，仲景麻黃附子細辛湯、麻黃附子甘草湯是也。又曰：附子無乾薑不熱，得甘草則性緩，得桂則補命門真火。川烏頭即生附子之母，氣辛溫，功同附子而稍緩。又曰：川烏頭性輕疎，溫脾去風。又云：服烏附藥，並宜冷服，謂陰寒在下，虛陽上浮，治之以寒，則陰氣益甚而病增，治之以熱，則拒格而不納，熱藥冷飲，下嗌之後，冷體既消，熱性便發，而病氣隨愈，不違其情，而致大益，此熱因寒用，反治之妙也。天雄乃種附子而內中生出者，又或附子中變換而出，其形長而不生子，故曰天雄。元素曰：非天雄不能補上焦之陽虛，但思上焦陽虛，即屬心肺之分，當用參、芪，不當用天雄。不知補下即所以益上，先賢非誤認上尖為上藥也。

清・閔鉞《本草詳節》卷一　附子　【略】凡使去皮尖并臍，以童便浸軟，切片，用生薑片分夾，外用麵包，灰火炮，聞薑香為度，如外黃內白，劣性尚存，再薄切，炒令表裏皆黃，仍童便浸少許時，取用。又陶氏製法：去皮臍，薑汁、鹽水各半甌，入砂鍋緊煮七沸，次用甘草、黃連各半兩，加童便緩煮一時，埋地下一日夜，曝乾用。【略】按：附子浮中沉，無所不至，能引補氣藥行十二經，追復散失之元陽，引補血藥入血分，滋養不足之真陰，引發散藥開腠理，驅逐在表之風寒，引溫暖藥直達下焦，祛在裏之冷濕。又須知熱因寒用之法，熱藥冷飲，下咽之後，冷體既消，熱性自發，而拒格之患免矣。又須知急用之法，傷寒直中三陰，或過服寒藥變陰，或裸病中寒，外雖顯有假熱之症，但脈沉細無力，急須用之，若遲疑，日久陰極陽竭，用亦無及矣。然附子有斬關奪命之能，性但走而不守，得乾薑則熱而守也。補藥多滯，少加附子引導，則不滯也。用者見確心靈，百發百中矣。

清・王翃《握靈本草》卷五　附子、烏頭天雄，附子、烏頭，並出蜀道綿州、龍州惟赤水一鄉者佳，餘處雖有，造得者力弱，不相似。烏頭如芋魁，附子如芋子，如子附母也。一云：春採者為烏頭，冬採者為附子。一云：俱八月採造。凡揀附子，以蹲坐正節角少，重一兩者佳。熟用以沸湯泡少頃，或童便浸三日，去皮臍，切作四椏，用甘草濃汁二鍾，慢火煎之，汁乾為度。或用甘草二錢，薑汁、鹽水、童便各半盞同煮，出火氣。生用只切薄片，以東流水同黑豆浸五日，晒乾用。　主治：附子，辛，溫，有大毒。主風寒欬逆邪氣，寒濕拘攣膝痛，破癥瘕積聚，霍亂轉筋，下痢赤白，溫中強陰，堅肌骨，墮胎，溫暖脾胃，除脾濕腎寒。補下焦之陽虛，治三陰傷寒，陰毒寒疝。中寒中風，痰厥氣厥，風濕麻痺，脚氣頭風，暴瀉脫陽，反胃噎膈，癰疽不斂，久漏冷疾。主治：烏頭主諸風，助陰退陽，功同附子而稍緩。

清・汪昂《本草備要》卷二　附子大燥，回陽，補腎命火，逐風寒濕。辛、甘，有毒，大熱純陽。其性浮而不沉，其用走而不守，通行十二經，無所不至。能引補氣藥以復散失之元陽，引補血藥以滋不足之真陰，引發散藥開腠理以逐在表之風寒，同乾薑、桂枝，溫經散寒發汗。引溫暖藥達下焦以祛在裏之寒濕。能引火下行，亦有津調貼足心者。入八味丸內，亦從地黃等補陰。治三陰傷寒，吳綬曰：附子陰症要藥。凡傷寒傳變三陰，中寒夾陰，身雖大熱，而脈沉細者，或厥陰腹痛，甚則唇青囊縮者，急須用之。若待陰極陽竭而用之，已遲矣。東垣治陰盛格陽，傷寒面赤目赤，煩渴引飲，脈七八至，但按之則散，用薑附湯加人參，投半斤，得汗而愈，此神聖之妙也。中寒中風，卒中曰中，漸傷曰傷。輕爲感冒，重則爲傷，又重則爲中。氣厥痰厥，虛寒而厥者宜之。如傷寒陽盛格陰，身冷脈伏，熱厥似寒者，誤投立斃，宜承氣、白虎等湯。咳逆風寒。嘔噦，胃寒。膈噎，膈噎多由氣血虛，胃冷、胃槁而成。飲可下而食不可下，槁在吸門，喉間之厭會也。食下胃脘痛，須臾吐出，槁在賁門，胃之上口也，此上焦，名噎。食下良久吐出，槁在幽門，胃之下口也，此中焦，名膈。朝食暮吐，槁在闌門，大小腸下口也，此下焦，名反胃。又有痰飲、食積、瘀血壅塞胃口者。如寒痰胃冷，則宜薑、附、參、朮；胃槁者當滋潤，宜四物、牛羊乳，血瘀者加韭汁。當與韭菜、牛乳二條參看論治。脾泄，命火不足。冷痢寒瀉，霍亂轉筋，脾虛寒客中焦爲霍亂，寒客下焦肝腎爲轉筋。熱霍亂者禁用。拘攣風痺，癥瘕積聚，督脉爲病，脊强而厥，小兒慢驚，痘瘡灰白，癰疽不斂，一切沉寒痼冷之症。《經》曰：陰盛生內寒，陽虛生外寒。助陽退陰，殺邪辟鬼，本草未載。通經墮胎。凡陰症用薑、附藥，宜冷服，熱因寒用也。蓋陰寒在下，虛陽上浮。治之以寒，則陰益盛；治之以熱，則拒格不納。用熱藥冷飲，下嗌之後，冷體既消，熱性便發，情且不違，而致大益，此反治之妙也。又有寒藥熱飲治熱症者，此寒因熱用，義亦相同也。《經》曰：正者正治，反者反治。如用寒治熱，用熱治寒，此正治也。或以寒治寒，以熱治熱，此反治也。《經》所謂必伏其所主，而先其所因。蓋借寒藥、熱藥爲反佐，以作向導也，亦曰從治。王好古曰：用附子以補火，必防涸水。如陰虛之人，久服補陽之藥，則虛陽益熾，真陰愈耗，精血日枯，而氣無所附麗，遂成不救者多矣。母爲烏頭，附生者爲附子，連生者爲側子，細長者爲天雄，兩歧者爲烏喙。五物同出異名。附子以西川彰明赤水產者爲最。皮黑體圓，底平八角，重一兩以上者良。或云二兩者更勝，然難得。生用發散，熟用峻補。趙嗣真曰：仲景麻黃附子細辛湯，熟附配麻黃，發中有補；四逆湯生附配乾薑，補中有發。其旨微矣。丹溪曰：烏、附行經，仲景八味丸用爲少陰向導，後世因以爲補藥，誤矣！附子走而不守，取其健悍走下，以行地黃之滯耳。相習用爲風藥及補藥，殺人多矣。昂按：附子味甘氣熱，峻補元陽。陽微欲絶者，回生起死，非此不爲功。故仲景四逆、真武、白通諸湯多用之。其有功于生民甚大，况古人日用常方，用之最多，本非禁劑。丹溪乃僅以爲行經之藥，而云用作補劑，多致殺人，言亦過矣。蓋丹溪法重滋陰，故每訾陽藥，亦其偏也。王節齋曰：氣虛用四君子湯，血虛用四物湯，虛甚者俱宜加熟附。蓋四君、四物，皆平和寬緩之劑，須得附子健悍之性行之，方能成功。附子熱藥，本不可輕用，但當病則雖暑熱時月，亦可用也。水浸，麵裹煨，令發坼，乘熱切片，炒黄，去火毒用。又法，甘草二錢，鹽水、薑汁、童便各半盞，煮熟用。今人用黑豆煮亦佳。畏人參、黄耆、甘草、防風、犀角、緑豆、童便，反貝母、半夏、栝蔞、白及、白斂。中其毒者，黄連、犀角、甘草煎湯解之，黄土水亦可解。烏頭功同附子而稍緩。附子性重峻，溫脾逐寒；烏頭性輕疏，溫脾逐風。寒疾宜附子，風疾宜烏頭。

烏附尖吐風痰，治癲癇，取其鋒鋭，直達病所。丹溪治許白雲，屢用瓜蒂、梔子、苦參、藜蘆等劑，吐之不透。後用附子尖和漿水與之，始得大吐膠痰數桶。天雄補下焦命門陽虛。寇宗奭、張元素皆云補上焦。丹溪曰可爲下部之佐。時珍曰：其尖皆向下生，故下行。然補下乃所以益上也，若上焦陽虛，則屬心肺之分，當用參、耆，不當用雄、附矣。治風寒濕痹，爲風家主藥，發汗又能止陰汗。側子散側旁生，宜于發散四肢，充達皮毛，治手足風濕諸痹。

清·吴楚《寶命真詮》卷三　附子　【略】傷寒傳受三陰及中寒夾陰，身雖大熱，而脉沉者必用之。厥冷腹痛，脉沉而細，唇青囊縮者急用之。近世往往不敢用，直至陰極陽竭，而後議用，晚矣！○大虛之證，參术無功，一加附子便神充進食。惟陰虛陽旺者忌之。

清·陳士鐸《本草新編》卷三　附子　味辛，氣溫、大熱，浮也，陽中之陽，有大毒。大者為天雄，小者為川烏。天雄過熱，不可用；川烏熱又太劣，不若附子之適于用也。製法：每個用甘草五錢，煮水一碗，將附子泡透，不必去皮臍尖子，正要全用為佳。取甘草至仁，以制不仁也。無經不達，走而不守，但可為臣使，佐群藥通行諸經，以斬關奪門，而不可恃之安撫鎮靜也。去四肢厥逆，祛五臟陰寒，暖脚膝而健筋骨，溫脾胃而通腰腎，真奪命之靈丹，回春之仙藥〔也〕。然而用之當，則立刻重生；用之不當，則片時可死。畏之而不敢用，因循觀望，必有失救之悲；輕之而敢于用，孟浪狂妄，又有悮殺之嘆。要在人辨寒熱陰陽，而慎用之也。夫附子，陽藥也，以陽治陰，最為相宜，以陽治陽，自然相惡。陽主熱，而陰主寒，有如冰炭，何至錯悮。惟陽似陰，而陰似陽，以假亂真，往往殺人慘于刀刃也。我今辨陰陽寒熱之殊，使用附子者盡生人，而不再悮殺人也。陰熱之症，乃腎水之耗，而腎中之火不能下安于腎宮，上冲於咽喉口齒之間，其舌必滑者也。論理大補其真陰之水，水旺而火亦下歸。然而，徒補其水，火雖少衰，終不能一時驟降，少用附子，同肉桂入于六味地黄湯中，大劑冷服，下喉而火即消，歸于腎內，上焦之熱，盡化為清涼矣，此用附子以治陰熱之秘法也。陽熱之症，乃心火之盛，移其熱于胃中，或發狂而大叫，或失神而譫語，手足反現冰冷，而胸前膈上多有發斑者，口必大渴呼水，而舌苔或紅、或黄、或灰黑，必燥而峭，開裂成紋者也。論理不必從治，竟用三黄石膏直治其火，火瀉而腎水不乾，可免亡陽之禍。然而火過于旺盛，用大寒之藥，恐致格拒，而不入，加附子一片，重一分，入于三黄石膏湯中，以火從火，引苦寒之藥下行，而不相背，熱性過而寒性發，自能瀉火邪于頃刻矣，此用附子以治陽熱之秘法也。陰寒之病，乃寒邪直中于腎經，此傷寒之猝病也。腎受寒邪，命門之火自不能藏，欲遁出于軀殼之外，而寒邪乘勝追逐，犯于脾則腹痛，犯于肝則脇痛，犯于心則心痛，或手足青者有之，或筋骨拘攣者有之，或嘔或吐，或瀉或利，甚則身青囊縮，死生懸于反掌，真危急存亡之秋也。探其舌必滑，急用附子二三錢、人參五六錢或一二兩、白术一二兩、乾薑二錢，同煎服之，下喉而陽回寒散矣，此治陰寒用附子之法有如此。陽寒之病，平素傷其脾胃之氣，不能榮衛于一身，以致風寒相犯，發熱惡寒，喜臥而不喜語言，喜靜而不喜紛擾，與之飲食，亦能知味，身雖熱，而神思甚清，脉必細微，氣必甚怯，此陽氣不足，而邪乃中之也，其舌雖乾而必滑，急用理中湯加附子一錢治之，正氣足而邪自散矣。溫甘除大熱，非此之謂歟。此治陽寒用附子之法，又如此。知此四治，觸類旁通，斷無悮用之失矣。

或問：附子有毒，用之得當，何以一服即回陽，有毒者固如是乎？附子之妙，正取其有毒也。斬關而入，奪門而進，非藉其剛烈之毒氣，何能祛除陰寒之毒哉。夫天下至熱者，陽毒也，至寒者，陰毒也。人感陰寒之氣，往往至手足一身之青黑而死，正感陰毒之深也。陰毒非陽毒不能祛，而陽毒非附子不勝任。以毒治毒，而毒不留，故一祛寒而陽回，是附子正有毒以祛毒，非無毒以治有毒也。

或問：附子入之于三生飲中，救中風之垂絶，何以必生用之乎？此實有妙義存焉。夫中風，非風也，乃氣虛而痰塞于心中，故一時猝中，有似乎風之吹倒也。若作風治，十死九矣。必須用人參為君，附子為佐，加之生南星、生半夏、生薑，而後可以開其心竅，祛逐其痰涎，使死者重生也。世人皆以為人參之功也。苟非附子，何以推蕩而奠寧哉？然此時用熟附子，正恐未必神效，往往有緩不濟事之憂。必生用之者，取其無所牽制，則斬關突圍而入，自能破勁敵于須臾也。藥中用霸氣而成功者，此類是與。

或問：參附湯之治陰寒直中，亦救一時之垂絕者，何以又不用生附子耶？夫熟附子之治直中陰寒也，欲救其回陽也。陰寒入于至陰之腎中，祛命門之火出外，而不敢歸宮，真火越出，而陰寒乘勢祛逐，元陽幾無可藏之地，此時而不大用人參，則元陽飛出于軀殼之外矣。然而徒用人參，不佐之以附子，則陰寒太盛，人參何能直入于腹中，以生元陽于無何有之鄉？既用附子，而不制其猛悍之氣，則過逐陰寒，一往不顧，未必乘勝長驅，隨陰寒而盡散，勢必元陽無可歸，而氣亦遽亡。故必須用熟者，同入于人參之中。既能逐陰寒之外出，又且引元陽之內歸，得附子之益，去附子之損，所謂大勇而成其大仁也。

或問：附子陽藥，宜隨陽藥以祛除，何以偏用之陰藥以滋補乎？蓋附子大熱之品也，入于陽藥之中者，所以救一時之急；入于陰藥之內者，所以治久滯之疴。凡陽虛之症，宜用陽藥救之，故附子可多用以出奇；陰虛之病，宜用陽藥養之，故附子可少用以濟勝。陽得陽而功速，陰得陽而功遲，各有妙用也。

或又疑附子之功，有以少而成功者，又是何故？夫急症宜多，而緩症宜少，此用附子之法也。但古人有用附子止一片而成功，非藉其斬關奪門之神也。蓋附子無經不達，得其氣而不必得其味，入于經而不必留于臟，轉能補氣以生氣，助補血而生血，而不至有增火益熱之虞，反成其健土開胃之效也。

或又問：附子何以必得人參以成功，豈他藥獨不可制之乎？夫人參得附子則直前，而無堅不破；附子得人參則功成，而血脉不傷。至于他藥，未嘗不可兼投。然終不知人參與附子，實有水乳之合也。

或問：繆仲醇論附子之害，其言亦可採否？噫。仲醇之心則仁矣，而論證尚未盡善也。如言外寒，脾陰不足，以致飲食無味，喜飲冷漿及鮮果，血虛腹痛，按之即止，火炎欲嘔，或乾霍亂，或久瘧寒熱並盛，老人精絕，陽痿，少年縱慾傷精，陰精不守，精滑，腦漏，婦人血枯無子，血枯經閉，腎虛小便餘瀝，夢寐紛紜，行履重滯，痹症，中風僵仆不語，中風口眼歪斜，中風言語蹇澁，中風半身不遂，中風痰多神昏，陰症癰疽未潰，其二十一症，皆必須用附子于補陰補陽，始能奪命奏功。而仲醇一概戒人勿用，庸醫執滯不通，堅信不用附子以回陽，又何以生陰以續命乎？雖仲醇過于謹慎，與其亂用殺人于頃刻，不若慎用以聽其自生。然而病實可生，任其悠忽，因循失救，而奄奄坐亡，亦行醫之過也。鐸所以將仲醇所忌七十二症之中，摘其宜用附子者，表而出之，以示人共救病以延生，勿坐視而聽死也。

或問：繆仲(仁)〔醇〕之過慎，未必非全生之道，吾子以其所忌者摘出，以示人之必用，萬一殺人，過不在子乎？嗟乎！仲(仁)〔醇〕之所慎者，正病所不必慎者也。豈獨不必慎，實症之不可慎者也。宜慎而不慎，與不可慎而亦慎者，皆非至中之道也。

清・顧靖遠《顧氏醫鏡》卷七　附子辛、甘，大熱，有毒。入脾腎二經。童便浸一日，去皮，切作四片，童便、濃甘草湯同煮，汁盡為度，則毒去矣。烘乾。生用則發散，熟用則峻補。重一兩以上，矮而孔節稀者佳。　補下焦之陽虛，故八味丸用以補右腎之真陽。除臟腑之沉寒。可升可降，浮中有沉，無所不至，走而不守，為諸經引用之藥。治暴猝中寒，凜慄無汗，厥逆吐利。因嚴冬寒邪直中少陰，脣青面白，凜慄無汗，厥冷直過肘膝，吐利色青，氣冷，小便清白，其脉微者宜用。療風寒濕痺，手足麻木，癱瘓疼痛。或拘攣不能動履，必無熱症者，可用。若鬱邪日久為熱，大忌。止脾胃冷洩，如洞泄完穀，澄澈清冷，腎火虛衰，五更溏泄。然腎泄亦有不可用熱藥者。除心腹寒痛。溫暖脾胃之功，固熱痛者，勿悮投之。能消水氣浮腫，必口不渴，不煩滿，大便溏，小便雖少而不赤濇，內無熱者，方可用之。善醫寒疝腹痛。若屬濕熱，則大忌之矣。退陰寒，益陽火，兼除寒濕之聖品。得肉桂，則入命門，益相火。引人參，挽回散失之元陽。同生薑，發散在表之風寒，佐白朮善除寒濕，得甘草能緩熱性。溫病熱病，暑病燥病，俱係熱病，萬無可用之理。即傳經傷寒，亦係熱病，與直中陰經不同。仲景諸方雖有用之，皆為悮汗吐下而設，原非正治之法。若東南中風，症皆非真中風寒，俱當遠避。陽厥症雖有肢體盡冷，指甲青黑，自汗發呃，吐蛔下利，身臥如塑，六脉無力，或微，或絕，種種似陰。審其內症，必氣噴如火，咽乾口臭，舌胎芒刺，渴欲飲冷，譫語太息，喜冷惡熱，心腹脹滿，按之痛甚，小便必黃赤短少，下利必臭穢殊常，悮投下咽必斃。至若陰虛內熱骨蒸，血液衰少諸病，吐衄腸紅崩漏，均為大忌。老人精絕，少年失志，遇極不適意之候。暑月濕熱，皆令陽痿，不可悮服辛熱。能墮胎，孕婦亦大忌之。世徒見療陽虛氣衰，有起死之功，不細審辨用之，是不操刀而殺人矣。故特著其害，以表其非輕用之藥也。初種者為烏頭即川烏，象烏之頭也。附烏頭而旁生者，為附子，如子附母也。附而長三四寸者，為天雄，功用相同。但附子性重滯，主寒疾。烏頭性輕浮，主風疾。

清·李熙和《醫經允中》卷二〇　附子　通行諸經。地膽為使。畏人參、甘草、黃芪、童便。忌豉汁。童便浸三日，去皮臍，作四塊，甘草湯浸三日，濕紙包煨，埋灰中二時分，蹲坐正節角少，重一兩為上。　辛，熱，大毒。主治臟腑沉寒，手足厥冷，督脉為病，脊強而厥，暖脾胃而祛寒濕，補命門而救陽虛，治疝家引痛欲絕，斂癰疽久潰不收。按：附子稟雄壯之性，有斬關之能，善除臟腑沉寒痼冷，故陰經直中寒邪，非此不治。脉沉而細，唇青囊縮厥冷，腹痛者，急宜用之。但熱毒之氣行而不守，若陰虛陽旺，形瘦脉數者用之，則不可救矣。俗醫不察，誤為補劑，日相慣用，寧不悮人？性能墮胎，孕婦弗服。又冬採為附子，夏採為烏頭，辛熱大毒，入脾腎二經，却風痺風痰，散寒邪寒痛，破堅除濕，亦善墮胎，與附子分別，但頂未圓正為異耳。又烏頭之有兩歧者，名烏喙，氣味主治同前。又附子傍出小顆名側子，其氣輕揚，主發散四肢風癥。

清·馮兆張《馮氏錦囊秘錄·雜症痘疹藥性主治合參》卷一　附子全稟地中火土燥烈之氣，兼得乎天之熱氣，故其氣味皆大辛大熱，微兼甘苦，而有大毒。氣厚味薄，陽中之陰，降多升少，浮中有沉，無所不至。入手厥陰命門、手少陽三焦，兼入足少陰、太陰經。其性走而不守，為峻補元陽，而除風寒濕三邪之要藥。

附子母為烏頭，附生者為附子，連生者為側子，細長者為天雄，兩歧者為烏喙，五物同出異名。以川產皮黑，體圓底平，重一兩以上者佳。大者力大，小者力微，宜製熟用，方多補益。主五臟沉寒，四肢厥逆，壯元陽元火，散陰濕陰寒，功專走而莫守，引諸藥通行諸經，暖腰膝健步，堅筋骨強陰。三陰寒毒非此不回，三陽厥逆捨此莫挽，風寒咳逆邪氣，溫中破癥堅積聚，寒濕痿躄拘攣，冷弱脚疼膝痛，腰脊心腹冷痛，霍亂轉筋，下痢中寒，中風，氣厥，痰厥，陰毒腹痛，寒瘧風痹。虛人隔噎腫脹，寒疝麻痹，奔豚，暴瀉脫陽，脾泄久痢，虛陽上浮，陰寒在下，腎厥頭痛，陽虛血症，小兒驚慢，痘瘡灰白，癰疽不斂，一切沉寒痼冷之症，並不可缺。如陰經直中真寒，生附投劑可禦。孕婦忌用，墜胎甚速。烏頭者，即附子之母也。或云春採為烏頭，冬採為附子，非也。附子性重滯，溫脾以逐寒。烏頭性輕疎，溫脾以去風。寒症用附子，風症用烏頭，均補下焦，治各稍異。烏附尖，吐風痰，治癲癇，取其銳氣，直達病所。側子發散四肢，充達皮毛，治手足風濕諸痹。若天雄者，形大則長，主寒濕冷痹，歷節拘攣，開關利竅，無非取其辛熱走竄，與烏頭功用相等。有曰：補虛寒，須用附子；散風濕，多用天雄。有曰：天雄之性不肯下，就而上行，所以能發散，而補上焦之陽虛。有曰：天雄、烏頭，氣壯性雄，均是補下焦命門陽虛之藥，補下即所以益上也。若上焦陽虛，乃心肺之分，則為元氣之元陽，而非真陽之真火，其補當參耆之屬矣。豈宜雄附耶？且烏附性熱善走，借以通達沉寒痼閉，溫中散寒則可。若欲溫而兼補，必君人參，或白朮氣分之藥，用之而始能。蓋陽，即氣壯也，熱也，行也；陰，即氣虛極也，寒也，止也。惟溫補氣分之藥，可以壯而行之，可以溫而達之，溫補之法，施於此也。其溫熱回陽之功在烏、附，而補益元氣之功重參、朮，如溫補者有參附湯、朮附湯，如平補者有獨參湯、白朮膏，從未有獨附湯以治沉寒虛脫之症也。蓋溫經不兼補益，則氣弱難以宣通，雖暫得溫行，終多壅滯，况書曰引補氣藥以追失散之元陽，引養血藥以扶不足之真陰，引發散藥以逐在表之風邪，引溫暖藥以祛在裏之寒濕，則知隨引異功者明矣。更曰：熟則峻補，故熟附配麻黃，發中有補，生則發散，故生附配乾薑，補中有散，是又以生熟而有異功矣。若附之無乾薑不熱，得甘草則性緩，得肉桂則補命門，此一定之成法。其變通之妙，存乎其人。若以附子大熱，大黃大寒，疑忌不用，則遇極寒極熱之危症，將何大力之藥挽回垂絕乎！善用兵者，天下無弱卒；善用藥者，天下無毒味。故書曰：病緩而用急藥，急則拂亂其經；病劇須用急藥，緩收援生不及。况病有虛而寒，有虛而熱，從未有寒而不虛者，是以治熱有涼補，有涼瀉，而治寒必溫補相兼，風可發散，從表，寒只溫中救裏也。

主治痘疹合參：主沉寒四肢厥逆。凡痘寒不起，泄瀉不止，灰白癢塌，寒戰咬牙，氣虛沉寒之症並用。宜以童便濕粗紙包裹，慢火中煨令極熟，方去皮臍，切作十字樣四塊，再以防風甘草黑豆煎湯，乘熱浸過晒乾用，或單以三味煎濃汁煮透用，亦可不必用童便浸煨也。蓋過製則性太緩耳。

按：附子稟雄壯之質，有斬關之能，必重用參朮駕驅，否則為禍不小。試思古人參附、耆附、朮附等湯，其理可見。譬如雖勇將當先，必軍糧繼後，方能成功矣。是以丹溪曰：氣虛熱甚者稍加附子，以行參耆之功，肥大多濕亦用。《集驗》曰：腫因積生，積去而腫再作，若再用利藥，小腫愈閉，醫多束手，蓋中焦氣不升降，為寒所隔，惟服附子，小便自通。吳綬曰：傷寒傳變三陰，及中寒夾陰，身雖大熱，而脉沉者必用附子，厥冷腹痛，脉沉細，唇青囊縮者，急用之，有起死之功。近人不明病情，復昧藥性，持疑不用，直至陰極陽竭而後用，用亦遲矣。殊不知書云：陽氣一分不盡則不死。要知陽者，人生之根本，而挽回垂絕之要領，亦虛寒對症之常藥，何足矜疑？惟陰虛內熱及內真熱而外假寒者，不可誤服。宜於肉桂按內參看。

清・张璐《本經逢原》卷二　附子

辛，熱，大毒。反半夏、瓜蔞、貝母、白斂。古方以一兩一枚者為力全，近時專取大者為勝。用鹽過多，雖一兩五六錢，製熟不及七八錢，且容易腐爛。若欲久藏，須同竈灰入罐中，置近火處，庶可經久。其性熱有毒。必正節、角少、頂細、臍正者為上，頂粗、有節、多鼠乳者次之，傷缺偏緺者為下。有兩歧者名烏喙，此稟氣不正，耑主大風頑痹。附子生用則散陰寒，熟用則助真元。生用去皮臍，熟用甘草、童便製。若欲久藏，一味甘草濃煎汁煮，汁盡為度。入陽虛補劑，用黃連、甘草製。凡中其毒，生萊菔汁及黃連解之。近時烏、附多產陝西，其質粗、其皮厚、其色白、其肉鬆、其味易行易過，非若川附之色黑、皮薄、肉理緊細，性味之辛而不烈，久而愈辣，峻補命門真火也。《本經》主風寒欬逆，邪氣寒濕，痿躄拘攣，膝痛不能行步，破癥堅積聚，血瘕金瘡。　發明：附子氣味俱厚而辛烈，能通行十二經，無所不至，暖脾胃而通膈噎，補命門而救陽虛，除心腹腰膝冷痛，開肢體痹濕痿弱，療傷寒呃逆不止，主督脈脊強而厥，救寒疝引痛欲死，斂癰疽久潰不收，及小兒脾弱慢驚，竝須製熟用之。附子為陰證要藥，凡傷寒陰證厥逆直中三陰，及中寒夾陰，雖身熱而脈沉細或浮虛無力者，非此不治。或厥冷腹痛，脈沉細，甚則唇青囊縮者，急須生附以峻溫散之。《本經》治風寒欬逆，當是陰寒呃逆，亥豕之謬。詳《本經》所主諸證，皆陰寒之邪乘虛客犯所致。其主金瘡者，是傷久氣血虛寒不能收斂，非血出不止之金瘡也。《別錄》又主腰脊風寒，脚氣疼弱，心腹冷痛等病，總取溫經散寒之力耳。附子稟雄壯之質，有斬關奪將之能，能引補氣藥行十二經，以追復散失之元陽；引補血藥入血分，以培養不足之真陰；引發散藥開腠理，以驅逐在表之風寒；引溫暖藥達下焦，以祛除在裏之冷濕。附子以白朮為佐，乃除寒濕之聖藥，然須竝用生者，方得開通經絡。若氣虛熱甚宜少用熟附，以行參、耆之力。肥人多濕亦宜少加烏、附行經。附子得乾薑、炙甘草名四逆湯，主少陰經寒證。得桂枝、甘草、薑、棗名桂枝附子湯，治風濕相搏，身體疼煩不能轉側。得白朮、甘草、薑、棗名朮附湯，治風虛頭重眩極。得麻黃、細辛名麻黃附子細辛湯，治少陰病發熱、脈沉。得大黃、芩、連名附子瀉心湯，治心下痞而惡寒汗出。得大黃、細辛名大黃附子湯，治脇下偏痛，發熱、脈弦緊。得參、朮、苓、芍名附子湯，治少陰病始得之，背惡寒。得茯苓、白朮、芍藥、生薑名真武湯，治少陰病腹痛，小便不利，四肢疼痛自利。得乾薑、葱白名白通湯，治少陰病，利下，脈微。若厥逆無脈，乾嘔而煩，面色赤，加葱白以通陽氣，此皆得配合之神妙，能起死回生於反掌間。生熟各隨本方。趙嗣真云：生附配乾薑補中有發，熟附配麻黃發中有補，宜生宜熟，不出此中妙用也。至於崔氏八味丸用為少陰嚮導，後世認為補藥，誤矣。東垣治陰盛格陽，面赤目赤，煩渴引飲，脈來七八至，但按之即散者，用乾薑附子湯，加人參半觔，服之得汗而愈。時珍云：陰寒在下，虛陽在上，治之以寒，則陰氣愈盛，治之以熱，則拒而不納。熱藥冷服，下咽之後，冷性即消，熱性便發，病氣隨愈，此熱因寒用之法也。附子性沉著，溫脾逐寒，烏頭性升發，溫脾去風。若寒疾即用附子，風疾即用烏頭，二藥俱走而不守，故墮胎為百藥長。然妊娠脈弦，發熱，胎脹，惡寒，小腹如扇，《金匱》用附子湯以安其胎，此神聖之妙用也。若傷寒發熱頭痛，皆除熱傳三陰而見厥逆脈沉，此厥深熱深之候證。必先發熱頭痛七八日或十餘日後而見厥冷脈沉，此為陽厥，大便必不瀉而閉。及溫疫熱伏厥逆與陰虛內熱火鬱於內而惡寒者，誤用，不旋踵告變矣。附子乃退陰回陽必用之藥。近世疑而不用，直待陰極陽竭而用已遲矣。且夾陰頭痛，足冷，上熱下寒，陰邪內盛，陽氣外衰，急需人參健脈，以益其原，佐以附子溫經散寒，捨此不用，將何救之。

清・浦士貞《夕庵讀本草快編》卷二　附子《本經》　附：草烏頭　白附子

楊天惠著其品有七，本同而末異。其初種生者為烏頭，附烏頭而傍生者為附子，左右而偶生者為鬲子，附而長者為天雄，附而尖者為天錐，附而上出者為側子，附而散生者為漏藍子，皆脉絡連貫，如子附母。而附子獨貴，故專名附也。產綿州者佳。又有生江左山南者，乃艸烏頭，其汁煎為射罔，非此同類。　附子大辛大熱，氣厚味薄，陽中之陰，入於少陰、三焦、命門之劑。且稟雄壯之質，有退陰回陽之力，斬關奪將之功，升降浮沉無所不達。如和以氣藥則能追復散失之元陽，同以血藥可以滋養不足之真陰，兼引發散之品開腠理以驅逐在表之風邪，更導溫暖之藥達下焦以祛除在裏之冷濕。況走而不守，非薑、桂之可比。凡三陰厥逆，心腹冷痛，暴泄脱瀉，寒濕痿躄，噎膈嘔噦，寒積癥瘕，癰疽不斂，小兒驚癎，痘瘡灰白，非此不愈。故仲景發中有補，麻黄附子細辛湯、麻黄附子甘草湯是也；補中有發，乾薑附子湯、通脈四逆湯是也。丹溪有云：氣虚熱甚，稍加附子以行參、芪之勢，肥人多濕，更為相宜。《集驗》去腫因積生，積去而腫再作，若復用利藥則小便愈閉，醫多束手。蓋中焦氣不升降，為寒所隔，惟服附子，小便自通。吳綬曰：傷寒傳變三陰及中寒夾陰，身雖大熱脉見沉細者，非附子曷能起死回生？倘內有真熱，外反假寒者，不可謾用。三者可為纖悉甚微矣。若烏頭乃原生之腦，得母之氣，守而不移，居乎中者也。側子、鬲子散生旁側，體無定位，其氣輕揚，宜其發散四肢，充達皮毛，為治風之劑。天雄則長而尖，其氣親上，宜其補上焦之陽虚。漏藍則餘氣所結，其形摧殘，故不入湯藥，恐損人目也。致於草烏汁煎射罔，至毒可知。雖有開頑痰、披風濕、治頑瘡，不可遽信，祇堪入膏，塗貼而已。若白附，固非一類，因其形體相似，故得同名。其性專入陽明，且能引藥勢上行。凡口眼喎邪，頭風眩運，化癥去疵，良有績也。按：王莽見孔休傷頰有痕，賜玉屑白附，更可證矣。

清・張志聰、高世栻《本草崇原》卷下　附子　氣味辛，溫，有大毒。主治風寒咳逆邪氣，寒濕踒躄拘攣，膝痛不能行走，破癥堅積聚，血瘕金瘡。

附子以蜀地綿州出者為良，他處雖有，為薄不堪用也。綿州領縣八，唯彰明出附子，彰明領鄉二十，唯赤水、廉水、昌明、會昌四鄉出附子，而又推赤水一鄉出者為最佳。其初種而成者，為烏頭，形如烏鳥之頭也。其附母根而生，雖相須實不相連者，為附子，如子附母也。旁生支出而小者，名側子。種而獨生無所附，長三四寸者，名天雄。附子之形以蹲坐正節，而側子少者為上，有節多乳者次之。形不正而傷缺風皺者為下。其色以花白者為上，黑色者次之，青色者為下，俗呼黑附子，正以其色黑，兼以別於白附之子名耳。附子稟雄壯之質，具溫熱之性，故有大毒。《本經》下品之藥，大毒、有毒者居多，《素問》所謂毒藥攻邪也。夫攻其邪而正氣復，是攻之即所以補之。附子味辛性溫，生於彰明赤水，是稟大熱之氣，而益太陽之標陽，助少陽之火熱者也。太陽陽熱之氣，不循行於通體之皮毛，則有風寒咳逆之邪氣。附子益太陽之標陽，故能治也。少陽火熱之氣，不游行於肌關之骨節，則有寒濕踒躄拘攣，膝痛不能行走之證。附子助少陽之火熱，故能治也。癥堅積聚，陽氣虚而寒氣內凝也。血瘕，乃陰血聚而為瘕。金瘡，乃刀斧傷而潰爛。附子具溫熱之氣，以散陰寒，稟陽火之氣，以長肌肉，故皆治之。《經》云：草生五色，五色之變，不可勝視。草生五味，五味之美，不可勝極。天食人以五氣，地食人以五味。故在天時，宜司歲備物；在地利，在五方五土之宜。附子以產彰明赤水者為勝，蓋得地土之專精。夫太陽之陽，天一之水也，生於膀胱水府，而彰明於上。少陽之陽，地二之火也，生於下焦之火，而赤日行天。據所出之地，曰彰明，曰赤水者，蓋亦有巧符者矣。學者欲知物性之精微，而五方生產之宜，與先聖命名之意，亦當體認毋忽。今陝西亦蒔植附子，謂之西附，性辛溫，而力稍薄，不如生於川中者，土厚而力雄也。又，今藥肆中零賣製熟附子，皆西附之類。蓋川附價高，市利者皆整賣，不切片賣，用者須知之。　凡人火氣內衰，陽氣外馳，急用炮熟附子助火之原，使神機上行而不下殞，環行而不外脱，治之於微，奏功頗易。奈世醫不明醫理，不識病機，必至脈脱厥冷，神去魄存，方謂宜用附子。夫附子治病者也，何能治命？甚至終身行醫，而終身視附子為蛇蠍。每告人曰：附子不可服，服之必發狂，而九竅流血；服之必發火，而癰毒頓生；服之必內爛五臟，今年服之，明年毒發。嗟嗟！以若醫而遇附子之證，何以治之。肯後利輕名而自謝不及乎？肯自居庸淺而薦賢以補救乎？必至今日藥之，明日藥之，神氣已變，然後覆之，斯時雖有仙丹，莫之能救。賢者於此，或具熱衷，不忍立而視其死，問投附子以救之，投之而效，功也。投之不效，亦非後人之過。前醫唯恐後醫奏功，祇幸其死，死後推過，謂其死，由飲附子而死。噫，若醫而有良心者乎，醫不通經旨，牛馬而襟裾，醫云乎哉。　如用附子，本身有一兩餘者，方為有力。側子分兩須除去之，土人欲增分兩，用木杯將側子敲平於上，故連側子重一兩五六錢者，方好。土人又恐南方得種，生時以戎鹽淹之，然後入杯敲平。是附子本無鹹味，而以鹽淹之，故鹹也。製附子之法，以刀削去皮臍，剖作四塊，切片，用滾水連泡二次，去鹽味、毒味，曬半燥，於銅器內炒熟用之。蓋上古司歲備物，火氣司歲，則備溫熱之藥。《經》曰：司歲備物，專精者也。非司歲備物，氣散者也。後世不能如上古之預備，故有附子火炮之說。近世皆以童便煮之，乃因訛傳訛，習焉不知其非耳。

清·姚球《本草經解要》卷一　附子　氣溫，大熱，味辛，有大毒。主風寒欬逆，邪氣寒濕，痿躄拘攣，膝痛不能行步，破癥堅積聚，血瘕金瘡。便浸，水煮去皮臍用。　附子氣溫大熱，則稟天春和之木氣，入足厥陰肝經。大熱則稟天純陽炎烈之火氣，入足少陰腎經。補助真陽，味辛而有大毒，得地西方燥酷之金味，入手太陰肺經。氣味俱厚，陽也。其主風寒欬逆邪氣者，肺受風寒之邪氣，則金失下降之性，邪壅於肺，欬而氣逆也。附子入肺，辛熱可解風寒也。寒濕之氣，地氣也，感則害人皮肉筋骨，而大筋耎短，小筋舒長，拘攣痿躄之症成焉。附子入肝，肝主筋。辛可散濕，熱可祛寒，寒濕散，而拘攣痿躄之症愈矣。膝痛不能行步者，肝腎陽虛，而濕流關節也。溫熱益陽，辛毒行濕，所以主之。癥堅積聚血瘕者，凡物，陽則輕鬆，陰則堅實，堅者皆寒凝而血滯之症也。附子熱可軟堅，辛可散結，溫可行滯也。金瘡寒則不合，附子溫肺，肺主皮毛，皮毛暖則瘡口合也。　製方：附子佐人參、肉桂、五味，補腎真陽。佐白朮，除寒濕。同人參、白芍、甘草、砂仁、陳皮，治慢驚。同白朮、肉桂、牛膝、木瓜、青皮，治寒疝。同人參、陳皮，治久病嘔噦。同人參、白芍、甘草、桂枝、北味，治傷寒誤汗下，真陽虛脫症。

清·周垣綜《頤生秘旨》卷八　黑附子　除六府沉寒，悍烈之藥也。能統領諸藥走下成功，厥逆痼冷，藉其回陽。陽證似陰用之，禍不旋(腫)〔踵〕。附子佐參、耆，但以麵煨，用其性走而不止，故能退熱。惟補腎則童便煮(熱)〔熟〕用。內傷之熱，氣虛化火，附佐參、耆，氣熱可以助陽，味辛可以散火。

清·王子接《得宜本草·下品藥》　附子　味辛，溫。熟附得麻黃發中有補，生附得麻黃補中有發。得人參能留陽氣，得熟地能固元陽。

清·徐大椿《神農本草經百種錄》下品　附子　味辛，溫。主風寒欬逆邪氣，寒邪逆在上焦。溫中，除中焦之寒。金瘡，血肉得暖而合。破癥堅積聚血瘕，寒氣凝結，血滯于中，得熱乃行也。寒濕踒躄，拘攣膝痛，不能行步。此寒邪之在下焦筋骨間者。

凡有毒之藥，性寒者少，性熱者多。寒性和緩，熱性峻速，入于血氣之中，剛暴駁烈性發不支，藏府嬌柔之物，豈能無害，故須審慎用之。但熱之有毒者，速而易見；而寒之有毒者，緩而難察，尤所當慎也。

清·黃元御《長沙藥解》卷四　附子　味辛、鹹苦，性溫。入足太陰脾、足少陰腎經。暖水燥土，泄濕除寒。走中宮而溫脾，入下焦而暖腎。補垂絕之火種，續將斷之陽根。治手足厥冷，開藏府陰滯。定腰腹之疼痛，舒踝膝之攣拘。通經脈之寒瘀，消疝瘕之冷結。降濁陰逆上，能回噦噫。提清陽下陷，善止脹滿。《傷寒》附子湯，附子一枚，茯苓三兩，白朮四兩，人參二兩，芍藥二兩。治少陰病，身體疼，骨節痛，手足寒，脈沉者。以少陰水旺，陰凝氣滯，故骨節疼痛。寒水侮土，脾胃不能溫養四肢，故手足厥冷。水寒木陷，故脈沉細。參、朮、茯苓培土而泄水，芍藥清乙木之風，附子溫癸水之寒也。《金匱》治妊娠六七月，子藏開，脈弦，發熱，其胎愈脹，腹痛，惡寒，少腹如扇。以水寒木鬱，陷而生風，故少腹如扇。子藏開張，陽氣下陷，是以發熱惡寒。脾土被剋，氣滯不通，是以腹痛胎脹。參、朮、茯苓培土泄濕，芍藥清其風木，附子溫其水寒也。　傷寒桂枝加附子湯，桂枝三兩，芍藥三兩，甘草二兩，生薑三兩，附子一枚，炮去皮，破八片，焙焦，大棗十二枚。治太陽中風，發汗遂漏不止，惡風，小便難，四肢微急，難以屈伸者。以表陽汗泄，衛虛失斂，是以汗漏不止。木鬱不能行水，是以小便不利。桂枝疏肝木之鬱陷，芍藥斂風氣之疏泄，甘、棗、生薑補土而和中氣，附子暖水以益陽根也。　附子瀉心湯，附子一枚，大黃二兩，黃連一兩，黃芩一兩。治太陽傷寒下後，心下痞鞕，而復惡寒汗出者。以下傷中氣，升降倒行，膽胃俱逆，胃心填塞，故心下痞鞕。君相二火，離根上騰，故下寒上熱，上熱熏蒸，是以汗出。大黃泄胃土之逆，黃連泄心火之逆，黃芩泄膽火之逆，附子溫癸水之寒也。《金匱》桂枝附子湯，桂枝四兩，甘草二兩，生薑三兩，大棗十二枚，附子三枚，炮去皮臍。治風濕相搏，骨節疼痛，不嘔不渴，小便不利。以水寒土濕，木氣下鬱，不能疏泄水道。薑、甘、大棗和中補土，桂枝疏乙木之鬱，附子溫癸水之寒也。　傷寒四逆湯方在甘草，真武湯方在茯苓，芍藥甘草附子湯方在芍藥，甘草附子湯方在甘草，乾薑附子湯方在乾薑，附子粳米湯方在粳米，大黃附子湯方在大黃，《金匱》黃土湯方在黃土，腎氣丸方在地黃，栝蔞瞿麥湯方在栝蔞，烏頭赤石脂丸方在烏頭，薏苡附子散方在薏苡，諸方皆用之，以溫脾腎之寒也。　《傷寒》小青龍湯方在麻黃治太陽傷寒，心下有水氣。若噎者，去麻黃，加附子一枚。水寒土濕，胃氣上逆則為噎。附子溫胃而降逆也。四逆散方在甘草治少陰病，四逆，腹中痛者，加附子一枚。水寒木鬱，賊傷己土則腹痛，加附子暖水而生木也。　理中丸方在人參治霍亂吐利，腹滿者，去朮加附子。水泛土濕，賊於乙木則為滿，附子暖水而燥土也。《金匱》竹葉湯方在竹葉治產後中風，頸項強，用大附子一枚，破之如豆大。太陽行身之背，自頭下項。寒水上逆，則頸項強。附子暖水而降逆也。　陰陽之理，彼此互根。陰降而化水，而坎水之中，已胎陽氣，陽升而化火，而離火之中，已含陰精。水根在離，故丙火下降而化壬水，火根在坎，故癸水上升而化丁火。癸水化火，陰升而化陽也，是以丁癸同經，而手少陰以君火主令，丙火化水，陽降而化陰也，是以壬丙共氣，而足太陽以寒水司權。陰陽交濟，水火互根，此下之所以不寒，而上之所以不熱也。水火不交，則熱生於上，而寒生於下，病在上下，而實緣於中氣之敗。土者，水火之中氣也。戊土不降，故火不交水而病上熱，己土不升，故水不交火而病下寒。升降之倒行者，火衰水勝而土濕也。火盛而土燥，則水枯而病實熱，陽明承氣之證是也。承氣之證少，真武之證多，以水易盛，而火易衰，燥易消，而濕易長，火衰土濕，丁火奔騰，而癸水泛濫，是以寒盛於中下也。　蓋火不勝水，自然之理。所恃者壯盛之時，生土以制之。至其漸衰，母虛子弱，火土俱虧，土無制水之權，而火處必敗之勢，寒水上淩，遂得滅火而侮土，火復而土甦則生，火滅而土崩則死，人之死也，死於火土兩敗而水勝也。是以附子、真武、四逆諸方，悉火土雙補，以勝寒水。仲景先師之意，後世庸工不能解也。附子沉重，下行走太陰而暖脾土，入少陰而溫腎水，腎水溫，則君火歸根，上熱自清，補益陽根之藥，無以易此。相火者，君火之佐也。君行則臣從，足少陽以甲木而化相火，隨君火下行，而交癸水。癸水之溫者，相火之下秘也。君火為藏，則相火亦泄。君相皆騰，是以上熱。而上熱之劇者，則全緣於相火。相火之性暴烈迅急，非同君火之溫和也。人之神寧而魂安者，二火之歸根也。君火飛則心懸而神悸，相火飄則膽破而魂驚，故虛勞內傷之證，必生驚悸。其原因水寒土濕，而二火不歸故也。庸工以為血虛，而用清潤之藥，諸如歸脾補心之方，誤世多矣。當以附子暖水，使君相二火歸根，坎府神魂自安。但欲調水火，必先治土，非用補土養中，燥濕降逆之味，附子不能獨奏奇功也。惟驚悸年深，寒塊凝結，少腹鞕滿，已成奔豚者，莫用附子。用之藥不勝病，反為大害。當以桂、附、椒、薑研熨臍下，積寒消化，用之乃受。凡內傷虛勞，以及各門雜病，皆緣中氣不足，水旺火奔，下寒上熱。未有下熱者。下寒若勝，即宜附子暖癸水而斂丁火，絕有奇功。至於傷寒三陰之證，更為相宜也。其下熱而不宜附子者，水寒土濕而木陷也。生氣不足，故抑鬱而生下熱，下熱雖生，而病本仍是濕寒，如崩漏遺帶，淋癃痔瘻，水疸氣鼓之證，悉木鬱下熱之證。但事清肝潤燥，而寒濕愈增，則木愈鬱而熱愈盛，法宜於薑、甘、苓、朮之內，副以清風疏木之品，鬱熱一除，即以附子溫其下焦，十有九宜。但法有工拙，時有早晚耳。　紙包數層，水濕，火中灰埋，煨熟，去皮臍，切片，砂鍋隔紙焙焦，用勿令黑。庸工用童便、甘草水浸，日久全是渣滓，毫無辣味，可謂無知，妄作之至矣。

清・吳儀洛《本草從新》卷二

附子〔大燥回陽，補腎命火，逐風寒濕。自附子至南星，皆大毒之品。〕辛，甘，大熱純陽。其性浮多沉少，其用走而不守。通行十二經，無所不至。能引補氣藥以復散失之元陽；丹溪曰：氣虛甚者稍加附子以行參、耆之功，肥人多濕亦用。引補血藥以滋不足之真陰；引發散藥開腠理，以逐在表之風寒；同乾薑、桂枝溫經散寒發汗。引溫暖藥達下焦，以祛在裏之寒濕。善引火下行，津調塗足心亦妙。治三陰傷寒戴陽，吳綬〔吳綬《傷寒蘊要》。〕曰：附子陰證要藥，凡傷寒傳變三陰，中寒夾陰，身雖大熱而脈沉細，或厥冷腹痛，甚則唇青囊縮，急須用之，若待陰極陽竭而用之已遲矣。東垣治傷寒陰盛格陽，面目俱變，煩渴引飲，脈七、八至，但按之則散，用薑附湯加人參，投半斤，得汗而愈，此神聖之妙也。中寒中風，卒中曰中，漸傷曰傷，輕為感冒，重則為傷，又重則為中。氣厥痰厥，咳逆，元陽下虧，生氣不布，宜同歸、地、人參用。自汗，《三因》〔陳言《三因方》〕有耆附、朮附、參附三湯。嘉言曰：衛外之陽不固而自汗則用耆附，脾中之陽遏鬱而自汗則用朮附，腎中之陽浮游而自汗則用參附。凡屬陽虛自汗，不能舍三方為治。嘔噦膈噎，膈噎多由氣血虛，胃冷胃槁而成。飲可下而食不下，槁在吸門，喉間之會厭也。食下胃脘痛，須臾吐出，槁在賁門，胃之上口也，此上焦，名噎。食下良久吐出，槁在幽門，胃之下口也，此中焦，名膈。朝食暮吐，槁在闌門，大、小腸下口也，此下焦，名反胃。又有痰飲食積，瘀血壅塞胃口者，如寒痰胃冷，則宜薑、附、參、朮。胃槁者當滋潤，宜四物、牛羊乳，瘀血者加韭汁。心腹冷痛，暴瀉脫陽，脾泄久痢，霍亂轉筋，寒客中焦脾胃為霍亂，寒客下焦肝腎為轉筋。拘攣風痺，癥瘕積聚，督脈為病，脊強而厥，小兒慢驚，痘瘡灰白，癰疽不斂，一切沉寒痼冷之證。《經》曰：陰盛生內寒，陽虛生外寒。開關門，消腫滿，《經》曰：腎者胃之關也，關門不利，故聚水而從其類也。嘉言曰：腎之關門不開，必以附子回陽，蒸動腎氣，其關始開，胃中積水始下，以陽主開故也。《集驗》曰：腫因積生，積去而腫再作，若再用利藥，小便愈閉，醫多束手。蓋中焦氣不升降，爲寒所格，唯服附子小便自通。縮小便，潔古曰：益火之源，以消陰翳，則便溺有節。壯陽退陰，殺邪辟鬼，通經墮胎，通宜冷服。熱因寒用也。蓋陰寒在下，虛陽上浮，治之以寒則陰愈甚，治之以熱則格拒不納。用熱藥冷飲，下嚥之後冷體既消，熱性便發，情且不違而致大益，此反治之妙也。又有寒藥熱飲以治熱證，此寒因熱用，義亦相同也。《經》曰：正者正治，反者反治。如用寒治熱，用熱治寒，此正治也。或以寒治寒，以熱治熱，此反治也。《經》所謂必伏其所主，而先其所因，蓋借寒藥熱藥為反佐，以作向導也，故亦曰從治。發散生用，峻補熟用。趙嗣真曰：仲景麻黄附子細辛湯，熟附配麻黄，發中有補。四逆湯，生附配乾薑，補中有發。其旨微矣。《明醫雜著》曰：氣虛用四君，血虛用四物，虛甚者俱宜加熟附。蓋四君、四物皆和平寬緩之劑，須得附子健悍之性行之，方能成功。附子熱毒，本不可輕用，但有病病當，雖暑熱時月亦可用也。景岳曰：今之用附子者必待勢不可為，不得已然後用之，不知回陽之功當於陽氣將去之際，漸用以望挽回，若既去之後，死灰不可復燃矣。但附子性悍，獨任為難，必得大甘之品，如人參、熟地、炙甘草之類，皆足以制其剛而濟其勇，斯無往不利矣。丹溪曰：烏、附行經，仲景八味丸用為少陰向導，後世因以為補藥，誤矣。附子走而不守，取其健悍走下以行地黄之滯爾。相習用為風藥及補藥，殺人多矣！訒庵曰：附子味甘氣熱，峻補元陽，陽微欲絕者，起死回生非此不為功，故仲景四逆、真武、白通諸湯多用之。其有功於生民甚大，況古人日用常方用之最多，本非禁劑。丹溪乃僅以為行經之藥，而云用作補劑多致殺人，言亦過矣。蓋丹溪法重滋陰，故每訾陽藥，亦其偏也。若內真熱而外假寒，熱厥似寒，宜承氣、白虎等湯。因熱霍亂等證，服之禍不旋踵，陰虛者亦不可加入滋陰藥中常服。好古曰：用附子以補火，必防涸水。若陰虛之人，久服補陽之藥則虛陽益熾，真陰愈耗，精血日枯而氣無所附麗，遂成不救者多矣。從前附子皆野生，所產甚罕，價值甚高而力甚大。近今俱是種者，出產多而價值賤，力甚薄。土人以鹽醃之，愈減其力。陝西出者名西附，四川出者名川附，川附為勝。川附體鬆而外皮多細塊，西附體堅而外皮光潔。以皮黑體圓、底平八角、頂大者良。修治法：煎極濃甘草水將附子泡浸，剝去皮臍，切作四塊，再濃煎甘草湯泡浸令透，然後切片，慢火炒黄而乾，放泥地上出火毒。有用水浸，麵裹煨令發拆，則雖熟而毒仍未去，非法之善者。有用黑豆煮者，有用甘草、鹽水、薑汁、童便煮者，恐煮之氣味煎出，其力尤薄。且製不過欲去其毒性爾，若用童便，是反抑其陽剛之性矣，尤非法之善者。唯用甘草湯泡浸則毒解而力不減，允為盡善矣。畏人參、黄耆、甘草、防風、犀角、綠豆、童便。反貝母、半夏、栝樓、白及、白斂。中其毒者，黄連、犀角、甘草煎湯解之，或用黄土水澄清亦可解。附生者為附子。

清・吳儀洛《本草從新》卷二　烏附尖〔宣吐風痰。〕　吐風痰，治癲癇。取其銳氣直達病所。丹溪治許白雲，屢用瓜蒂、梔子、苦參、藜蘆等劑吐之不透，後用附子尖和漿水與之，始得大吐膠痰數碗而安。

清・汪紱《醫林纂要探源》卷二　附子　辛，甘，大熱。一莖獨上，旁分兩支，各三葉，直幹，又抱有小葉，頂作花，葉與花俱略似單瓣菊，根下結魁如芋，曰烏頭，附烏頭生而圓好端正，曰附子。附子之根開兩歧者，曰烏喙。形細而長，兩角下向者曰天雄。旁乳之小而未成者，曰側子。西秦、川蜀皆出，以四川彰明赤水者為最。皮黑體圓臍平，下尖八角，重一兩外者良。補命門之火，左旋以生肝木。辛熱。潤腎，補肝。後行督脈，通行十二經。生用走表，開腠理，通關竅，逐寒風，清濕之邪。治猝中風寒，痰厥暴卒，用之湧吐。及大寒在表，關竅不開，皆宜生附以開之。熟用行裏，水浸，裹麪煨之，發拆後，切片炒黄，退冷用。回欲盡之陽，滋已燥之血。燥，枯萎也。此以溫脾胃，使滋氣血，交心腎而濟水火，如六脈沉微不見，陽欲盡也。六脈洪數無倫，按之即散，亦陽欲盡也。用熟附以回之，加入補氣血藥中，使命火存，則脾胃有所溫而氣血生，肝木得所生而春令行，三焦得其潤而決瀆利耳。如陰陽否隔，上下不通，則合寒藥芩、連之類用之，所以交心腎於黄庭而通上下也。製用滋本，童便浸七日，或加鹽及薑汁合和煮熟，一以殺其毒，一以引使下行歸腎命也。固命火於寒水之中，逐淫邪於沉痼之地。性急，製用則從容下行，有以滋化之源，如八味丸是也。凡風寒濕燥之邪，沉痼積聚於脾胃、大小腸、膀胱及血分，及積而成痺痿、瘕疝、冷痢、寒瀉在下焦者，皆可統治。用尖則直達尤速，如其所指。尖下向根也，以為向上則誤矣。生用外行，熟用內行，皆能直達病所。有大毒。甘草、童便、黄連、犀角、菉豆、黑豆皆可解。胎孕忌。下同。

清・顧世澄《瘍醫大全》卷六　論瘡瘍附子不可輕用　夫附子，味辛而甘，氣溫，大熱，有大毒。製法以童便煮而浸之再用，文武火以烈其毒，且可助下行之力，入鹽尤捷。此佐使之藥，通行諸經，其性善走而不守，浮中沉，無所不致。陽中之陽，故行而不止，用之得宜，有奪旗斬將之功。用之不宜，有殺身殞命之禍。每人參一錢為君，止可下附子一二分為使，再加甘草以解其毒。內外之症，遇嚴寒時候，瘡口沉塌，四肢厥冷，寒濕疼痛，痿躄拘攣，膝痛不能行步，腰脊風寒伏陰，傷寒，方可下附子。不審陰陽虛實，一槩用之，使人服後火鬱中焦，氣鬱下焦，咆哮喘急，頃刻而斃。凡用附子者，豈可不細審之乎？又曰：解附子毒，令多吸新水，連飲數碗，遂大嘔洩，方解其毒。此又不可不知也。

清・嚴潔等《得配本草》卷三　附子俗呼黑附子。　地膽為之使。畏防風、甘草、人參、黄耆、黑豆、綠豆、烏韭、童溲、犀角。惡蜈蚣。忌豉汁。大辛，大熱，有大毒。入手少陰經，通行十二經絡。主六腑沉寒，回三陰厥逆。

雄壯悍烈之性，斬關奪門之氣，非大寒直中陰經，及真陽虛散幾脫，不宜輕用。

引補氣藥，追復失散之元陽。引補血藥，滋養不足之真陰。引發散藥，驅逐在表之風寒。引溫暖藥，祛除在裏之冷濕。得蜀椒、食鹽，下達命門。配乾薑，治中寒昏困。配黑山梔，治寒疝諸痛。配生薑，治腎厥頭痛。配肉果粥丸，治臟寒脾泄。配白朮，治寒濕。配半夏、生薑，治胃中冷痰。配澤瀉、燈心，治小便虛閉。兩尺脈沉微者可用。配煅石膏等分為末，入麝香少許，茶酒任下，治頭痛。合荊芥，治產後瘛瘲。生用為宜。若血虛生熱、熱生風者，投之立斃。合肉桂，補命門相火。

童便浸，粗紙包煨熟，去皮、臍，切塊，再用川連、甘草、黑豆、童便煎湯，乘熱浸透，曬乾用。或三味煎濃汁，去渣，入附子煮透用。回陽，童便製。壯表，麵裹煨。亦是一法：或蜜炙用，或蜜煎用。

中其毒者，生甘草、犀角、川連，煎湯服之可解。

怪症：兩足心凸腫，頭黑硬如釘，脛骨生碎孔，骨髓流出不止，身發寒顫，但思吃酒，不想飲食，此肝腎冷熱相吞也。用製附子研末調塗，內服韭子湯，效。

世人僅見陽虛無熱者，投之有起死之功，而不知陰虛火動者，下嚥無救死之法。何竟以附子為補劑，虛弱者非此不可。因見水虧火炎，滋陰多不見效，動以為寒涼傷胃，溫補可除大熱，必須參、附，然後見功。涼補既久，暫投一二，或者暫覺爽健。豈知內火一起，變害非常，即使復進涼補，求日前之安泰而不可得。又見傷寒陽證，時疫火症，大半手足厥逆，舌苔粉白，喜熱飲，大惡寒涼，錯認為內真寒、外假熱，進附、桂以助命門之火，且曰浮游之火，附、桂引之，而火自歸元，因之枉殺人命，不可勝指。

題清・徐大椿《藥性切用》卷四　川附子　辛甘大熱，入腎命而通行十二經。生用暖腎藏，以祛寒濕。熟用補命火，以回元陽。鹽水炒黑，耑入腎藏。燥濕功勝，兼益元氣，下寒上(熟)〔熱〕，裏寒外熱之症，最宜。

清・黃宮繡《本草求真》卷一　附子補命火，逐冷厥。　附子耑入命門。味辛大熱，純陽有毒，其性走而不守。好古曰：其性走而不守，非若乾薑止而不行。通行十二經，無所不至，為補先天命門真火第一要劑。凡一切沉寒痼冷之症，用此無不奏效。吳綬曰：附子乃陰症要藥，凡傷寒傳變三陰，及中寒夾陰，雖身大熱，而脈沉者必用之。或厥冷腹痛脈沉細，甚則唇青囊縮者，急須用之，有退陰回陽之力，起死回生之功。近世陰症傷寒，往往疑似不敢用附子，直待陰極陽竭而用之，已遲矣！且夾陰傷寒內外皆陰，陽氣頓衰，必須急用人參以益其原，佐以附子溫經散寒，捨此不用，將何以救之？故書皆載能治寒毒厥逆。書曰：陰陽不相順接謂之厥。又曰：厥者盡也，逆者亂也，即血氣敗亂之謂也。凡厥有陽有陰，但察傷寒初起，頭痛發熱惡寒，後則四肢厥冷，乍溫，大便燥實，譫語發渴，揚手擲足，不惡寒但惡熱，脈來沉滑而數，重按有力，是為陽厥，宜用承氣白虎等湯以治。若初起並無身熱頭痛，便惡寒，四肢厥逆，直過肘膝不溫，唇與爪甲青黑，欲引衣倦臥，二便清利，不渴，或腹痛泄利清穀，或凜凜面如刀刮，或口吐涎沫，或乾嘔呃逆，脈來沉細無力，方謂陰厥，宜用附子理中湯、四逆湯以治。　呃逆嘔噦，寒呃症不一端，有悞服寒涼水飲，停心而致氣逆而呃，有陽氣衰微，內寒迫其相火上衝而呃，有偶食生冷陽氣不得舒發而呃，有陰寒直中於胃而致氣不克舒而呃，有吐利後胃氣虛寒而呃者。《經》曰：病深者必發噦，屬於胃中虛寒者屬多。　膈噎脾泄，食至喉即返，是槁在於吸門厭會，其症謂噎，食下胃脘，須臾吐出，是槁在於賁門，胃之上口，其症謂膈。食下良久吐出，是槁在於幽門，胃之下口，其症謂之反胃。歷考諸書，皆以噎膈為有火，反胃為無火。而士材又謂但察脈大有力，嘔吐酸臭，當作熱治；脈小無力，嘔吐清水，當作寒醫。色之黃白而枯者為虛寒，色之紅赤而澤者為實熱，能合色脈，庶乎無悞。汪昂云：脾泄，命火不足。　冷痢寒瀉，霍亂轉筋，拘攣風痹，癥瘕積聚，督脈為病，脊強而厥，小兒慢驚，痘瘡灰白，癰疽不斂，皆屬於寒者。　其入補氣藥中，則追失散之元陽；入發散藥中，則能開腠理以逐在表之風寒；入溫暖藥內，則能以祛在裏之寒濕虞搏。獨書所云，入補血藥，則能以滋不足之真陰。緣陰與陽，相為依附，補陽即所以滋陰，若使水虧火盛，用以辛熱純陽，不更使火益盛而水益虧乎！好古曰：非身涼而四肢厥逆者，不可僭用，服附子以補火，必防涸水。　故崔氏八味丸中，用此以為補陰嚮導，使陰從陽復，然丹溪謂其雄悍無補，而且殺人，其言似謬。荊府都昌王體瘦而冷，無他病，日以附子煎湯飲，兼嚼硫黃，如此數(世)〔歲〕。蘄州衛張百戶，平生服鹿茸、附子藥，至八十歲康健倍常。宋張杲《醫說》載趙知府耽酒色，每日煎乾薑熟附湯，吞硫黃金液丹百粒，乃能健啖，否則倦弱不支，壽至九十。他人服一粒即為害，若此數人者，皆其臟腑稟賦之偏，服之有益無害，不可以常理概論也。　但陰極似陽，服之不宜熱投。時珍曰：陰寒在下，虛陽上浮，治之以寒，則陰氣益甚而病增；治之以熱，則拒格而不納。熱藥冷飲，下咽之後，冷體既消，熱性便發，而病氣隨愈，不違其情而致火益，此反治之妙也。　發散附子須生，如四逆湯，生附配乾薑之類。用補附子宜熟，如仲景麻黃附子細辛湯，熟附配麻黃之類。　以西川彰明赤水產者為最。皮黑體圓，底平八角，重二兩者良。　水浸麵裹，煨令發拆，乘熱切片。　反半夏、烏頭。即附子之母。　性輕逐風，不似附子性重逐寒。烏附尖能吐風痰，以治癲癇，取其直達病所。常山吐瘧痰積飲在於心下，瓜蒂吐熱痰在膈，木鱉子引吐熱毒從痰外出，萊菔子吐氣痰在膈，參蘆吐虛痰，烏附尖、藜蘆吐風痰。天雄細長，獨夥無附，其身大於附子，其尖向下，能補下焦命門陽虛，然辛熱走竄，止屬主治風寒濕痹之品。側子連生附側，宜於發散四肢，故治手足風濕諸痹，其功皆與附子補散差殊。畏人參、黄耆、甘草、防風、犀角、菉豆、童便。反貝母、半夏、栝蔞、白及、白斂。中其毒者，黄連、犀角、甘草節煎湯解，黄土水亦解。

清・沈金鰲《要藥分劑》卷一〇 附子 【略】鰲按：熱藥不但附子，一切薑、桂皆然。以此等治陰虛之人，固不免有不救之患，即陰陽俱虛，或陰虛更甚于陽者，以熱藥治之，亦必為害，且不特附子、薑、桂為然。即如人參，原以補陽，余曾見一醫，治一陰虛之婦，其醫性喜用枯燥藥，服藥數月，每日並進人參，病竟不痊，且愈多枯燥象。可見人參補陽，雖有益陽生陰之用，但必同滋陰藥，然後能使陰分充足。若但與補陽藥用之，未見其有濟也。讀書好古者，當推廣之。

清・楊璿《傷寒溫疫條辨》卷六熱劑類 附子反半夏、栝蔞、貝母、白及、白斂。中其毒者，以犀角、黄連、甘草、黑豆煮湯解之，是其所畏者也。 生者味辛甘，醃者味辛鹹，性大熱，有大毒，陽中之陽。其性浮中有沉，走而不守。除表裏沉寒，厥逆口噤。仲景有四逆湯。且能引火歸原，制伏龍火。仲景有白通加人尿猪膽汁湯。善助參、耆成功，尤贊地、萸建效。無論表裏，但虛寒脉細無神者，皆當急用。仲景有附子湯。孕婦切忌之。

川烏頭：即春間所採附子之嫩小者，主中風洗洗出汗。烏頭、梔子等分，鹽水煎服。治疝氣，内鬱熱而外束寒者。

側子：即附子旁出小顆，其性輕揚，主發散，為風疹及四肢發散要藥，反、惡、性味相類。

辨附子製法：稽之古人，有單用童便煮者，有用薑汁、鹽水煮者，有用黄連、甘草湯煮者，有數味兼用製之者，其中宜否，最要詳辨。夫附子之性熱而剛急，走而不守，土人以鹽醃之，故其味鹹而性降。今人所以用之者，正欲用其熱性，以固元陽，以補脾胃，以行參、耆、地、萸等功。若製以黄連，則何以助其回陽？若製以鹽水，則更以助其降性。若製以童便，則非唯更助其降，而脾胃大虛者，尿臭一入，極易動嘔，是藥未入口而先受其害，且令沉降尤速，何以達脾？唯薑汁一製，直中陰寒者用之最良。若常用而欲得其補性者，又不必用此。余意總不如用甘草，酌附子之多少對用，煮極濃湯，先浸三二日，剝去皮臍，切為四塊，再易甘草濃湯，浸三二日，捻之軟透，切為薄片，入鍋，文火炒至將乾，口嚼尚有辣味，是其度也。若炒太乾，則過熟而無辣味，其熱性全失而無用矣。其所以必用甘草者，蓋以附子之性急，得甘草而後緩；附子之性毒，得甘草而後解；附子之性走，得甘草而後益心脾；附子之性散，得甘草而後調榮衛。此無他，不過濟之以仁而成其勇耳。若急用，則以麵裹而火炮者亦可。直中陰寒厥逆將危，緩不及待，則單用炮附，不必更用他法。夫天下之制毒者莫如火，火之制毒者，以能革物之性，故以氣遇火則失其氣，以味遇火則失其味，剛者革其剛，柔者革其柔。如但煮之極熟，全失辣味，狀若蘿蔔之可食矣，尚何補益之有？今人祇知附子之畏，而不知過熟之無用也。

清・許豫和《許氏幼科七種・怡堂散記》卷下 附子 野生者近時難得，本草所稱底平八角，重一兩已上者，則野生數年之附子。今之附子，雖出西川，皆種而生，如種芋然，一歲一收，那得底平八角，較之野生則力薄矣。凡用須自製，揀大者，小便中浸三日，洗淨，晾乾，麪裹煨令發坼。乘熱切片，磁瓶收好用。

仲景《傷寒論》附子用作驅寒之藥，八味丸，附子為少陰嚮導，其補自在地黄。後世以附子為補，悞矣！附子走而不守，何補之有？

清・羅國綱《羅氏會約醫鏡》卷一六草部 附子辛，甘，有毒，畏人參、黄芪、甘草、綠豆。製法：刮淨黑皮及肚臍，切作四片，童便浸三日，洗淨，米泔浸二日，俱每日更換，後用甘草煎汁待冷，浸一日，濾乾鋪於碗内，蒸熟，不得過熟，薄咀片，微火焙乾，忌日晒。若中寒陰甚，宜濕紙包煨，開拆即用。 氣味大熱純陽，其性走而不守，通行諸經。能助補氣補血藥，一時成功；引發散藥，以逐在表之風寒；同乾薑、桂枝用。溫暖藥，以祛在裏之寒濕。同白术、乾薑用。 治傷寒傳變三陰，及陰證似陽。此論已詳傷寒陰證門。凡中寒、中風、氣厥、痰厥、虛寒厥逆。咳逆風寒、嘔噦胃寒、噎膈胃冷、脾泄、命火不足。冷痢、霍亂轉筋、寒客中焦為霍亂，寒客下焦肝腎為轉筋。若霍亂屬熱者忌用。拘攣、癥瘕、積聚、小兒慢驚、痘瘡灰白、癰疽不斂、寒疝、脹滿、蚘蟲、麻木、格陽喉痹、陽虛二便不通、暖腰膝，堅筋骨，一切沉寒冷痼之病，無論在表在裏，但脉細無神者，所宜急用。按：附子退陰益陽，祛寒濕之要藥也。若誤用於陰虛内熱，及婦人有孕者，下胎甚速。禍不旋踵。

清・陳修園《神農本草經讀》卷四 附子 氣味辛，溫，有大毒。主風寒咳逆邪氣，溫中，金瘡，破癥堅積聚，血瘕，寒濕痿躄，拘攣，膝痛不能行步。以刀削去皮臍，每個剖作四塊，用滚水微溫泡三日，一日一換，去鹽味，曬半燥，剖十六塊，於銅器炒熟用之。近世以便煮之，非法也。

陳修園曰：《素問》謂以毒藥攻邪是回生妙手，後人立補養等法是模棱巧術，究竟攻其邪而正氣復，是攻之即所以補之也。附子味辛氣溫，火性迅發，無所不到，故為回陽救逆第一品藥。《本經》云：風寒咳逆邪氣，是寒邪之逆於上焦也；寒濕痿躄，拘攣，膝痛不能行步，是寒邪著於下焦筋骨也；癥堅積聚，血瘕，是寒氣凝結，血滯於中也。考《大觀》本咳逆邪氣句下，有溫中金瘡四字，以中寒得暖而溫，血肉得暖而合也。大意上而心肺，下而肝腎，中而脾胃，以及血肉筋骨營衛，因寒濕而病者，無有不宜。即陽氣不足，寒氣內生，大汗、大瀉、大喘、中風、卒倒等症，亦必仗此大氣大力之品，方可挽回。此《本經》言外意也。

又曰：附子主寒濕，諸家俱能解到，而仲景用之，則化而不可知之謂神。且夫人之所以生者，陽也，亡陽則死。亡字分二字，一無方切，音忘，逃也，即《春秋傳》出亡之義也；一微夫切，音無，無也，《論語》亡而為有，孟子問有餘曰亡矣之義也。誤藥大汗不止為亡陽，如唐之幸蜀。仲景用四逆湯、真武湯等法以迎之；吐利厥冷為亡陽，如周之守府，仲景用通脈四逆湯、薑附湯以救之。且太陽之標陽外呈而發熱，附子能使之交於少陰而熱已。少陰之神機病，附子能使自下而上而脈生，周行通達而厥愈。合苦甘之芍、草而補虛，合苦淡之苓、芍而溫固，玄妙不能盡述。按其立法，與《本經》之說不同，豈仲景之創見歟？然《本經》謂氣味辛溫有大毒七字，仲景即此比悟出附子大功用。溫得東方風木之氣，而溫之至則為熱，《內經》所謂少陰之上君火主之是也。辛為西方燥金之味，而辛之至則反潤，《內經》所謂辛以潤之是也。凡物性之偏處則毒，偏而至於無可加處則大毒。因大毒二字，知附子之溫為至極，辛為至極也。仲景用附子之溫有二法：雜於苓、芍、甘草中，雜於地黃、澤瀉中，如冬日可愛，補虛法也；佐以薑、桂之熱，佐以麻、辛之雄，如夏日可畏，救陽法也。用附子之辛，亦有三法：桂枝附子湯、桂枝附子去桂加白朮湯、甘草附子湯，辛燥以祛除風濕也；附子湯、芍藥甘草附子湯，辛潤以溫補水臟也；若白通湯、通脈四逆湯，加人尿豬膽汁，則取西方秋收之氣，保復元陽，則有大封大固之妙矣。後世虞天民、張景岳亦極贊其功。然不能從《本經》中細繹其義，以闡發經方之妙，徒逞臆說以極贊之，反為蛇足矣。

清・齊秉慧《齊氏醫案》卷三 製附子法　頂大附子，有蓮花瓣，頭圓底平者佳。童便浸五七日，候透，揭去皮，切四塊，仍浸三四日，用粗紙數層包之，浸濕，煨灰火中，取出切片，檢視有白星者，仍用新瓦上炙熱，至無星為度。如急用者，切薄大片，銅鍋內用童便煮三四沸，熱瓦上焙乾，至熟用之。八味丸藥，能伐腎邪，皆君主之藥，宜加減用。加減不依易老之法，亦不能收效。今人有加人薓者，人薓乃是脾經之藥，到不得腎經。有加知母、黃柏者，有去澤瀉者，皆不知中景立方之本意也。烏乎！其可哉。

清・黃凱鈞《藥籠小品》 附子　辛甘大熱，其性純陽多浮，其用走而不守，通行經絡，無所不至。能引補氣藥，以復失散之元陽；引補血藥，以滋不足之真陰；引發散藥，逐在表之風寒；引溫暖藥，祛下焦之寒濕。治中寒中風，心腹冷痛，暴瀉脱陽，脾虛久泄，拘攣風痹，小兒慢驚，痘瘡灰白，一切沉寒痼冷之症，開關門，消水腫。通宜冷服，熱因寒用。發散生用，峻補熟用。若內有真熱，外見假寒，服之禍不旋踵。從前附子野生產罕，價貴功力亦大；近今多是種者，土人以鹽醃之，其性愈減。烏頭天雄，名異用同。

清・王龍《本草纂要稿・草部》 黑附子　味辛、甘，性溫、熱，有毒。壯元陽益腎，散寒濕溫脾。除四肢厥逆，去五臟沉寒。暖腰膝健步，堅筋骨強陰。內傷熱甚不宜，功專走而不守。

清・張九思《審病定經》卷上 予每遇大虛之後，參、朮無功，必加附子，便得神奇食進。但陰虛陽旺，形瘦脈數者，不可輕投。按：附子稟雄壯之性，有斬關之能。引補氣藥以追散失之元陽，引補血藥以滋不足之真陰，引發散藥以逐在表之風寒，引攻裏藥以助真陽虛寒。而藥不能下者，引溫暖藥以祛在裏之寒濕。其功宏矣，此為虛寒者最宜，不可少也。汪訒庵曰：熟附配麻黃，發中有補。生附配乾薑，補中有發。仲景之旨微矣。戴元禮云：附子無乾薑不熱，得甘草則性自緩。朱丹溪曰：氣虛熱甚者少加附子，以行參芪之功，肥人多濕者亦宜之。李時珍曰：陰寒在下，虛陽上浮，治之以寒，則陰氣益甚；治之以熱，則拒而不納。若以熱藥冷飲，下咽之後，冷體既消，熱性便發，病體隨愈。此熱因寒用之法也。羅紫尚曰：用附子有二義，生附子驅陰以散寒，熟附子回陽以溫經。二者効同而用異，其功最宏，其義甚切，惟在智者運用之妙耳。每見三陰寒甚之證，陰寒甚極，證見頭懸身重，一身疼痛，四肢麻痺，倦怠嗜臥，腹痛作泄，或結或嘔吐，脈見浮虛無力，或來細數亦無力者，便是伏陰。切忌麻黄等汗劑，即服附子理中、薑附湯而亦無功。世醫到此束手而待斃者甚眾。予嘗用加味四逆湯，生附子去皮六錢，乾薑三錢，甘草三錢，法夏二錢，砂仁二錢，吳萸二錢，洋參二錢，服一二劑，每見奇功。若氣虛甚者，更加芪、术，但二劑後，以熟附易生附再服之，則在裏之陰寒始得盡解，且在外之表邪亦可以自去矣。予嘗試之，而屢驗。噫！惜今人不得此訣，失此良方，往往畏而不用，以致得此重陰者百無一生，真可慨也。

清・吴鋼《類經證治本草・手少陽三焦藥類》 附子 【略】誠齋曰：諸家紛紛而論，各有己見不同，學者當識其理，不可泥其偏。附子元不能補人，又不可畏之如蠍。能用之者，必得大功。如陽氣大虧，陰寒極盛，此人所知用。而有陽氣虛寒，補而不應，必加用附子，以行參、芪之力，極效而速。陰血虛寒，補而不應，必加附子童便製過，以行歸、地之力，亦即取效。又脾虛溏瀉，火不生土之症，必須扶脾補土之中加以附子，方能見功。此非附子能補氣血，是借其流行三焦營衛，則補之能無所不至矣。惟小兒陰氣未全，不可輕用附子，以夭折嬰孩性命也。【略】〇烏附尖：【略】誠齋曰：吐中風痰涎。〇漏藍子：【略】誠齋曰：不宜入湯服，止可外敷腫毒，此乃由跛，非附子之未成者。

清・張德裕《本草正義》卷下 附子 辛，麻，微甘，醃鹹，大熱。陽中之陽，善走不守。治表裏一切寒證，暖五臟，回陽氣，除霍亂，嘔噦反胃，心腹脹疼，肢體拘攣，寒邪濕氣，風濕麻痺，瀉痢等證。凡脉細無神，氣虛無熱者，皆當速用。

清・楊時泰《本草述鉤元》卷一〇 附子 出犍為山谷及少室，近以蜀道綿州、今屬成都，領縣八，惟彰明出附子，彰明領鄉凡二十，惟赤水為多。龍州者為良，他處雖有，力薄不堪用也。十一月播種，入春生苗，莖類野艾而澤，葉類地麻而厚，花則瓣紫蕤黄，苞長而圓，實類桑椹，子細且黑，九月采根乃佳。其品凡七：初種之化者為烏頭，少有旁尖，身長而烏。附烏頭而旁生，雖相須實不相連者，曰附子。左右附而偶生者，曰鬲子。種而獨生無附，長三四寸者，曰天雄。附而尖者，曰天錐。附而上出者，曰側子。附而散生者，曰漏藍子。皆脈絡連貫，如子附母，而附子以貴，故專附名也。凡種一而子六七以上，則皆小種，一而子二三，則稍大，若子特生，則特大。附子之形，以蹲坐正節角少者為上，有節多鼠乳者次之，形不正而傷缺風皺者為下。又附子之色，花白者為上，鐵色者次之，青綠者為下。天雄、烏頭、天錐皆以豐實盈握者為勝，漏藍、側子卑卑不數也。漏藍即雷斅所謂木鱉子，日華所謂虎掌，鬲子即烏喙，天錐即天雄之類，方書並無此名，功用當相同耳藪。

氣味大辛大熱，微兼甘苦而有大毒。氣厚味薄，可升可降，浮中沉無所不至。入手厥陰命門、手少陽三焦，兼入足少陰、太陰經。其性走而不守，非若乾薑止而不行。補下焦陽虛，治六腑沉寒，五臟痼冷，主傷寒直中三陰諸證，寒疝內結，脾虛濕淫腹痛，或虛冷腫脹，臟冷脾泄，暴瀉脫陽，久冷反胃，久痢休息，寒濕痿痹拘攣，腰脊膝痛，脚疼冷弱不能行步，更治偏風半身不遂，頭風，腎厥頭痛。皆因陽虛。又療下血虛寒，癰疽久漏。全稟地中火土燥烈之氣，而兼得乎天之熱氣以生仲淳。烏附乃氣化之物，而復能化氣，絕無一點陰翳，惟可對待有形陰寒一段真陽，真有另闢乾坤，貞下起元意不遠。稟雄壯之質，有斬關奪將之氣，能引補氣藥行十二經，以追復散失之元陽；引補血藥入血分，以滋養不足之真陰；引發散藥開腠理，祛逐在表之風寒；引溫暖藥達下焦，祛除在裏之冷濕虞摶。散寒發陰，必以辛熱東垣。發之一字，為從陰中而透真陽，使陰得化而為用也。附子乃陰證要藥，凡傷寒傳變三陰，及中寒夾陰，雖身大熱而脈沉者，必用之，或厥冷腹痛，脈沉細，甚則唇青囊縮者，急須用之吳綬。合參上條雖身大熱必用，則知惟以脈為準也。治外感證，非偏身表涼四肢厥者，不可僭用。治內傷證，縱身表熱甚，而氣虛脈細者，正宜速入《述》。治濕藥中，宜少加之引經。又益火之原，以消陰翳，則便溺有節，烏附是也潔古。凡用烏附，並宜冷服者，熱因寒用也。蓋陰寒在下，虛陽上浮，治之以熱，則拒格而不納，熱藥冷飲，下咽之後，冷體既消，熱性便發，不違其情而致大益，此反治之妙也仲景治寒疝內結用蜜煎烏頭，《近效》治喉痹用蜜炙附子含咽，丹溪治疝氣用烏頭、梔子並熱因寒用也。東垣治傷寒陰盛格陽，面赤目赤，煩渴引飲，脈來七八至，但按之則散，用薑附湯加人參，投半斤，得汗而愈，此則神聖之妙也。瀕湖。佐以白术，為除寒濕之聖藥潔古。助甘緩，參、芪以成功；健潤滯，地黄以奏力《述》。氣虛熱甚者，宜少用附子以行參、芪。肥人多濕，亦宜少加烏附以行經丹溪。附子無乾薑不熱，得甘草則性緩，得桂則補命門原禮。蓋附子入十二經，而肉桂補陽，其氣之厚者親下，專入命門，故藉其同氣以招之，俾歸命門而大為補益也。得生薑則發散，以熱攻熱，又導虛熱下行以除冷病肅。得生乾薑、桂枝，主傷寒直中陰經，溫中散寒而能出汗。佐人參、肉桂、五味，補命門相火不足，回陽有神。得人參、肉桂，治虛人暴寒入腹，痛泄，完穀不化，小水不禁。得參、芪、芍、味、陳皮、甘草，主癰疽潰去膿血過多，致飲食不進，惡心欲嘔，不生肌肉，亦主久漏冷瘡。得人參、芍藥、炙草、陳皮、砂仁，主小兒慢驚。加蓮肉、扁豆，治吐瀉不止。得朮、桂、牛膝、木瓜、橘皮，立止寒疝痛極。得白朮、木瓜、石斛、萆薢、薏苡、橘皮、茯苓，治風濕麻痹腫痛及脚氣之無熱證者。得人參、橘皮，主久病嘔噦，反胃虛而無熱者。陽虛痹氣，身非衣寒，中非受寒，氣血不行，一身如從水中出，此陽虛陰盛，名曰痹氣，附子丸主之。黑附子、川烏通剉碎炒黄，官桂、川椒、菖蒲、炙草各一兩，骨碎補、天麻、白朮各五錢，為末，煉蜜丸如梧子，每服三十丸，空心，溫酒下。髓少骨痹身寒，重衣不能熱，腰脊疼不得俛仰，脚冷受熱不遂，此腎脂枯涸不行，髓少筋弱凍慄，故攣急，附子湯主之。黑附子、獨活、防風各七分，川芎、丹參、萆薢、天麻、白朮、菖蒲、山萸、牛膝、甘菊各五分，官桂、炙草、細辛各三分，當歸一錢，黄芪七分，枳殼四分，生薑五片，不拘時服。久冷反胃，大附子一箇，坐磚上，四面着火，漸逼，以生薑自然汁淬之，再逼再淬，約薑汁盡半盌乃止，研末，每服一錢，粟米飲下，三服瘥，或以猪腰子切片，炙熟蘸食。又方：用薑汁打糊，和附子末為丸，大黄為衣，每溫水服十丸。脾虛濕腫，大附子五枚，去皮四破，以赤小豆半升，藏附子於中，慢火煮熟，去豆，焙研末，薏仁粉打糊，丸梧子大，每服十丸，蘿蔔湯下。陰水腫滿，大附子、童便浸三日夜，逐日換尿，以布擦去皮，搗如泥，酒糊和丸小豆大，每服三十丸，煎流氣飲送下。腫疾喘滿，凡腫因積得，既取積，而腫再作，小便不利，更用利藥，性寒而溺愈不通，醫者束手矣。此緣中下焦氣不升降，為寒痞隔，故水凝而不通，惟服沉附湯。用生附子一箇，去皮臍切片，生薑十片，沉香一錢，磨水，同煎，食前冷飲，附子雖三五十枚亦無害，小兒每服三錢。中風偏廢，羌活湯，用生附子一箇，去皮臍，羌活、烏藥各一兩，每服四錢，生薑三片，水一盞，煎七分服。風毒攻注頭目，痛不可忍，大附子一枚，泡去皮，為末，以生薑一兩，大黑豆一合炒熟，同酒一盞，煎七分，調附末一錢，溫服。虛火上行，背內熱如炙者，附子末津調，塗涌泉穴。腎氣上攻，頭項不能轉移，椒附丸，用大熟附子一枚為末，每二錢，以椒二十粒，用白麪填滿椒口。薑七片，水一盞半，煎七分，去椒入鹽，空心點服，此假椒氣下達，以引逆氣歸經也。氣虛上壅，偏正頭痛，不可忍者，蠍附丸。大附子一枚，剜心，入全蠍去毒三枚在內，以餘附末，同鍾乳粉二錢半，白麪少許，水和作劑，包附煨熟，去皮研末，葱涎和丸梧子大，每椒、鹽湯下五十丸。氣血兩虛頭痛，用補劑不愈者，加桂、附引火歸元，並得陰隨陽生之義，乃效。久痢休息，熟附子半兩，研末，雞子白二枚搗和，丸梧子大，傾入沸湯，煮數沸，漉出作兩服，米飲下。小便虛閉，兩尺脈沉微，用利水藥不效者，虛寒也。附子一箇，炮去皮臍，鹽水浸良久，澤瀉一兩，每服四錢，水一盞半，燈心七莖，煎服愈。按：附子本治陽虛陰盛之證，乃有暴瀉脫陽，與使內氣脫等病，雖由陰不能為陽之守而不得不急治其標者，請更悉之。脫陽證或因大吐大瀉之後，或因房色過度，元氣不接，四肢逆冷，不省人事，此為最急，救之稍緩，便死。又傷寒新瘥與婦人交，其證小腹緊痛，外腎搐縮，面黑氣喘，冷汗自出，亦係脫陽。俱先以葱白數根炒令熱，熨臍下，次用黑附子一枚重一兩，炮製剉作八片，白朮、乾薑各半兩，人參一兩，木香二錢半，分二帖，水煎減半，放溫灌下，須臾再進一帖，合渣併煎，再服。如無前藥，用官桂二兩，好酒二升，煎一升，分二服。又無桂，用葱白三七根研細，酒五升，煮二升，分二服灌下，陽氣即回，或以酒煮生薑灌之，須用炒鹽熨臍及氣海，勿令氣冷則佳。至於男女交接過度，真氣大脫，昏迷不醒，切弗放開，須待氣還自甦，若便放開，必死難救。

論：附子為手少陰、三焦、命門之劑，所稟辛熱，有合於壬水配丁，由命門而生心，故其效用即由心而透命門之用。心為火主，而氣者火之靈，故謂由心而透命門之用。然心主血，血者真陰之化醇，又即從陰中而透真陽，使陰得化而為用也。所謂益火之元，以消陰翳者，有專能焉。夫真火在水中，陰火是也。水不足，則不能生火，又有水虛而火熾者。火不足，則不能化水，又有火微而水竭者。所謂陰翳，即火不足而水不化者也。雖然，有真陽微，而外來之寒邪，以同氣相感而劇，如三陰傷寒諸證中寒、寒疝之類。有陽虛甚，而本來之陰氣，以不得合化而病，如脾虛腫臟寒脾泄之類。所患諸證，外內之因自殊，然總不出於陽虛。《經》曰：氣虛者寒也。濕即寒水之化。先哲曰：氣虛者多寒濕，溫寒即所以除濕，是即消陰翳而補虛散壅者也。其補真陽也，使陽之虛而上浮者，即於極上收之，如腎厥頭痛之類； 使陽之虛而下脱者，即於極下固之，如暴瀉脱陽之類； 又能使陽虛而筋節緩、機關弛者，即於筋節機關而強之堅之，如腰脚冷弱之類。 種種治效，總本君火，而返於所始之命門，以建殊功耳。 又慮誤據其大辛大熱，恒慮誤用以消元陰，乃虛寒下血者何以投之固血？ 又慮誤用以助強陽，乃陽淫化風者何以投之散風？ 蓋血槖於氣聚，氣守而血自止，風淫於陽浮，陽歸而風自散，豈非命門相火原於手厥陰包絡，暢於足厥陰肝乎。 既主命門真火，故十二經絡無不通，浮中沉無不至，其有開關奪將之猛者，原於龍火燔騰無前也。 但屬陰中之陽，如水虛而火熾者，投之禍烈，即水不足而火不生者，亦當先滋其化原，而未可倒施，憒憒者漫曰使陰生於陽，是混於陽中之陰以論也。

烏頭： 其形象烏之頭，此附子之母也。 附子頂圓正，烏頭頂歪斜，以此別之。天雄、烏喙、側子又皆烏頭所生，生子多則因象命名，若生子少及獨頭者，即無此數物也。 有兩種： 出彰明者，即附子之母，今人謂之川烏頭。 其産於江左、山南等處者，乃《本經》所列烏頭，今謂之草烏頭是也。 草烏之功，詎能助益元陽與川烏等，不可不辨。 主除寒濕，行經散風邪，治諸風痹血痹，半身不遂，破諸積冷毒。 補命門不足，及肝風虛好古。 助陽退陰，功同附子而稍緩瀕湖。附子性重滯，溫脾逐寒。 川烏頭性輕疎，溫脾去風。 若是寒疾即用附子，風疾即用川烏頭又。 凡人中風，不可先用風藥及烏附。 若先用氣藥，後用烏附，乃宜又。 治麻痹多用烏附，其氣暴，能衝開道路，故氣愈麻，及藥氣盡而正氣行，則麻病癒矣守真。 烏龍丹，主風病癱緩，手足嚲曳，口眼喎斜，語言蹇澀，步履不正，川烏頭去皮臍、五靈脂各五兩，為末，入龍腦、麝香各五分，滴水丸如彈子大，每服一丸，先以生薑汁研化，暖酒調服，一日二服，至五七丸有效，十丸而痊。 風寒濕痹，四肢麻木不遂，生川烏頭末，每以香白米煮粥一盌，入末四錢，慢熬得所，下薑汁一匙，蜜三大匙，空腹啜之，或入薏仁末二錢，此湯極有力。 諸風癇疾，生川烏頭去皮二錢半，五靈脂半兩，為末，豬心血丸梧子大，每薑湯化服一丸。 心痛疝氣，川烏、山梔各一錢，為末，順流水入薑汁一匙調下。 此濕熱因寒鬱而發，梔子降濕熱，烏頭破寒鬱，烏頭為梔子所引，其性急速，不留胃中也。 寒疝，腹痛遶臍，厥冷自汗，脈弦而緊，用大烏頭煎。 大烏頭五枚，去臍，水三升，煮取一升，去渣，納蜜二升，煎令水氣盡，強人服七合，弱者五合，不瘥，明日更服。

天雄： 有二種： 一是蜀人種附子生出長者，或種附子而盡變成長者。如種芋形狀不一之類。 一是他處草烏頭之類，自生成三寸已上者。 入藥須用蜀産，更經釀製。 天雄散寒，為去濕助精陽之藥東垣。 補虛寒須用附子，風家多用天雄，取其尖角多熱性，故能敷散也宗奭。 天雄、烏頭氣壯形偉，可為下部之佐丹溪。 烏、附、天雄皆下焦命門陽虛之藥，補下所以益上也。 其臍乃向上生苗之處，其尖皆向下生，故其氣下行。 若是上焦陽虛，即屬心脾之分，當用參、芪矣。 寇氏言其不肯就下，潔古言其補上焦陽虛，皆是誤認尖為上爾瀕湖。

總論： 烏頭即附子之母，何以烏治風，附治寒？ 按《本草》冬采為附子，是烏頭生子已成者。 春采為烏頭，是未生子而止采其母也。 雖同為助陽退陰之藥。 但采於春者，合乎風木之氣，即以致其用於風； 采於冬者，正值寒水之氣，乃以效其能於寒。 所以烏頭補陽緩於附子，而好古云補風虛，洵不妄也。 既補風虛，則通經絡以去壅，其功為最，又能療血痹矣。 天雄亦烏頭所生，但生子多，則因象命名，生子少即無此物，然則天雄雖能補陽，其力當大減於附子，且難與烏頭同論也。以其不兼散風之故。

繆氏： 附子性質氣味，無非火熱，若非陰寒寒濕，陽虛氣弱之病，而誤用於陰虛内熱，血液衰少，傷寒溫熱陽厥等證，靡不立斃。凡病陽厥，若係傷寒、瘟疫，其先必發熱頭疼口渴，其後雖頭不疼，而表熱已除，然必面赤顴紅，二便不利，小水必赤，或短少，此當下之病也。 故凡病人一見内熱口乾咽乾舌乾，渴欲引飲，痰嗽煩躁，五心煩熱，骨蒸勞熱，内熱外寒，虛火上攻齒痛，脾陰不足，飲食無味，小便黄赤短澀及不利，大便不通或燥結，腹内覺熱悶，喜飲冷漿及鮮菓，畏火及日光，兼畏人聲水聲，虛陽易興，夢泄不止，目昏神短，耳鳴口苦，多汗惡熱，心經有熱，夢寐紛紜，血虛腹痛，按之即止，火炎欲嘔，外類反胃而惡熱焦煩，得寒暫止，久瘧寒熱並盛，中風僵仆不語，中風口眼歪斜，中風語言蹇澀，中風半身不遂，中風痰多神昏，産後發熱，血行不止，及惡瘡臭穢，下部濕熱，行履重滯，濕熱痿痹，濕熱作瀉，濕熱脚氣，凡病屬陰虛，無關陽弱，亦非陰寒，法所均忌。

修治： 凡烏、附、天雄須用童便浸透，煮過，以殺其毒，並助下行之力，入鹽少許尤好，或以小便浸二七日，揀去壞者，以竹刀每切四片，井水淘淨，逐日換水，再浸七日，曬乾用丹溪。 按： 附子生用則發散，熟用則峻補，生用者或童便浸而不煮，或去皮臍薄切，以東流水並黑豆浸五日夜，漉出，日中曬乾，入藥。熟者如丹溪法極佳，或同甘草二錢，鹽水、薑汁、童便各半盞，同煮熟，出火毒一夜，用之則毒去也。

清・葉桂《本草再新》卷三　附子味甘，辛，性熱，有毒。入心、肝、腎三經。宣陽氣而升邪鬱，通經水而益腎衰。溫中燥濕，治陰寒，瘰疝痔。

清・吳其濬《植物名實圖考》卷二四　附子　《本經》下品。有烏頭、烏喙、天雄、側子、漏藍子諸名，詳《本草綱目》所引《附子記》。今時所用，皆種生者，南人製為溫補要藥；其野生者為射罔，製為膏以淬箭，所中立斃，俗謂見血封喉。得油則解，製膏者見油則不成。其花色碧，殊嬌纖，名鴛鴦菊。《花鏡》謂之雙鸞菊，朵頭如比邱帽，帽拆，內露雙鸞並首，形似無二。外分二翼一尾，凡花詭異者多有毒，甚美甚惡，物亦有然。

雩婁農曰：楊天惠著《附子記》綦詳，且謂盡信書則不如無書，目覩手記，蓋實錄矣。但古人所用皆野生，川中所產皆種生。野生者得天全，種生者假人力，栽培滋灌久之，與果蔬同，性移而形亦變矣。泮林桑椹，鴞鳥革音，禿髮之後為劉，拓跋之後為元，唐之蕃將多賜姓李，謂重瞳之苗裔皆重瞳，豈有是哉！土沃者花重，地埆者根瘦，東人不信西方有容狐之瓜，北人不信南粵有扛輿之蒿。然謂天下之瓜皆可容狐，天下之蒿皆可扛輿，則著述者實誑汝矣。近時山居泉寒，餌附子以兩計，其毒箭以射禽者，則取野生射罔用之，大者無毒，而小者毒烈，是豈物之本性哉？黃山谷嘗畫大壺盧，人問之，則曰，有背大壺盧者，賣其子種之，仍小壺盧，不知種大壺盧自有法，非別種也。附子一物，而有天雄、烏頭、側子、漏藍諸形，則肥磽、雨露、人事不同所致歟？彼一歲、二歲、三歲之說，其亦未可盡廢也。

清・趙其光《本草求原》卷六毒草部　附子　辛，溫，大熱，毒。主治風寒咳逆邪氣，太陽陽熱之氣不周於皮毛，則寒邪逆於上。附子益太陽之標陽。寒濕踒躄拘攣，膝痛不能行走。少陽火熱之氣不行於肌關之骨節故也，附子能助少陽之火，則寒不下着。破癥堅積聚，陽氣虛而寒氣內凝。血瘕，血寒聚而為瘕。金瘡。寒在血肉則刀傷潰爛，而肌不長。川產者佳。今市者皆陝西附子，其力薄。宜火氣司歲之年收之。水浸、火炒用。若童便煮則力減。

川烏頭：乃初種而未生附子者，如芋之類，主風證。其附烏頭根生而不相連者，為附子，如芋之有子也；旁生支出而小者名側子；獨生無附，長三四寸者名天雄。臍皆上生，尖則向下，故皆益上焦之陽以補下，不可泥於天雄益上、附子補下之說。須選蹲坐正節，側子又少，除去側子，其附子有一兩重，色花白者為有力，有節多乳者次之，形不正而黑皺者下。

清・葉志詵《神農本草經贊》卷三　附子　味辛，溫。主風寒欬逆，邪氣溫中，金創，破癥堅積聚血瘕，寒濕痿躄，拘攣膝痛，不能行步。生山谷。

附母旁萌，嚴冬盈積。蹲坐形端，乳垂甄摘。力薄縮拳，側生連脈。畏惡猥多，禱神祈獲。

韓保昇曰：烏頭旁如芋散生者，為附子。陶弘景曰：冬月采。楊天惠記：附子之形，以蹲坐正節，角少為上。有節多鼠乳者，次之。七月采者，謂之旱水，拳縮而小，是未成者。又附而上者為側子，皆脈絡連貫。此物畏惡猥多，不能常熟，園人將采，常禱於神。

清・文晟《新編六書》卷六《藥性摘錄》　附子　辛，溫，大熱，有毒。走而不守，耑入命門，補真火，治寒毒厥逆，脾泄冷痢，拘攣風痹，陰寒腹痛喜按，小兒慢驚，痘瘡灰白，一切沉寒痼冷之症。○若水虧火盛，及一切熱症忌之。凡陰極似陽者，不宜熱服。○制用甘草湯浸三日，剝去皮臍，另用甘草湯再浸一日夜，切片炒乾。○急則用濕帋包，頻添沃甘草湯，或煨或炙，熟切開，再以甘草湯炒熟。亦有用水浸三日，麪裹煨熟者。○反半夏、貝母、瓜蔞、白及、白斂。○烏頭，逐風。○烏附尖，吐風痰，治癲癇。○天雄，尖向下，補下焦命門陽虛。然辛熱走竄，只能治風寒濕痹。○側子，連生附側。宜發散，止治四肢風痹。製片及反忌均與附子畧同。○中附子毒，黃連、犀角、甘草節，各煎服可解。

清・劉東孟傳《本草明覽》卷一　附子　【略】按：附子、烏頭、烏喙、天雄、側子，實出一種，治各不同。蓋天雄長而尖者，其氣親上，故曰非天雄不能補上焦陽虛。附子圓而矮者，其氣親下，故曰非附子不能補下焦陽虛。烏頭原生苗腦，得母之氣，守而不移，居乎中者也，故其治在中。側子散生旁側，體無定在，其氣輕揚，宜其發四肢，充皮毛，為治風疹之藥。烏喙形如烏頭，其氣鋒銳，宜其通經絡，利關節，尋溪達徑而直抵病所耳。

清・張仁錫《藥性蒙求・草部》　附子五分、一錢　附子辛熱，走而不守。陰毒寒邪，回陽功有。辛，甘，大熱。通宜冷服，發散生用，補劑熟用。一云：熟附子配麻黃，發中有補。生附子配乾薑，補中有發。能引補氣藥以復散失之元陽，引補血藥以滋不足之真陰，引發散藥開腠理以逐在表之風寒，引溫暖藥達下焦以祛在裏之寒濕，治一切沉寒痼冷之症。士材曰：余每遇氣分大虛之症，參、术無效者，必加附子以行參、术之力，便得神充食進。若陰虛陽旺，則不然也。好古曰：用附子以補火，必防涸水。○川產為佳。中其毒者，黃連、犀角、甘草解之。

清・屠道和《本草匯纂》卷一 補火 附子 耑入命門。味辛，大熱，純陽有毒。補命火，逐冷厥。其性走而不守，通行十二經，無所不至，為補先天命門真火第一要劑。凡一切沉寒痼冷之症，用此無不奏效。治寒毒厥逆，呃逆嘔噦，冷痢，血瘕，金瘡，寒瀉霍亂，轉筋拘攣，風痺，瘕癖積聚。督脈為病，脊強而厥。小兒(漫)〔慢〕驚，痘瘡灰白。癰疽不斂，膝痛不能行步，心腰疼痛，脣青囊縮。溫暖脾胃，除脾濕腎寒，補下焦陽虛。脚氣頭風，久痢脾泄，久病嘔噦，凡屬於寒者皆宜。入補氣藥中，則追散失之元陽；入發散藥中，則能開腠理以逐在表之風寒；入溫暖藥內，則能祛在裏之寒濕。若水虧火盛，用以辛熱純陽，則火益盛而水益虧。好古曰：非身涼而四肢厥逆者，不可僭用。服附子以補火，須防涸水。雖八味丸中用此以為滋陽嚮導，亦是使陰從陽復。生用則發散，熟用則能補。〔以〕水浸，麪裹煨。反半夏。

清・戴葆元《本草綱目易知錄》卷二 附子 辛、甘，有毒，大熱。純陽，氣厚味薄，可升可降，雖入手少陰、三焦、命門，其用走而不守，通行十二經，無所不至。能引補氣藥，以復散失之元陽；引補血藥，以滋不足之真陰；引發散藥，開腠理以逐在表之風寒；引溫暖藥，達下焦，以祛在裏之寒濕。治三陰傷寒，陰毒寒疝，中寒中風，氣厥痰厥，咳嗽嘔噦，反胃噎膈，厥逆腹疼，脾瀉冷痢，胃寒蚘動，暴瀉脫陽，冷痢寒瘧，霍亂轉筋，拘攣風痹，膝疼難步，腫滿脚氣，癥瘕積聚，癰疽不斂，久漏冷瘡，督脈為病，脊強而厥，柔痙癲癇，小兒慢驚，痘瘡灰白，一切沉寒痼冷之症。助陽退陰，殺邪辟鬼，通經墜胎。生用發散，熟用峻補。合葱汁擣，塞耳，治聾。反貝母、半夏、栝樓、白及、白斂。中其毒者，黃連、甘草、犀角煎湯解之，黃土湯亦解之。【略】葆按：今市中製附子，水浸七日，日換水，刮去皮臍，甘草、生薑、白礬仝煮，取起，微曝，瓶盛，陰乾，薄切，名附片。近來便易販運，從四川出處，取生者，長流水漂數日，煮過，切厚片，名附塊。但此製，毒雖去而性力不足，未若市製附片功效也。

清・黃光霽《本草衍句》 附子 辛溫有毒，大熱純陽。浮中有沉，走而不守。補下焦之陽虛，溫脾暖胃。除臟腑之寒冷，一切沉寒痼冷之症。堅骨強陰。用壯元陽元火，能散陰濕陰寒。風寒咳逆邪氣，寒邪逆在上焦。腰膝痿躄拘攣。寒邪之在下焦筋骨間者。陰毒腹痛，冷痢疝疼。三陰中寒，四肢逆冷。墮胎最速，孕婦莫嘗。督脈為病，脊強而厥。入三焦，溫補命門。引諸藥，通行經絡。能引補氣藥以復散失之元陽，引補血藥以滋不足之真陰。引發散藥開腠理以逐在表之風寒，引溫暖藥達下焦以祛在裏之寒濕。用之於火盛水虧，須防水涸。用之於陰盛陽微，可賴陽回。要知熟則峻補，熟附配麻黃，發中有補。生則發散，生附配乾薑，補中有散。得人參能留虛陽，得熟地能固元陽。

陰盛格陽。傷寒陰盛格陽，其人必燥熱而不飲水，脈沉，手足厥逆者，是此症也。霹靂散用大附子一枚，燒存性，為末，蜜水調服。迫散寒氣，然後熱氣上行，而汗出乃愈。陰毒傷寒，房後傷寒，少腹疼痛，頭疼腰重，手足厥逆，脈息沉細，或作呃逆，並宜退陰散，用川烏頭、乾薑炒，冷，為散，服一錢，水一盞，鹽一撮，煎服，得汗解。

清・陳其瑞《本草撮要》卷一 附子 味辛，溫，入足太陰、厥陰經，功專驅風泄濕。熟附得麻黃，發中有補；生附得麻黃，補中有發。得人參能留陽氣，得熟地能固元陽，得乾薑、桂枝溫經散寒，通經墮胎。畏人參、黃芪、甘草、防風、犀角、綠豆、童便，反貝母、半夏、瓜蔞、白及、白蘞。中其毒者，黃連、犀角、甘草煎湯解之，或用黃土煎水服亦可。若手足凍裂，附子去皮為末，以水麵調塗。若眼赤以附片貼足心，引火下行自愈。附尖合漿水飲之，可吐膠痰。

清・李桂庭《藥性詩解》 賦得附子療虛寒翻胃。得寒字。田春芳。熱辛惟附子，其用療虛寒。胃暖元陽壯，經通冷痛安。按：附子性本大熱，功專補陽，通行十二經，溫舒脾胃氣。治傷寒戴陽，中寒痰厥，心腹冷痛，暴瀉脫陽，用之成功。

前題李慶霖 附子驅陰冷，尤能令胃安。回陽通厥逆，走表散風寒。附子性味辛甘，純陽大熱。其用走而不守，通行十二經，無所不至，引補氣藥以復元陽，引補血藥以助真陰，引發散藥以逐在表之風寒，引溫暖藥以除心腹之冷痛。《本經》謂其發散，生用峻補，熟用有小毒，須用甘草煎濃汁，泡浸，剝去皮，切作四瓣，再以甘草濃汁浸透，然後切片，慢火炒黃所用。

清・鄭奮揚著，曹炳章注《增訂偽藥條辨》卷三 附子 附子以蜀地綿州出者為良。氣味辛熱，有大毒。主治風寒咳逆，邪氣寒熱，躄躄拘攣，膝痛不能行步，破癥堅積聚，血瘕金瘡。今陝西亦蒔植附子，謂之西附，性雖辛溫，而力稍薄，不如生於川中者土厚而力雄也。聞肆中有一種洋附混售，性味既劣，力量更遜，一經炮製，既難辨識，不免害人。更有一種臭附，尤不可用，慎之慎之。　炳章按：附子八九月出新。四川成都彰明產者為川附，底平有角，皮如鐵，內肉色白，重兩許者，氣全最佳。性潮，鮮時用鹽漬醃，蓋不醃易爛。然經鹽漬過，性味已失，效力大減，景岳先生已辨之詳矣。陝西出者為西附，黑色乾小者次。

清·周巖《本草思辨錄》卷二　附子、天雄、烏頭之性用頗精，為節其說曰：烏頭老陰之生育已竟者也，天雄孤陽之不能生育者也，附子即烏頭、天雄之種，含陰包陽者也。老陰生育已竟者，其中空，以氣為用。孤陽不能生育者，其中實，以精為用。氣主發散，精主斂藏。發散者能外達腠理，斂藏者能內入筋骨。附子則兼備二氣，內充實，外強健，且其物不假繫屬，以氣相貫而生，故上下表裏無乎不到。惟其中蓄二物之精，斯能兼擅二物之長，其用較二物為廣爾。

《本經》附子主風寒咳逆邪氣，後世緣此多以為治風之藥，其實經文深奧，義別有在也。夫風有傷與中之分，傷者傷於營衛，中者中於經絡臟腑。傷營衛者，寒鬱於表而易化熱，宜麻、桂，決不宜附子。中經絡臟腑者，寒根於裏而陽本虛，用麻、桂，又貴用附子。附子非風藥，而《本經》之主風寒，蓋指中風之風寒言，非指傷風之風寒言也。

《外臺》謂中風多從熱起，故中風有寒亦有熱。風引湯治熱之方也，熱不用附子，固不待言。小續命湯治寒之方也，若附子即以驅風，何以附子外不少風藥。其有附子無風藥，如《近效》朮附湯治風虛者有之，未聞能散外入之邪風也。鄒氏謂附子之治風寒，是陽氣不榮，風寒侵侮，陽振而風寒自退。似非不知附子治風寒之理者。乃又謂仲聖用生附子之方，皆兼有表證，而其所引白通湯、附子湯，則並無未解之表邪。夫白通所以用葱白者，因少陰下利一往不返，失地道上行之德，葱白能入少陰而升之，非以表汗。附子湯證，是少陰受寒，而陽氣不能四周。表何嘗有風，脈沉固不當汗，且其方伍以參、朮之補，苓、芍之降，又豈足勝解表之任。至仲聖附子生用，非屬汗後，即是下利脈沉，汗後宜補表陽，下利脈沉宜挽其氣，生用自勝熟用，此仲聖生用之意也。

或難予曰：惡風加附子，越婢湯非明證乎？何說之偵也！曰：大青龍汗出惡風者不可服，越婢湯加附子，則證為汗出惡風，若附子又從而汗之，獨不畏厥逆筋惕肉瞤耶，蓋加附子正以其汗出。趙氏云：惡風者陽虛，故加附子以入陽。然則舍附子則有亡陽之禍，豈果為驅風哉。

用附子於中風風寒，原可不過分，故三生飲無風藥，以陽氣一充而邪即自消也。若他風寒證，則定須分治。鄒氏亦頗以附子與表藥對舉，暗中逗出，足見附子外尚有表藥，其所引桂枝加附子湯等八方皆是也。惟其中桂枝附子、白朮附子、甘草附子，則為治風濕之方；桂甘薑棗麻辛附子，則為治氣分之方。夫風為陽邪，附子陽藥，以其人陽虛而寒重，非扶陽則風不能以徒驅，故扶陽與驅風並行。寒為陰邪，濕亦為陰邪，風濕之風，與傷風之風，亦致不同，非陽虛不爾，故亦需附子。氣分者，水寒之氣，結於心下，證由少陰陽虛而來。故麻辛附子，溫少陰而發汗；桂甘薑棗，化上焦之陽而開結，此從表解。枳朮湯則從中泄，病同而治不同。水飲所作四字，趙氏本上下條皆有之，極是。又麻黃附子湯，以麻黃發表而少陰脈沉用之，正賴有附子溫少陰也，否則脈沉無發汗之理矣。

附子為溫少陰專藥，凡少陰病之宜溫者，固取效甚捷。然如理中湯治腹滿，黃土湯治下血，附子瀉心湯治心痞，甚至薏苡附子敗醬散治腸癰，如此之類，亦無往不利。惟其挾純陽之性，奮至大之力，而陰寒遇之輒解，無他道也。

天雄，仲聖惟天雄散一方，附於桂枝加龍骨牡蠣湯後，不言所主何病。按此與上節離合之間，必有竄亂，今細繹其文，自夫失精家至為清穀亡血失精，當是以天雄散主之，下以桂枝加龍骨牡蠣湯主之，正為合宜。何以言之？兩方於失精家原可通用。但脈為極虛芤遲，證見清穀亡血失精，則已腎損及脾，不補脾則生精之源絕。故白朮用至八兩，少腹弦急、陰頭寒、目眩、髮落，種種腎病，自非他補腎藥所能勝任，故選用精氣充實不外泄之天雄，而以天雄名方。至其佐使之桂枝、龍骨，尤微妙難言。桂枝湯，桂枝止三兩，而此乃倍之，欲其於太陽之經府俱到以化氣。其證陰既下泄，陽自上浮，而脾腎咸虛之陽，不當潛以鹹寒之牡蠣；得龍骨，則引火歸土而亦不損其陽。且桂枝輔天雄則入腎釋陰，輔白朮則入脾溫土；龍骨輔天雄則固腎澀精，輔白朮則固脾祛濕。以天雄散隸於是證，義實至精至確。若脈得諸芤動微緊，雖天雄散亦可服，要不如桂枝加龍骨牡蠣湯為尤中竅。蓋脈芤動為陽，微緊為陰，陰陽氣爭，則表裏失和。治之以此湯，桂枝、生薑、甘、棗為陽，芍藥為陰。龍骨為陽，牡蠣為陰。於祛邪澀精之中，有表裏相得、陰陽互維之妙。此二方是於小建中湯、腎氣丸外，又別出良法者。就天雄散思之，則天雄所謂孤陽不能生育，其中實以精為用者，不於此可見其概也乎？

烏頭治風，亦惟陽虛而挾寒挾濕者宜之。以其中空以氣為用，開發腠理，過於附子。故古方中風證用烏頭，較多於附子；抉壅通痹，亦過於附子。故仲聖治歷節不可屈伸疼痛，及逆冷手足不仁，身疼痛，灸刺諸藥不能治，皆用烏頭，不用附子。烏頭與附子，同為少陰藥，而補益以附子為優，發散以烏頭為勝。故腎氣丸有附子無烏頭，大烏頭煎有烏頭無附子。因烏頭氣散不收，故不解表之方，皆去滓內蜜更煮以節其性。仲聖之用烏頭、附子，可謂各極其妙矣。乃烏頭赤石脂丸更二物並用，以治心痛徹背，背痛徹心，取其母子相感，以除內外之邪，此豈尋常思議所及哉？

天雄

宋・李昉《太平御覽》卷第九九〇　天雄　《本草》曰：天雄，味辛甘，温，有大毒。主大風，破積聚邪氣，强筋骨，輕身健行，長陰氣，强志，令人武勇，力作不倦。一名白幕。生少室山谷。《淮南子》曰：天雄、雄雞，志氣益。取天雄三枚，納雄雞腹中，擣生食之，令人勇。

宋・唐慎微《證類本草卷》一〇草部下品〔《本經・別錄・藥對**》〕**　**天雄　味辛、**甘，**溫、**大溫，有大毒。**主大風，寒濕痹，歷節痛，拘攣緩急，破積聚邪氣，金瘡，强筋骨，輕身健行，**療頭面風去來疼痛，心腹結積，關節重，不能行步，除骨間痛，長陰氣，强志，令人武勇力作不倦。又墮胎。**一名白幕。**生少室山谷。二月採根，陰乾。遠志爲之使，惡腐婢。

〔梁・陶弘景《本草經集注》〕云：今採用八月中旬。天雄似附子，細而長便是。長者乃至三四寸許。此與烏頭、附子三種，本並出建平，故謂之三建。今宜都佷山最好，謂爲西建。錢塘間者謂爲東建，氣力劣弱不相似，故曰西冰猶勝東白也。其用灰殺之，時有冰强巨兩切者，不佳。

〔唐・蘇敬《唐本草》〕注云：天雄、附子、烏頭等，並以蜀道綿州、龍州出者佳。餘處縱有造得者，力弱，都不相似。江南來者，全不堪用。陶以三物俱出建平故名之，非也。按《國語》寘堇于肉。注云：烏頭也。《爾雅》云：芨，堇音靳草。郭注云：烏頭苗也。此物本出蜀漢，其本名堇。今訛爲建，遂以建平釋之。又石龍芮葉似堇，故名水堇。今復爲水茛，亦作建音。此豈復生建平耶，檢字書，又無茛字，甄立言《本草音義》亦論之。天雄、附子、側子並同用。八月採造，其烏頭四月上旬，今云二月採，恐非時也。

〔宋・掌禹錫《嘉祐本草》〕按：《淮南子》云：天雄、雄雞，志氣益。注云：取天雄三枚，内雄雞腸中，擣生食之，令人勇。《藥性論》云：天雄，君，忌豉汁，大熱，有大毒。乾薑製，用之能治風痰，冷痹，軟脚，毒風，能止氣喘促急，殺禽蟲毒。日華子云：治一切風，一切氣，助陽道，暖水藏，補腰膝，益精，明目，通九竅，利皮膚，調血脉，四肢不遂，破痃癖癥結，排膿止痛，續骨消瘀血，補冷氣虛損，霍亂轉筋，背脊傴僂，消風痰，下胸膈水，發汗，止陰汗，炮含治喉痹。凡丸散，炮去皮臍用，飲藥即和皮生使，甚佳，可以便驗。又云：天雄，大長少角刺而虛，烏喙似天雄，而附子大短有角，平穩而實，烏頭次於附子，側子小於烏頭，連聚生者，名爲虎掌，並是天雄一裔，子母之類，力氣乃有殊等，即宿根與嫩者耳。已上並忌豉汁。

〔宋・唐慎微《證類本草》〕《圖經》：文具側子條下。陳藏器：天雄，身全短無尖，周匝四面有附子，孕十一個，皮蒼色即是。天雄宜炮皴坼後，去皮尖底用之。不然，陰製用，並得。

〔宋・陳承《重廣補注神農本草並圖經》〕別說云：謹按：此數條，說前項悉備。但天雄者，始種烏頭，而不生諸附子、側子之類，經年獨生長大者是也。蜀人種之忌生此。以爲不利。如養蠶而爲白殭之類也。

宋・劉明之《圖經本草藥性總論》卷上　天雄　味辛、甘，溫、大溫，有大毒。主大風寒濕痺，歷節痛，拘攣緩急，破積聚邪氣，金瘡，強節骨，輕身健行，療頭面風去來疼痛，心腹結積，關節重，不能行步。除骨間痛，長陰氣，強志，令人武勇，力作不倦。又墮胎。《藥性論》云：君。忌豉汁。大熱，有大毒。乾薑製，用之能治風痰冷痺，軟脚毒風，能止氣喘促急，殺禽蟲毒。日華子云：治一切風，助陽道，暖水藏，補腰膝，益精明目，通九竅，利皮膚，調血脈，四肢不遂。破痃癖癥結，排膿止痛。續骨，消瘀血，補冷氣虛損，霍亂轉筋，背脊傴僂，消風痰，下胸膈水，發汗，止陰汗。炮，含，治喉痺。遠志為之使。惡腐婢。

宋・陳衍《寶慶本草折衷》卷一〇　天雄君。一名白幕。生少室山谷及蜀土《圖經》。〇又云：生梓、綿、龍州，亦陸田種之。〇八月採。以麥麯醋淹取之，陰乾。〇遠志為使，惡腐婢，忌豉汁。味辛、甘，大熱，有大毒。〇主大風，寒濕痹，歷節痛，拘攣緩急；破積聚邪氣，金瘡，強筋骨；療頭面風，心腹結積，關節重，不能行步；　又墮胎。○《藥性論》云：　治風痰冷痹，軟脚毒風，止氣喘促急。乾薑製之用。○日華子云：　治一切風一切氣，助陽道，暖水臟，破痃癖癥結，排膿止痛，續骨，消瘀血，補冷氣虛損，霍亂轉筋，背脊僂傴，下胸膈水，止陰汗。凡丸散炮去皮臍用，飲藥即和皮生使。○炮法與附子註說同。○《別說》云：　夫天雄者，始種烏頭，不生附子、側子，經年獨生，長大者是也。○寇氏曰：　風家多用天雄大者，以其尖角多，熱性不就下，故取敷散也。分烏頭條。

續說云：　夫附子抱川烏頭而生者也。此天雄無所依抱，挺然獨存，故氣全而力壯，有痕横如眼狀也。艾原甫又謂天雄諸品，同出一本，論其治療之能，不相上下；　論其氣味之力，不無厚薄也。按《是齋方》用天雄、附子、川烏三物，生去皮臍，等分㕮咀，為生三建湯，治中風風涎，勿施於熱證也。《局方》亦用此三物，炮去皮臍，等分㕮咀，為熟三建湯，以治真陽衰極，厥逆暈脫。二方每服並肆錢，生薑並貳拾片，並以水貳盞，並煎至捌分，去滓，皆不拘時溫服。或恐炎上，候熱，就藥汁中磨沉香汁半錢，和而服之，自然傳達下焦矣。陶隱居謂：　天雄、附子、烏頭俱出建平，故稱為三建。《唐本》註已議其非。今竊意建字當如建中湯、建脾元之義云。

元・尚從善《本草元命苞》卷五　天雄　為君。味辛、甘，溫、大熱，有大毒。遠志為之使。性敷散，不肯就下。惡腐婢，尤忌豉汁。主大風寒溫痹，歷節痛，緩急拘攣。補腰膝，脚力軟，關節重，不能行履。破心腹結積，癖癥堅。除頭面風，去來疼痛。長陰氣，益子精，助陽道，暖水臟，通九竅，明目輕身。消瘀血，排膿止痛。治霍亂轉筋，止氣喘促急，消風痰，下胸膈水，止陰汗，除骨裏疼。服之令人武勇，力作不倦。其形入丸散，炮去皮臍。投湯飲和皮生使。生少室山谷，二月採根，陰乾。今蜀道綿上、龍州產者為勝。

元・朱震亨《本草衍義補遺》　天雄　潔古云：　非天雄不補上焦之陽虛。

王綸《本草集要》卷三　天雄君　味辛甘，氣大溫，有大毒。遠志為之使。忌豉汁。　主大風寒濕痹，歷節痛，拘攣緩急，關節重不能行步，頭面風去來疼痛，破積聚邪氣，金瘡。強筋骨，輕身健行，長陰氣，強志，令人武勇，力作不倦。又墮胎，治一切風，一切氣，通九竅，利皮膚，調血脈，消風痰。

滕弘《神農本經會通》卷一　天雄　君也。遠志為之使。忌豉汁。長三寸以上為天雄。惡腐婢。《局》云：　炮裂令熟，去皮臍尖，焙用。　味辛、甘，氣溫，大溫，有大毒。東云：　散寒去濕，助精陽。

《本經》云：　主大風寒濕痹，歷節痛，拘攣緩急，破積聚邪氣，金瘡。強筋骨，輕身健行。療頭面風去來疼痛，心腹結積，關節重不能行步，除骨間痛。長陰氣，強志，令人武勇，力作不倦。又墮胎。二月採根，陰乾。《藥性論》云：　天雄，君。忌豉汁。大熱，有大毒。乾薑製，用之能治風痰，冷痹軟脚，毒風。能止氣喘促急，殺禽蟲毒。日華子云：　治一切氣，助陽道，暖水藏，補腰膝，益精明目，通九竅，利皮膚，調和脉，四肢不遂。破痃癖癥結，排膿止痛，續骨，消瘀血，補冷氣虛損，霍亂轉筋，背脊僂傴。消風痰，下胸膈水，發汗，止陰汗。炮含，治喉痺。凡丸散，炮去皮臍用。丹溪按潔古云：　非天雄不能補上焦之陽虛。《局》云：　天雄功烈如烏附，逐痺除風更助陽。並出建平為道地，故名三建載醫方。

明・劉文泰《本草品彙精要》卷一三　天雄有大毒。　植生。

天雄出《神農本經》：　**主大風，寒濕痹，歷節痛，拘攣，緩急，破積聚，邪氣，金瘡，強筋骨，輕身，健行。**以上朱字《神農本經》。療頭面風去來疼痛，心腹結積，關節重不能行步，除骨間痛，長陰氣，強志，令人武勇，力作不倦。以上黑字名醫所錄。

【名】白幕。　【苗】《圖經》曰：　此是烏頭下與附子同生，皆非正出。其莖有棱而方，高及二三尺，葉如艾，花作穗，紫赤色，有實如椹。《別說》云：　始種烏頭而不生諸附子、側子之類，經年獨生三寸已上者，謂之天雄。蜀人種烏頭而生此物，意爲不利，如養蠶而爲白殭蠶也。　【地】《圖經》曰：　生少室山谷及蜀道綿州、龍州。　【時】生：　春生苗。採：　二月、八月中旬取。　【收】陰乾。　【用】根。　【質】類附子而細長。　【色】皮黑，肉白。　【味】辛，甘。　【性】大溫，散。　【氣】氣之厚者，陽中之陽。　【臭】朽。　【主】助陽道，暖水臟。　【行】諸經。　【助】遠志爲之使。　【反】惡腐婢。　【製】凡用，炮令裂，去皮臍用。　【治】療：　《藥性論》云：　去風疾冷痹，軟脚毒風，能止氣喘促急。日華子云：　除諸風，一切氣，通九竅，利皮膚，調血脈，四肢不遂，破痃癖癥結，排膿止痛，續骨，消瘀血，療霍亂轉筋，背脊僂傴，消風痰，下胸膈水，發汗，止陰汗，炮含治喉痹。補：　日華子云：　暖腰膝，益精，明目，補冷氣虛損。　【禁】妊娠不可服。　【忌】豉汁。　【解】殺禽獸毒。

明・葉文齡《醫學統旨》卷八　天雄　氣大溫，味辛、甘。有大毒。遠志為之使。忌豉汁。用宜炮裂，去皮尖。　治大風寒濕痺，歷節痛，拘攣緩急，關節重不能行步，頭面風去來疼痛；　破積聚邪氣，金瘡；　強筋骨，長陰氣，助陽道，強志，令人武勇，力作不倦；　又墮胎；　并一切風，一切氣，通九竅，利皮膚，調血脉，消風痰，補下焦陽虛。

明・許希周《藥性粗評》卷二　天雄壯陽，虛於上焦。

天雄與烏頭、附子同一種者也，以其獨成一枚，並無餘子所附，故名。大略見附子條下。以川蜀者為勝。二月採根，陰乾。凡用炮裂，去皮臍。遠志為之使，惡腐婢，忌豉汁。味辛、甘，性大溫，有大毒。性烈，其氣上行。主治風寒濕痹，骨節攣痛，頭面浮痒，心腹結聚，手足不利，長陰助陽，強志生力，起沉寒痼冷。又主墮胎。潔古云：　非天雄不能補上焦之陽虛。

明・鄭寧《藥性要略大全》卷三　天雄即附子之長者。　散寒，去風濕，助精陽。〇強骨，破積。治歷節風痛。　味辛、甘，性熱，有大毒。遠志為之使。忌豉汁。細長至二三寸及頂不平正者，天雄也。　麵包煨黃，去皮臍用。

明・王文潔《太乙仙製本草藥性大全》卷二《本草精義》　天雄　一名白幕。生少室山谷，似附，細而長便是(長)也，乃至三四寸許。此與烏頭、附子三種本並出建平，故謂之三建。今宜都佷山最好，謂爲西建。錢塘間者，謂爲東建，氣力劣弱，不相似，故曰西水猶勝東白也。用灰殺之時，有冰強亘兩切者不佳。《唐本》云：　天雄、附子、烏頭等並以蜀道綿州、龍州出者佳，除處縱有造得者力弱，都不相似，江南來者全不堪用。又云：　天雄大長少角刺而虛，烏喙似天雄，而附子大短有角平穩而實，烏頭次於附子，側子小於烏頭。連聚生者，名爲虎掌，並是天雄一裔子母之類，力氣乃有殊等，即宿根與嫩者耳。已上並忌豉汁。陳藏器云：　天雄身全短，無尖，周匝四面有附子，孕十一個，皮蒼色，即是。天〔雄〕宜炮皺坼後去皮尖底用之。不然，陰製用，並得。

明・王文潔《太乙仙製本草藥性大全》卷二《仙製藥性》　天雄君，即附子之長者。　味辛、甘，性熱，有大毒。遠志爲之使。又云：　頂不正者，天雄也。　主治：　善治一切風氣，祛寒濕痹緩急拘攣，祛頭面風往來疼痛。助武勇力作不倦，消積聚邪氣金瘡。強筋骨，輕身健行；　除骨痛，長陰強志。調血脉，益精，墮胎孕，通竅。　補註：《淮南子》云：　天雄、雄鷄，志氣益。注云：　取天雄一枚，内雄鷄腸中，搗，生食之，令人勇。《藥性論》云：　天雄君，忌豉汁，大熱而有毒，乾薑製用之，能治風痰冷痹軟脚毒風，能止氣喘促急。殺禽蟲毒。日華子云：　治一切風，一切氣，助陽道，暖水藏，補腰膝，益精明目，通九竅，利皮膚，調血脉，四肢不遂，破痃癖癰結，排膿止痛，續〔筋〕骨，消瘀血，補冷氣虛損，霍亂轉筋，背脊傴僂，消風痰，下胸膈水，發汗，止陰汗，炮含治喉痹。凡丸散絕去皮臍用，飲藥即和皮生(食)〔使〕甚佳，可以便驗。

明・皇甫嵩《本草發明》卷三　天雄下品上，佐使。氣大溫，味辛、甘，溫，有大毒。

發明曰：　天雄性味與附子同，而回陽之功不及附子，但除風寒濕痺，破堅結，利關節為長。故《本草》主大風寒濕痺，歷骨節拘攣緩急，關節重，難行步。療頭面風去來痛，強筋骨，輕身健行，長陰氣，強志，令人勇力不倦。此皆除風寒之邪，利關節之力也。又破積聚邪氣，心腹結積，金瘡。又云：　排膿止痛，消風痰，下胸隔水，消瘀血，皆能散結之功也。與側子皆能墮胎。形似附子，細而長，旁無角刺。遠志為之使。《藥性》云：　忌豆豉。性大熱大毒，以乾薑製之。治風痰冷痺，軟脚風毒。

明・李時珍《本草綱目》卷一七草部・毒草類　天雄《本經》下品

〔釋名〕白幕《本經》　時珍曰：　天雄乃種附子而生出或變出，其形長而不生子，故曰天雄。其長而尖者，謂之天錐，象形也。

〔集解〕《別録》曰：　天雄生少室山谷。二月采根，陰乾。弘景曰：　今采用八月中旬。天雄似附子細而長，乃至三四寸許。此與烏頭、附子三種，本出建平，故謂之三建。今宜都佷山者最好，謂爲西建。錢塘間者謂爲東建，氣力小弱，不相似，故曰西(水)〔冰〕猶勝東白也。其用灰殺之，時有冰强者，不佳。恭曰：　天雄、附子、烏頭，並以蜀道綿州、龍州出者佳。餘處縱有，力弱不相似。陶以三物俱出建平故名之者，非也。烏頭苗名堇，音靳。《爾雅》云，芨，堇草是也。今訛堇爲建，遂以建平釋之矣。承曰：　天雄諸説悉備。但始種而不生附子、側子，經年獨長大者是也。蜀人種之，尤忌生此，以爲不利，如養蠶而成白殭之意。時珍曰：　天雄有二種：　一種是蜀人種附子而生出長者，或種附子而盡變成長者，即如種芋形狀不一之類；　一種是他處草烏頭之類，自生成者，故《別録》註烏喙云長三寸已上者爲天雄是也。入藥須用蜀産曾經釀製者。或云須重一兩半有象眼者乃佳。餘見附子下。

〔修治〕斅曰：　宜炮皴去皮尖底用，或陰製如附子法亦得。大明曰：　凡丸散炮去皮用，飲藥即和皮生使甚佳。時珍曰：　熟用一法：　每十兩以酒浸七日。掘土坑，用炭半秤煅赤，去火，以醋二升沃之，候乾，乘熱入天雄在內，小盆合一夜，取出，去臍用之。

【氣味】辛，温，有大毒。《別録》曰：甘，大温。權曰：大熱。宜乾薑製之。之才曰：遠志爲之使。惡腐婢。忌豉汁。

【主治】大風，寒濕痹，歷節痛，拘攣緩急，破積聚邪氣，金瘡，强筋骨，輕身健行《本經》。療頭面風去來疼痛，心腹結聚，關節重，不能行步，除骨間痛，長陰氣，强志，令人武勇，力作不倦《別録》。禹錫曰：按《淮南子》云：天雄、雄雞，志氣益。注云：取天雄一枚，納雄雞腸中，搗食之，令人勇。治風痰冷痹，軟脚毒風，能止氣喘促急，殺禽蟲毒甄權。治一切風，一切氣，助陽道，暖水臟，補腰膝，益精明目，通九竅，利皮膚，調血脉，四肢不遂，下胸膈水，破痃癖癰結，排膿止痛，續骨消瘀血，背脊傴僂，霍亂轉筋，發汗，止陰汗。炮(食)〔含〕，治喉痹大明。

【發明】宗奭曰：補虛寒須用附子。風家多用天雄，亦取其大者，以其尖角多，熱性不肯就下，故取其敷散也。元素曰：非天雄不能補上焦之陽虛。震亨曰：天雄、烏頭，氣壯形偉，可爲下部之佐。時珍曰：烏附天雄，皆是補下焦命門陽虛之藥，補下所以益上也。若是上焦陽虛，即屬心脾之分，當用參芪，不當用天雄也。且烏附天雄之尖，皆是向下生者，其氣下行。其臍乃向上生苗之處。寇宗奭言其不肯就下，張元素言其補上焦陽虛，皆是誤認尖爲上爾。惟朱震亨以爲下部之佐者得之，而未發出此義。雷斅《炮炙論》序云，咳逆數數，酒服熟雄，謂以天雄炮研酒服一錢也。

【附方】新三。

三建湯：治元陽素虛，寒邪外攻，手足厥冷，大小便滑數，小便白渾，六脉沉微，除固冷，扶元氣，及傷寒陰毒。用烏頭、附子、天雄並炮裂去皮臍，等分，㕮咀，每服四錢。水二盞，薑十五片，煎八分，温服。《肘後方》。

男子失精：天雄三兩炮，白术八兩，桂枝六兩，龍骨三兩，爲散。每酒服半錢。張仲景《金匱要略》。

大風惡癩：三月、四月采天雄、烏頭苗及根，去土勿洗，搗汁，漬細粒黑豆，摩去皮不落者，一夜取出，晒乾又浸，如此七次。初吞三枚，漸加至六七枚。禁房室猪魚雞蒜，犯之即死。

題明·薛己《本草約言》卷一《藥性本草》 天雄 補上焦之陽乏。側子主癧腫與濕風。○按：天雄長而尖，其氣親上，故補上焦陽虛，凡風寒濕痹屬上焦者，用此為良。附子，矮而圓，其氣親下，故能補下焦陽虛，凡沉寒痼冷，下元虛脱者，用之為當。烏頭原生苗腦，得母之氣守而不移，故散胸腹風寒冷痹，破心腹積聚為最。○附子旁有小顆名側子，辛熱大毒，與附子同，以旁生體無定，在其氣輕揚，宜發四肢充皮毛，為風㾝妙藥。

明·梅得春《藥性會元》卷上 天雄 味辛、甘，氣溫，大熱。有大毒。似附子，但瘦。身長三四寸許，有發性烈，一如烏、附。出三建，亦名三建。遠志為使。忌豉汁。惡腐婢。主治大風，寒濕痹麻，歷節痛，拘攣緩急，關節重，不能行步；心腹結聚，除骨間痛，頭面風往來疼痛；破積聚邪氣，療金瘡，強筋骨，輕身健步，強志，助陽道，令人武勇，力作不倦。能墮胎，並治一切風與氣，通九竅，利皮膚，調血脉，消風痰。補下焦陽虛。表其害人之禍于附子下。製法：宜炮裂，去皮尖，以童便浸煮，殺其毒。入鹽尤捷。

明·李中立《本草原始》卷三 天雄 始生少室山谷，今出蜀土。乃種附子而生出，或變出其形，長而不生子，故曰天雄。氣味：辛，溫，有大毒。主治：大風，寒濕痹，歷節痛，拘攣緩急，破積聚邪氣，金瘡，強筋骨，輕身健行。○療頭面風去來疼痛，心腹結聚，關節重，不能行步，除骨間痛，長陰氣，強志，令人武勇，〔力〕作不倦。○治風痰冷痹，軟脚毒風，能止氣喘促急，殺禽蟲毒。○治一切風、一切氣，助陽道，暖水臟，補腰膝，益精明目，通九竅，利皮膚，調血脉，四肢不遂，下胸膈水，破痃癖癰結，排膿止痛，續骨消瘀血，背脊傴僂，霍亂轉筋，發汗，止陰汗。炮食治喉痹。天雄，《本經》下品。【圖略】係長柄之附子也。修治：天雄宜炮破，去皮、尖、底用。權曰：大熱，宜乾薑製之。之才曰：遠志為之使，惡腐婢，忌豉汁。天雄，君。

明·張懋辰《本草便》卷一 天雄君 味辛、甘，氣大溫，有大毒。忌豉汁。主頭面風去來疼痛。破積聚邪氣，金瘡，強筋骨，長陰氣，強志，令人武勇，力作不倦。又墮胎。治一切風、一切氣，通九竅，利皮膚，調血脉，消風痰。

明·李中梓《藥性解》卷三 天雄 性味經絡功用與附子同，主療頭面風去來疼痛，遠志為使，惡腐痹。按：天雄即附子之長而尖，巔頂不正者，其氣親上。故潔古云：主上焦陽虛。

明·顧逢柏《分部本草妙用》卷五腎部·温瀉 天雄 辛，溫，有大毒。遠志為使。主治：大風，寒濕痺，歷節痛拘攣，破積，強筋骨，輕身益氣力。治風痰冷痺，一切風與氣。助陽道，暖水臟，補腰膝，益精明目。通九竅，利皮膚，調血脉，四肢不遂。下胸膈水，排膿止痛。續骨，消瘀血，霍亂轉筋，發汗，止陰汗。炮(食)〔含〕治喉痺。按：烏、附、天雄，皆下焦命門助陽虛之藥，補下兼以益上。但性熱，不可多服耳。虛寒用附子，風家用天雄。

明·李中梓《醫宗必讀·本草徵要上》 天雄味辛，熱，有毒。入腎經。遠志為使，惡乾薑，製同附子。　除寒濕痿躄，強陰壯筋骨。烏、附、天雄，皆補下焦陽虛，若是上焦陽虛，即屬心肺，當用參、耆，不當用天雄、烏、附。天雄之尖皆向下，其臍乃向上，生苗之處。寇氏謂其不肯就下。潔古謂補上焦陽虛，俱誤認尖為向上耳；丹溪以為下部之佐者，庶幾得之。按：陰虛者禁同附子。

明·盧之頤《本草乘雅半偈》帙六　天雄《本經》下品　氣味：辛，溫，有大毒。主治：主大風寒，濕痹，歷節痛，拘攣緩急，破積聚邪氣，金瘡，強筋骨，輕身，健行。

覈曰：不生附側，經年獨長而大者，天雄也。生成已具附子條內。修事如附子法。遠志为之使。惡腐婢。忌豉汁。

先人云：合名與形，當屬陽中之陽，秖能助長，不能化育，命門之用藥也。

參曰：天以體言，雄以用言，不雜于陰柔，不惑于邪亂者也。一名白幕。幕者，軍旅行舍，喻天行健，自強不息之象也。主輕身健行，望見其雄武矣。若大風、寒濕痹證，及積聚邪氣金瘡，嫌于無陽者，乃得行險而不失其正。

清·劉雲密《本草述》卷一〇　天雄　時珍曰：天雄有二種，一種是蜀人種附子而生出長者，或種附子而盡變成長者，即如種芋形狀不一之類；一種是他處草烏頭之類，自生成者。故《別録》註：烏喙，云長三寸已上者為天雄是也。入藥須用蜀產，曾經釀製者。杲曰：天雄散寒，為去濕助精陽之藥。宗奭曰：補虛寒須用附子，風家多用天雄。亦取其大者，以其尖角多熱性，不肯就下，故取其敷散也。潔古曰：非天雄不能補上焦之陽虛。震亨曰：天雄、烏頭，氣壯形偉，可為下部之佐。時珍曰：烏附、天雄，皆是補下焦命門陽虛之藥，補下所以益上也。若是上焦陽虛，即屬心脾之分，當用參、芪，不當用天雄也。且烏、附、天雄之尖，皆是向下生者，其氣下行，其臍乃向上生苗之處。寇宗奭言其不肯就下，張元素言其補上焦陽虛，皆是誤認尖為上爾。惟朱震亨以為下部之佐者，得之而未發出此義。雷斆《炮炙論》序云：咳逆數數，酒服熟雄。謂以天雄炮研，酒服一錢也。

愚按：烏頭即附子之母，何以一治風，一治寒？按《本草》冬采爲附子，春采為烏頭。時珍曰：春未生子，止采其母，故曰春采為烏頭，冬則生子已成，故曰冬采為附子。即是思之，雖同為助陽退陰之藥，但采於春者，合乎風木之氣，即以致其用於風。采於冬者，值乎寒水之氣，正以效其能於寒乎？是時珍所謂補陽緩於附子，而好古云補風虛者，皆不妄也。既補風虛，則通經絡以去壅為最，又能療血痺矣。張仲景先生用之治寒疝，而必和蜜者，此也。時珍又曰：天雄、烏喙、側子，皆烏頭所生子，生子之多者，因象命名。若生子少，及獨頭者，即無此數物也。若然，則天雄亦能補陽，但力大減於附子耳。且難與烏頭同論，以其不兼散風也。

希雍曰：附子既稟地二之火氣，兼得乎天之熱氣以生，性質氣味，無非火熱毒可知已。究其所能退陰寒，益陽火，大除寒溼，引補氣血藥入命門，大益相火。若非陰寒寒溼，陽虛氣弱之病，而誤用於陰虛內熱，血液衰少，傷寒溫病熱病，陽厥等證，靡不立斃。謹列其害如左。傷寒陽厥，其外證雖與陰厥相類，而其內實不相侔，何者？陽厥之病，若係傷寒瘟疫，其先必發熱，頭疼口渴，其後雖頭不疼，而表熱已除，然必面赤顴紅，二便不利，小水必赤或短少，是其候也。此當下之病也。產後血虛，角弓反張，病名曰痙。痙者，勁也。是去血過多，陰氣暴虛，陰虛生內熱，熱則生風，故外兼現乎風證，其實乃陰血不足，無以榮養於筋，所致厥陰肝大虛之後，此宜益陰補血清熱則愈也。故凡病人一見內熱口乾，咽乾口渴，渴欲引飲，咳嗽多痰，煩躁，五心煩熱，骨蒸勞熱，惡寒陰虛，內熱外寒，虛火上攻，齒痛，脾陰不足，以致飲食無味，小便黃赤短濇及不利，大便不通，或燥結腹內，覺熱悶，喜飲冷漿及鮮果，畏火及日光，兼畏人聲木聲，虛陽易興，夢洩不止，產後發熱，產後血不止，及惡瘡臭穢，小產憎寒壯熱，中暑厥暈，陰虛頭暈，中暑暴泄，利下如火，赤白滯下，小兒中暑傷食作泄，小便短赤，口渴思飲，血虛腹痛，按之即止，火炎欲嘔，外類反胃，而惡熱焦煩，得寒暫止，中熱腹中絞痛，中暑霍亂吐瀉，或乾霍亂，或久瘧寒熱並盛，或赤白濁，赤白淋，尿血便血血崩，吐衄齒衄，舌上出血，目昏神短，耳鳴盜汗，汗血多汗，惡熱，老人精絕陽痿，少年縱慾傷精，以致陰精不守，精滑腦漏，婦人血枯無子，血枯經閉，腎虛小便餘瀝，血虛大便燥結，陰虛口苦舌乾，心經有熱，夢寐紛紜，下部溼熱，行履重滯，溼熱痿痺，溼熱作泄，溼熱脚氣，小兒急驚內熱，痘瘡乾焦黑陷，痘瘡火閉不出，痘瘡皮薄嬌紅，痘瘡因熱咬牙，痘瘡挾熱下利，痘瘡餘毒生癰，中風僵仆不語，中風口眼歪斜，中風語言蹇澀，中風半身不遂，中風痰多神昏，一切癰疽未潰，金瘡失血發痙，血虛頭痛，偏頭風痛上來，內外男婦小兒，共七十餘證，病屬陰虛，又諸火熱無關陽弱，亦非陰寒，法所均忌。倘誤犯之，輕變為重，重者必死。世徒見其投之陽虛之候，肺腎本無熱證者，服之覺有殊功，而不知其用之一，誤如上諸病，下咽莫救。故特深著其害以戒，其不得嘗試也，臨證施治，可不慎諸！

修治　丹溪曰：凡烏、附、天雄，須用童便浸透，煮過，以殺其毒，并助下行之力，入鹽少許尤好，或以小便浸二七日，揀去壞者，以竹刀每箇切作四片，井水淘淨，逐日換水，再浸七日，曬乾用。按：附子生用則發散，熟用則峻補。生用者，如丹溪以童便浸。不煮者，固可或生。去皮尖，底薄切，以東流水并黑豆浸五日夜，漉出，日中曝用。熟用者，如丹溪法極佳，或同甘草二錢，鹽水、薑汁、童便各半盞，同煮熟，出火毒一夜用之，則毒去也。

清・郭章宜《本草匯》卷一二　天雄　辛熱，大毒。入足少陰經。主寒濕冷痺，化歷節拘攣。治大風惡癩，破痃癖風痰。療頭面風，下胸膈水。助陽暖藏，開關利竅。

按：烏附、天雄，皆補下焦命門陽虛之藥。補下即所以益上也。若是上焦陽虛，即屬心脾之分，當用參耆，不當用天雄矣。且烏附、天雄之尖，皆向下生，其氣下行。其臍，乃向上生苗之處，寇氏謂其不肯就下，潔古謂其補上焦陽虛，俱為誤筆。惟丹溪以為下部之佐，庶幾得之。

產川蜀。形大而長，少角刺而實。製忌亦如附子。

清・蔣居祉《本草擇要綱目・熱性藥品》　天雄乃種附子而生出，或變出，其形長而不生子，故曰天雄。其長而尖者，謂之天錐，象形也。　氣味：辛，溫，有大毒。主治：大風寒濕痹，（癧）〔歷〕節痛，拘攣緩急。破積聚邪氣，金瘡。治一切風，一切氣。助陽道，暖水臟，補腰膝，益精明目，通九竅，利皮膚，調血脈，四肢不遂。下胸膈水，破痃癖結，排膿止痛，續骨，消瘀血，背脊傴僂，霍亂轉筋，發汗，止陰汗。炮含，治喉痹。但烏、附、天雄，皆是補下焦命門陽虛之藥，補下所以益上也。若是上焦陽虛，即屬心脾之分，當用參、芪，不當用天雄也。且烏、附、天雄之尖，皆是向下生者，其氣下行，其臍乃向上生苗之處，皆誤認尖為上耳。

清・王翃《握靈本草》卷五　天雄並以蜀道綿州、龍州出者佳。乃種附子而生出，其形長而不生子，故曰天雄。一云：長至三寸以上者。一云：一兩半外者。製如附子法。　主治：天雄，辛，溫，有大毒。主大風寒濕痺，歷節痛，拘攣緩急，關節重，不能行步。破積聚邪氣，風痰冷痺，助陽道，暖水臟，補腰膝，益精明目。

清・李熙和《醫經允中》卷一九　天雄　遠志為使。形小而正者為附子，形大而長，少角刺而實者為天雄。　辛，溫，有大毒。主治風寒濕痺，助陽道，暖水臟，補腰膝，止陰汗，調和血脉，通竅墮胎。烏、附、天雄皆補下焦命門，助陽，性熱，不可多服。風寒濕痺用天雄，下元虛寒用附子。

清・张璐《本經逢原》卷二　天雄　辛，溫，大毒。即附子之獨顆無附，大倍附子者，製法與附子同。《本經》主大風寒濕痹，歷節痛，拘攣緩急，破積聚邪氣金瘡，強骨髓，輕身健行。　發明：天雄稟純陽之性，補命門三焦，壯陽精，強腎氣過於附子，故《本經》用以治大風寒，開濕痹、歷節、拘攣諸病，陽氣衰痿者，佐人參用之。天雄、附子性皆下行，若上焦陽虛者，當用參、耆，不當用此也。且烏、附之尖皆是向下生者，其臍乃向上生苗處。宗奭、元素皆誤認尖為上，惟震亨以為下部之佐者得之。《肘後》三建湯治元陽素虛，寒邪外入，厥冷脈沉及傷寒陰毒，川烏、附子、天雄炮製等分，每服四錢，加生薑十五片溫服。《金匱》治男子失精，用天雄、龍骨、桂枝、白术為散，酒服半錢。淮南用天雄一枚，納雄雞腹中，煮爛搗，食之令人勇，取壯肝腎之氣也。

清・張志聰、高世栻《本草崇原》卷下　天雄　氣味辛，溫，有大毒。主治大風，寒濕痹，歷節痛，拘攣緩急，破積聚邪氣，金瘡，強筋骨，輕身健行。

附子種在土中，不生側子，經年獨長大者，故曰雄也。土人種附子，地出天雄，便為不利，如養蠶而成白殭也。時俗咸謂一兩外者為天雄，不知天雄長三四寸許，旁不生子，形狀各異。　天雄、附子，《本經》主治稍異，而旨則同，故不加釋。　李士材曰：天雄之用，與附子相仿，但功力略遜耳。　李時珍曰：烏頭、附子、天雄皆是補下焦命門陽虛之藥，補下所以益上也。若是上焦陽虛，即屬心脾之分，當用參芪，不當用天雄也。烏附天雄之尖皆是向下，其氣下行，其臍乃向上，生苗之處。寇宗奭言其不肯就下，張元素言其補上焦陽虛，皆是誤認尖為上耳。唯朱震亨以為下部之佐者得之，而未發出此義。盧子由曰：天以體言，雄以用言，不雜於陰柔，不惑於邪亂。若夫風寒濕痹證，及積聚邪氣、金瘡，嫌於無陽者，乃得行險而不失其正。

清・王子接《得宜本草・下品藥》 天雄　味辛，溫。主治一切風，一切氣。得烏頭、附子治元陽虛憊，得白朮、桂枝、龍骨療男子失精，得烏頭、黑豆治大風惡癩。

清・黄元御《玉楸藥解》卷一 天雄　味辛，性溫。入足少陰腎、足厥陰肝經。驅寒泄濕，秘精壯陽，溫腎榮筋。治陽痿精滑，膝攣腰痛，心腹疼痛，胸膈痰水，續筋接骨，化瘤消癥。排癰疽膿血，起風痹癱瘓。治霍亂轉筋。天雄即附子長大者，製法與附子同，煨去皮臍，切片，隔紙焙乾，稍生服之，則麻木昏暈。

清・吴儀洛《本草從新》卷二 附　天雄〔大燥，回陽，補腎命火，逐風寒濕。〕補下焦腎命陽虛。烏、附、天雄之尖皆向下，其臍乃向上，生苗之處。寇氏謂其不肯就下，潔古謂其補上焦陽虛，俱誤認尖為向上爾。丹溪以為下部之佐者，庶幾得之。若果上焦陽虛，則屬心肺之分，當用參、耆，不當用烏、附矣。治風寒濕痺，為風家主藥。發汗，又能止陰汗。細長者爲天雄。

清・汪紱《醫林纂要探源》卷二 天雄　製之可下入命門。以兩尖皆直長向下也。昔人謂補上焦者，誤。

清・嚴潔等《得配本草》卷三 天雄　遠志為之使。惡腐婢。忌豉汁。辛，熱，有大毒。通九竅，利皮膚。治風痰冷痹，發汗，又能止陰汗，亦風家之要藥。　始種不生附子、側子，經年獨長大者，為天雄。　製法與附子同。

題清・徐大椿《藥性切用》卷四 天雄　獨顆無附即雄附子。　性味雖雄，但能溫經逐冷，不能頃刻回陽，濕痺寒甚宜之。

清・羅國綱《羅氏會約醫鏡》卷一六草部 天雄　細而長也，治主寒濕冷痹，歷節拘攣，開關利竅，辛熱善竄，與烏頭同功。

烏附尖：　以漿水磨服，大吐風痰，治癲癇有效。

清・吴鋼《類經證治本草・手少陽三焦藥類》 天雄　【略】誠齋曰：水冷金寒，並為主藥，何必均均於分上下之執乎？　蜀地(棉)〔綿〕州者佳，餘皆不好。有二種，須種附子而生出，或變出，形長而尖，重一兩半，有象眼者佳。

清・葉志詵《神農本草經贊》卷三 天雄　味辛，溫。主大風寒濕痹，歷節痛，拘攣緩急，破積聚邪氣，金創，強筋骨，輕身健行。一名白幕。生山谷。

朋附稱雄，易資獨託。盈握尖錐，豐臍絡幕。象眼形微，雞腸勇躍。忌見離群，如蠶僵箔。

劉禹錫表：　實無朋附。李時珍曰：　種附子，變出其形，長而不生子，故曰天雄。長而尖者，謂之天錐，入藥須有象眼者良，其臍乃向上生苗處。楊天惠記：　以豐實盈握者勝。《釋名》：　幕絡也。《淮南子注》：　取天雄，納雄雞腸中，搗食之，令人勇。陳承曰：　蜀人種附子忌生，此如養蠶，而或白僵之意。《禮》：　離群而索居。

清・陳其瑞《本草撮要》卷一 天雄　味辛，溫，入手厥陰、少陽經，功專治一切風。得烏頭、附子治元陽虛憊，得白朮、桂枝、龍骨療男子失精，得烏頭、黑豆治大風惡癩。

清・鄭奮揚著，曹炳章注《增訂偽藥條辨》卷三 天雄　氣味亦是辛熱，有大毒。《本經》主治稍異而旨則同。凡附子種在土中，不生側子，經年獨長大者為天雄。仍是蜀地綿州所產者為勝。近今每有以厚附偽充，施之重症，必不能奏效矣。　炳章按：　天雄與附子同物，亦產四川彰明者良。凡長大端正，不生側子，獨長本身，每個在三兩上下者，即名天雄，非別有一物也。厚附片，乃四川鮮附子製而切片，不經鹽漬洗漂，效力且比本漂淡附片勝數倍，凡用淡附片二錢，厚附片只能用一錢，因其力猛也。

側子

宋・唐慎微《證類本草》卷一〇草部下品〔《別錄》〕 側子　味辛，大熱，有大毒。主癰腫，風痹歷節，腰脚疼冷，寒熱，鼠瘻。又墮胎。

〔梁・陶弘景《本草經集注》〕云：　此即附子邊角之大者脫取之。昔時不用，比來醫家以療脚氣多驗。凡此三建，俗中乃是同根，而《本經》分生三處，當各有所宜故也。方云：　少室天雄，朗陵烏頭。皆稱本土。今則無別矣。少室山連嵩高，朗陵縣屬豫州汝南郡，今在北國。

〔唐・蘇敬《唐本草》〕注云：　側子，只是烏頭下共附子、天雄同生。小者側子，與附子皆非正生，謂從烏頭傍出也。以小者爲側子，大者爲附子。今稱附子角爲側子，理必不然。若當陽已下，江左及山南嵩高、齊、魯間，附子時復有角，如大豆許。夔州已上，劍南所出者，附子之角，曾微黍粟，持此爲用，誠亦難充。比來京下，皆用細附子有效，未嘗取角。若然，方須八角附子，應言八角側子，言取角用，不近人情也。

〔宋・掌禹錫《嘉祐本草》〕按：　《蜀本》注云：　昔多不用，今以療脚氣甚效。按陶云側子，即附子邊角之大者，削取之。蘇云只是烏頭不共附子同生。小者爲側子，大者爲附子。殊無證據。但云附子角小如黍粟，難充於用，故有此說。今據附子邊，果有角大如棗核及檳榔已來者，形狀亦自是一顆，仍不小。是則烏頭傍出附子，附子傍出側子，明矣。似烏鳥頭爲烏頭，兩歧者爲烏喙，細長乃至三四寸者爲天雄，根傍如芋散生者名附子，傍連生者名側子，五物同出而異名。苗高二尺許，葉似石龍芮及艾，其花紫赤，其實紫黑。今以龍州、綿州者爲佳。作之法：以生、熟湯浸半日，勿令滅氣出。以白灰裛之，數易使乾。又法：以米粥及糟麴等，並不及前法。吳氏云：側子一名茛。神農、岐伯：有大毒。八月採，陰乾。是附子角之大者，畏惡與附子同。《藥性論》云：側子，使。能治冷風濕痹，大風筋骨攣急。

〔宋・蘇頌《本草圖經》〕曰：烏頭、烏喙生朗陵山谷，天雄生少室山谷，附子、側子生犍爲山谷及廣漢，今並出蜀土。然四品都是一種所產，其種出於龍州。種之法：冬至前，先將肥腴陸田耕五七遍，以猪糞糞之，然後布種，逐月耕耔，至次年八月後方成。其苗高三四尺已來，莖作四稜，葉如艾，花紫碧色，作穗，實小紫黑色，如桑椹。本只種附子一物，至成熟後有此四物，收時仍一處造釀方成。釀之法：先於六月內，踏造大、小麥麴，至收採前半月，預先用大麥煮成粥，後將上件麴造醋，候熱淋，去糟。其醋不用太酸，酸則以水解之。便將所收附子等去根鬚，於新潔甕內淹浸七日，每日攪一遍，日足撈出，以彌疏篩攤之，令生白衣。後向慢風，日中曬之百十日，以透乾爲度。若猛日曬，則皺而皮不附肉。其長三二寸者，爲天雄，割削附子傍尖芽角爲側子，附子之絕小者亦名爲側子。元種者，母爲烏頭，其餘大、小者皆爲附子，以八角者爲上。如方藥要用，須炮令裂，去皮臍使之。綿州彰明縣多種之，惟赤水一鄉者最佳。然收採時月與《本經》所說不同。蓋今時所種如此。其內地所出者，與此殊別，今亦稀用。謹按《本經》冬採爲附子，春採爲烏頭。而《廣雅》云：奚毒，附子也。一歲爲萴，與側同子，二歲爲烏喙，三歲爲附子，四歲爲烏頭，五歲爲天雄。今一年種之，便有此五物，豈今人種蒔之法，用力倍至，故爾繁盛也。雖然藥力當緩，於歲久者耳。崔氏治寒疝心腹脇引痛，諸藥不可近者，蜜煎烏頭主之。以烏頭五枚大者，去芒角及皮，四破，以白蜜一斤，煎令透潤，取出焙乾，搗篩，又以熟蜜丸，冷鹽湯吞二十丸如梧子，永除。又法：用煎烏頭蜜汁，以桂枝湯五合解之。飲三合不知，加五合。其知者如醉，以爲中病。《續傳信方》：治陰毒傷寒，煩躁，迷悶不主悟人。急者用大附子一個，可半兩者，立劈作四片，生薑一大塊，立劈作三片，如中指長，糯米一撮，三味以水一升，煎取六合，去滓，如人體溫，頓服，厚衣覆之。或汗出，或不出，候心神定，即別服水解散、太白通關散之類。不得與冷水，如渴，更將滓煎與喫。今人多用有效，故詳著之。

〔宋・唐慎微《證類本草》〕陳藏器云：側子，冷酒調服，治遍身風瘮。雷公云：側子，只是附子傍有小顆。附子，如棗核者是，宜生用。治風瘮神妙也。木鱉子，只是諸喙附雄烏側中毗槵者，號曰木鱉子，不入藥用。若服之，令人喪目。

宋・劉明之《圖經本草藥性總論》卷上　側子　味辛，大熱，有大毒。主癰腫風痺，癧節腰脚疼冷，寒熱鼠瘻。又墮胎。《藥性論》云：使。能治冷風濕痹，大風筋骨攣急。陶隱居云：今醫家以療脚氣多驗。陳藏器云：治遍身風瘮，冷酒調服。《圖經》：烏頭、烏喙，生朗陵山谷。天雄生少室山谷。附子、側子，生犍為山谷及廣漢。今並出蜀土。畏惡與附子同。

宋・陳衍《寶慶本草折衷》卷一〇　側一作則子使。　一名茛。○所出與附子同。又出峽州。○採製亦與附子同。又：陰乾。○為使、反、畏、忌亦同。　味辛，大熱，有大毒。○主癰腫風痹，歷節，腰脚疼冷，寒熱鼠瘻。又墮胎。○陶隱居云：療脚氣多驗。○《藥性論》云：治冷風濕痹，筋骨攣急。○《圖經》曰：附子之絕小者為側子。分烏頭條。○陳藏器云：冷酒調服治遍身風疹。當炮為末。炮法與附子註說同。

元・尚從善《本草元命苞》卷五　側子　為使。大熱，味辛，有大毒。反惡與附子咸同。主癰腫，冷風濕痺。治腰脚歷節煩疼，療寒熱鼠瘻，墮胎，醫久新脚氣如神。綿州、彰明縣多種，其惟赤水鄉最精。與附子皆非正產，從烏頭傍邊乃生，長三寸已上為天雄。割附子茅角為側子，元種母是烏頭，其餘皆作附子。苗高三尺許，莖作四稜，生葉如艾，花紫碧，作穗，實形小，色紫黑，類椹。凡此五物，同出異名。

明・王綸《本草集要》卷三　側子使　味辛，氣大熱，有大毒。附子旁生，絕小，如大棗核者是。又附子旁尖芽角。削下者，亦是。　主癰腫，濕痹大風，筋骨攣急，歷節腰脚疼冷，寒熱鼠瘻，治遍身風疹，冷酒調服，神妙。療腳氣，亦多驗。又墮胎。　附子、烏頭、烏喙、天雄、側子，五物同出而異名。似烏鳥頭者，為烏頭。又云：原種者為烏頭。兩歧，狀如牛角者，為烏喙；細長，至三四寸者，為天雄；根旁如芋散生者，為附子；旁連生小者，為側子。烏頭旁出附子，附子旁出側子。後世補虛寒須用附子，仍取端平而圓大半兩已上者，其力全。風家即多用天雄，亦取大者，以其尖角多，熱性不肯就下，故取敷散也。

明・滕弘《神農本經會通》卷一　側子　使也。附子旁生，絕小如大棗核者是。又附子旁尖芽角削下者亦是。　味辛，氣大熱，有大毒。

《本經》云：主癰腫風痺，歷節腰脚疼冷，寒熱鼠瘻。又墮胎。陶云：療脚氣多驗。《藥性論》云：側子，使。能治冷傷濕痺大風，筋骨攣急。陳藏器云：治遍身風瘮，冷酒調服。《唐本》注云：側子，只是烏頭下共附子、天雄同生小者。側子與附子，皆非正生，謂從烏頭傍出也。以小者為側子，大者為附子。《蜀注》云：烏頭傍出附子，附子傍出側子。陶云：初生形似烏鳥頭，故謂烏頭。兩歧者如烏鳥口，故名烏喙。細而長，乃至三四寸者為天雄。根傍如芋，散生者名附子。傍連生者，名側子。五物同出而異名。《圖經》云：其長三四寸者，為天雄。割削附子傍尖芽角，為側子。附子之絕小者，亦名為側子。元種者，母為烏頭，其為大小者，皆為附子。以八角者為上。如方藥要用，須炮令裂，去皮劑使之。《集》云：後世補虛寒須用附子，仍取端平而負大，半兩已上者，其力全。風家多用天雄，亦取大者，以其尖角多熱，性不肯就下，故取敷散也。

明·劉文泰《本草品彙精要》卷一三 側子有大毒。植生。

側子：主癰腫，風痹歷節，腰脚疼冷，寒熱鼠瘻。名醫所錄。【名】莨、虎掌。【苗】《蜀本圖經》曰：苗高二尺許，葉似石龍芮及艾，花紫赤色，其實紫黑如椹。《唐本》注云：此雖與烏頭同根，乃附子之旁出者也。蘇恭云：附子旁生絕小如棗核者。或云：附子芽角削下者。今據附子旁果有角如大棗核，及有大如檳榔，已來形狀，不係削落而自是一顆，則是附子旁出爲側子，明矣。【地】《圖經》曰：生犍爲山谷及廣漢。【道地】蜀地龍州、綿州者佳。【時】生：春生苗。採：八月取根。【收】陰乾。【用】根。【質】類芋而小。【色】皮墨，肉白。【味】辛。【性】大熱，散。【氣】氣之厚者，陽中之陽。【臭】腥。【主】冷風，濕痹。【行】諸經。【助】地膽爲之使。【反】畏防風、黑豆、甘草、黄耆、人參、烏韭，惡蜈蚣。【製】凡用，炮裂去皮臍，切片用。【治】療：陶隱居云：除脚氣。《藥性論》云：治大風筋骨攣急。【合治】作末，合冷酒調服，療遍身風疹。【禁】妊娠不可服。【忌】豉汁。

明·鄭寧《藥性要略大全》卷三 側子即附子之傍出者。治癰腫風痹歷節，脚冷痛，寒熱鼠瘻。能下胎。味辛，大熱，有大毒。即附子之傍出者為側子。

明·王文潔《太乙仙製本草藥性大全》卷二《本草精義》 側子 一名莨，即附子邊角之大者，削取之。蘇云：只是烏頭不共附子同生，小者爲側子，大者爲附子，有角如大棗核及檳榔已來者，形狀亦自是一頭仍不小，是則烏頭傍出附子，附子傍出側子明矣。是五物同出而異名。苗高二尺許，葉似石龍芮及艾，其花紫赤，其實紫黑。今以龍州、綿州者爲佳。作之法：以生熟湯浸半日，勿令滅氣，出以白灰裹之，數易使乾。又法：以米粥及糟麴等，並不及前法。

明·王文潔《太乙仙製本草藥性大全》卷二《仙製藥性》 側子使 味辛，氣大熱，有大毒。即附之傍出者。主治：主癰腫歷節，治腰脚疼冷。理脚氣驗，散風瘮良。掃鼠瘻惡瘡，劫寒熱濕痹。如前墮胎，女科當知。 木鱉子：乃附、烏、側中毗橪，令人喪目，藥中忌之。 補註：側子冷酒調服，治遍身風瘮。太乙曰：側子只是附子傍有小顆側子，如棗核者是，宜主用治風瘮神驗也。木鼈子只是諸喙、附、雄、烏、側中毗槵者，號曰木鼈子，不入藥中。按：附子、烏頭、烏喙、天雄、側子、射罔、木鼈子七名，實出一種，但治各有不同，今尊《會編》附其總論：天雄長而尖者，其氣親上，故曰非天雄不能補上焦陽虛；附子圓而矮者，其氣親下，故曰非附子不能補下焦陽虛；烏頭原生苗腦，形如烏鳥之頭，得母之氣，守而不移，居乎中者也；側子散生傍側，體無定在，其氣輕揚，宜其發四肢，充皮毛，爲治風瘮之神妙也；烏喙兩歧相合，形如烏嘴，其氣鋒鋭，宜其通經絡，利關節，尋蹊達徑而直抵病所也。煎爲射罔，禽獸中之即死，非氣之鋒鋭健利者，能如是乎？又有所謂木鼈子，乃雄、喙、烏、附、側中有毗槵者，其形摧殘，其氣消索，譬如疲癃殘疾之人，百無一能，徒爲世累，且又令人喪目，故不入藥也。

明·李時珍《本草綱目》卷一七草部·毒草類 側子《別録》下品

【釋名】荝子時珍曰：生于附子之側，故名。許慎《説文》作荝子。【集解】弘景曰：此附子邊角之大者，削取之。昔時不用，比來醫家以療脚氣多驗。恭曰：側子、附子，皆是烏頭下旁出者。以小者爲側子，大者爲附子。今以附子角爲側子，理必不然。若當陽以下，江左、山南、嵩高、齊魯間，附子時復有角如大豆許。夔州以上劍南所出者，附子之角，但如黍粟，豈可充用。比來都下皆用細附子有効，未嘗取角也。保昇曰：今附子邊，果有角如大棗核及檳榔以來者，形狀自是一顆，且不小。乃烏頭旁出附子，附子旁出側子，甚明。時珍曰：側子乃附子旁粘連小者爾，故吳普、陶弘景皆指爲附子角之大者。其又小于側子者，即漏籃子矣。故楊氏《附子記》言側子、漏藍，園人皆不重之，以乞役夫。

【修治】同附子。

【氣味】辛，大熱，有大毒。普曰：神農、岐伯：有大毒。八月采。畏惡與附子同。

【主治】癰腫，風痹歷節，腰脚疼冷，寒熱鼠瘻。又墮胎《別録》。療脚氣，冷風濕痹，大風筋骨攣急甄權。冷酒調服，治遍身風瘮神妙雷斆。

【發明】機曰：烏頭乃原生之腦，得母之氣，守而不移，居乎中者也。側子散生旁側，體無定在，其氣輕揚，宜其發散四肢，充達皮毛，爲治風之藥。天雄長而尖，其氣親上，宜其補上焦之陽虛。木鼈子則餘氣所結，其形摧殘，宜其不入湯服，令人喪目也。時珍曰：唐元希聲侍郎治癱瘓風，有側子湯，見《外臺秘要》，藥多不録。

明·李中立《本草原始》卷三 側子 《本經》載烏頭、烏喙，生朗陵山谷；天雄生少室山谷；附子、側子生犍為山谷及廣漢。今並出蜀土。然烏喙、雄、附、側同根，而《本經》分三處者，各有所宜故也。其苗高三四尺以來，莖作四稜，葉如艾，花紫碧色，作穗，實小，子黑色如桑椹，號曰木鼈子，服之令人喪目。其根狀如棗核，生于附子之側，故名側子。 氣味：辛，大熱，有大毒。 主治：癰腫風痹，歷節腰脚疼冷，寒熱鼠瘻。又墮胎。○療脚氣，冷風濕痹，大風筋骨攣急。○冷酒調服，治遍身風瘮神妙。

側子，《别録》下品。【圖略】黑色，係絶小之附子也。八月采。 側子修治同附子，畏惡同附子。

明·李中梓《藥性解》卷三 側子 主發散四肢，為風瘮藥。 按：側子即附子傍出小顆，其氣輕揚，故主發散。

清·张璐《本經逢原》卷二 側子即萴子。 辛，熱，大毒。 發明：側子乃散生烏附之旁側，體無定在，其氣輕揚，宜其發散四肢，充達皮毛，為治風之藥。唐元希聲治癱瘓，有側子湯，見《外臺秘要》。○又附子之初生瑣細未成者，曰漏籃，言其小而籃不能盛，漏出籃下也。專治冷漏惡瘡。

清·吴儀洛《本草從新》卷二 附 側子〔大燥，治手足風。〕 散側旁生，宜於發散四肢，充達皮毛。治手足風濕諸痺。連生者為側子。

清·汪紱《醫林纂要探源》卷二 側子 可用以發表，治四肢風寒燥濕之邪。燥清也，枯濇之氣也。此如桂之用枝焉。

清·嚴潔等《得配本草》卷三 側子一名漏籃子。 畏、惡與附子同。辛，大熱，有大毒。主發散四肢，充達皮毛，為治風之藥。 附烏頭而上出者為側子，散生最小者為漏籃子。 製法與附子同。

題清·徐大椿《藥性切用》卷四 側子 旁生，功力稍遜。能旁達四肢，但可發散寒痺，無附子之補力也。

清·羅國綱《羅氏會約醫鏡》卷一六草部 側子 旁生而不圓者，治手足風濕諸痹，善於發散。

清·趙其光《本草求原》卷六毒草部 側子 生於附子之旁，辛，熱，大毒。其氣輕揚，主發散四肢，充達皮毛。治風癱瘓。《外臺秘要》有側子湯。

漏籃子

明·李時珍《本草綱目》卷一七草部·毒草類 漏籃子《綱目》

【釋名】木鼈子《炮炙論》 虎掌《日華》 時珍曰：此乃附子之瑣細未成者，小而漏籃，故名。南星之最小者名虎掌，此物類之，故亦同名。《大明會典》載：四川成都府，歲貢天雄二十對，附子五十對，烏頭五十對，漏籃二十斤。不知何用。

【氣味】苦、辛，有毒。斅曰：服之令人喪目。 【主治】惡痢冷漏瘡。惡瘡癘風時珍。

【發明】時珍曰：按楊士瀛《直指方》云：凡漏瘡年久者，復其元陽，當用漏籃子輩，加減用之。如不當用而輕用之，又恐熱氣乘虛變移結核，而爲害尤甚也。又按《類編》云：一人兩足生瘡，臭潰難近。夜宿五夫人祠下，夢神授方：用漏籃子一枚，生研爲末，入膩粉少許，井水調塗。依法治之，果愈。蓋此物不堪服餌，止宜入瘡科也。

【附方】新一 一切惡痢：雜下及休息痢。百歲丸：用漏籃子一個大者，阿膠、木香、黄連、罌粟殼各半兩，俱炒焦存性，入乳香少許爲末，糊丸梧子大。每一歲一丸，米飲下。羅天益《衛生寶鑒》。

清·蔣居祉《本草擇要綱目·寒性藥品》 漏籃子一名木鼈子。 氣味：苦、辛，有毒。 主治：惡痢冷漏瘡，惡瘡癘風。【略】

清·王道純《本草品彙精要續集》卷二 漏藍子有毒。 漏藍子：主惡痢冷，漏瘡，惡瘡，癘風《本草綱目》。 【名】本鱉子、虎掌。李時珍曰：此乃附子之瑣細未成者小而漏藍，故名之。南星之最小者，名虎掌，此物類之。【地】《大明會典》載四川成都府，歲貢天雄二十對，附子五十對，烏頭五十對，漏藍二千斤，不知何用。 【用】李時珍曰：按楊士瀛《直指方》云：凡漏瘡年久者，復其元陽，當用漏藍子輩加減用之，如不當用而輕用之，又恐熱氣乘虛變移結核而爲害尤甚也。蓋此物不堪服餌，止宜入瘡科也。 【味】苦，辛。 【禁】雷斅曰：服之令人喪目。 【治】《類編》云：一人兩足生瘡，臭潰難近，夜宿五夫人祠下，夢神授方：用漏藍子一枚，生研爲末，入之膩粉少許，井水調唾。依法治之，果愈。 【合治】一切惡痢雜下及休息痢，百歲丸用漏藍子一個大者，阿膠、木香、黄連、罌粟殼各半兩，俱炒焦存性，入乳香少許，爲末，糊丸梧子大，每一歲一丸，米飲下。

題清・徐大椿《藥性切用》卷四　漏藍　初生未成。雖治冷痺惡瘡，非寒毒深痼勿用。

烏頭

宋・李昉《太平御覽》卷第九九〇　烏頭　《說文》曰：　萴阻力切，烏頭也。　《爾雅》曰：　芨居及切，堇草。郭璞注曰：　即烏頭，江東今呼為堇。　《梁冀傳》曰：　冀迫殺大家母宣(頭)服〔烏頭〕丸而死。　《後魏書》曰：　匈奴秋收烏頭為毒藥，以射禽獸。　《范子計然》曰：　烏頭，出三輔，中白者善。崔寔《四民月令》曰：　三月可採烏頭。　《本草經》曰：　烏頭，一名烏喙，一名奚毒，一名萴。味辛，温。生川谷。主治風中惡洗出汗，除寒熱。生朗陵。《吳氏本草》曰：　烏頭，一名茛，一名千秋，一名毒公，一名果負，一名耿子。神農、雷公、桐君、黃帝：　甘，有毒。正月始生，葉厚莖方中空，葉四面相當，與蒿相似。　又曰：　烏喙，神農、雷公、桐君、黃帝：　有毒。　李氏：　小寒。十月採。形如烏頭，有兩枝相合，如烏之喙，名曰烏喙也。所畏、惡、使盡與烏頭同。一名側子，一名茛。神農、岐伯：　有大毒。李氏：　大寒。八月採，陰乾。是附子角之大者。畏、惡與附子同。

宋・唐慎微《證類本草》卷一〇草部下品〔《本經・別錄・藥對》〕　**烏頭**　**味辛**、甘，**溫**、大熱，有大毒。**主中風，惡風洗洗出汗，除寒濕痹，欬逆上氣，破積聚寒熱**，消胸上痰冷，食不下，心腹冷疾，臍間痛，肩胛痛不可俛仰，目中痛不可久視。又墮胎。**其汁煎之，名射罔，殺禽獸。**〇射罔：　味苦，有大毒。療尸疰癥堅，及頭中風痹痛。**一名奚毒，一名即子，一名烏喙。**〔宋・掌禹錫《嘉祐本草》〕按中蟲通用藥云：　射罔，溫，大熱。〇烏喙音諱：　味辛，微溫，有大毒。主風濕，丈夫腎濕陰囊痒，寒熱歷節，掣引腰痛，不能行步，癰腫膿結。又墮胎。生朗陵山谷，正月、二月採，陰乾。長三寸已上爲天雄。莽草爲之使，反半夏、栝樓、貝母、白斂、白及，惡藜蘆。

〔梁・陶弘景《本草經集注》〕云：　今採用四月烏頭與附子同根，春時莖初生，有腦形似烏鳥之頭，故謂之烏頭。有兩歧共蔕，狀如牛角，名烏喙。喙即烏之口也。亦以八月採，擣笮莖取汁，日煎爲射罔。獵人以傳箭，射禽獸，中人亦死，宜速解之。

〔唐・蘇敬《唐本草》〕注云：　烏喙，即烏頭異名也。此物同苗，或有三歧者，然兩歧者少。縱天雄、附子有兩歧者，仍依本名。如烏頭兩歧，即名烏喙，天雄、附子若有兩歧者，復云何名之？

〔宋・掌禹錫《嘉祐本草》〕按：　吳氏云：　烏頭，一名茛，一名千秋，一名毒公，一名果負，一名耿子。神農、雷公、桐君、黃帝：　甘，有毒。正月始生，葉厚，莖方中空，葉四四相當，與蒿相似。又云：　烏喙，神農、雷公、桐君、黃帝：　有毒。十月採。形如烏頭，有兩歧，相合如烏之喙，名曰烏喙也。所畏、惡、使，盡與烏頭同。《爾雅》云：　芨，堇草。注：　即烏頭也，江東呼爲堇音靳。崔寔《四民月令》云：　三月可採烏頭。《藥性論》云：　烏頭，使，遠志爲之使，忌豉汁，味苦、辛，大熱，有大毒。能治惡風憎寒，濕痹逆氣，冷痰包心，腸腹疠痛，痃癖氣塊，益陽事，中風洗洗惡寒，除寒熱，主胸中痰滿，冷氣不下食，治欬逆上氣，治齒痛，破積聚寒，主强志。又云：　烏喙，使，忌豉汁，味苦、辛，大熱。能治男子腎氣衰弱，陰汗，主療風溫濕邪痛，治寒熱，癰腫歲月不消者。陳藏器云：　射罔本功外。主瘻瘡，瘡根結核，瘰癧，毒腫及蛇咬。先取藥塗肉四畔，漸漸近瘡，習習逐病至骨。瘡有熟膿及黃水出，塗之；　苦無膿水，有生血，及新傷肉破，即不可塗，立殺人。亦如殺走獸，傳箭鏃射之，十步倒也。日華子云：　土附子，味癒、辛，熱，有毒。生去皮，擣濾汁澄清，旋添，曬乾取膏，名爲射罔。獵人將作毒箭使用，或中者，以甘草、藍青、小豆葉、浮萍，冷水、薺苨，皆可禦也。

〔宋・唐慎微《證類本草》〕《圖經》：　文具側子條下。　《聖惠方》：　治風，腰脚冷痹疼痛。用川烏頭三分，去皮臍，生擣羅，釅醋調，塗於故帛上傅之，須臾痛止。又方：　治久疥癬方：　用川烏頭七枚，生用擣碎，以水三大盞，煎至一大盞，去滓，溫洗之。《外臺秘要》：　治頭風頭痛。臘月烏頭一升，炒令黃，末之，絹袋盛，酒三升浸，溫服。《千金方》：　治耳鳴如流水聲，耳痒及風聲，不治久成聾。全烏頭一味，掘得承濕削如棗核大，塞耳，旦易夜易，不過三日愈。又方：　治沙蝨毒，以射罔傅之佳。《經驗方》：　治一切冷氣，去風痰，定遍身疼痛，益元氣，强精力，固精益髓，令人少病。川烏頭一斤，用五升許大瓷鉢子盛，以童子小便浸，逐日添注，任令溢出，浸二七日，其烏頭通軟，揀去爛壞者不用，餘以竹刀切破，每個作四片，却用新汲井水淘七遍後浸之，每日換，七日，通前浸二十一日，取出焙乾，其藥潔白，擣羅爲末，酒煮麪糊丸菉豆大。每服十丸，空心鹽湯，酒下，少粥飯壓之。如冷氣稍盛，加丸數服之。《經驗後方》：　治痢獨聖丸：　川烏頭一個，好者，柴灰火燒煙欲盡取出，地上盞子合良久，細研，用酒，蠟丸如大麻子，每服三丸。赤痢用黃連、甘草、黑豆煎湯放冷吞下；　如白，用甘草、黑豆煎湯放冷吞下；　如瀉及肚疼，水吞下。每於空心服之，忌熱物。《梅師方》：　治蛇虺螫人，以射罔塗螫處，頻易。又方：　治婦人血風虛冷，月候不勻，或即脚手心煩熱，或頭面浮腫頑麻。川烏頭一斤，清油四兩，鹽四兩，一處鐺內熬令裂，如桑椹色爲度，去皮臍，五靈脂四兩，合一處爲末，入臼中擣令勻後，蒸餅丸如梧桐子大。空心溫酒、鹽湯下二十丸，亦治丈夫風疾。又方：補益元藏，進飲食，壯筋骨。二虎丸：烏頭、附子各四兩，釅醋浸三宿，取出切作片子，穿一小坑，以炭火燒令通赤，用好醋三升，同藥傾入熱坑子内，盆合之，經一宿取出，去砂土，用好青鹽四兩，研與前藥同炒，令赤黄色，杵爲末，醋、麪糊丸如梧子大。空心冷酒下十五丸，鹽湯亦得，婦人亦宜。又方：療癱緩風，手足嚲曳，口眼喎斜，語言蹇澀，履步不正，神驗。烏龍丹：川烏頭去皮臍了，五靈脂各五兩，右爲末，入龍腦、麝香研令細勻，滴水丸如彈子大。每服一丸，先以生薑汁研化，次暖酒調服之，一日兩服，空心晚食前服。治一人只三十丸，服得五七丸，便覺擡得手，移得步，十丸可以自梳頭。《勝金方》：治蠍螫。烏頭末少許，頭醋調傅之。《靈苑方》：治馬汗入瘡，腫痛漸甚，宜急療之，遲則毒深難理。以生烏頭末傅瘡口，良久有黄水出，立愈。初虞世：治陷甲，割甲成瘡，連年不差。川烏頭尖、黄蘗等分，爲末，洗了貼藥。《修真秘訣》：治瀉痢。三神丸：草烏頭三兩，一兩生，一兩熟炒，一兩燒存性。研爲末，以醋、麪糊丸如菉豆大。每服五丸，空心服。瀉用井花水，赤痢甘草湯下，白痢乾薑湯下，赤白痢生薑甘草湯下。《孫兆口訣》：治陰毒傷寒，手足逆冷，脉息沉細，頭疼腰重，兼治陰毒欬逆等疾。川烏頭、乾薑等分，右爲麁散，炒令轉色，放冷再擣爲細散，每一錢，水一盞，鹽一撮，煎取半盞，溫服。《古今録驗》：治癰攻腫，若有瘜肉突出者。烏頭五枚，以苦酒三升，漬三日，洗之，日夜三四度。《楊氏產乳》：療耳鳴無晝夜。烏頭燒作灰，菖蒲等分爲末，綿裹塞耳中，日再用，效也。唐李寶臣爲妓人置堇於液，寶臣飲之即瘖，三日死。唐武后置堇於食，賀蘭氏食之，暴死。

宋・寇宗奭《本草衍義》卷一一 烏頭 烏喙、天雄、附子、側子，凡五等，皆一物也。止以大小、長短、似像而名之。後世補虚寒，則須用附子，仍取其端平而圓，大及半兩以上者，其力全不僭。風家即多用天雄，亦取其大者。以其尖角多熱性，不肯就下，故取敷散也。此用烏頭、附子之大略如此。餘三等，則量其材而用之。其炮製之法，《經》方已著。

宋・鄭樵《通志》卷七五《昆蟲草木略》 芨 《爾雅》云堇草，即烏頭也。其類即别，而說者紛紜。初種之母曰烏頭，如芋魁是也。其形似烏鳥之首，故以為名。兩歧如鳥開口者，曰烏喙，亦取其似也。烏頭傍生者為附子，附子傍生者為側子。烏頭不生附子者為天雄，極長大，故《草經》云長三寸以上也。蜀人種之，最忌生此。《草經》云：春採為烏頭，冬採為附子。《廣雅》又云：一歲為側子，二歲為烏喙，三歲為附子，四歲為烏頭，五歲為天雄。今皆不然。但一歲下種而有此五物，皆以冬至前布種，至八月採出。於蜀中而綿州彰明縣猶多。附子為百藥之長，一名奚毒。世以烏頭、天雄、附子為三建者，以此三物舊皆出建平故也。又宜都佷山者，謂之西建，殊佳。錢塘間者，謂之東建，不及。故曰：西冰猶勝東白。烏頭曰奚毒，曰即子，曰茛，曰堇，曰千秋，曰毒公，曰果負，曰耿子。取其汁日煎為膏，曰射罔，射生者以傅矢，慘毒。

金・張元素《潔古珍珠囊》〔見元・杜思敬《濟生拔粹》卷五〕 川烏頭辛純陽。去寒濕風痺血痺，行經。與半夏、瓜蔞相反。與附子同。

宋・劉明之《圖經本草藥性總論》卷上 烏喙 味辛，微溫，有大毒。主風濕，丈夫腎濕陰囊痒，寒熱歷節，掣引腰痛，不能行步，癰腫膿結。又墮胎。《藥性論》云：使。忌豉汁。味苦、辛，大熱。治男子腎氣衰弱、陰汗，主療風濕邪痛，寒熱癰腫不消者。畏、惡、使並與烏頭同。

宋・劉明之《圖經本草藥性總論》卷上 烏頭 味辛、甘，溫、大熱，有大毒。主中風惡風，洗洗出汗，除寒濕痺，欬逆上氣，破積聚寒熱，消胸上痰冷，食不下，心腹冷疾，臍間痛，肩胛痛，不可俛仰，目中痛不可久視，又墮胎。其汁煎之，名射罔。味苦，有大毒。療尸疰癥堅，及頭中風痺痛，殺禽獸。《藥性論》云：使。遠志為之使。忌豉汁。味苦辛，大熱，有大毒。能治惡風，增寒濕痺，逆氣冷痰，包心腸腹疞痛，痃癖氣塊，益陽事，中風洗洗惡寒，除寒熱，主胸中痰滿冷氣，不下食，治欬逆上氣。治齒痛，破積聚寒，主强志。日華子云：土附子味莶、辛，熱，有毒。生去皮，擣，濾汁澄清，旋添，曬乾取膏，名射罔。獵人將作毒箭使用，或中者以甘草、藍青、小豆葉、浮萍、冷水、薺苨皆可禦之。莽草為之使。反半夏、栝蔞、貝母、白斂、白及。惡藜蘆。

宋・陳衍《寶慶本草折衷》卷一〇 新分烏喙音諱。使。 此即烏頭之有雙歧者也。○所出及採製並與烏頭同。又以八、十月採。○為使、反、惡、忌亦同。 味辛、苦，大熱，有大毒。○主風濕，丈夫腎濕陰痒，寒熱歷節，掣引腰痛，癰腫膿結貼傅用之。又墮胎。自前條分。○吳氏云：烏喙形如烏頭，有兩歧相合，如烏之喙也。○《藥性論》云：治男子腎氣衰弱，陰汗【缺】方，女人藥【缺】亦用烏喙。

元・王好古《湯液本草》卷三 烏頭 氣熱，味大辛。辛、甘，大熱，有大毒。行諸經。《象》云：治風痹血痹，半身不遂，行經藥也。慢火炮坼，去皮用。《本草》云：主中風惡風，洗洗出汗，除寒濕痹，欬逆上氣，破積聚寒熱，消胸上痰冷，食不下，心腹冷疾，臍間痛，肩胛痛，不可俯仰，目中痛，不可久視，墮胎。其汁煎之，名射罔，殺禽獸。《液》云：烏、附、天雄、側子之屬，皆水浸炮裂，去皮臍用之。多有外黄裏白，劣性尚在，莫若乘熱切作片子，再炒，令表裏皆黄，内外一色，劣性皆去，却為良也。世人罕如此製之。

元・尚從善《本草元命苞》卷五　烏頭　為使。味辛、甘，溫、大熱，有大毒。遠志為之使。主中風惡風，洗洗汗出。治癱瘓軃曳，口眼喎斜。除風寒濕，肩胛痛，不可俛仰。療心腹冷，目中痛不可久視，消膈上痰冷，飲食不下。醫欬逆上氣，積聚寒熱。破痃癖氣塊，益陽事不興。反半夏、栝樓、貝母、白斂、白及。生朗陵山谷，正月二月採，陰〔乾〕。忌豉汁，惡藜蘆。汁煎之名射罔，味苦，有大毒。功外治瘡瘻，殺禽獸，療尸疰、癥堅，頭中風，傅瘰癧毒腫。三寸已上名天雄，有兩歧者，為烏喙。音諱。

烏啄，為使。味辛，擻溫，性毒，畏惡反忌，悉與烏頭同稱。補腎氣衰弱，陰囊濕痺，治歷節，掣引腰痛難行。療風溫濕痺，久而未已。醫癰腫寒熱，歲月不消。如烏頭有兩歧，其苗蔕似牛角。

元・佚名氏《珍珠囊・諸品藥性主治指掌》〔見《醫要集覽》〕　川烏　味辛，性熱，有毒。浮也，陽中之陽也。其用有二：散諸風之寒邪，破諸積之冷痛。

元・徐彦純《本草發揮》卷二　烏頭　潔古云：治風痺、血痺、寒痺，半身不遂，行經藥也。《主治秘訣》云：性熱，味辛、甘，氣厚味薄，浮而升，陽也。其用有六：除寒疾，一也；去心下痞堅，二也；溫養藏府，三也；治諸風，四也；破積聚滯氣，五也；感寒腹痛，六也。東垣云：烏頭味辛、甘，溫、大熱，純陽。主中風，除寒濕痺，行經散風邪。不宜多用。海藏云：烏附子類皆水浸炮裂，去皮臍用之。然多外黄裏白，劣性尚存些少，莫若乘熱切作片子，再炒令表裏皆黄色，劣性盡去為良也。今人罕知如此製之。

明・王綸《本草集要》卷三　烏頭使　味辛甘，氣溫，大熱，有大毒。遠志為之使。反半夏、栝樓、貝母、白斂、白及，惡藜蘆。忌豉汁。春時初生，有腦形似烏鳥之頭，故名。主中風惡風，洗洗出汗，除寒濕痹，咳逆上氣，破積聚寒熱，消胸上痰冷，臍間痛，肩胛痛，不可俛仰。又墮胎，治風痹血痹，半身不遂，行經藥也。○其汁煎之，名射罔。味苦。殺禽獸。一名烏喙。主瘻瘡根，結核瘰癧，毒腫及蛇咬。先取藥塗四畔，漸漸近瘡，習習逐病至骨，瘡有熱膿及黄水出，塗之；若無膿水，有生血及新傷肉破，即不可塗，立殺人。中之者，以甘草、藍青、小豆葉、浮萍、冷水解之。

明・滕弘《神農本經會通》卷一　烏頭　使也。川烏頭、草烏頭即是。遠志、莽草為之使。反半夏、栝樓、貝母、白斂、白及，惡藜蘆。忌豉汁。春時莖初生，有腦形似烏鳥之頭，故名。有兩歧，共蔕，狀如牛角，名烏喙，與附子同根。《局》云：炮裂，去皮臍用。味辛、甘，氣溫，大熱，有大毒。《湯》云：氣熱，味大辛，辛甘，大熱，有大毒。行諸經。東云：浮也，陽中陽也。散諸風之寒邪，破諸積之冷痛。又云：破積消痰，治風痺。《珍》云：行經，散風邪，溫養臟腑，除寒疾，主感寒腹痛，破積聚滯氣，心下痞。《疌》云：破積，消痰，去風，墮產，治寒濕痺，欬逆，殺尸蟲。

《本經》云：主中風，惡風，洗洗出汗，除寒濕痺，欬逆上氣，破積聚寒熱，消胸上痰冷，食不下，心腹冷疾，臍間痛，肩胛痛，不可俛仰，目中痛不可久視。又墮胎。其汁煎之，名射罔，殺禽獸。《藥性論》云：烏頭，使。遠志為之使。忌豉汁。味苦、辛，大熱，大毒。能治惡風，增寒濕痺，逆氣冷，痰包心腸，腹疞痛，痃癖氣塊，益陽事，中風洗洗惡寒，除寒熱，除胸中痰滿冷氣不下食。治欬逆上氣，治齒痛，破積聚寒，主強志。《象》云：治風痺血痺，半身不遂，行經藥也。慢火炮，拆去皮用。《液》云：烏附、天雄、側子之屬，皆水浸，炮裂，去皮臍用之。多有外黄裏白，劣性尚在，莫若乘熱切作片子，再炒，令表裏皆黄，内外一色，劣性皆去，却為良也。世人罕如此製之。剬云：川烏味辛熱有毒，浮也，陽中之少陽。能開臟腑寒邪氣，破諸積冷痛尤良。《局》云：烏頭破積除寒濕，及中風邪惡見風，逐冷墮胎攻腹痛，又消痰飲滯胸中。《局方》中有用川烏者，有用草烏者，有一方兼用川烏、草烏者。川烏出於梓州。

射罔　味苦，有大毒。《本經》云：療尸疰，癥堅，及頭中風，痺痛。一名烏喙。陶云：射罔，溫，大熱。陳藏器云：射罔，本功外，主瘻瘡，瘡根結核，瘰癧毒腫及蛇咬，先取藥，塗肉四畔，漸漸近瘡，習習逐病至骨，瘡有熟膿及黄水出，塗之。若無膿水，有生血及新傷肉破，即不可塗，立殺人。亦如殺走獸，傅箭鏃射之，十步倒也。日華子云：土附子，味（瘀）〔鹹〕辛，熱，有毒。生去皮，搗，濾汁澄清，旋添曒乾，取膏，名為射罔。獵人將作毒箭使用，或中者，以甘草、藍青、小豆葉、浮萍、冷水、薺苨，皆可禦。

烏喙　使也。忌豉汁。　味辛，氣微溫，有大毒。《本經》云：　主風濕，丈夫腎濕，陰囊痒，寒熱，歷節掣引腰痛，不能行步。癰腫膿結。又墮胎。正二月採，陰乾。長三寸已上，為天雄。《藥性論》云：　烏喙，使。忌豉汁。味苦、辛，大熱。能治男子腎氣衰弱，陰汗，主療風溫濕邪痛，治寒熱癰腫，歲月不消者。

明·劉文泰《本草品彙精要》卷一三　烏頭有大毒。　植生。

烏頭出《神農本經》：　**主中風，惡風，洗洗出汗，除寒濕痹，欬逆上氣，破積聚，寒熱。其汁煎之，名射罔，殺禽獸。**以上朱字《神農本經》。烏頭，消胸上痰冷，食不下，心腹冷疾，臍間痛，肩胛痛，不可俯仰，目中痛，不可久視，又墮胎。○射罔，味苦，有大毒，療尸疰癥堅及頭中風痹痛。○烏喙音諱，味辛，微溫，有大毒，主風濕，丈夫腎濕，陰囊癢，寒熱歷節，掣引腰痛，不能行步，癰腫，膿結，又墮胎。以上黑字名醫所錄。　〔名〕茇、堇草、千秋、毒公、莨、果負、耿子、奚毒。　〔苗〕《圖經》曰：　苗高三四尺，莖作四棱，葉如艾，花紫碧色，作穗，實小，紫黑色，如桑椹。蓋烏頭、附子、烏喙、天雄、側子五物，同種而異名。似烏鳥頭者爲烏頭。又云：　原種者爲烏頭，兩歧狀如牛角者爲烏喙，細長至三四寸者爲天雄，散生如芋者爲附子，旁連生小者爲側子也。日華子云：　生去皮，搗濾汁，澄清，旋添，日乾取膏，獵人蘸箭鏑以射禽獸，謂之射罔，中人亦死，宜速解之。　〔地〕《圖經》曰：　出朗陵山谷，及龍州、綿州、彰明縣皆有之。〔道地〕出蜀土及赤水，邵州、成州、晉州、梓州、江寧府者佳。〔時〕生：　春生苗。採：　三月取根。　〔收〕曬乾。　〔用〕根。　〔質〕類附子而尖小。　〔色〕皮黑，肉白。　〔味〕辛，甘。　〔性〕溫，又云大熱。〔氣〕氣之厚者，陽中之陽。　〔臭〕朽。　〔主〕除寒濕，散冷疾。　〔行〕諸經。　〔助〕莽草、遠志爲之使。　〔反〕半夏、栝樓、貝母、白歛、白及，惡藜蘆。　〔製〕凡用，炮裂去皮臍，切片。　〔治〕療：　《藥性論》云：　除惡風憎寒，濕痹逆氣，冷痰包心，腸腹疞痛，痃癖氣塊，齒痛。○烏喙，治男子腎氣衰弱，陰汗，及風溫濕邪痛並寒熱。陳藏器云：　射罔，主瘻瘡，瘡根，結核，瘰癧，毒腫及蛇咬，先取藥塗四畔，漸漸近瘡，習習逐病至骨。瘡有熟膿及黃水出，塗之。若無膿水，有生血及新傷肉破，即不可塗，立殺人。亦如殺走獸，傅箭鏃射之，十步即倒。《別錄》云：　久患疥癬，以七枚生搗碎，用水三大盞，煎一大盞，去滓，溫洗之。○耳鳴如流水聲並風聲，久不愈，漸聾者，用新掘得烏頭，承濕削如棗核大，塞耳內，晝夜更易，不過三日愈。○射罔，傅沙風毒。補：　《藥性論》云：　益陽事，強志。　〔合治〕生者去皮臍，搗末，合釅醋調塗於故帛上，貼患風腰脚冷痹疼痛，須臾痛止。○臘月取一升，炒令黃，作末，絹袋盛，合酒三升浸，溫服，療頭風，頭痛。○以一斤用五升許大瓷鉢盛，合童子小便浸，逐日添注任令溢出，浸二七日，其烏頭通軟，揀去爛壞者不用，餘以竹刀切破，每個作四片，用新汲水淘七遍後浸之，每日一易水，至七日通前浸二十一日，取出焙乾，其藥潔白，爲末，酒煮麵糊丸如綠豆大，每服十丸，空心鹽湯或酒下，以些少粥飯壓之，服此去一切冷氣及風痰，止遍身疼痛，益元氣，強力，固精，益髓，令人少病，如冷氣稍盛加數服之。○用一個好者，炭火燒，煙欲盡取出，地上盞子合定，良久，細研，合蠟丸如麻子大，每服三丸。赤痢，黃連、甘草、黑豆煎湯；　白痢，甘草、黑豆煎湯，俱候冷吞下，如瀉及肚疼，水吞下，每於空心服之，忌熱物。○以一斤合清油四兩，鹽四兩，鐺內熬令裂，如桑椹色爲度，去皮臍，入五靈脂四兩，同爲末，搗令勻，用蒸餅和丸如梧子大，空心以溫酒或鹽湯下二十丸，治婦人血風虛冷，月候不勻，或脚手心煩熱，頭面浮腫頑麻，及丈夫風疾。○去皮臍者五兩，合五靈脂五兩爲末，入龍腦、麝香各少許，研令細，滴水丸如彈子大，每服一丸，先以生薑汁研化，次以溫酒調服之，日再，空心及晚食前，療癱緩風，手足嚲曳，口眼喎斜，語言謇澀，履步不正，治一人只須三十丸，服五六丸後便覺抬得手，移得步，十丸可以自梳頭。○爲末少許，合頭醋調，傅蠍螫，止痛。○取尖合黃蘗等分爲末，療陷甲，割甲成瘡，久不瘥者，洗淨貼之。○用三兩，以一兩生，一兩炒，一兩燒存性，共研爲末，合醋麵糊爲丸如綠豆大，每服五丸，空心服。如瀉，用井花水下；　赤痢，甘草湯下；　白痢，乾薑湯下；　赤白痢，生薑甘草湯下。○燒作灰合菖蒲等分爲末，綿裹塞耳中，治耳鳴無晝夜。〔禁〕妊娠不可服。　〔忌〕豉汁。　〔解〕人中射罔毒者，以甘草、藍青、小豆葉、浮萍、冷水、薺苨解之。

明·葉文齡《醫學統旨》卷八　烏頭　氣溫，大熱，味辛、甘。有大毒。浮而升，陽也。遠志為之使；　反半夏、栝蔞、貝母、白及、白斂；　惡藜蘆；　忌豉汁。春時初生有腦形似烏鳥之頭，故名。凡用水浸炮裂，去皮臍，乘熱切片，再炒令表裏皆黃色，劣性盡去為良也。今人罕知此裂之妙。　治中風惡風，洗洗出汗，寒濕麻痺，欬逆上氣，破積聚寒熱，消胸中痰冷，臍間痛，肩胛痛不可俛仰；　又墮胎，風痺、血痺，半身不遂，行經藥也。〇其汁煎之名射罔，味苦。殺禽獸，一名烏喙，主瘻瘡結核，瘰癧毒腫及蛇咬。

明・許希周《藥性粗評》卷一 解開心下痞，當是烏頭。

烏頭，一名莨，一名毒公，一名耿子，與附子、天雄一本而生，大要見前附子條下。正月始生葉，四四相對，與蒿相似，莖方中空。出川中者勝，謂之川烏，餘謂之草烏。三月採根，似烏鳥之頭，故名。製法亦見前條。莽草為之使，反半夏、栝蔞、貝母、白斂、白及、藜蘆。《藥性論》云：遠志為之使，忌豉汁。味辛、甘，性大熱，有大毒。其氣雄壯，大行經絡。主治中風感寒，濕痹癱瘓，心腹疞痛，陰症冷汗，心下痞滿，咳逆痰湧，積聚堅塞，冷食不下，頭疼齒痛，散氣破塊，益陽強志，壯元氣，令人少病。然非冷弱人不可輕用。海藏云：烏、附之類，皆水浸炮，裂去皮臍用。然猶外黃裏白，烈性尚存，莫若乘熱切作片子，再炒，令表裏皆黃色，烈性盡去為良。

單方：癱瘓不仁：二虎丸，以製過烏頭四兩，釅醋再浸三宿，取出，又同青鹽四兩，炒黃赤色，共杵為細末，醋麵糊丸如梧桐子大，每服空心冷酒下十五丸，鹽湯下亦可，不拘男婦，皆宜大有補益。瀉痢暴作：烏頭三兩，以一兩剉，炒黃，一兩燒存性，一兩生用，共研為末，醋麵糊丸如菉豆大，每服五丸，空心，瀉用井花水，赤痢甘草湯，白痢乾薑湯，赤白痢生薑甘草湯送下。陰毒逆冷：凡患陰毒傷寒，手足逆冷，脉息沉細，頭疼腰重者，烏頭、乾薑等分，剉，共炒焦黃色，放冷，搗為散，每用一錢，水一盞，鹽一撮，煎取半盞，乘熱頓服。

蟲毒螫傷：凡遇毒蟲，不拘蛇蝎等物螫傷者，烏頭為細末，釅醋調傅。

明・鄭寧《藥性要略大全》卷三 川烏即附子之嫩小者。破積消痰，治風痹，散寒冷，下胎。〇主中風惡風，咳逆上氣，食不下，心腹冷痛，臍間痛，肩胛痛，不能俯仰者，並治之。東垣云：散諸風之寒邪，破諸積之冷痛。

味甘、辛，性熱，有大毒。行諸經之劑。遠志為之使。反半夏、栝蔞。入麯料及風氣藥中用。味苦、辛，氣大溫。有大毒，麻人之苦。生搗汁煎之成膏，名射罔，裹箭頭上射禽獸，見血封喉，毒獸之藥也。諸書止曰烏頭，不分川、草，疑即草烏也。開紫花如鳶尾是也。

明・王文潔《太乙仙製本草藥性大全》卷二《本草精義》 烏頭 一名莨，一名千秋，一名毒公，一名耿子，與附子同根。《爾雅》云：芨，堇草。即烏頭是也。正月始生葉厚，莖方中空，葉四四相當，與蒿相似。立春生者謂烏頭，因有腦類烏鳥頭顱，竟假名爲醫家呼喚。氣味製度與附子同。《本經》云：春採爲烏頭，冬採爲附子。又云：附子頂圓正，烏頭頂歪斜，宗此別之，庶弗差謬。忌豉汁，惡藜蘆，反半夏、栝蔞暨貝母及白及、白斂。

射罔 一名奚毒，一名即子，一名烏喙。將附子生去皮，搗濾汁，澄清旋添，晒乾取膏。又云用桐樹或霸楊刺燒燻，乾成膏尤妙。獵人將作毒箭，如殺禽獸，傅箭鏃射之，見血封喉，十步即倒，毒獸之藥也。凡取藥塗肉，四畔漸漸近瘡，習習逐病至骨，有熱膿及黃水出，塗之；若膿水有生血及新傷肉破不可塗，立能殺人。倘誤中者，以甘草急嚼，藍青、浮萍草、小豆葉、冷水、薺苨皆可解之而禦也。

烏喙 即烏頭異名也。此物同苗，或有三歧者，然兩歧者少。縱天雄、附子有兩歧者，狀如牛角喙者，乃烏之口，因類亦假爲名，一應俱同烏頭。反半夏、栝樓、貝母、白及、白斂，惡藜蘆。

明・王文潔《太乙仙製本草藥性大全》卷二《仙製藥性》 烏頭即附子嫩小者。

味辛、甘，溫。又云大熱，有大毒。行諸經之劑。遠志爲之使。春採者爲烏頭。主治：主中風惡風，洗洗出汗。治腹臍冷疾，隱隱而疼。肩胛不可俛仰，目中疼不可久視。理風痹，却風痰，散寒邪，除寒痛。破滯氣積聚，去心下痞堅。亦善墮胎，孕婦切忌。補註：腰脚冷痹疼痛，用三分，去皮臍，生搗羅，釅醋調塗故帛上，傅之痛止。久疥癬方：用七枚，生搗碎，水三盞，煎至一盞，去滓洗之。頭風頭痛，臘月用一升，炒令黃，末，絹袋盛，酒三升，浸，溫服。耳鳴如流水聲，耳痒及風聲，不治久成聾，生掘一個，承濕削如棗核大，塞耳，旦易夜易，不三日愈。癰攻腫若有瘜肉突出者，用五枚，以苦酒三升，漬三日，洗之，夜三四度。耳鳴無晝夜，用燒灰，菖蒲等分爲末，綿裹塞耳中神效。馬汗入瘡腫，痛漸甚，遲則難治，以生末傅瘡口良久，黃水出方愈。陷甲割甲成瘡，連年不差，用烏頭尖，黃檗等分爲末，洗貼。蠍螫以末少許，頭醋調傅之。治痢獨聖丸：凡用一個好者，柴灰火燒，烟欲盡取出，地上盞子合良久，細研，用酒蠟丸如大麻子，每服三丸。赤痢用黃連、甘草、黑豆煎湯，冷吞下。白痢用甘草、黑豆煎湯，冷吞下；如瀉及肚疼，水吞下；忌熱物。治瀉痢三神丸：草烏頭三兩，一兩生，一兩熟炒，一兩燒存性，爲末，以醋麪糊丸如菉豆大，每服五丸，空心服，瀉用井花水，赤痢甘草湯，白痢乾薑湯，赤白痢生薑甘草湯。下陰毒，傷寒，手足逆冷，脉息沉細，頭疼腰重，兼治欬逆等疾，用烏頭、乾薑等分，右爲麄切，炒令轉色，放冷再搗爲散，每一錢水一盞，鹽一撮，煎取半盞，溫服。

射罔：味苦，有大毒。本功外。主治：主瘻瘡瘡根，結核瘰癧毒。療尸疰癥堅，及頭中風痹痛，蛇咬。補註：治沙虱毒，以射罔傅之佳。治蛇虺螫人，以射罔塗螫處。頻易，即愈。

烏喙使：味辛，微溫，又云大熱，有大毒。莽草爲之使。主治：主風濕，丈夫腎濕，陰囊瘙癢，寒熱歷節，掣引腰痛，不能行步。癰腫膿結，歲月不消者。又妊娠服之墮胎。

明・皇甫嵩《本草發明》卷一

烏頭下品上，佐使。氣大熱，味辛、甘，溫，有大毒。陽中之陽，浮也。發明曰：烏頭辛熱，行經，故散諸風寒邪，破諸積冷痛。《本草》主中風惡風，洗洗出汗，除寒濕痺風痺，欬逆上氣，正所謂散邪也。又破積聚寒熱，消胸上痰冷，食不下，心腹冷疾，臍間痛，肩胛痛難俛仰，目中痛難久視，正所謂破冷痛也。以上諸症，若屬熱者，不可用。又云墮胎，正以其走下也。莽草為使。反半夏、貝母、瓜蔞、白及、白斂。惡藜蘆。忌豆豉汁。形似烏鳥，故名之烏頭。

按：天雄長而尖，其氣親上，故補上焦陽虛。凡前症風寒濕痺屬上焦者，用此為良。附子矮而圓，其氣親下，故能補下，補陽虛，凡沉寒痼冷，下元虛脫者用之為當。烏頭，原生苗腦，得母之氣，守而不移，故散胸腹風寒冷痺，破心腹積聚為最。附子旁有小顆，名側子，辛熱，大毒，與附子同。以旁生，體無定，在其氣輕揚，宜發四肢，充皮毛，為風癮妙藥，故治癰腫，風痺歷節，腰脚冷痛寒熱，鼠瘻。烏（啄）〔喙〕即烏頭有兩歧或三歧，如烏口，辛溫，氣銳，有毒。故通經絡，利關節，尋蹊達徑，直抵病所，主風濕，丈夫腎濕陰癢，寒熱歷節，掣引腰痛不能行步，癰腫結膿，墮胎。烏頭汁煎名射罔，味苦，大毒。療尸疰癥堅及頭中風痺痛。傅箭射禽獸，中人亦死。以甘草、藍青、小豆葉、浮萍、薺苨、冷水，皆可禦也。

明・李時珍《本草綱目》卷一七草部・毒草類

烏頭《本經》下品。校正：併入《拾遺》獨白草。

〔釋名〕烏喙《本經》即兩頭尖。草烏頭《綱目》 土附子《日華》 奚毒《本經》 耿子吳普 毒公吳普。又名帝秋。 金鵶《綱目》 苗名莨音良、芨音及、堇音近。 獨白草《拾遺》 鴛鴦菊《綱目》 汁煎名射罔。 普曰：烏頭，形如烏之頭也。有兩歧相合如烏之喙者，名曰烏喙。喙即烏之口也。恭曰：烏喙，即烏頭異名也。此有三歧者，然兩歧者少。若烏頭兩歧者名烏喙，則天雄、附子之兩歧者，復何以名之？時珍曰：此即烏頭之野生于他處者，俗謂之草烏頭，亦曰竹節烏頭，出江北者曰淮烏頭，日華子所謂土附子者是也。烏喙即偶生兩歧者，今俗呼爲兩頭尖，因形而名，其實乃一物也。附子、天雄之偶生兩歧者，亦謂之烏喙，功亦同于天雄，非此烏頭也。蘇恭不知此義，故反疑之。草烏頭取汁，晒爲毒藥，射禽獸，故有射罔之稱。《後魏書》言遼東塞外秋收烏頭爲毒藥射禽獸，陳藏器所引《續漢五行志》，言西國生獨白草，煎爲藥，敷箭射人即死者，皆此烏頭，非川烏頭也。《菊譜》云鴛鴦菊，即烏喙苗也。

〔集解〕《别録》曰：烏頭、烏喙生朗陵山谷。正月、二月采，陰乾。長三寸以上者爲天雄。普曰：正月始生，葉厚，莖方中空，葉四四相當，與蒿相似。弘景曰：今采用四月，亦以八月采。搗笮莖汁，日煎爲射罔。獵人以傅箭，射禽獸十步即倒，中人亦死，宜速解之。朗陵屬汝南郡。大明曰：土附子生去皮搗，濾汁澄清，旋添晒乾取膏，名爲射罔，以作毒箭。時珍曰：處處有之，根苗花實並與川烏頭相同。但此係野生，又無釀造之法，其根外黑内白，皺而枯燥爲異爾，然毒則甚焉。段成式《酉陽雜俎》言：雀芋狀如雀頭，置乾地反濕，濕地反乾，飛鳥觸之墮，走獸遇之僵。似亦草烏之類，而毒更甚也。又言：建寧郡烏勾山有牧靡草，鳥鵲誤食烏喙中毒，必急食此草以解之。牧靡不知何藥也？

〔修治〕時珍曰：草烏頭或生用，或炮用，或以烏大豆同煮熟，去其毒用。

烏頭〔氣味〕辛，温，有大毒。《别録》曰：甘，大熱，大毒。普曰：神農、雷公、桐君、黄帝：甘，有毒。權曰：苦、辛，大熱，有大毒。大明曰：味蘞、辛，熱，有毒。之才曰：莽草、遠志爲之使。反半夏、栝樓、貝母、白斂、白及。惡藜蘆。時珍曰：伏丹砂、砒石。忌豉汁。畏飴糖、黑豆、冷水，能解其毒。〔主治〕中風惡風，洗洗出汗，除寒濕痹，欬逆上氣，破積聚寒熱。其汁煎之名射罔，殺禽獸《本經》。消胸上痰冷，食不下，心腹冷痰，臍間痛，不可俛仰，目中痛，不可久視。又墮胎《别録》。主惡風憎寒，冷痰包心，腸腹㽲痛，痃癖氣塊，齒痛，益陽事，强志甄權。治頭風喉痹，癰腫疔毒時珍。

烏喙，一名兩頭尖。〔氣味〕辛，微温，有大毒。普曰：神農、雷公、桐君、黄帝：有毒。權曰：苦、辛，大熱。○畏惡同烏頭。〔主治〕風濕，丈夫腎濕陰囊癢，寒熱歷節，掣引腰痛，不能行步，癰腫膿結。又墮胎《别録》。男子腎氣衰弱，陰汗，瘰癧歲月不消甄權。主大風頑痹時珍。

射罔〔氣味〕苦，有大毒。之才曰：温。大明曰：人中射罔毒，以甘草、藍汁、小豆葉、浮萍、冷水、薺苨，皆可一味禦之。〔主治〕尸疰癥堅及頭中風痹《别録》。瘻瘡瘡根，結核瘰癧毒腫及蛇咬。先取塗肉四畔，漸漸近瘡，習習逐病至骨。瘡有熱膿及黄水，塗之；若無膿水，有生血，及新傷破，即不可塗，立殺人藏器。

【發明】時珍曰：草烏頭、射罔，乃至毒之藥。非若川烏頭、附子，人所栽種，加以釀製，殺其毒性之比。自非風頑急疾，不可輕投。甄權《藥性論》言其益陽事，治男子腎氣衰弱者，未可遽然也。此類止能搜風勝濕，開頑痰，治頑瘡，以毒攻毒而已，豈有川烏頭、附子補右腎命門之功哉？吾蘄郝知府自負知醫，因病風癬，服草烏頭、木鼈子藥過多，甫入腹而麻痹，遂至不救，可不慎乎。機曰：烏喙形如烏嘴，其氣鋒鋭。宜其通經絡，利關節，尋蹊達徑，而直抵病所。煎爲射罔，能殺禽獸。非氣之鋒鋭捷利，能如是乎？楊清叟曰：凡風寒濕痹，骨内冷痛，及損傷入骨，年久發痛，或一切陰疽腫毒。並宜草烏頭、南星等分，少加肉桂爲末，薑汁熱酒調塗。未破者能内消，久潰者能去黑爛。二藥性味辛烈，能破惡塊，逐寒熱，遇冷即消，遇熱即潰。

【附方】舊四，新四十八。

陰毒傷寒：生草烏頭爲末，以葱頭蘸藥納穀道中，名提盆散。王海藏《陰證略例》。

二便不通：即上方，名霹靂箭。

中風癱瘓：手足顫掉，言語蹇澁。左經丸：用草烏頭炮去皮四兩，川烏頭炮去皮二兩，乳香、没藥各一兩，爲末。生烏豆一升，以斑蝥三七個，去頭翅，同煮，豆熟去蝥，取豆焙乾爲末。和匀，以醋麪糊丸梧子大。每服三十丸，温酒下。《簡易方》。

癱瘓頑風：骨節疼痛，下元虚冷，諸風痔漏下血，一切風瘡。草烏頭、川烏頭、兩頭尖各三錢，硫黄、麝香、丁香各一錢，木鼈子五個，爲末。以熟蘄艾揉軟，合成一處，用鈔紙包裹，燒熏病處。名雷丸，孫天仁《集效方》。

諸風不遂：《宋氏集驗方》用生草烏頭、晚蠶沙等分，爲末。取生地龍搗和，入少醋，糊丸梧子大。每服四五丸，白湯下，甚妙。勿多服，恐麻人。名鄂渚小金丹。○《經驗濟世方》用草烏頭四兩去皮，大豆半升，鹽一兩，同以沙瓶煮三伏時，去豆，將烏頭入木臼搗三百杵，作餅焙乾爲末，酒糊丸梧子大。每空心鹽湯下十丸。名至寶丹。

一切頑風：神應丹：用生草烏頭、生天麻各洗等分，擂爛絞汁傾盆中。砌一小坑，其下燒火，將盆放坑上。每日用竹片攪一次，夜則露之。晒至成膏，作成小鋌子。每一鋌分作三服，用葱、薑自然汁和好酒熱服。《乾坤秘韞》。

一切風證：不問頭風痛風，黄鴉弔脚風痹。生淮烏頭一斤，生川烏頭一枚，生附子一枚，並爲末。葱一斤，薑一斤，擂如泥，和作餅子。以草鋪盤内，加楮葉於上，安餅於葉上，又鋪草葉蓋之。待出汗黄一日夜，乃晒之，舂爲末，以生薑取汁煮麪糊和丸梧子大。初服三十丸，日二服。服後身痹汗出即愈。避風。《乾坤秘韞》。

破傷風病：《壽域方》用草烏頭爲末，每以一二分温酒服之，出汗。○《儒門事親》方：用草烏尖、白芷，並生研末。每服半錢，冷酒一盞，入葱白一根，同煎服。少頃以葱白熱粥投之，汗出立愈。

年久麻痹：或歷節走氣，疼痛不仁，不拘男女。神授散：用草烏頭半斤，去皮爲末。以袋一個，盛豆腐半袋，入烏末在内，再將豆腐填滿壓乾，入鍋中煮一夜，其藥即堅如石，取出晒乾爲末，每服五分。冷風濕氣，以生薑湯下；麻木不仁，以葱白湯下之。《活人心統》。

風濕痹木：黑神丸：草烏頭連皮生研、五靈脂等分，爲末，六月六日滴水丸彈子大。四十歲以下分六服，病甚一丸作二服，薄荷湯化下，覺微麻爲度。《本事方》。

風濕走痛：黑弩箭丸：用兩頭尖、五靈脂各一兩，乳香、没藥、當歸三錢，爲末，醋糊丸梧子大。每服十丸至三十丸，臨卧温酒下。忌油膩、濕麪。孕婦勿服。《瑞竹堂方》。

腰脚冷痛：烏頭三個，去皮臍，研末，醋調貼，須臾痛止。《十便良方》。

膝風作痛：草烏、細辛、防風等分，爲末，摻靴襪中，及安護膝内，能除風濕健步。《扶壽方》。

遠行脚腫：草烏、細辛、防風等分，爲末，摻鞋底内。如草鞋，以水微濕摻之。用之可行千里，甚妙。《經驗方》。

脚氣掣痛：或胯間有核。生草烏頭、大黄、木鼈子作末，薑汁煎茶調貼之。○又法：草烏一味爲末，以薑汁或酒糟同搗貼之。《永類方》。

濕滯足腫：早輕晚重。用草烏頭一兩，以生薑一兩同研，交感一宿。蒼术一兩，以葱白一兩同研，交感一宿。各焙乾爲末，酒糊丸梧子大。每服五十丸，酒下。艾元英《如宜方》。

除風去濕：治脾胃虚弱，久積冷氣，飲食減少。用草烏頭一斤，蒼术二斤，以去白陳皮半斤，生甘草四兩，黑豆三升，水一石，同煮乾，只揀烏、术晒焙爲末，酒糊丸梧子大，焙乾收之。每空心温酒下二三十丸，覺麻即漸減之。名烏术丸。《集簡方》。

偏正頭風：草烏頭四兩，川芎藭四兩，蒼术半斤，生薑四兩，連鬚生葱一把，搗爛，同入瓷瓶封固埋土中。春五、夏三、秋五、冬七日，取出晒乾。揀去葱、薑，爲末，醋麪糊和丸梧子大。每服九丸，臨卧温酒下，立効。戴古渝《經驗方》。

久患頭風：草烏頭尖生用一分，赤小豆三十五粒，麝香一字，爲末。每服半錢，薄荷湯冷服。更隨左右嗃鼻。《指南方》。

風痰頭痛：體虚傷風，停聚痰飲，上厥頭痛，或偏或正。草烏頭炮去皮尖半兩，川烏頭生去皮尖一兩，藿香〔半兩〕，乳香三皂子大，爲末。每服二錢，薄荷薑湯下，食後服。陳言《三因方》。

女人頭痛：血風證。草烏頭、巵子等分，爲末。自然葱汁，隨左右調塗太陽及額上，勿過眼，避風。《濟生方》。

腦洩臭穢：草烏去皮半兩，蒼术一兩，川芎二兩，並生研末，麪糊丸緑豆大。每服十丸，茶下。忌一切熱物。《聖濟總録》。

耳鳴耳癢：如流水及風聲，不治成聾。用生烏頭掘得，乘濕削如棗核大，塞之。日易二次。不過三日愈。《千金方》。

喉痹口噤：不開欲死。草烏頭、皂莢等分，爲末，入麝香少許。擦牙并嗃鼻内，牙關自開也。○《濟生方》用草烏尖、石膽等分，爲末。每用一錢，醋煮皂莢汁，調稀掃入腫上，流涎數次，其毒即破也。

虚壅口瘡：滿口連舌者。草烏一個，南星一個，生薑一大塊，爲末，睡時以醋調塗手心足心。或以草烏頭、吴茱萸等分，爲末，蜜調塗足心。《本事方》。

疳蝕口鼻：穿透者。草烏頭燒灰，入麝香等分，爲末貼之。

風蟲牙痛：草烏炒黑一兩，細辛一錢，爲末揩之，吐出涎。○一方：、草烏、食鹽同炒黑，摻之。《海上方》。

寒氣心疝：三十年者。射罔、食茱萸等分，爲末，蜜丸麻子大。每酒下二丸，日三服。劉國英所秘之方。范汪《東陽方》。

寒瘧積瘧：巴豆一枚去心皮，射罔去皮如巴豆大，大棗去皮一枚，搗成丸梧子大。清旦、先發時各服一丸，白湯下。《肘後方》。　**脾寒厥瘧：**　先寒後熱，名寒瘧；　但寒不熱，面色黑者，名厥瘧；　寒多熱少，面黄腹痛，名脾瘧，三者並宜服此。賈耘老用之二十年，累試有効。不蛀草烏頭削去皮，沸湯泡二七度，以盞蓋良久，切焙研，稀糊丸梧子大。每服三十丸，薑十片，棗三枚，葱三根，煎湯清早服，以棗壓之。如人行十里許，再一服。絶勿飲湯，便不發也。蘇東坡《良方》。　**腹中癥結：**　害妨飲食，羸瘦。射罔二兩，椒三百粒，搗末，雞子白和丸麻子大。每服一丸，漸至三丸，以愈爲度。《肘後方》。　**水泄寒痢：**　大草烏一兩，以一半生研，一半燒灰，醋糊和丸緑豆大。每服七丸，井華水下。忌生冷魚肉。《十便良方》。　**泄痢注下：**　三神丸：　治清濁不分，泄瀉注下，或赤或白，腹臍刺痛，裏急後重。用草烏頭三個去皮尖，以一個火炮，一個醋煮，一個燒灰，爲末，醋糊丸緑豆大，每服二十丸，水瀉流水下，赤痢甘草湯下，白痢薑湯下。忌魚腥生冷。《和劑局方》。　**結陰下血：**　腹痛。草烏頭，蛤粉炒，去皮臍切，一兩；　茴香炒三兩。每用三錢，水一盞，入鹽少許，煎八分，去滓，露一夜，五更冷服。《聖濟録》。　**老人遺尿：**　不知出者。草烏頭一兩，童便浸七日，去皮，同鹽炒爲末，酒糊丸緑豆大。每服二十丸，鹽湯下。《普濟方》。　**内痔不出：**　草烏爲末，津調點肛門内，痔即反出，乃用枯痔藥點之。《外科集驗方》。　**疔毒初起：**　草烏頭七個，川烏頭三個，杏仁九個，飛羅麪一兩，爲末。無根水調搽，留口以紙蓋之，乾則以水潤之。唐瑶《經驗方》。　**疔毒惡腫：**　生烏頭切片，醋熬成膏，攤貼。次日根出。○又方：　兩頭尖一兩，巴豆四個，搗貼。疔自拔出。《普濟方》。　**疔瘡發背：**　草烏頭去皮爲末，用葱白連鬚和搗，丸豌豆大，以雄黄爲衣。每服一丸，先將葱一根細嚼，以熱酒送下。或有惡心嘔三四口，用冷水一口止之。即卧，以被厚蓋，汗出爲度。亦治頭風。《乾坤秘韞》。　**惡毒諸瘡：**　及發背、疔瘡、便毒等證。二烏膏：　用草烏頭、川烏頭，于瓦上以井華水磨汁塗之。如有口，即塗四邊。乾再上。亦可單用草烏磨醋塗之。《永類方》。　**大風癬瘡：**　遍身黑色，肌體麻木，痹痛不常。草烏頭一斤，刮洗去皮極浄，攤乾。以清油四兩，鹽四兩，同入銚内，炒令深黄色。傾出剩油，只留鹽並藥再炒，令黑烟出爲度。取一枚擘破，心内如米一點白者始好，白多再炒。乘熱杵羅爲末，醋麪糊丸梧子大。每服三十丸，空心温酒下。草烏性毒難制，五七日間，以黑豆煮粥食解其毒。繼洪《澹寮方》。　**遍身生瘡：**　陰囊兩脚尤甚者。草烏一兩，鹽一兩，化水浸一夜，炒赤爲末。猪腰子一具，去膜煨熟，竹刀切搗，醋糊丸緑豆大。每服三十丸，空心鹽湯下。《澹寮方》。　**一切諸瘡：**　未破者。草烏頭爲末，入輕粉少許，臘猪油和搽。《普濟方》。　**瘰癧初作：**　未破，作寒熱。草烏頭半兩，木鼈子二個，以米醋磨細，入搗爛葱頭、蚯蚓糞少許，調勻傅上，以紙條貼，令通氣孔，妙。《醫林正宗》。

馬汗入瘡：　腫痛，急療之，遲則毒深。以生烏頭末傅瘡口，良久有黄水出，則愈。《靈苑方》。　**蛇蝎螫人：**　射罔傅之，頻易，血出愈。《梅師方》。　**中沙虱毒：**　射罔傅之佳。《千金》。

題明・薛己《本草約言》卷一《藥性本草》　川烏　味辛，性溫，有毒。浮也，陽中之陽也。其用有二：　散諸風之寒邪，破諸積之冷痛。○烏頭辛熱行經，故散諸風寒邪，破諸積冷痛。

明・李中立《本草原始》卷三　烏喙　始生朗陵山谷，今出蜀土，係兩歧之烏頭也。喙，乃烏之口。此藥兩歧相合，如烏之口，故名烏喙。　氣味：　辛，微溫，有大毒。　主治：　風濕，丈夫腎濕陰囊痒，寒熱歷節，掣引腰痛，不能行步，癰腫膿結。又墮胎。○治男子腎氣衰弱，陰汗，主療風濕邪痛，治寒熱癰腫，歲月不消者。主大風頑痹。

烏喙，《本經》下品。【圖略】根鮮時則色黑，釀造過則色白。二月、八月採根。

修治：　烏喙火炮，去皮臍用。畏、惡同烏頭。

烏喙，江東人呼為堇，晉驪姬譖申生寘堇于肉者，是也。唐武后置堇于食，賀氏食之暴死。蘇秦曰：　人之飢，所以不食烏喙者，以其雖偷充腹，而與死同患也。可見烏喙迺至毒之物也。

烏頭　係附子之正根。春時採。因有腦似烏鳥之頭，故名烏頭。　氣味：　辛，溫。《別錄》曰：　甘，大熱，有大毒。　主治：　中風惡風，洗洗出汗。除寒濕痹，上氣，破積聚寒熱。○消胸上痰冷不下，心腹冷疾，臍間痛，肩胛痛，不可俛仰，目中痛，不可久視。又墮胎。其汁煎之名射罔。

射罔：　味苦，有大毒。療尸疰癥堅，及頭中風痹痛。殺禽獸。

烏頭，《本經》下品。烏頭乃歪頂之附子也。鮮時色黑，經製過晒乾則色白。【圖略】鮮形黑。釀造過乾烏頭形色白。似草烏，小光黑，俗呼川烏。治火炮，去皮臍。　烏頭：　始生朗陵山谷，今出蜀地。市者烏頭、烏喙、天雄、附子混賣。要知元種者，母為烏頭；　傍出者為附子；　其長二三寸者為天雄；　兩歧相合者為烏喙；　附子小者為側子。實五物而一種也。今用側子者甚稀。烏頭今呼為川烏頭，亦呼川烏。世用烏頭，並用似草烏、無蘆有臍、光黑而小者，不見用歪頂之附子也。

莽草為之使，反半夏、栝樓、貝母、白斂、白及，惡藜蘆，忌豉汁。《千金方》：　治耳鳴如流水聲，耳痒及風聲，不治久成聾。生烏頭一味，掘得，承濕削如棗核大，塞耳，旦易夜易，不三日愈。〔烏頭〕使。

又有一種野生者，根苗花實並與川烏頭相同，又無釀造之法，其根外黑內白，有蘆，皮皺而枯燥為異耳，然毒則甚焉，名草烏頭。　草烏頭：　俗呼草烏。　治風濕麻痹疼痛，發破傷風汗，功同烏頭。　烏頭，《本經》下品。【圖略】草烏頭處處有之。　色黑。　草烏類川烏，皮皺。　修治：　草烏頭或生、或炮、或薑汁炒、或烏大豆同煮熟，去其毒用。　中其毒者，黑豆、冷水能解之。

明・張懋辰《本草便》卷一　烏頭使　味辛、甘，氣溫，大熱，有大毒。反半夏、栝樓、貝母、白歛、白及，惡藜蘆，忌豉汁。　主中風惡風，破積聚，消痰冷。　又墮胎。　風痹血痹，半身不遂。　行經藥也。

明・李中梓《藥性解》卷三　烏頭　性味經絡功用，不同附子，主中風惡風，洗洗出汗。　莽草為使，惡藜蘆，反半夏、瓜蔞、貝母、白歛、白及。　按：　烏頭即春間採附子之嫩少者，一云原生苗腦。　烏喙　主男子腎濕，陰痒癰腫，使、反、性味、功用同前。　按：　烏喙即烏頭之有兩歧者，如烏之口，故名。

明・顧逢柏《分部本草妙用》卷八雜藥部　烏頭　辛，溫，大毒。　射罔，苦，有大毒。　草烏頭、射罔，乃至毒之藥。　非川烏、附子，可制其毒者。　自非風頑急疾，不可輕投。　《藥性》言其益陽補腎，未可遽〔然〕也。

明・鄭二陽《仁壽堂藥鏡》卷一〇下　烏頭　《本草》云：　烏頭，莽草為之使。　反半夏、貝母、白歛、白及，惡藜蘆。　氣熱，味大辛。　辛甘，大熱，有大毒。　行諸經。　《象》云：　治風痹血痹，半身不遂，行經藥也。　慢火炮拆，去皮用。　《本草》云：　主中風惡風，洗洗出汗，除寒濕痹，欬逆上氣，破積聚寒熱，消胸上痰冷，食不下，心腹冷疾，臍間痛，肩胛痛，不可俛仰。　目中痛，不可久視，墮胎。　其汁煎之名射罔，殺禽獸。　《主治秘訣》云：　性熱，味辛甘，氣厚味薄，浮而升，陽也。　其用有六：　除寒疾，一也；　去心下痞堅，二也；　溫養藏府，三也；　治諸風，四也；　破積聚滯氣，五也；　感寒腹痛，六也。　東垣云：　烏頭：　味辛、甘，溫、大熱，純陽。　主中風，除寒濕痹，行經散風邪。　不宜多用。　長者名天雄，助陽退陰，除風寒濕痹、歷節痛。尖者名烏頭。　《液》云：　烏、附、天雄、側子之屬，皆水浸炮製，去皮臍用之。　多有外黃裏白，劣性尚在。　莫若乘熱切作片子再炒，令表裏皆黃，內外一色，劣性皆去，却為良也。　潔古云：　非天雄不能補上焦之陽虛。　《月令》云：　三月采烏頭。立春生者乃謂烏頭。附子頂圓正，烏頭頂歪。製與附子同。《孫兆口訣》：　治傷寒陰毒，手足逆冷。

明・盧之頤《本草乘雅半偈》帙六　烏頭《本經》下品　氣味：　辛，溫，有大毒。　主治：　主中風惡風，洗洗汗出，除寒濕痹，欬逆上氣，破積聚寒熱。其汁煎之名射罔，殺禽獸。

覈曰：　烏頭與附子同種，蓋初化之形物也。　近取野生者，別無釀造之法。　唯多歷年月，則氣力勇悍，其毒轉甚。　處處有之，苗葉花實，並類川烏，根外黑內白，皺而枯燥。《酉陽雜俎》云：　雀芋，狀如雀頭，置乾地，地反濕，濕地，地反乾，飛鳥觸之墮，走獸遇之僵。　一曰烏草，即烏頭之野生者。　修事：　用文武火中炮令皺拆，劈破用。　莽草為之使，反半夏、栝蔞、貝母、白歛、白及。　惡藜蘆。

条曰：　烏，日魄也。　兼天雄附側之陽而首出之，命曰烏頭。《經》云：陽氣者，若天與日，是故陽因而上衛外者也。　故主中風惡風，汗出洗洗，致衛氣散解者，力堪衛外而為固者也。　寒濕合痹，致欬逆上氣；　積聚寒熱，致內閉不通，外壅肌肉者，力主俾通而起亟之。烏頭功力，能生死人。非以生氣通之者，孰能與此。　先人云：　人病有四，曰痹、風、痿、厥，烏力唯宣痹、風。　陽行有四，曰升、降、出、入，烏力唯從升、出。　但陽喜獨行，而專操殺業，在剛愎人所當禁忌。　又云：　有家蒔，有野生。　野生無人氣，無理法，與生人反，鳥獸不可與同群，一味草烏而已。

明・李中梓《本草通玄》卷上　烏頭　附烏頭而生者，為附子。　身長者，為天雄。　大抵風症用烏頭，寒症用附子。　而天雄之用，與附子相彷，但功力略遜耳。　按：　烏、附、天雄，皆是補下之藥。　若係上焦陽虛，當用參、芪，不當用天雄也。　且烏、附、天雄之尖，皆是向下生者，其氣下行，其臍乃向上，生苗之處。　寇氏謂天雄之性，不肯就下。　元素謂天雄補上焦陽虛，皆為誤筆。

清・劉雲密《本草述》卷一〇　烏頭　時珍曰：　烏頭有兩種，出彰明者，即附子之母，今人謂之川烏頭是也。　其產於江左山南等處者，乃《本經》所列。　烏頭，今人謂之草烏頭者是也。　詎昔人不究烏頭有二，遂以草烏頭之汁，煎為射罔者，輒註於川烏頭，而不知草烏之功，寧能助益元陽，與川烏等不為辨別，不將貽後人以混投之害哉！　烏頭，象烏之頭。　昔人云附子頂圓正，烏頭頂歪斜，以此別之。

主治：　諸風痺血痺，半身不遂，除寒溼，行經散風邪，破諸積冷毒。

好古曰：補命門不足，肝風虛。時珍曰：烏頭助陽退陰，功同附子而稍緩。又曰：按《王氏究原方》云：附子性重滯，溫脾逐寒。川烏頭性輕疎，溫脾去風。若是寒疾，即用附子，風疾即用川烏頭。一云凡人中風，不可先用風藥及烏附。若先用氣藥，後用烏附乃宜也。劉完素曰：俗方治麻痺，多用烏附，其氣暴，能衝開道路，故氣愈麻，及藥氣盡而正氣行，則麻病愈矣。

附方　風病癱緩，手足嚲曳，口眼喎斜，語言蹇澀，步履不正，宜烏龍丹主之。川烏頭，去皮臍，五靈脂，各五兩，為末，入龍腦、麝香五分，滴水為丸如彈子大，每服一丸，先以生薑汁研化，暖酒調服，一日二服，至五七丸，便覺手擡，移得步，十丸可以梳頭也。　風寒溼痺，麻木不仁，或手足不遂，生川烏頭末，每以香白米煮粥一盌，入末四錢，慢熬，得所下薑汁一匙，蜜三大匙，空腹啜之。或入薏苡末二錢。《左傳》云風淫末疾，謂四末也。脾主四肢，風淫客肝則侵脾，而四肢病也。此湯極有力。　諸風癎疾，生川烏頭去皮二錢半，五靈脂半兩，為末，豬心血丸梧子大，每薑湯化服一丸。　心痛，疝氣，溼熱因寒鬱而發，用梔子降溼熱，烏頭破寒鬱，烏頭為梔子所引，其性急速，不留胃中也。川烏頭、山梔子各一錢，為末，順流水入薑汁一匙，調下。　寒疝腹痛遶臍，手足厥冷，白汗出，脈弦而緊，用大烏頭煎主之。大烏頭五枚，去臍，水三升，煮取一升，去滓，納蜜二升，煎令水氣盡，強人服七合，弱人服五合，不瘥，明日更服。

清・蔣居祉《本草擇要綱目・熱性藥品》　烏頭草烏頭，或生用，或以烏大豆同煮熟，去其毒用。　氣味：辛，溫，有大毒。　主治：中風惡風，洗洗出汗，除寒濕痹，欬逆上氣，破積聚寒熱。其汁煎之，名射罔，殺禽獸。消胸上痰冷，食不下，心腹冷痰，臍間痛不可俛仰，目中痛不可久視。又墮胎。主惡風憎寒，冷痰包心，腸腹疠痛，痃癖氣塊，齒痛，益陽事，強志。治頭風喉痹，癰腫疔毒。但草烏頭、射罔，乃至毒之藥，若非風頑急疾，不可輕投。《藥性論》言其益陽事，治男子腎氣衰弱者，未可遽然也。此類止能搜風勝濕，開頑痰，治頑瘡，以毒攻毒而已。豈有川烏頭、附子補右腎命門之功哉？　反：半夏、栝樓、白及、貝母、白蘞。惡：藜蘆。伏：丹砂、砒石。忌：豉汁。畏：飴糖、黑豆、冷水，能解其毒。

清・張志聰、高世栻《本草崇原》卷下　烏頭附　氣味辛，溫，有毒。主治諸風，風痹，血痹，半身不遂，除寒冷，溫養臟腑，去心下堅痞，感寒疫痛《潔古珍珠囊》附。　烏頭乃初種而未旁生附子者。烏頭如芋頭，附子如芋子，本一物也，其形如烏之頭，因以為名。各處皆有，以川中出者入藥，故醫家謂之川烏。　李士材曰：大抵寒證用附子，風證用烏頭。　烏喙附　氣味辛，溫，有大毒。主治中風，惡風洗洗出汗，除寒濕痹，咳逆上氣，破積聚寒熱。其汁煎之，名射罔，殺禽獸。《別錄》附。　《本經》名烏頭，《別錄》名烏喙，今時名草烏，乃烏頭之野生者，處處有之。其根外黑內白，皺而枯燥。其性大毒，較之川烏更烈，與前條潔古所言者，不可一例用也。　草烏頭今杭人多植於庭院，九月開花淡紫嬌豔，與菊同時，謂之鸚鴿菊，又謂之雙鸞菊，鴛鴦菊，僧鞋菊，皆以花之形狀名之。根有大毒，與川中所出之烏頭大別。古時或名烏頭，或名烏喙，隨時所稱，未有分別。後人以形正者，有似烏鳥之頭；其兩歧相合而生者，有似烏鳥之喙，以此別之。然形狀雖殊，主治則一，亦可不必分別。隱庵以烏頭判屬川烏，以烏喙判屬草烏，蓋恐後人以混稱誤用，或致傷人故耳。雖屬強分，其用心大有益於天下後世。　烏喙雖亦名烏頭，實乃土附子也。性劣有毒，但能搜風勝濕，開頑痰，破堅積，治頑瘡，以毒攻毒，不能如附子益太陽之標陽，助少陽之火熱，而使神機之環轉，用者辨之。　草烏之毒甚於川烏，蓋川烏由人力種蒔，當時則采。草烏乃野生地上，多歷歲月，故其氣力尤為勇悍。猶之芋子，人植者無毒可啖，野生者有毒不可啖，其理一也。又，川烏先經鹽淹殺其烈性，寄至遠方，為日稍久，故其毒少減。草烏未經淹製，或兼現取宜，其毒之較甚也。盧不遠曰：人病有四痹風痿厥。草烏力唯宣痹風。陽行有四，曰升降出入。草烏力唯從升出，但陽喜獨行而專操殺業。如剛愎人所當避忌。采烏頭搗汁煎之，名曰射罔。獵人以付箭鏃射鳥獸，中者立死，中人亦立死。《日華本草》云：人中射罔毒，以甘草、藍汁、小豆葉、浮萍、冷水、薺苨皆可解，用一味禦之。

清・高鼓峰《四明心法》卷二　川烏　辛溫，大毒，性輕疎。溫脾去風寒用附子，風用烏頭，能隨諸藥為佐使，功同附子而稍緩。海藏云：補命門不足，肝氣虛。

清・黃元御《長沙藥解》卷四　烏頭　味辛苦，性溫。入足厥陰肝、足少陰腎經。開關節而去濕寒，通經絡而逐冷痺。消腿膝腫疼，除心腹痞痛。治寒疝最良，療脚氣絕佳。　《金匱》烏頭湯，烏頭五枚，麻黃三兩，甘草三兩，黃耆三兩，芍藥三兩。治歷節腫疼，不可屈伸。以濕寒浸淫，流注關節，經絡鬱阻，故作腫痛。甘草培土，芍藥清肝，黄耆行其衛氣，麻黄通其經脈，烏頭去其濕寒也。烏頭赤石脂丸，烏頭一分，炮，蜀椒一分，乾薑一兩，附子半兩，赤石脂一兩。治心痛徹背，背痛徹心。以寒邪衝逆，淩逼宮城，赤石脂保其心君，烏、附、椒、薑驅逐其寒邪也。　大烏頭煎，大烏頭五枚，水三升，煎一升，去滓，入蜜二斤，煎令水老。治寒疝，臍痛腹滿，手足厥冷。以水寒木鬱，不得發越，陰邪凝結，衝突作痛。烏頭破寒氣之凝，蜜煎潤風木之燥也。　烏頭桂枝湯，烏頭三枚，桂枝三兩，芍藥三兩，甘草二兩，生薑二兩，水二升，煎烏頭減半，去滓，以桂枝湯五合，煎一升。治寒疝腹痛。以肝腎寒邪同犯脾土，桂枝補土疏木，烏頭破其寒凝也。　赤丸方在硃砂用之治寒氣厥逆，以其驅寒而降逆也。　烏頭溫燥下行，其性疏利迅速，開通關腠，驅逐寒濕之力甚捷。凡歷節脚氣，寒疝冷積，心腹疼痛之類，並有良工。　製同附子，蜜煎取汁用。

清・吴儀洛《本草從新》卷二　附烏頭〔大燥，祛風。〕功同附子而稍緩。附子性重峻，回陽逐寒，烏頭性輕疏，溫脾逐風。寒疾宜附子，風疾宜烏頭。即附子之母。有謂春採為烏頭，冬採為附子者，非也。

清・汪紱《醫林纂要探源》卷二　烏頭　補肝腎，祛風。略同附子。但氣已旁泄，故補命火之功不及，而辛熱之性無殊。可用以逐風去痺行濕。　烏喙　祛風去寒之在表者。以偏斜旁達，不能如附子之直達也。

清・羅國綱《羅氏會約醫鏡》卷一六草部　烏頭　即附子之母也，性輕疏，溫脾以去風。寒證用附子，風證用烏頭，均補下焦，治各稍異。

清・葉志詵《神農本草經贊》卷三　烏頭　味辛，溫。主中風惡風，洗洗出汗，除寒濕痺，欬逆上氣，破積聚寒熱，其汁煎之名射罔，殺禽獸。一名奚毒，一名即子，一名烏喙。生山谷。今草烏頭。

如飴咏堇，頭喙分名。橐藏毒用，箭傅鋒迎。譏姬寘肉，奇士揚觥。法窮釀造，不事鋤耕。

陳藏器曰：一名堇。《詩》：堇荼如飴。吴普曰：形如烏之頭，有兩歧相合，如烏之喙，附子角之大者。《淮南子》曰：天下之物，莫凶於雞毒，良醫橐而藏之，有所用也。陶弘景曰：擣汁傅箭，射禽獸十步即倒。汪機曰：鋒鋭捷利。《國語》：驪姬寘堇於肉。《明皇十七事》：上謂力士曰：吾聞飲堇汁不死者，乃奇士也。以汁進，張果飲進二巵，醇然如醉。李時珍曰：根苗花實，與川烏頭同。此係野生，無釀造之法。楊天惠記：附子之田，歲以善田，一再耕之。

清・徐士鑾《醫方叢話》卷五　解中烏喙毒　朱晦翁居山中，中烏喙毒，幾殆。因思漢質帝得水可活之語，遂連飲水，大嘔泄而解。

清・仲昴庭《本草崇原集說》卷下　烏喙　【略】仲氏曰：今人製造酒藥，凡川烏、草烏暨各種毒品，亦皆在内，名曰紹興酒藥，釀酒易熟且多，氣味香烈，杭俗盛行，而受其害者比比也。古人作酒，以麯糵分黄白，故無毒。杭州佳釀亦然，唐人有十千兑得餘杭酒之詠，今何舍舊圖新耶！

川烏頭

宋・陳衍《寶慶本草折衷》卷一〇　川烏頭使。粥法續附。○循《聖惠方》及張松加以川字。　一名川烏見衆方。○一名烏頭，一名奚毒，一名毒公，一名即子，一名耿子，一名千秋，一名果負，一名堇草，一名堇，一名茇，一名莨。○烏頭，舊一名烏喙者，非也。先儒未及辨正。○茇，居及切。生朗陵屬豫州山谷及蜀土《圖經》。○又云：生梓、綿、龍州，亦陸田種之。○正、二、三月採。○又云：四月採根，以麥麯醋淹取之，陰乾。○莽草、遠志為使，反半夏、栝樓、貝母、白斂、白及，惡藜蘆，忌豉汁及灰。

味辛、甘、苦，大熱，有大毒。○主中風惡風，出汗，惟治虛冷，盜汗自出。除寒濕痺，欬逆上氣；破積聚寒熱；消胸上痰冷，食不下，心腹冷疾，臍間痛，肩胛痛，不可俯仰；目中痛，不可久視。又墮胎。○《藥性論》云：治冷痰包心，腸腹疞古巧切痛，痃癖氣塊，益陽事，治齒痛，主強志。○《圖經》曰：治寒疝，心腹脇引痛。蜜煎烏頭主之。○《聖惠方》：治風腰脚，冷痹疼痛。用川烏頭去皮臍，生擣羅，醋調塗於帛上，傅之。○宜代以草烏，和皮臍用，其效尤速。○又方：治久疥癬。用川烏頭半箇，生擣碎，水叁大盞，煎至壹大盞，去滓溫洗。○用草烏說見上。○《梅師方》：療癱緩風，手足嚲曳，口眼喎斜，語言蹇澀，履步不正。川烏頭去皮臍，五靈脂各伍兩為末，入龍腦、麝香研細，滴水丸如彈子大，每服壹丸。先以生薑汁研，次暖酒調服之。○或署炮。○《孫兆口訣》：治陰毒傷寒，手足逆冷，頭疼腰重。川烏頭、乾薑等分為粗散，炒令轉色，再為細散，每壹錢，水壹盞，鹽一撮，煎取半盞溫服。○欲炮〔炙〕，一如炮附法，已註前條。切須微露尖末，不可令焦。○寇氏曰：烏頭、烏喙、天雄、附子、側子，凡五等，皆一物也。止以大小長短，似像而名之。

續說云：《本事方》烏頭粥法：以川烏生為末，每用肆錢，同白米半椀，慢火熬熟，稀薄得所，不可太稠。下薑汁半合，蜜壹匙，攪和，空腹溫啜。治風寒濕痹，麻木不仁，手足四肢痛重不舉。左氏云：風淫末疾，謂四肢為四末也。脾主四肢穀氣，引藥入脾，故四肢得安。如中濕，則更加薏苡人末貳錢，增米作壹中椀而服。然川烏之尖，其力尤銳。故碧霞丹惟取此尖入藥也。抑又論藥有相反者，皆不當同用，今烏頭既反半夏，而青州白元及如聖餅子，乃以烏頭、半夏兼行。又芫花反大戟，而耆婆萬病元亦以芫花、大戟並使，其載《局方》。蓋古人處藥微妙，非可以常製論。後人勿倣之也。

明·梅得春《藥性會元》卷上　川烏　味辛，性熱。浮也，陽也。有毒。主散諸風之寒邪，破諸積之冷痛。破積，有消痰、治風痹之功。

烏頭　味辛，甘，氣溫，大熱。浮而升，陽也。春時初生，有腦形如烏鳥之頭，故名之。遠志為使。惡藜蘆。反半夏、栝蔞、貝母、白及、白薇。忌豉汁。　主治中風惡風，洗洗出汗，寒濕麻痹，欬逆上氣，破積聚寒熱，消胸中痰冷，臍間痛，肩脊痛，不可俛仰；目痛，不能久視；能墮胎；治風痹血痹，半身不遂。乃行經藥。　其汁煎之名射罔，味苦。殺禽獸。一名烏喙。主治瘻瘡、結核，瘰癧，腫毒及蛇咬。　製法：凡使，水浸，炮裂，去皮臍，乘熱切片，再炒，令表裏皆色黃，使劣性盡去為良。此製法人所罕知也。其表害人之禍，如附子下。

清·郭章宜《本草匯》卷一二　川烏頭　辛熱，有毒。浮也，陽中之陽也。入足太陰、少陰經。散風痺血痺，治半身不遂。祛積冷寒痛，逐風痰風癇。助陽退陰，破堅除濕。

按：烏頭即附子之母也。與附子同根，春末生子，故曰春采為烏頭。冬則生子已成，故曰冬采為附子。助陽退陰，功同附子，只稍緩耳。但附子性重滯，溫脾逐寒。此則性輕疎，溫脾去風。大抵寒症用附子，風症用烏頭。然皆是補下焦之藥，蓋其尖俱向下生，故氣就下也。用烏附尖為末，茶服半錢，吐風痰癲癇。此亦取其銳氣直達病所，無他義也。

產川蜀。形如魁芋，頂未圓正為別。製忌同附子。

清·张璐《本經逢原》卷二　川烏頭　辛，熱，有毒。入祛風藥。同細辛、黑豆煮入活絡藥。同甘草炮製，按烏頭乃附子之母。春生新附即採其母，諸家本草未常發明。但云春採者為烏頭，故舉世誤認烏頭為春時取附子之小者，往往以側子代用，誤人多矣。反半夏。　發明：烏頭得春生之氣，故治風為嚮導。主中風、惡風，半身不遂、風寒濕痹，心腹冷痛，肩髀痛不可俛仰，及陰疽久不潰者，潰久瘡寒，歹肉不斂者，並宜少加以通血脈，惟在用之得宜。小兒慢驚搐搦，涎壅厥逆，生川烏、全蠍加生薑煎服效。其烏頭之尖為末，茶清服半錢吐癲癇風痰，取其銳氣從下焦直達病所，借茶清涌之而出也。夫藥之相反者，以烏頭、半夏為最。而《金匱》赤丸及《普濟方》俱二味同用，非妙達聖義者難以語此。

清·王子接《得宜本草·下品藥》　川烏頭　味辛，溫。功專去風痰。得梔子治疝氣，得乾薑治陰毒傷寒，得木香治冷氣洞泄。

清·嚴潔等《得配本草》卷三　川烏頭即附子母。　遠志、莽草為之使。伏畏飴糖、黑豆、冷水。惡藜蘆。忌豉汁。反半夏、栝蔞、貝母、白斂、白及。伏丹砂、砒石。　辛，熱，有大毒。除寒濕，行經散風，助陽退陰，功同黑附子而稍緩。　黑附子回陽逐寒，川烏頭溫脾去風。配桑白皮，煎乾搗丸，治陰水腫滿。忌油膩酒麵魚肉。配生梔子研，治濕熱寒鬱，心腹冷痛，疝氣。加炒茴香蔥酒下，更效。　製法與附子同。

題清·徐大椿《藥性切用》卷四　川烏頭　即附子之母。氣味輕疎，善祛風寒濕痺。不能如附子有頃刻回陽之功，痺症氣實者宜之。薑汁炒，或生用。寒疾宜附子，風疾宜烏頭。烏附尖，性耑達利，用以湧吐濕痰最捷。

清·沈金鰲《要藥分劑》卷一〇　川烏　【略】鰲按：烏頭以出川彰明者為上，故加川字，以別草烏頭也。附子即附生于烏頭者，故亦以川產者為良。又按汪訒菴云王節齋氣虛用四君，血虛用四物，虛甚俱加熟附，蓋以四君、四物，皆和平寬緩之劑，須得附子健悍之性，方能成功。附子熱藥，本不可輕用，但當病，則雖暑熱時月亦可用。據此，則附子非必為禁劑明矣。世之人所以不敢用者，亦局于丹溪之試訾，又或用之不當，立見禍害，遂以烏、附為不可用也。不知是固用不得當之害，並非是藥之有害，竟不可用也。不然，仲景白通、四逆、真武等湯，何為用之哉？丹溪法重滋陰，故每偏詆陽藥，非平允之說也。

附：琉球·吳繼志《質問本草》內篇卷四　川烏頭　生荒野，苗高二尺許，八九月開花。　白花者川烏，與草烏性味功同。川烏入氣分，草烏入血分。外科及痛痺，活絡丸中，川烏、草烏並用，功驗捷也。川烏生食，令人麻木如僵。欲解，以薑汁灌之。壬寅，陸澍。　敝處俗名土川烏，敝地所用，皆係川的。貴國若用，不知其性可否？甲辰，戴道光、戴昌蘭。

清・張仁錫《藥性蒙求・草部》　川烏頭草烏頭。五分。　川烏頭熱，搜風入骨。濕痺寒疼，破積之物。此即附子之母。大燥祛風，功同附子而稍緩。附子性重峻，回陽逐寒。烏頭性輕疏，溫痺逐風。寒疾宜附子，風疾宜烏頭。〇草烏頭辛苦，大熱，野生。狀類川烏，故一名烏喙。薑汁炒，或豆腐煮。搜風勝濕，開頑痰，治頑瘡，以毒攻毒，頗勝川烏。然至毒，無所釀製，不可輕投。

清・陳其瑞《本草撮要》卷一　川烏頭　味辛，溫，入手厥陰、少陽經，功專去風痰。得梔子治疝氣，得乾薑治陰毒傷寒，得木香治冷氣洞泄。

草烏頭

宋・王介《履巉巖本草》卷下　山草烏　性涼，有毒。治癬瘡，用少許磨塗患處，大有神驗。

宋・陳衍《寶慶本草折衷》卷一〇　新增草烏頭　一名草烏見衆方。一名土附子見續說。〇生江東及梓、邵、成、晉州，江寧府。〇《蘇沈方》用者名旌德烏頭。旌德縣屬宜州，今他地亦有之。〇採製及為使、反、惡、忌亦並與川烏頭同。〇許叔微云：　畏綠豆。〇又與茶相宜。

味辛瘀虛嚴切，大熱許洪，有大毒用川烏云。〇治宿患風癬，遍身黑色，肌體□□□□麤澀，四肢麻痹，紫癜如墨，風疹瘡瘍。集許叔微烏頭元方說。〇或炒或生，□□方法。〇許洪云：　解肌膚熱毒風，療筋骨疼痛，除濕痹，治三十六種風。見《局方》骨碎補元註。〇又云：　治風去痰，療齒痛。見《名方》赴筵散註。〇《修真秘訣》：　治瀉痢。三神丸：　草烏頭叁兩，壹兩生，壹兩熱炒，壹兩燒存性，研為末，醋麵糊丸，如綠豆大，每服伍丸，空心服。瀉用井花水下，赤痢甘草湯下，白痢乾薑湯下，赤白痢生薑、甘草湯下。

續說云：　日華子嘗著土附子之名，孫紹遠乃云即草烏頭也。蜀川亦有此種，故圖中亦畫梓州草烏頭之形，而性用未顯也。茲集許叔微及許洪之言，以創斯條。今人以草烏生去皮臍，碾末，每兩增細茶壹兩伍錢，沸湯隨意點啜。然物類相感，入口亦不【缺】

明・梅得春《藥性會元》卷上　草烏　味酸，平，性溫。可升可降，陰也，無毒。　主收肺氣，除煩止渴。治瀉痢，調質和中。

明・倪朱謨《本草彙言》卷五　草烏頭　味辛，氣熱，有大毒。　吳氏曰：　形如烏之頭，有兩歧相合，如烏之嘴，故又名烏喙。又有三歧者，古書名兩頭尖。《菊譜》云：　鴛鴦菊即其苗也。然附子、天雄有偶生兩歧者，亦謂之烏頭，非此烏頭也。此係南北各路野生，故名草烏頭云。本草誤入川烏頭條中，大謬。按《後魏書》言：　遼東塞外，秋收草烏頭爲毒藥，射禽獸。又《續漢五行志》言：　西國生獨白草，煎汁，獵人取此敷箭，射禽獸十步即倒，中人亦死，故又有射罔之名。　李時珍曰：　草烏頭，南北東西，山陵平澤，處處有之。根苗花葉與川烏頭大同小異。但此係野生，并無釀造灌養之法，其根外黑內白，皺而枯燥，形如芡芋，大者長寸，小者豆粒，底圓頂尖，然毒則甚于川烏頭，置燥地反濕，置濕地反燥，飛鳥觸其毒則墮，走獸遇其毒則僵，此猛烈有毒，無妄之藥也。修治：　切作薄片，童便和醋煮百滚，入鍋內，炒燥黃，方可入藥用。入風痹藥中，大料不過二三錢，小料不過數分。倘不修製悞用，令人心膈悶亂，言語不出，如病怪狀，謹之。設有中此毒者，以甘草、藍汁、浮萍、薺苨、冷水，皆可一味解之。

草烏頭：　《本經》去風寒濕氣，《別錄》逐痰攻毒之藥也。瞿秉元稿其性猛劣有毒，其氣鋒銳且急，能通經絡，利關節，尋蹊達徑，而直抵病所，宜其入風寒濕痹之證，或骨內冷痛及積邪入骨，年久痛發，并一切陰疽毒瘍諸疾。遇冷毒即消，熱毒即潰，自非頑風急疾，不可輕投入也。觀其煎汁敷箭鏃，能殺禽獸，聞氣即墮仆，非性之鋒銳捷利，酷劣有毒，能如是乎？即有風濕痹疾，癱瘍急證之人，平素稟賦衰薄，或向有陰虛內熱吐血之疾，并老人、虛人、新産人，切宜禁用。

集方：　《方脉正宗》治中風癱瘓，手足顫掉，言語謇澀，身體麻木，痿痹不仁，或腰脚冷痛，或膝眼痠痛并濕滯脚氣，足腫難行。用草烏頭三兩炮，川烏頭二兩炮，乳香、沒藥各一兩，共爲末，用黑豆一升，以斑蝥二十一箇，去頭翅，同煮，豆熟，去蝥取豆，焙乾爲末，配草、川烏頭、乳、沒四味，共和勻，以醋打麵糊丸梧子大。每服三十丸，溫酒下。〇《活人心統》治年久麻痹不仁，或歷節風痛，不拘男婦，皆可用。用草烏頭八兩，去皮切片，以酒浸一夜，晒乾，炒黃色，磨極細末，布袋一箇，盛嫩豆腐腦，約豆料一升，入烏末在內，和勻壓乾，再入甑上蒸半日，取出搗成膏，晒乾爲末。每服八分，葱酒送下。〇《楊仁齋選方》治一切風證，不拘頭風、痛風、風痹，攣掣疼痛。用草烏頭八兩，川烏頭二兩，俱去皮，酒浸一宿，隔湯蒸半日，搗爲末，用生葱、生薑各四兩，俱搗如泥，拌草川烏末在內，和作餅子，以楮葉鋪盤內，安餅于楮葉上，又以楮葉蓋之，再蓋布帛等物，七日，待出汗蒸黄，乃晒乾，舂爲末； 又以生薑汁打麵糊爲丸，梧子大，每服三十丸，白湯下，日二服。服後汗出，宜避風，尋愈。○《壽域方》治破傷風。用草烏頭切片酒拌，炒黄爲末，每以一二分，溫酒調服出汗。○戴古渝方治偏正頭風。用草烏頭、真川芎、蒼朮各四兩，俱切片，生薑、生葱各五兩，搗成膏，拌草烏、川芎、朮片，入瓷瓶內封固，埋土中，春五、夏三、秋七、冬十日，取出晒乾，揀去葱薑渣，將草烏、川芎、蒼朮，晒乾爲末，醋打麵糊爲丸，梧子大。每服二十丸，臨睡時溫酒下，立效。○《濟生方》治婦人血風頭痛。用草烏、梔子各等分，爲末，用葱頭自然汁調塗，隨左右痛處。藥汁勿流入眼，宜避風。○《聖濟總錄》治腦洩臭穢。用草烏去皮醋拌炒五錢，蒼朮炒、川芎炒各一兩，爲末，麵糊丸梧子大。每服十丸，茶下。○《千金方》治耳癢如流水，或耳鳴如風雨聲，不治成聾。用生草烏，削如棗核大，塞之，日易二次，不三日愈。○江比行手集治喉痹口噤不開欲死者。用草烏、皂莢各等分，爲極細末，入麝香少許，擦牙，幷嗃鼻內，喉自開也。又方，用草烏尖、石膽礬各等分，爲末。每用一錢，醋煮皂莢汁調稀，掃入喉間腫處，流涎數次，其毒即破也。○金唯川手集治牙疳臭爛，穿透口鼻。用生草烏燒灰，入麝香少許，爲極細末糝之。○《肘後方》治腹中癥痞堅結，妨害飲食，形容羸瘦。用草烏二兩切片，醋拌炒，真川椒三百粒，共爲末，大麥麵打稀糊爲丸，如梧子大。每服五丸，白湯下。○韋氏方治心胃攻痛，疰心寒疝，常發不愈者。用草烏，切片，醋炒，吴茱萸炒各等分，紅麯打稀糊爲丸，麻子大。每服十丸，日二。○《外科集驗方》治內痔不出。用生草烏爲極細末，津唾調點肛門內，痔即反出，再用枯痔藥點之即落。○王士明家傳治疔瘡惡毒初起。用草烏、川烏頭、杏仁各七個，共爲末，飛白麵一兩，井華水調搽，留頭，以紙蓋之，乾則以苦茶潤之。○《普濟方》治疔毒惡腫。用草烏切片一兩，醋半壺，熬成膏，攤貼，次日根出。○《梅師方》治蛇蝎螫人。用草烏頭爲末，敷之，血出愈。○《千金方》治中沙虱毒。用生草烏末敷之。

清·穆石匏《本草洞詮》卷九　草烏頭　此草野生他處，根苗花實並同川烏。煎汁傅箭射禽獸，十步即倒，故有射罔之號。味甘，氣溫，一云大熱，有大毒。治中風，除寒濕痺，破積聚，冷痰包心，喉痺，癰腫疔毒，通經絡，利關節。尋蹊達徑而直達病所，是其能也。然非若蜀中烏、附，人所栽種，加以釀製，殺其毒性之比，止可搜風勝濕，開痰，治頑瘡，以毒攻毒而已，非有補右腎命門之力也。飛鳥觸之墮，走獸遇之僵，自非冷痼沉篤，可輕投哉？凡風寒濕痺，骨內冷痛，及損傷入骨，年久發痛，或一切陰疽腫毒，並宜草烏頭、南星等分，少加肉桂，為末，薑汁、熱酒調塗； 未破者能內消，久潰者能去黑爛。二藥遇冷即消，遇熱即潰，此則外治之功，不可棄也。

清·劉雲密《本草述》卷一〇　草烏頭　時珍曰：草烏頭處處有之。根、苗、花、實並與川烏頭相同，但此係野生，又無釀造之法，其根外黑內白，皺而枯燥為異爾。然毒則甚焉。

烏喙即偶生兩歧者，今俗呼為兩頭尖，因形而名，其實乃一物也。附子、天雄之偶生兩歧者，亦謂之烏喙，功亦同於天雄，非此烏頭也。

氣味：辛，溫，有大毒。《别録》曰：甘，大熱，大毒。權曰：苦、辛，大熱，有大毒。日華子曰：味莶辛，熱，有毒。其汁煎之，名射罔，殺禽獸。

主治：破積聚寒熱，除寒溼痺，咳逆上氣，消胸上痰冷，食不下。主惡風憎寒，冷痰包心，腸腹疠痛，痃癖氣塊。

時珍曰：草烏輩止能搜風勝溼，開頑痰，治頑瘡，以毒攻毒而已。不如川烏頭、附子，有補右腎命門之功也。甄權《藥性論》言其益陽事，治男子腎氣衰弱者，未可遽然也。機曰：烏喙形如烏嘴，其氣鋒鋭，宜其通經絡，利關節，尋蹊達徑，直抵病所。煎為射罔，能殺禽獸。非氣之鋒鋭捷利，能如是乎？楊清叟曰：凡風寒濕痺，骨內冷痛，及損傷入骨，年久發痛，或一切陰疽腫毒，宜草烏頭、南星等分，少加肉桂為末，薑汁、熱酒調塗。未破者能內消，久潰者能去黑爛。二藥性味辛烈，能破惡塊，逐寒熱，遇冷即消，遇熱即潰。時珍曰：草烏頭、射罔，非若川烏頭、附子人所栽種，加以釀製，殺其毒性之比，自非風頑急疾，不可輕投。吾蘄郝知府自負知醫，因病風癬，服草烏頭、木鼈子藥過多，甫入腹而麻痺，遂至不救，可不慎乎？

愚按：草烏頭類洵，為至毒之藥。苐先聖用毒藥以去病，蓋期於得當也。如草烏輩之用，固沉寒痼冷，足以相當，或寒溼合并，結聚癖塊，阻塞真陽，一綫未絕，非是不足，以相當而戰必克，是所攻者溼風，正賴有此也。如癱瘓證，先哲多用之，蓋為其寒溼消陽，經絡之所結聚，頑痰死血，非是不可以開道路，令流氣破積之藥，得以奏績耳。蓋因於風虛則病溼，溼聚而不化，則病於風毒，因謂之頑風，是其所治者溼風也。《經》曰：氣虛者，寒也。又曰：中氣之溼，此內之寒溼相合，即風虛之義。故明其為風虛，則知用此以透陽之鬱，豈得如郝太守，槩以為治風而投之風淫者，以取敗哉？

修治　時珍曰：草烏頭或生用，或炮用，或以烏大豆同煮熟，去其毒用。

清・郭章宜《本草匯》卷一二　草烏頭　辛熱，大毒。治癱瘓頑風，膝風脚腫。療久年麻痺，濕滯作痛。敺冷痰包心，除痃癖氣塊。

按：草烏頭乃至毒之藥，非若川烏頭、附子，人所栽種，加以釀製，殺其毒性之比也。自非風頑急疾，不可輕投。甄權言其益陽事，治男子腎氣衰弱者，未可據信其然也。此類止能搜風勝濕，開頑痰，治頑瘡，以毒攻毒而已，不可輕用飲劑也。凡風寒濕痺，年久發痛，或一切陰疽毒腫，並宜草烏頭、南星，等分，少加肉桂為末，薑汁熱酒調塗，未破者內消，久潰者去黑爛。遇冷即消，遇熱即潰。狀如雀頭，置乾地反濕，濕地反乾。飛鳥觸之墮，走獸遇之僵。汁煎為藥，名射罔，敷箭射人即死。若疔毒惡腫，用烏頭醋熬膏攤貼，次日即消。內痔不出，用此為末拌調，點肛門內即出，乃以枯痔藥點之。遠行脚痛，用以同細辛、防風，等分為末，摻鞋底內，甚妙。

形如烏頭，即野生者。無釀造之法，外黑內白，皺而枯燥，去其毒，以黑豆同煮熟用。

清・汪昂《本草備要》卷二　草烏頭大燥，開頑痰。辛、苦，大熱。搜風勝濕，開頑痰，治頑瘡，以毒攻毒，頗勝川烏。然至毒，無所釀製，不可輕投。野生，狀類川烏，亦名烏喙。薑汁炒，或豆腐煮用。熬膏，名射罔，傅箭射獸，見血立死。

清・顧靖遠《顧氏醫鏡》卷七　草烏辛，熱，有大毒。反半夏、貝母、瓜蔞、白及。祛風寒濕氣之邪，除痺症骨節之痛。多用發厥，只用分許，如舌不麻，加至微麻為度，三分為率。辛熱大毒之品，慎勿輕用。痺症若邪鬱日久為熱，大忌。能墮胎，孕婦亦忌。

清・李熙和《醫經允中》卷二一　草烏頭、射罔　苦，有大毒。辛，溫，大毒。草烏頭、射罔，乃至毒之藥，非川烏、附子可制其毒者，若非風頑急疾，不可輕投。《藥性》言其益陽補腎，未可遽信也。凡風寒濕痺，及一切陰疽疔毒，並宜川、草烏、南星等藥，少加肉桂為末，薑汁、熱酒調塗，未破者即消，久潰者去黑腐。內痔不出，用此為末，調點肛門即出。射罔即草烏汁煎熬者，敷箭射禽獸即亡，倘悞中人，甘草急嚼，藍青、薺草亦可解之。

清・张璐《本經逢原》卷二　草烏頭一名毒公。辛，熱，大毒。即烏頭之野生者。或生用，或炮用，各隨本方。有兩歧相合如烏之喙者，名烏喙。《本經》主中風惡風、洗洗出汗，除寒濕痹、欬逆上氣，破積聚寒熱。其汁煎之，名射罔，殺禽獸。發明：草烏頭、射罔乃至毒之物，非若川烏頭、附子之比。自非風頑急疾，不可輕投，此藥止能搜風勝濕，開頑痰，治頑瘡，以毒攻毒而已。《本經》治惡風洗洗汗出，但能去惡風，而不能回陽散寒可知。昔人病風癬服草烏頭、木鼈子藥過多，甫入腹，遂麻痹不救。烏、附五種主治攸分：附子大壯元陽，雖偏下焦而周身內外無所不至。天雄峻補不減於附，而無頃刻回陽之功。川烏耑搜風濕痛痹，却少溫經之力。側子善行四末，不入藏府。草烏悍烈，僅堪外治。此烏、附之同類異性者，至於烏喙，稟氣不純，服食遠之可也。

清・劉漢基《藥性通考》卷六　草烏頭　味辛、苦，大熱。搜風勝濕，開頑痰，治頑瘡，以毒攻毒，頗勝川烏。然至毒，無所釀製，不可輕投。野生，狀類川烏，亦名烏喙。薑汁炒，或豆腐煮用。熬膏名射罔，傅箭射獸，見血立死。

清・王子接《得宜本草・下品藥》　草烏頭　味辛。主治諸風。得五靈脂治風濕痺水，得蛤粉、茴香治結陰下血，得川椒、雞子白治腹中癥結。

清・吳儀洛《本草從新》卷二　草烏頭〔大燥，開頑痰。〕辛、苦，大熱。搜風勝濕，開頑痰。治頑瘡，以毒攻毒，頗勝川烏。然至毒，無所釀製，不可輕投。野生，狀類川烏，故亦名烏喙。薑汁炒，或豆腐煮。

清・汪紱《醫林纂要探源》卷二　草烏　辛、苦，大熱。即川烏一類。但野生，非秦蜀之產，根不生附子，下行多歧，味不甘而苦，毒尤甚。亦可製用。薑汁。以治風濕，攻頑痰，去久痺。奸人用以作蒙汗藥，泥水、菉豆、甘草皆可解。熬射罔，傅箭，射猛獸。

清・嚴潔等《得配本草》卷三　草烏頭　畏、惡、反、使，與川烏頭同。辛，熱，有大毒，為至毒之藥。非風頑急疾，不可輕用。得巴豆，搗點疔毒。

根自拔出。用醋熬膏，貼疔毒。次日根出。　野生於他處者為草烏頭。或生用，或炮用，或以烏大豆同煮去其毒，或以豆腐同煮透亦可。　連莖搗，濾汁曬乾取膏，名射罔，作毒箭以射禽獸，十步即倒。中人亦死，宜速解之。中射罔毒，以甘草、藍汁、小豆葉、浮萍、薺苨、冷水解之。

題清·徐大椿《藥性切用》卷四　草烏頭　辛苦大熱，力能開頑痺以化痰，搜風毒以勝濕。非生薑汁炒透，令人麻悶。仍須以生薑汁解之。虛人不可輕用。烏喙，兩歧相合，性味不純，不堪服食，遠之可也。

清·黃宫繡《本草求真》卷三　草烏頭祛惡風，頑痰頑毒。　草烏頭嵩入肝，兼入脾。辛苦大熱，按書論此，惟長洲張璐辨之明晰。言此與射罔，乃至毒之物，草烏係野所生，狀類川烏，亦名烏啄，薑汁炒，或豆腐煮，熬膏名射罔，敷箭，獸見血立死。非若川烏頭、附子之比，自非風頑急疾，不可輕投，此藥止能搜風勝濕，開頑痰，治頑瘡，以毒攻毒而已。《本經》治惡風洗汗出，但能去惡風，而不能回陽散寒可知。昔人病風癬，服草烏頭、木鱉子藥過多，甫入腹，遂麻痺不救，烏附五種，主治攸分。附子大壯元陽，雖偏下焦，而周身內外無所不至。天雄峻溫不減於附，而無頃刻回陽之功。川烏嵩搜風濕痛痺，却少溫經之力。側子善行四末，不入臟腑。草烏悍烈，僅堪外治，此烏附之同類異性者。至於烏喙，稟氣不純，服食遠之可也！

附：琉球·吴繼志《質問本草》內篇卷四　艸烏頭　生荒野，苗高二三尺，八九月發花。　草烏頭，釋名烏喙。辛，溫，大毒。薑汁能制其毒。花寔根苗，查與《綱目》無異，故不載。陰毒疽瘍，未潰敷之即退。歷風痰喘呼號，內服外洗。腹痛腰疼，敷之更良。草烏生食，亦令人麻木如僵。欲解，亦以薑汁灌之。烏頭汁煎膏，名射罔，獵人謂之見血封矦。壬寅，陸澍。　草光烏。辛丑，陳得功、楊國棟。　雖與前種花色各別，形似川烏，寔亦是艸烏頭，不過一類二種，土名光烏頭。辛丑，宋宜觀、林大明。　敝地呼作土草烏，其使法與上同。甲辰，戴道光、戴昌蘭。

清·趙學敏《本草綱目拾遺》卷三草部上　浙烏頭即僧鞋菊。　此乃烏頭之產於浙地，錢塘筧橋人種之，市為風痪藥，近日人家園圃亦有之，名鸚鵡菊。又曰僧鞋菊。　追風活血，取根入藥酒良。

清·吴鋼《類經證治本草·經外藥類》　草烏　【略】誠齋曰：　製草烏法，取草烏，以飴糖拌裹，煨熟，去皮，黑豆水浸一日，取出，以童便煮乾用。

清·楊時泰《本草述鉤元》卷一〇　草烏頭　處處有之。根苗花實，並與川烏頭相同，惟其根外黑內白，皺而枯燥為異，然毒則甚焉，其汁煎之，名射罔，殺禽獸。烏喙即偶生兩歧者，今俗呼為兩頭尖，因形而名，其實一物也。又附子、天雄之偶生兩歧者，亦稱烏喙，功亦同於天雄，非此烏頭也瀕湖。

氣味苦辛而莶，大熱，大毒。主破積聚寒熱，除寒濕痺，咳逆上氣，消胸上痰冷，食不下，治惡風憎寒，冷痰包心，腸腹㽲痛，痃癖氣塊。草烏以毒攻毒，止能搜風勝濕，開頑痰，治頑瘡，不如川烏、附子有補右腎命門之功也瀕湖。烏喙形如烏嘴，其氣鋒鋭，宜其通經絡，利關節，尋蹊達徑，直抵病所，至為捷利石山。凡風寒濕痺，骨內冷痛，及損傷入骨，年久發痛，或一切陰疽腫毒，宜草烏、南星等分，少加肉桂，為末，薑汁、熱酒調塗，未破者消，久潰者能去黑爛，二藥性味辛烈，能破惡塊，逐寒熱，遇冷即消，遇熱即潰清叟。

論：　草烏頭為至毒之藥，如用以去病，必須沉寒痼冷，足以相當，或寒濕合併，結聚癖塊，頑痰死血，阻塞真陽，非是不可以開道路，令流氣破積之藥，得以奏功。蓋因於風虛則病濕，濕聚而不化，則病於風毒，謂之頑風，是其所治者濕風也。故明其為風虛，則知用此以透陽之鬱，豈得概謂治風而投之風淫以取敗哉。

草烏、射罔，非若川烏、附子人所栽種加以釀製殺其毒性之比，自非風頑急疾，不可輕投。有因風癬，誤服草烏而麻痺遂至不救者，可不慎乎瀕湖。

修治：　或生用，或炮用，或以烏大豆同煮熟，去其毒用。

清·葉桂《本草再新》卷三　草烏頭味辛、苦，性熱，有微毒。入肝、脾、肺三經。　搜風勝濕，開頑痰，治頑瘡，以毒攻毒。

清·趙其光《本草求原》卷六毒草部　草烏　則烏頭之野生者，處處有之，其根外黑內白，皺而枯燥。

清·文晟《新編六書》卷六《藥性摘錄》　草烏　辛苦，大熱，有毒。祛惡風，頑痰頑毒，非急勿輕投，悮人。○外治尚可。○烏喙同類，異性，勿服。

清·戴葆元《本草綱目易知錄》卷二　草烏烏頭　辛，溫、大熱，大毒。搜風勝濕，開頑痰，揩齒痛，破積聚，墜生胎。治中風惡風，洗洗出汗，除寒濕痺，欬逆上氣。心胸冷痰，臍間痛，不可俛仰，目中痛，不可久視，惡風增寒，冷痰包心，腸腹㽲痛，痃癖氣塊，頭風喉痺，癰疽疔毒。其性至毒，非風頑急疾，又無所釀製，不可輕投。反半夏、栝樓、貝母、白斂、白及。忌豉汁，畏飴糖。黑豆、冷水俱可解其毒。【略】葆按：服生草烏，見其多受害，而服此製者平穩。

射罔：草烏汁熬成，塗箭頭，射猛獸，見血立死。人悮中其毒，以甘草、藍汁、小豆葉、浮萍、冷水、薺苨一味禦之，皆可。葆元按：草烏，乃至毒之物。係深山野生，非若附子等，人所蒔種，尚制其毒而服。況草烏野生，性同砒石，縱雖製炮，毒烈難清。是粗率用之，多見受害。茲近張弓射虎者，俱向廣信府，封建山采办鮮者熬成，其毒愈烈。故《本草》載塗瘻瘡瘰癧諸毒云：若無膿瘀，有生血塗之立殺人。是不載主治而詳述解其毒物。又方，悮中毒藥箭，比用黃泥漿水洗去血，可解。

清・陳其瑞《本草撮要》卷一　草烏頭　味苦辛，入手厥陰、少陽經，功專治諸風。得五靈脂治風濕痹痛，得蛤粉、茴香治結陰下血，得川椒、雞子白治腹中癥結。惟性至毒，不可輕投。薑汁炒或豆腐煮用。烏頭三個去皮臍為末，醋調，貼治腰脚冷痛。一名烏喙，一名射罔。煮箭頭射獸，見血立斃。

小黑牛

清・吳其濬《植物名實圖考》卷二三　小黑牛　生大理府。莖葉俱同草烏頭，根黑糙微異。俚醫云：味苦，寒，有大毒，治跌打損傷，擦敷用。殆即烏頭一類。

雀角花

清・趙學敏《本草綱目拾遺》卷三草部上　雀麥　汪氏《采藥書》：即雀角花。此花令人躑忿，花象雀脚，獵人采熬藥箭，呼為破關草。人以其内爛痔漏，呼為破管草。性熱氣烈，傷人肌膚，立能潰腫，須米醋炒用，腐腸之品，不入湯劑，惟外治點痔漏用之汪氏方。

山付子

明・佚名氏《醫方藥性・草藥便覽》　山(付)〔附〕子　其性熱，有毒。止吐瀉，開胃。

射罔

清・張璐《本經逢原》卷二　射罔　苦，溫，大毒。人中射罔毒，以甘草、藍汁、小豆葉、浮萍、冷水、薺苨皆可一味禦之。　發明：烏喙、射罔至毒之藥。雖有治尸疰癥堅瘻瘡毒腫及蛇咬，先取塗肉四畔，漸漸近瘡，習習逐病至骨，瘡有熱膿及黃水者，方可塗之。若無膿水有生血及新傷破，即不可塗，立能殺人。

清・趙學敏《本草綱目拾遺》正誤　凡藥有天生，有人造。瀕湖《綱目》遇有人功製造者，輒備其法，亦可云博採無遺矣。獨於草烏條附射罔，既列其主治之用，而不備其製造之法。僅於集解下引大明一說，又不詳細。予因考而補之，以全瀕湖之苦心也。按：《白猿經》造射罔膏法：用新鮮草烏一二斗，洗去土，用籮盛，將脚踹去黑皮，以肉白為度。搗碎，用布濾去，榨出汁，以乾為度。去渣，將磁盆盛汁，盆下有粉，去粉不用，總要澄出清汁。如有十盌，用四盌入鍋內，煎一滾起沫，用篾片刮去沫，傾入磁盌內，再將餘六盌生汁入前熟汁內，一順攪勻。露一宿，明早取澄清汁散分於盌內，澄去滓，量汁多少，以盌大小盛之，放日中，曬至午時。又割去滓脚，再曬至晚。取澄清汁，用薄綿紙鋪罩內，濾去滓。第二日、第三日如前曬法，每日曬時，用竹片從盌底順攪，曬用此法，不致上熟下生。至第四日晚，濾稠藥存留弗去，另用盌盛，露一宿，取澄清汁，底下存硬稠者不用。第五日，入前汁一總曬，曬至六七日，各盌漸少，以汁多寡減去餘盌，再分各盌。曬時觀看盌口上起黑沙點子，面如結冰，有五色雲象，其紅色黑如香油樣，總歸磁盆內，放淨處陰四五日。再用磚砌一爐子，高二尺，周圍大可容藥盆，內放爐中心，離地上一尺五寸，用木物架爐於上，爐上空五寸，用布物蓋於藥盆之上，不致烟透走。爐旁取一火門如鵝卵，火從地起，高三寸，外用炭火十數塊，並梘槭柴，俗呼棟漆。又用皂角、花椒同燒烟，令烟入火門內燻藥盆熟，藥面上結成冰，是火候到矣。藥燻一時之候，其結冰要厚。再看冰厚，則除火取藥出令冷，收入磁盆內封固聽用。如冬天寒冷，用絮物包放暖處，勿令凍損。如夏天熱時，放於清涼之處，以免潮壞。如冬凍損，夏潮壞出沫，用磁盆盛如前法，爐燻之，藥熱即止。如將藥上於箭上，用皂角、花椒烟燻之，如舊。〇前藥曬時，如遇日色太緊，曬一二日，又要露一宿。如日淡緩，不必露也。初做藥之日，觀天色晴明，即用烏頭如前製之。如曬一二日有雨，將照前燻藥爐上，只用炭火烘熱盆為度。攪勻，又放得一二日，俟晴再曬。烏頭取來不可堆厚，恐爛壞，必要濕地下攤開，不可見風，吹乾無汁，即取搗為妙。其藥製完，瓶內封固，日久下澄清有稠者砂糖樣，挑起取用，上箭最快，到身走數步即死，名為曬藥。比燻藥更妙。其藥忌見香油，如入一點即無效。其性有三飛：見血飛，見油飛，見水飛。造藏甚忌此三者。

獨自草

宋・唐慎微《證類本草》卷八草部中品〔唐・陳藏器《本草拾遺》〕 獨自草　有大毒。煎傅箭鏃，人中之立死。生西南夷中，獨莖生。《續漢書》曰：出西夜國，人中之輒死。今西南夷獠中，猶用此藥傅箭鏃。解之法，在《拾遺》石部鹽藥條中。

牛扁

宋・唐慎微《證類本草》卷一一草部下品〔《本經・別録》〕　牛扁音編。**味苦，微寒，**無毒，**主身皮瘡熱氣，可作浴湯，殺牛蝨小蟲，又療牛病。**生桂陽川谷。

〔梁・陶弘景《本草經集注》〕云：今人不復識此，牛疫代代不無用之。既要牛醫家應用，而亦無知者。

〔唐・蘇敬《唐本草》〕注云：此藥似三堇、石龍芮等。根如秦艽而細。生平澤下濕地，田野人名爲牛扁。療牛蝨甚效。太常貯名扁特，或名扁毒。

〔宋・掌禹錫《嘉祐本草》〕按：《蜀本圖經》云：葉似石龍芮、附子等。今出寧州。二月、八月採根，日乾。

〔宋・蘇頌《本草圖經》〕曰：牛扁，出桂陽川谷，今潞州、寧州亦有之。葉似三堇、石龍芮等。根如秦艽而細。多生平澤下濕地。二月、八月採以日乾。今亦稀用。按《本經》云：殺牛蝨小蟲。蘇恭注云：太常貯名扁特。今潞州止一種，名便特。六月有花，八月結實，採其根，擣末，油調，殺蟣蝨。根苗主療大都相似。疑此即是牛扁，但扁、便不同，豈聲近而字訛乎？今以附之。

明・王綸《本草集要》卷三　牛扁　味苦，氣微寒，無毒。　主身皮瘡熱氣，可作浴湯。殺牛蝨小蟲，又療牛病。

明・劉文泰《本草品彙精要》卷一五　牛扁無毒。　叢生。

牛扁音編：　**主身皮瘡熱氣，可作浴湯，殺牛虱小蟲，又療牛病。**《神農本經》。　〖名〗扁特、扁毒。　〖苗〗《圖經》曰：葉似三堇、石龍芮等，根如秦艽而細，多生平澤下濕地，即蘇恭注云：太常貯名扁特是也。今潞州一種名便特，六月有花，八月結實，根苗主療大都相似，疑此即是牛扁，但扁、便不同，其亦聲近而訛乎。　〖地〗《圖經》曰：出桂陽川谷，今寧州亦有之。〖道地〗潞州。　〖時〗生：春生苗。採：二月、八月取根。　〖收〗日乾。〖用〗根、葉。　〖色〗青緑。　〖味〗苦。　〖性〗微寒，泄。　〖氣〗氣薄味厚，陰也。　〖臭〗朽。　〖主〗洗熱瘡。　〖合治〗根，擣末合油調傅，殺蟣虱。

明・王文潔《太乙仙製本草藥性大全》卷二《本草精義》　牛扁　一名牛便特。出桂陽川谷，今潞州、寧州亦有之。葉似三堇、石龍芮，根如秦艽而細，多生平澤下濕地。二月、八月採，日乾。今亦稀用。蘇云：太常貯名扁特。今潞州止有一種，名便特，六月有花，八月結實，採其根，搗末油調，殺蟣虱。根苗主療大都相似，疑此即是牛扁，〔但扁〕、便不同，豈聲近而字訛乎？

明・王文潔《太乙仙製本草藥性大全》卷二《仙製藥性》　牛扁　味苦，氣微寒，無毒。　主治：主身皮瘡熱氣，可作浴湯。殺牛蝨、小蟲蟣，又療牛病。

明・李時珍《本草綱目》卷一七草部・毒草類　牛扁《本經》下品

〖釋名〗扁特《唐本》　扁毒《唐本》　〖集解〗《別録》曰：牛扁生桂陽川谷。弘景曰：今人不復識此。恭曰：此藥似堇草、石龍芮輩，根如秦艽而細，生平澤下〔濕〕地。田野人名爲牛扁，療牛虱甚効。太常名扁特，或名扁毒。保昇曰：今出寧州。葉似石龍芮、附子等。二月、八月采根，日乾。頌曰：今潞州一種〔名〕便特，六月有花，八月結實。采其根苗，搗末油調，殺蟣虱。主療大都相似，疑即扁特也，但聲近而字訛耳。

〖氣味〗苦，微寒，無毒。　〖主治〗身皮瘡熱氣，可作浴湯。殺牛虱小蟲，又療牛病《本經》。

清・吳其濬《植物名實圖考》卷二四　牛扁　《本經》下品。陶隱居云今人不復識此。《唐本草》、宋《圖經》俱載其形狀功用。

清・葉志詵《神農本草經贊》卷三　牛扁　味苦，微寒。主身皮創熱氣，可作浴湯，殺牛蝨小蟲。又療牛病。生川谷。

芮堇形同，平蕪扁毒。捫蝨爬搔，牽牛觳觫。細擣油塗，含温湯沐。建草赤莖，水中短竹。

蘇恭曰：此藥似堇草，石龍芮輩。生平澤。或名扁毒。歐陽修文：不足爬搔於蟣蝨。《孟子》：有牽牛而過堂下者。又：吾不忍其觳觫。蘇頌曰：其根苗擣末，油調殺蟣蝨。陳藏器曰：蝨建草，莖赤，治蟣蝨蟲瘡。又水竹，葉生水中，葉如竹而短，亦去蟣蝨。

虱建草

宋・唐慎微《證類本草》卷九草部中品〔唐・陳藏器《本草拾遺》〕　虱建草　味苦，無毒。去蟣蝨，挼取汁沐頭，盡死。人有誤吞蝨成病者，擣絞汁，服一小合。亦主諸蟲瘡。生山足濕地，莖葉似山丹，微赤，高一二尺。又有水竹葉，如竹葉而短小。生水中，亦云去蝨，人取水竹葉生食。

小草烏

清・吴其濬《植物名實圖考》卷二三　小草烏　生雲南山中。與月下參同。無大根，有毒。外科用之。

毛茛

宋・唐慎微《證類本草》卷一一草部下品〔唐・陳藏器《本草拾遺》〕　毛茛　鈎吻注陶云：　鈎吻或是毛茛。蘇云：　毛茛，是有毛石龍芮也。《百一方》云：　菜中有水茛，葉圓而光，有毒。生水旁，蟹多食之。蘇云：　又注，似水茛，無毛，其毛茛似龍芮而有毒也。

宋・唐慎微《證類本草》卷八草部中品〔唐・陳藏器《本草拾遺》〕　毛建草及子　味辛，温，有毒。主惡瘡、癰腫疼痛未潰，煎擣葉傅之，不得入瘡，令人肉爛。主瘧，令病者取一握，微碎，縛臂上，男左女右，勿令近肉，便即成瘡。子和薑擣破，破冷氣。田野間呼爲猴蒜。生江東澤畔，葉如芥而大，上有毛，花黄。子如蒺藜。又有建，有毒。生水旁。葉似胡芹，未聞餘功，大相似。

明・李時珍《本草綱目》卷一七草部・毒草類　毛茛音艮。《拾遺》。校正：　併入毛建草。

【釋名】毛建草《拾遺》　水茛《綱目》　毛堇音芹。天灸《衍義》　自灸《綱目》　猴蒜　時珍曰：　茛乃草烏頭之苗，此草形狀及毒皆似之，故名。《肘後方》謂之水茛。又名毛建，亦茛字音訛也。俗名毛堇，似水堇而有毛也。山人截瘧。采葉挼貼寸口，一夜作泡如火燎，故呼爲天灸、自灸。【集解】藏器曰：　陶注鈎吻云：　或是毛茛。蘇恭云：　毛茛是有毛石龍芮也。有毒，與鈎吻無干。葛洪《百一方》云：　菜中有水茛，葉圓而光，生水旁，有毒，蟹多食之。人誤食之，狂亂如中風狀，或吐血，以甘草汁解之。又曰：　毛建草，生江東地，田野澤畔。葉如芥而大，上有毛。花黄色。子如蒺藜。時珍曰：　毛建、毛茛即今毛堇也，下濕處極多。春生苗，高者尺餘，一枝三葉，葉有三尖及細缺。與石龍芮莖葉一樣，但有細毛爲别。四五月開小黄花，五出，甚光艷。結實狀如欲綻青桑椹，而有尖峭，與石龍芮子不同。人以爲鵝不食草者，大誤也。方士取汁煮砂伏硫。沈存中《筆談》所謂石龍芮有兩種：　水生者葉光而末圓，陸生者葉毛而末鋭，此即葉毛者，宜辨之。

葉及子　【氣味】辛，温，有毒。　【主治】惡瘡癰腫，疼痛未潰，擣葉傅之，不得入瘡令肉爛。又患瘧人以一握微碎，縛於臂上，男左女右，勿令近肉，即便成瘡。和薑擣塗腹，破冷氣藏器。

明・姚可成《食物本草》卷一九草部・毒草類　毛茛一名水茛，又名毛建、毛堇、天灸、自灸、猴蒜，皆一物也。下溼處極多。春生苗，高者尺餘。一枝三葉，葉有三尖及細缺。四五月開小黄花，甚光艷。結實狀如欲綻青桑椹。〇葛洪云：　菜中有水茛，葉圓而光，生水旁，蟹多食之，有大毒。人誤食之，狂亂而死。

毛茛，有大毒。誤食之，令人狂亂如中風狀，或吐鮮血。急以濃甘草汁灌下解之，止。可擣貼未潰惡瘡。若已潰者誤用，爛入骨。

陰命

宋・唐慎微《證類本草》卷一一草部下品〔唐・陳藏器《本草拾遺》〕　陰命　鈎吻注陶云：　有一物名陰命，赤色，著木，懸其子。生海中，有毒。又云：　海薑，生海中，赤色，狀如龍芮，亦大毒，應是此也。今無的識之者。

石龍芮

唐・孫思邈《千金要方》卷二六《食治・菜蔬》　堇葵　味苦，平，無毒。久服除人心煩急，動痰冷，身重多懈墯。

宋・李昉《太平御覽》卷第九九二　石龍芮　《范子計然》曰：　石龍芮出三輔。　《吴氏本草經》曰：　石龍芮，一名水薑苔。

宋・李昉《太平御覽》卷第九九三　地椹　《本草經》曰：　地椹，一名石龍芮，一名魯果能。味苦，平。生川澤。治風寒，久服輕身，明目不老。生太山。　《范子計然》曰：　龍芮出三輔。色黄者善。　《吴氏本草經》曰：　石龍芮，一名薑苔，一名天豆。神農：　苦，平。岐伯：　酸。扁鵲、李氏：　大寒。雷公：　鹹，無毒。五月五日採。

宋・沈括《夢溪筆談》卷二六《藥議》　石龍芮今有兩種：　水中生者葉光而末圓，陸生者葉毛而末鋭。入藥用生水者，陸生亦謂之天灸，取少葉揉繫臂上，一夜作大泡如火燒者是也。

宋・唐慎微《證類本草》卷八草部中品〔《本經・别録・藥對》〕　**石龍芮　味苦，平，**無毒。**主風寒濕痹，心腹邪氣，利關節，止煩滿，**平腎，胃氣，補陰氣不足，失精莖冷。**久服輕身，明目，不老。**令人皮膚光澤，有子。**一名魯果能，一名地椹，**一名石能，一名彭根，一名天豆。生太山川澤石邊。五月五日採子，二月、八月採皮，陰乾。大戟爲之使，畏蛇蜕皮、吴茱萸。

〔梁・陶弘景《本草經集注》〕云：　今出近道。子形粗，似蛇牀子而扁，非真好者，人言是蓄菜子爾。東山石上所生，其葉芮芮短小，其子狀如葶藶，黄色而味小辛，此乃實是也。

〔唐・蘇敬《唐本草》〕注云： 今用者，俗名水堇音謹。苗似附子，實如桑椹，故名地椹。生下濕地，五月熟，葉、子皆味辛。山南者粒大如葵子，關中、河北者細如葶藶，氣力劣於山南者。陶以細者爲真，未爲通論。又《别録》水堇云：主毒腫，癰癤瘡，蚘蟲，齒齲。

〔宋・掌禹錫《嘉祐本草》〕按：《藥性論》云：石龍芮，能逐諸風，主除心熱躁。

〔宋・蘇頌《本草圖經》〕曰： 石龍芮，生泰山川澤石邊，陶隱居云近道處處有之，今惟出兖州。一叢數莖，莖青紫色，每莖三葉，其葉芮芮短小多刻缺。子如葶藶而色黄。五月採子，二月、八月採皮，陰乾用。能逐諸風，除心熱躁。蘇恭云：俗名水堇，苗如附子，實如桑椹，生下濕地，此乃水堇，非石龍芮也。今兖州所生者，正與《本經》陶説相合，爲得其真矣。

〔宋・唐慎微《證類本草》〕陳藏器云： 芮子，味辛。按蘇别《藥録》云：水堇，主毒腫，蛇蟲，齒齲。且水堇如蘇所注，定是石龍芮，更非别草。《爾雅》云：芨，堇草。郭注云：烏頭苗也。蘇又注天雄云：石龍芮，葉似堇草，故名水堇，如此則依蘇所注是水堇，附子是堇草。水堇、堇草二物同名也。

宋・寇宗奭《本草衍義》卷九 石龍芮 今有兩種：水中生者，葉光而末圓；陸生者，葉有毛而末鋭。入藥須生水者。陸生者又謂之天灸，取少葉揉繫臂上，一夜作大泡，如火燒者是。惟陸生者，補陰不足，莖常冷，失精。餘如經。

宋・鄭樵《通志》卷七五《昆蟲草木略》 石龍芮 曰魯果能，曰地椹，曰石能，曰彭根，曰天豆。沈括云：有兩種，水中生者，葉光而末圓；陸生者，葉毛而末鋭。

宋・劉明之《圖經本草藥性總論》卷上 石龍芮 味苦，平，無毒。主風寒濕痺，心腹邪氣，利關節，止煩滿，平腎胃氣，補陰氣不足，失精莖冷。《藥性論》云：能逐諸風，主除心熱燥。大戟為之使。畏蛇蜕。反吴茱萸。

宋・王介《履巉巖本草》卷上 鶻孫頭草 亦名石龍芮。味苦，平，無毒。主風寒濕痹，心腹邪氣，利關節，止煩，久服輕身明目不老，令人皮膚光澤，能逐諸風，主除熱，止煩躁。

明・滕弘《神農本經會通》卷一 石龍(芮)〔芮〕 大戟為之使。畏蛇蜕皮、吴茱萸。味苦，氣平，無毒。

《本經》云：主風寒濕痺，心腹邪氣，利關節，止煩滿，平腎胃氣，補陰氣不足，失精莖冷。久服輕身，明目不老，令人皮膚光澤，有子。五月五日採子，二八月採皮，陰乾。《局》云：石龍(芮)〔芮〕苦辛無毒，濕痺風寒並主治。關節不通平胃氣，遺精腎冷亦能醫。石龍(芮)〔芮〕，主風寒濕痺，腎冷與遺精。

明・劉文泰《本草品彙精要》卷一〇 石龍芮無毒。 叢生。

石龍芮出《神農本經》：**主風寒濕痺，心腹邪氣，利關節，止煩滿。久服輕身，明目不老。**以上朱字《神農本經》。平腎胃氣，補陰氣不足，失精莖冷。令人皮膚光澤，有子。以上黑字名醫所錄。〔名〕地椹、石能、彭根、天豆、水堇、天灸、魯果能。〔苗〕《圖經》曰： 一叢數莖，莖青紫色，每莖三葉，其葉芮芮短小，多刻缺，子如葶藶而色黄。《唐本》注云： 今用者俗名水堇，苗似附子，葉似桑椹，故名地椹。生下濕地，五月熟時，葉、子皆味辛。山南者，粒大如葵子；關中、河北者，細如葶藶，氣力劣于山南者。《衍義》曰： 石龍芮今有兩種，水中生者，葉光而末圓；陸生者，葉有毛而末鋭。入藥須用水生者，陸生者又謂之天灸，取少葉揉繫臂上，一夜作大泡如火燒者，是真也。〔地〕《圖經》曰： 出泰山川澤石邊。《唐本》注云： 生關中、河北。陶隱居云： 近道處處有之。〔道地〕兖州。〔時〕生： 春生苗。採： 五月五日取子，二月八日取皮。〔收〕陰乾。〔用〕子及皮。〔質〕子類葶藶而黄。〔色〕黄。〔味〕苦。〔性〕平，泄。〔氣〕氣之薄者，陽中之陰。〔臭〕朽。〔主〕除痹，舒筋。〔助〕大戟爲之使。〔反〕畏蛇蜕皮、吴茱萸。〔治〕療：《圖經》曰： 能逐諸風，除心熱燥。補：《衍義》曰： 陸生者補陰不足，莖常冷，失精。〔贋〕蓄菜子爲偽。

明・俞弁《續醫説》卷一〇 石龍芮 俗名猫跡草。葉毛而尖，取葉揉臂上成泡，謂之天灸，治久瘧不愈。

明・許希周《藥性粗評》卷三 石懸龍芮，癆家兒以此歡娱。

石龍芮，一名地椹，一名石能，俗名水堇。生泰山、兖州諸郡石邊。五月採子，二、八月採皮，陰乾。大戟為之使，畏蛇蜕、吴茱萸。味苦、辛，性平、溫，無毒。主治癆熱骨蒸，風寒濕痹，腎冷遺精，補陰氣，利關節，久服明目不老。《衍義》云： 石龍芮有水陸二種，陸生者謂之天灸，取少葉揉繫臂上一夜，作大泡如火燒者是，惟陸生者補陰不足，莖常冷失精。按此則癆熱骨蒸，凡欲退熱者當用水生者。水生者葉光而子圓，陸生者葉有毛而子鋭。

明・鄭寧《藥性要略大全》卷六　石龍芮　平胃氣，通關節，除風寒濕痹，腎冷，療失精莖冷。《湯液》云：逐諸風濕。主心熱燥，利關節，止煩滿，平胃腎氣，補陰氣。久服輕身明目，令人不老，皮膚光澤，令人有子。味苦，平，無毒。大戟為之使。畏蛇蛻、茱萸。

明・陳嘉謨《本草蒙筌》卷二　石龍芮　味苦，氣平。無毒。雖生川澤，惟出益州。屬四川。一叢數莖，一莖三葉。葉芮芮短小多缺，子綴綴色黃味辛。如葶藶。又云：有兩種類。水生者葉光澤子圓，陸生者葉有毛子鋭。入藥劑內，水生者佳。二月八月採皮，五月五日收子。以大戟為使，畏蛇蛻、吴茱。平胃氣欠和，胃熱作滿；補陰氣不足，莖冷失精。風寒濕痹齊毆，心腹邪氣竟解。通利關節，悦澤皮膚。久服明目輕身，令人結孕育子。其陸生者，天灸另名。取少葉揉繫臂上，一宵作大泡，狀如火熛焮赤。善惡懸隔，不可不知。

明・王文潔《太乙仙製本草藥性大全》卷二《本草精義》　石龍芮　一名魯果能，一名地椹，一名石能，一名彭根，一名天豆。生秦州川澤石邊，陶隱居云近道處處有之，今惟出兗州。一叢數莖，莖青紫色，每莖三葉，其葉芮芮短小多刻缺，子如葶藶，綴綴色黃，味辛。又云有兩種：水生者，葉光澤，子圓；陸生者，葉有毛，子鋭。入藥水生者佳。二月、八月採皮，五月五日收子。畏蛇蛻、吴茱。

明・王文潔《太乙仙製本草藥性大全》卷二《仙製藥性》　石龍芮　味苦、辛，氣平，無毒。大戟爲之使。　主治：平胃氣欠和，胃氣作滿，補陰氣不足，莖冷失精。風寒濕痹齊毆，心腹邪氣竟解。通利關節，悦澤皮膚。久服輕身明目，令人結孕育子。其陸生者，天灸另名，取少葉揉繫臂上一宵，作大泡，狀如火熛焮赤，善惡懸隔，不可不知。《衍義》曰：石龍芮今有兩種，水中生者葉光而子圓，陸生者葉有毛而子鋭，入藥須生水者。陸生者又謂之天灸，取少葉揉繫臂上一夜，作大泡如火燒者，是惟陸生者補陰不足，莖常冷失精。餘如經。

明・李時珍《本草綱目》卷一七草部・毒草類　石龍芮《本經》中品。校正：併入菜部水堇。

【釋名】地椹《本經》　天豆《别録》　石能《别録》　魯果能《别録》　水堇吴普。音謹，又音芹。　苦堇《爾雅》　堇葵郭璞　胡椒菜《救荒》　彭根《别録》　弘景曰：生于石上，其葉芮芮短小，故名。恭曰：實如桑椹故名地椹。禹錫曰：《爾雅》云：齧，苦堇也。郭璞云：即堇葵也。《本草》言味甘，而此云苦者，古人語倒，猶甘草謂之大苦也。時珍曰：芮芮，細貌。其椹之子細芮，故名。地椹以下，皆子名也。水堇以下，皆苗名也。苗作蔬食，味辛而滑，故有椒、葵之名。《唐本草》菜部堇係重出，今依《吴普本草》合併爲一。

【集解】《别録》曰：石龍芮生太山川澤石邊。五月五日采子，二月、八月采皮，陰乾。弘景曰：今出近道。子形粗似蛇牀子而扁，非真好者，人言是(菑)〔蓄〕菜子也。東山石上所生者，其葉芮芮短小，其子狀如葶藶，黄色而味小辛，此乃是真也。恭曰：今用者，俗名水堇。苗似附子，實如桑椹，生下濕地，五月熟，葉、子皆味辛。山南者粒大如葵子。關中、河北者細如葶藶，氣力劣於山南者。陶以細者爲真，未爲通論。又曰：堇菜野生，非人所種。葉似蕺，花紫色。藏器曰：《爾雅》云：芨，堇草。注云：烏頭苗也。蘇恭注天雄亦云：石龍芮葉似堇草，故名水堇。據此，則堇草是烏頭苗，水堇定是石龍芮，更非别草也。頌曰：今惟出兗州。一叢數莖，莖青紫色，每莖三葉，其葉短小多刻缺，子如葶藶而色黄。蘇恭所説乃水堇，非石龍芮也。兗州所生者，正與《本(草)〔經〕》及陶氏説合，爲得其真。宗奭曰：石龍芮有兩種：水中生者，葉光而子圓。陸地生者，葉毛而子鋭。入藥須水生者。陸生者又謂之天灸，而補不足，莖冷失精。時珍曰：蘇恭言水堇即石龍芮，蘇頌非之，非矣。按漢《吴普本草》石龍芮一名水堇，其説甚明。《唐本草》菜部所出水堇，言其苗也。《本經》石龍芮，言其子也。寇宗奭所言陸生者，乃是毛堇，有大毒，不可食。水堇即俗稱胡椒菜者，處處有之，多生近水下濕地。高者尺許，其根如薺。二月生苗，叢生。圓莖分枝，一枝三葉。葉青而光滑，有三尖，多細缺。江淮人三四月采苗，瀹過，晒蒸黑色爲蔬。四五月開細黄花，結小實，大如豆，狀如初生桑椹，青緑色。搓散則子甚細，如葶藶子，即石龍芮也。宜半老時采之。《范子計然》云：石龍芮出三輔，色黄者善。

子根皮同。　【氣味】苦，平，無毒。普曰：神農：苦，平。岐伯：酸。扁鵲：大寒。雷公：鹹，無毒。之才曰：大戟爲之使，畏茱萸、蛇蜕皮。　【主治】風寒濕痹，心腹邪氣，利關節，止煩滿。久服輕身明目不老《本經》。平腎胃氣，補陰氣不足，失精莖冷。令人皮膚光澤有子《别録》。逐諸風，除心熱燥大明。

【發明】時珍曰：石龍芮乃平補之藥，古方多用之。其功與枸杞、覆盆子相埒，而世人不知用，何哉？

水堇　【氣味】甘，寒，無毒。時珍曰：微辛、苦，濇。　【主治】擣汁，洗馬毒瘡，并服之。又塗蛇蝎毒及癰腫《唐本》。久食除心下煩熱。主寒熱鼠瘻，瘰癧生瘡，結核聚氣，下瘀血，止霍亂。又生擣汁半升服，能殺鬼毒，即吐出孟詵。

【發明】詵曰：堇葉止霍亂，與香茙同功。香茙即香薷也。

〔附方〕舊二，新一。 結核氣： 堇菜日乾爲末，油煎成膏。摩之，日三五度，便瘥。孟詵《食療》。 蛇咬傷瘡： 生堇杵汁塗之。《萬畢術》。 血疝初起： 胡椒菜葉挼按揉之。《集簡方》。

明·梅得春《藥性會元》卷上 石龍芮 味苦，平，無毒。大戟為使。畏蛇蛻、吴茱萸。 主治風寒濕痹，心腹邪氣，利關節，止煩滿，平腎胃氣，補陰氣不足，失精莖冷。久服皮膚光澤，令人有子。

明·倪朱謨《本草彙言》卷四 石龍芮 味苦，氣平，無毒。子、根、皮同。

《别錄》曰：石龍芮生太山川澤石邊。 蘇氏曰：出四川益州，葉芮芮短小，有缺。子綴綴色黃，味辛。 李氏曰：石龍芮有兩種，水中生者，葉光而子圓。陸地生者，葉毛而子鋭。入藥用水生者爲佳。陸生者有毒，不可食。似水堇，名胡椒菜者真也。處處有之。多生近水下濕地，高尺許，其根如薺，二月生苗，叢生，莖圓分枝，一枝三葉，葉青而光滑，有三尖，多細缺。四五月開細黃花，結實如大豆狀，又如初生桑椹，青緑色，搓散則子甚細，如葶藶子，即石龍芮也。宜半老時采之。江淮人三四月采苗，名水堇。瀹過曬乾，蒸黑色，爲蔬甚美。收采以三月采苗，六月采子，八月采皮用。

石龍芮： 補陰精，李時珍祛風燥之藥也。吴養元稿原生水旁，性寒而潤。凡相火熾盛，陰躁精虚者，以此充入諸滋補藥，服食甚良。故《本草》主風寒濕熱成痹。有潤養筋脉之功。主補腎益精，明目，有育嗣延齡之妙。古方多用之。其功與枸杞、覆盆子相等，而世人絕不知用，惜哉！

沈則施先生曰：石龍芮，古方稱爲補劑，而人不知用者，何也？此物原有兩種，水中生者，取用補劑甚佳。而陸生者，形狀與水生者無異，而葉稍有細毛爲別，另名天灸，有大毒，誤食害人。取少葉揉爛繫臂上一宵，即起大泡，狀如火疔焮赤。一物兩種，善惡懸隔如此，因其形狀相肖難辨，今人疑畏，故多不用也。

明·姚可成《食物本草·救荒野譜補遺·草類》 胡椒菜食葉。一名水堇。周定王《救荒本艸》謂之胡椒菜，以其味辛如芥也。凶年采苗葉，汋食之。

胡椒菜，辛於芥，凶年穀不如稊稗。彼蒼生得療饑荒，還同降瑞布沆瀣。

明·姚可成《食物本草》卷一九草部·毒草類 水堇《救荒本草》名胡椒菜，謂其苗作蔬食，味辛而滑也。處處有之，多生近水下溼地。高者尺許。二月生苗叢生，圓莖分枝。一枝三葉，青而光滑，有三尖，多細缺。江淮人三四月采苗瀹過，晒蒸黑色為蔬。四五月開細黃花。結小實大如豆，狀如初生桑椹，青緑色。搓散則子甚細，如葶藶子，名為石龍芮。

水堇，味甘，寒，有小毒。久食除心下煩熱。主寒熱鼠瘻瘰癧，結核聚氣。下瘀血，止霍亂。搗汁洗馬毒瘡，并服之。又能殺鬼毒，即吐出。又塗蛇蝎毒及癰腫。

子 名石龍芮。久服輕身明目不老，補陰氣不足，失精莖冷。令人皮膚光澤有子。又能逐風寒溼痹。

明·蔣儀《藥鏡》卷三平部 石龍芮 主腎冷而遺精難禁，祛濕痺而痛癢不知。通關節為拘攣之用，平胃氣為吐逆之施。

清·劉雲密《本草述》卷一〇 石龍芮 按寇氏云：此味有兩種，以水生陸生為別也。云水生者，葉光而子圓；陸生者，葉毛而子鋭。乃李東璧氏祇取水生一種，云多產近水下溼地，高者尺許，其根如薺，三月生苗，叢生，圓莖，分枝，一枝三葉，葉青而光滑，有三尖，多細缺，四五月開細黃花，結小實，大如豆狀，如初生桑椹，青緑色，搓散則子甚細，如葶藶子，即石龍芮也。若所謂陸生者，乃是毛華，有大毒，不可食也。更《仙製本草》之所去取，一一相合，且言陸生者，取少葉揉繫臂上一宵，作大泡，狀如火熛焮赤。善惡攸分，不可不知。叅於二說，其庶幾無誤矣。李東璧氏曰：宜於未老時采之。此語甚有分曉。蓋於未老時采，則葉之或光或毛，子之或圓或鋭，一一不致有誤，其采時似在六月。

子根皮同： 氣味： 苦，平，無毒。 普曰： 神農： 苦，平。岐伯：酸。扁鵲： 大寒。雷公： 鹹，無毒。

主治： 平腎胃氣，補陰氣不足，失精莖冷《别録》。並除心熱燥日華子。止煩滿，敺風寒溼痺，心腹邪氣，利關節《本經》。澤皮膚《别録》。時珍曰：石龍芮乃平補之藥，古方多用之。其功與枸杞、覆盆子相埒而世人不知用，何哉？

愚按：石龍芮，據時珍所云，與枸杞、覆盆子同功。則《别録》補陰氣不足一語，眞可為此味明功矣。唯能補陰氣不足，而無失精莖冷之虚證，以故心熱燥煩滿，無有不除，此正所謂平腎胃之氣也。至於風寒溼痺，直本於同氣相求者，還其眞陰，而心腹之邪自淨。試繹利關節微義，豈非陰氣之能充於關節，以致邪氣之不能留乎哉？種種如是之益，而舉不知用之，此時珍之所以致惜也。方書大菟絲子丸治腎氣虛損，五勞七傷諸證，於衆補劑内有石龍芮，則其為益陰氣也益明。

清・馮兆張《馮氏錦囊秘錄・雜症痘疹藥性主治合參》卷三　石龍芮　有兩種分別。水生者，葉光潤，子圓；陸生者，葉有毛，子鋭。入藥惟尚水生，用子形如葶藶。平胃氣欠和，胃熱作滿。補陰氣不足，莖冷失精。風寒濕痹齊敺，心腹邪氣竟解。通利關節，悦澤皮膚。久服明目輕身，令人結孕有子。

題清・徐大椿《藥性切用》卷三　石龍芮　性味苦平，補陰氣不足，令人皮膚光澤。取子用。

堇葉　一名水堇，俗呼胡椒菜。性味甘寒，微辛苦濇，除煩熱，下瘀血，為散結解毒耑藥。

清・楊時泰《本草述鉤元》卷一〇　石龍芮　有水生、陸生兩種，水生者葉光而子圓，陸生者有大毒葉毛而子鋭，衹取水生一種用。産近水下濕地。高者尺許，其根如薺，其苗三月叢生，圓莖分枝，一枝三葉，葉青而光滑，有三尖，多細缺，四五月開細黄花，結小實，如初生桑椹，青緑色，搓散則子甚細，如葶藶子，即石龍芮也。宜於六月未老時采之，葉光子圓，庶無致誤瀕湖。

子根皮同味苦、酸、鹹，氣平。主治平腎胃氣，補陰氣不足。治失精莖冷，並除心熱燥，止煩滿，驅風寒濕痹，心腹邪氣，利關節，澤皮膚。方書大菟絲子丸，治腎氣虛損，勞傷諸證用之。石龍芮乃平補之藥，其功與枸杞、覆盆相埒瀕湖。

論：　石龍芮補陰氣不足，與枸杞、覆盆同功，惟能補陰氣，而無失精莖冷之虛證，以故心熱煩滿，無有不除，此正平腎胃氣之謂也。至於風寒濕痹，直本於同氣相求者，還其真陰，而心腹之邪自淨。試繹《本經》利關節微義，豈非陰氣之充於關節，以致邪不能留乎。

清・吴其濬《植物名實圖考》卷二四　石龍芮　《本經》中品。今處處有之，形狀正如水堇，生水邊者肥大，平原者瘦小。其實亦能灸瘡。固始呼為鬼見愁。

清・葉志詵《神農本草經贊》卷二　石龍芮　味苦，平。主風寒濕痹，心腹邪氣，利關節，止煩滿。久服輕身，明目不老。一名魯果能，一名地椹。生川澤石邊。

連叢泉石，陰濕潛涵。堇滑滫瀡，甚熟咀甘。劣區河北，勝選山南。天雄名假，亦共龍參。

劉孝勝詩：連叢去本葉。李時珍曰：多生近水下濕地。《方言》：潛涵，沉也。掌禹錫曰：《爾雅》言苦堇即此。《禮》：堇荁粉榆，免薧滫瀡以滑之。蘇恭曰：實如桑椹，故又名地椹。山南者粒大，河北者細，劣於山南。又天雄亦名石龍芮。韓維詩：插芳咀甘。李白詩：龍參若護禪。

清・莫枚士《研經言》卷四　《金匱》水莨菪辨　水莨菪，不見於他書。《本草經》有莨菪，云苦寒無毒，通神見鬼，多食令人狂走，與此經大同，其言無毒則反。《綱目》直引此經於莨菪下，意謂水莨菪即莨菪也。但莨菪非菜類，又希用，仲景緣何慮其誤食？李氏必誤。考《百一方》云：菜中有水莨，葉圓而光，生水旁，有毒，蟹多食之，人誤食之，狂亂如中風狀，或吐血，以甘草汁解之。其論全據此經，而云水莨是。經文莨讀如艮卦之艮，菪字衍也。水莨似水堇，堇為菜屬，故云菜中有水莨，以其似堇，故著誤食之戒，《百一》所據當不誤。且經於上節言鉤吻似芹，誤食殺人。説者謂鉤吻似毛莨，此節光莨，正與上反，皆為食芹者辨其似。下節言蛟龍病，又為食芹者詰其治。數節皆特明芹之禁忌，則非莨菪明矣。此種亟當削正而自明已，然無人議及於此，歎讀書之難。

山附子

宋・王介《履巉巖本草》卷中　山附子　性熱，有毒。治風濕相搏，脚手瘓弱。入群藥用。

鐵拳頭

清・吴其濬《植物名實圖考》卷九　鐵拳頭　産南安。叢生柔莖細緑，每枝三葉，葉如薄荷，中有赤紋，結黄實如小毬，硬尖如蝟，略似石龍芮，唯葉無歧為異。土人採治失血，和豬蹄煮服。

紫地榆

清・吴其濬《植物名實圖考》卷二三　紫地榆　生雲南山中。非地榆類也。圓根横紋，赭褐色；細蔓繚繞，一莖一葉；葉如五葉草而杈歧不匀，多鋸齒；蔓梢開五瓣粉白花，微紅，本尖末齊；緑萼五出，長於花瓣，托襯瓣隙；結角長寸許，甚細而彎如牛角。考《滇本草》有赤地榆，與《本草》治症同；又有白地榆，味苦濇，性溫。與地榆頗異。此又一種，按名而求，則懸牛首市馬肉，不相應者多矣。

困來草

清・趙學敏《本草綱目拾遺》卷四草部中　困來草　劉羽儀《經驗方》：此草又名水灌頭，子如桑子，但桑子長而此子圓，又如茶紙子，但茶紙子紅而此子綠，又不可不辨。　治黄疸：　用困來草、石芫荽即鵝兒不食草，二味洗淨，搗汁，沖陳酒一大鍾服之，四五次自愈。

堵喇

清・吴其濬《植物名實圖考》卷二三　堵喇　生大理府。蔓生黑根，一枝一葉，似五葉草，大如掌。俚醫云：　性寒，解草烏毒。産緬地者能解百毒。

兩頭尖

明・劉文泰《本草品彙精要》卷一三　兩頭尖有毒。

兩頭尖：　療風及腰腿濕痹痛。今補。　〖苗〗謹按：　此種乃附子之類，苗葉亦相似，其根似草烏，皮黑肉白細而兩端皆鋭，故以爲名也。　〖地〗出陝西。　〖時〗生：　春生苗。採：　二月、八月取根。　〖收〗暴乾。　〖用〗根。　〖色〗皮黑肉白。　〖味〗辛。　〖性〗熱。　〖氣〗氣之厚者，陽也。　〖臭〗朽。　〖製〗搗碎入藥用。　〖贋〗白附子經石灰水泡，皮皺皺者爲僞。

明・李中立《本草原始》卷三　兩頭尖　自遼東來貨者甚多，每呼為附子，今呼兩頭尖，象形也。　氣味：　辛，熱，有毒。　主治：　風濕邪氣，癰腫金瘡，四肢拘攣，骨節疼痛。多入膏藥中用。

新增：　【圖略】兩頭尖，似草烏而兩頭尖鋭，黑色。予考諸本草俱無載之者，是以不知出處之的，以俟後之君子再正之。

明・傅懋光《醫學疑問》　問：　煉臍法所入中有兩頭尖是何物？　切願詳知。　答曰：　凡小兒降生之後，剪臍落地，恐招風入內，用艾火以薰蒸，其製藥中有兩頭尖者，其性辛，即南白附子也。

煉臍法：　治老人及女人腹中虚冷一切諸證。用人參、白茯神、蓮心、大附子、遠志，以上各等分。右為極細末，入麝香一分，先用麪以水和，作圈臍上，留臍眼，將前末藥納入眼中，上以槐樹皮蓋住，亦裁臍大一眼，方用艾作炷，放槐皮上灸之，灸時俟烟盡，上用茶一滴滴之，乃水火既濟之法，再灸再滴，以二十一壯為度。蓋人參為金之精，白茯神為木之精，蓮心為水之精，大附子為火之精，遠志為土之精。一年四季蒸之，能延年益壽，祛百病，其效無窮。此彭祖所授之法也。虚寒陽脱者用之，有起死回生之功。凡諸火熱證不宜輕用。

清・陳士鐸《本草新編》卷三　兩頭尖　味甘，氣溫，無毒。入脾、胃、大腸之經。最善降氣化食，尤善化痞結癥瘕。近人錯認鼠糞為兩頭尖，誰知是草木之藥，生在隴右。土人以之治小兒食積。神效。妙在攻堅又不耗氣也。

兩頭尖，治痞最神。余在通渭，親見此草。其根絕似麥冬，但色帶丹，氣亦香，考之《縣志》，俱載之。可見兩頭尖非鼠糞也。

虎掌草

明・蘭茂撰，清・管暄校補《滇南本草》卷中　虎掌草　性寒，味微苦，辣，有小毒。行經絡，攻熱毒，除胃痰，胃有痰毒，人多呃逆。消紅腫，癰癧瘡疽，血風疥癩，痰癧結核，流痰横癉，外乳蛾乍腮，内乳蛾咽喉疼痛，牙根熱毒。

附方：　治痰結瘰癧，繞項而生。虎掌草二兩，小九(拈)〔牯〕牛一兩，紫夏枯一兩，靈仙五錢，白頭翁一兩，燒酒浸，重湯煎，每晚炖服三杯，二十一日其核自消而愈。虚弱者忌服。　又方：　治症同前。川貝母、香附、川芎、連翹、牛膝、牛蒡子、防風、紫夏枯，各(戥)〔等〕分，水煎，點水酒服。氣虚者以四君子湯佐之，血虚者以四物湯佐之。

野棉花

明・蘭茂原撰，范洪等抄補《滇南本草圖説》卷五　野棉花　一名滿天星。形似耳風，小葉，白毛花。性寒，味苦，有毒。下氣，治小兒寸白蟲、蚘蟲犯胃，疳疾等症。隨引經藥為使。

明・蘭茂撰，清・管暄校補《滇南本草》卷下　野棉花　性微寒，味苦，有毒。下氣，殺小兒寸白蟲、蚘蟲犯胃，良效。

清・吴其濬《植物名實圖考》卷二三　野棉花　《滇本草》：　味苦，性寒，有毒。下氣殺蟲。小兒寸白蟲、蚘蟲犯胃，用良。此草初生一莖一葉，葉大如掌，多尖叉，面深綠，背白如積粉有毛；　莖亦白毛茸茸；　夏抽葶頗似罌粟，開五團瓣白花，綠心黄蕊，楚楚獨立；　花罷蕊擎如毬，老則飛絮，隨風彌漫，故有棉之名。

清・劉善述、劉士季《草木便方》卷一草部　野棉花　野(綿)〔棉〕花根甘解毒，疔瘡熱毒皆可除。腰脇痰痛心腹脹，久嗽痰飲炖暈服。

樓斗菜

明・朱橚《救荒本草》卷上之後　樓斗菜　生輝縣太行山山野中。小科苗就地叢生，苗高一尺許，莖梗細弱，葉似牡丹葉而小，其頭頗團。味甜。救飢：採葉煠熟，水浸淘淨，油鹽調食。

還亮草

清・吳其濬《植物名實圖考》卷一三　還亮草　臨江廣信山圃中皆有之。春初即生；方莖五棱，中凹成溝，高一二尺；本紫梢青，葉似前胡葉而薄；梢間發小細莖，橫擎紫花，長柄五瓣，柄矗花欹，宛如翔蝶；中翹碎瓣尤紫豔，微露黃蘂；花罷結角，翻尖向外，一花三角，間有四角。一名還魂草，一名對叉草，一名蝴蝶菊。取莖煎水，可洗腫毒。

按《本草拾遺》：桃朱術生園中，細如芹，花紫，子作角。以鏡向旁敲之，則子自發。五月五日乃收子帶之，令婦人為夫所愛。其形極肖。

自扣草

清・何諫《生草藥性備要》卷上　自叩草　性烈，不入服。治眼病，去膜如神，痘眼亦好。用銅錢一个，放在脉門之上，搥葉敷在錢眼處則扯毒，其膜自消；久敷有泡，亦無碍。

清・何諫《生草藥性備要》卷上　鹿蹄草　去眼膜。一名自扣草。

清・趙其光《本草求原》卷三隰草部　鹿蹄草　鹿蹄草即自扣草。去眼中熱點、熱膜。

回回蒜

明・朱橚《救荒本草》卷上之前　回回蒜　一名水胡椒，又名蠍虎草。生水邊下濕地。苗高一尺許，葉似野艾蒿而硬，又甚花叉，又似前胡葉，頗大，亦多花叉。苗莖梢頭開五瓣黃花，結穗如初生桑椹子而小；又似初生蒼耳實，亦小，色青，味極辛辣。其葉味甜。救飢：採葉煠熟，換水浸淘淨，油鹽調食，子可擣爛調菜用。

狼毒

宋・唐慎微《證類本草》卷一一草部下品〔《本經・別錄・藥對》〕　狼毒　**味辛，平，**有大毒。**主欬逆上氣，破積聚飲食，寒熱水氣，**脇下積癖，**惡瘡鼠瘻疽蝕，鬼精蠱毒，殺飛鳥走獸。一名續毒。**生秦亭山谷及奉高。二月、八月採根，陰乾。陳而沈水者良。大豆爲之使，惡麥句薑。

〔梁・陶弘景《本草經集注》〕云：秦亭在隴西，亦出宕昌。乃言止有數畝地生，蝮蛇食其根，故爲難得。亦用太山者，今用出漢中及建平。云與防葵同根類，但置水中沈者便是狼毒，浮者則是防葵。俗用稀，亦難得，是療腹內要藥爾。

〔唐・蘇敬《唐本草》〕注云：此物與防葵都不同類，生處又別。狼毒今出秦州、成州，秦亭故在二州之界，其太山、漢中亦不聞有。且秦隴寒地，原無蝮蛇。復云數畝地生，蝮蛇食其根，謬矣。

〔宋・馬志《開寶本草》〕按：《別本》注云：與麻黃、橘皮、吳茱萸、半夏、枳實爲六陳也。又按：狼毒，葉似商陸及大黃，莖、葉上有毛，根皮黃，肉白。以實重者爲良，輕者力劣。秦亭在隴西，奉高乃太山下縣。亦出宕昌及漢中、建平。舊經陶云：與防葵同根，以置水中，浮者即是防葵，沈者即是狼毒，此不足爲信。假使防葵秋冬採者堅實，得水皆沈；狼毒春夏採者輕虛，得水乃浮爾。按此與防葵全別，生處不同，故不可將爲比類。

〔宋・掌禹錫《嘉祐本草》〕按：《蜀本圖經》云：根似玄參，浮虛者爲劣也。《藥性論》云：狼毒，使，味苦、辛，有毒。治痰飲癥瘕，亦殺鼠。

〔宋・蘇頌《本草圖經》〕曰：狼毒，生秦亭山谷及奉高，今陝西州郡及遼、石州亦有之。苗葉似商陸及大黃，莖、葉上有毛，四月開花，八月結實，根皮黃，肉白。二月、八月採，陰乾。以陳而沈水者良。葛洪治心腹相連常脹痛者。用狼毒二兩，附子半兩，擣篩蜜丸如桐子大。一日服一丸，二日二丸，三日三丸，再一丸，至六又三丸，自一至三常服即差。《千金》療惡疾。以狼毒、秦艽分兩等，擣末酒服方寸匕，日二，常服之差。

〔宋・唐慎微《證類本草》〕《聖惠方》：治乾癬，積年生痂，搔之黃水出，每逢陰雨即痒。用狼毒末塗之。《集效方》：治藏腑內一切蟲病。川狼毒杵末，每服一大錢，用餳一皂子大，沙糖少許，以水同化，臨卧空腹服之。服時先喫微緊，食藥一服，來日早取下蟲，效。

宋・鄭樵《通志》卷七五《昆蟲草木略》　狼毒　曰續毒。藥家以此與麻黃、橘皮、吳茱萸、半夏、枳實為六陳。

宋・劉明之《圖經本草藥性總論》卷上　狼毒　味辛，平，有大毒。主欬逆上氣，破積聚飲食，寒熱水氣，脇下積癖，惡瘡鼠瘻疳蝕，鬼精蠱毒，殺飛鳥走獸。《藥性論》云：使。味苦辛，有毒。治痰飲癥瘕，亦殺鼠。葛洪治心腹相連腹脹。大豆為之使。惡麥句薑。生秦亭隴西。二月、八月採根，陰乾。沉水者良。

宋・陳衍《寶慶本草折衷》卷一〇　狼毒使。　一名續毒。生秦亭在隴西山谷，及奉高、宕昌、太山、漢中、建平、陝西、及遼、石、秦、成州。○二、八月採根，陰乾。○大黄為使，惡麥句薑。　味辛、苦，平，有毒。○主欬逆上氣，破積聚，寒熱水氣，脇下積癖，惡瘡鼠瘻，疽蝕，蠱毒。○《藥性論》云：治痰飲癖瘕，亦殺鼠。○《圖經》曰：　根皮黄肉白，以陳而沉水者良。　治心腹脹痛。○《聖惠方》：　治乾癖，積年生痂，用狼毒末塗之。○《集效方》：治藏腑内一切蟲病，狼毒杵末，每服壹錢，用餳壹皂子大，沙糖少許，水同化，臨卧空腹服之，來早取下蟲。○餳，音成，飴糖也。

續説云：　張松謂狼毒又治積冷，散瘀血，療中脘脹滿之疾也。

元·尚從善《本草元命苞》卷五　狼毒　味辛，平，為使。有大毒。苗葉如商陸，有毛，根或似玄參，肉白，陳而沉水，最妙。輕而力劣，不堪。惡麥句薑。大豆為使。殺飛鳥獸，鬼精蠱毒，破積聚，飲食寒熱。治惡瘡鼠瘻疽蝕。療水氣，脇下積癖，除痰飲欬逆諸疾。生秦亭、奉高山谷，今漢中、建平有之。秋冬採堅實，春夏取輕虚。

明·蘭茂撰，清·管暄校補《滇南本草》卷下　大狼毒白絲稈效，紫稈無效。性溫，味苦，麻，有大毒。不可入藥。搽疥癩瘡，為細末，花椒為末，少許，或香油，或猪油調搽。避風，如不避風，令人腫撻皮。

明·蘭茂《滇南本草》〔叢本〕卷中　天狼毒　味辛、麻，有毒。沉也。推胃中年久積滯，下氣，治胃疼，食積結滯。消水腫，破血積，打蟲打痰。猛勇之性，真虎狼也。

明·王綸《本草集要》卷三　狼毒使　味辛，氣平，有大毒。大豆為之使。惡麥句薑。二、八月採根，陰乾。陳而沉水者良。　主咳逆上氣，破積聚，飲食寒熱，水氣脇下積癖，惡瘡鼠瘻(疸)〔疽〕蝕，鬼精蠱毒。殺飛鳥、走獸，亦殺鼠。

明·滕弘《神農本經會通》卷一　狼毒　使也。大豆為之使。惡麥句薑。二八月採根，陰乾。陳而沉水者良。　味辛，氣平，有大毒。

《本經》云：　主欬逆上氣，破積聚飲食，寒熱水氣，脇下積癖，惡瘡鼠瘻疽蝕，鬼精蠱毒，殺飛鳥走獸。《蜀圖經》云：　根似玄參，浮虚者為劣也。《藥性論》云：　使。味苦辛，有毒。治痰飲癥瘕，亦殺鼠。《局》云：　狼毒味辛平有毒，陳而沉水者為良。　主除欬逆并心痛，蠱毒蟲蛆鼠瘻瘡。　狼毒，除九種心痛。

明·劉文泰《本草品彙精要》卷一四　狼毒有大毒。　植生。

狼毒出《神農本經》：　主欬逆上氣，破積聚，飲食寒熱，水氣，惡瘡，鼠瘻，疽蝕，鬼精蠱毒，殺飛鳥走獸。

以上朱字《神農本經》。　脇下積癖。以上黑字名醫所錄。

〔名〕續毒。　〔苗〕《圖經》曰：　苗葉似商陸及大黄，莖葉上有毛。四月開花，八月結實。其根皮黄肉白，以實重沉水者爲良，浮虚輕者爲劣也。〔地〕《圖經》曰：　生秦亭山谷，奉高、宕昌、泰山、漢中、建平、秦州、成州，今陝西州郡及遼州亦有之。〔道地〕石州。　〔時〕生：　春生苗。採：　二月、八月取根。　〔收〕陰乾。　〔用〕根，陳久者良。　〔質〕類玄參。　〔色〕皮黄肉白。　〔味〕辛。　〔性〕平，散。　〔氣〕氣之薄者，陽中之陰。　〔臭〕腥。　〔主〕破積聚，心腹脹。　〔助〕大豆爲之使。　〔反〕畏蜜陀僧，惡麥句薑。　〔治〕療：　《藥性論》云：　除痰飲，癥瘕，亦殺鼠。《别錄》云：　爲末，傅乾癬積年生痂，搔之黄水出，每逢陰雨即癢者。　〔合治〕以二兩，合附子半兩，擣篩蜜丸桐子大，一日服一丸，二日二丸，三日三丸，再一丸，至六日又三丸，自一至三，常服治心腹相連常脹痛者，效。○合秦艽等分爲末，酒服方寸匕，日二，療惡疾。○末一錢，合餳一皂子大，沙糖少許，以水同化，臨卧空腹各一服，下臟内一切蟲。

明·許希周《藥性粗評》卷三　九種心疼，狼毒反來於馴伏。

狼毒，一名續毒。葉似商陸及大黄，莖葉上有毛，四月開花，八月結實，根似玄參，皮黄肉白。生隴西、漢中等郡山谷。二、八月採根，陰乾，以陳而沉水者良。大豆為之使，惡麥句薑。味苦、甘，性平，有大毒。主治欬逆，積癖水氣，心腹脹痛，九種心疼，風癬惡瘡，鼠瘻，鬼精蠱毒，及殺飛鳥走獸。凡内病以末酒調，外科以末摻之。

單方：　惡疾：　凡患前項諸般惡疾，以狼毒、秦艽等分，為末，每用方寸匕，溫酒調下，日二三次，自差。　乾癬：　凡患身面乾癬，積年不愈，搔之黄水流出，每逢陰雨即痒者，狼毒為末，時時摻上，即愈。

明·鄭寧《藥性要略大全》卷六　狼毒　敺九種心痛，主咳逆，治蠱毒蟲疽，鼠瘻。　味辛，平，有大毒。氣寒，似商陸而沉水者良。

明·陳嘉謨《本草蒙筌》卷三　狼毒　味辛，氣平。有大毒。山陝西郡州，似商陸苗葉。採根八月，肉白皮黄。重實者良，入水即沉。浮虚者劣。使黑大豆，惡麥句薑。破積聚痰癖瘕癥，去惡瘡鼠瘻疽癰。逐欬逆上氣，殺蠱毒鬼精。走獸飛禽，亦堪殺害。

明·王文潔《太乙仙製本草藥性大全》卷二《本草精義》　狼毒　一名續

毒。生秦亭山谷及奉高，今陝西州郡及遼石州亦有之。苗葉似商陸及大黄莖葉，上有毛，四月開花，八月結實，根皮黄肉白。二月、八月採，陰乾，以陳而沉水者良，浮虚者爲劣。惡麥句薑。

明・王文潔《太乙仙製本草藥性大全》卷二《仙製藥性》

狼毒使　味辛，氣平，有大毒。大豆爲之使。主治：破積聚、痰癖、瘕癥，去惡瘡、鼠瘻、疽蝕。逐欬逆上氣，殺蠱毒鬼精。走獸飛禽亦堪殺害。補註：治乾癬，積年生痂，搔之黄水出，每逢陰雨即痒，用爲末塗之。○臟腑内一切蟲病，用川狼毒爲末，每服一大盞，用錫一皂子，沙糖少許，以水同化，臨臥空心服之。服時先吃微緊藥一服，來日早取下蟲。○心腹相連，常脹痛者，用二兩，同附子半兩，搗篩爲末，蜜丸如桐子大，一日服一丸，二日二丸，三日三丸，再一丸，至六日又三丸，自一至三常服即痊。○惡疾，用與秦艽，分兩等，搗末，酒服方寸匕，日二，常服之差。

明・李時珍《本草綱目》卷一七草部・毒草類

狼毒《本經》下品

〖釋名〗時珍曰：觀其名，知其毒矣。

〖集解〗《别録》曰：狼毒生秦亭山谷及奉高。二月、八月采根，陰乾。陳而沉水者良。弘景曰：宕昌亦出之。乃言止有數畝地生，蝮蛇食其根，故爲難得。亦用太山者。今用出漢中及建平。云與防葵同根，但置水中沉者是狼毒，浮者是防葵。俗用亦稀，爲療腹内要藥耳。恭曰：今出秦州、成州，秦亭原在二州之界。秦隴地寒，元無蝮蛇。此物與防葵都不同類，生處又别，太山、漢中亦不聞有，陶説謬矣。志曰：狼毒葉似商陸及大黄，莖葉上有毛，根皮黄，肉白。以實重者爲良，輕者爲力劣。秦亭在隴西，奉高是太山下縣。陶云沉者是狼毒，浮者是防葵，此不足爲信。假使防葵秋冬采者堅實，得水皆沉；狼毒春夏采者輕虚，得水皆浮。且二物全别，不可比類。此與麻黄、橘皮、半夏、枳實、吴茱萸爲六陳也。保昇曰：根似玄參，惟浮虚者爲劣也。頌曰：今陝西州郡及遼、石州亦有之，狀如馬志所説。時珍曰：狼毒出秦晉地。今人往往以草蕳茹爲之，誤矣。見蕳茹下也。

根　〖氣味〗辛，平，有大毒。大明曰：苦、辛，有毒。之才曰：大豆爲之使，宜醋炒，惡麥句薑，畏占斯、密佗僧也。

〖主治〗欬逆上氣，破積聚飲食，寒熱水氣，惡瘡鼠瘻疽蝕，鬼精蠱毒，殺飛鳥走獸《本經》。除胸下積僻《别録》。治痰飲癥瘕，亦殺鼠大明。合野葛納耳中，治聾《抱朴子》。

〖附方〗舊四，新六。

心腹連痛：作脹。用狼毒二兩，附子半兩，搗篩，蜜丸梧子大。一日服一丸，二日二丸，三日三丸止；又從一丸起，至三丸止，以瘥爲度。《肘後方》。

九種心痛：一蟲，二疰，三風，四悸，五食，六飲，七冷，八熱，九氣也。又治連年積冷，流注心胸，及落馬墮車，瘀血中惡等證。九痛丸：用狼毒炙香，吴茱萸湯泡，巴豆去心，炒取霜，乾薑炮，人參各一兩，附子炮去皮三兩，爲末，煉蜜丸梧子大，每空腹温酒下一丸。《和劑局方》。

腹中冷痛：水穀陰結，心下停痰，兩脇痞滿，按之鳴轉，逆害飲食。用狼毒三兩，附子一兩，旋覆花三兩，搗末，蜜丸梧子大。每服三丸，食前白湯下，日三服。《肘後方》。

陰疝欲死：丸縮入腹，急痛欲死。狼毒四兩，防風二兩，附子三兩燒，以蜜丸梧子大。每服三丸，日夜三度白湯下。《肘後方》。

兩脇氣結：方同腹中冷痛方。

一切蟲病：用狼毒杵末，每服一錢，用錫一皂子大，沙糖少許，以水化開，卧時空腹服之，次早即下蟲也。《集效方》。

乾濕蟲疥：狼毒不拘多少，搗爛，以猪油、馬油調搽患處。方睡勿以被蒙頭，恐藥氣傷面。此維揚潘氏所傳方。藺氏《經驗方》。

積年疥癩：狼毒一兩，一半生研，一半炒研，輕粉三合，水銀三錢，以茶末少許，於瓦器内，以津液擦化爲末，同以清油浸藥，高一寸，三日，待藥沉油清，遇夜不見燈火，蘸油塗瘡上，仍以口鼻於藥盞上吸氣，取效。《永類方》。

積年乾癬：生痂，搔之黄水出，每逢陰雨即痒。用狼毒末塗之。《聖惠方》。

惡疾風瘡：狼毒、秦艽等分，爲末。每服方寸匕，温酒下，日一二服。《千金方》。

明・梅得春《藥性會元》卷上

狼毒　味辛，平，有大毒。大豆為使。惡麥句薑。主治欬逆上氣，積聚飲食，寒熱水氣，胸中積癖，惡瘡鼠瘻疽蝕，鬼精蠱毒。殺飛鳥走獸。陳而沉水者良。

明・李中立《本草原始》卷三

狼毒　始生秦亭山谷及奉高，今陝西州郡及遼、石州亦有之。苗葉似商陸及大黄，莖葉上有毛。四月開花，八月結實。根，皮黄、肉白。二月、八月採根。陰乾。能殺飛鳥走獸，故曰狼毒。氣味：辛，平，有大毒。主治：欬逆上氣，破積聚飲食，寒熱水氣，惡瘡鼠瘻疽蝕，鬼精蠱毒，殺飛鳥走獸。○除胸下積僻。○治痰飲癥瘕，亦殺鼠。○合野葛納耳中治聾。

狼毒，《本經》下品。【圖略】共麻黄、橘皮、吴茱萸、半夏、枳實是為六陳，共南星、半夏、川烏、草烏是為五毒。狼毒切片，肉有黄紋。《圖經》曰：狼毒，陳而沉水者良。今市賣者有全根，有截成片子者，入水皆不沉。志曰：陶云沉者是狼毒，浮者是防葵，此不足為信。假使防葵秋冬采者堅實，得水皆沉；狼毒春夏采者輕浮，得水皆浮。且二物全别，不可比類。

之才曰：大豆為之使，宜醋炒；惡麥句薑；畏占斯、蜜佗僧。藺氏《經驗方》：治乾濕蟲疥，狼毒為末，以豬油或馬油調搽，方睡勿以被蒙頭，使藥氣傷面也。　狼毒，使。狼毒是真者皆可用，不必沉水。

明・張懋辰《本草便》卷一　狼毒使　味辛，氣平，有大毒。惡麥句薑。主欬逆上氣，破積聚，惡瘡蟲毒，殺鳥獸，亦殺鼠。

明・盧復《芷園臆草題藥》　狼毒　療腹心病，性頗狼戾。服之水，能狼狽，大毒可知矣。勇比北宮黝，睚眦殺人不（斬）〔眨〕眼者。然狼之腸（真）〔直〕，糞作烽火，烟衝直上，風大不斜。腸胃有委折始病，曲者直之，故借狼以名焉。瞑眩劑也。

明・倪朱謨《本草彙言》卷五　狼毒　味辛，氣平，有毒。　李氏曰：觀其名，知其毒矣。《別錄》曰：狼毒，出秦晉州郡山谷中，及遼、石州亦有之。莖葉酷似商陸，及大黄莖葉之上有白毛。根皮色黄，肉色白，形似防葵。置水中沉重者爲貴，浮虛者劣也。今人多以草蕳茹僞充，不可不辨。俗用亦稀，爲療腹内要藥耳。

狼毒：性酷有毒，破積聚，消水穀，《本經》殺蟲氣，日華淨疥癬之藥也。故前人主殺飛鳥走獸，并逐水穀積聚，及癥瘕寒熱蠱毒，與水穀之氣無以轉輸皮毛，致生惡瘡鼠瘻疥癩者，狼毒逐而滅之，無餘留矣。雖非良藥，善治酷疾。如脾元不足，真氣日乏者，不可妄施。

集方：《肘後方》治腹中冷痛，水穀陰結，心下停痰，兩脇痞滿，按之鳴轉，逆害飲食。用狼毒、旋覆花各一兩，附子五錢，切片，俱用童便浸三日，焙乾爲極細末，蜜丸梧子大。每服五丸，食前後白湯送下。○《和劑局方》治九種心疼及久年積冷，流注心胸，并落馬墮車，瘀血中惡等證。用狼毒、附子，俱童便浸一宿，晒乾，吳茱萸湯泡，乾薑、人參各一兩，巴豆五錢去油。共爲末，紅麯打糊爲丸，梧桐子大。每遇此患用三丸，白湯吞下。○《肘後方》治陰疝，丸縮入腹，急痛欲死。用狼毒、附子各五錢，俱童便浸炒，研爛成丸，如梧子大。每服十丸，早晚白湯下。○《集效方》治腹中一切蟲病。用狼毒微炒研末，空心服一錢，沙糖湯下，半日即下蟲也。○《經驗方》治乾濕蟲疥。用狼毒一兩，微炒，研細末，猪油調，周身擦之，臥時勿以被蒙頭，恐藥氣傷目也。○《永類方》治久年乾疥、乾癬及一切癩瘡。用狼毒微炒，研細末，輕粉減半，和勻。乾疥癬癩瘡，搔破搽之；濕者，乾糁數次效。○張三丰傳治癘風癩瘡。用狼毒，童便浸炒，研末。每早晚各服五分，溫酒下。

明・盧之頤《本草乘雅半偈》帙七　狼毒《本經》下品　氣味：辛，平，有大毒。　主治：主欬逆上氣，破積聚，飲食寒熱，水氣，惡瘡鼠瘻疽蝕，鬼精蠱毒，殺飛鳥走獸。

覈曰：出秦亭山谷，及奉高、宕昌、建平諸處。今陝西州郡，及遼、石州亦有之。莖葉並似商陸及大黄，莖葉之上都有白毛，根皮色黄，肉色白，形似防葵，沉重者為貴，但蝮蛇喜食其根，最為難得。今人多以草蕳茹偽之，不可不辨。大豆為之使。宜醋〔炒〕。惡麥句薑，畏占斯、蜜陀僧。

条曰：取狼為名者，謂狼善逐也。《爾雅翼》云：狼之將遠逐食，必先倒地以卜所向，故獵師遇狼輒喜，蓋狼之所向，即獸之所在也。設所卜非其向，恐狼鳴腸斷矣。故主殺飛鳥走獸，并主水穀積聚，而為欬逆上氣，以及寒熱蠱毒，與水穀無以轉輸皮毛，致生惡瘡鼠瘻疽蝕者。狼毒逐而輸之，此但似狼性之貪饕，非若狼腸之直而輒出也。先人云：非我族類，鮮不滅除，不存諸有，不害諸無。以毒藥攻病者，顧言珍重。不存諸有，即有故而隕；不害諸無，即亦無隕也。

清・李熙和《醫經允中》卷二一　狼毒　苦、辛，寒，大毒。主治欬逆上氣，破積聚，飲食寒熱，水氣惡瘡，疽蝕蠱毒，殺飛鳥走獸。迅利之物，止宜外用。

清・馮兆張《馮氏錦囊秘録・雜症痘疹藥性主治合參》卷三　狼毒　破積聚痰癖癥瘕，去惡瘡鼠瘻疽癰。逐咳逆上氣，殺蠱毒鬼精。走獸飛禽，亦堪殺害。

清・張璐《本經逢原》卷二　狼毒　苦、辛，寒，大毒。陳者良，醋炒用。出東魯泰山，與防葵相類。置水沉者為狼毒，浮者即防葵也。《本經》主欬逆上氣，破積聚飲食，寒熱水氣，惡瘡鼠瘻，疽蝕，鬼精蠱毒，殺飛鳥走獸。

發明：狼毒大毒。非恒用之品。《本經》治欬逆上氣，惟質實氣壯暴欬者宜之。又能破積聚飲食，寒熱水氣，以其迅利也。性能殺飛鳥走獸，其治惡瘡疽蝕蠱毒，所不待言。《肘後方》以狼毒二兩、附子半兩，治心腹連痛脹急。加旋覆蜜丸，日服三丸，治腹中冷痛及兩脇氣結，又為散，擦惡瘡疥癬。○愚按：狼毒與防葵同根，但質有輕重之別，雖《本經》主治不同，一皆瞑眩之品，功用亦不甚相遠。今狼毒內有輕浮者，即係防葵無疑，但《本經》條下有堅骨髓、益氣輕身之說。其性善走散，力能攻逐三蟲，故有益氣輕身之功。《本經》不言攻蟲，而攻蟲之用與狼毒無異。

清・張志聰、高世栻《本草崇原》卷下　狼毒根　氣味辛，平，有大毒。主治咳逆上氣，破積聚，飲食寒熱，水氣，惡瘡，鼠瘻疽蝕，鬼精蠱毒，殺飛鳥走獸。　狼毒始出隴西秦亭山谷及奉高、太山諸處，今陝西州郡及遼、石州亦有之。葉似商陸，莖葉上有毛，其根皮色黃，肉色白，以實重者為良，輕浮者為劣。陶隱居曰：宕昌亦出之，乃言只有數畝地生，蝮蛇食其根，故為難得，今用出漢中及建平云。　狼毒草有大毒，稟火氣也。氣味辛平，莖葉有毛，入水則沉，稟金氣也。稟金氣，故主治肺病之咳逆上氣。金能攻利，故破積聚。破積聚，則飲食壅滯而為寒為熱之病，亦可治矣。水氣，水寒之氣也。水氣而濡，則有惡瘡、鼠瘻、疽蝕，並鬼精蠱毒之病。狼毒稟火氣而溫臟寒，故皆治之。又言其毒能殺飛鳥走獸，草以狼名，殆以此故。李時珍曰：觀其名，則知其毒矣。

清・嚴潔等《得配本草》卷三　狼毒　大豆為之使。惡麥句薑。畏醋、占斯、密陀僧。　苦、辛，平，有大毒。入手太陰，兼少陰經氣分。治咳逆上氣，除胸下積癖，及痰飲癥瘕，去惡瘡鼠瘻。　配秦艽，治惡疾風瘡。配附子，治心腹連痛。　醋炒用。

清・吴鋼《類經證治本草・經外藥類》　狼毒　【略】莖葉似香陸，有白毛，根皮色黃，肉色白，形似防葵，置水沉重。今人以草蔄茹偽之。誠齋曰：冬採堅實，餘時皆虛浮。

清・吴其濬《植物名實圖考》卷二四　狼毒　《本經》下品。形狀詳宋《圖經》。今俗以紫莖南星根充之。《抱朴子》：狼毒合野葛，納耳中，治聾。王羲之有《求狼毒帖》，豈亦取其能治耳聾如天鼠膏耶？

雩婁農曰：《本草》書於狼毒皆不甚晰，方家亦憚用之。滇南有土瓜狼毒，以其根大如土瓜，故名。按形與《圖經》頗肖；又有雞腸狼毒，性同。《滇本草》亦云，猛勇之性，真虎狼也。兵法曰：猛如虎，狠如羊，貪如狼。強不可使者，皆勿遣。不然病弱而劑強，是以狼牧羊也。又不然，則秦虎狼之國也，楚懷王入關不返矣，將若何？

清・趙其光《本草求原》卷六毒草部　狼毒　氣平，味辛。莖葉有毛，入水則沉，皆屬金氣。浮水者為防葵，功用略同。有大毒。兼火氣。主治咳逆上氣，辛以散皮毛暴感之實邪。破積聚，金能攻利。飲食寒熱，飲食壅滯而為寒熱。水氣，火氣溫肺以行注節。惡瘡、鼠瘻、疽蝕、鬼精益毒，皆寒水所結，火能溫之。殺飛鳥走獸，以其毒也。心腹連痛脹急，《肘後方》此二兩，附子半兩。腹中冷痛，脇下氣結，上方加旋覆蜜丸。擦疥癬，夾陰傷寒，生切，遍擦周身不癢者便是此症，即以所擦之根同米淬水飲。陳者良，醋炒用。

清・葉志詵《神農本草經贊》卷三　狼毒　味辛，平。主欬逆上氣，破積聚飲食，寒熱，水氣，惡創鼠瘻疽蝕，鬼精，蠱毒，殺飛蟲走獸。一名續毒。生山谷。

六陳舉一，九種心平。衡量重實，芟夷浮輕。飲昏食饕，獸怪禽驚。防葵濫廁，蔄茹纏縈。

馬志曰：此與麻黃、橘皮、半夏、枳實、吴茱萸為六陳也。《孟子》：舉一而廢百也。《和劑局方》：治九種心痛：一蟲、二疰、三風、四悸、五食、六飲、七冷、八熱、九氣。名醫曰：陳而沉水者良。韓保昇曰：根輕浮者劣。王績詩：此日長昏飲。《玉篇》：饕，貪食也。唐太宗詩：怖獸潛幽壑，驚禽散碧空。蘇頌曰：今人用枯朽狼毒當防葵，大誤。李時珍曰：蔄茹如續隨子之狀，或以其根為狼毒者，非是。

清・戴葆元《本草綱目易知錄》卷一　狼毒　根，辛，平，大毒。破積聚，療心痛。治食滯，寒熱水氣，惡瘡鼠瘻疽，蝕鬼精蠱毒，除胸下積僻，痰飲癥瘕。殺飛鳥走獸，亦殺鼠。合野葛納耳中，治聾。

清・仲昻庭《本草崇原集説》卷下　狼毒根　【略】〔批〕狼毒內服甚少，若惡瘡鼠瘻之類，或湯洗，或搗敷。

芫花

宋・李昉《太平御覽》卷第九九二　芫華　《本草經》曰：芫華，一名去水。味辛，溫。治欬逆上氣，殺蟲。生淮原。《建康記》曰：建康出芫華。《范子計然》曰：芫華出三輔。《吴氏本草》曰：芫華，一名去水，一名敗華，一名兒草根，一名黃大戟。神農、黃帝：有毒。扁鵲、岐伯：苦。李氏：大寒。二月生。葉青，加厚則黑，華有紫、赤、白者。三月實落盡，葉乃生。三月、五月採華。芫花根，一名赤芫根。神農、雷公：苦，有毒。生邯鄲。九月、八月採，陰乾。久服令人洩。可用毒殺魚。

宋・唐慎微《證類本草》卷一四木部下品〔《本經》・別錄・藥對》〕　**芫花**　**味辛、**苦，**溫、**微溫，有小毒。**主欬逆上氣，喉鳴喘，咽腫，短氣，蠱毒，鬼瘧，疝瘕，癰腫，殺蟲魚，**消胸中痰水，喜音戲唾，水腫，五水在五藏皮膚及腰痛，下寒毒肉毒。久服令人虛。**一名去水**，一名毒魚，一名杜芫。其根名蜀桑根，療疥瘡。可用毒魚。生淮源川谷。三月日採花，陰乾。決明爲之使，反甘草。

〔梁·陶弘景《本草經集注》〕云：近道處處有，用之微熬，不可近眼。

〔宋·掌禹錫《嘉祐本草》〕按：《蜀本圖經》云：苗高二三尺，葉似白前及柳葉，根皮黄似桑根。正月、二月花發，紫碧色，葉未生時收，日乾。三月即葉生花落，不堪用也。《藥性論》云：芫花，使，有大毒。能治心腹脹滿，去水氣，利五藏，寒痰涕唾如膠者，主通利血脉，治惡瘡，風痹濕，一切毒風，四肢攣急，不能行步，能瀉水腫脹滿。日華子云：療嗽，瘴瘧。所在有，小樹子在陂澗傍，三月中盛花，淺紫色。

〔宋·蘇頌《本草圖經》〕曰：芫花，生淮源川谷，今在處有之。宿根舊枝莖紫，長一二尺。根入土深三五寸，白色，似榆根。春生苗，葉，小而尖，似楊柳枝葉。二月開紫花，頗似紫荆而作穗，又似藤花而細。三月三日採，陰乾。其花須未成蘂，蒂細小，未生葉時收之。葉生花落，即不堪用。《吳普本草》云：芫花，一名敗華，一名兒草，一名黄大戟。二月生葉，加厚則黑。華有紫、赤、白者。三月實落盡，葉乃生是也。而今絳州出者花黄，謂之黄芫花。漢太倉公淳于意治臨淄女子薄吾蟯音饒瘕。蟯瘕爲病，腹大，上膚黄麄，循之戚戚然，意飲以芫花一撮，即出蟯可數升，病遂愈。張仲景治太陽中風，吐下嘔逆者，可攻，十棗湯主之。芫花熬、甘遂、大戟三物等分，停各篩末。取大棗十枚，水一升半，煮取八合，去滓，内諸藥。彊人一錢匕，羸人半匕，温服之。不下，明旦更加半匕，下後糜粥自養，病懸飲者亦主之。胡洽治水腫及支飲、澼飲。加大黄、甘草并煎，五物各一兩，棗十枚同煮，如法。一方：又加芒消一兩，湯成下之。又《千金方》凝雪湯，療天行毒病七八日，熱積聚胸中，煩亂欲死。起人死擣方：取芫花一斤，以水三升，煮取一升半，漬故布薄胸上。不過再三薄，熱則除。當温四肢，護厥逆也。吳普又云：芫花根，一名赤芫根。神農：辛。雷公：苦，有毒。生邯鄲。八月、九月採，陰乾。久服令人洩，右方亦入藥用。《古今録驗》療暴中冷，傷寒，鼻塞喘嗽，喉中瘂塞，失音聲者。取芫花一虎口，切，暴乾。令病人以薦自縈就裹。春芫花根令飛揚，入其七孔中。當眼淚出，口鼻皆羅莿畢畢耳。勿住，令芫根盡則止。病必於此差。

〔宋·唐慎微《證類本草》〕《經驗方》：治痔瘻有頭方：用芫花入土根不限多少，以淨水洗却，入木臼擣，用少許水絞取汁，於銀、銅器内慢火煎成膏，將絲線於膏内度過繫痔，繫時微痛，候心躁落時，以紙撚子入膏藥於竅内，永除根本，未落，不得使水。《三國志》：魏初平中，有青牛先生常服芫花，年如五六十，人或親識之，謂其已百餘歲矣。

宋·王繼先《紹興本草》卷九　芫花　紹興校定：芫花性味、主治具於《本經》。大率逐水、利氣之性多矣。今當作味辛、苦，微温，有小毒者是也。所在皆産之，肥者佳。

宋·鄭樵《通志》卷七六《昆蟲草木略》　芫花　曰去水，曰毒魚，曰杜芫，曰敗華，曰兒草，曰黄大戟。其根曰蜀桑根。苗高三二尺，葉似白前及柳葉，根皮似桑根。正二月花紫碧色，頗似紫荆而作穗。絳州出者花黄，謂之芫花。《爾雅》云：杬，魚毒。《本草》亦云可用毒魚。其皮可汁藏梅。

宋·劉明之《圖經本草藥性總論》卷下　芫花　味辛、苦，微温，有小毒。主欬逆上氣，喉(鳥)〔鳴〕喘，咽腫短氣，蠱毒鬼瘧，疝瘕癰腫，殺蟲魚，消胸中痰水，喜唾，水腫，五水在五藏皮膚，及腰痛，下寒毒、肉毒。根，療疥瘡。可用毒魚。《藥性論》云：使。能治心腹脹滿，去水氣，利五藏寒痰，涕唾如膠者。主通利血脈，治惡瘡風痺濕，一切毒風，四肢攣急，不能行步，能瀉水腫脹滿。日華子云：療嗽瘴瘧。所在有。決明為之使。反甘草。

宋·陳衍《寶慶本草折衷》卷一四　芫花使。根附。　一名桂芫，一名去水，一名毒魚，一名敗華，一名兒草，一名黄大戟。生淮源川谷，及滁、絳、綿州。今在處陂澗傍有之。○正、二、三月採花，未生葉時取之，日乾。《蜀本》嘗云：三月花即落者，恐覩偏方而言耳。○決明為使。反甘草。○附：根，一名蜀桑根，一名赤芫根，生邯鄲。八、九月採，陰乾。忌鐵。

味辛、苦，微溫，有毒。○主欬逆上氣，咽腫短氣，蠱毒鬼瘧，疝瘕癰腫。殺蟲魚，五水在五藏，下寒毒、肉毒。○陶隱居云：微熬不可近眼。○《藥性論》云：治心腹脹滿，利五藏，寒痰涕唾如膠，通利血脉。治惡瘡風痹濕毒，四肢攣急，能瀉水腫。○日華子云：療嗽、瘴瘧。○《圖經》曰：開紫花，作穗細，其花須未成蘂，蒂細小，未生葉。葉生花落，即不堪用。今絳州出者，花黄，謂之黄芫花。

附：根。○味辛、苦，有毒。○療疥瘡。其根皮黄。

元·王好古《湯液本草》卷五　芫花　氣温，味辛、苦，有小毒。《本草》云：主欬逆上氣，喉鳴喘急，咽腫短氣，蠱毒鬼瘧，癰腫疝瘕。殺蟲魚。消胸中痰水，喜聲去唾，水腫，五水在五臟皮膚，及腰痛。下寒毒、肉毒。久服令人虛。仲景治太陽中風，脇下痛，嘔逆者可攻，十棗湯主之。《液》云：胡洽治痰癖飲癖，加以大黄、甘草，五物同煎。以相反主之，欲其大吐也。治之大略，水者，肺、腎、胃三經所主，有五臟、六腑、十二經之部分，上而頭，中而四肢，下而腰臍，外而皮毛，中而肌肉，内而筋骨。脈有尺寸之殊，浮沉之異，不可輕瀉，當知病在何經何臟，誤用則害深。然大意泄濕，內云五物者，即甘遂、大戟、芫花、大黃、甘草也。

元・尚從善《本草元命苞》卷七　芫花　為使。味辛、苦，溫、微溫，有小毒。決明為之使。多食虛人，能反甘草。主欬逆上氣，喉鳴而喘。治咽腫短氣，鬼瘧蠱毒。消胸中痰水喜唾，喜，音戲。療毒風癰腫惡瘡。除風濕痺及四肢拘急，逐水濕腫在五臟皮膚。利血脈，泄水消腫滿，通經。生淮源川谷，今在處有之。宿根舊苗莖紫，春生苗、葉，小尖似柳葉，花開紫色，類紫荊，又似藤花，根皮黃，似葉，根葉生，花落。不爾，三月三採取，陰乾。花未成收之，可也。花殺蟲魚毒，根療疥瘡，若一名毒魚，又曰去水。

元・徐彥純《本草發揮》卷三　芫花　成聊攝云：辛以散之，芫花之辛以散飲。海藏云：仲景治太陽中風，脇下痛，嘔逆者，可攻，十棗湯主之。胡洽治痰癖飲癖，加以大黃、甘草、大戟、甘遂，與芫花共五物，同煎，蓋以相反主之，欲其大吐也。夫水者，肺、腎、胃三經所主，有五藏六府，十二經之部分，上而頭目，中而四肢，下而腰臍，外而皮毛，中而肌肉，內而筋骨，脉有尺寸之殊，浮沉之異，不可輕瀉，當知病在何經何藏而用之。若誤用，則害深矣。然而此藥，大意泄濕。

明・王綸《本草集要》卷三　芫花使　味辛苦，氣溫，有毒。決明為之使。反甘草。陰乾。凡用，微熬，不可近眼。主咳逆上氣，喉鳴喘，咽腫短氣，蠱毒鬼瘧，疝瘕癰腫，消胸中痰水，喜唾，水腫，五水在五臟皮膚，及腰痛。久服令人虛。殺蟲魚。○其根療疥瘡，可用毒魚。

明・滕弘《神農本經會通》卷二　芫花　使也。決明為之使。反甘草。三月三日採花，陰乾。用之微熬，不可近眼。味辛、苦，氣溫，微溫，有小毒。《衷》云：主水腫蠱脹，并氣塊，破積搜腸，又化痰。《本經》云：主欬逆上氣，喉鳴喘急，咽腫短氣，蠱毒鬼瘧，疝瘕，癰腫，殺蟲魚，消胸中痰水，喜音戲唾，水腫，五水在五臟皮膚，及腰痛，下寒毒、肉毒。久服令人虛。其根名蜀桑根，療疥，可用毒魚。《藥性論》云：使。有大毒。治心腹脹滿，去水氣，利五藏，寒痰涕唾如膠者。主通利血脉，治惡瘡，風痺濕，一切毒風，四肢攣急，不能行步。能瀉水腫脹滿。日華子云：療嗽，瘴瘧。《圖經》云：仲景治太陽中風，吐下嘔逆者可攻，十棗湯主之，芫花熬、甘遂、大戟三物等分，停各篩末，取大棗十枚，水一升半，煮取八合，去滓，納諸藥，彊人一錢匕，羸人半錢匕，溫服之，不下，明旦更加半匕，下後糜粥自養。病懸飲者，亦主之。《液》云：胡洽治痰癖，加以大黃、甘草，五物同煎，以相反主之，欲其大吐也。治之大略，水者，肺、腎、胃三經所主，有五臟六腑，十二經之部分，上而頭，中而四肢，下而腰臍，外而皮毛，中而肌肉，內而筋骨，脉有尺寸之殊，浮沉之異，不可輕瀉，當知病在何經何臟，誤用則害深。然大意泄濕，《內》云：即甘遂、大戟、芫花、大黃、甘草也。《局》云：芫花去水消浮腫，欬逆喉鳴必用之。痰唾腰疼心腹痛，惡瘡風痺亦能醫。又云：芫花有毒味辛溫，咽腫能消喘息聞。汁漬線絲堪繫痔，身浮水氣決然分。芫花，消浮逐水，繫瘤痔。

明・劉文泰《本草品彙精要》卷二一　芫花有小毒。植生。

芫花出《神農本經》：**主欬逆上氣，喉鳴喘，咽腫，短氣，蠱毒，鬼瘧，疝瘕，癰腫，殺蟲魚。**以上朱字《神農本經》。消胸中痰水，喜音戲唾，水腫，五水在五臟、皮膚，及腰痛，下寒毒、肉毒。○根，療疥瘡。可用毒魚。以上黑字名醫所錄。

【名】去水、黃大戟、杜芫、兒草、毒魚、黃芫花、敗華。根：蜀桑根。

【苗】《圖經》曰：宿根，舊枝莖紫，長一二尺，根入土深三五寸，白色似榆根，皮黃赤似桑根。春生苗，葉小而尖，似楊柳枝葉，亦似白前。二月開紫花，頗似紫荊，作穗又似藤花而細，其花須於蕊蒂細小、未生葉時收之，三月葉生，其花落，即不堪用。今絳州出者花黃，謂之黃芫花也。【地】《圖經》曰：生淮源川谷，今在處有之。【道地】絳州、綿州、滁州、邯州。【時】生：春生苗葉。採：三月三日取花。【收】陰乾。【用】花。【質】類藤花而細。【色】紫。【味】辛，苦。【性】溫，泄。【氣】氣厚味薄，陽中之陰。【臭】朽。【主】瀉水氣，利五臟。【助】決明爲之使。【反】甘草。【製】挼碎用。【治】療：《圖經》曰：主蟯瘕。《藥性論》云：治心腹脹滿，寒痰，涕唾如膠者，及通利血脈，並惡瘡，風痹濕，一切毒風，四肢攣急，不能行步，能瀉水腫脹滿。日華子云：止嗽，瘴瘧。

明・葉文齡《醫學統旨》卷八　芫花　氣溫，味辛、苦。有毒。決明為之使；反甘草。凡用微熬，不可近眼。治欬逆上氣，喉鳴咽腫，蠱毒積聚，腫滿五水，消胸中痰飲。虛者勿用。

明・許希周《藥性粗評》卷二　芫花致內癖之翻。此條重出。芫花，一名毒魚。樹高二三尺，枝莖紫色，二月後先開花，紫色，頗似紫荊而作穗，又似藤花而細，後生葉似楊柳，其根皮黃似桑根，其名為蜀桑根。江南山谷處處有之。三月三日待葉未生時先採其花，陰乾。葉生則花落，而不堪矣。凡用炒過，勿令近眼。草決明為之使，反甘草。味辛、苦，性溫，有小毒。其氣上行。主治欬逆上氣，喉鳴咽腫，寒痰涕唾，風濕水腫，蠱毒癖積，鬼瘧疝瘕，惡瘡癰毒，心腹脹滿，四肢攣急，除熱散血，利五臟，通血脉，多服令人虛洩。海藏云：仲景治太陽中風，脇下痛，嘔逆者，十棗湯主之。內有芫花。胡洽治痰癖飲癖，加以大黃、甘草、大戟、甘遂，與芫花同煎，蓋以相反主之，欲其大吐也。大黃、大戟、甘遂，其氣下行；甘草、芫花，其氣上行，故相反，而上行者勝。愚謂芫花主翻癖行濕之功居多，非不得已不可輕用。

單方：天行熱病：凡患熱毒，至七八日熱積胸中，煩亂欲死者，芫花一斤，水三升，煮取一升，以故布半漬，薄其胸上，不過再三薄，其熱必除，然當溫其四肢，以防厥逆。痔瘻有頭：芫花根入土者，不限多少，洗淨，臼內搗爛，微添水少許，絞取汁，銅器內慢火煎成膏，將絲線於膏內度過，繫其痔，繫時微痛，候心躁落時，以紙撚點入膏藥於痔竅內，永絕其根。

明・許希周《藥性粗評》卷二 芫花當內澇之災。

芫花，蜀桑根花也。一名杜芫，一名敗華。樹高二三尺，宿根舊枝，莖紫色，正二月先開紫花，頗似紫荊而作穗，三月結實，花實落盡而後生，尖長似楊柳，根入土深可三五寸，白色似榆根。好生阪岸陂澗之傍，本出絳等州郡，今荊湘近道處處有之。三月上旬待花稍盛時即採之，陰乾。若待葉生時採，則將敗而不堪矣。其根八九月採，亦陰乾。凡用花熬令赤色，如無，以生桃花代之。草決明為之使，反甘草。味辛、苦，性微溫，有小毒。主治傷寒積熱，欬逆上氣，腰脚風痹，蟲瘕蠱毒，寒痰鬼瘧，疝氣癰腫，痔漏瀉痢，水氣脹滿，四肢攣急，不能行步，寬腸下氣，利五臟，通小便。成聊攝云：芫花下十二種水，水去則利止。愚按：仲景十棗湯以芫花為君者，因其痞滿，所以下伏飲也。小青龍湯去麻黃加芫花者，以其微利，所以下伏水也。則其長於治水，而能鬭內澇之灾可知矣。

單方：蟯瘕腹大：漢臨淄女子患蟯瘕腹大，上膚黃麄，淳于意命飲以芫花一撮，即出蟯數升而愈。蟯，腹中蟲也，以芫花一撮，煎湯飲之，自下。時疫熱煩：天行時疫七八日，熱毒積聚胸中，煩亂欲死者，芫花一斤，水三升，煮取一升半，用故布漬濕，擦胸上，往還數四，熱化為溫即止，過恐為厥冷矣。

明・鄭寧《藥性要略大全》卷五 芫花使 消浮腫，逐水。治瘤痔，心腹腰痛，咳逆上氣，喉鳴喘急，咽腫短氣，蠱毒，瘧疾，癰腫，疝瘕。殺蟲、殺魚，療嘔逆。《十書》云：消胸中痰水、喜唾，水腫入五臟皮膚，及腰痛，心腹脹滿。敺一切毒風，四肢拘攣。味辛、苦，性溫，有小毒。反甘草。

明・陳嘉謨《本草蒙筌》卷三 芫花 味辛、苦，氣溫。有小毒。川谷甚多，遠近俱有。莖紫花白，一二尺長。密開花盈舊枝莖，如紫梢作穗；未出葉採嫩苞蕊，向晴日曝乾。花落葉生，不堪用也。得之煮醋數沸，漉出漬水一宵。復曝乾收，纔免毒害。反甘草，使決明。散皮膚水腫發浮，消胸膈痰沫善唾。欬逆上氣能止，咽腫短氣可安。敺疝瘕癰疽，除蠱毒鬼瘧。令人虛損，久服不宜。汁漬線絲，繫痔易落。〇根採尤毒，乃名蜀桑。搗爛堪毒魚，研末能敷疥。

謨按：芫花瀉濕利水為要。夫水者，脾、胃、腎三經所主，有五臟六腑十二經之部分。上而頭目，中而四肢，下而腰膝。外而皮毛，中而肌肉，內而筋骨。脉有寸、關、尺之殊，診有浮、中、沉之異。必當審其病在何經何臟，乃可用之。倘若悞投，為害非淺。

明・王文潔《太乙仙製本草藥性大全》卷二《本草精義》 芫花 一名去水，一名毒魚，一名杜芫，一名敗華，一名兒草，一名黃大戟。生淮源川谷甚多，今在處遠近俱有。宿根舊枝莖紫，長三尺，入土深三五寸，白色，似榆根。春生苗葉，而尖似楊柳枝，二月開花盈舊枝莖，如紫稍作穗。未出葉採嫩苞蕊，向晴日曝乾。花落葉生不堪用也。得之煮醋數沸，漉出，漬水一宵，復出曝乾收，纔免毒害。反甘草。

明・王文潔《太乙仙製本草藥性大全》卷二《仙製藥性》 芫花使 味辛、苦，氣溫，有小毒。決明爲之使。主治：急治瘤痔，心腹腰疼，殺蟲，腹內脹滿，驅毒風，四肢拘攣，散皮膚水腫，發咳，消胸膈痰沫善唾。欬逆上氣能止，咽腫短氣可安。驅疝瘕癰疽，除蠱毒鬼瘧。令人虛損，久服不宜。以汁漬線絲，繫痔易落。補註：蟯瘕病，腹大，上膚黃麄，循之戚戚然。以一撮煮飲，即出蟯數升，病愈。〇太陽中風吐下、嘔逆者，用熬，加甘遂、大戟二物等分，各爲末，取十枚大棗，水升半，煎，去滓，入諸藥，強人一錢，羸人減半，服之即愈，後以(糜)〔糜〕粥自養。天行毒病七八日，熱積聚胸中煩亂，取一斤，以水三升，煮取一升半，漬故布，薄胸上，不過再三薄，熱則除，當溫四肢，護冷逆也。〇治痔瘻有頭，用芫花入土根，不限多少，以净水洗却，入木臼杵，用少許水絞取汁，於銀銅器內慢火煎成膏，將絲線於膏內度過，繫痔，繫時微痛，候痔躁落時，以紙撚子入膏藥於竅中，永除根本。未落不得使水。

明・皇甫嵩《本草發明》卷三　芫花木部下品，佐使。氣溫，辛、苦，有小毒。今從之草部，以便覽。　發明曰：　芫花，瀉濕利水為要。夫水者，脾、胃、腎三經所主，有臟腑十二經，部分上頭目中、肢體，下腰膝，外皮毛中，肌肉筋骨，觀形察脉，審病在何經何藏而用之。《本草》云：　散皮膚水腫，消胸中痰水，喜唾，咳逆上氣，喉鳴喘急，咽腫，五水在臟腑、皮膚，腰痛，下寒毒、肉毒，蠱毒鬼瘧，癰腫癥瘕，蟲魚諸病。要知何藏，引用之，誤用則害深矣。大意泄濕，久服令人虛。又去惡瘡風痺濕，一切毒風，四肢攣急，不能行步，亦以瀉水去濕故耳。《液》云：　胡洽治痰癖，加大黃、甘草、甘遂、大戟，五物同煎，以相反主之，欲其大吐也，虛人慎之。一方治腿背忽一二點痛入骨難忍，芫花根末，醋傅，絹扎之。婦人産後有此疾，貼之妙。〇反甘草。使决明。醋煮數沸，漉出一宵，晒乾，免毒害。採根尤毒，名蜀桑，搗爛能毒魚，研末可傳疥。

明・李時珍《本草綱目》卷一七草部・毒草類　芫花《本經》下品。校正：自木部移入此。

【釋名】杜芫《別録》　赤芫吴普　去水《本經》　毒魚《別録》　頭痛花《綱目》　兒草吴普　敗華吴普　根名黄大戟吴普　蜀桑《別録》　時珍曰：　芫或作杬，其義未詳。去水言其功，毒魚言其性，大戟言其似也。俗人因其氣惡，呼爲頭痛花。《山海經》云首山其草多芫是也。

【集解】《別録》曰：　芫花生淮源川谷。三月三日采花，陰乾。普曰：　芫根生邯鄲。二月生葉，青色，加厚則黑。華有紫、赤、白者。三月實落盡，葉乃生。三月采花，五月采葉，八月、九月采根，陰乾。保昇曰：　近道處處有之。苗高二三尺，葉似白前及柳葉，根皮黄似桑根。正月、二月花發，紫碧色，葉未生時收采日乾。葉生花落，即不堪用也。頌曰：　在處有之。宿根舊枝莖紫，長一二尺。根入土深三五寸，白色，似榆根。春生苗葉，小而尖，似楊柳枝葉。二月開紫花，頗似紫荆而作穗，又似藤花而細。今絳州出者花黄，謂之黄芫花。時珍曰：　顧野王《玉篇》云：　杬木出豫章，煎汁藏果及卵不壞。洪邁《容齋隨筆》云：　今饒州處處有之。莖幹不純是木。小人争鬭者，取葉挼擦皮膚，輒作赤腫如被傷，以誣人。至和鹽擦卵，則又染其外若赭色也。

【修治】弘景曰：　用當微熬。不可近眼。時珍曰：　芫花留數年陳久者良，用時以好醋煮十數沸，去醋，以水浸一宿，晒乾用，則毒滅也。或以醋炒者次之。

【氣味】根同。辛，温，有小毒。《別録》曰：　苦，微温。普曰：　神農、黄帝、雷公：苦，有毒。扁鵲、岐伯：　苦。李當之：　有大毒，多服令人洩。之才曰：　决明爲之使。反甘草。

【主治】欬逆上氣，喉鳴喘，咽腫短氣，蠱毒鬼瘧，疝瘕癰腫，殺蟲魚《本經》。消胸中痰水，喜唾，水腫，五水在五臟皮膚及腰痛，下寒毒肉毒。根：療疥瘡。可用毒魚《別録》。治心腹脹滿，去水氣寒痰，涕唾如膠，通利血脉，治惡瘡風痹濕，一切毒風，四肢攣急，不能行步甄權。療欬嗽瘴瘧大明。治水飲痰澼，脇下痛時珍。

【發明】時珍曰：　張仲景治傷寒太陽證，表不解，心下有水氣，乾嘔發熱而欬，或喘或利者，小青龍湯主之。若表已解，有時頭痛出汗，惡寒，心下有水氣，乾嘔，痛引兩脇，或喘或欬者，十棗湯主之。蓋小青龍治未發散表邪，使水氣自毛竅而出，乃《内經》所謂開鬼門法也。十棗湯驅逐裏邪，使水氣自大小便而洩，乃《内經》所謂潔凈府，去陳莝法也。夫飲有五，皆由内啜水漿，外受濕氣，鬱蓄而爲留飲。流于肺則爲支飲，令人喘欬寒熱，吐沫背寒；　流于脇下則爲懸飲，令人欬唾，痛引缺盆兩脇；　流于心下則爲伏飲，令人胸滿嘔吐，寒熱眩運；　流於腸胃，則爲痰飲，令人腹鳴吐水，胸脇支滿，或作泄瀉，忽肥忽瘦；　流於經絡，則爲溢飲，令人沉重注痛，或作水氣胕腫。芫花、大戟、甘遂之性，逐水洩濕，能直達水飲窠囊隱僻之處。但可徐徐用之，取効甚捷。不可過劑，洩人真元也。陳言《三因方》，以十棗湯藥爲末，用棗肉和丸，以治水氣喘急浮腫之證，蓋善變通者也。楊士瀛《直指方》云：　破癖須用芫花，行水後便養胃可也。好古曰：　水者，肺、腎、脾三經所主，有五臟六腑十二經之部分。上而頭，中而四肢，下而腰脚；　外而皮毛，中而肌肉，内而筋骨。脉有尺寸之殊，浮沈之別。不可輕瀉。當知病在何經何臟，方可用之。若誤投之，則害深矣。芫花與甘草相反，而胡洽居士方，治痰癖飲癖，以甘遂、大戟、芫花、大黄、甘草同用。蓋欲其大吐以泄濕，因相反而相激也。

【正誤】慎微曰：　《三國志》云：　魏初平中，有青牛先生，常服芫花。年百餘歲，常如五六十人。時珍曰：　芫花乃下品毒物，豈堪久服。此方外迂怪之言，不足信也。

【附方】舊五，新一十九。　卒得欬嗽：　芫花一升，水三升，煮汁一升，以棗十四枚，煮汁乾。日食五枚，必愈。《肘後方》。　卒嗽有痰：　芫花一兩，炒，水一升，煮四沸，去滓，白糖入半斤。每服棗許。勿食酸鹹物。張文仲《備急方》。　喘嗽失音：　暴傷寒冷，喘嗽失音。取芫花連根一虎口，切暴乾。令病人以薦自裹，春令灰飛揚，入其七孔中，當眼(冷)〔淚〕出，口鼻皆辣，待芫根盡乃止。病即愈。《古今録驗》。　乾嘔脇痛：　傷寒有時頭痛，心下痞滿，痛引兩脇，乾嘔短氣，汗出不惡寒者，表解裏未和也，十棗湯主之。芫花熬、甘遂、大戟各等分，爲散。以大棗十枚，水一升半，煮取八合，去滓納藥。强人服一錢，羸人半錢，平旦服之，當下利病除。如不除，明旦更服。仲景《傷寒論》。　水腫支飲：　及(癖)〔澼〕飲。用十棗湯加大黄、甘草，五物各一兩，大棗十枚同煮，如法服。一方加芒硝一兩。胡洽《百病方》。　天行煩亂：　凝雪湯：　治天行毒病七八日，熱積胸中，煩亂欲死。用芫花一斤，水三升，煮取一升半，漬故布薄胸上。不過再三薄，熱則除。當温四肢，護厥逆也。《千金方》。　久瘧結癖：　在腹脇堅痛者。芫花炒二兩，朱砂五錢，爲末，蜜丸梧子大。每服十丸，棗湯下。《直指方》。　水蠱脹滿：　芫花、枳殼等分，以醋煮芫花至爛，乃下枳殼煮爛，搗丸梧子大。每服三十丸，白湯下。《普濟方》。　酒疸尿黃：　發黃，心懊痛，足脛滿。芫花、椒目等分，燒末。水服半錢，日二服。《肘後方》。　背腿間痛：　一點痛，不可忍者。芫花根末，米醋調傅之。如不住，以帛束之。婦人産後有此，尤宜。《袖珍方》。　諸般氣痛：　芫花醋煮半兩，玄胡索炒一兩半，爲末。每服一錢。男子元臟痛，葱酒下。瘧疾，烏梅湯下。婦人血氣痛，當歸酒下。諸氣痛，香附湯下。小腸氣痛，茴香湯下。《仁存方》。　鬼胎癥瘕：　經候不通。芫花根三兩剉，炒黃爲末。每服一錢，桃仁煎湯調下。當利惡物而愈。《聖惠方》。　催生去胎：　芫花根剥皮，以綿裹，點麝香，套入陰穴三寸，即下。《攝生妙用方》。　産後惡物：　不下。芫花、當歸等分，炒爲末。調一錢服。《保命集》。　心痛有蟲：　芫花一兩醋炒，雄黃一錢，爲末。每服一字，温醋湯下。《乾坤生意》。　牙痛難忍：　諸藥不効。芫花末擦之，令熱痛定，以温水漱之。《永類方》。　白禿頭瘡：　芫花末，猪脂和傅之。《集效方》。　癰腫初起：　芫花末，和膠塗之。《千金方》。　癰癤已潰：　芫花根皮搓作撚，插入，則不生合，令膿易竭也。《集簡方》。　痔瘡乳核：　芫根一握，洗净，入木臼搗爛，入少水絞汁，於石器中慢火煎成膏。將絲線於膏内度過，以線繫痔，當微痛。候痔乾落，以紙撚蘸膏納竅内，去根，當永除根也。一方，只搗汁浸線一夜用。不得使水。《經驗方》。　瘰癧初起：　氣壯人，用芫根擂水一盞服，大吐利，即平。黄州陳大用所傳。《瀕湖集簡方》。　便毒初起：　芫根擂水服，以渣傅之，得下即消。黄州熊珍所傳。《瀕湖集簡方》。　贅瘤焦法：　甘草煎膏，筆粧瘤之四圍，上三次。乃用芫花、大戟、甘遂等分，爲末，醋調。别以筆粧其中，勿近甘草。次日縮小，又以甘草膏粧小暈三次如前，仍上此藥，自然焦縮。《危氏得効方》。　一切菌毒：　因蛇蟲毒氣，熏蒸所致。用芫花生研，新汲水服一錢，以利爲度。《危氏得効方》。

題明·薛己《本草約言》卷二《藥性本草》　芫花　味辛、苦，氣溫，有毒。陽中之陰，降也。内而三焦，外而身表，泄水氣之横流，下逆氣之奔擾，瀉濕利水為要。凡用，微熬不可近眼。久服令人虛。

明·梅得春《藥性會元》卷上　芫花　味辛、苦，氣溫，有毒。決明為使，反甘草。　主治欬逆上氣，喉鳴，咽腫，蠱毒，積聚腫滿，逐五水，消胸中痰飲，虛者勿用。　凡用煎熬，不可近眼。

明·梅得春《藥性會元》卷中　芫花　味辛、苦，溫，氣微溫，有小毒。主治咳逆上氣，喉鳴喘，咽腫短氣，蠱毒鬼瘧，疝瘕癰腫。殺魚蟲。消胸中痰水，喜唾，水腫。

明·王肯堂《傷寒證治準繩》卷八　芫花　氣溫，味辛，有毒。珍：仲景治傷寒太陽證，表不解，心下有水氣，乾嘔，發熱而欬，或喘或利者，小青龍湯主之。若表已解，有時頭痛，出汗惡寒，心下有水氣，乾嘔，痛引兩脇，或喘或欬者，十棗湯主之。蓋小青龍治未發散表邪，使水氣自毛竅而出，乃《内經》所謂開鬼門法也。十棗湯驅逐裏邪，使水氣自大小便而洩，乃《内經》所謂潔淨府，去陳莝法也。夫飲有五，皆由内啜水漿，外受濕氣，鬱蓄而為留飲。流于肺則為支飲，令人喘咳，寒熱吐沫，背寒；　流于肺則為懸飲，令人欬唾，痛引缺盆兩脇；　流于心下則為伏飲，令人胸滿嘔吐，寒熱眩運；　流于腸胃則為痰飲，令人腹鳴吐水，胸脇支滿，或作泄瀉，忽肥忽瘦；　流于經絡，則為溢飲，令人沉重注痛，或作水氣胕腫。芫花、大戟、甘遂之性，逐水洩濕，能直達水飲窠囊隱僻之處，但可徐徐用之，取效甚捷，不可過劑，洩人真元也。陳言《三因方》以十棗湯藥為末，用棗肉和丸，以治水氣喘急浮腫之證，蓋善變通者也。楊士瀛《直指方》云：破癖須用芫花，行水後便養胃可也。留數年陳久者良。用時以好醋煮十數沸，去醋，以水浸一宿，晒乾用。

明·李中立《本草原始》卷三　芫花　始生淮源川谷，今處處有之。苗高二三尺，葉似白前及柳葉，根皮黄似桑根，正月二月花發紫碧色，亦有白色者。葉未生時收采，日乾。《别録》名杜芫。吳普名赤芫。《山海經》云首山其草多芫是也。　氣味：　辛，溫，有小毒。　主治：　欬逆上氣，喉鳴喘，咽腫短氣，蠱毒鬼瘧，疝瘕癰腫，殺蟲魚。○消胸中痰水，喜唾，水腫，五水在五臟、皮膚，及腰痛，下寒毒、肉毒根。療疥瘡。可用毒魚。○治心腹脹滿，去水氣寒痰，涕唾如膠，通利血脉。治惡瘡風痹濕。一切毒風，四肢攣急，不能行步。○療欬逆，瘴瘧。治水飲痰澼，脇下痛。

芫花，木部下品，今移此。【圖略】　修治：　芫花，留數年、陳久者良。用當微炒，或以醋炒，不可近目。

決明為之使，反甘草。多服令人洩。《集效方》：　治白禿瘡，芫花為末，猪脂和傅之。

明·張懋辰《本草便》卷一　芫花使　味辛、苦，氣溫，有毒。反甘草。主欬逆上氣，喉鳴。　其根療瘡疥。

明·倪朱謨《本草彙言》卷五　芫花　味苦，氣溫，有毒。　吳氏曰：芫花，生邯鄲及絳州，或淮源山谷，今所在皆有。莖幹不全類木，又非草本。

草中木，木中草也。苗高二三尺，正二月，舊枝抽苗作花，有紅紫黄白四種，紫赤者多，白色者間有。黄色者，絳州所産也。三月花落盡，葉乃生，葉似白前及柳葉而青，漸厚則轉黑色，根似桑，三月采花，五月采葉，八九月采根。嘗見小人爭鬬者，以葉挼擦皮膚，輒作赤腫以誣人。又和鹽擦卵，則染若赭色也。修治：以陳年者佳。用米醋煑十數沸，去醋，水浸一宿，晒乾用，則毒減矣。不可近眼。

芫花：甄權行水消脹之藥也。蔡心吾稿前古治欬逆上氣，喘呼腫脹，及邪瘧寒熱，飲澼脇痛，一惟水濕痰涎爲眚者，服之頓解。如仲景治太陽證，表不解，心下有水氣，乾嘔喘欬，或利者，用小青龍湯。表已解，頭痛，汗出惡寒，心下有水氣，乾嘔脇痛，或喘欬者，用十棗湯。蓋小青龍治未解之表，使水氣從毛竅出，開鬼門也。十棗湯，攻未解之裏，使水氣從二便出，潔淨府也。夫飲有五，皆因內啜水漿，外受濕氣。流于肺，則爲支飲。令人喘咳寒熱，背冷吐沫。流于肝，則爲懸飲。令人咳唾，痛引缺盆兩脇。流于心下，則爲伏飲。令人胸滿，嘔吐，寒熱，眩暈。流于腸胃，則爲痰飲。令人腹鳴吐水，胸脇支滿，或作泄瀉。流于經絡，則爲溢飲。令人沉重注痛，或作胕腫而脹。芫花、大戟、甘遂，能直達水飲窠囊隱僻之處，但性毒至緊，取效極捷。病人稍涉虚者，宜禁用之。

陳廷采先生曰：芫花，瀉水利濕爲要。夫水者，脾胃腎三經所主，有五藏六府十二經之部分。上而頭目，中而四肢，下而腰膝，外而皮毛，中而肌肉，内而筋骨，必審其元氣壯實，脾胃不虚者，方可投用。

集方：《方脉正宗》治咳嗽上氣脹喘。用芫花半升，大棗十四枚，水二升，煑汁三合，徐徐服。○《普濟方》治水蠱脹滿。用芫花、枳殼等分，俱以醋煑乾，焙研爲末，紅麯末打糊爲丸，梧子大。每服五十丸，白湯下。○《直指方》治久瘧不愈，幷結癖塊，在腹脇堅痛者。用芫花醋煑過炒二兩，朱砂三錢，俱爲末，煉蜜丸，梧子大。每服三十丸，棗薑湯下。○《方脉正宗》治五種飲證。用芫花醋煑、大戟酒煑、甘遂童便煑，三處煑過，各等分，焙乾爲末。每服三錢，大棗十枚，煎湯調下。○《聖惠方》治婦人經候不調，鬼胎癥癖。用芫花三兩，醋煑晒乾，炒黄爲末。每服一錢，白湯調服。當利下惡物則止。○《攝生方》治催生落胎。用芫花根爲末，加麝香少許，以綿裹納入陰戶中二三寸，即下。○《乾坤生意》治心胃痛，有蟲。用芫花一兩，醋煑晒乾，雄黄一錢，共爲末。每服五分，醋湯調下。○《經驗方》治一切瘡核幷痔瘡。用芫花絞汁，于瓦器內熬膏，將絲線于膏內度過，晒乾，繫痔，當微痛。候痔乾落，以紙撚蘸膏，納竅內，去根永除也。○韋氏方治粉瘤枯法：用甘草煎膏，以筆蘸塗瘤四圍，一日上三次，乃用芫花、大戟、甘遂各等分爲末，醋調塗中心，勿近甘草，次日縮小，再以甘草膏塗外，再以芫花、大戟、甘遂末塗中，其瘤自然焦縮。○《千金方》治腫毒初起。用芫花末，和廣膠塗之。○《肘後方》治酒疸發黄，足脛腫。用芫花、椒目各等分，燒末，白湯調服五分，日二服。

明·顧逢柏《分部本草妙用》卷八雜藥部　芫花　苦，溫，有毒。決明為使，反甘草。　主治：欬逆喉鳴，咽腫消痰，諸水腫惡瘡，風痺濕脇痛及癰腫，殺蟲魚毒。　按：芫花、大戟、甘遂之性，逐水洩濕，能直達水飲窠囊隱僻之處。但徐徐用之，過劑恐傷元氣也。

明·李中梓《醫宗必讀·本草徵要上》　芫花味苦，溫，有毒。入肺、脾、腎三經。反甘草。陳久者良，好醋煑過，晒乾則毒減。　主痰癥飲癖，行蠱毒水脹。仲景治太陽證，表不解，心下有水氣，乾嘔喘欬，或利者，用小青龍湯；表已解，頭痛出汗惡寒，心下有水氣，乾嘔脇痛，或喘欬者，用十棗湯。蓋小青龍湯治未解之表，使水氣從毛竅出，開鬼門也；十棗湯攻裏，使水氣從二便出，潔淨府也。夫飲有五，皆因內啜水漿，外受濕氣。流於肺則為支飲，流於肝則為懸飲，流於心則為伏飲，流於腸胃則為痰飲，流於經絡則為溢飲，或作腫脹。芫花、大戟、甘遂，能直達水飲窠囊隱僻之處。按：毒性至緊，取效極捷，稍涉虚者，多致夭折。

明·鄭二陽《仁壽堂藥鏡》卷二　芫花　《圖經》云：生淮源川谷。今在處有之。春生葉，小而尖，似楊柳枝葉。二月開紫花，頗似紫荊而作穗。三月三日採，陰乾。　氣溫，味辛、苦，有小毒。　《本草》云：主欬逆上氣，喉鳴喘急，咽腫短氣，蠱毒鬼瘧，癰腫疝瘕。殺蟲魚。消胸中痰水，喜去聲唾，水腫，五水在五臟、皮膚，及腰痛。下寒毒、肉毒。久服令人虚。仲景治太陽中風，脇下痛，嘔逆者可攻，十棗湯主之。　《液》云：胡洽治痰癖、飲癖，加以大黄、甘草，五物同煎，以相反主之，欲其大吐也。治之大略：水者，肺、腎、胃三經所主，有五臟六腑十二經之部分。上而頭，中而四肢，下而腰臍，外而皮毛，中而肌肉，內而筋骨。脉有尺寸之殊，浮沉之異，不可輕瀉。當知病在何經何臟，悮用則害深，然大意泄濕。內云五物者，即甘遂、大戟、芫花、大黄、甘草也。　醋煑數沸，漉出，清水浸一宿，復晒收用，可免其毒。

明・蔣儀《藥鏡》卷一温部　芫花　辛苦。脹蠱能消，利水瀉濕，化痰欬唾。

明・張景岳《景岳全書》卷四八《本草正》　芫花反甘草。　味苦，微溫，有毒。專逐五藏之水，去水飲寒痰痰癖，脇下痛，欬逆上氣，心腹肢體脹滿，瘴瘧鬼瘧，濕毒、寒毒、蠱毒、肉毒、蟲魚毒，除疝瘕癰腫，逐惡血，消咽腫。根，療瘡疥，亦可毒魚。若搗汁浸線，亦能擊落痔瘡。惟其多毒，虛者不可輕用。

明・盧之頤《本草乘雅半偈》帙六　芫花《本經》下品　氣味：辛，溫，有小毒。主治：主欬逆上氣，喉鳴喘，咽腫，短氣，蠱毒，鬼瘧，疝瘕，癰腫，殺蟲魚。

覈曰：出邯鄲，及絳州，所在亦有。莖幹不全類木，亦非草本，草中木，木中草也。（本）〔苗〕高二三尺，正二月舊枝抽苗作花，有紫、赤、黃、白四種。紫赤者多，白色者時有，黃色者，絳州所產也。三月花落盡，葉乃生，葉似白前及柳葉而青，漸加厚，則轉黑矣。根似桑，三月采花，五月采葉，八九月采根。有爭鬭者，以葉挼擦皮膚，輒作赤腫，和鹽擦卵，則染外若赭色也。修事：取陳久者佳，用米醋煮十餘沸，去醋，水浸一宿。晒乾，則毒減。決明為之使。反甘草。

条曰：芫諧元，元，首也。《山海經》云：首山多芫。亦苗首出，萼即隨之，花落盡，葉乃茁也。形色氣味，具火大虛中之體，從內而外，以張橫偏之用者也。虛中者，轉能善開茅塞。茅塞者，當號毒魚。是主蠱毒、鬼瘧、疝瘕，為陰凝之屬，滿實在中，致令氣短，用失橫偏，遂上逆而欬氣，喉鳴喘，及咽腫者，對待治之。若癰腫，亦中氣不達，不能橫偏肉理故也。若殺蟲魚，以功能徹水，則魚失所夫矣。故一名去水，一名毒魚，行水之功，于此可見。

明・李中梓《本草通玄》卷上　芫花　辛溫，有毒。　消痰飲水腫濕痺，欬逆上氣，喉鳴咽腫，疝瘕癰毒。　李時珍云：仲景治太陽表不解，心下有水氣，乾嘔發熱而欬，或喘或利者，小青龍湯。表已解，頭痛出汗，惡寒，心下有水氣，痛引兩脇，或喘或欬者，十棗湯。小青龍發散表邪，使水氣自毛竅出，開鬼門也。十棗湯驅逐裏邪，使水氣自二便出，潔淨府也。飲症有五，皆因內啜水醬，外感濕氣，鬱而為飲。流於肺則為支飲，令人喘欬寒熱，吐沫背寒；流於脾則為懸飲，令人欬唾，痛引缺盆兩脇；流於心下則為伏飲，令人胸滿嘔吐，寒熱眩暈；流於腸胃，則為痰飲，令人腹鳴吐水，胸脇支滿，或泄瀉，忽肥忽瘦；流於經絡，則為溢飲，令人沉重注痛，或作水腫。芫花、大戟、甘遂之性，逐水去濕，直達水飲窠囊之處。徐徐用之，取效甚捷，多即損人。陳久者良，醋煮數沸，去醋，更以水浸一宿，晒乾則毒去也。

清・顧元交《本草彙箋》卷四　芫花附蕘花。　芫花，大戟，甘遂之屬，逐水洩濕，能直達水飲窠囊隱僻之處。但可徐徐用之，取效甚捷，不宜過劑，損人真元。

張仲景治太陽證，表未解，心下有水氣，乾嘔，發熱而咳，或喘或利者，小青龍湯主之。若表已解，有時頭痛，出汗惡寒，心下有水氣，乾嘔，痛引兩脇，或喘或咳者，十棗湯主之。蓋小青龍治未發散表邪，使水氣自毛竅而出，《內經》所謂開鬼門也。十棗湯驅逐裏邪，使水氣自大小便而洩，《內經》所謂潔淨府，去陳莝也。凡飲有五，皆因內啜水漿，外受濕氣，蓄鬱而爲留飲。流于肺則爲支飲，令人喘欬寒熱，吐沫背寒；流於肝則爲懸飲，令人欬唾，痛引缺盆兩脇；流於心下則爲伏飲，令人胸滿嘔吐，寒熱眩運；流於腸胃則爲痰飲，令人腹鳴吐水，胸脇支滿，或作泄瀉；流於經絡則爲溢飲，令人沉重注痛，或作水氣胕腫是也。　蕘花，亦芫花之類，氣味主治大略相近。

清・穆石匏《本草洞詮》卷九　芫花　氣惡，俗呼為頭痛草。一名去水，言其功。一名毒魚，言其性。一名大戟，言其似也。味辛苦，氣溫，有小毒。治欬逆上氣，消胸中痰水，五水在五臟、皮膚，及腰痛，根療疥瘡，可用毒魚。仲景小青龍湯治未發散表邪，使水氣自毛竅而出，乃《內經》所謂開鬼門法也。十棗湯驅逐裏邪，使水氣自大小便而泄，乃《內經》所謂潔淨府，去陳莝法也。夫飲有五，皆由內啜水漿，外受濕氣，鬱畜而為留飲。流於肺則為支飲，令人喘咳，寒熱，吐沫背寒；流於肝則為懸飲，令人欬唾，痛引缺盆兩脇；流於心下則為伏飲，令人胸滿嘔吐，寒熱眩運；流於腸胃則為痰飲，令人腹鳴吐水，胸脇支滿，或作泄瀉，忽肥忽瘦；流於經絡則為溢飲，令人沉重注痛，或作水氣胕腫。芫花、大戟、甘遂之性，逐水洩濕，能直達水飲窠囊隱僻之處，但可徐徐用之，不可過劑，洩人真元。《三因方》以十棗湯，藥為末，用棗肉為丸，以治水氣，蓋善變通者也。王海藏云：水者，肺腎脾三經所主，有五臟六腑、十二經之部，上而頭，中而四肢，下而腰脚，外而皮毛，中而肌肉，內而筋骨。脈有尺寸之殊，浮沉之別，當知病在何經何臟，方可用之。楊士瀛謂破澼須用芫花，但行水後須養胃耳。魏初平中，有青牛先生常服芫花，年百餘歲。此方外誕妄之言也。

清・劉雲密《本草述》卷一〇　芫花決明為之使，反甘草。　覈曰：在處有之。莖幹不全類木，亦非草本，草中木，木中草也。本高二三尺，正二月舊枝抽苗，作花有紫、赤、黃、白四種，紫赤者多，白者時有，黃色者絳州所産也。又蕘花，時珍據蘇頌《圖經》謂，恐即芫花也。其説詳於《綱目》。三月花落盡，葉乃生，葉似白前及柳葉而青，漸加厚則轉黑矣。根皮黃似桑根。三月采花，五月采葉，八九月采根。但采花必於葉未生時，日乾，葉生花落，即不堪用也。

氣味：辛，有小毒。《別録》曰：苦，微溫。普曰：神農、黃帝、雷公：苦，有毒。扁鵲、岐伯：苦。李當之：有大毒，多服令人洩。

主治：欬逆上氣，喉鳴喘，咽腫短氣《本經》。消胸中痰水，喜唾《別録》。寒痰涕唾如膠甄權。療水飲痰澼，脇下痛時珍。治五水在五臟皮膚腫脹，及腰痛《別録》。通利血脈，治惡瘡，風痺溼，一切毒風，四肢攣急，不能行步甄權。成無己曰：辛以散之，芫花之辛以散飲。

時珍曰：張仲景治傷寒太陽證表不解，心下有水氣，乾嘔，發熱而咳，或喘或利者，小青龍湯主之。若表已解，有時頭痛出汗，惡寒，心下有水氣，乾嘔，痛引兩脇，或喘或咳者，十棗湯主之。蓋小青龍治未發散表邪，使水氣自毛竅而出，乃《內經》所謂開鬼門法也。十棗湯驅除裏邪，使水氣自大小便而洩，乃《內經》所謂潔淨府，去陳莝法也。夫飲有五，皆由內啜水漿，外受溼氣鬱蓄而為留飲。流於肺則為支飲，令人喘咳寒熱，吐沫，背寒。流於肝則為懸飲，令人咳唾痛，引缺盆兩脇。流於心下，則為伏飲，令人胸滿嘔吐，寒熱眩暈。流於腸胃，則為痰飲，令人腹鳴吐水，胸脇支滿，或作泄瀉，忽肥忽瘦。流於經絡，則為溢飲，令人沉重注痛，或作水氣跗腫。芫花、大戟、甘遂之性，逐水洩溼，能直達水飲窠囊隱僻之處，但可徐徐用之，取效甚捷，不可過劑，洩人眞元也。陳言《三因方》以十棗湯，藥為末用，棗肉和丸以治水氣、喘急、浮腫之證，蓋善變通者也。　門曰：芫花內搜腸胃，外達毛孔。《直指方》云：破澼須用芫花，行水後便養胃可也。

愚按：芫花所治，在《本經》首言其主欬逆上氣，喉鳴喘，咽腫短氣，是其用在上焦以及中焦也。觀其春生苗而華，隨吐華乃草木之精英也。即於春生，而吐又即於春盡而落，豈非全稟風木之氣，以致其用於水氣者乎？試觀《本經》於甘遂、大戟，俱云苦寒，而茲物獨言辛溫，則其義可明矣。唯其氣溫，故不獨去水氣，並治寒毒寒痰，而由水以病於風者，即由風化之行以驅之矣。故水氣之所至，而風升之氣亦即至之，以子母相隨也。先哲謂其能破澼飲者，此耳。是則與大戟彷彿以致其用，但苦寒辛溫，不惟上下區分，即恐決逐與開散，似猶未可一視。第舉言其能虛人元氣，以水乃氣所化，而氣布於上焦也，是亦不可不致慎矣。

海藏曰：水者，肺、腎、脾三經所主，有五臟六腑十二經之部分，上而頭，中而四肢，下而腰脚，外而皮毛，中而肌肉，內而筋骨。脈有尺寸之殊，浮沉之別，不可輕瀉，當知病在何經何臟，方可用之。若誤投之，則害深矣。

《捷徑》云：須知茲物力如山，體實者久服，則虛虛者禁用。

修治　芫花留數年，陳久者良。用時以好醋煮十數沸，去醋，以水浸一宿，曬乾用，則毒減也。或以醋炒者，次之。

清・郭章宜《本草匯》卷一二　芫花　味辛、苦，溫，有毒。入手足太陰、足少陰經。消痰飲水腫濕痺，治欬逆上氣喉鳴。利五水在五藏，理唾涕如膠粘。毆疝瘕癰疽，除蠱毒鬼瘧。

按：芫花，破澼行水之物也。外達皮毛，內搜腸胃。張仲景治太陽證，表不解，心下有水氣，乾嘔發熱，喘欬或利者，用小青龍湯。若表已解，有時頭痛出汗，惡寒，心下有水氣，乾嘔脇痛，或喘或欬者，用十棗湯。蓋小青龍治未發散表邪，使水氣自毛竅而出，即開鬼門法也。十棗湯驅逐裏邪，使水氣自二便出，即潔淨府，去陳莝法也。飲症有五，皆因內啜水漿，外感濕氣，鬱而為飲。流于肺則為支飲，令人喘欬寒熱，吐沫背寒；流于脾則為懸飲，令人欬唾，痛引缺盆兩脇；流于心下，則為伏飲，令人胸滿嘔吐，寒熱眩運；流于腸胃，則為痰飲，令人腹鳴吐水，胸脇支滿，或洩瀉，忽肥忽瘦；流于經絡，則為溢飲，令人沉重注痛，或作水腫。芫花、大戟、甘遂之性，逐水去濕，直達水飲窠囊隱僻之處，但可徐徐用之，取効甚捷，多即損人真元。稍涉虛者，切不可服。中菌毒者，以芫花生研，新汲水服一錢，以利為度。瘰癧初起，以芫根擂水一盞服，大吐利即平，氣壯者可用。數年陳久者良。醋煮數沸，去醋，更以水浸一宿，晒乾用，則毒減也。不可近眼。决明為之使。反甘草。

清·蔣居祉《本草擇要綱目·溫性藥品》 芫花 氣味：苦，溫，有大毒。 主治：凡人飲有五：症由內啜水漿，外受濕氣，鬱蓄而為留飲。流於肺則為支飲，令人喘欬寒熱，吐沫背寒。流於肝則為懸飲，令人欬唾，痛引缺盆兩脇。流於心下則為伏飲，令人胸滿嘔吐，寒熱眩運。流於腸胃則為痰飲，令人腹鳴吐水，胸脇支滿，或作泄瀉，忽肥忽瘦。流於經絡則為溢飲，令人沉重注痛，或作水氣胕腫。芫花之性，逐水洩濕，能直達水飲窠囊隱僻之處，《經》所謂開鬼門、潔淨府之法也。但其性甚猛捷，不可輕用，損人真元也。

清·王翃《握靈本草》卷五 芫花在處有之。陳久者良。醋煑數沸更以水浸一宿，曬乾用。不可近眼。反甘草。 主治：芫花，辛，溫，有大毒。主欬逆上氣，水飲痰癖，脇下痛。

清·汪昂《本草備要》卷二 芫花大通，行水。 苦，溫，有毒。去水飲痰癖，療五水在五藏、皮膚，脹滿喘急，痛引胸脇，咳嗽瘴瘧。五水者，風水、皮水、正水、石水、黃汗也。水積胞中，堅滿如石，名石水。汗如柏汁，名黃汗，久不愈必致癰膿。時珍曰：仲景治傷寒太陽症，表未解，心下有水而咳，乾嘔發熱，或喘或利者，小青龍湯主之。蓋青龍表已解，有時頭痛，出汗惡寒，心下有水，乾嘔，痛引兩脇，或喘或嗽者，十棗湯主之。散表邪，使水從汗出，《內經》所謂開鬼門也；十棗逐裏邪，使水從兩便出，《內經》所謂潔淨府、去陳莝法也。十棗湯：芫花、甘遂、大戟等分，棗十枚。 葉似柳，二月開花紫碧色，葉生花落。陳久者良。醋煮過，水浸暴用。根療疥，可毒魚。反甘草。鬬訟者，取葉擦皮膚，輒作赤腫，假傷以誣人。

清·顧靖遠《顧氏醫鏡》卷七 芫花辛、苦，溫，有毒。反甘草。陳久者良。醋煮，晒用。 驅痰逐水，消癰殺蟲。芫花、大戟、甘遂，性俱逐水洩濕，能直達水飲窠囊隱僻之處。仲景十棗湯，治心下硬滿，痛引兩脇，乾嘔咳喘，用此三味為末，大棗煎服五分，使痰飲水氣，自二便而洩。陳言《三因方》以三味棗肉和丸桐子大，治水氣喘急浮腫之症，每服十丸，漸加至通利為度。毒性至緊，取效甚捷，稍涉虛者，用之必殆。孕婦大忌。

清·李熙和《醫經允中》卷二一 芫花 不可近眼。決明為使。反甘草。入肺、脾、腎三經。 苦，溫，有毒。主治諸水腫，逐水洩濕，直達窠囊。不可過劑，恐傷元氣也。

清·馮兆張《馮氏錦囊秘錄·雜症痘疹藥性主治合參》卷三 芫花味苦，溫，有毒。入脾、肺、腎三經。性反甘草。同大戟、甘遂，能直達水飲窠囊隱癖之處。然毒性至緊，外達皮毛，內洩腸胃，取效極捷。虛人誤用，多至夭折。

芫花，有小毒。反甘草。散皮膚水腫發浮，消胸膈痰沫。善唾，咳逆上氣能止，咽腫短氣可安。敺疝瘕癰疽，除鬼瘧蠱毒。汁漬絲線，繫痔易落。久服不宜，令人虛損。根名蜀桑，尤毒，止可毒魚、敷疥。

清·张璐《本經逢原》卷二 芫花 苦、辛，溫，有毒。陳者良。水浸一宿晒乾，醋炒以去其毒。弘景曰：用者微熬，不可近眼，反甘草。《本經》主欬逆上氣，喉鳴咽腫短氣，蠱毒鬼瘧，疝瘕癰腫，殺蟲魚。 發明：芫花消痰飲水腫，故《本經》治欬逆咽腫，疝瘕癰毒，皆是痰濕內壅之象。仲景治傷寒表不解，心下有水氣，乾嘔發熱而欬，或喘，或利者，小青龍湯主之。若表已解，有時頭痛汗出惡寒，心下有水氣，乾嘔痛引兩脇，或喘或欬者，十棗湯主之。蓋小青龍湯驅逐表邪，使水氣從毛竅而出，《內經》開鬼門法也。十棗湯驅逐裏邪，使水氣從大小便而泄，《內經》潔淨府、去菀陳莝法也。芫花、大戟、甘遂之性，逐水瀉濕，能直達水飲窠囊隱僻處，取效甚捷，不可過劑，泄人真元。

清·張志聰、高世栻《本草崇原》卷下 芫花 氣味辛，溫，有小毒。主治咳逆上氣，喉鳴喘，咽腫，短氣，蠱毒鬼瘧，疝瘕癰腫，殺蟲魚。 芫花，《本經》名去水，言其功也。《別錄》名毒魚，言其性也。根名黃大戟，言其似也。俗人因其氣惡，又名頭痛花。近道處處有之。春生苗，莖紫色，長一二尺，葉色青，厚則黑。二月開花，有紫、赤、黃、碧、白數種，根色黃白如桑根，小人爭鬪者，取其葉挪擦皮膚，輒作赤腫，如被傷以誣人。和鹽擦卵，能染其殼若赭色。 草木根荄之在下者，性欲上行，花實之在上者，性復下降，此物理之自然也。芫花氣味辛溫，花開赤白，稟金火之氣化，主行心肺之氣下降，故治咳逆上氣，喉鳴而喘，以及咽腫而短氣。稟火氣，故治蟲毒鬼瘧。稟金氣，故治疝瘕癰腫。辛溫有毒，故殺蟲魚。

清·劉漢基《藥性通考》卷五 芫花 味苦，溫，有毒。去水飲痰癖，療水腫在五臟皮膚，脹滿喘急，痛引胸脇，咳嗽瘴瘧。葉似柳，二月開花紫白色，葉生花落，陳久者良。醋煮過，水浸，暴用。根療疥。反甘草。〇仲景治傷寒太陽症表未解，心下有水而咳，乾嘔發熱，或喘或利者，小青龍湯主之。

表已解，有時頭痛，出汗惡寒，心下有水，乾嘔，痛引兩脇，或喘或咳者，十棗湯主之。蓋青龍散表邪，使水從汗出，《經》所謂開鬼門也。十棗逐裏邪，使水從二便出，《內經》所謂潔淨府、去陳莝法也。十棗湯，芫花、甘遂、大戟等分，棗十枚也。

清・王子接《得宜本草・下品藥》 芫花 味辛，溫。主治心腹脹滿，水氣寒痰。得大戟、甘遂為贅瘤焦法，得大黃、甘草、大棗、芒硝治水腫支飲。

清・黃元御《長沙藥解》卷四 芫花 味苦辛，入足太陽膀胱經。性專泄水，力能止利。《傷寒》小青龍湯方在麻黃治太陽傷寒，心下有水氣，若微利者，去麻黃，加芫花如雞子大，熬令赤色。水旺土濕則利作，芫花泄水而止利也。《金匱》十棗湯方在大棗用之治心脇痞痛，下利嘔逆者。治懸飲內痛，脈沉而弦者。以其破壅塞而泄飲也。芫花破氣泄水，逐飲滌痰，止喘嗽而化癥瘕，消癰腫而平瘡疥，善殺蟲魚，妙枯瘤痔，牙痛，頭禿之病，皆有奇功。

清・吳儀洛《本草從新》卷二 芫花〔大通，行水。〕 苦，溫。去水飲痰癖。療五水在五臟、皮膚，脹滿喘急，痛引胸脇，咳嗽瘴瘧。五水者，風水、皮水、正水、石水、黃汗也。水積胞中，堅滿如石名石水；汗如糵汁名黃汗，久不愈必致癰膿。時珍曰：仲景治傷寒太陽證，表未解，心下有水而咳，乾嘔發熱，或喘或利者，小青龍湯主之。表已解，有時頭痛，出汗惡寒，心下有水，乾嘔，痛引兩脇，或喘或咳者，十棗湯主之。蓋青龍散表邪，使水從汗出，《內經》所謂開鬼門也；十棗逐裏邪，使水從二便出，《內經》所謂潔淨府，去陳莝法也。十棗湯：芫花、甘遂、大戟等分，棗十枚。毒性至緊，取效最捷，稍涉虛者服之多致夭折。葉似柳，二月開花紫碧色，葉生花落。陳久者良。好醋煮過，曬乾。反甘草。根療疥。

清・汪紱《醫林纂要探源》卷二 芫花 苦，溫。葉似柳，長莖裊然。生古墟牆垣及水砌。紫花成穗，花落葉生。功專行水。理脾濕，下逆滯水。可毒魚。反甘草。根：治疥殺蟲。花葉皆有毒，擦皮膚便作赤腫，如打傷狀。

清・嚴潔等《得配本草》卷三 芫花 得醋良。決明為之使。反甘草。辛、苦，溫，有毒。入手太陰經。逐水飲痰癖，從至高之分，而直達下焦。治五水在五臟，皮膚脹滿，喘急咳嗽，胸脇腰痛。并療風痹瘴瘧，亦可毒魚。五水者，風水、皮水、正水、石水、黃汗也。得朱砂，蜜丸棗湯下，治久瘧結癖。配椒目，等分燒末水服，治酒疸、尿黃、心懊痛、足脛滿。配大棗、芒硝，治水腫支飲。青布浸汁覆胸，治天行煩亂。搗汁浸線一夜，可繫落痔瘡。數年陳久者良。以醋煮十餘沸，去醋，水浸一宿，曬乾用，則毒減，或以醋炒者次之。少用取效甚捷，多用損人真元。虛者誤服，必致夭折。

題清・徐大椿《藥性切用》卷四 芫花 性味苦溫，通行水飲痰癖。醋炒用。毒性至緊，取效甚捷，稍涉虛者忌。

清・黃宮繡《本草求真》卷五 芫花大通裏外水道。 芫花耑入脾、肺、腎。味辛而苦，氣溫有毒，亦反甘草。主治頗與大戟、甘遂，皆能達水飲窠囊隱僻之處。然此味苦而辛，苦則內泄，辛則外搜，故凡水飲痰癖，皮膚脹滿，喘急痛引胸脇，咳嗽脹瘧，裏外水閉，危迫殆甚者，用此毒性至緊，無不立應。飲有痰飲、懸飲、溢飲、支飲、伏飲之異。李時珍云：夫飲有五，皆出內啜水漿，外受濕氣，鬱蓄而為留飲。流於胸則為支飲，令人喘咳寒熱，吐沫背寒。流於肺則為懸飲，令人咳唾痛引缺盆兩脇。流於心下則為伏飲，令人胸滿嘔吐，寒熱眩暈。流於腸胃則為痰飲，令人腹鳴吐水，胸脇支滿，或作泄瀉，忽肥忽瘦。流於經絡則為溢飲，令人沉重注痛，或作水氣跗腫。又水有風水、皮水、正水、黃汗之別，如水積胞中堅滿如石，則為石水。汗如栢汁炙黃，名曰黃汗，久而不愈，則為癰膿。又水在肺則咳，在胃則嘔，在頭則眩，在心則悸，在背則冷，在脇則脹。不似甘遂苦寒，止泄經隧水濕。大戟苦寒，止泄臟腑水濕。蕘花與此氣味雖屬相同，而性較此多寒之有異耳！此雖取效甚捷，誤用多致夭折，不可不慎。葉似柳，花紫碧色，葉生花落，陳久者良。醋煮過，水浸暴用，反甘草。葉可擦膚赤腫作傷。根名蜀桑，止可敷瘡毒魚及搗汁浸線，繫落痔瘡，他不宜用。

清・楊璿《傷寒溫疫條辨》卷六下劑類 芫花反甘草，醋煮。 味苦辛，氣溫，有小毒。去水飲痰癖，散皮膚五藏水腫，消胸膈痰沫善唾，咳逆上氣能除，咽腫短氣可敺。仲景十棗湯：芫花、大戟、甘遂等分為末，十棗湯調服一錢。《經》云：潔淨府，去陳莝是也。

清・羅國綱《羅氏會約醫鏡》卷一六草部 芫花味苦溫，有毒，入肺、脾、腎三經。反甘草，陳久者良，好醋煮過，晒乾，則毒減。 散皮膚水腫，同大戟、甘遂能直達水飲窠囊隱僻之處。消胸膈痰沫，敺癥瘕癰疽，除鬼瘧蠱毒。按：毒性至緊，取效極捷，虛人誤用，多致傷折。

清・黃凱鈞《藥籠小品》 芫花 苦，溫，去水飲痰癖，療五水在五藏，皮膚脹滿，五水者：風水、皮水、正水、石水、黃汗也。仲景治傷寒心下有水而咳，乾嘔，痛引兩脇，十棗湯。 毒性至緊，取效最捷。稍虛服之，多致夭折。

清·張德裕《本草正義》卷下 芫花 苦，微溫，有毒。專逐水，祛水飲，攻痰癖，逐惡血。療胸腹肢體脹滿，亦可毒魚。汁浸線，可繫落痔。多毒，不可輕服。

清·楊時泰《本草述鉤元》卷一〇 芫花 在處有之。莖幹不全類木，亦非草本，高二三尺，正二月舊枝抽苗作花，有紫赤黃白四種，三月花落盡，葉乃生，似柳而青，漸厚則轉黑，根皮黃，似桑根，三月采花必於葉未生時，葉生花落，即不堪用，五月采葉，八九月采根。據《圖經》，蕘花恐即芫花，說詳《綱目》。

味辛、苦，氣微溫，有小毒。內搜腸胃，外達毛孔。決明為之使，反甘草。主欬逆上氣，喉鳴喘息，咽腫短氣，消胸中痰水喜唾，及寒痰涕唾如膠，療水飲痰癖脇下痛，治五水在五臟皮膚腫脹及腰痛，通利血脈，除惡瘡、風痹濕，一切毒風，四肢攣急，不能行步。芫花之辛以散飲無己。傷寒太陽證，有水氣，用小青龍發散表邪，使水氣出自毛竅，乃開鬼門法也。十棗湯祛除裏邪，使水氣洩自大小便，乃潔淨府，去陳莝法也。夫飲有五，皆由內啜水漿，外受濕氣，鬱蓄而為留伏之患。流於肺則為支飲，令人喘欬寒熱，吐沫背寒。流於肝則為懸飲，令人欬唾，痛引缺盆兩脇。流於心下則為伏飲，令人胸滿嘔吐，寒熱眩暈。流於腸胃則為痰飲，令人腹鳴吐水，胸脇支滿，或作洩瀉，忽肥忽瘦。流於經絡則為溢飲，令人沉重注痛，或作水氣跗腫。芫花、戟、遂之性，逐水泄濕，能直達水飲窠囊隱僻之處，但可徐徐用之，過劑則洩人真元。《三因》十棗湯，用棗肉和藥末為丸，以治喘急浮腫之證，蓋善變通者也瀕湖。

論：芫花春月生苗，其花隨吐，春盡而落，全稟風木之氣，以致其用於水氣。《本經》首主欬逆喘短喉鳴咽痛，是其用在上焦以及中焦也。觀於甘遂、大戟，俱云苦寒，而茲物獨言辛溫，且不獨去水氣，並治寒毒寒痰，則凡由水以病於風者，即由風化之行以驅之矣。水氣所至，風升之氣亦即至之，故又能破癖飲，此味之致用，似與大戟相彷彿。夫苦寒辛溫，不惟上下區分，恐決逐與開散，亦未可一例視，諸書切戒其能虛人元氣者，以水乃氣所化，而氣布於上焦故也。

海藏云：水者肺脾腎三經所主，有臟腑十二經部分，上而頭，中而四肢，下而腰脚，外而皮毛，中而肌肉，內而筋骨，脈有尺寸之殊，浮沉之別，不可輕瀉，當知病在何經何臟，方可用之，誤投則害劇。多服令人瀉當之。茲物力如山，體實者久服則虛，虛者禁用。

修治：留數年陳久者良，用時以好醋煮十數沸，去醋，水浸一宿，曬乾，如是則毒減，或以醋炒者，次之。

清·葉桂《本草再新》卷三 芫花味苦，性溫，無毒。入肺經。去痰癖，療五水在五臟皮膚，脹滿喘急欬嗽，瘴瘧。

清·吳其濬《植物名實圖考》卷二四 芫花 《本經》下品。淮南北極多，通呼為頭痛花。以嗅其氣頭即涔涔作痛，故名。又曰老鼠花，以其花作穗如鼠尾也。此是草本。《本草綱目》引芫木藏果卵者，考《爾雅》：杬，魚毒。注：杬，大木，子似栗，生南方，皮厚汁赤，中藏果卵。絕不相類。

雩婁農曰：余初歸里時，清明上壟，見有臥地作花如穗，色紫黯者，詢之土人，曰：此老鼠花也。其形如鼠拖尾，嗅之頭痛，蓋色臭俱惡。及閱《本草》，知為芫花。淳于意用以治蟯瘕。雖惡是其可云乎？匡廬間花葉俱發，且有實，味甘。然食之頭亦痛。烏之南徙，音未變也。洪容齋謂小人爭鬥不勝，取葉挼膚，輒作赤腫以誣人，譸張為幻，乃有此助之厲耶？山人採藥皆以口授，自賊賊人，案牘坌積。宋時以斷腸草之害，著令燒薙。但盡敵而返，敵可盡乎？良有司各訪其地之所產，根株性味著之志乘，民不能欺，其亦可矣。

清·趙其光《本草求原》卷六毒草部 芫花一名去水，又名頭痛花。凡草木根荄在下者性欲上行，花實之在上者性復下降，此物理之自然也。芫花氣味溫苦辛，花開赤、白，得金火之氣化，主行心肺之氣下降，以消痰飲、水腫。故治咳逆上氣，喉鳴而喘，傷寒心下有水氣乾嘔喘咳者，表未解，用小青龍散水於表；表已解，用十棗湯逐水於下。咽腫短氣，疝瘕癰腫，皆痰濕內壅也。蠱毒鬼瘧，火氣之功。殺蟲魚。毒故也。

水浸一宿曬乾，醋炒，以去其毒。用則微熬，不可近眼，泄人真氣。忌多服。

清·葉志詵《神農本草經贊》卷三 芫華 味辛，溫。主欬逆上氣，喉鳴喘，咽腫短氣，蠱毒鬼瘧，疝瘕癰腫，殺蟲魚。一名去水。生川谷。

去水功收，毒亦滋厚。白沃星榆，青毿風柳。擷趁春先，蓄宜歲久。薄醉游魚，花開秋後。

《左傳》：以厚其毒。名醫曰：一名毒魚。蘇頌曰：根入土深三五寸，白色似榆根，春生苗，葉小而尖，似楊柳枝葉，二月開紫花。劉憲詩：官樹似星榆。袁凱詩：雨蒲風柳自紛然。韓保昇曰：葉未生時，采花晒乾，葉生花落，即不堪用。李時珍曰：留數年陳久者良。又有醉魚草，七八月開花成穗，紅紫色，儼如芫華，漁人采以毒魚，色狀氣味，與芫華同，但華開時不同為異耳。

清·文晟《新編六書》卷六《藥性摘錄》　芫花　辛、苦，氣溫，有毒。入脾肺腎。大通裏外水道，取効甚捷。悞用害人。亦反甘草。○根名蜀桑，搗汁浸線，可繫落痔瘡，不可服。

芫花毒　柑皮煎汁飲。○又甘草，或防風煎湯服。

清·張仁錫《藥性蒙求·草部》　芫花八分、一錢　芫花溫苦，能消水滿。留阻飲痰，功能下奪。入肺、脾、腎三經。時珍曰：飲有五，皆由內啜水漿，外受濕氣，鬱蓄而為留飲。芫花、甘遂、大戟逐水泄濕，能直達水飲窠囊隱僻之處，但可徐徐用之，取效甚捷。不可過劑，泄人元氣，虛人故忌之。

清·戴葆元《本草綱目易知錄》卷二　芫花　苦，溫，有毒。去水飲痰癖，兩脇下疼，消胸中痰水，喜唾，及水腫，五水在五藏皮膚。與戟、遂同性，能直達水飲窠囊隱僻之處。治咳喘喉鳴，咽腫短氣，咳嗽瘴瘧，疝瘕癰腫，心腹脹滿，水氣寒痰，涕唾如膠，通利血脈。療惡瘡風痹及一切風濕毒風，四肢攣急不能行步。解一切菌毒，殺蟲魚。醋炒用。反甘草。根可用毒魚，療瘡疥。

清·黃光霽《本草衍句》　芫花　味辛而苦，氣溫有毒。能達水飲巢囊隱僻，療五水在五臟皮膚。咳喘兩脇痛滿，胸膈痰沫善吐。悞用招殃，取效亦速。

清·陳其瑞《本草撮要》卷一　芫花　味辛，溫，入足太陽經，功專泄水，治心腹脹滿，水氣寒痰。得大戟、甘遂為贅瘤焦法，得大黃、甘草、大棗、芒硝治水腫支飲。陳久者良。醋煮過，水浸曝用。根療疥子毒魚。反甘草。訟者取葉擦皮膚輒作赤腫假傷以誣人。虛者服必夭折。惟十棗湯用之為君藥。

清·仲昴庭《本草崇原集說》卷下　芫花　【略】仲氏曰：嘗有人尋取各種土產藥物，如芫花、商陸之類，無不混稱草頭，見病治病，單用一味，為害何可勝言。然其心亦猶醫家之不欲誤人也，誤人由於貪利，天下未有貪利之徒而能體物性，察物情，學醫者，其鑒諸。

金腰帶

清·吳其濬《植物名實圖考》卷二四　金腰帶　江西山中多有之。其莖花皆如芫花，根極長，有長數尺者。土人以為帶，束腰可治腰痛。其實白如米而大，味甘。土人云食多頭痛，或即以為頭痛花。但《本草綱目》未詳其結實形狀，而此草葉光滑，花心有鬚，亦微異，或芫草同類。

蕘花

宋·唐慎微《證類本草》卷一〇草部下品〔《本經·別錄》〕　**蕘**音饒**花**　**味苦、辛，寒、微寒，有毒。主傷寒溫瘧，下十二水，破積聚大堅癥瘕，蕩滌腸胃中留癖飲食，寒熱邪氣，利水道，**療痰飲欬嗽。生咸陽川谷及河南中牟。六月採花，陰乾。

〔梁·陶弘景《本草經集注》〕云：中牟者，平時惟從河上來，形似芫花而極細，白色。比來隔絕，殆不可得。

〔唐·蘇敬《唐本草》〕注云：此藥苗似胡荽，莖無刺，花細，黃色，四月、五月收，與芫花全不相似也。

〔宋·掌禹錫《嘉祐本草》〕按：《蜀本圖經》云：苗高二尺許，生崗原上，今所在有之，見用雍州者好。《藥性論》云：蕘花，使。治欬逆上氣，喉中腫滿，疰氣蠱毒，痃癖氣塊，下水腫等。

宋·寇宗奭《本草衍義》卷一一　蕘花　今京、洛間甚多。張仲景《傷寒論》以蕘花治利者，以其行水也，水去則利止，其意如此。然今人用時，當以意斟酌，不可使過與不及也，仍須是有是證者方可用。

宋·劉明之《圖經本草藥性總論》卷上　蕘花　味苦、辛，寒、微寒，有毒。主傷寒溫瘧，下十二水，破積聚大堅癥瘕，蕩滌腸胃中留癖飲食，寒熱邪氣，利水道，療痰飲欬嗽。《藥性論》云：使。治欬逆上氣，喉中腫滿疰氣，蠱毒痃癖氣塊，下水腫等。

宋·陳衍《寶慶本草折衷》卷一〇　蕘音饒花使。　生咸陽川谷，及河南、河上、中牟、京、洛、雍州。今所在岡原上有之。○四、五、六月採花，陰乾。　味苦、辛，寒，有毒。○主傷寒、溫瘧，下十二水，破積聚癥瘕，蕩滌腸胃中留癖、飲食，寒熱邪氣，利水道，療痰飲欬嗽。○《唐本》註云：花細，黃色，與芫花全不相似。○《藥性論》云：治欬逆上氣，喉中腫滿，疰氣蠱毒，痃癖氣塊。

續說云：艾原甫論蕘花，惟用嫩蕊，開者不中。又治癰疽腫痛，風濕拘攣，然須佐以他藥。

元・王好古《湯液本草》卷四 蕘花 氣微寒，味苦、辛，有毒。《本草》云：主傷寒溫瘧，下十二水，破積聚大堅癥瘕，蕩滌腸胃中留癖，飲食寒熱邪氣。利水道，療痰飲欬嗽。《衍義》云：仲景以蕘花治利者，以其行水也，水去則利止，其意如此。用時斟酌，不可太過與不及也。仍察其須有是證，方可用之。仲景小青龍湯：若微利，去麻黃，加蕘花，如雞子，熬令赤色用之。蓋利水也。

元・尚從善《本草元命苞》卷五 蕘花 味苦辛，寒，微寒，有毒。為使。仲景治利，以其行水，水去利止，其意以此用之斟酌，不可過劑。主傷寒溫瘧，飲食寒熱邪氣，下十二水腫，癥瘕積聚堅疾，蕩滌胃中留癖，疏導膈，止痰涎，治欬逆上氣鬼疰。療喉中腫滿蠱毒。生咸陽川谷，及河南中牟。形似芫花，極細白，苗類胡荽，莖無刺。六月採花，陰乾。其惟雍州者勝。

元・徐彥純《本草發揮》卷二 蕘花 成聊攝云：蕘花，下十二種水，水去利則止。海藏云：張仲景以蕘花治利者，以其行水也，水去利則止，其意如此。若用時當以意斟酌，不可使過與不及也。仍須是有此證者，方可用之。仲景小青龍湯若微利，去麻黃加蕘花如雞子大，熬令赤色用之，蓋利水也。

明・王綸《本草集要》卷三 蕘花使 味苦辛，氣寒，有毒。主傷寒溫瘧，下十二水腫，破積聚，大堅癥瘕，蕩滌腸胃留癖，飲食寒熱邪氣，利水道，痰飲咳逆。

明・滕弘《神農本經會通》卷一 蕘花 使也。六月採花，陰乾。味苦、辛，氣微寒，有毒。《湯》同。

《本經》云：主傷寒，溫瘧，下十二水，破積聚，大堅癥瘕，蕩滌腸胃留癖飲食，寒熱邪氣，利水道，療痰飲欬嗽。《藥性論》云：使。治欬逆上氣，喉中腫滿，疰氣蠱毒，痃癖氣塊，下水腫等。《湯》云：《衍義》云仲景以蕘花治痢者，以其行水也。水去則利止，其意如此。用時斟酌，不可太過與不及也。仍察其須有是訂，方可用之。仲景小青龍湯，若微利，去麻黃，加蕘花如雞子，熬令青色用之，蓋利水也。剷云：芫花去水消浮腫，欬逆喉鳴必用之。痰唾腰疼心腹痛，惡風痺癢亦能醫。

明・劉文泰《本草品彙精要》卷一三 蕘花有毒。 叢生。

蕘音饒**花**出《神農本經》：**主傷寒，溫瘧，下十二水，破積聚，大堅，癥瘕，蕩滌腸胃中留癖飲食，寒熱邪氣，利水道。**以上朱字《神農本經》。療痰飲，欬嗽。以上黑字名醫所錄。【苗】陶隱居云：形似芫花而極細，色白。《唐本》注云：今此種苗似胡荽，高二尺許，莖無刺，花細黃色，實與芫花全不相似也。【地】《圖經》曰：生咸陽川谷及河南中牟，今所在有之。【道地】雍州。【時】生：春生苗。採：六月取花。【收】陰乾。【用】花。【色】黃。【味】苦，辛。【性】寒，泄。【氣】味厚于氣，陰中之陽。【臭】香。【主】下水腫，破積聚。【治】療：《藥性論》云：治欬逆上氣，喉中腫滿，疰氣蠱毒，痃癖，氣塊。

明・鄭寧《藥性要略大全》卷五 蕘花蕘字疑錯，恐即芫花也。其性味主治，大略相同。姑扂以候知者。 治傷寒溫瘧，下十二經水腫，破積聚癥瘕，蕩腸胃宿食，寒熱邪氣，利水道，治痰飲咳嗽，喉腫，蠱毒。 味苦、辛，微寒，有毒。

明・陳嘉謨《本草蒙筌》卷三 蕘花 味苦、辛，氣寒。有毒。生咸陽川谷，及河南中牟。苗似胡荽刺無，花類芫花色白，狀極細四五月採，力甚猛熬令赤收。入藥劑中，急欲行水。有是證者，斟酌投煎。破積聚大堅瘕癥，療痰癖欬逆上氣。咽喉內腫痛，疰氣可散；臍腹下痃癖，氣塊能消。

明・王文潔《太乙仙製本草藥性大全》卷二《本草精義》 蕘花 生咸陽川谷及河南中牟岡原上。苗高二尺許，莖似葫荽（刺無）〔無刺〕，花類芫花，色白，狀極細。四五月採，力甚猛。熬令赤，收入藥劑中，急欲行水，有是證者，斟酌投煎。

明・王文潔《太乙仙製本草藥性大全》卷二《仙製藥性》 蕘花使 味苦，辛，氣寒，無毒。 主治：治傷寒溫瘧，蕩腸胃宿食。寒熱邪疰堪求，蠱毒水腫可治。破積聚大堅癥瘕，療痰痹欬逆上氣。咽喉內腫痛疰氣可散，臍腹下痃癖氣塊能消。 補註：蕘花治痢者，以其行水也，水去則痢止，其意如此。然今人用時，當以意斟酌，不可使過與不及也。

明・皇甫嵩《本草發明》卷三 蕘花下品上，佐使。氣寒，味苦，有毒。 發明曰：蕘花行水之捷藥，故《本草》主下十二水，利水道，蕩腸胃留癖痰飲，此其專攻。又主傷寒溫瘧寒熱邪氣，破積聚癥瘕，療咳嗽，咳逆上氣，咽喉腫滿，痓氣蠱水腫，乃其辛散結、苦泄熱之兼功也。仲景《傷寒論》以蕘花治利，以其行水則利止，其意如此。其力甚猛，熬令赤色，入劑中急欲行水。有是症者方可用之，亦宜斟酌。

明・李時珍《本草綱目》卷一七草部・毒草類 蕘花音饒。《本經》下品。

【釋名】時珍曰：蕘者，饒也。其花繁饒也。【集解】時珍曰：蕘花生咸陽川谷及河南中牟。六月采花，陰乾。弘景曰：中牟者，時從河上來，形似芫花而極細，白色。恭曰：苗似胡荽，莖無刺。花細，黃色，四月、五月收，與芫花全不相似也。保昇曰：所在有之，以雍州者爲好。生岡原上，苗高二尺許。宗奭曰：今京洛間甚多。時珍曰：按蘇頌《圖經》言：絳州所(上)〔出〕芫花黃色，謂之黃芫花。其圖小株，花成簇生，恐即此蕘花也。生時色黃，乾則如白，故陶氏言細白也。或言無蕘花，以桃花代之，取其利耳。

【氣味】苦，寒，有毒。《別録》曰：辛，微寒，有毒。【主治】傷寒温瘧，下十二水，破積聚大堅癥瘕，蕩滌腸中留癖飲食寒熱邪氣，利水道《本經》。療痰飲欬嗽《別録》。治欬逆上氣，喉中腫滿，痓氣蠱毒，痃癖氣塊甄權。

【發明】宗奭曰：張仲景《傷寒論》以蕘花治利者，取其行水也。水去則利止，其意如此。今用之當斟酌，不可過使與不及也。須有是證乃用之。好古曰：仲景小青龍湯云：若微利，去麻黃，加蕘花如雞子大，熬令赤色。用之蓋利水也。時珍曰：蕘花蓋亦芫花之類，氣味主治大略相近。

明・張懋辰《本草便》卷一 蕘花使 味苦、辛，氣寒，有毒。主傷寒溫瘧，下十二水，破積聚，大堅癥瘕，蕩滌腸胃留癖，利水道，痰飲欬逆。

明・倪朱謨《本草彙言》卷五 蕘花 味苦，氣寒，有毒。《別錄》曰：蕘花出咸陽山谷及河南中牟，所在亦有。近以雍州者更佳。蘇氏曰：生岡原上，苗似胡荽，高二尺，莖無刺。四月開花，細碎似芫花，開時色黃，乾則色白。或言蕘花即芫花，大謬。不惟生成形肖不同，氣味功能，亦少有分別也。李氏曰：蕘花亦芫花之類，形肖少有不同，氣味主治大略相近。

蕘花：日華子行水逐留之藥也。吳養元稿其性善行水，蕩滌腸胃中留痰積飲，癥瘕積聚。又主傷寒溫瘧邪氣，關乎水濕留滯，爲痰爲脹，爲寒熱邪氣者，需此可平。如元氣虛乏，正負而邪勝者，禁用之也。

寇氏曰：張仲景先生以蕘花治利，如小青龍湯云：若微利去麻黃，加蕘花如雞子大，熬令赤色，取其行水也。水去則利止，其意如此。雖然，亦當斟酌，不可遽使。

明・鄭二陽《仁壽堂藥鏡》卷一〇下 蕘花 《本草》云：蕘花生咸陽川谷。氣微寒，味苦、辛，有毒。《本草》云：主傷寒溫瘧，下十二水，破積聚，大堅癥瘕，蕩滌腸胃中留癖，飲食寒熱邪氣，利水道，療痰飲欬嗽。體虛禁用。《衍義》云：仲景以蕘花治利者，以其行水也。水去則利止，其意如此。用時斟酌，不可太過與不及也。仍察其須有是證，方可用之。仲景小青龍湯，若微利，去麻黃，加蕘花如雞子，熬令赤色用之，蓋利水也。禹錫云：蕘花，雍州者好。治喉中腫滿，痃癖氣塊。

明・盧之頤《本草乘雅半偈》帙一一 蕘花《本經》中品 氣味：苦，寒，有毒。主治：主傷寒溫瘧，下十二水，破積聚、大堅癥瘕，蕩滌腸(胃)〔胃〕中留癖、飲食、寒熱邪氣，利水道。

覈曰：蕘花出咸陽川谷，及河南中牟，所在亦有，近以壅州者為好。苗似胡荽，高二尺，莖無刺。入夏作花，簇生細碎，生時色黃，乾則縞白。或言世無蕘花，每以芫花充用，不唯氣味功能懸絕，生成形肖亦迥別也。

条曰：《山海經》云：首山多蕘，苗首出，蕚隨之，花落盡，葉乃茁也。故蕘諧堯。堯，高也，廣也，炎也，上也。高廣承寒，炎上作苦，合配太陽化令，對待太陽體用藥也。力主寒傷層署，表著六標暑巢營舍，因遇肅殺之秋風，或侵淒滄之水寒，或襲沐浴之水氣，隨衛入出，實虛更顯，陰陽且移，休作成瘧也。至下十二經水，破五藏積，六府聚，大堅癥，大堅瘕，留癖腸胃中者，蕩滌無遺，空諸所有，捷于影響。若食飲馨飪，邪從口入者，或發于陰而寒，或發于陽而熱，或寒熱叠呈，而陰陽互遷者，陂可平，往可復，艱貞之吉，于食有福。

清・穆石匏《本草洞詮》卷九 蕘花 蕘者，饒也，其花饒繁也。味苦辛，氣寒，有毒。治痰飲咳嗽，下十二水，破積聚，蕩滌腸中留癖邪氣。蓋亦芫花之類。仲景小青龍湯云：若微利，去麻黃，加蕘花。以蕘花治利者，取其行水也，水去則利止矣。

清・汪昂《本草備要》卷二 蕘花大通，行水。 辛散結，苦泄熱，行水捷藥。主治略同芫花。

清・馮兆張《馮氏錦囊秘錄・雜症痘疹藥性主治合參》卷三 蕘花 猛力行水，破積聚大堅，瘕癥頑痰，咳逆上氣。更治咽喉內腫痛，消臍腹下痃癖氣塊。

清・张璐《本經逢原》卷二 蕘花 苦，寒，有毒。熬黃用，芫花葉尖如柳，花紫似荊，蕘花苗莖無刺，花細色黃，與芫花絕不相似，或言無蕘花以芫花代之，性相近耳。《本經》主傷寒溫瘧，下十二經水，破積聚，大堅癥瘕，蕩滌胸中留澼飲食，寒熱邪氣，利水道。發明：蕘花苦辛，能破積聚癥瘕，治痰飲欬逆，去咽喉腫閉。《本經》治傷寒溫瘧者，取苦寒以攻蘊積伏匿之邪也。言下十二經水，又治飲食寒熱邪氣者，以其苦寒峻利，飲食之邪亦得蕩滌，而寒熱自除也。仲景用此止利以行水，水去則利止矣。又小青龍湯云，若微利者，去麻黃加蕘花，蓋亦取其利水也。愚按：芫花、蕘花雖有辛溫開表、苦寒走滲之不同，而破結逐水之功用彷彿。《本經》雖無芫花利水之說，而仲景十棗湯耑行利水，是以藥肆皆不辨混收，醫家亦不辨混用。猶夫食穀得以療飢，食黍亦可療飢，混用可無妨礙。若礬石、礜石字形相類，藥狀亦相類，可不辨而混用耶。

清・張志聰、高世栻《本草崇原》卷下 蕘花 氣味苦，寒，有毒。主治傷寒溫瘧，下十二水，破積聚，大堅癥瘕，蕩滌胸中留澼飲食，寒熱邪氣，利水道。蕘，音饒。 蕘花始出咸陽、河南、中牟，今所在有之，以雍州者為勝，苗似胡荽，莖無刺，花細黃色，六月采花陰乾。《診要經終論》云：五月六月，天氣高，地氣盛，人氣在頭。蕘花氣味苦寒，花開炎夏，稟太陽本寒之氣，而合太陽之標陽，故苦寒有毒。傷寒者，寒傷太陽。蕘花氣合標陽，故治傷寒。溫瘧者，病藏於腎，蕘花氣稟寒水，故治溫瘧。膀胱水氣藉太陽陽熱而運行於周身，則外濡皮毛，內通經脈。水氣不行，則為十二經脈之水。蕘花合太陽之陽，故下十二水，且破陰凝之積聚，及大堅之癥瘕。太陽之氣，從胸膈以出入，故蕩滌胸中之留澼痰飲類也。不但蕩滌胸中留澼，且除飲食內停之寒熱邪氣。水氣得陽熱以運行，故利水道。按：《傷寒論》云：傷寒表不解，心下有水氣，乾嘔，發熱而咳。若微利者，小青龍湯加蕘花，如雞子大，熬令赤色。大如雞子，形圓象心也。熬令赤色，取意象火也。是蕘花氣味雖屬苦寒，而有太陽之標陽，恐後世不能司歲備物，故加炮製如是爾。

清・汪紱《醫林纂要探源》卷二 蕘花 辛，苦，溫。作黃花。 功用同芫花，行水尤速。

清・嚴潔等《得配本草》卷三 蕘花 苦、辛，微寒，有毒。能下十二經水，蕩滌胸中邪澼。治咽喉腫痛，頑痰咳逆。 炒令赤色用。 氣血弱者禁用。

清・黃宮綉《本草求真》卷五 蕘花大瀉裏結水濕。 蕘花耑入腸胃。雖與芫花形色相同，而究絕不相似，蓋芫花葉尖如柳，花紫似荊，蕘花苗莖無刺，花細色黃，至其性味，芫花辛苦而溫，此則辛苦而寒。若論主治則芫花辛溫，多有達表行水之力，此則氣寒，多有入裏走泄之效。故書載能治利。宗奭曰：張仲景《傷寒論》以蕘花治利者，取其行水也，水去則利止，其意如此，今用之當斟酌，不可過使，恐不及也，須有是症乃用之。然要皆屬破結逐水之品，未可分途而別視也。但藥肆混收，亦可見效。以其主治差同故耳。

清・吳其濬《植物名實圖考》卷二四 蕘花 《本經》下品。《別錄》云：生咸陽及河南中牟。李時珍以為即芫花黃色者。方書不復用。

清・趙其光《本草求原》卷六毒草部 蕘花 氣味苦寒。花開五六月炎夏之時，稟太陽本寒之氣，而合太陽標陽之熱，故有毒。主傷寒，寒傷太陽標陽之氣達之。溫瘧，邪伏於腎，苦寒攻之。下十二經水，膀胱水氣藉太陽陽熱運行周身，以外濡皮毛，內通經脈。若水氣不行，須此運滲之。破積聚大堅癥瘕，蕩滌胸中留游、飲食寒熱，太陽之氣從胸膈出入，陽熱運行則痰飲、留澼，而堅積亦去，即飲食內停之寒熱亦除。利水道。仲景用之以止利，水去利自止也。又小青龍湯云若微利者，去麻黃，加蕘花，亦取其利水也。

小青龍湯加之，如雞子大，熬令赤色。大如雞子，形圓象心也；熬令赤色，象火也。氣味雖苦寒，而有標陽之熱，恐後世不能司歲備物，故加炮製如是耳。芫花紫，葉尖如柳；蕘花細黃，莖無刺，絕不相似，其可代芫花者，性之逐水同也。

清・葉志詵《神農本草經贊》卷三 蕘花 味苦，平，寒。主傷寒溫瘧，下十二水，破積聚大堅癥瘕，蕩滌腸胃中留癖飲食，寒熱邪氣，利水道。生川谷。

小株叢簇，花茁繁饒。鮮榮黃濕，燥曝白飄。桃僵李代，莞毒名淆。雍州土沃，岡嶺傾翹。

李時珍曰：小株花成簇，生蕘者，饒也，其花繁饒也。生時色黃，乾則色白。或言無蕘花，以桃花代之，取其利耳。《古樂府》：李樹代桃僵。陶弘景曰：形似芫花，而極細。韓保昇曰：以雍州者為上，生岡原上苗高二尺許。王融頌：葵藿微志徒傾翹。

清・周巖《本草思辨錄》卷二 蕘花 小青龍湯若微利者，去麻黃加蕘花，蓋利則水氣不徑趨膀胱，更以麻黃升太陽，則水道益澀，水氣必泛而為脹滿，《太陰篇》所謂下利清穀，不可攻表，汗出必脹滿也。蕘花《本經》主蕩滌腸胃留癖，利水道，則微利不至成滯下，而在上之水氣亦去。且其用在花，走裏兼能走表，故《本經》並主傷寒溫瘧，飲食寒熱邪氣。若以茯苓、澤瀉治微利，則表邪亦從而陷之矣，此仲聖所以有取於蕘花也。

山皮條

明・蘭茂原撰，范洪等抄補《滇南本草圖說》卷九 山皮條 性微溫，味辛、苦，有小毒。人每誤認作矮陀陀治百病，而不知此有小毒也。此藥能寬中理氣，消腫脹，除五勞之熱，治婦人氣滯腹痛。

明・蘭茂撰，清・管暄校補《滇南本草》卷下 山皮條又名矮陀陀。 性微溫，味辛、辣、微苦，有小毒。下氣，婦人氣逆，肝腹疼痛，寬中理氣，胸膈肚腹膨脹，面寒梗硬脹疼，能退男女癆燒發熱，良效。

附方：治婦人氣脹，肚腹疼痛，並止面寒梗硬脹痛，山皮條，一兩，微焙。猪牙皂一錢，酒大黃五分，共為細末，每服二錢，熱燒酒服。

明・蘭茂《滇南本草》〔叢本〕卷上 山皮條一名矮它它。 味辛、辣、微苦，性大溫，有小毒。下氣，治婦人氣逆，肚腹膨脹，止面寒梗硬脹痛，退男婦勞燒。又且寬中理氣。三丰真人留傳，治一百零八症。單方：治婦人氣脹腹痛，止面寒梗硬脹痛，寬中。山皮條、一兩，微烙。猪牙皂一錢、酒大黃五分，共細末，每服二錢，熱酒服。

附：琉球・吳繼志《質問本草》外篇卷一 地棉蕘花一種 生山野中，八九月開小白花，邦俗或以充於白鮮皮，敢問是非。

按：白鮮皮葉似茱萸，高尺餘，莖青葉稍白，四月開花，根似小蔓菁。細觀此種不甚相同，或云係是地棉，非白鮮也。辛丑，石家辰。 形雖似白鮮皮，其根土名地棉，其性溫散，可治跌打損傷等症。辛丑，宋宜觀、林大明。

土地綿

附：琉球・吳繼志《質問本草》外篇卷四 土地綿蕘花一種 木高四五尺，春生葉，夏開花。 此一種，其花葉莖根與前圖稍別，第其根皮比前圖更見綿而有力，似敝處山谷間生，名土地綿之類。其地綿之皮，其性可以炖酒，活血，治跌打擲傷等症。 餘管見未聞。壬寅，陳文錦、李興成、盧亨春。〇《質問》帖中次此種於芫花之後，故有此前圖之語。

小構樹

清・劉善述、劉士季《草木便方》卷二木部 小構樹 小構根皮甘微涼，損傷筋骨跌撲良。祛風除濕利小便，葉能解毒洗風強。

九信菜

清・何諫《生草藥性備要》卷上 九信菜 味辛，性平。有毒，能殺人，不可亂服。此藥能毒狗，犬食必死。治消熱毒瘡。其子，敷瘰癧、癰疽。其實，仝鹽舂爛敷，能去瘀紅黑，拔毒消腫。但手指生狗皮頭，可撕皮扎之自愈。其蔃，十蒸九晒，治跌打將死，煲酒服，即回生。亦治惡瘡，搥蜜敷，亦效。

䕡茹

宋・李昉《太平御覽》卷第九九一 䕡茹 《建康記》曰：建康出草䕡茹。《范子計然》曰：䕡茹，出武都。黃色者善。《本草經》曰：䕡茹，味辛，寒。生川谷。治蝕惡肉，敗瘡死肌，仍殺疥蟲，除大風。生代郡。《吳氏本草經》曰：䕡茹，一名離樓，一名屈居。神農：辛。岐伯：酸、鹹，有毒。李氏：大寒。二月採。葉圓黃，高四五尺，葉四四相當，四月華黃，五月實黑，根黃有汁亦同黃。三月、五月採根。黑頭者良。

宋・唐慎微《證類本草》卷一一草部下品〔《本經・別錄・藥對》〕 **䕡**音閭**茹**音如 **味辛**、酸，**寒**、微寒，有小毒。**主蝕惡肉敗瘡死肌，殺疥蟲，排膿惡血，除大風熱氣，善忘不樂，**去熱痹，破癥瘕，除息肉。一名屈據，一名離婁。生代郡川谷。五月採根，陰乾。黑頭者良。甘草爲之使，惡麥門冬。

〔梁・陶弘景《本草經集注》〕云：今第一出高麗，色黃，初斷時汁出凝黑如漆，故云漆頭。次出近道，名草䕡茹，色白，皆燒鐵爍頭令黑以當漆頭，非真也。葉似大戟，花黃，二月便生，根亦療瘡。

〔宋・掌禹錫《嘉祐本草》〕按：《蜀本圖經》云：葉有汁，根如蘿蔔，皮黃肉白，所在有之。

〔宋・蘇頌《本草圖經》〕曰：䕡茹，生代郡川谷，今河陽、淄、齊州亦有之。二月生苗，葉似大戟，而花黃色。根如蘿蔔，皮赤黃，肉白。初斷時汁出凝黑如漆，三月開淺紅花，亦淡黃色，不著子，陶隱居謂：出高麗者，此近之也。四月、五月採根，陰乾。漆頭者良。又有一種草䕡茹，色白，採者燒鐵爍頭令黑，以當漆頭，非真也。然古方有用兩種者。姚僧垣治癰疽生臭惡肉，以白䕡茹散傅之，看肉盡便停，但傅諸膏藥。若不生肉，又傅黃耆散。惡肉仍不盡者，可以漆頭赤皮䕡茹爲散，用半錢匕和白䕡茹散三錢匕合傅之，差。是赤、白皆可用也。

〔宋・唐慎微《證類本草》〕《聖惠方》： 治緩疽。用蔄茹一兩，擣爲散，不計時候，溫水調下二錢匕。《傷寒類要》： 治傷寒毒攻咽喉腫，真蔄茹爪甲大，内口中嚼汁嚥，當微覺爲佳。《素問》注云： 蔄茹主散惡血。

宋・寇宗奭《本草衍義》卷一二 蔄茹 治疥，馬疥尤善。服食方用者至少。

宋・鄭樵《通志》卷七五《昆蟲草木略》 蔄茹 曰屈据，曰離婁。葉似大戟，根如蘿蔔，黄色，初斷時汁出，凝黑如漆，故云漆頭。

宋・陳衍《寶慶本草折衷》卷一一 白蔄音閭茹音如。赤蔄茹在内。○從《圖經》綴以白字。 一名蔄茹，一名屈据，一名離婁。生代郡川谷，及高麗、河陽，淄、齊州。今所在有之。○四五月採根，陰乾。○甘草為使，惡麥門冬。

味辛、酸，寒，有小毒。○主蝕惡肉，敗瘡，死肌。殺疥蟲，排膿、惡血，除大風熱氣，去熱痹，破癥瘕，除息肉。○《圖經》曰： 根如蘿蔔，皮赤黄，肉白，初斷時汁出凝黑如漆。漆頭者良。又有草蔄茹，色白，採者皆燒爍頭令黑，以當漆頭，非真也。又可以漆頭赤蔄茹為用，是赤白皆可用也。○《傷寒類要》： 治傷寒毒攻咽喉腫。真蔄茹爪甲大，〔内〕口中嚼嚥，佳。○寇氏曰： 治疥，馬疥尤善。服食至少。

元・尚從善《本草元命苞》卷五 蔄茹 味辛、酸，微寒，有小毒。散惡血，蝕惡肉，療敗瘡死肌。去熱痺，破癥瘕，除鼻中瘜肉。殺疥蟲，排膿，醫大風熱氣。生代郡川谷，今河陽、淄、齊。根似蘿蔔，皮赤黄肉白，葉如大戟，花淡黄淺紅，五月採根，陰乾。漆黑頭者最善。

明・蘭茂原撰，范洪等抄補《滇南本草圖説》卷一〇 蔄茹 氣味辛，寒平。主治： 筋骨疼痛，手足痿軟，毒氣流於經絡及一切諸瘡，無不神效。

明・王綸《本草集要》卷三 蔄茹 味辛酸，氣寒，有小毒。甘草為之使。惡麥門冬。五月採根，陰乾。黑頭者良。 主蝕惡肉，敗瘡死肌，殺疥蟲，排膿惡血，除大風熱氣，善忘不樂。

明・劉文泰《本草品彙精要》卷一四 蔄茹有小毒。 植生。

蔄音閭**茹**音如，出《神農本經》： **主蝕惡肉，敗瘡，死肌，殺疥蟲，排膿，惡血，除大風熱氣，善忘不樂。**以上朱字《神農本經》。去熱痹，破癥瘕，除息肉。以上黑字名醫所録。 【名】屈据、離婁、漆頭。 【苗】《圖經》曰： 二月生苗，葉似大戟而花黄色，根如蘿蔔，皮赤黄，肉白，初斷時汁出凝黑如漆，三月開淺紅花，亦淡黄色，不著子。其根用之以漆頭者良。又有一種草蔄茹，瘡家亦用之，其根色白，採者燒鐵爍頭令黑，以當漆頭，非真也。 【地】《圖經》曰： 生代郡川谷，及河陽、齊州亦有之。陶隱居云： 今第一出高麗。【道地】淄州。 【時】生： 春生苗。採： 四月、五月取根。 【收】陰乾。 【用】根。 【質】類蘿蔔而大小不一。 【色】皮赤黑，肉白。 【味】辛，酸。 【性】寒，散。 【氣】氣薄味厚，陰中之陽。 【臭】腥。 【主】去死肌，散惡血。 【助】甘草爲之使。 【反】惡麥門冬。 【治】療： 陶隱居云： 療瘡。《衍義》曰： 治疥，馬疥尤善。《别録》云： 用一兩擣爲散，不計時候，溫水調下二錢匕，治緩疽。○傷寒毒攻咽喉腫，以如爪甲大一塊内口中，嚼汁咽之，瘥。

明・陳嘉謨《本草蒙筌》卷三 蔄茹 味辛、酸，氣寒，有小毒。近產河陽，原出高麗。苗逢春暖方起，葉類大戟常青。花色黄結子絕無，根皮赤似蘿蔔根斷則流汁。黑凝如漆，故云漆頭。五月採根，陰乾，惟取頭黑者勝。使甘草節，惡麥門冬。載《素問》中，云去惡血。古姚僧坦，用治瘫疽。作散頻敷，肉滿便止。破癥瘕，殺疥蟲。逐敗瘡死肌，除大風熱氣。善忘不樂，亦著《本經》。 又草蔄茹，其根色白。因醫取黑頭入劑，採多燒熱鐵爍之。作假代真，主治不異。敷潰瘍作散，載古方亦多。

明・王文潔《太乙仙製本草藥性大全》卷二《本草精義》 蔄茹 一名掘据，一名離婁。生代郡川谷，今河陽、淄、齊亦有。二月生苗，葉似大戟，花黄，根如蘿蔔，皮赤黄肉白，初斷時汁出，凝黑如漆； 三月開淺紅花，亦淡黄色，不着子。陶隱居謂出高麗者，此近之也。四五月採根，陰乾，漆頭者良。

明・王文潔《太乙仙製本草藥性大全》卷二《仙製藥性》 蔄茹 味辛、酸，氣寒，有小毒。 主治： 去惡血，主蝕惡肉，排膿。用治瘫疽，作散頻敷，肉滿便止。破癥瘕，殺疥蟲。逐敗瘡死肌，除大風熱氣。善忘不寐，亦著《本經》。 補註： 治瘫疽，用一兩爲散，不計時候，溫水調服二錢。○傷寒毒攻咽喉腫，用真蔄茹爪甲大，内口中嚼汁嚥，當微覺爲佳。○瘫疽，散惡肉，仍不盡者，可以漆頭赤皮者爲散，用半錢和白蔄茹散三錢，合傅之差。草蔄茹： 其根色白，因醫取黑頭入劑，採多燒熱鐵爍之，作假代真，主治不異，敷潰瘍作散，載古方亦多。

明・皇甫嵩《本草發明》卷三　蕳茹下品下，佐使。氣寒，味辛、酸，有小毒。取頭黑者良。　發明曰：　蕳茹專除熱毒，故主蝕惡肉敗瘡，死肌瘜肉，破癥瘕，殺疥排膿，散惡血，除大風熱氣熱痺，善忘不(藥)〔寐〕。又有一種色白者，名草蕳茹，古方治癰疽生臭惡肉，以白蕳茹散傳之，看肉盡即止。但傳諸膏及黃芪散，惡肉未盡者，仍以赤皮蕳茹為散半錢，和白蕳茹散三錢，合傳之效。甘草為使，惡麥門冬。

明・李時珍《本草綱目》卷一七草部・毒草類　蕳茹《本經》下品

【釋名】離婁《別録》　掘据音結居。　白者名草蕳茹時珍曰：　蕳茹本作藘蕠，其根牽引之貌。掘据，當作拮据，《詩》云：　予手拮据。手口共作之狀也。　【集解】《別録》曰：　蕳茹生代郡川谷。五月采根陰乾。黑頭者良。普曰：　草高四五尺，葉圓黃，四四相當。四月華，五月實黑。根黃，有汁亦黃色。三月採葉，四月、五月采根。弘景曰：　今第一出高麗，色黃。初斷時汁出凝黑如漆，故云漆頭。次出近道，名草蕳茹，色白，皆燒鐵爍頭令黑，以當漆，非真也。頌曰：　今河陽、淄、齊州亦有之。二月生苗，葉似大戟而花黃色。根如蘿蔔，皮赤黃，肉白。初斷時，汁出凝黑如漆。三月開淺紅花，亦淡黃色，不着子。陶隱居謂出高麗者，此近之。又有一種草蕳茹，色白。古方兩用之。故姚僧坦治癰疽生惡肉，有白蕳茹散，傳之看肉盡便停止，但傳諸膏藥。若不生肉，又傳黃耆散。惡肉仍不盡者，可以漆頭赤皮蕳茹爲散半錢，和白蕳茹散三錢合傳之。觀此，則赤白皆可用也。時珍曰：《范子計然》云：　藘茹出武都，黃色者善；　草蕳茹出建康，白色。今亦處處有之，生山原中。春初生苗，高二三尺。根長大如蘿蔔、蔓菁狀，或有歧出者，皮黃赤，肉白色，破之有黃漿汁。莖葉如大戟，而葉長微闊，不甚尖，折之有白汁。抱莖有短葉相對，團而出尖。葉中出莖，莖中分二三小枝。二三月開細紫花，結實如豆大，一顆三粒相合，生青熟黑，中有白仁如續隨子之狀。今人往往皆呼其根爲狼毒，誤矣。狼毒葉似商陸、大黃輩，根無漿汁。

根　【氣味】辛，寒，有小毒。《別録》曰：　酸。普曰：　神農：　辛。岐伯：　酸、鹹，有毒。李當之：　大寒。之才曰：　甘草爲之使，惡麥門冬。　【主治】蝕惡肉敗瘡死肌，殺疥蟲，排膿惡血，除大風熱氣，善忘不寐《本經》。去熱痹，破癥瘕，除息肉《別録》。

【發明】宗奭曰：　治馬疥尤善，服食方用至少。時珍曰：《素問》治婦人血枯痛，用烏鰂骨、藘茹二物丸服，方見烏鰂魚下。王冰言藘茹取其散惡血。又《齊書》云：　郡王子隆年二十，身體過充。徐嗣伯合藘茹丸服之自消。則藘茹亦可服食，但要斟酌爾。孟詵《必效方》：　治甲疽生于脚趾邊腫爛。用蕳茹三兩，黃芪二兩，苦酒浸一宿，以猪脂五合合煎，取膏三合。日三塗之，即消。又《聖惠方》，治頭風旋眩，鴟頭丸中亦用之。

【附方】舊二，新二。　緩疽腫痛：　蕳茹一兩，爲散，温水服二錢匕。《聖惠方》。

傷寒咽痛：　毒攻作腫。(其)〔真〕蕳茹爪甲大，納口，嚼汁嚥之。當微覺爲佳。《張文仲備急方》。　中焦熱痞：　善忘不禁。蕳茹三分，甘草炙二兩，消石爲末。每服一錢，雞鳴時温酒下，以知爲度。《聖惠方》。　疥瘡瘙痒：　蕳茹末，入輕粉，香油調傅之。《多能鄙事》。

明・顧逢柏《分部本草妙用》卷八雜藥部　蕳茹　辛寒，有小毒。甘草為使，惡門冬。　主治：　蝕惡肉，敗瘡死肌，殺疥，排膿惡血。除大風熱氣，去熱痺，破癥瘕，除息肉。　按：《素問》治婦人血枯痛，用烏鰂骨、蕳茹二物，取其散惡血也。以之治疔腫，何所不効？

清・穆石匏《本草洞詮》卷九　蕳茹　本作藘蕠，其根牽引之貌。味辛酸，氣寒，有小毒。主蝕惡肉敗瘡死肌，殺疥排膿，除大風熱氣，治馬疥尤善。服食少用。《素問》治婦人血枯痛，用烏鰂骨、藘茹二物。王冰言：　藘茹取其散惡血也。《齊書》載：　郡王子隆年二十，身體過充，徐嗣伯合藘茹丸，服之自消。則藘茹亦可服食，但要斟酌爾。

清・郭章宜《本草匯》卷一二　蕳茹　酸、鹹、辛，寒，有毒。蝕惡肉敗瘡死肌，殺疥蟲排膿惡血。去熱痺，破癥瘕。除息肉，消熱痞。

按：　蕳茹，大寒有毒，《素問》用以治婦人血枯痛，將烏鰂骨、藘茹二物丸服者，不知何取？　王冰言取其散惡血也。然須服者斟酌之耳。孟詵《必効方》治甲疽生于脚趾邊腫爛，用蕳茹三兩，黃耆二兩，苦酒浸一宿，以猪脂五合，煎取膏，塗之即消。

似蘿蔔根，斷則流汁，黑凝如漆。甘草為之使，惡門冬。

清・汪昂《本草備要》卷二　蕳茹瀉，破血。　辛，寒，有小毒。蝕惡肉，排膿血，殺疥蟲，除熱痹，破癥瘕。《內經》同烏鰂骨，治婦人血枯。　根如萊菔，皮黃肉白，葉長微闊，折之有汁。結實如豆，一顆三粒。甘草爲使。

清・李熙和《醫經允中》卷二一　蕳茹　甘草為使，惡門冬。　辛，寒，有小毒。主治散惡肉敗瘡，死肌惡血，去熱毒，破癥瘕，除息肉，治甲疽生于脚趾邊腫爛，以蕳茹三兩，苦酒浸一宿，以猪脂五合，煎取膏塗之即消。

清・馮兆張《馮氏錦囊秘錄・雜症痘疹藥性主治合參》卷三　蕳茹味鹹、辛，寒，有毒。　蕳茹，其黑如漆，故又云漆頭。去惡血，治癰疽，作散頻敷，肉滿便止。破癥瘕，殺疥蟲，逐敗瘡死肌，除大風熱氣。又草蕳，其根色白，主治相同。

清・张璐《本經逢原》卷二　蕳茹　辛，寒，有小毒。折之汁出凝黑如漆，故名漆頭。藺茹色白者名草藺茹。《本經》主疽蝕惡肉，敗瘡死肌，殺疥蟲，排膿惡血，除大風熱氣，善忘不寐。發明：藺茹《本經》治惡肉敗瘡等病，而《素問》四烏鰂一藘茹丸，當非此藺茹可知也。《聖惠》治頭風旋眩，《千金》治小兒癰疽，並用漆頭藺茹，姚僧坦治癰疽去惡血有白藺茹丸，二者皆能散血。其治善忘不寐，亦是因風熱侵犯心包、膽府所致，散其風熱，則無不寐善忘之患矣。

清·黃元御《玉楸藥解》卷一　藺茹　味辛，微寒。入足厥陰肝經。行老血，破宿癥。掃除凝血，消磨瘀肉，有去腐决壅之力。《素問》同烏鰂骨治婦人血枯，王氏以為去惡也。

清·吳儀洛《本草從新》卷二　藺茹〔瀉，破血。自藺茹至鳳仙皆小毒之品。〕辛，寒。蝕惡肉，排膿血，殺疥蟲，除熱痺，破癥瘕。《素問》同烏鰂骨治婦人血枯。根如萊菔，皮黃肉白，葉長微闊，折之有汁，結實如豆，一顆三粒。甘草為使。

清·汪紱《醫林纂要探源》卷二　藺茹　辛，寒。抽莖作叢，葉對節抱莖，實如豆，一包三粒，根如蘿蔔，皮黃肉白，斷有白汁。益肝去熱。能蝕惡肉，去瘀血，除熱痺，破癥瘕，排膿血，殺疥蟲，行新血。小毒。

清·嚴潔等《得配本草》卷三　藺茹白者名草藺茹。甘草為之使，惡麥門冬。辛，寒，有小毒。排膿殺蟲。破癥瘕，除熱痹，去死肌，退風熱。配海螵蛸丸服，治婦人血枯。血瘀而枯。配苦酒、豬脂，塗甲疽。

題清·徐大椿《藥性切用》卷四　藺茹　性味辛寒，破癥瘕血結，除熱痺排膿。《素問》四烏鰂骨一藺茹丸，用以治婦人血枯血結，甚效。

清·吳其濬《植物名實圖考》卷二四　藺茹　《本經》下品，根長如蘿蔔、蔓菁，葉如大戟。滇南呼土瓜狼毒，即李時珍謂今人往往誤以其根為狼毒者也。

清·葉志詵《神農本草經贊》卷三　藺茹　味辛，寒。主蝕惡肉，敗創死肌，殺疥蟲，排膿惡血，除大風熱氣，善忘不樂。生川谷。

茹根牽引，色尚黃匀。金漿漆汁，青顆白仁。博聞強記，靜臥安身。能痊馬疥，飛鞚驚塵。

《范子計然》云：出武都，黃色者善。陶弘景曰：初斷時汁出凝黑如漆。李時珍曰：本作藘藸。其根牽引之貌，破之有黃漿，結實如豆大，生青熟黑，中有白仁。《禮》：博聞強記而讓。陶弘景文：可以安身靜臥。寇宗奭曰：治馬疥尤善。虞集歌：飛鞍驚塵遍南陌。

清·戴葆元《本草綱目易知錄》卷一　藺茹藘茹　辛，寒，有小毒。去熱病，破癥瘕，除息肉，蝕惡肉，排膿惡血，敗瘡死肌。除大風熱氣，善忘不寐，殺疥蟲。【略】葆按：《素問》治婦人血枯病，烏賊藘茹二物丸。今人傳藘茹即茜草，而《綱目》載茜草名茹藘。因其傳悮，故又附注辨明。

清·陳其瑞《本草撮要》卷一　藺茹　味辛，寒，有小毒，入足厥陰經，功專蝕惡肉，排膿血，殺疥蟲，除熱痹，破癥瘕。《內經》云：同烏鰂魚骨治婦人血枯。甘草為使。

大戟

宋·李昉《太平御覽》卷第九九二　大戟　《爾雅》曰：蕎，邛鉅。郭璞注曰：今藥草大戟也。《本草經》曰：大戟，一名邛鉅。

宋·唐慎微《證類本草》卷一〇草部下品〔《本經·別錄·藥對》〕　**大戟**　**味苦**、甘，**寒**、大寒，有小毒。**主蠱毒，十二水，腹滿急痛，積聚，中風，皮膚疼痛，吐逆**，頸腋癰腫，頭痛，發汗，利大小腸。**一名邛鉅。**生常山。十二月採根，陰乾。反甘草。

〔梁·陶弘景《本草經集注》〕云：近道處處皆有，至猥賤也。

〔宋·掌禹錫《嘉祐本草》〕按：《唐本》云：畏昌蒲、蘆草、鼠屎。《蜀本圖經》云：苗似甘遂高大，葉有白汁，花黃。根似細苦參，皮黃黑，肉黃白。五月採苗，二月、八月採根用。《爾雅》云：蕎，邛鉅。注云：今本草大戟也。《藥性論》云：大戟，使，反芫花、海藻，毒用昌蒲解之。味苦、辛，有大毒。破新陳，下惡血癖塊，腹內雷鳴，通月水，善治瘀血，能墮胎孕。日華子云：小豆爲之使，惡署預。瀉毒藥，泄天行黃病溫瘧，破癥結。

〔宋·蘇頌《本草圖經》〕曰：大戟，澤漆根也。生常山，今近道多有之。春生紅芽，漸長作叢，高一尺已來。葉似初生楊柳小團。三月、四月開黃紫花，團圓似杏花，又似蕪荑。根似細苦參，皮黃黑，肉黃白色，秋冬採根，陰乾。淮甸出者莖圓，高三四尺，花黃，葉至心亦如百合苗。江南生者葉似芍藥。醫家用治隱疹風，及風毒脚腫，並煮水熱淋，日再三便愈。李絳《兵部手集方》：療水病，無問年月深淺，雖復脉惡亦主之。大戟、當歸、橘皮各一大兩切，以水二大升，煮取七合，頓服。利水二三斗，勿怪。至重，不過再服便差。禁毒食一年，水下後更服，永不作。此方出張尚客。

〔宋·唐慎微《證類本草》〕雷公云：凡使，勿用附生者，若服，冷泄氣不禁，即煎薺莣子湯解。夫採得後，於槐砧上細剉，與細剉海芋葉拌蒸，從巳至申，去芋葉，晒乾用之。

《太上八帝玄變經》：大戟必瀉。

宋·鄭樵《通志》卷七五《昆蟲草木略》 大戟 曰邛鉅，曰女木，曰蕎，曰髦。《爾雅》：髦，顛蕀。其苗曰澤漆，曰漆莖。

宋·劉明之《圖經本草藥性總論》卷上 大戟 味苦、甘，寒，有小毒。主蠱毒，十二水，腹滿急痛，積聚，中風，皮膚疼痛，吐逆，頸腋癰腫頭痛，發汗，利大小腸。《藥性論》云：使。反芫花、海藻。毒用菖蒲解之。味苦辛，有大毒。破新陳，下惡血癖塊，腹內雷鳴，通月水，善治瘀血，能墮胎孕。日華子云：小豆為之使。惡薯蕷。瀉毒藥，泄天行黃病，溫瘧，破癥結。反甘草。畏菖蒲、蘆草、鼠屎。

宋·陳衍《寶慶本草折衷》卷一〇 大戟使。一名邛鉅，一名蕎。乃澤漆根也。生常山即并州，及淮甸、江南，及滁、信州、河中府。今處處有之。〇二八月及秋冬十二月採根，陰乾。〇小豆為使，惡署預，畏菖蒲、蘆草、鼠屎，反甘草、芫花、海藻。

味苦、甘、辛，寒，有小毒。〇主蠱毒，十二水，腹滿急痛，積聚，中風，頸腋癰腫，頭痛，發汗，利大小腸。〇《藥性論》云：破新陳，下惡血癖塊，通月水，治瘀血，墮胎孕。〇日華子云：瀉毒藥，泄天行黃病，溫瘧。〇《圖經》曰：根似細苦參，皮黃黑，肉黃白色。治癮癬風及風毒脚腫。並煮水熱淋，日再三。

元·王好古《湯液本草》卷四 大戟 氣大寒，味苦、甘，陰中微陽，有小毒。《本草》云：治蠱毒，十二水，腹滿急痛，積聚，中風，皮膚疼痛，吐逆，頸腋癰腫，頭疼，發汗，利大小腸。此澤漆根也。《液》云：與甘遂同為泄水之藥，濕勝者苦燥除之。反甘草。與芫花、黃藥子等分，水糊為丸，桐子大，每服十丸，傷風、傷寒，葱白湯下；傷食，陳皮湯下。或十五丸，微加至止，亦可。芫花別有條，海藏，十棗湯同用。《珍》云：瀉肺，損真氣。

元·尚從善《本草元命苞》卷五 大戟 為使。味苦、甘，寒、大寒，有小毒。菖蒲制其性。反甘草。惡薯蕷。使小豆。瀉藥毒，佐甘遂為泄水之劑。性苦燥，為除濕之方。主蠱毒，通十二水，腹滿急痛。墮胎孕，利大小腸，新陳留血，破積聚癥結痃癖，消氣塊，腹內雷鳴。治中風，皮膚疼痛。療頸腋癰腫毒攻。生常山。春長紅芽，漸作叢，約高一尺，葉如柳，初生小圓花若杏，乍開黃紫，根似細苦參，肉白皮黃黑，十二月採根，陰乾。江南生葉如芍藥，醫家治癮癬風毒，煮水淋寒濕脚腫。

元·朱震亨《本草衍義補遺·新增補》 大戟 甘，寒，有毒。主下十二水，腹滿急痛，積聚，利大小腸，通月水。治瘀血，能墮胎孕。其葉名澤漆，味甘，無毒。主治頗同。

元·徐彥純《本草發揮》卷二 大戟 成聊攝云：苦以泄之，甘遂、大戟之苦以泄水。水者，腎所主也。潔古云：大戟味苦、甘，寒，陰中微陽也。瀉肺氣，却能損真氣。海藏云：此澤漆根也。與甘遂同為泄水之藥。濕勝者，以苦燥除之。

明·蘭茂撰，清·管暄校補《滇南本草》卷下 綿大戟一名山蘿葡。性微溫，味辛、苦、辣，有小毒。治胃中年深日久飲食結住，積久稠痰狀，粘如膠。攻蟲積，利水道，下氣，消水腫，吐痰延。

附方：治水腫，綿大戟細末，每服五分，滾水服。忌鹽一百日，乃止瀉去黃水，其腫自消。如瀉不止，冷粥補之。又方：治一切食積痰積，蟲積氣積，痞塊疼痛，胸膈肚腹膨脹鼓脹，飲食不消，面皮黃瘦，單腹脹，以利為度。綿大戟為末，米糊為丸，如馬豆子大，每服七丸，滾水送下。大戟皮令人瀉，亦令人吐。獨根者良。

明·蘭茂《滇南本草》〔叢本〕卷中 綿大戟 味辛、苦、辣，性微溫，有小毒。治胃中年久食積痰積，狀結如膠。攻蟲積，利水道，下氣，消水腫，吐痰涎。單方：治水腫，綿大戟末，每服一錢八分，滾水送下。忌鹽百日為止。若日數忌少，腫病仍發。但瀉去黃水，腫消。如瀉不止，冷粥補之。單方：治一切積滯，食積、痰積、氣積、蟲積，痞塊疼痛，胸膈膨脹，肚腹鼓脹，飲食不消，面皮黃瘦，單腹脹，此藥消積化滯，以利為度。虛弱者忌服，慎之。綿大戟為末，米糊為丸，如馬豆子大，每服七丸，滾水下。用□□□吃，令人吐。心皮俱吃，令人吐瀉。獨根者良，生入者不效。

明·王綸《本草集要》卷三 大戟使 味苦甘，氣寒。陰中微陽。有毒。小豆為之使。反甘草，畏菖蒲、蘆草、鼠屎。十二月採根，陰乾。主蠱毒，十二水，腹滿急痛，積聚癥結，中風皮膚疼痛，吐逆，善治瘀血，通月水，墮胎孕。又治頸癰腫。

明·滕弘《神農本經會通》卷一 大戟 使。小豆為之使。惡薯蕷，反甘草、芫花、海藻，畏菖蒲、蘆草、鼠屎。十二月採根，陰乾。澤漆根也。《局》云：微炒。

味苦甘，氣寒，大寒，有小毒。《湯》云：氣大寒，味甘、苦。陰中微陽。有小毒。《珍》云：治蠱毒風疼及水腫，消瘀，療癰瘡黄病，并利腸，落產。珍云：瀉肺。《本經》云：主蠱毒，十二水腫滿，急痛積聚，中風，皮膚疼痛，吐逆，頸腋癰腫，頭痛，發汗，利大小腸。《藥性論》云：大戟，使。反芫花、海藻。毒用菖蒲解之。味苦、辛，有大毒。破新陳，下惡血癖塊，腹內雷鳴，通月水，善治瘀血，能墮胎孕。日華子云：小豆為之使。惡薯蕷。瀉毒藥，泄天行黄病，溫瘧，破癥結。《圖經》云：治癮瘮風，及風毒脚腫，並煑水，熱淋，日再三，愈。《手集方》：療水病，無問年月深淺，大戟、當歸、橘皮各一兩，水煑頓服，利水差。《液》云：與甘遂同為泄水之藥，濕勝者苦燥除之。與芫花、黄藥子等分，水糊為丸桐子大，每服十丸。傷風傷寒，葱白湯下。傷食，陳皮湯下。或十五丸，微加至二十丸亦可。芫花別有條。海藏十棗湯同用。丹溪云同《本經》。剷云：大戟苦寒除蠱毒，專工利水治諸風。苗名澤漆同消腫，甘草逢之必反攻。大戟，利水道，除蠱毒。與甘草相刑。

明・劉文泰《本草品彙精要》卷一三　大戟有小毒　叢生。

大戟出《神農本經》：**主蠱毒，十二水，腹滿，急痛，積聚，中風，皮膚疼痛，吐逆。**以上朱字《神農本經》。頸腋癰腫，頭痛，發汗，利大小腸。以上黑字名醫所錄。

【名】邛鉅。【苗】《圖經》曰：春生紅芽，漸長作叢，高尺許，葉似初生楊柳而小團，三四月開黄紫花，團圓似杏花，又似蕪荑，根似細苦參，皮黄黑，肉黄白色。淮甸出者莖圓，高三四尺，花黄，葉至心，亦如百合苗。江南生者，葉似芍藥，此品乃澤漆根也。【地】《圖經》曰：生常山及淮甸，江南皆有之。【道地】滁州、河中府、信州、并州。【時】生：春生苗。採：二月、八月、十二月取根。【收】陰乾。【用】根。【質】類苦參而粗大。【色】皮黄肉白。【味】苦，甘。【性】大寒，泄。【氣】氣薄味厚，陰中微陽。【臭】焦。【主】利水道，去積聚。【助】小豆爲之使。【反】甘草，畏菖蒲、蘆草、鼠屎，惡山藥。【製】《雷公》云：凡採得，於槐砧上細剉，與細剉海芋葉拌蒸，從巳至申，去芋葉，曬乾用。【治】療：《圖經》曰：治癮瘮風及風毒脚腫，並煮水，熱淋之，日再三，便愈。《藥性論》云：破新陳惡血，癖塊，腹內雷鳴，通月水，善治瘀血。日華子云：泄天行黄病，溫瘧，破癥結。【合治】合當歸、橘皮各一兩，水二升，煮取七合，頓服，治水腫，無問年月深淺，雖脈惡亦宜服之，服後利水二三升，不愈再服，便瘥。須禁食毒物一年。【禁】妊娠不可服。

明・葉文齡《醫學統旨》卷八　大戟　氣大寒，味苦、甘，有毒。陰中微陽也。小豆為之使，反甘草，畏菖蒲、蘆草、鼠屎。　治蠱毒，十二水腫滿急痛，積聚癥結，利大小腸，下瘀血，墮胎。

明・許希周《藥性粗評》卷二　笑持大戟，導細水以成流。

大戟，澤漆根也。《爾雅》謂之邛鉅。春生紅牙，漸長作叢，高一尺餘，葉似初生楊柳，一云似甘遂而高大，折之有白汁，故名澤漆。三四月開黄紫花，團圓似杏，又似蕪荑，根似細苦參，皮黄黑肉黄白色。生大江南北川谷，今近道處處有之。秋冬採根，蒸過陰乾。《圖經》云淮甸出者莖圓，高三四尺，花黄，葉至心亦如百合苗，江南生者葉似芍藥。凡使微炒，勿用附生者，誤服冷洩不禁，以薺苨湯解之。赤小豆為之使，反甘草、芫花、海藻，畏菖蒲、蘆草、鼠屎，惡薯蕷。　味苦、甘，性大寒，有小毒。其氣下行。主治溫瘧蠱毒，積聚癥結，癰腫，風濕癮瘮。十二種水氣，凡臟腑經絡隱有細水，皆能導之。海藏云：與甘遂同為泄水之藥，濕勝者以苦燥除之。愚謂泄水之藥必損真氣，用之不可不慎。

單方：風瘮：不拘瘡疥、癮瘮、風癩，多取煎水，遍身洗之。　水腫脚氣：中濕兼肚腹浮腫者，大戟、當歸、橘皮各一大兩，剉，水二大升，煮取七合，頓服之，利〔下〕水二三升，勿怪。至重，不過再服，愈。

明・鄭寧《藥性要略大全》卷五　大戟　通經墮胎，消腹滿，破積聚癥結，治蠱。利十二經水道，敺中風皮膚痛，腹滿急痛，治痞塊，腹內雷鳴，利大小腸。　味苦、甘，氣寒，有小毒。小豆為之使。反甘草，畏菖蒲、蘆草、鼠屎。又反芫花、海藻。云即澤漆根。有毒，用菖蒲解之。此藥瀉肺、損真氣。

明・陳嘉謨《本草蒙筌》卷三　大戟　味辛、甘，氣大寒。陰中微陽。有小毒。種甚猥賤，處處有生。春發紅芽，日漸叢長。凡資入藥，惟採正根。傍附誤煎，冷瀉難禁。惡薯蕷，使赤豆。反甘草、海藻、芫花，畏菖蒲、蘆根、鼠屎。每與甘遂，同利小便。消水腫腹滿急疼，除中風皮膚燥痛。敺蠱毒，破癥堅。通月信墮胎，散頸癧逐瘀。〇苗名澤漆，味苦兼辛。退邪熱皮膚，卻浮腫面目。大腹水氣立遣，陰氣不足堪扶。

明・王文潔《太乙仙製本草藥性大全》卷二《本草精義》　大戟　一名邛

鉅。生常山，今近道多有之。春生紅芽，漸長作叢，高一尺已來，葉似初生楊柳，小圓。三月、四月開黄紫花，團圓似杏花，又似蕪荑。根似細苦參，皮黄黑，肉黄白色。秋冬採根，陰乾。惡薯蕷，反甘草、海藻、芫花，畏菖蒲、蘆根、鼠屎。淮甸出者莖圓，高三四尺，花黄，葉至心亦如百合苗。江南生者葉似芍藥。

明・王文潔《太乙仙製本草藥性大全》卷二《仙製藥性》 大戟使 味辛、甘，氣大寒，陰中微陽，有小毒。小豆爲之使。 主治：治痞塊而療腹鳴，破積聚而利小便。消水腫腹滿急疼，除中風皮膚燥痛。驅蠱毒，破癥堅。通月信，墮胎；散頸癧，逐瘀。能理吐逆，頭痛，發汗。補註：水病無問年月深淺，雖腹脉惡亦主之，用一兩，加當歸、橘皮各二兩，剉，以水二升，煎七合，頓服，再服即差。〇癮疹及風毒脚腫，並用煮水熱淋之，日再三，便愈。太乙曰：凡使勿用附生者，若服令洩氣不禁，即煎薺苨子湯解之。夫採得後，於槐砧上細剉，與細剉海芋葉拌蒸，從巳至申，去芋葉，晒乾用之。

明・皇甫嵩《本草發明》卷三 大戟下品上，佐使。氣大寒，味甘、苦。又云味辛、甘，有小毒。陰中微陽，反甘草。畏菖蒲、蘆(草)〔葦〕、鼠屎。 發明曰：此與甘遂同為泄水藥，以苦燥能勝濕利下也。故《本草》主十二水腹滿急痛，蠱毒積聚，中風，皮膚疼痛，吐逆，頸腋癰腫，頭痛發汗，利大小腸。又逐瘀血瀉毒藥，天行黄病瘟瘧，破癥結，墮胎孕。皆利下之用也。

明・李時珍《本草綱目》卷一七草部・毒草類 大戟《本經》下品

【釋名】邛鉅《爾雅》 下馬仙《綱目》。時珍曰：其根辛苦，戟人咽喉，故名。今俚人呼爲下馬仙，言利人甚速也。郭璞注《爾雅》云：蕎，邛鉅，即大戟也。

【集解】《别録》曰：大戟生常山。十二月采根，陰乾。保昇曰：苗似甘遂而高大，葉有白汁，花黄。根似細苦參，皮黄(黑)，肉黄白。五月采苗，二月、八月采根用。頌曰：近道多有之。春生紅芽，漸長叢高一尺以來，葉似初生楊柳，小團，三月、四月開黄紫花，團圓似杏花，又似蕪荑。根似細苦參，秋冬采根陰乾。淮甸出者莖圓，高三四尺，花黄，葉至心亦如百合苗。江南生者葉似芍藥。時珍曰：大戟生平澤甚多。直莖高二三尺，中空，折之有白漿。葉長狹如柳葉而不團，其稍葉密攢而上。杭州紫大戟爲上，江南土大戟次之。北方綿大戟色白，其根皮柔韌如綿，甚峻利，能傷人。弱者服之，或至吐血，不可不知。

根 【修治】斅曰：凡使勿用附生者，誤服令人洩氣不禁，即煎薺苨湯解之。采得後，于槐砧上細剉，與海芋葉拌蒸，從巳至申，去芋葉，晒乾用。時珍曰：凡采得以漿水煮軟，去骨，晒乾用。海芋葉麻而有毒，恐不可用也。

【氣味】苦，寒，有小毒。《别録》曰：甘，大寒。權曰：苦、辛，有大毒。元素曰：苦、甘、辛，陰中微陽。瀉肺，損真氣。時珍曰：得棗即不損脾。之才曰：反甘草，用菖蒲解之。恭曰：畏昌蒲、蘆葦、鼠屎。大明曰：赤小豆爲之使，惡薯蕷。

【主治】蠱毒。十二水，腹滿急痛積聚，中風皮膚疼痛，吐逆《本經》。頸腋癰腫，頭痛，發汗，利大小便《别録》。瀉毒藥，泄天行黄病温瘧，破癥結大明。下惡血癖塊，腹内雷鳴，通月水，墮胎孕甄權。治隱瘮風，及風毒脚腫，並煮水，日日熱淋，取愈蘇頌。

【發明】成無己曰：大戟、甘遂之苦以泄水者，腎所主也。好古曰：大戟與甘遂同爲泄水之藥。濕勝者苦燥除之也。時珍曰：痰涎之爲物，隨氣升降，無處不到。入于心，則迷竅而成癲癇，妄言妄見；入于肺，則塞竅而成欬唾稠粘，喘急背冷；入于肝，則留伏蓄聚，而成脇痛乾嘔，寒熱往來；入于經絡，則麻痹疼痛；入于筋骨，則頸項胸背腰脇手足牽引隱痛。陳無擇《三因方》，並以控涎丹主之，殊有奇効。此乃治痰之本。痰之本，水也，濕也。得氣與火，則凝滯而爲痰爲飲爲涎爲涕爲癖。大戟能泄臟腑之水濕，甘遂能行經隧之水濕，白芥子能散皮裏膜外之痰氣。惟善用者，能收奇功也。又錢仲陽謂腎爲真水，有補無瀉，而復云痘瘡變黑歸腎一證，用百祥膏下之以瀉腎，非瀉腎也，瀉其腑則臟自不實。愚按百祥惟用大戟一味，大戟能行水，故曰瀉其腑則臟自不實，腑者膀胱也。竊謂百祥非獨瀉腑，正實則瀉其子也，腎邪實而瀉其肝也。大戟味苦濇，浸水色青緑，肝膽之藥也。故百祥膏又治嗽而吐青緑水。夫青緑者，少陽風木之色也。仲景亦云：心下痞滿，引脇下痛，乾嘔短氣者，十棗湯主之。其中亦有大戟。夫乾嘔脇痛，非肝膽之病乎？則百祥之瀉肝膽也，明矣。肝乃東方，宜瀉不宜補。況瀉青、瀉黄皆瀉其子，同一瀉也，何獨腎只瀉腑乎？潔古老人治變黑歸腎證，用宣風散代百祥膏，亦是瀉子之意。蓋毒勝火熾則水益涸，風挾火勢則土受虧。故津血内竭，不能化膿，而成青黑乾陷之證。瀉其風火之毒，所以救腎扶脾也。或云脾虚腎旺，故瀉腎扶脾者，非也。腎之真水不可瀉，瀉其陷伏之邪毒爾。

【附方】新一十一。 百祥膏：治嗽而吐青緑水，又治痘瘡歸腎，紫黑乾陷，不發寒者，宜下之。不黑者，慎勿下。紅芽大戟不以多少，陰乾，漿水煮極軟，去骨日乾，復納原汁(中煮)，汁盡，焙爲末，水丸粟米大。每服一二十丸，研赤脂麻湯下。〇潔古《活法機要》：棗變百祥丸：治斑瘡變黑，大便祕結。用大戟一兩，棗三枚，水一盌同煮，暴乾，去大戟，以棗肉焙丸服，從少至多，以利爲度。 控涎丹：治痰涎留在胸膈上下，變爲諸病，或頸項胸背腰脇手足胯髀隱痛不可忍，筋骨牽引，釣痛走易，及皮膚麻痹，似乎癱瘓，不可誤作風氣風毒及瘡疽施治。又治頭痛不可舉，或睡中流涎，或欬唾喘息，或痰迷心竅，並宜此藥。數服痰涎自失，諸疾尋愈。紫大戟、白甘遂、白芥子微炒各一兩，爲末，薑汁打麪糊丸梧子大。每服七丸，或二十丸，以津液嚥下。若取利，則服五六十丸。《三因方》。 水腫喘急：水便澀及水蠱。大戟炒二兩，乾薑炮半兩，爲散。每服三錢，薑湯下，大小便利爲度。《聖濟總録》。　水病腫滿：不問年月淺深。大戟、當歸、橘皮各一兩切，以水二升，煮取七合，頓服。利下水二三升，勿怪。至重者，不過再服便瘥。禁毒食一年，永不復作。此方出張尚客。李絳《兵部手集》。　水氣腫脹：大戟一兩，廣木香半兩，爲末。五更酒服一錢半，取下碧水後，以粥補之。忌鹹物。〇《簡便方》用大戟燒存性，研末，每空心酒服一錢匕。　水腫腹大：如鼓，或遍身浮腫。用棗一斗，入鍋內以水浸過，用大戟根苗蓋之，瓦盆合定，煮熟，取棗無時食之，棗盡決愈。〇又大戟散：用大戟、白牽牛、木香等分，爲末。每服一錢，以猪腰子一對，批開摻末在內，濕紙煨熟，空心食之。左則塌左，右則塌右。張潔古《活法機要》。

牙齒搖痛：大戟咬於痛處，良。《生生編》。　中風發熱：大戟、苦參四兩，白酢漿一斗，煮熟洗之，寒乃止。《千金方》。

題明・薛己《本草約言》卷一《藥性本草》　大戟　味苦、甘，氣大寒，有毒。味厚，陰也，降也。瀉積水之腫滿，破瘀血之堅癥。瀉積水損肺之氣，破瘀血墮胎之形。即澤漆根。與甘遂同為泄水藥。以苦燥能勝濕利下也，故主十二水腹滿急痛。利大小腸，逐瘀血，破癥結，墮胎孕，皆利下之用也。量人虛實，勿輕服之。

明・梅得春《藥性會元》卷上　大戟　味甘、苦，氣大寒，陰中微陽，有毒。小豆為使，反甘草。畏菖蒲、蘆草、鼠屎。苗名澤漆。　主下十二種水滿急痛，積聚，利大小腸，能通月水，消瘀血，墮胎。其葉名澤漆，主治同，能取痰。　製法：用長流水洗淨，晒乾。

明・王肯堂《傷寒證治準繩》卷八　大戟　氣寒，味苦辛，有毒。陰中微陽。瀉肺，損真氣，得棗良。治十二水腹滿急痛，積聚，頭疼，發汗，利大小腸。海：大戟與甘遂同為泄水之藥，濕勝者，苦燥除之也。以漿水煮軟，去骨，晒乾用。

明・李中立《本草原始》卷三　大戟　澤漆根也。始生常山，今近道有之。春生紅芽，漸長作叢，高一尺已來。葉似初生楊柳，小團。三月、四月開黃紫花，團圓似杏花，又似蕪荑。根似苦參，皮黃黑，肉黃白色。秋冬採根，陰乾。淮甸出者，莖圓，高三四尺，花黃，葉至心亦如百合苗。江南生者，葉似芍藥。北方綿大戟根柔韌如綿。《本草綱目》曰：其根辛、苦，戟人咽喉，故名大戟。今俚人呼為下馬仙，言利人甚速也。　大戟：氣味：苦，寒，有小毒。主治：蠱毒，十二水，腹滿急痛，積聚，中風，皮膚疼痛，吐逆。〇頸腋癰腫，頭痛，發汗，利大小便。〇瀉毒藥，泄天行黃病，溫瘧，破癥結。〇下惡血癖塊，腹內雷鳴，通月水，墮胎孕。〇治癮瘮風及風毒、脚腫，並煮水，日日熱淋，取愈。

《本經》下品。【圖略】紅芽大戟紫色。杭州紫大戟為上，江南土大戟次之。綿大戟皮黑肉白，比紫大戟更峻利傷人。　修治：以漿水煮之，晒乾剉用。

元素曰：苦、甘、辛，陰中微陽。瀉肺，損真氣。之才曰：反甘草。用菖蒲解之。恭曰：畏菖蒲、蘆葦、鼠屎。大明曰：赤小豆為之使，惡薯蕷。

李絳《兵部手集》方：療水病，無問年月淺深。雖腹脉惡亦主之。大戟、當歸、橘皮各一兩切，以水二升，煮取七合，頓服。利下水二三升，勿怪。至重者不過再服便瘥。禁毒食一年，永不復作。

明・張懋辰《本草便》卷一　大戟使　味苦、甘，氣寒，陰中之陽，有毒。反甘草，畏菖蒲、蘆草、鼠屎。　主蠱毒，十二水腹滿急痛，積聚癥結，中風，皮膚痛，吐逆，善治瘀血，通月水，墮胎孕。又治頸癰腫。

明・盧復《芷園臆草題藥》　大戟　春生紅牙，花似杏花，根亦紫色，味苦，皆屬心。故夏病在五藏而令不能(大)〔火〕者宜之。大概心火之有疾，嘗受水寒之侮害，此能發汗，以通(大)〔火〕其心，利二便，以逐水寒之制，力能戟人咽喉，損人真氣。如馭惡人，平治天下，匪聖者，其孰能之？

明・李中梓《藥性解》卷三　大戟　味苦、甘，性大寒，有毒，入十二經。主水脹蠱毒，癥結腹滿，急痛發汗，利大小腸，通月經，墮胎孕。小豆為使，惡山藥，畏菖蒲，反甘草、芫花、海藻。　按：大戟陰中微陽，逐十二經水，能損真氣，量虛實用之。

明・繆希雍《本草經疏》卷一〇　大戟　味苦、甘，寒、大寒，有小毒。主蠱毒，十二水，腫滿急痛，積聚，中風，皮膚疼痛，吐逆，頸腋癰腫，頭痛，發汗，利大小腸。反甘草。畏菖蒲、蘆草、鼠糞。

〔疏〕大戟稟天地陰毒之氣以生，故味苦寒而有小毒。甄權、潔古兼辛。《別錄》兼甘。應是辛多，非辛則無毒矣。苦寒故善下走而入腎肝，辛則橫走無所不到矣，潔古又謂瀉肺損真氣。其主下蠱毒者，以蠱毒必熱，必辛，辛則散，走臟腑，故假其辛寒以搜其辛熱，是以毒攻毒也。苦寒下洩，故能逐諸有餘之水濕熱，及留飲在中下二焦，則為腹滿急痛，或成積聚。苦辛甘寒，故散頸腋癰腫，利大小便，瀉毒藥，通月水。陰草，苦辛有毒，故又墮胎也。天行黃病，非元氣實者勿用。《經》曰：邪之所湊，其氣必虛。中風之人，其虛必矣。《本經》末又謂其主中風，皮膚疼痛，吐逆者，非也！焉有虛病而可施苦寒有毒下泄之藥哉？是重虛其虛也。【主治參互】大戟入玉樞丹、紫金錠，則解蠱毒、熱毒癰疽疔腫及蛇蟲諸毒，內服外敷，取利為度。百祥丸：治痘瘡變黑，乾陷不發，寒而大便閉結者，用大戟一兩，棗三枚，水一碗，同煮曝乾，去大戟，以棗肉焙丸服。從三分服至五分，以利為度。《三因方》控涎丹，治痰涎留在胸膈上下，變為諸病，或頸項、胸背、腰脇、手足、胯髀，隱痛不可忍，筋骨牽引，釣痛走易，及皮膚麻痹，似乎癱瘓，不可誤作風氣風毒及瘡疽施治。又治頭痛不可舉，或睡中流涎，或欬唾喘息，或痰迷心竅，並宜此藥。數服，痰涎自失，諸疾尋愈。紫大戟、白甘遂、白芥子微炒，各一兩，為末，薑汁打麪糊丸梧子大。每服七丸，或二十丸，以津液嚥下。若取利，則服五六十丸。《千金方》中風發熱：大戟、苦參各四兩，白酢漿一斗，煮熟洗之，寒乃止。《生生方》：牙齒搖痛，大戟咬於痛處，良。【簡誤】大戟陰寒，善走而下洩，潔古謂其損真氣。故凡水腫不由於受濕停水，而由於脾虛，土堅則水清，土虛則水泛濫，實脾則能制水，此必然之數也。今不補脾，而復用疎洩泄追逐之藥，是重虛其虛也。宜詳辨而深戒之。惟留飲伏飲，停滯中焦，及元氣壯實人患水濕，乃可一暫施耳。

明・倪朱謨《本草彙言》卷五　大戟　味苦、辛，氣寒，有毒。陰中微陽之藥也。李瀕湖先生曰：大戟出常山，今近道亦有，多生平澤。二三月發芽紅色，漸長叢高，莖直中空，折之有白漿。葉狹長似柳，梢頭葉攢密而上。三四月開黃紫色花，如杏及蕪荑。根如苦參而細。出淮甸者，苗似百合而葉黃；江南者，葉似芍藥而苗短；出杭州者，色紫而柔，爲上品。江南又一種土大戟，次之。北方一種綿大戟，皮韌如綿而色白，氣味峻利，能傷人，俱爲下品。弱人服之，吐血損真。凡使勿用附生者，誤服令人氣洩不禁，即用薺苨湯解之。修治：以米泔水煮去骨，晒乾用。

大戟：除蠱毒，《本經》行水脹之藥也。宋正泉稿苦能直泄，辛能橫散，故逐諸有餘之水濕，濕熱及留飲、伏飲在中下二焦，爲蠱毒，爲脹滿，爲大小便不通，用之立時奏效。觀大氏方兼主天行黃病，溫瘧寒熱，頸腋癰腫，無非濕熱伏飲爲患，咸宜服之。但氣味苦，陰而寒，性善下泄，未免有損真氣。如患水腫諸證，不由于受濕停水，而由于脾虛者，若不補脾而復用疏泄追逐之藥，是重虛其虛也，寧無夭枉之咎？果元氣壯實之人，留飲伏飲，停滯中焦，乃可一暫施耳。李瀕湖先生曰：痰涎之爲物，隨氣升降，氣逆痰滯，則爲病矣。滯于心則迷亂而成癲癇，或妄言妄見；滯于肺則喘逆而成欬唾稠粘，胸脹背冷；滯于肝則留伏蓄聚，而成脇痛乾嘔，寒熱往來；滯于脾則腫滿脹急，食飲不入；滯于腎則腰腹重滯，二便不通；入于經絡則麻痹疼痛；入于筋骨則頸項胸背，腰脇手足，胯髀等處，牽引隱痛而不知所在，似乎癱瘓，不可誤作風氣，風毒，及瘡疽施治。故陳氏《三因方》，并以控涎丹主之，殊有奇功。此治痰之本。痰之本，水也、濕也，得火與氣，逆則凝滯而爲痰、爲飲，爲涎、爲涕、爲癖、爲積，故用大戟，能泄藏府之水濕；甘遂，能行經隧之水濕；白芥子，能散皮裏膜外之痰涎飲積，俱微炒，各一兩，爲末。薑汁水發爲丸，如菉豆大。每服十五丸至三十丸，以津唾咽下。若取利，服二百丸，白湯下。惟善用者，能收奇功也。

集方：《簡便方》治水氣腫脹如鼓，或遍身浮腫。用紅棗五升，入鍋內，以水浸過，用大戟八兩，蓋之，瓦盆合定，煮熟，去大戟取棗。無時食之，以十日內，棗盡決愈。〇又方，以大戟二兩，廣木香一兩，爲末，五更時白湯調服二錢，取下碧水數次，半日後，漸以淡薄粥食之。忌一切鹽味。〇又方，用大戟，白牽牛各等分，爲末。每服二錢，以猪腰子一對，批開，糝藥末在內，濕紙煨熟食之。〇大氏方治黃疸，小水不通。用大戟一兩，茵陳二兩，水浸空心服。〇《方脉正宗》治瘟瘧寒熱腹脹。用大戟五錢，柴胡、薑製半夏三錢，廣皮一錢，生薑三片，水二大碗，煎七分服。〇同前治頸項腋間癰疽。用大戟三兩酒浸炒，晒乾，當歸、於白朮各二兩，共爲末，生半夏、薑水炒，爲末，打糊丸如梧子大，每服二錢。食後白湯下。

明・顧逢柏《分部本草妙用》卷八雜藥部　大戟　苦，寒，有小毒。主治：下惡血塊，通經墮胎。治癮疹風，及風毒脚腫，煮水熱淋取愈。大戟為泄水之藥。濕勝者，苦燥除之也。痰涎之為物也，隨其流入，無不中病。大戟泄臟腑之水濕，甘遂行經遂之水濕，白芥子散皮裏膜外之痰濕，惟善用者，能奏奇功。澤漆同之。

明・李中梓《醫宗必讀・本草徵要上》　大戟味苦、辛，寒，有毒。入脾經。赤小豆為使，惡山藥，畏菖蒲，反甘草。水煮軟，去骨用。　驅逐水蠱，疏通血瘀，發汗消癰，除二便閉。苦能直泄，故逐血行水；辛能橫散，故發汗消癰。按：大戟陰寒善走，大損真氣。若非元氣壯實，水濕留伏，烏敢浪施？

明・鄭二陽《仁壽堂藥鏡》卷一〇下　大戟　《本草》云：大戟生常山，今近道處處皆有。之才曰：反甘草，畏菖蒲、蘆葦、鼠屎。成聊攝云：苦以泄之，甘遂、大戟之苦以泄水。水者腎所主也。潔古云：大戟味苦、甘，寒，陰中微陽也。瀉肺氣，却能損真氣。海藏云：此澤漆根也。與甘遂同為泄水之藥。濕勝者，以苦燥除之。《本草》云：大戟味苦，能墮胎。

　時珍云：大戟得棗，即不損脾。處處生。春發紅芽。入藥惟採正根，傍附誤煎，冷泄難禁。

明・張景岳《景岳全書》卷四八《本草正》　大戟　味苦，大寒，有毒。反甘草。性峻利，善逐水邪痰涎，瀉濕熱脹滿，消急痛，破癥結，下惡血，攻積聚，通二便，殺蠱毒藥毒。療天行瘟瘧黃病，及頸腋癰腫。然大能瀉肺損真氣，非有大實堅者，不宜輕用。若中其毒，惟菖蒲可以解之。

明・盧之頤《本草乘雅半偈》帙六　大戟《本經》下品　氣味：苦，寒，有小毒。　主治：主蠱毒十二水，腹滿急痛積聚，中風，皮膚疼痛，吐逆。

　覈曰：出常山。近道亦有，多生平澤。二三月抽芽紅色，漸長叢高，莖直中空，折之有白漿。葉狹長似柳，梢頭葉攢密而上。三四月開黃紫色花，如杏及蕪荑。根如苦參而細。出淮甸者，苗似百合而葉黃。江南者，葉似芍藥而苗短。杭州一種，色紫而柔，爲上品；江南一種土大戟，為下品。北方一種緜大戟，皮韌如緜而色白，氣味峻利，弱人誤服吐血。修事：勿用附生者，誤服令人氣洩不禁，即煎薺薴湯解之，采得即于槐砧上細剉，與海芋葉拌蒸，從巳至申，去芋葉，晒乾用。反甘草，菖蒲能解之。

　先人云：雙枝為戟，所用為門，我軍彼敵，咽喉之地，疆界之域也。出入生死，莫不繇之，其為用大矣。蓋蠱毒唯入，十二水唯不出，風中欲入，吐逆欲出，四者之門能無樞要乎。然人身樞要主心，猶三軍之命在將，大戟花苗色味，悉屬心象，誠急方之宣劑、通劑，上下表裏，誰能不繇其門，以為出入者。今人唯知逐水，尚可擴充治痘澄飲，以其咸從水類也。客曰：人身以九竅為門，越人別立七衝為衢，大戟惟堪下泄，何有疆界門戶？答曰：九竅者，身形之門戶，七衝者，六府之衢路，如五藏十二經，及骨空腠理，亦莫不有疆界衢路門戶者。《經》云：八萬四千毛孔，孔孔作大壑流，非寓言也。大戟苦寒，行心之用，于時為夏，設人身有一毛孔于時不大，便非靈活之身。唯其莫不夏大，乃成至大之用。大戟張大夏令，為門為衢，則邪去有路，自外自中而汗而下矣。且心之表氣為陽，而苦寒又得太陽寒水之化，故為心之用，宣發太陽之開藥也。以太陽經主開，開處為衢為門，可無惑矣。

　条曰：大以用言，戟者支兵也。《周禮》掌舍棘門，注云以戟為門，主持開闔，且禦侮也。如治吐逆，此但從開；如治蠱毒十二水，以及腹滿急痛積聚，與中風皮膚疼痛，此但從闔。闔者持以開，開者持以闔，亦若拔戟以逐之，以滅不格也。

明・李中梓《本草通玄》卷上　大戟　苦，寒，有毒。入肝與膀胱。利大小便，泄十種水病，破惡血癖塊。　李時珍云：痰涎無處不到。入心，則迷竅而癲狂，入肺，則塞竅而欬喘；入肝，則脇痛乾嘔；入經絡，則痺痛；入筋骨，則引痛。並用控涎丹，殊有奇功。此治痰之本。本者水濕也。得氣與火，變為痰涎。大戟泄臟腑之水濕，甘遂行經隧之水濕，白芥子散皮裏膜外之痰，善用者收奇功也。　錢仲陽謂：腎為真水，有補無瀉，又云痘瘡變黑歸腎，用白祥丸以瀉腎，非瀉腎也，瀉其腑則臟自不實。百祥丸惟大戟一味，大戟能行水，瀉膀胱之腑，則腎臟自不實。竊謂百祥非獨瀉腑，乃實則瀉其子也，腎邪實而瀉肝也。大戟浸水色青，肝膽之色也。仲景治痞滿脇痛，乾嘔短氣，十棗湯主之。亦有大戟。夫乾嘔脇痛，非肝膽症乎？則百祥之瀉肝膽，明矣。何獨瀉腑乎？　用棗同煮軟，晒乾。

清・顧元交《本草彙箋》卷四　大戟　大戟與甘遂同爲泄水之劑。凡水腫不由於脾虛土堅，而繇於受濕停水者需之。水濕者，痰之本，得氣與火則凝滯，而爲痰、爲飲、爲涕、爲澼。古方並以控涎丹主之，以治水濕。大戟泄腑臟之水濕，甘遂行經隧之水濕，白芥子散皮裏膜外之痰。惟在善用者，能收奇效。夫痰涎之爲物，隨氣上下，無處不到，入心則迷竅而成癇癲，妄言妄見；入肺則塞竅而成欬唾稠粘，喘急背冷；入肝則留伏積聚，而成脇痛，乾嘔，寒熱往來；入于經絡則麻痺疼痛；入於筋骨則頸項、胸背、腰脇、手足牽引隱痛。凡犯此症，不可認作風氣風毒及瘡疽施治。大戟苦寒下走，辛則橫行，亦無所不到，所以爲控涎之品也。

　控涎丹以大戟、甘遂、白芥子等分，薑汁麪糊丸梧子大，每服七丸或二十丸，以津液嚥下。若取利，則服五六十丸。土虛人勿服。大戟味苦濇，浸水色青綠，亦肝膽之藥也。故百祥膏又治嗽，而吐青綠色者。仲景亦云：心下痞滿，引脇下痛，乾嘔短氣者，十棗湯主之。其中亦有大戟。夫乾嘔脇痛，非肝膽之病乎？大戟得棗，即不損脾。

清·穆石匏《本草洞詮》卷九　大戟　其根辛苦，戟人咽喉，故名。味苦辛，氣寒，有毒。治蠱毒十二水，腹滿急痛，利大小便，天行黃病，溫瘧，破癥結，墮胎孕。治癮瘮風及風毒膭腫，並煮水，日日熱淋，取愈。蓋大戟、甘遂同為泄水之藥，濕熱者，苦燥除之也。人身之有痰涎，隨氣升降，無處不到，入於心則迷竅，而成癲癇，妄言妄見。入於肺則塞竅，而成欬唾稠粘，喘急背冷。入於肝則留伏蓄聚，而成脇痛乾嘔，寒熱往來。入於經絡則麻痺疼痛。入於筋骨則頸項、胸背、腰脇、手足牽引隱痛。陳無擇《三因方》並以控涎丹主之，此乃治痰之本。痰之本，水也，濕也，得氣與火則凝滯，而為痰，為飲，為涎，為涕，為癖。大戟能泄臟腑之水濕，甘遂能行經隧之水濕，白芥子能行皮裏膜外之痰氣，惟善用者能有功耳。錢仲陽謂腎為真水，有補無瀉。而復云痘瘡變黑歸腎一證，用百祥膏下之以瀉腎，惟用大戟一味，瀉其腑則臟自不實也。竊謂瀉腑之說，似未必然，百祥之瀉腎，乃實則瀉其子也。大戟浸水，其色青綠，肝膽之藥也。故百祥膏又治吐青綠水。夫青綠者，少陽風木之色也。仲景亦云：心下痞滿，引脇下痛，乾嘔短氣者，十棗湯主之，其中亦用大戟。夫乾嘔脇痛，非肝膽之病乎？肝乃東方，宜瀉不宜補。潔古治變黑歸腎證，用宣風散代百祥膏，亦是瀉子之意。蓋毒勝火熾，則水益涸，風挾火勢，則土受虧，故津血內竭，不能化膿，而成青黑乾陷之證。瀉其風火之毒，所以救腎扶脾也。或曰：脾虛腎旺，故瀉腎扶脾者，非也。腎之真水不可瀉，瀉其陷伏之邪毒爾。大戟之瀉腎，猶大黃、黃芩、黃連之瀉心，皆瀉邪熱也。瀉心所以補心，瀉腎所以救腎，邪熱退則真陰復矣。大戟生者令人泄氣，薺苨湯解之。反甘草，用菖蒲解之。得棗即不損脾。

清·劉雲密《本草述》卷一○　大戟赤小豆為之使。惡薯蕷。反甘草。　覈曰：近道多有之，類生平澤。春生紅芽，漸長叢，高一尺以來，莖直中空，折之有白漿，葉狹長似柳，稍頭葉攢密而上，三四月開黃紫花，似杏花，又似蕪荑，根似細苦參，皮黃肉黃白。惟杭州一種色紫而柔，為上品。江南土大戟次之。北方一種綿大戟，皮韌如綿而色白。氣味峻利，弱人誤服吐血，不可不知。

根：氣味：苦，寒，有小毒。《別録》曰：甘，大寒。權曰：苦、辛，有大毒。潔古曰：苦、甘、辛，陰中微陽。瀉肺，損眞氣。時珍曰：得棗即不損脾。

主治：十二水腹滿急痛，積聚。但臟腑隱有細水，皆能導之。下惡血癖塊，瀉蠱毒毒藥，泄天行黃痛溫瘧，療中風皮膚疼痛，吐逆。蘇頌曰：治隱疹風及風毒脚腫，並煮水，日日熱淋取愈。好古曰：大戟與甘遂，同為泄水之藥，溼勝者，苦燥除之也。時珍曰：痰涎之為物，隨氣升降，無處不到，入於心，則迷竅而成癲癇，妄言妄見。入於肺，則塞竅而成咳唾稠粘，喘急背冷。入於肝，則留伏蓄聚，而成脇痛乾嘔，寒熱往來。入於經絡，則麻痺疼痛。入於筋骨，則頸項，胸背，腰脇，手足牽引隱痛。陳無擇《三因方》並以控涎丹主之，殊有奇效。此乃治痰之本。痰之本，水也，溼也。得氣與火則凝滯，而為痰為飲，為涎為涕，為癖。大戟能泄臟腑之水溼，甘遂能行經隧之水溼，白芥子能散皮裏膜外痰氣，惟有善用者，能收奇功也。希雍曰：大戟禀天地陰毒之氣以生，故味苦寒而有小毒。甄權、潔古兼辛。《別録》兼甘，應是辛多，非辛則無毒也。苦寒，故善下走，而入腎肝，逐諸有餘之水。辛則橫走，無所不到矣。寒而有辛，故能以毒攻毒，而治蠱毒。瀉毒藥并散天行黃病及溫瘧，更破惡血癖塊。大戟入玉樞丹、紫金錠，則解蠱毒熱毒，癰疽疔腫，及蛇蟲諸毒，內服外敷，取利為度。《三因方》控涎丹，治痰涎留在胸膈上下，變為諸病，或頸項胸背，腰脇，手足胯髀隱痛不可忍，筋骨牽引釣痛走易，及皮膚麻痹，似乎癱瘓，不可誤作風氣風毒，及瘡疽施治。又治頭痛不可舉，或睡中流涎，或欬唾喘息，或痰迷心竅，並宜此藥數服，痰涎自失，諸病尋愈。紫大戟、白甘遂、白芥子微炒，各一兩，為末，薑汁打麵糊丸梧子大，每服七丸，或二十丸，以津液咽下。若取利，則服五六十丸。大腫喘急，小便濇，及水蠱，大戟炒二兩，乾薑炮半兩，為散，每服三錢，薑湯下，大小便利為度。水腫腹大如鼓，或偏身浮腫，用棗一斗，入鍋內，以水浸過，用大戟根苗蓋之，瓦盆合定，煮熟，取棗無時食之，棗盡決愈。

愚按：大戟之用於逐水，與甘遂同乎？曰：逐水同，而致其用者不盡同也。潔古謂甘遂純陽，如大戟則謂其陰中微陽，以此合於時珍瀉子之說。如肝臟固腎子，本是陰中少陽也。況《本經》又兼言中風皮膚疼痛，吐逆。而蘇頌有隱疹風，及風毒脚腫之治，則茲物之逐水，不有由肝而致其用者歟？雖然亦非瀉肝也。試思五行中，母氣盛者，樂趨於子以泄之，茲或由子而畢泄母氣之溼，俾其不少留歟。前哲謂臟腑隱有細水，皆能導之，則其義可想見矣。時珍更引療痘證黑陷，用百祥膏，謂錢仲陽止用茲味以瀉肝，非瀉腎也。其說牽合殊甚，詎知仲陽之用此味，原以瀉腎中之毒，因黑者，火極以水，非瀉腎水也。即《本經》於茲物，其主之首及蠱毒。日華子《本草》亦云：瀉毒藥。又如玉極丹、紫金錠之用，皆以解毒。然則茲物之瀉水，豈泛然隨水可瀉哉？是必其如急痛積聚，又如水所化之血為惡血癖塊，大為眞氣之毒者，乃可投之以除害也。倘泛然投之，不謂反破其眞氣，致冥行敗事之誚乎？抑《本經》所云中風皮膚疼痛，蓋即指溼風而言，原不離水之為病，如見不及，此謂茲味於中風無當也。適足徵其淺陋耳，附此以見《本經》之非漫言也。

希雍曰：大戟陰寒，善走而下洩。潔古謂其損眞氣，故凡水腫，不由於受溼停水，而由於脾虛土堅，則水清土虛，則水泛濫，實脾則能制水，此必然之數也。今不補脾，而復用疎洩追逐之藥，是重虛其虛也。宜詳辨而深戒之。惟留飲、伏飲停滯中焦，及元氣壯實人患水溼，乃可一暫施耳。

修治　時珍曰：采得以漿水煮軟，去骨，曬乾用。

清・郭章宜《本草匯》卷一二　大戟　甘、辛、苦，寒，有毒。陰中微陽，微厚，陰也，降也，通入十二經。瀉積水之腫滿，破瘀血之堅癥。消十二水，皮膚疼痛。下惡血癖塊，及腹內雷鳴。

按：大戟稟陰毒之氣，下走肝腎，大能瀉肺損真。李時珍云：痰涎之為物，隨氣升降，無處不到。入心則迷竅而癲狂，入肺則塞竅而欬喘背冷，入肝則脇痛乾嘔，入經絡則麻痺疼痛，入筋骨則頸項胸背腰痛。陳無擇並用控涎丹主之，大戟、白甘遂、白芥子，微炒，各一兩為末，薑汁打麪，糊丸。殊有奇効。此治痰之本。本者，水溼也。得氣與火變為痰液，大戟泄藏府之水溼，甘遂行經隧之水溼，白芥子散皮裏膜外之痰氣，惟善用者收奇功。又錢仲陽謂腎為真水，有補無瀉。復云豆瘡變黑歸腎一證，用百祥丸紅芽大戟，陰乾，漿水煑軟，去骨日乾，復納原汁盡焙為末，水丸，研赤脂麻油湯，下二十丸。又潔古法，大便閉結者，用大戟一兩，棗三枚，水一盌，同煑，暴乾，去大戟，以棗肉焙丸，服從少至多，以利為度。以瀉腎，非瀉腎也，瀉其腑，則藏自不實。百祥惟大戟一味，大戟能行水，瀉膀胱之腑，則腎藏自不實。然百祥非獨瀉腑，乃實則瀉其子也。腎邪實而瀉其肝也。大戟浸水，色青綠，肝膽之色也。仲景治痞滿脇痛，乾嘔短氣，十棗湯主之，亦有大戟。夫乾嘔脇痛，非肝膽症乎？則百祥之瀉肝膽明矣，何獨瀉腑乎？潔古治變黑歸腎症，用宣風散代百祥丸，亦是瀉子之意。蓋毒勝火熾，則水益涸，風挾火勢，則上受虧，故津血內竭，不能化膿，而成青黑乾陷之症，瀉其風火之毒，所以救腎扶脾也。或云脾虛腎旺，故瀉腎扶脾，不知腎之真水不可瀉，瀉其陷伏之邪毒耳。若非元氣壯實，水溼伏留，不可浪施。

得棗同煑軟，去骨，晒乾，不損脾。反甘草。畏菖蒲、蘆葦、鼠屎。赤小豆為之使。惡薯蕷。

清・蔣居祉《本草擇要綱目・寒性藥品》　大戟　氣味：苦，寒，有小毒。陰中之微陽也。　主治：蠱毒十二水，腹滿急痛，破癥結，並甘遂同為泄水之重劑。蓋水溼也，得氣與火，則凝滯而為痰為涎為涕為癖；故入心迷竅，則成癲癇，妄言妄見；入肺塞竅，則成欬唾稠粘，喘息背冷；入肝而留伏蓄聚，則成脇痛乾嘔，寒熱往來；入經絡則麻痹疼痛，入筋骨則頸項胸背腰脇手足牽引；《三因方》並以控涎丹主之。總以大戟能泄臟腑之水溼，善用之可奏奇功也。又錢氏謂腎為真水，有補無瀉，而復云痘瘡變黑歸腎一症，乃用百祥膏下之，以瀉腎者也。蓋非瀉腎，是瀉其腑，而臟自不實也。然其性苦寒有毒，最損真氣，須認症確審，方可言用。

清・王翃《握靈本草》卷四　大戟生常山。平澤甚多。用棗肉煑軟，去骨，晒乾。反甘草、芫花。其苗即名澤漆。利水與大戟同。　主治：大戟根，苦，寒，有小毒。主十二水，通月水，墮胎。

清・汪昂《本草備要》卷二　大戟大通，瀉藏府水溼。　苦，寒，有毒。能瀉藏府水溼，行血發汗，利大小便。治十二種水，腹滿急痛，積聚癥瘕，頸腋癰腫，風毒脚腫，通經墮胎。誤服損真氣。時珍曰：痰涎爲物，隨氣升降，無處不到。入心則迷，成癲癇；入肺則塞竅，爲咳喘背冷；入肝則脇痛乾嘔，寒熱往來；入經絡則麻痹疼痛；入筋骨則牽引隱痛；入皮肉則瘰癧癰腫。陳無擇幷以控涎丹主之，殊有奇效。此乃治痰之本。痰之本，水也，溼也，得氣與火，則結爲痰。大戟能泄藏府水溼，甘遂能行經絡水溼，白芥子能散皮裏膜外痰氣，惟善用者能收奇功也。又曰：錢仲陽謂腎爲真水，有補無瀉。復云痘症變黑歸腎者，用百祥膏下之，非瀉腎也，瀉其府，則藏自不實。府者，膀胱也。

百祥惟大戟一味，能行膀胱之水故也。竊謂非獨瀉府，乃腎邪實而瀉肝也。實則瀉其子。大戟浸水青綠，肝膽之色也。痘症毒盛火熾，則水益涸，風挾火勢，則土受虧，故津液內竭，不能化膿，而成黑陷之症。瀉其風火之毒，所以救腎扶脾也。昂按：瀉心乃所以補心，瀉腎即所以救腎，邪熱退則真陰復矣。《機要》用大戟一兩，棗三枚，同煮焙乾，去戟，用棗丸服，名棗變百祥丸。　杭産紫者爲上，北産白者傷人。漿水煮，去骨用。得大棗則不損脾。畏菖蒲，反甘草。

清・顧靖遠《顧氏醫鏡》卷七　大戟辛、苦，寒，有毒。入脾經。反甘草。水煮軟，去骨用。　驅痰飲，控涎丹方中，用治痰涎流胸膈上下，使人頸項、胸背、脇腰、手足牽引釣痛，皮膚麻痺。　消水蠱。通二便，能下十二經水。　散癰腫，下蠱毒。蠱毒必辛熱，辛則散走藏腑，故假其辛寒，以搜其辛熱，是以毒攻毒也。　陰寒迅速下瀉之毒藥，果形症俱實者，可暫一施。凡水腫類多脾虛，復用下瀉，是謂重虛，雖快一時，未幾再作，決不可救。孕婦大忌。

清・李熙和《醫經允中》卷二一　大戟　通行十二經。　味苦，氣大寒，有毒。　主治下惡血塊，通經，墮胎。煮水洗癮㽺，風毒脚腫可愈。按：大戟為泄水之藥，專泄臟腑之水濕。甘遂行經隧之水濕。白芥子散皮裏膜外之痰濕，惟善用者能奏奇功。《匯》云：大戟稟陰毒之氣，下走肝腎，大能瀉肺損真，苟非元氣壯實，水濕伏留，不可妄用。　苗名澤漆，亦退皮膚熱，消大腹水腫。

清・馮兆張《馮氏錦囊秘錄・雜症痘疹藥性主治合參》卷二　大戟稟天地陰毒之氣以生，故味苦辛，大寒，有小毒。苦寒故性善下走而入腎肝，辛則横走，無所不到，故主逐蠱毒，十二水，墮胎破癥之藥。然陰寒善走而下洩，瀉肺損真，虛人切忌。　大戟，凡入藥，惟採正根，傍附誤煎，冷瀉難禁。反甘草、海藻、芫花。每同甘遂，以利小便，消水腫腹滿急疼。除中風皮膚燥痛，敺蠱毒，破癥堅。通月信，墜胎，散頸癧逐瘀。其苗名為澤漆，亦治浮腫利水。總稟陰毒之氣，善行而洩，以損真氣者也。

主治痘疹合參：　行十二水，伐腎邪。惟痘瘡黑陷歸腎，大小便不通，腹脹煩躁者宜此。以瀉膀胱之邪，非此不可妄用。宜去蘆，泔水浸洗，晒乾用。

清・张璐《本經逢原》卷二　大戟　苦、辛，大寒，有毒，反甘草。入藥惟用正根，誤服傍株，令人冷瀉，棗煮則不損脾，乘軟去骨用。　《本經》主蠱毒十二水，腹滿急痛，積聚，中風皮膚疼痛，吐逆。　發明：　大戟性稟陰毒，峻利首推，苦寒下走腎陰，辛散上瀉肺氣，兼横行經脈，故《本經》專治蠱毒十二水，腹滿急痛等證，皆濁陰填塞所致，然惟暴脹為宜。云中風者是指風水膚脹而言，否則傳寫之悮耳。夫大戟、甘遂之苦以泄水者，腎所主也。痰涎之為物，隨氣升降，無處不到，入於心則迷竅而成癲癇，妄言妄見。入於肺則塞竅而成欬唾稠粘，喘急背冷。入於肝則留伏蓄聚而成脇痛，乾嘔，寒熱往來。入於經絡則麻痹疼痛。入於筋骨則頸項胸背、腰脇手足牽引隱痛。《三因方》並以控涎丹主之。大戟能瀉藏府之水濕，甘遂能行經隧之水濕，白芥子能散皮裏膜外之痰氣。惟善用者能收奇功也。痘瘡變黑歸腎，棗變百祥丸，用大戟製棗，去戟用棗，以瀉肝邪，非瀉腎也。實則瀉其子，因腎邪實而瀉其肝也。仲景云：心下痞滿引脇下痛，乾嘔短氣者，十棗湯主之，其中亦有大戟。夫乾嘔脇痛，豈非肝膽之病乎？百祥丸之瀉肝明矣。至玉樞丹同續隨子、山慈菇等解蠱毒藥，則又不獨肝膽矣。其脾胃肝腎虛寒，陰水泛濫，犯之立斃，不可不審。

清・浦士貞《夕庵讀本草快編》卷二　大戟《本經》　其根苦辛，戟人咽喉，故名。　大戟苦寒有毒，陰中微陽，瀉肺損氣之藥。惟病濕勝者宜之，何也？痰之為物，隨氣升降，無處不到，入心則迷竅而成癲癇，妄言妄見；入肺則留伏蓄聚而成脇痛乾嘔，寒熱往來；入於經隧則麻痺疼痛；入於筋骨則頸項胸背、腰脇手足牽引隱痛。陳無擇立控涎丹以主之，殊有奇効。夫痰之本，水也、濕也，得氣與火則凝滯為痰、為飲、為涎、為涕、為癖。大戟能泄藏府之水，甘遂能行經隧之濕，白芥能散皮裏膜外之痰氣，合而用之，故神捷也。錢仲陽謂腎為真水，有補無瀉，若痘瘡變黑歸腎，用百祥膏以瀉膀胱則腎不實，竊謂百祥非獨瀉府，母實則瀉其子也。腎邪既實，應瀉其肝。況大戟味苦帶濇，浸水則綠，非入肝膽之藥乎？且又能治嗽吐青綠水者，青綠亦少陽風木之化。故仲景十棗湯治心下痞滿引脇不痛，乾嘔短氣，皆屬肝膽之症，亦用大戟，則百祥之瀉肝膽明矣。故張潔古議變黑歸腎以宣風散代百祥，益可徵爾。

清・張志聰、高世栻《本草崇原》卷下　大戟　氣味苦，寒，有小毒。主治蠱毒，十二水，腹滿急痛，積聚，中風皮膚疼痛，吐逆。　大戟始出常山，今近道皆有之，多生平澤，春生紅芽，漸長叢高，莖直中空，葉長狹如柳，折之有白汁，三四月開黃紫花，根皮有紫色，有黃白色，浸於水中，水色青綠。杭州紫大戟為上，江南土大戟次之，北方綿大戟根皮柔韌於如綿而色白，甚峻利能傷人。　大戟生於西北，莖有白汁，味苦氣寒，皮浸水中，其色青綠，乃稟金水木相生之氣化。水能生木，則木氣運行，故主治蠱毒。治蠱毒者，土得木而達也。金能生水，則水氣運行，故主治十二水。十二經脈環繞一身，十二水者，一身水氣不行而腫也。腹滿急痛，積聚，言蠱毒之病，則腹滿急痛，內有積聚，大戟能治之。中風皮膚疼痛，言十二水之病，則身中於風而皮膚疼痛，大戟亦能治之。吐逆者，腹滿急痛，積聚，則土氣不和。中風皮膚疼痛，則肌表不通，皆致吐逆，而大戟皆能治之也。

清・劉漢基《藥性通考》卷六　大戟　味苦，寒，有毒。能瀉臟腑水濕，行血發汗，利大小便，治十二水，腹滿急痛，積聚癥瘕，頸腋癰腫，風毒脚腫，通經墮胎。誤服損真氣。杭產紫者為上，北產白者傷人。漿水煮去骨用。得大棗則不損脾。畏菖蒲，反甘草。

清・王子接《得宜本草・下品藥》　大戟　味苦，寒。主治十二種水。得甘遂、白芥子療水氣脹滿，得乾薑治水腫喘急。

清・黃元御《長沙藥解》卷四　大戟　味苦，性寒。入足太陽膀胱經。泄水飲之停留，通經脈之瘀澀。《金匱》十棗湯方在大棗用之治心脇痞痛，下利嘔逆者。治懸飲內痛，脈沉而弦者。以其破結而驅飲也。　大戟破氣泄水，兼化老血癥瘀，通經脈結閉，散頸腋癰腫，淋洗脚氣腫痛之病，胥有捷效。

清・吳儀洛《本草從新》卷二　大戟〔寒，通，瀉臟腑水濕。〕　苦能直泄，專瀉臟腑水濕，兼善逐血。辛能橫散，故發汗消癰。寒能通二便閉。治十二種水，腹滿急痛，積聚癥瘕，頸腋癰腫，風毒脚腫。通經墮胎，瀉火逐痰。時珍曰：痰涎為物，隨氣升降，無處不到。入心則迷，成癲癇；入肺則塞竅，為咳喘背冷；入肝則脇痛乾嘔，寒熱往來；入經絡則麻痺疼痛；入筋骨則牽引隱痛；入皮肉則瘰癧癰腫。陳無擇并以控涎丹主之，殊有奇功，此乃治痰之本。痰之本，水也，濕也，得氣與火則結為痰。大戟能泄臟腑水濕，甘遂能行經隧水濕，白芥子能散皮裏膜外痰氣，唯善用者能收奇功也。又曰：錢仲陽謂腎為真水，有補無瀉。復云：痘證變黑歸腎者用百祥膏下之，非瀉腎也，瀉其腑則臟自不實，腑者，膀胱也。百祥唯大戟一味，能行膀胱之水故也。竊謂非獨瀉腑，乃腎邪實而瀉肝也。實則瀉其子，大戟浸水青綠，肝膽之色也。痘證毒盛火熾則水益涸，風挾火勢則土受虧，故津液內竭，不能化膿而成黑陷之證。瀉其風火之毒，所以救腎扶脾也。《機要》〔張潔古《活法機要》。〕用大戟一兩，棗三枚，同煮焙乾，去戟用棗，丸服，名棗變百祥丸。陰寒善走，大損真氣，非元氣壯實，水濕伏留，不可浪施。杭產，紫者為上。北產，白者傷人。漿水煮軟去骨。得大棗良。赤小豆為使。惡山藥。畏菖蒲。反甘草。

清・汪紱《醫林纂要探源》卷二　大戟　苦，寒。莖弱，每枝三葉，根下行，色紫赤，芽正赤，刺人喉，故名紅芽大戟。杭產良。瀉心燥濕，色赤入心。北方者色白，不可用，以其能傷肺也。以攻水行血為能，決瀆，搜臟腑之濕。有毒。墮胎。浸汁色青綠，兼入肝血之分。然專入三焦，以決瀆而下達於膀胱也。反甘草。損肝肺。以漿水煮，去骨用之。

清・嚴潔等《得配本草》卷三　大戟　得棗良。小豆為之使。畏菖蒲、蘆葦、鼠屎。惡薯蕷。反甘草。菖蒲解之。　苦，寒，有毒。入三陰、足太陽經。瀉內外上下之水溢。驅蠱毒，破癥結，逐血瘀，除痰飲。　配乾薑為散，治水腫喘急。煮大棗，治水腫。去戟取棗食之。　泔水浸洗，再用漿水煮乾，去骨用。　宜采正根用。若誤用旁附，則冷瀉不禁，即煎薺苨湯解之。妄用殺人。

題清・徐大椿《藥性切用》卷四　紫大戟　辛苦性寒，泄閉瀉水。按：大戟能瀉藏府水飲，甘遂能行經絡水飲，白芥子能散皮裏膜外痰氣。三味仝劑，名控涎丹。虛人不可輕用。

清・黃宮繡《本草求真》卷五　大戟大瀉臟腑水濕。　大戟耑入肺腎，旁行經絡。氣味苦寒，性秉純陽，峻利居首，上瀉肺氣，下泄腎水，兼因味辛，旁行經脈，無處不到。浸水色綠，又入肝膽，故書皆載能治十二水毒，蠱結腹滿急痛等症。好古曰：大戟與甘遂同為泄水之藥，濕勝者苦燥除之也。李時珍云：凡痰涎為物，隨氣升降，無處不到，入於心則迷竅而癲癇；入於肺則竅塞而成欬唾稠粘，喘急背冷；入於肝則留伏蓄聚，而成脇痛乾嘔，寒熱往來；入於經絡則麻痹疼痛；入於筋骨則頸項、胸背、腰脇、手足牽引隱痛，《三因》並以控涎丹主之。蓋有大戟能泄臟腑之水濕，甘遂能行經隧之水濕，白芥子能散皮裏膜外之痰氣，要必實症、實熱、實脉方可以用。非實莫用。否則瀉肺傷腎，害人不淺。李時珍曰：愚按百祥，惟用大戟一味，百祥獨瀉腑，正實則瀉其子也。腎邪實而瀉其肝也。潔古老人治痘變黑歸腎症，用宣風散代百祥膏，亦是瀉子之意。蓋毒勝火熾則水益涸，風挾火勢則土受虧，故津血內竭不能化膿而成青黑乾陷之症，瀉其風火之毒，所以救腎扶脾也。若中其毒者，惟菖蒲可解，杭產色紫者良，北產色白者不堪入藥，水漿煮，去骨用，得大棗則不損脾。畏菖蒲，反甘草。苗名澤漆，亦行水道，主治略同。

清・楊璿《傷寒溫疫條辨》卷六下劑類 紫大戟反甘草，杭產，麵裹煨。味苦，性寒，有小毒。入十二經。主水腫蠱毒，癥結腹滿腹疼，利小便，通月經。

苗名澤漆，退皮膚邪熱，却面目浮腫，大腹水氣立遣。孕婦並忌。

清・羅國綱《羅氏會約醫鏡》卷一六草部 大戟味苦辛，大寒，有毒，入脾經。惟采正根，水煮軟，去骨，用傍根發瀉。反甘草。苦能下走，辛能橫行。能瀉臟腑水濕，控痰涎，痰之本，水也，濕也，得氣與火，則結而為痰。消腫脹、腹痛、積聚、癥瘕、頸腋癰腫，通二便，下惡血，通經墮胎。然大能瀉肺，損真氣，非體之堅實者勿用。若中其毒，惟菖蒲可以解之。杭產紫者為上，北產白者傷人。漿水煮去心，得大棗則不損脾。

清・黃凱鈞《藥籠小品》 大戟 辛苦，寒，專能瀉藏府水濕，治十二種水腫，發汗通經，消癰逐血，除寒善泄。大損真氣，元虛無濕勿用。杭產色紫者入藥。

清・王龍《本草纂要稿・草部》 大戟 氣味甘寒。利小便，消水腫腹滿。破癥堅，通月信墮胎。除皮膚燥痛，散頸癧逐瘀。苗名澤漆，味苦兼辛。退邪熱皮膚，却浮腫面目。大腹水氣立遣，陰氣不足堪扶。

清・張德裕《本草正義》卷下 大戟 苦，大寒，有毒。性甚峻利，善逐水邪，療水濕鼓脹，破堅癥，下惡血，攻積聚，通二便。大瀉肺氣，損元氣，非有大寔堅者，勿妄用。

清・楊時泰《本草述鉤元》卷一〇 大戟 近道平澤多有，惟杭產色紫而柔者為上品，江南土大戟次之。春生紅芽，叢高尺許，莖直中空，折之有白漿，葉狹長似柳，梢頭攢密而上，三四月開黃紫花似杏，根似細苦參，皮黃，肉色黃白。

根味苦、辛，氣寒，有毒。陰中微陽，瀉肺損真氣。得棗即不損脾。赤小豆為之使，惡薯蕷，反甘草。主治十二水，腹滿急痛積聚，但臟腑隱有細水，皆能導之，下惡血癖塊，瀉蠱毒毒藥，天行黃病溫瘧，療中風皮膚疼痛吐逆。頌。稟天地陰毒之氣以生，性善下走而入腎肝，逐諸有餘之水，辛則橫走，無所不到，寒而有辛，故能以毒攻毒，治蠱毒瀉毒藥，並散天行黃病及溫瘧，更破惡血癖塊仲淳。痰涎之為物，隨氣升降，無處不到。入於心則迷竅，而成癲癎，妄言妄見。入於肺則塞竅，而成欬唾稠粘，喘急背冷。入於肝則留伏蓄聚，而成脇痛乾嘔，寒熱往來。入於經絡則麻痹疼痛，入於筋骨則頸項胸背腰脇手足牽引隱痛。《三因方》並主控涎丹，治痰之本，痰之本水也濕也，得氣與火，則凝滯而為痰飲，為涎涕，為癖。大戟能瀉臟腑之水濕，甘遂能行經隧之水濕，白芥子能散皮裏膜外之痰氣，惟善用者，能收奇功爾瀕湖。控涎丹，治痰涎留在胸膈上下，變生諸病，或頸項胸背腰脇手足胯髀隱痛不可忍，筋骨牽引釣痛走易及皮膚麻痹似乎癱瘓，不可誤作風氣、風毒及瘡疽施治，又頭痛不可舉，或睡中流涎，或欬喘息，或痰迷心竅，並宜此藥。數服痰涎自失，諸病尋愈。紫大戟、白芥子微炒、甘遂各一兩，為末，薑汁打麪糊丸梧子大，每服七丸，或二十丸，津液咽下，若取利，則服五六十丸。水腫喘急，小便濇及水蠱，大戟炒二兩，乾薑炮半兩，為散，每服三錢，薑湯下，大小便利為度。水腫，腹大如鼓，或偏身浮腫，大棗一斗，入鍋水浸，用大戟根苗蓋之，瓦盆合定，煮熟，取棗，無時食之，棗盡決愈。入玉樞丹、紫金錠，解蠱毒熱毒，癰疽疔腫及蛇蟲諸毒，內服外敷，取利為度。

論：潔古謂甘遂純陽，大戟則陰中微陽，夫肝之為臟，乃陰中少陽也。《本經》大戟兼主中風膚痛吐逆，而蘇頌更有隱疹風及風毒脚腫之治，然則茲物逐水，殆有由肝而致其用者歟。肝為腎子，凡五行中母氣盛者，樂趨於子以泄之，茲或由子而泄母氣之淫，俾其不少留歟。錢仲陽療痘證黑陷，有百祥膏，用大戟以瀉腎中之毒，非瀉腎水也。即《本經》首治蠱毒，日華子亦云瀉毒藥，又如玉樞丹、紫金錠皆用以解毒，可知茲物瀉水，必其急痛積聚，或水所化之血已為惡血癖塊，大為真氣之毒，乃可投之，否則破泄致害，實所不免。抑《本經》所主中風膚痛，即指濕風而言，原不離水之為病也。

陰寒善走而下洩有損真氣，惟水飲留伏中焦及元氣壯實人患水濕，可一暫施仲淳。

辨治：北方一種綿大戟，皮韌如綿而色白，氣味峻利，弱人誤服吐血，不可不知。以漿水煮軟，去骨，曬乾用。

清・葉桂《本草再新》卷三 大戟味苦、辛，性寒，有毒。入脾、肝二經。瀉臟腑水濕，兼善逐血發汗，消癰，通二便，治十二種水腹滿急痛，通經墮胎，瀉火逐痰。

清・吴其濬《植物名實圖考》卷二四　大戟　《本經》下品。《爾雅》：蕎，邛鉅。注：今藥草大戟也。《救荒本草》承舊説，以澤漆為大戟，苗、葉可煠熟，亦可曬乾為茶，其味苦回甘。

清・趙其光《本草求原》卷六毒草部　大戟　苦寒走心腎，辛瀉肺，橫行經脈。故逐臟腑有餘之水濕痰涎，與甘遂行經隧之水濕，並屬猛泄之品，兼瀉毒藥、癰腫、風毒脚腫，通經，墮胎。而有小毒，非氣實暴脹勿用。其治惡血癖塊者，是水不化液、化血，而為污、為濁以敗血也。治癮疹風毒及中風皮膚疼痛者，是濕鬱熱而生風也。水主於腎，水結甚而成蠱、成毒者，非急泄腎中之毒不可，故須苦寒。蓋此水已離於真氣，非補土所能防，總要從腎中補瀉，所以《金匱》腎氣湯的為探本要法。

煎水製棗，焙棗為丸，治痘瘡變黑，乾陷便閉，因火極似水，用之以瀉真氣之毒，非瀉腎水也。火將歸腎，瀉火即以救腎。時珍謂其浸水青綠，能瀉肝膽，是腎實瀉子之法，非也。

入玉樞丹、紫金錠解蠱毒、熱毒、癰腫及蛇蟲諸毒，内服外敷，以利為度。煮棗，取棗常食，治水鼓或遍身浮腫。少佐乾薑為散，薑湯下，治大腫、喘急、尿秘。

杭産紫者為上，北産者殺人。漿水煮，去骨用。得大棗則不損脾。畏菖蒲，反甘草。

清・葉志詵《神農本草經贊》卷三　大戟　味苦，寒。主蠱毒，十二水腫滿急痛，積聚中風，皮膚疼痛，吐逆。一名邛鉅。

儼森列戟，鋒畏喉摏。凝漿中注，直幹高充。披緜藏穎，攢紫搖溶。附生宣洩，薺苨消融。

《左傳》：富父終甥摏其喉以戈。李時珍曰：其根辛苦，戟人咽喉，故名。生平澤，甚多。直莖高二三尺，中空，折之有白漿。杭州紫大戟為上。北方緜大戟，根皮柔韌，甚峻利。范成大詩：山頭雲氣尚披緜。駱賓王序：藏穎重巖。謝朓詩：發萼初攢紫。李商隱詩：黄河搖溶天上來。王好古曰：此為瀉水之藥，濕勝者苦燥除之也。雷斅論：凡使勿用附生者，誤服令人洩氣，即煎薺苨湯解之。

清・文晟《新編六書》卷六《藥性摘録》　大戟　氣味苦寒，性純陽。入肺腎。旁行經絡，大瀉臟腑水濕。〇治十二種水毒蠱結，腹滿急痛等症。然必實症實脈，方可用此。否則，瀉肺傷腎，害人不淺。〇或中其毒，菖蒲可解。〇杭産。色紫者入藥。水漿煮去骨用。得大棗不損腸胃。反甘草。

大戟毒　泄不止，煎薺苨汁，或菖蒲汁飲之。

清・張仁錫《藥性蒙求・草部》　大戟五分、錢半　大戟辛寒，專祛水濕。積聚能攻，元虚莫入。苦能直泄，專瀉臟腑水濕，兼善逐血。辛能橫散，故發汗消癰。寒能通二便閉，治十二種水，腹滿急痛，積聚癥瘕，通經墮胎。〇張路玉云：苦、辛，大寒，有毒。入藥惟用正根，誤服旁株，令人冷瀉。棗煮則不損脾。杭産紫者為上。

清・屠道和《本草匯纂》卷二瀉水　大戟　耑入肺、腎，旁行經絡。氣味苦寒，有小毒。大瀉臟腑水濕，兼善逐血。辛能橫散，故能發汗，消癰。寒能通二便閉，治十二種水。頭痛中風，頸腋癰腫，皮膚疼痛，吐逆，心腹滿急痛。天行黄病，下惡血癖塊，腹内雷鳴。瀉火逐痰，治癮疹風及風毒蠱毒。脚腫，通月水，墮胎孕。李時珍云：凡痰涎為物，隨氣升降，無處不到。入於心則迷竅而癲癇。入於肺則竅塞咳唾，而稠粘喘急背冷。入於肝則留伏蓄聚，而成脇痛乾嘔，寒熱往來。入於經絡，則麻痺疼痛。入於筋骨，則頸項胸背，腰脇手足牽引隱痛。《三因》並以控涎丹主之，蓋有大戟能泄臟腑之水濕，甘遂能行經隧之濕，白芥子能散皮裏膜外之痰氣。但其性陰寒，善走，大損真氣，非元氣壯實水濕伏留，不可妄施，否則泄肺傷腎，害人不淺。若中其毒者，菖蒲可解。反甘草。用水漿煮去骨用。苗名澤漆，治皮膚熱，大腹水氣，四肢面目浮腫。利大小腸，主蠱毒，止瘧疾，消痰退熱。

清・戴葆元《本草綱目易知録》卷一草部　大戟　苦，寒，有小毒。能瀉臟腑之水濕，行血發汗，利大小便，主十二種水。腹滿急痛，積聚喘急，中風，皮膚痛，頭痛吐逆，頸腋癰腫，黄疸溫瘧，破癥結，下惡血癖塊，蠱毒，腹内雷鳴，通月水，墜胎妊。治癮瘮風及風毒脚腫，並煮汁日日熱淋，取愈。反甘草。若悞服，菖蒲可解。

清・黄光霽《本草衍句》　大戟　苦寒下走肝腎，小毒損泄肺真。利便行瘀，通經墮孕。耑逐十二種水，腹滿急痛。能瀉臟腑濕熱，風毒癮疹。煮水，日日熱淋取愈。得甘遂、白芥子療水氣脹滿，得乾薑治水腫喘急。

清・陳其瑞《本草撮要》卷一　大戟　味苦，寒，入足太陽經，功專治十二種水。得甘遂、白芥子療水氣脹滿，得乾薑治水腫喘急。通經墮胎，誤服損真氣，白者傷人。漿水煮去骨。得大棗良。畏菖蒲，反甘草。

香梨

清・吴其濬《植物名實圖考》卷九　香梨　生建昌。緑莖大葉，葉作三叉形，前尖獨長，大過於掌，深齒半寸許，粗紋斂斜，面緑，背淡青。可擦傷。或以為大戟。

澤漆

宋・唐慎微《證類本草》卷一〇草部下品〔《本經・別錄・藥對》〕　澤漆　**味苦、辛，微寒，無毒。主皮膚熱，大腹水氣，四肢面目浮腫，丈夫陰氣不足，利大小腸，明目，輕身。**一名漆莖，大戟苗也。生太山川澤。三月三日、七月七日採莖葉，陰乾。小豆爲之使，惡署預。

〔梁・陶弘景《本草經集注》〕云：此是大戟苗，生時摘葉有白汁，故名澤漆，亦能嚙人肉。

〔宋・掌禹錫《嘉祐本草》〕按《蜀本圖經》云：五月採，日乾用。《藥性論》云：澤漆，使。治人肌熱，利小便。日華子云：冷，微毒。止瘧疾，消痰退熱。此即大戟花。川澤中有。莖梗小，有葉花黄，葉似嫩菜，四五月採之。

〔宋・蘇頌《本草圖經》〕曰：澤漆，大戟苗也。生泰山川澤，今冀州、鼎州、明州及近道亦有之。生時摘葉，有白汁出，亦能嚙人，故以爲名。然張仲景治肺欬上氣，脉沈者，澤漆湯主之。澤漆三斤，以東流水五斗，煮取一斗五升，然後用半夏半升，紫參、生薑、白前各五兩，甘草、黄芩、人參、桂各三兩，八物㕮咀之，内澤漆汁中，煎取五升。每服五合，日三，至夜服盡。

〔宋・唐慎微《證類本草》〕《唐本餘》：有小毒。逐水，主蠱毒。《聖惠方》：治十種水氣。用澤漆十斤，於夏間取莖、嫩葉，入酒一斗，研汁約二斗，於銀鍋内，慢火熬如稀餳，即止，瓷器内收。每日空心溫酒調下一茶匙，以愈爲度。

宋・劉明之《圖經本草藥性總論》卷上　澤漆　味苦、辛，微寒，無毒。主皮膚熱，大腹水氣，四肢面目浮腫，丈夫陰氣不足，利大小腸，明目輕身。《藥性論》云：使。治皮肌熱，利小便。日華子云：冷，微毒。止瘧疾，消痰退熱。此即大戟花。一云大戟苗。《唐本餘》逐水，主蠱毒。小豆為之使。惡薯蕷。

宋・王介《履巉巖本草》卷中　猫兒眼精草　又名五鳳靈枝。性溫，有毒。治脚氣赤腫，行步作疼，不以多少，剉碎入鷺鷥藤、蜂窠各等分，每服一兩重，水五椀，煎至三椀，趁熱熏洗。

宋・陳衍《寶慶本草折衷》卷一〇　澤漆使。一名漆莖，乃大戟苗也。生太山川澤，及冀、鼎、明州。今近道亦有之。〇三四五七月採莖、葉，日乾。〇小豆為使，惡署預。

味苦、辛，微寒，微毒。〇主皮膚熱，大腹水氣，四肢面目浮腫，利大小腸，明目。〇日華子云：止瘧，消痰，退熱。〇《圖經》曰：生摘葉，有白汁出，亦能嚙人。治肺欬上氣，澤漆湯，以東流水煮。〇《唐本餘》：主蠱毒。

元・尚從善《本草元命苞》卷五　澤漆　乃大戟之苗。味苦、辛，微寒，無毒。惡薯蕷。小豆為使。止瘧疾，退熱消痰。主皮膚熱，大腹水氣，消肢體腫，面目虚浮。治丈夫陰氣不足，利大小腸，明目輕身。生太山川澤，今冀、鼎、明州。摘葉有白汁，亦能嚙人，因此立其名，故云澤漆。三月三採之，陰乾。七月七取之，可以。

明・朱橚《救荒本草》卷上之前　澤漆　《本草》一名漆莖。大戟苗也。生太山川澤及冀州、鼎州、明州，今處處有之。苗高二三尺，科叉生，莖紫赤色，葉似柳葉，微細短，開黄紫花，狀似杏花而瓣頗長。生時摘葉有白汁出，亦能嚙音咬人，故以為名。味苦、辛，性微寒，無毒。一云有小毒。一云性冷，微毒。小豆為之使，惡薯蕷。今嘗葉味澁苦，食過回味甜。　救飢：採葉及嫩莖，煠熟，水浸淘淨，油鹽調食。採嫩葉蒸過，晒乾做茶喫亦可。　治病：文具《本草》草部條下。

明・王綸《本草集要》卷三　澤漆使。大戟苗也。　味苦辛，氣微寒，無毒。一云：微毒。小豆為之使。惡薯蕷。三月三日、七月七日採莖葉，陰乾。　主皮膚熱，大腹水氣，四肢面目浮腫，丈夫陰氣不足。

明・滕弘《神農本經會通》卷一　澤漆　使也。小豆為之使。惡薯蕷。三月三、七月七採莖葉，陰乾。大戟苗也。一云微毒。

味苦、辛，微寒，無毒。《本經》云：主皮膚熱，大腹水氣，四肢面目浮腫，丈夫陰氣不足，利大小腸，明目輕身。《藥性論》云：使。治皮肌熱，利小便。日華子云：仲景治肺欬上氣，脉沉者，澤漆湯主之。澤漆三斤，以東流水五斗，煮取一斗五升，後用半夏半升，紫參、生薑、白前各五兩，甘草、黄芩、人參、桂各三兩，内澤漆汁中煎，取五合，每服五合，日三，至夜服盡。

明・劉文泰《本草品彙精要》卷一三　澤漆無毒　叢生。

澤漆出《神農本經》：**主皮膚熱，大腹水氣，四肢面目浮腫，丈夫陰氣不**

足。以上朱字《神農本經》。利大小腸，明目，輕身。以上黑字名醫所録。　〔名〕漆莖。　〔苗〕《圖經》曰：　澤漆，大戟苗也。春生紅芽，漸長作叢，高尺許，葉似初生楊柳而小團，三四月開黄紫花，團圓似杏花，又似蕪荑，生時摘葉，有白汁出，亦能齧人肉，故以爲名。　〔地〕《圖經》曰：　生泰山川澤，及冀州、鼎州、明州皆有之。　〔時〕生：　春生苗。採：　三月三日、七月七日取。〔收〕陰乾。　〔用〕莖、葉。　〔質〕類新柳莖葉而團聚。　〔色〕青。　〔味〕苦，辛。　〔性〕微寒，泄。　〔氣〕氣薄味厚，陰中之陽。　〔臭〕腥。　〔主〕水腫，蠱毒。　〔助〕小豆爲之使。　〔反〕惡山藥。　〔治〕療：　《藥性論》云：　利小便。日華子云：　止瘧疾，消痰，去熱。　〔合治〕以三斤，用東流水五斗，煮取一斗五升，然後用半夏半升，紫參、生薑、白前各五兩，甘草、黄芩、人參，桂心各三兩，八物㕮咀，入澤漆汁中，煎取五升，每服五合，日三服，治肺欬上氣，脈沉者愈。○夏間取莖、嫩葉十斤，入水一斗，研汁約二斗，於銀鍋内慢火熬如稀餳，用瓷器收貯，每日空心，以一茶匙合溫酒調服，治十種水氣，以愈爲度。

明·王文潔《太乙仙製本草藥性大全》卷二《本草精義》　澤漆　一名漆莖，大戟苗也。生泰山川澤，今冀州、鼎州、明州及近道有之。生時摘葉，有白汁出，亦能嚙人，故名澤漆。三月三日、七月七日採根葉陰乾用。惡薯蕷。

明·王文潔《太乙仙製本草藥性大全》卷二《仙製藥性》　澤漆大戟之苗也。

味苦、辛，氣微寒，無毒。小豆爲之使。　主治：　退邪熱皮膚，却浮腫面目。大腹水氣立遣，陰氣不足堪扶。專利大小腸，能輕身明目。　補註：　十種水氣，用十斤，於夏間取莖、嫩葉，入水一斗，研汁約二斗，於銀鍋内慢火熬如稀餳即止，甆器内收，每服空心溫酒調下一茶匙，以愈爲度。○肺欬上氣，脉沉者，澤漆湯主之。用三斤，以東流水五斗，煮取一斗五升，後用半夏半升，紫參、生薑、白前各五兩，甘草、黄芩、人參、桂心各三兩，八物㕮咀之，内澤漆汁中，煎取五升，每服五合，日三，至夜服盡。

明·李時珍《本草綱目》卷一七草部·毒草類　澤漆《本經》下品

〔釋名〕漆莖《本經》　猫兒眼睛草《綱目》　緑葉緑花草《綱目》　五鳳草弘景曰：　是大戟苗。生時摘葉有白汁，故名澤漆，亦嚙人。○餘見下。　〔集解〕《别録》曰：　澤漆，大戟苗也。生太山川澤。三月三日、七月七日，采莖葉陰乾。大明曰：　此即大戟花也。川澤中有。莖梗小，花黄色，葉似嫩菜，五月采之。頌曰：　今冀州、鼎州、明州及近道皆有之。時珍曰：　《别録》、陶氏皆言澤漆是大戟苗，日華子又言是大戟花，其苗可食。然大戟苗洩人，不可爲菜。今攷《土宿本草》及《寶藏論》諸書，並云澤漆是猫兒眼睛草，一名緑葉緑花草，一名五鳳草。江湖原澤平陸多有之。春生苗，一科分枝成叢，柔莖如馬齒莧，緑葉如苜蓿葉，葉圓而黄緑，頗似猫睛，故名猫兒眼。莖頭凡五葉中分，中抽小莖五枝，每枝開細花青緑色，復有小葉承之，齊整如一，故又名五鳳草、緑葉緑花草。掐莖有白汁粘人，其根白色有硬骨。或以此爲大戟苗者，誤也。五月采汁，煮雄黄，伏鍾乳，結草砂。據此，則澤漆是猫兒眼睛草，非大戟苗也。今方家用治水蠱、脚氣有効。尤與神農本文相合。自漢人集《别録》，誤以爲大戟苗，故諸家襲之爾。用者宜審。

莖葉　〔氣味〕苦，微寒，無毒。《别録》曰：　辛。大明曰：　冷，有小毒。之才曰：　小豆爲之使，惡薯蕷。　〔主治〕皮膚熱，大腹水氣，四肢面目浮腫，丈夫陰氣不足《本經》。利大小腸，明目輕身《别録》。主蠱毒蘇恭。止瘧疾，消痰退熱大明。　〔發明〕時珍曰：　澤漆利水，功類大戟，故人見其莖有白汁，遂誤以爲大戟。然大戟根苗皆有毒洩人，而澤漆根硬不可用，苗亦無毒，可作菜食而利丈夫陰氣，甚不相侔也。

〔附方〕舊二，新六。　肺欬上氣：　脉沉者，澤漆湯主之。澤漆三斤，以東流水五斗，煮取一斗五升，去滓。入半夏半升，紫參、白前、生薑各五兩，甘草、黄芩、人參、桂心各三兩，煎取五升。每服五合，日三服。張仲景《金匱要略方》。　心下伏瘕：　大如盃，不得食者。澤漆四兩，大黄、葶藶熬三兩，搗篩，蜜丸梧子大。每服二丸，日三服。葛洪《肘後方》。　十種水氣：　澤漆十斤，夏月取嫩莖葉，入水一斗，研汁約二斗，於銀鍋内，慢火熬如稀餳，入瓶内收。每日空心溫酒調下一匙，以愈爲度。《聖惠方》。　水氣蠱病：　生鮮猫眼睛草，晒乾爲末，棗肉丸彈子大。每服二丸，白湯化下，日二服。覺腹中暖，小便利，爲度。《乾坤秘韞》。　脚氣赤腫：　行步脚痛。猫兒眼睛草、鷺鷥藤、蜂窠等分。每服一兩，水五盌，煎三盌，熏洗之。《衛生易簡方》。　牙齒疼痛：　猫兒眼睛草一搦，研爛，湯泡取汁，含漱吐涎。《衛生易簡方》。　男婦瘰癧：　猫兒眼睛草一二捆，井水二桶，五月五日午時，鍋内熬至一桶，去滓，澄清再熬至一盌，瓶收。每以椒、葱、槐枝煎湯洗瘡净，乃搽此膏，數次愈。《便民圖纂方》。　癬瘡有蟲：　猫兒眼睛草，晒乾爲末，香油調搽之。《衛生易簡方》。

明·倪朱謨《本草彙言》卷五　澤漆　味苦、辛，氣微寒，有小毒。　李氏曰：　澤漆，是猫兒眼睛草。生江湖原澤，平陸多有之。春生苗，一科分枝成叢。莖柔如馬齒莧，葉如苜蓿葉，圓而緑色，頗似猫眼睛。莖頭凡五葉中分，中抽小莖五枝，每枝開細花緑色，復有小葉承之，齊整如一。掐莖有白汁粘手。其根白色，有硬骨，或以此爲大戟苗者，誤也。又曰：　澤漆利水，功類大戟。人見其莖有白汁，遂誤以爲大戟苗。然大戟苗有毒而泄人，澤漆苗無毒而不傷人，可作菜食。大戟根有骨，去骨而軟；澤漆根有骨，去骨仍硬，不可用。二者甚不相侔也。

澤漆：蘇恭散蠱毒，日華行痰積，《本經》利水腫之藥也。主治功力與大戟同。較之大戟，澤漆稍和緩而不甚傷元氣也。然性亦喜走泄，如胃虛人亦宜少用。

明・姚可成《食物本草・救荒野譜補遺・草類》 猫兒眼睛艸食葉。一名澤漆，一名緑葉緑花艸，一名五鳳艸。處處有之。春生苗，葉如猫睛。汋熟可救飢。猫兒睛，看睜睜，淺黄深緑何分明，窺得田蕪人罷耕。糧耗虛兮鼠絕聲，猫兮猫兮亦哀鳴，利牙爪兮徒猙獰。

明・姚可成《食物本草》卷一九草部・毒草類 澤漆一名猫兒眼睛艸，一名緑葉緑花艸，一名五鳳艸。江湖原澤平陸多有之。春生苗，一科分枝成叢，柔莖如馬齒莧。葉圓而黄緑，頗似猫睛。莖頭凡五葉中分，中抽小莖五枝，每(夜)〔枝〕開細花青緑色，復有小葉承之，齊整如一，莖有白汁粘人。其苗、莖嫩時，人采作菜茹，味甘滑。

澤漆莖葉 味甘、苦，微寒，無毒。治皮膚熱，大腹水氣，四肢面目浮腫，丈夫陰氣不足，利大小腸，明目輕身。治蠱毒。

明・盧之頤《本草乘雅半偈》帙一一 澤漆《本經》下品 氣味：苦，微寒，無毒。 主治：主治皮膚熱，大腹水氣，四肢面目浮腫，丈夫陰氣不足。

覈曰：澤漆，出太山川澤，今江湖平陸有之。春生苗，一科分枝，叢生柔莖，色碧緑，如馬齒莧、苜蓿葉輩，圓黄且緑，頗似猫睛，一名猫兒眼草。莖頭五葉，中抽小莖五枝，每枝作細花，色青緑，復有小葉承之，齊整如一，一名五鳳草，一名六葉緑花草。莖有白汁粘人，根亦白，中心勁硬如骨。《本草》為大戟、烏頭苗者，謬矣。

条曰：瀉水上行之為澤，水瀉欲留之為漆，水大體用兩葉矣。故水亡體用者，皮膚熱；水惟具體者，大腹水氣、四肢面目浮腫。緣丈夫陰足而精藏，而起亟，用行體至，體至用行，兩無礙焉。仲景先生《金匱要略》論，欬逆上氣，時時吐濁，坐不欲眠，其脈沉者，澤漆湯主之。第形寒飲冷則傷肺，兩邪相擊，為欬為癰為痿矣。此體用兩冥，至腎氣獨沉宣水之用，即所以輔水之體，内外合邪，泮然冰釋矣。

清・穆石匏《本草洞詮》卷九 澤漆 味苦辛，氣微寒，無毒，一云有小毒。止瘧疾，消痰退熱。其治水之功，與大戟相似。陶氏謂大戟苗。日華謂大戟花。然大戟苗有毒，而澤漆苗可作菜食，利丈夫陰氣，非一物也。

清・劉雲密《本草述》卷一〇 澤漆 時珍曰：考《土宿本草》及《寶藏論》諸書，並云澤漆是猫兒眼睛草，一名緑葉緑花草，一名五鳳草。江湖原澤平陸多有之。春生苗，一科分枝成叢，柔莖，如馬齒莧，緑葉如苜蓿葉，葉圓而黄緑，頗似猫睛，故名猫兒眼。莖頭凡五葉，中分中抽小莖五枝，每枝開細花，青緑色，復有小葉承之，齊整如一，故又名五鳳草，緑葉緑花草。掐莖有白汁，粘人，其根白色，有硬骨，或以此為大戟苗者，誤也。

莖葉：氣味：苦，微寒，無毒。《別録》曰：辛。日華子曰：冷，有小毒。諸本草主治：大腹水氣，四肢面目浮腫，丈夫陰氣不足，利大小腸，療痢後腫滿，氣急喘嗽，小便如血。方書主治水腫，用澤漆葉。時珍曰：澤漆利水，功類大戟。故人見其莖有白汁，遂誤以為大戟。然大戟根苗皆有毒，洩人，而澤漆根硬不可用，苗亦無毒，可作菜食，而利丈夫陰氣，甚不相侔也。

附方 肺咳上氣，脈沉者，澤漆湯主之。澤漆三斤，以東流水五斗，煮取一斗五升，去滓，入半夏半升，紫參、白前、生薑各五兩，甘草、黄芩、人參、桂心各三兩，煎取五升，每服五合，日三服。

愚按：澤漆利水，既與大戟相類，然時珍謂大戟洩人，而澤漆之利水，乃更謂其利丈夫陰氣。即《本經》亦云治丈夫陰氣不足。《經》云：水者，陰氣也。陰氣下而復上，上則邪客於臟腑間，故云水也。註云：邪水之陰，非真陰也。即此思之，如他味之利水者，又豈非行邪水乎？而真陰未能不傷，獨此之行邪水，而真陰反以受益也，是遵何故哉？愚閱方書之用，兹味唯水腫上氣，與痢後脬腫，然觀其必與白朮、桑白皮、郁李仁同，用則必有以為益脾之助，而化氣開結者，亦兹物相助為理，尤藉其前，導以為功耳。即治痢後腫滿氣急喘嗽，小便如血，逐諸隊且同參、朮以行之，則其非瞑眩之劑可知。治水之用，此味其善物哉？

大抵行水之劑，各有攸宜者，未可亂投。然皆治其標也，唯加減金匱腎氣丸，乃為治本要劑。方論云：此證多因脾胃虛弱，治失其宜，元氣復傷，而變證者，非此丸不能救。白茯苓三兩，附子五錢，川牛膝、官桂、澤瀉、車前子、山茱萸、山藥、丹皮各一兩，熟地四兩，此味酒煮為膏，和煉蜜為丸，空心白湯下。　按濟生方，以附子為君，此薛立齋重定者。

清・汪昂《本草備要》卷二　澤漆通，行水。　辛、苦，微寒。消痰退熱，止嗽殺蟲，利大小腸。治大腹水腫，益丈夫陰氣。　生平澤。葉圓黄緑，頗類猫睛，一名猫兒眼睛草。莖中有白汁，粘人。李時珍曰：《别錄》云是大戟苗，非也。功相類耳。

清・陳士鐸《本草新編》卷三　澤漆　大戟之苗也。味辛，氣寒，陰中微陽也。退皮膚邪熱，却面目浮腫，尤消水氣。

或問：　澤漆，氣味與大戟同，既删大戟，又取澤漆，豈玉樞丹中可不用大戟，而用澤漆乎。玉樞丹若改大戟為澤漆，則其功效更神，惟其用大戟，而不用澤漆，故止可祛邪，不可調和正氣也。然則，何不添入澤漆。不知止用大戟，尚有正氣大傷之慮，烏可增其黨羽以損正乎。

清・张璐《本經逢原》卷二　澤漆《本經》名漆莖。　苦，寒，小毒。《别錄》、《日華》、陶氏皆言是大戟苗，《綱目》名猫兒眼睛草。時珍云：　江湖源澤多有之，掐莖有白汁粘人故名。　《本經》主皮膚大熱，大腹水氣，四肢面目浮腫，丈夫陰氣不足。　發明：　澤漆利水，功類大戟，遂誤以為大戟苗。《本經》言利丈夫陰氣，則與大戟不相侔也。其治皮膚大熱、面浮腹大等證，兼挾表熱而言，其性與大戟亦相類也。《金匱》澤漆湯，方用澤漆、半夏、紫參、白前、甘草、人參、桂心、生薑，以治肺欬上氣脈沉。大明言止瘧疾，消痰，退熱。《肘後》《聖惠》《易簡》伏瘕，水腫，脚氣皆用之。

清・張志聰、高世栻《本草崇原》卷下　澤漆　氣味苦，微寒，無毒。主治皮膚熱，大腹水氣，四肢面目浮腫，丈夫陰氣不足。　澤漆，《本經》名漆莖，李時珍云：　《别錄》、陶氏皆言澤漆是大戟苗。日華子又言是大戟花，其苗可食。然大戟苗泄人，不可為菜。今考《土宿本草》及《寶藏論》諸書並云：　澤漆是猫兒眼睛草，一名緑葉緑花草，一名五鳳草。江湖原澤平陸多有之，春生苗，一科分枝成叢，柔莖如馬齒莧，緑葉如苜蓿葉，葉圓而黄緑，頗似猫睛，故名猫兒眼。莖頭凡五葉中分，中抽小莖五枝，每枝開細花，青緑色，復有小葉承之，齊整如一，故又名五鳳草，緑葉緑花草。莖有白汁黏人，其根白色，有硬骨，以此為大戟苗者，誤也。據此則澤漆是猫兒眼睛草，非大戟苗也。今方家用治水蠱、脚氣有效，尤與《神農》本文相合，自漢人集《别錄》，誤以名大戟苗，故諸家襲之爾。

愚按：　澤漆與大戟同類，而各種用者，須知之。　李時珍曰：　澤漆利水，功類大戟，人又見其莖有白汁，遂誤以為大戟，大戟根苗皆有毒泄人，而澤漆根硬，不可用苗，亦無毒，可作菜食，而利丈夫陰氣，甚不相侔也。　澤漆五枝五葉，白汁白根，稟金土之精，故能制化其水，蓋金生水而土制水也。氣味苦寒，故主治皮膚熱，土能制水，故治大腹水氣，四肢面目浮腫，金能生水，故治丈夫陰氣不足。《金匱》有澤漆湯，治咳逆上氣，咳而脈浮者，厚朴麻黄湯主之，咳而脈沉者，澤漆湯主之。

清・王子接《得宜本草・下品藥》　澤漆　味苦。功專利水。得大黄、葶藶療心下伏瘕。

清・黄元御《長沙藥解》卷四　澤漆　味苦，微寒。入足太陽膀胱經。專行水飲，善止咳嗽。　《金匱》澤漆湯，澤漆三升，半夏半升，白前五兩，紫參五兩，黄芩三兩，人參三兩，甘草三兩，桂枝三兩，生薑五兩。治咳而脈沉者。火浮水沉，自然之性。其脈見沉，是有裹水。水邪阻格，肺氣不降，金受火刑，是以作咳。人參、甘草補中而培土，生薑、半夏降逆而驅濁。紫參、白前清金而破壅，桂枝、黄芩疏水而泄火，澤漆行其水積也。　澤漆苦寒之性，長於泄水，故能治痰飲阻格之咳。　入藥用長流水煎。

清・汪紱《醫林纂要探源》卷二　澤漆　辛、苦，寒。莖勁上，分四枝，中有白汁粘人，葉圓，黄緑如貓眼。一名貓兒眼睛草。瀉肺降氣，行水去熱。能止嗽，殺蟲，利大小腸，逐水腫。

清・嚴潔等《得配本草》卷三　澤漆一名貓兒眼睛草。　小豆為之使。惡薯蕷。　辛、苦，微寒。入手陽明、太陽經氣分。消痰行水，止瘧退熱。　配大黄，療伏瘕。　調香油，搽癬瘡。　熬膏，貼瘰癧。　氣血虚者禁用。

附：　琉球・吴繼志《質問本草》外篇卷四　涼傘草澤漆　生田野，春生苗，二三月開花，至夏苗枯。　俗名涼傘草。甲辰，孫景山、戴道光、戴昌蘭、陳文錦。

澤漆，氣味苦、辛，微寒，無毒。主治利大小便，消水腫。甲辰，邵元世。《綱目》載在毒草類，是有毒。徐子靈說。○邵元世：　澤漆答辭傍，徐子靈書此說。《本草綱目》稱其無毒，其苗人作菜食，無毒可知。邵元世再校定。

清・楊時泰《本草述鉤元》卷一〇　澤漆　即貓兒眼睛草，一名緑葉緑花草，又名五鳳草。江湖原澤平陸多有之。柔莖如馬齒莧，葉如苜蓿，圓而黄緑，頗似貓睛，莖頭五葉，中抽小莖五枝，每枝開細花，青緑色，復有小葉承之，掐其莖，有白汁粘人，根色白，有硬骨，或以此為大戟苗者誤也瀕湖。大戟根苗皆有毒洩人，而澤漆根硬不可用，苗亦無毒，可作菜食又。

莖葉氣味苦、辛，微寒，有小毒。治大腹水氣，四肢面目浮腫，丈夫陰氣不足，利大小腸，療痢後腫滿，氣急喘嗽，小便如血。

附方：　肺欬上氣脈沉者，主澤漆湯，澤漆三斤，以東流水五斗，煮取一斗五升，去滓，入半夏半升，紫參、白前、生薑各五兩，甘草、黃芩、人參、桂心各三兩，煎取五升，每服五合，日三服。

論：　澤漆利水，雖與大戟相類，然大戟洩人，而澤漆更治丈夫陰氣不足。《經》云：　水者陰氣也。陰氣下而復上，客於臟腑間，此邪水之陰，非真陰也。他味之行邪水於真陰，未能不傷，獨此味行邪水而真陰反以受益。閱方書用之治腫，必與參、朮、桑皮、郁李同為益脾之助，而化氣開結，尤藉其前導以為功耳。然則非瞑眩之劑，洵為治水之善物哉。

清・吳其濬《植物名實圖考》卷二四　澤漆　《本經》下品。相承以為大戟苗。李時珍訂以為即貓兒眼睛草，今處處有之。北地謂之打碗科，只取一種煎熬為膏，傅無名腫毒，極效。

雩婁農曰：　澤漆、大戟，漢以來皆以為一物。李時珍據《土宿本草》，以為即貓兒眼睛草。此草於端午熬膏，敷百疾，皆效。非碌碌無短長者。諺曰：　誤食貓眼，活不能晚。殊不然，然亦無人飲劑者。觀其花葉俱綠，不處污穢，生先眾草，收共來牟。雖賦性非純，而飾貌殊雅。夫伯趙以知時而司至，桑扈以驅雀而正農，非美鳥也；　迎貓為其食田鼠，迎虎為其食田豕，非仁獸也，有益於民，則紀之耳。聖人論人之功無貶詞，論人之過無恕詞，於其所不知，蓋闕如也。

清・趙其光《本草求原》卷六毒草部　澤漆　辛、苦，微寒，小毒。利水，能助脾，為逐水之善物。故治水腫上氣，痢後腫滿，喘嗽，小便如血。古方與參、朮、桑白等同用，謂其逐邪水而不傷陰也。故《本經》言其治丈夫陰氣不足。蓋水者，陰氣也，陰氣下而復泛於上，則為邪水；　邪水去則真陰之氣利，而自然受益也。又止瘧，消痰，退熱。

生平澤，葉圓而黃綠，似貓眼，一名貓兒眼睛草，又名五鳳草，凡五葉中，抽小莖五枝，每枝開小綠花，復有小葉承之。莖中有白汁粘人，或以為大戟苗，非也。

清・葉志詵《神農本草經贊》卷三　澤漆　味苦，微寒。主皮膚熱，大腹水氣，四肢面目浮腫，丈夫陰氣不足。生川澤。

科獨枝分，柔莖茂接。白骨白漿，綠花綠葉。鳳采輝翔，貓睛朗捷。制乳伏砂，益陰啚浹。

李時珍曰：　一科分枝成叢，柔莖如馬齒莧，有白汁粘人，其根白色，有硬骨。《土宿指南》：　一名綠葉綠花草，一名五鳳草，一名貓兒眼睛草。李時珍曰：　莖頭凡五葉，中分中抽小莖五枝，復有小葉承之，齊整如一，故名五鳳葉。圓而黃綠，頗似貓睛。五月采。伏鍾乳，結丹砂。利丈夫陰氣。楊嗣復序：　啚浹於幽遐。

清・陳其瑞《本草撮要》卷一　澤漆　味苦辛，微寒，入手足太陰經，功專利水，治大腹水氣，四肢面目浮腫，下痢腫滿，氣急喘嗽，小便如血。得大黃、葶藶療心下伏瘕。一名貓兒眼睛。

乳漿草

清・吳其濬《植物名實圖考》卷二四　乳漿草附　江湘山坡間多有之。以莖有白汁，故名。土醫以治乳癰。按大戟有紫綿數種，此其類也。

甘遂

宋・李昉《太平御覽》卷第九九三　甘遂　《廣雅》曰：　陵舄，甘遂也。《建康記》曰：　建康出甘遂。《本草經》曰：　甘遂，味苦，寒。生川谷。治大腹疝瘕脹滿，面目浮腫，除留飲食。出中山。《范子計然》曰：　甘遂出三輔。《吳氏本草經》曰：　甘遂，一名主田，一名日澤，一名重澤，一名鬼醜，一名陵藁，一名甘藁，一名苦澤。神農、桐君：　苦，有毒。岐伯、雷公：　有毒。須二月、八月採。

宋・唐慎微《證類本草》卷一〇草部下品〔《本經》・別錄・藥對》〕　甘遂　**味苦**、甘，**寒**、大寒，有毒。**主大腹疝瘕腹滿，面目浮腫，留飲**音癃**宿食，破癥堅積聚，利水穀道**，下五水，散膀胱留熱，皮中痞，熱氣腫滿。一名甘藁，一名陵藁，一名淩澤，一名重澤，**一名主田。**生中山川谷。二月採根，陰乾。瓜蒂爲之使，惡遠志，反甘草。

〔梁・陶弘景《本草經集注》〕云：　中山在代郡。先第一本出太山，江東比來用京口者，大不相似。赤皮者勝，白皮者都下亦有，名草甘遂，殊惡，蓋謂贗音鴈僞之草，非言草石之草也。

〔唐・蘇敬《唐本草》〕注云：所謂草甘遂者，乃蚤休也，療體全別。真甘遂苗似澤漆草，甘遂苗一莖，莖六七葉，如蓖麻、鬼臼葉。生食一升亦不能利，大療癰疽蛇毒。且真甘遂皆以皮赤肉白，作連珠，實重者良。亦無皮白者，皮白乃是蚤休，俗名重臺也。

〔宋・掌禹錫《嘉祐本草》〕按：《藥性論》云：京甘遂，味苦，能瀉十二種水疾，能治心腹堅滿，下水，去痰水，主皮肌浮腫。日華子云：京西者上，汴、滄、吳者次，形似和皮甘草，節節切之。

〔宋・蘇頌《本草圖經》〕曰：甘遂生中山川谷，今陝西、江東亦有之，或云京西出者最佳，汴、滄、吳者爲次。苗似澤漆，莖短小而葉有汁，根皮赤肉白，作連珠。又似和皮甘草。二月採根，節切之，陰乾。以實重者爲勝。又有一種草甘遂，苗一莖，莖端六七葉，如蓖麻、鬼臼葉。用之殊惡，生食一升，亦不能下。唐注云：草甘遂即蚤休也。蚤休自有條。古方亦單用下水。《小品》：療妊娠小腹滿，大小便不利，氣急，已服猪苓散不差者，以甘遂散下之方：泰山赤皮甘遂二兩，擣篩，以白蜜二兩，和丸如大豆粒，多覺心下煩，得微下者，日一服之。下後還將猪苓散，不得下，日再服，漸加可至半錢匕，以微下爲度，中間將散也，猪苓散見猪苓條中。

〔宋・唐慎微《證類本草》〕雷公云：凡採得後去莖，於槐砧上細剉，用生甘草湯、小薺苨自然汁，二味攪浸三日，其水如墨汁，更漉出，用東流水淘六七次，令水清爲度。漉出，於土器中熬令脆用之。《肘後方》：治卒腫滿，身面皆洪大。甘遂一分粉之，猪腎一枚分爲七臠，入甘遂於中，以火炙之令熟，旦食至四五，當覺腹脇鳴，小便利。《楊氏產乳》：治腹滿，大小便不利，氣急。甘遂二分爲散，分五服，熟水下，如覺心下煩，得微利，日一服。

宋・寇宗奭《本草衍義》卷一一 甘遂 今惟用連珠者，然《經》中不言。此藥專于行水，攻決爲用，入藥須斟酌。

宋・鄭樵《通志》卷七五《昆蟲草木略》 甘遂 曰甘藁，曰陵藁，曰陵澤，曰重澤，曰主田，曰葶藶，曰丁藶，曰蕇蒿，曰狗薺，曰大室，曰大適。《爾雅》：蕇，亭歷。

金・張元素《潔古珍珠囊》〔見元・杜思敬《濟生拔粹》卷五〕 甘遂 甘遂甘純陽。水結胸中非此不能除。與甘草相反。

宋・劉明之《圖經本草藥性總論》卷上 甘遂 味苦、甘，寒、大寒，有毒。主大腹疝瘕腹滿，面目浮腫，畱飲宿食，破癥堅積聚，利水穀道，下五水，散膀胱畱熱，皮中痞熱氣腫滿。《藥性論》云：味苦，能瀉十二種水疾，治心腹堅滿，下水，去痰水，主皮肌浮腫。日華子云：京西者上。瓜蒂為之使。惡遠志。反甘草。

宋・陳衍《寶慶本草折衷》卷一〇 甘遂略註別種甘遂於中。 一名甘藁，一名陵藁，一名陵澤，一名重澤，一名主田。生中山在代郡川谷，及太山、江東、陝西、汴、滄、吳及江寧府。○生京西、京口者名京甘遂。○並二月採根。○縉雲云：暴乾。○並瓜蒂為使，惡遠志及甘草。

味苦、甘，寒，有毒。○主大腹疝瘕，腹滿，面目浮腫，留飲音癃宿食，破癥堅積聚，利水穀道，下五水，散膀胱留熱，皮中痞熱氣。○《藥性論》云：瀉十二種水疾，心腹堅滿，去痰。○《圖經》曰：京西出者最佳，汴、滄、吳者為次。根皮赤，肉白，作連珠，又似和皮甘草，以實重者為勝。又有草甘遂，即蚤休也，自有條。○今俗間別有一種甘遂，春種冬取，根有連珠，尤其分明，長一二寸，潔白淡脆，可蒸煮為果食之，無損益，非此入藥之甘遂也。○遂，一作穟。○寇氏曰：今惟用連珠者。行水攻決，入藥須斟酌。

續說云：甘遂之性雖毒，而《圖經》及艾氏治胎前產後大小便秘亦用之，則知有是病服是藥，故不畏其毒也。然當輔以平劑，又須審諦焉。

元・王好古《湯液本草》卷四 甘遂 氣大寒，味苦、甘。甘，純陽，有毒。《本草》云：主大腹疝瘕，腹滿，面目浮腫，留飲宿食。破堅消積，利水穀道。下五水，散膀胱留熱，皮中痞熱，氣腫滿。瓜蒂為使。惡遠志。反甘草。《液》云：可以通水，而其氣直透達所結處。《衍義》云：此藥專於行水，攻決為用，入藥須斟酌用之。《珍》云：若水結胸中，非此不能除。

元・尚從善《本草元命苞》卷五 甘遂 專於行水，功決直達為用。惡遠志。反甘草。使苽蒂。類蚤休苗，似澤漆，莖短小，葉有汁，根皮赤色，形肉白，作連珠。味苦、甘，寒、大寒，有毒。主大腹疝瘕腹滿，去面目皮肌腫浮。除留飲宿食，破癥堅積聚。下五水，利水穀之道。去痰涎，散膀胱留熱。消心腹堅滿，除皮肌痞熱。瀉十二種水疾。於二三月採根，和皮節切之，陰乾。以京西產者為勝。入藥麵裹煮之。葉主蛇毒，癰癤。

元・朱震亨《本草衍義補遺・新增補》 甘遂 甘，寒，有毒。惟用連珠者，然《經》中不言。此藥專於行水攻決為用，入藥須斟酌之。

元・徐彥純《本草發揮》卷二 甘遂 潔古云：味甘，寒，有毒。水結胸中，非此不能除之。東垣云：甘遂，味苦，寒，純陽。主大腹腫滿，能瀉十二種水氣腫滿。　海藏云：　甘遂，可以通水，以其氣直達，透所結處。

明・王綸《本草集要》卷三　甘遂　味苦甘，氣大寒，有毒。瓜蒂為之使。惡遠志，反甘草。陰乾。連珠者良。　主大腹疝瘕腹滿，面目浮腫，留飲宿食，破癥堅積聚，利水穀道，水結胸中，非此不除。其氣直透所結處，專於行水，攻決為用，入藥須斟酌。

明・滕弘《神農本經會通》卷一　甘遂　瓜蒂為之使。惡遠志，反甘草。真甘遂以皮赤肉白，作連珠實重者良。白皮者，名草甘遂，殊惡。二月採根，陰乾。《局》云：　水浸，日乾。一云：　用甘草水浸三日，晒乾。

味苦，甘，氣寒，大寒，有毒。《湯》云：　氣大寒，味苦甘。甘，純陽，有毒。《珍》云：　主面浮，蠱脹，并消穀，瘕疝，治便難，消痰，及寬膈通腸。珍云：　逐水腫結胸，治大腹腫滿，瀉十二經水氣。

《本經》云：　主大腹疝瘕腹滿，面目浮腫，留飲宿食，破癥堅積聚，利水穀道，下五水，散膀胱留熱，皮中痞，熱氣腫滿。《藥性論》云：　京甘遂，味苦。能瀉十二種痢疾，治心腹堅氣滿，下水，去疾水，主皮肌浮腫。《圖經》云：　古方亦單用，下水，療妊娠小腹滿，大小便不利，氣急。已服猪苓散不差者，以甘遂散下之。甘遂二兩，為末，白蜜二兩，和丸豆粒大，如覺心下煩，得微利，日一服。《湯》云：　可以通水，而其氣直透達所結處。珍云：　若水結胸中，非此不能除。丹溪云：　甘，寒，有毒。惟用連珠者。然《衍義》云此藥專於行水，攻決為用，入藥須斟酌用之。劍云：　赤皮甘遂能消水，利飲寬膨更破癥。主療四肢頭面腫，若逢甘草便相刑。甘遂，能消腫，破癥。與甘草同用即相反。

明・劉文泰《本草品彙精要》卷一三　甘遂有毒，附草甘遂。　植生。

甘遂出《神農本經》：　**主大腹疝瘕，腹滿，面目浮腫，留飲，宿食，破癥堅積聚，利水穀道。**以上朱字《神農本經》。下五水，散膀胱留熱，皮中痞，熱氣腫滿。以上黑字名醫所錄。　【名】甘藁、陵藁、陵澤、重澤、主田。　【苗】《圖經》曰：　苗似澤漆，莖短小而葉有汁，根皮赤，肉色白，作連珠，又似和皮甘草，以實重者爲勝。又有一種草甘遂，苗一莖六七葉，如蓖麻、鬼臼葉，用之殊惡。《唐本》注云：　真甘遂皮赤肉白，草甘遂皮白。皮白者乃蚤休，俗名重臺也。【地】《圖經》曰：　生中山川谷，及陝西、江東、汴、滄亦有之。【道地】江寧府、京西。　【時】生：　春生苗。採：　二月取根。　【收】陰乾。　【用】根。　【質】類和皮甘草。　【色】皮赤肉白。　【味】苦，甘。　【性】大寒，泄。【氣】味厚于氣，陰也。　【臭】朽。　【主】逐水腫，破癥堅。　【助】瓜蒂爲之使。　【反】甘草，惡遠志。　【製】《雷公》云：　凡採，去莖，於槐砧上細剉，用生甘草湯、小薺苨自然汁二味，攪浸三日，其水如墨汁，更漉出，用東流水淘六七次，以水清爲度，漉出於土器中熬令脆，用之。　【治】療：《唐本》注云：　草甘遂，療癰疽，蛇毒。《藥性論》云：　甘遂，瀉十二種水疾，治心腹堅滿，下水，去痰水，主皮肌浮腫。《別錄》云：　治腹滿，大小便不利，氣急者，搗末二分，分五服，熟水下，如覺心下煩，得微利，日一服愈。　【合治】甘遂末一分，豬腎一枚，分爲七臠，散甘遂末於中，以火炙之，令熟，日食一次，至四五日，治卒腫滿身面皆浮，當覺腹脇鳴，小便利，瘥。　【禁】氣虚人不可服。　【解】蛇毒。　【贋】蚤休爲僞。

明・葉文齡《醫學統旨》卷八　甘遂　氣大寒，味苦、甘，有毒。瓜蒂為之使，惡遠志，反甘草。凡用甘草湯浸三日，漉出，東流水淘淨，晒乾。　治腹滿，面目浮腫，能瀉十二種水氣，疝瘕留飲、宿食，破癥堅積聚，利水穀道，水結胸中，下五水，散膀胱留熱；　其氣直透所結處，專於行水攻決。凡用藥須斟酌。

明・許希周《藥性粗評》卷一　甘遂治溝渠決濁，流而下注。

甘遂，一名甘藁，一名重澤。葉似澤漆，莖短小而葉有汁，根皮赤，肉白，作連珠形，又似和皮甘草。又有一種草甘遂，苗一莖，端六七葉如蓖麻、鬼臼葉，用之無效，所謂生食一升亦不能下。唐注謂其即蚤休是也。真甘遂出陝西原野，江東亦有之，陝西為上，汴、滄、吳者次之。二月採根節，切之，陰乾。凡用取實重者，濕紙裹煨。瓜蒂為之使，惡遠志，反甘草。　味苦、甘，性大寒，有毒。其氣直達下行。主治大腹脹滿，堅瘕停積，留飲宿食，面目浮腫，膀胱留熱，疏通溝渠，下十二種水疾，如無前症不可輕服。

明・鄭寧《藥性要略大全》卷五　甘遂　治面目浮腫，腹大，水腫腹滿，水結胸中。去痰，破飲食積聚癥瘕，利水穀道，療疝瘕，散膀胱及皮膚留熱。專瀉十二經諸水。此藥於行水攻刼為用，宜斟酌詳審用之。　味苦、甘，性大寒，有毒。瓜蒂為之使，惡遠志，反甘草。

明・陳嘉謨《本草蒙筌》卷三　甘遂　味苦、甘，氣大寒。有毒。多產京西川谷，二月採根陰乾。狀若連珠，使宜瓜蒂。反甘草，惡遠志。破癥堅積聚如神，退面目浮腫立効。食停胃內，有之即敺。水結胸中，非此不解。蓋氣直透所結之處，專于行水攻決，利從穀道出也。凡用斟酌，切勿妄投。

明·王文潔《太乙仙製本草藥性大全》卷二《本草精義》 甘遂 一名甘藁，一名陵藁，一名陵澤，一名重澤，一名主田。生中山川谷，今陝西、江東亦有之。或云京西出者最佳，汴、滄、吳出者爲次。苗似澤漆，莖短小而葉有汁，根皮赤肉白，作連珠，又似和皮甘草。二月採根節，切之陰乾。以實重者爲勝。反甘草，惡遠志。又有一種草甘遂，苗一莖端六七葉，如蓖麻、鬼臼葉，用之殊惡，生食一升亦不能下。唐註云：草甘遂即蚤休也。

明·王文潔《太乙仙製本草藥性大全》卷二《仙製藥性》 甘遂 味苦、甘，氣大寒，有毒。主治：主大腹疝瘕，利水穀腹滿。破癥堅積聚如神，退面目浮腫立效。食停胃內有之即祛，水結胸中非此不解。蓋氣直透所結之處，專於行水攻決，利從穀道出也。凡用斟酌，切勿妄投。補註：卒腫滿，身面皆洪大，用一分，粉之，猪腎一枚，分爲七臠，入甘遂於中，以火炙之令熟，日乾食至四五，當覺腹脇鳴，小便利。○腹滿大，小便不利，氣急，用二分爲散，分五服，熱水下，如覺心下煩，得微利，日一服。太乙曰：凡採得後去莖，於槐砧上細剉，用生甘草湯、小薺苨自然汁二味，攪浸三日，其水如墨汁，更漉出，用東流水淘六七次，令水清爲度，漉出，於土器中熬令脆用之。

明·皇甫嵩《本草發明》卷三 甘遂下品上，佐使。氣大寒，味苦、甘，有毒。

發明曰：甘遂，專行水攻決，為故能通水，透達所結處，用除水結胸腹。故《本草》主利水穀道，下五水，面目浮腫，十二經水腫疾，消留飲，宿食痰水，大腹疝瘕，腹滿癥堅積聚，散膀胱留熱，皮中痞熱，氣腹滿。《衍義》曰：此藥專于行水攻決為用，入藥須斟酌，勿妄投。瓜蒂為之使。惡遠志。反甘草。

明·李時珍《本草綱目》卷一七草部·毒草類 甘遂《本經》下品

【釋名】甘藁《別録》 陵藁吳普 陵澤《別録》 甘澤吳普 重澤《別録》 苦澤吳普 白澤吳普 主田《別録》 鬼醜吳普。時珍曰：諸名義多未詳。【集解】《別録》曰：甘遂生中山川谷。二月采根，陰乾。普曰：八月采。弘景曰：中山在代郡。第一本出太山、江東。比來用京口者，大不相似。赤皮者勝，白皮者都下亦有，名草甘遂，殊惡，蓋贋僞者也。恭曰：甘遂苗似澤漆，其根皮赤肉白，作連珠實重者良。草甘遂乃是蚤休，療體全別，苗亦不同，俗名重臺，葉似鬼臼、蓖麻，根皮白色。大明曰：西京者上，汴、滄、吳者次之，形似和皮甘草節。頌曰：今陝西、江東亦有之。苗似澤漆，莖短小而葉有汁，根皮赤肉白，作連珠，大如指頭。

根 【修治】斅曰：凡采得去莖，於槐砧上細剉，用生甘草湯、薺苨自然汁二味，攪浸三日，其水如墨汁，乃漉出，用東流水淘六七次，令水清爲度。漉出，於土器中熬脆用之。時珍曰：今人多以麫煨熟用，以去其毒。

【氣味】苦，寒，有毒。《別録》曰：甘，大寒。普曰：神農、桐君：苦，有毒。岐伯、雷公：甘，有毒。元素曰：純陽也。之才曰：瓜蒂爲之使，惡遠志，反甘草。

【主治】大腹疝瘕，腹滿，面目浮腫，留飲宿食，破癥堅積聚，利水穀道《本經》。下五水，散膀胱多熱，皮中痞，熱氣腫滿《別録》。能瀉十二種水疾，去痰水甄權。瀉腎經及隧道水濕，脚氣，陰囊腫墜，痰迷癲癇，噎膈痞塞時珍。

【發明】宗奭曰：此藥專于行水，攻決爲用。元素曰：味苦氣寒。苦性泄，寒勝熱，直達水氣所結之處，乃泄水之聖藥。水結胸中，非此不能除，故仲景大陷胸湯用之。但有毒不可輕用。時珍曰：腎主水，凝則爲痰飲，溢則爲腫脹。甘遂能泄腎經濕氣，治痰之本也。不可過服，但中病則止可也。張仲景治心下留飲，與甘草同用，取其相反而立功也。劉河間《保命集》云：凡水腫服藥未全消者，以甘遂末塗腹，遶臍令滿，内服甘草水，其腫便去。又王璆《百一選方》云：脚氣上攻，結成腫核，及一切腫毒。用甘遂末，水調傅腫處，即濃煎甘草汁服，其腫即散。二物相反，而感應如此。清流韓〔諒〕詠病脚疾用此，一服病去七八，再服而愈也。

【附方】舊(五)〔三〕，新一十九。

水腫腹滿：甘遂炒二錢二分，黑牽牛一兩半，爲末，水煎，時時呷之。《普濟方》。

膜外水氣：甘遂末、大麥麪各半兩，水和作餅，燒熟食之，取利。《聖濟總録》。

身面洪腫：甘遂二錢，生研爲末。以獖猪腎一枚，分爲七臠，入末在内，濕紙包煨，令熟食之，日一服。至四五服，當覺腹鳴，小便利，是其効也。《肘後方》。

腎水流注：腿膝攣急，四肢腫痛。即上方加木香四錢。每用二錢，煨熟，温酒嚼下。當利黄水，爲驗。《御藥院方》傳。

正水脹急：大小〔便〕不利欲死，甘遂五錢，半生半炒，胭脂壞子十文，研勻，每以一錢，白麪四兩，水和作棋子大，水煮令浮，淡食之。大小便利後，用平胃散加熟附子，每以二錢煎服。《普濟方》。

小兒疳水：珠子甘遂炒，青橘皮等分，爲末。三歲用一錢，以麥芽湯下，以利爲度。忌酸鹹三五日。名水寶散。《總微論》。

水蠱喘脹：甘遂、大戟各一兩，慢火炙研。每服一字，水半盞，煎三五沸服。不過十服。《聖濟録》。

水腫喘急：大小便不通。十棗丸：用甘遂、大戟、芫花等分，爲末，以棗肉和丸梧子大。每服四十丸，侵晨熱湯下，利去黄水爲度。否則次午再服。《三因方》。

妊娠腫滿：氣急少腹滿，大小便不利，已服猪苓散不瘥者。用太山赤皮甘遂二兩，擣篩，白蜜和丸梧子大，每服五十丸，得微下，仍服猪苓散，不下再服之。猪苓散見猪苓下。《小品方》。

心下留飲：堅滿脉伏，其人欲自利反快。甘遂半夏湯：用甘遂大者三枚，半夏十二個，以水一升，煮半升，去滓。入芍藥五枚，甘草一節，水二升，煮半升，去滓。

以蜜半升，同煎八合，頓服取利。張仲景《金匱玉函》。　脚氣腫痛：腎臟風氣，攻注下部瘡痒。甘遂半兩，木鼈子仁四個，爲末。猪腰子一個，去皮膜，切片，用藥四錢摻在內，濕紙包煨熟，空心食之，米飲下。服後便伸兩足。大便行後，吃白粥二三日爲妙。《本事方》。　二便不通：甘遂末，以生麪糊調傅臍中及丹田內，仍艾三壯，飲甘草湯，以通爲度。又太山赤皮甘遂末一兩，煉蜜和勻，分作四服，日一服取利。《聖惠方》。　小便轉脬：甘遂末一錢，猪苓湯調下，立通。《筆峰雜興方》。　疝氣偏腫：甘遂、茴香等分，為末，酒服二錢。《儒門事親》。　婦人血結：婦人少腹滿如敦狀，小便微難而不渴，此爲水與血俱結在血室。大黄二兩，甘遂、阿膠各一兩，水一升半，煮半升，頓服，其血當下。《張仲景方》。　膈氣哽噎：甘遂麪煨五錢，南木香一錢，爲末。壯者一錢，弱者五分，水酒調下。《怪病奇方》。　痞證發熱：盜汗，胸背疼痛。甘遂麪包，漿水煮十沸，去麪，以細糠火炒黄爲末。大人三錢，小兒一錢，冷蜜水卧時服。忌油膩魚肉。《普濟方》。　消渴引飲：甘遂麩炒半兩，黄連一兩，爲末，蒸餅丸綠豆大。每薄荷湯下二丸。忌甘草。《楊氏家藏方》。　癲癇心風：遂心丹：治風痰迷心，癲癇及婦人心風血邪。用甘遂二錢，爲末，以猪心取三管血和藥，入猪心內縛定，紙裹煨熟，取末，入辰砂末一錢，分作四丸。每服一丸，將心煎湯調下。大便下惡物爲效，不下再服。《濟生方》。　馬脾風病：小兒風熱喘促，悶亂不安，謂之馬脾風。甘遂麪包煮一錢半，辰砂水飛二錢半，輕粉一角，爲末。每服一字，漿水少許，滴油一小點，抄藥在上，沉下，去漿灌之。名無價散。《全幼心鑒》。　麻木疼痛：萬靈膏：用甘遂二兩，蓖麻子仁四兩，樟腦一兩，搗作餅貼之。內飲甘草湯。《摘玄方》。　耳卒聾閉：甘遂半寸，綿裹插入兩耳內，口中嚼少甘草，耳卒自然通也。《永類方》。

題明・薛己《本草約言》卷一《藥性本草》　甘遂　味苦、甘，氣大寒，有毒。味厚，陰也，降也。破諸滯疏泄而不停，透三焦直往而無礙，治水長于收決，用當審其利害。〇專行水攻決為用，故能通水直透所結處。陰乾連珠者良。瓜蒂為之使，惡遠志，反甘草。

明・梅得春《藥性會元》卷上　甘遂　味苦、甘，氣大寒，有毒。瓜蒂為使，惡遠志。反甘草。　主治腹滿，面目浮腫，能瀉十二經水氣，疝瘕，留飲宿食，破癥堅積聚，利水穀道及水結胸中，下五種水氣，散膀胱留熱。其氣直透所結之處，能取痰，專于行水攻決，入藥當斟酌之。泄水之至藥，有毒，不可輕用。　製法：用連珠者，麪裹煨，晒乾。

明・王肯堂《傷寒證治準繩》卷八　甘遂　氣寒，味苦，有毒。反甘草。主下五水，逐留飲宿食，破癥堅積聚，利水穀道。潔：味苦氣寒，苦性泄，寒勝熱，直達水氣所結之處，乃泄水之聖藥。水結胸中，非此不能除，仲景大陷胸湯用之。但有毒，不可輕用。珍：腎主水，凝則為痰飲，溢則為腫脹，甘遂能洩腎經濕氣，治痰之本也。不可過服，但中病則止可爾。仲景治心下留飲，與甘草同用，取其相反而立功也。去莖於槐砧上，細剉用。生甘草湯、薺苨自然汁，二味攪浸三日，其水如墨汁，漉出，用東流水淘六七次，以水清為度，然後用麪包，煨熟用。

明・李中立《本草原始》卷三　甘遂　始生中山川谷，今陝西、江東亦有之，或云京西出者最佳，汴、滄、吳者次之。苗似澤漆，莖短小而葉有汁。根皮赤肉白，作連珠，實重者良。二月採根，陰乾。或曰：甘者，藥之味；遂者，田溝行水之道。此藥專于行水攻決，故名甘遂。　氣味：苦，寒，有毒。《別錄》曰：甘，大寒。　主治：大腹疝瘕，腹滿，面目浮腫，留飲宿食，破癥堅積聚，利水穀道。〇下五水，散膀胱多熱，皮中痞，熱氣腫滿。〇能瀉十二種水疾，去痰水。〇瀉腎經及隧道水濕，脚氣，陰囊腫墜，痰迷癲癇，噎膈痞塞。

甘遂，《本經》下品。【圖略】皮黄肉白，連珠實重者良。　修治：甘遂，以麪包煨熟，以去其毒用。

元素曰：純陽也。之才曰：瓜蒂為之使，惡遠志，反甘草。勿輕用。

明・張懋辰《本草便》卷一　甘遂　味苦、甘，氣大寒，有毒。惡遠志，反甘草。　主大腹，疝瘕腹滿，面目浮腫，破癥堅積聚，利水穀道，水結胸中非此不除，其氣直透所結處。

明・繆希雍《本草經疏》卷一〇　甘遂　味苦、甘，寒、大寒，有毒。主大腹，疝瘕腹痛，面目浮腫，留飲宿食，破癥堅積聚，利水穀道，下五水，散膀胱留熱，皮中痞，熱氣腫滿。瓜蒂為之使。惡遠志。反甘草。

〖疏〗甘遂禀天地陰寒之氣以生，故其味苦，其氣寒而有毒，亦陰草也。水屬陰，各從其類，故善逐水。其主大腹者，即世所謂水蠱也。又主疝瘕腹滿，面目浮腫及留飲，利水道、穀道，下五水，散膀胱留熱，皮中痞氣腫滿者，謂諸病皆從水濕所生，水去飲消濕除，是拔其本也。潔古謂其味苦性寒。苦性泄，寒勝熱，直達水氣所結之處，乃泄水之聖藥。水結胸〔中〕，非此不能除，故仲景大陷胸湯用之。但有毒不可輕用，其性之惡可概見已。其根皮赤，肉白，作連珠、實重者良。　〖主治參互〗入陷胸湯，治傷寒水結胸，有神。《聖濟總錄》治膜外水氣：甘遂末、大麥麪各半兩，水和作餅，燒熟食之，取利。《肘後方》治身面洪腫，甘遂末二錢，以雄猪腰子一枚，分作七片，入末在內，濕紙包煨令熟。每日服一片，至四五服，當覺腹鳴小便利，是其効也。張仲景《金匱玉函方》治心下留飲堅滿，脈伏，其人欲自利反快，甘遂半夏湯：用甘遂大者三枚，半夏十二枚，以水一升，煮半升，入芍藥五枚，水二升，煮半升，去滓。以蜜半升，同煎至八合，頓服之。《筆峰雜興方》治小便轉脬，甘遂末一錢，猪苓湯調下，立通。秘方治體氣：甘遂末一錢，同猪肉煮食。於野地中掘一坑，令患人至彼處，向上風站立，以甘草末唾調入臍內，須臾腹中作響，取利下黑汁，亟從上風奔回，可絕。不絕再作一服，仍前用之。〔簡誤〕甘遂性陰毒，雖善下水除濕，然能耗損真氣，虧竭津液。元氣虛人，除傷寒水結胸不得不用外，其餘水腫鼓脹，類多脾陰不足，土虛不能制水，以致水氣泛濫。即劉河間云：諸濕腫滿屬脾土。法應補脾實土，兼利小便。不此之圖而反用甘遂下之，是重虛其虛也。水既暫去，復腫必死矣。必察病屬濕熱，有飲有水而元氣尚壯之人，乃可一施耳。不然禍不旋踵矣。戒之！戒之！慎之！慎之！

明・倪朱謨《本草彙言》卷五

甘遂　味苦、微甘，氣寒，有毒。瀉脾腎二藏。《別錄》曰：甘遂，生中山山谷。中山在代郡，惟太山、江東者良。一說比用來京口者更勝。江東者次之。蘇氏曰：苗似澤漆，莖短小而葉有汁，根皮色赤，肉色白，作連珠狀，大如指頭，重實者，方堪入藥。一種白皮者，名草甘遂，乃是蚤休，苗亦不同，療體全別。修治：采取，用甘草水浸三日，晒乾，再以麪裹煨熟用。

甘遂：行水氣，逐留飲，日華散大腹蠱毒之藥也。江春野稿前人主大腹腫脹，面目虛浮，痞熱疝瘕，宿痰留飲諸疾，皆從水濕所生。水去則濕除飲消，是拔其本也。潔古謂味苦氣寒，苦能泄，寒勝熱，此藥直達水氣所結之處，乃泄水之聖藥。然水結胸，非此不除，故仲景方大陷胸湯用之。蓋去水極神，損真極速，有毒，不可輕用。其性之惡，可概見已。味大苦而反名甘遂者，如左氏所謂：請受而甘心降志焉，以甘于遂其力用也。但性有陰毒，雖善下水除濕，實能耗損真氣，虧竭津液。元氣虛人，除傷寒水結胸，不得不用外，其餘水腫膨脹，類多脾陰不足，土虛不能制水，以致水氣泛濫，法應補脾實土，兼利小便。不此之圖而反用甘遂下之，是重虛其虛也。水既暫去，復腫必死矣。必察病屬濕熱，有飲有水而元氣尚壯之人，乃可一暫用耳。不然，禍必旋踵矣，戒之！慎之！

集方：《普濟方》治水腫腹脹。用甘遂炒二錢，黑牽牛頭末三錢，分作五服，空心白湯調下。〇《聖濟總錄》治膜外水氣作脹。用甘遂炒三錢，大麥麪炒五錢，水和作餅，炙熟食之，取利。〇《肘後方》治身面紅腫。用甘遂二錢，生研爲末，以豶猪腎一枚，切爲七臠，入末拌勻，濕紙包，灰火內煨令熟，食之。日一服至三四服，當覺腹鳴小便利，是其效也。〇《聖濟總錄》治水蠱喘脹，大小便不通。用甘遂、大戟、芫花各一兩，微火炒黃，爲末。每服五分，白湯半盞，空心調服，不過十服愈。〇《小品方》治妊娠腫滿氣急，小腹脹，大小便不利。用甘遂二兩，炒爲細末，煉蜜和丸，梧子大。每服五六十丸，白湯下，得微利爲度。以上五方俱忌食鹽百日。〇《方脉正宗》治心下留飲，胸滿而嘔冷酸水者。用甘遂三錢，生半夏一兩，俱薑水浸一日，砂仁五錢，俱炒黃爲末。每服一錢五分，白湯調下。〇《儒門事親》治水疝腫痛。用甘遂一兩炒，茴香二兩炒，共爲末。空心酒服一錢。〇《普濟方》治痞塊腫滿兼胸背疼痛，發熱盜汗。用甘遂，炒黃爲末。大人服三錢，小兒服一錢，俱用冷蜜湯調服。忌油膩鹽味。〇《登春集》治脚氣腫痛難伸，下部瘡癢，乃腎藏風氣攻注者。用甘遂五錢炒，木鼈子仁五箇，共爲末，猪腰一箇，去皮膜，切片用，沒藥三錢，糝在內，濕紙包煨熟，空心食之，米飲下。服二次，大便微行，兩足便伸，立效。〇《怪病奇方》治膈氣哽噎。用甘遂麪裹煨五錢，南木香一錢，共爲末。壯者服一錢，弱者服五分，白湯調服。〇陳氏方治體氣。用甘遂末二錢，同猪肉煮食，于野地中掘一坑，令患人至彼處，向上風站立，以甘草末，唾調入臍內，須臾腹中作響，取利黑水，亟從上風奔回，可絕。不絕再作一服，仍前用之。〇《全幼心鑑》治小兒風熱喘促，悶亂不安，名爲馬脾風。用甘遂二錢，麪包火煨，辰砂一錢，輕粉五分，共爲末。每服三分，白湯少許，滴菜油一小點，抄藥在上，調勻灌之。

李時珍先生曰：腎主五液，化爲五濕，凝則爲痰飲，溢則爲腫脹。半夏、南星能泄痰之標，不泄痰之本。大戟、芫花、甘遂，能泄腎經五濕之氣，治痰之本者也。但中病即止，不可過服。甘遂反甘草，仲景治心下留飲與甘草同用，取其相反而立功也。又劉河間謂水腫服藥未全消者，以甘遂末塗腹，繞臍令滿，內服甘草湯，其腫便愈。又王璆謂脚氣上攻，結成腫核，用甘遂末，水調塗腫處，煎甘草汁服，其腫即散。二物相反而感應若此。

明・顧逢柏《分部本草妙用》卷八雜藥部 甘遂 苦，寒，有毒。主治：腹滿浮腫，破積，利水穀道，下五水，散膀胱熱，能瀉十二經水疾，去痰水，瀉腎經，遂水道，濕脚氣，陰囊腫墜，痰迷癲癇，噎膈痞塞。此藥專行水，攻決之劑。水結胸中，非此不除。更能泄腎經濕氣，治痰之本。但宜中病，不可多服。隨續子亦長于利水，功與甘遂相同。

明・李中梓《醫宗必讀・本草徵要上》 甘遂味苦、甘，寒，有毒。瓜蒂為使，惡遠志，反甘草。麵裹煨熟。逐留飲水脹，攻痞熱疝瘕。水結胸非此不除。仲景治心下留飲，與甘草同行，取其相反而立功也。凡水腫以甘遂末塗腹遶臍，內服甘草湯，其腫便消，二物相反而感應如神。按：甘遂去水極神，損真極速，大實大水，可暫用之，否則禁止。

明・鄭二陽《仁壽堂藥鏡》卷一〇下 甘遂 《本草》云：甘遂生中山川谷。赤皮者勝。氣大寒，味苦、甘。甘，純陽。有毒。《本草》云：主大腹疝瘕，腹滿，面目浮腫，留飲宿食，破堅消積，利水穀道，下五水，散膀胱留熱，皮中痞熱，氣腫滿。瓜蒂為使，惡遠志及甘草。《液》云：可以通水，而其氣直透達所結處。《衍義》云：此藥專於行水攻決為用。入藥須斟酌用之。《珍》云：若水結胸中，非此不能除。楊氏云：甘遂治腹滿，大小便不利，氣急。

明・蔣儀《藥鏡》卷四寒部 甘遂 破癥消痰，面浮膨脹。水氣自胸膛而結，陷胸湯用之即除。小便轉脬袋而疼，茯苓湯調服立愈。外末甘遂調塗，內煎甘草濃飲，水腫癰腫，睫時平散。

明・張景岳《景岳全書》卷四八《本草正》 甘遂 味苦，性寒，有毒。反甘草。專於行水，能直達水結之處，如水結胸者，非此不除。若留痰留飲宿食，癥堅積聚，無不能逐，故善治腹脚陰囊腫脹，去面目浮腫，通二便，瀉膀胱濕熱，及痰逆癲癇，噎膈痞塞。然性烈傷陰，不宜妄用。

明・盧之頤《本草乘雅半偈》帙七 甘遂《本經》下品 氣味 苦，寒，有毒。主治：主大腹疝瘕腹滿，面目浮腫，留飲宿食，破癥堅積聚，利水穀道。

覈曰：出中山山谷，唯太山、江東者良。比來用京口者為勝，江東者稱次矣。苗似澤漆，莖短小，而葉有汁，根皮色赤，肉色白，作連珠狀，實重者，方堪入藥。修治：去莖，槐砧上剉細用，生甘草湯及薺苨自然汁，攪浸三日，水如黑汁，乃漉出，用東流水淘六七次，水清為度。取出晒乾，納土器中，熬脆用。瓜蒂為之使，惡遠志，反甘草。

条曰：味大苦，而名甘遂者，左氏所謂請受而甘心快意焉。以甘于遂其力用也。其為方也，為大為急；其為劑也，為通為洩。甘屬中土，惟其能遂土欲也。故為癥堅積聚疝瘕，及留飲宿食，致無能利水穀道，外溢而成大腹滿脹，及面目浮腫者，皆通之洩之，所以從其欲也。但氣味苦寒，偏于以熱為因，寒則非所宜矣。

明・李中梓《本草通玄》卷上 甘遂 苦，寒，有毒。濬決十二經，疏通水道，攻堅破結。張元素云：味苦氣寒。直達水氣所結之處，水結胸中，非此不除，故大陷胸湯用之。但有毒不可輕用。〔劉〕河間云：水腫未消，以甘遂末塗腹，遶臍，內服甘草水，其腫便去。又塗腫毒，濃煎甘草湯服，其毒即散。赤皮者佳，白皮者性劣也。麵裹煨熟，用以去其毒。

清・顧元交《本草彙箋》卷四 甘遂 甘遂行水，能達水氣所結之處。水結胸症，非此不除，故仲景大陷胸湯用之。腎主水，凝則爲痰飲，溢則爲腫脹。甘遂能泄腎經濕氣，治痰之本。仲景治心下留飲，與甘草同用，取其相反立功。

劉河間《保命集》云：凡水腫，服藥未全消者，以甘遂末塗腹，遶臍令滿，內服甘草湯，其腫立去。又古方：脚氣上攻，結成腫核，及一切腫毒，用甘遂末水調敷，內服甘草湯，其腫即消。又縮瘤方，以甘草一兩煎膏，甘遂、大戟、芫花等分，爲末，先將甘草膏敷四圍三次，以甘遂等末，紅醋調敷中間，不可逼近甘草膏，自然縮小枯焦。此皆取相反爲用耳。耳卒聾閉，用甘遂半寸，綿裹插入耳中，口嚼少甘草，耳卒然自通。十棗丸，甘遂、大戟、芫花等分，爲末，棗肉和丸梧子大，每服四十丸，侵晨熱湯下，利去黃水爲度。否則，次午再服。水腫喘急，大小便不通者用之。然必果係濕熱，元氣尚強，迺可一施。

清・穆石匏《本草洞詮》卷九 甘遂 味苦甘，氣寒，有毒。能瀉腎經及隧道中水濕脚氣，陰囊腫墜，癲癇，噎膈，痰迷痞塞。蓋苦能泄，寒勝熱，直達水氣所結之處，乃泄水之聖藥也。腎之五液化為五濕，凝則為痰飲，溢則為腫脹。半夏、南星能泄痰之標，不泄痰之本。大戟、芫花、甘遂能泄腎經濕氣，治痰之本者也。不可過服，中病則止。甘遂反甘草。仲景治心下留飲，與甘草同用，取其相反而立功也。劉河間謂水腫服藥未全消者，以甘遂末塗腹繞臍令滿，內服甘草水，其腫便去。王璆謂脚氣上攻，結成腫核，用甘遂末水調，傅腫處，煎甘草汁服，其腫即散。二物相反，而感應若此。

清·劉雲密《本草述》卷一〇　甘遂瓜蒂為之使。惡遠志。反甘草。《別録》曰：生中山山谷。弘景曰：本出太山，江東此來用京口者，大不相似，赤皮者勝。　日華子曰：西京者上，汴滄吳者次之。　恭曰：甘遂苗似澤漆，其根皮赤肉白，作連珠，實重者良。一種草甘遂，乃是蚤休，療體全別。苗亦不同，根皮白色。　頌曰：苗似澤漆，莖短小，而葉有汁，根皮赤肉白，作連珠，大如指頭。　日華子曰：似和皮甘草節。

根：氣味：苦，寒，有毒。《別録》曰：甘，大寒。　普曰：神農、桐君：苦，有毒。岐伯、雷公：甘，有毒。　潔古曰：純陽也。　主治：下五水《別録》。治大腹疝瘕，腹滿面目浮腫，除留飲本經。去痰水甄權。利水穀道，破癥堅積聚《本經》。散膀胱留熱《別録》。瀉腎經及隧道水溼，脚氣，陰囊腫墜，痰迷癲癇，噎膈痞塞時珍。　按大腹，即世所謂水蠱也。疝瘕腹滿，水氣之聚也。癥堅積聚者，水氣痰血凝結而成者也。　潔古曰：味苦氣寒，苦性泄，寒勝熱，直達水氣所結之處，乃泄水之聖藥。水結胸中，非此不能除，故仲景大陷胸湯用之。但有毒，不可輕用。　時珍曰：腎主水，凝則為痰飲，溢則為腫脹。甘遂能泄腎經溼氣，治痰之本也。不可過服，但中病則止，可也。張仲景治心下留飲，與甘草同用，取其相輔而立功也。劉河間《保命集》云：凡水腫服藥未全消者，以甘遂末塗腹，遶臍令滿，內服甘草水，其腫便去。又王璆《百一選方》云：脚氣上攻，結成腫核，及一切腫毒，用甘遂末調傅腫處，即濃煎甘草汁服，其腫即散。二物相反，而感應如此。清流韓詠病脚疾，用此一服，病去七八，再服而愈也。　希雍曰：甘遂稟天地陰寒之氣以生，故其味苦，其氣寒而有毒，亦陰草也。水屬陰，各從其類，故善逐水。

愚按：甘遂之氣味在《本經》曰苦寒，即他本有謂甘者，而未嘗不以為寒也。夫苦寒為陰，乃張潔古先生亦言其苦寒矣。更曰純陽，何哉？蓋此正先生察物之精，後學詣不至此也。何以明之？曰人身之水，本於陰而化於陽，陰得陽以化，則水化液，液化血，以運於經絡，以榮於周身。其溢而為水，聚而為種種諸患者，皆陰不得陽以化也。夫持水火升降之樞，不藉於中土乎？且水更藉土以為用，謂益土制水，非不易之至理乎？第如水之泛濫已極，結聚已久，而不就其本以逐之，專恃培土，庸可幾乎？本謂何？至陰之水臟腎也，水腑膀胱也。然即本於同氣，而泛然用純陰之味逐之，是為以水濟水，猶無當耳。必求其為水中之陽者，乃可以從入而瀉之。蓋水中原有陽也，是謂何物？甘遂是也。抑何以謂其瀉眞氣？曰：水之或溢或結以為患者，是不能化液化血，為不能歸經之敗水，為污為濁，是已離於眞氣者也。非堅土所能制化，唯當如此味用以瀉之耳。若未至於此，則凡後天之水，皆眞氣所化，妄投之不反竭其眞氣乎？是固當申中土運化之用以為功矣。雖然即先聖用此輩瀉水，而条其微義，則可悟治水蠱者，用加減金匱腎氣丸，的為探本要法，瀉者亦猶是治標從權耳。即泥於補土者，猶為不責其本，而緩不及於事者也。

附方　水蠱喘脹，甘遂、大戟各一兩，慢火炙研，每服一字，水半盞，煎三五沸服，不過十服。　水腫喘急，大小便不通，十棗丸用甘遂、大戟、芫花等分，為末，以棗肉和丸梧子大，每服四十丸，侵晨熱湯下，利去黃水為度，否則次午再服。　腎水流注，腿膝攣急，四肢腫痛，甘遂二錢，生研為末，木香末四錢，以豶豬腎一枚，分為七臠，每用前二末二錢，入在內，溼紙包煨，令熟，溫酒嚼下，當利黃水為驗。　婦人血結，少腹滿如敦狀，小便微難而不渴，此為水與血俱結在血室，大黃二兩，甘遂、阿膠各一兩，水一升半，煮半升，頓服，其血當下。　癲癇，心風，遂心丹，治風痰迷心，癲癇及婦人心風血邪，用甘遂二錢，為末，以豬心取三管血，和藥，入豬心內縛定，紙裹煨熱，取末，入辰砂末一錢，分作四丸，每服一丸，將心煎湯調下，大便下惡物為效，不下再服。　按錄數方，亦就其切於急治標者，若當從緩治本者，必不可嘗試，故不采也。

希雍曰：甘遂性陰毒，雖善下水除溼，然能耗損眞氣，虧竭津液，元氣虛人，除傷寒水結胸，不得不用外，其餘水腫鼓脹，類多脾陰不足，土虛不能制水，以致水氣泛濫，即劉河間云：諸溼腫滿，屬脾土，法應補脾實土，兼利小便。不此之圖，而反用甘遂下之，是重虛其虛也。水既暫去，復腫必死矣。必察病屬溼熱，有飲有水，而元氣尚壯之人，乃可一施耳。不然禍(不)旋踵。

戒之！慎之！

修治　將麪煨熟用，以去其毒。

清·郭章宜《本草匯》卷一二　甘遂　苦寒，有毒，味厚，陰也，降也。破諸滯疏泄而不停，透三焦直往而無礙。濬決十二經水濕痰痞，通瀉膀胱腎留熱腫滿。

按：甘遂，專于行水攻決，故能通水，直透所結之處。水結胸中，非此不能除。故仲景治心下留飲，與甘草同行，取其相反而立功也。凡水腫，以甘遂末塗腹遶臍，內服甘草湯，其腫便消。張元素云：味苦氣寒，苦性泄寒勝熱。腎主水，凝則為痰飲，溢則為腫脹。甘遂能泄腎經濕氣，治痰之本也。然能耗真氣，除傷寒水結胸，不得不用外，其餘水腫鼓脹，類多脾陰不足，土虛不能制水，以致水氣泛濫，法應補脾實土，兼利小便，不此之圖，而反用甘遂，是重虛其虛矣，水即暫去復腫，必死。必審屬有飲有水，而元氣壯實之人，乃可一施。不然，禍不旋踵。戒之！戒之！

赤皮者佳，白者性劣。用水淘去黑汁，水清為度。麪裹煨熟，以去其毒。瓜蒂為之使。惡遠志。反甘草。

清·蔣居祉《本草擇要綱目·寒性藥品》　甘遂　氣味：甘，寒，有毒。陽也。　主治：大腹腫滿，瀉十二種水氣腫滿。若水溢胸中，非此不能除。仲景治心下留飲，與甘草同用，取其相反而立功也。又河間治水腫不全消者，以甘遂末塗腹遶臍令滿，內服甘草水，其腫便去，亦反治之義也。

清·王翃《握靈本草》卷五　甘遂陝西、江東皆有之。實以連珠、實重者良。赤皮者佳，白者性劣。麪煨熟用，以去其毒。反甘草。　主治：甘遂，苦，寒，有毒。主大腹疝瘕，腹痛，面目浮腫，留飲宿食，破癥堅積聚，利水穀道，瀉十二種水疾，去痰水，瀉腎經及隧道水濕，脚氣，囊腫。

清·汪昂《本草備要》卷二　甘遂大通，瀉經隧水濕。　苦，寒，有毒。能瀉腎經及隧道水濕，直達水氣所結之處，以攻決爲用，爲下水之聖藥。仲景大陷胸湯用之。　主十二種水，大腹腫滿，名水蠱。喻嘉言曰：胃爲水穀之海，五藏六府之源。脾不能散胃之水精于肺，而病于中；肺不能通胃之水道于膀胱，而病于上；腎不能司胃之關，時其蓄泄，而病于下，以致積水浸淫，無所底止。腎者，胃之關也。前陰利水，後陰利穀。王好古曰：水者，脾肺腎三經所主。有五藏六府十二經之部分，上頭面，中四肢，下腰脚，外皮膚，中肌肉，內筋骨。脉有尺寸之殊，浮沉之別，不可輕瀉。當知病在何經何藏，方可用之。按：水腫有痰裹、食積、瘀血，致清不升、濁不降而成者；有濕熱相生、隧道阻塞而成者；有燥熱沖擊、秘結不通而成者：症屬有餘。有服寒涼，傷飲食，中氣虛衰而成者；有大病後正氣衰憊而成者，有小便不通，水液妄行，脾莫能制而成者：症屬不足。宜分別治之。然其源多由中氣不足而起。丹溪曰：水病當以健脾爲主，使脾實而氣運，則水自行。宜參、苓爲君，視所挾症加減，苟徒用利水藥，多致不救。瘕疝積聚，留飲宿食，痰迷癲癇。虛者忌用。皮赤肉白，根作連珠，重實者良。麪裹煨熟用。或用甘草、薺苨汁浸三日，其水如墨，以清爲度，再麪裹煨。瓜蒂爲使，惡遠志，反甘草。張仲景治心下留飲，與甘草同用，取其相反以立功也。有治水腫及腫毒者，以甘遂末敷腫處，濃煎甘草湯服之，其腫立消。二物相反，感應如此。

清·陳士鐸《本草新編》卷四　甘遂　味苦、甘，氣大寒，有毒，反甘草。入胃、脾、膀胱、大小腸五經。破癥堅積聚如神，退面目浮腫，祛胸中水結，尤能利水。此物逐水濕而功緩，牽牛逐水濕而功速，二味相配，則緩者不緩，而速者不速矣。然而甘遂亦不可輕用也。甘遂止能利真濕之病，不能利假濕之症，水自下而侵上者，濕之真者也；水自上而侵下者，濕之假者也。真濕可用甘遂，以開其水道；假濕不可用甘遂，以決其上游。真濕為水邪之實，假濕乃元氣之虛。虛症而用實治之法，不犯虛虛之戒乎。故一決而旋亡也，可不慎哉！

或問：牽牛、甘遂，仲景張公合而成方，以治水腫臌脹者，神效無比。但牽牛利水，其功甚捷，何必又用甘遂，以牽其肘耶？嗟乎！此正張夫子用藥之神，非淺學者所能窺也。子不見治河之法乎。洪水滔天，九州皆水也，治水從何處治起，必從上流而先治之，上流疏濬而清其源，則下流無難治也。倘止開決其下流，水未嘗不竟情大洩，然而止能洩其下流之水，而上流之水壅塞，保貯于川湖者正多，尾閭氣洩，而上游溯湃，民能寧居乎。故治水者必統上下而兼治，人身何獨不然。仲景夫子用甘遂于牽牛之中者，正得此意，而通之以利濕也。牽牛性迅，正恐太猛，瀉水太急，肢體皮毛之內、頭面手足之間，未必腸胃脾內之易于祛逐。加入甘遂之迂緩，則寬猛相濟，緩急得宜，在上之水既易于分消，而在下之水又無難于迅決。于是肢體皮毛、頭面、手足之水不能少留，盡從膀胱而出，即胃、脾、大小腸內之水，亦無不從大小便而罄下矣。倘止用牽牛，不用甘遂，則過于急迫，未免下焦乾枯而上焦喘滿，反成不可救援之病。倘止用甘遂，不用牽牛，則過于迂徐，未免上焦寬快而下焦阻塞，又成不可收拾之痾。仲景夫子合而成方，所以取效甚神，既收其功，又無其害也。

或問：牽牛性急，甘遂性緩，故合而成功。吾子止言其上下二焦之利益，尚未言及中焦也，得毋二味合用，可不利于中焦乎？夫牽牛、甘遂合而用之，使上下二焦之利益者，正所以顧中焦也。下焦阻塞，水必返于中焦而成壅閉矣。上焦喘滿，水必流于中焦而成痞脹矣。今用牽牛，併用甘遂，則上、下二焦均利，而中焦有不安然者乎。

或疑甘遂雖性緩，然其祛逐水濕，未嘗不峻烈也，既用牽牛，又用甘遂，不更助其虐乎？夫甘逐真正之水濕，何患其虐。若非水濕之症，單用甘遂，尚且不可，況益之以牽牛乎。惟其真是水濕，故並用而不相悖也。

或問：《筆峰雜興》載治轉脬，用甘遂末一錢，猪苓湯調下立通，可以為訓乎？不可訓也。夫轉脬多由于火，而甘遂大寒，泄之似乎相宜。不知轉脬之火，乃腎中之火不通于膀胱，而膀胱虛火遏抑而不得通，非脬之真轉也。人之脬轉立死矣，安能久活哉？

清・顧靖遠《顧氏醫鏡》卷七　甘遂苦，寒。反甘草。麵裹煨。傷寒水結胸症，非此不除。驅水逐飲之功，只用一分，不下漸加。痰迷心竅發狂，投之甚效。不嫌藥之峻厲者，以病勢太甚，所謂有病則病當之也。迅速下瀉之毒藥，中病即止，過則必有大禍。凡水腫，以甘遂末塗腹遶臍，內服甘草湯，即水下腫消。二物相反，而感應如神，其峻可知，孕婦大忌。

清・李熙和《醫經允中》卷二一　甘遂　反甘草。惡遠志。　苦，寒，有毒。主治破癥堅積，利水穀道，治水結胸迅速藥。其氣直透所結之處，專于利水，攻決利從穀道出也。然大耗真氣，倘脾虛不能制水，故水泛溢者，法當補脾利水，倘概用之，禍不旋踵矣。劉河間云：水腫未消，以甘遂末塗腹繞臍，內服甘草湯，其腫便去。又塗腫毒，濃煎甘草湯服，其毒即散。

清・馮兆張《馮氏錦囊秘錄・雜症痘疹藥性主治合參》卷三　甘遂其根皮赤肉白，作連味、實重者良。稟天地陰寒之氣以生，味苦，氣寒而有毒。陰草也。苦性泄，寒勝熱，水屬陰，故從其類，直達水氣所結之處，而泄出之。仲景大陷胸湯用之，以治水結胸也。并元氣壯實，而受濕熱積飲，水腫蠱脹。疝瘕腹痛咸仗祛除，實為泄水之聖藥。倘脾虛氣弱，誤用泄之，益虛其虛，水雖暫去，復腫必死，慎之。用後方治身面洪腫，甘遂末二錢，以雄猪腰子一枚，分作十片，入末在內，濕紙包煨令熟，每日服一片，至四五服，當覺腹鳴小便利，是其效也。一方治水腫，以甘遂末塗腹遶臍，內服甘草湯，其腫便消。二物相反，而感應如神。

甘遂與甘草反，破癥結積聚如神，退面目浮腫立效。痰飲痞滿，水結胸中，并能敺逐。蓋氣直透所結之處，專於行水致決，利從穀道而出，大實大水可暫用之。但用斟酌，切勿妄投，攻逐極效，則損真元亦極速也。

清・张璐《本經逢原》卷二　甘遂　苦、甘，大寒，有毒。麪裹煨熟用。反甘草。其根皮赤肉色白，作連珠大如指頭，質重，不蛀者良。赤皮者，性尤烈。

《本經》主大腹疝瘕，腹滿，面目浮腫，留飲宿食，破癥堅積聚，利水穀道。

發明：甘遂色白味苦，先升後降，乃瀉水之峻藥。《本經》治大腹疝瘕、面目浮腫、留飲宿食等病，取其苦寒迅利疏通十二經，攻堅破結，直達水氣所結之處。仲景大陷胸湯，《金匱》甘草半夏湯用之，但大瀉元氣，且有毒，不可輕用。腎主水，凝則為痰飲，溢則為腫脹。甘遂能瀉腎經濕氣，治痰之本也。不可過服，中病則止。仲景治心下留飲與甘草同用，取其相反而立功也。《肘後方》治身面浮腫，甘遂末二錢，以雄猪腎一枚分七片入末拌勻，濕紙裹煨令熟，每日服一片，至四五服，當腹鳴小便利是其效也。然水腫鼓脹，類多脾陰不足，土虛不能制水，法當辛溫補脾實土兼利小便，若誤用甘遂、大戟、商陸、牽牛等味，禍不旋踵。而癲癇心風血邪，甘遂二錢為末，以猪心管血和藥，入心內縛定，濕紙裹煨熟，取藥入辰砂末一錢，分四圓，每服一圓，以猪心煎湯下，大便利下惡物為效，未下，更服一圓。凡水腫未全消者，以甘遂末塗腹，遶臍令滿，內服甘草湯，其腫便去。二物相反而感應如此，塗腫毒如上法亦得散。又治肥人卒然耳聾，甘遂一枚，綿裹塞耳中，口嚼甘草，耳卒然自通也。

清・浦士貞《夕庵讀本草快編》卷二　甘遂《本經》、甘澤　以澤以遂，言其利水也。　甘遂味苦氣寒，攻決泄水之聖藥也。夫腎為眾水之主，機緘不利，則凝而為痰飲，或溢而為腫脹。甘遂善能泄腎之濕氣，更能直達水氣所結之處。故仲景陷胸湯與甘草同用，取其相反而奏功速爾。然純陽有毒，只宜中病，不可過服。

清・張志聰、高世栻《本草崇原》卷下　甘遂　氣味苦，寒，有毒。主治大腹，疝瘕，腹滿，面目浮腫，留飲宿食，破癥堅積聚，利水穀道。　甘遂始出太山及代郡，今陝西、江東、京口皆有。苗似澤漆，莖短小而葉有汁，根皮色赤，肉色白，作連珠狀，大如指頭，實重者良。　土味曰甘，徑直曰遂。甘遂味苦，以其泄土氣而行隧道，故名甘遂。土氣不和，則大腹。隧道不利，則疝瘕。大腹則腹滿，由於土不勝水，外則面目浮腫，內則留飲宿食。甘遂治之，泄土氣也。為疝為瘕則癥堅積聚。甘遂破之，行隧道也。水道利則水氣散，穀道利則宿積除，甘遂行水氣而通宿積，故利水穀道。《乘雅》論：甘遂其為方也，為大，為急。其於劑也，為通，為泄。但氣味苦寒，偏於熱，為因寒則非所宜也。

清・王子接《得宜本草・下品藥》　甘遂　味甘、苦。主治十二種水。得大黃、阿膠治婦人血結，得大麥麵治膜外水氣。

清・黃元御《長沙藥解》卷四　甘遂　味苦，性寒。入足太陽膀胱經。善泄積水，能驅宿物。　《金匱》甘遂半夏湯，甘遂大者二枚，半夏十二枚，芍藥五枚，甘草指大一枚，水二升，煮半升，入蜜半斤，煎八合，頓服。治留飲欲去，心下堅滿，脈伏，自利反快者。心下堅滿，脈氣沉伏，是有留飲，忽而自利反快，是水飲下行，漬于腸胃也。甘遂、半夏泄水而滌飲，甘草、芍藥培土而泄木，蜂蜜滑大腸而行水也。　《傷寒》大陷胸湯方在大黃用之治結胸熱實，煩躁懊憹者。十棗湯方在大棗用之治心脇痞痛，下利嘔逆者。治懸飲內痛，脈沉而弦者。大黃甘遂湯方在大黃用之治水與血結在血室者。皆以其破塞而泄痰飲也。　甘遂苦寒迅利，專決積水。凡宿痰留飲，經府停瘀，皮膚腫脹，便尿阻澀之證，一泄而下，其力甚捷。並下癥瘕積聚，一切陳鬱之物。

清・吳儀洛《本草從新》卷二　甘遂〔寒，通，瀉經隧水濕。〕　苦，寒。能瀉腎經及隧道水濕，直達水氣所結之處，以攻決為用，為下水之聖藥。主十二種水，大腹腫滿，名水蠱。嘉言曰：胃為水穀之海，五臟六腑之源。脾不能散胃之水精於肺而病於中，肺不能通胃之水道於膀胱而病於上，不能司胃之關時其輸泄而病於下，以致積水浸淫，無所底止。好古曰：水者，脾肺腎三經所主，有五臟六腑，十二經之部分，上頭面，中四肢，下腰脚，外皮膚，中肌肉，內筋骨。脈有尺寸之殊，浮沉之別，不可輕瀉，當知病在何經何臟，方可用之。按：水腫有痰裹、食積、瘀血致清不升、濁不降而成者，有濕熱相生、隧道阻塞而成者，有燥熱衝擊、秘結不通而成者，是證屬有餘。有服寒涼、傷飲食、中氣虛衰而成者，有大病後正氣衰憊而成者，有小便不通、水液妄行、脾不能制而成者，證屬不足，宜分別治之。然其源多由中氣不足而起。丹溪曰：水病當以健脾為主，使脾實而氣運則水自行，宜參、苓為君，視所挾證加減，苟徒用利水藥，多致不起。疝瘕積聚，痞熱宿食，痰迷癲癇。去水極神，損真極速，大實大水可暫用之，否則宜禁。皮赤肉黑，根作連珠，重實者良。麪裹煨熟用。或用甘草、薺苨汁浸三日，其水如墨，以清為度，再麪裹煨。瓜蒂為使。惡遠志。反甘草。仲景治心下留飲與甘草同用，取其相反以立功。也有治水腫及腫毒者，以甘遂末敷腫處，濃煎甘草湯服之，其腫立消。二物雖相反，感應如此其神。

清・汪紱《醫林纂要探源》卷二　甘遂　苦，寒。蔓莖小葉，根下行，纍纍如串珠而圓長。瀉脾濕，堅腎水，專以攻濕為能，經隧無所不達。有毒。凡水濕積聚，皆達而泄之，治水腫之悍藥也。兼能治痰。裹麪煨，或薺苨水浸制其毒。脾虛者忌。反甘草。性味亦正相反。

清・嚴潔等《得配本草》卷三　甘遂　瓜蒂為之使。惡遠志。反甘草。甘、苦，寒，有毒。入足少陰經氣分。直達水結之處，攻決隧道之水。行十二經，水從穀道而出。　配大黃、阿膠，治血結。配豬苓、澤瀉，治轉脬。配甘草，治心下留飲。腎主水，凝則為痰飲，溢則為腫脹。泄腎經之濕，治痰飲之本也。　末摻雄豬腰子內，煨熟，日服一片，治洪水腫脹。麪裹煨透。　妄用大損元氣，腹脹而死。

題清・徐大椿《藥性切用》卷四　甘遂　性味苦寒，入腎經，瀉隧道水飲，(真)〔直〕達水飲所結之處。麪裹煨熟。非大水大實，不可輕用。

清・黃宮繡《本草求真》卷五　苦甘遂大瀉經隧水濕。　甘遂耑入脾、胃、肺、腎、膀胱。皮赤肉白，味苦，氣寒有毒，其性純陰，故書皆載能於腎經，及或隧道水氣所結之處奔湧直決，使之盡從穀道而出，為下水濕第一要藥。元素曰：水結胸中，非此不能除，故仲景大陷胸湯用之。但有毒，不可輕用。喻嘉言曰：胃為水穀之海，五臟六腑之源，脾不散胃之水精於肺，而病於中，肺不能通胃之水道於膀胱，而病於上，腎不能司胃之關，時其蓄泄，而病於下，以致積水浸淫，無所底止。水腫有風水、皮水、正水、石水、黃汗五種，水鬱於心，則心煩氣短，臥不克安；水鬱於肺，則虛滿喘咳；水鬱於肝，則脇下痞滿痛引少腹；水鬱於脾，則四肢煩悗體重不能衣；水鬱於腎，則腹痛引背央央，腰髀痛楚。水腫與氣腫不同，水腫其色明潤，其皮光薄，其腫不速，每自下而上，按肉如泥，腫有分界；氣則色蒼黃，其皮不薄，其腫暴起，腫無分界，其脹或連胸脇，其痛或及臟腑，或倏如浮腫，或腫自上及下；或通身盡腫，按則隨起。但仲景所論水腫，多以外邪為主，而內傷兼及，究之水為至陰，其本在腎，腎氣既虛，則水無所主而妄行，使不溫腎補脾，但以行氣利水，終非引水歸腎之理。猶之土在雨中則為泥，必得和風暖日，則濕氣轉為陽和，自得萬物生長矣！　故凡因實邪，元氣壯實，必壯實方可用以甘遂。而致隧道阻塞，見為水腫蠱脹，疝瘕腹痛，無不仗此迅利以為開決水道之首。如仲景大陷胸湯之類，然非症屬有餘，祇因中氣衰弱，小便不通，水液妄行，脾莫能制，誤用泄之之品益虛其虛，水雖暫去，大命必隨，甘草書言與此相反，何以二物同用而功偏見，亦以甘行而下益急。又按劉河間云：凡水腫服藥未全消者，以甘遂末塗腹遶臍令滿，內服甘草水，其腫便去。二物相反，而感應如此。非深於斯道者，未易語此。皮赤肉白，根作連珠重實者良。麵裹，煨熟用。用甘草薺苨汁浸三日，其水如墨，以清為度，再麵裹煨。瓜蒂為使，惡遠志。

清・沈金鰲《要藥分劑》卷三 甘遂 【略】鰲按：甘遂乃泄水聖藥，與商陸、大戟、芫花異性同功。方家俱不甚用。但商陸專除水腫，大戟泄臟腑水濕，甘遂行經隧水濕，芫花消伏飲痰癖，此其為用，又同中各有異處。今去商陸、大戟不錄，而特指其功能附此。

清・楊璿《傷寒溫疫條辨》卷六下劑類 甘遂反甘草，麵裹煨。 味苦，氣寒，有小毒。瀉腎及隧道水濕，直達水氣所結之處，以攻決為用，為下水之聖藥。主十二經水。凡大腹水腫，邪熱結胸，留飲宿食，痰迷癲癇之證。仲景大陷胸湯治之。孕婦切忌。丹溪曰：治水腫健脾為主，脾實氣運則水自行，以四君子湯視所挾證加減之，不可徒恃利水藥。仲景方：治婦女血結，小腹滿如敦狀，小便微難不渴，此為水與血俱結在血室也。甘遂一兩，阿膠一兩，大黃二兩，水碗半，煮半碗，頓服，其血當下。

清・羅國綱《羅氏會約醫鏡》卷一六草部 甘遂味苦，氣寒，有毒。皮赤肉白，作連珠實重者良。反甘草。麪包煨熟用。 苦善泄，寒勝熱。水屬陰，故從其類，直達水氣所結之處，以攻決為用，為下水之聖藥。仲景大陷胸湯用之，治水結胸也。治濕熱積飲、水腫水蠱腹腫、疝瘕，消陰囊腫脹，去面目浮腫。主去十二種水，從穀道而出。 按：甘遂攻逐極效，損真元亦速，非大實大水，不得輕投。

清・黃凱鈞《藥籠小品》 甘遂 苦，寒，直達水氣所結之處，以攻決為用，下水之聖藥。主十二種水，大腹腫滿，去水極神。損真極速，大實大水，可以暫用。麵裹煨。

清・王龍《本草纂要稿・草部》 甘遂 氣味甘苦而寒。破癥堅積聚，退面目浮腫。消食停胃內，驅水結胸中。益氣直透所結之處，專於行水攻決。凡用斟酌，切勿妄投。

清・張德裕《本草正義》卷下 甘遂 苦，寒，有毒。專於行水，能直達水結之所，如水結胸者，非此不除。療停痰留飲積聚，水腫鼓脹，及濕熱窒邪閉結。性烈傷人，不可妄用。

清・楊時泰《本草述鉤元》卷一〇 甘遂 生西涼者上，汴、滄、吳者次之日華子。苗似澤漆，莖短小，而葉有汁，其根皮赤肉白，作連珠，大如指頭，實重者良。一種草甘遂，乃是蚤休，療體全別，苗亦不同，根皮白色蘇恭、頌。

根味苦、甘，氣大寒，有毒，陰草也。潔古曰：純陽也。瓜蒂為之使，惡遠志，反甘草。主下五水，治大腹即水蠱疝瘕，腹滿水氣之聚，面目浮腫，除留飲，去痰水，利水穀道，破癥堅積聚水氣痰血凝結而成。散膀胱留熱，瀉腎經及隧道水濕，脚氣，陰囊腫墜，並治痰迷癲癇，噎膈痞塞。稟天地陰寒之氣以生，水屬陰，各從其類，故善逐水仲淳。直達水氣所結之處，乃泄水之聖藥，水結胸非此不除潔古。腎主水，凝則為痰飲，溢則為腫脹，甘遂能泄腎經濕氣，治痰之本也，但中病即止，不可過服瀕湖。仲景治心下留飲，與甘草同用，取其相輔而立功也又。凡水腫，服藥未全消者，以甘遂末塗腹，遶臍令滿，內服甘草水，其腫便去河間。脚氣上攻，結成腫核及一切腫毒，用甘遂末調敷腫處，另煎甘草濃汁服之，其腫即散，二物相反，而感應如此王璆。水蠱喘脹，甘遂、大戟各一兩，慢火炙研，每服一字，水半盞，煎三五沸服，不過十服。水腫喘急，大小便不通，十棗丸，用甘遂、大戟、芫花等分，為末，棗肉和丸梧子大，每服四十丸，侵晨熱湯下，利去黃水為度，否則次午再服。腎水流注，腿膝攣急，四肢腫痛，甘遂二錢，生研為末，木香末四錢，以豶猪腎一枚，分為七臠，每入前二藥末二錢於內，濕紙包煨令熟，溫酒嚼下，當利黃水為驗。婦人血結，少腹滿如敦狀，小便微難而不渴，此為水與血俱結在血室。大黃二兩，甘遂、阿膠各一兩，水一升半，煮半升，頓服，其血當下。風痰迷心癲癇及婦人心風血邪，用遂心丹，甘遂二錢為末，以猪心取三管血和藥，入猪心內縛定，紙裹煨熟，取末，更入辰砂末一錢，分作四丸，每服一丸，即將猪心煎湯調下，大便下惡物為效，不下再服。按：以上方，皆就其切於治標者錄之，若當從緩而治本，必不可嘗試，故不采也。

論：甘遂氣味苦寒，為陰，乃潔古更曰純陽，何哉？此正先生察物之精，後學詣不至此也。夫人身之水，本於陰而化於陽，陰得陽以化，則水化液，液化血以運於經絡，榮於周身，其溢而為水，聚而為種種諸患者，皆陰不得陽以化也。如水之泛濫已極，結聚已久，而泛然用純陰之味遂之，是為以水濟水，必求其為水中之陽者，乃可以從入而瀉之，甘遂是也。抑何以謂其瀉真氣？曰：水之或溢或結，為不能化液化血，而歸經之敗水，為汚為濁，是已離於真氣者也，非堅土所能制化，惟當用此以瀉之。若未至溢結，則凡後天之水，皆真氣所化，妄投甘遂，不反竭其真氣乎。固當申中土運化之用以為功矣，要之瀉水不用純陰，即可悟加減腎氣的為探本要法，瀉者猶是治標，即泥於補土，猶為不責其本，而緩不及事者也。

繆氏：雖善下水除濕而性陰毒，能耗損真氣，虧竭津液，必察病屬濕熱，有飲有水而元氣尚壯之人，乃可一施，不然，水即暫去，復腫必死。

修事：麪包煨熟，以去其毒，然後入用。

清・葉桂《本草再新》卷三　甘遂味苦、辛，性寒，無毒。入脾、胃二經。　能瀉腎經及隧道水濕，以攻決為用，為下水之聖藥。主十二種水，大腹腫滿。

清・吴其濬《植物名實圖考》卷二四　甘遂　《本經》下品。宋《圖經》云苗似大戟，莖短小而有汁，根皮赤，肉白，作連珠；又一種草甘遂，即蚤休也。俗多呼為芫花，山西交城產者黃紅花，根甚細。

雩婁農曰：方以類聚，物以群分。君子小人不並立，固矣。然唐虞命百工而投四凶，見禦魑魅。神農嘗百草而收毒藥，以除痼疾。凡物之生，有粹有駁。《荀子》云：粹而王，駁而霸。天不能有粹而無駁，世不能有王而無霸。醫者用毒草也，曰以毒攻毒；聖人之用惡人也，亦曰以惡攻惡而已。惡人者，能生災患者也，而古之禦災捍患者，亦多出於惡人。惡人竭其力以去惡，惡去而惡人之狠傲強固之氣，亦潛消於無形，而後賢人君子得以從容敷治而無所難。稷、契、皋、夔處於廟堂，而四裔之獸蹄鳥跡，雖窮奇渾敦，亦有勞焉。參苓术草，用以滋培，而無名之癰疽毒腫，雖烏頭、鉤吻亦著效焉。顧惡人得其用而世治，惡人不能得其用則大亂生。公孫述不遇新室，漢之良吏也；曹瞞不丁炎季，漢之能臣也；石勒自謂逢漢高祖當北面臣之。吾嘗謂聖賢能用惡人，必不肯輕言去惡人，若欲去惡人，則必假惡人之手而後可。石守道作《聖德詩》，范公拊股謂韓公曰：為此怪鬼輩壞了。韓公曰：天下事不可如此，如此必壞。韓范皆能用惡人者也，惡人希其用，則將自奮其所長。石守道但知去惡人者也，惡人畏其去，則將大肆其所短。黨錮東林，亦石守道之徧見耳。醫者以甘遂、甘草並用，以去留飲、脚氣、腫毒，皆有奇效。釋之者云：二物相反，而立成功，夫既相反矣，何成功之有？共工驩兜與岳牧同官堯舜，能治天下乎？良醫之用甘遂也，逐其病也；其用甘草也，化其病也。故甘遂敷於外，而甘草服於內，此黔、彭斬搴於邊陲，而蕭、張夔和於廷陛也。黔彭蕭張各用其長，豈云相反哉？嗚呼！以善人而去惡人，其力常不能敵，唯以惡去惡，而以善人繼其後，此世之所以治也；以惡去惡，而仍以惡人繼其後，此世之所以亂也。隗囂更始，皆有除莽賊之功，而建武中興，遂致承平；董卓、郭傕亦有去漢賊之力，而當塗接踵，卒覆劉祚。觀於兩漢之興亡，非前轍哉？世之醫者，專於攻擊與專於調和者，孰覩古今，亦可微會矣。善乎，王彥霖之言曰：君子在內，小人在外，為泰；小人在內，君子在外，為否。君子小人競進，則危亂之機也。明乎此，則傾險忠良，無調停參用之説；溫補寒瀉，無和同並進之理。

清・趙其光《本草求原》卷六毒草部　甘遂　苦、甘，大寒，有毒。瀉腎經及隧道水濕，直達水氣所結之處，為下水峻劑。治水蠱腹大，凡腎經邪水凝結而為痰，為心下留飲症瘕，與甘草同用，取其相反以立功也。水溢而為面目浮腫，研末入豬腰或鯉魚煨食；為末，豬苓湯下，治小便轉胞立通。皆下泄利水之功。同豬心管血入豬心內煨，和辰砂末，豬心湯下，治癲癇心風血邪，得大便下惡物而止。或治水腫及腫毒，以此末敷腫處，濃煎甘草湯，服之立消。肥人卒耳聾，綿裹甘遂塞耳，口嚼甘草自通。二物相反而相應如此。脾水病忌之，元陰虚亦忌。

麪包煨，或用甘草、薺苨汁，浸去黑水，俟水清，以粳米炒用。

清・葉志詵《神農本草經贊》卷三　甘遂　味甘，寒。主大腹疝瘕腹滿，面目浮腫，留飲宿食，破癥堅積聚，利水穀道。一名主田。生川谷。

白體赤膚，名甘汁毒。節逐珠連，圓旋指搦。結散心胸，塗周臍腹。相反相成，道通水穀。

蘇頌曰：苗短小而葉有汁，根皮赤肉白，作連珠，大如指頭。張元素曰：此泄水之聖藥，水結胸中，非此不除。但有毒不可輕用。李時珍曰：張仲景治心下留飲，與甘草同用。《保命集》：凡水腫未消者，以甘遂末塗腹遶臍，服甘草水即消。王璆曰：一切腫毒，傅甘遂末，飲甘草汁即愈。二物相反，而感應如此。

清・文晟《新編六書》卷六《藥性摘錄》　苦甘遂　味苦，氣寒，有毒。性純陰。大瀉經隧水濕。○凡因實邪，元氣壯盛而致隧道阻塞，見為水腫蠱脹，疝瘕腹痛，皆仗此以開決水道。○然非症屬有餘，只因中氣衰弱，小便不利者，切禁。○麪裹，煨熟用。○反甘草，惡遠志。

甘遂毒　黑豆煎汁，飲之。

清·張仁錫《藥性蒙求·草部》　甘遂五分、錢半　甘遂苦寒，水濕能攻。面浮體腫，隧道宜通。入肺、脾、腎三經，為行水之品。麪裹，煨熟用。○大實大水暫用之，否則忌。○沈氏按：甘遂乃泄水聖藥，與商陸、大戟、芫花異性同功，方家俱不甚用。但商陸專除水腫，大戟泄臟腑水濕，甘遂行經隧水濕，芫花消伏飲痰癖，此其為用又同中各有異處。○甘遂瀉水峻藥，疏通十二經，攻堅破結，直達水氣所結之處。但有毒，不可輕用。

清·戴葆元《本草綱目易知錄》卷一　甘遂　苦，寒，有毒。能瀉腎經及隧道水濕，直達水氣所結之處，以攻決為用，為下水之聖藥。水結胸中，非此不能除，能瀉十二種水。治大腹疝瘕，面目浮腫，留飲宿食，破癥瘕積聚，散膀胱留熱，皮中痞熱，氣腫滿，利水穀道，消脚氣，陰囊腫墜，去痰水及痰迷癲癇，噎膈痞塞。其性耑於攻決，恐妨元氣，不可過服，虛者慎用。反甘草。

清·黃光霽《本草衍句》　甘遂　苦寒有毒，攻決為能。瀉腎經隧道水濕，直透達所結水形。水結胸中，非此不除。為下水之要藥，從穀道以通行。囊腫脚氣，痰飲疝癥。大實大水暫用，脾虛氣虛急停。得大麵治膜外之水氣。心下留飲堅滿，脈伏，其人欲自利反快。甘遂、半夏、芍藥、甘草，煎服。婦人血結，婦人少腹滿如墩狀，小便微艱而不渴，此為水與血俱結在血室。大黃二兩，甘遂、阿膠各一兩，水煎服。

清·陳其瑞《本草撮要》卷一　甘遂　味甘苦，寒，入足太陽經，功專療十二種水。得大黃、阿膠治婦人血結，得大麥麵治膜外水氣。虛者忌用。麵裹煨熟用。瓜蒂為使，惡遠志，反甘草。仲景治心下留飲，與甘草同用，取其相反以立功也。有治水腫及腫毒，均以甘遂末敷腫處，濃煎甘草服之，其腫立消。

續隨子

宋·唐慎微《證類本草》卷一一草部下品〔宋·馬志《開寶本草》〕　續隨子　味辛，溫，有毒。主婦人血結月閉，癥瘕痃癖瘀血，蠱毒鬼疰，心腹痛，冷氣脹滿，利大小腸，除痰飲積聚，下惡滯物。莖中白汁，剝人面皮，去皯䵳。生蜀郡及處處有之。苗如大戟。一名拒冬，一名千金子。今附。

〔宋·掌禹錫《嘉祐本草》〕按：《蜀本》云：積聚痰飲，不下食，嘔逆及腹內諸疾。研碎酒服之，不過三顆，當下惡物。日華子云：宣一切宿滯，治肺氣、水氣，傳一切惡瘡疥癬，單方日服十粒。瀉多，以酸漿水并薄醋粥喫即止。一名菩薩豆、千兩金。葉汁傅白癜，面皯。

〔宋·蘇頌《本草圖經》〕曰：續隨子，生蜀郡，及處處有之。今南中多有，北土差少。苗如大戟，初生一莖，莖端生葉，葉中復出數莖相續。花亦類大戟，自葉中抽蕚而生，實青有殼。人家園亭中多種以爲飾。秋種冬長，春秀夏實。故又名拒冬。實入藥，採無時，下水最速，然有毒損人，不可過多。崔元亮《海上方》：治蛇咬腫毒，悶欲死。用重臺六分，續隨子七顆，去皮，二物擣篩爲散。酒服方寸匕，兼唾和少許，傅咬處，立差。莖中白汁，剝人面，去皯䵳，甚效。

〔宋·唐慎微《證類本草》〕《斗門方》：治水氣。用聯步一兩去殼，研以紙裹，用物壓出油，重研末，分作七服。每治一人，只可一服，丈夫生餅子酒下，婦人荆芥湯下，凡五更服之，至晚自止。後以厚朴湯補之。頻喫益善。仍不用喫鹽、醋一百日差。聯步，續隨子是也。

宋·鄭樵《通志》卷七五《昆蟲草木略》　續隨子　曰拒冬，曰千金子，曰聯步，曰千兩金，曰菩薩豆。人家多種於園亭，其花似大戟，秋種冬長，春秀夏實。

宋·劉明之《圖經本草藥性總論》卷上　續隨子　味辛，溫，有毒。主婦人血結月閉，癥瘕痃癖瘀血，蠱毒鬼疰，心腹痛，冷氣脹滿，利大小腸，除痰飲積聚，下惡滯物。《蜀本》云：積聚痰飲，不下食，嘔逆，及腹內諸疾，研酒服之，不過三顆，當下惡物。日華子云：宣一切宿滯，治肺氣水氣，傅一切惡瘡疥癬。葉汁，傅白癜面皯。

宋·王介《履巉巖本草》卷中　蛇怕草　性大涼，大能去毒。治蛇傷犬咬，用少許搗爛，貼傅患處。

宋·陳衍《寶慶本草折衷》卷一一　續隨子莖汁附。　一名千金子，一名千兩金，一名拒冬，一名聯步，一名菩薩豆，謂子如小豆狀也。生蜀郡，及南中、廣州，今處處園亭中多種以為飾。○採無時。

味辛，溫，有毒。○主婦人血結月閉，癥瘕痃癖，瘀血蠱毒。心腹痛，冷氣脹滿，利大小腸，除痰飲，積聚，下惡滯物。○日華子云：宣一切宿滯，治肺氣水氣，傅一切惡瘡疥癬。○《圖經》曰：苗如大戟，莖端生葉，葉中復生數莖。下水最速，有毒損人，不可過多。○《斗門方》：治水氣。續隨子壹兩，去殼研，紙裹壓去油，重研分七服，每治一人只可一服。五更服，至晚自止。〇附：莖汁。〇剝人面皮，去皯黯。

元・尚從善《本草元命苞》卷五　續隨子　味辛，溫，有毒。下惡物，宣一切宿滯。主血結月閉，癥瘕痃癖。治蠱毒鬼疰，胸膈停痰。療冷氣脹滿，破瘀血積聚。利大小腸，下水速效。研碎，酒服，不過三顆。去面皯黯、白癜神奇。取莖中白汁，傅之，能剝去。生蜀郡、江南多有，園亭中栽種為飾。秋蒔冬長，春秀夏實，寔青有殼，採取無時。服之不可過劑，過則令人瀉，多漿水，稀薄。醋、粥能解泄利無休。

明・王綸《本草集要》卷三　續隨子　味辛，氣溫，有毒。主婦人血結月閉，癥瘕痃癖瘀血，蠱毒鬼疰，心腹痛，冷氣脹滿，利大小腸，除痰飲積聚，下惡滯物。〇莖中白汁，剝人面皮，去皯黯。

明・滕弘《神農本經會通》卷一　續隨子　一名聯步，一名千金子。人家園亭多種以為飾。實入藥，下水最速，有毒，損人，不可過多。用須去殼，研，以紙裹，用物壓出油，重研。

味辛，氣溫，無毒。《本經》云：主婦人血結月閉，癥瘕痃癖，瘀血，蠱毒鬼疰，心腹痛冷，氣脹滿，利大小腸，除痰飲積聚，下惡滯物。莖中白汁，剝人面皮，去皯黯。《局》云：聯步元來即續隨，宣通惡滯有奇功。癥瘕蟲毒兼痰癖，水氣蛇傷用更宜。續隨子，消癥蕩滯，(古)[蠱]毒尤攻。

明・劉文泰《本草品彙精要》卷一四　續隨子有毒　植生。

續隨子：主婦人血結，月閉，癥瘕，痃癖，瘀血，蠱毒，鬼疰，心腹疼，冷氣脹滿，利大小腸，除痰飲積聚，下惡滯物，莖中白汁，剝人面皮，去皯黯。名醫所錄。【名】拒冬、千金子、菩薩豆、聯步、千兩金。【苗】《圖經》曰：苗如大戟，初生一莖，莖端生葉，復出數莖相續，花亦類大戟，實青有殼，人家園亭中多種以爲飾。秋種冬長，春秀夏實。【地】《圖經》曰：生蜀郡，處處有之。【道地】廣州。【時】生：夏結實。採：秋月取。【收】暴乾。【用】子。【色】蒼褐。【味】辛。【性】溫，散。【氣】氣之厚者，陽也。【主】惡瘡，疥癬。【製】凡使，去殼研爛，以紙裹，用石壓出油盡，復研用之。【治】療：日華子云：宣一切宿滯，治肺氣，水氣。〇葉汁，傅白癜，面皯。【合治】研碎合酒服之，治積聚，痰飲，不下食，嘔吐，及腹內諸疾，不過三顆，當下惡物。〇取聯步一兩，即續隨子是也，去殼研，以紙裹，用物壓出油，重研末，分作七服，每治一人只用一服，丈夫生餅子酒下，婦人荊芥湯下，凡五更服之，至晚自止，後以厚朴湯補之，治水氣，頻吃益善，仍不用吃鹽醋，一百日瘥。〇取七顆去皮合重臺六分，二物搗篩爲散，酒服方寸匕，治蛇咬腫毒悶欲死者，兼唾和少許，傅咬處，立瘥。【禁】虛損人不可多服。【解】如服十粒瀉多者，以酸漿並薄醋粥吃，即止。

明・許希周《藥性粗評》卷二　毒被蛇傷，得子續隨而聯步。

續隨子，一名千金子，一名聯步。秋生苗如大戟，初生一莖，莖端生葉，葉中復出數莖，每每相續，故名。冬長春秀，故一名拒冬。春末開花，亦類大戟，自葉中抽蘚而生，夏中結實，青色，有殼。江南原野處處有之，好事者多種於園亭以為飾。實熟時採之，暴乾，凡用去皮殼。餘說《本草》不載。味辛，性溫，有毒。主治癥瘕痃癖，瘀血，蠱毒鬼疰，水脹，血結月閉，心腹冷氣，痰飲積聚，瘡疽疥癬，袪蛇毒，下惡物，利大小腸，行水甚速，與牽牛子無異。

單方：蛇傷腫毒：凡被蛇咬腫痛欲死者，續隨子七枚，去皮，搗末，溫酒調服，下其毒氣，兼唾調少許，傅於咬處，即差。腹脹積停：凡腹內脹滿，停積痰飲諸物，嘔逆不下食者，續隨子三枚，去皮研末，溫酒調服，當下惡物。面瘢：凡面上瘢皯欲去之者，以針剝破，取續隨莖，折斷滴入白汁，自除。水氣：凡四肢浮腫有水氣者，續隨一兩，去殼，研，以紙包，用物壓去油，再研為末，分作七服，每一服治一人，丈夫溫酒調下，婦人荊芥湯下，凡五更空心服之，至晚便消，以厚朴湯補之，須忌鹽、醋一百日。

明・鄭寧《藥性要略大全》卷七　續隨子　消癥蕩滯，治蛇傷蠱毒，女人血結月閉癥瘕，利大小腸。《十書》云：治痃癖瘀血，心腹疼痛，冷氣脹滿，除痰飲積聚，下滯惡物。莖中白汁：可去痣、皯黯。味辛，氣溫，有毒。

明・陳嘉謨《本草蒙筌》卷三　續隨子一名千金子。味辛，氣溫，有毒。苗如大戟，葉中抽莖。開花黃小多層，結實青而有殼。人家亭圃，每種觀瞻。又因秋種冬生，春秀夏實。故又名曰拒冬實也。用須取仁紙裹，壓以重石去油。復研成霜，方可入藥。宣一切宿滯積聚，敷諸般疥癬惡瘡。逐水利大小二腸，散氣除心腹脹痛。敺蠱毒鬼疰，消痃癖瘕癥。通月經，下痰飲。不可過服，防毒損人。其莖中白汁旋收，敷白癜面皯即去。

明・王文潔《太乙仙製本草藥性大全》卷二《本草精義》　續隨子　即聯步，一名拒冬，一名千金子，一名菩薩豆，又名千兩金。生蜀郡及處處有之，南中多有，北土實少。生苗如大戟，初生一莖，莖端生葉，中伏出數莖相續，其花亦類大戟，自葉抽幹而生，開花黃小。

明・王文潔《太乙仙製本草藥性大全》卷二《仙製藥性》 續隨子 味辛，氣溫，有毒。 主治：宣一切宿滯積聚，敷諸般疥癬惡瘡。逐水利大小二腸，散氣除心腹脹痛。毆蠱毒鬼疰，消痃癖瘕癥。通月經，下痰飲。不可過服，防毒損人。其莖中白汁，旋收敷白癜、面皯即去。 補註：治水氣，用一兩，去殼，研以紙裹，用石壓出油，再研末，分七服，每治一人用一服，丈夫生餅子酒下，婦人荊芥湯下。凡五更服之，至晚自止，後以厚朴湯滋補之，頻吃益善，仍不用吃醋、鹽，一百日差。○宿滯積聚，日服十粒，瀉多後泉水并薄醋粥吃即止。蛇咬腫毒，悶欲死，用七顆，去皮，二物擣篩爲末，酒服方寸匕。兼唾和少許，敷咬處，立差。

明・皇甫嵩《本草發明》卷三 續隨子下品下，佐使。氣溫，味辛，有毒。一名千金子。 發明曰：此辛散宣洩藥，主宣一切宿滯積癖。故《本草》主婦人血結月閉，癥瘕痃癖瘀血，蠱毒鬼疰，心腹痛，冷氣脹滿，利大小腸，痰飲積聚，不下食，嘔逆及腹內諸疾。研酒服，不過三顆，當下惡滯物。有毒，損人，勿過服。莖中白汁，敷白癜面皯即去。

明・李時珍《本草綱目》卷一七草部・毒草類 續隨子宋《開寶》

【釋名】千金子《開寶》 千兩金《日華》 菩薩豆《日華》 拒冬《開寶》 聯步頌曰：葉中出葉，數數相續而生，故名。冬月始長，故又名拒冬。

【集解】志曰：續隨子生蜀郡，處處亦有之。苗如大戟。頌曰：今南中多有，北土差少。苗如大戟，初生一莖，莖端生葉，葉中復出葉，花亦類大戟，自葉中抽幹而生，實青有殼。人家園亭中多種以爲飾。秋種冬長，春秀夏實。時珍曰：莖中亦有白汁，可結水銀。

【修治】時珍曰：凡用去殼，取色白者，以紙包，壓去油，取霜用。

【氣味】辛，温，有毒。 【主治】婦人血結月閉，瘀血癥瘕痃癖，除蠱毒鬼疰，心腹痛，冷氣脹滿，利大小腸，下惡滯物《開寶》。積聚痰飲，不下食，嘔逆，及腹內諸疾。研碎酒服，不過三顆，當下惡物《蜀本》。宣一切宿滯，治肺氣水氣，日服十粒。瀉多，以酸漿水或薄醋粥喫，即止。又塗疥癬瘡大明。

【發明】頌曰：續隨下水最速，然有毒損人，不可過多。時珍曰：續隨與大戟、澤漆、甘遂莖葉相似，主療亦相似，其功皆長于利水。惟在用之得法，亦皆要藥也。

【附方】舊二，新四。 小便不通：臍腹脹痛不可忍，諸藥不効者，不過再服。用續隨子去皮一兩，鉛丹半兩，同少蜜擣作團，瓶盛埋陰處，臘月至春末取出，研，蜜丸梧子大。每服二三十丸，木通湯下，化破尤妙。病急亦可旋合。《聖濟録》。 水氣腫脹：聯步一兩，去殼研，壓去油，重研，分作七服。每治一人用一服，丈夫生餅子酒下，婦人荆芥湯〔下〕，五更服之，當下利，至曉自止。後以厚朴湯補之。頻喫益善。忌鹽、醋一百日，乃不復作。聯步即續隨子也。《斗門方》。 陽水腫脹：續隨子炒去油二兩，大黄一兩，爲末，酒水丸緑豆大。每白湯下五十丸，以去陳莝。《摘玄方》。 涎積癥塊：續隨子三十枚，膩粉二錢，青黛炒一錢，研匀，糯米飯丸芡子大。每服一丸，打破，以大棗一枚，燒熟去皮核，同嚼，冷茶送下。半夜後，取下積聚惡物爲効。《聖濟録》。 蛇咬腫悶：欲死。用重臺六分，續隨子仁七粒，擣篩爲散。酒服方寸匕。兼唾和少許，塗咬處，立効。崔元亮《海上方》。 黑子疣贅：續隨子熟時塗之，自落。《普濟方》。

葉及莖中白汁 【主治】剥人面皮，去皯黯《開寶》。傅白癜癧瘍大明。擣葉，傅蠍螫立止時珍。

明・梅得春《藥性會元》卷上 續隨子 味辛，溫，無毒。一名千金子，又名拒冬。 主治婦人血結月閉，癥瘕痃癖，瘀血蠱毒，鬼疰心腹痛，冷氣脹滿，利大小腸，除痰飲積聚，下惡滯物。 莖中白汁，剝人面皮，去皯黯。苗如大戟。

明・李中立《本草原始》卷三 續隨子 始生蜀郡，今南中多有，北土差少。苗如大戟，初生一莖，莖端生葉，葉中復出數莖，相續隨生實也，故名續隨子。子黃有殼，人家園亭中多種以為飾。秋種冬長，春秀夏實，故又名拒冬。一名千金子。 氣味：辛，溫，無毒。 主治：婦人血結月閉，瘀血癥瘕痃癖，除蠱毒鬼疰，心腹痛冷，氣脹滿，利大小腸，下惡滯物。○積聚痰飲，不下食，嘔逆及腹內諸疾，研碎酒服，不過三顆，當下惡物。○宣一切宿滯，治肺氣水氣，日服十粒，瀉多，以酸漿水，或薄醋粥喫即止。又塗疥癬。

續隨子，宋《開寶》。【圖略】殼青，三稜，子如小豆大，黃色。采無時。

修治：去殼，以紙包壓去油，取霜用。

崔元亮《海上方》：治蛇咬腫毒，悶欲死，用重臺六分，續隨子七顆，去皮，二物為末，酒服方寸匕，兼唾和少許，傅咬處，立差。

明・繆希雍《本草經疏》卷一一 續隨子 味辛，溫，有毒。主婦人血結月閉，癥瘕痃癖，瘀血，蠱毒鬼疰，心腹痛，冷氣脹滿，利大小腸，除痰飲積聚，下惡滯物。莖中白汁：剝人面皮，去皯黯。苗如大戟。一名拒冬，一名千金子。

〔疏〕續隨子味辛氣溫，而其性有毒，實攻擊剋伐之藥也。長於解蠱毒鬼疰，以致腹痛脹滿，攻積聚，下惡滯物及散痰飲。至於婦人月閉，癥瘕痃癖，瘀血，大小腸不利諸病，則各有成病之由，當求其本而治，不宜概施。蓋此藥之為用，乃以毒攻毒之功也。〔主治參互〕《聖濟錄》治小便不通，臍腹脹痛不可忍。用續隨子一兩，鉛丹半兩，同少蜜搗作團，瓶盛埋陰處，臘月至春末取出，研，蜜丸梧子大，每服二三十丸，木通湯下。又方，治涎積癥塊，續隨子三十枚，膩粉二錢，青黛炒一錢，研勻，糯米飯丸芡子大。每服一丸，打碎，以大棗一枚燒熟去皮核，同嚼，冷茶送下。半夜後，取下積聚惡物為效。崔元亮《海上方》治蛇咬腫悶欲死，用重臺六分，續隨仁七粒，搗篩為散。酒服方寸匕，兼唾和少許塗咬處，立效。《普濟方》治黑子疣贅：續隨子於熟時塗之，自落。〔簡誤〕病人元氣虛，脾胃弱，大便不固者，禁用。

明・倪朱謨《本草彙言》卷五　續隨子　味辛，氣溫，有毒。又名千金子。

黄氏曰：續隨子，多生蜀郡，今處處有之，江南尤多。入藥以南產者爲勝，人家園囿種此可觀。但秋種冬生，春秀夏實，故又名拒冬子也。苗如大戟，初生一莖，葉在莖端，葉復生莖，莖復生葉，轉展叠加，宛如十字。作花亦類大戟，但從葉中抽幹以結實耳。修治：取子鋪竹匾內，用薄砧塊如手掌大，輕輕擂之，則殼自散。播去浮殼，取白仁綿紙包裹，壓去油用。

續隨子：通月閉，化癥瘕，《開寶》消蠱脹之藥也。方益明稿　味辛烈而性有毒，實攻擊猛摯之品。長于攻利腹內一切惡滯毒物，故宿血能通，頑痰能下，蠱毒能消，癥瘕能化，追利二便，消釋蛇咬，蓋此藥能以毒攻毒也。雖然此藥長于搏擊，攻利腹內一切惡滯毒物，如果病至膏肓，實不得已也。或者諸病，則各有成病之由，當求其本而治，不致妄用可也。若脾虛便滑之人，誤服必殆。

李瀕湖先生曰：續隨，與大戟、澤漆、甘遂莖葉相似，主療亦不相遠。其功皆長于利水消脹，惟在用之得法，應病合宜可耳。亦皆要藥也。

集方：《開寶本草》治月閉不通，瘀血血結。用續隨子十粒，去殼去油，空心酒調服。當下惡物。○《聖濟錄》治癥瘕痃癖涎積。用續隨子三十粒，去殼，去油淨，膩粉二錢，共研勻。粳米飯丸如芡實大。每服一丸，打破，以大棗一枚燒熟，去皮核，空心同嚼，冷茶送下，半日後取下積聚惡物爲效。○《摘玄方》治陽水腫脹。用續隨子二兩，炒去殼，研去油，大黄一兩，酒煮，晒乾，共爲末。水發丸，如菉豆大。每白湯下五十丸。去陳莝。○崔元亮言治蛇咬腫悶欲死。用續隨子二十一粒，草甘遂二錢，研細末。每服一錢二分，酒調服。再用少許，以津唾和塗咬處，立效。○大氏方治疥癩癬瘡。以續隨子，研細，和黄丹數分，搽患上。○《聖濟錄》治小便不通，臍腹脹痛不可忍，諸藥不效者。用續隨子去殼一兩，黄丹五錢，同煉蜜少許搗作團，用瓶盛，埋陰處，臘月至春末取出。研成丸，如梧子大。每服二三十丸，木通湯吞下，或化開服。病急者亦可隨合。○《普濟方》治黑子疣贅。用續隨子，去殼研爛，少許塗之，自落。

明・李中梓《醫宗必讀・本草徵要上》　續隨子味辛，溫，有毒。入腎經。去殼研細，帋包去油。　主血結月閉，療血蠱癥瘕。一名千金子。辛溫有毒之品，攻擊猛摯，月閉等症，各有成病之由，當求其本，不可概施。按：脾虛便滑之人，服之必死。

明・張景岳《景岳全書》卷四八《本草正》　續隨子一名千金子。　味辛，性溫，有毒。能逐瘀血，消痰飲食積，癥瘕痃癖，除蠱毒鬼疰，水氣冷氣，心腹脹滿疼痛，腹內諸疾，利大小腸，祛惡滯，及婦人血結血閉瘀血等證。研碎酒服，不過三顆，當下惡物，甚者十粒。若瀉多，以酸漿水或薄醋粥食之即止。亦可研塗疥癬惡瘡。此物之功，長於逐水殺蟲，是亦甘遂、大戟之流也。

明・盧之頤《本草乘雅半偈》帙一〇　續隨子宋《開寶》　氣味：辛，溫，無毒。　主治：主婦人血結、月閉，瘀血、癥瘕、痃癖，除蠱毒、鬼疰，心腹痛，冷氣。脹滿，利大小腸，下惡滯物。

覈曰：續隨，即千金子、拒冬、聯步、菩薩豆也。所在俱有，南中尤多，入藥以南產者為勝。苗如大戟，初生一莖，葉在莖端，葉復生莖，莖復生葉，轉展叠加，宛如十字。作花亦類大戟，但從葉中抽幹，並結實耳。修治：去殼，取其色白者，綿紙包裹，壓去油用。

先人云：嘗見半枝蓮葉上生葉，儼如十字，春分葉中抽莖，莖必三之，葉如蓮瓣，裹莖而上。入夏開花作實，實必三稜。子必三粒，外肉青軟，子殼則堅，上半黑褐，下半黄白，內仁如玉，溫潤如脂，土人稱半枝蓮。用治蛇虺螫蠍之毒，立有奇驗。讀宋《開寶》，始知即續隨子也。

条曰：續隨子，葉中出莖，以莖之一，合葉之二，奇連偶斷，其數三也。

春半葉中抽莖，夏半實作三稜，列子三粒，莖只三之，葉只二之，次第重之，生復續，續復隨，三相參，五相伍，生道無端，唯數可倚，而不可違也。如營衛周行，行必有紀，行周不息，如環無端，生氣乃治，自無血結月閉，瘀血癥瘕，營行失于隨續之眚矣。亦無痃癖蠱疰，冷氣脹滿，衛周失于隨續之眚矣。續隨辛暢溫燖，維數可倚，周行不息，仍不違于營數之紀爾。以莖之一，合葉之二，為剛來而下柔，動而說，隨從之象也。

明·李中梓《本草通玄》卷上　續隨子　辛，溫，有毒。　破瘀血癥癖，蠱毒鬼疰，水腫，利大小腸，下水甚捷。有毒傷人，不得過用。服後瀉多，以醋同粥吃即止。　去殼，取色白者，研爛，紙包，壓去油，取霜用。

清·顧元交《本草彙箋》卷四　續隨子　亦長於利水，惟在用之得法，亦皆要藥。更長于解蠱毒鬼疰，以致腹痛脹滿，攻積聚，下惡滯物，及散痰飲。然其爲用，乃以毒攻毒之功耳。

一名千金草。

清·穆石鲍《本草洞詮》卷九　續隨子　葉中出葉，相隨而生，故名。一名拒冬，以冬月始長也。味辛，氣溫，有毒。治婦人血結月閉，癥瘕痃癖，冷氣脹滿，利大小腸。又塗疥癬。續隨與大戟、澤漆主療相似，長於利水。酒服不過三粒，能下惡物也。

清·劉雲密《本草述》卷一〇　續隨子　頌曰：葉中出葉，數數相續而生，故名。冬月始長，故名拒冬。又曰：秋種冬長，春秀秋實。之頤曰：續隨，即千金子。所在皆有，南中尤多。入藥以南產者為勝。苗如大戟，初生一莖，葉在莖端，葉復生莖，莖復生葉，轉展疊加，宛如十字，作花亦類大戟，但從葉中抽幹，並結實耳。

氣味：辛，溫，有毒。

諸本草主治：肺氣水氣，婦人血結月閉，瘀血癥瘕痃癖，消積聚痰飲，不下食，嘔逆，療冷氣脹滿，利大小腸，宜一切惡滯物。方書主治：水腫脹滿，蠱毒。

日華子曰：瀉多，以酸漿水或薄粥喫，即止。頌曰：續隨下水最速。然有毒，損人，不可過多。時珍曰：續隨與大戟、澤漆、甘遂莖葉相似，主療亦相似，其功皆長於利水，惟在用之得法，亦皆要藥也。盧復曰：土人稱為半枝蓮，用治蛇虺、螫蠍之毒，立有奇驗。讀宋《開寶》，始知即續隨子也。之頤曰：續隨子，葉中出莖，以莖之一合葉之二，奇連偶斷，其數三也，春半葉中抽莖，夏半實作三稜，列子三粒，莖只三之，葉只二之，次第重之，生復續，續復隨，三相參，五相伍，生道無端，唯數可倚，而不可違也。如營衛周行，行必有紀，行周不息，如環無端，生氣乃治，自無血結月閉，瘀血癥瘕，營行失於隨續之眚矣。亦無痃癖蠱疰，冷氣脹滿，衛周失於隨續之眚矣。續隨辛暢溫燖，維數可倚，周行不息，仍不違於營數之紀爾。

愚按：續隨子類言其治水，第《開寶》首主女子血結月閉等證，蓋血即水所化也。先哲曰水入於經，其血乃成。茲味在方書於治水腫，似專是固水之不能化血者也。即血之不榮於經，而結滯為癥瘕痃癖者，是皆因肺氣之不治，以致水氣之不治，是即血之化原不裕，雖已化為血者，亦不能榮於經，以周於臟腑形骸，而結聚為癥瘕痃癖也。至療積聚痰飲嘔逆，皆不越此義爾。然則茲味漫云下水，謂同於大戟諸味，亦未悉其所長也。蓋似有妙於周流人身，以為生化之不息者，即其秋種冬長，春秀秋實，且其實結於秋，而即以秋種，不可思其生化循環之微，不以一時息者，有妙於諸草木之類乎？名續隨，固為其生化不息。第其種於秋，而實亦結於秋，可識此味之治肺氣有專功。夫氣為血之先，此其所以能療結聚諸證也。蓋稟金水之氣專，而氣味乃屬辛溫為異耳。謂其不徒以下水為功職是故也。時珍謂其用之得法，亦皆要藥，其言不為無據矣。

附方　小便不通，臍腹脹痛不可忍，諸藥不效者，不過再服，用續隨子去皮一兩，鉛丹半兩，同少蜜搗作團，瓶盛，埋陰處，臘月至春末取出，研，蜜丸梧子大，每服二三十丸，木通湯下，化破尤妙。病急亦可旋合。水氣腫脹，聯步一兩，去殼，研壓去油，重研，分作七服，每治一人，用一服，丈夫生餅子酒下，婦人荊芥湯，五更服之，當下利，至曉自止，後以厚朴湯補之，頻喫益善。忌鹽醋一百日，乃不復作。涎積癥塊，續隨子三十枚，膩粉二錢，青黛炒一錢，研勻，糯米飯丸芡子大，每服一丸，打破，以大棗一枚，燒熟，去皮核，同嚼，冷茶送下，半夜後取下積聚惡物為效。

修治　凡用去殼，取色白者，以紙包，壓去油，取霜用。

清·郭章宜《本草匯》卷一二　續隨子即千金子。　味辛，氣溫，有毒。入足少陰經。治血結月閉，破積聚癥癖。宣痰飲宿滯之疾，療肺氣水腫之家。

按：續隨子，攻擊剋伐之藥也。長于解毒，下水最速。婦人月閉等症，各有成病之由，當細求其本，不可槩施。元氣虛弱，脾虛便滑者，服之必死。

去殼，取色白者，研爛，紙包壓去油，取霜用，服後瀉多，以醋同粥吃，或酸漿水，即止。

清・汪昂《本草備要》卷二　續隨子一名千金子。瀉，行水，破血，解毒。　辛，溫，有毒。行水破血。治癥瘕痰飲，冷氣脹滿，蠱毒鬼疰。利大小腸，下惡滯物，塗疥癬瘡。玉樞丹用之，治百病多效。《經疏》曰：乃以毒治毒之功。　去殼，取色白者壓去油用。　時珍曰：續隨與大戟、澤漆、甘遂，莖葉相似，主療亦相似，長于利水。用之得法，皆要藥也。

清・李熙和《醫經允中》卷二一　續隨子　即千金子。　辛，溫，有毒。主治解毒，逐水利二便，通血結。然攻擊剋伐之劑，元氣虛弱者服之致死。

清・馮兆張《馮氏錦囊秘錄・雜症痘疹藥性主治合參》卷三　續隨子又名千金子，又名拒冬實。味辛，氣溫，有毒。辛溫之性，以攻積聚脹滿，痰飲諸滯，以毒攻毒，以祛蠱毒鬼疰諸邪，乃攻擊剋伐之藥也。凡元氣虛，脾胃弱，大便不固者禁用。○宜去油入藥。

續隨子，治一切宿滯積聚，敷諸般疥癬惡瘡。逐水，利大小二腸，散氣，除心腹脹痛。敺蠱毒鬼疰，消痃癖瘕癥。通月經，下痰飲。不可過服，防毒損人。

清・张璐《本經逢原》卷二　續隨子即千金子。　辛，溫，有毒。去殼，取色白者以紙包壓去油，取霜用。　發明：續隨子下氣最速，然有毒損人，與大戟、澤漆、甘遂莖葉相似，主療亦相似，其功長於利水解毒，故玉樞丹用之，服後瀉多，以醋同粥食即止。若脾虛便滑之人誤服必死。黑子疣贅，續隨子搗爛時塗之自落，或以煮線繫瘤根，時時緊之漸脫。

清・黃元御《玉楸藥解》卷一　千金子　味辛，微濇。入足陽明胃、手陽明大腸、手太陽小腸、足太陽膀胱經。泄水下痰，決瘀掃腐。千金子下停痰積水，一掃而空，功力迅速，遠勝他藥，亦不甚傷中氣。凡食積血塊，老癖堅癥，經閉胞轉，氣臌水脹，皆有捷效。兼泄蠱毒，療蛇咬，點黑子贅疣，愈疥癬䵟䵳。去殼服白仁，紙包壓去油，淨取霜，每服十餘粒。亦名續隨子。

清・吳儀洛《本草從新》卷二　續隨子〔瀉，行水，破血解毒。〕一名千金子。辛，溫。行水破血。治冷氣脹滿，癥瘕痰飲，血結月閉，蠱毒鬼疰。利大小腸，下惡滯物。塗疥癬瘡。時珍曰：續隨與大戟、澤漆、甘遂莖葉相似，主療亦相似。長於利水，用之得當，亦要藥也。攻擊猛鷙腫脹月閉等證各有成病之由，當求其本，不可概施，脾虛便滑者服之必死。《斗門方》治水氣腫脹，用千金子一兩，去殼研，壓去油重研，分作七服，每治一人用一服，五更酒服，當下利至曉，腫脹頓消，忌鹽、醋一百日。今走方者俱用此，加百草霜等在內，使人不能識，誑言秘傳，將草頭煉就單方，庸俗信而服之，一瀉而腹脹立消，索謝而去，未幾再作，無藥可救。間有氣體壯實者，愈後竟不復發，然暗損真氣，不過於數年之內患他病不起。數十年來，洛之目擊心傷者不可枚舉。其奈習俗瞢瞢，率猶長夜之不醒何！予欲呼之，用斯代柝，願衛生者勿蹈覆轍以促生也。至於醫者明知故犯，則傷人必多，孽鏡當前，悔之何及！今玉樞丹用之治百病，元氣強者間有小效，稍稍挾虛無不受其害。總之，執一方治百病，多見其失也。　去殼，取色白者研細，紙包，壓去油。

清・汪紱《醫林纂要探源》卷二　續隨子　辛，溫。貼根有小葉，數瓣圍莖，抽莖直上，每對節生三四葉，莖杪作小花結子。一名千金子。去殼取仁，壓去油用。有毒。行水破血，殺蟲毒，下惡物。行三焦水道，通利二腸。外塗，治疥癬，去蟲毒。

清・嚴潔等《得配本草》卷三　千金子即續隨子，一名聯步。　辛，溫，有毒。宣一切宿滯，下水最速。及腹內諸疾，研碎酒服，不過三顆，當下惡物。去殼取白者，研爛，以紙包壓去油，取霜用。　有毒損人，不可輕用。惟在用之得法，亦要藥也。

題清・徐大椿《藥性切用》卷四　續隨子　一名千金子。性味辛溫，行水破結，利大小腸。去殼研細，去油皮。脾虛便滑者，忌。

清・黃宮繡《本草求真》卷五　續隨子大瀉胸中濕滯。　續隨子耑入胃。即俗所名千金子者是也。味辛氣溫有毒，諸書皆載下氣最速。時珍曰：續隨與大戟、澤漆、甘遂莖葉相似，其功長於利水，惟在用之得法。亦皆要藥也。凡積聚脹滿，痰飲諸滯等症，服之最宜，以其以毒攻毒故也。氣味形質功用，頗有類於大戟、澤漆、甘遂，故書亦載此屬剋伐之味。若脾胃虛寒泄瀉，服之必死。黑子疣贅，用此搗爛，時塗之，自落，或以煮線繫瘤，時時緊之，漸脫去，取色白，壓去油用。

清・羅國綱《羅氏會約醫鏡》卷一六草部　續隨子一名千金子，味辛溫，有毒，入腎經。研細，紙包搥出油。　性主攻擊，刻不容緩。能行水破血，消積聚脹滿，利二便，通經滯，辛溫之用。治蠱毒鬼疰，疥癬惡瘡。以毒攻毒。以上諸證，各有成病之由，當求其本，不可概施。按：脾虛便滑者，服之必死。此大戟、甘遂之屬，長於利水，用之得法，乃為要藥。

清·趙學敏《本草綱目拾遺》正誤　續隨子　《綱目》集解下載形狀，所引蘇頌《圖經》，亦不甚明晰。竊疑葉中抽幹之草甚多，究難的別。辛亥閱盧之頤《乘雅》，始知其狀。云南中尤多，入藥以南產者為勝。苗如大戟，初生一莖，葉在莖端，葉復生莖，莖復生葉，轉輾疊加，宛如十字。作花亦類大戟，但從葉中抽幹並結實耳。盧不遠云：嘗見半枝蓮葉上生葉，儼如十字，春分葉中抽莖，莖必三之，葉如蓮瓣，裹莖而上，入夏開花作實，實必三稜，子必三粒，外肉青軟，子殼則堅，上半黑褐，下半黃白，內仁如玉，溫潤如脂，土人稱半枝蓮。用治蛇虺蠍螫之毒，立有奇驗。讀宋《開寶》，始知即續隨子也。如此寫其形狀方明切，故急為補錄。

清·王學權《重慶堂隨筆》卷下　續隨子　《綱目》集解下所載不甚明晰，盧氏辨別精詳，即土人所謂半枝蓮也。

清·黃凱鈞《藥籠小品》　千金子　辛，溫，行水破血，治冷氣脹，下惡滯物，攻擊猛摯。腫脹不因體實水積而用之必死。去殼研，壓淨油。

清·張德裕《本草正義》卷下　千金子一名續隨子。　辛，溫，有毒。逐瘀血，破癥瘕，除心腹脹滿，婦人血結血閉，利大小腸。亦可研塗癬疥惡瘡。長於去瘀逐水，殺蟲。亦甘遂、大戟流也。

清·楊時泰《本草述鉤元》卷一〇　續隨子　即千金子，一名拒冬，又曰聯步，土人稱為半枝蓮。所在皆有，南中尤多。苗與花皆類大戟，初生一莖，葉在莖端，葉復生莖，莖復生葉，轉展疊加，宛如十字。入藥以南產者為勝。

氣味辛溫，有毒。主治肺氣水氣，婦人血結月閉，瘀血癥瘕、痃癖，消積聚痰飲，不下食嘔逆，療冷氣脹滿，利大小腸，宣一切惡滯物。用治蛇虺螫蠍之毒，立有奇驗不遠。方書治水腫脹滿蠱毒。與大戟、甘遂、澤漆莖葉相似，主療亦相似，其功長於利水，惟在用之得法耳瀕湖。續隨子葉中出莖，以莖之一合葉之二，奇連偶斷，其數三也。春半葉中抽莖，夏半實作三稜，列子三粒，莖只三之，葉只二之，次第重之，生復續，續復隨，三相參，五相伍，生道無端，惟數可倚而不可違也子由。小便不通，臍腹脹痛不可忍，諸藥不效者，續隨子去皮一兩，鉛丹半兩，同少蜜搗作團，瓶盛埋陰處，臘月至春末，取出研，蜜丸梧子大，每服二三十丸，木通湯下，化破尤妙，不過再服愈。病急，亦可旋合。水氣腫脹，聯步一兩，去殼研，壓去油，重研，分作七服，每一服治一人。丈夫酒下，婦人荊芥湯下，五更服之，當利，至曉自止，後以厚朴湯補之，頻喫益善，忌鹽、醋百日，乃不復作。涎積癥塊，續隨子三十枚，膩粉二錢，青黛炒一錢，研勻，糯米飯丸芡子大，每服一丸，打破，以大棗一枚燒熟去皮核同嚼，冷茶送下，半夜後，取下積聚惡物為效。

論：續隨子秋種冬長，故名拒冬。春秀秋實，種於秋而實亦結於秋，是禀金水之專氣。生而復續，續而復隨，似有妙於周環人身以為生化之不息者。人身氣為血先，此味辛暢溫焆，行周不息，如環無端，生氣既治，自無血結月閉，瘀血癥瘕，營行失於續隨之眚矣，亦無痃癖蠱疰冷氣脹滿，衛周失於續隨之眚矣，豈徒以下水為功哉。第有毒損人，服者不可過多。先哲曰：水入於經，其血乃成，是血即水所化也。方書於續隨，似乎專治水腫，是固水之不能化血者，即血之不榮於經，而結為癥瘕、痃癖，皆因肺氣之不治，以致水氣之不治，雖已化為血者，亦不能榮於經，以周於臟腑形骸，而結為癥瘕、痃癖也。其治積聚痰飲嘔逆，皆不越此義。續隨治肺氣有專功，緣其所禀金水，而氣味乃屬辛溫，為異耳。

下水最速，而有毒損人，服不可過頌。瀉多者，飲以酸漿水，或喫薄粥，即止日華子。

修治：去殼，取色白者，紙包壓去油，取霜用。

清·葉桂《本草再新》卷三　續隨子味辛，性溫，無毒。入肺、胃二經。　行水破血，治冷氣脹滿，痰飲，血結月閉，蠱毒鬼疰，利大小腸。

清·趙其光《本草求原》卷六毒草部　續隨一名冬拒，即千金子，又名聯步，即半枝蓮。

秋種周歲，至秋乃實，得金氣最厚，有始終循環之妙，能使肺氣周流一身，以運血行水。辛，溫。能降能升。治肺氣、水氣，血瘀結，月閉，癥瘕痃癖，聚積痰飲，嘔逆冷脹，肺氣不調則水不行血，亦不榮於經，而飲與血聚於臟腑矣。利二腸，下惡滯物。治水腫蠱毒功同大戟、甘遂。敷蛇虺螫蠍毒。但有毒，損人。去殼，取白仁紙包，去油用霜。

清·文晟《新編六書》卷六《藥性摘錄》　續隨子　即千金子。辛，溫，有毒。大瀉胃中濕滯，治積聚腹滿，痰飲諸滯。〇又治黑子贅疣，搗爛，頻塗自落。〇若脾胃虛寒泄瀉，服之必死。〇或以煮線，繫贅疣，時時緊之，漸脫。〇取色白者，壓去油入藥。

清・戴葆元《本草綱目易知錄》卷二 續隨子千金子 辛，溫，有毒。其功長於利水。治婦人血結月閉，癥瘕痃癖，積聚痰飲，心腹疼痛，冷氣脹滿，嘔逆不食，肺氣水氣，蠱毒鬼疰。利大小腸，下惡滯物，宣一切宿滯。日服十粒，瀉多，以薄醋粥喫，即止。擣塗疥癬瘡，黑子疣贅。去殼取肉，帋包煨去油用。

清・陳其瑞《本草撮要》卷一 千金子 味辛，溫，有毒，入手足陽明、太陽經，功專破血行水。去殼，以色白者壓去油。用十數枚煎服，治痰飲神效。一名續隨子。

蓖麻

宋・唐慎微《證類本草》卷一一草部下品〔唐・蘇敬《唐本草》〕 蓖音卑麻子 味甘、辛，平，有小毒。主水癥。水研二十枚服之，吐惡沫，加至三十枚。三日一服，差則止。又主風虚寒熱，身體瘡癢，浮腫，尸疰惡氣，笮取油塗之。葉主脚氣，風腫不仁，擣蒸傅之。

〔唐・蘇敬《唐本草》〕注云： 此人間所種者，葉似大麻葉而甚大，其子如蜱，音卑，又名萆麻。今胡中來者，莖赤，樹高丈餘，子大如皂莢核，用之益良。油塗葉炙熱熨顖音信上，止衄尤驗也。《唐本》先附。

〔宋・掌禹錫《嘉祐本草》〕按：《蜀本圖經》云： 樹生葉似大麻大數倍，子殼有刺，實大於巴豆，青黃色斑，夏用莖、葉，秋收子，冬採根，日乾。胡中來者，莖、子更倍大。所在有之。又云： 葉似葎草而厚大。莖赤，有節如甘蔗。日華子云： 治水脹腹滿。細研水服。壯人可五粒。催生，傅產人手足心，產後速拭去。瘡痍疥癩亦可研傅。

〔宋・蘇頌《本草圖經》〕曰： 蓖麻子，舊不著所出州郡，今在處有之。夏生苗，葉似葎草而厚大。莖赤有節如甘蔗，高丈許。秋生細花，隨便結實，殼上有刺，實類巴豆，青黃斑褐，形如牛蜱，故名。夏採莖葉，秋採實，冬採根，日乾。胡中來者，莖子更大。崔元亮《海上方》治難產及胞衣不下，取蓖麻子七枚，研如膏，塗脚心底，子及衣纔下，便速洗去。不爾腸出，即用此膏塗頂，腸當自入。

〔宋・唐慎微《證類本草》〕雷公云： 凡使，勿用黑天赤利子，緣在地蔓上生，是顆兩頭尖，有毒，藥中不用。其蓖麻子，形似巴豆，節節有黃黑斑點。凡使先須和皮用鹽湯煮半日，去皮取子，研過用。《外臺秘要》： 治半身不遂，失音不語。取蓖麻子油一升，酒一斗，銅鉢盛油，著酒中一日，煮之，令酒、油熟，服之。又方： 治水氣。取蓖麻子去皮研，令熟水解得三合。清旦一頓服之盡，日中當下青黃水。《千金方》： 治嶺南脚氣，從足至膝，脛腫滿，連骨疼者。蓖麻子葉切蒸薄裹，二三易即消。《肘後方》： 治一切毒腫疼痛不可忍者，擣蓖麻子傅之，差。又方： 產難。取蓖麻子二枚，兩手各把一枚，須臾立下。《經驗後方》： 治風疾鼻榻。蓖麻不拘多少，去皮拍爲二片，用黃連等分搥碎，二件用水一處浸七宿後，空心、日午、卧時只用浸者水吞下一片，水盡旋添勿令乾。服兩月後，喫大蒜猪肉試驗，如不發動，便是效也。若發動時，依前法再服，直候不發。如只腿脹，用針出毒物，累有神效。《修真秘旨》： 治小兒丹瘤。蓖麻子五個去皮研，入麪一匙，水調塗之，甚效。杜壬： 治癧風，手指攣曲，節間痛不可忍，漸至漸落。方： 蓖麻一兩去皮，黃連一兩剉如豆，以小瓶子入水一升，同浸。春夏三日，秋冬五日後，取蓖麻子一枚擘破，面東以浸藥水，平旦時一服。漸加至四五枚，微利不妨。瓶中水少更添。忌動風食，累用得效。又方： 治咽中瘡腫，蓖麻子一枚去皮，朴消一錢，同研，新汲水作一服，連進二三服效。初虞世： 治湯火傷神妙。萆麻子、蛤粉等分，末研膏。湯損用油調塗，火瘡用水調塗。

宋・沈括《夢溪筆談》卷二六《藥議》 麻子 海東來者最勝，大如蓮實，出屯羅島，其次上郡、北地所出，大如大豆，亦善，其餘皆下材。用時去殼，其法取麻子帛包之，沸湯中浸，候湯冷，乃取懸井中一夜，勿令著水，明日日中暴乾，就新瓦上輕挼，其殼悉解，簸揚取肉，粒粒皆完。

宋・寇宗奭《本草衍義》卷一二 蓖麻子 作朵生，從下旋旋開花而上，從下結子，宛如牛身之蜱。取子炒熟，去皮，爛嚼，臨睡服三二枚，漸加至十數枚。治瘰癧，必效。

宋・劉明之《圖經本草藥性總論》卷上 蓖麻子 味甘、辛，平，有小毒。主水癥，又主風虚寒熱，身體瘡痒浮腫，尸疰惡氣。葉，主脚氣風腫不仁，搗蒸傅之。日華子云： 治水脹腹滿。又催生，傅產人手足心，產後速拭去。瘡痍疥癩，亦可研傅。《海上方》： 治難產，及胞衣不下。

宋・王介《履巉巖本草》卷下 蓖麻子 味甘、辛，有毒。主水癥，水研二十枚服之。吐惡沫，加至三十枚，三日一服，差則止。又主風虚寒熱，身體瘡痒，浮腫，尸疰惡氣，取油塗之。葉： 主脚氣風腫不仁，擣蒸傅之。治小丹瘤，用蓖麻子五個，去皮研，入麪一匙，水調塗之，甚妙。

宋・陳衍《寶慶本草折衷》卷一〇 蓖音卑麻子油及葉附 一名萆麻。又云： 一名蜱麻。○蜱亦音卑。 生胡中，及明、信州。今在處種有之。○秋採實，日乾。○附： 葉，夏采。

味甘、辛，平，有小毒。○主水癥。○日華子云： 治水脹腹滿。細研水服，壯人可伍粒。瘡痍疥癩，亦可研傅。○《圖經》曰：蓖麻子，殼上有刺，實類巴豆，青黄斑褐，形如牛蜱。治難產及胞衣不下。取柒枚研如膏，塗脚心底子，及衣纔下，速洗去，不爾腸出，即用此膏塗頂，腸當自入。○凡因他疾而大腸脫者，以此膏塗頂亦效。○《肘後方》：治毒腫疼痛，搗蓖麻仁傅之。○《修真秘旨》：小兒丹瘤，蓖麻子伍箇，去皮，研入〔麵〕壹匙，水調塗之。○初虞世：治湯火傷，蓖麻子、蛤粉等分，末，研膏，湯損用油調塗，火瘡用水調塗。○寇氏曰：炒熟去皮，爛嚼，臨睡服叁貳枚，漸加至拾數枚，治瘰癧必效。按《經驗方》論服此尤詳，但戒豆甚嚴，食豆則必脹殺。若能一生斷豆，始可服之矣。

○附：油。○味甘、辛，平，有小毒。主風虛寒熱，瘡癢浮腫，尸疰惡氣。榨取塗之。

附：葉。○主脚氣風腫，搗蒸傅之。又止衄，尤驗。炙熱熨顖上。○顖，音信。其葉似律草而厚大。

元・尚從善《本草元命苞》卷五　蓖麻子　有小毒，味甘、辛，平。莖如甘蔗，夏生苗，葉似葎草，秋生花，隨便結寔。主風虛寒熱，身體瘡痒。療浮腫，尸疰惡氣，丹瘤，水脹腹滿。細研，水服。壯人可服五粒。腫毒疼痛，爛搗塗傅。難產，兩手各持一枚。脚氣，搗葉蒸之，塗腫。冬採根，夏採莖葉，秋採實，研過用之。雷公云：凡使先須和皮，用鹽湯煮半日，去皮研。

元・朱震亨《本草衍義補遺》　（萆）〔蓖〕蔴　屬陰。能出有形質之滯物，故取胎產胞衣、剩骨膠血者用之。其葉治脚風腫。○又：油塗葉，炙熱，（慰）〔熨〕顖上，止鼻衄效。

元・徐彥純《本草發揮》卷二　（萆）〔蓖〕麻子　丹溪云：（萆）〔蓖〕（蔴）〔麻〕子屬陰，而能吸出有形質之滯物，故取胎產胞衣剩骨，膿血者用之。其葉主脚上腫瘡。

明・王綸《本草集要》卷三　蓖麻子　味甘辛，氣平。屬陰。有毒。主水癥水脹，又主身體瘡癢，疥癩浮腫，尸疰惡氣，笮取油塗之。○其葉治脚風腫。　催生及胞衣不下，取七枚，研如膏，塗脚底心，子及衣下，速洗拭去，不爾腸出，即用此膏塗頂，腸當自入。　一切腫毒疼痛，搗傅，差。　水癥，水研二十枚，服之，吐惡沫，加至三十枚，三日一服，差則止。　厲風手指，牽曲鼻搨，去皮，擘為二片，黄連等分，剉如豆，用水浸，春夏三四日，秋冬五六日，取一片，平旦日中面東，用浸藥水吞下，水少旋添，勿令乾，漸加至三四枚，微利不妨。　瘰癧，炒熟，去皮，爛嚼，臨睡服二三枚，漸加至八九枚效。

明・滕弘《神農本經會通》卷一　蓖麻子　夏採莖葉，秋採實，冬採根，日乾。勿使黑天赤利子，兩頭尖，有毒，不可用。《局》云：和皮用鹽湯煑，去皮，研用。　味甘、辛，氣平，有小毒。

《本經》云：主水癥，水研服，吐惡沫，差則止。又主風虛寒熱，身體瘡癢浮腫，尸疰惡氣，笮取油塗之。日華子云：治水脹腹滿，細研水服。壯人可五粒。催生，傅產人手足心，產後速拭去。瘡痍疥癩，亦可研傅。《圖經》云：《海上方》治難產及胞衣不下，取蓖麻子七枚，研如膏，塗脚心底，子及衣纔下，便速洗去，不爾腸出，即用此膏塗頂，腸當自入。《局》云：蓖麻子主催生產，塗脚心中速去之。瘡癢浸油搽傅妙，水癥研服更為奇。蓖麻子，善主催生，搗膏，傅脚版。

蓖麻葉　《本經》云：主脚氣風腫不仁，擣蒸傅之。《唐注》云：油塗葉，炙熱，（慰）〔熨〕顖上，止衄尤驗。丹溪云：屬陰，能出有形質之滯物，故取胎產胞衣，剩骨膠血者用之。餘同《本經》、《唐注》。

明・劉文泰《本草品彙精要》卷一三　蓖麻子有小毒，附葉。　植生。

蓖音萆麻子：主水癥，水研二十枚服之，吐惡沫。加至三十枚，三日一服，瘥則止。又主風虛寒熱，身體瘡癢，浮腫，尸疰，惡氣，榨取油塗之。○葉，主脚氣，風腫不仁，搗蒸傅之。名醫所錄。　〖名〗蓖麻。　〖苗〗《圖經》曰：夏生苗，葉似葎草而厚大，莖赤有節如甘蔗而中空，高丈許。秋生細花，隨結實，殼上有刺。實類巴豆，青黄斑褐，形如牛蜱，故以爲名。《唐本》注云：葉似大麻葉而甚大，其子如蜱。今胡中來者，莖赤，樹高丈餘，子大如皂莢核，用之益良。　〖地〗《圖經》曰：舊本不著所出州郡，今在處人家皆有之。〖道地〗明州、儋州。　〖時〗生：春生苗。採：夏取莖葉，秋取實，冬取根。　〖收〗暴乾。　〖用〗莖、葉、實、根。　〖質〗類巴豆而斑褐。〖色〗碧。　〖味〗甘，辛。　〖性〗平，散。　〖氣〗氣之薄者，陽中之陰。〖主〗產難，疥癩。　〖製〗《雷公》云：凡使，先須和皮用鹽湯煮半日，去皮取子，研過用。　〖治〗療：《圖經》曰：治胎衣不下，以七粒研如膏，塗脚心底，子及衣纔下，便速洗去，不爾腸出，即用此膏塗頂，腸當自入。日華子云：治水腫腹滿，細研五粒，水服，及傅瘡痍，疥癬。《別錄》云：治水氣，以去皮殼者研令熟，水調三合，清旦頓服之，日中當下青黄水，愈。○治一切毒腫疼痛不可忍，去皮搗傅之，瘥。○治難產，取二枚令孕婦兩手各持一枚，須臾立下。○治瘰癧，炒熟去皮殼，爛嚼二三枚，臨睡時服，漸加至十數枚，亦可。《唐本》注云： 葉，止衄血，以油塗葉炙熱，熨囟上，立驗。【合治】去皮者，不拘多少，擘爲二片，合剉碎，黃連等分，用水浸七日，每日空心日午臨臥，將浸水吞下一片，療癘風，鼻搨及手指曲，節間痛不可忍，漸至脫落者，兩月後便覺有效。若浸水少，旋添。如只腿脹，用針刺出毒物，忌食動風之物。○去皮者五枚，細研合麵一匙，水調，塗小兒丹瘤。○以一枚合朴硝一錢，研細，用新汲水調服，治咽中瘡腫，未效，連進二三服，愈。○合蛤粉等分，研膏傅湯火傷，湯傷用油調，火傷用水調。

明・許希周《藥性粗評》卷一 蓖麻子，夏生苗，葉似葎草而厚大，莖赤有節，如甘蔗高大許，秋生細花，隨即結實，其殼有刺，熟時子出，類巴豆，青黃斑色。南北原野處處有之，以明州者為勝。夏採莖葉，秋採子，冬採根。凡用子鹽湯煮過，去皮，研。 味甘、辛，性平，有小毒。其氣下行，主治水瘕。取肉水研二十枚，服之吐出惡沫，加至三十枚，每三日一服。風瘡浮腫，尸疰惡氣，笮取其油塗之。產難胞衣不下，取七枚研如膏，塗脚心自下，下即洗去，不爾腸出，即用此膏塗頂上，其腸自入，即亦洗去。一切腫毒焮痛，搗取其油塗之。大人癘風，取肉不拘多少，黃連等分，剉，相拌，入小瓶子，水一升，同浸，春夏三日，秋冬五日，後取一枚，劈破，平旦時面東，即以其水吞下，漸加至四五枚，微利不妨，如瓶中水乾旋添之，服一月後當愈。忌食動風之物。小兒丹瘤，取肉五枚，麵一匙，水研調塗之，甚效。丹溪云： 蓖麻子性善收，能追膿取毒，亦要藥也。其葉可治脚氣風腫不仁。取葉搗碎，蒸過敷之，日二三易，立消。

明・鄭寧《藥性要略大全》卷五 蓖麻子 主風虛寒熱，身體瘡痒浮腫，尸疰惡氣。治癘風惡風，主水癥。催生之劑。入膏能消腫。 味甘、辛，平，有小毒。凡去殼用。 葉： 主脚氣風腫不仁。

明・陳嘉謨《本草蒙筌》卷三 蓖麻子 味甘、辛，氣平。有小毒。園圃中俱種，胡地者益良。子如牛蜱色斑，葉類火麻厚大。得名由此，其性善收。用敷剝殼取仁，脩製忌鐵。鹽湯入砂鍋煮透，半日為度。撈起以石臼搗糜。用敷無名毒疽，吸出有形滯物。剩骨立起，膿血盡追。塗足心，下胎孕子胞如神； 塗巔頂，收生腸脫肛甚捷。塗口眼喎僻，即牽正復元。左患塗右，右患塗左。見効急除，久則反損，因性峻急故也。亦堪服餌，方法須依。毆卒仆風癇，取仁二兩，黃連切成豆粒一兩，水一碗，入沙鍋中文火旋煮，水盡復添，務週三日兩夜為度，取去黃連，只用仁，風乾不得見日，每仁一粒，竹刀切四段，每服五粒，作二十段，荊芥湯送下，食遠，日三服，不拘年久日近並効，載《衛生寶鑒》。消中滿水脹。年壯人水研十粒服之，吐惡沫旋加至二十粒，三日一服差，載《經文》。兼逐尸疰惡氣，又主寒熱風虛。服過者，一生忌食豆入喉； 悮犯之，頃刻作腹脹傾命。攝生之士，不可不知。油榨取，敷疥癩瘡痍，調銀硃可為印色； 葉搗蒸，敷脚氣風腫，熨顖上即止衄紅。油塗炙蒸，熨之有驗。

謨按： 病分血氣，藥別陰陽。丹溪云： 蓖麻子屬陰，主吸出有形質之滯物，故取胎產胞衣、剩骨、膿血者用之。荔枝肉屬陽，主散無形質之滯氣，故消瘤贅赤腫者用之。苟不明此理而錯用，治則不應也。

明・王文潔《太乙仙製本草藥性大全》卷二《本草精義》 蓖麻子 舊不著所出州郡，今在處有之。夏生苗，葉似葎草而厚大，莖赤有茹如甘蔗，高丈許，秋生細花，隨便結實，殼上有刺，實類巴豆，青黃斑褐，形如牛蜱，故名。夏採莖葉，秋採實，冬採根，日乾。胡中來者其子更大。

明・王文潔《太乙仙製本草藥性大全》卷二《仙製藥性》 蓖麻子 味甘、辛，氣平，屬陰，有小毒。 主治： 剝殼取仁，脩製忌鐵，鹽湯入砂鍋煮透半日爲度。撈起以石臼搗爛，用敷無名毒疽，吸出有形滯物。剩骨立起，膿血盡追。塗足心，下胎孕子胞如神； 塗巔頂，收生腸脫肛甚捷。塗口眼喎僻，即牽正復元，右患塗左，左患塗右。見效急除，久則反損，因性峻急故也。亦堪服餌，方法須依。驅卒仆風癇。取仁二兩，黃連切成豆粒一兩，水一椀，入砂鍋中文火旋煮，水盡復添，務週三日兩夜爲度，取去黃連，只用仁，風乾不得見日，每仁一粒竹刀切四段，每服五粒作二十段，荊芥湯下，食遠，日三服，不拘年久日近並效。載《衛生寶鑑》。消中滿水脹，年壯人水研十粒服之，吐惡沫，旋加至二十粒，三日一服差。載《經》文。兼逐屍疰惡氣，又主寒熱風虛服過者，一生忌食豆，入喉悮犯之，頃刻作腹脹傾命，攝生之士不可不知。 油： 榨取敷疥癩瘡痍，調銀珠可爲印色。 葉： 搗蒸敷脚氣風腫，熨顖上即止衄紅。 補註： 治半身不遂，失音不語，用蓖麻子油一升，酒一斗，銅鉢盛油，着酒中一日，煮之令酒油熟，服之。水氣，用去皮研，令熟水解汁三合，清旦頓服盡，日中當下青黃水。○嶺南脚氣從足至膝，脛腫滿連骨疼者，用葉切蒸薄裹，二三易即消。○一切腫毒，疼痛不可忍者，搗子傅之差。○產難，取二枚，兩手各把一枚立下。○風痰鼻塌，不拘多少，去皮，拍爲二片，用黃連等分，杵碎，以水浸七宿後，空心，日午、卧時只用浸者水吞下一片，水盡旋添，勿令乾。服兩月後吃大蒜、猪肉試驗，如不發動，便是效也。若發動，前法再服，神效。小兒丹瘤，用五個，去皮，研入麪一匙，水調塗之。○癘風手指攣曲，節間痛不可忍，斷至漸落。用一兩，去皮，黄連一兩，剉如豆，以小瓶子入水一升同浸，春夏二日，秋冬五日，後取一枚磨破，面東以浸藥水，平旦一服，漸加至三五枚，微利不妨，瓶中水少更添，忌動風食，累用得效。○喉中瘡腫，用一枚，去皮，朴硝一錢，同研，新汲水作一服，連進二三服，效。○治湯火傷，用蛤粉等分，末研膏，湯損用油調塗，火瘡用水調。○産難及胞衣不下，用七枚，研如膏，塗脚心底，子及衣纔下便速洗去，不爾腸出。即用塗頂上，腸自入。○水癥，水研一十枚服之，吐惡沫，加至三十枚，三月一服，差即止。○瘰癧，炒熟去皮，爛嚼，臨睡服二三枚，漸加至八九枚，效。太乙曰：凡使勿用黑天赤利子，緣在地蔞上生，是顆兩頭尖，有毒，藥中不用。其蓖麻子形似巴豆，節節有黄黑斑點。凡使先須和皮用鹽湯煮半日，去皮取子，研過用。

明・皇甫嵩《本草發明》卷三

蓖麻子氣平，味甘、辛，有小毒。　發明曰：蓖麻子屬陰，善收，主吸出有形之滯物，敷無名毒疽，刺骨立起，膿血盡追。《本草》主水癥脹滿，年壯人水研二十粒服，吐惡沫，加至三十粒，三日一服，差即止服。又主風虛寒熱，身體瘡癢浮腫，尸疰惡氣，笮油塗之。

明・李時珍《本草綱目》卷一七草部・毒草類

蓖麻蓖音卑。《唐本草》。

【釋名】頌曰：葉似大麻，子形宛如牛蜱，故名。時珍曰：蓖亦作螕。螕，牛虱也。其子有麻點，故名蓖麻。

【集解】恭曰：此人間所種者，葉似大麻葉而甚大，結子如牛蜱。今胡中來者，莖赤，高丈餘，子大如皂莢核，用之亦良。保昇曰：今在處有之。夏生苗，葉似葎草而大厚。莖赤有節如甘蔗，高丈餘。秋生細花，隨便結實，殻上有刺，狀類巴豆，青黄斑褐。夏采莖葉，秋采實，冬采根，日乾用。時珍曰：其莖有赤有白，中空。其葉大如瓠葉，葉凡五尖。夏秋間椏裏抽出花穗，纍纍黄色。每枝結實數十顆，上有刺，攢簇如蝟毛而軟。凡三四子合成一顆，枯時劈開，狀如巴豆，殻內有子大如豆。殻有斑點，狀如牛螕。再去斑殻，中有仁，嬌白如續隨子仁，有油可作印色及油紙，子無刺者良，子有刺者毒。

子【修治】斅曰：凡使勿用黑天赤利子，緣在地蔞上〔生〕，是顆兩頭尖，有毒。其蓖麻子，節節有黄黑斑。凡使以鹽湯煮半日，去皮取子研用。時珍曰：取蓖麻油法：用蓖麻仁五升搗爛，以水一斗煮之，有沫撇起，待沫盡乃止。去水，以沫煎至點燈不炸、滴水不散爲度。

【氣味】甘、辛，平，有小毒。時珍曰：凡服蓖麻者，一生不得食炒豆，犯之必脹死。其油能伏丹砂、粉霜。

【主治】水癥。以水研二十枚服之，吐惡沫，加至三十枚，三日一服，瘥則止。又主風虛寒熱，身體瘡痒浮腫，尸疰惡氣，榨取油塗之《唐本》。研傅瘡痍疥癩。塗手足心，催生大明。治瘰癧。取子炒熟去皮，每卧時嚼服二三枚，漸加至十數枚，有効宗奭。主偏風不遂，口眼喎斜，失音口噤，頭風耳聾，舌脹喉痹，齁喘脚氣，毒腫丹瘤，湯火傷，鍼刺入肉，女人胎衣不下，子腸挺出，開通關竅經絡，能止諸痛，消腫追膿拔毒時珍。

【發明】震亨曰：蓖麻屬陰，其性善收，能追膿取毒，亦外科要藥。能出有形之滯物，故取胎産胞衣、剩骨膠血者用之。時珍曰：蓖麻仁甘辛有毒熱，氣味頗近巴豆，亦能利人，故下水氣。其性善走，能開通諸竅經絡，故能治偏風、失音口噤、口目喎斜、頭風七竅諸病，不止于出有形之物而已。蓋鵜鶘油能引藥氣入內，蓖麻油能拔病氣出外，故諸膏多用之。一人病偏風，手足不舉。時珍用此油同羊脂、麝香、鯪鯉甲等藥，煎作摩膏，日摩數次，一月餘漸復。兼服搜風化痰養血之劑，三月而愈。一人病手臂一塊腫痛，亦用蓖麻搗膏貼之，一夜而愈。一人病氣鬱偏頭痛，用此同乳香、食鹽搗熻太陽穴，一夜痛止。一婦産後子腸不收，搗仁貼其丹田，一夜而上。此藥外用屢奏奇勛，但内服不可輕率爾。或言搗膏以筯點于鵝馬六畜舌根下，即不能食，或點肛內，即下血死，其毒可知矣。

【附方】舊九，新(二十九)〔三十二〕三十二。

半身不遂：失音不語。取蓖麻子油一升，酒一斗，銅鍋盛油，着酒中一日，煮之令熟，細細服之。《外臺秘要》。

口目喎斜：蓖麻子仁搗膏，左貼右，右貼左，即正。○《婦人良方》用蓖麻子仁七七粒，研作餅。右喎安在左手心，左喎安在右手心，却以銅盂盛熱水坐藥上，冷即換，五六次即正也。○一方用蓖麻子仁七七粒，巴豆十九粒，麝香五分，作餅如上用。

風氣頭痛：不可忍者。乳香、蓖麻仁等分，搗餅隨左右貼太陽穴，解髮出氣甚驗。○《德生堂方》用蓖麻油紙剪花，貼太陽亦効。○又方：蓖麻仁半兩，棗肉十五枚，搗塗紙上，捲筒插入鼻中，下清涕即止。

八種頭風：蓖麻子、剛子各四十九粒去殻，雀腦芎一大塊，搗如泥，糊丸彈子大，線穿掛風處陰乾。用時先將好末茶調成膏子塗盞內，後將炭火燒前藥烟起，以盞覆之。待烟盡，以百沸葱湯點盞內茶藥服之。後以綿被裹頭卧，汗出避風。《袖珍方》。

鼻窒不通：蓖麻子仁三百粒，大棗去皮核十五枚，搗勻綿裹塞之。一日一易，三十日聞香臭也。《聖濟録》。

天柱骨倒：小兒疳疾及諸病後，天柱骨倒，乃體虛所致，宜生筋散貼之。木鼈子六箇去殻，蓖麻子六十粒去殻，研勻。先包頭擦項上令熱，以津調藥貼之。《鄭氏小兒方》。

五種風癇：不問年月遠近。用蓖麻子仁二兩，黄連一兩，石膏水一盌，文武火煮之。乾即添水，三日兩夜取出去黄連，只用蓖麻風乾，勿令見日，以竹刀每個切作四段。每服二十段，食後荆芥湯下，日二服。終身忌食豆，犯之必腹脹死。《衛生寶鑒》。

舌上出血：蓖麻子油紙燃，燒烟熏鼻中，自止。《摘玄方》。

舌脹塞口：蓖麻仁四十粒，去殻研油塗紙上，作燃燒烟熏之。未退再熏，以愈爲度。有人舌腫出口外，一村人用此法而愈。《經驗良方》。**急喉痹塞**：牙關緊急不通，用此即破。以蓖麻子仁研爛，紙卷作筒，燒烟熏吸即通。或只取油作撚尤妙。名聖烟筒。　**咽中瘡腫**：《杜(任)〔壬〕方》用蓖麻子仁一枚，朴硝一錢，同研，新汲水服之，連進二三服効。○《三因方》用蓖麻仁、荊芥穗等分，爲末，蜜丸，綿包噙嚥之。《千金》。　**水氣脹滿**：蓖麻子仁研，水解得三合。清旦一頓服盡，日中當下青黃水也。或云壯人止可服五粒。《外臺秘要》。　**脚氣作痛**：蓖麻子七粒，去殼研爛，同蘇合香丸貼足心，痛即止也。《外臺秘要》。　**小便不通**：蓖麻仁三粒，研細，入紙撚內，插入莖中即通。《摘玄方》。　**齁喘咳嗽**：蓖麻子去殼炒熟，揀甜者食之，須多服見効，終身不可食炒豆。《衛生易簡方》。　**催生下胞**：崔元亮《海上集驗方》：取蓖麻子七粒，去殼研膏，塗脚心。若胎及衣下，便速洗去，不爾，則子腸出，即以此膏塗頂，則腸自入也。○《肘後方》云：產難，取蓖麻子十四枚，(兩)〔每〕手各把七枚，須臾立下也。　**子宮脱下**：蓖麻子仁、枯礬等分，爲末，安紙上托入。仍以蓖麻子仁十四枚，研膏塗頂心即入。《摘玄》。　**盤腸生產**：塗頂方同上。　**催生下胎**：不拘生胎死胎。蓖麻二個，巴豆一個，麝香一分，研貼臍中并足心。○又下生胎，一月一粒，温酒吞下。《集簡方》。　**一切毒腫**：痛不可忍。蓖麻子仁搗傅，即止也。《肘後方》。　**癘風鼻塌**：手指攣曲，節間痛不可忍，漸至斷落。用蓖麻子一兩去皮，黃連一兩剉豆大，以小瓶子入水一升，同浸。春夏二日，秋冬五日後，取蓖麻子一枚擘破，面東以浸藥水吞之。漸加至四五枚，微利不妨。瓶中水盡更添。兩月後喫大蒜、猪肉試之，如不發是効也。若發動再服，直候不發乃止。《杜壬方》。　**小兒丹瘤**：蓖麻子五個，去皮研，入麪一匙，水調塗之，甚効。《修真秘旨》。

瘰癧結核：蓖麻子炒去皮，每睡時服二三枚，取効。一生不可喫炒豆。《阮氏經驗方》。　**瘰癧惡瘡**：及軟癤。用白膠香一兩，瓦器溶化，去滓，以蓖麻子六十四個，去殼研膏，溶膠投之，攪勻，入油半匙頭，至點水中試軟硬，添減膠油得所，以緋帛量瘡大小攤貼，一膏可治三五癤也。《儒門事親》。　**肺風面瘡**：起白屑，或微有赤瘡。用蓖麻子仁四十九粒，白果、膠棗各三粒，瓦松三錢，肥皂一個，搗爲丸。洗面用之良。吳旻《扶壽方》。　**面上雀斑**：蓖麻子仁、密陀僧、硫黃各一錢，爲末。用羊髓和勻，夜夜傅之。《摘玄方》。

髮黃不黑：蓖麻子仁，香油煎焦，去滓，三日後頻刷之。《摘玄方》。　**耳卒聾閉**：蓖麻子一百個去殼，與大棗十五枚搗爛，入乳小兒乳汁，和丸作鋌。每以綿裹一枚塞之，覺耳中熱爲度。一日一易，二十日瘥。《千金方》。　**湯火灼傷**：蓖麻子仁、蛤粉等分，研膏。湯傷以油調，火灼以水調，塗之。《古今録驗》。　**鍼刺入肉**：蓖麻子去殼研爛，先以帛襯傷處，傅之。頻看，若見刺出，即拔去，恐藥緊，弩出好肉。或加白梅肉同研尤好。《衛生易簡方》。　**竹木骨鯁**：蓖麻子仁一兩，凝水石二兩，研勻。每以一捻置舌根噙嚥，自然不見。○又方：蓖麻油、紅麯等分，研細，沙糖丸皂子大，綿裹含咽，痰出大良。　**雞魚骨哽**：蓖麻子仁研爛，入百藥煎研，丸彈子大。井花水化下半丸，即下。　**惡犬咬傷**：蓖麻子五十粒去殼，以井花研膏。先以鹽水洗，吹痛處，乃貼此膏。《袖珍方》。

葉　【氣味】有毒。　【主治】脚氣風腫不仁，蒸搗裹之，日二三易即消。又油塗炙熱，熨顖上，止鼻衄，大驗蘇恭。治痰喘欬嗽時珍。

【附方】新一。　**齁喘痰嗽**：《儒門事親》方用九尖蓖麻葉三錢，入飛過白礬二錢，以猪肉四兩薄批，摻藥在內，荷葉裹之，文武火煨熟。細嚼，以白湯送下。名九仙散。○《普濟方》：治欬嗽涎喘，不問年深日近。用經霜蓖麻葉、經霜桑葉、御米殼蜜炒各一兩，爲末，蜜丸彈子大。每服一丸，白湯化下，日一服。名無憂丸。

明・佚名氏《醫方藥性・草藥便覽》　蓖麻仔　其性涼。下衣胎。其子擂，化痰。

明・梅得春《藥性會元》卷上　萆麻子　味甘、辛，氣平，有小毒。形如巴豆，有黃黑斑點。　主治水癥，水研二十粒服之，吐惡沫，加至三十枚，三日一服，差則止。又治風虛寒熱，身體瘡痒浮腫，屍疰惡氣，笮取油塗之。此屬陰，能出有形質之滯物，故能取胎產胞衣剩骨膠血者。用其葉，治脚風腫。又油塗葉炙熱，熨顖上，止鼻衄。性善收，能追膿取毒。葉治脚氣，風腫不仁，搗蒸傅之。　製法：連殼皮用鹽湯煮半日，去皮殼，取仁研用，大治產難胎衣不下，并下死胎。

明・李中立《本草原始》卷三　萞麻子　今在處有之。夏生苗，葉似葎草而厚大，莖有赤有白，如甘蔗高丈餘。秋生細花，隨便結實。殼上有刺，內子似巴豆，有黃黑斑點，狀如牛螕，故名。　氣味：甘、辛，平，有小毒。主治：水癥，以水研二十枚服之，吐惡沫，加至三十枚，三日一服，瘥則止。又主風虛寒熱，身體瘡痒浮腫，尸疰惡氣，榨取油塗之。○研傅瘡痍疥癩。塗手足心，催生。○治瘰癧，取子炒熟，去皮，臨臥嚼服二三枚，漸加至十數枚，有效。○主偏風不遂，口眼喎斜，失音口噤，頭風耳聾，舌脹喉痹，齁喘脚氣，毒腫丹瘤，湯火傷，鍼刺人入肉，女人胎衣不下，子腸挺出。開通關竅經絡，能止諸痛。消腫追膿拔毒。

萞麻子，《唐本草》。【圖略】斑紅者佳。　修治：以鹽湯煮半日，去皮取仁，研用。熟油可調印色。

《綱目》云：凡服萞麻者，一生不得食炒豆，犯之必脹死。　崔元亮《海上集驗方》：治難産及胎衣不下，取蓖麻子七粒，去殼，研膏塗脚心，若胎及衣下，便速洗去，不爾腸出。即以此膏塗頂，則腸自入也。

一人病手臂一塊腫痛，用蓖麻仁搗膏貼之，一夜而愈。一人病氣鬱，偏頭痛，用此同乳香、食鹽搗熇太陽穴，一夜痛止。一婦産後子腸不收，搗仁貼丹田，一夜而上。此藥外用，屢奏奇功。但内服不可輕率爾。或言搗膏，以筯點于鵝馬六畜舌根下，即不能食，或點肛内，即下血死，其毒可知。

明・張懋辰《本草便》卷一　蓖麻子　味甘、辛，氣平，屬陰，有毒。　主水癥，又主身體瘡癩浮腫。　葉治脚風腫。

明・李中梓《藥性解》卷四　草麻子　味甘、辛，有小毒，入脾、大腸二經。主水脹腹滿，臟腑燥熱，無名腫毒，敷之可消；口眼喎斜，敷之可正；塗足心，下胞胎如神；塗巔頂，收生腸甚捷。忌見鐵器，服過者一生忌食豆，誤犯之腹脹猛甚。葉，主脚氣風腫不仁，搗蒸傅之。　按：丹溪云：草麻子屬陰，故入太陰陽明，以驅水滿，以催産難固矣！而無名腫毒，熱也；口眼喎斜，風也。何併治之，豈其辛甘發散之功耶？

明・繆希雍《本草經疏》卷一一　蓖麻子　味甘、辛，平，有小毒。主水癥，水研二十枚服之，吐惡沫，加至三十枚，三日一服，差則止。又主風虚寒熱，身體瘡痒浮腫，尸疰惡氣，榨取油塗之。葉：主脚氣風腫不仁，搗蒸傅之。

〖疏〗蓖麻得土金之氣，故其味甘辛，而其氣則平，性有小毒。其力長於收吸，故能拔病氣出外。其性善收，故能追膿取毒，能出有形之滯物。又能通利關竅，故主水癥。又主風虚寒熱，身體瘡痒浮腫，尸疰惡氣，榨取油塗之。研塗手足心，催生。寇氏主瘰癧。李氏主偏風半身不遂，口眼喎斜，頭風脚氣毒腫，丹瘤火傷，鍼刺入肉，女人胞衣不下及子腸挺出，皆從外治，不經内服，良有見也。子無刺者良，子有刺者毒。　雷公云：凡使，勿用黑天赤利子，緣在地蔓上，是顆兩頭尖，有毒。其蓖麻子，節節有黄黑斑。凡使以鹽湯煮半日，去皮取子研用。　時珍云：取蓖麻油法，用蓖麻仁五升，搗爛，以水一斗，煮之，沫浮於湯面，即撇起，待沫盡乃止，去水。以沫煎至點燈不炸，滴水不散為度。　李氏曰：凡服蓖麻子者，一生不得食豆，犯之必脹死。其油能伏丹砂、輕粉。　〖主治參互〗蓖麻子去殼，同紫背天葵等分，清水入砂器中煮半日，空腹時與病人嚼下，自十五枚至廿一枚，瘰癧久久自消。　李氏云：一人病偏風，手足不舉。用此油同羊脂、麝香、鯪鯉甲等藥，煎作摩膏，日摩數次，一月餘漸復。兼服搜風養血化痰之劑，三月而愈。又一人病手臂一塊腫痛，亦用蓖麻搗膏貼之，一夜而愈。又一人病氣鬱偏頭痛，用此同乳香、食鹽搗熇太陽穴，一夜痛止。又一婦産後子腸不收，搗仁貼其丹田，一夜而上。此藥外用累奏奇功，但内服不可輕率耳。或言搗膏以筯點於鵝馬六畜舌根下，即不能食。或點肛内，即下血死，其毒可知矣。　又方，治口眼喎斜：蓖麻子仁搗膏，左貼右，右貼左，即正。　又《婦人良方》亦治前證，用蓖麻子仁七七粒，研作餅，右喎安在左手心，左喎安在右手心，却以銅盂盛熱水，坐藥上，冷即換，五六次即正也。　治風氣頭痛不可忍者：乳香、蓖麻仁等分，搗餅，隨左右貼太陽穴，解髮出氣，甚驗。　又方：蓖麻仁半兩，棗肉十五枚，搗塗紙上，捲筒插入鼻中，下清水涕，頭痛即止。　《聖濟錄》治鼻塞不通：用蓖麻仁三十粒，大棗去皮一枚，搗勻，綿裹塞之。一日一易，三十日聞香臭也。　《摘玄方》治舌上出血：用蓖麻子油紙撚，燒煙熏鼻中自止。《經驗良方》治舌脹塞口：用蓖麻子仁四十粒，去殼研油塗紙上，作撚燒煙熏之。未退再熏，以愈為度。有人舌腫出口外，一村人用此法而愈。治急喉痹，牙關緊急不通，用此即破。以蓖麻子仁研爛，紙卷作筒，燒煙熏吸即通。或只取油作撚尤妙。名聖煙筒。　崔元亮《海上集驗方》治催生下胞：用蓖麻子七粒，去殼研膏，塗脚心。若胎及衣下，便速洗去，不爾則子腸出，即以此膏塗頂，腸自入也。　《肘後方》産難：取蓖麻子十四枚，每手各把七枚，須臾立下也。　《摘玄》治子宫脱下：用蓖麻仁、枯礬等分為末，安紙上托入。仍以蓖麻仁十四枚，研膏塗頂心即入。又治盤腸生産，塗頂方同上。　《肘後方》治一切腫毒，痛不可忍。用蓖麻子搗敷，即止也。　〖簡誤〗蓖麻子能吸氣，又能通竅，體質多油，而又有毒。脾胃薄弱，大腸不固之人，慎勿輕用服餌。

明・倪朱謨《本草彙言》卷五　蓖麻子　味辛甘，氣溫，有毒。　李瀕湖先生曰：蓖，亦作螕。螕，牛虱也。其子有麻點，故名蓖麻。今在處有之，北地尤多。夏月生苗，一莖直上，有赤有白，高丈餘，莖節如甘蔗，中空如赤箭，葉似葎草及瓠葉輩，肥厚而大，一葉五尖。夏秋之間，椏中抽穗，開細黄花纍纍，每穗結子數十顆，枯時劈開，狀類巴豆，又類牛螕，青黄斑褐，間雜可觀。殼中有仁，嬌白如續隨子。仁中之油可調印色。修治：以鹽湯煮半日，去殼，取中仁，研細去油用。雷氏曰：凡使，勿用黑天赤利子，顆外皮無刺，兩頭尖，子無斑點，誤服有大毒。○取蓖麻油法：每用蓖麻去殼，淨仁五升，搗極細，以水一斗煮之，有浮沫撇起，沫盡乃止。遂用文火煮熬其沫，水去澄清，上無氣升，油即成矣。傾入磁器中，冷定，則凝結如脂，經久不變。韓氏曰：凡服蓖麻者，一生不可食炒豆，犯之必脹死也。

蓖麻子，逐頑痰，《唐本草》利水脹之藥也。李仁甫稿其性善于收吸，能開通關竅，活利經絡，拔病氣出外，故逐痰利水，并追膿取毒，通鼻窒，解喉痹，下胞衣，出肉刺，行小便，能出諸有形之滯物。又收子腸挺出，正口眼喎斜，定偏風頭痛，開痰閉失音口噤等疾。蓋從外治得功者居多，內服僅一二證而已也。但體質多油，而又有毒，如脾胃薄弱，大腸不固之人，慎勿輕用。

王紹隆先生曰：蓖麻，力長收吸，入者能出，出者能入，如出肉刺，下胞衣，收子腸，提脫肛，拔病氣，奪有形質之滯物，多從外治，迅速敏捷，如桴應鼓。

集方：李氏方治頑痰齁喘咳嗽。用蓖麻子去殼，炒熟食，日食十顆。須多服見效。○《外臺秘要》治水氣脹滿。用蓖麻子仁十顆研爛，白湯調服。日中當下青黃水也。○《肘後方》治一切腫毒，痛不可忍。用蓖麻子仁研爛，敷上即止。如有膿，即出也。○《聖濟總錄》治鼻塞不通。用蓖麻子仁二三粒，大棗一枚，去皮核，搗勻，綿裹塞之，一日一易，一月即聞香臭也。○《海上方》治喉痹急塞，緊脹不通。用蓖麻子仁研油，染紙作筒，燒烟熏吸即通。○崔元亮方治胞衣不下。用蓖麻子仁七粒研膏，塗脚心。若兒胎及胞衣下，即速洗去，不爾，則子腸出，即以此膏塗頂則腸自入也。○又催生下胎，不拘生胎死胎。用蓖麻二箇，巴豆一顆，俱去殼，麝香一分，研貼臍中，并足心。○《衛生方》治鍼刺入肉。用蓖麻子仁去殼一兩，先以帛襯傷處敷之，頻看，若見刺出即拔去，恐藥緊，努出好肉。或加白梅同研，尤妙。○《小品方》治食中誤觸竹木骨哽。用蓖麻子仁一兩，凝水石二兩，研勻，每以一捻置舌根噙嚥，自然安。○《救生方》治盤腸生產，子腸不收。用蓖麻子仁十粒，研爛，塗頂即收。○《摘玄方》治小便不通。用蓖麻子仁三粒，研細，入紙撚內，插入莖內即通。或取仁五粒研爛，白湯調服亦可。○《王氏指南方》治口眼喎斜。用蓖麻子仁三十粒搗膏，斜左貼右，斜右貼左即正。有一方，用仁七七粒，研作膏，左喎安在右手心，右喎安在左手心，再以銅碗或薄磁碗盛熱湯，坐蓖麻膏上，冷即換湯，五六次即正也。○同前治頭風偏痛不可忍。用蓖麻子仁、乳香各等分，搗膏，隨痛左右患上，貼太陽穴，解髮出氣，極效。又方，用蓖麻子五錢，棗肉十五枚，搗塗紙上，捲筒插入鼻中，下清涕即止。○《袖珍方》治八種頭風。用蓖麻子、巴豆各四十九粒去殼，先用雀腦川芎一大塊，搗成極細末，糊丸彈子大，風乾。遇是病先將川芎丸，苦茶調成膏子，塗磁盞內，後將炭火燒蓖麻、巴豆肉，烟起，隨用藥盞蓋之，待烟盡，以白湯入盞內和調川芎藥服之，再以綿被裹頭臥，汗出避風。○《方脉正宗》治中風痰閉，失音。用蓖麻子仁一兩去油，膽星一兩，爲末，薑汁拌牙皂末三錢，共搗入蓖麻子內。或作丸，或作散，臨是病，白湯調服二錢。○《外臺秘要》治脚氣作痛。用蓖麻子十七粒，去殼研爛，同蘇合丸貼足心，痛即止。○杜壬方治癘風鼻塌，手指攣曲，骨節間痛不可忍，漸斷落。用蓖麻子仁一兩，川黃連八錢，剉碎，以小瓶子入水一升同浸，春夏二日，秋冬五日，後取蓖麻子一枚，劈破，仍以藥水吞之，漸加至四五枚，微利不妨，瓶中水盡更添，兩月後，吃大蒜、猪肉試之，如不發，是其效也。若發動，再服，直候不發乃止。○《儒門事親》治瘰癧惡瘡及軟癤。用白膠香一兩，瓦器內溶化去滓，以蓖麻仁六十箇，研膏，溶膠投之，攪勻入油半匙，點水中試軟硬，添減膠油得所，以緋帛量瘡攤貼。一膏可治四五瘡也。○吳旻方治肺風面瘡，起白屑，或微有赤瘡。用蓖麻子仁五十粒，白果、膠棗各十粒，瓦松五錢，肥皂一箇，搗爲丸，洗面，用之良。○《袖珍方》治惡犬咬。用蓖麻子仁五十粒，研膏，先以鹽水洗咬痛處，乃貼此膏。

蓖麻葉：氣味有毒。治風腫脚氣，不能動履。搗蒸熱裹之，日二三易即消。

有一種名博落廻，生江南山谷，莖葉竟似蓖麻，莖中空，吹之有聲，折之有黃汁，悮入口立死，不可不知。

明・顧逢柏《分部本草妙用》卷八雜藥部　蓖麻　甘、辛，平，有小毒。油，伏丹砂、粉霜。主治：水癥，水研廿粒服，吐惡沫愈。治偏風不遂，口眼喎斜，失音口噤，頭風耳聾，舌脹喉痺，齁喘，脚氣毒腫，丹瘤瘡痍，湯火傷，胎衣不下，子腸挺出，開通關竅經絡，止諸痛消腫，追膿拔毒。塗手足心能催生。按：蓖麻仁性走，能下水氣，開通諸竅經絡，故治偏風失音，口噤喎斜，頭風七竅諸病。追膿取毒，外科要藥，能出有形之滯物。蓋鵜鶘油引藥入內，蓖麻油拔病出外，故諸膏多用之。時珍治偏風，手足不舉，用此油同羊脂、麝香、鯪鯉甲等，煎作膏，日摩數次，內服搜風化痰養血之劑，兩日而康。貼手臂痛，一夜而愈。氣鬱頭痛，同乳香、鹽搗，焫太陽穴，一夜痛止。子腸不收，搗仁，貼丹田，一夜而上。此藥外用，屢奏奇勳。但內服不可輕(卒)〔率〕爾。

明・李中梓《醫宗必讀・本草徵要上》 蓖麻子味甘，性平，有毒。 口眼不正，瘡毒腫浮，頭風脚氣，瘰癧丹瘤，胞衣不下，子腸不收。如前諸證，皆從外治，不經內服，以其長於收吸，能拔病氣出外。凡服蓖麻，一生不得食豆，犯之脹死。

明・蔣儀《藥鏡》卷三平部 蓖麻子 性善吸而能收，力能通而走竅。塗無名腫毒，(副)〔傅〕可立消。口眼喎斜，敷之便止。塗脚心，胞胎立下。塗巔頂，腸産捷收。惡沫滿中，水研服吐，而水癥愈矣。瘡瘍遍體，榨取油塗，而風熱除矣。同紫背天葵等分，水煑嚼吞，看消瘰癧。同羊脂、麝香、山甲，煎摩膏貼，亦治偏風。

明・張景岳《景岳全書》卷四八《本草正》 蓖蔴子 味甘、辛，性熱，有毒。能逐風散毒，療口眼喎斜，失音口噤，腫毒丹瘤，鍼刺入肉，止痛消腫，追膿拔毒，俱可研貼。若治舌腫喉痹，宜研爛，紙捲燒烟，薰吸立通。催生下胎，可同麝香、巴豆研貼臍中。李時珍曰：一人病偏風，手足不舉，用此油同羊脂、麝香、穿山甲煎膏，日摩數次，兼服搜風養血之藥而愈。一人病手臂一塊腫痛，用此擣膏貼之，一夜而愈。一人病氣鬱偏頭痛，用此同乳香、食鹽擣貼太陽，一夜痛止。一婦産後子腸不收，擣仁貼其丹田，一夜而上。此藥外用，屢奏奇效，但內服不可輕率爾。或云擣膏，以筯點於鵝鴨六畜舌根下，即不能食；點於肛門內，即下血死，其毒可知。凡服蓖麻者，一生不得食炒豆，犯之必脹死。

明・盧之頤《本草乘雅半偈》帙九 蓖麻《唐本草》 氣味： 甘、辛，平，有小毒。 主治： 主治水癥。以水研二十枚，服之吐惡沫，加至三十枚，三日一服，瘥即止。風虛寒熱，身體瘡癢，浮腫，尸疰惡氣，取油塗之。

覈曰： 原從胡中來，今在處有之，北地尤多。夏月生苗，有赤有白。一莖直上，高丈餘，間節如甘蔗，中空如赤箭。葉似葎草，及瓠葉輩，肥厚而大，一葉五尖。夏秋之間，椏中抽穗，黄花纍纍。每穗作子數十顆，柔刺如蝟。凡三四子，合成一顆，枯時劈開，狀類巴豆，又類牛蜱，青黄斑褐，間雜可觀。殼中有仁，嬌白如續隨子，仁中之油，可調印色。每用去殼淨仁五升，搗極細，以水一斗煮之，有沫撇起，沫盡乃止。遂用文火，煮熬其沫，水去澄清，上無氣升，油即成矣。傾磁器中，冷定，則凝結如脂，經久不變。修事： 勿用黑天赤利子，顆外無刺，兩頭尖，子無斑點，誤服有大毒。凡使蓖麻子，鹽湯煮半日，去殼及衣，取中仁研細用。有啖蓖麻，一生不得食炒豆者，犯之作脹而死。豆為腎穀，蓖通胎息，天真不足者，轉致氣泄耳。伏丹砂、霜粉，死鉛汞成金。

紹隆王先生云： 蓖麻力長收吸，故能拔病氣，奪有形，多從外取，不繇餌服，良有見也。

先人云： 蓖麻胚兆，先一陰而始生，以陰為內氣之主，轉陽為形外之固，賦形唯二至之間，生長在蕃秀之季，綴子于來復之初，故餌之何處非生陽之地，何形非生陽之物。內有陽氣人，不須入腹，磕着撞着，生陽遂聚，死陰立消，迅速敏捷，如鼓應桴。

条曰： 命名之意亦奇，主治功力亦異。着囟起痔，握掌催生。左風頭置之右，右風頭置之左，摩頂天柱暨，傅踵胞孚下，至若納舌闢竅，解喉疎肌，收子腸，消脚氣，及主剩骨留血，物滯水瘕，疽瘍膜腫，尸疰丹瘤，與夫喎斜偏瘓，舛錯關機，宜餌宜塗，宜熏宜窒者，莫不如鼓應桴，捷于影響。故蓖者人臍，上從囟，囟取通氣，會奇脈于巔；下從比，比取輔氣，交偶脈于踵。麻者大鼗，群陰之長也。夏有足鼓，置鼓于趺；殷有楹鼓，貫中于柱；周有縣鼓，植簨簴而懸之上，皆鼗也。顧名思義，則知聲氣相通，左右逢源之為用矣。蓖者人臍，胎兒之息以臍也。囟取通氣，會奇脈于巔，至人之息以囟也，比取輔氣，交偶脈于踵，真人之息以踵也。楹鼓以喻蓖，縣鼓以喻囟，足鼓以喻踵，三息並行，三鼗齊擊，是真以鼓應桴，捷于影響。

明・李中梓《本草通玄》卷上 蓖麻子 辛，熱，有毒。 服者，一生勿食炒豆，犯即脹死。且有毒損人，故不可輕服。但取外治，其用甚多。研傅瘡癰瘰癧； 塗足心，催生； 口眼歪斜，右歪貼左，左歪貼右； 塞鼻，治壅； 塞耳，治聾； 小便不通，三粒研細，入紙撚，插莖即通； 子宮脫下，塗頂即收。 丹溪曰： 追膿拔毒，為外科要藥。 鵜鶘油能引藥氣入內，蓖麻油能拔病氣出外。 偏風，手足不舉同羊脂、麝香、穿山甲，煎作膏，日摩數次。手臂腫痛，蓖麻搗膏貼之，一日即愈。偏頭痛，同乳香搗塗即止。外用必奏奇功，內服多致損人。　取蓖麻油法，研爛，入水煮之，有沫撇起，沫盡乃止，取沫煎至滴水不散爲度。

清・顧元交《本草彙箋》卷四　蓖麻子　其力長於收吸，故能拔病氣出外，追膿取血，出有形之滯物，胎產胞衣，刺骨膠血者俱用之。氣味甘辛毒熱，頗近巴豆。亦能利人，故下水氣，其性善走，能開通諸竅經絡，能治口眼喎斜，失音口噤，頭風耳聾，舌脹喉痺，七竅諸病，不止於出有形之物而已。然大抵宜於外治，內服不可輕率。

鵜鶘油能引藥氣入內，蓖麻油以拔病氣出外，故諸膏多用之。　凡服蓖麻者，一生不得食炒豆，犯之必脹死。凡使，勿用黑天赤利子。

清・穆石匏《本草洞詮》卷九　蓖麻　蓖麻子，味甘辛，氣平，有小毒。主偏風不遂，口眼喎斜，失音口噤，頭風耳聾，舌脹喉痺，齁喘瘰癧，脚氣，毒腫丹瘤，湯火傷，鍼刺入肉，女人胎衣不下，子腸挺出。止痛消腫，追膿拔毒，其性善收，能出有形之滯物，為外科要藥。蓋鵜鶘油能引藥氣入內，蓖麻油能拔病氣出外，故諸膏多用之。《婦人良方》治口目喎斜，用蓖麻子仁七七粒，研作餅，左喎安右手心，右喎安左手心，以銅盂盛熱水，坐藥上，冷即換，五六次即正也。《海上方》催生下胞，取蓖麻子仁七粒，研膏，塗脚心，若胎及衣下，便速洗去，不爾則子腸出，即以此膏塗頂，則腸自入也。此藥外用，屢奏奇勛，但內用不可輕率耳。凡服蓖麻者，一生不得食炒豆，犯之必脹死。取蓖麻油法：　以水煮，有沫撇起，沫盡乃止，去水，以沫煎至點燈不炸，滴水不散為度。

清・劉雲密《本草述》卷一〇　蓖麻蓖音卑，夏生苗葉，秋吐細花，隨便結實。子：　氣味：　甘、辛，平，有小毒。　主治：　善收吸，通關竅經絡，治偏風不遂，口眼喎邪，失音口噤，及頭風舌腫喉閉，並傅一切毒疽，消腫追膿拔毒，湯火傷疼，更女子胎衣不下，子腸挺出。

丹溪曰：　蓖麻子屬陰，主吸出有形質之滯物，故取胎產胞衣、剩骨、膿血者用之。荔枝肉屬陽，主散無形質之滯氣，故消瘤癧赤腫者用之。苟不明此理而錯用，治則不應也。　時珍曰：　蓖麻仁甘辛有毒熱，氣味頗近巴豆，亦能利人，故下水氣。能開通諸竅經絡，故能治偏風失音口噤，口目喎邪，頭風，七竅諸病，不止於出有形之物而已。蓋鵜鶘油能引藥氣入內，蓖麻油能拔病氣出外，故諸膏多用之。一人病偏風手足不舉，時珍用此油同羊脂、麝香、鯪鯉甲等藥，煎作摩膏，日摩數次，月餘漸復，兼服搜風化痰養血之劑，三月而愈。一人病手臂一塊腫痛，亦用蓖麻搗膏貼之，一夜而愈。一人病氣鬱偏頭痛，用此同乳香、食鹽搗，熁音脅，火迫也。太陽穴一夜，痛止。一婦產後子腸不收，搗仁貼其丹田，一夜而止。此藥外用，累奏奇勛。但內服宜慎爾。或言搗膏，以筯點於鵝馬六畜舌根下，即不能食。或點肛內，即下血死。其毒可知矣。　紹隆曰：　蓖麻子力長收吸，故能拔病氣，奪有形，但善用者多從外取，不繇餌服也。

附方　口目喎斜，蓖麻子仁搗膏，左貼右，右貼左，即正。一方用蓖麻子仁七七粒，巴豆十九粒，麝香五分，作餅，如上用。　風氣頭痛不可忍者，乳香、蓖麻仁等分，搗餅，隨左右貼太陽穴，解髮出氣甚驗。　舌脹塞口，蓖麻仁四十粒，去殼研油，塗紙上，作撚燒烟熏之，未退再熏，以愈為度。　急喉痺塞，牙關緊急不通，用蓖麻子仁研爛，取油作撚，燒烟熏吸，即通。　催生下胞，取蓖麻子仁七粒，去殼，研膏塗脚心，若胎及衣下，便速洗去，不爾，則子腸出，即以此膏塗頂，則腸自入也。　子宮脫下，蓖麻子仁、枯礬等分，為末，安紙上托入，仍以蓖麻子仁十四枚，研膏，塗頂心，即入。　盤腸生產，塗頂，方同上。　一切毒腫痛不可忍，蓖麻子仁搗傅，即止也。　湯火灼傷，蓖麻子仁、蛤粉等分，研膏。湯傷，以油調。火灼，以水調塗之。

愚按：　丹溪云：　蓖麻子屬陰，主吸出有形之滯物。第觀其苗葉，盛於夏，穗實結於秋，得(毋)〔母〕根至陽之吐出，乃還歸於元陰之收吸，陽順而得陰逆以結為實，故其用有如是乎？若純陰恐未能如是其相呼應也，物理固難臆測。如所謂外用累奏奇功，諒亦不謬。第患證根於臟腑，當以歲月取效者，恐亦不能恃此捷取之味，而異其霍然也。用者，其熟籌之。

時珍曰：　凡服蓖麻子者，一生不得食豆，犯之必脹死。　希雍曰：　蓖麻子體質多油，而又有毒，脾胃薄弱，大腸不固之人，慎勿輕用服餌。

修治　時珍曰：　子無刺者良，有刺者毒。　凡使，以鹽湯煮半日，去皮取子，研用。

葉：　氣味：　有毒。

主治：　脚氣風腫不仁，蒸搗裹之，日二三易，即消。又油塗炙熱熨顋上，止鼻衄大驗蘇恭。千金神草方，專治風溼癱瘓，手足不仁，半身不遂，週身麻木，或酸疼，口眼歪斜，並皆神效。用蓖麻子草一種，秋夏用葉，春冬用子，俱得一二十斤，入木甑內，置大鍋上蒸半熟，取起，先將綿布數尺，雙摺浸入蒸葉子湯內，取出，乘熱敷患處，却將前葉子熱鋪布上一層，候溫，再換熱葉子一層，如此蒸換，必以患者汗出為度，重者蒸五次，輕者蒸三次，其病即愈，內以疎風活血之劑服之。

清·郭章宜《本草匯》卷一二 蓖麻子 味甘、辛，熱，有毒。貼口目喎斜，搗膏，左喎貼右，右喎貼左。塞鼻窒不通。麻仁三百粒，大棗去皮一二枚，搗勻，綿裹塞之，一日一易，一月聞香臭。塗足心，下胎孕、子胞如神。以七粒，去殼，搗塗足心，若胎衣下，速洗去之，少遲則子腸出，即以此膏塗頂，則腸自入也。敷巔頂，收生腸、脫肛甚捷。追膿拔毒，消腫除瘤。

按：蓖麻屬陰，其性長于收吸，為外科之要藥。能出有形之滯物，開通諸竅經絡。鵜(鶖)〔鶘〕油能引藥氣入內，蓖麻油能拔病氣出外。故膏中不可無此。手足不舉，腫痛，用此油同羊脂、麝香、山甲，煎膏貼之即効。偏頭痛，用此同乳香，搗塗太陽穴，即止。外用累奏奇功，內服不可輕率。

凡使，以鹽湯煑半日，去皮，取子研用。取蓖油法：研爛，入水煑之，有沫撇起，沫盡方止，取沫煎至滴水不散為度。凡服過蓖麻油者，一生不得食炒豆，犯之脹死。

清·蔣居祉《本草擇要綱目·平性藥品》 蓖麻子 氣味：甘辛，平，有小毒。陰也。主治：性善收，能追膿，取毒。又能出有形之滯物，故取胎產胞衣，刺骨，膠血者用之。

清·王翃《握靈本草》卷五 蓖麻仁今在處有之。子無刺者良，有刺者毒。以鹽湯浸煑半日，去皮取子，研用。主治：蓖麻仁，甘、辛，平，有小毒。主外治。

清·汪昂《本草備要》卷二 蓖麻子瀉，通竅，拔毒，出有形滯物。辛、甘，有毒。性善收，亦善走，能開通諸竅、經絡。治偏風不遂，喎斜搗餅。左貼右，右貼左，即止。口噤，鼻窒耳聾，搗爛綿裹，塞耳塞鼻。喉痹舌脹。油作紙，燃烟熏。能利水氣，治水癥浮腫。研服。當下青黃水，壯人只可五粒。能出有形滯物。治針刺入肉，搗敷傷處，頻看，刺出即去藥，恐努出好肉。竹木骨鯁，蓖麻子一兩，凝水石二兩，研勻。以一捻置舌根，噙嚥，自然不見。胞胎不下。蓖麻一粒，巴豆一粒，麝香一分，貼臍中幷足心，胎下即去之。若子腸挺出者，搗膏塗頂心，即收。能追膿拔毒，敷瘰癧惡瘡，外用屢奏奇功。鵜鶘油能引藥氣入內，蓖麻油能拔氣出外，故諸膏多用之。然有毒熱，氣味頗近巴豆，內服不可輕率。去皮，黃連水浸，每晨用浸水，吞一粒至三四粒，治大風疥癩。形如牛蜱，黃褐有斑。鹽水煮，去皮研，或用油。忌鐵。食蓖麻，一生不得食炒豆，犯之脹死。

清·顧靖遠《顧氏醫鏡》卷七 蓖麻子辛、甘，有毒。鹽湯煮，去皮，研。口眼歪斜塗正處，子腸脫出貼丹田。半身不遂，同麝香、穿山甲、羊脂，煎膏以頻摩。鍼刺入肉，與螻蛄、象牙屑，搗敷而立出。偏風頭痛，同乳香塗太陽即止。諸般腫毒，敷患處隨消。長於收吸，能拔病氣出外，外治累奏奇功，不可內服。

清·李熙和《醫經允中》卷二一 蓖麻 油伏丹砂、粉霜。甘、辛，平，有小毒。主治水癥，水研二十粒服，吐沫愈。用敷無名毒疽，吸出有形滯物，剩骨立起，膿血盡追；塗巔頂，收生腸脫肛；塗足心，下胎孕子胞。且治口眼喎斜，併湯火傷甚効。按：蓖麻仁性走，能下水氣，開通諸竅經絡，外科要藥。蓋鵜鶘油引藥入內，蓖麻油拔毒出外，故諸膏多用之。子腸不收，搗仁貼丹田，一夜而上。此藥外用有功，內服不可爾。凡服過者，一生不得食荳，犯之腹脹而死。鼻窒不通，用麻仁三十粒，大棗去皮一二枚，搗勻，綿裹塞之，一日一易，一月聞香臭。《芳譜》云：以筯點六畜舌根下，即不能食；點肛內，即下血死。

清·馮兆張《馮氏錦囊秘錄·雜症痘疹藥性主治合參》卷三 蓖麻子得土金之氣，故其味甘辛，氣平，有小毒。其力長於收吸，故拔病氣出外，追膿取毒。能出有形之滯物，又能通利開竅，故口喎、腸挺、尸疰，瘡痒惡氣，取油外塗俱效。但既能吸氣，又能通竅，且體質多油而有毒。凡脾胃薄弱，大腸不固之人，慎勿輕用服餌。凡服蓖麻子者，一生不得食豆，犯之必脹死。其油能伏丹砂、輕粉。取蓖麻油法：用蓖麻仁五升，搗爛，以水一斗煮之，沫浮於湯面即撇起，待沫盡乃止。去水以沫，煎至點燈不炸，滴水不散為度。

蓖麻子，敷無名腫毒，吸出有形滯物，剩骨立起，膿血盡追。塗口眼喎斜，即牽正復元，一效即去，久則反損。塗足心，下胎孕子胞；塗巔頂，收生腸肛脫。通利開竅，勿輕服餌。

蓖麻子去殼，同紫背天葵等分，清水入砂器煮半日，空腹時與病人嚼下，自十五枚至念一枚，瘰久久自消。

清·张璐《本經逢原》卷二 蓖麻子 甘辛，溫，有毒。去殼取仁白者良。禁食炒豆，犯之必脹。發明：蓖麻屬陰，其性善收，能追膿取毒拔邪外出，為外科要藥。能出有形之滯物，故取胎產胞衣，剩骨膠血者用之。時珍云：蓖麻甘辛有熱毒，氣味頗近巴豆。亦能利人，故下水氣。其性善走，能開通諸竅經絡，治偏風失音，口噤，口目喎斜，頭風七竅諸病，不止於出有形之物也。蓋鵜鶘油能引藥氣入內，蓖麻油能拔病氣出外，故諸膏多用之。偏風手足不舉，同羊脂、穿山甲、麝香煎膏，日摩漸正，研塗，瘰癧、痘毒、癰腫，即消，蓋能引毒外出耳。一人病手臂結塊腫痛，用蓖麻仁搗膏，貼之即愈。一人病氣鬱而偏頭痛，用此同乳香、食鹽搗，貼太陽，其痛立止。一婦產後子腸不收，搗貼丹田即上。此藥外用屢奏奇勛，但不宜內服耳。

清·何諫《生草藥性備要》卷上 蓖麻葉 散風濕，消腫毒。有紅、白兩種：紅散風濕，白消腫毒。子，能下胎衣。治跌打，用酒糟搗爛敷患處；又能散瘀。其下胎衣，搥爛蓖麻仁，罨產婦脚板心即出，速效。

清·劉漢基《藥性通考》卷六 蓖麻子 味辛甘，有毒。性善收，亦善走，能開通諸竅經絡，治偏風不遂喎邪，搗餅，左貼右，右貼左即止。又能治口噤，鼻窒耳聾，搗爛，綿裹塞耳、塞鼻。喉痺舌脹，油作紙撚，烟薰之。又利水氣，治水癥浮腫，研服，當下青黃水，壯人只可五粒。能出有形滯物，治針刺入肉，搗敷傷處，刺即出，即去藥，恐努出好肉。竹木骨(硬)〔骾〕，用蓖麻子搗爛一兩，入舌根下噙嚥，自然不見。胞胎不下，蓖麻二粒，巴豆一粒，麝香一分，貼臍中併足心，胎即下，即去之，若子腸挺出者，搗膏塗頂心，即收。又能追膿拔毒，傅瘰癧惡瘡，外用屢見奇功。然有毒熱，氣味頗近巴豆，內服不可輕率。去皮黃連水浸，每晨用浸水吞一粒至三四粒，治大風疥癩。形如牛蟬，黃褐有班，鹽水煮，去皮研或取油用。忌鐵。食蓖麻者，一生不得食炒豆，犯之則脹死。

清·黃元御《玉楸藥解》卷一 蓖麻子 味苦，氣平。入手太陰、足太陽膀胱經。下胎衣，收子腸。拔腫毒，泄水癥。蓖麻子性善收引，敷足則下胎衣，塗頂則收子腸，貼鼻口喎斜，熏咽喉腫痹，熬膏貼膚拔毒追膿，紙撚入鼻開癃通閉。又性善走泄，能利大小二腸，下飲澼水癥，兼消腫硬，平瘰癧惡瘡。

清·吴儀洛《本草從新》卷二 蓖麻子〔瀉，通竅拔毒，出有形滯物。〕辛，甘，熱。性善收，亦善走，能開通諸竅經絡；治偏不遂喎斜，搗餅左貼右，右貼左即止。口噤鼻窒耳聾，搗爛綿裹塞鼻，塞耳。喉痺舌脹。油作紙捻烟熏。能利水氣，治水癥浮腫。能出有形滯物。治針刺入肉，搗敷傷處，頻看，刺出即去，恐努出好肉。竹木骨哽，凝水石倍之研匀，以一捻置舌根噙咽，自然不見。胞胎不下。蓖麻二粒，巴豆一粒，麝香一分，貼臍中并足心，胎下即去之。若子腸挺出者，搗膏塗頂心即收。能追膿拔毒，敷瘰癧惡瘡，外用屢奏奇功。鵜鶘油能引藥氣入內，蓖麻油能拔毒氣出外，故諸膏藥多用之。氣味頗近巴豆，內服不可輕率。形如牛蜱，黃褐有斑。鹽水煮，去皮研，或用油。忌鐵。食蓖麻，一生不得食炒豆，犯之脹死。

清·汪紱《醫林纂要探源》卷二 蓖麻子 甘，辛，溫。高莖直上，葉如麻，五出如爪，開花結子成穗，子作毬如栗，多刺，中含實，圓大如豆，光澤如漆，似斑蝨、牛蜱之狀，背黃赤而黑點，殼中仁色白。補肝氣之升發，能拔有形之物而上之。治針刺入肉，竹木骨骾，傅惡瘡腫毒，能追膿拔毒。凡有形之滯物，皆能出之。瀉肺氣以下行，能決至高之水而下之。治肺脹，胸膈停水，治水癥浮腫，約研服五六粒，便下青黃水。不可過服。通關竅，正經絡，調上下。治偏風，口眼喎斜，搗餅傅之，偏右則貼左，偏左則貼右，一時便正。治胞胎不下，合巴豆、麝香作餅，貼足心。若盤腸併下者，貼頂心。又凡口噤、鼻窒、耳聾作於一時者，搗子綿裹塞耳鼻。治喉痺舌脹，壓油，作紙撚，燒煙薰口中，涎沫自出，流盡即愈。有毒。忌鐵。或云服此則畢生不可食炒豆。亦不然。

清·嚴潔等《得配本草》卷三 蓖麻子 忌炒豆。伏丹砂、粉霜。辛、甘，熱，有毒。其力收吸，能拔病氣以出肌表。其性善走，能開諸竅以通經絡。治瘰癧，追瘡膿。配乳香、食鹽，搗餅貼太陽穴，治風氣頭痛。配羊脂、山甲，少加麝香，以油煎膏，日摩數次，治偏風。去殼，取油塗紙，燒煙熏之，治舌上出血及喉痹舌腫等症。一切腫毒，痛不可忍，研敷立止。禁用內服。服之不得食豆，犯之脹死。怪症：兩乳細小如腸，垂過小腹，痛不可忍，名乳懸。用蓖麻子貼頂，再煎芎歸湯頻服，并此二味燒煙吸之。

題清·徐大椿《藥性切用》卷四 蓖麻子 辛甘性熱，善走，亦善收，能出有形滯物，外用頗奏奇功。氣味頗近巴豆，內服不可輕試。

清·黃宮繡《本草求真》卷八 蓖麻子有收拔惡毒，開竅通利之力。蓖麻子耑入經絡諸竅。甘辛有熱，性味頗類巴豆，既有收引拔毒之能，復有開竅通利之力。觀書所言搗膏以貼手臂腫痛，一夜即效。用此同羊脂、麝香、鯪鯉甲等藥，煎作摩膏，日摩數次。子宮脫下，用此研膏以塗頂心即入。或搗仁貼丹田亦可。胞衣不出，用此研膏以塗脚心即下，中風口眼喎斜，偏左貼右手心，偏右貼左手心，即止。至於口噤鼻塞耳聾喉痹舌脹，用油煙薰即開，水症浮腫，用仁研服一枚即消。壯人止可五粒。針刺好肉，用仁搗敷患處即拔，瘰癧惡瘡，用仁外敷立愈。時珍曰：鵜鶘油能引藥氣入內，蓖麻油能拔病氣出外。凡此皆屬外用以奏奇功，但不宜於服耳。昔人有以汁點畜舌根下，即不能食，點畜肛門內，即下血死，并云服蓖麻者，一生不得服豆，犯即脹死，其毒可知。鹽水煮，去皮，研取油用。忌鐵。

清·羅國綱《羅氏會約醫鏡》卷一六草部 蓖麻子味甘辛，性熱，有毒。其力長於收吸，故拔病氣出外，追膿取毒，能出有形之滯物。塗口眼歪斜，牽正即去，久則反損。下胞孕胞衣。搗塗足心下，速洗去，不爾，則子腸出，即以此膏塗頭頂。祇可搗膏外貼，決不可服食。用此奏效者甚多。方載本門單方。

清·黃凱鈞《藥籠小品》 蓖麻子 辛甘，熱，性善收，又善走，能開通諸竅經絡，治水癥浮腫，針刺入肉，搗敷傷處，刺出即去藥。追膿拔毒，敷瘰癧惡瘡，屢奏奇功。外科煎膏多用之，內服不可輕率。

清·張德裕《本草正義》卷下 蓖麻子 辛，熱，有小毒。能逐風散毒，療口眼喎斜，鍼刺入肉，消腫止痛，追毒排膿，俱可研貼。舌腫喉痺，研爛，紙捲燒煙，熏吸立通。下胎催生，同巴豆、麝香研貼臍中。子腸不收，研貼百會、丹田。胎衣不下，研貼湧泉。若服蓖麻者，一生不可食荳，犯之脹死。

清·楊時泰《本草述鉤元》卷一〇 蓖麻子 夏生苗葉，秋吐細花，隨即結實。

氣味甘辛，有毒，熱。善收吸，開通關竅經絡，治偏風不遂，口眼喎邪，失音口噤，及頭風舌腫喉閉，敷一切毒疽，消腫追膿拔毒，止湯火傷疼，療女子胎衣不下，子腸挺出。氣味頗近巴豆，亦能利人，故下水氣瀕湖。蓖麻子屬陰，能吸出有形質之滯物，故取胎產胞衣，剩骨膿血者用之。荔枝肉屬陽，主散無形質之滯氣，故消瘤癭赤腫者用之。錯用則不應丹溪。鵜鶘油能引藥氣入內，蓖麻油能拔病氣出外，故諸膏多用之瀕湖。此藥外用累奏奇功。一人病偏風，手足不舉，搗取此油，同羊脂、麝香、鯪鯉甲等藥，煎作摩膏，日摩數次，月餘漸復，兼服搜風化痰養血藥，三月而愈。一人手臂一塊腫痛，用蓖麻搗膏貼之，經宿而愈。氣鬱偏頭痛，用此同乳香、食鹽搗，熁太陽穴，經宿痛止。產後子腸不收，搗仁貼其丹田，一夜而上。故善用者多從外取，不由餌服也又。口目喎斜，蓖麻仁搗膏，左貼右，右貼左，即正。一用蓖麻仁七七粒，巴豆十九粒，麝香五分，作餅如上用。風氣頭痛不可忍，乳香、蓖麻仁等分，搗餅，隨左右貼太陽穴，解髮出氣甚驗。舌脹塞口，蓖麻仁四十粒，研油塗紙上，作撚燒烟熏之，未退再熏，以愈為度。急喉痹牙關緊急，用蓖麻仁研爛取油，作撚燒烟熏吸，即通。催生下胞，蓖麻仁七粒，研膏塗脚心，若胎及衣下，便速洗去，不爾則子腸出，出即以此膏塗頂，自入也。子宮脫下，蓖麻仁、枯礬等分，為末，安紙上，托入，仍以蓖麻仁十四枚，研膏塗頂心。盤腸生產塗頂方，同上。一切腫毒，痛不可忍，蓖麻仁搗敷即止。湯火灼傷，蓖麻子、蛤粉等分研膏，湯傷以油調，火灼水調，塗之。

論：丹溪謂蓖麻子屬陰，主吸出有形質之滯物。第觀其苗葉盛於夏，穗實結於秋，得毋根至陽之吐出，而還歸於元陰之收吸。若使純陰，恐未能如是其相呼應也。凡患證根於臟腑，當以歲月取效者，未能恃此捷取之味而冀其霍然，用者審之。

此物搗膏，以筯點於鵝馬六畜舌根下，即不能食；或點肛內，即下血死，其毒可知。凡服蓖麻子者，一生不得食豆，犯之必脹死瀕湖。體質多油，而又有毒，慎弗輕餌，胃薄腸虛尤忌仲淳。

修治：蓖麻子無刺者良，有刺者毒。凡使以鹽湯煮半日，去皮取仁研用。

蓖麻葉：有毒。治脚氣風腫不仁，蒸搗裹之，日二三易，即消。止鼻衄。油塗，炙熱熨顖上，大驗。《千金》神草方，專治風濕癱瘓，手足不仁，半身不遂，周身麻木或酸疼，口眼歪斜，並皆神效。取蓖麻子草，秋夏用葉，春冬用子，俱得一二十斤，入木甑，置大鍋上蒸半熟，取起，先將綿布數尺雙摺，浸入蒸葉子湯內，取出乘熱敷患處，却將熱葉子鋪布上一層，候溫，再換熱葉子一層，如此蒸換，至汗出為度。重者蒸五次，輕者三次，其病即愈。內服疎風活血藥助之。

清·葉桂《本草再新》卷三 蓖麻子味辛、甘，性熱，無毒。入肝、脾、肺三經。善收善走，能開諸竅，治頭風，口斜鼻塞。搗敷，能出有形滯物。

清·趙其光《本草求原》卷六毒草部 蓖麻子 甘、辛，溫，有毒。苗盛於夏，實結於秋，是得陽以吐出。歸陰以收吸。故主吸出有形之滯物，拔膿毒，取胎產胞衣。研膏塗脚心。剩骨膠血，散瘀，敷患處。收子腸，研塗頂或貼丹田。塗瘰癧、痘毒，癰腫，四肢腫塊。皆吸毒外出。湯火傷，同蛤粉開油搽。但熱毒近巴豆，能利人，故下水氣。又性善走，能通竅絡，故治風氣鬱頭痛，同乳香、食鹽貼太陽。舌脹塞口，喉痹牙關緊，俱取油作捻熏吸。偏風手足不舉，口目喎斜，同羊脂、山甲煎膏加麝，日摩漸正。七竅諸病，鵜鶘油，引藥入內；此藥拔毒出外，故諸膏藥多用之。荔枝肉屬陽，主散無形之滯氣，故消瘤癭赤腫；此屬陰，故拔有形。又口目喎斜，同巴豆、麝香搗，左貼右，右貼左，內服忌之。其油能伏輕粉，以鹽湯煮半日，去殼用。但服後一生不得食豆，犯之必脹死。脾胃弱，大腸不固者，慎勿輕服。又去骨內風，散瘀。同酒糟敷。

蓖麻葉：主治脚氣，風腫不仁，癱瘓不遂，或麻木酸痛。蒸熟搗爛，乘熱裹之，取汁三五次，內服疏風活血方。紅者散風濕，白者消腫。

清·文晟《新編六書》卷六《藥性摘錄》 蓖麻子 甘辛，有毒。○收拔惡毒，開竅通利。○外敷口眼喎斜，正即去之。○並敷瘰癧惡瘡。○至口噤，鼻塞喉痹舌脹，用油燒煙熏之，効。○去皮，研取油用。忌鐵。

清·劉東孟傳《本草明覽》卷二 蓖麻子 【略】按：丹溪云：蓖麻子屬陰，主吸出有形之物，故取胎產胎衣，剩骨膿血者用之。荔核肉屬陽，主散無形質之滯氣，故消瘤贅，赤腫者用之。不審陰陽，治亦不效。

清·劉善述、劉士季《草木便方》卷二木部 蓖麻樹 蓖麻子葉辛強風，脚氣風濕腫毒攻。鼻衄脫肛熨顖門，竹木簽刺退出工。

清·龍之章《蠢子醫》卷二 蓖麻治淋甚好。蓖麻之性，善於收斂，故能開放無敵。

蓖麻從未入湯藥，誰知添入甚合作。吾嘗治血淋，必加金丹為要著。誰知遇此症甚危，只好半天病又作。因悟天地動靜理，一翕一辟通槖籥。有合必有開，欲前必先却。即用蓖麻二十枚，以其善收合。譬如拉大車，已竟陷泥窩。向西不得走，只得向東薄。俟得車活動，回頭便出窩。縱有老淋二十年，無不以此開關鑰。加斑蝥五六個，滑石二三兩，乾漆二錢，肉桂五分，共為細末，升麻煎湯，日日飲之。可知烏梅能出汗，以其善收合。五倍能化毒，以其善束約。因悟唐家李鄴侯，終身守退以入閣。絕勝三齊王，有進無退。卒遭未央禍。

清·戴葆元《本草綱目易知錄》卷二 蓖麻子 辛、甘，有小毒。性善收，亦善走。能開諸竅經絡，治偏風不遂，口眼喎邪，失音口噤，鼻窒耳聾，喉痹舌脹，齁喘脚氣，毒腫丹瘤。能利水氣，治水癥浮腫、小便不通。能出有形滯物，治針刺入肉，竹木骨鯁，胎衣不下，子腸挺出。能追膿拔毒，治癘風鼻塌，瘰癧惡瘡。壓油，塗瘡癢浮腫、湯火灼傷。擣研，塗手足心，催生。外用，屢奏奇功。然有毒熱，頗類巴豆，內服不可輕率。所服之者，一生不能食炒豆，犯之脹死。

清·陳其瑞《本草撮要》卷一 蓖麻子 味苦，有毒，性善收亦善走，入手太陰、足太陽經，功專開通諸竅經絡。治偏風頭痛，合乳香等分搗成餅，隨左右貼太陽，解髮出氣即愈。治口眼喎斜，只用蓖麻子一味擣爛，左喎貼右，右喎貼左即正。治鼻窒耳聾，以綿裹塞之。喉痹舌脹，取油作紙撚，燒烟熏之。竹木刺入肉，搗敷傷處，頻看刺出即去之，否則必努出好肉。竹木骨鯁，以凝水石共研作一撚，置舌根噙嚥，旋即不見。湯火灼傷，同蛤粉等分，湯傷以油調，火灼以水調塗之效。髮黃，蓖麻仁以香油煎焦，去滓，三日後頻覆即黑。脚氣作痛，以仁七粒研碎，同蘇合香丸貼足心，痛即止。胞衣不下，以蓖麻一粒，巴豆一粒，麝香一分，貼臍中並足心，胎下即去。若子腸出而不收，以蓖麻仁數粒，搗貼頭頂，俟一收進，遂即去之，切不可遲。

土瓜狼毒

明·蘭茂原撰，范洪等抄補《滇南本草圖說》卷九 土瓜狼毒 性微溫，味苦，麻，有毒。主治：年久積滯結於胃口，或氣疼，或婦人胃有瘀血疼痛至死者，服此可消。或腹中有蟲者下。此藥之性最為猛迅，醫者要看人之虛實，虛者切忌，未可妄用也。

明·蘭茂原撰，清·管暄校補《滇南本草》卷下 土瓜狼毒 性溫，味苦，麻，有毒。沉也。推胃中年久積滯，下氣，治胃氣疼痛，食積結滯。消水腫，破血積。打蟲積，打痰毒。此藥之性，猛勇真如虎狼也。

明·蘭茂原撰，清·管暄校補《滇南本草》卷下 雞腸狼毒一名順水龍，虎狼之性。性微寒，味苦、辣、麻，有毒。降也。主治利水道，消水腫。殺蟲，攻腸胃中積滯。此藥消水腫見效速，又名順水龍。虎狼之性，故有狼毒之名。

明·蘭茂《滇南本草》〔叢本〕卷中 雞腸狼毒一名(各)〔隔〕山消。味苦、辣、麻，性微寒，有毒。降也。主利水道，消水腫，殺蟲，攻腸胃積滯。此藥消水腫見效，又名順水龍。此性之勇，真如虎狼，故有狼毒之名。

金剛纂

清·吴其濬《植物名實圖考》卷二三 金剛纂 《雲南通志》：花黃而細，土人植以為籬；又一種形類雞冠，《談叢》：滇中有草名金剛纂，其幹如珊瑚多刺，色深碧。小民多樹之門屏間。此草性甚毒，犯之或至殺人。余問滇人，植此何為？曰以辟邪耳。唐錦《夢餘錄》：金剛纂狀如椶櫚，枝幹屈曲無葉，剉以漬水暴，牛羊渴甚而飲之，食其肉必死。《滇本草》：金剛杵味苦，性寒，有毒。色青，質脆如仙人掌，而似杵形，故名。治一切丹毒、腹瘴、水氣、血腫之症。燒灰為末，用冷水下，一服即消，不可多服。若生用，性烈於大黃、芒硝，欲止其毒，以手浸冷水中即解。夷人呼為冷水金丹。《滇記》：金剛纂碧幹而蝟刺，孔雀食之，其漿殺人。《臨安府志》：狀如刺桐，最毒。土人種作籬，人不敢觸。

按此草強直如木，有花有葉而無枝條，葉厚綠無紋，形如勺；花生幹上，五瓣色紫，扁闊內翕；中露圓心，黃綠點點，遙望如苔蘚。嶺南附海舶致京師，植以為玩，不知其毒。呼曰霸王鞭。

蕁麻

宋・唐慎微《證類本草》卷三〇外草類〔宋・蘇頌《本草圖經》〕 蕁麻生江寧府山野中。村民云：療蛇毒。然有大毒，人誤服之，吐利不止。

明・蘭茂原撰，范洪等抄補《滇南本草圖說》卷八 錢麻 氣味甘溫，無毒。主治：中〔風〕不語，咳嗽吐痰，小兒驚風。一切風症，服之最良。煎水，洗瘡最效。

明・劉文泰《本草品彙精要》卷四一 蕁麻有大毒。植生。蕁麻：療蛇毒。出《圖經》。【地】《圖經》曰：生江寧府山野中。【禁】人誤服之，吐利不止。

明・李時珍《本草綱目》卷一七草部・毒草類 蕁麻蕁音尋。宋《圖經》。【釋名】毛蕿時珍曰：蕁字本作蕿。杜子美有《除蕿草》詩，是也。【集解】頌曰：蕁麻生江寧府山野中。時珍曰：川黔諸處甚多。其莖有刺，高二三尺。葉似花桑，或青或紫，背紫者入藥。上有毛芒可畏，觸人如蜂蠆螫蠚，以人溺濯之即解。有花無實，冒冬不凋。挼投水中，能毒魚。【氣味】辛、苦，寒，有大毒。吐利人不止。【主治】蛇毒，擣塗之蘇頌。風瘮初起，以此點之，一夜皆失時珍。

明・姚可成《食物本草》卷一九草部・毒草類 蕁麻音潛。川〔黔諸〕處甚多。其莖有刺，高二三尺。葉似花桑，或〔青〕或紫，上有毛芒可畏，觸之如蜂蠆螫咬，急以人尿洗濯乃解。有花無實，淩冬不凋。挼投水中，魚食之盡死。

蕁麻，有大毒。誤犯之，吐利不止，惟塗蛇咬及風疹，一夜皆失。

清・趙學敏《本草綱目拾遺》卷五草部下 蕿草 《宦遊筆記》：南人呼為蕿麻，北人呼為蠍子草。黔境遍地有之。葉類麻，多毛刺，觸之螫人，腫痛不可忍。此毒甚於蜂蠆蠍蝮。《墨莊漫錄》：川陝間有一種惡草，羅生於野，其枝葉拂入肌肉，即成瘡疱，浸淫潰爛，久不能愈，即蕿麻也。白香山詩：颶風千里黑，蕿草四時青。此草有花無實，雪下猶青故也。《人海記》：塞山有毒草，中人肌膚，毒甚蜂蠆，自唐山營踰汗鐵木嶺外，遍地有之，俗名蠍子草。蘆高四五尺，葉如麻，嫩時可供馬秣，經霜則辛螫不可觸。《綱目》蕁麻條，止載其塗蛇毒，點風瘮，他皆未及，悉補之。治瘋。采取煮汁洗。亦可肥豕。

禾麻

清・劉善述、劉士季《草木便方》卷一草部 青禾麻 禾麻尖甘淡微寒，勞傷久咳治不難。中風失音消痰濕，小兒驚啼便安然。

莽草

宋・李昉《太平御覽》卷第九九三 莽草 《范子計然》曰：莽草出三輔。青色者善。《淮南萬畢術》曰：莽草，浮魚。取莽草葉，并陳粟米，合擣之，以内水，魚皆死。《本草經》曰：莽草，味辛，溫。生山谷。治風頭癰乳，疝瘕結氣，疥瘙疽瘡。生還谷。《吴氏本草經》曰：莽，一名春草。神農：辛。雷公、桐君：苦，有毒。生上谷山中或宛句。五月採。治風。

宋・沈括《夢溪筆談》卷三《補筆談》 世人用莽草，種類最多。有葉大如手掌大者，有細葉者，有葉光厚、堅脆可拉者，有柔軟而薄者，有蔓生者，多是謬誤。按《本草》：若石南而葉稀，無花實。今考木若石南，信然；葉稀，無花實，亦誤也。今莽草蜀道、襄、漢、浙江湖間山中有，枝葉稠密，團欒可愛，葉光厚而香烈，花紅色，大小如杏花，六出，反卷向上。中心有新紅蕊，倒垂下，滿樹垂動搖搖然，極可翫。襄漢間漁人競採以擣飯飴魚，皆翻上，乃撈取之。南人謂之石桂。白樂天有《廬山桂》詩，其序曰：廬山多桂樹。又曰：手攀青桂枝。蓋此木也。唐人謂之紅桂，以其花紅故也。李德裕詩序曰：龍門敬善寺有紅桂樹，獨秀伊川，移植郊園，衆芳色沮。乃是蜀道莽草，徒得佳名耳。衛公此説亦甚明。自古用此一類，仍毒魚有驗。《本草》木部所收，不知何緣謂之草，獨此未喻。

宋・唐慎微《證類本草》卷一四木部下品〔《本經・別錄》〕 莽草 味

辛，苦，**溫**，有毒。**主風頭癰腫，乳癰疝瘕，除結氣疥瘙。殺蟲魚。**療喉痹不通，乳難。頭風癢，可用沐，勿令入眼。一名葞，一名春草。生上谷山谷及冤句。五月採葉，陰乾。

〔梁・陶弘景《本草經集注》〕云：今東間處處皆有，葉青新烈者良。人用擣以和米，内水中，魚吞即死浮出，人取食之無妨。莽草字亦作㓠音罔字，今俗呼爲㓠草也。

〔宋・掌禹錫《嘉祐本草》〕按：《爾雅》云：葞，春草。釋曰：藥草也，今俗呼爲㓠草。郭云：一名芒草者，所見本異也。《藥性論》云：㓠草，臣。能治風疽，疝氣腫墜凝血，治瘰癧，除濕風，不入湯服。主頭瘡白禿，殺蟲。與白斂、赤小豆爲末，雞子白調如糊，熁毒腫，乾即更易上。日華子云：治皮膚麻痹，並濃煎湯淋。風蚛牙痛，喉痹。亦濃煎汁含後淨漱口。

〔宋・蘇頌《本草圖經》〕曰：莽草，亦曰㓠草。出上谷及冤句，今南中州郡及蜀川皆有之。木若石南而葉稀，無花實。五月、七月採葉，陰乾。一說：藤生，繞木石間。古方治風毒痹厥諸酒，皆用㓠草。今醫家取其葉煎湯，熱含少頃間吐之，以治牙齒風蚛甚效。此木也，而《爾雅・釋草》云：葞，春草。釋曰：藥草，莽草也。郭璞云：一名芒草，㓠音近故爾。然謂之草者，乃蔓生者是也。

〔宋・唐愼微《證類本草》〕《唐本餘》：治難産。雷公云：凡使，採得後便取葉細剉，又，生甘草，水蓼二味並細剉之，用生稀絹袋盛毒木葉，於甑中上，甘草、水蓼同蒸一日，去諸藥二件，取出曒乾用之。勿用尖有孿生者。《聖惠方》：治牙齒蚛孔，疼痛及有蟲。用㓠草爲末，綿裹内蚛孔中，或於痛處咬之，低頭吐津勿嚥之，疼痛便定。又方：治瘰癧發腫而堅結成核。用㓠草一兩爲末，雞子白和傅於帛上，貼之，日二易之，便差。《肘後方》：治癰瘡未潰。㓠草末，雞子白塗紙厚貼上，燥復易，得痛良。又風齒疼，頰腫。用五兩，水一斗煮取五升，熱含漱吐之，一日盡。《梅師方》：治齒腫痛。㓠草、郁李人各四兩，水六升，煎取二升，去滓，熱含冷吐。《周禮》：翦氏掌除蠹物，以㓠草熏之則死。

宋・寇宗奭《本草衍義》卷一五　莽草　今人呼爲㓠草。濃煎湯，淋渫皮膚麻痹。《本經》一名春草。諸家皆謂爲草，今居木部，《圖經》亦然。今世所用者，皆木葉也。如石南，枝、梗乾則縐，揉之，其嗅如椒。《爾雅・釋草》云：葞，春草。釋曰：今莽草也。與《本經》合，今當具言之。石南條中，陶隱居注云：似㓠草，淩冬不凋。誠木無疑。

宋・王繼先《紹興本草》卷九　莽草　紹興校定：即茵草是也。採葉爲用。性味、治已載《本經》，然治風諸方頗用。其療齒疾及瘡腫，多外用之。若生食即戟人，當從《本經》味辛苦、溫、有〔毒〕是矣。產蜀川及桐柏，葉大厚者佳。

宋・鄭樵《通志》卷七六《昆蟲草木略》　莽草　曰春草，曰芒草，曰葞。《爾雅》云：莽，數節。以其似竹而中實促節。《離騷》云：朝搴阰之木蘭兮，夕攬洲之宿莽。

宋・陳衍《寶慶本草折衷》卷一四　莽草臣。一名茵草，一名芒草，一名春草，一名葞。○茵，與莽同。葞，亡比切。生上谷山谷，及冤句、東間、南中、川蜀及福州。今處處有之。○五、七月採葉，陰乾。

味辛、苦，溫，有毒。○主癰腫乳癰，疝瘕結氣，疥瘙，殺蟲魚，療喉痹乳難。頭風癢，可用沐，勿令入眼。○陶隱居云：葉青新烈者良。○《藥性論》云：治風疸，疝氣腫墜凝血，瘰癧，除濕風，主頭瘡白禿。與白斂、赤小豆為末，雞子白調，熁毒腫。○日華子云：治皮膚麻痹，濃煎湯淋。○《圖經》曰：莽草，煎湯熱含，少頃吐之，治牙齒風蚛。○寇氏曰：莽草者，木葉也。乾則縐，揉之，其嗅如椒。

明・滕弘《神農本經會通》卷二　莽草　臣也。五月採葉，陰乾。不入湯服。

味辛、苦，氣溫，有毒。

《本經》云：主風頭癰腫，乳癰，疝瘕，除結氣，疥瘙，殺蟲魚。療喉痺不通，乳難。頭風癢，可用沐，勿令入眼。《局》云：莽草辛溫療乳癰，善開喉痺不能通。諸瘡瘰癧偏宜此，風蛀牙疼最有功。莽草，主牙痛，乳癰。

明・劉文泰《本草品彙精要》卷二〇　莽草有毒。植生。

莽草出《神農本經》：**主風頭，癰腫，乳癰，疝瘕，除結氣，疥瘙，殺蟲魚。**以上黑字名醫所錄。療喉痹不通，乳難，頭風癢。可用沐，勿令入眼。以上朱字《神農本經》。

〖名〗葞、春草、㓠音罔草、芒草。〖苗〗《圖經》曰：木若石南而葉稀，無花實。一說藤生，繞木石間。古方治風毒厥痹諸酒，皆用㓠草。今醫家取葉煎含治齒疾者，此木葉也。觀此二物，體療殊別。今按《衍義》曰：莽草，今人呼爲㓠草。《本經》一名春草，諸家皆爲草，今居木部，《圖經》亦然。今世所用者皆木葉也，如石南，枝梗乾則縐，揉之，其嗅如椒。《爾雅・釋草》云：葞，春草。釋曰：今莽草也，與《本經》合，今當具言之。石南條中陶隱居云：似㓠草，淩冬不凋，誠木無疑。陶隱居云：擣葉和米，内水中，魚吞即死浮出，人取食之亦無妨也。〖地〗《圖經》曰：出上谷山谷及冤句，今南中州郡皆有之。〖道地〗蜀州、福州。〖時〗生：春生新葉。採：五月、七月取葉。〖收〗陰乾。〖用〗葉青新烈者良。〖質〗類石南葉。〖色〗青。〖味〗辛、苦。〖性〗溫。〖氣〗氣厚味薄，陽中之陰。〖臭〗香。〖主〗癰腫，殺蟲。〖製〗凡使，取葉細剉，生甘草、水蓼二味並細剉之，用生稀絹袋盛毒木葉於甑中，上甘草、水蓼同蒸一日，去諸藥，二件取出，曬乾用之。勿用尖有孿音涮生者。〖治〗療：《藥性論》云：治疽疝氣，腫墜，凝血及瘰癧，除濕風並頭瘡，白禿，殺蟲。不入湯服。日華子云：皮膚麻痹，濃煎湯淋，及風蚛牙痛，喉痹，濃煎汁含之，吐去後淨嗽口。〖合治〗爲末，合白歛、赤小豆，用雞子白調如糊，傅毒腫，乾即易之。○末合雞子白，調攤帛上，貼瘰癧發腫，堅結成核，日二易之。

明·王文潔《太乙仙製本草藥性大全》卷三《本草精義》 莽草 亦名菵草，一名芒草，一名葞，一名春草。出函谷及冤句，今南中州郡及蜀川皆有之。木若石南而葉稀，無花實。五月、七月採葉陰乾。一説藤生繞木石間。按：《衍義》云：莽草俗呼爲菵草，諸家皆謂爲草，今據木部《圖經》亦然。今世所用者皆木葉也。如石南枝梗，乾則縐，揉之其嗅如椒。《爾雅·釋草》云葞，春草。釋曰：今莽草也。與《本經》合，今當具言之。石南條中，陶隱居注云：似菵草，凌冬不凋。誠木無疑。

明·王文潔《太乙仙製本草藥性大全》卷三《仙製藥性》 莽草臣 味辛、苦，氣溫，有毒。主治：療頭風濕風，散乳腫乳癰。破疝瘕，除結氣，疥瘙，殺蟲魚。療喉閉不通，治風疽與頭風痒。可煎湯浴，祛瘰癧并皮膚痹。補註：牙齒蚛孔疼痛及蟲，用爲末，綿裹煮濃汁淋乳難即下，凝血即踈。治瘰癧發腫，堅結成核，用一兩爲末，入蚛孔中，或於痛處咬之，吐津勿嚥。治癰瘡未潰，用末調雞子白塗紙厚雞子白調傅，帛上貼之，日二易之便差。風齒疼，頰腫，用五兩，水一斗，煮取五升，熱含漱吐貼上，燥復易，得痛良。○頭之。治齒腫痛，同郁李仁各四兩，水六升，煎取二升，去滓，熱含冷吐。治皮瘡白禿，殺蟲，同白歛、赤小豆爲末，雞子白調如糊，脇毒腫，乾即易之。膚麻痹，並濃煎湯淋。○風蚛牙痛，喉痹，亦濃煎汁，含後净漱口。太乙曰：凡使採得後便取葉細剉，又生甘草、水蓼二味並細剉之，用生稀絹袋盛毒木葉，於甑中上甘草、水蓼同蒸一日，去諸藥二件，取出，晒乾用之。勿用尖有孿生者。

明·李時珍《本草綱目》卷一七草部·毒草類 莽草《本經》下品。校正：自木部移入此。

〖釋名〗菵草音罔。芒草《山海經》 鼠莽弘景曰：莽本作菵字，俗訛呼爾。時珍曰：此物有毒，食之令人迷罔，故名。山人以毒鼠，謂之鼠莽。

〖正誤〗《別録》曰：一名葞，一名春草。禹錫曰：按《爾雅》云：葞，春草。孫炎注云：藥草也，俗呼爲菵草。郭璞注云：一名芒草。所見異也。時珍曰：葞音尾，白薇也。薇、葞字音相近爾。《別録》白薇下云，一名春草，而此又以爲菵草，蓋因孫炎之誤也。今正之。

〖集解〗《別録》曰：莽草生上谷山谷及冤句。五月采葉，陰乾。弘景曰：今東間處處皆有，葉青辛烈者良。又用搗以和陳粟米粉，納水中，魚吞即死浮出，人取食之無妨。頌曰：今南中州郡及蜀川皆有之。木若石南而葉稀，無花實。五月、七月采葉，陰乾。一説藤生，繞木石間。既謂之草，乃(藤)〔蔓〕生者是也。宗奭曰：莽草諸家皆謂之草，而《本草》居木部。今世所用，皆木葉如石南葉，枝梗乾則皺，揉之其臭如椒。斆曰：凡用葉，勿用尖及孿生者。時珍曰：《范子計然》云：莽草出三輔，青色者善。

葉 〖修治〗斆曰：凡使取葉細剉，以生甘草、水蓼二味同盛，入生稀絹袋中，甑中蒸一日，去二件，曒乾用。〖氣味〗辛，溫，有毒。普曰：神農：辛。雷公、桐君：苦，有毒。時珍曰：莽草制雌黃、雄黃而有毒，誤食害人。惟紫河車磨水服，及黑豆煮汁服，可解。豆汁澆其根即爛，性相制也。〖主治〗風頭癰腫，乳癰疝瘕，除結氣疥瘙。殺蟲魚《本經》。療喉痹不通，乳難。頭風癢，可用沐，勿令入眼《別録》。治風疽，疝氣腫墜凝血，治瘰癧，除濕風，不入湯服。主頭瘡白禿殺蟲。與白歛、赤小豆爲末，雞子白調如糊，熁毒腫，乾更易上甄權。治皮膚麻痹，煎濃湯淋。風蟲牙痛大明。

〖發明〗頌曰：古方治風毒痹厥諸酒，皆用菵草。今醫家取葉煎湯，熱含少頃吐之，治牙齒風蟲及喉痹甚効。宗奭曰：濃煎湯，淋渫皮膚麻痹。《周禮》翦氏掌除蠹物，以菵草熏之則死。時珍曰：古方治小兒傷寒，有莽草湯。又《瑣碎録》云：思村王氏之子，生七日而兩腎縮入。二醫云：此受寒氣而然也。以硫黃、茱萸、大蒜研塗其腹，以菵草、蛇牀子燒烟熏其下部而愈也。

〖附方〗舊四，新五。 賊風腫痹：風入五臟恍惚，宜莽草膏主之。莽草一斤，烏頭、附子、躑躅各二兩，切，以水和醋一升，漬一宿。猪脂一斤，煎三上三下，絞去滓。向火，以手摩病上三百度，應手即瘥。若耳鼻疾，可以綿裹塞之。疥癬雜瘡，並宜摩之。《肘後方》。

小兒風癇：掣瘲戴眼，極者日數十發，又治大人賊風。莽草、雷丸各一雞子黃大，化猪脂一斤，煎七沸，去滓，摩痛處，勿近目及陰，日凡三四次。《外臺秘要》。 頭風久痛：

莽草煎湯沐之，勿令入目。《聖惠方》。　風蟲牙痛：《肘後方》：用莽草煎湯，熱漱令吐，一加山椒皮，一加獨活，一加郁李仁，一加芫花，一加川椒、細辛各等分。煎湯熱漱令吐。○《聖惠》用莽草半兩，皂角三挺去皮子，漢椒七粒，爲末，棗肉丸芥子大。每以一丸塞孔中，吐涎取効。　瘰癧結核：　菵草一兩爲末。雞子白調塗帛上，貼之。日二易，取効止。《聖惠方》。　癰瘡未潰：　方同上。得痛爲良。　乳腫不消：　莽草、小豆等分，爲末，苦酒和，傅之。《衛生易簡方》。　狗咬昏悶：　浸椒水，調莽草末傅之。《便民圖纂》。

明・梅得春《藥性會元》卷中　莽草　味辛、苦，氣溫，有毒。一名葞，一名春草。

主治頭風癰腫，疝瘕痃癖，除結氣，疥瘙，殺蟲魚，療喉痹不通，乳難，頭風痒。可令沐，勿令入眼。　製法：　用生甘草并水蓼拌蒸，晒乾。

清・穆石匏《本草洞詮》卷九　莽草　莽，本作菵，食之令人迷罔，故名。可以毒鼠，謂之鼠菵。葉味辛苦，氣溫，有毒。治頭風喉痺，可用沐，勿令入眼。濃煎湯，淋洗皮膚麻痺。古方治風毒痺厥，諸酒皆用菵草。《周禮》煎氏掌除蠹物，以菵草薰之則死，似難輕服。《瑣碎錄》云：　一孩子生七日，而兩腎縮入，此受寒氣而然也。以硫黄、茱萸、大蒜研，塗其腹，以菵草、蛇牀子燒烟薰其下部而愈。

清・劉雲密《本草述》卷一〇　莽草一名菵草。音罔。　宗奭曰：　諸家皆謂之草，而《本草》居木部。今世所用皆木。葉如石南葉，枝硬乾則謅，音炒，相擾也。揉之其臭如椒。　頌曰：　葉稀，無花實，五月、七月采葉，陰乾。

葉：　氣味：　辛，溫，有毒。　普曰：　神農：　辛。雷公、桐君：　苦，有毒。

主治：　風頭癰腫，乳癰疝瘕《本經》。治風疽疝氣，腫墜凝血。治瘰癧，除溼風，不入湯服甄權。皮膚麻痹，濃煎湯淋日華子。　頌曰：　古方治風毒痺厥諸證，皆用菵草。今醫家取葉煎湯，熱含，少頃吐之。　時珍曰：《瑣碎錄》云：　王氏之子，生七日，而兩腎縮入。二醫云此受寒氣而然也。以硫黄、茱萸、大蒜，研塗其腹，以菵草、蛇床子，燒烟熏其下部而愈也。

愚按：　莽草與金牙石，在顫振譫妄二證胥投之，此愚所謂於氣血精微之用，的有相須者也。第難與金牙石例論，為其有毒耳。　時珍之説甚明，不得嘗試，外治則無不可也。

時珍曰：　莽草制雌黄、雄黄而有毒，誤食害人。　惟紫河車磨水服，及黑豆煮汁服可解。豆汁澆其根即爛，性相制也。

清・李熙和《醫經允中》卷二一　菵草　辛，溫，有毒。治風濕牙蟲，喉痺甚効。善殺魚鼠，其性可知。古人每以菵草、茵芋，為治頑痺風濕要藥。近世不用，蓋以人有強弱，世有升降，猛烈之藥，斷不可輕嘗也。

清・张璐《本經逢原》卷二　莽草一名葞，即鼠莽，本作菵字，此物有毒，食之令人迷罔故名。山人以之毒鼠，漁人以之毒魚，與醉魚草總一類。　辛，溫，有毒。《本經》主頭風癰腫疝瘕，除結氣疥瘙，殺蟲魚。　發明：　莽草大毒，善殺魚鼠，其性可知。《本經》治疝瘕結氣，蕩滌在內之宿積也。療癰腫頭風，搜逐在外之邪毒也。但性最猛烈，服之令人瞑眩。《千金方》每與茵芋同為搜風滌惡之峻劑。近世罕能用之。惟毒魚之外，僅以浴頑痹濕風及煎嗽蟲牙，然沐時勿令入眼，中其毒者，惟草紫河車磨水服之可解，黑豆煮汁服之亦解。以豆汁澆莽根則爛，物類之相制如此。至於茵芋，人所未識，毋怪近世醫術之卑也。

清・吴儀洛《本草從新》卷二　莽草〔宣，去風濕。〕　辛苦而溫。治頭風癰腫，乳癰疝瘕。蘇頌曰：　古方風濕諸酒多用之，今人取葉煎湯熱含，治牙蟲喉痹甚效。甄權曰：　不入湯。　取葉細剉，以生甘草、水蓼二味同盛入生稀絹袋中，甑中蒸一日，去二味曝乾。

題清・徐大椿《藥性切用》卷四　莽草　辛苦微溫，祛風勝濕。煎沐頭風、疝瘕，不入湯劑。

清・趙學敏《本草綱目拾遺》正誤　莽草　按沈括《筆談》補云：　世人用莽草種類最多，有大葉如手掌大者，有細葉者，有葉光厚堅脆可拉者，有柔韌而薄者，有蔓生者，多是謬談。即《本草》蘇頌所説，若石楠而葉稀無花實，亦誤也。今莽草，蜀道、襄漢、浙江、湖間、山中有，枝葉稠密，團欒可愛，葉光厚而香烈，花紅色，大小如杏花，六出，反卷向上，中心有新紅蕊倒垂向下，滿樹垂動，搖搖然，極可翫。襄漢間漁人，競採以擣飯為餌，魚皆翻上，乃撈取之，南人謂之石桂。白樂天有《廬山桂》詩，其序曰：　廬山多桂樹。又曰：手攀青桂枝。　蓋此木也。唐人謂之紅桂，以其花紅故也。李德裕《詩序》曰：　龍門敬善寺有紅桂樹獨秀，伊川移植郊園，眾芳色沮，乃是蜀道莽草，徒得桂名耳。衛公此説，亦甚明白，古用此一類，乃毒魚有驗。《本草》木部所收，不知何緣謂之草，獨此未喻。瀕湖《綱目》毒草部收莽草，於集解、正誤下皆不能指別何種為莽草，僅采《范子計然》之説，以為青色者善，而花葉根苗又無考證。存中乃宋人，豈此書補集，瀕湖尚未見耶。

清・楊時泰《本草述鉤元》卷一〇　莽草　一名菵草。諸家皆謂之草，而《本草》居木部，今世所用皆木葉，如石南，不作花實，枝硬，乾則謅，音炒，相擾也。揉之，其臭如椒。五七月采葉，陰乾用宗奭、頌。

氣味辛苦溫，有毒。主治風頭癰腫，乳癰疝瘕，療風疽疝氣，腫墜凝血，治瘰癧，除濕風，皮膚麻痹，濃煎湯淋。不入湯服，外治則無不可。古方治風毒痹厥諸證，皆用菵草，今醫家取葉煎湯，熱含少頃，吐之頌。子生數日，兩腎縮入，此受寒氣而然也。以硫黄、茱萸、大蒜研，塗其腹，更用莽草、蛇床子燒烟，熏其下部即愈瀕湖。

莽草制雌黃、雄黃而有毒，誤食害人。惟紫河車磨水服，及黑豆煮汁服可解瀕湖。豆汁澆其根即爛，性相制也。

清・吴其濬《植物名實圖考》卷二四　莽草　《本經》下品。江西、湖南極多，通呼為水莽子。根尤毒，長至尺餘。俗曰水莽兜，亦曰黃藤。浸水如雄黃色，氣極臭。園圃中漬以殺蟲，用之頗亟。其葉亦毒，南贛呼為大茶葉，與斷腸草無異。《夢溪筆談》所述甚詳，宋《圖經》云無花實，未之深考。

雩婁農曰：　余所至章、貢、衡、澧山中，皆多莽草，而按其形狀，與《筆談》花如杏花可玩、李德裕所謂紅桂、靳學顏所謂丹萼素蕾者，都不全肖。蓋沈存中所云種類最多者耶？　江右產者其葉如茶，故俗云大茶葉。湘中用其根以毒蟲，根長數尺，故謂之黃藤，而水莽則通呼也。豈與鼠莽有異同耶？詩人多用菵露，陶隱居以為莽本作菵，按山中多以黃茅之類為菵子草，郭璞注：　弭，春草，一名芒草。孫炎注：　俗呼菵草，菵草刺人衣而彌阬填谷，故以為晨行之詩，亦夙夜厭浥之意。莽草雖多，殊非荊榛之比，或謂弭為白薇，以弭、薇音近，春草同名，難為確詁。邢疏以本草莽草，郭引作芒草，為所見本異，然則本草經傳寫訛誤多，烏可不慎？　而《圖經》云：　煎湯熱含少頃，治牙齒風蟲喉痹甚效，此豈可輕試耶？　按《周禮》：　翦氏除蠹物，以莽草熏之。《方言》：　芔，莽草也。東越揚州之間曰芔，南楚曰莽，《說文》：　芔，草總名，則非毒草之莽矣。今人以草燒煙熏蟲，亦不需用毒莽。又《說文》犬善逐兔草中為莽。《孟子》草莽之臣，趙岐注：　莽亦草也，莽、芔、艸、茻同義。《楚詞》：　攬中洲之宿莽。注謂：　草冬生不死，此亦但詁宿字耳。唯《山海經》朝歌之山有莽草，可以毒魚。此或是水莽類。而《爾雅》：　葞，數節。郭注云竹類，則竹亦有名莽者。《本草》之莽草，或為芒，或為竹類之莽，皆未可定。若以毒魚為毒草，則近世有以莜麥制魚者矣，豈得謂莜麥為毒草耶？余恐人誤以莽草為可服，故詳辨之。

清・葉志詵《神農本草經贊》卷三　莽草　味辛，溫。主風頭癰腫，乳癰疝瘕，除結氣疥搔，殺蟲魚。生山谷。

性工迷菵，椒臭堪憎。茁空花實，蔓繞蘿藤。黠藏鼠礫，毒肆蟲殑。攻薰翦氏，蠹物胥懲。

陶弘景曰：　莽本作菵。李時珍曰：　食之令人迷菵，故名。山人以之毒鼠，又謂之鼠莽。寇宗奭曰：　揉之，其臭如椒。蘇頌曰：　若石楠，而葉稀無花實。一說藤生，繞石木間，既謂之草藤生者是也。《周禮》：　翦氏掌除蠹物，以攻禜攻之，以菵草薰之。

清・戴葆元《本草綱目易知錄》卷二　莽草鼠莽　葉，辛，溫，大毒。內服殺人。頗用外治，塗乳癰疝瘕，瘰癧風痙，風蟲牙痛，喉痹不通，煎汁，熱含吐之，仍用黑豆煎水漱口。頭風癢及久痛皮膚麻痹，煎汁淋洗，勿令入眼。若悞食者，蚤休磨水服，黑豆煮汁服，俱可解。試以黑豆煮汁澆其根，即爛，性相制也。

清・徐士鑾《醫方叢話》卷五　解中鼠莽毒　莽草，本作網，人以毒鼠，故名鼠莽。食之令人迷罔。南中川蜀以及上谷皆有之。解鼠莽毒，用黑豆汁可解。○又方：　用藕節煎湯一盌，溫冷灌之，毒即散。

博落回

宋・唐慎微《證類本草》卷八草部中品〔唐・陳藏器《本草拾遺》〕　博落迴　有大毒。主惡瘡癭根，瘤贅，瘜肉，白癜風，蠱毒，精魅溪毒。已上瘡癭者，和百丈青、雞桑灰等爲末，傅瘻瘡。蠱毒，精魅，當有別法。生江南山谷。莖、葉如萆麻，莖中空，吹作聲如博落迴，折之有黃汁，藥人立死，不可入口也。

明・姚可成《食物本草》卷一九草部・毒草類　博落迴生江南山谷。莖葉似蓖麻。莖中空，吹之作聲如博落迴，折之有黃汁出。藥人立死，不可輕用入口。　博落迴，有大毒。入口即死，無解法，不可忽。

附：　琉球・吴繼志《質問本草》外篇卷四　博落迴　生荒野中，苗高三尺許，五六月開花，八九月結實。　博落迴莖葉如蓖麻，莖中空，吹之作聲如博落迴，折之有黃汁。　藥人立死，不可輕用入口。辛丑，石家辰。　博落迴，只可作染色用，不堪入藥。壬寅，潘貞蔚。

罌粟

宋·唐慎微《證類本草》卷二六米穀部下品〔宋·馬志《開寶本草》〕 罌子粟 味甘，平，無毒。主丹石發動，不下食，和竹瀝煮作粥食之，極美。一名象穀，一名米囊，一名御米。花紅白色，似髇音哮箭頭，中有米，亦名囊子。今附。

〔宋·掌禹錫《嘉祐本草》〕按：陳藏器云：罌子粟，嵩陽子曰：其花四葉，有淺紅暈子也。

〔宋·蘇頌《本草圖經》〕曰：罌子粟，舊不著所出州土，今處處有之，人家園庭多蒔以爲飾。花有紅、白二種，微腥氣。其實作瓶子，似髇音哮箭頭，中有米極細，種之甚難。圃人隔年糞地，九月布子，涉冬至春始生，苗極繁茂矣。不爾種之多不出，出亦不茂。俟其缾焦黃則採之。主行風氣，驅逐邪熱，治反胃，胸中痰滯及丹石發動，亦可合竹瀝作粥，大佳。然性寒，利大小腸，不宜多食。食過度則動膀胱氣耳。《南唐食醫方》：療反胃不下飲食。罌粟粥法：白罌粟米二合，人參末三大錢，生山芋五寸長，細切，研。三物以水一升二合，煮取六合，入生薑汁及鹽花少許，攪勻，分二服，不計早晚，食之亦不妨別服湯丸。

宋·方勺《泊宅編》卷八 治痢以（櫻）〔罌〕粟，古方未聞。今人所用，雖其法小異，而皆有奇功。或用數顆慢火炙黃為末飲下，或去粟用殼如上法，或以殼七五枚，甘草一寸，半生半炙，大椀水煎，取半椀溫溫呷。蜀人山叟曰：用殼并去核，鼠查子各數枚，焙乾末之，飲下尤治噤口痢。

宋·寇宗奭《本草衍義》卷二〇 罌子粟 其花亦有多葉者，其子一罌數千萬粒，大小如葶藶子，其色白。隔年種則佳。研子，以水煎，仍加蜜爲罌粟湯，服石人甚宜飲。

宋·王繼先《紹興本草》卷一二 罌子粟 紹興校定：罌子粟，御米是也。性味、主治具於《本經》，然云主丹石發動，亦非專恃此而為療。當作味甘，微寒，無毒為定。其殼炒而斷泄利諸方頗用之，蓋有收澀之性多矣。處處種產。

宋·鄭樵《通志》卷七五《昆蟲草木略》 罌子粟 曰象穀，曰米囊，曰御米。

宋·張杲《醫說》卷六 罌粟治痢 治痢以罌粟，古方未聞，今人所用，雖其法小異，而皆有奇功。或用數顆，慢火炙黃，為末，米飲下；或去粟用殼，如上法；或以殼五七枚，甘草一寸，半生半炙，大椀水煎取半椀，溫溫呷。蜀人山叟曰：用殼并去核，鼠查子各數枚，焙乾末之，飲下尤治噤口痢《泊宅編》。

宋·陳衍《寶慶本草折衷》卷一九米穀部下品 罌一作罌子粟 諸罌粟之子通用。○粥在內。○腐續附。一名御米，一名米囊，一名囊子，一名象穀。○俗號櫻粟。生處處有之。今園庭多蒔。○俟瓶焦黃，採之取子。○續附：腐，用子夾水研細，去滓取汁，煎沸，以醋少少灑之，即堅結如乳片。

味甘，平，寒，無毒。○主丹石發動，不下食，和竹瀝煮粥食。○《圖經》曰：實作瓶子，中有米極細。主行風氣，逐邪熱。治反胃，胸中痰滯，利大小腸。多食，動膀胱氣。○寇氏曰：其子一罌，色白，研以水煎，加蜜為湯，服石人宜飲。

續說云：張松謂罌粟腐，潤肺開胃，療渴，更宜斟酌，防其傷脾。

新增罌一作罌。粟殼 一名御米殼。見衆方。○俗號櫻粟殼。○所出與罌子粟同。

味澀，寒。見續說。○治泄瀉腸鳴，下痢赤白。增桂、半夏、甘草，治肺胃受寒，惟得桂，故療寒。喘嗽不已，痰多胸滿，語聲不出，生薑煎服。集張松說。○許洪云：治痢極有效驗，其功不下地榆等。但性緊澀，服之多則嘔。見水煮木香元註。

續說云：罌粟之花，色雖不同，而殼之性俱寒，故許洪謂其不下地榆也。昔王碩於斷下湯論之尤詳。凡暑月強壯之人，初感熱痢，取此殼去頂蒂筋膜淨盡，剉碎，或醋、或蜜、或生薑汁同炒入藥，則得宜。儻秋後冷痢及患痢日久，人已瘦乏，兼老羸幼弱者，不知調胃進食為本，一概執而不變，此物性既緊澀，必致胃脘痞閉，吐嘔不食，立見瘮頓。故《經驗方》謂治痢之要，空心進四君子湯，或溫脾胃之藥於先，徐徐投此，輔以暖劑，斯無虞矣。因知欲理衆疾，皆須保護脾胃，所以宥師《必效方》，論脾胃冠於諸證之前者，良有旨也。

元·忽思慧《飲膳正要》卷三 黑子兒 味甘，平，無毒。開胃下氣。燒餅內用，極香美。

元·尚從善《本草元命苞》卷九 罌子粟 甘，平，無毒。主丹石發動不食，行風氣，祛逐邪熱。治反胃，消尅痰實。性寒，利大小腸。多食動膀胱氣。米穀去蒂穰，蜜製，除嗽痢。

元・吴瑞《日用本草》卷二 罌子粟 花有紅白，實爲罌子米，極細。一名御米。作粥極佳。 味甘，平，無毒。 主丹石發動，不下食，逐邪熱反胃，治痢疾。

元・朱震亨《本草衍義補遺》 御米殼 潔古云：味酸，澁，主收，固氣。東垣云：入腎，治骨病尤佳。○今人虚勞嗽者，多用止嗽。及濕熱泄痢者，用止痢。治病之功雖急，殺人如劍，深可戒之。

元・徐彦純《本草發揮》卷二 御米殼即罌粟殼。 潔古云：味酸，澁。主收，固氣。

明・朱橚《救荒本草》卷下之後 御米花 《本草》名罌子粟，一名象穀，一名米囊，一名囊子。處處有之。苗高一二尺，葉似靛葉色而大，邊皺，多有花叉，開四瓣紅白花，亦有千葉花者，結殼似骲音雹箭頭，殼有中米數千粒，似葶藶子，色白，隔年種則佳。米味甘，性平，無毒。 救飢：採嫩葉煠熟，油鹽調食，取米作粥，或與麵作餅皆可食。其米和竹瀝煮粥食之極美。 治病：文具《本草》米穀部罌子粟條下。

明・蘭茂原撰，范洪等抄補《滇南本草圖説》卷三 罌粟 阿芙蓉，即罌粟花也。治瀉痢脱肛不止，能澁丈夫損氣，合春藥可種子。氣味酸澁。殼，寒，無毒。主治：止瀉痢及脱肛，治遺精久欬，斂肺澁腸，止心腹、筋骨諸痛。

明・蘭茂撰，清・管暄校補《滇南本草》卷中 （鶯）〔罌〕粟殼 性寒，味甘，苦，甘澁。主治收斂肺氣，止咳嗽，止大腸下血，止日久瀉痢赤白等症。初起痢疾，或咳嗽，忌用。

明・王綸《本草集要》卷五 罌子粟 味甘，氣平，無毒。 主反胃，胸中痰滯，及丹石發動，不下食，和竹瀝煮作粥，食之極美。○粟殼，性澀，止洩痢，澀腸。今人虚勞嗽者多用，止嗽，及濕熱泄痢者用止痢。劫病之功雖急，殺人如劍，戒之。

明・滕弘《神農本經會通》卷四 罌子粟 一名御粟。 味甘，氣平，無毒。《本經》云：主丹石發動，不下食，和竹瀝煮作粥，食之極美。《圖經》云：餅焦黄採之，主行風氣，驅逐邪熱，治反胃，胸中痰滯。亦可合竹瀝作粥，大佳。然性寒，利大小腸，不可多食，動膀胱氣。《食醫方》療反胃，不下飲食，罌粟粥，罌粟二合，人參末三大錢，生山芋五寸長，細切，研，水一升二合，煮六合，入生薑汁、鹽花少許，攪和，分二服，早晚食之。

罌粟殼：一名御米殼。《本經》云：去穰蒂，醋炒，入痢藥用。丹溪云：潔古云味酸澁，主收，固氣。東垣云：入腎，治骨尤佳。今人虚勞嗽者，多用止嗽。及濕熱泄痢者，用治痢。刼病之功雖急，殺人如劒，深可戒之。

明・劉文泰《本草品彙精要》卷三七 罌子粟無毒。 植生。

罌子粟：主反胃，胸中痰滯，及丹石發動，不下食，和竹瀝煮作粥食之，極美。○粟殼，性澀，止洩痢，澀腸。名醫所録。 〔名〕象穀、米囊、御米、囊子。 〔苗〕《圖經》曰：花有紅、白二種，微腥氣，其實作餅子，似髇音哮箭頭，中有米，極細。人家園庭多蒔以爲飾。種之甚難，圃人隔年糞地，九月布子，涉冬至春始生苗，極繁茂。不爾，種之多不出，出亦不茂。俟其餅子焦黄則採之。《衍義》曰：罌子粟，其花有四葉，亦有多葉者。其子一罌數千萬粒，如葶藶子而色白。其殼性澀，固有澀腸、斂肺之功，然久嗽久痢者，用之固有。若初患而用之太蚤，則邪氣收斂不得外泄，其疾愈甚。正謂不徒無益，而又害之也。 〔地〕《圖經》曰：舊不著所出州土，今處處有之。 〔時〕生：春生苗。採：秋取實。 〔收〕日乾。 〔用〕子及殼。 〔質〕類葶藶子。 〔色〕白。 〔味〕甘。 〔性〕平，緩。 〔氣〕氣厚於味，陽中之陰。 〔臭〕朽。 〔製〕子研細，殼去穰蒂，醋炒，入痢藥用。或蜜炙用之。 〔合治〕合竹瀝作粥大佳，能行風氣，逐邪熱，治反胃，胸中痰滯及丹石發動。 然性寒，利大小腸，不宜多食，食過度則動膀胱氣。○白罌粟米二合，合人參末三大錢，生山芋五寸長，細切，研，三物以水一升二合煮取六合，入生薑汁及鹽花少許，攪勻，分二服，不計早晚，食之治反胃，不下飲食。○研子，以水煎，加蜜爲罌粟湯，服丹石人甚宜飲之。

明・盧和、汪穎《食物本草》卷一穀類 罌粟 味甘，平，無毒。行風氣，逐邪熱，療反胃，胸中痰滯，丹石發動不下食。和竹瀝煮粥食，極佳。然性寒，以有竹瀝，利大小腸，不宜多食。又，過度則動膀胱氣。粟殼性澁，止洩痢，澁腸，令人虚勞。嗽者多用止嗽，及濕熱泄痢者用止痢。劫病之功雖急，殺人如劍，戒之。

明・葉文齡《醫學統旨》卷八 罌粟殼 氣平，味澁。無毒。去筋膜，蜜炒。治久痢，澁腸及脾泄，虛勞久嗽。雖有劫病之功，然暴嗽、泄利者戒之。

明・許希周《藥性粗評》卷二 惟收罌粟半升，客氣乃定。殼附。

罌粟，一名御米。隔年秋末布種，春來生苗極茂，夏開花四瓣，有淺紅暈子，結實作罌，中有子極細，每罌有數千萬粒，大小如葶藶子，白色，可作羹，其罌除子名殼，亦堪入藥。江南處處有之，園圃多植以為飾焉。秋待罌黄採之。但莖葉大小，與所使并所畏惡，《本草》不載。味甘，性平，無毒。主治風氣邪熱，反胃，飲食不下，豁痰，解丹石之毒。殼，味酸，性澁，無毒。主治久痢咳嗽，收定邪氣。

單方：反胃：飲食不下，胸中痰殢者，罌子粟合竹瀝作羹甚佳，但性寒，不可多食。久痢：不拘赤白痢疾，腸滑不禁者，用殼，以醋與蜜炒過，煎服，其痢遂止。

明・鄭寧《藥性要略大全》卷四 （鶯）〔罌〕粟一名罌粟。一名御米。利大小腸。主行風，逐邪氣，治翻胃、胸中痰，及丹石發毒，和竹瀝煮粥食。味甘，性平，無毒。（鶯）〔罌〕粟殼一名御米殼，一名米囊。澁腸，止瀉痢，癆嗽久嗽。有劫病之功。味澁，有毒。去膈膜、頂蒂，蜜水炒炙用。此藥急能殺人，不宜輕用。又服此藥後，諸藥鮮能獲效。又入痢藥，用醋炒。

明・陳嘉謨《本草蒙筌》卷五 （鶯）〔罌〕粟米 味甘，氣平。無毒。一名御米，處處有之。人家園亭，多栽翫飾。花開紅白色二種，子結千百粒一罌。又名米囊，細如葶藶。凡入藥劑，亦有奇功。妨動氣膀胱，切不宜多用。主胸膈稠痰凝滯噎塞，致食反回；治丹石藥服過多發揚，令食不下。並和竹瀝煮粥，日旋調理自安。殼泡去淨膜筋，蜜醋隨宜拌炒。其性多澁，甚固大腸。久瀉捷方，虛嗽要藥。粟殼一兩，烏梅肉三錢，研末，以桑白皮煎湯，調服効。儻濕熱瀉痢，須禁服莫加。誤用劫除，殺人如劍。

明・王文潔《太乙仙製本草藥性大全》卷四《本草精義》 罌粟米 一名象穀，一名米囊，一名御米。舊不載所出州土，今處處有之，人家園庭多蒔以爲飾。花有紅白二種，微腥氣。其花紅白二色，嵩陽子曰：花四葉，有淺紅暈子也。其實作罌子似髇箭頭，中有米，亦名囊子，極細，種之甚難。圃人隔年糞地，九月布子，涉冬至春始生苗，極繁茂矣。不然種之多不出，出亦不茂矣。其餅焦黄則採之。主行風氣，敺逐邪熱。治反胃，胸中痰滯，及丹石發動，亦可合竹瀝作粥大佳。然性寒，利大小腸，不宜多食，食過度則動膀胱氣耳。

明・王文潔《太乙仙製本草藥性大全》卷四《仙製藥性》 罌粟米 味甘，氣平，無毒。主治：主胸膈稠痰凝滯噎塞，致食反回。治丹石藥服過多發揚，令食不下。並和竹瀝煮粥，日旋調理自安。妨動氣膀胱，切不宜多用。補註：療反胃，不下飲食，罌粟粥法：白罌粟米二合，人參末三大錢，生山芋五寸長，細切，研三物，以水一升二合，煮取六合，入生薑汁及鹽花少許，攪勻，分二服，不計早晚食之，亦不妨別服湯丸。罌粟殼：泡過去淨膜筋，蜜醋隨宜拌炒。其性多澁，甚固大腸，久瀉捷方，虛嗽要藥。粟殼一兩，烏梅肉三錢，研末，以桑白皮煎湯調服效。儻濕熱瀉痢，須禁服莫加。悮用刼除，殺人如劍。補註：虛嗽，粟殼一兩，烏梅肉三錢，研末，以桑白皮煎湯調服效。按：《衍義》云：罌子粟，其花亦有多葉者，其子一罌數千萬粒，大小如葶藶子，其色白。隔年種則佳。研子以水煎，仍加蜜爲罌粟湯服，石人甚宜飲。

明・皇甫嵩《本草發明》卷五 罌粟米，下品。味甘，平。主丹石發動，不下食。又行風氣，逐邪熱，噎食反食，胸膈稠痰凝滯。並和竹瀝煮粥食，甚美。然性寒利大小腸，多食動膀胱氣。○殼，泡去淨膜筋，蜜、醋隨宜拌炒，其性澁，固大腸久泄，又治虛嗽。用粟殼一兩，烏梅肉三錢，研末，桑皮煎湯，調服。如濕熱痢及痢初起，慎勿服。南（庚）〔唐〕《食醫方》治反胃，罌粟粥法，用罌粟二合，人參末三大錢，生山芋五寸長，細切，研，三物以水二升二合，煮取大合，入薑汁及鹽花少許，攪勻，分二服，早晚食之，亦不妨別服湯丸。

明・李時珍《本草綱目》卷二三穀部・稷粟類 罌子粟宋《開寶》

【釋名】米囊子《開寶》 御米同上 象穀 時珍曰：其實狀如罌子，其米如粟，乃象乎穀，而可以供御，故有諸名。

【集解】藏器曰：嵩陽子云：罌粟花有四葉，紅白色，上有淺紅暈子。其囊形如髇箭頭，中有細米。頌曰：處處有之，人多蒔以爲飾。花有紅、白二種，微腥氣。其實形如瓶子，有米粒極細。圃人隔年糞地，九月布子，涉冬至春，始生苗，極繁茂。不爾則不生，生亦不茂。俟瓶焦黄，乃採之。宗奭曰：其花亦有千葉者。一罌凡數千萬粒。大小如葶藶子而色白。時珍曰：罌粟秋種冬生，嫩苗作蔬食甚佳。葉如白苣，三四月抽薹結青苞，花開則苞脫。花凡四瓣，大如仰盞，罌在花中，鬚蕊裹之。花開三日即謝，而罌在莖頭，長一二寸，大如馬兜鈴，上有蓋，下有蒂，宛然如酒罌。中有白米極細，可煮粥和飯食。水研濾漿，同緑豆粉作腐食尤佳。亦可取油。其殼入藥甚多，而《本草》不載，乃知古人不用之也。江東人呼千葉者爲麗春花。或謂是罌粟別種，蓋亦不然。其花變態，本自不常。有白者、紅者、紫者、粉紅者、杏黄者、半紅者、半紫者、半白者。艷麗可愛，故曰麗春，又曰賽牡丹，曰錦被花。詳見《游默齋花譜》。

米　〔氣味〕甘，平，無毒。宗奭曰：性寒。多食利二便，動膀胱氣。　〔主治〕丹石發動，不下飲食，和竹瀝煮作粥食，極美《開寶》。寇曰：服石人研此水煮，加蜜作湯飲，甚宜。行風氣，逐邪熱，治反胃，胸中痰滯頌。治瀉痢，潤燥時珍。

〔附方〕舊一，新一。　反胃吐食：罌粟粥：用白罌粟米三合，人參末三大錢，生山芋五寸細切研。三物以水二升三合，煮取六合，入生薑汁及鹽花少許，和勻分服。不計早晚，亦不妨別服湯丸。《圖經》。　泄痢赤白：罌粟子炒，罌粟殼炙，等分爲末，煉蜜丸梧子大。每服三十丸，米飲下。有人經驗。《百一選方》。

殼　〔修治〕時珍曰：凡用以水洗潤，去蒂及筋膜，取外薄皮，陰乾細切，以米醋拌炒入藥。亦有蜜炒、蜜炙者。　〔氣味〕酸，澀，微寒，無毒。時珍曰：得醋、烏梅、橘皮良。

〔主治〕止瀉痢，固脱肛，治遺精久咳，斂肺澀腸，止心腹筋骨諸痛時珍。

〔發明〕杲曰：收斂固氣。能入腎，故治骨病尤宜。震亨曰：今人虛勞咳嗽，多用粟殼止劫；及濕熱泄痢者，用之止澀。其治病之功雖急，殺人如劍，宜深戒之。又曰：治嗽多用粟殼，不必疑，但要先去病根，此乃收後藥也。治痢亦同。凡痢須先散邪行滯，豈可遽投粟殼、龍骨之藥，以閉塞腸胃。邪氣得補而愈甚，所以變症作而淹延不已也。時珍曰：酸主收澀，故初病不可用之。泄瀉下痢既久，則氣散不固，而腸滑肛脱。咳嗽諸痛既久，則氣散不收，而肺脹痛劇。故俱宜此澀之固之，收之斂之。按楊氏《直指方》云：粟殼治痢，人皆薄之，固矣。然下痢日久，腹中無積痛，當止澀者，豈容不澀？不有此劑，何以對治乎？但要有輔佐耳。又王碩《易簡方》云：粟殼治痢如神。但性緊澀，多令嘔逆，故人畏而不敢服。若用醋製，加以烏梅，則用得法矣。或同四君子藥，尤不致閉胃妨食而獲奇功也。

〔附方〕新八。　熱痢便血：粟殼醋炙一兩，陳皮半兩，爲末，每服三錢，烏梅湯下。《普濟方》。　久痢不止：罌粟殼醋炙爲末，蜜丸彈子大。每服一丸，水一盞，薑三片，煎八分，温服。〇又方：粟殼十兩去膜，分作三分，一分醋炒，一分蜜炒，一分生用。並爲末，蜜丸芡子大。每服三十丸，米湯下。〇《集要》：百中散：用粟殼蜜炙，厚朴薑製，各四兩，爲細末。每服一錢，米飲下。忌生冷。　小兒下痢：神仙救苦散：治小兒赤白痢下，日夜百行不止。用罌粟殼半兩，醋炒爲末，再以銅器炒過，檳榔半兩炒赤，研末，各收。每用等分，赤痢蜜湯服，白痢沙糖湯下。忌口味。《全幼心鑑》。　水泄不止：罌粟殼一枚去蒂膜，烏梅肉、大棗肉各十枚，水一盞，煎七分，温服。《經驗》。　久嗽不止：穀氣素壯人用之即效。粟殼去筋，蜜炙爲末。每服五分，蜜湯下。《危氏方》。　久咳虛嗽：賈同知百勞散：治咳嗽多年，自汗。用罌粟殼二兩半，去蒂膜，醋炒取一兩，烏梅半兩，焙爲末。每服二錢，卧時白湯下。《宣明方》。

嫩苗　〔氣味〕甘，平，無毒。　〔主治〕作蔬食，除熱潤燥，開胃厚腸時珍。

題明・薛己《本草約言》卷一《藥性本草》　御米殼即罌粟殼。　味酸、澁。主收固氣。主虛勞久嗽濕熱，久痢用以止之。若初病即用，反致他患。罌粟入手陽明、太陽經。治翻胃，胸中痰滯及丹石發毒。和竹瀝煮粥食極美。又服此藥後，諸藥鮮能獲效，慎之。

明・梅得春《藥性會元》卷中　罌粟殼　味酸、澁，氣平，無毒。一云有毒。去筋膜，蜜炒。一名御米殼。　主治久痢，澁腸，能收固氣。東垣云：入腎治骨病尤佳。及虛勞久嗽，雖有劫病之功，然暴嗽泄利者戒慎。又云：今人虛勞嗽者，多用止嗽，及腎熱瀉痢者，用其止痢。治病之功雖急，殺人如劍，深可慎歟。余在都中，見一醫以此味治痢，余止之，患者弗信，暗加。後塞急而暴卒。誠哉！不可用也，故瑣言以叮嚀之。　粟：味甘，平，無毒。主治丹石發作不下食，和竹瀝煮作粥食之，極美，解愈。

明・穆世錫《食物輯要》卷二　罌粟子　味甘，平，無毒。固腸胃。治反胃，胸中痰滯。多食，動膀胱氣。有服丹石藥，毒發不能下食者，和竹瀝煮粥食良。　殼性澀，無毒。止瀉痢久嗽。雖有劫病之功，但不可驟用。

明・李中立《本草原始》卷三　罌子粟　今處處有之。苗春生繁茂，花有白、紅、紫、粉紅、杏黃、墨色者，豔麗可愛。一名麗春，一名賽牡丹，一名錦被花。其實狀如罌子，其米如粟，故名罌子粟。一名米囊子，俗呼米殼，又呼罌粟殼。結青苞時，午後刺其外面皮三五處，次早津液出，以竹刀刮，收入瓷器陰乾，名曰阿芙蓉。故今市者，猶有苞片在內，每呼為鴉片，又呼為啞片。王氏《醫林集要》言是天方國紅罌粟花，不令水淹，頭花謝後，刺黃皮取之者。阿，方音稱我也，以其花似芙蓉，故名阿芙蓉。　粟：氣味：甘，平，無毒。主治：丹石發動，不下飲食。和竹瀝煮粥食，行風氣，逐邪熱。治反胃，胸中痰滯。治瀉痢，潤燥。　殼：氣味：酸，澁，微寒，無毒。主治：止瀉痢，固脱肛。治遺精久欬，斂肺澀腸，止心腹、筋骨諸痛。

阿芙蓉是紅罌粟花之津液也。　氣味：酸，澀，溫，微毒。　主治：瀉痢脱肛不止，能澀丈夫精氣。〇色蒼黑，嗅之豆腥氣者真。合春方多用。

罌子粟，穀部下品。今移此。【圖略】乾殼色白，宛若酒罌。　修治：采殼，去淨膜筋，或蜜炙，或醋炒，各隨方法。

濕熱瀉痢禁服，誤用殺人如劍。

一罌有子數千萬粒，小如葶藶子，其色碧，隔年種則佳。研子以水煎，仍加蜜為罌粟湯，服石人甚宜飲。

明・張懋辰《本草便》卷二 罌子粟 味甘，氣平，無毒。 主反胃，胸中痰滯。

明・繆希雍《本草經疏》卷三〇 粟殼 味酸、澀，微溫，無毒。

古方治嗽，及瀉痢、脱肛、遺精，多用之，今人亦效尤輒用，殊為未妥。不知咳嗽惟肺虚無火，或邪盡嗽不止者，用此斂其虚耗之氣。若肺家火熱盛，與夫風寒外邪未散者，誤用則咳愈增而難治。瀉痢脱肛由於下久滑脱，腸虚不禁；遺精由於虚寒滑泄者，借其酸澀收斂之氣以固虚脱。如腸胃積滯尚多，濕熱方熾，命門火盛，濕熱下流為遺精者，誤用之則邪氣無從而泄，或腹痛不可當，或攻入手足骨節腫痛不能動，或遍身發腫，或嘔吐不下食，或頭面俱腫，或精竅閉塞，水道不通，變證百出而淹延不起矣。可不慎哉！

罌子粟 味甘，平，無毒。 主丹石發動不下食。 和竹瀝煮作粥，食之極美。

〖疏〗罌粟，其花至有千葉者，紅、白、紫、黑色，有數種。一罌内子凡數千萬粒，細如葶藶子而色白。本經味甘，平，無毒。蘇頌性寒。甘寒除熱解毒，下氣和中，故主丹石發動不下食，及《圖經》行風氣，逐邪熱，止反胃，去胸中痰滯也。

明・倪朱謨《本草彙言》卷一四 罌粟米 味甘，氣寒，無毒。 蘇氏曰： 罌粟花，處處有之。圃人隔年糞地，八月中秋布子，涉冬至春始生苗，極繁茂。嫩苗作蔬，油醬拌食甚佳。 李氏曰： 葉如白苣，三四月抽薹，結青苞，花開則苞脱。花凡四瓣，大如仰盞，亦有千葉、起樓子者，其色變態不常。有白者、紅者、紫者、粉紅者、杏黄者、半紅者、半紫者、半白者，艷麗可愛，故又名麗春花。開三日即謝，而罌在莖頭長一二寸，大如馬兜鈴。上有蓋，下有蒂，宛如酒罌。中有子如白米，極細。一罌有數百粒，可煮粥食。取子水研爛如漿，同緑豆粉作腐食，尤佳。其殼入藥，可止瀉痢，原味澀也。

罌粟米： 清熱消痰，潤燥結之藥也。 蘇氏水門曰： 體輕質浮，氣寒性滑而下痰涎，潤燥結，作粥食極美。如發丹石、金、銀、銅、鐵、鉛、錫諸毒者，需此煎湯飲，立解。如無熱疾痰疾者，勿多食也，否則有傷脾冷胃之咎。

罌粟殼： 味酸澀，氣寒，無毒。 李氏曰： 凡用以水洗淨，去蒂及筋膜，取外薄皮陰乾，細切，以米醋拌炒，入藥用。

罌粟殼： 斂氣澀腸，禁瀉痢之藥也。 李氏時珍曰： 凡泄瀉下痢日久，則氣散不固而腸滑肛脱者有之。凡欬嗽諸痛，日久則氣散不收，而肺脹痛劇者有之，俱宜此澀之固之、收之斂之之藥是矣。然瀉痢必須腹中無積滯，咳嗽必須肺家無風寒客邪，方可用此。如積邪一有未盡，劇爾服此斂澀之劑，積邪得斂而愈甚，所以多有變證陡作，而淹延不已者亦有之。所以後人多疑畏而不敢用也。即有可用之際，必宜醋拌炒，或烏梅湯浸炒，或入佐四君子湯用之，不致閉胃妨食而獲奇效也。

集方： 《普濟方》治久痢不止。用罌粟殼一兩，去膜，醋浸，火烘三次，爲末，每服三錢，烏梅湯調下。虚甚可加參、朮； 熱甚可加芩、連。○《經驗方》治水瀉不止。用罌粟殼一枚，去膜，大棗十枚，烏梅五個，水二盞，煎七分服。○危氏方治久嗽不止。用罌粟殼一兩，去膜火烘，蜜拌三次，水二盞，煎七分服。○治小水不通，因熱結者。用罌粟殼二錢，滑石、猪苓、澤瀉、黄柏、瞿麥、萹蓄各一錢，車前子、川牛膝、甘草、黄連各一錢。○治小水不通，因氣血兩虚而結者。用罌粟殼、人參、茯苓、麥門冬、當歸、熟地黄、黄耆、白朮、甘草各一錢五分，車前子三錢。○治小水不通而渴者，是熱在上焦氣分。用罌粟殼、茯苓、升麻、澤瀉、燈心各一錢，黄芩二錢。○治小水不通而不渴者，是熱在下焦血分。用罌粟殼一錢，黄柏、知母、當歸、生地、車前、牛膝、丹皮各二錢，甘草五分。○咳喘不利而小水不通者，是痰氣阻塞也。用罌粟殼一錢，半夏、陳皮、茯苓、枳殼、桔梗、杏仁、白芥子、蘇子、旋覆花各一錢五分。○治大瀉而小水不通者，後去多而前來自少也。用罌粟殼、赤石脂各二錢，枯礬一錢，猪苓、澤瀉、白朮、茯苓各一錢六分，肉桂八分。或問罌粟殼止澀之藥，何以復通小便？ 膀胱之收攝，則氣降化而能小便，氣散而逆，則小便逆脹不通，取罌粟殼之斂澀，小便自行矣。

明・應廖《食治廣要》卷二 罌子粟 氣味： 甘，平，無毒。 作粥食，極美。 行風氣，逐邪熱，治反胃，胸中痰滯。此物秋種冬生，嫩苗作蔬食亦佳。

明・姚可成《食物本草》卷五穀部・稷粟類 罌子粟一名御米。其實狀如罌子，其米如粟，可以供御，故有諸名。罌粟花有四葉，紅白色，上有淺紅暈子。其囊形如髇頭箭，中有細米。○罌粟處處有之，人多蒔以為飾。花有紅、白二種，微腥氣。其實形如瓶，有米粒極細。圃人隔年糞地，九月布子，涉冬至春，始生苗，極繁茂。不爾則不生，生亦不茂。侯瓶焦黃，乃采之。其花亦有千葉者。一罌凡數千萬粒，大小如葶藶子而色白。○李時珍曰：罌粟秋種冬生，嫩苗作蔬食甚佳。葉如白苣，三四月抽薹結青苞，花開則苞脫。花凡四瓣，大如仰盞，罌在花中，鬚蘂裹之。花開三日即謝，而罌在莖頭，長一二寸，大如馬兜鈴，上有蓋，下有蒂，宛然如酒罌。中有白米極細，可煮粥和飯食。水研濾漿，同綠豆粉作腐食尤佳。亦可取油。其殼入藥甚多。江東人呼千葉者為麗春花。或謂是罌粟別種，蓋亦不然。其花變態，本自不常。有白者、紅者、紫者、粉紅者、杏黃者、半紅者、半紫者、半白者。艷麗可愛，故曰麗春，曰賽牡丹，曰錦被花。

罌粟米　味甘，平，無毒。行風氣，逐邪熱，療反胃胸中痰滯。丹石發動，不下食，和竹瀝煮粥食，極佳。治瀉利，潤燥。不可多食，能動膀胱氣。

殼　味酸、澀，微寒，無毒。止瀉痢，固脫肛，治遺精久欬，斂肺澀腸，(甘)〔止〕心腹筋骨諸痛。東垣曰：收斂固氣。能入腎，故治骨病尤宜。丹溪曰：今人虛勞欬嗽，多用粟殼止刼；及溼熱洩痢者，用之止澀。其治病之功雖急，殺人如劍，宜深戒之。又曰：治嗽多用粟殼，不必(宜)〔疑〕，但要先去病根，此乃收後藥也。治痢亦同。凡痢須先散邪行滯，豈可遽投粟殼、龍骨之藥，以閉塞腸胃？邪氣得補而愈甚，所以變症作而淹延不已也。

嫩苗　味甘，平，無毒。作蔬食，除熱潤燥，開胃厚腸。

明・李中梓《醫宗必讀・本草徵要下》　罌粟殼味酸、澁，澀，無毒，入腎經。水洗去蒂，去頂去穰，醋炒透。止瀉痢而收脫肛，澁精氣而固遺泄。刼虛癆之嗽，攝小便之多。酸收太緊，令人嘔逆，且兜積滯，反成痼疾。若醋製而與參朮同行，可無妨食之害。按：風寒作嗽，瀉痢新起者勿用。

明・鄭二陽《仁壽堂藥鏡》卷一〇下　御米殼即罌粟殼。《本草》云：罌粟殼，其房如罌，其子如粟，無毒。散胸中寒氣，止胃中翻嘔，過食則動膀胱氣耳。　潔古云：味酸澁，主收固氣。

明・施永圖《本草醫旨・食物類》卷二　罌粟即今開五色花者。味：甘，平，無毒。行風氣，逐邪熱，療反胃，胸中痰滯。丹石發動不下食，和竹瀝煮粥食極佳。然性寒，以有竹瀝，利大小腸，不宜多食，又過度則動膀胱氣。

粟殼：性澀，止洩痢，澀腸胃。凡人虛勞嗽咳及熱澀泄痢者，用之則效。然刼病之功固多，而殺人過於鋒刃，慎之，戒之。

明・李中梓《本草通玄》卷上　粟殼　酸，濇，微寒。止瀉痢，固脫肛，治遺精，除久欬。粟殼酸濇收斂，其性緊急，非久瀉久嗽者不敢輕投也。世俗聞而畏之，概不肯用，不知久利滑脫者，非此不效。因噎而廢食，良醫弗為也。　水洗潤，去蒂及筋膜，取薄皮，醋炒。

清・顧元交《本草彙箋》卷七　罌粟殼合阿片。粟殼爲峻澀之品，凡泄痢久，而氣散不收，腸滑肛脫者用之。然猶必以醋製，加烏梅乃爲得法也。初痢者切勿輕投。亦有用粟殼以治虛勞久嗽者，亦必先去病根，乃用以收後。稍一不當，則殺人如劍。吾友吳賔門乃郎病勞嗽方劇。一友竟投以粟殼，俾邪氣閉塞，遂以不起。蓋好奇杜撰之過，而不知止刼之劑爲禍最烈也。

阿片，即名阿芙蓉。以其花色似芙蓉也。俗作鴉片。一云是罌粟花之津液。主治久瀉脫肛，并澀丈夫精氣，故俗人房中術用之。

百勞散，治咳嗽多年，自汗，用罌粟殼二兩半，去節膜，醋炒取一兩，烏梅半兩，焙爲末，每服二錢，臥時白湯下。此亦治久嗽，因於氣散不收者爲宜。

取阿片，於罌粟花結青苞時，午後以大針刺其外青皮，勿損內硬皮，或三五處，次早津出，竹刀括收磁器，陰乾。故今市者，猶有苞片在內。

清・穆石匏《本草洞詮》卷五　罌粟　一名御米。其實狀如罌子，其米似粟，可以供御，故名。嫩苗可作蔬食，罌中有子，可煮粥食，水研濾漿，用綠豆粉作腐，食甚佳。罌子味甘，氣平，無毒。行風氣，逐邪熱痰滯，潤燥，治瀉痢。罌粟殼氣味酸濇，微寒。主斂肺澀腸，治久咳遺精，瀉痢脫肛。今人虛勞咳嗽及濕熱泄痢者用之。若未先去病根而遽投之，邪得補而愈甚矣。然泄痢既久，則氣散不固，而腸滑肛脫；咳嗽諸痛既久，則氣散不收，而肺脹痛劇。若非收斂澀固之，其何以濟？則粟殼為對治也。王碩云：粟殼治痢如神。多令嘔逆，若用醋製，加以烏梅，則無礙也。

清・丁其譽《壽世秘典》卷三　罌子粟一名御米。米：氣味：甘，平，無毒。主行風氣，逐邪熱，治反胃、胸中痰滯，止瀉痢，潤燥。丹石發動不下食，和竹瀝煮粥食，極佳。　殼：氣味：酸，澀，微寒，無毒。主治止瀉痢，固脫肛，治遺精，久欬。斂肺澁腸，止心腹筋骨諸痛。

發明李時珍曰：罌粟秋種冬生。嫩苗作蔬，除熱潤燥，開胃厚腸。葉如白苣，三四月抽薹，結青包，花開則苞脫，花凡四瓣，變態不常，有紅、白、紫、粉數種，亦有千葉者，豔麗可愛，人呼為麗春花，大如仰盞。罌在花中，鬚蕊裹之，花開三日即謝，而罌在莖頭長一二寸，大如馬兜鈴，上有蓋，下有蒂，宛然如酒罌。中有白米極細，可煮粥和飯食。水研濾漿，同綠豆粉作腐食尤佳，亦可取油。其殼入藥甚多，而《本草》不載，乃知古人不用之也。今藥中阿芙蓉，一名阿片，俗作鴉片，前代罕聞，近方有用者，乃罌粟花之津液也。罌粟結青苞時，午後以大針刺其外面青皮，勿損裏面硬皮，或三五處，次早津出，以竹刀刮，收入瓷器陰乾。故今市者猶有苞片在內，能澀丈夫精氣，俗人房中術用之。朱丹溪曰：今人虛勞咳嗽及濕熱泄痢者，多用粟殼止澀，其治病之功雖急，殺人如劍，宜深戒之。

清·劉雲密《本草述》卷一四 罌子粟一名御米，以中有白米極細，可以供御也。

時珍曰：罌粟秋種，冬生嫩苗，作蔬食甚佳。葉如白苣，三四月抽薹，結青苞，花開則苞脫，花凡四瓣，大如仰盞，罌在花中，鬚蕊裹之，花開三日即謝，而罌在莖頭，長一二寸，大如馬兜鈴，上有蓋，下有蒂，宛然如酒罌，中有白米極細，可煮粥和飯食。水研濾漿，同綠豆粉作腐食尤佳。亦可取油。其殼入藥甚多，而《本草》不載，乃知古人不用之也。

米 氣味：甘，平，無毒。宗奭曰：性寒，多食利二便，動膀胱氣。

主治：行風氣，逐邪熱，治反胃，胸中痰滯頌。丹石發動，不下飲食，和竹瀝煮粥食之《開寶》。

附方 反胃吐食，用白罌粟米三合，人參末三大錢，生山芋五寸，細切研，三物以水二升三合，煮取六合，入生薑汁及鹽花少許，和匀，分服，不計早晚，亦不妨別服湯丸。

殼：氣味：酸，濇，微寒，無毒。主治：止瀉痢，固脫肛，治遺精，久咳，斂肺濇腸，止心腹筋骨諸痛時珍。久嗽喘，泄瀉久痢，脫肛，行痹頭痛方書。東垣曰：收斂固氣，能入腎，故治骨病尤宜。丹溪曰：今人虛勞咳嗽多用粟殼止劫，及溼熱泄痢者用之止濇。其治病之功雖急，殺人如劍，宜深戒之。又曰：治嗽多用粟殼不必疑，但要先去病根，此乃收後藥也。治痢亦同，凡痢須先散邪行滯，豈可遽投粟殼、龍骨之藥，以閉塞腸胃邪氣，得補而愈甚，所以變證作而淹延不已也。時珍曰：罌粟殼治瀉痢咳嗽久者，收其散氣，以固其脫氣，如用之適時，亦何可少？按楊氏《直指方》云：粟殼治痢，人皆薄之固矣。然下痢日久，腹中無痛，當止濇者，豈容下濇不有此劑，何以對治乎？但要有輔佐耳。又王碩《易簡方》云：粟殼治痢如神，但性緊濇，多令嘔逆，故人畏而不敢服。若用醋製，加以烏梅，則用得法矣。或同四君子藥，尤不致閉胃妨食，而獲奇功也。

愚按：罌粟秋種冬生，固知其由金而趨水以生也，謂秉收氣以固脫，更云入腎者良，不謬矣。見患歷節痛風亦且用之，蓋以治骨病也。第閱方書之主治，於咳嗽滯下，是其專功，未可例論於五味之歸元也。即如咳嗽滯下，明其酸而且濇，亦未得凌節而投矣。更繹王碩所云，茲味緊濇，同烏梅則宜，豈非以烏梅之收，而能下氣乎哉？即是推之，則同於厚朴以治久痢，同於烏梅治久嗽，乃為得宜耳。

又按方書治頭痛，有乳香盞落散，以御米殼為君，蓋治頭風證也。第詳其主治之義，大有可粂者。先哲云：凡治頭痛，皆用芎、芷、羌、防等辛温氣藥升散者，由風水虛不能升散，而土寡於畏，得以壅塞而痛，故用此助肝木，散其壅塞也。若風盛疎散太過而痛，服辛散藥反甚者，則宜用酸濇收而降之乃愈，乳香盞落散之類是也。即此義思之，是則御米殼之治頭風，總不外於降收之義以為功，與辛温氣藥升散，如芎、芷、羌、防等者，絕不侔也。臨病之工，慎無鹵莽，且就治頭風一證，或可推類，以盡御米殼之用，如久嗽證類是已。

附方 久痢用粟殼蜜炙，厚朴薑製，各四兩，為細末，每服一錢，米飲下。忌生冷。

治咳嗽多年，自汗，用罌粟殼二兩半，去蒂膜，醋炒，取一兩，烏梅半兩，焙為末，每服二錢，臥時白湯下。希雍曰：古方治嗽及瀉痢、脫肛、遺精用之，今人亦輒效。尤不知咳嗽惟肺虛無火，或邪盡嗽不止者，用此斂其虛耗之氣。若肺家火熱盛，與大風寒外邪未散者，誤用則咳愈增而劇。瀉痢脫肛由於下久滑脫，腸虛不禁，遺精由於虛寒滑泄者，借其收濇之氣以固虛脫。如腸胃積滯尚多，溼熱方熾，命門火盛，溼熱下流為遺精者，誤用之則邪氣無從而泄，或腹痛不可當，或攻入手足骨節，腫痛不能動，或偏身發腫，或嘔吐不下食，或頭面俱腫，或精竅閉塞，水道不通，變證百出，而淹延不起矣，可不慎哉？

修治：時珍曰：凡用以水洗潤，去蒂及筋膜，取外薄皮，陰乾，細切，以米醋拌炒入藥。亦有蜜炒、蜜炙者。

清·郭章宜《本草匯》卷一二 罌粟殼子併阿芙蓉附。 酸濇，微寒，入足少陰經。止瀉痢，固脫肛。遺精久嗽，斂肺澀腸。

按：粟殼收斂固氣之物也。古人多用以治欬嗽、瀉痢、脫肛、遺精。今人每効尤之，殺人如劒，殊未得旨。蓋此乃收後藥也，欬嗽惟肺虛無火，或邪盡嗽不止，肺脹痛劇者，用此斂其虛耗之氣。若肺火熱盛，與夫風寒外邪未散者，豈可妄投？治痢亦同，須先散邪行滯，若初病便投澀藥，以致閉塞腸胃，變症作矣。瀉痢既久，腹中無積，氣散不收者，用此澀之，方稱對症。然須輔佐得宜。今人畏其性緊濇，多不敢服，一則製之不得其法，一則施之非其候耳。若用醋製，加以烏梅，便得法矣。或同四君子用尤好。子，性甘寒，入手陽明、太陽。潤燥滑滯，多食利二便，動膀胱氣。其精液即阿片，一名阿芙蓉是也。午後以大針刺其青莖外皮，勿損裏面硬皮，或三五處，次早精出，以竹刀刮，盛磁器，陰乾用之。尤止痢澀精，故小兒痘瘡行漿時，泄瀉不止，用五釐至一分止，未有不愈，他藥莫逮也。京師有一粒金丹，通治百病，皆方技家之術耳。

取殼水洗潤，去蒂及筋膜，取外薄皮，米醋炒，或蜜炙用，得醋、烏梅、橘皮良。附一粒金丹：真阿芙蓉一分，粳米飯擣作三丸，每服一丸，未効再進一丸，不可多服。忌醋，令人腸斷。風癱熱酒下。口眼喎斜，羌活湯下。百節痛，獨活湯下。正頭風，羌活湯下。偏頭風，川芎湯下。眩運，防風湯下。陰毒，豆淋酒下。瘧疾，桃柳枝湯下。痰喘，葶藶湯下。久嗽，乾薑阿膠湯下。勞嗽，款冬花湯下。吐瀉，藿香湯下。赤痢，黄連湯下。白痢，薑湯下。禁口痢，白术湯下。諸氣痛，木香酒下。熱痛，梔子湯下。臍下痛，燈心湯下。血氣痛，乳香湯下。脇痛，熱酒下。噎食，生薑、丁香湯下。女人血崩，五靈脂湯下。小兒慢脾風，砂仁湯下。

清·朱本中《飲食須知·穀類》 御米 味甘，性平。多食利二便，動膀胱氣。此即罌粟子也。

清·何其言《養生食鑒》卷上 罌粟子 味甘，性平，無毒。固腸胃，治反胃、胸中痰滯。多食動膀胱氣。有服丹石藥毒發，不能下食者，和竹瀝煮粥食良。殼，性澁，無毒。止瀉痢、久嗽。雖有刼病之功，但不可驟用。

清·蔣居祉《本草擇要綱目·平性藥品》 罌子粟一名御米。 米：氣味：甘，平，無毒。 主治：丹石發動，不下飲食，和竹瀝煮作粥食，極美。行風氣，逐邪熱，治反胃胸中痰滯，治瀉痢爛燥。

清·汪昂《本草備要》卷四 御米殼即罌粟殼。濇腸，斂肺，固腎。 酸濇，微寒。斂肺濇腸而固腎。治久嗽瀉痢，遺精脱肛，心腹筋骨諸痛，東垣曰：收濇固氣，能入腎，故治骨病尤宜。 嗽痢初起者忌用。丹溪曰：此是收後藥，要先除病根。 一名麗春花，紅黄紫白，艷麗可愛。凡使殼，洗去蒂及筋膜，取薄皮，醋炒或蜜炒用。性緊濇，不製多令人吐逆。 得醋、烏梅、陳皮良。罌中有米極細，甘寒潤燥，煮粥食，治反胃。加參尤佳。

清·李熙和《醫經允中》卷一九 （鶯）〔罌〕粟殼 取殼去蒂及筋膜用，外薄皮蜜炙。忌醋，犯之令人腸斷。 酸，濇，微寒。主治止久瀉，止虛嗽。此收斂閉氣之藥，必久嗽風寒盡散，久痢積滯盡去者，或可暫施，概用刼除，殺人如劍。子性甘寒，入大小腸二經。潤燥滑澁，多食利二便。其精液即亞片，又名阿芙蓉，尤止痢濇精，故小兒痘瘡行漿時泄瀉，用五釐至一分止，服之未有不愈者。

清·馮兆張《馮氏錦囊秘錄·雜症痘疹藥性主治合參》卷六 （鶯）〔罌〕粟米（鶯）〔罌〕子粟，其花有千葉者，紅白紫黑，色有數種。一（鶯）〔罌〕內子數千萬粒，細如葶藶而色白。味甘寒潤燥，主除解毒，下氣和中，行風氣，逐邪熱，止反胃，去胸中痰滯。丹石發動，不能下食，和竹瀝煮作粥，食之極美。○粟殼，味酸，澁，微溫，無毒。以味酸澁收斂，故止嗽、瀉痢、脱肛、遺精多用之。若咳嗽，尚有風寒或痰火未清，瀉痢尚有積滯未盡，遺精由於濕熱下流者，而誤用之，其病反劇。○阿芙蓉，即（鶯）〔罌〕粟花之津液也。（鶯）〔罌〕粟結青苞時，午後以大鍼刺其外面青皮，或三五處，切勿損傷裏面硬皮，次早津出，以竹刀刮取入磁器，陰乾用之。氣味與粟殼相同，而酸澁更甚，故止痢之功尤勝。痘瘡行漿時，泄瀉不止，用五釐至一分，未有不愈。近世取為房術藥中用者，亦取其收澁固精之力耳。

（鶯）〔罌〕粟米，一名御米。主胸膈稠痰凝滯，噎塞反胃。不可多用，動氣膀胱。殼，去淨筋膜，蜜炙醋炒俱可，以性澁固腸斂肺之能，為久瀉虛嗽要藥。遺精脱肛，並所需焉。倘濕熱濕痢，不可誤加，否則，殺人如劍。

清·张璐《本經逢原》卷三 罌粟殼子名御米。 濇，溫，微毒。蜜炙止嗽，醋炙止痢。 發明：粟殼性濇，刼痰嗽，止下痢，肺虚大腸滑者宜之。若風寒咳嗽，瀉痢初起，有火邪者，誤用殺人如劍，戒之。○御米治反胃，胸中痰滯。

清·浦士貞《夕庵讀本草快編》卷三 罌子粟《開寶》 御米，花名麗春。附： 阿芙蓉 其實如罌，其子如米，又可進御，其花粲爛，故有諸名。蘇子由寓黄州采其落英造釀，云能益人顏色，助人精氣。 粟殼氣味酸濇，微寒無毒，入腎之藥也。惟久嗽久泄者宜之，何哉？蓋酸主收濇，主固。如泄痢既久，則氣散而不固，腸自滑而肛漸脱。若喘嗽既久，則氣耗不收，而肺脹胸滿。故宜投此，濇之、固之、斂之、收之，方為對症。倘嗽而風寒未清，痢而濕熱正盛，悮用亂投，殺人甚速。更如心腹筋骨宿痛，遺精夢泄難止，亦必藉其酸濇之性兜腎斂肝，功甚捷也。但其性緊，多令人嘔，必以醋製或加烏梅，方可得免。而王禎又云治痢當佐以四君而進，庶不閉胃妨食，亦良法也。至于阿片前代罕聞，即罌粟之精，愈濇愈溫，故能收攝丈夫之精氣，以理相召。今俗人恃此入房，以快一時之慾，寧不損哉？京師有售一粒金丹通治百病，乃方士之伎，豈堪盡信耶？

清・王子接《得宜本草・中品藥》 御米殼 味酸，濇。入足少陰經。功專止瀉劫嗽。得烏梅治久嗽不止，得陳皮、烏梅治熱痢便血。

清・黄元御《玉楸藥解》卷八 粟殼 味鹹，性濇，微寒。入手太陰肺、手陽明大腸經。收肺斂腸，止欬斷利。罌粟殼酸濇收斂，治欬嗽泄利、肺逆腸滑之病。初病忌服。當與行鬱泄濕之藥並用，乃可並治遺精。

清・吴儀洛《本草從新》卷四 御米殼（澀腸，斂肺，固腎。）即罌粟殼。 酸，澀，平。斂肺澀腸而固腎。治久嗽，瀉痢，遺精，脱肛，多溺，心腹筋骨諸痛。東垣曰：收澀固氣，能入腎故治骨病尤宜。 酸收太緊，令人嘔逆，醋製而與參、术同行，可無妨食之害。且兜積滯，反成痼疾。瀉痢初起及風寒作嗽忌用。丹溪曰：此是收後藥，要先除病根。 一名麗春花，紅黄紫白，艷麗可愛。凡使殼，洗去蒂及筋膜，取薄皮，醋炒或蜜炒。得醋、烏梅、陳皮良。 附： 御米（潤，治反胃。） 甘，寒。潤燥。煮粥食，治反胃。加參尤佳。

清・汪紱《醫林纂要探源》卷二 罌粟 甘，寒，滑。除胃熱。其花名麗春，有紅、紫、黄、白數色，大如盌，豔可愛。苗如苦蕒，而葉多刻缺，甚柔脆，可作菜茹，莖斷之有白汁，花落結實，形如小罌，中有黑米如粟，故名。合人參可治反胃。 殼： 酸，寒，濇。止久瀉，虚者方可用。澀遺精，治脱肛，皆酸濇之功。然不可輕用。

清・嚴潔等《得配本草》卷五 御米即罌粟子。殼。 甘，平。治瀉痢，逐邪熱，潤燥解毒。療反胃噎食，祛胸中痰滯。 多食利二便，動膀胱氣。 殼即罌嬰殼。 得醋、烏梅、橘皮良。 酸、澀，微寒。入足少陰經。止久嗽久痢，固脱肛，澀遺精，止心腹筋骨諸痛。 得烏梅為末，治久嗽自汗。得大棗、烏梅，治水瀉不止。得陳皮、烏梅，治熱痢便血。配厚朴，治久痢不止。忌生冷。配檳榔為末，治小兒赤白痢。赤痢蜜服，白痢沙糖服，忌口。 去筋膜，蜜炙、醋炒俱可用。加烏梅合用，乃為得法。 濕熱瀉痢、痰嗽，凡初起者禁用。

題清・徐大椿《藥性切用》卷六 御米殼 即罌粟殼。力能澁腸斂肺。治嗽蜜炙，治痢醋炒。嗽痢初起切忌。御米，性寒潤燥，煑粥能治反胃。

清・黄宫繡《本草求真》卷二 粟殼斂肺澀腸固腎。 御米殼耑入肺、大腸，兼入腎。 酸濇微寒，功耑斂肺，濇腸固腎。凡久瀉久痢，肛脱，久嗽氣乏，並心腹筋骨諸痛者最宜。杲曰：收濇固氣能入腎，故治骨痛尤宜。時珍曰：泄瀉下痢既久，則氣散不固而腸滑肛脱，咳嗽諸病既久，則氣散不收，而肺脹痛劇，故俱宜此濇之固之，收之斂之，但要有輔佐耳。若嗽痢初起，寒熱未淨，用此以為收濇，致令邪留不解，則殺人如劍，可不慎歟？震亨曰：治嗽多用粟殼不必疑，但要先去病根，此乃收後藥也。治痢亦同，凡痢須先散邪行滯，豈可遽投粟殼、龍骨之藥，以閉塞腸胃邪氣？蓋邪得補愈甚，所以變症作而淹延不已也。洗去蒂膜，或醋炒、蜜炒取用，得烏梅、陳皮良。罌中有米極細，書言氣味甘寒，煮粥能治反胃，亦須分臟偏純，及病症陰陽虚實以治。

清・楊璿《傷寒溫疫條辨》卷六濇劑類 罌粟殼泡去筋膜，醋拌浸炒。 味微甘，性多濇。入肺、大腸。久痢滑泄必用，須加甘補同煎，久虚咳嗽劫藥，欲用要當知慎。三元湯：治虚痢、久痢、久瀉滑脱不禁。罌粟殼蜜炙三錢，蓮子十枚，元肉十枚，小棗十枚，竹葉三十片，燈心三十寸，水煎，入蜜服。

清・羅國綱《羅氏會約醫鏡》卷一七穀部 罌粟殼味酸澁，入肺、腎、大腸三經。水洗去蒂，醋炒透。 性澁，斂肺固腸。治虚嗽久瀉、遺精脱肛、筋骨諸痛。澁精固氣，能入腎，故治骨病尤宜。 按： 風寒作嗽、瀉痢初起者勿用。澁腸斂肺固腎。

清・趙學敏《本草綱目拾遺》卷七花部 罌粟子油 固精《物理小識》。

清・黄凱鈞《藥籠小品》 罌粟殼 酸濇，斂肺固腸。治久嗽瀉痢脱肛。兜攝太過，故必留邪。淨盡，庶用少許，否則大忌。

清・章穆《調疾飲食辯》卷三 罌粟苗： 子有油，故作粥食能潤，主反胃、隔噎，久瀉腸枯。殼能澀，主肺虚久嗽，腎虚精滑，脾虚久泄、脱肛。苗作蔬，能除熱開胃，潤燥厚腸。同猪、羊肉煮，補久病羸瘦，肌肉不生，極佳之品。花本絳紅，爛漫時能變五色，故又名麗春，又名虞美人。結子似小罌，罌中子如粟粒，故名。其津液為阿芙蓉，又名阿片，譌為鴉片，又譌為啞芙蓉。能補腎澀精。房中術及阿片煙，皆實非此，假其名耳。

清・吴鋼《類經證治本草・足少陰腎臟藥類》 罌粟殼 【略】誠齋曰：

諸家之説，皆戒人勿早用，而留邪滯固宜。然有暴注下日百餘次，氣喘而不能食，隨危之際，又不可執定諸家之説，坐以待斃。當此之時，雖有邪未盡去，當大劑人參以扶胃氣，而濇以粟殼、金櫻、烏梅等藥，少佐黄連以清其熱。如胃氣不支，更去黄連，尚可挽回天事已去之時也。讀《本草》者，須貫通其理，神而明之，不可謂先賢之法必可必不可之説，印定眼目也。須用醋製，同烏梅或加參，不致令人有嘔逆之患矣。洗去蒂及筋膜，取薄皮，醋炒或蜜炙，不製令人吐逆。淂醋、烏梅、陳皮良。〇罌中粟米，甘寒潤燥，煮粥食，治反胃，加參尤佳。

清・張德裕《本草正義》卷下　粟殼一名御米殼。　微甘，平，濇。甚固大腸，治久瀉久痢，脱肛遺精亦能劫，止虚嗽，須佐甘補為治。泡去筋膜，醋拌炒入藥。有邪忌用。

清・楊時泰《本草述鉤元》卷一四　罌粟　一名御米。秋種冬生，葉如白苣，三四月抽薹結苞，花開則苞脱，花如仰盞，凡四瓣，罌在花中，長一二寸，鬚蕊裹之，上有蓋，下有蒂，宛如酒罌，中有白米，極細，可煮粥，和飲食。故名御米。其殼入藥甚多，而本草不載，知古人未之用也。今園丁畜罌粟子，每於中秋夜半下種，其苗出土，不踰數日，所云秋種冬生，事未盡然，或地利各殊，故先後不一乎。

御米：　氣味甘，平，性寒。主行風氣，逐邪熱，治反胃胸中痰滯頌。多食利二便，動膀胱氣。丹石發動，不下飲食，和竹瀝煮粥食之。反胃吐食，用白罌粟米三合，人參末三錢，生山芋五寸，細切研和，以水二升三合，煮取六合，入薑汁，鹽花少許，和勻分服。

罌粟殼：　味酸濇，氣微寒。斂肺濇腸，止瀉痢。日久腹中無病者。固脱肛，治遺精，久欬，止心腹筋骨諸痛。方書治喘瀉，行痺頭痛。收斂固氣，能入腎，故治骨病尤宜東垣。此乃治嗽止痢收後藥，凡虚勞欬嗽，及濕熱瀉痢，遽用粟殼止劫，殺人如劍，宜深戒之丹溪。粟殼治痢如神，但性緊濇，多令嘔逆，若用醋製，加以烏梅，或同四君子藥，庶不致閉胃妨食而獲奇功。久痢，用粟殼蜜炙，厚朴薑製，各四兩，為細末，每服一錢，米飲下，忌生冷。欬嗽多年，自汗，用罌粟殼二兩半，去蒂膜，醋炒，取一兩，烏梅半兩焙，為末，每服二錢，臥時白湯下。

論：　罌粟秋種冬茁，由金而趨水以生，秉收氣以固脱，故能入腎而治骨病。至於欬嗽滯下，雖云專治有功，第其性緊濇，須同厚朴以治久痢，烏梅以治久嗽，乃為得宜。凡頭痛，用芎、芷、羌、防辛溫氣藥升散者，乃由風木虚，不能升散而土寡於畏，是以壅塞而痛，須用此助肝木，散其壅塞也。若風盛踈散太過而痛，服辛散藥反甚者，則宜酸濇之劑，收而降之，如乳香盞落散以粟殼為君。之類是已，就頭風一證，不可推類以盡粟殼之用乎。

凡瀉痢，遺精，濕熱方盛，而誤用之，或腹痛不可當，或攻入手足骨節，腫痛不能動，或偏身發腫，頭面俱腫，或嘔吐不下食，或精竅閉塞，水道不通，變證百出，而淹延不起矣，可不慎哉仲淳。

修治：　以水洗潤，去蒂及筋膜，取外薄皮，陰乾細切，以米醋拌炒入藥。亦有蜜炒蜜炙者。

清・葉桂《本草再新》卷七　御米殼味甘、酸，性平，無毒。入肺、腎二經。斂肺濇腸而固腎，治久嗽，瀉痢，遺精，脱肛，多溺，心腹筋骨諸痛。

清・吴其濬《植物名實圖考》卷二六　罌子粟　《開寶本草》：　罌子粟味甘，平，無毒。主丹石發動，不下食。和竹瀝煮作粥，食之極美。一名象穀，一名米囊，一名御米。花紅白色，似髇箭頭，中有米，亦名囊子。罌粟殼去穰蒂，醋炒，入痢藥用。

《圖經》：　罌子粟，舊不著所出州土，今處處有之，人家園庭多蒔以為飾。花有紅、白二種，微腥氣，其實作瓶子，似髇箭頭，中有米極細，種之甚難。圃人隔年糞地，九月布子，涉冬至春始生苗，極繁茂矣。不爾，種之多不出，出亦不茂。俟其瓶焦黄則採之。主行風氣，驅逐邪熱，治反胃，胸中痰滯及丹石發動亦可，合竹瀝作粥，大佳。然性寒，利大小腸，不宜多食，食過度則動膀胱氣耳。《南唐食醫方》療反胃不下，飲食罌粟粥法：　白罌粟米二合，人參末三大錢，生山芋五寸長，細切，研三物。以水一升二合，煮取六合，入生薑汁及鹽花少許，攪勻。分二服，不計早晚食之，亦不妨別服湯丸。

按罌粟花，唐以前不著錄，《開寶本草》收入米穀下品。宋時尚罌粟湯，但其穀粟功用僅止濇斂，為洩痢之藥。明時一粒金丹多服為害，近來阿芙蓉流毒天下，與斷腸草無異。然其罪不在花也。列之群芳。

清・趙其光《本草求原》卷一四穀部　罌粟殼其花名麗春，子名御米。酸，澀，微寒，得金水降收之氣。斂肺，劫痰，澀腸，固腎，治久嗽、瀉痢、脱肛、精滑，多尿，心腹筋骨痛，入腎，故治骨，以收散氣。然必邪散無滯方宜。若嗽痢初起大忌。久痢仍防過收，宜醋製。同烏梅用，或同四君用，自不致閉胃妨食，而收奇效。頭風痛，有因肝虛不升、土無制而壅塞作痛者，宜於升散；有因肝所疏散太過而痛、服辛散反甚者，又宜此合乳香及首烏等降收。去筋膜及蒂拌炒，以醋或蜜，或厚朴、薑以變其澀，方不令人吐逆。久嗽多汗最宜。方書以之治遺精者甚少，宜存參。

御米：甘，平，潤燥。利二便，治胸中痰滯、反胃，煮粥食，加參及薑汁尤佳。丹石毒發不食。和竹瀝煮粥。

阿芙蓉：俗名鴉片。即罌粟花膏製造而成。性功同於粟殼而止痢、止痛、行氣之效尤勝。痘行漿時泄瀉，用數釐極妙，忌醋。令人腸斷。粳米飯同搗為丸，用一二分，治寒熱百病，治火痢虛滑，名一粒金丹。

清・文晟《新編六書》卷六《藥性摘錄》　粟殼　即禦米殼。酸，濇，微寒。斂肺濇腸，固腎，治久瀉久痢，脫肛，久嗽氣乏。○若嗽痢初起，寒熱未淨者，切禁。○洗去蒂膜，或醋炒、蜜炒取用。○粟中有米，甘，寒。煮粥能治反胃。須分臟腑偏純，及病症陰陽虛實以治。

清・張仁錫《藥性蒙求・穀部》　御米殼錢半　御米殼酸，濇腸斂肺。固腎濇精，能除久痢。即罌粟殼。味酸，濇，平。治久嗽瀉痢，脫肛多溺。惟酸收太緊，令人嘔逆。醋製而與參、术同用，可無妨食之害。一云：入痢藥用醋炒，若未除邪滯用之，反成痼疾，忌之。○凡使殼，洗去蒂及筋膜，取薄皮，或蜜炒。

清・劉善述、劉士季《草木便方》卷一草部　（蘡）〔罌〕粟花　（蘡）〔罌〕粟花名阿芙蓉，酸澀精痢脫肛工。苗甘潤燥厚腸胃，米甘粥食反胃鬆。漿名鴉片烟，洋藥。

清・田綿淮《本草省常・穀類》　御米　一名罌粟，一名象穀，一名米囊子。性微寒。清熱利水，健脾補肺。

清・戴葆元《本草綱目易知錄》卷二　罌粟殼　酸，濇，微寒。斂肺濇腸，止瀉痢，固脫肛，能入腎經，治遺精久欬，心腹筋骨諸痛。嗽痢初起者，忌用。凡去蒂、筋膜用。【略】

米：甘，平。潤躁，行風氣，逐邪熱。治反胃吐食，胸中痰滯，瀉痢赤白。服丹石發動，不下飲食，和竹瀝煮粥食。但其性寒，多食利二便，動膀胱氣。

清・陳其瑞《本草撮要》卷五　御米殼　味濇平酸，入足少陰經，功專止瀉。得烏梅治久嗽不止，得陳皮、烏梅治熱痢便血。瀉痢初起及風寒作嗽忌用。一名麗春花。凡使殼洗去蒂及筋膜，取薄皮醋炒或蜜炒。得醋、烏梅、陳皮良。

清・吳汝紀《每日食物却病考》卷上　罌粟　味甘，平，無毒。行風氣，逐邪熱，療反胃，胸中痰滯，丹石發動，不下食。和竹瀝煮粥食，極佳。然性寒，以有竹瀝利大小腸，不宜多食，多則動膀胱氣。粟殼性澀，止洩痢，澀腸，今人多用止嗽及止痢。刼病之功雖急，殺人如劒，戒之。

鴉片

明・王文潔《太乙仙製本草藥性大全》卷四《本草精義》　鴉片　一名啞芙蓉，即罌粟花汁曝成者。予嘗雲遊湖海，偶遇一僧，傳曰其法：於八九月間甲子日，禱告天地，反背而行，遇婦人處處就地掘土，用衣裹回，拌子種之，待來年二三月間，乘露摘花，分紅白二色，用白布絞取汁，日內晒曝令乾即成鴉片。白花白色，紅花紅色，其葉即綠色，用之入藥甚驗，止痢，醒酒，壯陽。

明・李時珍《本草綱目》卷二三穀部・稷粟類　阿芙蓉《綱目》

【釋名】阿片時珍曰：俗作鴉片，名義未詳。或云：阿，方音稱我也。以其花色似芙蓉而得此名。

【集解】時珍曰：阿芙蓉前代罕聞，近方有用者，云是罌粟花之津液也。罌粟結青苞時，午後以大針刺其外面青皮，勿損裏面硬皮，或三五處，次早津出，以竹刀刮，收入瓷器，陰乾用之。故今市者猶有苞片在內。王氏《醫林集要》言是天方國種紅罌粟花，不令水淹頭，七八月花謝後，刺青皮取之者。案此花五月實枯，安得七八月後尚有青皮？或方土不同乎？

【氣味】酸，澀，温，微毒。

【主治】瀉痢脫肛不止，能澀丈夫精氣時珍。

【發明】時珍曰：俗人房中術用之。京師售一粒金丹，云通治百病，皆方伎家之術耳。

【附方】新四。

久痢：阿芙蓉小豆許，空心温水化下，日一服。忌葱、蒜、漿水。若渴，飲蜜水解之。《集要》。

赤白痢下：鴉片、木香、黃連、白术各一分，研末，飯丸小豆大。壯者一分，老幼半分，空心米飲下。忌酸物、生冷、油膩、茶、酒、麪，無不止者。口渴，略飲米湯。○一方：罌粟花未開時，外有兩片青葉包之，花開即落，收取爲末。每米飲服一錢，神效。赤痢用紅花者，白痢用白花者。

一粒金丹：真阿芙蓉一分，粳米飯搗作三丸。每服一丸，未效再進一丸，不可多服。忌醋，令人腸斷。風癱，熱酒下。口目喎邪，羌活湯下。百節痛，獨活湯下。正頭風，羌活湯下。偏頭風，川芎湯下。眩運，防風湯下。陰毒，豆淋酒下。瘧疾，桃、柳枝湯下。痰喘，葶藶湯下。久嗽，乾薑、阿膠湯下。勞嗽，款冬花湯下。吐泄，藿香湯下。赤痢，黃連湯下。白痢，〔乾〕薑湯下。禁口痢，白术湯下。諸氣痛，木香酒下。熱痛，卮子湯下。臍下痛，燈心湯下。小腸氣，川楝子〔湯下。膀胱氣，小〕茴香湯下。血氣痛，乳香湯下。脇痛，熱酒下。噎食，生薑，丁香湯下。女人血崩，〔續斷湯下。血不止〕，五靈脂湯下。小兒慢脾風，砂仁湯下。龔雲林《醫鑒》。

明・羅周彥《醫宗粹言》卷四　製啞芙蓉法　取鮮粟殼，不拘多少，搗爛，以淨水砂鍋内熬，漉起汁，又入水熬之，榨極乾，查不用，只以二汁慢火熬乾如膏，加入炒黑文蛤末，調和成餅，陰乾。凡遇久嗽吐血，脫泄崩中，久瀉不止，用之如神。世人不知，有謂粟殼之藥，劫病而已，殊不知久瀉而諸藥不效，至於待斃命在須臾，非粟殼一劫之功，其孰能解千鈞之危也。醫之用藥，正猶時之常變，而行道者宜用之以經權，一理也。然則劫藥亦猶管仲之於霸也，寧不與於夫子乎？

明・繆希雍《本草經疏》卷三〇　阿芙蓉　罌粟花之津液也。罌粟結青苞時，午後以大鍼刺其外面青皮，勿損裏面硬皮，或三五處，次早津出，以竹刀刮取，入磁器，陰乾用之。其氣味與粟殼相同，而此則止痢之功尤勝。故小兒痘瘡行漿時，泄瀉不止，用五釐至一分，未有不愈，他藥莫逮也。

明・姚可成《食物本草》卷五穀部・稷粟類　阿芙蓉一名鴉片，即罌粟花之津液也。罌粟結青苞時，午後以大針刺其外面青皮，勿損裏面硬皮，或三五處，次早津出，以竹刀刮，收入磁器，陰乾用之。故今市者猶有苞片在內。　味酸，澀，溫，微毒。治瀉痢脫肛不止，能澀丈夫精氣。

附方：罌粟粥：治反胃吐食。白罌粟米三合，人參末三錢，生山藥五寸細切研。三物以水二升三合，煮取六合，入生薑汁及鹽花少許，和勻分服。治久痢不止。罌粟殼醋炙為末，蜜丸彈子大。每服一丸，水一盞，薑三片，煎八分，溫服。又方：粟殼十兩去膜，分作三分。一分醋炒，一分蜜炒，一分生用。竝為末，蜜丸芡子大。每服三十丸，米湯下。治久嗽不止，穀氣素壯人用之即效。粟殼去筋，蜜炙為末。每服五分，蜜湯下。治久痢。阿芙蓉小豆許，空心溫水化下。若渴，飲(為)〔蜜〕水解之。

清・劉雲密《本草述》卷一四　阿芙蓉俗作鴉片。　時珍曰：罌粟花之津液也。罌粟結青苞時，午後以大針刺其外面青皮，勿損裏面硬皮，或三五處，次早津出，以竹刀刮收入瓷器，陰乾用之。故今市者猶有苞片在內。　希雍曰：其氣味與粟殼相同，而此則止痢之功尤勝，故小兒痘瘡行漿時泄瀉不止，用五釐至一分，未有不愈，他藥莫逮也。

修治　忌醋，令人腸斷。

愚按：罌粟米不獨入藥，亦列於花以供玩賞，乃園丁蓄子，每於中秋夜半下種，其苗出土，不踰数日。然則所謂秋種冬生者，未必盡然。或因其地利之各異，即下種之先後，亦不如一乎？然愚觀方書以治遺精者殊少，則是冬生，而謂其亦入腎者，尤當致審也。

清・蔣居祉《本草擇要綱目・溫性藥品》　阿芙蓉俗作鴉片。　氣味：酸，澀，溫，微毒。　主治：瀉痢脫肛不止，能澀丈夫精氣。今人房中術用之。京師售一粒金丹，云通治百病，皆方伎家之術耳。

清・张璐《本經逢原》卷三　阿芙蓉一名阿片，俗名鴉片。　酸，濇，溫，微毒。天方國以罌粟蕊，竹針刺破青苞，次早液出，竹刀刮取陰乾者是也。土鴉片亦能濇精止瀉，但力薄少效。　發明：京師售一粒金丹，通治虛寒百病，用阿芙蓉一分，粳米飯搗作三丸，每服一丸，不可多服。忌酸醋，犯之腸斷，又忌葱、蒜、漿水。古方治瀉痢脫肛，久痢虛滑，用一二分，米飯送下，其功勝於粟殼。又痘瘡行漿時瀉泄不止，用四五釐至一分，未有不止者。今世服餌少用，惟房中術外用之，誠為濇精助火之首列也。

清・王道純《本草品彙精要續集》卷三　阿芙蓉微毒。

阿芙蓉：主瀉痢，脫肛不止，能澀丈夫精氣《本草綱目》。　〖名〗阿片。　李時珍曰：俗作鴉片，名義未詳，或云阿片，音稱訛也，以其花色似芙蓉而得此名。　〖苗〗李時珍曰：阿芙蓉，前代罕聞，近方有用者，云是罌粟花之津液也，罌粟結青苞時，午後以大針刺其外面青皮，勿損裏面硬皮，或三五處，次早津出，以竹刀刮收入瓷器，陰乾用之。故今市者猶有苞片在內。王氏《醫林集要》言：是天方國種紅罌粟，不令水淹頭，七八月花謝後刺青皮取之者。按：此花五月實枯，安得七八月後尚有青皮，或方土不同乎。〖治〗李時珍曰：俗人房中術用之，京師售一粒金丹，云通治百病，皆方技家之術耳。〇一粒金丹，真阿芙蓉一分，粳米飯搗作三丸，每服一丸，未效，再進一丸，不可多服。忌醋，令人腸斷。風癱，熱酒下；口眼喎斜，羌活湯下；百節痛，獨活湯下；正頭風，羌活湯下；偏頭風，川芎湯下；眩暈，防風湯下；陰毒，豆淋酒下；瘧疾，桃柳枝湯下；痰喘，葶藶湯下；久嗽，乾薑阿膠湯下；勞嗽，款冬花湯下；吐瀉，藿香湯下；赤痢，黃連湯下；白痢，薑湯下；噤口痢，白朮湯下；諸氣痛，木香酒下；熱痛，梔子湯下；　臍下痛，燈心湯下；　小腸氣，川楝茴香湯下；　血氣痛，乳香湯下；　脇痛，熱酒下；　噎食，生薑丁香湯下；　女人血崩，五靈脂湯下；　小兒慢脾風，砂仁湯下。○久痢，阿芙蓉小豆許，空心溫水化下，日一服，忌葱蒜漿水，若渴飲，蜜水解之。○一方：　罌粟花未開時，外有兩片青葉包之，花開即落，收取爲末，每米飲服一錢，神效。　赤痢，用紅花者；　白痢，用白花者。

【味】酸，澀。　【性】溫。　【合治】赤白痢下，鴉片、木香、黄連、白术各一分，研末飯丸小豆大，壯者一分，老幼半分，空心米飲下，忌酸物、生冷、油膩、茶酒、麵，無不止者，口渴，略飲米湯。

清・王子接《得宜本草・中品藥》　阿芙蓉　酸，濇。功專澁精固腸。得木香、黄連治久痢不止。

清・黄元御《玉楸藥解》卷八　鴉片煙　味酸、濇，微溫。入手陽明大腸、足少陰腎經。斂腸止泄，保腎秘精。鴉片煙收濇斂固，治泄痢脱肛，精滑夢遺。《本草》謂鴉片即罌粟未開，鍼刺青苞津出，刮收陰乾而成，名阿芙蓉。今洋船至闕多帶此物，闕中無賴之徒，以及不肖子弟，官宦長隨，優伶娼妓，以為服之添筋力，長精神，御淫女，抱孌童，十倍尋常，但壽命不永，難逃五年。此煙非延年養生之品，斷宜戒之。

清・吴儀洛《本草從新》卷四　附：　阿芙蓉（澀，止瀉痢。）一名阿片，俗作鴉片。

酸，澀，溫，微毒。止瀉痢，收脱肛，澀精氣。此罌粟花之津液也。罌粟結青苞時，午後以大針刺其外面青皮三五處，勿損裏面硬皮，次早津出，以竹刀刮收入磁器，陰乾，故今市者，猶有苞片在内。俗入房中術用之。京師售一粒金丹，云通治百病，皆方伎家之術耳，大有害，勿為其所惑。

清・嚴潔等《得配本草》卷五　阿芙蓉一名阿片。　忌醋。　酸、澀，溫，微毒。入足少陰經。　澀精固腸。　配香連丸，治久痢不止。　即罌粟花津液，其結青苞時，午後以針刺外面青皮，勿損裏面硬皮，或三五處，次早津出，竹刀刮取，陰乾用。

題清・徐大椿《藥性切用》卷六　阿芙蓉　一名阿片，俗作鴉片。酸澁性平，煉溫能收脱止痢。燒灰用。其質即罌粟花，青蕊，刺取津液煎成。世每藉為房術，為害非輕。

清・黄宫繡《本草求真・收濇・溫濇》卷二　阿芙蓉補火、澀精、秘氣。阿芙蓉㴱入命門。即罌粟花之津液也。一名鴉片，一名阿片，出於天方國。罌粟結青苞時，午後以大針刺其外，或三五處，次早津出，以竹刀刮取，入磁器陰乾用之。氣味與粟殼相似，而酸濇更甚，用阿芙蓉一分，粳米飯搗作三丸，通治虚寒百病。凡瀉痢脱肛，久痢虚滑，用一二分，米飲送下，其功勝於粟殼。又痘瘡行漿時，泄瀉不止，用四五釐至一分，未有不止，但不可多服。忌酸醋。犯之斷腸，及忌葱、蒜、漿水。奈今有以房術為用，無論病症虚實，輒為輕投縱慾，以致腎火愈熾。吁，誤矣！

清・趙學敏《本草綱目拾遺》卷二火部　鴉片烟　《臺海使槎錄》：　鴉片烟用麻葛同鴉土切絲，於銅鐺内煮成。鴉片拌烟，另用竹筒實以椶絲，群聚吸之，索值數倍於常烟。專治此者，名開鴉片館。吸一二次後，刻不能離，暖氣直注丹田，可竟夜不寐。土人服此為導淫具，肢體萎縮，臟腑潰出，不殺身不止。官弁每為嚴禁，常有身被逮繫，猶求緩須臾，再吸一筒者。鴉土出噶喇吧。

《海東札記》：　鴉片産外洋咬𠺕吧、吕宋諸國，為渡海禁物，臺地無賴人多和烟吸之，謂可助精神，徹宵不寐。凡吸必邀集多人，更番作食、鋪席於坑，眾偃坐席上，中燃一燈，以吸百餘口至數百口，烟筒以為管，大約八九分，中實椶絲頭髮，兩頭用銀鑲首，側開一孔如小指大，以黄泥掐成葫蘆樣，空其中，以火煅之，嵌入首間小孔上，置鴉片烟於葫蘆首，烟止少許，吸之一口立盡，格格有聲。飲食頓令倍進，須肥甘，不爾腸胃不安。初服數月，猶可中止。迨服久偶輟，則困憊欲死，卒至破家喪身。凡吸者面黑肩聳，兩眼淚流，腸脱不收而死。

主治胃脘痛。神效。

清・章穆《調疾飲食辯》卷一下　又有一種鴉片煙，鴉片本名啞芙蓉，後譌為鴉，又書作阿，乃罌粟殼上之津液凝結而成。本腎家澀精興陽補藥，為房中術所必用。此煙實非鴉片所造，假其名耳。倡自閩粤，功令本有嚴禁，彼處凶頑，瞀不畏也。或三五人、十餘人群聚而喫，誓同生死，易室宣淫。發覺到官，則逞凶拒捕，被獲則駢首就戮。彼乃云此煙一吸，其樂踰於登仙，雖死不悔也。彼處淫娼喫此煙，雖日交數十人而不倦，云其樂較男子尤過之也。近乃漸及各省，亦尚止衙門、長隨、娼優等類。所幸者其價甚昂，且一喫不能復止。不喫則死。計每日所需，非五七百文不足。將來此風縱如水煙之盛，必不能人人皆喫，一不足慮也。又喫此煙者，初則壯健非常，三數年漸漸黧瘦，不久必髓竭精枯而死。坐擁厚貲而求快樂，詎知乃以求死，二不足慮，翻足快也。且一罹法網，則刑典隨之，三不足慮，尤足快也。世傳此煙乃遠年塚墓棺底土淋汁所造，藉人之精氣以補人，故其效大而且速，此語殊不可信。閩粵售者甚多，彼處墳塋豈盡任人刨挖，其子孫絕不照管，官府全無覺察？且棺底土有何精氣，縱有亦是死氣，何能如此之補。又俗傳其灰能止久痢。夫痢而至於邪盡，當用補澀方藥甚多，何必弄巧逞奇，用及此物。迹是以觀，補而至於鴉片煙，頃刻使人壯健，快樂逾於登仙，補之極矣，而數年即死。富貴之家，遇病惟信薛立齋、張景岳之言，不肯去邪，惟喜補塞，豈知其害較尅伐尤慘也，宜憬然悟矣。喫鴉片煙者，身本無病，且數年必死。若有病，宜散宜攻。而補以塞之，其死乃在一日半日，遲亦不過三五日。欲求如鴉片煙之偷息數年，胡可得已，故曰慘也。

清·楊時泰《本草述鉤元》卷一四　阿芙蓉　相傳為罌粟花之津液，氣味與粟殼同。止痢功勝粟殼，但忌常服，久反無驗，且傷耗陰液，雖提助精神，而損折人壽，宜切戒之。　小兒痘瘡，行漿時泄瀉不止，用五釐至一分，未有不愈，他藥莫能逮。　忌醋，令人腸斷。

清·梁紹壬《兩般秋雨盦隨筆》卷四　鴉片　產於西番，彼處名為合甫融，見徐伯齡《蟫精(雋)〔集〕》。向止行于閩、廣，今則各省並皆漸染。其類有三：一曰公斑，出明雅喇；一曰白皮，出孟買；一曰紅皮，出曼達喇薩。烏土爲上即公斑，白皮次之，紅皮又次之。紅皮又有三種：花紅爲上，油紅次之，別出嗎喇及盎叽哩者，名鴨屎紅，見楊秋衡《海錄》；又名阿芙蓉，見李時珍《本草綱目》。【略】余曾有《鴉片篇》一首云：窄衾小枕一榻鋪，陰房鬼火紅模糊，中有鳶肩鶴背客，夜深一口青霞呼。非蘭非鮑氣若草，如膠如餳色則烏。或云烏糞或花子，運以土化摶泥塗。加以水齊炮製法，文火武火煎爲酥。清光大來渣滓去，鍊金而液成醍醐。此品來自西域地，居奇者誰番賈胡。朝廷嚴禁官曉諭，捆載來若牛腰麤。關津吏胥豈不覺，偷而賂者千青蚨。況復此輩盡癖嗜，一見寶若青珊瑚。近聞中國亦能製，其物愈雜毒愈痛。吁嗟黃金買糞土，可爲痛哭哀無辜。頗聞此物妙房術，久服亦復成虛無。其氣既窒血盡耗，其精隨失髓亦枯。積而成引屏不止，參苓難起膏肓甦。可憐世人溺所好，寧食無肉此不疎。典裘質被靡不止，那顧屋底炊烟孤。噫嘻屋底炊烟孤，牀頭猶自聲嗚嗚。

清·梁章鉅《浪跡續談》卷五　鴉片　鴉片煙本屬藥材，其性能提神止洩辟瘴，見於李時珍《本草綱目》。本名阿芙蓉，惟吸食必應其時，謂之上引，則廢時失業，莫此為甚。甚者氣弱中乾，面灰齒黑，有明知其害而不能自已者，誠不可不嚴加厲禁，以杜惡習也。

清·文晟《新編六書》卷六《藥性摘錄》　阿芙蓉　即鴉片。酸，澀。○補火，澀精秘氣，治虛寒下痢病，瀉痢脫肛，久痢虛滑，用一分餘，米飯送下，効。不可多服，忌醋，犯之斷腸。並忌葱、蒜、漿水，以此為房術用者，則腎火愈熾矣。

清·陸以湉《冷廬醫話》卷五　藥品　鴉片煙：鴉片煙為害甚巨，有大土、小土之分，大土出於外國，《三異筆談》述之詳晰，云：余在永嘉知庫書，張元龍犯此欲繩之，訴曰：已絕此二年，曾以辦船料渡海至蘇錄國，親見鴉片本質，故毅然不敢食耳。詢知其詳，云：國俗皆裸葬，一畝之地，百族共之，積累百年，其地之值不貲矣。造法：先掘土數丈，築其底極堅，併四旁亦築，取掘出之土，搗之極細，篩之極淨，曝之極乾，乃於城中鋪石灰一層，加土一層，罌粟瓣一層，糯米粥一層，覆以蘆席，蓋以氈，再壓以板，自春徂秋而成。以金易土，價目倍蓰，然大約吸數百年前陳人之膏血，故一見誓死不再食也。絕之之法，以十全大補湯加鴉片灰，俟(䏲)〔癮〕發時服之，初甚委頓，漸服漸愈，兩月餘復初。

吳曉鉦言其族叔椿齡習岐黃家言，乙卯秋，以時疾卒。其司會計者曰吳梅閣，性不羈，吸洋煙，偶至友人倪梅岑家，倪適他出，假寐以俟，忽夢椿齡至曰：子將有難，能戒鴉片煙則免。余授此方。出一紅紙示之，上書人參、枳椇子、赤糖各一錢，每日煎湯服之十六字，戒曰：七日不見煙具，則(䏲)〔癮〕絕矣，毋蹈故轍也。醒後依方服之果效。曉鉦素執無鬼論者，及聞梅閣口述是事，乃信史遷有物之言，洵不誣也。余按：人參補肺氣，赤糖消煙積，用之甚當，枳椇子世第知其解酒毒，然陳藏器言其解渴除煩，去膈上熱，潤五臟，功用同蜂蜜。則其所長，不第能治酒病也。況鴉片煙性熱燥烈，視酒尤甚，用此治之，殊有至理。

清·王孟英《隨息居飲食譜·水飲類》　亞片　亞片入藥，亦始前明。李瀕湖《本草綱目》收之。國朝乾隆間，始有吸其烟者。初則富貴人吸之，不過自速其敗亡。繼則貧賤皆吸之，因而失業破家者眾。而盜賊滿天下，以口腹之欲，致毒流宇內，塗炭生民。洵妖物也，智者遠之。亦有因衰病而誤墮其中者，以吸之入口，直行清道，頃刻而徧一身，壅者能宣，鬱者能舒，陷者能舉，脱者能收，凡他藥所不能治之病，間有一吸而暫效者。人不知其為劫劑，遂詫以為神丹。而曰病吸此尤易成引，迨引既成，臟氣已與相習，嗣後舊疾復作，必較前更劇，而烟亦不能奏效矣。欲罷不能，噬臍莫及，乃致速死。余見實多，敢告世人，毋蹈覆轍。徐松龕云：天竺自六朝後皆稱印度，今五印度為英吉利所轄，進口貨物近以亞片為主。宇宙浮孽之氣，乃獨鍾於佛國，何其怪也。

戒法：斷引之方，驗者甚少。且用烟或烟灰者居多，似乎烟可少吸，一不服藥，引即如故，惟此方曰服仍可吸烟，旬餘引自漸減，又不傷身。蓋物性相制，此藥專制亞片之毒，故能斷引，絶無他患也。方用鮮松毛數片，略杵，井水熬稀膏，每晨開水化服一二錢。或每土一斤，用松樹皮半斤，煎湯熬烟，如常吸食，引亦漸斷。或以一味甘草熬為膏，調入煙內，初且少入，漸以加多，如常吸之，斷引極效。

解毒：脂皂或金魚杵爛，或猪屎水和，絞汁灌之，吐出即愈。甘草煎濃汁，俟涼頻灌。生南瓜擣絞汁，頻灌。青蔗漿恣飲。凡服烟而死，雖身冷氣絶，若體未僵硬，宜安放陰處泥地一經日照即不可救，撬開牙關，以竹箸横其口中，頻頻灌以金汁、南瓜汁、甘草膏之類，再以冷水在胸前摩擦，仍將頭髮解散，浸在冷水盆內，或可漸活。

清・田綿淮《本草省常・氣味類》 大菸 一名鴉片，一名阿片，一名阿芙蓉，一名自在膏，一名迷精膏。精，人多迷，故名。性溫，有毒。暫服避風寒，解勞倦，固氣濇精，止疼止瀉。常服喪氣血，竭精神，消鑠真火，令人虛寒，懶惰。久服令人失顔色，其形如鬼。娼家云：通治百病。勿為所惑。初中毒者，大承氣湯加檳榔瀉之；久則難治。俗云：上癮即中毒也，毒發時百般惡態，仍服此菸乃解。愚按：大菸為害甚於酒色。夫酒色之惑，不幸而不悟，則病斯及矣。使其已悟，絶而去之可也。大菸之害，雖欲悔悟，其勢有不得而去也。服愈久而毒愈深，每至死而後已，故曰甚於酒色者謂此也。可不戒哉！

清・毛祥麟《墨餘録》卷四 戒煙良方 鴉片煙為中國四千年來未有之毒，今竟於數萬里外傳染及之，抑且日變月異，幾不知遷流所極。在受其害者，既難屈數，即言其害者，率多痛哭流涕，不能更贅一詞。然其間亦有創深痛鉅，悔之甚而仍不戒者，則以煙有癮而未易脱也。是欲戒煙，當先除癮，而欲徐癮，必先覓方。今肆中所售戒煙藥，品目種種，服之似皆有效，而不知其仍用煙膏，故不服而癮如故。近於友人處得方，藥以易而價廉，功雖緩而無損。據云已救多人。如浙甯葉某煙癮本大，如法製服，不半年而戒絶矣。其方惟用粗大粉甘草一味，不拘兩數，熬膏如煙。初以煙九分，入甘草膏一分，照常吸之。繼則煙遞減而膏漸增，至膏有八九分，煙僅一二分，則癮自斷矣。所願有志之士咸起而試之，如果有效，則是方也不誠煙瘴世界中之特健藥哉！

清・戴葆元《本草綱目易知録》卷二 阿芙蓉阿片、鴉片。 酸，澁，溫，微毒。【略】葆按：取鴉片法，始於明季，初傳貪淫者，房中術用之，取其久戰不洩。漸用飯作丸，通治百病，隨症藥送。術家用，遍傳鄉落，然未有近作吸法，名洋煙害者。相傳係外洋印度國造，用罌粟花津，陰乾，加入輕粉、砒霜擣成。故吸之者，有此二味，頃刻週身，使人立快，漸積成癮，是以傾家覆產，甚至廉恥不顧，尤大害者，鄉民或因事吞吸洋煙而斃。愚載數方救治，服之作吐瀉者生，否則難救。獨子肥皂，擣泥，新汲水絞汁灌之，或以生桐油、麻油灌之，或以三尾魚擣，新汲水絞汁灌之，或用煙草浸汁灌之，或以犁頭尖草擣汁灌。其草似鴨舌草，生在山脚邊，一幹一葉，葉似犁頭尖，故名。

清・陳其瑞《本草撮要》卷五 阿芙蓉 味酸濇，入手足太陰、陽明、少陰經，功專濇精固腸。得木香、黄連治久痢不止。此即罌粟花之漿，俗作鴉片煙，貽害無窮。御米即其子，甘寒潤燥，煮粥食治反胃，加人葠良。

清・周學海《讀醫隨筆》卷五 阿片體性 阿片味苦性斂，苦屬火而燥，走骨走血，斂屬金而急，行肺行膚，清中含濁，能束人之氣，縮人之血。氣初得束則勢激而鼓動有力，血初得縮則脈鬆而周運無滯，筋節亦借其束力、縮力，頓覺堅強，故為之神清氣爽而體健也。其能止痛，亦以其能束氣而縮血故也。其性陰險，中有所伏。其毒力能變化人之血性，使血脈骨髓藏府之中，化生一種怪氣，其形如蟲，能使人之性情俱變。蓋性情隨氣血而變者也，蟲即血中之靈氣也，氣血久束久縮，反被困而乏生機，故曰久則氣短而音麤，血變而色壞，其常苦燥結者，以血氣之熱力，為煙力所束縮不得宣發，而內積也。脱癮則氣馳而汗出，血散而身寒，筋骨亦為之緩縱而不收，甚至喘咳不止者，以氣血慣受束縮，一經鬆懈，遂渙散頹唐，無以溫裏而衛表也。治之必用苦燥斂急之品，合行血固氣之品，並能搜入骨脈深隱之處，抉其伏氣，使其伏氣遂漸外泄，正氣日漸內充，吐故納新，漸復常度，乃真斷癮也。常須謹慎，稍有忽略，即易生病，而癮象復見矣。若氣血本虛，癮又深久，更難斷戒，是終身之苦也。

麗春草

宋·唐慎微《證類本草》卷三〇外草類〔宋·蘇頌《本草圖經》〕 麗春草味甘，微溫，無毒。出檀嵎山川谷，檀嵎山在高密界。河南淮陽郡、穎川及譙郡汝南郡等，並呼爲龍芊草。河北近山、鄴郡，名蕒蘭艾。上黨紫團山亦有，名定參草，亦名仙女蒿。今所在有。甚療陰黃，人莫能知。唐天寶中，因穎川郡楊正進，名醫嘗用有效。單服之，主療黃疸等。其方云：麗春草，療因時患傷熱，變成癊黃，通身壯熱，小便黃赤，眼如金色。面又青黑，心頭氣痛，遶心如刺，頭旋欲倒，兼肋下有瘕氣及黃疸等。經用有驗。其藥春三月採花，陰乾。有前病者，取花一升，擣爲散，每平朝空腹取三方寸匕，和生麻油一盞，頓服之，日惟一服，隔五日再進，以知爲度。其根療黃疸。患黃疸者，擣根取汁一盞，空腹頓服之，服訖，須臾即利三兩行，其疾立已。一劑不能全愈，隔七日更一劑，永差。忌酒、麵、猪、魚、蒜、粉、酪等。

宋·鄭樵《通志》卷七五《昆蟲草木略》 麗春草 河南曰龍（芋）〔芊〕草，河北曰蕒蘭艾。生上黨者，曰定參草，亦曰仙女蒿。此草主黃疸之疾。唐天寶中始有聞焉。

明·劉文泰《本草品彙精要》卷四一 麗春草無毒。 植生。

麗春草：療因時患傷熱，變成癊黃，通身壯熱，小便黃赤，眼如金色，面又青黑，心頭氣痛，遶心如刺，頭旋欲倒，兼肋下有瘕氣及黃疸等證。經用有驗。取花一升，擣爲散，每平明空腹取三方寸匕和生麻油一盞，頓服之，日惟一服，隔五日再進，以知爲度。〇根，療黃疸，擣取汁一盞，空腹頓服訖，須臾即利三兩行，立已。一劑不能全愈，隔七日更一劑，永瘥。出《圖經》。【名】龍(羊)〔芊〕草、(夢)〔蕒〕蘭艾、定參草、仙女蒿。【地】《圖經》曰：出檀嵎山川谷，檀嵎山在高密界。河南淮陽郡、潁川及譙郡、汝南郡等並呼爲龍(羊)〔芊〕草。河北近山、鄴郡、汲郡名(夢)〔蕒〕蘭艾。上黨紫團山亦有名定參草，亦名仙女蒿。今所在有。甚療癊黃，人莫能知。唐天寶中，潁川郡楊正進名醫嘗用有效。【時】生：春初生苗。採：三月取花根。【收】陰乾。【用】花及根。【色】花紅，根白。【味】甘。【性】微溫，緩。

【氣】氣之厚者，陽也。【臭】香。【忌】酒、麵、豬、魚、蒜、粉、酪。

明·李時珍《本草綱目》卷一五草部·隰草類上 麗春草宋《圖經》

【釋名】仙女蒿《圖經》 定參草頌曰：麗春草生檀嵎山川谷，檀嵎山在高密界。河南淮陽郡、潁川及譙郡、汝南郡等，並呼爲龍(羊)〔芊〕草。河北近山鄴郡、汲郡，並名蕒蘭艾。上黨紫團山亦有，名定參草，又名仙女蒿。今所在有之。甚療癊黃，人莫能知。時珍曰：此草有殊功，而不著其形狀。今罌粟亦名麗春草，九仙子亦名仙女嬌，與此同名，恐非一物也。當俟博訪。

花及根 氣味缺。【主治】癊黃黃疸蘇頌。

【發明】頌曰：唐天寶中，潁川郡楊正進方，名醫皆用有效。其方云：麗春草療因時患傷熱，變成癊黃，遍身壯熱，小便黃赤，眼如金色，面又青黑，心頭氣痛，繞心如刺，頭旋欲倒，兼脇下有瘕氣，及黃疸等，經用有驗。其藥春三月採花，陰乾一升，擣散。每平明空腹取三方寸匕，和生麻油一盞頓服，日一服，隔五日再進，以知爲度。其根療黃疸，擣汁一盞，空腹頓服，須臾即利三兩行，其疾立已。一劑不能全愈，隔七日更一劑，永瘥。忌酒麵猪魚蒜粉酪等。

清·吴其濬《植物名實圖考》卷一四 麗春草 《遊默齋花譜》：麗春紫二品，深者鬚青，淡者鬚黃。白亦二品。葉大者微碧，葉細者竊黃。而竊黃尤奇，素衣黃裏芳秀，茸若新鵝之毳；竊紅似芍藥中粉紅樓，特差小，視凡花之粉紅十倍。

《本草綱目》李時珍曰：此草有殊功而不著其形狀，今罌粟亦名麗春草，九仙子亦名仙女嬌，與此同名，恐非一物也，當俟博訪。

洋花茶

清·何諫《生草藥性備要》卷下 洋花茶 味淡，性平。治痢症。亦有二種：紅花治紅痢，白花治白痢，俱煲猪精肉食。

清·趙其光《本草求原》卷一五菜部 洋茶花 淡，平。白者治白痢，紅者治紅痢，俱同豬肉煎；或酒浸。白者妙。

白屈菜

明·朱橚《救荒本草》卷上之前 白屈菜 生田野中。苗高一二尺，初作叢生，莖葉皆青白色，莖有毛刺，稍頭分叉上，開四瓣黃花，葉頗似山芥菜葉，而花叉極大，又似漏蘆葉而色淡。味苦微辣。 救飢：採葉和淨土煮熟，撈出，連土浸一宿，換水淘洗淨，油鹽調食。

附：琉球·吴繼志《質問本草》外篇卷二 白屈菜 生田野中，苗高一二尺，四五月開花。　白屈菜，本草未曾具載，不可輕易入藥。辛丑，石家辰。

白屈菜，只可作染色用，不堪入藥。壬寅，潘貞蔚。

天奎草

清・吴其濬《植物名實圖考》卷一三　天奎草　生九江、饒州園圃陰濕地。一名千年老鼠矢，一名爆竹花。春時發細莖，一莖三葉，一葉三叉，色如石綠。梢頭横開小紫花，兩瓣雙合，一瓣上揭，長柄飛翹，莖當花中。赭根頗硬，上綴短鬚。入夏即枯。俚醫以治積年勞傷，酒煎服。

常山

宋・李昉《太平御覽》卷第九九二　恒山　《廣雅》曰：恒山菜，蜀漆也。《漢書・地理志》曰：武陵有佷山縣。孟康注曰：音恒。出恒山藥。《遊名山記》曰：横陽諸山，草多恒山。《永嘉記》曰：恒山，出松陽永寧縣。《本草經》曰：一名玄草。味苦，寒。生川谷。主治傷寒發温瘧鬼毒，胸中結吐逆。生益州。《吴氏本草》曰：恒山，一名七葉。神農、岐伯：苦。李氏：大寒。桐君：辛，有毒。二月、八月採。

蜀漆　《本草經》曰：蜀漆，味辛，平。治瘡及欬逆寒熱，腹癥堅，邪氣蠱毒鬼疰。《建康記》曰：建康出蜀漆。《范子計然》曰：蜀漆出蜀郡。《吴氏本草》曰：蜀漆葉，一名恒山。神農、岐伯、雷公：辛，有毒。黄帝：辛。一經：酸。如漆葉、藍菁相似，五月採。

元・尚從善《本草元命苞》卷五　蜀漆　為使。味辛、苦，平、微溫，有小毒。栝樓為之使。畏橐吾。惡貫眾。治溫瘧，殺蠱毒。吐胸中邪結氣，破腹内癥瘕疾。退欬逆寒熱，除邪氣鬼疰。多服令人吐。此即常山苗。生江林山川谷，即益州江陽山。及蜀漢中諸州。二藥治瘧之要。五月採根，陰乾。

宋・唐慎微《證類本草》卷一〇草部下品〔《本經・別錄・藥對》〕　常山　**味苦**、辛，**寒**、微寒，有毒。**主傷寒寒熱**，熱發，**溫瘧鬼毒，胸中痰結，吐逆**，療鬼蠱往來，水脹，洒洒惡寒，鼠瘻。**一名互草。**生益州川谷及漢中。八月採根，陰乾。畏玉札。

〔梁・陶弘景《本草經集注》〕云：出宜都、建平。細實黄者，呼爲雞骨常山，用最勝。

〔唐・蘇敬《唐本草》〕注云：常山，葉似茗狹長，莖圓，兩葉相當。三月生白花，青蕚。五月結實，青圓，三子爲房。生山谷間。高者不過三四尺。

〔宋・掌禹錫《嘉祐本草》〕按：《蜀本圖經》云：樹高三四尺，根似荆根，黄色而破，今出金州、房州、梁州，五月、六月採葉，名蜀漆也。《藥性論》云：常山忌葱，味苦，有小毒。治諸瘧，吐痰涎，去寒熱。用小麥、竹葉三味合煮，小兒甚良。主瘧、洒洒寒熱不可進多，令人大吐，治項下瘤癭。蕭炳云：得甘草，吐瘧。日華子云：忌菘菜。

〔宋・唐慎微《證類本草》〕《圖經》：文具蜀漆條下。　雷公云：凡使，春使根、葉，夏秋冬二時，用使酒浸一宿，至明漉出，日乾，熬擣，少用，勿令老人、久病服之，切忌也。《外臺秘要》：治瘧。常山三兩，以漿水三升浸經一宿，煎取一升，欲發前頓服，然後微吐。《肘後方》：治瘧病。常山三兩擣末，以雞子白和丸如桐子大，空腹三十丸。

宋・唐慎微《證類本草》卷一〇草部下品〔《本經・別錄・藥對》〕　蜀漆　**味辛，平**、微溫，有毒。**主瘧及欬逆寒熱，腹中癥堅，痞結，積聚，邪氣，蠱毒，鬼疰**，療胸中邪結氣，吐出之。生江林山川谷及蜀漢中。常山苗也。五月採葉，陰乾。栝樓爲之使，惡貫衆。

〔梁・陶弘景《本草經集注》〕云：是常山苗，而所出又異者，江林山即益州江陽山名，故是同處爾。彼人採仍縈結作丸，得時燥者佳。

〔唐・蘇敬《唐本草》〕注云：此草，日微萎則把束暴使燥，色青白，堪用；若陰乾，便黑爛鬱壞矣。陶云作丸，此乃梌餅，非蜀漆也。

〔宋・掌禹錫《嘉祐本草》〕按：《蜀本圖經》云：五月採，日乾之。《藥性論》云：蜀漆，使，畏橐吾，味苦，有小毒。常山苗也。能主治瘴、鬼瘧多時不差，去寒熱瘧，治溫瘧寒熱，不可多進，令人吐逆。主堅癥，下肥氣，積聚。蕭炳云：桔梗爲使。日華子云：蜀漆治癥瘕。又名雞尿草、鴨尿草。李含光云：常山莖也。八月、九月採。

〔宋・蘇頌《本草圖經》〕曰：蜀漆，生江林山川谷及蜀漢。常山苗也。常山生益州山谷及漢中，蜀漆根也。江林山即益州江陽山名，是同處耳。今京西、淮、浙、湖南州郡亦有之。葉似茗而狹長，兩兩相當。莖圓有節。三月生紅花，青蕚。五月結實，青圓，三子爲房。苗高者不過三四尺，根似荆，黄色。而海州出者，葉似楸葉，八尺，有花紅白色，子碧色，似山楝子而小。五月採葉，八月採根，陰乾。此二味爲治瘧之最要。張仲景蜀漆散：用蜀漆、雲母、龍骨等分，杵末，患者至發前，以漿水和半錢服之。溫瘧加蜀漆半分，臨發時服一錢匕。今天台山出一種草，名土常山，苗葉極甘，人用爲飲香，其味如蜜，又名蜜香草，性亦涼，飲之益人，非此常山也。

〔宋・唐慎微《證類本草》〕雷公云：凡採得後，和根、苗。臨用時即去根，取莖并葉，同拌，甘草四兩，細剉用，拌水令濕同蒸。臨時去甘草，取蜀漆五兩，細剉，又拌甘草水勻，又蒸了任用，勿食木笋。

宋·寇宗奭《本草衍義》卷一一　蜀漆　常山苗也。治瘧，多吐人。其他亦未見所長。此草也，慮歲久人或別有異論，故預云。餘如《經》。常山：　蜀漆根也。亦治瘧吐痰，如雞骨者佳。

宋·鄭樵《通志》卷七五《昆蟲草木略》　常山　曰互草。

金·張元素《潔古珍珠囊》〔見元·杜思敬《濟生拔粹》卷五〕　蜀膝辛純陽。破血。

宋·劉明之《圖經本草藥性總論》卷上　常山　味苦、辛，寒、微寒，有毒。主傷寒寒熱熱發，溫瘧鬼毒，胸中痰結吐逆，療鬼蠱往來水脹，洒洒惡寒。《藥性論》云：　忌葱。味苦，有小毒。治諸瘧，吐痰涎，去寒熱。食多令人大吐。治項下瘤癭。蕭炳云：　得甘草，吐瘧。日華子云：　忌菘菜。畏玉札。

蜀漆　味辛，平、微溫，有毒。主瘧及欬逆寒熱，腹中癥堅痞結積聚，邪氣蠱毒鬼疰，療胸中邪結氣。《藥性論》云：　使。味苦，有小毒。常山苗也。治瘴鬼瘧，多時不差，去寒熱瘧，治溫瘧寒熱，下氣積聚。日華子云：　治癥瘕。栝蔞為之使。惡貫衆。畏槖吾。

宋·陳衍《寶慶本草折衷》卷一〇　常山　一名互草，細實黃者名鷄骨常山，乃蜀漆根也。生益州川谷及漢中、宜都、建平、金、房、梁州。○八月採根，陰乾。○畏玉札，忌葱及菘菜。○艾氏云：　□□□□□□莫和味□以為□者，皆□生菜也。○又與酒及烏梅相宜。

味苦、辛，微寒，有毒。○主傷寒寒熱，溫瘧鬼毒，胸中痰結吐逆，鬼蠱、水脹，惡寒，風瘮。○《藥性論》云：　治諸瘧。進多，令人大吐。治項下瘤癭。○《圖經》曰：　根似荊，黃色。分蜀漆條。

續說云：　張松《究原方》言一少婦食中失驚，發搐涎塞，用生常山末貳錢，冷水入茶，調灌吐涎即甦。艾原甫謂：　常山吐痰瘧之要藥。今壯人暴瘧，服此得吐而瘧斷，效固捷矣，然亦傷人元臟。若虛勞久瘧羸弱者，吐之必致瘵困。宜剉碎以酒煎數沸，換酒，煎三度，仍加烏梅同煎，能制其毒而不作吐，終不及《經驗方》取緊細鷄骨常山，剉碎，浸酒中一宿，漉出，以水洗去泡沫，日曬夜露，如此三次，切不可焙。蓋一曬一露，得陰陽之真氣，其毒已消，服之非但不吐，而功亦倍也。

蜀漆使。○蜜香草在內。　一名雞尿草，一名鴨尿草，乃常山苗也。生江林山即益州江陽山川谷，及蜀、漢、淮、浙、京西、湖南，及明、海州。○五、八、九月採葉，日乾。○栝樓、桔梗為使，惡貫衆，畏槖吾，忌木笋。

味辛、苦，平，微溫，有毒。○主瘧及欬逆寒熱，積聚邪氣，蠱毒鬼疰，胸中結氣。○《藥性論》云：　治瘴鬼瘧寒熱，多進令人吐逆，下肥氣。○《圖經》曰：　葉似茗而狹長。今天台山出土常山，苗葉極甘，人用為飲，香，其味如蜜，又名蜜香草。亦涼，飲之益人。○寇氏曰：　治瘧，多吐人。

元·王好古《湯液本草》卷四　蜀漆　氣微溫，味辛，純陽。辛，平，有毒。《珍》云：　破血。《心》云：　洗去腥，與苦酸同用，導膽。《本草》云：　主瘧及欬逆寒熱，腹中癥堅，痞結，積聚，邪氣，蠱毒，鬼疰，療胸中邪結氣，能吐出之。成無己註云：　火邪錯逆，加蜀漆之辛以散之。

元·尚從善《本草元命苞》卷五　常山　味苦辛，微寒，有小毒。淂甘草，吐瘧。畏玉札。忌葱。主諸瘧，洒淅往來寒熱。治胸中痰結，吐逆涎潮。療傷寒寒熱，鬼毒蠱氣。除水腫惡寒，鼠瘻癭瘤。生益州、漢中川谷。以八月採根，陰乾。似茗葉狹長，開白花，青蕚，莖圓，兩葉相對，結實，三子為房，似荊根，色黃，如雞骨最妙。

元·朱震亨《本草衍義補遺》　常山　屬金而有火與水。性暴悍，善驅逐，能傷其貞〔真〕氣，（切）〔功〕不可（偃）〔掩〕過（多）〔者〕也。病人稍近虛怯，勿可用也。惟雷公云：　老人與久病切忌之，而不明言其害。《外臺秘要》乃用三兩作一服，煎，頓服，以治瘧。予恐世人因《秘要》之言，而不知雷公之意云。○常山，蜀漆苗也。

元·徐彥純《本草發揮》卷二　（情）〔恒〕山　丹溪云：　恆山屬金而有火與水。性暴悍，善驅逐，能傷真氣，功不掩過者也。病者稍近虛怯，勿用也。雷公有云：　老人與久病人，切忌之。

蜀漆　潔古云：　蜀漆，味辛，純陽。破血。　東垣云：　蜀漆，破腹中癥瘕，堅結痞氣，積聚邪氣。主瘴鬼久瘧不瘥。又云：　蜀漆洗去腥，與苦酒同用以導膽。　海藏云：　火邪錯逆，加蜀漆之辛以散之。

明·王綸《本草集要》卷三　常山　味苦辛，氣寒，有毒。畏玉札，忌葱及蔻葉、雞肉。陰乾。如雞骨者佳。　主傷寒寒熱，熱發溫瘧鬼毒，胸中痰結吐逆。療鬼蠱往來，水脹，洒洒惡寒。得甘草，吐瘧效。不可多服，令人大吐，年老及久病人切忌之。能傷真氣，病人稍近虛怯，勿用。

蜀漆使常山苗也。 味辛，氣平，微溫。純陽。有毒。栝樓、桔梗為使。五月採葉，陰乾。 主瘧及咳逆寒熱，腹中癥堅，痞結積聚，邪氣蠱毒鬼疰。多服令人吐逆。

明・滕弘《神農本經會通》卷一 常山 畏玉札。忌葱及菘菜。實，黄者呼為雞骨常山，用最勝。蜀漆根也。《局》云：剉碎，酒浸一晝夜，蒸過。 味苦辛，氣微寒，有毒。東云：理痰結，治溫瘧。《疌》云：除水，治寒熱瘻瘤，并鬼毒，吐瘧，除蠱膨水脹，及搜痰。

《本經》云：主傷寒寒熱，熱發，溫瘧，鬼毒，胸中痰結，吐逆。療鬼蠱往來，水脹，洒洒惡寒，鼠瘻。八月採根，陰乾。《藥性論》云：常山，忌葱。味苦，有小毒。治諸瘧，吐痰涎，去寒熱，下瘤瘻。不可進多，令人大吐。蕭炳云：得甘草吐瘧。日華子云：忌菘菜。丹溪云：常山屬金，性暴悍，善驅逐，能傷人真氣，切不可過。病人稍近虛怯，不可用也。惟雷公云：老人與久病切忌之。而不明言其害。《外臺秘要》乃用三兩作一服，煎頓服，以治瘧子。恐世人因《秘要》之言，而不知雷公之意。劊云：常山味苦性微寒，治瘧切多大吐涎。黄細形如雞骨勝，苗名蜀漆一般看。常山，吐涎截瘧。

蜀漆：使也。栝樓、桔梗為之使。畏槖吾。常山苗。 味辛，氣微溫，有毒。《湯》云：純陽。辛，平，有毒。《珍》云：消積聚，及邪氣癥瘕，破堅痞，并瘴鬼久瘧，導膽。洗去腥，須同酒用。

《本經》云：主瘧及欬逆，寒熱癥堅痞結，積聚邪氣，蠱毒鬼疰。療胸邪結氣，吐出之。常山苗也。五月採葉，陰乾。《藥性論》云：蜀漆，使。味苦，有小毒。治瘴鬼瘧多時不差，去寒熱瘧，治溫瘧寒熱。不可多進，令人吐逆。主堅癥，下肥氣積聚。日華子云：治癥瘕。《圖經》云：根葉二味，為治瘧之最要，仲景蜀漆散，用蜀漆、雲母、龍骨等分，杵末，患者至發前，以漿水和半錢服之。溫瘧，加蜀漆半分，臨發時服一錢匙。《珍》云：破血。《心》云：洗去腥，與苦酸同用，導膽。成無己註云：火邪錯逆，加蜀漆之辛以散之。

明・劉文泰《本草品彙精要》卷一三 常山有毒。 植生。

常山出《神農本經》：**主傷寒寒熱，熱發溫瘧，鬼毒，胸中痰結，吐逆。**以上朱字《神農本經》。 療鬼蠱往來，水脹，洒洒惡寒，鼠瘻。以上黑字名醫所錄。

【名】互草。 【苗】《圖經》曰：常山，即蜀漆根也。葉似茗而狹長，兩葉相當，莖圓有節，三月生白花，青萼，五月結實而圓，三子爲房。苗高者不過三四尺，根似荊，黄色。而海州出者葉似楸葉，八月開紅白花，子碧色，似山楝子而小。今天台山出一種草，名土常山，苗葉極甘，人用爲飲。由其味香甘如蜜，又名蜜香草，性亦溫，飲之益人，非此常山也。 【地】《圖經》曰：生益州山谷，及漢中、金州、房州、梁州皆有之。【道地】宜都、建平。 【時】生：春生苗。採：八月取根。 【收】日乾。 【用】根細實如雞骨者佳。 【質】類荊根而微黄。 【色】黄。 【味】苦，辛。 【性】微寒，泄。 【氣】氣薄味厚，陰中之陽。 【臭】腥。 【主】截諸瘧，吐痰涎。 【反】畏玉札。 【製】《雷公》云：酒浸一宿，漉出，日乾用。 【合治】合小麥、竹葉煮服，療小兒瘧，洒洒寒熱，項下瘤瘻。〇以三兩合漿水三升，浸一宿，煎取一升，治瘧疾於欲發前，頓服，取微吐，瘥。〇以三兩搗末合雞子白，和丸如梧子大，空心服三十丸，治瘧病，效。 【禁】多服令人大吐。又老人久病不宜服。 【忌】葱、菘菜即今白菜也。

蜀漆有毒。 植生。

蜀漆出《神農本經》：**主瘧及欬逆寒熱，腹中癥堅，痞結，積聚，邪氣，蠱毒，鬼疰。**以上朱字《神農本經》。療胸中邪結氣，吐出之。以上黑字名醫所錄。 【名】雞尿草、鴨尿草。 【苗】《圖經》曰：春生苗，高三四尺，葉似茗而狹長，兩兩相當，莖圓有節，三月生紅花青萼，五月結實而圓，三子爲房，而海州出者葉似楸葉，八月開紅白花，子碧色，似山楝子而小，此種即常山苗也。 【地】《圖經》曰：生江林山川谷及蜀漢中、益州山谷，淮、浙、湖南州郡亦有之。【道地】明州、海州。 【時】生：春生苗。採：五月取。 【收】暴乾。 【用】苗、葉。 【質】類荊莖而有節。 【色】黄。 【味】辛。 【性】平，微溫，散。 【氣】氣之厚者，陽也。 【臭】腥。 【主】久瘧，積聚。 【助】栝樓、桔梗爲之使。 【反】畏槖吾，惡貫衆。 【製】《雷公》云：取莖並葉五兩，以甘草四兩，細剉，拌水令濕，同蒸。臨時去甘草，取蜀漆又拌甘草水勻，再蒸了，任用。 【治】療：《藥性論》云：主鬼瘧，溫瘧，又寒熱瘧，下肥氣，積聚。日華子云：治癥瘕。 【合治】合雲母、龍骨等分杵末，以漿水調半錢，療瘧疾，於未發前服，效。如溫瘧，再加蜀漆半分，臨發時服一錢匕，瘥。 【忌】木笋。 【禁】不可多服，令人吐逆。

明・葉文齡《醫學統旨》卷八 常山 氣寒，味苦、辛。有毒。 畏玉札；

忌葱、菘菜、鷄肉。其形如鷄骨者佳。　治諸瘧，吐痰涎，去寒熱，開胸中痰結。不可多服，令人大吐；　年老久病人，虛者切忌，以其能傷真氣也。

明・許希周《藥性粗評》卷一　蜀漆向山嵐而逐鬼，乾漆磨堅。

蜀漆，常山苗也。一名鴨尿草，大略見前常山條下。五月採葉，陰乾。凡用煎甘草水拌濕蒸過。栝蔞、桔梗為之使，惡貫眾。勿食木笋。　味辛，性熱，有毒。　主治欬逆寒熱，堅瘕積塊，蠱毒鬼疰，山嵐瘴氣，久瘧不差，番吐惡邪，大略與常山同力。海藏云：　火邪錯逆，加蜀漆之辛以散之。東垣云：　與苦酒同用，以導膽。苦酒，醋也。

瘧求驅逐，須向常山。蜀漆另有本條。

常山，蜀漆根也。一名互草。高四五尺，葉似茗而狹長，兩兩相對，莖圓有節似牡荊，黄色，三月開紅花，青蕚，五月結實，江南出者八月開花紅白色，似山楝子而小。隄岸處處有之。五月採葉，八月採根如雞骨者，陰乾，臨用時剉，同甘草潤濕，蒸過，去甘草不用，或以酒浸一晝夜，蒸過用亦可。畏玉札，忌葱。　味苦、辛，性寒，有毒。　主治傷寒寒熱，溫病鬼毒，水脹癥結，截瘧吐痰，翻蠱消癭，一切鬱結皆可驅逐。丹溪云：　性暴悍，能傷真氣，功不揜過者也。雷公云：　老人與久病人切忌之。

單方：　新瘧：　凡患瘧疾二三次，可翻吐之，常山一兩，甘草五錢，水一鍾煎八分，溫服，自吐。

明・鄭寧《藥性要略大全》卷七　常山　吐涎，理痰結，治溫瘧。　味苦、辛，氣寒，有毒。畏蜀漆，忌菘菜、雞肉、葱。形如雞骨者良。陰乾用。

明・賀岳《醫經大旨》卷一《本草要略》　常山　屬金而有火與水，乃蜀漆根也。性暴悍，善驅逐，能傷其真氣，病人稍近虛怯，切不可用。瘧子藥中少加之則截。

明・陳嘉謨《本草蒙筌》卷三　常山　味苦、辛，氣寒。無毒。川蜀多生，湖浙亦有。擇如鷄骨，入藥方靈。忌菘菜鷄肉葱，畏玉札勿令犯。截溫瘧吐痰沫殊功，解傷寒毆寒熱立劾。水脹堪逐，鬼蠱能消。勿滚熱下咽，必露冷過宿。凡服此，須頭晚煎熟，露天空下一宿，次早纔服。年老久病人全忌，形瘦稍虛者少煎。蓋性悍兇，毆逐甚捷，功不掩過者也。〇苗名蜀漆，味苦純陽。五月收採陰乾，使宜栝樓桔梗。散火邪錯逆，破癰瘕癥堅。除痞結積凝，辟蠱毒鬼疰。久瘧兼治，欬逆且調。切勿服多，亦防惡吐。

明・方穀《本草纂要》卷二　常山　味苦、辛，氣寒，無毒。治瘧之神劑也。夫瘧者，痰症也。古人謂無痰不成瘧，可見常山能開腦中大結，痰涎之氣者也。故凡溫瘧寒熱往來，蠱毒脹氣，洒淅惡寒，是皆風寒不清，痰結脾家之証，用此開痰之劑治之，無不效者。若得甘草用之尤妙。但體虛久病之人，慎不可服。蓋其開痰甚速，使用之不當，令人大吐，豈可輕試之乎？

明・王文潔《太乙仙製本草藥性大全》卷三《本草精義》　常山　蜀漆根。生益州山谷及漢中與金州、房州、梁州。《經》云：　樹高三四尺，葉似茗，狹長，莖圓，兩葉相當。三月開白花，青蕚。又云紅花。五月結實青圓，三子爲房。根似荊根，黄色而破。今宜都、建平細實黄，呼爲〔鷄骨〕常山，最勝。八九月採根陰乾。畏玉札，忌菘、芥菜、雞肉、葱。

按：　《衍義》云：　今天台出一種草，名土常山，苗葉極甘，人用爲飲，香味甘如蜜，又名蜜香草也。亦凉飲之，益人。非此常山也。

蜀漆　即常山苗也。生江林山川谷及蜀漢中常山，益州山谷及漢中蜀漆根也。江林山即益州江陽山名，是同處耳。今京西、淮浙、湖南州郡亦有之。葉似茗而狹長，兩兩相當，莖圓有節，三月生紅花青蕚，五月結實圓，三子爲房。苗高者不過三四尺，根似荊，黄色。而海州出者葉似楸葉，八月有花紅白色，子碧色，似山楝子而小。五月採葉，八月採根，陰乾。此二味爲治瘧之最要。

明・王文潔《太乙仙製本草藥性大全》卷三《仙製藥性》　常山　味苦、辛，氣寒，無毒。　主治：　截濕瘧吐痰沫殊功，解傷寒毆寒熱立效。水脹堪逐，鬼蠱能消。勿滚熱下咽，必露冷過宿。年老久病人全忌，形瘦稍虛者少煎。蓋性悍凶，毆逐甚捷，功不掩過者也。　補註：　治瘧疾，用三兩，以漿水三升浸一宿，煎取一升，欲發前頓服。又方，亦以三兩，研末，用雞子白和丸如桐仁大，每服三十丸。治諸瘧吐痰涎，去寒熱，用小麥、竹葉三味和煮，小兒服甚良。　太乙曰：　凡使，春使莖葉，夏秋冬用時使酒浸一宿，至天明漉出，日乾，熬搗。少用，勿令老人久病服之，切忌。

蜀漆使　味辛，氣平、微溫，純陽，有毒。栝樓、桔梗爲之使。　主治：　散火邪錯逆，破癰瘕癥堅。除痞結積凝，辟蠱毒鬼疰。久瘧兼治，欬逆且調。切勿服多，亦防惡吐。　補註：　瘧病，蜀漆、雲母、龍骨各等分，搗末，患者至發前，以漿水和半錢服。〇溫瘧加蜀漆半分，臨發時服。　太乙曰：　凡採得後和根苗，臨用時即去根取莖葉，同拌甘草四兩，細剉用，拌水令濕，同蒸。臨時去甘草，取蜀漆五兩，細剉，又拌甘草水勻，又蒸了任用。勿食木笋。

明・皇甫嵩《本草發明》卷三 常山下品上，佐使。氣寒，味苦、辛，有毒。

發明曰：常山，屬金有火與水，性暴悍，善驅逐，傷人真氣，病者虛怯勿輕用。惟截瘧為專。故《本草》主溫瘧鬼疰，胸中痰結吐逆，傷寒寒熱，逐水脹鬼蠱鼠瘻。又云：治諸瘧吐痰涎，治項下瘤癭用之。截瘧必露冷過宿，勿熱服及多服。忌菘菜、雞肉、葱。畏玉札，勿令犯。服此忌茶茗。形如雞骨者，入藥方靈。

明・李時珍《本草綱目》卷一七草部・毒草類 常山《本經》下品 蜀漆同上

【釋名】恒山吴普 互草《本經》 鷄尿草《日華》 鴨尿草《日華》 時珍曰：恒亦常也。恒山乃北岳名，在今定州。常山乃郡名，亦今真定。豈此藥始産于此得名歟？蜀漆乃常山苗，功用相同，今併爲一。

【集解】《别録》曰：常山生益州川谷及漢中。二月、八月采根，陰乾。又曰：蜀漆生江林山川谷及蜀漢中，常山苗也。五月采葉，陰乾。弘景曰：常山出宜都、建平。細實黄者，呼爲雞骨常山，用之最勝。蜀漆是常山苗而所出又異者，江林山即益州江陽山名，故是同處爾。彼人采得，縈結作丸，得時燥者佳。恭曰：常山生山谷間。莖圓有節，高者不過三四尺。葉似茗而狹長，兩兩相當。二月生白花，青萼。五月結實青圓，三子爲房。其草暴燥色青白，堪用。若陰乾便黑爛鬱壞矣。保昇曰：今出金州、房州、梁州中江縣。樹高三四尺，根似荆根，黄色而破。五六月采葉，名蜀漆也。李含光曰：蜀漆是常山莖，八月、九月采之。頌曰：今汴西、淮、浙、湖南州郡亦有之，並如上説。而海州出者，葉似楸葉。八月有花，紅白色，子碧色，似山楝子而小。今天台山出一種草，名土常山，苗葉極甘。人用爲飲，甘味如蜜，又名蜜香草，性凉益人，非此常山也。

【修治】斅曰：采時連根苗收。如用莖葉，臨時去根，以甘草細剉，同水拌濕蒸之。臨時去甘草，取蜀漆細剉，又拌甘草水勻，再蒸，日乾用。其常山，凡用以酒浸一宿，漉出日乾，熬擣用。時珍曰：近時有酒浸蒸熟或瓦炒熟者，亦不甚吐人。又有醋製者，吐人。

常山 【氣味】苦，寒，有毒。《别録》曰：辛，微寒。普曰：神農、岐伯：苦。桐君：辛，有毒。李當之：大寒。權曰：苦，有小毒。炳曰：得甘草，吐瘧。之才曰：畏玉札。大明曰：忌葱菜及菘菜。伏砒石。 【主治】傷寒寒熱，熱發温瘧鬼毒，胸中痰結吐逆《本經》。療鬼蠱往來，水脹，洒洒惡寒，鼠瘻《别録》。治諸瘧，吐痰涎，治項下瘤癭甄權。

蜀漆 【氣味】辛，平，有毒。《别録》曰：微温。權曰：苦，有小毒。元素曰：辛，純陽。炳曰：桔梗爲之使。之才曰：栝樓爲之使。惡貫衆。 【主治】瘧及欬逆寒熱，腹中癥堅痞，積聚邪氣，蠱毒鬼疰《本經》。療胸中邪結氣，吐去之《别録》。治鬼瘧多時，温瘧寒熱，下肥氣甄權。破血，洗去腥，與苦酸同用，導膽邪元素。

【發明】斅曰：蜀漆春夏用莖葉，秋冬用根。老人久病，切忌服之。頌曰：常山、蜀漆爲治瘧之最要。不可多進，令人吐逆。震亨曰：常山性暴悍，善驅逐，能傷真氣。病人稍近虛怯，不可用也。《外臺》乃用三兩作一服，殊昧雷公老人久病切忌之戒。時珍曰：常山、蜀漆有劫痰截瘧之功，須在發散表邪及提出陽分之後。用之得宜，神效立見；用失其法，真氣必傷。夫瘧有六經瘧、五臟瘧、痰濕食積瘴疫鬼邪諸瘧，須分陰陽虛實，不可一概論也。常山、蜀漆生用則上行必吐，酒蒸炒熟用則氣稍緩，少用亦不致吐也。得甘草則吐，得大黄則利，得烏梅、鯪鯉甲則入肝，得小麥、竹葉則入心，得秫米、麻黄則入肺，得龍骨、附子則入腎，得草果、檳榔則入脾。蓋無痰不作瘧，二物之功，亦在驅逐痰水而已。楊士瀛《直指方》云：常山治瘧，人皆薄之。瘧家多蓄痰涎黄水，或停潴心下，或結澼脇間，乃生寒熱。法當吐痰逐水，常山豈容不用？水在上焦，則常山能吐之；水在脇下，則常山能破其澼而下其水。但須行血藥品佐助之，必收十全之功。其有純熱發瘧或蕴熱内實之證，投以常山，大便點滴而下，似泄不泄者。須用北大黄爲佐，泄利數行，然後獲愈也。又待制李燾云：嶺南瘴氣寒熱所感，邪氣多在營衛皮肉之間。欲去皮膚毛孔中瘴氣根本，非常山不可。但性吐人，惟以七寶散冷服之，即不吐，且驗也。

【附方】舊三，新二十三。

截瘧諸湯：《外臺秘要》用常山三兩，漿水三升，浸一宿，煎取一升，欲發前頓服，取吐。○《肘後方》用常山一兩，秫米一百粒，水六升，煮三升，分三服。先夜、未發、臨發時服盡。○《養生主論》王隱者驅瘧湯云：予用此四十年，奇効不能盡述，切勿加減，萬無一吐者。常山酒煮晒乾、知母、貝母、草菓各一錢半，水一鍾半，煎半熟，五更熱服。渣以酒浸，發前服。

截瘧諸酒：《肘後方》用常山一兩，酒一升，漬二三日，分作三服，平旦一服，少頃再服，臨發又服。或加甘〔草〕，酒煮服之。○宋俠《經心録》醇醨湯，治間日瘧。支太醫云：乃桂廣州方也，甚驗。恒山一錢二分，大黄二錢半，炙甘草一錢二分。水一盞半，煎減半，〔曰〕醇，發日五更温服；再以水一盞，煎減半，曰醨，未發時温服。○虞摶《醫學正傳》治久瘧不止。常山一錢半，檳榔一錢，丁香五分，烏梅一個，酒一盞，浸一宿，五更飲之。一服便止，永不再發，如神。

截瘧諸丸：《千金方》恒山丸：治數年不瘥者，兩劑瘥；一月以來者，一劑瘥。恒山三兩，研末，雞子白和丸梧子大，瓦器煮熟，殺腥氣，則取晒乾收之。每服二十丸，竹葉湯下，五更一服，天明一服，發前一服，或吐或否即止。○《肘後》丹砂丸：恒山擣末三兩，真丹一兩研，白蜜和杵百下，丸梧子大。先發時三丸，少頃再服三丸，臨時服三丸，酒下，無不斷者。○曾世榮《活幼心書》黄丹丸：治大小久瘧。恒山二兩，黄丹半兩，烏梅連核瓦焙一兩，爲末，糯米粉糊丸梧子大。每服三五十丸，凉酒下，隔一夜一服，平旦一服。午後方食。○葛洪《肘後方》用恒山三兩，知母一兩，甘草半兩，擣末，蜜丸梧子大。先發時服十丸，次服七丸，後服五六丸，以瘥爲度。○《和劑局方》瞻仰丸：治一切瘧。常山四兩，炒存性，草果二兩，炒存性，爲末，薄糊丸梧子大。每卧時冷酒服五十丸，五更再服。忌鵝羊熱物。○又勝金丸：治一切瘧，胸膈停痰，發不愈者。常山八兩，酒浸蒸焙，檳榔二兩，生研末，糊丸梧子大，如上法服。○《集簡方》二聖丸：治諸瘧，不拘遠近大小。雞骨恒山、雞心檳榔各一兩，生研，鮫鯉甲煨焦一兩半，糯粉糊丸緑豆大，黄丹爲衣。每服三五十丸，如上法服。

厥陰肝瘧：寒多熱少，喘息如死狀，或少腹滿，小便如(癃)〔膿〕，不問久近，不吐不泄，如神。恒山一兩，醋浸一夜，瓦器煮乾。每用二錢，水一盞，煎半盞，五更冷服。趙真人《濟急方》。

太陰肺瘧：痰聚胸中，病至令人心寒，寒甚乃熱，熱間善驚，如有所見。恒山三錢，甘草半錢，秫米三十五粒，水二鍾，煎一鍾，發日早分三次服。《千金方》。

少陰腎瘧：凄凄然寒，手足寒，腰脊痛，大便難，目眴眴然。恒山二錢半，豉半兩，烏梅一錢，竹葉一錢半，葱白三根，水一升半，煎一升，發前分三服。《千金方》。

牝瘧獨寒：不熱者。蜀漆散：用蜀漆、雲母煅三日夜、龍骨各二錢，爲末。每服半錢，臨發日旦一服，發前一服，酢漿水調下。温瘧又加蜀漆一錢。張仲景《金匱要略》。

牡瘧獨熱：不冷者。蜀漆一錢半，甘草一錢，麻黄二錢，牡蠣粉二錢，水二鍾，先煎麻黄、蜀漆，去沫，入藥再煎至一鍾，未發前温服，得吐則止。王燾《外臺秘要》。

温瘧熱多：恒山一錢，小麥三錢，淡竹葉二錢，水煎，五更服，甚良。《藥性論》。

三十年瘧：《肘後方》治三十年老瘧及積年久瘧。常山、黄連各一兩，酒三升，漬一宿，以瓦釜煮取一升半。發日早服五合，發時再服。熱當吐，冷當利，無不瘥者。○張文仲《備急方》用恒山一兩半，龍骨五錢，附子炮二錢半，大黄一兩，爲末，雞子黄和丸梧子大。未發時五丸，將發時五丸，白湯下。支太醫云：此方神驗，無不斷者。

瘴瘧寒熱：劉長春《經驗方》常山一寸，草果一枚，熱酒一盌，浸一夜，五更望東服之，蓋卧，酒醒即愈。○談埜翁《試驗方》用常山、檳榔、甘草各二錢，黑豆一百粒，水煎服之。乃彭司寇所傳。○葛稚川《肘後方》用常山、黄連、香豉各一兩，附子炮七錢，搗末，蜜丸梧子大。空腹飲服四丸，欲發時三丸。至午後乃食。

妊娠瘧疾：酒蒸常山、石膏煅各一錢，烏梅炒五分，甘草四分，水一盞，酒一盞，浸一夜，平旦温服。姚僧坦《集驗方》。

百日兒瘧：《水鑒仙人歌》曰：瘧是邪風寒熱攻，直須術治免成空。常山刻作人形狀，釘在孩兒生氣宫。如金生人，金生在巳，即釘巳上；木生人，釘亥上；火生人，釘寅上；水土生人，釘申上也。

小兒驚忤：暴驚卒死中惡。用蜀漆炒二錢，左顧牡蠣一錢二分，漿水煎服，當吐痰而愈。名千金湯。阮氏。

胸中痰飲：恒山、甘草各一兩，水五升，煮取一升，去滓，入蜜二合，温服七合，取吐。不吐更服。《千金〔方〕》。

題明・薛己《本草約言》卷一《藥性本草》 恒山 味苦、辛，氣寒，有毒。陰中之陽，升也。吐胸膈之頑痰，截諸瘧之邪氣。雖有劫病之功，當為虚者之忌。乃蜀漆根也。入足厥陰經。○忌菘菜、雞肉、葱。服此忌茶茗。形如雞骨者良。恒山屬金，有火與水，性暴悍，善驅逐，傷人真氣，病者虚怯勿輕用。惟截瘧為專，然必露冷過宿，勿熱服及多服。

明・梅得春《藥性會元》卷上 常山 味苦、辛，氣寒。有毒。畏玉札，忌葱、菘菜。苗名蜀漆。川中出者佳。形如雞骨。 主療諸瘧，吐痰涎，退寒熱，開胸中痰結，治鬼蠱鬼毒，往來水脹。不可多服，令人大吐。虚人切忌用之，以其暴悍之性，善於驅逐，能傷真氣。 其苗蜀漆，主治瘧疾，欬逆，寒熱，腹中癥堅痞結，積聚邪氣，蠱毒鬼疰；療胸中邪結氣，吐出之。栝蔞為使。惡貫仲。 製法：凡使，以人參湯煮乾、炒燥，或以童便浸煮，不則令人吐瀉。

明・杜文燮《藥鑒》卷二 常山 氣寒，味苦、辛。性暴悍，善驅逐，能損真氣。痰人稍近虚怯者，不可輕用。瘧症藥中少用則截。鬼蠱能消，水腫其逐，必須醋炒，方可免吐。忌葱。

明・王肯堂《傷寒證治準繩》卷八 蜀漆常山苗也。 氣寒、微溫，味苦辛，純陽，有毒。主傷寒，寒熱溫瘧，吐胸中痰飲，破血。成：火邪錯逆，加蜀漆之辛以散之。熟則不甚吐人。

明・李中立《本草原始》卷三 常山 生益州山谷及漢中，今京西、淮、浙、湖南州郡亦有之。葉似茗而狹長，兩兩相當。莖圓有節，三月生紅花青萼，五月結實青圓，三子為房。苗高者不過三四尺，根似荊，黄色。而海州出者葉似楸葉。八月有花紅白色。子碧色，似山楝子而小。八月採根，陰乾。始產常山，故名。 氣味：苦，寒，有毒。 主治：傷寒寒熱熱發，溫瘧鬼毒，胸中痰結，吐逆。○療鬼蠱往來，水脹，洒洒惡寒，鼠瘻。○治諸瘧，吐痰涎。治項下瘤癭。

常山，《本經》下品。【圖略】蜀漆根也。色褐多刻，俗呼金剛骨，市每充常山。 常山擇如雞骨色，如鵝子黄色者佳。 修治：以酒浸一宿，漉出，細剉，日乾，熬搗用。近時有以酒浸，蒸熟酒拌，炒熟用，亦不甚吐人。

《別錄》曰：辛，微寒。柄曰：得甘草吐瘧。之才曰：畏玉札。大明曰：忌蔥菜，菘菜，伏砒石。老人、久病，切忌服之。 《養生主論》：王隱者驅瘧湯：常山酒煮，晒乾，草果、知母、貝母各錢半，水鍾半，煎半熟，五更熱服，渣以酒浸，發前服，奇效。不能盡述，切勿加減，萬無一吐者。

明·張懋辰《本草便》卷一　常山　味苦、辛，氣寒，有毒。年老及久病人切忌之。畏玉札，忌葱及菘菜、雞肉。　主傷寒寒熱，溫瘧，療鬼蠱。

明·李中梓《藥性解》卷二　常山　味苦、辛，性微寒，有毒，入肝經。最開結痰，專理瘧疾，毒令人吐。惡生葱、菘菜及醋。苗名蜀漆，雞骨者良。

按：丹溪云：常山屬金，宜伐肝邪，然其性酷，下咽令人大吐，傷脾損胃，惟精壯與痰實者宜之，老人小兒及虛弱久病勿用。

明·繆希雍《本草經疏》卷一〇　常山　味苦、辛，寒、微寒，有毒。主傷寒寒熱，熱發溫瘧鬼毒，胸中痰結吐逆，療鬼蠱往來，水脹，洒洒惡寒，鼠瘻。畏玉札。忌菘菜。

【疏】常山稟天地陰寒之氣以生，故其味苦寒。《別錄》、桐君益之以辛，宜其有毒也。苦泄辛散，故善逐飲。陰寒祛熱，故善破瘴癘。入口即吐，其性暴悍又可知已。《本經》主傷寒寒熱，宜作主山嵐瘴氣，寒熱發為溫瘧鬼毒，胸中痰結。古方治瘧多用，蓋以嶺南、西粵鬼方咸多山嵐瘴癘之氣，所感邪氣，充於榮衛皮膚之間，欲去皮膚毛孔中瘴氣根本，非常山不可。以其性能祛逐老痰積飲，善散山嵐瘴癘之邪故也。　【主治參互】治山嵐瘴氣作瘧，百藥不効。秘方：常山四兩，砂仁四兩，檳榔二兩，米醋浸，入瓷器中二宿，取出，各炒燥為末，雞子清和丸如菉豆大。五更，新汲水向東吞三五錢，一服可止。九月已後，宜以酒吞。　劉長春《經驗方》治瘴瘧寒熱，用常山一寸，草果一枚，熱酒一盞，浸一宿，五更向東飲之，蓋臥，酒醒即愈。《肘後方》治三十年老瘧及積年久瘧。常山、黃連各一兩，酒三升，漬一宿，以瓦釜煮取一升半。發日早服五合，發時再服。熱當吐，冷當利，無不瘥者。　【簡誤】常山，陰毒之草也，其性暴悍，雖能破瘴癘，逐積飲，然善損真氣。故瘧非由於瘴氣及老痰積飲所致者，勿用。《經》曰：夏傷於暑，秋必痎瘧。又曰：邪之所湊，其氣必虛。暑邪乘虛客於五臟六腑十二經，瘧亦因之而發。《內經》載之詳矣。王好古分條立方，殊得仲景遺意，此皆瘧之對病正藥也。並不得妄用常山，虛人真氣，變為危證。戒之！戒之！清暑養胃，健脾消痰，乃治瘧之正法。稍久則當分氣血施補助，靡不愈者，又安所事常山乎？

明·倪朱謨《本草彙言》卷五　常山　味苦、辛，氣寒，有毒。《別錄》曰：常山，出益州川谷及漢中。今宜都、建平、海州、汴西、湖南、淮浙并有之。　蘇氏曰：生山谷間，莖圓有節，高三四尺，葉似茗，兩兩相對。二月開白花，青萼，五月結實青圓，三子爲房。根似荊根，色黃而皺。苗如蜀漆也。采時須連根苗收用，氣力始全。性惡濕，采即曝燥，色青白堪用，否則黑爛鬱壞矣。宜都、建平者，根形細實，宛如雞骨，取用勝他地也。海州者，葉似楸葉，八月開花，色紅白，子碧色，似山楝子而小。又天台土常山，苗葉并甘而涼，人用爲飲，非此常山類也。修治：如用蜀漆，臨時去根，水洗淨濾乾，再用甘草水拌蒸，晒乾取用。如用常山，臨時去苗，水洗淨，細剉，酒浸一宿，炒黃用。不爾使人吐也。

常山：逐痰涎，《本經》散溫瘧之藥也。張少懷稿　蓋寒熱溫瘧，必有黃涎聚于胸中，爲寒、爲熱、爲脹、爲嘔，古人謂無痰不成瘧也。古方書又謂治傷寒寒熱，痰飲寒熱，蠱毒瘴氣寒熱，傷暑，食魚麵瓜菓積滯寒熱，常山力能驅之。但此藥雖能驅瘴癘，逐積飲，其性暴悍，終損胃氣，故瘧疾非由于瘴氣及老痰積飲所致者，勿用。如風寒暑濕之邪，飲食之積，乘虛客于五藏六府，十二經，瘧亦因之而發，務宜疏散四氣，次以養胃健脾消痰，乃治瘧之正法。稍久，則當分氣血，施補助，無不愈，又安所事常山者耶。

方龍潭先生曰：常山，蜀漆有刼痰截瘧之功，須在表邪發散之後，或瘧發七次之後，用之無害。若用之早，必致閉邪成膨脹者恒有之。

集方：《方脉正宗》治胸中痰飲。用常山酒浸炒，甘草炙各五錢，水二升，煮取半升，去滓，入蜜十茶匙，溫服取吐，不吐更服。○同前截瘧神方：用常山酒煮晒乾，草果研各二錢，知母、貝母各一錢五分，水二碗，煎半碗，五更未發前熱服。○《和劑局方》治寒多熱少，久瘧不止。用常山酒煮二錢，檳榔一錢五分，丁香五分，烏梅一箇，酒一碗，浸一宿。五更飲之，一服即止，永不再發。○《千金方》治數年不瘥久瘧。用常山酒煮一兩，晒乾爲末，神麯打糊，丸梧桐子大。每服五十丸，五更一服，天明一服，發前一服，俱薑湯下。或吐，或不吐，即止。

小胃丹：治一切痰飲，最能化痰、化痞、化積，并治中風喉痹，極有神效。用常山五錢煨，大戟水煮半日，晒乾炒，芫花醋拌濕，炒，白芥子炒，大黃酒煮，炒，白朮、半夏、枳實、南星、蒼朮、桃仁去皮、杏仁去皮，七味俱用牙皂、白礬水泡過，晒乾炒，各一兩，陳皮炒二兩，共爲末，薑汁和竹瀝打蒸餅，作糊爲丸，如菉豆大。每服四五十丸，虛減半，白湯下。

續補集方：《方脉正宗》治一人飲食起居，向無疾病，安逸自如恬澹，亦無妄作內損諸事。因子貴，日事奉養肥甘旨酒之藥。忽一日醉後臥醒，目中見物一若兩，或爲三四，如桌椅物件平正者，視之反歪斜，歪斜者視之反平正。或補藥、瀉藥、寒藥、熱藥，諸投不效。一人教服滾痰丸，初次服一二劑，覺瀉數行，稍可，服至四五劑後，行多次，覺體憊難支，目光愈恍，視物即山頭樹木，皆林林移動。一西醫李光先曰：此胸胃有伏痰也。用常山五錢，人參蘆三錢，甘草一錢，生薑五片，水二碗，煎八分，食後頓飲，少頃吐痰數碗，目光安定，視物無前狀矣。

明・顧逢柏《分部本草妙用》卷七兼經部・性平　常山　辛，平，有毒。桔梗、栝蔞為使，惡貫眾。得烏梅、鯪鯉甲則入肝，得小麥、竹葉則入心，得秫米、麻黃則入肺，得龍骨、附子則入腎，得草果、檳榔則入脾。酒蒸熟用，庶不吐人。　主治：五臟瘧痰濕食積，瘴疫鬼神，諸瘧，去諸邪瘴氣，消痞積。

語云：無痰不成瘧，非常山不能治瘧。常山、蜀漆，逐水痰積，人畏其性烈而不用，不知佐以行血藥品，和其惡性，必收十全之功。非常山何以去宿痰老痰？痰不去何以治瘧？先觀虛實，後原至理，用之則當矣。用惡人制惡人，以蠻夷攻蠻夷，對症之藥也。疲兵弱將，何以勝虜？《內經》曰：上工能尅，中工補瀉兼行，下工善補。先驅其邪，而後補之，未為晚也。邪未去，而一味顧戀元氣，邪從何去耶？關門辟賊，吾未見賊之能辟也。特以痛快之語，醒訛傳之習。

明・李中梓《醫宗必讀・本草徵要上》　常山味苦、辛，寒，有毒。入肝經。酒炒透。　療痰飲有靈，截瘧疾必效。瘧證必有黃涎聚於胸中，故曰：無痰不成瘧也。弦脈主痰飲，故曰瘧脈胃弦。常山去老痰積飲，故為瘧家要藥。必須好酒久炒令透，不爾使人吐也。按：常山猛烈，施之藿食者多效；若肉食之人，稍稍挾虛，不可輕入。

明・鄭二陽《仁壽堂藥鏡》卷一〇下　蜀漆　《本草》云：蜀漆生益州川谷，惡貫眾。　氣微溫，味辛，純陽，辛，平，有毒。　東垣云：蜀漆：破腹中癥瘕，堅結痞氣，積聚邪氣。主瘴鬼久瘧不瘥。又云：蜀漆洗去腥，與苦酒同用以導膽。　海藏云：火邪錯逆，加蜀漆之辛以散之。　常山：蜀漆苗也。《本草》云：常山生益州川谷。忌葱、菘菜。　味苦、辛，氣寒。有毒。如雞骨者佳。醋煮用。　主吐瘧疾。凡瘧家多蓄痰涎黃水，或停潴心下，或結癖脇間，乃生寒熱。法當吐痰逐水。常山逐痰，無處不攻，故為截瘧要藥。但須用於發散表邪及提出陽分之後，神妙立見。　丹溪云：常山屬金而有火與水。性暴悍，善驅逐，能傷真氣，功不掩過者也。病者稍近虛怯，勿用也。雷公有云：老人與久病人切忌之。　蕭炳云：常山，同甘草吐瘧。

明・蔣儀《藥鏡》卷四寒部　常山　絕痎瘧之不已，須仗檳榔以夾攻。顧元氣之受傷，必用人參以協濟。此乃下痰氣之劫藥，非退寒熱之良材。

明・李中梓《頤生微論》卷三　常山　味苦、辛，性寒，有毒。入肝經。忌葱、醋、菘菜。細實而黃、鷄骨者良。酒浸一宿，切極薄片，炒透。主痰結瘧疾，項下癭瘤。

按：常山有劫瘧之功，須發表提出陽分之後，用之神效。用失其宜，真氣必傷。酒浸炒透，則力緩不發吐。若是虛瘧，須與參术同行，然亦不可多也。

明・張景岳《景岳全書》卷四八《本草正》　常山　味大苦，性寒，有毒。攻溫瘧痰瘧，及傷寒寒熱，痰結氣逆，狂癎癲厥。惟胸腹多滯，邪實氣壯而病瘧者宜之。若老人弱人，俱當忌用。蓋此物性悍，善逐痰飲，得甘草則上行發吐，得大黃則下行發瀉也。亦治鬼毒蠱毒，及頭項瘰癧鼠瘻。

明・賈九如《藥品化義》卷八腎藥　常山　屬陽中有陰有土，體乾燥，色淡黃，氣薄而宣，味甘微苦，性酷云寒非，能升，力散痰瘧，性氣與味俱薄，入脾經。　常山體根，根主升，氣味俱薄，薄主上行，故獨能宣而主吐。宣可去壅，善開結痰，凡痰滯於經絡，悉能從下湧上，取味甘色黃，專入脾經而袪痰瘧。蓋脾虛則生痰，肝虛則發熱，若三日一發者為三陰瘧，俗名三日瘧是也，以此同人參小柴胡湯去痰平肝，少用一錢，必不致於吐，即吐亦為解散，使風散食消，一二劑自愈。若不速治，因循延久，則風暑與食合為痰涎，流滯經絡，名為老瘧，則風暑入陰在臟，宜用血藥引出陽分，而後以此截瘧。第因常山氣味薄而性升上，上必湧吐，恐為暴悍，特酒製助其味厚，又佐以檳榔為使沉降逐痰下行。加知母益陰，貝母清痰，共此四味，為截瘧神方。世嫌其性暴，不能善用，任瘧至經年累月，則太愚矣。但勿多用及久用耳。　取細實者佳，忌雞肉茶茗葱醋。初嚼如木無味，煎嘗味甘(痰)〔淡〕帶微苦，氣味俱薄，亦非劫藥。

明・蕭京《軒岐救正論》卷三　常山　愚按：　諸家本草皆稱常山苦寒有毒，為截瘧要藥。但此最敗真氣，瘧邪未解，遽用止截，雖頓愈一時，轉息復發，或變生他症，腫脹為患，往往大命殞之，目擊多矣。然必惟元氣壯實，山野頑夫，或可暫用也。汪石山曰：《本草》于知母、草果、烏梅、穿山甲皆言治瘧，然知母性寒，入治足陽明獨盛之火，使其退就太陽也。草果性溫燥，治足太陰獨盛之寒，使其退就陽明也。二味合和，則無陰陽交作之變，故為君藥。常山主寒熱瘧，吐胸中痰結，故用為臣。甘草和諸藥，烏梅去痰，檳榔除痰癖破滯氣，故用為佐。川山甲以其穿山而居，遇水而入，則是出陰入陽，穿其經絡于榮分，以破暑結之邪，故用為使。若脾胃鬱伏痰涎，用之必效。苟或無痰，只是暑結榮分，獨應足太陰血分熱者，當發唇瘡，此方無效。丹溪曰：　常山性暴悍，善驅逐，能傷真氣，病人稍近虛怯，不可用也。張通一曰：　余閱瘧門方劑，多不分表裏先後，俱用芩、連、知母及大黃、石膏之類，夫以表邪不解，而得此寒涼，則寒邪愈陷。或任用常山、草果及劫截峻厲等劑，若正為邪傷，而受此尅伐，則元氣愈虛，故多致綿延不已，輕者變重，重者至危，是皆不得其本耳。得則易如反掌，在察所由而已。愚以為治瘧之法，當操其要，無越新久、虛實、標本六者而已。若新病標多，元氣實者，即用仲景法，察晝夜遲速治之。劉宗厚云：　從卯至午發者，宜大柴湯下之。從午至酉發者，宜大承氣湯下之。從酉至子或至寅發者，宜桃仁承氣湯下之，更以小柴胡湯徹其餘邪。其脉實長者，先以大柴胡下之，餘熱不盡，再用白芷湯。或甚寒微熱，或但寒不熱，名曰牝瘧，用柴胡、桂枝以解表。凡此皆治實之道也。若病久而標少，元氣虛者，或間日一發，則用補中湯。氣血俱虛，三四日一發者，此入裏之深也，用十全大補湯。或因飲食所傷，則以六君為主。或勞傷中氣，亦以補中為主。至其日久不愈，只用人參一二兩，生薑減半，煎濃湯，于將發之先一二時，不數劑頓止。亦有病久而標尚在，元氣未虛者，又須攻補兼施。又有新病暴虛，急宜救本，不得以病邪正熾，難用峻補而論也。大意有汗要無汗，以扶正為主，腠理開泄，陽不能固，必補斂之。無汗要有汗，以散邪為主，腠理密緻，邪不能解，必發散之。雖曰有汗宜補，亦當兼散；　無汗宜散，亦當兼補。蓋邪氣盛則實，不可不攻。精氣奪則虛，不可不補也。故在陽分者，淺而易治。在陰分者，深則難治。在春夏易，在秋冬難。在上體易，在下體難。在少壯易，在衰老難。至婦人在胎前產後尤難，其治也務必由陰而陽，由晏及早，由下及上。或寒多熱少，或隔日轉成一日一發，此由藏及府也，汗必由頂至足為易愈。立齋云：　凡病大熱燥渴，以薑湯乘熱飲之。此亦截瘧之良法也。每見發時飲啖生冷物者，病或少愈，多致脾虛胃損，往往不治。又云：　余常以參、术各一兩，生薑四兩，煨熟，煎服即止。或以大劑補中益氣湯，加煨薑尤效，生薑一味亦效。吁！　此法極妥，何必別尋妄劑，至清脾、截瘧二飲，斷不宜輕服。蓋養正則邪自除，可徼速效而喪生乎？　又有如瘧之症，夫真瘧病在風寒暑濕之感，而如瘧則為藏府氣血之衰，一由營衛之出入以為止作，一由水火之爭勝以為盛衰，一責在表，一責在裏，一攻在邪，一扶在正。有陽虛而寒熱如瘧，有陰虛而寒熱如瘧，蓋如瘧而非真瘧也。是非之間，便有邪正虛實之分，治一少差，生死反掌，學者尤不可不知。

明・盧之頤《本草乘雅半偈》帙六　常山《本經》下品　氣味：　苦，寒，有毒。　主治：　主傷寒寒熱，發熱溫瘧，鬼毒，胸中痰結吐逆。

蜀漆《本經》下品　氣味：　辛，平，有毒。　主治：　主瘧，及欬逆寒熱，腹中癥堅，積聚邪氣，蠱毒，鬼疰。

覈曰：　出益州川谷，及漢中，今宜都、建平、海州、汴西、淮、浙、湖南並有之。生山谷間，莖圓有節，高三四尺。葉似茗，兩兩相當，二月作白花，青萼。五月結實青圓，三子為房。根似荊根，色黃而皺，苗即蜀漆也，采時須連根苗收用，氣力始備，性頗惡濕，采即暴燥，青白堪用，否則黑爛鬱壞矣。宜都、建平者，根形細實，宛如雞骨，取用最勝。海州者，葉似楸葉，八月開花紅白，似山楝而小。又天台一種土常山，苗葉並甘而涼，頗適口，非同類也。修事：　如用蜀漆，臨時去根，同甘草相拌，水潤蒸之。去甘草，細剉，再以甘草汁拌蒸，晒乾取用。如用常山，臨時去苗，用酒浸一宿，取出，晒乾熬搗用。常山，畏玉札。蜀漆，惡貫衆。栝樓為之使。

条曰：　經久不遷之謂常，宣氣散生之謂山。蓋以止行行止為體用，故一名互草。從治傷寒溫瘧之體似止，顯寒熱往來之用似行，及鬼毒與胸中結痰吐逆之似止而行，似行而止者。苗曰蜀漆，山獨之謂蜀，水瀉欲留之謂漆，故功用相同，略分內外上下之異耳。合石膏条看，便知彼此功力差別：　石膏之止，止有凝義，行有散義；　常山之止，止有停義，行有流義。

明・李中梓《本草通玄》卷上　常山　苦，寒，有小毒。　消痰至捷，截瘧如神。常山刼痰療瘧，無他藥可比。須在發散表邪之後，用之得宜，立見神功。世俗聞雷斅有老人久病之戒，遂視常山為峻劑，殊不知常山發吐，惟生用與多用為然，與甘草同行，則亦必吐。若酒浸炒透，但用錢許，余每用必見奇功，未有見其或吐者也。不一表明，將使良藥見疑，沉痾難起，抑何其愚耶？　酒浸一宿，切薄片，慢火久炒。形如雞骨者良。

清・顧元交《本草彙箋》卷四　常山　其性暴悍，入口即吐。嶺南西粵鬼方，咸多山嵐瘴癘之氣，邪氣克于榮衛皮膚之間，常山善祛逐老痰積飲，驅除瘴癘。今瘧家往往用之，大傷真氣。

瘧疾不拘遠近，并間日、三日者，用常山一錢半，知母，忌鐵，香附，忌鐵，白芷、陳皮、甘草合一錢，好酒浸三日夜，多日更好，臨發日早，空心略溫服之。暑天涼服亦可。只須服一鍾，餘下尚可治第二人，累效。

清・穆石匏《本草洞詮》卷九　常山、蜀漆　常山，郡名，今真定也。或此藥始產於此，得名歟。蜀漆乃常山苗也。常山味苦辛，氣寒，蜀漆味苦辛，氣平，一云微溫，並有毒。治諸瘧，吐痰涎，療鬼蠱水脹，治項下瘤癭。瘧家多蓄痰涎黃水，或停瀦心下，或結澼脇間，乃生寒熱。法當吐痰逐水，常山、蜀漆為要藥。水在上焦，則常山能吐之。水在脇下，則常山能破其澼而下其水，其有純熱發瘧，或蘊熱內實之證，投以常山。大便點滴而下，似泄不泄者，須用大黃為佐，泄利數行可也。丹溪謂常山性暴悍，善驅逐，能傷真氣，病人稍近虛怯，不可用也。蘇頌亦謂多服令人吐逆。夫常山、蜀漆有刼疾截瘧之功，須在發散表邪及提出陽分之後用之。夫瘧有大經瘧、五臟瘧、痰濕食積、瘴疫鬼邪諸證，須分陰陽虛實，不可一概論也。常山、蜀漆生用則上行，必吐。酒蒸炒熟則氣稍緩，得甘草則吐，得大黃則利，得烏梅、鯪鯉甲則入肝，得小麥、竹葉則入心，得秫米、麻黃則入肺，得龍骨、附子則入腎，得草菓、檳榔則入脾。蓋無痰不作瘧，二物之功，惟是驅逐痰水而已，用之得宜，神効立見。用失其法，真氣必傷耳。

清・劉雲密《本草述》卷一〇　常山苗名蜀漆，功用相同。　氣味：苦，寒，有毒。　《別録》曰：辛，微寒。　普曰：神農、岐伯：苦。桐君：辛，有毒。李當之：大寒。　主治：傷寒寒熱，熱發溫瘧，截瘧，逐老痰積飲，散山嵐瘴氣。

蜀漆　氣味：辛，平，有毒。　《別録》曰：微溫。　權曰：苦，有小毒。　潔古曰：辛，純陽。　主治：瘧及咳逆寒熱，腹中癥堅痞，積聚邪氣《本經》。破血，洗去腥，與苦酸同用，導膽邪潔古。

李燾曰：嶺南瘴氣寒熱，所感邪氣多在營衛皮肉之間，欲去皮膚毛孔中瘴氣根本，非常山不可。但性吐人，惟以七寶散冷服之，即不吐且驗也。楊士瀛曰：常山治瘧，人皆薄之。瘧家多蓄痰涎黃水，或停瀦心下，或結澼脇間，乃生寒熱。法當吐痰逐水，常山豈容不用？水在上焦，則常山能吐之。水在脇下，則常山能破其澼而下其水。但須行血藥品佐助之，必收十全之功。其有純熱發瘧，或蘊熱內實之證，投以常山，大便點滴而下，似泄不泄者，須用北大黃為佐，泄痢數行，然後獲愈也。　震亨曰：常山屬金而有火與水，性暴悍，善驅逐，能傷眞氣，功不掩過者也。病者稍近虛怯，勿用也。雷公有云：老人與久病人切忌之。　時珍曰：常山、蜀漆，有刼痰截瘧之功，但生用則上行，必吐。酒蒸炒熟用，則氣稍緩，少用亦不致吐也。得甘草則吐，得大黃則利。蓋無痰不作瘧，二物之功，亦在驅逐痰水而已。　希雍曰：常山稟天地陰寒之氣以生，故其味苦寒。《別録》、桐君益之以辛，宜其有毒也。苦泄辛散，故善逐飲，陰寒祛熱，故善破瘴癘。入口即吐，其性暴悍，又可知已，最損眞氣。故瘧非由於瘴氣，及老痰積飲所致者，勿用。《經》曰：夏傷於暑，秋必痎瘧。又曰：邪之所湊，其氣必虛。暑邪乘虛，客於臟腑經絡，瘧亦因之而發。清暑養胃，健脾消痰，乃治瘧之正法。稍久則當分氣血，施補助靡不愈者，何事妄用常山？虛人眞氣變為危證乎？

附方　治山嵐瘴氣作瘧，百藥不效秘方，常山四兩，砂仁四兩，檳榔二兩，米醋浸入瓷器中二宿，取出，各炒燥，為末，雞子清和丸如菉豆大，五更新汲水，向東吞三五錢，一服可止。九月已後，宜以酒吞。

愚按：瘧之為病，在《內經》曰：夏傷於暑，秋為痎瘧。蓋謂暑熱鬱於經絡之內，而新秋之風寒束之，陰陽相激，乃有此證，為二氣之相凌併，故曰瘧也。《經》又謂四時之氣，寒熱各有相反，皆能為瘧。亦無不由外淫以薀熱，而更感於外之寒熱異氣，且因於風以作者不少也。丹溪先生謂凡瘧證，皆外邪所致。若然，是或七情，或飲食，或勞倦，皆其兼證也，不得以之為主病。即如久瘧為虛為痰，均當消息於治外邪之間，乃為得之。不則病不能已也。　陳無擇云：夏傷暑，秋痎瘧。在經亦因時而言耳，謂不可專以此論者是也。第即《經》所云暑瘧之義，明此以治暑邪，即可變化而用之於三時矣。《經》曰：衛氣之所在，與邪氣相合，則病作。衛氣相離，則病休。唯王宇泰先生深悉《經》義，其治法但使邪離於陰陽而已，用風藥之甘辛，氣清者以升陽氣，使離於陰而寒已。以苦甘寒引陰氣下降，使離於陽而熱已。是大法之不可易者也。若稍久者，當以丹溪之開鬱通經為主。蓋邪鬱滯於經絡之內，故不能即已其病，唯開其鬱，而使經絡通，則邪熱即散，為汗解矣。問之以補養胃氣，使營衛行，而經絡乃大暢也。至於病在陰分血分，而成久瘧者，朱丹溪先生謂必用升發之藥，自臟而出之於腑，然後自表作汗而解，斯言是也。若然，則以苦甘寒引陰氣下降，使離於陽者，又似未可用乎？曰：久瘧二字，當著眼先生用升發者，必其前未升發，或投劑更傷胃氣，致使陰分之邪無出路也。先生此法固亦兼補胃氣以為升發者，使陰得陽之升而出也。若未至於下陷，則一升一降，豈非良法？如丹溪治一婦瘧，見其面赤黑色，知其暑傷血分，用四物加辛苦寒之劑，二日發瘡瘡而愈。然則辛苦寒又何不可用乎？但貴因其先後致時耳。即是參之，則補胃之劑，又豈得漫投留邪，而不因其時乎？希雍曰：久則當分氣血而施補助。此確論也。丹溪又曰：若取汗而不得汗，理血而汗不足，若非更求藥之切中病情，直透邪所著處，其何能愈？先生此語，即不外於邪離陰陽之義耳。後學謂先生每遇奇證，輒設規矩，旁求曲會，施行以權，即此證有案，不一而足，可知其變化無定矣。若欲求其邪所著處，固自有恰中病情者，即補益亦未可貿貿，奈何取一劫劑，大損眞氣，如常山輩以為無上妙諦也，則亦不學之甚矣。抑常山固驅痰之的味，而無痰不成瘧一語，固不足據乎？曰：營衛有邪著之，焉得無痰，然治病必先其本，苟本之先圖，則治痰之藥自有應節而投。如繆希雍治法，亦從三折肱而得之，試之累效，又何須是物也？後學有云：瘧有山嵐瘴氣，停痰留飲而發者，古方類用常山、砒霜等吐之，今人誤執其方，見瘧輒用，不知二藥有大毒，損人眞氣，犯之多致危殆。慎之！慎之！

修治　凡使細實色黃，形如雞骨者佳。生用令人大吐，酒浸一日，蒸熟，或炒，或醋浸煮熟，則善化痞而不吐。王宇泰曰：常山治瘧，是其本性，雖善吐人，亦有蒸製得法而不吐者，瘧更易愈。

清・郭章宜《本草匯》卷一二　常山即蜀漆。　苦寒，有毒。入足厥陰經。消痰結至捷，截諸瘧如神。雖有劫病之功，當為虛者之忌。

按：常山屬金，有火與水，性極暴悍，雖有劫痰絕瘧之功，須在發散表邪之後。提出陽分之後用之。用之得宜，立建神効。若用之失宜，必傷真氣。時珍云：無痰不作瘧。所以瘧家，多蓄痰涎澼水。常山能破其澼而下水，然必須行血藥品佐之。世疑常山為發吐峻劑，禁不敢服，殊不知生用與多用為然，或同甘草，亦必吐。若製之得宜，用不過錢許，未見其或吐也。雖然，其性陰毒，尤宜于嶺南西粵鬼方，彼其山嵐瘴癘之氣，充于營衛皮膚之間，及老痰積飲，結于心脇之下，必用此方能祛逐。若稍挾虛者，須用清暑養胃、健脾消痰正劑，稍久當分氣血施補，自然收十全之功，復安所事于常山也。

川蜀、湖浙多有。酒浸一宿，切薄片，慢火炒透，形如雞骨者良。生則上行，必吐，得甘草亦吐。酒蒸炒熟，則氣稍緩。得大黃則利，得烏梅、山甲入肝，得小麥、竹葉入心，得秫米、麻黃入肺，得龍骨、附子入腎，得草菓、檳榔入脾。醋製亦作吐。忌雞肉、茶茗、葱、萊。服此藥勿滾熱下咽，必露冷過宿纔服。年老久病人及形瘦挾虛者，全忌。

清・蔣居祉《本草擇要綱目・寒性藥品》　常山　氣味：苦，寒，有毒。為治瘧之最要。不可多進。凡無水不作痰，無痰不成瘧。水在上焦，則常山能吐之。水在脇下，則常山能破其（辟）〔澼〕而下其水。但得行血藥為佐助，功可收其十全也。又純熱發瘧，或蘊熱內實之症，投以常山。大便點滴而下，大便似泄不泄者，佐以大黃泄利數行，可獲全愈也。

清・王翃《握靈本草》卷五　常山南北諸州皆有之。形如雞骨者良。酒浸一宿，切片，慢火炒。苗曰蜀漆。　主治：常山，苦，寒，有毒。主寒熱，發溫瘧鬼毒，胸中痰結吐逆。

清・汪昂《本草備要》卷二　常山宣，吐痰，截瘧；通，行水。　辛、苦而寒，有毒。能引吐行水，祛老痰積飲，痰有六：風痰、寒痰、濕痰、熱痰、食痰、氣痰也。飲有五，流于肺爲支飲，于肝爲懸飲，于心爲伏飲，于經絡爲溢飲，于腸胃爲痰飲也。常山力能吐之、下之。專治諸瘧。然悍暴能損真氣，弱者慎用。時珍曰：常山、蜀漆，劫痰截瘧，須在發散表邪及提出陽分之後用之。瘧有經瘧、藏瘧、風、寒、暑、濕、痰、食、瘴、鬼之別，須分陰陽虛實，不可概論。常山、蜀漆，得甘草則吐，得大黃則利，得烏梅、穿山甲則入肝，得小麥、竹葉則入心，得秫米、麻黄則入肺，得龍骨、附子則入腎，得草果、檳榔則入脾。蓋無痰不作瘧，一物之功，亦在驅逐痰水而已。李士材曰：常山發吐，唯生用、多用爲然。與甘草同用亦必吐。若酒浸炒透，但用錢許，每見奇功，未見其或吐也。世人泥于雷斅老人久病忌服之説，使良藥見疑，沉痾難起，抑何愚也。常山吐瘧痰，瓜蒂吐熱痰，烏附尖吐濕痰，萊菔子吐氣痰，藜蘆吐風痰。

鷄骨者良。酒浸蒸或炒用。栝蔞爲使，忌葱、茗。莖葉名蜀漆，功用略同。古方有蜀漆散，取其苗性輕揚，發散上焦邪結。甘草水拌蒸。

清・陳士鐸《本草新編》卷三　蜀漆　常山之苗也。常山不可用，而苗則可取。味苦，純陰。散火邪錯逆，破癥瘕癥堅，除痞結積凝，辟蠱毒鬼疰，久瘧兼治，欬逆且調。

或問：蜀漆，即常山之苗，子刪常山而取其苗，何謂也？蓋常山性烈而功峻，雖取效甚速，而敗壞元氣亦最深。世人往往用常山治瘧，一劑即愈，而身體狼狽，將息半載，尚未還元。設（載）〔再〕不慎，疾一朝重犯，得免于死亡幸也。其不可輕用，亦明矣。蜀漆雖是常山之苗，不比根之猛烈。蓋苗發于春，其性輕揚，且得春氣之發生，散邪既速，而破氣亦輕，可借之以攻堅，不必慮其損内。此所以舍常山而登蜀漆也。

清・顧靖遠《顧氏醫鏡》卷七　常山辛、苦，寒，有毒。入肝經。酒炒令透，則不發吐。驅痰飲有靈，截瘧疾必效。無痰不成瘧，善祛老痰積飲，故能截積年久瘧如神。散瘴氣寒熱，治項下癭瘤。散瘴邪祛老痰之功。其性暴悍，最損真氣，截瘧宜同補藥用。虚人及孕婦大忌。

清・李熙和《醫經允中》卷二〇　常山　即蜀漆。桔梗、栝蔞為使。得烏梅、鯪鯉甲則入肝；得小麥、竹葉則入心；得秫米、麻黄則入肺；得龍骨、附子則入腎；得草果、檳榔則入脾。酒蒸熟用，庶不吐人。辛，平，有毒。主治吐胸膈之頑痰，截諸瘧之邪氣。其性陰毒，宜于嶺南西粤鬼方，被其山嵐瘴癘之氣充于營衛皮膚之間，老痰食積結于心脇之下，用此方能去瘴祛痰止瘧。然下咽令人大吐，損胃傷脾，惟精壯與痰實者可暫施。若元氣虚弱者，止宜健脾養胃，以收十全之功，何必用此暴悍之藥也？

清・馮兆張《馮氏錦囊秘録・雜症痘疹藥性主治合參》卷三　蜀漆其根名常山。稟天地陰寒之氣，味苦、辛，寒，有毒。苦泄辛散，故善逐飲，陰寒祛熱，故善破瘴癘。入口即吐，其性暴悍可知。古方治瘧多用，蓋以嶺南西粤鬼方山嵐瘴氣所感，充於榮衛皮膚之間，欲去皮膚毛孔中瘴氣根本，非常山不可。以性能祛逐去痰積飲，善散山嵐瘴癘也。

蜀漆，係常山苗，散火邪錯逆，破癥瘕癥堅，痞結積凝，蠱毒鬼疰，久瘧兼治，咳逆亦調，切勿服多。亦防惡吐。常山截溫瘧，吐痰沫殊功，水脹堪逐，鬼蠱能消，勿熱下咽。露宿纔投，故老人病久尤宜戒服，蓋陰毒暴悍之草，雖能破瘴逐飲，善治久瘧，須在發散表邪，提出陽分之後用之。但最損真氣，倘瘧非因瘴氣、老痰積飲者，勿輕用之，功不掩過者也。

按：常山截瘧疾甚效者，蓋瘧疾必有黄涎聚於胸中，故曰無痰不成瘧。且弦脉主痰飲，而瘧脉必弦，常山善去老痰積飲，故為瘧家要藥。必須好酒炒透，否則令人吐也。若同參、术，則既可去病，復可禦其猛烈之性矣。

清・张璐《本經逢原》卷二　常山一名恒山。苦、辛，溫，有毒。川產淡黄細實如雞骨者良，醋炒則不吐人。《本經》主傷寒寒熱，熱發溫瘧鬼毒，胸中痰結吐逆。發明：夫瘧有六經五藏痰濕、食積、風邪、瘴疫，須分陰陽虚實，不可一概論也。常山治瘧有劫痰截病之功，須在發散表邪，及提出陽分之後服之得宜。生用多用則上行必吐，若酒浸炒透，則氣少緩，稍用錢許亦不致吐也。得甘草則吐，得大黄則利。蓋無痰不作瘧，常山專在驅逐痰水。楊士（贏）〔瀛〕云：常山治瘧，人皆薄之，瘧家多蓄痰涎黄水，或停潴心下，或結澼脇間，乃生寒熱。法當吐涎逐水，常山豈容不用，所以《本經》專主寒熱溫瘧，痰結吐逆，以瘧病多由傷寒寒熱或時氣溫疫而致痰水蓄聚心下也。夫水在上焦，則常山能吐之；水在脇下，則常山能破其澼而下其水。但須行血藥佐之，如桃仁、蓬术、穿山甲之類。其有純熱發瘧或蘊熱内實之證，投以常山。大便點滴而下，似泄非泄，須用大黄為佐，瀉利數行，然後獲愈。常山陰毒之草，其性暴悍，雖有破瘴逐飲之能，然善損真氣，所以仲景治瘧方中從無及此。而夏傷於暑，秋必痎瘧，及瘧在三陰元氣虚寒人，則常山、穿山甲輩皆為戈戟。

蜀漆　苦、辛，溫，有毒。《本經》主瘧及欬逆，寒熱腹中癥堅積聚，邪氣蠱毒鬼疰。發明：蜀漆即常山之苗，故《本經》治瘧及欬逆，寒熱積聚蠱毒，功效與之相類。《金匱》治牝瘧獨寒不熱者有蜀漆散，用蜀漆、雲母、龍骨，酢漿水服之。溫瘧加蜀漆一錢，用酸漿者，取酸以斂蜀漆之辛散也。

清・浦士貞《夕庵讀本草快編》卷二　常山《本經》　恒山，苗名蜀漆。恒亦常也，北岳名，即今定州。常山亦郡名，今真定。想此藥始產於此，故以為號。常山苦寒有毒，其性暴悍，有刦痰截瘧之功。然非發散表邪，提出陽分之後，斷不可服，用之失宜，真氣必損。夫瘧當分五臟，宜別六淫，陰陽虛實，固不可一例而論也。常山生則上行，炒則氣緩，得甘草則吐，得大黃則利，得烏梅、鯪鯉則入肝，得小麥、竹葉則入心，得秫米、麻黃則入肺，得龍骨、附子則入腎，得檳榔、草果則走脾，皆取其驅逐痰涎，克消瘴癘。無痰不成瘧也，楊士瀛謂常山治瘧，人皆薄之，殊不知瘧家多蓄痰涎黃水，或停瀦心下，或結澼脇間，乃生寒熱，遷延難愈。惟此品上能吐上焦之痰，下能破脇下澼積與水，更以行血藥佐之，可收十全之功矣。惟老人、虛人斷不可服。

清・張志聰、高世栻《本草崇原》卷下　常山　氣味苦，寒，有毒。主治傷寒寒熱，熱發溫瘧，鬼毒，胸中痰結，吐逆。　常山又名恒山，出益州及漢中，今汴西、淮浙、湖南州郡皆有。生山谷間，莖高三四尺，圓而有節，其葉似茗，兩兩相對，二月作白花，青萼，五月結實青圓。常山者，根之名也。狀似荊根，細實而黃者，謂之雞骨常山，用之最勝，其苗別名蜀漆。古時根苗皆入藥用，今時但用常山，不用蜀漆，猶之赤箭、天麻，但用天麻，無有用赤箭者，蓋以其苗不復遠市耳。　恒山，北岳也。後以漢文帝諱恒，遂改名常山。此草名常山，亦名恒山。李時珍疑其始出於常山，故得此名，余以此思常山之草，蓋稟西北金水之化而氣出於東南。主治傷寒之寒熱者，從西北之陰而外出於陽也。熱發溫瘧者，乃先發熱之溫瘧。溫瘧病藏於腎，常山從西北而出於東南，則溫瘧可治也。神氣乃浮，則鬼毒自散。陽氣外行，則胸中痰結自消，痰結消而吐逆亦平矣。　愚按：傷寒寒熱，言傷寒之病，先寒後熱也。熱發溫瘧，言溫瘧之病，先熱發而後寒也。言不盡意，以意會之。《陰陽離合論》云：聖人南面而立，前曰廣明，後曰太衝，太衝之地，名曰少陰，少陰之上，名曰太陽，是太陽之氣根於少陰，主於膚表。常山從少陰而達太陽之氣以外出，所謂因於寒，欲如運樞，起居如驚，神氣乃浮者，是也。　蜀漆　氣味辛，平，有毒。主治瘧及咳逆寒熱，腹中堅癥痞結，積聚邪氣，蠱毒鬼疰。　常山之莖，名蜀漆，其功用亦與常山相等。

蜀漆能通金水之氣，以救火逆，又能啟太陽之陽，以接助其亡陽，亦從陰出陽之藥也。故《傷寒・太陽篇》云：傷寒脈浮，醫以火迫劫之，亡陽必驚狂，起卧不安者，桂枝去芍藥加蜀漆牡蠣龍骨救逆湯主之。又《金匱論》云：瘧多寒者，名曰牝瘧。蜀漆散主之。　李時珍曰：常山、蜀漆有劫痰截瘧之功，須在發散表邪，及提出陽分之後，用之得宜，神效立見。用失其法，真氣必傷。　愚謂：瘧乃伏邪，有留於臟腑募原之間，而為三陰瘧者；有藏於腎臟，而為先熱後寒之溫瘧者；有氣藏於心，而為但熱不寒之癉瘧者。常山主通少陰太陽之氣，從陰出陽，自內而外，則邪隨氣出，所謂有故無殞。若邪已提出陽分。而反用攻利之劑，豈不妄傷正氣乎。李蘄陽數十年苦心始成《綱目》，而其間發明議論，有與經旨不合者，長於纂集，而少於參究故也。

清・劉漢基《藥性通考》卷五　常山　味辛苦而寒，有毒。能引吐行水，祛老痰積飲。專治諸瘧。能損人真氣，弱者忌用。形如雞骨者良。酒浸蒸，或炒用。瓜蔞為使，忌葱、茗。莖葉名蜀漆，功用略同。古方有蜀漆散，取其苗，性輕揚，發散上焦邪結，甘草水拌蒸用。○然世人只知常山吐痰之藥，殊不知亦下痰之藥也。然痰有六，風痰、寒痰、濕痰、熱痰、食痰、氣痰也。飲有五，流於肺為支飲，於肝為懸飲，於心為伏飲，於經絡為溢飲，於腸胃為痰飲也。常山力能吐之下之。○時珍曰：常山、蜀漆，劫痰截瘧，須在發散表邪及提出陽分之後用之。然瘧有經瘧、藏瘧、風、寒、暑、濕、痰、食、瘴、鬼之別，須分陰陽虛實，不可概論。常山、蜀漆得甘草則吐，得大黃則利，得烏梅、川山甲則入肝，得小麥則入心，得麻黃則入肺，得龍骨、附子則入腎，得草果、檳榔則入脾。蓋無痰不作瘧也。常山吐發，唯在生用多用為然，與甘草同用亦必吐，若酒浸炒透，但用錢許，每見奇功，未見其或吐也。○常山吐瘧痰，瓜蒂吐熱痰，烏、附尖吐淡痰，萊菔子吐氣痰，藜蘆吐風痰。然常山吐痰之功雖如此，亦看人之虛實而善用之也。若陰虛火動人之咳嗽吐痰，必須滋陰降火，順氣化痰為主，而痰火使能消也。

清・周垣綜《頤生秘旨》卷八　常山　驅逐痰涎，截瘧之藥也。屬金有火與水。性暴悍，病者虛怯勿輕用。

清・王子接《得宜本草・下品藥》　常山　味苦。功專劫痰截瘧。得知母、貝母、草果治諸瘧，得丹砂能劫瘧，得檳榔、草果治瘴瘧，得甘草治肺瘧，得豆豉、烏梅、竹葉治腎瘧，得小麥、淡竹葉治溫瘧，得黃連治三十年瘧。

蜀漆　常山苗也。世人以鬚代之。味辛。生用性升，炒黑則緩。得雲母、龍骨治牝瘧獨寒，得麻黃、甘草、牡蠣治牡瘧獨熱。

清・黃元御《長沙藥解》卷一　蜀漆　味苦、辛，性寒，入足陽明胃、足太陰脾、足少陰膽經。蕩濁瘀而治痎瘧，掃腐敗而療驚狂。《金匱》蜀漆（湯）〔散〕，蜀漆、雲母、龍骨等分為散，未發前漿水服半錢匕。溫瘧加蜀漆半錢，臨發時服一錢匕。治牝瘧多寒者。寒濕之邪，客於少陽之部，鬱遏陽氣，不得外達。陽氣發於陰邪之內，重陰閉束，莫能透越，鼓搏振搖，則生寒戰。陽鬱熱盛，透圍而出，是以發熱。陽氣蓄積，盛而後發，故至期病作，應如潮信。陽旺則蓄而即盛，故日與邪爭，陽衰則久而方振，故間日而作。陽進則一鬱即發，銳氣倍常，故其作日早，陽遏則閉極方通，漸至困乏，故其作日晏。作之日早，則邪退日速，作之日晏，則邪退日遲。作晏而退遲者，陽衰不能遽發，是以寒多。陽敗而終不能發，則絕寒而無熱矣。雲母泄其濕寒，龍骨收其腐敗，蜀漆排決陳宿，以達陽氣也。《傷寒》救逆湯方在龍骨用之治傷寒火劫，亡陽驚狂，起臥不安者。以陽亡濕動，君相離根，濁陰上填，心宮膠塞，蜀漆除道而清君側也。蜀漆苦寒疏利，掃穢行瘀，破堅化積，清滌痰涎，湧吐垢濁，是以善醫痎瘧驚狂之病。洗去腥用。

清・黃元御《玉楸藥解》卷一　常山　味苦，性寒。入手太陰肺、足陽明胃經。吐痰泄水，消脹除癭。常山苦寒，迅利排決痰飲，能吐能下。庸工以治痰瘧，有無痰不瘧之說。陋矣！即蜀漆根。生用多服則作嘔吐。

清・吳儀洛《本草從新》卷二　常山〔宣，吐痰截瘧；通行水。〕辛苦而寒。能引吐行水，祛老痰積飲。痰有六，風痰、寒痰、濕痰、熱痰、食痰、氣痰也。飲有五，流於肺為支飲，於肝為懸飲，於心為伏飲，於經絡為溢飲，於腸胃為痰飲也。常山力能吐之下之。截諸瘧必效。瘧疾必有黃涎聚於胸中，故曰無痰不成瘧。弦脈主痰飲，故曰瘧脈自弦。常山去老痰積飲，故為諸瘧要藥。時珍曰：常山、蜀漆刼痰截瘧，須在發散表邪及提出陽分之後用之。瘧有經瘧、臟瘧、風、寒、暑、濕、痰、食、瘴、鬼之別，須分陰陽虛實，不可混治。常山、蜀漆得甘草則吐，得大黃則利，得烏梅、穿山甲則入肝，得小麥、竹葉則入心，得秫米、麻黃則入肺，得龍骨、附子則入腎，得草果、檳榔則入脾。蓋無痰不作瘧，一物之功亦在驅逐痰水而已。士材曰：常山發吐，唯生用多用為然。與甘草同用亦必吐。若酒浸炒透，但用錢許，每見奇功，未見其吐也。世人泥於雷斅老人久病忌服之說，使良藥見疑，沉痾難起，抑何愚耶？常山吐瘧痰，瓜蒂吐熱痰，烏附尖吐濕痰，萊菔子吐氣痰，藜蘆吐風痰。性猛烈，施之藿食者多效。若肉食之人，稍稍挾虛，不可輕入。雞骨者良。燒酒浸一宿，炒透用。栝樓為使。忌葱、茗。蜀漆常山莖葉。功用略同。古方有蜀漆散，取其苗性輕揚，發散上焦之邪結。甘草水拌蒸。

清・汪紱《醫林纂要探源》卷二　常山　辛，苦，寒。苗葉疏散，略似漆，根下行，多戟，似雞脊骨。瀉肺泄逆，瀉其過於斂濇之清燥，泄其過於斂上之逆氣也。合甘草必吐。而曰泄逆者，斂於上者，吐而越之，則氣得以下降而自順矣。專除痰飲。合甘草則湧吐，合大黃則下利，合烏梅、鼈甲則入肝，合浮麥、竹葉則入心，合麻黃則入肺，合附子則入腎，合草果、檳榔則入脾。然要則辛以行其氣，苦以抑其逆而已。其究以補肝，而使之散，瀉肺而不使之斂，去其滯於中者，而陰陽平矣。主治諸瘧。瘧者，陰陽爭也。不當斂而斂則瘧，陽不行而水滯，成痰成飲。常山、草果，行其不當斂而斂者也。可斂而不能斂，則亦瘧，陰不成而氣散無所主，何首烏、烏梅斂其當斂而不能斂者也。有毒。酒浸蒸。蜀漆：功用同。常山苗也。

清・嚴潔等《得配本草》卷三　常山　畏石乳。忌葱、菘菜。伏砒石。

辛、苦，寒，有毒。入足厥陰經氣分。能引吐行水，祛老痰積飲，截諸瘧必效。配小麥、竹葉，入心，治溫瘧。散心火。配烏梅、穿山甲，入肝。配草果、檳榔，入脾。配秫米、麻黃，入肺。配龍骨、附子，入腎。佐丹砂，刼諸瘧。佐甘草，治肺瘧。一吐而愈。佐大黃，治熱瘧。一利而愈。佐川連，治久瘧。佐檳榔，治瘴瘧。入膜原，除瘧之窠。佐烏梅，治腎瘧。生用則吐，熟用稍緩。酒浸一宿，日乾，甘草水拌蒸，或栝蔞汁拌炒用，或醋拌炒。瘧非瘴氣、積痰而成者禁用。非好酒浸透炒熟，禁用。恐令人吐。蜀漆即常山苗。桔梗為之使。栝蔞為之使。惡貫眾。忌葱、茗。辛、苦，溫，有毒。入手足厥陰經。其氣升散，其性飛騰，能開陰伏之氣，能刼蓄結之痰。破血行水，消痞截瘧。得煅雲母、龍骨，治牝瘧獨寒不熱。得牡蠣粉、麻黃、甘草，治牡瘧獨熱不冷。配大黃、葶藶子，療心下伏瘕。甘草拌蒸。生用性升，炒炭稍緩。

胃虛，老幼虛弱，二者禁用。

題清・徐大椿《藥性切用》卷四　常山　辛苦性寒，吐痰逐飲，能截諸瘧。虛人忌之。按：常山吐瘧痰，藜蘆吐風痰，瓜蒂吐（熟）〔熱〕痰，烏附尖吐濕痰，萊菔子吐氣痰。蜀漆即常山苗，功用相近，性稍輕揚耳。

清・黃宮繡《本草求真》卷三　常山吐心下瘧痰積飲。　常山耑入心下。辛苦而寒，有毒，功專引吐行水，為除瘧疾、老痰、積飲要藥。蓋瘧無不挾痰、挾熱以成。然亦有風、痰、寒、熱、食、氣之分，風痰宜於星烏，寒痰宜於薑附，熱痰宜於貝母，食痰宜於楂麯，氣痰宜於烏藥。痰在膈上經絡，非吐不解。痰在四肢、皮裏膜外，非薑汁、竹瀝不達。痰在脇下，非白芥子不除。痰在骨節，眼黑步艱，非萆薢、苦參不祛。痰在手臂肩背酸痛，非導痰，加薑黃、木香、桂枝不和。痰在腸胃實結，非用下藥不愈。治須分其陰陽虛實表裏以定，如瘧果因傷寒寒熱，及時氣溫疫，而致黃涎聚於胸中，心下牢固不解，則當用此引吐。然亦須在發散表邪，及提出陽分之後而用之。其用又當審其所見部位，及藥佐使以治。如常山得甘草則吐，水在上焦者宜之。得大黄則利水，邪熱交結而成內實者宜之。得烏梅、山甲則入肝，水在脇下者宜之。得小麥、竹葉則入心，得秫米、麻黄則入肺，得龍骨、附子則入腎，得草菓、檳榔則入脾。然此陰毒之草，其性悍暴，雖有破瘴逐飲之能，而亦終損真氣。所以仲景治瘧方中，從無及此。《經》曰：太陰在泉，濕勝所淫，民病積飲。又曰：歲土太過，雨濕流行，甚則飲發。蓋飲有五：流於肺為支飲，於肝為懸飲，於心為伏飲，於經絡為溢飲，於腸胃為痰飲。而夏傷於暑，秋必癉瘧，及瘧在三陰，元氣虚寒人，則常山等藥皆為戈戟。或問吐藥甚多，何以瘧疾必用常山、蜀漆？蓋以常山性兼逐疫，瘧疾本於濕疫，故於常山、蜀漆則宜。猶之瓜蒂、烏附尖、萊菔子、藜蘆皆為吐劑，而瓜蒂則止宜於熱痰，烏附尖則止宜於濕痰，萊菔子則止宜於氣痰，藜蘆則止宜於風痰也。酒浸炒用，根即蜀漆，功用略同。但苗性輕揚，其於上焦邪結，治之更宜。

清·楊璿《傷寒溫疫條辨》卷六吐劑類 常山 味辛苦，微寒，有小毒。能引吐行水，祛老痰積飲。痰有六：風痰、寒痰、濕痰、熱痰、氣痰、食痰。飲有五：流於肺為支飲，於肝為懸飲，於心為伏飲，於經絡為溢飲，於腸胃為痰飲。常山力能吐之、下之。同甘草用則吐，同大黄用則下，多用、生用亦必吐。若酒浸炒透，但用錢許能起沉疴，每見奇功，未見其或吐也，勿泥雷公久病忌服之說。訒菴曰：常山吐瘧痰，藜蘆吐風痰，瓜蒂吐熱痰，附子尖吐濕痰，萊菔子吐氣痰、食痰。若體虚人涌吐痰涎，惟人參蘆為最。

清·羅國綱《羅氏會約醫鏡》卷一六草部 常山味辛苦，大寒，有毒，入肝脾二經。多酒炒透，用一二錢亦不吐。 其性暴悍，能逐老痰積飲，善散山嵐瘴癘之氣，所以療痰飲有靈，截瘧疾必效。瘧成於痰。 其苗莖葉，名蜀漆，功用略同。古方有蜀漆散，取其苗性輕揚發散上焦邪結。 同甘草水拌蒸。 按：二物能損真氣，弱者慎用。

清·黄凱鈞《藥籠小品》 常山 辛苦，寒，能引吐行水，祛老痰積飲，截諸瘧必效。性猛烈，挾虚不可用。

清·王龍《本草纂要稿·草部》 常山 氣味苦辛。解傷寒寒熱立效，截瘟瘧吐痰殊功。水脹堪逐，鬼蠱能消。

清·張德裕《本草正義》卷下 常山 大苦而寒，有毒。攻溫瘧痰瘧，凡胸腹多滯，邪寔氣壯，患瘧者，此能刼截，性悍，善逐痰飲，動吐瀉。若佐甘草，益防其吐。

清·楊時泰《本草述鈎元》卷一〇 常山 苗名蜀漆，功用相同。 氣味苦辛寒，有毒。主治傷寒寒熱，熱發溫瘧，刦痰截瘧，逐老痰積飲，散山嵐瘴氣。

蜀漆 氣味辛苦，純陽，有毒。生用則上行，必吐，酒蒸炒熟則氣少緩，少用亦不致吐。治瘧及欬逆寒熱，腹中堅痞，瘕聚邪氣，破血。洗去腥，與苦酸同用，導膽邪潔古。嶺南瘴氣，寒熱所感，多在營衛皮肉之間，欲去皮膚毛孔中瘴氣根本，非常山不可，但性吐人，惟以七寶散冷服之，即不吐，且驗也李燾。瘧家痰涎黄水，或停瀦心下，或結澼脇間，乃生寒熱，法當用常山吐逐。水在上焦，常山能吐之。水在脇下，常山能破其澼而下其水，但須行血藥品佐助之，乃收十全之功。其有純熱發瘧，或蘊熱內實之證，投以常山。大便點滴而下，似泄不瀉者，須用北大黄為佐，泄利數行，然後獲愈士瀛。常山屬金而有火與水，性暴悍，善驅逐，能傷真氣，功不掩過者也丹溪。得甘草則吐，得大黄則利，蓋無痰不作瘧，二物之功，亦在驅逐痰水而已瀕湖。邪之所湊，其氣必虚。暑邪乘虚，客於臟腑經絡，瘧亦因之而發，清暑養胃，健脾消痰，乃治瘧之正法，稍久則分氣血而施補助，靡不愈者，何事妄用常山，虚人真氣，變為危證仲淳。山嵐瘴氣作瘧，百藥不效秘方，用常山四兩，砂仁四兩，檳榔二兩，米醋浸，入瓷器中一宿，取出，各炒為末，雞子清和丸如菉豆大，五更時，用新汲水向東吞三五錢，一服可止，九月已後，宜以酒吞。

論：《經》曰：夏傷於暑，秋為痎瘧。蓋謂暑熱鬱於經絡之內，入秋而束以風寒，陰陽相激，二氣淩并，乃成此證。《經》又言四時之氣，寒熱各有相反，皆能為瘧，而因風以作者尤多。丹溪謂瘧證皆外邪所致，其飲食勞倦七情，皆兼證也，不得目為主病，即如久瘧，為虚為痰，均當消息於治外邪之間，不則難已。然則瘧由傷暑，《經》亦因時而言，第明所以治暑瘧之義，即可變化而用之於三時矣。大凡衛氣所在，與邪氣相合則瘧作，相離則病休，損庵治法，用風藥之甘辛氣清者，以升陽氣使離於陰而寒已，以苦甘寒引陰氣下降使離於陽而熱已，是大法之不可易者也。若稍久者，當以丹溪之開鬱通經為主，邪氣鬱滯於經絡之內，故不能即已，惟開其鬱而使經絡通，則邪熱散為汗解。間之以補養胃氣，使營衛行而經絡乃大暢也。至於病在陰分血分而成久瘧，丹溪謂必用升發之藥，自臟而出之於腑，然後作表汗而解，然則以苦甘寒引陰氣下降，使離於陽者，似未可用之久瘧乎？不知久瘧用升發，必其前未用，或更傷其胃氣，使陰分之邪無出路也。先生此法，固亦兼補胃氣，使陰得陽之升而出爾。若未至於下陷，則一升一降，豈非良法乎。案中載治一婦，見其面赤黑色，知為暑傷血分，用四物加苦辛寒藥，二日發脣瘡而愈，是辛苦寒非不可用，但貴時其先後耳，即補胃之劑，又豈得漫投於留邪未動之會乎。繆氏言瘧久當分氣血而施補助，此確論也。丹溪又曰：若取汗而不得汗，理血而汗不足，必更求切中病情之藥，直透邪所著處，使之離於陰陽而霍然以去，蓋論藥至恰中病情之處，即補益亦未可留留，何況大損真氣，如常山劫劑，而倚為無上妙品乎，其亦不學之甚矣。或曰：無痰不成瘧，常山固驅痰的劑，然治痰之藥自有應節而投，如繆氏法治之累效者，又何須是物耶？惟取以應山嵐瘴氣，老痰積飲，形氣充實之病為得耳。

繆氏：入口即吐，其性暴悍可知，最損真氣，故瘧非由於瘴氣及老痰積飲所致者，弗用。病者稍近虛怯，弗用。老人與久病人，切忌之丹溪。

辨治：須細實色黃，形如雞骨者佳。生用令人大吐，酒浸一日，蒸熟，或炒，或醋浸煮熟，則善化痞而不吐。蒸製得法，不惟不吐，瘧更易愈。

清・葉桂《本草再新》卷三 常山味辛、苦，性寒，有毒。入脾、肺二經。能引吐，行水，祛老痰積飲，截諸瘧必效。

清・吴其濬《植物名實圖考》卷二三 雞骨常山 生昆明山阜。弱莖如蔓，高二三尺；長葉似桃葉，光韌蹙紋；開五尖瓣粉紅花，灼灼簇聚，自春徂秋，相代不絕；結實作角，翹聚梢頭。圃中亦植以為玩。

清・吴其濬《植物名實圖考》卷二四 常山 《本經》下品。苗曰蜀漆。宋《圖經》有茗葉、楸葉二種，皆為治瘧之要藥。今俚醫所用，乃有數種，俱以治瘧，殊未敢信，以入草藥。

雩婁農曰：常山以治瘧著，鄉曲作勞，寒暑飢飽之不時，或侮以邪與祟，於是有寒熱往來之疾。而賣藥逐利之徒，乃爭言截瘧方矣。醫者之言曰瘧生於痰，常山能劫痰，然必察其受病之源，而引以入經之佐使乃有效。今土常山以十數，既非《本經》真品，即真矣，而第恃此以圖勝，譬如飛將行沙漠中，迷惑失道，果能與敵遇乎？夫搏牛之蝱，不可以破蟣蝨，富厚之家，非鬼非食，或以〔喪〕志，陰陽失和，寒熱迭至。若誤診為痁，投以悍藥，是以空虛柔脆之府，臨以披甲執鋭之兵。牛雖瘠，僨於豚上，其畏不死。故常山偽者宜慎，真者尤宜慎。古之用君子者，必辨真偽；若小人則唯防微杜漸，勿輕試而已。

清・趙其光《本草求原》卷六毒草部 常山即恒山。 苦、辛，寒，有毒。得西北金水之化氣，而多生於東南，是從西北之陰而外出於陽，故能從少陰而達太陽之氣以外出。治傷寒寒熱，外傷寒邪，先寒後熱也。熱發溫瘧，病藏於腎，則為先熱後寒之溫瘧，陽氣外行則止。鬼毒，太陽標熱外達，神氣乃浮，鬼毒自散。胸中痰結吐逆，或涎飲結澼膜原脇下，生用，同甘草、尖檳，則滌心胸盲原之痰。酒浸炒，同厚朴，則破腸胃脇下之痰飲，痰水消，吐逆自平也。

其苗名蜀漆，《本經》謂其主瘧。《金匱》治獨寒之牝瘧，有蜀漆散；溫瘧再加蜀漆，是功與常山同耳。古人根苗並用，後人以苗難遠市故，但用根。又傷寒脈浮，病在陽也。誤用火迫，致亡其君主之陽，則神氣外浮，驚狂不安。仲景用桂枝去芍，加蜀漆龍牡湯。蓋太陽與君火合而主神明，用桂枝保心陽，龍牡制火邪而鎮浮越，蜀漆啟太陽之陽以上接心陽，兼泄伏熱也。瘧皆伏邪，或伏臟腑膜原而為三陰瘧，或伏於腎為溫瘧，或伏於心為但熱不寒之癉瘧，俱藉此達邪外出。李時珍乃謂須用在發散表邪及提出陽分之後。豈邪已外出，而反用辛散，不慮其傷正氣乎？

清・葉志詵《神農本草經贊》卷三 恒山 味苦，寒。主傷寒寒熱，熱發溫瘧鬼毒，胸中痰結吐逆。一名互草。生山谷。今名常山。

藥以山名，儼尊北嶽。橫節圓莖，白花青蕚。就燥陽晞，流濕陰濁。雞骨浮黃，功專已瘧。

李時珍曰：恒山乃北嶽名，豈此藥始產於此歟？蘇恭曰：莖圓有節，二月生白花青蕚，其草暴燥，色青白堪用，若遇陰便黑爛鬱壞。《易》：水流濕，火就燥。陶弘景曰：細實黃者，謂之雞骨，用之最勝。蘇頌曰：此藥為治瘧之最要者。

蜀漆 味辛，平。主瘧及欬逆寒熱，腹中癥堅痞結，積聚邪氣，蠱毒鬼注。生川谷。即恒山苗。

漆何望蜀，互草新苗。轉丸縈結，傾酒醇調。蠱驅毒解，瘴禦氣消。蜜香涼沁，甘飲相招。

《後漢書・傳》：敕岑彭曰：既平隴，復望蜀。陶弘景曰：采得常山苗，縈結作丸，得時燥者佳。雷斅論：以酒浸一宿，曝乾用。李時珍曰：嶺南瘴氣，寒熱所感，邪在營衛。欲除根本，非此藥不可。蘇頌曰：天台有一種土常山苗，味甘，人用為飲。又名蜜香草，性涼益人，非此苗也。

清・文晟《新編六書》卷六《藥性摘錄》 常山 辛苦而寒，有毒。吐心下瘧痰積飲，除瘧疾老痰要藥。酒浸，炒用。○體實患瘧，俟發散表邪提出陽分，即可用此。體弱者，不宜。

清・莫枚士《研經言》卷四 常蜀截瘧辨 古治中暑用腦、麝，而治瘧用常、蜀，法異意同，何以言之？無形之暑氣痺着膈間，蒸痰結固，既非表寒可汗，又非裏實可下，必須氣烈開提之藥，直達病所，追逐其痰，斯無形者失所恃而去。瘧須常、蜀，猶暑須腦、麝也，但淺深之別，各有宜耳！今治中暑，尚知遵古，獨於常、蜀，僉謂其截瘧釀變。然余目驗蘇州、吳江、震澤等處，其俗呼常山為甜茶，遇瘧發輒采鮮者一大把煎服，皆輕者止、重者減，未聞有止後變生者。余踵用其法亦然。夫截之為言，堵塞也。藥之能堵截病由者，必其性澀壅，足以遏住經絡，斯留邪而釀變，非常、蜀開提之性所及也。為斯說者，盍觀《外臺》《聖濟》各集漢魏以來千餘年諸治瘧名方幾千首，而用常、蜀者十之八九。

清・張仁錫《藥性蒙求・草部》 常山蜀漆五分、八分 常山辛寒，能吐老痰。能行水飲，截瘧功推。苦、辛，寒。張路玉謂苦辛，溫。常山治瘧，有刦痰截瘧之功，須在發散表邪，及提出陽分之後，服之得宜。生用多用，則上行必吐。若酒浸炒透，則氣稍緩。稍用錢許，亦不致吐也。得甘草則吐，得大黃則利。蓋無痰不作瘧，常山專驅逐痰水，善損真氣，所以仲景治瘧方中，從無及此，故虛人忌用。○蜀漆，常山之莖葉，功同。甘草水拌蒸。

清・陸以湉《冷廬醫話》卷五 藥品 《傷寒論》之蜀漆，乃常山之莖也。《金匱要略》之澤漆，乃與大戟同類而各種也。今皆不以入藥。惟草澤醫人用以猫兒眼睛草治水蠱者，即澤漆也。

救逆湯之用蜀漆，柯韻伯疑之，鄒潤庵謂脉浮熱反灸之，此為實，實以虛治，因火而動，必咽燥吐血，可見脉浮被火，應至吐血，今更吐之，是速其血耳。矧《千金》《外臺》兩書，非疫非瘧，不用是物，則是方之有舛誤無疑。吳中方大章燮則謂蜀漆乃蜀黍之誤，古漆字無水旁，與黍相似故也。黍為心穀，用以救驚狂起臥不安者，取其溫中而濇腸胃，協龍牡成甯神鎮脫之功也。說見《瘦吟醫贅》。

清・戴葆元《本草綱目易知錄》卷二 常山 苦，寒，有毒。能引吐行水，祛胸中痰結積飲，消項下癭瘤。治傷寒寒熱，熱發溫瘧，及諸瘧蠱毒，而吐痰涎，療水脹鼠瘻鬼蠱。然悍暴，能損真氣，弱者慎用。酒炒性少緩，亦不作吐。忌葱、菘菜，伏砒石。【略】

蜀漆常山苗 辛，平。吐痰截瘧，破血，下肥氣。治咳逆寒熱，腹中癥堅，痞積邪氣，蠱毒鬼疰。療胸中邪結氣，吐去之。治鬼瘧多時，溫瘧寒熱。洗去腥用。性同常山，但較和緩耳。若失其宜，亦損真氣。與苦酸同用，能導膽邪。

清・黃光霽《本草衍句》 常山 辛散苦泄，故善逐飲。刦痰陰毒暴悍，乃能破瘴截瘧。易損真氣，引吐行水有功。用得其宜，治瘧須在發散表邪，及提出陽分之後也。黃涎結聚亦效。得知、貝母治諸瘧，得丹砂能刦瘧，得檳榔、草菓治瘴瘧，得甘草治肺瘧，得豆豉、烏梅、竹葉治腎瘧，得小麥、淡竹葉治溫瘧，得黃連治三十年瘧。今人治瘧不用常山，以為截瘧藥，截之早，恐成臌脹。豈知常山乃治瘧之要藥？三陽輕淺之瘧不必用也。若太陰脾土虛寒，而為脾寒之瘧，及間二日發，而為三陰之瘧，必須溫補之劑，佐以常山，方能從陰出陽，散寒止瘧。

清・陳其瑞《本草撮要》卷一 常山 味苦，入手太陰、足陽明經，功專刦痰截瘧。得知母、貝母、草菓治諸瘧，得丹砂能刦痰瘧，得檳榔、草菓治瘴瘧，得甘草治肺瘧，得豆豉、烏梅、竹葉治腎瘧，得小麥、淡竹葉治溫瘧，得黃連治久瘧，得雲母、龍骨治牝瘧獨寒，得麻黃、甘草、牡蠣治牡瘧獨熱。得甘草則吐，得大黃則利，若酒浸蒸或炒用則不吐。莖葉名蜀漆，功用略同，惟味辛。生用性升，炒黑則緩。栝蔞為使，忌葱、茗。

清・仲昴庭《本草崇原集說》卷下 常山 【略】〔批〕其葉俗名甜茶，鄉間作苦之人，每因久瘧不止，無力延醫，取其葉和沙糖煮服。【略】

蜀漆 【略】仲氏曰：仲景方中用蜀漆，今人用常山，猶是先民矩矱，然蜀漆力量較勝，雖《本經》先根次苗，而仲景用苗舍根，病機有淺深，故用舍不同如此，讀《傷寒》《金匱》自知。

清・鄭奮揚著，曹炳章注《增訂偽藥條辨》卷三 常山 假者色極淡，真者色帶黃。按常山又名恒山，產益州及漢中，今汴西、淮、浙、湖南諸州郡皆有，生山谷間。常山者，根之名也，狀似荊根，細實而黃者，謂之雞骨常山，用之最勝。今市肆所賣假常山，不知何物偽充，良可慨已。　炳章按：常山十月出新。湖南常陽山出者，色黃無蘆，形如雞骨者良，俗稱雞骨常山，為最佳。如外黃內白粗大者，皆偽，是別種樹根偽充，不可不辨也。

土常山

明・姚可成《食物本草》卷一七草部・山草類　土常山生天台山。苗葉極甘，人用為飲，如蜜也。

土常山葉　味甘，寒，無毒。涼心經，退火邪，作飲大益。

土常山

清・吳其濬《植物名實圖考》卷一〇　土常山　江西多有之。形狀頗似黃荊，唯每枝三葉，葉寬有大齒。　氣味辛烈如椒。俚醫云：閩中負販者，口含此葉，行半日不渴，且能辟暑。蓋其氣味辛苦，能通竅散熱，生津降氣，故有殊功。

土常山

清・吳其濬《植物名實圖考》卷一〇　土常山　江西廬山、麻姑山皆有之。叢生，綠莖圓節，長葉相對，深齒粗紋；夏時莖梢開四圓瓣白花，花落結子如黃粟米，纍纍滿枝。俚醫以治跌打。形狀、主治俱與《圖經》異。

土常山

清・吳其濬《植物名實圖考》卷一〇　土常山　長沙山坡有之。赭根有鬚，根莖一色，有節，對節生葉，葉如榆，面青背白，背紋亦赭，春間葉際開小花如木樨，色黃白無香。俚醫以治濕熱。

土常山又一種　長沙山阜有之。細莖微赭，兩葉相當，葉如桑葉有鋸齒，夏間開小黃花，微似苦蕒。

按宋《圖經》：常山有如茗葉者，有如楸葉者。又天台土常山，苗葉極甘，本不一類。今俗以常山為治瘧要藥。凡可止瘧者，皆以常山名之。故有數種。

土常山

明・佚名氏《醫方藥性・草藥便覽》　土常山　其性溫。治瘧利之寒熱。

清・何諫《生草藥性備要》卷上　土常山　味苦，性溫。消腫毒，止骨痛，治發冷，治小腸氣痛。

土紅山

宋・唐慎微《證類本草》卷三〇外木蔓類〔宋・蘇頌《本草圖經》〕　土紅山　生福州及南恩州山野中。味甘、苦，微寒，無毒。主骨節疼痛，治勞熱瘴瘧，大者高七八尺。葉似枇杷而小，無毛。秋生白花如粟粒，不實。用其葉擣爛。酒漬服之。採無時。福州生者作細藤，似芙蓉葉，其葉上青下白，根如葛頭。薄切，用米泔浸二宿，更用清水浸一宿，取出切，炒令黃色，擣末。每服一錢，水一盞　生薑一小片，同煎服，治勞瘴甚佳。

明・劉文泰《本草品彙精要》卷四一　土紅山無毒。　植生。

土紅山：主骨節疼痛，治勞熱，瘴瘧。以葉擣爛，酒浸服之。出《圖經》。

〔苗〕《圖經》曰：其大者高七八尺，葉似枇杷而小，無毛。秋生白花如粟粒，不實。福州生者作細藤，似芙蓉葉，其葉上青下白，根如葛頭是也。

〔地〕《圖經》曰：生福州及南恩州山野中。　〔時〕生：春生苗。採：無時取葉根。　〔用〕葉、根。　〔味〕甘，苦。　〔性〕微寒。　〔氣〕味厚氣薄，陰中之陽。　〔合治〕根切薄片，用米泔浸一宿，更用清水又浸一宿。取出，炒令黃色，擣末，每服一錢，水一盞，生薑一小片，同煎服，治勞瘴，甚佳。

清・吳其濬《植物名實圖考》卷二〇　土紅山　宋《圖經》外類。

粉團花

清・趙學敏《本草綱目拾遺》卷七花部　粉團花根附。　有大、小二種，其花千瓣成簇，大者曰玉粉團，初青後白。小者曰洋粉團，青色轉白，白後轉紅藍色，入藥用大者。　性寒，熏臭蟲，同水龍骨、雷公藤和燒熏之，立除《百草鏡》。

洗腎囊風：姚伯玉方：用粉團花七朵，水煎洗。○《良方集要》用蛇牀子，牆上野莧琇球花，煎湯洗之。

根：治喉爛：《傳效方》取入土內者好，醋磨，以翎毛蘸掃患處，涎出愈。

清・葉桂《本草再新》卷四　白繡毬瓣味苦，性溫，無毒。入脾、肺二經。　消濕破血。餘忌用。

甜茶

元・吳瑞《日用本草》卷八　甜茶　味甘，冷，無毒。夏月煎作湯，解渴除煩。主腫爛惡瘡，熱結在腸胃。

茵芋

宋・李昉《太平御覽》卷第九九二 茵芋 《吳氏本草》曰：茵芋，一名卑(山)共。微温，有毒。狀如莽草而細軟。

宋・唐慎微《證類本草》卷一〇草部下品〔《本經・別錄》〕 **茵芋** **味苦，温，**微温，有毒。**主五藏邪氣，心腹寒熱，羸瘦，如瘧狀發作有時，諸關節風濕痹痛，**療久風濕，走四肢，脚弱。一名莞草，一名卑共。生太山川谷。三月三日採葉，陰乾。

〔梁・陶弘景《本草經集注》〕云：好者出彭城，今近道亦有。莖葉狀如莽草而細軟，取用之皆連細莖。方用甚稀，惟以合療風酒散。

〔宋・掌禹錫《嘉祐本草》〕按：《蜀本圖經》云：苗高三四尺，葉似石榴短厚，莖赤。今同華州、雍州。四月採莖、葉，日乾。《藥性論》云：茵芋，味苦，辛，有小毒。能治五藏寒熱似瘧，諸關節中風痹，拘急攣痛，治男子、女人軟脚毒風，治温瘧發作有時。日華子云：治一切冷風，筋骨怯弱羸顫。入藥炙用。出自海鹽。形似石南，樹生，葉厚，五、六、七月採。

〔宋・蘇頌《本草圖經》〕曰：茵芋，出泰山川谷，今雍州、絳州、華州、杭州亦有之。春生苗，高三四尺，莖赤。葉似石榴而短厚，又似石南葉。四月開細白花，五月結實。三月、四月、七月採葉連細莖，陰乾用。或云日乾。胡洽：治賊風，手足枯痹，四肢拘攣。茵芋酒主之。其方：茵芋、附子、天雄、烏頭、秦艽、女萎、防風、防己、躑躅、石南、細辛、桂心各一兩，凡十二味切，以絹袋盛，清酒一斗漬之。冬七日，夏三日，春秋五日，藥成。初服一合，日三，漸增之，以微痹爲度。

宋・鄭樵《通志》卷七五《昆蟲草木略》 茵芋 曰莞草，曰卑共。

宋・劉明之《圖經本草藥性總論》卷上 茵芋 味苦，溫，微溫，有毒。主五臟邪氣，心腹寒熱羸瘦，如瘧狀，發作有時，諸關節風濕痺痛，療久風濕走四肢脚弱。《藥性論》云：使。味苦，有小毒。能治五藏寒熱似瘧，諸關節中風痺拘急攣痛，治男子女人軟脚毒風，濕瘧發作有時。日華子云：治一切冷風，筋骨怯弱羸顫。生太山。

宋・陳衍《寶慶本草折衷》卷一〇 茵芋使。 一名莞草，一名卑共。生太山川谷，及彭城、海鹽、杭、華、雍、絳州。今近道亦有之。〇三、四、五、六、七月採葉連細莖，日乾。 味苦、辛，微溫，有小毒。〇主五藏邪氣，心腹寒熱，羸瘦，關節風濕痹痛，久風濕，走四肢，脚弱。〇陶隱居云：葉狀如莽草而細軟，用以合療風酒散。〇《藥性論》云：治中風痹，拘急攣痛，軟脚毒風，溫瘧發作。〇日華子云：治冷風筋骨怯弱。入藥炙用。〇《圖經》曰：治賊風，手足枯痹，茵芋酒主之。

明・蘭茂原撰，范洪等抄補《滇南本草圖說》卷一〇 茵芋 氣味辛苦，性溫，有小毒。耑治一切風濕麻木，手足拘攣，筋骨疼痛，左癱右瘓，用酒為引，其功甚佳。

明・滕弘《神農本經會通》卷一 茵芋 使也。三月三日採葉，陰乾。或云日乾。入藥炙用。 味苦，氣溫，微溫，有毒。東云：療風濕痛。《本經》云：主五臟邪氣，心腹寒熱，羸瘦如瘧狀，發作有時，諸關節風濕痺痛，療久風濕，走四肢脚弱。《藥性論》云：使。味苦、辛，有小毒。治五臟寒熱似瘧，諸關節中風痺，拘急攣痛。治男子女人軟脚毒風，治溫瘧發作有時。日華子云：治一切冷風，筋骨怯弱羸顫。《局》云：茵芋主除心腹病，熱寒如瘧發無時。更通關節諸風濕，痺痛何憂走四肢。茵芋，理熱寒似瘧。

明・劉文泰《本草品彙精要》卷一三 茵芋有毒。植生。

茵芋出《神農本經》：**主五臟邪氣，心腹寒熱，羸瘦，如瘧狀，發作有時，諸關節風濕痹痛。**以上朱字《神農本經》。療久風濕，走四肢脚弱。以上黑字名醫所錄。 【名】莞草、卑共。【苗】《圖經》曰：春生苗，高三四尺，莖赤，葉似石榴葉而短厚，又似石南葉，四月開細白花，五月結實。【地】《圖經》曰：生泰山川谷，及雍州、華州、杭州皆有之。【道地】絳州、彭城。【時】生：春生苗。採：三月三日、四月、七月取。【收】陰乾。【用】莖、葉。【質】類石榴葉而短厚。【色】青。【味】苦。【性】溫，泄。【氣】氣厚味薄，陽中之陰。【臭】朽。【主】祛風除濕。【製】剉碎炙用。【治】療：《藥性論》云：治男子女人軟脚毒風，並溫瘧發作有時。日華子云：治一切冷風，筋骨怯弱，羸顫。【合治】合附子、天雄、烏頭、秦艽、女(葳)〔萎〕、防風、防己、躑躅、石南、細辛、桂心各一兩，切碎，以絹袋盛，合清酒一斗，漬之，冬七日，夏三日，春秋五日，藥成，初服一合，日三，漸增之，治賊風，手足枯痹，四肢拘攣，瘥。

明・許希周《藥性粗評》卷三 茵芋相參於理熱。

茵芋，一名莞草。以出彭城者勝。三月、四月、七月採葉連莖，陰乾。味苦，性微溫，有小毒。主治寒熱似瘧，風濕痹痛，五藏邪氣，四肢瘦弱，消熱，通關節。

明・鄭寧《藥性要略大全》卷五　茵芋葉使　除風濕走注之痛，通關節風寒濕痹，理寒熱似瘧，止心腹痛，療打傷，拘攣脚弱。　味苦、辛，性温。有小毒。

明・王文潔《太乙仙製本草藥性大全》卷二《本草精義》　茵芋　一名莞草，一名卑近。出泰山川谷，今雍州、滁州、華州、杭州亦有之。春生苗，高三四尺，莖赤，葉似石榴而短厚，又似石南葉，四月開細白花，五月結實，三月、四月、七月採葉連細莖，陰乾用，或日乾。

明・王文潔《太乙仙製本草藥性大全》卷二《仙製藥性》　茵芋　味苦，氣温，又云微温，有毒。　主治：　主五臟邪氣捷方，治心腹寒熱秘法。療諸關節中風，濕痹拘急攣痛。祛風濕，走四肢，力弱筋骨脚軟，治濕痹毒風，調羸如瘧。　補註：　茵芋酒：　治賊風，手足枯痹，四肢拘攣。用茵芋、附子、天雄、烏頭、秦艽、女萎、防風、防己、躑躅、石南、細辛、桂心各一兩，凡十二味切，以絹袋盛，清酒一斗漬之，冬七日，夏三日，春秋五日藥成。初服一合，日三，漸增之，以微痹爲度。

明・李時珍《本草綱目》卷一七草部・毒草類　茵芋《本經》下品

【釋名】莞草《別録》　卑共《別録》時珍曰：　茵芋本作因預，未詳其義。莞草與莆莞名同。

【集解】《別録》曰：　茵蕷生太山川谷。三月三日采葉，陰乾。弘景曰：　好者出彭城，今近道亦有。莖葉狀似莽草而細軟，連細莖采之。方用甚稀，惟合療風酒。大明曰：　出自海鹽。形似石南，樹生，葉厚，五六七月采。頌曰：　今雍州、絳州、華州、杭州亦有之。春生苗，高三四尺，莖赤。葉似石榴而短厚，又似石南葉。四月開細白花，五月結實。三月、四月、七月采莖葉，日乾。

莖、葉　【氣味】苦，温，有毒。《別録》曰：　微温，有毒。權曰：　苦、辛，有小毒。

【主治】五臟邪氣，心腹寒熱，羸瘦，如瘧狀，發作有時，諸關節風濕痹痛《本經》。療久風濕，走四肢，脚弱《別録》。治男子女人軟脚毒風，拘急攣痛甄權。一切冷風，筋骨怯弱羸顫。入藥炙用大明。

【發明】時珍曰：　《千金》《外臺》諸古方，治風癇有茵芋丸，治風痹有茵芋酒，治婦人産後中風有茵芋膏，風濕諸方多用之。茵芋、石南、莽草皆古人治風妙品，而近世罕知，亦醫家踈缺也。

【附方】舊一，新二。　茵芋酒：　治賊風，手足枯痹拘攣。用茵芋、附子、天雄、烏頭、秦艽、女萎、防風、防己、石南葉、躑躅花、細辛、桂心各一兩，十二味切，以絹袋盛，清酒一斗漬之。冬七、夏三、春秋五日，藥成。每服一合，日二服，以微痹爲度。方出胡洽居士《百病方》。《圖經本草》。　茵芋丸：　治風氣積滯成脚氣，發則痛者。茵芋葉、炒薏苡仁各半兩，郁李仁一兩，牽牛子三兩，朱砂末半兩。右爲末，煉蜜丸如梧子大。每服二十丸，五更薑棗湯下，取利。未利再服，取快。《本事方》。　産後中風：　茵芋五兩，木防己半斤，苦酒九升，漬一宿。猪脂四升，煎三上三下，膏成。每炙，熱摩千遍。《千金方》。

明・梅得春《藥性會元》卷上　茵芋　味苦，溫，氣微溫，有毒。一名莞草。葉似石榴。　主滅風濕之痛，理寒熱似瘧；　治心腹痛，通關節，療寒熱濕痹、羸瘦，久患風濕走注，四肢脚弱。

清・劉雲密《本草述》卷一〇　茵芋　《別録》曰：　生太山川谷。弘景曰：　好者出彭城。日華子曰：　出自海鹽。頌曰：　今雍州、絳州、華州、杭州亦有之。春生苗，高三四尺，莖赤，葉似石榴而短厚，又似石南葉，四月開細白花，五月結實，三月、四月、七月采莖葉，日乾。

莖葉：　氣味：　苦，溫，有毒。　《別録》曰：　微溫，有毒。　權曰：　苦、辛，有小毒。

主治：　諸關節風溼痺痛《本經》。療久風溼走四肢，脚弱《別録》。風毒拘急攣痛甄權。并一切冷風，筋骨怯弱羸顫日華子。

時珍曰：　《千金》、《外臺》諸古方治風癇，有茵芋丸，治風痺有茵芋酒，治婦人産後中風有茵芋膏，風溼諸方多用之。茵芋、石南、莽草，皆古人治風妙品，而近世罕知，亦醫家疎缺也。

愚按：　茵芋，昔人用以治風，而晚近不知用之。然《本經》止謂治關節風溼痺痛，而《別録》則云療久風溼走四肢，脚弱。即甄權、日華子亦言治軟脚毒風，及筋骨怯弱羸顫。然則此味固主治肝腎之損，而能補風虚，以為透關節之治者也。即其氣溫，合於味苦，正以洩為補。瀕湖所謂治風妙品，或不謬也。惜市肆鮮有售者耳。再以日華子一切冷風筋骨怯弱諸治，則以溫補為洩者，益明。

附方　茵芋丸，治風氣積滯成脚氣，發則痛者，茵芋葉炒薏苡仁各半兩，郁李仁一兩，牽牛子三兩，生研末半兩，右為末，煉蜜丸如梧子大，每服二十丸，五更薑棗湯下，取利，未利再服，取快。

清・汪昂《本草備要》卷一　茵芋宣，去風濕。　辛、苦，微溫，有小毒。治風濕拘攣痹痛。時珍曰：　古方治風癇，有茵芋丸；　治風痹，有茵芋酒；　治産後風，有茵芋膏。風濕諸症多用之。茵芋、石南、莽草，莽草即菵草，音罔。皆治風妙品，近世罕知。

莽草辛溫有毒，治頭風癰腫，乳癰疝瘕。蘇頌曰：古方風濕諸酒多用之，今人取葉煎湯熱含，治牙蟲、喉痹甚效。甄權曰：不入湯。莖赤，葉如石榴而短厚。莖、葉炙用。

清・李熙和《醫經允中》卷二一　茵芋　辛、苦，微溫，有小毒。主治風濕拘攣，痺痛。

清・张璐《本經逢原》卷二　茵芋　苦、辛，溫，有毒。生泰山川谷。春生苗，高三四尺，莖赤，葉似石榴而短厚，又似石南。四月開細白花，五月結實。今彭城、海鹽、杭州、雍州、絳州、華州皆有，四月採葉，七月採莖，陰乾用之。

《本經》主五藏邪氣，心腹寒熱，羸瘦如瘧狀，發作有時，諸關節風濕痹痛。

發明：茵芋大毒，世亦罕用。《本經》雖有治羸瘦如瘧狀一語，皆是五藏有邪氣，心腹寒熱所致，非能療虛羸寒熱也。其治關節風濕痹痛，是其正治。時珍曰，《千金》《外臺》諸方治風癇有茵芋丸，治風痹有茵芋酒，治婦人產後中風有茵芋膏，風濕諸方多用之。茵芋、石南、莽草皆古人治風妙品，近世罕知。

清・吳儀洛《本草從新》卷二　茵芋〔宣，去風濕。〕　辛，苦，微溫。風濕拘攣痺痛。時珍曰：古方治風癇有茵芋丸，治風痺有茵芋酒，治產後風有茵芋膏，風濕諸證多用之。茵芋、石楠、莽草皆治風妙品，世所罕知。莖赤，葉似石榴而短厚。炙用。

清・汪紱《醫林纂要探源》卷二　茵芋　辛，苦，溫。莖紫，葉如石榴而短厚。炙用。治風痺濕痺。有毒。或熬膏，或作丸，不煎。

題清・徐大椿《藥性切用》卷四　茵芋　辛苦微溫，治風濕拘攣痺痛。炙熟用。

清・黃宮繡《本草求真》卷三　茵蕷治關節風濕痹痛。　茵蕷耑入肝腎。本屬毒物，味辛而苦，氣溫有毒。據書所述，治症多是風濕為用。如治風癇，則有茵蕷丸。治風痹，則有茵蕷酒。治產後風，則有茵蕷膏。凡風濕痹症，多用茵蕷，與石南、莽草同為一類。莽草辛溫有毒，能治頭風癰腫，乳癰疝瘕。其葉煎湯熱含，能治牙蟲喉痹。若云能療虛羸寒熱，恐莫及耳。因虛當兼補虛。出彭城海鹽，莖赤，葉如石榴而短厚者佳。採莖葉陰乾，炙用。

清・羅國綱《羅氏會約醫鏡》卷一六草部　茵芋味辛苦，微溫，有小毒。治風濕拘攣痹痛。辛散風，苦燥濕。古方治風癇風痹，多用之。莖赤，葉如石榴而短厚，莖葉炙用。　按：血虛似中風者，宜與溫補藥同用。

清・楊時泰《本草述鉤元》卷一〇　茵芋　生泰山川谷《別錄》，好者出彭城貞白。今雍州、絳州、華州、杭州亦有之。春生苗，高三四尺，莖赤，葉似石榴而短厚，又似石南，四月開細白花，五月結實。三四月七月采莖葉，日乾用。

氣味苦溫，有毒。治諸關節風濕痹痛，療久風濕走四肢，脚弱，風毒拘急攣痛，并一切冷風，筋骨怯弱，羸顫。茵芋、石南、莽草，皆古人治風妙品，《千金》《外臺》諸古方，有茵芋丸治風癇，茵芋酒治風痹，茵芋膏治婦人產後中風，而近世罕知用之，亦踈缺也瀕湖。茵芋丸，治風氣積滯成脚氣，發則痛者，茵芋葉炒、薏仁各半兩，郁李仁一兩，牽牛子三兩，內生研半兩。為末，煉蜜丸梧子大，每服二十丸，五更薑、棗湯下，取利。未利，再服取快。

論：茵芋治風，主肝腎之損，能補風虛而透關節，即其氣溫，合於味苦，正以瀉為補，補為洩，最妙於冷風、濕痹、怯弱、羸顫之治也。

清・吳其濬《植物名實圖考》卷二四　茵芋　《本經》下品。陶隱居云：方用甚稀。《圖經》備載其形狀功用。李時珍云：近世罕知。蓋俚醫用藥多為異名，或實用之而不識其本名也。

雩婁農曰：茵芋有毒。李時珍以為古方有茵蕷丸，治瘋癇，又有酒與膏，為治風妙品，近世罕知。為醫家疎缺，蓋深惜之。吾謂今之俚醫治風之藥，不可殫述，安知無茵蕷者？特其名因地而異，古今之不同耳。史傳中惟功業道德、婦孺知名者謂之不朽。其他或一事而兩載，或兩傳而一人，所聞異詞。如鳥戾於天，越人以鳦，楚人以為鳬，各因所疑而為之名，孰知其是耶非耶？揚雄持三尺緹素，訪絕域方言，其草木諸物，異名多矣，又烏料其一人之身為漢郎中，又為莽大夫耶？黑頭尚書，白頭尚書，何異昔日之芳草，今直為此蕭艾也。嗚呼！在山為小草，出山為遠志，以出處而異名，賢者愧之矣。彼上車不落則著作，體中何如則秘書，用之則榮，舍則已焉，束芻以為狗，棄狗豈有惜其芻者？茵蕷之用，適承其乏，有勝於茵蕷者，而茵蕷為狗之芻矣。故曰：腹背之毳，益一把不加多，損一把不加少，始則碌碌而因人，繼則汶汶以沒世。吾欲求其名而紀之，吾又烏能勝紀之？

清・葉志詵《神農本草經贊》卷三　茵芋　味苦，溫。主五藏邪氣，心腹寒熱，羸瘦如瘧狀，發作有時，諸關節風濕痹痛。生川谷。

莞蒲茵蓐，比類差參。細萌銀莽，密蔭石楠。赤塗霞暎，白碎星含。解搜風癇，頓換春酣。

名醫曰：一名莞草。《詩箋》：小蒲之席也。《漢書·傳》：車茵蓐也。韓愈詩：應對多差參。陶弘景曰：莖葉狀銀莽草而細軟。日華子曰：形似石楠樹葉。蘇頌曰：春生苗高三四尺，莖赤，夏四月開細白花。李時珍曰：古人治風痹妙品，今人罕知。朱子詩：莫將寒苦換春酣。

清·戴葆元《本草綱目易知錄》卷二　茵芋　苦，温，有小毒。治五臟邪氣，心腹寒熱，羸瘦如瘧狀，發作有時。諸關節風濕痹痛，走入四肢，及脚弱，男女軟脚毒風拘攣，一切冷風濕痹，筋骨怯弱。入藥炙用。

鴉膽子

清·何諫《生草藥性備要》卷上　老鴉膽　味苦，性平。涼血，去脾家瘡，治牛毒，理跌打。

清·趙學敏《本草綱目拾遺》卷五草部下　鴉膽子　一名苦參子，一名鴉膽子。出閩廣，藥肆中皆有之。形如梧子，其仁多油，生食令人吐，作霜搥去油，入藥佳。

治痢：何夢瑤《醫碥》鴉膽丸：用鴉膽子去殼搥去油一錢，文蛤醋炒，枯礬川連炒，各三分，糊丸。硃砂為衣。或鴉膽霜，黄丹各一錢，加木香二分亦可。烏梅肉丸，硃砂為衣，二方俱丸菉豆大，粥皮，或鹽梅皮，或圓眼乾肉，或芭蕉子肉，包吞十一二丸，立止。裏急後重：《吉雲旅抄》：用鴉膽即苦榛子，去殼留肉，包龍眼肉，每歲一粒，白滾水下。治痔：金御乘云：近日閩中板客皆帶鴉膽子來，治痔如神。有患者，以子七粒包圓眼肉吞下，立愈。至聖丹：治冷痢久瀉，百方無驗者，一服即愈。凡痢之初起，實熱實積，易知而易治。惟虚人冷積致痢，醫多不以為意，蓋實熱之症，外候有身熱煩躁，唇焦口渴，肚疼窘迫，裏急後重，舌上黄胎，六脈洪數，證候既急，治者亦急。輕則疎利之，重則寒下之，積去而和，其陰陽無不愈者。致於虚人冷積致痢，外無煩熱躁擾，內無肚腹急痛，有赤白相兼，無裏急後重，大便流痢，小便清長，此由陰性遲緩，所以外症不急，遇此不可姑息，但以集成三仙丹下之，以去其積，倘不急下，必致養虎貽患。其積日久，漸次下墜，竟至大腸下口、直腸上口交界之處，有小曲摺，隱匿於此，為腸穢最深之處，藥所不到之地，證則乍輕乍重，或愈或發，便則乍紅乍白，或硬或溏，總無一定，任是神丹，分毫無濟。蓋積不在腹內，而在大腸之下，諸藥至此，性力已過，盡成粃糠，安能去此沉匿之積？所以冷痢有至三五年十數年不愈者，由此故也。古方用巴豆為丸下之者，第恐久病人虚，未敢輕用，今已至捷至穩鴉膽子一味治之。此物出閩省雲貴，雖諸家本草未收，而藥肆皆有，其形似益智子而小，外殼蒼褐色，內肉白有油，其味至苦，用小鐵錘輕敲其殼，殼破肉出，其大如米，敲碎者不用，專取全仁用之。三五歲兒二十餘粒，十餘歲者三十多粒，大人則四十九粒。取大圓肉包之。小兒一包三粒，大人一包七粒，緊包，空腹吞下，以飯食壓之，使其下行，更藉此圓肉包裹，可以直至大腸之下也。此藥並不峻厲，復不肚痛，俟大便行時有白凍如魚腦者，即冷積也。如白凍未見，過一二日再進一服，或微加數粒，此後不須再服。服時忌葷酒三日，戒鴨肉一月，從此除根，永不再發矣。倘次日腹中虚痛，用白芍一枝，甘草一枝，各重三錢，紙包水溼，火內煨熟，取起搥爛，煎湯服之，立止。此方不忍隱秘，筆之於書，以公世用。痢疾神方：《醫宗彙編》：用白石榴燒灰一錢，真鴉片切片二錢，鴉膽子去殼紙包，壓去油三兩，人參三分，枯礬二分，海南沉香三分，共為細末，調粥為丸，重五六釐，曬乾磁瓶收貯。紅痢用蜜一匙，滾水調下。紅白相兼，陰陽水送下。肚脹，滾湯下。水瀉，米湯開水送下。忌油膩腥酸一月。

清·吴其濬《植物名實圖考》卷三六　鴉蛋子　生雲南。小樹圓葉，結實三粒相併，中有一棱。土醫云能治痔。

清·趙其光《本草求原》卷一山草部　老鴉膽　其頭名苦參，功治已見前。又治牛生疔，並中牛毒。擂米飲。其子，能腐肉，止積痢。去油，以粥皮包吞。葉，洗熱毒，理跌打。

清·陸以湉《冷廬雜識》卷一　鴉膽子　治休息痢，歙程杏軒文囿《醫案》甚稱其功效。用三十粒，去殼取仁，外包龍眼肉，撚丸。每晨米湯送下，一二服或三四服即愈。此藥味大苦，而寒力能至大腸曲折之處，搜逐濕熱。本草不載，見於《幼幼集成》，稱為至聖丹，即苦參子也。藥肆多有之。吾里名醫張雲寰先生季瀛，亦嘗以此方傳人。吾母周太孺人，喜施方藥，以治休息痢，無不應驗，兼治腸風、便血。凡熱痢色赤久不愈者，亦可治，惟虚寒下痢忌之。

鬼臼

宋·李昉《太平御覽》卷第九九三　鬼臼　《吴氏本草經》曰：一名九臼，一名天臼，一名雀犀，一名馬目〔毒〕公，一名解毒。生九真山谷及寃句。

二月、八月採根。

宋・唐慎微《證類本草》卷三〇外草類〔宋・蘇頌《本草圖經》〕 瓊田草生福州。春生苗葉，無花。三月採根、葉，焙乾。土人用治風。生擣羅，蜜丸服之。

宋・唐慎微《證類本草》卷一一草部下品〔《本經・別錄・藥對》〕 **鬼臼味辛，溫**、微溫，有毒。**主殺蠱毒，鬼疰精物，辟惡氣不祥，逐邪，解百毒**，療欬嗽喉結，風邪煩惑，失魄妄見，去目中膚翳，殺大毒，不入湯。**一名爵犀，一名馬目毒公，一名九臼**，一名天臼，一名解毒。生九真山谷及冤句。二月、八月採根。畏垣衣。

〔梁・陶弘景《本草經集注》〕 曰：鬼臼如射干，白而味甘，溫，有毒。主風邪，鬼疰，蠱毒，九臼相連，有毛者良。一名九臼，生山谷，八月採，陰乾。又似鈎吻。今馬目毒公如黃精，根臼處似馬眼而柔潤。鬼臼似射干、术輩，有兩種：出錢塘近道者味甘，上有叢毛最勝；出會稽、吴興者乃大，味苦，無叢毛，不如，略乃相似而乖異毒公。今方家多用鬼臼，少用毒公，不知此郁復頓爾乖越也。

〔唐・蘇敬《唐本草》〕注云：此藥生深山巖石之陰。葉如蓖麻、重樓輩。生一莖，莖端一葉，亦有兩歧者。年長一莖，莖枯爲一臼。假令生來二十年，則有二十臼，豈惟九臼耶？根肉皮鬚並似射干，今俗用皆是射干。及江南別送一物，非真者。今荆州當陽縣、硤州遠安縣、襄州荆山縣山中並有之，極難得也。

〔宋・掌禹錫《嘉祐本草》〕按：《蜀本圖經》云：花生莖間，赤色。今出硤州、襄州深山，二月、八月採根，日乾用之。《藥性論》云：鬼臼，使，味苦。能主尸疰，殗殜勞疾，傳尸瘦疾，主辟邪氣，逐鬼。

〔宋・蘇頌《本草圖經》〕曰：鬼臼，生九真山谷及冤句，今江寧府、滁、舒、商、齊、杭、襄、峽州、荆門軍亦有之，多生深山巖石之陰。葉似蓖麻、重樓輩。初生一莖，莖端一葉，亦有兩歧者，年長一莖，莖枯爲一臼，二十年則二十臼也。花生莖間，赤色，三月開，後結實。根、肉、皮、鬚並似射干，俗用皆是射干，當細别之。七月、八月採根，暴乾用。古方治五尸，鬼疰，百毒，惡氣方用之。一説鬼臼生深山陰地，葉六出或五出，如雁掌。莖端一葉如繖，蓋旦時東向，及暮則西傾，蓋隨日出沒也。花紅紫如荔枝，正在葉下，常爲葉所蔽，未常見日。一年生一葉，既枯則爲一臼，及八九年則八九臼矣。然一年一臼生而一臼腐，蓋陳新相易也，故俗又名曰害母草。如芋魁、烏頭輩亦然。新苗生則舊苗死，前年之魁腐矣。而《本草》注謂全似射干，今射干體狀雖相似，然臼形淺薄，大異鬼臼，鬼臼如八九天南星側比相疊，而色理正如射干。要者，當使人求苗採之，市中不復有也。

宋・鄭樵《通志》卷七五《昆蟲草木略》 鬼臼 曰雀犀，曰馬目毒公，曰九臼，曰天臼，曰解毒。葉如荷葉，形似鳥掌，年長一莖，莖枯則根為一臼，服食家用之。以九臼相連者為佳。亦名八角盤，以其葉然也。

宋・王介《履巉巖本草》卷下 山荷葉 性溫，有毒。能枯水銀，入爐火藥。

仙天蓮 一名天荷葉。性大熱，大毒。不可聞紫花，恐生鼻肉。多入爐火藥用。葉治惡毒瘡癬。

宋・陳衍《寶慶本草折衷》卷一一 鬼臼使。 一名九臼，一名天臼，一名爵犀，一名馬目毒公，一名解毒，一名害母草。生九真山谷及錢塘即杭州，及冤句、會稽、吴興，及硤、滁、舒、商、齊、襄州，江寧府、荊門軍巖石之陰。○二、八月採根，暴乾。○畏垣衣。○硤與峽同音，見石鍾乳條首。

味辛、苦，微溫，有毒。○主殺蠱毒，鬼疰，辟惡氣，逐邪，解百毒，療欬嗽、喉結風邪，煩惑，去目膚翳。○《藥性論》云：主尸疰殗於刧切殜余攝切勞疾，傳尸瘦病。○《圖經》曰：鬼臼，一年一臼生而一臼腐。謂莖上痕孔如臼也。如八九天南星側比博必切相疊，而色理如射干。謂根之形色也。

元・尚從善《本草元命苞》卷五 鬼臼 為使。其味辛，溫。一名馬目毒公。又曰：微溫，有毒。殺蠱毒鬼疰，辟惡氣不祥。療欬嗽喉結風邪，除煩惑，失魄妄見。醫殗殜勞病，去目中膚翳。投大毒，不入湯服。畏垣衣。如射干而白。生九真冤句及深山巖石之陰。葉似蓖麻，如重樓，初生一莖，莖端一葉。亦有兩歧，一年長一莖，莖枯為一臼，臼處如馬眼，柔潤，其花生莖間，色赤，根肉皮鬚煎似射干。二月八月採之，乾用。

明・王綸《本草集要》卷三 鬼臼使 味辛，氣溫，有毒。畏垣衣。不入湯。主殺蠱毒，鬼疰精物，辟惡氣不祥，逐邪，解百毒。

明・滕弘《神農本經會通》卷一 鬼臼 使也。畏垣衣。不入湯。二八月採。陶云：九臼相連，有毛者良。《圖經》云：一年一臼生而一臼腐，陳新相易，及八九年則八九臼矣。鬼臼如天南星，側比相疊，而色理正如射干。

味辛，氣溫、微溫，有毒。

《本經》云：主殺蠱毒，鬼疰精物，辟惡氣不祥，逐邪，解百毒，療欬嗽，喉結風邪，煩惑失魄妄見，去目膚瞖，殺大毒。不入湯。《藥性論》云：使。味苦。能主尸疰，殗殜勞疾，傳尸瘦病，主辟邪。

明・劉文泰《本草品彙精要》卷一四 鬼臼有毒。 叢生。

鬼臼出《神農本經》：**主殺蠱毒，鬼疰，精物，辟惡氣不祥，逐邪，解百毒。**以上朱字《神農本經》。療欬嗽，喉結，風邪，煩惑，失魄，妄見，去目中膚翳，殺大毒，不入湯。以上黑字名醫所錄。〔名〕爵犀、馬目毒公、九臼、天臼、解毒、害母草。〔苗〕《圖經》曰：葉似蓖麻、重樓輩，初生一莖，莖端一葉，亦有兩歧者，年長一莖，莖枯爲一臼，二十年則二十臼也。花生莖間，赤色，三月開後結實。一說鬼臼生深山陰地，葉六出，或五出，如雁掌，莖端一葉如傘蓋，旦時東南，及暮則西傾，蓋隨日出沒也。花紅紫如荔枝，正在葉下，常爲葉所蔽，未嘗見日。一年生一葉，既枯則爲一臼，及八九年則八九臼矣。然一年一臼生而一臼腐，蓋陳新相易也，故俗名害母草，如芋魁、烏頭輩亦然，新苗生作舊苗死，前年之魁腐矣。〔地〕《圖經》曰：生九真山谷及冤句、江寧府，滁、商、杭、襄、峽等州，荊門軍亦有之，多生深山巖石之陰。〔道地〕舒州、齊州。〔時〕生：正月生苗。採：二月、七月、八月取根。〔收〕暴乾。〔用〕根。〔質〕類南星而極大。〔色〕白。〔味〕辛。〔性〕微溫，散。〔氣〕氣之厚者，陽也。〔臭〕朽。〔主〕鬼疰，蠱毒。〔反〕畏垣衣。〔治〕療：《藥性論》云：除尸疰，殗於劫切殜余攝切，勞疾，傳尸，瘦疾，辟邪氣，逐鬼。

明・劉文泰《本草品彙精要》卷四一　瓊田草　植生。瓊田草：治風，取根、葉焙乾，生擣羅，蜜丸服之。出《圖經》。〔苗〕《圖經》曰：春生苗葉，無花。〔地〕《圖經》曰：生福州。〔時〕生：春生苗。採：三月取根葉。〔用〕根、葉。

明・鄭寧《藥性要略大全》卷七　鬼臼使　殺蠱毒精鬼邪惡，解百毒，療咳嗽風邪，煩惑失魂、妄見，去目翳。味辛，性溫，有毒。不入湯藥。

明・陳嘉謨《本草蒙筌》卷三　鬼臼　味辛，氣微溫。有毒。齊杭襄峽最多，深山陰地纔有。獨莖起土內，一葉竪莖端。狀如傘蓋。一云：葉六出，或五出，如鴈掌。旦東向，暮西傾，隨日出沒；枯一莖，為一臼，逐歲增添。每年長一莖，莖枯為一臼，二十年則二十臼也。要求真採之，勿貿假誤也。垣衣所畏，制伏可資。辟瘟疫惡氣不祥，殺蠱毒鬼疰精物。去目赤膚瞖，療喉結風邪。不入湯煎，惟作散用。

明・王文潔《太乙仙製本草藥性大全》卷二《本草精義》　鬼臼　一名爵犀，一名馬目毒公，一名九臼，一名天臼，俗名害母草。出九真及冤句，今江寧府，滁、舒城，齊、杭、襄、峽最多，深山陰地纔有。獨莖地土內，一葉竪莖端，狀如傘蓋。一云葉六出或五出，如鴈掌，旦東向，暮西傾，隨日出沒，枯一莖爲一臼，逐歲增添，每年長一莖，枯爲口臼。花紅紫如荔枝，正在葉下，常爲葉所蔽，未嘗見日，二十年則二十臼也。要求真採之，勿貿假誤也。垣衣所畏，制伏可資。

明・王文潔《太乙仙製本草藥性大全》卷二《仙製藥性》　鬼臼使　味辛，氣微溫，有毒。主治：辟瘟疫惡氣不祥，殺蠱毒鬼疰精物。去目赤膚瞖，療喉結風邪。不入湯煎，惟作散用。

明・皇甫嵩《本草發明》卷三　鬼臼下品下，佐使。氣微溫，味辛，有毒。不入湯煎，可作散。發明曰：鬼臼，散毒，逐邪氣，亦以毒攻毒之藥。故主殺蠱毒，鬼疰精物，辟惡氣不祥，瘟疫，解百毒，療喉結風邪，咳嗽，煩惑失魄妄見，去目中膚翳。莖如傘蓋，旦東向，暮西向，隨日出沒。枯一莖為一臼，逐歲增添，一名九臼，似射干而味甘，但射干根多鬚，黑黃色，須審用之。畏垣衣。二八月採根。

明・李時珍《本草綱目》卷一七草部・毒草類　鬼臼《本經》下品。校正：併入《圖經》瓊田草。

〔釋名〕九臼《本經》　天臼《別録》　鬼藥《綱目》　解毒《別録》　爵犀《本經》　馬目毒公《本經》　害母草《圖經》　羞天花《綱目》　术律草《綱目》　瓊田草《綱目》　獨脚蓮《土宿本草》　獨荷草《土宿》　山荷葉《綱目》　旱荷《綱目》　八角盤《綱目》　唐婆鏡　弘景曰：鬼臼根如射干，白而味甘，九臼相連，有毛者良，故名。時珍曰：此物有毒，而臼如馬眼，故名馬目毒公。殺蠱解毒，故有犀名。其葉如鏡、如盤、如荷，而新苗生則舊苗死，故有鏡、盤、荷、蓮、害母諸名。《蘇東坡詩集》云：瓊田草俗號唐婆鏡，即《本草》鬼臼也。歲生一臼，如黃精根而堅瘦，可以辟穀。宋祁《劍南方物贊》云：羞天花，蜀地處處有之。依莖綴花，蔽葉自隱，俗名羞天，予改爲羞寒花，即《本草》鬼臼也。贊云：冒寒而茂，莖修葉廣。附莖作花，葉蔽其上。以其自蔽，若有羞狀。〇別有羞天草與此不同，即海芋也。

〔集解〕《別録》曰：鬼臼生九(具)〔真〕山谷及冤句。二月、八月采根。弘景曰：鬼臼生山谷中。八月采，陰乾。似射干、术輩，又似鈎吻。有兩種：出錢塘近道者，味甘，上有叢毛，最勝；出會稽、吳興者，大而味苦，無叢毛，力劣。今馬目毒公狀如黃精根，其臼處似馬眼而柔潤。今方家多用鬼臼而少用毒公，不知此那，復乖越如此。恭曰：鬼臼生深山巖石之陰。葉如蓖麻、重樓輩。生一莖，莖端一葉，亦有兩歧者。年長一莖，莖枯則爲一臼。假令生來二十年，則有二十臼，豈惟九臼耶。根肉皮鬚並似射干，今俗用多是射干。而江南別送一物，非真者。今荊州當陽縣、硤州遠安縣、襄州荊山縣山中並貢之，亦極難得。頌曰：今江寧府、滁、舒、商、齊、杭、襄、峽州、荆門軍亦有之，並如蘇恭所説。花生莖間，赤色，三月開後結實。又一説：鬼臼生深山陰地，葉六出或五出，如鴈掌。莖端一葉如繖，旦時東向，及暮則西傾，蓋隨日出没也。花紅紫如荔枝，正在葉下，常爲葉所蔽，未常見日。一年生一莖，既枯則爲一臼，及八九年則八九臼矣。然一年一臼生而一臼腐，蓋陳新相易也，故俗名害母草。如芋魁、烏頭輩亦然，新苗生則舊苗死，前年之臼腐矣。而《本草注》謂全似射干，今射干體狀雖相似，然臼形淺薄，與鬼臼大異。鬼臼如八九個南星側比相疊，而色理正如射干。用者當使人求苗采之，市中不復有也。時珍曰：鬼臼根如天南星相疊之狀，故市人通謂小者爲南星，大者爲鬼臼，殊爲謬誤。按《黄山谷集》云：唐婆鏡葉底開花，俗名羞天花，即鬼臼也。歲生一臼，滿十二歲，則可爲藥。今方家乃以鬼燈檠爲鬼臼，誤矣。又鄭樵《通志》云：鬼臼葉如小荷，形如鳥掌，年長一莖，莖枯則根爲一臼，亦名八角盤，以其葉似之也。據此二説，則似是今人所謂獨脚蓮者也。又名山荷葉、獨荷草、旱荷葉、八角鏡。南方處處深山陰密處有之，北方惟龍門山、王屋山有之。一莖獨上，莖生葉心而中空。一莖七葉，圓如初生小荷葉，面青背紫，揉其葉作瓜李香。開花在葉下，亦有無花者。其根全似蒼术、紫河車。丹爐家采根制三黄、砂、汞。或云其葉八角者更靈。或云其根與紫河車一樣，但以白色者爲河車，赤色者爲鬼臼，恐亦不然。而《庚辛玉册》謂蚤休陽草，旱荷陰草，亦有分别。陶弘景以馬目毒公與鬼臼爲二物，殊不知正是一物而有二種也。又唐獨孤滔《丹房鏡源》云：术律草有二種，根皆似南星，赤莖直上，莖端生葉。一種葉凡七瓣，一種葉作數層。葉似蓖麻，面青背紫而有細毛。葉下附莖開一花，狀如鈴鐸倒垂，青白色，黄蕊中空，結黄子。風吹不動，無風自摇。可制砂汞。按此即鬼臼之二種也。其説形狀甚明。

根【氣味】辛，温，有毒。《别録》曰：微温。弘景曰：甘，温，有毒。權曰：苦。之才曰：畏垣衣。【主治】殺蠱毒鬼疰精物，辟惡氣不祥，逐邪，解百毒《本經》。殺大毒，療欬嗽喉結，風邪煩惑，失魄妄見，去目中膚翳。不入湯《别録》。主尸疰殗殜勞疾，傳尸瘦疾甄權。下死胎，治邪瘧癰疽，蛇毒射工毒時珍。

【發明】頌曰：古方治五尸鬼疰、百毒惡氣多用之。又曰，今福州人三月採瓊田草根葉，焙乾擣末，蜜丸服，治風疾。

【附方】新三　子死腹中：胞破不生，此方累效，救人幾萬數也。鬼臼不拘多少，黄色者，去毛爲細末，不用篩羅，只撚之如粉爲度。每服一錢，無灰酒一盞，同煎八分，通口服，立生如神。名一字神散。《婦人良方》。　射工中人：寒熱發瘡。鬼臼葉一把，苦酒漬，擣取汁。服一升，日二次。《千金方》。　黑黄急病：黑黄，面黑黄，身如土色，不妨食，脉沉，若青脉入口者死。宜烙口中黑脉、百會、玉泉、章門、心俞。用生鬼臼擣汁一小盞服。乾者爲末，水服。《三十六黄方》。

明·李時珍《本草綱目》卷二一草部·有名未用　天仙蓮時珍曰：《衛生易簡方》：治惡毒瘡癤。擣葉，傅之。

明·佚名氏《醫方藥性·草藥便覽》　八角蓮　其苦、寒。治無名腫毒。

明·繆希雍《本草經疏》卷一一　鬼臼　味辛，溫、微溫，有毒。主殺蠱毒，鬼疰精物，辟惡氣不祥，逐邪，解百毒。療欬嗽喉結，風邪煩惑，失魂妄見，去目中膚翳，殺大毒。不入湯。

【疏】鬼臼得地之金氣，而性復陰沉，是以辛溫有毒，乃陰草中之散結辟邪者也。故能入陰分以辟不祥，及諸蠱毒，鬼疰精物，尸疰傳尸，煩惑，失魂妄見。然此諸病何？莫非陰邪尸鬼之所為。凡物以類相從，故惟陰草之異品，乃能治乎陰鬼之賊害也。其去目中膚翳及欬嗽喉結風邪，則辛散之功耳。其藥有二種，味甘者勝，苦者稍劣。【主治參互】鬼臼得丹砂、雄黄、雲母、生犀角、丹參、遠志、射干、百部、菖蒲、天門冬，能治一切怪惑不祥及諸尸疰、傳尸，陰邪為祟諸異證。《婦人良方》治子死腹中，胞破不生。用鬼臼不拘多少，黄者去毛，為細末，不用篩籮，只撚之如粉為度。每服一錢，無灰酒一盞，同煎八分，通口服，立生如神。名一字散。《千金方》治射工中人，寒熱發瘡。鬼臼葉一把，苦酒漬擣取汁，服一升，日二次。

三十六黄方治黑黄急病，其證面黑黄，身如土色，不妨食，脈沉，若青脈入口者死。宜烙口中黑脈，百會、玉泉、章門、心俞。用生鬼臼擣汁一小盞服。乾者為末，水服。【簡誤】凡病屬陽，陽盛熱極，有似鬼魅為祟及煩惑失魂妄見者，不可用。

明·倪朱謨《本草彙言》卷五　鬼臼　味辛，氣溫，有毒。《別錄》曰：鬼臼，生九真山谷及冤句、荆州、峽州、襄州、越州屬道等處。近以錢塘、餘杭徑山者爲上。錢塘者，味辛微甘，上有叢毛，餘處味辛稍苦，無叢毛，力劣少異。　蘇氏曰：并生深山巖石之陰處。二三月挺生一莖，中空直上，莖當葉心，葉居莖上，如初生荷葉，邊出八角，面青背紫，叢生細毛，揉之氣香。旦則東向，暮則西頭。花開葉下，紅紫色，連綴莖間，未曾見日，故又名羞天花。風來不動，無風自搖。其葉或二三層疊，總一莖，當心直上，或旁生歧出，必另貫葉心，不與本莖相連絡也。　李氏曰：鬼臼根如天南星相疊之狀，故市人謂小者爲天南星，大者爲鬼臼，殊爲謬誤。歲生一莖，一莖枯，下生一臼矣。以九年十二年者更良。一説：一年一莖枯，一臼生，而舊臼隨腐。蓋陳新相易也。

鬼臼：攻濕積，日華子散瘀血之藥也。黃正暘稿此藥性沉而陰，味辛而烈，能攻散結痰、結氣、結血等疾，繆仲醇說故前古主蠱毒鬼疰，精邪怪病，幷傳尸殗殜，及煩惑失魂，妄見諸物之疾。然此諸病何？莫非陰邪尸鬼之所爲。凡物以類相從，故惟陰草乃能治乎陰鬼之賊害也。但味辛性燥，凡病屬陽，陽盛熱極，有似鬼魅爲祟，及狂惑失魂妄見者，不可用。

集方：翁日恒方治氣血痰飲，積脹成蠱。用鬼臼一觔切片，生薑二兩，白礬五錢，泡湯浸二日，再用酒煮，搗爛成膏，巴豆肉三錢去油，沉香五錢，蟾酥五錢，俱爲末，和入爲丸，如黍米大。每早晚各服二三十丸，白湯送下。○《別錄》方治鬼疰精邪怪病，幷傳尸殗殜，及煩亂迷惑失魂，妄見諸物之疾，或神鬼依附等證。用鬼臼，取新鮮者三兩，搗爛，和米醋少許，貼胸中背心，數日漸退。未全愈，再貼。○《婦人良方》治子死腹中，胞破不生。此方屢效，救人幾萬數。用鬼臼，不拘多少，黃色，去毛，爲細末如粉。每服一錢，無灰酒一碗，同煎八分，通口服，立生如神。○《三十六黃方》治黑黃急病，面黃身黃如土色，不得飲食，脉沉，若青脉入口者死。用鬼臼新鮮者，搗汁小盞，如無鮮者，用乾者爲末，白湯調服。或用渣搗爛，炒熱布包，熨口角耳會、玉泉、章門、心俞等處。○《千金方》治射工中人，使人寒熱發瘡。用鬼臼葉一把，米醋浸搗，取汁一二碗，徐徐服。

《瘍科書》云：癭氣瘤氣，乃氣血凝滯也。癭多生於肩項，瘤則隨氣留結。如年月深遠，漸大漸長，堅硬不可移者，名曰石癭；皮色不變者，名曰肉癭；筋脉露纏者，名曰筋癭；赤脉交結者，名曰血癭；隨七情憂思消長者，名曰氣癭。五癭皆不可决破，破則膿血崩潰，多致夭枉難治。瘤則有六種，骨瘤、脂瘤、肉瘤、膿瘤、血瘤、筋瘤，亦不可决破，破亦難醫。惟脂瘤破而去其脂漿則愈。如《海上方》用鬼臼切片，薑汁浸，海藻、昆布、海帶，俱用熱水洗淨，海粉水飛過，海螵蛸各二兩，甘草一兩，海螺一個，火燒醋炙，如頸下搖者，用長螺；頸不搖者，用圓螺。共爲極細末，煉蜜丸，如梧子大。每晚臨睡時，口中噙化一丸。

明·朱國禎《湧幢小品》卷二七　八角蓮伏蛇　有草名八角蓮，可以伏蛇。諺云：識得八角蓮，可與蛇共眠。

明·盧之頤《本草乘雅半偈》帙六　鬼臼《本經》下品　氣味：辛，溫，有毒。主治：主殺蠱毒，鬼疰精物，闢惡氣不祥，逐邪，解百毒。

覈曰：出九真山谷，及冤句、荊州、峽州、襄州，近以錢(唐)〔塘〕、餘杭徑山者為上。生深山巖石之陰，即獨脚蓮、唐婆鏡、馬目毒公、羞天花、八角盤也。二三月挺生一莖，中空獨上，莖當葉心，葉居莖上，如初生荷葉，邊出八角，面青背紫，叢生細毛，揉之作瓜李香。旦則東向，暮則西傾，猶葵之衛足也。花開葉下，連綴莖間，未嘗見日，故曰羞天。風來不動，風去自搖，能不為風力所轉矣。其葉，或二三層疊，總一莖當心直上，或旁生歧出，必另貫葉心，不與本莖相連絡也。年生一莖，莖枯根作一臼，新臼次年另生，則舊臼中腐，此陳新相易，九年乃作九臼，九臼者有神，根形如蒼术，及黃精之歧曲，以連生臼竅為別也。辟穀，伏汞，畏垣衣。

条曰：獨莖八角，獨根九臼，陽以陰為體，陰以陽為用也。莖生葉心，花蔽葉下，陰陽互為根蒂也。花如鈴鐸，風來不動，風去自搖，見陰陽之體能立用能行也。旦則東向，暮則西傾，與陰陽浮沉于升降也。伏汞成丹，辟穀不飢，操陰陽造化之權衡也。此盡陰陽造化之變，鬼物唯陰，寧不斂掬。許氏云：望之斂掬曰臼，臼音匊，與掬同。兩手曰掬，與下畫相連之去聲者不同。

清·顧元交《本草彙箋》卷四　鬼臼　乃陰草中之散結辟邪者也。故能入陰分，以辟不祥，及諸蠱毒，鬼疰精物，尸疰傳尸，煩惑失魂妄見，何莫非陰邪尸鬼之所爲，故惟陰草之異品，乃能治乎？陰鬼之賊，害也。亦有陽盛熱極，有似鬼魅爲祟，及煩惑失魂妄見者，不可混用。

清·李熙和《醫經允中》卷二一　鬼臼　辛，溫，有毒。主治殺鬼疰蠱毒，辟惡逐邪。

清·馮兆張《馮氏錦囊秘錄·雜症痘疹藥性主治合參》卷三　鬼臼得地之金氣，而性復陰沉，是以辛溫有毒，乃陰草也。以類相從，凡陰邪為害，仗此陰草之異品除之。更能去目翳喉結，亦辛散之功耳。味甘者佳，苦者稍劣。

鬼臼，辟瘟疫惡氣不祥，殺蠱毒鬼疰精物。去目赤膚翳，療喉結風邪。不入湯煎，惟作散用。

清·张璐《本經逢原》卷二　鬼臼《本經》名九臼，一名天臼，一名馬目毒公，又有术律草、害母草、獨脚蓮、羞天花、瓊田草、山荷葉、八角盤、唐婆鏡、鬼藥、爵犀、解毒等名。辛，溫，有毒。《本經》殺蠱毒鬼疰精物，辟惡氣不祥，逐邪解百毒。發明：鬼臼辛溫，以毒攻毒之猛藥，《本經》殺鬼疰蠱毒，辟惡逐邪，甯無顧名思實之意。其治邪癰陰疽蛇毒用之。《良方》一字神散，治子死腹中，無灰酒下一錢立效。射工中人寒熱發瘡，鬼臼葉一握，苦酒搗汁服一升，日二次效。

清·張志聰、高世栻《本草崇原》卷下　鬼臼　氣味辛，溫，有毒。主治殺蠱毒，鬼疰精物，辟惡氣，不祥，逐邪，解百毒。　鬼臼，《本經》名九臼，《別錄》名天臼。出九真山谷及冤句、荊州、峽州、襄州，近以錢塘、餘杭徑山者為上，生深山岩石之陰。其葉六出或五出，如雁掌，莖端一葉如繖，且對東向，暮則西傾，蓋隨日出沒也。花紅紫如荔枝正在葉下，常為葉所蔽，未常見日，故俗名羞天花。一年生一莖，莖枯則作一臼，新根次年另生，則舊根中腐，新陳相易，九年乃作九臼，九臼者有神，根形如蒼朮及黃精之歧曲，以連生臼窾為別也，臼形如馬眼，故《本經》又名馬眼。　鬼臼以九臼者為良，故名九臼。九，老陽之數也。陽者，天氣也。故《別錄》名天臼，氣味辛溫，稟太陽熱乾金之氣，故主殺蠱毒鬼疰精物，及惡氣不祥，並逐邪解百毒。《金匱》方治傷寒，令愈不復者，助太陽之氣也。蓋陽氣者，若天與日，此花隨天日旋轉，而又不見天日，猶天德唯藏，不自明也。

清·王子接《得宜本草·下品藥》　鬼臼　味辛，溫。主治鬼疰百毒，下死胎如神。

清·趙學敏《本草綱目拾遺》卷五草部下　獨脚連獨脚一枝連、八角連附。

《粵西偶記》：生廣西。草如黃連，根極大，持入藥肆，則諸藥香氣盡消，為真。三脚五脚者次之。《百草鏡》：此藥產廣東，根大如拳，春月發苗，經霜雪則死。若善藏過冬，則來年宿根復發，苗高尺許，葉大如杯，宛似荷葉，色綠柔厚，莖有細毛，六七月起莖，莖有白毛，開花微垂，似山蘭而小，其色微紅。《稗史》：鄱陽山間生一種草，始萌芽時，便以蓮蓬，俗呼為獨脚連。移植於居宅隙地及園圃中，蛇虺不敢過其下。王季光宅後榛莽叢中有蛇穴，常出為人害，乃種此草數本於穴外，自是其患不作。至暑月間，穴內臭甚，使園丁掘土訪求，得死蛇十數，蓋為草氣所熏潰也。又一小蛇來到草傍，立化為水矣。《采藥錄》：獨脚黃連，苗葉如土大黃，面青背赤，根直色黃，此草根下有赤練蛇數條者方是。

按：《綱目》鬼臼亦名獨脚連，無治疔之說，至集解下註形狀，又小有異同，故仍為補之。庚戌，予在臨安，有醫士盛天然言其地古城與餘杭接界，產獨葉花，生山坑，不見天日，其形一葉，中含紅花一朵，儼如蓮花狀。其花從葉心透出，下有根，作獨蒜狀。其花葉聞人聲輒縮入根內不可見，遇之者記其處掘之，亦止有根，其葉與花，雖剖根覓之，亦無形迹。倘得之者，不論何等毒蛇咬，以根擦摩，蛇毒即盡。如有誤服蛇變鼈者，以少許煎湯服之，即瘥。併能解一切毒蟲咬螫，一切蠱毒草木毒，咽喉一十八症，皆驗如神。凡人鼻發紅色，生痱瘰掀癢異常，名曰痧蟲食鼻。以此根磨塗，立愈。此乃天生神物，有山行遇之者，不論持何物，先擲之以鎮住，然後再掘，即不能遁形。凡生獨葉花地，四圍約尺許無草，其上不可手取，亦勿以鐵刀取，須用竹刀掘取，則不傷根。蓋此草，蛇最喜蟠其旁，凡蛇咬人，亦中人毒，必退殼，若覓此物，臥其傍一宿，則人毒解，可免退殼之患。大毒蛇都喜蟠其根旁，故土最毒。近人手則手爛，然得其根，反能解百種大惡蛇毒，丐者覓此，以為得寶云。

治疔腫癰疽：以根或醋酒磨塗葉，貼癰腫能消。　治蛇咬：《祝氏效方》用獨葉一枝花，生溪灘浮土上，根如鼠糞，用根，口嚼搽瘡上。　退疔奪命丹：《萬病回春》云：此丹專治疔瘡，防風八分，青皮七分，羌活、獨活、黃連各一錢，赤芍六分，細辛八分，殭蠶一錢，蟬退四分，澤蘭葉五分，金銀花七分，甘草節一錢，獨脚連七分，紫河車即金線重樓七分，右剉五錢，先服倍金銀花一兩，澤蘭一兩，少用葉，生薑十片，同搗爛，好酒鏇熱泡之，去渣熱服，不飲酒者，水煎亦可。然後用酒水各一半，煎生薑十片，熱服出汗，病退減後，再加大黃五錢同煎，熱服，以利二三次去餘毒。如有膿，加何首烏、白芷梢；在脚，加檳榔、木瓜；要通利，加青皮、木香、大黃、梔子、牽牛。

清·趙學敏《本草綱目拾遺》卷五草部下　八角連

《湧幢小品》：綏甯產之，可以伏蛇。諺云：識得八角連，可與蛇共眠。

治一切毒蛇傷。

按：瀕湖《綱目》有鬼臼，亦治毒蛇傷。鄭樵《通志》云：八角盤，即鬼臼。今人所謂獨脚連是也。或《粵語》類舉其名，呼為八角連。未可知，附存俟考。

汪連仕《草藥方》：八角盤起金星，名金星八角。嬰兒取為獨脚連，俗呼獨葉一枝花。根如赤朮，多眼如馬目，今人呼馬目奪公。消一切毒，力能軟堅透膿。

清・趙學敏《本草綱目拾遺》卷六木部　草八角　《藥鑒》：出於潛昌化深山中，葉角仰上，色黄，獨莖一葉，五六月開花，雙朵成對，粉紅色，下垂，根圓而不長，俗名孩兒撑傘。《百草鏡》云：草八角高尺許，根生疙瘩，獨莖一葉，入秋開花，只有兩朵相對，粉紅色，又名紅孩兒。結子紅色成對，如孩兒也。其根可以消毒，入藥，得草本者良。根治癰毒，餘功同木八角。

《葛祖方》：性溫，治骨内之風。

按：八角金盤有草木二種，木本者，其葉尖，角仰起如盤之狀，葉背色黄，故曰金盤；草本者，葉尖角不仰，葉背不黄，微有分別。此藥性熱力猛，有毒，咀之味麻，雖壯實人亦宜少用。服藥後忌魚腥豬羊牛馬等肉，犯之令人癲狂，惟白菜菔應昌按：菜字疑萊字之訛，否則菜字下當補一菔字。可解。入藥用近根皮，酒煎服，取汗即愈。力弱者發戰作吐，病亦愈。戚孔昭云，木八角之鬚，乃麻黄，未知確否。

清・吴其濬《植物名實圖考》卷二四　鬼臼　《本經》下品。江西、湖南山中多有，人家亦種之。通呼為獨脚蓮。其葉有角不圓，或曰八角蓮。高至四五尺，就莖開花，紅紫嬌嫩，下垂成簇。外科蓄之。鄭漁仲謂葉如荷葉，形如鳥掌，年長一莖，莖枯則為一臼，亦名八角盤。其形容極確。原圖仍為鬼燈檠，宜《山谷詩注》之斥排也。但此物辟穀，未見他説。子瞻以詩記璚田芝，山谷亦有《璚芝仙詩》，云：但告渠是唐婆鏡。與《本經》有毒、《别録》不入湯者異矣。下死胎，治射工中人，其力猛峻可知。此草生深山中，北人見者甚少。江西雖植之圃中為玩，大者不易得。余於途中，適遇山民擔以入市，花葉高大，遂亟圖之。此草一莖一葉，李時珍云一莖七葉，或别一種，余未之見。

清・趙其光《本草求原》卷六毒草部　鬼臼即天臼。一名獨脚蓮，九臼又名馬眼。其花暮西朝東，向日而轉。其葉五出或六出。花在葉下，為葉所蔽，是得天陽而藏其德者也。故曰天臼。且一年根作一臼，九年作九臼，乃合乾金純陽之數者為上，故又名九臼。形如蒼术及黄精之歧曲，以連生臼竅為别。氣味辛溫，有毒。主殺蠱毒，鬼疰精物，辟惡氣不祥，逐邪、邪瘧、陰疽，解蛇蟲百毒，一皆太陽陽熱之化，非徒以毒攻毒之説。故《金匱》治傷寒用之則愈，不復發，助太陽之氣也。又子死腹中，無灰酒下一錢。射工中人，寒熱發瘡，其葉一握，醋擣汁服。亦純陽消陰之效耳。

清・葉志詵《神農本草經贊》卷三　鬼臼　味辛，溫。主殺蠱毒，鬼注精物，辟惡氣不祥，逐邪，解百毒。一名爵犀，一名馬目毒公，一名九臼。生山谷。

羞寒自蔽，八角靈奇。面青背赤，東向西垂。繁星側比，巨眼斜窺。瓊田芝熟，三臼忘飢。

《益都方物略記》：根莖綴花蔽葉，自隱名為羞寒花。李時珍曰：丹鑪家采根制汞，其葉八角者最靈。高啟詩：靈奇務窮蒐。《丹房鑒源》：莖端生葉，面青背赤。蘇頌曰：一葉如繖，旦時東向，及暮則西傾，隨日出沒也。根如南星，八九枚側比相疊。陶弘景曰：根白處如馬眼而柔潤。山谷詩註：玉芝，一名瓊田草，即鬼臼。煮麪皮裹一臼吞之，數日不飢，啗三臼可辟穀也。

清・戴葆元《本草綱目易知録》卷二　鬼臼八角盤、獨脚蓮。　根，辛，溫，有毒。治咳嗽喉結，風邪煩惑，失魂妄見，去目中膚翳。下死胎，殺蠱毒。主尸疰殗殜勞疾，傳尸瘦病，殺鬼疰精物，辟邪瘧惡氣。療癰疽，解百毒、蛇毒、射工毒。末服，不入湯煎。

石龍參

清・吴其濬《植物名實圖考》卷一七　石龍參　生昆明山石間。一莖一葉，如荇葉；根白有黑横紋，宛似小蠶；復有長鬚十數條。

木八角

清・趙學敏《本草綱目拾遺》卷六木部　木八角　木高二三尺，葉如木芙蓉，八角有芒，其葉近蒂處有紅色者佳，秋開白花細簇，取近根皮用。唐王周《金盤草詩》註：金盤草生寧江、巫山、南陵林木中。其根一年生一節，人採而服，可解毒也。其詩云：今春從南陵，得草名金盤。金盤有仁性，生在林木端。根節歲一節，食之甘而酸。風俗競採掇，俾人防急難。巴中蛇虺毒，解之如走丸。巨葉展六出，軟幹分長竿。摇摇緑玉活，裊裊香荷寒。世云酷暑月，鬱有神物看。天之產於此，意欲生民安。云云。味詩意，則似今之草八角，其性又能解蛇毒也。苦辛，溫，有毒，治麻痹風毒，打撲瘀血停積，其氣猛悍，能開通壅塞，痛麻立止，虚人慎用。

羊躑躅

宋・李昉《太平御覽》卷第九九二　羊躑躅　《廣雅》曰：羊躑躅，决光也。《建康記》曰：建康出躑躅。《本草經》曰：羊躑躅，味辛，温。生川谷。治賊風濕痺，惡毒。生太行山。《吴氏本草經》曰：羊躑躅花，神農、雷公：辛，有毒。生淮南。治賊風惡毒，諸邪氣。

宋・唐慎微《證類本草》卷一〇草部下品〔《本經・別錄》〕**羊躑躅　味辛，溫，有大毒。主賊風在皮膚中淫淫痛，溫瘧，惡毒諸痹，**邪氣鬼疰蠱毒。一名玉支。生太行山川谷及淮南山。三月採花，陰乾。

〔梁・陶弘景《本草經集注》〕云：近道諸山皆有之。花、苗似鹿葱，羊誤食其葉，躑躅而死，故以爲名。不可近眼。

〔唐・蘇敬《唐本草》〕注云：玉支、躑躅一名。陶於梔子注云：是躑躅子，名玉支，非也。花亦不似鹿葱，正似旋葍花，色黄者也。

〔宋・馬志《開寶本草》〕注：其苗樹生高三四尺，葉似桃葉，花似山石榴。

〔宋・掌禹錫《嘉祐本草》〕按：《蜀本圖經》云：樹生高二尺，葉似桃葉，花黄似瓜花。三月、四月採花，日乾。今所在有之。《藥性論》云：羊躑躅，惡諸石及麪，不入湯服也。

〔宋・蘇頌《本草圖經》〕曰：羊躑躅，生太行山川谷及淮南山，今所在有之。春生苗似鹿葱，葉似紅花，（葉）〔莖〕高三四尺。夏開花，似凌霄、山石榴、旋葍輩，而正黄色。羊誤食其葉，則躑躅而死，故以爲名。三月、四月採花，陰乾。今嶺南、蜀道山谷徧生。皆深紅色如錦繡。然或云此種不入藥。古大方多用躑躅。如胡洽治時行赤散，乃治五嗽四滿丸之類，及治風諸酒方皆雜用之。又，治百病風濕等。魯王酒中亦用躑躅花。今醫方捋脚湯中多用之。南方治蠱毒下血，有躑躅花散，甚勝。

宋・鄭樵《通志》卷七五《昆蟲草木略》　羊躑躅　曰玉支。

宋・劉明之《圖經本草藥性總論》卷上　羊躑躅　味辛，溫，有大毒。主賊風在皮膚中淫淫痛，溫瘧惡毒，諸痺，邪氣鬼疰蠱毒。《藥性論》云：惡諸石及麪。又云：今醫方將脚湯中多用之。南方治蠱毒下血，有躑躅花散，甚勝。生太行山。

宋・陳衍《寶慶本草折衷》卷一〇　羊躑文隻切躅馳祿切　一名躑躅花，一名山躑躅，一名玉支。○《楊氏方》云：俗號蜘蛛花。生太行山川谷，及淮南山，潤、海州，今所在有之。○三、四月採花，日乾。○惡諸石及麪。

味辛，溫，有毒。○主賊風在皮膚中痛，溫瘧，惡毒，諸痺邪氣，鬼疰蠱毒。○陶隱居云：不可近眼。○《圖經》曰：花似凌霄輩而正黄色。羊誤食其葉（側）〔則〕躑躅而死，故以為名。今嶺南、蜀道山谷遍生，深紅色如錦繡，不入藥。又躑躅花，今捋脚湯中多用之。

元・尚從善《本草元命苞》卷五　羊躑躅　味辛，溫，有大毒。不入湯服。療鬼疰，蠱毒下血。生賊風，皮膚中淫痛。治溫瘧，風濕痺惡毒。生太山、淮南山川谷，今嶺南、蜀道山極多。春生苗，似鹿葱，夏放花如旋葍，黄若瓜花，葉如桃葉，羊誤食，躑躅而死，因如是故以為名。三月採花，陰乾。脚氣湯中多用。

明・王綸《本草集要》卷三　羊躑躅　味辛，氣溫，有大毒。惡諸石及麪。不入湯服。二、四月採花，陰乾。取花黄色者。羊誤食其葉，躑躅而死，故名。　主賊風在皮膚中淫淫痛，溫瘧惡毒，諸痺，鬼疰蠱毒。

明・滕弘《神農本經會通》卷一　羊躑躅　羊誤食其葉。躑躅而死，故名。惡諸石及麪，不入湯服。　味辛，氣溫，有大毒。

《本經》云：主賊風在皮膚中淫淫痛，溫瘧，惡毒，諸痺，邪氣鬼疰，蠱毒。《局》云：羊能誤食其苗葉，躑躅而死，得其名。消除（古）〔蠱〕毒攻諸痺，風賊皮膚理爛淫。羊躑躅，主賊風，攻皮膚。

明・劉文泰《本草品彙精要》卷一三　羊躑躅有大毒。植生。

羊躑躅出《神農本經》：**主賊風在皮膚中淫淫痛，溫瘧，惡毒，諸痹。**以上朱字《神農本經》。邪氣，鬼疰，蠱毒。以上黑字名醫所錄。【名】玉支。【苗】《圖經》曰：春生苗，高三四尺，葉似桃葉，夏開花，似凌霄、山石榴、旋葍輩而正黄色，羊誤食其葉則躑躅而死，故以爲名。一種今嶺南、蜀道山谷遍生，皆深紅色，如錦繡，然或云此種不入藥用。【地】《圖經》曰：生太行山川谷及淮南山，今所在有之。【道地】潤州、海州。【時】生：春生苗。採：三月、四月取花。【收】陰乾。【用】花。【色】黄。【味】辛。【性】溫，散。【氣】氣之厚者，陽也。【反】惡諸石及麪。【禁】不入湯服。

明・許希周《藥性粗評》卷二　羊頑躑躅，諸痹消風。

羊躑躅，羊不食草也。春生苗似鹿葱，葉似紅花，莖高三四尺，夏開花似凌霄、山石榴、旋葍輩，而正黄色，羊誤食其葉，躑躅而死，故名。所在山谷有之，嶺南蜀道生者，其花又深紅色如錦繡然。三四月採花，陰乾。《藥性論》云：此種不入湯服。然考古方亦多用之，想製之有法也。惡諸石及麪，餘説本草不載。　味辛，性熱，有大毒。主治諸痹，皮膚賊風，溫瘧邪氣，鬼疰蠱毒。

明・鄭寧《藥性要略大全》卷六　羊躑躅　治賊風侵皮膚淫痛，諸痹，消蠱毒惡毒，專治風濕賊風。　味辛，氣溫，有大毒。惡諸石及麪。為散酒服，畏茶。凡用取根刮去粘泥薄皮，只取內皮，用好酒炒燜過，伏地出火毒。入藥量大人小兒用，不可多服，能殺人。

明・陳嘉謨《本草蒙筌》卷三　羊躑躅　味辛，氣溫。有大毒。向陽山谷，逢春則生。起苗一尺餘高，結蕊二月半後。葉如桃葉深綠，花似瓜花正黃。羊悮食之，躑躅而死。故《本經》竟名羊躑躅，今南人又喚黃杜鵑。依時採花，陰乾入藥。主風濕藏肌肉裏，濈濈痹麻；治賊風在皮膚中，淫淫掣痛。鬼疰蠱毒並卻，瘟瘧惡毒齊敺。

明・王文潔《太乙仙製本草藥性大全》卷二《本草精義》　羊躑躅　一名玉支。生太行山川谷及淮南山，今所在有之。春生苗，似鹿葱，葉似紅花，莖高三四尺，夏開花似陵霄、山石榴、旋葍輩而正黃色，羊誤食其葉，則躑躅而死，故以爲名。三月、四月採花，陰乾。今嶺南蜀道山谷偏生，皆深紅色如錦綉，然或云此種不入藥。

明・王文潔《太乙仙製本草藥性大全》卷二《仙製藥性》　羊躑躅　味辛，氣溫，有大毒。　主治：主風濕藏肌肉，濈濈痹麻；治賊風在皮膚中，淫淫掣痛。鬼疰蠱毒並卻，瘟瘧惡毒齊敺。

明・皇甫嵩《本草發明》卷三　羊躑躅下品上，佐使。氣溫，味辛，大毒。俗呼黃杜鵑。羊誤食躑躅而死，故名。葉如桃，花似瓜花，三月採花，陰乾。　發明曰：此辛溫能敺風邪，故主賊風在皮膚淫淫掣痛，溫瘧，諸惡毒，鬼疰邪氣，蠱毒，風濕並敺足痺。惡諸石及麪。不入湯藥，古方多用。如胡洽治時行赤散，及五嗽四滿丸，及治風濕諸酒方，皆雜用。魯王酒治蠱毒下血，躑躅花散妙。

明・李時珍《本草綱目》卷一七草部・毒草類　羊躑躅《本經》下品

【釋名】黃躑躅《綱目》　黃杜鵑《蒙筌》　羊不食草《拾遺》　鬧羊花《綱目》　驚羊花《綱目》　老虎花《綱目》　玉枝《別録》弘景曰：羊食其葉，躑躅而死，故名。鬧當作惱。惱，亂也。

【集解】《別録》曰：羊躑躅生太行山川谷及淮南山。三月采花，陰乾。弘景曰：近道諸山皆有之。花黃似鹿葱，不可近眼。恭曰：花亦不似鹿葱，正似旋花色黃者也。保昇曰：小樹高二尺，葉似桃葉，花黃似瓜花。三月、四月采花，日乾。頌曰：所在有之。春生苗似鹿葱，葉似紅花，莖高三四尺。夏開花似凌霄花、山石榴輩，正黃色，羊食之則死，今嶺南、蜀道山谷遍生，皆深紅色如錦綉。然或云此種不入藥。時珍曰：韓保昇所説似桃葉者最的。其花五出，蘂瓣皆黃，氣味皆惡。蘇頌所謂深紅色者，即山石榴名紅躑躅者，無毒，與此別類。張揖《廣雅》謂躑躅一名決光者，誤矣。決光，決明也。按唐《李紳文集》言：駱谷多山枇杷，毒能殺人，其花明艷，與杜鵑花相似，樵者識之。其説似羊躑躅，未知是否？要亦其類耳。

花　【氣味】辛，温，有大毒。權曰：惡諸石及麪，不入湯使，伏丹砂、硇砂、雌黃，畏巵子。

【主治】賊風在皮膚中淫淫痛，温瘧惡毒諸痹《本經》。邪氣鬼疰蠱毒《別録》。

【發明】頌曰：古之大方多用躑躅。如胡洽治時行赤散，及治五嗽四滿丸之類，並治風諸酒方，皆雜用之。又治百病風濕等，魯王酒中亦用躑躅花。今醫方捋脚湯中多用之。南方治蠱毒下血，有躑躅花散，云甚勝。時珍曰：此物有大毒，曾有人以其根入酒飲，遂至于斃也。《和劑局方》治中風癱瘓伏虎丹中亦用之，不多服耳。

【附方】新四。　風痰注痛：躑躅花、天南星，並生時同搗作餅，甑上蒸四五遍，以稀葛囊盛之。臨時取焙爲末，蒸餅丸梧子大。每服三丸，温酒下。腰脚骨痛，空心服；手臂痛，食後服，大良。《續傳信方》。　痛風走注：黃躑躅根一把，糯米一盞，黑豆半盞，酒、水各一盌，徐徐服。大吐大泄，一服便能動也。《醫學集成》。　風濕痹痛：手足身體收攝不遂，肢節疼痛，言語蹇澀。躑躅花酒拌蒸一炊久，晒乾爲末。每以牛乳一合，酒二合，調服五分。《聖惠方》。　風蟲牙痛：躑躅一錢，草烏頭二錢半，爲末，化蠟丸豆大。綿包一丸咬之，追涎。《海上仙方》。

明・梅得春《藥性會元》卷上　羊躑躅　味辛，溫，有大毒。其花似萱草花，甚不可服，誤則令人顫抖，昏倒一晝。如用，可拌燒酒蒸三次，即無慮矣。同它羅花、川烏、草烏合末，即蒙汗藥。　主治賊風在皮膚中淫淫痛，溫瘧，惡瘡毒，諸痹，邪氣鬼疰蠱毒。能治痛風。

明・張懋辰《本草便》卷一　羊躑躅　味辛，氣溫，有大毒。惡諸石及麪。不入湯服。　主賊風在皮膚中淫淫痛，溫瘧，惡毒。

明・繆希雍《本草經疏》卷一〇　羊躑躅　味辛，溫，有大毒。　主賊風在皮膚中淫淫痛，溫瘧，惡毒，諸痹，邪氣鬼疰，蠱毒。

【疏】羊躑躅，毒藥也。然性能祛風寒濕，故可以治惡痹。痹者，風寒濕所成也。然非元氣未虛，脾胃尚實之人，不可用。凡用此等毒藥，亦須雜以安胃和氣血藥用同。　【簡誤】躑躅性發散，氣血虛人忌之。不可近眼。

明・倪朱謨《本草彙言》卷五　羊躑躅　味辛，氣溫，有大毒。又名鬧羊花。　蘇氏曰：羊躑躅，生向陽山谷，隨地皆有。初春即生，起苗一尺餘，葉如桃葉。二月終結蕋，三四月開花，深黃色，似瓜花。羊悮食此草，即躑躅而死，故名。開花即采，日乾用，不可近眼。

羊躑躅：祛風痛，日華子散頑痹之藥也。葛小溪稿其性有毒，善能行散，故古方于風麻痹痛，《本經》賊風惡毒，諸痹之疾，因風寒濕邪爲患者，用此立去。然非元氣未虛，脾胃尚實之人，不可輕用。即用之，須配大補氣血及解毒和胃之藥，少用些須可也。

李時珍先生曰：此藥有大毒。有人以其根入酒浸飲，遂至于斃。《局方》治中風癱瘓，伏虎丹中亦用之。不多服耳。

集方：《聖惠方》治風濕痹痛，手足身體不遂，肢節疼痛，言語蹇澀。用羊躑躅花，酒拌蒸三次，晒乾三次，爲末，每以牛乳一碗，酒半碗，調服三分。○《續傳信方》治風痰走注疼痛。用新鮮羊躑躅花，生天南星，幷生時同搗作餅，甑上蒸四五遍，以麻布囊盛之，臨時取焙，配枸杞子二倍，共爲末，蒸餅丸梧子大。每服五丸，溫酒下。腰脚骨痛，空心服。手臂痛，食後服，大良。○牛省之方治脚氣腫痛，或痛風手足骨節痛。用羊躑躅煎湯，不時淋洗，半月痊愈。○《海上方》治風蟲牙痛。用羊躑躅一錢，草烏頭二錢，俱用酒拌蒸，晒乾爲末，化黃蠟爲丸，如黃豆大，綿包一丸，咬之追涎。

明・姚可成《食物本草》卷一九草部・毒草類 羊躑躅又名鬧羊花、羊不食草、杜鵑花。所在有之。〔樹高二二尺，葉似桃葉，花五出，蕋瓣皆黃，氣味皆惡。曾有人以其根入酒，飲即死。唐《李紳文集》云：駱谷多山枇杷，毒能殺人。其花明艷，與杜鵑花相似，樵者識之。其說似羊躑躅，未知是否？要亦其類耳。

羊躑躅草　有大毒。誤食之，殺人。

清・顧元交《本草彙箋》卷四 羊躑躅　毒藥也。古方多用之，以治惡痺。然曾有以其根入酒，飲而斃者，今人但以爲腫毒外治之用。一筆消真方，羊躑躅花五十觔，搗爛絞汁，蕎麥稭燒灰，桑柴灰各五升，當歸、白芷、皂刺、南星、驢蹄跟、真阿魏、大黃各三錢，羌活、穿山甲煅、海藻、昆布、半夏、白丁香、真蟾酥、沒藥、乳香、狼毒、麝香、明礆、番硇各二錢，右二十味，俱爲末，先將二灰共淋湯，煎汁至味辣爲度，入前花汁，煎至如沙糖樣，須砂鍋内煎，離火乘熱漸糝前末，用筯不住攪，勿令凝底，調匀，再糝一層，糝盡後攪千轉，令極和，坐冷水中一宿，次日再攪千轉，將大磁盆多面，每盆攤藥一薄層，烈日中晒乾，入磁瓶封固。臨用以新汲水調，如半乾糊。圍法，以舊筆蘸，從紅腫外圍起，逐漸逐層圍進，空頭如豆大，以出毒氣。如乾，以水潤之。大毒用一錢，小毒不過三五分。

清・穆石匏《本草洞詮》卷九 羊躑躅　一名鬧羊花。羊食其葉，躑躅而死，故名。味辛，氣溫，有大毒。治賊風在皮膚中淫淫痛，溫瘧，惡毒諸痺，邪氣鬼疰，蠱毒。古之大方多用躑躅，治百病風濕等，今人少用，畏其毒也。

清・郭章宜《本草匯》卷一二 羊躑躅即鬧羊花。味辛，氣溫，大毒。治賊風在皮膚中，淫淫而痛。療風痰成作溫瘧，鬼疰濕痺。

按：羊躑躅，毒藥也。性能祛風寒濕，故可以治惡痺。惡痺者，風寒濕所成也。然非元氣未虛，脾胃尚實之人，不可用。凡用此等毒藥，亦須雜以安胃和氣血藥同治。氣血虛人忌之，不可着眼。

惡諸石，及麪。畏梔子。

清・陳士鐸《本草新編》卷四 羊躑躅　味辛，氣溫，有大毒。入脾經。主風濕藏于肌肉之裏，濈濈痹麻。治賊風在于皮膚之中，淫淫掣痛。鬼疰蠱毒，瘟瘡惡毒，並能祛之。此物必須外邪艱于外越者，始可偶爾一用以出奇，斷不可頻用以眩異也。近人將此物炒黃為丸，以治折傷，亦建奇功。然止可用至三分，重傷者，斷不可越出一錢之外耳。

或問：羊躑躅乃迷心之藥，何以子取之而治病？嗟乎！無病之人，服羊躑躅則迷心；有病之人，服羊躑躅則去疾。此反用以出奇，勝于正用之平庸也。

清・李熙和《醫經允中》卷二一 羊躑躅　即鬧羊花。辛，溫，大毒。主治風寒濕痺，祛惡毒。止可外用，悮服則昏迷不省，筋軟骨痿。中其毒者，以菉豆汁解之。

清・馮兆張《馮氏錦囊秘錄・雜症痘疹藥性主治合參》卷三 羊躑躅味辛，溫，有大毒。性極發散，能祛諸風寒濕，故善治惡痺，然非元氣壯實，何能當此毒藥。必同安胃和氣血藥用乃可，故曰氣血虛人忌之。不可近眼。

羊躑躅，又名黃杜鵑。主風濕藏肌肉裏濈濈痹麻，治賊風在皮膚中淫淫掣痛。鬼疰蠱毒竝治，溫瘧惡毒齊敺。

清・张璐《本經逢原》卷二 羊躑躅即鬧羊花。辛，溫，大毒。惡諸石及麪，不入湯劑。《本經》主賊風在皮膚中淫淫痛，溫瘧，惡毒，諸痹。發明：羊躑躅治中風癱瘓，性祛風寒濕邪，故可以治諸痹惡毒，正與《本經》之治相符，用其毒以攻毒也。然須諒病人虛實而用。《和劑局方》伏虎丹中用之。南方治蠱毒有躑躅花散，其性之猛烈可知。此物有大毒，曾有人以根入酒飲，遂致於斃。不可近眼，令人昏翳。同天南星、川烏、草烏助虐尤甚。中其毒者以菉豆解之。

清·張志聰、高世栻《本草崇原》卷下 羊躑躅花 氣味辛，溫，有大毒。主治賊風在皮膚中淫淫痛，溫瘧，惡毒，諸痹。 羊躑躅近道諸山皆有之，莖高三四尺，葉似桃葉，夏開花五出，蕊瓣皆黃色，羊食其花葉，即躑躅而死，故又名鬧羊花。 羊躑躅花色黃，氣味辛溫，稟火土金相生之化。羊乃火畜而兼土金，南方赤色，其畜羊，火也。在辰爲未，土也。在卦為兑，金也。此花大毒，亦稟火土金之化，羊食之，則同氣相感而受其毒，是以躑躅而死。金主皮毛，土主膚肉，火主血脈，主治賊風在皮膚中淫淫痛，治金主之皮毛，土主之膚內，及以毒攻毒也。瘧邪隨經內薄，治溫瘧惡毒，治火主之經脈也。諸痹乃皮脈肉之痹，而躑躅亦治之也。 按：鬧羊花羊食之則死，緣此花有毒故也，謂同氣相感而受毒，此說似屬蛇足，不必參究至此。李時珍曰：此物有大毒，曾有人以其根入酒飲，遂至於斃。《和劑局方》治中風癱瘓，伏虎丹中亦用之，不多服耳。

清·何諫《生草藥性備要》卷上 羊躑躅 治牙痛、風痛。其子，黃者治酒風脚，切片焙熱，貼脚跟。或擂爛，用灰麵、胡椒末共煎餅貼之，立止牙痛，貼左腮邊，不能斷根。又治跌打已死，將蘊煲酒，服之立效，有起死回生之功。其花，乃迷魂之藥。一名鬧羊花。

清·趙學敏《本草綱目拾遺》卷三草部上 土連翹巴山虎附。 乃鬧羊花子也。鬧羊花即黃杜鵑，一名石棠花，牛食之即瘋顛。富陽北泥山白洋溪一帶山中甚多，彼土人呼為石棠花，即黃色映山紅也。《百草鏡》云：殼似連翹，子類芝麻，故一名山芝麻。入藥每服三分，不可多服。方術家麻藥中有之。其根名巴山虎，入藥去骨用。汪連仕《草藥方》：土連翹即鬧羊花子，今呼為南天竺草。

苦溫，治風寒溼痹，癧瘍腫脹，撲損疼痛，疽毒疔瘡，用之神效。汪連仕《草藥方》：治跌打損傷，能活血疏風，理七十二般風氣，為外科聖藥。 透骨丹：《藥鑒》：治跌撲損傷，深入骨髓，或隱隱疼痛，或天陰則痛，或年遠四肢無力，此藥主之，真神方也。鬧羊花子一兩，火酒浸炒三次，童便浸二次，焙乾，乳香、沒藥不去油，血竭各三錢，為末研勻，再加麝香一分同研，瓷瓶收貯封固，每服三分，壯者五六分，不必吃夜飯，須睡好方服。酒可盡量下，服後避風，有微汗出為要。忌房事、酸寒茶醋等物，弱者間五日一服，壯者間三日一服。按：《吉雲旅抄》有治無名腫毒疔瘡發背一醉消奇方，用山芝麻三分，研極細末，以好酒煎數沸，帶渣服下，蓋被出汗，不可見風，一服全消。但不可用燒酒。則又與《藥鑒》治法異，並附於此，善用者擇之。

將軍復戰丹：張雲《野瑣記》：治跌打損傷，以山芝麻二十兩，童便浸四次，燒酒浸三次，略炒，乳香、沒藥各炙去油三兩，血竭煨二兩，為極細末，火酒送下四分。隨食白煮豬肉壓之，如持齋者，食白腐乾。服藥後，切記避風。 七釐散：吳興楊氏《便易良方》：治金刃傷，止痛如神，用龍骨、硼砂、血竭酒洗，兒茶、天芝麻即土連翹各五分，為細末，每服七釐。 十全丸：《綠竹堂驗方》：治風痹跌撲，癰疽初起，一服即能消散。惟虛弱人須先補，而後用此攻之。麝香三錢，穿山甲土炒脆，廣木香生研，血竭另研，雄黃水飛，山芝麻酒炒，番木鱉黃土炒，焦黃為度，不可太枯，篩取淨末，自然銅火煅醋淬九次，研細水飛，殭蠶炒，去絲去頭足，以上各一兩。川蜈蚣去足尾二十一條，酒炙為末，蜜丸桐子大，以硃砂為衣，金箔裹之，蠟丸封固，每用一丸。至重者再進一丸。用羌活、紫蘇酒煎化服。取汗避風，否則發戰傷人。一方去木鱉子，加風茄花五錢，山芝麻亦用五錢，較穩。 馬前散：《救生苦海》：治癰疽初起，跌撲內傷，風痹疼痛，其效如神。番木鱉忌見鐵器，入砂鍋內，黃土拌炒焦黃為度，石臼中搗磨，用細篩篩去皮毛，揀淨末，山芝麻去殼酒炒，各五錢，乳香末箬葉烘出汗五錢，穿山甲黃土炒脆一兩。每服一錢，酒下，不可多服。服後避風，否則令人發戰慄不止。如人虛弱，每服五分。 五虎丹：治風痹跌撲，腫毒初起，草烏去皮，薑汁拌曬，隔紙炒，山芝麻燒酒拌曬炒，雄黃水飛，血竭箬葉上烘烊。穿山甲砂炒，各一兩，為末，丸如芥子大，酒下二三分，不可多。此方見《草寶》，真劫劑也。

巴山虎即鬧羊花根也。《眾妙方》名巴山虎。 追風定痛。

神妙草頭痧藥：《行篋檢秘》：鵝不食草并子一兩，南星、半夏、藜蘆、漏蘆、牙皂、鬧羊花子、鬧羊花根各一錢，俱曬燥，磨極細末。此藥專治中暑中寒，中風不語，牙關緊閉，急慢驚風，小兒筋抽。將藥吸入鼻內，噴嚏來立時甦醒。亦可用陰陽水調服二三分，立愈。 熏痔漏仙方：不可刀鍼掛線及服藥丸散，用鬧羊花根，俗名老虎花。象杜鵑，色黃，其根如鐵，將此根搥碎，煎湯礶內，置桶中，蓋上挖一孔，對痔坐定熏之。湯冷，復熱之再熏。其管觸藥氣，自漸漸潰爛不堪，熏半月自愈，重者一月收功，永不再發，切不可洗。　治兩腮紅腫：　梁氏《集驗》：　百合一個，山芝麻根去皮，貝母、元明粉，各一錢，銀硃七分，加白麪調敷。

清・吳鋼《類經證治本草・經外藥類》　羊躑躅　【略】葉似桃，花似北瓜花而小，色黄，花中有鬚，三四月采花用。羊食之即躑躅而死，故名。一種花紅色，名山石榴，無毒。誠齋曰：　此即映山紅之開黄花者。〇子：　土連翹。苦，溫，有毒。治風寒濕痺，歷節腫脹，跌打損傷，同沒藥、血竭服。但有毒，須慎用。

清・吳其濬《植物名實圖考》卷二四　羊躑躅　《本經》下品。南北通呼鬧羊花，湖南謂之老虎花，俚醫謂之搜山虎。種蔬者漬其花以殺蟲。又有一種大葉者附後。

搜山虎附　搜山虎即羊躑躅，一名老虎花。古方多用，今湯頭中無之。具詳《本草綱目》。

按羅思舉《草藥圖》，搜山虎春日發，黄花青葉，能治跌打損傷，内傷要藥。重者一錢半，輕者一錢，不可多用。霜後葉落，但存枯根。湖南俚醫以為發表入陽明經之藥是。此藥俗方中仍用之。中州呼鬧羊花，取其花研末，水浸殺菜蔬蟲，老圃多蓄之。其葉稍瘦，產長沙者葉闊厚，不似桃葉，花罷結實有棱。

清・趙其光《本草求原》卷六毒草部　鬧羊花即羊躑躅。　羊為火畜，在辰為未，在卦為兑。此花禀火、土、金之化，辛，溫，大毒，羊食之則躑躅而死。能走金主之皮毛，土主之膚肉，以去風寒濕邪，故治賊風在皮膚中淫淫痛，中風癱瘓，諸痺，皮、脈、肉各痺。濕瘧，邪氣内薄於火主之經脈。惡毒，以毒攻毒。劫頑痰。切細，同生熟煙食。

按：　《局方》伏虎丹用之，治中風癱瘓；　治蠱毒方，有躑躅花散。其性烈毒可知，切忌多用。中其毒者，黄糖黄蜆湯、綠豆可解。

其根入酒飲，能殺人，不可近眼，令人昏翳；　同南星、川草烏尤甚。其子敷無名腫毒，可消。

清・葉志詵《神農本草經贊》卷三　羊躑躅　味辛，溫。主賊風在皮膚中淫淫痛，溫瘧惡毒諸痹。生川谷。

玉枝春盎，偏埜紛黄。猛方說虎，擊獨驚羊。瓜花五出，桃葉分張。映山錦繡，別照紅妝。

名醫曰：　一名玉枝，三月采花。蘇恭曰：　似旋花色黄。李時珍曰：　一名老虎花，一名驚羊。《古今注》：　羊見之則躑躅分散。韓保昇曰：　花似瓜花五出，葉似桃葉。蘇頌曰：　嶺南蜀道徧生，深紅色，如錦繡然。李時珍曰：　紅者山躑躅，一名映山紅，與此別類。江總詩：　初日照紅妝。

清・劉善述、劉士季《草木便方》卷一草部　羊不食草　鬧羊花辛溫有毒，賊風惡毒諸痹除。邪氣蠱毒殺鬼疰，令人癲迷接骨服。癲茄子，羊躑躅。

清・戴葆元《本草綱目易知錄》卷二　羊躑躅黄杜鵑花，辛，溫，大毒。治賊風在皮膚中淫淫走痛，溫瘧惡毒諸痹，牙疼，邪氣，鬼疰蠱毒。【略】葆按：　獨用殺人，或製用，亦可治病。【略】葆按：　躑躅，有黄、紅兩種。黄者，名黄杜鵑，一名鬧(陽)〔羊〕花。三月開花，黄色，葉似桃葉，四月采，有毒，入藥。紅者名紅杜鵑，名紅石榴。二月開花，有紅者，有紫者。千葉者，小兒喜食。其花酸味，不入湯藥。

清・仲昴庭《本草崇原集説》卷下　羊躑躅花　【略】仲氏曰：　鬧羊花之毒，亞于阿芙蓉而性更急，不得已以毒攻毒，酌用可也，若攙入煙酒能殺人，乾隆時杭州漸行紹興酒藥，亦攙少許。琢崖為酒客示戒，故加注而引李時珍之言。

山躑躅

明・李時珍《本草綱目》卷一七草部・毒草類　山躑躅時珍曰：　處處山谷有之。高者四五尺，低者一二尺。春生苗葉，淺綠色。枝少而花繁，一枝數萼，二月始開花如羊躑躅，而蒂如石榴花，有紅者、紫者、五出者、千葉者。小兒食其花，味酸無毒。一名紅躑躅，一名山石榴，一名映山紅，一名杜鵑花。其黄色者，即有毒羊躑躅也。

明・周履靖《茹草編》卷二　杜鵑花　亦名山躑躅。熒煌絳萼舒爛熳，胭脂簇。蜀帝當年怨未消，淚染枝頭盡成血。不特繁華三月時，鶴林重九開絕奇。高枝熠熠燃如火，但使紅光照酒巵。摘花瓣，湯焯過，鹽、醯拌食。

附：　琉球・吳繼志《質問本草》外篇卷四　山躑躅　甲辰清舶漂到，採此種問之。　山躑躅即映山紅，滿山紅。去心，花可食。盛煥文。

清・趙學敏《本草綱目拾遺》卷五草部下　石蛤蚆　《百草鏡》：　生山土，根皮色紅，入藥用根。　周維新云：　石蛤蚆乃映山紅之根。　《花鏡》云：　山躑躅，俗名映山紅。類杜鵑花而稍大，單瓣色淡，若生滿山頭，其年必豐稔。有紅紫二色，紅者取汁可染物。《李氏草秘》：石蛤蚆苗長二三尺，莖方，葉似竹葉，根形如蛤蚆，堅如石。

敏按：汪連仕方：映山紅根名翻山虎，土人呼搜山虎，治癧痺能拔根。醫風，合巴山虎蒸酒服，名二虎丹。核其功用，雖不甚懸殊，而究其形狀，的非一種，當以《李氏草秘》所載為是。

煎洗梅瘡，能消風塊。　風氣痛：《祝穆效方》：地蜈蚣草、石蛤蚆草，各等分，紹酒煎服。　腸癰：《景岳新方》：腸癰生於小肚角，微腫而小腹隱痛不止者是。若毒氣不散，漸大內攻而潰，則成大患。急宜以此藥治之。先用紅藤一兩許，以好酒二盌，午前一服醉臥之，午後服紫花地丁一兩許，亦如前煎服，服後痛必漸止為效。然後再服末藥除根。　末藥方：用當歸五錢，蟬退、殭蠶各二錢，天龍、大黃各一錢，石蛤蚆五錢，老蜘蛛二個，新瓦上以酒杯蓋住，外用火煅乾存性，同諸藥為末，空心用酒調服一錢許，逐日漸服自消。《經驗廣集》石蛤蚆用葉。　禿瘡：《不藥良方》云：即肥瘡日久，延蔓成片，髮焦脫落，又名癩頭瘡。先以艾葉鴿糞煎湯洗淨瘡痂，再用豬肉湯洗之，隨用躑躅油，以躑躅花根四兩搗爛，用菜油一盌，煎枯去渣，加黃蠟少許，布濾候冷，以青布蘸搽，日三次，氈帽戴之，勿令見風，散毒，能令癢止髮生，久搽自效。　疔腫諸毒：《李氏草秘》石蛤蚆用酒磨服，少得入口，垂死可生。有此則不愁疔瘡之患，諸腫毒，醋磨敷之。

清·劉善述、劉士季《草木便方》卷一草部　焰山紅　厭山紅根葉苗辛，赤白久痢止血崩。腸風下血痔瘻瘳，跌打損傷肌肉生。

羊不吃草

宋·唐慎微《證類本草》卷六草部上品〔唐·陳藏器《本草拾遺》〕　羊不喫草　味苦，辛，溫，無毒。主一切風血，補益，攻諸病。煮之，亦浸酒。生蜀川山谷。葉細長，在諸草中羊不喫草者是。

明·李時珍《本草綱目》卷一七草部·毒草類　羊不吃草時珍曰：此草似羊躑躅而云無毒，蓋別有此也。

馬銀花

清·吳其濬《植物名實圖考》卷三六　馬銀花　生雲南山坡。枝幹虬拏，樹高丈許，枝端生葉，頗似瑞香，柔厚光潤，背有黃毛。花苞作毬，擎於葉際，宛如泡桐，一苞開花十餘朵，圓筩四瓣或五瓣，長幾盈寸，似單瓣茶花微小，白鬚褐點，有朱紅、粉紅、深紫、黃白各種。紅者葉瘦，餘者葉闊。春颺煦景，與杜鵑同時盛開，茶火綺繡，彌罩林崖，有色無香，炫晃目睫。其殷紅者，灼灼有燄，或誤以為木棉。鄉人採其花，煠熟食之。檀萃《滇海虞衡志》：馬纓花冬春偏山，山氓折而入市，深紅不下山茶。製其根以為羹匙，堅緻。又有白馬纓，亦可玩。似未全覩。

醉魚草

宋·王介《履巉巖本草》卷上　醉魚兒草　一名魚尾草。性凉，無毒。治魚骨鯁，每用少許擣汁，冷水浸，灌漱，時復嚥下些子，自然骨化爲水。人家池沼邊切不可種之，恐悮落花葉在水中，魚悮食之，必有傷矣。其香氣觸之亦損。

明·李時珍《本草綱目》卷一七草部·毒草類　醉魚草《綱目》

〔釋名〕鬧魚花《綱目》　魚尾草《綱目》　樚木　〔集解〕時珍曰：醉魚草南方處處有之。多在塹岸邊，作小株生，高者三四尺。根狀如枸杞。莖似黃荆，有微稜，外有薄黃皮。枝易繁衍，葉似水楊，對節而生，經冬不凋。七八月開花成穗，紅紫色，儼如芫花一樣。結細子。漁人采花及葉以毒魚，盡圉圉而死，呼爲醉魚兒草。池沼邊不可種之。此花色狀氣味並如芫花，毒魚亦同，但花開不同時爲異爾。按《中山經》云：熊耳山有草焉，其狀如蘇而赤華，名曰葶薴，可以毒魚。其此草之類與。

花、葉　〔氣味〕辛、苦，温，有小毒。　〔主治〕痰飲成齁，遇寒便發，取花研末，和米粉作粿，炙熟食之，即効。又治誤食石斑魚子中毒，吐不止，及諸魚骨鯁者，擣汁和冷水少許嚥之，吐即止，骨即化也。久瘧成癖者，以花填鯽魚腹中，濕紙裹煨熟，空心食之，仍以花和海粉擣貼，便消時珍。

清·王道純《本草品彙精要續集》卷二　醉魚草有小毒。　花葉：主痰飲成齁，遇寒便發，取花研末，和米粉作粿，炙熟食之，即效。又治誤食石斑魚子中毒，吐不止，及諸魚骨鯁者，擣汁和冷水少許咽之，吐即止，骨即化也。久瘧成癖者，以花填鯽魚腹中，濕紙裹，煨熟，空心食之，仍以花和海粉擣貼便消《本草綱目》。　〔名〕鬧魚花、魚尾草、樚木。　〔地〕李時珍曰：醉魚草，南方處處有之，多在塹岸邊作小株生。　〔苗〕李時珍曰：高者三四尺，根狀如枸杞，莖似黃荊，有微稜，外有薄黃皮，枝易繁衍，葉似水楊，對節而生，經冬不凋。　〔時〕七八月開花成穗。　〔質〕儼如芫花一樣，結細子。　〔色〕紅紫色。　〔主〕漁人採花及葉以毒魚，盡圉圉而死，呼爲醉魚兒草也。

〔用〕花、葉。〔味〕辛，苦。〔性〕溫。〔氣〕氣之薄者，陽中之陰。

〔禁〕沼邊不可種之，此花色狀氣味如芫花，毒魚亦同，但花開不同時，爲異耳。按《中山經》云：熊耳山有草焉，其狀如蘇而赤，花名曰葶薴，可以毒魚，其此草之類與。

莨菪

宋・唐慎微《證類本草》卷一〇草部下品〔《**本經**・別錄》〕 **莨**音浪**菪**音蕩**子** **味苦**、甘，**寒**，有毒。**主齒痛出蟲，肉痹拘急，使人健行，見鬼**，療癲狂風癇，顛倒拘攣。**多食令人狂走。久服輕身，走及奔馬，强志益力，通神。一名橫唐**，一名行唐，生海濱川谷及雍州。五月採子。

〔梁・陶弘景《本草經集注》〕云：今處處有。子形頗似五味核而極小。惟入療癲狂方用，尋此乃不可多食過劑爾。久服自無嫌，通神健行，足爲大益，而《仙經》不見用。今方家多作狼蓎。

〔宋・馬志《開寶本草》〕按：《陳藏器本草》云：莨菪子，主痃癖，安心定志，聰明耳目，除邪逐風，變白，性溫不寒，取子洗暴乾。隔日空腹水下一指，捻勿令子破，破即令人發狂。亦用小便浸之，令泣小便盡，暴乾，依前服之。

〔宋・掌禹錫《嘉祐本草》〕按：《蜀本圖經》云：葉似王不留行、菘藍等。莖、葉有細毛，花白，子殻作罌子形，實扁細，若粟米許，青黃色。所在皆有。六月、七日採子，日乾。《藥性論》云：莨菪亦可單用，味苦、辛，微熱，有大毒。生能瀉人見鬼，拾針狂亂。熱炒止冷痢，主齒痛，蚛牙孔，子咬之，蟲出。石灰清煮一伏時，掬出，去芽暴乾。以附子、乾薑、陳橘皮、桂心，厚朴爲丸。去一切冷氣，積年氣痢，甚溫暖。熱發用菉豆汁解之，焦炒碾細末，治下部脫肛。日華子云：溫，有毒。甘草、升麻、犀角並能解之。燒熏蚛牙及洗陰汗。

〔宋・蘇頌《本草圖經》〕曰：莨菪子，生海濱川谷及雍州，今處處有之。苗莖高二三尺。葉似地黃、王不留行、紅藍等，而三指闊。四月開花，紫色。苗、莢、莖有白毛。五月結實，有殻作罌子狀，如小石榴。房中子至細，青白色，如米粒。一名天仙子。五月採子，陰乾。謹按《本經》云：莨菪性寒，後人多云大熱。而《史記・淳于意傳》云：淄川王美人懷子而不乳，意飲以浪蕩藥一撮，以酒飲之，旋乳。且不乳豈熱藥所治？又古方主卒癲狂亦多單用莨菪，不知果性寒邪？《小品》載治癲狂方云：取莨菪三升作末，酒一升漬數日，出搗之，以向汁和絞去滓，湯上煎令可丸服，如小豆三丸，日三。當覺口面急，頭中有蟲行，額及手足有赤色處，如此並是差候。未知再服，取盡神良。又《篋中方》主腸風。莨菪煎：取莨菪實一升，治之。暴乾搗篩，生薑半斤取汁，二物相合，銀鍋中更以無灰酒二升投之，上火煎令如稠餳，即旋投酒，度用酒可及五升以來，即止煎。令可丸大如梧子。每旦酒飲通下三丸，增至五七丸止。若丸時粘手，則菟絲粉襯隔煎熬，切戒火緊，則藥易焦而失力矣。初服微熱，勿恠。疾甚者，服過三日，當下利。疾去，利亦止。絕有效。

〔宋・唐慎微《證類本草》〕雷公云：凡使，勿令使蒼冥子，其形相似，只是服無效，時人多用雜之。其蒼冥子，色微赤，若修事十兩，以頭醋一鎰，煮盡醋爲度。却用黃牛乳汁浸一宿，至明看牛乳汁黑，即是莨菪子，大毒。噉乾別搗重篩用。勿誤服，衝人心，大煩悶，眼生暹火。

〔宋・陳承《重廣補注神農本草並圖經》〕別說云：謹按：莨菪之功，未見如所說，而其毒有甚，煮一二日而芽方生，用者宜審之。

宋・鄭樵《通志》卷七五《昆蟲草木略》 莨菪 曰橫塘，曰行塘。其實作小罌子，謂之天仙子。

宋・陳衍《寶慶本草折衷》卷一〇 莨音浪菪音蕩子 一名莨菪，一名橫唐，一名行唐，一名狼菪，一名天仙子。生海濱川谷及雍、秦州。今處處有之。○五、六、七月採子日乾。○畏甘草、升麻、犀角、綠豆汁。 味苦、甘、辛，溫，有大毒。○主齒痛出蟲，肉痹拘急痛，癲狂風癇，拘攣。多食令人狂。○陳藏器云：主痃癖。○《蜀本》云：殻作罌子，形實扁細若粟米，青黃色。○《藥性論》云：生能瀉人，熟炒止冷痢，焦焙碾末，治脫肛。○日華子云：燒熏蛀牙，及洗陰汗。○《圖經》曰：主腸風。

元・尚從善《本草元命苞》卷五 莨菪子 味苦、甘，寒，其性毒。生能瀉人。主齒痛出蟲，治肉痺拘急。療癲狂風癇癎倒，安心志，益力通神，使人健行，見鬼。多服狂走如奔，蚛齒。燒薰陰汗，浴洗。生海濱雍州川谷。五月採，所在有之。葉似紅藍葉，苗莖有白毛，子連殻，作罌子，形實扁細，如五味核。甘草、升麻、犀角，并能解其性毒。

明・滕弘《神農本經會通》卷一 莨菪子 一名天仙子。雖有毒，得甘草、升麻、犀角並能解之。 味苦、甘，氣寒，有毒。《本經》云：主齒痛出蟲，肉痺拘急，使人健行。見兒療癲狂風癇，顛倒拘攣。多食令人狂走。久服輕身，走及奔馬，強志益力通神。《局》云：莨菪苦辛誠有毒，天仙子即共苗根。風癇攣搐癲狂治，多食令人強走行。莨菪，止搐攔風。

明・劉文泰《本草品彙精要》卷一三 莨菪有毒。植生。

莨音浪**菪**音蕩**子**出《神農本經》：**主齒痛出蟲，肉痹拘急，使人健行，見鬼**

多食，令人狂走。久服輕身，走及奔馬，強志益力，通神。以上朱字《神農本經》。療癲狂，風癇，顛倒，拘攣。以上黑字名醫所錄。【名】橫唐、行唐、天仙子、狼蕩。【苗】《圖經》曰：苗莖高二三尺，葉似地黃、王不留行、紅藍等，葉三指闊。四月開花，紫色，苗莢莖有白毛，五月結實，有殼作罌子狀，如小石榴，房中子至細如米粒。【地】《圖經》曰：出海濱川谷及雍州，處處有之。【道地】秦州。【時】生：春生苗。採：六月、七月取子。【收】日乾。【用】子。【質】類米粒而微扁。【色】青白。【味】苦，甘。【性】寒，泄。【氣】氣薄味厚，陰中之陽。【臭】朽。【主】風癇，癲狂。【製】《雷公》云：用十兩，以頭醋一鎰，煮盡醋爲度，卻用黃牛乳汁浸一宿，至明看牛乳黑，即是莨菪子毒出，曬乾，別搗重篩用。【治】療：《藥性論》云：熟炒，止冷痢，主齒痛蚛牙，咬之，孔內蟲即出。又焦炒，碾細末服，治脫肛。日華子云：燒熏蚛牙，及洗陰汗。陳藏器云：主痃癖，安心定志，聰明耳目，除邪逐風，變白。【合治】以三升作末，合酒一升，漬數日，取出搗細，以內汁和，絞去滓，湯上煎令可丸，如小豆大，每服三丸，日三次，治癲狂，服後當覺口面急，頭中似有蟲行，額及手足有赤色處。如此並是瘥候，未知再服。○以一升暴乾，搗末，和生薑汁半斤，入銀鍋中，更以無灰酒二升投之，微火煎令如稠餳即旋投酒，度及五升即止，煎令可丸，乃丸，大如梧子。每旦酒飲通下三丸，增至五七丸則止，治腸風。若丸時粘手，則用菟絲子粉襯之，煎熬切戒火緊，則藥焦而失力矣。初服微熱勿怪，疾甚者服過三日當下利，疾去利亦止，絕有效。【禁】生食之能瀉人。【贗】蒼冥子爲僞。【解】誤服本藥，以甘草、升麻、犀角解之。

明·許希周《藥性粗評》卷三 風搐四肢，天仙子沿途把截。

天仙子，莨菪實也。殼如小石榴，內子如米粒大。江南川谷處處有之。凡用須入甘草、升麻以解其毒。 味苦、甘，性寒，有毒。 主治風癇顛狂，四肢攣搐，強志益力，壯筋骨，久服輕身通神，走及奔馬。

明·鄭寧《藥性要略大全》卷七 莨菪子音浪蕩。 《經》云：止搐攔風，肉痹拘攣。療癲狂風癇，齒痛，出蟲，令人健行，令人見鬼。除風變白，久服益志強力，通神輕身，走及奔馬。多食令人狂走。《十書》云：安心定志，聰耳明目。性溫不寒。取子入藥，勿令子破，破即令人發狂。 味苦、辛，氣溫，有大毒。得甘草、升麻、犀角，可解其毒。今處處有之。凡用，以小便浸之，便盡，用水洗，日乾。每日空心水下二指捻。○此物功未見如所說，其毒極有甚焉者。煮二三日而芽方生，毒可知矣。用者其審之。○一名草天仙子，一名狼唐，一名橫唐，一名行唐。

明·陳嘉謨《本草蒙筌》卷三 莨音浪菪音蕩子即天仙子。 味苦、甘，氣寒。有毒。山谷各處生，苗高四尺許。葉闊三指，夏開白花。實同罌〔粟〕作房，子如黍米成粒。五月收採，向日曝乾。主風癇癲狂，療濕痹拘急。助足健行見鬼，理齒蛀蝕出蟲。久服輕身，走及奔馬。炒熟方益，生則瀉人。《別說》云：煮一二日，尚入土萌芽，用者尤宜審也。

明·王文潔《太乙仙製本草藥性大全》卷二《本草精義》 莨菪子 一名橫菪，一名行唐，一名天仙子，生海濱、川谷及雍州，今處處有之。苗高二三尺，葉大三指，似地黃、王不留行、菘藍等，三指闊。四月開花，紫色，苗、莢、莖有白毛。五月結實，有殼，作罌子，狀如小石榴，房中至細，青白色，如米粒。五月採子陰乾。莨菪毒用甘草、升麻、犀角並能解。

明·王文潔《太乙仙製本草藥性大全》卷二《仙製藥性》 莨音浪菪音蕩子 味苦、甘，氣寒，有毒。 主治：主風癇癲狂，療濕痹拘攣。助足健行見鬼，理齒蛀蝕出蟲。久服輕身，走及奔馬。炒熟方益，生則瀉人。《別說》云：煮一二日，尚入土萌芽，用者尤宜審也。 補註：癲狂，取三升爲末，酒一升，浸數日出，搗之，以內汁和絞，去滓，湯熬煎令可丸如小豆，三丸，日三服。當覺口面急，頭中有蟲行，額及手足有赤色處，如此並是差候，不知再服取盡。○腸風，取實一斤，暴乾，搗末，生薑半斤，取汁相合，銀鍋中更以無灰酒二升投之，上火熬令如稠餳，即旋投酒五升以來即止，煎令可丸，大如梧子，每日酒飲吞下三丸，增至五七丸止。若丸時粘手，則菟絲粉襯隔。煎熬切戒火緊，則藥焦而失力矣。初服微熱，勿怪。疾甚者服過三日，當下利，疾去，利亦止，絕有效。 太乙曰：凡使勿令使蒼蓂子，其形相似，只是服無效，時人多用雜之，其蒼蓂子微赤。若脩事，一兩以頭醋一鎰，煮盡醋爲度，卻用黃牛乳汁浸一宿至明，若牛乳汁黑即莨菪子，大毒，晒乾，別搗重篩。用勿誤服，衝人心，大煩悶，眼生暹火。

明·李時珍《本草綱目》卷一七草部·毒草類 莨菪音浪蕩。《本經》下品。

【釋名】天仙子《圖經》 橫唐《本經》 行唐《〔別録〕》時珍曰：莨菪一作蔄蕩。其子服之，令人狂浪放宕，故名。

【集解】《別録》曰：莨菪子生海濱川谷及雍州。五月采子。弘景曰：今處處有之。子形頗似五味核而極小。保昇曰：所在皆有之。葉似菘藍，莖葉皆有細毛，花白色，子殼作罌狀，結實扁細，若粟米大，青黄色，六月、七月采子，日乾。頌曰：處處有之。苗莖高二三尺，葉似地黄、王不留行、紅藍等，而闊如三指，四月開花，紫色，莖莢有白毛。五月結實，有殼作罌子狀，如小石榴。房中子至細，青白色，如粟米粒。斅曰：凡使勿用蒼蓂子，其形相似，只是微赤，服之無効，時人多以雜之。時珍曰：張仲景《金匱要略》言，菜中有水莨菪，葉圓而光，有毒，誤食令人狂亂，狀如中風，或吐血，以甘草汁解之。

子　〖修治〗斅曰：修事莨菪子十兩，以頭醋一鎰，煮乾爲度。却用黄牛乳汁浸一宿，至明日乳汁黑，即是真者。晒乾搗篩用。

〖氣味〗苦，寒，無毒。《别録》曰：甘。權曰：苦、辛，微熱，有大毒。藏器曰：性温不寒。大明曰：温，有毒。服之熱發，以緑豆汁、甘草、升麻、犀角並解之。斅曰：有大毒。誤服之，衝人心，大煩悶，眼生暹火。頌曰：《本經》言性寒，後人多云大熱。而《史記・淳于意傳》云：淄川王美人懷子不乳。飲以浪〔蕩〕藥一撮，以酒飲，旋乳。且不乳豈熱藥所治？又古方主卒顛狂亦多單用莨菪，豈果性寒耶？

〖主治〗齒痛出蟲，肉痹拘急。久服輕身，使人健行，走及奔馬，强志益力，通神見鬼。多食令人狂走《本經》。療癲狂風癇，顛倒拘攣《别録》。安心定志，聰明耳目，除邪逐風，變白，主痃癖。取子洗晒，隔日空腹水下一指捻。亦可小便浸令泣盡，暴乾，如上服。勿令子破，破則令人發狂藏器。炒焦研末，治下部脱肛，止冷痢。主蛀牙痛，咬之蟲出甄權。燒熏蟲牙及洗陰汗大明。

〖發明〗弘景曰：入療顛狂方用，然不可過劑。久服自無嫌，通神健行，足爲大益，而《仙經》不見用。權曰：以石灰清煮一伏時，掬出，去芽暴乾，以附子、乾薑、陳橘皮、桂心、厚朴爲丸服。去一切冷氣，積年氣痢，甚温暖也。不可生服，傷人見鬼，拾鍼狂亂。時珍曰：莨菪之功，未見如所説，而其毒有甚焉。煮一二日而芽方生，其爲物可知矣。莨菪、雲實、防葵、赤商陸皆能令人狂惑見鬼，昔人未有發其義者。蓋此類皆有毒，能使痰迷心竅，蔽其神明，以亂其視聽故耳。唐安禄山誘奚、契丹，飲以莨菪酒，醉而坑之。又嘉靖四十三年二月，陝西遊僧武如香，挾妖術至昌黎縣民張柱家，見其妻美。設飯間，呼其全家同坐，將紅散入飯内食之。少頃舉家昏迷，任其奸污。復將魘法吹入柱耳中。柱發狂惑，見舉家皆是妖鬼，盡行殺死，凡一十六人，並無血迹。官司執柱囚之。十餘日柱吐痰二椀許，聞其故，乃知所殺者皆其父母兄嫂妻子姊侄也。柱與如香皆論死。世宗肅皇帝命榜示天下。觀此妖藥，亦是莨菪之流爾。方其痰迷之時，視人皆鬼矣。解之之法，可不知乎。

〖附方〗舊二，新二十〔一〕。

卒發顛狂：莨菪三升爲末，以酒一升漬數日，絞去滓，煎令可丸，如小豆三丸，日三服。當見面急，頭中如有蟲行，額及手足有赤豆處，如此並是瘥候也。未知再服，取盡神良。陳延之《小品方》。

風痹厥痛：天仙子三錢炒，大草烏頭、甘草半兩，五靈脂一兩，爲末，糊丸梧子大，以螺青爲衣。每服十丸，男子菖蒲酒下，女子芫花湯下。《聖濟録》。

久嗽不止：有膿血。莨菪子五錢，淘去浮者，煮令芽出，炒研，真酥一雞子大，大棗七枚，同煎令酥盡，取棗日食三枚。○又方：莨菪子三撮，吞之，日五六度。光禄李丞服之神驗。孟詵《必効方》。

年久呷嗽：至三十年者。莨菪子、木香、熏黄等分，爲末。以羊脂塗青紙上，撒末於上，卷作筒，燒烟熏吸之。崔行功《纂要方》。

水腫蠱脹：方見獸部羺羊下。

積冷痃癖：不思飲食，羸困者。莨菪子三分，水淘去浮者，大棗四十九個，水三升，煮乾，只取棗去皮核。每空心食一箇，米飲下，覺熱即止。《聖濟録》。

水瀉日久：青州乾棗十個去核，入莨菪子填滿扎定，燒存性。每粟米飲服一錢。《聖惠方》。

冷疳痢下：莨菪子爲末，臘猪脂和丸，綿裹棗許，導下部。因痢出，更納新者。不過三度瘥。孟詵《必効方》。

赤白下痢：腹痛，腸滑後重。大黄煨半兩，莨菪子炒黑一(抄)〔撮〕，爲末。每服一錢，米飲下。《普濟方》。

久痢不止：變種種痢，兼脱肛。莨菪丸：用莨菪子一升，淘去浮者，煮令芽出，晒乾，炒黄黑色，青州棗一升，去皮核，釅醋二升，同煮，搗膏丸梧子大。每服二十丸，食前米飲下。《聖惠方》。

腸風下血：莨菪煎：用莨菪實一升，暴乾搗篩，生薑半斤，取汁，銀鍋中更以無灰酒二升搜之，上火煎如稠餳，即旋投酒。度用酒可及五升即止。慢火煎令可丸，大如梧子，每旦酒飲通下三丸，增至五、七丸止。若丸時粘手，則以菟絲粉襯隔之。火候忌緊，藥焦則失力也。初服微熱，勿怪。疾甚者，服過三日，當下利。疾去，利亦止。絶有効。《篋中方》。

脱肛不收：莨菪子炒(砂)〔研〕傅之。《聖惠方》。

風牙蟲牙：《瑞竹堂方》用天仙子一撮，入小口瓶内燒烟，竹筒引煙，入蟲孔内，熏之即死，永不發。○《普濟方》用莨菪子入瓶内，以熱湯淋下，口含瓶口，令氣熏之。冷更作，盡三合乃止。有涎津可去，甚効。○《備急方》用莨菪子數粒納孔中，以蠟封之，亦効。

牙齒宣落：風痛。莨菪子末，綿裹咬之，有汁勿嚥。《必効方》。

風毒咽腫：嚥水不下及瘰癧咽腫。水服莨菪子末兩錢匕，神良。《外臺秘要》。

乳癰堅硬：新莨菪子半匙，清水一盞，服之。不得嚼破。《外臺秘要》。

石癰堅硬：不作膿者。莨菪子爲末，醋和，傅瘡頭，根即拔出。《千金方》。

惡瘡似癩：十年不愈者。莨菪子燒研傅之。《千金方》。

打撲折傷：羊脂調莨菪子末傅之。《千金方》。

惡犬咬傷：莨菪子七枚吞之，日三服。《千金方》。

根　〖氣味〗苦、辛，有毒。〖主治〗邪瘧，疥癬，殺蟲時珍。

〖附方〗新六。

瘧疾不止：莨菪根燒灰，水服一合，量人强弱用。《千金方》。

惡癬有蟲：莨菪根搗爛，蜜和傅之。《千金翼》。

趾間肉刺：莨菪根搗汁塗之。○《雷公炮炙論》序云：脚生肉刺，裩繫菪根。謂繫于裩帶上也。

狂犬咬人：莨菪根

和鹽擣傅，日三上。《外臺秘要》。　惡刺傷人：　莨菪根水煮汁浸之，冷即易，神方也。《千金方》。　箭頭不出：　萬聖神應丹：　端午前一日，不語，尋見莨菪科，根本枝葉花實全好者。道云：　先生，你却在這裏。道罷，用柴灰自東南起圍了，以木椑子掘取根下周迴土，次日日未出時，依前不語，用钁頭取出，洗净，勿令雞犬婦人見，于净室中，以石臼擣如泥，丸彈子大，黄丹爲衣，以紙袋封，懸高處陰乾。遇有箭頭不出者，先以象牙末貼瘡口，後用緋帛袋盛此藥，放臍中，綿兜肚繫了，當便出也。張子和《儒門事親方》。

明・梅得春《藥性會元》卷上　莨菪子　味苦、甘，寒，有毒。頗似五味核而極小，又與蒼蕢子相似，時人多雜之，但其子赤可辨。　主治齒痛出蟲，肉痹拘急，使人健行、見鬼，療癲狂風癇，顛倒拘攣。多服令人狂走，久服走如奔馬，強志益力通神。　製法：　黄牛乳汁浸一宿，看牛乳汁黑即真也。每十兩以頭醋一鎰，煮乾醋為度，晒乾。有大毒，別擣重篩。誤服衝人心，大煩悶，眼生暹火。

明・李中立《本草原始》卷三　莨菪子　始生海濱川谷及雍州，今處處有之。苗莖高二三尺，葉似地黄、王不留行、紅藍等而三指闊。四月開花紫色。苗、莢、莖有白毛。五月結實，有殼作罌子，狀如小石榴，房中子至細，青白色，如米粒。五月採子陰乾。其子服之，令人狂浪放蕩，故名莨菪子。一名天仙子。因治牙痛獲效，俗呼牙疼子。　氣味：　苦，寒，有毒。　主治：　齒痛出蟲，肉痹拘急。久服輕身，使人健行走及奔馬，強志益力，通神見鬼。多食令人狂走。○療癲狂風癇，顛倒拘攣。○安心定志，聰明耳目，除邪逐風，變白，主痃癖。取子洗晒，隔日空腹，水下一指捻。亦可小便浸令泣盡，暴乾，如上服。勿令子破，破則令人發狂。○炒焦研末，治下部脱肛，止冷痢。主蛀牙痛，咬之蟲出。○燒熏蟲牙，及洗陰汗。

莨菪子，《本經》下品。【圖略】子小而扁，青白色。誤服之，衝人心，大煩悶，眼生暹火。

修治：　莨菪子十兩，以頭醋一鎰，煮乾為度。却用黄牛乳浸一宿至明日，乳汁黑即是真者。晒乾，擣，重篩用之。

中莨菪子毒，緑豆汁、甘草、升麻、犀角並能解之。

李時珍曰：　莨菪之功，未見如其說，而其毒有甚焉。煮一二日而芽方生，其為物可知矣。莨菪、雲實、防葵、赤商陸，皆能令人狂惑見鬼者，昔人未有發其義者。蓋此類皆有毒，能使痰迷心竅，蔽其神明，以亂其視聽故耳。唐安祿山誘奚、契丹，飲以莨菪酒，醉而坑之。又嘉靖四十三年二月，陝西遊僧武如香，挾妖術至昌黎縣民張柱家，見其妻美，設飯間，呼其全家同坐，將紅散入飯內，食之少頃，舉家昏迷，任其奸污。復將魘法吹入柱耳中，柱發狂惑，見舉家皆是妖鬼，盡行殺死，凡一十六人，並無血迹。官司執柱囚之，十餘日柱吐痰二椀許，問其故，乃知所殺者，皆其父母、兄嫂、妻子、姊姪也。柱與如香皆論死。世宗肅皇帝命榜示天下。觀此妖藥，亦是莨菪之流爾。方其痰迷之時，視人皆鬼矣，解之之法，可不知乎？

《必效方》：　治牙齒宣落風痛，莨菪子末，綿裹咬之，有汁勿嚥。

明・姚可成《食物本草》卷一九草部・毒草類　莨菪音浪蕩。處處有之。苗莖高二三尺。葉似地黄葉而闊二三指。四月開花，紫色。莖莢有白毛。五月結實有殼，作罌子狀，如小石榴。房中子至細而扁，青白色，若粟米粒大。

赤商陸形狀見前白商陸下，但色之不同耳。赤者有大毒。

狼毒出秦晉地。葉似商陸及大黄莖葉，上有毛。根皮黄肉白。

雲實生河間川谷，山原甚多。莖高四五尺，如蔓，中空有刺。其葉如槐。三月開黄花，纍然滿枝。莢長三寸許，狀如肥皂莢。內有子五六粒，正如鵲豆。兩頭微尖，有黄黑斑紋，厚殼白仁。咬之極堅，有腥氣。

莨菪子、赤商陸、狼毒、雲實花　皆有大毒。誤食之，令人發狂見鬼。以緑豆汁、甘草、升麻、犀角，竝能解之。○李時珍曰：　莨菪子，古方以石灰水煮一伏時，纔有萌芽。觀其性之異，知其物之毒矣。赤商陸、狼毒、雲實花，皆能令人見鬼者，蓋此類，皆有大毒。能使痰迷心竅，蔽其神明，以亂其視聽故耳。唐安祿山誘奚、契丹，飲以莨菪酒，醉而坑之。又，嘉靖四十三年二月，陝西遊僧武如香，挾妖術至昌黎縣民張柱家，見其妻美，設飯間，呼其全家同坐，將紅散入飯內食之。少頃，舉家昏迷，任其奸污。復將魘法吹入柱耳中，柱發狂惑，見舉家皆是妖鬼，盡行殺死，凡一十六人，竝無血跡。官司執柱，因之十餘日，柱吐痰二碗許。問其故，乃知所殺者，皆其父母兄嫂妻子姊姪也。事聞，柱與如香竝以淩遲處死。世宗肅皇帝命榜示天下，以緝妖黨。觀此妖藥，亦是莨菪之流爾。方其痰迷之時，視人皆鬼矣。解之之法可不知乎？

右草類。若參、朮，若地黄、黄精輩，非果非蔬，似不應輯入是編，然以其性氣和平，功專滋益，攝生家所常餌之，豈能置而弗錄。他如味甘長於作葅，性補勝於療飢，博采兼收，以備稽攷。至常毒、大毒之流，更能權變審察於倉卒幾微之際，庶於衛養之道周密而無闕失之虞矣。

清·穆石匏《本草洞詮》卷九　莨菪　食之令人狂狼放宕，故名。子味苦辛甘，根味苦辛，並氣溫，一云寒，有大毒。治齒痛，出蟲，肉痺拘急，去一切冷氣，積年氣痢。多食令人狂走，通神見鬼。夫莨菪之功，未見如所說，而毒有甚焉。雲實、防葵、莨菪、赤商陸，皆能令人狂惑見鬼，昔人未有發其義者。蓋此類皆有毒，能使痰迷心竅，蔽其神明，以亂其視聽故耳。唐安祿山誘奚、契丹，飲以莨菪酒，醉而坑之。嘉靖時陝西妖僧武如香，將紅散入飲內，食之少頃，舉家昏迷，任其奸污。復將魔法吹入人耳中，便發狂惑，見舉家皆妖鬼，盡行殺死。十餘日吐痰椀許，乃知所殺者皆父母、妻子、娣姪也。事聞，世宗命榜示天下。觀此妖藥，亦莨菪之流耳。解之之法，可不知乎？

清·李熙和《醫經允中》卷二一　莨菪　一名天仙子。　苦，寒，有毒。治石癰堅硬不作膿，為末敷瘡頭，根即拔出。

清·馮兆張《馮氏錦囊秘錄·雜症痘疹藥性主治合參》卷三　莨菪子又名天仙子。有毒。主風癇顛狂，濕痺拘急，助足健行，理齒蛀蝕。久服輕身，走及飛馬。炒熟有益，生則瀉人。《別說》云：煮一二日，尚入土萌芽。用者宜審也。

清·张璐《本經逢原》卷二　莨菪一名天仙子。　子，苦，寒；根，苦辛。有毒。《本經》主齒痛，出蟲，肉痹拘急，多食令人狂走。發明：莨菪入癲狂方用，然皆用其子耳。故言勿令子破，破則令人發狂。《本經》治肉痹蟲蠹，用其毒以攻治也。《千金》治石癰堅硬不作膿者，莨菪子為末，醋和傅瘡頭，根即拔出。打撲折傷，羊脂調莨菪子末傅之。〇莨菪根主治與子不殊，瘧疾不止，莨菪根燒灰水服一錢匕即止。惡癬有蟲，莨菪根搗爛和蜜傅之。惡刺傷人，莨菪根水煮汁浸，冷即易之，箭頭不出，此亦主之，皆《千金》神方也。狂犬咬人，莨菪根和鹽，日三傅之，此《外臺秘要》方也。今人用根治噎膈反胃，取其性走，以祛胃中留滯之邪，噎膈得以暫開。虛者誤服，為害不測。時珍云：莨菪之功，未見如所說，而其毒有甚焉，煮一二日尚能生芽，其為物可知矣。服莨菪、雲實、防葵、赤商陸，皆令人狂惑見鬼者，蓋此類皆稟陰毒，能使痰迷心竅，閉其神明，以亂視聽故耳。

清·張志聰、高世栻《本草崇原》卷下　莨菪子　氣味苦，寒，有毒。主治齒痛出蟲，肉痹拘急。久服輕身，使人健行，走及奔馬，強志益力，通神見鬼，多食令人狂走。莨，音浪。菪，音蕩。　莨菪子，一名天仙子。《別錄》曰：生海濱川谷及雍州，今所在皆有之。葉似菘藍，莖葉皆有細白毛，四月開花紫色，或白色，五月結實有殼，作罌子，狀如小石榴，房中子至細，青白色，如粟米粒。　莨菪子氣味苦寒，生於海濱，得太陽寒水之氣，故治齒痛。太陽上稟寒氣，下有標陽，陽能散陰，故能出蟲。太陽陽熱之氣，能溫肌腠。又，太陽主筋所生病，故治肉痹拘急。肉痹，肌痹也。拘急，筋不柔和也。久服輕身，使人健行，走及奔馬者，太陽本寒標熱，少陰本熱標寒，太陽合少陰而助蹻脈也。蓋陽蹻者，足太陽之別，起於跟中，出於外踝。陰蹻者，足少陰之別，起於跟中，循於內踝。莨菪子稟太陽少陰標本之精，而助脈，故輕身健走若是也。稟陰精之氣，故強志益力。稟陽熱之化，故通神見鬼。下品之藥，不宜久服，故又曰：多食令人狂走，戒之也。

清·吳其濬《植物名實圖考》卷二四　莨菪　《本經》下品。一名天仙子。《圖經》著其形狀功用，且引《史記》淳于意以莨菪酒飲王(夫)〔美〕人事。別說謂功未見如所說，而其毒有甚。蓋見鬼拾針，性近邪魔，而古方以治癲狂。豈不癲狂者服之而狂，癲狂者服之而止。亦從治之義耶？舊時白蓮教以藥飲所掠民，使之殺人為快。與李時珍所紀妖僧迷人事相類，疑即雜用此藥。

雩婁農曰：《史記·太倉公傳》：菑川王美人懷子而不乳，召意，意飲以莨菪藥一撮，以酒飲之，旋乳。《本草》莨菪無催生之說，其為一物否，未可知也。《炮炙論》以莨菪為有大毒，《金匱要略》言水莨菪，葉圓有光，誤食令人狂亂，狀如中風。觀淳于意以莨菪藥令人乳，則斷非發狂之藥無疑。李時珍明著安祿山飲奚、契丹莨菪酒，醉而坑之；又紀妖僧迷藥事。以為是莨菪之流，則一杯入吻，狂惑見鬼，尚可留著腸胃中耶？乃所錄《小品》《必效》諸方或丸、或煎，豈有病雖大毒亦能受耶？然吾不敢信也。君子小人，辨之必明；既辨矣，則放流迸逐，不可使其乘隙而復起。若已榜其罪於朝廷，而復記其小忠小信，曲留一線之機，則子尾所謂髮短而心長，其或寢處我矣，盧杞不似奸邪，惠卿亦似美才，彼毒藥之攻癰疽，誠有速效，然豈可引之根本之地，而望其調和陰陽、不傷元氣乎？故吾以為凡藥之有毒者，必著其外治之功，伐性之害；凡一切服餌之方，皆刪削務盡，勿使後人迷於去留，舉軀而試其狂惑，其亦《春秋》之律也乎？

《山西通志》： 莨菪子始生海濱川谷及雍州，今寧武多有之。莖高二三尺，葉似地黄、王不留行、紅藍等，花紫色，莖有白毛，結實如小石榴，最有毒。服之令人狂浪，故名莨菪。按太原山中亦多產，其莖挺勁，對葉密排，花生葉隙，重疊直上如地黄。花色紫白，多赭縷，花罷即結實，其子味甜，小兒誤食輒瘋。俗亦不甚怪，經一兩月藥性解，則瘋已，如平人云。

清·趙其光《本草求原》卷六毒草部 天仙子即莨菪子。 莖葉有毛，花紫色，實如小石榴。房中子如粟米青白。味苦，氣寒，得太陽寒水之氣。太陽本寒標熱，能散陰中之陰邪，有毒，故治齒痛出蟲，蟲䘌，而痛，以毒攻之。肉痹，陽熱之氣，能溫肌肉。拘急，筋不和柔，太陽能主筋所生病。久服輕身健行，太陽之別起筋中，出外踝，名陽蹻。少陰之別起跟中，循內踝，名陰蹻。太陽合少陰標本之精，而助蹻脈也。強志益力，陰水之精充也。通神見鬼。陽熱之、化之功。多食令人狂走，下品毒藥，忌久服。石癰堅硬不作膿，為末，醋和敷，可拔出瘡根。跌撲折傷，羊脂調末敷。其根止瘧，燒灰，水下一錢。治蟲癬，搗爛和蜜敷。惡刺傷人，水煮浸，冷則易之。箭頭入肉，同上，皆《千金》之神方。狂犬咬人，同鹽搗敷。噎膈反胃，其性走利，去胃中留滯，若胃虛則忌。此物煮一二日尚能生芽，陰毒之性能使痰迷心竅，故忌多服。

清·葉志詵《神農本草經贊》卷三 莨蕩子 味苦，寒。主齒痛出蟲，肉痹拘急，使人健行見鬼，多食令人狂走，久服輕身，走及奔馬，強志益力通神。一名横唐。生川谷。

逐邪藏毒，放宕習聞。含苞罌貯，散粟房分。馳追蹀躞，胎乳絪緼。飲和國老，解瞀銷棼。

陳藏器曰： 取子曝乾，空腹水下，能除邪逐風，勿令子破，令人發狂。李時珍曰： 服之令人狂浪放宕，故名。蘇頌曰： 殼作罌子，狀如小石榴，房中子至細，青白色，如粟米粒。《篇海》： 蹀躞，馬行貌。《六書故》： 嗜進連步貌。《易》： 天地絪緼。《史記》： 王美人懷子，久而不乳。淳于意飲以莨蕩藥一撮，旋乳。張仲景曰： 水莨蕩誤食，令人狂亂。以甘草汁解之。《莊子》： 飲入以和。名醫曰： 甘草一名國老。

清·戴葆元《本草綱目易知錄》卷二 莨菪浪蕩 子、苦，辛，大毒。製服，治癲狂風癇，顛倒拘攣。炒末，傅脫肛，止冷痢。主蛀牙痛，咬之蟲出，愈。燒煙熏蟲牙及洗陰汗。忌生服，傷人，見鬼狂亂。

清·徐士鑾《醫方叢話》卷五 解莨菪毒 莨菪，一名水莨菪。誤食令人狂亂，或吐血悶亂，如猝中風，或似熱盛狂病。用甘草汁，或藍青汁，飲之即愈。若服藥即劇。

清·仲昴庭《本草崇原集説》卷下 莨菪子 【略】仲氏曰： 久服者，以些少莨菪子配他藥為湯為散，非多食也。《崇原》隨《經》注明，不漏一句，不遺一義。

曼陀羅

宋·王介《履巉巖本草》卷下 曼陀羅 性溫，有毒。治寒濕脚，面上破生瘡，晾乾為末，用少許貼患處。

明·蘭茂原撰，范洪等抄補《滇南本草圖說》卷三 曼陀蘿 形綠莖碧葉，高三尺，開白花，六瓣，狀如牽牛花，而朝開夜合，結實圓而有丁拐，中有小子。笑採服者笑，哭採服者哭。花子，氣味辛，溫，有毒。主治： 諸風寒濕脚氣，煎湯洗之。又治驚癇及脫肛，并入麻黄葉。

明·李時珍《本草綱目》卷一七草部·毒草類 曼陀羅花《綱目》

【釋名】風茄兒《綱目》 山茄子 時珍曰： 《法華經》言佛説法時，天雨曼陀羅花。又道家北斗有陀羅星使者，手執此花，故後人因以名花。曼陀羅，梵言雜色也。茄乃因葉形爾。姚伯聲《花品》呼爲惡客。 【集解】時珍曰： 曼陀羅生北土，人家亦栽之。春生夏長，獨莖直上，高四五尺，生不旁引，綠莖碧葉，葉如茄葉。八月開白花，凡六瓣，狀如牽牛花而大，攢花中坼，駢葉外包，而朝開夜合。結實圓而有丁拐，中有小子。八月采花，九月采實。

花、子 【氣味】辛，溫，有毒。 【主治】諸風及寒濕脚氣，煎湯洗之。又主驚癇及脫肛，並入麻藥時珍。

【發明】時珍曰： 相傳此花笑采釀酒飲，令人笑； 舞采釀酒飲，令人舞。予嘗試之，飲須半酣，更令一人或笑或舞引之，乃驗也。八月采此花，七月採火麻子花，陰乾，等分爲末。熱酒調服三錢，少頃昏昏如醉。割瘡灸火，宜先服此，則不覺苦也。

【附方】新三。 面上生瘡： 曼陀羅花，晒乾研末。少許貼之。《衛生易簡方》。 小兒慢驚： 曼陀羅花七朵，重一字，天麻二錢半，全蝎炒十枚，天南星炮、丹砂、乳香各二錢半，爲末。每服半錢，薄荷湯調下。《御藥院方》。 大腸脫肛： 曼陀羅子連殼一對，橡斗十六個，同剉，水煎三五沸，入朴消少許，洗之。《儒門事親》。

明・李中立《本草原始》卷三　曼陀羅花　生北土，人家亦栽之。春生夏長，綠莖碧葉，高二三尺。八月開白花，六瓣，狀如牽牛花而大，朝開夜合。結實圓而有丁拐，中有小子。八月采花，九月采實。《法華經》言佛說法時，天雨曼陀羅花。又道家北斗有陀羅星使者，手執此花，故後人因以名花曼陀羅。因葉形似茄，一名風茄兒，一名山茄子，一名胡茄。　花、子：　氣味：　辛，溫，有毒。　主治：　諸風及寒濕脚氣，煎湯洗之。又主驚癇及脫肛。并入麻藥。

【圖略】花白子紫色，類茄子。　李時珍曰：　相傳此花笑采釀酒飲，令人笑；　舞采釀酒〔飲〕，令人舞。予常試之，飲須半酣，更令一人或笑或舞引之，乃驗也。八月采曼陀羅花，七月采火麻子花，陰乾，等分為末，熱酒調服三錢，少頃昏昏如醉，割瘡灸火，宜先服此，則不覺苦也。

清・穆石匏《本草洞詮》卷九　曼陀羅花　《法華經》言佛說法時，天雨曼陀羅花。梵言曼陀羅，華言襍色也。花子味辛，氣溫，有毒。治諸風及寒濕脚氣，煎湯洗之。主驚癇及脫肛，并入麻藥。相傳此花笑采釀酒飲，令人笑；　舞采釀酒飲，令人舞。李瀕湖試之，云：　須半酣時，更令一人或笑或舞，引之乃驗。八月采曼陀羅花，七月采火麻子花，陰乾，等分為末，熟酒調服三錢，昏昏如醉，割瘡灸火，宜先服此，則不覺苦也。

清・劉雲密《本草述》卷一〇　曼陀羅花　時珍曰：　曼陀羅，梵言雜色也。　又曰：　曼陀羅生北土，人家亦栽之。春生夏長，獨莖直上，高四五尺，生不旁引，綠莖碧葉，葉如茄葉，八月開白花，凡六瓣，狀如牽牛花而大，攢花中拆，駢葉外包，而朝開夜合，結實圓而有丁拐，中有小子。八月采花，九月采實。

花、子：　氣味：　辛，溫，有毒。　主治：　諸風及寒溼脚氣，煎湯洗之。又主驚癇及脫肛，并入麻藥時珍。

時珍曰：　相傳此花笑采釀酒飲，令人笑，舞采釀酒飲，令人舞。予嘗試之，飲須半酣，更令一人或笑或舞，引之乃驗也。八月采此花，七月采火麻子花，陰乾，等分為末，熱酒調服三錢，少頃昏如醉，割瘡灸火，宜先服此，則不覺苦也。

愚按：　曼陀羅花，或笑采之釀酒，則飲之者即應之笑，或舞采之釀酒，則飲之者即應以舞，是物理之難窮有如斯也。第閱王宇泰先生治狂證，有祛風一醉散云，治陽厥氣逆，多怒而狂者，唯硃砂水飛半兩，曼陀羅花二錢半。即此繹之，是則人之血氣，有偏著於七情以為病者。而茲味或能為之轉移乎？　如時珍所云主驚癇不洵然乎？　誠如是，則所云治風及寒溼脚氣，煎湯洗之，又何不奏效乎哉？

附方　小兒慢驚，曼陀羅花七朵，重一字，天麻二錢半，全蝎炒十枚，天南星炮、丹砂、乳香各二錢半，為末，每服半錢，薄荷湯調下。

清・张璐《本經逢原》卷二　曼陀羅花實名風茄。　辛，溫，有毒。　發明：　此花浸酒治風，少頃昏昏如醉，動火之患也。故麻藥為之首推。八月採此花，七月採麻子花，陰乾等分為末，熱酒調服三錢，少頃昏昏如醉。剜瘡灸火，宜先〔敷〕〔服〕此，則不覺苦也。寒濕脚氣，煎湯洗之。

清・王道純《本草品彙精要續集》卷二　曼陀羅花有毒。　花、子：　主諸風及寒濕脚氣，煎湯洗之。又主驚癇及脫肛，併入麻藥《本草綱目》。〖名〗風茄兒、山茄子。李時珍曰：　《法華經》言佛說法時天雨曼陀羅花。又道家北斗有陀羅星使者，手執此花，故後人因以名花曼陀羅。梵言雜色也。茄乃因葉形耳，姚伯聲《花品》呼爲惡客。　〖地〗李時珍曰：　曼陀羅，生北土，人家亦栽之。　〖時〗春生夏長。　〖苗〗獨莖直上，高四五尺，生不旁引，葉如茄葉，八月開白花，凡六瓣，狀如牽牛花而大，攢花中拆，駢葉外包而朝開夜合，結實圓而有丁拐，中有小子。　〖採〗八月採花，九月採實。　〖用〗花、子。　〖色〗綠莖、碧葉、白花。　〖味〗辛。　〖性〗溫　〖氣〗氣之薄者，陽中之陰。　〖主〗八月採此花，七月採火麻子花，陰乾，等分爲末，熱酒調服三錢，少頃昏昏如醉，割瘡灸火，宜先服此，則不覺苦也。　〖禁〗李時珍曰：　相傳此花笑採釀酒飲，令人笑舞。予常試之，飲須半酣，更令一人或笑或舞，引之乃驗，可見有毒。　〖治〗面上生瘡，《衛生易簡方》：　曼陀羅花，曬乾，研末少許貼之。　〖合治〗小兒慢驚，《御藥院方》：　曼陀羅花七朵重一字，天麻二錢半，全蠍炒十枚，天南星炮，丹砂、乳香各二錢半，爲末，每服半錢，薄荷湯調下。〇大腸脫肛，曼陀羅子連殼一對，橡斗十六個，同剉，水煎三五沸，入朴硝少許，洗之。

清・何諫《生草藥性備要》卷下　大鬧楊花　味甘，性溫，有毒。食能殺人，迷悶人；　少服止痛；　通關利竅，去頭風，不過用三、四分。但服，〔俱〕去心、蒂。一名大顛茄，一名馬蘭花。若食迷悶，用黃糖可解，甘草亦可。花形如喇叭，其子如荔，週身簕釘。

清·楊時泰《本草述鉤元》卷一〇　曼陀羅花　曼陀羅，梵言雜色也。生北土。獨莖直上，高四五尺，綠莖碧葉，葉如茄，八月開白花，六出如牽牛而大，攢花中拆，駢葉外包，朝開夜合，結實圓而有丁拐，中有小子。八月采花，九月采實瀕湖。

花子氣味辛溫，有毒。治諸風及寒濕脚氣，煎湯洗之。主驚癇，療脫肛，并入麻藥。相傳此花笑采釀酒飲，令人笑，舞采釀酒飲，令人舞，予嘗試之，飲須半酣，更令一人或笑或舞引之乃驗瀕湖。割瘡灸火，先服麻藥。七月采火麻子花，八月采此花，陰乾等分，為末，熱酒調服三錢，少頃，昏昏如醉，不覺苦也又。祛風一醉散，治陽厥氣逆，多怒而狂者，硃砂水飛半兩，曼陀羅花二錢半，煎酒服之。小兒慢驚，曼陀羅花七朵，天麻二錢半，全蠍炒十枚，南星炮、丹砂、乳香各二錢半，為末，每服半錢，薄荷湯調下。

論：人之血氣有偏，着於七情以為病者，玆味或能為之轉移，瀕湖所以主驚癇也。

清·趙其光《本草求原》卷六毒草部　風茄花即蔓陀羅花。辛，溫，有毒。浸酒治風，令人昏昏如醉，動火之患。故麻藥用為首推。同麻子等分研，熱酒下三錢，少傾即昏。寒濕脚氣。煎湯洗。

清·戴葆元《本草綱目易知錄》卷二　曼陀羅花風茄兒、鳳茄花。辛，溫，有毒。治諸風及寒濕脚氣，煎湯洗之。又主驚癇及脫肛。並子俱入麻藥。葆按：鳳茄花治病，湯劑用少。近售戒洋烟方用多，花凡六瓣，黃色，狀如牽牛花，其花蕋出瓣外數分，服之令昏迷，故能擋癮。其子名醉仙桃，末入酒飲即昏醉，名一盃醉倒。凡灸瘡割瘡接骨，先酒服錢許，即昏麻，任割炙，不知痛楚。

清·俞樾《茶香室叢鈔》卷二二　風茄　明魏濬《嶺南瑣記》云：予官農部河南司時，一日曹事畢，遣吏承印還寓，塗遇一人引去他處，飲以酒，吏即昏迷若寐，及覺，印為盜去矣。數日，捕得盜者，訊之，云用風茄為末，投酒中，飲之即睡去，須酒氣盡乃寤。問從何得之，云此廣西產，市之棋盤街鬻襍藥者。土人謂之顛茄，風猶顛也。一名悶陀羅。按：此藥今尚有之，即小說家所謂蒙汗藥也。然可以治喘疾，其法用吸煙之筒，即襍置煙內，吸而食之，初試頗有效。

牛心茄子

清·趙學敏《本草綱目拾遺》卷八諸蔬部　牛心茄子　產瓊州。一核者入口立死，兩核者可以糞清解之。入外科膏藥用，麻藥用，此藥只可外敷，不宜內服。

押不蘆

宋·周密《癸辛雜識》續集上　押不蘆　回回國之西數千里地，產一物極毒，全類人形，若人參之狀，其酋名之曰押不蘆。生土中深數丈，人或誤觸之，著其毒氣必死。取之法，先於四旁開大坎，可容人，然後以皮條絡之，皮條之系則繫于犬之足。既而用杖擊逐犬，犬逸而根拔起，犬感毒氣隨斃。然後就埋土坎中，經歲，然後取出曝乾，別用他藥製之。每以少許磨酒飲人，則通身麻痺而死，雖加以刀斧亦不知也。至三日後，別以少藥投之即活，蓋古華陀能刳腸滌胃以治疾者，必用此藥也。今聞御藥院中亦儲之，白廷玉聞之盧松厓。或云：今之貪官污吏贓過盈溢，被人所訟，則服百日丹者，莫非用此。

宋·周密《志雅堂雜鈔》卷上　回回國之西數千里，地產一物極毒，全似人形，如人參之狀，其名押不盧。生於地中，深數丈，或從傷其皮，則壙毒之氣，著人即死。取之之法，先開大坑，令四旁可容人，然後輕手以皮條結絡之，其皮條之前，則繫於大犬之足，既而用杖打犬，犬奔逸，則此物拔起，犬感此氣即斃，然後別埋他土中。經歲後，取出暴乾，別用藥以製治其性。以少許磨酒飲之，即通身麻痹而死，雖刀斧加之不知也。然三日，別以少藥投之，即活。蓋古者華佗能刳腸滌臟治疾者，或用此藥也。聞今御藥院中有二枚。此神藥也。白廷玉聞之盧松厓云。

明·李時珍《本草綱目》卷一七草部·毒草類　押不蘆時珍曰：按周密《癸辛襍志》云：漠北回回地方有草名押不蘆。土人以少許磨酒飲，即通身麻痹而死，加以刀斧亦不知。至三日，則以少藥投之即活。御藥院中亦儲之。貪官污吏罪甚者，則服百日丹，皆用此也。昔華陀能刳腸滌胃，豈不有此等藥耶？

明·姚可成《食物本草》卷一九草部·毒草類　押不蘆【略】　押不蘆，有毒。誤入咽，令人麻痹而死，加以燒灼斤刃不知，三日後乃可投解藥，始甦。

白顛茄

明・蘭茂撰，清・管暄校補《滇南本草》卷中 天茄子一名刺天茄。性寒，微苦。治牙齒疼，為末，搽之即愈。療腦漏鼻淵，祛風，止頭疼，除風邪。

明・蘭茂《滇南本草》〔叢本〕卷下 刺天茄即天茄子。味苦，性寒。治牙齒疼，為末，搽之即愈。療腦漏鼻淵，祛風，止頭疼，除風邪。

清・何諫《生草藥性備要》卷下 小鬧楊 味苦，形如茄子，有簕，花紫色，亦不可多服，服多則迷悶人。其根，治跌打將死，煲酒服，即回生。其子治牙痛。一名小顛茄。

清・吴其濬《植物名實圖考》卷二三 刺天茄 滇、黔山坡皆有之。長條叢蔓，細刺甚利；葉長有缺，微似茄葉，然無定形；花亦似茄，尖瓣黄蕊，粉紫淡白，新舊相間；花罷結圓實，大者如彈，熟紅，久則褪黄。自春及冬，花實不斷。《滇本草》：刺天茄味苦甘，性寒。治牙疼，為末搽之即愈；療腦漏、鼻淵，却風，止頭痛，除風邪。

清・趙其光《本草求原》卷三隰草部 白顛茄 苦，溫。取蕵煎肉食，治痰火内傷。黄者性味同。其蕵治跌打已死。煎酒灌。其子止酒風、脚痛，切片焙熱，貼脚跟；或同胡椒末、飛麵搗敷。而不能斷根。去風痛。花名小鬧洋，乃迷魂之藥。

山茄葉

明・佚名氏《醫方藥性・草藥便覽》 山茄葉 其性溫。治傷寒發熱。

射干

宋・李昉《太平御覽》卷第九九二 射干 《廣雅》曰：鹿廉，鳶尾；烏蓮，射干也。《易通卦驗》曰：冬至射干生。《抱朴子》曰：千歲之射干，其根如生人，長七尺，刺之有血，以其血塗足下，可步行水上，不没；以塗人鼻，入水，水為之開；以塗足耳則隱形，欲見則拭去之。《孫卿子》曰：西方有木，名曰射干。莖長四寸。生於高山之上，臨百仞之淵。木莖非能長也，所立者然也。《范子計然》曰：射干，根如安定。《建康記》曰：建康出射干。《本草經》曰：射干，一名烏扇，一名烏蒲。味苦、辛。生川谷。治欬逆上氣。生南陽。《吴氏本草》曰：射干，一名黄遠。

宋・唐慎微《證類本草》卷一〇草部下品〔《本經・別錄》〕 **射**音夜**干** **味苦，平、**微溫，有毒。**主欬逆上氣，喉痹咽痛，不得消息，散結氣，腹中邪逆，食飲大熱，**療老血在心脾間，欬唾，言語氣臭，散胸中熱氣。久服令人虛。**一名烏扇，一名烏蒲，**一名烏翣，一名烏吹，一名草薑。生南陽川谷田野。三月三日採根，陰乾。

〔梁・陶弘景《本草經集注》〕云：此即是烏翣根，庭臺多種之。黄色，亦療毒腫。方多作夜干字，今射亦作夜音。人言其葉是鳶尾，而復又有鳶頭，此蓋相似爾，恐非烏翣者即其葉名矣。又別有射干，相似而花白莖長，似射人之執竿者。故阮公詩云：射干臨層城。此不入藥用。根亦無塊，惟有其質。

〔唐・蘇敬《唐本草》〕注云：射干，此說者，是其鳶尾葉都似射干，而花紫碧色，不抽高莖，根似高良薑而肉白，根即鳶頭。陶說由跋都論此爾。

〔宋・掌禹錫《嘉祐本草》〕按：《蜀本》云：射干，微寒。《圖經》云高二三尺。花黄實黑，根多鬚，皮黄黑，肉黄赤。今所在皆有。二月、八月採根，去皮日乾用之。陳藏器云：射干、鳶尾，按此二物相似，人多不分。射干，總有三物。佛經云夜干貂獄，此是惡獸，似青黄狗，食人。郭云能緣木。又阮公詩云夜干臨層城，此即是樹，今之射干殊高大者。本草射干，即人間所種爲花卉，亦名鳳翼，葉如鳥翅，秋生紅花，赤點。鳶尾亦人間多種，苗低下於射干，如鳶尾，春夏生紫碧花者是也。又注云：據此猶錯，夜干花黄，根亦黄色。《藥性論》云射干，使，有小毒。能治喉痹，水漿不入，能通女人月閉，治疰氣，消瘀血。日華子云：消痰，破癥結，胸膈滿，腹脹，氣喘，痃癖，開胃下食，消腫毒，鎮肝明目。根潤，亦有形似高良薑大小，赤黄色淡硬，五、六、七、八月採。

〔宋・蘇頌《本草圖經》〕曰：射音夜干，生南陽山谷田野，今在處有之，人家庭砌間亦多種植。春生苗，高二三尺。葉似蠻薑，而狹長横張，疎如翅羽狀，故一名烏翣，謂其葉耳。葉中抽莖，似萱草而强硬。六月開花，黄紅色，瓣上有細文。秋結實作房，中子黑色。根多鬚，皮黄黑，肉黄赤。三月三日採根，陰乾。陶隱居云療毒腫方多作夜干，今射亦作夜音。又云：別有射干，相似而花白莖長，似射人之執竿者。故阮公詩云射干臨層城是也。此不入藥用。蘇恭：射干，此說是鳶尾，葉都似射干，而花紫碧色，不抽高莖，根似高良薑而肉白，根即鳶頭也。又按《荀子》云：西方有木焉，名曰射干。莖長四寸，生於高山之上，而臨百仞之淵，其莖非能長也，所立者然也。楊倞注云：當是草，而云木，誤也。今觀射干之形，其莖梗踈長，正如長竿狀，得名由此耳。而陶以夜音爲疑，且古字音呼固多相通，若漢官僕射主射，而亦音夜，非有別義也。又射干多生山崖之間，其莖雖細小，亦類木梗。故荀子名木，而蘇謂陶說爲鳶尾。鳶尾花亦不白，其白者自是射干之類，非鳶尾也。鳶尾布地而生，葉扁闊於射干。蘇云：花紫碧色，根如高良薑者是也。《本經》云：生九嶷山谷，今在處有，大類蠻薑也。五月採。一云：九月、十月採根，日乾。

〔宋・唐慎微《證類本草》〕雷公云：凡使，先以米泔水浸一宿漉出，然後用篁竹葉煮，從午至亥，漉出日乾用之。《外臺秘要》： 治喉痹。射干一片，含嚥汁差。《肘後方》： 治小兒疝發時，腫痛如刺。用生射干汁取下，亦可丸服之。

宋・寇宗奭《本草衍義》卷一一 射干 此乃《荀子》所説： 西方之木，名曰射干者也。注復引《本草》曰： 不合以射干爲木。殊不知五行止以水、火、木、金、土而言之。故儒者以草、木皆木也，金、鉛皆金也，糞、土皆土也，灰、火皆火也，水、池皆水也。由是言之，即非佛經所説火宅喻之獸，及阮公所云臨層城者之木。況《本經》亦曰： 一名草薑，故知是草無疑。今治肺氣、喉痹爲佳。日華子曰大小似高良薑，赤黄色，此得之。

宋・鄭樵《通志》卷七五《昆蟲草木略》 射干 曰烏扇，曰烏蒲，曰烏翣，曰烏吹，曰草薑，曰鳳翼。射亦作夜。射干有三物。佛書云： 射干貂獄，乃是惡獸，似青黄狗，食人。《荀子》云： 西方有木名射干，莖長四寸，生於高山之上，而臨百仞之淵。其花白，莖長，似射人執竿，故阮公詩云射干臨層城。此則草類，狀如鹿葱，葉稍大，邪張作扇，如翅狀，故有烏扇、烏翣、鳳翼之名。

金・張元素《潔古珍珠囊》〔見元・杜思敬《濟生拔粹》卷五〕 射干苦甘 陽中之陰。去胃中癰瘡。

宋・劉明之《圖經本草藥性總論》卷上 射干 味苦，平、微溫，有毒。主欬逆上氣，喉痺咽痛不得消息，散結氣，腹中邪逆，食飲大熱，療老血在心脾間，欬唾言語氣臭，散胸中熱氣。《藥性論》云： 使。有小毒。能治喉痺，水漿不入。能通女人月閉，治疰氣，消瘀血。日華子云： 消痰破癥結，胸膈滿，腹脹氣喘，痃癖，開胃下食，消腫毒，鎮肝明目。生南陽山谷，今在處有之。

宋・陳衍《寶慶本草折衷》卷一〇 射音夜干使。汁在内。 一名草薑，一名□，一名烏扇，一名烏蒲，一名烏翣，一名烏吹，一名鳳翼。○縉曰：○《三因方》云即仙人掌，非外草仙人掌草也。 嫩苗性用，生處皆不同似，但名稍同。今刪訖。 □□□□□□□○翣，色洽切。○生南陽川谷□□□□滁州，今在處山崖田野及庭砌欄間多種有之。○二、三、五、六、七、八、九、十月採根，陰乾或去皮日乾。

味苦，平，微溫，有小毒。○主欬逆上氣，喉痹咽痛，散結氣，腹中邪逆，療老血在心脾間，欬唾言語氣臭，散胸中熱氣，久服令人虚。○《藥性論》云： 通月閉，疰氣，消瘀血。○日華子云： 消痰，破癥結，胸膈滿，腹脹，氣喘，痃癖，開胃下食，消腫毒，鎮肝明目。形似高良薑大小，色淡硬。○《圖經》曰： 根多鬚，皮黄黑，肉黄赤。○《肘後方》： 治小兒疝發腫痛。用生射干汁取下，亦可丸服。○寇氏曰： 治肺氣。

續説云： 射干之種有三： 一種是獸，即坡仙所謂狐狸射干之流是也； 一種是木，即阮公所詠射干臨層城之詩是也； 一種是草，即本條所著性味功用之説是也。註者多互言，玆姑釋其略爾。李仲先療傷寒，有烏扇湯，註云： 烏扇是射干苗也。又云： 用根。當以根之説為正。

元・王好古《湯液本草》卷四 射干又名烏扇。 氣平，味苦，微温，有毒。《本草》云： 主欬逆上氣，喉閉咽痛，不得消息，散結氣，腹中邪逆，食飲大熱。療老血在心脾間，欬唾，言語氣臭，散胸中熱氣。《衍義》云： 治肺氣喉痹為佳。 仲景治咽中動氣或閉塞，烏扇湯中用。《時習》云： 仲景射干湯用之。《心》云： 去胃癰。

元・朱震亨《本草衍義補遺》 射干 屬金而有木與火、水。行太陰、厥陰之積痰，使結核自消甚捷。又治便毒，此足厥陰濕氣，因疲勞而發。取射干三寸，與生薑同煎，食前服，利三兩行，效。又，治喉痛，切一片噙之，效。紫花者是，紅花者非。○此即烏翣，根為射干，葉為烏翣，為烏扇，又名草薑。《外臺》云： 治喉痹甚捷。

元・徐彦純《本草發揮》卷二 射干射音夜。 潔古云： 射干苦，陽中陰也。去胃中癰瘡。 東垣云： 射干味苦，平，陽中之陰。主欬逆上氣，喉痺咽痛，消腫毒，通女人月經，消瘀血。 海藏云： 仲景治咽中動氣或閉塞，烏扇湯中用之。 時習云： 仲景射干湯用之烏扇，是射干苗也。 丹溪云： 射干屬金而有木與水火，行厥陰、太陰之積痰，使結核自消甚捷。又曰： 治便毒，此乃足厥陰濕氣，因疲勞而發，取射干三寸，與生薑同煎，食前服，利三兩行，效。又治喉痛，切一片噙之効。紫花者是，紅花者非。

明・蘭茂撰，清・管暄校補《滇南本草》卷下 射干 性微寒，味苦、辛，有小毒。治咽喉腫痛，咽閉喉風，乳蛾乍腮紅腫，牙根腫爛。療咽喉熱毒，攻散瘡癰，一切熱毒等症。

附方： 治咽喉等症。射干二錢，桔梗二錢，甘草一錢，連翹一錢，牛蒡一錢，梔子一錢，炒。黄芩一錢，元參一錢，山豆根一錢，薄荷五分，水煎服。若肺熱，加石膏；　胃熱，大便結，加大黄、芒硝；　血熱，加生地、赤芍、防風一錢。

又附：　吹喉散，治乳蛾乍腮，咽喉疼痛，喉風痰寒等症立效。　射干五錢，山豆根三錢，硼砂五錢，枯白礬二錢，冰片五分，雄黄一錢，以上六味，共為細末，吹喉。

明・蘭茂《滇南本草》〔叢本〕卷下　射干　附方：　射干一錢，桔梗一錢，甘草一錢，連翹一錢，牛蒡一錢，梔子一錢，黄芩一錢，元參一錢，山豆根一錢，防風五分，薄荷五分，肺熱加石膏，胃熱大便結加大黄、芒硝，血熱加生地、赤芍。吹喉散：　治乳蛾乍腮，喉疼，喉風，喉塞等症立效。　射干五錢，山豆根三錢，硼砂五錢，冰片五分，白枯(凡)〔礬〕二錢，雄黄一錢，共為末，用竹筒吹入喉中，一日即消散。

明・王綸《本草集要》卷三　射干使。即烏翣根。　味苦，氣平，微温，有毒。三月三日採根，陰乾。　主咳逆上氣，咳唾，言語氣臭，喉痹咽痛，不得消息，散結氣，消腫毒。行太陰、厥陰之積痰，使結核自消甚捷。腹中邪逆，飲食大熱，胸滿腹脹。通女人月閉，消瘀血。久服令人虚。　治便毒，足厥陰濕氣，因勞而發。取三寸，與生薑同煎，食前服，利三兩行效。

明・滕弘《神農本經會通》卷一　射干　使也。　即烏翣根。三月三日採根，陰乾。花紫碧色，根如高良薑者是也。雷公云：　凡使先以米泔水浸一宿，漉出，日乾用。一云二八月採根，去皮，日乾用。或云是扁蓄根。更詳之。　味苦，氣平，微溫，有毒。《湯》同。東云：　療咽閉，消癰腫。《珍》云：　主欬逆上氣，并喉痺，通月經，消瘀腫毒及咽疼。

《本經》云：　主欬逆上氣，喉痺咽痛，不得消息，散結氣，腹中邪逆，并食飲大熱，療老血在心脾間，欬唾，言語氣臭，散胸中熱氣。久服令人虚。《藥性論》云：　使。有小毒。治喉痺，水漿不及通，女人月閉疰，治氣，消瘀血。日華子云：　消痰，破癥結，胸膈滿，腹脹氣喘，痃癖，開胃下食，消腫毒，鎮肝明目。《衍義》云：　治肺氣喉痺為佳。仲景云：　治咽中動氣或閉塞，烏扇湯中用。《時習》云：　仲景射干湯用之。《心》云：　去胃癰。丹溪云：　屬金而有木與火，行太陰、厥陰之積痰，使結核自消，甚捷。又治便毒，此足厥陰濕氣，因疲勞而發，取射干三寸，與生薑同煎，食前服，利三兩行効。又治喉痛，切一片噙之，効。紫花者是，紅花者非。又云：　此即烏翣根，葉為烏翣，又為烏扇，又名草薑。《外臺》云：　治喉痺甚捷。《局》云：　射干一本名烏扇，主療咽喉痺痛差。散血通經消腫毒，清痰明目鎮肝家。射干，主通經散腫，明目開喉。

明・劉文泰《本草品彙精要》卷一三　射干有毒。　植生。

射音夜**干**出《神農本經》：　**主欬逆上氣，喉痺咽痛，不得消息，散結氣，腹中邪逆，食飲大熱。**以上朱字《神農本經》。療老血在心脾間，欬唾，言語氣臭，散胸中熱氣。久服令人虚。以上黑字名醫所錄。　〔名〕烏扇、烏蒲、烏翣、烏吹、草薑、鳳翼。　〔苗〕《圖經》曰：　春生苗，高一二三尺，葉似蠻薑而狹長橫張，疏如翅羽狀，故名烏翣。謂其葉中抽莖，似萱草而彊硬。六月花開，紅黄色，瓣上有細紋。秋結實作房，中子黑色。根多鬚，皮黄黑，肉黄赤。　〔地〕《圖經》曰：　生南陽川谷，田野，今所在有之。〔道地〕滁州。　〔時〕生：　春生苗。採：　三月三日取根。〔收〕陰乾。　〔用〕根。　〔質〕類高良薑。〔色〕黄赤。　〔味〕苦。　〔性〕平，微溫，泄。　〔氣〕氣之薄者，陽中之陰。〔臭〕朽。　〔主〕喉痹腫毒。　〔製〕《雷公》云：　凡使，先以米泔水浸一宿，漉出，然後用篁竹葉煮，從午至亥，漉出，日乾用之。　〔治〕療：　《藥性論》云：　通女子月閉，治疰氣，消瘀血。日華子云：　消痰，破癥結，胸膈滿，腹脹氣喘，痃癖，開胃下食，消腫毒，鎮肝明目。《別錄》云：　小兒疝，發時腫痛如刺，以生者搗汁取下，亦可作丸服之。　〔禁〕久服令人虚。

明・葉文齡《醫學統旨》卷八　射干　氣平，微溫，味苦。有小毒。凡使，米泔水浸一宿。　治欬逆上氣，欬唾，言語氣臭，喉痺咽痛，不得消息，散結氣，消腫毒，去胃癰。行太陰、厥陰之積痰，促結核自消甚捷，腹中邪逆，飲食大熱，胸滿腹脹；　通女人月閉，消瘀血及便毒；　足厥陰濕氣，因勞而發，取三寸，與生薑同煎，食前服，利三兩行効。

明・許希周《藥性粗評》卷二　仙人掌一搖，咽喉退腫。

仙人掌，一名射干，一名烏扇，一名草薑。荀子所謂西方有木，名曰射干。生於高山之上，而臨百仞之淵。其莖非能長也，所立者然也，是即此草之名。春生苗葉，似蠻薑而狹長，高一二尺，橫張如鳥之翼，故一名烏翣。葉中抽一莖，似鹿葱而彊硬如射箭然，故得射干之名。六月莖端開花黄紅紫色，瓣上有細文，秋結實作房，中子黑色，根似良薑多鬚，皮黄黑肉黄赤色，踈張如掌然，故又得仙人掌之名。江南山谷田野處處有之，人家多植於庭臺。三月三日採根，一云九十月採，陰乾。一種鳶尾，與此相似，但其葉低於射干，以此為辨耳。凡用以米泔水浸一夜，暴乾用之。所使并所畏惡，《本草》不載。　味苦，性微溫，有毒。其氣沉而降。主治胸中積熱，欬逆上氣，咽喉腫痹，胃癰便毒，散血退熱，通月經。海藏云：仲景治咽中動氣或閉塞，用烏扇湯。丹溪云：射干行厥陰太陰之積痰，使結核自消甚捷。愚考射干根苗，有無通用，不可久服，令人虛。

單方：咽喉腫痛：切射干一片，噙之，效。疝氣衝疼：搗射干汁一合，服之，以作丸藥亦可。

明・鄭寧《藥性要略大全》卷七 射干一名烏扇。療咽閉而消癰毒，散胸中結熱氣及老血在心脾間。明目，通經消腫。味苦，氣平，微溫，有毒。採根陰乾，去土用。黃花者是。

明・陳嘉謨《本草蒙筌》卷三 射音夜干 味苦、氣平、微溫。屬金，有木與水火。陰中陽也。無毒。川澤郊原，隨處生長。葉如翅羽扇，俗呼烏翣根。一說：葉類萱草堅強，根多短鬚黃黑。花開四種，紫白紅黃。丹溪取紫為真，只因試過有驗。三月三日，採根曝乾。凡藥劑投煎，務米泔浸宿。散結氣旋平癰毒，逐瘀血竟通月經。止喉痹刺疼，敺口熱穢臭。去因勞而發之濕熱，潰硬腫殊功；行太陰厥陰之積痰，消突核甚捷。仍治胸滿氣脹，更療欬急涎多。

明・王文潔《太乙仙製本草藥性大全》卷二《本草精義》 射干 一名烏扇，一名烏蒲，一名烏翣，一名烏吹，一名草薑，亦名鳳翼。生南陽山谷田野，今在處有之，人家庭砌間亦多種之。春生苗，高一二尺，葉似蠻薑而狹長，橫張踈如翅羽狀，故一名烏翣，謂其葉中抽莖似萱草而彊硬。六月開花黃紅色，瓣上有細文，秋結實作房，中子黑色，根多鬚，皮黃黑，肉黃赤。陶云多作夜干。今射亦作夜音。又云：別有射干相似，而花白莖長，似射人之執竿者，故元公詩云射干臨層城是也，此不入藥用。蘇云：此是鳶尾葉，都似射干，而花紫碧色，不抽高莖，似良薑而內白，根即鳶頭也，花開四種，紫、白、紅、黃。丹溪取紫爲真，只因試過一騐。三月三日採根曝乾用。凡藥劑投，務米泔浸宿。

明・王文潔《太乙仙製本草藥性大全》卷二《仙製藥性》 射音夜干 味苦，氣平微溫，屬金，有木與水火，陰中陽也，無毒。主治：主欬逆上氣，理咳唾頑痰。調邪逆飲食大熱，通女人月閉瘀血。散結氣，旋平癰毒；逐瘀血，竟通月經。止喉痹刺疼，驅口熱穢臭。去因勞而發之濕熱，潰硬腫殊功。行太陰、厥陰之積痰，消突核甚捷。仍治胸滿氣脹，更療咳急涎多。

補註：治便毒，足厥陰濕氣因勞而發，取二寸，與生薑同煎，食前服，利三兩行效。○喉痹用一片含，嚥汁差。○小兒疝發時腫痛如刺，用生汁取下，亦可丸服之。 太乙曰：凡使先以米泔水浸一宿，漉出，然後用篁竹葉煮，從午至亥，漉出，日乾用之。

明・皇甫嵩《本草發明》卷三 射干下品上，佐使。氣平、微溫，味苦，有小毒。屬金有木與火水，陰中陽也。音夜干。一名烏扇。 發明曰：射干，大清肺氣，散邪熱。故《本草》主欬逆上氣，喉閉咽痛，不得消息，治肺氣喉痺為專功。仲景治咽中動氣，或閉塞，烏扇湯用之，又射干湯主之。又主散結氣，腹中邪逆，胸中熱氣，飲食大熱欬唾，言語氣臭，逐老血在心脾間。久服令人虛。又云：治氣疰，消瘀血，通月閉，消痰，開胃下食，破癥結痃癖，胸腹脹，氣喘，消癰毒，除口熱穢。又云：鎮肝明目。葉如翅羽扇，俗呼為翣花，取紫碧色者為真。採根，米泔浸一宿用。

明・李時珍《本草綱目》卷一七草部・毒草類 射干《本經》下品。

【釋名】烏扇《本經》 烏翣《別録》 烏吹《別録》 烏蒲《本經》 鳳翼《拾遺》 鬼扇《土宿》 扁竹《綱目》 仙人掌《土宿》 紫金牛《土宿》 野萱花《綱目》 草薑《別録》 黃遠吴普

弘景曰：射干方書多音夜。頌曰：射干之形，莖梗踈長，正如射人長竿之狀，得名由此爾。而陶氏以夜音爲疑，蓋古字音多通呼，若漢官僕射，主射事，而亦音夜，非有別義也。時珍曰：其葉叢生，橫鋪一面，如烏翅及扇之狀，故有烏扇、烏翣、鳳翼、鬼扇、仙人掌諸名。俗呼扁竹，謂其葉扁生而根如竹也。根葉又如蠻薑，故曰草薑。翣音所甲切，扇也。

【集解】《別録》曰：射干生南陽山谷田野。三月三日采根，陰乾。弘景曰：此是烏翣根，黃色，庭臺多種之。人言其葉是鳶尾，而復有鳶頭，此若相似爾，恐非烏翣也。又別有射干，相似而花白莖長，似射人之執竿者，故阮公詩云射干臨層城。此不入藥用。恭曰：鳶尾葉都似射干，而花紫碧色，不抽高莖，根似高良薑而肉白，名鳶頭。保昇曰：射干高二三尺，花黃實黑。根多鬚，皮黃黑，肉黃赤。所在皆有，二月、八月采根，去皮日乾。藏器曰：射干、鳶尾二物相似，人多不分。射干即人間所種爲花草名鳳翼者，葉如鳥翅，秋生紅花，赤點。鳶尾亦人間所種，苗低下於射干，狀如鳶尾，夏生紫碧花者是也。大明曰：射干根潤，形似高良薑大小，赤黃色淡硬，五六七八月采。頌曰：今在處有之。人家種之，春生苗，高一二尺。葉大類蠻薑，而狹長橫張，踈如翅羽狀，故名烏翣。葉中抽莖，似萱草莖而强硬。六月開花，黃紅色，瓣上有細文。秋結實作房，中子黑色。一說：射干多生山崖之間，其莖雖細小，亦類木。故荀子云：西方有木，名曰射干，莖長四寸，生於高山之上。

是也。陶弘景所説花白者，自是射干之類。震亨曰：根爲射干，葉爲烏翣，紫花者是，紅花者非。機曰：按諸注則射干非一種，有花白者，花黄者，花紫者，花紅者。丹溪獨取紫花者，必曾試有驗也。時珍曰：射干即今扁竹也。今人所種，多是紫花者，呼爲紫蝴蝶。其花三四月開，六出，大如萱花。結房大如拇指，頗似泡桐子，一房四隔，一隔十餘子。子大如胡椒而色紫，極硬，咬之不破。七月始枯。陶弘景謂射干、鳶尾是一種。蘇恭、陳藏器謂紫碧花者是鳶尾，紅花者是射干。韓保昇謂黄花者是射干。蘇頌謂花紅黄者是射干，白花者亦其類。朱震亨謂紫花者是射干，紅花者非。各執一説，何以憑依？謹按張揖《廣雅》云：鳶尾，射干也。《易通卦驗》云：冬至射干生。《土宿真君本草》云：射干即扁竹，葉扁生，如側手掌形，莖亦如之，青緑色。一種紫花，一種黄花，一種碧花。多生江南、湖廣、川、浙平陸間。八月取汁，煮雄黄，伏雌黄，制丹砂，能拒火。據此則鳶尾、射干本是一類，但花色不同。正如牡丹、芍藥、菊花之類，其色各異，皆是同屬也。大抵入藥功不相遠。藏器曰：射干之名有三：佛經射干貂獄，此是惡獸，似青黄狗，食人，能緣木；阮公云射干臨層城者，是樹，殊有高大者；《本草》射干是草，即今人所種者也。

根　【修治】斅曰：凡采根，先以米泔水浸一宿，漉出，然後以篁竹葉煮之，從午至亥，日乾用。

【氣味】苦，平，有毒。《別録》曰：微温。久服令人虚。保昇曰：微寒。權曰：有小毒。元素曰：苦，陽中陰也。時珍曰：寒。多服瀉人。

【主治】欬逆上氣，喉痹咽痛，不得消息，散結氣，腹中邪逆，食飲大熱《本經》。療老血在心脾間，欬唾，言語氣臭，散胸中熱氣《別録》。苦酒摩塗毒腫弘景。治疰氣，消瘀血，通女人月閉甄權。消痰，破癥結，胸膈滿腹脹，氣喘痃癖，開胃下食，鎮肝明目大明。治肺氣喉痹爲佳宗奭。去胃中癰瘡元素。利積痰疝毒，消結核震亨。降實火，利大腸，治瘧母時珍。

【發明】震亨曰：射干屬金，有木與火，行太陰、厥陰之積痰，使結核自消甚捷。又治便毒，此足厥陰濕氣，因疲勞而發。取射干三寸，與生薑同煎，食前服，利三兩行，甚効。時珍曰：射干能降火，故古方治喉痹咽痛爲要藥。孫真人《千金方》，治喉痹有烏翣膏。張仲景《金匱玉函方》治欬而上氣，喉中作水雞聲，有射干麻黄湯。又治瘧母鼈甲煎丸，亦用烏扇燒過。皆取其降厥陰相火也。火降則血散腫消，而痰結自解，癥瘕自除矣。

【附方】舊二，新八。　咽喉腫痛：射干花根、山豆根，陰乾爲末，吹之如神。《袖珍方》。　傷寒咽閉：腫痛。用生射干、猪脂各四兩，合煎令焦，去滓，每噙棗許取瘥。龐安常《傷寒論》。　喉痹不通：漿水不入。《外臺秘要》：用射干一片，含嚥汁良。○《醫方大成》：用扁竹新根擂汁嚥之，大腑動即解。或醋研汁噙，引涎出亦妙。○《便民方》用紫蝴蝶根一錢，黄芩、生甘草、桔梗各五分，爲末，水調頓服，立愈。名奪命散。　二便不通：諸藥不効。紫花扁竹根，生水邊者佳，研汁一盞服，即通。《普濟方》。　水蠱腹大：動摇水聲，皮膚黑。用鬼扇根搗汁，服一盃，水即下。《肘後方》。　陰疝腫刺：發時腫痛如刺。用生射干搗汁與服取利。亦可丸服。《肘後方》。　乳癰初腫：扁竹根如殭蠶者，同萱草根爲末，蜜調傅之，神効。《永類方》。　中射工毒：生瘡者。烏翣、升麻各二兩，水三升，煎二升，温服。以滓敷瘡上。姚僧坦《集驗方》。

明・佚名氏《醫方藥性・草藥便覽》　射干　其性苦。能治喉症，去痰涎。

明・梅得春《藥性會元》卷上　射干　味苦，氣平，微溫。有小毒。主治欬逆上氣，喉痹咽痛，不得消息；散結氣，腹中邪逆，食飲大熱。療老血在心脾間，欬唾、言語氣臭。散胸中熱氣，消腫，去胃癰，行脾肺肝三經之積痰，使結核自消，甚健。治胸滿腹脹，通女人月水阻閉，消瘀血，及便毒，肝交濕氣，因勞而發，取三寸與生薑同煎，食前服，利三兩行，效。　製法：凡使，米泔洗，浸一宿用。

明・李中立《本草原始》卷三　射音夜干　始生南陽山谷田野，今所在有之，人家庭砌間亦多種植。春生苗，高一二尺，葉似蠻薑而狹長橫張，疏如烏羽及扇蒲之狀，故《本經》名烏扇，名烏蒲。《別錄》名烏翣，名草薑。《土宿本草》名鬼扇，名仙人掌。《本草拾遺》名鳳翼。《本草綱目》名扁竹。皆因其形相似也。葉中抽莖，似萱草莖而強硬。六月開花黄紅色，瓣上有細文。秋結實作房，中子黑色。根多鬚，皮黄黑，肉黄赤。三月三日採根，陰乾。頌曰：射干之形，莖梗疏長，正如射人之執竿者，得名由此爾。而陶氏以夜音為疑。蓋古字音多通呼，若漢官僕射主射事，而亦音夜，非有別義也。

根：　氣味：苦，平，有毒。　主治：欬逆上氣，喉痹咽痛，不得消息，散結氣，腹中邪逆，食飲大熱。○療老血在心脾間，欬唾，言語氣臭，散胸中熱氣。○苦酒摩塗腫毒。○治疰氣，消瘀血，通女人月閉。○消痰，破癥結，胸膈滿，腹脹氣喘，痃癖，開胃下食，鎮肝明目。○治肺氣喉痹為佳。○去胃中癰瘡。○利積痰疝毒，消結核。○降實火，利大腸，治瘧母。

修治：射干，先以米泔水浸一宿，漉出，然後以篁竹葉煮之，日乾任用。

《別錄》曰：微溫，久服令人虛。保昇曰：微寒。權曰：有小毒。元素曰：苦，陽中陰也。　時珍曰：射干能降火，故古方治喉痹咽痛為要藥。

射干，《本經》下品。【圖略】葉如烏(翅)〔翣〕，根多臼，赤黄色。

《袖珍方》：治喉腫痛，射干花根、山豆根為末，吹之如神。

《普濟方》：治二便不通，紫花扁竹根研汁一盞，服〔之〕即通。

《本草綱目》云：射干即今扁竹。今人所種，多是紫花者，呼為紫蝴蝶。三四月開花，大如萱花，結房大如指，一房四隔，一隔數子，紫色，咬之不破，七月始枯。陶弘景謂射干鳶尾是一種。蘇恭、陳藏器謂紫碧花者是鳶尾，紅花者是射干。韓保昇謂黃花者是射干。蘇頌謂花紅黃者是射干，花白者亦射干之類。朱震亨謂紫花者是射干，紅花者非。各執一說，何以憑依？謹按：張揖《廣雅》云：鳶尾，射干也。《易卦通驗》云：冬至射干生。《土宿真君本草》云：射干即扁竹，葉扁生，如側手掌形。莖亦如之，青綠色。一種紫色，一種黃色，一種碧花。多生江南、湖廣、川浙平陸間，八月取汁煮雄黃，伏雌黃，制丹砂，能拒火。據此則鳶尾、射干，本是一類，但花色不同。正如牡丹、芍藥、菊花之類，其色各異，皆是同屬也。大抵入藥功不相遠。射干，使。

明・張懋辰《本草便》卷一　射干使　味苦，氣平，微溫，有毒。　主欬逆上氣，欬唾，言語氣臭，喉痺咽痛，散結氣，消腫毒。行太陰、厥陰之積痰，使結核自消。通女人月閉，消瘀血。治便毒。

明・焦竑《焦氏筆乘》　一方士嘗貨藥淮西，值兵變，竄入深山中。遇老姥，年二百許歲，自謂金亡避兵來此，元完顏氏之醫姥也。傳以背瘡方，用射干一味，俗名地扁竹是也。原花園中物，葉如良薑，根如竹鞭，其色初開如金狀。每用小錢抄末三字許，溫酒調服。病在上即吐，在下即微瀉，功效如神。仍用膏藥收口。又傳壽星散，專治惡瘡。痛不可當者，摻之不痛，不痛者摻之即知痛。大南星一味為末，如背瘡大痛者，遍糝於上，即得安臥。不痛糝之知痛，即可治也。

明・李中梓《藥性解》卷三　射干　味苦，性微溫，有毒，入肺肝脾三經。主欬逆上氣，咽喉諸症，開胃進食，鎮肝明目，消癰毒，逐瘀血，通月經，行積痰，使結核自消。又肝經濕氣，因疲勞而發便毒者，取三寸與生薑同煎服，利兩三行效。　按：射干溫能下氣行血，宜入肺肝，苦能消痰，宜入脾經，久服令人虛。

明・繆希雍《本草經疏》卷一〇　射干　味苦，平，微溫，有毒。主欬逆上氣，喉痺咽痛，不得消息，散結氣，腹中邪逆，食飲大熱，療老血在心脾間，欬唾，言語氣臭，散胸中熱氣。久服令人虛。

〔疏〕射干稟金氣而兼火，火金相搏則辛而有毒，故《本經》謂其味苦平有毒，平亦辛也。《別錄》微溫。保昇微寒。二說一義，並無異云。潔古云：味苦。陽中陰也。入手少陽、少陰、厥陰經。苦能下洩，故善降。兼辛，故善散，故主欬逆上氣，喉痺咽痛不得消息，散結氣，胸中邪逆。既降且散，益以微寒，故主食飲大熱。《別錄》又主老血在心脾間，欬唾言語氣臭，散胸中熱氣。甄權：主疰氣，消瘀血，主女人月閉。日華子主消痰，破癥結，胸膈滿，腹脹氣喘，痃癖。寇宗奭：主肺氣喉痺為佳。潔古：主胃中癰瘡。皆此意也。丹溪：主行太陰、厥陰之積痰，使結核自消甚捷。故又治足厥陰濕氣下流，因疲勞而發為便毒。悉取其洩熱散結之力耳。故古方治喉痺咽痛為要藥。〔主治參互〕仲景《金匱》方治欬逆上氣，喉中作水雞聲，射干麻黃湯。入鼈甲煎丸，治瘧母。《袖珍方》治咽喉腫痛，用生射干、猪脂各四兩，合煎令焦，去滓，每噙棗許，即瘥。《醫方大成》治喉痺不通，用扁竹新根，擂汁嚥之，大腸動即解。或醋研汁，噙，引涎出亦妙。《便民方》亦治喉痺不通，用紫蝴蝶根一錢，黃芩、生甘草、桔梗各五分，為末，水調頓服，立愈。名奪命散。《永類鈐方》治乳癰初腫，用扁竹根如殭蠶者，同萱草根為末，蜜調敷之，神効。孫真人《千金方》治喉痺，有烏翣膏。〔簡誤〕射干雖能降手少陽、厥陰相火，洩熱散結，消腫痛，然無益陰之性。故《別錄》云：久服令人虛。凡脾胃薄弱，臟寒氣血虛人，病無實熱者，禁用。

明・倪朱謨《本草彙言》卷五　射干　味苦、辛，氣寒，有毒。陽中陰也，入手少陽、少陰、厥陰經。實爲肺經本藥，多服瀉人。《別錄》曰：射干，多生江南閩浙，湖廣平陸間。今在處皆有。園圃庭臺多種之。冬至後，宿根生芽，至二三月，始抽苗，高二三尺。近根之莖，有節若竹，離根三四寸，綠葉橫鋪，扁生如側手掌，宛如翅羽，故有烏翣、鳳翼諸名。四五月葉中抽莖，似萱而强硬。出淡紅萼，開紅色花，亦有蜜色者。瓣有細文，間黃紫黑藍斑點，次早互相交紐如結。秋作房，大如拇指，一房四隔，一隔十餘子。子大如胡椒，色紫黑，極硬，咬之不破。另有一種，名鳶尾者，葉濶而短，根密而稠。花小者，即蝴蝶草。花大色紫者，即紫羅蘭。俱春末作花，與射干迥別也。又一說，射干多生山崖之間，其莖雖細小，亦類木。故荀子云：西方有草，名曰射干。莖長四寸，生于高巔之上，是也。

射干：散結熱，下結氣，《本經》解喉痹咽痛之藥也。馬繼高稿此藥苦能下洩而降，辛能疏散而行。前古主欬逆上氣，及喉痹咽痛，《本經》不得消息，幷去胸中積熱，胃中癰瘡，水蠱腹大，風熱客于上焦之氣分，爲瘰癧，爲結核，爲停痰積血，爲癰腫赤瘍，用之甚捷。但氣味苦寒，洩熱散結，消痰去腫，然無益陰之性，凡患腫痹癰結，屬陰寒而無實熱者，脾胃薄弱，藏寒氣血兩虛者，禁用之。

集方：前古方治欬逆上氣，喉中作水雞聲。用射干、麻黄各二錢，生薑二片，煎服。○《方脉正宗》治喉痹咽痛，氣不升降。用射干新鮮者，擂汁嚥之，大腸動即解。或和米醋噙汩，引涎出即消。○朱氏方治瘰癧結核，因熱氣結聚者。用射干、連翹、夏枯草各等分爲丸。每服二錢，食後白湯下。○陶隱居方治胃熱停痰，有血積上吐者。用射干、川貝母、懷生地、牡丹皮各等分爲末。每服一錢五分，食後白湯調下。○《永類方》治癰腫焮赤。用射干五錢，金銀花一兩，酒煎服。○同前治乳癰幷便毒初起。用射干同萱草根，爲末，蜜調敷之，立效。○《肘後方》治水蠱腹大，動搖水聲，皮膚黑。用射干擣汁，服一杯，水即下。○《普濟方》治二便不通，諸藥不效。用射干擣汁一盞，服立通。○姚僧方治中射工毒，發熱生瘡。用射干、升麻各二兩，水三升，煎二升，溫服。○治小兒風痰，吐沫氣喘，咳嗽，肚腹膨脹，不思飲食。用射干一錢，大黄、檳榔、牽牛子各二錢，麻黄、甘草各八分，俱微炒，研爲末，每服五分，蜜湯調服。其證肺脹喘滿，胸高氣急，兩脇搖動，陷下作坑，兩鼻竅脹，悶亂嗽渴，聲嗄不鳴，痰涎潮塞，俗云馬脾風。若不急治，死于旦夕也。

明・顧逢柏《分部本草妙用》卷七兼經部・性平 射干 苦，平，有毒。米泔浸一宿，以篁竹葉煮半日，〔日〕乾用。主治：欬逆上氣，喉痺咽痛，降火散熱，消痰，治瘧母，利積痰疝毒，消結核。射干屬金與木與火，行太陰厥陰積痰，消結核甚捷，治足厥陰濕氣如神。孫真人治喉痺，仲景同麻黄治欬逆喉鳴，入鱉甲丸治瘧母，苦酒磨消腫毒，總取其能降火也。

明・李中梓《醫宗必讀・本草徵要上》 射干味苦，平，有毒。入肺經。泔浸煮之。清欬逆熱氣，損喉痹咽疼。洩熱散結，多功於上焦。按：射干雖能洩熱，不能益陰。故《别錄》云：久服令人虛，虛者大戒。

明・鄭二陽《仁壽堂藥鏡》卷一〇下 射干射音液，又名烏扇。荀子云：西方之草，名曰射干。治肺氣喉結為佳。氣平，味苦，微溫，有毒。《本草》云：主欬逆上氣，喉閉咽痛，不得消息，散結氣，腹中邪逆，食飲大熱，療老血在心脾間，欬唾、言語氣臭，散胸中熱氣。潔古云：射干：苦，陽中陰也。去胃中癰瘡。東垣云：射干：味苦，平，陽中之陰。主欬逆上氣，喉痹咽痛，消腫毒，通女人月經，消瘀血。海藏云：仲景治咽中動氣或閉塞，烏扇湯中用之。《時習》云：仲景射干湯用之。烏扇是射干苗也。

丹溪云：射干屬金而有木與火。火行厥陰、太陰之積痰，使結核自消，甚捷。又曰：治便毒。此乃足厥陰濕氣，因疲勞而發。取射干三寸，與生薑同煎，食前服，利三兩行，效。又治喉痛，切一片噙之，效。紫花者是，紅花者非。

明・蔣儀《藥鏡》卷三平部 射干 降欬逆，散老血于心脾。化熱痰，消咽喉之結核。佐利劑以平便毒，伴鱉甲以除瘧母。

明・張景岳《景岳全書》卷四八《本草正》 射干 味苦，性寒，有毒。陰也，降也。治欬逆上氣，喉痹咽疼，散結氣不得息，除胸腹邪熱脹滿，清肝明目，消積痰結核，痃癖熱疝，降實火，利大腸，消瘀血，通女人經閉。苦酒磨塗，可消腫毒。

明・盧之頤《本草乘雅半偈》帙七 射干《本經》下品 氣味：苦，平，無毒。主治：主欬逆上氣，喉痹咽痛，不得消息，散結氣，腹中邪逆，食飲大熱。

覈曰：出南陽山谷，及田野間。今在處皆有，園圃庭臺多種之。冬至後宿根生芽，至二三月始抽苗，高二三尺，近根之莖，有節若竹。離根三四寸，横鋪翠葉，狹長疏整，宛如翅羽，故名烏翣，又名鳳翼。六七月葉中抽莖似萱而強硬，出淡紅萼，開紅赭花，亦有蜜色者，瓣有細文，間黄紫黑斑點。次蚤互相交紐如結，結落作房，中子黑褐。另有一種，名鳶尾者，葉闊而短，根密而稠。花小者，即蝴蝶草；花大色紫者，即紫羅（襴）〔蘭〕。俱春末作花，與射干迥别也。修事：以米泔水浸一宿，取出，再同篁竹葉煮之，從午至亥，日乾用。

条曰：冬至射干生，為陽氣始生，律名射出也。《藥對》云：立春射干、木蘭先生。為柴胡、半夏使，合入足少陰、少陽，樞機之氣分藥也。故主欬逆上氣，喉痹咽痛，及不得消息，此少陰不能轉闔與開也。主結氣腹中邪逆，及食飲大熱，此少陽不能轉開與闔也。但氣味苦平，君相二火為化者，莫不相宜，以苦待化，以平從樞故也。立春射干先生，為柴胡、半夏使，謂柴胡生當冬半，半夏生當夏半，咸從樞象，以從其類，但射干為始生之首，易于興起而為介紹。　少陰樞化曰君火，少陽樞化曰相火，平固從樞，苦則待化。

清·顧元交《本草彙箋》卷四　射干　苦辛，能降能散，爲喉痺咽痛之要藥。丹溪主行太陰、厥陰之積痰，使結核自消甚捷。《金匱》方治欬而上氣，喉中作水雞聲者，用射干麻黄湯。《别録》又主老血在心脾間，欬唾，言語氣臭者用之。然無益陰之功，非久服之劑。

喉痺不通，漿水不入，用射干一片，含嚥汁良。《醫方大成》用扁竹新根，擂汁嚥之，大腑動即解。或醋研汁，噙引涎出亦妙。扁竹，即射干也。　水蠱腹大，動搖水聲，皮膚黑者，用鬼扇根擣汁，服一盃水，即下。　射干一名鬼扇。

乳癰初腫，用扁竹根如殭蠶者，同萱草根爲末，蜜調傅。

清·穆石匏《本草洞詮》卷九　射干　《易通卦驗》云：冬至射干生，莖梗疎長，如射之形，竿之狀也。味苦辛，氣平，有毒。治欬逆上氣，喉痺咽痛不得消息，散結氣，治便毒。蓋射干能降火，故治咽喉為要藥。《千金方》治喉痺有烏翣膏，《金匱玉函方》治咳而上氣，喉中作水雞聲，有射干麻黄湯，治瘧母鱉甲煎丸中亦用之，皆取其降厥陰相火也，火降則血散，腫消而痰結自解，癥瘕自除矣。

清·劉雲密《本草述》卷一〇　射干射音夜。　時珍曰：《易通卦驗》云：冬至射干生。蓋射干，即今扁竹也。但一種而或開紫花，或黄花，又或碧花，猶如牡丹、芍藥、菊花之類，花色雖異，皆是同屬也。然丹溪獨取紫花者，殆必有所試矣。花開於三四月，六出，大如萱花，結房大如拇指，一房四隔，一隔十餘子，子極硬，咬之不破，七月始枯。

根取開紫花者：　氣味：　苦，平，有毒。　有云味辛，涼，微溫，有毒。潔古曰：苦，陽中陰也。　主治：　咳逆上氣，喉痺咽痛，不得消息，散結氣，腹中邪逆，利痰行瘀血，消胸膈滿，腹脹，利大腸，消結核，治胃癰便毒，並療瘧母。

宗奭曰：　治肺氣喉痺為要藥。　仲景《金匱玉函方》：　治咳而上氣，喉中作水雞聲，有射干麻黄湯。又治瘧母鼈甲煎丸，亦用烏扇燒過。　孫真人《千金方》治喉痺，有烏翣膏。　丹溪曰：　射干屬金而有木與火，行厥陰、太陰之積痰，使結核自消甚捷。又足厥陰溼氣下流，因疲勞而發為便毒，取射干三寸，與生薑同煎，食前服，利三兩行效。　之頤曰：《藥對》云立春射干、木蘭先生，為柴胡、半夏使。合入足少陰、少陽樞機之氣分藥也。蓋柴胡生當冬半，半夏生當夏半，咸從樞象以從其類。但射干為始生之首，易於興起而為介紹。《類明》曰：　射干治胃癰，蓋人病胃腕癰，是熱聚胃口，陽氣不下，行留結而成。《内經》云五藏菀熱，癰發於府，是也。治法須瀉其熱，使陽氣下行則已也。射干味苦，能通利下行，又能消瘀血也。

希雍曰：　射干稟金氣而兼火，火金相搏，則辛而有毒，故《本經》謂其味苦平有毒，平亦辛也。潔古云：　味苦，陽中陰也，入手少陽、少陰、厥陰經。其所主治，悉取其洩熱散結之力耳。古方治喉痺咽痛為要藥。

附方　傷寒咽閉腫痛，用生射干、豬脂各四兩，合煎令焦，去滓，每噙棗許，取瘥。　喉痺不通，用扁竹新根，擂汁咽之，大腑動即解。或醋研汁，噙引涎出，亦妙。　又方：　用紫蝴蝶根一錢，黄芩、生甘草、桔梗各五分，為末，水調頓服，立愈。　又方：　治乳癰初腫，用扁竹根如殭蠶者，同萱草根為末，蜜調敷之，神效。

愚按：　時珍謂射干治喉痺，取其降厥陰相火，若止以為苦寒降泄而已，如丹溪所謂屬金而有木與火者，其深於藥性乎？　夫是物以冬至生，至三四月開花結實，而七月乃枯，是大暢氣於木火，而告成功於金也。　金固氣之主，而木火乃氣之元，其味辛多而兼苦，正屬金而有木與火者也。　辛能散苦，善下，人皆知之，而不知氣之主者，復合於氣之元，故其散而下也最速。此先聖明於庶物，首言其治咳逆上氣，喉痺咽痛，不得消息，即之頤所謂合入足少陰、少陽樞機之氣分藥者，亦不謬也。　夫木原含有水氣，水厚孕於火中，由金而達木火之氣者，以金為水之母也。　夫血為液所化，液為水所化，而痰則水之不能化者也。　夫金不司職，致木火之不達者，方且病於血，又何不為積痰之病哉？此段奧義，却是實義，無如憒憒者多。　故《本經》但云散結氣，而利積痰，消壅血即在其中，消痰活血而快膈滿腹脹，破癥結，即在其中，又何結核之不消，毒腫之不散也？　丹溪曰：　行厥陰、太陰之積痰。夫後天之氣，主於太陰溼土，痰之本也。　而厥陰風木為其用，以達木火之氣，此積痰之所以行也。　又曰：　足厥陰溼氣下流，因疲勞而發為便毒，此味療之，固亦達木火之氣，以行中氣，氣行則自愈也。　如是則茲味於厥陰之益不少矣。以屬金之性味，而却為足厥陰之益，正所謂肝喜得辛以散也。蓋溼土藉風木以達其滯，而風木又藉燥金以暢其用，不獨此二證為然也。夫木火類以風升之味達之，茲乃以降令之金達之。蓋風升者，達其木火之元，茲味乃達其木火之壅也。此義唯朱先生悉之，近繆氏謂射干火金相搏，辛而有毒，獨不思人身金火合德，而氣乃行，血乃化乎？甚矣，醫之難言也。但言其無益陰之性，久服令人虛者，差有理耳。

又按方書咽射干汁，大腑動即解，取其結氣散而下達也。喉屬肺，肺合大腸，本一氣所貫，故有二便塞，諸藥不效，用扁竹花根生水邊者，研汁服之即通，豈取其寒以瀉之哉？

希雍曰：射干雖能降手少陽、厥陰相火，洩熱散結，消腫痛，然無益陰之性，故《別録》云久服令人虛。凡脾胃薄弱，臟寒氣血虛人，病無實熱者，禁用。

修治　米泔水浸一宿，曬乾。

清·郭章宜《本草匯》卷一二　射干　苦平，微寒，《別錄》：微溫。有毒。陽中陰也。入手少陽、少陰、太陰、厥陰經。清咳逆熱氣，損喉痺咽疼。逐老血在心脾之間，洩胸中有熱結之氣。苦酒摩塗腫毒，蜜調搗貼癰瘡。降實火，利大腸。消結核，治瘧母。通月閉，逐瘀血。

按：射干屬金，有木與火。丹溪主治行太陰、厥陰之積痰，使結核自消甚捷。又治便毒，此足厥陰濕氣，因疲勞而發，取此與生薑同煎，食前服，利三兩行，甚効。悉取其洩熱散結之力也。然雖能降炎洩熱消毒，不能益陰，故《別錄》云久服令人虛。虛者大戒。凡脾胃薄弱，藏寒，氣血虛人，無熱症者，切禁。

採根，以米泔水浸一宿，漉出，以篁竹葉煮之，日乾用。

清·蔣居祉《本草擇要綱目·寒性藥品》　射干　氣味：苦，平，有毒。陽中陰也。　主治：欬逆上氣，喉痺咽痛，散結氣，腹中邪逆，食飲大熱。苦酒摩，塗毒腫。治痓氣，消瘀血，通女人月閉。消痰，破癥結胸膈滿，腹脹氣喘痃癖，開胃下食，鎮肝明目。治肺氣喉痺為佳。射干屬金有木與火，行太陰、厥陰之積痰，使結核自消甚捷。又治濕氣因疲勞而發，變為便毒。又能降火，故古方治痹咽痛為要藥。仲景治欬而上氣，喉中作水雞聲者，有射干麻黃湯。又治瘧母，有鼈甲煎丸，亦用射干。皆取其降厥陰相火，火降則血散腫消，痰結自解，瘕堅自破也。

清·王翃《握靈本草》卷五　射干　所在皆有。凡使米泔浸一宿，以竹葉煮之，晒乾用。　主治：射干根，苦，平，有毒。主欬逆上氣，喉痺咽痛，療老血在心脾間，去胃中癰瘡。

清·汪昂《本草備要》卷二　射干　瀉火，解毒，散血，消痰。　苦，寒，有毒。能瀉實火，火降則血散腫消，而痰結自解，故能消心脾老血，行太陰、肺、脾。厥陰肝之積痰。治喉痹咽痛爲要藥。擂汁醋和，噙之引涎。《千金方》：治喉痹，有烏扇膏。治結核瘕疝，便毒瘧母。鱉甲煎丸，治瘧母用之，皆取其降厥陰相火也。通經閉，利大腸，鎮肝明目。　扁竹花根也。葉橫鋪如烏羽及扇，故一名烏扇、烏翣。泔水浸一日，篁竹葉煮半日用。

清·吳楚《寶命真詮》卷三　射干　味苦平，有毒。入肺經。泔浸煮之。　主熱氣欬逆，喉痺咽痛，洩熱散結，多功上焦。　雖能泄熱，不能益陰。久服令人虛，虛者戒用。

清·陳士鐸《本草新編》卷三　射干　射音夜　味苦，氣平，微溫，陰中陽也，無毒。入肺、肝、脾三經。散結氣，平癰毒，逐瘀血，通經水，止喉痹氣痛，祛口熱臭穢，化濕痰、濕熱，平風邪作喘殊效，仍治胸滿氣脹，咳嗽氣結。此物治外感風火濕熱痰症，可以為君，但可暫用，而不可久用者也。久用止可為佐使矣。

或問：射干治外感痰喘，喉中作水雞聲者，必用射干湯治之，是射干爲必用之需明矣。但云可暫用而不可久用者，何也？夫喘症，未有不傷氣者，肺氣為邪之所傷，風痰隨挾之而上冲。射干入肺，而能散氣中之結，故風痰遇之而消。但有結則散結，無結則散氣。肺氣前為風痰所傷，後為射干所損，勢必實喘而變為虛喘矣。世人不悟其故，以為從前射干之能定喘也，更用射干治之，不益傷肺氣乎。此吾所以謂可暫用，而不可久用也。推之他病，何獨不然。

清·李熙和《醫經允中》卷二〇　射干　米泔浸一宿，以篁竹葉煮半日，乾用。入手少陽、厥陰、少陰、太陰經。　苦，平，有毒。主治欬逆上氣，喉痺咽痛，降火散熱，消積痰，治瘧母，平腫毒，散結核。屬金與木，與火行太陰、厥陰積痰，消結核甚捷，治足厥陰濕氣如神。脾胃弱，氣血虛，臟寒無熱者弗用。

清·馮兆張《馮氏錦囊秘錄·雜症痘疹藥性主治合參》卷二 射干即紫蝴蝶花。根稟金氣而兼火，金火相搏，則苦辛微寒而有毒。入手少陽、少陰、厥陰經。苦能下洩，辛能善散，故行太陰、厥陰之積痰，使結核自消。足厥陰濕氣下流，因疲勞而發為便毒，及老血在心脾間，欬吐言語氣臭，散胸中熱氣，療喉痹咽疼。消瘀血，除瘧母，皆消痰洩熱散結之功也。但有瀉無補，故曰久服令人虛。

射干，散熱消痰，逐瘀去濕。止喉痹刺疼，消結核硬腫。治瘧母，利積痰，為咽瘡喉痛之要藥。能瀉實火，故多功於上焦。不能益陰，故久服令人虛也。

主治痘疹合參：治痘疹喉痹咽痛，不得消息。痘後結核，散結消腫，用之宜去梗切片，以甘草水浸，晒乾用。

清·张璐《本經逢原》卷二 射干《本經》名烏扇，其葉叢生，橫鋪一面如烏翅及扇之狀，故有烏翣、烏吹、烏蒲、鳳翼、鬼扇、扁竹、仙人掌等名。 苦、辛，微溫，有毒。米泔浸，煮熟炒用。 《本經》主欬逆上氣，喉痹咽痛，不得消息，散結氣，腹中邪逆，食飲大熱。 發明：苦能下泄，辛能上散，《本經》治欬逆上氣，喉痹咽痛，不得消息，專取散結氣之功，為喉痹咽痛要藥。痘中咽痛，隨手取效，以其力能解散毒鬱也。治腹中邪逆，食飲大熱，是指宿血在內發熱而言，即《別錄》療老血在心脾間之謂。《金匱》治欬而上氣喉中水雞聲，有射干麻黄湯。又治瘧母，鱉甲煎丸，用烏扇燒過，取其降厥陰之相火也。火降則血散腫消，而痰結自解。《千金》治喉痹有烏扇膏，中射工毒生瘡，烏扇、升麻煎服，以淬敷瘡上效。治便毒，射干同生薑煎服，利兩三行即效。以其性善降，服之必瀉，虛人禁用。苗名鳶尾，根名鳶頭，又名東海鳶頭。《千金》治蠱毒方用之。

清·浦士貞《夕庵讀本草快編》卷二 射干《本經》、烏翣、扁竹 射干之名有三，佛經射干貂獄，乃是惡獸，似青黄狗，食人，能緣木。阮公云射干臨層城，乃樹而殊高大者。此是草本，土人所種。莖梗疎長如長竿之狀，其葉橫鋪，一面如翅。釋名烏翣，其根又如竹也。 射干屬金，苦寒抑火，能行太陰、厥陰之積痰，善療喉痺咽痛之結核。故仲景治咳而上氣，喉中作水鷄聲者，有射干麻黄湯，治瘧母有鱉甲煎，皆取其降厥陰相火，火降則血散腫消而癥瘕自解矣。但不可久服，恐泄腸胃。

清·何諫《生草藥性備要》卷下 扁蓄頭 有兩種：黄者入藥用，一名較剪花，已上有載，但扁頭，如(羌)〔薑〕花； 藍者，有毒。專敷瘡洗腫、拔毒散血，跌打亦用。

清·何諫《生草藥性備要》卷下 較剪花 味腥，性寒，有小毒。治傷寒，理酒頂，消便毒，最妙。一名黄花扁蓄。又有一種藍花，有大毒，不可服。

清·王子接《得宜本草·下品藥》 射干 味辛，平。主治咳逆上氣，喉痺咽痛。得麻黄、杏仁、五味、甘草治喉中水雞聲。

清·黄元御《長沙藥解》卷三 射干 味苦，微寒。入手太陰肺經。利咽喉而開閉塞，下衝逆而止咳嗽。最清胸膈，善掃瘀濁。《金匱》射干麻黄湯，射干十二枚，紫菀二兩，款冬三兩，五味半斤，細辛三兩，半夏半斤，生薑四兩，大棗七枚，麻黄四兩。 治咳而上氣，睡中如水雞聲。以風寒外閉，皮毛不泄，肺氣鬱迫，逆而上行，喉竅窄狹，泄之不及，以致呼吸閉塞，聲如水雞。射干、紫菀、款冬、五味、細辛、生薑、半夏，下衝逆而破壅塞，大棗補其裏，麻黄泄其表也。

氣通于肺，内司呼吸，而外主皮毛，皮毛雖閉，而内有下行之路，不至堵塞如是。是其平日土濕胃逆，濁氣升隔，肺之降路不甚清通，一被外感皮毛束閉，裏氣愈阻，内不能降，而外不能泄，是以逆行而上衝塞於咽喉，此即傷風齁喘之證。當飲食未消之際，水穀鬱遏，中氣脹滿，故呼吸閉塞，迫急非常也。不降裏陰，則胸膈莫容，不泄表寒，則經絡終鬱。射干降逆開結，善利肺氣；麻黄外散其風寒，使經絡鬆暢，則裏氣不迫；射干内降其衝逆，使咽喉清虛，則表氣不壅，表邪外解，而裏陰下達，停痰宿水，積濕凝寒，皆從水道注泄而下，根株斬滅矣。

其諸主治，通喉痺，開胸滿，止咽痛，平腹脹，泄肺火，潤腸燥，行積痰，化瘀血，下經閉，消結核，破癥瘕，除瘧母。鱉甲煎丸方在鱉甲用之以治瘧母。烏扇，即射干也。下衝破結，是其長也。

清·吴儀洛《本草從新》卷二 射干〔瀉火解毒，散血消腫。〕 苦，寒。能瀉實火，火降則血散腫消而痰結自解。故能消心脾老血，行太陰、厥陰之積痰肺、脾、肝。治喉痺咽痛為要藥。擂汁醋和，噙之引涎。消結核瘕疝，便毒瘧母。鱉甲煎用之治瘧母，取其降厥陰相火也。通經閉，利大腸，鎮肝明目。唯實火者宜之，虛則大戒。扁竹花根也。葉橫鋪如鳥羽及扇，故又名烏扇、烏翣。泔水浸一日，篁竹葉煮半日。

清·汪紱《醫林纂要探源》卷二 射干 苦，寒。一名扁竹。長葉排如鳥翼羽扇，又名烏翣。抽莖作花聚於頂，似蝶，色有紅、黄、白、紫、翠，瓣皆雜斑點，根長細，好生水旁石砌。降少陰、厥陰之火，散少陽相火。喉痺要藥。散血消腫，除痰結核，散瘧母，通經，利大腸。泔水浸，和竹葉煮用。

清・嚴潔等《得配本草》卷三　射干一名烏扇，一名烏翣，又呼紫蝴蝶根。辛、苦，微寒，有毒。入手太陰，兼足厥陰經氣分。瀉上焦實熱，降厥陰相火。行肝脾之積痰，則結核自消。散心脾之老血，則癥瘕自除。利大腸，除瘧母，搗汁療喉痹不通，治陰疝刺痛。　得杏仁、北五味，稍加麻黄，治喉中水雞聲。配萱草根、白蜜，搗敷乳癰初腫。配黄芩、桔梗、生甘草，治喉痹。射干花、山豆根陰乾為末，吹咽喉腫痛神效。　采根切片，米泔浸一日，簟竹葉同煮半日，日乾用。取汁和醋蕩喉，引涎。　虚者禁用。

題清・徐大椿《藥性切用》卷四　射干　一名烏扇、烏翣。性味苦寒，入太陰、厥陰。能瀉實火，火降則血散，腫消而(淡)〔痰〕結自解，為咽痛喉痺耑藥。

清・黄宮繡《本草求真》卷六　射干瀉火清熱解毒，散血消痰。　射干耑入心、脾、肝。形如烏羽、烏扇，又以烏羽、烏扇為名。辛苦微寒，書載瀉火解毒，散血消痰，然究毒之所胎，血之所聚，痰之所積，又皆因火結聚而成。歸到火處為重。射干苦能降火，寒能勝熱，兼因味辛上散，俾火降熱除，而血與痰與毒，與不因之而平矣。是以喉痹咽痛，結核疝瘕，便毒瘧母等症，因於老血結於心脾，痰涎積於太陰厥陰者肺脾肝，無不可以調治。如《金匱》之治欬氣之用射干、麻黄。治瘧母鱉甲煎丸用烏扇燒過。《千金》之治喉痹用烏扇膏。擂汁醋和噙之。治便毒之用射干同生薑煎服，皆取性主善降，功多於上，服則必瀉之意。若脾胃虚寒，切忌。泔浸煮熟，炒用。

清・羅國綱《羅氏會約醫鏡》卷一六草部　射干味苦性寒，有毒，入肺經。泔浸，煮乾用。　散血消腫，解痰結。治喉痹咽痛，皆瀉實火之功。消瘀血，除瘧母。散結洩熱之效。但有瀉無補，不可久服。

清・趙學敏《本草綱目拾遺》卷三草部上　鬼扇草　《采藥録》：鬼扇草生石壁上，葉面青，有直紋如白果葉狀，枝枝生如扇骨，人若打死在地，搗此草汁灌，入口即甦醒。

清・黄凱鈞《藥籠小品》　射干　苦，寒。瀉肺脾實火，消結痰老血，治喉痹咽痛為要藥，消結核，化瘧母，惟實火宜之。扁竹花根也。

清・王龍《本草纂要稿・草部》　射干　氣味苦寒。主咳嗽上氣，療喉痺咽疼。消突核而治胸滿，潰硬腫而行積痰。去因勞之濕熱，治咳逆之涎多。消涕吐語言噦臭，逐瘀血氣結通經。

清・張德裕《本草正義》卷下　射干　苦，寒，有毒。治喉痺咽疼，欬逆氣結喘息，除胸腹邪熱脹滿，消積痰結核痃癖，破瘀通經。酒磨，可塗消腫毒。

清・楊時泰《本草述鉤元》卷一〇　射干　《本經》名烏扇，即今扁竹。其葉横鋪一面，故有烏翣、鳳翼、仙人掌等名。《易通卦驗》云：冬至射干生，三四月開花，或紫或黄或碧，六出，大如萱，丹溪獨取紫花者。結房四隔，生子極硬，七月始枯瀕湖。

根取開紫花者。味辛、苦，氣平，涼，微溫，有毒。陽中陰也。入手少陽、少陰、厥陰經，合入足少陰、少陽樞機之氣分藥也。主治咳逆上氣，《玉函》射干麻黄湯，治咳而上氣，喉中作水雞聲。喉痹咽痛，不得消息，《千金》有烏翣膏。散結氣腹中邪熱，利痰行瘀血，消胸膈滿腹脹，利大腸，消結核，治胃癰便毒，並療瘧母。有鱉甲煎丸。射干屬金而有木與火，行厥陰、太陰之積痰，使結核自消甚捷丹溪。稟金氣而兼火，其所主治，悉取洩熱散結之功仲淳。《藥對》云：立春射干、木蘭先生，為柴胡、半夏使。蓋柴胡生當冬半，半夏生當夏半，咸從樞象。射干為始生之首，易於興起而為介紹也子由。足厥陰濕氣下流，因疲勞而發為便毒，取射干三寸，與生薑同煎，食前服，利三兩行，效丹溪。人病胃脘癰，是熱聚胃口，陽氣不下行，留結而成。《經》云五臟菀熱，癰發於腑是也。治法，須瀉其熱，使陽氣下行則已。射干味苦，能通利下行，又消瘀血也《類明》。傷寒咽閉腫痛，用生射干、豬脂各四兩，合煎令焦，去滓，每噙棗許取瘥。喉痹不通，用扁竹新根，擂汁嚥之，大腑動即解，或醋研，取汁噙之，引涎出亦妙。又方：　用紫蝴蝶根一錢，黄芩、生甘草、桔梗各五分，為末，水調頓服立愈。　乳癰初腫，用扁竹根如僵蠶者，同萱草根為末，蜜調敷之，神效。

論：　射干以冬至生，三四月開花結實，七月乃枯，其氣大暢於木火，而告成於金。丹溪故謂屬金而有木與火也。金固氣之主，而木火乃氣之元，其味辛多兼苦，正屬金而有木與火者，辛能散苦善下，人皆知之，而不知氣之主復合於氣之元，故其散而下也最速。人身火金合德而氣乃行，血乃化，故血為液所化，液為水所化，而痰則水之不能化者也。金不司職，致木火之不達者且病於血，又何不為積痰之病哉。《本經》但云散結氣，而利積痰消壅血即在其中。消痰活血，而快膈滿腹脹破癥結即在其中，又何結核之不消，毒腫之不散也。丹溪曰：行厥陰、太陰之積痰。太陰濕土，痰之本也，而厥陰風木為其用，此味由金而達木火之氣，所以行積痰。又曰：足厥陰濕氣下流，因疲勞而發為便毒，此味療之。達水火之氣，以行中氣，氣行則自愈。然則茲味於厥陰之益不少矣，以屬金之性味，而卻為足厥陰之益者，肝喜得辛以散也。蓋濕土藉風木以達其滯，而風木又藉燥金以暢其用，不獨二證為然，夫木火之氣，類以風升之味達之，茲乃以降令之金達之，蓋風升者達其木火之元，茲味乃達其木火之壅也。又喉痹，咽射干汁，大腑動即解，取其結氣散而下達也。喉屬肺，肺合大腸，本一氣所貫，故有二便塞諸藥不效，用扁竹花根生外邊者，研汁服之即通，豈取其寒以瀉之哉。

雖能降手少陽厥陰相火，洩熱散結消腫痛，然無益陰之性，故《別錄》云：久服令人虛。凡臟寒氣虛，脾胃薄弱，病無實熱者，禁用仲淳。

修治：米泔浸一宿，曬乾。

清・葉桂《本草再新》卷三 射干味苦，性寒，無毒。入心、腎二經。能瀉實火，能消心脾老血，行太陰、厥陰之積痰，治咽喉疼痛。

清・吳其濬《植物名實圖考》卷二四 射干 《本經》下品。《蜀本草》：花黃實黑者是。陳藏器謂秋生紅花，赤點。按此草，北地謂之馬螂花。江南亦多。六月開花。形狀如《蜀本草》。《拾遺》以其點赤，誤認為紅花耳。其根如竹而扁，俗亦呼扁竹。

雩婁農曰：《荀子》云西方有木焉，名曰射干，莖長四寸，生於高山之上，而臨百仞之淵。其莖非能長也，所立者然也。嗚呼！以彼徑寸莖，蔭此百尺條，此之謂矣。不材之木，托根得地，斧斤瘡痍之不及，陰陽雨露之所偏，而琪花玉樹，或蕪沒於叢莽而無人知。吾烏知其所以然哉？乃長言以誶之曰：撟青曾之淑朗兮，謂誕育其必公；何陽材屯於巘突兮，陰敷苯蕁而蒙茸。櫟連蜷以依社兮，五柞何為而冠乎離宮？門驕驕其忽有莠兮，屋沉沉而蔓乎瓦松；茗華施柏而旖旎兮，葛藟纍檪以隆崇。詈老楮其不可宥兮，蕭斧乃獨赦夫榿榕。鴞既據夫泮之沃若兮，鼠又室乎堂之美樅；掩菌桂而冗蕭艾兮，吾烏知鳩媒之所從？追虞舜於大麓兮，別風淮雨而不蒙；神刊隨而底績兮，杶幹栝栢惟喬乎雲中；韞櫃秕莠於有夏兮，景山丸丸斷度而奏功；柞棫佩於昆夷兮，楹化梓而姬隆。嬴無道而兀蜀山兮，靈訶怒而捐五大夫之封；武囿四海於上林兮，柏梁災而更營。車蓋雄夫白水兮，氣佳哉而鬱葱葱；杉葉御颻而抵洛陽兮，閱萬里而排九重。檜恥綱而淪汨波兮，義不辱夫勔黼之闍瞢。偉貞木其若有知兮，趍舍時而莫同。萬牛迴首於巘巇兮，豈大材之難庸也！歲崢嶸其將宴兮，冰霰曖曖而蔽空。百卉腓而誰控兮，艱哉巍巍萬盤之孤峰；翳薈蔚而蟄虎豹兮，抗扶疎而挐蛟龍；彼茗發而穎竪兮，噫乎！何以禦風？

清・趙其光《本草求原》卷六毒草部 射干 葉叢生，橫鋪一面如烏翅，故又名烏扇、扁竹仙人掌。苦能下泄，辛微溫，能升散；有毒。功專散結氣，解毒鬱，故治咳逆上氣、喉痹咽痛不得息之要藥，腹中邪逆，食飲大熱，宿血在心脾則發熱。瘧母，《金匱》鱉甲煎用之。燒過，取其降厥陰相火也。中射工毒生瘡，同升麻服，渣敷之。便毒，同生薑煎服，得利即效。蠱毒。《千金方》用之。但性善降瀉，虛人忌之。

清・葉志詵《神農本草經贊》卷三 射干 味苦，平。主欬逆上氣，喉痹咽痛，不得消息，散急氣，腹中邪逆，食飲大熱。一名烏扇，一名烏蒲。生川谷。

竹節薑根，庭臺夏徧。紫蝶斜飛，烏蒲低扇。緣木身輕，臨城竿緣。異獸喬柯，同名角炫。

《土宿指南》：一名扁竹葉，如側手掌形，根亦如之。日華子曰：根形似高良薑，五六七月采。陶弘景曰：人家庭臺多種之。李時珍曰：今人所種，多是紫花者，呼為紫蝴蝶，其葉叢生，橫鋪如烏翅及扇之狀。陳藏器曰：射干之名有三，此是草名。佛經射干貂獄是惡獸，能緣木。阮公詩云射干臨層城，是樹殊高大。蘇頌曰：別有射干，莖梗疎長，正如射人長竿狀，此不入藥。舒元輿賦：角衒紅釭。

清・文晟《新編六書》卷六《藥性摘錄》 射干 辛苦，微寒。入心脾肝。瀉火清熱解毒，散血消瘀。〇治喉痹咽腫，結核便毒，瘧母。〇若脾胃虛寒，切忌。〇泔浸，煮，炒用。

清・張仁錫《藥性蒙求・草部》 射干五分、八分 射干味苦，寒涼清火。咽痛喉痺，消痰宜佐。一名烏扇，一名仙人掌。苦，寒。能瀉實火，火降則血散腫消，而痰結自解。治咽痛喉痺為要藥。虛火亦不忌。即痘疹中毒咽痛，隨手取效，以其能解鬱也。

清・劉善述、劉士季《草木便方》卷一草部 射干 開喉箭苦消喉痹，咽痛要藥利痰積。利腸便毒散結核，瘧母瘕疝通經宜。

清・戴葆元《本草綱目易知錄》卷二　射干烏扇　苦，平，微寒，有小毒。能降實火，火降則腫消，血散而痰結自解，故能消心脾老血，行太陰厥陰之積痰，為治喉痹咽痛要藥。療咳唾語言氣臭，散胸中熱氣，去胃中癰瘡，利積痰疝毒，膈滿腹脹，氣喘痃癖。開胃下食，鎮肝明目。破癥結，利大腸，消瘧母，通月閉。苦酒摩，塗腫毒。

清・黃光霽《本草衍句》　射干　苦能降火，火降則血散腫消。寒能勝熱，熱除則消痰破結。消結核、瘕疝便毒。行太厥之積痰，清心脾之老血。喉痺咽痛為上藥，咳逆上氣能下洩。治瘧母，利大腸，除氣臭，咳吐言語氣臭。通不月。通女人月秘。得麻黃、五味、甘草、杏仁，治喉中水雞聲。喉痺不通，用射干一錢，黃芩、生甘草、桔梗各五分，為末，水調頓服，名奪命散。

清・陳其瑞《本草撮要》卷一　射干　味辛苦，微涼，有毒。入手少陰厥陰經，功專散結氣，喉痹咽痛，不得稍息，並療瘧母。喉痹不通，以根搗汁嚥之，大腑動即解，或醋研取汁噙之，引出涎亦妙。又方用紫蝴蝶根一錢，黃芩、生草、桔梗各五分為末，水調頓服立愈。傷寒咽閉腫痛，用生射干、猪脂各四兩，合煎令焦，去滓，每噙棗許即瘥。乳癰初起，用射干、殭蠶、萱草根為末，蜜調敷之神效。

清・李桂庭《藥性詩解》　賦得射干療咽閉而消腫毒。得消字。李慶霖。

射干寒而苦，咽痛此為要。豈僅清喉閉，尤能使腫消。按：射干性苦寒，能瀉實火，治喉痺咽痛之要藥。消結核疝瘕，便毒瘧母。又能消心脾老血，行太陰、厥陰之積痰。惟實火者宜之，虛則大戒。

白花射干

清・吴其濬《植物名實圖考》卷二四　白花射干　西、湖廣多有之。二月開花，白色有黃點，似蝴蝶花而小，葉光滑紛披，頗似知母，亦有誤為知母者。結子亦小，與蝴蝶花共生一處，花罷蝴蝶花方開。俚醫謂之冷水丹，以為行血、通關節之藥。宋《圖經》謂紅黃花有赤點者為射干，白花者亦其類。陶隱居云：花白莖長，即阮公詩：射干臨層城。不入藥用，皆此草也。惟此花二月開，黃花者六月開，莖葉花實，都不甚類，俗方主治亦殊，似非一種。

鳧翳

宋・王介《履巉巖本草》卷下　山薑花　味辛，平，有小毒。去皮間風熱，可作淋煤湯用。又主暴冷及胃中逆冷，霍亂腹痛。開紫花，不結子。八月九月採根用。一名鑾薑。

清・劉善述、劉士季《草木便方》卷一草部　鳧翳　扁竹根苦辛辣溫，水飲積聚除食癥。蠱毒邪氣殺鬼魅，瘰癧風狗諸毒輕。

鳶尾

宋・唐慎微《證類本草》卷一〇草部下品〔《本經》・別錄〕　鳶尾　味苦，平，有毒。**主蠱毒邪氣，鬼疰諸毒，破癥瘕積聚大水，下三蟲**，療頭眩，殺鬼魅。一名烏園。生九疑山谷。五月採。

〔梁・陶弘景《本草經集注》〕云：方家云是射干苗，無鳶尾之名。主療亦異，當別一種物。方亦有用鳶頭者，即應是其根，療體相似，而本草不顯之。

〔唐・蘇敬《唐本草》〕注云：此草葉似射干而闊短，不抽長莖，花紫碧色。根似高良薑，皮黃肉白，有小毒。嚼之戟人咽喉，與射干全別。人家亦種，所在有之。射干花紅，抽莖長，根黃有臼。今陶云由跋，正說鳶尾根、莖。

〔宋・掌禹錫《嘉祐本草》〕按：《蜀本》云：此草葉名鳶尾，根名鳶頭，亦謂之鳶根。又《圖經》云：葉似射干，布地生。黑根似高良薑而節大，數个相連。今所在皆有。九月、十月採根，日乾。

〔宋・唐慎微《證類本草》〕《圖經》：文具射干條下。陳藏器云：鳶尾，主飛尸遊蠱著喉中，氣欲絕者，以根削去皮，内喉中，摩病處，令血出爲佳。元張存惠注〔見《證類本草》晦明軒本〕：右鳶尾一種古本所有，政和監本脱漏不載，今照依嘉祐監本補之於此。

宋・劉明之《圖經本草藥性總論》卷上　鳶尾　味苦，平，有毒。主蠱毒，邪氣鬼疰諸毒，破癥瘕積聚，去水，下三蟲，療頭眩，殺鬼魅。陳藏器云：主飛尸遊蠱着喉中。氣欲絕者，以根削去皮肉，喉中摩病處，血出佳。

明・劉文泰《本草品彙精要》卷一三　鳶尾有毒。叢生。

鳶尾出《神農本經》：**主蠱毒，邪氣，鬼疰，諸毒，破癥瘕積聚，去水，下三蟲。**以上朱字《神農本經》。療頭眩，殺鬼魅。以上黑字名醫所錄。【名】烏園。根：鳶頭、鳶根。【苗】《圖經》曰：葉似射干而闊短，不抽長莖，花紫碧色。布地生黑根似高良薑而節大，數個相連，皮黃肉白，鳶頭即其根也。【地】《圖經》曰：生九嶷山谷，及人家亦種，所在有之。【時】生：春生苗。採：五月、九月、十月取。【收】日乾。【用】莖、葉。【質】類射干葉而扁闊。〔色〕青緑。〔味〕苦。〔性〕平，泄。〔氣〕氣之薄者，陽中之陰。〔臭〕香。〔主〕蟲毒，邪氣。〔製〕剉碎用。〔治〕療：陳藏器云：飛尸遊蠱著喉中，氣欲絶者，以根削去皮內喉中，摩病處，令血出，乃瘥。

明・鄭寧《藥性要略大全》卷七 鳶尾 葉似射干而花紫碧，即石扁菊。本與射干同種類者，此物不抽長莖，根似高良薑而肉白。〇夜干花黄赤色。又云：夜干是成樹者。又白花者不入藥。又云：射干高二三尺，花黄，子黑，根多鬚，皮黄黑色，肉黄赤色者是。採根，日乾用。又云：用箽竹葉煮三個時辰，方可晒用。石扁菊：能宣積滯，吐鎖喉風痰，亦解砒毒。即紫花鳶尾。

明・王文潔《太乙仙製本草藥性大全》卷二《本草精義》 鳶尾 生九嶷山谷，今在處有之。莖葉都似射干，但布地而生，葉扁闊於射干。蘇云花紫碧色，根如高良薑者是也。五月、九月、十月採，日乾用。

石扁菊：此物本與射干同種類者，但不抽高薦，根似高良薑，而肉白，葉似射干，而花紫碧，即鳶尾花也。

明・王文潔《太乙仙製本草藥性大全》卷二《仙製藥性》 鳶尾 味苦，氣平，有毒。主治：主蠱毒邪氣，鬼疰；破癥瘕積聚，下水。諸毒驅除，三蟲立下。療頭眩大效，殺鬼魅潛蹤。補註：飛尸遊蠱着喉中，氣欲絶者，以根削去皮，內喉中摩病處，令血出爲佳。太乙曰：凡使用箽竹葉煮三個時辰，方可晒用。石扁菊：即紫花鳶尾。主治：能宣通積滯，吐鎖喉風痰。砒毒逢之，用服立效。

明・李時珍《本草綱目》卷一七草部・毒草類 鳶尾《本經》下品

〔釋名〕烏園《本經》 根名鳶頭。時珍曰：並以形命名。烏園當作烏鳶。

〔集解〕《别録》曰：烏鳶生九疑山谷。五月采。弘景曰：方家言是射干苗，而主療亦異，當别是一種。方用鳶頭，當是其根，療體相似，而本草不題。恭曰：此草所在有之，人家亦種。葉似射干而闊短，不抽長莖，花紫碧色。根似高良薑，皮黄肉白，嚼之戟人咽喉，與射干全别。射干花紅，抽莖長，根黄有臼。保昇曰：草名鳶尾，根名鳶頭，亦謂之鳶根。葉似射干，布地生。黑根似高良薑而節大，數個相連。九月、十月采根，日乾。時珍曰：此即射干之苗，非别一種也。肥地者莖長根粗，瘠地者莖短根瘦。其花自有數色。諸家皆是强分。陳延之《小品方》，言東海鳶頭即由跋者，亦訛也。東海出之故耳。

〔氣味〕苦，平，有毒。恭曰：有小毒。〔主治〕蠱毒邪氣，鬼疰諸毒，破癥瘕積聚，去水，下三蟲《本經》。殺鬼魅，療頭眩《别録》。

〔附方〕舊一，新一。飛尸遊蠱：着喉中，氣欲絶者。鳶尾根削去皮，納喉中，摩病處，令血出爲佳。陳藏器《本草拾遺》。鬼魅邪氣：四物鳶頭散：東海鳶頭、黄牙即金牙、莨菪子、防葵，爲末，酒服方寸匕。欲令病人見鬼，增防葵一分；欲令知鬼，又增一分，立驗。不可多服。陳延之《小品方》。

清・吴其濬《植物名實圖考》卷二四 鳶尾 《本經》下品。《唐本草》：花紫碧色，根似高良薑。此即今之紫蝴蝶也。《花鏡》謂之紫羅欄，誤以其根為即高良薑，三月開花，俗亦呼扁竹。李時珍以為射干之苗，今俗醫多仍之。

清・葉志詵《神農本草經贊》卷三 鳶尾 味苦，平。主蠱毒邪氣，鬼注諸毒，破癥瘕積聚，去水，下三蟲。生山谷。

烏鳶於止，挾勢如飛。碧分尾斷，黄裹頭垂。殖區修短，壤異磽肥。紛敷花色，强利從違。

吴普曰：一名烏鳶。《大學》：於止，知其所止。《詩》：如飛如翰。蘇恭曰：闊短不抽長莖，花紫碧色，根皮黄，肉白。《左傳》：雄雞自斷其尾。韓保昇曰：草名鳶尾，根名鳶頭。李時珍曰：此即射干之苗，非别種也。肥地者，莖長根粗。瘠地者，莖短根瘦。其花自有數色，諸家皆是强分耳。

野煙

明・蘭茂原撰，范洪等抄補《滇南本草圖説》卷四 野煙 性溫，味麻辛，大毒之藥。主治：一切癰疽發背，無名腫毒，服此斂瘡，雖然患者發迷如死，一二時刻後得汗方醒，不必着驚，可見此藥之惡烈也。虛弱之人忌服。

明・蘭茂撰，清・管暄校補《滇南本草》卷中 野烟一名小烟草。性溫，味辛，麻，有大毒。治熱毒疔瘡，癰疽搭背，無名腫毒，一切熱毒瘡。或喫牛、馬、驢、騾死肉，中此惡毒，惟用此可救。補註：喫此藥後令人煩亂，不省人事，發迷一二時後，出汗方醒。不必著驚，蓋此藥性之惡熱也。附案：昔一人生搭背，日久不潰，將死。名醫診視，皆言死症，俱不下藥。後一人授以此草，瘡潰，調治全愈。後人起名氣死名醫草。以單劑為末，酒合為丸，人名清龍丸。

山梗菜

明・朱橚《救荒本草》卷上之前　山梗菜　生鄭州賈峪音欲山山野中。苗高二尺許，莖淡紫色，葉似桃葉而短小，又似柳葉菜葉，亦小。梢間開淡紫花。其葉味甜。　救飢：採嫩葉煠熟，淘洗淨，油鹽調食。

昆明山海棠

清・吳其濬《植物名實圖考》卷三六　昆明山海棠　山海棠生昆明山中。樹高丈餘，大葉如紫荊而粗紋，夏開五瓣小白花，綠心黃蕊，密簇成攢，旋結實如風車，形與山藥子相類，色嫩紅可愛。山人折以售為瓶供。按形頗似湘中水莽，疑非嘉卉。

清・劉善述、劉士季《草木便方》卷一草部　斷腸草　斷腸草辛有大毒，疥癩惡毒蟲瘡塗。中惡蠱毒刀傷用，脚膝痹痛乳痊除。

雷公藤

清・趙學敏《本草綱目拾遺》卷七藤部　雷公藤　生陰山脚下，立夏時發苗，獨莖蔓生，莖穿葉心，莖上又發葉，葉下圓上尖如犁耙，又類三角風，枝梗有刺。　《物理小識》：犁頭刺藤，其葉三角如犁頭，多在籬邊生，可治瘰癧，亦可截瘧。一名霹靂木、方勝板、倒金鈎、烙鐵草、倒挂紫金鈎、河白草、犁尖草、括耙草、龍仙草、魚尾花、三木棉，出江西者力大，土人採之毒魚，凡蚌螺之屬亦死，其性最烈，以其草烟熏蠶子，則不生，養蠶家忌之，山人採熏壁蝨。

治臌脹、水腫、痞積、黃白疸、瘧疾久不愈，魚口便毒、瘰癧跌打。除壁蝨，莖燒牀下。　一切毒蛇傷，《萬病回春》云：凡被蛇傷用板扛歸不拘多少，此草四五月生，至九月見霜即罕有，葉尖青如犁頭尖樣，藤有小刺，子圓如珠，生青熟黑，味酸，用葉搗汁酒調，隨量服之，渣罨傷處，立愈。　白火丹：《救生苦海》用雷公藤五錢，平地木三錢，車前四錢，天青地白葉、三白草各三錢，煎服。　又洗方：雷公藤、河白草煎浴。　水腫脹：《救生苦海》：平地木三錢，雷公藤五錢，車前草四錢，天青地白草三錢，路路通五個，打碎煎服，重者十服愈。　坐板瘡：《秋泉家祕》：烏賊骨五錢，雷公藤三錢，共為細末，擦之，乾則以菜油調敷。　汪連仕方：蒸龍草即震龍根，山人呼為雷公藤，蒸酒服，治風氣，合巴山虎為龍虎丹，入水藥魚，人多服即昏。　治翻胃噎膈、瘧疾、吐血便血、喉痹、食積心疼、虛飽腹脹、陰囊腫大、跌打閃肭、發背疔瘡、乳癰、產後遍身浮腫王安《采藥方》。

鈎吻

晉・嵇含《南方草木狀》卷上草類　冶葛　毒草也。蔓生，葉如羅勒，光而厚，一名胡蔓草。置毒者多雜以生蔬進之，悟者速以藥解，不爾半日輒死。山羊食其苗，即肥而大，亦如鼠食巴豆，其大如㹠，蓋物類有相伏也。

宋・李昉《太平御覽》卷第九九〇　冶葛　《周易參同契》曰：冶葛、巴豆一兩，入喉，雖周文兆著，孔丘占相，扁鵲操鍼，巫咸叩鼓，安能蘇之。　《唐書》曰：袁恕己與敬暉等累被貶黜，流于環州。尋〔爲〕利〔用〕〔貞〕左右逼令飲葛汁數升，不死，因擊殺之。恕己素服黃金，故毒藥不發。　《博物志》曰：魏武習啖冶葛，至一天，亦多飲酖，近世事相傳云。　又曰：鈎吻草，與堇菜相似。　《南州異物志》曰：廣州俚賊，若鄉里負其家債，不時還者，子弟便取冶葛，一名鈎吻，數寸許，到債家，食鈎吻而死，其家稱怨，誣債家殺之，債家慚懼，以財物辭謝，多數十倍，死家便收尸去，不以為恨。　《述異記》曰：晉義熙中，有劉遁者，居江陵，忽有鬼來遁宅上，遁貧無竈，以升鎗煮飯，飯欲熟，輒失之，尋覓，於籬下草中，但得餘空鎗，遁密市冶葛，煮以作糜，鬼復竊之於屋北，得鎗，仍聞吐聲，從此寂絕。　桓譚《新論》曰：余與劉子駿言，養性無益。其兄子伯玉曰：天生殺人藥，必有生人藥也。　余曰：鈎吻不與人相宜，故食則死，非為殺人生也。譬若巴豆毒魚，礜石賊鼠，桂害獺，杏核殺狗，天非故為作也。　《論衡》曰：萬物含太陽者有毒，在草為巴豆、冶葛。　《抱朴子》曰：《中經》曰：鈎吻、狼毒，太陰之精氣，主殺，故入口令人死。　《葛洪方》曰：鈎吻，與食芹相似，而生處無他草，其莖有毛，誤食之殺人。　《本草經》曰：鈎吻，一名野葛。味辛，溫。生山谷。主治金瘡，中惡風，欬逆上氣，水腫，殺蠱毒鬼疰。　《吳氏本草》曰：秦鈎吻，一名毒根，一名野葛。神農：辛。雷公：有毒，殺人。生南越山，或益州。葉如葛，赤莖，大如箭，方根，黃。或生會稽東冶。正月採。　《嶺表錄異》曰：野葛，毒草也。俗呼胡蔓草。誤食之，則用羊血漿解之。或說此草蔓生，葉如蘭香，光而厚。其毒多着於生葉中，不得藥解，半日輒死。山羊食其苗，則肥而大。

宋・沈括《夢溪筆談》卷三《補筆談》　鈎吻　《本草》一名野葛，主療甚多，注釋者多端，或云可入藥用，或云有大毒，食之殺人。予嘗到閩中，土人以野葛毒人及自殺。或誤食者，但半葉許入口即死，以流水服之毒尤速，往往投杯已卒矣。經官司勘鞫者極多，灼然如此。予嘗令人完取一株觀之，其草蔓生如葛，其藤色赤、節粗，似鶴膝。葉圓，有尖如杏葉而光厚，似柿葉。三葉為一枝，如菉豆之類。葉生節間，皆相對。花黃細，戢戢然，一如茴香花，生於節葉之間。《酉陽雜俎》言花似梔子稍大，謬説也。根皮亦赤。閩人呼為吻莽，亦謂之野葛。嶺南人謂之胡蔓，俗謂斷腸草。人間至毒之物，不入藥用。恐《本草》所出，別是一物，非此鉤吻也。予見《千金》《外臺》藥方中，時有用野葛者。特宜仔細，不可取其名而誤用。正如侯夷魚與鯸魚同謂之河豚，不可不審也。

宋・唐慎微《證類本草》卷一〇草部下品〔《本經・別錄・藥對》〕 **鉤吻** **味辛，溫**，有大毒。**主金瘡，乳痓，中惡風，欬逆上氣，水腫，殺鬼疰蠱毒**，破癥積，除脚膝痹痛，四肢拘攣，惡瘡疥蟲，殺鳥獸。**一名野葛。**折之青烟出者名固活。甚熱，不入湯。生傅音附高山谷及會稽東野。半夏爲之使，惡黃芩。

〔梁・陶弘景《本草經集注》〕云：《五符》中亦云鉤吻是野葛。言其入口則鉤人喉吻。或言：吻作挽字，牽挽人腸而絕之。覈胡革切事而言，乃是兩物。野葛是根，狀如壯丹，所生處亦有毒，飛鳥不得集之，今人用合膏服之無嫌。鉤吻別是一草，葉似黃精而莖紫，當心抽花，黃色，初生既極類黃精，故以爲殺生之對也。或云鉤吻是毛莨，此本及後說參錯不同，未詳云何？又有一物名陰命，赤色，著木懸其子，生山海中，最有大毒，入口能立殺人。

〔唐・蘇敬《唐本草》〕注云：野葛生桂州以南，村墟閭巷間皆有。彼人通名鉤吻，亦謂苗名鉤吻，根名野葛，蔓生。人或誤食其葉者皆致死，而羊食其苗大肥，物有相伏如此。若巴豆，鼠食則肥也。陶云：飛鳥不得集之，妄矣。其野葛，以時新採者，皮白骨黃。宿根似地骨，嫩根如漢防己，皮節斷者良。正與白花藤根相類，不深別者，頗亦惑之。其新取者，折之無塵氣。經年已後則有塵起，根骨似枸杞，有細孔者。人折之則塵氣從孔中出，今折枸杞根亦然。經言折之青煙起者名固活爲良，此亦不達之言也。且黃精直生如龍膽，澤漆兩葉或四五葉相對，鉤吻蔓生，葉如柿葉。《博物志》云：鉤吻葉似鳧葵，並非黃精之類。毛茛是有毛，石龍芮何干鉤吻？

〔宋・掌禹錫《嘉祐本草》〕按：《蜀本》：秦鉤吻，主喉痹，咽中塞，聲變，欬逆氣，溫中。一名除辛。生寒石山。二月、八月採。謹按：鉤吻，一名野葛者。亦如徐長卿、赤箭、鬼箭等，並一名鬼督郵。鬼督郵自是一物。今鉤吻一名野葛，則野葛自有一種，明矣。且藥有名同而體異者極多，非獨此也。據陶注云：鉤吻葉似黃精而莖紫，當心抽花，黃色者是。蘇云：野葛出桂州，葉似柿葉，人食之即死者，當別是一物爾。又云：苗名鉤吻，根名野葛，亦非通論。按今市人皆以葉似黃精者爲鉤吻。按《雷公炮炙》方云：黃精，勿令誤用鉤吻。鉤吻葉似黃精，而頭尖處有兩毛若鉤是也。吳氏云：秦鉤吻，一名毒根。神農：辛。雷公：有毒，殺人。生南越山或益州。葉如葛，赤莖，大如箭，根黃，正月採。葛洪方云：鉤吻，與食芹相似，而生處無他草。其莖有毛，誤食之殺人。

《嶺表録異》云：野葛，毒草也。俗呼爲胡蔓草，誤食之，則用羊血解之。

〔宋・唐慎微《證類本草》〕陳藏器云：人食其葉，飲冷水即死。冷水發其毒也。彼人以野葛飼人，勿與冷水，至肥大，以冷水飲之，至死，懸尸於樹，汁滴地生菌子，收之名菌藥，烈於野葛。胡蔓葉細長光潤。

雷公云：凡使，勿用地精，苗莖與鉤吻同。其鉤吻治人身上惡毒瘡，效。其地精煞人，採得後，細剉搗了，研，絞取自然汁入膏中用，勿誤餌之。黃帝問天老曰：天地所生，豈有食之死者乎？天老曰：太陰之精，名曰鉤吻，不可食之，入口則死。《博物志》云：鉤吻，毒。桂心、葱葉沸解之。

宋・鄭樵《通志》卷七五《昆蟲草木略》 鉤吻 曰除辛，曰毒根。折之青煙出者名固活，即野葛也。

宋・劉明之《圖經本草藥性總論》卷上 鉤吻 味辛，溫，有大毒。主金瘡乳痓，中惡風，欬逆上氣水腫，殺鬼疰蠱毒，破癥積，除脚膝痺痛，四肢拘攣，惡瘡疥蟲，殺鳥獸。《蜀本》云：主喉痺，咽中塞聲變，欬逆氣，溫中。半夏為之使。惡黃芩。野葛，毒草，誤食則用羊血解之。一名野葛。

明・王綸《本草集要》卷三 鉤吻 味辛，氣溫，有大毒。半夏為之使。惡黃芩。葉似黃精，而頭尖處有兩毛，不入湯。主金瘡乳痓，中惡氣，咳逆上氣，水腫，殺鬼疰蠱毒，殺鳥獸。天（老）〔姥〕曰：太陰之精，名曰鉤吻，食之入口則死。

明・劉文泰《本草品彙精要》卷一三 鉤吻有大毒：蔓生。

鉤吻出《神農本經》：**主金瘡，乳痓，中惡風，欬逆上氣，水腫，殺鬼疰蠱毒。**以上朱字《神農本經》。破癥積，除脚膝痹痛，四肢拘攣，惡瘡疥蟲，殺鳥獸。以上黑字名醫所錄。

【名】根：野葛、固活。【苗】《蜀本》注云：葉似黃精而紫，當心抽花黃色，頭尖處有兩毛若鉤。《唐本》注云：其苗蔓生，葉似柿葉，皮白骨黃，宿根似地骨，嫩根如漢防己，根節斷者良。上說似黃精，且黃精直生如龍膽、澤漆，兩葉或四葉相對。鉤吻蔓生，葉如柿葉，以此觀之，非黄精之類也。《經》云：折之青煙出者，名固活。甚熱不入湯用。【地】《圖經》曰：生傳高山谷，及會稽、東野、桂州、南越山、益州皆有之。【時】生：春生苗。採：二月、八月取根。【收】暴乾。【用】根。【質】宿根類地骨，嫩根類漢防己。【色】褐。【味】辛。【性】溫，散。【氣】氣之厚者，陽也。【臭】腥。【主】塗惡毒瘡。【助】半夏爲之使。【反】惡黄芩。【禁】不可食，入口則死。【解】誤中其毒，以羊血、桂心、葱葉涎解之。

明・王文潔《太乙仙製本草藥性大全》卷二《本草精義》 鉤吻 根名野葛，苗名鉤吻，俗呼爲胡蔓草。生傳高山谷及會稽東野，今生南越山或益州。蔓生，葉如柿葉。又云葉似亮葵。《雷公炮炙》方云：黄精勿令誤用鉤吻，葉似黄精，而頭尖處有兩毛若鉤是也，且黄精直生如龍膽、澤漆，兩葉或四五葉相對。又一種葉似葛，赤莖，大如箭，根正月採，其野葛以時新採者，皮白骨黄，宿根似地骨，嫩根如漢防已，皮節斷者良，正與白花藤根相類，不深別者頗亦惑之。其新取者，折之無塵氣，經年已來則有塵起。根骨似枸杞，有細孔者，人折之則塵氣從孔中出，令折枸杞根亦然。《經》云折之青煙起者名固活，爲良。

陳藏器云：食葉食冷水即死，冷水發其毒也。彼人以野葛飼人，勿與冷水，至肥大以冷水飲之，至死懸尸於樹，汁滴地生菌子收之，名曰菌藥，烈於野葛。胡蔓葉細長光澤。

明・王文潔《太乙仙製本草藥性大全》卷二《仙製藥性》 鉤吻 味辛，氣溫，有大毒。半夏爲之使。主治：主金瘡、乳痓水腫，中惡風、欬逆上氣。殺蠱毒鬼疰，破積聚堅癥。脚膝痹痛可除，四肢拘攣即解。治惡瘡疥蟲，殺禽鳥野獸。天老曰：太陰之精，名曰鉤吻，食之入口則死。補註：《博物志》云：鉤吻毒，桂心、葱葉沸湯解之。○《嶺表録》云：野葛，毒草也，俗呼爲胡，誤食之，則用羊血解之。太乙曰：凡使勿用地精，苗莖與鉤吻同，其鉤吻治人身上惡瘡效，其地精煞人。採得後細剉，搗了研絞取自然汁，入膏中用，勿誤餌之。

明・皇甫嵩《本草發明》卷三 鉤吻下品上，佐使。味辛，溫，有大毒。一名野葛。中其毒者，用桂心、葱葉汁解之。 發明曰：鉤吻以毒攻毒，能破堅散滯。《本草》主金瘡乳癰，中惡風咳逆上氣，水腫，殺鬼疰蠱毒，破癥積，除脚膝痹痛，四肢拘攣，惡瘡疥蟲，殺禽獸。半夏為之使。惡黄芩、黄精苗。

明・李時珍《本草綱目》卷一七草部・毒草類 鉤吻《本經》下品

【釋名】野葛《本經》 毒根吴普 胡蔓草《圖經》 斷腸草《綱目》 黄藤《綱目》 火把花 弘景曰：言其入口則鉤人喉吻也。或言：吻當作挽字，牽挽人腸而絶之也。時珍曰：此草雖名野葛，非葛根之野者也。或作冶葛。王充《論衡》云：冶，地名也，在東南。其説甚通。廣人謂之胡蔓草，亦曰斷腸草。入人畜腹内，即粘腸上，半日則黑爛，又名爛腸草。滇人謂之火把花，因其花紅而性熱如火也。岳州謂之黄藤。 【集解】《别録》曰：鉤吻生傅高山谷及會稽東野，折之青烟出者，名固活。二月、八月采。 恭曰：秦鉤吻一名除辛，生南越山及寒石山，或益州。葉如葛，赤莖大如箭而方，根黄色，正月采之。 恭曰：野葛生桂州以南，村墟閭巷間皆有。彼人通名鉤吻，亦謂苗爲鉤吻，根名野葛。 蔓生，其葉如柿。其根新采者，皮白骨黄。宿根似地骨，嫩根如漢防己，皮節斷者良。正與白花藤相類，不深別者，頗亦惑之。新者折之無塵氣。經年以後則有塵起，從骨之細孔中出。今折枸杞根亦然。《本草》言折之青烟起者名固活，爲良，亦不達之言也。人誤食其葉者致死，而羊食其苗大肥，物有相伏如此。《博物志》云鉤吻蔓生，葉似鳬葵，是也。 時珍曰：嵇含《南方草木狀》云：野葛蔓生，葉如羅勒，光而厚，一名胡蔓草。人以雜生蔬中毒人，半日輒死。段成式《酉陽雜俎》云：胡蔓草生邕州、容州之間。叢生，花扁如巵子而稍大，不成朵，色黄白。其葉稍黑。又按《嶺南衛生方》云：胡蔓草葉如茶，其花黄而小。一葉入口，百竅潰血，人無復生也。時珍又訪之南人云：鉤吻即胡蔓草，今人謂之斷腸草是也。蔓生，葉圓而光。春夏嫩苗毒甚，秋冬枯老稍緩。五六月開花似櫸柳花，數十朵作穗。生嶺南者花黄，生滇南者花紅，呼爲火把花。此數説皆與吴普、蘇恭説相合。陶弘景等别生分辨，並正于下。

【正誤】弘景曰：《五符經》亦言鉤吻是野葛。覈事而言，似是兩物。野葛是根，狀如牡丹，所生處亦有毒，飛鳥不得集，今人用合膏服之無嫌。鉤吻别是一物，葉似黄精而莖紫，當心抽花，黄色，初生極類黄精，故人采多惑之，遂致死生之反。或云鉤吻是毛茛，參錯不同，未詳云何？ 斆曰：凡使黄精勿用鉤吻，真似黄精，只是葉有毛鉤子二個。黄精葉似竹葉。又曰：凡使鉤吻，勿用地精，莖苗相同。鉤吻治人身上惡毒瘡，其地精殺人也。 恭曰：鉤吻蔓生，葉如柿。陶言飛鳥不集者，妄也。黄精直生，葉似柳及龍膽草，殊非比類。毛茛乃有毛石龍芮，與鉤吻何干。 頌曰：江南人説黄精莖苗稍類鉤吻。但鉤吻葉頭極尖而根細，與蘇恭所説不同，恐南北之産異也。 禹錫曰：陶説鉤吻似黄精者，當是。蘇説似柿葉者，别是一物也。又言苗名鉤吻，根名野葛者，亦非通論。 時珍曰：《神農本草》鉤吻一名野葛，一句已明。《草木狀》又名胡蔓草，顯是藤生。吴普、蘇恭所説正合本文。陶氏以藤生爲野葛，又指小草爲鉤吻，復疑是毛茛，乃祖雷斆之説。諸家遂無定見，不辨其蔓生、小草，相去遠也。然陶、雷所説亦是一種有毒小草，但不得指爲鉤吻爾。昔天姥對黄帝言：黄精益壽，鉤吻殺人。乃是以二草善惡比對而言。陶氏不審，疑是相似，遂有此説也。 餘見黄精下。

〔氣味〕辛，温，大有毒。普曰：神農：辛。雷公：有毒殺人。時珍曰：其性大熱。本草毒藥止云有大毒，此獨變文曰大有毒，可見其毒之異常也。之才曰：半夏爲之使，惡黄芩。〔主治〕金瘡乳痓，中惡風，欬逆上氣，水腫，殺鬼疰蠱毒《本經》。破癥積，除脚膝痹痛，四肢拘攣，惡瘡疥蟲，殺鳥獸。搗汁入膏中，不入湯飲。《別録》。主喉痹咽塞，聲音變吴普。

〔發明〕藏器曰：鉤吻食葉，飲冷水即死，冷水發其毒也。彼土毒死人懸尸樹上，汁滴地上生菌子，收之名菌藥，烈於野葛也。蕹菜搗汁，解野葛毒。取汁滴野葛苗即萎死。南人先食蕹菜，後食野葛，二物相伏，自然無苦。魏武帝噉野葛至尺，先食此菜也。時珍曰：按李石《續博物志》云：胡蔓草出二廣。廣人負債急，每食此草而死，以誣人。以急水吞即死急，慢水吞死稍緩。或取毒蛇殺之，覆以此草，澆水生菌，爲毒藥害人。葛洪《肘後方》云：凡中野葛毒口不可開者，取大竹筒洞節，以頭拄其兩脇及臍中。灌冷水入筒中，數易水。須臾口開，乃可下藥解之。惟多飲甘草汁、人屎汁。白鴨或白鵝斷頭瀝血，入口中，或羊血灌之。《嶺南衛生方》云：即時取雞卵抱未成雛者，研爛和麻油灌之。吐出毒物乃生，稍遲即死也。

明・梅得春《藥性會元》卷上　鉤吻　味辛，溫，有大毒。半夏為使。惡黄芩。一名野葛。與地精苗莖相似，其地精能殺人，勿誤用誤餌。　主治金瘡乳痓，中惡風，咳逆上氣，水腫，殺鬼疰蠱毒；　破癥積，除脚膝痹痛，四肢拘攣，惡瘡疥蟲，殺鳥獸。一名野葛。折之青煙出者名固活。甚熱，不入湯。生傅高山谷、會稽東野。　製法：採細剉，研汁入膏中，用治人身惡瘡，效。

明・倪朱謨《本草彙言》卷五　鉤吻　味辛，微甘，氣溫，性有大毒。

李氏曰：鉤吻，即胡蔓草，又名斷腸草。入口即鉤人喉吻，故名。誤食不半日即死。蔓生，葉圓而光，春夏嫩苗毒甚，秋冬枯老稍緩。五六月開花，數十朶作穗。生嶺南者，花黄。生滇南者，花紅，又呼爲火把花。葉似黄精而莖紫，當心抽花黄色，初生酷類黄精，人悮采食即死。　蘇氏曰：鉤吻與黄精，酷似難辨。細審鉤吻，莖是蔓生，葉有毛鈎二箇。黄精莖係直生小草，葉似竹葉爲別也。又按：葛氏方：據《神農本草》鉤吻名野葛，如中此毒，惟飲人屎汁，或取生鵝血，或鴨血，或羊血灌之，或取雞卵抱未成雛者，研爛和麻油灌之，吐出毒物可生，稍遲即死矣。

朱按：鉤吻入口即死，非若他毒藥，有可製服，而後又能治療急疾者。何本草諸書，又列引《神農本經》及《別録》方，稱治金瘡乳痓，中惡風，欬逆上氣，水腫鬼疰，蠱毒癥積，脚膝痹痛等證？莫非不入湯飲丸散服食料中，而爲煎膏敖汁，爲敷貼淋洗之用耶？因前人混說未明，朱不敢妄爲引證。集方闕此，以俟高明鑒定。

明・姚可成《食物本草》卷一九草部・毒草類　鉤吻又名野葛、胡蔓艸、斷腸艸、火把花。生桂州以南，村墟閭巷間皆有。蔓生。葉圓而光。春夏嫩苗毒甚，秋冬枯死稍緩。五六月開花似櫸柳花。數十朵作穗。生嶺南者花黄，生滇中者花赤。昔天姥對黄帝言黄精益壽，鉤吻殺人是也。

鉤吻，有大毒。一葉入口，百孔迸血。爛腸腐胃，速在須臾。急搗蕹菜汁灌之，可復其生。取蕹菜汁滴鉤吻苗，即萎死。南人先食蕹菜，後食鉤吻，二物相制也。魏武帝啖野葛至尺，以先食此菜。〇陳藏器曰：鉤吻食葉，飲冷水即死，冷水發其毒也。彼土毒死人，懸尸於樹，汁滴地上生菌子，收之名菌藥。比之鉤吻更烈也。〇李時珍曰：按李石《續博物志》云：胡蔓艸出二廣，廣人負債急，每食此艸而死以誣人。以急水吞即死，慢水吞，死稍緩。或取毒蛇殺之，覆以鉤吻，澆水生菌，為毒藥害人。葛洪《肘後方》云：凡中野葛毒，口不可開者，取大竹筒洞節，以頭拄其兩脇及臍中。灌冷水入筒中，數易水，須臾口開，乃可下藥解之。惟多飲甘草汁、人屎汁，殺白鴨或白鵝，瀝血入口中；或羊血灌之。《嶺南衛生方》云：即時取雞卵抱未成雛者研爛，和麻油灌之，吐出毒物乃生，稍遲即死也。

清・张璐《本經逢原》卷二　鉤吻《本經》名野葛，紅花者名火把草，黄花者名黄藤，《千金》名黄野葛。　辛，溫，大毒。　《本經》主金瘡乳痓中惡風，欬逆上氣，水腫，殺鬼疰蠱毒。　發明：野葛之毒甚於戈戟，故有鉤吻之名。而風毒蠱疰用之以毒攻毒，苟非大劇，亦難輕用。紫者破血結，青者破痰積。其葉與黄精葉相似，但鉤吻葉有毛鉤二箇，黄精葉似竹葉而無毛鉤，可以明辨。誤食鉤吻葉，飲冷水即死，以死屍懸樹上汁滴在地即生菌子，收之名菌藥。毒於野葛，蕹菜搗汁解之，取蕹菜汁滴野葛苗即萎死。中野葛毒，急不可得蕹菜，多飲甘草汁、人屎汁，或白鴨血、白鵝血、羊血灌之亦解。

清・吴其濬《植物名實圖考》卷二四　鉤吻　《本經》下品。相承以為即冶葛，今之斷腸草也。詢之閩、廣人，云有大小二種：大者如夜來香葉，蔓生植立，近人輒動，擣爛置猪腸中，上下奔竄，必破腸而出；小葉者如馬蘭，性尤烈。李時珍所謂黄藤，乃莽草根也。又云滇人謂之火把花，蓋即《黔書》所云花赤如桑椹者，同為惡草，非止一種，今以蜀產圖之。

清・葉志詵《神農本草經贊》卷三　鉤吻　味辛，溫。主金創乳痓，中惡風，欬逆上氣，水腫，殺鬼注蠱毒。一名野葛。生山谷。

預儲蕹汁，救撲炎煬。箭噴裂吻，蔓繞屠腸。避棲飛鳥，飽飫肥羊。黃精益壽，美惡分詳。

陳藏器曰：蕹菜擣汁，解野葛毒。李時珍曰：滇人謂之火把花，言其性熱如火。東方朔文：吹天火之炎煬。吳普曰：赤莖如箭。蘇恭曰：蔓生與白花藤相類。蘇舜欽詩：獠工裂吻燥。《戰國策》：聶政抉目屠腸。陶弘景曰：鉤人喉吻，牽挽人腸。《五符經》言：飛鳥不得集。蘇恭曰：羊食其苗，大肥。物有相伏如此。《博物志》：人信鉤吻殺人，不信黃精益壽，不亦惑乎？李時珍曰：此以二草，美惡對待而言。陶氏、雷氏、韓氏，言相似者誤。

清・戴葆元《本草綱目易知錄》卷二　鉤吻野葛、斷腸草。　辛，溫，大毒。破癥結，除脚膝痹痛，四肢拘攣，惡瘡疥蟲。殺鳥獸。擣汁入膏中，不入湯飲，悮食，飲冷水即死，急以蕹菜擣汁灌解之。

清・徐士鑾《醫方叢話》卷五　解中鉤吻毒　鉤吻即野葛，因入口鉤人喉吻，故曰鉤吻。廣人謂之胡蔓草，又名斷腸草。滇人謂之火把花，岳州謂之黃藤。春夏苗嫩毒甚，秋冬草枯稍緩。嶺南花黃，滇南花紅。解鉤吻毒，取人糞汁，或白鴨，或鵝，斷頭滴血入口；或羊血灌之亦解；或葱汁，或甘葛汁，或雞蛋清，皆可解。

滇鉤吻

清・吳其濬《植物名實圖考》卷二四　滇鉤吻　太陽之草曰黃精，太陰之草曰鉤吻。《博物志》云：鉤吻，盧氏曰：陰地黃精不相連，根苗獨生者是也。陶隱居云：葉似黃精而莖紫，當心抽花，黃色，初生極類黃精。雷斅曰：使黃精勿用鉤吻，真相似，只是葉有毛鉤子二個，黃精葉如竹葉。蘇頌曰：江南說黃精莖苗，稍類鉤吻。自古言鉤吻、黃精相似，瞭然如此。無有指為斷腸草者。《本經》一名冶葛，冶葛後人以為斷腸草。毒草斷腸，品非一種。《南方草木狀》：冶葛一名胡蔓草，不言即鉤吻。自蘇恭始以苗為鉤吻，根為野葛，深斥陶說之非，謂其葉如柿、如鳧葵。則即今嶺南之大葉斷腸草矣。其云黃精葉似柳及龍膽草，乃玉竹也。古人於黃精、玉竹不甚分別，雷說葉如竹，則今黃精也。沈存中《藥議》亦以鉤吻為即斷腸草，然又云斷腸草人間至毒之物，不入藥用。恐《本草》所出，別是一物，非此鉤吻。則存中未敢以鉤吻、黃精相似之說，確然斷為誤也。《本草綱目》臚引斷腸草以實鉤吻，大抵皆集眾說，非惟未見鉤吻，蓋亦未見斷腸，憑臆訂訛，遂以草之至毒者惟嶺南胡蔓一物矣。考《吳普本草》，鉤吻或出益州，碧雞、金馬，開元後已淪南詔。蘇恭諸人，不識益州之鉤吻固宜，醫家於毒草不曾試用，展轉致誤得鉤吻，所關豈淺鮮哉？余至滇，遣人入山采藥，得似黃精、玉竹者二草，其標識則曰鉤吻、漢鉤吻。鉤吻葉如竹，與黃精同而矮小，葉生一面，花實生一面，棄擲皆活，殆即雷斅所謂地精。俗云偏精，其偏者不止葉不相當而已，漢鉤吻似玉竹，葉如柳、如龍膽草，而葉端皆反鉤，四面層層舒葉開花，花有黃白者，亦有紅者。蓋陶說所謂當心開花，而雷說所謂毛鉤也。滇之山岷蚩蚩者，豈能杜撰此名？蓋相承指呼久矣。余審是再三，而知太陽、太陰之說，傳於上古，不可妄訾。後人少見，反肆雌黃，而未及料其貽害無窮也。禮失求野，其言猶信。乃召土醫而詢之，云：黃精、鉤吻，山中皆產，采者須辨別之，其葉鉤者有大毒。然則鉤之得名，非以其葉如鉤耶？偏精有毒稍輕，形偏則性亦偏矣。考《南嶽記》，謂黃精多山薑偽製，桂馥《札璞》謂滇多毒草，然則服黃精者，宜如本草采嵩山生者，庶不至以豨苓引年，而棄昌陽乎？夫天地乖戾之氣，所鍾非一，鉤吻、胡蔓，無妨並馳。譬如四凶列於禹鼎，非止渾敦一形；五鬼登於唐廷，未必盧杞同貌。山有陰陽，則氣秉舒慘，處至陰之地，而具至陽之性，則為毒尤甚。宦寺婦人，陰陽異用，而大亂生矣。抑又聞之，虎賁甚似中郎，桓魋乃肖至聖。甚惡甚美，真賢真奸，此亦造物之樞鈐，而待人以決擇。余檢《自僵之牘》，湘中則黃藤，豫章則水莽、博落迴，粵閩則大小葉斷腸草，滇則草烏、火把花，又有蟲如草，長寸許，亦名斷腸草，牛馬食之立斃。《黔書》又有一種斷腸。惡直醜正，實繁有徒，豈得謂共兜去而無餘凶；廉來除而並及異獸乎？余以舊說入鉤吻下，《別錄》斷腸草數種，而特著滇鉤吻二物，或可正李時珍之正誤。《本草》鉤吻有主治，滇醫亦用以洗惡毒瘡。以盜捕盜，或亦收效，而斷腸草則未聞有用者。巧令孔壬遇之立敗耳，唐以前言冶葛者或即是此草，《草木狀》冶葛既不云鉤吻，當是同名異物。相如無咎，不疑萬年，其為賢不肖也多矣。　鉤吻，滇人以蝕毒瘡惡，刺字犯雜他藥以爛滅刺字，俗所謂爛藥也。

番木鼈

明·李時珍《本草綱目》卷一八草部·蔓草類　番木鼈《綱目》

〔釋名〕馬錢子《綱目》　苦實把豆《綱目》　火失刻把都時珍曰：狀似馬之連錢，故名馬錢。

〔集解〕時珍曰：番木鼈生回回國，今西土邛州諸處皆有之。蔓生，夏開黄花。七八月結實如栝樓，生青熟赤，亦如木鼈。其核小於木鼈而色白。彼人言治一百二十種病，每證各有湯引。或云以豆腐制過用之良。或云能毒狗至死。

仁〔氣味〕苦，寒，無毒。〔主治〕傷寒熱病，咽喉痹痛，消痞塊。並含之嚥汁，或磨水噙嚥時珍。

〔附方〕新四。喉痹作痛：番木鼈、青木香、山豆根等分，爲末吹之。楊拱《醫方摘要》。纏喉風腫：番木鼈仁一箇，木香三分，同磨水，調熊膽三分，膽礬五分。以雞毛掃患處取效。唐瑶《經驗方》。癍瘡入目：苦實把豆兒即馬錢子半箇，輕粉、水花、銀朱各五分，片腦、麝香、枯礬少許爲末。左目吹右耳，右目吹左耳，日二次。田日華《飛鴻集》。病欲去胎：苦實把豆兒研膏，納入牝戶三四寸。《集簡方》。

明·李中立《本草原始》卷三　番木鼈　始生回回國，今西土、邛州諸處皆有之。蔓生，夏開黄花，七八月結實如栝樓，生青熟赤，如木鼈。其核圓，小於木鼈而色白。味苦，故一名苦實。狀如馬之連錢，故一名馬錢子。番木鼈　氣味：苦，寒，無毒。主治：傷寒熱病，咽喉痹痛，消痞塊，並含之，嚥汁，或磨水噙嚥。番木鼈，新增。能毒狗至〔死〕，亦能殺飛禽，今人多用毒烏鴉。番木鼈形圓，色白有毛，細切搗爛，和肉内毒鼠即死。勿令猫食之。

明·倪朱謨《本草彙言》卷六　番木鼈　味苦，氣寒，有毒。

李氏曰：番木鼈，生回回國，今西土、邛州諸處亦有之。蔓生，夏開黄花，七八月結實如栝樓，生青熟赤；亦如木鼈，其核小于木鼈而色白。彼人言，治一百二十種病，每證名有湯引。或云以豆腐製過用之良。與狗食即死。〇盧氏曰：蔓草曰木，以用言也。實核曰鼈，以形舉也。

番木鼈：白尚之述李時珍方解咽喉結熱，腫痹脹痛，消腹中痞熱，癥塊攻疼，并以此含之嚥汁，或磨湯噙嚥亦可。此藥有寒毒而劣，如元虚氣不足之證，禁用。

集方：唐瑶《經驗方》治纏喉風腫。用番木鼈一箇，以水磨汁，和膽礬末三分，以雞毛蘸汁掃患處。〇《飛鴻集》治癍瘡入目。用番木鼈一箇研細末，輕粉、銀硃各五分，冰片、麝香、枯礬各一分，和木鼈總爲末，用少許。左目吹右耳，右目吹左耳，日二次。〇《集簡方》治有孕不欲留。用番木鼈一個，研細末，用絹包，以綿繫納入陰戶内三寸，一日即下。

清·王翃《握靈本草》補遺　番木鼈生回回國，今邛州有之。【略】熱牙疼不可忍，用番木鼈半箇，井花水磨一小盞，含漱，熱即吐去，水完則疼止。此方不出《綱目》，累試有效。

清·王道純《本草品彙精要續集》卷二　番木鼈無毒　番木鼈：主傷寒熱病，咽喉痹痛，消痞塊，並含之咽汁，或磨水噙咽《本草綱目》。〔名〕馬前子、苦實把豆、火失刻把都。〔地〕李時珍曰：番木鼈，生回回國，今西土邛州諸處皆有之。〔苗〕蔓生，夏開黄花，亦如木鼈，其核小於木鼈而色白，彼人言治一百二十種病，每證各有湯引，或云以豆腐製過用之良，或云能毒狗至死。〔時〕七八月結實如栝蔞。〔色〕生青，熟赤。〔質〕李時珍曰：狀似馬之連錢，故名馬前。〔用〕子。〔味〕苦。〔性〕寒。〔氣〕氣薄味苦，陰也。〔治〕苦實把豆兒，研膏納入牝戶三四寸，去胎。〔合治〕合番木鼈、青木香、山豆根等分爲末，療喉痹作痛。〇番木鼈仁一個，木香三分，同磨，水調熊膽三分，膽礬五分，以雞毛掃纏喉風腫，取效。〇癍瘡入目，苦實把豆兒即馬前子半個，輕粉、水花、銀朱各五分，片腦、麝香、枯礬少許，爲末，左目吹右耳，右目吹左耳，日二次。

清·嚴潔等《得配本草》卷四　番木鱉　苦，寒。消痞塊，散乳癰，治喉痹，塗丹毒。配豆根、青木香，吹喉痹。配木香、膽礬末，掃喉風。水磨切片，炒研。或醋、或蜜調，圍腫毒。消陰毒，加藤黄。勿宜煎服。

清·張德裕《本草正義》卷下　番木鱉　極苦，大寒，大毒。毒狗亦毒人，與土木鱉大同，而寒烈尤甚。

清·趙其光《本草求原》卷四蔓草部　番木鱉　又名牛銀，無殼。苦，寒，大毒。主傷寒熱病，咽喉痹痛，消痞塊，並含之咽汁，或磨水含咽。斑瘡入目，同輕粉、青木香、冰麝為末，左目吹右耳，右目吹左耳。跌打止痛，去毛，油炒枯，為末服，能抵杖。又名馬前，色白，能毒犬。犬大熱，此大寒，相反而相激則死。

清·龍之章《蠢子醫》卷二　馬前子贊若有中其毒者，飲香油自解。馬前大毒甚可驚，得了製法有殊功。黑豆水煮三炷香時，以透為度，連豆水盛放十餘日，將藥撈出，去皮心，用馬牙沙炒焦黑，研末備用，丸散皆可，豆水埋之，以盡滅其毒。我嘗治些大風症，無不以此為先鋒。上至顛頂下湧泉，百骨百節皆流通。譬之項王烏騅馬，一到壁上便凌空。譬之柳州白花蛇，一遇癘症便乘風。此真天下大奇物，不可使之抑鬱在土中。我初見此，便埋之土中，恐人中其毒也。

胡蔓草

元・僧繼洪補編《嶺南衛生方》卷中　治胡蔓草毒方　胡蔓草，葉如茶，其花黄而小。一葉入口，百竅潰血，人無復生也。廣西愚民私怨，茹以自斃。家人覺之，即時取雞卵抱未成雛者，研爛和麻油灌之，吐出毒物乃生，稍遲即死也。如人誤服此草者，止以前法解之。

明・俞弁《續醫説》卷一〇　胡蔓草　胡蔓草，一名斷腸草。其葉如茶，其花黄而小，有大毒。廣西愚民，有爭鬭者服之，百竅流血，人無復生。急取雞抱卵即哺退雞子，劈破，以清油調和，灌入其口，須臾吐盡惡物而甦，少緩不可救矣。宦游者不可不知。

清・何諫《生草藥性備要》卷上　朝陽草　祛風毒，洗瘀癩。

呂宋果

附：泰西・石鐸琭《本草補》　呂宋果　呂宋島中產一果，名加穵弄。外肉而內核，味苦不堪食。其初惟有一處深山峻嶺生此樹，甚高大，土人多不識者。旅人輩至島，百年前始知其果可用。近三十年，頗悉其療，治各病極有奇驗，遂攜至中國。若果之皮肉，其效尤捷，有呼為寶豆者。豆者，言果之形狀；寶者，言其可貴重也。呂宋雖為海島，由粵東海舶順風揚飄，半月可到，非若泰西絕域，涂程數萬，時日累年，遠而難致也。它日當冠于川廣藥材之上矣。此藥最有大能，不能遽述。　中毒、服毒，將果或摩、或刮，以清水或清油調服，毒即吐出。　蛇蝎蜈蚣等傷，摩清水服之，并刮末敷患處。　疫疾并中風昏仆，摩水飲之。　腹痛或痢，摩水服之。　瘧疾于初作寒時，摩水服之。　刀斧傷血漏，刮末敷患處，即止血止痛。　孩童腹有蛔蟲并疳積，摩水服之，蟲即吐出。　婦人分娩難產，摩水服之。　頭瘡蛘爛並辣梨，切碎此果，以油煎之，擦之即瘉。　新發風痰，百肢疼痛難當，切碎油煎，乘熱遍擦。須向火取暖，隨以布向火取熱，覆病人身上而睡。又以被蓋，忌見生風。　潮熱，摩水服之即退。再潮熱，漸減而輕矣。

清・趙學敏《本草綱目拾遺》卷八果部下　呂宋果　《本草補》：　呂宋島中產一果，名加穵弄，外肉而內核，味苦不堪食。其初惟有一處深山峻嶺生此樹，甚高大，土人多不識，旅人至島百年後，始知其中果可用，近三十年頗悉其療治各病，極有奇驗，遂攜至中國，若果之皮肉，其效尤捷，有呼為寶豆者。豆，言果之形狀；寶，言其貴重也。

治中毒服毒，將果或磨或刮，以清水或清油調服，毒即吐；　蛇蠍蜈蚣等傷，磨清水服之，并刮敷患處；　疫疾中風昏仆，磨水服之；　腹痛瀉利，磨水服；　瘧疾初作時，磨水服。○刀斧傷、血漏，刮末敷患處，即止血、止痛。○蛔蟲疳積，磨水服，蟲即吐出。○難產，磨水服。○頭瘡癢爛臘梨，切碎此果，以油煎之，乘熱徧擦，向火取暖，隨以布向火取熱，覆病人身上而睡，又以被蓋，不見生風，即愈。○潮熱，磨水服，漸減而愈。

蚤休

宋・唐慎微《證類本草》卷一一草部下品〔《本經》・《別錄》〕　蚤音早休　**味苦，微寒，有毒。主驚癇，搖頭弄舌，熱氣在腹中，癲疾，癰瘡陰蝕，下三蟲，去蛇毒。一名蚩休。**生山陽川谷及冤句。

〔唐・蘇敬《唐本草》〕注云：　今謂重樓者是也。一名重臺，南人名草甘遂。苗似王孫、鬼臼等。有二三層。根如肥大昌蒲，細肌脆白。醋摩療癰腫，傅蛇毒有效。〔宋・掌禹錫《嘉祐本草》〕按：《蜀本圖經》云：　葉似鬼臼、牡蒙輩。年久者二三重。根似紫參，皮黄肉白。五月採根，日乾用之。日華子云：　重臺根，冷，無毒。治胎風搐手足，能吐瀉，瘰癧。根如尺二蜈蚣，又如肥紫昌蒲，又名蚤休，螫休也。〔宋・蘇頌《本草圖經》〕曰：　蚤休，即紫河車也，俗呼重樓金線。生山陽川谷及冤句，今河中、河陽、華、鳳、文州及江淮間亦有之。苗葉似王孫、鬼臼等，作二三層。六月開黄紫花，蘂赤黄色，上有金絲垂下，秋結紅子。根似肥薑，皮赤肉白。四月、五月採根，日乾用。

宋・寇宗奭《本草衍義》卷一二　蚤休　無旁枝，止一莖，挺生，高尺餘，顛有四五葉，葉有歧，似虎杖。中心又起莖，亦如是生葉，惟根入藥用。

宋・鄭樵《通志》卷七五《昆蟲草木略》　蚤休　曰蚩休，曰螫休，曰重樓金線，曰重臺，曰草甘遂。今人謂之紫河車。服食家所用，而莖葉亦可愛，多植庭院間。

宋・劉明之《圖經本草藥性總論》卷上草部下品之下　蚤休　味苦，微寒，有毒。主驚癇，搖頭弄舌，熱氣在腹中，癲疾，癰瘡陰蝕，下三蟲，去蛇毒。《唐本》注云：　醋摩，治癰腫，傅蛇毒有効。日華子云：　冷，無毒。治胎風搐手足，能吐瀉瘰癧。《圖經》云：　即紫河車也。俗呼重樓金線。生山陽山谷及寃句。

元・尚從善《本草元命苞》卷五　蚤休　味苦，微寒，有毒。一名紫河車，又調草甘遂，俗呼重樓金線。苗似鬼臼、王孫，六月花開黃紫，蕊上金絲下垂，秋結紅子，根似肥薑，又若菖蒲，肉白皮赤，五月採取，日乾用之。主驚癇，搖頭弄舌，療胎風搐手搦足。治熱氣在腹中，療陰蝕於下部。醋摩傅癰瘡，能吐瀉瘰癧。下三蟲如神，去蛇毒有效。生山陽川谷，及寃句河中。

明・蘭茂原撰，范洪等抄補《滇南本草圖説》卷四　重樓　一名紫河車，一名獨脚蓮。氣味辛苦，性寒。俗云：是瘡不是瘡，先用重樓解毒湯。此乃外科之玉藥也。主治：　一切無名腫毒，癰疽發背痘疔等症，最良。

明・蘭茂撰，清・管暄校補《滇南本草》卷中　重(蔞)〔樓〕一名紫河車，又名獨脚蓮。　性微寒，味辛苦。消諸瘡，無名腫毒，利小便。

附方：　治婦人奶結，乳汁不通，或小兒吹乳。重(蔞)〔樓〕三錢，水煎，點水酒服。

明・蘭茂《滇南本草》〔叢本〕卷上　蟲(萋)〔蔞〕一名紫河車，一名獨脚連。　味辛、苦，性微寒。攻各種瘡毒癰疽，利小便。單方：　治婦人乳結不通，紅腫疼痛，小兒吹着，點水酒服。

明・王綸《本草集要》卷三　蚤休即紫河車，俗呼重樓金線。　味苦，氣微寒，有毒。五月採根，日乾。　主驚癇，搖頭弄舌，熱氣在腹中，癲疾，癰瘡陰蝕，下三蟲，去蛇毒，解百毒。

癰毒、蛇毒。醋磨傅其效，亦磨酒調服。

明・滕弘《神農本經會通》卷一　蚤休　即紫河車也，俗呼重樓金線。四五月採根，日乾用。花蘂上繫有金線垂下。　味苦，氣微寒，有毒。

《本經》云：　主驚癇，搖頭弄舌，熱氣在腹中，癲疾，癰瘡陰蝕，下三蟲，去蛇毒。《唐注》云：　醋摩，療癰腫，傅蛇毒有効。日華子云：　治胎風搐手足，能吐瀉瘰癧。《局》云：　紫河車即(線)重樓，《本草》編名曰蚤休。　主治癲癇驚熱疾，何憂弄舌與搖頭。　紫河車，即蚤休。　主癰疽至聖。

明・劉文泰《本草品彙精要》卷一四　蚤休有毒　植生。

蚤音早**休：　主驚癇，搖頭弄舌，熱氣在腹中，癲疾，癰瘡，陰蝕，下三蟲，去蛇毒。**《神農本經》。　〔名〕蚩休、紫河車、重樓金線、重臺、螯休、草甘遂。

〔苗〕《圖經》曰：　蚤休，即紫河車也。苗葉似王孫、鬼臼等，作二三層，六月開黃紫花，蕊赤黃色，上有金線垂下，秋結紅子，根如菖蒲，又似肥薑，皮赤肉白。《衍義》曰：　無傍枝，止一莖挺生，高尺餘，巔有四五葉，葉有歧，似虎杖，中心又起莖，亦如是生葉，惟根入藥用。　〔地〕《圖經》曰：　生山陽川谷及寃句，河中、河陽、華鳳、文州及江淮間亦有之。〔道地〕滁州。　〔時〕生：　春生苗。採：　四月、五月取根。　〔收〕日乾。　〔用〕根。　〔質〕類肥菖蒲，肌細而脆。　〔色〕皮赤，肉白。　〔味〕苦。　〔性〕微寒，泄。　〔氣〕味厚于氣，陰也。　〔主〕驚癇，癲疾。　〔製〕洗去土。　〔治〕療：　日華子云：　治胎風搐手足，能吐瀉瘰癧。　〔合治〕合醋摩，療癰腫，傅蛇毒，有效。

明・許希周《藥性粗評》卷三　癇熱而搖頭鼓舌，好登金線重樓。

金線重樓，一名蚤休，一名紫河車。一莖挺生，無旁枝，葉如王孫、鬼臼，年久便作二三層，又開黃紫花，故名。根似肥薑，皮赤肉白。江淮山阪處處有之。四五月採根，暴乾。　味苦，性微寒，有小毒。主治驚癇風熱，搖頭鼓舌，昏昧不醒。并水煎灌之，又醋磨以傅癰腫瘰癧，蛇毒皆佳。

明・鄭寧《藥性要略大全》卷七　金線重樓　主驚癇，搖頭弄舌，胎風搐搦，破結熱癰毒，吐瘰癧，療陰蝕，下三蟲，解蛇毒。　味甘，微寒，有毒。苗似王孫，根似鬼臼。五月採，日乾用。得醋良。一名紫河車，一名蚤休，一名七葉一枝花。

明・陳嘉謨《本草蒙筌》卷三　蚤休一名紫河車。　味苦，氣微寒。有毒。川谷俱有，江淮獨多。不生傍枝，一莖挺立。莖中生葉，葉心抽莖。年久發三四層，上有金線垂下。故又名金線重樓，俗呼七葉一枝花也。《圖經》云：葉如鬼臼，根若肥薑。凡入藥中，惟採根用。主驚癇搖頭弄舌，除濕熱發腫作瘡。下三蟲，解百毒。或摩酒飲，或摩醋敷。

明・王文潔《太乙仙製本草藥性大全》卷二《本草精義》　蚤休　一名紫河車，一名七葉一枝花，一名蚤休，一名金線重樓，一名重臺，南人俗呼草甘遂。生山陽川谷及寃句，今河中、河陽、華鳳、文州及江淮、閩廣深塢山谷俱有。不生傍枝，一莖挺立，高二尺餘，巔有五七葉，如傘狀，有歧如虎杖，中心又起一莖，亦如是生。《圖經》云：　苗葉似王孫、鬼臼等，作二三層。六月開黃紫花，蘂赤黃色，上有金絲垂下，秋結紅子，根似肥薑，皮赤肉白。四月、五月採根，日乾用。

明・王文潔《太乙仙製本草藥性大全》卷二《仙製藥性》　蚤休　味苦，氣微寒，有毒。　主治：　主驚癇搖頭弄舌，除濕熱發腫癰瘡。　治胎風手足抽掣，理吐瀉瘰癧癲狂，蛇咬，毒蜈蚣傷，下三蟲，解百毒。　或摩酒飲，或摩醋敷。　補註：　癰疽腫毒瘡若初起者，用醋摩，敷之效。○蛇咬毒，用醋摩，搽傷處效。

明・皇甫嵩《本草發明》卷三　蚤休下品下，佐使。氣微寒，味苦，有毒。一名紫河車。　發明曰：　蚤休苦寒，能除風熱毒。故《本草》主驚癇，搖頭弄舌，熱氣在腹，癲疾及濕腫癰瘡，除蝕下三蟲。　去蛇毒諸毒，或摩酒飲，或摩醋敷。　又治胎風搐手足，能吐瀉瘰癧。不生傍枝，一莖挺生，葉心抽莖，年久發三四層，上有金線垂下，又名金線重樓。根若肥薑，入藥惟採根用。

明・李時珍《本草綱目》卷一七草部・毒草類　蚤休《本經》下品

【釋名】蚩休《別録》　螯休《日華》　紫河車《圖經》　重臺《唐本》　重樓金線《唐本》　三層草《綱目》　七葉一枝花《蒙筌》　草甘遂《唐本》　白甘遂時珍曰：　蟲蛇之毒，得此治之即休，故有蚤休、螯休諸名。重臺、三層，因其葉狀也。金線重樓，因其花狀也，甘遂，因其根狀也。紫河車，因其功用也。　【集解】《別録》曰：　蚤休生山陽川谷及冤句。恭曰：　今謂重樓金線者是也。一名重臺，南人名草甘遂。一莖六七葉，似王孫、鬼臼、蓖麻輩，葉有二三層。根如肥大菖蒲，細肌脆白。保昇曰：　葉似鬼臼、牡蒙，年久者二三重。根如紫參，皮黄肉白。五月采根，日乾。大明曰：　根如尺二蜈蚣，大如肥紫菖蒲。頌曰：　即紫河車也。今河中、河陽、華、(鳳)〔風〕、文州及江淮間亦有之。葉似王孫、鬼臼等，作二三層。六月開黄紫花，蕊赤黄色，上有金絲垂下。秋結紅子。根似肥薑，皮赤肉白。四月、五月采之。宗奭曰：　蚤休無旁枝，止一莖挺生，高尺餘，顛有四五葉。葉有歧，似苦杖。中心又起莖，亦如是生葉。惟根入藥用。時珍曰：　重樓金線處處有之，生于深山陰濕之地。一莖獨上，莖當葉心。葉緑色似芍藥，凡二三層，每一層七葉。莖頭夏月開花，一花七瓣，有金絲蕊，長三四寸。王屋山産者至五七層。根如鬼臼、蒼术狀，外紫中白，有粘、糯二種。外丹家采製三黄、砂、汞。入藥洗切焙用。俗諺云：　七葉一枝花，深山是我家。癰疽如遇者，一似手拈拏。是也。

根　【氣味】苦，微寒，有毒。大明曰：　冷，無毒。伏雄黄、丹砂、蓬砂及鹽。

【主治】驚癇，摇頭弄舌，熱氣在腹中《本經》。　癲疾，癰瘡陰蝕，下三蟲，去蛇毒《別録》。　生食一升，利水《唐本》。　治胎風手足搐，能吐泄瘰癧大明。　去瘧疾寒熱時珍。　【發明】恭曰：　摩醋，傅癰腫蛇毒，甚有効。時珍曰：　紫河車，足厥陰經藥也。凡本經驚癇、瘧疾、瘰癧、癰腫者宜之。而道家有服食法，不知果有益否也。

【附方】新五　服食法：　紫河車根以竹刀刮去皮，切作骰子大塊，麪裹入瓷瓶中，水煮候浮漉出，凝冷入新布袋中，懸風處待乾。每服三丸，五更初面東念咒，井水下，連進三服，即能休糧。若要飲食，先以黑豆煎湯飲之，次以藥丸煮稀粥，漸漸食之。咒曰：　天朗氣清金雞鳴，吾今服藥欲長生。吾今不飢復不渴，賴得神仙草有靈。　小兒胎風：　手足搐搦。用蚤休即紫河車爲末。每服半錢，冷水下。《衛生易簡方》。　慢驚發搐：　帶有陽證者。白甘遂末即蚤休一錢，栝樓根末二錢，同於慢火上炒焦黄，研匀。每服一字，煎麝香薄荷湯調下。錢乙《小兒方》。　中鼠莽毒：　金線重樓根，磨水服，即愈。《集簡方》。　咽喉穀賊：　腫痛。用重臺赤色者、川大黄炒、木鼈子仁、馬牙消半兩，半夏泡一分，爲末，蜜丸芡子大，含之。《聖惠方》。

明・梅得春《藥性會元》卷上　蚤休　味苦，微寒，有毒。　主治驚癇，搖頭弄舌，熱氣在腹中，癲疾，癰瘡，除蝕，下三蟲，去蛇毒。一名蚩休，又名重臺。

明・李中立《本草原始》卷三　蚤休　始生山陽川谷及冤句，今河中、河陽、華、鳳、文州及江淮間亦有之。苗葉似王孫、鬼臼等，作二三層。六月〔間〕開黄紫花，蘂赤黄色，上有金絲垂下。秋結紅子。根如紫參，皮黄肉白。四月、五月採根，日乾。蟲蛇之毒，得此治之即休，故《本經》名蚤休，《別錄》名蚩休，日華子名螯休。《唐本草》名重臺。《本草綱目》名三層草，因其葉狀也。今呼金線重樓，因其花狀也。南人名草甘遂，因其根狀也。《圖經》名紫河車，因其功用也。　氣味：　苦，微寒，有毒。　主治：　驚癇，搖頭弄舌，熱氣在腹中。○癲疾，癰瘡陰蝕，下三蟲，去蛇毒。○生食一升，利水。○治胎風，手足搐，能吐泄瘰癧。○去瘧疾寒熱。　蚤休，《本經》下品。皮黄肉白。　修治：　蚤休，洗切，焙用。伏雄黄、丹砂、蓬砂及鹽。足厥陰藥也。《集驗方》：　治中鼠莽毒，蚤休磨水服即愈。

明・張懋辰《本草便》卷一　紫河車俗呼重樓金線　味苦，氣微寒，有毒。主驚癇，搖頭弄舌，癲疾，解百毒。

明・李中梓《藥性解》卷四　蚤休　味苦，微寒，有毒，入心經。主驚癇癲疾，瘰癧陰蝕，癰腫毒瘡，小兒胎風，手足抽掣。下三蟲，去蛇毒。一名紫河車，一名重樓金線。　按：　蚤休味苦，故入心經，以治驚癇等疾，而能解毒。

明・倪朱謨《本草彙言》卷五　蚤休　味苦，氣寒，無毒。入足厥陰肝經。一名螯休，一名重臺，一名金線重樓，一名草河車。

《別錄》曰：蚤休，生山陽川谷及冤句。今河中、河陽、華、鳳、文州及江淮間亦有之，生深山陰濕地。

李氏曰：蟲蛇之毒，得此治之即止，故名。又名重臺，因其葉狀也。名金線重樓，因其花狀也。名草河車，因其功用也。生無旁枝，一莖挺生獨上，莖當葉心，似王孫、鬼臼、芍藥、蓖麻輩。葉凡一莖三層，獨王屋山産者至五七層。每層七葉，葉色碧綠，夏月莖頭作花，一花七瓣，上有金絲下垂，蕊長三四寸，秋結紅子，根如鬼臼及紫參、蒼朮、菖蒲等狀，外紫中白，理細質脆，有秔、糯二種。修治：洗淨切焙。用諺云：七葉一枝花，深山是我家。癰疽如遇此，一似手拈拏。

蚤休：涼血去風，唐本草解癰毒之藥也。陸平林稿前古主小兒熱氣在腹，發爲驚癇，《本經》搖頭弄舌等證。本肝經藥，涼而沉靜，故療熱極動風之疾，以醋摩敷癰腫，諸蛇毒蟲傷，良驗。但氣味苦寒，雖云涼血，不過爲癰疽瘡疹，血熱致疾者宜用。中病即止，又不可多服久服。如熱傷營陰，吐衄血證，忌用之。

集方：《衛生易簡方》治小兒胎風，手足搐搦。用蚤休微炒爲末，每服半錢，薄荷湯下。○錢乙氏治驚風發搐。用蚤休一錢，天花粉二錢，俱炒黄，研匀。每服三分，薄荷湯下。因熱極生風，宜用此方。如因吐者、瀉者、發熱久病者，元氣虚耗發驚搐，不宜用。○《集簡方》治中鼠莽毒。用蚤休，磨水服，即愈。

明・顧逢柏《分部本草妙用》卷一肝部・寒瀉 蚤休即金線重樓，又名紫河車。一莖直上，葉二三層，七葉一枝花者是。 苦，微寒，有毒。伏雄黄丹、蓬砂及鹽。 主治：驚癇，搖頭弄舌，腹熱癰瘡，下蟲，去蛇毒，治胎風手足搐，瘰癧，諸風瘧症。《內經》曰：諸風掉眩，皆屬于肝，故能治。《本經》驚癇，瘧疾，搖頭弄舌，手足搐拘等症。醋磨，傅癰腫，蛇毒甚效。

明・李中梓《醫宗必讀・本草徵要上》 蚤休味苦，寒，有毒。入肝經。專理癰毒，兼療驚癇。一名重樓金線。歌云：七葉一枝花，深山是我家。癰疽如遇此，一似手拈拏。按：蚤休中病即止，不宜多用。

明・蔣儀《藥鏡》卷四寒部 蚤休 救驚亂而卒倒如僵，扶癲癇而忽悶苦絕。解搖頭弄舌之怪症，消喉鳴身熱之奇痾。虚痰火那堪不用，癰腫毒作速推遵。

明・盧之頤《本草乘雅半偈》帙六 蚤休《本經》下品 氣味：苦，微寒，有毒。 主治：主驚癇，搖頭弄舌，熱氣在腹中。

覈曰：出山陽川谷，及冤句。今河中、河陽，華、鳳、文州，及江淮間亦有之。生深山陰濕地，即紫河車、重樓金線、七葉一枝花也。一莖獨上，莖當葉心。似王孫、鬼臼、芍藥、蓖麻輩葉。凡一莖三層，獨王屋山産者，至五七層，每層七葉，葉色碧綠。夏月莖頭作花，一花七瓣，上有金絲下垂，蘂長三四寸，秋結紅子，根如鬼臼，及紫參、蒼术、菖蒲等狀，外紫中白，理細質脆，有秔糯兩種。修治：洗切焙用。丹家采制三黄、砂、汞。

条曰：蚤休，陽草也。以生成功用詮名。《禮記》云：發揚蹈厲之已蚤，使之休止休息爾。一莖獨上，莖當葉心，葉必七，花瓣亦七，重臺或一或三，或五或七，正陽數之生，火數之成也。味苦氣寒，生深山陰濕處，是陽以陰為用矣。對待陰以陽用，致熱在中，若風自火出，而弄舌搖頭，及陽蹈陰中而癇，陰越陽中而驚，此皆陰陽舛錯，越動靜之嘗故爾。所謂發揚蹈厲之已蚤，使之休止休息也。頭為諸陽之首，舌乃心火之苗，蓋動搖名風，若風之自火出也。

清・顧元交《本草彙箋》卷四 蚤休 蚤休，味苦，氣微寒。瘍科之神品也，外敷內服俱效。外敷用醋摩，頻塗患上。內服蚤休，切片，山甲煅，土木鼈、麻油煮枯，殭蠶炒，四物等分，各製末，和匀，每服三錢，砂糖調濕，好酒送下。惡毒癰腫至重者，不過二服，立消。

蚤休生於深山陰濕之地，一莖獨上，莖當葉心，葉綠色似芍藥，凡二三層，一層七葉，莖頭夏月開花，一花七瓣，有金絲蘂，長三四寸，根如鬼臼、蒼术狀，外紫中白。諺云：七葉一枝花，深山是我家。癰疽如遇着，一似手拈拏。是也。名蚤休者，蟲蛇之毒，得此治之即休也。名重臺，名三層草者，因其葉狀。名金線重樓者，因其花狀。名草甘遂，因其根狀，其名草河車，則因其功用，而道家用爲服食，不知果有益否也。

清・李熙和《醫經允中》卷一七 蚤休 即金線重樓，又名紫河車。伏雄黄、丹蓬砂。 苦，微寒，無毒。主治小兒胎風驚癇，搖頭弄舌。醋磨敷癰腫，蛇毒甚效。

清・馮兆張《馮氏錦囊秘錄・雜症痘疹藥性主治合參》卷三 蚤休味

苦，寒。入肝經。　蚤休，一名金錢重樓，一名紫河車草。其根似肥薑。治驚癇，搖頭弄舌。濕熱發腫作瘡，下三蟲，解百毒。或摩酒飲，或摩醋敷。古人歌云：　七葉一枝花，深山是我家，癰疽如遇此，一似手拏。觀此，則善治癰毒之功可知矣。

清・张璐《本經逢原》卷二　蚤休即草紫河車、金線重樓，俗名七葉一枝花。苦，微寒，有毒。　《本經》主驚癇搖頭弄舌，熱氣在腹中。　發明：　蚤休，足厥陰經藥，能治驚癇瘧疾，瘰癧癰腫，詳《本經》主治，總取開結導熱，而驚癇搖頭弄舌之熱邪自除。元氣虛者禁用，醋磨敷癰腫蛇毒有效。

清・張志聰、高世栻《本草崇原》卷下　蚤休　氣味苦，微寒，有毒。主治驚癇，搖頭弄舌，熱氣在腹中。　蚤休，《圖經》名紫河車，《唐本草》名重樓，金線，後人名三層草，又名七葉一枝花。處處有之，多生深山陰濕之地。一莖獨上，高尺餘，莖當葉心，葉綠色似芍藥，凡二三層，每一層七葉，莖頭於夏月開花，一花七瓣，花黃紫色，蕊赤黃色，長三四寸，上有金線垂下，秋結紅子，根似肥薑，皮赤肉白。　諺云：　七葉一枝花，深山是我家，癰疽如迂者，一似手拈拿。又，道家有服食紫河車根法云：　可以休糧。　一者水之生數也，七者火之成數也，三者一奇二偶，合而為三也。蚤休三層，一層七葉，一花七瓣，稟先天水火之精，故主治驚癇，搖頭弄舌。驚癇而搖頭弄舌，乃小兒胎驚胎癇也。胎驚胎癇，乃熱毒之氣得於母腹之中，故曰：　熱氣在腹中。

愚按：　蚤休一名河車，服食此草，又能辟穀，為修煉元真，胎息長生之藥，故主治小兒先天受熱之病，學者得此義而推展之，則大人小兒後天之病，亦可治也。　按《日華本草》言：　紫河車治胎風手足搐，故隱庵解：　熱氣在腹中，謂熱毒之氣得於母腹之中云云和，然即謂搖頭弄舌，由小兒內熱所致，不必作深一層解亦可。　蘇恭曰：　醋磨傅癰腫蛇毒甚效。

清・何諫《生草藥性備要》卷上　七葉一枝花　味甘，性溫，平。治內傷之聖藥也。補血行氣，壯精益腎，能消百毒，乃藥中之王也。真該云：　七葉一枝花，紫背黃根人面花。問他生在何處是，日出崑崙是我家。大抵誰人尋得著，萬兩黃金不換它。此藥生於(疳)〔甘〕石(山)之上，一寸九節者佳。

清・王子接《得宜本草・下品藥》　蚤休　一名紫河車。味苦。主治驚癇胎風。得甘遂、栝蔞根治慢驚發搐，得川大黃、木鱉子仁、馬牙硝、半夏治咽喉穀賊。

清・吴儀洛《本草從新》卷二　蚤休一名重樓金綫。　味苦，微寒。專理癰疽，除蟲蛇毒，諺云：　七葉一枝花，常山是我家。癰疽如遇者，一似手拈拿。蘇恭曰：磨醋敷癰腫蛇毒甚有效。時珍曰：　蟲蛇之毒得此治之即休，故名蚤休、螫休諸名。　兼療驚癇。苦寒之品，中病即止，不宜多用。

清・嚴潔等《得配本草》卷三　蚤休一名紫河車，一名草甘遂，一名白甘遂。伏雄黃、丹砂、硼砂及鹽。　苦，寒，有毒。入足厥陰經。治驚癇癲疾，瘧疾寒熱，及陰蝕癰腫，瘰癧蛇毒。　研末冷水服五分，治小兒胎風，手足搐搦。洗淨焙用。醋磨，敷癰腫蛇毒甚效。　此係毒草，不可輕服。

題清・徐大椿《藥性切用》卷四　蚤休　一名重樓金線。味苦微寒，耑治癰疽蛇毒，為外科耑藥。

清・羅國綱《羅氏會約醫鏡》卷一六草部　蚤休味苦寒，有毒，入肝經。其根似肥薑。治驚癇搖頭弄舌，一切濕熱瘡毒。或磨酒飲，或磨醋服。歌云：七葉一枝花，深山是我家。癰疽如遇此，一似手拈拏。觀此，善治癰疽之功見矣。

清・王龍《本草纂要稿》　蚤休　氣味苦，性微寒，有小毒。解傷寒瘟疫，主驚癇弄舌搖頭。解毒，下三蟲。療濕熱發瘡作腫。

清・葉桂《本草再新》卷三　蚤休味苦，性微寒，無毒。入肺經。　理癰疽，除蟲毒，兼療驚癇。

清・吴其濬《植物名實圖考》卷二四　蚤休　蚤休，《本經》下品。江西、湖南山中多有，人家亦種之。通呼為草河車，亦曰七葉一枝花。為外科要藥。滇南謂之重樓、一枝箭，以其根老橫紋粗皺如蟲形，乃作蟲蔞字。亦有一層六葉者，花僅數縷，不甚可觀，名逾其實，子色殷紅。滇南土醫云：　味性大苦大寒，入足太陰。治濕熱瘴瘧、下痢。與《本草》書微異。滇多瘴，當是習用藥也。

清・趙其光《本草求原》卷一山草部　七葉一枝花　甘，益脾汁；平，升胃之清氣，上行於肺以益血。血是中焦之汁，升於肺、入於心而成。行氣，溫達則氣通。壯精益腎，溫以暢陽化陰於上，平即化陰於下。已勞嗽內傷，活血止血，消腫解毒，甘益土之功。乃草中之王。或謂其功兼參、茸。三七為勞傷上藥，治瘟疫，消癰腫神效，吾嘗試之。味甘，微苦。惟苦平下降，故能令肺陰入心生血也。諺云：　七葉一枝花，紫背黃根節生窪；每節一窩者真，一寸九節者上。每從甘石山頭上，日出昆侖是我家；生高山上，得太陽之氣。大抵誰人尋得着，萬兩黃金不換他。

出廣西、交趾。皮黃質重者上，皮黑質輕者次。另詳毒草。

清・趙其光《本草求原》卷六毒草部五　七葉一枝花：一名蚤休，一名草紫河車，一名金線重樓，一名三層草。一者水之生數，七者火之成數，一水二火合而為三。此草三層，每層七葉，一莖直上，一花七瓣。根似肥薑，皮赤、肉白。此稟水火之精，以行金氣；味苦，氣微寒，交通心腎以滋陽明胃汁；有毒。治驚癇，搖頭弄舌，月內小兒先天受熱，胎驚胎癇之病，惟此能辟穀修煉元真，可治胎息之病。胎風手足搐，熱氣在腹中，熱氣得於母腹之中及小兒內熱生風之病俱可。瘧痢疾。開結導熱之功。醋磨，敷瘰癧，癰腫，蛇毒。諺云：七葉一枝花，深山是我家。癰疽如遇者，一似手拈拿。又詳山草部。

蕊，赤黃，長三四寸，上有金線垂下，故名金線重樓。

清・葉志詵《神農本草經贊》卷三　蚤休　味苦，微寒。主驚癇，搖頭弄舌，熱氣在腹中，瘨疾癰創，陰蝕，下三蟲，去蛇毒。一名蚩休。生川谷。

如轉河車，休哉蚤捷。七葉一枝，重臺三疊。掌運趺承，頭昂舌貼。氣朗天清，長生陳牒。

蘇頌曰：一名紫河車。李時珍曰：蟲蛇之毒，治之即休，故有此名。陳嘉謨曰：一名七葉一枝花。蘇恭曰：一名重臺，葉有二三層者。日華子曰：治胎風，手足搐掣。《服食經》：紫河車，根切塊，水煮，風乾，每服三丸，五更初，面東致祝，連進三服，即能休糧。祝辭曰：天朗氣清金雞鳴，吾今服藥欲長生。

清・戴葆元《本草綱目易知錄》卷二　蚤休七葉一枝花：根，苦，微寒，有毒。入足厥陰經。治中風驚癇，搖頭弄舌，熱氣在腹中，癲疾風瘡。小兒胎風，手足搐搦。能吐瀉瘰癧，去瘧疾寒熱，利水除蝕，下三蟲，去蛇毒，解食鼠莽毒。

清・仲昴庭《本草崇原集說》卷下　蚤休　【略】〔批〕《圖經》以蚤休為紫河車可入藥。俗本草又以人胞為紫河車不可入藥。【略】

仲氏曰：一官，年富力強，誤信人胞即是紫河車，每月製服一具，謂可長生。殊不知人胞有毒，服食非徒無益，而又害之矣，後果然。又曰：辟穀者，元真充積，少食亦不覺飢，非竟辟去也，辟去則絕穀而亡，何可爲訓。

紫背車

明・佚名氏《醫方藥性・草藥便覽》　紫背車　其性溫。治諸背疔之症。祛百蛇毒之妙。

玉簪

明・劉文泰《本草品彙精要》卷四〇　玉簪花有小毒　叢生。

玉簪花：根擣汁，療諸骨鯁。今補。【名】白鶴花。【苗】謹按：此即白鶴花也。苗高尺餘，葉生莖端，淡綠色，六七月抽莖，分岐，生數蘂，長二三寸，清香瑩白，形如冠簪，故名玉簪花也。未開時採，以拖麵煎食，肥滑香美。至秋作莢，四瓣，如馬藺子，其實若榆錢而狹長也。一種莖葉花蘂與此無別，但短小，深綠色而花紫，齅之似有惡氣，殊不堪食，謂之紫鶴，人亦呼爲紫玉簪也。八月作角如桑螵蛸，有六瓣，子亦若榆錢而黑亮如漆。患骨鯁者，取其根擣汁，以葦筒吸入喉內，有效。吸時慎勿着牙，犯之則酥落。無紫者以白者代之亦可。【地】處處有之。【時】生：春生苗。採：不拘時取根。【用】根。【色】白。【味】微苦。【性】寒。【氣】味厚於氣，陰也。【製】去土，搗汁用。【禁】凡服，勿犯牙齒。

明・李時珍《本草綱目》卷一七草部・毒草類　玉簪《綱目》

【釋名】白鶴仙時珍曰：並以花象命名。【集解】時珍曰：玉簪處處人家栽爲花草。二月生苗成叢，高尺許，柔莖如白菘。其葉大如掌，團而有尖，葉上紋如車前葉，青白色，頗嬌瑩。六七月抽莖，莖上有細葉。中出花朵十數枚，長二三寸，本小末大。未開時，正如白玉搔頭簪形，又如羊肚蘑菇之狀；開時微綻四出，中吐黃蕊，頗香，不結子。其根連生，如鬼臼、射干、生薑輩，有鬚毛。舊莖死則根有一臼，新根生則舊根腐。亦有紫花者，葉微狹。皆鬼臼、射干之屬。

根【氣味】甘、辛，寒，有毒。【主治】搗汁服，解一切毒，下骨鯁，塗癰腫時珍。

【附方】新五。乳癰初起：內消花，即玉簪花，取根擂酒服，以渣傅之。《海上方》。婦人斷產：白鶴仙根、白鳳仙子各一錢半，紫葳二錢半，辰砂二錢，搗末，蜜和丸梧子大。産內三十日，以酒半盞服之。不可着牙齒，能損牙齒也。《摘玄方》。解斑蝥毒：玉簪根擂水服之，即解。趙真人《濟急方》。下魚骨哽：玉簪花根、山裏紅果根，同搗自然汁，以竹筒灌入咽中，其骨自下。不可着牙齒。臞仙《乾坤生意》。刮骨取牙：玉簪根乾者一錢，白砒三分，白硇七分，蓬砂二分，威靈仙三分，草烏頭一分半，爲末。

以少許點疼處，即自落也。余居士《選奇方》。

葉　【氣味】同根。　【主治】蛇虺螫傷，搗汁和酒服，以渣傅之，中心留孔洩氣時珍。

明・佚名氏《醫方藥性・草藥便覽》　玉簪花　其性熱。消骨鯁，解毒。

明・倪朱謨《本草彙言》卷五　玉簪花　味甘、辛，氣寒，有毒。

李氏曰：　玉簪，處處園圃栽植。二月生苗成叢，高尺許，柔莖如白菘，其葉大如扇，圓而有尖，葉文如車前葉，青白色。六七月抽莖，莖上有細葉，中出花十數朵，潔白如玉，長二三寸，本小末大。未開時，酷如玉簪形，故名。又如蘑菇之狀，開時微綻四出，中吐黃蘂，頗香。不結子。其根連生，如鬼臼、射干、生薑輩，有鬚。冬月莖枯則下根結一臼，新根生，舊根腐矣。亦有紫花者，葉稍狹耳。皆鬼臼、射干之屬也。

玉簪花根：　解癰毒，李時珍化骨梗之藥也。顧汝琳稿其性捷利，推蕩甚速，非可常服、屢服之劑。善用者，惟取其隨證權用而已。

集方：　《海上方》治乳癰初起，用玉簪花根，擂爛，取汁一盞，和熱酒服，以渣敷患上。○《乾坤生意》治誤食骨物，哽礙喉下。用玉簪花根搗爛，取自然汁，以竹筒灌入喉中，其骨自下。不可着牙齒，○余居士方治牙痛欲落不落。用玉簪花根，乾者一錢二分，硼砂、威靈仙各五分，草烏頭二分，俱爲極細末，以少許點痛牙處，即自落也。○黃馬三方治婦人斷產。用玉簪花根、白鳳仙花子各二錢，紫葳三錢，辰砂一錢五分，俱爲極細末，蜜和丸，梧子大。產後一月內以熱酒半盞，五更時服之，分作二次服。《蜀氏本草》治斑螯毒。用玉簪花根，搗汁服之，即解。

玉簪花、葉：　味氣同根。

李氏曰：　治蛇虺螫傷，搗汁和酒服，以渣敷之，中心留孔出毒氣。

江魯陶先生曰：　玉簪花根葉，捷利推蕩，力能化骨落牙，下胎斷產。此猛利之物，除此數事外，不可輕用。

明・張景岳《景岳全書》卷四八《本草正》　玉簪　味甘、辛，性寒，有小毒。用根搗汁，解一切諸毒，下一切骨哽。塗消癰瘍。婦人乳癰初起，但取根擂酒服之。仍以渣傅腫處即消。然性能損齒，故亦可落齒取牙。

清・丁其譽《壽世秘典》卷三　玉簪　一名白鶴仙，生苗成叢，高尺許，柔莖如白菘。其葉大如掌，團而有尖，葉上紋如車前葉，青白色，頗嬌瑩。六七月抽莖，莖上有細葉，中出花朵十數枚，長二三寸，本小末大，未開時如白玉搔頭簪形，開時微綻四出，中吐黃蕊，頗香，不結子。其根連生，如鬼臼、生薑輩，有鬚毛，舊莖死則根有一臼，新根生則舊根腐。亦有紫花者，葉微狹。

根：　氣味：　甘、辛，寒，有毒。搗汁服，下骨骾，塗癰腫。

葉：　氣味：　同根。主治蛇虺螫傷，搗汁和酒服，以渣敷之，中心留孔洩氣。

發明按，玉簪根、葉有毒。方書乳癰、骨骾、取牙諸方，用根擂酒服或擂水服，俱云不可着齒，則其毒能傷骨損齒可知，又豈腸胃所宜乎。其花恐亦不能無毒，今婦人取其花為首飾，或用以蒸粉塗面者，不可不知。

清・张璐《本經逢原》卷二　玉簪根即白鶴花。　苦、辛，溫，有毒。　發明：　玉簪入骨耎堅，故能下骨鯁，以根搗自然汁，於竹筒灌入喉，不可著牙齒。刮骨取牙，玉簪根乾者一錢、白砒三分、白硇七分、蓬砂三分、威靈仙三分、草烏頭一分半為末，點少許疼處自落。

清・黃元御《玉楸藥解》卷八　玉簪根　味辛，性寒。入足少陰腎經。化骨落牙，斷產消癰。玉簪花根辛寒透骨，能落牙齒，化骨鯁，絕胎妊，散腫毒。研塗一切癰腫。作湯不可着牙，最能損齒。

清・吳儀洛《本草從新》卷二　玉簪〔解毒。〕一名白鶴仙。　辛甘而寒。搗汁服，解一切毒，下骨更。塗癰腫。凡服者不可着牙，損齒極速。余居士〔余居士有《選奇方》〕取牙方：　玉簪根乾者一錢，白砒三分，白硇七分，蓬砂二分，威靈仙三分，草烏頭一分半，為末，以少許點牙痛處即自落。

清・嚴潔等《得配本草》卷三　玉簪　甘、辛，寒，有毒。用根搗汁，解一切諸毒，下一切骨骾。塗消癰腫。婦人乳癰初起，但取根擂酒服之，仍以渣敷腫處即消。亦可取牙落齒。凡服不可着牙齒，能損牙齒也。

題清・徐大椿《藥性切用》卷四　玉簪　一名白鶴仙，即白鶴花根。辛甘性寒，塗癰腫，解諸毒。最能損齒去牙。

清・趙學敏《本草綱目拾遺》卷七花部　玉簪花　《綱目》玉簪條載根葉之用，獨不言其花。今人取其含蕊實鉛粉其中，飯鍋上蒸過，云能去鉛氣，且香透粉內，婦女以勻面，無䵟痣之患。其葉乾之，熏壁蝨絕跡。　花性微毒，治小便不通，《彙集方》玉龍散中用之。

治癬第一靈丹：　《寶誌遺方》：　鮮玉簪花三百朵，為泥，母丁香六兩，沉香四兩，冰片三錢，麝三錢，山西城磚十二兩，共為末，用真麻油三觔半，熬熟；陳年石灰半觔，滴水成珠為度，候冷，收瓷罐內，黄蠟封固，埋土內二十一日，取出，敷患處自愈。此藥可久貯，勿使洩氣。治杖破：玉簪花，手排熟，貼傷處。清涼膏：張卿子祕方：貼疳瘋毒。大黄、黄柏、黄連、黄芩、鬱金、皮消、白及、獨脚蓮、天花粉、玉簪花，共研細末，雞子清調敷，留頂。又二香追毒飲，治肚心癰。羌活、連翹、紫蘇、甘草、白芷、防風、銀花、天花粉、肉桂、黄芪、沉香、木香、沉香、芍藥、生地、枳殼、黄芩、柴胡、前胡、茯苓、玉簪花，水煎，食後服。《山海草函》：玉簪花入韶粉內，敷疳瘡蛀梗。玉龍散：治小便不通：用玉簪花、蛇蛻各二錢，丁香一錢，共為末，每服一錢，酒調送下《醫學指南》。

清·張德裕《本草正義》卷下 玉簪花 辛甘，寒，有小毒。用根葉，搗汁服，解一切諸毒，骨哽。可塗癰瘍，婦人乳癰初起，取根擂汁，和酒服，渣敷腫處即消。亦可落牙取齒。

清·葉桂《本草再新》卷三 玉簪味辛苦，性微寒，有毒。入心、肝二經。治一切瘡毒，以毒攻毒。破血消腫，排膿散風。

清·趙其光《本草求原》卷六 玉簪根即白鶴花。苦，平，溫，有毒。入骨軟堅，治骨鯁，搗汁，以竹筒灌入喉，不可着牙齒。點牙即落，乾的一錢，白砒三分，白硇七分，硼砂三分，靈仙三分，草烏分五。一方填入鯽魚腹內，存性。

清·劉善述、劉士季《草木便方》卷一草部 白鶴仙 玉簪花根甘辛寒，癰疽乳腫塗消完。沖汁解毒化骨骾，蛇傷葉塗酒服痊。

綿棗兒

明·朱橚《救荒本草》卷上之後 綿棗兒 一名石棗兒。出密縣山谷中，生石間。苗高三五寸，葉似韭菜而闊，瓦隴樣，葉中擴葶出穗，似雞冠莧穗而細小，開淡粉紅花，微帶紫色；結小蒴兒，其子似大藍子而小，黑色；根類獨顆蒜，又似棗形而白。味甜，性寒。救飢：採取根，添水久煮，極熟食之。不換水煮食後，腹中鳴，有下氣。

清·何諫《生草藥性備要》卷下 天蒜 味甜，性寒。治苦傷。葉似韭菜，其子似魚膽。

藜蘆

宋·李昉《太平御覽》卷第九九〇 藜蘆 《廣雅》曰：藜蘆，葱苒也。《本草經》曰：藜蘆，一名葱苒。味辛，寒。生山谷。主治蠱毒。生太山。《范子計然》曰：藜蘆，出河東。黄白者善。《吴氏本草》曰：藜蘆，一名葱葵，一名山葱一名豐蘆，一名葵一名公苒。神農、雷公：辛，有毒。黄帝：有毒。岐伯：鹹，有毒。李氏：大毒，大寒。扁鵲：苦，有毒，大葉根小，相連。二月採根。

宋·唐慎微《證類本草》卷一〇草部下品〔《本經·別錄·藥對》〕 **藜蘆 味辛、**苦，**寒、**微寒，有毒。**主蠱毒，欬逆，洩痢腸澼，頭瘍疥瘙惡瘡，殺諸蟲毒，去死肌，**療噦逆，喉痹不通，鼻中息肉，馬刀爛瘡。不入湯。**一名葱苒，**一名葱菼音毯，一名山葱。生太山山谷。三月採根，陰乾。黄連爲之使，反細辛、芍藥、五參，惡大黄。

〔梁·陶弘景《本草經集注》〕云：近道處處有。根下極似葱而多毛。用之止剔取根，微炙之。

〔宋·掌禹錫《嘉祐本草》〕按：《蜀本圖經》云：葉似鬱金、秦艽、蘘荷等，根若龍膽，莖下多毛。夏生，冬凋枯。今所在山谷皆有。八月採根，陰乾。吴氏云：藜蘆，一名葱葵，一名豐蘆，一名蕙葵。神農、雷公：辛，有毒。岐伯：鹹，有毒。季氏：大毒，大寒。扁鵲：苦，有毒。大葉，根小相連。范子曰：藜蘆出河東，黄白者善。《藥性論》云：藜蘆，使，有大毒。能主上氣，去積年膿血，泄痢，治惡風瘡疥癬頭秃，殺蟲。

〔宋·蘇頌《本草圖經》〕曰：藜蘆，生泰山山谷，今陝西、山南東西州郡皆有之。三月生苗。葉青，似初出椶心，又似車前。莖似葱白，青紫色，高五六寸，上有黑皮裹莖，似椶皮。其花肉紅色。根似馬腸根，長四五寸許，黄白色。二月、三月採根，陰乾。此有二種：一種水藜蘆，莖葉大同，只是生在近水溪澗石上，根鬚百餘莖，不中入藥用；今用者名葱白藜蘆，根鬚甚少，只是三二十莖，生高山者爲佳。均州土俗亦呼爲鹿葱。此藥大吐上膈風涎，闇風癇病，小兒鰕齁，用錢匕一字，則惡吐人。又用通頂令人嚏，而古經本草云：療嘔逆，其效未詳。今萱草亦謂之鹿葱，其類全别。主療亦不同耳。

〔宋·唐慎微《證類本草》〕雷公云：凡採得，去頭，用糯米泔汁煮，從巳至未，出，曬乾用之。《聖惠方》：治黑痣生於身面上。用藜蘆灰五兩，水一大椀，淋灰汁於銅器中盛，以重湯煮令如黑膏，以針微撥破痣處點之，良。不過三遍，神驗。《千金翼》：治牙疼。內藜蘆末於牙孔中，勿咽汁，神效。《經驗後方》：治中風不語，喉中如拽鋸聲，口中涎沫。取藜蘆一分，天南星一個，去浮皮，於臍子上陷一個坑子，內入陳醋二橡斗子，四面用火逼令黄色，同一處搗，再研極細，用生麪爲丸如赤豆大。每服三丸，溫酒下。《百一方》：治黄疸。取藜蘆着灰中炮之，小變色搗爲末。水服半錢匕，小吐，不過數服。《斗門方》：治疥癬。用藜蘆細搗爲末，以生油塗傅之。《簡要濟衆》：治中風不省人事，牙關緊急者。藜蘆一兩去蘆頭，濃煎防風湯浴過，焙乾碎切，炒微褐色，搗爲末。每服半錢，溫水調下，以吐出風涎爲效。如人行三里未吐，再服。

宋·寇宗奭《本草衍義》卷一一 藜蘆　爲末，細調，治馬疥癢。

宋·鄭樵《通志》卷七五《昆蟲草木略》 藜蘆　曰蔥苒，曰蔥菼，曰山蔥，曰蔥葵，曰豐蘆，曰蕙葵。

宋·劉明之《圖經本草藥性總論》卷上 藜蘆　味辛、苦，寒、微寒，有毒。主蠱毒，欬逆，洩痢腸澼，頭瘍疥瘙惡瘡，殺諸蟲毒，療噦逆，喉痺不通。《藥性論》云：使。有大毒。能主上氣，去積年膿血，泄痢，惡風瘡疥癬，頭禿，殺蟲。均州生。俗呼為鹿葱。此藥大吐上膈風涎，闇風癇病。小兒鰕齁，用錢匕一字，則惡吐人。又用通項，令人嚏，療嘔逆，其效未詳。黄連為之使。反細辛、芍藥、五參。惡大黄。近道皆有之。

宋·陳衍《寶慶本草折衷》卷一〇草部下品上 藜蘆使。二百七四。○灰汁在內。

一名鹿葱，一名葱苒，一名葱菼，一名葱葵，一名山葱，一名豐蘆，一名蕙葵。□，□也。生太山山谷及河東、陝西、山南東西及均、并、解州。今處處有之，以山上者佳。○□□八月採根，陰乾。○黄連為使，反細辛、芍藥、五參，惡大黄。

味辛、苦，微寒，有毒。○主蠱毒，咳逆，泄痢，腸澼，頭瘍疥瘙惡瘡，殺諸蟲毒，鼻中息肉，馬刀爛瘡。《音義》云：傳痂不□者，馬刀□也。○《圖經》曰：黑皮裹莖，似椶皮，其根黄白色。有一種水藜蘆，生近水溪澗石上。根鬚百餘莖，不中入藥。今用者名葱白藜蘆，根鬚少，二三十莖。大吐上膈風涎，暗風癇病，小兒鰕齁去□切。○《藥性論》云：主上氣，治惡風瘡，疥癬頭禿。○《聖惠方》：治黑痣。用藜蘆伍兩，水淋灰汁於銅器，盛以重湯，煮如黑膏，以鍼微破黑痣點上，不過三遍。○《千金翼》：治牙疼。内藜蘆末於牙孔中，勿咽。○《百一方》：治黄疸。取藜蘆灰中炮，小變色，搗末，水服半錢，小吐，不過數服。○寇氏曰：為末，細調治馬疥癬。

續說云：初生椶櫚，其嫩莖比之藜蘆，亦無異。余試嘗之，味辣苦而麻口者，藜蘆也；淡而無味者，乃椶櫚之嫩者也。

元·尚從善《本草元命苞》卷五 藜蘆　為使。味辛，苦，寒、微寒，有大毒。黄連為之使。反細辛、芍藥、五參。惡大黄。專為吐劑。主蟲毒，欬逆，洩痢腸澼，吐膈上風涎，闇風癇痓，治頭瘍禿瘡，殺諸蟲疥癬，去死肌，馬刀爛瘡。除積年膿血泄痢，療噦逆，喉痺不通。點黑痣，鼻中瘜肉。《聖惠方》：燒藜蘆灰，淋汁於銅器中盛，以重湯煮，冷如黑膏，以針微撥破痣處點之者，不過三遍，神驗。牙疼，内末於齒孔中，吐涎，神效。疥癬，為散，以生油調擦之，立痊。生太山山谷，今道處有之。三月採根，陰乾。河東黄白為善。葉似蘘荷，根如龍膽，莖似葱白，青紫，夏生，冬月凋枯。通俱令人嚏，療痰不入湯。

明·王綸《本草集要》卷三 藜蘆使　味辛苦，氣寒，有毒。黄連為之使。反細辛、芍藥、五參，惡大黄。三月採根，陰乾。去蘆頭，微炒用，不入湯。主蠱毒，咳逆，洩痢腸澼，頭瘍頭禿，疥瘙惡瘡，殺諸蟲毒，去死肌。療喉痺不通，治馬刀爛瘡，及馬疥癬。吐上膈風痰，暗風癇病。取一兩，濃煎防風湯浴過，焙乾，微炒作末，溫水下半錢，吐為度。

明·滕弘《神農本經會通》卷一 藜蘆　使也。黄連為之使。反細辛、芍藥、五參，惡大黄。三月採根，陰乾。用之止剔取根，微炙之。又云：凡採得，去蘆頭，用糯米泔汁煑，出曒乾用之不入湯。

味辛、苦，氣寒、微寒，有毒。

《本經》云：主蠱毒，欬逆，洩痢腸澼，頭瘍疥瘙惡瘡，殺諸蟲毒，去死肌，療噦逆，喉痺不通，鼻中息肉，馬刀爛瘡。不入湯。《藥性論》云：使。大毒。主上氣，去積年膿血，泄痢，治惡風瘡疥癬，頭禿，殺蟲。《圖經》云：此藥大吐上膈風涎，闇風癇病，小兒鰕齁，用錢匙一字，則惡吐人。又用通頂，令人嚏，而古經本草云：療嘔逆，其効未詳。《簡要》云：治中風不省人事，牙關緊急者，藜蘆一兩，去蘆頭，濃煎，防風湯浴過，焙乾，碎切，炒微褐色，搗為末，每服半錢，溫水調下，以吐出風涎為効。《局》云：藜蘆主殺諸蟲毒，吐出風涎不入湯。疥瘙惡瘡為要藥，更除息肉及頭瘍。藜蘆，為疥瘡之藥。

明·劉文泰《本草品彙精要》卷一三 藜蘆有毒　植生。

藜蘆出《神農本經》：**主蠱毒，欬逆，洩痢，腸澼，頭瘍疥瘙，惡瘡，殺諸蟲毒，去死肌。**以上朱字《神農本經》。療噦逆，喉痹不通，鼻中息肉，馬刀爛瘡。不入湯。以上黑字名醫所録。【名】葱苒、葱菼音毯、山葱、葱葵、豐蘆、蕙葵、鹿葱。　〔苗〕《圖經》曰：　春生苗，葉青似初出棕心，亦似車前，莖似葱白，青紫色，高五六寸，上有黑皮裹莖，似棕皮。有花，肉紅色。根似馬腸根，長四五寸許，黄白色。此有二種，一種水藜蘆，莖葉大同，但生在近水溪澗石上，根鬚百餘莖，不中入藥。今用者，名葱白藜蘆，其根鬚二三十莖，生高山者爲佳，均州土俗亦呼爲鹿葱，今萱草亦謂之鹿葱，其類全别，用者宜審之。〔地〕《圖經》曰：　生泰山山谷，及均州、河東、陝西、山南東西州郡皆有之。〔道地〕解州。　〔時〕生：　三月生苗。採：　八月取。　〔收〕陰乾。　〔用〕根。　〔質〕類百部。　〔色〕黄白。　〔味〕辛、苦。　〔性〕寒，散。　〔氣〕氣薄味厚，陰中之陽。　〔臭〕腥。　〔主〕殺蟲疥癬。　〔助〕黄連爲之使。〔反〕細辛、芍藥、人參、玄參、丹參、沙參、苦參，惡大黄。　〔製〕《雷公》云：凡採得，去頭，用糯米泔汁煮，從巳至未，出，曬乾用之。　〔治〕療：　《圖經》曰：　大吐上膈風涎，闇風癇病。《藥性論》云：　主上氣，去積年膿血，及治惡風瘡，頭秃。《衍義》曰：　作末細調，治馬疥癬。《别録》云：　治黑痣生於身面上，燒灰五兩，水一大碗，淋灰汁，于銅器中盛，以重湯煮令如膏，以針微刺破痣處，點之不過三遍，驗。又作末，内牙孔中，治牙疼，效。勿咽其汁。又以半兩煮，灰汁中炮過，小變色，搗爲末，水服半錢匕，取小吐，療黄疸，不過數服，瘥。又治中風，不省人事，牙關緊急者，以一兩去蘆頭，濃煎防風湯浴過，焙乾碎切，炒微褐色，搗爲末，每服半錢，溫水調下，以吐出風涎爲效，如人行三里，未吐再服。　〔合治〕以一分，用天南星一個，去浮皮，於臍上陷一坑子，内陳醋二橡斗許，四面用火逼令黄色，合一處搗研極細，用麵糊丸如赤豆大，每服三丸，溫酒下，治中風不語，喉中如拽鋸聲，口吐涎沫者，瘥。〔禁〕多服令人惡吐不已。

明・葉文齡《醫學統旨》卷八　藜蘆　氣寒，味辛、苦。有毒。黄連為使；反細辛、芍藥、五參；　惡大黄。　去蘆頭，用糯米泔浸一宿，微炒用；　不入湯藥。　治上膈風痰，暗風癇病，中風不語，喉痺不通，取一兩濃煎，防風湯浴過，焙乾，微炒，為末，溫水下半錢，以吐為度。及蠱毒惡瘡疥瘙，殺諸蟲毒。

明・許希周《藥性粗評》卷三　藜蘆　剖疥癢之繁。

藜蘆，俗名山樬。出關陝諸郡。三月採根，陰乾。黄連為之使，反細辛、芍藥、人參、苦參、沙參、丹參。凡用去蘆，糯米泔水煮過，暴乾。味辛、苦，性寒，有毒。主治疥瘡燥癢，蚤虱諸蟲。不入湯藥，或用以吐風涎，除瘜肉。

單方：　黑痣：　凡身面上有黑痣，有去之者，用藜蘆燒灰五兩，水一大椀，淋汁，銅器中盛之，浮於重湯中，煮令如黑膏，以針微撥破痣，點入，不過三遍效。　中風：　凡中風不醒人事，牙關緊急者，藜蘆一兩，去蘆頭，濃煎，防風湯洗過，焙乾，碎剉，炒微褐色，搗為末，每服半錢，溫水調下，以風涎吐出為效。如人行三里許，未吐再服。　牙疼：　藜蘆末少許，納入牙孔中，勿咽汁，神效。　疥癢：　藜蘆末以生猪脂調，傅一二遍愈。

明・鄭寧《藥性要略大全》卷六　藜蘆　可吐風痰。不入湯藥。專主治疥殺蟲。　黄白者善治疥癬。　《十書》云：　主蠱毒，欬逆，泄痢，去死肉，通喉痹，去鼻中息肉。　味苦、辛，氣寒，有毒。俗名山樬。反細辛、芍藥、五參。惡大黄，凡用去蘆頭，微炒用。黄連為之使。

明・陳嘉謨《本草蒙筌》卷三　藜蘆　味辛、苦，氣寒。有毒。近道俱有，深谷多生。反芍藥細辛，及五參人參、沙參、玄參、丹參、苦參。勿用。惡大黄，使黄連。三月採根，陰乾去蘆。微炒入藥，專能發吐。不用煎湯。惟作散用。主頭秃疥瘍，療腸澼瀉痢。殺諸蟲，除蠱毒，去死肌，愈惡癰。治喉痹不通，理風痰上壅。亦能醫馬塗癬，併敷馬刀爛瘡。

明・王文潔《太乙仙製本草藥性大全》卷二《本草精義》　藜蘆　一名葱苒，一名葱菼，一名山葱，一名葱蔡，一名豐蘆，一名蕙蔡。生泰山山谷，今陝西山南東西州郡皆有之。三月生苗，葉青似初出樬心，又似車前，莖似葱白，青紫色，高五六寸，上有黑皮裹莖，似樬皮，有花肉紅色，根似馬脹根，長四五寸許，黄白色。二月、三月採根陰乾。此有二種：　一種水藜蘆，莖葉大同，只是生在近水溪澗石上，鬚百餘莖，不中入藥；　今用者名葱白藜蘆，根鬚甚少，只有二三十莖。生高山者爲佳。均州土俗亦呼爲鹿葱。反芍藥、細辛及五參人參、沙參、玄參、丹參、苦參，勿用，惡大黄。去蘆微炒入藥。

明・王文潔《太乙仙製本草藥性大全》卷二《仙製藥性》　藜蘆使　味辛、苦，氣寒，有毒。黄連爲之使。　主治：　專能發吐，不用煎湯。惟難作散用。主頭秃疥瘍，療腸澼瀉痢。殺諸蟲，除蠱毒，去死肌，愈惡癰。治喉痹不通，理風痰上壅。亦能醫馬，塗癬并敷馬刀爛瘡。　補註：　黑痣生身面上，用灰五兩，水一碗，淋灰汁於銅器中，盛以重湯，煮令如黑膏，以針挑破痣，點之良。〇吐上膈風痰，暗風癇病，取一兩，濃煎，防風湯浴過，焙乾，微炒爲末，溫水下五分，吐爲度，〇牙疼，以末入牙孔中，勿吞汁神效。〇中風不語，喉中如拽鋸聲，口中涎沫，取一分，天南星一個，去浮皮，於臍子上陷一坑子，內入陳醋二椽斗，平四面，用火逼令黄色，同一處搗，再研細，生麪爲丸如赤豆大，每服三丸，溫酒下。○黄疸，取煮，灰中炮之，小變色，搗末，水服半錢，小吐，不過數服。○疥癬，用細搗末，以生油塗傅之。○中風不省人事，牙關緊急者，用一兩，去蘆頭，濃煎，防風湯浴過，焙乾碎切，炒微褐色，爲末，每服五分，溫水調下，以吐出風涎爲效，如人行三里，未吐再服。　太乙曰：凡採得去頭，用糯米泔汁煮，從巳至未出，晒乾用之。

明·皇甫嵩《本草發明》卷三　藜蘆下品下，佐使。氣微寒，味辛、苦，有毒。

發明曰：藜蘆，專能發吐，兼消毒。故《本草》主蠱毒及喉痺不通，風痰上壅，皆能吐之。又主洩痢腸澼，頭瘍瘡疥，殺諸蟲，療惡瘡瘑，去死肌，鼻中瘜肉，馬刀爛瘡。不入湯藥，惟作散用。亦能醫馬塗癬。反芍藥、細辛、五參。惡大黄。使黄連。

明·李時珍《本草綱目》卷一七草部·毒草類　藜蘆《本經》下品

【釋名】山葱《別録》　葱苒同　葱菼音毯　葱葵普　豐蘆普　憨葱《綱目》　鹿葱時珍曰：黑色曰黎，其蘆有黑皮裹之，故名。根際似葱，俗名葱管藜蘆是矣。北人謂之憨葱，南人謂之鹿葱。　【集解】《別録》曰：藜蘆生太山山谷。三月采根，陰乾。普曰：大葉，小根相連。弘景曰：近道處處有之。根下極似葱而多毛。用之止剔取根，微炙之。保昇曰：所在山谷皆有。葉似鬱金、秦艽、蘘荷等，根若龍膽，莖下多毛。夏生冬凋，八月采根。頌曰：今陝西、山南東西州郡皆有之，遼州、均州、解州者尤佳。三月生苗葉，似初出椶心，又似車前，莖似葱白，青紫色，高五六寸，上有黑皮裹莖，似椶皮。有花肉紅色，根似馬腸根，長四五寸許，黄白色。二月、三月采根陰乾。此有二種：一種水藜蘆，莖葉大同，只是生在近水溪澗石上，根鬚百餘莖，不中藥用。今用者名葱白藜蘆，根鬚甚少，只是三二十莖，生高山者爲佳，均州土俗亦呼爲鹿葱。《范子計然》云：出河東，黄白者善。

根【修治】雷曰：凡采得去頭，用糯米泔汁煮之。從巳至未，晒乾用。　【氣味】辛，寒，有毒。《別録》曰：苦，微寒。普曰：神農、雷公：辛，有毒。岐伯：鹹，有毒。李當之：大寒，大毒。扁鵲：苦，有毒。之才曰：黄連爲之使。反細辛、芍藥、人參、沙參、紫參、丹參、苦參。惡大黄。時珍曰：畏葱白。服之吐不止，飲葱湯即止。　【主治】蠱毒欬逆，洩痢腸澼，頭瘍疥瘙惡瘡，殺諸蟲毒，去死肌《本經》。療噦逆，喉痺不通，鼻中息肉，馬刀爛瘡。不入湯用《別録》。主上氣，去積年膿血泄痢權。吐上膈風涎，暗風癇病，小兒齁鮯痰疾頌。末，治馬疥癬宗奭。　【發明】頌曰：藜蘆服錢匕一字則惡吐人，又用通頂令人嚏，而別本云治噦逆，其效未詳。時珍曰：噦逆用吐藥，亦反胃用吐法去痰積之義。吐藥不一：常山吐瘧痰，瓜丁吐熱痰，烏附尖吐濕痰，萊菔子吐氣痰，藜蘆則吐風痰者也。按張子和《儒門事親》云：一婦病風癇。自六七(年)〔歲〕得驚風後，每一二年一作；至五七年，五七作；三十歲至四十歲則日作，或甚至一日十餘作。遂昏痴健忘，求死而已。值歲大飢，采百草食。於野中見草若葱狀，采歸蒸熟飽食。至五更，忽覺心中不安，吐涎如膠，連日不止，約一二斗，汗出如洗，甚昏困。三日後，遂輕健，病去食進，百脉皆和。以所食葱訪人，乃憨葱苗也，即本草藜蘆是矣。《圖經》言能吐風病，此亦偶得吐法耳。我朝荆和王妃劉氏，年七十，病中風，不省人事，牙關緊閉，群醫束手。先考太醫吏目月池翁診視，藥不能入，自午至子。不獲已，打去一齒，濃煎藜蘆湯灌之。少頃，噫氣一聲，遂吐痰而甦，調理而安。藥弗瞑眩，厥疾弗瘳，誠然。　【附方】舊六，新十三。

諸風痰飲：藜蘆十分，鬱金一分，爲末。每以一字，溫漿水一盞和服，探吐。《經驗方》。　中風不省：牙關緊急者。藜蘆一兩去苗頭，濃煎防風湯浴過，焙乾切，炒微褐色，爲末。每服半錢，小兒減半，溫水調灌，以吐風涎爲效。未吐再服。《簡要濟衆》。　中風不語：喉中如曳鋸，口中涎沫。取藜蘆一分，天南星一個，去浮皮。于臍上剜一坑，納入陳醋二椽斗，四面火逼黄色，研爲末，生麪丸小豆大。每服三丸，溫酒下。《經驗》。　諸風頭痛：和州藜蘆一莖日乾研末，入麝香少許，吹鼻。○又方：通頂散：藜蘆半兩，黄連三分，嗃鼻。《聖惠方》。　久瘧痰多：不食，欲吐不吐。藜蘆末半錢，溫虀水調下，探吐。《保命集》。　痰瘧積瘧：藜蘆、皂莢炙各一兩，巴豆二十五枚，熬黄，研末，蜜丸小豆大。每空心服一丸，未發時一丸，臨發時又服一丸。勿用飲食。《肘後》。　黄疸腫疾：藜蘆灰中炮，爲末。水服半錢匕，小吐，不過數服效。　胸中結聚：如駭駭不去者。巴豆半兩，去皮心炒，擣如泥，藜蘆炙研一兩，蜜和擣丸麻子大，每吞一二丸。《肘後》。　身面黑痣：藜蘆灰五兩，水一大盌淋汁，銅器重湯煮成黑膏，以針微刺破點之，不過三次效。《聖惠》。　鼻中息肉：藜蘆三分，雄黄一分，爲末，蜜和點之。每日三上自消，勿點兩畔。《聖濟》。　牙齒蟲痛：藜蘆末，內入孔中，勿吞汁，神效。《千金翼》。　白秃蟲瘡：藜蘆末，猪脂調塗之。《肘後》。　頭生蟣蝨：藜蘆末摻之。《直指》。　頭風白屑：痒甚。藜蘆末，沐頭摻之，緊包二日夜，避風效。《本事方》。　反花惡瘡：惡肉反出如米。藜蘆末，猪脂和傅，日三五上。《聖濟録》。　疥癬蟲瘡：藜蘆末，生油和塗。　羊疽瘡痒：藜蘆二分，附子八分，爲末傅之，蟲自出也。《陶隱居方》。　誤吞水蛭：藜蘆炒，爲末。水服一錢，必吐出。《德生堂方》。

明·梅得春《藥性會元》卷上　藜蘆　味辛、苦，氣寒，有毒。黄連為使。反細辛、芍藥、五參。惡大黄。　主治上膈風痰，蠱毒，咳逆，暗風癇病，中風不語，咽喉痹閉不通，泄痢腸澼，頭瘍疥瘙，惡瘡，殺諸蟲毒，去死肌；療噦逆，鼻中息肉，馬刀爛瘡。取一兩，濃煎防風湯洗過，微炒為末，溫水下半錢，以吐為度。　製法：　去蘆頭，用糯米泔浸一宿，焙乾，方用防風湯依法行。

明·李中立《本草原始》卷三　藜蘆　始生太山山谷，今所在山谷皆有之。三月生苗，葉似初出椶心，又似車前。莖似葱白，青紫色，高五六寸，上有黑皮裹莖，似椶皮。有花，肉紅色。根似馬腸根，長四五寸許，黄白色。二月、三月採根，陰乾。《本草綱目》曰：　黑色曰黎，其蘆有黑皮裹之，故名藜蘆。根際似葱，故《别録》一名山葱，一名葱苒。《本經》名葱苒。《吳普本草》名葱葵。北人謂之憨葱，均人謂之鹿葱。俗名葱管藜蘆。

藜蘆　氣味：　辛，寒，有毒。　主治：　蠱毒欬逆，洩痢腸澼，頭瘍疥瘙惡瘡，殺諸蟲毒，去死肌。○療噦逆，喉痹不通，鼻中息肉，馬刀爛瘡。不入湯用。○主上氣，去積年膿血泄痢。○吐上膈風涎，暗風癇病，小兒齁䶎痰疾。齁○末治馬疥癬。

藜蘆，《本經》下品。下截極似葱，外裹皮似椶。俗謂之蒜藜蘆。

修治：　宜用葱管者，去頭，用糯米汁煮之，晒乾用。

黄連為之使，反細辛、芍藥、人參、沙參、紫參、丹參、苦參，惡大黄，畏葱白。服之吐不止，飲葱湯即止。

《聖惠方》：　治身面黑痣，藜蘆灰五兩，水一大椀，淋灰汁于銅器中，重湯煮成黑膏，以針微刺破痣，點之，不過三次，神驗。

明·張懋辰《本草便》卷一　藜蘆使　味辛，苦，氣寒，有毒。反細辛、芍藥，五參，惡大黄。去蘆炒用，不入湯。　主蠱毒欬逆，洩痢腸癖，頭瘍，療喉痹不通。

明·繆希雍《本草經疏》卷一〇　藜蘆　味辛、苦，寒、微寒，有毒。主蠱毒，欬逆，洩痢腸澼，頭瘍疥瘙惡瘡，殺諸蟲毒，去死肌，療噦逆，喉痹不通，鼻中息肉，馬刀爛瘡。不入湯。

〔疏〕藜蘆稟火金之氣以生，故其味辛氣寒，《别録》苦，微寒，有毒。入手太陰、足陽明經。《本經》主蠱毒欬逆，及《别録》療噦逆，喉痹不通者，皆取其宣壅導滯之力。苦為涌劑，故能使邪氣痰熱，胸膈部分之病悉皆吐出也。辛能散結，故主鼻中息肉。苦能洩熱殺蟲，故主洩痢腸澼。頭瘍疥瘙，殺諸蟲毒也。瘡瘍皆濕熱所生，濕熱不去則肌肉潰爛，苦寒能瀉濕熱，則馬刀惡瘡，爛瘡死肌皆愈也。味至苦，入口即吐，故不入湯。　〔主治參互〕《經驗方》諸風痰飲，藜蘆十分，鬱金一分，為末。每以一字，溫漿水一盞和服，探吐。《簡要濟眾方》中風不省，牙關緊急者。藜蘆一兩去苗，濃煎，防風湯洗，焙乾，切片，炒為末。每服半錢，小兒減半，溫水調灌，吐出風涎，効。《聖惠方》諸風頭痛，以藜蘆一莖，日乾研末，入麝香少許，吹鼻。《保命集》久瘧痰多不食，欲吐不吐。藜蘆末半錢，溫漿水調下，探吐。〔簡誤〕藜蘆辛苦有大毒，服一匕則令人胸中煩悶，吐逆不止。凡胸中有痰飲，或中蠱毒惡氣者，止可借其上涌宣吐之力，獲効一時。設病非關是者，切勿沾脣，徒令人悶亂，吐逆不止，虧損津液也。

明·倪朱謨《本草彙言》卷五　藜蘆　味苦、辛，氣寒，有毒。　李氏曰：　黑色曰藜，其蘆有黑皮裹之，故名。《别録》曰：　出太山山谷，高山者乃佳。　蘇氏曰：　今陝西、遼州、均州、解州亦有之。四月生苗，高五六寸，莖似葱白，色青紫，多毛，外有黑皮裹莖，宛如椶櫚，故初生之葉，亦若椶心，經久漸放。與鬱金、秦艽、蘘荷葉相等也。六七月開花，肉紅色，立冬即凋。根似龍膽及馬腸根，長四五寸，一本二三十科。若百餘科者，乃水藜蘆也。水藜蘆生近水溪澗石旁，莖葉都相同，獨不入藥用。修治：　去頭，用米泔水煮一滾，晒乾候用。

藜蘆：　寇宗奭吐風痰，《本經》出蠱毒之藥也。周士和稿　味苦善涌，能使邪氣痰積，凡胸膈部分之病，悉皆吐出，有宣壅導滯之功。故古人治痰涎蠱毒，及暗風五癇之證，一吐即平。日華子云：　此藥但苦劣有毒，凡胸中有痰飲，或中蠱毒惡氣者，止可借其上涌宣吐之力，獲效一時，設病非關是證，切勿沾唇。徒令人悶亂，吐逆不止，虧損津液，耗滅元氣也。慎之！　慎之！　如外用敷搽，又能療白秃頭瘡，及一切瘙疥頑癬，殺蟲去䘌，世所常需。

沈藍田先生曰：　古方去痰積，每用吐藥。然吐藥不一，如常山吐瘧痰，瓜蒂吐熱痰，烏附尖吐濕痰，萊菔子吐氣痰，若藜蘆則吐風痰者也。又按：張氏方云：　一婦病風癇，每年一作，五七年後，歲三四作，至四十歲，一月三四作，漸至二三日一作，甚至一日二三作，作則昏癡，迷忘人事。一醫教取藜蘆一大握，洗淨蒸熟飽食，至五更，忽覺心中不安，吐涎如膠，連日不止，約一斗餘，汗出如洗，甚昏困，三日後漸輕安，食亦加餐，病去竟無恙。朝内和王妃劉氏，年七十，病中風，不省人事，牙關緊閉，諸醫束手，一醫見藥不能入，自午至子不甦，濃煎藜蘆湯，抉齒灌之，少頃噫氣一聲，遂吐涎痰而甦。漸調理，六君子加當歸、玉竹而安。

集方：《經驗方》治諸風痰飲。用藜蘆一錢，鬱金一分，共爲末。每用三分，白湯一盞，和服探吐。○同前治中風不語，牙關緊急，喉中如曳鋸，口中涎沫。取藜蘆二分，天南星一箇，去皮，于臍上剜一窩，納入醋浸橡斗子肉二箇，四面火逼黃色，研爲末，麵糊丸梧子大。每服五丸，溫湯化下。○《萬氏家集》治蠱毒脹悶喘急。用藜蘆末三分，黑豆炒爲末七分，白湯調服取吐。○蘇氏方治心癇暗風及五種癇疾。用藜蘆微炒爲末。每用二分，生明礬末五釐，白湯調灌，立甦。服二三次，漸不發，如元氣虛乏者，直頻服人參湯調理。○《聖惠方》治諸風頭痛。用藜蘆三分，研末，入麝香三釐吹鼻。又方，用藜蘆三錢，川黃連三分，麝香三釐，共研細末，綿裹塞鼻中亦好。○《保命集》治瘴瘧不食，欲吐不吐。用藜蘆末五分，白湯調服探吐。○裘心济手集治黃疸腫疾。用藜蘆爲末四分，白湯調服，取吐。○治白禿頭瘡。用藜蘆末，猪脂調搽。○陶隱居方治疥癬蟲瘡。用藜蘆末，香油調搽。○治鼻生瘜肉。用藜蘆三分，雄黃二分，共爲末，蜜和點之。每日三上，勿點兩畔。○《直指方》治頭生蟣虱。用藜蘆末摻之。○王德生方治誤吞水蛭及諸蟲物。用藜蘆炒爲末，白湯調服一錢，必吐出。

明・顧逢柏《分部本草妙用》卷八雜藥部　藜蘆　辛，寒，有毒。黃連為使，反細辛、芍藥、諸參、大黃，畏葱白。　主治：　蠱毒，欬逆洩痢，諸蟲癢疥，去死肌。治上氣，積年膿血，泄痢，吐上膈風痰，風癇，小兒齁齁痰疾。藜蘆噦逆吐藥，即反胃用吐法去痰積之義。常山吐瘧疾，瓜丁吐熱痰，烏附尖吐濕痰，萊菔子吐氣痰，藜蘆吐風痰，各從其類也。

明・李中梓《醫宗必讀・本草徵要上》　藜蘆味辛、苦，微寒，有毒。入脾、胃二經。司蠱毒與喉痹，能殺蟲理疥瘍。與酒相反，同用殺人。有宣壅導滯之力，苦為涌劑，能使邪氣熱痰皆吐出也。苦能殺蟲，並主疥癬。按：　藜蘆有毒，服之令人煩悶吐逆，凡胸中有老痰，或中蠱毒，止可借其宣吐，不然切勿沾口，大損津液也。

明・蔣儀《藥鏡》卷四寒部　藜蘆　吐上膈風癇之痰，而咽喉稱快。殺遍身瘡疥之毒，而瘙癢云平。防風煎伴，中風痰瘧。探吐功高，少入麝香。頭疼風癥，吹鼻立應。

明・盧之頤《本草乘雅半偈》帙七　藜蘆《本經》下品　氣味：　辛，寒，有毒。　主治：　主蠱毒欬逆，洩利腸澼，頭瘍疥瘙惡瘡，殺諸蟲毒，去死肌。

覈曰：　出太山山谷，高山者乃佳。今陝西、遼州、均州、解州亦有之。四月生苗，高五六寸，莖似葱白，色青紫多毛，外有黑皮裹莖，宛似椶櫚，故初生之葉，亦若椶心。經久漸放，與鬱金、秦艽、蘘荷等葉相類也。六七月開花，肉紅色，立冬便凋。根似龍膽，及馬腸根，長四五寸。一本二三十科，若百餘科者，水藜蘆也。水藜蘆生近水溪澗石上，莖葉都相同，獨不為藥用。修事：　去頭，用糯米泔汁煮之，從巳至未，晒乾用。黃連為之使。反細辛、芍藥、人參、沙參、紫參、苦參。惡大黃。

先人云：　辛生在夏，猶金生在巳也。故入肺及大腸，而治欬逆腸澼。蓋腸澼雖屬下焦，其因有干上焦與肺，受火鬱者，用此辛散，可使上焦開發，宣五穀味，則心肺之陽自舒，腸澼之痰自愈矣。單屬上焦，亦是一法。

条曰：　藜茨屬，亦利器也；　蘆，葦屬，亦食器也。然其形兩相似矣。合入太陰肺，陽明大腸，以互相循屬盤絡而為雌雄府藏者也。故主肺為是動，則病欬逆之藏氣，與肺為所生，則病頭瘍疥瘙惡瘡死肌之藏形。若洩利腸澼，蠱毒蟲毒，此病大腸府氣之與形也。氣味辛寒，施之風熱，頗相宜耳。

手太陰肺藏之經脈，下絡大腸，上膈，屬肺；　手陽明大腸府之經脈，絡肺，下膈，屬大腸。彼此互相盤絡，以為府藏雌雄。內外表裏，則手與手為府藏之雌雄，足與足為府藏之雌雄，非其府藏雌雄，則彼此不相盤絡。人多習而不察，竟不知手足府藏雌雄之故。

清・顧元交《本草彙箋》卷四　藜蘆　亦主吐。凡胸中有痰飲，或中蠱毒惡氣者，止可借其上涌宣吐之力，獲效一時。

味至苦，入口即吐，故不入湯。

吐藥不一，藜蘆吐風痰，常山吐氣痰，爪丁吐熱痰，烏附尖吐濕痰，各有所屬。服藜蘆，吐不止者，飲葱湯即止。

清・穆石匏《本草洞詮》卷九　藜蘆　藜者，黑也。其蘆有黑皮裹之，故名。根際似葱，北稱憨葱，南稱鹿葱。味辛苦鹹，氣寒，有毒。主吐上膈風涎，暗風癇病。藜蘆服一字即吐人，又通頂令人嚏。而《別錄》云治噦逆，何也？　蓋噦吐用吐藥亦反胃，用吐法皆去痰積之義。吐藥不一，常山吐瘧痰，瓜丁吐熱痰，烏附尖吐濕痰，萊菔子吐氣痰，藜蘆吐風痰也。《儒門事親》云：　一婦病風癇，每一二年一作，漸至年一作，月一作，日一作，甚至一日十餘作，遂昏痴，求死而已。值歲大飢，采百草食，於野中見草若葱狀，采歸蒸熟飽食，至五更吐涎如膠，連日不止，約一二斗，汗出如洗，三日遂輕健，病去食進，百脈皆和。以所食葱訪人，乃藜蘆苗也。此偶得吐法耳，藥弗瞑眩，厥疾弗瘳，信然。

清・劉雲密《本草述》卷一〇　藜蘆　時珍曰：黑色曰藜，其蘆有黑皮裹之，故名。根際似葱，俗名葱管藜蘆是矣。北人謂之憨葱，南人謂之鹿葱。根際似葱者，猶葱之根際有鬚也。弘景曰：近道處處有之，根下極似葱而多毛，用之止剔取根，微炙之。保昇曰：夏生冬凋。頌曰：莖似葱白，青紫色，根似馬腸根，長四五寸許，黄白色，三月采根，陰乾。此有二種，一種水藜蘆，莖葉大同，只是生在近水溪澗石上，根鬚百餘莖，不中藥用。今用者，名葱白藜蘆，根鬚甚少，只是三二十莖，生高山者為佳。均州土俗亦呼為鹿葱。《范子計然》云出河東，黄白者良。

根：氣味：辛，寒，有毒。

《別録》曰：苦，微寒。普曰：神農、雷公：辛，有毒。李當之：大寒，大毒。扁鵲：苦，有毒。主治：吐膈上風痰，中風不語，暗風癇病，並療痰飲噦逆，喉痺不通，小兒齁鮯痰疾。

時珍曰：噦逆用吐藥亦反胃，用吐法去痰積之義。吐藥不一，常山吐瘧痰，瓜丁即瓜蒂吐熱痰，烏附尖吐溼痰，萊菔子吐氣痰，藜蘆則吐風痰者也。按張子和《儒門事親》云：一婦病風癇，自六七年得驚風後，每一二年一作，至五七年五七作，三十歲至四十歲則日作，或甚至一日十餘作，遂昏凝健忘，求死而已。值饑大飢，采百草食於野中，見草若葱狀，采歸，蒸熟飽食，至五更忽覺心中不安，吐涎如膠，連日不止，約一二斗，汗出如洗，甚昏困，三日後遂輕健，病去食進，百脈皆和。以所食葱訪人，乃憨葱苗也，即《本草》藜蘆是矣。我朝荊和王妃劉氏年七十，病中風，不省人事，牙關緊閉。群醫束手。先考太醫吏目月池翁診視，藥不能入，自午至子不獲已，打去一齒，濃煎藜蘆湯灌之，少頃噫氣一聲，遂吐痰而甦，調理而安。藥弗瞑眩厥疾，弗瘳誠然。

希雍曰：藜蘆稟火金之氣以生，故其味辛氣寒。《別録》：苦，微寒，有毒。入手太陰、足陽明經。其宣壅導滯之力，能使邪氣痰熱，胸膈部分之病，悉皆吐出也。

愚按：藜蘆，其氣寒，其味辛而苦。謂辛發散，苦湧泄，專主吐而上越，是亦近似矣。第辛苦寧獨茲味，且其吐屬於風痰，不尤可以条敷。蓋風木以水為母，以火為子。寒者水，苦者火也。水火相合，則風和水火相離，則風病其為病，若何？有水而火少，風斯鬱於下，有火而水少，風斯借於上，如真中風者，外之陽邪上壅也，即所謂類中風。而極其危篤者，風火相煽，固亦同是上壅也。其勢亢而不能下，唯有治以在上者，因而越之之法耳。如藜蘆其味始而辛，繼而苦，苦而甚辛，固風木所樂也。且屬肺為上焦分野，又本於氣之寒者，而化為極苦之味，使風木有母氣，而大暢子氣，俾風邪之壅於上勢。若不能下者，義取從治。以上越之，得達其壅遏之危，非其苦味至極，則亦不能確然取效於俄頃，而幾其必吐也。觀其夏生冬凋，水生者便不入藥，可以思其炎上之性矣。先哲曰此品味至苦，入口即吐，故不入湯劑。是則藥不瞑眩，厥疾弗瘳者，豈止為其峻厲？抑實有中的之治耳。投劑者，其可不細審哉？

附方　回生丹治中風不語，喉中如曳鋸，口中涎沫，用葱管藜蘆二兩，用河水一桶，煮為汁，青蒙石二兩，火煅通紅，投入汁中，如此數次，濾淨，將雄豬膽十個，取汁，攪前汁內，再用重湯煮成膏，候溫，入片腦末一錢五分，裝入磁罐內，黄蠟封口。每用如黄豆一大粒，新汲水化開，男左女右，鼻孔灌進，其痰自吐。若牙關緊不能吐，將口撥開，其痰得出，任下別藥。痰瘧積瘧，藜蘆、皂莢炙各一兩，巴豆二十五枚，熬黄，研末，蜜丸小豆大，每空心服一丸，未發時一丸，臨發時又服一丸，勿用飲食。胸中結聚，如駭駭不去者，巴豆半兩，去皮心，炒，搗如泥，藜蘆炙研一兩，蜜和，搗丸麻子大，每吞一二丸。

按：藜蘆用之專於吐，然如後二方，則猛吐者，與峻下者，合而入胃，使上下之壅氣皆通，而驅痰逐結以奏奇功，是合之為用，則藜蘆亦不吐矣。但氣實者投之乃可耳。慎之！巴豆畏藜蘆。

鼻中息肉，藜蘆三分，雄黄一分，為末，蜜和點之，每日三上，自消。勿點兩畔。

希雍曰：藜蘆辛苦，有大毒，服一匕則令人胸中煩悶，吐逆不止。凡胸中有痰飲，或中蠱毒惡氣者，止可借其上涌宣吐之力，獲效一時。設病非關是者，切勿沾唇，徒令人悶亂，吐逆不止，虧損津液也。

修治　去蘆頭，糯米泔浸一宿，微炒，不入湯藥。之才曰：黄連為之使。反細辛、芍藥、人參、沙參、紫參、丹參、苦參。畏大黄。時珍曰：畏葱白，服之吐不止，飲葱湯即止。

清·郭章宜《本草匯》卷一二 藜蘆 味辛、苦，寒，有毒。入足太陰、陽明經。吐上膈風涎，治暗風癇病。消頭中蟣虱白屑，為末摻，緊包二日，避風効。殺疥癬白禿蟲瘡。

按：藜蘆有宣壅導滯之力，其味至苦，入口即吐，故不常入湯藥。然吐藥不一，常山吐瘧痰，瓜蒂吐熱痰，烏附尖吐濕痰，萊菔子吐氣痰，藜蘆則吐風痰者也。故服一字二分半也，便吐逆不止。凡有痰飲蠱毒，止可借其上涌宣吐之力，獲効一時耳，非此切勿沾口。

去頭，大米泔汁煮之，晒用。黃連為使。反細辛、芍藥、人參、沙參、丹參、苦參。惡大黃。畏葱白。服之吐不止，服葱湯即止。

清·汪昂《本草備要》卷一 藜蘆宣，引吐。 辛，寒，至苦，有毒。入口即吐，善通頂，令人嚔，風癇症多用之。張子和曰：一婦病風癇，初一二年一作，後漸日作，甚至一日數作，求死而已。值歲大饑，採百草食，見野草若葱，採蒸飽食，覺不安，吐膠涎數日，約一二斗，汗出如洗，甚昏困，後遂輕健如常人。以所食葱訪人，乃憨葱苗，即藜蘆是矣。李時珍曰：和王妃年七十，中風不省，牙關緊閉。先考太醫吏目月池翁診視，藥不得入，不獲已，打去一齒，濃煎藜蘆湯灌之，少頃噫氣，遂吐痰而甦。藥不瞑眩，厥疾不瘳，誠然。 取根去頭用。黃連爲使，反細辛、芍藥、諸參，惡大黃，畏葱白。吐者服葱湯即止。

清·李熙和《醫經允中》卷一八 藜蘆 反人參、丹參、沙參、苦參、芍藥、細辛。 味苦、辛，寒，有毒。主治吐風痰，掃疥癬。其味甚苦，入口即吐。凡有痰飲、蠱毒，止可借其上湧宣吐之力獲効一時，非此切弗沾口。治喉痺不通，鼻中息肉，為末吹鼻効，悮服吐不止，服葱湯可止。

清·馮兆張《馮氏錦囊秘錄·雜症痘疹藥性主治合參》卷三 藜蘆稟火金之氣以生，故味苦辛，微寒，有毒。苦為涌劑，故使邪氣痰熱，胸膈部分之病悉皆吐出也。苦能泄熱，故主腸癖，頭瘍瘡瘙惡瘡，殺諸蟲毒也。但味至苦，入口即吐，故不入湯。惟中蠱毒惡氣，胸有痰飲者，借此上涌宣吐之力，獲效一時，否則徒令人胸中悶亂，吐逆不止，大傷津液，戒之。 藜蘆反五參、細辛、芍藥。惟作散用，不可煎湯。吐上膈風涎。治暗風癇病，主頭禿疥瘍。療腸癖瀉痢，殺諸蟲，愈蠱毒，去死肌，愈惡癰。喉痹不通，風痰上壅。亦能醫馬塗癬，并敷馬刀爛瘡。

清·张璐《本經逢原》卷二 藜蘆 辛、苦，寒，有毒。反五參。服之吐不止者，飲葱湯即止。 《本經》主蠱毒，欬逆，泄痢腸澼，頭瘍疥瘙，惡瘡，殺諸蟲毒，去死肌。 發明：藜蘆服錢匙則惡吐，而《本經》治蠱毒欬逆泄利腸澼，是指積氣內盛者而言，積去則欬與利止矣。又通頂令人嚔。按：常山吐瘧痰，瓜蒂吐熱痰，烏附尖吐濕痰，萊菔子吐氣痰，藜蘆則吐風痰者也。凡胸中有老痰或中蠱毒，止可借其宣吐，切勿沾口，大損胃中津液也。若欬逆泄利腸澼等證，苟非實邪壅滯，慎勿輕試。不可因《本經》之言而致惑也。《別錄》治喉痹不通、鼻中瘜肉竝為散，吹鼻孔效。

清·張志聰、高世栻《本草崇原》卷下 藜蘆 氣味辛，寒，有毒。主治蠱毒，咳逆，泄痢，腸澼，頭瘍，疥瘙，惡瘡，殺諸蟲毒，去死肌。 藜蘆，一名山葱，所在山谷有之。莖下多毛，三月生苗，高五六寸，莖似葱，根色青紫，外有黑皮裹莖，宛似棕櫚，根長四五寸許，黃白色。 藜蘆氣味辛寒，其根黃白，外皮黑色，稟土金水相生之氣化。土氣運行，則能治蠱毒。金氣流通，則能治咳逆。水氣四布，則能治泄痢腸澼也。治頭瘍疥瘙，金制其風也。治惡瘡，水濟其火也。殺諸蟲毒，土勝濕而解毒也。土主肌肉，故又去死肌。

清·劉漢基《藥性通考》卷六 藜蘆 味辛、苦，寒，有毒。入口即吐，善通頂，令人嚔，風癇症多用之。取根，去頭用。黃連為使，反細辛、芍藥、諸參，惡大黃，畏葱白。吐者，服葱湯即止。張子和曰：一婦病風癇症，初一二年一作，後漸日作，甚至一日數作，求死而已。值歲大饑，採百草食，見野草若蔥，採蒸飽食，覺不安，吐膠涎，數日約一二斗，汗出如洗，甚昏困，後遂輕健如常人。以所食之蔥訪婦人，乃非蔥苗，即藜蘆是矣。

清·徐大椿《神農本草經百種錄》下品 藜蘆 味辛，寒。主蠱毒，味烈殺蟲。欬逆，洩痢腸澼，除濕熱之疾。頭瘍，疥瘙，惡瘡，殺諸蟲毒，去死肌。皆殺蟲之功。 凡有毒之藥，皆得五行剛暴偏雜之性以成。人身氣血，乃天地中和之氣所結，故服毒藥者，往往受傷。瘡疥等疾，久而生蟲，亦與人身氣血為類，故人服之，而有傷氣血者，必能殺蟲。惟用之得其法，乃有利而無弊，否則必至于兩傷，不可不慎也。〇又毒之解毒，各有所宜。如燥毒之藥，能去濕邪；寒毒之藥，能去火邪。辨證施治，神而明之，非僅以毒攻毒四字，可了其義也。

清·黃元御《長沙藥解》卷一 黎蘆 味苦、辛，性寒，入足陽明胃、手太陰肺經。湧胸膈之痰涎，定皮膚之瞤惕。 《金匱》黎蘆甘草湯，黎蘆、甘草。原方失載。 治病人手指臂腫動，身體瞤瞤者。以手之三陰，自胸走手，手之三陽，自手走頭，經氣鬱遏，故結而為腫，鬱而為動。鬱極則身體瞤動，不但指臂而已。此緣胸有瘀濁，阻隔經氣往來之路，是以如此。甘草培其中氣，黎蘆吐其瘀濁，以通經氣也。　黎蘆苦寒毒烈，善吐濁痰，兼治疥癬，殺諸蟲，點痣，去瘜肉。

清·吴儀洛《本草從新》卷二　藜蘆〔宣，引吐。〕辛，寒，至苦，司蠱毒與喉痺，能殺蟲，理疥癬。入口即吐，善通頂，令人嚏，風癇證多用之。張子和〔張子和《儒門事親》。〕曰：一婦病風癇，初，一二年一發，後漸日發，甚至一日數發，求死而已。值歲大饑，採百草食，見野草若葱，採蒸飽食，覺不安，吐膠涎數日，約一二斗，汗出如洗，甚昏困，後遂輕健如常人。以所食葱訪人，乃憨葱苗，即藜蘆是矣。時珍曰：和王妃年七十，中風不省，牙關緊閉。先考太醫吏目月池翁診視，濃煎藜蘆湯灌之，少頃噫氣，遂吐痰而蘇。藥不瞑眩，厥疾不瘳，誠然。服之令人煩悶吐逆，大損津液，虛者慎之。取根去頭用。黄連為使。反細辛、芍藥、諸參。惡大黄。畏葱白。吐者服葱湯即止，與酒同用殺人。

清·汪紱《醫林纂要探源》卷二　藜蘆　大苦，辛，寒。獨莖對葉，葉上經紋有三，根散下，枯殼數片包其近根處。湧吐風痰。宜癇證。有毒。入口即吐，氣惡通頂，令人嚏，大瀉肺也。反細辛、芍藥、五參。

清·嚴潔等《得配本草》卷三　藜蘆　黄連為之使。畏葱白。惡大黄。反人參、沙參、紫參、丹參、苦參、細辛、芍藥。　辛、苦，寒。吐上膈風涎，暗風癇病，去積年膿血泄痢，殺諸蟲毒，去死肌，服之吐不止，飲葱湯即止。又能通頂，令人嚏。　得雄黄蜜調，點鼻中息肉。和豬脂調，敷反花惡瘡。　曬乾研末，入麝香少許，吹鼻，治諸風頭痛。或入黄連末少許。　生用令人惡吐。去頭，糯米泔浸，煮透曬乾用。　氣血虛者禁服。

題清·徐大椿《藥性切用》卷四　藜蘆根　辛寒至苦，入口即吐，善於通(項)〔頂〕，令人嚏。虛人慎用。

清·黄宫繡《本草求真》卷三　藜蘆吐風痰在膈。　藜蘆耑入肺胃。能反五參、細辛、芍藥。及一服即吐。其義何居？蓋緣苦雖屬降，而亦善涌。藜蘆辛少苦多，故能入口即吐。是以風痰膈結，而見欬逆上氣者，當用是藥以投。使其膈部之邪，悉從上出也。但此宜作散劑以投，散可達上。切勿湯藥以服。《儒門事親》云：一婦病風癇，初一二年一作，後漸日作，甚至一日數作，求死而已。值歲大饑，採百草食，見野草若葱，採蒸飽食，覺不安，吐膠涎數日，約一二斗，汗出如洗，甚昏困，後遂輕健如常人。以所食是葱，訪人乃憨葱苗，即藜蘆是已。時珍曰：我朝荊和王妃劉氏，年七十，中風不省，牙關緊閉，先考太醫吏目月池翁診視，藥不能入。不獲已，打去一齒，濃煎藜蘆湯灌之，少頃噫氣，遂吐痰而甦。藥勿瞑眩，厥疾勿瘳。誠然。至於腸（癖）〔澼〕泄痢如何？書載克治亦是因吐除其實積，積去而利與澼亦可止矣！吐雖等於常山、瓜蒂、烏附尖、萊菔子，但常山則吐瘧痰，瓜蒂則吐熱痰，烏附尖則吐濕痰，亦吐風痰。此則專吐風痰者也。況此氣善通頂，治喉痹及鼻中瘜肉，為末吹效。然亦並非得已，即有中蠱等毒，及或老痰積塊，止可借其宣泄，切勿沾口以自損其津液耳。取根去頭用，黄連為使，反細辛、芍藥、諸參，惡大黄，畏葱白。服葱湯，吐即止。

清·楊璿《傷寒溫疫條辨》卷六吐劑類　藜蘆反細辛、芍藥、諸參。取根去頭。味辛苦，性寒，有大毒。入口即吐，善通頂，令人嚏，風癇證多用之。藜蘆一錢，鬱金五分，為末，溫漿水和服探吐。通頂散，治諸風頭痛。藜蘆一錢，黄連一分，為末，嗃鼻。子和曰：一婦病癇數年，採食百草，狀若葱苗，誤蒸食之，覺不安，吐膠涎數日，昏困汗出後，輕健如常，以所食訪人，即藜蘆也。

附：琉球·吴繼志《質問本草》内篇卷三　藜蘆　生原野，春生苗，葉狹長，皺文，夏抽莖，高尺餘，開花結子，根一二寸，有皮裹之。　山葱，又名藜蘆。用根，殺蟲。甲辰，周之良、鄧履仁、吴美山。

清·羅國綱《羅氏會約醫鏡》卷一六草部　藜蘆味苦，微寒，入脾胃二經。反細辛、芍藥、諸參、諸酒，若同酒即殺人。畏葱白。　有宣壅導滯之力，邪氣熱痰，閉塞膈上，昏迷不省，用此以吐之，苦為涌劑，入口即吐，吐不止者，服葱湯即止。即一時獲效。療蠱毒喉痹。亦須用吐。按：藜蘆有毒善吐，凡上焦有老痰，或中蠱毒，止可借其宣吐，不然，切勿沾口，以致大損津液也。

清·黄凱鈞《藥籠小品》　藜蘆：至苦辛，入口即令人吐，善通頂使嚏，風癇宜用之，因其善吐痰涎也。取根用。

清·王龍《本草纂要稿·草部》　藜蘆　氣味苦辛而寒，有毒。主頭禿疥瘍，療腸澼瀉痢。除諸蟲蠱毒，去死胎惡癰。理風痰壅塞，治喉痺不通。

清·楊時泰《本草述鉤元》卷一〇　藜蘆　黎，黑色，其蘆有黑皮裹之，故名。根際似葱，猶葱之有鬚。俗名葱管藜蘆，北人謂之憨葱，南曰鹿葱。夏生冬凋，處處有之。莖似葱白，青紫色，根長四五寸許，黄白色，鬚甚少，只三二十莖。水生者不入藥，生高山者佳，三月采根，陰乾用頌。　味辛、苦，氣寒，有毒。入手太陰、足陽明經。黄連為之使，反細辛、芍藥、人參、沙參、紫參、丹參、苦參，畏大黄及葱白。吐膈上風痰，治中風不語，暗風癇病，療痰飲噦逆，噦逆用吐藥，亦反胃用吐法去痰積之義。喉痹不通，小兒齁瘕疾。吐藥不一，常山吐瘧痰，瓜蒂吐熱痰，烏附尖吐濕痰，萊菔子吐氣痰，藜蘆則吐風痰，各有當也瀕湖。稟火金之氣以生，其宣壅導滯之力，能使胸膈部分之邪氣痰熱，悉皆吐出仲淳。一婦病風癇，其始一二年一作，至五七年五七作，後乃日作，甚至一日十餘作，昏癡健忘，求死而已。值歲大饑，采百草食，見若葱狀者，采歸蒸熟飽食，至五更，忽覺心中不安，吐涎如膠，連日不止，約一二斗，汗出如洗，甚昏困，三日後，遂輕健，病去食進，百脈皆和，以所食葱詢人，乃憨葱苗，即《本草》藜蘆也子和。中風不省人事，牙關緊閉，藥不能入者，不獲已，打去一齒，濃煎藜蘆湯灌之，少頃噫氣，得吐痰涎而甦月池。回生丹，治中風不語，喉中如曳鋸，口流涎沫，用葱管藜蘆二兩，河水一桶，煮為汁，青礞石二兩煅通紅，投入汁中，煅淬數次，濾淨，將雄猪膽十個取汁，攪前汁內，再用重湯熬成膏，候溫，入片腦末一錢五分，裝磁罐內，黃蠟封口，每用黃豆大一粒，新汲水化開，男左女右，鼻孔灌進，其痰自吐。若牙關緊閉，將口挖開，其痰得出，任下別藥。痰瘧，藜蘆、皂莢炙各一兩，巴豆二十五枚，熬黃研末，蜜丸小豆大，每空心服一丸，未發時服一丸，臨發時又一丸，弗用飲食。胸中結聚如駭，駭不去者，巴豆半兩，去皮心炒，搗如泥，藜蘆炙研一兩，蜜和搗丸麻子大，每吞一二丸。按：藜蘆用專於吐，而巴豆畏藜蘆，後二方猛吐與峻下者，合而入胃，驅痰逐結，使上下之壅氣皆通，藜蘆亦不吐矣，但氣實者，投之乃可。鼻中瘜肉，藜蘆三分，雄黃一分，為末，蜜和點之，每日三上，自消。弗點兩畔。

論：藜蘆氣寒，味辛而苦，發散涌泄，專主吐越風痰。蓋風木以水為母，火為子，寒者水，苦者火也。水火相合則風和，水火相離則風病。其為病若何？有水而火少，風斯鬱於下；有火而水少，風斯僭於上。如真中風者，固外之陽邪上壅矣，即類中風而極其危篤者，風火相煽亦同是上壅也，其勢亢而不下，惟治以越之之法耳。藜蘆味始而辛，繼而苦，苦最甚，辛固風木所樂也，且屬肺，為上焦分野，又本於氣之寒者，化為極苦之味，使風木有母氣而大暢子氣，俾風邪之壅而不下者，義取從治以上越之。要非其苦至極，則亦不能取效於俄頃，而幾其必吐也。觀其夏生冬凋，水生者便不入藥，可以思其炎上之性矣。

服一匕，則令人胸中煩悶，吐逆不止。凡有痰飲，或中蠱毒惡氣者，借其宣吐上涌之力，獲效一時。設病非關是，切弗沾唇仲淳。服之吐不止者，飲葱湯即止，以其畏葱白也。

修治：去蘆頭，止剔取根，糯米泔浸一宿，微炒用，不入湯藥。

清・葉桂《本草再新》卷三　藜蘆味辛，性寒，有毒。入肝經。　司蟲毒與喉痺，能殺蟲，理疥癬。入口即吐，善通頂，令人嚏，風癇證用之。

清・吴其濬《植物名實圖考》卷二四　藜蘆　藜蘆，《本經》下品。宋《圖經》云：葉如初生椶，莖似葱白，有黑皮裹之如椶皮，其花肉紅色，有山生、溪生二種。溪生者不入藥。均州謂之鹿葱。此藥吐人，方家禁用，而滇醫蓄之其根，白膜層層，俗亦呼為千張紙，有瘋痰症則煮食之，使盡吐其痰，若虚症者殆哉岌岌矣！

雩婁農曰：藜蘆吐藥。吐法，醫者不復輕用，此藥遂無識者。余至滇，見有市此藥者，始識之。李時珍記一婦人，瘋癇數十年，以饑歲採草若葱狀，飽食吐涎，三日而病去。此草大致如葱，而《圖經》乃云又似車前，按圖而索，不大誤耶。世之患痰癇者多矣，姑息而予以清解之劑，甚或謂補其不足，則體健而痰自消，卒之胸滿氣塞，奄奄無知以沒。又或狂發殺人，豈其病終不可醫，抑醫者之養之以貽患耶？古昔盜賊之發，有識者絕其奔竄，窮其巢穴，搤渠矜脇，無俾遺種。此即藜蘆傾吐之法，故病一去而無傷。若不量賊強弱，防賊奔突，輕奇單兵，姑與嘗試。一遇挫衄，賊勢益熾，藥不勝病，杯水車薪之喻矣。宋襄公曰：君子不重傷，不禽二毛。子魚謂之不知戰。遵養時賊姑息者，後將噬臍耳。其有臨敵而誦《孝經》者，不猶治瘋而用滋劑乎？至楊武陵以招撫之策，縱已禽之寇發狂殺人，非醫者之罪而誰罪，不知病而醫曰瞽；知病而不知藥曰庸；知病知藥不即力除，輒曰吾縱之，吾能收之則曰狂。以狂醫治狂疾，則狂與治狂者皆殺人而已。

清・趙其光《本草求原》卷六毒草部　藜蘆　辛，寒，內黃外黑，得土、金、水相生之氣化，故治蠱毒，土氣運行也。咳逆，金氣流通也。泄痢腸澼，水氣四布也。頭瘍、疥瘙，金制風。惡瘡，水濟火也。殺諸蟲毒，去死肌。土勝濕解毒，而主肌肉。所治皆積氣內盛，風痰壅滯之病。

清・葉志詵《神農本草經贊》卷三　藜蘆　味辛，寒。主蠱毒，欬逆，洩利，腸澼，頭瘍，疥搔，惡創，殺諸蟲毒，去死肌。一名葱苒。生山谷。

大葉微根，相連節短。黎裹椶心，白憨葱管。景仰山高，遲回水緩。吐噎交通，頓驅風痺。

吴普曰：大葉小根相連。李時珍曰：黑色曰藜蘆，裹黑皮，故名。根際似葱，俗名葱管藜蘆，北人謂之憨葱。蘇頌曰：初生苗葉似椶心，又似葱白。此有二種，生高山者為佳。一種水藜蘆，生溪澗石上，不中藥用。凡使服錢許，則惡吐，又能通頂，令人嚏。李時珍曰：吐風痰者也。

清・文晟《新編六書》卷六藥性摘錄 藜蘆 辛少苦多，吐風痰在膈。宜作散劑以投，勿作湯藥，致損精液。〇治喉痹及鼻中瘜肉，研末吹之，効。〇取根，去頭用。黃連為使。〇反細辛、芍藥、諸參，惡大黃，畏葱白。吐甚者，服葱湯即止。

清・文晟《新編六書》卷六藥性摘錄 藜蘆毒 葱白汁飲之，可解。〇或雄黃末，和水服。

清・戴葆元《本草綱目易知錄》卷二 藜蘆 辛，苦，微寒。入口則吐。善通頂，令人嚏吐，上膈風涎，暗風癇病，小兒鰕齁痰疾，咳逆噦逆，瀉痢腸澼，疥瘙惡瘡，喉痹不通，鼻中息肉，馬刀爛瘡。不入湯用。又主上氣，去積年膿血瀉利，治蠱毒，去死肌，殺諸蟲毒。研末，治馬疥癬。反細辛、芍藥、諸參。服之吐不止者，飲葱湯即止。

清・陳其瑞《本草撮要》卷一 藜蘆 味辛，寒，入手太陰、足陽明經，功專吐膈上風痰。至苦有毒，入口即吐，善通頂，令人嚏，風證多用之。虛者忌用。頭生蟣虱，以末掺之。疥癬蟲瘡，以末攙生麻油塗之。取根去頭用。黃連為使，反細辛、芍藥、諸參，惡大黃，畏葱白。服之吐者，服葱白湯即止。與酒同服殺人。

清・仲昴庭《本草崇原集説》卷下 藜蘆 【略】仲氏曰：他本草藜蘆為吐劑，後人或配參用。《金匱》有藜蘆甘草湯證，詳見《金匱歌括》，即《淺注》並出之歌括也。《崇原》釋《本經》主治，故不言吐，第吐能解散邪毒，此又言外之意，以俟人會而通之。

七厘丹

清・吴其濬《植物名實圖考》卷九 七厘丹 七厘丹，南安、廣信山中有之。春時抽莖生葉，似蘆而軟，葉有間道直紋，長弱下垂；夏發細葶小葉，葉際開花如粟，紫黑色；細根赭褐。俚醫以治骨癰，跌打損傷。忌多用，故以七厘為名。

山慈石

宋・唐慎微《證類本草》卷三〇有名未用・草木〔《別録》〕 山慈石 味苦，平，無毒。主女子帶下。一名爰茈。生山之陽，正月生葉如藜蘆，莖有衣。

參果根

宋・唐慎微《證類本草》卷三〇有名未用・草木〔《別録》〕 參果根 味苦，有毒。主鼠瘻。一名百連，一名烏蓼，一名鼠莖，一名鹿蒲。生百餘根，根有衣裹莖。三月三日採根。

馬腸根

宋・唐慎微《證類本草》卷三〇外草類〔宋・蘇頌《本草圖經》〕 馬腸根 生秦州。味苦、辛，寒，有毒。主蠱毒，除風，五月六月採根用，其葉似桑，性熱。三月採，以療瘡疥。

明・劉文泰《本草品彙精要》卷四一 馬腸根有毒 蔓生。

馬腸根：主蠱，除風，療瘡疥。出《圖經》。【苗】《圖經》曰：其葉似桑，性熱。【地】《圖經》曰：生秦州。【時】生：春生苗。【採】：三月取葉，五月、六月取根。【用】根、葉。【味】苦，辛。【性】寒。【氣】氣薄味厚，陰中之陽。

木藜蘆

宋・唐慎微《證類本草》卷一四木部下品〔唐・陳藏器《本草拾遺》〕 木藜蘆 漏蘆注，陶云：漏蘆一名鹿驪。生山南人用苗，北人用根。功在本經，木梨蘆有毒。非漏蘆，樹生如茱萸，樹高三尺，有毒。殺蟲，山人以瘡疥用之。

明・王文潔《太乙仙製本草藥性大全》卷三《仙製藥性》 木黎蘆 漏蘆注。陶云：漏蘆，一名鹿驪。生山，南人用苗，北人用根，功在本經。木黎蘆有毒，非漏蘆。樹生如茱萸，樹高二尺。有毒。殺蟲。山人以瘡疥用之。

明・李時珍《本草綱目》卷一七草部・毒草類 木藜蘆《拾遺》。

【釋名】黃藜蘆《綱目》 鹿驪 【集解】藏器曰：陶弘景注漏蘆云：一名鹿驪。南人用苗，北人用根。按鹿驪乃木藜蘆，非漏蘆也。乃樹生，如茱萸樹，高二尺，有毒。時珍曰：鹿驪，俚人呼爲黃藜蘆，小樹也。葉如櫻桃葉，狹而長，多皺文。四月開細黃花。五月結小長子，如小豆大。【氣味】苦、辛，溫，有毒。【主治】疥癬，殺蟲藏器。

清・蔣居祉《本草擇要綱目・溫性藥品》 木藜蘆　氣味：苦，平，溫，有毒。主治：疥癬殺蟲。

天南星

宋・唐慎微《證類本草》卷一一草部下品〔宋・馬志《開寶本草》〕 天南星　味苦、辛，有毒。主中風，除痰，麻痹，下氣，破堅積，消癰腫，利胸膈，散血，墮胎。生平澤，處處有之。葉似蒻葉，根如芋，二月、八月採之今附。

〔宋・掌禹錫《嘉祐本草》〕按：陳藏器云：天南星，主金瘡，傷折，瘀血，取根碎傅傷處。生安東山谷。葉如荷，獨莖，用根最良。日華子云：味辛烈，平，畏附子、乾薑、生薑。署撲損瘀血，主蛇蟲咬，疥癬惡瘡。入藥炮用，又名鬼蒟蒻。

〔宋・蘇頌《本草圖經》〕曰：天南星，本經不載所出州土，云生平澤，今處處有之。二月生苗，似荷梗，莖高一尺以來。葉如蒟蒻，兩枝相抱。五月開花似蛇頭，黃色。七月結子作穗似石榴子，紅色。根似芋而圓，二月、八月採根，亦與蒟蒻根相類，人多悞採。莖斑花紫是蒟蒻。一說天南星如《本草》所說，即虎掌也。小者名由跋，後人採用，乃別立一名爾。今天南星大者四邊皆有子，採時盡削去之。又陳藏器云：半夏高一二尺，由跋高一二寸，此正誤相反言也。今由跋高一二尺，莖似蒟蒻而無斑，根如雞卵。半夏高一二寸，亦有盈尺者，根如小指正圓也。江南吳中又有白蒟蒻，亦曰鬼芋，根都似天南星，生下平澤極多，皆雜採以爲天南星，了不可辨。市中所收，往往是也。但天南星小，柔膩肌細，炮之易裂，差可辨爾。古方多用虎掌，不言天南星。天南星近出唐世，中風痰毒方中多用之。《續傳信方》：治風痛，用天南星、躑躅花，並生時同擣，羅作餅子，甑上蒸四五過，以絺葛囊盛之。候要，即取焙擣爲末，蒸餅，丸如梧桐子，溫酒下三丸。腰脚骨痛，空心服，手臂痛，食後服，大良。

〔宋・唐慎微《證類本草》〕《經驗方》：治急中風，目瞑牙噤，無門下藥者。用此末子，以中指點末，揩齒三二十，揩大牙左右，其口自開，始得下藥，名開關散：天南星擣爲末，白龍腦，二件各等分研，自五月五日午時合。患者只一字至半錢。又方：治小兒走馬疳，蝕透損骨及小攻蝕必效方：天南星一個，當心作坑子，安雄黃一塊在內，用麴裹燒，候雄黃作汁，以盞子合定出火毒去麴，研爲末，入麝香少許，拂瘡，驗。又方：治婦人一切風攻頭目痛。天南星一個，掘地坑子，火燒令赤，安於坑中，以醋一盞，以盞蓋之，不令透氣，候冷取出爲末，每服一字，以酒調下，重者半錢匕。又方：治驚風墜涎。天南星一個重一兩，換酒浸七伏時取出，於新瓦上周迴炭火炙令乾裂，置於濕地去火毒，用甆器合盛之，冷擣末，用朱砂一分研同拌。每服半錢，荆芥湯調下，每日空心、午時進一二服。《勝金方》：治吐血。天南星一兩，剉如豆大，以爐灰汁浸一宿，取出洗淨，焙乾擣末，用酒磨自然銅下一錢，愈。《十全博救方》：治欬嗽。天南星一個大者，炮令裂爲末。每服一大錢，水一盞，生薑三片，煎至五分，溫服，空心日午、臨卧時各一服。《集效方》：治吐瀉不止，或取轉多，四肢發厥，虛風不省人事。服此四肢漸暖，神識便省，回陽散：天南星爲末。每服三錢，入京棗三枚，同煎八分溫服，未省再服。初虞世：治破傷風入瘡强直。防風、天南星等分爲末，以醋調作靨貼上。《譚氏方》：治小兒牙關不開。天南星一個，煨熱紙裹，斜角未要透氣，於細處剪雞頭一大竅子，透氣於鼻孔中，牙關立開。

宋・李昉《太平御覽》卷第九九〇 虎掌　《本草經》曰：虎掌，味苦，溫。生山谷。治心痛寒熱。

《吳氏本草》曰：虎掌，神農、雷公：無毒。岐伯、桐君：辛，有毒。或生太山，或宛句。立秋、九月採。

宋・唐慎微《證類本草》卷一〇草部下品〔《本經・別錄・藥對》〕 **虎掌**　**味苦，溫**、微寒，有大毒。**主心痛，寒熱，結氣積聚伏梁，傷筋，痿，拘緩，利水道**，除陰下濕，風眩。生漢中山谷及冤句。二月八月採，陰乾。蜀漆爲之使，惡莽草。

〔梁・陶弘景《本草經集注》〕云：近道亦有。形似半夏，但皆大，四邊有子如虎掌。今用多破之，或三四片爾。方藥亦不正用也。

〔唐・蘇敬《唐本草》〕注云：此藥是由跋宿者。其苗一莖，莖頭一葉，枝丫音鴉胦古協切莖。根大者如拳，小者如雞卵，都似扁柿，四畔有圓牙，看如虎掌，故有此名。其由跋是新根，猶大於半夏二三倍，但四畔無子牙爾。陶云虎掌似半夏，即由來以由跋爲半夏釋。由跋苗，全說鳶尾，南人至今猶用由跋爲半夏也。

〔宋・掌禹錫《嘉祐本草》〕按：《蜀本圖經》云：其莖端有八九葉，花生莖間。根周匝有芽，然若獸掌也。吳氏云：虎掌，神農、雷公：苦，無毒。岐伯、桐君：辛，有毒。立秋，九月採。《藥性論》云：虎掌，使，味甘。不入湯服，能治風眩目轉，主疝瘕腸痛，主傷寒時疾，强陰。

〔宋・蘇頌《本草圖經》〕曰：虎掌，生漢中山谷及冤句，今河北州郡亦有之。初生根如豆大，漸長大似半夏而扁，累年者，其根圓及寸，大者如雞卵。周回生圓芽二三枚，或五六枚。三月、四月生苗，高尺餘。獨莖上有葉如爪，五六出分布，尖而圓。一窠生七八莖，時出一莖作穗，直上如鼠尾。中生一葉如匙，裹莖作房，傍開一口，上下尖。中有花，微青褐色。結實如麻子大，熟即白色，自落布地，一子生一窠。九月苗殘取根，以湯入器中漬五七日，湯冷乃易。日換三四遍，洗去涎，暴乾用之。或再火炮。今冀州人菜園中種之，亦呼爲天南星。江州有一種草，葉大如掌，面青背紫，四畔有芽如虎掌，生三五葉爲一本，冬青，治心痛寒熱積氣，不結花實，與此名同，故附見之。

宋・鄭樵《通志》卷七五《昆蟲草木略》 天南星 曰鬼蒟蒻，而有毒。

金・張元素《潔古珍珠囊》〔見元・杜思敬《濟生拔粹》卷五〕 天南星 苦：與半夏同。

宋・劉明之《圖經本草藥性總論》卷上 天南星 味苦、辛，有毒。主中風除痰，麻痺，下氣，破堅積，消癰腫，利胸膈，散血墮胎。陳藏器云：主金瘡，傷折瘀血，取根，碎，傅傷處。日華子云：味辛烈，平。畏附子、乾薑、生薑。着撲損瘀血，主蛇蟲咬，傅疥癬惡瘡。一云：治急中風，目瞑牙噤，小兒走馬疳，驚風墜涎。

虎掌 味苦，溫、微寒，有大毒。主心痛，寒熱結氣積聚伏梁，傷筋痿拘緩，利水道，除陰下濕，風眩。《藥性論》云：使。味甘。能治風眩目轉，疝瘕腸痛，傷寒時疾，強陰。蜀漆為之使。惡莽草。生漢中山谷及宛句。二月八月採，陰乾。

宋・王介《履巉巖本草》卷下 天南星 味苦、辛，溫，有毒。主中風，除痰麻痹，下氣，破堅積，利胸膈，消癰腫。主金瘡傷折瘀血，取根搗碎，傅貼傷處。真者小而柔膩肌細，炮之易裂。治小兒牙關不開，用天南星一個，煨熱，紙裹不要透氣，（煎）〔剪〕雞頭大一竅子，透氣於鼻孔中，其牙關立開。治風除痰，世之良藥。

宋・王介《履巉巖本草》卷中 蛇頭天南星 性溫，有小毒。治咳嗽痰多，用根一兩爲末，入輕粉二錢，薄薄麪糊爲元，如菉豆大，每服三元至五元，薑湯送下。專治小兒痰喘，更量小兒大小，加減元數服之，名曰立效水精丹。

宋・陳衍《寶慶本草折衷》卷一〇 天南星 一名南星見艾氏。一名鬼蒟蒻。生安東山谷，及滁州、江寧府。今處處平澤有之。〇二、八月採根，今採者多以灰裹之，□裂乾。〇畏附子、乾薑、生薑。又防風□巴豆。

味苦、辛，平，有毒。〇主中風，除痰麻痹，下氣，破堅積，消癰腫，利胸膈，散血，墮胎。〇陳藏器云：主金瘡傷折瘀血。碎傅傷處。〇日華子云：主蛇蟲咬，傅疥癬惡瘡，入藥炮用。〇□□□□□元□生飲。〇《圖經》曰：根似芋而圓。又有白蒟蒻根，多雜採為天南星。但天南星柔膩肌細，炮之易裂。〇《經驗方》：治小兒走馬疳，蝕透損骨，天南星壹箇，當心作坑子，安雄黃塊在內，用麪裹燒，候雄黃作汁，以盞子合定，出火毒，去麪研末，入麝香少許，拂瘡驗。尤治婦人風攻頭目痛，每服壹字，以酒調下，重者半錢匕。

續說云：諸方以天南星為小兒急慢驚風之要藥，而張松、艾氏亦祖其法，所以然不同能者，互通其變也。《是齋方》謂天南星與防風同用，則服之不麻。故《本事方》以二物等分洗之，生為末，名玉真散，治破傷風及□□之，急以酒或童子小便調貳錢服之。天南星與虎掌並蒟蒻三者，根狀類似而名稱混淆，易以失真《十便方》並白而無斑點者為天南星也。又須端正扁大者為上。

元・王好古《湯液本草》卷四 天南星 味苦、辛，有毒。《珍》云：治同半夏。陳藏器云：主金瘡傷折瘀血。取根，搗傅傷處。日華子云：味辛烈。治扑損瘀血，主蛇蟲咬，傅疥癬毒瘡。

元・尚從善《本草元命苞》卷五 天南星 味苦、辛，性烈，有毒。入藥炮用。主中風風痰，散瘀血血閉。除麻痺，破堅積，消癰腫，利胸膈。急中風目瞑齒噤，用此末指之即開。《經驗方》名開關散：天南星末、白龍腦，等分，研細，於五月五日午時合，患者可用一字。吐血者，爐灰汁浸藥一宿，酒磨自然銅，調下。咳嗽者，炮令烈，碾為細末，水盞半，生薑煎服。《本經》不載所產，平澤到處而生。葉如蒟蒻，兩枝相抱，花似蛇頭，開之黃色，根若芋圓小，子作穗，色紅。二八月採之，暴乾。畏附子、生薑、薯蕷。一云虎掌。小為田跋。

元・朱震亨《本草衍義補遺》 天南星 欲其下行，以黃栢引之。〇天南星，今市人多以由跋小者，似天南星。但南星小，柔膩肌細，炮之易裂，差可辨爾。

元・佚名氏《珍珠囊・諸品藥性主治指掌》〔見《醫要集覽》〕 南星 味苦、辛，〔性溫〕，有毒。可升可降，陰中之陽也。其用有二：墜中風不省之痰毒，主破傷如尸之身強。

元・徐彥純《本草發揮》卷二 天南星 東垣云：南星，味甘、辛，陰中之陽。主中風，降痰麻痺，下氣，破堅積，消癰腫，利胸膈，散血，墮胎。乃肺經之本藥。丹溪云：南星，欲其下行，以黃蘗引之。

明・蘭茂原撰，范洪等抄補《滇南本草圖說》卷三 虎掌草：形似天南星。昔東山老人在滇，滇萬民個個染溫疫，身上忽起一疔，紅線線穿心則亡，速用此敷之，神效。若紅疔破，內有一白刺，似毛形，用針挑去，周圍用此藥搽之，可救萬民。滇中火地，多染此症。

明・王綸《本草集要》卷三 天南星 味苦辛，氣平，有毒。畏附子、乾薑、生薑。入藥炮用。 主中風，除風痰麻痹，下氣，破堅積，消癰腫，利胸膈，散金瘡撲損瘀血，蛇蟲咬，疥癬惡瘡，墮胎。 丹溪云：欲其下行，以黄蘗引之。○中風牙噤不開。取末，和龍腦少許，擦齒二三十遍，即開。○破傷風。防風等分，同為末，醋調上貼。

明・滕弘《神農本經會通》卷一 天南星 畏附子、乾薑、生薑。入藥炮用。與鬼芋根相似，但南星小，柔膩肌細，炮之易裂，差可(辦)〔辨〕爾。《局》云：熱灰中炮裂用。 味苦、辛，有毒。《湯》云：同。東云：可升可降，陰中陽也。墜中風不省之痰涎，主破傷如屍之身強。又云：醒脾，去驚風痰吐之憂。珍云：主中風，除痰下氣，利胸膈，治麻痺，癰腫，堅積，墮胎。《疌》云：利風痰胸膈，消癰破積，散血，定風搐。傅蛇傷蟲咬，及墮胎。

《本經》云：主中風，除痰，麻痺下氣，破堅積，消癰腫，利胸膈，散血，墮胎。二八月採之。陳藏器云：主金瘡傷折、瘀血。取根，碎，傅傷處。日華子云：味辛烈，平。散撲損瘀血，主蛇蟲咬，附疥癬惡瘡。入藥炮用。《圖經》云：大者四邊皆有子，用時盡削去之。珍云：治同半夏。丹溪云：欲其下行，以黄蘗引之。劊云：南星有毒味辛苦，中風不省墜痰涎。破傷身強如屍狀，服此回生致引年。《局》云：天南星主中諸風，下氣除痰利膈胸。散血墮胎除腦痛，又塗傷折又消癰。南星，主下氣風痰，除腦痛，止怔忡。

明・劉文泰《本草品彙精要》卷一三 天南星有毒 植生。

天南星：主中風，除痰，麻痹，下氣，破堅積，消癰腫，利胸膈，散血，墮胎。名醫所錄。 【苗】《圖經》曰：春生苗，似荷梗，莖高一尺以來，葉如蒟蒻，兩枝相抱。五月開花，似蛇頭，黄色。七月結子，作穗，似石榴子，紅色。根似芋而圓，亦與蒟蒻根相類，人多誤採。莖斑花紫是蒟蒻。一説天南星如《本草》所説即虎掌也，小者名由跋，後人採用乃別立一名爾。今天南星大者，四邊皆有子，採時盡削去之。陳藏器云：半夏高一二尺，由跋高一二寸，此正誤相反言也。今由跋苗高一二尺，莖似蒟蒻而無斑，根如雞卵，半夏高一二寸，亦有盈尺者，根如小指正圓也。江南吳中又有白蒟蒻，亦曰鬼芋，根都似天南星，生下平澤極多，皆雜採以爲天南星，了不可辨，市中所收往往是也。但天南星小，柔膩肌細，炮之易裂，差可辨爾。【地】《圖經》曰：生平澤，今處處有之。陳藏器云：生安東山谷。【道地】江寧府、滁州。【時】生：二月生苗。【採】：二月、八月取根。【收】暴乾。【用】根。【質】類蒟蒻根而小。【色】白。【味】苦，辛。【性】烈，散。【氣】氣厚于味，陽中之陰。【臭】朽。【主】祛風，化痰。【反】畏附子、乾薑、生薑。【製】薑汁浸透炮過，或用白礬、皂莢煮去其毒，並曬乾用。又以南星爲末，裝入臘月牛膽內，當風處陰乾，入藥用。【治】療：《圖經》曰：療中風痰毒。陳藏器云：主金瘡傷折，瘀血，搗傅傷處，良。日華子云：主蛇蟲咬，疥癬，惡瘡。【合治】合躑躅花並生搗，作餅子，蒸四五遍，以稀葛囊盛掛，候乾爲末，以蒸餅糊丸如梧子大，每服酒下三丸，治風痛。若腰腳痛，空心服。手臂痛，食後服。○五月五日午時以大者合龍腦等分研細，入小磁器中密封，治急中風、目瞑、牙噤無門下藥者，用一字或半錢以中指點末揩齒大牙左右，二三十指，其口自開，始得下別藥，名開關散。○以一個當心作坑子，合雄黄一塊在內，用麵裹燒，候雄黄作汁，以盞子合定，出火毒，去麵研末，入麝香少許，治小兒走馬牙疳，蝕透損骨，及小攻蝕者，拂瘡上，驗。○以一個重一兩，換酒浸七伏時，取出，於新瓦上周回炭火炙令乾裂，濕地去火毒，搗末，合朱砂一分，研勻，每服半錢，荊芥湯調下，治驚風墜涎，空心日午時進一二服。○以大者一個，炮爲末，每服一大錢，合生薑三片，水一盞，煎至五分，空心臨臥各一服，治欬嗽。○以末三錢，合京棗三枚，水二盞，煎八分，溫服，治吐瀉不止，四肢發厥，虛風不省人事，服此四肢漸暖，神識便省，名回陽散。○合防風等分爲末，醋調，貼破傷風瘡強直者。【禁】妊娠不可服。

【贗】鬼芋根爲偽。

明・劉文泰《本草品彙精要》卷一三 虎掌有大毒 植生。

虎掌出《神農本經》：**主心痛，寒熱，結氣，積聚，伏梁，傷筋痿拘緩，利水道。**以上朱字《神農本經》。除陰下濕，風眩。以上黑字名醫所錄。 【苗】《圖經》曰：初生根如豆大，漸長大似半夏而扁。累年者其根圓及寸，大者如雞卵，周匝生圓芽二三枚或五六枚。三四月生苗，高尺餘，獨莖，上有葉如爪，葉五六出分佈，尖而圓。一窠生七八莖時，出一莖作穗，直上如鼠尾。中生一葉如匙，裹莖作房，傍開一口，上下尖，中有花微青褐色，結實如麻子大，熟即白色，自落布地，一子生一窠，其苗九月凋殘。江州有一種草，葉大如掌，面青背紫，四畔有芽如虎掌，生三四葉爲一本，冬月常青，不結花實，與此名同，故附見之。《唐本》注云：此藥是由跋宿者，其苗一莖，莖頭一葉，枝丫音鴉胅古協切莖。根大者如拳，小者如雞卵，都似匾柹，四畔有圓芽如虎掌，故有此名。其跋是新根，猶大于半夏二三倍，但四畔無子牙爾。〔地〕《圖經》曰：生漢中山谷及冤句，今河北州郡亦有。〔道地〕冀州、江州。〔時〕生：三月、四月生苗。採：二月、八月、九月取根。〔收〕陰乾。〔用〕根。〔質〕類半夏而匾大。〔色〕白。〔味〕苦。〔性〕溫，微寒，泄。〔氣〕氣薄味厚，陰中之陽。〔臭〕朽。〔主〕疝瘕，腸痛。〔助〕蜀漆爲之使。〔反〕惡莽草。〔製〕以湯清三七日，湯冷乃易，日換三四遍，洗去涎，暴乾用之。〔治〕療：《藥性論》云：治風眩目轉及傷寒時疾，強陰。

明・葉文齡《醫學統旨》卷八 南星 氣平，味苦、辛。有毒。可升可降，陰中陽也。畏附子、乾薑、生薑。入藥泡用。 治中風，風痰麻痺，下氣，破堅積，消癰腫，利胸膈；散金瘡撲損瘀血，蟲咬疥癬惡瘡；墮胎。欲其下行，以黃蘗引之。

明十許希周《藥性粗評》卷二 痰昏胸膈，天南開五夜之星。

天南星，蛇頭草也。二月生苗，獨莖似荷，高一二尺，斑綠色，如蛇形，葉如蒻，兩枝相抱，五月開花似蛇頭，紅黃色，七月結子作穗，如石榴子，然其根似芋，圓作餅狀，大者四邊有小子相附。好生平澤陰潤之地，江南處處有之。二月、八月採根，爐灰汁中浸數日，暴乾。凡用或以酒浸，以薑汁浸，以火炮製有不同。世多以虎掌假充者，但南星炮之易裂，以此為辨耳。或以半夏為南星之小者，非也。此各有種，殊與南星不同。畏附子、乾薑、生薑，餘說《本草》不載。味苦、辛，性溫，有毒。其氣上行，入手太陰肺經。主治中風痰塞，胸膈不利，老痰不化，頑麻冷痹，撲損折傷，下氣散血，除腦痛，破堅積，消癰腫。丹溪云：欲其下行，以黃柏引之。下行如破瘀血，或墮胎之類。

單方：中風牙噤：無門下藥者，南星一個，炮裂，為末，以中指點末擦入牙根上下左右，頻點頻擦數十次，自開；又以南星一個一兩重者，換酒浸七伏時，取出，新瓦上炭火炙裂，覆地下去火毒，訖共硃砂一分，研為細末，每服一錢，荊芥湯調下，不甦再服，不拘驚風墜涎，皆此治之。 走馬疳蝕：不拘大人小兒，患此症者，南星一個，當心剜一坑子，安雄黃一塊在內，以稠麵封裹，火內燒，候雄黃作汁，取出，覆向地下去火毒，訖去麵不用，入麝香少許，研為細末，搽傳瘡上，效。 吐瀉厥昏：凡吐瀉不止，四肢發厥，昏暈不醒者，南星炮烈，為末，每服三錢，京棗三枚，水一盞，煎取八分，溫服，以四肢漸暖，神識既甦為度，不爾再服。予嘗患此，先人以灸氣海而甦，當時殊無知此方者。 頭風眩暈：不拘男婦，患此症者，南星一個，掘地坑子，先以火燒赤，安南星在內，以醋半甌潑之，即以其甌蓋覆，勿令透氣，候冷取出，為細末，每服一字，以溫酒調下，患重者一錢匕。

明・鄭寧《藥性要略大全》卷三 南星 墜中風不省之痰毒，主破傷如屍之身強。 《賦》曰：醒脾，去驚風痰吐。○主金瘡傷折瘀血。取根搗敷傷處，治撲損瘀血。治蛇蟲咬，傅疥癬毒瘡。 朱氏云：散血墮胎，消腫下氣，止腦疼怔忡。 味苦、辛，平，有毒。可升可降，陰中陽也。畏附子、生薑、乾薑。沸水泡七八次，或炮用，治與半夏同。

明・陳嘉謨《本草蒙筌》卷三 天南星 味苦、辛，氣平。可升可降，陰中陽也。有毒。下澤極多，在處俱有。苗類荷梗直起，高僅尺餘；葉如蒻葉杪生，兩枝相抱。花若蛇頭黃色，子結作總鮮紅。根比芋猶圓，肌細膩且白。《本經》載虎掌草即此，後人以天南星改稱。亦與鬼蒟蒻相侔，每逢冬月間悞採。殊不知蒟蒻莖斑花紫，根極大肌麄；南星莖青花黃，根略小肌細。炮之易裂，得此纔真。製須多泡生薑湯，七八次佳。或研填入牯牛膽。臘月黑牯牛膽一箇，用南星研末，取汁拌勻，填入內。風乾過年成塊，剉碎復炒拯疴。方書謂之牛膽南星，即此是也。倉卒不能得此，依前薑湯泡，或火炮，並殺毒堪用，但性猶烈也。乃上行治肺經本藥，欲下行資黃蘗引之。畏生乾薑，及黑附子。散跌撲即凝瘀血，墜中風不語稠痰。利胸膈下氣墮胎，破堅積誅癰消腫。水摩箍蛇蟲咬毒，醋調貼破腦傷風。瘤突額顱，麝加敷愈。先用小針十數枚作一把，瘤上微刺通竅，用新南星醋摩，加麝少許，日敷二次，任如椀大半月全消。

明・方穀《本草纂要》卷二 南星 味苦、辛，氣平，有毒。主中風，口眼喎斜，風痰麻痹不仁，氣結癭核，堅積諸瘡初起紅腫，跌損久滯瘀血，痰涎壅結不利，氣鬱停聚關格，惟此苦辛之劑，能大散風痰氣結，而爲必用之藥也。大抵此劑與半夏相同。半夏氣辛而且守，南星氣辛而不存；半夏之性燥而且潤，南星之性燥而且急。如元虛者禁用可也。古方以牛膽製南星，名之曰膽星。蓋星被膽所製，則苦寒之性製星而不燥，又膽有益肝鎮驚之功，使驚風驚痰，虛火虛痰並可治矣。吾嘗論之，南星治痰，可治有餘；膽星治痰，可治不足。如元本氣盛之人，而遇風痰氣盛之症，非南星不能散也；如元虛氣弱之人，而遇驚虛痰嗽之症，非膽星莫能療也。二者施治，宜當審用。

明・王文潔《太乙仙製本草藥性大全》卷二《本草精義》 天南星 《本

經》不載所出州土，云生平澤極多，在處俱有之。苗類荷梗直起，高僅尺餘，葉如蒻葉，杪生兩枝，抱花若蛇頭，黄色，結作穗，鮮紅，根比芋猶圓，肌細膩且白。《本經》載虎掌草即此，後人以天南星假稱。亦與鬼蒟蒻相侔，每逢冬月間誤採。殊不知蒟蒻莖斑、花紫，根極大、肌麄，南星莖青、花黄、根略小、肌細，炮之易裂，得此纔真。製須多泡生薑湯七八次佳，用臘月黑牯牛膽一個，用南星研末，取汁，拌匀，填入風乾，過年成塊，剉碎復炒，拯痌方也，謂之牛膽南星即此是也。倉卒不能得此，依前薑湯泡或火炮，並殺毒堪用，但性猶烈也。乃上行治肺經本藥。欲下行，資黄蘗引之。畏生薑及黑附子。吳中又有白蒟蒻，亦曰鬼芋根，都似天南星。生下平澤極多，皆雜採以爲天南星，了不可辨，市中所收往往是也。但天南星小，柔膩肌細，炮之易裂，差可辨爾。古方多用虎掌，不言天南星。天南星近出唐世中風痰毒方中多用之。

明・王文潔《太乙仙製本草藥性大全》卷二《本草精義》　虎掌　生漢中山谷及冤句，今河北州郡亦有之。初生根如豆大，漸長大似半夏而扁，累年者其根圓及寸大者如鷄卵，周匝生圓牙二三枚，或五六枚。二四月生苗，高尺餘，獨莖上有葉如爪，五六出分布，尖而圓，一窠生七八莖，特出一莖作穗，直上如鼠尾，中生一葉如匙，裹莖作房，傍開一口，上下尖，中有花，微青褐色，結實如麻子大，熟即白色，自落布地，一子生一窠。九月苗殘取根，以湯入器中，漬五七日，湯冷乃易，日換三四次，洗去涎，曝乾用之，或再火炮。今冀州人採園中種之，亦呼爲天南星。江州有一種草，葉大如掌，面青背紫，四畔有芽如虎掌，生三四葉爲一本，冬青，治心痛，寒熱積氣，不結花實，與此名同，故附見之。

明・王文潔《太乙仙製本草藥性大全》卷二《仙製藥性》　天南星　味苦、辛，氣平，可升可降，陰中陽也，有毒。　主治：散跌撲即凝瘀血，墜中風不語稠痰。利胸膈下氣，墮胎，破堅積，誅癰消腫。水摩箍蛇蟲咬毒，醋調貼破腦傷風。瘤突額顱，麝加敷愈，先用小針十數枚，作一把，瘤上微刺通竅，用新南星醋摩，加麝少許，日敷二次，任如椀大，半月全消。　補註：中風目瞑、牙噤，搗末，白龍腦各等分，研匀，五月五日午時合，每用中指點末揩齒上二三十次，效。〇小兒走馬疳蝕，及小攻蝕，用一個，當心作坑子，安雄黄一塊在內，麪裹燒，候雄黄作汁，以盞子合定出火毒，去麪爲末，入麝香少許，拂瘡效。〇婦人一切風攻頭目痛，用一個，掘地坑，火燒赤，安於坑內，盞蓋，以醋淬之，不令透氣，待冷爲末，每一字，酒調服。〇驚風墜涎，用一個重一兩，酒浸七伏時，取放新瓦上，周圍炭火炙乾令裂，置地去火毒，用甆器盛，待冷爲末，用朱砂一分，研，同拌，每服半錢，荊芥湯下。〇吐血，用一個，剉豆大，以蘆灰汁浸一宿，取出洗凈，焙乾爲末，酒摩自然銅，下末一錢。〇嗽欬，用大者一枚，炮令裂，爲末，每服一錢，水一盞，生薑三片，煎至五分，溫服。〇吐瀉不止或筋轉，四肢發厥，虛風不省人事，用爲末，每服三錢，入京棗三枚，煎溫服。〇破傷風入瘡強直，防風、天南星等分爲末，以醋調作靨貼上。〇小兒牙關不開，用一枚，煨熱，紙裹斜角，未要透氣，於細處剪鷄頭大竅子，透氣於鼻孔中，牙關立開。〇風痛，用南星、躑躅花，並生時同搗羅，作餅子，甑上蒸四五遍，以稀葛囊盛之，倏要即取，焙搗爲末，蒸餅丸如梧子大，溫酒下三丸，腰脚骨痛，空心服。手臂痛，食後服大良。

明・王文潔《太乙仙製本草藥性大全》卷二《仙製藥性》　虎掌使　味苦，溫、微寒，有大毒。蜀漆爲之使。　主治：主心痛，治寒熱結氣，利水道，療目轉風眩，破積聚，伏梁傷筋痿拘緩，理疝瘕腸痛陰濕，主傷寒時疾，強陰。

明・皇甫嵩《本草發明》卷三　天南星下品下，佐使。氣溫，味苦、辛，有小毒。可升可降，陰中陽也。　發明曰：南星苦辛，行肺經，能消風降痰，下氣破結。故《本草》主療中風，除風涎，乃其專功。蓋辛能散風邪，苦以墜痰下氣也。又療麻痺，破堅積癰腫，利胸膈，散瘀血，墮胎。又治撲損，破傷風，身強如屍及蛇蟲咬，傅疥癬等候。由其辛烈，能消風下氣，破結而然也。南星治瘤單方。見瘿瘤門。　膽星消風痰尤妙。臘月以牛膽汁制其燥，其除痰與半夏同，用生薑湯泡七次方妙。〇南星形圓小，柔膩肌細，炮之易烈為佳。若粗大者，是鬼臼、虎掌、蒟蒻之類，宜辨之。南星畏附子、乾薑、生薑。

明・李時珍《本草綱目》卷一七草部・毒草類　虎掌《本經》下品天南星宋《開寶》

【釋名】虎膏《綱目》　鬼蒟蒻《日華》　恭曰：其根四畔有圓牙，看如虎掌，故有此名。頌曰：天南星即本草虎掌也，小者名由跋。古方多用虎掌，不言天南星。南星近出唐人中風痰毒方中用之，乃後人采用，別立此名爾。時珍曰：虎掌因葉形似之，非根也。南星因根圓白，形如老人星狀，故名南星，即虎掌也。蘇頌説甚明白。宋《開寶》不當重出南星條，今併入。

【集解】《別録》曰：虎掌生漢中山谷及冤句。二月、八月采，陰乾。弘景曰：

近道亦有。形似半夏，但大而四邊有子如虎掌。今用多破作三四片。方藥不甚用也。恭曰：此是由跋宿根。其苗一莖，莖頭一葉，枝丫(扶)〔挾〕莖，根大者如拳，小者如雞卵，都似扁柹。四畔有圓牙，看如虎掌。由跋是新根，大如半夏二三倍，四畔無子牙。陶説似半夏，乃由跋也。保昇曰：莖頭有八九葉，花生莖間。藏器曰：天南星生安東山谷，葉如荷，獨莖，用根。頌曰：虎掌今河北州郡有之。初生根如豆大，漸長大似半夏而扁，年久者根圓及寸，大者如雞卵。周匝生圓牙(二三)〔三四〕枚或五六枚。(二)〔三〕四月生苗，高尺餘。獨莖上有葉如爪，五六出分布，尖而圓。一窠生七八莖，時出一莖作穗，直上如鼠尾。中生一葉如匙，裹莖作房，旁開一口，上下尖。中有花，微青褐色。結實如麻子大，熟即白色，自落布地，一子生一窠。九月苗殘取根。今冀州人菜圃中種之，呼爲天南星。又曰：天南星，處處平澤有之。二月生苗，似荷梗，其莖高一尺以來。葉如蒟蒻，兩枝相抱。五月開花似蛇頭，黄色。七月結子作穗似石榴子，紅色。二月、八月采根，似芋而圓扁，與蒟蒻相類，人多誤采，了不可辨。但蒟蒻莖斑花紫，南星根小，柔膩肌細，炮之易裂，爲可辨爾。南星即《本經》虎掌也。大者四邊皆有牙子，采時削去之。江州一種草，葉大如掌，面青背紫，四畔有牙如虎掌，生三四葉爲一本，冬青，不結花實，治心疼寒熱積氣，亦與虎掌同名，故附見之。時珍曰：大者爲虎掌、南星，小者爲由跋，乃一種也。今俗又言大者爲鬼臼，小者爲南星，殊爲謬誤。

【修治】頌曰：九月采虎掌根，去皮臍，入器中湯浸五七日，日換三四遍，洗去涎，暴乾用。或再火炮裂用。時珍曰：凡天南須用一兩以上者佳。治風痰，有生用者，須以温湯洗净，仍以白礬湯，或入皂角汁，浸三日夜，日日換水，暴乾用。若熟用者，須於黄土地掘一小坑，深五六寸，以炭火燒赤，以好酒沃之。安南星於內，瓦盆覆定，灰泥固濟，一夜取出用。急用，即以濕紙包，於煻灰火中炮裂也。一法：治風熱痰，以酒浸一宿，桑柴火蒸之，常洒酒入甑內，令氣猛。一伏時取出，竹刀切開，味不麻舌爲熟。未熟再蒸，至不麻乃止。脾虚多痰，則以生薑渣和黄泥包南星煨熟，去泥焙用。造南星麴法：以薑汁、礬湯，和南星末作小餅子，安籃內，楮葉包蓋，待上黄衣，乃取晒收之。造膽星法：以南星生研末，臘月取黄牯牛膽汁和劑，納入膽中，繫懸風處乾之。年久者彌佳。

【氣味】苦，温，有大毒。《别録》曰：微寒。普曰：虎掌：神農、雷公：苦，有毒。岐伯、桐君：辛，有毒。大明曰：辛烈，平。杲曰：苦、辛，有毒。陰中之陽，可升可降，乃肺經之本藥。震亨曰：欲其下行，以黄蘗引之。之才曰：蜀漆爲之使。惡莽草。大明曰：畏附子、乾薑、生薑。時珍曰：得防風則不麻，得牛膽則不燥，得火炮則不毒。生能伏雄黄、丹砂、焰消。

【主治】心痛，寒熱結氣，積聚伏梁，傷筋痿拘緩，利水道《本經》。除陰下濕，風眩《别録》。主疝瘕腸痛，傷寒時疾，强陰甄權。天南星：主中風麻痹，除痰下氣，利胸膈，攻堅積，消癰腫，散血墮胎《開寶》。金瘡折傷瘀血，擣傅之藏器。蛇蟲咬，疥癬惡瘡大明。去上焦痰及眩運元素。主破傷風，口噤身强李杲。補肝風虚，治痰功同半夏好古。治驚癇，口眼喎斜，喉痹，口舌瘡糜，結核，解顱時珍。

【發明】時珍曰：虎掌、天南星，乃手足太陰脾肺之藥。味辛而麻，故能治風散血；氣温而燥，故能勝濕除涎；性緊而毒，故能攻積拔腫而治口喎舌糜。楊士瀛《直指方》云：諸風口噤，宜用南星，更以人參、石菖蒲佐之。

【附方】舊十，新二十九。

中風口噤：目瞑，無門下藥者。開關散：用天南星爲末，入白龍腦等分，五月五日午時合之。每用中指點末，揩齒三二十遍，揩大牙左右，其口自開。又名破棺散。《經驗方》。

諸風口噤：天南星炮剉，大人三錢，小兒三字，生薑五片，蘇葉一錢，水煎減半，入雄猪膽汁少許，温服。《仁齋直指方》。

小兒口噤：牙關不開。天南星一枚，煨熟，紙裹斜包，剪一小孔，透氣于口中，牙關自開也。○一方：用生南星同薑汁擦之，自開。

小兒驚風：墜涎散：用天南星一兩重一個，換酒浸七伏時，取出安新瓦上，周廻炭火炙裂，合濕地出火毒，爲末，入硃砂一分。每服半錢，荆芥湯調下。每日空心一服，午時一服。《經驗方》。

吐瀉慢驚：天王散：治小兒吐瀉，或誤服冷藥，脾虚生風痰慢驚。天南星一個，重八九錢者，去臍。黄土坑深三寸，炭火五斤，煅赤，入好酒半盞。安南星在內，仍架炭三條在上，候發裂取剉，再炒熟爲末，用五錢。天麻煨熟研末一錢，麝香一字，和勻。三歲小兒用半錢，以生薑、防風煎湯調下。亦治久嗽惡心。錢乙《小兒方》。

風癇痰迷：墜痰丸：用天南星九蒸九晒，爲末，薑汁麪糊丸梧子大。每服二十丸，人參湯下。石菖蒲、麥門冬湯亦可。《衛生寶鑒》。

小兒癇瘖：癇後瘖不能言。以天南星濕紙包煨，爲末。雄猪膽汁調服二字。《全幼心鑒》。

治癇利痰：天南星煨香一兩，朱砂一錢，爲末，猪心血丸梧子大。每防風湯化下一丸。《普濟方》。

口眼喎斜：天南星生研末，自然薑汁調之。左貼右，右貼左。《仁存方》。

角弓反張：南星、半夏等分，爲末。薑汁、竹瀝灌下一錢。仍灸印堂。《摘玄方》。

破傷中風：胡氏奪命散，又名玉真散，治打撲金刃傷，及破傷風傷濕，發病强直如癇狀者。天南星、防風等分，爲末。水調敷瘡，出水爲妙。仍以温酒調服一錢。已死心尚温者，熱童便調灌二錢。鬬毆內傷墜壓者，酒和童便連灌三服，即甦。亦可煎服。《三因方》。

破傷風瘡：生南星末，水調塗瘡四圍，水出有効。《普濟方》。

婦人頭風：攻目作痛。天南星一個，掘地坑燒赤，安藥於中，以醋一盞沃之，蓋定勿令透氣，候冷研末。每服一字，以酒調下。重者半錢。《千金方》。

風痰頭痛：不可忍。天南星一兩，荆芥葉一兩，爲末，薑汁糊丸梧子大。每食後薑湯下二十丸。○又上清丸：用天南星、茴香等分，生研末，鹽醋煮麪糊丸。如上法服。並出《經効濟世方》。

風痰頭運：目眩，吐逆煩懣，飲食不下。玉壺丸：用生南星、生半夏各一兩，天麻半兩，白麪三兩，爲末，水丸梧子大。每服三十丸，以水先煎沸，入藥煮五七沸，漉出放温，以薑湯吞之。《惠民和劑局方》。

腦風流涕：邪風入腦，鼻內結硬，遂流

髓涕。大白南星切片，沸湯泡二次，焙乾。每用二錢，棗七個，甘草五分，同煎服。三四服。其硬物自出，腦氣流轉，髓涕自收。以大蒜、蓽茇末作餅，隔紗貼顱前，熨斗熨之。或以香附、蓽茇末頻吹鼻中。《直指方》。　小兒風痰：熱毒壅滯，涼心壓驚。抱龍丸：用牛膽南星一兩，入金錢薄荷十片，丹砂一錢半，龍腦、麝香各一字，研末，煉蜜丸芡子大。每服一丸，竹葉湯化下。《全幼心鑒》。　壯人風痰：及中風、中氣初起。星香飲：用南星四錢，木香一錢，水二盞，生薑十四片，煎六分，温服。王碩《易簡方》。　痰迷心竅：壽星丸：治心膽被驚，神不守舍，或痰迷心竅，恍惚健忘，妄言妄見。天南星一斤。先掘土坑一尺，以炭火三十斤燒赤，入酒五升，滲乾。乃安南星在内，盆覆定，以灰塞之，勿令走氣。次日取出爲末。琥珀一兩，朱砂二兩，爲末。生薑汁打麵糊丸梧子大。每服三十丸至五十丸，煎人參、石菖蒲湯下。一日三服。《和劑局方》。　風痰注痛：方見羊躑躅下。　痰濕臂痛：右邊者。南星制、蒼术等分，生薑三片，水煎服之。《摘玄方》。　風痰欬嗽：大天南星一枚，炮裂研末。每服一錢，水一盞，薑三片，煎五分，温服。每日早、午、晚各一服。《(千金)〔十全〕博濟方》。　氣痰欬嗽：玉粉丸：南星麴、半夏麴、陳橘皮各一兩，爲末，自然薑汁打糊丸如梧子大。每服四十丸，薑湯下。寒痰，去橘皮，加官桂。東垣《蘭室秘藏》。　清氣化痰：三仙丸：治中脘氣滯，痰涎煩悶，頭目不清。生南星去皮、半夏各五兩，並湯泡七次，爲末。自然薑汁和作餅，鋪竹篩内，以楮葉包覆，待生黄成麴，晒乾。每用二兩，入香附末一兩，糊丸梧子大。每服四十丸，食後薑湯下。王璆《百一選方》。　温中散滯：消導飲食。天南星炮、高良薑炮各一兩，砂仁二錢半，爲末，薑汁糊丸梧子大。每薑湯下五十丸。《和劑方》。　酒積酒毒：服此即解。天南星丸：用正端天南星一斤。土坑燒赤，沃酒一斗入坑，放南星，盆覆，泥固濟，一夜取出，酒和水洗净，切片，焙乾爲末，入朱砂末一兩，薑汁麵糊丸梧子大。每服五十丸，薑湯下。蔡丞相、吕丞相嘗用有驗。《楊氏家藏方》。　吐泄不止：四肢厥逆，虚風不省人事。服此則陽回，名回陽散。天南星爲末，每服三錢，京棗三枚，水二鍾，煎八分，温服。未省再服。○又方：醋調南星末，貼足心。《普濟方》。　腸風瀉血：諸藥不效。天南星石灰炒焦黄色，爲末，酒糊丸梧子大。每酒下二十丸。《普濟方》。　吐血不止：天南星一兩，剉如豆大，以爐灰汁浸一宿，洗焙研末。每服一錢，以自然銅磨酒調下。《勝金方》。　初生貼顖：頭熱鼻塞者。天南星炮爲末，水調貼顖上，炙手熨之。《危氏得効方》。　小兒解顱：顖開不合，鼻塞不通。天南星炮去皮，爲末，淡醋調緋帛上，貼顖門，炙手頻熨之，立効。錢乙《小兒直訣》。　解頤脱臼：不能收上。用南星末，薑汁調塗兩頰，一夜即上。《醫説》。　小兒口瘡：白屑如鵝口，不須服藥。以生天南星去皮臍，研末，醋調塗足心。男左女右。閻孝忠《集効方》。

走馬疳蝕：透骨穿腮。生南星一個，當心剜空，入雄黄一塊，麵裹燒，候雄黄作汁，以盞子合定，出火毒，去麵爲末，入麝香少許，拂瘡數日，甚驗。《經驗方》。　風蟲牙痛：南星末塞孔，以霜梅盦住，去涎。《摘玄方》。　喉風喉痹：天南星一個，剜心，入白殭蠶七枚，紙包煨熟，研末。薑汁調服一錢，甚者灌之，吐涎愈。名如聖散。《博濟方》。　痰瘤結核：南星膏：治人皮肌頭面上生瘤及結核，大者如拳，小者如栗，或軟或硬，不疼不痒，宜用此藥，不可輒用針灸。生天南星大者一枚，研爛，滴好醋五七點。如無生者，以乾者爲末，醋調。先用針刺令氣透，乃貼之。覺痒則頻貼，取効。嚴子禮《濟生方》。　身面疣子：醋調南星末塗之。《簡便方》。

題明・薛己《本草約言》卷一《藥性本草》　天南星　味苦、辛，氣平，有毒。陰中之陽，可升可降，入足太陰脾、手太陰肺。驅表裏之風痰，破胸膈之氣結，通牙關之噤閉。因其性之燥烈。　江云：風痰主藥，牛膽製之。○《發明》云：南星苦辛，行肺經能消風，降痰下氣破結。　膽星消風痰尤妙。畏附子、乾薑、生薑。入藥炮用。

明・佚名氏《醫方藥性・草藥便覽》　天南星　其性温，有毒。解痰涎，止嗽，去風毒。

明・梅得春《藥性會元》卷上　南星　味苦、辛。可升可降。陰中之陽也。有毒。畏附子、生薑、乾薑。　主墜中風不省之痰毒，療破傷如屍之身強，去驚風痰吐之憂，專能下氣，風痰腦痛；　止怔忡，消血墮胎，消癰腫。欲其下行，以黄柏引之；　與白附子同用，治風痰，療麻痹，破堅積，利胸膈，散金瘡撲損瘀血，蟲咬，疥癬惡瘡。且治日久之稠痰而定喘。嗽痰多者，非此不能除。　凡使泡之易裂者真。見用必須薑製。　製法：臈月將南星切碎，内牛膽中裝之，陰乾聽用。牛膽製過南星，收十年已上者，勝於牛黄。

明・杜文燮《藥鑒》卷二　南星　氣温，味苦、辛，有毒。氣薄味厚，可升可降，陰中陽也。墜諸風不省之痰毒，主破傷如屍之身強。削堅積，消癰腫，利胸膈，散血墜胎。乃肺經之本藥也。欲下行，以黄栢引之。欲上行，以桔梗載之。抱龍丸用之以鎮驚。豁痰丸用之以開迷。大都薑製亦可，不若膽浸為上。孕婦禁用。

明・李中立《本草原始》卷三　天南星　生平澤，今處處有之。苗起數莖，每莖端六七葉，高一尺許，結實作包，稍如鼠尾，根比芋而圓，肌細膩且白，炮之易裂。《本經》云：葉似蒟蒻，兩枝相抱。五月開花似蛇頭，黄色。六月結子，作穗似石榴子，紅色。根似芋而圓是虎掌，非南星也。然南星多生南方，根圓如星，故以名之。

氣味：　苦，溫，有大毒。　主治：　心痛，寒熱結氣，積聚伏梁，傷筋痿拘緩，利水道。○除陰下濕，風眩。○主疝瘕腸痛，傷寒時疾，強陰。○主中風麻痹，除痰下氣，利胸膈，攻堅積，消癰腫，散血墮胎。○金瘡折傷瘀血，搗傳之。○去上焦痰及眩運。○主破傷風，口噤身強。○補肝風虛，治痰功同半夏。○治驚癇，口眼喎斜，喉痹，口瘡，結核，解顱。

天南星，宋《開寶》。莖葉搽蠍螫止痛。根圓白。二月、八月採根。　虎掌，《本經》下品。花如蛇頭，兩枝相抱。　虎掌根、蒟蒻根，皆似天南星。人雜採以為南星淆賣，了不可辨。火炮易裂者是南星，炮之不裂者是虎掌、蒟蒻也。　虎掌、南星，根極相似，葉迥然不同而功效相近，古人通用之。故頌曰：　天南星即《本經》虎掌也。　修治：　去皮臍，入器中湯浸五七日，日換三四遍，洗去涎，暴乾用。或火炮裂用。或以皂莢、白礬、薑煮過用。　造膽星法：　以南星生研末，臘月取黄牯牛膽汁，和納入膽中，繫懸風處乾之，年久者彌佳。方書謂之牛膽南星。　杲曰：　苦、辛，有毒，陰中之陽，可升可降，乃肺經之本藥。　之才曰：　蜀漆為之使，惡莽草。　大明曰：　畏附子、乾薑、生薑。　時珍曰：　得防風則不麻，得牛膽則不燥，得火炮則不毒。生能伏雄黄、丹砂、焰硝。　《經驗方》：　治急中風，目瞑口噤，無門下藥者。開關散：　用天南星為末，入白龍腦等分，五月五日午時合之，每(用)中指點末揩齒三二十遍，揩大牙左右，其口自開。

明・張懋辰《本草便》卷一　天南星　味苦、辛，氣平，有毒。畏附子、乾薑、生薑。入藥炮用。　主中風，除風痰麻痹，下氣，破堅積，消癰腫，利胸膈，撲損瘀血，蛇蟲咬，疥癬瘡，惡瘡，墮胎。

明・李中梓《藥性解》卷三　南星　味苦、辛，性平，有毒，入脾、肺二經。主中風牙關緊閉，痰盛麻痹，下氣破堅積，消癰腫，利胸膈，散氣墮胎，搗敷疥癬瘡毒，并蛇蟲咬傷。沸水泡七次，以牛膽汁收其沫入膽，久懸風處更佳，畏附子、乾薑、生薑。　按：　肺受風邪，脾多痰飲，南星耑主風痰，故並入二經。　味辛主散，所以消癰墮胎，及療疥癬等疾。大抵與半夏同功，但半夏辛而能守，南星辛而不守，其燥急之性，甚于半夏。故古方以牛膽苦寒之性制其燥烈，且膽又有益肝鎮驚之功，小兒尤為要藥。丹溪曰：　南星欲其下行，以黄柏引之。

明・繆希雍《本草經疏》卷一一　天南星　味苦、辛，有毒。畏附子、乾薑、生薑。主中風，除痰，麻痹，下氣，破堅積，消癰腫，利胸膈，散血墮胎。

〖疏〗南星得火金之氣，故其味苦辛。火金相搏，故性烈而有毒。陰中之陽，可升可降，入手太陰經。為風寒鬱於肺家，以致風痰壅盛之要藥也。炎上作苦，苦則善燥，從革作辛，辛則善散，溫則開通，故主麻痹，下氣，破堅積，消癰腫，利胸膈，散血墮胎。〖主治參互〗南星得牛膽則燥氣減，得火炮則毒性緩。得薑、桂、附，主破傷風、口噤身強。得牛膽、皂角、川烏、茯神、牛黄、天竺黄、丹砂，治驚癇。加天麻，治一切風痰壅盛。同半夏搗細末，入降真香末，傅金瘡折傷瘀血。同桂枝、乾薑、甘草、細辛，治西北邊人真中風，風痰猝壅僵仆。〖簡誤〗南星味既辛苦，氣復大溫而燥烈，正與半夏之性同，而毒則過之，故亦善墮胎也。半夏治濕痰多，南星主風痰多，是其異矣。二藥大都相類，故其所忌亦同。非西北人真中風者，勿用。詳載半夏條下，茲不重出。

明・倪朱謨《本草彙言》卷五　天南星　味苦、辛，氣溫，有毒。陰中之陽，可升可降，乃肺經本藥。欲其下行，以黄蘗引之，得防風則不麻，得牛膝則不燥，得火炮則不毒，得牛膽汁拌製則凉潤而活利痰結，得生薑汁拌製則溫散而通行毛竅，乃急方之燥劑也。

李氏曰：　天南星，又名虎掌。因葉形五出如爪，故名。其根圓白，形如老人星狀，故又名天南星。

藏器陳氏曰：　出漢中山谷及宛句、安東、河北州郡，今近道亦有之。四月生苗，高尺餘，獨莖，上有葉如鼠尾，中生一葉如匙，裹莖作房，旁開一口，上下尖，中有花，青褐色，結實如麻子，熟即白色，自落布地。一子只一窠，九月葉零取根，但初孕之根，僅如豆大，漸長者似半夏而扁，年久者始圓及寸，大如雞卵。周匝生芽三四枝，或五六枝，圓如指頂，宛若虎掌。又冀州一種，二月生苗，高一二尺，莖似荷梗，葉似蒟蒻，兩枝相抱，五月開花，黄色，似蛇頭。七月結實，作穗如石榴子，二八月采根，似芋而扁，與蒟蒻相類，人多悞采，混不可辨。但蒟蒻莖斑花紫，根大肌麁；　南星根小，花黄肌膩，炮之易裂爲別。然南星即虎掌，同類而異種。其根大者，周匝亦有圓芽，但不若虎掌，莖葉似爪，五出分列也。又江州一種草南星，葉大如掌，面青背紫，三四葉爲一本，經冬不凋，不結花實，根之四畔，亦有圓芽。名象雖同，性氣迥別，不可不辨。修治：南星取重一兩者，氣深力倍，用治風痰，須用溫湯，洗淨去涎，再以白礬、皂角煎湯，浸三四日，每日一換，浸足曝乾用。設有急用，用濕紙包裹，埋糠灰火中周匝，綻裂便可用矣。又一法：以酒浸一宿，用桑柴火蒸之，常令洒酒入甑内，令氣猛，一時取出剖開，味不麻舌爲度。又一法：以生薑杵碎，拌南星，和黄泥封包，煨熟，去泥用。若造麯，用生薑汁及礬湯和南星末作小餅子，安籃内，用稻草包蓋，俟上有黄衣生，取出晒乾收之。又造膽星法：將南星研細末，臘月取黄牯牛膽汁和勻，仍納膽囊内，懸掛有風處乾之，年久愈佳。

天南星：開結閉，蘇頌散風痰之藥也。白尚之集治中風不語，口眼喎斜，時珍麻痹不仁，或跌撲損傷，血凝氣聚，或打傷頭腦，藏器破傷風腫，或癰疽痰核，紅腫堅結。此劑味辛而麻，能治風散血。氣熱而燥，能勝濕逐涎。《開寶》性緊而毒，能攻閉開結。古方又謂能墮胎，因其有散血之力故也。但其性味辛燥而烈，與半夏略同，而毒則過之。半夏之性燥而稍緩，南星之性燥而頗急。半夏之辛劣而能守，南星之辛劣而善行。如陰虚血少，血熱血燥之人，不可用也。前人以牛膽製之，名曰膽星。牛膽苦寒而潤，有益肝鎮驚之功。製星之燥而使不毒，若風痰濕痰，急閉涎痰，非南星不能散。如小兒驚風驚痰，四肢搐搦，大人氣虚内熱，熱鬱生痰，非膽星不能療也。二者施用，隨證投之。

集方：《方脉正宗》治中風不語。用天南星爲末，以指頭蘸少許，揩上下兩齒間，再用溫薑湯數茶匙，灌下。○《直指方》治風中經脉，口眼喎斜，四肢麻痹，或半身不遂。用天南星切片，薑礬水煮二兩，白朮、黄耆、當歸、川芎、川萆薢，各二兩五錢，作十劑服。或作丸亦可。○李德林《方議》治打撲金刃傷及破傷風，傷濕，其證强直如癇痙狀者。用天南星、防風，等分爲末，水調敷瘡，出水爲妙，仍以溫酒調服一錢。已死心尚熱，用童便調灌二錢。鬥毆内傷幷墜壓者，酒和童便，速灌二三錢，即甦。亦可煎服。○同前治跌撲損傷，血脉凝滯不散，疼痛甚者。用天南星爲末，薑汁和酒調塗，如乾燥，不時用酒，以鵝羽蘸塗。如跌磕傷肉與骨，血出淋漓，以天南星，爲末，乾畣傷處，自然生肌收口。○姚氏《日聞錄》治濕痰臂痛。用天南星、蒼朮等分，生薑減半，水煎服。○《外科正宗》治癰疽初起紅腫。用天南星搗爛，和米醋調敷，留頂。○嚴子禮方治痰瘤結核，生皮肌頭面，大者如拳，小者如栗，或軟或硬，不疼不癢。用天南星爲末，米醋調塗。每日頻換貼，即消。○《方脉正宗》治大小氣閉昏塞，痰涎上壅。用天南星一兩切片，薑汁浸，晒乾炒，猪牙皂角去挺五錢，廣陳皮八錢，共爲末。每服二錢，薑湯調下。○錢乙方治小兒急慢驚風，痰迷昏塞，手足搐搦。用膽製南星、天竺黄各一錢，朱砂五分，共爲末，薑湯調服，一歲二分。○《全幼心鑒》治小兒癇後瘖不能言。用膽南星爲末，薑湯調服。○《直指方》治冷風入腦，鼻内結硬，遂流髓涕不止。用大天南星切片，薑湯泡一次，焙乾，每用二錢，甘草五分，大棗七箇，同煎服。服三四劑，其硬物自出，腦氣流通，髓涕自止，再以大蒜和蓽撥末作餅，布貼顖間，再隔布以熨斗熨之，或以香附、蓽撥末，用少許，頻吹鼻中。○《楊氏家藏》治酒積酒毒。用天南星切片，薑湯泡浸一日，焙乾爲末，紅麯打糊爲丸，如梧子大。每早晚各百餘丸，白湯下。○《普濟方》治腸風瀉血，諸藥不效。用天南星一兩，生薑五錢，各切片，和石灰三錢，共炒焦黑色，共爲末，酒糊丸梧子大。每早服三十丸，白湯下。○錢乙直方治小兒解顱，顖開不合。用天南星爲細末，酒調貼顖門，立效。○《醫説》治解頤脱臼，不能收上。用天南星爲細末，薑汁調塗兩頰，一夜即上。○《經驗方》治小兒走馬疳蝕，透骨穿腮者。用生南星一箇，當心剜空，入雄黄末二錢，麵裹燒灰，去麵爲末，入麝香少許，摻瘡上，數日甚效。

明・顧逢柏《分部本草妙用》卷四肺部・溫瀉 天南星 苦，溫，無毒。蜀漆為使，惡莽草，畏附子、乾薑。生薑湯泡過，入牛膽中，懸風處經年用。造麴以薑汁、礬湯，和南星末作餅子，陰乾黄色收用。主治：中風麻痹，除痰下氣，利胸膈，攻堅積，消癰腫，散血墮胎。痰火眩運，破傷風口噤身強。膽製治驚癇，口眼喎斜，喉痺，口舌瘡糜，結核解顱。南星為肺經本藥，亦能入脾。味辛而麻，故能治風散血。氣溫而燥，故能勝濕除涎。性緊而毒，故能攻積拔腫，治口喎舌糜。膽製則治驚癇如神，佐以參、蒲，治諸風口噤更效。但泄而不守，斷不宜生用。

明・李中梓《醫宗必讀・本草徵要上》 南星味苦、辛，溫，有毒。入肝、脾二經。畏附子、乾薑、生薑。冬月研末，入牛膽中，懸風處。 風痰麻痹堪醫，破血行胎可慮。南星入肝，去風痰，性烈而燥，得牛膽則燥氣減，得火炮則烈性緩。按：南星治風痰，半夏治濕痰，功用雖類，而實殊也。非西北人真中風者勿服。

明・鄭二陽《仁壽堂藥鏡》卷一〇下　天南星　味苦、辛，有毒。入肺、脾二經。　蜀漆為使。惡莽草，畏附子、乾薑、生薑。湯泡過，入牛膽中，懸風處。　陳藏器云：主金瘡傷折瘀血。取根擣敷傷處。　日華子云：味辛烈，治撲損瘀血。主蛇蟲咬，敷疥癬毒瘡。《經》曰：結氣積聚，筋痿拘緩，利水。甄權曰：疝瘕腸痛，傷寒時疾，強陰。《開寶》曰：中風麻痹，痰氣堅積，癰腫，散血，墮胎。潔古曰：痰火眩運。東垣云：破傷風口噤身強。　按：南星氣溫而泄，性緊而毒，故能攻堅去濕，與半夏同功。然半夏辛而能守，南星辛而不守，其性烈於半夏，故須牛膽製之。　天南星，欲其下行，以黃柏引之。天南星，今市人多以由跋小者、似天南星。但南星少柔膩，肌細，炮之易裂，差可辨爾。《集驗方》治四肢發厥，虛風不省人事，中風、驚風，天南星三錢，京棗三枚，水煎溫服。　《圖經》云：天南星處處有之。薑湯泡煮七次用，或研，填牯牛膽，風乾，逐年用，曰膽星。牛膽味極苦，寒，能引南星入肝，折風熱痰涎甚效。兼利南星之燥，墜中風不語稠痰，散跌撲即凝瘀血，利胸膈，下氣破積。醋調，貼破腦傷風，瘤突額顱，射加敷愈。

明・蔣儀《藥鏡》卷一溫部　天南星　主風痰，辛而不守。半夏治濕痰，辛而能降。下氣利膈而消癰腫，散瘀墮胎而破堅積，可施于真中風，牙關緊閉，并敷刀箭金瘡，亦可療破傷風，口噤身殭，兼抹蛇蟲毒螫。黃栢引以下行，牛膽製其剛燥。且牛膽者，益肝鎮驚之藥也，兒科良劑。有餘之痰，南星治之。不足之痰，膽星能療。

明・李中梓《頤生微論》卷三　南星　味苦、辛，性溫，有大毒。入肝、脾二經。　蜀漆為使。惡莽草，畏附子、乾薑、生薑。滚湯泡過，研細入牛膽中，懸風處經年用，換膽而再經年者尤佳。主中風麻痺，痰氣堅積，口噤身強，破血利水，墮胎。

按：南星氣溫而泄，性緊而毒，故能攻堅去濕。然半夏辛而能守，南星辛而不能守，其性烈于半夏也。然南星耑主風疾，半夏耑主濕痰，功雖同而用有別也。陰虛燥痰在所禁忌。

明・張景岳《景岳全書》卷四八《本草正》　南星　味苦、辛，氣溫。可升可降，陽中陰也。性烈有毒，薑汁製用。善行脾肺，墜中風實痰，利胸膈，下氣，攻堅積，治驚癇，散血墮胎。水磨箍蛇蟲咬毒，醋調散腫。破傷風，金瘡折傷瘀血，宜擣傅之。功同半夏，酌用可也。

膽星　七製、九製者方佳。降痰因火動如神，治小兒急驚必用。總之，實痰實火壅閉上焦，而氣喘煩躁焦渴脹滿者，所當必用。較之南星，味苦性涼，故善解風痰熱滯。

明・賈九如《藥品化義》卷八腎藥　南星　屬陽中有微陰，體乾燥，色白，氣雄，味大辛，微苦，性熱而急，能升能降，力豁風痰，性氣與味俱濁，通行十二經。　南星味辛烈，能散復能燥；氣雄猛，能通復能開，故力豁風痰濕痰，主治暴中風不省。古來論中風者不一，曰濕，曰火，曰痰，總之濕鬱生火，火盛生痰，痰火相搏而成風之象，有痰涎壅盛，口眼喎斜，手足癱瘓，半身不遂諸症，以此開痰破結，則風搖火焰之勢自然而息。若濕痰橫行，經絡壅滯而不通，致言語費力，呵欠噴嚏，頭目眩暈，頭項痰核，肩背酸疼，雙臂作痛，兩手軟痹，為患多端，以此導其痰則諸症悉愈。但辛燥之藥，不宜多用。體中者佳。最大者另名鬼芋，不用。和入生薑白礬皂莢，煮熟曬乾。

膽星　屬陽中有陰，體乾，色黃，氣和，味微辛而苦，性涼，能升能降，力清驚痰，性氣薄而味濃，入肝膽二經。

膽星意不重南星，而重膽汁，借星以收取汁用，非如他藥監制也，故必須九製則純。是汁色染為黃，味變為苦，性化為涼，專入肝膽。《經》云肝為將軍之官，十一臟取決於膽，是以肝膽之氣一發，周身無處不到，假膽以清膽氣，星以豁結氣，大能益肝鎮驚，主治一切中風風癇，驚風頭風眩暈，老年神呆，小兒發搐，產後怔忡，為肝膽性氣之風調和之神劑也。本草言其功如牛黃者，即膽汁之精華耳。　臘月用黃牛膽汁，以南星末收之，約九遍，入膽內，掛膽陰乾用。

明・盧之頤《本草乘雅半偈》帙六　虎掌《本經》下品　氣味：苦，溫，有大毒。　主治：主心腹寒熱結氣，積聚伏梁，傷筋痿拘攣，利水道。

覈曰：出漢中山谷，及冤句、安東、河北州郡，近道亦有之。四月生苗，高尺餘。獨莖上有葉如爪，一窠生八九莖，時出一莖作穗，直上如鼠尾。中生一葉如匙，裹莖作房，旁開一口，上下尖。中有花，青褐色。結實如麻子，熟便白色，自落布地，一子只一窠。九月葉殘取根。但初孕之根，僅如豆大，漸長者似半夏而扁，年久者始圓及寸，大如雞卵。周匝生芽，三四枝，或五六枝，圓如指頂，宛若虎掌。冀州一種，呼天南星，二月生苗，高一二尺，莖似荷梗，葉似蒟蒻，兩枝相抱。五月開花黃色，似蛇首。七月結實作穗，似石榴子。二八月采根，似芋而扁，與蒟蒻相類，人多誤采，了不可辨。但蒟蒻莖斑花紫，南星根小肌膩，炮之易裂為別。然南星即虎掌，同類而異種。其根大者，周匝亦有圓芽，但不若虎掌莖葉似爪，五出分列也。江州一種，草虎掌，葉大如掌，面青背紫，三四葉為一本，經冬不凋，不結花實，根之四畔，亦有圓芽，名象雖同治療迴別。修事：取重一兩者，氣專力倍。用治風痰，生用須溫湯洗淨，再以白礬作湯，或皂角煎汁，浸二三日，每日一換，浸足暴乾。熟用，擇黄土地上，掘一小坑，深五六寸，先以炭火燒紅，次用好酒沃之，乃安虎掌于坑內，上以瓦盆覆定，灰泥固濟，過夜取用。設急用，用濕紙包裹，埋(糖)〔煻〕灰火中，周匝綻裂，便可用矣。一法：以酒浸一宿，用桑柴火蒸之，嘗令洒酒入甑內，令氣猛。一伏時取出，竹刀剖開，味不麻舌為度。一法以生薑杵碎，和黄泥包虎掌煨熟，去泥焙用。若造麴用，生薑汁及礬作湯，和虎掌末作小餅子，安籃內，楮葉包蓋，俟上有黄衣生，取晒收之。造膽星法：將虎掌研末，臘月取黄牯牛膽汁和勻，納膽囊內，懸係有風處，乾之，年久彌佳。蜀漆為之使。惡莽草。

先人云：名色性氣，合屬燥金。味苦氣溫又得火化，為肺金之用藥也。與《易》稱熯萬物令燥者合其德，當治風，第可平諸疾生風，不可平風生諸疾，以非真實燥故。其治諸暴強直，支痛裹急，筋縮緛戾，平以虎掌，風從燥已矣。

条曰：命名虎掌，不獨莖葉根荄形相似也，虎力在掌，故主寒熱氣結，積聚伏梁，以及心腹，若探囊耳。蓋掌用在筋，且風生從虎，故主厥陰風木，變生筋主為病，以致筋痿攣拘也。風行水渙，故并利水道。

厥陰變眚，則風木之化不行焉。虎嘯風生，從其類也。風感水受，水道乃行，故利水道。

明・李中梓《本草通玄》卷上　天南星　苦、辛，有毒。肺、脾、肝之藥也。主風痰麻痺，眩暈，口噤身強，筋脉拘緩，口眼歪斜，堅積癰腫，利水去濕，散血墮胎。味辛而散，故能治風散血；氣溫而燥，故能勝濕除涎；性緊而毒，故能攻堅拔腫。凡諸風口噤，需為要藥。重一兩者佳。生用者，溫湯洗過，礬湯浸三日夜，日日換水，曝乾。熟用者，酒浸一宿，入甑蒸一日，以不麻舌為度。造膽星法：南星生研細末，臘月取黄牛膽汁，和劑納膽中，懸風處，年久彌佳。

清・顧元交《本草彙箋》卷四　天南星　南星味辛烈，能散復能燥，氣雄猛，能通復能開，故力豁風痰濕痰，主治暴中風不省。古來論中風者不一，曰濕、曰火、曰風，總之，濕鬱生火，火盛生痰，痰火相搖而成風象。有痰涎壅盛，口眼喎斜，手足癱瘓，半身不遂諸症。以此開痰破結，則風搖火焰之勢，自然而息。若濕痰橫行經絡，壅滯不通，致語言費力，呵欠噴嚏，頭目眩暈，頸項痰核，肩背酸疼，雙臂作痛，兩手軟痺，爲患多端。以此合諸藥，導痰燥濕，其症悉平。

南星本名虎掌，古方多用虎掌，不言南星。其燥性甚于半夏。半夏辛而能守，南星辛而不守。

丹溪云：南星欲其下行，以黄柏引之。又南星得防風則不麻。

膽星者，非徒欲減其燥氣，蓋意不重南星，而重膽汁，非如他藥監製之比，故必九製，則純是汁，色染爲黄，味變爲苦，性化爲涼，專入肝膽經。云肝爲將軍之官，凡十一臟取決於膽，是以肝膽之氣一發，周身無處不到。假膽以清膽氣，星以豁結氣，大能益肝鎮驚，主治一切中風，風癇驚風，頭風眩暈，老年神呆，小兒發搐，產後怔忡，爲肝膽性氣之風，調和之神劑也。《本草》言其功如牛黄者，即膽汁之精華耳。

風痰頭暈，或至吐逆煩懣者，用生南星、生半夏各一兩，天麻半兩，白麵三兩，其末水丸梧子大，每服三十丸，薑湯下，是名玉壺丸。氣痰咳嗽者，用玉粉丸，南星麴、半夏麴、陳橘皮，等分爲末，薑汁打糊丸梧子大，每服四十丸，薑湯下；寒痰去橘皮，加官桂。又三仙丸，治中脘氣滯，痰涎煩悶，頭目不清，南星麴、半夏麴，香附末等分，糊丸梧子大，每服四十丸，食後薑湯下。製南星、半夏麴，並湯泡七次，爲末，薑汁和作餅，鋪竹篩內，以楮葉包覆，待生黄成麴，晒乾用。小兒風痰用抱龍丸，用膽星一兩，薄荷十片，丹砂一錢半，龍腦、麝香各一字，研末，蜜丸芡子大，每服一丸，竹葉湯化下。

清・穆石匏《本草洞詮》卷九　南星　南星，一名虎掌。其葉形似虎掌，根似南極老人星也。味苦辛，氣溫，一云微寒，有大毒。入手足太陰經。主中風麻痺，除痰下氣，利胸膈，攻堅積，消癰腫，散血墮胎。味辛而麻，故能治風散血。氣溫而燥，故能勝濕除涎。性緊而毒，故能攻積拔腫。凡用須一兩已上者，以酒浸一宿，桑柴火蒸之，味不麻舌為熟，未熟再蒸，至不麻乃止。造南星麴法：以薑汁、礬湯和南星末作小餅子，待上黄衣，乃晒收之。造膽星法：臘月取黄牛膽汁，和南星末納入膽中，懸風處乾之，年久者彌佳。得防風則不麻，得牛膽則不燥，得火炮則不毒也。

清・劉雲密《本草述》卷一〇 天南星一名虎掌 頌曰：天南星，即《本草》虎掌也。時珍曰：虎掌之名，因其葉形似之。南星得名，象其根之圓白，如老人星耳。入藥者根，非葉也。南星即虎掌。蘇恭說甚明。頌曰：出漢中山谷及冤句，安東、河北州郡近道亦有之。四月生苗，高尺餘，九月葉殘，取根。但初孕之根，僅如豆大，漸長者似半夏而匾，年久者始圓及寸大如雞卵，周匝生芽三四枝，或五六枝，圓如指頂，宛若虎掌。又冀州一種呼天南星，同入藥用。

根：氣味：苦，溫，有大毒。普曰：虎掌，神農、雷公：苦，有毒。岐伯、桐君：辛，有毒。日華子曰：辛烈，平。東垣曰：苦、辛，有毒。陰中之陽，可升可降，乃肺經之本藥。時珍曰：虎掌，天南星，乃手足太陰脾肺之藥。諸本草主治：中風麻痺，諸風口噤，破痼，口眼喎邪，痰塞胸膈不利，及風痰堅積，或致頭目眩暈，療喉風痺，及痰留結核，下氣利膈，散血消癰腫，傅金瘡折傷瘀血。《本經》主治：心痛，寒熱結氣，積聚伏梁，傷筋痿拘緩。海藏曰：補肝風虛，治痰功同半夏。方書主治：卒中，暴厥中風，痰飲咳嗽，頭痛眩暈，癇狂癲悸，痞積聚，嘔吐吐利，噫，心痛，胃脘痛，腰痛，肩背痛，行痺痛，痺脚氣，鶴膝風，破傷風，顫振譫妄，不能食及耳目鼻舌等證。中梓曰：南星氣溫而泄，性緊而毒，故能攻堅去溼。半夏辛而能守，南星辛而不能守，其性烈於半夏也。然南星專主風痰，半夏專主溼痰，功雖同而用有別也。陰虛燥痰，在所禁忌。復曰：名色性氣，合屬燥金，味苦氣溫，又得火化為肺金之用藥也。與易稱熯，嘆同音。漢，旱也，燥也。萬物令燥者，合其德當治風。第可平諸疾生風，不可平風生諸疾，以非真實燥，故其治諸暴強直，支痛裏急，筋縮緛音輭，縮也。戾，平以虎掌，風從燥已矣。《直指方》云：諸風口噤，宜用南星，更以人參、石菖蒲佐之。丹溪曰：欲其下行，以黃柏引之。希雍曰：南星得火金之氣，故其味苦辛，火金相搏，故性烈而有毒。陰中之陽，可升可降，入手太陰經，為風寒鬱於肺家，以致風痰壅盛之要藥也。南星得薑、桂、附，主破傷風口噤身強。得牛膽、皂角、川芎、伏神、牛黃、天竺黃、丹砂，治驚癇。加天麻，治一切風痰壅盛。同半夏搗細末，入降真香末，傅金瘡折傷瘀血。同桂枝、乾薑、甘草、細辛，治西北邊人真中風，風痰猝壅僵仆。

愚按：南星在諸本草多主治風。夫風氣燥，屬陽，南星極辛燥者也，豈取其同氣相求，而從治之歟？曰：其義不盡也。盧復曰：南星第可平諸疾生風，不可平風生諸疾。之頤曰：厥陰變眚，則風木之化不行焉。此二說煞有可思。蓋人身風化之氣，即是元氣，其病乎風者，乃因於六淫七情陰陽不和，而結為戾氣者也。南星味辛，而兼有苦，其氣溫，苦從乎溫，已屬火化，而又稟乎夏火之氣化，盧復所謂為肺金之用藥者，良然。觀其四月生苗，采根於九月，且味先微苦，而後大辛，是火之氣歸於金，火為金用者也。火為金用，而金之氣益烈，即以同氣相求者，直相從而破其所結之戾氣。如中風麻痺，諸風口噤，口眼喎邪等證，皆戾氣之風滯於經絡以為病，故每取之奏效。所謂以毒藥去疾者也。雖然風有陰虛陽虛之異，如南星所主治，非陰虛而陽不能化之風，乃陽虛而陰不得化之風，試就海藏補肝風虛一語思之，則其義可明。更味《本經》首及心痛，寒熱積聚結氣，非其所治者，正屬陽虛而陰不得化之證歟。或曰：陰不得化，亦病於風乎？曰：是。陽鬱之為病，非陽淫也，其化風者，《經》所謂鬱極則發之義，正為戾氣也。又以《本草》所云治疝瘕，攻堅積，消癰腫，散瘀血等證，則其能化陰也，又可知矣。此味皆知治風，詎知其散陰結以暢陽，乃其能事，陽暢則戾氣平而風靜矣。即不治風，如腰痛之摩腰膏，行痺之骨碎補丸，脚氣之活絡丹，鶴膝風之地仙丹，顫振之星附散，皆以破陰暢陽為功。如是者，難盡舉也。即如治風證之伏虎丹，換腿丸，亦胥此義，可謂其專治風乎哉？由是言之，是則南星之能在破陰，而功歸於靜風，以故風證多用之。然而療痰更多者，蓋風靜則痰消，又不必歸其功於治痰也。故風證多痰，而治風者多用南星，取其治風而遂及痰耳。如卒中暴厥，以三生飲為要劑，乃止用南星，同於生附、木香，而不用半夏者，謂何？是因可条矣。或曰：風痰乃燥氣之所結，不同於溼氣之所壅，是茲味與半夏之治迴殊也。曰然。半夏采根於五月，而南星采根於九月，此二味之氣化，所歸宿者，一乎二乎，一則歸於土而達其陰，一則歸於金而昌其陽，即方書之療風痰者，不必盡同半夏，則其義可思也。第風虛之為病，而還病於風，是風亦溼所化也。此味破陰滯而暢陽，如海藏曰補風虛，即言其功同半夏，是探本之論也。其誰曰不宜，但陰虛之燥痰，絕不可施，為其與陽虛之燥痰正相反耳。

附方　中風口噤，目瞑無門下藥者，開關散用天南星為末，入白龍腦等分，五月五日午時合之，每用中指點末揩齒三二十遍，揩大牙左右，其口自開。又名破棺散。　諸風口噤，天南星炮剉，大人三錢，小兒三字，生薑五片，蘇葉一錢，水煎減半，入雄豬膽汁少許，溫服。此證較中風證為輕。　風癇痰迷，墜痰丸用天南星九蒸九曬，為末，薑汁麪糊丸梧子大，每服二十丸，人參湯下。石菖蒲麥門冬湯，亦可。　痰迷心竅。壽星丸治心膽被驚，神不守舍，或痰迷心竅，恍惚健忘，妄言妄見，天南星一斤，先掘土坑一尺，以炭火三十斤燒赤，入酒五升，滲乾，乃安南星在內，盆覆定，以灰塞之，勿令走氣，次日取出，為末，琥珀一兩，硃砂二兩，為末，生薑汁打麪糊丸梧子大，每服三十丸至五十丸，煎人參、石菖蒲湯下，一日三服。　清氣化痰三仙丸，治中脘氣滯，痰涎煩悶，頭目不清，生南星去皮，半夏各五錢，並湯泡七次，為末，自然薑汁和作餅，鋪竹篩內，以楮葉包覆，待生黃成麯，曬乾，每用二兩，入香附末一兩，糊丸梧子大，每服四十丸，食後薑湯下。　喉風喉痺，天南星一個，剜心，入白殭蠶七枚，紙包煨熟，研末，薑汁調服一錢，甚者灌之，吐涎愈。　痰瘤結核，南星膏治人皮肌頭面上生瘤及結核，大者如拳，小者如栗，或軟或硬，不疼不癢，宜用此藥，不可輒用針灸，生天南星大者一枚，研爛，滴好醋五七點，如無生者，以乾者為末，醋調，先用針刺，令氣透乃貼之，覺癢則頻貼，取效。　錄此一方，以見茲味之能散陰結也。　希雍曰：　南星味既辛苦，氣復大溫而燥烈，正與半夏性同，其毒則過之，故亦善墜胎也。二藥大都相類，其所忌亦同。非西北人真中風者勿用。詳載半夏條下。

修治　時珍曰：　南星得防風則不麻，得牛膽則不燥，得火炮則不毒。用南星須一兩以上者，乃氣專力倍。治風痰有生用者，須溫湯洗淨，仍以白礬湯或皂角煎汁，浸三日夜，日日換水，曝乾用。若熟用，即於前所泡過乾者，以溼紙包裹，埋糠灰火中，炮至綻裂用。一法治風熱痰，以酒浸一宿，桑柴火蒸之，常灑酒入甑內，令氣猛，一伏時取出，竹刀切開，味不麻舌為熟，未熟再蒸至不麻。乃止脾虛多痰，則以生薑渣和黃泥包南星，煨熟，去泥，焙用。　治驚癇以南星生末，用黃牯牛膽汁拌勻，仍入膽中陰乾，為末用。有用薑汁、白礬煮至中心無白點，亦好。

愚按：　南星味辛而麻，氣溫而燥，性緊而毒，此用以破陰燥溼，開鬱散結，乃其的對。故中風卒厥，生用之，良有以也。推斯義，則當視所患證以為修治使合宜，而盡其功可也。如槩謂有毒，制其性味大過，不問用之得當與否也，則亦無所取材以奏績矣，是豈謂能善用者哉？

清·郭章宜《本草匯》卷一二　天南星　辛、溫、苦，烈，有毒。陰中之陽，可升可降。入手太陰，又入足厥陰、太陰經。主風痰麻痺眩運，治風癇筋脉拘攣。破胸膈之氣結，通牙關之噤閉。療口眼歪斜，解痰迷心竅。攻堅積，消癰腫。利水去濕，散血墮胎。

按：　南星氣溫而燥，故能勝濕除涎。味辛而散，故能治風散血。性緊而毒，故能攻堅拔毒。凡諸風口噤，需為要藥。功與半夏有別，半夏耑主濕痰，南星耑主風痰。然半夏辛而能守，南星則辛而不能守者也。故其性較烈于半夏，入肝能去風痰。得牛膽則不燥，得火炮則不毒，得防風則不麻。非西北人真中風者，勿服。陰虛燥痰，在所禁忌。解頤脫臼，不能收上，用為末，薑汁調塗兩頰，一夜即上。丹溪云：　欲其下行，以黃蘗引之。重一兩已上者佳。治風痰有生用者，須以溫湯洗淨，仍以白礬湯，或入皂角汁浸三日夜，日日換水，晒乾用。治風熱痰熟用者，以酒浸一宿，入甑蒸之，常常洒酒，一伏取出，竹刀切開，以不麻舌為度。脾虛多痰，則以生薑渣和黃泥，包南星于煻火中煨熟，去泥，焙用。畏附子、乾薑、生薑。

附造南星麴法：　以薑汁礬湯，和南星末作小餅子，安藍內，楮葉包蓋，待上黃衣，取晒收之。附造膽星法：　以南星生研末，臘月取黃牯牛膽汁，和劑，納入膽中，懸風處乾之，過年成塊彌佳。消風痰尤妙。剉碎炒用。方書謂之牛膽南星，即此是也。若倉卒不能得此，以生薑湯多泡六七次，殺去毒，堪用，但其性猶烈耳。

清·蔣居祉《本草擇要綱目·平性藥品》　天南星造膽星法：　以生南星研末，臘月取黃牯牛膽汁和劑，納入膽中，繫懸風處乾之，年久者彌佳。　氣味：　苦，溫，有大毒。陰中之陽，可升可降。乃手足太陰脾、肺之藥。　主治：　性辛而麻，故能治風散血。氣溫而燥，故能勝濕除涎。緊而毒，故能攻積拔腫，而治口喎舌糜。然得防風則不麻，得牛膽則不燥，得火炮則不毒。

清·閔鉞《本草詳節》卷三　天南星　【略】按：　天南星，耑主風痰，半夏耑主濕痰，功雖同而用有別。但半夏辛而能守，南星辛而不守，燥急之性，甚于半夏，故以牛膽之苦寒制之。且膽更能益肝鎮驚，小兒尤為要藥。丹溪云：　欲其下行，以黃栢引之，亦與牛膽同意。

清·王翃《握靈本草》卷五 天南星處處平澤有之。入牛膽內，懸有風處，陳者尤良。生薑湯多泡，亦可用火炮，尤能去毒。主治：天南星，苦，溫，有大毒。主風痰麻痺，眩運口噤，身強，筋脈拘緩，口眼歪斜，堅積癰腫。補肝風虛，治痰功同半夏。

清·汪昂《本草備要》卷一 天南星燥濕，宣，祛風痰。味辛而苦，能治風散血。《是齋方》：南星、防風等分爲末，治破傷風、刀傷、撲傷如神，名玉真散。破傷風者，藥敷瘡口，溫酒調下一錢；打傷至死，童便調灌二錢，連進三服必活。氣溫而燥，能勝濕除痰。性緊而毒，能攻積拔腫，補肝風虛，凡味辛而散者，皆能補肝，木喜條達故也。爲肝脾肺三經之藥。治驚癇風眩，丹溪曰：無痰不作眩。身強口噤，喉痹舌瘡，結核疝瘕，癰毒疥癬，蛇蟲咬毒，調末箍之。破結下氣，利水墮胎。性更烈于半夏。與半夏皆燥而毒，故墮胎。半夏辛而能守，南星辛而不守。然古安胎方中，亦有用半夏者。陰虛燥痰禁用。根似半夏而大，看如虎掌，故一名虎掌。以礬湯或皂角汁浸三晝夜，暴用；或酒浸一宿，蒸，竹刀切開，至不麻乃止；或薑渣、黃泥和，包煨熟用。造麯法與半夏同。造膽星法：臘月取黃牛膽汁，和南星末納入膽中，風乾，年久者彌佳。畏附子、乾薑、防風。得防風則不麻，火炮則毒性緩，得牛膽則不燥，且膽有益肝膽之功。

清·吳楚《寶命真詮》卷三 南星 【略】入肝去風痰，性烈而燥，得牛膽則燥氣減，得火炮則烈性緩。

清·陳士鐸《本草新編》卷三 天南星 天南星：味苦、辛，氣平，可升可降，陰中陽也，有毒。入脾、肺、心三經。善能化痰，利膈下氣，散瘀血，墜胎，破堅積，消癰腫，治中風不語，極能開關，兼治破傷風。又斬關奪門之將，可一用，而不可再用也。三生飲用之，佐附子以出奇，祛痰而化滯，非借其清肺而安心，故止可暫用耳。雖然三生飲中，若無人參為君，則附子、南星皆無用矣。即一三生飲，可以悟用藥之妙也。

或問：天南星消頑痰以開關，破積堅而搗陣，其勇往之勢，實亦藉附子以鼓勇，無附子，恐不能如是之猛矣。或三生飲不可常用，在他方或可以常用乎？蓋消痰之藥，未有如南星之峻猛者也。中風閉關，不得不用之斬關直入。若其他痰病，原未有關之堅閉，又何必用南星哉。

清·顧靖遠《顧氏醫鏡》卷七 南星辛苦，溫，有毒。入肝經。火炮則毒性緩。入肝去風痰，九製則燥性減。性烈而燥，須用牛膽九製。因痰凝結核，不據何處，或大或小，或軟或硬，不痛不癢，其色白者，乃痰塊也。頻塗則塊漸消。同半夏、海藻、昆布、大黃等為末，醋塗自消。非西北方真中風，大忌。破血墮胎，孕婦戒用。

清·李熙和《醫經允中》卷一八 天南星 畏附子、乾薑。生薑湯泡過，入牛膽中，懸風中經年用。兼入肝脾二經。苦，溫，無毒。主治中風麻痺，除痰下氣，消癰腫，墮胎。療破傷風口噤身強。膽製治驚癇，口眼歪斜，痰迷心竅，喉痺結核。不可生用。治瘤突額顱，先用小針十數枚作一把，瘤上微刺，用新鮮南星醋磨，加麝香少許，日敷二次，任如碗大，半月全消。解頤脫臼，不能收上，用為末，薑汁調敷兩頰，一夜即安矣。

清·馮兆張《馮氏錦囊秘錄·雜症痘疹藥性主治合參》卷一 膽南星得火金之性，故味苦辛。火金相搏，故性烈而有毒。入太陰經。為風寒鬱於肺家，以致風痰壅盛。且苦則善燥，辛則善散，溫則開通，故主麻痹下氣，破堅消癰利膈，散血墮胎。得牛膽則燥氣減，得火炮則毒性緩。或用白礬湯，或入皂角汁，浸三日夜，換水浸之，晒乾用。

天南星散跌撲，即凝瘀血，墜中風不語，稠痰，筋脉拘攣，牙關噤閉，利胸膈，下氣，墮胎，破堅積，誅癰消腫。療口眼歪斜，解痰迷心竅。總勝濕除涎，治風逐血之要藥。膽製者，功力與燥烈之性俱緩矣。

主治痘疹合參：除風痰，利胸膈，破堅消腫。取膽製者，因苦寒之性，入肝而鎮驚也。

按：南星氣溫而泄，性緊有毒，故能攻堅去濕。半夏辛而能守，南星辛而不能守，其性烈於半夏也。南星專主風痰，半夏專主濕痰，功雖同而用有別也。陰虛燥痰禁之。

清·张璐《本經逢原》卷二 天南星《本經》名虎掌。苦、辛，溫，有毒。治風痰生用，須以礬湯浸。若熟用，以濕紙包，於塘火中炮製用。造膽星法，以南星磨末，篩去皮，臘月入黃牛膽中，懸當風處乾之，年久多拌者良。或兼蜂蜜以潤其燥，但色易黑，不能久藏。《本經》主心痛寒熱結氣，積聚，伏梁、筋痿拘緩，利水道。發明：天南星之名，始自《開寶》，即《本經》之虎掌也，以葉取象，則名虎掌，根類取名，故名南星。雖具二名，實係一物。為開滌風痰之專藥。《本經》治心痛、寒熱、結氣，即《開寶》之下氣利胸膈也。《本經》之治積聚、伏梁，即《開寶》之破堅積也。《本經》之治筋痿拘緩，即《開寶》之治中風、除麻痹也。《本經》之利水道，即《開寶》之散血墮胎也。夫水由血不歸經所化，蘊積於經而為濕熱，則風從內發，津液凝聚為腫脹，為麻痹，為眩暈，為顛仆，為口噤身強，為筋脈拘緩，為口眼喎斜，各隨身之所偏而留著不散，內為積聚，外為癰腫，上為心痛，下為墮胎，種種變端，總由濕熱所致。蓋緣一物二名，後世各執一例，是不能無兩歧之說，即仲淳之明，尚以《開寶》之文衍之為疏，而《本經》主治置之罔聞，何怪諸家採集藥性，一皆舍本逐末乎。按：天南星味辛而麻，故能治風散血。氣溫而燥，故能勝濕除痰。性緊而毒，故能攻積拔腫而治口喎舌糜。諸風口禁，更以石菖蒲、人參佐之。南星、半夏皆治痰藥也。然南星專走經絡，故中風麻痹以之為嚮導，半夏專走腸胃，故嘔逆泄瀉以之為嚮導。《千金》治婦人頭風，攻目作痛，掘地作坑燒赤，入南星於中，以醋沃之，蓋定候冷為末，酒服半錢。《易簡》治面生疣子，醋調南星末塗之，其新生之芽曰由跋，《本經》治毒腫結氣，《千金方》用之取其開結熱之用耳。

清·浦士貞《夕庵讀本草快編》卷二 虎掌《本經》、天南星 虎掌因其葉似名之，其根圓白，形如老人星狀，故曰南星。 虎掌南星陰中微陽，可升可降，入手足太陰，脾肺藥也。味辛而麻，故能治風散血；氣溫而燥，故能勝濕除涎；性烈而毒，故能攻積拔腫，口喎舌糜，皆為良劑。然南星專主風痰，半夏專主濕痰，功雖同而用則別爾。若欲下行則引以黃栢，欲其不麻則納以牛膽，欲其不毒則用火炮，此又監製之妙也。

清·張志聰、高世栻《本草崇原》卷下 天南星 氣味苦，溫，有大毒。主治心痛寒熱，結氣積聚，伏梁，傷筋痿拘緩，利水道。《本經》之虎掌，今人謂之天南星，處處平澤有之。四月生苗，狀如荷梗，高一二尺，一莖直上，莖端有葉如爪，歧分四步，歲久則葉不生，而中抽一莖，作穗直上如鼠尾，穗下舒一葉如匙，斑爛似素錦，一片裹莖作房。穗上布蕊滿之，花青褐色，子如御粟子，生白熟則微紅，久又變為藍色。其根形圓，色白，大如半夏二三倍。曰虎掌者，因葉形似之；曰天南星者，以根形圓白，如天上南方之大星，取以為名也。 天南星色白根圓，得陽明金土之氣化，味苦性溫，又得陽明燥烈之氣化，故有大毒。主治心痛寒熱結氣者，若先入心而清熱，溫能散寒而治痛結也。積聚、伏梁者，言不但治痛結無形之氣，且治有形之積聚、伏梁。所以然者，稟金氣而能攻堅破積也。傷筋痿拘緩者，言筋受傷而痿拘能緩也。夫小筋受傷而馳長為痿，猶放縱而委棄也。大筋受傷而軟短為拘，猶縮急而拘攣也。陽明主潤宗筋，束骨而利機關，故傷筋痿拘能緩。緩，舒緩也。利水道者，金能生水，溫能下行也。

清·王子接《得宜本草·下品藥》 天南星 味苦，溫。入手足太陰。功專豁痰(怯)〔驅〕風。得生薑、天麻治吐瀉慢驚，得防風治跌撲金刃傷風，得琥珀、硃砂治痰迷心竅。

清·黃元御《玉楸藥解》卷一 南星 味辛，性溫。入手太陰肺、足陽明胃經。降氣行瘀，化積消腫。南星辛烈開通，治胃逆肺阻，胸膈壅滿，痰涎膠塞，頭目眩暈，磨積聚癥瘕，消癰疽腫痛，療麻痹拘攣，止吐血便紅，及疥癬，瘤贅喉痹，口瘡、金瘡，打損破傷中風之類。功同半夏，而猛烈過之。水浸二三日，去其白涎，用牛膽丸套者，治痰鬱肺熱甚佳。

清·吳儀洛《本草從新》卷二 天南星〔燥濕，宣，祛風痰。〕 味辛而苦，能治風散血；南星、防風等分為末，名玉真散，治破傷風、刀傷撲傷如神。破傷風者藥敷瘡口，溫酒調下二錢。打傷至死，童便調灌二錢，連進三服必活。氣溫而燥，能勝濕除痰；性緊而毒，能攻積拔腫；為肝脾肺三經之藥。治驚癇風眩，丹溪曰：無痰不作眩。身強口噤，喉痺舌瘡，結核疝瘕，癰毒疥癬，蛇蟲咬毒。調末箍之。破結下氣，利水墮胎，性更烈於半夏。與半夏皆燥而毒，故皆墮胎。南星辛而不守，半夏辛而能守，所以古安胎方中亦有用半夏者。按：南星治風痰，半夏治濕痰，功用雖類而實殊也。非西北人真中風者勿服，陰虛燥痰大忌。根似半夏而大，看如虎掌，故一名虎掌。以礬湯或皂角汁浸三晝夜曝用；或酒浸一宿，蒸熟，竹刀切開以不麻為度；或薑渣、黃泥和包煨熟用。造麯法：以薑汁、礬湯和南星末作餅，楮葉包，待生黃衣，日乾。造膽星法：臘月取黃牛膽汁和南星末，納入膽中，風乾，年久者彌佳。得牛膽則燥性減，且膽有益肝膽之功。畏附子、乾薑、防風。得防風則不麻，火炮則毒性緩，所謂火能革物之性。

清·汪紱《醫林纂要探源》卷二 天南星 辛，苦，溫。莖有斑，葉大，開五歧，莖上結椎，實纍纍著椎上，紅黃光潤，根似半夏而大，下分小歧似虎掌，故曰虎掌南星。潤腎補肝，兼行血分。以莖斑赤也。祛風行濕，破滯通關。其莖高，力猛勢驟，入肝為多。凡肝虛則風乘之，如木虛則風拔之，故補肝即以祛風，補正即以去淫也。木拔則水濕不行，故補肝則所以行濕也。故凡驚癇風眩及搐搦反張，喉痺核結癰毒，凡風淫濕滯，痰壅猝死之證，皆能治之。又能殺蛇蟲毒，傅治疥癬，墮胎。毒甚於半夏。酒或薑汁製，至不麻舌，乃始可用。反烏頭。陰虛者忌。 膽南星：辛，苦，平。擣末，入黑牛膽中，風乾取出，復入鮮牛膽中，如此七次，色黃黑滋潤。如陳久，醃卵黃乃佳，功近牛黃。性和緩，補肝腎，驅風痰而不失之驟。

清・嚴潔等《得配本草》卷三　天南星即虎掌。　得火、牛膽良。　蜀漆為之使。　畏附子、乾薑、防風、生薑。　惡莽草。　伏雄黃、丹砂、焰硝。　辛、苦，溫，有毒。　入手足太陰經。　主風痰之流滯，半夏走腸胃，南星走經絡。　祛四肢之麻痹。　散血攻積，下氣墮胎。　敷疥癬瘡毒，并蛇咬損傷。　得防風，治麻木。　配川柏，使下行。　配蒼术、生薑，治痰濕臂痛。　配荊芥、薑汁，治風痰頭痛。　配石菖蒲，塗口喎舌糜。　佐天麻，療吐瀉驚風。　君琥珀、朱砂，除痰迷心竅。　配冰片，等分，五月五日午時合之，以指粘末揩牙齒左右，開中風口噤目瞑，無門下藥，危症。　白礬湯或皂角汁浸三日夜，曬乾，再酒浸一宿，蒸至不麻而止，或生薑渣、黃坭包煨熟，去坭焙用。　得火炮則不毒。　虛痰、燥痰禁用。　造南星麯法：以薑汁、礬湯，和南星末作小餅子，安籃內，楮葉包蓋，待上黃衣，乃取曬收之。　造膽星法：以南星生研末，臘月取黃牯牛膽汁和勻，納入膽中，懸風處乾之。　年久者彌佳。　雖曰南星主風，半夏主濕，然濕痰橫行經絡，壅滯不通，至語言費力，身手酸疼者，惟南星為能，合諸藥開導其痰，而濕氣頓消。　其有濕生火，火生痰，痰火相搏而成風象，口眼喎斜，手足癱瘓，諸症悉見者，惟半夏為能，從清火之劑，以降其濕，而風痰悉化。　總在用之者得當耳。

清・嚴潔等《得配本草》卷九　膽星　苦，涼。　入足厥陰、少陽經。　豁結氣，除肝熱。　肝膽驚熱之風，以此為調和之神劑。　上焦壅閉之痰，惟此為消降之聖藥。　九製者佳。　清膽府，療驚氣，較竹茹有力。

題清・徐大椿《藥性切用》卷四　天南星　一名虎掌。　辛苦性溫，入肝脾肺，而祛風燥濕，散結除痰。　礬湯泡，炒用。　陳膽星，臘月取南星末，入黃牛膽中，和汁風乾，耑化風痰，以益肝膽。　年久彌佳。

清・黃宮繡《本草求真》卷三　天南星主散經絡風痰。　天南星耑入肝、脾、肺。　味辛而麻，氣溫而燥，性緊而毒，惟其味辛，則凡中風不語，岐伯云：中風大法有四：一偏枯，半身不遂也；二風痱，四肢不收也；三風癔，奄忽不知人也；四風痹，諸風類痹狀也。　及或破傷風痓。　玉真散治破傷風，刀傷撲傷如神。用南星、防風等分為末。如破傷風，用藥敷瘡口，溫酒調下。打傷至死，童便調灌二錢，連進三服必活。　故書載能克治，以其辛能散風故也。　惟其性燥，則凡稠痰固結，筋脉拘攣，得以能通。　以其燥能除濕而痰自去也。　惟其性緊，則凡疝瘕結核，胎產難下，水腫不消，得以攻逐，以其性緊急迫而堅自去也。　性雖有類半夏，然半夏專走腸胃，故嘔逆泄瀉，得之以為響導，南星專走經絡，故中風麻痹，亦得以之為響導。　半夏辛而能散，仍有內守之意，南星辛而能散，決無有守之性，其性烈於半夏也。　南星專主經絡風痰，半夏專主腸胃濕痰，功雖同而用有別也，但陰虛燥疾，服之為切忌耳。　血虛風中，急宜養血滋陰固本。若徒用南星等藥驅風逐痰，誤矣。　根似半夏，看如虎掌者良。　以礬湯或皂角汁浸三晝夜，暴用，或酒浸一宿蒸，竹刀切開，至不麻乃止。　或薑渣黃泥和包，煨熟用。　造麯法以薑汁礬湯和南星末作小餅子，安籃內，楮葉包蓋，待上黃衣，乃晒收之。　火炮則毒性緩。　膽製味苦性涼。　得牛膽則不燥，其法臘月取黃牛膽汁和南星末，納入膽中，風乾，年久者彌佳。　能解小兒風痰熱滯，故治小兒急驚最宜，畏附子、乾薑、防風。　得防風則不麻。

清・楊璿《傷寒溫疫條辨》卷六消劑類　膽星　九套者佳。　味苦，性沉而平。　降痰涎因火動如神，療急驚有痰搐必用。　總之，有實痰實火，壅閉上焦，而氣喘煩燥，焦渴脹滿者，非此不除。　古方金星散治大人小兒犯鹹哮吼者。膽星一錢，紫蘇葉一錢，甘草五分，水煎，調雞內金末七分服。

南星：　祛風散血，勝濕除痰，下氣破癥，攻積拔腫，性更烈於半夏。

清・許豫和《小兒諸熱辨》　辨九製膽星之悞　天南星味辛而性燥猛，慮其過，故以膽汁之苦寒抑之。　一製而陳者良。　近世醫家，每將牛膽汁九製南星，藏之以為奇貨，而售重價。　不思南星之治痰，取其辛以散風，燥以踈痰。　九加膽汁，則辛燥之性全失，而苦寒純矣。　藥之本性氣味為主，以為製之性而過於主，是名以膽汁製南星，而實以南星收膽汁，抑思膽汁能治風痰否？　予故曰：　一製而陳者良。

又或問：　九製膽星，舉不可用乎？　予曰：　亦有可用之處。　如肝膽火盛，生痰生風而成顛狂之症者，用為引經恰合，此外無可用之理。

清・羅國綱《羅氏會約醫鏡》卷一六草部　南星味苦辛，溫，有毒，入肝、脾、肺三經。冬月研末，入牛膽中，懸風處數次，佳。　平肝療風，木動風搖。　身強口噤、麻痹、驚癇、頭眩，皆風痰也。　破堅消癰，利膈散血，辛散。　小兒急驚。須用膽製。

按：　南星耑主風痰，半夏耑主濕痰，其用不同。　若陰虛燥痰及孕婦，皆忌之。製用白礬湯，或入皂角汁，浸三日，每日換水，晒乾用。

清・黃凱鈞《藥籠小品》　天南星　苦辛，入肺脾肝三經，性燥，除濕痰，治風散血，攻積拔腫。按：南星治風痰，半夏治濕痰。故陰虛燥痰大忌。

清・王龍《本草纂要稿》 天南星 味苦、辛，性平，有毒。散跌撲積凝瘀血，墜中風不語稠痰。利胸膈，下氣墮胎。破堅積，誅癰消腫。

清・張德裕《本草正義》卷下 南星 苦，溫，辛烈有毒。入脾、肺。祛風痰，利胸膈，攻堅積，治癲癇，療破傷風。生磨，可塗散腫毒。入劑製用。

膽星 苦辛，寒。降火痰如神，療急驚最妙。惟寔痰寔火壅閉上焦，氣喘煩燥者可用。虛寒大忌。

清・楊時泰《本草述鉤元》卷一〇 天南星 一名虎掌。葉形似之，其根圓白，如老人星，遂稱天南星。然則入藥用根，非葉也頌。出漢中山谷及冤句，安東，河北州郡近道亦有之。四月生苗，高尺餘，九月葉殘，取根，初孕如豆大，漸長如半夏而匾，年久始圓，及寸大如雞卵，周匝生芽，圓如指頂又。

氣味苦溫辛烈，有毒。陰中之陽，可升可降。乃肺經本藥，並入足太陰經。《本經》主心痛，寒熱結氣，積聚，伏梁，傷筋痿拘緩。諸本草主中風麻痹，諸風口噤，口眼歪斜，痰塞胸膈不利，及風痰堅積，或致頭目眩暈，療喉痹風，並痰留結核，下氣利膈，散血消癰腫，傅金瘡，折傷瘀血，補肝風虛。方書治猝中暴厥，痰飲欬嗽，癇狂顛悸，痞噫嘔吐，頭痛心痛，胃脘腰背肩臂痛，行痹痛痹，脚氣，鶴膝風，破傷風，顫振譫妄不能食及耳目鼻舌等證。氣溫而泄，性緊而毒，故能攻堅去濕士材。火金相搏，故性烈而有毒，為風寒鬱於肺家，致風痰壅盛之要藥仲淳。半夏辛而能守，南星辛而不能守，其性烈於半夏士材。南星專主風痰，半夏專主濕痰，功雖同而用有別又。名色性氣，合屬燥金，味苦氣溫，又得火化，為肺金之用藥，與《易》稱熯萬物令燥者合其德，當治風，第可平諸疾生風，不可平風生諸疾。故於諸暴強直，支痛裏急，筋縮緛戾，以此平之，風從燥已矣不遠。諸風口噤，宜用南星，更以人參、石菖蒲佐之《直指》。欲其下行，以黃蘗引之丹溪。得薑、桂、附，主破傷風口噤身強。得牛膽、皂角、川芎、茯神、牛黃、天竺黃、丹砂，治驚癇。加天麻，治一切風痰壅盛。同半夏搗細末，入降真香末，傅金瘡折傷瘀血。同桂枝、乾薑、甘草、細辛，治西北邊人真中風風痰，猝壅僵仆。開關散，又名破棺散，治中風口噤目瞑，無門下藥者，用天南星為末，入龍腦等分，午日午時合之，每用中指點末，揩齒三二十遍，揩大牙左右，其口自開。諸風口噤，天南星炮剉，大人三錢，小兒三字，生薑五片，蘇葉一錢，水煎減半，入雄猪膽汁少許，溫服。此證較中風為輕。墜痰丸，治風癇痰迷，天南星九蒸九曬，為末，薑汁麪糊丸梧子大，每服二十丸，人參湯下，石菖蒲、麥冬湯亦可。壽星丸，治心膽被驚，神不守舍，或痰迷心竅，恍惚健忘，妄言妄見。天南星一斤，先掘土坑一尺，以炭火三十斤燒赤，入酒五升滲乾，置南星在內，盆覆定，以灰塞之，弗令走氣，次日取出，為末，琥珀一兩，硃砂二兩，為末，生薑汁打麪糊丸梧子大，每服三十丸至五十丸，人參、石菖蒲湯下，日三服。三仙丸，治中脘氣滯，痰涎煩悶，頭目不清。生南星去皮、半夏各五錢，並湯泡七次，為末，薑汁和作餅，鋪竹篩內，楮葉包覆，待生黃成麴，曬乾，每用二兩，入香附末一兩，糊丸梧子大，每食後薑湯服三四十丸。喉風、喉痹，天南星一個剜心，入白僵蠶七枚，紙包煨熟，研末，薑汁調服一錢，甚者灌之，吐涎愈。南星膏，治痰瘤結核，凡皮肌頭面上生瘤核大者如拳，小者如栗，或軟或硬，不疼不癢，不可輒用針灸，宜用此藥。生天南星大者一枚，研爛，滴好醋五七點，如無生者以乾者為末，醋調，先用針刺令氣透，乃貼之，覺癢則頻貼取效。錄此以見南星之能散陰結也。

論：南星性味極其辛燥，而主治風，豈取其同氣相求，以從治風燥歟？不盡然也。夫人身風化之氣，即是元氣，其病乎風者，乃六淫七情陰陽不和，而結為戾氣爾。茲物味辛兼苦而氣溫，苦從乎溫，已屬火化，而又稟乎夏火之氣化，盧氏所謂肺金之用藥者良是。觀其四月生苗，采根於九月，且味先微苦而後大辛，是火之氣歸於金，火為金用者也。火為金用而金之氣益烈，即以同氣相求者，直從而破其所結之戾氣。如中風麻痹，諸風口噤口眼喎邪等證，皆戾氣之風滯於經絡以為病者。盧氏謂第可平諸疾生風，不可平風生諸疾，蓋風有陰虛陽虛之異，南星所治非陰虛而陽不能化之風，乃陽虛而陰不得化之風。海藏故以補肝風虛一語著之。《本經》首及心痛寒熱積聚結氣，正屬陽虛而陰不得化之證。或曰：陰不得化，亦病於風乎？曰：是陽鬱為病，非陽淫也。陽鬱化風，乃鬱極則發之義，即戾氣也。治疝瘕，攻堅積，消癰腫，散瘀血，則其能化陰又可知。此味散陰結以暢陽，陽暢則戾氣平而風靜矣。至於療痰多用之者，以風靜則痰消，取其治風而遂及痰，固不必歸其功於治痰耳。夫風痰乃燥氣之所結，不同於濕氣之所壅，故南星與半夏之治迴殊。觀二味氣化之所歸宿，一則歸於土而達其陰，半夏采根於五月。一則歸於金而昌其陽。南星采根於九月。惟風虛之為病而還病於風，是風亦濕所化，南星破陰滯而暢陽，即言其功同半夏，亦誰曰不宜。但陰虚之燥痰，絕不可施，為其陽虚之燥痰，正相反耳。

陰虚、燥痰切禁士材。氣味辛苦大溫，而燥烈與半夏性同，而毒則過之，故亦善墮胎。二藥大都相類，所忌亦同。詳半夏條下。非西北人真中風者，弗用仲淳。

修治：重一兩以上者，氣專力倍。得防風則不麻，得牛膽則不燥，得火炮則不毒。治風痰有生用者，須溫湯洗淨，仍以白礬湯或皂角煎汁，浸三日夜，日日換水，曬乾用。若熟用，即將泡過乾者，濕紙包裹，埋糠灰火中，炮至綻裂用。治風熱痰法，酒浸一宿，桑柴火蒸之，常灑酒入甑內，令氣猛，一伏時取出，竹刀切開，味不麻舌為熟，未熟再蒸，至不麻乃止。脾虚多痰則以生薑渣和黃泥包裹煨熟，去泥焙用。治驚癇，生剉取末，用黃牛膽汁拌勻，仍入膽中，陰乾為末用。有用薑汁、白礬，煮至中心無白點亦好。按：南星味辛而麻，氣溫而燥，性緊而毒，用以破陰燥濕，開鬱散結，乃其的對，故中風猝厥生用之。推此則當視所患證以為修治，如概謂有毒而制之太過，則無所取以奏績矣，豈為善用南星者哉。

清・鄒澍《本經續疏》卷六　虎掌　【略】病有少腹盛，上下左右皆有根，名曰伏梁。裹大膿血，居腸胃之外，治之每切按之致死，此下則因陰必下膿血，上則迫胃脘生鬲，俠胃脘內癰也。居臍上為逆，居臍下為從，勿動亟奪《腹中論》。人有身體、髀、股、䯒皆腫，環臍而痛，是曰伏梁，此風根也。其氣溢於大腸，而著於肓，肓之原在臍下，故環臍而痛，不可動之，動之為水溺濇之病《奇病論》。心之積，名曰伏梁，起臍上大如臂，上至心下，久不愈，令人煩心。以秋庚辛日得之，腎病傳心，心當傳肺，肺以當旺不受邪，心復欲還腎，腎不肯受，故留結為積《五十六難》。據此，則腸胃癰之類也。病始於腎，本係水液挾邪為心所不勝，若肺能受之，則咳逆吐痰，病斯已矣。此亦不必心為之傳，肺之職故應爾爾，乃肺不任此，欲上不得，欲下不能，逗遛腸胃之外，薰蒸水穀之氣，沖於上則為心痛寒熱，溜於下則為溺道結濇，浸淫於下體，則髀股䯒胥腫。此時正皆天南星所主矣。天南星何以能主此？則以其色白入肺，性燥劫液，使癰中水液化以為氣而布散焉。正猶肺之肯受邪，俾從咳逆吐痰可愈也。然此當在未與血結之先，苟已與血結，雖亦可藉以分消氣分之結，則已不能不仗佐使之妥適矣。不然，《千金》抵當湯治婦人月經不利，腹中滿時自減，男子膀胱滿急方，何以於傷寒抵當湯退蝱蟲而進是耶《婦人月經不調篇》？然則治風癲之鴆頭丸，及令霍亂永不發方，皆有是，何也？盧園曰：天南星名色性氣合屬燥金，味苦氣溫，又得火化，為肺之用藥，與易稱熯萬物者合其德，固當治風，第可平諸疾生風，不可平風生諸疾，以其體實細膩非真燥故。其治諸暴強直，支痛裏急，筋縮輭戾，皆風從燥已也。劉潛江曰：南星四月生苗，九月采根，是火之氣歸於金，取火為金用者也。火為金用，而金之氣益烈，即以同氣相求者，直相從而破其所結之戾氣，故其所治，非陰虚而陽不能化之風，乃陽虚而陰不得化之風，是其旨皆在散陰結以暢陽。霍亂之發癲之為風，陰結而陽不得暢，陽虚而陰不得化也。是可知因痰而生風者，去其痰而風自不得生，特陰虚之燥痰，畏此正如砒鴆耳。

清・王世鍾《家藏蒙筌》卷一五　南星　味苦辛，氣溫。可升可降，陽中陰也，性烈有毒。薑汁製用，善行脾肺，墜中風實痰，利胸膈下氣，攻堅積，治驚癇，散血墮胎。水磨箍蛇蟲咬毒，醋調散腫。破傷風、金瘡折傷瘀血，宜搗傅之。功同半夏，酌用可也。

按：南星氣溫而泄，性緊有毒，故能攻堅去實。半夏辛而能守，南星辛而不守，其性〔烈〕於半夏也。南星主風痰，半夏主濕痰，功雖同而用有別也。

清・葉桂《本草再新》卷一〇　陳膽星味苦，性涼，無毒。入心、肝、肺三經。解火熱，療百毒，化痰下濕。

清・葉桂《本草再新》卷三　天南星味辛、苦，性涼，有毒。入肝、肺二經。化痰清火，涼血生津。

清・吴其濬《植物名實圖考》卷二四　天南星　天南星，《本經》下品。昔人皆以南星、蒻頭，往往誤采，不可不辨。江西荒阜廢圃，率多南星，湖南長沙產南星，俗呼蛇芋；衡山產蒻頭，俗呼磨芋，亦曰鬼芋。滇南圃中，蒻頭林立，南星絕少，藥肆所用，皆由跋也。由跋自是一種。《唐本草》謂南星是由跋宿根所生，驗之亦殊不然。而南星與蒻頭，根雖類，莖葉花實絕不相同。半夏、由跋花似南星，而皆三葉，由跋又有六七葉者，俗皆呼小南星。但南星生葉亦有兩種，一種葉抱如環，一種周圍生葉，長如芍藥，開花有如海芋者，即《圖經》所云花似蛇頭，黃色，一種開花有長梢寸餘，結實作紅藍色，大如石榴子，又似玉蜀黍形而梢微齊。明王佐詩：君看天南星，處處入《本草》；夫何生海南，而能濟飢飽？蓋誤以蒻頭為南星也。

天南星即虎掌　天南星，《本經》下品。江西、湖、廣山坡廢圃多有之。俗呼蛇芋，與蒟蒻相類，惟葉初生相抱如環，開花頂上有長梢寸餘為異，不僅以莖之有斑、無斑可辨。

清・趙其光《本草求原》卷六毒草部　天南星　四月生苗，葉四布，歧爪似虎掌，故又名虎掌。根，形圓色白，大於半夏，有如天上南方大星，故名。得陽明金土之氣化。氣溫，散血。味辛、去風。苦，燥濕。又得陽明燥烈之氣化，故有大毒，為寒鬱生風致痰壅盛之要藥。寒鬱之極，陰液不化，則寒風內振，液結成痰。是陽鬱陰中發為戾風，非外來陽淫之風也。主治心痛寒熱結氣，寒鬱心陽則氣結切痛，而外寒內熱，苦溫入心以達之。積聚伏梁，言不但治無形之氣結痛，且治有形之堅積，稟金氣能攻堅故也。傷筋痿拘緩，小筋受傷則馳長而痿縱，大筋受傷則軟短縮急拘攣。惟陽明主潤宗筋束骨而利機關，故能緩之。利水道，辛調肺之注節，苦又下行也。中風麻痹，下氣利胸膈，消癰腫，墮胎。統觀主治，皆是散陰結以暢陽之效。凡麻痹等症，皆戾氣滯於經絡以為風耳。半夏歸土以達陰去濕，南星歸金以暢陽去風，俱與川貝治陰虛之燥痰不同，用者審之。

得牛膽，則燥性減；得火炮，則毒性緩。得薑、桂、附，主破傷風口噤身強。同半夏、降香研，敷多瘡、折傷、瘀血。燥烈之性，過於半夏。

按：南星散血，而又治風痰等病，何也？蓋血不歸經則化為水，蘊積於經則為濕熱，化風內發則津液凝聚。由是外為腫脹癰腫，內為積聚麻痹，眩暈顛仆，口噤身強，瘈瘲喎斜，上為心痛，下為墮胎，總由濕鬱風痰所偏着阻塞而致。南星善走經絡，故中風麻痹主之。半夏專走腸胃，故嘔逆、泄瀉主之。

味辛而麻，故散血；性緊而毒，故攻積拔腫。治頭風攻目作痛，掘地作坑燒赤，入南星於內，以醋沃之，蓋定候冷，為末，酒服五分，《千金方》也。面生疣，醋調敷。薑能殺其毒，故生用。同川貝為末炒黃，以薑湯服之，能截痰瘧。

清・葉志詵《神農本草經贊》卷三　虎掌　味苦，溫。主心痛，寒熱結氣，積聚伏梁，傷筋痿拘緩，利水道。生山谷。今名天南星。

布地蔫科，萌生毒卉。翹企蛇頭，細抽鼠尾。圓掌威伸，繁星光煒。由跋根新，體孱才菲。

謝靈運賦：散葉蔫科。《國語》：逆節萌生。柳宗元記：嘉葩毒卉。蘇頌曰：初生作穗直上如鼠尾，花似蛇頭，結子自落布地，一子生一窠。蘇恭曰：根似扁柿，四畔有圓牙，看如虎掌。傅咸表：威風得伸。庾闡詩：繁星如散錦。李時珍曰：虎掌因葉形似之，非根也。南星因根圓白，形如老人星狀，故名由跋，是南星之新根，其氣未足，不堪服食。梁蕭賦：才菲而體孱。

清・文晟《新編六書》卷六《藥性摘錄》　天南星　味辛而麻，氣溫而燥，入肝脾肺。治風痰稠結，筋絡拘攣，中風麻痹。○但陰虛燥痰，切忌。○以礬湯或皂角汁，浸三日夜，曝用。或薑汁、礬湯，和南星末作小餅，黃泥包，煨熟用。○臘月取南星末入牛膽內，風乾，年久者治小兒急驚風，痰熱滯。

清・張仁錫《藥性蒙求・草部》　天南星南星粬四分、膽星八分　天南星熱，大治風痰。驚癇口噤，風搐皆安。《從新》云：味辛而苦。能治風，散血氣，溫而燥，能勝濕。除痰性緊而毒，能攻積拔腫，為肝、脾、肺三經之藥。○薑渣、黃泥和包，煨熟用。或薑汁炒。非西北人真中風者，勿服。○造南星麯法：以薑汁、礬湯和南星末作餅，楮葉包，待生黃衣，晒乾。○造胆星法：臘月取黃牛胆汁，和南星末，納入胆中，風乾，年久者彌佳。得牛胆則燥性減，且胆有益肝胆之功。景岳云：七製、九製者方佳。降痰火如神，治小兒急驚必用。總之，實痰實火壅閉上焦，而氣喘煩燥，焦渴脹滿者，所當必用。較之南星，味苦性涼，故善解風痰熱滯。

清・劉善述、劉士季《草木便方》卷一草部　鐵燈臺　獨燈臺辛散風血，勝濕除痰消腫烈。驚癇風眩喉舌痛，蛇蟲疥癬塗毒滅。虎掌，生天南星。

清・戴葆元《本草綱目易知錄》卷二　天南星虎掌　苦，溫，有毒。味辛而麻，能治風散血。氣溫而燥，能勝濕除涎。性緊而毒，能攻積拔腫。補肝風虛，乃手足太陰脾肺藥。利胸膈，攻堅積，消癰腫，治傷寒時疾，風眩頭運，心痛結氣，積聚伏梁，中風麻痹，筋痿拘緩，風痰驚癇，口眼喎邪，破傷中風，身強口噤，喉風喉痹，口糜舌瘡。結核解顱，疝瘕腸痛，去上焦痰，除陰下濕。傅疥癬惡瘡，蛇蟲咬毒。除痰下氣，利水墜胎，性更烈於半夏。金瘡折傷瘀血，擣傅之。陰虛躁痰，禁用。【略】

膽星葆補：功同南星。原其性辛烈有毒，本脾肺經藥，而得牛膽汁化其毒烈，以膽歸膽，肝膽相聯，又能入肝膽經而補風虛，為袪風定搐，化痰鎮驚之妙品。治中風痰閉，身強口噤，喉痹痰鳴，大熱譫語，心竅痰迷，恍惚妄見，小兒驚癇，口眼喎邪，暑熱濕邪，結胸內閉。又為風痰熱痰，證實邪入臟者宜之。若風寒初起及虛寒者，忌用。【略】葆元家傳抱龍丸：治內熱潮熱，咳嗽胸痹，氣促痰壅，及小兒驚風發搐，俱效。膽星、天竺黃、茯神、枳殼、漂硃砂、硼砂、甘草各一兩，山藥二兩，雄黃、廣木香各五錢，琥珀七錢，麝香三分，共末，以鉤藤四兩，薄荷一兩，煎濃汁，合薑汁減半，泛丸彈子大，金箔為衣，每服一丸，開水下。嬰孩鉤藤湯送半丸。

清・黃光霽《本草衍句》　南星　味辛而苦，治風散血。氣溫血燥，勝濕除痰。性緊而毒，攻積拔腫。補肝之虛，驚癇風眩。太陰脾肺經藥，耑主經絡風痰。筋脈拘攣，牙關緊閉，利水墮胎，破結下氣。金瘡折傷搗敷，蛇蟲咬毒調治。用牛膽製則不燥，且有益肝膽之功。得生薑、天麻治吐瀉慢驚，得防風治跌撲金刃，得琥珀、硃砂治痰迷心竅。　風痰頭暈目眩，吐逆煩懣，飲食不下，玉壺丸。南星、半夏、天麻，白麵糊丸，薑湯下。　解頤、脫臼不能收上，用南星末，薑汁調塗兩頰，一夜即上。

清・陳其瑞《本草撮要》卷一　天南星　味苦，溫，入手足太陰經，功專豁痰驅風。得生薑、天麻治吐瀉慢驚，得防風治跌撲金刃傷風，得琥珀、硃砂治痰迷心竅，墜胎。陰虛燥痰均忌。畏附子、乾薑、防風。一名虎掌。得防風則不麻，火炮則毒性緩，得牛膽則不燥，且膽有益肝膽之功。

清・仲昴庭《本草崇原集說》卷下　天南星　【略】仲氏曰：半夏氣味辛平有毒，南星氣味苦溫有大毒，性不盡同，則主治亦不盡同。士宗謂：南星功同半夏，以其同稟陽明之氣化耳。

清・鄭奮揚著，曹炳章注《增訂偽藥條辨》卷四　杜膽星　偽名京膽星，或云即江南土製。色有花點不黑，質極硬不軟，不知何物偽造，誤人不少。按膽星即天南星，生研為末，臘月取黃牛膽汁，和藥納入膽袋中，懸有風處乾之，年久者彌佳。南星氣味苦溫，有大毒，牛膽汁苦，大寒，無毒。以牛膽汁製南星，所以殺燥烈之性，而並解其毒。蘇頌云治驚風有奇功，匪特除痰下氣攻積也。若偽製射利，貽害多巳。　炳章按：製造膽星法：臘月黃牛膽汁，拌漂淨生南星研細末如稀糊，仍入膽皮內，懸掛有風無日處陰乾，至次年將皮剝去，再研細，用新臘牛膽同前製法，曾手製至三年，其色猶黃白，至九年纔褐色耳。此沈萍如法。其他如《本草明辨》，製法略異，方亦錄下，以備參考：　擇臘月庚申日，以漂天南星、川貝母各半，研極細末，以黃牛膽一具，上開一孔，不令汁出，將二味和入於膽中，懸掛檐前風日之中候乾，去膽皮另換一膽，如是者九次，苟能一年一次，九年成功者最佳。今市上所售色黑如漆者，乃小元參研末搗蜜如餅，裝入雞肚內晒乾充用，害人匪淺。

由跋

宋・唐慎微《證類本草卷》一〇草部下品〔《別錄》〕　由跋　主毒腫結熱。

〔梁・陶弘景《本草經集注》〕云：本出始興，今都下亦種之。狀如烏翣而布地，花紫色，根似附子。苦酒摩塗腫，亦效。不入餘藥。

〔唐・蘇敬《唐本草》〕注云：由跋根，尋陶所注，乃是鳶尾根，即鳶頭也。由跋，今南人以爲半夏，頓爾乖越，非惟不識半夏，亦不知由跋與鳶尾也。

〔宋・馬志《開寶本草》〕按：《陳藏器本草》云：半夏高一二尺，生澤中熟地，根如小指，正圓，所謂羊眼半夏也。由跋苗高一二尺似莒蒻，根如雞卵，生林下，所謂由跋也。

〔宋・掌禹錫《嘉祐本草》〕按：《蜀本圖經》云：春抽一莖，莖端直八九葉，根圓扁而肉白。

〔宋・唐慎微《證類本草》〕《圖經》：文具半夏條下。

元・張存惠注〔見《證類本草》晦明軒本〕：右由跋一種，古本所有，政和監本脫漏不載，今照依嘉祐監本補之於此。

明・劉文泰《本草品彙精要》卷一三　由跋有毒　植生。

由跋：主毒腫，結熱。名醫所錄。〖苗〗《圖經》曰：春抽一莖，苗高一二尺，似莒蒻。莖端直，八九葉，根如雞卵大，圓匾而肉白，多生林下，所謂由跋也。〖地〗陶隱居云：出始興。〖時〗生：春生苗。採：五月、八月取根。〖收〗暴乾。〖用〗根。〖質〗類半夏而大。〖色〗白。〖味〗辛。〖性〗平，散。〖氣〗氣之薄者，陽中之陰。〖臭〗朽。〖合治〗合苦酒摩，塗腫效。〖禁〗不入湯藥。

明・王文潔《太乙仙製本草藥性大全》卷二《本草精義》　由跋　即鳶尾根，本出紹興，今都下亦種之。苗高一二尺，似蒟蒻根，似鷄卵，生林下。今南人以爲半夏，類爾乖越，非惟不識半夏，亦不知由跋與鳶尾也！　陶云：狀如烏翣布地，花紫色，根似附子，苦酒調塗腫效。

明・王文潔《太乙仙製本草藥性大全》卷二《仙製藥性》　由跋即羊眼半夏　味同半夏。　主治：主毒腫結熱，胃冷嘔噦方藥之最要。

明・李時珍《本草綱目》卷一七草部・毒草類　由跋《本經》下品

〖釋名〗〖集解〗恭曰：由跋是虎掌新根，大于半夏一二倍，四畔未有子牙，其宿根即虎掌也。藏器曰：由跋生林下，苗高一尺，似蒟蒻，根如雞卵。保昇曰：春抽一莖，莖端有八九葉，根圓扁而肉白。時珍曰：此即天南星之小者，其氣未足，不堪服食，故醫方罕用；惟重八九錢至一兩餘者，氣足乃佳。正如附子之側子，不如附子之義也。

〖正誤〗弘景曰：由跋本出始興，今人亦種之。狀如烏翣而布地，花紫色，根似附子。苦酒摩塗腫，亦効。恭曰：陶氏所説，乃鳶尾根，即鳶頭也。又言虎掌似半夏，是以鳶尾爲由跋，以由跋爲半夏，非惟不識半夏，亦不識鳶尾與由跋也。今南人猶以由跋爲半夏。時珍曰：陳延之《小品方》亦以東海鳶頭爲由跋，則其訛誤久矣。

〖氣味〗辛、苦，温，有毒。〖主治〗毒腫結熱《本經》。

清・蔣居祉《本草擇要綱目・溫性藥品》 由跋是虎掌新根。大于半夏一二倍，四畔未有子牙，其宿根即虎掌也。 氣味：辛、苦，溫，有毒。 主治：毒腫結熱。

清・吴其濬《植物名實圖考》卷二四 由跋 由跋，《本經》下品。《蜀本草》一莖八九葉，最晰。俗皆呼小南星，別是一種，非南星之新根也。陳藏器所述不誤。

蒟蒻

宋・唐慎微《證類本草》卷一一草部下品〔宋・馬志《開寶本草》〕 蒻音弱頭 味辛，寒，有毒。主癰腫風毒，摩傅腫上。擣碎，以灰汁煮成餅，五味調和爲茹食，性冷，主消渴。生戟人喉出血。生吴、蜀。葉似由跋、半夏，根大如椀，生陰地，雨滴葉下生子。一名蒟蒻。又有斑杖，苗相似，至秋有花直出，生赤子。其根傅癰腫毒，甚好。根如蒻頭，毒猛，不堪食今附。

〔宋・掌禹錫《嘉祐本草》〕按：日華子云：斑杖者虎杖之別名。即前條虎杖是也。

〔宋・唐慎微《證類本草》〕《圖經》：文具天南星條下。

附：日・丹波康賴《醫心方》卷三〇 蒻頭 《拾遺》云：味辛，寒，有毒。主癰腫風毒。磨傅腫上。擣碎，以灰汁煮成餅，五味調為如食之，主消渴。生即戟喉出血。生吴蜀。葉如半夏，根如椀。好生陰地，雨滴葉生子，一名蒟蒻。又有斑枝，根苗相似，至秋有花，直出赤子，其根傅癰毒，於蒻不食。

宋・鄭樵《通志》卷七五昆蟲草木略 蒟，其實曰蒟蒻，生於葉下，與天南星、斑杖相似。其根生時可為糊黏，熟之可食。

宋・王介《履巉巖本草》卷中 川南星 味苦、辛，有毒。主中風，除麻痹，墜痰涎，下氣。破堅積，消癰腫，利胸鬲。治咳嗽，天南星壹個，大者炮令(烈)〔裂〕，爲末，每服壹大錢，水壹盞，生薑七片，煎五分，溫服，空心日午臨睡各壹服。

宋・陳衍《寶慶本草折衷》卷一一 蒟音矩蒻頭 一名蒟蒻。○又云：一名白蒟蒻，一名鬼芋根。生吴蜀，及揚州陰地。○又云：生江南。○縉雲云：今所在有之。 味辛，寒，有毒。○主癰腫風毒，摩傅腫上。擣碎以灰汁煮成餅，五味調和為茹食，主消渴。生戟人喉，出血。根大如椀。又有斑杖苗，相似，其根傅癰腫，根如蒻頭，毒猛不堪食。

元・吴瑞《日用本草》卷七 生頭 即蒟蒻也。生戟人喉出血，毒猛不堪食。 味辛，寒，有毒。擣碎以灰汁煮成餅，五味調和如茹食。 主癰腫風毒，磨傅腫上及消渴腸風。

明・劉文泰《本草品彙精要》卷一五 蒻頭無毒 植生。

蒻音弱頭：主癰腫，風毒，摩傅腫上，擣碎，以灰汁煮成餅，五味調和爲茹食，性冷，主消渴，生戟人喉出血。名醫所錄。 〖名〗蒟音矩蒻。 〖苗〗《圖經》曰：春生苗，高一二尺，莖似由跋而有斑，葉亦似由跋、半夏，根大如碗，生陰地，而雨滴葉下生子，名蒟蒻。又有斑杖苗相似，斑杖即虎杖也。至秋有花，直出生赤子，其根傅癰腫毒，甚好。根亦如蒻頭，但毒猛，不堪食。又云如天南星，夏開花，似蛇頭，黃色，秋結子，作穗，似石榴子，紅色，根似芋而圓，採者當辨之，但莖斑花紫者，乃是蒟蒻也。又有白蒟蒻，亦曰鬼芋根，都似天南星，但南星小，柔膩肥，細炮之易裂，差可辨爾。 〖地〗《圖經》曰：生江南吴蜀陰地。〖道地〗揚州。 〖時〗生：春生苗。採：二月、八月取根。 〖收〗日乾。 〖用〗根。 〖質〗類芋頭。 〖色〗黑白。 〖味〗辛。 〖性〗寒，散。 〖氣〗氣之薄者，陽中之陰。 〖臭〗腥。 〖主〗消腫毒。 〖製〗擣碎或摩汁用。 〖禁〗生不可食，戟人咽喉出血。 〖贋〗斑杖根爲僞。

明・盧和、汪穎《食物本草》卷一菜類 蒟蒻 味辛，寒。葉與天南星相似，但莖班花紫，南星莖無班，花黃為異耳。性冷，主消渴。採其根擣碎，以灰汁煮之成餅，五味調和為茹食。又蜀人取以作醬，味酢美。

明・鄭寧《藥性要略大全》卷三 蒟蒻 主癰腫風毒，用醋摩敷腫上。

味辛、鹹，有毒。形、苗、葉皆似南星。吴人取其根摩細，用稻草灰製之，可作腐食。

明·王文潔《太乙仙製本草藥性大全》卷二《本草精義》　蒻頭　生吴蜀。苗高一二尺，葉似由跋，兩枝莖多斑點，花紫色，根大如椀。生陰地，雨滴葉下生子。一名蒟蒻。

明·王文潔《太乙仙製本草藥性大全》卷二《仙製藥性》　蒻頭　味辛，寒，有毒。　主治：　生採净磨，傅癰腫風毒，立消。擣破，灰汁煮餅，五味調和爲茹食，性冷，主消渴。生戟人喉出血。

明·李時珍《本草綱目》卷一七草部·毒草類　蒟蒻宋《開寶》。

【釋名】蒻頭《開寶》　鬼芋《圖經》　鬼頭　【集解】志曰：　蒻頭出吴、蜀。葉似由跋、半夏，根大如盌，生陰地，雨滴葉下生子。又有斑杖，苗相似，至秋有花直出，生赤子，根如蒻頭，毒猛不堪食。虎杖亦名斑杖，與此不同。頌曰：　江南吴中出白蒟蒻，亦曰鬼芋，生平澤極多。人采以爲天南星，了不可辨，市中所收往往是此。但南星肌細膩，而蒟蒻莖斑花紫，南星莖無斑，花黄，爲異爾。時珍曰：　蒟蒻出蜀中，施州亦有之，呼爲鬼頭，閩中人亦種之。宜樹陰下掘坑積糞，春時生苗，至五月移之。長一二尺，與南星苗相似，但多斑點，宿根亦自生苗。其滴露之説，蓋不然。經二年者，根大如盌及芋魁，其外理白，味亦麻人。秋後采根，須净擦，或擣或片段，以釅灰汁煮十餘沸，以水淘洗，换水更煮五六遍，即成凍子，切片，以苦酒五味淹食，不以灰汁則不成也。切作細絲，沸湯汋過，五味調食，狀如水母絲。馬志言其苗似半夏，楊慎《丹鉛録》言蒟醬即此者，皆誤也。王禎《農書》云，救荒之法，山有粉葛、蒟蒻、橡栗之利，則此物亦有益于民者也。其斑杖，即天南星之類有斑者。

根　【氣味】辛，寒，有毒。李鵬飛曰：　性冷，甚不益人，冷氣人少食之。生則戟人喉出血。　【主治】癰腫風毒，摩傅腫上。擣碎，以灰汁煮成餅，五味調食，主消渴《開寶》。　【發明】機曰：　按《三元延壽書》云：　有人患瘵，百物不忌，見鄰家修蒟蒻，求食之美，遂多食而瘵愈。又有病腮癰者數人，多食之，亦皆愈。

明·倪朱謨《本草彙言》卷五　蒟蒻　味辛、甘，氣寒，有毒。

李氏曰：　蒟蒻，出蜀中，今施州亦有。江南閩中亦植，呼爲鬼頭。直樹陰下，掘坑積糞種之。春時生苗，至五月移之，長一二尺，與南星苗相似，但多斑點。宿根亦自生苗，經二年者，根大如碗及芋魁。其外理白，味亦麻舌。秋後采根，須淨擦洗去涎，或片段，以釅灰汁，煮十餘沸，以水淘洗，換水五六遍，煮化即成凍膏，切片，以米醋油醬拌食。如《農書》言：　救荒之策，有粉葛、蒟蒻、橡、栗之屬。則此物亦有益于民者也。又擣爛敷癰腫風毒有效。古方治癆瘵，以此物切碎，洗去涎水，灰汁煮過，再換水洗淨，清水熬化成膏，日食，則瘵病自愈。

明·姚可成《食物本草·草部·毒草類》卷一九　蒟蒻出吴、蜀，閩中人亦種之。宜樹陰下，掘坑積糞。春時生苗，至五月移之，長一二尺，與南星苗相似，但多班點。宿根亦自生苗。經二年者，根大如（一）〔碗〕及芋魁。其外理白，味亦麻人。秋後采根，須（二）〔淨〕擦，或擣或片段，以釅灰汁煮十餘沸，以水淘洗。換水更煮五六遍，即成凍子。切片，以苦酒五味淹食。不以灰汁則不成也。切作細絲，以沸湯汋過，五味調食，其狀如水母絲。

蒟蒻，味辛，寒，有毒。治癰腫風毒，摩傅腫上。擣碎以灰汁煮成餅，五味調食，主消渴。按《三元延壽書》云：　有人患瘵，百物不忌，見鄰家修蒟蒻，求食之，美，遂多食而瘵愈。又有病腮癰者數人，多食之亦皆愈。

明·施永圖《本草醫旨·食物類》卷二　蒟蒻又名生頭。生戟人喉出血，毒猛不可食。　味：　辛，寒。葉與天南星相似，但莖斑花紫，南星莖無斑、花黄為異耳。性冷，主消渴。採其根，擣碎，以灰汁煮之成餅，五味調和，為茹食。又蜀人取以作醬，味酢美。

清·汪紱《醫林纂要探源》卷二　蒟蒻　甘，辛，溫。苗似虎掌南星，莖有斑駁，根魁如芋子，以磨粉，灰水治之，去其毒，釜内煮和，傾冷凝結如豆腐，色淡黑微赤，又曰灰蒻。去肺寒，治痰嗽。楊升庵指為蒟醬亦非，蒟醬自是廣中浮留藤之類。

清·趙學敏《本草綱目拾遺》卷八諸蔬部　鬼芋　《羅浮志》：　深谷中產物，如薯芋狀，山人得之，剖作四片，入砂盆磨作膠漿，鍋煮成膏，待冷則凝結如餅塊，一復剖為四片，添水再煮成膏，膏成，照前三煮四煮，乃可食令飽。一芋所煮，可充數十人之腹，故稱鬼芋焉。芋有四異，初生不藉根苗，葉上朝露著地，即成種子，一異也；　採製不令婦人雞狗見之，見即化水，二異也；磨時煮時，匕須順旋，逆之即化水，三異也；　一芋之成，由一而四，四而十六，十六而六十有四，如卦象之數，四異也。聞廬山衡嶽各有鬼芋，採製又不同。

清·劉善述、劉士季《草木便方》卷一草部　鬼頭　（磨）〔魔〕芋辛寒有小毒，癰腫風毒殺蟲塗。熟能化食消陳積，癥聚久瘧宜炖服。

清·戴葆元《本草綱目易知錄》卷二　蒟蒻　辛，寒，有毒。治癰腫風毒，摩傅患處。擣摩，以灰汁煮成餅，五味調食，主消渴及腮癰勞瘵。性冷，不益人，冷氣人少食。生則戟人喉出血。葆按：近產婺邑，天障山種植，山人販來，用新磚上摩化，入灰汁煮，結塊如豆腐，糖食煮作脯食俱可，名灰肉。《延壽書》云：有人患瘵，百物不思，見鄰家灰肉，求食，美，遂多食而瘵愈。有病肥癰，數人多食灰肉，俱愈。

菩薩草

宋・唐慎微《證類本草》卷三〇外草類〔宋・蘇頌《本草圖經》〕 菩薩草生江浙州郡，近京亦有之。味苦，無毒。中諸藥食毒者，酒研服之。又治諸蟲蛇傷，飲其汁及研傅之，良。亦名尺二。主婦人姙娠咳嗽，擣篩，蜜丸服之，立效。此草淩冬不凋，秋中有花直出，赤子似蒻頭，冬月採根用。

明・劉文泰《本草品彙精要》卷四一 菩薩草無毒 叢生。

菩薩草：治諸蟲、蛇傷，飲其汁及研傅之，良。又主婦人妊娠咳嗽，擣篩，蜜丸服之，立效。出《圖經》。【名】尺二。【苗】《圖經》曰：此草淩冬不凋，秋中有花直出，赤子似蒻頭。【地】《圖經》曰：生江浙州郡，近京亦有之。【時】生：春生新葉。採：冬月取根。【用】根。【味】苦。【性】泄。【氣】味厚於氣，陰也。【解】中諸藥食毒者，酒研服之。

半夏

宋・李昉《太平御覽》卷第九九二 半夏 《禮記・月令》曰：仲夏之月，半夏生。《范子計然》曰：半夏出三輔。色白者善。《廣州記》曰：一鄗平縣出半夏。《建康記》曰：建康出半夏，極精。《本草經》曰：半夏，一名地文水玉。味辛，平。生川谷，生槐里。《吳氏本草經》曰：半夏，一名和姑。生微丘或生野中。葉三三相偶，二月始生，白華員上。

宋・唐慎微《證類本草》卷一〇草部下品〔《本經・別錄・藥對》〕 **半夏味辛，平。**生微寒，熟溫，有毒。**主傷寒寒熱，心下堅，下氣，喉咽腫痛，頭眩，胸脹欬逆，腸鳴，止汗，**消心腹胸膈痰熱滿結，咳嗽上氣，心下急痛堅痞，時氣嘔逆，消癰腫，墮胎，療痿黃。悅澤面目。生令人吐，熟令人下。用之，湯洗令滑盡。**一名守田，一名地文，一名水玉，**一名示姑。生槐里川谷。五月、八月採根，暴乾。射干爲之使，惡皂莢，畏雄黃、生薑、乾薑、秦皮、龜甲，反烏頭。

〔梁・陶弘景《本草經集注》〕云：槐里屬扶風，今第一出青州，吳中亦有。以肉白者爲佳，不厭陳久，用之皆先湯洗十許過，令滑盡，不爾，戟人咽喉。方中有半夏，必須生薑者，亦以制其毒故也。

〔唐・蘇敬《唐本草》〕注云：半夏，所在皆有，生平澤中者，名羊眼半夏，圓白爲勝，然江南者大，乃徑寸，南人特重之，頃來互用，功狀殊異。問南人，說苗乃是由跋，陶注云：虎掌極似半夏，注：由跋乃說鳶尾，於此注中似說由跋，三事混淆，陶終不識。

〔宋・掌禹錫《嘉祐本草》〕按：《蜀本》云：熟可以下痰。又《圖經》云：苗一莖，莖端三葉，有二根相重，上小下大，五月採則虛小，八月採實大。採得當以灰裛二日，湯洗，暴乾之。《藥性論》云：半夏，使，忌羊血、海藻、飴糖，柴胡爲之使，有大毒。湯淋十遍去涎方盡，其毒以生薑等分制而用之。能消痰涎，開胃健脾，止嘔吐，去胸中痰滿，下肺氣，主欬結。新生者，摩塗癰腫不消，能除瘤癭。氣虛而有痰氣，加而用之。日華子云：味瘖、辛。治吐食反胃，霍亂轉筋，腸腹冷痰瘧。

〔宋・蘇頌《本草圖經》〕曰：半夏，生槐里川谷，今在處有之，以齊州者爲佳。二月生苗一莖，莖端出三葉，淺綠色，頗似竹葉而光，江南者似芍藥葉。根下相重生，上大下小，皮黃肉白。五月、八月內採根，以灰裛二日，湯洗暴乾。一云五月採者虛小，八月採者實大。然以圓白、陳久者爲佳。其平澤生者甚小，名羊眼半夏。又由跋絕類半夏，而苗高近一二尺許，根如雞卵大，多生林下，或云即虎掌之小者，足以相亂。半夏主胃冷嘔噦，方藥之最要。張仲景：治反胃嘔吐。大半夏湯：半夏三升，人參三兩，白蜜一升，以水一斗二升和，揚之一百二十遍，煮取三升半，溫服一升，日再。亦治膈間支飲。又主嘔噦，穀不得下，眩悸。半夏加茯苓湯：半夏一升，生薑半斤，茯苓三兩，切，以水七升，煎取一升半，分溫服之。又主心下悸。半夏麻黃丸：二物等分，篩末蜜丸，大如小豆。每服三丸，日三。其餘，主寒厥，赤丸；四逆嘔吐，附子粳米湯；及傷寒方：用半夏一升，洗去滑，焙乾，搗末，小麥麪一升，合和，以水搜令熟，丸如彈丸，以水煮令麪熟則藥成，初吞四五枚，日二，稍稍增至十五枚，旋煮旋服，覺病減，欲更重合亦佳。禁食餳與羊肉。

〔宋・唐慎微《證類本草》〕雷公云：凡使，勿誤用白傍𦬆子，真似半夏，只是咬着微酸，不入藥用。若修事半夏四兩，用搗了白芥子末二兩，頭醋六兩，二味攪令濁，將半夏投於中，洗三遍用之。半夏上有隟涎，若洗不淨，令人氣逆，肝氣怒滿。《聖惠方》：治時氣，嘔逆不下食。用半夏半兩，湯浸洗七遍，去滑，生薑一兩同剉碎，以水一大盞，煎至六分去滓，分二服，不計時候溫服。又方：治蠍瘻，五孔皆相通。半夏一分爲末，以水調傅之。《經驗後方》：正胃。半夏二兩，天南星二兩，右以爲末，用水五升，入壜子內，與藥攪匀，浸一宿，去清水，焙乾，重碾令細。每服水二盞，藥末二錢，薑三片同煎至八分，溫服，至五服效。《斗門方》：治胸膈壅滯，去痰開胃。用半夏淨洗〔後〕焙乾，搗羅爲末，以生薑自然汁和爲餅子，用濕紙裹，於慢火中煨令香熟。水兩盞，用餅子一塊如彈丸大，入鹽半錢，煎取一盞，溫服。能去胸膈壅逆，大壓痰毒及治酒食所傷，其功極驗。《簡要濟衆》：治久積冷，不下食，嘔吐不止，冷在胃中。半夏五兩，洗過爲末，每服二錢，白麪一兩，以水和搜，切作棋子，水煮麪熟爲度。用生薑、醋調和服之。《古今録驗》：治喉痹。半夏末方寸匕，雞子一枚頭開竅子，去内黄白，盛淳苦酒令小滿，内半夏末着中，攪和雞子内，以鐶子坐之，於炭上煎，藥成置杯中，稍暖嚥之。《錢相公篋中方》：治蠍螫人，取半夏以水研塗之立止。深師方：治傷寒病啘不止。半夏熟洗，乾末之，生薑湯服一錢匕。《子母秘録》：治小兒腹脹。半夏少許，洗，搗末，酒和丸如粟米大。每服二丸，生薑湯吞下。不差，加之，日再服。又若以火炮之爲末，貼臍亦佳。又方：治五絶一曰自縊，二曰牆壁壓，三曰溺水，四曰魘魅，五曰産乳。凡五絶，皆以半夏一兩，搗篩爲末，丸如大豆，内鼻中愈。心溫者，一日可治。《産書》：治産後運絶。半夏一兩，搗爲末，冷水和丸如大豆，内鼻孔中，即愈。此是扁鵲法。《御藥院》：治膈壅風痰。半夏不計多少，酸漿浸一宿，溫湯洗五七遍，去惡氣，日中曬乾，搗爲末，漿水搜餅子，日中乾之，再爲末。每五兩入生腦子一錢，研勻，以漿水濃脚，丸雞頭大，紗袋盛，通風處陰乾。每一丸，好茶或薄荷湯下。紫靈元君《南嶽夫人内傳》：治卒死。半夏末，如大豆許，吹鼻中。

宋·寇宗奭《本草衍義》卷一一 半夏 今人惟知去痰，不言益脾，蓋能分水故也。脾惡濕，濕則濡而困，困則不能制水。《經》曰：濕勝則瀉。一男子夜數如廁，或教以生薑一兩，碎之，半夏，湯洗，與大棗各三十枚，水一升，瓷瓶中慢火燒爲熟水，時時呷，數日便已。

宋·鄭樵《通志》卷七五《昆蟲草木略》 半夏 曰守田，曰地文，曰水玉，曰示姑。

金·張元素《潔古珍珠囊》〔見元·杜思敬《濟生拔粹》卷五〕 半夏苦辛陰中之陽。除痰涎，胸中寒痰，治太陽痰厥頭痛。與烏羊血、鱉甲、皂莢、雄黄相反。

宋·劉明之《圖經本草藥性總論》卷上 半夏 味辛，平。生微寒，熟溫，有毒。主傷寒寒熱，心下堅，下氣，喉咽腫痛，頭眩，胸脹欬逆，腸鳴，止汗，消心腹胸膈痰熱滿結，欬嗽上氣，心下急痛堅痞，時氣嘔逆，消癰腫，墮胎，療痿黄。《藥性論》云：使。能消痰涎，開胃健脾，止嘔吐，去胸中痰滿，下肺氣，主欬結。新生者摩塗癰腫不消，能除瘤癭。氣虚有痰，加而用之。日華子云：味薟、辛。治吐食反胃，霍亂轉筋，腸腹冷，痰瘧。射干、海藻、飴糖為之使。惡皂莢。畏雄黄、生薑、乾薑、秦皮、龜甲。反烏頭。

宋·王介《履巉巖本草》卷中 半夏 味辛，平，生微寒，熟溫，有毒。主傷寒寒熱，心下堅氣，喉咽腫痛，頭眩胸脹，欬逆腸鳴，止汗，治久積冷，不下食，嘔吐不止，冷在胃中，半夏五兩，洗淨爲末，每服二錢。白麪一兩，以水和搜，切作棋子，水煮麪熟爲度。用生薑、醋，調味服之。每用半夏，必須湯泡七次。

宋·張杲《醫說》卷一〇 治卒死 劉太丞毗陵人，有鄰家朱三，只有一子年三十一歲，忽然卒死，脉全無。請太丞治之。取齊州半夏細末一大豆許，納鼻中，良久身微暖，氣更甦，迤邐無事。人問：卒死，太丞單方半夏，如何活得死人？答曰：此南岳魏夫人方。出《外臺秘要》。

宋·張杲《醫說》卷六 半夏益脾止瀉 半夏今人惟知去痰，不言益脾，蓋能分水故也。脾惡濕，濕則濡而困，困則不能制水。《經》曰：濕勝則瀉。一男子夜數如廁，或教以生薑一兩，碎之，半夏湯洗，與大棗各三十枚，水一升，甆瓶中慢火燒為熟水，時時呷，數日便已。

宋·陳衍《寶慶本草折衷》卷一〇 半夏使。○略註半夏麯法於中。 一名守田，一名地文，一名水玉，一名示姑。小者名羊眼半夏。生槐里川谷及吳中江南，及青、齊州。今在處平澤有之。○五、八月採根，以灰裹之，湯洗暴乾。《圖經》嘗云五月採則虚小者，蓋覩偏方而言耳。○射干、柴胡為使，惡皂莢，畏雄黄、生薑、乾薑、秦皮、龜甲，反烏頭，忌羊血、海藻、飴糖。○又與白礬相宜。

味辛薟，平；生微寒，熟溫；有大毒。○主傷寒寒熱，心下堅，下氣，喉咽腫痛，頭眩胸脹，欬逆，腸鳴。止汗，消心腹胸膈痰熱滿結，欬嗽上氣，心下急痛堅痞，時氣嘔逆，墮胎，療痿黄。○《藥性論》云：開胃建脾。新生者摩塗癰腫，除瘤癭氣虚，有痰。○日華子云：治吐食反胃，霍亂轉筋，腹冷痰瘧。○《圖經》曰：齊州者佳。皮黄肉白，圓白陳久者佳。治膈間支飲，穀不下，眩悸。半夏壹升，生薑半斤，茯苓叁兩切。以水柒升，煎取壹升半，分溫服之。○雷公云：半夏有涎者洗不淨，令人氣逆滿。○陶隱居序例云：半夏亦可煮一兩沸，一易水，如此三度。每度皆挼洗去涎。○一法：以淨半夏為末，搗生薑真汁拌和，團作小餅子，曝或焙乾，臨用當炙黄，謂之半夏麴。○《局方》化痰玉壺元，乃生用半夏，只洗去灰塵。○《簡要濟衆》：治久積冷在胃中。半夏洗過為末，每服貳錢，白麪壹兩，水和搜切作棋子，水煮麪熟，用生薑、醋調和服之。○錢相公方：治蝎螫人，半夏以水研塗。○《子母秘錄》：治自縊、墻壁壓、溺水、魘魅、産乳。凡五絶，皆以半夏搗末丸如大豆，內鼻中愈。〇溫者一日可治。〇寇氏曰：半夏，人惟知去痰，不言益脾，蓋能分水故也。脾惡濕，濕則濡而困，困則不能制水。《經》曰：濕勝則瀉。一男子，夜數如廁，以生薑一兩碎之，半夏湯洗，與大棗各叁拾枚，水壹升，瓷瓶中慢火燒為熟水，時時呷，數日便已。

續說云：半夏以生薑制其毒，乃法之常。《局方》消暑元則以醋煮，亦雷公遺意也。然又有淨洗薄切，瓷器貯之。每壹兩，以白礬末叁錢，重鋪其上，沸湯淋注，與藥平滿，浸一晝夜，嚼之不戟喉舌，曝為元散。療嗽化痰，功效倍勝。復治遺精滑濁之患。本條言半夏墮胎，李知先乃謂以湯泡遍數如多，則下損胎氣。仍炙少甘草和之。或妊婦傷寒，及惡阻嘔逆諸證，雖不可闕半夏，然亦須謹諦也。

元・王好古《湯液本草》卷四　半夏　氣微寒，味辛，平。苦而辛，辛厚苦輕，陽中陰也。生微寒，熟溫。有毒。　入足陽明經、太陰經、少陽經。《象》云：治寒痰，及形寒飲冷傷肺而欬。大和胃氣，除胃寒，進食。治太陰痰厥頭痛，非此不能除。　《心》云：能勝脾胃之濕，所以化痰。渴者禁用。　《珍》云：消胸中痞，去膈上痰。　《本草》云：主傷寒寒熱，心下堅，下氣，咽喉腫痛，頭眩，胸脹，欬逆腸鳴。止汗。消心腹胸膈痰熱滿結，欬嗽上氣，心下急痛堅痞，時氣嘔逆，消癰腫，墮胎，療痿黃，悅澤面目。生，令人吐；熟，令人下。用之湯洗去滑令盡。用生薑等分製用，能消痰涎，開胃健脾。射干為之使。惡皂莢。畏雄黃、生薑、乾薑、秦皮、龜甲。反烏頭。《藥性論》云：半夏使。忌羊血、海藻、飴糖。柴胡為之使。俗用為肺藥，非也。止吐，為足陽明；除痰，為足太陰。小柴胡中雖為止嘔，亦助柴胡能止惡寒，是又為足少陽也；又助黃芩能去熱，是又為足陽明也。往來寒熱在表裏之中，故用此有各半之意。本以治傷寒之寒熱，所以名半夏。《經》云：腎主五液，化為五濕，自入為唾，入肝為泣，入心為汗，入脾為痰，入肺為涕。有涎曰嗽，無涎曰欬，痰者因欬而動脾之濕也。半夏能泄痰之標，不能泄痰之本。泄本者，泄腎也。欬無形，痰有形，無形則潤，有形則燥，所以為流濕潤燥也。

元・尚從善《本草元命苞》卷五　半夏　為使。味辛，性平，生微寒，熱溫，有毒。潤無形，有形則燥。佐柴胡生表虛惡寒，助黃芩徹裏實發熱。入足陽明經。止吐，行太陰經除痰。表裏之中用此，故有半夏之稱。主傷寒寒熱，心下堅。治心腹痰結，胸中滿，下氣。療咽喉腫痛，消痰除欬逆，腸鳴。醫肺痿，悅澤面目，消癰腫癭瘤結核，去心下急痛堅痞，建脾胃，止嘔消食，氣虛有痰宜加用之。生則令人吐，熟則使人利。畏雄黃、乾生薑、龜甲、秦皮。惡皂莢。忌羊血、飴糖、海藻。反烏頭。柴胡為使。惟生薑可制性毒。生槐里川谷，今在處有之。五八月採根，暴乾。以齊州生者為上。不厭陳久，湯洗去滑。

元・朱震亨《本草衍義補遺》　半夏　屬金屬土。仲景用於小柴胡湯，取其補陽明也，豈非燥脾土之功？〇半夏，今人惟知去痰，不言益脾，蓋能分水故也。〇又諸血證禁服。仲景傷寒渴者去之，半夏燥津液故也。又：妊婦，薑炒用之。

元・佚名氏《珍珠囊・諸品藥性主治指掌》〔見《醫要集覽》〕　半夏　味辛，平，生寒熟溫，有毒。降也，陽也。其用有四：除濕化痰涎，大和脾胃氣，痰厥及頭疼，非此莫能治。

元・徐彥純《本草發揮》卷二　半夏　成聊攝云：辛者，散也。半夏之辛，以散逆氣，以除煩嘔。辛入肺而散氣，辛以散結氣，辛以發音聲。潔古云：半夏治寒痰，及形寒飲冷，傷肺而欬，大和胃氣，除胃寒進飲食。治太陰痰厥頭痛，非此不能除。《主治秘訣》云：性涼，味辛、苦，氣味俱薄，沉而降，陰中陽也。其用有四：燥脾胃濕，一也；化痰，二也；益脾胃之氣，三也；消腫散結，四也。渴則忌之。又云：去痰用半夏，熱痰加黃芩，風痰加南星，胸中寒痰痞塞，用陳皮、白朮。然多用瀉脾胃。東垣云：半夏主中風，除痰。生溫熟寒。健脾胃，止嘔吐，去胸中痰滿。又云：渴者，禁半夏。丹溪云：半夏屬金與土。仲景用於小柴胡，取其補陽明也。豈非有燥脾土之功歟。

明・王綸《本草集要》卷三　半夏使　味辛微苦，氣平，生微寒，熟溫。陽中陰也。有毒。入足陽明經、太陰經、少陽經。射干、柴胡為之使。惡皂莢，畏雄黃、生薑、乾薑、秦皮、龜甲，反烏頭。須用湯洗十許過，令滑盡，不爾戟人喉。用此必須生薑制其毒。服之忌羊肉、羊血、飴糖。陳久者良。　主傷寒寒熱，心下堅，下氣，喉咽腫痛，頭眩，胸脹咳逆，腸鳴，止汗，能消痰涎，止嘔吐，調胃健脾，治胸中寒痰痞塞。太陰痰厥頭痛，非此不除。又治痰瘧墮胎。摩塗消癰腫。生令人吐，熟令人下。脾惡濕，半夏能燥濕勝水，所以化痰而益脾。又諸血證禁用之，渴者去之，燥津液也。姙婦薑炒用之。〇蠍螫人。水研，塗之立止。〇產後暈絕。一兩，擣為末，冷水丸如大豆，納鼻孔中，即愈。此扁鵲法也。

明・滕弘《神農本經會通》卷一　半夏　使也。射干、柴胡為之使，惡皂莢，畏雄黄、生薑、乾薑、秦皮、龜甲，反烏頭。貞白陳久者佳。以湯洗十許過，令滑盡。不爾，戟人咽喉。用此必須生薑以制其毒。服之忌羊血、海藻、飴糖。《局》云：沸湯洗，去滑，七(吹)[次]，焙乾。

味辛，氣平，生微寒，熟溫，有毒。《湯》云：氣微寒，味辛，平。苦而辛，辛厚苦輕，陽中陰也。入足陽明經、太陰經、少陽經。東云：降也，陽也。除濕，化痰涎，大和脾胃氣。痰厥仍頭痛，非此莫能治。又云：治風痰。珍云：化痰止嘔，主中風，能燥脾胃濕，消腫及解結。脾胃多補益，渴者不相當，投之病反劇。《疌》云：開胃健脾，頭眩欬逆，胸滿嘔吐，癰瘡諸疾。

《本經》云：主傷寒寒熱，心下堅，下氣，喉咽腫痛，頭眩，胸脹，欬逆，腸鳴，止汗，消心腹胸膈痰熱滿結，欬嗽上氣，心下急痛，堅痞，時氣嘔逆。消癰腫，墮胎。療痿黄，悅澤面目。生令人吐，熟令人下。湯洗，令滑盡。《藥性論》云：半夏，使。消痰涎，開胃健脾，止嘔吐，去胸中痰滿，下肺氣，主欬結。新生者，摩塗癰腫不消，能除瘤癭。氣虚而有痰，加而用之。日華子云：味澁辛，治吐食反胃，霍亂轉筋，腸腹冷，痰瘧。《圖經》云：仲景治反胃嘔吐，大半夏湯，亦治膈間支飲，又主嘔噦，穀不得下。眩悸，半夏加茯苓湯。又主心下悸，半夏麻黄丸。《象》云：治寒痰，及形寒飲冷，傷肺而欬。大和胃氣，除胃寒，進食。治太陰痰厥頭痛，非此不能除。《心》云：能勝脾胃之濕，所以化痰。渴者禁用。珍云：消胸中痞，去膈中痰。丹溪云：屬金，屬土。仲景用於小柴胡湯，取其補陽明也。豈非燥脾土之功。《衍義》曰：今人惟知去痰，不言益脾，蓋能分水故也。脾惡濕，半夏能燥濕勝水，所以化痰而益脾。又諸血證禁服，仲景傷寒渴者去之，燥津液故也。姙婦，薑炒用之。《衍義》曰：一男子夜數如廁，或教以生薑一兩，碎之，半夏湯洗，與大棗各三十枚，水一升，瓷瓶慢火燒為熟水，時時呷，數日便已。《湯》云：俗用為肺藥，非也。止吐，為足陽明。除痰，為足太陰。小柴胡中雖為止嘔，亦助柴胡能主惡寒，是又為足少陽也。又助黄芩，能去熱，是又為足陽明也。往來寒熱在表裏之中，故用此有各半之意。本以治傷寒之寒熱，所以名半夏。《經》云：腎主五液，化為五濕，自入腎為唾，入肝為泣，入心為汗，入脾為痰，入肺為涕。有涎曰嗽，無涎曰咳。痰者，因欬而動脾之濕也。半夏能泄痰之標，不能泄痰之本。泄本者，泄腎也。欬無形，痰有形，無形則潤，有形則燥，所以為流濕潤燥也。劎云：半夏辛溫治濕痰，大和脾胃吐能安。寒痰更有腸鳴者，痰厥頭疼並速餐。《局》云：半夏生寒熟却溫，健脾止吐去痰涎。熟令人下生令吐，制毒生薑合和煎。半夏，止吐，去痰。毒須薑制。

明・劉文泰《本草品彙精要》卷一三　半夏有毒　植生。

半夏出《神農本經》：**主傷寒寒熱，心下堅，下氣，喉咽腫痛，頭眩，胸脹欬逆，腸鳴，止汗。**以上朱字《神農本經》。消心腹胸膈痰熱滿結，欬嗽上氣，心下急痛堅痞，時氣嘔逆，消癰腫，墮胎，療痿黃，悅澤面目。生令人吐，熟令人下。以上黑字名醫所錄。

【名】守田、地文、水玉、示姑。【苗】《圖經》曰：春生苗，一莖高尺許，莖端三葉，淺綠色，頗似竹葉而光，江南者似芍藥葉。根下相重生，上大下小，皮黄肉白。五月採者虚小，八月採者實大。然以圓白陳久者爲佳。其平澤生者甚小，名羊眼半夏。一種由跋生林下，苗高一二尺許，其根絕類半夏，足能亂真。【地】《圖經》曰：生槐里川谷，今在處有之。陶隱居云：出青州，吳中亦有。【道地】齊州者爲佳。【時】生：二月苗。採：八月取根。【收】暴乾。【用】根。【質】類南星而圓小。【色】白。【味】辛。【性】平。生：微寒。熟：溫。【氣】氣之薄者，陽中之陰。【臭】朽。【主】開胃健脾，消痰止嘔。【行】足陽明經、太陰經、少陽經。【助】射干、柴胡爲之使。【反】烏頭，畏雄黃、生薑、乾薑、秦皮、龜甲，惡皂莢。【製】初採得當以灰裛二日，卻用湯泡洗十遍，漉出，洗去滑令盡，生薑汁製之，不爾，戟人咽喉，令人氣通。【治】療：《藥性論》云：消痰涎，去胸中痰滿，下肺氣，除欬。〇新生者，塗癰腫不消，能除瘤癭，氣虛而有痰者加用之。日華子云：治吐食反胃，霍亂轉筋，腸腹冷及痰瘧。《別錄》云：蠍瘻有五孔，皆相通者，作末，水調傅之，瘥。〇治五絕，一曰自縊，二曰牆壁壓，三曰溺水，四曰魘寐，五曰產暈。凡五絕，皆以半夏一兩，擣爲末，冷水和丸如大豆許，內鼻中，即愈。及諸卒死，如心溫者，以大豆許末吹鼻可瘥。【合治】以三升，合人參三兩，白蜜一斤，用水一斗二升，和揚之一百四十遍，煮取三升半，溫服一升，日再服，治反胃嘔吐及膈間支飲。〇以一升，合生薑半斤，茯苓三兩，切碎，用水七升，煎取一升半，溫分服，療嘔噦、穀不得下及眩悸者。○以半兩，湯浸洗七次，去滑，合生薑一兩，同剉，用水一大盞，煎至六分，去滓，分二服，治時氣嘔逆，不下食。○以四兩淨洗，焙乾，搗羅爲末，合生薑自然汁和爲餅子，以濕紙裹，於慢火中煨，令香熟，用水兩盞煎，彈丸大餅子一塊，入鹽半錢，同煎。取一盞，溫服，治胸膈壅滯，去痰開胃，及治酒食所傷，其功極驗。○以末三錢，合白麪一兩，和水溲，作棋子塊，用水煮，以麪熟爲度，加生薑、醋調和服之，治久積不下食，嘔吐不止，冷在胃中者愈。○洗乾作末，合生薑湯服一錢匕，治傷寒病啘不止。○以少許洗，搗末，合酒和丸如粟米大，每服二丸，生薑湯吞下，治小兒腹脹，如未瘥，加數丸服，或以火炮爲末，貼臍亦佳。○不計多少，酸漿浸一宿後，用溫湯洗五七遍，去惡氣，曬乾，搗爲末，漿水搜作餅子，仍曬乾，再爲末，每五兩合腦子一錢研勻，以濃漿腳和丸如雞頭子大，以紗袋盛，掛通風處陰乾，每服一丸，茶湯或薄荷湯下，治膈壅風痰。【禁】妊娠不可服，渴病人不可服。

【解】誤食此中毒者，以生薑汁解之。【忌】羊血、羊肉、海藻、飴糖。

【贗】白傍蘎子爲僞。

明・葉文齡《醫學統旨》卷八　半夏　氣平，味辛、苦；生微寒，熟溫。有毒。沉而降，陰中陽也。入足陽明、太陰、少陽經。射干、柴胡為之使；惡皂莢；畏雄黃、生薑、乾薑、秦皮、龜甲；反烏頭。陳久者良。須用湯泡數次，生薑制毒。忌羊肉、羊血、飴糖。　治傷寒寒熱，心下堅，下氣，頭眩胸脹，欬嗽上氣，痰涎嘔吐，調胃健脾，去胸中寒痰痞塞；太陰痰厥頭痛，燥脾濕，除痰瘧，消腫散結。生令人吐，熟令人下。諸血證及自汗、渴者禁用。妊娠忌用，如惡阻吐者，薑炒用之。

明・許希周《藥性粗評》卷一　痰欲清除，只消半夏。

半夏，一名守田，一名地文。春生苗，一莖，高三四寸，莖端三葉，根止一枚，圓扁，黃白色，中夏苗枯，故名。江南江北田野處處有之，以齊州者為勝。五月、八月採根，石灰水淹過二三日，洗淨，又以礬湯浸過，涎盡為度，溫湯洗淨，漉出，暴乾收貯，須陳久過性者方可用。柴胡為之使，惡皂莢，畏生薑、乾薑、雄黃、秦皮、龜甲，反烏頭。　味辛，性生微寒，熟溫，有毒。以薑製之。　入手太陰肺、足太陰脾經。　主治傷寒寒熱，咳逆上氣，嘔吐胸脹，咽腫，消痰下氣，清肺益脾，散堅痞。　潔痰須用半夏，熱痰加黃芩，風痰加南星，胸中寒痰痞塞加陳皮、白术。　然多用則瀉脾胃。　東垣云：　渴者禁半夏。以用薑製，薑能助渴故也。　妊婦傷寒尤宜多滾數遍以熟為貴。　愚謂半夏須以製過者入藥，諸無不可，後可無賴於薑矣。

飛霞子曰：　半夏主痰分之病，然必造而為麴，以生薑自然汁、生白礬湯等分，共和造麴，楮葉包裹，風乾，然後入藥。風痰以豬牙皂角煮汁，去渣，煉膏如餳，入薑汁。火痰、黑色老痰膠，以竹瀝或荊瀝，入薑汁。濕痰白色寒痰清，以老薑煎濃湯，加煅白礬三分之一，如半夏三兩，煅白礬一兩為則，俱造麴如前法。古方二陳湯以此為君，二陳湯陳皮、半夏俱以陳久為美。世醫因辛反減至少許，而茯苓滲濕，陳皮行氣，甘草醒脾，皆臣佐使，反多其銖兩，茯苓、甘草皆二陳湯藥。皆不造麴之過，按此可見，半夏凡用之無功者，非藥之罪矣。

單方：　五絕：　自縊也，溺水也，魘魅也，產暈也，墻壁壓也，心口尚溫者，以半夏為細末，冷水丸如大豆，塞鼻孔中即甦。此扁鵲法也。　胃寒：　半夏五兩，為末，每用白麪一兩，半夏三錢，水和搜切作碁子，水煮，麪熟為度，生薑、醋調和食之。　蝎螫成瘻：　半夏研水，塗之妙。　時氣嘔逆：　半夏半兩，同生薑一兩，俱剉，用水一大盞，煎至六分，去渣，作三服，不拘時服之。

明・鄭寧《藥性要略大全》卷三　半夏使。一名守田。　《經》云：　消心腹胸膈痰熱滿結，咳嗽上氣，心下急痛堅痞，時氣嘔逆，消癰腫，墮胎。主傷寒寒熱，心下堅。下氣，咽喉腫痛，頭眩，胸脹咳逆，腸鳴，止汗，療痿黃，悅澤面目。　《十書》云：　生令人吐，熟令人下。能勝脾之濕，所以化痰。渴者禁服之。　《珠囊》云：　除胃中濕，治胃中寒，化痰涎，大和脾胃氣。治太陰痰厥頭痛，却一切風痰，止嘔嗽逆及咽喉腫痛。　《藥性論》云：　俗用為肺藥，非也。止吐為足陽明胃，除痰為足太陰脾。小柴胡中雖為止嘔，亦助柴胡，能止惡寒，是又為足少陽膽經也。又助黃芩，能去熱，是又為胃經足陽明也。往來寒熱在表之中用此，有各半之意，所以名半夏。　孫思邈曰：　腎主五液，化為五濕。自入為唾，入肝為泣，〔入心為汗〕，入脾為痰，入肺為涕。有涎曰嗽，無涎曰欬。痰者，因咳而動脾之濕也。　岐伯云：　半夏能泄痰之標，不能泄痰之本。〔泄本〕者，泄腎也。咳無形，痰有形。無形則潤，有形則燥，所以為流濕潤燥也。　味辛，平。生微寒，熟溫。有〔毒〕。降也，陽也。入足陽明胃、太陰脾、少陽膽。射干、柴胡為之使。惡皂莢，畏雄黃、生薑、乾薑、秦皮、龜甲。反烏頭。陳久者良。須用沸湯洗五七次，令滑淨。或用薑製，不然戟人喉。用此必須入生薑數片，制其毒。忌羊肉血、飴糖、海藻。於五月夏至生，故名半夏。小滿前後及八月皆可採取。

明・賀岳《醫經大旨》卷一《本草要略》　半夏　屬金屬土，故性燥而能燥濕，乃健脾胃之藥也。今人多用其化痰而不能審其由，不知半夏性燥而能去濕痰，故脾胃得之而健也。其於痰不由於濕者，亦何與焉？亦當各因其自而求耳。此藥為能化痰滲濕，健胃燥脾，諸血證，妊婦及少陽傷寒而渴，及諸渴者，並不可服。由其性燥損血耗血，而燥津液故也。惟氣證發渴者不忌，由動火上盛而然，惟其調，則動火亦伏而不渴矣。固非津液虛耗及火邪作燥者，而有妨於半夏矣。

明・陳嘉謨《本草蒙筌》卷三　半夏一名守田。　味辛、微苦，氣平，生寒熟溫。沉而降，陰中陽也。有毒。山谷川澤，處處有之。苗起一莖，莖端三葉。根名半夏，八月採收。反烏頭，惡皂莢，畏雄黃、生薑、乾薑、秦皮、龜甲，忌羊肉、羊血、海藻、飴糖。使宜射干柴胡，經入足膽脾胃。久藏入藥，同橘皮謂二陳；　生嚼戟喉，生用則麻，戟人喉嚨。宜沸湯製七次。仍加薑製，纔可投瓶。若研末攙少枯礬，每泡過半夏四兩，入枯礬一兩共研。拌薑汁揑作小餅。楮葉包裹，風際陰乾，此又名半夏麯也。片則刀峻，麯則力柔。總主諸痰，驗證佐助。火痰黑，老痰膠，加芩、連、栝樓、海粉；　寒痰清，濕痰白，入薑、附、蒼朮、陳皮。風痰卒中昏迷，皂角、天南星和；　痰核延生腫突，竹瀝、白芥子攙。劫痰厥頭疼，止痰飲脇痛。散逆氣，除嘔惡，開結氣，發音聲。脾瀉兼敺，心汗且斂。蓋脾惡濕，半夏專能燥濕勝水故爾。孕婦忌用，恐墮胎元。如不得已用之，復加薑汁炒過。消渴及諸血證尤禁莫加，因燥反助火邪，真陰愈被熬害，津枯血耗，危殆日侵，不得不預防也。生半夏消癰腫，成顆者摩水敷。蠍子螫人，塗上即愈。婦人產後暈絕，為丸塞兩鼻中，能頃刻回甦。此扁鵲捷法。

謨按：《內經》云：腎主五液，化為五濕。自入為唾，入肝為淚，入心為汗，入脾為痰，入肺為涕。丹溪又云：有痰曰嗽，無痰曰欬，是知痰者因嗽而動脾之濕也。半夏惟能入脾以瀉痰之標，不能入腎以瀉痰之本。然欬無形，嗽有形。無形則潤，有形則燥，所以為流濕潤燥之劑也。又小柴胡湯中加之，以治傷寒寒熱。半助柴胡以主惡寒，半助黃芩而能去熱，及往來寒熱皆用之，有各半之意，故因而名曰半夏云。《本經》別以守田目之者，蓋緣夏半前後，人多耘蒔在田，斯又指名而生意也。　第二卷貝母欵後謨按宜參看。

明・方穀《本草纂要》卷一　半夏　味辛、微苦，氣平，生寒熟溫，陽中之陰也，有毒，宜薑製。入太陰脾經，和脾理氣；　入陽明胃經，燥濕健胃。然風寒可散，痰涎可利，濕鬱可燥，內寒可溫，或泄瀉腫滿，或腸鳴喘嗽，或霍亂嘔吐，或瘧痢瘴氣，脾虛不足，是皆寒濕之症，惟此劑可以治之。或中風中氣，或驚悸怔忡，或瘻痓、癲癇、厥逆、彺越、心煩悶亂、眩運動搖，是皆熱痰之症，惟此劑可以除之。大抵半夏（辛能理）氣開鬱，溫能攻表和中，與生薑用，其性散而不守，所以攻表；　與乾薑用其性溫而且守，所以溫中；　與蒼朮、厚朴用，可以燥濕，因其辛以導之也；　與陳皮、甘草用，可以和中，因其辛以溫之也；　與香附、紫蘇用，可以開鬱解表，因其辛以散之也，與芩連、山梔用，可以清熱，導濕，行痰，降火，因其辛可散，而苦可下也。所以風寒暑濕四氣相搏，鬱滯不清，非半夏不能和，七情六慾九氣所爲，鬱結於中，非半夏不能散。古方立二陳湯，以半夏爲君，意謂此歟。

明・王文潔《太乙仙製本草藥性大全》卷二《本草精義》　半夏　一名守田，一名地文，一名水玉，一名和姑。生槐里川谷，今在處有之，以齊州者爲佳。每月生苗，一莖，莖端三葉，淺綠色，頗似竹葉，生江南者似芍藥葉。根下相重生，上大下小，皮黃肉白。五月、八月內採根，以灰裛二日，湯洗曝乾。一云五月採者虛小，八月採者實大，然以圓白陳久者爲佳。其平澤生者甚小，名羊眼半夏。又由跋絕類半夏，而苗高近一二尺許，根如雞卵大，多生林下。或云即虎掌之小者，足以相亂。半夏主胃冷，嘔噦方藥之最要。反烏頭，惡皂莢，畏雄黃、生薑、秦皮、龜甲，忌羊肉血、海藻、飴糖。使宜射干、柴胡。經入足膽、脾胃。久藏入藥，同橘皮謂二陳。生嚼戟喉，生用則麻戟人喉嚨，宜沸湯制七遍，仍加薑制纔可入瓶。若研末攙少枯礬，毋炮過，半夏四兩，入枯礬一兩，共研拌薑汁，揑作小餅，楮葉包裹，風際陰乾，此又名半夏麯也。生則力峻，麯則力柔。

明・王文潔《太乙仙製本草藥性大全》卷二《仙製藥性》　半夏使　味辛、微苦，氣平，生微寒，熟溫，沉而降也，陰中之陽也。入足陽明胃、太陰脾、少陽膽。射干、柴胡爲之使。

主治：　總主諸痰，驗證佐助。火痰、黑老痰膠，加芩、連、栝樓、海粉；　寒痰清，濕痰白，入薑、附、蒼朮、陳皮；　風痰卒中，昏迷，皂角、天南星和；　痰核延生腫突，竹瀝、白芥子攙。劫痰厥頭疼，止痰飲脇痛。散逆氣，除嘔惡，開結氣，發音聲，脾瀉兼敺，心汗且斂。蓋脾惡濕，半夏專能燥濕勝水，故爾孕婦忌用，恐墮胎元，如不得已用之，復加薑汁炒過。消渴及諸血證尤禁，莫加，因燥反助火邪，真陰洩破敗害，津枯血耗，危殆日侵，不得不預防也。生半夏消癰腫，成顆者磨水敷蠍子螫人，塗上即愈。婦人產後暈絕，爲丸塞兩鼻中，能頃刻回甦，此扁鵲捷法也。　補註：　時氣嘔逆，不下食，用半兩，湯浸洗七遍去滑，生薑一兩，同剉，水一盞，煎至六分，去滓，分二服，不拘時候。治蠍瘻五孔相通，用一分，爲末，水調傅之。治胃，用二兩，天南星二兩，爲末，水五升，入壜內，與藥攪勻，浸一宿，去清水焙乾，重碾，每服水二盞，藥二錢，薑三片，煎至八分，溫服，至五次神效。治喉痹，用末方寸〔匕〕，用鷄子一個，去黃白，盛淳苦酒，令小滿，用末攪和鷄子內，以鐶子坐之於炭上煎成，置杯中，稍緩嚥之。治蠍子螫人，以水研，塗之立止。傷寒病啘不止，用末一錢，生薑湯服。小兒腹脹，擣末酒和丸如粟米大，每服二丸，生薑湯吞，不差以火炮之，爲末，貼臍亦佳。自縊、牆壁壓、水溺、魘魅、産乳凡五絕，以一兩爲細末作丸如豆大，入鼻中愈，心溫者一日可治。　太乙曰：　凡使勿誤用白傍蕺子，真似半夏，只是咬着微酸，不入藥用。若脩事，半夏四兩，擣子，用白芥子末二兩，頭醋六兩，二味攪令濁，將半夏投中洗三遍用之。半夏上有隟涎，若洗不净，令人氣逆，肝氣怒滿。　按：《內經》云：　腎主五液，化爲五濕。自入爲唾，入肝爲淚，入心爲汗，入脾爲痰，入肺爲涕。丹溪又云：　有痰曰嗽，無痰曰欬。是知痰者，因嗽而動脾之濕也，半夏惟能入脾，以瀉痰之標，不能入腎以瀉痰之本。然欬無形，痰有形，無形則潤，有形則燥，所以爲流濕潤燥之劑也。又小柴胡湯中加之，以治傷寒寒熱，半助柴胡以主惡寒，半助黃芩而能去熱，及往來寒熱皆用之，有各半之意，故因而名曰半夏。云《本經》別以守田目之者，蓋緣半夏前後，人多耘蒔在田，斯又指名而生意也。

明・皇甫嵩《本草發明》卷二　半夏下品之上，佐使。氣平，味辛。生微寒，熟溫。有毒。陰中陽也，入足陽明。　發明曰：　半夏辛燥，和健脾胃，化痰之要藥也。蓋濕傷脾而生痰，此燥濕所以化痰而益脾，以辛燥能逐寒，而能散結。故《本草》主傷寒寒熱時氣，嘔吐咳逆，腸鳴，寒痰及形寒飲冷傷肺而欬，除胃寒進食，反胃，霍亂者，辛能逐寒也。心下痞急痛，心腹胸脇痰熱滿結，咽喉腫痛，消癰，墮胎者，能散結也。太陰痰厥頭痛頭眩，痰瘀等，屬于痰者，通治之。又云：　止汗斂心汗者，豈此辛燥能斂哉？　蓋汗多因濕熱蒸發而然，以其燥濕也。又療痿黃，悅面目，除濕故耳。半夏總主諸痰，要各隨寒熱清利藥佐之。〇《經》云：　半夏治痰泄痰之標，非泄痰之本。本者，腎也。腎主五液，化為五濕，自入為唾，入肝為泣，入心為汗，入肺為涕，入脾為痰。痰者，因欬而動，脾之濕也。半夏除濕，故泄痰之標。乾欬無形而痰嗽有形，無形則潤，有形則燥，故為流濕潤燥也。若腎虛血少，肺燥而欬及姙婦與諸渴，少陽傷寒作渴，俱禁用，以性燥損血耗津液也。惟氣症發渴者不忌，由動火上盛而然。若氣調則動火伏而渴止，非津液虛耗作燥者比也。以除濕為足太陰，以止嘔吐為足陽明，助柴胡主惡寒，是又為足少陽也。助黃芩去熱，是又為足陽明也。寒熱往來在半表裏，故用此有各半之意。滾湯泡七次，洗去隟涎，半夏四兩，入枯礬一兩，共研，薑汁作餅子，楮葉包裹，陰乾，作麯則力柔，作片則力峻。〇柴胡、射干為之使。惡皂莢。畏雄黃、生薑、秦皮、龜甲，反烏頭。忌羊血、海藻、飴糖。

明・李時珍《本草綱目》卷一七草部・毒草類　半夏《本經》下品

【釋名】守田《本經》　水玉《本經》　地文《別録》　和姑《(本經)〔吳普〕》　時珍曰：《禮記・月令》：　五月半夏生。蓋當夏之半也，故名。守田會意，水玉因形。　【集解】《別録》曰：　半夏生槐里川谷。五月、八月采根，暴乾。　普曰：　生微丘或生野中，二月始生葉，三三相偶。白花圓上。　弘景曰：　槐里屬扶風。今第一出青州，吳中亦有，以肉白者爲佳，不厭陳久。　恭曰：　所在皆有。生平澤中者，名羊眼半夏，圓白爲勝。然江南者大乃徑寸，南人特重之。頃來互用，功狀殊異。其苗似是由跋，誤以爲半夏也。　頌曰：　在處有之，以齊州者爲佳。二月生苗一莖，莖端三葉，淺緑色，頗似竹葉，而生江南者似芍藥葉。根下相重，上大下小，皮黃肉白。五月、八月采根，以灰裹二日，湯洗暴乾。《蜀圖經》云：　五月采則虛小，八月采乃實大。其平澤生者甚小，名羊眼半夏。由跋絶類半夏，而苗不同。　斆曰：　白傍蕺子真似半夏，只是咬着微酸，不入藥用。

【修治】弘景曰：　凡用，以湯洗十許過，令滑盡。不爾，有毒戟人咽喉。方中有半夏必須用生薑者，以制其毒故也。　斆曰：　修事半夏四兩，用白芥子末二兩，釅醋二兩，攪濁，將半夏投中，洗三遍用之。若洗涎不盡，令人氣逆，肝氣怒滿。　時珍曰：　今治半夏，惟洗去皮垢，以湯泡浸七日，逐日換湯，眼乾切片，薑汁拌焙入藥。或研爲末，以薑汁入湯浸澄三日，瀝去涎水，晒乾用，謂之半夏粉。或研末以薑汁和作餅子，日乾用，謂之半夏餅。或研末以薑汁、白礬湯和作餅，楮葉包置籃中，待生黃衣，日乾用，謂之半夏麴。白飛霞《醫通》云：　痰分之病，半夏爲主，造而爲麴尤佳。治濕痰以薑汁、白礬湯和之，治風痰以薑汁及皂莢煮汁和之，治火痰以薑汁、竹瀝或荆瀝和之，治寒痰以薑汁、礬湯入白芥子末和之，此皆造麴妙法也。

根　〔氣味〕辛，平，有毒。《別録》曰：　生微寒，熟温。生令人吐，熟令人下。湯洗盡滑用。元素曰：　味辛、苦，性温，氣味俱薄，沉而降，陰中陽也。好古曰：　辛厚苦輕，陽中陰也。入手陽明、太陰、少陰三經。之才曰：　射干爲之使。惡皂莢。畏雄黄、生薑、乾薑、秦皮、龜甲。反烏頭。權曰：　柴胡爲之使。忌羊血、海藻、飴糖。元素曰：　熱痰佐以黄芩，風痰佐以南星，寒痰佐以乾薑，痰痞佐以陳皮、白术。多用則瀉脾胃。諸血證及口渴者禁用，爲其燥津液也。孕婦忌之，用生薑則無害。

〔主治〕傷寒寒熱，心下堅，胸脹欬逆，頭眩，咽喉腫痛，腸鳴，下氣止汗《本經》。消心腹胸膈痰熱滿結，欬嗽上氣，心下急痛堅痞，時氣嘔逆，消癰腫，療痿黄，悦澤面目，墮胎《別録》。消痰，下肺氣，開胃健脾，止嘔吐，去胸中痰滿。生者：　摩癰腫，除瘤癭氣甄權。治吐食反胃，霍亂轉筋，腸腹冷，痰瘧大明。治寒痰，及形寒飲冷傷肺而欬，消胸中痞，膈上痰，除胸寒，和胃氣，燥脾濕，治痰厥頭痛，消腫散結元素。治眉稜骨痛震亨。補肝風虚好古。除腹脹，目不得瞑，白濁夢遺帶下時珍。

〔發明〕權曰：　半夏使也。虚而有痰氣，宜加用之。頌曰：　胃冷嘔噦，方藥之最要。成無己曰：　辛者散也，潤也。半夏之辛，以散逆氣結氣，除煩嘔，發音聲，行水氣而潤腎燥。好古曰：《經》云，腎主五液，化爲五濕。自入爲唾，入肝爲泣，入心爲汗，入脾爲痰，入肺爲涕。有痰曰嗽，無痰曰欬。痰者，因欬而動脾之濕也。半夏能泄痰之標，不能泄痰之本。泄本者，泄腎也。欬無形，痰有形；　無形則潤，有形則燥，所以爲流濕潤燥也。俗以半夏爲肺藥，非也。止嘔吐爲足陽明，除痰爲足太陰。柴胡爲之使，故今柴胡湯中用之，雖爲止嘔，亦助柴胡、黄芩主往來寒熱，是又爲足少陽、陽明也。宗奭曰：　今人惟知半夏去痰，不言益脾，蓋能分水故也。脾惡濕，濕則濡困，困則不能治水。《經》云：　水勝則瀉。一男子夜數如厠，或教以生薑一兩，半夏、大棗各三十枚，水一升，甆瓶中慢火燒爲熟水，時呷之，便已也。趙繼宗曰：　丹溪言二陳湯治一身之痰，世醫執之，凡有痰者皆用。夫二陳内有半夏，其性燥烈，若風痰、寒痰、濕痰、食痰則相宜；　至于勞痰、失血諸痰，用之反能燥血液而加病，不可不知。機曰：　俗以半夏性燥有毒，多以貝母代之。貝母乃太陰肺經之藥，半夏乃太陰脾經、陽明胃經之藥，何可代也？　夫欬嗽吐痰，虚勞吐血，或痰中見血，諸鬱，咽痛喉痹，肺癰肺痿，癰疽，婦人乳難，此皆貝母爲向導，半夏乃禁用之藥。若涎者脾之液，美味膏粱炙煿，皆能生脾胃濕熱，故涎化爲痰，久則痰火上攻，令人昏憒口噤，偏廢僵仆，蹇澀不語，生死旦夕，自非半夏、南星，曷可治乎？　若以貝母代之，則翹首待斃矣。時珍曰：　脾無留濕不生痰，故脾爲生痰之源，肺爲貯痰之器。半夏能主痰飲及腹脹者，爲其體滑而欬辛性温也。涎滑能潤，辛温能散亦能潤，故行濕而通大便，利竅而泄小便。所謂辛走氣，能化液，辛以潤之是矣。潔古張氏云：　半夏南星治其痰，而欬嗽自愈。丹溪朱氏云：　二陳湯能使大便潤而小便長。聊攝成氏云：　半夏辛而散，行水氣而潤腎燥。又《和劑局方》，用半硫丸治老人虚秘，皆取其滑潤也。世俗皆以南星、半夏爲性燥，誤矣。濕去則土燥，痰涎不生，非二物之性燥也。古方治咽痛喉痹，吐血下血，多用二物，非禁劑也。二物亦能散血，故破傷打撲皆主之。惟陰虚勞損，則非濕熱之邪，而用利竅行濕之藥，是乃重竭其津液，醫之罪也，豈藥之咎哉？《甲乙經》用治夜不眠，是果性燥者乎？　岐伯云：　衛氣行于陽，陽氣滿，不得入于陰，陰氣虚，故目不得瞑。治法：　飲以半夏湯一劑，陰陽既通，其卧立至。方用流水千里者八升，揚之萬遍，取清五升，煮之，炊以葦薪，大沸，入秫米一升，半夏五合，煮一升半，飲汁一盃，日三，以知爲度。病新發者，覆盃則卧，汗出則已。久者，三飲而已。

〔附方〕舊十五，新五十三。

法制半夏：　清痰化飲，壯脾順氣。用大半夏，湯洗七次，焙乾再洗，如此七轉，以濃米泔浸一日夜。每一兩用白礬一兩半，温水化，浸五日。焙乾，以鉛白霜一錢，温水化，又浸七日。以漿水慢火内煮沸，焙乾收之。每嚼一二粒，薑湯送化下。《御藥院方》。　紅半夏法：　消風熱，清痰涎，降氣利咽。大半夏湯浸焙制如上法。每一兩入龍腦五分，朱砂爲衣染之。先鋪燈草一重，約一指厚，排半夏于上，再以燈草蓋一指厚。以炒豆焙之，候乾取出。每嚼一兩粒，温水送下。《御藥院方》。　化痰鎮心：　祛風利膈。辰砂半夏丸：　用半夏一斤，湯泡七次，爲末篩過，以水浸三日，生絹濾去滓，澄清去水，晒乾，一兩，入辰砂一錢，薑汁打糊丸梧子大。每薑湯下七十丸。此周府方也。《袖珍方》。　化痰利氣：　三仙丸，方見虎掌下。　消痰開胃：　去胸膈壅滯。《斗門方》用半夏洗泡，焙乾爲末，自然薑汁和作餅，濕紙裹煨香。以熟水二盞，同餅二錢，入鹽五分，煎一盞，服之。大壓痰毒，及酒食傷，極驗。〇《經驗》用半夏、天南星各二兩，爲末，水五升，入罎内浸一宿，去清水，焙乾重研。每服二錢，水二盞，薑三片，煎服。　中焦痰涎：　利咽，清頭目，進飲食。半夏泡七次四兩，枯礬一兩，爲末，薑汁打糊，或煮棗肉，和丸梧子大。每薑湯下十五丸。寒痰加丁香五錢，熱痰加寒水石煅四兩。名玉液丸。《和劑局方》。　老人風痰：　大腑熱不識人及肺熱痰實不利。半夏泡七次焙，硝石半兩，爲末，入白麵〔一兩〕搗勻，水和丸緑豆大。每薑湯下五十丸。《普濟》。　膈壅風痰：　半夏半斤，酸漿浸一宿，温湯洗五(十)〔七〕遍，去惡氣，日乾爲末，漿水搜作餅，日乾再研爲末，每五兩入生龍腦一錢，以漿水濃脚和丸雞頭子大。紗袋盛，通風處陰乾。每服一丸，好茶或薄荷湯嚼下。《御藥院方》。　搜風化痰：　定志安神，利頭目。辰砂化痰丸：　用半夏麴三兩，天南星炮一兩，辰砂、枯礬各半兩，爲末，薑汁打糊丸梧子大。每服三十丸，食後薑湯送下。《和劑局方》。　痰厥中風：　省風湯：　用半夏湯泡八兩，甘草炙二兩，防風四兩。每服半兩，薑二十片，水二盞，煎服。《奇効良方》。　風痰頭運：　嘔逆目眩，面色青黄，脉弦者。水煮金花丸：　用生半夏、生天南星、寒水石煅各一兩，天麻半兩，雄黄二錢，小麥麵三兩，爲末，水和成餅，水煮浮起，漉出，搗丸梧子大。每服五十丸，薑湯下，極効。亦治風痰咳嗽，二便不通，風痰頭痛。潔古《活法機要》方。　風痰濕痰：　青壺丸：　半夏一斤，天南星半兩，各湯泡，晒乾爲末，薑汁和作餅，焙乾，入神麴半兩，白术末四兩，枳實末二兩，薑汁麵糊丸梧子大。每服五十丸，薑湯下。《葉氏方》。　風痰喘逆：兀兀欲吐，眩運欲倒。半夏一兩，雄黄三錢，爲末。薑汁浸，蒸餅丸梧子大。每服三十丸，薑湯下。已吐者加檳榔。《活法機要》。　風痰喘急：千緡湯：用半夏湯洗七個，甘草炙、皂莢炒各一寸，薑(三)〔二〕片，水一盞，煎七分，温服。(《和劑局方》)〔《蘇沈良方》〕。　上焦熱痰：欬嗽。制過半夏一兩，片黄芩末二錢，薑汁打糊丸緑豆大。每服七十丸，淡薑湯食後服。此周(憲)〔定〕王親製方也。《袖珍方》。　肺熱痰嗽：制半夏、栝樓仁各一兩，爲末，薑汁打糊丸梧子大。每服二三十丸，白湯下。或以栝樓瓤煮熟丸。《濟生方》。　熱痰欬嗽：煩熱面赤，口燥心痛，脈洪數者。小黄丸：用半夏、天南星各一兩，黄芩一兩半，爲末，薑汁浸蒸餅丸梧子大。每服五七十丸，食後薑湯下。潔古《活法機要》。　小兒痰熱：欬嗽驚悸。半夏、南星等分，爲末。牛膽汁和，入膽内，懸風處待乾，蒸餅丸緑豆大。每薑湯下三五丸。《摘玄方》。　濕痰欬嗽：面黄體重，嗜卧驚，兼食不消，脉緩者。白术丸：用半夏、南星各一兩，白术一兩半，爲末，薄糊丸梧子大。每服五七十丸，薑湯下。《活法機要》。　氣痰欬嗽：面白氣促，洒淅惡寒，愁憂不樂，脉濇者。玉粉丸：用半夏、南星各一兩，官桂半兩，爲末，糊丸梧子大。每服五十丸，薑湯下。《活法機要》。　小結胸痛：正在心下，按之則痛，脉浮滑者，小陷胸湯主之。半夏半升，黄連一兩，栝樓實大者一個，水六升，先煮栝樓(徒)〔取〕三升，去滓，内二味煮取二升，分三服。仲景《傷寒論》。　濕痰心痛：喘急者。半夏油炒爲末，粥糊丸緑豆大。每服二十丸，薑湯下。《丹溪心法》。　急傷寒病：半夏四錢，生薑七片，酒一盞，煎服。胡洽居士《百病方》。　結痰不出：語音不清，年久者亦宜。玉粉丸：半夏半兩，桂心一字，草烏頭半字，爲末。薑汁浸蒸餅丸芡子大。每服一丸，夜卧含嚥。《活法機要》。　停痰冷飲：嘔逆。橘皮半夏湯：用半夏水煮熟、陳橘皮各一兩。每服四錢，生薑七片，水二盞，煎一盞，温服。《和劑局方》。　停痰留飲：胸膈滿悶，氣短惡心，飲食不下，或吐痰水。茯苓半夏湯：用半夏泡五兩，茯苓三兩。每服四錢，薑七片，水一鍾半，煎七分，甚捷徑。《和劑局方》。　支飲作嘔：嘔家本渴。不渴者，心下有支飲也。或似喘不喘，似嘔不嘔，似噦不噦，心下憒憒，並宜小半夏湯。用半夏泡七次，一升，生薑半升，水七升，煮一升五合，分服。張仲景《金匱要略》。　噦逆欲死：半夏生薑湯主之。即上方也。　痘瘡噦氣：方同上。　嘔噦眩悸：穀不得下。半夏加茯苓湯：半夏一升，生薑半斤，茯苓三兩，切，以水七升，煎一升半，分温服之。《金匱要略》。　目不得眠：見發明下。　心下悸忪：半夏麻黄丸：半夏、麻黄等分，爲末，蜜丸小豆大。每服三十丸，日三。《金匱要略》。　傷寒乾啘：半夏熟洗，研末。生薑湯服一錢匕。《梅師方》。　嘔逆厥逆：内有寒痰。半夏一升洗滑焙研，小麥麪一升，水和作彈丸，水煮熟。初吞四五枚，日三服。稍增至十五枚，旋煮旋吞。覺病減，再作。忌羊肉、餳糖。此乃許仁則方也。《外臺秘要》。　嘔吐反胃：大半夏湯：半夏三升，人參三兩，白蜜一升，水一斗二升和，揚之一百二十遍。煮取三升半，温服一升，日再服。亦治膈間支飲。《金匱要略》。　胃寒噦逆：停痰留飲。藿香半夏湯：用半夏湯泡炒黄二兩，藿香葉一兩，丁香皮半兩，每服四錢，水一盞，薑七片，煎服。《和劑局方》。　小兒吐瀉：脾胃虚寒。齊州半夏泡七次、陳粟米各一錢半，薑十片，水盞半，煎八分，温服。錢乙《小兒》。　小兒痰吐：或風壅所致，或欬嗽發熱，飲食即嘔。半夏泡七次半兩，丁香一錢，以半夏末水和包丁香，用麪重包，煨熟，去麪爲末，生薑自然汁和丸麻子大。每服二三十丸，陳皮湯下。《活幼口議》。　妊娠嘔吐：半夏二兩，人參、乾薑各一兩，爲末。薑汁麪糊丸梧子大，每飲服十丸，日三服。仲景《金匱要略》。　霍亂腹脹：半夏、桂等分，爲末。水服方寸匕。《肘後方》。　小兒腹脹：半夏末少許，酒和丸粟米大。每服二丸，薑湯下。不瘥，加之。或以火炮研末，薑汁調貼臍，亦佳。《子母秘録》。　黄疸喘滿：小便自利，不可除熱。半夏、生薑各半斤，水七升，煮一升五合，分再服。有人氣結而死，心下暖，以此少許入口，遂活。《張仲景方》。　伏暑引飲：脾胃不利。消暑丸：用半夏醋煮一斤，茯苓半斤，生甘草半斤，爲末，薑汁麪糊丸梧子大。每服五十丸，熱湯下。《和劑局方》。　老人虚秘：冷秘及痃癖冷氣。半硫丸：半夏泡炒、生硫黄等分，爲末，自然薑汁煮糊丸如梧子大。每空心温酒下五十丸。《和劑局方》。　失血喘急：吐血下血，崩中帶下，喘急痰嘔，中滿宿瘀。用半夏搥扁，以薑汁和麪包煨黄，研末，米糊丸梧子大。每服三十丸，白湯下。《直指方》。　白濁夢遺：半夏一兩，洗十次，切破，以木猪苓二兩，同炒黄，出火毒，去猪苓，入煅過牡蠣一兩，以山藥糊丸梧子大。每服三十丸，茯苓湯送下。腎氣閉而一身精氣無所管攝，妄行而遺者，宜用此方。蓋半夏有利性，猪苓導水，使腎氣通也。與下元虚憊者不同。許學士《本事方》。　八般頭風：三次見効。半夏末，入百草霜少許，作紙撚燒烟，就鼻内嗃之。口中含水，有涎，吐去再含。《衛生寶鑒》。　少陰咽痛：生瘡，不能言語，聲不出者，苦酒湯主之。半夏七枚打碎，雞子一枚，頭開一竅，去黄，納苦酒令小滿，入半夏在内，以鐶子坐于炭火上，煎三沸，去滓，置盃中，時時嚥之，極驗。未瘥更作。仲景《傷寒論》。　喉痹腫塞：生半夏末嗃鼻内，涎出効。《集簡方》。　骨鯁在咽：半夏、白芷等分，爲末。水服方寸匕，當嘔出。忌羊肉。《外臺秘要》。　重舌木舌：脹大塞口。半夏煎醋，含漱之。〇又方：半夏二十枚，水煮過，再泡片時，乘熱以酒一升浸之，密封良久，熱漱冷吐之。　小兒顖陷：乃冷也。水調半夏末，塗足心。　面上黑氣：半夏焙研，米醋調敷。不可見風，不計遍數，從早至晚，如此三日，皂角湯洗下，面瑩如玉也。《摘玄方》。　癩風眉落：生半夏、羊屎燒焦等分，爲末，自然薑汁日調塗。《聖濟録》。　盤腸生産：産時子腸先出，產後不收者，名盤腸產。以半夏末頻嗃鼻中，則上也。《婦人良方》。　產後運絶：半夏末，冷水和丸大豆大，納鼻中即愈，此扁鵲法也。《肘後方》。　小兒驚風：生半夏一錢，皂角半錢，爲末。吹少許入鼻，名嚏驚散，即甦。《直指方》。　卒死不寤：半夏末吹鼻中，即活。南岳夫人紫靈魏元君方也。　五絶急病：一曰自縊，二曰墻壓，三曰溺水，四曰魘魅，五曰產乳。並以半夏末，納大豆一丸入鼻中。心温者，一日可活也。《子母秘録》。　癰疽發背：及乳瘡。半夏末，雞子白調，塗之。《肘後方》。　吹奶腫痛：半夏一個，煨研酒服，立愈。一方：以末，隨左右嗃鼻効。劉長春《經驗方》。　打撲瘀痕：水調半夏末塗之，一宿即没也。《永類鈐方》。　遠行足趼：方同上。《集簡方》。　金刃不出：入骨脉中者。半夏、白斂等分，爲末。酒服方寸匕，日三服。至二十日自出。李筌《太白經》。　飛蟲入耳：生半夏末，麻油調，塗耳門外。《本事方》。　蝎蠆螫人：半夏末，水調塗之，立止。錢相公《篋中方》。　蝎瘻五孔：相通者。半夏末，水調塗之，日二。《聖惠方》。　咽喉骨骾：半夏、白芷等分，爲末。水服方寸匕，當嘔出。忌羊肉。《外臺秘要》。　莖涎

【主治】煉取塗髮眉，墮落者即生雷斆。

題明・薛己《本草約言》卷一《藥性本草》　半夏　味辛、微苦，生則氣微寒，熟則氣微溫，有毒。陽中之陰，入足陽明、少陽、太陰經。除濕化痰涎，大和脾胃氣。痰厥及頭痛，非此莫能治。辛燥性非良，枯渴方宜忌。　江云：薑汁消痰，汗竭禁用。○妊婦用，須薑炒。常用亦以薑、礬、甘草煮之。忌羊肉、羊血、飴糖。射干、柴胡為使。　《發明》云：半夏辛燥，和健脾胃化痰之要藥也。蓋濕傷脾而生痰，此能燥濕，所以化痰而益脾，以辛燥能逐寒而散結。○性燥而能燥濕，乃健脾胃之藥也。今人多用其化痰，不知半夏性燥而能去濕痰，故脾胃得之而健也。其於痰不屬於濕者，亦何與焉。諸血症、妊婦及少陽傷寒而渴，與夫諸渴症，並不可服。由其性燥，損血耗血，而燥精液故也。惟氣症發渴者不忌，蓋動火上盛而然，惟氣調則動火亦伏而不渴矣。固非津液虛耗及火邪作燥，而有妨於半夏也。○以除濕為足太陽，以止吐為足陽明。助柴胡主惡寒，是又為足少陽也。助黄芩主去熱，是又為足陽明也。寒熱往來，在半表裏，故用此有各半之意。　《經》云：半夏治痰，泄痰之標，非泄痰之本，本者腎也。腎主五液，化為五濕，入口為唾，入肝為泣，入心為汗，入肺為涕，入脾為痰。痰者，因欬而動脾之濕也。半夏除濕，故泄痰之標。

陽之症。

明・佚名氏《醫方藥性・草藥便覽》　半夏　其性有毒。去風痰，壯六陽也。

明・梅得春《藥性會元》卷上　半夏　味辛、平，生微寒，熟溫。降也。陽也。有毒。惡皂角，畏雄黄、生薑、乾薑、秦皮、龜甲。反烏頭。射干為使。主除濕，化痰涎，大和脾胃。治風痰，痰厥頭痛；去痰健脾，止嘔。熟則令人下，生則令人吐。用須合生薑制。頭因痰厥苦甚，屬手太陰肺經頭痛，非此不能除。治喘、心痛，寒痰、濕痰。療傷寒寒熱，心下堅痞，急痛下氣，咽喉腫痛，咳逆、腸鳴，消胸膈痰熱結滿上氣，時氣癰腫，墮胎，理痿黄，悦澤面目，諸血症禁用。凡嗽，春是初生之氣，夏是火炎上，最重；秋是濕熱傷肺，冬是風寒外觸。用藥發散之後，必以半夏等藥，逐去其痰，庶不再來。油炒半夏，大治濕痰。姙婦忌之。如用，必須薑汁炒過。若患口燥咽乾及乾咳嗽者，俱不宜用。汗家勿用，以其用薑故也。丹溪云：半夏屬金與土，仲景用之於小柴胡湯，取其補手、足陽明大腸、胃經也，豈非燥脾土之功？今人惟知去痰，不言益脾，蓋能分水故也。傷寒渴者去之，恐燥津液耳。夏至生，故名半夏。　製法：凡用以生薑汁浸透，晒乾。入煎藥須加生薑。　又法：用滾水調石灰浸透，再用明礬、朴硝煎水，浸透，晒乾，可以嚼食。

明・杜文燮《藥鑒》卷二　半夏　氣微寒，味辛、苦，而辛厚於苦，氣味俱輕，有小毒。陽中之陰也，降也。入足陽明、太陽、少陽三經之藥也。主治濕痰，不能治熱痰，醫概用之，誤矣。蓋脾胃之所喜者，燥也；所惡者，濕也。半夏性燥而去濕，故脾胃得之而健也。火痰黑，老痰膠，須加芩、連、瓜蔞、海粉；寒痰清，濕痰白，要入薑、附、蒼术、陳皮。風痰卒中昏迷，加皂莢、天南星。痰核延生腫突，入竹瀝、白芥子。凡諸血證，姙婦及少陽傷寒而渴，併諸渴症，皆不可用半夏。惟其性燥，損血耗氣而燥津液也。治飲冷傷肺而嗽，除痰厥頭疼而愈。夫曰止嘔，為足陽明藥也。夫曰消痰，為足太陰藥也。小柴胡用之，雖為止嘔，亦助柴胡以去惡寒，是又為足少陽藥也。小柴胡用之，雖能去寒，亦助黄芩以去溫熱，是又為足陽明藥也。往來寒熱，在表裡之中，用此有各半之意，故名半夏。《經》曰：腎主五液，化為五濕，自入為唾，入肝為泣，入心為汗，入脾為涎，入肺為涕。有痰涎曰嗽，無痰涎曰咳。痰者，因嗽而動，脾之濕也。半夏能泄痰之標，不能泄痰之本。本者，腎也。嗽無形，痰有形，無形則潤，有形則燥，所以為流濕就燥也。射干為使。惡皂莢。

畏雄黄、生薑、乾薑、秦皮、龜板。反烏頭、烏喙。大要產於齊地者為良。蓋齊在東方，受氣木為盛，木生火，火生土，故脾主濕主痰。脾淫於濕，則因而失運化之職。諸液浸淫，統血不榮。凡諸津液懸斂，皆凝滯壅遏，隨氣上升，而成咳唾之痰，日久鬱注而成諸病之痰。故半夏性熱味辛，所以燥濕也。辛益金，金尅(本)〔木〕，以救脾土。

明・王肯堂《傷寒證治準繩》卷八　半夏　氣平，味辛，有毒。生微寒，熟溫。生令人吐，熟令人下。氣味俱薄，沉而降，陰中陽也。辛厚苦輕，陽中陰也。入手陽明、太陰、少陰三經。治寒痰及形寒飲冷傷肺而欬，大和胃氣，除胃寒，進食。治太陰痰厥頭痛，非此不能除。成：辛者，散也，潤也。半夏之辛以散逆氣結氣，除煩嘔，發音聲，行水氣而潤腎燥。海：《經》云腎主五液，化為五濕，自入為唾，入肝為泣，入心為汗，入脾為痰，入肺為涕。有痰曰嗽，無痰曰欬。痰者，因咳而動脾之濕也。半夏能泄痰之標，不能泄痰之本。泄本者，泄腎也。欬無形，痰有形，無形則潤，有形則燥，所以為流濕潤燥也。俗以半夏為肺藥，非也。止嘔吐，為足陽明。除痰，為足太陰。柴胡為之使，故小柴胡湯中用之，雖為止嘔，亦助柴胡、黄芩，主往來寒熱，是又為足少陽、陽明也。湯洗盡滑，銼細用。諸血證及口渴者，禁用，為其燥津液也。孕婦忌之，用生薑則無害。

明・李中立《本草原始》卷三　半夏　始生槐里山谷，今在處有之，以齊州者為佳。二月生苗，一莖，莖端三葉而光，頗似竹葉，淺綠色。江南者似芍藥葉，根下相重生，上大下小，皮黄肉白。八月採根，以灰裛二日，湯洗，暴乾。《禮記・月令》：五月，半夏生。蓋當夏之半也，故名半夏。氣味：辛，平，有毒。主治：傷寒寒熱，心下堅，胸脹欬逆，頭眩，咽喉腫痛，腸鳴下氣，止汗。○消心腹胸膈痰熱滿結，欬嗽上氣，心下急痛堅痞，時氣嘔逆，消癰腫，療痿黄，悦澤面目，墮胎。○消痰下肺氣，開胃健脾，止嘔吐，去胸中痰滿。生者摩癰腫，除瘤癭氣。○治吐食反胃，霍亂轉筋，腸腹冷，痰瘧。○治寒痰及形寒飲冷，傷肺而欬，消胸中痞，膈上痰，除胸寒，和胃氣，燥濕，治痰厥頭痛，消腫散結。○治眉棱骨痛。○補肝風虛。

半夏，《本經》下品。【圖略】正面光，色白，背有臍血並鬚眼。圓白陳久者良。修治：半夏，以滾湯泡二三日，每日換湯，後以皂角、白礬、生薑煮過，待冷，以清水洗淨，切片，晒乾任用。生戟人喉。半夏，研末，以薑汁、白礬湯和作餅子，楮葉包置籃中。待生黄衣，日乾用，謂之〔半夏麴〕。

半夏麴：主治同半夏，但力柔耳。元素曰：半夏，味辛、苦，性溫。氣味俱薄，沉而降，陰中陽也。射干、柴胡為之使，惡皂莢，畏雄黄、生薑、乾薑、秦皮、龜甲，反烏頭，忌羊血、海藻、飴糖。凡採得半夏，當以灰裛二日，湯洗暴乾。治五絕：一曰自縊，二曰墻壁壓，三曰溺水，四曰魘魅，五曰產乳。凡五絕皆以半夏一兩，搗羅為末，丸如大豆，内鼻孔中愈。心溫者，一日可治。丸半夏，末以冷水和丸。半夏，使。

明・羅周彦《醫宗粹言》卷四　造半夏麯法　半夏不拘多少，用滾湯泡過宿，搗爛，每一斗入生薑一斤同搗之，作餅子，用乾稻稈或粟、麥稈畜之，如畜麯法，乾久收取用。

明・張懋辰《本草便》卷一　半夏使　味辛、微苦，氣平，生微寒，熟溫，陽中陰也，有毒。入足陽明經、太陰經、少陽經。惡皂莢，畏雄黄、生薑、乾薑、秦皮、龜甲，反烏頭。主傷寒寒熱，心下堅，下氣，喉咽腫痛，頭眩，胸脹欬逆，腸鳴，止汗。能消痰涎，止嘔吐，調胃健脾。治胸中寒痰痞塞，太陰痰厥頭痛，非此不除。又治痰瘧，墮胎。摩塗消癰腫。生令人吐，熟令人下。

明・盧復《芷園臆草題藥》　《月令》五月半夏生，蓋當夏之半也。夏，(大)〔火〕也。夏時氣在心，當入心。凡心之部分，氣化屬半不出入者，及半(炮)〔返〕不(炮)〔返〕，不能張大者，用此辛毒，散以大之。如半是其所生之因，而大是其能生之果也。若少陽病用之，謂入半表半裏，孕婦忌之，恐其致半產難治。痰亦屬半，何也？水穀化津液，不能致精血，半途凝之成痰，非半乎？《本經》所指傷寒，寒傷心之氣化也。心胸頭汗，皆心主之宮城，位次津液，不得其所而致病。諸方所云不得瞑，不出聲，卒死，不寤運絕，心下暖，金刃不出，毒未成膿，似喘不喘，似嘔不嘔，似噦不噦，皆以半字解之，頗堪絕倒。

明・李中梓《藥性解》卷二　半夏　味辛，平，性生寒熟溫，有毒，入肺、脾、胃三經。下氣止嘔吐，閉鬱散表邪，除濕化痰涎，大和脾胃。須湯淋十遍，薑礬甘草製用。射干、柴胡為使，惡皂莢，畏雄黄、生薑、乾薑、秦皮、龜甲，反烏頭，忌羊肉、羊血、飴糖、海參。按：半夏味辛入肺，性燥入脾胃，中其毒者，口噤發吐，煩渴及血症勿用，惟氣症發渴者不禁。

明・繆希雍《本草經疏》卷一〇　半夏　味辛，平，生微寒，熟溫，有毒。

主傷寒寒熱，心下堅，下氣，咽喉腫痛，頭眩，胸脹欬逆，腸鳴，止汗，消心腹胸膈痰熱滿結，咳嗽上氣，心下急痛堅痞，時氣嘔逆，消癰腫，墮胎，療痿黃，悦澤面目。生令人吐，熟令人下。用之湯洗，令滑盡。射干為之使。惡皂莢。畏雄黃、生薑、乾薑、秦皮、龜甲。反烏頭。忌羊血、海藻、飴糖。

〖疏〗半夏得土金之氣，兼得乎天之燥氣，故其味辛平苦溫，火金相搏，則辛而有毒。潔古謂味辛苦，性溫，氣味俱薄，沉而降。好古謂其辛厚苦輕，陽中陰也。入足太陰、陽明、少陽，亦入手少陰經。柴胡為之使。辛溫善散，故主傷寒邪在表裏之間，往來寒熱。苦善下泄。邪在胸中則心下堅，胸脹欬逆。邪在上焦則頭眩。邪在少陰則咽喉腫痛。《別錄》亦謂其消心腹胸膈痰熱滿結，咳逆上氣，心下急痛堅痞，時氣嘔逆，亦皆邪在上焦胸中之所致，故悉主之也。中焦者，足太陰之所治也。有濕有熱，清濁不分則腸鳴，濕熱勝則自汗，入足太陰，故并主之。辛能散結，故消癰腫。脾家濕熱，則面色痿黃。實脾分水燥濕，則前證俱除，面目因而滑澤矣。辛溫有毒，故墮胎也。

〖主治參互〗張仲景《傷寒論》小結胸痛，正在心下，按之則痛，脈浮而滑者，小陷胸湯主之。半夏半升，黃連一兩，栝樓實大者一箇，水六升。先煮栝樓至三升，去滓，內二味，煮取二升，分三服。　又治少陰咽痛生瘡，不能言語，聲不出者，苦酒湯主之。半夏七枚打碎，雞子一枚，頭開一竅，去黃，納苦酒令小滿，入半夏在內，以環子坐於炭火上，煎三沸，去滓，置盃中，時時嚥之，極驗。未瘥更作。《金匱要略》治支飲作嘔，嘔家本渴，不渴者，心下有支飲也。或似喘不喘，似嘔不嘔，似噦不噦，心下憒憒，並宜小半夏湯。用半夏泡七次，一升，生薑半升，水七升，煮一升五合，分溫服。　又治嘔、噦、眩、悸，穀不得下。小半夏加茯苓湯：半夏一升，生薑半斤，茯苓三兩切，以水七升，煎一升半，分溫服之。　又心下悸忪，半夏麻黃丸。半夏、麻黃等分，為末，蜜丸小豆大。每服三十丸日三。　又嘔吐反胃，大半夏湯。半夏三升，人參三兩，白蜜一升，水一斗二升，和，揚之一百二十遍，煮取三升半，溫服一升，日再服。亦治膈間支飲。　又張仲景方，治黃疸喘滿，小便自利，不可除熱者。用半夏半斤，生薑半斤，水七升，煮一升五合，分溫再服。有一人氣結而死，心下暖，以此少許入口，其人遂活。　潔古《活法機要》方：風痰頭暈，嘔逆目眩，面青黃色，脈弦者。水煮金花丸，用生半夏、生天南星、寒水石煆，各一兩，天麻半兩，雄黃二錢，小麥麵三兩，為末，水和成餅，水煮浮起，漉出，搗丸梧子大。每服五十丸，薑湯下，極效。亦治風痰咳嗽，二便不通，風痰頭痛。　又治風痰喘逆，兀兀欲吐，眩暈欲倒。半夏一兩，雄黃三錢，為末，薑汁浸，蒸餅丸梧子大。每服三十丸，薑湯下。已吐者加檳榔。　又治濕痰咳嗽，面黃體重嗜臥，兼食不消，脈緩者。白朮丸，用半夏、南星各一兩，白朮一兩半，為末，薄糊丸梧子大。每服五十丸，薑湯下。　又治氣痰咳嗽，面白氣促，洒淅惡寒，愁憂不樂，脈濇者。玉粉丸，用半夏、南星各一兩，官桂半兩，為末，糊丸梧子大。每服五十丸，薑湯下。　《和劑局方》治停痰留飲，胸膈滿悶，氣短惡心，飲食不下，或吐痰水，茯苓半夏湯：用半夏泡五兩，茯苓三兩，每服四錢，薑七片，水一鍾半，煎七分，甚捷徑。　又搜風化痰，安神定志，利頭目。辰砂化痰丸，用半夏麯三兩，天南星炮一兩，辰砂、枯礬各半兩，為末，薑汁打糊丸梧子大。每服三十丸，食後薑湯下。　又治風痰喘急，千緡湯，用半夏湯洗七箇，甘草炙、皂莢炒各寸許，薑三片，水一盞，煎七分，溫服。　又治停痰冷飲嘔逆，橘皮半夏湯，用半夏水煮熟，陳橘皮各半兩，每服四錢，生薑七片，水二盞，煎一盞，溫服。　又治胃寒噦逆，停痰留飲，藿香半夏湯，用半夏湯泡炒黃二兩，藿香一兩，丁〔香〕皮半兩，每服四錢，水一盞，薑七片，煎服。　又治伏暑引飲，脾胃不和，消暑丸，用半夏醋煮一斤，茯苓半斤，生甘草半斤，為末，薑汁麵糊丸梧子大。每服五十丸，熱湯下。　又治中焦痰涎，利咽，清頭目，進飲食。半夏泡七次四兩，枯礬一兩，為末，薑汁打糊，或煮棗肉，和丸梧子大。每薑湯下十五丸。寒痰加丁香五錢，熱痰加寒水石煆四兩，名玉液丸。　《御藥院方》治膈壅風痰，半夏半斤，酸漿浸一宿，溫湯洗五十遍，去惡氣，日乾，為末，漿水搜作餅，日乾，再研為末。每五兩入生龍腦一錢，以漿水濃腳，和丸雞頭子大。紗袋盛，避風處陰乾。每服一丸，好茶或薄荷湯嚼下。　葉氏方治風痰、濕痰，青壺丸，半夏一斤，天南星八兩，各湯泡晒乾，為末，薑汁和作餅，焙乾，入神麯半兩，白朮末四兩，枳實末二兩，薑汁麵糊丸梧子大。每服五十丸，薑湯下。一作三仙丸，能化痰利氣。　《斗門方》消痰開胃，去胸膈壅滯。用半夏洗泡焙乾為末，自然薑汁和作餅，濕紙裹，煨香，以熟水二盞，同餅二錢，入鹽五分，煎一盞，服之，大壓痰毒及酒食傷，極驗。　《機要》又治結痰不出，語音不清，年久者亦宜。玉粉丸：半夏半兩，桂心一字，草烏半字，為末，薑汁浸蒸餅丸芡實大。每服一丸，夜臥含嚥。《活幼口議》治小兒痰吐，或風壅所致，或咳嗽發熱，飲食即嘔。半夏泡七次半兩，丁香一錢，以半夏末水和包丁香，用麪重包，煨熟，去麪為末，生薑自然汁和丸麻子大。每服二三十丸，陳皮湯下。《肘後方》治胃寒霍亂腹脹，用半夏、桂枝等分為末，水服方寸匕。又治產後暈絕，半夏末，冷水和丸大豆大，納鼻中即愈。此扁鵲法也。《永類鈐方》打撲瘀痕，水調半夏末塗，一宿即沒。魏元君方：卒死不寤，用半夏末吹鼻中，即活。《子母秘錄》治五絕急病：一曰自縊，二曰牆壓，三曰溺水，四曰魘魅，五曰產乳。並以半夏末，納大豆一丸入鼻中，心溫者，一日可活也。劉長春《經驗方》治吹奶腫痛。半夏一箇煨研，酒服，立驗。一方：以末隨左右嗜鼻效。錢相公《篋中方》：治蝎蠆螫人，用半夏末，水調塗之，立止。

【簡誤】半夏辛溫性燥而有毒，雖能祛濕分水實脾，開寒濕痰，氣鬱結痰，而其所大忌者，乃在陰虛血少，津液不足諸病。故古人立三禁，謂血家、渴家、汗家也。故凡一切吐血、衄血、咯血、齒衄、舌上出血、金瘡、產後失血過多、尿血、便血，腎水真陰不足發渴、中暑發渴，陽虛自汗、陰虛盜汗、內熱煩躁出汗諸證，皆所當禁者也。然三禁之外，應忌者尚多，茲更詳列於後。凡咳嗽由於陰虛火空，上炎爍肺，喉痒，因而發嗽，內熱煎熬津液，凝結為痰所致，而不由於寒濕，病本乎肺而不本乎脾；嘔吐由於火衝胃熱，而不由於寒濕痰壅；飲食不化由於脾陰不足，而不由於因濕脾慢；嘔、噦、眩、悸，穀不得下，由於胃氣虛弱，見食厭惡，而不由於寒濕邪所干。霍亂腹脹由於脾虛邪熱客中焦，而不由於寒濕飲食停滯。咽痛由於陰虛，腎水不足則水涸而陽無所附，故火空上炎而發咽痛，而不由於傷寒少陰病邪熱不解。氣喘由於氣虛，而不由於風寒所鬱。頭痛由於血虛，而不由於痰厥。小兒吐痰由於傷熱，而不由於脾胃。不寐由於心經血少，而不由於病後膽虛。自汗由於表虛腠理不固，而不由於濕熱內客自勝。如上諸證，法所同禁。其所最易誤而難明者，世醫類以其能去痰，凡見痰嗽莫不先投之，殊不知咳嗽吐痰，寒熱骨蒸，類皆陰虛肺熱，津液不足之候，誤服此藥，愈損津液，則肺家愈燥，陰氣愈虛，濃痰愈結，必致聲啞而死。若合參、朮，禍不旋踵。蓋以其本脾胃家藥，而非肺腎藥也。寒濕痰飲作嗽，屬胃病者固宜，然亦百之一二。其陰虛火熾，煎熬真陰，津液化為結痰，以致喉痒發咳者，往往而是。故凡痰中帶血，口渴咽乾，陰虛咳嗽者，大忌之。又有似中風痰壅失音，偏枯拘攣，及二便閉澀，血虛腹痛，於法並忌。犯之過多，則非藥可救。吉凶貿理，悔不可追，責在司命，謹諸！戒諸！

明・倪朱謨《本草彙言》卷五　半夏　味辛、苦，氣平，有小毒。氣味俱薄，沉而降，陰中陽也。入手陽明、太陰、少陰三經。

蘇氏曰：半夏在處有之。今青州、齊州、吳中、浙中亦有，以齊州者爲勝。生田野丘澤間。二月生苗，一莖或三四莖，高七八寸，莖端三葉，淺綠色，頗似竹葉。五月生，連綴莖下，形似羊眼，圓而且白，八月采用。又江南一種，葉似芍藥，形大徑寸，南人特重之。又一種，白傍𦮼子，絕似半夏，但咬嚼味不甚辛麻，微酸者，僞充半夏，不可入藥用，宜辨之。修治：每半夏一觔，用白芥子四兩爲末，以釅醋先調芥子末，次將半夏投入，浸洗之，以涎盡爲度，再以生薑四兩，泡湯浸半夏，冬五夏三日，晒乾切片用。如法修治，不切片，或研末，用薑汁共酒，和作餅子，布包，待發點出黃白衣，謂之半夏麯。

半夏：日華子散風寒，利痰涎，甄權開結氣，朱丹溪燥脾濕，溫內寒之藥也。釋醫臨水稿此藥生當夏半，本脾胃中州之劑，主治陰陽相半之邪，故治傷寒邪在少陽半表半裏之間。若寒熱往來，若腹脹嘔逆，若欬，若悸，若煩，若眩，若脇下痞硬，入柴胡湯，爲開樞紐之劑。入雜病方，治心下痞堅，胸脹飲積，或泄瀉腫滿，腸鳴喘嗽，或霍亂嘔吐，瘧痢瘴氣，是皆脾胃寒濕之證。或中風中氣，痰閉昏迷，或痿痓癲癇，驚悸狂越，或心煩悶亂，眩運動搖，或痰厥頭痛，時吐冷涎，或痰包心絡，終夜不寐，是皆脾胃鬱痰之證，半夏幷能治之。觀其辛溫善散，辛能理氣開鬱，溫能攻表和中，所以風寒暑濕四氣相搏，鬱滯不清，非半夏不能和，七情六鬱，九氣所爲，結塞于中，非半夏不能散。古方立二陳湯，以半夏爲君，意在此也。但辛溫性燥有毒，雖能祛濕化痰，分水實脾，散寒氣，開鬱結爲專功，所大忌者，惟在陰虛血少，津液不足諸病，故古人立三禁，謂血家、渴家、汗家也。凡一切吐血、衄血、咯血、咳血、溺血、淋血、便血、痔血，及齒衄，舌上出血，金瘡，產後失血過多者，腎水真陰不足，內熱發渴，中暑發渴者，陽虛自汗，陰虛盜汗者，幷心熱煩躁諸證，皆所當禁者也。

繆仲淳先生曰：半夏辛溫而燥，應忌者尚多。凡少陽之邪，漸入于裏，轉煩轉渴，或見鼻衄者；嘔吐由于火衝胃熱，而不由于寒濕痰飲者；心下痞堅脹滿，由于脾陰不足，中焦營氣不能施化，而不由于寒冷飲食停滯者；

氣喘由于氣虛，而不由于風寒所鬱者； 咳嗽由于陰虛火空，上炎爍肺，喉癢內熱，煎熬津液，凝結爲痰，而不由于寒濕風冷者； 霍亂嘔吐，腹痛泄瀉，由于暑熱傷肺，而不由于寒濕停食者； 瘧疾，由于陰虛氣疲，久發不愈，而不由于風暑寒濕所感者； 痢疾，由于熱積大腸，膿血閉滯，後重窘迫，暴感時氣，而非久痢脾虛濕滯者； 中風中氣，偏枯拘攣，痰壅失音，由于中氣大虛，陰陽兩敗，而不由于痰厥氣閉者； 痿躄，由于脾氣衰弱，而不由于濕熱傷筋脉者； 痓病，由于汗多亡陽，失血損陰，熱極傷氣，而不由于邪結氣留而成者； 癲癇由于心虛神亂，驚悸由于肝虛膽熱，狂越由于陽重熱極，三證俱不由于痰迷胞絡者； 頭痛，由于火盛血虛，而不由于痰厥攻腦者； 不寐，由于心胃無血，肝膽有熱，而不由于痰聚心胞者； 小兒吐痰，由于傷熱生涎，而不由于脾胃停積者，俱禁用之。 其所最易誤而難明者，世醫類以其能去痰，凡見痰嗽，莫不先投之。 殊不知咳嗽吐痰，寒熱骨蒸，類皆陰虛肺熱津液漸乾之候，誤服此藥，愈損津液，則肺藏愈燥，陰津愈竭，濃痰轉多，必致聲啞，爲病必篤。 蓋此物，本脾胃藥，而非肺腎藥也。 如寒濕痰飲作嗽，屬胃病者固宜，然亦百之一二，其陰虛火熾，煎熬真陰，津液化爲結痰，以致聲啞發咳者，往往而是。 故凡痰中帶血，口渴咽乾，陰虛咳嗽者，大忌之。 司醫者，謹諸！ 戒諸！

汪石山先生曰： 脾胃濕熱，氣蒸爲涎，涎化爲痰，此非半夏，曷可治乎？ 俗醫以貝母代之，反滋濕滯，是翹首待斃矣。

李時珍先生曰： 脾無濕不生痰，故脾爲生痰之源，肺爲貯痰之器。 半夏治痰，爲其味辛氣溫，體滑而性燥也。 故行濕而通大便，利竅而泄小便，所謂辛走氣，辛化液，辛以潤之是已。 丹溪翁又謂： 半夏辛溫，能使大便潤而小便長。《局方》半硫丸，治老人虛寒秘，皆取其辛溫能散，能行能潤也。 此說特爲寒痰濕痰，壅閉二便而設也。 若使血虛火結，二便閉澀不行，妄用溫燥之物，寧無悍劣之禍乎？ 故甄氏方謂非水濕痰癖之邪而用之，是重竭其津液也，豈其所宜？

集方： 仲景方治傷寒病在少陽，寒熱往來，頭角痛，胸脇痛，口苦，或心胸痞滿，或煩而嘔。 用半夏薑製一錢，柴胡、黄芩、人參，各八分，甘草六分，生薑二片，水煎服。 ○《方脉正宗》共方七首治脾胃虛寒，兼有濕痰，泄瀉腫脹者。 用薑製半夏、蒼朮、白朮俱炒各三錢，砂仁、木香、人參各一錢，炮薑一錢五分，水煎服。 ○治腸鳴，由裏虛有濕痰者。 用薑製半夏、人參、黄耆、茯苓各二錢，廣陳皮、木香各八分，加生薑、大棗各一錢，水煎服。 ○治痰火喘嗽。 用薑製半夏、黄芩、花粉、杏仁、白芥子各一錢五分，水煎，加竹瀝十餘茶匙。 ○治風寒喘嗽。 用薑製半夏一錢五分，桂枝一錢，乾薑一錢，甘草五分，陳皮、杏仁各八分，水煎服。 ○治氣滯喘嗽。 用薑製半夏、陳皮、枳殻、桑皮、茯苓、桔梗、前胡、蘇子、杏仁各一錢，甘草五分，水煎服。 ○治氣虛喘嗽。 用薑製半夏、廣陳皮，各一錢五分，茯苓、人參、白朮各一錢，甘草五分，水煎服。 ○治肺熱喘嗽。 用薑製半夏一錢，黄芩、黑山梔、桑皮、薄荷、玄參、知母、蔞仁，各一錢二分，甘草五分，水煎服。 ○方龍潭《本草》方共五則治陰霍亂吐瀉。 用薑製半夏、於白朮、乾薑、附子、人參、肉桂各二錢，陳皮、甘草各八分，水煎冷服。 ○治傷暑熱，霍亂吐瀉，口渴喜冷水者。 用薑製半夏、厚朴、陳皮各一錢，川黄連、黄芩、滑石、木通各一錢五分，傷食者加枳實二錢，水煎服。 ○治瘧疾瘴氣。 用薑製半夏、陳皮、厚朴、蒼朮各一錢，黄芩、柴胡、乾葛、知母各一錢五分，加薑、棗煎服。 ○治久瘧氣虛。 用薑製半夏、陳皮、白朮、黄耆各一錢五分，當歸、白芍、肉桂、鼈甲、牛膝各二錢，加薑、棗煎服。 ○治痢方： 不用半夏，惟嘔吐痰涎，腹脹少食，胃寒口不渴者，少加用之。 ○以下十二方見《龔竹林家抄》治中風中氣，裏虛有痰者，宜參、耆、附、桂藥中，倍加薑製半夏、膽星。 ○治風痰食痰，氣閉生痰。 用薑製半夏三錢，杏仁二錢去皮研，水一大盞，煎八分，臨服時加沉香末五分調入，大壓痰積，或酒食傷，極驗。 ○治中風痰厥昏迷。 用薑製半夏四兩，甘草五錢，防風一兩，俱炒研爲末。 每服五錢，薑湯調下。 ○治留痰成瘻，手足無力，時嘔痰涎者。 用薑製半夏四兩，酒炒蒼朮二兩，真萆薢、枸杞子各三兩，俱炒研爲末，作丸，空心服。 ○治諸病因痰流入筋絡成痓者。 用薑製半夏、膽星、天麻各等分，炒研爲末。 每服三錢，當歸湯調下。 ○治癲癇痰結。 用薑製半夏四兩，天竺黄、膽星、天麻各三兩，牙皂五錢，朱砂八錢，俱研極細。 每服三錢，燈心湯調下。 ○治驚悸不寧，聞聲即振亂者。 用薑製半夏、膽星、天麻、天竺黄、人參、朱砂各等分，爲末。 每服一錢，燈心湯調下。 ○治痰聚心絡，癲狂跳越者。 用薑製半夏、膽星、川黄連各五錢，軟石膏一兩，火煅，俱爲細末。 每服三錢，薑湯調下。 ○治心煩悶亂，若怔忡者，用薑製半夏三兩，茯苓、膽星、白朮、人參各一兩，研末。 每早晚各服三錢，龍眼湯調下。 ○治痰厥眩暈。 用薑製半夏三兩，薑製南星二兩，天麻一兩，寒水石、雄黃各八錢，共研細末，神麯打糊，丸如黍米大。每服三錢，薑湯送下。○治痰厥頭痛，或眩暈，時吐冷涎者。用薑製半夏、薑製南星、天麻、蔞仁霜各二兩，川芎、川黃連各五錢，研細末，水發丸，如菉豆大。每早晚各服三錢，白湯送。○治痰包心絡，終年夜不寐者。用薑製半夏、薑製南星、蔞仁霜各二兩，川黃連、遠志肉、石菖蒲、當歸身、茯苓各一兩，俱炒研爲末，煉蜜丸如彈子大。每早晚各服二丸，燈心湯調下。○《婦人良方》治盤腸生產，產後子腸不收者。以生半夏末嗃鼻中，則上也。○《肘後方》治產後暈絕不甦。以生半夏末，冷水和丸如大豆大，納鼻中，即甦。○《直指方》治小兒驚風。用生半夏末一錢，牙皂末五分，吹少許入鼻中，有嚏即蘇甦。○《保赤全書》治小兒重舌木舌，脹大塞口。用生半夏煎醋，含汩之。○婁東臣《救急方》治魘死，溺水死，自縊死，心頭有溫氣者。用生半夏末吹入鼻中，半日即甦。○《費善士自驗方》治打撲瘀痕。用生半夏末，水調塗之，一夜即散也。○錢閣老方治蝎螫人。用生半夏末，水調塗之，即止疼。○外科小品治諸瘻五六孔相通。用生半夏末，水調塗孔內，一日二次，漸平。

續集痰證雜方：《活法機要》治風痰喘逆，兀兀欲吐，眩暈欲倒。用薑製半夏二兩，雄黃三錢，共爲末，薑汁爲丸，如梧子大。每服七八十丸，米湯下。○《和劑局方》治風痰喘急。用薑製半夏七箇，炙甘草一寸，牙皂一挺，俱微炒，水煎服。○《活法機要》治濕痰咳嗽，面黃身重，嗜臥心驚，食飲不消。用薑製半夏、薑製南星、白朮各二兩，俱炒研爲末，紅麯打糊，丸如梧子大。每服百丸，白湯下。○《金匱要略》治痰積支飲，似喘非喘，似嘔非嘔，似渴非渴，似噦非噦，心下憒憒。用薑製半夏一兩，生薑二兩，水三升，煮一升服。○《和劑局方》治停痰冷飲，胸膈滿悶，氣短惡心，飲食不下，或吐痰水。用薑製半夏二兩，陳皮一兩，茯苓三兩，分作五劑，水煎服。○《活法機要》治結痰不出，語音不清。用薑製半夏一兩，肉桂二錢，草烏頭切片炒，三分，共爲末，薑汁打米糊爲丸，如芡子大。每臥時服二丸，含嚥化下。○《金匱要略》治嘔噦眩悸，穀食不得下，因痰者。用薑製半夏一升，生薑八兩，茯苓三兩，分作五劑，水煎服。○同前治嘔吐反胃。用薑製半夏三升，人參二兩，水二升，煮取一升，渣用水如法再煮升五合，總和熬成稠膏，加煉白蜜一升，收之。每早午晚各服數茶匙。○《和劑局方》治胃寒噦逆。用薑製半夏一兩炒，真藿香葉一兩，丁皮五錢，共爲末。每服四錢，薑湯調服。○《金匱要略》治妊娠嘔吐。用薑製半夏二兩，人參、乾薑各一兩，爲末，每服一錢，白湯調下。○仲景方治黃疸喘滿，小便自利者。用生半夏半觔，水煮五百沸，去水，加生薑片四兩，水七升，煮取一升六合，不住手，徐徐服。有人氣閉而死，心下暖，以此半升遂活。○《本事方》治白濁幷夢遺。用生半夏二兩，浸洗去涎，再煮百沸，切片晒乾，猪苓二兩同炒黃，去猪苓，入煆過牡蠣、茯苓各一兩，以山藥糊爲丸，梧子大。每服百丸，白湯下。腎氣閉而一身精氣無所分泄，妄行而遺者，宜用此方。蓋半夏有利性，猪苓能導水，使腎氣通也。如下元虛憊者，不可用此。○《集簡方》治喉痹腫塞。用生半夏，塞鼻內，涎出效。○《萬病回春》共方六首治痰瀉久不止，或多或少，或渴或不渴。用半夏、陳皮、茯苓各二錢，甘草七分，蒼朮、白朮、砂仁、厚朴、車前子各三錢，加生薑三片，烏梅二箇，水煎服。○治胃寒呃忒不止，名丁香柿蒂湯。用半夏、丁香、柿蒂、良薑、肉桂、陳皮、木香、茴香、藿香、厚朴、砂仁各一錢，甘草五分，加烏梅二箇，水煎，臨服加沉香磨汁十餘茶匙。如寒極手足冷，脉沉細，加童便製附子一錢五分，人參三錢。○治胃熱呃逆，發熱自汗口渴者，名柴胡柿蒂湯。用半夏、柴胡、黃芩、山梔、黃連、柿蒂、藿香、陳皮、竹茹各一錢，甘草五分，加燈心一團，水二碗，煎八分。臨服加沉香磨汁，三四茶匙。○治胃中痰火發呃逆者，名連茹柿蒂湯。用半夏、砂仁、黃連、竹茹、柿蒂、蘇子、陳皮、貝母各一錢，甘草五分，加生薑二片，烏梅一箇，水煎服。臨服時加沉香磨汁三四茶匙。○治水寒生冷停胃，發呃逆者，名藿薑柿蒂湯。用半夏、柿蒂、陳皮、藿香、蒼朮、白朮、乾薑、砂仁、木香、厚朴各一錢，甘草五分，加竈心土三錢，花椒二十粒，水煎服。臨服加沉香磨汁十茶匙。○治陰虛陰火上升，發呃逆者，呃聲從臍下上升也，名滋陰柿蒂湯。用半夏、麥門冬、知母、柿蒂、山茱萸、茯苓、牡丹皮、山藥、澤瀉各一錢，懷熟地五錢，加生薑二片，黑棗五箇，水煎服。臨服加沉香磨汁六七茶匙。

明・顧逢柏《分部本草妙用》卷七兼經部・性平　半夏　辛，平，有毒。入肺、脾、胃三經。柴胡為使，惡皂莢，畏雄黃、生薑、乾薑、秦皮、龜甲，反烏頭，忌羊血、海藻、飴糖。薑、礬製。　主治：　傷寒心下堅，胸脹欬逆，頭眩，心下急痛，時氣癰腫，消痰，開胃健脾，止嘔，形寒飲冷，傷肺而欬，燥脾濕，散鬱結痰厥。　按：　半夏體滑，味辛性溫，辛能散，溫滑能潤，故行濕而通大便，利竅而通小便。汪機曰：　脾胃濕熱，涎化為痰，久則痰火上攻，故脾為生痰之源，肺為貯痰之器，自非半夏燥濕而潤肺，曷可治乎？若以貝母代之，則翹首待斃。俗以半夏為燥，虛人禁用，而不知脾虛，濕熱生痰之症，十居其九；腎虛水泛為痰之症，十居其一。半夏主脾濕，其功最博也。疑以為燥濕痰，將何以驅之乎？非濕熱而用之，誠非所宜。若以為燥而不用，力能燥濕，非其性燥也。惑矣。

明·李中梓《醫宗必讀·本草徵要上》 半夏味辛，溫，有毒。入心、脾、胃三經。柴胡為使。惡皂莢，畏雄黃、薑、鱉甲，反烏頭，忌羊血、海藻、飴糖。水浸五日，每日換水，去涎，薑礬同煮，汁乾為度。 消痰燥濕，開胃健脾，咳逆嘔吐，頭眩昏迷，痰厥頭痛，心下滿堅，消癰可也，墮胎有焉。汪機曰：脾胃濕熱，涎化為痰，此非半夏，曷可治乎？若以貝母代之，翹首待斃。時珍曰：脾無濕不生痰，故脾為生痰之源，肺為貯痰之器。半夏治痰，為其體滑辛溫也。涎滑能潤，辛溫能散亦能潤，故行濕而通大便，利竅而泄小便。所謂辛走氣，能化液，辛以潤之是已。丹溪謂：半夏能使大便潤而小便長。成無己謂：半夏行水氣而潤腎燥，《局方》半硫丸治老人虛秘，皆取其滑潤也。俗以半夏為燥，不知濕去則土燥，痰涎不生，非其性燥也。但恐非濕熱之邪而用之，是重竭其津液，誠非所宜。按：半夏主治最多，莫非脾濕之證，苟無濕者，均在禁例。古人半夏有三禁：謂血家、渴家、汗家也。若無脾濕，且有肺燥，誤服半夏，悔不可追。責在司命，謹諸戒諸！

明·鄭二陽《仁壽堂藥鏡》卷一〇下 半夏 陶隱居云：今第一出青州、吳中。以白者為佳。不厭陳久。 氣微寒，味辛，平，苦而辛。辛厚若輕，陽中陰也。生微寒，熟溫，有毒。消胸中痞，去膈上痰。 入足陽明經、太陰經、少陽經。 《本草》云：主傷寒寒熱，心下堅，下氣，咽喉腫痛，頭眩，胸脹，咳逆腸鳴。止汗，消心腹胸膈痰熱滿結，欬嗽上氣，心下急痛堅痞，時氣嘔逆，消癰腫，墮胎，療痿黃，悅澤面目。生令人吐，熟令人下。用之須洗去滑令盡，用生薑等分製，能消痰涎，開胃建脾。射干為之使。惡皂莢，畏雄黃、生薑、乾薑、秦皮、龜甲，反烏頭。 《藥性論》云：半夏：使。忌羊血、海藻、飴糖。柴胡為之使。俗用為肺藥，非也。止吐為足陽明，除痰為足太陰。小柴胡中雖為止嘔，亦助柴胡，能主惡寒。是又為足少陽也。又助黃芩能去熱，是又為足陽明也。往來寒熱，在表裏之中，故用此有各半之意。本以治傷寒之寒熱，所以名半夏。《經》云：腎主五液，化為五濕。自入為唾，入肝為泣，入心為汗，入脾為痰，入肺為涕。有涎曰嗽，無涎曰欬。痰者因欬而動脾之濕也。半夏能泄痰之標，不能泄痰之本。泄本者，泄腎也。欬無形，痰有形。無形則潤，有形則燥，所以為流濕潤燥也。《主治秘訣》云：性涼，味辛、苦，氣味俱薄，沉而降，陰中陽也。其用有四：燥脾胃濕，一也；化痰，二也；益脾胃之氣，三也；消腫散結，四也。渴則忌之。又云：去痰用半夏，熱痰加黃芩，風痰加南星，胸中寒痰痞塞，用陳皮、白朮。然多用則瀉脾胃。 成聊攝云：辛者，散也。半夏之辛，以散逆氣，以除煩嘔。辛入肺而散氣，辛以散結氣，辛以發音聲。溪曰：主眉稜骨痛。汪機曰：脾胃濕熱，涎化為痰。久則痰火上攻，自非半夏，曷可治乎？時珍曰：目不得瞑，白濁，夢遺，帶下。夫脾無濕不生痰，故脾為生痰之源，肺為貯痰之器。半夏主痰飲，為其體滑而味辛、性溫也。涎滑能潤，辛溫能散，亦能潤，故行濕而通大便，利竅而泄小便。所謂辛走氣，能化液，辛以潤之是矣。潔古謂半夏治其痰而嗽自愈。丹溪謂二陳湯能使大便潤而小便長。成無己謂半夏行水氣而潤腎燥。《局方》半硫丸治老人虛秘，皆取其滑潤也。俗以半夏為燥，悞矣。濕去則土燥，痰涎不生，非其性燥也。但恐非濕熱之邪而用之，是重竭其津液，誠非所宜。 按：脾虛濕熱生痰之症，每居十九。腎虛水泛為痰之症，每居十一。半夏主脾濕，故其功最博也。半夏屬金屬土，仲景用於小柴胡湯，取其補陽明也，豈非燥脾土之功？半夏今人惟知去痰，不言益脾，蓋能分水故也。又，諸血證禁服。仲景傷寒渴者去之，半夏燥津液故也。又妊婦薑炒用之。 《子母秘錄》：半夏治五絕：一曰自縊，二曰牆壁壓，三曰溺水，四曰魘魅，五曰產乳。以半夏為末，丸如豆大，塞鼻孔中愈。 生薑、甘草、皂角、礬，同入水，浸透，煮乾，切片，作半夏麯研末，一斤入礬二兩，拌薑汁，捏作小餅，楮葉裹，風際陰乾。用片則力峻，麯則力柔。 總治諸疾。

明·蔣儀《藥鏡》卷一温部 半夏 和泄瀉惡心，令人進食。起四肢沉重，去彼痠疼。慣掃脾胃寒濕之痰，亦助心腎血虛之火。痰厥頭疼之利器，自汗煩渴之毒媒。勿施于肺熱陰虛，咯衄諸血。忌用于胃氣虛弱，脾陰不周。火痰黑，老痰膠，須加芩、連、瓜蔞、海粉。寒痰清，濕痰白，須加薑、附、蒼朮、陳皮。風痰猝中昏迷，要入皂莢、天南星。痰核延生腫突，要入竹瀝、白芥子。俗嫌半夏性燥，易以貝母，殊不思貝母入肺，半夏乃走脾胃，何可代也？

明・李中梓《頤生微論》卷三　半夏　味苦、辛，性溫，有毒。入肺、脾、胃三經。柴胡為使。惡皂莢，畏雄黃、生薑、乾薑、秦皮、龜甲，反烏頭，忌羊血、海藻、餳糖。白而大者佳。水浸七日，每日換水去帽，每觔用生薑五兩，明礬二兩，同煮二時，水乾為度。消痰燥濕，開胃健脾，除欬逆嘔吐，定頭眩昏迷，傷寒心下滿堅，痰厥頭疼，消癰墮胎。

按：汪機曰：脾胃濕熱，涎化為痰，此非半夏曷可治乎？若以貝母代之，翹首待斃。李時珍曰：脾無濕不生痰，故脾為生痰之源，肺為貯痰之器，半夏治痰為其體滑辛溫也。涎滑能潤，辛溫能散亦能潤，故行濕而通大便，利竅而泄小便，所謂辛走氣，能化液，辛以潤之是已。丹溪謂半夏能使大便潤而小便長。成無已謂半夏行水氣而潤腎燥。《局方》半硫丸治老人虛閉，皆取其滑潤也。俗以半夏為燥，不知利水去濕，故土燥非性燥也。但恐非濕熱之邪而用之，是重竭其津液，誠非所宜。古人半夏有三禁，謂血家、渴家、汗家也。

明・張景岳《景岳全書》卷四八《本草正》　半夏　味大辛、微苦，氣溫。可升可降，陽中陰也。有毒。其質滑潤，其性燥濕降痰，入脾、胃、膽經。生嚼戟喉，製用生薑。下肺氣，開胃健脾，消痰飲痞滿，止欬嗽上氣，心痛脇痛，除嘔吐反胃，霍亂轉筋，頭眩腹脹，不眠氣結，痰核腫突，去痰厥頭痛，散風閉喉瘖，治脾濕泄瀉，遺精帶濁，消癰疽腫毒，殺蜈蚣蜂蠆蟲毒。性能墮胎，孕婦雖忌，然胃不和而嘔吐不止，加薑汁微炒，但用無妨。若消渴煩熱，及陰虛血證，最忌勿加。〇李時珍曰：半夏能主痰飲及腹脹者，為其體滑味辛而性溫也。滑則能潤，辛溫能散亦能潤，故行濕而通大便，利竅而泄小便，所謂辛走氣，能化液，辛以潤之是矣。丹溪曰：二陳湯能使大便潤而小便長。成聊攝云：半夏辛而散，行水而潤腎燥。又《局方》用半硫丸治老人虛秘，皆取其滑潤也。世俗皆以半夏、南星為性燥，誤矣。濕去則土燥，痰涎不生，非二物之性燥也。古方治咽痛喉痹，吐血下血，多用二物，非禁劑也。二物亦能散血，故破傷打撲皆主之。

明・賈九如《藥品化義》卷八腎藥　半夏　屬陽中有微陰，體燥，色白，氣和，味大辛略苦，性熱而烈，能降，力燥濕痰，性氣與味俱濁，入脾胃膽三經。　半夏非專治痰藥也，味辛能散結，性燥能去濕，脾家所喜，蓋痰者，濕土不運而成，東垣云大和脾胃氣，治其本也。主療痰厥咳逆，頭痛頭眩，腸鳴痰瀉痰瘧，誠快劑也。若嘔家必用半夏，以其性燥，善能去水，水去則嘔止。又能溫膽，蓋心驚膽怯，由於痰聚經絡，膽氣不得上升，以此豁痰，膽氣自平。孕婦頭暈嘔吐，名惡阻，由胃氣虛弱，中脘停痰所致，以此化痰滯而健脾，須用黃芩等藥監之。傷寒時氣，大小柴胡湯中皆用半夏，善卻半表半裏之邪。如邪氣傳裏，裏熱已深者，又勿宜用，恐其性燥損血耗精，慎之。《禮》云半夏五月生，當夏之半，故名之。入水浸透，內無白星為度。和入生薑明礬，煮熟略乾，切片用。

明・徐樹丕《識小錄》卷三　半夏治夜不寐　半夏一名守田，一名水玉，能治夜不寐。姑蘇張濂水，名康忠，(常)〔嘗〕治董尚書潯陽不眠，用百部一兩，半夏一兩，董即得美睡，酬之百金。董即睡，夢為役夫牽船，赤日中甚疲勞，忽見涼樹美陰，甚樂，大叫而寐。人謂張君二味藥即得百金，而董公百金乃得役夫一息。

明・盧之頤《本草乘雅半偈》帙六　半夏《本經》下品　氣味：辛，平，有毒。　主治：主傷寒寒熱，心下堅，胸脹，欬逆，頭眩，咽喉腫痛，腸鳴，下氣，止汗。

覈曰：出槐里川谷，槐里屬扶風。今青州、齊州、吳中、浙中亦有之，生丘澤田野間。二月發苗，一莖，或三莖，高八九寸，莖端葉三，淺綠色。夏至半夏生，連綴莖下也。形似羊眼，圓白者為勝。江南一種大徑寸，南人特重之，乃繇跋，誤作半夏也。又一種絕似半夏，但咬着微酸者，名白傍𦬁子，並不入藥用。修事：每半夏四兩，用白芥子末三兩，以釅醋先調芥子末，次將半夏投入洗之，涎盡為度，否則令人氣逆怒滿也。射干為之使。惡皂莢。畏雄黃、生薑、乾薑、秦皮、龜甲。〔反〕烏頭。

參曰：《月令》半夏生，蓋當夏之半也。天地相遇，品物咸章之時矣。以純乾決盡，至姤而一陰見，故主陰陽開闔之半，關鍵之樞。如半欲開，半欲闔，半欲開闔者，莫不從令，訓釋主治，先人詳悉題藥矣。

從半欲開處居多，如傷寒寒熱頭眩；少陽之樞半欲開也，咽喉腫痛；少陰之樞半欲開也，心下堅胸滿欬逆；身形之半欲開也，腸鳴亦身形之半欲開半欲闔也；下氣及汗出，此則身形之中欲闔，外欲闔也。

明・李中梓《本草通玄》卷上　半夏　辛，溫，有毒，脾、胃藥也。　燥濕和中，消痰止嗽，開胃健脾，止嘔定吐，消癰墮胎。　好古曰：《經》云：腎主五液，化為五濕，自入為唾，入肝為泣，入心為汗，入脾為痰，入肺為涕。有痰曰嗽，無痰曰欬，痰因欬動，脾之濕也。半夏能泄痰之標，不能泄痰之本。泄本者泄腎也，欬無形而痰有形，無形則潤，有形則燥，所以為流濕潤燥耳。以半夏為肺藥，非矣。止吐，為足陽明；除痰，為足太陰也。　汪機曰：脾胃濕熱，涎化為痰，自非半夏曷可治乎？若以貝母代之，則翹首待斃。　時珍曰：脾無濕不生痰，故脾為生痰之源，肺為貯痰之器。半夏治痰，為其體滑辛溫也。涎滑能潤，辛溫能散，亦能潤，故行濕而通大便，利竅而泄小便。所謂辛走氣，能化液，辛以潤之是矣。丹溪謂半夏能使大便潤而小便長。成無己謂半夏行水氣而潤腎燥。《局方》半硫丸治老人虛秘，皆取其滑潤也。俗以半夏為燥，誤矣。濕去則土燥，痰涎不生，非其性燥也。惟陰虛勞損，非濕熱之邪而用之，是重竭其津液，醫之咎也，豈藥之罪哉？　愚謂同蒼术、茯苓則治濕痰；同枯蔞、黃芩則治熱痰；同南星、前胡則治風痰；同芥子、薑汁則治寒痰；惟治燥痰但宜貝母、栝蔞，非半夏所司也。半夏主治頗多，總是去濕健脾之效，苟無濕症，與半夏不相蒙也。古人謂半夏有三禁：謂汗家、渴家、血家，為其行濕利竅也。　揀大而白者，水浸七日，每日換水，去衣淨，更以薑汁、明礬、皂角同煮透，晒乾。　造麴法：以半夏洗淨，去衣研細，以薑汁、礬湯搜和作餅，楮葉包裹，待生黃衣，去葉晒乾。

清·顧元交《本草彙箋》卷四　半夏　半夏辛溫，性燥而有毒。力能祛濕分水，實脾，開寒濕痰與氣鬱之結痰。而其所大忌者，迺在陰虛血少，津液不足諸病。故古人有血家、渴家、汗家之三禁也。其與貝母燥潤不同，俗以半夏性燥有毒，多以貝母代之，不知貝母乃手太陰肺經藥，半夏乃足太陰脾經、陽明胃經藥。如欬嗽虛勞吐血，或痰中見血，諸鬱咽痛喉痺，肺癰肺痿等證，此皆貝母爲嚮導，半夏宜禁用。若涎爲脾液，美味膏粱炙煿，能生脾胃濕熱，涎化爲痰，久則痰火上攻，令人昏憒口噤，偏廢僵仆，蹇澀不語等症，自非半夏、南星，曷可治乎？若以貝母代之，有翹首待斃耳。故半夏之入二陳，止宜風寒濕熱之痰。若陰虛勞損，非濕熱之邪，而用利竅行濕之劑，迺重竭其津液也。嘔家必用，爲能去水。　眉稜骨痛用之，爲能除風熱痰。　溫膽用之，以痰聚經絡，則心驚膽怯，用此豁痰，則心氣寧而膽氣自平。

痰病，半夏爲主，造而爲麴尤佳。治濕痰以薑汁、白礬湯和之。風痰以薑汁及皂莢煮汁和之。火痰以薑汁、竹瀝或荊瀝和之。寒痰以薑汁礬湯入白芥子末和之。此皆造麴法。　半夏生於夏半，得一陰之氣，故《甲乙經》以之治夜不眠。岐伯云：衛氣行于陽，陽氣滿，不得入于陰，陰氣虛，故目不得瞑。治法，飲以半夏湯，陰陽既通，其臥立至。方用水千里者八升，揚之萬遍，取清五升，炊以葦薪，大沸，入秫米一升，半夏五合，煮一升半，飲汁一盃，日三爲度。病新者覆盃則臥，汗出則已，久者不過三飲。　支飲作嘔者，用小半夏湯。嘔家本渴，不渴者，心下有支飲也。或似喘不喘，似嘔不嘔，似噦不噦，心下憒憒，並宜小半夏湯。用半夏泡七次，一升，生薑半升，水七升，煮一升五合，分溫服。

玉液丸，治中焦痰涎，利咽，清頭目，進飲食。半夏泡七次，四兩，枯礬一兩，爲末，薑汁打糊，或煮棗肉和丸梧子大，每薑湯下十五丸；寒痰加丁香五錢，熱痰加寒水石，煅，四兩。

清·穆石匏《本草洞詮》卷九　半夏　《月令》：五月半夏生，蓋當夏之半也，故名。味辛，氣平，一云生寒熟溫，有毒。治寒痰及形寒，飲冷傷肺而欬，消胸中痞膈，除胃寒，燥脾濕，消腫散結，治目不得瞑，白濁，夢遺，帶下。蓋辛者，散也，潤也。半夏之辛，以散逆氣結氣，除煩嘔，發音聲，行水氣，而潤腎燥也。夫脾無留濕不生痰，故脾為生痰之源，肺為貯痰之器。人知半夏去痰，不言益脾，蓋能分水故也。脾惡濕，濕則濡困，困則不能治水。《經》云：水勝則瀉。一人夜數如廁，或教以生薑一兩，半夏、大棗各三十枚，水一升，慢火燒熟，時呷之，便已也。其分水勝濕可見矣。俗謂半夏性燥有毒，用貝母代之。貝母乃太陰肺經之藥，半夏乃太陰肺經、陽明胃經之藥，何可代也？夫虛勞吐血，或痰中見血，肺癰肺痿，癰疽，婦人乳難，皆用貝母為宜。若涎者，脾之液，美味膏粱炙煿，皆生脾胃濕熱，故涎化為痰，久則痰火上攻，昏憒口噤，偏廢僵仆，蹇濇不語，生死旦夕，自非半夏、南星，曷可治乎？以貝母代之，則待斃矣。趙繼宗謂半夏燥烈，若風痰、寒痰、食痰、濕痰則相宜，至於勞痰、失血諸痰，用之反燥血液而加病也。王海藏亦謂諸血證及口渴者禁用。兩家之論固是矣。然半夏涎滑，而味辛性溫，涎滑能潤，辛溫能散亦能潤，故行濕而通大便，利竅而泄小便。丹溪謂二陳湯能使大便潤而小便長。《和劑局方》用半硫丸治老人虛秘，皆取其滑潤也。若以半夏、南星為性燥，誤矣。濕去則土燥，痰涎不生，非二物之性燥也。惟陰虛勞損，則非濕熱之邪，而用利竅行濕之藥，是謂藥不中病耳。《甲乙經》用治夜不眠，是果性燥者乎？ 岐伯曰： 衛氣行於陽，陽氣滿，不得入於陰，陰氣虚，故目不瞑。治法飲以半夏湯一劑，陰陽既通，其臥立至，此亦取其潤燥通氣也。《本事方》治白濁夢遺，用半夏一兩，洗十次，切破，以猪苓二兩，同炒黄，出火毒，去猪苓，入煅過牡蠣一兩，山藥糊丸梧子大，每服三十丸，茯苓湯下。腎氣閉而一身精氣無所管攝，妄行而遺者，與下元虚憊不同，宜用此方，使腎氣通也。蓋半夏兼治燥濕，能分水故能去濕，能通氣故能潤燥也。半夏以肉白者為佳，不厭陳久。凡用以湯洗十許遍，令滑盡，否則戟人咽喉。用生薑者，制其毒也。造而為麯尤良。治濕痰以薑汁、白礬湯和之，治風痰以薑汁及皂莢煮汁和之，治火痰以薑汁、竹瀝或荊瀝和之，治寒痰以薑汁、礬湯入白芥子末和之。此皆造麯良法也。

清·劉雲密《本草述》卷一〇 半夏之才曰： 射干為之使。 氣味： 辛，平，有毒。 潔古曰： 味辛、苦，性溫，氣味俱薄，沉而降，陰中陽也。 好古曰： 辛厚苦輕，陽中陰也，入足陽明、太陰、少陰三經。 又曰： 俗以半夏為肺藥，非也。止嘔吐為足陽明，除痰為足太陰。 主治： 傷寒寒熱，心下堅，胸脹咳逆，燥脾溼，和胃氣，止時氣嘔逆，消胸中痰滿，開痰結下氣。治寒痰更宜，并療形寒飲冷，傷肺而咳，治痰厥頭痛，痰飲脇痛，膂稜骨痛，並白濁夢遺帶下。 頌曰： 胃冷嘔噦，方藥之最要。 無已曰： 辛者，散也，潤也。半夏之辛，以散逆氣結氣，除煩嘔。 宗奭曰： 今人惟知半夏去痰，不言益脾，蓋能分水故也。 脾惡溼，溼則濡困，困則不能治水。《經》云： 水勝則瀉，一男子夜數如廁，或教以生薑一兩，半夏、大棗各三十枚，水一升，瓷瓶中慢火燒，為熟水，時呷之，便已也。 機曰： 世俗多以半夏有毒，棄而不用，每取貝母代之。殊不知貝母乃太陰肺經之藥，半夏乃太陰脾、陽明胃經之藥，何得而相代耶？ 且夫咳嗽吐痰，虚勞吐血咯血，痰中見血，咽痛喉閉，肺癰肺痿，婦人乳癰癰疽，及諸鬱證，此皆貝母為向導也。半夏乃為禁用，若涎者，脾之液也，美味膏粱，炙煿大料，皆生脾胃溼熱。故涎化稠粘為痰，久則生火，痰火上攻，故令昏憒，不省人事，口噤偏廢，僵仆蹇澀不語，生死旦夕，自非半夏、南星曷可治乎？ 若以貝母待之，則束手待斃矣。《類明》曰： 內傷飲食，以動脾溼者燥之，半夏之燥是也。然而又能大和胃氣，胃氣和而勝水，尤燥脾胃之至功也。 張三錫曰： 丹溪謂升柴二朮二陳湯，能使大便潤，而小便長，殆為溼痰鬱於中焦，以致清陽不升，濁陰不降，痞塞填滿，二便阻塞而設。二朮燥脾溼，二陳化痰，升柴引清氣上行，清氣一升，濁氣自降，鬱結開通，津液四布，溼流燥潤，而小便長矣。非至精至神，孰能臻此妙境。 潔古曰： 熱痰佐以黄芩，風痰佐以南星，寒痰佐以乾薑，痰痞佐以陳皮，白朮多用，則瀉脾胃，諸血證及口渴者禁用，為其燥津液也。孕婦忌之。用生薑則無害。 希雍曰： 半夏得土金之氣，兼得乎天之燥氣，故其味辛平，苦溫，火金相搏，則辛而有毒，入足太陰、陽明、少陽，亦入手少陰經。辛溫，故善散，苦則善下泄。

附方 中焦痰涎，利咽清頭目，進飲食，半夏泡七次，四兩，枯礬一兩，為末，薑汁打糊，或煮棗肉和丸梧子大，每薑湯下十五丸，寒痰加丁香五錢，熱痰加寒水石煅四兩，名玉液丸。 老人風痰入腑，熱不識人，及肺熱痰實不利，半夏泡七次，焙，消石半兩，為末，入白麫搗勻水，和丸緑豆大，每薑湯下五十丸。 風痰頭暈嘔逆，目眩，面色青黄，脈弦者，水煮金花丸，用生半夏、生天南星、寒水石煅各一兩，天麻半兩、雄黄二錢，小麥麫三兩，為末，水和成餅，水煮浮起，漉出，搗丸梧子大，每服五十丸，薑湯下，極效。 風痰喘逆，兀兀欲吐，眩暈欲倒，半夏一兩，雄黄三錢，為末，薑汁浸蒸餅，丸梧子大，每服三十丸，薑湯下。已吐者，加檳榔。 肺熱痰嗽，製半夏、栝樓仁各一兩，為末，薑汁打，糊丸梧子大，每服二三十丸，白湯下，或以栝樓瓤煮熟丸。 溼痰心痛喘急者，半夏油炒，為末，粥糊丸緑豆大，每服二十丸，薑湯下。按半夏治痰，隨其所宜，見後修治甚詳。

愚按： 半夏治痰，類以為能燥溼散結，痰為液所結也。 夫辛燥之味，亦不少矣，何以茲物獨擅治痰之功乎？《月令》曰： 仲景之月半夏生。 歷代《本草》皆言其二月生苗，驗其生時，果不在夏，乃時珍不審，即謂其生當夏之半也，不同說夢哉？《內經》治夜不寐者，曰衛氣不得入於陰，當留於陽，陽盛陰虚，故目得瞑。治法飲以半夏湯一劑，陰陽既通，其臥立至。 昔哲云： 蓋半夏得一陰之氣而枯，所謂生於陽，成於陰者，故能引陽氣入於陰也。即此不可以思半夏之名義乎？ 又不可以思燥溼祛痰之有專能乎？《別録》曰： 五月采根。今采根槩以斯時，謂此味取其圓白者，至秋後則皮多黑，是豈非一陰將生之時，而茲物即告成功乎？ 蓋斯時固夏之將半也。此味其性燥烈，昔固言之矣。辛燥者，陽也。而其氣化極於陽盛之候，遇一陰初生，即以陽之極而歸陰。小柴胡湯，柴胡取其由陰而達陽，半夏取其由陽而化陰，張仲景先生製方，真神於醫者也。　故其燥烈之氣，由火而趨水，以行分水散結，致醒脾和胃之化，此所以液之聚為飲，滯為痰者，唯此可責其效。　即種種諸證，或藉其辛溫而散，或用其兼苦而泄，或藉其苦溫而燥，或用其味辛而利，莫不本於前義。　如寇宗奭所謂分水，汪機所謂化脾涎溼熱，誠有所見。　張三錫所述二陳之功，二陳湯有茯苓、半夏。金匱風曰：　茯苓能降天之陰氣，半夏發地之陽氣。　能使大便潤，而小便長者，皆非妄語也。　第痰之患，由於液不化，而液之結，由於氣不化，為之病者不一，故痰之病亦不一。　蓋肺與胃，固相因以病者也。　如胃有痰飲，則氣不下而為咳，若肺氣受病，則病氣至於胃而結痰，故必本其所因之氣，而後可治其所結之痰，豈得槩謂半夏治痰而獨用之？　漫投之以責效，唯是液本於陰氣之所化。　凡病有干於陰氣之不足者，固宜慎之。　諸賢致戒已詳矣。

附方　心下悸忪，半夏麻黃丸，半夏、麻黃等分，為末，蜜丸小豆大，每服三十丸，日三。　黃疸喘滿，小便自利，不可除熱，半夏、生薑各半斤，水七升，煮一升五合，分再服。　有人氣結而死，心下暖，以此少許，入口遂活。

白濁夢遺，半夏一兩，洗十次，切破，以木豬苓二兩，同炒黃，出火毒，去豬苓，入煅過特蠣一兩，以山藥糊丸梧子大，每服三十丸，茯苓湯送下。　腎氣閉，而一身精氣無所管攝，妄行而遺者，宜用此方。　蓋半夏有利性，豬苓導水，使腎氣通也。　與下元虛憊者不同。

盤腸生產，產時子腸先出，產後不收者，名盤腸產。　以半夏末頻嗃鼻中，則上也。

希雍曰：　半夏辛溫性燥而有毒，雖能袪溼，分水實脾，開寒溼痰氣鬱結痰，而其所大忌者，乃在陰虛血少，津液不足諸病，故古人立三禁，謂血家、渴家、汗家也。　故凡一切吐血衄血，咯血齒衄，舌上出血，金瘡，產後失血過多，尿血便血，腎水真陰不足，發渴，中暑發渴，陽虛自汗，陰虛盜汗，內熱煩躁出汗諸證，皆所當禁者也。　然就半夏之主治，有不可不辨者。　凡咳嗽由於陰虛，火空上炎爍肺，喉癢因而發嗽，內熱煎熬津液，凝結為痰所致，而不由於寒溼，病本乎肺，而不本乎脾；　嘔吐由於火衝胃熱，而不由於寒溼痰壅；脾慢嘔噦眩悸，穀不得下，由於胃氣虛弱，見食厭惡，而不由於寒溼邪所干；霍亂腹脹，由於脾虛邪熱客中焦，而不由於寒溼飲食停滯；　氣喘由於氣虛，而不由於風寒所鬱；　頭痛由於血虛，而不由於痰厥；　不寐由於心經血少，而不由於病後膽虛；　如上諸證，毋槩以為半夏之主治，而混投之也。　更其易誤者，世醫類以其能去痰，凡見痰嗽，莫不先投之。　殊不知咳嗽吐痰，寒熱骨蒸，類皆陰虛肺熱，津液不足之候，誤服此藥，愈損津液，則肺家愈燥，陰氣愈虛，濃痰愈結，必致聲啞而死。　若合參、朮，禍不旋踵。　蓋以其本脾胃家藥，而非肺腎藥也。　故凡痰中帶血，口渴咽乾，陰虛咳嗽者，大忌之。　又有似中風痰壅，失音偏枯，拘攣，及二便閉濇，血虛腹痛，於法並忌犯之。

修治　以圓白者為佳，不厭陳久。　片則力峻，麯則力柔。　臘月熱水泡洗，置露天水過，又泡共七次，留久極妙。　造麯法：　先將半夏湯泡七次，曬乾，為末，隨病用諸藥，或煎膏，或絞汁，調末為丸如彈子大，用楮葉或紙包裹，以稻草上下𢇁七日，生毛，取出，懸風烟之上，愈久愈良。　如治諸痰，用生薑自然汁；　風痰用牙皂煎膏，甚者少加麝香；　寒痰青，溼痰白，用老薑煎濃汁，加白礬三分之一，火痰黑，老痰膠，用竹瀝或荊瀝，少入薑汁；　皮裏膜外痰核，用白芥子、竹瀝；　治顛癇，一切健忘，舌強等似風痿證，用臘月黃牛膽汁，略入熟蜜；　小兒驚風加南星等分，用甘草煎膏；　脾虛慢驚及鬱痰，用香附、蒼朮、川芎等分，煎膏；　中風卒厥，傷寒并諸瘡瘍內結不便，一切宜下之病，用皮消、白粉霜十分之三，共用河水煮透，為末，以大黃煎膏；痰積沉痼，取二兩入海粉一兩，雄黃五錢，為末，蜜丸。　一切沉痼痰病，用黃牛肉煮成膏，造麯日乾。

清・郭章宜《本草匯》卷一二

半夏　辛、苦，性溫，有毒。　氣味俱薄，沉而降，陽中陰也。　入手少陰、太陰、陽明經，亦入足太陰、陽明、少陽經。　治吐食反胃，消腸腹冷痰。　劫痰厥頭痛，止痰飲脇疼。　散逆氣，除嘔惡。　開結氣，燥脾濕。　墮胎孕，不得已用，加薑汁炒過無害。　療頭眩。　火痰黑，老痰膠，加芩、連、栝樓、海粉。　寒痰清，濕痰白，入薑、附、蒼朮、陳皮。　風痰卒中昏迷，皂角、天南星和用。　痰核延生腫突，竹瀝、白芥子同攙。

按：　半夏性溫，而能燥濕，乃化痰濕健脾胃之要藥也。　濕傷脾土，涎化為痰，惟此可平。　其所以能化痰而益脾者，能分水故也。　時珍云：　脾無留濕不生痰。　故脾為生痰之源，肺為貯痰之器。　半夏治之，為其體滑而辛溫也。　涎滑能潤，辛溫能散亦能潤，故行濕而通大便，利竅而泄小便，所謂辛走氣，能化液，辛以潤之是矣。　丹溪云：　半夏能使大便滑而小便長。　成聊攝謂其行水氣而潤腎燥。《局方》半硫丸治老人虛閉，皆取其滑潤也。俗皆誤認為燥，不知濕去則土燥而痰涎不生，非半夏之性燥也。世以二陳湯為治痰之劑，一槩用之。若是風寒濕食四者之痰，乃為相宜。如陰虛勞損，失血之候，用之反能燥血而加病矣。又有以半夏燥毒，多用貝母代之。夫貝母乃太陰脾經之藥，半夏乃太陰脾經、陽明胃經之藥，何可代也？惟治燥痰，宜于貝母、栝蔞，非半夏所司。又欬嗽吐痰，虛勞吐血，諸鬱咽痛等症，亦用貝母為向導，半夏乃禁用之藥。若涎為脾之液，膏粱炙煿，皆能生濕熱痰涎，自非半夏曷可治乎？混以貝母代之，翹首待斃矣。《經》云：腎主五液，化為五濕。自入為唾，入肝為泣，入心為汗，入脾為痰，入肺為涕。有痰曰嗽，無痰曰欬。痰因嗽動，脾之濕也。半夏能泄痰之標，不能泄痰之本。泄本者，泄腎也。欬無形，而痰有形。無形則潤，有形則燥，所以為流濕潤燥耳，以半夏為肺藥，非也。止吐為足陽明，除痰為足太陰。助柴胡主惡寒，是又為足少陽也。助黃芩主去熱，是又為足陽明也。風痰佐以南星，寒痰佐以乾薑，痰痞佐以陳皮、白术。寒熱往來，在半表半裏，故用此有各半之意。同蒼术、茯苓治濕痰，同栝蔞、黃芩治熱痰，同南星、前胡則治風痰，同芥子、薑汁則治寒痰。主治頗多，苟非濕症，不可用也。所以古人謂半夏有三禁，汗家、渴家、血家也。皆為其利竅燥津耳。然三禁之外，又多應忌，凡陰虛內熱，津液煎結，病本于肺，不本于脾，胃弱嘔噦，腎水不足，氣虛而喘，傷寒吐痰，諸血證及口渴者，誤服，津愈損而肺愈燥，陰愈虛而痰愈結，必致聲啞而死。若同參、术，禍不旋踵。又有似中風，痰壅失音，偏枯拘攣，及二便閉澀，血虛腹痛，法並禁之。

揀肥大而白者，洗去皮垢，以湯泡浸七日，逐日換湯，令滑盡，以薑汁、明礬、皂角同煮透，晒乾。射干為使。惡皂莢。畏雄黃、生薑、乾薑、秦皮。反烏頭。忌羊血、海藻、飴糖。孕婦忌之。附造麴法：以半夏洗淨，湯泡去衣垢，研細，以薑汁、礬湯搜和作餅，楮葉包裹，待生黃衣，去葉晒乾用。治濕痰以薑汁、白礬湯和之。治風痰以薑汁、皂角汁和之。治火痰以薑汁、竹瀝或荊瀝和之。治寒痰以薑汁、礬湯，入白芥子末和之。

清·蔣居祉《本草擇要綱目·溫性藥品》 半夏　氣味：辛，平，有毒。沉而降，陰中陽也。入手陽明、太陰、少陰三經。凡採得，以白芥子為末二兩，釅醋三兩，攪濁，投半夏於內，浸洗去涎，涎若不盡，令人氣逆，肝氣怒滿。又造麯法云：以半夏為主，入薑汁、白礬，加以乾麵和攪作麵，入楮葉包置籃中，候生黃衣，日乾，久貯聽用，極為良品。　主治：寒痰及形寒飲冷傷肺而咳嗽，脾胃濕，益脾胃之氣，消腫散結，渴則忌之。但今人惟知半夏去痰，不能益脾，孰知脾惡濕，濕則濡困，困則不能治水。半夏之性辛而能潤，可使脾無留濕，濕去而土自燥，痰乃不生，其功之益脾何如也。又丹溪以二陳湯治一身之痰，庸醫執之，概以有痰者，即以此方為對症之劑，豈知二陳湯唯風寒濕食之痰用之乃宜。至於勞痰失血用之，反能燥血，其所當禁用，又何如也。又俗以半夏性燥有毒，多以貝母代之，豈知貝母乃太陰肺經之藥，唯咳嗽吐痰，虛勞吐血，或痰中見血，諸鬱咽痛喉痹，肺癰肺痿癰疽，婦人乳癰等症，此則宜以貝母為之嚮導。若涎者，脾之液，美味膏粱炙煿，皆能生脾胃濕熱，令涎化為痰，久則痰火上攻，使人昏憒口噤，偏廢僵仆，蹇澁不語，自非半夏何以行濕利竅，通大便而泄小便，使脾為生痰之源，肺為貯痰之器，各得滑澤自安也。又俗言半夏入方藥中，能泄痰之標，不能泄痰之本，豈知腎主五液，化為五濕，自入為唾，入肝為泣，入心為汗，入脾為痰，入肺為涕，半夏能流濕潤燥，無形之欬，有形之痰，悉能蕩滌必清，其泄腎非泄痰之本乎？又俗言半夏之辛，祇能入肺散氣，豈知止嘔吐為足陽明，除痰為足太陰之劑。如柴胡湯中用之，雖為止嘔，亦能助柴胡、黃芩之清涼，主寒熱之往來，是又非足少陽、陽明之對劑乎？然熱痰佐以黃芩，風痰佐以南星，寒痰佐以乾薑，痰痞佐以陳皮、白术。多用則瀉脾胃，諸血證及口渴者則禁用，是又在驅使者之得宜也。

清·閔鉞《本草詳節》卷三　半夏　【略】按：半夏一藥，古有血家、渴家、汗家三禁。以祛濕勝水，乃其能事，謂之不燥不可也。先賢又有辛潤腎燥，可利大小二便，老人虛秘，《局方》丸用半硫，謂之不潤不可也。潤與燥，反二說，將奚從？余謂製之得法，則燥烈殺而辛潤存，又用藥以監使之，自能控泛駕而成良馭。惡得如世之嫌其燥者，而代以貝母、瓜蔞仁乎？夫虛勞咳痰，或痰中見血，肺癰肺痿，癰疽乳難，諸鬱成痰，此宜貝母、瓜蔞仁化痰開結，若風痰、寒痰、濕痰、食痰，令人昏憒口噤，自非半夏束手待斃矣。張元素曰：熱痰佐以黃芩，風痰佐以天南星，寒痰佐以乾薑，痰痞佐以陳皮、白术。孕婦忌之，為其燥津液也。同生薑則無害，多用亦瀉脾胃。其善用半夏者乎？李時珍曰：脾無留濕不生痰，故脾為生痰之源，肺為貯痰之器，半夏性溫味辛，體滑，滑能潤，辛溫能散亦能潤，所謂辛走氣，能化液，辛以潤之是已，王好古曰：半夏能泄痰之標，不能泄痰之本。泄本者泄腎也，其善論半夏者乎？

清·王翃《握靈本草》卷五 半夏出青州者佳，吳中亦有之。大而白者佳。水浸七日，每日换水，衣去淨，更以生薑、明礬、皂角同煑透，晒用。造麯法：以半夏洗淨，去衣，研，以薑汁、礬湯搜和作餅，楮葉包，如製醬豆法。反烏頭。主治：半夏，辛，平，有毒。主傷寒寒熱，心下堅，胸脹欬逆，頭眩，咽喉腫痛，腸鳴下氣，止汗消痰，下肺氣，開胃健脾，止嘔去痰。

清·汪昂《本草備要》卷一 半夏燥濕痰，潤腎燥，宣通陰陽。辛，溫，有毒。體滑性燥。能走能散，能燥能潤。和胃健脾，去濕。補肝辛散潤腎，除濕化痰，發表開鬱，下逆氣，止煩嘔，發音聲，利水道，燥去濕，故利水；辛通氣，能化液，故潤燥。丹溪謂二陳湯能使大便潤而小便長。救暴卒。葛生曰：凡遇五絕之病，用半夏末吹入鼻中即活，蓋取其能作嚏也。五絕，謂縊死、溺死、壓死、魘死、産死也。治咳逆頭眩，火炎痰升則眩。痰厥頭痛，眉棱骨痛。風熱與痰。咽痛，成無己曰：半夏辛散，行水氣而潤腎燥。又《局方》半硫丸用，治老人虛秘，皆取其潤滑也。俗以半夏、南星爲性燥，誤矣！濕去則土燥，痰涎不生，非二物之性燥也。古方用治咽痛喉痹、吐血下血，非禁劑也。二物亦能散血，故破傷撲打皆主之。惟陰虛勞損，則非濕熱之邪，而用利竅行濕之藥，是重竭其津液，醫之罪也，豈藥之咎哉？《甲乙經》用治不眠，是果性燥者乎？半夏、硫黄等分，生薑糊丸，名半硫丸。胸脹，仲景小陷胸湯用之。傷寒寒熱，故小柴胡湯用之。痰瘧不眠，《素問》曰：胃不和，則臥不安。半夏能和胃氣而通陰陽。《靈樞》曰：陽氣滿，不得入于陰，陰氣虛，故目不得瞑，飲以半夏湯。陰陽既通，其臥立至。又有喘嗽不得眠者。左不得眠，屬肝脹，宜清肝；右不得眠，屬肺脹，宜清肺。反胃吐食，痰膈。散痞除癭，癭多屬痰。消腫止汗。勝濕。孕婦忌之。王好古曰：腎主五液，化爲五濕。本經爲唾，入肝爲淚，入心爲汗，入肺爲涕，入脾爲痰。痰者因咳而動，脾之濕也。半夏泄痰之標，不能泄痰之本，泄本者泄腎也。咳無形，痰有形。無形則潤，有形則燥，所以爲流脾濕而潤腎燥之劑也。俗以半夏爲肺藥，非也。止嘔爲足陽明，除痰爲足太陰。柴胡爲之使，故柴胡湯用之。雖云止嘔，亦助柴、芩主寒熱往來，是又爲足少陽也。時珍曰：脾無濕不生痰，故脾爲生痰之源，肺爲貯痰之器。按：有聲無痰曰咳，蓋傷于肺氣；有痰無聲曰嗽，蓋動于脾濕也；有聲有痰曰咳嗽，或因火、因風、因寒、因濕、因虛勞、因食積，宜分症論治。大法治嗽，當以治痰爲先，而治痰又以順氣爲主。宜以半夏、南星燥其濕，枳殼、橘紅利其氣，肺虛加溫斂之味，肺熱加凉瀉之劑。趙繼宗曰：二陳治痰，世醫執之。内有半夏，其性燥烈。若風寒濕食諸痰則相宜，至于勞痰、失血諸痰，用之反能燥血液而加病。按：古有三禁，血家、汗家、渴家忌之。然亦間有用之者。俗以半夏專爲除痰，而半夏之功用，不復見知于世矣。小柴胡湯、半夏瀉心湯，皆用半夏，豈爲除痰乎？昂按：濕必得火，方結爲痰。氣順則火降而痰消。

圓白而大、陳久者良。浸七日，逐日换水，瀝去涎，切片，薑汁拌。性畏生薑，用之以制其毒，得薑而功愈彰。柴胡、射干爲使，畏生薑、秦皮、龜甲、雄黄，忌羊血、海藻、飴糖，惡皂莢，反烏頭。合陳皮、茯苓、甘草，名二陳湯，爲治痰之總劑。寒痰佐以乾薑、芥子，熱痰佐以黄芩、栝蔞，濕痰佐以蒼朮、茯苓，風痰佐以南星、前胡，痞痰佐以枳實、白朮。更看痰之所在，加導引藥，惟燥痰非半夏所司也。韓飛霞造麯十法：一薑汁浸造，名生薑麯，治淺近諸痰。一礬水煮透，兼薑糊造，名礬麯。礬最能却水，治清水痰。一煮皂角汁，煉膏，和半夏末爲麯。或加南星，或加麝香，名皂角麯，治風痰，開經絡。一用白芥子等分，或三分之一，竹瀝和成，略加麯糊，名竹瀝麯，治皮裏膜外、結核隱顯之痰。一麻油浸半夏三五日，炒乾爲末，麯糊造成，油以潤燥，名麻油麯，治虛熱勞咳之痰。一用臘月黄牛膽汁，略加熱蜜和造，名牛膽麯，治癲癇風痰。一用香附、蒼朮、撫芎等分，熬膏，和半夏末作麯，名開鬱麯，治鬱痰。一用芒硝，居半夏十分之三，煮透爲末，煎大黄膏和成，名硝黄麯，治中風卒厥、傷寒宜下由于痰者。一用海粉一兩，雄黄一兩，半夏二兩，爲末，煉蜜和造，名海粉麯，治積痰沉痼。一用黄牛肉煎汁煉膏，即霞天膏，和半夏末爲麯，名霞天麯，治沉疴痼痰，功效最烈。以上幷照造麯法，草盦七日，待生黄衣曬乾，懸挂風處，愈久愈良。

清·李世藻《元素集錦·本草發揮》 半夏 乃活血證妙藥。《本草》言諸血證尤忌煎。嘗醫遂執而禁之，不知其活血散血之功甚大，血證止後，從而補之，奏效甚捷，古方曾載。

清·王遜《藥性纂要》卷二 半夏 【略】東圃曰：半夏外涎滑而内辛燥，用則以薑、礬制毒，而去其涎滑，所以能燥中宫流飲之濕氣，而去其痰涎，此對待治法也。治欬逆，行水氣，消痰止嘔，皆賴其運用樞機，從中旋轉之力。小柴胡湯中用之止嘔，而亦助柴、芩除往來寒熱，是又為足少陽、陽明藥也。宗奭曰：今人惟言半夏去痰，不知益脾，其功在能分水故也。蓋脾惡濕，濕則濡滯不能行水。《經》云：濕勝則濡泄。一男子夜數如廁，或教以生薑一兩，半夏、大棗各三十枚，水一升，瓶中慢火燒為熟水，時呷之，便已。丹溪言二陳湯治一身之痰，夫半夏性燥烈，於風痰、寒痰、濕痰、食痰為宜。若勞嗽失血之痰，與燥火欬嗽失音者，切不可用，當用貝母為宜。時珍曰：脾無留濕不生痰。故脾為生痰之源，肺為貯痰之器。半夏能主痰飲及腹脹者，為其辛溫能散胃中之濕痰，則正氣之逆者順，結者解，而津液自行矣。潔古云：半夏、南星治痰，而欬嗽自愈。丹溪云：二陳湯能使大便潤，而小便長，猶如治白濁夢遺，帶下，目不得瞑，皆從去濕消痰中得來。若竟以為滑潤，而能治虛秘，潤腎燥，則謬矣。

清・陳士鐸《本草新編》卷三　半夏　味辛、微苦，氣平，生寒，熟溫，沉而降，陰中陽也。入膽、脾、胃三經。研末，每一兩，入枯礬二錢，薑汁一合，捏餅，楮葉包裹，陰乾，又名半夏麯也。片則力峻，麯則力柔，統治痰涎甚驗。毋論火痰、寒痰、濕痰、老痰、風痰、劫痰與痰飲、痰核、痰涎、痰結、痰迷，俱可用，但不可治陰火之痰。孕婦勿用，恐墮胎元。然有不可不用之時，暫用亦無礙。吐血家亦不可用，恐性燥愈動火也。生半夏為末吹鼻中，可救五絕，併婦人產後血暈甚效。

或曰：半夏既治各痰，何以能入脾以化痰，而不能入腎以消痰耶？不知人身原無痰也，飲食入胃，該化精而不化痰。惟腎中真火虛，則火沸為痰，亦腎中真水虛，則水泛為痰矣。火沸為痰與水泛為痰，雖原于腎，而痰仍留于脾也。半夏既治痰，豈難消化，況痰已入于脾中，安在不能消之。然而終不能消者，以其能消已入脾中之痰，而不能斷其將入脾中之痰也。蓋腎中之痰，必須腎氣丸，始得逐之，非半夏所能祛也，半夏治痰之標，不能治痰之本。誠見到之語，惜啓其機而不竟其說。半夏性沉而降，似乎能入至陰之中，然陽多于陰，止可淺入脾陰，而不可深入腎陰。況半夏瀉陰而不補陰，而腎經又可補而不可瀉，半夏即欲入于腎，而腎所以不受也。半夏既不能入于腎之內，又何以化腎中之痰哉。可見痰在脾為標，痰在腎為本，以脾之痰出于腎也。消脾之痰，而不能消腎之痰，不可以見標本之異哉。

或曰：半夏治痰之標，不能治痰之本。治本必須用腎氣丸矣。倘用腎氣丸之後，再用半夏以治痰之標可乎？此調和于標本之語也。雖言之平和，而理實背謬。腎氣丸之治痰，是探其本也。水不上泛而為痰，何必更消其痰。火不上沸而為痰，何必再清其痰。用腎氣丸而痰已絕。復用半夏以治標，吾恐反動其痰也。腎氣初回未可以燥氣之藥，再耗腎中之氣，氣一耗，而火動水燥，不生精而生痰，勢所必至，不特無益，而反害之矣。故既治本，不必更治標也。

或疑半夏性燥，故便于治濕痰也，不識用何藥以製其燥，並可以治熱痰乎？夫燥濕之性各殊，雖製之得宜，止可去其大過，而不能移其性也。然而未製其燥，與已製其燥，自然少異。鐸有製法，併傳于此。用半夏一斤、生薑片四兩，先煮數沸，取起曬乾。用桑葉一百片，水十碗，煎汁二碗，將半夏泡透，又曬乾。復用鹽一兩、滾水一碗，又泡透，切片用之，則燥性去其六，濕性得其四。寒熱之痰，與水火泛沸之痰，俱可少用，以為權宜之計矣。然亦止可暫用，而不可據之為久治也。

或疑製半夏，以治燥熱之痰妙矣，恐反不宜于寒濕之痰，奈何？此則無容慮也。半夏性燥，治寒濕之痰正宜，製其過燥，而無傷氣之憂與損肺之失，可用之而無恐也。

或疑半夏治濕痰，而不可治燥痰；治寒痰，而不可治熱痰，俱聞命矣。痰之中更有吐黑痰者，其故何也？吾觀其人則甚健，謂是火而口不渴，謂是虛而腎不虧，亦可以半夏治之乎？此乃邪結于腎之中，非痰塞于肺之竅也。此症本起于久曠之夫，思女色而不可得，而又不敢御外色以泄精，于是邪入于腎中，而精即化痰，而上吐有如墨之黑者矣。宜用降火之藥，佐之白芥子以消痰，更用荊芥之類，以散其火于血分之中。否則，必有失血之患，溫瘧之苦矣。數劑之後，身必畏寒，然後用加味逍遙散，大用半夏，以清其表裏之邪，則寒熱除，而黑痰亦漸愈矣。此等症，實親試之，而有驗，故敢論之于書也。

清・顧靖遠《顧氏醫鏡》卷七　半夏辛，溫，有毒。入脾胃心膽四經。反烏頭，忌羊血、餳糖。洗淨滑，薑汁炒。　治痰飲之咳嗽，寒痰濕痰，或因留飲致咳，宜用之。若陰虛痰咳者，大忌。止胃冷之嘔吐。因胃冷停痰留飲致吐，宜用。若由胃熱火冲而嘔，則忌之。療痰厥頭痛眩運，濕痰厥逆而上，則上實而為痛，為眩，為運，此為對症。若因血虛火痰而致者，用之則悞。除留飲胸滿短氣。膈有留飲，濕聚則為滿悶，射肺則為喘為咳，阻氣不布，而為短氣，此為的藥。若非留飲滿悶，陰虛氣喘氣短，投之立禍。燥濕消痰去飲之要藥。古人有三禁：謂血家、渴家、汗家是也。若無脾濕，且有肺燥，悞服半夏，悔不可追。慎之，戒之。又有似中風，熱痰壅盛，此屬陰虛者居多，大忌犯之。能墮胎，孕婦亦忌。每見世醫，執丹溪言二陳湯治一身之痰，見痰即用，不知世之患燥痰甚多，惟此一味，貽害不少，特表著悞。

清・李熙和《醫經允中》卷二〇　半夏　入脾、肺、胃三經。反烏頭。忌羊肉。薑、礬製用。失血勞症弗用。　辛，平，有毒。沉而降，陰中陽也。主治開胃健脾，消痰止嘔，形寒飲冷，傷肺而欬，傷寒心下痞堅痛，燥脾濕，散鬱結，治發厥頭眩，虛煩不眠。《經》曰：腎主五液，入脾為痰，入肺為涙，入心為汗，自入為唾。然脾胃濕熱，涎化為痰，久則痰火上攻，故脾為生痰之源，肺為貯痰之器，非半夏燥潤肺，曷可治乎？若以貝母代之，則翹首待斃矣。俗以半夏為燥，虛人禁用，而不知脾虛濕熱生痰之症，十居其九；腎虛水泛為痰之症，百未必一。半夏主脾濕，其功最博也，力能燥濕，非其性燥也。半夏總主諸痰，驗證助佐：火痰黑、老痰膠，加黄芩、栝蔞、海粉；寒痰清、濕痰白，入薑附、蒼术、陳皮；風痰卒中昏迷，皂莢、天南星和；痰核延生腫突，竹瀝、白芥子攙。刦痰厥頭疼，止痰飲脇痛，散逆氣，除嘔惡，開鬱氣，發聲音，脾瀉，兼除心汗且斂。蓋脾惡濕，半夏專能燥濕故耳。至孕婦忌用，恐傷胎元。如惡阻症，則半夏在所必用矣，但中病即止可也。惟消渴諸血症，因利竅行濕，重亡津液，切禁莫加。生半夏消癰腫，蝎子螫人塗上即愈。遇五絕，為末吹兩鼻中，能頃刻回甦。

清·馮兆張《馮氏錦囊秘錄·雜症痘疹藥性主治合參》卷二 半夏得土金之氣，兼得天之燥氣，火金相搏，故味辛，平，苦，溫，無毒。入足太陰、陽明、少陽，亦入手少陰經。辛溫善散，故主傷寒邪在表裏之間。苦善下泄，故除心下支飲，胸膈痰熱脹滿上氣，為祛濕分水實脾，而開寒濕痰氣鬱結之聖藥。其所大忌者，陰虛血少，津液不足諸病耳。半夏，火痰黑，老痰膠，同芩、連。寒痰清，濕痰白，同薑、附。陳皮、蒼术，卒中病痰；南星、皂角，痰飲脇痛。治吐食反胃，消腸腹冷痰，散逆氣。除嘔惡，開結氣，發聲音，止脾瀉，斂心汗，一切痰厥頭疼、頭眩聖藥。但血症消渴，并孕婦忌服。脾濕痰症最宜，陰虛痰症切忌。

主治痘疹合參：治痘虛寒嘔噦少食，化痰涎，燥脾濕，和脾胃。但恐燥咽兼損孕婦，灌漿時忌之。無濕痰者戒用。

按：汪機曰：脾胃濕熱，涎化為痰，此非半夏，曷可治乎？若以貝母代之，翹首待斃。李時珍曰：脾無留濕不生痰，故脾為生痰之源，肺為貯痰之器。半夏治痰，為其體滑辛溫也。涎滑能潤，辛溫能散亦能潤，故行濕而通大便，利竅而泄小便，所謂辛走氣能化液，辛以潤之是也。丹溪謂：半夏能使大便潤而小便長。成無己謂：半夏行水氣而潤腎燥，《局方》半硫丸，治老人虛閉，皆取其滑潤也。俗以半夏為燥，不知利水去濕，而使土燥，非性燥也。但非濕熱之邪而用之，是重亡津液，誠非所宜。若應犯而犯，似乎無犯。古人半夏有三禁，謂血家、渴家、汗家也。然其功，止吐為足陽明，除痰為足太陰，助柴胡主惡寒，是又為足少陽也。助黄芩主去熱，是又為足陽明也。寒熱往來，在半表半裏，故用此有各半之意。

清·张璐《本經逢原》卷二 半夏 辛，溫，有毒。湯浸，同皂莢、白礬煮熟，薑汁拌，焙乾用，或皂莢、白礬、薑汁、竹瀝四製尤妙。咽痛醋炒用。小兒驚痰發搐及膽虛不得眠，猪膽汁炒。入脾胃丸劑，為細末薑汁拌和作麴，候陳炒用。反烏、附者，以辛燥鼓激悍烈之性也。忌羊血、海藻、飴糖者，以甘膩凝滯開發之力也。《本經》主傷寒寒熱，心下堅，胸脹，欬逆，頭眩，咽喉腫痛，腸鳴下氣，止汗。　發明：半夏為足少陽本藥，兼入足陽明、太陰。虛而有痰氣宜加用之，胃冷嘔噦方藥之最要。止嘔為足陽明，除痰為足太陰，柴胡為之使，故小柴胡湯用之，雖為止嘔，亦助柴胡、黄芩主往來寒熱也。《本經》治傷寒寒熱，非取其辛溫散結之力歟。治心下堅、胸脹，非取其攻堅消痞之力歟。治欬逆、頭眩，非取其滌痰散邪之力歟。治咽喉腫痛，非取其分解陰火之力歟。治腸鳴下氣止汗，非取其利水開痰之力歟。同蒼术、茯苓治濕痰，同栝蔞、黄芩治熱痰，同南星、前胡治風痰，同芥子、薑汁治寒痰，惟燥痰宜栝蔞、貝母，非半夏所能治也。半夏性燥，能去濕，豁痰，健脾。今人惟知半夏去痰，不言益脾利水，脾無留濕則不生痰，故脾為生痰之源，肺為貯痰之器。半夏能主痰飲及腹脹者，為其體滑而味辛性溫也，二陳湯能使大便潤而小便長。世俗皆以半夏、南星為性燥，誤矣。濕去則土燥，痰涎不生，非二物之性燥也。古方治咽痛喉痹、吐血、下血多用二物，非禁劑也。按：《靈樞》云，陽氣滿則陽盛蹻不得入於陰，陰虛則目不瞑，飲以半夏湯一劑通其陰陽，其卧立至。半夏得栝蔞實、黄連，名小陷胸湯，治傷寒小結胸。得雞子清、苦酒，名苦酒湯，治少陰咽痛生瘡，語聲不出。得生薑，名小半夏湯，治支飲作嘔。得人參、白蜜，名大半夏湯，治嘔吐反胃。得麻黄，蜜丸名半夏麻黄丸，治心下悸忪。得茯苓、甘草，以醋煮半夏共為末，薑汁麪糊丸，名消暑丸，治伏暑引飲，脾胃不和，此皆得半夏之妙用。惟陰虛羸瘦，骨蒸汗泄，火鬱頭痛，熱傷欬嗽，及消渴肺痿，欬逆失血，肢體羸瘦禁用，以非濕熱之邪，而用利竅行濕之藥，重竭其津，醫之罪也，豈藥之咎哉！

清·浦士貞《夕庵讀本草快編》卷二 半夏《本經》、冰玉 《月令》五月半夏生，蓋當夏之半也。冰玉因其形。　半夏辛厚苦輕，陽中陰也，入手太陰陽明少陰三經，故專散痰涎而除煩嘔，發音聲而行水氣，開脾胃而潤腎燥。《經》云腎主五液化為五濕，自入腎為唾，入肝為泣，入心為汗，入脾為痰，入肺為涕。有痰曰嗽，無痰曰咳，痰者因咳而動，脾之濕也。半夏能泄痰之標，不能泄痰之本，若泄本則泄腎矣。況咳無形，痰有形，無形則潤，有形則燥。世俗泥以為肺藥，非矣！雖然，脾無留濕不生痰，故脾為生痰之源，肺為貯痰之器。半夏以涎滑之體，故能行濕而通大便，利竅而泄小腸，所謂辛走氣能化液，辛以潤之也。故《内經》治目不得瞑用半夏湯和劑，治老人虚秘有半夏丸，皆取其潤滑也。愚者不知其功，妄議為燥，多以貝母代之。殊不知貝母乃潤肺之藥，半夏雖亦入肺，而有陽明少陽之别，何可代也？夫咳嗽吐痰，虚勞吐血，諸鬱咽痛，喉痺乳癰，肺癰肺毒，皆宜貝母為向導之兵，半夏禁用。若痰火上攻，昏聵口噤，僵仆偏廢，危在旦夕者，非半夏曷能平其亢甚？例以貝母代之，則翹首將斃矣。不可不審也。

清・張志聰、高世栻《本草崇原》卷下　半夏　氣味辛，平，有毒。主治傷寒寒熱，心下堅，胸脹咳逆，頭眩，咽喉腫痛，腸鳴，下氣，止汗。　半夏青齊江浙在處有之。二月生苗，一莖高八九寸，莖端三葉，三三相偶，略似竹葉，其根圓白，五月八月采根曬乾，不厭陳久。　《月令》：五月半夏生，蓋當夏之半也。《脈解篇》云：陽明者，午也。五月盛陽之陰也，半夏生當夏半，白色味辛，禀陽明燥金之氣化。主治傷寒寒熱者，辛以散之也。陽明胃絡上通於心，胃絡不通於心，則心下堅。胸者，肺之部，陽明金氣上合於肺。金氣不和於肺，則胸脹咳逆。半夏色白屬金，主宣達陽明之氣，故皆治之。金能制風，故治頭眩，以及咽喉腫痛。燥能勝濕，故治腸鳴之下氣而止汗也。

清・王三尊《醫權初編》卷上　論孕婦忌半夏之謬第四十二　孕婦用藥，每見忌半夏。凡痰嘔之症，皆不敢用。殊不知孕婦脾虚有火，易於生痰。六君子湯加竹茹，乃妙藥也。今醫惟用四物保胎之藥，膩愈泥，脾愈虚，胎墮必矣。曾見一醫，以娠誤認為痞，凡破血攻伐之藥靡不畢投，其胎終未墮，卒産一男。是知用半夏所墮之胎，雖不用半夏而亦墮，縱生兒，亦未必永年。況古方胎症，不忌半夏。豈古人反不及今人耶？　黄帝問曰：婦人重身，毒之奈何？　岐伯曰：有故無殞，故無殞也。帝曰：何謂也？　岐伯曰：大積大聚，其可犯也。衰其大半乃止，過者死，是知有病則病受之。雖遇外感、溫疫、痘疹、痢瘧、積聚之類，當用則用，但衰其大半乃止。若舍此而反用保胎之藥，是助桀為虐矣。如果係陰虚血少，當用四物湯者，其胸膈必無痞滿痰嘔之症。一有痞滿痰嘔，雖係陰虚血少，四物湯亦不可服也。須知用攻得當，即所以保胎，用補不當，即所以逐胎。但要明保胎之理，而不可執保胎之方也。

清・姚球《本草經解要》卷一　半夏　氣平，味辛，有毒。主傷寒寒熱，心下堅，胸脹欬逆，頭眩，咽喉腫痛，腸鳴，下氣，止汗。湯浸去涎淨，薑汁拌焙。　半夏氣平，禀天秋燥之金氣，入手太陰肺經。味辛有毒，得地西方酷烈之金味，入足陽明胃經、手陽明大腸經。氣平味升，陽也。主傷寒寒熱，心下堅者，心下，脾肺之區，太陰經行之地也。病傷寒寒熱而心下堅硬，濕痰在太陰也。半夏辛平，消痰去濕，所以主之。胸者，肺之部也。脹者，氣逆也。半夏辛平，辛則能開，平則能降，所以主之也。欬逆頭眩者，痰在肺則氣不下降，氣逆而頭暈眩也。東垣曰：太陰頭痛，必有痰也。半夏辛平消痰，所以主之。咽喉，太陰經行之地，火結則腫痛，其主之者，辛能散結，平可下氣，氣下則火降也。腸鳴者，大腸受濕，則腸中切痛而鳴濯濯也。辛平燥濕，故主腸鳴。下氣者，半夏入肺，肺平則氣下也。陽明之氣，本下行，上逆則汗自出矣。平能降氣，所以止汗也。　製方：半夏同黄連、栝蔞實，名小陷胸湯，治心下堅。同甘草、防風、生薑，治痰厥中風。同神麯、南星、白术、枳實、薑汁，治風痰濕痰。同甘草，治風痰喘急。同黄芩、薑汁，治上焦熱痰。同白芍、甘草、黄芩，治身熱吐瀉。同瓜仁，治肺熱欬。同陳皮，治痰飲。同白茯，治水飲。同人參，治反胃。同白茯、甘草丸，名消暑丸，治伏暑。同人參、白术、白茯、甘草、陳皮，名六君子湯，治脾濕生痰，不思飲食。

清・周垣綜《頤生秘旨》卷八　半夏　化痰涎，健脾胃之藥也。却痰厥頭痛，去痰飲脇痛。火痰黑，老痰膠，加芩、連、貝母、瓜蔞、海粉。寒痰清，濕痰白，加薑、附、蒼朮、陳皮。風痰昏迷，皂角、南星和之。結痰腫核，竹瀝、白芥佐之。腫毒蠍傷，磨水塗之。散逆氣，除嘔惡，開結氣，發聲音，斂汗止瀉，正謂其能燥濕勝水。若腎虚血少，肺燥而咳，及姙婦、渴家，俱禁服。

清・王子接《得宜本草・下品藥》　半夏　味辛。入手太陰、少陰經。功專消痰止嘔，救五絕急病。得醋製，再得茯苓、甘草治伏暑引飲；得黄連、栝蔞實治結胸，得硫黄治老人虚秘，得牡蠣、猪苓治無管攝之遺濁。

清・徐大椿《神農本草經百種録》下品　半夏　味辛，平。主傷寒寒熱，寒熱之在肺胃間者。心在下堅，下氣，辛能開肺降逆。咽喉腫痛，頭眩，開降上焦之火。胸脹，欬逆，腸鳴，氣降則通和，故能愈諸疾。止汗。澀斂肺氣。　半夏色白而味辛，故能為肺經燥濕之藥。〇肺屬金，喜斂而不喜散，蓋斂則肺葉垂而氣順，散則肺葉張而氣逆。半夏之辛，與薑桂之辛迥別，入喉則開不能言，塗金瘡則血不復出，辛中帶澀，故能疎而又能斂也。又辛之斂，與酸之斂不同，酸則一主於斂，辛則斂之中有發散之意，尤與肺投合也。

清・黃元御《長沙藥解》卷一　半夏　味辛，氣平，入手太陰肺、足陽明胃經。下衝逆而除咳吐，降濁陰而止嘔吐，排決水飲，清滌涎沫，開胸膈脹塞，消咽喉腫痛，平頭上之眩暈，泄心下之痞滿，善調反胃，妙安驚悸。《傷寒》半夏泄心湯，半夏半斤，人參、甘草、乾薑、黃芩、黃連各三兩，大棗十二枚。治少陽傷寒，下後心下痞滿而不痛者。以中氣虛寒，胃土上逆，迫於甲木，經氣結澀，是以作痞。少陽之經，循胃口而下脇肋，隨陽明而下行，胃逆則膽無降路，故與胃氣並鬱於心脇。甲木化氣於相火，君相同氣，胃逆而君相皆騰，則生上熱。參、甘、薑、棗，溫補中脘之虛寒，黃芩、黃連，清泄上焦之鬱熱，半夏降胃氣而消痞滿也。《金匱》治嘔而(腹)〔腸〕鳴，心下痞者。中氣虛寒則腸鳴，胃氣上逆則嘔吐也。《金匱》大半夏湯，半夏二升、人參三兩、白蜜一斤。水一斗二升，和蜜揚之二百四十遍，煮，分三服。治胃反嘔吐者。以脾陽虛敗，水穀不消，而土木鬱陷，下竅堵塞，是以不為泄利，而為嘔吐。胃以下行為順，反而逆行，故名胃反。人參補中脘之陽，建其樞軸，白蜜潤下竅之結澀，半夏降上逆之胃氣也。《傷寒》黃芩加半夏生薑湯，黃芩三兩、芍藥二兩、甘草二兩、大棗十二枚、半夏半升、生薑三兩。治太陽少陽合病，下利而作嘔者。黃芩湯方在黃芩治太少之下利，加半夏、生薑，降胃逆而止嘔也。葛根加半夏湯，葛根四兩、麻黃三兩、桂枝二兩、甘草二兩、芍藥二兩、生薑三兩、大棗十二枚、半夏半(斤)〔升〕。治太陽陽明合病，不下利，但嘔者。以陽明為少陽膽木所逼，水穀莫容，已消而在下脘則為利，未消而在上脘則為嘔，半夏除胃逆而止嘔也。《金匱》半夏乾薑湯，半夏、乾薑等分。為散，漿水服方寸匕。治乾嘔，吐逆，吐涎沫。以中寒胃逆，濁陰衝塞，肺氣堙鬱，淫蒸涎沫。乾薑溫中而下衝氣，半夏降逆而蕩瘀濁也。

小半夏湯，半夏一升、生薑一斤。治心下有支飲，嘔而不渴者。以飲居心下，阻隔胃氣，飲胃逆作嘔，而不覺燥渴。半夏、生薑，降逆氣而排水飲也。苓甘五味薑辛加半夏湯，茯苓四兩、甘草三兩、五味半(斤)〔升〕、乾薑三兩、細辛一兩、半夏半升。治支飲，昏冒作嘔，而不渴者。以飲居心下，隔其胃陽，陽升則冒，胃逆則嘔，半夏驅水飲而止嘔冒也。越婢加半夏湯，麻黃六兩、石膏半斤、甘草一兩、生薑三兩、大棗十五枚、半夏半升。治肺脹，咳喘上氣，目欲脫，脈浮大者。以中氣虛滯，肺胃之降令素遲，一遇風寒，閉其皮毛，裏鬱莫泄，胃氣逆升，肺壅為熱，是以咳喘上氣而脈浮大。此為肺脹之病，即傷風齁喘而為熱者。甘、棗補其中虛，麻黃泄其皮毛，石膏清肺熱，生薑、半夏降衝逆而破壅塞也。《傷寒》半夏散，半夏、甘草、桂枝等分。為散，白散和服方寸匕。不能服散，水煎服。清少陰病，咽痛者。以陰氣上衝，因致咽痛。半夏、桂枝，降其衝逆，甘草和其急迫也。《金匱》半夏厚朴湯，半夏一升、厚朴三兩、茯苓四兩、生薑五兩、蘇葉二兩。治婦人咽中如有炙臠。以濕旺氣逆，血肉凝瘀。茯苓泄其濕，朴、半、薑、蘇，降其逆而散其滯也。半夏麻黃丸，半夏、麻黃等分。蜜丸。治心下悸者。以陽衰土濕，升降失政，脾陷而乙木不得直升，則鬱勃而為悸，胃逆而甲木不能順降，則懸虛而為驚。胃土上逆，濁陰填塞，心下更鬱，經絡壅澀，硋厥陰風木升達之路，是以心悸動。《素問》：胃之大絡，名曰虛里，出於左乳下，其動應衣，即此為也。驚原於魂氣虛飄，悸原於經氣之阻硋。半夏降胃逆而驅濁陰，麻黃開堙鬱而通絡路也。人之中氣，左右迴旋，脾主升清，胃主降濁。在下之氣，不可一刻而不升，在上之氣，不可一刻而不降。一刻不升，則清氣下陷，一刻不降，則濁氣上逆。濁氣上逆，則嘔噦痰飲皆作，一切驚悸眩暈，吐衄嗽喘，心痞脇脹，膈噎反胃，種種之病，於是生焉，而總由於中氣之濕寒。蓋中脘者，氣化之原，清於此升，濁於此降，四象推遷，莫不本乎是。不寒不熱，不燥不濕，陰陽和平，氣機自轉。寒濕偏旺，氣化停滯，樞機不運，升降乃反，此脾陷胃逆之根也。安有中氣健運，而病胃逆者哉！甲木下行而交癸水者，緣於戊土之降。戊土不降，甲木失根，神魂浮蕩，此驚悸眩暈所由來也。二火升炎，肺金被剋，此燥渴煩躁所由來也。收令不遂，清氣堙鬱，此吐衄痰嗽所由來也。膽胃逆行，土木壅迫，此痞悶膈噎所由來也。凡此諸證，悉宜溫中燥土之藥，加半夏以降之。其火旺金熱，須用清斂金火之品。然肺為病標而胃為病本，必降戊土，以轉火金，胃氣不降，金火無下行之路也。半夏辛燥開通，沉重下達，專入胃府，而降逆氣。胃土右轉，濁瘀掃蕩，肺府沖和，神氣歸根，則鶴胎龜息，綿綿不絕竭矣。血原於臟而統於經，升於肝而降於肺，肝脾不升，則血病下陷，肺胃不降，則血病上逆。緣中脘濕寒，胃土上鬱，濁氣沖塞，肺金隔硋，收令不行，是以吐衄。此與虛勞驚悸，本屬同原，未有虛勞之久，不生驚悸，驚悸之久，不生吐衄者。當溫中燥土，暖水斂火，以治其本，而用半夏降攝胃氣，以治其標。　庸工以為陰虚火動，不宜半夏，率以清凉滋潤之法，刊諸紙素。千載一轍，四海同風，《靈樞》半夏秫米之方，治目不得瞑。在《邪客》篇。《金匱》半夏麻黄之制，絕無解者。仁人同心，下士不悟，迢迢良夜，悲歎殷廬，悠悠蒼天，此何心哉！　洗去白礬用，姙娠薑汁炒。

清・吴儀洛《本草從新》卷二　半夏〔燥濕痰，宣通陰陽。自半夏至大黄，皆常毒之品。〕　辛，溫。體滑性燥，能走能散。和胃健脾，除濕化痰，發表開鬱，下逆氣，止煩嘔，發聲音，救暴卒，凡遇五絕之病，用半夏末吹入鼻中即活，蓋取其能作嚏也。五絕，即縊死、溺死、壓死、魘死、產死也。　又能行水氣以潤腎燥，利二便，止咽痛。辛通，使氣能化液，故潤燥。丹溪謂二陳湯能使大便潤而小便長。成無己〔成無己《傷寒明理論》。〕曰：半夏辛散，行水氣而潤腎燥。又《局方》〔《惠民和劑局方》〕半硫丸治老人虚秘，皆取其潤滑也。俗以半夏、南星為燥，誤矣。濕去則土燥，痰涎不生，非二物性燥也。古方治咽痛喉痺，吐血下血，非禁劑也。二物亦能散血，故破傷撲打皆主之。唯陰虚勞損則非濕熱之邪，而用利竅行濕之藥，是重竭其津液，醫之罪也，豈藥之咎哉？《甲乙經》〔皇甫謐《甲乙經》〕用治不眠，是果性燥者乎？半硫丸與硫黄等分，生薑糊丸。　治咳逆頭眩，火炎痰升則眩。　痰厥頭痛，眉棱骨痛，風熱與痰。　脇痛胸脹，傷寒寒熱，痰瘧不眠，《素問》曰：胃不和則卧不安。半夏能和胃氣而通陰陽。《靈樞》曰：陽氣滿，不得入於陰，陰氣虚，故目不得瞑。飲以半夏湯，陰陽既通，其卧立至。又有喘嗽不得眠者，左不得眠屬肝脹，宜清肝，右不得眠屬肺脹，宜清肺，服藥無效者不治。　反胃吐食。痰膈。　散痞除癭，癭多屬痰。　消腫止汗。勝濕。　為治濕痰之主藥。汪機曰：脾胃濕滯，涎化為痰，此非半夏曷可治乎？若以貝母代之，翹首待斃。好古曰：腎主五液，化為五濕，本經為唾，入肝為淚，入心為汗，入肺為涕，入脾為痰。痰者，因咳而動，脾之濕也。半夏泄痰之標，不能治痰之本，治本者，治腎也。咳無形，痰有形，無形則潤，有形則燥，所以為流脾濕而潤腎燥之劑也，俗以半夏為肺藥非也。止嘔為足陽明，除痰為足太陰，小柴胡湯用之。雖云止嘔，亦助柴、芩主寒熱往來，是又為足少陽也。時珍曰：脾無濕不生痰，故脾為生痰之源，肺為貯痰之器。按：有聲無痰曰咳，蓋傷於肺氣；有痰無聲曰嗽，蓋動於脾濕也；有聲有痰曰咳嗽，或因火、因風、因寒、因濕、因虚勞、因食積，宜分證論治。大法治嗽當以治痰為先，而治痰又以順氣為主，氣順則火降而痰消，宜以半夏、南星燥其痰，枳殼、橘紅利其氣。肺虚加溫斂之味，肺實加凉瀉之劑。　主治最多，莫非脾濕之證。俗以半夏專為除痰，而半夏之功用不復見知於世矣。小柴胡湯、半夏瀉心湯皆用半夏，豈為除痰乎？　苟無濕者均在禁例。　古人半夏有三禁，謂血家、渴家、汗家也。　若非脾濕，且有肺燥，誤服半夏，悔不可追。趙繼宗曰：二陳治痰，世醫執之，内有半夏，其性燥烈，若風、寒、濕、食諸痰則相宜。至於勞痰，失血諸痰，反能燥血液而加病。　孕婦服之能損胎。若與參、术並行，但有開胃之功，亦不損胎。　圓白而大，陳久者良。合陳皮、茯苓、甘草名二陳湯，為治痰之總劑。寒痰佐以乾薑、芥子，熱痰佐以黄芩、栝樓，濕痰佐以蒼朮、茯苓，風痰佐以南星、前胡，痞痰佐以枳實、白朮，更看痰之所在加引導藥。【略】　浸七日，逐日換水，瀝去涎，切片，薑汁拌炒。　性畏生薑，用之以制其毒而功益彰。　柴胡、射干為使。　畏生薑、秦皮、龜甲、雄黄。忌羊血、海藻、飴糖。　惡皂角。　反烏頭。

清・汪紱《醫林纂要探源》卷二　半夏　辛，溫。直莖如釵股，三葉聚生於頂，略似竹而柔脆，根下結圓魁，大如指頭，色白體滑。春生苗，夏至根下生圓顆，故《月令》云五月半夏生。　潤腎補肝，健脾和胃。潤腎水而命門之火復，補肝木而發生之令行。命火不妄散，則上烘於胃，胃煖而脾健，得以化食，而氣血日滋，邪濕不留，而痰涎不作，故為開鬱化痰之專藥。凡一切痰證皆治之，又以其辛行而體滑也。凡一切鬱滯痞隔亦治之，皆潤腎補肝之用耳。其色白，宜亦入肺，而非肺家藥者，根獨結於下而不分瓣，是陽氣之鍾命門也。命門，黑中之白也。葉數三，是少陽之行肝木也。三，少陽之數也。　開闔陰陽，通利關節。自冬至而苗上萌，至三陽而出土，自夏至而根下結，至三陰而苗枯，順陰陽之開闔者。然陽方上盡而遽能下復，是能保命門之陽，生水中之火。岐伯以此煮粥，治不眠，使陽氣得入於陰。仲景以柴胡湯治寒熱往來亦用之，皆以其開闔陰陽也。其治痰濕。上及頭目咽喉，中在胸膈，旁及四肢，凡有痞隔，無所不行。能救暴死，是其通利關節也。然半夏乃命門肝膽相火之氣，其主治皆以宣達陽氣，一往一復。若陰虚火熾，熱痰火痰乾咳，則宜貝母、天冬，而不宜此。今人以為燥，則又非所以謂半夏也。　然有毒。凡命火之藥，皆不能無毒，用薑汁製之，或用白礬製則失其性矣。然亦有時宜生用，如三生散以治暴死是也。　反烏頭。性相似而相反，不兩相立也。　半夏麯：　韓飛霞造麯有十法，欲稍變其性之強悍，然亦似不必。

清・嚴潔等《得配本草》卷三　半夏　射干、柴胡為之使。畏生薑、乾薑、秦皮、龜甲、雄黄。惡皂莢。反烏頭。忌海藻、羊肉、羊血、飴糖。　辛，溫，有毒。入足太陰、陽明、少陽經氣分。利竅和胃，而通陰陽，為除濕化痰開鬱止嘔之聖藥。發聲音，救暴卒，治不眠，療帶濁，除癭瘤，消痞結，治驚悸，止瘧疾。　配秫米，和營衛。濕去故也。配豬苓、牡蠣，治夢遺。配白斂，治金刃入骨。入苦寒藥，能散火。辛以散之。入氣分藥，和中氣。濕氣去，中氣和。入陰分藥，散鬱熱。辛以散之。佐滋陰藥，能開燥。濕熱下行，則臟腑潤。佐竹茹，治驚悸。痰聚經絡則心驚。佐蔞仁，治邪熱結胸。佐芩、連，治火痰、老痰。佐薑、附，治寒痰、濕痰。研末吹鼻，治五絕。并治產時子腸先出、產後不收者，名盤腸產，頻嗜鼻中則上也。皂莢、白礬煮熟，薑汁拌制。如驚痰，膽汁拌炒用。亦可造麯：濕痰，薑汁白礬湯拌和造。風痰，薑汁、皂莢汁拌和造。火痰薑汁、竹瀝拌和造。寒痰，薑汁、白芥子末拌和造。肺病咳嗽，癆瘵吐痰，陰虛血少，痰因火動，孕婦、配生薑則無害。汗家、渴家、血家，并禁用。

題清・徐大椿《藥性切用》卷四 半夏 辛溫性燥，入脾胃而化痰止嘔燥，燥濕醒脾。生薑汁製透用。半夏麯，以半夏末入麪作麯，(盒)〔䈬〕生黃衣。性稍和緩，能治血虛伏濕之痰。霞天麯，以霞天膏渣入半夏末，和造䈬成，能治中虛沉痼之痰。霞天膏，以嫩黃牛肉煑取淨汁，煎煉成膏。大補中虛羸弱。按：南星、半夏均是燥藥，但南星治風痰，半夏治濕痰為不同。

清・黃宮繡《本草求真》卷四 半夏主散腸胃濕痰。半夏耑入脾、胃、膽，兼入心。書言辛溫有毒，體滑性燥，能走能散，能燥能潤。和胃健脾，補肝潤腎數語，業已道其主治大要矣。第不詳悉注明，猶未有解，蓋半夏味辛，辛則液化而便利，故云能潤腎燥也！成無己曰：半夏辛散行水而潤腎燥，蓋燥去濕則水利，辛化液則燥潤。《局方》半硫丸治老人虛秘，皆取其潤滑也。俗以半夏、南星為性燥，誤矣。濕去則土燥，痰涎不生，非二物之性燥也。脾苦濕，必得味辛氣溫以為之燥，半夏辛溫，能於脾中滌痰除垢，痰去而脾自健，故云能以健脾也。王好古曰：腎主五液，化為五濕，在腎為唾，在肝為淚，在心為汗，在肺為涕，在脾為痰，痰者因咳而動脾之濕也。半夏泄痰之標，不能泄痰之本。泄本者泄腎也，咳無形，痰有聲，無形則潤，有聲則燥，所以為疏脾濕而潤腎燥之劑也。胃為痰氣壅塞，則胃不和之極，半夏既能溫脾以除痰，又合生薑暖胃以除嘔，若合柴芩以治少陽寒熱往來，則胃更見和諧，故云能以和胃也。王好古曰：俗以半夏為肺藥，非也。止嘔為足陽明，除痰為足太陰，柴胡為之使，故柴胡湯用之。雖云止嘔，亦助柴芩主寒熱往來，是又為足少陽藥也。時珍曰：脾無濕不生痰，故脾為生痰之源，肺為貯痰之器，按有聲無痰曰欬。蓋傷於肺氣，有痰無聲曰嗽，蓋動於脾濕也，有聲有痰曰咳嗽。或因火、因風、因寒、因濕、因虛勞、因食積，宜分症論治。大法治嗽當以治痰為先，而治痰又以順氣為主，宜以半夏燥其濕，枳殼、橘紅利其氣，肺虛加溫斂之藥，肺熱加涼瀉之劑。他如氣逆能下，痰除而氣自下。鬱結能開，痰除而鬱與結亦開。暴死，以末吹鼻能救。如縊死、溺死、壓死、魘死、產死之類。不眠，以半夏湯通其陰陽得臥。《素問》曰：胃不和則臥不安。半夏能和胃氣而通陰陽。《靈樞》曰：陽氣滿不得入於陰，陰氣虛故目不得瞑，飲以半夏湯，陰陽既通，其臥立至。又有咳嗽不得眠者，左不得眠屬肝脹，右不得眠屬肺脹，宜清肺。胸脹，合括蔞等藥，名小陷胸湯以除。少陰咽痛生瘡，語聲不出，合雞子苦酒，名苦酒湯以服。仲景用此以治少陰咽痛。亦何莫非半夏之妙用，而為開竅利濕之藥。合陳皮、茯苓、甘草名二陳湯，為治痰之總劑。寒積佐以乾薑、芥子。積熱佐以黃芩、括蔞。濕痰佐以蒼术、茯苓。風痰佐以南星、前胡。痞痰佐以枳實、白术。更看痰所在加導引藥，惟燥痰非半夏所能司也。但陰虛火盛，熱結胎滑痰湧等症，則非所宜，不可不慎。趙繼宗曰：二陳治痰，世醫執之，內有半夏，其性燥烈。若風、濕、食諸痰則相宜，至於勞痰、失血諸痰，用之反能燥血液而加病。按古半夏有二禁，汗家、渴家忌之。然亦聞有用者。圓白而大陳久者良，浸七日，逐日換水，瀝去涎，同皂莢、白礬、薑煮熟。半夏畏薑，偏用薑以制其毒。或七日夜，用淨水淘浸，以除其涎。再用皂莢水浸七日夜，同皂莢可治風痰。又用灰水淘浸七日夜。可治脾胃痰。又用白礬水淘浸七日夜，可治清水痰。又用生薑水淘浸七日夜，可治寒痰。又用甘草水淘浸七日夜，可解其毒及調製藥之性。洗淨焙乾用。柴胡、射干為使，畏生薑、秦皮、龜甲、雄黃，忌羊血、海藻、飴糖。以甘膩凝滯故忌。惡皂莢，反烏頭。烏頭辛燥悍烈，故反。其用薑汁浸造，名生薑麯。礬水煮造，兼薑糊入。名礬麯。同皂角煮造煉膏，名皂角麯。同白芥子等分煮造，有竹瀝三分之一。名竹瀝麯。同麻油浸造，炒乾為末造成，名麻油麯。同黃牛膽與蜜造，名牛膽麯。同香附、蒼术、撫芎和半熬膏造，名開鬱麯。同芒硝十分之三煮與大黃煎膏造，名硝黃麯。同海粉、雄黃各十分之五煉蜜造，名海粉麯。同生黃牛肉熬膏，名霞天麯。並照造麯法草䈬七日，待生黃衣，懸乾掛風處，至用麯治之症，則隨製藥能治病症之性以為治焉。如生薑治寒痰，皂角治風痰，白礬治濕痰，牛肉治沉疴痼痰之類。

清・楊璿《傷寒溫疫條辨》卷六 半夏 反烏頭，生嚼戟喉閉氣，生薑製。味大辛，氣溫，能走能散，可升可降，陽中陰也。體滑性燥，和胃健脾，補肝潤腎，發表開鬱，下逆氣，止煩嘔，發聲音，利水道，除痰涎脇疼、嘔惡氣結，消痰核腫突、脾濕瀉泄，祛痰結頭疼、眉棱骨疼。《經》云：半夏和胃而通陰陽。若嘔吐不止，加薑汁微炒，即孕婦服之亦無妨也。二陳湯加枇杷葉，去毛蜜炙三錢，治孕婦惡阻。古有三禁，血家、汗家、渴家，然間有用之者。按：《局方》半硫丸：半夏、硫黃等分，薑汁糊丸服，治老人虛秘，取其潤滑也。《內經》云：胃不和則睡不安，治之以半夏湯。半夏二升，秫米二升，水煎服。是果性燥者乎？不知濕去則土燥，痰涎不生，非半夏之性燥也。世徒以性燥而治濕痰，則半夏之功用不彰矣。

清・羅國綱《羅氏會約醫鏡》卷一六草部 半夏味辛溫，有毒，入心脾胃三經。水浸七日，逐日換水，瀝去涎，切片，薑汁拌。得薑而功愈彰。反烏頭。 其質潤滑，大便燥者宜用。其性燥濕。痰涎不生。和胃，健脾去濕，止嘔脾健。治欬逆除痰、頭眩，痰升則眩。發表開鬱味辛，痰厥、頭痛、眉稜骨痛、風熱與痰。痰瘧不眠、胃不和也。半夏能和胃氣而通陰陽。咽痛喉痹、辛以散之。反胃吐食痰膈，散痞除癭，多屬痰者。老人虛秘滑潤，利二便。辛走氣，兼滑潤。

按：半夏主治，多宜脾濕之證，俗以為燥，不知濕去則土燥，痰涎不生，非其性燥也。若血家、渴家、汗家及陰虛欬痰、孕婦，悉忌之。若孕婦胃不和，嘔吐不止者，加薑汁微炒，用之無妨。

清・吳瑭《醫醫病書》 半夏論 半夏，古法用生薑製，蓋生薑能制半夏之小毒，半夏、生薑，二者有相須之妙。近日肆中概用礬製，取其潔白好看，不適於用，斷不可從。

清・陳修園《神農本草經讀》卷四下品 半夏 氣味辛，平，有毒。主傷寒寒熱，心下堅，胸脹咳逆，頭眩，咽喉腫痛，腸鳴，下氣，止汗。

陳修園曰：半夏氣平，稟天秋金之燥氣，而入手太陰。味辛有毒，得地西方酷烈之味，而入手足陽明。辛則能開諸結，平則能降諸逆也。傷寒寒熱、心下堅者，邪積於半表半裏之間，其主之者，以其辛而能開也。胸脹咳逆、咽喉腫痛、頭眩上氣者，邪逆於巔頂胸膈之上，其主之者，以其平而能降也。腸鳴者，大腸受濕，則腸中切痛而鳴濯濯也，其主之者，以其辛平能燥濕也。又云止汗者，另著其辛中帶澀之功也。仲景於小柴胡湯用之治寒熱，瀉心湯用之以治胸滿腸鳴，少陰咽痛亦用之，《金匱》頭眩亦用之，且嘔者必加此味，大得其開結降逆之旨。用藥悉遵《本經》，所以為醫中之聖。

又曰：今人以半夏功專祛痰，概用白礬煮之，服者往往致吐，且致酸心少食，製法相沿之陋也。古人只用湯洗七次，去涎，今人畏其麻口，不敢從之。余每年收乾半夏數十斤，洗去粗皮，以生薑汁、甘草水浸一日夜，洗淨，又用河水浸三日，一日一換，濾起蒸熟，曬乾切片，隔一年用之，甚效。蓋此藥是太陰、陽明、少陽之大藥，祛痰却非專長。故仲景諸方加減，俱云嘔者加半夏，痰多者加茯苓，未聞以痰多加半夏也。

清・趙學敏《本草綱目拾遺》卷五草部下 仙半夏

近日諸醫皆用之，藥肆亦多製備。相傳製法係仙人所傳，故名仙半夏。能化痰如神，若不信，將半夏七八粒研入痰盌內，即化為清水。其法：用大半夏一觔，石灰一觔，滾水七八盌，入盆內攪涼，澄清去渣，將半夏入盆內手攪之，日曬夜露七日足，撈出控乾。用井華水洗淨三四次，泡三日，每日換水三次，撈起控乾。用白礬八兩，皮消一觔，滾水七八盌，將礬消共入盆內攪晾溫，將半夏入內浸七日，日曬夜露足，取出，清水洗三四次，泡三日，每日換水三次，取出控乾。入後藥，甘草、南薄荷各四兩，丁香五錢，白豆蔻三錢，沉香一錢，枳實、木香、川芎、肉桂各三錢，陳皮、枳殼、五味子、青皮、砂仁各五錢。右共十四味，切片，滾水十五盌晾溫，將半夏同藥入盆內，泡二七日足，日曬夜露。攪之，將藥取出，與半夏同白布包住，放在熱炕，用器皿扣住，三炷香時，藥與半夏分胎，半夏乾收用。有痰火者服之，一日大便出，似魚膠，一宿盡除痰根，永不生也。《綱目》半夏條附方載法製半夏，其製法與此不同。今藥肆所售仙半夏，惟將半夏浸泡，盡去其汁味，然後以甘草浸曬，入口淡而微甘，全失本性，名曰仙半夏。並非照方製法，醫家亦視虛人有痰者用之。以為性平和而不傷於燥烈，是無異食半夏渣滓，何益之有。

清痰、開鬱、行氣、理痹。痰疾中風不語，研七八粒，同井華水送下，以手摩運腹上，一炷香時，即醒能語。

敏按：龔雲林云：仙方製半夏，化痰成水，皆治壯人痰火有餘之症，服之有效。虛人痰火忌服。

清・黃凱鈞《藥籠小品》 半夏 辛溫性燥，能走能散，和胃健脾，除濕化痰，發表開鬱止嘔；又能行水利二便，為治濕痰之主藥。苟無濕者禁。古有三禁，謂失血、口渴、多汗也。造麯，燥性減，調理劑中宜之。

清・王龍《本草纂要稿》 半夏 味辛、苦，生寒，熟溫，有小毒。開結氣，散逆氣，止痰飲脇痛。除嘔惡，發聲音，刼痰厥頭疼。燥脾濕而脾瀉止，斂心汗而痰嗽消。且能同竹瀝、芥子消痰核延生腫突，與皂角、南星療風痰卒中昏迷。共薑、附、蒼、陳治寒濕痰涎清白，配芩、連、蔞、粉化火痰老黑如膠。柴胡、射干為使，入脾、胃、膽經。

清・張九思《審病定經》卷上 時珍曰：脾無濕不生痰，故脾為生痰之源，肺為貯痰之器。愚按：半夏同蒼朮、茯苓，則治濕痰；同栝蔞、黃芩，則治熱痰；同南星、前胡，則治風痰；同芥子、薑汁，則治寒痰。惟治燥痰，但當以貝母、栝蔞，又非半夏所司也。

清・張德裕《本草正義》卷下　半夏　大辛苦，溫。性燥，入肺、胃、膽。消痰去濕，和胃調脾，止欬嗽，除嘔吐，散風閉喉痞，解轉筋霍亂，頭眩腹痞，痰厥頭痛。因其和胃，亦能安眠。陰虛內熱忌用。薑製良。半夏、貝母俱治痰嗽，半夏辛溫，貝母苦涼，半夏散寒，貝母清熱，潤燥溫涼，功用不同。

清・楊時泰《本草述鉤元》卷一〇　半夏　二月生苗，夏至後即枯。五月采根，圓白，秋後則皮多黑。

味辛、微苦，氣溫性燥，有毒。氣味俱薄，沉而降，陽中陰，陰中陽也。入足陽明、太陰、少陽，亦入手少陰經。射干為之使。和胃氣，燥脾濕，下氣止時氣嘔逆。治傷寒寒熱，心下堅，胸脹欬逆，消痰滿，開痰結，治寒痰更宜。并形寒飲冷傷肺而欬，瘵痰厥頭痛，痰飲脇痛，眉稜骨痛，并白濁夢遺帶下。胃冷嘔噦為最要頌。辛者散也，潤也。半夏之辛，以散逆氣結氣，除煩嘔無已。得土金之氣，而兼得乎天之燥氣，故其味辛平苦溫，火金相搏則辛而有毒，辛溫故善散，苦則善下泄仲淳。半夏去痰，蓋由益脾而能分水故也。脾惡濕，濕則濡困，困則不能治水，水勝則瀉。一男子夜數如廁，或教以生薑一兩，半夏、大棗各三十枚，水一升，瓷瓶中慢火煎熟，時呷之，便已也宗奭。俗以半夏有毒，每取貝母代之，不知貝母肺藥，半夏乃脾胃藥，何得而相代耶。若虛勞吐咯痰血，咽痛喉閉，肺癰、肺痿，婦人乳癰及諸鬱證，此皆貝母為向導，半夏禁用。若由脾胃濕熱生涎，化為黏痰，久則生火，痰火上攻，故令昏憒不省，口噤言蹇，偏廢僵仆，生死旦夕，自非半夏、南星曷可治乎石山。內傷飲食以動脾濕者，宜燥之，半夏之燥是也《類明》。凡濕痰鬱於中焦，清陽不升，以致濁陰不降，痞塞填滿，二便阻塞，用升柴二术二陳湯，能使大便潤而小便長丹溪。蓋燥濕化痰，上引清氣，清氣升則濁氣自降，鬱結開通，津液四布，濕流燥潤而小便長矣張三錫。熱痰佐以黃芩，風痰佐以南星，寒痰佐以乾薑，痰痞佐以陳皮、白术潔古。玉液丸，治中焦痰涎，利咽清頭目，進飲食，半夏泡七次四兩，枯礬一兩，為末，薑汁打糊或煮棗肉和丸梧子大，每薑湯下十五丸，寒痰加丁香五錢，熱痰加寒水石煅四兩。老人風痰入腑，熱不識人及肺熱痰實不利，半夏泡七次焙，消石半兩，為末，入白麪搗勻，水和，丸綠豆大，每薑湯下五十丸。風痰頭暈，嘔逆目眩，面色青黃，脈弦者，水煮金花丸，用生半夏、生南星、寒水石煅各一兩，天麻半兩，雄黃二錢，小麥麪三兩，為末，水和成餅，水煮浮起，漉出，搗丸梧子大，每服五十丸，薑湯下，極效。風痰喘逆，兀兀欲吐，眩暈欲倒，半夏一兩，雄黃三錢，為末，薑汁浸蒸餅丸梧子大，每服三十丸，薑湯下，已吐者，加檳榔。肺熱痰嗽，製半夏、栝蔞仁各一兩，為末，薑汁糊丸梧子大，每服二三十丸，白湯下，或以栝蔞瓤煮熟丸。濕痰心痛喘急者，半夏油炒為末，粥糊丸綠豆大，每服二十丸，薑湯下。心下悸忪，半夏、麻黃等分，為末，蜜丸小豆大，每服三十丸，日三。黃疸喘滿，小便自利，不可除熱，半夏、生薑各半斤，水七升，煮一升五合，分再服，有人氣結而死，心下暖，以此少許，入口遂活。白濁夢遺，有由腎氣閉而一身精氣無所管攝，遂乃妄行者，用半夏一兩，洗十次，切破，同木猪苓二兩，炒黃，出火毒，去猪苓，入煅過牡蠣一兩，山藥糊丸梧子大，每服三十丸，茯苓湯下。此與下元虛憊者不同，取半夏有利性，猪苓導水，使腎氣通也。盤腸產，產時子腸先出，產後不收者，以半夏末頻嗜鼻中則上。

論：半夏二月生苗，得一陰之氣而枯，生於陽，成於陰，故能引陽氣入於陰，即此可思燥濕祛痰之有專能矣。夫辛燥者陽也，其氣化極於陽盛之候，遇一陰初生，即以陽之極而歸陰，小柴胡湯取柴胡由陰而達陽，半夏由陽而化陰，製方真神於醫者。二陳湯有苓、半，以茯苓降天之陰氣，半夏發地之陽氣也。故其燥烈之氣，由火而趨水，以行分水散結，致醒脾和胃之化，所以液之聚為飲滯為痰者，惟此可責其效。第痰之患，由於液不化，而液之結，由於氣不化，為氣之病者不一，故痰之病亦不一，必本其所因之氣，而後可治其所結之痰，豈得概謂半夏治痰而獨用之，漫投之以責效哉。又液本於陰氣之所化，凡病有干於陰氣不足者，均宜慎之。

多用則瀉脾胃，孕婦忌之。用生薑，則無害潔古。古人立三禁，謂血家、渴家、汗家也。就其主治，亦有不可不辨者，凡咳嗽由於火空上炎爍肺喉癢，而不由於風寒濕滯，嘔吐由於胃熱火衝，而不由於寒濕痰壅，霍亂腹脹由於脾虛邪熱客之，而不由於寒食停滯，頭痛不由於痰厥，不寐不由於膽虛，毋概以為半夏所主而混投之。更易誤者，欬嗽吐痰，類多陰虛肺熱津液不足之候，誤服則液愈損，肺愈燥，陰氣愈虛，濃痰愈結，必致聲啞而死。若合參、术，禍不旋踵。以此味本脾胃藥，而非肺腎藥也。故凡痰中帶血，口渴咽乾者，大忌。又有似中風痰壅失音，偏枯拘攣及二便閉澀者，於法並忌仲淳。

修治：圓白者為佳，不厭陳久。臘月熱水泡洗，置露天，露過又泡，共七次，留久極妙。片則力峻，麴則力柔。

造麴法：先將半夏湯泡七次，曬乾為末，隨病用諸藥，或煎膏，或絞汁調末為丸，如彈子大，用楮葉或紙包裹，以稻草上下盦七日，生毛取出，懸風煙之上，愈久愈良。如治諸痰，用生薑自然汁。風痰，用牙皂煎膏，甚者少加麝香。寒痰青，濕痰白，用老薑煎濃汁，加白礬三分之一。火痰黑老痰膠用竹瀝或荊瀝，少入薑汁。皮裏膜外痰核，用白芥子、竹瀝。治顛癇一切健忘舌強等似風痿證，用臘月黃牛膽汁，略入熟蜜。小兒驚風，加南星等分，用甘草煎膏。脾虛慢驚及鬱痰，用香附、蒼术、川芎等分煎膏。中風猝厥傷寒并諸瘡瘍內結不便，一切宜下之病，用皮消、白粉霜十分之三，共用河水煮透，為末，以大黃煎膏。痰積沉痼，取二兩，入海粉一兩，雄黃五錢，為末，蜜丸。一切沉痼痰病，用黃牛肉煮成膏造麴，日乾。

清・鄒澍《本經疏證》卷一〇　半夏　【略】半夏味辛氣平，體滑性燥，故其為用，辛取其開結，平取其止逆，滑取其入陰，燥取其助陽，而生於陽長之會，成於陰生之交。故其為功，能使人身正氣自陽入陰，能不使人身邪氣自陽入陰，使正氣自陽入陰，則《內經》所謂衛氣行於陽，不得入於陰，為不寐，飲以半夏湯。陰陽既通，其臥立至，是也。不使邪氣自陽入陰，則《傷寒論》所謂若能食，不嘔，為三陰不受邪，半夏則止嘔專劑也。傷寒寒熱陽證也，傷寒寒熱而心下堅，則陽去入陰證矣。欬逆裏證也，胸脹而欬逆，則表裏參半證矣。頭為諸陽之會，陽為陰格則眩。咽喉為羣陰之交，陰為陽搏則腫痛。腸鳴者陽已降而不得入，氣逆者陽方升而不得降，汗出者陽加於陰，陰不與陽和，凡此諸證，不必委瑣求治，但使陰不拒陽，能入陰，陰陽既通，皆可立已。是故半夏非能散也，陰不格陽，陽和而氣布矣。半夏非能降也，陽能入陰，陰和而飲不停矣。不容殫述之功，贅此數言，孰曰尚有遺義哉。

大小茈胡湯、茈胡加芒硝湯、茈胡加龍骨牡蠣湯、茈胡桂枝湯，治傷寒寒熱心下堅之劑也。小青龍湯、小青龍加石膏湯、射干麻黃湯、厚朴麻黃湯、澤漆湯、越婢加半夏湯、桂苓五味甘草去桂加乾薑細辛半夏湯，治胸脹欬逆之劑也。小半夏加茯苓湯，治頭眩之劑也。苦酒湯、半夏散及湯，治咽喉腫痛之劑也。半夏瀉心湯、生薑瀉心湯、甘草瀉心湯，治腸鳴之劑也。葛根加半夏湯、黃芩加半夏生薑湯、竹葉石膏湯、麥門冬湯、大半夏湯，下氣之劑也。《本經》以主治，惟止汗一語，仲景無專方，餘則悉相印合。

或問半夏，傷寒寒熱，非心下堅者不用。欬逆，非胸脹者不用。以及咽腫，腸鳴，無不可屬之下氣，今以葛根加半夏、黃芩加半夏、生薑等湯繫之，豈治嘔即所謂下氣歟？曰他物下氣，未必不止嘔，如《本經》以橘柚、吳茱萸之類是也。他物下氣，未必盡止嘔，如《本經》以旋覆花、杏核仁之類是也。半夏下氣，未必盡因止嘔，如心下堅，胸脹，咽腫，腸鳴是也。半夏止嘔，又未必不盡因下氣，如《金匱要略》厚朴七物湯、白朮散、竹葉湯是也。蓋非氣逆則不嘔，故《千金・婦人虛損篇》遠志湯，若其人心胸氣逆者加半夏，淡竹茹湯氣逆者加半夏，竹葉湯氣逆者加半夏，小柴胡湯胸中煩而不嘔者去半夏，可見嘔緣氣逆，氣逆由水與氣相激，則半夏允為的對之劑矣。曰然則《本經》著他物之功，凡曰上氣者，與此蓋有別矣。其所以別者安在？曰攷《本經》，菖蒲、五味子、牡桂、射干、芫花、杏核仁，皆著其功曰主上氣。然未有不連及欬逆者，是知凡主上氣之物，皆能使逆氣自上焦而降。半夏等主下氣，則僅能使氣不自中焦逆，為其別矣。雖然《金匱要略》曰：火逆上氣，咽喉不利，止逆下氣者，麥門冬湯主之。論證則曰上氣，論治則曰下氣。又可見諸氣湊於肺者，謂之上氣，氣自中焦上逆，雖不必至肺，即謂之上氣，亦無不可。特半夏主中焦氣逆，不治諸氣奔迫於肺也。且《本經》於杏核仁既曰主欬逆上氣，又曰下氣，則又可見上氣終不可混。上氣下氣終不可混，則半夏下氣之功，斷在中而不在上，又何可混耶？

問小青龍湯渴者去半夏，小柴胡湯胸中煩而不嘔者去半夏。渴者去半夏，豈煩而不嘔口渴者，遂盡無用半夏者乎？曰是不然。蓋證必有因，因水與氣相軋而成者，皆不得有渴及不嘔而煩。若其因有不同，則溫經湯所主婦人下利，暮即發熱，少腹裏急，腹滿手掌煩熱，脣口乾燥。舉一病三者胥犯之矣。何者？其病之因緣瘀血在少腹故也。夫氣主煦之，血主濡之。氣留而不行，是氣有餘。血壅而不濡，是血有餘。氣有餘便是火，血有餘亦生火。特氣分之火，能消水耗陰。血分之火，不能消水耗陰，能消水耗陰者，見證在正面。不能消水耗陰者，見證只在側面。故不曰身熱心煩，而曰手掌煩熱，不曰口渴引飲，而曰脣口乾燥。則又何害其中宮水停氣搏，可用半夏哉？若夫氣分之病，嘔與渴本相背馳，故曰先嘔卻渴者，此為欲解。先渴卻嘔者，為水停心下，此屬飲家。嘔家本渴，今反不渴者，以心下有支飲故也。此屬支飲，又曰支飲者，小半夏湯主之。半夏之治嘔，其反覆推明也如此。至嘔渴並見之候，如豬苓湯之欬而嘔渴，五苓散之小便不利，渴欲飲水，水入即吐，均不用半夏。其嚴又如此。即嘔家有癰膿不可治嘔，膿盡自愈一節。雖不言及半夏，而不用半夏之旨，已隱然陰寓於其中。蓋半夏為治嘔專劑，今者嘔病中兼患癰膿，癰者脈必數，脈數者口必渴，則知其嘔緣火氣犯胃，非復氣與飽搏矣。擴而充之，則非特嘔而渴者不用半夏，雖謂之萬病見渴則均不與半夏相宜可矣。

青龍、柴胡、陷胸、承氣、建中、半夏方名，皆有大小之稱，將以寒涼為大耶，律之青龍則可，易而之他，則不可通矣。將以溫熱為大耶，律之建中則可，易而之他，又不可通矣。柴胡之大，不以能和。半夏之大，反以能和。陷胸之大，取以當病之急。承氣之大，最忌用之不審。又他當用大者，不可先試以小。而承氣獨以是垂法。他既用小者，不可更繼以大，而柴胡偏以是建功。既無一定之例可援，又無對待之義可審。是六方者，將無偶粘以大小之名，竟無絲粟意義於其間耶。是蓋不然。夫青龍興雲致雨者也，陷胸摧堅搜伏者也，承氣以陰配陽者也，建中砥柱流俗者也。是四方者，以功命名，則當大任者為大，當小任者為小。惟柴胡與半夏，則以藥命名，以藥命名，則柴胡主疏，主疏則疏之大者為大，疏之小者為小。半夏主和，主和則和之大者為大，和之小者為小。雖然，諸嘔穀不得下，未得為小。胃反嘔吐未必為大，而用大小半夏湯，將毋倒置耶。是又不然。蓋嘔而穀不得下，病在胃，胃反嘔吐，病亦在胃。第穀不得下之嘔，是胃逆有火，可見胃猶有權。至於朝食暮吐，暮食朝吐，宿穀不化，胃幾於無權矣。故小半夏湯刦散其火，胃中自安。大半夏湯則將轉磽瘠為膏腴，用人參不足，又益以白蜜，即水亦須使輕揚泛灎，不欲其性急下趨，化半夏之辛燥，為宛轉滋浥之劑。小半夏湯是耕耘頑礦而疏通之，使生氣得裕。大半夏湯是沃潤不毛而肥饒之，使生氣得鍾。於此見半夏之利有大有小，可潤可燥，不拘拘然局於化飲定中。又可見小半夏湯所謂驅馬駕輕車就熟路，王良造父為之先後者也。大半夏湯所謂何意百鍊剛化為繞指柔者也。

同以薑、夏二味成方，或為小半夏湯，或為半夏乾薑散，或為生薑半夏湯，此薑、夏之殊性可測識，薑夏之功能可循按也。夫薑、夏同以味辛為用，薑之性主於橫散，夏之性主於降逆。嘔也，噦也，喘也，莫非上逆之病，特嘔者有聲有物，乾嘔與噦皆有聲無物。有物者為實，無物者為虛。乾嘔與噦，又有虛實之殊。蓋乾嘔者氣動而不甯，噦者氣定而相搏，是乾嘔者虛中之虛，噦則虛中之實矣。觀小半夏湯主諸嘔，穀不得下，主支飲不渴，主黃疸，小便色不變，欲自利，腹滿而喘，因除熱為噦，半夏乾薑散。主乾嘔吐，逆吐涎沫，生薑半夏湯。主病人胸中似喘不喘，似嘔不嘔，似噦不噦，徹心中憒憒然無奈。一則氣逆而實，一則氣逆而虛。實者佐以走而不守之生薑，虛者佐以守而不走之乾薑。又夏之性烈於薑之性，然薑適足以制夏之烈，故實者夏倍於薑，虛則夏、薑相等。此小半夏湯與半夏乾薑散，非特意義不同，抑且製劑迥別，實則多與而疊與焉，虛則僅服方寸匕，又用漿水煎之，以和其性，固難並日語矣。若夫生薑半夏湯證，全在病人意中，而不見諸形象，迷悶之極，諒不能以降逆一途冀其發越，故倍生薑，擣治取汁，先煎半夏而後內之，使薑之氣銳，夏之氣醇，散力迅疾，降力優柔。其與小半夏湯用意正相胡越，尤斷斷不能相提並論矣。凡以半夏下氣者，須識此裁成輔相之宜，乃不貽膠柱鼓瑟之誚。

半夏之用，惟心下滿及嘔吐為最多。然心下滿而煩者不用，嘔吐而渴者不用，前既言之詳矣。其治咽喉，猶有在少陰喉痛外者乎？其亦有宜用不宜用者乎？夫咽中傷生瘡，不能語言，聲不出者，苦酒湯。但咽中痛者，半夏散及湯。此少陰證也。欬而上氣，喉中水雞聲，射干麻黃湯。火逆上氣，咽喉不利，止逆下氣者，麥門冬湯。婦人咽中如有炙臠者，半夏厚朴湯。此則非少陰證也。炙臠言其形，水雞言其聲。生瘡不能語言聲不出，言其痛楚之狀，不利言，其有所阻礙。於此可見半夏所治之喉痛，必有痰有氣阻於其間，呼吸食飲有所格閡，非如甘草湯、桔梗湯、豬膚湯，徒治喉痛者可比矣，非特其治咽喉有宜忌也。即其治眩，治腸鳴，亦莫不各有宜忌。如曰卒嘔吐，心下痞，膈間有水氣眩悸者，小半夏加茯苓湯。曰假令瘦人臍下有悸，吐涎沫顛眩者，五苓散。於此即可見眩因於水，乃為半夏所宜。然水在膈間則用，水在臍下則不用，此眩之宜忌矣。半夏瀉心湯、生薑瀉心湯、甘草瀉心湯，皆有腸鳴皆兼下利，則知腸鳴而不下利者，非半夏所宜矣。

發汗後腹脹滿者，厚朴生薑甘草半夏人參湯主之。先渴後嘔，為水停心下，小半夏加茯苓湯主之。卒嘔吐，心下痞，膈間有水眩悸者，小半夏加茯苓湯主之。妊娠嘔吐不止，乾薑人參半夏丸主之。婦人咽中如有炙臠，半夏厚朴湯主之。傷寒固與雜證不同，表已解者，亦與雜證不異。妊娠又與雜證不同，然有病者亦何能大異於無妊之病。是故四方者，其中皆有小半夏湯在，乃所治之病，迥不相侔，何耶？夫小半夏湯，治中宮氣水相忤，欲逆於上之劑也。水勝於氣，則加茯苓。氣虛水逆，則加人參。氣水並盛，結而阻閡胃脘，則加厚朴、紫蘇、茯苓。原理密相貫，半夏之功用，並未異於常也。若夫傷寒表解裏未和，其氣既不上沖，又不下洩，徒脹滿於胸中，不日晡潮熱，不繞臍痛，不口燥咽乾，不汗出，不小便自利，則不得為陽明而用承氣。不手足自溫，不脈緩，不時痛時止，則不得為太陰而用理中。然徒脹滿，則於太陰為近，陽明為遠，蓋氣無約束則脹，水無約束則滿，既脹且滿，又何能不上逆為嘔，下洩為利耶？加理中之半於小半夏湯中，使半夏、生薑，斡旋中宮，俾勿上逆。使人參、甘草，填補中宮，俾勿下洩。然又恐其補勝於和也。故於承氣中擇厚朴之除滿者，與補相對待焉。不得為補劑，亦不得為洩劑，又不得為汗劑，實為和中之劑，其著力處全在小半夏湯。半夏之用，神明變化極矣。

病發於陽而反下之，熱入因作結胸，病發於陰而反下之，因作痞，所以成結胸者，以下之太蚤故也。同為邪氣自外至內，而結胸言熱入，痞不言下蚤，可見病發於陰者之非熱，始終不可下矣。始終不可下者，反蚤下之，則陰邪必自外入內，陰邪自外入內，其溜於下部者無論已，其竊踞於陽位者，治法舍半夏其誰與歸。是故半夏瀉心湯、生薑瀉心湯、甘草瀉心湯、旋覆花代赭石湯，皆莫不有半夏。是半夏者，陰邪竊踞陽位之要劑也。

蓋凡陰陽相協，乃成生氣。故物性之熱者，多生於沍寒。其性寒者，多生於暄暖。半夏生於三陽開泰之後，成於一陰纔姤之時，則其鍾陰氣達初陽可知矣。能達初陽，則雖陰而不能潤，惟鍾陰氣，故雖燥而仍能入陰。稟此陰陽相間之德，滑燥悉具之能，又何得不從陽入陰，治踞於陽位之邪哉？雖然，痞仍有不用半夏者，大黃黃連瀉心湯、附子瀉心湯是也。結胸亦有用半夏者，小陷胸湯是也。夫惟有所入，則必有所挾，所入既有陰陽，所挾亦必有陰陽。設所入既為熱，所挾又為熱，兩熱相合，其鋒必盛。所入既為寒，所挾復為寒，兩寒相并，其凜必深。故治熱不嫌大黃、芒硝之峻，治寒不厭人參、乾薑之溫，特其所踞之地，不可不究。胸中雖陽位，實飲之所聚，故縱用消、黃，仍不能離甘遂、葶藶。即用參、薑，仍不失兼半夏、芩、連也。若夫所入係寒，所挾則熱，所入係熱，所挾則寒，於是不能不以輕銳無著之寒，洩其所挾之熱，以寒溫錯雜之製，治其所挾之寒，此大黃黃連瀉心湯、小陷胸湯之所以主也。譬之水性，河最橫，淮次之，江則寬廣安行者也。乃今日者，淮之地見奪於河，其水反入於江，則淮之地既為河所占，則不能不以治河之法治之。淮之當治者，以既入於江，反不必治矣。半夏之治，是陰邪踞於陽位，陽位之邪，無論其自外而入，自內而合，凡現在所見之證，不屬夫陰，則不得概用，於此不可見耶。

傷寒發汗，若吐若下解後，心下痞鞕，噫氣不除，旋覆花代赭石湯主之。傷寒胸中有熱，胃中有邪氣，腹中痛，欲嘔吐者，黃連湯主之。半夏之所與，其剽勁乃爾。傷寒解後，虛羸少氣，氣逆欲吐者，竹葉石膏湯主之。火逆上氣，咽喉不利，止逆下氣者，麥門冬湯主之。胸痛不得臥，心痛徹背者，栝樓薤白半夏湯主之。胃反嘔吐者，大半夏湯主之。半夏之所與，又澹宕如是。在剽勁中正賴其驅飲醒中，不得儕卑賤卒伍也。居澹宕中，尤仗其下氣和脾，則允為監制劇職矣。夫物貴因時，用須審勢。諸湯所主，頭緒雖繁，然撮其要，不過胸痞、嘔吐、上氣、心痛已耳。胸痞尚濡，甯用大黃黃連瀉心湯，不用半夏，嘔吐至食入口即出。甯用乾薑黃連黃芩人參湯，不用半夏，上氣莫甚於肺癰，喘不得臥，乃葶藶大棗瀉肺湯。不藉有此，心痛最劇，是心痛徹背，背痛徹心，烏頭赤石脂丸。豈藉加茲，以是而論，則半夏遂寧中無用乎。殊不知半夏之妙，正在不用處。有以見其用耳，合乎溫燥隊中。見煩則不用，見渴則不用，合於清潤隊中。偏為煩與渴之良劑，如竹葉石膏湯、麥門冬湯。雖不言煩渴，用清甘若是其多，則豈盡能無。而大半夏湯中，人參、白蜜以補以潤，決非絕無煩與渴者。審乎此，則為剛劑中鋒銳，柔劑中斷制，其功豈可泯耶！

清・葉桂《本草再新》卷三　半夏味辛，性溫，無毒。入肝、脾、肺三經。和脾胃，止欬嗽，化痰理氣，利濕却寒，治嘔吐，療癰疽。

清・吳其濬《植物名實圖考》卷二四　半夏　半夏，《本經》下品。所在皆有，有長葉、圓葉二種，同生一處。夏亦開花如南星而小，其梢上翹似蝎尾，固始呼為蝎子草。凡蝎螫，以根傅之能止痛。錢相公《篋中方》亦載之。諸家本草俱未及此。《本草會編》謂俗以半夏性燥，多以貝母代之，不知痰火上攻，昏憒口噤，自非半夏、南星，曷可治乎？半夏一莖三葉，諸書無異詞，而原圖一莖一葉，前尖後歧，乃似茨菰葉。余曾遣人繪川貝母圖，正與此合，豈互相舛誤耶？抑俗方只此一物而兩用耶？二者皆與圖說不相應，非書不備，則別一物。

雩婁農曰：半夏處處有之，乃以鵲山為佳。余讀孔平仲詩而啞然也。藥物雖已法製，非棗栗之覓可比，何至據攫代攘，辛螫啼噪耶？其末云：老兄好服食，似此亦可防；急難我輩事，感惕成此章。始知婉言以諷，非真實耳。昔人好食竹雞，尚能中毒，況服半夏過度，豈不為害？

清·趙其光《本草求原》卷六毒草部 半夏 二月陽盛而苗生，五月一陰之時而苗枯，根乃告成。《月令》五月半夏生。言其根也。形圓而白，正當夏半，故名半夏。氣平，得秋金之燥氣，入肺。味辛，有毒。得西方酷烈之味，入胃、大腸，由陽極歸陰之時而成，最能引陽氣通於陰分。且辛能開結散邪，平能降衝任諸逆之氣，故治傷寒寒熱心下堅，邪結於半表半裏之間，宜此辛散以開之。腸鳴，腸受濕切痛而鳴，辛平能燥之。止汗。辛中帶濇之功也。

仲景小柴用之以治寒熱，蓋夏之半為陽極轉陰之時，正合少陽半表半裏之病也。瀉心湯用之以治胸滿腸鳴，少陰咽痛亦用之；且嘔者必加此味，大得其開結降逆之旨。用藥悉遵《本經》，所以為醫中之聖。後人用治心腹胸膈痰熱滿結，咳嗽上氣，心下急痛，堅痞，時氣嘔逆，消癰腫。謂其墮胎，療痿黃，通大便，利小便，行濕利痰，分水實脾，總不出開降之義耳。

按：半夏治痰，人類以其燥濕散結矣。然辛燥之味不少，何以此獨治痰？誠以生於夏半，陽極而轉歸於陰，故能通陽氣入於陰分。治陽不入陰，夜不成寐者，飲以半夏秫米湯，陰陽通而臥立至。其治痰飲，亦由其陽火趨歸於陰以行胃液，使胃中陰液不化結而成痰者，引陽氣以歸之化之。彼辛燥而不能入陰者，豈得與之同哉。若肺陰不足，而液結成痰，又不得誤用矣。惟形寒飲冷，傷肺而咳，乃胃有飲，肺氣不降，乃為合劑。故脾胃寒濕，或泄或嘔，最為要藥，亦以其趨水下行也。同生薑、大棗大劑呷之，治水瀉。二陳加二术、升、柴，治濕痰鬱於中，致清不升、濁不降，而二便閉阻；清升濁降，大便潤而小便自長。觀此可知其入陰行水之力。同硝石末，入麵為丸，薑湯下，治風化涎，進飲食；寒加丁香，熱加熟石膏。同雄黃為末，薑汁為丸，治風痰喘，眩暈欲吐。油炒為末，粥糊丸，治濕痰心痛。孕婦忌之；同生薑，或補脾胃藥則不妨。

金閶風曰：茯苓能降天之陰氣，半夏發地之陽氣。謂陰液之結，由於陽氣不化，半夏引陽入於脾陰以發之也。生為末，吹鼻，治卒死及五絕急症，凡自縊、牆壓、溺水、魔魅皆活。生研水調，塗打撲瘀痕，一宿即沒。

生用，令人吐，戟人咽喉。宜以湯洗，去粗皮，以生薑、甘草水浸一日夜洗淨，又用河水浸三日，一日一換，則其涎盡；濾起蒸熟曬乾，隔一年用。若蒸製太過，則辛通之性盡失矣。今人以白礬水浸過，用河水浸四十九日，名之曰蘇夏，喜其嚼食不麻；豈知辛平已失，何能通降以化陰液乎？況此藥是太陰陽明少陽大藥，卒死可治，開結以交通陰陽之功專，治痰其次焉耳。故仲景諸方加減，俱云嘔者加半夏，痰多者加茯苓，未聞其痰多加半夏也。又法：湯浸洗盡涎，同皂莢、白礬煮熟，薑汁拌，焙乾用。或加竹瀝，分先後四次製，治痰亦妙。咽痛，醋炒用；小兒驚痰及膽虛不眠，豬膽汁炒入脾胃丸劑研末，薑汁拌盦作麯，候陳用。

或謂半夏能燥能潤，謂陰液化，土氣通調，大便自潤也，古方治喉痹多用之，寒濕阻血而吐衄下血亦用。時解概以為燥，血家、渴家、汗家禁用，豈如惟陰虛火旺、自汗而渴者忌之，寒濕而渴汗者不禁也。同花粉、黃芩，治熱痰；同南星、前胡，治風痰；同芥子、薑汁，治寒痰；惟燥痰不能治。同栝蔞仁、黃連，治小結胸。同雞子清、苦酒，治少陰咽痛生瘡，語聲不出。同生薑，治支飲作嘔。同參、蜜，治嘔吐反胃。同麻黃蜜丸，治心下悸忪。醋煮，同芩、甘、薑汁、麵糊丸，治伏暑引飲，脾胃不利，一皆通降行濕之功。故陰虛人忌，恐再竭其津也。

清·葉志詵《神農本草經贊》卷三 半夏 味辛，平。主傷寒寒熱，心下堅，下氣，喉咽腫痛，頭眩胸脹，欬逆腸鳴止汗。一名地文。一名水玉。生川谷。

候生夏半，水玉明涵。白芀圓上，綠竹隅三。芥消涎滑，薑瀹咀甘。火風寒濕，餅麴詳諳。

李時珍曰：《月令》：五月，半夏生，當夏之半也。水玉以形名。杜甫詩：明涵客衣靜。吳普曰：白華圓上。蘇頌曰：生江南者，花似白芀藥，莖端三葉淺綠色，似竹葉。《論語》：不以三隅反。雷斆論：用白芥子末，浸湯洗去涎滑。陶弘景曰：須用生薑以制其毒。韓維詩：插芳咀甘不知去。白飛霞曰：治風痰、火痰、濕痰、寒痰。李時珍曰：洗去皮垢，浸七日，或和作餅，或造為麴。賈島詩：星名未詳諳。

清·文晟《新編六書》卷六《藥性摘錄》 半夏 辛，溫，有毒。體滑性燥，和胃健脾，補肝潤腎，散腸胃濕痰。○他如氣逆能下，鬱結能開。異死者，吹鼻能救。不眠者，湯服得臥。胸脹，合瓜蔞等藥服，即除。少陰咽痛生瘡，聲音不出，合雞子、苦酒煎湯服，有効。○但陰虛火盛，熱結胎滑，痰湧等症，及汗多口渴者，忌之。○以水換浸七日，泡去涎，同皂角、白礬、薑等煮熟用。○或制為各種曲，陳久者良。

清・張仁錫《藥性蒙求・草部》 半夏各種半夏麯錢半 半夏味辛，健脾和胃。嘔吐濕痰，調中為最。辛，溫。體滑性燥，為治濕痰之主藥。無濕者禁用。古人半夏有三禁，謂血家、渴家、汗家也。又能發聲音，止煩嘔，主治最多，莫非脾濕之證。○同蒼朮、茯苓治濕痰，同瓜蔞、黃芩治熱痰，同南星、前胡治風痰，同白芥子、薑汁治寒痰。惟燥痰宜栝蔞、貝母，非半夏所能治也。○《拾遺》云：近日諸醫皆用仙半夏，藥肆亦多製備，相傳製法，係仙人所傳，故名。能化痰如神，若不信，將半夏七八粒，研入痰碗內，即化為水。製法詳《綱目拾遺》。龔雲林曰：仙半夏治壯人痰火有餘之症，服之有效。虛人痰火忌服。○各種半夏麯甚多，惟竹瀝麯、霞天麯常用，故錄之以備採用。竹瀝麯：用白芥子等分，或三分之一，竹瀝和成，略加麯和，治皮裏膜外結核隱顯之痰。霞天麯：用黃牛肉煎汁煉膏，名霞天膏，將膏和半夏末為麯，治沉疴痼疾。造麯之法，草盦七日，待生黃衣，懸掛風處，愈久愈佳。

清・屠道和《本草匯纂》卷一溫散 半夏 耑入脾、胃、膽，兼入心。辛溫，有毒。體滑性燥，能走能散，能潤能燥，和胃氣，燥脾濕，補肝潤腎，燥脾胃濕痰。治眉稜骨痛，痰厥頭痛，除腹脹及目不得眠。消痰下肺氣，開胃健脾，去心腹胸膈痰滿欬逆，頭眩，咽喉腫痛，心下急痛堅痞，吐食反胃，霍亂轉筋，腸腹冷痰瘧，腸鳴下氣，止汗，墮胎。療痿黃。生者摩癰腫，除瘤癭氣，開鬱結。王好古曰：腎主五液，化為五濕，在腎為唾，在肝為淚，在心為汗，在肺為涕，在脾為痰。痰者，因欬而動脾之濕也。時珍曰：脾無濕不生痰。故脾為生痰之源，肺為貯痰之器。按有聲無痰曰欬，蓋傷於肺氣也。有痰無聲曰嗽，蓋動於脾濕也。有聲有痰曰欬嗽，或有因火、因風、因寒、因濕、因虛勞、因食積，宜分症論治。大法治嗽當以化痰為主，而化痰必以順氣為先。蓋氣一順，而通身之津液皆順矣。宜以半夏燥其濕，枳殼、橘紅利其氣。肺虛加溫斂之藥，肺熱加涼瀉之藥。暴死，以末吹鼻能救，如或縊、或壓、或溺、或魘、或產之類。不眠，以半夏為通其陰陽，自能得臥。《素問》曰：胃不和則臥不安。半夏能和胃氣，而通陰陽。《靈樞》曰：陽氣滿不得入於陰，陰氣虛，故目不得瞑。飲以半夏湯，陰陽既通，其臥立至。又有欬嗽不得眠者，左不得眠屬肝脹，宜平肝；右不得眠屬肺脹，宜清肺。少陰咽痛生瘡，語聲不出，合鷄子、苦酒，名苦酒湯，仲景用治咽痛，蓋取其開竅利濕之意。但陰虛火盛，熱結胎滑，痰湧勞嗽失血等症，則非所宜。

清・戴葆元《本草綱目易知錄》卷二 半夏 辛，溫，有毒。體滑性燥，能走能散，能燥能潤。和胃健脾，補肝潤腎，除濕化痰，發表開鬱。下逆氣，止煩嘔，發音聲，利水氣，救暴卒，療痿黃，開心腹堅積，去胸膈痰滿。治傷寒寒熱，咳逆頭眩，痰厥頭痛，眉稜骨痛，時氣嘔吐，目不得瞑，形寒飲冷，肺傷咳嗽，咽腫喉痛。腹冷痰瘧，反胃吐食，霍亂轉筋。男子遺濁，女人白帶。生者，摩塗癰腫，除瘤癭氣，消腫止痛。妊婦慎用。反烏頭，忌羊血、海藻、飴糖。水浸七日，薑汁、甘草、白礬水煮乾用。

清・黃光霽《本草衍句》 半夏 辛溫有毒，能走能散；體滑性燥，能燥能潤。和胃健脾，補肝潤腎。入手少陰、少陽，兼足陽明、太陰。傷寒寒熱，寒熱之在肺胃間也。心下急痛痞堅。辛能開肺降逆。咽痛喉疼，痰厥頭痛眩暈。開降上焦之火。止吐嘔，下逆氣，利水道，發聲音。又能除濕化痰，發表開鬱。目不得瞑，反胃瘧疾。血家渴家汗家常禁，陰虛痰症妊婦宜忌。得醋製，再得茯苓、甘草，治伏暑引飲；得黃連、瓜蔞實治結胸，得硫黃治老人虛秘，得牡蠣、猪苓治無管攝之遺濁。胃氣行於陽，陽氣滿，不得入於陰，陰氣虛，故目不得瞑。治法：飲以半夏湯一劑，陰陽既通，其臥立至。半夏、秫米，煎服。

清・陳其瑞《本草撮要》卷一 半夏 味辛，入手太陰、少陰二經，功專消痰止嘔，救五絕急病。得醋製，再得茯苓、甘草治伏暑引飲，得黃連、栝蔞治結胸，得硫黃治老人虛秘，得牡蠣、猪苓治無管攝之遺濁，得沉香末、生薑治眉稜骨痛神效。柴胡、射干為使。畏生薑、秦皮、龜甲、雄黃，忌羊肉、海藻、飴糖，惡皂莢，反烏頭。

清・李桂庭《藥性詩解》 賦得半夏主於風痰得痰字。田春芳。 半夏辛溫燥，功惟主治痰。通音調氣效，止汗散風堪。

前題李春霖 半夏宣風氣，功原主嗽痰。嘔煩猶可治，咳逆用須堪。

按：半夏性本溫燥，宣通陰陽。主治風濕，和胃健脾，止嗽化痰，開發聲音，舒導鬱結，散痞除癭，消腫止汗。主治雖多，不外勝濕之症。

清・仲昴庭《本草崇原集說》卷下 半夏 【略】〔批〕《經讀》又云：止汗者，另著其辛中帶澀之功也。【略】〔批〕半夏生用者少，熟用者多，故《經讀》定制法，隔一年用之。隔一年則運一周矣。

仲氏曰：半夏大小不等，《傷寒》苦酒湯，以雞子殼一枚，納半夏十四枚，則十四枚皆不過豌豆粗細可知矣。《淺注長沙方歌括》以為《傷寒》原本，半夏洗破十四枚，謂洗一枚破作十四枚也，後人將原本翻刻，脱去破字，不破則十四枚之數，豈一雞子殼所能容。此則就半夏之大者言之，洗淨破用，亦無不可。

清・鄭奮揚著，曹炳章注《增訂偽藥條辨》卷三 半夏 偽名洋半夏，形雖似而粒不圓，不知何物偽充，誤服有害。按半夏氣味辛，平，有毒。青、齊、江、浙隨處有之。生於澤中者，名羊眼半夏。總以圓白為勝，陳久者良。若此種洋半夏，殆亦由跋混充歟。由跋即天南星之小者，絶類半夏，幸勿誤用。

炳章按：半夏三四月出新。杭州富陽出者，蒂平粒圓，色白質堅實，惟顆粒不大，為最佳。衢州、嚴州出者，略扁，蒂凹陷，色白微黄，亦佳。江南出者粒小，江北出者如帽頂形，皆次。四川、荊州出者粒圓而大，色白質鬆，有筋，落水即胖大易腐，亦次。饒州、涇縣、揚州、泰興出者，皆鬆碎，不道地，不能切片，漂作半夏粉用尚可。福建出者，浸入水中即腐爛，更次，不入藥用。鄭君云南星之小者，絶類半夏。然南星無論大小皆極扁，不若半夏之圓，以此分辨，不可能偽也。

蘇半夏 蘇製半夏，當以宋公祠所製為勝。因半夏性燥有毒，故用法製之，性較和平，去痰之功雖緩，然素體屬火者，頗見相宜。近今偽藥雜出，因蘇夏盛行，上海各處均有仿製，製法不同，功力自遜。而肆中所售土蘇夏者，係用半夏研末，調麵粉、米泔，擂為圓粒，假充上海蘇夏，以偽亂偽，殊堪痛恨。

炳章按：蘇州戈製半夏，不但各地仿製作偽，且現洋托民信局去購，亦多贋品。因該地信局，與偽半夏店訂有私約，與信局以重大回扣，而寄來仿單，亦屬相同。惟半夏色黯不香，無肉桂氣。戈老二房真者，其色黄亮，氣香有肉桂氣。欲購真者，必須托郵局匯洋掛號，寄蘇州閶門臨頓路戈老二房半夏店，則不致誤購偽品耳。且戈半夏雖秘製，大約與《本草綱目拾遺》内宋公夏相類，有肉桂，性溫燥。炳章實驗治寒濕痰上壅氣喘確效。凡治陰虛熱痰氣喘，苟誤服之，必因燥熱而咳血自汗，愈速其死矣，尤當注意之。

清・周巖《本草思辨錄》卷二 半夏 半夏味辛氣平，辛則開結，平則降逆，為治嘔吐胸滿之要藥。嘔吐胸滿者，少陽證也，故小柴胡湯不能缺此。推之治心痞、治腹脹、治咳、治咽喉不利，一皆開結降逆之功。要其所以結與逆者，由其有停痰留飲，乘陽微以為患，半夏體滑性燥，足以廓清之也。

用半夏者，率以二陳湯能潤大便，半硫丸能治虛秘冷秘，謂潤而非燥。究亦何嘗不燥也。遇津虧無濕之人投之，立貽禍殃。惟仲聖取其長而棄其短，胃反為脾傷不磨，非有滯濁，乃佐之以人參，益之以白蜜，俾半夏之燥性盡失，而胃中之穀氣以行。又竹葉石膏湯、麥門冬湯、溫經湯三證，亦未可以半夏劫液者。乃其所伍者，為竹葉、石膏、人參、麥冬、甘草、粳米、阿膠、丹皮之屬，是亦化半夏之燥而展其開降之能，所謂化而裁之存乎變也。

小青龍湯曰渴者去半夏，小柴胡湯曰渴者去半夏，此可為半夏非不燥之明徵。然半夏之燥，燥而滑者也，能開結，能降逆，與燥而濇者不同矣。

白附子

宋・唐慎微《證類本草》卷一一草部下品〔《別録》〕 白附子 主心痛血痹，面上百病，行藥勢。生蜀郡，三月採。

〔梁・陶弘景《本草經集注》〕云：此物乃言出芮，芮久絶，俗無復真者，今人乃作之獻用。

〔唐・蘇敬《唐本草》〕注云：此物本出高麗，今出涼州已西，形似天雄。《本經》：出蜀郡，今不復有，涼州者生沙中，獨莖鼠尾草，葉生穗間。

〔宋・掌禹錫《嘉祐本草》〕按：《蜀本》云：味甘、辛，溫。又《圖經》云：葉細周匝，生於穗間，出砂磧下濕地。日華子云：無毒。主中風失音，一切冷風氣，面皯瘢疵，入藥炮用。新羅出者佳。

〔宋・唐慎微《證類本草》〕《海藥》云：按《南州記》云：生東海，又新羅國。苗與附子相似，大溫，有小毒。主治疥癬，風瘡，頭面痕，陰囊下濕，腿無力，諸風冷氣，入面脂皆好也。

金・張元素《潔古珍珠囊》〔見元・杜思敬《濟生拔粹》卷五〕 白附子辛苦 純陽。溫中，血痺行藥勢，主中風失音。乃行而不止者也。

宋・劉明之《圖經本草藥性總論》卷上 白附子 主心痛血痺，面上百病，行藥勢。日華子云：無毒。治中風失音，一切冷風氣，面皯瘢疵。

宋・陳衍《寶慶本草折衷》卷一一 白附子 生蜀郡，及新羅、高麗、東海、涼州砂磧下濕地。○三月採，用石灰同藏，以防蟲蛀。味辛，溫，無毒。○主心痛血痹，面上百病。行藥勢。○日華子云：治中風失音，冷風氣，面皯古但切瘢疵，入藥炮用。〇《局方》：四生散用者不炮。新羅出者佳。〇《南州記》云：治疥癬，風瘡，陰濕，腿無力。

續説云：《素問》言苦以堅之，白附子味最苦，為無堅性，未敢訂以

元·王好古《湯液本草》卷四 白附子 陽，微温。《珍》云：主血痹，行藥勢。《本草》云：主心痛血痹，面上百病。行藥勢。

元·尚從善《本草元命苞》卷五 白附子 甘、辛，溫。主心痛血痺，治疥癬風瘡。行藥勢，附面上百病，入面脂，滅面皯瘢痕。醫中風失音，療腿腳無力。《經》云：蜀郡本産，高麗、新羅為上，涼州次之。形似天雄，白小，苗與附子相同。三月採取，入藥大炮。

明·王綸《本草集要》卷三 白附子 味甘辛，氣溫，無毒。一云：有小毒。三月採，凡用炮。 （王）〔主〕心痛血痹，面上百病，行藥勢，治中風失音，諸風冷氣，疥癬風瘡，頭面痕，陰囊下濕，腿無力。又宜入面脂。

明·滕弘《神農本經會通》卷一 白附子 俗無復真者。生東海與新羅國。形似天雄，苗似附子。《本經》生蜀郡。今不復有。三月採，入藥炮用。味甘、辛，氣溫，無毒。又云：大溫，有小毒。《湯》云：陽，微溫。東云：去面遊風。《疌》云：主冷風心疼，除中風失語，兼療血痺，面疵皯瘢。珍云：主血痺，行藥勢，中風失音。

《本經》云：主心痛，血痺，面上百病，行藥勢。《蜀本》云：味甘、辛，溫。日華子云：無毒。治中風失音，一切冷風氣，面皯瘢疵。入藥炮用。新羅出者佳。海藥云：大溫，有小毒。主治疥癬風瘡，頭面痕，陰囊下濕，腿無力，諸風冷氣。入面脂皆好也。珍云：主血痺，行藥勢。劊云：白附子能除腹痛，更行藥勢主心疼。去除面上諸般病，又治風瘡及中風。即《局方》白附子祛逐風痰。

明·劉文泰《本草品彙精要》卷一四 白附子無毒 植生。

白附子：主心痛，血痹，面上百病，行藥勢。名醫所録。 【苗】《蜀本圖經》云：葉細周匝，生於穗間，出沙磧下濕地。《唐本》注云：生沙中，獨莖，似鼠尾草，葉生穗間，形如黑附子而小，其色白，故名白附子也。【地】《唐本》注云：出高麗，今涼州、巴西、蜀郡皆有之。【道地】生東海新羅國。【時】生：春生苗。採：三月取根。【收】陰乾。【用】根。【質】類烏頭而小。【色】白。【味】甘，辛。【性】溫，散。【氣】氣之厚者，陽也。【主】小兒驚風，面皯，瘢疵。【製】麵裹或濕紙包，火中煨炮用。【治】療：日華子云：主中風失音，一切冷風氣。《別録》云：治疥癬風瘡，頭面痕，陰囊下濕，腿無力，諸風冷氣，亦入面脂用。

明·葉文齡《醫學統旨》卷八 白附子 氣溫，味甘、辛。有小毒。凡用炮。治中風失音，諸風冷氣，心痛血痺，面上百病，行藥勢；疥癬風瘡，頭面痕，陰囊下濕，腿無力；宜入面脂。

明·許希周《藥性粗評》卷二 附子半枚之白，回瘖瘂於風中。白附子，此與黑附子同類而異種，形亦相似，獨莖似鼠尾草，葉細，周匝生於穗間。生新羅及川蜀諸郡砂磧濕地，以新羅者為上。入藥亦如附子，炮用。味辛、甘，性大溫，有小毒。主治心痛血痹，冷風諸氣，中風失音，頭面瘢皯，疥癬風瘡，陰囊下濕，入面脂且行藥勢。

明·鄭寧《藥性要略大全》卷三 白附 治中風失音，面皯瘢疵，疥癬風瘡，頭面瘢痕，陰囊下濕，腿腳無力，諸風冷氣。《賦》曰：去面風之遊走。《經》云：主心痛血痹，面上百病，行藥力。味甘、辛，性溫、平，無毒。又云：大溫，有小毒。三月採取，炮過入藥。形似天雄。新羅出者佳。又入面脂皆好。

明·陳嘉謨《本草蒙筌》卷三 白附子 味甘、辛，氣溫。純陽。無毒。一云有小毒。巴郡涼州俱多，砂磧卑濕纔有。獨莖發葉甚細，周匝生于穗間。形類天雄，入藥炮用。治面上百病，可作面脂；主血痹冷疼，且行藥勢。敺諸風冷氣，解中風失音。摩醋擦身背汗斑，尤去疥癬；用茄蒂裹邊撚藥擦，三日愈，忌澡洗。研末收陰囊濕癢，併滅瘢痕。

明·王文潔《太乙仙製本草藥性大全》卷二《本草精義》 白附子 出高麗。今出涼州已西。《本經》出蜀郡，生沙磧下濕地中，獨莖，似鼠尾草，葉細，周匝生於穗間，形類天雄。入藥炮用。海藥云：按《南州記》云，生東海。又新羅國。苗與附子相似，大溫，有小毒。

明·王文潔《太乙仙製本草藥性大全》卷二《仙製藥性》 白附子：味甘、辛，氣溫，純陽，無毒。一云有小毒。主治：治面上百病，可作面脂。主血痹冷疼，且行藥勢。敺諸風冷氣，解中風失音。摩醋擦身背汗斑，又去疥癬。用茄蒂裹邊蘸藥擦，二日愈，澡忌洗。研末收陰囊濕癢，併滅瘢痕。

明·皇甫嵩《本草發明》卷三 白附子下品下，佐使。氣溫，味甘、辛，純陽，無毒。

發明曰：白附子，辛溫純陽，能上升行藥之勢，故主面上百病，可作面脂。主心痛血痹，又主中風失音，一切冷風氣。入藥炮用，去面皯瘢疵，身背汗斑疥癬風，頭面瘡。瘡用醋摩擦。忌澡浴。研末，收陰囊濕癢，腿無力，皆風升以勝濕散氣也。

明·李時珍《本草綱目》卷一七草部·毒草類 白附子《別録》下品

【釋名】見後發明下。 【集解】《別録》曰：白附子生蜀郡。三月采。弘景曰：此物久絶，無復真者。恭曰：本出高麗，今出凉州以西，蜀郡不復有。生砂磧下濕地，獨莖似鼠尾草，細葉周匝，生於穗間，根形似天雄。珣曰：徐表《南州異物記》云：生東海、新羅國及遼東。苗與附子相似。時珍曰：根正如草烏頭之小者，長寸許，乾者皺文有節。

【氣味】辛、甘，大温，有小毒。保昇曰：甘、辛，温。大明曰：無毒。珣曰：小毒。入藥炮用。杲曰：純陽。引藥勢上行。 【主治】心痛血痹，面上百病，行藥勢《別録》。中風失音，一切冷風氣，面皯瘢疵大明。諸風冷氣，足弱無力，疥癬風瘡，陰下濕癢，頭面痕，入面脂用李珣。補肝風虚好古。風痰震亨。

【發明】時珍曰：白附子乃陽明經藥，因與附子相似，故得此名，實非附子類也。按《楚國先賢傳》云：孔休傷頰有瘢。王莽賜玉屑白附子香，與之消瘢。

【附方】新十二 中風口喎：半身不遂。牽正散：用白附子、白殭蠶、全蝎並等分，生研爲末。每服二錢，熱酒調下。《楊氏家藏方》。 小兒暑風：暑毒入心，痰塞心孔，昏迷搐搦，此乃危急之證，非此丸生料瞑眩之劑不能伐之。三生丸：用白附子、天南星、半夏，並去皮，等分，生研，猪膽汁和丸黍米大。量兒大小，以薄荷湯下。令兒側卧，嘔出痰水即甦。《全幼心鑒》。 風痰眩運：頭痛氣鬱，胸膈不利。白附子炮去皮臍半斤，石膏煅紅半斤，朱砂二兩二錢半，龍腦一錢，爲末，粟米飯丸小豆大。每服三十丸，食後茶酒任下。《御藥院方》。 偏正頭風：白附子、白芷、猪牙皂角去皮，等分爲末。〔每服二錢〕，食後茶清服，仰卧少頃。《普濟本事方》。 痰厥頭痛：白附子、天南星、半夏等分，生研爲末，生薑自然汁浸，蒸餅丸緑豆大。每服四十丸，食後薑湯下。《濟生方》。 赤白汗斑：白附子、硫黄等分，爲末，薑汁調稀，茄蒂蘸擦，日數次。《簡便方》。 面上皯䵳：白附子爲末，卧時漿水洗面，以白蜜和塗紙上，貼之。久久自落。《衛生易簡方》。 耳出膿水：白附子炮、羌活一兩，爲末。猪羊腎各一個，每個入末半錢，濕紙包煨熟，五更食，温酒下。《聖濟録》。 喉痹腫痛：白附子末、枯礬等分，研末，塗舌上，有涎吐出。《聖惠方》。 偏墜疝氣：白附子一個，爲末，津調填臍上，以艾灸三壯或五壯，即愈。楊起《簡便方》。 小兒吐逆：不定，虚風喘急。白附子、藿香等分，爲末。每米飲下半錢。《保幼大全方》。 慢脾驚風：白附子半兩，天南星半兩，黑附子一錢，並炮去皮，爲末。每服二錢，生薑五片，水煎服。亦治大人風虚，止吐化痰。宣和間，真州李博士用治吴内翰女孫甚効。康州陳侍郎病風虚極昏，吴内翰令服三四服，即愈。《楊氏家藏》。

題明·薛己《本草約言》卷一《藥性本草》 白附子 味甘、辛，氣溫，有小毒。陽也，升也。驅風濕而除血痹，行藥勢而利諸經。《發明》云：白附子辛溫純陽，能上升行藥之勢，故主面上百病，可作面脂。主心痛血痹。又主中風失音，一切冷風氣。入藥炮用。

明·梅得春《藥性會元》卷上 白附子 味甘、辛，氣溫。有小毒。一名兩頭尖。 治中風失音，去面上風遊走，主心痛、血痹，疥癬、風瘡，頭面痕，陰囊下濕，腿無力。宜入面脂。且行藥勢，療面上百病，並一切冷風氣。製法：凡使，薑汁、白礬煮透用。

明·李中立《本草原始》卷三 白附子 原出高麗，今出凉州以西，生砂磧下濕地。獨莖似鼠尾草，細葉，周匝生於穗間。三月採根。色白，苗與附子相似，故名白附子。 氣味：辛、甘，大溫，有小毒。 主治：心痛血痹，面上百病，行藥勢。○中風失音，一切冷氣，面皯瘢疵。○諸風冷氣，足弱無力，疥癬風瘡，陰下濕癢。頭面痕，入面脂用。○補肝風虛。風痰。

白附子，《別錄》下品。【圖略】色白。藏灰中，蟲不蛀。

修治：入藥炮用。 乃陽明經藥。日華子云：新羅出者佳。《簡便方》：治赤白汗斑，白附子、硫黃等分為末，薑汁調稀，茄蒂蘸擦，日數次。

明·張懋辰《本草便》卷一 白附子 味甘、辛，氣溫，無毒。一云有小毒。 主心痛血痹，面上百病行藥勢。治中風失音，諸風冷氣，疥癬風瘡，頭面痕，陰囊下濕，腿無力。又宜入面脂。

明·李中梓《藥性解》卷四 白附子 味甘、辛，性溫，無毒，入肺、脾二經。主中風失音，一切冷風氣，頭面百病，斑點風瘡疥癬，心痛血痹，陰囊濕癢，入藥炮用，新羅出者佳。 按：白附色白味辛，故宜入肺，以治風痰。甘而且溫，故宜入脾，以治皮膚。陽中之陽，能上升，故治面病。

明·繆希雍《本草經疏》卷一一 白附子 主心痛，血痹，面上百病。行藥勢。

【疏】白附子感陽氣而生，故其味應辛微甘，氣大溫，有小毒，性燥而升，風藥中之陽草也。東垣謂其純陽,引藥勢上行,是已其主心痛血痹者,風寒之邪觸心,以致痰壅心經則作痛,寒濕邪傷血分,則成血痹。風能勝濕,辛溫散寒,故主之也。風性升騰,辛溫善散,故能主面上百病而行藥勢也。日華子用以治中風失音,一切冷風氣,面皯瘢疵。李珣用以治諸風冷氣,足弱無力,疥癬風瘡,陰下濕痒,頭面斑痕,入面脂用。丹溪用以治風痰,皆祛風燥濕散結之功也。【主治參互】白附子得南星、半夏,能豁風痰暴壅而有寒邪者,為要藥。同膽星、全蝎、白殭蠶、釣藤、天竺黃、白檀香、牛黃,能治小兒急驚。《濟生方》治痰厥頭痛:同天麻、半夏、南星等分,生薑汁浸,蒸餅丸菉豆大,每服四十丸,食後薑湯下。《簡便方》治赤白汗斑:白附子、硫黃等分,為末,薑汁調稀,茄蒂蘸擦,日數次。《衛生易簡方》治面上皯䵳,白附子為末,臥時漿水洗面,以白蜜和塗紙上,貼之。久久自落。【簡誤】白附子,燥藥也。似中風證,雖痰壅禁用。小兒慢驚不宜服。

明・倪朱謨《本草彙言》卷五 白附子 味辛、甘,氣熱,有毒,純陽之藥。專引藥勢上行。

蘇氏曰:白附子,本出高麗及東海新羅國,今凉州及遼東亦有。生砂磧下濕地,獨莖似鼠尾草,細葉周匝,生于穗間,形似天雄,根似草烏頭。小者長寸許,乾者皺文有節,因與附子相似,故得此名,實非附子類也。修治:須切片,以黃豆汁拌炒,入藥用。

白附子:祛風痰,朱丹溪解風毒,《別錄》善散面上風行百病之藥也。醫魏景山稿故日華子治一切冷熱風氣,面皯瘢疵,及疥癬風癢等疾。古方入面脂面粉中,并去風熱血癟痛癢,水濕瘡疾。因其辛烈而散,上升之力,故能主面上百病,而行藥勢也。《別錄》又主中風口眼喎斜,小兒驚風搐搦,及婦人血痹心痛者,總緣此藥辛熱風升,故并及之。但氣熱性燥有毒,如血虛生風,內熱生驚,似風似驚之證,須禁用之。

集方:《衛生方》治面上皯䵳。用白附子爲末,臥時以湯洗面,用白蜜和塗,紙上貼之,久久自落。○《簡便方》治赤白汗斑。用白附子、硫黃、蜜陀僧各等分,共爲末,薑汁調稀,茄蒂蘸擦,日三次。○《楊氏方》治中風口眼喎斜,或半身不遂。用白附子、白殭蠶、全蝎各四錢,枸杞四兩,共爲末,每服二錢,熱酒調,食後服。○《全幼心鑒》治小兒急慢驚風。用白附子、甘草、膽星、全蝎、白殭蠶、鈎藤各一錢,天竺黃、白檀香各二錢,牛黃五分,共爲末,每用一錢,薄荷湯調服。○同前治小兒暑風暑毒入心,痰塞心孔,昏迷搐搦,此乃危急之證。用白附子、天南星、半夏,各等分,俱生研爲末,猪膽汁和薑汁爲丸黍米大。一歲一丸,以薄荷湯化下,令兒側臥,嘔出痰水即甦。○《濟生東方》治婦人血痹心胃疼。用白附子,切片,薑汁浸一日,晒乾,爲末。每服二錢,花椒生薑湯調下。○《太醫院禁方》治風痰眩暈頭痛,體氣壯實者。用白附子酒浸炒,石膏火煅紅,各四兩,朱砂三錢,甘草五錢,共爲末,用薑汁打米糊爲丸,如梧子大。每服五十丸,食後苦茶送下。

追風祛痰丸:治諸風癇癲風。世之患此病者甚多,用此得效者甚廣。用白附子麪裹煨,防風、天麻、殭蠶、牙皂俱炒燥,各一兩,全蝎、木香各五錢,枯白礬、川黃連各三錢,南星三兩,白礬、牙皂各五錢,煎湯浸一宿,半夏六兩,用牙皂、生薑各二兩,共搗爛泡湯浸三日,濾起晒乾,人參、白朮各一兩,共研爲末,薑汁半盞和飴糖爲丸,如梧桐子大。每服七八十丸,淡薑湯送下。○治勞役辛苦人病癇。用白附子一兩,天南星二兩,牙皂一兩,生薑汁一碗同煮透,人參、黃耆、茯苓、甘草、白朮、當歸、川芎、白芍藥、肉桂、木香,各一兩,俱用酒拌炒,懷熟地四兩,薑汁一碗,酒一碗,同煮乾,飯鍋上蒸五次,搗膏; 紫河車一具,不拘頭生次生,男胎女胎,只要無病婦人者佳,酒煮爛搗膏,和入前藥內,再搗勻,丸梧桐子大。每早晚各服五錢,白湯下。

明・李中梓《醫宗必讀・本草徵要上》 白附子味辛,溫,有毒。入胃經。炮去皮臍。中風失音,消痰去濕。白附子引藥上行,與黑附子非一類也。按:白附子燥藥也,似中風證雖有痰亦禁用,小兒慢驚勿用。

明・鄭二陽《仁壽堂藥鏡》卷一〇下 白附子 禹錫云:白附子:味甘、辛,溫,無毒。主中風失音。陽,微溫。《本草》云:主心痛血痹,面上百病。行藥勢。

明・蔣儀《藥鏡》卷一溫部 白附子 入肺以治風痰,而小兒急驚自止。入脾以治皮膚,而汗斑疥癬精光。風寒痰壅心經則作痛,寒濕邪傷血分則血痺,辛勝濕,溫勝寒,故主面上百病,而上行藥勢也。

明・張景岳《景岳全書》卷四八《本草正》 白附子 味甘、辛,大溫,有小毒。其性升,能引藥勢上行。辟頭風諸風,冷氣心疼,風痰眩暈,帶濁。療小兒驚風痰搐,及面鼻遊風,鼾班風刺,去面痕,可作面脂。亦治疥癬風瘡,陰下濕癢，風濕諸病。凡欲入藥，炮而用之。

明·盧之頤《本草乘雅半偈》帙一一 白附子《別錄》下品 氣味：辛、甘，大溫，有小毒。 主治：心痛血痹，面上百病，行藥勢。

覈曰：本出高麗，及東海、新羅國，今出涼州，及遼東。生砂磧下濕地，獨莖，類鼠尾草，細葉周匝，生于穗間。形似天雄，根如草烏頭小者，長寸許，乾皺有節。

參曰：白附子，形肖附子而色白，陽毒獨行之勇悍，亦相肖焉。氣味辛溫，功齊火熱，手少陰心藏之體用藥爾。《經》云：心者生之本，神之變也，其華在面，其充在血脈。為陽中之太陽，通于夏氣，故主行藥勢，治心痛血痹，面上百病耳。

清·顧元交《本草彙箋》卷四 白附子 白附子，形似附子，故得此名。功能逐風，又主消癥，他無所用。

清·穆石匏《本草洞詮》卷九 白附子 白附子，與附子相似，故名，非附子類也。味辛甘，氣大溫，有小毒。入陽明經。治心痛血痹，面上百病，能引藥勢上行，亦主風痰。昔孔休傷頰有瘢，王莽賜玉屑白附子香，與之消瘢。

清·劉雲密《本草述》卷一〇 白附子因與附子相似，故名。實非附子類也。

時珍曰：根正如草烏頭之小者，長寸許，乾者皺紋有節。觀時珍所云，則用之即其根也。盲醫不察，而以為其實，每取一種似實者以用之，可笑也。然則用黑附子，亦用其實乎？附子曰采根，則可以推類於此味矣。 氣味：辛、甘，大溫，有小毒。

保昇曰：甘、辛，溫。 諸本草主治：心痛血痺，諸風冷氣，足弱無力，陰下溼癢，治風痰面上遊風百病，補肝風虛，行藥勢。 方書主治：中風痰飲頭痛，行著痺痿厥，癘風，顫振眩暈，癇證，悸痖諸證用之。至頭面諸證更多用之。 東垣曰：純陽，引藥勢上行。 希雍曰：白附子感陽氣而生，故其味應辛，微甘，氣大溫，風藥中之陽草也。其所治諸證，皆其辛溫善散，而性善升騰之故也。 白附子得南星、半夏，能豁風痰暴壅，而有寒邪者為要藥。 同膽星、全蝎、白殭蠶、釣藤、天竺黃、白檀香、牛黃，能治小兒急驚。

愚按：白附子，在東垣謂純陽，引藥勢上行，正與海藏補肝風虛之說相合也。蓋風之為病，有風淫，有風虛，陰不能為陽之守，則風淫，是固病於陽也。陽不能達陰之氣，則風虛，是亦病於陽也。皆病於陽，故皆曰病於風耳。如中風證，骨碎補丸中用此味，云治肝腎風虛上攻，下疰筋脈拘攣，骨節疼痛，頭面浮腫，手(腎)〔臂〕少力，腰背強痛，脚膝緩弱，屈伸不利，行履艱難，是非陽之不能達陰，而陰反以病陽者乎？又如痰飲，皂角化痰丸中用此味，云治勞風，心脾壅滯，痰涎盛多，喉中不利，涕唾稠粘，嗌塞吐逆，不思飲食，或時昏憒，是所謂勞風可參也。又如頭痛證，大追風散中用此味，云治久新偏正頭疼，肝臟久虛，血氣衰弱，風毒上攻，頭痛眩暈，心煩，百節痠疼，鼻塞聲重，項背拘急，皮膚瘙癢，面上遊風，狀若蟲行，一切頭風，是所謂血氣衰弱，而為風毒者可參也。又如行痺，虎骨散中用此味，云治風毒走注不定，少得睡臥。更沒藥丸中亦用此味，云治風毒走疰疼痛，四肢麻痺。斯二方所云風毒走注可參也。又如痿厥證，補骨丹中用此味，云治兩脚輭弱，虛羸無力，是所謂虛羸無力者可參也。又如鶴膝風，呻吟丸中用此味，云治鶴膝風及腰膝風縮，且云有病風疰手足指節如桃李，痛不可忍者，服之悉愈，是所謂風縮及風疰者可參也。又地仙丹中用此味，云治腎氣虛憊，風溼流注，脚膝痠疼，行步無力，是所謂腎氣虛憊，風溼流注者可參也。又如顫振，星附散中用此味，云治中風雖能言，口不喎邪，手足嚲曳。又如眩暈，天南星丸中用此味，云治風虛痰，頭目旋暈，肢節拘急，何莫非陽之不能達陰，而陰反以病陽。諸如上諸證，皆不外此義乎？方書中用此味者，種種至上行之治更多，要皆不越於風虛以為治，固與風淫之用殊也。蓋淫者，陽之戾氣有餘。虛者，陽之化氣不足也。先聖云：撓萬物者，莫疾乎風。《內經》曰：神在天為風，在地為水，在藏為肝，其性為暄，其德為和，其用為動，其化為榮。《經》又曰：出地者，陰中之陽。陽予之正，陰為之主。若出地之風化不足，是陽不能予之正也。是多陰寒而少暄和，多沉滯而少流動，將陽不能化陰，而陰反以勝陽，此風溼之所由病也。其陰勝者，漸以圉陽，風化所到之處，而不得流暢，此風疰之所由病也。風疰之病，或上或下，固不一矣，總皆受陰之圉也。陽圉於陰者，久而不宣，則風化之所鬱處，必致於內熱以敗陰，此風毒之所由成也。是固陰陽鬱復之機，不期然而有必然者耳。此味先苦以至地，次即辛以至天，辛則勝於苦，而苦辛之間，兼有甘味，不離中土以達陽，乃能達陽於陰中，而還以暢陰者也。蓋此味純陽，即用之以治風淫，亦借之以升陽，助風藥而使之散也。又寧止此舉風寒用溫，風熱用涼，多類此以達陽，實不倫於諸風藥之散也。試觀《別録》言治心痛血痺，即日華子所云冷風氣，及李珣諸風冷氣，足弱無力，陰下溼癢等語，則可以条合於治風虛之證。而於治風淫者，固當有酌量矣。每笑世醫於風虛諸證，不知益陽達陰，輒投風劑以耗陽竭陰，大為瞶瞶。即如上諸證，庸有以虛損治者，而不知其為風虛之證，則亦少知病情，而未能實詣也。司命之工，其可不深造乎？

附方　風痰眩暈頭痛，氣鬱胸膈不利，白附子炮去皮臍，半斤，石膏煅紅半斤，硃砂二兩二錢半，龍腦一錢，為末，粟米飯丸小豆大，每服三十丸，食後茶酒任下。　慢脾驚風，白附子半兩，天南星半兩，黑附子一錢，並炮去皮，為末，每服二錢，生薑五片，水煎服。亦治大人風虛，止吐化痰。宋宣和間，真州李博士用治吳內翰女孫甚效。康州陳侍郎病風虛極昏，吳內翰令服三四服，即愈。

二方一同石膏，一同黑附，寒熱相反，而皆用之，須条。

修治　冷熱灰炮裂用。

清・郭章宜《本草匯》卷一二　白附子　辛溫，有毒。陽也，升也。入足陽明經。驅風濕而除血痺，行藥勢而消風痰。

按：　白附子乃陽明經藥也。能上升藥勢，故主面上百病，消頰瘢疵。又主中風失音，一切冷氣，赤白汗瘢，同硫黃等分為末，薑汁調稀，茄蒂蘸擦，日數次。其性燥，似中風症，雖有痰亦禁用。小兒慢驚，勿服。

產蜀郡。弘景曰此藥久絕，無復真者。入藥，炮去皮臍用。今出涼州，蜀郡不復生。

清・蔣居祉《本草擇要綱目・平性藥品》　白附子　氣味：　辛、甘，大溫，有大毒。入陽明經，能引藥勢上行。　主治：　中風失音，一切冷風氣，面皯瘢疵。小兒毒暑入心，痰塞心孔，昏迷搐搦，非瞑眩之劑，不能伐之。三生丸君白附子，此之謂也。

清・王翃《握靈本草》補遺　白附子亦生蜀郡。如草烏頭，長寸許，乾者生遼東，有皺文，有節。　辛、甘，大溫，有小毒。主中風，諸風冷，面皯。陽明經藥。

清・汪昂《本草備要》卷二　白附子燥，祛風濕，治面疾。　辛、甘，有毒，大熱純陽。陽明經藥，能引藥勢上行，治面上百病。陽明之脉營于面，白附能去頭面游風。作面脂，消斑疵。　補肝虛，祛風痰，治心痛血痹，諸風冷氣，中風失音，陰下濕癢。　根如草烏之小者，長寸許，皺紋有節。炮用。陶弘景曰：　此藥久絕，無復真者。今惟涼州生。

清・吳楚《寶命真詮》卷三　白附子味辛，溫，有毒。入胃經。炮去皮臍。引藥上行。與黑附子非一類。　中風失音，消痰去濕。此燥藥也。似中風證，雖有痰亦禁用，小兒慢驚勿服。

清・陳士鐸《本草新編》卷四　白附子　味甘、辛，氣溫，純陽，無毒。云有小毒者，非。此善行諸氣之藥，可恃之為舟楫者也。用于人參之中，可開中風之失音；　用于茯苓、薏仁之中，可去寒濕之痹症；　用于當歸、川芎之中，可通枯血之經脉；　用于大黃之中，可以去滯而逐瘀。近人未知，止用之外治以滅瘢，下治以收囊濕，為可惜也。再其性甚燥，凡氣血枯槁，雖有風，似不可用。即痰涎壅塞，而若係有火之症，亦非所宜。

清・李熙和《醫經允中》卷一八　白附子　辛，溫，有毒。主治消風痰，除血痺。醋磨擦身背汗斑，收陰囊濕癢，尤去疥瘡滅瘢痕，故治面上百病，可作面脂。小兒慢驚風弗服。

清・馮兆張《馮氏錦囊秘錄・雜症痘疹藥性主治合參》卷一　白附子感陽氣而生，故味辛微甘，氣大溫，有小毒。性燥而升，風藥中之陽草也。東垣謂其純陽，引藥勢上行，能祛面上百病，為去瘢疵，擦汗斑，豁風痰，逐寒邪，燥濕散結，中風痰厥，小兒急驚之要藥也。但性溫燥，凡陰虛類中風症，小兒脾虛慢驚，並宜切忌。　白附子，諸風冷氣，中風失音，血痹冷疼，消痰祛濕，且引藥勢上行，祛面上百病。若大人陰虛類中，小兒脾虛慢驚，慎勿悞用。

主治痘疹合參：　治痘風熱不退，及四肢頭面不起，用以散風利熱解毒。

清・张璐《本經逢原》卷二　白附子　辛、甘，溫，小毒。　發明：　白附子純陽，引藥勢上行，乃陽明經藥。治肝腎風癬、陰癢、洗皯黑入面脂用。其性燥血耗氣，是以類中風證，雖有痰壅禁用，小兒慢驚勿服。

清・黃元御《玉楸藥解》卷一　白附子　味辛、甘，性溫。入足太陰脾、足厥陰肝經。驅風泄濕，逐痹行痰，溫燥發泄，表散風濕。治中風失音，鼻口偏斜，耳聾喉痹，疥癬疝瘕，面上䵟䵳，陰下濕癢。行痰涎，止睡。

清・吳儀洛《本草從新》卷二　白附子燥，去風濕，治面疾。　辛。甘，大熱純陽。陽明經藥。能引藥勢上行，治面上百病。陽明之脉縈於面，白附能去頭面游風，可作面脂，消瘢疵。　祛風痰。治心痛血痺，諸風冷氣，中風失音，陰下濕癢。燥毒之品，似中風證，雖有痰亦禁用。小兒慢驚勿服。　根如草烏之小者，皺紋有節。炮用。弘景曰：　此藥久絕，無復真者，今唯涼州生。

清·汪紱《醫林纂要探源》卷二　白附子　辛，甘，熱。葉厚韌長，如石韋輩，而旁作鋸齒，根似烏頭而色白，縐紋多節。出青州者良，亦出涼州。補肝祛風，入陽明祛風。風多犯陽明，乘所勝也。白附上行，治頭面諸風，小兒搐搦。兼行寒痰，亦治心痛血痺，又治陰下濕癢。

清·嚴潔等《得配本草》卷三　白附子　得火良。　辛、甘，大溫，有小毒。入足陽明經氣分。能引藥勢上行。逐風痰，驅寒濕。一切頭面百病，心痛血痹，陰囊濕癢，急慢驚風，痘瘡風寒不解，四肢頭面不起者，用以散解甚效。　配南星、半夏，生研，豬膽丸，治小兒暑風痰迷搐搦。配殭蠶、全蠍，等分，生研為末，熱酒下，治中風口喎。配藿香，等分為末，米飲下，治小兒吐逆不止。　炮用。　脾虛慢驚、陰虛中風，二者禁用。

題清·徐大椿《藥性切用》卷四　白附子　辛甘性熱，入陽明而善祛遊走之風，能引藥勢上行，治頭面百病。虛者忌之。

清·黃宮繡《本草求真》卷三　白附子散足陽明胃經冷風。　白附子耑入胃。時珍曰：因與附子相似，故得此名，實非附子類也。辛甘有毒，性燥而升，為風藥中之陽草。東垣謂其純陽，能引藥勢上行於面，為陽明經要藥。又按諸書皆載能治頭面遊風、斑疵。陽明之脉行於頭面，故用此作脂消斑。及中風不語，諸風冷氣，血痹冷疼，陰下虛癢，皆當用此調治。玩此藥非性燥，何以可治冷氣虛癢？設非冷氣冷癢，又曷可用燥烈之藥以治乎？是以陰虛類中，並小兒脾虛慢驚，皆不宜用。以其氣味辛烈者故耳。辛能散氣，燥能劫陰。此與白芷同為一類，但白芷則兼肌濕同理，而不專及陽明風邪，此則專散陽明風冷，而於濕邪則未及耳。此藥久無真者，今惟涼州生，形如草烏頭之小者，長寸許，乾者皺紋有節，入藥妙用。

清·楊璿《傷寒溫疫條辨》卷六燥劑類　白附子：新羅者佳，泡用。味甘辛，純陽，大熱有毒。入肝、脾。去頭面遊風，可作面脂。主血痹心疼，且行藥勢，敺諸風冷氣，解中風失音，磨醋擦身背汗斑，尤去疥癬。用茄蒂(如)〔裹〕邊，撚藥擦三日愈，忌澡洗。研末，收陰囊濕痒，並滅斑痕。牽正散治中風口眼喎斜。白附子、白殭蠶酒炒、全蝎炙，等分，溫酒調末服。脾胃燥熱者忌之。

清·許豫和《許氏幼科七種·怡堂散記》卷下　白附子　白附子，陽明風藥，大熱純陽，與附子相類而色白，故名。古方牽正散用之，除面瘢用之。陶弘景云：此藥久絕，無復真者。今之白附，體圓臍正，非附生可知，亦鬼臼、由拔之類耳。用為面藥，不見其害。湯丸中不用。為是牽正散，予以石菖蒲代之。

清·羅國綱《羅氏會約醫鏡》卷一六草部　白附子味辛溫，有毒，入胃經。皺紋有節，長寸許，炮去皮尖用。　性熱純陽，能引藥上行，去頭面游風，陽明之脉榮於面。消面斑疵。作面脂用。治中風失音、風痹痰厥，去濕逐寒，小兒急驚之要藥也。但性溫燥，凡陰虛似中風證，小兒脾虛慢驚，並宜切忌。

清·黃凱鈞《藥籠小品》　白附子　辛甘，大熱，入陽明經，能行諸藥上行頭面，祛風痰，治心氣冷痛，中風失音。燥毒之品，勿可輕用。

清·王龍《本草纂要稿》　白附子　氣味甘辛而溫，純陽，無毒。主面部百病，治血痺冷痛。驅諸風冷氣，解中風失音。磨醋擦身面，汗斑尤去。疥癬研末，收陰囊濕痒，並滅瘢痕。

清·張德裕《本草正義》卷下　白附子　辛，溫，有小毒。善升，能引藥上行，辟頭風諸風冷氣，風痰眩暈，小兒驚風痰搐。入劑炮用。

清·楊時泰《本草述鉤元》卷一〇　白附子　與附子相似，故名，實非附子類也。其根正如草烏頭之小者，長寸許，乾者皺紋有節。

味苦而辛微甘，氣大溫，有小毒。純陽，引藥勢上行。治心痛血痹，諸風冷氣，足弱無力，陰下濕癢，並風痰面上遊風百病，補肝風虛，行藥勢諸本草。方書治中風痰飲頭痛，行着痹，痿、厥、癘風，顫振眩暈，瘈悸疝，頭面諸證。感陽氣而生，風藥中之陽草也。所治諸證，皆辛溫善散，而性善升騰之故仲淳。得南星、半夏，能豁風痰暴壅而有寒邪者。同膽星、全蠍、僵蠶、鉤藤、天竺黃、白檀香、牛黃，治小兒急驚。風痰眩暈，頭痛氣鬱，胸膈不利，白附子炮去皮臍半斤，石膏煅紅半斤，硃砂二兩二錢半，龍腦一錢，為末，粟米飯丸小豆大，每服三十丸，食後茶、酒任下。慢脾驚風，白附子半兩，南星半兩，黑附子一錢，並炮去皮，為末，每服二錢，生薑五片，水煎服。亦治大人風虛昏沉，止吐化痰。上二方，一同石膏，一同黑附，寒熱相反，而皆用之，須參。

論：　東垣謂白附子純陽，引藥勢上行，與海藏補肝風虛之說相合。蓋風之為病，有風淫，有風虛。陰不能為陽之守則風淫，是固病於陽也。陽不能達陰之氣則風虛，是亦病於陽也。皆病於陽，故皆曰病於風耳。歷觀諸方，白附子之治，大約皆陽不能達陰而陰反以病陽之證。又上行之治更多，要不越於風虛，而與風淫之用有別。以淫則陽之戾氣有餘，虛則陽之化氣不足也。《經》曰：　神在天為風，在地為木，在臟為肝，其性為暄，其德為和，其用為動，其化為榮。又曰：　出地者陰中之陽，陽予之正，陰為之主。若出地之風化不足，是陽不能予之正也，是多陰寒而少暄和，多沉滯而少流動也。陽不能化陰，而陰反以勝陽，即風濕之所由病。其陰之勝陽者，漸以圍陽，俾風化不得流暢，此風疰之所由病。至陽圍於陰者，久而不宣，則風化所鬱之處，必致內熱以敗陰，而風毒由之以成。陰陽鬱復之機，不期然而有必然者，此味先苦以至地，次辛以至天，辛勝於苦，而苦辛之間兼有甘味，不離中土以達陽，乃能達陽於陰中而還以暢陰也。即或用治風淫，亦不過借以升陽，助風藥而使之散耳。又舉風寒用溫，風熱用涼，多須此味以達陽，實不等諸風藥之專事於散而已。每笑世醫於風虛諸證，不知益陽達陰，輒投風劑以耗陽竭陰，瞶瞶如是，不反由耗之竭之而益其疾也乎。

修治：　冷熱灰炮裂用。

清・葉桂《本草再新》卷三　白附子味辛，甘，性熱，有毒。入心、脾、肺三經。祛風痰，治心痛血痺，諸風冷氣噦，中風失音，陰下濕癢。

清・趙其光《本草求原》卷六毒草部　白附子　辛、甘，大溫。破胃陰以達陽，而上通心肺，引藥上行。凡陽虛而風寒鬱結成熱者，藉之以通達，可佐風藥以成功，非散風之品也。治心痛、血痺，諸風、冷氣，足弱，陰下濕癢，中風失音，癧風，眩暈，癇疝，祛風痰，急驚，皆陽虛陰結而為熱之風病。又陽明胃脈營於面，故去頭面遊風百病：　作面脂，消斑疵。但燥血耗氣，虛人宜少用。或曰：　益陽達陰，大治風虛，不同風藥，耗陽竭陰，多用不妨。根如草烏之小者，長寸許，皺紋有節，冷熱灰炮裂用。

清・文晟《新編六書》卷六藥性摘錄　白附子　辛甘，有毒。性燥而升，外治遊風斑疵，內治胃經冷風，及中風不語，血痺冷痛。○然陰虛類中及慢驚，忌之。炒用。

清・張仁錫《藥性蒙求》　白附五分　白附辛溫，治面百病。一切痰涎，中風諸證。《從新》云：　辛，甘，大熱。純陽，陽明經藥。能引藥勢上行，治頭面遊風。作面脂，消瘢疵，祛風痰。炮用。葉氏用薑汁炒。○燥毒之品，似中風症，雖有痰亦禁用。○白附子不同。

清・戴葆元《本草綱目易知錄》卷二　白附　辛，溫，有小毒。及陽明經藥。能引諸藥上行。治面上百病，補肝虛，祛風痰，治心痛血痺，諸風冷氣，足弱無力，中風失音，口喎眩運。面皯瘢疵，疥癬汗斑，陰下濕痒。入面脂，去頭面痕。炮用。

清・黃光霽《本草衍句》　白附子　辛溫有毒，性燥而升。能引藥勢上行，祛治面上百病。此陽明經藥。陽明之脈營於面，故能去頭面之遊風，面皯痕疵。諸風冷氣，中風失音。消痰燥濕，陰下濕淫。痒也，陰虛。類中，慢脾驚風，勿用。中風口喎，半身不遂，用牽正散，白附子、殭蠶、全蝎，生研為末，服二錢，酒調服。　小兒暑風暑毒入心，痰塞心孔，昏迷搐搦，此乃危急之症。用三生丸，白附子、天南星、半夏，等分，研，猪膽汁丸粟米大，薄荷湯下。

清・陳其瑞《本草撮要》卷一　白附子　味辛甘，大熱，入手厥陰、少陽經，功專引藥上行，治面上百病。作面脂，消瘢疵，去遊風。惟性燥毒，似中風證雖有痰，並小兒慢驚均忌。此藥已無真者，今聞涼州尚有生者。

海芋

宋・洪邁《夷堅志・戊志》卷三　獨脚蓮　鄱陽山間生一種草，始萌芽時，便似蓮房，俗呼為獨脚蓮。移植於居宅隙地及園囿中，蛇虺不敢過其下。王季光宅後榛莽叢裏，有穴藏蛇，常出為人害。乃種此草數本於穴外，自是其患不作。至暑月，聞穴內臭甚，使園丁掘土訪求，得死蛇十數，蓋為草氣所薰漬也。又一小蛇從別處來，適到草傍，立化為水。其效驗如是。

明・李時珍《本草綱目》卷一七草部・毒草類　海芋《綱目》

【釋名】觀音蓮《綱目》　羞天草《玉冊》　天荷《綱目》　隔河仙見下　【集解】時珍曰：　海芋生蜀中，今亦處處有之。春生苗，高四五尺。大葉如芋葉而有幹。夏秋間，抽莖開花，如一瓣蓮花，碧色。花中有蕊，長作穗，如觀音像在圓光之狀，故俗呼為觀音蓮。方士號為隔河仙，云可變金。基根似芋魁，大者如升盌，長六七寸，蓋野芋之類也。《庚辛玉冊》云：　羞天草，陰草也。生江廣深谷澗邊。其葉極大，可以禦雨，葉背紫色。花如蓮花。根皆有大毒。可煆粉霜、朱砂。小者名野芋。宋祁《海芋贊》云：　木幹芋葉，擁腫盤戾。農經弗載，可以治癘。

【氣味】辛，有大毒。　【主治】瘧瘴毒腫風癩。伏硇砂時珍。

明・吳文炳《藥性全備食物本草》卷一　野芋　生溪澗，非人所種，根葉相似。有大毒，入口殺人，飲地漿、糞汁解之。其根醋磨，傅蟲瘡疥癬。

明・倪朱謨《本草彙言》卷五　海芋　味辛，有大毒。又名觀音蓮。

李氏曰：　海芋，生蜀中，及江廣深谷澗邊，或植園圃中。今在處亦有。

春生苗，高四五尺。其葉如芋葉，極大，可以蔽雨。葉背紫色。夏秋間抽莖，開花碧色，如大蓮花。花中有蕋，長作穗，如觀音像。其根葉皆有大毒。根似芋魁，大者如升盌，長六七寸。贊云：木幹芋葉，擁腫盤戾。《農經》勿載，可以治癘。

明・姚可成《食物本草》卷一九草部・毒草類　海芋又名觀音蓮、羞天艸、天荷、隔河仙。生蜀中，今處處有之。春生苗，高四五尺。大葉如芋葉而有幹。夏秋間抽莖，開花如一瓣蓮花，碧色。花中有蕋，長作穗，如觀音像在圓光之狀。可變銅鐵為金。其根似芋魁，大者如升盌，長六七寸，蓋野芋之類也。《庚辛玉冊》云：羞天艸，〔陰〕艸也。生江廣深谷澗邊。其葉極大，可以遮雨。葉背紫色，花如蓮花。根、葉皆有大毒。　海芋，有大毒。誤食之，令人悶絕。

清・何諫《生草藥性備要》卷下　尖尾野芋頭　治癰疽、腫毒、大瘡，切片，火焙熱貼，凍又換，數次立效。洗腕，甚力大。一名狼毒頭。

清・劉善述、劉士季《草木便方》卷一草部　鬼臼　獨脚蓮辛溫消毒，癰疽惡瘡百毒除。邪瘧喉結散瘀血，蛇蟲傷毒跌損塗。

南蘇

明・蘭茂撰，清・管暄校補《滇南本草》卷上　南蘇　味辛，性溫，無毒。治傷寒發熱，無汗頭疼，其效如神。此草治一切風寒痰涌結而霍亂轉筋，咳嗽吐痰，小兒風症，定痛止喘。梗能補中益氣。根能洗瘡去風。子能開胃健脾，同陳皮化痰疎風，作菜久食，令人白胖。

象頭花

清・吴其濬《植物名實圖考》卷二三　象頭花　象頭花生雲南。紫根長鬚，根傍生枝，一枝三葉，如半夏而大，厚而澀；一枝一花，花似南星，其包下垂，長尖幾二寸餘，宛如屈腕；又似象垂頭伸鼻。其色紫黑，白筋凸起，條縷明勻，極似夷錦。南星、蒟蒻，花狀已奇，此殆其族，而尤詭異。土人以藥畜之。主治同天南星。即由跋之別種。亦有綠花者，結實亦如南星而色殷紅。

芋頭草

清・何諫《生草藥性備要》卷上　芋頭草　散大瘡，消惡毒，去腐肉生新，又能止血。治魚口便毒，搥爛煮醋敷之；凍則又換，三次立效。其葉，形如犁頭樣，藍花。即小野芋。

清・趙學敏《本草綱目拾遺》卷八諸蔬部　野芋頭　《文堂集驗》：一名仙人掌，同野芋一種。但此種葉較小，略似茨菇，葉有尖，此又與草本形如鞋底者不同。仙人掌形如鞋底。　治諸物食積，已成痞塊者，用野芋頭磨爛，和糯米粉淡煮粥，每早食一茶鍾，不用油鹽。十服後，其積自消，試驗無害《集驗》。

露兜簕

清・何諫《生草藥性備要》卷上　路兜簕　味香甜，性寒。消風，散熱毒瘡，上血生肌，用白豆搥爛敷患處。但遠年瘋脚有蟲，用簕心搥爛敷之，其蟲即出愈。

清・趙學敏《本草綱目拾遺》卷五草部下　露花粉　《粵志》：露花生番禺蓼涌，狀如菖蒲，其葉節邊有刺，葉落，根以火熇之，成枝幹而多花。花生叢葉中，其瓣大小亦如葉，而色瑩白，柔滑無芒刺，花抱蕊心如穗，朝夕有零露在苞中，可以解渴，又有粉可入藥。其生於他土者，蕊落結子，大如瓜，曰路頭花，多不香。惟露花盛夏時露花始熟，以花覆盆盎曬之，香落茶子油中，其氣馥烈，是曰露花油。蓼涌及增城人善為之，遲開者曰寒花，香益清澈，不可為油。其生東安山中者，叢卑葉小，自春至秋皆花，近水者尤香，亦不可為油。　塗兒女肌膚，止汗。

清・趙其光《本草求原》卷三隰草部　露兜簕即龍船簕，俗名朗古。　甘，平，微寒。取心用，涼血、止血、生肌。散熱毒、麻疹、斑丹、惡瘡最驗，殺爛脚生蟲。同白豆敷，蟲即出。　其蕹治夾陰傷寒，日久舌底已黑。其茵，止熱痢。

雜錄

坐拏草

宋・唐慎微《證類本草》卷三〇外草類〔宋・蘇頌《本草圖經》〕　坐拏草生江西及滁州。六月開紫花結實。採其苗爲藥。土人用治打撲所傷，兼壯筋骨。治風痹。江西北甚易得，後因人用之有效，今頗貴重。《神醫普救》治風方中，已有用者。

宋・陳衍《寶慶本草折衷》卷二〇　類上坐拏草　生江西，及滁、吉州。

○六月採苗。治打撲所傷，兼壯筋骨。治風痹。開紫花結實，《神醫普救》治風方中已有用者。

明・劉文泰《本草品彙精要》卷四一　坐拏草　植生。

坐拏草：治打撲所傷，兼壯筋骨及風痹。出《圖經》。【苗】《圖經》曰：六月開紫花，結實。採其苗爲藥。江西北甚易得，後因人用之有效，今頗貴重，《神醫普救》治風方中，已有用者。【地】《圖經》曰：生江西及滁州。【時】生：春生苗。採：六月取。【收】陰乾。【用】苗。

明・李時珍《本草綱目》卷一七草部・毒草類　坐拏草宋《圖經》

【集解】頌曰：生江西及滁州。六月開紫花結實。采其苗入藥，江西甚易得。後因人用有効，今頗貴重。時珍曰：按《一統志》云：出吉安永豐縣。

【氣味】辛，熱，有毒。【主治】風痹，壯筋骨，兼治打撲傷損蘇頌。

【發明】頌曰：《神醫普救方》治風藥中已有用者。時珍曰：《危氏得効方》，麻藥煮酒方中用之。《聖濟録》治膈上虛熱，咽喉噎塞，小便赤濇，神困多睡，有坐拏丸。用坐拏草、大黃、赤芍藥、木香、升麻、麥門冬、黃芪、木通、酸棗仁、薏苡仁、枳殼等分，爲末，蜜丸梧子大。每服二十丸，麥門冬湯下。

透山根

明・李時珍《本草綱目》卷一七草部・毒草類　透山根時珍曰：按采《峋嶁神書》云：透山根生蜀中山谷。草類靡蕪，可以點鐵成金。昔有人采藥，誤斫此草，刀忽黃軟成金也。又《庚辛玉册》云：透山根出武都。取汁點鐵，立成黃金。有大毒，人誤食之，化爲紫水。又有金英草，亦生蜀中。狀如馬齒莧而色紅，摸鐵成金。亦有大毒，入口殺人，須臾爲紫水也。又何遠《春渚紀聞》云：劉均父吏部罷官歸成都。有水銀一篋，過峽篋漏，急取渡旁叢草塞之。久而開視，盡成黃金矣。宋初有軍士在澤州澤中割馬草歸，鐮皆成金。以草燃釜，亦成黃金。又臨安僧法堅言：有客過於潛山中，見一蛇腹脹，齧一草以腹磨之而消。念此草必能消脹，取置篋中。夜宿旅館，聞鄰房有人病腹脹呻吟，以釜煎藥一盃與服。頃之不復聞聲，念已安矣。至旦視之，其人血肉俱化爲水，獨骸骨在牀爾。視其釜，則通體成金矣。觀何氏所載，即是透山根及金英草之類。如此毒草，不可不知，故備載之耳。

明・姚可成《食物本草》卷一九草部・毒草類　透山根、金英草【略】

透山根、金英草，俱有大毒。入口殺人，能使形骸銷毀，骨肉成糜。但可點鐵為金，是亦草中之異。

龍蛋草

明・蘭茂撰，清・管暄校補《滇南本草》卷上　龍蛋草　入口傷人。味苦，有毒。生山中有水處。尖葉，葉上有刺，一本數枝，子黑色。採取，煮南鉛成銀。此草有毒，不可入口，祇可熬膏，貼癰疽發背，其效如神。有識者，切勿輕傳匪人。

地精草

明・蘭茂撰，清・管暄校補《滇南本草》卷上　地精草　採此草者，細察其形。地精草，味辣，有毒。用火炙過方可用。此草形似板枝，葉上有飛藤，綠色，紫梗，五月開小白花在枝上。採取陰乾，為末，治頭風傷目，中風不語，口眼歪斜，傷寒發熱，服之神效。又有一種石出之地元藤，形相似，而地元藤有大毒毒人，但見開黃花者，切不可採。道家多用開白花者，煮石成粉，粉亦能炙硫黃成寶丹。

汞草

明・蘭茂撰，清・管暄校補《滇南本草》卷上　汞草　有毒。考《滇志》言大汞草，夷人以此草毒殺人無數，後孟優識此草，煮銅、鐵、鉛、錫成銀。其形葉有角，中抱一子，鵲鳥誤食，死於草下。

水草分部

綜述

羊蹄

宋・李昉《太平御覽》卷第九九五　羊蹄　《詩義疏》曰：揚州謂羊蹄為蓫。《廣雅》曰：蓳苨，羊蹄。《本草經》曰：羊蹄，一名東方宿，一名連蟲陸，一名鬼目。味苦，寒。生川澤。治頭禿疥瘙，陰熱無子。生陳留。

附：日・丹波康賴《醫心方》卷三〇　羊蹄　《本草》云：味苦，寒，無毒。主頭禿疥瘙，除女子陰蝕、浸淫，疽、痔，殺三蟲。《萬畢方》云：療蟲。崔禹〔錫〕云：補五臟，益氣力。

宋・唐慎微《證類本草》卷一一草部下品〔《本經・別録》〕　羊蹄　味**苦，寒，**無毒。**主頭禿疥瘙，除熱，女子陰蝕，**浸淫疽痔，殺蟲。**一名東方宿，**

一名連蟲陸，一名鬼目，一名蓄。生陳留川澤。

〔梁・陶弘景《本草經集注》〕云：今人呼名秃菜，即是蓄音之訛。《詩》云言採其蓄。又一種極相似而味酸，呼爲酸摸，根亦療疥也。

〔唐・蘇敬《唐本草》〕注云：實味苦、澁，平，無毒。主赤白雜痢。根味辛、苦，有小毒。《萬畢方》云：療蠱毒。今山野平澤，處處有之。

〔宋・掌禹錫《嘉祐本草》〕按：《蜀本圖經》云：生下濕地，高者三四尺。葉狹長，莖節間紫赤。花青白色，子三稜，夏中即枯。又有一種，莖、葉俱細，節間生子若茺蔚子，療痢乃佳。今所在有之。日華子云：羊蹄根，治癬，殺一切蟲，腫毒，醋摩貼。葉治小兒疳蟲，殺胡夷魚、鮭魚、檀胡魚毒，亦可作菜食。陳藏器云：酸摸，葉酸美。小兒折食其英。根主暴熱，腹脹。生擣絞汁服。當下痢，殺皮膚小蟲。葉似羊蹄，是山大黃。一名當藥。《爾雅》云：須，飱蕪。注云：似羊蹄而細，味酸可食。日華子云：酸摸，味酸，涼，無毒。治小兒壯熱。生山崗。狀似羊蹄葉，而小黃。

〔宋・蘇頌《本草圖經》〕曰：羊蹄，秃菜也。生陳留川澤，今所在有之。生下濕地。春生苗，高三四尺。葉狹長，頗似萵苣而色深。莖節間紫赤。花青白成穗，子三稜，有若茺蔚，夏中即枯。根似牛蒡而堅實。今人生採根，醋摩塗癬速效。亦煎作丸服之。其方以新採羊蹄根，不限多少，擣研絞取汁一大升，白蜜半斤同熬如稠餳煎，更用防風末六兩，搜和令可丸，大如梧子。用栝樓甘草酒下三二十丸，日二三次，佳。謹按《詩・小雅》：言蒙其蓫。陸璣云：蓫，今人謂之羊蹄，似蘆菔而莖赤，可汋爲茹，滑而美也。多啖令人下氣。幽州人謂之蓫，字或作蓄並恥六切。又有一種極相類，而葉黄味酢，名酸摸。《爾雅》所謂須，飱音孫蕪。郭璞云：飱蕪似羊蹄，葉細味酢，可食。一名蓨，音修是也。

〔宋・唐慎微《證類本草》〕《食療》：主痒。不宜多食。《聖惠方》：治癧瘍風。用羊蹄菜根，於生鐵上，以好醋磨，旋旋刮取，塗於患上，未差，更入硫黄少許，同磨塗之。又方：治大便卒澁結不通。用羊蹄根一兩剉，水一大盞，煎取六分去滓，溫溫頓服。《外臺秘要》：治疥方：擣羊蹄根和猪脂塗上，或著鹽少許，佳。《千金方》：喉痹卒不語。羊蹄獨根者，勿見風日及婦人、雞、犬，以三年醋研和如泥，生布拭喉，令赤傅之。《千金翼》：治漏瘤瘡，濕癬痒。浸淫日廣，痒不可忍，搔之黄水出，差。後復發，取羊蹄，淨去土，細切擣，以大酢和，淨洗傅上，一時間以冷水洗之，日一傅，差。若爲末傅之，妙。《斗門方》：治腸風痔瀉血。羊蹄根、葉爛蒸一椀來，食之立差。《簡要濟衆》：治癬瘡久不差。羊蹄根擣絞取汁，用調膩粉少許如膏，塗傅癬上，三五遍即差。如乾，即猪脂調和傅之。

宋・寇宗奭《本草衍義》卷一二 羊蹄 《經》不言根，《圖經》加根字。處處有。葉如菜中菠薐，但無歧，而色差青白。葉厚，花與子亦相似。葉可潔擦鍮石器，根取汁塗疥癬。子謂之金蕎麥，燒煉家用以制鉛汞。又剉根，研，絞汁取三二匙，水半盞，煎一二沸，溫溫空肚服。治産後風秘，殊驗。

宋・鄭樵《通志》卷七五《昆蟲草木略》 羊蹄 曰東方宿，曰連蟲陸，曰牛蘈，曰菲。《詩》曰：言采其蓫。《爾雅》曰：菲，蒠菜。又曰：蕢，牛蘈。今人呼為秃菜，蓫秃音訛耳。

宋・王介《履巉巖本草》卷下 羊蹄根 味苦，寒，無毒。主頭秃疥癬，除熱，女子陰蝕。浸淫疽痔。殺蟲。醋摩貼。葉治小兒疳蟲。治瘻瘤瘡，濕癬痒，浸淫日廣，痒不可忍，搔之黄水出，差後復發，取羊蹄根去土細切，搗碎傅上一時間，以冷水洗，日一傅。若爲末傅之亦得。

宋・陳衍《寶慶本草折衷》卷一〇 羊蹄實及葉附。 一名羊蹄根，一名東方宿，一名連蟲陸，一名鬼目，一名蓄，一名□□□□□□□□。蓄、蓫，並恥六切。生陳留川澤及幽州。今所在山野及下濕地有之。○□其□實一名金蕎麥。○□□□一名□□□□一名白□蓫菜。○蓫，亦恥六切。

味苦、辛，寒，無毒。○主頭秃疥瘙，除熱，女子陰蝕，疽痔，殺蟲。○《唐本》註云：療蠱毒。○日華子云：治腫毒。○《圖經》曰：根似牛蒡而堅，生采根醋摩，塗癬速效。○《聖惠方》：治大便澀結，羊蹄根壹兩，剉，水壹盞煎取陸分，去滓溫服。

附：實。○味苦、澀，平，無毒。主赤白雜痢。其子三稜。○附：葉。○治小兒疳蟲，殺胡夷魚、鮭魚□□□之□名、檀胡魚毒□俗□□塗，狀如□□生海其甘腥臊，發風動瘮。○□，音杖。亦可作菜食。其葉狹長，頗似萵苣。

元・尚從善《本草元命苞》卷五 羊蹄根 治癬。味苦，寒，無毒。殺蟲，除頭秃疥痒，祛熱，主女子陰蝕。療浸淫疽痔，諸腫毒。制胡夷，擅胡鮮魚性，殺胡夷魚、解魚、檀胡魚等毒。殺小兒疳蟲，止腸風瀉血。《斗門方》：爛蒸根葉，食之差。生陳留川澤，今在處有之。下濕地春生其苗，葉狹長，頗類萵苣，節間紫赤花，穗青白，子若茺蔚，有三稜，根似牛蒡而堅實。實味苦澀，無毒。專醫赤白雜痢。

元・朱震亨《本草衍義補遺》 羊蹄草 屬水，走血分。葉似蕢，甘而不苦，多食亦令人大腑泄滑。亦取為菜。○羊蹄，《經》不言根，《圖經》加根字。今人生採根用，摩塗癬疥立效。俗呼為秃菜。又《詩》云言採其蓄，正謂此草。

元・徐彦純《本草發揮》卷二　羊蹄根　丹溪云：羊蹄根屬水，走血分。葉以苦蕒，甘而不苦。

明・朱橚《救荒本草》卷上之後　羊蹄苗　一名東方宿，一名連蟲陸，一名鬼目，一名蓄。俗呼猪耳朶。生陳留川澤，今所在有之。苗初搨地生，後攛生莖叉高二尺餘，其葉狹長，頗似萵苣而色深青，又似大藍葉微闊，莖節間紫赤色，其花青白成穗，其子三稜，根似牛蒡而堅實。味苦，性寒，無毒。救飢：採嫩苗葉煠熟，水浸淘淨苦味，油鹽調食。其子熟時打子搗為米，以滾水湯三五次，淘淨下鍋作水飯食，微破腹。治病：文具《本草》草部條下。

明・蘭茂原撰，范洪等抄補《滇南本草圖說》卷一二　羊蹄根　一名土大黄，即禿葉，一名天王葉。氣味甘，滑，性寒，無毒。〇主治：腸風下血，大便秘結不通。一治小兒五疳，肚大筋青，黄瘦，大傷脾胃，化蟲下蟲最良。〇又解諸魚毒，可以作菜，同煮食良。〇採根，晒乾為末，敷馬刀、石癧、疔毒。癬瘡疥癩癧疽瘰癧等症，用醋為使。破爛，用油調搽，神驗。〇採葉，貼太陽穴，治暴赤火眼疼痛，效。

明・蘭茂撰，清・管暄校補《滇南本草》卷上　土大黄一名羊蹄根。味苦，寒。同猪骨髓油拌蒸，搽楊梅結毒。亦能拔皮膚之火，解熱生肌。以上五味土藥，照方醫治，其效如神。

明・蘭茂撰，清・管暄校補《滇南本草》卷中　羊蹄根：性大寒，味苦。治諸熱毒，瀉六腑實火，六經客熱，虚熱虚癆，熱淋，利小便。殺蟲，搽癬疥。其葉貼熱毒紅腫，血風癬瘡。

附方：治搽疥瘡。羊蹄根一兩，石黄二錢，雄黄二錢，枯礬二錢，花椒一錢，臭菊花二錢，共為末，菜油調搽，素燭油亦可。

明・蘭茂《滇南本草》〔叢本〕卷上　羊蹄　根，味苦，性大寒。治諸熱毒，瀉六腑寔火，瀉六經客熱，退虚勞發燒。利小便，治熱淋，殺蟲，搽癬瘡癩瘡。古葉，貼熱毒紅腫，血風癬瘡。單方：搽癩瘡。古方單劑加花椒搽，今增補用。羊蹄根一兩、石黄二錢、雄黄二錢、臭菊花二錢、花椒一錢，共〔搗〕為末，真菜油調搽，或素燭油亦可。

明・王綸《本草集要》卷三　羊蹄　味苦，氣寒。屬水。無毒取根用。主頭禿疥瘙，除熱，女子陰蝕浸淫，疽痔，殺蟲。醋磨，貼腫毒，塗癬立效。

明・滕弘《神農本經會通》卷一　羊蹄　取根用。俗呼為禿菜。味苦，氣寒，無毒。一云有小毒。

《本經》云：主頭禿疥瘙，除熱，女子陰蝕浸淫，疽痔，殺蟲。《唐注》云：實，味苦，澁，平，無毒。主赤白雜痢。根，味辛、苦，有小毒。日華子云：羊蹄根，治癬，殺一切蟲。腫毒，醋摩貼。葉，治小兒疳蟲，殺魚毒。亦可作菜食。丹溪云：羊蹄菜，屬水，走血。葉似蕒，甘而不苦，多食亦令人大腑泄滑，亦取為菜。羊蹄，《經》不言根，《圖經》加根字。今人生採根，醋摩，塗癬瘡立効。俗呼為禿菜。又《詩》言採其蓄，正謂此草。《局》云：羊蹄寒苦除頭禿，世俗呼為禿菜根。療痔殺蟲攻疥癬，女人陰蝕水和煎。羊蹄，殺三蟲。

明・劉文泰《本草品彙精要》卷一四　羊蹄無毒。附根、實、葉、酸模。植生。

羊蹄出《神農本經》：**主頭禿，疥瘙，除熱，女子陰蝕。**以上朱字《神農本經》。浸淫，疽痔，殺蟲。以上黑字名醫所錄。

【名】東方宿、連蟲陸、鬼目、蓄、禿菜、金橋麥、蓫。

【苗】《圖經》曰：春生苗，高三四尺，葉狹長，頗似萵苣而色深，莖節間紫赤，花青白成穗，子三稜有若茺蔚。夏中即枯，根似牛蒡而堅實。《詩・小雅》云：言採其蓫。陸璣云：蓫，即今之羊蹄也。又有一種極相類而葉黄，味酢，名酸模。《爾雅》所謂須薞音孫蕪。郭璞云：薞蕪，似羊蹄，葉細，味酢可食，一名蓚音修是也。

【地】《圖經》曰：生陳留川澤，今所在有之。

【時】生：春生苗。採：夏取根，秋取實。

【收】日乾。

【用】根、實、葉。

【質】根似牛蒡而堅實。

【色】蒼白。

【味】苦。

【性】寒，泄。

【氣】味厚于氣，陰也。

【主】癬瘡，殺蟲。

【治】療：《唐本》注云：實，除赤白痢。〇根，療蠱毒。日華子云：根，殺一切蟲並癬。〇葉，治小兒疳蟲。〇酸模，主小兒壯熱。《衍義》曰：根研取汁三二匙，水半盞，煎一二沸，空肚溫服，治產後風秘。《別錄》云：羊蹄根葉爛煮一碗食之，療腸風痔，瀉血不止。陳藏器云：酸模，葉酸美，小兒折食其英。根，除暴熱，腹脹，搗汁服，當下痢，殺皮膚小蟲。

【合治】根，於生鐵上，令醋磨，旋旋刮取，塗癧瘍風，未瘥，更入硫黄少許同傅之。〇合酢傅漏瘤瘡濕癬癢，浸淫日久，癢不可忍，搔之黄水出，瘥後復發者。〇合醋，摩貼腫毒，效。〇根，搗汁，合膩粉少許，調如膏，傅癬瘡久不瘥者，乾即用豬脂和傅。【禁】不宜多食。【解】殺胡夷魚、鮭魚、檀胡魚毒。

明・盧和、汪穎《食物本草》卷一 菜類

羊蹄菜 味苦，寒，無毒。根用醋磨，塗癬疥速効。治癧瘍風，并大便卒澁結不通，喉痹卒不能語，腸風痔瀉血，產後風，剉根取汁煎服殊驗。《詩》曰言采其蓫即此。註云：惡菜也。

明・許希周《藥性粗評》卷一

根說羊蹄，善走血分之境。

羊蹄根，禿菜根也，一名東方宿，一名鬼目，《小雅》謂之蓄，所謂言采其蓄是已。春生苗，高三四尺，葉狹長似萵苣，亦似蘆菔，可汋為茹，滑美，微苦，莖節紫紅赤色，夏初開花成穗，青白色，結子三稜，謂之金蕎麥，夏中而枯，根似牛蒡而堅實。生水邊下濕之處，江南川澤處處有之。七八月採根，暴乾。 味苦，性寒，無毒。主治禿癩疥癬，瘰癧喉痹，痔漏，女子陰蝕瘙痒，殺蟲散熱，涼血下氣，利大便。丹溪云：屬水，走血分。

按：此作茹不可多食，損胃滑腸。

單方：喉風瘰癧：二病俱以羊蹄根，好醋研磨，取滓塗傅患處。 頭禿癬瘡：二瘡俱以羊蹄根和豬膏搗爛，敷之，如遍身疥痒，可以布包裹，周身塗擦。 產後風邪：羊蹄根搗絞汁半盞，服之。 腸風下血：羊蹄菜常煮服之。

明・鄭寧《藥性要略大全》卷六

羊蹄根一名禿菜根。 攻疥癬，治女陰妬蝕，療痔，殺蟲，主頭疥痒，除熱。 味苦、辛、酸，氣寒，無毒。得醋良。

明・陳嘉謨《本草蒙筌》卷三

羊蹄根 味甘，氣寒。屬水。無毒。葉如萵苣，多產道傍。根取醋摩。善走血分。主小兒頭禿疥癩除熱，治女子陰蝕浸淫殺蟲。去痔疽，除風癬。或採多熬膏加蜜，用防風研末和丸。栝樓甘草酒吞，治前諸證益妙。日服三次，每次服三十丸。 葉作菜菇，小兒疳蟲立追；食多滑腸作瀉。 實苦澁平，赤白雜痢能止。

明・王文潔《太乙仙製本草藥性大全》卷二《本草精義》

羊蹄根 一名東方宿，一名連蟲陸，一名鬼目，一名蓄，一名蓫，俗名禿菜。生陳留川澤，今所在有之，生下濕地。春生苗，高三四尺，葉狹長，頗似萵苣而色深，莖節間紫赤，花青白成穗，子三稜。又有一種，莖葉俱細，節間生子，有若茺蔚，夏中即枯，根似牛蒡而堅實，今人生採根，醋摩塗癬速效，亦煎作丸服之。又一種極相似而味酢，呼爲酸模，根葉似羊蹄，是山大黃，一名當藥。《爾雅》云須，飱，無。註云似羊蹄而細，味酸可食。

明・王文潔《太乙仙製本草藥性大全》卷二《仙製藥性》

羊蹄根 味甘，氣寒，屬水，無毒。 主治：主小兒頭禿、疥癩，除熱。治女子陰蝕浸淫，殺蟲去痔疽，除風癬。或採多熬膏加蜜，用防風研末和丸，栝樓、甘草酒吞，治前諸證益妙日服三次，每次服三十丸。葉作菜茹，小兒疳蟲立追。食多滑腸作瀉。 實：苦澁平，赤白雜痢能止。 補註：癧瘍風，用根於生鐵上，以好醋摩旋旋，刮取末〔塗於患上，未〕差，更入硫黃少許同摩，塗之。○大便卒澁結不通，用根一兩，剉，水一大盞，煎六分，去滓，溫服。○治疥，搗根和豬脂塗上，或着鹽少許佳。○喉痹卒不語，獨根者不見風日，及婦人、鷄犬，以三年醋研如泥，生布拭喉令赤，傅之。○漏瘤瘡，濕癬痒，浸淫日廣，痒不可忍，搔之黃水出，差後復發。取净去土，細切，搗爲末，以大酢净洗傅上一時間，以冷水洗之，日一傅差。○腸風痔瀉血，以葉根爛蒸一椀，食之立差。○癬瘡久不差，用根搗絞取汁，調膩粉少許如膏，塗上三五次即差。如乾，猪脂調傅。

明・皇甫嵩《本草發明》卷三

羊蹄根下品下，佐使。氣寒，味苦，無毒。一云味甘。屬水。一名禿菜，一名蓄。《詩》云言采其（蓄）〔蓫〕是也。

發明曰：羊蹄根，苦寒，涼血敺風。《本草》主頭禿疥瘙，除熱。用醋磨根。治婦人陰蝕浸淫，殺蟲，去痔疽風癬。採熬膏，加蜜用。防風研末，和丸，栝樓、甘草，酒吞，治前諸症妙。○葉，作茹，小兒疳蟲立追。食多滑腸作瀉。○實，苦澁。赤白雜痢能除。又一種，極似羊蹄，味酸，呼為酸模，治小兒吐熱腹脹，生搗汁服。下痢，殺皮膚蟲，亦療疥。

明・李時珍《本草綱目》卷一九草部・水草類

羊蹄《本經》下品

【釋名】蓄《經》 禿菜《弘景》 敗毒菜《綱目》 牛舌菜同 羊蹄大黃《庚辛玉册》 鬼目《本經》 東方宿同 連蟲陸同 水黃芹俗 子名金蕎麥弘景曰：今人呼爲禿菜，即蓄字音訛也。時珍曰：羊蹄以根名，牛舌以葉形名，禿菜以治禿瘡名也。《詩・小雅》云：言采其蓫。陸璣注云：蓫即蓄字，今之羊蹄也。幽州人謂之蓫。根似長蘆菔而莖赤。亦可瀹爲茹，滑美。鄭樵《通志》指蓫爲《爾雅》之菲及蕢者，誤矣。金蕎麥以相似名。

【集解】《別録》曰：羊蹄生陳留川澤。保昇曰：所在有之，生下濕地。春生苗，高者三四尺。葉狹長，頗似萵苣而色深。莖節間紫赤。開青白花成穗，結子三稜，夏中即枯。根似牛蒡而堅實。宗奭曰：葉如菜中波稜，但無歧而色差青白，葉厚，花與子亦相似。葉可潔擦鍮石。子名金蕎麥，燒煉家用以制鉛、汞。時珍曰：近水及濕地極多。葉長尺餘，似牛舌之形，不似波稜。入夏起薹，開花結子，花葉一色。夏至即枯，秋深即生，凌冬不死。根長近尺，赤黃色，如大黃胡蘿蔔形。

根　【氣味】苦，寒，無毒。恭曰：辛、苦，有小毒。時珍曰：能制三黃、砒石、丹砂、水銀。

【主治】頭禿疥瘙，除熱，女子陰蝕《本經》。浸淫疽痔，殺蟲《別録》。療蠱毒恭。治癬，殺一切蟲。醋磨，貼腫毒大明。擣汁二三匙，入水半盞煎之，空腹温服，治産後風秘殊驗宗奭。

【發明】震亨曰：羊蹄根屬水，走血分。頌曰：新採者，磨醋塗癬速效。亦煎作丸服。採根不限多少，擣絞汁一大升，白蜜半升，同熬如稠餳，更用防風末六兩，搜和令可丸，丸如梧子大。用栝樓、甘草煎酒下三二十丸，日二三服。

【附方】舊六，新七。大便卒結：羊蹄根一兩，水一大盞，煎六分，温服。《聖惠方》。腸風下血：敗毒菜根洗切，用連皮老薑各半盞，同炒赤，以無灰酒淬之，碗蓋少頃，去滓，任意飲。《永類方》。喉痹不語：羊蹄獨根者，勿見風日及婦人鷄犬，以三年醋研如泥，生布拭喉外令赤，塗之。《千金方》。面上紫塊：如錢大，或滿面俱有。野大黃四兩取汁，穿山甲十片燒存性，川椒末五錢，生薑四兩取汁和研，生絹包擦。如乾，入醋潤濕。數次如初，累效。陸氏《積德堂方》。癧瘍風駁：羊蹄草根，於生鐵上磨好醋，旋旋刮塗。〔入〕硫黃少許，更妙。日日用之。《聖惠》。汗斑癜風：羊蹄根二兩，獨科掃帚頭一兩，枯礬五錢，輕粉一錢，生薑半兩，同杵如泥。以湯澡浴，用手抓患處起粗皮。以布包藥，着力擦之。暖卧取汗，即愈也。乃鹽山劉氏方，比用硫黃者更妙。《藺氏經驗方》。頭風白屑：羊蹄草根〔曝乾〕杵〔末〕，同羊膽汁塗之，永除。《聖惠方》。頭上白禿：獨根羊蹄，勿見婦女、鷄犬、風日，以陳醋研如泥，生布擦赤傅之，日一次。《肘後方》。癬久不瘥：《簡要濟衆方》用羊蹄根杵絞汁，入輕粉少許，和如膏，塗之。三五次即愈。《永類方》治癬經年者。敗毒菜根獨生者，即羊蹄根，擣三錢，入川百藥煎二錢，白梅肉擂勻，以井華水一盞，濾汁澄清。天明空心服之。不宜食熱物。其滓抓破擦之，三次即愈。《千金方》：治細癬。用羊蹄根五升，桑柴灰汁煮四五沸，取汁洗之。仍以羊蹄汁和礬末塗之。漏瘤濕癬：浸淫日廣，痒不可忍，愈後復發，出黃水。羊蹄根擣，和大醋，洗净塗上，一時以冷水洗之，日一次。〔《千金翼》〕。疥瘡有蟲：羊蹄根擣，和猪脂，入鹽少許，日塗之。《外臺秘要》。

葉　【氣味】甘，滑，寒，無毒。【主治】小兒疳蟲，殺胡夷魚、鮭魚、檀胡魚毒，作菜。多食，滑大腑大明。時珍曰：胡夷、鮭魚皆河豚名。檀胡未詳。作菜，止痒。不宜多食，令人下氣詵。連根爛蒸一碗食，治腸痔瀉血甚效時珍。

【附方】舊一。懸癰舌腫：咽生息肉。羊蹄草煮汁，熱含，冷即吐之。《聖惠》。

實　【氣味】苦，澀，平，無毒。【主治】赤白雜痢恭。婦人血氣時珍。

明・梅得春《藥性會元》卷上　羊蹄根　味苦，寒，無毒。走血分，令人六腑滑泄。主治頭禿，疥癬瘙痒，除熱。女子陰蝕、浸淫疽痔，殺蟲。

明・張懋辰《本草便》卷一　羊蹄　味苦，氣寒，屬水，無毒。取根用。主頭禿疥瘙，除熱，女子陰蝕，浸淫疽痔，殺蟲。醋磨貼腫毒，塗癬立效。

明・倪朱謨《本草彙言》卷七　羊蹄根　味苦，氣寒，無毒。

《別録》曰：羊蹄生陳留川澤，所在亦有。今江南、江北近水濕地極多。韓氏曰：春生苗，高三四尺。莖節紫赤。葉長尺許，狀如牛舌及萵苣葉而青碧。入夏起薹，開花青白成穗，結實有三稜。夏至而枯，秋深即生。根長尺許，赤黃色似大黃，及牛蒡、胡蘿蔔輩。○《詩・小雅》云：言采其遂。即此也。

羊蹄根：殺蟲去癬，朱丹溪涼血解蠱之藥也。釋醫冷庵稿按《本經》主女子陰蝕，除禿瘡、頑癬、乾疥諸疾，用米醋磨塗即消。又寇氏方擣汁吐蠱毒，幷治産後風秘。或熬膏，或作丸服，散熱鬱吐血，止赤白雜痢，每稱爲奇方也。但苦寒而腥，如脾胃虚寒、洩瀉不食者，切勿入口。

集方：馬玄暉方治女人陰蝕疼痛。用羊蹄根，煎湯揉洗。○《肘後方》治白禿瘡。用羊蹄根擣爛，蘸米醋擦之。○《簡要濟衆方》治經年頑癬久不愈。同。○蘇氏方治蠱毒。用羊蹄根擣汁飲，即吐出。○寇氏方治産後風秘不通。用羊蹄根擣汁飲，即通。○《江上散人方》治熱鬱吐血。用羊蹄根和麥門冬煎湯飲，或熬膏，煉蜜收，白湯調服數匙。○永類鈐方治赤白雜色痢疾。用羊蹄根煎湯飲，或作丸服亦可。○陸二宜方治面生紫塊如錢，或滿面皆有。用羊蹄根、生薑各四兩取汁，穿山甲十片燒存性，川椒五錢炒，俱爲末，用生絹包擦。如乾，入醋少許，潤濕擦數次。累效。

明・姚可成《食物本草・救荒野譜補遺・草類》　山羊蹄食葉。生溼地。葉狹長如萵苣，春月采之，熟食。　山羊蹄，來何時，牧芻已足脂膏肥，好濟貧家腹正飢。

明・姚可成《食物本草》卷一九草部・水草類　羊蹄生陳留川澤，今所在有之。生下溼地。春生苗，高者三四尺。葉狹長，頗似萵苣而色深。莖節間紫赤，開青白花，成穗。結子三稜，夏中即枯。根似牛蒡而堅實。○寇宗奭曰：葉如菜中波稜，但無岐而色差青白，葉厚，花與子亦相似。葉可潔擦鍮石，子名金蕎麥，燒煉家用以制鉛汞。○李時珍曰：羊蹄近水及溼地極多。葉長尺餘，似牛舌之形，不似波稜。入夏起薹，開花結子，花葉一色。夏至即枯，秋深即生，淩冬不死。根長近尺，赤黃色如大黃、胡蘿蔔形。其莖葉可瀹為茹，滑美。

羊蹄根　味苦，寒，無毒。治頭禿疥瘙，除熱，女人陰蝕，浸淫疽痔。殺蟲，療蠱毒，治癬，殺一切蟲。醋磨貼腫毒。擣汁二三匙，入水半盞煎之，空腹溫服，治產後風秘殊驗。

葉　味甘，滑，寒，無毒。治小兒疳蟲，殺河魨毒。作菜食之，止痒。令人下氣，不宜多食。滑大腑。連根爛蒸一椀食，治腸痔瀉血甚效。

子　治赤白痢。

附方：治喉閉不語，性命危急。用羊蹄獨根者，勿見風日及婦人雞犬，以三年醋研如泥，先以生布拭喉外令赤，然後塗之。

治面上疙瘩紫塊，滿面俱有。用禿菜根，一名牛舌菜，一名野大黃，即羊蹄菜，擣汁四兩，穿山甲十片煅存性，川椒末五錢，生薑汁四兩和研，絹包擦之。

明・施永圖《本草醫旨・食物類》卷二　羊蹄菜以形似名。　味：苦，寒，無毒。根用醋磨，塗癬疥速效。治：癧瘍風，并大便卒澀不通，喉痹卒不能語，腸風痔血，產後風。剉根取汁，煎服殊驗。《詩》曰言采其蓫，即此。

明・盧之頤《本草乘雅半偈》帙七　羊蹄《本經》下品　氣味：苦，寒，無毒。

主治：主禿瘡疥瘙，除熱，女子陰蝕。

覈曰：出陳留川澤，所在亦有。秋深始生，凌冬不死。春生苗，高三四尺。莖節紫赤，葉長尺許，狀如牛舌，及萵苣葉而青碧。入夏起臺，花青白，成穗結實，有三棱，夏至而枯。根長近尺，赤黃色，似大黃，及牛蒡、胡蘿蔔輩。

條曰：秋分始生，夏至乃枯，以降入為升出，升出為降入者也。具兑金麗澤之用，故名羊，即以形似表功力也。《廣八卦》云兑為羊，為毀折，為附決，所謂商兑未寧，介疾有喜者也。味苦氣寒，故主火熱刑金，為疥瘙禿瘡，女子陰蝕。《經》云：痛癢瘡瘍，皆屬心火，浸淫肺金形藏故爾。

清・郭章宜《本草匯》卷一二　羊蹄根即禿菜根　味辛、苦，寒，小毒。治陰蝕浸淫，療頭風白屑。同羊膽汁塗。殺疥癬，貼腫毒。

按：羊蹄根，亦名牛舌菜。葉似羊蹄，子名金蕎麥。夏中即枯。蓋除熱殺蟲之物也。屬水而走血分，服之能滑大腑。新採者塗醋擦癬効。如久不瘥者，用獨生羊蹄根，擣三錢，入川百藥煎二錢，白梅肉擂勻，以井花水一盞，濾汁澄清，天明空心服之。不宜食熱物，其滓抓破擦之，三四次即愈。中河豚毒，葉汁解之。懸癰舌腫，咽生息肉，羊蹄草煮汁，熱含，冷即吐之。　能制三黃、砒石、水銀、丹砂。

清・何其言《養生食鑒》卷上　羊蹄菜即禿菜，一名大王菜。　味辛、甘、滑，性寒，無毒。治腸風瀉血，大便秘結不通，去小兒疳蟲，殺諸魚毒。作菜淪食良。

根　磨醋搽癬疥，效。

清・李熙和《醫經允中》卷二一　羊蹄根　甘，寒，無毒。主治小兒頭禿疥癩風癬，女人陰蝕浸淫。

清・馮兆張《馮氏錦囊秘錄・雜症痘疹藥性主治合參》卷三　羊蹄根　羊蹄根，用根醋摩，善走血分。小兒頭禿疥癩，女人陰蝕侵淫，殺蟲，去痔疽。除熱，治風癬。或採多熬膏和蜜，或防風研末和丸，栝樓、甘草酒吞，治前諸症尤妙。葉，作菜茹，追小兒疳蟲。子，澀，苦，平。止赤白雜痢。

清・张璐《本經逢原》卷二　羊蹄根俗名禿菜　辛、苦，寒，小毒。傍莖有鉤，如波稜菜狀，夏末結子便枯者是也。《本經》主頭禿，疥瘙，除熱，女子陰蝕。

發明：羊蹄根屬水走血分，為除濕殺蟲要藥。故《本經》治頭禿、疥瘙、女子陰蝕之患。新採者醋搗塗癬殺蟲。加輕粉尤效。

清・張志聰、高世栻《本草崇原》卷下　羊蹄根　氣味苦，寒，無毒。主治頭禿疥瘙，除熱，女子陰蝕。　羊蹄一名牛舌草，一名禿菜。羊蹄以根名，牛舌以葉名，禿菜以治禿瘡名也。所在有之，近水及下濕地極多，秋深則生，凌冬不死，春發苗，高三四尺，葉大者長尺餘，如牛舌之形，入夏起臺，開青白花，花葉一色，成穗結子，夏至即枯，根長近尺，赤黃色如大黃胡蘿蔔之形，故一名羊蹄大黃，俗人謂之土大黃。子名金蕎麥。燒煉家用以制鉛汞。　羊蹄，水草也，生於川澤及近水濕地。感秋氣而生，經冬不凋，至夏而死，蓋稟金水之精氣所生。金能制風，故治頭禿疥瘙。水能清熱，故除熱。苦能生肌，故治陰蝕。

清・何諫《生草藥性備要》卷下　禿頭草　性不入服劑。擦癬，敷惡毒瘡。一名大王頭。

題清・徐大椿《藥性切用》卷六　羊蹄草　即禿菜。性味苦寒，搗爛，塗頭上禿瘡。絞汁，除頭風白屑。

清・吴其濬《植物名實圖考》卷一八　羊蹄　《本經》下品。《詩經》：

言采其蓫。《陸疏》蓫，牛蘈。揚州人謂之牛蹄。《毛傳》：蓫，惡菜。《爾雅》：藬，牛蘈。郭注未指為蓫，所述狀亦與羊蹄稍異。今通呼牛舌科，亦曰牛舌大黄，子名金蕎麥，以治癬疥。

清・葉志詵《神農本草經贊》卷三 羊蹄 味苦，寒。主頭禿疥搔，除熱，女子陰蝕。一名東方宿，一名連蟲陸，一名鬼目。生川澤。

野行采蓫，黄赤盈蹊。秋冬心茂，花葉顔齊。牛舒長舌，羊奮歧蹄。潔鍮制澒，鍊士能稽。

《詩》：我行其野，言采其蓫。《詩疏》：蓫，牛蘈，今之羊蹄也。李時珍曰：根長近尺，赤黄色，入夏起薹花，葉一色，夏至即枯，秋深即生，淩冬不死，葉長尺餘，似牛舌之形。寇宗奭曰：葉可潔治，鍮石子名金蕎麥。燒鍊家用以制澒。

清・文晟《新編六書》卷六《藥性摘錄》 羊蹄菜 即禿菜，一名大王菜。甘，滑，性寒。治腸風瀉血，大便秘結，小兒疳蟲。根磨醋，搽癬疥甚效。

清・劉善述、劉士季《草木便方》卷一草部 敗毒菜 羊蹄草苦寒除熱，婦陰蝕痒腫痛滅。頭癩疥癬治蟲毒，產後風服殺蟲絕。羊蹄(天)〔黄〕。

清・田綿淮《本草省常・菜性類》 羊蹄子科 一名敗毒菜。性平。下氣止痒，利大小便。

清・戴葆元《本草綱目易知錄》卷二 羊蹄牛舌菜、禿菜。 根，苦，寒。屬水，走血分。殺蟲除熱，療蟲毒，塗癬瘡。治頭禿疥癬浸淫疽痔，女人陰蝕，產後風秘。煎服，醋磨，貼腫毒。【略】

葉：甘，寒，滑。治小兒疳蟲，殺河豚魚毒。連根擣，蒸食一盌，治腸痔瀉血。作菜食，止癢，滑大腑。多食令人下氣。

清・陳其瑞《本草撮要》卷四 羊蹄菜 味苦，寒，入手少陰經，功專治產後風祕，搗汁入水半盞煎之，空心溫服。頭風白屑，以根杵同羊膽汁塗之永除。即禿菜。

酸模

宋・陳衍《寶慶本草折衷》卷一〇 新分酸模汁在内。 一名山大黄，一名酸模根，一名當藥，一名蓨，一名須，一名蕵蕪。○蓨，音條；蕵，音孫。 生山岡，所出羊蹄同根生，酸模生山岡而羊蹄則生川澤下濕地。○採根。 味酸，涼，無毒。○療疥。分前條隱居云。○陳藏器云：主暴熱腹脹。生搗絞汁服，當下。殺皮膚小蟲。○日華子云：治小兒壯熱。狀似羊蹄葉而小黄。

明・盧和、汪穎《食物本草》卷二 莫菜 味酢而滑。生水浸濕地，去皮膚風熱。莖大如箸，赤節，節一葉，佀柳葉，厚而長，有毛刺。可為羹，始生又可生食。

明・李時珍《本草綱目》卷一九草部・水草類 酸模《日華》

〔釋名〕山羊蹄《綱目》 山大黄《拾遺》 蕵蕪《爾雅》 酸母《綱目》 蓚同 當藥 時珍曰：蕵蕪乃酸模之音轉，酸模又酸母之轉，皆以味而名，與三葉酸母草同名。掌禹錫以蕵蕪爲蔓菁菜，誤矣。 〔集解〕弘景曰：一種極似羊蹄而味酸，呼爲酸模，亦療疥也。大明曰：所在有之，生山岡上。狀似羊蹄葉而小黄。莖葉俱細。節間生子，若茺蔚子。藏器曰：即是山大黄，一名當藥。其葉酸美，人亦採食其英。《爾雅》：須，蕵蕪。郭璞注云：似羊蹄而葉細，味酸可食。一名蓚也。時珍曰：平地亦有。根葉花形亦同羊蹄，但葉小味酸爲異。其根赤黄色。連根葉取汁煉霜，可制雄、汞。

〔氣味〕酸，寒，無毒。時珍曰：葉酸，根微苦。 〔主治〕暴熱腹脹，生搗汁服，當下利。殺皮膚小蟲藏器。治疥弘景。療痢乃佳保昇。去汗斑，同紫萍搗擦，數日即没時珍。

〔附方〕新一。 瘭疽毒瘡：肉中忽生黯子如粟豆，大者如梅李，或赤或黑，或青或白，其中有核，核有深根，應心。腫泡紫黑色，能爛筋骨，毒入臟腑殺人。宜灸黯上百壯。以酸模葉薄其四面，防其長也。内服葵根汁，其毒自愈。《千金方》。

明・姚可成《食物本草》卷一九草部・水草類 酸模一名山羊蹄，一名山大黄。《爾雅》名蕵蕪，又名蓚。所在有之，狀似羊蹄葉而小，莖葉俱細，味酸美可食。節間生子，若益母草狀。 酸模，味酸，寒，無毒。治暴熱腹脹，生搗汁服，當下利。殺皮膚小蟲，治疥療痢。去汗斑，同紫萍搗擦即没。

明・姚可成《食物本草》卷七菜部・柔滑類 莫菜生水浸〔濕〕地。莖大如筯，赤節，節生一葉，似柳葉而〔厚〕且長，有毛刺，可為羹。始生時又可生食。 莫菜，味酸，滑。去皮膚風熱。

明・施永圖《本草醫旨・食物類》卷二 莫菜 味：酢而滑，生水浸濕地。去皮膚風熱。莖大如箸，赤節，節生一葉，似柳葉而厚且長，有毛刺，可為羹。始生時，又可生食。

附：**琉球・吴繼志《質問本草》外篇卷三** 醋菖酸模 辛丑之冬清舶

漂到，採此種問之。醋菖鄭茂慶。

清·吴其濬《植物名實圖考》卷一八 酸模　酸模，陶隱居云，一種極似羊蹄而味醋，呼為酸模，亦療疥。日華子始著録。《本草拾遺》以為即山大黄。引《爾雅》：須，蕵蕪。郭注：似羊蹄而稍細，味酸可食為證。亦可通。但《詩經》采葑，《毛傳》：葑，須也。鄭注：坊記以葑為蔓菁，掌禹錫之説本此。李時珍駁之，過矣。

清·劉善述，劉士季《草木便方》卷一草部 牛耳大黄　牛耳黄苦能走表，壯力活血補精好。搗爛合調靛缸水，疥癬禿癩搽為寶。

麕舌

宋·唐慎微《證類本草》卷三〇有名未用〔《别録》〕 麕俱倫切舌　味辛，微溫，無毒。主霍亂，腹痛，吐逆，心煩。生水中。五月採。

〔梁·陶弘景《本草經集注》〕云：生小小水中，今人五月五日採，乾，以療霍亂良也。

牛舌實

宋·唐慎微《證類本草》卷三〇有名未用·草木〔《别録》〕 牛舌實　味鹹，溫，無毒。主輕身益氣。一名彖尸。生水中澤傍，實大，葉長尺。五月採。

〔宋·掌禹錫《嘉祐本草》〕按：陳藏器云：今東人呼田水中大葉如牛耳，亦呼為牛耳菜。

明·蘭茂撰，清·管暄校補《滇南本草》卷下 草血〔結〕〔竭〕一名回頭草。性微溫，味苦、辛，微澁。寬中下氣，消宿食，消痞塊，年久堅積板硬，胃氣疼，面寒疼。婦人癥瘕，消浮腫，破瘀血，止咳嗽。

附方：治男女痞塊疼痛，癥瘕積聚。草血〔結〕〔竭〕焙，為末，每服一錢，沙糖、熱酒服。氣盛者加檳榔、台烏。又方：治寒濕氣浮腫，草血〔結〕〔竭〕三錢，茴香根三錢，草菓子二錢，共為末，同鰍魚煮吃之，三四次效。

明·蘭茂《滇南本草》〔叢本〕卷中 草血〔蠍〕〔竭〕，一名回頭草。味辛、苦，微濇，性溫。寬中下氣，消宿食，消痞塊，年久堅積梗硬，胃氣疼，面寒疼。婦人癥瘕，消浮腫硬瘀血，止咳嗽。單方：治男婦痞塊疼痛，癥瘕積聚。用草血結，焙為末，每服一錢。引沙糖，熱酒。氣盛者加檳榔、台烏用。單方：治寒濕氣浮腫，草血竭、茴香根、草果子，共為細末，每煑鰍魚，吃三四次效。

明·李時珍《本草綱目》卷一九草部·水草類 牛舌實時珍曰：今人呼羊蹄爲牛舌菜，恐羊蹄是根，此是其實。否則是羊蹄之生水中者也。

蛇舌

宋·唐慎微《證類本草》卷三〇有名未用·草木〔《别録》〕 蛇舌　味酸，平，無毒。主除留血，驚氣，蛇癇。生大水之陽。四月採花，八月採根。

羊蹄苗

明·鮑山《野菜博録》卷二 羊蹄苗　一名東方宿。苗初搨地生，後攛生莖叉高二尺餘。葉狹長，頗似莴苣，色深青。莖節間紫赤色，花青白，成穗子三稜。根似牛蒡堅實。味苦，性寒，無毒。食法：採苗葉煠熟，水淘淨，油鹽調食。

土大黄

附：琉球·吴繼志《質問本草》外篇卷四 土大黄大黄一種　春生苗，莖高五六寸，微帶紫色，九十月葉枯，根有黄汁。土大黄，俗名禿葉菜，鄉人作羹，味酸，根有汁而辛。此種是土大黄，治疥癬最效。甲辰，陸澍。乃是片大黄，秪由地道之性，總祈酌用。癸卯，陳文錦。土大黄，清熱，太涼，可敷火毒，全體俱用。甲辰，周之良、鄧履仁、吴美山。

清·趙學敏《本草綱目拾遺》卷四草部中 金不换　亦名救命王，似羊蹄根，而葉圓短，本不甚高。此草出於西極，傳入中土，人家種之治病，故山澤中不產。立春後生，夏至後枯，用根。《綱目》三七亦名金不換，與此別。又木本亦有金不換。汪連仕《草藥方》：金不換大葉者，為金鉢盂、大接骨草。細葉者，小接骨草。吐血頗效，因呼為吐血草，軍中箭傷，罨之效，即呼箭頭草。性平，破瘀，生新，治跌打，消癰腫，止血，愈疥癬，和糖醋搗擦。

截蟲傷，用葉搗塗。治肺癰。葉能伸臂力，開硬弓，臂痛或力弱不能弓者，取其葉揉軟覆膊上，以帛束之，過夜痛者即定疼，且全力俱攝入臂上，開弓更不費力。營伍需為要藥。腫毒初起：《百草鏡》：金不換草，根葉不拘，搗碎五錢，陳酒煎服。肺癰：《百草鏡》：金不換草，取根一兩，或葉七瓣，搗汁酒煎服，三次愈。不論口臭吐穢物者皆效。風痛：楊氏《驗方》：金不換錢半，小活血、枳殼、蘇葉、當歸各三錢，烏藥、川芎各二錢，花粉五錢，老酒一斤，煎熱服。跌打疼痛風氣：《慈航活人書》：救命王即金不換，葉如冬菜葉，春夏用葉，冬用根，搗汁沖酒服。渣加毛脚蟹搗爛傅。

如風氣，只用渣傳。　汪連仕方：　行血破血，合地蘇木落得打，共酒服。

清・吴其濬《植物名實圖考》卷一五　金不换　金不换，江西、湖南皆有之。葉似羊蹄菜而圓，無花實。或呼為土大黄。性涼。俚醫以治無名腫毒，消血熱。葉敷瘡，根止吐血，同猪肉煮服。

蛇草

清・趙學敏《本草綱目拾遺》卷五草部下　蛇草　《諸羅志》：　形似菠薐，開小白花。按《綱目》有蛇眼草，生古井及年深陰溼地，形如淡竹葉，葉背有紅圈，如蛇眼狀。搗敷治蛇傷。未知即一物否，附以俟考。治蛇傷，連根搗罨傷口，仍煎泡酒服，立愈。

汪連仕《采藥書》：　蛇眼草產鄉間，蘆叢水澤旁甚多。治一切蛇傷、疔痔，俗呼蛇口半枝蓮，又名落得咬。

水藻

明・朱橚《救荒本草》卷上之後　菹草上音鮓　即水藻也。生陂塘及水泊中。莖如麄線，長三四尺，葉形似柳葉面狹長，故名柳葉菹。又有葉似蓬子葉者，根麄如釵股而色白。味微鹹，性微寒。　救飢：　撈取莖葉，連嫩根揀擇洗淘潔淨，剉碎煠熟，油鹽調食。或加少米煮粥食尤佳。

明・李時珍《本草綱目》卷一九草部・水草類　水藻《綱目》

【釋名】時珍曰：　藻乃水草之有文者，潔净如澡浴，故謂之藻。　【集解】頌曰：　藻生水中，處處有之。《周南》詩云，于以采藻，于沼于沚，于彼行潦，是也。陸璣注云：　藻生水底，有二種：　一種葉如鷄蘇，莖如箸，長四五尺；　一種葉如蓬蒿，莖如釵股，謂之聚藻。二藻皆可食，熟挼去腥氣，米麵糝蒸爲茹，甚滑美。荆揚人饑荒以當穀食。　藏器曰：　馬藻生水中，如馬齒相連。　時珍曰：　藻有二種，水中甚多。水藻，葉長二三寸，兩兩對生，即馬藻也；　聚藻，葉細如絲及魚鰓狀，節節連生，即水藴也，俗名鰓草，又名牛尾藴，是矣。《爾雅》云：　莙，牛藻也。郭璞注云：　細葉蓬茸，如絲可愛，一節長數寸，長者二三十節，即藴也。二藻皆可食，入藥以馬藻爲勝。《左傳》云蘋蘩藴藻之菜，即此。

【氣味】甘，大寒，滑，無毒。　【主治】去暴熱熱痢，止渴，搗汁服之。小兒赤白游疹，火焱熱瘡，搗爛封之藏器。

【發明】思邈曰：　凡天下極冷，無過藻菜。但有患熱毒腫並丹毒者，取渠中藻菜切搗傳之，厚三分，乾即易，其效無比。

明・姚可成《食物本草》卷一九草部・水草類　水藻【略】　水藻，味甘，大寒，滑，無毒。主去暴熱熱利。止渴，擣汁服之。小兒赤白游瘮，火焱熱瘡，擣爛封之。○孫思邈曰：　凡天下極冷，無過藻菜。但有患熱毒腫并丹毒者，取渠中藻菜切擣傳之，厚三分，乾即易，其效無比。

清・穆石匏《本草洞詮》卷一〇　水藻　藻，乃水草之有文者，潔淨如澡浴，故謂之藻。氣味甘，大寒滑，無毒。去暴熱熱利，止渴，治小兒赤白游瘮，火炎熱瘡。天下極冷無過藻菜，但患熱毒丹毒者，擣傳之，厚三分，乾即易之，其効無比。

清・丁其譽《壽世秘典》卷三　水藻藻有二種。水藻葉長二三寸，兩兩對生，即馬藻也。聚藻葉細如絲及魚鰓狀，節節連生，即水藴也，俗名鰓草。二藻皆可食，煮熟，挼去腥氣，米麪糝蒸為茹，甚滑美，饑年可以充食。《左傳》蘋繁藴藻之菜，即此也。　氣味：　甘，大寒，滑，無毒。主去暴熱、熱利，止渴。搗敷熱毒、丹毒，小兒赤白火焱熱瘡。

清・王道純《本草品彙精要續集》卷二　水藻無毒　水藻：　主去暴熱，熱利，止渴，搗汁服之，小兒赤白游瘮，火焱熱瘡，搗爛封之《名醫別錄》。

【名】李時珍曰：　藻，乃水草之有紋者，潔淨如澡浴，故謂之藻。　【地】蘇頌曰：　藻生水中，處處有之。《周南詩》云于以採藻，於彼行潦是也。　【苗】陸璣注云：　藻生水底，有二種，葉如雞蘇，莖如箸，長四五尺。一種葉如蓬蒿，莖如釵股，謂之聚藻。二藻皆可食，熟挼去腥氣，米麵糝蒸爲茹，甚滑美。荊揚人飢荒，以當穀食。陳藏器曰：　馬藻，生水中，如馬齒相連。李時珍曰：　藻有二種，水中甚多，藻葉大二三寸，兩兩對生，即馬藻也；　聚藻葉細如絲，及魚腮狀，節節連生，即水藴也。俗名鰓草，又名牛尾藴是也。《爾雅》云：　莙，牛藻也。郭璞注云：　細葉蓬茸，如絲可愛，一節長數寸，長者二三十節，即藴也。二藻皆可食，入藥以馬藻爲勝。《左傳》云蘋繁藴藻之菜，即此。　【主】患熱毒腫並丹毒。　【味】甘。　【性】大寒，滑。　【治】孫思邈曰：　凡天下極冷，無過藻菜，但有患熱毒腫並丹毒者，取渠中藻菜，切搗傅之，厚三分，乾即易，其效無比。

清・汪紱《醫林纂要探源》卷二　藻　鹹，寒。有馬尾藻、藴藻二種。今所謂藴葅也。細如緑絲者，青紫可愛。大如鴨舌者次之。摘嫩芽，挼去腥水，皆可作葅。補心，行水消痰，輭堅。能消癭瘤，破結核，消水腫。療腳氣，通噎(隔)〔膈〕，消積食，皆鹹之功也。凡水藻，可蔬可藥，海藻尤佳，以鹹味尤厚耳。凡水菜，忌甘草。

清・趙學敏《本草綱目拾遺》卷三草部上　狐尾草　汪連仕《采藥書》：

狐尾草，花如狐尾，九節，而生長水澤旁，名狐媚花。　主治吐血金瘡，取根敷。一切腫毒，根罨。洗瘡。用葉。

清・章穆《調疾飲食辯》卷三　水藻　《詩》曰：于以采藻，于彼行潦。《陸疏》曰：有二種：一種葉如雞蘇，莖如筯，長四五尺；一種葉如蓬蒿，莖如釵股，謂之聚藻。並挼去腥氣，糝蒸食，滑美。荊、揚人以濟饑。《爾雅》作薻，曰：莙，牛薻。郭注云：江東呼馬薻。《綱目》曰水藻，葉長二三寸，兩兩對生。一種聚藻，葉細如絲，節節連生，即蘊也，俗名鰓草，又名牛尾藻。一節長數寸，長者二三十節，可食。

按：藻、蘊一類二種，吾鄉俱呼鬚草。其馬藻根連水底，不可移栽；聚藻無根，不藉土養。池沼及魚缸內皆可畜之。味甘氣腥，性寒而滑，主治暴熱、熱利、熱淋，止消渴，甚佳。寒病大忌。孫氏曰：極冷，無過於此。凡熱毒瘡腫及丹毒，擣敷，乾即易，其效無比。

清・田綿淮《本草省常・菜性類》　藻　此水藻，非海藻也。左氏云：蘋、蘩、蘊，藻之菜是也。性寒，除暴熱。服甘草者忌之。

過塘蛇

清・何諫《生草藥性備要》卷上　過塘蛇　味淡，性寒。理酒痰，敷背癰，治蛇傷、癲狗咬傷。利[小]便，擣汁飲。一名水蕹菜，一名崩草。

清・趙學敏《本草綱目拾遺》卷五草部下　玉釵草　《李氏草秘》：此草對葉圓梗，生近田水溝中。　治打傷跌腫損折，擣汁服之，罨諸腫毒。汪連仕《采藥書》：草裏金釵開黃花，細莖獨苗直上，如醒頭草。治金瘡活血，白濁遺精。開白花者，草裏銀釵、白玉釵草，治婦女白帶白淫，合生白酒煎服。

清・趙其光《本草求原》卷一五菜部　小蕹菜即過塘蛇。　淡，寒，利水。治狂犬傷取汁飲，敷皮膚熱毒，背癰大瘡，蛇傷，坐板坐之。

清・劉善述、劉士季《草木便方》卷一草部　水雲參　水雲生平能補精，水泛為痰咳亦輕。虛損勞傷清利妙，壯水除煩熱不生。

柳葉菜

明・朱橚《救荒本草》卷上之後　柳葉青　生中牟荒野中。科苗高二尺餘，莖似蒿莖，葉似柳葉而短，拖音布莖而生，開小白花，銀褐心。其葉味微辛。　救飢：採嫩葉煠熟，水浸淘淨，油鹽調食。

明・朱橚《救荒本草》卷上之前　柳葉菜　生鄭州賈峪音欲山山野中。苗高二尺餘，莖淡紅色，葉似柳葉而厚短，有澁毛，梢間開四瓣深紅花，結細長角兒。其葉味甜。　救飢：採苗葉煠熟，油鹽調食。

明・姚可成《食物本草》卷首王西樓救荒野譜　水菜食莖葉。秋生水田，狀類白菜。煮熟食之。　水菜生水中，水深不可測。挈筥遶堤行，日暮風波息。水清忽照人，面色如菜色。

明・周履靖《茹草編》卷二　水菜　蘋蘩薀藻，可羞王公。水菜芳潔，寔與同蹤。秋岩雲白，春浦花紅。山中苜蓿，菽水之風。　秋生水田，狀類白菜。香油、椒、鹽炒食。

明・鮑山《野菜博錄》卷二　香春菜　生山野中。苗高二尺餘，莖淡紅色，葉似柳葉而厚短，有澁毛。稍間開四瓣深紅花，結細長角兒。葉味甜。食法：採苗葉煠熟，油鹽調食。

明・鮑山《野菜博錄》卷二　水春蔓　一名海青蓑，一名水青菜。生水邊沙土間。科葉似白菜葉大，又似莙蓬菜葉，又似火焰菜葉。味甘，性平，無毒。　食法：採葉煠熟，油鹽調食。

嫩葉青

明・鮑山《野菜博錄》卷二　嫩葉青　生中牟荒野中。科苗高二尺餘，莖似蒿莖。葉似柳葉短，拖莖生。開小白花，銀褐心。葉味微辛。　食法：採嫩葉煠熟，水浸淘淨，油鹽調食。

水朝陽花

清・吳其濬《植物名實圖考》卷一七　水朝陽花　水朝陽花生雲南海中。獨莖高四五尺，附莖對葉，柔綠有毛；梢葉間開四瓣長筩紫花，圓小嬌艷，映日有光。《滇本草》有水朝陽草與此異。此草花罷結角，細長寸許，老則迸裂，白絮茸茸，如婆婆針線包而短，應亦可敷刀瘡。

無風自動草

明・蘭茂原撰，范洪等抄補《滇南本草圖說》卷六　無風自動草　綠葉軟藤，根大而肥，無風有聲。此草有二種，一是草動無聲，一是草動亦有聲。採根。可大興陽道，種子仙方。勿傳匪人，忌用春方。

明・蘭茂撰，清・管暄校補《滇南本草》卷上　無風自動草：　上品仙草。味鹹、酸，無毒。形似一枝蒿。主治男子精寒，婦人血虛而子宮久冷，不能受胎，以附子一分，此草一分，共為細末，入於子宮，可受孕也。男子一服而精暖也。亦能治交媾勞乏虛症，脫陽，腎氣崩散，服之即效。

水芝麻

清・何諫《生草藥性備要》卷下 水芝麻 味淡，性寒。治疳積，退熱，生津止渴，消瘡。

鳧葵

宋・唐慎微《證類本草》卷九草部中品〔唐・蘇敬《唐本草》〕 鳧葵 味甘，冷，無毒。主消渴，去熱淋，利小便。生水中，即莕音杏菜也。一名接余。

〔唐・蘇敬《唐本草》〕注云：南人名猪蓴，堪食。有名未用條中載也。

〔宋・馬志《開寶本草》〕按：《別本》注云：即荇菜也，生水中。菜似蓴，莖澁，根極長。江南人多食。云是猪蓴，全爲誤也。猪蓴與絲蓴並一種，以春夏細長肥滑爲絲蓴，至冬短爲猪蓴，亦呼爲龜蓴。此與鳧葵殊不相似也。南人擣汁服之，療寒熱也。唐本先附。

〔宋・掌禹錫《嘉祐本草》〕按：日華子云：猪蓴，解蠱毒，毒藥。絲蓴已見蓴條解之。今據《唐本》注云：有名未用條中載也。而尋有名未用條中，即無鳧葵，猪蓴蓋經《開寶詳定》已刪去也。

〔宋・蘇頌《本草圖經》〕曰：鳧葵，即莕菜也。舊不著所出州土，云生水中，今處處池澤皆有之。葉似蓴，莖澁，根甚長，花黃色，水中極繁盛。謹按《爾雅》：莕，謂之接余，其葉謂之荇。郭璞以爲叢生水中，葉圓在莖端，長短隨水深淺。江東人食之。《詩・周南》所謂參差荇菜是也。陸璣云：白莖，葉紫赤色，正圓，徑寸餘，浮在水上，根在水底，大如釵股，上青下白，鬻其白莖以苦酒浸，脆美，可以按酒。今人不食，醫方亦鮮用。

宋・鄭樵《通志》卷七五《昆蟲草木略》 荇 曰接余。《爾雅》云：莕，接余。其葉，苻。《詩》云：參差荇菜。今謂之水荇，蔓鋪水上，故杜詩：水荇牽風翠帶長。

明・朱橚《救荒本草》卷上之後 荇絲菜 又名金蓮兒，一名藕蔬菜。水中拖蔓而生，葉似初生小荷葉，近莖有桠劐音鴉藿，葉浮水上，葉中攛莖，上開金黃花。莖味甜。 救飢：採嫩莖煠熟，油鹽調食。

明・劉文泰《本草品彙精要》卷一二 鳧葵無毒 水生。

鳧葵：主消渴，去熱淋，利小便。名醫所錄。 〔名〕接余、莕音荇菜，葉：苻。 〔苗〕《圖經》曰：此即莕菜也，生水中，葉圓似蓴而在莖端，花黃色，極繁盛。其根長短隨水深淺。《詩》所謂參差荇菜是也。陸璣云：莖白，葉紫赤色，圓徑寸餘，浮在水面，根在水底，大如釵股，上青下白，江東人食之，醫方鮮用。 〔地〕《圖經》曰：生水中，今處處池澤中皆有之。〔時〕生：春生苗。採：無時。 〔收〕暴乾。 〔用〕莖、葉。 〔質〕類蘋而圓。 〔色〕莖白，葉紫赤。 〔味〕甘。 〔性〕冷，緩。 〔氣〕氣之薄者，陽中之陰。 〔臭〕腥。 〔主〕諸淋。 〔製〕水洗，剉碎用。 〔治〕療：《別錄》云：擣汁服之，除寒熱。 〔解〕蠱毒、毒藥。

明・盧和、汪穎《食物本草》卷一菜類 荇菜 生湖陂中，葉紫赤圓，徑寸餘，浮水面，莖如釵股，上青下白。《詩》所謂參差荇菜是也。可淹為菹。

明・王文潔《太乙仙製本草藥性大全》卷二《本草精義》 鳧葵 鳧葵即莕菜也。一名接余。舊本不著所出州土。云生水中，今處處池澤皆有之。葉似蓴，莖澁，根甚長，花黃色，水中極繁盛。謹按《爾雅》莕謂之接余，其葉謂之苻。郭璞以爲叢生水中，葉圓在莖端，長短隨水深淺，江東人食之。《詩・周南》所謂參差荇菜是也。陸璣云：白莖，葉紫赤色，正圓，徑寸餘，浮在水上，根在水底，大如釵股，上青下白，鬻其白莖，以苦酒浸，脆美可以爲按酒，今人不食，醫方亦鮮用之。

明・王文潔《太乙仙製本草藥性大全》卷二《仙製藥性・草部附遺》 鳧葵 味甘，氣冷，無毒。 主治：主消渴，殺蠱毒如神，去熱淋，利小便奇效。

補註：蛇咬取白莖，以苦酒投浸妙。〇療寒熱擣汁服之效。

明・李時珍《本草綱目》卷一九草部・水草類 莕菜《唐本草》

〔釋名〕鳧葵《唐本》 水葵《馬融傳》 水鏡草《土宿本草》 靨子菜《野菜譜》 金蓮子 接余時珍曰：按《爾雅》云：莕，接余也。其葉苻。則鳧葵當作苻葵，古文通用耳。或云鳧喜食之，故稱鳧葵，亦通。其性滑如葵，其葉頗似莕，故曰葵，曰莕。《詩經》作荇，俗呼荇絲菜。池人謂之莕公鬚，淮人謂之靨子菜，江東謂之金蓮子。許氏《說文》謂之䕘，音戀。《楚辭》謂之屏風，云紫莖屏風文綠波，是矣。 〔集解〕恭曰：鳧葵即莕菜也。生水中。頌曰：處處池澤有之。葉似蓴而莖澀，根甚長，花黃色。郭璞注《爾雅》云：叢生水中。葉圓在莖端，長短隨水深淺。江東人食之。陸璣《詩疏》云：荇莖白，而葉紫赤色，正圓，徑寸餘，浮在水上。根在水底，大如釵股，上青下白，可以按酒。用苦酒浸其白莖，肥美。今人不食，醫方亦鮮用之。時珍曰：莕與蓴，一類二種也。並根連水底，葉浮水上。其葉似馬蹄而圓者，蓴也；葉似蓴而微尖長者，莕也。夏月俱開黃花，亦有白花者。結實大如棠梨，中有細子。按寧獻王《庚辛玉册》云：鳧葵，黃花者是莕菜，白花者是白蘋，即水鏡草，一種泡子名水鱉。雖有數種，其用一也。其莖葉根花，並可伏硫，煮砂，制礬。此以花色分別蘋、萕，似亦未穩。詳見蘋下。【正誤】恭曰：鳧葵，南人名豬蓴，堪食，有名未用條中載也。志曰：鳧葵即莕菜，葉似蓴，根極長。江南人多食之。今云是豬蓴，誤矣。今以春夏細長肥滑者爲絲蓴，至冬粗短者爲豬蓴，亦呼爲龜蓴，與鳧葵殊不相似也。而有名未用類，即無鳧葵、豬蓴之名，蓋後人删去也。時珍曰：楊慎《巵言》以四葉菜爲莕者，亦非也。四葉菜乃蘋也。【氣味】甘，冷，無毒。【主治】消渴，去熱〔淋〕，利小便《唐本》。擣汁服，療寒熱《開寶》。擣傅諸腫毒，火丹游腫時珍。【附方】新四。一切癰疽：及瘡癤。用莕絲菜或根，馬蹄草莖或子，即蓴也，各取半碗，同苧麻根五寸去皮，以石器擣爛，傅毒四圍。春夏秋日換四五次，冬換二三次，換時以虀水洗之，甚效。《保生餘録》。穀道生瘡：荇葉擣爛，綿裹納之下部，日三次。《范汪方》。毒蛇螫傷：牙入肉中，痛不可堪者。勿令人知，私以荇葉覆其上穿，以物包之，一時折牙自出也。《肘後方》。點眼去翳：莕絲菜根一錢半，擣爛，即葉如馬蹄開黄花者，川楝子十五個，膽礬七分，石决明五錢，皂莢一兩，海螵蛸二錢，各爲末，同菜根，以水一鍾浸二宿，去滓。一日點數次，七日見效也。孫氏《集效方》。

明·應䕫《食治廣要》卷四果部　藕絲菜　氣味：甘，平，無毒。生食，主霍亂後虚渴煩悶不能食，解酒食毒，下瘀血。大抵與藕同功。

明·姚可成《食物本草·救荒野譜補遺·草類》　莕菜食葉及實。生水澤中，葉似蓴而微尖。儉年人采食之。結實大如梨，人亦食之。　莕菜生水底，采采携筐筥。岸高水又深，傍徨泪如雨。

明·姚可成《食物本草》卷一九草部·水草類　莕菜處處池澤有之。葉似蓴而莖澀，根甚長，花黄色。郭璞註《爾雅》云：叢生水中。葉圓在莖端，長短隨水深淺。江東人食之。陸(機)〔璣〕《詩疏》云：荇，莖白而葉紫赤色，正圓，徑寸餘，浮在水上。根在水底，大如釵股，上青下白，可以按酒。用苦酒浸其白莖，肥美。〇李時珍曰：莕與蓴，一類二種也。竝根連水底，葉浮水上。其葉似馬蹄而圓者，蓴也；葉似蓴而微尖長者，莕也。夏月俱開黄花，亦有白花者。結實大如棠梨，中有細子，江南人多食之。

莕菜，味甘，冷，無毒。主消渴，去熱，利小便。擣汁服，去寒熱。擣傅諸腫毒，火丹游腫。

附方：　治穀道生瘡。用荇葉擣爛，綿裹納之下部，每日三次。

明·姚可成《食物本草》卷七菜部·柔滑類　藕絲菜一名雞頭菜，一名菱菜，即芡莖。　藕絲菜，味鹹、甘，平，無毒。止煩渴，除虚熱，生、熟皆宜。根主小腹結氣痛，煮食之良。

明·施永圖《本草醫旨·食物類》卷二　荇菜　生湖陂中，葉紫赤圓，徑寸餘，浮水面，莖如銀股，上青下白。《詩》所謂參差荇菜是也。可淹為葅。

藕絲菜　味：甘，澀，性寒。解熱渴煩毒，下瘀血。即今雞頭子菅也。

清·丁其譽《壽世秘典》卷三　荇菜性滑如葵，葉頗似莕，又曰葵，曰莕，俗呼荇絲菜。李時珍曰：莕與蓴一類二種也，並根連水底，葉浮水上，其葉似馬蹄而圓者，蓴也；葉似蓴而微尖長者，莕也。夏月俱開黄花，亦有白花者，結實大如棠梨，中有細子。　氣味：甘，冷，無毒。主消渴，去熱，利小便。擣敷諸腫毒、火丹遊腫。

清·尤乘《食鑒本草·菜類》　荇菜　生湖陂中，葉紫赤，圓徑寸餘，浮水面，莖如銀股，上青下白。《詩》所云參差〔荇〕菜是也。可淹為葅。

清·汪紱《醫林纂要探源》卷二　荇　甘，鹹，寒，滑。生水中，莖如釵股，葉正圓有缺，如馬蹄，浮水面，背有水泡。除煩解熱，消痰行水。

清·章穆《調疾飲食辯》卷三　莕　一名鳧葵。《綱目》曰：《爾雅》云：莕，接余。其葉苻。則鳧當作苻。《説文》謂之䓼。《楚辭》謂之屏風，紫莖屏風文緑波是也。《詩·周南》作荇菜。杜詩云：水荇牽風翠帶長。謂其莖也。葉似蓴，微尖，故《野菜譜》名靨子菜。與蓴同類異種，性亦彷佛，能去熱，治消渴，利小便。

清·吴其濬《植物名實圖考》卷一八　莕菜　莕菜，《爾雅》：莕，接余。陸璣《詩疏》謂可以按酒。《唐本草》云鳧葵即此。《救荒本草》謂之荇絲菜，一名金蓮兒。《湘陰志》：水荷莖葉柔滑，莖如釵股，根如藕，人多以為糝食，亦即此類。

雩婁農曰：《詩傳》：茆，鳧葵；荇，接余。二名瞭然。《唐本草》注以猪蓴為荇，遂並鳧葵屬之。蓋誤以蓴為荇也。《埤雅》從之。而鳧葵為荇、蓴通稱矣。物之在水者多名鳧，象鳧之出沒波際耳。芍曰鳧茈，人之泅水者亦曰鳧，其義同也。古人於菜之滑者多曰葵；終葵，葉不似葵，其滑同也。二物處水而滑，故名易淆。陸元恪云：可案酒。後世食者絶鮮。《南史》：沈顗採蓴荇根供食。《救荒本草》：嫩苗煠熟，皆為荒計。《巖棲幽事》云：爛煮味如蜜，曰荇酥。然亦得於所聞。

清·田綿淮《本草省常·菜性類》　莕菜　《詩》作荇，一名接余，一名水葵，一名水鏡草。性冷。清熱利水。服甘草者忌之。

清·吴汝紀《每日食物却病考》卷上　荇附白蘋：即《詩》之參差荇菜也，又作莕。甘，涼，無毒。生湖陂中，與蓴一類，少差耳。莖上青下白，葉似蓴而微尖長，頗似杏葉，故名著。夏月俱開黃花，亦有白花者，結實亦如蓴。又云： 白花者乃白蘋，味氣相類。

澤瀉

宋・李昉《太平御覽》卷第九九〇 澤瀉 《典術》曰： 食澤瀉身輕，日行五百里，走水上，可遊無窮，致玉女神仙。一名澤之。

宋・唐慎微《證類本草》卷六草部上品〔《本經・別錄》〕 澤瀉 味甘、鹹，**寒**，無毒。**主風寒濕痹，乳難，消水，養五藏，益氣力，肥健**，補虛損五勞，除五藏痞滿，起陰氣，止洩精，消渴，淋瀝，逐膀胱三膲停水。**久服耳目聰明，不飢，延年，輕身，面生光，能行水上。**扁鵲云： 多服病人眼。**一名水瀉，**一名及瀉，**一名芒芋，一名鵲瀉。**生汝南池澤。五月、六月、八月採根，陰乾。畏海蛤、文蛤。 葉： 味鹹，無毒。主大風，乳汁不出，産難，强陰氣。久服輕身。五月採。

實： 味甘，無毒。主風痹、消渴，益腎氣，强陰，補不足，除邪濕。久服面生光，令人無子。九月採。

〔梁・陶弘景《本草經集注》〕云： 汝南郡屬豫州。今近道亦有，不堪用，惟用漢中、南鄭、青弋，形大而長，尾間必有兩歧爲好。此物易朽蠹，常須密藏之。葉狹長，叢生諸淺水中。《仙經》服食斷穀皆用之。亦云身輕，能步行水上。

〔唐・蘇敬《唐本草》〕注云： 今汝南不復採用，惟以涇州、華州者爲善也。

〔宋・掌禹錫《嘉祐本草》〕按： 《爾雅》云： 蕍，蕮。疏云： 蕍，一名蕮，即藥草澤瀉也。《藥性論》云： 澤瀉，君。味苦。能主腎虛精自出，治五淋，利膀胱熱，宣通水道。日華子云： 治五勞七傷，主頭旋，耳虛鳴，筋骨攣縮，通小腸，止遺瀝，尿血，催生，難産，補女人血海，令人有子。葉壯水藏，下乳，通血脉。

〔宋・蘇頌《本草圖經》〕曰： 澤瀉，生汝南池澤，今山東、河、陝、江、淮亦有之，以漢中者爲佳。春生苗，多在淺水中，葉似牛舌草，獨莖而長。秋時開白花，作叢似穀精草。五月、六月、八月採根，陰乾。今人秋末採，暴乾用。此物極易朽蠹，常須密藏之。漢中出者，形大而長，尾間有兩歧最佳。《爾雅》謂之蕍羊朱切，一名蕮與舄同，私夕切。《素問》身熱解墮，汗出如浴，惡風少氣，名曰酒風。治之以澤瀉、朮各十分，麋銜五分，合以二指撮，爲後飯。後飯者，飯後藥先，謂之後飯。《張仲景》： 治雜病，心下有支飲，苦冒，澤瀉湯主之。澤瀉五兩，朮二兩，水二升，煎取半升，分溫再服。治傷寒有大、小澤瀉湯，五苓散輩，皆用澤瀉，行利停水爲最要。《深師》： 治支飲，亦同用澤瀉、朮，但煮法小別。先以水二升煮〔取〕二物，取一升，又以水一升煮澤瀉，取五合，合此二汁，爲再服。病甚欲眩者，服之必差。《仙方》亦單服澤瀉一物，擣篩，取末。水調，日分服六兩，百日體輕，久而健行。

〔宋・唐慎微《證類本草》〕《雷公》曰： 不計多少，細剉酒浸一宿，漉出，曝乾，任用也。《經驗方》： 常服澤瀉，皂莢水煮爛，焙乾爲末，錬蜜爲丸如桐子大。空心以溫酒下十五丸至二十丸，甚妙。治腎藏風，生瘡尤良。

宋・寇宗奭《本草衍義》卷七 澤瀉 其功尤長於行水。張仲景曰： 水擣渴煩，小便不利，或吐或瀉，五苓散主之。方用澤瀉，故知其用長於行水。《本經》又引扁鵲云，多服病人眼，誠爲行去其水。張仲景八味丸用之者，亦不過引接桂、附等歸就腎經，別無他意。凡服澤瀉散人，未有不小便多者，小便既多，腎氣焉得復實？今人止洩精，多不敢用。

宋・鄭樵《通志》卷七五《昆蟲草木略》 蕍 曰蕮，曰藚，曰芒芋，曰鵲瀉，曰及瀉，澤瀉也。《詩》云： 言采其藚。《爾雅》云： 蕍，蕮。

金・張元素《潔古珍珠囊》〔見元・杜思敬《濟生拔粹》卷五〕 澤瀉鹹陰中微陽。滲泄，止渴，泄伏水。

宋・劉明之《圖經本草藥性總論》卷上 澤瀉： 味甘、鹹，寒，無毒。主風寒濕痺，乳難，消水，養五臟，益氣力肥健，補虛損五勞，除五臟痞滿，起陰氣，止洩精，消渴淋瀝，逐膀胱三焦停水。葉，味鹹，無毒。主大風，乳汁不出，産難，强陰氣。實，味甘，無毒。主風痺，消渴，益腎氣，强陰，補不足，除邪濕。《藥性論》云： 君。味苦。能主腎虛精自出，治五淋，利膀胱熱，宣通水道。日華子云： 治五勞七傷，主頭旋，耳虛鳴，筋骨攣縮，通小腸，止遺瀝尿血，催生難産，補女人血海，令人有子。葉，壯水臟，下乳通血脉。畏海蛤、文蛤。

元・王好古《湯液本草》卷四 澤瀉 氣平，味甘。甘、鹹，寒，味厚，陰也，降也，陰中微陽。 入足太陽經、少陰經。 《象》云： 除濕之聖藥。治小便淋瀝，去陰間汗。無此疾，服之令人目盲。 《心》云： 去舊水，養新水，寒水氣，須用。 《珍》云： 滲瀉止渴。 《本草》云： 治風寒濕痹，乳難，消水，養五臟，益氣力，肥健。補虛損五勞，除五臟痞滿，起陰氣，止泄精，消渴淋瀝，逐膀胱三焦停水。 扁鵲云： 多服病人眼。 《衍義》云： 其功尤長於行水。 仲景云： 水畜煩渴，小便不利，或吐或瀉，五苓散主之。方用澤瀉，故知其用長於行水。《本經》又引扁鵲云： 多服病人眼。誠為行去其水故也。仲景八味丸用之者，亦不過接引桂、附等歸就腎經，別無他意。

凡服澤瀉散人，未有不小便多者，小便既多，腎氣焉得復實。今人止泄精，多不敢用。《本經》云：久服明目。扁鵲謂多服昏目，何也？易老云：去胞中留垢，以其味鹹能泄伏水，故去留垢，即胞中陳積物也。入足太陽、少陰，仲景治太陽中風入裏渴者，五苓散主之。

元・朱震亨《本草衍義補遺・新增補》 澤瀉 鹹，寒。陰中微陽。入足太陽、少陰經之藥。除濕行水之功尤捷。治小便淋閉，去陰間汗。若無此疾，服之令人眼疾，誠為行去其水故也。仲景八味丸用之，亦不過接引桂附歸就腎經，別無他意。服此未有不小便多者。小便既多，腎氣焉得復實？今人止泄精，多不敢用。

元・佚名氏《珍珠囊・諸品藥性主治指掌》〔見《醫要集覽》〕 澤瀉 味甘，鹹，性寒，無毒。降也，陽中陰也。其用有四：去胞垢而生新水，退陰汗而止虛煩，主小便淋澀仙藥，療水病濕腫靈丹。

元・徐彥純《本草發揮》卷一 澤瀉 味甘、鹹，寒，無毒。逐膀胱三焦停水，治五淋，宣通水道。長於行水，多服病人眼。成聊攝云：鹹味湧泄為陰。澤瀉之鹹，以泄伏水，滑利竅。潔古云：除濕之聖藥也。治小便淅瀝，去陰間汗。無此疾者，服之令人目盲。《主治秘訣》云：性寒味鹹，氣味俱厚，沉而降，陰也。其用有四：入腎經一，去舊水養新水二，利小便三，消水腫四也。又云：滲泄止渴。海藏云：【略】

元・王履《醫經溯洄集》 八味丸用澤瀉論 張仲景八味丸用澤瀉，寇宗奭《本草衍義》云：不過接引桂附等歸就腎經，別無他意。而王海藏韙之。愚謂八味丸以地黃為君，而以餘藥佐之，非止為補血之劑，蓋兼補氣也。氣者，血之母。東垣所謂陽旺則能生陰血者，此也。若果專為補腎而入腎經，則地黃、山茱萸、白茯苓、牡丹皮皆腎經之藥，固不待夫澤瀉之接引而後至也。其附子、官桂雖非足少陰經本藥，然附子乃右腎命門之藥，況浮中沉，無所不至，又為通行諸經引用藥。官桂能補下焦相火不足，是亦右腎命門藥也。易老亦曰：補腎用肉桂。然則桂附亦不待夫澤瀉之接引而後至矣。唯乾山藥，雖獨入手太陰經，然其功亦能強陰，且手太陰為足少陰之上原，原既有滋，流豈無益。夫其用地黃為君者，大補血虛不足，與補腎也，用諸藥佐之者。山藥之強陰益氣，山茱萸之強陰益精而壯元氣，白茯苓之補陽長陰而益氣，牡丹皮之瀉陰火而治神志不足，澤瀉之養臟、益氣力、起陰氣而補虛損五勞，桂附之補下焦火也。由此觀之，則余之所謂兼補氣者非臆說也。且澤瀉也，雖曰鹹以瀉腎邪，非瀉腎之本也。故五苓散用澤瀉者，詎非瀉腎邪乎？白茯苓亦伐腎邪，即所以補正耳。是則八味丸之用澤瀉者，非他，蓋取其瀉腎邪，養五臟，益氣力，起陰氣，補虛損五勞之功而已，寇氏又何疑其瀉腎，而爲接引桂附等之說乎？然澤瀉固能瀉腎，然從於諸補藥群衆之中，雖欲瀉之，而力莫能施矣。故當歸從於參、芪，則能補血；從於大黃、牽牛，則能破血；從於桂、附、茱萸，則熱；從於大黃、芒硝，則寒。此非無定性也。奪於群衆之勢，而不得不然也。雖然，或者又謂：八味丸以附子為少陰之向導，其補自是地黃為主。蓋取其健脾走下之性以行地黃之滯，可致遠耳。竊意如此，則地黃之滯，非附子不能及下矣。然錢仲陽六味地黃丸豈有附子乎？夫八味丸，蓋兼陰火不足乾設。六味地黃丸，則惟陰虛者用之也。

明・朱橚《救荒本草》卷上之前 澤瀉 俗名水蓄菜。一名水瀉，一名及瀉，一名芒芋，一名鵠瀉。生汝南池澤及齊州，山東、河陝、江淮亦有，漢中者為佳。今水邊處處有之。叢生苗葉，其葉似牛舌草葉，紋脉豎直，葉叢中間攛葶對分，莖叉，莖有線楞，梢間開三瓣小白花，結實小青細。子味甘，葉味微鹹，俱無毒。救飢：採嫩葉煠熟，水浸淘淨，油鹽調食。治病：文具《本草》草部條下。

明・王綸《本草集要》卷三 澤瀉君 味甘鹹，氣寒。味厚，陰也，陰中微陽。無毒。入足太陽經、少陰經。畏海蛤、文蛤。主風寒濕痹，乳難，消水，養五臟，益氣力，肥健。久服耳目聰明，不飢延年輕身，面生光，能行水上。入膀胱、腎經，治淋閉，逐膀胱、三焦停水，瀉腎邪，去陰間汗。除濕行水為最要之藥。多服病人眼，行去其水故也。凡服此者小便多，則腎氣必虛，古方止洩精，今不敢用。

明・滕弘《神農本經會通》卷一 澤瀉 君也。畏海蛤、文蛤。味甘、鹹，氣寒，無毒。《湯》云：氣平，味甘、甘鹹，寒。味厚，陰也，降也，陰中微陽。入足太陽經、少陰經。東云：降也，陽中陰也。去胞垢而生新水，退陰汗而止虛煩。主小便淋澁仙藥，療水病濕腫靈丹。又云：利水通淋，補陰不足。珍云：利便治水，去舊養新，滲泄，止瀉，消除瘡腫。《疌》云：生陰消水治諸淋，追風通乳并除濕，通血催生補女人。

《本經》云：主風寒濕痺，乳難，消水，養五臟，益氣力，肥健，補虛損五勞，除五藏痞滿，起陰氣，止洩精，消渴，淋瀝，逐膀胱三膲停水。久服耳目聰明，不飢延年輕身，面生光，能行水上。扁鵲云：多服病人眼。五六八月採根，陰乾。《藥性論》云：澤瀉，君。味苦。能主腎虚精自出，治五淋，利膀胱熱，宣通水道。日華子云：治五勞七傷，主頭旋，耳虚鳴，筋骨攣縮，通小腸，止遺瀝尿血，催生，難産，補女人血海，令人有子。《圖經》云：《素問》身熱解墮，汗出如浴，惡風少氣，名曰酒風，治之以澤瀉、术各十分，麋銜五分，合以三指撮，先飯服。仲景治雜病，心下有支飲苦冒，澤瀉湯主之，澤瀉五兩，术二兩，水煎溫服。治傷寒亦有大小澤瀉湯、五苓散輩，皆用澤瀉，行利停水為最要。《象》云：除濕之聖藥。治小便淋瀝，去陰間汗，無此疾服之，令人目盲。《心》云：去舊水，養新水，寒水氣須用。《衍義》云：其功尤長於行水。仲景云：水搐，煩渴，小便不利，或吐或瀉，五苓散主之。方用澤瀉，故知其長於行水。《本經》又引扁鵲云：多服病人眼，誠為行去其水故也。仲景八味丸用之者，亦不過接引桂、附等歸就腎經，別無他意。凡用澤瀉散，未不小便多者，小便既多，腎氣焉得復實，令人止泄精，多不敢用。丹溪同。《湯》云：《本經》云久服明目，扁鵲謂多服昏目，何也？易老云：去胞中留垢，以其味鹹，能泄伏水，故去。留垢，即胞中久陳積物也。入太陽、少陰。仲景治太陽中風入裏渴者，五苓散主之。劊云：澤瀉甘鹹性本寒，收陰汗乃止虚煩。去胞垢又生新水，濕腫淋瀝作聖丹。《局》云：澤瀉鹹寒止泄精，頭旋消渴耳虚鳴。治淋宣逐膀胱水，多服令人眼病生。澤瀉，會除諸般瀉，弭渴，疏淋。

明・劉文泰《本草品彙精要》卷八 澤瀉無毒 叢生。

澤瀉出《神農本經》：**主風寒濕痹，乳難，消水，養五臟，益氣力，肥健。久服耳目聰明，不飢延年，輕身，面生光，能行水上。**以上朱字《神農本經》。補虚損五勞，除五臟痞滿，起陰氣，止泄精，消渴，淋瀝，逐膀胱三焦停水。扁鵲云：多服，病人眼。〇葉，主大風，乳汁不出，産難，強陰氣，久服輕身。〇實，主風痹，消渴，益腎氣，強陰，補不足，除邪濕。久服面生光，令人無子。以上黑字名醫所録。【名】水瀉、及瀉、芸芋、鵠瀉、蕍、蕮。【苗】《圖經》曰：春生苗，多在淺水中，其葉狹長，似牛舌草。獨莖而長，秋開白花作叢，似穀精草。乾久，極易朽蠹，常須密藏之。漢中出者，其形長大，尾間有兩歧最佳。【地】《圖經》曰：汝南池澤，山東，河陜，江淮，南鄭，邵武，青代亦有之。【道地】涇州、華州、漢中者佳。【時】生：春生苗。採：五、六、八、九月取根，五月取葉，九月取實。【收】陰乾。【用】根不蛀者爲好，葉實亦可用。【質】類京三稜而輕浮。【色】白。【味】甘，鹹。【性】寒，緩。【氣】味厚陰也，陰中微陽。【臭】朽。【主】利水除濕。【行】足太陽經，少陰經。【反】畏海蛤、文蛤。【製】《雷公》云：去毛細剉，酒浸一宿，漉出，暴乾用。【治】療：《藥性論》云：治五淋，利膀胱熱，宣通水道。日華子云：筋骨攣縮，通小腸，止遺瀝，尿血，催生，難産。葉，壯水臟，下乳，通血脈。《湯液本草》云：去陰間汗，滲瀉，止渴。補：《藥性論》云：腎虚精自出。日華子云：五勞七傷，頭旋，耳虚鳴，益女人血海，令人有子。【禁】多服，病人眼。

明・葉文齡《醫學統旨》卷八 澤瀉 氣寒，味甘，鹹。無毒。沉而降，陰也。入足太陽、少陰經。畏海蛤、文蛤。治淋閉，泄瀉水腫煩渴，小便不利，風寒濕痺；補虚損，除五臟痞滿，起陰氣，止泄精白濁；逐膀胱三焦停水，伐腎邪，去陰間汗，除濕行水之聖藥。多服損目。

明・許希周《藥性粗評》卷一 澤瀉齊甘遂之能，導泉下部。

澤瀉，一名及瀉，一名芒芋，《爾雅》謂之蕍蕮。春生苗，獨莖，高尺餘，似牛舌而長，秋開白花，作叢似穀精草，結小實，其根如小芋，尾間或作兩岐，多在淺水濕處。山東、河陜、江淮及荊湘處處有之，以漢中及涇州、華州者為勝。五月、八月採根，暴乾。此物最易朽蠹，常須封固密藏，臨用剉，酒浸一宿，漉出，再暴。畏海蛤、文蛤。味甘，鹹，性寒，無毒。其氣下行，入足太陽膀胱、少陰腎經。主治風寒濕痹，五臟痞滿，癆傷虚弱，洩精淋瀝，消渴。利小便，逐三焦停水，與甘遂同功。又治腎虚耳鳴，頭旋，筋骨攣縮，催生下乳汁，宣通血脉。潔古云：除濕之聖藥也。愚按：《圖經》曰：張仲景治雜病心下有支飲苦冒，澤瀉湯主之。此内雖用白术，固以澤瀉為君也。《衍義》云：張仲景治水畜渴煩，小便不利，五苓散主之。此内雖用豬苓、茯苓、术、桂，亦以澤瀉為君也。可見其行水之功居多，常與豬苓相為輔佐。然扁鵲云多服病人眼，蓋以其行水過多，小便過利，亦非所以養血滋陰矣。

明・鄭寧《藥性要略大全》卷五 澤瀉 去胞垢而生新水，退陰汗而止虚煩。利小便，通淋澁，補不足之陰；療水病，消濕腫，乃靈丹之藥。《十書》云：入膀胱及腎，除濕之聖藥。治小便淋瀝，逐膀胱三焦停水，利膀胱熱，宣通水道。仲景云：水蓄煩渴，小便不利，或吐或瀉，五淋散主之。內用澤瀉故。《衍義》云：其功長於行水也。味甘、鹹，性寒、平，無毒。降也，陽中陰也。畏海蛤、文蛤。凡用去毛土，不油不蛀者佳。七潭云：此藥極瀉腎，不得已而用之可也，不可常服。《證類本草》云：治風寒濕痹，乳難，消水，養五臟，益氣力，肥健，補虛勞，起陰氣，止洩精。久服明目。

扁鵲云：多服澤瀉，令人病目。誠為行去其腎水也。仲景八味丸用之，亦不過接引桂、附，歸于腎經而已。蓋凡服澤瀉散之人，必多小便。小便既多，腎氣焉得復實？故昏人目。今止洩精藥內，多不敢用。《本草》云補虛明目之言，誤矣！其實味甘，無毒。治風痹消渴，益腎強陰。久服面生光，令人無子。葉：味鹹，無毒。主大風，乳汁不出，產難。強陰氣。逸樂子云：其子與葉，亦能治水，止消渴。益腎強陰之言，難以信用。

明·賀岳《醫經大旨》卷一《本草要略》 澤瀉 味醎，性寒，分利小水之捷藥也，故能除濕，通淋止渴。治水腫，止瀉痢，以猪苓佐之。無此疾者服之，令人眼疾，蓋以眼中有水，屬膀胱，過於分利，則膀胱水涸而火生矣；抑亦滲泄而耗腎水，以致虛火上盛故也。故下虛之人不宜服之。《衍義補遺》以仲景八味丸用之，亦不過接引桂附歸就腎經，蓋醎寒僅能引補藥入腎耳。止陰汗，生新水，補陰不足，止洩精為正劑，皆非也。若以此滲泄之劑，而直治夫數者之證，其不漸至於危者幾希矣。戒之！又淋渴水腫，腎虛所至者皆不可用。

明·陳嘉謨《本草蒙筌》卷二 澤瀉 味甘、酸，氣寒。氣味俱厚，沉而降，陰也，陰中微陽。無毒。淮北雖生，不可入藥。漢中所出，方可拯痾。蓋因形大而長，尾有兩歧為異耳。但易蛀朽，須密收藏。製宗雷公，酒浸曝用。畏海蛤、文蛤二藥，入太陽、少陽足經。君五苓散中，因其功長於行濕；佐八味丸內，引桂附等歸就腎經。去陰汗大利小便，瀉伏水微養新水。故經云：除濕止渴聖藥，通淋利水仙丹。久服輕身，多服昏目。葉狀水臟，通血脈，行乳汁催生；實主風痹，除濕邪，強陰氣益腎。服久無子，惟面生光。

謨按：澤瀉多服雖則昏目，暴服亦能明目。其義何也？蓋味鹹能瀉伏水，則胞中留久陳積之物由之而去也。瀉伏水，去留垢，故明目；小便利，腎氣虛，故昏目。二者不可不知。

明·方穀《本草纂要》卷二 澤瀉 味甘、醎，氣寒味厚，陰也，陰中微陽，無毒。入足太陽經，少陰經。主通利下焦，去胞中之垢，消蓄積之水。是故遺精夢泄，癃閉淋瀝，泄瀉自利，濕熱黃疸，寒濕脚氣，陰汗濕痒，如三焦停水之症，並皆治之。何也？以其味甘醎且厚，在固腎之理；陰中微陽，有滋陰生水之功。然而与猪苓所治則一，但所用不同者爾。蓋猪苓之性燥，澤瀉之性潤；猪苓治水有損元氣，澤瀉治水能生腎氣。古方以二藥並用者，由其性燥而兼性潤，則燥潤有合於中和損氣，而又能生氣，是以元氣不爲所害也。近世醫者補藥中用澤瀉，其理亦由此歟。

明·王文潔《太乙仙製本草藥性大全》卷二《本草精義》 澤瀉 一名水瀉，一名及瀉，一名芒芋，一名鵠瀉。生汝南池澤，今山東、河、陝、江有之。淮北雖生，不堪入藥。漢中所出，方可拯痾，蓋因形大而長，尾有兩岐爲異耳。春生苗，多在淺水中，葉似牛舌，獨莖而長，秋時開白花，作叢似穀精草。五月、六月、八月採根陰乾。今人秋末採，暴乾用。此物極易朽蠹，常須密藏。畏海蛤、文蛤二藥。入太陽、少陽足經。

澤瀉朮煮法：先以水二升煮二物，取一升，又以水一升煮澤瀉，取五合，合此二汁爲再服。病甚欲眩者，服之必差。仙方亦單服澤瀉一物，擣篩取末，水調，日分服六兩，百日體輕，久而健行。

明·王文潔《太乙仙製本草藥性大全》卷二《仙製藥性》 澤瀉 味甘、鹹，氣寒平，氣味俱浮，沉而降也，陰也，陰中微陽，無毒。主治：主風寒濕痹，乳難，消水，養五臟，益氣肥健，補虛，除五勞痞滿，止夢洩遺精。君五苓散中，因其功長於行濕；佐八味丸內，引桂附等歸就腎經。去陰汗，大利小便，瀉伏水，微養新水，故《經》云：除濕止渴聖藥，通淋利水仙丹。扁鵲云：多服昏目，久服耳目聰明，面貌光澤，輕身延年。能行水之藥。補註：澤瀉、皂莢水煮爛，焙乾爲末，煉蜜爲丸如梧子大，空心以溫酒下十五丸至二十丸，甚妙，治腎藏風，主瘡，常服尤良。身熱解墮，汗出如浴，惡風少氣，名曰酒風。治之以澤瀉、朮十分，麋銜五分合，以二指撮爲後飯。後飯者，飯後藥先，謂之後飯。雜病，心下有支飲，苦冒，澤瀉湯主之，以其行利停水爲最。太乙曰：不計多少，細剉，酒浸一宿，漉出，暴乾任用也。葉：味鹹，無毒。主大風，壯水臟，通血脈，行乳汁，產難催生，強陰氣，久服輕身。五月採。實：味甘，無毒。主風痹消渴，益腎氣強陰。補不足，除邪濕。久服面生光，令人無子。九月採。按：澤瀉多服雖則昏目，暴服亦能明目，其義何也？蓋味鹹能瀉伏水，則胞中留久陳積之物，由之而去也，瀉伏水，去留垢，故明目。小便利，腎氣虚，故昏目。二者不可不知。

明・皇甫嵩《本草發明》卷二　澤瀉上品之上，君。氣寒，味甘、鹹，無毒。陰也，降也，陰中微陽，入足太陽、足少陰。猪苓佐之，治水腫瀉利。　發明曰：澤瀉鹹入腎、〔膀〕胱，利水道，通淋除濕之捷藥也。故《本草》主風寒濕痺，乳難，養五藏，益氣力，補虚損五勞，除五藏痞滿，起陰氣，止洩精，消渴淋瀝，逐膀胱三焦停水。又主勞傷，頭旋耳虚鳴，筋骨攣縮等。必下焦有停水濕熱為患者，今逐去邪水，則真水得養，而濕熱痞滿等亦除，脾氣亦徤，五藏得養矣。久服耳目聰明，延年輕身，豈此滲泄之劑，真能補哉？不過引補藥入腎經，為之佐使耳，故腎氣丸中用之。扁鵲云：多服病眼。蓋目中神水屬腎、膀〔胱〕，過於分利，則真水耗，而虚火上升。凡服之，未有小便不多者，腎氣焉得復實？下虚人與淋渴水腫，腎虚所致者皆忌。若下焦濕熱，致精泄者，用之當。○仲景治心下支飲苦冒，澤瀉佐以朮服之。《素問》曰：身熱解惰，汗出如浴，惡風少氣，名酒風，治以澤瀉、朮十分，（鹿）〔麋〕銜五分，合末服之。

明・李時珍《本草綱目》卷一九草部・水草類　澤瀉《本經》上品

【釋名】水瀉《本經》　鵠瀉《本經》　及瀉《別録》　藚音俞　芒芋《別錄》　禹孫〔時〕珍曰：去水曰瀉，如澤水之瀉也。禹能治水，故曰禹孫。餘未詳。　【集解】《別録》曰：澤瀉生汝南池澤。五月採葉，八月採根，九月採實，陰乾。弘景曰：汝南郡屬豫州。今近道亦有，不堪用。惟用漢中、南鄭、青州、代州者。形大而長，尾間必有兩歧爲好。此物易朽蠹，常須密藏之。叢生淺水中，葉狹而長。恭曰：今汝南不復採，惟以涇州、華州者爲善。頌曰：今山東、河、陝、江、淮亦有之，漢中者爲佳。春生苗，多在淺水中。葉似牛舌，獨莖而長。秋時開白花，作叢似穀精草。秋末採根暴乾。

根　【修治】斅曰：不計多少，細剉，酒浸一宿，取出暴乾，任用。　【氣味】甘，寒，無毒。《別録》曰：鹹。權曰：苦。元素曰：甘，平，沉而降，陰也。杲曰：甘，鹹，寒，降，陰也。好古曰：陰中微陽。入足太陽、少陰經。扁鵲曰：多服，病人眼。之才曰：畏海蛤、文蛤。　【主治】風寒濕痹，乳難，養五臟，益氣力，肥健，消水。久服，耳目聰明，不飢延年，輕身面生光，能行水上《本經》。補虚損〔五勞，除〕五臟痞滿，起陰氣，止泄精消渴淋瀝，逐膀胱三焦停水《別録》。主腎虚精自出，治五淋，〔利膀胱熱，〕宣通水道甄權。主頭旋耳虚鳴，筋骨攣縮，通小腸，止尿血，主難産，補女人血海，令人有子大明。入腎經，去舊水，養新水，利小便，消腫脹，滲泄止渴元素。去脬中留垢，心下水痞李杲。滲濕熱，行痰飲，止嘔吐瀉痢，疝痛脚氣時珍。　【發明】頌曰：《素問》治酒風身熱汗出，用澤瀉、朮；《深師方》治支飲，亦用澤瀉、朮，但煮法小別爾。張仲景治雜病，心下有支飲苦冒，有澤瀉湯，治傷寒有大小澤瀉湯、五苓散輩，皆用澤瀉，行利停水，爲最要藥。元素曰：澤瀉乃除濕之聖藥，入腎經，治小便淋瀝，去陰間汗。無此疾服之，令人目盲。宗奭曰：澤瀉長於行水。張仲景治水蓄渴煩，小便不利，或吐或瀉，五苓散主之，方用澤瀉，故知其長於行水。《本草》引扁鵲云：多服病人眼。誠爲行去其水也。凡服澤瀉散人，未有不小便多者。小便既多，腎氣焉得復實？今人止泄精，多不敢用之。仲景八味丸用之者，亦不過引接桂、附等，歸就腎經，別無他意。好古曰：《本經》云久服明目，扁鵲云多服昏目，何也？易老云：去脬中留垢，以其味鹹能瀉伏水故也。瀉伏水，去留垢，故明目；小便利，腎氣虚，故昏目。王履曰：寇宗奭之説，王好古韙之。竊謂八味丸以地黄爲君，餘藥佐之，非止補血，兼補氣也，所謂陽旺則能生陰血也。地黄、山茱萸、茯苓、牡丹皮皆腎經之藥，附子、官桂乃右腎命門之藥，皆不待澤瀉之接引而後至也。則八味丸之用此，蓋取其瀉腎邪，養五臟，益氣力，起陰氣，補虚損五勞之功而已。雖能瀉腎，從於諸補藥群衆之中，則亦不能瀉矣。時珍曰：澤瀉氣平，味甘而淡。淡能滲泄，氣味俱薄，所以利水而泄下。脾胃有濕熱，則頭重而目昏耳鳴。澤瀉滲去其濕，則熱亦隨去，而土氣得令，清氣上行，天氣明爽，故澤瀉有養五臟、益氣力、治頭旋、聰明耳目之功。若久服，則降令太過，清氣不升，真陰潛耗，安得不目昏耶？仲景地黄丸用茯苓、澤瀉者，乃取其瀉膀胱之邪氣，非引接也。古人用補藥必兼瀉邪，邪去則補藥得力，一辟一闔，此乃玄妙。後世不知此理，專一於補，所以久服必致偏勝之害也。

【正誤】弘景曰：仙經服食斷穀皆用之。亦云身輕，能步行水上。頌曰：仙方亦單服澤瀉一物，擣篩取末，水調，日分服六兩，百日體輕而健行。時珍曰：《神農書》列澤瀉於上品，復云久服輕身，面生光，能行水上。《典術》云：澤瀉久服，令人身輕，日行五百里，走水上。一名澤芝。陶、蘇皆以爲信然。愚竊疑之。澤瀉行水瀉腎，久服且不可，又安有此神功耶？其謬可知。

【附方】舊三，新四。　酒風汗出：方見麋銜下。　水濕腫脹：白朮、澤瀉各一兩，爲末，或爲丸。每服三錢，茯苓湯下。《保命集》。　冒暑霍亂：小便不利，頭運引飲。三白散：用澤瀉、白朮、白茯苓各三錢，水一盞，薑五片，燈心十莖，煎八分，温服。〔《局方》〕。　支飲苦冒：仲景澤瀉湯：用澤瀉五兩，朮二兩，水二升，煮一升，分二服。《深師方》：先以水二升，煮二物，取一升，又以水一升，煮澤瀉取五合，二汁分再服。病甚欲眩者，服之必瘥。　腎臟風瘡：澤瀉，皂莢水煮爛，焙研，煉蜜丸如梧子大。空心温酒下十五丸至二十丸。《經驗方》。　瘧後怪症：口鼻中氣出，盤旋不散，凝如黑蓋色，過十日漸至肩〔胸〕，與肉相連，堅勝金石，無由飲食。煎澤瀉湯，日飲三盞，連服五日愈。夏子益《奇疾方》。

葉　【氣味】鹹，平，無毒。　【主治】大風，乳汁不出，産難，强陰氣。久服輕身《别録》。壯水臟，通血脈大明。

實　【氣味】甘，平，無毒。　【主治】風痹消渴，益腎氣，强陰，補不足，除邪濕。久服面生光，令人無子《别録》。　【發明】時珍曰：《别録》言澤瀉葉及實，强陰氣，久服令人無子；而日華子言澤瀉催生，補女人血海，令人有子，似有不同。既云强陰，何以令人無子？既能催生，何以令人有子。蓋澤瀉同補藥，能逐下焦濕熱邪垢，邪氣既去，陰强海净，謂之有子可也；若久服則腎氣大泄，血海反寒，謂之無子可也。所以讀書不可執一。

題明・薛己《本草約言》卷一《藥性本草》　澤瀉　味甘、鹹，氣平，無毒。陽中之陰，降也，入足太陽、少陰經。去胞垢而生新水，退陰汗而止虛煩。主小便赤澀仙藥，療水病濕腫靈丹。鹹味湧泄為陰。澤瀉之鹹，以泄伏水，滑利竅，故能除濕、通淋、止渴。治水腫，止瀉痢，以猪苓佐之。無此疾者，服之令人眼疾。蓋以眼中有水，屬膀胱，過于分利，則膀胱水涸而火生矣。故下虛之人不宜服之。仲景八味丸用之者，不過接引桂、附等歸就腎經耳。其止陰汗、生新血、補陰不足、止洩精，恐非滲泄之劑所能治也。又淋渴、水腫，腎虛所致者，皆不可用。惟下焦濕熱，致精泄者用之當。留垢，即腹中陳久積物也。以其味鹹能瀉伏水，故去胞中留垢。除濕行水之捷藥也。東垣取其能退腎邪，《本草》稱其補虛明目，恐皆非也。久服令人面光，且令無子。六味丸用之者，以其滲脾濕，退腎火，為向導耳。亦不宜多用服。

明・佚名氏《醫方藥性・草藥便覽》　澤瀉　其性溫、甘。分水穀，利小便，寬膈之藥。

明・梅得春《藥性會元》卷上　澤瀉　味甘、鹹，氣寒。沉而降，陰也。無毒。一云陰中之陽。畏海蛤、文蛤。入足太陽膀胱，足少陰腎經。主去胞垢而生新水，退陰汗而止虛煩。治小便淋滯仙藥，療水病濕腫靈丹。利水通淋而補陰不足，止洩精，逐膀胱、三焦停水，除濕行水之功尤捷。治小便閉，去陰中汗。若無此病，服之令人眼疾，謂行去其水故也。仲景用之，不過接引桂、附，歸就腎經也。然服此藥，未有不小便多者。小水既多，腎氣焉得不虛？又主風寒濕痹、泄瀉煩渴、乳難。除五臟痞滿，起陰氣、消渴。

實：主風痹、消渴，益腎强陰，補不足，除邪濕，久服面生光，令人無子。

明・杜文燮《藥鑒》卷二　澤瀉　氣寒，味甘、酸，無毒。氣味俱厚，降也，陽中陰也。主分利小水之捷藥也。又能除濕通淋止渴，又治水腫止瀉痢。佐以猪苓，真有此症者用之，否則令人目病。蓋以眼中真水，下通於腎，若過於分利，則腎水涸而火生矣。故下虛之人，宜禁服之。仲景八味丸用之，亦不過接引諸藥，歸於腎經耳。其曰止陰汗，生新水，止洩精，補陰不足者，皆非也。又淋渴水腫，因腎虛所致者，皆不可用。

明・王肯堂《傷寒證治準繩》卷八　澤瀉　氣平，味甘，無毒。潔：沉而降，陰也。垣：甘鹹寒降，陰也。海：陰中微陽，入足太陽、少陰經。除濕之聖藥也。治小便淋瀝，去陰間汗。無此疾，服之令人目盲。寇：澤瀉之功，長於行水。張仲景治水蓄，渴煩，小便不利，或吐或瀉，五苓散主之，方用澤瀉，故知其長於行水。《本草》引扁鵲云：多服病人眼，誠為行去其水也。凡服澤瀉散人未有不小便多者，小便既多，腎氣焉得復實？今人止洩精，多不敢用之。仲景八味丸用之者，亦不過接引桂、附等歸就腎經，别無他意。海：《本經》云：久服明目。扁鵲云：多服昏目。何也？易老云：去脾中宿垢，以其味鹹，能瀉伏水故也。瀉伏水，去留垢，故明目。小便利，腎氣虛，故昏目。王：寇宗奭之説，王好古韙之，竊謂八味丸以地黄為君，餘藥佐之，非止補血，兼補氣也，所謂陽旺則能生陰血也。地黄、山茱萸、茯苓、牡丹皮皆腎經之藥，附子、官桂乃右腎命門之藥，皆不待澤瀉之接引而後至也。則八味丸之用此，蓋取其瀉腎邪，養五藏，益氣力，起陰氣，補虛損五勞之功而已。雖能瀉腎，從于諸補藥群衆之中，則亦不能瀉矣。珍：澤瀉氣平，味甘而淡，淡能滲泄，氣味俱薄，所以利水而洩下。脾胃有濕熱，則頭重而目昏耳鳴，澤瀉滲去其濕，則熱亦隨去，而土氣得令，清氣上行，天氣明爽，故澤瀉有養五藏，益氣力，治頭旋，聰明耳目之功。若久服則降令太過，清氣不升，真陰潛耗，安得不目昏耶？仲景地黄丸用茯苓、澤瀉者，乃取其瀉膀胱之邪氣，非引接也。古人用補藥，必兼瀉邪，邪去則補藥得力，一闢一闔，此乃玄妙，後世不知此理，專一於補，所以久服必致偏勝之害。擣碎，紗羅過用。

明・李中立《本草原始》卷一　澤瀉　始生汝南池澤，今以漢中者為佳。苗春生，葉似牛舌，獨莖而長。根作塊，色黄白，痕中有鬚毛。多生池澤淺水。性能瀉水，故名澤瀉。　氣味：甘寒，無毒。　主治：風寒濕痹，乳難，養五臟，益氣力，肥健，消水。久服耳目聰明，不飢延年，輕身，面生光，能行水上。○補虛損，五臟痞滿，起陰氣，止洩精、消渴、淋瀝。逐膀胱、三焦停水。○主腎虛精自出，治五淋，宣通水道。○主頭旋、耳虛鳴，筋骨攣縮；通小腸，止尿血。　主產難，補女人血海，令人有子。○入腎經，去舊水，養新水，利小便，消脹腫，滲瀉，止渴。○去脬中留垢，心下水痞。○滲濕熱，行痰飲，止嘔吐瀉痢，疝痛腳氣。　今汝南不復采，惟以涇州、華州者為善。　今山東、河陝、江淮亦有之，惟漢中者最優。

澤瀉，《本經》上品。【圖略】八月采。色黄白，痕中有鬚毛。　入藥用根。蟲易蛀損，宜密藏。有一種形象三稜，體稍輕，山人每呼為水澤瀉，市多以此亂真，用者宜審。

修治：　去毛，酒浸一宿，細剉，暴乾任用。　氣寒味厚，陰也。陰中微陽。入足太陽、少陰經。　畏海蛤、文蛤。　《保命集》：　治水濕腫脹，白术、澤瀉各一兩，為末或為丸，每服三錢，白茯苓湯下。　澤瀉，君。

明・張懋辰《本草便》卷一　澤瀉君　味甘、鹹，氣寒，味厚，陰也，陰中微陽，無毒。入足太陽經、少陰經。　主風寒濕痹，乳難，養五臟，治淋閉，逐膀胱三焦停水，瀉腎邪，去陰間汗。

明・李中梓《藥性解》卷二　澤瀉　味甘、鹹，性寒，無毒，入膀胱、腎、三焦、小腸四經。　主去胞垢，退陰汗，治小便淋濇仙藥，療水病濕腫靈丹。　畏海蛤、文蛤。　色白者佳。　按：　澤瀉下降為陰，耑主滲洩，宜入膀胱諸經，其行水之功，過于猪苓。《衍義》曰：　小便既多，腎氣焉得復實。　扁鵲曰：　多服病人眼。《藥性》曰：　令人面光無子，乃本草稱其補虛明目，治洩精消渴，《珍珠囊》註其生新水，止虛煩，恐無是理。即六味丸中用之，以其滲去脾濕，退命門火為向導爾。又《藥性賦》云：　補陰不足，蓋以補陰之功不足也。後世不察，謂其可以補陰分之不足，大失本旨。　扁鵲云：　多服病人眼，一名水瀉，一名及瀉，一名芒芋，一名鵠瀉。　生汝南汝澤，五月八月採根陰乾。實，味甘，無毒，主風痹消渴，益腎氣。　強陰補不足，除邪濕，久服面生光，令人無子，九月採。　葉，味鹹，無毒。　主大風乳汁不出，產難，強陰氣。　五月採。

明・繆希雍《本草經疏》卷六　澤瀉　味甘、鹹，寒，無毒。　主風寒濕痹，乳難，消水，養五藏，益氣力，肥健，補虛損五勞，除五臟痞滿，起陰氣，止洩精，消渴，淋瀝，逐膀胱三焦停水。　久服耳目聰明，不飢延年輕身，面生光，能行水上。　扁鵲云：　多服，病人眼。

〔疏〕澤瀉稟地之燥氣，天之冬氣以生，故味甘寒。《別錄》益之以鹹。腎與膀胱為表裏。鹹能入腎，甘能入脾，寒能去熱，蓋淡滲利竅之藥也。其曰主風寒濕痹，乳難，消水，養五臟，皆以利水燥濕則脾得所養，脾得所養則五臟皆得所養。益氣力，肥健者，皆水利則濕去，濕去則脾強之功效也。又云主腹痞滿淋瀝，逐膀胱三焦停水，其能利水祛濕，益無疑矣。洩精者，濕熱下流，客腎與膀胱，是民火扇君火也，故精搖而洩。病在脾胃，濕熱盡則洩精自止矣。止消渴者，單指濕熱侵脾，脾為邪所干則不能致津液也。總之，其性利水除濕，則因濕熱所生之病，靡不除矣。〔主治參互〕水腫晝劇夜平者，陽水也。澤瀉同猪苓、白茯苓、人參、白术、白芍藥、赤小豆、桑白皮、橘皮治之，多服必愈。夜劇晝平者，陰水也，同車前子、赤茯苓、生地黃、白芍藥、赤小豆、桑根白皮、木瓜、石斛、薏苡仁治之，多服必愈。入五苓散、四苓散，治一切濕熱。　入六味地黃丸，除陰虛病有濕熱者。同人參、白术、半夏、茯苓、橘皮、紫蘇、猪苓，為治飲之要藥。一切停飲停水無不效。　仲景治心下支飲，澤瀉五兩，术二兩，水二升，煎取半升，分溫再服。　《素問》身熱解墮，汗出如浴，惡風少氣，名曰酒風。服之以澤瀉、术各十分，麋銜五分，合以二指撮，食後服之。　飲證，病甚欲眩者，用澤瀉五兩，炒术二兩，水三升，煮濃服必效。　仲景治水搐渴煩，小便不利，或吐或瀉，五苓散主之。〔簡誤〕澤瀉，《本經》及《藥性論》、日華子皆曰補虛損五勞，久服耳目聰明，不飢延年，及仙經斷穀，腎虛精自出，補女人血海，令人有子等條，則悖謬之談，文不屬理，非神農氏之言明矣。扁鵲云：　多服病人眼，乃為確論也。澤瀉善逐水病，人無濕無飲而陰虛，及腎氣乏絕，陽衰精自流出，腎氣不固，精滑目痛，虛寒作泄等候，法咸禁用。誤犯令人虛極。

明・倪朱謨《本草彙言》卷七　澤瀉　味甘、淡，氣寒，無毒。陰中微陽，降也。入足太陽、少陰經。　陶氏曰：　澤瀉，生汝南池澤。　蘇氏又言：今汝南不復采，惟以涇州、華州者爲善。今山東、河、陝、江、淮、閩、浙亦有之，總不若漢中、南鄭、青州、代州者形大而長尾，間必有兩歧者爲勝。春生苗，叢生淺水中。葉似牛舌。獨莖直長。秋開白花，作叢似穀精草。秋末采根，曝乾。但易朽蠹，須密藏爲佳。

澤瀉：甄權宣行水道之藥也。許長如稿此藥寒淡下行，以疏滲利竅爲事，故前古統治一切水病。專通利下焦，去胞中之垢，消蓄積之水。東垣凡濕熱黃疸，四肢水腫，時珍寒濕脚氣，陰汗濕癢，小便癃閉，淋瀝白濁。或心忡悸動，奔豚疝瘕，丹溪如上中下三焦停水之證，幷皆治之。如患人無水濕病，而陰虛腎氣衰微，陽虛血氣不足，以致眩暈目昏，耳鳴耳聾，怔忡驚悸，煩渴腫滿諸疾，法咸禁用。

方龍潭先生曰：澤瀉，其味甘、淡，微鹹。有固腎治水之功。然與猪苓所治則一，而所用又有不同者。蓋猪苓利水，能分洩表間之邪；澤瀉利水，能宣通內藏之濕。但此劑入腎經，能瀉膀胱邪氣，故八味丸、腎氣丸用此。不惟接引諸藥入腎經，亦可運地黃、茯苓、山藥之滯。古人用補藥必兼瀉邪，邪去則補藥得力，一闔一開，此乃玄機妙理。此劑性善分洩，長于宣行水道，故張仲景治雜病心下有支飲，苦冒，有澤瀉湯。治傷寒，有大小澤瀉湯、五苓散輩，皆用澤瀉行利停水，爲最要藥。無水濕疾者誤服，病人眼。蓋目爲水，而司膀胱腎藏者也。過于分利，則膀胱之水涸而火生矣。故曰病眼若腎水不足者，用補益之劑，以此少佐可也。又按《經》云：久服明目。扁鵲又云：多服昏目。何也？若脬中有留垢伏水，濕痰濕氣者，服澤瀉以淨膀胱濕邪，故利小便而明目也。若腎氣衰乏，上無留水，下無留濕，誤服澤瀉以瀉腎氣，故多服昏目也。又陶氏言：澤瀉根葉及實，强陰氣，久服令人有子。日華子言：善催生，通女人血海，令人無子。既云强陰，何以令人無子？既云催生，何以令人有子？蓋澤瀉同補藥，能逐下焦濕熱邪氣。濕熱既去，陰强海淨，謂之有子可也。若久服則腎氣太洩，血海反寒，謂之無子可也。諸藥皆然，學者當類而推之，可矣。

陳和士先生曰：《農皇經》言：澤瀉治風寒濕痹，養五藏，益氣力，肥健，久服耳目聰明等語，總在風寒濕痹四字直貫。此藥行水去濕，痹痛自安，痹痛安則四體和，氣力益而身肥健也。身有風寒濕邪，則清陽不升，必有頭重目昏，耳鳴耳聾之證見焉。此藥水行濕去，則土氣得令，清陽上行，天氣明爽，耳自聰，目自明矣。若非風寒濕邪，誤用爲病反甚。

集方：《深師方》治一切停飲停水。用澤瀉五錢，人參、白朮、半夏、茯苓、陳皮、紫蘇、猪苓各三錢。爲治飲無不效。○繆氏方治水腫晝劇夜平者，陽水也。用澤瀉、猪苓、白茯苓、人參、白朮、白芍藥、赤小豆、桑白皮、陳皮，多服必愈。治水腫夜劇晝平者，陰水也。用澤瀉、車前子、赤茯苓、生地黃、白芍藥、赤小豆、桑白皮、木瓜、石斛、萆薢、薏苡仁，多服必愈。分兩各等，水煎服。○方龍潭方治陰胞不淨，爲淋、爲濁、爲帶，諸垢穢宿疾。用澤瀉一兩，瞿麥、猪苓各五錢，滑石三錢，甘草一錢，燈心五十枝，水煎，和生白果肉汁半盞服。如無白果汁，生白蘿蔔汁亦可。○《千金方》治膀胱不清，水蓄不利。用澤瀉一兩，猪苓五錢，滑石一錢，肉桂、木香各五分，水煎服。○《千金方》治濕熱黃疸，面目身黃。用澤瀉、茵陳各一兩，滑石三錢，水煎服。○《樞要》治四肢水腫，方見前陽水、陰水。○《外科正宗》治寒濕脚氣，有寒熱者。用澤瀉、木瓜、柴胡、蒼朮、猪苓、木通、萆薢各五錢。水煎服。○《丹溪心法》治陰汗濕癢，腎囊風疾。用澤瀉一兩，小茴香、蒼朮各五錢，水煎服。○同前治小便癃閉，或淋瀝，或白濁。用澤瀉、猪苓、車前子、瞿麥、甘草、白茯苓、川黃柏各三錢，水煎。臨服時加海金沙一錢調服。○《斗門方》治水濕凌心，心忡悸動。用澤瀉、猪苓各五錢，半夏三錢，白朮二錢，水煎服。○李氏《綱目》治水濕不行，陰道無陽氣轉運，致成奔豚寒疝。用澤瀉五錢，小茴香、橘核、吴茱萸、桂枝各三錢，青皮一錢，水煎冷服。○《頤生微論》治心下支飲。用澤瀉五兩，蒼、白朮俱米泔水浸一日，炒，各二兩，水二升，煎半升。溫服。○劉默齋家抄治水蓄渴煩，小便不利，或吐或瀉。以澤瀉一兩，猪苓五錢，白朮、茯苓各三錢，肉桂一錢五分，水煎服。○《醫貫》治陰虛有濕熱者。用澤瀉爲君，鹽水炒，配入六味地黃丸中。

倪朱謨曰：澤瀉利水之主藥，利水，人皆知之矣。丹溪又謂：能利膀胱包絡之火。膀胱包絡有火病，癃閉結脹者，火瀉則水行，利水則火降矣。水火二義並行不悖。

明・顧逢柏《分部本草妙用》卷五腎部・寒瀉　澤瀉　甘，微寒，無毒。畏海蛤、文蛤。　主治：補虛損，起陰氣，止洩精淅瀝，補女人血海，令有子。去舊水，生新水，止渴除濕，去脬中留垢，心下水痞，滲濕熱，行痰飲，清相火，利小水。　澤瀉為清相火、瀉腎邪要藥。八味丸用之者，取其瀉邪而後補藥有功，不致有偏勝之害。今人不深察而減之，未識立方之旨者也。傷寒澤瀉湯、五苓散皆用之，專取其能利停水，除濕瀉火之聖藥也。　澤潤也，瀉不補也。

明・黃承昊《折肱漫録》卷三　澤瀉一味，有醫多用之，十劑而五者。薛立齋每言淡滲之藥，不宜輕用，惟泄瀉水火不分時，暫用一二劑以分利，既分即不可滲洩，恐導損陽氣，變成脹滿之症，治者審之。

明·李中梓《醫宗必讀·本草徵要上》 澤瀉味甘、鹹，微寒，無毒。入腎、膀胱二經。畏文蛤。去皮，酒潤焙。 主水道不通，淋瀝腫脹，能止洩精，善去胞垢。種種功能，皆由利水，何以又止洩精乎？此指濕火為殃，不為虛滑者言也。李時珍曰：八味丸用澤瀉者，古人用補，必兼瀉邪，邪去則補劑得力。專一於補，必致偏勝之害也。按：澤瀉善瀉，古稱補虛者，誤矣。扁鵲謂其害眼者，確也。病人無濕，腎虛精滑，目虛不明，切勿輕與。

明·鄭二陽《仁壽堂藥鏡》卷一〇上 澤瀉 《圖經》云：澤瀉生汝南，今山東、河、陝有之，以漢中者為佳。 氣平，味甘。甘、鹹，寒。味厚，陰也，降也。陰中微陽。 入手太陽經、少陰經。 《本草》云：治風寒濕痹，乳難，消水，養五臟，益氣力，肥健，補虛損、五勞，除五臟痞滿，起陰氣；止泄精，消渴，淋瀝，逐膀胱三焦停水。去陰間汗。無此疾服之，令人目盲。服澤瀉散人，未有不小便多者。小便既多，腎氣焉得復實？今人止瀉精，多不敢用。 扁鵲云：多服病人眼。 《衍義》云：其功長於行水。 潔古曰：入腎經，去舊水，養新水。止渴、除濕聖藥。 東垣曰：去脬中留垢，心下水痞。 宗奭曰：八味丸用之，引諸藥歸腎。 好古曰：《經》云明目，扁鵲云昏目，何也？瀉伏水，去留垢，故明；小便利，腎氣虛，故昏。 王履曰：八味丸以地黃為君，餘藥佐之。補血兼補氣，所謂陽旺則能生陰血也。八味皆腎氣本藥，不待澤瀉接引而後至，蓋取其瀉腎邪，益氣補虛，從於諸補之中，雖瀉亦不瀉矣。 時珍曰：痰飲吐瀉，疝痛脚氣。 又曰：古人用補藥必兼瀉邪。邪去則補藥得力。專一於補，必至偏勝之害也。 按：澤瀉有補有瀉，腎經要藥。今人為瀉腎之說，每脩地黃丸輒減之。不知清相火，功一也；疏地黃之滯，功二也；令諸藥無偏勝，功三也。不深察而概減之，寧識立方之旨耶？ 《本草》云：澤瀉畏海蛤、文蛤。 《素問》所謂身熱解墮，汗出如浴，惡風少氣，名曰濕風，治之以澤瀉。 地黃丸用之者，謂其能瀉水以健脾，兼主腎經濕熱之邪也。

明·蔣儀《藥鏡》卷四寒部 澤瀉 作向導于腎府，而慾火退。走濕熱于膀胱，而尿血停。蓋臟腑有濕熱，則頭重而目昏耳鳴，痞滿而支飲留垢，種種病至，惟濕去熱隨散，則去舊水而土氣升，養新源而清化行，諸效全收。餌之過多，損妨明目。用之失術，漏泄真元。古方毋與猪苓並用，而功實不同。夫猪苓性燥，澤瀉性潤。猪令治水有損元氣，澤瀉治水能生腎氣。所以《本經》云行水上，《別錄》云起陰氣，職此故耳。

明·李中梓《頤生微論》卷三 澤瀉 味甘、鹹，性微寒，無毒。入腎、膀胱二經。畏文蛤。去皮，酒潤焙。 主水道不通，淋瀝腫脹，催生除濕，止洩精，去脬中留垢。按：種種功能，皆由利水，何以又止洩精乎？此指濕火為殃，不為虛滑者言也。其性善瀉，古稱補虛者誤矣！扁鵲謂其害眼者確也。六味丸用之者，古人用補必兼瀉邪，邪去則補自得力，專一于補，必致偏勝之害。如病人無濕，腎虛精滑，目虛不明，法咸禁之。

明·張景岳《景岳全書》卷四九《本草正》 澤瀉 味甘、淡、微鹹，氣微寒。氣味頗厚，沉而降，陰也，陰中微陽。入足太陽、少陽。其功長於滲水去濕，故能行痰飲，止嘔吐瀉痢，通淋瀝白濁，大利小便，瀉伏火，收陰汗，止尿血。療難產疝痛，脚氣腫脹，引藥下行。經云：除濕止渴聖藥，通淋利水仙丹。第其性降而利，善耗真陰，久服能損目痿陽。若濕熱壅閉而目不明者，此以去濕，故亦能明目。

明·賈九如《藥品化義》卷五脾藥 澤瀉 屬陰，體乾，色白，氣和，味微鹹略苦云甘酸非，性平云寒非，能降，力利水，性氣薄而味稍厚，入脾胃腎小腸膀胱五經。 澤瀉色白微苦入肺，味鹹以利膀胱。凡屬瀉病，小水必短數，以此清潤肺氣，通調水道，下輸膀胱。主治水瀉濕瀉，使大便得實，則肺氣自健也。因能利水道，令邪水去則真水得養，故消渴能止。又能除濕熱，通淋瀝，分消痞滿，逐三焦蓄熱停水，此為利水第一良品。金為腎水之母，故云水出高源，此能引肺氣從上順下，如雨露之膏澤，故名澤瀉。所以六味丸中同茯苓山藥補肺金，導引於上源降下而生腎水，用療精泄，退陰汗，去虛煩，又有熟地山茱丹皮補肝木，以生心火，上下相生，陰陽交互，取易理地天泰，水火既濟之義。如斯元妙，非達造化之微者，孰能製此良方，味者誤為泄腎減之。若小便不通而口渴者，熱在上焦氣分，宜用澤瀉茯苓以清肺氣，滋水之上源也；如口不渴者，熱在下焦血分，則用知母黃柏以瀉膀胱，滋水之下源也，須分別而用。 取白色者佳，黃油色者勿用。易蛀，用柴灰拌藏之。

明·盧之頤《本草乘雅半偈》帙二 澤瀉《本經》上品 氣味：甘，寒，無毒。主治：主風寒濕痹，乳難，消水，養五藏，益氣力，肥健。久服耳目聰明，不飢延年輕身，面生光，能行水上。

覈曰：出汝南池澤。今汝南不復采，以涇州華山者為善，河陝江淮八閩亦有之。春生苗，叢生淺水中。葉狹長似牛舌，獨莖直上，五月采葉，秋時白花作叢，似穀精草，秋末采根，形大而圓，尾間必有兩歧者為好。九月采實，俱陰乾。修治：不計多少，剉極細，酒浸一宿，取出暴乾。畏海蛤、文蛤。

先人題藥序云：壬寅春，受仁和劉矦旨集《本草約言》，一夕解衣欲寢，偶拈澤瀉讀之，以其利水道也，又能止寒精之自出；以其明目也，又能使人目盲；以其催產難也，又能種人子息。遂以疑立久，漏或再下，觸發行水二字貫其文，似覺釋然。越三歲，以此法解《本草》，示禹航沈生，彼若以為未盡然也。遂動疑再讀，得比類法，如甘草色味性情，有土之德，能生萬物，而為萬物所歸。辛亥冬，日中見茶氣上升，有細細點子，手挹攬生潤，始解澤瀉命名之義。迄今望壬寅，已十七年矣，尚未盡了其大義。可見余之遲鈍嬾惰，寧不自生愧怍哉。有人以新刻《本草》見遺，讀之不無憾然，遂溫習《綱目》，後題數言以自記。義出偶中，若泣若歌，余小子敢云著述乎。後之哲人，莫踵予之流弊，內無真見，而外發狂言，破裂當世之規矩準繩也。倘有有志之人，旁聞不甘，遂深究《本經》，偏攻諸性，融化世間文句，提其精微而印正之。示一草一木，宛然若指諸掌，不是空言，實實見之行事，以濟疲癃夭札，可開天下後世人眼目，此真吾師也。敢不甘拜下風，脫或未然，還須珍重，時己未浴佛日，記于芷園儎室。

參曰：世知火與元氣不兩立，不知水亦與元氣不兩立。何也？停則為水，散則為氣，如水上升為雲，雲下降為雨。而宜發上升者，火力使然。故知氣即體，水即相，火即用。用不離體，體不離相，離則不祥莫大焉。澤瀉功力，體用俱備，故益氣之力，能行水上，以面生光為外徵耳。如是則五藏安和，聽視澄徹，痹通乳易，肥健水消，輕身延年矣。設無水相，徒行體用，便目盲水涸，為禍不淺。古人言火與元氣不兩立，即舉一隅，轉水亦與元氣不兩立，即三隅反。

明·李中梓《本草通玄》卷上　澤瀉　甘、鹹，微寒。腎與膀胱藥也。利水道，通小便，補虛積，理腳氣。按《本經》云：久服明目，而扁鵲云多服病眼，何相反耶？蓋水道利，則邪火不干空竅，故云明目。水道過於利，則腎氣虛，故云病眼。又《別錄》稱其止遺泄，而寇氏謂洩精者不敢用，亦何相剌謬也？蓋相火妄動而遺泄者，得澤瀉清之，而精自藏矣。氣虛下陷而精滑者，得澤瀉降之，而精愈滑矣。況滑竅之劑，腎虛失閉藏之職者，亦宜禁也。夫一藥也，一症也，而或禁或取，變化殊途，自非博洽而神明者，未免對卷而疑，臨症而眩。若格於理者，變變化化而不離乎宗。故曰：醫不執方，合宜而用，斯言至矣。

清·顧元交《本草彙箋》卷四　澤瀉　澤瀉之功，長於行水，以其帶鹹入腎，故以爲分利下焦之藥。地黃丸用之以瀉膀胱濁邪。古人用補必兼瀉，邪去而補愈得力耳。乃賈九如獨以色白歸肺，主清潤肺氣，通調水道，下輸膀胱。蓋金爲腎水之母，故云水出高源，此能引肺氣從上順下，如雨露之膏澤，故名澤瀉。地黃丸中同茯苓、山藥補肺金，導引於上源降下，而生腎水，用療精泄陰汗虛煩等證。如小便不通而口渴者，熱在上焦氣分，宜澤瀉、茯苓以清肺氣，滋水之上源。如口不渴，是熱在下焦血分，則用知母、黃柏，以瀉膀胱，滋水之下(元)〔源〕。今人但見小便不通，概用澤瀉，即有分別上下焦者，反以澤瀉屬下焦藥，不相左乎？然則繇九如之論，則澤瀉固上焦藥也。乃同車前、猪苓、木通同列於脾部。又云：車前、木通、猪苓、澤瀉四品，不專利水，亦通氣藥。又不專主脾經，但實脾，以利水爲先，故列爲脾藥。凡利水道，治在上焦，使水下行，非下部藥也。九如之論，又一番開闢矣。仲景治雜病，心下有支飲苦冒者，用澤瀉湯。蓋亦治在上焦也。繆仲淳云：水腫晝劇夜平者，陽水也，以澤瀉同猪苓、茯苓、人參、白术、白芍藥、赤小豆、桑白皮、橘皮治之，多服必愈。夜劇晝平者，陰水也，以澤瀉同車前子、赤茯苓、生地黃、白芍藥、赤小豆、桑白皮、木瓜、石斛、薏苡仁治之，多服必愈。然則澤瀉固徹上徹下之品，則其不專于下焦又明矣。

清·穆石匏《本草洞詮》卷一〇　澤瀉　去水曰瀉，如澤水之瀉也。根味甘鹹，氣寒，一云平，無毒。入足太陽、少陰經。治濕痺，乳難，養五臟，益氣力，宣通水道，滲濕熱，行痰飲，止嘔吐，瀉痢，疝痛，腳氣。《本經》云：久服明目。扁鵲云：多服昏目。何也？瀉伏水，去留垢，故明目。小便利，腎氣虛，故昏目。蓋用之中病則有功，多用過病則有損也。仲景八味丸用澤瀉，或謂接引眾藥歸就腎經。夫地黃、山茱萸、丹皮、茯苓，腎經之藥，附子、肉桂，命門之藥，皆不待澤瀉之接引而後至也。蓋脾胃有濕熱，則頭重而目昏耳鳴，澤瀉滲去其濕，則熱亦隨去，而土氣得令，清氣上行，故澤瀉有養五藏，益氣力，治頭旋，耳目聰明之功。若久服則降令太過，清氣不升，安得不昏目耶？故腎氣丸用澤瀉者，取其瀉膀胱之邪氣，非引接也。古人用補藥必兼瀉邪，邪去則補藥得力，一闔一闢，此乃玄機妙理，不知此理，專一於補，其獲效者鮮矣。澤瀉葉味鹹，澤瀉實味甘，並性平，無毒。《別録》言澤瀉葉及實強陰氣，久服令人無子。日華子言澤瀉催生，補女人血海，令人有子。既云強陰，何以令人無子？既能催生，何以令人有子？蓋澤瀉同補藥能逐下焦濕熱，邪氣既去，陰強海淨，謂之有子可也。若久服則腎氣太洩，血海反寒，謂之無子可也。諸藥皆然，學者類而推之可矣。

清・張志聰《侶山堂類辯》卷下　澤瀉　水草也。凡水草石草，皆屬腎，其性主升。蓋天氣下降，地水之氣上升，自然之理也。凡物之本乎上者性升，本乎下者性降。澤瀉形圓，無下行之性矣。春時叢生苗于水中，獨莖直上，秋時白花作叢，腎之肺品也。《易》曰：山澤通氣，能行在下之水，隨澤氣而上升，復使在上之水隨氣通調而下瀉，故名澤瀉。〇元如曰：如何首烏形圓莖蔓，其性惟升；牛膝形細而長，其性惟下，故主治在下。諸品可類推之。

清・劉雲密《本草述》卷一二　澤瀉　春生苗，多在淺水中，葉似牛舌，獨莖而長，秋時開白花，作叢，似穀精草，秋末采根，曝乾。

根：氣味：甘，寒，無毒。《別録》曰：鹹。權曰：苦。潔古曰：甘，平，沉而降，陰也。杲曰：甘，鹹，寒，降，陰也。好古曰：陰中微陽，入足太陽、少陰經。主治：逐溼行水，去三焦膀胱停水留垢，伐腎邪水，起陰氣，療水飲眩冒，心下水痞，治水瀉五淋，並小便不利而渴，消腫脹，通血脈，滲溼熱，治洩精及疝痛，脚氣，腎臟風瘡。潔古曰：澤瀉乃陰溼之聖藥。入腎經，治小便淋瀝，去陰間汗。無此疾，服之令人目盲。宗奭曰：澤瀉之功，長於行水。張仲景治心下支飲苦冒，有澤瀉湯；治水蓄煩渴，小便不利，或吐或瀉，五苓散主之。方用澤瀉，故知其長於行水。《本草》引扁鵲云：多服，病人眼。誠為行去其水也。小便既利，腎氣安能復實？易老云：澤瀉去脬中留垢，以其味鹹，能瀉伏水故也。王安道云：八味丸用澤瀉於諸補藥中，取其伐腎邪，起陰氣，助補益而已。《類明》曰：澤瀉之鹹，用瀉伏水以除濕，伏水為胞中停蓄舊水，伏水瀉，則溼自愈，即所謂治溼不利小便，非其治也。時珍曰：澤瀉氣平味甘而淡，淡能滲洩，氣味俱薄，所以利水而洩下。脾胃有溼熱，則頭重而目昏耳鳴，澤瀉滲去其溼，則熱亦隨去，而土氣得令清氣上行，天氣明爽，故仲景用之以治支飲苦冒，使之降而奏功也。久服則降令太過，清氣不升，真陰潛耗，安得不目昏耶？即仲景八味丸亦用之者，乃取其瀉膀胱之邪。蓋古人用補藥必兼瀉邪，邪去則補藥得力，一闢一闔，此乃玄妙，後世不知此理，專一於補，所以久服必至偏勝之害也。嵩曰：下焦溼熱致精泄者，宜投之。希雍曰：澤瀉稟地之燥氣、天之冬氣以生，故味甘寒。《別録》益之以鹹，腎與膀胱為表裏，鹹能入腎，甘能入脾，寒能去熱，蓋淡滲利竅之藥也。水腫晝劇夜平者，陽水也。澤瀉同豬苓、白茯苓、人參、白术、白芍藥、赤小豆、桑白皮、橘皮治之，多服必愈。夜劇晝平者，陰水也。同車前子、赤茯苓、生地黄、白芍藥、赤小豆、桑根白皮、木瓜、石斛、薏苡仁治之，多服必愈。入五苓散、四苓散，治一切溼熱。入六味地黄丸除陰虛，病有溼熱者。同人參、白术、半夏、茯苓、橘皮、紫蘇、豬苓，為治飲之要藥，一切停飲停水，無不效。飲證病甚欲眩者，用澤瀉五兩，炒术二兩，水三升，濃服必效。

愚按：澤瀉本水草，其味始嘗之即鹹，其氣且寒，則為沉降而入膀胱腎也，是矣。唯的入水臟，故為逐溼行水之捷藥。然鹹後有甘，此時珍所謂凡淡滲之藥，俱皆上行而後下降者也。蓋後天凡水本於胃，水穀精氣自胃上行，而後濁者下降，故氣味雖歸水臟，而亦不能舍胃者此耳。然則所謂起陰者，謂何？夫腎者，水臟至陰之所居也。人身有真水，有凡水，真水能化元氣，元氣能化凡水，真水所化之氣，即陰中之真陽也。如中焦真陽衰，則凡水不能化液以為病，至凡水不能化液，是亦病於真水不能化元氣也，是亦三焦膀胱之病於陰氣不起也。故行水除溼，所以升陽而起陰，於五苓散處方，固甚有意義矣。又云：滲溼熱者，蓋元陽不運，即相火鬱於肝，合而為溼熱，溼熱之為病種種，寧獨泄精，疝痛脚氣之類，即泄痢腫脹五淋，多病於溼化熱，雖本責於溼，然化熱已甚，以苦燥溼，以寒除熱，如東垣治便阻，有知、柏、肉桂之投，似亦不必責效於澤瀉，或於苦寒中以風升達陽，是亦祛溼而滲下者所當酌也。蓋滲多則亡陰，致真陽益化為熱耳。若然，則所謂久服損目者，誠非妄語。彼八味丸用之，蓋於補陰達陽中，資其通調陰氣以化陽，如王安道所云，亦非時珍一補一泄之說也。又通血脈者，血與水同原，如療腎臟風瘡，腎臟風瘡，澤瀉、皂莢，水煮爛，焙研，煉蜜丸如梧子大，空心溫酒下十五丸至二十丸。因溼困真陰，則陽鬱而化風。風臟即血臟也，腎肝固可同治。故肝腎之病，於風以為諸病者，固多如斯矣。

又按：方書治水溼腫脹，及支飲苦冒二證，皆用白朮、澤瀉，以皆本於脾胃元陽虛而停水也。特水腫以二味為丸，加茯苓湯下，助之滲利耳。至五苓利小便，如豬苓同澤瀉分理，且少用肉桂，使下焦元陽同於中焦氣化而水行也，投劑者可不細審？

希雍曰：澤瀉善逐水，病人無溼無飲而陰虛，及腎氣乏，絕陽衰，精自流出，腎氣不固，精滑，目虛不明，虛寒作泄等候，法咸禁用，誤犯令人虛極。

方清曰：凡淋渴水腫，腎虛所致者，不可用。

修治　不油不蛀者良。細剉，酒浸一宿，漉出曬乾用。一法：米泔浸，去毛，蒸，或擣碎，焙。

補遺　愚按：《別録》云止洩精者，乃腎家有濕邪，致腎氣虛而精不固也。如甄權所云主腎虛精自出者，正此義耳。即權所云治五淋，都不外此，不得槩以陰虛為言也。若李文清不能精詳為言，槩云凡淋渴水腫腎虛所致者不可用，未免瞶瞶。

清·郭章宜《本草匯》卷一二　澤瀉　甘、鹹，微寒，沉而降，陰也，入足太陽、少陰經。去胞垢即腹中陳久積物也，以其味鹹，能瀉伏水，故能去之。而生新水，滲濕熱而止陰汗。利小便赤澀仙藥，宣水濕腫脹靈丹。《別錄》稱其止消渴者，單指濕熱侵脾為言。脾為邪所干，則不能致精液矣。治洩精者，濕熱下流客腎與膀胱，是民火煽君火也。故精淫而洩，病在脾胃。濕熱盡，則洩精自止。

按：澤瀉，分利小水，除濕之捷藥也。《本經》言多服明目，而扁鵲言多服病眼，何相反如此？蓋水道利，則邪火不干空竅，故云明目。水道過于利，則腎氣虛，故云病眼。脾胃有濕熱，亦令頭重目昏，用此滲其濕，則熱亦隨去，而土氣得令，清氣上行矣。若久服，則降令太過，清氣不升，真陰潛耗，安得不目昏耶？蓋眼中有水，屬膀胱。太利，則膀胱水涸而火生，故下虛之人，不宜服也。又《別錄》稱其止瀉，而寇氏謂洩精者不敢用，抑何相刺謬也？蓋相火妄動而遺泄者，得澤瀉清之，而精自藏；氣虛下陷，而精滑者，得澤瀉降之，而清愈滑矣。況滑竅之劑，腎虛失閉藏之職者，亦宜禁也。夫一藥也，一症也，而或禁或取，變化殊途，自非博洽而神明者，未免對卷而疑，臨症而眩。若格于理者，變變化化，而不離乎宗。故曰醫不執方，合宜而用，斯言至矣。故仲景地黃丸用之者，乃取其瀉膀胱濕熱之邪，非接引也。古人用補藥，必兼瀉邪，邪去則補藥得力，此開闔之妙也。若專一于補，必至偏勝之害矣。凡病人下焦無濕熱而陰虛，及腎氣乏絕，陽衰精自流者，目虛不明者，切勿輕與。若水腫晝劇夜平者，陽水也，澤瀉同猪苓、茯苓、參、术、芍藥、赤小豆、桑皮、橘皮，多服必愈。夜劇晝平者，陰水也，同車前、赤茯苓、生地、白芍、赤小豆、桑皮、木瓜、石斛、薏苡，多服必愈。

產漢中者佳。酒洗一宿，曝乾用。畏海蛤、文蛤。暴服能明目，多服則昏目，不可不知。

清·蔣居祉《本草擇要綱目·寒性藥品》　澤瀉　氣味：甘，寒，無毒。沉而降，陰中微陽。入足太陽、少陰經。主治：逐膀胱三焦停水，利五淋，宣通水道，長于行水，起陰氣。止洩精，消渴淋瀝。但《本經》云：澤瀉，久服令人耳目聰明。扁鵲又云：多服令人目盲。此何以故？大凡脾胃積有濕熱，則頭重而目昏耳鳴。澤瀉滲去其濕，熱亦隨去，土得其令，清氣上行，故其功長于養五臟。益氣力，治頭旋，聰明耳目也。若久服則降令又復太過，清氣不升，真陰潛耗，腎開竅于目，安得不令目盲耶？又庸醫罔識，見仲景之治雜病心下有支飲苦冒者，以澤瀉湯。治傷寒有大小澤瀉湯，治泄瀉有五苓散，遂謂澤瀉之功瀉腎居多，每遇泄精滑腎之症，輒不敢用，并妄為著作，曰仲景八味丸中有澤瀉，接引桂、附歸就腎經，反能洩腎，有刪而去之之義。豈知八味丸中有地黃、山萸肉、茯苓、牡丹皮，皆腎經之藥，附子、官桂又原屬右腎命門之藥，不待澤瀉之接引，而自至其所。用澤瀉者，誠以補藥之中，必兼瀉邪，邪去則補藥得力，實瀉中之補也。

清·閔鉞《本草詳節》卷三　澤瀉：【略】按：澤瀉之功，長於行水。考《素問》及古方，皆取其行利停水而已，惟六味丸與伏苓並用。趙獻可則謂取其養五臟，益氣力，起陰氣，補虛損五勞。惟吳崐云澤瀉甘從濕化，鹹從水、從寒、從陰化，故能入水藏而瀉水中之火，得其大要矣。況古人用補必兼瀉邪，邪去則補自得力，專一于補，必有偏勝之害。獻可胡不思之甚耶！

清·王翃《握靈本草》卷五　澤瀉出漢中者佳。主治：澤瀉，甘，寒，無毒。主風寒濕痹，乳難，養五臟，益氣力，補虛損，起陰氣，止洩精，消渴，淋瀝，逐停水，補女人血海。

清・汪昂《本草備要》卷二　澤瀉通，利水，瀉膀胱火。　甘淡、微鹹。入膀胱，利小便，瀉腎經之火邪，功耑利濕行水。治消渴痰飲，嘔吐瀉痢，腫脹水痞，脚氣疝痛，淋瀝陰汗，陰間有汗。尿血泄精，既利水而又止泄精，何也？此乃濕熱爲病，不爲虚滑者言也。虚滑則當用補濇之藥。濕熱之病。濕熱既除，則清氣上行。又能養五藏，益氣力，起陰氣，補虚損，止頭旋，有聰耳明目之功。脾胃有濕熱，則頭重耳鳴目昏。滲去其濕，則熱亦隨去，土乃得令，而清氣上行，故《本經》列之上品。云聰耳明目，而六味丸用之。今人多以昏目疑之。多服昏目。小便過利，而腎水虚故也。眼中有水屬膀胱，過利則水涸而火生。仲景八味丸用澤瀉，寇宗奭謂其接引桂、附入腎經。李時珍曰：　非接引也，乃取其瀉膀胱之邪氣也。古人用補藥，必兼瀉邪，邪去則補藥得力，一闔一辟，此乃玄妙。後人不知此理，耑一于補，必致偏勝之患矣。王履曰：　地黄、山茱、茯苓、丹皮，皆腎經藥，桂、附右腎命門之藥，何待接引乎？　錢仲陽謂腎爲真水，有補無瀉。或云脾虚腎旺，故瀉腎扶脾，不知腎之真水不可瀉，瀉其伏留之邪耳！　脾喜燥，腎惡燥，故兼補爲難。易老曰：　去脬中留垢，以其微鹹能瀉伏水故也。昂按：　六味丸有熟地之溫，丹皮之凉，山藥之濇，茯苓之滲，山茱之收，澤瀉之瀉，補腎而兼補脾，有補而必有瀉，相和相濟，以成平補之功。乃平淡之神奇，所以爲古今不易之良方也。即有加減，或加紫河車一具，或五味、麥冬、杜仲、牛膝之類，不過一二味，極三四味而止。今人或疑澤瀉之瀉而減之，多揀本草補藥，恣意加入，有補無瀉，且客倍于主，責成不耑，而六味之功，反退處于虚位。失製方配合之本旨矣，此近世庸師之誤也。　鹽水拌，或酒浸用。忌鐵。

清・吴楚《寶命真詮》卷三　澤瀉　【略】利水道，通小便，除淋瀝，腫脹，止洩精。此指濕火為殃，不為虚滑者言也。○腎虚者勿服。

清・陳士鐸《本草新編》卷三　澤瀉　味甘、酸、微鹹，氣寒，沉而降，陰中微陽，無毒。入太陽、少陽足經，能入腎。長于利水，去陰汗，利小便如神，除濕止渴之仙丹也。

或問：　澤瀉，既是利水消濕之物，宜乎水去濕乾，津液自少，胡為反能止渴？　豈知澤瀉不獨利水消濕，原善滋陰。如腎中有水濕之氣，則所食水穀不化精而化火，此火非命門之真火，乃濕熱之邪火。邪火不去，則真火不生，真火不生，則真水不化。澤瀉善瀉腎中邪火，瀉邪火，即所以補真水也。苟非補腎，六味丸中，仲景夫子何以用澤瀉耶？　夫腎有補無瀉，澤瀉補腎，非瀉腎，斷斷無差。不然，何以瀉水而口不渴，非瀉邪水，即所以生真水之明驗乎。所以五苓散利膀胱，而津液自潤也。

或曰：　澤瀉瀉中有補，敬聞命矣，然所瀉者水而非火，吾子之謂是瀉火，不亦異乎？　蓋瀉火而不瀉水，是有説焉。膀胱者，太陽之腑也，原屬火，不屬水。膀胱之水不能下通，本于寒者少，由于熱者多。蓋膀胱無火則水閉，有火亦水閉也。澤瀉用之于五苓散中，雖瀉水，實瀉火也，因其為瀉火之味，所以用之出奇。不然，二苓、白术瀉水有餘，又何必借重澤瀉乎。此瀉火之確有至理，人不之思耳。

或問：　澤瀉利多補少，而子必曰補，想因仲景張公用之于六味丸中，故云。曰澤瀉利中有補，不獨六味丸中為然，即五苓散中用之，何獨不然，凡小便不利之人，未有不口渴者，一利小便而口渴解。五苓散，利小便也。利小便而口渴解者，口中生津液也。五苓利小便之水，水去則無水以潤口，宜其渴矣，乃不渴，而反生津液，非利中有補之明驗乎？　且小便之所以不利者，以膀胱之有邪火。膀胱有火，則熬乾津液而口渴。澤瀉在五苓散中，逐火邪而存真水，火去則水自升，水升乃津液自潤，津液潤，而灌注于腎宫。誰謂澤瀉有瀉而無補乎。

或問：　澤瀉用于六味丸中，則瀉中有補，不識用于八味丸中何意？曰：　有深意也。夫腎中無火，故用八味地黄丸，于水中補火也。然而火性炎上，不用藥以引其下行，則龍雷之火未必不隨火而沸騰。而用下行之藥，但有瀉而無補，又恐補火，而火仍隨水而下泄，亦復徒然。使下行，但有補而無瀉，又恐補火，而火不隨水而下泄，則補火太旺，必有強陽不倒之虞。妙在澤瀉性既利水，而瀉中又復有補，引火下行，瀉火之有餘，而不損火之不足，輔桂、附以成其既濟之功也，誰謂仲景公用澤瀉于八味丸中，竟漫無妙義哉。

或問：　澤瀉舉世皆以為瀉，先生獨謂瀉中有補，且各宣其異義，不識于八味、六味、五苓之外，更有何説以廣鄙見乎？　夫澤瀉之義，于三方可悟其微，而三方尤未盡其妙。澤瀉不特瀉火之有餘，而且瀉水之有餘；　不特不損火之不足，而且不損水之不足。此瀉中有補，前文盡宣。然而，功不止此。澤瀉更能入于水之中，以補火之不足；　入于火之中，以補水之有餘。虚寒之人，夜多遺溺，此火之不足也，勢必用益智仁、山茱萸、五味子之類，補以收縮其遺矣。然而徒用酸收之味，不加鹹甘之品于其中，則愈澁而愈遺，澤瀉正鹹甘之味也。入之于益智、山茱萸、五味子之內，而遺溺頓痊。若非利中補火，不更助其遺乎？虛熱之人，口必大渴，此水之不足也，勢必用元參、生地〔黄〕、沙參、地骨皮、甘菊花之類瀉火，以滋潤其渴矣。然而徒用苦寒之味，不加甘鹹之品于其中，則愈止而愈渴。澤瀉正甘鹹之味也，入之于元參、生地、沙參、地骨皮、甘菊花之內，而口渴自愈。若非利中補水，不益增其渴乎？此澤瀉之微義又如此〔矣〕。

或疑澤瀉有功有過，但言其功，而不言其過，恐非持論之平。不知澤瀉利水，單用則有功有過，共用則少過多功。蓋單用可以瀉水盛之人，而不可以瀉水虛之子，瀉水盛則有功，瀉水虛則有過也。共用宜于補劑，不宜于攻劑，補虛則多功，攻實則少過也。有過無功，是人之不善用也，與澤瀉何過哉。

或問：扁鵲公云多服澤瀉，病人服是澤瀉，過于利水，而非補陰之藥矣？此非扁鵲公之言，乃後人託而傳之者也。澤瀉用之六味、八味諸腎藥中，但有補而無瀉，多服、久服，正獲大益，又安能損目哉。惟腎氣乏絕，陽衰流精，腎氣不固，精滑目痛，不可單服澤瀉，以虛其虛，若入于群補腎藥中，亦正無害也。

清・顧靖遠《顧氏醫鏡》卷七　澤瀉甘、鹹，微寒。入腎膀胱二經。去皮，酒浸焙。

利小便，治淋瀝。有宣通水道之功。瀉心下水痞，去脬中留垢。以其能逐三焦膀胱停水故也。滲濕熱，行痰飲。洩瀉水腫痺症均求，頭旋脚氣疝疼咸療。皆利水除濕之效。時珍云脾胃有濕熱，則頭重旋轉，目昏耳鳴，滲去其濕，則熱除而土氣得令，清氣上行，則天氣明爽。故《本經》言服之耳目聰明。若久服則降令太過，清氣不升，且小便既多，腎陰潛耗，故扁鵲言其多服昏目。地黃丸用澤瀉者，古人用補必兼瀉邪，邪去則補濟得力，專一於補，必致偏勝之害也。仲淳云：入六味丸中，除陰虛病有濕熱者，其說甚通。性善逐水，病人無濕無飲者，勿用。腎虛精滑，虛寒洩瀉等候，皆忌。

清・李熙和《醫經允中》卷一九　澤瀉　畏海蛤、文蛤。甘，微寒，無毒。主治滲濕熱，行痰飲，利小水，止瀉痢。澤瀉能清相火，瀉腎邪，為瀉利腫脹要藥。傷寒澤瀉湯、五苓散，專取其利停水，除濕瀉火通淋。澤者，潤也；瀉者，不補也。下焦虛，尺脉微弱，與目昏精滑者弗用。久服令人面光無子。

清・馮兆張《馮氏錦囊秘錄・雜症痘疹藥性主治合參》卷一　澤瀉稟地之燥氣、天之冬氣以生，故味甘鹹，寒，無毒。○脾胃利水藥中宜生用，滋陰利水藥中宜鹽水拌炒用，八味溫補藥中宜鹽酒拌炒用。

澤瀉，去陰汗，大利小便，瀉伏水，微養新水，尿血洩精，瀉痢腫脹，除濕止渴聖藥，通淋利水仙丹。五苓散用取其行濕，八味丸用引入腎經。久服輕身，多服昏目。地黃補腎藥中，必兼澤瀉。瀉腎者，却瀉腎中濕火，則補藥得力。故古人凡用補藥，必兼瀉邪，此開合之妙。若有補無瀉，即有偏勝之害，惟在脫虛之症，則峻補之力，毋容一少緩也。扁鵲云：多服病人眼，以其利水瀉腎也。故病人無濕、腎虛精滑、目虛不明者禁用。

主治痘疹合參：主補陰滋血，逐膀胱三焦停水。凡痘瘡小便赤澀者用之。

清・张璐《本經逢原》卷二　澤瀉　甘、鹹，微寒，無毒。白者良。利小便生用，入補劑鹽酒炒。油者伐胃傷脾，不可用。《本經》主風寒濕痹，乳難，養五藏，益氣力，肥健消水。久服耳目聰明，不飢延年。發明：澤瀉甘鹹沉降，陰中之陽，入足太陽氣分。《素問》治酒風身熱汗出，用澤瀉、生术、麋銜，以其利膀胱濕熱也。《金匱》治支飲冒眩，用澤瀉湯，以逐心下痰氣也。治水蓄煩渴，小便不利，或吐，或瀉，用五苓散，以泄太陽邪熱也，其功長於行水。《本經》主風寒濕痹，言風寒濕邪痺著不得去，則為腫脹，為癃閉，用此疏利水道，則諸證自除。蓋邪干空竅，則為乳難，為水閉。澤瀉性專利竅，竅利則邪熱自通，內無熱鬱則藏氣安和，而形體肥健矣。所以素多濕熱之人，久服耳目聰明，然亦不可過用。若水道過利則腎氣虛。故扁鵲云，多服病人眼。今人治泄精多不敢用，蓋為腎與膀胱虛寒而失閉藏之令，得澤瀉降之，而精愈滑矣。當知腎虛精滑，虛陽上乘而目時赤者，誠為禁劑。若濕熱上盛而目腫，相火妄動而精泄，得澤瀉清之，則目腫退而精自藏矣，何禁之有。仲景八味丸用之者，乃取以瀉膀胱之邪，非接引也。古人用補藥，必兼瀉邪，邪去則補藥得力矣。

清・浦士貞《夕庵讀本草快編》卷三　澤瀉《本經》、禹孫　決水曰瀉，喻其功如澤水之瀉也。大禹治水，故名。澤瀉氣味甘鹹，寒而主降，陰中微陽，入足太陽少陰二經，為行水逐濕之聖藥。凡風寒濕痺，腫滿諸瀉，消渴痰飲，五淋遺瀝，脬中留垢，小腸尿血，以及頭痛目昏者，宜之。故《素問》治酒風身熱汗出，用澤瀉术煎。仲景治心下支飲若冒，有澤瀉湯。又治水蓄渴煩，或吐或瀉，小便不利者，用五苓散，皆立法之大意也。扁鵲有云：多服病人眼，而與《本經》明目之旨相背，何耶？夫澤瀉本甘淡之品，利水而洩下，脾胃有濕熱則頭重而目昏，用此滲導之，去其濕則熱亦隨而去。土既得令，清氣上升，天道明爽，故云養五藏，益氣力，治頭旋，明耳目爾。若久服之，則降令太過，清氣不升，真陰潛耗，安得不目昏乎？寇宗奭謂八味丸用之，以接引諸藥歸就于腎，斯言也，竟失仲景配合之義。至王履始折之曰：地黃、茱萸、官桂、附子，皆達腎命門之藥，不待澤瀉接引而後至，蓋取其瀉腎邪，起陰氣爾。然又偏于瀉腎之說，若果瀉腎，甄權不當言止腎虛而精自出，則知但瀉膀胱邪氣、伏水留垢，邪去則腎自寧，使補藥得力，一開一闔之玄機也。或問曰：前二說既聞命矣，但《本經》能行水，上一句則惑滋甚。予曰：子何敏也，獨不觀盛水之器乎？水熱則蓋上之露自滴。惟陶隱君深達此理，故曰起陰氣。夫精在下，精即水也，精升則化為氣，雲因雨而出也。《內經》所謂地氣上為雲，能不恍然悟耶？且《易》取兑卦為澤，能灌溉萬物，益知立名之不謬矣。

清·張志聰、高世栻《本草崇原》卷上　澤瀉　氣味甘，寒，無毒。主風寒濕痹，乳難，養五臟，益氣力，肥健，消水。久服耳目聰明，不飢延年，輕身，面生光，能行水上。　澤瀉，《本經》名水瀉，主瀉水上行故名。始出汝南池澤，今近道皆有，唯漢中者為佳。生淺水中，獨莖直上，根圓如芋，有毛。澤瀉，水草也。氣味甘寒，能啟水陰之氣上滋中土。主治風寒濕痹者，啟在下之水津，從中土而灌溉於肌腠皮膚也。乳者，中焦之汁，水津滋於中土，故治乳難。五臟受水穀之精，澤瀉瀉澤於中土，故養五臟。腎者作強之官，水精上資，故益氣力。從中土而灌溉於肌腠，故肥健。水氣上而後下，故消水。久服耳目聰明者，水濟其火也。不飢延年者，水滋其土也。輕身面生光者，水澤外注也。能行水上者，言此耳目聰明，不飢延年，輕身，面生光，以其能行在下之水，而使之上也。

清·劉漢基《藥性通考》卷五　澤瀉　味甘，淡，微鹹。入膀胱，利小便，瀉腎經之火邪。功耑利濕行水，治消渴，痰飲嘔吐，瀉痢腫脹水痞，脚氣疝痛，淋瀝陰汗，遺尿洩精。或問：既利水而又止洩精，何也？曰：此乃濕熱為病，不為虛滑者言也。虛滑則當用補澁之藥，濕熱之病，濕熱既除，則清氣上行，又能養五臟，益氣力，起陰氣，補虛損，止頭旋，有聰耳目之功。多服昏目。鹽拌或酒浸用。忌鐵。然此藥乃瀉腎之藥，必須加補腎之藥中可也。至於利水之用，亦看人之虛實，而善用之耳。

清·姚球《本草經解要》卷二　澤瀉　氣寒，味甘，無毒。主風寒濕痹，乳難，養五藏，益氣力，肥健，消水。久服耳目聰明，不飢延年輕身，面生光，能行水上。　澤瀉氣寒，稟天冬寒之水氣，入足太陽寒水膀胱經。味甘無毒，得地中正之土味，入足太陰脾經。氣降味和，陰也。其主風寒濕痹者，風寒濕三者合而成痹，痹則血閉，而肌肉麻木也。澤瀉味甘益脾，脾濕去則血行而肌肉活，痹症瘳矣。其主乳難者，脾統血，血不化，乳所以難也，味甘益脾，脾濕行則血運而乳通也。其主養五藏，益氣力，肥健者，蓋五藏藏陰者也，而脾為之原，脾主肌肉，而性惡濕。澤瀉瀉濕，濕去則脾健。脾乃後天之本，所以肌肉長而氣力益，陰氣充而五藏得所養也。其消水者，入膀胱，氣寒下洩也。久服耳目聰明，不飢延年輕身者，腎與膀胱為表裏，膀胱水道通，則腎之精道固，精足則氣充，腎開竅於耳，所以耳聰；水之精為目瞳子，所以明目；腎者，胃之關，關門固，所以不飢；腎氣納，所以延年輕身也。其言面生光，能行水上者，脾為濕土，濕則重，燥則輕，輕則能行水上。脾統血，血充則面有光彩也。蓋表其利水，有固腎之功，燥濕有健脾之效也。　製方：澤瀉同白茯、白朮、豬苓、肉桂，名五苓散，治濕熱。同山藥、山萸、白茯、丹皮、生地、北味，名都氣湯，補腎真陰及小兒行語遲。同白茯、建蘭葉、豬苓，治飲痰欬嗽。

清·楊友敬《本草經解要附餘·考證》　澤瀉　《綱目》稱其行水瀉腎。仲景地黃丸用茯苓、澤瀉者，取其瀉膀胱之邪氣。古人用補藥，必兼瀉邪，邪去則補藥得力。後世不知此理，一意用補，故久服有偏勝之患是。澤瀉但長於利水，未可專任。扁鵲云：多服，病人眼。蓋小便利，腎氣虛，故昏目也。《本草》久服云云，揚之太過，用者審之。

清·周垣綜《頤生秘旨》卷八　澤瀉　利水道，通淋除濕之藥也。本草云：久服耳目聰明。扁鵲云：多服病眼。何相矛（質）〔盾〕耶？意人之服補劑，和緩不能下行，藉此通利之物，引入腎經耳。此本草之旨也，豈真能補哉？如無下焦停水濕熱，服此必耗真水，真水耗，安得不病眼？凡下虛人淋渴水腫，腎虛所致者，皆所當忌。

清·王子接《得宜本草·上品藥》　澤瀉　味鹹。入足太陽、少陰經。

功專利水通淋。得白朮治支飲，得麋啣治酒風。

清・徐大椿《神農本草經百種錄》上品　澤瀉　味甘，寒。主風寒濕痹，凡挾水氣之疾，皆能除之。乳難，乳亦水類，故能通乳也。消水，使水歸于膀胱。養五藏，益氣力，水氣除則藏安而氣生也。肥健。脾惡濕，脾氣燥，則肌肉充而肥健也。久服，耳目聰明，不飢，延年輕身，面生光，皆滌水除濕之功。能行水上。水氣盡，則身輕而入水不沒矣。　澤瀉乃通利脾胃之藥，以其淡滲能利土中之水，水去則土燥而氣充，脾惡濕故也。但濕氣必自膀胱而出，澤瀉能下達膀胱，故又為膀胱之藥。

清・黃元御《長沙藥解》卷四　澤瀉　味鹹，微寒。入足少陰腎、足太陽膀胱經。燥土泄濕，利水通淋。除飲家之眩冒，療濕病之燥渴。氣鼓水脹皆靈，膈噎反胃俱斂。　《金匱》澤瀉湯，澤瀉五兩，白朮二兩。治心下有支飲，其人苦冒眩者。以飲在心下，阻隔陽氣下降之路，陽不根陰，升浮旋轉，故神氣昏冒而眩暈。此緣土濕不能制水，故支飲上泛，澤瀉泄其水，白朮燥其土也。五苓、八味，茯苓、澤瀉，當歸、芍藥，諸方皆用之，取其下達之速，善決水竇，以泄土濕也。

清・吳儀洛《本草從新》卷二　澤瀉〔通，利水，瀉膀胱火，去濕熱。〕　甘，鹹，微寒。入膀胱。利小便，熱在氣分而口渴者。瀉腎經之火邪，功專利濕行水。治消渴痰飲，嘔吐瀉痢，腫脹水痞，脚氣疝痛，淋瀝陰汗，陰間有汗。尿血泄精，即利水而又止泄精，何也？此乃濕熱為病，不為虛滑者言也。虛滑則當用補澀矣。一切濕熱之病。濕熱既除，則清氣上行，又能止頭旋，有聰耳明目之功。脾胃有濕熱則頭重耳鳴目昏，滲去其濕熱則清氣上行，頭目諸證自除。仲景八味丸用澤瀉，宗奭謂其接引桂、附入腎經。時珍曰：非接引也，乃其瀉膀胱之邪氣也。古人用補，有宜瀉邪，邪去則補藥得力，一闔一辟，此乃玄妙。後人不知此理，專一於補，必致偏勝之患矣。王履〔王履著《溯洄集》。〕曰：地黃、山萸、茯苓、丹皮皆腎經藥，桂、附右腎命門藥，何待接引乎？錢仲陽謂腎為真水，有補無瀉。或云脾虛腎旺，故瀉腎扶脾。不知腎之真水不可瀉，瀉其伏留之邪耳。《易老》云：去脬中留垢，以其微鹹能瀉伏水故也。　澤瀉善瀉，古稱補虛者誤矣。扁鵲謂其害眼者確也。病人無濕，腎虛精滑，目虛不明，切勿輕與。新鮮不蠹，色白者佳。去皮，鹽水拌或酒浸。畏文蛤。忌鐵。

清・汪紱《醫林纂要探源》卷二　澤瀉　甘，微鹹，溫。叢生澤中，葉似車前草，嫩時柔脆可茹，抽莖分歧，乃作花實，一叢有數根，皆如蘿蔔，色白微紅，乾則黑。出晉地，建寧亦出。功專瀉腎，去濁生清。生水中，味鹹，故專能輭腎之過堅，而瀉濕行水。錢氏言腎無瀉法，非也。凡瀉者，瀉邪也。邪者，有餘也。水凝聚不流，則必生污而水益鬱，反作熱，而濁氣上蒸，於是邪水有餘，則骨蒸勞熱，此乃有以瀉之，故能治勞熱淋瀝，陰汗水腫，尿血泄精，瀉痢，濕瘧，利小便，及脚氣諸證。且腎水清而濁氣不作，耳目自可聰明矣。故《本經》言其聰耳明目，列之上品也。多服昏目。此語人多疑之，然吾親見。建寧人多茹其苗，而目昏赤腫，蓋瀉腎太過則水虧矣。凡物皆宜有節也。

清・嚴潔等《得配本草》卷四　澤瀉　畏海蛤、文蛤。忌鐵。　甘、淡、微鹹。入足太陽、少陰經氣分。走膀胱，開氣化之源。通水道，降肺金之氣。去脬垢，療尿血，止淋瀝，收陰汗，消腫脹，除瀉痢。凡痘瘡小便赤澀者，用此為宜。　配白朮，治支飲。配薇銜、白朮，治酒風。　健脾，生用或酒炒用。滋陰利水，鹽水炒。多服昏目。　腎虛者禁用。　怪症：口鼻中氣出。盤旋不散，凝如黑蓋，過十日，漸至胸肩，與肉相連，堅勝金石，無由飲食，多因瘧後得之。用澤瀉煎服三碗，連服四五日，自愈。　小便不通，用澤瀉之類利之。豈知膀胱癃秘，有不一而治者。如肺氣虛，虛則氣上逆，逆則溺短而澀，病在上焦氣分，用茯苓、澤瀉、車前理水之上源，則下便自利。若火邪爍於肺金，心火移於小腸而小水不利，宜黃芩、麥冬之品清之。有膀胱本寒，虛則為熱，病在下焦血分而溺水不通，宜用知、柏去膀胱之熱，桂心開水道之竅。有腎水虧而陰火下降，尿管澀、莖中痛者，宜二地、二冬，滋陰補腎以利之。再有宿垢結於大腸，大便不通，致小便不行者，但當通其大便，則小水不治而自利。澤瀉、車前，更為不宜。淡滲之劑，寧容概施乎。

題清・徐大椿《藥性切用》卷四　建澤瀉　甘鹹微寒，入膀胱而兼入腎藏。瀉濕熱，利小便，為陰分濕熱耑藥。腎虛無濕者忌。按：擇瀉、木通俱是利藥，但澤瀉瀉相火濕熱，木通瀉心火濕熱為不同。

清・黃宮繡《本草求真》卷五　澤瀉瀉膀胱氣分濕熱。　澤瀉耑入膀胱、腎。甘淡微寒，能入膀胱氣分，以瀉腎經火邪，功耑利水除濕，故五苓散用此以除濕熱。張仲景治傷寒，有大小澤瀉湯、五苓散輩，皆用澤瀉行利停水為最要藥。又治水蓄煩渴，小便不利，或吐或瀉，五苓散主之。方用澤瀉，故知長於行水。八味丸用此以瀉腎經濕火。時珍曰：地黃丸用茯苓澤瀉者，乃取其瀉膀胱之邪氣，非接引也。古人用補藥，必兼瀉邪，邪去則補藥得力，一闢一闔，此乃玄妙，後人不知此理，耑一於補，所以久服必有偏勝之害矣。汪昂曰：六味丸有熟地之溫，丹皮之涼，山藥之濇，茯苓之滲，山茱之收，澤瀉之瀉，補腎而兼補脾，有補而必有瀉，相和相濟，以成平補之功，乃平淡之神奇，所以為古今不易之良方也。即有加減，或加紫河車一具，或五味、麥冬、杜仲、牛膝之類，不過一二味，極三四味而止。今人或疑澤瀉之瀉而減之，多揀本草補藥，恣意加入，有補無瀉，且客倍於主，責成不專，而六味之功，反退處於虛位，失製方之本意矣，此近世庸師之誤也。俾其補不偏勝，則補始無礙耳，豈曰澤瀉補陰，功同於地黃之列哉？第其濕熱不除，則病症莫測，故有消渴嘔吐，痰飲腫脹，腳氣陰汗，尿血洩精種種等症。(請)〔病〕症皆因濕熱為害。用此甘淡微鹹以為滲泄，精泄安可滲利，因於濕熱而成，不得不滲利耳。則濁氣既降，而清氣上行。故有耳聰目明之功。所謂一除而百病與之俱除也。但小便過利，則腎水愈虛，而目必昏。易老云：瀉伏水，去留垢，故明目，小便利，腎氣虛，故目昏。此一定之理耳，鹽水炒，或酒拌，忌鐵。

清·沈金鰲《要藥分劑》卷三 澤瀉：【略】鰲按：六味丸溫與涼配，澁與滲配，收與瀉配，去一味便有偏缺之弊。故凡後人加增之劑，必酌量配合停穩，不得率意任用。

清·楊璿《傷寒溫疫條辨》卷六消劑類 澤瀉 味苦淡微鹹，氣寒，氣味頗厚，沉而降，陰中微陽。入膀胱、膽。滲水去濕，利小便，瀉伏火，收陰汗，引藥下行。《經》云除濕止渴聖藥，通淋利水仙丹。若濕熱壅閉而目不明，非《本草》久服昏目之說也。澤瀉三兩，白术二兩，水煎分三服，治心下有水。久服澤瀉，未有不與熟地、山萸同用者。古人製方，有補必有瀉，此仲景八味丸用澤瀉之微義也。後人處方，多填塞補藥，何益之有？當局者悟之。

清·羅國綱《羅氏會約醫鏡》卷一六草部 澤瀉味甘鹹，入腎、膀胱二經。利水宜生用。入滋陰藥，塩水炒用。建產者佳。去腎經伏火，瀉膀胱濕熱。止消渴、渴因小水短黃，濕熱去則清長而渴止。瀉痢、腫脹、尿血、淋痛，濕熱之害。行痰飲，除嘔吐濕也，收陰汗腎濕。

按：澤瀉性降善瀉，多服昏目瀉腎。若腎虛精滑，目不明及無濕者禁用。至於地黃丸中用之，以瀉腎中濕熱，則補藥得力，庶無偏勝之害，但分量宜輕，不得如古方之用二三兩也。

清·陳修園《神農本草經讀》卷一 澤瀉 氣味甘寒，無毒。主風寒濕痹，乳難，養五臟，益氣力，肥健，消水。久服耳目聰明，不飢，延年，輕身，面生光，能行水上。

陳修園曰：澤瀉氣寒，水之氣也。味甘無毒，土之味也。生於水而上升，能啟水陰之氣上滋中土也。其主風寒濕痹者，三氣以濕為主，此能啟水氣上行而復下，其痹即從水氣而化矣。其主乳難者，能滋水精於中土而為汁也。其主養五臟，益氣力，肥健等句，以五臟主藏陰，而脾為五臟之原，一得水精之氣則能灌溉四旁，俾五臟循环而受益，不特肥健消水不飢，見本臟之功，而肺得水精之氣而氣益，心得水精之氣而力益，肝得水精之氣而目明，腎得水精之氣而耳聰，且形得水精之氣而全體輕，色得水精之氣而面生光輝，一生得水精之氣而延年，所以然者，久服之功。能行在下之水而使之上也。此物形圓，一莖直上，無下行之性，故其功效如此。今人以鹽水拌炒，則反掣其肘矣。

清·王學權《重慶堂隨筆》卷下 澤瀉 有聰耳明目之功，人皆疑之。《理虛元鑒》謂究其命名之義，蓋澤者澤其不足之水，瀉者瀉其有餘之火，不若豬苓、木通之直走無餘，不可視為消陰損腎之品也。

〔王孟英〕刊：《理虛元鑒》論證最精，論藥次之，立方則不佳。

清·黃凱鈞《藥籠小品》 澤瀉 利小便，消水腫，六味湯同茯苓並用，治肝腎虛火上炎如神。小便不禁者忌用。

清·王龍《本草纂要稿》 澤瀉 味甘、酸，性寒，無毒。去胞垢而生新水，退陰汗而止虛煩。利水腫，專行濕之長。主淋澁，有通便之效。多服昏目，少服明目。入足陽明、少陰經。

清·張德裕《本草正義》卷上 澤瀉 甘，淡，微涼。入膀胱。用其滲水去濕，通淋瀝，利小便，瀉伏火。引藥下行，陰虛下元不固者，勿用。

清·楊時泰《本草述鉤元》卷一二 澤瀉 春生苗，多在淺水中，葉似牛舌，獨莖而長，秋時開白花作叢，秋末采根，曝乾用。

味鹹、甘，淡，氣寒。沉而降，陽也，入足太陽少陰經。逐濕行水，去三焦膀胱停水留垢，伐腎邪，起陰氣，療水飲眩冒，心下水痞，治水瀉五淋，並小便不利而渴，消腫脹，通血脈，滲濕熱，治洩精及疝痛、脚氣，腎臟風瘡，去陰間汗。除陰濕之聖藥潔古。去脬中留垢，以味鹹，能瀉伏水故也易老。脾胃有濕熱，則頭重而目昏耳鳴，滲去其濕，則熱亦隨去，而土氣得令清氣上行，天氣明爽，故仲景用治支飲苦冒，使之降而奏功也瀕湖。下焦濕熱致精洩者，宜投之嵩。八味丸之用澤瀉，取其伐腎邪，起陰氣，助補益而已安道。多服病人眼扁鵲。降令太過，清氣不升，真陰潛耗故也瀕湖。無疾服之，令人目盲潔古。水腫晝劇夜平者，陽水也，澤瀉同二苓、朮、芍、人參、陳皮、赤豆、桑皮治之，多服必愈。夜劇晝平者，陰水也，同車前、赤苓、生地、白芍、薏仁、木瓜、石斛、赤豆、桑皮治之，多服必愈。同參、朮、二苓、半夏、陳皮、紫蘇，治一切停飲停水。飲證病甚欲眩者，用澤瀉五兩，炒朮二兩，水三升，濃煎服，必效。腎臟風瘡，澤瀉、皂莢水煮爛，焙研，煉蜜丸梧子大，空心，溫酒下十五丸至二十丸。

論：澤瀉本水草，味鹹氣寒，的入水臟，為逐濕行水之捷藥。然鹹後有甘，此瀕湖所謂淡滲之藥，皆上行而後下降者也。後天凡水本於胃，水穀精氣自胃上行，而後濁者下降。其能起陰氣者，以人身有真水，有凡水，真水能化元氣，即陰中之真陽。元氣能化凡水。如中焦陽衰，則凡水不能化液以為病。凡水不能化液，是亦病於真水不能化元氣也，是亦三焦膀胱病於陰氣不起也。故行水除濕，即所以升陽而起陰。其能滲濕熱者，以元陽不運，則相火鬱於肝，合而為濕熱，濕熱為病，寧獨洩精疝痛脚氣之類，即泄痢腫脹五淋皆係之，而澤瀉皆治之。苐滲多則亡陰，致真陽益化為熱，是亦祛濕而滲下者所當酌，或於苦寒中加風升以達陽，不必定責效於澤瀉也。其又通血脈者，血與水同原。如療腎臟風瘡，因濕困真陰，則陽鬱而化風，腎肝之病於風以為諸病者，固可同治也。《別錄》云止洩精者，乃腎家有濕邪，致腎氣虛而精不固也。推之五淋之治，都不外此，不得概以陰虛為言。又方書治水濕腫脹，及支飲苦冒二證，皆用白朮、澤瀉，以皆本於脾胃，元陽虛而停水也。特水腫以二味為丸，用茯苓湯下，助之滲利。至五苓利小便，更加猪苓分理，且少用肉桂，使下焦、元陽同於中焦氣化而水行也，投劑者其細審之。

病人無濕無飲而陰虛，及腎氣乏絕，精滑作瀉，目虛不明等候，咸禁。

辨治：不油不蛀者良，細剉，酒浸一宿，漉出，曬乾用。一法：米泔浸，去毛蒸，或搗碎焙。

清・葉桂《本草再新》卷三 澤瀉味甘，淡，性微寒，無毒。入肝、肺、腎三經。瀉腎經之邪火，利下焦之濕熱，消水腫，止嘔吐，化痰理氣，治痢瀉，便血溺血，能瀉之故。理脚氣淋瀝，崩中疝痛精遺。

清・吴其濬《植物名實圖考》卷一八 澤瀉 《本經》上品。《救荒本草》謂之水蓄菜，葉可煠食。《撫州志》：臨川產澤瀉，其根圓白如小蒜。

清・趙其光《本草求原》卷三隰草部 澤瀉 凡水本於胃，皆自胃上行而後下降；凡味之甘淡者，皆先升而後下。澤瀉鹹寒下降，甘淡上升，能啟水氣上滋中土而復下，為逐濕行水之捷品。濕去則陽不鬱而化風，陰不滯而為寒。故風、寒、濕三氣之痹能治，腎臟風瘡可除。水精滋於中土而為汁，故主乳難。邪水去則真水化液以生陽，而水精四布，灌溉四旁，五臟循環受益。於是胃得水精以化氣，則消水、不飢、肥健；心肺得水精化氣，而氣力兩益；肝得水精化氣，而目明；腎得水精化氣，則濕不擾精，而淋止、耳聰、精固；脾濕去，則腫脹、泄痢除。且形得水精之氣而體輕，色得水精之氣而面光澤，一生得水精之氣而延年。行在下之水，使陰化陽而上行，則陰器起，陰汗除，尿血已。但過利亡陰，腎虛而無濕熱者多服，反致目昏。脾胃濕熱則頭重、耳鳴、目昏、腳弱；濕熱去，則清氣上行，而諸病息，疝痛腳氣皆除，血脈亦通，是其功效皆以行水而使之上。

皂莢水煮為丸，治腎臟風瘡。今人用鹽炒，反制其肘矣。宜酒或米泔浸、蒸用。忌鐵。

清・葉志詵《神農本草經贊》卷一 澤瀉 味甘，寒。主風寒濕痹，乳難，消水，養五藏，益氣力，肥健。久服，耳目聰明，不飢延年，輕身，面生光，能行水上。一名水瀉，一名芒芋，一名鵠瀉。生池澤。

采蕢彼汾，瀉如澤水。獨植修莖，雙分歧尾。光鑒留顏，騰波舉趾。牛舌牛唇，分形具美。

《詩》：彼汾一曲，言采其蕢。李時珍曰：去水曰瀉，如澤之瀉水也。蘇頌曰：獨莖而長，葉似牛舌。陶弘景曰：尾間必有兩歧為好。曹植賦：飛花鑒於天庭。謝莊詩：金丹玉液豈留顏。左思賦：騰波沸涌。《詩》：四之日舉趾。《爾雅》：蕢，牛唇。《南史・傳》：柳惲可謂具美。

清・文晟《新編六書》卷六《藥性摘錄》 澤瀉 甘，淡，微寒。能入膀胱氣分，以瀉腎經火邪。功耑利水除濕，治消渴，嘔吐痰飲，腳氣陰汗，尿血泄精等症。○但小便過利，則腎水愈虛，而目必昏耳。○鹽水炒，或酒拌。忌鐵。

清・劉東孟傳《本草明覽》卷一 澤瀉 【略】按：澤瀉多服則昏目，暴服則明目，其義何也？蓋味鹹能瀉伏水，則胞中久留陳積之物，由之而去，則水旺而目明。小便利多，則腎氣虛竭，腎虛則水衰而目昏矣。

清・張仁錫《藥性蒙求》 澤瀉錢半 澤瀉微寒，消腫利水。除瀉通淋，能療濕火。甘、鹹，微寒。入膀胱。利小便，瀉腎經之火，治一切濕熱之病。古人用補藥必兼瀉邪，邪去則補藥得力，故六味用茯苓、澤瀉，取其瀉膀胱之氣也。得白朮治支飲，得麋銜治酒風。但腎虛之人，不宜多服。

清・屠道和《本草匯纂》卷二瀉濕　澤瀉　耑入膀胱、腎。甘淡，微寒，無毒。瀉膀胱氣分濕熱及腎經火邪。利濕行水，治消渴，痰飲嘔吐，瀉痢腫脹水痞，脚氣，疝痛，淋瀝，陰汗，尿血洩精。治一切濕熱之病，俾濕熱既除，則清氣上行。又能止頭痛，有聰耳明目之功。但病人無濕，腎虛精滑，目虛不明，切勿輕與。蓋小便過利，則腎水愈虛，而目必昏，此一定之理，故扁鵲謂其害眼者，確也。鹽水炒，或酒拌。忌鐵。

清・戴葆元《本草綱目易知錄》卷二　澤瀉　甘，平，微寒。入足太陽、少陰經。去舊水，養新水，利小便，通小腸，消腫脹，止尿血，逐膀胱三焦停水，去脬中留垢，心下水痞。滲濕熱，行痰飲，消五淋，宣通水道。主腎虛精自出，頭旋耳鳴。筋骨攣縮，風寒濕痹，消渴洩精，嘔吐瀉痢，疝痛脚氣，濕熱之病。濕熱既除則清氣上行，能養五臟，起陰氣，補女人血海，令人有子。補虛明目，下乳催生。久服下降太過，反能昏目。

清・黄光霽《本草衍句》　澤瀉　甘淡利小便，鹹寒入膀胱。瀉腎經之火邪，洩精尿血。逐三焦之停水，痰飲吐嘔。除濕止渴聖藥，通淋利水仙丹。去陰汗瀉痢腫脹，消痞滿脚氣疝疼。謂濕熱既盡，清氣上行，故有養益之功，《本經》謂養五臟，益氣力，肥健，耳目聰明。得收明目之效。徐云：通利脾胃之藥，能利土中之水，水去則土燥而氣充。得白朮治支飲，得麋銜治酒風。

水溼腫脹，用白朮、澤瀉各一兩，為末，或為丸，每服三錢，茯苓湯下。冒暑霍亂，小便不利，頭暈引飲，三白散用澤瀉、白朮、白雲苓各三錢，薑五片，燈心十節煎服。澤瀉能行水，上滋水氣，必上行而後下降，非耑利小便也。今人不明經義，謂昏目不可用，豈知五苓散用澤瀉，治消渴小便不利，以行水上滋。故治消渴水氣上而始下，故利小便，猶木通之橫通旁達，則小便自利，二者皆非下行之藥也。

清・陳其瑞《本草撮要》卷一　澤瀉　味鹹，入足太陽、太陰經，功專利水通淋。得白朮治支飲，得麋銜治酒風。鹽水拌或酒浸用。忌鐵，畏文蛤。

清・周學海《讀醫隨筆》卷五　澤瀉　辛麻苦寒，入三焦、膀胱，迅逐水邪。其辛麻能使三焦、膀胱之細絡為之開疏，而水得暢下，故滲竅之力甚猛。若無水邪，即傷津液，尤能泄命門真火、下焦元氣。夫陽虛水蓄，合桂、附用；陰虛火熾，合地黄用。而桂、附、地黄，不能敵其滲泄之力，每用一錢，且合山萸、五味、木瓜之酸收，至三四劑，即中氣不續，下焦如開，古謂過服損目，正以腎津竭而肝氣陷也。暫用少許，以為導水、導火之引子。

清・李桂庭《藥性詩解》　賦得澤瀉利水通淋而補陰不足得淋字。李慶霖。

善瀉因名瀉，鹹寒治熱淋。補陰消渴效，利水逐濕靈。　按：澤瀉生水澤中，處處有之。甘鹹微寒善瀉，入足太陽經、少陰經。除濕利水之聖藥。逐膀胱停水，通五淋，止遺瀝，瀉腎經火邪。消渴煩，治痰飲，嘔吐瀉痢，腫脹水痞，脚氣疝痛，淋瀝陰汗。又能止頭旋，有聰耳明目，利陰之功。《本經》云：多服病人眼。病人無濕氣及腎虛精滑、目虛不明者，切勿輕與。

清・周巖《本草思辨錄》卷二　澤瀉　猪苓、茯苓、澤瀉，三者皆淡滲之物，其用全在利水。仲聖五苓散、猪苓湯，三物並用而不嫌於復，此其故愚蓋得之《本經》與《內經》矣。《本經》猪苓利水道，茯苓利小便，澤瀉消水。《內經》三焦為水道，膀胱為水府，腎為三焦膀胱之主。合二者觀之，得非猪苓利三焦水，茯苓利膀胱水，澤瀉利腎水乎？猪苓者，楓之餘氣所結，楓至秋杪，葉赤如火，其無風自動，天雨則止，遇暴雨則暗長二三尺，作用與少陽相火正復無異。膀胱藏津液，非氣化不出，茯苓色白入肺，能行肺氣以化之。凡水草石草皆屬腎，澤瀉生淺水而味鹹，入腎何疑？三物利水，有一氣輸瀉之妙。水與熱結之證，如五苓散、猪苓湯，若非三物並投，水未必去，水不去則熱不除，熱不除則渴不止，小便不通，其能一舉而收全效哉。

消渴上中焦皆有之，或陰虛津虧而渴，或津被熱爍而渴，或熱與水結而渴。三物第利水以除熱，何嘗如人參、栝蔞根有生津補陰之能。李氏謂淡滲之物，其能去水，必先上行而後下降，以仲聖用三物稽之，正不必過高其論也。

雖然，於三物中求止渴，惟澤瀉其庶幾耳。何則？《本經》無澤瀉起陰氣之文，而《別錄》固有之。澤瀉起陰，雖不及葛根挹胃汁以注心肺，而得氣化於水，獨莖直上，即能以生氣朝於極上，仲聖又不啻明告我矣。凡眩悸顛眩，多歸功於茯苓，而澤瀉湯治冒眩，偏無茯苓。冒眩者，支飲格於心下，下之陰不得濟其上之陽，於是陽淫於上如復冒而眩以生。澤瀉不特逐飲，且能起陰氣以召上冒之陽復返於本。白朮崇土，第以資臂助耳。大明之主頭旋耳鳴，殆得仲聖此旨也。又腎氣丸治消渴皆腎藥。雖用茯苓，亦只借以協桂，附化腎陽。萸、地益陰而不能升陰。腎陰不周於胸，則渴猶不止，此猪苓可不加，而澤瀉不得不加。故曰止渴，惟澤瀉為庶幾也。

酸惡

宋・唐慎微《證類本草》卷三〇有名未用・草木〔《別錄》〕　酸惡　主惡瘡，去白蟲。生水傍，狀如澤瀉。

蔛草

宋・唐慎微《證類本草》卷九草部中品〔唐・蘇敬《唐本草》〕　蔛草　味甘，寒，無毒。主暴熱喘息，小兒丹腫。一名蔛榮。生水傍。

〔唐・蘇敬《唐本草》〕注云：葉圓似澤瀉而小。花青白，亦堪噉。所在有之。

〔宋・馬志《開寶本草》〕按：別本注云：江南人用蒸魚，食之甚美。五月、六月採莖、葉，暴乾。唐本先附。

附：日・丹波康賴《醫心方》卷三〇　蔛菜　《本草》云：味甘，寒，無毒。主暴熱喘，小兒丹腫。《七卷經》云：廣陵人呼蔛為接，一名蘞菜，一名水葱。

明・劉文泰《本草品彙精要》卷一二　蔛草無毒　植生。

蔛草：主暴熱喘息，小兒丹腫。名醫所錄。　〖名〗蔛榮。　〖苗〗《唐本》注云：葉圓似澤瀉而小，花青白，亦堪啖，江南人用蒸魚，食之甚美。〖地〗《圖經》曰：生水傍，所在有之。　〖時〗生：春生苗。採：五月、六月取莖、葉。　〖收〗暴乾。　〖用〗莖、葉。　〖質〗葉類澤瀉而小。　〖色〗青。　〖味〗甘。　〖性〗寒，緩。　〖氣〗氣之薄者，陽中之陰。　〖主〗熱毒。〖製〗剉碎用。

明・王文潔《太乙仙製本草藥性大全》卷二《本草精義》　蔛草　一名蔛榮。生水傍，所在有之。葉圓似澤蘭而小，花開青白，亦堪噉。江南人用蒸魚食之甚美。五月、六月採莖葉曝乾。

明・王文潔《太乙仙製本草藥性大全》卷二《仙製藥性》　蔛草　味甘，氣寒，無毒。　主治：主暴熱喘息如神，祛小兒丹腫絕妙。

明・姚可成《食物本草・救荒野譜補遺・草類》　蔛草食葉。所在有之。生水旁，花青白色，葉似石瀉而小，可蒸熟充飢。　蔛草生水旁，摘來當飢糧。味蘞嗾不下，相視意徬徨。

明・姚可成《食物本草》卷一九草部・水草類　蔛草所在有之，生水旁。葉似澤瀉而小，花青白色，亦堪蒸啖。江南人用蒸魚食，甚美。　蔛草，味甘，寒，無毒。治暴熱喘息，小兒丹腫。

清・吳其濬《植物名實圖考》卷一八　蔛草　《唐本草》始著錄。葉似澤瀉，堪蒸啖，江南人用以蒸魚云。

清・吳其濬《植物名實圖考》卷一三　鴨舌草　處處有之。固始呼為鴨兒觜。生稻田中。高五六寸，微似茨菰葉，末尖後圓，無歧；一葉一莖，中空，從莖中抽葶，破莖而出，開小藍紫花六瓣，小大相錯；黃蕊數點，褭褭下垂，質極柔脆。芸田者惡之。《湘陰縣志》云：可煮食。

解草

清・何諫《生草藥性備要》卷下　解草　味劫，性平。理跌打腫傷，搥敷甚妙。

浮薔

明・姚可成《食物本草》卷首王西樓救荒野譜　浮薔食莖葉。入夏生水中，六七月采。生熟皆可食。　采采浮薔，涉彼滄浪。無根可託，有莖可嘗。野風浩浩，野水茫茫。飄蕩不返，若我流亡。此種即浮蘋。葉圓白花者是。若葉尖黃花者，其名曰荇。其根莖亦可蒸為蔬。

明・周履靖《茹草編》卷二　浮薔　清流宛轉縠紋開，纖鱗細鬣波間來。翠萍紫荇相牽回，中有浮薔青如苔。薑虀橘汁香可拌，花間小飲勸相催。浮薔浮薔莫嫌猜，與爾浮世常徘徊。　入夏生水中。六七月採取，湯焯，晒乾，再泡鹽炒，油拌食，或醬醯拌食。生亦可食。

清・趙學敏《本草綱目拾遺》卷七花部　雨韭　汪連仕《草藥方》云：雨韭生水澤旁，即青茨菇花，去溼之功同茵蔯。散一切疔腫，消痔漏，明目。

田葱

清・何諫《生草藥性備要》卷上　田葱　洗癍脚，搽癬。同鐵、錫粉炒，治癍第一。多生瘀泥中，處處有之。

菖蒲

晉・嵇含《南方草木狀》卷上　菖蒲　番禺東有澗，澗中生菖蒲，皆一寸九節。安期生採服仙去，但留玉舄焉。

唐・歐陽詢《藝文類聚》卷八一　菖蒲　《春秋運斗樞》曰：　玉衡星散為菖蒲。遠雅頌著倡優，則玉衡不明，菖蒲冠環。　《山海經》曰：　菖蒲一寸九節，韓終王興所服，並然而此，過之有足珍也。　《左傳》曰：　王使周公閱來聘，饗有昌歜。　《孝經援神契》曰：　菖蒲益聰。　《抱朴子》曰：　韓終服菖蒲十三年，身有毛。　《吳氏本草》曰：　菖蒲一名堯韭，一名昌陽。《神仙傳》曰：　王興者，陽城人，漢武帝上嵩高，忽見有仙人長二丈，耳出頷，下垂肩。帝禮而問之。仙人曰：　吾九疑人也。聞中嶽有石上菖蒲，一寸九節，食之可以長生，故來採之。忽然不見。帝問侍臣曰：　彼非欲服食者，以此喻朕耳。　《羅浮山記》曰：　羅浮山中菖蒲，一寸十二節。

詩　梁江淹《石上菖蒲詩》曰：　瓊琴久蕪沒，金鏡廢不看。不見空閨裏，縱橫愁思端。緩步遵汀渚，揚枻泛春瀾。電至烟流綺，水綠桂涵丹。憑酒竟未悅，半影方自歎。每為憂見及，杜若詎能寬。冀採石上草，得以駐餘顏。

頌　梁江淹《菖蒲頌》曰：　藥實靈品，爰迺輔性除疴衛福，蠲邪養正，縹色外妍，金光內映。草經所珍，山圖是詠。

宋・李昉《太平御覽》卷第九九九　菖蒲　《左傳》僖下曰：　王使周公閱來聘，饗有昌歜。歜，菖蒲葅也。　《春秋運斗樞》曰：　玉衡星散為菖蒲，（菖蒲）遠雅頌着倡優，則玉衡不明，菖蒲冠環也。　《呂氏春秋》曰：　冬至五旬七日，〔菖始生〕。菖（本）者，百草之先生〔者〕也。　《說苑》曰：　文公好食昌本菹。本草即菖蒲。　《風俗通》曰：　菖蒲放花，人得食之長年。《神仙傳》曰：　王興，咸陽人，採菖蒲食，以得長生。一寸九節者。　《羅浮山記》曰：　宣山中，菖蒲一寸二十節，堅芬之極。　《方言》曰：　菖蒲，得石上生，九寸節以上，紫花尤善。　《吳氏本草》曰：　菖蒲，一名堯時薤。《本草經》曰：　菖蒲，生石上。一寸九節者，久服輕身，明耳目，不忘不迷惑。生上洛。　《典術》曰：　聖王仁功濟天下者，堯也。天降精於庭，為薤。感百陰為菖蒲焉。令之菖蒲是也。

宋・唐慎微《證類本草》卷六草部上品〔《本經・別錄・藥對》〕　**昌蒲**　**味辛，溫，**〔宋・掌禹錫《嘉祐本草》〕按：　久風濕痹通用藥云：　昌蒲，平。　無毒。**主風寒濕痹，欬逆上氣，開心孔，補五藏，通九竅，明耳目，出音聲。**主耳聾，癰瘡，溫腸胃，止小便利，四肢濕痹，不得屈伸，小兒溫瘧，身積熱不解，可作浴湯。**久服輕身，**聰耳目，**不忘，不迷惑，延年，**益心智，高志不老。**一名昌陽。**生上洛池澤及蜀郡嚴道。一寸九節者良，露根不可用。五月、十二月採根，陰乾。秦皮、秦艽爲之使，惡地膽、麻黃。

〔梁・陶弘景《本草經集注》〕云：　上洛郡屬梁州，嚴道縣在蜀郡。今乃處處有，生石磧上，概音既節爲好。在下濕地大根者，名昌陽，止主風濕，不堪服食。此藥甚去蟲并蚤蝨，而今都不言之。真昌蒲葉有脊，一如劍刃，四月、五月亦作小鳌華也。東間溪側又有名溪蓀者，根形氣色極似石上昌蒲而葉正如蒲，無脊，俗人多呼此爲石上菖蒲者，謬矣。此止主欬逆，亦斷蚤蝨爾，不入服。御用詩詠多云蘭蓀，正謂此也。

〔宋・掌禹錫《嘉祐本草》〕按：　《吳氏》云：　昌蒲，一名堯韭。《羅浮山記》云：　山中昌蒲，一寸二十節。《藥性論》云：　昌蒲，君。味苦、辛，無毒。治風濕𤸷痹，耳鳴，頭風，淚下，鬼氣，殺諸蟲，治惡瘡疥瘙。石澗所生堅小，一寸九節者上，此昌蒲亦名昌陽。日華子云：　除風下氣，丈夫水藏、女人血海冷敗，多忘長智，除煩悶，止心腹痛，霍亂轉筋，治客風瘡疥，澁小便，殺腹藏蟲及蚤蝨。耳痛作末炒，承熱裹罯甚驗。忌飴糖、羊肉。石昌蒲出宣州，二月、八月採取。

〔宋・蘇頌《本草圖經》〕曰：　昌蒲，生上洛池澤及蜀郡嚴道，今處處有之，而池州、戎州者佳。春生青葉，長一二尺許，其葉中心有脊，狀如劍，無花實。五月、十二月採根，陰乾。今以五月五日收之。其根盤屈有節，狀如馬鞭大，一根傍引三四根，傍根節尤密，一寸九節者佳，亦有一寸十二節者。採之初虛軟，暴乾方堅實，折之中心色微赤，嚼之辛香少滓。人多植于乾燥沙石土中，臘月移之尤易活。古方亦有單服者，採得緊小似魚鱗者，治擇一斤許，以水及米泔浸各一宿，又刮去皮，切，暴乾擣篩，以糯米粥和勻，更入熟蜜，搜丸梧子大，絺葛袋盛，置當風處令乾。每旦酒飲任下三十丸，臨卧更服二十丸，久久得效，如《本經》所說。又蜀人用治心腹冷氣搊痛者，取一二寸搥碎，同吳茱萸煎湯飲之，良。黔、蜀蠻人亦常將隨行，卒患心痛，嚼一二寸，熱湯或酒送亦效。其生蠻谷中者尤佳，人家移種者亦堪用，但乾後辛香堅實不及蠻人持來者，此即醫方所用石昌蒲也。又有水昌蒲，生溪澗水澤中甚多，葉亦相似，但中心無脊，採之乾後輕虛多滓，殊不及石昌蒲，不堪入藥用，但可擣末，油調塗疥瘙。今藥肆所貨，多以兩種相雜，尤難辨也。

〔宋・唐慎微《證類本草》〕《雷公》云：　凡使，勿用泥昌、夏昌，其二件相似，如竹根鞭，形黑、氣穢、味腥，不堪用。凡使，採石上生者，根條嫩黃緊硬節稠，長一寸有九節者是真也。採得後，用銅刀刮上黃黑硬節皮一重子，用嫩桑枝條相拌蒸，出暴乾，去桑條，剉用。《千金方》：　日月未足而欲產者。擣昌蒲根汁一二升，灌喉中。又方：　久服聰明益智。甲子日取昌蒲一寸九節者，陰乾百日爲末。服方寸匕，日三服，耳目聰明，不忘。又方：　治產後崩中下血不止。昌蒲一兩半，剉，酒二盞，煎取一盞去滓，分三服，食前溫服。又方：治好忘，久服聰明益智。七月七日取昌蒲酒服三方寸匕，飲酒不醉，好事者服而驗之。不可犯鐵，若犯之，令人吐逆。《肘後方》：扁鵲云：中惡與卒死，鬼擊亦相類，已死者爲治，皆參用此方。擣昌蒲生根，絞汁灌之立差。尸厥之病，卒死脉猶動，聽其耳中如微語聲，股間暖，是也。亦此方治之。又人卧忽不寤，勿以火照，照之害人，但痛齧其踵及足拇指甲際，而唾其面，即活。又昌蒲末吹鼻中，桂末内舌下。又方：耳聾。昌蒲根一寸，巴豆一粒去心，二物合擣，分作七丸。綿裹塞耳，日著一丸效。又方：卒胎動不安，或腰痛胎轉搶心，下血不止。昌蒲根汁三升服之。又方：若下血不止。昌蒲三兩，酒五升，煮取二升，分三服。《經驗方》：治癰腫發背，生昌蒲擣貼。若瘡乾，擣末以水調塗之。《孫用和方》同。《子母秘録》：治胎動勞熱不安去血，手足煩。昌蒲擣取汁服，二升分三服。《産書》：治産後下血不止。昌蒲二兩，以酒二升煮，分作兩服，止。《夏禹神仙經》：昌蒲薄切，令日乾者三斤，以絹囊盛之，玄水一斛清者，玄水者酒也。懸此昌蒲密封閉一百日，出視之如緑菜色，以一斗熟黍米内中，封十四日間，出飲酒。則一切三十六種風，有不治者悉效。《漢武帝内傳》：武帝上嵩山，忽見仙人，長可二丈。問之。曰：吾九嶷山人也，聞中嶽有石上昌蒲，一寸九節，食之長生，故來採之。忽然不見。《抱朴子》：南中多鹿，每一雄遊牝百數，至春羸瘦，蓋遊牝多也。及夏，則唯食昌蒲一味，却肥，當角解之時，其茸甚痛。獵人逢之，其鹿不敢逸走，伏而不動，獵者先以繩繫其茸截取之，以其血未散，然後斃鹿。又韓衆服昌蒲十三年，身上生毛，日視書萬言，皆誦之，冬袒不寒。又昌蒲須得石上，一寸九節，紫花尤善。

〔宋・陳承《重廣補注神農本草並圖經》〕别說云：謹按：今陽羨山中生水石間者，其葉逆水而生，根鬚略無，少泥土，根、葉極緊細，一寸不啻九節，入藥極佳。今二浙人家，以瓦石器種之，旦暮易水則茂，水濁及有泥滓則萎，近方多稱用石昌蒲，必此類也。其池澤所生，肥大節踈麁慢，恐不可入藥，唯可作果盤，蓋氣味不烈而和淡爾。

宋・鄭樵《通志》卷七五《昆蟲草木略》 昌陽 曰堯韭，菖蒲也。

宋・劉明之《圖經本草藥性總論》卷上 菖蒲 味辛，溫，無毒。主風寒濕痺，欬逆上氣，開心孔，補五臟，通九竅，明耳目，出聲音，主耳聾癰瘡，溫腸胃，止小便利，四肢濕痺不得屈伸，小兒溫瘧，身積熱不解。《藥性論》云：君。味苦、辛，無毒。斷鬼氣，殺諸蟲，治惡瘡。日華子云：除風下氣，丈夫水臟，女人血海冷敗，多忘長智，除煩悶，止心腹痛，霍亂轉筋。治客風瘡疥，澀小便，殺腹臟蟲及蚤蝨耳痛。秦皮、秦艽為之使。惡地膽、麻黄。

元・吴瑞《日用本草》卷八 菖蒲根 池沼生者名昌陽。端午以泛酒。生石澗，名石菖蒲。入藥用。味苦、辛，溫，無毒。忌與飴糖、羊肉同食。主風寒，濕痹，開心孔，出音聲，去耳聾，止腹痛。

明・朱橚《救荒本草》卷上之後 菖蒲 一名堯韭，一名昌陽。生上洛池澤及蜀郡嚴道，戎衛衡州并嵩岳石磧上。今池澤處處有之。葉似蒲而匾，有脊一如劒刃。其根盤屈有節，狀如馬鞭葤，大根傍引三四小根，一寸九節者良，節尤密者佳。亦有十二節者，露根者不可用。又一種名蘭蓀，又謂溪蓀，根形氣色極似石上菖蒲，葉正如蒲，無脊，俗謂之菖蒲，生於水次，失水則枯。其菖蒲味辛，性溫，無毒。秦皮、秦艽為之使。惡地膽、麻黄。不可犯鐵，令人吐逆。救飢：採根肥大節，稀水浸去邪味，製造作果食之。治病：文具《本草》草部條下。

明・蘭茂撰，清・管暄校補《滇南本草》卷中 水菖蒲 性溫，味辛、苦。治九種胃氣，止疼痛。用一寸九節者，新瓦焙，為末，燒酒服一錢，效。附方：治症同上。九節菖蒲四兩，吴茱萸二兩，香附二兩，為丸，每服二錢，用開水點酒服。

明・王綸《本草集要》卷二 菖蒲君 味辛苦，氣溫，無毒。秦艽為之使，惡麻黄，忌飴糖、羊肉。勿犯鐵。五月、十二月採，陰乾。生石澗，一(十)〔寸〕九節者良，露根勿用。

主風寒濕痹，咳逆上氣，開心孔，補五臟，通九竅，明耳目，出音聲，主耳聾耳鳴，頭風鬼氣，癰瘡疥瘙，殺諸蟲，止小便，利四肢濕痹，不得屈伸，下氣，除煩悶，止心腹痛。久服輕身，聰明不忘，不迷(感)〔惑〕，延年，高志不老。

胎動不安，及日月未足而欲産，擣生根汁二三升，服之。血海敗，及産後下血不止，用二兩，入酒四盞，煎二盞，分作二服。小兒溫瘧，積熱不解，煎湯浴之。中惡與卒死鬼擊，擣生根汁灌之。癰腫發背，擣貼之，瘡乾者，擣末，水調塗。遍身熱毒，瘡痛不癢。擣末二三斗，布席上，恣卧，以被蓋之，五七日愈。

明・劉文泰《本草品彙精要》卷七 菖蒲無毒 叢生。

菖蒲：主風寒濕痹，欬逆上氣，開心孔，補五臟，通九竅，明耳目，出音聲。主耳聾，癰瘡，溫腸胃，止小便利，四肢濕痹不得屈伸，小兒溫瘧，身積熱不解，可作浴湯。久服輕身，聰耳目，不忘，不迷惑，延年，益心智，高志，不老。名醫所録。

〔名〕昌陽、堯韭。

〔苗〕《圖經》曰：春生青葉，長一二尺，其葉中心有脊，狀如劍，無花實。其根盤屈有節，狀如馬鞭大。一根傍引三四根，傍根節尤密。一寸九節佳，有一寸十二節者。採之初則虚軟，乾則堅實；折之中心色微赤，嚼之辛香少滓。人多植於乾燥砂石土中，臘月移之尤易活。陶隱居云：生磧上，概音既節者爲好。在下濕地，大根者名昌陽。雷公云：石上生者，根條嫩黃，緊硬，節稠，長一寸九節者是真也。【地】《圖經》曰：出上洛、梁州池澤及蜀郡嚴道，今處處有之。【道地】池州、戎州者佳。【時】生：春生葉。採：五月五日及十二月取根。【收】暴乾。【用】根一寸九節，堅實者爲好。【質】類知母，細而盤屈有節。【色】微赤。【味】辛。【性】溫，散。【氣】氣之厚者，陽也。【臭】香。【主】聰耳目，通心氣。【助】秦皮、秦艽爲之使。【反】惡地膽、麻黃。【製】《雷公》云：銅刀刮去上黃黑硬節皮一重，用嫩桑條拌蒸，去桑條，暴乾剉用。【治】療：《藥性論》云：風濕瘰痹，耳鳴，頭風淚，下鬼氣，殺諸蟲，惡瘡疥瘙。日華子云：除風下氣，丈夫水臟，女人血海冷敗，多忘，長智，除煩悶，止心腹痛，霍亂轉筋，客風瘡疥，澀小便，殺腹臟蟲及瘙虱，耳痛。【合治】菖蒲一二寸，合吳茱萸煎湯飲之，治心腹冷氣搊痛。〇合酒煎服，治產後崩中，下血不止。【禁】露根不可用。【忌】飴糖、羊肉、鐵器。【解】大戟、巴豆毒。【贋】溪蓀爲偽。

明・葉文齡《醫學統旨》卷八　菖蒲　氣溫，味辛、苦。無毒。秦艽為之使；惡麻黃；忌飴糖、羊肉；勿犯鐵器。生石澗，一寸九節者良；露根勿用。治風寒濕痺，欬逆上氣，開心孔，補五臟，通九竅，明耳目，出音聲，主耳聾、耳鳴、耳痛，頭風鬼氣，癰瘡疥瘙，殺諸蟲；止小便，利四肢濕痺；下氣除煩悶，止心腹痛，胎動下血。

明・許希周《藥性粗評》卷三　耳目增聰明之德，九節菖蒲。

菖蒲，一名昌陽。春生青葉似鹿葱，長一二尺，其葉中心有脊狀如劍，無花實，根如竹根有節，外黑，裏赤白色。好生水中，江南溪澗處處有之，以石上并一寸九節者佳。五月五日或七月七日採根，陰乾。凡用以銅刀刮去粗皮，剉，勿犯鐵器。秦皮、秦艽為之使，惡地膽、麻黃。味辛，性溫，無毒。主治風寒濕痹，欬逆癱瘓，溫瘧積熱，鬼氣健忘，開心孔，補五藏，通九竅，明耳目，久服輕身，延年不老，多記不忘，為仙藥之最。採用不露根者，用銅刀刮去粗皮，同嫩桑枝相拌，蒸過，去桑枝不用，入藥更效。

單方：聰明益智：凡患健忘，心思不利者，甲子日取石菖蒲，用根不露一寸九節者，不計多少，銅刀刮去粗皮，懸掛當風處，陰乾一百日，銅刀剉，研為細末，每日三服，溫酒送下一錢匕，十日後耳目自然聰明，心思能記不忘。又方同前：石昌蒲一寸九節者，治擇一斤許，以水及米泔各浸一宿，刮去粗皮，剉，暴乾，搗篩為末，用糯米粥和匀，更入熟蜜搜丸如梧桐子大，以葛布盛，置當風處陰乾，每日空心溫酒或米飲，任意送下三十丸，臨臥再服，久久其效無比，如本條所說。

明・鄭寧《藥性要略大全》卷四　菖蒲一名香蒲，一名菖陽，一名甘蒲。《經》云：療五臟心下邪氣，口中爛臭，堅齒，明目聰耳。《珠囊》云：開心氣，更治耳聾。《秘要》云：去風寒濕痹，補五臟，通九竅，明耳目，出聲音，益心智，除健忘。作湯浴身，除溫瘧積熱。味辛、苦，性溫，無毒。秦艽為之使。惡麻黃，忌飴糖、羊肉。勿犯鐵銅，令人嘔逆。生石上一寸九節者良。去根毛用。

明・王文潔《太乙仙製本草藥性大全》卷一《仙製藥性》　菖蒲君　味辛、苦，氣溫，無毒。秦艽爲之使。主治：療風寒濕痹，欬逆上氣，開心孔，補五臟，通九竅，明耳目，出音聲。主耳聾耳鳴，頭風鬼氣，癰瘡疥瘙，殺諸蟲，止小便，利四肢，濕痹不得屈伸，下氣除煩悶，止心腹痛。久服輕身，聰明不忘，不迷惑，延年，高志不老。補註：胎動不安及日月未足而欲產，搗生根汁二三升服之。〇血海敗及產後下血不止，用二兩，入酒四盞，煎二盞，分作三服。〇小兒溫瘧，積熱不解，煎湯浴之。〇中惡與卒死，鬼擊，搗生根汁灌之。〇癰腫發背，生搗貼之；瘡乾者，搗末水調塗。〇遍身熱毒，瘡痛不痒，搗末二三斗，布席上，恣臥以被蓋之，五七日愈。太乙曰：凡使勿用泥菖、夏菖，其二件相似，如竹根鞭形黑、氣穢、味腥，不堪用。凡使採石上生者，根條嫩黃緊硬，節稠，長一寸，有九節者是真也。採得後用銅刀刮去黃黑硬節皮一重了，用嫩桑枝條相拌蒸，出曝乾，去桑條剉用。

明・皇甫嵩《本草發明》卷二　菖蒲上品之上，君。氣溫，平，味辛，無毒。

發明曰：菖蒲辛溫，通神明，開心帥氣之聖藥也。故《本草》主開心孔，通九竅，聰耳明目，出音聲，主耳鳴聾，久服不忘不迷惑，益心高志，輕身延年，甦鬼擊瞶死，此通神開心之專功也。又療風寒濕痺，難屈伸，頭風泪，下欬逆上氣，利四肢，溫腸胃，止小便，補五臟，療瘡毒惡瘡疥瘙，殺諸蟲，小兒溫瘧積熱不解，利丈夫水臟，女人血海冷敗，除煩悶，止心腹痛，霍亂等候，通治之。更長于治風濕，乃辛溫散氣之兼功也。用生石上者，名石菖蒲，嫩黃緊硬，一寸九節者良。一寸三節者，緊小如魚鱗者，堅實，中心微赤，辛香少查更妙。葉中有脊如劍，露根者不可用。形如竹根，黑色氣穢味腥，根大鬚多查，但主風濕疥瘙，不堪入藥。五月、十二月採，陰乾。〇秦皮、秦艽為使。惡地膽、麻黃。忌飴糖、羊肉。勿犯鐵。

明・李時珍《本草綱目》卷一九草部・水草類

菖蒲《本經》上品

【釋名】昌陽《別録》 堯韭普 水劍草時珍曰：菖蒲，乃蒲類之昌盛者，故曰菖蒲。又《呂氏春秋》云：冬至後五十七日，菖始生。菖者百草之先生者，於是始耕。則菖蒲、昌陽又取此義也。《典術》云：堯時天降精於庭爲韭，感百陰之氣爲菖蒲。故曰堯韭。方士隱爲水劍，因葉形也。

【集解】《別録》曰：菖蒲生上洛池澤及蜀郡嚴道。一寸九節者良。露根不可用。五月、十二月採根，陰乾。弘景曰：上洛郡屬梁州，嚴道縣在蜀郡，今乃處處有。生石磧上，概節爲好。在下濕地，大根者名昌陽，不堪服食。真菖蒲葉有脊，一如劍刃，四月、五月亦作小蠻花也。東間溪澤又有名溪蓀者，根形氣色極似石上菖蒲，而葉正如蒲，無脊。俗人多呼此爲石上菖蒲者，誤矣。此止主咳逆，斷蚤蝨，不入服食用。詩咏多云蘭蓀，正謂此也。大明曰：菖蒲，石澗所生堅小，一寸九節者上。出宣州。二月、八月採。頌曰：處處有之，而池州、戎州者佳。春生青葉，長一二尺許，其葉中心有脊，狀如劍。無花實。今以五月五日收之。其根盤屈有節，狀如馬鞭大。一根旁引三四根，旁根節尤密，亦有一寸十二節者。採之初虛軟，曝乾方堅實。折之中心色微赤，嚼之辛香少滓。人多植於乾燥沙石土中，臘月移之尤易活。黔蜀蠻人常將隨行，以治卒患心痛。其生蠻谷中者尤佳。人家移種者亦堪用，但乾後辛香堅實不及蠻人持來者。此皆醫方所用石菖蒲也。又有水菖蒲，生溪澗水澤中，不堪入藥。今藥肆所貨，多以二種相雜，尤難辨也。承曰：今陽羨山中生水石間者，其葉逆水而生，根鬚絡石，略無少泥土，根葉極緊細，一寸不啻九節，入藥極佳。二浙人家，以瓦石器種之，旦暮易水則茂，水濁及有泥滓則萎。近方多用石菖蒲，必此類也。其池澤所生，肥大節疏粗慢，恐不可入藥。唯可作果盤，氣味不烈而和淡爾。時珍曰：菖蒲凡五種：生於池澤，蒲葉肥，根高二三尺者，泥菖蒲，白菖也；生於溪澗，蒲葉瘦，根高二三尺者，水菖蒲，溪蓀也；生於水石之間，葉有劍脊，瘦根密節，高尺餘者，石菖蒲也；人家以砂栽之一年，至春剪洗，愈剪愈細，高四五寸，葉如韭，根如匙柄粗者，亦石菖蒲也；甚則根長二三分，葉長寸許，謂之錢蒲是矣。服食入藥須用二種石菖蒲，餘皆不堪。此草新舊相代，四時常青。《羅浮山記》言：山中菖蒲一寸二十節。《抱朴子》言：服食以一寸九節紫花者尤善。蘇頌言：無花實。然今菖蒲，二三月間抽莖開細黃花成穗，而昔人言菖蒲難得見花，非無花也。應劭《風俗通》云：菖蒲放花，人得食之長年。是矣。

根 【修治】斅曰：凡使，勿用泥菖、夏菖二件，如竹根鞭，形黑、氣穢味腥。惟石上生者，根條嫩黃，緊硬節稠，一寸九節者，是真也。採得以銅刀刮去黃黑硬節皮一重，以嫩桑枝條相拌蒸熟，暴乾剉用。時珍曰：服食須如上法制。若常用，但去毛微炒耳。

【氣味】辛，温，無毒。權曰：苦、辛，平。之才曰：秦皮、秦艽爲之使。惡地膽、麻黃。大明曰：忌飴糖、羊肉。勿犯鐵器，令人吐逆。

【主治】風寒濕痺，咳逆上氣，開心孔，補五臟，通九竅，明耳目，出音聲。主耳聾癰瘡，温腸胃，止小便利。久服輕身，不忘不迷惑，延年。益心智，高志不老《本經》。四肢濕痺，不得屈伸，小兒温瘧，身積熱不解，可作浴湯《別録》。治耳鳴頭風淚下，鬼氣，殺諸蟲，惡瘡疥瘙甄權。除風下氣，丈夫水臟，女人血海冷敗，多忘，除煩悶，止心腹痛，霍亂轉筋，及耳痛者，作末炒，乘熱裹罯甚驗大明。心積伏梁好古。治中惡卒死，客忤癲癇，下血崩中，安胎漏，散癰腫。擣汁服，解巴豆、大戟毒時珍。

【發明】頌曰：古方有單服菖蒲法。蜀人治心腹冷氣搊痛者，取一二寸捶碎，同吴茱萸煎湯飲之。亦將隨行，卒患心痛，嚼一二寸，熱湯或酒送下，亦效。時珍曰：國初周顛仙對太祖高皇帝常嚼菖蒲飲水。問其故，云服之無腹痛之疾。高皇御制碑中載之。菖蒲氣温味辛，乃手少陰、足厥陰之藥。心氣不足者用之，虛則補其母也。肝苦急以辛補之，是矣。《道藏》經有《菖蒲傳》一卷，其語粗陋。今略節其要云：菖蒲者，水草之精英，神仙之靈藥也。其法採緊小似魚鱗者一斤，以水及米泔浸各一宿，刮去皮切，暴乾擣篩，以糯米粥和勻，更入熱蜜搜和，丸如梧子大，稀葛袋盛，置當風處令乾。每旦酒飲任下三十丸，臨卧更服三十丸。服至一月，消食；二月，痰除；服至五年，骨髓充，顔色澤，白髮黑，落齒更生。其藥以五德配五行：葉青，花赤，節白，心黃，根黑。能治一切諸風，手足頑痺，癱緩不遂，五勞七傷，填血補腦，堅骨髓，長精神，潤五臟，裨六腑，開胃口，和血脈，益口齒，明耳目，澤皮膚，去寒熱，除三尸九蟲，天行時疾，瘴疫瘦病，瀉痢痔漏，婦人帶下，産後血運。並以酒服。河内葉敬母中風，服之一年而百病愈。寇天師服之得道，至今廟前猶生菖蒲。鄭魚、曾原等，皆以服此得道也。又按葛洪《抱朴子》云：韓衆服菖蒲十三年，身上生毛，冬袒不寒，日記萬言。商丘子不娶，惟食菖蒲根，不飢不老，不知所終。《神仙傳》云：咸陽王典食菖蒲得長生。安期生採一寸九節菖蒲服，仙去。又按《臞仙神隱書》云：石菖蒲置一盆於几上，夜間觀書，則收煙無害目之患。或置星露之下，至旦取葉尖露水洗目，大能明視，久則白晝見星。端午日以酒服，尤妙。蘇東坡云：凡草生石上，必須微土以附其根。惟石菖蒲濯去泥土，漬以清水，置盆中，可數十年不枯。節葉堅瘦，根鬚連絡，蒼然於几案間，久更可喜。其延年(終)〔輕〕身之功，既非昌陽可比；至於忍寒淡泊，不待泥土而生，又豈昌陽所能仿佛哉。楊士瀛曰：下痢禁口，雖是脾虛，亦熱氣閉隔心胸所致。俗用木香失之温，用山藥失之閉。惟參苓白术散加石菖蒲，粳米飲調下。或用參、苓、石蓮肉，少入菖蒲服。胸次一開，自然思食。

【附方】舊九，新一十八。

服食法：甲子日，取菖蒲一寸九節者，陰乾百日，爲末。每酒服方寸匕，日三服。久服耳目聰明，益智不忘。《千金方》。

健忘益智：七月七日，取菖蒲爲末，酒服方寸匕，飲酒不醉，好事者服而驗之。久服聰明。忌鐵器。《千金方》。

三十六風：有不治者，服之悉效。菖蒲薄切日乾三斤，盛以絹袋，玄水一斛，即清酒也，懸浸之，密封一百日，視之如菜緑色，以一斗熟黍米納中，封十四日，取出日飲。《夏禹神仙經》。

癲癇風疾：九節菖蒲不聞鷄犬聲者，去毛，木臼擣末。以黑豮猪心一個批開，砂罐煮湯。調服三錢，日一服。《醫學正傳》。　尸厥魘死：尸厥之病，卒死脈猶動，聽其耳中如微語聲，股間暖者，是也。魘死之病，卧忽不寤。勿以火照，但痛嚙其踵及足拇趾甲際，唾其面即蘇。仍以菖蒲末吹鼻中，桂末納舌下，並以菖蒲根汁灌之。《肘後方》。

卒中客忤：菖蒲生根擣汁灌之，立差。《肘後方》。　除一切惡：端午日，切菖蒲漬酒飲之。或加雄黄少許。《洞天保生録》。　喉痹腫痛：菖蒲根嚼汁，燒鐵秤錘淬酒一杯，飲之。《聖濟總録》。　霍亂脹痛：生菖蒲剉四兩，水和擣汁，分温四服。《聖惠方》。　諸積鼓脹：食積氣積血積之類。石菖蒲八兩剉，斑蝥四兩去翅足，同炒黄，去斑蝥不用。以布袋盛，拽去蝥末，爲末，醋糊丸梧子大。每服三五十丸，温白湯下。治腫脹尤妙。或入香附末二錢。《奇效方》。　肺損吐血：九節菖蒲末、白麪等分。每服三錢，新汲水下，一日一服。《聖濟録》。　解一切毒：石菖蒲、白礬等分，爲末，新汲水下。《事林廣記》。　赤白帶下：石菖蒲、破故紙等分，炒爲末。每服二錢，更以菖蒲浸酒調服，日一。《婦人良方》。　胎動半産：卒動不安，或腰痛胎轉搶心，下血不止，或日月未足而欲産。並以菖蒲根擣汁一二升服之。《千金方》。　産後崩中：下血不止。菖蒲一兩半，酒二盞，煎取一盞，去滓分三服，食前温服。《千金方》。　耳卒聾閉：菖蒲根一寸，巴豆一粒去心，同擣作七丸。綿裹一丸，塞耳，日一換。一方不用巴豆，用蓖麻仁。《肘後方》。　病後耳聾：生菖蒲汁滴之。《聖惠方》。　蚤蝨入耳：菖蒲末炒熱，袋盛，枕之即愈。《聖濟録》。　諸般赤眼：攀睛雲翳。菖蒲擂自然汁，文武火熬作膏，日點之效。《聖濟録》。　眼瞼挑鍼：獨生菖蒲根，同鹽研傅。《壽域神方》。　飛絲入目：石菖蒲搥碎。左目塞右鼻，右目塞左鼻。百發百中。《危氏得效方》。　頭瘡不瘥：菖蒲末，油調傅之，日三、夜二次。《法天生意》。　癰疽發背：生菖蒲擣貼之。瘡乾者，爲末，水調塗之。孫用和《秘寶方》。　露岐便毒：生菖蒲根擣傅之。《證治要訣》。　熱毒濕瘡：宗奭曰：有人遍身生瘡，痛而不痒，手足尤甚，粘着衣被，曉夕不得睡。有人教以菖蒲三斗，日乾爲末，布席上卧之，仍以衣被覆之。既不粘衣，又復得睡，不五七日，其瘡如失。後以治人，應手神驗。《本草衍義》。　風癬有蟲：菖蒲末五斤，〔以〕酒〔三升〕漬，釜中蒸之，使味出。先絶酒一日，每服一升或半升。《千金方》。　陰汗濕痒：石菖蒲、蛇牀子等分，爲末。日搽二三次。《濟急仙方》。

葉　【主治】洗疥、大風瘡時珍。

明・佚名氏《醫方藥性・草藥便覽》　菖蒲　其性苦、辣。治嗽氣，寬胸，散諸邪。

明・李中立《本草原始》卷一　菖蒲　始生上洛池澤及蜀郡嚴道，今處處有之，而池州、戎州者良。春生青葉，長一二尺許，其葉中心有脊，狀如劍，故一名水劍草。《爾雅》云：其花九節者，食之仙。其根盤屈有節，一根旁引三四根，傍根節尤密。入藥以緊小似魚鱗者為佳。此乃蒲類中之昌盛者，故曰菖蒲。　氣味：辛，溫，無毒。　主治：風寒濕痹，欬逆上氣，開心孔，補五臟，通九竅，明耳目，出聲音。主耳聾癰瘡，溫腸胃，止小便利。久服輕身，不忘、不迷惑，延年。益心智，高志不老。○四肢濕痹，不得屈伸。小兒溫瘧，身稽熱不解，可作浴湯。○治耳鳴，頭風淚下，鬼氣，殺諸蟲，惡瘡疥瘙。○除風下氣，丈夫水臟，女人血海冷敗，多忘，除煩悶，止心腹痛，霍亂轉筋及耳痛者，作末炒，乘熱裹罯甚驗。心積伏梁。治中惡卒死，客忤癲癇，下血崩中，安胎漏，散癰腫，擣汁服。解巴豆、大戟毒。　菖蒲，十二月采根，陰乾。露根不可用。

菖蒲，《本經》上品。【圖略】石菖蒲紫色，肉堅實，多節者良，不必泥于九節。五月五日浸酒服，佳。水菖蒲氣辛烈，一名菖陽，肉虛。　生石澗中，根小節密，名石菖蒲，入藥方靈。種池塘內，根大節疏，名水菖蒲，作餞堪用。

修治：　菖蒲，以銅刀刮去黄黑硬節皮一重，以嫩桑枝條相拌蒸熟，暴乾，剉用。若急用，但去毛微炒耳。勿犯鐵器。　菖蒲，秦皮、秦艽為之使，惡地膽、麻黃。　漢武帝上嵩(上)〔山〕，忽見仙人，長可二丈。問之，曰：吾九嶷山人也。聞中嶽有石上菖蒲，一寸九節，食之長生，故來採之。忽然不見。　《抱朴子》云：韓衆服菖蒲十三年，身上生毛，日記萬言，冬袒不寒。　《衍義》云：有人患遍身生熱毒，痛而不痒，手足尤甚，然至頸而止，粘着衣被，曉夕不得睡，痛不可住。有人教以菖蒲三斗，日乾為末，布蓆上令卧之，仍以衣被覆之，既不粘着衣被，又復得睡。不五七日，其瘡如失。後以此治人，應手神驗。　除狗蚤方：五月五日採石菖蒲，晒乾為末，置于蓆下，蚤自永無。

菖蒲　君。

明・張懋辰《本草便》卷一　菖蒲君　味辛、苦，氣溫，無毒。惡麻黃，忌飴糖、羊肉，勿犯鐵。一寸九節者良。露根者勿用。　主風寒濕痹，咳逆上氣，開心孔，補五臟，通九竅，明耳目，出音聲，主耳聾、耳鳴，頭風瘡疥瘙，殺諸蟲，止小便利，四肢濕痹不得屈伸，下氣，除煩悶，止心腹痛。

明・李中梓《藥性解》卷三　菖蒲　味辛，性溫，無毒，入心、脾、膀胱三經。主風寒濕痹，欬逆上氣，鬼疰邪氣，通九竅，明耳目，堅牙齒，清聲音，益心志，除健忘，止霍亂，開煩悶，溫心腹，殺諸蟲，療惡瘡疥癬。勿犯鐵器，去根毛用，秦皮、秦艽為使，惡地膽、麻黃，忌羊肉、羊血、飴糖，生石上一寸九節者佳。按：菖蒲通神明，宜入心經，祛風濕，宜入肺與膀胱，功驗雖宏，然主散而不主收，勿宜久用。

明・繆希雍《本草經疏》卷六 菖蒲 味辛，溫，無毒。主風寒濕痹，欬逆上氣，開心孔，補五藏，通九竅，明耳目，出音聲。主耳聾，癰瘡，溫腸胃，止小便，利四肢濕痹不得屈伸，小兒溫瘧，身積熱不解。可作浴湯。久服輕身，聰明耳目，不忘，不迷惑，延年，益心智，高志不老。一寸九節者良，露根者不可用。忌飴糖、羊肉。不可犯鐵，令人吐逆。

〖疏〗菖蒲，君，正稟孟夏六陽之氣，而合金之辛味以生者也。其味苦辛，其氣大溫。陽精芳草，故無毒。陽氣開發，外充百骸，辛能四達以散邪結。此通利心脾二經之要藥也。蓋苦可燥濕，溫能辟寒，辛可散結，風寒濕三者合而成痹，去此三邪，痹自愈矣。陽氣開發，芬芳輕揚，氣重于味，辛兼橫走，故能下氣開心。欬逆者，氣逆之候也，下氣則欬逆上氣可去。五臟之壅遏既徹，則九竅應之而通，故聰明耳目，出音聲，主耳聾。辛以散之，故治癰瘡。氣味辛溫，氣厚發熱，故溫腸胃。膀胱虛寒，則小便不禁。腸胃既溫，則膀胱與焉，故止小便。脾主四肢，脾濕既祛，則四肢濕痹不得屈伸自利。山嵐瘴氣，最能使小兒發瘧。寒濕之甚，莫過山嵐。既散其邪，則病本已拔，瘧焉得而不已焉！作浴湯，及久服輕身者，除濕之驗也。不迷惑，益心智，高志者，心竅開利也。其曰補五臟、延年者，單指巖棲修煉之士，辟穀服餌之用，以其助發陽氣，辟除陰嵐。兼可參合養性諸藥，如黃精、青黏、地黃、天門冬之屬，資其宣導，臻乎太和，故亦為仙經要藥。至于世俗之人，五慾熾然，六淫迭至，詎可窮年卒歲，久餌〔偏溫〕偏燥之物乎？〔此藥性能辟惡，故扁鵲云：卒死鬼擊相類已死者，為治皆參用此方。擣菖蒲生根汁，灌之立差。尸厥之病，卒死脈猶動。聽其耳中如微語聲，股間暖是也。亦此方治之。人臥忽不寤，勿以火照之。照之害人。但痛齧其踵，及足拇指甲際，而唾其面即活。又菖蒲吹鼻中，桂末納舌下，治濕。〕

〖主治參互〗菖蒲同熟地黃、黃檗作丸，治腎虛耳聾。若中年預服，可使老而聽聰。同二术、木瓜、薏仁、石斛、萆薢、黃檗，為除濕強步之要藥。兼治下部膿窠濕瘡如神。佐人參、麥門冬、酸棗仁、茯神、遠志、生熟地黃，為補心之劑。如心氣鬱結者，加沉香，能益火以開心。〔治濕瘡，與术同用，甚佳。〕兼辟蚤虱。〖簡誤〗雷公云：凡使，勿用泥菖、夏菖。其二件相似，如竹根〔硬〕鞭，形黑、氣穢、味腥，不堪用。凡使，採石上生者，根條嫩黃緊硬，節稠，一寸有九節者，是真也。採得後用銅刀刮去黃黑皮硬節一重了，用嫩桑條相拌蒸，出曝乾，去桑條剉用。

明・姚可成《食物本草》卷一九草部・水草類 菖蒲一名〔昌〕陽，一名堯韭，一名水劍草。處處有之。春生青葉，長一二尺許，其葉中心有脊，狀如劍。無花實。人以五月五日收之。其根盤屈有節，狀如馬鞭子。一根旁引三四根，旁根節尤密，一寸不止於九節，有十二節者。采之，初虛軟，晒乾方堅實。折之中心色微赤，嚼之辛香少滓。人多植於乾燥砂石土中，臘月移之尤易活，是為石菖蒲。可以治心痛諸疾。若偶一放花，人得食之，延年不飢。其池澤所生肥大節疎者，氣味不烈而和淡，可作果盤，名為白菖。古人以根為菹。菖蒲，味辛，溫，無毒。治風寒溼痹，欬逆上氣，開心孔，補五臟，通九竅，明耳目，出音聲，治耳聾。久服輕身，不忘，不迷惑，延年益心智，高志不老。又治中惡卒死，客忤癲癇。擣汁解巴豆、大戟毒。勿犯鐵，令人吐。忌粭糖，羊肉。〇李時珍曰：國初周顛仙對太祖高皇帝常嚼菖蒲飲水。問其故，云食之無腹痛之疾。高皇帝御製碑中載之。菖蒲氣溫，味辛，乃手少陰是心、足厥陰是肝之藥。心氣不足者用之，虛則補其母也。肝苦急，以辛補之是矣。《道藏》中有《菖蒲傳》一卷，今略其要云：菖蒲者，水草之精英，神仙之靈藥。其法：采緊小似魚鱗者一斤，以水及米泔浸各一宿，刮去皮切，暴乾擣篩，以糯米粥和勻，更入熟蜜搜和，丸如桐子大，稀葛袋盛，置當風處令乾。每日酒飲任下三十丸，臨臥更服三十丸。其藥以五德配五行，葉青、花赤、節白、心黃、根黑。能治一切諸風，手足頑痹，癱緩不遂，五勞七傷，填血補腦，堅骨髓，長精神，潤五臟，裨六腑，開胃口，和血脉，益口齒，明耳目，除三尸九蟲，天行時疾，婦人帶下，產後血運，竝以酒服。若能久久服之，髮白變黑，齒落更生。河內葉敬母中風，服之一年而病愈。仙班寇天師求道，服之數載而丹成，廟前菖蒲，至今猶茂。鄭魚、曾原等，皆以服此得道也。又按葛洪《抱朴子》云：韓眾服菖蒲十三年，身上生毛，冬袒不寒，日記萬言。商丘子不娶，惟食菖蒲根，不飢不老，不知所終。《神仙傳》云：咸陽王典食菖蒲得長生。安期生采一寸九節菖蒲服，仙去。又按《臞仙神隱書》云：石菖蒲置一盆於几上，夜間觀書則收煙，無害目之患。或置星露之下，至旦取葉尖露水洗目，大能明視，久則白晝見星。端午日以酒服尤妙。蘇東坡云：凡艸生石上，必須微土以附其根，惟石菖蒲濯去泥土，漬以清水，置盆中，可數十年不枯。節葉堅瘦，根鬚聯絡，蒼然於几案間，久更可喜。其延年却疾之功，既非昌陽可比；至於忍寒淡泊，不待泥土而生，又豈昌陽所能彷彿哉？白菖 味甘，無毒。殺諸蟲，治疥斷虱。

附方：服食法：甲子日，取菖蒲一寸九節者，陰乾百日為末，每酒服方寸匕，日三服。或七月七日采之，令人耳目聰明，益智不忘。治三十六種風久不瘥者，服之悉效。菖蒲薄切晒乾三斤，盛以絹袋，玄水一斛，即清酒也。懸浸之，密封一百日。視之，如菜綠色，以一斗熟黍米納入，封十四日取飲。治癲癇風疾。用九節菖蒲不聞雞犬聲者，去毛擣末，以雄猪心一个批開，砂罐煮湯，調服三錢，日一服。治尸厥及魘死。勿以火照，俱以菖蒲末吹入鼻中，桂末納舌下，并以菖蒲根汁灌之。端午日切菖蒲漬酒飲之，或加雄黄少許，辟除一切邪鬼惡厲之氣。治喉痹腫痛。菖蒲根嚼汁，燒鐵秤錘淬酒一杯飲之。治卒中客忤。菖蒲根擣汁，含之立止。解一切毒。石菖蒲、白礬等分為末，新汲水下。治耳中卒然聾閉。菖蒲根一寸，巴豆一粒去心，同擣作七丸。綿裹一丸塞耳，日一換。一方不用巴豆，用蓖麻子。治陰囊水溼作痒。石菖蒲、蛇床子等分為末，日搽二三次。治癰疽發背。生菖蒲搗貼之。

明・顧逢柏《分部本草妙用》卷六兼經部・溫補 菖蒲 辛，溫，無毒。入心肝二經。秦皮、秦艽為使，惡地膽、麻黃。忌飴糖、羊肉。勿犯鐵，令人吐。石生一寸九節者良。去毛，微炒。主治：風寒濕痺，欬逆上氣，開心孔，通九竅，明耳目，出音聲，溫腸胃。耳鳴頭風，殺諸蟲疥，鬼氣，心積伏梁。

按：服食家盛陳菖蒲之功，除百病，延長年，若靈丹也。然辛散之性，虛人用之，必以君臣相佐為妙。故同參、苓、白朮，米飲服之，以治噤口危痢甚效。治耳聾亦靈。無非熱氣成痰，壅滯上焦所致耳。力能排癰，功可奏捷。

明・李中梓《醫宗必讀・本草徵要上・草部》 菖蒲味辛，溫，無毒，入心、脾二經。秦艽為使，惡麻黃，忌飴糖、羊肉，勿犯鐵器，令人吐逆。石生細而節密者佳，去毛微炒。宣五藏，耳聰目明，通九竅，心開智長。風寒濕痹宜求，欬逆上氣莫缺。止小便利，理膿窠瘡。菖蒲稟孟夏之氣，合從草之辛，芳香利竅，辛溫達氣，心脾之良藥也。故善宣通，能除濕痹。按：菖蒲香燥，陰血不足者禁之，惟佐地黃、門冬之屬，資其宣導，臻於太和。雷公云：菖、夏菖，其二件相似，但氣味腥穢，形如竹根。

明・鄭二陽《仁壽堂藥鏡》卷一〇下 菖蒲 《本草》云：菖蒲生蜀郡嚴道。九節者良。味辛，性溫，無毒。入心、肝二經。秦皮、秦艽為使。惡地膽、麻黃，忌飴糖、羊肉。勿犯鐵，令人吐。石生、一寸九節者良。去毛微炒。《經》曰：風寒濕痹，欬逆上氣，開心孔，通九竅，明耳目，出音聲，溫腸胃。甄權曰：耳鳴頭風，殺諸蟲，疥瘙、鬼氣。好古曰：心積伏梁。士瀛曰：下痢噤口，雖是脾虛，亦熱氣閉隔心胸所致。用木香失之溫，用山藥失之閉，惟參苓白朮加菖蒲，米飲服之，自然思食。按：服食家盛陳菖蒲之功，却百病而得永年。觀其隆冬不凋，盛暑不萎，浣去泥土，惟以水浸，生長不息，經歲繁茂，則其得天地清陽之氣最多，亦神物也。然辛散之性，虛人用之，須有君有臣為妥，不宜獨用耳。禹錫云：菖蒲治小兒溫瘧，聰明益智。扁鵲云：中惡卒死，鬼擊尸厥，人臥不寤，菖蒲末吹鼻中，桂末內舌下。生根絞汁，灌之，立瘥。細末鋪席臥，治遍身痒痛瘡瘍。遠志和丸服，開誦讀萬言記性。

明・李中梓《頤生微論》卷三 菖蒲 味辛，性溫，無毒。入心、肺二經。秦皮、秦艽為使。惡地膽、麻黃，忌飴糖、羊肉，勿犯鐵，令人吐。石上產，梗細而節密者良。去毛切片，微炒。宣五臟，通九竅，明目聰耳，開心益智，除欬逆上氣，風寒濕痺，止小便利，治疥癬瘡。

按：芳香利竅，心脾之良藥也。能佐地黃、天冬之屬，資其宣導，臻于太和。多用獨用，亦為氣血之殃。

明・張景岳《景岳全書》卷四九《本草正》 菖蒲 味辛、微苦，性溫。散風寒濕痹，除煩悶欬逆上氣，止心腹痛，霍亂轉筋，癲癇客忤，開心氣胃氣，行滯氣，通九竅，益心智，明耳目，去頭風淚下，出聲音，溫腸胃。暖丈夫水臟，婦人血海。禁止小便，辟邪逐鬼，及中惡卒死，殺蟲。療惡瘡瘙疥。欲散癰毒，宜擣汁服用，渣貼之。若治耳痛，宜作末炒熱絹裹罯之。亦解巴豆、大戟等毒。

明・盧之頤《本草乘雅半偈》帙一 菖蒲《本經》上品 氣味：辛，溫，無毒。

主治：主風寒濕痹，欬逆上氣，開心孔，補五藏，通九竅，明耳目，出音聲。久服不忘，不迷惑，延年。

覈曰：菖蒲，一名昌陽、堯韭、水劍草。《運斗樞》云：玉衡星散為菖蒲。《典術》云：堯時天降精于庭為韭，感百陰之氣為菖。生上雒石澗間，池州、戎州蠻谷中者亦佳，所在亦有。《月令》云：冬至後五旬七日，菖始生，百草之先生者也，于是始耕。喜生逆水，根莖絡石，略無少土，稍有泥滓，即便凋萎。葉心有脊如劍，四時長青，新舊相代。新者從莖端抽發，舊者從莖末退去。一葉一節，節稀莖長，節密莖短，莖昂者莖端生葉，莖仆者節旁分枝，潔白下生者為根，翠碧有節者為莖，有以根為鬚，莖為根者，因莖枝延蔓布石故爾。望夏作花黃色，紫色者尤善。以莖瘦節密折之中心微赤，嚼之辛香少滓者，入藥最良。以砂石栽之，旦暮易水則易茂，春夏愈摘則愈細，葉僅長寸許，甚有短至一二分者，別有香苗、挺秀、金錢、臺蒲諸種甚奇。而香苗之最細者，曰虎鬚，尤可娛目。東坡云：凡草生石上者，必須微土以附其根，唯石菖蒲，濯去泥土，漬以清水置盆中，可數十年不枯不死。節葉轉堅瘦，根鬚轉連絡，忍冬淡泊，蒼然几案，延年之功，信非虛語。《神隱書》云：石菖蒲，置几案間，夜坐誦讀煙收其上，不致損目。或置星月下，每旦取葉尖珠露洗目，不月功能明目，久之白晝可見星斗。昌，目光也。《詩》云美目昌兮，此竅更切。修治：以銅刀刮去黃黑皮及硬節，同嫩桑枝相拌蒸熟，日中暴乾，勿得誤用形如竹鞭及色黑氣臭味腥者。秦皮、秦艽為之使。惡地膽、麻黃。忌飴糖、羊肉。勿犯鐵器，令人吐逆。

繆仲淳先生云：陽精芳草，辛溫四達，充百邪，散邪結，壅遏既徹，九竅應之而通。用資宣道，臻乎太和。仙家服食，藥之上品上生者也。先人云：萬物資生于陰，必資始于陽。以陰感陽而盛，故曰昌陽。又云：蒲性幽潔，不喜近人，不染塵垢，得其情性，長生長青。苟失其所，立見凋萎。又云：蒲葉皆偶，九節為奇，過不及，皆非中節。又云：在陰在脈之痹，乃濕乃風之因，咸能使之開發，設寒本專令，取効更捷。紹隆王先生云：菖蒲得道種智，不似人心，隨境即變，清心寡欲人。餌之莫不仙去，可比琴瑟，妙音指發。

參曰：水土合和，抽為草木。唯菖蒲全得生陽之氣，吮拔水液，盤絡砂石，不假地土之力，昌美溪浦之間，故名菖蒲。以治病之用言，當號昌陽。以發生之體言，當號陽昌。痹者，閉塞不通，風寒濕三種，相合而成。欬逆上氣者，此毫竅固拒，肺氣壅遏，兩相搏擊，以致喘欬。菖蒲味辛氣溫，宣通開發，使一身之氣，起亟旋展，鬱痹喘欬，當自舒矣。痹證有五，菖蒲獨宜脈痹。取象形從治，則易于分解。又觀菖葉兩歧，菖莖盤絡，悉從中心透發，故能開人心孔，而心孔為諸脈絡之宗主，其彎結屈曲之狀儼似之。背陽喜陰，臭之爽朗，當補五藏之用，非補五藏之體，以用行則竅通也。明耳目者，通九竅之驗。出音聲，不忘，不迷惑者，開心孔之驗。蒲性幽潔，挺秀長生，故為延年之藥。從莖中抽葉處，看破開心孔。又從莖枝盤結處，配合心主包絡，即種種識證法，亦咸從生成中體會來，不惟說破至理，併說破看法。梁太祖后張氏，忽見庭前菖蒲生花，光彩炤灼，非世所有，驚謂侍者曰：見否？曰：不見。曰：嘗聞見者當富貴。遂取吞之。是月即孕武帝。

明・李中梓《本草通玄》卷上　菖蒲　辛，溫，心肝藥也。開心竅，消伏梁，除痰嗽，通九竅，明耳目，出音聲，散風濕，止心痛，殺諸蟲，辟鬼邪，理惡瘡。按：《仙經》歷稱菖蒲為水草之精英，神仙之靈藥。然惟石磧水生，莖細節密不沾土者，方為上種。銅刀刮去粗皮，米泔浸之，飯上蒸之，藉穀氣而臻於中和，真有殊常之效。

清・顧元交《本草彙箋》卷四　菖蒲　寒暑不凋，經歲繁茂，受天地清陽之氣，而能上升，用入心經，以通神明。取味辛利竅，氣香透心，主治氣閉胸膈，痰迷心竅，昏暗健忘，耳聾口噤，暫用此開發孔竅，使神氣昌，故名菖蒲。但心性喜斂而惡散，菖蒲、遠志皆屬辛散，心臟所忌，不可久用及多用。

菖蒲生於水石間，葉有劍脊，瘦根密節，高尺餘，此名石菖蒲。其案頭所栽瓦石器中，旦暮易水則茂，水濁及有泥滓則萎，至春剪洗，愈剪愈細，高四五寸，葉如韭，根如匙柄粗，甚至根長二三分，葉長寸許，此亦石菖蒲也。服食入藥，二種俱可用。諸如生於泥滓及溪澗者，皆不可用。《臞仙神隱書》云：石菖蒲置一盆於几上，夜間觀書，則收煙氣，無害目之患。或置星露之下，至旦取葉尖露水洗目，大能明視，久則白晝見星。東坡云：凡草生石上，必須微土以附其根。惟石菖蒲濯去泥土，漬以清水，置盆中，可數十年不枯，節葉堅細，根鬚連絡，蒼然於几案間，久更可喜，其延年之功，既非昌陽可比。至於忍寒淡泊，不待泥土而生，又豈凡草所能彷彿哉？凡在下濕地大根者，名昌陽也。大抵石菖蒲，德取五行，葉青，花赤，節白，心黃，根黑，其專入手少陰，以通神明，兼入手太陰、足太陽，以祛風濕，故主治風寒濕痹，欬逆上氣，止霍亂，開煩悶，溫心腹，殺諸蟲。至於下痢禁口，雖屬脾虛，亦熱氣閉塞心胸所致。俗用木香失之溫，用山藥失之閉，唯參苓白术散加石菖蒲，粳米飲調下，或用參、苓、石蓮肉，少入菖蒲，令胸次一開，自然思食。好古云：心積伏梁之病，菖蒲能治之。服食家先以銅刀刮去黃黑節皮一層，以嫩桑枝相拌蒸熟，晒乾剉用。若常用，亦止去毛，微炒而已。總勿見鐵，令人吐逆。

清·穆石匏《本草洞詮》卷一〇　菖蒲　蒲類之昌盛者，故名。堯時天降精于庭為韭，感百陰之氣為菖蒲，故曰：堯韭方士隱為水劍，因葉形也。蘇東坡云：凡草生石上，必須微土以附其根，惟菖蒲濯去泥土，漬以清水，置盆中，可數十年不枯，節葉堅瘦，根鬚連絡，蒼然于几案間，忍寒甘淡，豈凡草所能彷彿哉？味辛苦，氣溫，一云平，無毒。入手少陰、足厥陰經。治風寒濕痺，咳逆上氣，開心孔，補五藏，通九竅，明耳目，久服不忘不迷，輕身延年。亦治中惡卒死，客忤癲癇，散癰腫，解巴豆、大戟毒。《道藏經》有《菖蒲傳》，謂菖蒲者，水草之精英，神仙之靈藥。以五德配五行，葉青，花赤，節白，心黃，根黑，能治一切風，手足頑痺，癱瘓不遂，五勞七傷，填血補腦，堅骨髓，長精神，開胃口，和血脈，益口齒，明耳目，澤皮膚，去寒熱，除三尸九蟲，天行時疾，瘴疫，瀉痢痔漏，婦人帶下、產後血運諸病。寇天師服之得道，至今廟前猶生菖蒲。韓眾服菖蒲十三年，身上生毛，冬袒不寒，日記萬言。商丘子不娶，惟食菖蒲根，不飢不老，不知所終也。置一盆于几上，夜間觀書，則收烟，無害目之患。置露星之下，至旦取葉尖露水洗目，大能明視，久則白晝見星也。凡下痢噤口，雖是脾虛，亦熱氣閉隔心胸所致。俗用木香失之溫，用山藥失之閉，惟參苓白术散加石菖蒲，粳米飲調下，胸次一開，自然思食。菖蒲之功大矣。明初周顛仙對太祖，嘗嚼菖蒲飲水，問其故，云：服之無腹痛之痛，御製碑中載之，以生石磧上者為好。浙中以石器種之，旦暮易水則茂，水濁有泥則萎也。其溪澗水澤中者，肥大節踈，不堪服食，氣味不烈而和淡爾。《抱朴子》言一寸九節者良。亦有一寸十二節者。《羅浮山記》言：山中菖蒲一寸二十節。總以根瘦節密為貴耳。菖蒲難得見花，非無花也。應劭《風俗通》云：菖蒲放花，人得食之長年。

清·郭章宜《本草匯》卷一二　菖蒲　味苦、辛，溫，陽中之陰，可升可降，入手少陰、足厥陰、太陽經。利四肢，能除濕痺。運樞紐，能出聲音。通脉墜，能明耳目。開心孔，能通煩悶。療鬼氣而導滯，泄逆氣而寬中。除身表之瘡毒，殺腹中之諸蟲。消心積之伏梁，止心痛之痰嗽。宣九竅，辟鬼邪。鬼擊懵死難甦，急灌生汁。溫虐積熱不解，宜浴濃湯。單味入酒煎，療血海敗，并產後下血不止。細末鋪席臥，治遍身毒，及不癢發痛瘡瘍。《本經》言溫腸胃止小便者，以其氣味辛溫故也。脾胃溫，則膀胱虛寒者亦溫，故小便自止。

按：菖蒲，禀孟夏六陽之氣，合從革之辛，芳香利竅，達氣開發，《仙經》稱為水草之精英，乃通利心脾之要藥也。古方有單服菖蒲，以治心腹冷氣搊痛。菖蒲為心部藥，古人進食豁痰方劑多用之者，謂火能生土，當以心藥入乎脾胃之中，通病藏之子母，而得向導其氣也。楊士瀛曰：下痢噤口，雖是脾虛，亦熱氣閉隔心胸所致，俗用木香失之溫，山藥失之閉，惟參苓白朮散加石菖蒲、粳米飲調下，或用參、苓、石蓮肉，少入菖蒲服，胸次一開，自然思食。《局方》補心藥中多用。然辛芳太甚，年壯心孔昏塞者，用之得宜。若陰血不足，心勞神耗者，禁用。惟佐地黃、門冬之屬，資其宣導，臻于太和。三十六風不治者，菖蒲切薄片，日乾，三斤，盛以絹袋，玄水即清酒一斛，懸浸之，密封一百日，視之如菜綠色，以一斗熟黍米納中，封十四日，取出，日飲。尸厥魘死者，尸厥病，卒死脉猶動，聽其耳目中，如微語聲，股間暖者是也。魘死之病，臥忽不寤，勿以火照，但痛齧其踵，及足拇趾甲際，唾其面，即甦，仍以菖蒲末吹鼻中，桂末納舌下，併以汁灌之。耳卒聾閉，蒲根一寸，巴豆一粒，去心，同搗作七丸，綿裹一丸塞耳，日一換。一方不用巴豆，用蓖麻仁。

石磧水生瘦根，一寸九節，葉有劍脊，不沾土者，方為上種。銅刀刮去毛皮，米泔浸之，飯上蒸之，藉穀氣而臻于中和，真有殊嘗之效。或以嫩桑枝條拌蒸，微炒亦可。葉洗疥大風瘡妙。泥菖、夏菖，與之相似，但氣味腥穢，形如竹根，並可殺蟲，不堪服食。秦皮、秦艽為之使。惡麻黃。忌飴糖、羊肉。犯鐵器令人吐逆。

清·蔣居祉《本草擇要綱目·熱性藥品》　菖蒲採得，以銅刀刮去黃黑硬節皮，蒸熟，曝乾用。如泥菖、夏菖二種，不堪入藥。　氣味：辛，溫，無毒。其有五德，能配五行。葉青，花赤，節白，心黃，根黑。　主治：一切諸風，手足頑痹，癱瘓不遂，五勞七傷，堅骨髓，長精神，開胃和血。固齒明目，澤皮膚，去寒熱。除三尸九蟲，時疾瘴疫。開心孔，通九竅。唯石上生者為佳。

清·张璐《本經逢原》卷二　菖蒲　辛，溫，無毒。解巴豆、大戟毒。

《本經》主風寒濕痹，欬逆上氣，開心孔，補五藏，通九竅，明耳目，出音聲。主耳聾，癰瘡，溫腸胃，止小便，久服輕身，不忘不惑，延年益心智，高志不老。

發明：菖蒲乃手少陰、厥陰之藥，心氣不足者宜之。《本經》言補五藏者，心為君主，五藏係焉。首言治風寒濕痹，是取其辛溫，開發脾氣之力。治欬逆上氣者，痰濕壅滯之喘欬，故宜搜滌。若肺胃虛燥之喘欬，非菖蒲可治也。其開心孔，通九竅，明耳目，出音聲，總取辛溫利竅之力。心孔開，九竅利，則癰瘡之毒可解。腸胃喜溫惡寒，腸胃既溫，則膀胱之虛寒小便不禁自止。久服輕身者，除濕之驗也。不忘不惑，延年益智，高志不老，皆補五藏、通九竅之力也。又主肝虛，心腹痛，霍亂轉筋，消伏梁癲癇，善通心脾痰濕可知。《千金》治胎動不安，半產漏下，或搶心下血及產後崩中不止，並以菖蒲一味煎服。凡陽亢陰虛，嫠寡失合者禁用，以其性溫，善鼓心包之火，與遠志之助相火不殊。觀《本經》之止小便利，其助陽之力可知。

清·浦士貞《夕庵讀本草快編》卷三　菖蒲《本經》、堯韭　蒲類中之易盛者。《呂氏春秋》云：冬至後五十七日菖始生，為百艸之先。《典術》云：堯時天降精於庖為韮，感百陰之氣為菖蒲。其種有五，入藥惟取生水石間，葉有劍脊，根瘦節密者，及人家以砂栽之，至春愈剪愈細者為佳。應邵云：菖蒲放花，人食長生。　菖蒲之德配合五行，葉青花赤，心黄節白而根蒂黑。其氣溫而平，其味苦而辛，乃手少陰、足厥陰之藥也。故能開心孔而通九竅，明耳目而出音聲，平欬逆而除濕痺，溫腸胃而節小便。丈(人)〔夫〕水藏虛寒，婦人崩中胎漏，無不有效。故古人譽其為溪毛之秀，結成玉液之香。在昔嗜於文王，烹於公旦。安期服而忘老，韓眾啖而成仙。《道藏》有傳一卷，極美其功。至明初周顛仙對上常齧其根，是以御製碑中載之，豈獨治病而已也？夫蒲乃水草之精，不附泥滓而生，信可驅疾延年。況其走心肝二藏，肝為風木之本，心為生血之源，肝氣和則風濕癱瘓，手足麻痺，溫瘧積熱，無不瘳矣。心氣通則健忘迷惑，尸疰癲癇，諸痛伏梁，亦皆愈矣。

清·張志聰、高世栻《本草崇原》卷上　菖蒲　氣味辛，溫，無毒。主風寒濕痹，咳逆上氣，開心孔，補五臟，通九竅，明耳目，出音聲，主耳聾癰瘡，溫腸胃，止小便利。久服輕身，不忘，不迷惑，延年，益心智，高志，不老。　菖蒲處處有之，種類不一。其生流水中，根莖絡石，略無少土，稍有泥滓即易凋萎，此種入藥為良。李時珍曰：菖蒲凡五種，生於水石之間，根細節密者，名石菖蒲，可入藥。餘皆不堪。此草新舊相代，四時常青，《羅浮山記》言：山中菖蒲一寸二十節。《抱朴子》言：服食以一寸九節、紫花者尤善。蘇東坡曰：凡草生石上者，必須微土，以附其根，唯石菖蒲濯去泥土，漬以清水置盆中，可數十年不枯。　太陽之氣，生於水中，上與肺金相合而主表，與君火相合而主神。菖蒲生於水石之中，氣味辛溫，乃稟太陽寒水之氣，而上合於心肺之藥也。主治風寒濕痹，咳逆上氣者，太陽之氣，上與肺氣相合而出於肌表也。開心孔者，太陽之氣，上與心氣相合而運其神機也。五臟在內，九竅在外，肝開竅於二目，心開竅於二耳，肺開竅於二鼻，脾開竅於口，腎開竅於前後二陰。菖蒲稟寒水之精，能濡五臟之竅，故內補五臟，外通九竅，明耳目，出音聲，是通耳目口鼻之上竅也。又曰：主耳聾、癰瘡者，言耳不能聽而為耳癰、耳瘡之證。菖蒲並能治之。溫腸胃，止小便利，是通前後二陰之下竅也。菖蒲氣味辛溫，性唯上行，故溫腸胃而止小便之過利。久服則陽氣盛，故輕身。心氣盛，故不忘，寒水之精，太陽之陽，標本相合，故不迷惑而延年。益心智者，菖蒲益心，心靈則智生，高志不老者，水精充足，則腎志高強，其人能壽而不老。

清·劉漢基《藥性通考》卷五　菖蒲　味辛、苦。能溫能散，補肝益心，開心孔，利九竅，明耳目，發音聲，去濕逐風，除痰消積，開胃寬中。療噤口毒痢，噤口雖屬脾虛，亦熱閉胸膈所致。用〔木香〕失之溫，山藥失之閉，唯參苓白朮散加菖蒲，米飲下，胸次一開，自然思食。風脾驚癇，崩帶胎漏，消腫止痛，解毒殺蟲。根瘦節密，一寸九節者良。去毛，微炒用。秦艽為使，惡麻黄，忌飴糖、羊肉、鐵器。乃尅伐之藥，氣虛體弱之人慎用。

清·姚球《本草經解要》卷一　菖蒲　氣溫，味辛，無毒。主風寒濕痹，欬逆上氣，開心孔，補五藏，通九竅，明耳目，出音聲，主耳聾、癰瘡，溫腸胃，止小便利。久服輕身，不忘不迷惑，延年，益心智，高志不老。蒸。　菖蒲氣溫，稟天春和之木氣，入足厥陰肝經。味辛無毒，得地西方之金味，入手太陰肺經。氣味俱升，陽也。風寒濕三者合而成痹，痹則氣血俱閉。菖蒲入肝，肝藏血。入肺，肺主氣。氣溫能行，味辛能潤，所以主之也。辛潤肺，肺潤則氣降，而欬逆上氣自平。辛溫為陽，陽主開發，故開心竅。辛潤肺，肺主氣；溫和肝，肝藏血。血氣和調，五藏俱補矣。通九竅者，辛溫開發也。辛溫為陽，陽氣出上竅，故明耳目。肺主音聲，味辛潤肺，故出音聲。主耳聾，即明耳目之功也。治癰瘡者，辛能散結也。腸胃屬手足陽明經，辛溫為陽，陽充則腸胃溫也。膀胱寒，則小便不禁。菖蒲辛溫溫肺，肺乃膀胱之上源，故止小便利也。久服輕身，肝條暢也。不忘不迷惑，陽氣充而神明也。延年，陽盛多壽也。益心智，高志，辛溫為陽，陽主高明也。不老，溫能活血，血充面華也。　製方：　菖蒲同熟地、黄柏丸，治腎虛耳聾。同白朮、蒼朮、木瓜、苡仁、石斛、萆薢、黄柏，治濕痿及濕瘡。同人參、麥冬、棗仁、茯神、遠志、生地，治心虛氣鬱。專為水搽濕瘡。

清·徐大椿《神農本草經百種錄》上品　菖蒲　味辛，溫。主風寒，辛能散風，溫能驅寒。濕痹，芳燥能除濕。欬逆上氣。開竅下逆。開心孔，香入心。補五藏，氣通和，則補益。通九竅，明耳目，出音聲。芳香清烈，故走達諸竅而和通之，耳目喉嚨皆竅也。久服輕身，氣不阻滯則身體通利。不忘，不迷惑，延年。氣通則津液得布，故不但能開竅順氣，且能益精養神也。　菖蒲能于水石中横行四達，辛烈芳香，則其氣之盛可知，故入于人身，亦能不為濕滯痰涎所阻。凡物之生于天地間，氣性何如，則入于人身，其奏效亦如之。蓋人者得天地之和氣以生，其氣血之性，肖乎天地，故以物性之偏者投之，而亦無不應也。　餘可類推。

清·黄元御《玉楸藥解》卷一　菖蒲　味辛，氣平。入手少陰心經。開心益智，下氣行鬱。辛烈疏通，開隧竅瘀阻，除神志迷塞；　消心下伏梁，逐經絡濕痹。治耳目瞶聾，療心腹疼痛；　止崩漏帶下，胎動半產；　散癰疽腫痛、疥癬痔瘻。生石中者佳，四川道地萊陽出者亦可用。

清·羅國綱《羅氏會約醫鏡》卷一六草部　石菖蒲味苦辛，氣溫，入心脾二經。石上生，一寸九節者佳。米泔浸，飯上蒸用，或炒用。忌鉄。　芳香利竅，辛溫達脾，可聰耳明目，開心長智。治風寒濕痹，止小便溫也、咳逆上氣辛也，開胃寬中，療噤口毒痢，同參苓白朮散研末，米飲下，胸次一開，自然思食，然後治痢。避邪逐鬼，端午掛門，葉似劍，根芳香。療惡瘡，散癰腫，宜搗汁多服。開耳聾，作末炒熱，絹包塞耳。發聲音通竅，去頭風，止小便辛也，安胎，并止產後下血。　按：　菖蒲香燥，陰血不足者忌之。

清·陳修園《神農本草經讀》卷二上品　菖蒲　氣味辛，溫，無毒。主風寒濕痹，咳逆上氣，開心竅，補五臟，通九竅，明耳目，出音聲，主耳聾，癰瘡，溫腸胃，止小便利。久服輕身，不忘，不迷惑，延年，益心智，高志不老。

陳修園曰：　菖蒲性用略同遠志，但彼苦而此辛，且生於水石之中，受太陽寒水之氣。其味辛，合於肺金而主表。其氣溫，合於心包絡之經，通於君火而主神。其主風寒濕痹、咳逆上氣者，從肺驅邪以解表也。開心竅至末句，皆言補心之效，其功同於遠志。聲音不出，此能入心而轉舌，入肺以開竅也。瘡癰爲心火，而此能寧之。心火下濟而光明，故能溫腸胃而止小便利也。但菖蒲稟水精之氣，外通九竅，內濡五臟，其性自下以行於上，與遠志自上以行於下者有別。

清·葉志詵《神農本草經贊》卷一　昌蒲　味辛，溫。主風寒濕痹，欬逆上氣，開心孔，補五藏，通九竅，明耳目，出聲音。久服輕身，不忘不迷惑，延年。一名昌陽。生池澤。

一陽來復，昌本先萌。百陰感氣，九節敷榮。饗宜葅醢，候紀催耕。靈臺清暢，悅耳流聲。

《呂氏春秋》：　冬至後，菖始生，百草之先生者。《(曲)〔典〕術》：　感百陰之氣為菖蒲。名醫曰：　一寸九節者良。《周禮注》：　昌本切之四寸為葅。《莊子注》：　靈臺者心也。清暢故憂患不能入。枚乘《七發》：　流聲悅耳。

清·劉善述、劉士季《草木便方》卷一草部　蒲劍　水菖蒲甘殺蟲毒，疥癩瘙痒磨油塗。風濕瘟疫作鋪薦，臭蟲蚤蝨驅避除。

清·戴葆元《本草綱目易知錄》卷二　菖蒲　辛苦而溫，芳香而散。補肝益心，開心孔，通九竅，明耳目，出音聲，去濕逐風，除痰消積。療噤口毒痢，治中惡卒死，客忤癲癇，欬逆上氣，頭風淚下，四肢濕痹，不得屈伸，心痛伏梁，霍亂轉筋，女人血海冷敗，下血崩中，小兒溫瘧，積熱不解。殺諸蟲，散癰腫，辟鬼氣，安胎漏，溫腸胃，止小便利。忌飴糖、羊肉。解巴豆、大戟毒。勿犯鐵器，令人吐逆。

清·李桂庭《藥性詩解》　賦得菖蒲開心氣散冷得開字。李慶霖。　欲識菖蒲性，辛香散冷該。豈徒通竅閉，尤且使心開。　按：　菖蒲本心脾陽虛之良藥，苦辛而溫，芳香而散，故有開心散冷之能。血虛精滑，陰弱多汗者戒用。

前題田春芳　菖蒲能散冷，且又使心開。燥苦驅痰甚，芳香利竅該。《本經》謂菖蒲芳香利竅，苦辛散冷，誠心脾之良藥也。

白昌

宋·唐慎微《證類本草》卷三〇有名未用·草木〔《别錄》〕　白昌　味甘，無毒。主食諸蟲。一名水昌，一名水宿，一名莖蒲。十月採。

〔宋·掌禹錫《嘉祐本草》〕按：陳藏器云：白昌，即今之溪蓀也。一名昌陽，生水畔，人亦呼為昌蒲，與石上昌蒲都別。大而臭者是，亦名水昌蒲，根色正白，去蚤蝨。

明·李時珍《本草綱目》卷一九草部·水草類　白昌《别録》有名未用

【釋名】水昌蒲《别録》　水宿《别録》　莖蒲《别録》　昌陽《拾遺》　溪蓀《拾遺》　蘭蓀弘景　時珍曰：此即今池澤所生菖蒲，葉無劍脊，根肥白而節疏慢，故謂之白昌。古人以根爲葅食，謂之昌本，亦曰昌歜，文王好食之。其生溪澗者，名溪蓀。【集解】《别録》曰：白昌十月採。藏器曰：即今之溪蓀也。一名昌陽。生水畔。人亦呼爲菖蒲。與石上菖蒲都别。根大而臭，色正白。頌曰：水菖蒲，生溪澗水澤中甚多，失水則枯。葉似石菖，但中心無脊。其根乾後，輕虚多滓，不堪入藥。時珍曰：此有二種：一種根大而肥白節疏者，白昌也，俗謂之泥菖蒲；一種根瘦而赤節稍密者，溪蓀也，俗謂之水菖蒲。葉俱無劍脊。溪蓀氣味勝似白昌，並可殺蟲，不堪服食。【氣味】甘，無毒。《别録》曰：甘，辛，温，汁制雄黃、雌黃、砒石。【主治】食諸蟲《别録》。主風濕咳逆，去蟲，斷蚤蝨弘景。研末，油調，塗疥瘙蘇頌。

草三柰

明·朱橚《救荒本草》卷上之後　草三（奈）〔柰〕　生密縣梁家衝山谷中。苗高一尺許，葉似蓑草而狹長，開小淡紅花，根似雞爪形而麄，亦香。其味甘、微辛。　救飢：採根，換水煮食。近根嫩白袴葉，亦可煠食。

石菖蒲

宋·寇宗奭《本草衍義》卷七　菖蒲　世又謂之蘭蓀，生水次，失水則枯，根節密者氣味足。有人患遍身生熱毒瘡，痛而不癢，手足尤甚，然至頸而止，粘着衣被，曉夕不得睡，痛不可任。有下俚教以昌蒲三斗，剉，日乾之，擣羅爲末，布席上，使病瘡人恣卧其間，仍以被衣覆之。既不粘着衣被，又復得睡，不五七日間，其瘡如失。後自患此瘡，亦如此用，應手神驗。其石菖蒲根絡石而生者，節乃密，入藥須此等。

宋·張杲《醫說》卷一〇　石菖蒲愈瘡　有人患遍身生熱毒瘡，痛而不痒，手足尤甚，然至頸而止，粘着衣被，曉夕不得睡，痛不可任。有下俚教以菖蒲三斗，剉，日乾之，舂羅為末，布薦上使病人恣卧其間，仍以被衣覆之，既不粘着衣被，又復得睡。不五七日之間，其瘡如失。後自患此瘡，亦如此應手神驗。其石菖蒲絡石者節密，入藥須此等。

宋·張杲《醫說》卷八　服菖蒲　韓衆服菖蒲十三年，身生毛。石上一寸九節。紫花者善《抱朴子》。

元·朱震亨《本草衍義補遺》　蓀　無劍脊，如韭葉者是。菖蒲有脊，一如劍刃，而絕無韭葉之細，未知（熟）〔孰〕是。

明·滕弘《神農本經會通》卷一　菖蒲　君也。秦艽為之使。惡地膽、麻黃，忌飴糖、羊肉。石澗所生，堅小，一寸九節者良。露根不可用。五月、十二月採根，陰乾。一名菖陽。不可犯鐵。雷公云：凡使勿用泥菖、夏菖，二件相似，如竹根鞭，形黑，氣穢味腥，不堪用。石上生者，根條嫩黃，緊硬節密，長一寸有九節者真。《圖經》云：又有水菖蒲，生溪澗水澤，葉無脊，乾後輕虚，多滓，不及石菖蒲，不堪入藥。相雜尤難辨。《局》云：剉碎，微炒用。　味辛，氣溫，無毒。東云：開心氣，散冷，更治耳聾。《疌》云：主風濕，癰瘡，及誅蟲，暖血，斷鬼，又溫中。開心通竅，專治耳聾。

《本經》云：主風寒濕痺，欬逆上氣，開心孔，補五臟，通九竅，明耳目，出音聲，主耳聾，癰瘡，溫腸胃，止小便利，四肢濕痺不得屈伸。小兒溫瘧，身積熱不解，可作浴湯。久服輕身，聰耳明目，不忘不迷惑，延年，益心智，高志不老。《藥性論》云：菖蒲，君。味苦、辛，無毒。治風濕㾓痺，耳鳴，頭風淚下，鬼氣，殺諸蟲，治惡瘡疥瘙。石澗所生，堅小，一寸九節者上。日華子云：除風下氣，丈夫水臟，女人血海冷敗，多忘，長智，除煩悶，止心腹痛，霍亂轉筋，治客風瘡疥，澀小便，殺腹藏蟲，及蚤虱，耳痛。作末炒，承熱裹罯，甚驗。《圖經》云：治心腹冷氣搊痛者，取一二寸，搥碎，同吳茱萸煎湯，飲之良。《衍義》云：有人遍身生熱毒瘡，痛而不痒，手足尤甚，然至頸而止，粘着衣被，曉夕不得睡，痛不可任。有下俚教以菖蒲三斗，剉，日乾之，擣羅為末，布薦上，使病瘡人恣卧其間，仍以被衣覆之，既不粘着衣被，又復得睡，不五七日之間，其瘡如失。《局》云：菖蒲一本號昌陽，去濕風寒可作湯。下氣開心聰耳目，寸生九節者爲良。

明·陳嘉謨《本草蒙筌》卷一　石菖蒲　味辛、苦，氣溫。無毒。池郡屬南直隸。最多，各處亦有。生石澗中為美，一寸九節方靈。揀去露根，埋土者堪用，露出者去之。勿犯鐵器。藥入擣碎，使宜秦艽。惡地膽、麻黃，忌飴糖、羊肉。主手足濕痹，可使屈伸；貼發背癰疽，能消腫毒。下氣除煩悶，殺蟲愈疥瘡。消目翳，去頭風。開心洞達出音聲，益智慧通竅虛靈。劫耳聾耳鳴，禁尿遺尿數。腹痛或走者易効，胎動欲產者即安。鬼擊懵死難甦，急灌生汁；溫瘧積熱不解，宜浴濃湯。單味入酒煎，療血海敗，併產後下血不止；細末鋪薦臥，治遍身毒，及不癢發痛瘡瘍。多服聰明不忘，久服延年耐老。

謨按：生石澗而葉細嫩者，名菖蒲，根小節稠，味甚辛烈，堪收入藥，通竅開心；種池塘而葉麤長者，名菖陽，根大節踈，味兼和淡，惟取作餞，釀酒點茶。故古方中但用此味，特加石字于上，示其所優，使人之不悞取也。匪特菖蒲為然，他如梔子、茨菰，每加山字，亦此意爾。藥必求真，服纔獲効。《本經》註下載：原有服石菖蒲一十三年，身生長毛，冬袒不冷，日誦萬語，牢記常全。今讀書士，亦或取和遠志為丸，朝夕吞服。蓋因目擊其說，欲假以開聰明、益智慧之一助也。

明·王文潔《太乙仙製本草藥性大全》卷一《本草精義》 石菖蒲 一名菖陽。生上洛池澤及蜀郡，嚴道池郡最多，各處有之，而池州、戎州者佳。生石澗中爲美，一寸九節，方棱，埋土者堪用，露出者去之。春生青葉，長一二尺許，其葉中心有脊狀如劍，無花實，五月、十二月採根陰乾。今以五月五日收之，其根盤屈有節狀，如馬鞭大，一根傍引三四根，傍根節尤密。一寸九節者佳，亦有一寸十二節者。採之初虛軟，晒乾方堅實，折之中心色微赤，嚼之辛香少滓，人多植于乾燥砂石土中，臘月移之尤易活。勿犯鐵器。藥入搗碎使，惡地膽、麻黃，忌飴糖、羊肉。凡服聰明不忘，久服延年耐老。

題明·薛己《本草約言》卷一《藥性本草》 石菖蒲 味辛、苦，氣溫，無毒。陽中之陰，可升可降，入手少陰心、足太陽膀胱。利四肢能除濕痹，運樞紐能出音聲，通脉隧能明耳目，開心孔能益聰明，療鬼氣而導滯，泄逆氣而寬中，除身表之瘡毒，殺腹中之諸蟲。〇主手足濕痹，可使屈伸，貼發背癰疽，能消腫毒。下氣除煩悶，殺蟲愈瘡疥。鬼擊懵死難甦，急灌生汁。溫瘧積熱不解，宜浴濃湯。單味入酒煎，療血海敗，并產後下血不止。細末鋪薦上臥，治遍身毒及不痒發痛瘡瘍。《發明》云：菖蒲辛溫，通神明，開心帥氣之聖藥也。故《本草》主開心孔，通九竅，聰明耳目，出音聲。主耳鳴聾，甦鬼擊懵死，此通神開心之專功也。又療風寒濕痹，難屈伸，下欬逆上氣，利四肢，補五臟，療瘡毒惡瘡，殺諸蟲，除煩悶，小兒溫瘧積熱不解，女人血海冷敗。更長於治風濕，乃辛溫散氣之兼功也。〇秦艽為之使，惡麻黃，忌飴糖、羊肉，勿犯鐵。入藥去根毛，搗碎使。

明·佚名氏《醫方藥性·草藥便覽》 石菖蒲 其性苦、辣。止嗽化痰，退腫寬氣。

明·梅得春《藥性會元》卷上 石菖蒲 味辛，氣溫、平。無毒。秦艽為使，惡麻黃，忌飴糖、羊肉。勿犯鐵器。生石澗，一寸九節者良。其露根泥菖、夏菖俱勿用。又有形似竹根鞭，色黑、氣穢、味腥者，俱不入藥。主開心氣，療冷氣，更治耳聾、明目。療風寒欬逆上氣，補五臟，通九竅，出聲音，耳鳴痛，兼治頭風，殺諸蟲，辟鬼氣，癰瘡疥瘙。止小便，利四肢濕痹，不得屈伸。溫腸胃，下氣，除煩悶。療心腹痛，胎動下血。身積熱不解，可作湯浴。久服聰耳目，不忘事，不迷惑，益心志。

明·杜文燮《藥鑒》卷二 石菖蒲 氣溫，味辛、苦，無毒。主消目翳，去頭風，開心志，益智慧，清音聲，通靈竅。腹痛或走者立效，胎動欲產者即安。鬼擊懵死難醒，急灌生汁。溫瘧積熱不解，即浴濃湯。大都溫則驅手足(溫)〔濕〕痹，可使屈伸。辛則貼發背癰疽，能消腫毒。苦則除心熱煩悶，能下氣殺蟲。

明·倪朱謨《本草彙言》卷七 石菖蒲 味辛，氣溫，無毒。

李氏曰：菖蒲乃蒲類之昌盛者，故名。生上洛石澗間。今池州、戎州蠻谷中者更佳。今所在亦有。《呂氏春秋》曰：冬至後五旬七日，菖始生，爲百草之先生者，于是始耕。喜生逆水，根莖絡石，略無沙土，頗能活。四時常青，新舊相代。新者從莖端抽發，舊者從莖末退去。一葉一節，節稀莖長，節密莖短。莖直者，莖端生葉；莖曲者，節旁分枝。莖翠碧，有嫩節。根潔白，多向下生，因莖枝延蔓布石故也。夏作花，黃色，紫色者更佳。以莖瘦節密，拆之中心微赤，嚼之辛香少滓者，入藥最良。以砂石栽之，旦暮易水則易茂。春夏愈摘則愈細。葉僅寸許，甚有短一二分者。別有香苗、挺秀、金錢、臺蒲諸種，而香苗之最細者曰虎鬚，尤可娛目。東坡云：凡草生石上者，必須微土以附其根。惟石菖蒲濯去泥土，漬以清水，置盆中，可數十年不枯不死。節葉根鬚，愈轉連絡。忍冬淡泊，蒼然几案，真仙草也。《修養書》云：石菖蒲置几案間，夜坐誦讀，烟收其上，不致損目。修治入藥，以銅刀刮去黃黑皮及硬節，曝乾用。勿犯鐵器，令人吐逆。如形似竹鞭及色黑、氣味腥穢者，勿入藥用。又一種生于溪澗砂石之間，葉高尺許，瘦根密節，亦石菖蒲也。亦可入藥。又一種生溪澗之旁，濕土之間，葉高二三尺，根如竹鞭者，名土菖蒲。僅堪殺蚤虱，搗汁入酒中，驅蛇蟲毒。今以端陽節供食用者，不入藥用。《蒙筌》曰：按生石澗而葉細嫩者名菖蒲。根小節密，味甚辛烈，堪收藥用，能通竅開心志者也。種池塘而葉粗長者，名菖陽。根大節疏，味兼苦淡，惟取作餞、饜酒、點茶者也。故古方中但用此味，特加石字于上，示其所優，使人之不誤取也。

石菖蒲：能通心氣，開腎氣，溫肺氣，達肝氣，快脾氣，通透五藏六府，十二經、十五絡之藥也。故《本草》主《本經》欬逆上氣肺，日華人事昏迷心，東垣兩腰沉滯腎，時珍恚怒氣逆肝，韓保昇肚腹飽脹，水土不和脾等證。又治一切風疾，如手足頑痹，別錄癱瘓不遂，服之即健；一切時行瘟疫，如瘴瘧毒痢，丹溪噤口不食，服之即安。一切氣閉，如音聲不清，《本經》耳竅不利，時珍幷喉脹乳蛾，服之即通。大抵此劑，辛則上升，而苦則下降；香則通竅，而溫則流行。可以散風，可以溫寒，可以去濕，可以行水，可以和血也。如農皇言：補五藏，通九竅，延年益智者，單指巖棲修煉之士，辟穀服餌之用，以其助發陽氣，辟除陰嵐，兼可參合養性諸藥，如人參、黃精、玉竹、地黃、天麥二冬之屬，資其宣導，臻乎太和，故亦爲仙經要藥。至于世俗之人，五欲熾然，六淫迭至，詎可窮年卒歲，久服偏燥之物乎？故陰虛火炎，吐血咳嗽之人，切勿與也。

繆仲淳先生曰：陽精芳草，辛溫四達，逐百邪，散邪結。壅遏既徹，九竅應之而通，仙家服食，藥之上品上生者也。

王紹隆先生曰：菖蒲得道種智，不似人心，隨境即變。清心寡欲人餌之，莫不仙去。可比琴瑟，妙音指發。

集方：龔希烈方治欬逆上氣，因氣道阻塞者。用石菖蒲三錢，木香一錢，共爲末，白湯調服。○馬瑞雲方治中風，中痰，中氣，中暑，中食，人事昏迷，語言不出者。用石菖蒲、膽南星各三錢，爲末。中風，防風、秦艽湯下；中痰，白芥子、製半夏湯下；中氣，白朮、木香湯下；中暑，川連、薄荷湯下；中食，枳實、厚朴湯下。○莫士行方治兩腰沉滯，重强不能俯仰。用石菖蒲、石斛、萆薢各等分，水煎服。○同前治積怒傷肝，憤恚成疾。用石菖蒲一兩，紅花五錢，共爲末。每服三錢，白湯調下。○于子良方治脾氣不和，肚腹飽脹。用石菖蒲一兩，白朮、厚朴各五錢，甘草四錢，俱炒燥爲末，水發丸。每服三錢，燈心湯引。○釋醫玄生方治手足頑痹，癱瘓不仁。用石菖蒲四兩，枸杞子八兩，白朮五兩，共爲末，煉蜜丸。每服五錢，白湯送下。○陳氏方治時疫瘴癘傳染。用石菖蒲一兩，茵陳二兩，川連三錢，薑皮五錢，共爲末。每服二錢，白湯調下。○夏繼玄方治噤口惡痢，粒米不入者。用石菖蒲一兩，川黃連、甘草、五穀蟲各三錢，爲末，蜜湯調送少許。

《續補集方》：夏禹臣方治三十六種風。不治者，用石菖蒲三斤，薄切日乾，好酒一斛，以絹袋盛浸酒中，密封百日，視之如菜色，再以熟黍米五升，納中，封十四日，取出日飲，無不效驗。幷治癲癇風疾。○《肘後方》治尸厥魘死，但痛嚙其踵跟及足拇趾甲際即甦。或再用石菖蒲搗汁灌之。或用乾者研末，白湯調灌亦可。○同前治卒中客忤。用石菖蒲，搗汁灌之。○治喉痹腫痛。用石菖蒲，搗汁含之。○《千金方》治胎動不安，或腰痛，胎轉搶心，或日月未足而欲產。並以石菖蒲根搗汁，溫飲。○《肘後方》治耳卒聾閉。用石菖蒲一寸，蓖麻仁一粒，去殼同搗，作七丸，綿裹一丸，塞耳，日一換。

倪朱謨曰：石菖蒲利氣通竅。如因痰火二邪爲眚，致氣不順、竅不通者，服之宜然。若中氣不充，精神內餒，氣竅無陽氣爲之運動而不通者，屢見用十全大補湯奏功極多，石菖蒲不必問也。

明·黃承昊《折肱漫録》卷三　石菖蒲能通心氣，養心丹中多用之。然心氣不足者少用，以能散氣也。

明·蔣儀《藥鏡》卷一溫部　石菖蒲　開心孔，九竅弘通，聲音清亮。聰耳聾，鼻塞宣暢，鬆豁頭風。寬女子之鬱懷，長男人之慧思。腹疼或走者見效，胎搖欲產者即安。遭鬼擊而神懵，生調之汁急灌。因痢下而噤口，堪和米飲之湯。手足濕痺而不仁者，可使屈伸。癰疽諸腫之驟發者，能令消散。燥烈或于目赤有妨，芬芳能使精枯尤耗。辟山嵐之瘴氣，醫寒濕之發痁。

明·賈九如《藥品化義》卷四心藥　石菖蒲　屬陽，體乾，色皮赤肉白，氣腥，味辛，性溫，能升，力開竅，性氣清而味薄，入心肝二經。菖蒲寒暑不凋，經歲繁茂，受天地清陽之氣而能上升，用入心經以通神明，取味辛利竅，氣香能透心氣。主治氣閉胸膈，痰迷心竅，昏瞶健忘，耳聾口噤，暫用此開發孔竅，使神氣昌，故名菖蒲。但心性喜斂而惡散，菖蒲遠志皆屬辛散，心臟所忌，不可久用及多用。

清·劉雲密《本草述》卷一二

石菖蒲一名堯韭，粗者名昌陽。 時珍曰：菖蒲凡五種，生於池澤，蒲葉肥，根高二三尺者，泥菖蒲，白菖也。生於溪澗，蒲葉瘦，根高二三尺者，水菖蒲，溪蓀也。生於水石之間，葉有劍，春瘦，根蜜，節高尺餘者，石菖蒲也。人家以砂栽之一年，至春剪洗，愈剪愈細，高四五寸，葉如韭，根如匙，柄粗者亦石菖蒲也。甚則根長二三分，葉長寸許，謂之錢蒲。入藥須用二種石菖蒲，餘皆不堪。

根： 氣味： 辛，溫，無毒。 權曰： 苦、辛，平。 主治： 開心孔，通九竅，明耳目，治客忤癲癇，除心積伏梁，並下氣，療溼痹，止心腹冷痛，利丈夫水臟，女子血海冷敗，治耳鳴或痛，安胎漏下血，崩中。 嵩曰： 菖蒲辛溫，通神明，開心帥氣之聖藥也。故開心孔，通九竅，明耳目云云，此通神開心之專功也。如下氣，療溼痹，止心腹冷痛云云，此辛溫散氣之兼功也。

五臟氣虛，宜補者心氣不足，人參、白茯苓、石菖蒲。 盧復曰： 在陰在脈之痹，乃溼乃風之因。咸能使之宣發，設寒水專令，取效更捷。 之頤曰： 水土合和，抽為草木，唯石菖蒲全得生陽之氣，吮拔水液，盤絡砂石，不假地土之力，昌美溪浦之間，故曰菖蒲以治病之用言，當號昌陽以發生之體，方當號陽昌。 頌曰： 古方有單服菖蒲法，蜀人治心腹冷氣，搊痛者取一二寸，搥碎，同吳茱萸煎湯飲之，亦將隨行卒患心痛，嚼一二寸，熱湯或酒送下，亦效。 士瀛曰： 下痢禁口，雖是脾虛，亦熱氣閉隔心胸所致，俗用木香，失之溫用，山藥失之閉，惟參苓白术散加石菖蒲、粳米飲調下，或用參、苓、石蓮肉，少入菖蒲服，胸次一開，自然思食。 希雍曰： 菖蒲稟孟夏六陽之氣，而合金之辛味以生者也。陽精芳草，辛溫四達，通九竅，充百骸，用宣邪結，俾達真陽，此通利心脾二經之要藥也。迨夫巖棲修煉之士，合養性諸藥，如黃精、青黏、地黃、天門冬之屬，資其宣導，臻乎太和，故亦為仙經上品。

菖蒲同熟地黃、黃蘗作丸，治腎虛耳聾，若中年預服，可使老而聽聰。

同二术、木瓜、薏仁、石斛、萆薢、黃蘗，為除溼強步之要藥，兼治下部膿窠溼瘡如神。 佐人參、麥門冬、酸棗仁、茯神、遠志、生熟地黃，為補心之劑，如心氣鬱結者，加沉香，能益火以開心。 兼辟蚤蝨。

愚按： 《典術》云： 堯時天降精於庭為韭，感百陰之氣為菖蒲，故曰堯韭。《月令》云： 冬至後五十七日，菖始生。菖乃百草之先生者，於是始耕，則又名昌陽者，或取此義也。按入藥者唯石菖蒲，生於水石之間，罯無少土，稍有泥滓，即便凋萎，且四時長青，新舊相代。即此觀之，其不假土力，而四序長青也，於感百陰之氣者合矣。然其味辛而氣溫，所謂生於百草之先，陽於是昌者，不其然歟。 盧復曰： 萬物資生於陰，必資始於陽，以陰感陽而盛，故曰昌陽，斯言是也。第陰感陽而盛者，五種之菖蒲所同，其質成於陰之凝，而氣稟於陽之達者，則石菖蒲所獨也。 皇甫嵩謂為開心帥氣聖藥，頗為中肯。《經》云： 前曰廣明，後曰大衝。 夫心為君火，至陽根於至陰也，非至陰之貞，不發至陽之光，發至陽之光，乃益暢至陰之用，此種具有妙理。 陰質感乎陽，故能開心以帥氣。 蓋心為火，主氣，固火之靈也。心屬離火，內陰而外陽。內者是神，外者是用。所云非至陰之貞四語，可謂入微而中的矣。第四語以發至陽之光為主腦，其益暢至陰之用，即由氣生血之義。蓋血雖原於水，而必成於火也。此皇甫嵩開心帥氣一語尤謂扼要。 然陽昌達乎陰，又即帥氣以和血。 蓋生血者，心氣馭血以行者也。 所以在《本草》言治風寒溼痹，而盧之頤曰痹證有五，菖蒲獨宜脈痹。 又曰： 能開心孔，而心孔為諸脈絡之宗主。 數言俱切中矣。 愚謂此種佐人參，能益宗氣。 觀其治胎漏崩中等證，則其功用或知，乃方書止以辛溫與行氣諸劑概論，不亦大草草乎？ 如希雍所云通利心脾二經，雖於主腦欠分曉，然心脾原為子母，入心自能及脾，若入心而不及脾，何以暢厥宗氣之用？ 即蘇頌所謂療心腹冷疼，及楊士瀛於噤口痢，用以通心胸間熱閉，則其主治有相因以及者，固可類推也。

又按： 石菖蒲謂補心氣之虛，如上所云，亦得其大槩而已。 試為悉之，蓋人身之至陽，根於至陰也。 緣天一之壬水，即合有丁火，壬召丁，丙即隨丁，然後水中有火，而命門以成。 蓋火原生於水者也，乃奉水之主，以至於火而生，心是則如茲物感至陰以達至陽，其陽氣之最先而奮出者焉。 能不於心而受之，此所謂能補心氣之不足也。 如之頤謂其全得生陽之氣，吮拔水液，不假地土之力之數語，真為此品傳神矣。 蓋唯石菖蒲不假土氣，但吮水液，乃為全得生陽之氣，是即感至陰而達於至陽之出機也。 亦要讓此種有專稟耳。 雖然是固入少陰心矣，又曰感至陰，其義何徵？ 曰：《本經》謂其通九竅，乃用之治耳病者，較他竅居多。 夫耳固腎之竅也，是非其感於陰而昌於陽之徵歟。 但此種氣溫而味辛，其苦甚微，辛之勝者，陽氣之通天也。 微苦者入心，苦為火之味也，不可謂其有苦而又云入腎也。

附方 癲癇風疾，九節菖蒲去毛，木臼搗末，以黑豮豬心一箇，批開，砂罐煮湯，調服三錢，日一服。

諸積鼓脹，食積、氣積、血積之類，石菖蒲八兩，剉，斑蝥四兩，去翅足，同炒黄，去斑蝥不用，以布袋盛，拽去蝥末，為末，醋糊丸梧子大，每服三五十丸，溫白湯下，治腫脹尤妙。或入香附末二錢。

修治　用生石上者，嫩黄緊硬，節稠，一寸九節者是真。中心微赤，辛香少渣，更妙。有形如竹根鞭，黑色，氣穢味腥，根大鬆，多渣，但主風溼疥瘙，不堪入藥。用銅刀刮去毛，微炒，搗碎入藥。忌鐵器。有謂心勞神耗者，此味大辛則宜。如雷公用嫩桑枝，拌蒸熟，曬乾用。

清・閔鉞《本草詳節》卷一　石菖蒲　【略】其泥菖、夏菖，形黑味腥，不可用。【略】按：菖蒲辛芳，故九竅之疾可通。苦溫燥濕辟寒，故痺瘡之疾可治。然辛芳太甚，年壯心孔昏塞者，用之得宜。若心勞神耗者，少用。士瀛云：下痢禁口，雖是脾虛，亦熱氣閉隔心胸所致，俗用木香失之溫，山藥失之閉，惟參苓白朮散加石菖蒲，粳米飲調下，或用參、苓、石蓮肉，少入菖蒲服之，胃次一開，自然思食，亦取其通竅也。

清・王翃《握靈本草》卷五　菖蒲，生石澗中，一寸九節者佳。刮去粗皮，米泔浸，飯上蒸。凡使勿用泥菖蒲，形黑氣穢味腥，不堪用。　主治：菖蒲，辛，溫，無毒。主風寒濕痺，欬逆上氣，開心孔，補五臟，通九竅，明耳目，出聲音。

清・汪昂《本草備要》卷一　石菖蒲宣，通竅，補心。　辛苦而溫，芳香而散。補肝益心，開心孔，利九竅，明耳目，發音聲。去濕逐風，除痰消積，開胃寬中。療噤口毒痢，楊士瀛曰：噤口雖屬脾虛，亦熱閉胸膈所致。用木香失之溫，山藥失之閉，唯參苓白朮散加菖蒲，米飲下，胸次一開，自然思食。菖蒲、黍米釀酒，治一切風。風痹驚癇，崩帶胎漏，消腫止痛，解毒殺蟲。李士材曰：《仙經》稱爲水草之精英，神仙之靈藥。用泔浸，飯上蒸之，藉穀氣而臻于中和，真有殊常之效。又曰：芳香利竅，心脾良藥，能佐地黄、天冬之屬，資其宣導。若多用、獨用，亦耗氣血而爲殃。李士材，著《藥性解》、《本草通玄》。　生水石間，不沾土。根瘦節密，一寸九節者良。去皮，微炒用。秦艽爲使，惡麻黄，忌飴糖、羊肉、鐵器。

清・陳士鐸《本草新編》卷一　石菖蒲　味辛而苦，氣溫，無毒。能開心竅，善通氣，止遺尿，安胎除煩悶，能治善忘。但必須石上生者良，否則無功。然止可為佐使，而不可為君藥。開心竅，必須君以人參，通氣，必須君以耆、术。遺尿欲止，非多加參、耆不能取效。胎動欲安，非多加白术不能成功。除煩悶，治善忘，非以人參為君亦不能兩有奇驗也。

或問：石菖蒲必得人參而始效，是石菖蒲亦可有可無之藥也。此吾子過輕石菖蒲矣。石菖蒲實有專功也。凡心竅之閉，非石菖蒲不能開，徒用人參，竟不能取效。是人參必得菖蒲以成功，非菖蒲必得人參而奏效。蓋兩相須而兩相成，實為藥中不可無之物也。

或問：石菖蒲何故必取九節者良，市上易者，且不止九節，節之多寡，可不問乎？石上菖蒲，凡細小者俱可用，而前人取九節者，取九竅之俱可通也，其實菖蒲俱能通心竅，心竅通而九竅俱通矣。

或疑石菖蒲能治健忘，然善忘之症用之絕少效驗，何耶？善忘之症，因心竅之閉耳。心竅之閉者，由于心氣之虛，補心之虛，舍人參無他藥也。不用人參以補虛，惟恃菖蒲以開竅，竅開于一時而仍閉，又何益哉？夫開心竅尚君以人參，豈治善忘而反遺人參能取效乎。

清・李熙和《醫經允中》卷二〇　石菖蒲　入心肝二經。秦皮、秦艽為使。惡地膽、麻黄。忌飴糖、羊肉。勿犯鐵，犯則令人吐。石生一寸九節者良。去毛微炒用。　辛，溫，無毒。主治開心孔，通九竅，明耳目，出聲音，益智慧，除煩悶，療耳鳴頭風，心積伏梁，熱氣成痰，壅滯上焦，左寸脉實癲癇之症，用之極効。寒氣在上，左寸微弱者，用之甚靈。然辛散之性，多服令人心洞，若陰血不足，心勞神耗者，禁用。又治風寒濕痺，難屈伸，細末鋪蓆臥，并治徧身毒及不癢發痛瘡瘍。

清・馮兆張《馮氏錦囊秘錄・雜症痘疹藥性主治合參》卷二　石菖蒲正稟孟夏大陽之氣，而合金之辛味以生。其味苦辛，其氣大溫，陽精芳草，故無毒。○凡使勿用泥菖、夏菖，如竹根鞭形，黑色，氣穢味腥不堪。宜採石上生者，根條嫩黄，緊硬節稠，一寸有九節者佳。銅刀刮去皮節，以嫩桑條拌蒸，晒乾剉用。

石菖蒲，主手足濕痹，可使屈伸。貼發背癰疽，能消腫毒。下氣除煩悶，殺蟲愈疥瘡。消目翳，去頭風，開心出聲音，通竅益智慧。耳聾耳鳴，尿遺尿數。腹痛或走者易效。胎動欲產者能安，鬼擊懵死難甦，急灌生汁。溫瘧積熱不解，宜浴濃湯。單味酒煎，療血海敗，并產後下血不止。細末鋪臥，治徧身毒及不癢發痛瘡瘍。總陽氣開發，故外充百骸，辛能四達，走竅散結，為通利心脾二經之要藥也。

主治痘疹合參：凡痘疹驚癇，神昏譫妄者可用，及痘後不着痂，潰爛成瘡疥者宜入丸用。但芳草味辛多散，陰血不足，心氣不斂者禁之。

按：芳香利竅，能佐地黃、天冬之屬，資其宣導，臻於太和。多用獨用，終為氣血之殃。

清・何諫《生草藥性備要》卷下　苦菖蒲　味辛，性溫。祛風消腫，治心氣痛，通竅，洗疔瘡。石上生的、一寸九節者佳。

清・楊友敬《本草經解要附餘・考證》　菖蒲　石菖蒲，陶隱居謂一寸九節者良，葉有脊如劍者真，其相類而葉無脊者，蘭蓀也。又云：露根不可用。李瀕湖謂菖類有五，惟生水石間，葉有劍脊，瘦根密節，高尺餘者乃石菖蒲，移植盆盎，以為觀玩，愈剪愈細也。凡用，泔浸，飯上蒸，藉穀氣尤佳。今六之西南諸山溪石上多有，且一寸不啻九節，移植亦極易生，但露根甚多，採者未必能審擇矣。

清・王子接《得宜本草・上品藥》　石菖蒲　味辛。入手少陰、足太陰經。功專開發心陽。得犀角、生地、連翹，治熱邪入絡神昏。因是仙家服食，故《本經》首推。

清・吳儀洛《本草從新》卷二　石菖蒲〔宣，通竅。〕　辛苦而溫，芳香而散。開心孔，利九竅，明耳目，發聲音，去濕除風，逐痰消積，開胃寬中。療噤口毒痢，楊士瀛曰：噤口雖屬脾虛，亦熱閉胸膈所致。用木香失之溫，山藥失之閉，唯參苓白朮散加菖蒲，米飲下，胸次一開，自然思食。風痺，同黍米釀酒治諸風。驚癇，崩帶胎漏。消腫止痛，解毒殺蟲。士材曰：《仙經》稱為水草之精英，神仙之靈藥。用泔浸，飯上蒸之。借穀氣而臻於中和，真有殊常之效。又曰：芳香利竅，心脾良藥，能佐地黃、天冬之屬資其宣導，若多用獨用，亦耗氣血而為殃。香燥而散，陰血不足者禁之，精滑汗多者尤忌。生水石間，不沾土。根瘦節密，一寸九節者良。去毛微炒。秦艽為使。惡麻黃，忌飴糖、羊肉、鐵器。犯鐵器令人吐逆。

清・汪紱《醫林纂要探源》卷二　石菖蒲　辛，苦，溫。大曰泥菖，小曰龍鬚蒲，中曰石菖蒲。以生水石上，葉有劍脊，根瘦而節密者入藥，不必拘一寸九節也。補肝，則能生火。瀉心，則不過熾。舒風，肝木舒展，則風不撓。行濕，生水中，能行水，又辛則能潤能行。除痰開膈。凡風痰迷心，胸膈瀌悶者宜之。能開心利竅，明耳目，發音聲，寬中止痛，亦解毒殺蟲。○去皮，微炒。肝家藥也。功在舒肝而已，以為補心，固已失之。更稱久服輕身延年，則尤妄。辛香必耗氣，豈可求益乎？

清・嚴潔等《得配本草》卷四　石菖蒲　秦皮、秦艽為之使。惡麻黃、地膽。忌飴糖、羊肉、鐵器。　辛、苦，溫。入手少陰、足厥陰經氣分。宣五臟，通九竅。溫腸胃，治霍亂，療濕痺，愈瘡疥，止心痛，祛頭風，辟鬼殺蟲，皆其通氣之力也。

灌生汁，甦鬼擊。浴濃湯，治溫瘧。配白麵，治肺虛吐血。配破故紙，治赤白帶下。配蛇床，搽陰汗濕癢。佐四君，治下痢噤口。佐犀角、地黃，治神昏。熱邪去，則胞絡清。摻黑，豶豬心蒸食，治癲癇。　生溪間者不可用。種於瓦器中，一寸九節者佳。　取鮮者洗淨去毛，木器搗碎，犯銅鐵令人吐逆。治痢，米泔浸蒸熟用。治風，桑枝同蒸。通心氣，蜜炒搗汁服。解巴豆、大戟毒。

心喜散而惡塞，亦喜斂而畏散。石菖蒲實心臟所大忌也。苟非確見心氣之結，不宜輕用，用亦不過為諸藥之使，五六分而止。

題清・徐大椿《藥性切用》卷四草部　九節石菖蒲：辛苦性溫，芳香氣散，力能通心利竅，開鬱豁痰，為驚癇氣閉耑藥。取根用。血氣不足者忌。

清・黃宮繡《本草求真》卷四　石菖蒲入心，宣氣通竅，醒脾逐痰。耑入心，兼入脾、胃、膀胱。辛苦而溫，香芳而散，諸書尚論未透，惟張璐發揮《本經》最明，指此實為心氣不足要劑。時珍云：高皇御製碑中載之，菖蒲氣溫味辛，乃手少陰、足厥陰之藥，心氣不足者用之。虛則補其母也，肝苦急，以辛補之是矣！其言能補五臟，以心為君主，五臟係焉。首言治寒濕痺，是取其辛溫開發脾氣之力。治欬逆上氣者，痰濕壅滯之喘咳，故宜搜滌。若肺胃虛燥之喘咳，非菖蒲可治也，其開心孔九竅，明耳目，出聲音，總取辛溫利竅之力。心孔開，九竅利，則癰瘡之毒可解。腸胃喜溫惡寒，腸胃既溫，則膀胱之虛寒小便不禁自止。久服輕身者，除濕之驗也。不忘不惑，延年益智，高壽不老，皆補五臟通九竅氣之力也。其釋《本經》如此，又言能主肝虛心腹痛，霍亂轉筋，消伏梁癲癇，善通心脾痰濕可知。《千金》治胎動不安，半產漏下，或搶心下血及產後崩中不止，並以菖蒲一味煎服，皆取辛能開竅。血氣安養之意，觀此菖蒲實為宣氣通竅之劑，故在楊士瀛亦謂噤口下痢。可用石菖蒲加於參苓白朮散內以開其胸，則其義益著。楊士瀛曰：下痢噤口，雖是脾虛，亦熱氣閉隔心胸所致。俗用木香失之溫，用山藥失之閉，惟參苓白朮散加石菖蒲粳米飲調下，或用參、苓、石蓮肉，少入菖蒲服，胸次一開，自然思食。但陽亢陰虛，嫠寡失合者禁用，以其能動心胞之火耳！取一寸九節紫花根瘦者佳，去皮，微炒用。秦艽為使，惡麻黃，忌飴糖、羊肉、鐵器。

清·沈金鰲《要藥分劑》卷三　菖蒲　【略】鰲按：以菖蒲治噤口痢，屢用之屢效，真良法也，特表出之。炮製，雷公曰：凡使采石上生根，條嫩黃緊硬，一寸九節者，銅刀刮出黃黑皮硬節，同嫩桑枝蒸，去桑枝，剉用。《綱目》曰：若常用，但去毛微炒。

清·楊璿《傷寒溫疫條辨》卷六散劑類　石菖蒲九節者佳，米汁浸蒸。味辛、微苦，性溫。入心、肺、膀胱。主手足濕痹，可使屈伸，開心氣洞達，能出聲音，通九竅，明耳目，益智慧，除健忘，溫心腹，堅齒牙，療惡瘡疥癬，敺上氣咳逆。《本草》又言常服成仙，此醫家誇張之說，殆不可信。菖蒲補心丸：石菖蒲、茯苓、茯神、遠志、酸棗仁、栢子仁、地骨皮、熟黃精、山藥、枸杞子、預知子等分，人參、朱砂減半，為末，煉蜜丸，如芡實子大，每嚼一丸，人參湯下。治心氣不足，精神恍惚，語言錯妄，忪悸煩鬱，健忘少睡，憂喜慘悽，夜多異夢，寐即驚魘，或發狂眩暴，不知人等證。

清·王學權《重慶堂隨筆》卷下　石菖蒲　舒心氣，暢心神，怡心情，益心志，妙藥也。而世俗有散心之說，不知創自何人。審是，則周文王嗜此，何以多男而壽考耶？故清解藥用之，賴以祛痰穢之濁而衛宮城；滋養藥用之，借以宣心思之結而通神明。

清·黃凱鈞《藥籠小品》　石菖蒲　氣辛性竄，惟痰火結於包絡用之，以開蒙塞。若小兒小有驚癇，自當散風清熱，平肝消食。此味不可輕用，因走竄真氣。

清·王龍《本草纂要稿·草部》　石菖蒲　氣味辛苦而寒。益智慧，開心通達。出聲音，通竅虛靈。主濕痺，療手足拘攣。消腫毒，貼癰疽發背。刼耳聾耳鳴，禁尿遺尿數。保胎動不安，除煩悶下氣。去目翳，祛頭風。多服聰明不忘，久服延年耐老。

清·張德裕《本草正義》卷上　石菖蒲　苦辛，溫。散風濕寒痹，開心氣，療癲癇，行滯氣，通九竅，止心腹痛，辟邪逐鬼，中惡卒死。治耳痛，可研末，炒熱，絹包罯之。

清·楊時泰《本草述鉤元》卷一二　石菖蒲　一名堯韭，類凡五種：生於池澤，蒲葉肥，高二三尺者，泥菖蒲，白菖也。生於溪澗，蒲葉瘦，根高二三尺者，水菖蒲，溪蓀也。生於水石間，葉有劍脊，瘦根密節，高尺餘者，石菖蒲也。栽之以砂，一年至春剪洗，愈剪愈細，如韭根，如匙柄，高四五尺者，亦石菖蒲也。甚則根長二三分，葉長寸許，謂之錢蒲。入藥須用二種石菖蒲，餘者不堪。

根：味辛、微苦，氣溫。主治開心帥氣，通九竅，明耳目，治耳鳴或痛，客忤癲癇，除心積伏梁，並下氣療濕痺。在陰在脈之痺，乃濕乃風之因，咸能宣發。設寒水專令，取效更捷。止心腹疼痛，利丈夫水臟，女子血海冷敗，安胎漏，下血崩中，兼辟蚤蝨。五臟氣虛宜補者，心氣不足，人參、茯苓、石菖蒲。水土合和，抽為草木，惟石菖蒲全得生陽之氣，吮拔水液，盤絡砂石，不假地土之力，昌美溪浦之間，故曰菖蒲。以治病之用言，當號昌陽；以發生之體言，當號陽昌子繇。古方有單服菖蒲法，心腹冷氣搊痛者，取一二寸搥碎同吳茱煎湯飲之。猝患心痛，嚼一二寸，熱湯或酒送下頌。下痢噤口，雖是脾虛，亦熱氣閉隔心胸所致，俗用木香失之溫，用山藥失之閉，惟參苓白术散加石菖蒲，粳米飲調下，或用參、苓、石蓮肉，少入菖蒲服，胸次一開，自然思食士瀛。稟孟夏六陽之氣，而合金之辛味以生，陽精芳草，辛溫四達，通九竅，充百骸，用宣邪結，俾達真陽，此通利心脾二經之要藥也仲淳。同熟地、黃蘗作丸，治腎虛耳聾。若中年預服，可使老而聽聰。同二术、木瓜、薏仁、石斛、萆薢、黃蘗，為除濕強步之要藥，兼治下部膿窠濕瘡如神。佐人參、麥冬、棗仁、茯神、遠志、生熟地黃，為補心之劑。如心氣鬱結者，加沉香，能益火以開心。癲癇風疾，九節菖蒲去毛，木臼搗末，以豮豬心一個批開，砂罐煮湯，調服三錢，日一服。諸積食積氣積血積之類鼓脹，石菖蒲八兩剉，斑蝥四兩去翅足，同炒黃，去斑蝥不用，以布袋盛，拽去蝥末，為末，醋糊丸梧子大，每服三五十丸，溫白湯下，治腫脹尤妙，或入香附末二錢。

論：菖蒲感百陰之氣，冬至後五十七日始生，盤水石間，吮拔水液，不假土力，稍有泥滓，即便凋萎，且四時長青，陰氣特足，感陽而盛，故曰昌陽。第陰之感陽而盛者，五種菖蒲所同，至質成於陰之凝，而氣稟於陽之達，則石菖蒲所獨。皇甫氏謂其開心帥氣者，心為君火、至陽，根於至陰也。非至陰之貞，不發至陽之光，發至陽之光，乃益暢至陰之用。四語以發至陽之光為主腦，其益暢至陰之用，即由氣生血之義，蓋血雖原於水，而必成於火也。陽既昌乎陰，又即帥氣以和血。所以治風寒濕痺，而獨宣脈痺者，以菖蒲開心孔，心孔為諸脈絡之宗主也。心脾為子母，入心自必及脾，佐人參能益宗氣，故亦治胎漏、崩中等證。石菖蒲補心氣之虛，試為悉之。蓋人身至陽，根於至陰。緣天一之壬水，合有丁火，壬召丁，丙即隨丁，然後水中有火，而命門以成，乃奉水之主以至於火而生心，正如茲物感至陰以達至陽，其陽氣之最先而奮出者，得不於心受之乎。第惟石菖蒲不假土氣，但吮水液，乃為全得生陽之氣，感至陰而達於至陽之出機，他種不能。又此種氣溫味辛，其苦甚微，辛之勝者，陽氣之通天也，微苦者入心，苦為火味也，不可謂其有苦而又云入腎也。

辨治：　生石上者，嫩黃緊硬，節稠一寸九節者真。中心微赤，辛香少渣更妙。其有形如竹根鞭，黑色氣穢，味腥，質大鬆多渣，但主風濕疥瘙，不堪入藥。忌鐵器，用銅刀刮去毛，微炒，搗碎入藥。心勞神耗者，此味大辛，不宜，可遵雷公法，取嫩桑枝拌，蒸熟，曬乾用。

清・鄒澍《本經續疏》卷一　菖蒲　【略】菖蒲生水石間，葉如韭，中心有脊，無花實，經冬不彫，根盤屈有節，一根旁引三四根，旁根節尤密。采之初虛輭，乾方堅實，折之中心色微赤，嚼之辛香少滓《圖經》。

火媾於土，變而為金，其已趨於金，未離於土者為石。石之異於金，以擊之能碎而有火也。石之異於土，以堅剛而不化於水也。惟然則設有石者，清於水而水不能入，舍夫火而火不能出。陰陽相拒而不相謀，水與火相守而不相化。下之氣不能交乎天，上之氣不能交乎地，又何自沾生趣，而為物賴以發育耶？人身靈明，猶火蓄石中，人身軀體，猶石能蓄火。假使軀體為寒水所蒙，靈明為痰涎所壅，則運動不周，視聽不協，可謂非因內不能出，而外遂不化乎？菖蒲者，不藉纖毫土氣，生於水底碎石之間，隔水能通，以無竅為有竅，自地接天，以不聯為聯，且其氣芳烈，味辛溫，有陽畢達，有陰悉布。劉潛江所謂非至陰之貞，不能發至陽之光，發至陽之光，乃益暢至陰之用者，信矣。否則外有風寒濕痹，內為欬逆上氣者，何以不治痹，亦不治欬，而用此況補五臟者，非一開心孔可了事。而明目，出音聲，又豈通九竅所堪致也？蓋視聽言動，皆靈明之用。然靈明猶燈，藉膏乃燃。火者氣之靈，氣者火之使，而氣曳水以行，水由氣而阻，行氣即所以行水，行水即所以濬靈明。靈明暢而氣條達，氣條達而水流通，水流通而靈明遂有所依。曰開心孔，補五臟，利九竅，明耳目，出音聲一而已，更何憂乎風寒濕痹中之欬逆上氣哉？至《別錄》所增主癰瘡，溫腸胃，小兒溫瘧，身積熱不解，皆火為水遏，欲出不得，與前旨不異。惟與痹則專及四支不得屈伸，於九竅則偏止小便過利，又獨重耳聾，何也？夫固因其節數耳。津液之流，不為節礙，倘使無節，不將傾瀉淨盡乎？是故菖蒲需促節者，一有取於節宣，一有取於節制。宣則不壅，所以四支濕痹不得屈伸也。制則不濫，所以止小便利也。不壅則濁去，不濫則清澄，澄澈清瑩，映物所以能明，而耳遂不聾。要之菖蒲不可徒視為開邪，亦不可徒視為崇正。邪開而正自崇者有之，正崇而邪自開者有之。故凡水液渾濁，為神明之翳者，咸有取於是也。

清・葉桂《本草再新》卷三　石菖蒲味苦，性涼，無毒。入心、肝、肺三經。能開九竅，能走三焦，涼心，兼可涼肝潤肺，並能清肺，却頭風，而能明目，止鼻血，而散牙癰，療毒痢風痺。

清・吴其濬《植物名實圖考》卷一八　菖蒲　《本經》上品。石菖蒲也。凡生名山深僻處者，一寸皆不止九節。今人以小盆蒔之，愈剪愈矮，故有錢蒲諸名。

雩婁農曰：　沈存中謂蓀即今菖蒲，而《抱朴子》謂菖蒲須得石上，一寸九節，紫花尤善。菖蒲無花，忽逢異萼，其可遇不可必得者耶？然《平泉草木記》又謂茅山谿中有谿蓀，其花紫色，則似非靈芝天花，神仙奇藥矣。若如陶隱居所云，谿蓀根形氣色，極似石上菖蒲，而葉如蒲無脊，俗人誤呼此為石上菖蒲。按其形狀，乃似今之吉祥草，不入藥餌。沈說正是。隱居所謂俗誤，而《抱朴子》乃併二物為一彙耶？《離騷草木疏》引證極博，不無調停。詩人行吟，徒揣色相；　仙人服餌，尤務詭奇；　隱居此注，似為的矣。

清・趙其光《本草求原》卷五水石草部　菖蒲　辛香入肺，散表利竅；　苦溫入心包，暢以心通神明；　辛勝於苦。冬至即生，乃從至陰感陽以出。故能透達心肺之陽氣。主開心孔，明耳目，治耳鳴或痛，耳目皆根於陰，而竅昌於陽，天陽氣通則不病。心積伏梁下氣，除心腹冷痛，血海冷敗，同吴萸煎服或酒下，此辛溫散氣之功。下痢噤口，因脾虛而熱閉心胸所致，心與脾為子母也。此時用木香則燥，用淮山則閉，惟合參、苓、石蓮用之，熱閉通即愈。安胎漏下血崩中、脈痹，心孔為諸脈絡之宗主。除濕強步。同二朮、川瓜、苡仁、石斛、萆薢、黃柏，又治下部膿窠濕瘡。

張隱庵云：　遠志通腎氣，上達於心；　此降心火，下達於腎。然此味辛勝、苦微；　微苦者，火本味也，故能使心陽氣通，氣通而馭血以行則濕化，似不得以苦為入腎也。

同斑蝥炒，去斑蝥為末，醋丸，治氣血食諸積鼓脹；　加香附，治腫脹尤妙。同台烏、遠志、智仁、桑蛸，止小便利。又消癰腫，止痛，亦通陽利竅之功。心勞神耗者，嫩桑枝、甘草拌蒸用。又洗疳瘡。

生石上者良，嫩黃、節密、硬緊、中心微赤、辛香者真，如竹根、色黑、味腥而鬆者，止治風濕疥瘙，不堪入藥。去毛炒用。忌鐵。

清·文晟《新編六書》卷六藥性摘錄　石菖蒲　辛苦而溫，芳香而散。入心宣氣，通竅醒脾，逐痰。○治寒濕痹，並欬逆上氣，開心孔九竅，明耳目，出聲音，解癰毒，止小便不禁，霍亂轉筋，伏梁，癲癇，噤口下痢，半產漏下，或搶心下血，及產後崩中不止。○但陽亢陰虛，嫠寡失合者，禁用。○取一寸九節，根瘦者佳。去皮，微炒用。○惡麻黃，忌飴糖、羊肉、鐵器。

清·張仁錫《藥性蒙求》　石菖蒲五分、一錢　石菖蒲溫，芳香透竅。定志開心，逐痰最妙。辛苦而溫，入心、脾二經。芳香開竅，功專開發心陽，治驚癇客忤，噤口毒痢。又能發聲音，明耳目。○即細葉菖蒲。用根，去毛，微炒。鮮者可打汁。生水石間，不沾土，根瘦節密，一寸九節者良。○得生地、犀角、連翹治熱邪入絡神昏。○陰血不足者，精滑汗多者，均忌服。勿犯鐵器。張璐云：心氣不足者宜。

清·劉善述、劉士季《草木便方》卷一草部　水劍草　石菖蒲辛苦溫香，崩帶胎漏毒痢方。聰耳明目音聲利，風濕腫痛散鬱傷。花名蒲黃。

清·黃光霽《本草衍句》　石菖蒲　辛苦而溫，芳香而散。通利心脾良藥。補肝益心，開孔利竅。開心孔，利九竅。去溼逐風，《本經》治風寒濕痺。除痰消積。解煩悶，止腹痛，霍亂轉筋。明耳目，出音聲，上氣咳逆。痰溼壅滯之咳逆。小便不禁，溫水臟之虛寒。胎漏崩中，暖血海之冷敗。噤口毒痢堪除，噤口雖屬脾虛，亦熱閉胸膈所致，用木香失之溫，山藥失之閉，唯參苓白术散加菖蒲，米飲下，胸次一開，自然思食。癲癇神昏。伏梁溫瘧能療，心積曰伏梁，溫瘧作湯藥。卒中鬼擊。卒死中惡，得犀角、生地、連翹治熱邪入絡神昏。因是仙家服食，故《本經》首推。　周顛仙對明太祖：恆嚼菖蒲，飲水服，無腹痛之疾。　卒患心痛，嚼一二三寸，熱湯或酒送下，亦效。　蜀人治心腹冷氣搊痛者，取一二寸，搥碎，同吳萸煎湯飲之。

清·陳其瑞《本草撮要》卷一　石菖蒲　味辛，入手少陰、足太陰經，功專開發心陽。得犀角、生地、連翹治熱邪入絡神昏。去皮微炒用。秦艽為使。惡麻黃，忌飴糖、羊肉、鐵器。

清·周巖《本草思辨錄》卷二　菖蒲　鄒氏云：人身靈明，猶火蓄石中；人身軀體，猶石能蓄火。假使軀體為寒水所蒙，靈明為痰涎所壅，則運動不周，視聽不協。外之不化，由於內之不出。惟菖蒲生水石間，而辛溫芳烈，有陽畢達，有陰悉布，故凡水液混濁為神明之翳者悉主之。疏極精審，准是以用菖蒲，始克有當。

菖蒲用以開心孔，發音聲甚效，然須審定病之宜辛溫者。王孟英昌陽瀉心湯，以菖蒲偶竹茹、枇杷葉等味亦妙。內用仲聖瀉心湯三物，而以菖蒲代生薑，蓋義各有當也。

大浮萍

清·何諫《生草藥性備要》卷上　大浮萍　味淡，性寒。治酒風腳痛，煲肉食。亦擦汗斑，能散皮膚血熱，又治麻瘋。下死胎，煲水薰之。一名水浮蓮。

清·趙其光《本草求原》卷五水石草部　大浮萍即水浮蓮。　淡，寒，逐皮膚瘀血，洗癘瘋，治酒風腳痛，煎豬肉食。擦汗斑，下胎。煎水熏。其紫背水浮萍，亦下胎並發汗。

香蒲

唐·歐陽詢《藝文類聚》卷八二　蒲　《山海經》曰：孟于之山，其上多蒲。　《爾雅》曰：莞，苻離，其上萵。今水中莞蒲，可作席也。　《毛詩》曰：彼澤之陂，有蒲與蕑。又曰：魚在在藻，依于其蒲。　《左傳》曰：齊侯澤之萑蒲，舟鮫守之，不與民共。又曰：臧文仲妾織蒲。　《古歌》曰：蒲葉何離離。　《離騷》曰：抽蒲兮陳坐，援芙兮為蓋。　《文選》曰：新蒲含紫茸。又曰：新蒲節轉促。　《史記》曰：趙高將為亂，先設驗，獻蒲以為脯，惑二世有言蒲者誅之。　《漢書》：路溫舒父為里監門，使溫舒牧羊，乃取澤中蒲，截以為牒，編用寫書。又曰：元帝疾時，史丹以親密侍疾，唯上獨寢，直入臥內，頓首伏青蒲上。　《東觀漢記》曰：劉寬遷南陽太守，溫仁多恕，吏民有過，但用蒲鞭罰之，示辱而已。　《續述征記》曰：鳥當沉湖齊人謂湖為沉。中，有九十臺，皆生結蒲。云秦始皇遊此臺，結蒲繫馬，自此蒲生則結。

詩　《古詩》曰：青蒲綠蔕，生我池中。

宋·李昉《太平御覽》卷第九九三　香蒲　《本草經》曰：香蒲，一名雎蒲。味甘，平。生池澤。治五藏心下邪氣，堅齒明目聰耳，久服輕身(能)[耐]老。生南海。　《吳氏本草》曰：醮，一名醮石，一名香蒲。神農、雷公：甘。生南海池澤中。

清・劉善述、劉士季《草木便方》卷一草部 水蠟燭 毛蠟燭根平補精，利水〔通〕淋壯腎經。崩中帶下調虛損，〔病〕後煩熱燒肉羹。

宋・方勺《泊宅編》卷二 一士人沿汴東歸，夜泊村步，其妻熟寐，撼之，問：何事？不答。又撼之，妻驚起，視之，舌腫已滿口，不能出聲。急訪醫，得一叟負囊而至，用藥糝，比曉復舊。問之，乃蒲黃一味，須真者佳。

宋・唐慎微《證類本草》卷七草部上品〔《本經・別録》〕 香蒲 味甘，平，無毒。主五藏，心下邪氣，口中爛臭，堅齒，明目，聰耳。久服輕身，耐老。一名睢七余切。一名醮。生南海池澤。

〔梁・陶弘景《本草經集注》〕云：方藥不復用，俗人無採，彼土人亦不復識者。江南貢菁茅，一名香茅，以供宗廟縮酒。或云是薰草，又云是鷰麥，此蒲亦相類爾。

〔唐・蘇敬《唐本草》〕注云：此即甘蒲，作薦者，春初生，用白爲菹，亦堪蒸食。山南名此蒲爲香蒲，謂昌蒲爲臭蒲。陶隱居所引菁茅，乃三脊茅也。其鷰麥、薰草、香茅，野俗皆識，都不爲類此，並非例也。蒲黃，即此香蒲花是也。

〔宋・唐慎微《證類本草》〕《圖經》曰：文具蒲黃條下。

宋・唐慎微《證類本草》卷七草部上品〔《本經・別録》〕 蒲黃 味甘，平，無毒。主心腹膀胱寒熱，利小便，止血，消瘀血。久服輕身，益氣力，延年神仙。生河東池澤，四月採。

〔梁・陶弘景《本草經集注》〕云：此即蒲釐力之切花上黃粉也，伺其有，便拂取之，甚療血。《仙經》亦用此。

〔宋・掌禹錫《嘉祐本草》〕按：《藥性論》云：蒲黃，君。通經脉，止女子崩中不住，主痢血，止鼻衄，治尿血，利水道。日華子云：蒲黃，治撲血悶，排膿，瘡癤，婦人帶下，月候不勻，血氣心腹痛，姙孕人下血墜胎，血運，血癥，兒枕急痛，小便不通，腸風瀉血，遊風腫毒，鼻洪吐血，下乳，止泄精，血痢。此即是蒲上黃花。入藥要破血消腫即生使，要補血止血即炒用。蒲黃篩下後有赤滓，名爲萼。炒用，甚澁腸，止瀉血及血痢。

〔宋・蘇頌《本草圖經》〕曰：蒲黃，生河東池澤，香蒲，蒲黃苗也。生南海池澤，今處處有之，而泰州者爲良。春初生嫩葉，未出水時，紅白色茸茸然。《周禮》以爲菹，謂其始生。取其中心入地，大如匕柄，白色，生噉之，甘脆。以苦酒浸，如食筍，大美，亦可以爲鮓，今人罕復有食者。至夏，抽梗於叢葉中，花抱梗端，如武士捧杵，故俚俗謂蒲搥，亦謂之蒲釐。花黃，即花中蘂屑也。細若金粉，當其欲開時，有便取之。市廛間亦採，以蜜搜作果食貨賣，甚益小兒。醫家又取其粉，下篩後有赤滓，謂之蒲萼。入藥以澁腸已洩，殊勝。

〔宋・唐慎微《證類本草》〕《雷公》云：凡使，勿用松黃并黃蒿。其二件全似，只是味跙及吐人。凡欲使蒲黃，須隔三重紙焙令色黃，蒸半日，却焙令乾，用之妙。《千金方》：治重舌，舌上生瘡，涎出。以蒲黃傅之，不過三度差。又方：治丈夫陰下濕痒。蒲黃末傅之，三四良。《肘後方》：治腸痔，每大便常血水。服蒲黃方寸匕，日三服良。《葛氏方》：忍小便久致胞轉。以蒲黃裹腰腎，令頭致地，三度通。又方：若血內漏者。蒲黃二兩，水服方寸匕，立止。《梅師方》：治産後血不下。蒲黃三兩，水三升，煎取一升，頓服。《孫真人食忌》：主卒吐血，以水服蒲黃一升。《簡要濟衆》：治吐血，唾血。蒲黃一兩，擣爲散。每服三錢，溫酒或冷水調，妙。又方：治小兒吐血不止。蒲黃細研，每服半錢，用生地黃汁調下，量兒大小，加減進之。《塞上方》：治鼠奶痔。蒲黃末，空心溫酒下方寸匕，日三服。又方：治墜傷樸損，瘀血在內，煩悶。蒲黃末，空心熱酒調下，三錢匕服。《子母秘録》：治日月未足而欲産者。蒲黃如棗許大，以井花水服。又方：治脱肛腸出。蒲黃和猪脂傅上，日三五度。《楊氏産乳》：療母勞熱胎動下血，手足煩躁。蒲黃根絞汁，服一二升。《産寶》：治産後下血，虛羸迨死。蒲黃二兩，水二升，煎取八合，頓服。又方：治産後妬乳并癰腫。蒲黃草熟杵，傅腫上，日二度易之。并煎葉汁飲之亦佳，食之亦得，并差。催生：蒲黃、地龍、陳橘皮等分，地龍洗去土，於新瓦上焙令微黃，各爲末，三處貼之。如經日不産，各抄一錢匕，新汲水調服，立産。此常親用之，甚妙。

宋・寇宗奭《本草衍義》卷八 蒲黃 處處有，即蒲槌中黃粉也。今京師謂槌爲蒲棒。初得黃，細羅，取萼別貯，以備他用。將蒲黃水調爲膏，擘爲塊，人多食之，以解心藏虛熱。小兒尤嗜。涉月則燥，色味皆淡，須蜜水和。然不可多食，令人自利，不益極虛人。

宋・劉明之《圖經本草藥性總論》卷上 蒲黃 味甘，平，無毒。主心腹膀胱寒熱，利小便止血，消瘀血，久服輕身，益氣力。《藥性論》云：君。通經脉，止女子崩中不住，主痢血，止鼻衄，治尿血，利水道。日華子云：治婦人帶下，姙孕人下血墜胎，血運血癥，兒枕急痛，小便不通，腸風瀉血，遊風腫毒，鼻洪吐血，下乳，止泄精血痢。生破血，炒補血。

元・王好古《湯液本草》卷四 蒲黃 氣平，味甘，無毒。《本草》云：主心腹膀胱寒熱，利小便，止血，消瘀血。又云：治一切吐、衄、唾、溺、崩、瀉、扑、癥、帶下等血，並皆治之。並瘡癤，通月候，墮胎，兒枕急痛，風腫鼻洪，下乳，止泄精血利。如破血消腫則生用，補血止血則炒用。

元·忽思慧《飲膳正要》卷三　蒲黄　味甘，平，無毒。治心腹寒熱，利小便，止血疾。

蒲筍　味甘，無毒。補中益氣，活血脉。

明·朱橚《救荒本草》卷上之後　蒲笋　《本草》名其苗為香蒲，即甘蒲也。一名睢，一名醮。俚俗名此蒲為香蒲，謂菖蒲為臭蒲。其香蒲水邊處處有之，根比菖蒲根極肥大而少節，其葉初未出水時，葉莖紅白色，採以為笋，後攛梗於叢葉中，花抱梗端，如武士捧杵，故俚俗謂蒲棒。蒲黄，即花中蘂屑也。細若金粉，當欲開時，有便取之。市廛間亦採之，以蜜搜作果食貨賣，甚益小兒。味甘，性平，無毒。救飢：採近根白笋，揀剝洗淨，煠熟，油鹽調食，蒸食亦可。或採根刮去麄皴七倫切晒乾，磨麵打餅、蒸食皆可。治病：文具《本草》草部香蒲及蒲黄條下。

明·王綸《本草集要》卷二　蒲黄君　味甘，氣平，無毒。主心腹、膀胱寒熱，利小便，止血，消瘀血。久服輕身，益氣力，延年。治一切吐衄唾崩，腸風血痢，尿血撲血，血癥帶下，月候不匀，心腹痛，產後諸血病，并瘡癤風腫。若破血消腫即生用，補血止血則炒用。○蒲萼，篩黄粉下後，有赤滓是，炒用以澀腸已洩，殊勝。

明·滕弘《神農本經會通》卷一　蒲黄　君也。此即蒲釐花上黄粉。凡使勿用松黄并黄蒿，二件全似，味跙吐人。《局》云：隔厚紙，炒令黄色。味甘，氣平，無毒。《湯》云同。東云：止崩，治衄，消瘀，調經。《疌》云：利小便，逐瘀血，主心腹、膀胱寒熱，止崩，治衄，墮胎。

《本經》云：主心腹膀胱寒熱，利小便，止血，消瘀血。久服輕身，益氣力，延年神仙。《藥性論》云：蒲黄，君。通經脉，止女子崩中不住。主痢血，止鼻衄，治尿血，利水道。日華子云：治撲損血悶，排膿，瘡癤，婦人帶下，月候不匀，血氣心腹痛，姙孕人下血，墮胎，血運血癥，兒枕急痛，小便不通。腸風瀉血，遊風腫毒，鼻洪吐血，下乳，止泄精，血痢。此即是蒲上黄花，入藥要破血消腫，即生使。要補血止血，即炒用。蒲黄篩下後，有赤滓，名為萼，炒用，甚澁腸，止瀉血及血痢。《湯》云：治一切吐衄，唾溺，崩瀉，撲癥，帶下等血，並皆治之，並瘡癤，通月候，墮胎，兒枕急痛，風腫，鼻洪，下乳，止泄精，血痢。如破血消腫則生用，補血止血則炒用。劄云：蒲黄無毒味甘平，行血如何又治崩。炒過用之方補澁，若還生用即通經。即《局方》蒲黄行血用生，止血用炒。

明·劉文泰《本草品彙精要》卷八　蒲黄無毒　叢生。

蒲黄出《神農本經》：**主心腹膀胱寒熱，利小便，止血，消瘀血。久服輕身，益氣力，延年，神仙。**以上朱字《神農本經》。○蒲萼，以澀腸止泄殊勝，止瀉血及血痢。以上黑字名醫所錄。【名】蒲搥、蒲釐花。【苗】《圖經》曰：春初生嫩葉，未出水時紅白色，茸茸然。至夏抽梗于叢葉中，花抱梗端，如武士捧杵，故俚俗謂蒲搥，亦謂之蒲釐花。黄即花中蕊屑也，細若金粉，當其欲開時有便取之。市廛間亦採，以蜜搜作果食貨賣，甚益小兒。醫家又取其粉，下篩後有赤滓，謂之蒲萼也。【地】《圖經》曰：生河東及南海池澤，今處處有之。【道地】泰州者爲良。【時】生：春葉。採：夏取蕊。【收】日乾。【用】花中蕊屑。【質】類松花。【色】黄褐。【味】甘。【性】平，緩。【氣】氣厚于味，陽中之陰。【臭】香。【主】諸血。【製】《雷公》云：凡使，須隔三重紙焙，令色黄，蒸半日，再焙乾，用。【治】療：《藥性論》云：通經脈，止女子崩中不住，痢血，及鼻衄，尿血，利水道。日華子云：撲傷，血悶，排膿，及瘡癤，婦人帶下，月候不匀，血氣，心腹痛，妊娠下血，墮胎，血暈，血癥，兒枕急痛，小便不通，腸風瀉血，遊風腫毒，鼻洪，吐血，下乳，血痢。生用破血消腫，炒用補血止血。補：日華子云：止泄精。【禁】妊娠不可生用。【贋】松黄、黄蒿爲僞。香蒲無毒：叢生。

香蒲：主五臟心下邪氣，口中爛臭，堅齒，明目，聰耳。久服輕身，耐老。《神農本經》。【名】睢、醮。【苗】《圖經》曰：香蒲乃蒲黄苗也。初生時取其中心入地，大如匕柄白色者，生啖之甘脆。《周禮》以爲菹者是也。至夏抽莖于叢葉中，其端花蕊有屑如金粉，即蒲黄也。《唐本》注云：此甘蒲可作薦者，用白爲菹，亦堪蒸食。山南名此蒲爲香蒲，謂菖蒲爲臭蒲也。【地】《圖經》曰：生南海池澤，今處處有之。【道地】泰州者良。【時】生：春初。採：夏。【收】日乾。【用】根。【質】類茭白而細。【色】白。【味】甘。【性】平，緩。【氣】氣厚于味，陽中之陰。【臭】香。【主】聰耳目。

明·盧和、汪穎《食物本草》卷二　蒲蒻　味甘，微寒。主消渴，生噉之脆美。《詩》云維筍及蒲是也。

明·姚可成《食物本草》卷首王西樓《救荒野譜》　蒲兒根食根。即蒲草嫩根也。生熟皆可食。　蒲兒根，生水曲。年年砍蒲千萬束，水鄉人家衣食足。今年水深渰絕蒲，食盡蒲根生意無。

明・葉文齡《醫學統旨》卷八　蒲黃　氣平，味甘。無毒。即蒲釐力之功，花上黃粉也。破血消腫即生用；補血止血則炒。　治一切吐衄唾崩，腸風血利，尿血，撲血，血癥，墮胎，帶下，月候不勻，心腹痛，產後諸血病；利小便，止血消瘀，并遊風腫毒。

明・鄭寧《藥性要略大全》卷四　蒲黃君　止崩，治衄，消瘀血，調經。《經》云：主心腹膀胱寒熱，利小便，止血，消瘀血，行血。治一切吐衄血，通經脉，墮胎，止女子崩漏帶下，主痢血、尿血、唾血，利水道，排膿瘡癤，心腹疼，下乳汁，止洩精，血痢，腸風瀉血，兒枕急痛，除腹痛。　味甘，性平，無毒。生用則破血消腫，炒用則能補血止血。忌鐵。惟用紙炒。　蒲黃篩下後有赤滓筋，名為〔蒲〕萼。炒用甚能澁腸，止瀉血痢血。

明・陳嘉謨《本草蒙筌》卷一　蒲黃　味甘，氣平。無毒。種盛泰州，屬南直隸。根滿池澤。經秋盡瘁，逢春復生。初萌孽紅白茸茸，為蒲蒻，曾載《周禮》。漸成柄甘脆可噉，號蒲筍亦著誌書。春深發葉成叢，夏半抽梗中起。花抱梗梢名蒲釐，類武林棒槌；屑綴花中即蒲黃，似畫者金粉。市廛收為粿賣，用蜜和作，甚益小兒。醫家採入藥煎。篩淨曝乾，血病必用。補血止血須炒，破血消腫宜生。止血熱妄行，吐衄唾咯立効；消瘀血凝積，癥瘕崩帶殊功。調女人月候不勻，去產婦兒枕作痛。療跌撲折損，理風腫癰瘡。久服如常，其功旋奏。輕身兼益氣力，延年可作神仙。但不益極虛之人，若多食未免自利。篩後赤滓，篩去細黃，其麄赤滓在篩上者。蒲萼當知。赤滓名也。止瀉澁腸，亦宜炒使。苗採作薦，乃名香蒲。除臭爛口中，敺邪氣心下。聰耳明目，耐老堅牙。

明・方穀《本草纂要》卷二　蒲黃　味甘，氣平，無毒。血分之藥也。主諸家失血。若吐血、衄血，若溺血、便血，或崩漏下血，或跌撲損血，或腸風下血，或腫毒出血，是皆血家之候，惟蒲黃可治之者也。大抵蒲黃之劑，清膀胱之源，利小腸之氣。如血之上者，可以清之；血之下者，可以利之；血之瘀者，可以行之；血之積者，可以除之；血之閉者，可以破之；血之行者，可以止之。抑論凡藥之性可行也不可止，可止也不可行，今也蒲黃之劑，行止之兼全者，果何爲哉？吾聞生則利，熟則補；生則行，熟則止；所以破血之劑，用蒲黃而必宜生，止血之劑，用蒲黃而必宜熟；生則篩過如麵嫩黃，則易破也；熟則炒過如煤存性，則易止也。若蒲萼麄末赤色者，須炒用；如麵細嫩黃者，宜生用。

明・寧源《食鑒本草》卷下　蒲筍　味甘，寒，無毒。去熱燥，利小便。

明・王文潔《太乙仙製本草藥性大全》卷一《本草精義》　蒲黃　蒲黃生河東池澤。香蒲，蒲黃苗也，生南海池澤。今處處有之，而泰州者爲佳。春初生嫩葉，未出水時紅白色，茸茸然。《周禮》以爲蒲菹，謂其始生，取其中心入地，大如匙柄，白色，生噉之甘脆。以苦酒浸，如食笋，大美。以爲蒲笋。至夏抽梗於叢葉中，花抱梗端如武士棒杵，俗謂蒲搥，亦謂之蒲釐。花黃即花中蘂屑也，細若金粉，以爲蒲黃，當其欲開時，有便取之。市廛間亦採，以蜜搜作果食貨賣，甚益小兒。

明・王文潔《太乙仙製本草藥性大全》卷一《仙製藥性》　蒲黃君　味甘，氣平，無毒。生用則破血消腫，炒用則能補血止血。忌鐵，惟用紙炒。主治：療心腹膀胱寒熱，利小便，消瘀血，行血，治一切吐衄血，通經脉，墮胎，止女子崩漏、帶下；主痢血，尿血，唾血，尿血，撲血，血癥，月候不勻，排膿瘡癤，心腹疼，下乳汁，產後諸血病；止洩精，血痢，腸風瀉血，兒枕急痛。除腹痛；久服輕身，益氣力，延年。補註：治重舌，舌上生瘡涎出，以蒲黃傅之，不過三度差。〇忍小便久致胞轉，以蒲黃裹腰腎，令頭致地，三度通。丈夫陰下濕痒，蒲〔黃〕末傅之，三四〔度〕良。〇若血內漏者，蒲黃二兩，水服方寸匕立止。治腸痔，每大便常血，水服蒲黃方寸匕，日三服良。治產後血不下，蒲黃三兩，水三升，煎取一升，頓服。治卒吐血，以水服蒲黃一升。治小兒吐血不止，蒲黃細研，每服半錢，用生地黃汁調下，量兒大小加減進之。治吐血、唾血，蒲黃一兩，搗爲散，每服三錢，溫酒或冷水調妙。治兒奶痔，蒲黃末空心溫酒下方寸匕，日三服。治脫肛腸出，蒲黃和猪脂傅上，日三五度。治墜傷撲損，瘀血在內，煩悶，蒲黃末，空心熱酒調下三錢匕服。療母勞熱，胎動下手足煩躁，蒲黃根絞汁，服一二升。治產後下血，虛羸迨死，蒲黃二兩，水二升，煎取八合，頓服。〇治日月未足而欲產者，蒲黃如棗許大，以井花水服。　太乙曰：凡使勿用松黃并黃蒿，其二件全似，只是味跙及吐人。凡欲使蒲黃，須隔三重紙焙，令色黃，蒸半日，却焙令乾，用之妙。香蒲：味甘平，無毒。主五臟，心下邪氣，口中爛臭，堅齒，明目，聰耳，久服輕身耐老。一名睢，一名醮。生南〔海〕池澤。注云：此即甘蒲，作薦者。初春生用，白〔蒻〕爲葅，亦堪蒸。山南名此蒲爲香蒲，昌蒲爲臭蒲，乃三脊茅也。其燕麥、薰草、香茅，野俗皆識，都不爲類。蒲黄即香蒲花是也。　蒲萼：蒲黄篩下後，有赤滓，筋名爲萼。炒用甚能澁腸，止瀉血痢血。

明·皇甫嵩《本草發明》卷二　蒲黄上品之下，君。氣平，味甘，無毒。　發明曰：蒲黄，味甘色黄，足太陰經藥，血病必用之藥也。蓋脾裹血。故《本草》主止血，消瘀血，心腹膀胱寒熱，利小便，必因于血分者。治女人帶崩，月候不勻，血氣心腹痛，妊孕下血墮胎，血暈兒枕痛，血癥血痢，腸風瀉血，衄吐血溺血及撲損血悶，排膿瘡血，游風腫毒，故止血補血，須用炒。破血消腫，宜生用。然活血止血居多，而補益少，雖云久服輕身，益氣力，但不益極虚之人，多服未免自利，可見補益少矣。〇香蒲，即蒲黄苗。氣平，味甘。除穢惡，故主五藏心下邪氣，口爛臭，堅齒，明目聰耳。其始生取其中心，入地未出水時，紅白色，啖之甘脆，以苦酒浸之，味如笋鮮美，亦可為鮓用。

明·李時珍《本草綱目》卷一九草部·水草類　香蒲《本經》上品　蒲黄《本經》上品

〔釋名〕甘蒲蘇恭　醮石吴普　花上黄粉名蒲黄恭曰：香蒲即甘蒲，可作薦者。春初生，取白爲葅，亦堪蒸食。山南人謂之香蒲，以菖蒲爲臭蒲也。蒲黄即此蒲之花也。

〔集解〕《别録》曰：香蒲生南海池澤。蒲黄生河東池澤，四月採之。頌曰：香蒲，蒲黄苗也。處處有之，以秦州者爲良。春初生嫩葉，〔未〕出水時，紅白色茸茸然。取其中心入地白蒻，大如匕柄者，生啖之，甘脆。又以醋浸，如食筍，大美。《周禮》謂之蒲葅，今人罕有食之者。至夏抽梗於叢葉中，花抱梗端，如武士棒杵，故俚俗謂之蒲槌，亦曰蒲萼花。其蒲黄，即花中蕊屑也。細若金粉，當欲開時便取之。市廛以蜜搜作果食貨賣。時珍曰：蒲叢生水際，似莞而褊。有脊而柔，二三月苗。採其嫩根，瀹過作鮓，一宿可食。亦可煠食、蒸食及曬乾磨粉作餅食。《詩》云：其蔌伊何，惟筍及蒲。是矣。八九月收葉以爲席，亦可作扇，軟滑而温。

〔正誤〕弘景曰：香蒲方藥不復用，人無採者，南海人亦不復識。江南貢菁茅，一名香茅，以供宗廟縮酒。或云是薰草，又云是燕麥，此蒲亦相類耳。恭曰：陶氏所引菁茅，乃三脊茅也。香茅、燕麥、薰草，野俗皆識，都非香蒲類也。

蒲蒻一名蒲筍《食物》　蒲兒根《野菜譜》　〔氣味〕甘，平，無毒。時珍曰：寒。

〔主治〕五臟心下邪氣，口中爛臭，堅齒明目聰耳。久服輕身耐老《本經》。去熱燥，利小便寧原。生啖，止消渴汪穎。補中益氣，和血脈《正要》。擣汁服，治妊婦勞熱煩躁，胎動下血。時珍。出《産乳》。〔附方〕舊二。妒乳乳癰：蒲黄草根擣封之，並煎汁飲及食之。昝殷《産寶》。　熱毒下痢：蒲根二兩，粟米二合，水煎服，日二次。《聖濟總録》。

蒲黄《本經》上品　〔修治〕斅曰：凡使勿用松黄並黄蒿。其二件全似，只是味跙及吐人。真蒲黄須隔三重紙焙令色黄，蒸半日，却再焙乾用之妙。大明曰：破血消腫者，生用之；補血止血者，須炒用。　〔氣味〕甘，平，無毒。　〔主治〕心腹膀胱寒熱，利小便，止血，消瘀血。久服輕身益氣力，延年神仙《本經》。治痢血，鼻衄吐血，尿血瀉血，利水道，通經脈，止女子崩中甄權。婦人帶下，月候不勻，血氣心腹痛，妊婦下血墜胎，血運血癥，兒枕氣痛，顛撲血悶，排膿瘡癤，游風腫毒，下乳汁，止泄精大明。涼血活血，止心腹諸痛時珍。　〔發明〕弘景曰：蒲黄，即蒲釐花上黄粉也。甚療血。仙經亦用之。宗奭曰：汴人初得，羅去滓，以水調爲膏，擘爲塊。人多食之，以解心臟虚熱，小兒尤嗜之。過月則燥，色味皆淡，須蜜水和。不可多食，令人自利，極能虚人。時珍曰：蒲黄，手足厥陰血分藥也，故能治血治痛。生則能行，熟則能止。與五靈脂同用，能治一切心腹諸痛，詳見禽部寒號蟲下。按許叔微《本事方》云：有士人妻舌忽脹滿口，不能出聲。一老叟教以蒲黄頻摻，比曉乃愈。又《芝隱方》云：宋度宗欲賞花，一夜忽舌腫滿口。蔡御醫用蒲黄、乾薑末等分，乾搽而愈。據此二説，則蒲黄之涼血活血可證矣。蓋舌乃心之外候，而手厥陰相火乃心之臣使，得乾薑是陰陽相濟也。

〔附方〕舊十四，新十一。　舌脹滿口：方見上。　重舌生瘡：蒲黄傅之。不過三上瘥。《千金方》。　肺熱衄血：蒲黄、青黛各一錢，新汲水服之。或去青黛，入油髮灰等分，生地黄汁調下。《簡便單方》。　吐血唾血：蒲黄末二兩，每日温酒或冷水服三錢妙。《簡要濟衆方》。　老幼吐血：蒲黄末，每服半錢，生地黄汁調下，量人加減。或入髮灰等分。《聖濟總録》。　小便出血：方同上。　小便轉胞：以布包蒲黄裹腰腎，令頭致地，數次取通。《肘後方》。　金瘡出血：悶絶。蒲黄半兩，熱酒灌下。《危氏方》。　瘀血内漏：蒲黄末二兩，每服方寸匕，水調下，服盡止。《肘後方》。　腸痔出血：蒲黄末方寸匕，水服之，日三服。《肘後方》。　小兒奶痔：蒲黄末，空心温酒服方寸匕，日三。《塞上方》。　脱肛不收：蒲黄和猪脂傅，日三五度。《子母秘録》。　胎動欲産：日月未足者。蒲黄二錢，井華水服。《集一方》。　産婦催生：蒲黄、地龍洗焙、陳橘皮等分，爲末，另收。臨時各抄一錢，新汲水調服，立産。此常親用甚妙。《唐慎微方》。　胞衣不下：蒲黄二錢，井水服之。《集驗方》。　産後下血：羸瘦迨死。蒲黄二兩，水二升，煎八合，頓服。《産寶方》。　産後血瘀：蒲黄三兩，水三升，煎一升，頓服。《梅師方》。　兒枕血瘕：蒲黄三錢，米飲服。《産寶》。　産後煩悶：蒲黄方寸匕，東流水服，極良。《產寶》。　墜傷撲損：瘀血在內，煩悶者。蒲黃末，空心溫酒服三錢。《塞上方》。　關節疼痛：蒲黃八兩，熟附子一兩，爲末。每服一錢，涼水下，日一。《肘後方》。　陰下濕癢：蒲黃末，傅三四度瘥。《千金方》。　聤耳出膿：蒲黃末摻之。《聖惠》。　口耳大衄：蒲黃、阿膠炙各半兩。每用二錢，水一盞，生地黃汁一合，煎至六分，溫服。急以帛繫兩乳，止乃已。《聖惠方》。　耳中出血：蒲黃炒黑研末，摻入。《簡便方》。　蒲黃滓大明曰：蒲黃中篩出赤滓，名曰蒲萼也。　【主治】炒用澀腸，止瀉血、血痢甚妙大明。

題明·薛己《本草約言》卷一《藥性本草》　蒲黃　味甘、淡，氣平，無毒。陽中之陰，降也。生之則行，炒之則止。炒則止諸血之妄行，生則消瘀血之結滯。以其生用，又有滲濕之能，故治膀胱血結，而竅澁不利。入足厥陰肝。《發明》云：　蒲黃味甘色黃，足太陰經藥，血病必用之藥也。市者多以黃栢末假之，極害人。

明·周履靖《茹草編》卷二　蒲兒根　青青者蒲，於彼中流。清霜改節，素月驚秋。芳根可劚，佐我盤饈。既醉既飽，蒲褥悠悠。安我食我，爾德莫酬。　即蒲草嫩根也。生熟皆可食。

明·梅得春《藥性會元》卷上　蒲黃　味甘，氣平。無毒。生則味滑，炒則味澁。　主治一切吐血、唾血、衄血、崩血、腸風下血、尿血、撲血、血癥，墮胎，帶下，月經不調，心腹痛，膀胱寒熱，產後諸血病。利小便，止血，消瘀血及遊腫。行血用生，止血用炒。　製法：　凡使，須隔三層帋焙，令老黃色。或再蒸半日，焙乾用之妙。

明·杜文燮《藥鑒》卷二　蒲黃　氣平，味甘，無毒。療跌撲抑損，理風腫癰瘡。女人月不匀，非此莫調。產後兒枕，非此莫去。炒則補血而且止，生則破血而兼消。佐黃柏，君故紙，崩漏殊功。同槐花，使條芩，腸風立效。吐衄唾咯者，血熱妄行也，用之立驗。凝積癥瘕者，血瘀亂聚也，投之即去。

明·李中立《本草原始》卷一　蒲黃　生河東池澤，今處處有之，以秦州者為良。香蒲，蒲黃苗也。春初生，嫩葉未出水時，紅白茸茸然。取其中心入地白蒻，大如匕柄者，生啖之，甘脆。以醋浸，如食笋，大美。《周禮》以為蒲葅。至夏抽梗於叢葉中，花抱梗端，如武士棒杵，故俚俗謂之蒲槌，亦曰蒲萼花。其蒲黃即此香蒲花中蕋屑也。　蒲黃：　氣味：　甘，平，無毒。　主治：　心腹膀胱寒熱，利小便，止血，消瘀血。久服輕身，益氣力，延年神仙。

○治痢血、鼻衄、吐血、尿血、瀉血，利水道，通經脉，止女子崩中。○婦人帶下，月候不匀，血氣心腹痛，妊婦下血墜胎，血運血癥，兒枕氣痛，顛撲血悶，排膿瘡癤，遊風腫毒，下乳汁，止洩精。　乃香蒲花上黃粉也。四月采。葉為席作扇，軟滑而溫。

蒲黃，《本經》上品。【圖略】南人以蒲黃苗為香蒲，以菖蒲為臭蒲也。今人謂蒲槌為蒲棒。　世多以薑黃末攙麥麵充之，每稱為羅過蒲黃。其色嫩黃可愛，其麵細如黃粉。用是治病，安得獲效？　人當擇色淡黃，有蕊屑者入藥方真。　修治：　蒲黃方破血、消腫者生用之；　補血止血者，須炒用。蒲黃，手足厥陰血分藥也。

按：　許叔微《本事方》云：　有士人妻舌忽脹滿口，不能出聲。一老叟教以蒲黃頻摻，比曉乃愈。又《芝隱方》云：　宋度宗欲賞花，一夜忽舌腫滿口。蔡御醫用蒲黃、乾薑末等分，乾搽而愈。據此二說，則蒲黃之凉血活血可證矣。

明·張懋辰《本草便》卷一　蒲黃君　味甘，氣平，無毒。　主心腹膀胱寒熱，利小便，止血，消瘀血，治一切吐、衄、唾、崩、傷風血痢、尿血、撲血、血癥、帶下、月候不匀，心腹痛，產後諸血病，并瘡癤風腫。

明·李中梓《藥性解》卷三　蒲黃　味苦，性平，無毒，入肝經。生用則性滑，主行血，通經墮胎，消瘀排膿，利小便，祛心腹膀胱熱。炒用則性澁，主止血，除崩漏滯下，一切吐衄血，痢血尿血，腸風下血，止精洩，定兒枕痛。忌見鐵器，宜隔紙焙黃蒸之，再焙用。　按：　蒲黃主血，而肝藏血，故獨入焉，仙經用之，亦以多功於血耳。

明·繆希雍《本草經疏》卷七　蒲黃　味甘，平，無毒。　主心腹、膀胱寒熱，利小便，止血，消瘀血。久服輕身，益氣力，延年神仙。

〖疏〗蒲黃得地之陰氣，兼得金之辛味。其言甘平者，是兼辛而言也，非辛則何以能散邪？　又稟天之陽氣，故曰微寒而無毒也。如是則甘能和血，辛能散結，微寒能除熱。　入手少陰、太陽、太陰，足陽明、厥陰。故主心腹、膀胱寒熱，利小便，止血，消瘀血。　久服輕身、益氣力者，是血熱、瘀血、傷損之病去，而身輕力長也。　欲止血，熟用；　欲消血，生用。　產泰州。

〖主治參互〗得炒黑乾薑、炒黑豆、澤蘭、當歸、川芎、牛膝、生地黃，治產後諸血病。　同車前子、牛膝、生地黃、麥門冬，治溺血。　同阿膠、白膠、人參、麥門冬、赤茯苓、車前子、杜仲、川續斷，治血崩、血淋。　生納舌下，數數易之，消重舌。　治一切跌撲傷損，瘀血停滯腹中，生蒲黃煮濃，和童便飲之良。　能破血，故治癥結，五勞七傷，停積瘀血，胸前痛，即發吐衄，悉和涼血行血藥主之。　【簡誤】一切勞傷發熱，陰虛內熱，無瘀血者禁用。

明・倪朱謨《本草彙言》卷七　香蒲　味甘，氣平，無毒。

李氏曰：香蒲，生南海池澤，今處處有之。又以秦州者爲良。春初叢生水際。嫩葉出水時紅白色，茸茸然，似莞而褊，有脊而柔。取其中心白蒻大如匕柄者，生啖之，甘脆美口。又湯瀹作羹食，或煠食、蒸食、醋浸食，或曝乾磨粉作餅食皆可。《詩》云：其蔌伊何？惟筍及蒲是矣。又《周禮》謂之菹蒲，今人罕有食之者。至夏抽梗于叢葉中，花抱梗端，如武士捧杵，故俚俗謂之蒲搥，即蒲萼也。其花中蕊屑，即蒲黃也。四五月欲開時，更取之。

香蒲：潤燥涼血，韓保昇去脾胃伏火之藥也。夏碧潭稿東垣主五藏邪熱，故《汪氏方》生啖，止消渴、吐衄鮮血；《甯氏方》搗汁飲，治勞熱煩燥。又利小便。今方藥中不復用，人無采者。南海人亦不識。因蒲黃出于此中，今備此以廣取用云。

熹宗皇帝賜王司馬有驗李太醫臨方治關格上下不通，膈中覺有所礙，欲升不升，欲降不降，升降不行，飲食不下，大便不出。書云：關者，甚熱之氣。垢物無由而出，熱在下焦，填塞不便也；格者，甚寒之氣。水穀無由而入，寒在胸中，遏絕不進也。用真香蒲末一兩，半夏麴六錢，川貝母五錢，蘇子四錢，茯苓三錢，白朮二錢，枳實、沉香各一錢，俱爲極細末。如關病大便閉塞不便，本方加酒煮，九蒸九曬大黃一兩，砂仁五錢，共爲末，煉蜜丸，如黍米大。每空心服二錢，豆腐漿送下。如格病飲食不入，本方加肉桂一兩，附子童便製五錢，白豆仁四錢，共爲末，煉蜜丸，彈子大。噙口內，隨津唾徐徐嚥下。

明・倪朱謨《本草彙言》卷七　蒲黃　味甘，氣平，無毒。

雷氏曰：蒲黃，即香蒲花上黃粉是也。一名蒲灰。開時便取。蜜搜作果食之，甘潤而美。其葉七八月摘取，柔滑而溫，可以爲席、爲扇。《書》《禮》二經言：男執蒲璧，即取此像，言有奠安君人之道之意。外有松黃及黃蒿二物，全似蒲黃，只是味粗惡及吐人，務要辨明。取真者，須微炒令黃色用。

蒲黃：李時珍血分行止之藥也。主諸家失血。朱東生凡吐血，衄血，溺血，便血，崩漏下血，腸風瀉血，總能治之。此藥性涼而利，能潔膀胱之原，清小腸之氣。故小便不通，前人所必用也。至于治血之方，血之上者可清，血之下者可利，血之滯者可行，血之行者可止。凡生用則性涼，行血而兼消；炒用則味澀，調血而且止也。

集方：《簡要濟衆方》治吐血、衄血，不拘男婦老幼。用蒲黃末微炒，每服三錢，白湯調送。○甄氏方治小便溺血血淋，大便腸風漏血。用生蒲黃微炒，每空心服三錢，生地黃煎汁調服。○同前治婦人血崩經漏。用蒲黃炒焦，當歸、川芎、熟地、牡丹皮各二錢，煎湯調服。○同上治小便不通。用生蒲黃、海金砂各等分，白湯調服，早晚各二錢。○大氏方治心腹痛。用蒲黃、五靈脂各等分，白湯調送二錢。○《肘後方》治小便轉胞。以布包蒲黃，裹兩腰間，令頭致地，數次即通。○《肘後方》治痔瘡出血不止。用蒲黃末三錢，白湯調，日三服。○唐慎微方治難產催生。用蒲黃、地龍洗淨焙、陳皮各等分，俱炒爲末。每服三錢，白湯調下，立產。○《產寶方》治產後下血幾死。用蒲黃炒黑二兩，水二升，煎八合服。○同前治產後兒枕幷血瘕。用蒲黃三錢，米飲調服。○《產寶方》治產後煩悶。用蒲黃三錢，白湯調服，極良。○《千金方》治耳中出血。用蒲黃炒黑，研末摻入。

蒲萼：即蒲黃中篩出赤渣。治瀉血血痢，炒黑用，澀腸甚妙。

明・姚可成《食物本草・救荒野譜補遺・草類》　香蒲食根。處處有之。歲初生葉，其中心入地白蒻大如筯，啖之可飽。李時珍曰：香蒲采其嫩根，燒熟可濟飢；又可磨粉作餅食。

青青水中蒲，幼女携筐筥。就水采蒲根，意況殊凄楚。采摘不盈筐，未可供朝糈。

明・姚可成《食物本草》卷一九草部・水草類　香蒲處處有之。春初生嫩葉，出水時紅白色，茸茸然。取其中心入地白蒻，大如匕柄者生啖之，甘脆。又以醋浸，如食筍，大美。《周禮》謂之蒲菹。今人亦有食之者。至夏抽梗於叢葉中，花抱梗端，如武士棒杵，故俚俗謂之蒲槌。花中蕋屑細若金粉，謂之蒲黃。當欲開時，便取之。市廛以蜜搜作果食貨賣。○李時珍曰：蒲叢生水際，似莞而褊，有脊有柔。二三月生苗，采其嫩根，瀹過作鮓，一宿可食。亦可熯食、蒸食及晒乾磨粉作餅食。《詩》云其蔌伊何，惟筍及蒲是矣。八九月收葉以為席，亦可作扇，軟滑而溫。江南又有一種菁茅，一名三脊茅，其形似蒲，昔人貢獻以供宗廟縮酒。

蒲蒻　味甘，平，無毒。治五臟心下邪氣，口中爛臭。堅齒明目聰耳，久服輕身耐老。生啖，止消渴。去熱燥，利小便，補中益氣，和血脉。搗汁服，治妊婦勞熱煩躁，胎動下血。

蒲黃　味甘，平，無毒。主心腹膀胱寒熱，利小便，止血，消瘀血。治痢血、鼻衄、吐血、尿血、瀉血，通經脉，止女子崩中帶下，月候不勻，血氣心腹痛，妊婦下血墜胎，血運血癥，兒枕氣痛，顛仆血悶，排膿，瘡癤遊風腫毒，下乳汁，止洩精，久服輕身益氣力，延年神仙。〇寇宗奭曰：蒲黃，汴人初得，羅去滓，以水調為膏，擘為塊，食之以解心臟虛熱，小兒尤嗜之。過月則燥，色味皆淡，須蜜水和，不可多食，令人自利。

附方：治舌脹大。用蒲黃末摻之，或少加乾薑末尤妙。昔有士人妻及宋度宗病此，試之俱效。亦治重舌。

明・顧逢柏《分部本草妙用》卷七兼經部・性平　蒲黃　甘，平，無毒。入手、足厥陰二經血分藥。主治：痢血、鼻衄、吐血、尿血、瀉血，通經，止崩中帶下，下血墮胎，血運血癥，兒枕氣痛。排毒瘡，止洩精，涼血活血，止心腹痛。蒲黃行心肝血分，故能治血止痛。生則行，熱則止。與五靈脂同用，能治一切心腹痛。許叔微以之治舌脹立驗，同乾薑為末，摻舌亦効。知此遇症即施，有奇得展矣。

明・李中梓《醫宗必讀・本草徵要上》　蒲黃味甘，平，無毒。入肝經。熟用止血，生用行血。入東方血海，是其本職，利小便者，兼入州都之地耳。

按：無瘀血者勿用。

明・鄭二陽《仁壽堂藥鏡》卷一〇下　蒲黃　《經》云：蒲黃，處處有，即蒲槌中黃也。泰州者良。氣平，味甘，無毒。《本草》云：主心腹膀胱寒熱，利小便，止血，消瘀血。又云：治一切吐、衄、唾、溺、崩、瀉、撲、癥、帶下等血，並皆治之。并瘡癤，通月候，墮胎，兒枕急痛，風腫鼻洪，下乳，止泄精血痢。如破血消腫則生用，補血止血則炒用。

明・蔣儀《藥鏡》卷三平部　蒲黃　清膀胱之源，利小腸之氣。療跌撲傷損，理風腫癰瘡。佐黃蘗，君故紙，崩漏殊功。伴槐花，使條芩，腸風立效。裹韭汁，墮鬼氣虛胎。協五靈，解兒枕骨痛。吐衄唾咯者，血熱妄行也，炒用旋瘳。凝積癥瘕者，血瘀亂聚也，生投即破。

明・張景岳《景岳全書》卷四九《本草正》　蒲黃　味微甘，性微寒。解心腹膀胱煩熱疼痛，利小便。善止血涼血活血，消瘀血，治吐血衄血，痢血尿血。通婦人經脉，止崩中帶下，月經不調，妊婦胎漏墜胎，血運血癥，兒枕氣痛。及跌撲血悶。療瘡瘍，消舌腫，排膿消毒。亦下乳汁，亦止洩精。凡欲利者，宜生用。欲固者，宜炒熟用。

明・賈九如《藥品化義》卷二血藥　蒲黃　屬陽，體輕，色黃，氣微香，味甘，性平，能升能降，力生破血炒止血，性氣薄而味厚，入脾經。蒲黃色黃氣香，專入脾經。若諸失血久者，炒用之以助補脾之藥攝血歸源使不妄行，又取體輕行滯，味甘和血，上治吐衄咯血，下治腸紅崩漏。但為收功之藥，在失血之初用之無益。若生用，亦能涼血消腫。

明・施永圖《本草醫旨・食物類》卷二　蒲蒻　味：甘，微寒。主消渴。生噉之脆美。《詩》云維筍及蒲是也。

明・盧之頤《本草乘雅半偈》帙二　蒲黃《本經》上品　氣味：甘，平，無毒。主治：主心腹膀胱寒熱，利小便，止血，消瘀血。久服益氣力，輕身延年神仙。

覈曰：香蒲，蒲黃苗也。處處有之，秦州者良。叢生水際，似莞而褊，有脊而柔，春生嫩葉，出水時，紅白茸茸然。取中心入地白蒻，生啖甘脆。淪以作鮓，一宿可食。亦可煠可蒸及晒乾磨粉作餅。《周禮》謂之蒲俎。《詩》云：其蔌伊何，惟筍及蒲是矣。至夏後，則莖抽葉中，花抱莖端，如武士捧杵，謂之蒲槌，即蒲萼也。黃即花上粉屑，一名蒲灰。開時便取，蜜搜作果，食之大美。七八月摘葉，柔滑而温，可以為席，故禮男執蒲璧，言有安人之道也。凡使勿用松黃，及黃蒿，二件全似蒲黃，只是味跙及吐人。真蒲黃須隔三重紙，焙令黃色，蒸半日，却再焙乾。

条曰：蒲，水草。黃其夏火之華英也。凡草木綻萼吐英，與夫榮實蒂落，莫不具春升夏出秋降冬藏之象。至黃布花心，此又夏出吐英之榮極時也。第蒲黃四布花上，若黃金經久不變。是知蒲性精專在黃，而以巨陽為用，寒水為體，合入太陽，誠太陽氣分、血分藥也。故太陽是動，則病寒熱，小便不利。其所生，則病衄血、血瘀，咸可療之。客曰：水草紅白，夏華抱莖，具心腎義。亦可入心之腎，入腎之心藥矣。頤曰：手足太陽少陰，為府藏表裏上下中見。入手太陽，兼中藏之手少陰。入足太陽，兼中藏之足少陰。所謂標之上，氣之化；氣之下，中之見也。此蒲黃互府藏表裏上下之中見，是以心腎咸闢，與水火既濟，心腎交互者不同例耳。客曰：既入心腎，亦可交互。頤曰：交互，便非開闔，合象中樞。蒲黃四布花上，唯標巨陽之開方顯在中之見。此以府經之氣，涉藏經之化，非府經之形，合藏經之神。条五運之相襲，六氣之對待，以及標本病傳，比量推度，則得之矣。百花有黃，花謝黃減，以非專精于黃也。蒲黃黃金不變，固屬專精。亦具夏火，長夏土，秋金三義。巨陽，太陽也。太陽之上，寒氣主之，中見少陰。太陽所謂標，寒氣所謂本，少陰所謂中也。本自水中草，標著在夏火吐英榮極時，故專走太陽，兼乎中見。

清・顧元交《本草彙箋》卷四 蒲黃 蒲黃，色黃氣香，專入脾經。若諸失血久者，炒用之，以助補脾之藥，攝血歸源，使不妄行。又取體輕行滯，味甘和血，上治吐衄咯血，下治腸紅崩漏。但爲收功之藥，在失血之初用之無益。若生用，亦能涼血消腫。

此即蒲鼇花上黃粉也。春初生嫩葉，出水時，紅白色，茸茸然。取其中心入地白蒻，生啖之甘脆，瀹過作鮓，一宿可食。《周禮》謂之蒲菹。《詩》云其蔌伊何，惟笋及蒲，是矣。秋深收葉以爲席，亦可作扇。昔人有患舌脹滿口者，以生蒲黃摻之而愈。或同乾薑末，等分，乾摻。蓋舌乃心之外候，而手厥陰相火，乃心之臣使，得乾薑則陰陽相調也。《千金方》以蒲黃末傅重舌生瘡，不過三上。最治產後血瘀，無瘀血勿用。熟用，須隔紙三重，焙蒸半日，再焙。

清・穆石匏《本草洞詮》卷一〇 香蒲、蒲黃 香蒲，叢生水際，可以充饌。《詩》云其蔌伊何，維筍及蒲是矣。蒲黃即香蒲花上黃粉也。並味甘，氣平，無毒。香蒲治五臟邪氣，和血脈，堅齒，明目，聰耳。蒲黃入手足厥陰血分，活血涼血，治心腹膀胱寒熱，利小便止痛。生用則破血消腫，炒用則補血止血也。宋度宗一夜舌腫滿口，蔡御醫用蒲黃、乾薑末等分，乾搽而愈。蓋舌乃心之外候，而手厥陰相火乃心之臣使，蒲黃、乾薑，是陰陽相濟也。汴人以水調為膏，劈為塊食之，以解心臟虛熱。過月則燥，香味皆淡，不可多食，令人自利。

清・丁其譽《壽世秘典》卷三 蒲蒻俗呼蒲兒根，叢生水際，似莞而褊，有春而柔，二、三月苗，采其嫩根，瀹過作鮓，一宿可食，亦可煠食、蒸食及晒乾磨粉作餅食。《周禮》謂之蒲菹。《詩》云其蔌伊何，惟筍及蒲是也。 氣味： 甘，寒，無毒。 治五臟邪氣，利小便。 生啖，止消渴。 擣汁服，治妊婦勞熱煩躁，胎動下血。

清・劉雲密《本草述》卷一二 蒲黃 即香蒲花中蕊屑，蒲即今取葉以為席，或並作扇者是。 氣味： 甘，平，無毒。 諸木草主治： 心腹膀胱寒熱，利小便，止血消瘀血，治吐衄，尿瀉血，痢血，及女子崩漏墮胎。又通經脈，療血氣，心腹痛，女子血癥血暈，兒枕急痛。又治打撲血悶。 方書主治： 中風發熱，咳嗽霍亂，鼻衄舌衄，吐血，溲血下血，心痛，胃脘痛，譫妄，滯下，小便不通，淋，舌咽喉。

之頤曰： 蒲水草黃，其夏火之華，英也。凡草木綻萼吐英，與夫榮實蒂落，莫不具春升、夏出、秋降、冬藏之象，至黃布花心，此又夏出吐英之榮極時也。第蒲黃四布花上若黃金，經久不變，是知蒲性精專在黃。夫百花有黃，花謝黃減，以非專精於黃者也，唯蒲黃乃爾，然亦具夏火、長夏土、秋金三義。

時珍曰： 蒲黃手足厥陰血分藥也，故能治血治痛。生則能行，熟則能止，與五靈脂同用，能治一切心腹諸痛。按《本事方》云： 有士人妻，舌忽腫滿口，不能出聲。一叟教以蒲黃頻摻，比曉乃愈。又《芝隱方》云： 宋度宗欲賞花，一夜忽舌腫滿口。蔡御醫用蒲黃、乾薑末等分，乾搽而愈。據此二說，則蒲黃之涼血活血可證矣。蓋舌乃心之外候，而手厥陰相火，乃心之臣使，得乾薑是陰陽相劑也。 希雍曰： 蒲黃得地之陰氣，兼得金之辛味，其言甘平者，是兼辛而言也。甘能和血，辛能散結，故或生或熟，皆可奏功也。 同得炒黑乾薑、炒黑豆、澤蘭、當歸、川芎、牛膝、生地黃，治產後諸血病。 同車前子、牛膝、生地黃、麥門冬，治溺血。 同阿膠、白膠、人參、麥門冬、赤茯苓、車前子、杜仲、川續斷，治血崩血淋。 生納舌下，數敷易之，消重舌。 治一切跌撲傷損，瘀血停滯腹中，生蒲黃煮濃，和童便飲之良。 能破血，故治癥結，五勞七傷，停積瘀血，胸前痛，即發吐衄，悉和涼血行血藥主之。

愚按： 蒲黃，類以為活血，而不究其血之不歸經以為病，如諸證者胥能療之，是為能察其微義歟。如《本經》首主心腹膀胱寒熱，利小便，乃云止血消瘀血者，其說為贅，而不必一条歟。蓋本屬水草，原具水土合德之陰，其於春生嫩葉，出水時便紅白色，茸茸然，是寒水之氣，因風木而已趨火投金矣。至夏後則莖抽葉中，花抱莖端，而花上粉屑細黃如金，且其色經久不變，殊於他黃花之隨謝而色萎也。蓋其升出之機，復因大火，以歸土而育金，舉金之為水母，為火妻者，更藉水火之黃婆，以厚育之，故得金氣精專，乃致其配火孕水之化機焉。是則此味具體於水，達用於火，布化於金者也。夫足太陽寒水，陰中有陽，生焉化焉，以至於金，是為升出者機。而手太陰燥金，陽中有陰，亦復生焉化焉，以歸於水，是為降入者機。第其由升出而得降，入於大火之後，以為涼降，是陽之氣得化於陰，陰之氣受化於陽，此《本經》所以首主心腹膀胱寒熱，利小便而後及於止血消瘀血之功也。如《經》所云，二陰至肺，其氣歸膀胱，外連脾胃。又所云飲入於胃，遊溢精氣，上輸於脾，脾氣散精，上歸於肺，通調水道，下輸膀胱。可與茲義相發明矣。夫水於血是二是一，是降入之機，絪縕變化於此者，配火孕水而液能化血。《經》所謂化其精微是為血，又所謂血者神氣也，其合於膀胱水腑之氣化，而主治寒熱，利小便者，乃血化之還及於氣，氣化之還及於水，正所謂遊溢精氣，通調水道也。還及於氣，還及於水，是應前絪縕變化，配火孕水而液化血之義。又應前具體於水，達用於火，布化於金之義。蓋血原從氣化，氣原從水化，故曰還。如是止貿貿言其活血可歟，故止血消瘀血。試条之，宜於寒熱之氣化，以及水化者，則得止與消，亦無不咸宜之義矣。即方書中治鼻衄證，如用之生科雞蘇散中，同於清熱涼血益陰，又用之黑神散中，同於補血溫寒燥溼，皆非取其能化寒熱之俱能傷血者歟。此其止血也，又如蒲黃、乾薑等分，以治舌腫滿口者；又如服三黃丸用蒲黃摻之以治木舌者。此一證而寒熱，皆宜以消瘀者也。若然，則止謂之涼血，似猶未盡乎。蓋稟金氣，精專而華於大火之後，則宜入心而行涼降之氣化矣。涼者，秋之氣，猶溫者，春之氣，不可混於以寒除熱也。雖然止可謂之和血，不同於丹皮、紫草、鬱金之苦寒而涼血，第亦不等於紅花、茜根、蘇木之辛溫而散血也。惟得於溫涼之冲氣，故或從陽以引之，如同乾薑而治舌腫；或從陰以達之，同阿膠而療口耳大衄是。其消腫者，不以疏導為功，其止衄者，亦非以止濇見長。諸如此類以推之，乃可以用此味，豈得徒守一熟用補血止血，生用涼血活血，以責效乎哉？

附方　老幼吐血，蒲黃末每服半錢，生地黃汁調下，量人加減，或入髮灰等分。　小便出血方，同上。　口耳大衄，蒲黃、阿膠炙各半兩，每用二錢，水一盞，生地黃汁一合，煎至六分，溫服，急以帛繫兩乳，止乃已。　關節疼痛，蒲黃八兩，熟附子一兩，為末，每服一錢，涼水下，日一服。　胎動欲產，日月未足者，蒲黃二錢，井華水服。　產婦催生，蒲黃、地龍洗焙，陳橘皮等分，為末，另收，臨時各炒一錢，新汲水調服，立產。　胞衣不下，蒲黃二錢，井水服之。　希雍曰：一切勞傷發熱，陰虛內熱，無瘀血者，禁用。

修治　自采者真，勿用松黃并黃蒿，其二件全似，只是味跙，音杼，惡貌。及吐人，凡欲使蒲黃，須隔三重紙，焙令色黃，蒸半日，却焙，令乾用之妙。又曰：行血消腫生用，補血止血炒用。

清・郭章宜《本草匯》卷一二　蒲黃　味甘淡，平，陽中之陰，降也，入手厥陰、少陰、太陽、太陰、足陽明、厥陰經。利小便，通經脉。消瘀血，治痢血。調崩帶，理血悶。止心腹諸痛，療兒枕血瘕。

按：蒲黃，即蒲釐花上黃粉也。血病在所必用，《仙經》亦用之。入東方血海，是其本職。利小便者，兼入州都之地耳。同五靈脂，能治一切心腹諸痛。生則行瘀血之結滯，炒則止諸血之妄行。蜜調作餅，解心臟虛熱，甚益于小兒。然不可多服，令人自利，極能虛人。舌腫滿口，以蒲黃末頻摻即愈。或同乾薑抹搽，亦効。蓋舌乃心之外候，而手厥陰相火，乃心之臣使，得乾薑是陰陽相濟也。凡勞傷發熱，陰虛內熱，無瘀血者，勿用。跌撲損傷停滯，生蒲黃煑濃汁，和童便飲之。產婦催生，蒲黃、地龍洗焙，陳橘皮等分為末，臨時各炒一錢，新汲水調服，立產。耳中出血，研末摻之。

產泰州。屬江南省。叢生水際，似莞而褊，有脊而柔。《詩》云其蔌伊何，維筍及蒲，是矣。亦可作扇作席。取真者，須隔紙三重，焙令黃色，蒸焙。市者多以黃栢末假之，極害人。松黃、黃蒿與之相似，味跙損人。破血消腫生用，補血止血炒用。

清・尤乘《食鑑本草・菜類》　蒲笋　去熱燥，利小便。

清・蔣居祉《本草擇要綱目・平性藥品》　蒲黃凡使勿用松黃并黃蒿，其二件全似，只是味（跙）〔粗〕及吐人。真蒲黃須隔三重紙，焙令色黃，蒸半日，却再焙乾用方妙。破血消腫者，生用之。補血止血者，炒用之。　氣味：甘，平，無毒。　主治：心腹膀胱寒熱，利小便，止血，消瘀血。久服輕身，益氣力，延年。治痢血鼻衄，吐血尿血瀉血。利水道，通經絡。止女子崩中，婦人帶下，月候不勻，血氣心腹痛，妊婦下血墜胎，血運血癥，兒枕氣痛。顛撲血悶，排膿瘡癤，遊風腫毒。下乳汁，止洩精。涼血活血，止心腹諸痛。蒲黃乃手足厥陰血分藥也，故能治血治痛。生則能行，熟則能止。與五靈脂同用，能治一切心腹諸痛。

清・王翃《握靈本草》卷五　蒲黃破血消腫者生用，補血止血者炒用。　主治：　蒲黃，甘，平，無毒。主心腹膀胱寒熱，利小便，止血，消瘀血。

清・汪昂《本草備要》卷二　蒲黃生滑，行血；炒，濇，止血。　甘平。厥陰心包、肝血分藥。生用性滑，行血消瘀，通經脉，利小便，祛心腹膀胱寒熱。同五靈脂，治心腹血氣痛，名失笑散。療撲打損傷，瘡癤諸腫。一婦舌脹滿口，以蒲黃頻摻，比曉乃愈。宋度宗舌脹滿口，御醫用蒲黃、乾薑末等分，搽之愈。時珍曰：觀此則蒲黃之凉血、活血可知矣。蓋舌爲心苗，心包相火，乃其臣使，得乾薑，是陰陽相濟也。炒黑性濇，止一切血，崩帶泄精。香蒲，花中蕊屑，湯成入藥。

清・陳士鐸《本草新編》卷二　蒲黃　蒲黃：味甘，氣平，無毒。入肺經。能止衄血妄行，咯血、吐血亦可用，消瘀血，止崩漏白帶，調婦人血候不齊，去兒枕痛，療跌撲折傷，亦佐使之藥，能治實，而不可治虚。虚人用之，必有泄瀉之病，不可不慎也。《本草》謂其益氣力，延年作仙，此斷無之事，不可盡信。

或問：蒲黃非急需之藥，而吾子取之以備用，不知何用也？夫蒲黃治諸血症最效，而治血症中尤效者，咯血也。咯血者，腎火上沖，而肺金又燥。治腎以止咯血，而不兼治肺，則咯血不能止。蒲黃潤肺經之燥，加入于六味地黃湯中，則一服可以奏功，非若他藥如麥冬、五味，雖亦止咯，而功不能如是之捷。此所以備之，而不敢删耳。

清・顧靖遠《顧氏醫鏡》卷七　蒲黃甘，平。入心包、肝二經。炒透，亦能止血。服之則止心腹諸痛，治血消瘀之功。摻之則治舌腫滿口。凉血除熱之效。非因瘀血痛者，勿服。

清・李熙和《醫經允中》卷二〇　蒲黃：入手足厥陰二經血分。甘，平，無毒。陽中之陰，降也。主治痢血、衄血、吐血、尿血，止心腹痛，崩中下血。生則行瘀血之結滯，炒則止諸血之妄行。然不益，極虚之人多服，令人自利。《匯》云：舌腫滿口，以蒲黃末頻糝即愈。耳中出血，研末糁之。

清・馮兆張《馮氏錦囊秘録・雜症痘疹藥性主治合參》卷二　蒲黃得地之陰氣，兼得金之辛味，故味甘辛，平，微寒，無毒。入肝經血分。○破瘀行血。凉血宜生用；如欲止血止崩，宜炒黑用。　蒲黃，炒黑用，止吐血下血，補血損虚勞。生用破瘀血停積，療腫毒疼痛，消瘀積塊，血熱妄行，調女人月候不匀，産婦兒枕作痛。療跌撲折損，理風腫癰瘡，兼利小便，諸血症宜。不論吐衄腸風，更治血尿血痢。然外因從標之血症，可建奇功。若内傷不足之吐衄，難以取效也。

主治痘疹合參：　功效同前，痘中夾血症者暫用之。

清・张璐《本經逢原》卷二　蒲黃　甘，微寒，無毒。筋能行血，羅去粗筋，取粉用。《本經》主心腹膀胱寒熱，利小便，止血，消瘀血。發明：手足厥陰血分藥也。故能治血，治痛。《本經》主心腹膀胱寒熱，良由血結其處，營衛不和故也。又言止血消瘀血者，以生則能行，熟則能止，與五靈脂同用，名失笑散，治一切心腹疼痛。能破瘀積，消癰腫，去産婦兒枕痛。然胃氣虚者，入口必吐，下咽則利，以五靈脂性味濁惡也。宋度宗一夜忽舌脹滿口，用蒲黃、乾薑末乾摻而愈，以蒲黃之凉血活血，乾薑之引火外散，深得逆從兼濟之妙用。然舌根脹痛，亦有屬陰虚火旺者，誤用前法，轉傷津液，每致燥濇愈甚，不可不審。

清・浦士貞《夕庵讀本草快編》卷三　香蒲《本經》：花名蒲黃。香蒲以別菖蒲也，取中心白蒻，可以荐食。《周禮》謂之蒲菹。《詩》云惟筍及蒲是也。蒲黃甘平，入手足厥陰血分，故能凉血活血而止心腹諸痛，調經收帶下乳而止洩精。生用則行，炒熟則止也。且其性無毒，汴人初采之，以水調食，云解心臟虚熱，小兒猶嗜。又能療口瘡之糜爛，益可見其諸血皆屬於心，舌為心之外候，而厥陰相火乃心之臣使，凡二經之病無不宜也。其根生啖止渴，和血益氣，去燥和便，微有異爾。

清・張志聰、高世栻《本草崇原》卷上　蒲黃　氣味甘，平，無毒。主治心腹、膀胱寒熱，利小便，止血，消瘀血。久服輕身，益氣力，延年神仙。蒲，香蒲水草也，蒲黃乃香蒲花中之蕊屑，細若金粉，今藥肆或以松花偽充，宜辨之。始出河東池澤，今處處有之，以秦州者為勝。春初生嫩葉，出水紅白色，茸茸然。至夏抽梗於叢葉中，花抱梗端，如武士棒杵，故俚俗謂之蒲槌。香蒲生於水中，色黃味甘，禀水土之專精，而調和其氣血。主治心腹、膀胱寒熱，利小便者，禀土氣之專精，通調水道，則心腹、膀胱之寒熱俱從小便出，而氣機調和矣。止血，消瘀血者，禀水氣之專精，生其肝木，則止新血、消瘀血，而血脈調和矣。久服則水氣充足，土氣有餘，故輕身，益氣力，延年神仙。

清・劉漢基《藥性通考》卷五　蒲黃　味甘，氣平，入厥陰心包、肝血分之藥。生用性滑，行血消瘀，通經脉，利小便，祛心腹膀胱寒熱。同五靈脂用，治心腹血氣痛，名失笑散。更療撲打損傷，瘡癤諸痛。炒黑性濇，止一切血崩、帶、泄精。一婦人舌脹滿口，以蒲黃頻摻，比曉而愈。又宋度宗舌脹滿口，用蒲黃、乾薑末等分，搽之愈。時珍曰：觀此，則蒲黃之凉血活血可知矣。蓋舌為心苗，心包相火乃其臣使，得乾薑是陽相濟也。

清·周垣綜《頤生秘旨》卷八 蒲黃 血病之藥也。止血補血須用炒，破血消腫宜用生。然補益少，而行血活血居多。

清·王子接《得宜本草·上品藥》 蒲黃 味甘。入足厥陰經。生破血，熟止血。得五靈脂治心腹諸痛，得青黛治重舌脹滿。

清·黃元御《長沙藥解》卷四 蒲灰 味鹹，微寒。入足太陽膀胱經。開膀胱之閉，泄皮膚之水。《金匱》蒲灰散，蒲灰半斤，滑石二斤，為散，飲服方寸匕，日三服。治小便不利。以水泛土濕，木鬱生熱，不能行水，熱傳己土，而入膀胱，膀胱熱澀，小便不利。蒲灰鹹寒而開閉澀，滑石淡滲而泄濕熱也。蒲灰鹹寒，直走膀胱而清熱澀，利水至捷。

清·黃元御《玉楸藥解》卷一 蒲黃 味甘，氣平。入足厥陰肝經。行瘀止血。亦行瘀血而斂新血。經產、癰疽、癥瘕、跌撲能破，吐衄、崩漏、痔瘡、痢痰鮮血能止。調經止帶，安胎下乳，心腹諸證，下衣催生皆善。

清·吳儀洛《本草從新》卷二 蒲黃（生，滑，行血；炒，澀，止血。）甘，平。厥陰血分藥心包、肝。生用性滑，行血消瘀，通經脈，利小便，祛心腹膀胱之熱。同五靈脂名失笑散，治心腹血氣痛。療撲打損傷，瘡癤諸腫。一婦舌脹滿口，以蒲黃頻摻，比曉乃愈。宋度宗舌脹滿口，御醫用蒲黃、乾薑末等分，搽之愈。時珍曰：觀此則蒲黃之涼血活血可知矣。蓋舌為心苗，心包相火乃其臣使，得乾薑是陰陽相濟也。炒黑性澀，止一切血，崩帶泄精。無瘀者勿服。香蒲花中蕊屑。湯成入藥。

清·汪紱《醫林纂要探源》卷二 蒲黃 甘，平。此菖蒲作花，其蕊屑也。蒲中抽莖，後有一長葉抱之，前有一短葉承之，花黃坐其中，作穗如杵。生用行血消瘀。蒲生水中，本行肝氣以入心。蒲黃，又有心君之像，是交腎於心，而通行血脈也。甘平和緩，能通經利水，活血行血，去瘀生新，療損傷，消熱腫。炒黑則止血去妄。血得黑則止，而此又其類也。能止崩帶吐衄，且澀精。

清·嚴潔等《得配本草》卷四 蒲黃 甘，平。入手足厥陰經血分。涼血活血。專治一切血病，心腹諸痛，兼除癃秘遺精，止兒枕痛，敷舌腫滿。得五靈脂，治少腹諸病。配阿膠、生地汁，治口耳大衄。急以帛繫兩乳，止乃已。行血，生用。止血，炒黑。勿犯鐵器。

清·嚴潔等《得配本草》卷四 蒲蒻一名蒲笋。甘，寒。去燥熱，利小便，止消渴，和血脈。療妊娠勞熱，治胎動血崩。配粟米煮食，治熱毒痢。

蒲初生中心白者，曰蒻，可煮汁煎藥。

題清·徐大椿《藥性切用》卷四 蒲黃 性味甘平，入厥陰血分。生用則性滑而通經破瘀，炒黑則性濇而止血定崩。無瘀勿服。

清·黃宮繡《本草求真》卷八 蒲黃生用宣瘀通滯，炒用止血。蒲黃﨑入肝。味甘氣平，功用無他。但以生用熟用炒黑，分其治法耳。以生而論，則凡瘀血停滯，腫毒積塊，跌仆傷損，風腫癰瘡，溺閉不解，服之立能宣泄解除。時珍曰：一婦舌脹滿口，以蒲黃頻滲，比曉乃愈。宋度宗舌腫滿口，御醫用蒲黃乾薑末，等分，搽之愈。觀此，則蒲黃之涼血可知矣！蓋舌為心苗，心包相火，乃其臣使，得乾薑是陰陽相濟也。失笑散用此同五靈脂，治血氣滯痛。以熟焦黑，則凡吐血、下血、腸風、血尿、血痢，服之立能止血。然此止屬外因，可建奇功。若內傷不足之吐衂，則非此所能治者矣！

清·羅國綱《羅氏會約醫鏡》卷一六草部 蒲黃味甘，微寒，入心包、肝二經。為厥陰血分涼血、活血之藥。生用性滑，行瘀血，通經脉，祛腹痛，同五靈脂治血氣痛。療撲打，去瘀生新。治舌腫。用蒲黃少加乾薑末，頻摻即消。舌為心苗，心包相火，乃共臣使，得乾薑，是陰陽相濟也。炒黑性濇，止吐血、衄血、崩血、腸風、胎漏、一切血熱妄行。然外因從標之血，可建奇功，若內傷不足之吐衄，不能收效也。

清·趙學敏《本草綱目拾遺》卷三草部上 蒲包草 《活人書》：又名鬼蠟燭。《新語》云：水蠟燭，草本，生野塘間，秋杪結實，宛與蠟燭相似。有詠者云：風搖無弄影，煤具不燃烟，以其開花結實，儼似蠟燭，故名。蘆葦蕩中頗多，土人採其實，以治金刃傷止血用。

治瘰癧：蒲包草連根採來，洗去泥，切寸段。砂鍋煎湯，代茶飲，不論男女皆愈。但婦人服此，愈後終不受孕。須服北京真益母丸四五兩，可解之。

汪連仕《采藥書》：蒲萼即蒲草。南人呼莎草，北人呼板枝花，結實為鬼蠟燭，其粉即蒲黃。

清·黃凱鈞《藥籠小品》 蒲黃 甘，平，厥陰血分藥，心包、肝。生用行血消瘀，通經脈，祛膀胱之熱。同五靈脂名失笑散，治心腹血氣痛。炒黑性濇止血，治崩帶泄精。無瘀勿用。

清·章穆《調疾飲食辯》卷三 蒲筍 一名蒲蒻，即香蒲嫩苗，味甘平。

《本經》曰：　主口中爛臭，堅齒明目。《食物本草》曰：　生啖止消渴。《飲膳正要》曰：　熟食補中益氣，和血脈。《産乳全書》曰：　搗汁服，治孕婦勞熱煩躁，胎動下血，絶佳品也。又《野菜譜》有蒲兒根，然則根亦可食，無筍用以代之。

清・王龍《本草纂要稿・草部》　蒲黄　氣味甘平。補血止血宜炒，破血消腫宜生。止血熱之妄行，吐衄咯血立效。消瘀血之凝積，癥瘕崩帶殊功。調月候不勻，去兒枕作痛。療跌撲折傷，理風腫癰毒。

清・莫樹蕃《草藥圖經》　水蠟燭　水蠟燭，根頭即毛蠟燭。能生血，能散血。無毒。

清・張德裕《本草正義》卷上　蒲黄　微甘，微寒。善止血涼血活血，破瘀血，通月經，消舌腫，止尿血。亦能排膿消毒。欲利生用，欲固炒熟。

清・楊時泰《本草述鉤元》卷一二　蒲黄　蒲即今取以為席，或並作扇者，黄即花中蕊屑也。

氣味甘平。手足厥陰血分藥。治血治痛，生則能行，熟則能止。主心腹膀胱寒熱，利小便，止血消瘀，療血氣心腹胃脘痛，治吐衄鼻舌。尿瀉血痢血，及女子崩漏墮胎，又通經脈，除血癥血暈，兒枕急痛，并打撲血悶。方書治中風發熱欬嗽，霍亂，譫妄，淋證，舌咽喉。蒲，水草，其黄，夏火之英華也。凡草木綻萼吐英，榮實蒂落，莫不具春升夏出秋降冬藏之象，至黄布花心，此又夏出吐英之榮極時也。百花有黄，花謝黄減，惟蒲黄四布花上若黄金，經久不變，是知蒲性精專在黄，然亦具夏火長夏土秋金三義子繇。與五靈脂同用，治一切心腹痛。有人舌忽腫滿，口不能出聲，以蒲黄頻摻，曉乃愈《本事方》又宋度宗一夜忽舌腫滿口，用蒲黄、乾薑末，等分乾搽而愈芝隱方。據此，則蒲黄之涼血活血可證。蓋舌為心之外候，而手厥陰、相火，乃心之臣使，得乾薑是陰陽相劑也。得地之陰氣，兼得金之辛味，言甘平者，是兼辛而言也。甘能和血，辛能散結，故或生或熟，皆可奏功仲淳。得炒黑乾薑、炒黑豆、芎、歸、地、膝、澤蘭，治産後諸血病。同車前、牛膝、生地、麥冬，治溺血。同阿膠、白膠、人參、麥冬、赤苓、車前、杜仲、川斷，治血崩血淋。生納舌下，數數易之，消重舌。一切跌撲傷損，瘀血停滯腹中，生蒲黄煮濃，和童便飲之良。五勞七傷，停積瘀血，胸前痛即發吐衄，悉和涼血行血藥主之。老幼吐血，蒲黄末每服半錢，生地汁調下，量人加減，或入髮灰等分。小便出血方同上。口耳大衄，蒲黄、阿膠炙各半兩，每用二錢，水一盞，生地汁一合，煎至六分，溫服，急以帛繫兩乳，止乃已。關節疼痛，蒲黄八兩，熟附子一兩，為末，每服一錢，涼水下，日一服。胎動欲産，日月未足者，蒲黄二錢，井華水服。産婦催生，蒲黄、地龍洗焙陳橘皮等分，為末，另收，臨時各炒一錢，新汲水調服，立産。胞衣不下，蒲黄二錢，井水服之。

論：　蒲黄水草，具水土合德之陰，當春生嫩葉，出水時，便紅白色，茸茸然，是寒水之氣，復因風木而已趨火投金矣。至夏後，莖抽葉中，花抱莖端，花上粉屑如金色，經久不變，殊於他花之隨謝而色萎者，蓋其升出之機，復因大火以歸土而育金，舉金之為水母為火妻者，更藉水火之黄婆以厚育之。故得金氣得精專，乃致其配火孕水之化機焉。是則此味具體於水，達用於火，布化於金者也。夫足太陽寒水，陰中有陽，生焉化焉以至於金，是為升出者機。手太陰燥金，陽中有陰，亦復生焉化焉以歸於水，是為降入者機。此味由升出而得降入於大火之後以為涼降，是陽之氣得化於陰，陰之氣受化於陽，《本經》所以首主心腹膀胱寒熱利小便，而後及於止血消瘀也。《經》云：二陰至肺，其氣歸膀胱，外連脾胃。又云：飲入於胃，遊溢精氣，上輸於脾，脾氣散精，上歸於肺，通調水道，下輸膀胱。可與茲義相發明。人身水與血，是二是一，本降入之機，絪縕變化於中者，配火孕水而液能化血，《經》所謂化其精微，是為血也。然則蒲黄之性，合於膀胱水府之氣化，而主治寒熱利小便者，乃血化之還及於氣，氣化之還及於水，如所謂遊溢精氣，通調水道耳。還及於氣，還及於水，是應前絪縕變化配火孕水而液化血之義，又應前具體於水，達用於火，布化於金之義。蓋血原從氣化，氣原從水化，故曰還。惟宜於寒熱之氣化以及水化者，故取以化寒熱之傷血者，止與消無不咸宜。如生料雞蘇治鼻衄，既同於涼血清熱，而黑神止血，又同於燥濕溫寒，治舌腫，既配乾薑，而治木舌又輔三黄，是為寒熱皆宜。總之，入心而行涼降之氣化，涼者秋氣，非以寒除熱也，止可謂之和血耳。既不同丹皮、紫草、鬱金之苦寒而涼血，亦不等紅花、茜根、蘇木之辛而溫散血，惟得於溫涼之冲氣，故或從陽以引之，或從陰以達之，如同乾薑而治舌腫，如同阿膠而療口耳大衄，其消腫非以疏導為功，其定衄非以止濇見長，推此乃可以用斯味矣。

辨治：　自采者真，勿用松黄并黄蒿，二件全似，只是味跙及吐人。凡使蒲黄，須隔三重紙，焙令色黄，蒸半日，卻焙令乾，用之。又行血消腫，生用。補血止血，炒用。

清・葉桂《本草再新》卷三　蒲黄味甘、苦，性微寒，無毒。入肝、腎二經。能行血，能養血，通經絡，利小便。撤心腹之積火，除膀胱之風熱。療瘡癰腫毒。

清・吴其濬《植物名實圖考》卷一八　香蒲　《本經》上品。其花為蒲黄，俗名蒲棒。《唐本草》注：　根可葅者為香蒲，菖蒲為臭蒲。　李時珍謂香蒲有脊而柔；　泥菖蒲根大，節白而疎；　水菖蒲根瘦，節赤稍密，即溪蓀云。

雩婁農曰：　蒲槌怒擎池中物耳。　而《本草》以為香，《楚詞》豈獨紉夫蕙茝，舊説皆以茝為白芷，獨《草木疏》據《説文》楚蘺、晉繭、齊茝之説，以為即莞苻。　蘺乃莞蒲也，然則蒲為香草信矣。　出汙不染，沁粉屑金，媲之蓮芰芝蘭，縱不鄰其發越，亦當結此幽貞。　吴氏之説，獨標穎異，故不糠粃其言。

清・趙其光《本草求原》卷五水石草部　蒲黄　甘和血，辛開結。　春出水中，夏生黄花如金，經老不變，是具水之體，達火土之用，卒布金化以配火孕水，而上下環轉者也。　故治心腹寒熱，金水互為升降，則陽得陰化，陰得陽化，而寒熱自除。　利小便，肺氣下降，則能通調水道以下輸。　止血、消瘀血，升降不息則水化氣，氣化血，自然能消能止。　故熱傷血而衄，則合清涼以化熱，如雞蘇散是也；　寒濕傷血，又合溫燥以化寒而血俱止，如黑神散是也。　舌腫滿口，木舌，皆血瘀所致。　寒者合乾薑摻之，熱者服三黄丸，而以此末摻之。　或從陽引之，或從陰降之，而皆不舍此味，以其能先升後降以解寒熱也。　彼徒以生用涼血活血，熟用補血止血者，猶後矣。　血氣心腹痛，同五靈用。　血癥、血暈、經閉、兒枕痛、血淋、溺血、打撲血悶，煮濃和童便飲。　陰虚內熱無瘀者，勿用。　隔紙焙，蒸半日，焙乾用。　消腫生用。

合髮灰、生地汁調下，治一切吐血、尿血。　同阿膠末煎生地調下，治口耳大衄。　同地龍、陳皮末炒，新汲水調，催生。　單末，井水服，下胎衣。　此皆從陰以達之。　又治月未足，而胎動欲產。　同附子末，涼水下，治關節疼痛。　又從陽引之矣。

清・葉志詵《神農本草經贊》卷一　蒲黄　味甘，平。　主心腹膀胱寒熱，利小便，止血消瘀血。　久服輕身益氣力，延年神仙。　生池澤。

碧抽烟劒，極浦遙汀。　梗端環抱，蕊粉飄零。　盈握香綻，颺采金熒。　下餘白蒻，筍蔌含馨。

陸龜蒙詩：　旋抽烟劒碧參差。　周鍼賦：　傍極浦，依遙汀。　蘇頌曰：　夏抽梗於叢葉中，花抱梗端，花中蕊屑，細若金粉，中心入地。　白蒻，啖之甘脆。　蔣防賦：　帶環抱之珥。　謝惠連賦：　從風飄零。《詩》：　其蔌維何，維筍及蒲。

香蒲　味甘，平。　主五藏心下邪氣，口中爛臭，堅齒明目聰耳。　久服輕身耐老。　一名睢。　生池澤。

冒水茸茸，叢生春乍。　肥茁紅浮，脂凝白亞。　菡萏東西，蜻蜓高下。　先攻心邪，神奇臭化。

蘇頌曰：　春初生嫩葉，出水時紅白茸茸然。　謝朓詩：　閒厠秋菡萏。　姚合詩：　東西分豔影相連。　薛蕙詩：　蜻蜓高下逐。《荀子》：　我先攻其邪心。《莊子》：　化臭腐為神奇。

清・文晟《新編六書》卷六《藥性摘錄》　蒲黄　甘，平。入肝。○生用宣瘀通滯，炒用止血。○生者治瘀血停滯，腫毒積塊，跌撲損傷，風腫癰瘡，尿閉不解。○炒黑則治吐血，下血腸風，血尿血痢。○同乾薑末，治舌脹滿口。○同五靈脂，治血氣滯痛。○按：　此只治外因，若內傷不足之吐衄，非此所能治也。

清・張仁錫《藥性蒙求》　蒲黄錢半、二錢　蒲黄甘平，逐瘀調崩。　止血用炒，破血用生。　入心胞、肝經血分。　炒黑性濇，止一切血。　無瘀者勿服。　此即蒲釐上之黄粉也。

清・王孟英《隨息居飲食譜・水飲類》　蒲蒻即香蒲根。《詩》云其蔌(維)[伊]何，維筍及蒲，是矣。　甘，涼。　清熱，養血，消癰，明目，利咽喉，堅牙，通二便。　其花中蕊屑名蒲黄，細若金粉，當欲開時便取之，可蜜收作果食，入藥涼血消瘀，炒黑又專止血，為喉舌諸血證妙品。　按：　草木娛時可茹者，在在有之，惟各處好尚不同，名謂不一，因限於篇幅，緐不勝蒐，姑譜一二如右，以例其餘。

清・劉善述、劉士季《草木便方》卷一草部　香蒲　隨手香甘平止血，崩帶泄精通經脉。　利水行瘀生止痛，跌損刀傷消腫熱。　花蕊名蒲黄。

清・田綿淮《本草省常・菜性類》　蒲筍　即蒲蒻，俗名蒲菜。　性寒。　清腸胃熱，利二便，散瘀血。　久食明目堅齒，益氣輕身。

清・戴葆元《本草綱目易知錄》卷二　香蒲蒻蒲筍、蒲兒根。　甘，平。　明目聰耳，堅齒去熱，躁利小便。　治心下邪氣，口中臭爛。　生啖，止消渴，和血脈，補中益氣。　擣汁服，治妊婦勞熱煩躁，胎動下血。　擣傅乳癰。【略】

蒲黄　甘，平。　入手足厥陰血分。　涼血活血，調血治痛，通經絡，利小便，消瘀血，止洩精。治心腹膀胱寒熱，舌腫重舌，吐衄尿血痢血腸紅，婦人崩帶，月候不勻，血氣心腹痛，妊婦下血，墮胎血運，產後煩悶血瘕。兒枕氣痛，顛撲血悶。排膿瘡癤，遊風腫毒。通乳汁，傅脫肛。生則行血，炒焦性澁，又能止一切血。

清・黄光霽《本草衍句》　蒲黄　味甘氣平，入厥陰兩經。活血涼血，止心腹諸痛。生則性滑，破瘀血之停積。熟則性澁，宜炒黑用。止吐衄與血崩。得五靈脂治心腹諸痛，得青黛治重舌脹滿。　舌脹滿口，不能出聲，以蒲黄頻摻，乃愈。　宋帝舌腫滿口，用蒲黄、乾薑末等分，乾摻而愈。　（包）〔胞〕衣不下，蒲黄二錢，井水服之。

清・陳其瑞《本草撮要》卷一　蒲黄　味甘，入足厥陰經，功專治血症。生破血，熟止血。得五靈脂治心腹諸痛，得青黛治重舌脹滿。以乾薑同蒲黄為末，搽舌脹尤效。

清・李桂庭《藥性詩解》　賦得蒲黄止崩治衄消瘀調經。得經字。田春芳。瘀血兼崩帶，蒲黄用最靈。炒之能止血，生用可調經。　按：　蒲黄性甘而平，入厥陰血分藥。生用性滑行血，消瘀通經。炒黑性澁，止一切崩帶。凡血無瘀滯者，酌用。

清・吴汝紀《每日食物却病考》卷上　蒲蒻　即蒲筍。味甘，微寒，無毒。去熱，利小便。生啖，甘脆，止消渴。煠食亦佳。《詩》云維筍及蒲是也。

清・仲昴庭《本草崇原集説》卷一　蒲黄　【略】仲氏曰：　天以陰陽五行化生萬物，氣以成形，皆可驗其性之所近，但性有美惡，古人復嘗氣味，以辨其有毒無毒，可否久服，非謂氣味可該全體也。修園仿《經解》入手法，僅憑氣味，欲伸其說，借題發揮，難免矯枉過正。不然，蒲黄氣味甘平，入脾耶！入肺耶！　有才辯者盡說得圓。惟隱庵必從源頭說起，不泥氣味，亦不脫氣味，依次解去，體用顯然，非見道之深者，烏足以語此。

清・鄭奮揚著，曹炳章注《增訂偽藥條辨》卷二　蒲黄　蒲，水草也。蒲黄乃香蒲花中之蕊，屑細若金粉。始出河東澤中，今處處有之，以秦州出者為良。近今藥肆中，或以松花偽充。按松花氣味辛溫，蒲黄氣味甘平，松花能除風，蒲黄能消痰，性既不同，功亦各異，胡得偽充以害人乎？　況失笑散中有用蒲黄，為治產後瘀血攻心之妙方，若用松花偽充，則貽誤不少矣。炳章按：　蒲黄乃蒲草之花蕊，色淡黄，是花茸花蕊相合，名草蒲黄，為佳。又有一種蘇州來者，曰蒲黄面，色老黄，屑細滑若粉，入罐煎之如糊膠一般，服之令人作嘔，且不能入喉。吾紹初到時，人人以此為道地，各大藥鋪爭先置備，後因病人不能服，向醫生責問，始識受蒲黄面之害，乃通告各藥鋪，禁其沿用。今仍用草蒲黄，鄭君所云屑細若金粉，或亦是此物，不識以何物偽作。亦非松花粉，蓋松花粉色淡黄質輕，蒲黄面質重色老黄。然總是害人贋品，應當革除之。

水蠟燭

清・吴其濬《植物名實圖考》卷三〇　水蠟燭　《南越筆記》：　水蠟燭草本，生野塘間，秋杪結實，宛與蠟燭相似。

水萍

唐・歐陽詢《藝文類聚》卷八二　萍　《爾雅》曰：　苹，萍也。其大者曰蘋。　《周禮》曰：　穀雨一日，萍始生。萍不生，陰氣增盈。　《秋官》曰：　萍氏掌禁川游者。　萍草無根，取名不沈溺。　《淮南萬畢術》曰：　老血變為萍。　《古詩》曰：　泛泛江漢萍，漂蕩水無根。　《江賦》曰：　萍實時出而漂泳。　《東都賦》曰：　發蘋藻以潛魚。　《風賦》曰：　起於青蘋之末。　何晏詩曰：　願為緑蘋草，託身寄清池。　劉靈曰：　俯觀萬物擾擾焉，如水之載浮萍。　王逸曰：　自比如萍，隨水浮游。　《本草經》曰：　水萍，一名水華。味辛，寒。治暴熱身癢，下水，烏鬚髮，久服輕身。一名水簾。　《毛詩》曰：　于以采蘋，南澗之濱。　《禮記・月令》曰：　季春之月，萍始生。　《呂氏春秋》曰：　菜之美者，崑崙之蘋。　《家語》曰：　楚昭王渡江，江中有物大如斗，圓而赤，直觸王舟。舟人取之問羣臣，莫能識之。使問孔子，孔子曰：　此謂萍實，可剖而食之。吉祥也，唯霸者能獲焉。王遂食，大美。又遣問孔子，何以知之？　子曰：　吾昔過陳，聞童謡曰：　楚王渡江得萍實，大如斗，赤如日，剖而食之甜如蜜。吾是以知之。　《淮南子》曰：　夫萍樹根於水，木樹根於土。

詩

晉司馬彪《萍詩》曰：　汎汎江漢萍，飄蕩永無根。

宋・唐慎微《證類本草》卷九草部中品〔《本經》・《别録》〕　**水萍：　味辛、酸，寒，無毒。主暴熱，身癢，下水氣，勝酒，長鬚髮，止消渴，**下氣。以沐浴，生毛髮。**久服輕身。一名水花，**一名水白，一名水蘇。生雷澤池澤。三月採，暴乾。

〔梁・陶弘景《本草經集注》〕云： 此是水中大萍爾，非今浮萍子。《藥録》云：五月有花，白色。即非今溝渠所生者。楚王渡江所得，非斯實也。《唐本》注云：水萍者，有三種，大者名蘋。水中又有荇菜，亦相似，而葉圓。水上小浮萍，主火瘡。

〔宋・馬志《開寶本草》〕按：《陳藏器本草》云：水萍有三種，大者曰蘋，葉圓闊寸許，葉下有一點如水沫，一名芣菜。暴乾，與栝樓等分，以人乳爲丸，主消渴。擣絞取汁飲，主蛇咬毒入腹，亦可傅熱瘡。小萍子是溝渠間者。末傅面䵟，擣汁服之，主水腫，利小便。又人中毒，取萍子暴乾，末，酒服方寸匕。又爲膏，長髮。《本經》云水萍，應是小者。

〔宋・掌禹錫《嘉祐本草》〕按：《爾雅》云：苹，蓱。其大者蘋。注：水中浮蓱，江東謂之薸。陸璣《毛詩義疏》云：其麁大者謂之蘋，小者曰蓱。季春始生，可糝蒸爲茹，又可苦酒淹以就酒。日華子云：治熱毒風，熱疾熱狂，熁腫毒，湯火瘡，風癬。

〔宋・蘇頌《本草圖經》〕曰：水萍，生雷澤池澤，今處處溪澗水中皆有之。此是水中大萍，葉圓闊寸許，葉下有一點，如水沫，一名芣菜。《爾雅》謂之苹。其大者曰蘋是也。《周南詩》云：于以采蘋。陸璣云：海中浮萍麁大者謂之蘋。季春始生，可糝蒸，以爲茹。又可用苦酒淹，以按酒。三月採，暴乾。蘇恭云：此有三種：大者曰蘋；中者荇菜，即下鳧葵是也；小者水上浮萍，即溝渠間生者是也。大蘋，今醫方鮮用。浮萍，俗醫用治時行熱病，亦堪發汗，甚有功。其方用浮萍草一兩，四月十五日者，麻黄去節、根，桂心、附子炮裂去臍皮各半兩，四物擣，細篩，每服二錢，以水一中盞，入生薑半分，煎至六分，不計時候，和滓熱服，汗出乃差。又治惡疾遍身瘡者，取水中浮萍濃煮汁，漬浴半日，多效。此方甚奇古也。

〔宋・唐慎微《證類本草》〕《聖惠方》：治少年面上起細皰，挼浮萍盦之，亦可飲少許汁，良也。又方：發背初得，毒腫焮熱，赤爛。擣，和雞子清貼之，良。《千金方》：治中水毒，手足指冷即是，或至膝肘。以浮萍日乾，服方寸匕，差。《千金翼》：治小便不利，膀胱水氣流滯。以浮萍日乾末，服方寸匕，日一二服，良。孫真人《食忌》：五月取浮萍陰乾，燒煙去蚊子。又主消渴，以浮萍汁服之。《子母秘録》：熱毒，浮萍擣汁傅之令遍。高供奉《採萍時日歌》：不在山，不在岸，採我之時七月半，選甚癱風與(緩)〔瘓〕風，些小微風(邯)〔都〕不筭，豆淋酒内下三丸，鐵幞頭上也出汗。

宋・鄭樵《通志》卷七五《昆蟲草木略》 藻生乎水中，萍生乎水上，萍之名類亦多，易相紊也。《爾雅》云：苹，萍，其大者蘋。又云：苹，藾蕭。足以惑人。蓱者，水中浮萍也，江東謂之薸是也。蘋，水菜也，葉似車前，《詩》所謂于以采蘋是也。苹，蔞蒿也，即藾蕭，《詩》所謂呦呦鹿鳴，食野之苹是也。按萍亦曰水花，亦曰水白。

宋・劉明之《圖經本草藥性總論》卷上 水萍 味辛、酸，寒，無毒。主暴熱身痒，下水氣，勝酒，長鬚髮，止消渴，下氣。陳藏器云：暴乾，與栝蔞等分，以人乳為丸，主消渴。擣絞取汁飲，主蛇咬毒入腹。亦可傅熱瘡。小萍子汁，主水腫，利小便。又中毒風，乾末，酒服方寸匕。日華子云：治熱毒風熱疾熱狂，熁腫毒，湯火瘡，風癬。

元・朱震亨《本草衍義補遺》 水萍、浮萍 發汗，尤甚麻黄。〇此是水中大萍，非今溝渠所生者。昔楚王渡江所得，非斯實也。又，高供奉《採萍時日歌》：不在山，不在岸，採我之時七月半。選甚癱風與緩風，些小微風都不筭。豆淋酒内下三丸，鐵幞頭上也出汗。

元・徐彦純《本草發揮》卷二 水萍 丹溪云：浮萍，發汗尤甚麻黄。

明・蘭茂原撰，范洪等抄補《滇南本草圖說》卷八 水萍 氣味辛寒，無毒。主治：暴熱身癢，下水氣，解表之藥，醫水腫最效，水毒能解。

明・蘭茂撰，清・管暄校補《滇南本草》卷下 浮萍草 性寒，味苦。發汗解毒。治疥癩瘡癬，祛皮膚瘙癢之風。

明・蘭茂《滇南本草》〔叢本〕卷中 伏平草或即浮萍。 味苦，性寒。利膀胱積熱，洗皮膚之風。療婦人諸經客熱，清胎熱，婦人濕熱帶下用之。

明・王綸《本草集要》卷三 水萍 味辛酸，氣寒，無毒。水中大萍，葉圓，闊寸許，背紫色。三月採，暴乾。 主暴熱身癢，下水氣。勝酒，長鬚髮。主消渴，久服輕身。治時行熱病，發汗甚有功。五月取，陰乾，燒煙去蚊。採萍歌云：不在山兮不在岸，採時須在七月半。管甚癱風與緩風，些少微風都不筭。豆淋酒内下三錢，鐵幞頭上也出汗。〇水腫，小便不利，擣汁飲之。又，末服方寸匕，日二服良。惡疾遍身瘡。濃煮汁，漬浴，半日效。此方甚奇古。

明・滕弘《神農本經會通》卷一 水萍 是水大萍。五月有白花，非今溝渠所生者。葉負闊寸許，背紫色。三月採，暴乾。

味辛、酸，氣寒，無毒。

《本經》云：水萍，應是小者。主暴熱身痒，下水氣，勝酒，長鬚髮，止消渴，下氣。以沐浴，生毛髮，久服輕身。陳藏器云：水萍有三種，大者曰蘋，葉負闊寸許，葉下有一點如水沫，一名芣菜，暴乾。與括樓等分，以人乳為丸，主消渴。擣絞汁飲，主蛇咬毒入腹。亦可傅熱瘡。小萍子是溝渠間者，末傅面䵟。擣汁服之，主水腫，利小便。又人中毒，取萍子暴乾，末，酒服方寸匙。又為膏，長髮。日華子云：治熱毒，風熱，疾熱，在熁腫毒，湯火瘡，風疹。《圖經》云：大蘋，今醫方鮮用。浮萍，俗醫用治時行熱病，亦堪發汗，甚有功。又治惡疾遍身瘡者，取水中浮萍，濃煑汁，漬浴半日多効。丹溪云：發汗尤甚麻黃，是水中大萍。又高供奉《採萍歌》云：不在山，不在岸，採我之時七月半。選甚癱風與緩風，些小微風都不筭。豆淋酒內下三丸，鐵幞頭上也出汗。《局》云：水萍大小分三種，止渴仍能治火瘡。通利小便消水氣，更塗癮瘮熱風狂。水萍，三種，熱風癮瘮共權衡。

明·劉文泰《本草品彙精要》卷一一 水萍無毒 浮生。

水萍出《神農本經》：**主暴熱，身癢，下水氣，勝酒，長鬚髮，主消渴。久服輕身。**以上朱字《神農本經》。下氣，以沐浴生毛髮。以上黑字名醫所錄。【名】水花、水白、水蘇、芣菜。【苗】《圖經》曰：此是水中大萍，葉圓，闊寸許，葉下有一點，如水沫，名芣菜。《爾雅》謂之蘋。其大者曰蘋季，春始生，可糝蒸以爲茹也。蘇恭云：此有三種，大者曰蘋；中者曰荇菜，即下條之鳧葵；小者曰浮萍，即溝渠間生者是也。高供奉歌曰：不在山兮不在岸，採我之時七月半。選甚癱風與瘓風，些小微風都不筭。豆淋酒內下三丸，鐵幞頭上也出汗。【地】《圖經》曰：生雷澤、池澤，今處處溪澗水間皆有之。【時】生：春生。採：三月、七月取。【收】暴乾。【用】葉。【質】類鳧葵。【色】青綠。【味】辛、酸。【性】寒，散。【氣】氣薄味厚，陰中之陽。【臭】腥。【主】消水腫，利小便。【製】爲末或搗汁用。【治】療：《圖經》曰：惡疾，遍身瘡濃，煮汁漬浴之。日華子云：治毒風，熱疾，熱狂，熁腫毒，湯火瘡，風疹。陳藏器云：小萍子末傅面䵟，亦可傅熱瘡。又爲膏，長髮。【合治】合栝樓、人乳爲丸，止消渴。○爲末，合酒服，除中毒。○合雞子清，貼發背毒腫，焮熱赤爛。○浮萍草一兩，以四月十五日者合麻黃去節根，桂心、附子炮裂去臍皮各半兩，搗篩，每服二錢，以水一中盞，入生薑半分，煎至六分，不拘時和滓服，治時行熱病，汗出乃瘥。【解】蛇咬，毒入腹，搗絞汁飲之。

明·葉文齡《醫學統旨》卷八 水萍 氣寒，味辛、酸。無毒。水中大萍，葉圓闊寸許，背紫色者佳。治暴熱身痒，下水氣；勝酒，長鬚髮；主消渴，時行熱病，發汗甚有功。

明·許希周《藥性粗評》卷三 水萍發汗亦堪圖。小萍附。

水萍，一名水蘇。浮生水面，葉圓徑寸，背紫色，與溪澗所生小小者不同。江南池澤處處有之。三月採，暴乾。味辛、酸，性寒，無毒。主治汗閉，與麻黃同功。高奉先《採萍歌》曰：不在山，不在岸，採我之時七月半。懼甚癱風與瘓風，些小微風都不筭。豆淋酒內下三丸，鐵幞頭上也出汗。但此言七月採，與前言三月採不同。又主暴熱身癢，下水氣，消酒毒，長鬚髮，作湯沐浴可愈遍身惡瘡風疥。

小萍，暴乾為末，可傅面䵟；搗汁服之，治水腫，利小便，愈火燒瘡。

單方：熱毒：取生浮萍，搗汁傅之令遍，良。蚊蟲：五月五日取浮萍，陰乾燒烟，其蚊自去。

明·鄭寧《藥性要略大全》卷七 浮萍 敺熱風癮疹，止渴，通小便，消水氣，治火瘡。《湯液》云：主暴熱身痒，下水氣，勝酒，長鬚髮，止消渴。即荇類也。《經》云：葉有徑寸。此亦有三種。○《袖珍》有方，治癘風瘡。味酸，氣寒，無毒。有三種，採取晒乾為末。亦能發汗。

明·陳嘉謨《本草蒙筌》卷三 水萍 味辛、酸，氣寒。無毒。係柳絮隨風飛起，入池沼得水生成。小者藻背面俱青，大者萍面青背紫。下無根蒂，水面漂浮。入藥拯疴，惟萍可用。七月半採，依法曝之。竹篩攤開，水盆架住。曝向烈日，纔得燥乾。盆無水則不燥。研末細羅。蜜丸彈大。豆淋酒化，空心頓呑。發汗驟來，敺風速退。仍治時行熱病，堪浴遍身癢瘡。生採煎湯。消水腫，利小便，去暴燥，止消渴。夏夜蚊蠓，燒煙可除。

謨按：《普濟》大風丹云：東京開河，掘得石碑，梵書天篆，無有曉者。林靈素逐字釋解，乃是治中風方。歌曰：天生靈草無根幹，不在山間不在岸。始因飛絮逐東風，泛梗青青漂水面。神仙一味去沉疴，採時須是七月半。怕甚癱風與中風，酒下三丸都汗散。

明·王文潔《太乙仙製本草藥性大全》卷二《本草精義》 水萍 一名水花，一名水白，一名水蘇。生雷澤池澤。係柳絮隨風飛起入池沼，得水生成。小者藻，背面俱青；大者萍，面青背紫，下無根蒂，水面漂浮。入藥拯疴，惟萍可用。七月半採，依法曝乾，竹篩攤開，水盆架住，曝向烈日纔得燥乾盆無水則不燥，研末細羅蜜丸彈大，豆淋酒化，空心頓呑。

明·王文潔《太乙仙製本草藥性大全》卷二《仙製藥性》 水萍即紫背浮萍 味辛、酸，氣寒，無毒。主治：主長鬚眉，頓生毛髮。發汗驟來，祛風速退。仍治時行熱病，堪浴遍身癢瘡。生採煎湯消水腫，利小便，去暴燥，止消渴。夏夜燒煙燻，蚊蠓可除。補註：按《普濟》大風丹云：東京開闢掘得石碑，梵書大篆，無有曉者。林靈素逐字釋解，乃是治中風方歌，曰：天生靈草無根幹，不在山間不在岸，如因飛絮逐東風，泛梗青青飄水面，神仙一味去沉疴，採時須是七月半，怕甚癱風與中風，酒下三丸都汗散。○水腫，小便不利，搗汁飲之。又末服方寸匕，日三服良。惡疾遍身瘡者，取水中浮萍，濃煮汁，漬浴半日多效。此方甚奇。古也治少年面上起細皰，挼浮萍盦之，亦可飲少許汁，良也。發背初得，毒腫焮熱赤爛，搗和鷄子清貼之良。治中水毒，手足指冷即是，或至膝肘，以浮萍日乾，服方寸匕差。治小便不利，膀胱水氣流滯，以浮萍日乾爲末，服方寸匕，日一二服良。凡熱毒取浮萍搗汁傅之令愈。

明·皇甫嵩《本草發明》卷三

水萍中品下。氣味寒，辛、酸，無毒。係柳絮隨風入水生成。　發明曰：　水萍，散風邪，除暴熱，故主身熱暴熱，時行熱氣，發汗，敺風身痒，消水腫，下水氣，勝酒，利小便，去暴燥消渴。七月半採，竹篩攤開，水盆架，烈日曝乾，盆無水則不燥，研細，蜜丸彈大，豆淋酒化，空心服三丸，頓發汗。又治風(難)〔癱〕等症。生採煎湯，洗身痒瘡。又長毛髮。夏夜燒烟，除蚊蠓。○小萍有三種，大白蘋，葉圓，濶寸許，背紫色；一名芣菜，中者，曰荇菜，即鳧葵；小者，水上浮萍，即水萍。○鳧葵，即莕菜。味甘，冷。主消渴，去熱淋，利小便。

明·李時珍《本草綱目》卷一九草部·水草類

水萍《本經》中品

【釋名】〔水花《本經》　水白《別録》　水蘇《別録》　水廉吴普〕　【集解】《別録》曰：　水萍生雷澤池澤。三月採，暴乾。弘景曰：　此是水中大萍，非今浮萍子。《藥對》云：　五月有花白色。即非今溝渠所生者，楚王渡江所得，乃斯實也。藏器曰：　水萍有三種。大者曰蘋，葉圓，闊寸許。小萍子是溝渠間者。《本經》云水萍，應是小者。頌曰：《爾雅》云：　萍，蓱。其大者蘋。蘇恭言有三種：　大者曰蘋，中者曰荇，小者即水上浮萍。今醫家鮮用大蘋，惟用浮萍。時珍曰：　《本草》所用水萍，乃小浮萍，非大蘋也。陶、蘇俱以大蘋注之，誤矣。萍之與蘋，音雖相近，字(脚)〔卻〕不同，形亦迥別，今釐正之，互見蘋下。浮萍處處池澤止水中甚多，季春始生。或云楊花所化。一葉經宿即生數葉。葉下有微鬚，即其根也。一種背面皆緑者。一種面青背紫赤若血者，謂之紫萍，入藥爲良，七月採之。《淮南萬畢術》云：　老血化爲紫萍。恐自有此種，不盡然也。《小雅》呦呦鹿鳴，食野之苹者，乃蒿屬。陸佃指爲此萍，誤矣。

【修治】時珍曰：　紫背浮萍，七月採之，揀净，以竹篩攤曬，下置水一盆映之，即易乾也。

【氣味】辛，寒，無毒。《別録》曰：　酸。　【主治】暴熱身癢，下水氣，勝酒，長鬚髮，止消渴。久服輕身《本經》。下氣。以沐浴，生毛髮《別録》。治熱毒、風熱、熱狂，熁腫毒、湯火傷、風疹大明。搗汁服，主水腫，利小便。爲末，酒服方寸匕，治人中毒。爲膏，傅面皯藏器。主風濕麻痹，脚氣，打撲傷損，目赤翳膜，口舌生瘡，吐血衄血，癜風丹毒時珍。

【發明】震亨曰：　浮萍發汗，勝於麻黄。頌曰：　俗醫用治時行熱病，亦堪發汗，甚有功。其方用浮萍一兩，四月十五日採之，麻黄去根節，桂心，附子炮裂去臍皮，各半兩，四物搗細篩。每服一錢，以水一中盞，生薑半分，煎至六分，和滓熱服，汗出乃瘥。又治惡疾癘瘡遍身者，濃煮汁(漬)浴半日，多效。此方甚奇古也。時珍曰：　浮萍其性輕浮，入肺經，達皮膚，所以能發揚邪汗也。世傳宋時東京開河，掘得石碑，梵書大篆一詩，無能曉者。真人林靈素逐字辨譯，乃是治中風方，名去風丹也。詩云：　天生靈草無根幹，不在山間不在岸。始因飛絮逐東風，泛梗青青飄水面。神仙一味去沉疴，採時須在七月半。選甚癱風與大風，些小微風都不算。豆淋酒化服三丸，鐵鑊頭上也出汗。其法：　以紫色浮萍曬乾爲細末，煉蜜和丸彈子大。每服一粒，以豆淋酒化下。治左癱右瘓，三十六種風，偏正頭風，口眼喎斜，大風癩風，一切無名風及脚氣，並打撲傷折，及胎孕有傷。服過百粒，即爲全人。此方，後人易名紫萍一粒丹。

【附方】舊七，新十八。　夾驚傷寒：　紫背浮萍一錢，犀角屑半錢，釣藤鈎三七個，爲末。每服半錢，蜜水調下，連進三服，出汗爲度。《聖濟録》。　消渴飲水：　日至一石者。浮萍搗汁服之。又方：　用乾浮萍、栝樓根等分，爲末，人乳汁和丸梧子大。空腹飲服二十丸。三年者，數日愈。《千金方》。　小便不利：　膀胱水氣流滯。浮萍日乾爲末。飲服方寸匕，日二服。《千金翼》。　水氣洪腫：　小便不利。浮萍日乾爲末。每服方寸匕，白湯下，日二服。《聖惠方》。　霍亂心煩：　蘆根炙一兩半，水萍焙、人參、枇杷葉炙各一兩。每服五錢，入薤白四寸，水煎温服。《聖惠方》。　吐血不止：　紫背浮萍焙半兩，黄芪炙二錢半，爲末。每服一錢，薑蜜水調下。《聖濟總録》。　鼻衄不止：　浮萍末，吹之。《聖惠方》。　中水毒病：　手足指冷至膝肘，即是。以浮萍日乾爲末。飲服方寸匕良。姚僧坦《集驗方》。　大腸脱肛：　水聖散：　用紫浮萍爲末，乾貼之。《危氏得效方》。　身上虚癢：　浮萍末一錢，以黄芩一錢同四物湯煎湯調下。《丹溪纂要》。　風熱癮疹：　浮萍蒸過焙乾，牛蒡子酒煮曬乾炒，各一兩，爲末。每薄荷湯服一二錢，日二次。《古今録驗》。　風熱丹毒：　浮萍搗汁，遍塗之。《子母秘録》。　汗斑癜風：　端午日收紫背浮萍曬乾。每以四兩煎水浴，並以萍擦之。或入漢防己二錢亦可。《袖珍方》。　少年面疱：《外臺》：用浮萍日挼盦之，並飲汁少許。○《普濟方》：用紫背萍四兩，防己一兩，煎濃汁洗之。仍以萍於斑䵟上熱擦，日三五次。物雖微末，其功甚大，不可小看。《普濟方》。　粉滓面䵟：溝渠小萍爲末，日傅之。《聖惠方》。　大風癘疾：浮萍草三月採，淘三五次，窨三五日，焙爲末，不得見日。每服三錢，食前温酒下。常持觀音聖號。忌猪、魚、鷄、蒜。又方：七月七日，取紫背浮萍，日乾爲末。半升，入好消風散五兩。每服五錢，水煎頻飲，仍以煎湯洗浴之。《十便良方》。　瘢瘡入目：浮萍陰乾爲末，以生羊子肝半個，同水半盞煮熟，搗爛絞汁，調末服。甚者，不過一服；已傷者，十服見效。《危氏得效方》。　弩肉攀睛：青萍少許，研爛，入片腦少許，貼眼上效。《危氏得效方》。　毒腫初起：水中萍子草，搗傅之。《肘後方》。　發背初起：腫焮赤熱。浮萍搗和鷄子清貼之。《聖惠方》。　楊梅瘡癬：水萍煎汁，浸洗半日。數日一作。《集簡方》。　燒煙去蚊：五月取浮萍陰乾用之。《孫真人方》。

明·梅得春《藥性會元》卷上　水萍　味辛、酸，氣寒，無毒。水中大萍，葉圓、闊寸許，紫背色者是。　主治暴熱身熱，身痒，下水氣，長鬚髮，治消渴。煎湯沐浴，生毛髮。時行熱病，發汗有功。

明·杜文燮《藥鑒》卷二　水浮萍芹　氣溫，味辛，無毒。治時行熱病，浴遍身癢瘡。消水腫而利小便，去暴燥而止消渴。同艾葉發汗驟來，驅風速退。蜜丸彈大為度，面青背紫方真。《采萍歌》曰：天生靈草無根幹，不在山川不在岸，采伐之時七月半，紫小微風都不算，豆淋酒內下三丸，鐵襆頭上也出汗。

明·李中立《本草原始》卷二　水萍　始生雷澤池澤，今處處溪間水中皆有之。係柳絮隨風飛起，入池沼，得水生成。一種面背皆綠，一種面青背紫，葉下微鬚，即其根也。平浮水面，故曰水萍，俗呼浮萍。　水萍：氣味：辛，寒，無毒。　主治：暴熱身癢，下水氣，勝酒，長鬚髮，止消渴，久服輕身。○下氣，以沐浴生毛髮。○治熱毒，風熱，熱狂，熁腫毒，湯火傷，風瘮。○擣汁服，主水腫，利小便。為末，酒服方寸匕，治人中毒。為膏，傅面䵟。○治發背。

水萍，《本經》中品。【圖略】修治：七月采紫背浮萍，揀淨，以竹篩攤晒，下置水一盆映之，即易乾也。

宋時東京開河，掘得石碑，梵書天篆，無有曉者。真人林靈素逐字釋解，廼是治中風方，名去風丹也。歌云：天生靈草無根幹，不在山間不在岸。始因飛絮逐東風，泛梗青青飄水面。神仙一味去沉疴，采時須是七月半。選甚攤風與中風，些小微風都不筭。豆淋酒化服三丸，鐵幞頭上也出汗。

戲術：種菜便生，取水上浮萍些須，和壁上土拌勻，向人前撒開土在地上，却取菜子種撒去，用水洒之，則見前萍青葉如菜初生也。

明·張懋辰《本草便》卷一　水萍　味辛、酸，氣寒，無毒。　主暴熱身痒，下水氣，長鬚髮。主消渴，時行熱病。

明·李中梓《藥性解》卷四　水萍　味辛、酸，性寒，無毒，入肺、小腸二經。消水腫，利小便，逐風寒，堪浴遍身瘡癢，發汗甚于麻黃。按：水萍入肺，故主祛風。入小腸，故主祛濕。此是水中大萍，非溝渠所生者。高供奉採萍歌云：不在山，不在岸，採我之時七月半。選甚癱風與瘓風，些小微風都不算。豆淋酒下兩三丸，鐵幞頭兒都出汗。以此觀之，其功甚于麻黃可知矣！

明·繆希雍《本草經疏》卷九　水萍　味辛、酸，寒，無毒。主暴熱身癢，下水氣，勝酒，長鬚髮，主消渴，下氣。以沐浴，生毛髮。久服輕身。一名水花。

〔疏〕水萍專得水氣之清陰，故味辛氣寒，《別錄》兼酸無毒。蓋其體輕浮，其性清燥，能祛濕熱之藥也。熱氣鬱於皮膚則作癢，味辛而氣清寒，故能散皮膚之濕熱也。寒能除熱，燥能除濕，故下水氣。酒性濕熱，而萍之質不沉於水，其氣味辛寒，輕清而散，故能勝酒。血熱則鬚髮焦枯而易墮，涼血則榮氣清而鬚髮自長矣。《別錄》主消渴者，以濕熱之邪去，則津液自生而渴自止也。其曰下氣，以沐浴、生毛髮者，亦以寒能除熱、涼血之驗也。熱邪不干，榮氣清旺則能獲輕身矣。　〔主治參互〕蘇頌曰：治惡疾癘瘡偏身者，濃煮汁，浴半日，多效。《聖惠方》少年面皰，挼浮萍盦之，亦可飲汁少許。《千金翼方》治小便不利，膀胱水氣流滯。浮萍日乾為末，服方寸匕，日二服，良。《子母秘錄》風熱丹毒，浮萍擣汁傅之令偏。去風丹：採浮萍詩曰：天生靈草無根幹，不在山間不在岸，始因飛絮逐東風，汎梗青青飄水面。神仙一味去沉疴，采時須在七月半。選甚癱風與大風，些小微風都不算。豆淋酒化服三丸，鐵撲頭上也出汗。其法以紫背浮萍曬乾，為細末，煉蜜丸彈子大。每服一丸，以豆淋酒化下，治癱瘓、三十六種風，有驗。　〔簡誤〕表氣虛而自汗者，勿用。

明・倪朱謨《本草彙言》卷七　水萍　味酸、苦，氣寒，無毒。

陳氏曰：　水萍有三種：　大者曰蘋，葉圓潤，寸許；　中者曰荇，葉似圓有缺；　小者即溝渠池塘中所生，本草所用，即此也。

李氏曰：　季春始生一葉，經宿即生數葉，葉下微鬚，即其根也。　面青背紫者，入藥最良。　面紫背綠者，不堪入藥。　七月收取，置竹篩內，下以水映之，日曬方乾。

水萍：　韓保昇發汗驅風，下水氣，時珍化丹毒之藥也。　葛小溪稿此專得寒水清陰之氣以生，夏天清陽之氣以長。　體輕性燥，日華善去皮膚濕熱風疹。又作湯沐浴，《別錄》生長毛髮。　他如風濕痿痹，癱瘓不起者，癘風惡毒，思邈筋骨頹敗者，用此屢建奇功。　又如水腫，藏器因熱鬱小便閉結爲患者，用此亦無不愈也。　但性燥氣寒，善于發汗，力勝麻黄，下水功同通草。　如表氣虚而自汗出者勿用。

前賢朱丹溪曰：　浮萍發汗，勝于麻黄。　俗醫用治時行熱疾無汗者，大有功效。　其方用四月中初出浮萍曬乾一兩，麻黄去根節五錢，甘草二錢，共研細末。　每用二錢，葱頭湯乘熱調服，汗出乃瘥。

李瀕湖先生曰：　浮萍，其性輕浮，入肺經，達皮膚，所以能發揚邪汗也。世傳以紫背浮萍曬乾爲細末，煉蜜和丸，彈子大，每服一二丸，以豆淋酒化下。治左癱右瘓，三十六種風，及偏正頭風，口眼喎斜，大麻瘋風，一切無名風毒及脚氣，并水腫、便秘，或打撲傷損，與胎孕有傷諸證，服過百丸，即爲全人。

蘇氏：　治癘風惡疾遍身者。　用紫背浮萍濃煎汁，屢浴效。

明・姚可成《食物本草》卷一九草部・水草類　水萍〔此是水中〕大萍，非今浮萍。五月有花，白色。〔即非今溝渠〕所生者。　楚王渡江所得，乃斯實〔也〕。　陳藏器曰：　水萍有三種。　大者曰蘋，葉圓，〔闊寸〕許。　小萍子是溝渠間者。　〇李時珍又以為浮萍處處池澤止水中甚多，季春始生。　或云楊花所化。　一葉經宿即生數葉。　葉下有微鬚，即其根也。　一〔種〕背面皆綠者。　一〔種〕面青背紫、赤若血者，謂之紫萍。

〔水萍，味〕辛，寒，無毒。　主暴熱身癢，下水氣，勝酒，長鬚髮，〔止消〕渴。久服輕身。下氣。　以沐浴，生毛髮。　治熱毒、風〔熱、熱〕狂，熁腫毒、湯火傷、風瘮。　搗汁服，主水腫，利小〔便。　為〕末，酒服方寸匕，治人中毒。　為膏，傅面䵟。　主風〔溼〕麻痹，脚氣，打撲損傷，目赤翳膜，口舌生瘡，吐血衄血，癜風丹毒。　〇李時珍曰：　浮萍，其性輕浮，入肺〔經〕，達皮膚，所以能發揚邪汗也。　世傳宋時東京開〔河〕，掘得石碑，梵書大篆一詩，無能曉者。　真人林靈〔素逐〕字辨譯，乃是治中風方，名去風丹也。　詩云：　天〔生〕靈草無根幹，不在山間不在岸。　始因飛絮逐東〔風〕，汎梗青青飄水面。　神仙一味去沉疴。采時須在〔七月〕半。　選甚癱風與大風，些小微風都不算。　豆淋〔酒化〕服三丸，鐵鏷頭上也出汗。　其法：　以紫色浮萍〔晒乾〕，搗細末，煉蜜和丸彈子大。　每服一粒，以豆淋酒化下，治左癱右瘓，三十六種風，偏正頭風，口眼喎斜，大風癩風，一切無名風及脚氣，打撲傷折及胎孕有傷。　服過百粒，即為全人。　此方後人易名紫萍一粒丹。

附方：　治消渴飲水，日至一石者。　浮萍搗汁服之。　〇又方，用乾浮萍、天花粉等分為末，人乳汁和丸梧子大。　空腹飲服二十丸，三年者，數日愈。

大風症。　浮萍草三月采，淘三五次，窨三五日，焙為末，不得見日。　每服三錢，食前溫酒下。　常持觀音聖號，忌猪魚雞蒜。　〇又方，七月七，取紫背浮萍日乾為末半升，入消風散五兩，每服五錢，水煎頻飲，仍以煎湯浴之。

治發背初起，腫鍬赤熱。　浮萍搗和雞子白塗之。　治鼻中衄血不止。浮萍末吹之。　治痘入目中。　浮萍陰乾為末，以生羊肝半个，同水半盞煮熟，搗爛絞汁調末服。　甚者不過一服。　已傷者，十服見效。　面生黑斑，用紫背浮萍四兩，防己四兩，煎濃汁洗。　仍以萍於斑䵟上，日擦三五次。　物雖微末，其功甚大，不可小看。

五月五日，取浮萍陰乾燒烟，辟除蚊蚋。

明・顧逢柏《分部本草妙用》卷四肺部・寒瀉　水萍　辛，寒，無毒。

主治：　熱毒風熱，熱狂，脇腫痛，湯火傷，風疹。　療水腫，利小便，風濕麻痺，脚氣，口舌生瘡。　吐血衄血，癜風，丹毒。　散發背大癰，去火毒，治三十六種風。

按：　浮萍性輕浮，入肺經，達皮膚，能發揚邪汗，與麻黄同功。　其治諸風也，其方以紫背浮萍晒乾，為末，蜜丸彈子大，以豆淋酒化下，凡偏正頭風，癱瘓，無名損傷，或胎孕有傷，皆效。　予聞昔葛可久治一徽人發背，未萌初萌之際，胗其脉，一發即斃者。　其人拜求救命。　以此煮熟淡食，即喫粥飯，亦以此作菜，月餘發一小瘡于背，不致為害。　消毒之功，豈淺哉？

明・李中梓《醫宗必讀・本草徵要上》　水萍味辛，寒，無毒。　入肺經。發汗開鬼門，下水潔淨府。　水萍輕浮，入肺經，發汗；　氣化及州都，因而利水。　歌云：　天生靈草無根幹，不在山間不在岸，始因飛絮逐東風，紫背青皮飄水面。神仙一味去沉疴，採時須在七月半，選甚癱風與大風，些小微風都不算。豆淋酒内服三丸，鐵漢頭上也出汗。按：水萍發汗，力比麻黃，下水功同通草。苟非大實大手熱者，安敢輕試耶？

明・蔣儀《藥鏡》卷四寒部　紫背浮萍：散濕熱于皮膚，染焦枯之鬚髮。消水腫而利小便，去暴燥而止消渴。同艾葉發汗登時，驅風效捷。又一訣云，紫背浮萍晒乾篩末，蜜丸如彈，荳酒化呷，癱瘓諸風，一顆玅訣。

明・盧之頤《本草乘雅半偈》帙四　水萍《本經》中品　氣味：辛，寒，無毒。主治：主暴熱身癢，下水氣，勝酒，長鬚髮，止消渴。久服輕身。予獨不喜其勝酒，恐長安少却人瑞。萍氏掌國，水禁使之，稽酒謹酒，不許百姓沈溺，并不許本官沈溺，萍性勝酒，稽謹乎沈溺乎。

覈曰：生池澤止水中，季春始生，楊花所化也。一葉經宿，即生九葉，葉下微鬚，即其根也。面青背紫者，入藥最良；面背皆綠者，不堪入藥也。七月收採，置竹篩內，下以水映之，日晒方乾。

參曰：穀雨萍始生，楊花入水乃化也。樹根水上，一夕九子，嘗與水平，故曰萍也。《周官》萍氏掌國水禁，以不沈溺取名，使之稽酒謹酒也。然亦水萍之性能勝酒爾，蓋楊先百木青，秉春升之敷和，萍性善生衍，秉夏出之蕃茂，但以升出為用，不以風火為氣者。以基于水，遂禀水寒之化，且味專辛發，藉金水之相滋，誠逐風清熱，解表汗出，通調水道之良品也。《別錄》以之治風，命名追風使。若長鬚髮，即水液之外榮；止消渴，即水氣之內周。久服輕身，形相類也。先人評藥云：輕飄浮浪，風流洒人易生速計者也。然得寒水之化行，何患其不相繼乎。

清・顧元交《本草彙箋》卷四　水萍　水萍，其體輕浮，故能入肺經，而達皮膚，發揚邪汗。其性清燥，燥能除濕，主下水氣。所謂浮萍生於水而能勝水，故云：發汗力比麻黃，下水功同通草。然非大實大熱，未可輕試。萍之與蘋，音雖相近，字畫不同，形亦迴別。大者爲蘋，而小者爲萍，不容誤也。須紫背者良。七月采之，揀淨，以竹篩攤晒，下置水盆映之，即易乾。宋時東京開河，掘得石碑梵書大篆，無能曉者。真人林靈素辨譯之，乃是治中風方，名去風丹。其篆云：天生靈草無根榦，不在山間不在岸。始因飛絮逐東風，泛梗青青飄水面。神仙一味去沉疴，采時須在七月半。選甚癱風與大風，些小微風都不算。豆淋酒化服三丸，鐵鏷頭上也出汗。其法以紫背浮萍晒乾，爲細末，煉蜜丸彈子大，每服一丸，以豆淋酒化下，治癱瘓三十六種風有驗。云服過百粒，爲全人也。後人易名紫萍一粒丹。

梅瘡初發，以鯉魚一尾，剖腹，入晒乾紫萍及麻黃五錢，紮固，麻油煎熟，即將滾熱酒衝下煮爛，連酒食之，出汗，毒邪自散。

清・穆石匏《本草洞詮》卷一〇　萍　萍，乃小浮萍，非大蘋也。處處池澤止水中季春始生。或云楊花所化，一葉經宿即生數葉，葉下有微鬚，乃其根也。一種面青背紫若血者，謂之紫萍，入藥為良。七月采之，揀淨，以竹節攤晒，下置水一盆映之，即易乾也。味辛酸，氣寒，無毒。治暴熱身癢，風濕麻痺，癜風丹毒，下水氣，止消渴，久服輕身。惡疾癘瘡遍身者，濃煮汁，浴半日，多効。蓋浮萍其性輕浮，入肺經，達皮膚。丹溪謂發汗勝麻黃也。宋時東京開河，掘得石碑，梵書大篆一詩，無能曉者。真人林靈素逐字辨譯，名去風丹，詩云：天生靈草無根幹，不在山間不在岸。始因飛絮逐東風，泛梗青青飄水面。神仙一味去沉疴，采時須在七月半。選甚癱風與大風，些小微風都不筭。豆淋酒化服三丸，鐵鏷頭上也出汗。其法以紫色浮萍晒乾，為細末，蜜和丸彈子大，每服一丸，以豆淋酒化下，治左癱右瘓，三十六種風，偏正頭風，口眼喎斜，大風癩風，一切無名風及腳氣，並打撲傷折，胎孕有傷，服過百粒，即為全人。

清・劉雲密《本草述》卷一二　水萍　生池澤止水中。《月令》：季春萍始生，揚花所化也。一葉，經宿即生九葉，葉下微鬚，即其根也。

氣味：辛，寒，無毒。《別錄》曰：酸。主治：暴熱身癢，熱毒風熱，熱狂熁音脅，火迫也。腫毒，并療風溼麻痹脚氣。搗汁服主水腫，利小便，止消渴，治吐血衄血。丹溪曰：浮萍發汗，勝於麻黃。頌曰：用治時行熱病，亦堪發汗，甚有功。世傳宋时東京開河，掘得石碑梵書，大篆一詩，無能曉者，真人林靈素逐字辨譯，乃是治中風方名去風丹也。詩曰：天生靈草无根幹，不在山间不在岸。始因飛絮逐東風，汎梗青青飄水面。神仙一味去沉疴，采時須在七月半。選甚癱風與大風，些小微風都不算。豆淋酒化服三丸，鐵撲頭上也出汗。其法以紫背浮萍曬乾，為細末，煉蜜丸彈子大，每服一丸，以豆淋酒化下，治癱瘓三十六種風，有驗。希雍曰：水萍專得水氣之清陰，故味辛氣寒。《別錄》兼酸无毒，蓋其體輕浮，其性清燥，能祛溼熱之藥也。之頤曰：穀雨萍始生，楊花入水乃化也。樹根水上一夕九子，嘗與水平，故曰萍也。蓋楊先百木青，秉春升之敷和。萍性善生衍，秉夏出之蕃茂。但以升出為用，不以風火為氣者，以基於水，遂稟水寒之化，且味專辛，發藉金水之相滋，誠逐風清熱，解表汗出，下水氣，止消渴之良劑也。

愚按：水楊最易生植，多生於河北沙地，乃其花入水而化萍，蓋稟寒水之旺氣，乘風木之出機，故其生也最易，而化生也亦繁。如水萍一葉，經宿即有九葉是也。誠如之頤所謂以升出為機，是茲物展轉化生，由其所稟者，乘於氣化之自然。即其味以辛勝，固皆氣化出機也。乃入口微有甘酸，入血分而涌洩，隨有辛之勝者，散之潤之。夫水也，汗也，血也，是二是一，此其所以能奏一切之效歟。總之，能大暢寒水之化，即合於人身之陰氣抑遏，陰氣阻滯。陰氣為陽所并者，舉能治也。之頤所云藉金水之相滋，尤謂能格物理矣。抑治風熱最勝者何？蓋陰氣能達，則陽自化，而風自息。若然，可同於滋陰之味，以息風熱歟。曰此味但能達陰之出機用之者，不能藉其還陰之入機。觀其即寄根於水，可以思也。故謂其輕浮而清燥。是雖非精詣語，亦庶乎得其功用之似矣。

附方　消渴飲水，用乾浮萍、栝樓根等分，為末，人乳汁和丸梧子大，空腹飲服二十丸，三年者數日愈。　水氣洪腫，小便不利，浮萍曝乾，為末，每服方寸匕，白湯下，日二服。　吐血不止，紫背浮萍焙半兩，黄芪炙二錢半，為末，每服一錢，薑蜜水調下。　鼻衄不止，浮萍末吹之。　風熱癮疹，浮萍蒸過，焙乾，牛蒡子酒煮，曬乾，炒，各一兩，為末，每薄荷湯服一二錢，日二次。　希雍曰：表氣虚而自汗者，勿用。

修治　紫背浮萍者入藥良。面背皆綠者，不可用也。七月采之，揀淨，以竹篩攤之，下置水一盆映之，日曬方易乾也。

清・郭章宜《本草匯》卷一二　水萍　味辛、酸，氣寒，入手太陰經。發汗開鬼門，下水潔淨府。仍治時行熱病，堪浴遍身癢瘡。敺風癣，除濕痺。夏夜蚊蠓，燒烟辟之。《本經》主暴熱身癢，下水氣者，熱氣鬱于皮膚則作癢，味辛而氣清寒，故能散皮膚之濕熱也。寒能除熱，燥能除濕，故下水氣。又勝酒者，酒性濕熱，而萍之質不沉于水，其氣味辛寒，輕清而散，故能勝酒。

按：水萍專得水氣之清陰，其體輕浮，其性清燥，發揚邪汗，袪濕熱之藥也。丹溪曰：浮萍發汗勝于麻黄。詩曰：天生靈草無根幹，不在山間不在岸。始因飛絮逐東風，汎梗青青飄水面。神仙一味去沉痾，采時須在七月半。選甚癱風與大風，些小微風都不算。豆淋酒化服三丸，鐵鏷頭上也出汗。苟非大實大熱，安敢輕試耶？

揀紫背浮萍，以竹篩攤晒，下置水一盆映之，即易乾也。

清・王翃《握靈本草》補遺　水萍水萍乃水面小者，大者乃蘋也。　辛，寒，無毒。主風濕麻痺，下水氣，止消渴。

清・汪昂《本草備要》卷一　浮萍輕，發汗，利濕。　辛散輕浮。入肺經，達皮膚，能發揚邪汗，丹溪曰：浮萍發汗，甚于麻黄。　止瘙癢、消渴。擣汁服。　生于水，又能下水氣，利小便，治一切風濕癱瘓。浮萍一味，蜜丸酒服，治三十六種風。濃煮汁浴，治惡疾瘡癩遍身。　燒烟辟蚊。　紫背者良。

清・李熙和《醫經允中》卷一八　水萍　辛，寒，無毒。主治熱毒，湯火傷，風癣。療水腫，散發背大癰，去火毒，治三十六種風。其性輕浮，入肺經，達皮膚，能發揚邪汗，與麻黄同功。其治諸風以紫背浮萍，晒乾為末，蜜丸，以豆淋酒化下，凡偏正頭風、癱瘓、無名腫毒皆効。然非大實極熱，不可輕試也。陰乾燒烟，可去蚊蠓。

清・馮兆張《馮氏錦囊秘錄・雜症痘疹藥性主治合參》卷三　水萍專得水氣之清陰，故味辛酸，氣寒，無毒。其體輕浮，其性清燥，故能散皮膚之濕熱，而下水勝酒，消渴發汗之需也。　水萍，背面俱青而小者名藻，面青背紫而大者為萍。入藥用萍，七月半採，置篩架水，晒乾研末，蜜丸彈大，一切癱風中風，空心酒服三丸，發汗驟來，敺風速退。仍治時行熱病，堪浴遍身癢瘡。消水腫，利小便。發汗力比麻黄，下水功同通草。苟非大實大熱，表虚自汗者勿用。

清・张璐《本經逢原》卷二　水萍　辛，寒，無毒。浮水面，小而背紫者是。

《本經》主暴熱身癢，下水氣勝酒，長鬚髮，止消渴。　發明：浮萍發汗勝於麻黄，下水捷於通草。惡疾癘風遍身者，濃煎浴半日多效。其性輕浮，入肺經達皮膚，故能發揚邪汗。《本經》主暴熱身癢者，專疎肌表風熱也。下水氣者，兼通陽明肉理也。勝酒者，陽明通達而能去酒毒也。長鬚髮者，毛竅利而血脈榮也。止消渴者，經氣和而津液復也。浮萍為祛風專藥。去風丹，用紫背浮萍為末，蜜丸，彈子大，豆淋酒下一丸。治大風癩風，一切有餘，風濕腳氣及三十六種風皆驗。而元氣本虚人服之，未有不轉增劇者。至於表虚自汗者，尤為戈戟。

清・浦士貞《夕庵讀本草快編》卷三　水萍《本經》　此萍非大蘋，音雖近而註脚不同。陶蘇不察，俱混註之。夫蘋乃四葉合成，形如田字，在十一真韻內。此萍乃楊花所化，葉圓而小，在八庚韻內，不可不辨。《小雅》云食野之苹，乃是蒿屬。陸佃指此，益誤矣。水萍化自楊花，或云老血，浮沉岸側，迴滯湍中，風飄而乍紫乍青；巧隨閉合，浪起而時疎時密。能逐低平，泛濫煙波，漂泊若終，無定纏綿，舟楫留連，亦似有情。楚王渡江而得其實，甘美可餐。石崇設客而擣為虀，咄嗟立辨，則知萍之無毒可食明矣。其體輕浮，其性辛寒，入肺經達皮膚，發揚邪汗，善理諸風。且其背紫，屬營吐衄亦療，去熱毒，利水氣，形氣相感也。按：宋時梵碑詩載，七月采取，豆淋酒服，統治癘風惡疾。元末葛可久治人背瘡，令淡煮食，隨得旋消，物雖微細，功莫大焉。再觀郭景純之贊，謂其在水而飄忽，猶卉之植地而無心。讀夏侯湛之賦，憫其出水而立枯，猶士之失身而無據，借物致謹，能不令人惕哉？

清・張志聰、高世栻《本草崇原》卷中　水萍　氣味辛，寒，無毒。主治暴熱身癢，下水氣，勝酒，長鬚髮，止消渴。久服輕身。　水萍處處池澤止水中皆有。季春始生，而盛於夏。一葉過宿即生數葉，葉下有微鬚，即其根也。葉小而圓，面青背紫，其紫赤若血者，謂之紫背浮萍，入藥為良。七月收采，置竹篩內，下以盆水映之曬日中，方易乾也。　太陽之氣，根於水中，而外浮於膚表。萍生水中，浮于水面，蓋稟太陽之氣化。其背紫赤，皆連於水，乃太陽之氣，根於水中也。盛於暑夏，乃太陽之氣，開浮而主夏也。氣味辛寒者，辛屬乾金，太陽如天而合乾。寒本太陽，太陽標陽而本寒也。主治暴熱身癢者，風熱之邪，暴客皮膚，一身苦癢。水萍稟寒水之氣，外行膚表，故暴熱身癢可治也。下水氣者，太陽之氣外達皮毛，則膀胱之水氣自下也。勝酒者，酒性辛溫而慓悍，先行皮膚。水萍辛寒而解熱，亦先行皮膚，故能勝酒。長鬚髮者，太陽為諸陽主氣，而熏膚澤毛，鬚髮長也。得寒水之精氣，故止消渴。久服則陰精盛而陽氣充，故輕身。　太陽之氣出於水中，上與君火相合而主日。水萍下為水映，上為日曬方乾，乃太陽之氣，上下相通，此物理自然之妙用也。

清・何諫《生草藥性備要》卷上　小浮萍　能發汗，又能下胎。紫背者佳。

清・劉漢基《藥性通考》卷五　浮萍草　味辛散，輕浮，入肺經。達皮膚，能發揚邪汗。丹溪曰：浮萍發汗，勝於麻黃。止瘙癢，消渴，搗汁服。生於水上，又能下水氣，利小便，治一切風濕癱瘓。浮萍一味，蜜丸酒服，治三十六種風。濃煎汁浴，治惡疾瘡癩遍身。燒烟辟蚊。紫背者良。

清・徐大椿《神農本草經百種錄》中品　水萍　味辛，寒。主暴熱，得水之氣，故能除熱。身癢，濕熱在皮膚。下水氣，萍入水不濡，故能滌水。勝酒，水氣勝則酒氣散矣。長鬚髮，益皮毛之血氣。主消渴。得水氣之助。久服輕身。亦如萍之輕也。　水萍生于水中，而能出水上，且其葉入水不濡，是其性能敵水者也。故凡水濕之病，皆能治之。其根不著土，而上浮水面，故又能益皮毛之疾。

清・黃元御《玉楸藥解》卷一　浮萍　味辛，微寒。入手太陰肺經。發表出汗，泄濕清風。浮萍辛涼發表，治瘟疫斑疹，療肌肉麻痹，中風喎斜癱瘓，醫癰疽熱腫，隱疹瘙癢，楊梅、粉刺、汗斑皆驅。利小便閉癃，消肌膚腫脹，止吐衄，長鬚髮。

清・吳儀洛《本草從新》卷二　水萍〔宣，發汗祛風；通，行水。〕　辛，寒。輕浮入肺經。發汗祛風，歌云：【略】利水消腫。非大實大熱不可輕試。丹溪曰：浮萍發汗勝於麻黃。七月採紫背浮萍，揀淨，以竹篩攤曬，下置水一盆映之則易乾。

清・汪紱《醫林纂要探源》卷二　浮萍　辛，平。青萍葉稍圓大，黑萍面有縐紋，惟紫萍背紫赤色，葉最細碎，入藥用。生於水，而味辛色紫，全乎肝木也。然有鹹味，生於水也。《本草》未及言。行少陽之令，補肝氣，而升達於皮毛。三月萍始生，味兼辛鹹，化血作汗液，而體輕浮水面，是以表散邪汗，開發腠理，而達之於外也。決三焦之瀆，瀉肺金而行水於下極。生水中，鹹滲辛行，是以能逐水氣而下達之於膀胱小便也。去皮膚風熱。作湯浴，治偏身瘡癩，去瘙癢。治筋肉痿痺。辛能祛風去濕。〇最難乾，惟盛以篩置盆水上，曬日中則乾。〇燒煙，能辟蚊。

清・嚴潔等《得配本草》卷四　水萍　辛，寒。入手太陰經。發汗，祛風，利水。治一切風熱腫毒，風濕麻痹，無名風疾，及腳氣撲傷。佐犀角、鉤藤，治夾驚傷寒。佐四物、黃芩，治身體虛癢。入鯉魚腹內，麻油、酒煮，治楊梅瘡初發。研爛，入冰片少許，貼眼上，治胬肉攀睛。　紫背者佳。揀淨，以竹篩攤曬，乾用。取鮮者煮汁，浴遍身風疾惡瘡。燒煙，辟蚊。　發汗勝於麻黃。血虛膚燥、服之血涸則死。氣虛風痛，服之汗出不止。二者禁用。

題清・徐大椿《藥性切用》卷四　紫背浮萍　性味辛寒，輕浮入肺，力能發汗祛風，利水消腫。非有風濕熱邪，不可混施。

清・黃宮繡《本草求真》卷四　浮萍入肝散風，入脾利濕。　浮萍耑入肝脾。浮於水上，體輕氣浮，辛寒。古人謂其發汗勝於麻黃，下水捷於通草一語，括盡浮萍治功，故凡風濕内淫，癱瘓不舉，在外而見肌膚搔癢，一身暴熱，在内而見水腫不消，小便不利，用此疎肌通竅。俾風從外散，濕從下行，而癱與瘓其悉除矣。至《本經》載長鬚髮者，以毛竅利而血脉榮也。風去血榮。止消渴者，以經氣和而津液復也。熱去津生。勝酒者，以陽明通達而能去酒毒也。總皆因其體浮，故能散風。因其氣寒，故能勝熱。因其產於水上，故能以水利水耳！用浮萍其背紫色為末，蜜丸彈子大，空心酒服。然必大實大熱，方可用此。若表虚自汗者，其切禁焉。燒烟辟蚊亦佳，但氣虚切勿近此。繡見有一婦人用此辟蚊，其兒僅兩周耳，因此即斃。

清・楊璿《傷寒溫疫條辨》卷六汗劑類　水萍　紫背者佳，青色者不堪用。辛散輕浮，入肺達皮毛，通脉利竅。其發汗甚於麻黃，止消渴，搗汁服。浴瘙痒，煮汁。又能下水氣，利小便，治一切風濕癱瘓。為末，煉蜜丸，酒服，治三十六種風。高供俸《採萍歌》云：【略】

清・羅國綱《羅氏會約醫鏡》卷一六草部　水萍味辛，無毒，入肺經。　輕浮入肺，能發揚邪汗。發汗甚於麻黃。治一切風濕癱瘓，浮萍一味，蜜丸酒服。利小便，消水腫，氣化及於州都。止膚癢瘡癩。煎汁浴。背面俱青而小者名藻，面青背紫者名萍。入藥用萍，七月半採，晒乾研末用。體虚者禁用。

清・陳修園《神農本草經讀》卷三　水萍　氣味辛，寒。主暴熱，得水之氣，故能除熱。身癢，濕熱在皮膚。下水氣，萍入水不濡，故能滌水。勝酒，水氣勝則酒氣散矣。長鬚髮，益皮毛之血氣。主消渴，得水氣之助。久服輕身。亦如萍之輕也。

徐靈胎曰：水萍生於水中，而能出水上，且其葉入水不濡，是其性能敵水者也。故凡水濕之病皆能治之。其根不著土而上浮水面，故又能主皮毛之疾。

清・楊時泰《本草述鉤元》卷一二　水萍　楊花所化生，止水中一葉，經宿即生九葉，葉下微鬚，即其根也。

氣寒味辛。主治暴熱身癢，熱毒風熱熱狂，腫毒，發時行熱病汗，并療風濕、麻痺、脚氣。搗汁服，主水腫利小便，止消渴，治吐衄。發汗勝於麻黃丹溪。專得水氣之清陰，其體輕浮，其性清燥，能祛濕熱之藥仲淳。楊先百木青，秉春升之敷和，萍性善生衍，秉夏出之蕃茂，但以升出為用，不以風火為氣者，以基於水，遂稟水寒之化，且味專辛發，藉金水之相滋，誠逐風清熱，解表出汗，下水氣，止消渴之良劑也。去風丹，治癱瘓三十六種風，用紫背浮萍曬乾，研細，煉蜜丸彈子大，每服一丸，豆淋酒化下，有驗。水氣洪腫，小便不利，浮萍曬乾為末，每服方寸匕，白湯下，日二服。鼻衄不止，浮萍末吹之。吐血不止，紫背浮萍焙半兩，黃芪炙二錢半，為末，每服一錢，薑、蜜水調下。消渴飲水，用乾浮萍、栝蔞根等分，為末，人乳和丸梧子大，空腹服二十丸，三年者數日愈。風熱癮疹，浮萍蒸過焙乾，牛蒡子酒煮曬乾炒，各一兩為末，每薄荷湯服一二錢，日二次。

論：楊花入水而化萍，稟寒水之旺氣，乘風木之出機，故其生也易，而化亦繁。即其味以辛勝，固皆氣化出機也，乃入口微有甘酸，入血分而湧洩，隨有辛之勝者，散之潤之，合於人身之陰氣抑遏，陰氣阻滯，陰氣為陽所并者，舉能大暢寒水之化而奏效於水與汗與血焉。陰氣達則陽自化，而風自息，故治風熱最勝，但能達陰之出機，不能藉其還陰之入機耳。

繆氏云：表氣虚而自汗者，勿用。

修治：紫背者入藥良。面背皆綠者，不可用。七月采之，揀淨，攤竹篩中，下置水一盆映之，曬即易乾。

清・吳其濬《植物名實圖考》卷一八　水萍　水萍，《本經》中品。《爾雅》：萍，蓱，其大者蘋。《吳普本草》始別出。蘋即俗呼田字草。

清・葉志詵《神農本草經贊》卷二　水萍　味辛，寒。主暴熱身痒，下水氣，勝酒，長鬚髮，消渴。久服輕身。一名水華。生池澤。

陌花漠漠，池水油油。風翻星亂，月逗雲浮。鋪茵鴨睡，開翠鱗遊。莫言漂梗，豈逐群流。

李時珍曰：季春楊花入水所化。楊雲鶴賦：嗟楊花之漠漠。元稹詩：池光漫油油。庾肩吾詩：風翻乍青紫。趙昂賦：月上兮處處疑星。錢起詩：浮雲正似萍。《雲林異景志》：太原少尹，樊千里，載數車浮萍，入池為鴨作茵褥。楊基詩：魚跳翠乍開。常袞賦：同乎漂梗之人。《南濠詩話》引魏仲先《盆池萍詩》：免得漂然逐眾流。

清・文晟《新編六書》卷六《藥性摘錄》　浮萍　辛，寒。入肝散風，入脾利濕。○發汗勝於麻黃，下水捷於通草。凡風濕内淫，癱瘓不舉，在外而見肌膚搔癢，一身暴熱；在内而見水腫不消，小便不利，皆可用此疏利。○紫色背者，為末，蜜丸彈子大，空心酒服。然必大實大熱，方可用此。○若表虛自汗，切禁。○燒煙熏蚊亦佳。膽氣虛者，勿近之。

清・張仁錫《藥性蒙求》　水萍錢半、三錢　水萍辛寒，輕浮入肺。發汗祛風，膀胱能利。《集解》云：發汗力比麻黃，利水功同通草。○惡疾癘風遍身者，濃煎，浴半日多效。○即紫背浮萍，虛體不可輕用。

清・戴葆元《本草綱目易知錄》卷二　水萍　辛，寒。輕浮入肺經，達皮膚，能發揚邪汗，止瘙癢消渴。生於水，又能下水氣，消水腫而利小便。治風濕熱毒，風熱熱狂，麻痹脚氣，風瘮丹毒，吐血衄血，打撲損傷。目中翳膜，口舌生瘡。為末，酒服，治中水毒。擣擦汗斑癜，風熵腫毒，湯火傷。沐浴，生毛髮。為膏，傅面皯。燒烟，辟蚊。紫背者良。

清・陳其瑞《本草撮要》卷一　浮萍　味辛，散，輕浮，入手太陰經，功專達表發汗，甚於麻黃。治風濕癱瘓。為末吹鼻止鼻衄，用紫者為末。敷脫肛，燒烟辟蚊。

清・仲昴庭《本草崇原集說》卷中　水萍　【略】仲氏曰：丹溪謂浮萍發汗甚於麻黃，今觀《本經》麻黃有出汗明文，水萍則否。且二物雖皆走表，而寒溫異性，主治異宜，無所謂甚也。然則論藥不讀《本經》，不能知藥性，不讀《崇原》，不能通經旨，隱菴可謂神農之功臣矣。

清・周巖《本草思辨錄》卷二　水萍　水萍浮於水面，而味辛氣寒，能發皮膚中濕熱之邪汗，故《本經》主暴熱身癢。《傷寒論》云：不得小汗出，身必癢。其身癢為有風寒之邪，宜以麻、桂取微汗。此則濕熱不汗出而癢，故水萍主之。水萍亦汗藥也，而與麻、桂有霄壤之殊。丹溪謂發汗勝於麻黃，不加分別。後遂有視水萍為峻劑而不敢用者矣。

《本經》以下水氣，止消渴，兩許水萍。蓋以其狀外帖水面，内含血絡，水不能濡，則水氣自下；日不能爍，則陰液固充，此效之所以并呈也。

《本經》未嘗言風，而後世以風藥推之。要知其所治為風熱之風，非風寒之風。如《古今錄驗》以水萍與牛蒡子、薄荷治風熱癮疹，則藥病相當矣。

龍舌草

明・李時珍《本草綱目》卷一九草部・水草類　龍舌草《綱目》

【集解】時珍曰：龍舌生南方池澤湖泊中。葉如大葉菘菜及芣苢狀。根生水底，抽莖出水，開白花。根似胡蘿蔔根而香，杵汁能軟鵝鴨卵，方家用煮丹砂，煅白礬，制三黃。

【氣味】甘，鹹，寒，無毒。　【主治】癰疽，湯火灼傷，擣塗之時珍。　【附方】新一。

乳癰腫毒：龍舌草、忍冬藤研爛，蜜和傅之。《多能鄙事》。

苦草

明・俞弁《續醫說》卷一○　苦草　吳中習俗相傳，産婦惡血不盡，單服苦草一味，以為聖藥。殊不知白芍藥丹溪禁用，以其酸寒，恐伐生氣故耳。況苦草之至寒者乎？有信服者，他日必生心腹之疾。或白帶、血崩、漏下之證，經年不痊。戕賊元氣，竟不知遺害於後也。初産之婦，氣血俱虛，大宜溫熱之劑，豈可輕用寒涼，重伐其發生之氣也！《經》曰無伐化，無違時，必養必和，待其來復，此之謂也。余嘗考諸本草及諸方書皆不載，不知吾吳中始于何人，而傳襲之誤如此，莫之能革，産家切宜知此。

明・李時珍《本草綱目》卷一九草部・水草類　苦草《綱目》

【集解】時珍曰：生湖澤中，長二三尺，狀如茅、蒲之類。　【氣味】〔缺〕。　【主治】婦人白帶，煎湯服。又主好嗜乾茶不已，面黃無力，爲末，和炒脂麻不時乾嚼之時珍。

清・张璐《本經逢原》卷二　苦草　苦，溫，無毒。　發明：苦草香竄，入足厥陰肝經，理氣中之血。産後煎服，能逐惡露。但味苦伐胃，氣竄傷腦，膏（梁）〔粱〕柔脆者，服之減食作瀉，過服則晚年多患頭風。昔人畏多産育，以苗子三錢，經行後麴淋酒服，則不受妊，傷血之性可知。煎湯主婦人白帶。又治嗜食乾茶，面黃無力，為末，和炒芝麻，不時嚼之。

清・趙學敏《本草綱目拾遺》卷四　苦草　《綱目》木草類載苦草云：生湖澤中，長二三尺，狀如茅蒲之類，主治白帶，又主好嗜乾茶面黃二種病。其氣味藥性又失載，今依張璐玉《本經逢原》補之。苦溫無毒，香竄，入足厥陰肝經。理氣中之血，産後煎服，能逐惡露。但味苦伐胃，氣竄傷腦，膏粱柔脆者服之，減食作瀉，過服則晚年多患頭風。昔人畏多産育，以苗子三錢，經行後麴淋酒服，則不受妊。傷血之性可知。

油灼灼

明・蘭茂撰，清・管暄校補《滇南本草》卷中　馬（屎）〔尿〕花：一名水旋覆。性微寒，味苦、微鹹。治婦人赤白帶下。生海中，草地邊，仙人塘，近華浦前。　附方：治婦人紅崩白帶，水旋覆為末，熟水牛肉同食，甚效。

明・蘭茂《滇南本草》〔叢本〕卷中　馬尿花一名水旋覆。味苦，微鹹，性微寒。治婦人赤白帶下。生海中，草地邊，仙人塘近華浦前。單方：水旋覆為末，每服一錢，熟水牛肉為引。

明・姚可成《食物本草》卷首王西樓《救荒野譜》　油灼灼食葉。生水邊，葉光澤。生熟皆食，又可作乾菜。

油灼灼，光錯落。生岸邊，照溝壑。溝壑朝來餓殍填，骨肉未冷攢烏鳶。

明・周履靖《茹草編》卷一　油灼灼　遠渚見雲横，灼灼生秋草。弄葉牽條，水上相呼早。繞筋芳腴，樽空罍倒。拍拍清風，醉不醒，一江蘋蓼。

生水邊。葉光澤，不時採取，生熟皆可食，又能作乾菜。

清・吳其濬《植物名實圖考》卷一七　馬尿花　馬尿花生昆明海中，近華浦尤多。葉如荇而背凸起，厚脆無骨，數莖為族，或挺出水面；抽短葶開三瓣白花，相疊微皺，一名水旋覆。《滇本草》：味苦、微鹹，性微寒。治婦人赤白帶下。按《野菜贊》云，油灼灼，蘋類。圓大一缺，背點如水泡。一名芣菜，沸湯過，去苦澀，須薑醋，宜作乾菜，根甚肥美，即此草也。

海菜

清・吳其濬《植物名實圖考》卷一七　海菜　海菜生雲南水中。長莖長葉，葉似車前葉而大，皆藏水內；抽葶作長苞，十數花同一苞；花開則出於水面，三瓣，色白，瓣中凹，視之如六，大如杯，多皺而薄；黄蕊素萼，照耀漣漪，花罷結尖角，數角彎翹如龍爪，故又名龍爪菜。水瀕人摘其莖，煠食之。《蒙自縣志》：莖頭開花，無葉，長丈餘，細如釵股，卷而束之，以鬻於市，曰海菜，可瀹而食。蓋未見植根水底，漾葉波際也。《滇海虞衡志》：以為其根即蓴，則並不識蓴。考《唐本草》有蔛菜，葉似澤瀉而小，形差相類。語即未詳，圖亦失真，不併入。

眼子菜

明・蘭茂原撰，范洪等抄補《滇南本草圖說》卷四　牙齒草　一名牙拾草。生田中，似穀形，取入藥用。性寒，味苦、澁。主治：婦人赤白帶下，或成崩症。亦治紅白痢疾、大腸下血，最效。

明・蘭茂撰，清・管暄校補《滇南本草》卷中　牙齒草　一名牙拾草。性寒，味苦，澁。止赤白痢疾，大腸下血，婦人紅崩漏，下惡血。附方：治赤白痢疾日久者，牙齒草、山查，各等分，沙糖二錢，同煎服。

明・蘭茂《滇南本草》〔叢本〕卷中　牙齒草，味苦，澁。止赤白痢（痰）〔疾〕，止大腸下血，止婦人紅崩帶下惡血。註補：赤白痢疾日久，山查、牙齒草等分，砂糖二分，煎服。

明・姚可成《食物本草》卷首王西樓《救荒野譜》　眼子菜食葉。生水澤中。葉青背紫，莖柔滑而細，長可數尺。六七月采之，熟食。

眼子菜，如張目，年年盼春懷布穀，猶向秋來望時熟。何事頻年倦不開，愁看四野波漂屋。

明・周履靖《茹草編》卷二　眼子菜　眼子菜，春前綠，眼底覷人碌碌。朝相持，暮相逐，短景頹檐光促。舜妃堯女千行淚，一時灑向瀟湘（行）〔竹〕。瀟湘竹，年年看人，江南江北。　六七月採。生水澤中。青葉，背紫色，莖柔滑而細長，可數尺。湯焯，晒乾，再泡，醯醬拌食。

清・吳其濬《植物名實圖考》卷一七　牙齒草　牙齒草生雲南水中。長根横生，紫莖，一枝一葉，葉如竹，光滑如荇，開花作小黄穗。《滇本草》：味苦澀，止赤白痢、大腸下血、婦人赤崩、帶下惡血。

薺米

清・吳其濬《植物名實圖考》卷一七　薺米　薺米生陂塘。直隸謂之薺米，固始謂之茶菱，江西義寧謂之藻心。蔓生水中，長柄圓葉，似初生小葵而扁；一邊生葉，一邊結簕子，長四五分；端有三叉，俗亦呼三叉草。簕內實如蓮，鬚長二寸許。以芝麻拌熓，香氣撲鼻，可以飣盤；亦用為茶素，潔馨，頗宜脾胃。

海帶

宋・唐慎微《證類本草》卷九草部中品〔宋・掌禹錫《嘉祐本草》〕　海帶　海帶催生，治婦人及療風。亦可作下水藥。出東海水中石上，比海藻更麁，柔韌而長，今登州人乾之以苴束器物新定。

明・劉文泰《本草品彙精要》卷一二　海帶無毒　麗生。

海帶：催生，治婦人及療風。亦可作下水藥。名醫所錄。【苗】《圖經》曰：比海藻更粗，柔韌而長。今登州人取乾之，可以苴束器物者是也。【地】《圖經》曰：生東海水中石上。【時】生：無時。採：無時。【收】暴乾。【質】類海藻，粗而長。【色】黑。【味】苦，鹹。【性】寒，泄。【氣】氣薄味厚，陰也。

明・王文潔《太乙仙製本草藥性大全》卷二《仙製藥性》　海帶　味鹹，氣寒，無毒。又云有小毒。　主治：　主婦人，多用催生，散癭囊兼理氣瘰，亦療風淫，更下水濕。

明・皇甫嵩《本草發明》卷三　海帶，比海藻粗長柔韌，下水氣速於海藻，主催生，療風淫。要之，上三味皆鹹，能潰堅，散結消腫。蓋榮氣不從，外為瘤腫故耳。俱反甘草。

明・李時珍《本草綱目》卷一九草部・水草類　海帶宋《嘉祐》

〔集解〕禹錫曰：　海帶出東海水中石上，似海藻而粗，柔韌而長。今登州人乾之以束器物。醫家用以下水，勝於海藻、昆布。　〔氣味〕鹹，寒，無毒。　〔主治〕催生，治婦人病，及療風下水《嘉祐》。治水病癭瘤，功同海藻時珍。

明・李中立《本草原始》卷二　海帶　出東海水中石上。形似紙條，薄而且長，黄白色，柔軟，堪以繫束物，故名海帶。　海帶：　氣味：　鹹，寒，無毒。　主治：　催生，治婦人病及療風，下水。〇治水病癭瘤，功同海藻。

海帶，宋《嘉祐》。【圖略】此係散條作成編者，亦有結成繩者。　入藥水洗，剉用。

明・倪朱謨《本草彙言》卷七　海帶　味鹹，氣寒，無毒。

劉氏曰：　海帶，生東海水中石上。似海藻而粗，柔韌而長。今登、萊人曬乾，以束器用，可代繩索。

海帶：　去癭行水，下氣化痰，功同海藻、昆布。及婦人方中，用此催生有驗，稍有異耳。

明・姚可成《食物本草》卷一九草部・水草類　海帶出東海水中石上。似海藻而粗，柔韌而長，人切食之。

海帶，味鹹，寒，無毒。主催生，治婦人病。治水病癭瘤，功同海藻。

清・丁其譽《壽世秘典》卷三　海帶似海藻而粗，柔韌而長。今登州人，乾之以束器物。醫家用以下水，勝于海藻、昆布。　氣味：　鹹，寒，無毒。治水病、癭瘤。

清・朱本中《飲食須知・菜類》　海帶　味甘，鹹，性寒滑。不可與甘草同食。

清・蔣居祉《本草擇要綱目・温性藥品》　海帶　氣味：　寒，鹹，無毒。主治：　婦人病及療風下水。亦可催生。治癭瘤結核，功同海藻。

清・汪昂《本草備要》卷一　海帶　下水消癭，功同海藻。　似海藻而粗，柔韌而長。

清・劉漢基《藥性通考》卷五　海帶、昆布　海帶下水消癭，功同海藻。似海藻而粗，柔軟而長。〇昆布功同海藻，而少滑性。（雄）治水腫癭瘤，陰癀膈噎病。用時洗去鹹味用。

清・黄元御《玉楸藥解》卷一　海帶　味鹹，性寒。入足太陽膀胱經。行痰泄火，消癭化瘤。　鹹寒疎利，清熱軟堅，化痰利水。治鼓脹癭瘤，與昆布、海藻同功。

清・吴儀洛《本草從新》卷二　海帶　下水消癭，功同海藻。　似海藻而粗，柔韌而長。

清・汪紱《醫林纂要探源》卷二　海帶　鹹，寒。　滑長而厚，色赤黑，有圓短稍白者，曰海白菜。　補心，行水，消痰輭堅。消癭瘤結核，攻寒熱瘕疝，治腳氣水腫，通噎膈。

清・嚴潔等《得配本草》卷四　海帶　鹹，寒。治水病，去風濕，消癭瘤，催産難。

題清・徐大椿《藥性切用》卷四　海帶　性味稍平，下水消癭，功同海藻。

清・李文培《食物小錄》卷上　海帶　鹹，寒，無毒。清火化痰，消結核。

清・羅國綱《羅氏會約醫鏡》卷一六　海帶　下水消癭，功同海藻，而多用可以催生。

清・章穆《調疾飲食辯》卷三　海帶　《嘉祐本草》曰：　似海藻而粗，柔韌而長。用以下水，甚佳。又能涼血補血，催生，婦女宜食，陰虛血熱者尤宜多食。

清・王龍《本草纂要稿・草部》　海帶　柔軟堪以繫物，入藥多用催生。亦療風淫，兼下水濕。

清・文晟《新編六書》卷六《藥性摘錄》　海帶　鹹，寒。入腎泄熱，散結軟堅，治瘰癧癥瘕。性同海藻、昆布。並詳藥部瀉水。

清・王孟英《隨息居飲食譜・蔬食類》　海帶　鹹、甘，涼。耎堅散結，行水化濕，故内而痰飲、帶濁、疳脹、疝瘕、水腫、奔豚、黄疸、腳氣，外而癭瘤、瘰癧、癰腫、瘻瘡，竝能治之。解煤火毒，析酲消食。葷素僉宜。短細者良。海藻、昆布粗不中食，入藥功同。

清・田綿淮《本草省常・菜性類》 海帶 性寒。清熱化痰，利水消癭。服半夏、甘草者忌之。

三稜

宋・陳衍《寶慶本草折衷》卷一一 草三稜 一名草三稜根，一名雞爪三稜。生蜀地。二、八月採根。

味甘，平，溫，無毒。○療產後惡血，通月水血結，墮胎，破積聚癥瘕，止痛利氣。○《圖經》曰：其根鉤屈如爪。分京三稜條。

續說云：《圖經》論諸三稜本為一物，雖則云然，而《博濟方》金鎖元乃以草三稜與京三稜兼行，故《圖經》又言力有剛柔，各適其用也。

明・朱橚《救荒本草》卷上之後 黑三稜 舊云河陝、江淮、荊襄間皆有之。今鄭州、賈峪山澗水邊亦有。苗高三四尺，葉似菖蒲葉而厚大，背皆三稜劒脊，葉中攛葶，葶上結實，攢為刺毬狀如楮桃樣而大顆瓣甚多，其顆瓣形似草決明子而大，生則青，熟則紅黃色。根狀如烏梅而頗大，有鬚蔓延相連，比京三稜體微輕，治療並同。其葶味甜；根味苦，性平，無毒。 救飢：採嫩葶剝去麄皮，煤熟，油鹽調食。 治病：文具《本草》草部京三稜條下。

明・劉文泰《本草品彙精要》卷一五 草三稜無毒 叢生。

草三稜：療產後惡血，通月水，血結，墮胎，破積聚，癥瘕，止痛，利氣。名醫所錄。 【名】雞爪三稜。 【苗】《圖經》曰：春生苗，高三四尺，似茭蒲，葉皆三稜，五六月開花如莎草，黃紫色，霜降後採根，其形不一，有初生成塊者，或傍生一根成塊出苗者。其不出苗只生細根者，謂之雞爪三稜，即草三稜也。所謂雞爪者，以其根端鈎屈如雞爪，然爾亦如烏頭、烏喙，因形而名之，其實一類也。 【地】《圖經》曰：生蜀地。 【時】生：春生苗。 採：二月、八月取根。 【收】暴乾。 【用】根。 【質】類雞爪而長大。 【色】皮黑肉白。 【味】甘。 【性】平，溫，緩。 【氣】氣之厚者，陽也。 【主】逐瘀血，破積氣。 【製】細剉用。

明・鄭寧《藥性要略大全》卷五 京三稜 破積，除血塊，氣膨、氣滯、氣脹，消癥瘕，寧心脾腹痛。 《十書》云：治心腹刺痛及氣脹，血脉不調，消瘀血，破血中之氣。損真氣，虛人忌用。 《湯液》云：主老癖癥瘕，結塊氣脹，血脉不調，療撲損瘀血，女人經閉，心腹刺痛。能落胎消血。產後血暈，宿血不下。 《珍》云補不足。七潭言其誤矣。 味苦、淡，氣溫，無毒。色黃體重，形如鯽魚而小。火炮用。生時略麻人舌。

草三稜一名雞瓜三稜。 療產後惡血，通月水血結，下胎，破積聚癥瘕，止痛利氣。 味甘，平，氣溫，無毒。

題明・薛己《本草約言》卷一《藥性本草》 三稜 味苦、辛，氣平，無毒。陰中之陽，可升可降。消堅固之癥積，破瘀血之結滯，既為治血之需，又破血中滯氣。入足太陰脾。火炮製使。○色白屬氣，故破血中之氣，然破積，氣虛者勿用。

明・梅得春《藥性會元》卷上 京三稜 味苦、辛，氣平。陰中陽也。無毒。色黃體重，狀若鯽魚而小。又有黑色如烏梅者，有鬚相連，蔓延，體輕。專療女人血脉不調。 凡使，火炮用。 主治老癖，癥瘕結塊，婦人血脉不調，心腹刺痛，破積，除血塊，氣脹滿，落胎，消惡血，通月經，撲損瘀血，產後腹痛，血暈宿血不下，能破血中之氣，及損真氣，虛人禁用。

明・杜文燮《藥鑒》卷二 三稜 氣平，味苦、辛。陰中之陽。破積氣，消脹滿，通月水，下瘀血，治老癖癥瘕結塊，婦人血脉不調，心腹刺痛。白者屬氣，故其色白者破血中之氣。醋煮為良。畏牙硝。孕婦勿用。

明・李中梓《藥性解》卷三 三稜 味苦，性平，無毒，入肺、脾二經。主行氣行血，多年癥癖如石，能消為水，麵裹炒。醋炒用。 按：三稜為血中氣藥，脾裹血，肺主氣，宜並入焉。蓋血隨氣上，氣聚則血下流，故生癥癖之患，非三稜不治，然有斬關之勢，虛人忌之。

明・繆希雍《本草經疏》卷九 京三稜 味苦，平，無毒。主老癖癥瘕結塊。俗傳昔人患癥癖死，遺言令開腹取之。得病塊，堅硬如石，文理有五色。人謂異物，竊取削成刀柄。後因以刀刈三稜，柄消成水，乃知此可療癥癖也。黃色體重，狀若鯽魚而小者良。

【疏】京三稜稟火土之氣，故本經味苦平。潔古兼甘。亦應兼辛兼甘，故無毒。入足厥陰，亦入足太陰。從血藥則治血，從氣藥則治氣。老癖癥瘕，積聚結塊，未有不由血瘀、氣結、食停所致，苦能泄而辛能散，甘能和而入脾，血屬陰而有形，此所以能治一切凝結停滯有形之堅積也。又主產後惡血血結，通月水，墮胎，止痛利氣者，亦散血行氣之功用也。潔古用以治心膈痛，飲食不消。海藏用以通肝經積血，皆與作者之意合也。 【主治參互】用蓬莪茂、青皮、香附、延胡索、肉桂、牡蠣、鼈甲、人參，則消一切堅癥老癖之積聚。同青皮、紅藍花、當歸、川芎、生地黃、芍藥、桂心、牛膝、延胡索、五靈脂，則治產後一切惡血停滯留結，及月水凝蓄不通，少腹作痛不可按。　同橘皮、青皮、縮砂蜜、紅麯、山查、麥芽、人參、肉豆蔻、黃連，則消一切食積并氣壅塞不利。　《子母秘錄》治小兒氣癖，三稜煮汁作羹粥，與奶母食，日亦以棗許與兒食。小兒百日及十歲已下，癎熱痃癖皆理之。合人參彌良。　〔簡誤〕京三稜，潔古謂其辛苦甘，無毒。陰中之陽，能瀉真氣，真氣虛者勿用。此見諦之言也。故凡用以消導，必資人參、芍藥、地黃之力，而後可以無弊。觀東垣五積方皆有人參，意可知已。何者？蓋積聚癥癖，必由元氣不足，不能運化流行致之。欲其消也，必藉脾胃氣旺，〔方〕能漸漸消磨開散，以收平復之功。如秪一味，專用克消，則脾胃之氣愈弱，後天之氣益虧，將見故者不去，新者復至矣。戒之哉！

明·繆希雍《本草經疏》卷一一　草三稜根　味甘，平，溫，無毒。療產後惡血，通月水血結，墮胎，破積聚癥瘕，止痛利氣，一名雞爪三稜。

〔疏〕草三稜，即雞爪三稜，與京三稜其實一類。但以所產之地與形質不同為別耳。破散尅削之性，一同乎京三稜，故參互、簡誤亦同，茲不復贅。

明·顧逢柏《分部本草妙用》卷一肝部·溫瀉　京三稜　苦，平、微溫，無毒。煮熟焙乾，或醋浸炒用。　主治：癥瘕積聚血塊，墮胎，氣脹，心腹痛，通肝積血，消腫堅硬。　按：三稜，為肝家血分藥也。其破積除堅，乃其長技。而虛元奪神，亦其故性也。苟可無用，便以香附代之。

明·李中梓《醫宗必讀·本草徵要上》　京三稜味苦，平，無毒。入肝經。醋炒。　下血積有神，化堅癖為水。昔有患癖死者，遺言開腹取視，得病塊堅如石，文理五色，人謂異物，竊作刀柄，後以刀刈三稜，柄消成水，故治癖多用焉。按：潔古謂三稜瀉真氣，虛者勿用。東垣五積諸方，皆有人參贊助，如專用克削，脾胃愈虛，不能運行，積安得去乎？

明·鄭二陽《仁壽堂藥鏡》卷一〇下　三稜　《圖經》云：三稜，今出河、陝，荊、襄有之。體重者佳。　氣平，味苦。陰中之陽。無毒。　入肺、肝二經。　《象》云：治老癖，癥瘕結瑰，婦人血脉不調，心腹刺痛。須炮用，麪包火煨，加醋復炒過用。　《珍》云：破積氣，損真氣。虛者勿用。《液》云：治氣脹，血脉不調。補五勞，通月經，消瘀血。色白，破血中之氣。

按：三稜破氣，有雷厲風行之勢。　禹錫云：破撲損瘀血。

明·李中梓《頤生微論》卷三　京三稜　味苦，性平，無毒。入肺、肝二經。醋炒用。主積聚血結，心腹痛，墮胎。

按：昔有患癥癖死者，遺言令開腹取之，得塊乾硬如石，文理有五色，削成刀柄，後刈三稜忽化為水，故療積塊如神。蓬莪蒁破氣中之血，京三稜破血中之氣，主用頗同，微有氣血之別。東垣五積方中用此二味，皆用人參贊助，故有成功，而無偏勝也。若專用尅伐，胃氣愈虛，不能運行，積反增大矣。謹之！

明·張景岳《景岳全書》卷四八《本草正》　三稜　氣味苦平。能行血中之氣。善破積氣，逐瘀血，消飲食脹滿，氣滯腹痛，除痃癖癥瘕，積聚結塊，通月水，亦墮胎及產後惡血，撲損瘀血，并治瘡腫堅硬。製宜醋浸炒熟入藥。此與蓬朮稍同，但蓬朮峻，而此則差緩耳。

明·賈九如《藥品化義》卷二血藥　三稜　屬陰，體重而實，色黃帶白，氣和，味微苦，性涼，能升能降，力破血中之氣，性氣與味俱輕，入肺肝二經。

三稜色白入肺，屬氣分，以其味苦體重，專破血中之氣，能徹上徹下，有雷厲風行之勢，主消老癖癥瘕，結塊氣脹，女人經閉，死胎難下，產後宿血，撲損積瘀，無不奏效。恐傷真氣，不宜久服，虛人及孕婦皆宜勿用。　體重者佳，麪包火煨加醋炒用。

清·蔣居祉《本草擇要綱目·平性藥品》　三稜　氣味：苦，平，無毒。陰中之陽也。　主治：老癖癥瘕，產後惡血，破積氣，消撲損瘀血。真氣虛者勿用。

清·王翃《握靈本草》卷三　京三稜生蜀地者良，諸處皆有之。醋煑，炒乾用。主治：京三稜，苦，平，無毒。主老癖癥瘕，血積氣結。

清·汪昂《本草備要》卷二　荊三稜瀉，行氣，破血，消積。　苦，平。色白屬金。皮黑肉白。入肝经血分，破血中之氣，亦通肝經聚血。兼入脾經。散一切血瘀氣結，瘡硬食停，老塊堅積。乃堅者削之。從血藥則治血，從氣藥則治氣。須輔以健脾補氣藥良。昔有人患癥瘕死，遺言開腹取之，得病塊如石，文理五色，削成刀柄。因刈三稜，柄消成水，乃知此藥可療癥瘕。消腫止痛，通乳墮胎。功近香附而力峻，虛者慎用。　色黃體重，若鯽魚而小者良。醋浸炒，或麪裹煨。

清·李世藻《元素集錦·本草發揮》　三稜、莪术　治久積。今凡遇停滯輒用之，不惟損氣，且亦無效。蓋藥性各有主治，不可混施。

清·顧靖遠《顧氏醫鏡》卷七　京三稜苦，平。入肝脾二經。醋炒。　下血積如神，化堅癖為水。破血散血，能治一切凝滯有形之堅積，從氣藥則治氣，從血藥則治血。能瀉真氣，虛者勿服。東垣五積諸方皆有人參贊助，如專用克削，則脾胃愈虛，積安得去乎。孕婦勿服。

清・李熙和《醫經允中》卷一七　京三稜　醋浸炒用。　苦，平，微溫，無毒。主治癥瘕積聚，血塊氣脹，心腹痛，破血中之氣，墮胎。性甚猛峻，脾胃素弱者用之，積不去而真氣已竭，良可虞也，虛人可以香附代之。

清・馮兆張《馮氏錦囊秘錄・雜症痘疹藥性主治合參》卷三　京三稜稟火土之氣，故味苦甘辛，平，無毒。入足厥陰及足太陰。從血藥則治血，從氣藥則治氣。苦能泄，辛能散，甘能和而入脾。血屬陰而有形，所以能治一切凝結停滯有形之堅積。真氣虛者勿服。

京三稜，消癥瘕滯痛，一切血塊，乃血中之氣藥也。專通肝經，積血滯氣，宜醋浸炒用。

按：三稜，昔有患癖死者，遺言開腹取之，得塊如石，文有五色，削成刀柄，後刈三稜，忽化為水，乃知治療積塊如神。蓬术破氣中之血，三稜破血中之氣，主治頗同，氣血稍別。東垣用此二味，皆用人參贊助，故有成功而無偏勝之害。若專用尅伐，胃氣愈虛不能運行，積反增大矣。

清・劉漢基《藥性通考》卷五　三稜　味苦，氣平。色白屬金，入肝經血分，破血中之氣，兼入脾經。散一切血瘀氣結瘡硬，食停積聚，老塊堅積，消腫止痛，通乳墮胎，功近香附而力峻。虛者慎用。色黃體重，若鯽魚而小者良。醋浸炒，或麵裹煨用。從血藥則治血，從氣藥則治氣。然須加入健脾補氣藥中良。昔有人患癥癖而死，遺言開腹取之，得病塊如石，文理五色，削成刀柄，因為三稜，柄消成水，乃知此藥可療癥癖也。

清・周垣綜《頤生秘旨》卷八　京山稜　破血分之氣藥也。消老癖癥瘕，結塊氣脹。

清・黃元御《玉楸藥解》卷一　三稜　味苦，氣平。入足厥陰肝經。行瘀，清積，化塊。磨積聚癥瘕，善破老血，通經利氣，下乳墮胎。止經產心腹諸病，消跌撲損傷諸瘀，軟瘡瘍癰腫堅硬。

題清・徐大椿《藥性切用》卷三　京三稜　性味苦平，血中氣藥，入肝破瘀開結，消堅積老塊。醋炒麪煨，其力峻於蓬朮，虛人忌之。

清・楊璿《傷寒溫疫條辨》卷六攻劑類　京三稜　味苦辛。入脾、肺。主行氣行血，多年癥瘕如石，能化為水，為血中氣藥。蓋氣隨血行，氣聚則不流，故生癥瘕之患，非此不能治也。然有斬關之勢，欲先入血醋炒，欲先入氣，火炮，與莪朮同，虛人並忌之。

清・羅國綱《羅氏會約醫鏡》卷一六草部　三稜　味苦辛、甘，入肝脾二經血分。醋炒用。　苦能瀉，辛能散，能行血中之氣。治一切有形之血積，如癥瘕之類。善破氣滯，從氣藥則破氣。消宿食脹滿、腫痛辛能散，通乳墮胎。

按：三稜瀉真氣，東垣五積諸方，皆有人參贊助，如專用尅削，脾胃愈虛，不能運行，積安得去乎！

清・張德裕《本草正義》卷上血品類　三稜　苦，平。行血中之氣，善破積氣，逐瘀血，攻痃癖癥瘕積聚結塊，通經墮胎。醋炒熟入藥，較蓬朮稍緩。

荊三稜

宋・唐慎微《證類本草》卷一一草部下品〔宋・馬志《開寶本草》〕　草三稜根　味甘，平、溫，無毒。療產後惡血，通月水，血結，墮胎，破積聚癥瘕，止痛利氣。一名雞爪三稜。生蜀地。二月、八月採。今附。

宋・唐慎微《證類本草》卷九草部中品〔宋・馬志《開寶本草》〕　京三稜　味苦，平，無毒。主老癖癥瘕結塊。俗傳昔人患癥癖死，遺言令開腹取之。得病塊乾硬如石，文理有五色，人謂異物，竊取削成刀柄，後因以刀刈三稜，柄消成水，乃知此可療癥癖也。黃色體重，狀若鯽魚而小。又有黑三稜，狀似烏梅而稍大，有鬚相連蔓延，體輕。爲療體並同。今附。

〔宋・掌禹錫《嘉祐本草》〕按：日華子云：味甘、澁，涼。治婦人血脉不調，心腹痛，落胎，消惡血，補勞，通月經，治氣脹，消撲損瘀血，產後腹痛，血運并宿血不下。

〔宋・蘇頌《本草圖經》〕曰：京三稜，舊不著所出地土，今河陝、江、淮、荊襄間皆有之。春生苗，高三四尺，似茭蒲葉皆三稜。五六月開花，似莎草，黃紫色。霜降後採根，削去皮、鬚。黃色，微苦，以如小鯽魚狀，體重者佳。多生淺水傍，或陂澤中。其根初生成塊，如附子大，或有扁者。傍生一根，又成塊，亦出苗，其不出苗，只生細根者，謂之雞爪三稜。又不生細根者，謂之黑三稜，大小不常，其色黑，去皮即白。河中府又有石三稜，根黃白色，形如釵股，葉綠色如蒲，苗高及尺，葉上亦有三稜，四月開花，白色，如紅蓼花。五月採根。亦消積氣。下品別有草三稜條，云生蜀地，即雞爪三稜也。其實一類，故附見於此。一說三稜生荊楚，字當作荊，以著其地，《本經》作京，非也。今世都不復有，三稜所用皆淮南紅蒲根也。泰州尤多，舉世皆用之。雖太醫不以爲謬。蓋流習既久，用根者不識其苗，採藥者莫究其用，因緣差失，不復更辨。今三稜，荊湘、江淮水澤之間皆有。葉如莎草，極長，莖三稜如削，大如人指，高五六尺，莖端開花，大體皆如莎草而大，生水際及淺水中。苗下即魁，其傍有根橫貫，一根則連數魁，魁上發苗。採時斷其苗及橫根，形扁長如鯽魚者，三稜也。根末將盡，一魁末發苗，小圓如烏梅者，黑三稜也。又根之端鈎屈如爪者，爲雞爪三稜。皆皮黑肌白而至輕。三者本一物，但力有剛柔，各適其用。因其形爲名，如烏頭、烏喙，雲母、雲華之類，本非兩物也。今人乃妄以鳧茨、香附子爲之。又本草謂京三稜形如鯽魚，黑三稜如烏梅而輕。今紅蒲根至堅，重刻削而成，莫知形體。又葉扁莖圓，不復有三稜處，不知何緣名三稜也。今三稜皆獨傍引二根，無直下根。其形大體多亦如鯽魚。

〔宋・唐慎微《證類本草》〕陳藏器云：《本經》無傳，三稜總有三四種，但取根似烏梅，有鬚相連蔓如綖，作漆色。蜀人織爲器，一名葧者是也。《外臺秘要》：治癥瘕及主鼓脹滿。以三稜草切一石，水五石，煮一石，去滓更煎，取三斗汁，銅器中重釜煎如稠糖，出内密器中，旦服一匕，酒一盞服之，日二，每服恒令酒氣相續。又方：下乳汁。取京三稜三個，以水二椀，煎取一椀，洗奶，取汁爲度，極妙。《子母秘録》：治小兒氣癖。取三稜汁作羹粥，以米麵爲之，與奶母食，每日取一棗大，與小兒喫亦得。作粥，與癇熱食之，治小兒十歲已下，及新生百日，無問癇熱無辜、痃癖等，皆理之，秘妙不可具言，大效。

金・張元素《潔古珍珠囊》〔見元・杜思敬《濟生拔粹》卷五〕 京三稜苦甘 陰中之陽。破氣，瀉真氣。主老癖癥瘕氣結塊，血脉不調。氣虛者不用。

宋・劉明之《圖經本草藥性總論》卷上 京三稜 味苦，平，無毒。主老癖癥結塊。日華子云：味甘，澀。治婦人血脈不調，心腹痛，落胎，消瘀血，産後腹痛血暈，並宿血不下。《外臺秘要》：下乳汁，取三箇，水二椀，煎取汁一椀，洗奶取汁為度，極妙。《子母秘録》：治小兒氣癖，及癇熱無辜痃癖等。

宋・張杲《醫説》卷五 京三稜治癥瘕 昔人患癥瘕死，遺言令開腹，取之得病塊，乾硬如石，文理有五色，人謂異物，竊取削成刀柄。後因以刀刈三稜，柄消成水，乃知此可療癥瘕也《本草》。

元・王好古《湯液本草》卷四 三稜 氣平，味苦，陰中之陽，無毒。《象》云：治老癖癥瘕結塊，婦人血脈不調，心腹刺痛。須炮用。《珍》云：破積氣，損真氣，虛者勿用。《液》云：又治氣脹，血脈不調，補五勞，通月經，消瘀血。色白，破血中之氣。

元・朱震亨《本草衍義補遺・新增補》 京三稜 辛苦。主老癖癥瘕結塊，婦人血脉不調，心腹刺痛。火炮用之。

元・徐彦純《本草發揮》卷二 京三稜 潔古云：氣平，味苦，陰中陽也。破積氣，損真氣。虛人勿用，火炮製使。東垣云：京三稜，味苦，平，陰中微陽。治癥瘕癖積，結塊脹滿，治氣脹。海藏云：其色白，破血中之氣。又云：京三稜、蓬莪朮治瘡堅硬甚者，用之為堅者，削之也。

明・王綸《本草集要》卷三 京三稜 味苦辛，氣平。陰中之陽。無毒。黃色體重，狀若鯽魚而小。火炮用。治老癖癥瘕結塊，婦人血脈不調，心腹痛，落胎。消惡血。色白屬氣，破血中之氣。損真氣，虛者勿用。

明・滕弘《神農本經會通》卷一 京三稜 黃色體重，狀若鯽魚而小。又有黑三稜，似烏梅而稍大，有鬚相連，蔓延，體輕，為療體並同。霜降後採根，削去皮。須黃色，微苦，體重佳。黑三稜大小不常，其色黑，去皮即白，用須火炮。《局》云：醋煑，焙。

味苦，氣平，無毒。《湯》云：陰中之陽。東云：破積，除血塊氣滯。珍云：去熱，治結塊脹滿。虛弱之人不宜服，服則傷真氣。《衷》云：除癥癖，調血消瘀，除心腹痛，落胎，快氣，下乳。

《本經》云：主老癖，癥瘕結塊。日華子云：味甘，澁，涼。治婦人血脉不調，心腹痛，落胎，消惡血，補勞，通月經。治氣脹，消撲損瘀血，産後腹痛血運，并宿血不下。《象》云：治老癖，癥瘕結塊，婦人血脉不調，心腹刺痛。須炮用。丹溪云：珍云破積氣，損真氣，虛者勿用。《液》云：又治氣脹，血脉不調，補五勞，通月經，消瘀血。色白，破血中之氣。剬云：三稜專主消癥瘕，更治陰人血不通。治氣削堅除撲損，産餘腹痛亦能攻。即《局方》京三稜、蓬莪朮，破血消癥，寧心脾腹痛。

明・劉文泰《本草品彙精要》卷一一 京三稜無毒。附雞爪三稜、石三稜。植生。

京三稜：主老癖，癥瘕，結塊。俗傳：昔人患癥癖死，遺言令開腹取之，得病塊乾硬如石，紋理有五色，人謂異物，竊取削成刀柄，後因以刀刈三稜，柄消成水，乃知此可療癥癖也。名醫所錄。〔苗〕《圖經》曰：春生苗，高三四尺，似茭蒲，葉皆三稜，五六月開花，似莎草，黃紫色。霜降後採根，削去皮鬚，黃色，形扁長如小鯽魚狀，體重者佳。多生淺水傍或陂澤中，其根初生成塊，如附子大，或有扁者，傍生一根又成塊，亦出苗。其不出苗只生細根者，謂之雞爪三稜。又不生細根者，謂之黑三稜，大小不常，其色黑，狀似烏梅而稍大，有鬚相連蔓延，體輕，去皮即白。三者本一物，但力有剛柔，各適其用，因其形爲名。如烏頭、烏喙、雲母、雲華之類，本非兩物也。河中府又有石三稜，根黃白色，形如釵股，葉綠色如蒲，苗高及尺，葉上亦有三稜。四月開花，白色，如紅蓼花，五月採根，亦消積氣。一說三稜生於荊楚，字當作荊，以著其地，《本經》作京，非也。今世都不復有三稜，所用皆淮南紅蒲根耳。秦州尤多，舉世皆用之。雖世醫不以爲謬，蓋流習既久，用根者不識其苗，採藥者莫究其用，因緣差失，不復更辨。今紅蒲根至堅重，刻削而成，莫知形體，又葉扁莖圓，不復有三稜處，不知何緣名三稜也。今三稜皆獨有二根傍引而無直下者，其形大體亦多如鯽魚狀也。【地】《圖經》曰：舊不著所出地土，今河陝、江淮、荊襄間皆有之。【道地】隨州、荊州。

【時】生：春生苗。採：五月取根。【收】暴乾。【用】根體重者佳。

【質】形扁如鯽魚。【色】黃。【味】苦。【性】平，泄。【氣】味厚于氣，陰中之陽。【臭】朽。【主】消瘀血，破積氣。【製】火炮去皮鬚。

【治】療：日華子云：治婦人血不調，心腹痛，消惡血，通月經，除氣脹，消撲損瘀血，產後腹痛，血暈，並宿血不下。《湯液本草》云：破血中之氣及破積氣。《別錄》云：煎汁洗奶，下乳汁。【合治】取汁合米麵爲羹粥，治小兒氣癖。與乳母食，每日取一棗大與小兒食，凡小兒十歲以下及新生百日，無問癎熱，無辜痃癖，並治之。【禁】妊娠不可服，元氣虛者勿用。【贗】紅蒲根爲僞。

明·葉文齡《醫學統旨》卷八 京三稜 氣平，味苦、辛。無毒。陰中之陽也。黃色體重，狀若鯽魚而小。火炮用。治癥瘕癖積結塊，脹滿氣脹；婦人血脉不調，心腹痛，落胎，消惡血，通月經；撲損瘀血，產後腹痛血暈，并宿血不下，破血中之氣。損真氣，虛者勿用。

明·許希周《藥性粗評》卷二 荊得三稜允，搥癥於無迹。荊三稜，荊，《本草》作京。《圖經》謂生荊楚，作荊以著其地。《本經》作京，非也。春生苗，高三四尺，似茭蒲，葉皆三稜，五六月莖端開花似莎草，黃紫色，根似鯽魚狀，大小不同，有如烏梅形者，有如雞爪形者，皆謂三稜，一本所生也，皆皮黑而肌白。好生淺水濕地，河陝江淮、荊湘州郡皆有之。霜降後採根，以堅實且重者為佳。凡用削去皮鬚，以醋煮軟，剉，焙乾。所使并所畏惡，《本草》不載。味苦，性平，無毒。主治老癖癥瘕，結塊瘀血，積氣，婦女月經不通，消脹滿，下乳汁。海藏云：其色白者，破血中之氣。又云：荊三稜、蓬莪茂治瘡，堅硬甚者用之。潔古云：荊三稜破積氣，損真氣，虛人勿用可也。

單方：癥瘕鼓脹，三稜草切一石，以水五石，煮取一石，去滓，更煎取三斗，但稀稠如糖者，取出納密器中，每服以一匙，調酒一盞服之，日三四次，常令酒氣相續。痃癖驚癎：不拘大人小兒，冷氣作癖癎熱不寧者，以三稜擣取汁，或米或麵，和水煮作羹粥，與服之，小兒不能服者，以餵乳母。

明·陳嘉謨《本草蒙筌》卷三 京三稜 味苦、辛，氣平。陰中之陽。無毒。生荊襄陂澤，近霜降採根。狀若鯽魚，黃白體重者美。麵包火炮，加醋復炒過靈。色白屬在氣邊，專破血中之氣。故消癥瘕血塊證，兼毆積聚氣滯疼。虛者忌煎，恐損真氣。○仍有三種，亦附其名。黑三稜色若烏梅輕鬆，去皮則白。○草三稜形如雞爪屈曲，根上生根。○又石三稜色黃體重，堅硬如石。總消積氣，主治相同。

明·方穀《本草纂要》卷二 三稜 味苦、辛，氣平，無毒。陰中之陽，血中氣藥也。蓋血隨氣行，氣聚而血不流，則生氣結之患，惟三稜辛苦之劑，能破血中之氣。若積、若癧、若結核、若痞塊滯於關格，鬱結不散，致令心腹攻痛，下上無時；或癥、或淋、或癃閉、或便澁，蘊蓄下焦，致使痛引小腹，急疾不利，非破氣之藥不能通，惟三稜可以治之。大抵此劑開結而至烈，破滯而不辭，有斬關奪將之功者也。元虛之人還宜忌之，雖用炮製，大傷正氣，非氣盛血實之人不可用也。

明·王文潔《太乙仙製本草藥性大全》卷二《本草精義》 京三稜 京三稜舊不著所出地土，今河陝、江淮、荊襄間皆有之。春生苗，高三四尺，似茭蒲，葉皆三稜，五六月開花，似莎草，黃紫色，霜降後採根，削去皮鬚，黃色微苦，似如小鯽魚狀，體重者佳。多生淺水傍或陂澤中，其根初生成塊如附子大，或有扁者，傍生一根又成塊，亦出苗；其不出苗，只生細根者，謂之鷄爪三稜；又不生細根者，謂之黑三稜，大小不常，其色黑，去皮即白。河中府又有石三稜，根黃白色，形如釵股，葉綠色，如蒲苗，高及尺，葉上亦有三稜，四月開花白色，如紅蓼花，五月採根，亦消積氣。下品別有草三稜條云生蜀地，即鷄爪三稜也。其實一類，故附見於此。一說三稜生荊楚，字當作荊，以著其地，《本經》作京，非也。

明·王文潔《太乙仙製本草藥性大全》卷二《仙製藥性》 京三稜 味

苦、辛，氣平，又云味苦淡，氣溫，陰中之陽也，無毒。主治：破積除血塊，消瘀血，破血中之氣，却癖理氣膨。消癥瘕，祛氣滯刺疼，治血脉不調，寧心脾腹痛。女人經閉，能落胎消血，産後血暈，宿血不下。虚者忌煎，恐損真氣。補註：癥瘕及鼓脹滿，切一石，水五石，煮一石，去滓，取三斗汁，銅器中重釜煎如稠糖，入密器中，每服一匙，酒一盞送下，效。○下乳汁，取三個，以水二椀，煎取一椀洗奶，取汁極妙。○小兒氣癖，取汁作羹粥，以米麪爲之，與奶母食，每日取一棗大，與小兒喫亦得。作粥與癇熱食之，治小兒十歲以下及新生百日，無問癇熱、無辜、痃癖等皆理之，秘妙不可具言大效。陳藏器云：《本經》無傳，三稜總有三四種，但取根似烏梅，有鬚相連，蔓如綖作漆色，蜀人織爲器，一名荸者是也。草三稜：味甘平，氣溫，無毒。形如鷄爪屈曲，根上生根。主治：療産後惡血，破積聚癥瘕，通月水血結，下胎，補不足，止痛利氣。黑三稜：色若烏梅輕鬆，去皮則白。石三稜：色黄體重，堅硬如石。總消積，主治同。

明・皇甫嵩《本草發明》卷二 京三稜中品下。氣平，味苦，無毒。陰中之陽。

發明曰：三稜色白，屬氣分，專破血分之氣藥也。故《本草》主消老癖癥瘕，結塊氣脹，婦人血脉不調，心腹刺痛，通月經，落胎，消惡血，撲損瘀血，并産後腹痛血暈，宿血不下。然破積氣，損真氣，虚者勿用。治小兒癇熱，無辜痃癖等並用。麪包火煨，加醋炒用。狀若鯽魚，黄白，體重者佳。黑三稜輕鬆，去皮纔白。草三稜如雞爪，治療同。

明・李時珍《本草綱目》卷一四草部・芳草類 荆三稜宋《開寶》校正併入《開寶》草三稜。

【釋名】京三稜《開寶》 草三稜《開寶》 鷄爪三稜《開寶》 黑三稜《圖經》 石三稜頌曰：三稜，葉有三稜也。生荆楚地，故名荆三稜以著其地，《開寶本草》作京者誤矣。又出草三稜條，云即鷄爪三稜，生蜀地，二月、八月採之。其實一類，隨形命名爾，故併見之。

【集解】藏器曰：三稜總有三四種。京三稜，黄色體重，狀若鯽魚而小，又有黑三稜，狀如烏梅而稍大，體輕有鬚，相連蔓延，作漆色，蜀人以織爲器，一名荸者是也。療體並同。頌曰：京三稜舊不著所出地土，今荆襄、江淮、濟南、河陝間皆有之，多生淺水旁及陂澤中。春生苗，葉似莎草極長，高三四尺，又似茭蒲葉而有三稜。五六月抽莖，高四五尺，大如人指，有三稜如削成。莖端開花，大體皆如莎草而大，黄紫色。苗下即魁，初生成塊如附子大，或有扁者，其旁有根横貫，一根則連數魁，魁上亦出苗。其魁皆扁長，如小鯽魚，體重者，三稜也。其根末將盡一魁，未發苗，小圓如烏梅者，黑三稜也。又根之端鈎曲如爪者，鷄爪三稜也。皆皮黑肌白而至輕。或云：不出苗只生細根者，謂之鷄爪三稜。又不生細根者，謂之黑三稜，大小不常，其色黑，去皮即白。三者本一種，但力有剛柔，各適其用。因其形爲名，如烏頭、烏喙，云母、雲苗之類，本非兩物也。今人乃妄以鳧茈、香附子爲之。又河中府有石三稜，根黄白色，形如釵股，葉緑如蒲，苗高及尺，〔葉上〕亦有三稜，四月開花，白色如蓼葓花，五月採根，亦消積氣。今舉世所用三稜，皆淮南紅蒲根也。秦州尤多。其體至堅重，刻削魚形，葉扁莖圓，不復有三稜，不知何緣命名爲三稜也？雖太醫亦不以爲謬。流習既久，用根者不識其苗，採藥者莫究其用，因緣差失，不復辨別。今三稜皆獨旁引下根，無直下根，其形大體多如鯽魚。時珍曰：三稜多生荒廢陂池濕地。春時叢生，夏秋抽高莖，莖端復生數葉，開花六七枝，花皆細碎成穗，黄紫色，中有細子。其葉莖花實俱有三稜，並與香附苗葉花實一様，但長大爾。其莖光滑三稜，如椶之葉莖。莖中有白穰，剖之織物，柔韌如藤。吕忱《字林》云：荸草生水中，根可緣器。即此草莖，非根也。《抱朴子》言荸根化鱓，亦是此草。其根多黄黑鬚，削去鬚皮，乃如鯽狀，非本根似鯽也。

根 【修治】元素曰：入用須炮熟。時珍曰：消積須用醋浸一日，炒或煮熟焙乾，入藥乃良。

【氣味】苦，平，無毒。藏器曰：甘，平，温。大明曰：甘，澀，凉。元素曰：苦、甘，無毒，陰中之陽。能瀉真氣，真氣虚者勿用。【主治】老癖癥瘕，積聚結塊，産後惡血血結，通月水，墮胎，止痛利氣《開寶》。治氣脹，破積氣，消撲損瘀血，婦人血脈不調，心腹痛，産後腹痛血運大明。心膈痛，飲食不消元素。通肝經積血，治瘡腫堅硬好古。下乳汁時珍。【發明】好古曰：三稜色白屬金，破血中之氣，肝經血分藥也。三稜、莪茂治積塊瘡硬者，乃堅者削之也。志曰：俗傳昔人患癥癖死，遺言令開腹取之。得病塊，乾硬如石，文理有五色。以爲異物，削成刀柄。後因以刀刈三稜，柄消成水，乃知此藥可療癥癖也。時珍曰：三稜能破氣散結，故能治諸病。其功可近於香附而力峻，故難久服。按戴原禮《證治要訣》云：有人病癥癖腹脹，用三稜、莪茂，以酒煨煎服之，下一黑物如魚而愈也。

【附方】舊三，新五。癥瘕鼓脹：三稜煎：用三稜根切一石，水五石，煮三石，去滓更煎，取三斗汁入鍋中，重湯煎如稠糖，密器收之。每旦酒服一匕，日二服。《千金翼方》。痃癖氣塊：草三稜、荆三稜、石三稜、青橘皮、陳橘皮、木香各半兩，肉豆蔻、檳榔各一兩，硇砂二錢，爲末。糊丸梧子大，每薑湯服三十丸。《奇效方》。痃癖不瘥：脇下硬如石。京三稜一兩炮，川大黄一兩，爲末，醋熬成膏。每日空心生薑橘皮湯下一匙，以利下爲度。《聖惠方》。小兒氣癖：三稜煮汁作羹粥，與奶母食，日亦以棗許與兒食，小兒新生百日及十歲以下，無問癇熱痃癖等皆理之。秘妙不可具言，大效。《子母秘録》。痞氣胸滿：口乾，肌瘦食減，或時壯熱。石三稜、京三稜、鷄爪三稜並炮，蓬莪茂三枚，檳榔一枚，青橘皮五十片醋浸去白，陳倉米一合醋浸淘過，巴豆五十個去皮，同青皮、倉米炒乾，去豆爲末，糊丸緑豆大。每米飲下三丸，日一服。《聖濟總録》。　反胃惡心：藥食不下。京三稜炮一兩半，丁香三分，爲末。每服一錢，沸湯點服。《聖濟總録》。　乳汁不下：京三稜三個，水二碗，煎汁一碗洗奶，取汁出爲度，極妙。《外臺秘要》。　渾身燎泡：如棠梨狀，每個出水，有石一片，如指甲大，其泡復生，抽盡肌膚肉，即不可治。用荆三稜、蓬莪茂各五兩，爲末。分三服，酒調連進愈。《危氏得效方》。

明·李中立《本草原始》卷二　荊三稜　生荊楚地，故名荊三稜，以著其地。《開寶本草》作京，非也。今江淮、濟南、河陝間皆有之。多生淺水傍及陂澤中。春生苗，葉似莎草極長，莖三稜如削，大如大指，高五六尺。莖端開花，大體如莎草而大，黄紫色。霜降後採根，削去皮鬚，暴乾。荊三稜狀如鯽魚，黄白體重；　黑三稜色若烏梅，輕鬆，去皮則白；　草三稜形如雞爪屈曲，根上生根，一名雞爪三稜；　石三稜色黄，堅硬如石。種雖有四，葉並三稜，故名三稜。　三稜：　氣味：　苦，平，無毒。　主治：　老癖癥瘕，積聚結塊，産後惡血血結，通月水，墮胎。止痛利氣。〇治氣脹，破積氣，消撲損瘀血，婦人血脉不調，心腹痛，産後腹痛血運。〇心膈痛，飲食不消。〇通肝經積血，治瘡腫堅硬。〇下乳汁。

三稜，宋《開寶》。【圖略】二月八月采根。　修治：　三稜，醋浸，切，炒。或以醋煮熟，焙乾，入藥乃良。亦有以火炮熟用者。

元素曰：　苦、甘，陰中之陽。能瀉真氣，真氣虚者勿用。　志曰：　俗傳昔人患癥癖死，遺言令開腹取之，得病塊，乾硬如石，文理有五色，以為異物，削成刀柄。後因以刀刈三稜，柄消成水，乃知此藥可療癥癖也。

明·張懋辰《本草便》卷一　京三稜　味苦、辛，氣平，陰中之陽，無毒。治老癖癥瘕結塊，婦人血脉不調，落胎，消惡血。

明·倪朱謨《本草彙言》卷二　荆三稜　味苦、辛，性平，無毒。入足厥陰、足太陰經。

蘇氏曰：　荆三稜生荆、襄，江淮、河陝皆有之，多在淺水旁，或荒廢陂池濕地間。春時叢生，夏秋抽莖，莖端復出數葉。開花六七枝，色黄紫，作穗細碎。結子如粟。莖葉花實俱有三稜，與莎草一樣，但極長大。其本光滑，中有白穰，剖之織物，柔韌如藤。本下有魁，初生成塊如附子，亦有匾形者。從旁横貫一根，復連數魁，或作苗葉。其形長匾，鬚皮黄褐，削去鬚皮，宛如鯽狀。體重者，京三稜也。圓小如梅，輕鬆而黑者，黑三稜也。其根不生苗，根上又生細根，鈎曲如爪者，雞爪三稜也。大小不常，其色俱黑，去皮即白。三者本是一種，因狀賦名，各適其用，非二種也。又河中府有石三稜，根黄白色，形如釵股，葉緑如蒲，苗高及尺。四月開花，色如蓼花。五六月采根，根色黄白，堅重如石，亦能消積。

江氏云：　今所用三稜，皆淮南之紅蒲根也。秦州尤多。其體圓堅重，亦有匾者，不復有三稜。不知何緣命名爲三稜也。雖御院醫，亦不辨識。流習既久，舛訛極矣。細辨之，其根形匾長，多黄黑鬚，削去鬚皮，乃如鯽狀而有稜者是也。

荆三稜：　破血通經，李時珍爲氣中血藥也。金自恒稿蓋血隨氣行，氣聚而血不流，則生瘀滯之患。若老癖癥瘕，積聚結塊，産後惡血血結，或食積蠱疾，臟脹痞堅，腸癰肚疽。凡病胸腹腸胃之間，急疾不通，非此不治。此藥苦能泄，辛能散，入血則破血，入氣則破氣。故《陳氏方》謂能逐産後敗惡宿血，在所必需。血屬陰而有形，此所以治一切凝結停滯有形之堅積也。潔古氏用以治心膈痛，飲食不消。海藏氏用以行肝經積血，皆與《本經》之意合耳。但攻鬭而至烈，摧拉而不辭。有斬關奪將之功者也。能伐人真氣，元虚者忌之。

繆仲淳先生曰：　荆三稜、蓬莪朮二藥，俱能瀉真氣。真氣虚者勿用。此見諦之言也。故凡用以攻導，必資人參、耆、朮、歸、芎之力，而後可以無弊。東垣氏五積方，皆有人參，意可知已。何者？　蓋積聚癥癖，必由元氣不足，不能運化流行致之。欲其消也，必藉脾胃氣旺，能漸漸消磨解化，以收平復之功。如祇一味專用剋削，則脾胃之氣愈弱，後天之氣益虧，將見故疾不去，新病復至矣。可不慎哉！

集方：　《聖濟總錄》治一切堅癥、老癖、積聚。用京三稜、蓬莪朮、香附、玄胡索、肉桂、牡蠣、人參。〇《千金翼方》治臟脹。用荆三稜、白朮、砂仁，少加川黄連。〇《千金翼方》治蠱疾腹脹如鼓，内有蟲者。用荆三稜、烏梅肉、川椒各五錢，共爲細末，巴豆肉、去油六分，和匀梧子大。每早空心服一錢，白湯下。〇竇氏方治肚内癰疽膿已成、難出者。用荆三稜、穿山甲、紅蜀葵根各等分爲末，每早服二錢，生酒下。〇《婦人良方》治産後一切惡血停滯，及月水不通、少腹作痛。用荆三稜、紅花、當歸尾、川芎、赤芍藥、肉桂、牛膝、玄胡索、五靈脂。〇《脾胃論》方治一切食積，幷氣壅塞不利。用荆三稜、陳皮、青皮、砂仁、紅麯、麥芽、肉豆蔻、山查、川黄連。〇《外臺秘要》治乳汁不下。用荆三稜三個切片，水二碗，煎汁一碗。洗奶，取汗出爲度，極效。〇《聖濟總録》治反胃惡心，藥食不下。荆三稜炮一兩，母丁香三分，共爲末，每服一錢，白湯調下。

明・蔣儀《藥鏡》卷三平部　荆三稜　破血中之氣，年深堅積以除。具斬關之能，麵煨醋炒可用。小兒驚癇痃癖，人參同煮，蒸羹呷之。婦人瘀血作疼，胡索、靈脂、地、歸君式。

明・盧之頤《本草乘雅半偈》帙一〇　荆三稜宋《開寶》　氣味：苦，平，無毒。　主治：　主老癖癥瘕，積聚結塊，産後惡血、血結，通月水，破胎，止痛，利氣。

覈曰：　舊不注所産土地，今荆襄、江淮、河陝皆有之。多在淺水旁，或荒廢陂池濕地間。春時叢生，夏秋抽莖，莖端復出數葉，開花六七枝，色黄紫。作穗細碎，列子如粟。莖葉花實，俱有三稜，並與莎草一樣，但極長大。其本光滑，中有白穰，剖之織物，柔韌如藤。本下有魁初生成塊，如子附子，亦有扁形者。從旁橫貫一根，復連數魁，或作苗葉，但都長扁，鬚皮黄褐，削去鬚皮，宛如鯽狀，體重者，荆三稜。圓小如梅者，黑三稜。鉤曲如爪者，雞爪三稜。因狀賦名，各適其用，本非兩物也。

条曰：　固以形地舉，亦以功用言。《李廣傳》云：　威稜憺乎鄰國，故主老癖積惡，匪此破敵，不滅不格矣。

明・李中梓《本草通玄》卷上　荆三稜　苦溫，肝家血分藥也。　破堅積結聚，行瘀血宿食，治瘡腫堅硬，通經下乳，墮胎。昔有患癥癖，死遺言必開腹取之。得病塊硬如石，文理有五色，削為刀柄。後因刈三稜，柄消成水，故知能療癥癖。　元素云：　能瀉真氣，虚者勿用。　醋煮，炒乾。

清・顧元交《本草彙箋》卷二　荆三稜　荆三稜下氣，化堅固，爲削真之品。三稜色白入肺，屬氣分，以其味苦體重，專破血中之氣。蓬朮色紫入肝，屬血分，以其味辛性烈，專攻氣中之血。二物欲其先入氣，則火炮；欲其先入血，則醋炒。

繆仲淳云：　凡用消導，必資人參、芍藥、地黄之力，而後可以無弊。觀東垣五積方，皆有人參，意可知已。蓋積聚癥癖，必由元氣不足，不能運化流行致之。欲其消也，必藉脾胃氣旺，能漸漸消磨開散，以收平復之功。如專用克削，則脾胃之氣愈弱，後天之氣益虧。故者不去，新者復致矣。戒之哉！

清・穆石匏《本草洞詮》卷八　荆三稜　生荆楚地，草有三稜，故名。氣味苦甘平，一云溫，無毒。治老癖癥瘕，積聚結塊，産後惡血血結，墮胎，止痛利氣。昔人患癥癖死，遺言令開腹取之，得病塊堅如石，以為刀柄，後以刀刈三稜，柄消成水，乃知此藥可療癥癖也。

清・劉雲密《本草述》卷八下　荆三稜　覈曰：　舊不注所産土地，今荆、襄、江、淮、濟南、河、陝皆有之。多生淺水旁，或荒廢陂池溼地間。春時叢生，夏秋抽莖，莖端復出數葉，開花六七枚，色黄紫，作穗細碎，中有子如粟，莖葉花實俱有三稜，並與莎草一樣，但長大耳。其莖光滑，中有白穰，剖之織物柔韌如藤，苗下有魁，初生成塊如附子，亦有扁形者，從旁橫貫，一根復連數魁，魁上亦出苗葉，其魁皆扁，長鬚，皮黄褐，削去鬚皮，宛如鯽狀。體重者，荆三稜圓小如梅者；　黑三稜，鉤曲如爪者，雞爪三稜。因狀賦名，各適其用，本非兩物。方書又有石三稜，與荆三稜、雞爪三稜同用，治痃癖氣塊者，是宜同中有異，未可定為因狀賦名也。石三稜，詳《綱目》集解中。

根：　氣味：　苦，平，無毒。　藏器曰：　甘，平，溫。　日華子曰：　甘，濇，涼。　潔古曰：　苦，甘，無毒。陰中之陽。　主治：　老癖癥瘕，積聚結塊《開寶》。破積氣日華子。通肝經積血，治瘡腫堅硬海藏。療心膈痛，飲食不消潔古。婦人産後惡血血結《開寶》。　好古曰：　三稜色白屬金，破血中之氣，肝經血分藥也。三稜、莪茂治積塊瘡硬者，乃堅者削之也。　志曰：　俗傳昔人患癥癖死，遺言令開腹，取之得病塊乾硬如石，文理有五色，以為異物，削成刀柄，後因以刀刈三稜，柄削成水，乃知此藥可療癥癖也。

戴原禮《證治要訣》云：　有人病癥癖腹脹，用三稜、莪茂以酒煨煎，服之，下一黑物如魚而愈也。　希雍曰：　荆三稜稟火土之氣，故《本經》味苦，平。潔古兼甘，亦應兼辛兼甘，故無毒。入足厥陰，亦入足太陰。從血藥則治血，從氣藥則治氣。老癥癖瘕，積聚結塊，未有不由血瘀，氣結，食停所致。苦能泄，而辛能散，甘能和而入脾，血屬陰而有形，此所以能治一切凝結停滯有形之堅積也。

同蓬莪茂、青皮、香附、延胡索、肉桂、牡蠣、鼈甲、人參，則消一切堅癥老癖之積聚。同青皮、紅藍花、當歸、川芎、生地黄、芍藥、桂心、牛膝、延胡索、五靈脂，則治産後一切惡血停滯留結，及月水凝蓄不通，少腹作痛不可按。同橘皮、青皮、縮砂密、紅麴、山查、麥芽、人參、肉豆蔻、黄連，則消一切食積，并氣壅塞不利。

愚按：王好古云莪茂色黑屬血，能破氣中之血。三稜色白屬氣，能破血中之氣。斯言是也。然細繹之，氣中之血，謂氣所凝結之血也，固謂破血。然實與諸破血之味不同，乃從氣入而破血，必先有以開其氣，而後能效其破血之用。故好古又謂其入氣藥，發諸香，且以治氣不能接續，及七香丸類，用之不一而足也。蓋陽困其陰者不少，然此疎氣至血之味，即未病於血凝，如霍亂冷氣，及心腹痛，亦何不可用也？若血中之氣，謂血所壅遏之氣也。固謂破氣，然實與諸破氣之味不同，乃從血入而破氣，必先有以決其血，而後能致其破血之用。故昔相傳云，有以癥癖死者，後人聽其遺言，而剖視之，乃至堅硬，一遇三稜即化。然則所謂堅者削之，三稜任之矣。夫陰圉其陽者類多，然此潰血出氣之味，如病未至於老而且堅，若女子血脈不調，心腹痛，産後腹痛血運之類，所須何遽至此？如此類者輕投之，不惟傷血，而更損氣。蓋陰固為陽之依，此張潔古先生所以戒於妄用也。愚謂化氣者陽，成形者陰，此二味一於陽中之陰，一於陰中之陽，以思其功用。如莪茂在希雍謂為陽中陰，三稜在潔古謂為陰中陽，義皆不謬。

愚按：潔古曰：三稜能瀉真氣，真氣虚者勿用。此固至言也。但此味能破有形之積，如外淫之泣滯其氣血，及飲食痰飲之裏積者，須以此除之。至由於七情所結，愈久愈結，以致成有形之積者，是元氣大傷，則必藉補劑以行，脾胃氣旺乃能漸消而散，以期平復。槩用克削，則元氣愈弱，故者未去，新者復至，戒之哉。

方書有以補味同三稜用者，如治心積伏梁丸治心積，起於臍上，至心大如臂，久不已，病心煩，身體脾股皆腫，環臍而痛，其脈沉而芤。音摳，脈浮大而耎也。茯苓、厚朴製、人參、枳殼麩炒、白朮、半夏洗、三稜炮，各等分，右為細末，麪糊為丸如梧桐子大，每服五十丸，食遠米飲下。

又如宣明三稜湯治癥瘕痃癖，積聚不散，堅滿痞膈，食不下，腹脹，荊三稜二兩，白朮一兩，蓬朮、當歸各半兩，檳榔、木香各七錢半，右為末，每服三錢，沸湯調下。

加減四物湯，治婦人血積，當歸、川芎、芍藥、熟地黄、廣茂、桂去麄皮、荊三稜、乾漆炒烟盡，各等分，右為麄末，每服二錢，水二盞，煎法如常。

舉茲三方，可以類推。

修治　消積須用醋浸一日，炒或煮熟，焙乾，入藥乃良。

清・郭章宜《本草匯》卷一〇　荊三稜　味苦，氣温，陰中之陽，可升可降。入足厥陰經。消堅固之癥積，破瘀血之結滯。既為治血之需，又破血中滯氣。肝經積血賴以通，胎孕痞塊得而利。

按：三稜為血中氣藥。雖云入肝經血分，然脾裹血，肺主氣，宜並入焉。蓋血隨氣行，氣聚則血不流，故生癥癖之患，非此不治。第其斬關之勢，能洩真氣，真氣虚者勿用，此見諦之言也。故凡用以消導，必資人參、芍藥、地黄之力，而後可以無弊。蓋積聚癥癖，必由元氣不足，不能運化流行致之，欲其消也，必藉脾胃氣旺，方能漸漸銷磨開散，以收平復之功。如專用一味克削，則脾胃之氣愈弱，後天之氣益虧矣。所以東垣五積方中，皆有人參，意可知已。

生荊襄陂澤。黄白體重者佳。麵包火炮，加醋浸，復炒用。或煮熟焙乾，亦良。

清・张璐《本經逢原》卷二　荊三稜　苦，平，無毒。生荊楚地，故名荊三稜。真者絕少，今世所用皆草三稜也。醋炒用之。　發明：三稜，肝經氣分藥也。能破血中之氣，散血結，通肝經積血，主寒癖結塊，破産後惡血、血結腹痛，通月水，墮胎，以其力峻，故難久服。有人病癥瘕腹脹，用三稜、莪茂，酒煨煎服，下一黑物如魚而愈。按：潔古云，三稜能瀉真氣，虚者勿用。東垣破積諸方，皆與人參贊助，如專用尅削，脾胃愈虚，不能營運，其積亢逆益甚矣。

清・浦士貞《夕庵讀本草快編》卷二　荊三稜宋《開寶》　生荊楚間，葉有三稜，故名。若誤以京，謬也。三稜苦平而濇，本肝經血分之藥。又云：色白屬金者，蓋借金而平木也。故能破老癖癥瘕，積聚結塊，産中血滯，心腹作痛，以及乳汁不下，瘡腫堅硬，用之神効。蓋取其善破血中之氣，而堅者消之也。但其力峻于香附，不宜久服，恐走泄真氣。故東垣五積方中用之，皆以人參贊助，令其成功。若專用剋削，則脾胃愈虚，運化失職，積安能去乎？

清・王子接《得宜本草》　荊三稜　味苦。功專療癥瘕，破血結。得蓬朮治渾身燎泡，得大黄治痃癖。

清・吳儀洛《本草從新》卷一　荊三稜〔瀉，破血行氣，消積。〕　苦，平。入肝經血分。破血中之氣，亦能通肝經聚血。散一切血瘀氣結，瘡硬食停，老塊堅積，消腫堅積，消腫止痛，通乳墮胎。功近香附而力峻。

按：化積必借氣運，專用伐剋，氣愈不運，積安得去？須輔以健脾補氣為要。色黃體重，若鯽魚而小者良。醋浸炒，或麵裹煨。

清・汪紱《醫林纂要探源》卷二　荊三稜　苦，辛，平。貼根生葉，略似莎草，抽莖直上，作三稜，故名。頂分三歧，橫出作穗，綴子甚細，葉亦多三，近根有毛，結塊亦成三數，多芽，形長扁如鯽魚，色黃。行肝氣於脾，攻堅破積，通乳墮胎。有辛味，三之數行，無堅不破，力峻。亦耗氣。

清・嚴潔等《得配本草》卷二　荊三稜　苦，平。入足厥陰經血分。破血中之氣。散一切血積氣結，症癖堅硬作痛，消腫，通乳，墮胎。得丁香，治反胃嘔心。血膈。配大黃，治痃癖。赤眼、毒眼，磨汁搽。蛇虎傷，為末摻。欲其入氣，火炮。欲其入血，醋炒。　真氣虛、素有血症者，禁用。　怪症：渾身燎泡如棠梨狀，每個出水，有一石如指甲大，其泡復生，抽盡肌肉即死。急用三稜、莪茂各五兩，為末，分三服，酒調連進治之，愈。　破積非猛烈之藥不奏功，然必身體壯健，飲食如常，用此攻之，積自消散。若元氣不足，中氣不運，以成積塊者，攻之無不速斃。東垣五積方，皆用人參助其元氣，健其脾胃，但使癥瘕漸次消磨，不專用克削之藥，意深慎也。同道君子，務宜斟酌用之。

清・黃宮繡《本草求真》卷七　荊三稜破肝經血分之氣。　三稜耑入肝。味苦氣平，皮黑肉白，大破肝經血分之氣，故凡一切血瘀氣結，瘡硬食停。老塊堅積，靡不藉此味苦，入以血分，行其氣滯，俾血自氣而下，但此若以血藥同投，則於血可通，以氣藥同入，則於氣可治。仍須和以補氣健脾之味方良。汪昂曰：昔有人患癥癖死，遺言開腹取之。得病塊如石，文理五色，削成刀柄，因刈三稜，柄消成水。繡按其人患癖，腹内血塊雖有，但云削成刀柄，不無誑誕。　若使專用尅伐，則胃氣愈虛，氣反不行，而積增大矣。出荊地，色黃體重，若鯽魚而小者良。今世所用皆草三稜。醋浸炒，或麵裹煨。

清・黃凱鈞《藥籠小品》　荊三稜　苦平入肝，散一切血瘀氣結，瘡硬食停，老塊堅積，消腫止痛，通乳墮胎，宜同莪朮麵裹煨。

清・王龍《本草纂要稿・草部》　京三稜　味苦、辛，性平，無毒。破血塊，行血凝氣滯。消癥瘕，去氣滯痰凝。色白，屬氣虛者忌煎。

清・楊時泰《本草述鉤元》卷八　荊三稜　荊襄、江淮、濟南、河陝皆有之，莖葉花實俱有三稜，故名。苗下有魁，初生成塊如附子，亦有扁者，從旁橫貫一根，復連數魁，魁上亦出苗葉，其魁皆扁，長鬚，皮色黃褐，削去鬚皮，宛如鯽狀。體重者荊三稜，圓小如梅者黑三稜，鉤曲如爪者雞爪三稜，方書又有石三稜。治痃癖氣塊者，是宜同中有異也覈。

味苦，甘，平，氣溫。陰中之陽。入足厥陰，亦入足太陰。從血藥則治血，從氣藥則治氣。主治老癖癥瘕，積聚結塊，破積氣，通肝經積血，治瘡腫堅硬，療心膈痛飲食不消，婦人產後惡血血結諸本草。三稜色白屬金，破血中之氣，其治積塊瘡硬，乃堅者削之也好古。昔有患癥癖死者，遺言開腹取視，得病塊乾硬如石，文理五色，後作刀柄。因刈三稜而柄忽化水，乃知此藥可療癥癖也。有病癥癖腹脹，用三稜、蓬茂酒煎服之，下黑物如魚而愈。老癥宿瘕，皆由血瘀氣結食停所致，此味苦辛泄散，甘和入脾，血屬陰而有形，所以治一切停結有形之堅積也。同蓬茂、青皮、香附、延胡、肉桂、牡蠣、人參、鼈甲，消一切堅癥老癖之積聚。同四物、桂心、牛膝、延胡、青皮、紅花、五靈脂，治產後惡血停結及經阻腹痛不可按。同青皮、陳皮、砂仁、肉蔻、山查、麥芽、紅麴、人參、黃連，消一切食積并氣壅不利。伏梁丸，治心積起於臍，上至心，大如臂，久則心煩身體髀股皆腫，環臍而痛，其脈沉而芤者。人參、白朮、茯苓、半夏、厚朴、枳殼、三稜各等分，為末，麪糊丸梧子大，每食遠用米飲下五十丸。三稜湯，治癥瘕痃癖，堅滿痞膈，妨食腹脹。三稜二兩，白朮一兩，蓬茂、當歸各半兩，檳榔、木香各七錢半，為末，每服三錢，沸湯調下。加減四物湯，治婦人血積，芎、歸、芍、地、稜、茂、桂心、乾漆炒煙盡各等分，為粗末，每煎服二錢。三方皆以補味同三稜用者，舉以類推。

三稜、蓬茂合論：蓬茂色黑屬血，能破氣中之血。三稜色白屬氣，能破血中之氣。夫氣中之血，謂氣所凝結之血也，陽困其陰，非泛用破血諸藥可效，惟蓬茂、陽中之陰能從氣入而破血，先開其氣，而後效其破血之用。故又入氣藥，發諸香，且以治氣不能接續。為疎氣至血之味，即未病於血凝，如霍亂冷氣及心腹痛，亦猶可用也。若血中之氣，則血所壅遏之氣也，陰囷其陽，又非概用破氣諸藥可除。三稜乃陰中之陽，從血入而破氣，先決其血，而後致其破氣之用，為潰血出氣之味。如病未至於老而且堅，所須何遽至此。蓋陰為陽之依，潔古所以致戒於妄用也。

凡用三稜，不惟傷血，而更損真氣，虚者切戒。能破有形之積，如因外淫泣滯其氣血而飲食痰沫裹之者，須以此除之。若夫七情久結，致成有形，則必善用補運以壯其脾胃，脾胃氣行，乃能漸消而散爾，慎無輕妄潔古。

修治：消積須用醋浸一日炒，或煮熟焙乾入藥。

清・葉桂《本草再新》卷一 荊三稜味苦，性平，無毒。入肝、腎二經。入肝經血分，破血中之氣，散一切血瘀氣結，瘡硬食停，老塊堅積，消腫止痛，通乳墮胎。

清・吴其濬《植物名實圖考》卷二五 荊三稜 荊三稜，《開寶本草》始著錄。處處有之。雞爪三稜、黑三稜、石三稜，皆一物而分大小。《救荒本草》：黑三稜葶味甜，根味苦，皆可食。今湖南至多，擇其小者以為香附子。雩婁農曰：三稜，茅屬也，生於山澤者苗肥而根碩，名之曰荊，非所謂江淮之間一茅三脊耶？世以封禪包匭，疑為瑞草，不知《禹貢》厥篚，多為祭物，纖縞橘柚，豈皆為非常之珍？後世儀物煩多，不給於供，至為三年一郊天、六年一祭地之說。侈備物而闕享祀，豈非議禮者務為浮誇之過哉？

清・趙其光《本草求原》卷二芳草部 荊三稜 苦、平金火氣味。治血，金親火，則血生。因色白入氣，故治血中所壅之氣，是從決血以破血中之氣，治老塊堅積、惡血、血暈，昔有人以癥瘕死後人剖視，得病塊如石，遇三稜而化，足見其削堅之能。故熬膏酒服，治癥瘕鼓脹。同陳皮、青皮、木香、檳榔、玉蔻糊丸，薑下，治痃癖氣塊；或加大黄。然非有老塊，未可遽用。調經墮胎，止心腹膈痛、胸滿，同莪术、青皮、陳倉米，俱醋浸過，入巴豆炒，去豆為丸，米湯下。反胃，同丁香研，水下。通乳，煎汁洗奶。治瘡腫硬。又經閉痛，並産後一切血結，入四物，加桂、膝、延胡、紅花、青皮、靈脂。消食積，同參、橘、青、砂、查芽、玉蔻、川連。一切堅積，同參、桂、莪、延、蠣、青皮、香附、鱉甲。治心積。脈沉而芤，名伏梁，同六君、枳、朴、三稜。

色黄，體重，似鯽魚而小者良。醋浸炒，或麪裹煨。

清・文晟《新編六書》卷六《藥性摘錄》 荊三稜 苦，平。大破肝經血分之氣，治血瘀氣積，瘡硬食停，老塊堅積，須和以補氣健脾之藥，不可耑用。

○醋浸炒，或麪裹煨用。

清・張仁錫《藥性蒙求・草部》 荊三稜錢半、三錢 荊三稜苦平，行血行氣。消癖削堅，虚人須忌。麪裹煨，切片，醋炒用。入肝經血分，破血中之氣，散一切血瘀氣結。訒菴云：治五積，不宜專用下藥，恐損真氣。宜於破血行氣之中，加補脾胃藥，氣旺方能磨積，正旺則邪自消也。故東垣五積方用三稜、蓬术，皆兼用人參。

清・戴葆元《本草綱目易知錄》卷一 荊三稜 苦，平。色白屬金，入肝經血分，而通積血，破血中之氣。散一切血瘀氣結，老癖癥瘕，積聚結塊，積氣氣脹。消撲損瘀血，瘡腫堅硬。飲食不消，婦人血脈不調，心腹痛，産後腹痛，血運，惡血血結，下乳汁，通月經，墮胎妊。然力峻，能瀉真氣，虚者勿用。

清・黄光霽《本草衍句》 荊三稜苦，平。通肝經積血，破血中諸氣。主老癖之癥瘕，除積聚之結塊。消腫削堅，止痛化食。通月水，下胞胎，散瘀血，行乳汁。功耑療癥瘕，破血結。得蓬术治渾身燎泡，得大黄治痃癖。

清・陳其瑞《本草撮要》卷一 荊三稜 味苦甘，平，入足厥陰、太陰經，功專療癥瘕，破血結。得蓬术治渾身燎泡，得大黄治痃癖，得丁香治反胃，藥食不下。墮胎。麵裹煨用。按：用稜、术均須佐以補氣健脾之品為要。

水葱

明・朱橚《救荒本草》卷上之後 水葱 生水邊及淺水中。科苗彷彿類家葱，而極細長，梢頭結蓇葖，彷佛類葱蓇葖而小，開黪白花，其根類葱根，皮色紫黑。根苗俱味甘、微鹹。救飢：採嫩苗連根揀擇洗淨，煠熟，水浸淘淨，油鹽調食。

水毛花

明・蘭茂撰，清・管暄校補《滇南本草》卷上 水毛花：有毒。形似毛鎗，梅花葉，生水中。採取作麻藥，剮瘡不疼，或剮尿結，先搽此藥，剮之不疼。

清・吴其濬《植物名實圖考》卷一七 水毛花 水毛花生滇海濱。三棱，叢生，如初生茭蒲，高二三尺；梢下開青黄花，似燈心草微大，一莖一花；根如茅根。

雜錄

玉帶春苗

明・鮑山《野菜博錄》卷二 玉帶春苗 生田野中。其葉初生就地叢生，長則四散分垂。葉似萱草葉，瘦細微短。葉間擻葶，開淡黃花。葉味甜。食法：採葉煠熟，淘洗淨，油鹽調食。

魚蘘草

清・吴其濬《植物名實圖考》卷一八　魚蘘草　魚蘘草生湖北陂澤，獨莖，淡紫色；長葉如柳葉，圓齒，黄筋。

水粟草

清・吴其濬《植物名實圖考》卷一八　水粟草　水粟草生湖北陂澤，獨莖，褐色；葉似菊而瘦，梢端開小黃花，如野菊而小。

真矮它它

明・蘭茂原撰，范洪等抄補《滇南本草圖説》卷三　真矮它它頭　訛傳矮它它多產於西番國，獨滇中逆水亦有。而今錯認山皮條為矮它它，況真矮它它頭軟枝大葉，無花，葉上生黑子，黑夜有白光，常有大鳥看守。〇氣味甘辛，無毒。〇入十二經絡，通五臟，潤六腑，生津益氣。況有人參之功效，久服輕身耐老，治百病神效。上古孫真人用此為末，水滴合丸，名萬應靈丹，百發百效。今人誤認山皮條，至山皮條則有小毒，苦寒，下氣。此藥乃藥中仙品。

兒耳風

清・莫樹蕃《草藥圖經》　兒耳風　兒耳風，生於水內，葉青，初生背紫，老即白色。清明前後有之，處暑後焦枯。味甜，無毒。

地了葉

清・莫樹蕃《草藥圖經》　地了葉　地了葉，又名水了子。紫白二種，皆可用。又一種黝了子，不可用。此草生於水內，花或紫或白，有鬚，皆可用。能治跌打損傷，筋骨病通用。交夏即生，可至八九月。

石草分部

綜述

石斛

晉・嵇含《南方草木狀》卷上　良耀草　枝、葉如麻黃，秋結子如小粟。煨食之，解毒，功不亞於吉利。始昔有得是藥者，梁氏之子耀，亦以為言梁，轉為良爾。花白，似牛李。出高涼。

宋・李昉《太平御覽》卷第九九二　石斛　盛弘之《荆州記》曰：隋郡永陽縣有龍石山，山上多石斛，精好如金釵也。《廬山記》曰：石門山石間多生石斛。《范子計然》曰：石斛出陸安。《本草經》曰：石斛，一名林蘭，一名禁生。味甘，平。生山谷。治傷中下氣，虚勞，補五藏羸瘦，久服除痺〔厚〕腸胃，強陰。出陸安。《吴氏本草》曰：石斛，神農：甘，平。扁鵲：酸。李氏：寒。

宋・唐慎微《證類本草》卷六草部上品〔《本經》・《別錄》・《藥對》〕　石斛　**味甘，平，**無毒。**主傷中，除痺，下氣，補五藏，虚勞羸瘦，強陰，**益精，補內絕不足，平胃氣，長肌肉，逐皮膚邪熱疿音弗氣，脚膝疼冷痺弱。**久服厚腸胃，輕身延年，**定志除驚。一名林蘭，一名禁生，一名杜蘭，一名石蓫音逐。生六安山谷水傍石上。七月、八月採莖，陰乾。陸英爲之使，惡凝水石、巴豆，畏殭蠶、雷丸。

〔梁・陶弘景《本草經集注》〕云：今用石斛，出始興。生石上，細實，桑灰湯沃之，色如金，形似蚱音窄蜢音猛髀者爲佳。近道亦有，次宣城間生櫟樹上者，名木斛。其莖形長大而色淺。六安屬廬江，今始安亦出木斛，至虚長，不入丸散，惟可爲酒漬、煮湯用爾。俗方最以補虛，療脚膝。

〔唐・蘇敬《唐本草》〕注云：作乾石斛，先以酒洗，挼蒸炙成，不用灰湯。今荆襄及漢中、江左又有二種：一者似大麥，累累相連，頭生一葉而性冷；一種大如雀髀，名雀髀斛，生酒漬服，乃言勝乾者。亦如麥斛，葉在莖端，其餘斛如竹，節間生葉也。

〔宋·掌禹錫《嘉祐本草》〕按：《藥性論》云：石斛，君。益氣除熱，主治男子腰脚軟弱，健陽，逐皮肌風痹，骨中久冷虛損，補腎積精，腰痛，養腎氣，益力。日華子云：治虛損劣弱，壯筋骨，暖水臟，輕身益智，平胃氣，逐虛邪。

〔宋·蘇頌《本草圖經》〕曰：石斛，生六安山谷水傍石上，今荆、湖、川、廣州郡及温、台州亦有之，以廣南者爲佳。多在山谷中。五月生苗，莖似竹節，節節間出碎葉。七月開花，十月結實，其根細長，黄色。七月、八月採莖。以桑灰湯沃之，色如金，陰乾用。或云以酒洗，捋蒸炙成，不用灰湯。其江南生者有二種：一種似大麥，累累相連，頭生一葉，名麥斛；一種大如雀髀，名雀髀斛，惟生石上者勝。亦有生櫟木上者，名木斛不堪用。

〔宋·唐慎微《證類本草》〕《雷公》云：凡使，先去頭土了，用酒浸一宿，漉出於日中曝乾，却用酥蒸，從巳至酉，却徐徐焙乾用。石斛鎖涎，澁丈夫元氣。如斯修事，服滿一鎰，永無骨痛。

宋·寇宗奭《本草衍義》卷七 石斛 細若小草，長三四寸，柔韌，折之如肉而實。今人多以木斛渾行，醫工亦不能明辨。世又謂之金釵石斛，蓋後人取象而言之。然甚不經。將木斛折之，中虛如禾草，長尺餘，但色深黄光澤而已。真石斛，治胃中虛熱有功。

宋·鄭樵《通志》卷七五《昆蟲草木略》 石斛 曰林蘭，曰禁生，曰杜蘭，曰石蓫。生于陰崖，莖如釵股。其生于櫟者木斛。石斛之莖如金釵，故謂之金釵。

宋·劉明之《圖經本草藥性總論》卷上 石斛 味甘，平，無毒。主傷中，除痺，下氣，補五臟虛勞羸瘦，強陰益精，補內絕不足。平胃氣，長肌肉，逐皮膚邪熱疿氣，脚膝疼冷痺弱。久服厚腸胃，輕身延年，定志除驚。《藥性論》云：君。益氣除熱，主治男子腰脚軟弱，健陽，逐皮肌風痺，骨中久冷虛損，補腎積精，腰痛，養腎氣，益力。日華子云：暖水臟，輕身益智，平胃氣，逐虛邪，治虛損劣弱，壯筋骨。陸英為之使。惡凝水石、巴豆。畏殭蠶、雷丸。

明·蘭茂撰，清·管暄校補《滇南本草》卷下 石斛 性平，味甘淡。升也，陰中之陽也。平胃氣，能壯元陽，升托發散傷寒。

補註：傷寒陽症傳入陰經，半表半裏，或表症陷入於裏，有升托發汗，解表之功。退虛癆發熱，截寒熱形如瘧症。治濕氣傷經，故筋骨疼痛，托散濕氣，把住於腰膝作痛，不得曲伸，出濕散寒，疼痛自止。

石斛湯：昔有一女子，因身染風感寒，平素因血虛弱，寒邪入於二陰經，形如癆症。用石斛湯退癆熱及發汗，汗後微冷，又用滋陰降火湯全愈。

又石斛湯：（怕）〔退〕虛癆發熱，午前乍寒怕冷，午後發熱，煩渴頭疼，肢體酸疼，飲食無味，自汗盗汗，耳内蟬鳴，頭暈心慌，手足酸麻。石斛二錢，黄（白）〔柏〕炒焦，五錢。地骨皮一錢五分，鱉甲一錢，炙。秦艽二錢，生地一錢，薄荷三分，水煎，點童便服。

明·蘭茂《滇南本草》〔叢本〕卷下 石斛，味甘、淡，性平。升托陰中之陽也。平胃氣，能壯元陽。升托發散傷寒。註補：傷寒陽症傳入陰經，半表半裏，或表症陷入于裏，有升托發汗解表之功。退虛勞發熱，一切寒〔熱〕往來，形如瘧症。治濕氣傷經，故經疼痛，升托散濕氣，把注腰膝疼痛，不得曲伸，出濕散寒，止疼痛。註補：石斛湯，有一女子因染傷寒感風，平素陰血虛弱，寒邪伏於二陰經，形如勞症，用石斛湯退勞熱，反作頭疼發熱，煩渴飲水，身熱如火。畧服後劑，身出酸汗，汗後身凉，又用滋陰降火湯全愈。石斛湯治虛勞發熱，前午乍寒，後午怕冷，發熱煩渴，頭疼體困，飲食無味，自汗盗汗，耳内暢鳴，頭暈心慌，手足酸麻之症，用石斛二錢、黄栢五分，炒。骨皮錢半、炙（别）〔鱉〕甲二錢、秦艽一錢、生地一錢八分、薄荷三分，點童便煎服。註補：石斛湯治勞熱發燒，病反到重，後二日或三日退熱者，病好治。服藥身凉者輕，服此方身反熱者死。

明·王綸《本草集要》卷二 石斛君 味甘，氣平，無毒。惡凝水石、巴豆，畏殭蠶、雷丸。生石上，採莖陰乾，酒洗蒸用。主傷中，除痹下氣，補五臟虛勞羸瘦，強陰益精，壯筋骨，補內絕不足。治胃中虛熱有功。平胃氣，長肌肉，逐皮膚邪熱疿痛，脚膝疼，冷痹軟弱。久服厚腸胃，輕身延年，定志除驚。

明·滕弘《神農本經會通》卷一 石斛 君也。陸英為之使。惡凝水石、巴豆，畏殭蠶、雷丸。七八月採莖，陰乾。色如金。或云以酒洗，將蒸炙成，不用桑灰湯沃之。惟生石上者勝。亦有生櫟木上者，名木斛，不堪用。凡使，去頭土。《衍義》曰：石斛細若小草，長三四寸，柔韌，折之如肉而實。木斛折之中虛，長尺餘，但色深黄，光澤而已。味甘，氣平，無毒。東云：平胃氣，而補腎虛，更療脚弱。

《本經》云：主傷中，除痺，下氣，補五臟虛勞羸瘦，強陰益精，補內絕不足，平胃氣，長肌肉，逐皮膚邪熱疿氣，脚膝疼冷痺弱。久服厚腸胃，輕身延年，定志除驚。《藥性論》云：君。益氣，除熱，治男子腰脚軟弱，健陽，逐皮肌風痺，骨中久冷，虛損，補腎，積精，腰痛，養腎氣，益力。日華子云：治虛損劣弱，壯筋骨，暖水藏，輕身益智。平胃氣，逐虛邪。《衍義》云：除胃中虛熱有功。《局》云：金釵石斛平無毒，溫壯元陽入腎家。膝痛腰疼為要藥，更平胃氣逐虛邪。金釵石斛，壯元陽，主腰疼膝痛。

明·劉文泰《本草品彙精要》卷八 石斛無毒 叢生。

石斛出《神農本經》：**主傷中，除痹，下氣，補五臟，虛勞羸瘦，強陰。久服厚腸胃，輕身延年。**以上朱字《神農本經》。益精，補內絕不足，平胃氣，長肌肉，逐皮膚邪熱疿音沸氣，脚膝疼冷痹弱，定志除驚。以上黑字名醫所錄。【名】林蘭、禁生、杜蘭、雀髀斛、石蓫、麥斛。【苗】《圖經》曰：五月生苗，莖似竹節，節間出碎葉。七月開花，十月結實。其根細長黃色，七八月採莖，以桑灰湯沃之，其色如金。江南生者有二種：一種似大麥，累累相連，頭生一葉，名麥斛；一種大如雀髀，名雀髀斛。惟生石上者勝。亦有生櫟木上者，名木斛，不堪用。《唐本》注云：麥斛葉在莖端，其餘斛如竹，節間生葉也。【地】《圖經》曰：生六安山谷水傍石上，今荊州、廣州郡及溫、台州亦有之。《唐本》注云：荊襄及漢中、江左。陶隱居云：出始興、宣城、廬江、始安。【道地】廣南者爲佳。【時】生：五月生苗。採：七月、八月取莖。【收】陰乾。【用】莖。【質】類木賊而扁。【色】黃。【味】甘。【性】平，緩。【氣】氣厚于味，陽中之陰。【臭】朽。【主】補腎氣，暖腰膝。【助】陸英爲之使。【反】畏殭蠶、雷丸，惡凝水石、巴豆。【製】《雷公》云：去頭土，用酒浸一宿，漉出，于日中暴乾，卻用酥蒸，從巳至酉，徐徐焙乾，用之。【治】療：《藥性論》云：除熱及男子腰脚軟弱，逐皮肌風痹，骨中久冷，虛損，腰痛。日華子云：平胃氣，逐虛邪。《衍義》曰：去胃中虛熱。補：《藥性論》云：益氣健陽，補腎積精，養腎氣，益力。日華子云：補虛損劣弱，壯筋骨，暖水臟，輕身，益智。

明·俞弁《續醫說》卷一〇 金釵石斛 姚寬《西溪叢話》云：石斛出始興六安山，傍石上。或生櫟樹上者，謂之木斛，虛長，不堪入藥用。精好如金色者佳。凡用洗去土，酒浸焙乾。石斛有補脾清肺之功，遺精白濁虛煩之要藥也。

明·葉文齡《醫學統旨》卷八 石斛 氣平，味甘。無毒。惡凝水石、巴豆；畏殭蠶、雷丸。生石上，採莖陰乾。細若小草，長三四寸，柔韌，折之如肉而實，形似蚱猛髀者為佳。治虛勞羸瘦，強陰益精，壯筋骨，利脚膝，除熱益氣，補腎蠲痺，定志鎮驚，及治胃中虛熱有功。

明·許希周《藥性粗評》卷三 元陽欠滿，量石斛以多平。

石斛，一名杜蘭，一名石蓫。江南處處有之，以廣南者勝。狀如金釵，又如雀髀，好生石上。生木上者名木斛，不堪入藥。七月、八月採莖，陰乾。陸英為之使，惡寒水石、巴豆，畏殭蠶、雷丸。凡用去頭上，酒浸，漉出，暴乾。味甘，性平，無毒。入足少陰腎經。主治腎經虛冷，元陽不足，骨節疼痛，補精益氣，利丈夫，久服其功無比。

明·鄭寧《藥性要略大全》卷三 石斛一名金釵石斛，一名禁生，一名石蓫，一名杜蘭，一名林蘭。平胃氣，補虛益腎。更醫脚弱。○主傷中，補五臟虛勞羸瘦，強陰下氣，除痹。《湯液》云：益氣力，平胃氣，長肌肉，逐皮膚邪熱，脚膝痛，冷痹脚弱。久服定志，除驚熱，厚腸，益精補腎。朱氏云：治男子腰脚軟弱。味甘，性平，無毒。惡凝水石、巴豆。畏殭蠶、雷丸。生石上。一名金釵石斛，一名禁生，一名石蓫，一名杜蘭，一名林蘭。雷公云：酒洗，或灰湯洗，去根蒸用。陸〔英〕為之使。

明·陳嘉謨《本草蒙筌》卷一 石斛 味甘，氣平。無毒。多產六安，州名，屬南直隸。亦生兩廣。廣東、廣西。莖小有節，色黃類金。世人每以金釵石斛為云，蓋亦取其象也。其種有二，細認略殊。生溪石上者名石斛，折之似有肉中實；生櫟木上者名木斛，折之如麥稈中虛。石斛有効難尋，木斛無功易得。賣家多採易者代充，不可不預防爾。惡凝水石巴豆，畏白殭蠶雷丸。以酒浸蒸，方宜入劑，卻驚定志，益精強陰。壯筋骨，補虛羸，健脚膝，驅冷痹。皮外邪熱堪逐，胃中虛火能除。厚腸胃輕身，長肌肉下氣。

明·王文潔《太乙仙製本草藥性大全》卷一《本草精義》 石斛 一名金釵石斛，一名林蘭，一名禁生，一名杜蘭，一名石遂。生六安山谷水傍石上。今荊州、廣州郡及溫、台州亦有之，以廣南者爲佳，多生山谷中。五月生苗，形似竹節，節節間出碎葉。七月開花，十月結實，其根細長，黃色。七月、八月採莖，以桑灰湯沃之，色如金，陰乾用。或云：以酒洗净，蒸九次，不用灰湯。其江南生者有二種，一種似大麥，累累相連，頭生一葉，名麥斛；一種大如雀髀，名雀髀。惟生石上者勝。亦有生櫟木上者，名木斛，不堪用。《衍義》曰：石斛細若小草，長三四寸，柔韌，折之如肉而實，今人多以木斛渾行。惡凝水石、巴豆，畏殭蠶、雷丸。

明・王文潔《太乙仙製本草藥性大全》卷一《仙製藥性》 石斛君 味甘，氣平，無毒。陸英爲之使。 主治：主傷中，除痹，下氣，補五臟虚勞、羸瘦，強陰益精，壯筋骨，補內絶不足。治胃中虚熱有功，平胃氣，長肌肉，逐皮膚邪熱痱痛，脚膝疼，冷痹軟弱。久服厚腸胃，輕身延年，定志除驚。 補註：按《藥性論》云：石斛，君，益氣除熱，主治男子腰膝軟弱，健陽，逐皮肌風痹，骨中久冷虚損，補腎積精，腰痛，養腎氣益力。日華子云：治虚損劣弱，壯筋骨，暖水臟，輕身益智，清氣，逐虚邪。 太乙曰：凡使先去頭土了，用酒浸一宿，漉出曝乾，却用酥蒸，從巳至酉，却徐徐焙乾用。石斛，鎮涎，澁丈夫元氣。如斯修事，服滿一鎰，永不骨痛。

明・皇甫嵩《本草發明》卷二草部上 石斛上品之上，君。氣平，味甘，無毒。

發明曰：石斛甘能養脾胃，清虚熱，平補下焦腎臟元氣居多。故《本草》主傷中下氣，補五臟虚勞羸瘦，強陰益精，補內絶，除脚膝疼痺，腰腿弱，健陽，骨中久冷，暖水臟，益智定志，除驚，補腎之功多矣。又平胃氣，長肌肉，久服厚腸胃，是甘能補脾也。又逐皮膚邪熱痱氣，益氣除熱，胃中虚熱有功，是甘平能清虚熱也。生溪水傍石上者，名石斛，折之如肉而實為真。生櫟木上曰木斛，折之如麥稗，中虚，不堪用。〇凡使，酒浸一宿，晒出曝乾，酥炙炒，鎖涎，澁丈夫元氣，如此修事，服滿一鎰，永無骨痛。〇陸英為之使。惡凝水石、巴豆。畏(姜)〔殭〕蠶、雷丸。

明・李時珍《本草綱目》卷二〇草部・石草類 石斛《本經》上品

【釋名】石蓫《別録》 金釵《綱目》 禁生《本經》 林蘭同 杜蘭《別録》 時珍曰：石斛名義未詳。其莖狀如金釵之股，故古有金釵石斛之稱。今蜀人栽之，呼爲金釵花。盛弘之《荆州記》云，耒陽龍石山多石斛，精好如金釵，是矣。林蘭、杜蘭，與木部木蘭同名，恐誤。

【集解】《別録》曰：石斛生六安山谷水旁石上。七月、八月採莖，陰乾。弘景曰：今用石斛，出始興。生石上，細實，以桑灰〔湯〕沃之，色如金，形如蚱蜢髀者佳。近道亦有，次於宣城者。其生櫟木上者，名木斛。其莖至虚，長大而色淺。不入丸散，惟可爲酒漬煮之用。俗方最以補虚，療脚膝。恭曰：今荆襄及漢中、江左又有二種：一種似大麥，累累相連，頭生一葉，而性冷，名麥斛；一種莖大如雀髀，葉在莖頭，名雀髀斛。其他斛如竹，而節間生葉也。作乾石斛法：以酒洗蒸暴成，不用灰湯。或言生者漬酒，勝於乾者。頌曰：今荆州、光州、壽州、廬州、江州、温州、台州亦有之，以廣南者爲佳。多在山谷中。五月生苗，莖似小竹節，節間出碎葉。七月開花，十月結實。其根細長，黄色。惟生石上者爲勝。宗奭曰：石斛細若小草，長三四寸，柔韌，折之如肉而實。今人多以木斛混之，亦不能明。木斛中虚如禾草，長尺餘，但色深黄光澤耳。時珍曰：石斛叢生石上。其根糾結甚繁，乾則白軟。其莖葉生皆青色，乾則黄色。開紅花。節上自生根鬚。人亦折下，以砂石栽之，或以物盛掛屋下，頻澆以水，經年不死，俗稱爲千年潤。石斛短而中實，木斛長而中虚，甚易分別。處處有之，以蜀中者爲勝。

【修治】斅曰：凡使，去根頭，用酒浸一宿，暴乾，以酥拌蒸之，從巳至酉，徐徐焙乾，用入補藥乃效。

【氣味】甘，平，無毒。普曰：神農：甘，平。扁鵲：酸。李當之：寒。時珍曰：甘、淡、微鹹。之才曰：陸英爲之使，惡凝水石、巴豆，畏雷丸、殭蠶。

【主治】傷中，除痹下氣，補五臟虚勞羸瘦，强陰益精。久服，厚腸胃《本經》。補內絶不足，平胃氣，長肌肉，逐皮膚邪熱痱氣，脚膝疼冷痹弱，定志除驚。輕身延年《別録》。益氣除熱，治男子腰脚軟弱，健陽，逐皮肌風痹，骨中久冷，補腎益力權。壯筋骨，暖水臟，益智清氣《日華》。治發熱自汗，癰疽排膿內塞時珍。

【發明】斅曰：石斛鎮涎，澀丈夫元氣。酒浸酥蒸，服滿一鎰，永不骨痛也。宗奭曰：石斛治胃中虚熱有功。時珍曰：石斛氣平，味甘、淡、微鹹，陰中之陽，降也。乃足太陰脾、足少陰右腎之藥。深師云：囊濕精少，小便餘瀝者，宜加之。一法：每以二錢入生薑一片，水煎代茶飲，甚清肺補脾也。

【附方】新二。

睫毛倒入：川石斛、川芎藭等分，爲末。口內含水，隨左右嗃鼻，日二次。《袖珍方》。

飛蟲入耳：石斛數條，去根如筒子，一邊紝入耳中，四畔以蠟封閉，用火燒石斛，盡則止。熏右耳，則蟲從左出。未出更作。《聖濟》。

題明・薛己《本草約言》卷一《藥性本草》 石斛 甘能養脾胃，清虚熱，平補下焦腎臟元氣居多。入足陽明胃、少陰腎。治脚軟，主傷中，補五臟虚勞羸瘦，強陰下氣，平胃長肌，逐皮膚邪熱。酒洗蒸用。丹〔溪〕取其獨用爲妙。

明・梅得春《藥性會元》卷上 石斛 味甘，氣平。無毒。惡凝水石、巴豆。畏殭蠶、雷丸。生石上，採莖陰乾，細若小草，長三四寸，柔韌，折之如肉而實，形似蚱猛髀者佳。 主平胃氣而補腎虚，更醫脚弱，療虚勞而治羸瘦，益氣強陰，添精、壯筋骨。又治腰痛，定志，鎮心驚。且療膝疼。又治內傷不足，逐皮膚邪氣，傷中，下氣，蠲痹，及治胃中虚熱有功。久服厚腸胃，能鎖涎，澁丈夫元氣。如服一鎰，永不骨痛。 製法：凡用，洗去土，酒浸一宿，暴乾。

明・李中立《本草原始》卷一 石斛 始生六安山谷，今出荆襄及漢中江左。有二種，一種生水旁石上，莖似小竹，節節間出碎葉，折之有肉，中實，名石斛；一種生櫟木上，莖似麥稈而匾大，葉在莖頭，折之無肉，中虛，名木斛。因莖如金釵之股，故獲金釵石斛之稱。　氣味：甘，平，無毒。　主治：傷中除痹，下氣，補五臟虛勞，羸瘦，強陰益精，久服厚腸胃，補內絕不足。平胃氣，長肌肉，逐皮膚邪熱疿氣，腳膝疼冷痹弱，定志除驚，輕身延年。○益氣除熱，治男子腰腳軟弱，健陽。逐皮肌風痹，骨中久冷。補腎益力，壯筋骨，暖水臟，益智清氣，治發熱自汗，癰疽排膿，內塞。

《本經》上品。【圖略】石斛叢生石上，莖圓，根糾結甚繁，乾則白軟，莖有節，心實；木斛亦叢生，莖匾，根黑，莖亦有節，心空。　石斛入藥佳，木斛不堪用。今人見木斛形匾如釵，多用木斛，醫家亦不能明辯。予並寫其象，令用者知，莖圓中實者為石斛，實者有力；莖匾中虛者為木斛，虛者無能。不特此也，凡藥皆然。　修治：石斛去根頭，酒浸軟，暴乾，剉用。或以酥拌蒸，焙乾，剉用。

味甘淡，微鹹，陰中之陽，降也。乃足太陰脾、足少陰右腎之藥。　石斛，陸英為之使，惡凝水石、巴豆，畏雷丸、殭蠶。　《袖珍方》：治睫毛倒入，用石斛、川芎藭等分為末，口內含水，隨左右嗃鼻，日二次。　石斛，君。

明・張懋辰《本草便》卷一　石斛君　味甘，氣平，無毒。惡凝水石、巴豆，畏殭蠶、雷丸。　主傷中，除痹，下氣，補五臟虛勞羸瘦，強陰益精，壯筋骨，補內絕不足；治胃中虛熱有功，平胃氣，長肌肉，逐皮膚邪熱疿痛，脚膝疼，冷痹軟弱；久服厚腸胃，定志除驚。

明・李中梓《藥性解》卷四　石斛　味甘，性平，無毒，入胃、腎二經。補虛羸，暖水臟，填精髓，強筋骨，平胃氣，逐皮膚邪熱，療腳膝冷痹，久服厚腸胃，定志除驚。去根，酒浸一宿，曝乾酥炙用。陸英為使，惡寒水石、巴豆，畏殭蠶、雷丸。　按：石斛入腎，則崇主下部矣。而又入胃者，蓋以其味甘能助腎，而不傷于熱，平胃而不傷于燥之故也。

明・繆希雍《本草經疏》卷六　石斛　味甘，平，無毒。主傷中，除痹，下氣，補五臟虛勞羸瘦，強陰益精，補內絕不足，平胃氣，長肌肉，逐皮膚邪熱疿氣，腳膝疼冷痹弱。久服厚腸胃，輕身延年，定志除驚。

〖疏〗石斛禀土中沖陽之氣，兼感春之和氣以生，故其味甘平而無毒。氣薄味厚，陽中陰也。入足陽明、足少陰，亦入手少陰。甘能除熱，甘能助脾，苦能益血，平能下氣。味厚則能益陰氣，故主傷中，下氣，補五臟虛勞羸瘦，強陰益精，補內絕不足，平胃氣，長肌肉，久服厚腸胃，輕身延年，定志除驚者，以其入胃，入腎，入心，脾，補益四經，則四經所生病，皆得治療。蓋皆益脾、益胃、益腎、益心之功力也。又主除痹，逐肌膚邪熱疿氣，腳膝疼冷痹弱者，兼能除脾胃二經之濕故也。　〖主治參互〗同麥門冬、白茯苓、橘皮、甘草，則益胃、強四肢。　同麥門冬、五味子、人參、炙甘草、白芍藥、枸杞、牛膝、杜仲，則理傷中，補五臟虛勞羸瘦，強陰益精。　同枇杷葉、麥門冬、橘皮，則下氣。　得木瓜、牛膝、桑白皮、石南葉、白鮮皮、黃檗、茯苓、菖蒲，則主諸痹，及逐皮膚邪熱疿氣冷痹弱。　夏月一味酒蒸，泡湯代茶，頓健足力。　〖簡誤〗宜入湯酒，不宜入丸。其味不苦而帶甘，其形長而細，中堅實者良。酒洗蒸晒乾用。慎毋誤用木斛，味大苦，餌之損人。亦不入上焦藥。

明・倪朱謨《本草彙言》卷七　石斛　味甘淡，微濇，氣平，無毒。氣薄味厚，陰中之陽，降也。入足太陰、少陰二經。

《別錄》曰：石斛，生六安山谷水傍石上。　蘇氏曰：今荆、襄、漢中，江左廬州、台州、溫州諸處亦有。近以溫、台者爲貴，謂其形似金釵之股，端美可觀。然氣味腐濁，不若蜀産者氣味清疏，形頗精潔更佳也。蜀人呼爲金釵花。今充貢者，取川地者進之。　又按李氏曰：叢生水旁石上，其根糾結甚繁，乾則白軟。莖葉生皆青脆，乾則黃韌。五月生苗似竹，節間出碎小葉。七月開淡紅色花。初冬結實。節旁自生根鬚。折之懸掛屋下，時灌以水，經年不死。此即蜀中所産，入藥最良。　再按蘇氏曰：一種麥斛，形似大麥，累累相連，頭生一葉，而性多寒；一種雀髀斛，莖大如雀股，葉在莖頭；一種草斛，若茅草，長三四寸，柔且韌，折之如肉而實；一種木斛，中虛如木，長尺餘，色深黃而光澤，誤用損人元氣。　修治：去根頭，酒潤蒸之，曬乾用。惟入湯膏，不入丸散。以質性綿韌，不能作末故也。　倪朱謨曰：石斛短而中實，木斛長而中虛，甚易分別。

石斛：甄權壯筋骨、健腳膝之藥也。王紹隆稿不藉水土，緣石而生。色黃味濇，叢生盤結，亦若筋膜之聚絡骨節也。故前古稱其功用，能壯筋骨，健腳膝，厚腸胃，主傷中疲弱，五臟虛損，內絕不足，肌肉羸瘦諸證，咸宜用之。皆取此清虛純潔之質，不與糞土卑污、穢腐滋生之物比也。又馬氏方有久服却病延年，定志安神，開胃進食，以其有益脾胃，益心腎之功力也。凡物之受而量滿成斛，滿而溢，故虚勞可補，羸瘦可充，筋骨脚膝可健。附生於石，故命名以此。

集方：治五痿五痹，足膝軟弱，腰脊痠疼；或遺精夢泄，淋澀成濁；或三消五膈，胃敗髓枯；或脾元内損，無故羸瘦；或血冷精寒，子嗣勿育；或半産漏下，血氣妄行；或脾胃不和，飲食減少；或多食作脹，少食即飢。〇已下七方俱見方龍潭家抄治五痿五痹，腰膝痠軟。用川石斛、萆薢、枸杞、牛膝、天麻、白朮、當歸身各五錢，黄柏七錢，作散服。空心服五錢，白湯調送。〇治遺精夢泄，澀濁成淋。用石斛、遠志、茯苓、車前、木通、滑石、甘草、黄柏、澤瀉各二錢，牡蠣煅三錢，海金沙五錢，作散子，空心服三錢，白湯調送。〇治三消病，好飲湯水，終日不輟，爲上消；好食米麵、肥甘、果食等類，愈食愈瘦，爲中消；煩渴引飲，索水湯不厭，所下小便混濁如膏，爲下消。以川石斛、川黄連、知母各等分，配入六味地黄丸料作丸。早晚食前後皆可服五錢，白湯送。〇治五膈五噎證。用川石斛一味，熬膏，加鹿角膠少許，收之，白滾湯化服十餘匙。此證多死，間有生者，不過百中一二而已。〇治脾元内損，無故羸瘦。用川石斛十兩，白朮、茯苓、半夏、當歸、砂仁、廣皮、人參、黄耆各一兩，甘草五錢，熬膏，煉蜜四兩，和鹿角膠二兩，溶化收之。每早午晚各服十餘匙，白湯調送。〇治男婦血冷精寒，子嗣勿育；或半産漏下，血氣妄行。用川石斛、菟絲子各十兩，黄耆、白朮、川萆薢、枸杞子、當歸身、川芎、補骨脂、山藥、肉桂、木香、人參各四兩，熬膏，以龜板膠、鹿角膠各四兩，藥汁内溶化，收之，量加煉蜜數兩亦可。每早晚白湯調服十餘匙。婦人服此加香附四兩。〇治脾胃不和，飲食減進；或多食作脹，少食即飢。用川石斛四兩，人參、黄耆、白朮、茯苓、半夏、陳皮各一兩，甘草、川黄連薑炒、白蒺藜各五錢，砂仁、麥芽各二兩。爲末，作散子。每服三錢，白湯下。

明・顧逢柏《分部本草妙用》卷七兼經部・性平　石斛　甘，平，無毒。入脾腎二經。陸英為使，惡凝水石、巴豆，畏雷丸、殭蠶。短而實，色如金者良。

主治：除痺補虚，強陰益精，厚腸胃，逐皮膚邪熱，壯筋骨，暖水臟，益智清氣。治胃中虚熱，酒浸酥蒸，服滿一鎰，永不骨痛。石斛雖能補益，性緩力微，非久服多服，不能取効。深師云：囊溫精少，小便餘瀝者，宜加之。

明・李中梓《醫宗必讀・本草徵要上》　石斛味甘，平，無毒，入胃、腎二經。惡巴豆，畏殭蠶。酒浸酥拌蒸。清胃生肌，逐皮膚虚熱；強腎益精，療脚膝痺弱。厚腸止瀉，安神定驚。入胃清濕熱，故理痺證泄瀉；入腎強陰，故理精衰骨痛。其安神定驚，兼人心也。按：石斛宜於湯液，不宜入丸，形長而細且堅，味甘不苦為真。誤用木斛，味大苦，餌之損人。

明・鄭二陽《仁壽堂藥鏡》卷一〇下　石斛　隱居云：石斛生六安山，屬廬江。細實，色深黄，光澤。又謂金釵石斛。近始安櫟樹上亦生，名木斛，虚長，不堪入藥。味甘，性平，無毒。入脾、肺二經。陸英為使，惡巴豆、寒水石，畏雷丸、殭蠶。短而實，色如金者良。《經》曰：除痹下氣，補虚強陰，益精。久服厚腸胃。隱居曰：平胃、長肌，逐皮膚邪熱痱氣，脚膝冷痛，定志除驚。大明曰：壯筋骨，暖水臟，益志清氣。雷公曰：酒浸酥蒸，服滿一鎰，永不骨痛。宗奭曰：治胃中虚熱有功。按：石斛雖能補益，性極寬緩，非久服多服，不取效也。

明・蔣儀《藥鏡》卷三平部　石斛　上平胃氣虚熱，而吐噦兼致。下補腎經勞弱，而崩帶交更。溫子宮，多生孕育。強腰膝，免致傴僂。定志卻驚，善敺冷閉。夏月酒蒸一味，代茶泡飲多功。

明・李中梓《頤生微論》卷三　石斛　味甘、苦，性平，無毒。入胃、腎二經。惡巴豆，畏殭蠶。酒浸酥拌，蒸一時用。清胃熱，生長肌肉，逐皮膚虚熱，強腎添精，壯骨，主脚膝冷痛，骨髓中痛，厚腸止瀉，安神定驚。按：石斛性和，主用宏多。但氣力淺薄，得參芪便能奏功，專倚之，無捷得之效也。選擇味甘者佳。悮用木斛，其味大苦，餌之損人。

明・張景岳《景岳全書》卷四九《本草正》　石斛　此藥有二種，力皆微薄，圓細而肉實者，味微甘而淡，其力尤薄。《本草》云：圓細者為上。且謂其益精強陰，壯筋補虚，健脚膝，敺冷痹，卻驚悸，定心志。但此物性味最薄，焉能滋補如此？惟是扁大而鬆，形如釵股者，頗有苦味，用除脾胃之火，去嘈雜善飢，及營中蘊熱。其性輕清和緩，有從容分解之妙，故能退火養陰除煩，清肺下氣，亦止消渴熱汗。而諸家謂其厚腸胃，健陽道，暖水臟，豈苦涼之性味所能也？不可不辨。

明・賈九如《藥品化義》卷六肺藥　石斛　屬陽中有陰，體輕，色如黄金，氣和，味苦，性涼，能浮能沉，力養肺，性氣與味俱清云味厚非，入肺腎胃三經。石斛生於石巖，不涉沙土，色如黄金，象肺之體，氣味輕清，合肺之性，性涼而清，得肺之宜。丹家云肺名嬌臟，獨此最為相配，主治肺氣久虚，咳嗽不止，邪熱痱子，肌表虚熱，其清理之功，不特於此。蓋肺出氣，腎納氣，子母相生，使肺金清則真氣旺，順氣下行以生腎水，強陰益精，更治囊濕精少，小便餘瀝，且上焦之勢，能令熱氣委曲下行，無苦寒沉下之弊。並長養肌肉，厚益腸胃，誠仙品也。 産溫州，體短色黄狀如金釵者佳。川産體長味淡者次之。

明・盧之頤《本草乘雅半偈》帙二 石斛《本經》上品 氣味：甘，平，無毒。 主治：主傷中，除痹下氣，補五藏，虚勞羸瘦，強陰，益精。久服厚腸胃。

覈曰：出六安山谷，及荆襄、漢中、江左、廬州、台州、溫州諸處，近以溫、台者為貴。謂其形似金釵，然氣味腐濁，不若川地者，形頗修潔，氣味清疎，毋取美觀，舍清用濁也。叢生水旁石上，根糾結甚繁，乾則白軟，莖葉生皆青脆，乾則黄韌。五月生苗，似竹節，間出碎小葉。七月開淡紅色花，十月結實。節旁自生根鬚，折之懸掛屋下，時灌以水，經年不死，俗呼為千年潤。此即蜀中所産，入藥最良。一種麥斛，形似大麥，累累相連，頭生一葉，而性多寒。一種雀髀斛，莖大如雀髀，葉在莖頭。一種草斛，若小草，長三四寸，柔且韌，折之如肉而實。一種木斛，中虚如木，長尺餘，色深黄而光澤。 修治：去根頭，酒浸一宿，暴乾，酥拌蒸之，從巳至酉，徐徐焙乾。唯入湯膏，不入丸散，以質綿韌，不作末故也。陸英為之使。惡凝水石、巴豆，畏雷丸、殭蠶。

先人《博議》云：石止而不動，斛受而量滿。黄色甘味平氣，具土德化，有杜而不出，受而不施，成而不生，及遂事之義，故有杜蘭、禁生、石蓫之名。蓋五中之傷，外以形骸之痹，内以伏匿之氣，故外消肌肉，而内乏陰精，此能去内外之因，而致内外之益，則五中不傷，是為之補。久之則中藏既盛，外府自厚矣。

參曰：不藉水土，緣石而生。一名禁生，雖禁猶生也。一名杜蘭，此以形舉，亦處杜塞之境，猶若光風泛蘭也。顧山之有石，若人之有骨，盤結之狀，亦若筋膜之聚絡骨節也。斛，量名，象其能入能出也。故石斛功力，宛如胃府，運化精微，散精于腎，淫氣于骨，散精于肝，淫氣于筋膜，以及從脾淫肌肉，從心淫血脈，從肺淫皮毛，何莫非水穀之源，次第敷布于神藏，次第滿溢于形藏者。設痹塞則中傷，致令胃失所司，不能下精與氣，遂成神藏之虚勞，形藏之羸瘦耳。久服則量而滿，故腸胃厚。滿而溢，故虚勞補，羸瘦充。設非強益穀精，安能逐除痹塞，以續傷中乎。禁生、杜蘭，深可味也。

明・李中梓《本草通玄》卷上 石斛：甘而微鹹，脾、腎藥也。益中氣，厚腸胃，長肌肉，逐邪熱，壯筋骨，強腰膝。石斛甘可悦脾，鹹能益腎，故多功於水土二臟。但氣性寬緩，無捷奏之功。古人以此代茶，甚清上膈。凡使，勿用木斛。石斛短而中實，木斛長而中虚，不難分辨。

清・顧元交《本草彙箋》卷四 石斛 石斛生於石巖，不涉沙土，色如黄金，象肺之體，氣味輕清，合肺之性，性涼而清，得肺之宜。故主肺氣久虚，咳嗽不止，邪熱痱子，肌表虚熱。且肺氣清則真氣旺，順氣下行，以生腎水，故又主囊濕精少，小便餘瀝等症。辛能下氣，甘能助脾，既能令上焦熱氣委曲下行，無苦寒沉下之弊，併善長肌肉，厚益腸胃，誠上品也。

宜入湯酒，不宜入丸。其味不苦而甘，形長而細且堅，其莖狀如金釵之股。製宜去根，酒浸曝乾，酥炙。 慎毋誤用木斛，味大苦，餌之損人。 夏月一味酒蒸，泡湯代茶，頓健足力。

清・穆石匏《本草洞詮》卷一〇 石斛 石斛，叢生石上，其根糾結，甚繁，或掛屋下，頻澆以水，經年不死，俗稱為千年潤。氣味甘淡，微鹹平，無毒。治傷中，除痺，下氣，補五臟虚勞，強陰益精，逐皮膚邪熱，久服輕身延年。雷斅謂石斛鎮涎，澀丈夫元氣，酒浸酥蒸，服滿一鎰，永不骨痛也。囊濕精少，小便餘瀝者宜加之，每清晨以二錢，入生薑一片，水煎代茶飲，甚清肺補脾也。石斛短而中實，木斛長而中虚，宜辨。

清・劉雲密《本草述》卷一三 石斛 多在山谷中，五月生苗，七月開花，十月結實，以物盛挂屋下，頻澆以水，經年不死。合此以知石斛之能益陰，然由夏以歷秋冬，是由土而之水，其氣乃完。 氣味，甘，平，無毒。 普曰：神農：甘，平。扁鵲：酸。李當之：寒。 時珍曰：甘淡微鹹。

諸本草主治：傷中除痺，下氣平胃氣，除熱清氣，益氣補腎，暖水臟，壯筋骨，強陰益精，補五臟虚勞羸瘦，逐皮膚邪熱痱氣，脚膝冷疼痺弱。 宗奭曰：石斛治胃中虚熱有功。 方書主治：中風虚勞，消癉痺虚煩，不能食，淋，耳證。傷勞倦，積聚，咳嗽喘，反胃。諸見血證，溲血，脇痛，痿脚氣，小便数，小便不禁，口齒唇舌。　以上以用之多寡為次。

時珍曰：　石斛氣平，味甘淡微鹹，陰中之陽，降也，乃足太陰脾、足少陰，右腎之藥。深師云：　囊溼精少，小便餘瀝者，宜加之。一法：　每以二錢，入生薑一片，水煎代茶飲，甚清肺補脾也。　之頤曰：　石斛功力，宛如胃腑運化精微，散精於腎，淫氣於骨，散精於肝，淫氣於筋膜，以及從脾淫肌肉，從心淫血脈，從肺淫皮毛，何莫非水穀之源。次第敷布於神臟，次第滿溢於形臟者，設痹塞則中傷，致令胃失所司，不能下精與氣，遂成神臟之虛勞，形臟之羸瘦耳。　中梓曰：　石斛性和，主用宏多。但氣力淺薄，得參、芪便能奏功，專倚之無捷得之效也。　希雍曰：　石斛稟土中冲陽之氣，兼感春之和氣以生，故其味甘平而無毒，氣薄味厚，陽中陰也，入足陽明、足少陰，亦入手少陰。甘能除熱，甘能助脾，甘能益血。平能下氣，味厚則能益陰氣，故主治傷中，補虛羸等，奏胃與腎之功也。　同麥門冬、白茯苓、橘皮、甘草，則益腎，强四肢。　同麥門冬、五味子、人參、炙甘草、白芍藥、枸杞、牛膝、杜仲，則理傷中，補五臟虛勞羸瘦，强陰益精。　同枇杷葉、麥門冬、橘皮，則下氣。　得木瓜、牛膝、桑白皮、石南葉、白鮮皮、黃蘗、茯苓、菖蒲，則主諸痹及逐皮膚邪熱痱氣，冷痹弱。　夏月一味，酒蒸，泡湯代茶，頓健足力。

愚按：　石斛《本經》言其甘平。是甘者固多，時珍以為甘淡微鹹味之良，然所以言其入胃入腎也。夫甘能益脾，乃兼鹹而且淡，正胃腎相通之義也。夫人身之胃氣為陽，然皆本於腎之真陰以貫之，其所歷之經絡膜舍可據也。況《五臟法時論》言：　養脾宜以鹹乎。石斛甘為主，固土德冲和之味，而兼以鹹，合於甘中之淡氣分之平，以就下，是胃陽合於腎陰而歸元，故曰除痹下氣，正所謂水土合德以立地，是即平胃氣，補腎，是即强陰益精，而補五臟之虛勞者也。平胃氣即是除胃中虛熱。　蓋胃之三脘，皆屬任脈，胃之虛熱出於腎陰不足，而脾陰因之亦不足，故為虛而生熱也。石斛能合脾腎之陰氣，至於胃如是，則胃陽不亢，而陽即隨陰以降，此之謂療胃虛熱，即治傷中除痹下氣，還以强陰益腎，而五臟胥益也。　若然，則此味之由脾而及四臟者，特以脾腎交通，欲益五臟之陰氣，用之為關捩子，非謂淡平之性味，能專任其補益之功也。　然而為主為輔，固有攸宜者矣。　第又有可糸者，竊謂强陰益精四字，是此味奏功處，似不為其味鹹入腎故也。　即《別錄》所云生山谷水旁石上，更如時珍所云或取砂石栽之，或以物盛屋簷下，頻浸以水，遂經歲不死，則茲物固稟水石之精氣，而合化於土者也。從土化而蘊水石之精氣，故《本經》以强陰益精之功歸之也。　其首主治傷中，除痹下氣者，又豈因其淡而滲下哉？　蓋本其强陰益精，為中土之化原，中土化原裕，而痹自除，氣自下。在人身之脾腎，原有互為生化，而展轉交益者，茲味適有的然之功，故二臟一或傷之，或雜之，胥藉此味為補救矣。　抑所云除痹下氣者，似功在脾，詎知即為功在腎，此甄權所謂補腎益力。　日華子所謂暖水臟，壯筋骨，《別錄》所謂療脚膝疼，冷痹弱也。　然不特此，即《本經》所云補五臟虛勞羸瘦，皆不外是。蓋脾與腎互為化原，而脾腎生化之氣盛，又即為餘臟之化原矣。　統繹斯義，是欲補五臟者，必先於脾，而欲益脾者，當不能舍腎矣。　第如補命門之火以生土，人多知之，至從胃腎之陰氣相通以為補，如此味者，多不致察。之頤所云固亦微中，然猶涉鹵莽，而時珍謂入右腎者，更未確矣。

修治　出六安山谷，及荆、襄、漢中、江左、廬州、台州、温州諸處，近以温台者為貴，謂其形似金釵。　然氣味腐濁，不若川地者，形頗修潔，氣味清疎，毋取美觀，舍清用濁也。　去根頭，酒洗蒸用，唯入湯膏，不入丸散，以質綿韌不作末故也。　生溪石上者名石斛，折之似有肉，中實。　生櫟木上者名木斛，折之如麥稈，中虛。　石斛短而中實，木斛長而中虛，甚易分別。

清・郭章宜《本草匯》卷一二　石斛　甘淡、微鹹，陰中之陽，降也，入手少陰、足太陰、少陰、陽明經。　養脾胃，清虛熱。　暖水臟，補虛羸。　治骨中久冷，脚膝軟弱。　逐皮膚邪熱，壯力健陽。《本草》言其下氣、長肌肉、厚腸胃、定志除驚者，蓋其氣則薄，而味則厚。　味厚者能益陰氣，且其入胃、入腎、入心脾，補益四經，則四經所生病，皆得治療，皆益脾、益胃、益心、益腎之功力也。　又除痺痱熱生小瘡痛，逐肌膚邪熱者，皆其消脾胃二經濕熱之驗也。

按：　石斛，甘可悦脾，鹹能益腎，有功于胃中虛熱，故多功于水土二臟。但氣性寬緩，無捷奏之能。　古人以此代茶，甚清上膈。　深師云：　囊濕精少，小便餘瀝，宜加用之。　同門冬、五味、參、草、芍藥、杞、膝、杜仲，則强陰益精。　同枇杷葉、門冬、橘皮，則下氣。　夏月一味，酒蒸代茶，頓健足力。

産蜀中者佳。　宜入湯酒，不宜入丸。　使者勿用木斛，石斛短而中實，木斛長而中虛，其味大苦，服之損人。　去根頭，酒浸晒乾，以酥拌蒸，徐焙，入補藥。　惡巴豆。　畏殭蠶、雷丸。

清・蔣居祉《本草擇要綱目・平性藥品》　石斛　氣味：　甘，平，無毒。

短而中實，如金釵者良。陰中之陽，降也。乃足太陰脾、足少陰右腎之藥。

主治：強陰益精，厚腸胃，男子腰脚軟弱，發熱自汗，癰疽排膿內塞。胃中虛熱，清肺補脾，尤有殊功。

清·閔鉞《本草詳節》卷一　石斛【略】生各處，取石上生者，折之有肉，中實，或以物盛掛屋下，頻澆以水，經年不死。若櫟木上生者，折之如麥稈，中虛，不可用也。【略】主補內絕不足，平胃氣，暖水臟。除脚膝疼，骨中久冷，逐皮肌風痺，癰疽排膿。入薑水煎代茶，甚清肺補脾。按：石斛助腎不傷於熱，平胃不傷於燥，中和之品也。

清·王翃《握靈本草》卷五　石斛，凡用不宜悮用木斛。石斛短而中實，木斛長而中虛。主治：石斛，甘，平，無毒。主傷中，除痺下氣，強陰益精，逐皮膚邪熱，脚膝冷疼，壯筋骨，暖水藏。

清·汪昂《本草備要》卷一　石斛平補脾腎，濇元氣。甘淡入脾，而除虛熱；鹹平入腎，而濇元氣。益精，強陰，暖水藏，平胃氣，補虛勞，壯筋骨。療風痹脚弱，發熱自汗，夢遺滑精，囊濇餘瀝。雷斅曰：石斛鎮涎。昂按：石斛石生之草，體瘦無汁，味淡難出。置之煎劑，猝難見功。必須熬膏，用之爲良。光澤如金釵，股短而中實。生石上者良，名金釵石斛。長而虛者名木斛，不堪用。去頭、根，酒浸用。惡巴豆，畏殭蠶。細剉水浸，熬膏更良。

清·陳士鐸《本草新編》卷二　金釵石斛　金釵石斛：味甘、微苦，性微寒，無毒。不可用竹斛、木斛，用之無功，石斛却驚定志，益精強陰，尤能健脚膝之力，善起痹病，降陰虛之火，大有殊功。今世吳下之醫，頗喜用之，而天下人尚不悉知其功用也。蓋金釵石斛，生于粵閩巖洞之中，巖洞乃至陰之地，而粵閩又至陽之方也，秉陰陽之氣以生，故寒不為寒，而又能降虛浮之熱。夫虛火，相火也，相火宜補，而不宜瀉。金釵石斛妙是寒藥，而又有補性，且其性又下行，而不上行。若相火則易升，而不易降者也，得石斛則降而不升矣。夏月之間，兩足無力者，服石斛則有力，豈非下降而兼補至陰之明驗乎。故用黃柏、知母瀉相火者，何如用金釵石斛之為當乎。蓋黃柏、知母瀉中無補，而金釵石斛補中有瀉也。

或問：金釵石斛降陰虛之火，乃瀉陰之物也，何以能健脚膝之力，其中妙義，尚未暢發。曰：腎有補而無瀉，何以金釵石斛瀉腎，而反補腎，宜子之疑也。余上文雖已略言之，而今猶當罄言之。夫腎中有水、火之分，水之不足，火之有餘也；火之有餘，水之不足也。是水火不能兩平者，久矣。脚膝之無力者，腎水之不足也。水不足則火覺有餘，火有餘則水又不足，不能制火矣。不能制火，則火旺而熬乾骨中之髓，欲其脚膝之有力也，必不得之數矣。金釵石斛，本非益精強陰之藥，乃降腎中命門虛火之藥也，去火之有餘，自然益水之不足，瀉腎中之虛火，自然添骨中之真水矣，故曰：強陰而益精。此脚膝之所以健也。然則黃柏、知母亦瀉腎火之藥，何以不能健脚膝？不知腎中之火，大寒則瀉而不補，微寒則補而能瀉。此金釵石斛妙在微寒，以瀉為補也。

或問：子惡用黃柏、知母之瀉火，何又稱金釵石斛？不知金釵石斛，非知母、黃柏可比。知母、黃柏大寒，直入于至陰，使寒入于骨髓之中。金釵石斛不過微寒，雖入于至陰，使寒出于骨髓之外，各有分別也。

或疑金釵石斛使寒出于骨髓，實發前人之未發，但無徵難信耳。曰：石斛微寒，自不傷骨，骨既不傷，則骨中之熱自解，骨中熱解，必散于外，此理之所必然，不必有徵而後信也。

清·顧靖遠《顧氏醫鏡》卷七　石斛甘，平。入脾胃心腎四經。酒拌蒸。形長細堅，味甘不苦者為真。不宜入丸。清胃生肌，逐皮膚虛熱。清胃中之虛熱，則胃氣平而肌肉生，皮膚虛熱豈有不除。補腎益力，療腰脚軟弱。入腎，壯筋骨之效。厚腸止瀉，益脾胃，去濕熱之功。安神定驚。入心之驗。勿悮用木斛，太苦損人。

清·李熙和《醫經允中》卷二〇　石斛　入脾腎二經。甘，平，無毒。用以主治壯筋骨，厚腸胃，補虛羸，暖水臟，療骨痛，除虛熱。力緩，宜久服。治骨蒸症神効。《經》云：服滿一鎰，永不骨疼。

清·馮兆張《馮氏錦囊秘錄·雜症痘疹藥性主治合參》卷二　石斛稟土中沖陽之氣，兼感春之和氣以生，故其味甘平而無毒。氣薄味厚，陽中陰也。入足陽明、足少陰，亦入手少陰、足太陰，脾、胃、心、腎四經藥也。〇宜擇其形長而細，其味不苦而甘，中堅實者良。酒洗，晒乾用。勿誤用木斛，味大苦，餌之損人。

石斛，却驚定志，益精強陰，壯筋骨，補虛羸，健脚膝，敺冷痹，皮外邪熱，胃中虛火。厚腸胃輕身，長肌肉下氣。但氣力淺薄，得參耆便能奏功，專倚之無捷效也。

主治痘疹合參：入胃，清濕熱，故理痹症泄瀉。入腎強陰，故理精衰骨痛。其安神定驚者，亦清熱強陰之力，兼入心也。痘後調理，藥中多用，總平胃氣之至藥。宜形長色黃而細且堅，味甘不苦者為真，擇取新者，去枝、節，酒洗蒸過用。

清・张璐《本經逢原》卷二 石斛 甘，淡，微苦，鹹，平，無毒。酒浸用。種類最多，惟川者味甘淡、色黃、無歧，可無傷胃之虞。古稱金釵者為最，以其色黃如金，旁枝如釵，故有是名。近世絕無此種，川者差堪代用。其餘雜產，味苦色晦，中虛多歧者，味皆極苦，悮用損人。凡入湯藥酒浸晒乾入丸劑，薄切，米飲漿晒乾磨之。《本經》主傷中除痹下氣，補五專藏，虛勞羸瘦，強陰益精，久服厚腸胃。發明：石斛足太陰、少陰脾腎之藥。甘可悅脾，故厚腸胃而治傷中。鹹能益腎，故益精氣而補虛羸，為治胃中虛熱之專藥。又能堅筋骨，強腰膝，骨痿痹弱，囊濕精少，小便餘瀝者宜之。

清・浦士貞《夕庵讀本草快編》卷三 石斛《本經》、金釵 色黃狀如金釵，故名。石斛甘淡微鹹，平而無毒，陰中之陽，降也。為足太陰、足少陰之藥。故能補虛勞而益陰精，壯筋骨而厚腸胃。皮膚邪熱，脚膝冷痺，用之有効。蓋取其味甘色黃，正脾所喜；汁黑帶鹹，歸腎所悅。雷斆謂鎮涎而濇丈夫元氣，用酒浸酥蒸。深師治囊濕精少，小便餘瀝，同生薑代茶。但其性淡力薄，佐輔參、芪，方易成功，非服一鎰一斛，又難奏捷爾。

清・張志聰、高世栻《本草崇原》卷上 石斛 氣味甘，平，無毒。主傷中，除痹，下氣，補五臟虛勞羸瘦，強陰益精。久服，厚腸胃。石斛始出六安山谷水旁石上，今荊襄、漢中、廬州、台州、溫州諸處皆有。一種形如金釵，謂之釵石斛，為俗所尚，不若川地產者，其形修潔，莖長一二尺，氣味清疏，黃白而實，入藥最良。其外更有木斛，長而中虛，不若川石斛之中實也。又有麥斛，形如大麥，纍纍相連，頭生一葉，其性微冷。又有竹葉斛，形如竹，節間生葉。又有雀髀斛，莖大如雀之髀，葉在莖頭，性皆苦寒，不堪用之。石斛叢生石上，其根糾結，莖葉生皆青翠。乾則黃白而軟，折之懸掛屋下，時灌以水，經年不死，俗呼為千年潤。愚按：今之石斛，其味皆苦，無有甘者，須知《本經》諸味，皆新出土時味也，乾則稍變矣。善讀聖經，當以意會之。石斛生於石上，得水長生，是稟水石之專精而補腎。味甘色黃，不假土力，是奪中土之氣化而補脾。斛乃量名，主出主入，治傷中者，運行其中土也。除痹者，除皮脈肉筋骨五臟外合之痹證也。夫治傷中則下氣，言中氣調和，則邪氣自下矣。除痹則補五臟虛勞羸瘦，言邪氣散除，則正氣強盛矣，脾為陰中之至陰，故曰強陰。腎主藏精，故曰益精。久服則土氣運行，水精四布，故厚腸胃。《本經》上品，多主除痹，不曰風寒濕，而但曰痹者，乃五臟外合之痹也。蓋皮者，肺之合。脈者，心之合。肉者，脾之合。筋者，肝之合。骨者，腎之合。故除痹即所以治五臟之虛勞羸瘦，是攻邪之中而有補益之妙用。治傷中即所以下氣，是補益之中而有攻邪之神理云。

清・何諫《生草藥性備要》卷上 金釵草 味甘，性溫，無毒。補肺止咳。即金釵石斛。宜作湯劑，勿為丸散。

清・劉漢基《藥性通考》卷五 石斛 味甘，淡，微鹹，氣平，無毒。入脾、腎。除虛熱，濇元氣，益精強陰，暖水臟，平胃氣，補虛勞，壯筋骨，療風痺脚弱，發熱自汗，夢遺滑精，囊澁餘瀝。光澤如金釵，短而中實，生石上者良，名金釵石斛。長而虛者，名水斛，不堪用。去頭、根，酒浸用。惡巴豆，畏殭蠶。細剉，水浸，熬膏更良也。

清・姚球《本草經解要》卷一 石斛 氣平，味甘，無毒。主傷中，除痹，下氣，補五藏虛勞羸瘦，強陰益精。久服厚腸胃酒浸晒。石斛氣平，稟天秋降之金氣，入手太陰肺經。味甘無毒，得地中正之土味，入足太陰脾經。甘平為金土之氣味，入足陽明胃、手陽明大腸經。氣降味和，陰也。陰者，中之守也。陰虛則傷中，甘平益陰，故主傷中。痹者，閉也，血枯而濇，則麻木而痹，甘平益血，故又除痹。肺主氣，肺熱則氣上，氣平清肺，所以下氣。五藏，藏陰者也，陰虛則五藏俱虛，而不勝作勞，勞則愈傷其真氣矣。五藏之陰，脾為之原。脾主肌肉，故五藏虛勞，則肌肉消瘦也。甘平益陰，所以主虛勞，而生肌肉也。陰者，宗筋也，太陰、陽明之所合也。石斛味甘益脾胃，所以強陰。精者，陰氣之英華也，甘平滋陰，所以益精。腸者，手陽明大腸也；胃者，足陽明胃也。手足陽明屬燥金，燥則腸胃薄矣。久服甘平清潤，則陽明不燥，而腸胃厚矣。製方：石斛同麥冬、五味、人參、白芍、甘草、杞子、牛膝、杜仲，理傷中，補虛勞，強陰益精。同麥冬、白茯、陳皮、甘草，治胃熱，四肢耎弱。專一味，夏月代茶，健足力。

清・楊友敬《本草經解要附餘・考證》 石斛 《名醫別録》稱：生六安山谷。蘇頌謂廣南者佳。《綱目》謂蜀中者勝。今真石斛乾者色正黃，形如蚱蜢髀，所謂金釵石斛也。其生者，高不及寸，極似矮小瓦松，叢生根連，種之磁盤，亦堪愛玩。然六境罕有。產英邑深山中，峭壁千尋，可望而不可即。採者自巔頂縋巨絙而下及山腰，用器極力搜剔，令紛紛墜落，始就澗谷斂取，亦至危險矣。且每斤乾纔數兩，故採者絕少。今地誌誤入合肥方物。好事者間向徵求。李虛舟大令云：境無崇山，何由得此？每用為笑。近友人歸自粵西，偶及三七，云彼地亦甚貴，以上官熬膏需索無厭也。取之銖錙，用之土苴。吾鄉玉面金芽，尤物非幸，其不及此，猶喜未有讀《本草》者耳。

清・周垣綜《頤生秘旨》卷八 石斛 養脾胃，清虛熱，平補之藥也。久服厚腸胃，補下焦腎臟元氣。凡使酒浸一宿，漉出曝乾，酥炙。鎖涎，澁丈夫元氣。如此修事，服滿一鎰，永無骨痛。

清・王子接《得宜本草・上品藥》 石斛 味甘、鹹。入足陽明、太陰、少陰經。主治胃熱，兼益腎精。得生薑治囊濕精清，小便餘瀝；同川芎為末，搐鼻治睫倒入。

清・徐大椿《神農本草經百種錄》上品 石斛石斛其說不一，出盧江六安者色青，長二三寸，如釵股，世謂之金釵石斛，折之有肉而實，咀之有膩涎黏齒，味甘淡，此為最佳。如市中長而黃色及枯槁無味者，皆木斛也。因近日無不悮用，故附記于此。 味甘，平。主傷中，培脾土。除痹，治肉痹。下氣，使中氣不失守。補五藏虛勞，後天得養，則五藏皆補也。羸瘦，長肌肉。強陰。補脾陰。久服厚腸胃，腸胃為中藏之府。輕身延年。補益後天之效。 凡五味各有所屬，甘味屬土，然土實無味也。故《洪範》論五行之味，潤下作鹹，炎上作苦，曲直作酸，從革作辛，皆即其物言之。惟于土則曰稼穡作甘，不指土，而指土之所生者，可知土本無味也，無味即為淡，淡者五味之所從出，即土之正味也，故味之淡者，皆屬土。石斛味甘而實淡，得土味之全，故其功專補脾胃，而又和平不偏也。

清・黃元御《玉楸藥解》卷一 石斛 味甘，氣平。入手太陰肺、足少陰腎經。降衝泄濕，壯骨強筋。石斛下氣通關，泄濕逐痹。溫腎壯陽，暖腰健膝。治發熱自汗，排癰疽膿血，療陰囊濕癢，通小便淋瀝。

清・吳儀洛《本草從新》卷二 石斛〔平胃氣，除虛熱。〕以下石草。 甘，淡，微鹹，微寒。平胃氣，宗奭曰：治胃中虛熱有功。 雷斅曰：石斛鎮涎，除虛熱。《別録》曰：逐皮膚邪熱。 安神定驚。療風痺脚弱，自汗發熱，囊澀餘瀝。長於清胃除熱，唯胃腎有虛熱者宜之，虛而無火者不得混用。光澤如金釵，股短中實，味甘者良。溫州最上，廣西略次，廣東最下。 長虛味苦者名木斛，服之損人。去頭根，酒浸。惡巴豆。畏僵蠶。細剉水浸，熬膏更良。宜於湯液，不宜入丸。

清・汪紱《醫林纂要探源》卷二 石斛 甘，微鹹，平。生水石高峻處，逐節生葉似竹，另抽莖作花，每八九朵，或紅或白，無香，與根莖皆略似山蘭，人取之裹以椶絲，掛簷間，不須土，茂如故。可辟火。以出霍山者莖短而中實，光澤如金，曰金釵（蔛）〔斛〕，最良。他產虛長，曰木（蔛）〔斛〕，功力劣。 補心神，鹹補心，不藉土而能活，花葉鮮好，以其神舒淡也。 瀉腎濁，鹹瀉腎，生於水石，挹水石之英而遺其濁穢，其質潔清也。 和脾胃，甘補脾，淡滲濕，且兼補五臟。 得清虛之氣，以袪浮熱而保其真。 能治勞熱，去妄火，壯筋骨，起痿痺，治自汗盜汗，夢泄遺精，吐血衄血諸證。不寒而能退熱，不濇而能斂陰，氣味中和，須習服久始得益，難刻期責效。熬膏不如水煎當茶常飲為妙。

清・嚴潔等《得配本草》卷四 石斛即金釵石斛。 陸英為之使。畏殭蠶、雷丸。惡凝水石、巴豆。 甘、淡，微寒。入足太陰、少陰，兼入足陽明經。清腎中浮火，而攝元氣。除胃中虛熱，而止煩渴。清中有補，補中有清，但力薄，必須合生地奏功。 配菟絲，除冷痹。精氣足也。 佐生地，厚腸胃。濕熱去也。虛寒者用之，泄瀉不止。 佐以川芎搐鼻，治睫毛倒入。使以生薑煎服，治陰濕餘瀝。 光澤如金釵股，短、中實、味甘者佳。鹽水拌炒，補腎兼清腎火、清胃火，酒浸亦可，熬膏更好。 長而中虛、味苦者為木斛，用之損人。

釵斛 苦，寒。入足陽明、太陰經。胃火熾盛，嘈雜善飢，營中蘊熱，煩悶多汗，大有清解之功。

題清・徐大椿《藥性切用》卷四草部 金石斛 性味甘淡，微鹹微寒。平胃氣而除虛熱，益腎陰而安神志，為胃虛挾熱傷陰耑藥。出霍山者，功用相倣，兼能開胃。鮮者大寒，尤能泄熱益陰。味苦梗方質硬者，名木斛，不堪用。

清・黃宮繡《本草求真》卷七 石斛入脾除虛熱，入腎濇元氣。 石斛耑入脾腎。 生於石上，體瘦不肥，色黃如金，旁枝如釵，甘淡微苦鹹平，故能入脾而除虛熱，入腎而濇元氣，及能堅筋骨，強腰膝。凡骨痿痹弱，囊濕精少，小便餘瀝者最宜。以其本生於石，體堅質硬，故能補虛弱，強筋助骨也。但形瘦無汁，味淡難出，非經久熬，氣味莫泄，故止可入平劑。或熬膏用之為良。 以治虛熱，補性雖有，亦惟在人諒病輕重施用可耳。取光潤如金釵股，短中實者良。長而虛者名水斛，不堪入藥。去頭根，酒浸用。惡巴豆。畏殭蠶。

清・羅國綱《羅氏會約醫鏡》卷一六草部 石斛味甘平，入胃腎二經。 酒浸蒸用。退火養陰，除脾胃之熱，頗有苦味。除煩止渴清胃。理脚膝痹弱補腎，安神定驚，腎足，上交於心。長肌止泄。入胃利濕。

按：石斛如金釵，股短而中實，生石上味甘者良。但體瘦味淡，煎難見功，熬膏乃效。若長虛味苦，名木斛，誤用損人。

清·陳修園《神農本草經讀》卷一 石斛　氣味甘，平，無毒。主傷中，除痹，下氣，補五臟虛勞羸瘦，強陰益精。久服厚腸胃。

葉天士曰：石斛氣平入肺，味甘無毒入脾。甘平為金土之氣味，入足陽明胃、手陽明大腸。陰者，中之守也。陰虛則傷中，甘平益陰，故主傷中。痹者，脾病也。風、寒、濕三氣而脾先受之，石斛甘能補脾，故能除痹。上氣，肺病也，火氣上逆則為氣喘，石斛平能清肺，故能下氣。五臟皆屬於陰，而脾名至陰，為五臟之主。石斛補脾而蔭及五臟，則五臟之虛勞自復，而肌肉之消瘦自生矣。陰者宗筋也，精足則陰自強。精者，陰氣之精華也，納穀多而精自儲。腸者，手陽明大腸也；胃者，足陽明胃也。陽明屬燥金，久服甘平清潤，則陽明不燥而腸胃厚矣《新訂》。

張隱庵曰：石斛生於石上，得水長生，是稟水石之專精而補腎。味甘色黃，不假土力，是奪中土之氣化而補脾。斛乃量名，主出主入，能運行中土之氣而愈諸病也。

清·趙學敏《本草綱目拾遺》卷三草部上 霍石斛五色石斛附。 出江南霍山，形較釵斛細小，色黃而形曲不直，有成毬者，彼土人以代茶茗，云極解暑醒脾，止渴利水，益人氣力。或取熬膏餉客，初未有行之者，近年江南北盛行之，有不給。市賈率以風蘭根偽充，但風蘭形直不縮，色青黯，嚼之不黏齒，味微辛，霍石斛嚼之微有漿，黏齒，味甘微鹹，形縮者真。

《百草鏡》：石斛近時有一種形短衹寸許，細如燈心，色青黃，咀之味甘，微有滑涎，係出六安州及潁州府霍山縣，名霍山石斛，最佳。咀之無涎者，係生木上，不可用，其功長於清胃熱，惟胃腎有虛熱者宜之，虛而無火者忌用。　年希堯《集驗良方》：長生丹用甜石斛，即霍石斛也。

范瑤初云：霍山屬六安州，其地所產石斛，名米心石斛。以其形如累米，多節，類竹鞭，乾之成團，他產者不能米心，亦不成團也。

甘平微鹹。陳廷慶云：本草多言石斛甘淡入脾，鹹平入胃。今市中金釵及諸斛俱苦而不甘，性亦寒，且形不似金釵，當以霍斛為真金釵斛。〇清胃除虛熱，生津已勞損，以之代茶，開胃健脾。功同參芪。〇定驚療風，能鎮涎痰。〇解暑，甘芳降氣。

五色石斛　《雲南志》：產祿勸州普渡河瀕江石壁間，色紺紅者佳。療胃熱，益虛羸。

清·黃凱鈞《藥籠小品》 石斛　入胃，穭豆皮入腎，虛而有熱宜之。二種皆輕清淡味，配入諸藥，如饌中之蝦菜，無甚要緊，然不可缺。鮮石斛清養胃陰，調理之病，最妙之品。

清·王龍《本草纂要稿·草部》 金釵石斛　氣味甘平。厚腸胃，生長肌肉。壯元陽，益精強陰。驅冷痺，堅強筋骨。補虛羸，定志却驚。腰膝疼痛堪除，胃中虛火能補。

清·張德裕《本草正義》卷上 石斛　微苦而涼。清肝胃之火，療營中之熱，涼肺下氣，養陰除煩。力緩味輕，非可專任。

清·楊時泰《本草述鉤元》卷一三 石斛　五月生苗，七月開花，十月結實。出六安山谷及荊襄、漢中，江左廬州，浙中台、溫諸處。近以溫、台者為貴，謂其形似金釵，然氣味腐濁，不若川產形頗修潔，氣味清踈也。

味甘淡微鹹，氣平。味厚氣薄，陽中陰也。入足陽明少陰，亦入手少陰經。主治傷中，除痺下氣，平胃氣除熱，清氣益氣，補腎暖水臟，壯筋骨，強陰益精，補五臟虛勞羸瘦，逐皮膚邪熱疿氣，脚膝冷疼痺弱。治胃中虛熱有功宗奭。方書治中風虛勞，消癉積聚，虛煩不能食，欬嗽喘逆，反胃，諸見血證脇痛，痿痺脚氣，小便數淋及不禁，口齒唇舌耳病。夏月酒蒸代茶，頓健足力。囊濕精少，小便餘瀝者，宜加之。一法：每以二錢，入生薑一片，水煎代茶，甚清肺補脾也深師。石斛功力，宛如胃腑運化精微，散精於腎，淫氣於骨，散精於肝，淫氣於筋膜，以及從脾淫肌肉，從心淫血脈，從肺淫皮毛，何莫非水穀之源，次第敷布於神臟，次第滿溢於形臟者。設痺塞則中傷，傷陰之謂。致令胃失所司，不能下精與氣，遂成神臟之虛勞，形臟之羸瘦耳子繇。稟土中沖陽之氣，兼感春之和氣以生，甘能除熱，又能助脾益血，平能下氣，味厚則益陰氣，故主治傷中補虛，奏胃與腎之功仲淳。氣力淺薄，得參、芪便能奏功，專倚之，無捷得之效士材。同麥冬、茯苓、橘皮、甘草，益腎強四肢。同麥冬、五味、人參、炙草、白芍、枸杞、牛膝、杜仲，理傷中，補五臟虛勞羸瘦，強陰益精。同枇杷葉、麥冬、橘皮，則下氣。同木瓜、牛膝、桑皮、石南葉、白鮮皮、黄檗、茯苓、菖蒲，主諸痺及逐皮膚邪熱痱氣，足冷痺弱。

論： 石斛生苗五月，以歷秋冬，由土之水，而氣乃完，取挂屋下，頻澆以水，經年不死，故知為益陰上品。其味甘平入胃，兼以微鹹，合於甘中之淡，使胃陽合於腎陰而歸元。胃之虚熱，由於腎陰不足，石斛能合脾腎之陰氣至於胃，使胃陽不亢，而陽即隨陰以降也。故除痺下氣，而即以強陰益精。甄氏謂補腎益力，日華所謂暖水臟，壯筋骨，《别錄》所謂療脚膝疼冷痺弱，皆不外是。第其由脾胃而及四臟者，特以脾腎交通，欲益五臟之陰氣，須用此為關捩子，非謂淡平之性味，能專任補益之功也。人身脾與腎，互為化原，而脾腎生化之氣盛，又即為餘臟之化原，是欲補五臟者，必先於脾，而欲益脾者，當不能舍腎矣，世但知溫命門之火以生脾土，至從胃腎之陰氣相通以為補，多不致察，緣未識脾陰胃陽之升降，各有攸宜耳。

辨治： 生溪石上者名石斛，折之似有肉，形短而中實。生櫟木上者名木斛，折之如麥稈，形長而中虚。去根頭，酒洗，蒸用，惟入湯膏，不入丸散。

清·鄒澍《本經續疏》卷一 石斛 【略】凡水土媾乃生木。草木類也，未有藉水石而生，不資纖土者，有之則石斛是。凡水石相漬，縱千百年水不爛石，石不耗水，惟既生斛，若石挹水以灌斛，斛因石以引水。石屬金，内應乎肺，水則内應乎腎，是石斛者，引腎陰以供肺，通調下降者也。斛以五月生，其時則陰姤於下，而勢浸長，陽拔隊而浮於土。以十月實，其時則陽復於下，而力頗厚，陰連引而際於天，是其功用，究竟為助肺降而洩陽使下，引腎升而交陰於天。夫陰沉於下而不動，陽痹於中而不散，氣結於上而不降，其中之傷為何如？但使陰濟於上，相和而下交，陽歸於下，成化而上濟，斯可謂主傷中除痹下氣否耶！脾肺腎既受益，則心與肝自不能不受益，五臟皆受益，斯虚勞羸瘦，何能不復？而其歸著，則盡由於強陰，蓋斛固得金水之專精。而莖生青乾黄，花紅，原具五臟之全也。益精補内絶不足，除脚膝冷疼痹弱，此其故皆在肺腎不連。平胃氣，長肌肉，逐皮膚邪氣熱痱氣，定志除驚，此其故皆在熱氣中痹。得《别録》一證，《本經》益明，而用者遂有可遵循，此古人用意深處，所宜細繹者也。要之石斛自是補劑。然其調處陰陽，交聯上下，有扶危定傾之概，遂不得但目為補劑。故施之於外感，凡火痹於中，氣結於上，隊伏於下者，尤見收功莫測，以意消息而用之也可。

清·葉桂《本草再新》卷三 石斛味苦、淡，性微寒，無毒。入心、肝、脾三經。理胃氣，清胃火，除心中之煩渴，療腎經之虚熱。安神定驚，除煩則安神，瀉火則無驚。解盗汗，能散暑。

清·吴其濬《植物名實圖考》卷一六 石斛 《本經》上品。今山石上多有之。開花如甌蘭而小，其長者為木斛；又有一種，扁莖有節如竹，葉亦寬大，高尺餘，即《竹譜》所謂懸竹。衡山人呼為千年竹，置之笥中，經時不乾，得水即活。

清·吴其濬《植物名實圖考》卷一七 金蘭 金蘭即石斛之一種。花如蘭而瓣肥短，色金黄，有光灼灼；開足則扁闊，口哆中露紅紋尤艷；凡斛花皆就莖生柄，此花從梢端發杈生枝，一枝多至六七朵，與他斛異。滇南植之屋瓦上，極繁，且賣其花以插鬢。滇有五色石斛，此其一也。

清·趙其光《本草求原》卷五水石草部 石斛 甘，平，微鹹，生水石中，具陰精以上滋脾胃與肺，還使金土之陽化陰以下歸於腎。主傷中，腎陰不足以上滋，則為虚生熱，而傷中土。除痹，風、寒、濕三氣傷肺則痹脾，陰充則邪自退。下氣，陰升而肺胃之虚熱除，則陽自隨陰以降。補五臟，五臟皆稟陰氣於脾，脾腎交通，各自受其益。虚勞羸瘦，脾主肌肉。強陰，精足則宗筋強。益精，脾胃氣下則納穀生精，脾腎本互為生化。厚腸胃，大腸與胃屬陽明燥金，甘平以清潤之，則不燥，故厚。堅筋骨，強腰膝腳弱，喘咳諸見血，囊濕，小便餘瀝或不禁。皆脾、肺、腎虚熱之病。

張隱庵曰： 稟水石之精補腎，味甘，色黄，不假土力，是奪中土之氣化而補脾。斛乃量名，主出、主入，能運行中土之氣，而愈諸疾也。之頤曰：胃腑運化則散精於五臟，即隨各臟所主，而淫氣於筋骨、血脈、肌肉、皮毛，設或痹塞，則胃不能下精與氣，遂成神衰之虚勞，形衰之羸瘦。劉潛江曰：欲益臟陰，必先於脾；而欲益脾陰，不能舍腎。人知命門之火能生土，而不知脾腎之陰互相交益，觀此味可以悟矣。統而論其功，是輸精於脾以淫肌肉，散精於肺以淫皮毛，布精於心、肝、腎以淫筋骨血肉也。

同枇杷、冬、橘，下氣； 加苓、甘，益腎、強肢； 得川瓜、牛膝、桑白、蘇、皮、苓、柏、菖、石南葉，主諸痹及逐皮膚邪熱痱氣。

川産者，色黄如金，無歧，旁枝如釵，中實，味甘而短者良。各産，惟生石上者黄、小，如釵環，味甘，次之。若味苦，中虚，多歧者，木斛也，不堪用。酒浸蒸或熬膏用。欲研末，須米飲漿曬。

清·葉志詵《神農本草經贊》卷一 石斛 味甘，平。主傷中，除痹下氣，補五藏，虛勞羸瘦，強陰。久服厚腸胃，輕身延年。一名林蘭。生山谷。

幽谷薰風，敷芬布暢。整插金釵，攢叢翠障。林竊蘭名，節如竹狀。潤說千年，神恬津藏。

《詩》：出于幽谷。柳公權聯句：薰風自南來。蘇頌曰：五月生苗。張協賦：和風穆以布暢，百卉蔚而敷芬。劉綺詩：整插補餘空。李時珍曰：蜀人呼為金釵花。江淹賦：攢叢石徑。蘇軾詩：亂山橫翠障。蘇恭曰：石斛如竹節間生葉。李時珍曰：俗稱為千年潤。元稹詩：神恬津藏滿。

清·文晟《新編六書》卷六《藥性摘錄》 石斛 甘，淡，微苦鹹，平。入脾除虛熱，入腎濇元氣。能堅腰膝，強筋骨。〇凡骨痿痹弱，囊濕精少，小便餘瀝者，最宜用。〇潤如金釵，股中實者良。去頭、根，酒浸用。〇味淡難出，雖久煎，或熬膏良。

清·張仁錫《藥性蒙求》 石斛鮮藿山三錢、川金釵五錢 石斛甘寒，鮮清胃熱。養胃生津，霍山最益。鮮石斛產浙地，皮如鐵色，性寒，清解胃中熱毒。〇霍山石斛，味微鹹，形軟，釵斛細小，色黃而形曲不直，其功長於清胃熱，惟胃虛有虛熱者宜之。〇光澤如金釵石斛，平胃熱氣，除虛熱，〔安〕神。近世無此，川產者差堪代用，川石斛較金石斛稍淡，力尤薄，味甘尤良。〇凡用石斛，勿使用木斛，石斛短而中實，木斛長而中虛，極易辨。

清·屠道和《本草匯纂》卷二平瀉 石斛 耑入脾、腎。甘淡微鹹，性平、微寒，無毒。入脾除虛熱，入腎濇元氣。治發熱自汗，傷中，除痺下氣，逐(脾)〔皮〕膚邪熱痱氣。補五臟虛勞羸瘦，安神定驚，強陰益精。久服厚腸胃，健筋骨，強腰膝，補腎益力。療骨痿風痺，腰脚軟弱，囊濕精少。小便除瀝，癰疽，排膿內塞。長於清胃除熱，惟胃虛有虛熱者宜之。若虛而無火者，不得混用。但形瘦味淡，非先入藥久熬，其汁莫出。且治虛熱，補性雖有，亦在量病輕重施用。

清·劉善述、劉士季《草木便方》卷一草部 金釵股 吊蘭苦平解藥毒，瘧瘴喉痹熱毒服。癰疽惡瘡疔腫妙，天行熱疾蠱毒除。

清·戴葆元《本草綱目易知錄》卷二 石斛 甘淡入脾而除虛熱，鹹平入腎而濇元氣。補虛勞羸瘦，強陰益精，除驚定志，暖水臟，平胃氣，厚腸胃，壯筋骨。治內傷不足，發熱自汗，逐皮肌風痹，骨中久冷，男子腰脚軟弱，囊濕精少，小便餘瀝。去皮膚邪熱痱氣，膝疼冷痹，胃中虛熱，癰疽排膿。生者質厚，乾者味薄。入藥宜先煎，熬膏良。

清·黃光霽《本草衍句》 石斛 甘淡鎮涎，除虛熱。胃中虛熱有功。鹹平補腎，澀元氣。強陰益精，耑補脾陰。却驚定志。壯筋骨而補虛勞，暖水臟而和胃氣。逐皮膚浮熱，退熱斂陰。不寒而能退熱，不澀而能斂陰。治吐衄虛煩，除煩清肺。囊溼小便瀝餘，脚弱骨痛冷痺。脚膝疼冷痺弱，逐皮肌風痺，骨中久疼。得生薑治囊溼精清，小便餘瀝。 睫毛倒入，石斛、川芎等分，為末，口內含水，隨左右嗃鼻，日二次。

清·陳其瑞《本草撮要》卷一 石斛 味甘鹹，入足陽明、太陰、少陰經，功專清胃熱，兼益腎精。得生薑治囊濕精清，小便餘瀝。同川芎為末搐鼻，治睫毛倒入。去頭根酒浸用。惡巴豆，畏殭蠶。

清·徐士鑾《醫方叢話》卷七 石斛辨 石斛，其說不一。廬江六安者，色青，長二三寸，如釵股，世謂之金釵石斛，折之有肉而實，咀之有膩涎黏齒，味甘(澹)〔淡〕，此為最佳。如市中長而黃色，及枯槁無味者，皆木斛也。因近日無不誤用，故附記於此。

清·李桂庭《藥性詩解》 賦得石斛平胃氣而補腎虛得平字。李慶霖。

甘淡微寒苦，金斛性最平。腎虛斯可補，胃熱此能清。

前題韓殿甲

不用林蘭藥，何能使氣平。腎虛其且補，胃熱此偏清。

按：石斛性平味甘，治腰腳軟弱，補腎氣，壯筋骨，清胃經虛熱，止腰腎疼痛。一名林蘭，生水傍石上，細實而黃色，以桑灰湯沃之，色如金形，世謂之金釵石斛。七八月採莖，陰乾，入藥酒洗，蒸用。

清·周巖《本草思辨錄》卷二 石斛 石斛為腎藥、為肺藥、為脾藥、為腸胃藥，諸家論說紛如，而咸未親切，兼有疏漏。茲節采諸說，補其不足。仍即《本經》《別錄》之旨，以疏通而證明之。石斛借水石而生，若石挹水以溉斛，斛因石以吸水。石屬金，內應乎肺，氣平亦入肺，水則內應乎腎，其為引腎陰以供肺，肺得之而通調下降無惑矣。斛之生不資纖土，而味甘淡則得中土之正，色黃又主五金之貴，合乎胃為戊土而屬陽明燥金，與肺皆職司下行，故其為用，每以肺胃相連而著。惟既稟土德，何能於脾無與，肺胃與大腸皆一氣直下，又何能於大腸無與？此石斛入腎、入肺、入胃，而兼入脾、入大腸之所以然也。石斛得金水之專精，《本經》強陰二字，足賅全量。所謂陰者，非寒亦非溫，用於溫而溫者寒，用於寒而寒者溫。《別錄》逐皮膚邪熱痱氣，是濇者寒也。療腳膝疼冷痹弱，是寒者濇也。要不出《本經》除痹補虛兩端。痹何以除，運清虛之氣，而使腎陰上濟，肺陰下輸也。虛何以補，布粘膩之汁，而使撼者遂定，豁者遂彌也。是故肺胃得之則下氣平氣，脾得之則長肌肉，腸得之則厚腸，腎得之則益精。大凡證之恰合夫斛者，必兩收除痹補虛之益。若專以之除痹，專以之補虛，則當棄短取長，而製劑之有道可矣。

寇宗奭曰：治胃中虛熱有功。雷斆曰：澀丈夫元氣。玩此二說，則知有實熱與當利小便者，皆不得用。粗工以內傷外感，悉可倚仗，搖筆輒至。不知施於內傷而誤，其失只在寡效；施於外感而誤，則不免於閉邪矣。

戴文玉

清・趙學敏《本草綱目拾遺》卷四草部中 戴文玉 《藻異》：戴文玉，草名。如金釵草，黃色。療血疾。

石豆

清・吴其濬《植物名實圖考》卷一六 石豆 石豆生山石間。似瓜子金，硬莖，初生一蒂大如豆，上發一葉如瓜子微長而圓，厚分許，一名石仙桃，一名魚鱗草。性與瓜子金同。

清・吴其濬《植物名實圖考》卷一六 瓜子金 瓜子金山石上皆有之。毛根如猴薑，橫蔓細莖，葉如瓜子稍長，厚一二分，背有黃點。治風損，煎酒沖白糖服。

對葉草

清・吴其濬《植物名實圖考》卷一七 對葉草 對葉草生雲南山石上。根如麥門冬，累綴成簇，下有短鬚甚硬，根上生葉如指甲，雙雙對生；冬開小白花四瓣，作穗長二三分。與瓜子金相類，而花異，性亦應同石斛。

借瓜蘭

清・何諫《生草藥性備要》卷上 借瓜蘭 敷瘡，去毒，擦飛癬最妙。

虎頭蘭

清・吴其濬《植物名實圖考》卷二八 虎頭蘭 虎頭蘭，碩大多紅絲，心尤斑斕；有色無香，能耐霜雪。又一種色綠無紅縷者，名碧玉蘭，將殘始露赤脈。

獨佔春

清・吴其濬《植物名實圖考》卷二八 獨占春 獨占春與虎頭蘭花同，而色白潤潔無纖縷，心有稀疎褐點；開久近蒂處微赬；幽香雖乏，靜趣彌長；一莖一花，葉細柔同素心蘭，其兩三花者為雪蘭。

雪蕙

清・吴其濬《植物名實圖考》卷二八 雪蕙 雪蕙生雲南，一枝數花，秋末開。

朱蘭

清・吴其濬《植物名實圖考》卷二八 朱蘭 朱蘭，雲南山中有之。葉光潤，似銅紫蘭而寬，冬間初紅，漸淡有香。

春蘭

清・吴其濬《植物名實圖考》卷二八 春蘭 春蘭，葉如甌蘭，直勁不欹，一枝數花，有淡紅、淡綠者，皆有紅縷，瓣薄而肥，異於他處，亦具香味。

朵朵香

清・吴其濬《植物名實圖考》卷二八 朵朵香 朵朵香細葉柔韌，一箭一花，綠者團肥，宛如撚蠟，黃者瘦長，縷以朱絲，皆饒清馥；又有一箭兩花者，名雙飛燕。

雪蘭

清・吴其濬《植物名實圖考》卷二八 雪蘭 雪蘭大如虎頭蘭，色白微赬，心如渥丹；一枝，或一花，或兩花，無香。

雪蘭又一種 雪蘭，此又一種。細瓣繚繞，中心似箭，紅黃渲染，亦乏香氣。

夏蕙

清・吴其濬《植物名實圖考》卷二八 夏蕙大理畫 夏蕙，葉直如劍，迎風不動；一莖數花，鵝黃色，五六月開，幽香不減素蘭。

小綠蘭

清・吴其濬《植物名實圖考》卷二八 小綠蘭 小綠蘭，葉柔綠幹，綠花白舌，一莖四五花，名春綠，又名雲蘭。出蒼山石壁。香幽和，品最貴，常在雲氣中也。

大綠蘭

清・吴其濬《植物名實圖考》卷二八 大綠蘭大理畫 大綠蘭，一本十餘葉，一乾十餘花，花綠舌紅，高出葉外，名冬綠。

蓮瓣蘭

清·吴其濬《植物名實圖考》卷二八　蓮瓣蘭　蓮瓣蘭有紅、緑、白、黄各色，白者香尤烈。

元旦蘭

清·吴其濬《植物名實圖考》卷二八　元旦蘭　元旦蘭即蓮瓣之一種，葉瘦如韭，花白如玉，元旦開。

火燒蘭

清·吴其濬《植物名實圖考》卷二八　火燒蘭　火燒蘭，滇山皆有之。葉粗，黄花，背黑似火燒者，花碧香烈，春杪盛開。

大理風蘭

清·吴其濬《植物名實圖考》卷二八　風蘭大理　風蘭，葉短幹長，花碧，生石崖古木上，掛檐間即活。

五色蘭

清·吴其濬《植物名實圖考》卷二八　五色蘭大理　五色蘭，葉柔小，一枝十餘花，紅、黄、紫、緑互相間雜。滇南蘭之最異者。士女珍佩之。

大硃砂蘭

清·吴其濬《植物名實圖考》卷二八　大硃砂蘭大理　大硃砂蘭葉長闊，一莖數十花，朱色，秋開。

小硃砂蘭

清·吴其濬《植物名實圖考》卷二八　小硃砂蘭大理　小硃砂蘭葉短，一莖數花，尤韻。

八鹿皮

清·莫樹蕃《草藥圖經》　八鹿皮　八鹿皮生於深山石岩長流水邊，有土方生，四時不斷。如雀舌一般，葉底生根，緑如翠色，面光滑，無毛刺。古名雀舌草。治湯火燒，陰陽瓦焙乾，研末，麻油調搽。

石風丹

清·趙學敏《本草綱目拾遺》卷四草部中　石風丹　生石上，能療瘡毒，出雲南蒙化府。

清·吴其濬《植物名實圖考》卷一七　石風丹　石風丹生大理府。似石韋有莖，梢開青花，作穗如狗尾草。俚醫用之，云性溫，味苦，無毒。通行十二經絡，養血舒肝，益氣滋腎。入筋祛風，入骨除濕。蓋亦草血竭一類。

石仙桃

清·何諫《生草藥性備要》卷下　石仙桃　治内傷，化痰止咳。生在石壁之上，子似桃。

岩珠

明·佚名氏《醫方藥性·草藥便覽》　岩珠　其性涼。止利症腹痛，去住。

景天

宋·唐慎微《證類本草》卷七草部上品〔《本經·别録》〕　**景天**　**味苦、酸，平，無毒。主大熱火瘡，身熱煩，邪惡氣，**諸蠱毒，痂疕疋几切，寒熱風痹，諸不足。**花，主女人漏下赤白，輕身明目。**久服通神不老。**一名戒火，**一名火母，一名救火，一名據火，**一名慎火。**生太山川谷。四月四日、七月七日採，陰乾。

〔梁·陶弘景《本草經集注》〕云：今人皆盆盛養之於屋上，云以辟火。葉，可療金瘡止血，以洗浴小兒，去煩熱，驚氣。廣州城外有一樹，云大三四圍，呼爲慎火樹。江東者甚細小。方用亦稀。其花入服食。衆藥之名，此最爲麗。

〔宋·馬志《開寶本草》〕注：皇朝收復嶺表，得廣州醫官問其事，曾無慎火成樹者，蓋陶之誤爾。

〔宋·掌禹錫《嘉祐本草》〕按：《蜀本圖經》云：慎火草，葉似馬齒莧而大。《藥性論》云：景天，君，有小毒。能治風疹惡痒，主小兒丹毒及治發熱驚疾。花能明目。日華子云：景天，冷。治心煩熱狂，赤眼，頭痛，寒熱，遊風丹腫，女人帶下。

〔宋·蘇頌《本草圖經》〕曰：景天，生泰山山谷，今南北皆有之，人家多種於中庭，或以盆盎植於屋上，云以辟火，謂之慎火草。春生苗，葉似馬齒而大，作層而上，莖極脆弱。夏中開紅紫碎花，秋後枯死。亦有宿根者。四月四日、七月七日採其花并苗、葉，陰乾。攻治瘡毒及嬰孺風疹在皮膚不出者，生取苗、葉五大兩，和鹽三大兩，同研，絞取汁，以熱手摩塗之，日再。但是熱毒丹瘡，皆可如此用之。

〔宋·唐慎微《證類本草》〕《外臺秘要》：治癮疹。以慎火草一斤，擣絞取汁，傅上熱炙，摸之再三，即差。《千金方》：治小兒丹發。慎火草生一握，擣絞汁，以拭之擣上，日十遍，夜三四遍。譚氏小兒方同。《子母秘録》：治産後陰下脱。慎火草一斤陰乾，酒五升，煮取汁，分溫四服。又方：治小兒赤遊，行於體上下，至心即死。擣生景天傅瘡上。《楊氏產乳》：療煙火丹發，從背起或兩脇及兩足，赤如火。景天草、真珠末一兩，擣和如泥，塗之。又方：療螢火丹從頭起，慎火草擣和苦酒塗之。

宋・寇宗奭《本草衍義》卷八　景天　陶隱居既云，今人皆盆盛，養之於屋上，即知是草藥。又言廣州城外有一株，云可三四圍，呼爲慎火木。既曰云，即非親見也。蓋是傳聞，亦非誤耳，乃陶之輕聽也。然極易種，但折生枝置土中，頻〔頻〕澆溉，旬日便下根，濃研取汁，塗火心瘡，甚驗。乾爲末，水調，掃遊風、赤瘇頳熱者。

宋・鄭樵《通志》卷七五《昆蟲草木略》　景天　曰戒火，曰火母，曰救火，曰據火，曰慎火。今人皆謂之慎火。草植弱而葉嫩，種之階庭能辟火。

宋・王介《履巉巖本草》卷中　護花草　一名景天，一名戒火，一名火母，一名救火，一名拔火，一名謹火。味苦酸，平，無毒。主大熱火瘡，身熱煩，邪惡氣，諸蠱毒，寒熱風痹，諸不足。花：主女人漏下赤白，輕身明目，久服通神不老。又治風疹惡癬。主小兒丹毒，發熱驚疾。

明・蘭茂原撰，范洪等抄補《滇南本草圖說》卷五　打不死草　生山澗中，細葉軟枝，根肥而白，上有鬚。氣味甘，微寒，無毒。主治：骨碎筋斷，瘀血不散，跌打損傷，以酒為使，神奇。

明・王綸《本草集要》卷二　景天君一名慎火。味苦酸，氣平，無毒。一云：有小毒。四月四日、七月七日採，陰乾。　主大熱火瘡，身熱煩邪惡氣，諸蠱毒，金瘡止血，風疹惡癢，熱毒丹腫。浴小兒，去煩熱驚，紫風軫。生搗，傅小兒赤遊丹毒。〇花，主女人漏下赤白，輕身明目。

明・滕弘《神農本經會通》卷一　景天　今南北皆有，人家多種於中庭，或以盆盎植於屋上，云以辟火，謂之慎火草。　味苦、酸，氣平，無毒。

《本經》云：主大熱火瘡，身熱煩邪惡氣，諸蠱毒，痂疕寒熱，風痺，諸不足。花，主女人漏下赤白，輕身明目。《局》云：景天即是慎火草，主治勞煩大熱瘡。風瘮赤丹研汁服，女人漏下用花良。景天，主風瘮赤丹，即慎火草。

明・劉文泰《本草品彙精要》卷九《草部》　景天無毒　叢生。

景天出《神農本經》：**主大熱火瘡，身熱煩邪，惡氣。〇花，主女人漏下赤白，輕身，明目。**以上朱字《神農本經》。諸蠱毒，痂疕，寒熱風痹，諸不足。久服通神不老。以上黑字名醫所錄。【名】戒火、火母、救火、據火、慎火。【苗】《圖經》曰：春生苗，葉似馬齒而大，作層，其上莖極脆弱，夏中開紅紫碎花，秋後枯萎，亦有宿根者，人家多種於中庭，或以盆盛植於屋上，云以辟火，謂之慎火草。【地】《圖經》曰：生泰山山谷，今南北皆有之。【時】生：春生苗。採：四月四日，七月七日取花、苗、葉。【收】陰乾。【用】花、苗、葉。【質】類馬齒莧，作層而葉大。【色】花紅紫，苗葉青。【味】苦，酸。【性】平，泄。【氣】味厚于氣，陰中之陽。【臭】朽。【主】火瘡，風疹。【治】療：《圖經》曰：苗葉花治瘡毒，及嬰孺風疹在皮膚不出者。陶隱居云：葉療金瘡，止血，洗浴小兒，去煩熱驚氣。《藥性論》云：除風疹惡癢，小兒丹毒，及發熱驚疾。〇花能明目。日華子云：葉治心煩熱狂，赤眼，頭疼，寒熱，遊風丹腫，女人帶下。《衍義》曰：根，研汁，塗火心瘡。《別錄》云：莖葉生搗，傅小兒赤游行於體上下至心即死者。【合治】苗葉五兩，合鹽三兩，同研絞汁，以手摩塗一切熱毒丹瘡。〇陰乾苗葉一斤，合酒五升，煮取汁，溫分四服，治產後陰下脱。

明・許希周《藥性粗評》卷三　風癩無聊，登景天而一暢。

景天草，一名慎火草，一名救火草。葉似馬齒莧而大，高尺餘，夏中開紅紫碎花。南北處處有之，人多盆盛於屋上，云以辟火。四月四日或七月七日採其花并苗葉，陰乾。味苦、酸，性平，無毒。主治身熱，邪火惡氣，風瘮瘡癩，并小兒赤丹。花主婦人崩漏。

單方：小兒赤丹：小兒凡患癮瘮赤丹，遍身風癩之類，取生景天草，擣絞汁傅之，一二次即愈。產婦陰脱：景天草乾者一束，酒五升，煮汁，分四服，服之愈。

明・鄭寧《藥性要略大全》卷七　景天草　主虛勞煩熱熱瘡，治大熱火瘡，諸般蠱毒及治寒熱風痹。伊訓云：治風疹惡癢，女人漏下。用花良。《賦》云：治小兒丹毒，發熱驚風，赤眼頭痛。味苦、酸，氣平，無毒。又云小毒。一名慎火草，一名避火草。花能明目，治女人崩漏，赤白帶下。〇葉療金瘡，止血。

明・陳嘉謨《本草蒙筌》卷二　景天　味苦、酸，氣平。無毒，一云有小毒。人家園亭，多以盆植。莖葉堅厚，隨插隨生。俗名掛壁青，謂無土養不瘁。又名慎火草，因治火瘡立差。煎湯浴小兒熱刺痱瘡，擣爛敷小兒赤遊丹毒。金瘡蠱毒兼療，風驚熱燥總醫。花香細淺紅，帶赤白能止。

明・王文潔《太乙仙製本草藥性大全》卷一《本草精義》　景天草　一名

戒火，一名避火，一名救火，一名火母，一名據火，一名慎火。生太山山谷，今南北皆有之。人家多種於中庭，或以盆盛植於屋上，云以辟火，謂之慎火草。春生苗，葉似馬齒而大，作層而上，莖極脆弱，夏中開紅紫碎花，秋後枯死亦有宿根者。四月四日、七月七日採其花并苗葉，陰乾。攻治瘡毒及嬰孺風疹在皮膚不出者，生取苗葉五兩，和塩三丙，同研絞取汁以熱手摩塗之，日再。但是熱毒丹瘡，皆可如此用之。

明·王文潔《太乙仙製本草藥性大全》卷一《仙製藥性》　景天草君　味苦、酸，氣平，無毒。一云有小毒。　主治：　主大熱火瘡身熱煩，治蠱毒風疹邪惡氣。療金瘡止血即住，理痒熱丹腫立差。煎湯浴小兒熱刺、疿瘡，搗爛敷小兒赤遊丹毒、蠱毒，兼療風驚熱燥總醫。花：　香細茂紅，帶赤白能止，久服輕身明目，女人赤白帶下。　補註：　治癮疹，以草一斤，擣絞取汁傅上，熱炙換之，即差。〇小兒丹發，用一握，擣絞汁以拭之，日擒十遍，夜三四遍。〇產後陰下脫，用一斤，陰乾，酒五升煮取汁，分溫四服。〇小兒赤遊行於體上，下至心即死，生擣傅瘡上。〇療煙火丹發，從背起或兩脇及兩足，赤如火，用草、真珠末一兩，擣和如泥塗之。

明·皇甫嵩《本草發明》卷三　景天上品下，君。氣平，味苦、酸，無毒。俗名掛壁青。無土養不瘁，養屋上能避火。園亭多植之。　發明曰：　景天清熱消毒，故主大熱火瘡，身熱煩，邪惡氣，諸蠱毒，金瘡痂瘡寒熱，風痺，諸不足。〇花，主女人漏下赤白，輕身明目，久服通神。又療金瘡止血，風疹惡痒。煎湯，浴小兒熱刺疿瘡。搗爛，傅赤游丹毒。莖葉堅厚，四七月採花、苗、葉。

明·李時珍《本草綱目》卷二〇草部·石草類　景天《本經》上品

【釋名】慎火《本經》　戒火同　救火《別錄》　據火同　護火《綱目》　辟火同　火母《別録》　弘景曰：　衆藥之名，景天爲麗。人皆盆盛，養於屋上，云可辟火，故曰慎火。方用亦希。

【集解】《別録》曰：　景天生太山川谷。四月四日、七月七日採，陰乾。頌曰：　今南北皆有之。人家種於中庭，或盆置屋上。春生苗，葉似馬齒莧而大，作層而上，莖極脆弱。夏中開紅紫碎花，秋後枯死。亦有宿根者。苗、葉、花並可用。宗奭曰：　極易種，折枝置土中，澆溉旬日便生也。時珍曰：　景天，人多栽於石山上。二月生苗，脆莖，微帶赤黃色，高一二尺，折之有汁。葉淡緑色，光澤柔厚，狀似長匙頭及胡豆葉而不尖。夏開小白花，結實如連翹而小，中有黑子如粟粒。其葉味微甘苦，煠熟水淘可食。

【正誤】弘景曰：　廣州城外有一樹，大三四圍，名慎火樹。志曰：　嶺表人言，並無此說。蓋録書者篡入謬言，非陶氏語也。

【氣味】苦，平，無毒。《別録》曰：　酸。大明曰：　寒，有小毒。可煅朱砂。

【主治】大熱火瘡，身熱煩，邪惡氣《本經》。諸蠱毒痂疕，寒熱風痹，諸不足。《別録》。療金瘡止血。煎水浴小兒，去煩熱驚氣弘景。風疹惡痒，小兒丹毒及發熱權。熱狂赤眼，頭痛寒熱游風，女人帶下《日華》。

花　【主治】女人漏下赤白。輕身明目《本經》。

【附方】舊五，新二。　驚風煩熱：　慎火草煎水浴之。《普濟方》。　小兒中風：　汗出中風，一日頭(頂)〔頸〕腰熱，二日手足不屈。用慎火草乾者半兩，麻黃、丹參、白术各二錢半，爲末。每服半錢，漿水調服。三四歲服一錢。《聖濟録》。　嬰孺風疹：　在皮膚不出，及瘡毒。取慎火苗葉五大兩，和鹽三大兩，同研絞汁。以熱手摩塗，日再上之。《圖經》　熱毒丹瘡：　《千金》：　用慎火草搗汁拭之。日夜拭一二十遍。一方：　入苦酒搗泥塗之。《楊氏產乳》：　治烟火丹毒，從兩股兩脇起，赤如火。景天草、真珠末一兩，搗如泥。塗之，乾則易。　漆瘡作痒：　挼慎火草塗之。《外臺》。　眼生花翳：　澀痛難開。景天搗汁，日點三五次。《聖惠》。　產後陰脱：　慎火草一斤陰乾，酒五升，煮汁一升，分四服。《子母秘録》。

明·梅得春《藥性會元》卷上　景天　味苦、酸，平，無毒。一名救火，又名慎火。　主治大熱火瘡，身熱煩，邪惡氣，諸蠱毒，寒熱風痹，諸不足。花：　治女人漏下赤白。又云：　養之于屋上，能避火。

明·繆希雍《本草經疏》卷七　景天　味苦、酸，平，無毒。主大熱，火瘡，身熱煩，邪惡氣，諸蠱毒，痂疕，寒熱風痹，諸不足。花：　主女人漏下赤白。輕身明目，久服通神不老。

【疏】景天即慎火草也。味苦平，《別錄》酸，無毒。今詳其功用，當是大寒純陰之草也。性能涼血解毒，故主大熱，火瘡，身熱煩，邪惡氣，諸蠱毒，痂疕，寒熱風痹，諸不足。熱解則毒散血涼，血涼則陰生故也。花：　功用具如經說，第大苦寒之藥，而云輕身明目，通神不老，未可嘗試也。

【主治參互】治毒虺蛇傷，取汁飲，并敷傷處，立效。　治一切赤遊風、各種火丹之神藥也。故知其性大寒、其味大苦耳。　【簡誤】一切病得之寒濕，惡寒喜熱者，勿服。

明·倪朱謨《本草彙言》卷七　景天草　味苦，氣平，無毒。《別錄》曰：　景天草，又名火丹草，出太山山谷。極易種植，折枝置土中，澆溉旬日便生也。今南北處處皆有，多生石山上。今人家種于中庭，或種盆中，置屋檐上，云可辟火。春生苗，高一二尺，莖黄赤色，質極柔弱，折之有汁出。葉似長匙，淡緑色，光澤柔厚，起層而上。夏開碎花紅白色，結實如連翹而小，中有細黑子，如粟粒。秋後莖枯，明春宿根再發。

火丹草：解小兒赤游丹毒，甄權消風疹熱瘡之藥也。閔效軒稿《別錄》方解蠱毒，一切血熱諸病。鮑氏方定傷寒熱狂，時行赤眼頭痛，小兒血熱驚風等證。但苦寒純陰，苟非實熱火邪，勿得輕用，以動脾氣，惟外塗無礙耳。

集方：《千金方》治熱毒丹瘡，幷烟火丹毒，金粉諸毒，毒從兩股、兩脅起，赤如火。用火丹草搗汁，和生酒減半飲之。或用渣塗患上。〇《別錄》方治蠱毒內攻，不能吐出。用火丹草，搗汁飲之。〇治傷寒熱極狂亂。用火丹草，搗汁飲之。〇日華子方治天行時熱，眼赤頭痛。用火丹草搗汁，日點三五次。〇《普濟方》治小兒驚風煩熱，幷遍身風疹，搔癢諸瘡，或風疹隱現皮膚不出。用火丹草，煎湯浴之。

明・姚可成《食物本草・草部・石草類》卷一九 景天生太山川谷，今南北皆有之。人家種于中庭，或盆置屋上。春生苗葉，似馬齒莧而大，作層而上。莖極脆弱。夏中開紅紫碎花，秋後枯死，亦有宿根者。苗、葉、花竝可用。亦極易種，折枝置土中，澆溉旬日便生。〇李時珍曰：景天人多栽于石山上。二月生苗，脆莖，微帶赤黄色。高一二尺，折之有汁。葉淡緑色，光澤柔厚，狀似長匙頭及胡豆葉而不尖。夏開小白花，結實如連翹而小，中有黑子如粟粒。其葉味微甘苦，煠熟水淘可食。

景天，味苦，平，無毒。治大熱火瘡，身熱煩，邪惡氣。諸蠱毒痂疕，寒熱風痹，諸不足。療金瘡，止血。煎水沐小兒，去煩熱驚氣。風疹惡癢，小兒丹毒及發熱熱狂，赤眼頭痛，寒熱游風，女人帶下。

花 治女人漏下赤白，輕身明目。

明・姚可成《食物本草・救荒野譜補遺・草類》 景天食葉。生太山川谷。春生苗葉，易蕃茂。葉似馬齒莧而大，作層而上。汋食，可濟飢。 景天草，來仙島，年來旱暵兼淫潦。蒼蒼有意救民生，春初便得抽莖早。慰吾民，莫煩惱，權將藜藿充粱稻。固窮順命暫時艱，泰來自穫豐年好。

明・李中梓《醫宗必讀・本草徵要上》 景天味苦、酸，寒，無毒。入心經。 諸種火丹能療，一切遊風可醫。毒蛇傷咬，急用搗敷。大寒純陰之品，故獨入離宮，專清熱毒。按：中寒之人服之有大害，惟外塗不妨耳。一名慎火草。

明・盧之頤《本草乘雅半偈》帙三 景天《本經》上品 氣味：苦，平，無毒。 主治：主大熱火瘡，身熱煩，邪惡氣。花主女人漏下赤白，輕身，明目。

覈曰：景天，一名慎火、戒火，即火丹草也。出太山山谷，今南北皆有。種置檐屋，云可辟火。春生苗，高一二尺，莖色黄赤，質極脆弱，折之有汁，葉色淡緑，似馬齒莧，光澤柔厚，作層而上。夏開碎花紅白，結實如連翹而小，中有黑子如粟粒。秋後莖枯，明年宿根再發。

条曰：性喜高顯，因名景天。具高明之陽象，秉寒水之化令。置之檐屋，順其性爾。炎上作苦，苦性走下，火熱為本者相宜。火空則發，寒熱温凉則逆也。漏下赤白，熱傷血分者，方中肯綮。

清・李熙和《醫經允中》卷二一 景天 一名慎火草。入心經。 味苦、酸，氣寒，有小毒。主治火傷，小兒赤遊丹毒，毒蛇傷咬，急用擣敷。止宜外用，不可內服。

清・馮兆張《馮氏錦囊秘錄・雜症痘疹藥性主治合參》卷三 景天味苦、酸，平，氣寒，無毒。乃大寒，純陰之草也。故主大熱火瘡，身熱煩邪，諸蠱毒，虺蛇傷惡氣。 景天，又名慎火草，又名掛壁青。治火瘡立瘥。又煎湯，浴小兒熱刺痱瘡。若搗爛，能敷小兒赤遊丹毒。金瘡蠱毒兼療，風驚熱燥竝敺。

清・张璐《本經逢原》卷二 景天一名慎火草，俗名火丹草。 苦，寒，無毒。《本經》主大熱火瘡，身熱諸邪惡氣。 發明：慎火草性能凉血解毒，故《本經》治大熱火瘡。《日華》治熱狂赤眼，頭痛，寒熱遊風，女子帶下，《千金》慎火散以之為君，專主血熱崩中帶下之病，搗汁塗。小兒丹毒發熱及遊風熱瘡，外用並效。一切病得之寒濕，惡寒喜熱者勿投。

清・何諫《生草藥性備要》卷下 打不死 治火瘰癧，挾跌打傷。葉對生，似瓜子菜。

清・吴儀洛《本草從新》卷二 景天〔瀉熱解毒。〕一名慎火草。 苦酸而寒。純陰之品，獨入離宮，專清熱毒。療諸種火丹，一切游風，搗敷蛇咬。中寒者服之有大害。

清・嚴潔等《得配本草》卷四 景天一名慎火草。 煅朱砂。 苦、酸，寒，有小毒。入手少陰經。解熱毒，祛游風，治赤眼，療帶下。 配鹽搗汁，塗風瘮。入醋搗，塗丹毒。

題清·徐大椿《藥性切用》卷四草部 景天 一名慎火草。苦酸性寒，入心瀉熱解毒，并塗丹腫蛇傷。

清·羅國綱《羅氏會約醫鏡》卷一六草部 景天一名慎火草。味苦酸，無毒，入心經。 大寒純陰之品，入離宫而清熱毒。療火瘡，治遊風、煎湯浴。金瘡蛇傷俱效，熱邪蠱毒并除。

按：中寒者服之大害，惟外塗不妨耳。

清·黄凱鈞《藥籠小品》 景天 苦酸，寒，純陰之品，入心清熱，為末同菊葉汁療火丹。中寒者勿服。

清·葉桂《本草再新》卷三 景天味苦、酸，性寒，無毒。入肝經。 專清熱毒，療諸種火丹，一切遊風。搗敷蛇齩。

清·葉桂《本草再新》卷三 馬勃味辛，性平，無毒。入肺經。 清肺解熱，散血，治喉痺咽痛。

清·吴其濬《植物名實圖考》卷一一 景天 《本經》上品。宋《圖經》敍述極詳。今俗呼火餤草，京師謂之八寶，亦名佛指甲，盆盛養於屋上。南方秋深始開花。李時珍以《救荒本草》佛指甲為景天，今景天花淡紅繁碎，亦無白汁，非一種也。

雩婁農曰：景天名甚麗，如蘇頌言即八寶草。南北種於屋上以辟火，此不待訪詢而知也。李時珍乃謂莖有汁，開小白花，並云葉可煠食，抑異矣。廣州慎火大三四圍，傳聞過甚耳。近時嶺南皆種仙人掌、金剛纂，以阻踰折，兼辟火。亦有甚巨者，疑慎火之名，不止一草。有星孛於大辰，西及漢，識者以為有火災，而請灌斝玉瓚，子産以為天道遠，人道邇，厭勝之術，古有之矣。南中多火，皆天道耶？抑人道耶？火政不修，恃區區之小草與鴟尾爭逐畢方，王梅溪詩：禁殿安鴟尾，騷人逐畢方。豈能勝於斝瓚乎？珠足以禦火災則寶之，火炎崑岡將奈何？唯善以為寶，如宋鄭之卿可矣。

清·葉志詵《神農本草經贊》卷一 景天 味苦，平。主大熱，火創身熱，煩邪惡氣。華，主女人漏下赤白，輕身明目。一名戒火，一名慎火。生川谷。

枝折經旬，柔莖苒苒。氣自含涼，功施止餤。寓秀庭除，棲芬屋廣。火母名奇，丹砂就斂。

寇宗奭曰：折枝置土中，澆溉旬日便生。王粲賦：挺柔莖之苒苒。傅咸賦：氣泠泠以含涼。范筠詩：止餤或有施。卞敬宗贊：寓秀閒庭。謝靈運賦：夕棲芬而氣斂。蘇頌曰：南北皆有之，種於中庭，或盆置屋上。名醫曰：一名火母。日華子曰：可煅硃砂。

清·劉善述、劉士季《草木便方》卷一草部 大、小打不死 打不死草紅白莖，大小二種入血分。跌打損撲吐衄血，勞傷積血消瘀盡。

清·戴葆元《本草綱目易知錄》卷二 景天 慎火、辟火。苦，平。治大熱火瘡，身熱煩邪，惡氣蠱毒，痂瘡寒熱，風痹諸不足，風瘮惡痒，赤眼頭痛，寒熱遊風。女人帶下，小兒丹毒，及發熱熱狂。煎水浴小兒，去煩熱驚氣，止金瘡血。【略】葆按：我婺俗名脚眼睛草。女人纏脚紅腫，貼之愈。

獾耳菜

明·朱橚《救荒本草》卷上之前 獾耳菜音歡 生中牟平野中。苗長尺餘，莖多枝叉，其莖上有細線楞，葉似竹葉而短小，亦軟，又似萹蓄葉，却頗闊大而又尖。莖葉俱有微毛，開小黪白花，結細灰青子。苗葉味甘。 救飢：採嫩苗葉煠熟，水浸淘淨，油鹽調食。

昨葉何草

宋·唐慎微《證類本草》卷一一草部下品〔唐·蘇敬《唐本草》〕 昨葉何草 味酸，平，無毒。主口中乾痛，水穀血痢，止血。生上黨屋上，如蓬初生，一名瓦松。夏採日乾。

〔唐·蘇敬《唐本草》〕注云：葉似蓬，高尺餘。遠望如松栽，生年久瓦屋上。

〔宋·馬志《開寶本草》〕按：《别本》注云：今處處有，皆入藥用。生眉髮膏爲要爾。《唐本》先附。

〔宋·掌禹錫《嘉祐本草》〕按：《蜀本圖經》云：六月、七月採苗，日乾之。

〔宋·唐慎微《證類本草》〕《聖惠方》：治頭風白屑。用瓦松暴乾，燒灰淋汁熱洗頭，不過六七度。

宋·鄭樵《通志》卷七五《昆蟲草木略》 瓦松 曰昨葉何草。

宋·陳衍《寶慶本草折衷》卷一一 昨葉荷草灰、汁在内。 一名瓦松。○又云：一名蘭香。生上黨屋上，今處處年久瓦屋上有之。○六、七月採苗，日乾。 味酸，平，無毒。○主口乾痛，水穀血痢，止血。○《唐本》註云：如松栽。○别本註云：生眉髮。○《聖惠方》：治頭風白屑，用瓦松暴乾，燒灰淋汁，熱洗，不過五七度。

明・劉文泰《本草品彙精要》卷一五　昨葉何草無毒　叢生。

昨葉何草：主口中乾痛，水穀，血痢，止血。名醫所錄。〔名〕瓦松。〔苗〕《唐本》注云：初生葉似蓬，高尺餘，生年久瓦屋上，遠望如松，故名瓦松。〔地〕《圖經》曰：生上黨屋上，今處處有之。〔時〕生：春生苗。採：六月、七月。〔收〕日乾。〔用〕苗。〔色〕青緑。〔味〕酸。〔性〕平，收。〔氣〕味厚于氣，陰中之陽。〔臭〕腥。〔治〕療：《唐本》注云：生眉髮膏中爲要。《別録》云：治頭風白屑，燒灰淋汁，熱洗頭，不過五七度，瘥。

明・王文潔《太乙仙製本草藥性大全》卷二《本草精義》　昨葉何草　一名瓦松。生上黨屋上。草似蓬蒿，高尺餘，遠望如松。六七月採苗晒乾用。

明・王文潔《太乙仙製本草藥性大全》卷二《仙製藥性》　瓦松　生古瓦屋深溝内瓦上，若松子作層。澤葵，鳧葵也。雖曰異類，而皆感瓦石而生，故陸推類而云耳。　主治：通女人經絡，經水閉澁。　按：至賤之類，如許之名，蓋因所附不同，以致主療各異。瓦松雖則別種，亦由滲濕而生，故併録之，以便查考。

昨葉何草　味酸，氣平，無毒。　主治：療口中乾痛如神，治血痢止血奇效。用主水穀，亦生眉髮。　補註：治頭風白屑，用曝乾燒灰，淋汁熱洗頭，不過六七度。

明・李時珍《本草綱目》卷二一草部・苔類　昨葉何草《唐本草》

〔釋名〕瓦松《唐本》　瓦花《綱目》　向天草《綱目》　赤者名鐵脚婆羅門草《綱目》　天王鐵塔草時珍曰：其名殊不可解。頌曰：瓦松如松子作層，故名。〔集解〕恭曰：昨葉何草生上黨屋上，如蓬。初生高尺餘，遠望如松栽。志曰：處處有之。生年久瓦屋上。六月、七月採苗，日乾。

〔氣味〕酸，平，無毒。時珍曰：按《庚辛玉册》云：向天草即瓦松，陰草也。生屋瓦上及深山石縫中。莖如漆圓鋭，葉背有白毛。有大毒。燒灰淋汁沐髮，髮即落。誤入目，令人瞽。搗汁能結草砂，伏雌、雄、砂、汞、白礬。其説與《本草》無毒及生眉髮之説相反，不可不知。

〔主治〕口中乾痛，水穀血痢，止血《唐本》。生眉髮膏爲要藥馬志。行女子經絡蘇頌。大腸下血，燒灰，水服一錢。又塗諸瘡不斂時珍。

〔附方〕舊一，新九。

小便沙淋：瓦松即屋上無根草，煎濃湯乘熱熏洗小腹，約兩時即通。《經驗良方》。

通經破血：舊屋陰處瓦花活者五兩熬膏，當歸鬚，乾漆一兩燒煙盡，當門子二錢爲末，棗肉和丸梧子大。每服七十丸，紅花湯下。《摘玄方》。

染烏髭髮：乾瓦松一斤半，生麻油二斤，同煎令焦，爲末。另以生麻油浸塗，甚妙。《聖濟録》。

頭風白屑：瓦松暴乾，燒灰淋汁熱洗，不過六七次。《聖惠方》。

牙齦腫痛：瓦花、白礬等分，水煎。漱之立效。《摘玄方》。

唇裂生瘡：瓦花、生薑，入鹽少許，搗塗。《摘玄方》。

湯火灼傷：瓦松、生柏葉同搗傅。乾者爲末。《醫方摘要》。

灸瘡不斂：瓦松陰乾爲末。先以槐枝、葱白湯洗，後摻之，立效。《濟生秘覽》。

惡瘡不斂：方同上。

風狗咬傷：瓦松、雄黄研貼，即不發。《生生編》。

明・倪朱謨《本草彙言》卷七　昨葉何草　味酸，氣平，無毒。即古屋上瓦松也。

蘇氏曰：昨葉何草，處處有之，生年久陰處瓦屋上。如蓬初生，高尺餘，遠望如松，故名瓦松。

昨葉何草：李時珍涼血行血之藥也。江春野稿《唐本草》治胃熱酒積，烟火、金石、丹毒成血痢腸風者，服之即止，此涼血而止血也。又女子内熱血乾，經絡不行，服之即通，此又涼血而行血也。然氣寒性利，通行之用居多，如血熱氣實，酒食味厚之人，間有用之取效。如老弱胃虚乏力之人，不可泛施。

集方：摘玄方治經血不通。用古屋陰處瓦松，活者五兩，搗汁，和酒一碗，入當歸梢、紅花各一兩，煎減半，空心飲。○《唐本草》治熱毒酒積，腸風血痢。用瓦松八兩搗汁，和酒一半，入白芍藥五錢，炮薑末五錢，煎減半，空心飲。○《經驗良方》治小便沙澀成淋不通。用瓦松一斤，濃煎湯，乘熱熏洗小腹，約兩三次即通。

清・何諫《生草藥性備要》卷上　瓦葱　味劫，性平。破血通經，滴耳癰，散乳毒，又能洗痔瘡毒。

清・葉桂《本草再新》卷三　瓦松味苦，性寒，有毒。入肝、肺二經。　治百毒，以毒攻毒。療火瘡，消腫殺蟲。

清・吴其濬《植物名實圖考》卷一六　昨葉何草　昨葉何草即瓦松。《唐本草》始著録。惟此草俗云有大毒，未可輕服。燒灰沐髮，搗塗湯火傷，皆常用之。且南北老屋皆生，而《唐本草》獨云生上黨屋上，初生如蓬，高尺餘，遠望如松栽，酸平無毒。余至晉，見此草，果與他處有異；秋時作粉紅花極繁，五瓣白鬚，黑蘂數點；陽驕瓦灼，益復鬱茂。蓋山西風烈，屋上皆落土尺許，草生其上，無異岡脊；氣飽霜露，味兼土木，較之鱗次雨飄，僅藉濕潤而生，其性狀固不得同耳。

清・劉善述、劉士季《草木便方》卷一草部　瓦苔花　瓦花酸平能止血，血痢下血熱淋捷。婦女月閉行經妙，湯火爛瘡生肌烈。

紫衣

宋・唐慎微《證類本草》卷一三《木部中品》〔唐・陳藏器《本草拾遺》〕

紫衣　味苦，無毒。主黄疸，暴熱目黄，沈重，下水癊，亦止熱痢。煮服之。作灰淋取汁，沐頭長髮，此古木錦花也。石瓦皆有之。堪染褐，下水。《廣濟方》云：長髮也。

佛甲草

宋・唐慎微《證類本草》卷三〇外草類〔宋・蘇頌《本草圖經》〕　佛甲草生筠州。味甘，寒，微毒。爛研如膏，以貼湯火瘡毒。多附石向陽而生，有似馬齒莧，細小而長，有花，黄色。不結實，四季皆有，採無時，彼土人多用。

宋・王介《履巉巖本草》卷中　火燒草　性涼，無毒。治湯盪火燒，不以多少，曬乾爲細末，每用少許，冷水調傅患處。一名火焰草。紫背者療痔疾。

明・劉文泰《本草品彙精要》卷四一　佛甲草微毒　叢生。

佛甲草：療湯火瘡毒，爛研如膏貼之。出《圖經》。〔苗〕《圖經》曰：多附石向陽而生，有似馬齒莧，細小而長，有花，黄色，不結實，四季皆有。〔地〕《圖經》曰：生筠州。〔時〕生：四季皆有。採：無時。〔用〕莖及葉。〔味〕甘。〔性〕寒。〔氣〕氣之薄者，陽中之陰。

明・李時珍《本草綱目》卷二〇草部・石草類　佛甲草宋《圖經》

〔集解〕頌曰：佛甲草生筠州。多附石向陽而生，似馬齒莧而細小且長，有花黄色，不結實，四季皆有。時珍曰：二月生苗成叢，高四五寸，脆莖細葉，柔澤如馬齒莧，尖長而小。夏開黄花，經霜則枯。人多栽於石山瓦墻上，呼爲佛指甲。《救荒本草》言高一二尺，葉甚大者，乃景天，非此也。

〔氣味〕甘，寒，微毒。〔主治〕湯火灼瘡，研貼之頌。

明・佚名氏《醫方藥性・草藥便覽》　慎火草　其性涼。退腦底風，退熱。尻目周。

清・嚴潔等《得配本草》卷四　佛甲草俗呼佛指甲。　甘，寒，微毒。貼湯火傷。配酒漿調，敷瘡毒。已潰者勿用。

清・趙學敏《本草綱目拾遺》卷五草部下　狗牙半支虎牙半支附。　生陰溼地，立夏前發苗，葉尖細作品字式，層覆而生。夏至時，開花黄色，類瓦松，花後即死。其年雨水多，其草必茂。葉大者曰虎牙。

治癰疔便毒，黄疸喉癬。《救生苦海》：用狗牙半支擣汁，加陳京墨磨汁，和勻嗽喉，日咽四五次，甚者半月愈。天蛇頭，疼不可忍，《醫宗彙編》用半支連同香糟擣爛，少加食鹽，包住患處，疼即止。虎牙半支功同。汪連仕《采藥書》：虎牙半支性寒涼無毒。葉片大者，羊角半支，葉扁大者，馬牙半支，俱生陰山谷中。治疔腫火毒痔漏，神效。

鐵指甲　《李氏草秘》：其草葉似指甲，生牆脚階岸石砌間。王安《采藥方》：此草沿松樹上，一名佛指甲，一名寄生。

治諸癧毒火丹，頭面腫脹，將危者，少入皮消擣罨之，立愈《李氏草秘》。牙疼，煅末擦之，立效王安。

清・吴其濬《植物名實圖考》卷一六　佛甲草　佛甲草，宋《圖經》始收之。南方屋上、墻頭至多，北方罕見。詳《本草綱目》。今人亦以治湯火灼瘡。

佛甲草又一種　佛甲草生山石上及瓦上。莖葉淡緑，高三四寸，葉如小匙，大若指頂，微有白粉，厚脆；夏開黄花，五瓣微尖。與前一種以莖不紫、葉不尖為別，根亦微香。

清・劉善述、劉士季《草木便方》卷一草部　龍牙草　佛指甲淡名回生，跌損金刃止血崩。腸風下血除血痢，熱毒鼻蠶犬傷珍。

石盆草

清・吴其濬《植物名實圖考》卷一七　石盆草　石盆草生雲南山石間。鋪地長葉，禿歧拖蔓，色紫，葉如馬齒莧微長，頂有小缺，綠蒂白花。

瓦松

明・蘭茂原撰，范洪等抄補《滇南本草圖説》卷三　瓦松　入足少陰。咽疼喉疼，單雙乳蛾。採根，入足陰，治筋骨疼，風濕可散。夷人採搗，敷顖門，止鼻不止神，包打傷亦良。

明・蘭茂撰，清・管暄校補《滇南本草》卷下　瓦松　又名佛指甲。性微寒，味甘，微辛。咽喉腫痛，消乳蛾，行經絡，風寒濕痺，筋骨酸痛，洗濕〔熱毒」。

附方：治咽喉腫，乳蛾疼痛，新鮮瓦松不拘多少，搗爛，加清水攪濁後澄清，去渣不用，能用酒者點酒服，不食酒者點醋服。

明·蘭茂《滇南本草》〔叢本〕卷中　瓦松　味平，性寒。行經絡，治風寒濕痺，筋骨酸疼。洗瘡濕熱毒。

垂盆草

宋·王介《履巉巖本草》卷上　山護花　性涼，無毒。治熱毒瘡癤腫痛，每用少許，搗爛貼患處。

清·趙學敏《本草綱目拾遺》卷五草部下　鼠牙半支　生高山石壁上，立夏後發苗，葉細如米粒，蔓延絡石，其根嵌石罅內，白如鼠牙。《百草鏡》載各種半支，有七十二種，此為第一。《百草鏡》：鼠牙半支二月發苗，莖白，其葉三瓣一聚，層積蔓生，花後即枯，四月開花黃色，如瓦松。

性寒，消癰腫，治溼鬱水腫。　治諸毒及湯烙傷疔癰等症，蟲蛇螫咬。蔣儀《藥鏡拾遺賦》：半枝蓮解蛇傷之仙草。　半枝蓮飲：《百草鏡》云：治一切大毒，如發背、對口、冬瓜、騎馬等癰，初起者消，已成者潰，出膿亦少，鼠牙半支一兩，擣汁，陳酒和服，渣敷留頭，取汗而愈。章南闇試效。

澤半支

清·趙學敏《本草綱目拾遺》卷三草部上　澤半支　《百草鏡》：葉如鼠牙半支，生山澗處，葉皆對節，夏開黃花如瓦松。　治蛇咬疔腫。

省頭草

清·吴其濬《植物名實圖考》卷一〇　省頭草　省頭草生湖南寶慶府山谷中。圓梗厚葉，柔綠一色，上有白粉，頗似蘄棍葉，長二寸餘，寬幾一寸，本末俱尖瘦，有疎齒；梢葉小不幾寸，無齒；赭根有短鬚甚細。俚醫用之。寶慶近猺，其草名多難深考，無由譯其省頭之義。

費菜

明·朱橚《救荒本草》卷上之前　費菜　生輝縣太行山車箱衝山野間。苗高尺許，葉似火燄草葉而小，頭頗齊，上有鋸齒，其葉抪音布莖而生，葉梢上開五瓣小尖淡黃花，結五瓣紅小花蒴兒。苗葉味酸。　救飢：採苗葉煠熟，換水淘去酸味，油鹽調食。

清·吴其濬《植物名實圖考》卷九　土三七　生廣西。莖葉俱似景天而不甚高，厚葉有汁，無紋，周圍有圓齒。伏日拔置赫曦中，經月不槁，無花實，摘葉種之即生，亦名葉生根。畏寒，經霜即腐。主治涼血，止吐血。

土三七又一種　土三七，廣信衡州山中有之。嫩莖亦如景天，葉似千年艾葉，無歧有齒，深綠柔脆，惟有淡白紋一縷，秋時梢頭開尖細小黃花。俚醫以治吐血。

馬牙半支

清·趙學敏《本草綱目拾遺》卷五草部下　馬牙半支　一名醬瓣半支，鐵梗半支，又名山半支。生石壁上，葉大叢生，圓如醬中豆瓣，故名。

《百草鏡》云：醬瓣半支，又名旱半支，葉如醬中豆瓣，生石上，或燥土平隰皆有之，蔓生。二月發苗，莖微方，作水紅色，有細紅點子，經霜不彫，四月開花黃色，如瓦松。山左人以為菜茹。　江獻祥云：此有二種，有紅梗青梗之別，治婦人赤白帶第一妙藥。赤帶用赤梗者，白帶用白梗者。採得，搗汁半酒盞。酸迷迷草亦有赤白二種，赤帶用赤者，白帶用白者。搗汁半酒盞，和勻，加紹酒半盞煮熟，一服即止，永不再發。　性寒，消癰腫，治溼熱，利水和血，腸癰痔漏。　治蛇咬疔疽，便毒風痹，跌撲黃疸，擦汗斑尤妙。

《百草鏡》：跌撲用醬瓣半支一握，擣汁，陳酒和服。　絕瘧：《家寶方》：醬板豆草，六月六日雞鳴時采，略洗，蒸熟一日，曬乾，不乾焙之，每一觔配老薑一觔，磨細收貯，一日者一錢，二日者二錢，三日者三錢，酒調服，服後飲酒至醉為妙。合時忌雞犬婦人見之，神效。　狗咬：以酒洗淨瘡口血，擣醬板半支罨上，一二日即痂而愈。王小靜試驗。　瘰癧：金養湄云：馬牙半支作菜常服，多年瘰癧皆消，屢試屢驗。　治急痧：用醬瓣草陰乾，每服三錢，水煎服。　治淋疾：《奇方類編》：用芝麻一把，核桃一個，石上馬牙半支，共搗碎，生酒沖服。　治水臌：汪連仕云：取醬瓣草搗合麝香，貼臍眼，如人行五里，其水即下。

虎耳草

宋·王介《履巉巖本草》卷上　虎耳草　性涼，有毒。善治痔疾腫毒。用少許曒乾，入馬子內，燒熏痔疾，不過五、七次差。

明·李時珍《本草綱目》卷二〇草部·石草類　虎耳草《綱目》

【釋名】石荷葉見下　【集解】時珍曰：虎耳生陰濕處，人亦栽於石山上。莖高五六寸，有細毛，一莖一葉，如荷蓋狀。人呼爲石荷葉，葉大如錢，狀似初生小葵葉，及虎之耳形。夏開小花，淡紅色。

【氣味】微苦、辛，寒，有小毒。獨孤滔曰：汁煮砂子。【主治】瘟疫，擂酒服。生用吐利人，熟用則止吐利。又治聤耳，擣汁滴之。痔瘡腫痛者，陰乾，燒煙桶中熏之。時珍。

明・倪朱謨《本草彙言》卷七　虎耳草　味苦辛，氣寒，有小毒。李氏曰：虎耳草，生陰濕處。人亦栽于石縫間。莖高五六寸，有細毛。一莖一葉，如荷蓋狀，人亦呼爲石荷葉。葉大如錢狀，又似初生小葵葉，如虎之耳形。夏開小花，淡紅色。

虎耳草：解瘟疫，李時珍吐蠱毒之藥也。吳養元稿宜生取擣汁，溫飲之，能作吐利。如煎湯冷飲之，又能止吐利。故治暑月熱沙霍亂者，煎湯冷飲之，立止。又治痔瘡腫痛，陰乾燒烟，桶中熏之，立收。蓋寒涼能散能利之物，有損胃氣，除此數證之外，無他用。

清・王道純《本草品彙精要續集》卷二　虎耳草有小毒

虎耳草：主瘟疫，擂酒服。生用吐利人，熟用則止吐利。又治聤耳，擣汁滴之。痔瘡腫痛者，陰乾，燒煙，桶中熏之《本草綱目》。【名】石荷葉。【地】李時珍曰：虎耳，生陰濕處，人亦栽于石山上。【苗】莖高五六寸，有細毛，一莖一葉，如荷蓋狀，人呼爲石荷葉，大如錢狀，似初生小葵葉及虎之耳形。【時】夏開小花。【色】淡紅色。【味】微苦，辛。【性】寒。

清・何諫《生草藥性備要》卷上　金線吊芙蓉　治耳內暴熱毒，紅腫流膿，疼痛，搥汁滴入耳內；或加冰片，消散而愈。其形葉皆有毛，梗青紅。一名老虎耳。

清・汪紱《醫林纂要探源》卷二　虎耳草　甘，淡，寒。以形名。生水石上。葉圓如錢，後缺，背色赤，旁引長鬚，亦赤。揉汁，滴耳中，治聤耳腫痛。涼血滲濕之功，當不止此。

清・莫樹蕃《草藥圖經》　系系葉　系系葉，即金系荷葉，土名虎耳草。四季長有，係耳科要藥，兼治喉閉無音。可當茶吃。吐血者，五七寮煮肉食之。

清・吳其濬《植物名實圖考》卷一六　虎耳草　虎耳草，《本草綱目》始著錄。栽種者多白紋；自生山石間者，淡綠色，有白毛卻少細紋。治聤耳。過用或成聾閉，喉閉，無音。用以代茶，亦治吐血。《簡易草藥》名為系系葉。

清・趙其光《本草求原》卷三隰草部　老虎耳　一名金線吊芙蓉。治耳內癰及耳痛，並敷諸瘡。

清・劉善述、劉士季《草木便方》卷一草部　虎耳草　虎耳草寒味苦辛，丹毒擂酒療疫瘟。生用吐利熟能止，聤耳滴汁痔洗熏。

飛鷺草

清・趙學敏《本草綱目拾遺》卷四草部中　飛鷺草　《秋景盦雜記》：飛鷺草，生錢塘葛嶺後山金鼓洞，洞在道士庖湢之右，涉泉入洞，暗處仰見一線天光，光中見有此草。形如飛鷺，有頭有翅，有三尾，雪中開五色花，中抽一莖直上着花，葉狀如金絲荷葉，草面綠而背銀紅色光者，可治病。有黑毛而不開花者，乃斷腸草，能殺人。不可誤采也。故須雪中見花者為真，根如老薑，入藥用葉。

性上升，味苦寒，治咽喉及口內諸病，取葉七片，滾水沖服。立愈。此草味雖苦寒，性反不下降，而獨上升，見物即沾，竄烈可知。以此草沖於水中，用指蘸之，則苦寒全在指上，其水即淡。若沾唇，則味在唇上，水雖咽下，而味不入喉也。故治咽喉者，須以小管灌於喉中，或令病人張大口，用匙灌入，直達喉所。則味在患處矣。金鼓洞左近背陰地亦有之。

鬼燈檠

明・佚名氏《醫方藥性・草藥便覽》　鬼燈擎　其性涼。治眼中之血熱。去風邪，止痛。

呆白菜

清・吳其濬《植物名實圖考》卷一六　呆白菜　呆白菜生山石間。鋪生不植立。一名矮白菜。極似萿蓬。長根數寸。主治吐血。

扯根菜

明・朱橚《救荒本草》卷上之前　扯根菜　生田野中。苗高一尺許，莖色赤紅，葉似小桃紅葉，微窄小，色頗綠。又似小柳葉，亦短而厚窄，其葉週圍攢莖而生，開碎瓣小青白花，結小花蒴，似蒺藜樣。葉苗味甘。救飢：採苗葉煠熟，水浸淘淨，油鹽調食。

清・吳其濬《植物名實圖考》卷一二　扯根菜　《救荒本草》：【略】按此草湖南坡隴上多有之。俗名矮桃。以其葉似桃葉，高不過二三尺，故名。俚醫以為散血之藥。

清・吴其濬《植物名實圖考》卷一二 矮桃又一種 矮桃生湖南，頗似扯根菜，三葉攢生，柔厚尖長，梢開青白小五瓣花成穗。土人以為即扯根菜一類，故俱呼矮桃。

清・劉善述、劉士季《草木便方》卷一草部 黄脚鷄 黄脚鷄辛散瘀血，產後血氣攻心滅。腰痛脚疼筋不榮，虚損勞傷解毒捷。水楊柳。

天胡荽

明・蘭茂撰，清・管暄校補《滇南本草》卷下 破錢草一名千里光。性溫，味辛、苦。主發散諸風頭痛，明目，退翳膜，利小便，療黄疸。附奇方：治翳膜遮睛，羞明怕日，目澁多淚，黑輪生青筋，白輪生紅絲。千里光一兩，川烏二錢，木賊五錢，穀精草五錢，膽草三錢，蟬退五錢，草决明五錢，荊芥穗三錢，川芎五錢，梔子五錢，白菊一兩，蔓荊子，去殼，童便浸三日，每日换便，焙用。每用藥一兩，對蔓荊子一兩，每服二錢，滚水送下。

明・蘭茂《滇南本草》〔叢本〕卷中 破錢草一名千光草。味苦。主治發汗，散諸風頭疼，明目退翳膜。利小便，療黄疸。奇方：治翳膜遮睛，羞明怕日，目澁多淚，黑輪青霧，白輪生紅絲。千里光一兩、川烏二錢、廣木賊五錢、膽草三錢、穀精草五錢、蟬退五錢、草决明五錢、荊芥穗三錢、白蒺藜五錢、川芎五錢、前胡五分、防風五錢、秦歸五錢、梔子五錢、白菊花一兩、黄荊子，去殼，童便浸三日，一日换一次，微焙黄色。每藥一兩，對黄荊子一兩，每服一錢，滚水送下。

清・汪紱《醫林纂要探源》卷二 翳草 辛，平。蔓地生，葉圓如錢而小，有刻缺，色綠而光潤可愛。麋鹿所嗜。明目去翳。揉塞鼻中，左翳塞右孔，右翳塞左孔。

清・趙學敏《本草綱目拾遺》卷五草部下 鏡面草 《滇南志》：出滇中，能通血脈。按：此草今處處有之，多生階砌石畔，葉如指面大而圓，其邊微作碎齒，葉面光如鏡，深綠色，土人呼為蟢兒草。又名地連錢。不見開花，止見葉而已，亦呼鏡面草。不知滇中所產，即此類否。

性涼，治肺火結成膿血癰疽《採藥志》。月閉，和敝蓑煎酒服《滇南志》。

清・劉善述、劉士季《草木便方》卷一草部 滿天星 滿天（心）〔星〕草苦性平，頭瘡白秃風瘙靈。皮膚疥癩塗耳爛，牛馬諸瘡洗塗清。昆南草。

清・戴葆元《本草綱目易知錄》卷二草部 翳草《纂要》 明目去翳，挼鼻中，左翳塞右，右翳塞左。《纂要》云：蔓地而葉圓如小錢，有刻缺，色綠，光潤可愛，麋鹿喜食。

肺風草

附：琉球・吴繼志《質問本草》外篇卷三 肺風草石胡荽 生陰濕地，春生苗，夏開花結實。俗名肺風草，性能去風。甲辰，潘貞蔚、石家辰。

撒地金錢

明・佚名氏《醫方藥性・草藥便覽》 撒地金錢 其性涼。退燒，散心火。止小兒驚風。

酢漿

宋・唐慎微《證類本草》卷一一草部下品〔唐・蘇敬《唐本草》〕 酢漿草 味酸，寒，無毒。主惡瘡瘑瘻。擣傅之。殺諸小蟲。生道傍。

〔唐・蘇敬《唐本草》〕注云：葉如細萍，叢生，莖頭有三葉。一名醋母草，一名鳩酸草。

〔宋・馬志《開寶本草》〕按：《别本》注云：生陰濕處，俗爲小酸茅。食之解熱渴。四月、五月採，陰乾。《唐本》先附。

〔宋・掌禹錫《嘉祐本草》〕按：《蜀本圖經》云：葉似水萍，兩葉並大葉同枝端，黄色實黑。生下濕地，夏採葉用之。

《圖經》云：酢漿草，俗呼爲酸漿，舊不載所出州土，云生道傍，今南中下濕地及人家園圃中多有之，北地亦或有生者。葉如水萍，叢生，莖端有三葉，葉間生細黄花，實黑。夏月採葉用。初生嫩時，小兒多食之。南人用揩鍮石器。令白如銀。

宋・唐慎微《證類本草》卷三〇外草類〔宋・蘇頌《本草圖經》〕 赤孫施生福州。葉如浮萍草。治婦人血結不通。四時常有。採無時。每用一手搦，淨洗，細研，暖酒調服之。

宋・鄭樵《通志》卷七五《昆蟲草木略》 酢漿草 曰醋母草，曰鳩酸草，曰小酸茅。南人曰孫施。去銅鍮垢。

明・朱橚《救荒本草》卷上之前 酸漿草 《本草》名酢與醋字同漿草。一名醋母草，一名鳩酸草，俗名為小酸茅。舊不著所出州土，今處處有之，生道傍下濕地。葉如初生小水萍，每莖端皆叢生三葉，開黄花，結黑子。南人用苗揩鍮音偷石器，令白如銀色光艷。味酸，性寒，無毒。救飢：採嫩苗葉生食。

治病：文具《本草》草部酢漿條下。

明・蘭茂撰，清・管暄校補《滇南本草》卷下 酸漿草：性微溫，味鹹。利小便，治五淋，玉莖痛。攻瘡毒，治腹癰，破血破氣。

明·劉文泰《本草品彙精要》卷一五 酢漿草無毒　叢生。

酢漿草：主惡瘡，瘑瘻，擣傅之，殺諸小蟲。名醫所錄。【名】酸漿、醋母草、鳩酸草、小酸苗。【苗】《圖經》曰：葉如水萍，叢生，莖端有三葉，葉間生細黃花，實黑。其葉初生嫩時，小兒多食之，南人用揩鍮石器，令白如銀。【地】《圖經》曰：舊不載所出州土，但云生道傍。今南中下濕地及人家園圃中多有之，北地亦或有生者。【時】生：春生苗。採：四月、五月取葉。【收】陰乾。【用】葉。【質】類水萍。【色】青綠。【味】酸。【性】寒，收。【氣】氣薄味厚，陰也。【臭】腥。【主】瘡瘻，熱渴。【製】擣碎用。

明·劉文泰《本草品彙精要》卷四一 赤孫施　植生。

赤孫施：治婦人血結不通，每用一手握淨洗，細研，暖酒調服之。出《圖經》。【苗】《圖經》曰：葉如浮萍草，四時常有。【地】《圖經》曰：生福州。【時】生：春生新葉。採：無時。

明·王文潔《太乙仙製本草藥性大全》卷二《本草精義》 酸漿草　一名酢漿草，一名醋母草，一名鳩酸草。舊不載所出州土，云生道傍，今南中下濕地及人家園圃中多有之，此地亦或有生者。葉如水萍，叢生，莖端有三葉，葉間生細黃花，實黑。《本草集要》云：開白花，結實作房，房中有子如櫻桃大，赤紅色。五月採，陰乾用。初生嫩時，小兒多食之。南人用揩鍮石器，令白如銀。

明·李時珍《本草綱目》卷二〇草部·石草類 酢漿草《唐本草》校正併入《圖經》赤孫施。

【釋名】酸漿《圖經》　三葉酸《綱目》　三角酸《綱目》　酸母《綱目》　醋母蘇恭　酸箕李當之　鳩酸蘇恭　雀兒酸《綱目》　雀林草《綱目》　小酸茅蘇恭　赤孫施《圖經》時珍曰：此小草三葉酸也，其味如醋。與燈籠草之酸漿，名同物異。唐慎微《本草》以此草之方收入彼下，誤矣。閩人鄭樵《通志》言，福人謂之孫施，則蘇頌《圖經》赤孫施生福州，葉如浮萍者，即此也。孫施亦酸箕之訛耳。今並爲一。

【集解】恭曰：酢漿生道旁陰濕處，叢生。莖頭有三葉，葉如細萍。四月、五月採，陰乾。保昇曰：葉似水萍，兩葉並大葉同枝，黃花黑實。頌曰：南中下濕地及人家園圃中多有之，北地亦或有生者。初生嫩時，小兒喜食之。南人用揩鍮石器，令白如銀。時珍曰：苗高一二寸，叢生布地，極易繁衍。一枝三葉，一葉兩片，至晚自合帖，整整如一。四月開小黃花，結小角，長一二分，內有細子。冬亦不凋。方士採製砂、汞、硇、礬、砒石。

【氣味】酸，寒，無毒。【主治】殺諸小蟲。惡瘡瘑瘻，擣傅之。食之，解熱渴《唐本》。主小便諸淋，赤白帶下。同地錢、地龍，治沙石淋。煎湯洗痔痛脱肛甚效。擣塗湯火蛇蝎傷時珍。赤孫施治婦人血結，用一搦洗，〔細研〕，暖酒服之蘇頌。

【附方】舊二，新六。小便血淋：酸草擣汁，煎五苓散服之。俗名醋啾啾是也。王璆《百一選方》。諸淋赤痛：三葉酸漿草洗，研取自然汁一合，酒一合和勻。空心温服，立通。沈存中《靈苑方》。二便不通：酸草一大把，車前草一握，擣汁，入砂糖一錢，調服一盞。不通再服。《摘玄方》。赤白帶下：三葉酸草，陰乾爲末。空心温酒服三錢匕。《千金方》。痔瘡出血：雀林草一大握，水二升，煮一升服。日三次，見效。《外臺秘要》。癬瘡作痒：雀兒草即酸母草，擦之，數次愈。《永類方》。蛇虺螫傷：醋草擣傅。《崔氏方》。牙齒腫痛：酸漿草一把洗淨，川椒四十九粒去目，同擣爛，絹片裹定如箸大，切成豆粒大。每以一塊塞痛處，即止。《節齋醫論》。

清·王翃《握靈本草》補遺 酢漿草此小酸漿草，與前卷燈籠草名酸漿草異，(亦)〔一〕枝三葉。酸，寒，無毒。主諸淋帶下。西洋方治目暗目淚，將三葉小酸漿草幾秤，蒸如花露，每日服之。許青嶼《御史傳》。

清·何諫《生草藥性備要》卷下 斑鳩草　味酸、劫，性寒。殺瘷止痛、散熱消腫。理跌打，散瘀血，煲酒服。又乾水、止癢。〔亦〕名急性子，一名酸味草。

清·汪紱《醫林纂要探源》卷二 三葉酸　酸，平。小草，弱莖，蔓生石砌，每枝三葉，圓聚莖端，則形如六葉，葉有齾，夜則三葉皆合，晨復開，開小黃花，結小角，中有四五小子，色褐。補肺瀉肝，除熱氣，去瘀血，斂陰，出治節。能煮紅銅為白，其去瘀血可知。味酸數三，則肝木也。開合應晨夕，則肺金之出治節也。酸主收斂，而開合以時，故能補肺金，而靖肝火，使氣靜而血不妄行，治吐血衄血，去一切逆血瘀血，及血熱癰毒，湯火傷，勿以賤而忽之。

清·嚴潔等《得配本草》卷四 酢漿草即酸漿草。制砂、汞、硇、礬、砒石。酸，寒。入手陽明，兼太陽經。治淋帶，解熱毒，洗痔痛脱肛，塗湯火蛇蠍傷。配車前草汁、沙糖，通二便。

清·吴其濬《植物名實圖考》卷一六 酢漿草　酢漿草，《唐本草》始著錄。即三葉酸漿，生山石間，葉大如錢。

清・趙其光《本草求原》卷三隰草部　斑鳩酸即酸味草。　酸澀，寒。散瘀止痛，除熱毒，消腫，殺[疒+茲]，乾水，止癢，理跌折。搗汁調酒。

清・劉善述、劉士季《草木便方》卷一草部　地黄瓜　酸漿草酸性寒平，帶下血痢便血淋。婦女陰疝諸血結，金瘡跌損湯火靈。

蟠蜞青

明・周履靖《茹草編》卷一　蟠蜞青　茂先博學士，而誤吞蟛蜞。一吐九委頓，咄哉徒嗜奇。小草有佳質，入口甘如飴。藿食固云澹，豈如擁劍危。平原疏草木，千載真相知。恨無素心人，與之一解頤。　即酸漿草。二三月採之，洗淨，油炒食。

八字草

清・吴其濬《植物名實圖考》卷一五　八字草　八字草産建昌。小草蔓生，莖細如髮，本紅梢緑，微有毛；一枝三葉，似三葉酸而更小，葉極稀疎。土人搗碎，敷漆瘡。

按《本草拾遺》：　漆姑草如鼠跡大，生堦墀間陰處。氣辛烈。挼敷漆瘡，亦主溪毒。主治既同，形亦相類，而《本草》不圖其形，未敢遽定。

三葉草

明・蘭茂撰，清・管暄校補《滇南本草》卷中　三葉草　性微溫，味辛、微苦。治瘡瘍腫毒，散瘡癰。

明・蘭茂《滇南本草》〔叢本〕卷下　三葉草，味辛、苦，性溫。治瘡瘍腫毒，發散瘡癰。

酸草

宋・唐慎微《證類本草》卷三〇有名未用・草木〔《別録》〕　酸草　主輕身延年。生名山醴泉上陰居。莖有五葉，青澤，根赤黄。可以消玉。一名醜草。

〔梁・陶弘景《本草經集注》〕云：　李云是今酸箕，布地生者，今處處有，然恐非也。

明・倪朱謨《本草彙言》卷七　酸漿草　味酸，氣寒，無毒。　蘇氏曰：酸漿草，生南中道旁陰濕地，及人家園圃中多有之。北地亦有。苗高一二寸，叢生布地，極易繁衍。葉如浮萍，一枝三葉，一葉兩片，至晚自合，帖服如一。四月開小黄花，結小莢，長一二分，内有細子。冬亦不凋。初生嫩苗，小兒喜食。用揩瑜石銅器，白亮如銀。

酸漿草：　李時珍解毒凉血之藥也。閔效軒稿《唐本草》治男婦大小諸熱淋證，澀瀝不通及大便秘塞，或痔瘡脹痛，或肛脱不收，或天行煩熱，燥渴諸疾。凡屬血熱，咸宜用之。但酸寒清利，只宜熱閉不通。如屬胃虚，自當遜避。

集方：　王氏《百一選方》治小便氣、血、砂、膏、勞五種淋證。用酸漿草一把，和四苓散煎服即愈。○沈存中《靈苑方》治諸淋澀痛。用酸漿草洗淨，搗自然汁一碗，和生白酒，頓熱一碗，空心飲立通。○《摘玄方》治二便不通。用酸漿草、車前草各一大把，和砂糖一錢，調服立通。未通再服。○《外臺秘要》治痔瘡出血疼痛。用酸漿草一大把，水二升，煎半升服，日三次，立效。○瀕湖方治大腸熱極，肛脱不收。用酸漿草一大把，甘草五錢，水二升，煎半升，徐徐服。○邵九先方治天行時熱，煩燥作渴，真熱極者。用酸漿草一大把，水二升，煎減半，飲之。○《永類方》治癬瘡作癢。用酸漿草搗揉擦之，數次愈。○《節齋醫論》治牙齒腫痛。用酸漿草一兩洗淨，川椒五十粒，去目爲末，同搗爛，取豆大，着痛處即止。

三葉

宋・唐慎微《證類本草》卷三〇有名未用・草木〔《別録》〕　三葉　味辛。主寒熱，蛇、蜂螫人。一名起莫。〔宋・掌禹錫《嘉祐本草》〕按：《蜀本》一名赴魚，一名三石，一名當田。生田中。莖小，黑白，高三尺，根黑。三月採，陰乾。

鹿含草

清・何諫《生草藥性備要》卷上　鹿含草　味淡、酸，性溫。滋陰，壯筋骨，散酒傷，延壽。一名人字草，又名鐵線草。敷跌打損傷，浸酒。散痰，去瘀生新，舒筋活絡。

清・趙其光《本草求原》卷一山草部　鹿銜草　即千里光。草尾有球。酸、甘，平。滋陰健骨，舒筋活絡，化痰，去瘀生新，理酒傷，敷跌打，浸酒妙。又名人字草、鐵線草。

清・趙其光《本草求原》卷三隰草部　人字草　甘、辛，平。治打跌撲腫，擂酒服並敷。解毒，消鴉片積。

崖椶

宋・唐慎微《證類本草》卷三〇外木蔓類〔宋・蘇頌《本草圖經》〕　崖椶　生施州石崖上。味甘，辛，性溫，無毒。苗高一尺已來，四季有葉，無花。

彼土醫人採根與半天回、雞翁藤、野蘭根等四味，淨洗焙乾，去麁皮，等分擣羅，溫酒調服二錢匕。療婦人血氣并五勞七傷。婦人服，忌雞、魚、濕麪；丈夫服無所忌。

明・劉文泰《本草品彙精要》卷四一　崖椶無毒　叢生。

崖椶：根與半天回、雞翁藤、野蘭根四味淨洗，焙乾，去麤皮，等分擣羅，溫酒調服二錢匕，療婦人血氣，并五勞七傷。出《圖經》。【苗】《圖經》曰：苗高一尺以來，四季有葉，無花。【地】《圖經》曰：生施州石崖上。【時】生：春生苗。採：無時取根。【用】根。【味】甘，辛。【性】溫。【氣】氣之厚者，陽也。【禁】婦人服，忌雞、魚、濕麪，丈夫服無所忌。

諸草有毒

宋・唐慎微《證類本草》卷一一草部下品〔唐・陳藏器《本草拾遺》〕　諸草有毒　瓜兩蔕、兩鼻害人。瓜瓠正苦有毒。簷溜滴著菜有毒。堇黄花害人。芹赤葉害人。菰首蜜食下痢。生葱不得雜白犬肉食之，令人九竅流血。食戎葵并鳥肉，令人面無顔色。食葵發狂犬咬。食葫葱、青魚令人腹生蟲。薤不得和牛肉食，成癥瘕痼疾。婦人妊娠食乾薑，令胎肉消。生葱和雞子食變嗽。蓼蠶食生食，令氣奪乏，令陰痿。九月食霜下瓜，血必冬發。三月不得食陳葅，夏熱病發惡瘡。瓠牛踐苗子即苦。

明・王文潔《太乙仙製本草藥性大全》卷二《仙製藥性》　諸草有毒　瓜兩蔕、兩鼻害人，瓜瓠正苦有毒。檐溜滴著菜有毒。堇黄花害人。芹赤葉害人。菰首蜜食下痢。生葱不得雜白犬肉，食之令人九竅流血。食戎葵并鳥肉，令人面無顔色。食葵發狂犬咬。食葫葱青魚令人腹生蟲。薤不得和牛肉食，成瘕癥痼疾。婦人妊娠食乾薑，令胎内消。生葱和鷄子食變嗽。蓼蠶食生食，令氣奪乏，令陰痿。九月食霜下瓜，血必冬發。三月不得食陳葅，夏熱病發惡瘡。瓠牛踐苗子即苦。

諸草存疑分部

雜錄

離鬲草

宋・唐慎微《證類本草》卷八草部中品〔唐・陳藏器《本草拾遺》〕　離鬲草　味辛，寒，有小毒。主瘰癧丹毒，小兒無辜寒熱，大腹痞滿，痰飲膈上熱。生研絞汁服一合，當吐出胸膈間宿物。生人家階庭濕處，高三二寸，苗葉似羃歷，去瘧爲上，江東有之，北土無。

明・倪朱謨《本草彙言》卷七　離鬲草　味辛，氣寒，有小毒。　陳氏曰：離鬲草，生人家階庭濕處。高二三寸，苗葉似幕罨。江東有之，北土無也。

離鬲草：吐痰飲，拾遺方截痰瘧之藥也。閔效軒稿故陳氏藏器方治小兒無辜寒熱，大腹痞滿，又散膈上痰飲。生搗汁，飲一合，當吐出宿物，立愈。又搗爛，敷痰癧結核，痞塊諸疾。此瞑眩之藥。

仙人草

宋・唐慎微《證類本草》卷六草部上品〔唐・陳藏器《本草拾遺》〕　仙人草　主小兒酢瘡。煮湯浴，亦搗傅之。酢瘡，頭小，大硬。小者，此瘡或有不因藥而自差者。當丹毒入腹必危，可預飲冷藥以防之，兼用此草洗瘡。亦明目，去膚瞖，挼汁滴目中。生階庭間。高二三寸，葉細有雁齒，似離鬲草，北地不生也。

鬼草

明・姚可成《食物本草》卷一七草部・隰草類　鬼草生陝西鄠縣。其葉似葵，其秀如禾，食之令人不憂。　鬼草，味甘，平，無毒。解鬱氣，令人好顔色。久食輕身不飢延年。

附方：治瘧，百方不效。五月五日正午時，采鬼草懸東壁，陰乾，臨發，五更時以七葉煎湯服，即止。　治婦人臨產不順，手足先出。用鬼草煎酒服下，即得正生。此試過極效者，宜珍重之。　治小兒驚癇。客忤邪氣，口閉目上視，性命危急。用鬼草搗汁灌下即甦。　治夫婦不和及無子者。　俱用鬼草為末，置床脚下，勿令人知之。

石莧

宋・唐慎微《證類本草》卷三〇外草類〔宋・蘇頌《本草圖經》〕　石莧　生筠州，多附河岸沙石上生。味辛、苦，有小毒。春生苗葉，莖青，高一尺已來。葉如水柳而短。八月、九月採，彼土人與甘草同服，治齁船及吐風涎。

明・劉文泰《本草品彙精要》卷四一　石莧有小毒　叢生。

石莧：　與甘草同服，療齁船及吐風涎。出《圖經》。　【苗】《圖經》曰：　春生苗葉，莖青，高一尺以來，葉如水柳而短。　【地】《圖經》曰：　出筠州，多附河岸沙石上生。　【時】生：　春生苗。採：　八月、九月取。　【用】莖、葉。　【色】青。　【味】辛、苦。　【性】散，洩。　【氣】味厚於氣，陰中之陽。

明・倪朱謨《本草彙言》卷七　石莧　味辛、苦，氣平，有微毒。　蘇氏曰：　石莧多生筠州，附河岸沙石上生之。春生苗葉，莖青高一尺，葉如水柳而短。八九月采之。

石莧：《宋圖經》善吐風涎之藥也。○吳養元稿蘇氏方同甘草等分，煎服，治齁船屢效。

石垂

宋・唐慎微《證類本草》卷三〇外草類〔宋・蘇頌《本草圖經》〕　石垂　生福州山中。三月有花，四月採子，焙乾。生擣羅，蜜丸。彼人用治蠱毒，甚佳。

明・劉文泰《本草品彙精要》卷四一　石垂　植生。

石垂：　治蠱毒，以其子焙乾，生擣羅，蜜丸服之，甚佳。出《圖經》。　【地】《圖經》曰：　生福州山中。　【時】生：　春生苗，三月生花。採：　四月取子。　【用】子。

半天回

宋・唐慎微《證類本草》卷三〇外草類〔宋・蘇頌《本草圖經》〕　半天回　生施州。春生苗，高二尺已來，赤斑色，至冬苗葉皆枯。其根味苦、澀，性溫，無毒。土人夏月採之。與雞翁藤、野蘭根、崖椶等四味，洗淨，去麁皮。焙乾等分，擣羅爲末，溫酒調服二錢匕，療婦人血氣并五勞七傷。婦人服忌羊血、雞、魚、濕麪，丈夫服無所忌。

明・劉文泰《本草品彙精要》卷四一　半天回無毒　植生。

半天回：　與雞翁藤、野蘭根、崖椶四味，洗淨，去麤皮，焙乾，等分，擣羅爲末，溫酒服二錢匕，療婦人血氣，五勞七傷。出《圖經》。　【苗】《圖經》曰：　春生苗，高二尺以來，赤斑色，至冬苗葉皆枯。　【地】《圖經》曰：　生施州。　【時】生：　春生苗。採：　夏月取根。　【用】根。　【味】苦，澀。　【性】溫。　【氣】氣厚於味，陽中之陰。　【忌】婦人服之，忌羊血、雞、魚、濕麵；丈夫服之，無所忌。

雞翁藤

宋・唐慎微《證類本草》卷三〇外木蔓類〔宋・蘇頌《本草圖經》〕　雞翁藤　出施州。其苗蔓延大木，有葉無花。味辛，性溫，無毒。採無時，彼土人與半天回、野蘭根、崖椶四味，淨洗去麁皮，焙乾，等分擣羅爲末。每服二錢，用溫酒調下。療婦人血氣并五勞七傷。婦人服，忌雞、魚、濕麪、羊血；丈夫無忌。

明・劉文泰《本草品彙精要》卷四一　雞翁藤　蔓生。

雞翁藤：　與半天回、野蘭根、崖椶四味淨洗，去麤皮，焙乾，等分，擣羅爲末，每服二錢，用溫酒調下，療婦人血氣，并五勞七傷。出《圖經》。　【苗】《圖經》曰：　其苗蔓延大木，有葉無花。　【地】《圖經》曰：　出施州。　【時】生：　春生苗。採：　無時。　【味】辛。　【性】溫，散。　【氣】氣之厚者，陽也。　【忌】婦人服忌雞、魚、濕麪、羊血，丈夫無所忌。

清・吳其濬《植物名實圖考》卷二〇　雞翁藤　宋《圖經》外類。　生施州。蔓延大木。治勞傷、婦人血氣。

野蘭根

宋・唐慎微《證類本草》卷三〇外草類〔宋・蘇頌《本草圖經》〕　野蘭根　出施州。叢生，高二尺已來，四時有葉，無花。其根味微苦，性溫，無毒。採無時，彼土人取此，并半天回、雞翁藤、崖椶等四味，洗淨，去麁皮，焙乾，等分。擣羅爲末，溫酒調服二錢匕，療婦人血氣并五勞七傷。婦人服之，忌雞、魚、濕麪、羊血，丈夫無所忌。

明・劉文泰《本草品彙精要》卷四一　野蘭根無毒　叢生。

野蘭根：　與半天回、雞翁藤、崖椶等四味，洗淨，去麤皮，焙乾，等分，擣羅爲末，溫酒調服二錢匕，療婦人血氣，并五勞七傷。出《圖經》。　【苗】《圖經》曰：　叢生，高二尺以來，四時有葉而無花。　【地】《圖經》曰：　生施州。　【時】生：　春生新葉。採：　無時取根。　【用】根。　【味】微苦。　【性】溫，洩。　【氣】氣厚於味，陽中之陰。　【忌】婦人服之，忌雞、魚、濕麵、羊血，丈夫無所忌。

牛毛松

清・吴其濬《植物名實圖考》卷一六　牛毛松　牛毛松生山石上。高三四寸，數十莖為叢，葉細如毛而硬，似刺松，梢頭春開小黄花。置之巾箱，得雨可活。俚醫以治跌損。

百草花

宋・唐慎微《證類本草》卷六草部上品〔唐・陳藏器《本草拾遺》〕　百草花　主百病，長生，神仙，亦煮花汁釀酒服之。《異類》云：　鳳剛者，漁陽人也，常採百花，水漬，封泥埋之百日，煎爲丸。卒死者，内口中即活。　胡剛服藥，百餘歲，入地肺山。《列仙傳》云：　堯時赤松子服之，得仙。

明・繆希雍《本草經疏》卷六　百草花　主百病，長生神仙。亦煮花汁釀酒服之。《異類》云：　鳳剛者，漁陽人也。常採百花水漬，封泥埋之百日，煎為丸。卒死者，内口中即活。　胡剛服藥百餘歲，入地肺山。《列仙傳》云：　堯時赤松子服之得仙。

【疏】百草花，當取群草中之芳烈者。大都百花必在春時，春者天地發生萬物之氣也。花者，華也，因得天地發生之和氣，抽其精英而為花，故主百病，長生神仙。亦煮花汁釀酒服。昔有採百花水漬，泥封埋之百日，煎為丸，卒死者内口中即活，其功固可驗矣。已上三種，一種《唐本餘》，二種陳藏器餘。已下卻有旱藕、石藥、仙人草、會州白藥、陳思岌、千里及、鐵葛、伏雞子根、陳家白藥、龍珠、搥胡根、甜藤、孟娘菜、吉祥草、郎耶草、茅膏菜、蓼蕎等，功效雖多，所産生土地不一，罕識形致，坊間無有。故皆存而不論，以俟後之博物君子。

清・馮兆張《馮氏錦囊秘録・雜症痘疹藥性主治合參》卷三　百草花　百草花，主百病長生，神仙亦煮花汁，釀酒服之，《異類》云：　鳳剛者，漁陽人也，常採百花，水漬封泥，埋之百日，煎為丸。卒死者納口中即活。　胡剛服藥，百餘歲，入地肺山。《列仙傳》云：　堯時赤松子，服之得仙。

按：　百草花，當取群草中之芳烈者。大都百花都在春時，春者，天地發生萬物之氣也。花者，華也，因得天地發生之和氣，抽其精英而為花，故主百病長生，神仙亦煮花汁釀酒服。昔有採百花，水漬，泥封埋之，百日煎為丸，卒死者納口中即活，其功可驗矣。

井口邊草

宋・唐慎微《證類本草》卷一〇草部下品〔唐・陳藏器《本草拾遺》〕　井口邊草　主小兒夜啼，着母卧席下，勿令母知。

樹孔中草

明・李時珍《本草綱目》卷二一草部・雜草類　樹孔中草《綱目》時珍曰：　主小兒腹痛夜啼，暗着户上即止。出《聖惠方》。

産死婦人塚上草

宋・唐慎微《證類本草》卷一〇草部下品〔唐・陳藏器《本草拾遺》〕　産死婦人塚上草　主小兒醋瘡，取之勿回顧，作浴湯洗之，不過三度，佳。

燕蓐草

宋・唐慎微《證類本草》卷一一草部下品〔宋・掌禹錫《嘉祐本草》〕　鷰蓐草　無毒。主眠中遺溺不覺。燒令黑研水，進方寸匕。亦主噦氣，此鷰窠中草也。新補。見陳藏器、日華子。

〔宋・唐慎微《證類本草》〕《千金方》：　治婦人無故尿血。胡鷰窠中草燒末，用酒服半錢。亦治丈夫。《孫真人食忌》：　主卒患腰惡瘡。若先發於心已有汁者，以胡鷰窠末和水塗之，治不可遲，遍身即害人死。

明・劉文泰《本草品彙精要》卷一五　鷰蓐草無毒。

鷰蓐草：　主眠中遺溺不覺，燒令黑，研水進方寸匕，亦主噦氣。名醫所録。

【收】日乾。　【用】鷰窠中者。　【主】遺溺，惡瘡。　【製】去沙土並毛，燒令黑用。　【治】療：　孫真人云：　卒患腰惡瘡，若先發於心，已有汗者，以胡鷰窠爲末，水塗之；　若治遲遍身，即害人死。《別録》云：　婦人無故尿血，以胡鷰窠中草燒末，酒服半錢，亦治丈夫。

明・王文潔《太乙仙製本草藥性大全》卷二《仙製藥性》　燕蓐草　無毒。　即燕窠中草是也。　主治：　主眠中遺溺神方，治噦氣尿血妙法。　補註：　床上遺尿不覺，取燒令黑，研水進方寸〔匕〕效。○婦人無故尿血，胡燕窠中草燒末，酒服半錢。亦治丈夫。○卒患腫毒瘡，若先發於心，已有汗者，以胡燕窠末，和水塗之，治不可遲，徧身即害人死。

明・皇甫嵩《本草發明》卷三草部下 鷰蓐草下品下，佐使。胡鷰下良。此鷰(身)〔窠〕中草也。 發明曰：此專主眠中遺溺不覺，燒令黑，研水，進方寸匕。亦主噦氣。又主卒溺血，燒灰，酒服之。又主惡刺瘡及浸淫瘡遍身至心者，死亦用之。

明・李時珍《本草綱目》卷二一草部・雜草類 燕蓐草宋《嘉祐》藏器曰：即燕窠中草也。無毒。主眠中遺尿。燒黑研末，水進方寸匕。亦止噦啘。時珍曰：《千金方》：治丈夫婦人無故尿血。用胡燕窠中草，燒末，酒服半錢匕。《聖惠方》：消渴飲水。燕窠中草燒灰一兩，牡蠣煅二兩，白羊肺一具，切曬研末。每〔於食後〕，新汲水〔調下〕三錢。又一切瘡痕不滅。用燕蓐草燒灰、鷹屎白等分，人乳和塗，日三五次。又浸淫瘡出黃水，燒灰傅之。

雞窠草

宋・唐慎微《證類本草》卷一一草部下品〔宋・掌禹錫《嘉祐本草》〕 雞窠中草 主小兒白禿瘡。和白頭翁花燒灰，臘月猪脂傅之。瘡先以酸泔洗，然後塗之。又主小兒夜啼，安席下，勿令母知。新補。見陳藏器、日華子。〔宋・唐慎微《證類本草》〕《千金方》：治産後遺尿。故雞窠中草燒作末，酒下二錢匕差。

明・劉文泰《本草品彙精要》卷一五 雞窠中草

雞窠中草：主小兒白禿瘡。和白頭翁花燒灰，臘月豬脂傅之瘡，先以酸泔洗，然後塗之。又主小兒夜啼，安席下，勿令母知。名醫所録。【時】採：無時。【收】暴乾。【用】雞久棲者良。【製】燒灰用。【合治】燒作末，合酒下一錢匕，治産後遺尿。

明・王文潔《太乙仙製本草藥性大全》卷二《仙製藥性》 鷄窠中草 主治：小兒白禿塗之極良。小兒夜啼安蓐下妙。 補註：白禿疙瘰，取和白頭翁花，燒灰，臘月猪油調搽，先以酸泔洗净，然後塗之。〇小兒夜啼，用安蓐下，勿令母知。〇産後遺尿，故鷄窠中草燒灰，酒下一錢差。

明・李時珍《本草綱目》卷二一草部・雜草類 鷄窠草宋《嘉祐》大明曰：小兒夜啼。安席下，勿令母知。藏器曰：小兒白禿瘡。和白頭翁花燒灰，臘月猪脂和傅之。〔瘡先〕以(醋)〔酸〕泔洗凈。時珍曰：《千金方》治産後遺尿。燒末，酒服一錢。又不自秘方：治天絲入目。燒灰淋汁，洗之。

屈草

宋・唐慎微《證類本草》卷三〇《有名未用》〔《本經・別錄》〕 屈草 味苦，微寒，無毒。主胸脇下痛，邪氣，腸間寒熱，陰痹。久服輕身益氣，耐老。生漢中川澤，五月採。

〔梁・陶弘景《本草經集注》〕云：方藥不復用，俗無識者。

宋・李昉《太平御覽》卷第九九一 屈草 《本草經》曰：屈草，實根味苦，微寒。生川澤。治胸脇下痛，邪氣腹間寒，陰痺，久服輕身，補益耐老。生漢中。

清・葉志詵《神農本草經贊》卷一 屈草 味苦。主胸脇下痛，邪氣，腹間寒熱，陰痹。久服輕身，益氣耐老。生川澤。

屈軼堯庭，均榮一借。息臥愆時，陰陽淪謝。濯濯虛鳴，油油就化。雪棧屏山，訪宜午夏。

《帝王世紀》：黄帝時有草生庭，佞人入則指之，名曰屈軼。張友正賦：儻一借於吹噓，願均榮於動植。《黄帝素問》：背胸邪繫陰陽左右，胸脇痛而不得息，不得臥。又大腸病者，腸中切痛而鳴濯濯。元結歌：元化油油兮，誰知其然。陸游詩：雪棧屏山日月游。名醫曰：生漢中，五月采。

別羈

宋・唐慎微《證類本草》卷三〇〔《本經・別錄》〕 別羇 **味苦，微溫，無毒。主風寒濕痹，身重，四肢疼酸，寒邪歷節痛。** 一名別枝，一名別騎，一名鼈羇。生藍田川谷。二月、八月採。

〔梁・陶弘景《本草經集注》〕云：方家時有用處，今俗亦絶爾。

清・葉志詵《神農本草經贊》卷一 別羈 味苦，微溫。主風寒濕痹，身重四肢疼酸，寒邪歷節痛。生川谷。

藍田玉暖，小燠別枝。膃朏身重，痠痹愁羈。融通百節，安暢全肢。青逵春日，涼吹秋期。膃，魯猥切。朏，呼最切。

李商隱詩：藍田日暖玉生烟。《晉書・志》：小燠不書。名醫曰：一名別枝。《廣韻》：膃朏，腫大也。《博雅》：痠痛也。任昉行狀：表裏融通。蘇軾詩：遇境即安暢。名醫曰：二月八日采。劉臻妻頌：青逵升震。唐太宗詩：涼吹肅離宮。

離樓草

宋・唐慎微《證類本草》卷三〇有名未用・草木〔《別錄》〕 離樓草 味

鹹，平，無毒。主益氣力，多子，輕身長年。生常山，七月、八月採實。

神護草

宋・唐慎微《證類本草》卷三〇有名未用・草木〔《別錄》〕　神護草　可使獨守，叱咄人，寇盜不敢入門。生常山北，八月採。

〔梁・陶弘景《本草經集注》〕云：此亦奇草，計彼人猶應識用之。

明・李時珍《本草綱目》卷二一草部・有名未用　神護草《別錄》曰：生常山北。八月採。可使獨守，叱咄人，寇盜不敢入門。時珍曰：《物類志》謂之護門草，一名靈草。彼人以置門上，人衣過，草必叱之。王筠詩云：霜被守宮槐，風驚護門草。即此也。而不著其形狀，惜哉。

黃護草

宋・唐慎微《證類本草》卷三〇有名未用・草木〔《別錄》〕　黃護草　無毒。主痹，益氣，令人嗜食。生隴西。

吳唐草

宋・唐慎微《證類本草》卷三〇有名未用・草木〔《別錄》〕　吳唐草　味甘，平，無毒。主輕身，益氣，長年。生故稻田中，日夜有光，草中有膏。

雀醫草

宋・唐慎微《證類本草》卷三〇有名未用・草木〔《別錄》〕　雀醫草　味苦，無毒。主輕身，益氣，洗浴爛瘡，療風水。一名白氣。春生，秋花白，冬實黑。

木甘草

宋・唐慎微《證類本草》卷三〇有名未用・草木〔《別錄》〕　木甘草　主療癰腫盛熱，煮洗之。生木間，三月生，大葉如蛇狀，四四相值，但折枝種之便生。五月花白，實核赤。三月三日採。

益決草

宋・唐慎微《證類本草》卷三〇有名未用・草木〔《別錄》〕　益決草　味辛，溫，無毒。主欬逆，肺傷。生山陰，根如細辛。

九熟草

宋・唐慎微《證類本草》卷三〇有名未用・草木〔《別錄》〕　九熟草　味甘，溫，無毒。主出汗。止洩，療悶。一名烏粟，一名雀粟。生人家庭中，葉如棗。一歲九熟，七月採。

〔梁・陶弘景《本草經集注》〕云：今不見有此。

兌草

宋・唐慎微《證類本草》卷三〇有名未用・草木〔《別錄》〕　兌草　味酸，平，無毒。主輕身，益氣，長年。生蔓草木上，葉黃有毛，冬生。

異草

宋・唐慎微《證類本草》卷三〇有名未用・草木〔《別錄》〕　異草　味甘，無毒。主痿痹寒熱，去黑子。生籬木上，葉如葵，莖傍有角，汁白。

灌草

宋・唐慎微《證類本草》卷三〇有名未用・草木〔《別錄》〕　灌草　葉主癰腫。一名鼠肝，葉滑，青白。

芑草

宋・唐慎微《證類本草》卷三〇有名未用・草木〔《別錄》〕　芑音起草　味辛，無毒。主傷金瘡。

莘草

宋・唐慎微《證類本草》卷三〇有名未用・草木〔《別錄》〕　莘草　味甘，無毒。主盛傷痹腫。生山澤，如蒲黃，葉如芥。

英草華

宋・唐慎微《證類本草》卷三〇有名未用・草木〔《別錄》〕　英草華　味辛，平，無毒。主痹氣，強陰，療面勞疽，解煩，堅筋骨，療風頭。可作沐藥。生蔓木上。一名鹿英。九月採，陰乾。

封華

宋・唐慎微《證類本草》卷三〇有名未用・草木〔《別錄》〕　封華　味甘，有毒。主疥瘡，養肌，去惡肉。夏至日採。

腆華

宋・唐慎微《證類本草》卷三〇有名未用・草木〔《別錄》〕　腆他典切華　味甘，無毒。主上氣，解煩，堅筋骨。

節華

宋・唐慎微《證類本草》卷三〇有名未用・草木〔《別錄》〕　節華　味苦，無毒。主傷中，痿痹，溢腫。皮，主脾中客熱氣。一名山節，一名達節，一名通漆。十月採，暴乾。

讓實

宋・唐慎微《證類本草》卷三〇有名未用・草木〔《別錄》〕　讓實　味酸，主喉痹，止洩痢。十月採，陰乾。

羊實

宋・唐慎微《證類本草》卷三〇有名未用・草木〔《別錄》〕　羊實　味苦，寒。主頭禿惡瘡，疥瘙痂瘑音癬。生蜀郡。

桑莖實

宋・唐慎微《證類本草》卷三〇有名未用・草木〔《別錄》〕　桑莖實　味酸，溫，無毒。主字乳餘疾，輕身益氣。一名草王。葉如荏，方莖大葉，生園中，十月採。

可聚實

宋・唐慎微《證類本草》卷三〇有名未用・草木〔《別錄》〕　可聚實　味甘，溫，無毒。主輕身益氣，明目。一名長壽。生山野道中。穗如麥，葉如艾，五月採。

滿陰實

宋・唐慎微《證類本草》卷三〇有名未用・草木〔《別錄》〕　滿陰實　味酸，平，無毒。主益氣，除熱，止渴，利小便，輕身，長年。生深山谷及園中，莖如芥，葉小，實如櫻桃，七月成。

宋・李昉《太平御覽》卷九九三　蒲陰實　《吳氏本草》曰：蒲陰實，生平谷，或圃中。延蔓如瓜，葉、實如桃。七月採。止溫，延年。

馬顛

宋・唐慎微《證類本草》卷三〇有名未用・草木〔《別錄》〕　馬顛　味甘，有毒。療浮腫，不可多食。

馬逢

宋・唐慎微《證類本草》卷三〇有名未用・草木〔《別錄》〕　馬逢　味辛，無毒。主癬蟲。

菟棗

宋・唐慎微《證類本草》卷三〇有名未用・草木〔《別錄》〕　菟棗　味酸，無毒。主輕身益氣。生丹陽陵地，高尺許，實如棗。

鹿良

宋・唐慎微《證類本草》卷三〇有名未用・草木〔《別錄》〕　鹿良　味鹹，臭。主小兒驚癇，賁豚，瘛瘲，大人痓。五月採。

雞涅

宋・唐慎微《證類本草》卷三〇有名未用・草木〔《別錄》〕　雞涅　味甘，平，無毒。主明目。目中寒風，諸不足，水腫，邪氣，補中，止洩痢，療女子白沃。一名陰洛。生雞山，採無時。

犀洛

宋・唐慎微《證類本草》卷三〇有名未用・草木〔《別錄》〕　犀洛　味甘，無毒。主癃。一名星洛，一名泥洛。

雀梅

宋・唐慎微《證類本草》卷三〇有名未用・草木〔《別錄》〕　雀梅　味酸，寒，有毒。主蝕惡瘡，一名千雀。生海水石谷間。

〔梁・陶弘景《本草經集注》〕云：葉與實俱如麥李。

清・吳儀洛《本草從新》卷二　雀梅葉〔瀉熱解毒。〕　酸，寒。治乳癰便毒有奇功。一名爵梅，葉如薔薇葉，生細梅如小豆大。

題清・徐大椿《藥性切用》卷四　雀梅葉　一名爵梅葉。性味酸寒，治乳癰便毒有效。

清・趙學敏《本草綱目拾遺》卷五草部下　雀梅　一名爵梅。葉如薔薇，結實如梅而小。《百草鏡》云：有一種山雀梅，枝不蔓曲，是樹不實，亦有高大者。　按：爵梅《綱目》主治蝕惡瘡外，皆不載，今復補其功用。○《綱目》郁李下引《詩疏》云：一名雀梅，與此名同物異。亦不言治癰毒。

葉酸寒，治乳癰便毒，有奇效，瀉熱解毒。

清・趙其光《本草求原》卷三隰草部　雀梅葉　即爵梅。　酸寒，治乳癰、便毒甚效。如薔薇葉，生細梅如小豆大。

燕齒

宋・唐慎微《證類本草》卷三〇有名未用・草木〔《別錄》〕　燕齒　主小兒癇，寒熱。五月五日採。

土齒

宋・唐慎微《證類本草》卷三〇有名未用・草木〔《別錄》〕　土齒　味

甘，平，無毒。主輕身，益氣，長年。生山陵地中，狀如馬牙。

金莖

宋・唐慎微《證類本草》卷三〇有名未用・草木〔《別錄》〕 金莖 味苦，平，無毒。主金瘡，内漏。一名葉金草。生澤中高處。

白背

宋・唐慎微《證類本草》卷三〇有名未用・草木〔《別錄》〕 白背 味苦，平，無毒。主寒熱，洗浴疥，惡瘡。生山陵。根似紫葳，葉如燕盧，採無時。

青雌

宋・唐慎微《證類本草》卷三〇有名未用・草木〔《別錄》〕 青雌 味苦。主惡瘡，禿敗瘡，火氣，殺三蟲。一名蟲損，一名孟推。生方山山谷。

白辛

宋・唐慎微《證類本草》卷三〇有名未用・草木〔《別錄》〕 白辛 味辛，有毒。主寒熱。一名脫尾，一名羊草。生楚山。三月採根，白而香。

赤舉

宋・唐慎微《證類本草》卷三〇有名未用・草木〔《別錄》〕 赤舉 味甘，無毒。主腹痛。一名羊飴，一名陵渴。生山陰，二月花兌音銳蔓草上，五月實黑，中有核。三月三日採葉，陰乾。

赤涅

宋・唐慎微《證類本草》卷三〇有名未用・草木〔《別錄》〕 赤涅 味甘，無毒。主疰，崩中，止血，益氣。生蜀郡山石陰地濕處。採無時。

赤赫

宋・唐慎微《證類本草》卷三〇有名未用〔《別錄》〕 赤赫 味苦，寒，有毒。主痂瘍，惡敗瘡，除三蟲，邪氣。生益州川谷。二月、八月採。

黃秫

宋・唐慎微《證類本草》卷三〇有名未用・草木〔《別錄》〕 黃秫 味苦，無毒。主心煩，止汗出。生如桐根。

黃辯

宋・唐慎微《證類本草》卷三〇有名未用・草木〔《別錄》〕 黃辯 味甘，平，無毒。主心腹疝瘕，口瘡，臍傷。一名經辯。

紫給

宋・唐慎微《證類本草》卷三〇有名未用・草木〔《別錄》〕 紫給 味鹹。主毒風頭洩注。一名野葵。生高陵下地。三月三日採根，根如烏頭。

紫藍

宋・唐慎微《證類本草》卷三〇有名未用・草木〔《別錄》〕 紫藍 味鹹，無毒。主食肉得毒，能消除之。

糞藍

宋・唐慎微《證類本草》卷三〇有名未用・草木〔《別錄》〕 糞藍 味苦。主身痒瘡，白禿，漆瘡，洗之。生房陵。

巴朱

宋・唐慎微《證類本草》卷三〇有名未用・草木〔《別錄》〕 巴朱 味甘，無毒。主寒，止血，帶下。生雒陽。

柒紫

宋・唐慎微《證類本草》卷三〇有名未用・草木〔《別錄》〕 柒紫 味苦。主小腹痛，利小腹，破積聚，長肌肉。久服輕身長年。生冤句，二月、七月採。

文石

宋・唐慎微《證類本草》卷三〇有名未用・草木〔《別錄》〕 文石 味甘。主寒熱，心煩。一名黍石。生東郡山澤中水下。五色，有汁，潤澤。

路石

宋・唐慎微《證類本草》卷三〇有名未用・草木〔《別錄》〕 路石 味甘、酸，無毒。主心腹，止汗，生肌，酒痂，益氣，耐寒，實骨髓。一名陵石。生草石上，天雨獨乾，日出獨濡。花黃，莖赤黑。三歲一實，赤如麻子。五月、十月採莖、葉，陰乾。

曠石

宋・唐慎微《證類本草》卷三〇有名未用・草木〔《別錄》〕 曠石 味甘，平，無毒。主益氣養神，除熱，止渴。生江南，如石草。

厲石華

宋・唐慎微《證類本草》卷三〇有名未用・玉石〔《別錄》〕 厲石華 味甘，無毒。主益氣，養神，止渴，除熱，强陰，生江南，如石花，採無時。

敗石

宋·唐慎微《證類本草》卷三〇有名未用·草木〔《別錄》〕　敗石　味苦，無毒。主渴痹。

石劇

宋·唐慎微《證類本草》卷三〇有名未用·草木〔《別錄》〕　石劇　味甘，無毒。主渴，消中。

石芸

宋·唐慎微《證類本草》卷三〇有名未用·草木〔《別錄》〕　石芸　味甘，無毒。主目痛，淋露，寒熱，溢血。一名螫烈，一名顧啄。三月、五月採莖，葉，陰乾。〔宋·掌禹錫《嘉祐本草》〕按：《爾雅》云：葝，勃葝。郭注云：一名石芸。

宋·李昉《太平御覽》卷第九九三　石芸　《爾雅》曰：葝，勃葝也。郭璞注曰：一名石芸。音列。《范子計然》曰：石芸出三輔。

竹付

宋·唐慎微《證類本草》卷三〇有名未用·草木〔《別錄》〕　竹付　味甘，無毒。主止痛，除血。

秘惡

宋·唐慎微《證類本草》卷三〇有名未用·草木〔《別錄》〕　秘惡　味酸，無毒。主療肝邪氣。一名杜逢。

盧精

宋·李昉《太平御覽》卷第九九一　盧精　《本草經》曰：盧精，治蠱毒。味辛，平。生益州。

唐夷

宋·唐慎微《證類本草》卷三〇有名未用·草木〔《別錄》〕　唐夷　味苦，無毒。主療踒折。

知杖

宋·唐慎微《證類本草》卷三〇有名未用·草木〔《別錄》〕　知杖　味甘，無毒。療疝。

河煎

宋·唐慎微《證類本草》卷三〇有名未用·草木〔《別錄》〕　河煎　味酸。主結氣，癰在喉頸者。生海中。八月、九月採。

區余

宋·唐慎微《證類本草》卷三〇有名未用·草木〔《別錄》〕　區余　味辛，無毒。主心腹熱瘙。〔宋·掌禹錫《嘉祐本草》〕按：《蜀本》作癃。

王明

宋·唐慎微《證類本草》卷三〇有名未用·草木〔《別錄》〕　王明　味苦。主身熱，邪氣。小兒身熱，以浴之。生山谷。一名王草。

師系

宋·唐慎微《證類本草》卷三〇有名未用·草木〔《別錄》〕　師系　味甘，無毒。主癰腫惡瘡，煮洗之。一名臣堯，一名臣骨，一名鬼芭。生平澤。八月採。

并苦

宋·唐慎微《證類本草》卷三〇有名未用·草木〔《別錄》〕　并苦　主欬逆上氣，益肺氣，安五藏。一名蝁音或薫，一名玉荊。三月採，陰乾。

索干

宋·唐慎微《證類本草》卷三〇有名未用·草木〔《別錄》〕　索干　味苦，無毒。主易耳。一名馬耳。

良達

宋·唐慎微《證類本草》卷三〇有名未用·草木〔《別錄》〕　良達　主齒痛，止渴，輕身。生山陰，莖蔓延，大如葵，子滑小。

弋共

宋·唐慎微《證類本草》卷三〇有名未用〔《別錄》〕　弋共：味苦，寒，無毒。主驚氣，傷寒，腹痛羸瘦，皮中有邪氣，手足寒無色。生益州山谷。惡玉札、蜚蠊。

蕈草

宋·唐慎微《證類本草》卷三〇有名未用〔《別錄》〕　蕈音譚草　味鹹，平，無毒。主養心氣，除心溫溫辛痛，浸淫身熱。可作鹽。生淮南平澤，七月採。礬石爲之使。

〔宋·掌禹錫《嘉祐本草》〕按：《藥性論》云：蕈草，亦可單用。味苦，無毒。主遍生風瘡，壯熱。理石爲之使。

船虹

宋・唐慎微《證類本草》卷三〇有名未用〔《别録》〕　船虹　味酸，無毒。主下氣，止煩滿。可作浴湯藥，色黄。生蜀郡，立秋取。

〔梁・陶弘景《本草經集注》〕云：方藥不〔復〕用，俗人無識者。

姑活

宋・唐慎微《證婁本草》卷三〇〔《本經・别録》〕　姑活　**味甘，温，**無毒。**主大風邪氣，濕痹寒痛。久服輕身，益壽耐老。一名冬葵子。**生河東。

〔梁・陶弘景《本草經集注》〕云：方藥亦無用此者，乃有固活丸，取是野葛一名爾。此又名冬葵子，非葵菜之冬葵子，療體乖異。

白女腸

宋・唐慎微《證類本草》卷三〇有名未用・草木〔《别録》〕　白女腸　味辛，温，無毒。主洩痢腸澼，療心痛，破疝瘕。生深山谷中，葉如藍，實赤。赤女腸亦同。

〔唐・蘇敬《唐本草》〕注云：《别録》一名雞精也。

白扇根

宋・唐慎微《證類本草》卷三〇有名未用・草木〔《别録》〕　白扇根　味苦，寒，無毒。主瘧，皮膚寒熱，出汗，令人變。

黄白支

宋・唐慎微《證類本草》卷三〇有名未用・草木〔《别録》〕　黄白支　生山陵。三月、四月採根，暴乾。

父陛根

宋・唐慎微《證類本草》卷三〇有名未用・草木〔《别録》〕　父陛根　味辛，有毒。以熨癰腫。膚脹。一名膏魚，一名梓藻。

疥拍腹

宋・唐慎微《證類本草》卷三〇有名未用・草木〔《别録》〕　疥拍腹　味辛，温，無毒。主輕身，療痹。五月採，陰乾。

五母麻

宋・唐慎微《證類本草》卷三〇有名未用・草木〔《别録》〕　五母麻　味苦，有毒。主痿痹不便，下痢。一名鹿麻，一名歸澤麻，一名天麻，一名若一草。〔宋・掌禹錫《嘉祐本草》〕按：《蜀本》無一字。生田野。五月採。

明・李時珍《本草綱目》卷二一草部・有名未用　五母麻《别録》曰：味苦，有毒。主痿痹不便，下痢。一名鹿麻，一名歸澤麻，一名天麻，一名若草。生田野，五月採。時珍曰：茺蔚之白花者，亦名天麻草。

五色符

宋・唐慎微《證類本草》卷三〇有名未用〔《别録》〕　五色符　味苦，微温。主欬逆，五藏邪氣，調中益氣，明目，殺蝨。青符、白符、赤符、黑符、黄符，各隨色補其藏。白符一名女木。生巴郡山谷。

〔梁・陶弘景《本草經集注》〕云：方藥皆不復用，今人並無識者。

〔宋・掌禹錫《嘉祐本草》〕按：吴氏云：五色石脂，一名青、赤、黄、白、黑符。

救赦人者

宋・唐慎微《證類本草》卷三〇有名未用・草木〔《别録》〕　救赦人者　味甘，有毒。主疝痹，通氣，諸不足。生人家宫室。五月、十月採，暴乾。

常吏之生

宋・唐慎微《證類本草》卷三〇有名未用・草木〔《别録》〕　常吏之生

〔宋・掌禹錫《嘉祐本草》〕按：《蜀本》云：常更之生。味苦，平，無毒。主明目。實有刺，大如稻米。

載

宋・唐慎微《證類本草》卷三〇有名未用・草木〔《别録》〕　載　味酸，無毒。主諸惡氣。

慶

宋・唐慎微《證類本草》卷三〇有名未用・草木〔《别録》〕　慶　味苦，無毒。主欬嗽。

腂

宋・唐慎微《證類本草》卷三〇有名未用・草木〔《别録》〕　腂戶瓦切　味甘，無毒。主益氣，延年。生山谷中，白順理。十月採。

芥

宋・唐慎微《證類本草》卷三〇有名未用・草木〔《别録》〕　芥　味苦，寒，無毒。主消渴，止血，婦人疾，除痹。一名梨。葉如大青。

鳩鳥漿

宋・唐慎微《證類本草》卷一三木部中品〔唐・陳藏器《本草拾遺》〕　鳩

烏漿　味甘，溫，無毒。主風血羸老。山人浸酒，用解諸毒，故曰鳩烏漿。生江南林木下。高一二尺，葉陰紫色，冬不凋，有赤子如珠。

鳩烏威

宋・唐慎微《證類本草》卷三〇外草類〔宋・蘇頌《本草圖經》〕　鳩烏威生信州山野中。春生青葉，至九月而有花，如蓬蒿菜花，淡黃色，不結實。療癰癤腫毒。採無時。

明・劉文泰《本草品彙精要》卷四一　鳩烏威　植生。

鳩烏威：療癰癤，腫毒。出《圖經》。〔苗〕《圖經》曰：春生青葉，至九月而有花，如蓬蒿菜，淡黃色，不結實。〔地〕《圖經》曰：生信州、山野中。〔時〕生：春生葉。採：無時。

七仙草

宋・唐慎微《證類本草》卷六草部上品〔唐・陳藏器《本草拾遺》〕　七仙草　主杖瘡，搗枝葉傅之。生山足，葉尖細長。

清・趙學敏《本草綱目拾遺》卷四草部中　七仙草　《三才藻異》：葉尖細長。治杖瘡。

雞脚草

宋・唐慎微《證類本草》卷六草部上品〔唐・陳藏器《本草拾遺》〕　雞脚草　味苦，平，無毒。主赤白久痢成痔。生澤畔。赤莖對葉，如百合苗。

兔肝草

宋・唐慎微《證類本草》卷九草部中品〔唐・陳藏器《本草拾遺》〕　兔肝草　味甘，平，無毒。主金瘡，止血生肉，解丹石發熱。初生細軟，似兔肝。一名雞肝，與蘩蔞同名。

斷罐草

宋・唐慎微《證類本草》卷一〇草部下品〔唐・陳藏器《本草拾遺》〕　斷罐草　主丁瘡。合白牙堇恥六反，羊啼菜也。菜、青苔、半夏、地骨皮、蜂窠、小兒髮，緋帛並等分作灰，五月五日和諸藥末服一錢匕，（下）〔丁〕根出也。

千金鐊草

宋・唐慎微《證類本草》卷一〇草部下品〔唐・陳藏器《本草拾遺》〕　千金鐊草　主蛇蠍蟲咬等毒。取草搗傅瘡上，生肌止痛。生江南，高二三尺也。

土落草

宋・唐慎微《證類本草》卷八草部中品〔唐・陳藏器《本草拾遺》〕　土落草　味甘，溫，無毒。主腹冷疼氣，痃癖。作煎酒，亦擣絞汁，溫服。葉細長，生嶺南山谷，土人服之。

倚待草

宋・唐慎微《證類本草》卷六草部上品〔唐・陳藏器《本草拾遺》〕　倚待草　味甘，溫，無毒。主血氣虛勞，腰膝疼弱，風緩，羸瘦無顏色，絕傷，無子，婦人老血。浸酒服之。逐病拯疾，故名倚待。生桂州如安山谷，葉圓，高二三尺，八月採取。

藥王

宋・唐慎微《證類本草》卷六草部上品〔唐・陳藏器《本草拾遺》〕　藥王味甘，平，無毒。解一切毒，止鼻衄，吐血，祛煩躁。苗莖青色，葉摘之有乳汁，搗汁飲驗。

明・繆希雍《本草經疏》卷六　藥王　味甘，平，無毒。解一切毒，止鼻衄，吐血，祛煩躁。苗莖青色，花黃色，葉摘之有汁，搗汁飲，驗。

〔疏〕藥王稟天地清和生發之氣以生，故其味甘，平，無毒。甘能解毒，故主解一切毒。平能涼血清熱，故止鼻衄、吐血，祛煩躁也。

筋子根

宋・唐慎微《證類本草》卷八草部中品〔唐・陳藏器《本草拾遺》〕　筋子根　味苦，溫，無毒。主心腹痛，不問冷熱遠近，惡鬼氣注刺痛，霍亂，蠱毒，暴下血，腹冷不調。酒飲磨服。生四明山。苗高尺餘，葉圓厚光潤，冬不凋，根大如指，亦名根子

根子

宋・唐慎微《證類本草》卷三〇外草類〔宋・蘇頌《本草圖經》〕　根子生威州山中。味苦，辛，溫。主心中結塊，久積氣攻臍下。根入藥用。採無時。其苗、葉、花：實並不入藥。

宋・陳衍《寶慶本草折衷》卷二〇　根子〇酒法續附。　生威州山中，採根無附。〇《天台方》云：忌猪、羊發風等物。　味苦，辛，溫，有毒。見續說。〇主心中結塊，久積，氣攻臍下。根入藥用，其苗、葉、花、實，並不入藥。續說云：天台聖根子酒，其方狀謂治久近風疾甚驗，然性亦毒。每用貳

寸，溫水漬通潤，以濕紙裹就，文武火中略炮過，取出搥去心，無灰酒壹升，并製淨根子，入瓶浸，置於微火之側。經旬，以浸根子酒半盞，將平常無灰酒壹盞交和，食後溫飲，日二三服。依此浸服，久而致效。如治急中，則用根子於峭瓦器中，以酒醋磨，添湯灌下。孕婦勿服。

明・劉文泰《本草品彙精要》卷四一　根子　叢生。

根子：主心中結塊，久積氣，攻臍下。出《圖經》。　【地】《圖經》曰：生威州山中。　【時】生：春生苗。採：無時取根。　【用】根。　【味】苦，辛。　【性】溫。　【氣】氣厚味薄，陽中之陰。

盧藥

宋・唐慎微《證類本草》卷八草部中品〔唐・陳藏器《本草拾遺》〕　盧藥　味鹹，溫，無毒。主折傷內損血瘀，生膚止痛，主產後血病，治五藏，除邪氣，補虛損，乳及水煮服之，亦擣碎傅傷折處。生胡國，似乾茅，黃赤色。

明・李時珍《本草綱目》卷二一草部・有名未用　盧藥藏器曰：生胡國。似乾茅，黃赤色。味鹹，溫，無毒。主折傷內損血瘀，生膚止痛，治五臟，除邪氣，補虛損，產後血病。水煮服之，亦擣傅傷處。時珍曰：《外臺秘要》：治墮馬內損，取盧藥末一兩，牛乳一盞，煎服。

陀得花

宋・唐慎微《證類本草》卷九草部中品〔宋・馬志《開寶本草》〕　陀得花　味甘，溫，無毒。主一切風血。浸酒服，生西國，胡人將來。胡人採此花以釀酒，呼爲三勒漿今附。

明・劉文泰《本草品彙精要》卷一二　陀得花

陀得花：主一切風血，浸酒服。名醫所錄。　【名】三勒漿。　【苗】《圖經》曰：胡人採此花以釀酒，呼爲三勒漿。　【地】《圖經》曰：生西國。【用】花。　【味】甘。　【性】溫，緩。　【氣】氣之厚者，陽也。

建水草

宋・唐慎微《證類本草》卷三〇外草類〔宋・蘇頌《本草圖經》〕　建水草　生福州。其枝葉似桑，四時常有。彼土人取其葉，焙乾碾末，暖酒服。治走疰風。

明・劉文泰《本草品彙精要》卷四一　建水草　植生。

建水草：治走疰風。取其葉焙乾，碾末暖酒服。出《圖經》。　【苗】《圖經》曰：其枝葉似桑，四時常有。　【地】《圖經》曰：生福州。　【時】生：春生苗。採：無時取葉。　【用】葉。

百藥祖

宋・唐慎微《證類本草》卷三〇外草類〔宋・蘇頌《本草圖經》〕　百藥祖　生天台山中。苗葉冬夏常青。彼土人冬採其葉入藥。治風有效。

明・劉文泰《本草品彙精要》卷四一　百藥祖　植生。

百藥祖：治風有效。出《圖經》。　【苗】《圖經》曰：苗葉冬夏常青。【地】《圖經》曰：生天台山中。　【時】生：春生新葉。採：冬取根。【用】根。

催風使

宋・唐慎微《證類本草》卷三〇外草類〔宋・蘇頌《本草圖經》〕　催風使　生天台山中。苗葉冬夏常青。彼土人秋採其葉入藥用，治風有效。

宋・陳衍《寶慶本草折衷》卷二〇　催風使　生天台山中。秋採葉。治風有效。○苗葉冬夏常青。

明・劉文泰《本草品彙精要》卷四一　催風使　植生。

催風使：治風有效。出《圖經》。　【苗】《圖經》曰：苗葉冬夏常青。【地】《圖經》曰：生天台山中。　【時】生：春生新葉。採：秋取。【用】葉。

明・許希周《藥性粗評》卷二　催風使　起兒童之搐。

催風使，苗葉冬夏常青，江南處處有之，以天台者勝。秋採葉收貯，入風藥用。味、性、毒《本草》不載。主治小兒風搐。

明・李時珍《本草綱目》卷二一草部・有名未用　催風使頌曰：生天台山中。冬夏常青。土人〔秋〕採葉，治風有效。時珍曰：五加皮亦名催風使。

石逍遙草

宋・唐慎微《證類本草》卷三〇外草類〔宋・蘇頌《本草圖經》〕　石逍遙草　生常州。味苦，微寒，無毒。療癱緩諸風，手足不遂。其草冬夏常有，無花實。生亦不多，採無時。俗用擣爲末，煉蜜丸如梧子大，酒服三十粒，日三服，百日差。久服益血，輕身。初服微有頭疼，無害。

明・劉文泰《本草品彙精要》卷四一　石逍遙草無毒　植生。

石逍遙草：療癱瘓諸風，手足不遂。取苗葉擣爲末，煉蜜丸如梧桐子大，酒服二十粒，日二服，百日瘥。久服益血，輕身。初服微有頭疼，無害。出《圖經》。【苗】《圖經》曰：其草冬夏常有，無花實，生亦不多。【地】《圖經》曰：生常州。【時】生：冬夏常有。採：無時。【用】苗、葉。【味】苦。【性】微寒。【氣】味厚於氣，陰也。

黃寮郎

宋・唐慎微《證類本草》卷三〇外草類〔宋・蘇頌《本草圖經》〕 黃寮郎 生天台山中。苗葉冬夏常青。彼土人採其根入藥。治風有效。

明・劉文泰《本草品彙精要》卷四一 黃寮郎 植生。

黃寮郎：治風有效。出《圖經》。【苗】《圖經》曰：苗葉冬夏常青。【地】《圖經》曰：生天台山中。【時】生：春生新葉。採：無時取根。【用】根。

明・李時珍《本草綱目》卷二一草部・有名未用 黃寮郎頌曰：生天台山中。冬夏常青。土人採根，治風有效。時珍曰：按《醫學正傳》云：黃寮郎俗名倒摘刺，治喉痛。用根擂汁，入少酒，滴之即愈。又《醫學集成》云：牙痛者，取倒摘刺刀上燒之，取烟煤，綿蘸塞痛處，即止。

黃花了

宋・唐慎微《證類本草》卷三〇外草類〔宋・蘇頌《本草圖經》〕 黃花了 生信州。春生青葉，至三月而有花，似辣菜花，黃色。至秋中結實。採無時。療咽喉口齒。

明・劉文泰《本草品彙精要》卷四一 黃花了 植生。

黃花了：療咽喉口齒。出《圖經》。【苗】《圖經》曰：春生青葉，至三月而有花，似辣菜花，黃色，至秋中結實。【地】《圖經》曰：生信州。【時】生：春生葉。採：無時。

地茄子

宋・唐慎微《證類本草》卷三〇外草類〔宋・蘇頌《本草圖經》〕 地茄子 生商州。味微辛，溫，有小毒。主中風痰涎麻痹，下熱毒氣，破堅積，利膈，消癰腫瘡癤，散血墮胎。三月開花結實，五月、六月採，陰乾用。

明・劉文泰《本草品彙精要》卷四一 地茄子有小毒 叢生。

地茄子：主中風痰涎，麻痹，下熱毒氣，破堅積，利膈，消癰腫瘡癤，散血。出《圖經》。【苗】《圖經》曰：三月開花結子。【地】《圖經》曰：生商州。【時】生：春生苗。採：五月、六月取子。【收】陰乾。【用】子。【味】微辛。【性】溫。【氣】氣之厚者，陽也。

田母草

宋・唐慎微《證類本草》卷三〇外草類〔宋・蘇頌《本草圖經》〕 田母草 生臨江軍。性涼，無花實。二月採根用。主煩熱及小兒風熱，用之尤效。

明・劉文泰《本草品彙精要》卷四一 田母草 植生。

田母草：主煩熱及小兒風熱，用之尤效。出《圖經》。【苗】《圖經》曰：無花實。【地】《圖經》曰：生臨江軍。【時】生：春生苗。採：二月取根。【用】根。【性】涼。【氣】氣之薄者，陰也。

田麻

宋・唐慎微《證類本草》卷三〇外草類〔宋・蘇頌《本草圖經》〕 田麻 生信州田野及溝澗傍。春夏生青葉，七月、八月中生小莢子。冬三月採葉，療癰癤腫毒。

明・劉文泰《本草品彙精要》卷四一 田麻 植生。

田麻：療癰癤腫毒。出《圖經》。【苗】《圖經》曰：春夏生青葉，七月、八月中生小莢子。【地】《圖經》曰：生信州田野及溝澗旁。【時】生：春夏生苗。採：冬月取。【用】葉。【色】青。

芥心草

宋・唐慎微《證類本草》卷三〇外木蔓類〔宋・蘇頌《本草圖經》〕 芥心草 生淄州。初生似臘謨草，引蔓白色，根黃色。四月採苗葉，彼土人擣末，治瘡疥甚效。

明・劉文泰《本草品彙精要》卷四一 芥心草 蔓生。

芥心草：擣末，治瘡疥甚效。出《圖經》。【苗】《圖經》曰：初生似臘謨草，引蔓白色，根黃色。【地】《圖經》曰：生淄州。【時】生：春生苗。採：四時取。【用】苗、葉。

清・吳其濬《植物名實圖考》卷二〇 芥心草 宋《圖經》外類。生淄州。引蔓白色。擣汁，治瘡疥甚效。

苦芥子

宋・唐慎微《證類本草》卷三〇外草類〔宋・蘇頌《本草圖經》〕 苦芥子 生秦州。苗長一尺已來，枝莖青色，葉如柳，開白花，似榆莢。其子黑色，味苦，大寒，無毒。明眼目，治血風煩躁。

明・劉文泰《本草品彙精要》卷四一　苦芥子無毒　植生。

苦芥子：　明眼目，治血風煩躁。出《圖經》。　【苗】《圖經》曰：　苗長一尺以來，枝莖青色，葉如柳，開白花，似榆莢，其子黑色。【地】《圖經》曰：生秦州。【時】生：　春生苗。採：　秋取子。【用】實。【色】黑。【味】苦。【性】大寒。【氣】味厚於氣，陰也。

布里草

宋・唐慎微《證類本草》卷三〇外草類〔宋・蘇頌《本草圖經》〕　布里草生南恩州原野中。味苦，寒，有小毒。治皮膚瘡疥。莖高三四尺，葉似李而大，至夏不花而實，食之令人瀉。不拘時採根，割取皮，焙乾爲末，油和塗瘡疥，殺蟲。

明・劉文泰《本草品彙精要》卷四一　布里草有小毒　植生。

布里草：　治皮膚瘡疥出《圖經》。　【苗】《圖經》曰：　莖高三四尺，葉似李而大，至夏不花而實。【地】《圖經》曰：　生南恩州原野中。【時】生：春生苗。採：　無時，取根皮。【用】根、皮。【味】苦。【性】寒。【氣】氣薄味厚，陰也。【合治】以根割取皮，焙乾爲末，油和，塗瘡疥，殺蟲。【禁】食之令人瀉。

茆質汗

宋・唐慎微《證類本草》卷三〇外草類〔宋・蘇頌《本草圖經》〕　茆質汗生信州。葉青、花白、七月採。彼土人以治風腫，行血有效。

明・劉文泰《本草品彙精要》卷四一　茆質汗　植生。

茆質汗：　治風腫，行血有效。出《圖經》。　【苗】《圖經》曰：　葉青，花白。【地】《圖經》曰：　生信州。【時】生：　春生苗。採：　七月取。

胡堇草

宋・唐慎微《證類本草》卷三〇外草類〔宋・蘇頌《本草圖經》〕　胡堇草生密州東武山田中。味辛，滑，無毒。主五臟榮衛，肌肉皮膚中瘀血，止疼痛，散血。絞汁塗金瘡。科葉似小堇菜。花紫色，似翹軺花。一科七葉，花出三兩莖。春採苗。使時搗篩。與松脂、乳香、花桑柴炭、亂髮灰同熬，如彈丸大。如有打撲損筋骨折傷，及惡癰癤腫破，以熱酒摩一彈丸服之，其疼痛立止。

明・劉文泰《本草品彙精要》卷四一　胡堇草無毒　叢生。

胡堇草：　主五臟榮衛，肌肉皮膚中瘀血，止疼痛，散血，絞汁，塗金瘡。出《圖經》。　【苗】《圖經》曰：　科葉似小堇菜，花紫色，似翹軺花，七科七葉，花出三兩莖。【地】《圖經》曰：　生密州東武山田中。【時】生：　春初生。採：　春取苗。【用】苗。【味】辛。【性】散。【氣】氣之薄者，陽中之陰。【合治】苗擣篩爲末，與松枝、乳香、花桑柴炭、亂髮灰同熬如彈丸大，如有打撲損筋骨折傷及惡癰癤腫破，以熱酒磨一彈丸服之，其疼痛立止。

小兒群

宋・唐慎微《證類本草》卷三〇外草類〔宋・蘇頌《本草圖經》〕　小兒群生施州。叢高一尺已來，春夏生苗葉，無花，至冬而枯。其根味辛，性涼，無毒。採無時，彼土人取此并左纏草二味，洗淨，焙乾，等分擣羅爲末，每服一錢，溫酒調下，療淋疾，無忌。左纏草乃旋花根也。

明・劉文泰《本草品彙精要》卷四一　小兒群無毒　叢生。

小兒群：　與左纏草旋花根也。二味洗淨，焙乾，等分，擣羅爲末，每服一錢，溫酒調下，療淋疾，無忌。出《圖經》。　【苗】《圖經》曰：　叢高一尺，春夏生苗葉，無花，至冬而枯。【地】《圖經》曰：　生施州。【時】生：　春夏生苗。採：　無時取根。【用】根。【味】辛。【性】涼。【氣】氣之薄者，陽中之陰。

獨脚仙

宋・唐慎微《證類本草》卷三〇外草類〔宋・蘇頌《本草圖經》〕　獨脚仙生福州。山林傍陰泉處多有之。春生苗，至秋冬而葉落。其葉圓，上青下紫，其脚長三四寸，夏採根、葉，連梗焙乾爲末，治婦人血塊，酒煎半錢服之。

明・劉文泰《本草品彙精要》卷四一　獨脚仙　植生。

獨脚仙：　治婦人血塊，取根葉，連梗焙乾爲末，以酒煎半錢服之，效。出《圖經》。　【苗】《圖經》曰：　春生苗，至秋冬而葉落。其葉圓，上青下紫，其脚長三四寸。【地】《圖經》曰：　生福州，山林傍陰泉處多有之。【時】生：　春生苗。採：　夏取根、葉、梗。【收】焙乾。【用】根、葉及梗。【色】青綠。

撮石合草

宋・唐慎微《證類本草》卷三〇外草類〔宋・蘇頌《本草圖經》〕　撮石合

草　生眉州平田中。苗莖高二尺以來，葉似穀葉。十二月萌芽生苗，二月有花，不結實。其苗味甘，無毒。二月採之。彼土人用療金瘡，甚佳。

明·劉文泰《本草品彙精要》卷四一　撮石合草無毒　植生。

撮石合草：療金瘡甚佳。出《圖經》。　【苗】《圖經》曰：苗莖高二尺以來，葉似穀葉，十二月萌芽生苗，二月有花而不結實。【地】《圖經》曰：生眉州平田中。【時】生：十二月萌芽。採：二月取苗。【收】陰乾。【用】苗。【色】青綠。【味】甘。【性】緩。【氣】氣之薄者，陽中之陰。

露筋草

宋·唐慎微《證類本草》卷三〇外草類〔宋·蘇頌《本草圖經》〕　露筋草生施州。株高三尺已來，春生苗，隨即開花結子，四時不凋。其子碧綠色，味辛，澁，性涼，無毒。不拘時採其根，洗淨焙乾，擣羅爲末。用白礬水調，貼蜘蛛并蜈蚣咬傷瘡。

明·劉文泰《本草品彙精要》卷四一　露筋草無毒　植生。

露筋草：療蜘蛛并蜈蚣咬傷瘡，取根末和白礬水調貼之。出《圖經》。【苗】《圖經》曰：株高三尺以來，春生苗，隨即開花結子，四時不凋，其子碧綠色。【地】《圖經》曰：生施州。【時】生：春生苗。採：不拘時取根。【用】根。【味】辛，澀。【性】涼，散。【氣】氣之薄者，陽中之陰。【製】焙乾，擣羅爲末用。

清·趙學敏《本草綱目拾遺》卷四草部中　露筋草　《藻異》：生施州，高三尺，春苗即花，子碧色，不彫。治蜘蛛傷瘡。

九龍草

明·李時珍《本草綱目》卷二一草部·有名未用　九龍草時珍曰：生平澤。生紅子，狀如楊梅。其苗解諸毒，治喉痛，擣汁灌之。折傷骨筋者，擣罨患處。蛇虺傷者，擣汁，入雄黃二錢服，其痛立止。又楊清叟《外科》云：喉風重舌，牙關緊閉者，取九龍草，一名金釵草，單枝上者爲妙。只用根，不用皮，打碎，綿裹箸上，擦牙關即開。乃插深喉中，取出痰涎。乃以火炙熱，帶鹽點之，即愈。

清·王道純《本草品彙精要續集》卷二　九龍草　【名】金釵草。【地】李時珍曰：生平澤。【苗】苗解諸毒。【質】生紅子，狀如楊梅。【治】喉痛，擣汁灌之。○折傷筋骨者，擣罨患處。○楊清叟《外科》云：喉風重舌，牙關緊閉者，取九龍草單枝上者爲妙。只用根，不用皮，打碎綿裹箸上，擦牙關即開，乃插探喉中，取出痰涎，乃以火炙熱，蘸鹽點之即愈。【合治】蛇虺傷者，擣汁入雄黃三錢，服，其痛立止。

清·趙學敏《本草綱目拾遺》卷五草部下　九龍草　《百草鏡》云：生石上，蔓延丈餘，節處生根，苗頭極多，葉絨細青色，又名九頭獅子草。又名金釵草。按《綱目》九龍草僅於雜草內附見，而所引楊清叟《外科方》一條，述其苗葉，尚是此草。至云生紅子如楊梅，則誤矣。　性溫，行血脈，治風痹跌撲損傷，雙單蛾痛風。　奶癰：《家寶方》九龍草擣，同醬板罨。　除臭蟲：《經驗廣集》取九頭獅子草放牀四角，每角用二三顆，置草薦下，任其自乾，去臭蟲神妙。　紅白蛇纏：王氏秘方：九龍草焙存性，麻油調搽。周氏《家寶》治毒蛇咬，用九龍草擣汁半盌，雄黃二錢，酒沖服，痛止。此草生紅子如楊梅樣，擣汁亦可治喉痛。按此則楊清叟《外科》所載形狀同，或名同物異，與獅子草迥殊，並存以俟考。

水銀草

宋·王介《履巉巖本草》卷中　水銀草　性大冷，有毒。治眼目昏暗，不以多少，吆咀，每服叁錢，入木賊少許，水一大盞，煎至八分，去滓，通口服，不以時。

明·李時珍《本草綱目》卷二一草部·有名未用　水銀草時珍曰：《衛生易簡方》：治眼昏。每服三錢，入木賊少許，水一盞，煎八分服。

透骨草

明·李時珍《本草綱目》卷二一草部·有名未用　透骨草時珍曰：治筋骨一切風濕，疼痛攣縮，寒濕脚氣。孫氏《集效方》：治癘風，遍身瘡癬。用透骨草、苦參、大黃、雄黃各五錢，研末煎湯。於密室中席圍，先熏至汗出如雨，淋洗之。《普濟方》：治反胃吐食。透骨草、獨科蒼耳、生牡蠣各一錢，薑三片，水煎服。楊誠《經驗方》：治一切腫毒初起。用透骨草、漏蘆、防風、地榆等分煎湯，綿蘸乘熱不住盪之。二三日即消。

清·王道純《本草品彙精要續集》卷二　透骨草　主筋骨一切風濕疼痛攣縮，寒濕脚氣《本草綱目》。【合治】孫氏《集效方》治癘風、遍身瘡癬，用透骨草、苦參、大黃、雄黃各五錢，研末煎湯，於密室中，席圍，先熏至汗出如雨淋，洗之。○反胃，吐食，透骨草、獨根蒼耳、生牡蠣各一錢，薑三片煎服。○楊誠《經驗方》：治一切腫毒初起，用透骨草、蘆、防風、地榆等分，煎湯綿蘸，乘熱不住蕩之，二三日即消。

蛇眼草

明・李時珍《本草綱目》卷二一 草部・有名未用　蛇眼草時珍曰：生古井及年久陰下處。形如淡竹葉，背後皆是紅圈，如蛇眼狀。唐瑶《經驗方》：治蛇咬。搗爛，傅患處。

清・王道純《本草品彙精要續集》卷二　蛇眼草　主蛇咬，搗爛，傅患處《本草綱目》。【地】李時珍曰：生古井及年久陰下處。【質】形如淡竹葉，背後皆是紅圈如蛇眼狀。【主】唐瑶《經驗方》治蛇咬，搗爛傅患處。

鵝項草

明・李時珍《本草綱目》卷二一 草部・有名未用　鵝項草時珍曰：《臞仙壽域方》：治咽喉生瘡。取花，同白芷、椒根皮研末，吹瘡口，即效。

蛇魚草

明・李時珍《本草綱目》卷二一 草部・有名未用　蛇魚草時珍曰：戴原禮《證治要訣》云：治金瘡血出不止。搗傅之。

九里香草

明・李時珍《本草綱目》卷二一 草部・有名未用　九里香草時珍曰：傅滋《醫學集成》：治肚癰。搗碎，浸酒服。

白筵草

明・李時珍《本草綱目》卷二一 草部・有名未用　白筵草時珍曰：香草也。蟲最畏之。孫真人《千金方》：治諸蟲瘡疥癩。取根葉煎水，隔日一洗。

環腸草

明・李時珍《本草綱目》卷二一 草部・有名未用　環腸草時珍曰：張子和《儒門事親方》：治蠱脹。曬乾煎水，日服，以小便利爲度。

劉耳草

明・李時珍《本草綱目》卷二一 草部・有名未用　劉耳草時珍曰：王執中《資生經》，治氣蠱方中用之。

銅鼓草

明・李時珍《本草綱目》卷二一 草部・有名未用　銅鼓草時珍曰：范成大《虞衡志》云：出廣西。其實如瓜。治瘍毒。

野芗草

明・李時珍《本草綱目》卷二一 草部・有名未用　野芗草時珍曰：《摘玄方》：治痞滿。用五斤，以一半安烏盆内，置鷄子十個在草上，以草一半蓋之，米醋浸二宿，鷄子殼軟，乃取於飯上蒸熟頓食之，塊漸消也。經驗。

纖霞草

明・李時珍《本草綱目》卷二一 草部・有名未用　纖霞草時珍曰：《陳巽經驗方》：元臟虚冷，氣攻臍腹痛。用硇砂一兩，生烏頭去皮二兩，纖霞草二兩爲末。以小沙罐固濟，慢火燒赤，以此草拌硇入内，不蓋口，頂火一秤煅之。爐冷取出，同烏頭末，蒸餅丸梧子大。每服三丸，醋湯下。

牛脂芳

明・李時珍《本草綱目》卷二一 草部・有名未用　牛脂芳時珍曰：《經驗良方》：治七孔出血。爲粗末。每服一勺，瓦器煎服。以紗蓋頭頂，並扎小指根。

鴨脚青

明・李時珍《本草綱目》卷二一 草部・有名未用　鴨脚青時珍曰：《普濟方》：治疔瘡如連珠者。同魚蘇研爛，糖水拌，刷之。

雙頭蓮

明・李時珍《本草綱目》卷二一 草部・有名未用　雙頭蓮時珍曰：一名催生草。主婦人産難。左手把之，即生。又主腫脹，利小便。《衛生易簡方》：治大人小兒牙疳。搗爛，貼之。

猪藍子

明・李時珍《本草綱目》卷二一 草部・有名未用　猪藍子時珍曰：《衛生易簡方》：治耳内有膿，名通耳。用子爲末，筒吹入，不過二三次愈。

天芥菜

明・李時珍《本草綱目》卷二一 草部・有名未用　天芥菜時珍曰：生平野。小葉如芥狀。味苦。一名鷄痾粘。主蛇傷。同金沸草，入鹽搗，傅之。王璽《醫林集要》：治腋下生腫毒。以鹽、醋同搗，傅之。散腫止痛，膿已成者亦安。亦治一切腫毒。

清・王道純《本草品彙精要續集》卷二　天芥菜　【名】鷄痾粘。【地】生平野。【質】小葉如芥狀。【合治】鷄痾粘，主蛇傷。同金沸草入鹽搗傅之。王璽《醫林集要》：治腋下生腫毒，以鹽醋同搗傅之，散腫止痛，膿已成者亦安。亦治一切腫毒。

清・何諫《生草藥性備要》卷下　天芥菜　味辛，性温。治腸風下血，消瘡散毒，凉血、去痰。其根仝片糖煲水飲，治暑熱。牙痛，煲酒含。一名馬駕白奥。

佛掌花

明・李時珍《本草綱目》卷二一草部・有名未用　佛掌花時珍曰：《普濟方》：治疔瘡如櫻桃者。用根，同生薑、蜜研汁，服之。外以天茄葉貼之。

清・王道純《本草品彙精要續集》卷二　佛掌花《本草綱目》　【合治】李時珍曰：《衛生易簡方》：疔瘡如櫻桃者，用根同生薑蜜研汁服之，外以天茄葉貼之。

郭公刺

明・李時珍《本草綱目》卷二一草部・有名未用　郭公刺時珍曰：一名光骨刺。取葉搗細，油調，傅天泡瘡。虞摶《醫學正傳》：治哮喘。取根剉，水煎服，即止。

清・王道純《本草品彙精要續集》卷二　郭公刺《本草綱目》　【名】光骨刺。【治】李時珍曰：取葉搗細，油調傅天泡瘡。虞博《醫學正傳》：治哮喘，取根剉，水煎服即止。

籩箕柴

明・李時珍《本草綱目》卷二一草部・有名未用　籩箕柴時珍曰：生山中。王永輔《惠濟方》：治癧瘡。取皮煎湯服。須臾痒不可忍，以手爬破，出毒氣即愈。

清・王道純《本草品彙精要續集》卷二　籩箕柴《本草綱目》　【地】李時珍曰：生山中。【治】王永輔《惠濟方》治癧瘡，取皮煎湯服，須臾，癢不可忍，以手爬破，出毒氣即愈。

碎米柴

明・李時珍《本草綱目》卷二一草部・有名未用　碎米柴時珍曰：主癰疽發背。取葉，入傅藥用。

清・王道純《本草品彙精要續集》卷二　碎米柴《本草綱目》　【治】李時珍曰：主癰疽發背，取葉入傅藥用。

山枇杷柴

明・李時珍《本草綱目》卷二一草部・有名未用　山枇杷柴時珍曰：危亦林《得效方》：治湯火傷。取皮焙研末，蜜調傅之。

清・王道純《本草品彙精要續集》卷二　山枇杷柴《本草綱目》　【主】李時珍曰：危亦林《得效方》治湯火傷，取皮焙研末，蜜調傅之。

三角風

明・李時珍《本草綱目》卷二一草部・有名未用　三角風時珍曰：一名三角尖。取石上者尤良。主風濕流注疼痛，及癰疽腫毒。

清・王道純《本草品彙精要續集》卷二　三角風《本草綱目》　【名】一名三角尖。【收】取石上生者尤良。【主】風濕流注疼痛及癰疽腫毒。

葉下紅

明・李時珍《本草綱目》卷二一草部・有名未用　葉下紅時珍曰：主飛絲入目，腫痛。同鹽少許，絹包滴汁入目。仍以塞鼻，左塞右，右塞左。

醉醒草

明・李時珍《本草綱目》卷二一草部・有名未用　（醉）醒〔醉〕草時珍曰：《天寶遺事》：玄宗於興慶池邊植之。叢生，葉紫而心殷。醉客摘草嗅之，立醒，故名。

清・王道純《本草品彙精要續集》卷二　醉醒草《本草綱目》　【地】李時珍曰：《天寶遺事》玄宗于興慶池邊植之。【苗】叢生，葉紫心殷，醉客摘草嗅之立醒，故名。

羊茅

明・李時珍《本草綱目》卷二一草部・有名未用　羊茅時珍曰：羊喜食之，故名。《普濟方》：治喉痹腫痛。搗汁，咽之。

清・王道純《本草品彙精要續集》卷二　羊茅《本草綱目》　【治】李時珍曰：羊喜食之，故名。《普濟方》治喉痹腫痛，搗汁咽之。

阿只兒

明・李時珍《本草綱目》卷二一草部・有名未用　阿（兒）只〔兒〕時珍曰：劉郁《西使記》云：出西域。狀如苦參。主打撲傷損，婦人損胎。用豆許，咽之自消。又治馬鼠瘡。

清・王道純《本草品彙精要續集》卷二　阿只兒《本草綱目》　【地】李時珍曰：劉郁《西域記》云：出西域。【質】狀如苦參。【主】打撲傷損。【治】婦人損胎，用豆許，咽之自安。○又治馬鼠瘡。

阿息兒

明・李時珍《本草綱目》卷二一草部・有名未用　阿息兒時珍曰：《西使記》云：出西域。狀如地骨皮。治婦人産後衣不下，又治金瘡膿不出。嚼爛塗之，即出。

清・王道純《本草品彙精要續集》卷二　阿息兒《本草綱目》。【地】李時珍曰：《西域記》云：出西域。【質】狀如地骨皮。【治】主婦人胞衣不下。○又治金瘡膿不出，嚼爛塗之，即出。

奴哥撒兒

明·李時珍《本草綱目》卷二一草部·有名未用 奴哥撒兒時珍曰：《西使記》云：出西域。狀如桔梗。治金瘡，及腸與筋斷者。嚼爛傅之，自續也。

清·王道純《本草品彙精要續集》卷二 奴哥撒兒《本草綱目》【地】李時珍曰：《西域記》云出西域。【質】狀如桔梗。【治】主金瘡及腸與筋斷者，嚼爛傅之，自續也。

紫故花

清·何諫《生草藥性備要》卷下 紫故花 治小兒生天婆究，(煮)〔煎〕油搽之亦妙。

羊牡草

清·何諫《生草藥性備要》卷下 羊牡草 理痰火聖藥，跌打亦可。有紅、白色，白者更妙。

野蔴根

清·何諫《生草藥性備要》卷下 野蔴根 舒筋續骨，炒黑，調酒服。

琉璃草

清·何諫《生草藥性備要》卷下 琉璃草 消囊癰、拔毒聖藥。

麻鹽根

明·佚名氏《醫方藥性·草藥便覽》 麻鹽根 其性溫。治吐瀉，澁腸。

喫茶根

明·佚名氏《醫方藥性·草藥便覽》 喫茶根 其性涼。治喉風痰涎。

飯胥苞根

明·佚名氏《醫方藥性·草藥便覽》 飯胥苞根 其性溫。去(摘)〔賊〕風，止小兒驚風。

團圓根

明·佚名氏《醫方藥性·草藥便覽》 團圓根 其性溫。調產中瘀血。

角藤根

明·佚名氏《醫方藥性·草藥便覽》 角藤根 其性□。治小兒急驚風。

鐵莧根

明·佚名氏《醫方藥性·草藥便覽》 鐵莧根 其性澁。治痢後墜，止腹痛。

溪揚花

明·佚名氏《醫方藥性·草藥便覽》 溪揚花 其性涼。治傷損血。

狗咬草

明·佚名氏《醫方藥性·草藥便覽》 狗咬草 其性苦。去利症。止血，去住。

菱香草

明·佚名氏《醫方藥性·草藥便覽》 菱香草 其性溫。治利證，去蛇毒。

天雲草

明·佚名氏《醫方藥性·草藥便覽》 天雲草 其性熱。封疔背，散血。

糞斗草

明·佚名氏《醫方藥性·草藥便覽》 糞斗草 其性溫。止瀉，去住。

糠殼仔

明·佚名氏《醫方藥性·草藥便覽》 糠殼仔 其性涼。通小腸，利小便。

金盞仔

明·佚名氏《醫方藥性·草藥便覽》 金盞仔 其性涼。能治骨底飛瘍。

秧奴仔

明·佚名氏《醫方藥性·草藥便覽》 秧奴仔 其性苦。止嗽化痰。

毛莞仔

明·佚名氏《醫方藥性·草藥便覽》 毛莞仔 其性涼。治小兒牙関重舌。

赤薛仔

明·佚名氏《醫方藥性·草藥便覽》 赤薛仔 其治飛瘍，散血。

水車仔

明·佚名氏《醫方藥性·草藥便覽》 水車仔 其性溫。治水瀉。

猪實子

明·佚名氏《醫方藥性·草藥便覽》 猪實子 其性溫。小兒驚。名大角藤子。

馬接脚

宋·唐慎微《證類本草》卷三〇外木蔓類〔宋·蘇頌《本草圖經》〕 馬接脚　生施州。作株大小不常，四時有葉無花。其皮味甘，性溫，無毒。採無時。彼土人取此并續筋。金稜藤三味，洗淨去麤皮，焙乾，等分擣羅爲末。溫酒調服一錢匕，治筋骨疼痛。續筋，即蒿蔙根也。

明·劉文泰《本草品彙精要》卷四一　馬接脚無毒　植生。

馬接脚　與續筋即旋蒿根也、金稜藤三味洗淨，去麤皮，焙乾，等分，擣羅爲末，溫酒調服一錢匕，治筋骨疼痛。出《圖經》。〖苗〗《圖經》曰：作株大小不常，四時有葉，無花。〖地〗《圖經》曰：生施州。〖時〗生：春生新葉。採：無時取皮。〖用〗皮。〖味〗甘。〖性〗溫，緩。〖氣〗氣之厚者，陽也。

清·吳其濬《植物名實圖考》卷二〇　馬接脚　宋《圖經》外類。生施州。皮治筋骨疼痛。

山糟餅

明·佚名氏《醫方藥性·草藥便覽》　山糟餅　其性酸。散太陽之惡血，退翳目腫。

山鼈嘴

明·佚名氏《醫方藥性·草藥便覽》　山鼈嘴　其性涼。治翳熱，散虛風。

山蕾藤

明·佚名氏《醫方藥性·草藥便覽》　山蕾藤　其性苦。治腦癰腫。擂酒食。

雞尻爪

明·佚名氏《醫方藥性·草藥便覽》　鷄尻爪　其性涼。治利症，住熱。

鐵雞爪

明·佚名氏《醫方藥性·草藥便覽》　鐵鷄爪　其性涼。治利症，紅住。

地馬叟

明·佚名氏《醫方藥性·草藥便覽》　地馬叟　其性溫。散血，接骨，補損。

地鑿

明·佚名氏《醫方藥性·草藥便覽》　地鑿　其性溫。散惡血，生肌肉。

地木樨

明·佚名氏《醫方藥性·草藥便覽》　地木(稺)〔樨〕　其性辣。去惡血，生(折)〔新〕血。名赤桿子。

水苦薺

明·佚名氏《醫方藥性·草藥便覽》　水苦薺　其性苦。去氣痒，治蛇傷。

水詐苧

明·佚名氏《醫方藥性·草藥便覽》　水詐苧　其性溫。治病(珎)〔奶〕，擂酒封。

岩肝

明·佚名氏《醫方藥性·草藥便覽》　岩肝　其性苦。去肺熱，散痰。

石蠓蟲

明·佚名氏《醫方藥性·草藥便覽》　石蠓蟲　其性涼。治風痛，去惡熱，治飛痒。

廣秤鎚

明·佚名氏《醫方藥性·草藥便覽》　廣秤鎚　其性溫。治風痛，治瘡癧毒。

馬沉香

明·佚名氏《醫方藥性·草藥便覽》　馬沉香　其性涼。治馬氣，散血止痛。

馬狼穢

明·佚名氏《醫方藥性·草藥便覽》　馬狼穢　其性溫。治飛痒，去冷風。

金釵拱

明·佚名氏《醫方藥性·草藥便覽》　金釵拱　其性涼。治飛痒，散血，去脚腫熱。

金錠仔

明·佚名氏《醫方藥性·草藥便覽》　金錠仔　其性溫。治骨底痛。

臭金童

明・佚名氏《醫方藥性・草藥便覽》 臭金童 其性溫。退虛腫。

天猴麥

明・佚名氏《醫方藥性・草藥便覽》 天猴麥 其性溫。治身痛，散惡血，去諸風。

天漿子

明・佚名氏《醫方藥性・草藥便覽》 天漿子 其性溫。能治小兒疳瀉。

苦天羅

明・佚名氏《醫方藥性・草藥便覽》 苦天羅 其性寒。治痰風，去疔，散血。

毛菽麯

明・佚名氏《醫方藥性・草藥便覽》 毛菽麯 其性溫。治底腦飛瘍，去諸風邪。

白木蓮

明・佚名氏《醫方藥性・草藥便覽》 白木蓮 其性苦。治諸風邪，散熱氣。

天髏髏

明・佚名氏《醫方藥性・草藥便覽》 天髏髏 其性苦、澁。治痢瀉不住。

螺否菜

明・佚名氏《醫方藥性・草藥便覽》 螺否菜 其性涼。治疔熱之痛。

耳環尻

明・佚名氏《醫方藥性・草藥便覽》 耳環尻 其性涼。治小便之淋。名對日舊。

一滴金

明・佚名氏《醫方藥性・草藥便覽》 一滴金 其性苦、寒。治肺中之嗽熱，解心中之惡邪。

落鴉碗

明・佚名氏《醫方藥性・草藥便覽》 落鴉碗 其性涼。治諸風，目中之翳熱。去熱氣。

鐵筶杯

明・佚名氏《醫方藥性・草藥便覽》 鐵筶杯 其性涼。治諸風邪，去熱血。

蛇不見

明・佚名氏《醫方藥性・草藥便覽》 蛇不見 其性溫。治惡毒之疔背。

掬水筒

明・佚名氏《醫方藥性・草藥便覽》 掬水筒 其性苦。散惡血邪，治中之風熱。

仰面龜

明・佚名氏《醫方藥性・草藥便覽》 仰面龜 其性溫。治無名腫毒。

七葉楊香

明・佚名氏《醫方藥性・草藥便覽》 七葉楊香 其性苦。治風氣，治利症之住血。

過冬陽

明・佚名氏《醫方藥性・草藥便覽》 過冬陽 其性溫。治風毒之疼痛。

白急調

明・佚名氏《醫方藥性・草藥便覽》 白急調 其性辛。治淋漓之濁。

臭急調

明・佚名氏《醫方藥性・草藥便覽》 臭急調 其性辛、辣。治蛇毒，去腫風。

侍郎茄

明・佚名氏《醫方藥性・草藥便覽》 侍郎茄 其性苦。背疔之毒。

大蘇根

明・佚名氏《醫方藥性・草藥便覽》 大蘇根 其性溫。治飛痒，散血。落鴉鎗。

蛇窮頭

明・佚名氏《醫方藥性・草藥便覽》 蛇窮頭 其性苦。治無名腫毒。

去膿。

蜜蜂草

宋・王介《履巉巖本草》卷上　蜜蜂草　性涼，無毒。善治諸般惡瘡等疾，擣少許貼之。園丁常以手挼其葉，聞之，果似蜜香，故名蜜蜂草。

大葉水芹草

宋・王介《履巉巖本草》卷下　大葉水芹草　有大熱，大毒。能服水銀。多入爐火藥用。仙人有歌曰：水芹水芹，識者不貧。不入別藥，只好燒銀。

百匹羅草

宋・王介《履巉巖本草》卷下　百匹羅草　又名大白草，又名少白草。有大熱，大毒。多入爐火藥用。治肚裏疼，入高良薑、甘草，煎湯服。翻胃，入乾薑，用水一盞，煎八分，熱服。

漢王試劍草

宋・王介《履巉巖本草》卷下　漢王試劍草　性熱，有大毒。能伏砒霜、硫黃，結水銀砂。

竹邊草

宋・王介《履巉巖本草》卷上　竹邊草　《衛生易簡方》：治風濕相搏，用竹邊草爲末，酒糊丸如桐子大，每服三十丸，溫酒鹽湯下，日三服，效。

硃砂記草

宋・王介《履巉巖本草》卷下　硃砂記草　性溫，無毒。能煆硃砂，入爐火藥用。

金螃蟹草

宋・王介《履巉巖本草》卷下　金螃蟹草　性熱，有大毒。能燒金、伏朱砂用。

金盤草

宋・王介《履巉巖本草》卷下　金盤草　性熱，有大毒。入在燒銀鍋內，可辨銀真僞。

龍鬚草

宋・王介《履巉巖本草》卷下　龍鬚草　性涼，無毒。治一切瘡。用根療痔疾。葉：死得硫黃。

四縫草

宋・王介《履巉巖本草》卷下　四縫草　性溫，無毒。治風濕相搏，研爲細末，每服一錢，濃煎，蘇木酒調服。

皺面五葉草

宋・王介《履巉巖本草》卷下　皺面五葉草　性涼，無毒。治赤眼，入龍膽草，同爲細末，每服一錢，用熟羊肝蘸藥末嚼服。

狗舌草

宋・王介《履巉巖本草》卷下　狗舌草　性寒，無毒。治髭癰，收瘡口，爲細末，用少許貼患處。

荳子青蒿

宋・王介《履巉巖本草》卷下　荳子青蒿　性溫，無毒。治瀉痢不止，曬乾爲末，每服一錢，井花水調服。

紫葉苦草

宋・王介《履巉巖本草》卷下　紫葉苦草　性溫，無毒。治腫毒。能服硫黃。

香樟草

宋・王介《履巉巖本草》卷下　香樟草　性涼，無毒。去腫。煎湯洗腿脚，除寒濕氣。

綠葱草

宋・王介《履巉巖本草》卷下　綠葱草　性溫，無毒。根療痔疾。葉醫腫毒。

長春壽帶草

宋・王介《履巉巖本草》卷下　長春壽帶草　性寒，有毒。能伏水銀，多入爐火藥用。

金釵草

宋・王介《履巉巖本草》卷下　金釵草　性寒，有毒。能伏五金八石，入爐火藥用。

小白羅草

宋・王介《履巉巖本草》卷下　小白羅草　性熱，有大毒。能伏水銀，多入爐火藥用。

三縫草

宋・王介《履巉巖本草》卷下　三縫草　性凉，無毒。治一切眼疾，用少許泡湯洗眼。

滑藤菜

明・鮑山《野菜博錄》卷二　滑藤菜　一名紫果兒。人家園圃亦多。藤苗附草木延生，葉似山藥葉，苗間開紅紫花，結子如豆大，鮮紫色。亦可染紙。其味甘苦，性平，無毒。　食法：　採嫩葉煠熟，水淘淨，去苦味，油鹽調食。

石龍草

明・蘭茂撰，清・管暄校補《滇南本草》卷上　石龍草　味苦，無毒。生石上。花似丁香花，葉似桃葉。採梗枝煎服，能目視百里，治一切眼科神效。採根，煮鐵成銀。

鐵刺枝

明・蘭茂撰，清・管暄校補《滇南本草》卷上　鐵刺枝　一名刺枝。味苦，無毒。鐵梗，開小白花，冬秋無花，似鐵釘刺，多出石傍。採取晒乾，為末。治酒毒沖心，胃中結疼，或酒蟲酒龜在腹内作痛，不能忍者，服之效。取楊梅根同此刺根，共為末，治癱瘓痰軟，每服三錢，用無灰酒下，神效。忌蘿葡。

掛壁青

明・蘭茂原撰，范洪等抄補《滇南本草圖説》卷一〇　掛壁青　葉上有毛，開黄花，高四五寸許。味苦酸平，氣寒，無毒。乃大寒純陰之草也，故主大熱。主治：　一切身熱煩邪並解，諸蟲虺蛇毒傷，惡氣兼治。小兒遊火，金瘡，服之立瘥。

藍花接骨草

明・蘭茂原撰，范洪等抄補《滇南本草圖説》卷一二　藍花接骨草　氣味酸，甘，平。主治：　筋骨疼痛，風濕麻木，半身不遂。跌打損傷，筋骨碎斷者，包敷患處，可以接續，其效如神。

金絲接骨草

明・蘭茂《滇南本草》〔叢本〕卷下　金絲接骨草　性溫。治筋骨疼痛，痰火。水煎點酒。金絲接骨草五錢、全秦歸五錢、川牛(夕)〔膝〕五錢、桂枝三錢、木瓜三錢，用好酒三斤，文武火煮一柱香時，取出，去火毒，早晚服之。

夜叉頭

明・許希周《藥性粗評》卷三　血傷五臟，夜叉頭隨處擒收。　夜叉頭《本草》無考。

小華

宋・李昉《太平御覽》卷第九九一　小華　《吴氏本草》曰：　小華，一名結草。

自背沙

清・何諌《生草藥性備要》卷上　自背沙　味苦，性辛，有小毒。洗瘀腳，止癢。

離情草

清・趙學敏《本草綱目拾遺》卷三草部上　離情草　出雲南，夷中多有鬻之者，凡人為情慾錮閉，往往致死。得此草一莖，煎服之，入口即豁如夢覺，斷緣絶愛，亦不自知所以然也。

按：　段成式《雜俎》載左行草使人無情，范陽以之入貢，或即此類歟。又有合情草，與之相反，可知造物之生物，必有對待如此也。　已相思，絶情愛，如神。

和合草

清・趙學敏《本草綱目拾遺》卷三草部上　和合草　此即合情草也。《柳崖外編》：　永昌府瀾滄江外，有和合草，根潔白，結男女交媾狀，土人見之，用稻米周遭圍之，掘方可得，否則遁去。有夫婦不諧者，服之即歡好。然載諸江船，輒沈溺不得渡。智者用長線繫置岸側，持線登舟，渡畢，然後引過。故滇省近邊一帶，時時有之。聞服之者曰：　男視女，雖嫫母，西子王嫱不若也。女視男，雖醜亦潘安，雖老亦健兒也。治夫婦相憎疾，煎酒服。

知風草

清・趙學敏《本草綱目拾遺》卷三草部上　知風草　《藥性考》：　生雷瓊，蔓生，無毒，土人春日視其苗，有一節，則一次有風。入藥以無節者浸酒用，治一切風痹入骨，能拔之外出。

靈通草

清・趙學敏《本草綱目拾遺》卷四草部中　靈通草　《楚庭稗珠》：　僧

建公之徒条悟患聾，達公謂得羅浮靈通草始瘳。条悟來博館，入山於玉女峰得此草，莖長三尺，如箸而莖虛中，兩頭皆實，頂開七葉，取葉煎水服。截其虛者，貫兩耳中。夜一聲若雷，聾遂開。　治聾。

勾金皮

清·趙學敏《本草綱目拾遺》卷四草部中　勾金皮　《珍異藥品》云：形未詳。　治無名腫毒惡毒，醋磨塗上即消，牙疼，以皮塞牙縫中，即定。咽喉乳蛾，每用三五釐，細嚼嚥下。

肥兒草

清·趙學敏《本草綱目拾遺》卷五草部下　肥兒草　龍柏《藥性考補遺》：　產廣西平樂縣。　治小兒一切疾及痧脹，需為要藥。

洒草

明·蘭茂撰，清·管暄校補《滇南本草》卷下　洒草：　性寒，味苦。　止吐血，行血，破瘀血，走經絡，止筋骨疼。

千子閘

清·何諫《生草藥性備要》卷上　千子閘　治瘰癧破爛。存性，揩油搽，生肌埋口。

紫英

宋·王介《履巉巖本草》卷下　紫英　性溫，有毒。入爐火藥，養靈砂，大有功。